dtv

Lexikon des Mittelalters

I

Aachen bis Bettelordenskirchen

Deutscher Taschenbuch Verlag

Band 1: Aachen – Bettelordenskirchen
Band 2: Bettlerwesen – Codex von Valencia
Band 3: Codex Wintoniensis – Erziehungs- und Bildungswesen
Band 4: Erzkanzler – Hiddensee
Band 5: Hiera-Mittel – Lukanien
Band 6: Lukasbilder – Plantagenêt
Band 7: Planudes – Stadt (Rus')
Band 8: Stadt (Byzantinisches Reich) – Werl
Band 9: Werla – Zypresse
Anhang: Stammtafeln, integriertes Großregister

Oktober 2002
Deutscher Taschenbuch Verlag GmbH & Co. KG,
München
www.dtv.de
© Coron Verlag Monika Schoeller & Co., Lachen am Zürichsee
1999
Das Werk ist urheberrechtlich geschützt.
Sämtliche, auch auszugsweise Verwertungen bleiben vorbehalten.
Umschlagkonzept: Balk & Brumshagen
Umschlaggestaltung unter Verwendung eines Ausschnittes aus dem Teppich von Bayeux
(© AKG, Berlin)
Druck und Bindung: Druckerei C. H. Beck, Nördlingen
Gedruckt auf säurefreiem, chlorfrei gebleichtem Papier
Printed in Germany · ISBN 3-423-59057-2

INHALTSVERZEICHNIS

	Seite
Herausgeber und Berater mit ihren Fachbereichen	VII
Redaktion	VIII
Vorwort	IX
Allgemeine Hinweise zur Benutzung des Lexikons	XIII
Abbildungen	XVI
Abkürzungsverzeichnis	XVII

	Spalte
Stichwörter von Aachen bis Bettelordenskirchen	1–2094
Mitarbeiter des ersten Bandes	2097
Übersetzer des ersten Bandes	2107
Nachträge zum Abkürzungsverzeichnis	2109

DIE HERAUSGEBER UND BERATER MIT IHREN FACHBEREICHEN IM LEXIKON DES MITTELALTERS

Alphabetische Reihenfolge. Stand: November 1980

AUTY, ROBERT †, *Slavische Literaturen*

BAUTIER, ROBERT-HENRI, Paris: *Französische Geschichte im Spätmittelalter*

BERGHAUS, PETER, Münster (Westf.): *Numismatik*

BEZZOLA, RETO R., Colombier: *Romanische Literaturen und Sprachen*

BIEDERMANN, HERMENEGILD M., OSA, Würzburg: *Geschichte der Ostkirche*

BINDING, GÜNTHER, Köln: *Die mittelalterliche Baukunst in Europa in formaler, typologischer und stilistischer Hinsicht; Ikonographie*

BRUCKNER, ALBERT, Finkenberg: *Schrift-, Buch- und Bibliothekswesen*

BRÜCKNER, WOLFGANG, Würzburg: *Volkskunde*

BRÜHL, CARLRICHARD, Gießen: *Langobarden; Italien im Hochmittelalter* (unter Mitarbeit von THEO KÖLZER, Gießen)

BRUNHÖLZL, FRANZ, München: *Mittellateinische Sprache und Literatur*

BULLOUGH, DONALD A., St. Andrews: *Englische Geschichte im Hochmittelalter*

BYRNE, FRANCIS J., Dublin: *Keltologie*

CAVANNA, ADRIANO, Milano: *Italienische Rechtsgeschichte*

DILG, PETER, Marburg a.d. Lahn: *Geschichte der Botanik*

DUJČEV, IVAN, Sofija: *Geschichte Südosteuropas*

ELBERN, VICTOR H., Berlin: *Kleinkunst*

ENGELS, ODILO, Köln: *Geschichte der Iberischen Halbinsel*

ENGEMANN, JOSEF, Bonn: *Archäologie der Spätantike und des Frühchristentums*

VAN ESS, JOSEF, Tübingen: *Arabische Welt*

FERLUGA, JADRAN, Münster (Westf.): *Byzantinische Geschichte und Kultur*

FLECKENSTEIN, JOSEF, Göttingen: *Frühmittelalter*

GABRIEL, ERICH, Wien: *Belagerungsgeräte, Feuerwaffen*

GAMBER, ORTWIN, Wien: *Waffenkunde, Rüstungswesen*

GERRITSEN, WILLEM P., Utrecht: *Mittelniederländische Literatur*

GRAUS, FRANTIŠEK, Basel: *Geschichte Ostmitteleuropas im Spätmittelalter*

GREIVE, HERMANN, Köln: *Geschichte des Judentums*

GRUBER, JOACHIM, Erlangen-Nürnberg: *Spätantike, Westgoten*

HALL, BERT S., Buffalo: *Technik und Materielle Kultur*

HAMANN, GÜNTHER, Wien: *Geschichte der Geographie und der Reisen im Mittelalter*

HAND, GEOFFREY, Dublin: *Englisches Recht*

HARMUTH, EGON, Wien: *Mechanische Fernwaffen*

HARRIS, JENNIFER, Göteborg: *Kostümkunde*

HEINZELMANN, MARTIN, Paris: *Hagiographie*

HELLMANN, MANFRED, München: *Geschichte Rußlands und Litauens*

HENNIG, JOHN, Basel: *Irische Kirchengeschichte, Hagiographie, Liturgie*

HERDE, PETER, Würzburg: *Historische Grundwissenschaften*

HINZ, HERMANN, Kiel: *Archäologie des Mittelalters*

HÖDL, LUDWIG, Bochum: *Philosophie und Theologie des Mittelalters*

HOMANN, HANS-DIETER, Münster (Westf.): *Städtewesen*

HÜNEMÖRDER, CHRISTIAN, Hamburg: *Geschichte der Zoologie*

JÜTTNER, GUIDO, Berlin: *Geschichte der Mineralogie und Alchemie*

KLEMM, CHRISTIAN, Rheinfelden: *Tafelmalerei*

KORN, HANS-ENNO, Marburg a.d. Lahn: *Heraldik*

KRAFT, HEINRICH, Kiel: *Patristik*

KROESCHELL, KARL, Freiburg i. Br.: *Rechtsgeschichte*

KUHN, HUGO †, *Deutsche Literatur*

KÜHNEL, HARRY, Krems a. d. Donau: *Realienkunde des Mittelalters*

LANGGÄRTNER, GEORG, Würzburg: *Liturgie*

LUDAT, HERBERT, Gießen: *Geschichte Ostmitteleuropas im Hochmittelalter*

MANSELLI, RAOUL, Roma: *Geschichte Italiens im Spätmittelalter; Häresien*

MEINHARDT, HELMUT, Gießen: *Philosophie und Theologie des Mittelalters*

MERTENS, VOLKER, Berlin: *Deutsche Literatur*

MEYER, WERNER, Basel: *Kriegswesen*

MORDEK, HUBERT, Freiburg i. Br.: *Kanonisches Recht*

MOSIEK, ULRICH †, *Kanonisches Recht*

NEUENSCHWANDER, ERWIN, Zürich: *Geschichte der Mechanik, Mathematik und Astronomie*

NEWTON, STELLA M., London: *Kostümkunde*

OURLIAC, PAUL, Toulouse: *Romanisches Recht* (unter Mitarbeit von DANIELLE ANEX-CABANIS, Toulouse)

PATZE, HANS, Göttingen: *Deutsche Geschichte im Spätmittelalter*

PETER, HANS, Zürich: *Römisches und gemeines Recht*

PLOTZEK, JOACHIM M., Köln: *Buch-, Wand- und Glasmalerei; Mosaikkunst*

REINLE, ADOLF, Zürich: *Skulptur*

RICHTER, MICHAEL, Dublin: *Keltologie*

RILEY-SMITH, JONATHAN, London: *Geschichte der Kreuzzüge*

ROBBINS, ROSSEL H., Albany: *Altenglische Literatur; Mittelenglische Literatur* (unter Mitarbeit von HANS SAUER, München)

RÖSENER, WERNER, Göttingen: *Agrar- und Siedlungsgeschichte*

RÜEGG, WALTER, Bern: *Humanismus; Universitäten, Schulwesen*

SÁEZ, EMILIO, Barcelona: *Geschichte der Iberischen Halbinsel*

SCHIPPERGES, HEINRICH, Heidelberg: *Geschichte der Medizin*

SCHLESINGER, WALTER, Marburg a.d. Lahn: *Verfassungsgeschichte*

SCHMID, HANS, München: *Geschichte der Musik*

SCHMITZ, RUDOLF, Marburg a. d. Lahn: *Geschichte der Pharmazie, Mineralogie, Alchemie, Botanik* (unter

Mitarbeit von GUIDO JÜTTNER und PETER DILG)
SCHRAMM, MATTHIAS, Tübingen: *Geschichte der Optik*
SCHULZE, URSULA, Berlin: *Deutsche Literatur*
SCHWENK, SIGRID, Erlangen-Nürnberg: *Jagdwesen*
VON SEE, KLAUS, Frankfurt a. Main: *Skandinavische Literatur; Politische und Rechtsgeschichte Skandinaviens* (unter Mitarbeit von HARALD EHRHARDT, Frankfurt a. Main)
SEMMLER, JOSEF, Düsseldorf: *Mönchtum*
SPRANDEL, ROLF, Würzburg: *Handel, Gewerbe, Verkehr, Bergbau, Bankwesen*

STOOB, HEINZ, Münster (Westf.): *Städtewesen*
STOREY, ROBIN L., Nottingham: *Englische Geschichte im Spätmittelalter*
TIETZE, ANDREAS, Wien: *Geschichte der Osmanen*
TIMM, ALBRECHT, Bochum: *Technik und Materielle Kultur*
VERHULST, ADRIAAN, Gent: *Agrar- und Siedlungsgeschichte; Geschichte der Niederlande*
VISMARA, GIULIO, Milano: *Italienische Rechtsgeschichte*
VONES, LUDWIG, Köln: *Geschichte der Iberischen Halbinsel*

WEIMAR, PETER, Zürich: *Römisches und gemeines Recht*
WERNER, KARL F., Paris: *Geschichte Deutschlands und Frankreichs im Hochmittelalter*
WESSEL, KLAUS, München: *Byzantinische Kunstgeschichte*
WOLDAN, ERICH, Wien: *Geschichte der Geographie und der Reisen im Mittelalter*
WOLTER, HANS, SJ, Frankfurt a. Main: *Kirchengeschichte und Kirchenverfassung*
ZAPP, HARTMUT, Freiburg i. Br.: *Kanonisches Recht*

REDAKTION LEXIKON DES MITTELALTERS

Artemis Verlag München

Alphabetische Reihenfolge. Stand: November 1980

AVELLA-WIDHALM, GLORIA
LUTZ, LISELOTTE
MATTEJIET, ROSWITHA
MATTEJIET, ULRICH

VORWORT

Mit dem Lexikon des Mittelalters legt der Artemis Verlag das erste alphabetisch aufgebaute wissenschaftliche Nachschlagewerk vor, das sich die Darstellung der Geschichte, Kultur und Lebensformen des gesamten europäischen Mittelalters unter Einbeziehung der schriftlichen Überlieferung wie der materiellen Kultur zum Ziel gesetzt hat. Mit diesem Werk wird ein dringendes Desiderat erfüllt; besaß die Mediävistik doch bisher kein übergreifendes Nachschlagewerk. Dabei tritt das europäische Mittelalter in seinem Eigenwert als Epoche wie in seiner hohen Bedeutung für die Ausprägung der modernen Welt immer stärker in unser Bewußtsein.

Zum Mittelalterbild und seinen Wandlungen

Eine zentrale Stellung im europäischen Geschichtsbild hat das Mittelalter erst spät erhalten. Im Unterschied zur Antike, deren Rezeption – wenn auch mit sich häufig wandelnden Akzenten – die europäische Geschichte und Geistesgeschichte nahezu wie ein roter Faden durchzieht, erfolgte die Erschließung und Aufnahme der mittelalterlichen Überlieferung in einem langen und wechselvollen Aneignungsprozeß. Die Prägung des (ursprünglich literarisch gemeinten) Begriffes »medium aevum« durch den Humanismus war bekanntlich Ausdruck der in einem legitimen Epochenbewußtsein begründeten Abgrenzung gegenüber einem Zeitraum, der als Verfallsperiode nach dem Einbruch der »Barbaren« in die antike Welt gesehen wurde und den es zugunsten einer »Wiedergeburt« der antiken Kultur zu überwinden galt. Die negative Bewertung des Mittelalters und seiner Kultur hat sich allen Ergebnissen mediävistischer Forschung zum Trotz als Allgemeinplatz (»finsteres Mittelalter«) über die Jahrhunderte hinweg bei zahlreichen Gebildeten und Ungebildeten behaupten können. Doch lassen sich bereits für das 16., besonders aber für das 17. und 18. Jahrhundert Anzeichen eines erwachenden archivalischen und historischen Interesses erkennen, das in die Mittelalter-Begeisterung des 19. Jahrhunderts einmündet. Das Bild des 19. Jahrhunderts vom Mittelalter in all seiner Vielgestalt und seinen Widersprüchen zu zeichnen, würde hier zu weit führen. Die enge, stark gefühlsbetonte Beziehung zur mittelalterlichen Vergangenheit schwächt sich – wie der Einfluß anderer Bestandteile des Denkens des 19. Jahrhunderts – im Zeichen der politischen, sozialen und geistigen Krise des frühen 20. Jahrhunderts ab; politisch suspekte Belebungsversuche durch die Ideologien unseres Jahrhunderts sind ohne größere Wirkung geblieben.

In der Zeit nach dem Zweiten Weltkrieg – und besonders seit den 60er Jahren – beginnt sich, zumindest in den westlichen Ländern, ein neues starkes Interesse am Mittelalter wie auch an anderen zurückliegenden Epochen zu artikulieren, wobei jetzt vor allem Fragen der Kultur, der Gesellschaft und des Alltagslebens im Brennpunkt des Interesses stehen.

Ermöglicht wurde diese »Mittelalter-Renaissance«, die sich wohl nicht als bloße Modeerscheinung abtun läßt, zweifellos mit durch den Aufschwung der neueren mediävistischen Forschung, die allerdings – mit geringen Ausnahmen – keine spektakuläre öffentliche Wirkung gesucht hatte. Aufbauend auf den Forschungsleistungen des 19. und frühen 20. Jahrhunderts, hatten sich die mediävistischen Disziplinen der Nachkriegszeit gegenüber neuen Arbeitsfeldern geöffnet. Diese Entwicklung war von einer starken Methodendiskussion begleitet. Es vergrößerte sich allgemein die Bereitschaft zu »interdisziplinärer« Zusammenarbeit. Trotz einer Annäherung mehrerer mediävistischer Nachbardisziplinen gehen die einzelnen Fachgebiete jedoch nach wie vor ihre eigenen Wege; die Mediävistik hat sich weit weniger als etwa die Altertumswissenschaft als homogene Wissenschaft verstanden, was in der wissenschaftsgeschichtlichen Entwicklung (Entstehung der Einzeldisziplinen aus unterschiedlichen Wurzeln mit jeweils andersartiger Konzeption) begründet ist. Dies und die eng damit zusammenhängende hohe Spezialisierung lassen es auch für den Fachmann zunehmend schwieriger werden, sich außerhalb des engeren Fachgebietes zu orientieren.

Zur Entstehung des vorliegenden Werkes

Angesichts der starken Aufgliederung der Mediävistik in einzelne Bereiche und des ungleichen Forschungsstandes ist der Gedanke, ein umfassendes lexikalisches Werk zum Mittelalter zu schaffen, erst vergleichsweise spät aufgetreten. Während das wegweisende Nachschlagewerk der Altertumswissenschaft, Pauly-Wissowas Real-Encyclopädie der Classischen Altertumswissenschaft, bereits ab 1893 erschien, gehen Überlegungen zur Edition eines Nachschlagewerks für die Mediävistik von ähnlicher Bedeutung erst auf die Zeit nach dem Zweiten Weltkrieg zurück. Es bestanden beim Alfred Druckenmüller Verlag (seit 1968 mit dem Artemis Verlag vereinigt) bereits Überlegungen hinsichtlich eines Mittelalter-Lexikons, vergleichbar den altertumswissenschaftlichen Nachschlagewerken des Verlages, Pauly-Wissowa und Der kleine Pauly, als ein internationaler Kreis von Gelehrten mit dem Plan einer vielbändigen »Encyclopaedia medii aevi occidentalis« an den Verlag herantrat. Zwar erwies sich die Verwirklichung jenes Projekts in der ursprünglichen Form als nicht durchführbar, doch konnte die Idee durch den Artemis Verlag in allen wesentlichen Bestandteilen der Grundkonzeption realisiert werden. Trotz einer Konzentration des Umfanges wurde die universelle Ausrichtung beibehalten, die in dem großen Herausgeberkreis unter Beteiligung von namhaften Vertretern aller größeren mediävistischen Disziplinen zum Ausdruck kommt.

Aufbau und Konzeption

Die geschilderte gegenwärtige Situation der Mediävistik, der erreichte Forschungsstand und die Wandlung unseres Mittelalterbildes legten es nahe, ein Werk zu schaffen, das von der gesamten bisher erforschten mittelalterlichen Überlieferung ausgeht und die ganze Epoche zum Gegenstand hat. Im Unterschied zu früheren wissenschaftlichen Lexika, die jeweils Einblick in einen Teilbereich der mediävistischen Forschung vermittelten und daher in ihrer Wirkung begrenzt blieben, wollen Verlag und Herausgeber eine breitere Leserschaft – unter Einschluß von Kreisen außerhalb der Fachgelehrten – erreichen und damit der Kenntnis vom Mittelalter eine größere Verbreitung sichern.

Zur Erlangung dieses Ziels war es notwendig, eine große Zahl von Wissenschaftlern, Vertretern nahezu aller Fachdisziplinen, für die herausgeberische Betreuung zu gewinnen, da es keinen einzelnen Gelehrten gibt, der die gesamte Stoffülle der Mediävistik auch nur annähernd überblickt. Ebenso wichtig war es, einen eigenständigen Weg zwischen einer breit angelegten vielbändigen Enzyklopädie und einem komprimierten Fachlexikon zu suchen.

Es erfolgte daher eine Konzentration auf Sachverhalte, die von allgemeinem und nicht nur fachspezifischem Interesse sind. Dem Bedürfnis nach Klarheit der Darstellung wurde Rechnung getragen. Ein allzu gedrängter lexikographischer »Telegrammstil« konnte zugunsten besserer Lesbarkeit vermieden werden. Auf einzelne Literaturbelege im Text wurde (außer in besonderen Fällen, etwa bei kontrovers beurteilten Sachverhalten) generell verzichtet. Die längeren und additiv gestalteten Artikel wurden zur besseren Übersicht untergliedert. Textbezogene Abbildungen in Form von Strichzeichnungen sollen das Verständnis spezieller Aussagen (etwa im Bereich der Technik) erleichtern. Der letzte Band des Werkes erschließt als Ergänzungsband mit Registern, Stammtafeln usw. zusätzliche Informationen und erweitert die Arbeitsmöglichkeiten mit dem Lexikon.

In der allgemeinen Ausrichtung ist auch die Entscheidung begründet, gezielte Detailinformation (in Form knapp gehaltener Personen- und Sachartikel) mit ausführlichen Darstellungen zu größeren Zusammenhängen zu verbinden. Schon die längeren Artikel zu Einzelstichwörtern von besonderem Rang, z. B. zu bedeutenden Persönlichkeiten, Ländern, Städten usw., sind häufig aus der Sicht verschiedener Fachdisziplinen konzipiert worden. Diese fächerübergreifende Konzeption kommt vor allem bei den großen Dachartikeln zum Ausdruck, die der Darstellung von Sachverhalten, die zentrale Bedeutung für das Mittelalterverständnis besitzen, vorbehalten sind. Das Umfeld dieser Stichwörter wird durch gezielte Verweise auf benachbarte Artikel erschlossen. Da die – miteinander korrespondierenden – Teilbeiträge deutlich untergliedert sind, wird sowohl dem Wunsch nach konkreter Information im Detail als auch nach einer umfassenden Einführung in die Gesamtproblematik Rechnung getragen.

Herausgeber und Redaktion sahen sich vom Beginn der Planung an mit dem schwierigen Problem konfrontiert, das weite Spektrum der Geschichte und Kultur des europäischen Mittelalters im Rahmen eines umfangmäßig begrenzten Werkes zu behandeln. Auf die denkbare Lösung, bestimmte Bereiche vollständig auszuklammern, wurde verzichtet, da das der Überzeugung, ein Gesamtbild der mittelalterlichen Epoche könne nur unter Einschluß aller uns überlieferten Erscheinungsformen mittelalterlichen Lebens vermittelt werden, widersprochen hätte. Es war daher innerhalb der einzelnen Fachbereiche von den verantwortlichen Herausgebern und Beratern sowie der Redaktion eine strenge Auswahl der zu behandelnden Stichwörter zu treffen, wobei das ausschließlich den Spezialisten Interessierende in den Hintergrund treten mußte. Dabei hatten einheitliche wissenschaftliche Kriterien die Ausgewogenheit dieser Auswahl zu sichern. Besonderer Wert wurde darauf gelegt, den Realien und der materiellen Kultur einen gebührenden Platz einzuräumen und neben den bekannteren Sachgebieten auch diejenigen Disziplinen, die sich z. T. erst in neuerer Zeit ausgebildet haben und lexikographisch bisher kaum erschlossen sind, ausreichend zu berücksichtigen.

Im Bereich der Kunstgeschichte schien es angesichts der Vielzahl der überkommenen oder erschließbaren mittelalterlichen Kunstdenkmäler nicht durchführbar, sie unter einzelnen Stichwörtern (etwa im Sinne einer »Kunsttopographie«) zu behandeln. Daher sind Kunstwerke und -denkmäler vorrangig im Rahmen typologischer, epochen- und gattungsgeschichtlicher Dach- und Großartikel dargestellt. Lediglich einzelne bedeutende Künstlerpersönlichkeiten, über die biographische Daten bekannt sind oder die durch die kunsthistorische Forschung erschlossen werden konnten, sind mit eigenen Artikeln vertreten.

Zur räumlichen und zeitlichen Abgrenzung

Ein Hauptproblem bei der Konzeption des Werkes stellte die räumliche und zeitliche Festlegung dar, da die Vorstellungen von Dauer und Geltungsbereich des traditionellen Epochenbegriffs »Mittelalter« erheblich differieren. Fraglos war der Schwerpunkt der Darstellung auf das europäische Mittelalter zu legen. Innerhalb des europäischen Mittelalters stehen zwar die gut erforschten Regionen Mittel-, West- und Südeuropas im Zentrum, doch wurde auch ausführlich auf die Geschichte der – geographisch gesehen – »am Rande Europas« liegenden Regionen eingegangen. Ebenso konnte auf eine Einbeziehung der Nachbarkulturen des »lateinischen« Europa – das Byzantinische Reich, die arabisch-islamischen Reiche und das Osmanische Reich (bis zum frühen 16. Jahrhundert) – nicht verzichtet werden; schon aufgrund der großen Leistungen der byzantinischen und der islamischen Welt, die den mittelalterlichen Okzident nachhaltig prägen, waren diese Kulturen in die Darstellung einzubeziehen. Ebenso ist die Geschichte des mittelalterlichen europäischen Judentums fester Bestandteil des Lexikons. Konnten die außereuropäischen Kulturen aus konzeptionellen wie umfangmäßigen Erwägungen nicht berücksichtigt werden, so sind doch die jeweiligen Beziehungen zwischen dem mittelalterlichen Europa und den außereuropäischen Regionen sowie die geographischen Kenntnisse der Europäer über diese Gebiete und Kulturen – bis hin zu den frühneuzeitlichen Entdeckungsfahrten – in die lexikographische Darstellung einbezogen.

Hinsichtlich der zeitlichen Festlegung erhebt das Lexikon des Mittelalters nicht den Anspruch, die alte und überaus kontroverse Diskussion um Anfang und Ende des Mittelalters entschieden zu haben, doch gelang es, wie wir meinen, eine praktikable und tatsächlichen historischen Verhältnissen entsprechende Lösung zu finden. Das Lexikon des Mittelalters umgreift die Periode zwischen ca. 300 n. Chr. und ca. 1500. Die gesamte Spätantike, angefangen von den Reformen am Vorabend des Christianisierungsprozesses des Imperium Romanum, wurde einbezogen. Es erschien notwendig, zum einen die tiefgreifende Krise und die Wandlungen der verfassungsmäßigen und sozio-ökonomischen Verhältnisse in spätrömischer Zeit, schon wegen ihrer Auswirkungen auf das Frühmittelalter, einzubeziehen, zum anderen die für die mittelalterliche Geistesgeschichte überaus folgenreiche literarische Tradition der Spätantike (mit Autoren wie Augustinus, Hieronymus, Pseudodionysios u. a.) zu berücksichtigen. – Als Endpunkt der lexikographischen Darstellung wurde die Zeit um 1500 gewählt. Damit soll nicht über den doppelten Sachverhalt hinweggegangen werden, daß einerseits über diesen Zeitpunkt hinaus »Mittelalterliches« in Verfassung und Sozialstruktur der Frühmoderne bis ins 17./18. Jahrhundert erhalten blieb, ebenso wie sich im Geistesleben von Renaissance und Barock »mittelalterliche« Züge behaupteten; daß sich aber andererseits, vereinzelt schon im 13. und 14., verstärkt aber im 15. Jahrhundert und besonders im Zeitalter der großen religiös-sozialen Bewegungen, der Reformkonzilien und des einsetzenden Humanismus, ein »Frühling der Neuzeit« (im »Herbst des Mittelalters«) ankündigte. Dies alles vorausgesetzt, läßt sich nach unserer Meinung dennoch daran festhalten, daß die Wende vom 15. zum 16. Jahrhundert aufgrund einer Reihe bedeutsamer Wandlungen als entscheidender Einschnitt gelten kann, wobei hier so komplexe Phänomene wie die beginnenden großen Entdeckungsfahrten, die erste Blüte des Buchdrucks, die vorreformatorischen Bewegungen oder der Übergang von der Früh- zur Hochrenaissance in der Kunst Italiens erwähnt seien. Mit guten Argumenten konnte daher um 1500 ein Schlußpunkt der Darstellung gesetzt werden. Diese zeitliche Fixierung wird aber nicht eng ausgelegt. So sind Persönlichkeiten, die über die genannte Epochengrenze hinausreichen, mit eigenen Artikeln vertreten, wenn sie – wie etwa Paracelsus oder Agricola – in ihren Werken spätmittelalterliches Wissen überliefert haben. Die großen Ereignisse und Bewegungen am Ende des Mittelalters – wie die Reformation oder die Renaissance – sind darüberhinaus in übergreifenden Artikeln behandelt.

Innerhalb der Darstellung der mittelalterlichen Geschichte und Kultur ist versucht worden, allen Zeitabschnitten innerhalb des Mittelalters (Früh-, Hoch- und Spätmittelalter) in gleichem Maße gerecht zu werden. Das bedeutet auch, daß das in älteren Werken oft recht stiefmütterlich behandelte Spätmittelalter, dessen Bedeutung jedoch von der neueren Forschung verstärkt hervorgehoben worden ist, eine ausführliche Darstellung erhalten hat.

Das hier vorgelegte Werk ist das Ergebnis der Zusammenarbeit eines großen Kreises. Gelehrte aus vielen Ländern haben sich daran beteiligt. Die herausgeberische Betreuung der einzelnen 80 Fachbereiche liegt in den Händen von 92 Herausgebern und Fachberatern aus 13 Ländern. Hauptaufgabe der Redaktion ist u. a. die Koordination der Artikel, mit besonderem Schwerpunkt in der Gestaltung der additiven Beiträge, die Bearbeitung der Gesamtnomenklatur und die administrative Organisation.

Die große Anteilnahme, die dem Werk von zahlreichen um ihre Mitarbeit gebetenen Gelehrten entgegengebracht wurde, zählt wohl zu den schönsten Erfahrungen unserer Lexikonarbeit. Wir möchten an dieser Stelle allen Mitarbeitern, die ihre Kräfte dem gemeinsamen Unternehmen zur Verfügung gestellt haben, danken. Unser besonderer Dank gilt dabei den Herausgebern und Fachberatern, die durch ihre ständige Mitarbeit, durch die verantwortliche Betreuung der einzelnen Sachgebiete, durch ihren Rat in zahlreichen wissenschaftlichen und editorischen Fragen sowie auch durch ihre Eigenbeiträge entscheidenden Anteil am Gelingen des Werkes haben. Gleichfalls zu Dank verpflichtet sind wir den Verfassern der Artikel, von denen viele den Herausgebern und der Redaktion mit Anregungen und sachkundigem Rat bei speziellen Problemen zur Seite gestanden haben. Auch den Übersetzern der zahlreichen fremdsprachigen Beiträge möchten wir an dieser Stelle danken.

Wir gedenken dreier unvergessener Gelehrter, des Slavisten Robert Auty († 1978), des Altgermanisten Hugo Kuhn († 1978) und des Kirchenrechtlers Ulrich Mosiek († 1978), die bis zu ihrem Tod dem Herausgebergremium des Lexikons des Mittelalters angehörten, um das sie sich durch ihre stetige Förderung hohe Verdienste erworben haben.

München, November 1980　　　　　　　　　　　　　　　　　　　　　　　　Verlag und Redaktion

ALLGEMEINE HINWEISE ZUR BENUTZUNG DES LEXIKONS

A. ANORDNUNG DER STICHWÖRTER

Die Anordnung der Stichwörter ist *alphabetisch*, wobei die Umlaute Ä, Ö, Ü unter A, O und U erscheinen, z. B. ist Ägäis zwischen Agadais und Agapet eingereiht. Æ/æ ist wie Ae/ae, œ wie oe eingeordnet. Unter Æ vermißte Stichwörter suche man auch unter E (Ethelred). Beim Altnordischen ist zu beachten, daß þ wie th und ð wie d behandelt werden. Außerdem sind bei Stichwörtern aus skandinavischen Sprachen ø wie oe und å wie a eingereiht. Zwischen I und J wird nicht unterschieden. Bei unter C nicht gefundenen Stichwörtern schlage man unter K oder Z nach bzw. umgekehrt. Namen von Orten, Klöstern, Personen, Familien usw. in Verbindung mit »Sankt« und allen entsprechenden Formen (abgekürzt: St., St-, S.) erscheinen gesondert am Anfang des Buchstabens »S« (z. B.: St. Gallen, S. Gimigniano), die Alphabetisierung erfolgt nach dem Hauptbestandteil des Namens. Bei der alphabetischen Einordnung ist der arabische Artikel nicht berücksichtigt (z. B. steht al-Bīrūnī unter »B«).

Zusammengesetzte Stichwörter (z. B.: Akathistos–Hymnos) und *festgeprägte Begriffe* (z. B.: Ambrosianischer Gesang) sind wie Komposita eingeordnet. Alle anderen Begriffe, die in Verbindung mit einem Ordnungswort ein Lemma bilden, sind ihrem Ordnungswort nachgestellt: Beispiel: Benevent, Schlacht v.
Benevent, Vertrag v.

Gleichlautende Personennamen und Sachbegriffe sind abgekürzt und durchgezählt. Bei gleichlautenden Personennamen ist folgende Anordnung der Personen die Regel:
1. Heilige (jedoch nur solche von vorrangig hagiographischer Bedeutung), biblische Personen, mythologische und literarische Gestalten (ohne jeweilige Zählung);
2. Weltliche Herrschaftsträger, die nach ihrem Titel bzw. ihrem Herrschaftsgebiet alphabetisch geordnet sind (Reihenfolge: a) Kaiser, Könige und Mitglieder der Herrscherhäuser; b) sonstige weltliche Herrschaftsträger wie Herzöge, Grafen usw.);
3. Geistliche Würdenträger (Reihenfolge: a) Päpste; b) sonstige geistliche Würdenträger wie Patriarchen, Erzbischöfe, Bischöfe, Äbte, Ordensmeister usw., die nach ihren Diözesen, Klöstern usw. alphabetisch geordnet sind);
4. Personen ohne Titel, alphabetisiert nach ihren Herkunftsbezeichnungen. Wenn Herkunftsbezeichnungen fehlen, ist die chronologische Reihenfolge nach den Lebensdaten maßgebend.

Zum leichteren Auffinden des gesuchten Stichwortes erscheinen bei einem häufig auftretenden gleichlautenden Personennamen die Herrschaftsgebiete, Diözesen, Abteien usw. kursiv.
Beispiel: **Balduin**
   1. **B. I.**, *Kg. v. Jerusalem*

Nach Personen benannte *Werke* (z. B. das mittelhochdeutsche Arzneibuch »Bartholomäus«) sind unabgekürzt und ungezählt der Reihung der entsprechenden Namensträger nachgestellt. Werke, deren Autoren bekannt sind, stehen in der Regel unter dem Autorennamen, selbst wenn über die Person und die Lebensumstände des Verfassers nichts Näheres bekannt ist oder es sich lediglich um einen Notnamen handelt (z. B. Wernher der Gärtner, Andreas Capellanus, Anonymus Mellicensis). Analoges gilt auch für bildende Künstler, von denen bloß die Namen überliefert sind oder die durch die kunsthistorische Forschung mit behelfsmäßigen Bezeichnungen belegt worden sind (z. B. Bamberger Meister, Meister von Wittingau). In Fällen, in denen jedoch ein Werk von mehreren Autoren verfaßt wurde bzw. ihnen zugeschrieben wird, ist das Werk, nicht der Verfasser, als Stichwort aufgenommen (z. B.: Der Rosenroman unter »Rosenroman«, nicht unter Guillaume de Lorris und Jean de Meung). Additive stoff- und motivgeschichtliche Artikel, die Teilbeiträge zu mehreren mittelalterlichen Literaturen umfassen, sind nach der jeweiligen deutschen bzw. in Deutschland üblichen Bezeichnung alphabetisiert (z. B. Parzival statt Perceval).

B. SCHREIBWEISE, NAMENSFORMEN UND UMSCHRIFT

I. SCHREIBWEISE: Die Rechtschreibung erfolgt im allgemeinen auf der Grundlage des Duden. Die Orthographie fremdsprachiger Wörter richtet sich nach den gültigen Regeln der jeweiligen Sprache. Wörter aus dem Mittellateinischen, Mittelgriechischen und den mittelalterlichen Volkssprachen sind entsprechend den Gepflogenheiten der jeweiligen Fachdisziplin geschrieben.

II. NAMENSFORMEN: [1] *Personennamen*: Beim häufigen Auftreten von mehreren Namensformen für eine mittelalterliche Person konnte keine völlige Vereinheitlichung angestrebt werden. Es erscheint in der Regel die in der Fachliteratur gebräuchlichste oder die den Quellen am nächsten stehende Namensform. Bei *weltlichen Herrschern* werden bevorzugt deutsche Namensformen verwendet, wenn sich deutsche Entsprechungen zu den landessprachigen Namensformen eingebürgert haben (z. B. Eduard I., Kg. v. England, nicht: Edward I.; Philipp II. August, Kg. v. Frankreich, nicht: Philippe Auguste). Wo *Familiennamen* feststehen, sind diese (außer bei regierenden Fürsten) bei der Alphabetisierung das Ordnungswort (z. B. Chaucer, Geoffrey; aber: Wolfram von Eschenbach). Bei der Frage der Verwendung *lateinischer* oder *volkssprachiger Namensformen* ist im allgemeinen nach den üblichen Gepflogenheiten des jeweils beteiligten Fachgebietes entschieden worden (Autoren der scholastischen Rechtswissenschaft in der Regel mit lateinischer Namensform, z. B.: Bartolus de Saxoferrato; volkssprachige Autoren in der Regel, sofern nicht eine feststehende deutsche Namensform üblich ist, in der jeweiligen Sprache, z. B.: Christine de Pisan).

[2] *Ortsnamen*: Als Lemma wird in der Regel der heutige amtliche Ortsname gewählt, außer in Fällen, in denen sich gebräuchliche deutsche Namensformen herausgebildet haben (z. B. Mailand statt Milano; Prag statt Praha) oder historische Gegebenheiten die Verwendung älterer Namensformen nahelegen (z. B. Konstantinopel statt Istanbul). Von den anderen Ortsnamen wird aber entweder innerhalb der fortlaufenden Artikel oder im Register des Ergänzungsbandes verwiesen. Dem Hauptlemma sind am

Beginn des Artikels die übrigen wichtigen historischen und heutigen Namensformen beigefügt. Entsprechendes gilt sinngemäß für Artikel über Länder, Landschaften, Gebirge, Flüsse usw.

[3] *Sachbegriffe:* Die Sachbegriffe erscheinen als Stichwörter grundsätzlich in deutscher Sprache; Ausnahmen bilden:
1. Quellenbegriffe, die zu wissenschaftlichen Termini geworden sind (z. B.: bailli, ʿaṣabīya);
2. Fremdsprachige Begriffe, die spezifische Termini der heutigen Fachwissenschaften darstellen und als solche nicht adäquat übersetzt werden können (z. B.: Bastard Feudalism, Incastellamento).

III. Umschrift: Die Umschriften von Sprachen, die in nichtlateinischen Alphabeten notiert sind, erscheinen nach den in den jeweiligen Fachwissenschaften gültigen Regeln. Original wiedergegeben sind lediglich Begriffe in griechischer Sprache (nicht jedoch griechische Orts- und Personennamen).

Bei Wörtern aus dem Hebräischen, Arabischen und Osmanischen ist folgendes zu beachten:

[1] *Hebräisch:*

א	–	ʾ
ב	–	b (v)
ג	–	g
ד	–	d
ה	–	h
ו	–	w
ז	–	z
ח	–	ḥ
ט	–	ṭ
י	–	y/j
כ	–	k
ל	–	l
מ/ם	–	m
נ/ן	–	n
ס	–	s
ע	–	ʿ
פ/ף	–	p (f)
צ/ץ	–	ṣ
ק	–	q
ר	–	r
שׂ	–	ś
שׁ	–	š
ת	–	t
◌ָ	–	ā
◌ַ	–	a
◌ֵ/◌ֶי	–	e / ê
◌ֶ/◌ֱי	–	ä / ậ
◌ִ/◌ִי	–	i / î
◌ֹ / וֹ	–	o / ô
◌ֻ / וּ	–	u / û

Šewā' (Schwa) mobile ist durch hochgestelltes kleineres ᵉ (Šewā' quiescens gar nicht), die Ḥaṭef-Laute sind durch Hochstellung der betreffenden verkleinerten Vokale wiedergegeben. Dāgeš forte ist durch Verdoppelung des betreffenden Konsonanten dargestellt, Dāgeš lene bzw. das Fehlen von Dāgeš lene nur berücksichtigt, soweit für die doppelte Aussprache (als Explosivlaut und als Spirant) zwei lateinische Zeichen zur Verfügung stehen (s. Liste).

[2] *Arabisch:* Die Umschrift des Arabischen folgt im wesentlichen den Richtlinien der Deutschen Morgenländischen Gesellschaft, wie sie in der »Zeitschrift der Deutschen Morgenländischen Gesellschaft« angewendet werden. Man beachte: yy und ww, aber: ai und au (also Ayyūbiden, nicht: Aiyūbiden, aber: Baibars, nicht: Baybars). Außerdem ist zu berücksichtigen: Namen mit -dīn sind zusammengeschrieben (also: Giyāṯaddīn usw.). Bei Namen mit Abū und folgendem Artikel ist kein Apostroph gesetzt (also: Abū l-Wafāʾ al-Būzağānī).

[3] *Osmanisch:* Die Umschrift der osmanischen Namen und Fachausdrücke unterscheidet sich von derjenigen der arabischen in folgenden Punkten:

Das Alt-Osmanische kennt folgende Vokale:
a, e, ė (geschlossenes e), ï (ein Schwa-Laut), i, o, ö, u, ü.

Konsonanten:	arabisch:		osmanisch:
	ث	ṯ (wie engl. stimmloses th)	s (stimmloses s)
	ذ	ḏ (wie engl. stimmhaftes th)	z (stimmhaftes s)
	ض	ḍ (emphatisch ausgesprochenes d)	ż (stimmhaftes s)
	و	w (wie engl. w)	v (wie dt. w)

Aus dem Persischen übernommene zusätzliche Buchstaben des Osmanischen:

پ p
چ č (tsch)
ژ ž (stimmhaftes sch)

Außerdem können durch das arabische Kāf drei Laute des Alt-Osmanischen ausgedrückt werden:

arabisch:		osmanisch:
ك	k	k, g, ŋ (ein Nasal wie engl. ng)

C. GLIEDERUNG DER ARTIKEL

Das Lexikon enthält Einzelartikel zu Personen, geographischen Stichwörtern und Sachbegriffen. Außerdem erscheinen bei den additiven Artikeln unter einem Stichwort Teilbeiträge aus verschiedenen Fachbereichen.

Additive und sonstige *größere Artikel* sind durch Einzelüberschriften gegliedert, die bereits in der Reihenfolge nach dem Stichwort erscheinen. Beispiel:

Arbeit
A. West- und Mitteleuropa – B. Byzanz – C. Judentum – D. Islamische Welt
A. West- und Mitteleuropa
I. Spätantike Grundlagen – II. Theologische Vorstellungen – III. Arbeit und Arbeitsteilung im sozialen und wirtschaftlichen Wandel – IV. Arbeit im Recht des Mittelalters.

Die Untergliederung der Artikel ist in folgender Anordnung der Überschriften vorgenommen:
Lateinische Großbuchstaben, z.B.: **A. Archäologie**;
Römische Zählung, z.B.: III. England;
Arabische Zählung, z.B.: [2] *Ikonographie*;
Lateinische Kleinbuchstaben, z.B.: a) *Spirituelle Exegese*;
Griechische Kleinbuchstaben, z.B.: β) *Theologisch*.

Bei *kleineren Artikeln* beschränkt sich die Untergliederung in vielen Fällen auf die arabische Zählung.

Außerdem erscheinen im fortlaufenden Artikeltext kursiv:
1. Für Abschnitte orientierende Leitwörter;
2. Einzelne Familienmitglieder innerhalb von Artikeln zu Familien;
3. Besondere fremdsprachige Begriffe (alt- und mittelhochdeutsche, altenglische usw.), sofern sie nicht in einem angeführten Zitat stehen.

Auch aus nichtlateinisch geschriebenen Sprachen transkribierte Begriffe (z. B. arabische, hebräische, osmanische, russische) sind kursiv hervorgehoben.

Lateinische Wörter innerhalb des Textes erscheinen in der Regel nicht kursiv.

D. VERWEISE

Hauptverweise sind innerhalb der alphabetischen Abfolge der Stichwörter eingefügt. Sie haben die Funktion:
1. von einem Einzelstichwort (Sachbegriff, Werktitel oder -bezeichnung, Personenname, geographischer Begriff) auf einen größeren Artikel, in dessen Rahmen das Einzelphänomen behandelt wird, hinzuweisen (z. B.: Belagerung → Kriegführung; Anseis de Carthage → Chanson de geste; Balduin I.–III., Grafen von Flandern → Flandern; Argos → Peloponnes);
2. von synonymen Begriffen, anderssprachigen Formen und Varianten, abweichenden Formen oder Schreibweisen etc. des Stichwortes auf ein Hauptstichwort hinzuweisen (z. B.: Angstmann → Scharfrichter; Anima → Seele; Bâtardise, droit de → Bastardenfall; Alf laila walaila → Tausendundeine Nacht; Albinus → Alkuin; Dubrovnik → Ragusa).

Textverweise treten im fortlaufenden Artikel auf; sie werden durch einen Pfeil »→« vor dem Lemma angezeigt und sollen den Benutzer auf weitere Informationen unter diesem Verweisstichwort aufmerksam machen. Besonders am Schluß der Artikel finden sich weiterführende Verweise von allgemeiner Bedeutung für den Gesamtinhalt des Artikels. Bei Verweisen, die sich auf gleichlautende Stichwörter beziehen, erscheint nach dem Verweisstichwort die Ordnungszahl, unter der das Stichwort zu finden ist. Das gilt auch für Querverweise auf einen Teil eines größeren oder additiven Artikels (Beispiele: → Balduin v. Alna [15. B.]; → Arbeit, Abschnitt A. III). Diese Form der Verweisung konnte aufgrund des Erscheinens des »Lexikons des Mittelalters« in Lieferungen nur bei bereits gedruckten Stichwörtern angewendet werden.

E. ABKÜRZUNGEN

Neben den allgemein üblichen und unmittelbar verständlichen Abkürzungen sind im Lexikon Abkürzungen des Verzeichnisses auf S. XVII gebraucht. Die Abkürzungen sind dekliniert, mit Ausnahme häufig vorkommender Abkürzungen (z. B. Jh. für Jahrhundert). Abgekürzt erscheinen auch die Wiederholungen des Stichwortes im fortlaufenden Text durch den Anfangsbuchstaben mit Punkt.

Bei *chronologischen Angaben* bedeutet der Bindestrich zwischen zwei Jahreszahlen (936–973) »von« »bis«; bei unsicherer Datierung erscheint ein Schrägstrich zwischen den Jahreszahlen (1339/40; Nov. 1214/Febr. 1215). Unsichere Datierungen oder Zuschreibungen von Werken deutet auch ein in Klammern nachgestelltes Fragezeichen an. Außer den Ordnungszahlen erscheinen die Ziffern von eins bis zwölf in der Regel in Worten, sofern sie nicht vor Zeichen und Abkürzungen von Maßen, Gewichten, Geldsorten usw. stehen. *Gleichlautende Stichwörter* werden mit arabischen Zahlen gezählt und abgekürzt (vgl. hierzu Punkt A).

F. KOLUMNENTITEL

Als Kolumnentitel wird das erste und das letzte auf der Seite gedruckte Stichwort angegeben.

G. BIBLIOGRAPHISCHER ANHANG

Am Schluß jedes Artikels folgt ein bibliographischer Anhang in Kleinsatz, der vom Autor nach Vorgabe einheitlicher Kriterien zusammengestellt wurde; der Anhang enthält fallweise: Editionen (*Ed.*), Übersetzungen (*Übers.*), Quellen (*Q.*), Werke (*Werke*), Bibliographien (*Bibliogr.*) und eine Auswahl der wichtigsten Sekundärliteratur (*Lit.*), mit besonderer Berücksichtigung der seit 1945 erschienenen Veröffentlichungen. Der Aufbau des bibliographischen Anhanges ist in der Regel chronologisch, Lexika und sonstige Nachschlagewerke erscheinen am Anfang des Literaturteils.

Bei der Literatur ist folgende *Zitierweise* angewandt:
1. Vorname (abgekürzt) und Name (ausgeschrieben) des Verfassers;
2. Titel des Werkes;
3. Bandangabe bei Sammelwerken; Titel der Zeitschrift bei Zeitschriften;
4. Bei vor 1850 erschienenen Werken in der Regel der Erscheinungsort (mit moderner Ortsbezeichnung);
5. Erscheinungsjahr (bei verschiedenen Auflagen ist die Auflagenzahl hinter der Jahreszahl hochgestellt) bzw. Jahrgang der Zeitschrift;
6. Titel der Reihe oder des Sammelwerkes, soweit notwendig; ggf. mit nachgestellter Herausgeberangabe;
7. Bei Aufsätzen und speziellen Zitaten erste und letzte Seitenzahl;
8. Bei Hochschulschriften Angabe von Schrift, Universitätsort und Erscheinungsjahr in eckigen Klammern.

Bei Werken, die über einen weiterführenden Literaturteil verfügen, ist in eckigen Klammern am Schluß der bibliographischen Angabe darauf verwiesen (z. B.: [mit weiterer Lit.]). Verweise auf den Literaturteil eines anderen Artikels werden durch einen Pfeil vor dem Verweisstichwort angezeigt (z. B.: *Lit.*: → Baubetrieb).

Um dem unterschiedlichen Charakter der Artikel Rechnung zu tragen, ist bei der *Gliederung* des bibliographischen Anhanges flexibel verfahren worden; so können auch Quellen- und Literaturangaben zusammengefaßt auftreten (*Q. und Lit.*:). Bei größeren additiven Artikeln, deren Einzelteile sich stark aufeinander beziehen, sind die Literaturteile verschiedener Abschnitte zusammengefaßt und entsprechend der Artikelgliederung gezählt. Erläuterungen zur Literatur sind kursiv gesetzt oder in eckigen Klammern beigefügt.

Im *fortlaufenden Text des Artikels* erscheinen Literaturtitel in aller Regel nur, wenn sie als Beleg für eine bestimmte Textstelle notwendig sind.

H. VERFASSERZEICHNUNG

Die Artikel sind mit dem Verfassernamen signiert (Vorname [abgekürzt], Familienname [vollständig]). Mehrere aufeinanderfolgende Teilartikel bei additiven Artikeln, die von einem Autor verfaßt worden sind, werden nur einmal am Schluß signiert. Sind mehrere Autoren an einem Artikel beteiligt, so erscheinen ihre Namen – verbunden durch einen Schrägstrich – nebeneinander. Ausführlichere Angaben sind dem »Verzeichnis der Mitarbeiter« am Ende eines jeden Bandes zu entnehmen. Bei Autoren mit gleichlautender Initiale des Vornamens ist dieser ausgeschrieben.

I. KARTEN, ABBILDUNGEN, REGISTER

In die einzelnen Artikel sind nur Strichzeichnungen und Schemaskizzen aufgenommen worden, wenn sie zum Verständnis des Textes notwendig sind. Weitere Abbildungen und Karten sowie ein Register erscheinen im Ergänzungsband, der gesonderte Hinweise zur Benutzung enthält.

SCHLUSSBEMERKUNG: In einigen Fällen ergeben sich am Beginn des ersten Bandes leichte Abweichungen von der oben festgelegten Systematik, da es sich aufgrund der durch die Drucklegung der ersten Lieferungen gewonnenen Erfahrungen als notwendig erwiesen hat, einige Korrekturen an der ursprünglichen Systematik vorzunehmen.

ABBILDUNGEN

	Spalte
Abakus (schematische Darstellung)	11
Ackergeräte (Die Entwicklung der Bodenbearbeitungsgeräte Haken und Pflug und ihrer Funktionen)	83
Aedicula (Beispiele)	174
Agrarkrise (Kosten- und Erlöspreise des Landbaus in England im ausgehenden Mittelalter)	219
A und ω (bildliche Darstellung)	455
Alphabet (Glagolitisches und Kyrillisches Alphabet)	457
Alraune (bildliche Darstellung aus »Gart der Gesuntheit«, Mainz 1485)	459
Alsengemme (Verbreitung)	460
Altaranordnung (Umzeichnung des Planes von St. Gallen um 820)	464
Anderssein, Andersheit (»Figura paradigmatica« nach Nikolaus von Kues)	597
Arbor porphyriana	890
Aribo (schematische Darstellung der Caprea)	929
Armbrust	967
Ars medicinae (Übersichtsschema der medizinisch-theoretischen Strukturierung)	1039
Ars poetica, Ars versificatoria (Rota Vergilii)	1050
Becher (Darstellung typischer Formen)	1773
Beneventana (Schriftprobe)	1913

ABKÜRZUNGSVERZEICHNIS

I. ALLGEMEINE ZEICHEN UND ABKÜRZUNGEN SOWIE ABKÜRZUNGEN BIBLISCHER BÜCHER, WICHTIGER ORDEN UND KONGREGATIONEN

VORBEMERKUNG: Im Text der Artikel werden um der besseren Lesbarkeit willen Abkürzungen sparsam verwendet. Abgekürzt werden in der Regel Adjektive und Adverbien, die auf -lich und -isch enden (Beispiele: öffentl. = öffentlich, arab. = arabisch). Neben den allgemein üblichen und unmittelbar verständlichen finden besonders in den Quellen- und Literaturangaben zu den Artikeln folgende Zeichen und Abkürzungen Anwendung:

ZEICHEN

* geboren   ∞ verheiratet   † gestorben   ⚔ gefallen   ☐ begraben
⌖ geweiht (bei Kirchen, Klöstern, Altären usw.)   → Siehe (Verweis)

ABKÜRZUNGEN

a.a.O.	am angeführten Ort	ausgew.	ausgewählt(e)
AAVV	Autori vari	autor.	autorisiert
Abb.	Abbildung(en)	avign.	avignonesisch
abbas.	abbasidisch		
Abdr.	Abdruck	balk.	balkanisch
Abh.	Abhandlung(en)	Bar	Das Buch Baruch
abret.	altbretonisch	Bd., Bde	Band, Bände
Abt.	Abteilung	Bearb., bearb.	Bearbeiter, Bearbeitung, bearbeitet
Äbt.	Äbtissin	bed. verm.	bedeutend vermehrt
adän.	altdänisch	begr.	begründet
ae.	altenglisch	Beih.	Beiheft
afries.	altfriesisch	Beil.	Beilage(n)
afrz.	altfranzösisch	Beitr.	Beitrag, Beiträge
ags.	angelsächsisch	Ber.	Bericht(e)
ahd.	althochdeutsch	bes.	besondere, besonders
air.	altirisch	Bf.	Bischof
akslav.	altkirchenslavisch	bfl.	bischöflich
alchem.	alchemistisch	Bgft.	Burggrafschaft
alem.	alemannisch	Bibl.	Bibliothek, Bibliothèque, Biblioteca
allg.	allgemein	Bibliogr.	Bibliographie, Bibliography, Bibliografìa
almoh.	almohadisch		
almorav.	almoravidisch	Biogr.	Biographie, Biography, Biografìa
Am	Das Buch Amos	Bl., Bll.	Blatt, Blätter
an.	altnordisch	Bm.	Bistum
Anal	Analecta	Boll.	Bollettino
and.	altniederdeutsch	bret.	bretonisch
Anh.	Anhang	bulg.	bulgarisch
Anm.	Anmerkung(en)	Bull.	Bulletin, Bulletijn
anorw.	altnorwegisch	burg.	burgundisch
Anz.	Anzeiger	BVM	Beata Virgo Maria, Beatae Virginis Mariae
Apg	Die Apostelgeschichte		
App.	Appendix	byz.	byzantinisch
aram.	aramäisch	bzw.	beziehungsweise
arm.	armenisch		
Arr.	Arrondissement	ca.	circa
aruss.	altrussisch	Cah.	Cahiers
as.	altsächsisch	CanA	Canonici Augustiani – Regulierte Augustiner-Chorherren
aschwed.	altschwedisch		
AT	Altes Testament	CanR	Canonici Regulares – Regulierte Kanoniker, Regulierte Chorherren
atl.	alttestamentlich		
Aufl.	Auflage	Cart.	Cartulaire, Cartular, Cartulary
Ausg.	Ausgabe	chin.	chinesisch

chr.	christlich, chrétien, christian	Forts.	Fortsetzung(en)
1 Chr	Das 1. Buch der Chronik	Frfr.	Freifrau
2 Chr	Das 2. Buch der Chronik	Frgm.	Fragment
chronol.	chronologisch	Frh.	Freiherr
cod(d).	codex, codices	frk.	fränkisch
Congr.	Congress, Congrès, Congresso	frühchr.	frühchristlich
CSA	Canonici (Canonissae) Regulares S. Augustini – Regulierte Augustiner-Chorherren (-frauen)	FrühMA, frühma.	Frühmittelalter, frühmittelalterlich
		frz.	französisch
		Fs.	Fürst
d. Ä.	der Ältere	Fschr.	Festschrift
dalmat.	dalmatisch	Fsm.	Fürstentum
Dan	Das Buch Daniel	Fsn.	Fürstin
dat.	datiert		
Dép.	Département	Gal	Der Brief an die Galater
ders.	derselbe	gedr.	gedruckt
dgl.	dergleichen, desgleichen	gegr.	gegründet
d. Gr.	der Große	Gen	Genesis (= Das 1. Buch Mose)
d. h.	das heißt	gen.	genannt
d. i.	das ist	geogr.	geographisch
Dict.	Dictionary, Dictionnaire	geol.	geologisch
dies.	dieselbe	germ.	germanisch
Diöz.	Diözese	Ges.	Gesellschaft
Diss.	Dissertation	ges.	gesammelt(e)
Diz.	Dizionario	Gesch., gesch.	Geschichte, geschichtlich
d. J.	der Jüngere	Gf.	Graf
dt.	deutsch	Gfn.	Gräfin
Dtl.	Deutschland	Gfs.	Großfürst
Dtn	Deuteronomium (= Das 5. Buch Mose)	Gfsm.	Großfürstentum
		Gft.	Grafschaft
durchges.	durchgesehen	ggf.	gegebenenfalls
		Gloss.	Glosse(n), Glossar(e)
ebd.	ebenda	gr.	griechisch, greek, grec, greco, graecus
Ebf.	Erzbischof	Grdr.	Grundriß
ebfl.	erzbischöflich		
Ebm.	Erzbistum	H.	Heft(e)
Ed.	Editio, Edition	Hab	Das Buch Habakuk
ed.	edidit, ediderunt, edited	habsbg.	habsburgisch
Ed. pr.	Editio princeps	Hag	Das Buch Haggai
ehem.	ehemalig, ehemals	Hb.	Handbuch
Ehzg.	Erzherzog	hd.	hochdeutsch
Ehzm.	Erzherzogtum	Hebr.	Der Brief an die Hebräer
eigtl.	eigentlich	hebr.	hebräisch
Einf.	Einführung	heut.	heutig
Einl.	Einleitung	Hg., hg.	Herausgeber, herausgegeben
Einw.	Einwohner	Hist., hist.	Historie, History, Histoire, historisch, historical, historique
Eph	Der Brief an die Epheser		
erg.	ergänzt	Hl., hl.	Heilig-, Heilige(r), heilig
Ergbd.	Ergänzungsband	Hld	Das Hohelied (= Das Hohelied Salomos)
Ergh.	Ergänzungsheft		
Erl., erl.	Erläuterung(en), erläutert	HochMA	Hochmittelalter
ersch.	erschienen	hochma.	hochmittelalterlich
erw.	erweitert	holl.	holländisch
Esra	Das Buch Esra	Hos	Das Buch Hosea
Est	Das Buch Ester	Hs(s)., hs.	Handschrift(en), handschriftlich
europ.	europäisch	Hwb.	Handwörterbuch
Ex	Exodus (= Das 2. Buch Mose)	Hzg.	Herzog
Ez	Das Buch Ezechiel (= Hesekiel)	Hzgn.	Herzogin
		Hzm.	Herzogtum
F.	Folge		
Faks.	Faksimile		
Fasc.	Fasciculus, Fascicle, Fascicule, Fasciculo	idg.	indogermanisch
		i. J.	im Jahr
Fasz.	Faszikel	Ijob	Das Buch Ijob (= Job, Hiob)
Festg.	Festgabe	Ill., ill.	Illustration(en), illustriert
Fgft.	Freigrafschaft	im Dr.	im Druck
florent.	florentinisch	Ind.	Index
fol.	Folio	insbes.	insbesondere
Forsch.	Forschung(en)	Inst.	Institut
fortges.	fortgesetzt		

internat.	international	LK	Landeskunde
Inv.	Inventar	Lk	Das Evangelium nach Lukas
it.	italienisch	lux.	luxemburgisch
Jak	Der Brief des Jakobus	MA	Mittelalter, Middle Ages, Moyen Âge
Jb(b).	Jahrbuch, Jaarboek, Jahrbücher	ma.	mittelalterlich
Jber.	Jahresbericht(e)	1 Makk	Das 1. Buch der Makkabäer
Jdt	Das Buch Judit	2 Makk	Das 2. Buch der Makkabäer
Jer	Das Buch Jeremia	Mal	Das Buch Maleachi
Jes	Das Buch Jeseja	masch.	maschinenschriftlich
Jg.	Jahrgang	Math., math.	Mathematik, mathematisch
Jh.	Jahrhundert(e)	md.	mitteldeutsch
Joel	Das Buch Joel	ME	Middle English
Joh	Das Evangelium nach Johannes	me.	mittelenglisch
1 Joh	Der 1. Brief des Johannes	Mch., mech.	Mechanik, mechanisch
2 Joh	Der 2. Brief des Johannes	Med., med.	Medizin, medizinisch
3 Joh	Der 3. Brief des Johannes	Mél.	Mélanges
Jona	Das Buch Jona	mérov., merov.	mérovingien, merovingo
Jos	Das Buch Josua	merow.	merowingisch
Jt.	Jahrtausend	mfrk.	mittelfränkisch
Jud	Der Brief des Judas	mfrz.	mittelfranzösisch
		Mgf.	Markgraf
		Mgfn.	Markgräfin
Kap.	Kapitel	Mgft.	Markgrafschaft
kapet.	kapetingisch	mhd.	mittelhochdeutsch
Kard.	Kardinal	Micha	Das Buch Micha
karol.	karolingisch	Misc., Misz.	Miscellanes, Miscellanies, Miscellanées, Miscellaneen, Miszellen
kast.	kastilisch		
Kat.	Katalog	Mitarb.	Mitarbeit(er)
katal.	katalanisch	Mitt.	Mitteilung(en)
kath.	katholisch	Mk	Das Evangelium nach Markus
Kfsm.	Kurfürstentum	mlat.	mittellateinisch
Kg.	König	mnd.	mittelniederdeutsch
kgl.	königlich	mndl.	mittelniederländisch
Kgn.	Königin	mnfrk.	mittelniederfränkisch
Kgr.	Königreich	Mon., mon.	Monument(e), Monument(s), Monumenti, Monumenta, monumental(e)
Kgtm.	Königtum		
Kl.	Kloster, Klöster	Monogr.	Monographie, Monography
Klgl	Die Klagelieder des Jeremia	Ms(s).	Manuskript(e), Manuscrit(s), Manoscritto (Manoscritti)
Koh	Kohelet (= Der Prediger Salomo)		
Kol	Der Brief an die Kolosser	Mschr.	Monatsschrift
Komm., komm.	Kommentar(e), kommentiert	Mt	Das Evangelium nach Mattäus
1 Kön	Das 1. Buch der Könige		
2 Kön	Das 2. Buch der Könige	N, N-, n.	Norden, Nord-, nördlich
Kongr.	Kongreß	Nachdr.	Nachdruck
1 Kor	Der 1. Brief an die Korinther	Nachr.	Nachrichten
2 Kor	Der 2. Brief an die Korinther	Nachw.	Nachwort
Korrbl.	Korrespondenzblatt	Nah	Das Buch Nahum
Krs.	Kreis	nat.	national
Ks.	Kaiser	n. Chr.	nach Christus
ksl.	kaiserlich	nd.	niederdeutsch
Ksn.	Kaiserin	ndl.	niederländisch
Ksr.	Kaiserreich	Neh	Das Buch Nehemia
Ksm.	Kaisertum	Neudr.	Neudruck
		NF	Neue Folge
langob.	langobardisch	nfrk.	niederfränkisch
lat.	lateinisch, latin, latino, latinus	nhd.	neuhochdeutsch
Lett.	Letteratura	nlat.	neulateinisch
Lev	Levitikus (= Das 3. Buch Mose)	NO, NO-, nö.	Nordosten, Nordost-, nordöstlich
Lex.	Lexikon	norm.	normannisch
Lfg.	Lieferung	Nouv. Éd.	Nouvelle Édition
Lgf.	Landgraf	norw.	norwegisch
Lgfn.	Landgräfin	Nr.	Nummer, number, numéro, numero
Lgft.	Landgrafschaft	NR	Neue Reihe
Lit(t).	Literatur, literature, Littérature	NS	Neue Serie, New Series, Nouvelle Série, Nuova Seria, Nova Series
lit(t).	literarisch, literary, littéraire		
liturg.	liturgisch, liturgic, liturgique, liturgico	NT	Neues Testament

ntl.	neutestamentlich	Philos., philos.	Philosophie, Philosophy, Philosophie, philosophisch, philosophical, philosophique
Num	Numeri (= Das 4. Buch Mose)		
NW, NW-, nw.	Nordwesten, Nordwest-, nordwestlich		
NZ, nz.	Neuzeit, neuzeitlich	Phlm	Der Brief an Philemon
		Praef.	Praefatio
O, O-, ö.	Osten, Ost-, östlich	Préf., Pref.	Préface, Preface
O.	Ordo	Prosopogr.	Prosopographie, Prosopography
o. a.	oben angeführt	prosopogr.	prosopographisch
Obd	Das Buch Obadja	Prov.	Provinz
obdt.	oberdeutsch	prov.	provenzalisch
OblOSB	Oblati Ordinis S. Benedicti – Benediktineroblaten	Ps	Die Psalmen
		Pseud.	Pseudonym
OCarm	O. Fratrum BMV de Monte Carmelo – Beschuhte Karmeliten (Liebfrauen-Br.), Beschuhte Karmelitinnen	ptg.	portugiesisch
		Publ., publ.	Publication(s), publiziert, published, publié
OCart	O. Cartusiensis – Kartäuser (-innen)		
OCD	O. Fratrum Carmelitarum Discalceatorum – Unbeschuhte Karmeliten (-innen)	Q.	Quelle(n)
OE	Old English	R.	Reihe
OEDSA	O. Fratrum Eremitarum Discalceatorum S. Augustini – Unbeschuhte Augustiner-Eremiten	Ras	Rassegna
		Red., red.	Redaktion, redigiert
		Reg.	Regesten, Regesta
OESA	O. Fratrum Eremitorum S. Augustini – Augustiner-Eremiten	Regbd.	Registerband
		Rep., Rép.	Repertorium, Repertory, Repertorio, Répertoire
Offb	Die Offenbarung des Johannes		
OFM	O. Fratrum Minorum – Minderbrüder, Franziskaner	Repr.	Reprint
		rev.	revidiert
OFMCap	O. Fratrum Minorum Capuccinorum – Minderbrüder, Kapuziner	Ri	Das Buch der Richter
		Röm	Der Brief an die Römer
OFMConv	O. Fratrum Minorum Conventualium – Minderbrüder, Konventualen, Schwarze Franziskaner, Minoriten	Rut	Das Buch Rut
		Rwb	Rechtswörterbuch
OFMObs	O. Fratrum Minorum (Regularis) Observantiae – Franziskaner-Observanten	s.	siècle
		S, S-, s.	Süden, Süd-, südlich
o. J.	ohne Jahr	S.	San, Sancta, Sancti, Sanctus, Sant', Santa, Santo, São
OMinim	O. Minorum (S. Francisci de Paula) – Mindeste Brüder, Minimen, Paulaner		
		Sach	Das Buch Sacharja
OP	O. Fratrum Praedicatorum – Dominikaner O. II. Praedicatorum (Moniales) Dominikaner (-innen)	1 Sam	Das 1. Buch Samuel
		2 Sam	Das 2. Buch Samuel
		SB	Sitzungsberichte
opf.	oberpfälzisch	Schr.	Schrift(en)
OPraem	Candidus et Canonicus O. Praemonstratensis – Prämonstratenser, Norbertiner	schweiz.	schweizerisch
		sel.	selig
		Ser., sér.	Serie, series, série(s)
Orig.	Original	Sir	Das Buch Jesus Sirach
orth.	orthodox	siz.	sizilianisch
OSB	O. Sancti Benedicti – Benediktiner (-innen)	skand.	skandinavisch
		Slg.	Sammlung
OSBCam	Congregatio Monachorum Eremitarum Camaldulensium – Kamaldulenser	SO, SO-, sö.	Südosten, Südost-, südöstlich
		SOCist	Sacer Ordo Cisterciensis – Zisterzienser (-innen)
OSBM	Ordo S. Basilii Magni – Basilianer		
OSM	O. Servorum (-arum) Mariae – Diener Mariens, Serviten, Servitinnen	sog.	sogenannt
		Sp.	Spalte(n)
österr.	österreichisch	spätlat.	spätlateinisch
OT	O. Teutonicus S. Mariae in Jerusalem – Deutscher Orden, Deutschherren, Deutschritter	SpätMA, spätma.	Spätmittelalter, spätmittelalterlich
		Spr	Das Buch der Sprichwörter (= Die Sprüche Salomos)
p.	pagina, page	St., St(e).	Sankt, Saint, Sainte
Pal.	Palast, Palazzo, Palatium	Stud.	Studie(n), Studies
1 Petr	Der 1. Brief des Petrus	Suppl.	Supplement
2 Petr	Der 2. Brief des Petrus	Sv.	Sveti
Pfgf.	Pfalzgraf	SW, SW-, sw.	Südwesten, Südwest-, südwestlich
Pfgfn.	Pfalzgräfin	syn.	synonym
Pfgft.	Pfalzgrafschaft		
pharm.	pharmazeutisch	T.	Teil
Phil	Der Brief an die Philipper	Tab.	Tabelle(n)
Philol., philol.	Philologie, Philology, philologisch, philological, philologique	Taf.	Tafel(n)

theol.	theologisch	v. Chr.	vor Christus
1 Thess	Der 1. Brief an die Thessalonicher	ven.	venezianisch
2 Thess	Der 2. Brief an die Thessalonicher	verb.	verbessert(e)
thür.	thüringisch	Verf., verf.	Verfasser, verfaßt
1 Tim	Der 1. Brief an Timotheus	verm.	vermehrt(e)
2 Tim	Der 2. Brief an Timotheus	Veröff., veröff.	Veröffentlichung(en), veröffentlicht
Titus	Der Brief an Titus	Verz.	Verzeichnis
tl.	transliteriert	Vgf.	Vizegraf
Tob	Das Buch Tobias	Vgft.	Vizegrafschaft
Tom.	Tomus	vgl.	vergleiche
ts.	transkribiert	VK	Volkskunde
tschsl.	tschechoslowakisch	Vol.	Volumen
		vollst. umgearb.	vollständig umgearbeitet
u. a.	unter anderem	Vortr.	Vortrag, Vorträge
u. ä.	und ähnliches	Vorw.	Vorwort
UB	Urkundenbuch	vulgärlat.	vulgärlateinisch
Übers., übers.	Übersetzung, Übersetzer, übersetzt		
übertr.	übertragen	W, W-, w.	Westen, West-, westlich
u. d. T.	unter dem Titel	Wb.	Wörterbuch
umgearb.	umgearbeitet	Weish	Das Buch der Weisheit (= Die Weisheit Salomos)
unabh.	unabhängig		
ung.	ungarisch	Wiss., wiss.	Wissenschaft, wissenschaftlich
Univ.	Universität	wittelsb.	wittelsbachisch
Unters.	Untersuchung(en)	württ.	württembergisch
unv.	unverändert		
unvollst.	unvollständig	z. B.	zum Beispiel
u. ö.	und öfter	Zbl.	Zentralblatt
urchr.	urchristlich	Zef	Das Buch Zefanja
Urk(k)., urkdl.	Urkunde(n), urkundlich	Zs.	Zeitschrift
ursprgl.	ursprünglich	z. T.	zum Teil
usw.	und so weiter	ztw.	zeitweilig
u. U.	unter Umständen	zw.	zwischen
		z. Z.	zur Zeit
v.	von		
v. a.	vor allem		

II. ABKÜRZUNGEN BIBLIOGRAPHISCHER ANGABEN

VORBEMERKUNG: Die Abkürzungen und Siglen, die für wichtige und häufiger zitierte Bibliographien, Quelleneditionen, Regesten, Zeitschriften, Periodika, Handbücher, Nachschlagewerke und sonstige Standardliteratur vorgesehen sind, folgen bewußt nicht starren Regeln, sondern wollen im wesentlichen das in den einzelnen mediävistischen Disziplinen Übliche oder Eingebürgerte widerspiegeln.

Auf den Nachweis von Abkürzungen einzelner Autoren und Werke aus Mittelalter, Antike und Renaissance muß angesichts der Fülle der überlieferten Werke an dieser Stelle verzichtet werden. Es sei hier vor allem auf die Verzeichnisse des »Lexikons der Alten Welt«, des »Thesaurus Linguae Latinae« und des »Mittellateinischen Wörterbuchs« verwiesen, deren Vorbild das LEXIKON DES MITTELALTERS in seinen Abkürzungs- und Zitierweisen im wesentlichen folgt.

Das vorliegende Abkürzungsverzeichnis wurde aufgrund der Angaben, Hinweise und Vorschläge von Herausgebern, Fachberatern und Autoren des LEXIKONS DES MITTELALTERS bearbeitet. Es beruht darüber hinaus auf den Erfahrungen, die die Redaktion bei der Druckfassung der ersten drei Lieferungen sammeln konnte.

Weitere Ergänzungen sowie die abschließende Bearbeitung und Redaktion wurden von *Roswitha Mattejiet* vorgenommen. Unser Dank gilt allen Herausgebern, Fachberatern und Autoren, die durch Nachweis bibliographischer Angaben, Durchsicht der Verzeichnisse und viele andere wertvolle Hilfen und Anregungen zur Gestaltung dieses Abkürzungsverzeichnisses beigetragen haben.

München, im Oktober 1978

Redaktion LEXIKON DES MITTELALTERS

AAB	Abhandlungen der Deutschen (bis 1944: Preußischen) Akademie der Wissenschaften, Berlin 1815 ff.
AAE	Akty, sobrannye v bibliotekach i archivach Rossijskoj imperii Archeografičeskoju ékspedicieju Imperatorskoj akademii nauk, St. Petersburg 1836-38
AAG	Abhandlungen der Akademie der Wissenschaften in Göttingen, Göttingen 1942 ff. (bis 1940: AGG)
AAH	Abhandlungen der Heidelberger Akademie der Wissenschaften, Heidelberg 1913 ff.
AaKbll	Aachener Kunstblätter, Aachen 1906 ff.
AAL	Abhandlungen der Sächsischen Akademie der Wissenschaften in Leipzig, Leipzig 1915 ff. (bis 1920: AGL)
AAM	Abhandlungen der Bayerischen Akademie der Wissenschaften, München 1835 ff.
AAMz	Abhandlungen der (geistes- und sozialwissenschaftlichen Klasse) der Akademie der Wissenschaften und der Literatur, Mainz 1950 ff.
AAns	Analecta Anselmiana, Frankfurt a. M. 1969 ff.
AAP	Abhandlungen der Akademie der Wissenschaften in Prag
AArchCarp	Acta Archaeologica Carpathica, Kraków 1958 ff.
AArchHung	Archaeologica Hungarica. Acta Archaeologica Musei nationalis Hungarici, Budapest 1926-43; NS 1950 ff.
AAS	Acta Apostolicae Sedis, Roma 1909 ff. (vorher: Acta Sanctae Sedis, 1869 ff.)
AASF	Annales Academiae Scientiarum Fennicae, series A (Suomalaisen tiedeakatemian toimituksia), Helsinki 1890 ff.
AASS	Acta Sanctorum, ed. J. Bollandus u. a., 67 Bde, Antwerpen, 1643 ff.; Paris 1863-1925
AASSBelgii	Acta Sanctorum Belgii selecta, ed. J. Ghesquière, C. Smetius, 6 Bde, Bruxelles 1783-94
AASSOSB	Acta Sanctorum ordinis s. Benedicti in saeculorum classes distributa. Ed. J. Mabillon, L. D'Achéry, 9 Bde, Venezia 1733-40², Mâcon 1935³ ff.
AAW	Abhandlungen der Österreichischen Akademie der Wissenschaften, Wien
AAWW	Anzeiger der philologisch-historischen Klasse der Akademie der Wissenschaften in Wien, Wien 1863 ff.
Äbän-Šôšän	Äbän-Šôšän, Ham-millôn hä-ḥadas, Bd. 1-7, Jerusalem 1966-70
ABelgBull	Académie de Belgique. Bulletin de la classe des lettres et sciences morales, Bruxelles 1919 ff.
ABSHF	Annuaire Bulletin de la Société de l'histoire de France, Paris 1863 ff.
ACO	Acta Conciliorum Oecumenicorum. Ed. E. Schwartz, Berlin, Leipzig 1914 ff.
ActaAntHung	Acta Antiqua Academiae Scientiarum Hungaricae, Budapest 1951 ff.

ActaBaltSlav	Acta Baltico-Slavica, Białystok, Warszawa, Wrocław 1964ff.
ActaHist	Acta Historica. Revue de l'Académie des sciences de Hongrie, Budapest 1958ff.
ActaHistHung	Acta Historica Academiae scientiarum Hungaricae, Budapest 1951ff.
ActaHistNeerl	Acta Historiae Neerlandica, Leiden 1966ff.
ActaJugHist	Acta Jugoslaviae Historica, Beograd 1970ff.
ActaLingHung	Acta linguistica Academiae scientiarum Hungaricae. Acta linguistica Hungarica, Budapest 1951/52ff.
ActaOrHung	Acta orientalia Academiae scientiarum Hungaricae. Acta orientalia Hungarica, Budapest 1950/51ff.
ActaPharm	Acta Pharmaciae historica de l'Académie internationale d'histoire de la pharmacie, La Haye 1959ff.
ActaPolHist	Acta Poloniae Historica, Warszawa 1958ff.
ADA	Anzeiger für deutsches Altertum und deutsche Literatur, Berlin 1876–1944; Wiesbaden 1948/50ff.
ADB	Allgemeine Deutsche Biographie, hg. durch die Historische Commission bei der Bayerischen Akademie der Wissenschaften, 56 Bde, Leipzig 1875–1912
AdG	Archiv für Gesellschaft für ältere deutsche Geschichtskunde zur Beförderung einer Gesamtausgabe der Quellenschriften deutscher Geschichten des Mittelalters, Frankfurt a. M. 1819–22; Hannover 1823–73/74
ADipl	Archiv für Diplomatik, Schriftgeschichte, Siegel- und Wappenkunde, Münster, Köln 1955ff. (vorher: AU)
AdPh	Archives de Philosophie, Paris 1923ff.
ADV	Atlas der Deutschen Volkskunde, Leipzig 1937; Beihefte NF 1958ff.
AEarqu	Archivo Español de arqueología (bis 1950: Instituto Diego Velázquez), Madrid 1940ff.
AEart	Archivo Español de arte, Madrid 1940 (1925–37 Archivo español de arte y archeología)
AF	Anglistische Forschungen, Heidelberg 1901ff.
AfB	Archiv für Begriffsgeschichte, Bonn 1955ff.
AFrH	Archivum Franciscanum historicum, Florenz 1908ff.
AFZ	Akty feodal'nogo zemlevladenija i chozjajstva XIV–XVI vekov, Moskva 1951ff.
AGB	Archiv für Geschichte des Buchwesens, Frankfurt a. M. 1958ff.
AGG	Abhandlungen der Gesellschaft der Wissenschaften zu Göttingen, Göttingen 1838ff. (ab 1942: AAG)
AGL	Abhandlungen der Sächsischen Gesellschaft der Wissenschaften, Leipzig 1850ff. (ab 1915: AAL)
AGMN	Abhandlungen zur Geschichte der Medizin und der Naturwissenschaften, Berlin 1934ff.
AGNRh	Archiv für die Geschichte des Niederrheins, Köln, Düsseldorf 1832ff.
AGNT	Archiv für Geschichte der Naturwissenschaften und der Technik, Leipzig 1909
AGPh	Archiv für Geschichte der Philosophie, Berlin 1888ff.
AH	Agricultural History, Baltimore 1927ff.
AHB	Agronomisch-historische bijdragen, Wageningen 1948ff.
AHC	Annuarium historiae conciliorum, Amsterdam 1969ff.
AHDE	Anuario de historia de derecho español, Madrid 1924ff.
AHDL	Archives d'histoire doctrinale et littéraire du moyen-âge, Paris 1926ff.
AhdWb	Althochdeutsches Wörterbuch, hg. E. Karg-Gasterstädt und Th. Frings, Berlin 1952ff.
AHES	Annales d'histoire économique et sociale, Paris 1929ff.
AHExSc	Archive for History of Exact Sciences, Berlin 1960ff.
AHM	Archives Historiques du Maine, Le Mans 1960ff.
AHP	Archivum historiae pontificiae, Roma 1963ff.
AHR	Agricultural Historical Review, London 1953ff.
AHVN	Annalen des Historischen Vereins für den Niederrhein, Köln 1855ff.
AI	Akty istoričeskie, sobrannye i izdannye Archeografičeskoju komissieju, St. Petersburg 1841ff.
AIHS	Archives internationales d'histoire des sciences, Paris, Wiesbaden 1947ff.
AINT	Archiv istorii nauki i techniki, Leningrad

AIT	Aktyističeskie, otnosjaščiesja k Rossii, izvlečennye iz inostrannych archivov i bibliotek A. I. Turgenevym, St. Petersburg 1841-42
AIVSL	Atti R. Istituto veneto di scienze, lettere ed arti, Venezia 1840ff.
AJLH	American Journal of Legal History, Philadelphia 1957ff.
AJuZR	Akty, otnosjaščiesja k istorii Južnoj i Zapadnoj Rossii, sobrannye i izdannye Archeografičeskoju komissieju, St. Petersburg 1861-92
AK	Archiv für Kulturgeschichte, Berlin, Köln, Graz u. a. 1903 ff.
AKDV	Anzeiger zur Kunde der deutschen Vorzeit, Karlsruhe 1835-39
AKKR	Archiv für katholisches Kirchenrecht, Mainz 1857 ff.
AKM	Abhandlungen für die Kunde des Morgenlandes, Leipzig 1857 ff.
AKML	Abhandlungen zur Kunst-, Musik- und Literaturwissenschaft, Bonn 1957 ff.
AKÖG	Archiv zur Kunde österreichischer Geschichtsquellen, Wien 1848 ff.
AKu	Archiv für Kunstgeschichte, Leipzig 1913
ALDERSON	A. D. Alderson, The Structure of the Ottoman Dynasty, Oxford 1956
ALKGMA	Archiv für Literatur- und Kirchengeschichte des Mittelalters, Berlin, Freiburg 1885 ff.
ALMA	Archivum latinitatis medii aevi. Bulletin Du Cange, Bruxelles 1924 ff.
ALTANER-STUIBER	B. Altaner und A. Stuiber, Patrologie. Leben, Schriften und Lehre der Kirchenväter, Freiburg 1966⁷
ALTHEIM-STIEHL	F. Altheim - R. Stiehl, Geschichte der Hunnen, 5 Bde, Berlin 1959-62
ALW	Archiv für Liturgiewissenschaft, Regensburg 1950 ff.
AM	Annales du midi, Toulouse 1889 ff.
Ambix	Ambix. The Journal of the Society for the Study of Alchemy and Early Chemistry, London 1937 ff.
AMe	Annuale mediaevale, Pittsburg 1960 ff.
AMF	Archiv für Musikforschung, Leipzig 1936 ff.
AMIRA-ECKHARDT	K. v. Amira, Germanisches Recht, bearb. v. K. A. Eckhardt, Bd. 1 ff., Berlin 1960⁴ ff. (Grundriß der germanischen Philologie 5)
AMMANN	A. M. Ammann, Abriß der ostslawischen Kirchengeschichte, Wien 1950
AMW	Archiv für Musikwissenschaft, Leipzig 1918 ff.
AnalAug	Analecta Augustiniana, Roma 1905 ff.
AnalBoll	Analecta Bollandiana, Bruxelles 1892 ff.
AnalCart	Analecta Cartusiana, Berlin, Salzburg 1970 ff.
AnalCist	Analecta Sacri Ordinis Cisterciensis, Roma 1945 ff.
AnalHym	Analecta hymnica medii aevi, Leipzig 1886 ff. [Neudr. New York, London 1961 ff.]
AnalPraem	Analecta Praemonstratensia, Tongerloo 1925 ff.
AnalRom	Analecta Romanica. Beihefte zu den Romanischen Forschungen, Frankfurt a. M. 1955 ff.
ANF	Arkiv för nordisk Filologi, Lund 1883 ff.
Anglia	Anglia. Zeitschrift für englische Philologie, Halle, Tübingen 1878 ff.
Annales	Annales. Economies, Société, Civilisation, Paris 1946 ff.
ANOH	Aarbøger for Nordisk Oldkydighed og Historie, København 1866 ff.
ANT	Anglo-Norman Texts. Anglo-Norman Text Society, Oxford 1939 ff.
Antonianum	Antonianum. Periodicum philosophico-theologicum trimestre, Roma 1926 ff.
AO	Archivum Ottomanicum, Den Haag 1969 ff.
AÖAW	Anzeiger der Österreichischen Akademie der Wissenschaften, Wien 1864 ff.
AÖG	Archiv für österreichische Geschichte, Wien 1865 ff. (1848-65: Archiv zur Kunde österreichischer Geschichtsquellen)
AOr	Archiv Orientální, Praha 1929 ff.
APF	Archiv für Papyrusforschung und verwandte Gebiete, Leipzig, Berlin 1900 ff.
APh	Archiv für Philosophie, Stuttgart 1947 ff.
APharm	Archiv der Pharmazie, Berlin 1822 ff.
API	Archivio Paleografico Italiano, Roma 1882 ff.
APOSl	Annuaire de l'institut de philologie et d'histoire orientales et slaves, Bruxelles u. a. 1932 ff.

APraed	Archivum Fratrum Praedicatorum, Roma 1931 ff.
AQR	American Quarterly Review, Philadelphia 1827 ff.
AR	Archivum Romanicum, Firenze 1917 ff.
ArchAnz	Archäologischer Anzeiger, Berlin 1849 ff.
ArchE	Archeografičeskij ežegodnik, Moskva 1957 ff.
ArchGG	Archiv der Gesellschaft für ältere deutsche Geschichtskunde, Frankfurt a. M. 1820–74 (fortges. als NA)
Archivar	Der Archivar. Mitteilungsblatt für das deutsche Archivwesen, Düsseldorf 1947/48 ff.
Archivio Mur.	Archivio Muratoriano. Studi e ricerche in servigio della nuova edizione dei Rer. Ital. Ser., Città di Castello 1904 ff.
Archiv JUZR	Archiv Jugo-Zapadnoj Rossii, Kiev 1859–1904
Archivmitt.	Archivmitteilungen. Zeitschrift für Theorie und Praxis des Archivwesens, Berlin 1951/52 ff.
ArchK	Archeologija, Kiev 1941 ff.
ArchKbl	Archäologisches Korrespondenzblatt, Mainz 1971 ff.
ArchLitg	Archiv für Literaturgeschichte, Leipzig 1870–87 (fortges. als Vierteljahresschrift für Literaturgeschichte)
ArchM	Archéologie médiévale, Caen 1971 ff.
ArchMed	Archeologia medievale, Firenze 1974 ff.
ArchPam	Archeologični Pamjatki USSR, Kiev 1949 ff.
ArchPol	Archaelogia Polona, Warszawa 1958 ff.
ArchPols	Archeologia Polski, Warszawa, Wrocław 1957 ff.
ArchRoz	Archeologické Rozhledy, Praha 1949 ff.
ArchSofija	Archeologija. Bălgarska Akademija na naukite. Archeologičeski Institut i muzej, Sofija 1959 ff.
ArchSSSR	Akad. nauk SSSR. Inst. archeologii. Archeologija SSSR. Svod archeologičeskich istočnikov. Pod obšč. red. B. A. Rybakova, Moskva, Leningrad 1961 ff.
ArchW	Archeologia, Wrocław 1947 ff.
ArhVest	Arheoloski Vestnik, Ljubljana 1950 ff.
Armes anc.	Armes anciennes. Revue consacré à l'étude des armes anciennes, Genève 1953/54 ff.
Ars medica	Ars medica. Texte und Untersuchungen zur Quellenkunde der Alten Medizin, Berlin II 1968 ff.; III 1971 ff.
ARSP	Archiv für Rechts- und Sozialphilosophie, Berlin u. a. 1907 ff.
ArtBull	The Art Bulletin, New York 1913 ff.
AS	Annales Silesiae, Wrocław 1960/61
ASäG	Archiv für Sächsische Geschichte, Leipzig 1863 ff.
ASAK	Anzeiger für schweizerische Altertumskunde. Indicateur d'antiquités suisses, Zürich 1869/71–98 [NS 1899–1938] (vorher: ASGA, fortges. als ZAK)
ASB	Archivio di Stato di Bologna
ASchBW	Archiv für Schreib- und Buchwesen, Wolfenbüttel 1927 ff.
ASD	Annali di storia del diritto, Milano 1957 ff.
ASE	Anglo-Saxon England, Cambridge 1972 ff.
ASG	Anzeiger für schweizerische Geschichte, Bern 1870 ff.
ASGA	Anzeiger für schweizerische Geschichte und Altertumskunde. Indicateur d'histoire et d'antiquités suisses, Zürich 1855–69 (fortges. als ASAK)
ASHAL	Annuaire de la Société d'histoire et d'archéologie de la Lorraine, Metz, Bar-le-Duc 1920 ff. (früher: Jahrbuch der Gesellschaft für Lothringische Geschichte und Altertumskunde, Metz 1888–1916)
ASI	Archivio storico italiano, Firenze 1842 ff.
ASL	Archivio storico Lombardo, Milano 1874 ff.
AslPhilol	Archiv für slavische Philologie, Berlin 1876 ff.
ASNSL	Archiv für das Studium der neueren Sprachen und Literaturen, Braunschweig u. a. 1846 ff.
ASPN	Archivio storico per le Provincie Napoletane, Napoli 1876 ff.
ASPR	Anglo-Saxon Poetic Records, New York, London 1931 ff.

ASRSP	Archivio della Società Romana di storia patria, Roma 1877ff.
ASS	Archivio storico Siciliano, Palermo 1873ff.
AST	Analecta Sacra Tarraconensia, Barcelona u. a. 1925
AStNSp	Archiv für das Studium der neueren Sprachen und Literaturen, Braunschweig u. a. 1846ff.
ASV	Atlas der Schweizerischen Volkskunde, Basel 1950ff.
ATB	Altdeutsche Textbibliothek, begr. v. H. Paul, Ausgabe Halle 1882–1939, 1952–55; Ausgabe Tübingen 1955ff. [Ergänzungsreihe 1963ff.]
Ateneum	Ateneum. Pismo naukowe i literackie, Warszawa 1876ff.
AU	Archiv für Urkundenforschung, Leipzig 1907ff. (fortges. als ADipl)
AuA	Antike und Abendland, Hamburg 1945ff.
AUBIN-ZORN	Handbuch der deutschen Wirtschafts- und Sozialgeschichte, hg. A. Aubin – W. Zorn, Stuttgart I 1971; II 1976
Augustiniana	Augustiniana. Tijdschrift voor de studie van Sint Augustinus en de Augustijnenorde, Leuven 1951ff.
AÜIFY	Ankara Üniversitesi Ilâhiyat Fakültesi Yayınları, Ankara 1943ff.
AUL	Acta Universitatis Latriensis, phil. et philos. ordinis series I, Riga, 1919ff.
AURENHAMMER	H. Aurenhammer, Lexicon der christlichen Ikonographie, Wien 1959–67
Aureus	Aureus. Zeitschrift für Numismatik und Geldwesen, München 1959ff.
AusgQ	Ausgewählte Quellen zur deutschen Geschichte des Mittelalters und der Neuzeit (Freiherr-vom-Stein-Gedächtnisausgabe), Berlin u. a. 1956ff.
Ausgrabungen	Ausgrabungen und Funde. Nachrichtenblatt für Vor- und Frühgeschichte, Berlin 1956ff.
AVAK	Akty, izdavaemye komissieju, učreždennoju dlja razbora drevnich aktov v Vil'ne. Akty, izdavaemye Vilenskoju komissieju dlja razbora drevnich aktov, Vil'na 1865ff.
AZ	Archivalische Zeitschrift, München u. a. 1876ff.
AZR	Akty, otnosjaščiesja k istorii Zapadnoj Rossii, St. Petersburg 1846–53
BA	Bollettino d'Arte del Ministero della pubblica istruzione, Roma 1907ff.
BABINGER, GOW	F. Babinger, Die Geschichtsschreiber der Osmanen und ihre Werke, Leipzig 1927
BAE	Biblioteca de autores españoles, Madrid 1846ff.
BAL	Berichte über die Verhandlungen der Sächsischen Akademie der Wissenschaften zu Leipzig, Leipzig 1919ff. (bis 1919: BGL)
BAP	Bibliothek der angelsächsischen Prosa in kritisch bearb. Texten, begr. Ch. W. M. Grein, Kassel, Göttingen 1872
BAR	Biblioteca dell'Archivum Romanicum, Firenze u. a. 1921ff.
BARDENHEWER	O. Bardenhewer, Geschichte der altkirchlichen Literatur, 5 Bde, Freiburg I 1913²; II 1914²; III 1923²; IV 1924¹⁻²; V 1932 [Nachdr. Darmstadt 1962]
BARON	S. W. Baron, A Social and Religious History of the Jews, 3 Bde, New York 1937–38; 1952²ff.
BARTH, Dogmatik	K. Barth, Die kirchliche Dogmatik, 4 Bde, München, Zürich 1932–67
BAW	Bibliothek der Alten Welt, begr. K. Hoenn, hg. C. Andresen, O. Gigon, E. Hornung und W. Rüegg, Zürich, Stuttgart, München 1949ff.
BBBW	Beiträge zum Buch- und Bibliothekswesen, Wiesbaden 1954ff.
BBCS	Bulletin of the Board of Celtic Studies, London, Cardiff 1923ff.
BBK	Bonner Beiträge zur Kirchengeschichte, hg. E. Dassmann, E. Hegel, B. Stasiewski, Köln, Wien 1972ff.
BBKG	Beiträge zur bayerischen Kirchengeschichte, Erlangen 1895–1925 (fortges. als ZBKG, 1926ff.)
BCH	Bulletin de Correspondance Hellénique, Athenai, Paris 1877ff.
BDLG	Blätter für deutsche Landesgeschichte, Wiesbaden 1937ff. (vorher: KorrblGV)
BDP	Bullarium diplomatum et privilegiorum sanctorum Romanorum pontificum Taurinensis editio, 25 Bde, Torino 1857–72
BEC	Bibliothèque de l'École des Chartes, Paris 1839ff.
BECCARIA	A. Beccaria, I codici di medicina del periodo presalernitano, secoli IX, X e XI, Roma 1956 (Storia e Letteratura 53)

Beck, Kirche	H.-G. Beck, Kirche und theologische Literatur im byzantinischen Reich, München 1959 (Handbuch der Altertumswissenschaft 12)
Beck, Volksliteratur	H.-G. Beck, Geschichte der byzantinischen Volksliteratur, München 1971 (Handbuch der Altertumswissenschaft 12)
BEHE	Bibliothèque de l'École des Hautes Études, Paris 1869 ff.
BeIKSA	Berichte über den II. Internationalen Kongreß für Slavische Archäologie Berlin 24.-28. August 1970, hg. J. Herrmann und K.-H. Otto, Berlin 1970 ff.
Ben Yehuda	E. Ben Yehuda, Thesaurus totius hebraitatis et veteris et recentioris, Vol. 1-8, New York 1960²
BEO	Bulletin d'Études Orientales, Damaskus 1931 ff.
BerROB	Berichten van de rijksdienst voor het ondheidkundig bodemonderzoek, Amersfoort 1950 ff.
Berthelot	M. P. Berthelot, Histoire des sciences. La chimie au moyen-âge, 3 Bde, Paris 1893
Berthelot, Coll.	M. P. Berthelot, Collection des anciens alchimistes grecs, 3 Bde, Paris 1888 [Nachdr. Osnabrück 1967]
Bezzola, Litt. Courtoise	R. R. Bezzola, Les origines et la formation de la littérature courtoise en Occident (500-1200), 4 Bde, Paris 1958-67²
BGL	Berichte über die Verhandlungen der Sächsischen Gesellschaft der Wissenschaften zu Leipzig, Leipzig 1846 ff. (ab 1919: BAL)
BGM	Beiträge zur Geschichte der Medizin, Wien 1948 ff.
BGN	Bijdragen voor de Geschiedenis der Nederlanden, Antwerpen u. a. 1946 ff.
BGPhMA	Beiträge zur Geschichte der Philosophie und Theologie des Mittelalters, Münster 1891 ff. (vor 1928/30: Beiträge zur Geschichte der Philosophie des Mittelalters)
BGPharm	Beiträge zur Geschichte der Pharmazie. Mitteilungsblatt der Internationalen Gesellschaft für Geschichte der Pharmazie, Stuttgart 1969 ff.
BHF	Bonner historische Forschungen, Bonn 1952 ff.
BHL	Bibliotheca hagiographica latina antiquae et mediae aetatis, ed. Socii Bollandiani, 2 Bde, Bruxelles 1898-1901 [Suppl. editio altera, 1911]
BHM	Bulletin of the History of Medicine, Baltimore 1933 ff.
BHS	Bulletin of Hispanic Studies, Liverpool 1923 ff.
BHTh	Beiträge zur historischen Theologie, Tübingen 1929 ff.
Bib	Biblica. Commentarii ad rem biblicam scientifice investigandam (Pontificium Institutum biblicum), Roma 1920 ff.
Bibl. ann.	P. Caron – H. Stein, Répertoire bibliographique de l'histoire de France, 6 Bde, Paris 1923-38 (fortges. als Bibliographie annuelle de l'histoire de France du cinquième siècle à 1939, zuletzt Année 1976, Paris 1977)
Bibl. math.	Bibliotheca mathematica. Zeitschrift für Geschichte der mathematischen Wissenschaften, Leipzig 1884 ff.
Bibl. SS	Bibliotheca Sanctorum, ed. F. Caraffa u. a., 2 Bde und Register, Roma 1961-70
BiblThom	Bibliothèque Thomiste, Le Saulchoir u. a. 1921 ff.
BIDR	Bollettino dell'Istituto di diritto romano »Vittorio Scialoia«, Milano 1888 ff.
BIESO	Bulletin de l'Institut pour l'étude de l'Europe sud-orientale, Bucureşti 1914 ff. (fortges. als RHSE)
BIHR	Bulletin of the Institute of Historical Research, London 1923 ff.
BIMAE	Scripta anecdota Glossatorum, cur. G. B. Palmieri (Bibliotheca iuridica medii aevi, ed. A. Gaudenzi), Vol. I-III, Bologna I 1888, 1913²; II 1892; III 1901 [Neudr. 1962]
BISI	Bollettino dell'Istituto storico italiano per il medio evo e Archivio Muratoriano, Roma 1886 ff.
BISSV	Bollettino dell'Istituto di storia della società e dello stato Veneziano, Venezia 1959 ff. (ab 1965: StVen)
BJ	Bonner Jahrbücher des Rheinischen Landesmuseums in Bonn und des Vereins von Altertumsfreunden im Rheinlande, Bonn 1842 ff.
BKMR	Beiträge zur Kulturgeschichte des Mittelalters und der Renaissance, Leipzig u. a. 1908 ff.
BKV	Bibliothek der Kirchenväter, hg. F. X. Reithmayr, fortges. V. Thalhofer, 79 Bde, Kempten 1869-88
BKV²	Bibliothek der Kirchenväter, hg. O. Bardenhewer, Th. Schermann u. a., 83 Bde, Kempten 1911 ff.

BL	Baltische Lande I. Ostbaltische Frühzeit, Leipzig 1939
BLA	Biographisches Lexikon der hervorragenden Ärzte aller Zeiten und Völker, hg. A. Hirsch, 5 Bde (Nachträge: Bd. 6, 1935), Berlin, Wien 1929–34; Berlin, München 1962³
Blaškovič, Bratisl.	J. Blaškovič, Arabische, türkische und persische Handschriften der Universitätsbibliothek in Bratislava, Bratislava 1962
BldtPh	Blätter für deutsche Philosophie, Berlin 1927 ff.
BLE	Bulletin de littérature ecclésiastique, Toulouse 1877 ff.
BLGS	Biographisches Lexikon zur Geschichte Südosteuropas, hg. M. Bernath - F. V. Schroeder, München 1972 ff. (Südosteuropäische Arbeiten 75)
BlM	Blätter für Münzfreunde, Leipzig 1865 ff.
Blochet, CMT	E. Blochet, Catalogue des manuscrits turcs, Paris 1932–33
BlTG	Blätter für Technikgeschichte, Wien 1962 ff. (1932–61: Blätter für Geschichte der Technik)
Blumfeldt-Loone	E. Blumfeldt - N. Loone, Bibliotheca Estoniae historica 1877–1917. 3 Bde, Tartu (Dorpat) 1931–37
BLV	Bibliothek des historischen Vereins zu Stuttgart, Stuttgart, Tübingen, Leipzig 1842 ff.
BM	Baltische Monatsschrift, Riga 1859–1932 (1933–39: Balt. Monatshefte)
BMCL	Bulletin of Medieval Canon Law, Berkeley 1971 ff.
BN	Beiträge zur Namenforschung, Heidelberg 1949 ff. [NF 1966 ff.]
BNB	Biographie nationale belge. Publié par l'Académie de Belgique, 32 Bde, Bruxelles 1866–1964
BNJ	Byzantinisch-neugriechische Jahrbücher, Berlin 1920 ff.
BNSI	Bollettino di numismatica e sfragistica per la storia d'Italia, Camerino 1882
BNum	Berliner Numismatische Zeitschrift, Berlin 1949 ff.
Bochenski	Bibliographische Einführungen in das Studium der Philosophie, hg. I. M. Bochenski, Bern 1948 ff.
Boehmer, Fontes	J. F. Boehmer, Fontes rerum Germanicarum, 4 Bde, Stuttgart 1843–68 [Neudr. Aalen 1969]
Bombaci, SLT	A. Bombaci, Storia della letteratura turca dall'antico impero di Mongolia all'odierna Turchia, Milano 1956, 1963² (Thesaurus litterarum Sez. 1, Storia delle letterature di tutto il mondo 42)
Borellius	P. Borellius, Bibliotheca chimica, seu Catalogus librorum philosophicorum hermeticorum ... usque ad annum 1653, Paris 1654 [Neudr. 1968]
Bosl, BG	K. Bosl, Bayrische Geschichte, München 1971
Bosl, Böhm. Länder	Handbuch der Geschichte der böhmischen Länder, hg. K. Bosl, 3 Bde, Stuttgart 1966–68
Bosl, Reichsministerialität	K. Bosl, Die Reichsministerialität der Salier und Staufer, Stuttgart 1950 (MGH Schr. 10)
Bouquet	Recueil des historiens des Gaules et de la France, ed. M. Bouquet u. a., Paris 1738–1904 [Neuausg. 1869–1904; Neudr. Farnsborough, Hants 1967–68]
BPh	Bibliographia Philosophica 1934–45, ed. G. A. de Brie, Bd. I–II, Bruxelles 1950–54
BRAE	Boletín de la Real Academia Española, Madrid 1914 ff.
Braunfels, KdG	Karl der Große. Lebenswerk und Nachleben, hg. W. Braunfels, 4 Bde, Düsseldorf 1965–68
Brehier, Byzance	L. Brehier, Vie et mort de Byzance, Paris 1947 (Le monde byzantin 1)
Brehier, Civilisation	L. Brehier, La civilisation byzantine, Paris 1950 (Le monde byzantin 3)
Brehier, Institutions	L. Brehier, Les institutions de l'Empire byzantin, Paris 1948 (Le monde byzantin 2)
Bresslau	Handbuch der Urkundenlehre für Deutschland und Italien, H. Bresslau, 2 Bde, 1 Regbd., Berlin 1912–31² [Neudr. Berlin 1968/69]
Brightman	F. E. Brightman, Liturgies Eastern and Western, I. Eastern Liturgies, Oxford 1896 [Neudr. 1965]
BrJbb	Brandenburgische Jahrbücher. Schriftenreihe für Natur- und Landschaftsschutz, Geschichtsforschung, Archivwesen, Boden- und Baudenkmalpflege, Volkskunde, Heimatmuseum Potsdam, Berlin 1936 ff.
BrNamenb.	Brandenburgisches Namenbuch, Weimar 1967 ff. (Berliner Beiträge zur Namenforschung, Bd. 1 ff.)
Brockelmann	C. Brockelmann, Geschichte der arabischen Litteratur, 2 Bde und 3 Suppl., Leiden 1943²
Brokgauz-Efron	Novyj ènciklopedičeskij slovaŕ. Izdateli: F. A. Brokgauza, I. A. Efrona, 82 Bde und 3 Ergbde, St. Petersburg 1894–1907
BRUC	Biographical Register of the University of Cambridge to 1506, ed. A. B. Emden, Cambridge 1963

Brühl, Fodrum	C. Brühl, Fodrum, Gistum, Servitium regis. Studien zu den wirtschaftlichen Grundlagen des Königtums im Frankenreich und in den fränkischen Nachfolgestaaten Deutschland, Frankreich und Italien vom 6. bis zur Mitte des 14. Jh., 2 Bde, Köln, Graz 1968
Brühl, Palatium	C. Brühl, Palatium und civitas. Studien zur Profantopographie spätantiker civitates vom 3. bis zum 13. Jh., Köln, Graz 1975 ff.
Brunhölzl	F. Brunhölzl, Geschichte der lateinischen Literatur des Mittelalters, bisher Bd. 1 erschienen, München 1975
Brunner, DRG	H. Brunner, Deutsche Rechtsgeschichte, hg. Frh. v. Schwerin, Leipzig I 1906²; II 1928²
BRUO	Biographical Register of the University of Oxford to A.D. 1500, hg. A.B. Emden, 3 Bde, Oxford 1957–59
BS	Bibliotheca sacra, London 1843 ff.
BSAW	Berichte über die Verhandlungen der Sächsischen Akademie der Wissenschaften, Leipzig 1846–48
BSE[1]	Bol'šaja sovetskaja enciklopedija. Glav. red. O. Ju. Šmidt, 65 Bde, Moskva 1926–48
BSE[2]	Bol'šaja sovetskaja enciklopedija. Glav. red. S.I. Vavilov, 51 Bde, Moskva 1949–58
BSE[3]	Bol'šaja sovetskaja enciklopedija. Izd. 3 Glav. red. A.M. Prochorov, Bd. 1 ff., Moskva 1969 ff.
BSHAR	Bulletin de la section historique de l'Académie Roumaine, București 1912 ff.
BSHT	Breslauer Studien zur historischen Theologie, Breslau 1922 ff.
BSIEPh	Bulletin de la société internationale pour l'étude de la philosophie médiévale, Louvain 1959 ff. (ab 1964: Bulletin de philosophie médiévale)
BSOAS	Bulletin of the School of Oriental and African Studies, London 1917 ff.
BSP	Bollettino della società Pavese di storia patria, Pavia 1901 ff.
BSSS	Biblioteca della società storica subalpina, Pinerolo 1899 ff.
BSSUSP	Bollettino della società storica Umbria di storia patria, Perugia 1895
BSt	Baltische Studien, Stettin, Hamburg 1832 ff.; NF 1897 ff.
BulComMonIst	Buletinul Comisiunii Monumentelor Istorice, București 1908 ff.
BullA (Serbie)	Bulletin de l'Académie des lettres (Serbie), Beograd 1935 ff.
BullMon	Bulletin monumental, Paris 1834 ff.
BullNum	Bulletin de numismatique, Paris 1891 ff.
BullSocAntPic	Bulletins de la Société des Antiquaires de Picardie, Amiens 1841 ff.
BVG	Bijdragen voor vaderlandsche geschiedenis en oudheidkunde, Arnhem 1837 ff. – 1946 (fortges. als BGN)
BVGbll	Bayerische Vorgeschichtsblätter, München 1931 ff. (vorher: Der bayer. Vorgeschichtsfreund, 1921/22 ff.)
BWbDG	Biographisches Wörterbuch zur Deutschen Geschichte, begr. H. Rössler – G. Franz, neubearb. K. Bosl, G. Franke, H. H. Hofmann, 3 Bde, München 1973–75²
Byzantina	Βυζαντινά. Ἐπιστημονικὸν Ὄργανον Κέντρον Βυζαντινῶν Ἐρευνῶν Φιλοσοφικῆς Σχολῆς Ἀριστοτελείου Πανεπιστημίου, Thessalonikē 1969 ff.
Byzanz	Byzanz. Geschichte und Kultur des oströmischen Reiches, hg. N. H. Baynes u. a., München 1964
ByzHb	Byzantinisches Handbuch, München 1963 (Handbuch der Altertumswissenschaft 12)
Byzslav	Byzantinoslavica. International Journal of Byzantine Studies, Praha 1929 ff.
BZ	Byzantinische Zeitschrift, München u. a. 1892 ff.
CAG	Commentaria in Aristotelem Graeca, Berlin 1882 ff.
CahArch	Cahiers archéologiques, Fin de l'antiquité et moyen-âge, hg. A. Grabar, Paris 1945 ff.
Cahen, POT	C. Cahen, Pre-Ottoman Turkey. A general survey of the material and spiritual culture and history c. 1071–1330, London 1968
CAJ	Central Asiatic Journal, Den Haag 1955 ff.
Cameron, OE Texts	A. Cameron, A List of Old English Texts. A Plan for the Dictionary of Old English, Toronto 1973
Carinthia I	Carinthia. Geschichtliche (ab 1950: und volkskundliche) Beiträge zur Heimatkunde Kärntens, Klagenfurt 1811 ff.
CAS	Councils and Synods with other documents relating to the English Church, ed. F.M. Powicke and C.R. Cheney, 2 Bde, Oxford 1964

CatcodhagBrux	Catalogus codicum hagiographicorum bibliothecae regiae bruxellensis, 2 Bde, Bruxelles 1886–89 (Subsidia hagiographica 1)
CatcodhagParis	Catalogus codicum hagiographicorum latinorum antiquiorum saeculo XVI qui asservantur in Bibliotheca nationali parisiensi, ed. Bollandists, Bruxelles 1889–93, 3 Bde (Subsidia hagiographica 2)
CatcodhagRom	Catalogus codicum hagiographicorum latinorum Bibliothecarum Romanarum (praeter quam Vaticanae), Bruxelles 1909 (Subsidia hagiographica 9)
CatcodhagVatic	Catalogus codicum hagiographicorum latinorum Bibliothecae Vaticanae, Bruxelles 1910 (Subsidia hagiographica 11)
Catgén	Catalogue général des manuscrits des bibliothèques publiques de France, Paris 1885 ff. (Ministère de l'Instruction publique, des Beaux-Arts et des Cultes)
CathHR	The Catholic Historical Review, Wahington 1915 ff.
Catholicisme	Catholicisme. Hier – Aujourd'hui – Demain, dir. G. Jacquemet, Paris 1948 ff.
CB	Corpus scriptorum historiae byzantinae, ed. B. G. Niebuhr, 50 Bde, Bonn 1828–97 [Neudr. Athēnai 1969 ff.]
CBA	Cronaca delle belle arti, Roma 1914–1920
CCCist	Cîteaux. Commentarii Cistercienses. Westmalle 1950 ff.
ČČH	Československý Časopis Historický, Praha 1953 ff. (1895–1949: Český Časopis Historický)
CChr	Corpus Christianorum seu nova Patrum collectio, Torhout, Paris 1953 ff.
CChrCM	Corpus Christianorum continuatio mediaevalis, Torhout 1966
CCL	Corpus Christianorum, Series Latina, Torhout 1953 ff.
CCM	Corpus Consuetudinum Monasticarum, Siegburg 1963 ff.
CCMéd	Cahiers de la civilisation médiévale, X^e–XIIe siècles, hg. Centre d'études supérieures de civilisation médiévale, Poitiers 1958 ff.
CDB	Codex diplomaticus Brandenburgensis, hg. A. F. Riedel, Berlin 1838 ff.
CDBohem	G. Friedrich, Codex diplomaticus et epistolaris regni Bohemiae, Bd 1–5, Praha 1904–74
CDHistFr	Collection des documents inédits sur l'histoire de France, Paris 1835 ff.
CDL	Codice diplomatico longobardo, ed. L. Schiaparelli, C. Brühl, Roma I–II 1929–33, III 1973 (Fonti per la storia d'Italia, pubblicate dall'Istituto storico italiano)
Centaurus	Centaurus. International Magazine of the History of Mathematics, Science and Technology of Science and Medicine, København 1950 ff.
ČesLit	Česká literatura. Časopis pro literárni vědu, Praha 1953 ff.
CF	Collectanea Franciscana, Roma 1931 ff.
CFMA	Classiques français du moyen-âge, publ. sous la dir. de M. Roques, Paris 1910
CGIC	Corpus glossatorum iuris civilis, Torino 1966 ff.
Chart. et dipl.	Chartes et diplômes relatifs à l'histoire de France, Paris 1908 ff.
Château-Gaillard	Château-Gaillard. Études de castellologie européenne, Caen 1964 ff. (Centre de recherches archéologiques médiévales)
CHE	Cuadernos de Historia de España, Buenos Aires 1944 ff.
CHF	Les classiques de l'histoire de France au moyen-âge, ed. L. Halphen u. a., Paris 1923
ChH	Church History, Berne Ind. 1932 ff.
CHJ	Cambridge Historical Journal, Cambridge 1923 ff. (fortges. als Historical Journal, Cambridge)
ChLA	Chartae latinae antiquiores, ed. A. Bruckner – R. Marichal, 9 Bde, Lausanne 1954 ff.
ChQR	The Church Quarterly Review, London 1875 ff.
Chr. dt. Städte	Die Chroniken der deutschen Städte vom 14. bis ins 16. Jh., hg. Historische Kommission bei der Bayerischen Akademie der Wissenschaften, Göttingen 1961 ^{2}ff.
Chymia	Chymia. Annual Studies in the History of Chemistry, Philadelphia 1948 ff.
CIL	Corpus Inscriptionum Latinarum, Berlin 1862 ff.
CJC	Codicis Iuris Canonici Fontes, ed. P. Gasparri – I. Serédi, 9 Bde, Roma 1923–39
CLA	Codices latini antiquiores, hg. E. A. Lowe, 12 Teile, Oxford 1934, 1972^2
Clio Medica	Clio Medica. Acta Academiae internationalis historiae medicinae, ed. M. Florkin u. a., Oxford, Amsterdam 1965 ff.
CLJ	Cambridge Law Journal, London 1921 ff.

CM	Classica et Mediaevalia. Revue danoise d'histoire et de philologie publiée par la Société danoise pour les études anciennes et médiévales, København 1938 ff.
CMBH	Concilia Magnae Britanniae et Hiberniae, ed. D.Wilkins, London 1737
CMH	The Cambridge Medieval History, 8 Bde, Cambridge 1966/67
CML	Corpus Medicorum Latinorum, Leipzig 1915 ff.
ČMM	Časopis matice moravské, Brno 1868–1958
COCR	Collectanea Ordinis Cisterciensium Reformatorum, Roma, Westmalle 1934 ff.
COD	Conciliorum Oecumenicorum Decreta, hg. G.Alberigo u. a., Bologna 1972³ (Istituto per le scienze religiose, Bologna)
COING, Hdb. I	H.Coing, Handbuch der Quellen und Literatur der neueren europäischen Privatrechtsgeschichte, Bd. I, München 1973
CommBalt	Commentationes Balticae, Bonn 1954 ff. (Jahrbuch des Baltischen Forschungsinstituts)
Corpus altdt. Urkk.	Corpus der altdeutschen Originalurkunden bis zum Jahre 1300, hg. F.Wilhelm, R.Newald, H. de Boor, D.Haacke, B.Kirschstein, 5 Bde, Lahr I 1932, II 1943, III 1957, IV 1963, V 1963 ff. (bis Lfg. 53 erschienen)
CorsiRav	Corsi di cultura sull'arte Ravennate e Bizantina, Ravenna 1955 ff.
COSENZA	M.E.Cosenza, Biographical and bibliographical dictionary of the Italian humanists and of the world of classical scholarship in Italy (1300–1800), 5 Bde, Boston 1962
COUSSEMAKER	E. de Coussemaker, Scriptorum de musica medii aevi novam seriem a Gerbertina alteram collegit..., 4 Bde, Paris 1864–76, 1908²
CPG	M.Geerard, Clavis Patrum Graecorum, qua optimae quaeque scriptorum patrum Graecorum recensiones a primaevis saeculis usque ad octavum commode recluduntur, Bd 2, Turnhout 1974
CPH	Czasopismo Prawno-Historyczne, Poznań, Warszawa 1948 ff.
CPL	Clavis Patrum Latinorum, ed. E.Dekkers, Steenbrugis 1951, 1961²
CS	Camden Society Series including Series published by the Royal Historical Society, London 1838 ff.
CSEL	Corpus scriptorum ecclesiasticorum Latinorum Academiae Vindobonensis, Wien 1866 ff.
CSHB	Corpus scriptorum historiae Byzantinae, 50 Bde, Bonn 1828–97
CTSEH	Collection de textes pour servir à l'étude et à l'enseignement d'histoire, Paris 1886 ff.
CultTurc	Cultura Turcica, Ankara 1964 ff.
CURTIUS	E.R.Curtius, Europäische Literatur und Lateinisches Mittelalter, Bern, München 1977⁹
Cyrillo-Methodiana	Cyrillo-Methodiana. Zur Frühgeschichte des Christentums bei den Slaven 863–1963, hg. M.Hellmann, R.Olesch u. a., Köln, Graz 1964 (Slavische Forschungen 6)
CzasPwHist	Czasopismo Prawno-Historyczne, Poznań 1948 ff.
DA	Deutsches Archiv für Erforschung des Mittelalters (1937–44: für Geschichte des Mittelalters, Weimar), Marburg, Köln 1951 ff. (vor 1937: NA)
DACL	Dictionaire d'archéologie chrétienne et de liturgie, publ. F.Cabrol – H.Leclercq, 15 Bde, Paris 1907–53
DAI	Dopolnenija k Aktam istoričeskim, sobrannye i izdannye Archeografičeskoju komissieju, St. Petersburg 1846–75
DANIŞMEND, Kronol.	I.H.Danışmend, Izahli osmanli tarihi kronolojisi, 4 Bde, Istanbul 1971–72²
DAW	Denkschriften der Akademie der Wissenschaften in Wien, Wien 1850 ff.
DAZ	Deutsche Apotheker-Zeitung, ed. G.E.Dann, Suttgart 1861 ff.
DBF	Dictionnaire de biographie française, ed. E.Prévost u. a., Paris 1929 ff.
DBI	Dizionario biografico degli Italiani, Roma 1960 ff.
DBL	Dansk biografisk Leksikon, begr. C.F.Bricka, København 1933 ff.
DCELC	Diccionario crítico etimológico de la lengua castellana, hg. J.Corominas, 4 Bde, Madrid 1954–57 (Biblioteca romanica hispánica. 5. Diccionarios etimológicos)
DDC	Dictionnaire de droit canonique, hg. R.Naz, Paris 1935 ff.
DDG	Duchovnye i dogovornye gramoty velikich i udel'nych knjazej XIV–XVI vv, Moskva 1950
DEAR	Dizionario epigrafico di antichità Romane. Tavole di conguaglio fra il C.I.L. e le I.L.S. di H.Dessau, Roma 1950

de Boor-Newald	H. de Boor – R. Newald, Geschichte der deutschen Literatur von den Anfängen bis zur Gegenwart, München I 1966⁷; II 1974⁹; III 1973⁴; IV, 1 1970; IV, 2 1973; V 1965⁵; VI 1967⁵
Dehio-Bezold	G. Dehio – G. v. Bezold, Die kirchliche Baukunst des Abendlandes, 2 Bde, Stuttgart 1892–1901
Denzinger-Schönmetzer	H. Denzinger – A. Schönmetzer, Enchiridion symbolorum, definitionum et declarationum de rebus fidei et morum, Barcelona 1967³⁴
DESE	G. Moroni, Dizionario di erudizione storico-ecclesiastica, Venezia 1840–79
DHE	Diccionario de Historia de España, dir. G. Bleiberg, 3 Bde, Madrid 1968–69²
DHGE	Dictionnaire d'histoire et de géographie ecclésiastique, hg. A. Baudrillart u. a., Paris 1912 ff.
Díaz y Díaz	Manuel C. Díaz y Díaz, Index scriptorum latinorum medii aevi Hispanorum, 2 Bde, Salamanca 1958–59, Madrid 1959
Diefenbach, Gloss.	L. Diefenbach, Glossarium Latino-Germanicum mediae et infimae aetatis, Frankfurt a. M. 1857
Diefenbach, NovumGloss.	L. Diefenbach, Novum Glossarium Latino-Germanicum mediae et infimae aetatis, Beiträge zur wissenschaftlichen Kunde der Neulateinischen und der germanischen Sprachen, Frankfurt a. M. 1867
Diehl, Inscriptiones	E. Diehl, Inscriptiones latinae christianae veteres, 1–3 Bde, Berlin 1925–31
Dinur	B. Dinur, A Documentary History of the Jewish People from its Beginning to the Present. Tōlēdōt Jisrā'ēl mesuppārōt 'al jedē Jisrā'ēl we-te'ūdōt Éē-rēšīt Jisrā'ēl ad jemēnū elle', Tel Aviv, Jerusalem 1958 ff.
DIP	Dizionario degli istituti di perfezione, hg. G. Pelliccia – G. Rocca, Roma 1974 ff.
DiplKarol	Diplomata Karolinorum. Recueil de reproductions en fac-similé, hg. A. Bruckner, Basel, 1969 ff.
DiplZbor	Diplomatički zbornik Kraljevine Hrvatske, Dalmacije i Slavonije, hg. M. Kostrenčić, Zagreb 1967 ff.
DissAb	Dissertation Abstracts. A Guide to dissertations and monographs available in microfilm, Ann Arbor Michigan 1938 ff.
DJN	Deutsches Jahrbuch für Numismatik, Münz- und Medaillenkunde sowie Geldgeschichte München 1938–40/41 (vorher ZNum, fortges. als JbNum)
DLFMA	Dictionnaire des Lettres Françaises. Le Moyen âge, hg R. Bossuat u. a., Paris 1964
DLI	Dizionario critico della letteratura italiana, dir. V. Branca, A. Balduino u. a., Torino 1973 ff.
DNB	The Dictionary of National Biography, from the earliest times to 1900, ed L. Stephen u. a., London 1885 ff.
DÖAW	Denkschriften der österreichischen Akademie der Wissenschaften, Wien 1947 ff.
Dobrača, Kat.	K. Dobrača, Katalog arapskih, turskih i perzijskih rukopisa, Sarajevo 1963
Dölger, Beiträge	F. Dölger, Beiträge zur Geschichte der byzantinischen Finanzverwaltung, bes. des 10. und 11. Jh., Leipzig 1927 (Byzantinisches Archiv 9)
Dölger, Reg.	F. Dölger, Regesten der kaiserlichen Urkunden des oströmischen Reiches von 565–1453, München, Berlin 1924–60 (Corpus griechischer Urkunden des Mittelalters und der neueren Zeit)
Dollinger, Hanse²	Ph. Dollinger, Die Hanse, Stuttgart 1976²
DOP	Dumbarton Oaks Papers, Cambridge/Mass. 1941 ff.
DOS	Dumbarton Oaks Studies, Cambridge/Mass. 1950 ff.
DPCR	Dictionnaire pratique des connaissances religieuses, dir. J. Bricont, Paris 1925 ff.
DPR	Dictionnaire de poétique et de rhétorique, hg. H. Morier, Paris 1975²
DR	Downside review. A quarterly of Catholic thought and of monastic history, Bath 1880 ff.
DSAM	Dictionnaire de spiritualité ascétique et mystique. Doctrine et histoire, hg. M. Viller, Paris 1932 ff.
DSB	Dictionary of Scientific Biography, hg. C. C. Gillispie, New York 1970 ff.
DT	Divus Thomas. Jahrbuch für Philosophie und spekulative Theologie, Freiburg/Schweiz 1914–53 (fortges. als FZPhTh)
Dt. Agrargesch.	Deutsche Agrargeschichte, hg. G. Franz, 5 Bde, Stuttgart I 1969; II 1967²; III 1967²; IV 1970; V 1963
DTCFD	Ankara Üniversitesi Dil ve Tarih-Coğrafya Fakültesi dergisi, Ankara 1942 ff.
DTF	Dictionnaire topographique de la France, Paris 1862 ff.

DThC	Dictionnaire de théologie catholique, hg. A. Vacant – E. Mangenot, fortges. E. Amann, Paris 1930ff.
DtH	Deutsche Handelsakten des Mittelalters und der Neuzeit, hg. Historische Kommission bei der Bayerischen Akademie der Wissenschaften, Stuttgart, Berlin, Wiesbaden 1923ff.
DtJbNum	Deutsches Jahrbuch für Numismatik, München 1938ff.
DtJbV	Deutsches Jahrbuch für Volkskunde, Berlin 1955ff.
DTMA	Deutsche Texte des Mittelalters, hg. v. d. Königlich Preußischen Akademie der Wissenschaften, Berlin 1904ff.
DtRechtswb	Deutsches Rechtswörterbuch, hg. Preußische (Deutsche) Akademie der Wissenschaften, Weimar 1914ff. (Quellenheft 1912, Erg. 1930)
DtStb	Deutsches Städtebuch, Handbuch städt. Geschichte, hg. E. Keyser – H. Stoob, 5 Bde, Stuttgart, Berlin 1939–74
DUBLER	C. E. Dubler, La »Materia Médica« de Dioscórides; Transmisión medieval y renacentista, 5 Bde, Barcelona 1953–57
DUBNOW	S. Dubnow, Weltgeschichte des jüdischen Volkes von seinen Uranfängen bis zur Gegenwart, Bde 1–10, Berlin 1925–30
DU CANGE	Du Cange, Glossarium ad scriptores mediae et infimae Latinitatis, ed. L. Favre, ed. nova, 10 Bde, Niort 1883–87 [Neudr. Graz 1954/55]
DUCHESNE, FE	L. Duchesne, Fastes épiscopaux de l'ancienne Gaule, 3 Bde, Paris 1894–99; 1907–1915²
DUDA, Ibn Bibi	H. W. Duda, Die Seldschukengeschichte des Ibn Bibi, København 1959
DUHEM	P. Duhem, Le système du monde; histoire des doctrines cosmologiques de Platon à Copernic, 10 Bde, Paris 1913–59
DÜMMLER²	E. Dümmler, Geschichte des Ostfränkischen Reiches, 3 Bde, Leipzig 1887–88² [Neudr. 1960]
DUPONT-FERRIER, Gallia regia	G. Dupont-Ferrier, Gallia regia; ou, État des officiers royaux des bailliages et des sénéchaussées de 1328 à 1515, 6 Bde, Paris 1942–60 (Table de matière des tomes I à VI et Index géographique, Paris 1966)
DUVEEN	D. Duveen, Bibliotheca alchemica et chemica; an annotated catalogue of printed books on alchemy, chemistry and cognate subjects in the library of Denis I. Duveen, London 1949
DVjs	Deutsche Vierteljahresschrift für Literaturwissenschaft und Geistesgeschichte, Stuttgart 1838–70
DVORNIK, Europe	F. Dvornik, The Making of Central and Eastern Europe, London 1949
DVORNIK, Slaves, Byzance	F. Dvornik, Les Slaves, Byzance et Rome au IXᵉ siècle, 4 Bde, Paris 1926 [Neudr. Hattiesburg 1970] (Russian series 13)
DVORNIK, Slavs	F. Dvornik, The Slavs: Their Early History and Civilization, Boston 1956 (Survey of Slavic civilisation 2)
DW	F. Ch. Dahlmann – G. Waitz, Quellenkunde der Deutschen Geschichte, hg. H. Heimpel – H. Geuss, Stuttgart 1969¹⁰
DZG	Deutsche Zeitschrift für Geschichtswissenschaft, Freiburg 1889ff.
DZKR	Deutsche Zeitschrift für Kirchenrecht, Tübingen u. a. 1892–1917 (vorher: ZKR)
DZPh	Deutsche Zeitschrift für Philosophie, Berlin 1953ff.
EArteAnt	Enciclopedia dell'Arte Antica, classica e orientale, hg. R. Bianchi, 7 Bde, Roma 1958–66
EBalk	Études balkaniques, Sofija 1964ff.
EBERT	Reallexikon der Vorgeschichte, hg. M. Ebert, 15 Bde, Berlin 1924–32
EBrit	The Encyclopaedia Britannica, 23 Bde, dazu 1 Bd. Atlas und Index, Edinburgh 1768–71; London, New York 1929¹⁴ [Neuaufl. 24 Bde, Chicago 1966]
EByz	Études byzantines, București 1943–45 (fortges. als RevByz)
ECatt	Enciclopedia Cattolica, hg. E. A. Pace, 12 Bde, Roma 1949–54
ECelt	Études celtiques, Paris 1936ff.
EconHR	Economic History Review, London 1927ff.
EconStor	Economia e Storia. Rivista italiana di storia economica e sociale, Roma 1954ff.
EDant	Enciclopedia Dantesca, dir. U. Bosco u. a., Roma 1970–76
EEBS	Ἐπετηρὶς Ἑταιρείας Βυζαντινῶν Σπουδῶν, Athēnai, 1924ff.
EEMF	Early English Manuscripts in Facsimile, København 1951ff.

EETS	Early English Text Society, Original Series, London 1864ff.; Extra Series, London 1867ff.
EF	Études franciscaines, Paris 1909ff.
EFil²	Enciclopedia Filosofica², 6 Bde, Firenze 1968/69
EG	Études germaniques. Revue trimestrielle de la Société des Études germaniques, Lyon, Paris 1946ff.
EH	Encyclopaedia Hebraica. Hā-'änsîqlôpädjāh hā-'ibrît, Jerusalem, Tel Aviv 1959ff.
EHD	English Historical Documents, ed. D.C.Douglas, London 1953ff.
EHR	English Historical Review, London 1886ff.
EHRISMANN	Geschichte der deutschen Literatur bis zum Ausgang des Mittelalters v. G.Ehrismann, München 1 1932²; 2,1 1922; 2,2,1 1927; 2,2,2 1935 (Handbuch des dt. Unterrichts an höheren Schulen 6, 1.2)
EI¹	Enzyklopädie des Islam. Geographisches, ethnographisches und biographisches Wörterbuch der mohammedanischen Völker, 4 Bde, Leiden, Leipzig 1913-34; Ergbd. 1938
EI²	The Encyclopaedia of Islam, ed. J.H.Kramers, H.A.R.Gibb, E.Lévi-Provençal, London, Leiden 1954ff.
EI²(frz.)	Encyclopédie de l'Islam. Dictionnaire géographique, ethnographique et biographique des peuples musulmans, gegr. J.H.Kramers u. a., Leiden 1954²ff.
EISENHOFER	L.Eisenhofer, Handbuch der katholischen Liturgik, 2 Bde, Freiburg 1932-33; 1941² (Theologische Bibliothek)
EISLER	R.Eisler, Wörterbuch der philosophischen Begriffe, 3 Bde, Berlin 1927-30⁴
EITNER	R.Eitner, Biographisch-Bibliographisches Quellen-Lexikon der Musiker und Musikgelehrten der christlichen Zeitrechnung bis zur Mitte des neunzehnten Jahrhunderts, 10 Bde, Leipzig 1900-04
EJCan	Ephemerides juris canonici, Roma 1945ff.
EJud (engl.)	Encyclopaedia Judaica, 16 Bde, Jerusalem 1971/72 (engl. Ausgabe)
EJug	Enciclopedija Jugoslavije, ed. M.Krleža, 8 Bde, Zagreb 1955-71
EKL	Evangelisches Kirchenlexikon. Kirchlich-theologisches Handwörterbuch, hg. H.Brunotte – O.Weber, 4 Bde, Göttingen 1955-61
EL	Ephemerides liturgicae, Città del Vaticano, 1887ff.
ELul	Estudios Lulianos. Revista cuatrimestral de investigación Luliana y medievalística, Palma de Mallorca, 1957ff.
ELEUTHEROUDAKES	Γ.Κ. Ἐλευθερουδάκης, Ἐλευθερουδάκη Σύγχρονος Ἐγκυκλοπαίδεια, μετὰ πλήρους λεξικοῦ τῆς Ἑλληνικῆς γλώσσης 12 Bde, Athēnai 1962-65⁴ (Erg. in jedem Bd.)
EM	Enzyklopädie des Märchens. Handwörterbuch zur historischen und vergleichenden Erzählforschung, hg. K.Ranke u. a., Berlin, New York 1975ff.
EMSt	Early Medieval Studies, Stockholm 1970ff.
EncArte	Enciclopedia Universale dell'Arte, dir. M.Pallottino, Bd. 1-14, Venezia 1958ff.
EncIt	Enciclopedia italiana de scienze, lettere ed arti; 35 Bde, Milano, Roma 1929-39 [Appendice 1948ff.]
EncJugosl.	Enciklopedija Jugoslavije, Zagreb 1955ff.
EncPol.	Encyklopedija Polska, Kraków 1912-35
ENLART	C.Enlart, Manuel d'archéologie française depuis les temps mérovingiens jusqu'à la Renaissance, Paris I, 1 1919; I, 2 1920²; I, 3 1924²; II 1929-32²
EO	Echos d'Orient. Revue d'histoire, de géographie et de liturgie orientale, Paris, București u. a. 1897-1940/42 (fortges. als EByz, RevByz)
EPhM	Études de Philosophie Médiévale, dir. E.Gilson, Paris 1922
Episteme	Episteme. Rivista critica di storia delle scienze mediche e biologiche, dir. C.Castellani u. a., Milano 1967ff. (vorher: Castalia. Rivista bimestrale di storia della medicina, 1945ff.)
ER	Études rurales, Paris, Den Haag, 1961ff.
Eranos	Eranos Jahrbuch, Zürich 1933ff.
ERGUN, TŞ	S. N.Ergun, Türk şairleri, 4 Bde, Istanbul 1936-45
ESl	Études slaves et esteuropéennes. Slavic and East-European Studies, Montreal 1956ff.
EStn	Englische Studien, Zeitschrift für englische Philologie, Leipzig u. a. 1877ff.
ESts	English Studies. A Journal of English Letters and Philology, Amsterdam 1919ff.
EUC	Estudis Universitaris Catalans, Barcelona 1907ff.

Euphorion	Euphorion. Zeitschrift für Literaturgeschichte, Bamberg, Heidelberg u. a. 1894 ff.
Eur.	L'Europe aux IXe–XIe siècles. Aux origines des États nationaux. Actes du colloque internat. sur les origines des états européens aux IXe–XIe siècles, publ. sous la dir. de T. Manteuffel – A. Gieysztor, Warszawa 1968
FBPrG	Forschungen zur Brandenburgischen und Preußischen Geschichte, Leipzig, Berlin 1888–1943 (vorher: MärkF)
FCLDG	Forschungen zur christlichen Literatur- und Dogmengeschichte, Paderborn 1900–38
FDRG	Forschungen zur deutschen Rechtsgeschichte, Köln, Graz, Wien 1960 ff.
Feine	H. E. Feine, Kirchliche Rechtsgeschichte, Bd. 1, Köln 1972^5
Ferguson	Bibliotheca chemica. A catalogue of the alchemical, chemical and pharmaceutical books in the collection of the late J. Y. of Kelly and Durris..., by F. Ferguson..., Glasgow 1906
FF	La France franciscaine. Recherches de théologie, philosophie, histoire, Paris 1912 ff.
FFC	Folklore Fellows Communications, Helsinki 1910 ff.
Ficker, Italien	J. Ficker, Forschungen zur Reichs- und Rechtsgeschichte Italiens, 4 Bde, Innsbruck 1868–74 [Neudr. Aalen 1961]
Filip, Urgeschichte	J. Filip, Enzyklopädisches Handbuch zur Ur- und Frühgeschichte Europas, 2 Bde, Praha 1966–69
Fil. Közl	Filológiai Közlöny, Budapest 1955 ff.
Fischer	H. Fischer, Mittelalterliche Pflanzenkunde, München 1929 (Geschichte der Botanik 2)
Flügel, Hss.	G. Flügel, Die arabischen, persischen und türkischen Handschriften der K.-K. Hofbibliothek zu Wien, 3 Bde, Wien 1865–67
FMASt	Frühmittelalterliche Studien, Berlin 1967 ff.
FO	Folia Orientalia, Kraków 1960 ff.
Foedera	Foedera, Conventiones, Literae inter reges et alios, ed. T. Rymer, 20 Bde, London 1615–1735
FOG	Forschungen zur osteuropäischen Geschichte, Berlin, Wiesbaden 1954 ff.
FontArch	Fontes Archaeologiae Moravicae, Brno 1959 ff.
Fonti	Fonti per la storia d'Italia, pubblicati dell'Istituto storico italiano per il medio evo, Roma 1887 ff.
FontrerAustr	Fontes rerum Austriacarum, hg. Österreichische Akademie der Wissenschaften, Wien 1849 ff.
FontrerBohem	Fontes rerum Bohemicarum, ed. J. Emler, Bd. 1–6, Praha 1873–1907
Forcellini	Lexicon totius latinitatis ab A. Forcellini lucubratum, deinde a I. Furlanetto emendatum et auctum, nunc vero curantius F. Corradini et I. Perin emendatius et auctius melioremque in formam redactum, 6 Bde, Padova 1940 ff.
Fournier-le Bras	P. Fournier – G. Le Bras, Histoire des collections canoniques en occident depuis les Fausses décrétales jusqu'au Décret de Gratien, 2 Bde, Paris 1931–32 (Bibl. d'hist. du droit, publiée sous les auspices de la Soc. d'hist. du droit)
FR	Filologia Romanza, Torino 1954 ff.
Francia	Francia. Forschungen zur westeuropäischen Geschichte, hg. v. Deutschen Historischen Institut in Paris, München 1973 ff.
Frankl	P. Frankl, Baukunst des Mittelalters. Die frühmittelalterliche und romanische Baukunst, Potsdam 1926 (Handbuch der Kunstwissenschaft)
FrSt	French Studies, Oxford 1947 ff.
FSt	Franziskanische Studien, Münster, Werl 1914 ff.
FStud	Franciscan Studies, New York 1924 ff.
FZPhTh	Freiburger Zeitschrift für Philosophie und Theologie, Freiburg/Schweiz 1954 ff. (vorher: JPhST, DT)
GAG	Göppinger Arbeiten zur Germanistik, Göppingen 1968 ff.
GAKGS	Gesammelte Aufsätze zur Kulturgeschichte Spaniens, Münster 1928 ff. (= SFGG 1)
Gallandi	A. Gallandi, Bibliotheca veterum patrum antiquorumque scriptorum ecclesiasticorum, 14 Bde, Venezia 1765–81; 1788^2
Gams	P. Gams, Series episcoporum ecclesiae catholicae, quotquot innotuerunt a beato Petro apostolo, Regensburg, Leipzig 1931^2

Garin	E. Garin, Geschichte und Dokumente der abendländischen Pädagogik, Reinbek I 1964, II 1966 (Rowohlts deutsche Enzyklopädie 205/206)
GChr	Gallia christiana in provincias ecclesiasticas distributa..., hg. v. den Maurinern, B. Hauréau, 16 Bde, Paris I–XIII 1715–85; XIV–XVI 1856–65
GChrNov	Gallia christiana novissima. Histoire des archevêchés, évêchés et abbayes de France, accompagnée des documents authentiques recueillis dans les registres du Vatican et les archives locales, hg. A. Albanès, fortgef. U. Chevalier, Montbéliard, Valence 1899–1921
GCS	Die griechischen christlichen Schriftsteller der ersten drei Jahrhunderte, Berlin, Leipzig 1897ff.
GDAAD	Güneydoğu Avrupa araştırmaları dergisi, Istanbul 1972ff.
GdańskWśr	Gdańsk Wczesnośredniowieczny, Gdańsk 1959 (Gdańskie Towarzystwo Naukowe. Komisja Archeologiczna 1ff.)
GdV	Geschichtsschreiber der deutschen Vorzeit; Übersetzungen ins Deutsche nach den Texten der MGH, 104 Bde, Berlin, Leipzig 1847ff.; 1884²ff.; 1954³ff.
Gebhardt	B. Gebhardt, Handbuch der deutschen Geschichte, hg. H. Grundmann, 4 Bde, Stuttgart I–III 1970⁹; IV,1 1973⁹; IV,2 1976⁹
Gedeon	Μ. Γ. Γεδεών, Πατριαρχικοὶ πίνακες· Εἰδήσεις ἱστορικαὶ βιογραφικαὶ περὶ τῶν πατριαρχῶν Ἰωακεὶμ Γ᾽ τοῦ ἀπὸ Θεσσ(α)λονίκης, Istanbul 1890
Geldner	F. Geldner, Die deutschen Inkunabeldrucker. Ein Handbuch der deutschen Buchdrucker des 15. Jahrhunderts nach Druckarten, 2 Bde, Stuttgart 1968–70
GGA	Göttingische Anzeigen von Gelehrten Sachen, Göttingen 1753ff. (ab 1802: Göttingische Gelehrte Anzeigen)
GgermPhil	Grundriß der germanischen Philologie, hg. H. Paul, 18 Bde, Straßburg 1911³ff.; Berlin 1926⁵ff.
GH	Genealogie und Heraldik. Zeitschrift für Familiengeschichtsforschung und Wappenwesen, Ulm 1948–51 (fortges. als GMGHF)
Ghellinck, Patristique	J. de Ghellinck, Patristique et Moyen-Age. Études d'histoire littéraire et doctrinale, 3 Bde, Gembloux u. a. I 1949²; II–III 1947/48 (Museum Lessianum, Section Historique 6, 7, 9)
Gibb, HOP	E. J. W. Gibb, A History of Ottoman Poetry, 6 Bde, London 1900–09
Gilson, Hist.	E. Gilson, History of Christian Philosophy in the Middle Age, New York, London 1955
Gilson-Böhner	E. Gilson – Ph. Böhner, Die Geschichte der christlichen Philosophie von ihren Anfängen bis Nikolaus von Cues, Paderborn 1954³
Gindele	E. Gindele, Bibliographie zur Geschichte und Theologie des Augustiner-Eremitenordens bis zum Beginn der Reformation, Berlin, New York 1977 (Spätmittelalter und Reformation 1)
Ginzel	F. K. Ginzel, Handbuch der mathematischen und technischen Chronologie. Das Zeitrechnungswesen der Völker, 3 Bde, Leipzig 1906–14
GJ	Germania Judaica, hg. M. Braun – A. Freimann, 2 Bde, Frankfurt a. M., Breslau 1917ff. [Neudr.: Tübingen I 1963; II 1968]
GLK	Grammatici Latini, ed. H. Keil, 7 Bde, Leipzig 1855–80
Glorieux, Rép.	P. Glorieux, Répertoire des maîtres en théologie de Paris au XIIIe siècle, 2 Bde, Paris 1933–34 (Études de philosophie médiévale 17–18)
Glossar ö. Europa	Glossar zur frühmittelalterlichen Geschichte im östlichen Europa, hg. J. Ferluga, M. Hellmann, H. Ludat, K. Zernack, Wiesbaden 1973ff. Mit den Serien: A. Lateinische Namen bis 900; B. Griechische Namen bis 1025.
GMGHF	Göttinger Mitteilungen für genealogische, heraldische und verwandte Forschung, Göttingen 1951ff. (vorher: GH)
Goedeke	K. Goedeke, Grundriß zur Geschichte der deutschen Dichtung aus den Quellen, 2 Bde, Hannover 1884ff.²⁻³ [NF: Dresden 1934ff., 1940ff.]
Goldschmidt, Elfenbeinskulpt.	A. Goldschmidt, Die Elfenbeinskulpturen, 4 Bde, Berlin 1914–26 (Denkmäler der deutschen Kunst, II. Sekt. Plastik, 4. Abt.)
Gölpınarlı, MMYK	A. Gölpınarlı, Mevlânâ Müzesi yazmalar Kataloğu, 3 Bde, Ankara 1967–72
GP	Germania Pontificia, hg. A. Brackmann, 4 Bde, Berlin 1911ff.
Grabmann, Geistesleben	M. Grabmann, Mittelalterliches Geistesleben. Abhandlungen zur Geschichte der Scholastik und Mystik, 3 Bde, München 1926–56
Grabmann, Scholastik	M. Grabmann, Geschichte der scholastischen Methode, 2 Bde, Freiburg, St. Louis 1909–11

GRABMANN, Theologie	M. Grabmann, Die Geschichte der katholischen Theologie seit dem Ausgang der Väterzeit, Freiburg 1933 (Herders theologische Grundrisse)
GRAETZ	H. Graetz, Geschichte der Juden von den ältesten Zeiten bis auf die Gegenwart, 11 Bde, Leipzig 1853-75/76
GRAUS-LUDAT	Siedlung und Verfassung Böhmens in der Frühzeit, hg. F. Graus – H. Ludat, Wiesbaden 1967
Gregorianum	Gregorianum. Rivista trimestrale di studi teologici e filosofici (ab 1921: Commentarii de re theologica et philosophica), Roma 1920 ff.
GRIMM, DWB	Deutsches Wörterbuch, begr. J. und W. Grimm, Leipzig 1854-1960 [Neubearb. 1965 ff.]
GRIMM, RA	J. Grimm, Deutsche Rechts-Alterthümer, 2 Bde, Leipzig 1899^4 [Nachdr. Berlin, Darmstadt 1965]
GRLMA	Grundriß der romanischen Literaturen des Mittelalters, hg. H. R. Jauß – E. Köhler, Heidelberg 1968 ff.
GRM	Germanisch-Romanische Monatsschrift, Heidelberg 1909 ff. [NF: 1950 ff.]
GromPhil	Grundriß der romanischen Philologie, hg. G. Gröber, Straßburg 1897-1914^2
GROTEFEND	H. Grotefend, Taschenbuch der Zeitrechnung des deutschen Mittelalters und der Neuzeit, hg. Th. Ulrich, Hannover 1971^{11}
GRUMEL, Chronol.	V. Grumel, La chronologie, Paris 1958 (Bibliothèque byzantine [IV.] Traité d'études byzantines 1)
GRUMEL-LAURENT	Les regestes des actes du Patriarcat de Constantinople..., 4 Bde, ed. V. Grumel, V. Laurent, Kadiköy, Istanbul u. a. 1932 ff.,
GS	Germania sacra, Berlin 1929 ff. [NS 1962 ff.]
GSH	Geschichte Schleswig-Holsteins, begr. V. Pauls, hg. O. Klose, Neumünster 1954 ff.
GSLI	Giornale storico della letteratura italiana, Torino 1883 ff.
GTÜ	Geschichte der Textüberlieferung der antiken und mittelalterlichen Literatur, Bd. 1 (H. Hunger), Bd. 2 (K. Langosch), Zürich 1964
GUTTMANN	J. Guttmann, Die Philosophie des Judentums, München 1933 (Geschichte der Philosophie in Einzeldarstellungen. Abt. 1: Das Weltbild der Primitiven und die Philosophie des Morgenlandes, 3)
GVNP	Gramoty Velikogo Novgoroda i Pskova. Pod. red. S. N. Valka, Moskva 1949
GW	Gesamtkatalog der Wiegendrucke, 8 Bde, Stuttgart, New York 1968^2
HAB	Historischer Atlas von Bayern, 2 Bde, München 1960 ff.
HABW	Historischer Atlas von Baden-Württemberg, Stuttgart 1972 ff.
HALLER	J. Haller, Das Papsttum. Idee und Wirklichkeit, 5 Bde, Reinbek 1965 (Rowohlts deutsche Enzyklopädie 221/222-229/230)
Hammaburg	Hammaburg. Vor- und frühgeschichtliche Forschungen aus dem niederelbischen Raum, Hamburg 1948 ff. [NF: 1974 ff.]
HAMMER, GOD	J. Frh. v. Hammer-Purgstall, Geschichte der osmanischen Dichtkunst bis auf unsere Zeit. Mit einer Blütenlese aus zweytausendzweyhundert Dichtern, 4 Bde, Pest 1836-38
HAMMER, GOR	J. Frh. v. Hammer-Purgstall, Geschichte des Osmanischen Reiches, großentheils aus bisher ungenützten Handschriften und Archiven, 10 Bde, Pest 1827-35 [Nachdr. Graz 1963]
HAMMER, Staatsvfg.	J. Frh. v. Hammer-Purgstall, Des Osmanischen Reiches Staatsverfassung und Staatsverwaltung, dargestellt aus den Quellen seiner Grundgesetze, T. 1,2, Wien 1815 [Nachdr. Hildesheim 1963]
HARTMANN, Gesch. Italiens	L. M. Hartmann, Geschichte Italiens im Mittelalter, 4 Bde, Gotha 1897-1915
HAW	Handbuch der Altertumswissenschaft, begr. I. v. Müller, neu hg. W. Otto, fortgef. H. Bengtson, München, Nördlingen 1898 ff.^{3} [Neuaufl. 1955 ff.]
HAUCK	A. Hauck, Kirchengeschichte Deutschlands, 5 Bde, Berlin, Leipzig 1954^8
HBC	Handbook of British Chronology, ed. F. M. Powicke – E. B. Fryde, London 1939, 1961^2
HBLS	Historisch-biographisches Lexikon der Schweiz. Dictionnaire historique et biographique de la Suisse, publ. sous la direction de M. Godet, L. Montaudon, H. Tribolet, 7 Bde, Neuchâtel 1921-34
HBNum	Hamburger Beiträge zur Numismatik, Hamburg 1947 ff.
HBS	Henry Bradshaw Society for the edition of Rare Liturgical Texts, London 1891 ff.
HBW	Handbuch der Bibliothekswissenschaften, begr. F. Milkau, Leipzig 1953-65^2

HDG	Handbuch der Dogmengeschichte, hg. M. Schmaus, J. Geiselmann u. a., Freiburg 1951 ff.
HE	Histoire d'Eglise depuis les origines jusqu'à nos jours, publ. sous la dir. de A. Fliche – V. Martin, Paris 1934 ff.
HEFELE	C. J. v. Hefele, Conciliengeschichte, 9 Bde; 8. und 9. Bd. v. J. Hergenröther, Freiburg 1855–90; I–VI 1873–90²
HEFELE-LECLERCQ	C. J. v. Hefele, Histoire des conciles d'après les documents originaux, traduits par H. Leclercq, 9 Bde, Paris 1907 ff.
HEG	Handbuch der europäischen Geschichte, hg. Th. Schieder, bisher erschienen Bd. 1, 3, 4, 6, Stuttgart I 1976; III 1971; IV, VI 1968
Helvetia Sacra	Helvetia Sacra, hg. A. Bruckner, Abt. I, 1, Bern 1972 ff.
HELYOT	P. Hélyot, Histoire des ordres monastiques, religieux et militaires..., 8 Bde, Paris 1714–19 [Neuaufl.: Dictionnaire des ordres religieux..., J. P. Migne, 4 Bde, 1847–59]
HEM	E. Lévi-Provençal, Histoire de l'Espagne musulmane, Paris 1950 ff.
HENNECKE-SCHNEEMELCHER	E. Hennecke, Neutestamentl. Apokryphen in deutscher Übersetzung, hg. W. Schneemelcher, Tübingen 1968–71⁴
Herold	Der Herold. Vierteljahresschrift für Heraldik, Genealogie und verwandte Wissenschaften, Berlin 1959 ff. (vorher: VjsWSF)
HERRMANN, Siedlung	J. Herrmann, Siedlung, Wirtschaft und gesellschaftliche Verhältnisse der slawischen Stämme zwischen Oder/Neiße und Elbe, Berlin 1968 (Dt. Akad. der Wiss. zu Berlin. Schriften der Sektion für Vor- und Frühgeschichte 23)
HERRMANN, Slawen	Die Slawen in Deutschland. Ein Handbuch, hg. J. Herrmann, Berlin 1970
HEUMANN-SECKEL	H. G. Heumann, Heumanns Handlexikon zu den Quellen des römischen Rechts, hg. E. Seckel, Jena 1907
HEYD, HCL	W. Heyd, Histoire du commerce du Levant au moyen-âge, 2 Bde, Leipzig 1885/86 [Nachdr. Amsterdam 1959]
HEYDENREICH	E. Heydenreich, Handbuch der praktischen Genealogie, 2 Bde, Leipzig 1913
HF	Historische Forschungen, Wiesbaden 1957 ff.
HGBll	Hansische Geschichtsblätter, Münster, Köln, Graz u. a. 1871 ff.
HGeschRußlands	Handbuch der Geschichte Rußlands, hg. M. Hellmann, K. Zernack, G. Schramm, Stuttgart 1976 ff.
HIsl	Handwörterbuch des Islam, hg. A. J. Wensinck – J. H. Kramers, Leiden 1941
Hispania	Hispania. Revista española de historia, Madrid 1940 ff.
Hispania Sacra	Hispania Sacra. Revista de historia ecclesiastica, Madrid, Barcelona 1948 ff.
HistAgr	Historia agriculturae. Yaarboek uitg. door Het Nederlands Agronomisch-Hist. Instituut, Groningen, Djakarta 1953 ff.
Historica	Historica. Les sciences historiques en Tchécoslovaquie, Praha 1959 ff.
History	History. Journal of the Historical Association, London 1912 ff. [NS 1916 ff.]
HistSbor	Historický Sborník, Bratislava, Praha 1950 ff. (fortges. als: SbornHist)
Hist. Stätten Dtl.	Handbuch der Historischen Stätten. Deutschland, 11 Bde, Stuttgart 1958 ff.
Hist. Stätten Österr.	Handbuch der Historischen Stätten. Österreich, 2 Bde, Stuttgart 1966–70
HJ	Historia Judaica, New York 1938 ff.
HJb	Historisches Jahrbuch der Görres-Gesellschaft, Münster, München, Freiburg 1880 ff.
HJL	Hessisches Jahrbuch für Landesgeschichte, Marburg 1951 ff.
HKG	Handbuch der Kirchengeschichte, hg. H. Jedin, 6 Bde, Freiburg I 1962; II, 1 1973; II, 2 1975; III, 1 1966; III, 2 1968; IV 1967; V 1970; VI, 1 1971; VI, 2 1973
HKh.	Hadschi Khalfa, Lexicon bibliographicum et encyclopaedicum, arab. et lat., ed. G. Flügel, 7 Bde, London 1835–58
HLF	Histoire littéraire de France, Paris 1733 ff.
HLG	Handbuch der Liturgiewissenschaft, hg. A. G. Martimort u. a., deutsche Übersetzung, hg. Liturgisches Institut Trier, 2 Bde, Freiburg 1964–65
HLR	Harvard Law Review, Cambridge/Mass. 1887 ff.
HLW	Handbuch der Literaturwissenschaft, hg. O. Walzel, Potsdam 1923 ff.
HM	Historia mathematica. International Journal of hist. of mathematics, Toronto 1974
HMC	Historical Manuscripts Commission, London
HNJ	Historija naroda Jugoslavije, uža red. B. Grafenbauer u. a., Zagreb 1953 ff.

HO	Handbuch der Orientalistik, hg. B. Spuler unter Mitarb. v. H. Franke u. a., Leiden, Köln 1970 ff.
Hochland	Hochland. Monatsschrift für alle Gebiete des Wissens, der Literatur und Kunst, begr. K. Muth, München, Kempten 1903 ff.
Hóman	B. Hóman, Geschichte des ungarischen Mittelalters, 2 Bde, Berlin 1940–43
Hoops, Hoops²	Reallexikon der germanischen Altertumskunde, begr. J. Hoops, 4 Bde, Straßburg 1911–19; 2. völlig neu bearbeitete und stark erweiterte Auflage, hg. H. Jankuhn u. a., Berlin 1968² ff.
Hotz, Burg	W. Hotz, Kleine Kunstgeschichte der deutschen Burg, Darmstadt 1972²
HPhG	Handbuch philosophischer Grundbegriffe, hg. H. Krings u. a., München 1973 ff.
HPM	Historiae Patriae Monumenta, ed. iussu regis Caroli Alberti, Torino 1836 ff.
HRG	Handwörterbuch zur deutschen Rechtsgeschichte, unter Mitarbeit v. W. Stammler, hg. A. Erler – E. Kaufmann, Berlin 1964 ff.
HTD	Historisk Tidsskrift, hg. Danske historiske forening, København 1840 ff.
HTOs	Historisk Tidsskrift Kristiniana, (Oslo) 1876 ff.
HTSt	Historisk Tidsskrift, Stockholm 1881 ff. [NF 1938 ff., 1953 ff.]
HUCA	Hebrew Union College, Annual, Cincinnati 1924 ff.
Hunger, ByzGW	H. Hunger, Byzantinische Geisteswelt von Konstantin dem Großen bis zum Fall Konstantinopels, Baden-Baden 1958
Hunger, Profane Lit.	H. Hunger, Die hochsprachliche profane Literatur der Byzantiner, München 1978 (Handbuch der Altertumswissenschaft 12)
HVj	Historische Vierteljahrsschrift, Dresden u. a., 1898–1937/39
HWDA	Handwörterbuch des deutschen Aberglaubens, hg. H. Bächtold-Stäubli, Berlin, Leipzig 1927–42
HWP	Historisches Wörterbuch der Philosophie, hg. J. Ritter, Basel, Stuttgart, Darmstadt 1971 ff.
HWTh	Theologisches Handwörterbuch zum Alten Testament, hg. E. Jenni unter Mitarbeit v. C. Westermann, 2 Bde, München, Zürich I 1971; II 1976
HZ	Historische Zeitschrift, München 1859 ff.
HZbor	Historijski Zbornik, Zagreb 1948 ff.
IA	Islâm Ansiklopedisi: İslâm âlemi tarih, coğrafya etnoğrafya ve biyografya lugatı, Istanbul 1940 ff.
IAAkad	Istoričeskij Arhiv. Akademija nauk SSSR. Institut istorii. Moskva, Leningrad 1936
ICG	Istorija Crne Gore, hg. M. Durović, Bd. 1–2, 1 und 2, 2, Titograd 1967–70
IFAO	Institut Français d'Archéologie Orientale, Cairo
IG	Inscriptiones Graecae, consilio et auctoritate Academiae Litterarum Borussicae editae, Berlin 1873 ff.
IHS	Irish Historical Studies, Dublin 1938 ff.
IJMES	International Journal of Middle East Studies, London 1970 ff.
İKTCYK	İstanbul Kütüphaneleri tarih-coğrafya yazmaları Katalogları, Istanbul 1943–62
İktFM	İstanbul Üniversitesi İktisat Fakültesi Mecmuası, Istanbul 1939 ff.
IKTHK	Istanbul kütüphaneleri Türkçe hamseler Kataloğu, Istanbul 1961
IlâhFD	İlâhiyat Fakültesi Dergisi, Istanbul, Ankara 1952 ff.
IMM	Izglītības Ministrijas Mēnešraksts, Riga 1920–41
IMU	Italia Medioevale e Umanistica, Padova 1958 ff.
İnalcik, OE	H. İnalcik, The Ottoman Empire, the classical age, 1300–1600, London, New York 1973
IndAur	Index Aureliensis. Catalogus librorum sedecimo saeculo impressorum, Baden-Baden 1962 ff.
IntCongrHA	International Congress of the History of Art. Internationaler Kongreß für Kunstgeschichte
IntKongrFrühMA	Internationaler Kongreß für Frühmittelalterforschung. Congresso di studi sull'arte dell'alto medioevo
IntKongrMK	Internationaler Kongreß für Mittelalterliches Kirchenrecht. International Congress of Medieval Canon Law
IntKongrMPh	Internationaler Kongreß für Mittelalterliche Philosophie. Congrès international de philosophie médiévale

IntKongrSlArch	Internationaler Kongreß für slawische Archäologie. Międzynarodowy kongres archeologii słowiańskiej
IP	Italia Pontificia, hg. P.F.Kehr, W.Holtzmann, D.Girgensohn, 10 Bde, Berlin 1906ff.
IRAIK	Izvestija Russkogo Archeologičeskogo Instituta v Konstantinopole, Odessa, Sofija 1896ff.
IRMAE	Ius Romanum Medii Aevi, auspice Collegio antiqui iuris studiis provehendis, Milano 1961ff.
Isenburg	W.K.Prinz v.Isenburg, Stammtafeln zur Geschichte der europäischen Staaten, hg. F.Baron Freytag v.Loringhoven, 4 Bde, Marburg 1936–37; 1953²ff.
Isis	Isis. An International Review Devoted to the History of Science and its Cultural Influences, Baltimore 1971ff.
Islam	Der Islam. Zeitschrift für Geschichte und Kultur des islamischen Orients, Straßburg, Berlin 1910ff.
JstGlas	Istoriski glasnik, Beograd 1948ff.
Istorija SSSR	Istorija SSSR s drevnejšich vremen do našich dnej, hg. P.Krabanov, V.v.Mavrodin, Moskva 1966ff.
IstViz	Istorija Vizantii v trech tomach, ed. S.D.Skazkin, 3 Bde, Moskva 1967
IstZap	Istoričeskie zapiski, Moskva 1937ff.
IŽ	Istoričeskij žurnal, Moskva 1938–45 (fortges. als VI)
IzArchInst	Izvestija na Bălgarskija Archeologičeskija Institut, Sofija 1921
JA	Journal Asiatique. Recueil trimestriel de mémoires et de notices relatifs aux études orientales, Paris 1822ff.
Jacob	K.Jacob, Quellenkunde der deutschen Geschichte im Mittelalter, 3 Bde, Berlin I 1949⁵, II 1949⁴, III 1953
Jaffé	Ph.Jaffé, Regesta pontificum Romanorum ad a. p.Ch. MCXCVIII, Leipzig 1851, 1881–88² [Nachdr. Graz 1956]
Jaffé, BRG	Bibliotheca rerum Germanicarum, ed. Ph.Jaffé, 6 Bde, Berlin 1864–73 [Neudr. Aalen 1964]
JAH	Journal for the History of Astronomy, London, Cambridge 1970ff.
JAMS	Journal of the American Musicological Society, Richmond/Va. 1948ff.
JAOS	The Journal of the American Oriental Society, New Haven u. a. 1843ff.
JbAC	Jahrbuch für Antike und Christentum, Münster 1958ff.
JBAW	Jahrbuch der Bayerischen Akademie der Wissenschaften, München 1912ff.
JbBM	Jahrbuch der Berliner Museen, Berlin 1959ff.(vorher: JPKS)
JbffL	Jahrbuch für frk. Landesforschung, Erlangen u. a. 1935ff.
JbGO	Jahrbücher für Geschichte Osteuropas, München u. a. 1936–41 [NS 1953ff.]
JbKGV	Jahrbuch des Kölnischen Geschichtsvereines, Köln 1912ff.
JBLG	Jahrbuch für brandenburgische Landesgeschichte, Berlin 1950ff.
JBM	Jahrbuch für Bodendenkmalpflege in Mecklenburg, Schwerin u. a. 1953ff.
JbNum	Jahrbuch für Numismatik und Geldgeschichte, München 1949ff. (vorher: DJN)
JbrKG	Jahrbuch für brandenburgische Kirchengeschichte, Berlin 1904–43
JBS	Journal of Baltic Studies, ed. Association for the Advancement of Baltic Studies, Inc., Wisconsin 1969ff.
JbV	Jahrbuch für Volkskunde und Kulturgeschichte, Berlin 1973ff.
JDG	Jahrbücher der deutschen Geschichte, hg. Hist. Kommission der Bayerischen Akademie der Wissenschaften, Leipzig 1862ff. [Einzelwerke der Reihe nach den Initialen der jeweils regierenden Herrscher abgekürzt – z. B.: JDG K. II., Bd. 1 = JDG. Jahrbücher des Deutschen Reiches unter Konrad II., Bd. 1]
JEcH	Journal of Ecclesiastical History, London 1950ff.
JEGP	Journal of English and Germanic Philology, Urbana, 1897ff.
JEH	The Journal of Ecconomic History, New York 1941ff.
JESHO	Journal for the Economic and Social History of the Orient, Leiden 1957ff.
JfSJ	Journal for the Study of Judaism, Leiden 1970ff.
JGMODtl	Jahrbuch für die Geschichte Mittel- und Ostdeutschlands, hg. W.Berges, H.Herzfeld, H.Skrzypczak, Berlin 1953ff. (1952: Jahrbuch für Geschichte des deutschen Ostens, Tübingen)

JHA	Journal for the History of Astronomy, Cambridge 1970 ff.
JHI	Journal of the History of Ideas, New York, Lancaster 1940 ff.
JHM	Journal of the History of Medicine and Allied Sciences, New Haven, 1946 ff.
JHS	Journal of Hellenic Studies, London 1880 ff.
JHVBr	Jahresberichte des Historischen Vereins zu Brandenburg, Brandenburg 1870 ff.
Jireček	J. K. Jireček, Geschichte der Serben, 2 Bde, Gotha 1911-18 [Neudr. Amsterdam 1967]
JJS	Journal of Jewish Studies, London 1948 ff.
JKGS	Jahrbücher für Kultur und Geschichte der Slaven, Dresden, Breslau 1924 [NS 1925-35]
JKS	Jahrbuch der kunsthistorischen Sammlung in Wien, Wien 1883 ff.
JL	Jüdisches Lexikon, hg. G. Herlitz – B. Kirschner, 4 Bde, Berlin 1927-30
JLH	Jahrbuch für Liturgik und Hymnologie, Kassel 1955 ff.
JLW	Jahrbuch für Liturgiewissenschaft, Münster 1921 ff.
JNG	Jahrbuch für Numismatik und Geldgeschichte, Kallmünz 1961 ff.
JNS	Jahrbuch der Nationalökonomie und Statistik, Jena, Stuttgart 1863 ff.
JÖB	Jahrbuch der Österreichischen Byzantinistik, Wien 1969 ff. (1951-68: JÖBG)
JÖBG	Jahrbuch der Österreichischen Byzantinischen Gesellschaft, Wien u. a. 1951-68 (fortges. als JÖB)
Jöcher	Ch. G. Jöcher, Allgemeines Gelehrten-Lexicon, 7 Bde, Leipzig I-IV 1750-51; III-VI 1810-19^2; Bremen, Leipzig VII 1897
Jones, LRE	A. H. M. Jones, The Later Roman Empire 284-602, 3 Bde, Oxford 1964
Jónsson, Lithist	F. Jónsson, Den oldnorske og oldislandske Litteraturs Historie, 3 Bde, København 1920-24^2
JPhST	Jahrbuch für Philosophie und spekulative Theologie, Freiburg/Schweiz 1887-1913 (fortges. als DT)
JPKS	Jahrbuch der (bis 1918: kgl.) Preußischen Kunstsammlungen, Berlin 1880 ff. (fortges. als JbBM)
JQR	Jewish Quarterly Review, London 1888-1908 [NS Philadelphia 1910 ff.]
JR	Juridical Review, Edinburgh 1889 ff.
JRAS	Journal of the Royal Asiatic Society of Great Britain and Ireland, London 1823 ff. [NF: 1865 ff.]
JREL	Jahrbuch für romanische und englische Literatur, Berlin 1859 ff.
JSchG	Jahrbuch für schweizerische Geschichte, Zürich 1876-1921 (fortges. als ZSchG)
JTS	Journal of Theological Studies, London 1899 ff. [NS 1950 ff.]
JWarburg	Journal of the Warburg and Courtauld Institutes, London 1937 ff.
Karagiannopoulos	J. E. Karagiannopoulos, Πηγαὶ τῆς βυζαντινῆς ἱστορίας, Κέντρον Βυζαντινῶν Σπουδῶν, Thessalonikē 1971^2, 1975^3 (Βυζαντινὰ Κείμενα καὶ Μελέται 2)
Karatay, TY	F. E. Karatay, Topkapı Sarayı Müzesi Kütüphanesi Türkçe yazmalar kataloğu, 2 Bde, Istanbul 1961 (Topkapı Sarayı Müzesi yayınları 11)
KCsA	Kőrösi Csoma-Archivum, 3 Bde, Budapest 1921-43 [Neudr. Leiden 1967]
KDMp	Kodeks dyplomatyczny Małopolski, 1178-1386, hg. F. Piekosiński, Bd 1-4, Kraków 1876-1905 (Monumenta medii aevi historica res gestas Poloniae illustrantia 3, 9, 10, 17)
KDW	Kodeks diplomatyczny Wielkopolski, 5 Bde, Poznań 1877-1908
Kerler	D. H. Kerler, Die Patronate der Heiligen. Ein alphabetisches Nachschlagebuch für Kirchen-, Kultur-, und Kunsthistoriker sowie für den praktischen Gebrauch des Geistlichen, Ulm 1905 [Nachdr. Hildesheim 1968]
KH	Kwartalnik Historyczny, Lwów 1887-1939
KHKM	Kwartalnik Historii Kultury Materialnej, Warszawa 1953 ff.
Kiev Pamjatniki	Pamjatniki, izdavaemye vremennoju komissieju dlja razbora drevnich aktov. Izd. 2, Kiev 1898-99
Kittel	G. Kittel, Theolog. Wörterbuch zum Neuen Testament, Stuttgart 1932
KL	Kulturhistorisk Leksikon for nordisk middelalder fra vikingetid til reformationstid, 2 Bde, København 1956 ff.
Klaić	N. Klaić, Povijest Hrvata u ranom srednjem vijeku, Zagreb 1971

Klatzkin-Zobel	J. Klatzkin-M. Zobel, Thesaurus linguae hebraicae et veteris et recentioris, 4 Bde, Berlin 1928-34
Klebs	A. C. Klebs, Incunabula scientifica medica (Osiris 4, 1), Brugge 1938 [Nachdr. Hildesheim 1963]
Kl. Pauly	Der kleine Pauly. Lexikon der Antike. Auf der Grundlage von Pauly's Realencyclopädie der classischen Altertumswissenschaft, hg. K. Ziegler, W. Sontheimer, H. Gärtner, 5 Bde, Stuttgart, München 1964-75
Kluge	F. Kluge, Etymologisches Wörterbuch der deutschen Sprache, Berlin 1967[20]
KorrblGV	Korrespondenzblatt des Gesamtvereins der deutschen Geschichts- und Altertumsvereine, Berlin 1852-1935 (fortges. als BDLG)
Kos, Gradivo	F. und M. Kos, Gradivo za zgodovino Slovencev v srednjem veku, 5 Bde, Ljubljana 1902-28
Kötzschke-Kretschmar	R. Kötzschke – H. Kretschmar, Sächsische Geschichte, Frankfurt a. M. 1965
Kraus, RE	F. X. Kraus, Real-Encyklopädie der christlichen Althertümer, 2 Bde, Freiburg, St. Louis 1882-86
Kretschmayr, Venedig	H. Kretschmayr, Geschichte von Venedig, 3 Bde, Gotha, Stuttgart 1905-34 [Neudr. Darmstadt 1964]
Krumbacher	K. Krumbacher, Geschichte der byzantinischen Literatur von Justinian bis zum Ende des Oströmischen Reiches (527-1453), 2 Bde, München 1897[2] [Neudr. New York 1958, 1970]
KSIA	Kratkie soobščenija Instituta archeologii A. N., Moskva 1959 ff. (vorher: KSIIMK)
KSIIMK	Kratkie soobščenija (o dokladach i polevych issledovanijach) Instituta istorii material'noj kul'tury A. N., Moskva 1939-59 (fortges. als KSIA)
KSIS	Kratkie soobščenija Instituta slavjanovedenija AN SSSR, Moskva 1951 ff.
KSz	Keleti Szemle, 21 Bde, Pest (Budapest) 1900-32
Kulischer	J. Kulischer, Allgemeine Wirtschaftsgeschichte des Mittelalters und der Neuzeit, 2 Bde, München, Berlin 1928-29 [Nachdr. München, Wien 1971]
Kuttner	S. Kuttner, Repertorium der Kanonistik (1140-1234), Prodromus corporis glossarum, Città del Vaticano 1937 (Studi e Testi 71)
Kyklos	Kyklos. Jahrbuch für Geschichte und Philosophie der Medizin, Leipzig 1928 ff. (bis 1932: Kyklos. Jahrbuch des Instituts für Geschichte der Medizin an der Universität Leipzig)
Kyrios	Kyrios. Vierteljahresschrift für Kirchen- und Geistesgeschichte Osteuropas, Berlin u. a. 1936-42/43 [NS 1960/61 ff.] (vorher: ZOEG)
Labuda, Fragmenty	G. Labuda, Fragmenty dziejów Słowiańszczyzny zachodniej, 3 Bde, Poznań 1960-75
Labuda, Państwo	G. Labuda, Pierwsze państwo słowiańskie. Państwo Samona, Poznań 1949
Labuda, Studia	G. Labuda, Studia nad początkami państwa polskiego, Poznań 1946
Labuda, Źródła	G. Labuda, Źródła, sagi i legendy do najdawniejszych dziejów Polski, 2 Bde, Poznań 1960
Lalande	A. Lalande, Vocabulaire technique et critique de la philosophie, Paris 1967[10]
Lampe	A Patristic Greek Lexicon, hg. G. W. Lampe, Oxford 1961 ff.
Landgraf, Dogmengeschichte	A. M. Landgraf, Dogmengeschichte der Frühscholastik, Regensburg I, 1 – IV, 2 1952-56
Landgraf, Einführung	A. M. Landgraf, Einführung in die Geschichte der theologischen Literatur der Frühscholastik unter dem Gesichtspunkt der Schulenbildung, Regensburg 1948
Lauer-Samaran	Ph. Lauer – Ch. Samaran, Les diplômes originaux des Mérovingiens, Paris 1908
LAW	Lexikon der Alten Welt, hg. C. Andresen, H. Erbse, O. Gigon, K. Schefold, K. F. Stroheker, E. Zinn, Zürich, Stuttgart 1965
LCI	Lexikon der christlichen Ikonographie, hg. E. Kirschbaum, 8 Bde, Roma, Freiburg u. a. 1968 ff.
LDG	Lexikon der deutschen Geschichte, hg. G. Taddey, Stuttgart 1977
Lehmann, Kirchenbau	E. Lehmann, Der frühe deutsche Kirchenbau. Die Entwicklung seiner Raumanordnung bis 1080, 2 Bde, Berlin 1949[2]
Lemerle, Esquisse	P. Lemerle, Esquisse pour une histoire agraire de Byzance. Les sources et les problèmes, RH 219/220, 1958
Lětopis	Lětopis. Institut za serbski hedospyt. Jahresschrift des Instituts für sorbische Volksforschung, Bautzen 1966 ff.
Lewicki, Źródła	T. Lewicki, Źródła arabskie do dziejów Słowiańszczyzny, Wrocław 1956 ff.
LexArab	Lexikon der Arabischen Welt, hg. S. und N. Ronart, Zürich, München 1972

Lexer	M. Lexer, Mittelhochdeutsches Handwörterbuch, Leipzig 1872–78 [Nachdr. Stuttgart 1965]
LexIslam	Lexikon der islamischen Welt, hg. K. Kreiser, W. Diem, H. G. Majer, 3 Bde, Stuttgart, Berlin, Köln, Mainz 1974
LGN	Lexikon der Geschichte der Naturwissenschaften. Biographien, Sachwörter und Bibliographien, hg. J. Mayerhöfer u. a., Wien 1959 ff.
LGRP	Literaturblatt für germanische und romanische Philologie, Heilbronn u. a. 1880 ff.
Lhotsky, Quellenkunde	A. Lhotsky, Quellenkunde zur mittelalterlichen Geschichte Österreichs, Graz, Köln 1963 (MIÖG Ergbd. 19)
LI	Lettere italiane, Firenze 1949 ff.
Liebermann, Gesetze	F. Liebermann, Die Gesetze der Angelsachsen, 3 Bde, Halle 1903–16 [Nachdr. Leipzig 1935]
LJB	Liturgisches Jahrbuch, München 1951 ff.
LMK	Lexikon der Marienkunde, hg. K. Algermissen u. a., Regensburg 1957 ff.
Łowmiański, Początki Polski	H. Łowmiański, Początki Polski. Z dziejów Słowian w I. tysiącleciu n. e., 5 Bde, Warszawa 1963–73
LP	Liber Pontificalis, ed. L. Duchesne, 3 Bde, Paris I–II 1886–92, III 1957
LQF	Liturgiegeschichtliche Quellen und Forschungen, Münster 1918 ff.
LQR	Law Quarterly Review, London 1885 ff.
LThK, LThK²	Lexikon für Theologie und Kirche, hg. M. Buchberger u. a., 10 Bde, Freiburg 1930–38, 1957–65² und Regbd. 1965 (Ergbd.: Das zweite vatikanische Konzil. Dokumente und Dokumentation, 1966–68)
LWA	Lexikon der Weltarchitektur, hg. N. Pevsner u. a., München 1971
LWQF	Liturgiewissenschaftliche Quellen und Forschungen, Münster 1957 ff.
Lychnos	Lychnos. Lärdomshistoriska Samfundets Årsbok (Jahrbuch der Schwed. Gesellschaft für Geschichte der Wissenschaften), Uppsala 1936 ff.
M-A	Moyen-âge. Revue d'histoire et de philologie, Bruxelles, Paris 1888 ff. [NF: 1897 ff., 1930 ff., 1946 ff.]
MAc	Medium Aevum, Oxford 1932 ff.
Magna Moravia	Magna Moravia. Commentationes ad memoriam missionis Byzantinae ante XI saecula in Moraviam adventus editus. Sborník k 1100. Výročí příchodu Byzantské mise na Moravu, hg. J. Macůrek, Praha 1965
MAH	Mélanges d'Archéologie et d'Histoire. École française de Rome, Paris 1881–1970 (fortges. als MEFRM)
MAHS	Mitteilungen der Ausland-Hochschule an der Universität Berlin, Berlin 1936–39 (vorher: MSOS)
Maier, Religion	J. Maier, Geschichte der jüdischen Religion von der Zeit Alexander des Großen bis zur Aufklärung mit einem Ausblick auf das 19./20. Jh., Berlin, New York 1977
Manget	J. J. Manget, Bibliotheca chemica curiosa, seu rerum ad alchemiam pertinentium thesaurus instructissimus, 2 Bde, Genève 1702
Manitius	M. Manitius, Geschichte der lateinischen Literatur des Mittelalters, 3 Bde, München 1911–31 (Handbuch der Altertumswissenschaft 9)
Mansi	J. D. Mansi, Sacrorum Conciliorum nova et amplissima collectio, 31 Bde, Firenze, Venezia 1759–98 [Neudr. und Forts., hg. L. Petit – I. B. Martin, 60 Bde, Paris 1901–27]
Manual ME	A Manual of the Writings in Middle English 1050–1500, hg. J. B. Severs, A. E. Hartung, bisher erschienen: Bd. 1–5, New Haven 1967 ff.
MArch	Medieval Archaeology. Journal of the Society for medieval archaeology, London 1957 ff.
MärkF	Märkische Forschungen, hg. Vereine für die Geschichte der Mark Brandenburg, Berlin 1841–87 (fortges. als FBPrG)
Marquart, Streifzüge	J. Marquart, Osteuropäische und ostasiatische Streifzüge. Ethnologische und historisch-topographische Studien zur Geschichte des 9. und 10. Jahrhunderts (ca. 840–940), Leipzig 1903
MARS	Medieval and Renaissance Studies. Warburg Institute, London 1941/43 ff.
MartHieron	Martyrologium Hieronymianum (Acta SS Nov. II, 2), Bruxelles 1931
Marzell, Heilpflanzen	Geschichte und Volkskunde der deutschen Heilpflanzen, Stuttgart 1938² (1. Aufl. unter dem Titel: Unsere Heilpflanzen, ihre Geschichte und ihre Stellung in der Volkskunde, Freiburg 1922)

Marzell, Wb.	H. Marzell, Wörterbuch der deutschen Pflanzennamen, Leipzig 1937 ff.
MatArch	Materiały Archeologiczne, Kraków 1959 ff.
Matthews	W. Matthews, Old and Middle English Literature, New York 1968
MatWśr	Materiały starożytne i wczesnośredniowieczne (bis 1971: Materiały Wczesnośredniowieczne), Warszawa, Wrocław u. a. 1951 ff.
Mayer, It. Verfassungsgesch.	E. Mayer, Italienische Verfassungsgeschichte von der Gothenzeit bis zur Zunftherrschaft, 2 Bde, Leipzig 1909
MBohem	Mediaevalia Bohemica, Praha 1969 ff.
MBTh	Münsterische Beiträge zur Theologie, München 1923 ff.
MC	Monumenta Christiana, Utrecht 1948 ff.
MC K	MC. Geschriften van de Kerkvaders
MC M	MC. Geschriften uit de middeleeuwen en nit nieuwe tijd
MecklJbb	Jahrbücher des Vereins für mecklenburgische Geschichte und Altertumskunde, Schwerin 1836 ff. (teilweise: Mecklenburgische Jahrbücher)
MedHist	Medical History, London 1957 ff.
MedJourn	Medizinhistorisches Journal, Hildesheim 1966 ff.
MEE	Μεγάλη Ἑλληνικὴ Ἐγκυκλοπαιδεία, 24 Bde, Athēnai 1926 ff. [Nachdr. und 4 Ergänzungsbände, Athēnai 1956–59]
MEFRM	Mélanges de l'École française de Rome. Moyen-Age. Temps modernes, Paris, Roma 1971 ff. (1881–1970: MAH)
MEJ	Middle East Journal, Washington, 1949 ff.
Merker-Stammler, Merker-Stammler[2]	Reallexikon der deutschen Literaturgeschichte, hg. P. Merker – W. Stammler, 4 Bde, Berlin 1925–31, 1955[2] ff. (hg. W. Kohlschmidt, W. Mohr)
MF	Die Musikforschung, Kassel 1961 ff.
MFCG	Mitteilungen und Forschungsbeiträge der Cusanus-Gesellschaft, Mainz 1961
MGG	Die Musik in Geschichte und Gegenwart, hg. F. Blume, 13 Bde, Kassel, Basel, Paris u. a., 1949–68
MGH	Monumenta Germaniae historica inde ab a. C. 500 usque ad a. 1500, Hannover u. a. 1826 ff. mit folgenden Reihen:
MGH AA	MGH Scriptores. Auctores antiquissimi, 15 Bde
MGH Cap.	MGH Leges. Capitularia regum Francorum, 2 Bde
MGH Conc.	MGH Leges. Concilia, 2 Bde und Suppl.
MGH Const.	MGH Leges. Constitutiones et acta publica imperatorum et regum, 9 Bde ff. (vom 9. Bd. bisher 1. Lieferung erschienen)
MGH DC	MGH Scriptores. Deutsche Chroniken und andere Geschichtsbücher des MA, 6 Bde
MGH DD H. d. L.	MGH Diplomata. Die Urkunden Heinrichs des Löwen, 1 Bd.
MGH DD Karol.	MGH Diplomata. Die Urkunden der Karolinger (bisher Bd. 1 und 3 erschienen)
MGH DD Karol. dt.	MGH Diplomata. Die Urkunden der deutschen Karolinger. 4 Bde
MGH DD K. I., H. I. usw.	MGH Diplomata. Die Urkunden der deutschen Könige und Kaiser, 10 Bde (von Bd. 10 bisher Teil 1 erschienen) [Einzelbände nach den Initialen der jeweils regierenden Herrscher abgekürzt – z. B.: K.I. Konrad I.]
MGH DD LF	MGH Diplomata. Laienfürsten- und Dynastenurkunden der Kaiserzeit, 2 Bde
MGH DD Merov.	MGH Diplomata. Die Urkunden der Merovinger, 1 Bd.
MGH DD Rudolf.	MGH Diplomata. Die Urkunden der burgundischen Rudolfinger
MGH DMA	MGH. Deutsches Mittelalter, kritische Studientexte der MGH, 4 Hefte
MGH Epp. DK	MGH Epistolae. Die Briefe der Deutschen Kaiserzeit, 5 Bde
MGH Epp. Greg.	MGH Epistolae. Gregorii papae registrum epistolarum, 2 Bde
MGH Epp. Karol.	MGH Epistolae Karolini aevi, bisher 7 Bde erschienen und Bd. 8, Teil 1
MGH Epp. Saec. XIII	MGH. Epistolae saeculi XIII e regestis pontificum Romanorum selectae, 3 Bde
MGH Epp. sel.	MGH Epistolae selectae, 5 Bde
MGH Fontes	MGH Leges. Fontes iuris Germanici antiqui [NS], 4 Bde
MGH Formulae	MGH Leges. Formulae Merovingici et Karolini aevi, 1 Bd.
MGH GPR	MGH Scriptores. Gesta pontificum Romanorum, 1 Bd.

MGH LC	MGH Antiquitates. Libri confraternitatum, 1 Bd.
MGH L. d. L.	MGH Scriptores. Libelli de lite imperatorum et pontificum saeculis XI et XII conscripti, 3 Bde
MGH LM	MGH Antiquitates. Libri memoriales (Bd. 1 im Dr.)
MGH LNG	MGH. Leges nationum Germanicarum, bisher 6 Bde
MGH N	MGH Antiquitates. Necrologia Germaniae, 5 Bde
MGH PP	MGH Antiquitates. Poetae latini medii aevi, 6 Bde
MGH QG	MGH Quellen zur Geistesgeschichte des Mittelalters, bisher 6 Bde
MGH Schr.	Schriften der MGH, bisher 23 Bde
MGH SRG (in us. schol.)	MGH Scriptores rerum Germanicarum in usum scholarum [mit NS]
MGH SRL	MGH Scriptores rerum Langobardicarum et italicarum
MGH SRM	MGH Scriptores rerum Merovingicarum, 7 Bde
MGH SS	MGH Scriptores, 32 Bde
MGH Staatsschr.	MGH. Staatsschriften des späten Mittelalters, bisher 4 Teilbde erschienen
MGI	Mitteilungen des Grabmann-Instituts (zur Erforschung der Theologie und Philosophie des Mittelalters), München 1958-66 (fortges. als VGI)
MGWJ	Monatsschrift für Geschichte und Wissenschaft des Judentums, Breslau u. a. 1851-87; 1893-1939
MH	Monspeliensis Hippocrates. Société montpelliéraine d'histoire de la médecine, Montpellier 1958 ff.
MHDB	Mémoires de la Société pour l'histoire du droit et les Institutions des anciens pays bourguignons, comtois et romands, Dijon 1932/33 ff.
MHH	Monumenta Hungariae Historica I-IV, Pest, Budapest 1857 ff.
MHS	Monumenta Hispaniae sacra, Madrid 1946 ff. mit folgenden Reihen:
MHS C	MHS. Serie canonica
MHS L	MHS. Serie litúrgica
MHS P	MHS. Serie patrística
MHS S	MHS. Subsidia
MIC	Monumenta iuris canonici, Città del Vaticano, New York 1965 ff. mit folgenden Reihen:
MIC A	MIC. Series A: Corpus glossatorum
MIC B	MIC. Series B: Corpus collectionum
MIC C	MIC. Series C: Subsidia
Miklosich	F. Miklosich, Die Bildung der slavischen Personen- und Ortsnamen, Heidelberg 1927
Miklosich-Müller	F. Miklosich - J. Müller, Acta et diplomata graeca medii aevi sacra et profana, 6 Bde, Athēnai 1860-90 [Neudr. 1960]
MIÖG	Mitteilungen des Instituts für österreichische Geschichtsforschung, Innsbruck 1948 ff.; Ergbd. 1947 ff. (vorher: MÖIG)
Mirbt	C. Mirbt, Quellen zur Geschichte des Papsttums und des römischen Katholizismus, Tübingen 1934⁵
MittLiv	Mitteilungen aus der Livländischen (vorher: Liv-, Est- und Kurländischen) Geschichte, hg. Gesellschaft für Geschichte und Altertumskunde zu Riga, Riga 1877 ff.
MJb	Mittellateinisches Jahrbuch, hg. K. Langosch, Köln-Lindenthal 1964 ff. (Beiheft: 1968 ff.)
MJbK	Marburger Jahrbuch für Kunstwissenschaft, Marburg 1924 ff. (seit 1929 u. d. T.: Schriften des kunstgeschichtlichen Seminars der Universität Marburg; seit 1949: Veröffentlichungen des Forschungsinstituts für Kunstgeschichte, Marburg)
MlatWb	Mittellateinisches Wörterbuch bis zum ausgehenden 13. Jahrhundert, hg. Bayerische Akademie der Wissenschaften und Deutsche Akademie der Wissenschaften zu Berlin u. a., München, Berlin 1959 ff.
MLHG	Δημητράκου Μέγα λεξικὸν τῆς ἑλληνικῆς γλώσσης, Athēnai 1939-50
MLN	Modern Language Notes, Baltimore 1886 ff.
MLP	Monumenta liturgiae polychoralis sanctae ecclesiae Romanae, Roma 1950 ff.
MLQ	Modern Language Quarterly, London, Washington 1898

MLR	Modern Language Review. A quarterly Journal devoted to the study of medieval and modern literature and philology, London u. a. 1906 ff.
MM	Madrider Mitteilungen. Dt. Arch. Inst., Abt. Madrid, Heidelberg 1960 ff.
MMB	Monumenta musicae Byzantinae, København 1935 ff.
MMFH	Magnae Moraviae Fontes historici, 5 Bde, Brno 1966–77
MMS	Münstersche Mittelalter-Schriften, München 1970 ff.
MMus	Münchner Museum für Philologie des MA und der Renaissance, München 1911–1928/31
MNumG	Mitteilungen der Numismatischen Gesellschaft in Wien, Wien 1890 ff. [NS 1937 ff.] (seit 1947: MÖNumG)
MOG	Mitteilungen zur osmanischen Geschichte, Wien 1921–26
MÖIG	Mitteilungen des österreichischen Instituts für Geschichtsforschung, Graz u. a. 1880–1941/42; Ergbde 1883/85–1939 (fortges. als MIÖG)
Molinier	A. Molinier, Les sources de l'histoire de France des origines aux guerres d'Italie (1494), 6 Bde, Paris 1901–06 [Neudr. New York 1964]
MonBoica	Monumenta Boica, hg. Bayerische Akademie der Wissenschaften. München 1763 ff.
MonPaed	Monumenta Germaniae Paedagogica, Berlin 1886 ff.
MonS	Monastic studies, Pine City, New York 1963 ff.
MÖNumG	Mitteilungen der Österreichischen Numismatischen Gesellschaft, Wien 1947 ff. (vorher: MNumG, 1890 ff.)
Moravcsik, Byzturc	G. Moravcsik, Byzantinoturcica. I: Die byzantinischen Quellen der Geschichte der Turkvölker. II: Sprachreste der Turkvölker in den byzantinischen Quellen, Berlin 1958²
MP	Modern Philology, Chicago 1903 ff.
MPG	Patrologiae cursus completus, series Graeca, ed. J.-P. Migne, 161 Bde, Paris 1857 ff.
MPH	Monumenta Poloniae Historica, 6 Bde, Kraków 1864–93 [Neudr. Warszawa 1960]
MPH NS	Monumenta Poloniae Historica. Nova Series, Kraków 1951 ff.
MPL	Patrologiae cursus completus, series Latina, ed. J.-P. Migne, 221 Bde, Paris 1844 ff.
MR	Medioevo Romanzo, Napoli 1974 ff.
MSc	Mediaeval Scandinavia, Odense 1968 ff.
MSF	Memorie storiche Forogiuliesi, Udine 1905 ff.
MSOS	Mitteilungen des Seminars für orientalische Sprachen an der Friedrich-Wilhelm-Universität zu Berlin, Berlin 1898–1935 (1936–39; MAHS)
MSt	Medieval Studies, Toronto 1939 ff.
MStHTh	Münchener Studien zur historischen Theologie, München 1921 ff.
MTexts	Nelson's Medieval Texts, hg. H. Galbraith, R. A. B. Mynors, London u. a.
MthSt	Münchener theologische Studien, hg. F. K. Seppelt u. a., München 1950 ff.
MthStH	MthSt. Historische Abteilung
MTM	Millî Tetebbü'l er Mecmu 'ası, hg. M. F. Köprülü, 2 Bde, Istanbul 1913
MTU	Münchner Texte und Untersuchungen zur deutschen Literatur des MA, hg. Kommission für deutsche Literatur des Mittelalters der Bayerischen Akademie der Wissenschaft, München 1960 ff.
MüJb	Münchner Jahrbuch der bildenden Kunst, München 1906 ff. [NF: 1924 ff., 3. F. 1950 ff.]
Münster	Das Münster. Zeitschrift für christliche Kunst und Kunstwissenschaft, München 1947/48 ff.
Muratori, Muratori²	Rerum Italicarum scriptores..., ed. L. A. Muratori, 28 Bde, Milano 1723–51; Città di Castello 1900² ff.
MVGDB	Mitteilungen des Vereins für Geschichte der Deutschen in Böhmen, Prag 1862–1944
NA	Neues Archiv der Gesellschaft für ältere deutsche Geschichtskunde, Hannover 1876–1935 (vorher: ArchGG, fortges. als DA)
NAFN	Neue Ausgrabungen und Forschungen in Niedersachsen, hg. H. Jankuhn, Hildesheim 1963 ff.
NAG	Nachrichten der Akademie der Wissenschaften in Göttingen, Göttingen 1941 ff. (vorher: NGG)
NASG	Neues Archiv für sächsische Geschichte und Altert(h)umskunde, Dresden 1880 ff.
NassA	Nassauische Annalen. Jahrbuch des Vereins für nassauische Altertumskunde und Geschichtsforschung, Wiesbaden 1913 ff. (vorher: VNassAG)

NAV	Nuovo Archivio Veneto, Venezia 1891-1921
NBACr	Nuovo bolletino di archeologia cristiana, Roma 1895 ff.
NBL	Norsk biografisk Leksikon, red. E. Bull, E. Jansen u. a., 7 Bde, Kristiania (Oslo) 1923 ff.
NBW	National Biografisch Woordenboek, Brussel 1964 ff.
NCBEL	The New Cambridge Bibliography of English Literature, 5 Bde, Cambridge 1969-77
NCE	New Catholic Encylopedia, 15 Bde, New York u. a. 1967
NDB	Neue deutsche Biographie, hg. Historische Kommission bei der Bayerischen Akademie der Wissenschaften, Berlin 1953 ff.
NdsJb	Niedersächsisches Jahrbuch für Landesgeschichte, hg. Historische Kommission für Hannover, Hildesheim 1930 ff. (1924-29: Niedersächsisches Jahrbuch)
NED	→ OED
NGG	Nachrichten der Gesellschaft der Wissenschaften zu Göttingen, Berlin 1845-1940 (fortges. als NAG)
NIEDERLE, Manuel	L. Niederle, Manuel de l'antiquité Slave, 2 Bde, Paris 1923-26
NIEDERLE, Slov. star.	L. Niederle, Slovanské starožitnosti, 7 Bde, Praha 1902-34
NM	Neuphilologische Mitteilungen, Helsingfors (Helsinki) 1889 ff.
NMA	Nationalmuseets Arbejdsmark, København 1928 ff.
NORDEN	E. Norden, Die antike Kunstprosa vom VI. Jh. v. Chr. bis in die Zeit der Renaissance, 2 Bde Stuttgart 1958[3]
NouvClio	La Nouvelle Clio. Revue mensuelle de la découverte historique, Bruxelles 1949 ff.
Nový, Böhm. Staat	R. Nový, Die Anfänge des Böhmischen Staates, Bd. 1 ff., Praha 1968
NOVOTNÝ	V. Novotný, K. Krofta, České dějiny, 5 Bde, Praha 1912 ff.
NPK	Novgorodskie piscovie knigi. Izd. Imperatorskoju archeografičeskoju kommissieju, St. Petersburg 1859 ff. [Neudr. Den Haag, Paris 1969]
NPL	Novgorodskaja pervaja letopiś staršego i mladšego izvodov. Pod. red. A. N. Nasonova, Moskva 1950 [Neudr. Moskva 1969]
NQ	Notes and Queries for readers and writers, collectors and librarians. Medium of intercommunication for literary men, artists, antiquaries, genealogists, London 1849/50 ff.
NRS	Nuova rivista storica, Roma u. a. 1917 ff.
NRTh	Nouvelle Revue Théologique. Museum Lessianum. Louvain u. a. 1867 ff.
Ntg	De nieuwe taalgids, Groningen 1907 ff.
NTM	Schriftenreihe für Geschichte der Naturwissenschaften, Technik und Medizin, Leipzig 1964 ff.
NumSfrag	Numizmatika i sfragistika, Kiev 1963 ff.
NumZ	Numismatische Zeitschrift, Wien 1869 ff.
ÖAKR	Österreichisches Archiv für Kirchenrecht, Wien 1950 ff.
Očerki	Očerki istorii istoričeskoj nauki v SSSR (Akademija nauk SSR. Institut istorii), Moskva 1955 ff.
OED	The Oxford English Dictionary, being a corrected re-issue of 'A New English Dictionary' (NED), ed. J. Murray, H. Bradley, W. A. Craigie, C. T. Onions, 12 Bde und Suppl., Oxford 1933
Offa	Offa. Berichte und Mitteilungen aus dem Schleswig-Holsteinischen Landesmuseum für Vor- und Frühgeschichte in Schleswig (vorher: Berichte und Mitteilungen des Museums vorgeschichtlicher Altertümer [Thaulow-Museum] in Kiel), Neumünster 1936 ff.
OIR	Opera iuridica rariora, Bologna 1968 ff.
OKS	Ostkirchliche Studien, Würzburg 1952 ff.
OLZ	Orientalische Literaturzeitung, Berlin, Leipzig 1898 ff.
Onomastica	Onomastica. Pismo poświęcone nazewnictwu geograficznemu i osobowemu, Wrocław u. a. 1955 ff.
Onomastica Slavogerm.	Onomastica Slavogermanica, Wrocław 1965 ff.
Opuscula	Opuscula et textus historiam Ecclesiae eiusque vitam atque doctrinam illustrantia. Series scholastica et mystica, ed. M. Grabmann, F. Pelster, Münster 1926 ff.
OrChrAn	Orientalia Christiana Analecta, Roma 1935 ff.

OrChrP	Orientalia Christiana Periodica, Roma 1935 ff.
OSSINGER	J. F. Ossinger, Bibliotheca Augustiniana historica, critica et chronologica, Ingolstadt, Augsburg 1768
OSTROGORSKY, Ausgew. Schr.	G. Ostrogorsky, Zur byzantinischen Geschichte. Ausgewählte kleine Schriften, Darmstadt 1973
OSTROGORSKY, Féodalité	G. Ostrogorsky, Pour l'histoire de la féodalité byzantine, Bruxelles 1954
OSTROGORSKY, Geschichte³	G. Ostrogorsky, Geschichte des byzantinischen Staates, München 1963³ (Handbuch der Altertumswissenschaft 12)
OSTROGORSKY, Paysannerie	G. Ostrogorsky, Quelques problèmes d'histoire de la paysannerie byzantine, Bruxelles 1956
OSTROGORSKY, Slawen	G. Ostrogorsky, Byzanz und die Welt der Slawen. Beiträge zur Geschichte der byzantinisch-slawischen Beziehungen, Darmstadt 1974
OTRINA	Opisanie tjurkskich rukopisej Instituta Narodov Azii, Bd. 1: Istorija, Moskva 1965
ÖVA	Österreichischer Volkskundeatlas, hg. E. Burgstaller u. a., Linz 1959 ff.
ÖZVK	Österreichische Zeitschrift für Volkskunde, Wien 1947 ff. (vorher: WZV)
PAAJR	Proceedings of the American Academy for Jewish Research, New York 1928/30 ff.
PAKALIN, OTDTS	M. Z. Pakalın, Osmanlı tarih deyimleri ve terimleri sözlüğü, 3 Bde, Istanbul 1946–56
PamArch	Památky Archeologické (a Místopisné), Praha 1854 ff.
PamAU	Pamiętnik Akademii Umiejętnoíci, Kraków 1874 ff.
PamSłow	Pamiętnik Słowiański. Czasopismo naukowe poświęcone słowianoznawstwu, Kraków 1949 ff.
PastB	Pastor bonus. Zeitschrift für kirchliche Wissenschaft und Praxis, Trier 1889–1943 (fortges. als TThZ)
PATZE-SCHLESINGER	Geschichte Thüringens, hg. H. Patze – W. Schlesinger, 3 Bde, Köln, Graz 1967 ff.
PBA	Proceedings of the British Academy for the promoting of historical, philosophical and philological studies, London 1903/04 ff.
PBB (Halle)	Beiträge zur Geschichte der deutschen Sprache und Literatur (Pauls und Braunes Beiträge), Halle 1874 ff.
PBB (Tübingen)	Beiträge zur Geschichte der deutschen Sprache und Literatur (Pauls und Braunes Beiträge) Tübingen 1955 ff.
PDPI	Pamjatniki drevnej pis'mennosti i iskusstva, St. Petersburg (Leningrad) 1878 ff.
PDS	Pamjatniki diplomatičeskich snošenij drevnej Rossii s deržavami inostrannymi, St. Petersburg 1851 ff.
Peerage	The Complete Peerage of England, Scotland, Ireland, Great Britain and the United Kingdom, hg. G. E. Cobayne, V. Gibbs u. a., 12 Bde, London 1910–59
PERINI	D. A. Perini, Bibliographia Augustiniana, 4 Bde, Firenze 1929–37
Petermanns Mitt.	Petermanns geographische Mitteilungen: Mitteilungen aus J. Perthes' geographischer Anstalt, Gotha 1855 ff.
PfingstbllHansGV	Pfingstblätter des Hansischen Geschichtsvereins, Lübeck 1905 ff.
PH	Provence historique, Marseille 1950 ff.
PharmHist	Pharmacy in History, Madison 1959
PharmP	Pharmazeutische Post, Wien 1868–1938 (fortges. als WPhW)
PharmZ	Pharmazeutische Zeitung, Frankfurt a. M., Berlin 1855 ff.
PharmZen	Pharmazeutische Zentralhalle für Deutschland, Dresden 1859
PhilNat	Philosophia naturalis. Archiv für Naturphilosophie und die philosophischen Grenzgebiete der exakten Wissenschaften und Wirtschaftswissenschaften, Meisenheim/Glan 1950 ff.
PhJb	Philosophisches Jahrbuch der Görres-Gesellschaft, Fulda u. a. 1888 ff.
PHS	Pariser historische Studien, hg. Kommission zur Erforschung der Geschichte der deutsch-französischen Beziehungen, Stuttgart 1962 ff.
PJ	Pommersche Jahrbücher, Greifswald 1900 ff.
PKG	Propyläen-Kunstgeschichte, 18 Bde, Berlin 1923–39, 1966 ff.
PKMG	Piscovyja knigi Moskovskago gosudarstva. Izdanie Imp. Russkago geografičeskago obščestva, St. Petersburg 1872–95 (Prod. red. NV Kalačova)
PLÖCHL	W. M. Plöchl, Geschichte des Kirchenrechts, 5 Bde, Wien 1953–69

PLP	Prosopographisches Lexikon der Palaiologenzeit, hg. E. Trapp unter Mitarbeit von R. Walther und H. V. Beyr, Wien 1976ff.
PLRE	A. H. M. Jones u. a., The Prosopography of the Later Roman Empire, Cambridge 1971ff.
PMLA	Publications of the Modern Language Association of America, New York, Menaska/Wisc., 1884ff.
PMS	Publications in Medieval Studies, hg. P. S. Moore, Notre Dame/Ind. 1936ff.
Początki państwa pols.	Początki państwa polskiego, 2 Bde, Poznań 1962
POr	Patrologia orientalis, hg. R. Graffin, F. Nau, Paris 1903ff.
POTTHAST	A. Potthast, Bibliotheca historica medii aevi. Wegweiser durch die Geschichtswerke des europäischen Mittelalters bis 1500. 2 Bde, Berlin 1862² [Nachdr. Graz 1954–57]
POTTHAST, Reg.	A. Potthast, Regesta Pontificum Romanorum inde ab a. 1198 ad a. 1304, Berlin 1874–75 [Neudr. Graz 1957]
PP	Past and Present. A journal of scientific history, London 1952ff.
PQ	Philological Quarterly. A journal devoted to scholarly investigation in the classical and modern languages and literatures, Iowa City 1922ff.
PrArch	Prace Archeologiczne, Kraków 1960ff.
PravoslavBogoslovEnc	Pravoslavnaja bogoslovskaja enciklopedija, 10 Bde, St. Petersburg 1902ff.
PRE	Realencyclopädie für protestantische Theologie und Kirche, begr. von J. J. Herzog, hg. A. Hauck, 24 Bde, Leipzig 1896–1913³
PREIDEL, Sl. Altertumskunde	H. Preidel, Slawische Altertumskunde des östlichen Mitteleuropas im 9. und 10. Jahrhundert, 3 Bde, Gräfelfing b. München 1961–66
PRF	Publications Romanes et Françaises, Genève, Paris 1961ff. (vorher: Société de publications romanes et françaises, Paris 1930ff.)
PRIA	Proceedings of the Royal Irish Academy, Dublin 1836ff.
PRITZEL	G. A. Pritzel, Thesaurus Literaturae Botanicae omnium gentium inde a rerum botanicarum initiis ad nostra usque tempora, quindecim millia operum recensens, Leipzig 1872–77 [Neudr. Milano 1950]
PrKomArch	Prace Komisji Archeologicznej, Kraków, Wrocław 1960ff.
PRP	Pamjatniki russkogo prava, Moskva 1952–61
PrzgArch	Przegląd Archeologiczny, Poznań 1920ff.
PrzgHist	Przegląd Historyczny. Revue historique, Warszawa 1905ff.
PrzgZach	Przegląd Zachodni, Poznań 1945ff.
PSB	Polski Słownik Biograficzny, Kraków 1935ff.
PSG	Pskovskaja sudnaja gramota. Izd. Archeografičeskoj komissii, St. Petersburg 1914
PSM	Pagine di storia della medicina, Roma 1957ff.
PSRL	Polnoe sobranie russkich letopisej, St. Petersburg 1841ff.
PTF	Philologiae Turcicae fundamenta, Wiesbaden 1959ff.
PU (mit einzelnen Ländern)	Papsturkunden, hg. P. F. Kehr u. a.: England (W. Holtzmann), Frankreich (J. Ramackers u. a.), Italien (P. F. Kehr, L. Schiaparelli), Niederlande (J. Ramackers), Portugal (C. Erdmann), Spanien (P. F. Kehr) (Abhandlungen der Gesellschaft der Wissenschaften zu Göttingen), Göttingen u. a., 1896ff.
PZ	Prähistorische Zeitschrift, Berlin, Leipzig 1909ff.
QD	Quaestiones disputatae, Freiburg u. a. 1958ff.
QFIAB	Quellen und Forschungen aus italienischen Archiven und Bibliotheken, Roma 1898ff.
QS	Qirjat Sefär (Kirjath Sepher), Jerusalem 1924ff.
QStGNM	Quellen und Studien zur Geschichte der Naturwissenschaften und der Medizin, Berlin 1931ff.
RA	Revue Archéologique, Paris 1844ff.
RABM	Revista de Archivos, Bibliotecas y Museos, Madrid 1871ff.
RAC	Reallexikon für Antike und Christentum. Sachwörterbuch zur Auseinandersetzung des Christentums mit der antiken Welt, begr. v. F. J. Dölger u. a., hg. Th. Klauser, Stuttgart 1950ff.
RAChr	Revue de l'Art chrétien, Lille u. a. 1857ff.

Rad	Rad Jugoslavenske Akademije znanosti i umjetnosti, Zagreb 1867ff. (1941–45: Rad Hrvatske Akademije znanosti i umjetnosti)
RAISb	Russkij archiv. Istoriko-literaturnyj sbornik, Moskva 1863–1917
RasGreg	Rassegna Gregoriana per gli studi liturgici e pel canto sacro, Roma 1902ff.
RASHDALL	The Universities of Europe in the Middle Ages by the late Hastings Rashdall. New Edition, hg. F.M.Powicke, A.B.Emden, 3 Bde, Oxford 1936 [Neudr.London 1942]
RazprSlovAkad	Razprave. Slovenske akademije znanosti in umetnosti, Ljubljana 1950ff.
RBMA	Repertorium biblicum medii aevi, ed. F.Stegmüller, 7 Bde, Madrid 1950–61
RBPH	Revue belge de philologie et d'histoire, Bruxelles 1922ff.
RBS	Russkij biografičeskij slovaŕ, 25 Bde, St.Petersburg 1896–1913 [Nachdr. New York 1962]
RBSt	Regulae Benedicti Studia. Annuarium internationale, Hildesheim 1972ff.
RByz	Reallexikon der Byzantinistik, hg. P.Wirth, Amsterdam 1968ff.
RByzK	Reallexikon zur byzantinischen Kunst, hg. K.Wessel unter Mitwirkung v. M.Restle, Stuttgart 1966ff.
RCCM	Rivista di cultura classica e medioevale, Roma 1959ff.
RCHL	Revue critique d'histoire et de littérature, Paris 1866–1935
RCS	Repertorium commentariorum in sententias Petri Lombardi, ed. F.Stegmüller, 2 Bde, Würzburg 1947
RCSF	Rivista critica di storia della filosofia, Roma 1946ff.
RDC	Revue de droit canonique, Strasbourg 1951ff.
RDK	Reallexikon zur Deutschen Kunstgeschichte, begr. v. O.Schmitt, fortgeführt v. E.Gall u. a., hg. Zentralinstitut für Kunstgeschichte, München, Stuttgart 1937ff.
RE	Paulys Realencyclopädie der classischen Altertumswissenschaft. Neue Bearbeitung, begonnen v. G.Wissowa, fortgeführt v. W.Kroll und K.Mittelhaus, unter Mitwirkung zahlreicher Fachgenossen hg. K.Ziegler, abgeschlossen v. H.Gärtner, 1.Reihe 24 Bde, 2.Reihe 10 Bde, 15 Supplementbände, Stuttgart, München 1893–1978
REA	Revue des études anciennes, Bordeaux 1899ff.
RechSR	Recherches de science religieuse, Paris 1910ff.
RecJean Bodin	Recueils de la Société Jean Bodin, Bruxelles 1936ff.
RED F	Rerum ecclesiasticarum documenta. Series maior. Fontes, Roma 1956ff.
RED S	Rerum ecclesiasticarum documenta. Series minor. Subsidia studiorum, Roma 1954ff. (1, 1954 u. d. T.: Collectanea Anselmiana. Rerum Ecclesiasticarum documenta)
REG	Revue des études greques, Paris 1888ff.
Reg. (mit Namen)	Bibliothèque des écoles françaises d'Athènes et de Rome, 2. und 3. sér.: Registres et lettres des papes du XIIIe et XIVe siècles, Paris 1884ff.
RegChartItal	Regesta chartarum Italiae, hg. Istituto storico italiano, Istituto storico prussiano, 6 Bde, Roma 1907ff.
REI	Revue des études islamiques, Paris 1927ff.
REJ	Revue des études juives, Paris 1880ff.
RENWICK-ORTON	W.L.Renwick – H.Orton, The Beginnings of English literature to Skelton, London 1966[2] (Introductions to English literature 1)
RENZI	S. de Renzi, Collectio Salernitana, ossia Documenti inediti, e trattati de medicina appartenenti alla Scuola medica salernitana, 5 Bde, Napoli 1852–59
Repfont	Repertorium fontium historiae medii aevi, hg. Istituto storico Italiano per il medio evo, Unione Internazionale degli Istituti di Archeologia, Storia e Storia dell'Arte in Roma, bisher 4 Bde, Roma 1962ff.
RepSarkophage	F.W.Deichmann, Repertorium der christlich-antiken Sarkophage 1, bearb. C.Bovini, H.Brandenburg, Wiesbaden 1967
RerBoicScript	Rerum Boicarum scriptores, ed. A.F. von Oefele, 2 Bde, Augsburg 1763
RerBrit	Rerum Britannicarum medii aevi scriptores, or Chronicles and memorials of Great Britain and Ireland during the Middle Ages, London 1858–96
RES	Review of English Studies. A quarterly journal of English literature and the English language, London u. a. 1925ff.
RESE	Revue des études sud-est européennes, București 1963ff.
RESl	Revue des études slaves, Paris 1921ff.

Rete	Rete. Strukturgeschichte der Naturwissenschaften, bisher 2 Bde, Hildesheim 1971 ff.
RevAug	Revue des Études Augustiniennes, Paris 1955 ff.
RevBén	Revue Bénédictine, Abbaye de Maredsous 1884 ff.
RevByz	Revue des études byzantines, Paris 1946 ff. (vorher: EByz)
RevCelt	Revue Celtique, Paris 1870 ff.
RevGrég	Revue Grégorienne. Études de chant sacré et de liturgie, Paris, Solesmes 1911 ff.
RevMab	Revue Mabillon, Paris 1905 ff.
RevPort	Revista Portuguesa de Historia, Coimbra 1940 ff.
RevSyn	Revue de Synthèse, Paris 1900 ff.
RevThom	Revue Thomiste, Paris 1893 ff.
RF	Romanische Forschungen. Organ für romanische Sprachen und Literaturen, Erlangen u. a. 1883 ff.
RFE	Revista de Filologia Española, Madrid 1914 ff.
RFN	Rivista di filosofia neoscolastica, Milano 1909 ff.
RGG	Die Religion in Geschichte und Gegenwart, hg. K. Galling, 6 Bde, Tübingen 1956–62³, Regbd. 1965
RGZM	Römisch-germanisches Zentralmuseum, Mainz
RH	Revue historique, Paris 1876 ff.
RHC	Recueil des historiens des croisades mit folgenden Reihen:
RHCArm	RHC. Documents arméniens, 2 Bde, Paris 1869–1906
RHCGrecs	RHC. Historiens grecs, 2 Bde, Paris 1875–81
RHCLois	RHC. Lois. Les assises de Jérusalem, 2 Bde, Paris 1841–43
RHCOcc	RHC. Historiens occidentaux, 5 Bde, Paris 1844–95
RHCOr	RHC. Historiens orientaux, 5 Bde, Paris 1872–1906
RHDFE	Revue historique du droit français et étranger, Paris 1855 ff.
RHE	Revue d'histoire ecclésiastique, Louvain 1900 ff.
RHEF	Revue d'histoire de l'église de France, Paris 1910 ff.
RHES	Revue d'histoire économique et sociale, Paris 1908 ff.
RHi	Revue Hispanique, Paris 1894 ff.
RhM	Rheinisches Museum für Philologie, Bonn, Frankfurt 1827 ff.
RHMitt	Römische Historische Mitteilungen, Graz, Köln 1956/57 ff.
RHPharm	Revue d'histoire de la pharmacie, Paris 1930 ff. (vorher: Bulletin de la Société d'histoire de la pharmacie, 1913 ff.)
RHR	Revue d'histoire des religions. Annales du Musée Guimet, Paris 1880 ff.
RHS	Revue française d'héraldique et de sigillographie, Paris 1938–64
RHSC	Revue d'histoire des sciences et de leurs applications, Paris 1947 ff.
RHSE	Revue historique du sud-est européen, București 1924 ff. (vorher: BIESO)
RhVjbll	Rheinische Vierteljahrsblätter. Mitteilungen des Instituts für geschichtliche Landeskunde der Rheinlande an der Universität Bonn, Bonn 1931–42, 1948 ff.
RI (mit Abt. und laufender Nr.)	Regesta Imperii, hg. J. F. Böhmer, Neubearbeitung, Innsbruck 1889 ff.
RIAProc	Proceedings of the Royal Irish Academy, Dublin 1836 ff.
RIB	Russkaja istoričeskaja biblioteka, izdavaemaja Archeografičeskoju kommissieju, St. Petersburg (Leningrad) 1872–1927
RIEIM	Revista del Instituto Egipcio de Estudios Islámicos [en Madrid], Madrid 1953 ff.
Riemann	H. Riemann, Musiklexikon, 3 Bde, Mainz, London, New York, Paris 1967¹²
Rieu, CTM	Ch. Rieu, Catalogue of the Turkish manuscripts in the British Museum, London 1888
RIL	Rendiconti. Istituto lombardo, Accademia di scienze e lettere, Milano 1864 ff. mit folgenden Reihen:
RIL L	RIL. Classe di lettere e scienze morali e storiche
RIL LM	RIL. Classe di lettere e scienze morali e politiche
RIL PG	RIL. Parte generale e atti ufficiali

RISG	Rivista italiana per le scienze giuridiche, Roma 1886 ff.
RISM	Répertoire internationale des sources musicales. Internationales Quellenlexikon der Musik. International Inventory of musical sources, München, Duisburg 1960 ff.
RivAC	Rivista di archeologia cristiana, Roma 1924 ff.
RJ	Romanistisches Jahrbuch, Hamburg 1947 ff.
RLLO	Revue de Langue et Littérature d'Oc, Avignon 1962 ff. (1960-61; Revue de langue et littérature provençales)
RLR	Revue de Langues Romanes, Montpellier 1870 ff.
RLSE	Rivista di Letteratura e di Storia Ecclesiastica, Napoli 1969 ff.
RMA	Revue du moyen-âge latin. Études, textes, chronique, bibliographie, Strasbourg 1945 ff.
RMMontp	Revue du Midi, Montpellier 1843-45
RMNîmes	Revue du Midi, Nîmes 1887 ff.
RMToul	Revue du Midi, Toulouse 1833 ff.
RNPh	Revue néoscolastique (de philosophie), Louvain 1894-1945 (fortges. als RPhL)
RNum	Revue Numismatique, Paris 1836 ff.
Robinson	F. C. Robinson, Old English Literature. A Select Bibliography, Toronto 1970
ROC	Revue de l'Orient chrétien, Paris 1896 ff.
Rocz. DSG	Roczniki Dziejów Społeczno – Gospodarczych, Annales d'histoire sociale et économique, Lwów, Poznań 1931-39; 1946 ff.
Rocz. Gd.	Rocznik Gdański, Gdańsk 1927 ff.
Rocz. Hist.	Roczniki Historyczne, Annales historiques, Poznań 1925 ff.
Rocz. Or.	Rocznik orientalistyczny, Warszawa u. a. 1914/18 ff.
Rocz. Slaw.	Rocznik Slawistyczny, Revue slavistique, Kraków 1908 ff.
Romania	Romania. Recueil (seit 1942/43: Revue) trimestriel consacré à l'étude des langues et littératures romanes, Paris 1872 ff.
Rossi, Elenco	E. Rossi, Elenco dei manoscritti turchi della Biblioteca Vaticana: barberiniani, borgiani, rossiani, chigiani, Città del Vaticano, 1953 (Studi e testi 174)
Rössler-Franz	Sachwörterbuch zur deutschen Geschichte, hg. H. Rössler und G. Franz, München 1958 [Neudr. Nendeln, Liechtenstein 1970]
RozprAkadKrakówFilol	Rozprawy Akademii Umiejętności (Wydział Historyczno-Filologiczny, Kraków 1874 ff.
RozprČeskAkad	Rozpravy České akademie věd a uměni, Praha 1891 ff. (seit 1953: Rozpravy československé akademie věd)
RP	Romance Philology, Berkeley 1947 ff.
RPhL	Revue philosophique de Louvain, Louvain 1945 ff. (vorher: RNPh)
RQ	Römische Quartalschrift für christliche Altertumskunde und Kirchengeschichte, Freiburg 1887 ff.
RR	Romanic Review, New York 1910 ff.
RS	Rolls Series. Rerum Britannicarum medii aevi scriptores..., unter der Leitung des Master of the Rolls, 251 Bde, London 1858-96
RSAgr	Rivista di storia dell'agricoltura, Roma 1961 ff.
RSBN	Rivista di studi bizantini e neoellenici, Roma 1964 ff. (vorher: SBNE)
RSCI	Rivista di storia della chiesa in Italia, Roma 1947 ff.
RSDI	Rivista di storia del diritto italiano, Milano, Verona 1928 ff.
RSF	Rivista (ab 1950: critica) di storia della filosofia, Milano u. a. 1946 ff.
RSI	Rivista storica italiana, Napoli 1884 ff.
RSIZ	Russkaja starina. Ežemesjačnoe istoričeskoe izdanie, St. Petersburg (Petrograd) 1870-1917
RSM	Rivista di storia della medicina, Roma 1957 ff.
RSPhTh	Revue des sciences philosophiques et théologiques, Paris u. a. 1907-40, 1947 ff.
RSSMN	Rivista di storia delle scienze mediche e naturali, Siena, Faenza 1910 ff.
RTA	Deutsche Reichstagsakten. Ältere Reihe, 17 Bde, Stuttgart u. a. 1867-1939 [Neudr. Göttingen 1956-63]. Jüngere Reihe, 4 Bde, Stuttgart u. a. 1893-1935 [Neudr. Göttingen 1962-63]
RTh	Recherches de théologie ancienne et médiévale, Louvain 1929 ff.
Runciman	S. Runciman, Geschichte der Kreuzzüge, 3 Bde, München 1957-60

SA	Sovetskaja archeologija, Moskva 1936 ff.
SaAn	Sachsen und Anhalt. Jahrbuch der Landesgeschichtlichen Forschungsstelle für die Provinz Sachsen und für Anhalt, Magdeburg 1925–43
SAB	Sitzungsberichte der Deutschen Akademie der Wissenschaften zu Berlin, Berlin 1948 ff. mit folgenden Klassen:
SAB.G	SAB. Klasse für Gesellschaftswissenschaften
SAB.P	SAB. Klasse für Philosophie, Geschichte, Staats-, Rechts- und Wirtschaftswissenschaften
SAB.PH	SAB. Philosophisch-historische Klasse
SAB.S	SAB. Klasse für Sprache, Literatur und Kunst
Sachsen-Anhalt	Sachsen-Anhalt. Landeskundl. Regionalbibliographie für die Bezirke Halle und Magdeburg, bearb. R. Jodl, Berichtsjahre 1965/66 ff., Halle/S. 1969 ff.
Saeculum	Saeculum. Jahrbuch für Universalgeschichte, München u. a. 1950 ff.
ŠAFAŘIK	P. J. Šafařik (Schafarik), Slawische Alterthümer, 2 Bde, Leipzig 1843–44
SAH.PH	Sitzungsberichte der Heidelberger Akademie der Wissenschaften, Heidelberg, Phil.-hist. Klasse, Heidelberg 1910 ff.
SAO	Studia et Acta Orientalia, București 1957 ff.
SARTI	M. Sarti – M. Fattorini, De claris Archigymnasii Bononiensis professoribus a saeculo XI usque ad saeculum XIV, 2 Bde, Bologna 1888–96² [Nachdr. Torino 1962]
SARTON	G. Sarton, Introduction to the History of Science, Baltimore 1927 [Neudr. 1962]
SATF	Société des anciens textes français, Paris 1875 ff.
SAVIGNY	F. C. v. Savigny, Geschichte des römischen Rechts im Mittelalter, 7 Bde, 2. Ausg., Heidelberg 1834–51 [Neudr. Darmstadt 1956³]
SAW	Sitzungsberichte der Akademie der Wissenschaften in Wien, Wien 1848 ff. (seit 1947: Sitzungsberichte der österreichischen Akademie der Wissenschaften in Wien)
SAW.PH	SAW. Philosophisch-historische Klasse
SBA.PPH	Sitzungsberichte der Bayerischen Akademie der Wissenschaften, Philosophisch-historische Klasse (vorher: Philosophisch-philologische und historische Klasse), München 1860 ff.
SBEst	Sitzungsberichte der Gelehrten Estnischen Gesellschaft, Dorpat 1861–1938 (1940)
SbIMG	Sammelbände der Internationalen Musikgesellschaft, hg. O. Fleischer, J. Wolf u. a., Leipzig 1899–1914
SBKur	Sitzungsberichte der Kurländischen Gesellschaft für Literatur und Kunst in Mitau, Mitau 1850–1935/36
SBL	Svenskt biografiskt Lexikon, Stockholm 1918 ff.
SBNE	Studi bizantini e neoellenici, Roma u. a. 1924–63 (fortges. als RSBN)
SbornBAN	Sbornik na Bălgarskata akademija na naukita (i izkustvata), Sofija 1911 ff. (fortges. als Spisanie)
SbornHist	Sborník historický, Praha 1962 ff. (vorher: HistSbor)
SbornMM	Sborník matice moravski, Brno 1959 ff.
SBRiga	Sitzungsberichte der Gesellschaft für Geschichte und Altertumskunde zu Riga, Riga 1914 ff.
SB RIO	Sbornik Russkogo istoričeskogo obščestva, St. Petersburg 1867–1916
SC	Sources chrétiennes, hg. H. de Lubac und J. Daniélou, Paris 1913 ff.
Scandia	Scandia. Tidskrift för historisk forskning, Stockholm 1928 ff.
SCHALLER	D. Schaller u. a., Initia carminum Latinorum saeculo undecimo antiquiorum: bibliograph. Repertorium für die lateinische Dichtung der Antike und des frühen Mittelalters, Göttingen 1977
SCHANZ-HOSIUS	M. Schanz, Geschichte der römischen Literatur bis zum Gesetzgebungswerk des Kaisers Justinian, bearb. C. Hosius, T. 1–4, 1.2, München 1914–35²⁻⁴ [Nachdr. 1959] (Handbuch der Altertumswissenschaften 8)
SchAV	Schweizerisches Archiv für Volkskunde, Zürich 1897 ff.
SchlGbll	Schlesische Geschichtsblätter, Mitteilungen des Vereins für Geschichte Schlesiens, Breslau 1908–43
SCHMIDT	L. Schmidt, Geschichte der deutschen Stämme bis zum Ausgang der Völkerwanderung, 3 Bde, München I 1941²; II 1942²; III Berlin 1943 [Nachdr. München 1969–70]
Schol	Scholastik. Vierteljahrsschrift für Theologie und Philosophie, Freiburg 1926 ff. (ab 1966: ThPh)

Scholem, Mystik	G. Scholem, Die jüdische Mystik in ihren Hauptströmungen, Frankfurt a. M. 1967²
Schröder-Künssberg	R. Schröder – E. Frh. R. Künssberg, Lehrbuch der deutschen Rechtsgeschichte, Berlin 1932⁷
Schroeder-Schwarz	K. H. Schroeder – G. Schwarz, Die ländlichen Siedlungsformen in Mitteleuropa, Bad Godesberg 1969 (Forschungen zur deutschen Landeskunde 175)
Schulte	J. F. Frh. v. Schulte, Die Geschichte der Quellen und Literatur des Canonischen Rechts von Gratian bis auf die Gegenwart, 3 Bde, Stuttgart 1875–80 [Nachdr. Graz 1956]
Schwarz, Namenforsch.	E. Schwarz, Deutsche Namenforschung, 2 Bde, Göttingen 1949–50
SchZG	Schweizerische Zeitschrift für Geschichte, Zürich 1951 ff. (vorher: ZSchG)
Scriptorium	Scriptorium. Revue internationale des études relatives aux manuscrits. Intern. review of manuscript studies, Bruxelles, Anvers 1946/47 ff.
SDHI	Studia et Documenta Historiae et Iuris. Pontificum Institutum utriusque iuris, Roma 1935 ff.
SDS	Les Sources du droit suisse. Sammlung schweizerischer Rechtsquellen, Aarau 1898 ff.
SEHR	The Scandinavian Economic History Review, Uppsala, Stockholm 1953 ff.
SelAD	Selçuklu araştırmaları dergisi, Ankara 1969 ff.
SemKond	Seminarium Kondakovianum. Annaly Instituta imeni N. P. Kondakova. Annales de l'Institut N. P. Kondakova, Beograd, Praha 1927–40
Seppelt	F. X. Seppelt, Geschichte der Päpste von den Anfängen bis zur Mitte des 20. Jahrhunderts, 5 Bde, München 1954–59²
Seppelt-Schwaiger	F. X. Seppelt – G. Schwaiger, Geschichte der Päpste. Von den Anfängen bis zur Gegenwart, München 1964
Sett. cent. it.	Settimane di studio del centro italiano di studi sull'alto medioevo, Spoleto 1953 ff.
Sezgin	F. Sezgin, Geschichte des arabischen Schrifttums, Leiden 1967 ff.
SF	Studia Friburgensia, Fribourg 1924–41 [NS 1947 ff.]
SFGG	Spanische Forschungen der Görresgesellschaft, Münster (1. Reihe: GAKGS, 2. Reihe: SKKA)
SFR	Studi di Filologia Romanza, Roma 1884 ff.
SG	Studia Gratiana. Post octava decreti saecularia, ed. J. Forchielli u. a., Bologna 1953 ff.
SGGD	Sobranie gosudarstvennych gramot i dogovorov, chranjaščichsja v gosudarstvennoj kollegii inostrannych děl, Moskva 1813–94
SH	Scientiarum Historia, Antwerpen 1959 ff.
SHDE	Recueil de mémoires et travaux, publ. par la Société d'histoire du droit et des institutions des anciens pays de droit écrit, Montpellier 1948 ff.
SHF	Société d'Histoire de France. Annuaire, Paris 1834 ff.
SHM	Sources d'histoire médiévale, ed. Centre national de la recherche scientifique, Paris 1965 ff.
SHR	Scottish Historical Review, Edinburgh 1903 ff.
SIÉ	Sovetskaja istoričeskaja ėnciklopedija, Glav. red. E. M. Žukov, Moskva 1961 ff.
SKKA	Staat und Kirche in Katalonien und Aragón, Münster 1931 ff. (SFGG, 2. Reihe)
SlAnt	Slavia antiqua, Poznań 1948 ff.
SlOcc	Slavia occidentalis, Poznań 1921 ff.
SlovArch	Slovenská Archeológia, Bratislava 1953 ff.
SłowStarSłow	Słownik Starożytności Słowiańskich. Lexicon Antiquitatum Slavicarum, hg. W. Kowalenko u. a., Wrocław, Warszawa, Kraków 1961 ff.
SlPrag	Slavica Pragensia. Acta universitatis Carolinae. Philologica, Praha 1959 ff.
SlR	Slavic Review. American quarterly of Soviet and East European studies, New York 1941 ff. (1941: The Slavonic Year-Book, American Series; 1942–44: The Slavonic and East European Review, American Series; 1945–61: The American Slavic and East European Review)
SMBO	Studien und Mitteilungen aus dem Benediktiner- und Cistercienser-Orden, mit besonderer Berücksichtigung der Ordensgeschichte und Statistik, München 1882–1910 (vorher: WSMB, fortges. als SMGB)
SMGB	Studien und Mitteilungen zur Geschichte des Benediktinerordens und seiner Zweige, München 1911 ff. (vorher: SMBO)
SMV	Studi Mediolatini e Volgari (Istituto di filologia romanza dell'Università di Pisa), Pisa, Bologna 1953 ff.
S'O	M. Süreyya, Sicill-i 'Osmânî..., 4 Bde, Istanbul 1890–97 [Repr. Farnborough 1971]

Sobótka	Sobótka, Wrocław 1946–56 (fortges. als Sląski kwartalnik historyczny Sobótka, 1957ff.)
SOF	Südost-Forschungen. Internationale Zeitschrift für Geschichte, Kultur und Landeskunde Südosteuropas, Leipzig 1940–42; München 1943ff. (vorher: Südostdeutsche Forschungen, 1936–39)
SOLOVÉV, IR	S. M. Solovév, Istorija Rossii s drevnejšich vremen, 29 Bde, St. Petersburg 1851–79
SPA	Sitzungsberichte der preußischen Akademie der Wissenschaften Berlin, Berlin 1882–1938
SPA. PH	SPA. Philosophisch-historische Klasse
Speculum	Speculum. A Journal of Medieval Studies, Cambridge, Mass. 1926ff.
SPINDLER	Handbuch der bayerischen Geschichte, hg. M. Spindler in Verbindung mit F. Brunhölzl, 4 Bde, München 1967ff. [Nachdr. I 1975; II 1974; III 1971; IV, 1 1974; IV, 2 1975]
Spisanie	Spisanie na Bălgarskata akademija na naukite, Sofija 1953ff. (vorher: Sborn BAN)
Spl	Spiegel der letteren. Tijdschrift voor nederlandse literatuurgeschiedenis, Antwerpen 1956ff.
SprPAU	Sprawozdania z czynności i posiedzeń Polskiej Akademii Umiejętności, Kraków 1896ff.
SR	Studi Romani, Roma 1953ff.
SRLLCathUniv	Studies in the Romance Languages and Literatures. Catholic University of America. Department of Romance Languages and Literatures, Washington, D. C. 1936ff. (auch u. d. T.: Publications of the Department of Romance Languages and Literatures of the Catholic University of America)
SRLLUnivNC	Studies in Romance languages and literatures. University of North Carolina studies in modern languages and literatures, Chapel Hill, N.C. 1940ff.
SRLLUnivNY	New York University studies in Romance languages and literatures, New York 1957ff.
SSA. PH	Sitzungsberichte der sächsischen Akademie der Wissenschaften zu Leipzig. Philosophisch-historische Klasse, Leipzig 1962ff.
SSL	Spicilegium sacrum Lovaniense, Louvain 1922ff.
SSrerAustr	Scriptores rerum Austriacarum veteres ac genuini..., ed. H. Pez, 3 Bde, Leipzig 1721–25
SSrerHung	Scriptores rerum Hungaricarum, tempore ducum et regumque stirpis Arpadianae gestarum, 2 Bde, Budapest 1937–38
SSrerPruss	Scriptores rerum Prussicarum. Geschichtsquellen der preußischen Vorzeit, 5 Bde, Leipzig 1861–74
SSrerSvec	Scriptores rerum Svecicarum medii aevi, 3 Bde, Uppsala 1818–76
StAlb	Studia Albanica, Tirana 1964ff.
STAMMLER, Aufriß	Deutsche Philologie im Aufriß, hg. W. Stammler, 3 Bde, 1 Regbd., Berlin, Bielefeld, München 1957–62[2]
StAns	Studia Anselmiana, Philosophica [et] theologica, Roma 1933ff.
Star	Starinar. Srpska akademija nauka. Arheološki institut, Beograd 1884ff. [NS 1950ff.]
Starine	Starine. Na sviet izdaje Jugoslavenska Akademija znanosti i umjetnosti, Zagreb 1869ff.
Staufer	Die Zeit der Staufer. Geschichte – Kunst – Kultur, Katalog der Ausstellung des Württembergischen Landesmuseums Stuttgart, hg. R. Hausherr, 4 Bde, Stuttgart 1977
StCercIstVec	Studii şi Cercetari d Istorie Veche, Bucureşti 1950ff. (seit 1975: Studii şi cercetari de istorie veche şi arheologie)
STEIN, Bas-Empire	E. Stein, Histoire du Bas-Empire, 2 Bde, Paris, Bruxelles, Amsterdam 1949
STEIN, Spätröm. Reich	E. Stein, Geschichte des spätrömischen Reiches, 2 Bde, Wien 1928
STEINMEYER-SIEVERS	E. Steinmeyer – E. Sievers, Die althochdeutschen Glossen, 5 Bde, Berlin 1879–1922 [Neudr. Dublin, Zürich, Frankfurt a. M. 1968]
STEINSCHNEIDER, Übers.	M. Steinschneider, Die hebräischen Übersetzungen des Mittelalters und die Juden als Dolmetscher, 2 Bde, Berlin 1893 [Neudr. Graz 1956]
STENTON[3]	F. M. Stenton, Anglosaxon England, Oxford 1976[3]
StGreg	Studi Gregoriani per la storia di Gregorio VII e della riforma gregoriana, hg. G. B. Borini, 10 Bde, Roma 1947–75
StGThK	Studien zur Geschichte der Theologie und der Kirche, Leipzig 1897–1908
StHist	Studime Historike, Tirana 1964ff.
StHistSlov	Studia historica Slovaca, Bratislava 1963ff.
StL[5], StL[6]	Staatslexikon, hg. H. Sacher, Freiburg 1926–32[5], 1956[6]ff.

StM	Studi medievali, Torino 1904 ff.
StML	Stimmen aus Maria Laach, Freiburg 1871-1914 (fortges. als StZ)
StN	Studia Neophilologica, Uppsala 1928 ff.
STÖKL, Gesch.[3]	G. Stökl, Russische Geschichte von den Anfängen bis zur Gegenwart, Stuttgart 1973[3]
STÖKL, Slavenmission	G. Stökl, Geschichte der Slavenmission, Göttingen [1961] (Die Kirche in ihrer Geschichte, hg. K. D. Schmidt, E. Wolf, Bd. 2, Lfg. E)
StP	Studies in Philology, Chapel-Hill 1906 ff.
StPh	Studia Philosophica (Jahrbuch der Schweizer philosophischen Gesellschaft), Basel 1941 ff.
StR	Studia Romanica, Zagreb 1956 ff.
StRzemPrzem	Studia z Dziejów Rzemiosła i Przemysłu, Wrocław 1961 ff.
STS	Scottish Text Society, Edinburgh 1884 ff.
StSlHung	Studia Slavica (Academiae Scientiarum Hungaricae), Budapest 1955 ff.
StT	Studi e Testi. Biblioteca apostolica Vaticana, Città del Vaticano 1900 ff.
Studium Generale	Studium Generale. Zeitschrift für die Einheit der Wissenschaften im Zusammenhang ihrer Begriffsbildungen und Forschungsmethoden, Berlin, Göttingen, Heidelberg 1948 ff.
STUMPF-BRENTANO	K. F. Stumpf-Brentano, Die Reichskanzler vornehmlich des 10., 11. und 12. Jh., 3 Bde, Innsbruck 1865-83
StVen	Studi Veneziani, Venezia 1965 ff. (1959-64: BISSV)
St. wśr.	Studia wczesnośredniowieczne, Warszawa, Wrocław 1952-62
StZ	Stimmen der Zeit. (Katholische) Monatsschrift für das Geistesleben der Gegenwart, Freiburg 1915 ff. (vorher: StML)
StŹródł	Studia źródłoznawcze (Commentationes), Warszawa, Poznań 1957 ff.
ŠtZr	Študijné Zvesti, Nitra 1956 ff.
SubHag	Subsidia hagiographica (Société des bollandistes), Bruxelles 1886 ff.
SudArch	Sudhoffs Archiv für Geschichte der Medizin und der Naturwissenschaften, Leipzig, Wiesbaden 1907 ff.
SVF	Stoicorum veterum fragmenta collegit Ioannes ab Arnim, 4 Bde, Leipzig, I-III, 1921-23[2]; IV 1924[1]
Symmeikta	Σύμμεικτα. Βασιλικὸν ῎Ιδρυμα ᾿Ερευνῶν. Κέντρον Βυζαντινῶν ᾿Ερευνῶν, Athēnai 1966 ff.
SZÖVÉRFFY, Annalen	J. Szövérffy, Die Annalen der lat. Hymnendichtung, 2 Bde, Berlin 1964-65
SZÖVÉRFFY, Weltl. Dichtungen	J. Szövérffy, Weltliche Dichtungen des lateinischen Mittelalters. Ein Handbuch, Bd 1 ff., Berlin 1970
TAD	Tarih araştırmaları dergisi, Ankara 1964 ff.
TAESCHNER, Wegenetz	F. Taeschner, Das anatolische Wegenetz nach osmanischen Quellen, 2 Bde, Leipzig 1924-26 (Türkische Bibliothek 22, 23)
TAFEL-THOMAS	G. L. F. Tafel – G. M. Thomas, Urkunden zur älteren Handels- und Staatsgeschichte der Republik Venedig mit bes. Beziehung auf Byzanz und die Levante. Vom 9. bis zum Ausgang des 15. Jahrhunderts, Teil I-III, Wien 1856/57 (Fontes Rerum Austr., Abt. II, Diplomataria et acta, Bd. 12-14) [Neudr. Amsterdam 1964]
TAHIR, OM	B. M. Tahir, Osmanlı Müellifleri. Osmanlılar'ın kuruluşundan zamanımıza kadar..., 3 Bde, Istanbul 1971-75[2]
TARBIZ	Tarbiz. Ribbā'ōn Le-maddā'ē hā-jahadūt. A quarterly for Jewish studies, Jerusalem 1929 ff.
TASZYCKI, Imiona osobowe	W. Taszycki, Najdawniejsze polskie imiona osobowe, Kraków 1925
TCWAAS	Transactions of the Cumberland and Westmorland antiquarian and archeological society, Kendal 1970
TD	Tarih Dergisi. Istanbul Üniversitesi, Edebiyat Fakültesi, Istanbul 1949 ff.
TDAYB	Türk dili araştırmaları yıllığı-Belleten, Ankara 1953 ff.
TDED	Türk dili ve edebiyati dergisi. Istanbul üniversitesi edebiyat fakültesi, Istanbul 1946 ff.
TED	Tarih enstitüsü dergisi, Istanbul 1970 ff.
TEEUWEN	N. Teeuwen, A. De Meijer, M. Schrama, Bibliographie historique de l'Ordre de Saint Augustin 1945-1975, Augustiniana 26, Louvain 1976, 39-340
TFil	Tijdschrift voor filosofie, Louvain 1962 ff. (vorher: TPh)
TG	Tijdschrift voor geschiedenis, Groningen 1886 ff.

Theatr. chem.	Theatrum chemicum..., ed. E. Zetzneri, 6 Bde, Strassbourg 1659-61
ThEE	Θρησκευτική καὶ 'Ηθική 'Εγκυκλοπαιδεία hg. A. Martinos, 12 Bde, Athēnai 1962-68
ThGl	Theologie und Glaube. Zeitschrift für den katholischen Klerus, Paderborn 1909-43/44; 1947ff.
THIEME-BECKER	U. Thieme – F. Becker, Allgemeines Lexikon der bildenden Künstler von der Antike bis zur Gegenwart, hg. H. Vollmer, Bd. 1-37, Leipzig 1907-50
ThLL	Thesaurus linguae Latinae, Leipzig u. a. 1900ff.
THORNDIKE	L. Thorndike, A history of Magic and Experimental Science, 8 Bde, New York, London 1958-60
THORNDIKE-KIBRE	L. Thorndike – P. Kibre, A catalogue of Incipits of mediaeval scientific Writings in Latin, London 1963 (Mediaeval Academy of America, Publication 29)
ThPh	Theologie und Philosophie. Vierteljahresschrift für Theologie und Philosophie, Freiburg 1966ff. (früher: Schol.)
ThRev	Theologische Revue, Münster 1902ff.
ThZ	Theologische Zeitschrift. Theologische Fakultät der Universität Basel, Basel 1945ff.
ThZ.S	ThZ. Sonderband, Basel 1966ff.
TKA	Türk Kültürü araştırmaları, 10 Bde, Ankara 1964ff.
TLJ	University of Toronto Law Journal, Toronto/Ont. 1935ff.
TM	Traveaux et Mémoires, hg. Centre de recherches d'histoire et civilisation byzantines, Paris 1965ff.
TMcc	Türkiyat mecmuası, Istanbul 1925ff.
TNMG	Tijdschrift der Vereniging voor nederlandse muziekgeschiedenis, Amsterdam 1882ff. (1948-59: Tijdschrift voor muziekwetenschap)
TNTL	Tijdschrift voor Nederlandsche taal-en letterkunde, Leiden 1881ff.
TODRL	Trudy Otdela drevnerusskoj literatury Instituta russkoj literatury (Puškinskogo doma) ANSSSR, Moskva, Leningrad 1934ff.
TOEM	Tarih-i Osmânî encümeni mecmuası, Istanbul 1910ff.
TOESCA-RIZZO	P. Toesca – G. E. Rizzo, Storia dell'Arte classica e Italiana, Torino 1951ff.
TOMASCHEK	W. Tomaschek, Zur historischen Topographie von Kleinasien im Mittelalter, Wien 1891
TOTOK	W. Totok, Handbuch der Geschichte der Philosophie, Bd. 1-3ff., Frankfurt a. M., 1964ff.
TPh	Tijdschrift voor Philosophie, Leuven u. a. 1939-61 (fortges. als TFil)
TQ	Theologische Quartalschrift, Tübingen 1819ff. (Umschlagtitel: Tübinger theologische Quartalschrift, Stuttgart 1960-68)
Traditio	Traditio. Studies in Ancient and Medieval History, Thought and Religion, New York 1943ff.
TRAPP	D. Trapp, Augustinian Theology of the 14th Century, Augustiniana 6, Louvain 1956, 146-274
TRAUTMANN, Ortsnamen	R. Trautmann, Die elb- und ostseeslavischen Ortsnamen, 2 Bde, Berlin 1948/49; Registerband, bearb. H. Schall, Berlin 1956
TRE	Theologische Realenzyklopädie, hg. G. Krause, G. Müller, Berlin 1974ff.
TRG	Tijdschrift voor Rechtsgeschiedenis, Groningen, Brussel, Haarlem 1918ff.
TRHS	Transactions of the Royal Historical Society, London 1867/71ff.
Trudy GIM	Trudy Gosudarstvennogo Istoričeskogo Muzeja, Moskva 1926-61
TS	Typologie des sources du Moyen Âge occidental, hg. L. Génicot, Turnhout 1972ff.
TTAED	Türk tarih, arkeologya ve etnografya dergisi, 5 Bde, Istanbul 1933-49
TThZ	Trierer Theologische Zeitschrift, Trier, 1947ff. (vorher: PastB)
TU	Texte und Untersuchungen zur Geschichte der altchristlichen Literatur, begr. O. v. Gebhardt, A. Harnack, Leipzig 1882ff.
TV	Tarih vesikaları, 3 Bde, Ankara 1941-61
TYDK	Türkçe yazma divanlar Kataloğu, 4 Bde (4. Bd. noch nicht vollständig ersch.), Istanbul 1947ff.
TZ	Trierer Zeitschrift für Geschichte und Kunst des Trierer Landes und seiner Nachbargebiete, Trier 1926ff.

UEBERWEG	F. Ueberweg, Grundriß der Geschichte der Philosophie, 5 Bde, Berlin I 1926¹²; II 1928¹¹; III 1924¹²; IV 1923¹²; V 1928¹²
UJE	The Universal Jewish Encyclopaedia, ed. I. Landmann, 10 Bde, New York 1939–43, 1948²
ULLMANN, Medizin	M. Ullmann, Die Medizin im Islam, Leiden, Köln 1970 (Handbuch der Orientalistik I, Ergbd. 6, 1)
ULLMANN, Nat.	M. Ullmann, Die Natur- und Geheimwissenschaften im Islam, Leiden 1972 (Handbuch der Orientalistik I, Ergbd. 6,2)
Uměni	Uměni. Časopis kabinetu pro theorii a dějiny uměni Československé Akademie, Praha 1955 ff.
UngJbb	Ungarische Jahrbücher, Berlin 1921–43 (fortges. als UralAltJbb)
UralAltJbb	Ural-Altaische Jahrbücher, Wiesbaden 1952 ff. (vorher: UngJbb)
UZUNÇARŞILI, Ilmiye	I. H. Uzunçarşılı, Osmanlı devletinin ilmiye teşkilâti, Ankara 1965 (Türk Tarih Kurumu yayinlarindan, VIII, 17)
UZUNÇARŞILI, Kapukulu	I. H. Uzunçarşılı, Osmanlı devleti teşkilâtindan: Kapukulu ocaklari, 2 Bde, Ankara 1943/44 (Türk Tarih kurumu yayımlarından, VIII, 12)
UZUNÇARŞILI, MB	I. H. Uzunçarşılı, Osmanlı devletinin merkez ve bahriye teşkılâtı, Ankara 1948 (Türk Tarih Kurumu yayinlarindan, VIII, 16)
UZUNÇARŞILI, Methal	I. H. Uzunçarşılı, Osmanlı devleti teşkilâtına methal, Istanbul 1941; Ankara 1970² (Türk Tarih Kurumu yayınlarından, VIII, 10a)
UZUNÇARŞILI, OT	I. H. Uzunçarşılı, E. Z. Karal, Osmanlı Tarihi, 8 Bde, Ankara 1947–73 (Türk Tarih Kurumu yayınlarından, XIII, 16)
UZUNÇARŞILI, Saray	I. H. Uzunçarşılı, Osmanlı devletinin saray teşkilâtı, Ankara 1945 (Türk Tarih Kurumu yayınlarından, VIII, 15)
VAN HOVE	A. van Hove, Prolegomena, Mechelen, Roma 1945²
VASMER, Etimol. Slov.	M. Vasmer, Etimologičeskij slovaŕ russkogo jazyka, Moskva 1964 ff.
VASMER, Wb.	M. Vasmer, Russisches etymologisches Wörterbuch, 3 Bde, Heidelberg 1950–58
VASMER, Russ. Gewässernamen	M. Vasmer, Wörterbuch der russischen Gewässernamen, 6 Bde, Berlin, Wiesbaden 1961–73
VASMER, Schriften	M. Vasmer, Schriften zur slavischen Altertumskunde und Namenskunde, hg. H. Bräuer, 2 Bde, Berlin, Wiesbaden 1971
VASMER, Slaven in Griechenl.	M. Vasmer, Die Slaven in Griechenland, Berlin 1941
VC	Vigiliae Christianae. Review of early Christian life and language, Amsterdam 1947 ff.
VCH	Victorian History of the Counties of England, hg. H. A. Doubleday u. a., Westminster, London 1900 ff.
VD	Vakıflar dergisi, Ankara, Istanbul 1938 ff.
VDI	Vestnik drevnej istorii, Moskva 1937 ff.
Verf.-Lex., Verf.-Lex.²	Die Deutsche Literatur des Mittelalters. Verfasserlexikon, hg. W. Stammler, K. Langosch, 5 Bde, Berlin u. a. 1933–55; 2. völlig neu bearbeitete Auflage hg. K. Ruh, W. Schröder, B. Wachinger, F.-J. Worstbroch, Berlin, New York 1977 ff.
VERNADSKY, AR	G. Vernadsky, Ancient Russia, New Haven 1964 (A history of Russia, Bd. 1)
VERNADSKY, KR	G. Vernadsky, Kievan Russia, New Haven 1966 (A history of Russia, Bd. 2)
VERNADSKY, MR	G. Vernadsky, The Mongols and Russia, New Haven 1963 (A history of Russia, Bd. 3)
VF	Voprosy filosofii, Moskva 1947 ff.
VGI	Veröffentlichungen des Grabmann-Instituts (zur Erforschung der mittelalterlichen Theologie und Philosophie), München u. a. [NS 1967 ff.] (vorher: MGI)
VHKH	Veröffentlichungen der Historischen Kommission für Hessen und Waldeck, Marburg 1905 ff.
VI	Voprosy istorii, Moskva 1945 ff. (vorher: IZ)
VIDSL	Veröffentlichungen des Instituts für deutsche Sprache und Literatur der Deutschen Akademie der Wissenschaften zu Berlin, Berlin 1954 ff.
VIDV	Veröffentlichungen des Instituts für Deutsche Volkskunde der Deutschen Akademie der Wissenschaften zu Berlin, Berlin 1954 ff.
VIEG	Veröffentlichungen des Instituts für Europäische Geschichte, Mainz u. a., 1952 ff.

Vies des Saints	Vies des Saints et des Bienheureux selon l'ordre du calendrier avec l'historique des fêtes, hg. v. den Benediktinern v. Paris, 12 Bde, 1 Registerband, Paris 1935 ff.
VIGGPharm	Veröffentlichungen der Internationalen Gesellschaft für Geschichte der Pharmazie, Eutin 1953
VILLER-RAHNER	M. Viller – K. Rahner, Aszese und Mystik der Väterzeit, Freiburg 1939
VIÖG	Veröffentlichungen des Instituts für österreichische Geschichtsforschung, Wien 1939 ff.
VIOLLET-LE-DUC	E. E. Viollet-Le-Duc, Dictionnaire raisonné de l'architecture française du XIe au XVIe siècle, 10 Bde, Paris 1868–74
VIRS	Veröffentlichungen des Instituts für romanische Sprachwissenschaft der Deutschen Akademie der Wissenschaften zu Berlin, Berlin 1950 ff.
VISl	Veröffentlichungen des Instituts für Slavistik der Deutschen Akademie der Wissenschaften zu Berlin, Berlin 1951 ff.
Vivarium	Vivarium. A Journal for Medieval Philosophy and the intellectual life of the middle ages, Assen, Leiden 1963 ff. (seit 1974: An internat. journal for the philosophy and intellectual life in the middle ages and renaissance)
VizIzv	Vizantološki izvori za istoriju naroda Jugoslavije, Beograd 1955 ff.
Vjaz	Voprosy jazykoznanija, Moskva 1949 ff.
VjsHSG	Vierteljahresschrift für Heraldik, Sphragistik und Genealogie, Berlin 1873–89 (fortges. als VjsWSF)
VjsWSF	Vierteljahresschrift für Wappen-, Siegel- und Familienkunde, Berlin 1890–1931 (vorher: VjsHSG, fortges. als Herold)
VLASTO, Slavs	A. P. Vlasto, The Entry of the Slavs into Christendom, an introduction to the medieval history of the Slavs, Cambridge 1970
VKČSpN	Vestník (královské) české společnosti nauk. Mémoires de la Société (royale) des lettres et des sciences de Bohème, Praha 1885 ff.
VLGU	Vestnik Leningradskogo gosudarstvennogo universiteta, Leningrad 1946
VMČ	Veliki Minei-Četii, sobrannye vserossijskim mitropolitom Makariem, St. Petersburg 1868–1915
VMGU	Vestnik Moskovskogo gosudarstvennogo universiteta. Moskva 1946 ff.
VMMHss	Veröffentlichungen mittelalterlicher Musikhandschriften. Publications of mediaeval musical manuscripts, Brooklyn, New York 1957 ff.
VNassAG	Verein für Nassauische Altertumskunde und Geschichtsforschung, Wiesbaden 1827–1912 (fortges. als NassA)
VOEI	Veröffentlichungen der Abteilung für Slavische Sprachen und Literaturen des Osteuropa-Instituts (Slavisches Seminar) an der Freien Universität Berlin, Berlin, Wiesbaden 1953 ff.
VOHD	Verzeichnis der orientalischen Handschriften in Deutschland, hg. W. Voigt, Wiesbaden 1961 ff.
VOLBACH, Elfenbeinarbeiten	W. F. Volbach, Elfenbeinarbeiten der Spätantike und des frühen MA, Mainz 1976^3 (Kataloge vor- und frühgeschichtlicher Altertümer 7)
VPSl	Vznik a počátky Slovanů. Sborník pro studium slovanských starožitností. Origine et débuts des slaves. Recueil d'études sur les antiquités slaves, Praha 1956 ff.
VSWG	Vierteljahresschrift für Sozial- und Wirtschaftsgeschichte, Wiesbaden u. a. 1903 ff. (vorher: ZSWG)
VTHss	W. Pertsch, Verzeichnis der türkischen Handschriften der Königlichen Bibliothek zu Berlin, Berlin 1889 (Die Handschriften-Verzeichnisse der Königlichen Bibliothek zu Berlin 6)
VuF	Vorträge und Forschungen, hg. Konstanzer Arbeitskreis für mittelalterliche Geschichte, Konstanz, Lindau 1955 ff.
VV	Vizantijskij vremennik, St. Petersburg (Petrograd, Leningrad), 1894–1927 [NS Moskva 1947 ff.]
WaG	Die Welt als Geschichte. Zeitschrift für Universalgeschichte, Stuttgart 1935 ff.
WAGNER, Einführung	P. Wagner, Einführung in die gregorianischen Melodien, Leipzig I 1911^3; II 1912^2; III 1921
WAHRMUND	L. Wahrmund, Quellen zur Geschichte des römisch-kanonischen Prozesses im Mittelalter, Bd. 1–5, 1, Innsbruck, Heidelberg 1905–31 [Nachdr. Aalen 1962]
WAITZ	G. Waitz, Deutsche Verfassungsgeschichte, Kiel I–II 1880–82^3; Berlin III–VI 1883–96^2; Kiel VII–VIII 1876–78 [Nachdr. Darmstadt, Graz 1953–55]

WALTHER	H. Walther, Initia carminum ac versuum medii aevi posterioris latinorum. Alphabetisches Verzeichnis der Versanfänge mittellateinischer Dichtungen, Göttingen 1959ff.
WATTENBACH	W. Wattenbach, Deutschlands Geschichtsquellen im Mittelalter bis zur Mitte des 13. Jahrhunderts, Berlin I–II 1894⁶; Stuttgart I 1904⁷
WATTENBACH-HOLTZMANN	W. Wattenbach, Deutschlands Geschichtsquellen im Mittelalter. Deutsche Kaiserzeit, hg. R. Holtzmann, Bd. I, 1–4, Berlin 1938–43; Tübingen, Oldenburg I, 1 1948³, I, 2–4 1948²
WATTENBACH-LEVISON-LÖWE	W. Wattenbach, Deutschlands Geschichtsquellen im Mittelalter. Vorzeit und Karolinger, hg. W. Levison, H. Löwe, Weimar H. I 1952 [Nachdr. 1967], H. II 1953 [Nachdr. 1970], H. III 1957 [Nachdr. 1966], H. IV 1963, H. V 1973
WATTENBACH-SCHMALE	W. Wattenbach, Deutschlands Geschichtsquellen im Mittelalter. Die Zeit der Sachsen und Salier, hg. R. Holtzmann, Neuausg. besorgt v. F.-J. Schmale, T. I–II Berlin 1938–43 [Nachdr. Darmstadt 1967], T. III Darmstadt 1971
WATTERICH	J. M. Watterich, Pontificum Romanorum, qui fuerunt inde ab exeunte saeculo IX usque ad finem saeculi XIII, vitae ab aequalibus conscriptae, ..., Leipzig 1862 [Neudr. Aalen 1966]
WAXMANN	M. Waxmann, A History of Jewish Literature, 5 Bde, New York 1960²
WBTh	Wiener Beiträge zur Theologie, Wien 1963ff.
WdF	Wege der Forschung, Darmstadt 1956ff.
WENSKUS, Stammesbildung	R. Wenskus, Stammesbildung und Verfassung. Das Werden der frühmittelalterlichen gentes, Köln, Wien 1961
WF	Westfälische Forschungen. Mitteilungen des Provinzialinstituts für westfälische Landes- und Volkskunde, Münster 1938ff.
WHJP	The World History of the Jewish People, London 1964ff.
WI	Die Welt des Islams. Internationale Zeitschrift für die Entwicklungsgeschichte des Islams, besonders in der Gegenwart, Leiden 1951ff. (vorher: Welt des Islams, Berlin 1913–43)
WiadArch	Wiadomości Archeologiczne. Bulletin archéologique polonais, Warszawa 1873ff.
WICKERSHEIMER, Dict.	E. Wickersheimer, Dictionnaire biographique des médecins en France au moyen âge, 2 Bde, Paris 1936
Wiener Archiv	Wiener Archiv für Geschichte des Slaventums und Osteuropas, Graz, Köln u. a. 1955ff.
WILPERT, Katakomben	J. Wilpert, Die Malereien der Katakomben Roms, 2 Bde, Freiburg 1903
WILPERT, Mosaiken	J. Wilpert, Die römischen Mosaiken und Malereien der kirchlichen Bauten vom 4.–13. Jahrhundert, 4 Bde, Freiburg 1917²
WJKu	Wiener Jahrbuch für Kunstgeschichte, Wien 1921/22 (1923)ff.
WKK	Waffen- und Kostümkunde. Zeitschrift der Gesellschaft für hist. Waffen- und Kostümkunde, München, Berlin 1959ff. (vorher: ZHW)
WPhW	Wiener Pharmazeutische Wochenschrift, Wien 1939ff.
WS	Wörter und Sachen. Kulturhistorische Zeitschrift für Sprach- und Sachforschung, Heidelberg 1909ff.
WSl	Die Welt der Slawen. Vierteljahresschrift für Slavistik, Wiesbaden 1956ff.
WslJb	Wiener slavistisches Jahrbuch, Wien 1950ff.
WSMB	Wissenschaftliche Studien und Mittheilungen aus dem Benediktiner-Orden, Brünn 1880–81 (fortges. als SMBO)
WULF	M. de Wulf, Histoire de la philosophie médiévale, Louvain, Paris I, 1934⁶; II 1936⁶; III 1947⁶
WuW	Wissenschaft und Weisheit. Zeitschrift für augustinisch-franziskanische Theologie und Philosophie der Gegenwart, Freiburg u. a. 1934ff.
WW	Wirkendes Wort. Deutsches Sprachschaffen in Lehre und Leben. Zweimonatsschrift, Düsseldorf 1950ff.
WZ	Westfälische Zeitschrift, Münster 1931ff. (vorher: ZVGA)
WZKM	Wiener Zeitschrift für die Kunde des Morgenlandes, Wien 1887ff.
WZV	Wiener Zeitschrift für Volkskunde, Wien 1919–44 (vorher: ZÖVK, fortges. als ÖZVK)
YLJ	Yale Law Journal, New Haven/Conn. 1891ff.
YSE	Yale Studies in English, New Haven/Conn. 1898ff.
YWES	The Year's Work in English Studies, London 1919/20ff.
YWMLS	The Year's Work in Modern Language Studies, Cambridge 1929/30ff.

ZA	Zeitschrift für Archäologie, Berlin 1967ff.
ZAA	Zeitschrift für Agrargeschichte und Agrarsoziologie, Frankfurt a. M. 1953ff.
ZAK	Zeitschrift für schweizerische Archäologie und Kunstgeschichte. Revue suisse d'art et d'archéologie, Basel 1939ff. (vorher: ASAK)
ZAMA	Zeitschrift für Archäologie des Mittelalters, Köln, Bonn 1973ff.
ZapHist	Zapiski historyczne, Toruń 1955ff. (vorher: ZapTowarzNauk Toruń)
ZapTowarzNaukToruń	Zapiski Towarzystwa Naukowego w Toruniu, Toruń u. a. 1908–54 (fortges. als ZapHist)
ZB	Zeitschrift für Balkanologie, Wiesbaden 1962ff.
ZBK	Zeitschrift für bildende Kunst, Leipzig 1866ff.
ZBKG	Zeitschrift für bayerische Kirchengeschichte, München u. a. 1926ff. (vorher: BBKG)
ZBLG	Zeitschrift für bayerische Landesgeschichte, München 1928ff.
ZbNarMuz	Zbornik Narodnog Muzeja, Beograd 1964ff. (vorher: ZbRadNarMuz)
ZbRadNarMuz	Zbornik Radova Narodnog Muzeja, Beograd 1958ff. (fortges. als ZbNarMuz)
ZChrK	Zeitschrift für christliche Kunst, hg. A. Schnütgen, fortges. F. Witte, Düsseldorf 1888–1921
ZDA	Zeitschrift für deutsches Altertum und deutsche Literatur, Wiesbaden u. a. 1841ff.
ZDMG	Zeitschrift der Deutschen Morgenländischen Gesellschaft, Wiesbaden u. a. 1847ff.
ZDPh	Zeitschrift für deutsche Philologie, Halle 1869ff.
ZDVKW	Zeitschrift des deutschen Vereins für Kunstwissenschaft, Berlin 1934–43, 1963ff. (1947–62: ZKW)
ZfG	Zeitschrift für Geschichtswissenschaft, Berlin 1953ff.
ZFSL	Zeitschrift für französische Sprache und Literatur, Wiesbaden u. a. 1889ff. (vorher: ZNFS)
ZGA	Zeitschrift für Geschichte der Architektur, Heidelberg 1907ff.
ZGO	Zeitschrift für die Geschichte des Oberrheins, Karlsruhe 1850ff.
ZGW	Zeitschrift für Geschichtswissenschaft, Berlin 1844–46 (fortges. als Allgemeine Zeitschrift für Geschichtswissenschaft 1846–48)
ZHF	Zeitschrift für historische Forschung, Berlin 1974ff.
ZHW	Zeitschrift für historische Waffen- und Kostümkunde, Berlin, Dresden, Leipzig 1897ff. (fortges. als WKK)
ZIMG	Zeitschrift der Internationalen Musikgesellschaft, Leipzig 1900ff.
Zinkeisen	J. Zinkeisen, Geschichte des osmanischen Reiches in Europa, 7 Bde, 1 Regbd, Hamburg u.a. 1840–63
Zinner, Bibliogr.; Zinner, Bibliogr.²	E. Zinner, Geschichte und Bibliographie der astronomischen Literatur in Deutschland zur Zeit der Renaissance, Leipzig 1941, Stuttgart 1964²
ZK	Zeitschrift für Kunstgeschichte, Berlin, München 1932ff.
ZKG	Zeitschrift für Kirchengeschichte, Gotha, Stuttgart 1876ff.
ZKR	Zeitschrift für Kirchenrecht, Berlin u. a., 1861–89 (fortges. als DZKR)
ZKTH	Zeitschrift für Katholische Theologie, Wien u. a., 1876–1943, 1947ff.
ZKW	Zeitschrift für Kunstwissenschaft, Berlin 1947–62 (1934–43 und seit 1963: ZDVKW)
Zlatarski, Istorija	V. N. Zlatarski, Istorija na bălgarskata dăržava prez srednite vekove, T. I, 1, 2, II, III, Sofija 1918–40, 1970–72²
ŽM	Życie i Myśl. Instytut Zachodni, Poznań 1950ff.
ŽMNP	Žurnal Ministerstva narodnago prosveščenija, St. Petersburg 1834–1917
ZNF	Zeitschrift für Namensforschung, München 1938ff. (vorher: ZONF)
ZNFS	Zeitschrift für neufranzösische Sprache und Literatur, Leipzig u. a. 1879–88 (fortges. als ZFSL)
ZNum	Zeitschrift für Numismatik, Berlin 1874–1932/35 (fortges. als DJN)
ZOEG	Zeitschrift für osteuropäische Geschichte, Berlin, Königsberg 1911–14 [NS 1931–35] (fortges. als Kyrios)
ZOF	Zeitschrift für Ostforschung. Länder und Völker im östlichen Mitteleuropa, Marburg 1952ff.
Zöllner	E. Zöllner, Geschichte Österreichs. Von den Anfängen bis zur Gegenwart, München u. a. 1974⁵
ZONF	Zeitschrift für Ortsnamenforschung, München, Berlin 1925–37 (fortges. als ZNF)

ZÖVK	Zeitschrift für österreichische Volkskunde, Wien 1895-1918 (fortges. als WZV)
ZRG	Zeitschrift für Rechtsgeschichte, Weimar 1861-78 (fortges. als Zeitschrift der Savigny-Stiftung für Rechtsgeschichte) mit folgenden Abteilungen:
ZRGGermAbt	ZRG. Germanische Abteilung, Weimar 1880ff.
ZRGKanAbt	ZRG. Kanonistische Abteilung, Weimar 1911ff.
ZRGRomAbt	ZRG. Romanische Abteilung, Weimar 1880ff.
ZRPh	Zeitschrift für romanische Philologie, Halle, Tübingen 1877ff.
ZRVI	Zbornik radova Vizantološkog instituta, Beograd 1961ff. (1952-60 Zbornik radova. Vizantološki institut)
ZSchG	Zeitschrift für schweizerische Geschichte, Zürich 1921-50 (fortges. als SchZG)
ZSDG	Zeitschrift für sudetendeutsche Geschichte, Brünn u. a. 1937-41 (1943: Zeitschrift für Geschichte der Sudetenländer)
ZSHG	Zeitschrift der Gesellschaft für Schleswig-Holsteinische Geschichte, Neumünster u. a. 1870ff.
ZSl	Zeitschrift für Slawistik, Berlin 1956ff.
ZslPh	Zeitschrift für slavische Philologie, Heidelberg u. a. 1925ff.
ZSWG	Zeitschrift für Sozial- und Wirtschaftsgeschichte, Freiburg 1893-1900 (fortges. als VSWG)
ZThK	Zeitschrift für Theologie und Kirche, Tübingen u. a. 1891ff.
ZUMKELLER, Augustinerschule	A. Zumkeller, Die Augustinerschule des Mittelalters: Vertreter und philosophisch-theologische Lehre, (AnalAug 27, 1964, 167-262)
ZUMKELLER, Manuskripte	A. Zumkeller, Manuskripte von Werken der Autoren des Augustiner-Eremitenordens in mitteleuropäischen Bibliotheken, Würzburg 1966
ZUNZ	L. Zunz, Die gottesdienstlichen Vorträge der Juden, Frankfurt 1892² [Neudr. Hildesheim 1966]
ZVGA	Zeitschrift für vaterländische Geschichte und Altertumskunde, Münster 1838-1930 (fortges. als WZ)
ZVGASchl	Zeitschrift des Vereins für Geschichte und Altertum Schlesiens, Breslau 1856-1905 (fortges. als ZVGSchl)
ZVGSchl	Zeitschrift des Vereins für Geschichte Schlesiens, Breslau 1906-43 (vorher: ZVGASchl)
ZVK	Zeitschrift für Volkskunde, Berlin u. a. 1930ff. (vorher: ZVVK)
ZVSF	Zeitschrift für vergleichende Sprachforschung auf dem Gebiet (1852-74: des Deutschen, Griechischen und Lateinischen) der indogermanischen Sprachen, Berlin u. a. 1852ff.
ZVVK	Zeitschrift des Vereins für Volkskunde, Berlin 1891-1928 (fortges. als ZVK)

A

A–O → Alpha und Omega

Aachen (lat. Aquis, Aquisgrani, Name als Hinweis auf kelt. Gottheit gedeutet). Seit dem 1. Jh. n. Chr. röm. Siedlung mit Thermenanlagen (heiße Quellen). In frk. Zeit verkehrsgeogr. unbedeutend, zu Gau und Bm. Lüttich gehörend, wurde A. aus röm. Staatsland in kgl. Besitz überführt, ohne nachweisbare Siedlungskontinuität. Seit Kg. Pippins Überwinterung 765/66 v. a. als Pfalzort bezeugt, nach ersten Aufenthalten Karls d. Gr. ausgebaut. Im Zuge einer neuen Pfalzenpolitik und infolge des nach W verlagerten Aufmarschgebietes gegen die Sachsen seit 788/89, wurde A. dank der heißen Quellen Winterpfalz, aber bei Nachlassen der Heereszüge und mit zunehmendem Alter Karls fakt. Residenz, in der Reichsversammlungen und Synoden tagten. Unter Ludwig d. Frommen hatte die Pfalz ztw. Residenzcharakter, danach noch wichtigste Pfalz, aber nach Lothars II. Tod fühlbares Zurückgehen der Königsaufenthalte. Ein Wirtschaftshof diente der Versorgung der Pfalz. Ihm waren weitere zugeordnet, die mit anderen Hofbezirken den Fiskalbezirk A. bildeten. Vielleicht war A. auch Mittelpunkt eines Forstbezirkes. Unmittelbar bei der Pfalz gründete Karl d. Gr. die Marienkirche mit einem Stift. In ihr, dem bedeutendsten Großbauwerk seiner Regierung, wurde er am Todestag (28. Jan. 814) beigesetzt. Sie wahrte die Kontinuität des Ortes, als die Bedeutung der Pfalz schwand.

Neben der Pfalz lag z. T. der vicus A., eine Siedlung von Kaufleuten und Handwerkern mit einem Markt sowie den Unterkünften der zum Hof kommenden kirchl. und weltl. Großen. Pfalz und vicus waren zwar topogr. und rechtl. geschieden, ihre genaue Ausdehnung ist aber nicht bekannt. L. Falkenstein

Nach deutl. Vorbereitung durch Heinrich I. begründete Otto I. 936 mit seiner Krönung in A. die Tradition, die sich an der in der Pfalzkirche beigesetzten Karl d. Gr. knüpfte und der sich 30 dt. Kg.e bis 1531 verpflichtet fühlten, indem sie sich zu A. krönen ließen; drei andernorts Gekrönte holten die A.er Krönung und die Besitzergreifung vom Throne Karls im Hochmünster der Marienkirche nach. Die *Goldene Bulle* hat 1356 A. als Krönungsstätte reichsrechtl. festgesetzt. Otto III. wurde 1002 ebenfalls in der A.er Kirche beigesetzt. Bes. Förderung erfuhr die Karlstradition durch Friedrich Barbarossa, der Karl 1165 als Hl.en erhob. Er erklärte 1166 in Bestätigung eines einige Jahre vorher angefertigten Karlsprivilegs alle Einwohner A.s für frei, erhob den Ort zum Haupt des Reiches (caput regni Theutonici) und bedachte ihn mit Vergünstigungen (Markt- und Münzprivileg 1166) zur Förderung städt. Lebens. Soweit damit realpolit. Pläne verbunden waren, wurden sie mit der Verlagerung der Königsmacht nach S-Deutschland und dem Abbau der Reichspositionen im NW illusorisch. Für Ludwig d. Bayern lag A. »up ein ende vam rige«.

Aus den Jh. zw. Karolinger- und Stauferzeit ist über die örtl. Verhältnisse nur wenig bekannt. Der A.er Haupthof bildete mit Nebenhöfen in Seffent, Richterich, Orsbach, Vaals, Würselen, Haaren und Eilendorf einen Fiskus. Durch zahlreiche Schenkungen, wie bei der von Otto III. eingeleiteten und von Heinrich II. vollendeten Gründung der Benediktinerabtei Burtscheid (seit 1220 Zisterzienserinnen, die zunächst auf dem Salvatorberg n. A. gesessen hatten) und des Kanonikerstifts St. Adalbert, schmolz das Reichsgut neben der Stadt und dem A.er Wald auf ein sich nach NO über die Wurm hinaus erstreckendes Territorium zusammen, das 1336 von Ludwig d. Bayern der Stadtgemeinde bestätigt und dem Zugriff von Jülich entzogen wurde. Als Fiskalbeamte erscheinen iudices, villici seit Anfang des 12. Jh., sculteti seit Mitte des 12. Jh., die, soweit belegt, bis zum Beginn des 13. Jh. personengleich sind; sie haben richterl. Gewalt in dem mit dem Fiskus prakt. ident. A.er Bann. Ende des 11. Jh. wird zur Abwehr expansiver benachbarter Dynasten das Reichsgut um A. zu einer Reichsvogtei zusammengefaßt. Die seit Anfang des 12. Jh. belegten Vögte erscheinen zusammen mit Schultheiß und Meier seit dem 13. Jh. als Richter am A.er Schöffenstuhl, der seit der 1. Hälfte des 12. Jh. nachweisbar ist. Er war bis Ende des 18. Jh. Oberhof für zahlreiche (zeitweise 200) Gerichte im Maas-Rhein-Gebiet.

Karls- und Barbarossaprivileg setzen eine in voller Entwicklung begriffene Stadtgemeinde voraus. 1171–75 wurde die Mauer gebaut. Die steigende Bevölkerungszahl machte Ende des 12. Jh. den Bau einer größeren Leutkirche (St. Foillan) nötig. Daneben ergänzte um 1200 ein neues Spital (Gasthaus am Hof) das am Marienstift bestehende; im 14. Jh. kam das Spital am Radermarkt hinzu. Im 13. Jh. wurde das Bürgerhaus am Fischmarkt gebaut (vollendet 1267).

Seit etwa 1200 sind ministeriales et burgenses als universitas belegt. Vogt, Schultheiß und Meier traten als kgl. Beamte an die Spitze der Stadtverwaltung. 1250 bestätigte Kg. Wilhelm statuta, die die Beamten mit den Schöffen, Ministerialen und Bürgern vereinbart hatten; man nimmt an, daß sie die Einrichtung eines Rates betrafen. Neben den Schöffen begegnen dieselben Kreise, die die *Dingmannen* der Gerichtsgemeinde stellten, nun als Mitglieder des Stadtrates. Die Gefahr des Anfalls an mächtige Territorialherren konnte zwar abgewendet werden, nicht zuletzt durch energ. Auftreten der Bürger, die 1278 den in die Stadt eingedrungenen Gf.en v. Jülich erschlugen. Doch gingen die kgl. Ämter nach wechselnden Verpfändungen im 14. Jh. in Jülicher Hand über, in der sie als Vogtmeierei bis zum Ende des alten Reiches geblieben sind. A. selbst blieb freie Reichsstadt, die von zwei jährl. durch den Rat gewählten Bürgermeistern regiert wurde. Der patriz. Erbrat wurde im Gefolge mehrerer Aufstände der erstarkten Gewerbekreise durch den Gaffelbrief von 1450 in einen durch zunächst 11, seit 1519 endgültig durch vierzehn *Gaffeln* besetzten, jährl. neu gewählten Rat umgewandelt.

Die Marienkirche blieb dem Kgm. eng verbunden, wie wertvolle Geschenke der Kg.e bezeugen: das Lotharkreuz Ottos III., Goldaltar und Evangelienkanzel Heinrichs II., der Barbarossaleuchter, die Karlsbüste Karls IV. Sie verwahrte drei Reichsinsignien: die Stephansburse, das Reichsevangeliar und den Säbel Karls d. Gr. Das Barbarossaprivileg deutet auf eine noch starke Stellung der Kirche innerhalb der Stadt hin, während sie durch die bürgerl. Gemeinde auf die Stiftsimmunität eingeschränkt. Sie bildete ein aus der Stadt ausgegliedertes Reichskirchenterritorium unter der Jurisdiktion des Stiftspropstes. Die

Entwicklung des Stiftes, mit gleichzeitigen wirtschaftl. Auswirkungen auf die Stadt, wurde gefördert durch die ins hohe MA zurückreichenden Pilgerfahrten zu den A.er Heiligtümern (→Aachenfahrt). Nach der Einlegung der Gebeine Karls in den bald nach 1165 begonnenen Karlsschrein (1215) wurde für die anderen Hauptreliquien 1238 der Marienschrein fertiggestellt. Beide Schreine sind Spitzenleistungen der in A. blühenden Goldschmiedekunst. 1355–1414 wurde das karol. Oktogon um den nach Vorbild der Sainte-Chapelle in Paris gestalteten hochgot. Chor erweitert.

Erbe im Pfalzbereich mit den Bädern und dem Hauptgebäude wurde v. a. die Stadt, die auf den Fundamenten der karol. Regia im 14. Jh. ihr neues Rathaus errichtete. Die N-Seite wurde als Schauseite dekorativ umgestaltet, der davorliegende Platz wurde Hauptmarkt, an dessen N-Seite sich seit dem 13. Jh. die vornehmsten Patrizierhäuser reihten. Die Verbindung mit dem Reiche blieb auch dem neuen Bauwerk; denn das nach der Krönung veranstaltete Festmahl wurde im großen Saal des inzw. mehrgeschossigen Gebäudes eingenommen.

Um das Stift St. Adalbert im O und um die Kirchen St. Peter im NO und St. Jakob im SW außerhalb des Barbarossarings hatten sich Vororte gebildet, deren Kirchen 1260 Pfarrechte erhielten. Mit Sicherheit seit der Mitte des 13. Jh. war der Bau einer umfassenden Mauer im Gange, die diese Vororte bis zur 1. Hälfte des 14. Jh. umschlossen hat; doch konnte der äußere Ring nicht ausgefüllt werden. Die Bevölkerung im SpätMA wird auf 10000 Einwohner geschätzt. Die Barbarossastadt hatte zunächst acht, dann neun Tore, nach denen die Stadt in neun Wehrbezirke (Gft.en) aufgeteilt war. Von der äußeren Mauer sind neben Mauerresten das Ponttor und das Marschiertor sowie mehrere Türme erhalten. Der innere Mauerzug, ebenfalls in Resten erhalten, ist wie der äußere in seinem Verlauf noch im Straßenzug zu verfolgen.

Verkehrsgeograph. nicht allzu günstig gelegen, entwickelte sich A. vor allem als Gewerbestadt. Hauptgewerbe war seit frühester Zeit die Tuchherstellung. Schon im 12. Jh. erscheinen A.er Tuche im Donauhandel. A. wurde »die bedeutendste dt. Tuchstadt im MA« (KELLENBENZ). Hinzu kam die Metallverarbeitung, die künstler. Hochleistungen hervorbrachte, mit Spezialisierung auf Messing und Kupfer am Ende des MA. Der Wasserreichtum des A.er Beckens war der Entwicklung des Gewerbes förderlich. Das Wasser wurde während des ganzen MA zum Baden benutzt, doch erst nach balneolog. Erschließung im 16./17. Jh. therapeut. eingesetzt.   E. Meuthen

Bibliogr.: DAHLMANN-WAITZ, Lfg. 30, 1976¹⁰, Abschnitt 184, Nr. 509; Abschnitt 195, Nr. 62 – *Lit.:* Zs. des A.er Geschichtsvereins 1 ff., 1879 ff. – A.er Kunstbl. 1 ff., 1906 ff. – Die Kunstdenkmäler der Rheinprovinz X, 1–3, 1916–24 – Reg. der Reichsstadt A., I–II (1251–1350), bearb. v. W. MUMMENHOFF, 1937–61 – E. STEPHANY, Der Dom zu A., 1964² – Gesch. A.s in Daten, hg. v. B. POLL, 1965² – Karl d. Gr., Lebenswerk und Nachleben IV, 1967 – H. KELLENBENZ, Die Wirtschaft des A.er Bereichs im Gang der Jh., (C. BRUCKNER, Zur Wirtschaftsgesch. des Regierungsbezirks A., 1967, 459–507) – Rhein. Urkundenbuch. Ältere Urkk. bis 1100. 1. Lfg.: A.-Deutz, bearb. v. E. WISPLINGHOFF, 1972, 1–64, 158–173 – A.er Urkk. 1101–1250, bearb. v. E. MEUTHEN, 1972 – E. G. GRIMME, Der A.er Domschatz, A.er Kunstbll. 42, 1972 – E. MEUTHEN, Barbarossa und A., RhVjbll. 39, 1975, 28–59 – J. PETERSOHN, St-Denis-Westminster-A., DA 31, 1975, 420–454 – D. FLACH, Unters. zur Verfassung und Verwaltung des A.er Reichsgutes von der Karlingerzeit bis zur Mitte des 14. Jh., 1976.

Aachener Regeln für Kanoniker →Institutiones Aquisgranenses

Aachenfahrt, aus Karls d. Gr. Reliquienschatz entstandene Heiltumsschau. Im SpätMA bedeutendstes Pilgerziel n. der Alpen, Vorbild für Maastricht, Tongern, Cornelimünster usw. Die Reliquienübertragungen in den neuen Marienschrein 1238 begründen die eigtl. A. mit der frühesten feierl. Zurschaustellung (Weisung) der Reliquien 1242 und 1322. Seit 1349, Krönung Karls IV. und der großen Pest, alle 7 Jahre zwei Wochen um den Kirchweihtag der Kathedrale (17. Juli). Weisungen im Freien auf Galerien zum got. Turm hin waren erst seit dem 14. Jh. möglich. Weisungen außerhalb des Turnus fanden bei Krönungen und hohen Besuchen statt. Die Siebenzahl der Haupttheiligtümer bedingt das Zurücktreten weiterer gewichtiger Reliquien. Die vier »großen« sind Marienkleid, Windeln und Lendentuch Christi, Enthauptungstuch des hl. Johannes; die drei »kleinen« (heute in Schaugefäßen des 14. Jh.): Ledergürtel Christi, Stoffgürtel Mariens, Stück vom Strick der Geißelsäule. Metallpilgerzeichen (Heiltumsspiegel!) versuchte J. Gutenberg 1436/38 zu Straßburg für die A. in Massen zu produzieren. Bei Totschlag von Gerichten als Sühnefahrt auferlegt. Aachen wurde zur Sammelstation der Nord- und Ostseeländer auf dem Wege nach Santiago, bevorzugter Anziehungspunkt für Ungarn, Polen, Böhmen, Mähren, Slowenen, Kroaten mit eigener Seelsorge am Ort und organisiertem Schifftransport vom Untermain und Mittelrhein her. Verbot erst durch Josef II. 1776, aber schon seit dem 16. Jh. Niedergang; im 19. und 20. Jh. wieder üblich.   W. Brückner

Lit.: LMK I, 6–8 – S. BEISSEL, Die A., 1902 – H. SCHIFFERS, Kulturgesch. der A., 1930 – DERS., Die Aachener Heiligtumsfahrt, 1937 – E. THOEMMES, Die Wallfahrt der Ungarn an den Rhein, 1937 – H. SCHIFFERS, Karls d. Gr. Reliquienschatz und die Anfänge der A., 1951 – K. KÖSTER, Gutenberg in Straßburg, 1973.

Aal (Anguilla anguilla L.), bis auf die wirkl. Art der Fortpflanzung in der Antike gut bekannt: lebt nach →Plinius, n. h. 9, 73–75 7–8 Jahre (tatsächl. die Weibchen mehr als 12 Jahre), kann 5–6 Tage ohne Wasser aushalten, ist nachts aktiv und entsteht ungeschlechtl. aus oder im Schlamm. Seit Plautus (Pseud. 747) ist seine schlüpfrige Haut sprichwörtl. (Isidor v. Sevilla, Etym. 12, 6, 41 = Hraban., nat. rer. 8, 5; Thomas v. Cantimpré 7, 2 = Konrad v. Megenberg III. D. 1; Albertus Magnus 24, 8 u. ö.). Bei Thomas kommt nach dem »Experimentator« hinzu, daß er sich nach dem Tode, auch enthäutet, noch bewegt (vgl. Wolfenbüttel, Herz. Aug. Bibl., cod. Aug. 8. 8, 4⁰, s. XIII, f. 34ʳ). Er lebt räuber., meidet unruhiges Wasser und fürchtet Gewitter (= Vinzenz v. Beauvais 17, 31). Nach Albert kann man ihn bei Gewitter von der Wasseroberfläche gut abfischen. Um nicht zu schaden, muß nach dem »Experimentator« der A. gut geschmort werden. Für Hildegard v. Bingen (5, 33) ist er überhaupt nicht empfehlenswert. Albert will zweimal von glaubwürdigen Zeugen vom Fang von A.en mit fadenförmigen Jungen im Leib gehört haben. Nach ihm fehlt der A. in der Donau und wandert über Land (vgl. Plinius, bes. zu Anbauflächen von Erbsen, außer durch Asche und trockenen Sand. Vom Meeraal (Conger conger L.) ist gewöhnl. (Thomas 7, 21 = Vinz. 17, 46 und 7, 38; gonger = Albert. 24, 34) nur (nach Plinius) seine Feindschaft mit der ähnl. Muräne und anderen Fischen bekannt. Albert bezeichnet (24, 19) die »congrui pisces« mit weißem und wohlschmeckendem, aber unverdaul. Fleisch, welches Lepra hervorrufe, als »anguillae marinae« und häufig im »Norm. Meer« (Ärmelkanal). Aalfett als Heilmittel wird bei Ohrenleiden empfohlen (»Experimentator« bei Thomas = MS Wolfenbüttel; Alexander Neckam, De laudibus 3, 605.) Vorübergehend soll die Galle die Augenschärfe wiederherstellen (Hildegard).   Ch. Hünemörder

Qq.: Albertus Magnus, De animalibus, ed. H. STADLER, II, 1920, BGPhMA 16 – Alexander Neckam, De laudibus divinae sapientiae, ed. TH. WRIGHT (zus. mit De naturis rerum), 1863 [Neudr. 1967], R.er. Brit. 34 – Hildegardis, Physica, MPL 197 – Hrabanus Maurus, De universo (= De naturis rerum), MPL 111 – Konrad v. Megenberg, Das Buch der Natur, ed. F. PFEIFFER, 1861 [Neudr. 1962] – Thomas v. Cantimpré, Liber de natura rerum, T. 1: Text, ed. H. BOESE, 1973 – Vincentius Bellovacensis, Speculum naturale, 1624 [Neudr. 1964].

Aalborg, dän. Stadt am Limfjord. Zuerst Alabu genannt auf einer von Kg. Hardeknud (1035-42) geprägten Münze. A. war wahrscheinl. eine kleine Siedlung, die früh durch eine Mauer und die kgl. Burg geschützt wurde. Im Laufe des MA wuchs A. durch Aufblühen des Handels und die Gründung mehrerer Kirchen, Kl. und anderer religiöser Häuser. Kgl. Privilegien folgten, das älteste bekannte datiert um 1342. Ausgrabungen der letzten Jahre haben zahlreiche Beweise der Bedeutung von Handel und Handwerk für die Entwicklung von A. erbracht. O. Schiørring

Lit.: J. KOCK, Byarkaeologisk topografi i Ålborg, hikuin 2, 1975, 187-196.

Aalraupe, auf dem Grund lebender Süßwasserfisch (Lota lota L.), seit der Antike bes. wegen seiner Leber geschätzt (Plinius, n. h. 9, 63; Ablehnung als Speise bei Hildegard v. Bingen 5, 34), beste Beschreibung bei Thomas v. Cantimpré (7, 17 = Vinzenz v. Beauvais 17, 35): er ist aalartig glatt mit zieml. großem Kopf und sehr breitem Maul und dunkel gefärbt. Nach starkem Wachstum mit 12 Jahren heiße er »solaris« (vgl. Thomas 7, 75 = Albertus Magnus 24, 52, Vinz. 17, 93). Nach Albert. (24, 13; Hinweis auf äußere Verschiedenheiten vom →Aal) wird die A. bei Konstanz aus einer Tiefe von 3 Fuß geangelt. Namen: *borbotha* frz./lat., *lumpa* oder *quappa* mhd./lat. (Thom.), *alrutten*, *alquappen*, *lumpen* mhd. (Albert.), *alroppa* mhd./lat. (Hildegard.). Ch. Hünemörder

Qq.: Albertus Magnus, De animal., ed. H. STADLER, II, 1920, BGPhMA 16 – Hildegardis, Physica, MPL 197 – Thomas Cantimpratensis, Liber de natura rerum, T. 1: Text, ed. H. BOESE, 1973 – Vincentius Bellovacensis, Speculum naturale, 1624 [Neudr. 1964].

Aalst, Gf.en v., Adelsfamilie (Leitnamen: Boudewijn, Radulf) ab 964 bekannt; in Besitz einer Vogtei über Güter der Abtei S. Pieter zu Gent und Herren von Aalst, Waas und Drongen gehörten zu der *pairie* von Flandern. Erst Iwein (1117-1145) wird comes genannt, vielleicht wegen seiner Heirat mit der Tochter eines fläm. Gf.en. 1166 starb die Familie aus, die Besitzungen fielen den Gf.en v. Flandern erbl. zu. D. P. Blok

Lit.: E. WARLOP, De Vlaamse adel voor 1300, I-III, 1968.

Aarberg, Gf.en v., Zweig der Gf.en v. Neuenburg (Schweiz; nicht zu verwechseln mit den seit dem 12. Jh. bezeugten Freien von A.). Von diesen spalteten sich um 1215 die Gf.en v. A.-A. und die Gf.en v. A.-Valangin ab. Beide Linien kämpften im Laupenkrieg (Schlacht bei Laupen 1339) gegen Bern. Ks. Karl IV. belehnte den bedeutenden Gf.en v. Peter v. A. mit der Würde eines Reichsschultheißen v. Solothurn. Verschuldet, leitete er 1358 durch Verpfändung den Übergang der Herrschaft A., deren namengebendes Zentrum, Burg und Stadt A., die Gf.en v. A.-A. um 1220 erbaut hatten, an Bern ein. Aus der Linie A.-Valangin wurde Gerhard von Ks. Ludwig d. Bayern zum Generalstatthalter von Oberdeutschland ernannt; er brachte den Adelsbund gegen Bern (Laupenkrieg) zusammen. Auch diese Linie, die zeitweise im Burgrecht von Bern stand (um 1400), zeitweise aber mit der Stadt in Spannung lebte, war Anfang des 15. Jh. verschuldet. In den Burgunderkriegen hielt sich Johann III. v. A.-Valangin († 1497) auf der Seite der Eidgenossen. Das Haus erlosch mit Claudius v. A.-Valangin 1517 in männl. Linie. H. Patze

Lit.: Hist.-Biograph. Lexikon der Schweiz I [mit weiterführender Lit.].

Aardenburg, im FrühMA Rodenburg (Rodenborg, Rodenburgh), Seeland (NL), mit zahlreichen röm., wenigen merow. und karol. Spuren. Die Siedlung blühte im 13.-14. Jh. durch Tuchhandel. Bei Grabungen zahlreiche Keramik des 13.-14. Jh. Um 1300 herrschte grün oder farblos glasierte rottonige Ware, später auch graue. Die *Aardenburg – Ware* ist eine regionale Produktion im nfrz.-fläm. Raum und wurde bis Skandinavien verhandelt. Brennöfen sind noch nicht lokalisiert. H. Hinz

Lit.: J. A. TRIMPE-BURGER, Ber. ROB 12-13, 1962-63, 495 ff. – Ebd. 15-16, 1965-66, 211 ff.

Aarhus, dän. Stadt, erstmals in einem Synodenbericht von 948 erwähnt, später in dt. ksl. Privilegien von 965 und 988. Aus dem 11. Jh. stammt eine Anzahl von Runensteinen, und um 1040 werden hier Münzen mit dem ursprgl. Stadtnamen *Aros* ('Flußmündung') geschlagen. Arch. Untersuchungen in den 60er Jahren haben einen ersten wikingerzeitl. Stadtkern an der Flußmündung festgestellt, der vermutl. in die Zeit um 900 n. Chr. zu datieren ist. Die Stadtanlage befand sich innerhalb einer Befestigung, einem Erdwall mit Wallgraben; dieser umschloß ein Areal von 4-5 ha und kann für die 10. Jh. angesetzt werden. In der Bebauung herrschten Grubenhäuser vor. Die älteste Domkirche St. Nikolai (heute Frue Kirke), aus Sinterkalkstein gebaut, mit einer Krypta (etwa 1075), lag auf einer Kuppe etwas weiter im W. Im 13. Jh. errichtete man hier ein Dominikanerkloster aus Backsteinen. Um 1200 wurde eine neue Domkirche, St. Clemens, von Bf. Peder Vagnsen innerhalb der Befestigung gebaut. Außerhalb des Walles war bebautes Gebiet mit Kirchen. O. Schiørring

Lit.: H. SØGÅRD, Det ældste Århus (Die Geschichtsqq. bis 1200), 1961 – H. H. ANDERSEN, H. J. MADSEN, Nygade i. Århus, Kuml 1966, 7-29 – H. H. ANDERSEN, P. J. CRABB, H. J. MADSEN, Århus Søndervold, Jysk Arkæologisk Selskabs Skrifter IX, 1971 – H. H. ANDERSEN, Århus in der Zeit von 900 bis 1200 n. Chr., Vor- und Frühformen der europ. Stadt im MA, AAG 1972, 94-100 – H. J. MADSEN, Århus 900 bis 1200 n. Chr., unter bes. Berücksichtigung der keram. Entwicklung, Kiel Papers '72, 1972, 80-84.

Aaron. 1. A., dritter Sohn des comes Nikolas und Bruder Kg. Samuels, einer der *Komitopouloi*. Genaues Geburtsdatum unbekannt, doch vor Mitte des 10. Jh. Er war zusammen mit seinen Brüdern David, Moisej und Samuel Anführer des antibyz. Aufstands in den westbulg. Territorien nach dem Tod Ks. Johannes Tzimiskes 976 und Teilfürst des Sredetz(Serdika)gebiets und Mazedoniens. Des Verrats zugunsten der Byzantiner verdächtigt, wurde er mit Einwilligung Samuels am 14. Juni 987 getötet. I. Dujčev

Qq.: J. SKYLITZES, Synopsis hist., ed. J. THURN, 255, 76 ff.; 328, 57 ff. – J. ZONARAS, Epitome, IV, 75, 15 ff. – Lit.: ZLATARSKI, Istorija, I, 2, 1927, 590 ff., 633 ff., 640, 647, 651, 658 ff., 667 ff., 672 ff.

2. A., Bf. v. Krakau 1046-59. Die ältesten Quellen überliefern uns Namen und Daten; erst im 13. Jh. und dann im 15. Jh. werden seine Weihe in Köln zum Bf. bzw. Ebf. und zum Abtsamt in Tyniec sowie seine cluniazens. Verbindungen erwähnt. A. wurde 1046 von Kazimierz I. Restaurator aus Köln, St. Pantaleon oder aus Brauweiler – ein A. ist hier 1028 in einer Fälschung bekannt – nach Krakau geholt, wo er das wahrscheinl. seit 1031 unbesetzte Bm. erneuerte und dem Herrscher beim Wiederaufbau der Monarchie half. A. Gieysztor

Lit.: F. POHORECKI, Kilka słów o Aaronie pierwszym opacie tynieckim, Kwartalnik Historyczny, 36, 1933, 1–10 – A. GIEYSZTOR, O kilku biskupach polskich XI wieku, Europa-Słowiańszczyzna-Polska, Fschr. K. TYMIENIECKI, 1970, 313–315 – J. SZYMAŃSKI, Catalogi epp. Cracoviensium, Mon. Pol. Hist., s.n., X/2, 1974, 11.

Aaron, Bruder des →Moses, erster Hoherpriester der Juden, dargestellt seit achr. Zeit einzeln und in Szenen, öfter als Nebenfigur in Illustrationen zur Mosesgeschichte, meist im Gewande eines Hohenpriesters, im MA auch in bfl. Tracht. In Byzanz steht A. gelegentl. unter den Vorfahren Christi, im MA in der Reihe der Propheten und Patriarchen des AT als Künder der Jungfräulichkeit der →Maria mit dem grünenden Stab als Attribut (Laon, Amiens 13. Jh.) oder dem Rauchfaß (Freiberg in Sachsen 1230) oder als Priester im Allerheiligsten (Konstantinopel, Chora-Kirche, um 1320). Der Aaronstab zuweilen auch einzeln, in Zusammenhang mit der Bundeslade und als Attribut der →Synagoge (Magdeburger Dom um 1230).
G. Binding/K. Wessel

Lit.: LCI I, 2f. [Lit.] – LThK² I, 3f. – RDK I, 6–11 – RGG I, 2f.

Ab epistulis → Kanzlei

Aba (chr. Name Samuel), Kg. v. Ungarn (1041–44), * um 990, † nach dem 5. Juli 1044 bei Feldebrő. Er war Schwager oder Neffe Kg. →Stephans I. und wurde dessen comes palatinus. Von einer konservativ-revolutionären Palastrevolution auf den Thron erhoben, suchte A. durch Aufhebung der Gesetze und Steuern Kg. Peters die Gemeinfreien zu gewinnen, geriet aber immer mehr in Gegensatz zu den Großen und der Kirche, insbes. Bf. →Gerhard v. Csanád, der ihn wegen der Ermordung vieler Gegner öffentl. tadelte. A. versuchte Heinrich III., der Peter unterstützte, Anfang 1042 mit Angriffen auf die Ostmark und Kärnten einzuschüchtern, beim dt.-böhm. Herbstfeldzug wich er einer Schlacht aus. Am 5. Juli 1044 wurde A. von Heinrich III., den ung. Flüchtlinge durch die Grenzverhaue geführt hatten, bei Ménfő geschlagen und laut glaubwürdiger ung. Tradition auf der Flucht von seinen Untertanen getötet. Heinrich III. schickte seine erbeutete Krone und vergoldete Lanze nach Rom. Th. v. Bogyay

Lit.: BLGS I, 1 – G. GYÖRFFY, Der Aufstand von Koppány, Studia Turcica, hg. L. LIGETI, 1972, 205.

Abaelard
I. Leben. Philosophie und Theologie – II. Musik – III. Dichtungen.

I. LEBEN. PHILOSOPHIE UND THEOLOGIE: Petrus Abaelardus, Philosoph und Theologe, * 1079 in Le Pallet (sö. Nantes) † 1142, Sohn eines Ritters, verzichtete auf sein Erbe, um sich der Wissenschaft zu widmen. Mit seinen Lehrern →Roscelin v. Compiègne und →Wilhelm v. Champeaux sowie dem Theologen →Anselm v. Laon überwarf sich A., lehrte selbst in Melun und Corbeil, konnte in Paris wegen der Feindschaft Wilhelms nicht Fuß fassen und gründete außerhalb der Stadt eine Schule auf dem Berg der hl. Genovefa. Entscheidend für A.s Zukunft wurde die Liebe zu seiner Schülerin →Heloïse, Nichte eines Kanonikers Fulbert, der das Verhältnis erst entdeckte, als Heloïse bereits ein Kind erwartete. A. entführte sie, versöhnte sich aber nach der Geburt des Sohnes Astralabius mit Fulbert, indem er Heloïse zu heiraten versprach. Die Ehe sollte geheim bleiben; Fulbert fühlte sich betrogen und ließ A. zu nächtl. Stunde überfallen und entmannen. Heloïse wurde auf A.s Drängen hin Nonne im Kl. Argenteuil, er selbst trat als Mönch in das Kl. St-Denis ein. In einer Einsiedelei lehrte er erneut und verfaßte die sog. Theologia »Summi boni«. Diese wurde 1121 auf Betreiben der Gegner auf der Synode v. Soissons verurteilt; A. mußte sein Werk selbst ins Feuer werfen, durfte aber bald nach St-Denis zurückkehren. Nach einem Streit verließ er das Kloster, erbaute in Quincey bei Nogent-sur-Seine ein Bethaus, das er später dem Paraklet (Name des Hl. Geistes bei Joh) weihte und lehrte. Angriffe der Gegner veranlaßten ihn, die Wahl zum Abt des Kl.s St-Gildas-de-Rhuys (Bretagne) anzunehmen. Beim Versuch, die Klosterzucht herzustellen, zog er sich die Feindschaft der Mönche zu. 1128/29 mußte Heloïse, inzwischen Äbt., mit ihren Nonnen Argenteuil verlassen. A. schenkte ihnen das Bethaus zum Paraklet und wurde ihr geistl. Betreuer. Er stellte eine Ordensregel auf, dichtete Hymnen, gab briefl. Rat. Bes. Interesse ist die Korrespondenz zw. A. und Heloïse. (Über den Anteil A.s und alle sonstigen Fragen, die sich an die Briefe knüpfen, s. Heloïse).

Ca. 1135/36 kehrte A. nach Paris zurück; nun entstanden seine theolog. Hauptwerke (u. a. die sog. Theologia »Scholarium«, Komm. z. Röm., Ethica), doch trat A. in → Bernhard v. Clairvaux (veranlaßt durch dessen Freund →Wilhelm v. St. Thierry) ein neuer Gegner entgegen. Nach einem Gespräch mit A. sandte Bernhard an Papst Innocenz II. einen »Tractatus contra quaedam capitula errorum Abaelardi« (ep. 190, MPL 182, 1055 D ff.) sowie eine Liste mit 19 »Irrlehren« (ed. J. LECLERCQ, RevBén 78, 1968, 103 f.). A. erreichte, daß die Sache auf der für 1140 geplanten Synode v. Sens verhandelt werden sollte, doch Bernhard konnte bereits vor Beginn der Bf.e zu einer Verurteilung bewegen. Da eine Disputation nun sinnlos war, appellierte A. an den Papst. Ohne A. angehört zu haben, verurteilte die Synode seine Lehren; die Entscheidung über seine Person mußte man dem Papst überlassen (Berichte an diesen: Bernhard, epp. 181. 191. 337; zusätzl. Briefe Bernhards: epp. 189. 333–335. 338). Der Papst verurteilte A. zu ewigem Schweigen (MPL 182, 559 D ff. = MPL 179, 517 B f.; vgl. JAFFÉ I, Nr. 8148 f.). Auf dem Weg nach Rom, um sich dort zu verteidigen, wurde A. in Cluny von Abt →Petrus Venerabilis aufgenommen. Dieser brachte eine Versöhnung mit Bernhard und die Aufhebung des päpstl. Urteils zustande. A. blieb in Cluny, lebte später im Priorat St-Marcel bei Chalon-sur-Saône (aus dieser Zeit stammt wohl der »Dialogus«) und starb dort am 21. April 1142. Er wurde ins Kl. zum Paraklet überführt, Heloïse nach ihrem Tode 1164 neben ihm bestattet. Während der frz. Revolution wurde das Grab verwüstet; A. und Heloïse wurden 1817 auf dem Friedhof Père-Lachaise in Paris beigesetzt.

Lehre: Als Philosoph beschäftigt sich A. v. a. mit *(Sprach)logik* und lehrt einen →*Konzeptualismus* (→Universalienstreit). Der Theologie dient die Logik, indem sie Glaubenswahrheiten evident macht und den Menschen zur teilweisen Gotteserkenntnis führt (s. u.). – In seiner Schrift »Sic et non« stellt A. widersprüchl. Zitate von Autoritäten einander gegenüber, um zu zeigen, wie man mit wissenschaftl. Methode die Wahrheit finden könne. – Als Theologe plante A. eine Gesamtdarstellung der chr. Heilslehre, doch liegt nur der erste Teil unter dem Titel »Theologia« in mehreren Fassungen vor. Hier versucht A., das innertrinitar. Verhältnis durch Gleichnisse zu verdeutlichen. Alle Menschen könnten durch die Vernunft bis zur Erkenntnis der Trinität gelangen, was A. durch Zitate heidn. Autoren belegt. Was noch zum Heil notwendig sei, teile Gott dann zusätzl. mit. – A. verneint, daß Gottes Praedestination einen Determinismus bedeute und versteht sie im Sinne der *Praescienz*. – Neu ist A.s christolog. Ansatz: Gott ist nicht Mensch geworden, um den Teufel zu besiegen und die Menschheit als ganze zu befreien, sondern um im einzelnen Menschen durch sein Beispiel die Liebe zu entzünden und ihn so innerl. zu verwandeln. – Die Erbsünde ist nicht eine Schuld, für die der einzelne Mensch verantwortl. ist, sondern nur die Folge der Schuld Adams.– In der Ethik betont A. die Gesinnung, definiert die Sünde als Zustimmung zum Bösen (was er mit Mißachtung Gottes gleichsetzt) und kann sogar den Juden, die Jesus kreuzigten, eine Schuld absprechen, da ihre Absicht ja gut gewesen sei. – Eine Sakramentenlehre hat A. nicht ausgeführt; einzelne Äußerungen zeigen auch hier die Tendenz zur Verinnerlichung.

Wirkung: A. hat zahlreiche Schüler gehabt, darunter drei spätere Päpste. Seine Schriften waren weit verbreitet, seine wissenschaftl. Methode trug zur Entwicklung der Scholastik, seine Schulgründung zur Entstehung der Universität Paris bei. Die Lebensgeschichte (»Historia calamitatum«) wurde in Kunst und Lit. seit dem 13. Jh. immer wieder dargestellt.

Auf die Historia calamitatum gründen sich alle A.-Biographien. Die Echtheit ist heute im allgemeinen anerkannt (vgl. P. v. Moos). R. Peppermüller

Ed.: MPL 178 – P. A. Opera Theologica, ed. E. M. BUYTAERT, geplant 5 Bde, 1969ff. (CChr CM 11–15), dort I, XXIX–XXXI Verz. aller bisherigen Edd. Seitdem: P. A. Dialectica, hg. v. L. M. DE RIJK, 1956, 1972² – Dialogus inter Philosophum, Judaeum et Christianum, hg. v. R. THOMAS, 1970 – Ethica, hg. v. D. E. LUSCOMBE, 1974 – Historia calamitatum (ep. 1), hg. v. J. MONFRIN, 1959, 1972³ – *Lit.:* Überblick über die Lit. bis 1967 bei BUYTAERT (s. o.) I, XXXII–XXXVIII. Dazu: P. A. The Man and his Work. Proceedings of the Internat. Conference, Louvain May 10–12, 1971, Mediaevalia Lovaniensia, ser. I, studia 2, 1973 – Pierre A.-Pierre Le Vénérable. Abbaye de Cluny 2 au 9 juillet 1972, Colloques Internat. du Centre Nat. De La Recherche Scientifique Nr. 546, 1975 – M. T. BEONIO-BROCCHIERI FUMAGALLI, La logica di A., 1964, The Logic of A., 1970 – L. GRANE, P. A., 1969 – J. JOLIVET, Arts du langage et théologie chez A., 1969 – D. E. LUSCOMBE, The School of P. A., 1969 – J. MIETHKE, A.s Stellung zur Kirchenreform, Francia 1, 1973, 158–192 – P. v. MOOS, MA-Forschung und Ideologiekritik, 1974 – R. PEPPERMÜLLER, A.s Auslegung des Röm, BGPhMA NF 10, 1972 – D. W. ROBERTSON jr., A. and Heloïse, 1972 – R. E. WEINGART, The Logic of Divine Love, 1970 – *Übers.:* Die Leidensgesch. und der Briefwechsel mit Heloisa, übers. v. E. BROST, 1963³ – Nosce te ipsum. Die Ethik des P. A. Übers. und eingel. v. F. HOMMEL, 1947.

II. MUSIK: A. erwies sich als prakt. Musiker, indem er uns ein *Hymnar* (in zwei erhaltenen Exemplaren größtenteils ohne Noten) und sechs *Planctus* (in linienlosen *Neumen* aufgezeichnet) hinterließ. Dabei stand er an der Spitze jener Bewegung, die neue Gelegenheitsdichtungen in mlat. Sprache für nebenliturg. Zwecke bes. bei den Stundengebeten schuf, wie die im 12. Jh. von den Kartäusern und Zisterziensern komponierten Hymnen bezeugen. Sein Verhältnis zu den früheren eher liturg. Nachdichtungen ist dadurch belegt, daß er die Form der zum Alleluja angefügten *Sequenzen* (aa bb cc...) angewandt hat, wobei im Rahmen kirchl. Kreise die für die höf. Kunst wichtige Form des *Lai (Leich)* entstand. Auch A.s weltl. Kompositionen wurden von seinen Zeitgenossen gepriesen. Der kämpfer. Einsiedler zu Paraklet erwies sich als liturg. und musikal. wichtig, da er es verstanden hat, seinen schöpfer. und musikal. Geist innerhalb seiner eigenen Stiftung in die Praxis umzusetzen. L. A. Dittmer

III. DICHTUNGEN: [1] Ad Astrolabium, [2] Hymnen, [3] Planctus, [4] Liebeslieder. – [1] Ein längeres Gedicht in Distichen mit moral., z. T. auch mehr weltklugen Lehren zur Lebensführung ist an den Sohn »Astrolabius« gerichtet. Erwähnt wird Heloïse mit einer Anspielung auf ihren 2. Brief (HAURÉAU, 167). – [2] Auf Wunsch Heloïsens verfaßte A. in unterschiedlichen, zum Teil neuen rhythm. Strophen für Kl. Paraklet ein vollständiges Hymnar von mehr als 130 Gesängen, die an die Stelle der alten Hymnen treten sollten (vgl. A.s Vorrede zum 1. Buch). In oft nüchterner Sprache, mehr gedankl. als anschaul., die Bezüge aus der Natur und dem Menschenleben vergeistigend, zeigen die Hymnen kräftigen Schwung, der oft von Vers zu Vers und im übergreifenden Bau des ersten Teiles von Hymnus zu Hymnus, von Tag zu Tag trägt. Zum 29. Hymnus (und damit wohl zum 10.–28.) ist die Melodie überliefert. – [3] Sechs große Planctus (Klagelieder), bibl. Personen in den Mund gelegt, lassen ein Verständnis für menschl. Leiden erkennen, das aus dem Grund eigenen Erlebens entspringen mag. Ihre Sprache ist eher herb, der Reim wie in den Hymnen entgegen dem Gebrauch der Zeit nur einsilbig. Der Form nach sind die Planctus Sequenzen und Leiche. Eine Melodie ist zum 6. Planctus erhalten. – [4] In der »Historia calamitatum« und im 1. Brief der Heloïse wird berichtet, daß A. in metr. und rhythm. Liebesliedern Heloïse besang und daß diese Lieder wegen ihrer süßen Melodien auch beim nicht lateinkundigen Volk rasche und weite Verbreitung fanden. Diese Lieder, die auf die Anfänge der großen lat. Liebesdichtung des 12. Jh. wirken konnten (inwieweit A.s Schüler →Hilarius von ihnen beeinflußt ist, steht dahin), sind verloren oder noch nicht erkannt. Zu Unrecht wurde versucht, CB 168 (»Hebet sidus«) A. zuzuschreiben. D. SCHALLER hat versuchsweise vorgeschlagen, CB 117 als ein Lied A.s anzusehen, TH. LATZKE darüber hinaus (sicher zu Unrecht) Ripoll 22. Gegen W. MEYERS Zuschreibung von »Parce continuis« spricht sich P. DRONKE aus. G. Bernt

Ed.: zu [1]: B. HAURÉAU, Notices et extraits des mss. de la Bibl. Nat. 34.2. 1895, 157–186 – MPL 178, 1759–1766 (unzulängl.). – *zu [2]:* Petr Abaelardi... Hymnarius Paraclitensis, ed. G. M. DREVES, 1891 [Nachdr. mit Vorwort v. G. VECCHI, 1970]; ebd. Melodie nach STÄBLEIN, Monumenta monodica medii aevi, 1953, Mel. 590] – *zu [3]:* W. MEYER, Ges. Abhandlungen zur mlat. Rythmik I, 1905, 340–374 – Pietro Abelardo, I »Planctus«, ed. G. VECCHI, 1951 – L. WEINRICH, Musical Quarterly 55, 1969, 295–312, 464–486 [Melodie zu Planctus 6] – *zu [4]:* Carmina Burana, hg. A. HILKA-O. SCHUMANN-B. BISCHOFF, 1930–70 – N. D'OLWER, L'escola poètica de Ripoll en els segles X–XIII, Institut d'Estudis Catalans 6, 1923 – [»Parce continuis«:] W. MEYER, Studi letterari e linguistici dedicati a Pio Rajna, 1911, 149–161 – P. DRONKE, Medieval Latin and the Rise of European Love-Lyric, 1968², 341–353.– *Lit.:* zu [1]: MANITIUS III, 109 – H. BRINKMANN, Münchener Museum für Philol. des MA und der Renaissance 5, 1932, 168–201 – F. J. E. RABY, A Hist. of Secular Latin Poetry, 1934, ²1957 [Nachdr. 1967] 2, 5–7 – H. WALTHER, Initia carminum ac versuum medii aevi posterioris latinorum, 1959, Nr. 1646 – G. MISCH, Gesch. der Autobiographie 3, 2, 1959, 692–711 – zu [2]: SZÖVÉRFFY, Ann. 2, 1965, 57–76 – *zu [3]:* P. DRONKE, Poetic Individuality in the Middle Ages, 1970, 114–149 – W. v. D. STEINEN, A. als Lyriker und der Subjektivismus, Menschen im MA, hg. P. v. Moos, 1967, 215–230 – *zu [4]:* [CB 169:] Carmina Burana [s. Ausg.] I 2, 285 und I 3, 211 – [CB 117:] D. SCHALLER, MJB 5, 1968, 10f. – [Ripoll 22:] TH. LATZKE, MJB 8, 1973, 70–89 und 11, 1976, 160–173 – [»Parce continuis«:] P. DRONKE [s. Ausg.].

Abakus (abacus) 1. A., röm. Bezeichnung für Tafel, Platte, bes. Rechenbrett (gr. ἀβάκιον). Der A. erleichtert insbes. beim Fehlen einer positionellen Zahlenschreibweise das Rechnen. Die Zahlen werden dazu in Einer, Zehner, Hunderter und Tausender zerlegt auf dem A. vermerkt. Bereits im Altertum existierten verschiedene Formen des A. (Salam. Rechentafel, röm. Handabakus). Der A. wurde bis vor kurzem noch in Asien (Rußland, Japan, China) benutzt.

Im MA treten hauptsächl. zwei Formen auf: 1. Der frühma. *Kolumnen-* oder *Klosterabakus* besitzt senkrechte Spalten, die oben jeweils durch einen Bogen (arcus Pythagorei) abgeschlossen werden. In den Bogen sind von rechts nach links die röm. Zahlzeichen I, X, C usw. eingetragen. Sie bezeichnen den Stellenwert der unter ihnen gelegten →Apices. Auf dem Kolumnenabakus wurden vornehml. Multiplikationen und Divisionen durchgeführt. Die Hss. lehren dafür verschiedene Verfahren (divisio ferrea, divisio aurea). Der Kolumnenabakus wurde v. a. in Kl.n benutzt und ist seit dem 10. Jh. belegt. Er dürfte auf →Gerbert zurückgehen. 2. Der *Linien-* oder *Streifenabakus* des späten MA weist gegenüber dem Kolumnenabakus eine Drehung um 90° auf. Gerechnet wird

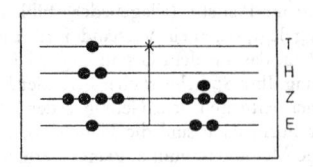

Fig. 1: Abakus. Schematische Darstellung eines Linienbrettes, auf dem die Zahlen 1241 und 82 gelegt sind. Rechensteine zwischen den Zeilen besitzen den Wert 5.

jetzt auf waagrechten, übereinanderliegenden unbenannten Linien (die Linie der Tausender ist meist durch ein Kreuz ausgezeichnet) oder in ebenso angeordneten benannten Streifen (Münzrechnungen). Die Linien und die Streifenbezeichnungen sind entweder direkt auf dem Tisch (*Rechentische*) oder dann auf einem speziellen Tuch (*Rechentücher*) eingetragen. Die Zahlen werden auf dem neuen A. nicht mehr durch einzelne bezifferte Apices vermerkt wie im FrühMA, sondern mit Hilfe von unbezifferten *Rechensteinen* ausgelegt. Letztere hatten meist münzähnl. Gestalt (*Rechenpfennige*). Der Linien- oder Streifenabakus war im späten MA sehr beliebt. Davon zeugen: unzählige Rechenpfennige (13.–18. Jh.), einige →Rechenbücher und ganz wenige erhaltene Rechentische. Nach dem 15. Jh. wurde in Deutschland das Brettrechnen allmähl. durch das Ziffernrechnen (→Rechenmethoden) verdrängt. Über die erhaltenen Qq. zum Abakusrechnen vgl. die nachfolgende Lit.

E. A. Neuenschwander

Lit.: G. Friedlein, Die Zahlzeichen und das elementare Rechnen der Griechen und Römer und des chr. Abendlandes vom 7.–13. Jh., 1869 [Nachdr. 1968] – N. Bubnov, Arithmet. Selbständigkeit der europ. Kultur, 1914 – M. Folkerts, »Boethius« Geometrie II, 1970, 83–94 und Taf. – K. Menninger, Zahlwort und Ziffer, 1958 – P. Moon, The Abacus, 1971 – K. Vogel, Der Donauraum, die Wiege math. Stud. in Dtl., 1973, 30–46.

2. A. → Kapitell

Abaton → Bema

'Abbādiden, hispano-arab. Dynastie, die in ihrer Glanzzeit den SW der iber. Halbinsel beherrschte. Sie war der entschiedene Vorkämpfer der arab. *ṭā'ifa* der →*Mulūk aṭ-ṭawā'if*. Muḥammad ibn al-'Abbād, Kadi v. Sevilla, machte sich nach dem Zerfall des Kalifats von Córdoba um 1023 selbständig. Sein Sohn al-Mu'taḍid (1042–69) annektierte nach und nach die Reiche seiner meist berber. Nachbarfürsten. Unter dessen Sohn al-Mu'tamid (1069–91) erlebte das Reich seine kulturelle Blütezeit, aber auch seinen Untergang. Von Alfons VI. v. León-Kastilien hart bedrängt, mußte er dessen Vasall werden und rief deshalb die →Almoraviden zu Hilfe, wurde aber von diesen trotz seiner Beteiligung an der Schlacht bei az-Zallāqa (1086, →Afṭasiden) entthront und starb verbannt in Aghmāt im Hohen Atlas.
H.-R. Singer

Lit.: EI I², 5–7 – R. Dozy, Historia Abbadidarum bzw. Scriptorum arabum loci de Abbadidis II, III, 1846–63.

Abbas → Abt

Abbas nullius → Abt

Abbasiden
I. Vorgeschichte – II. Blütezeit – III. Machtverfall.

I. Vorgeschichte: Die Dynastie der A. (749–1258) führt sich auf 'Abbās, einen Oheim des Propheten Mohammed,

zurück. Wenige Jahre vor seinem Tode hatte sich der Prophet mit seiner Vaterstadt ausgesöhnt. Die führende Schicht des jüngst bekehrten Mekkas und viele von den Emigranten, die zu Mohammeds ältester mekkan. Anhängerschaft gehört hatten, wurden zu den Hauptnutznießern der Eroberungszüge unter den ersten drei Nachfolgern Mohammeds. Diese Entwicklung widersprach dem islam. Ideal der Gleichheit aller Gläubigen, dem die Kalifen 'Umar (634–644) und später 'Alī ibn abī Ṭālib (656–661), der Schwiegersohn des Propheten, Geltung zu verschaffen suchten. In einem mehrjährigen Bürgerkrieg gelang es jedoch der alten Führungsschicht, ihre Position zu wahren. Die Dynastie der Omayyaden von Damaskus (661–749) ging aus diesen Kreisen hervor. 'Alī ibn abī Ṭālib, dem engen Verwandten des Propheten, wurden von seinen Anhängern schon bald charismat. Züge beigelegt. Seine Anhängerschaft, die aus den angedeuteten Gründen mit der Entwicklung des islam. Staatswesens nicht zufrieden war, bildete den Grundstock der mannigfaltigen schiit. Bewegungen, die gegen die Omayyaden kämpften und hofften, die Herrschaft eines Nachkommens 'Alīs oder allgemeiner eines Kalifen aus der Verwandtschaft des Propheten – gemeint waren die Familien, die sich auf seine Oheime väterlicherseits zurückführten – werde ihre Wünsche erfüllen. Der letztere Grundgedanke wurde von der Hāšimiten-Bewegung (so genannt nach Hāšim, dem Urgroßvater des Propheten) vertreten, die in der ersten Hälfte des 8. Jh. in verschiedenen Gebieten des Omayyadenreiches, u. a. in Ḫurāsān, nachweisbar ist. Eine aus unterschiedl. Quellen gespeiste religiöse und polit. Krise hatte das Omayyadenreich erfaßt; die Hāšimiten-Bewegung konnte nicht im Zaum gehalten werden. In den 40er Jahren gewann ein gewisser Abū Muslim die Hāšimiten-Anhänger von Merw für Ibrāhīm, einen Nachkommen des 'Abbās. Obwohl Ibrāhīm gefangengenommen und umgebracht wurde, verstand es Abū Muslim, im O des Reiches die unterschiedlichsten antiomayyad. Kräfte um sich zu scharen. 748 vertrieb er den letzten omayyad. Statthalter aus Ḫurāsān und ließ seine Streitmacht in den Iraq vordringen. Die hāšimit. Zentrale Kūfa wurde befreit; 749 wurde dort mit as-Saffāḥ der erste Abbaside zum Kalifen ausgerufen. Marwān, der letzte Damaszener Omayyade, erlitt eine vernichtende Niederlage und wurde auf der Flucht in Ägypten ermordet.

II. Blütezeit: Das Kernproblem, das sich den Kalifen der neuen Dynastie stellte, war die Zurückgewinnung der polit. und religiösen Einheit des islam. Reiches. Die A., von einer schiit. Bewegung an die Macht gebracht, versuchten jetzt, sich von derartigen Gruppen abzusetzen: Sie mußten gegen andere Prätendenten aus der Prophetenfamilie, insbes. Nachkommen 'Alīs, vorgehen und bemühten sich, auch von der nicht-schiit. Mehrheit der Muslime als alleinige Herrscher anerkannt zu werden. Al-Mahdī (775–785) verlieh diesen Bestrebungen Ausdruck, indem er verkünden ließ, der Prophet habe dem 'Abbās, dem Ahnherrn der Dynastie, das Kalifat verheißen; alle vorabbasid. Herrscher seien als Usurpatoren zu betrachten. Al-Ma'mūn (813–833) fügte dieser Behauptung die religiöse bzw. theolog. Begründung hinzu, indem er die Überzeugung vertrat, als Kalif und Angehöriger der Prophetenfamilie sei er von Gott dazu ausersehen, die Muslime im Sinne der göttl. Offenbarung zu erziehen und sie zu einem einheitl. Staatsgebilde zusammenzuschweißen; ohne diese Erziehungsarbeit des Kalifen würde Zwietracht die Gläubigen verwirren, so daß sie das Recht auf den Eintritt in das Paradies verlören. Von diesen Gedanken ausgehend, versuchte al-Ma'mūn, durch Appelle an die Einsichtsfähigkeit der Menschen und durch die Verdammung bestimmter Glaubenslehren seinem Ziel näherzukommen. Gegen Ende seiner Regierungszeit setzte er Inquisitoren ein, um u. a. volkstüml. religiöse Führer auf seine Lehren zu verpflichten. Seine beiden Nachfolger setzten die Inquisition fort. Erst al-Mutawakkil (847–861) hob sie auf. Sie verfehlte ihr Ziel völlig; denn es gelang nicht, den Einfluß ihrer Opfer auf die Masse der Gläubigen zu brechen, für die nicht der Kalif und seine erzieher. Maßnahmen heilswichtig waren, sondern die Kenntnis und Befolgung der normsetzenden Taten und Worte des Propheten und seiner Gefährten.

Das erste Jh. abbasid. Herrschaft war eine Blütezeit der islam. Kultur. In dieser Epoche wurde in wesentl. Teilen das begriffl. Instrumentarium der arab.-islam. Theologie, Philosophie und Rechtswissenschaft geschaffen. Bedeutende Gelehrte wurden an den Hof der 760 gegr. Hauptstadt Bagdad gezogen; das antike Erbe auf den Gebieten der Naturwissenschaft, Medizin und Philosophie wurde durch Übersetzungen den Muslimen zugängl. gemacht. Daneben zeigten sich kulturelle Einflüsse Irans.

III. DER MACHTVERFALL: Trotz allen Anstrengungen glückte es den A. nicht, alle islam. Gebiete unter ihrer Herrschaft zu einen. Bereits 756 entglitt ihnen Spanien, wo ein Nachkomme der Omayyaden die Macht an sich riß. Erst nach einem Bürgerkrieg gegen seinen Bruder al-Amīn war al-Ma'mūn Kalif geworden. Dabei hatte er sich auf Ḫurāsān und andere ö. Gebiete gestützt. Er konnte es deswegen nicht verhindern, daß einer seiner Feldherren sich dort zu einem nahezu unabhängigen Herrscher aufschwang (→Ṭāhiriden). Zur selben Zeit, als al-Ma'mūns religiös-polit. Ideen scheiterten, verfiel auch die tatsächl. Macht der A. Diese Entwicklung wurde durch den Aufstieg türk. Söldnerführer beschleunigt, die im 9. Jh. nicht nur in ferneren Provinzen wie Ägypten (→Ṭūlūniden) selbstherrl. regierten, sondern den Kalifen selber zu einer Figur in ihrem Intrigenspiel degradierten. Von 945 bis 1055 waren die A. von der iran. Dynastie der →Būyiden abhängig, die, entgegen den Interessen der A., die Schia unterstützten; das aus einem Zweig der Schia hervorgegangene Kalifat der Fāṭimiden bedrohte im 10. und 11. Jh. von Ägypten aus die Existenz der A. Neue, im 10. aufgetauchte Kräfte bewahrten es jedoch zunächst vor dem Untergang: Die Seldschuken, turkmen. Nomadenführer, spielten sich als Schutzherren der A. auf und erhielten zum Dank dafür alle religiösen und polit. Funktionen des Kalifen in ihrem jeweiligen Herrschaftsbereich delegiert (→Sultanat). So wurde scheinbar die Oberhoheit des Bagdader Kalifen über die große Mehrzahl der Muslime aufrechterhalten. Mit der Ermordung des letzten A. durch die Mongolen nahm die Dynastie 1258 ein Ende. Eines ihrer Familienmitglieder rettete sich ins mameluck. Ägypten, wo er und seine Nachfahren noch bis ins 16. Jh. die jeweiligen Sultane als Herrscher zu legitimieren hatten.

Bedeutende Abbasidenkalifen

al-Manṣūr	754– 775
al-Mahdī	775– 785
Hārūn ar-Rašīd	786– 809
al-Ma'mūn	813– 833
al-Mutawakkil	847– 861
al-Qādir	991–1031
an-Nāṣir	1180–1225

T. Nagel

Lit.: EI², s.v. Abbasids; T. NAGEL, Unters. zur Entstehung des abbasid. Kalifates, 1972 – DERS., Rechtleitung und Kalifat, 1975 – A. HARTMANN, Der Kalif an-Nāṣir, 1975.

Abbeville (Abbatisvilla), frz. Kreisstadt (Dép. Somme), Hauptstadt von Ponthieu. Der Ort war vermutl. seit dem 3. Jh. bewohnt (röm. Keller unter Notre-Dame de Châtel, alter Tempel?); gegen 690 errichtete der hl. Vulfran eine Eremitage vor dem protohist. Oppidum Mareuil. A. war 831 im Besitz von St-Riquier, in einer kleinen Festung residierte bereits ein advocatus; dennoch zogen es die Normannen zw. 845 und 861 vor, den Ort Grand-Laviers (Lavetum) weiter stromabwärts zu besetzen. A. erhielt erst eine wichtige Stellung mit der Einsetzung Hugos, eines Vertreters des Kg.s Hugo Capet in Montreuil, der 990 die advocatia über St-Riquier bekam; um 1000 entstand eine Siedlung nahe einer Mauer; 1053 wurde die Stiftskirche des hl. Vulfran errichtet (die got. Kirche wurde 1488–1539 gebaut); ein Enkel Hugos heiratete die Gfn. v. Boulogne und nahm den Grafentitel an. Die Verwandtschaftsbeziehungen zw. Gui I. und den Kapetingern machten A. zu einem königstreuen Grafensitz. Gegen 1130 konnten sich die Einwohner zu einer Geschworenengemeinde mit einem Vorgesetzten und 24 Schöffen zusammenschließen, aber die entsprechende Urkunde wurde erst 1184 ausgefertigt. Zw. 1190 und 1335 erlebte A. durch Weinhandel und Färbereibetrieb Aufschwung und Wohlstand. Die Stadt gehörte zur Londoner Hanse. Zu dieser Zeit und nach einer kurzen Besetzung der Gft. (1221–25) schränkte der Kg. die Ausdehnung von Ponthieu im S und O ein. 1279 erbte Eduard I., Kg. v. England, die Gft., die bis 1345 und 1361–65 engl. war und 1435–63 und 1469–77 burgund., bis Ludwig XI. sich dort niederließ. Vgl. Corbie.

R. Fossier

Lit.: E. PRAROND, Topographie d'A., 3 vol., 1871–84 – A. LEDIEU, Hist. d'A., 1907 – J. BOGA, La justice criminelle de l'échevinage d'A., 1930 – R. RICHARD, Louis XI et l'échevinage d'A., Mém. Soc. Emulat. d'A., 1960 – J. GODARD, Remarques sur l'économie abbev. à la fin du moyen-âge, Bull. Soc. Ant. Pic. I, 1975.

Abbey of the Holy Ghost, anonyme, myst. Allegorie in Prosa (ca. 1350), die fromme Frauen aus dem Laienstand berät, wie man auch außerhalb des Kl.s ein kontemplatives Leben führen kann. Ihre spirituelle Entwicklung wird mit der Gründung und Leitung einer Abtei (als Bild für das menschl. Gewissen) verglichen. Der Text kommt in verschiedenen Fassungen in mindestens 26 Hss. vor, oft gefolgt von der »Charter of the Abbey of the Holy Ghost«, einem Gegenstück, das von Sündenfall und Erlösung handelt.

V. M. Lagorio

Bibliogr.: WELLS, 368 ff. – P. S. JOLLIFFE, Check-list of Me Prose Writings of Spiritual Guidance, 1974, 94, H. 9, 98; H. 16 – Qq.: G. G. PERRY, EETS 26, 51 ff. – C. HORSTMANN, Yorkshire Writers, 1895, I, 321 ff. – W. MATTHEWS, Later Medieval English Prose, 1963, 244 ff. (Exzerpt) – Lit.: H. E. ALLEN, Writings Ascribed to Richard Rolle, 1927, 335 ff.

Abbio (Abbi), als Kampfgenosse des Sachsenführers Widukind in den Reichsannalen zum Jahre 785 erwähnt. Er hatte sich mit Widukind nach N über die Elbe abgesetzt, als Karl d. Gr. sich im Bardengau aufhielt. Mit beiden leitete der Kg. durch Mittelsmänner Verhandlungen ein, die dazu führten, daß Widukind und A. sich am Ende des Jahres in Attigny zur Taufe einfanden. Zw. Widukind und A. dürfte also ein enges Verhältnis bestanden haben. Im »Fragmentum Vindobonense« wird A. als »gener« Widukinds, d. h. als Schwiegersohn oder Schwager Widukinds bezeichnet. R. WENSKUS erkennt in A. (Kurzform von Alfrik/Albrich) einen Ahnherrn der alten, großen Edelingsfamilie der Immedinger. A. dürfte in Ostfalen ein ähnl. antifrk. Kampfprogramm vertreten haben wie Widukind in Westfalen.

W. Lammers

Lit.: ABEL-SIMSON, Jbb. Frk. Reich, Karl d. Gr. I, 1888², 496 ff. – K. SCHMID, Die Nachfahren Widukinds, DA 20, 1964, 18 f., 28 ff. –

R. WENSKUS, Sächs. Stammesadel und frk. Reichsadel, AAG Philol. hist. Kl. 3. F. Nr. 93, 1976, 119ff. et passim.

Abbo. 1. A. v. Fleury, *940/945 im Orléanais, †13. Nov. 1004 La Réole (Gironde). Oblat, Schüler, dann Lehrer im Kl. Fleury (St-Benoît-sur-Loire), wurde A. nach Studien in Paris und Reims ein vielseitiger Gelehrter und verfaßte komputist., hagiograph., grammat. und kanonist. Werke. Mit →Gerbert ist er der erste, der die log. Monographien des Boëthius kannte und eine ausführl. Darstellung der Syllogistik gab. 985–987 lehrte er im Kl. Ramsay und unterstützte, auch später, →Dunstans Klosterreform. 988 zum Abt v. Fleury gewählt, geriet A. in Konflikt mit Bf. →Arnulf v. Orléans, dem Ratgeber Hugo Capets. Der Gegensatz zw. Diozesan und Abt eines cluniazens. Reformklosters, der sich auf den röm. Primat stützte und diesen zugleich verkündete, nahm kirchenpolit. Ausmaße an, als A. 991 bei der Absetzung des Ebf.s Arnulf v. Reims wegen Untreue auf der Synode v. St-Basle gegen den Kg. und Arnulf v. Orléans die päpstl. Zuständigkeit vertrat. Nach Hugos Tod (Okt. 996) hatte A. die Genugtuung, dem an Stelle des inzwischen gewählten Ebf.s Gerbert mit Billigung Kg. Roberts II. wiedereingesetzten Ebf. Arnulf 997 im Auftrag Gregors V. das Pallium überbringen zu können. Schon 994 hatte A. in seinem »Apologeticus« erneut zum Streit zw. Episkopat und Mönchtum, einem der großen Themen der Zeit, Stellung genommen und geschickt, wie auch in seiner »Collectio canonum«, Rang und Rechte des Kgm.s wirkungsvoll formuliert. Seinen Einfluß auf Robert II. verlor A., da er in dessen Eheangelegenheit (zu nahe Verwandtschaft mit Bertha v. Blois) konsequent die Forderung des Papstes nach Trennung vertrat. Bei der Inspektion eines gascogn. Priorats v. Fleury, La Réole, wurde er von aufsässigen Mönchen erschlagen und später deshalb als Märtyrer verehrt.

K. F. Werner (mit J. Pinborg)

Qq.: Aimoin (s.d.), Vita Abbonis, MPL 139, 375–414; künftig ed. R.-H. BAUTIER – Ed.: Epistulae, MPL 139, 419–462 – Excerptum de gestis Romanorum pontif., ebd. 535–570 – Apologeticus ad Hugonem et Rodbertum reges Franc., ebd. 461–471 – Collectio canonum, ebd. 471–508 – Quaestiones grammaticales, ebd. 521–534; ed. GUERREAU-JALABERT (s. u.) – Carmen acrostichum ad Ottonem imp., MGH PP V, 469ff.; ed. BEZZOLA (s. u.), 198f. – Commentarius in cyclum Victorii, ed. B. BONCOMPAGNI, Bollet. di bibliografia e di storia di scienz. mat. e fis. 4, 1871, 443ff. – Tria poemata Abbonis ad Dunstanum, ed. W. STUBBS, Memorials of S. Dunstan, 1874, 412 – Passio s. Edmundi, ed. TH. ARNOLD, Memorials of S. Edmunds Abbey, 1890, 3–25 – Syllogismorum categoricum et hypotheticorum enodatio, ed. A. VAN DE VYVER, Abbonis Floriacensis opera inedita 1, 1966 – Lit.: DDC I, 71–76 – FOURNIER-LE BRAS, 1, 320–330 – A. VAN DE VYVER, Les étapes du dévelop. philosoph. au haut Moyen-âge, RB 8, 1929, 425–452 – DERS., Les oeuvres inédites d'A. de F., RevBén 47, 1935, 125–169 – A. CORDOLIANI, A. d. F., Hériger de Lobbes et Gerland de Besançon sur l'ère de l'incarnation de Denys le Petit, RHE 44, 1949, 463ff. – D. KNOWLES, The Monastic Order in England, 1950 – J.-F. LEMARIGNIER, L'exemption monastique et la Réforme grégorienne, Cluny, congrès scient., 1951, 301ff. – P. COUSIN, A. de F.-s.-L., 1954, vgl. M. PACAUT, Moyen-âge 61, 1955, 465ff. – G. A. BEZZOLA, Das otton. Ksm. in der frz. Geschichtsschreibung des 10. und beginnenden 11. Jh., 1956, 146–163 – J.-F. LEMARIGNIER, Sett. cent. it. 4, 1957, 511f., 530f. – K. F. WERNER, Medium Aevum vivum, Fschr. W. BULST, 1960, 70f., 84ff., 89–95 – DERS., DA 17, 1961, 113ff. – A. VIDIER, L'historiographie à St-Benoît-s.-L. et les miracles de s. Benoît, 1965, 93f., 102ff. – T. E. MOEHS, Gregorius V, 996–999. A biographical Study, 1972 – A. GUERREAU-JALABERT. Grammaire et culture profane à Fleury au Xe s. Les »Quaestiones grammaticales« d'A. d. F., Ec. d. Chartes, Posit. des thèses 1975, 95–101 [sowie Thèse manuscrite, mit Ed.] – J. BATANY, R.-H. BAUTIER in: R. LOUIS (Hg.), Etudes Ligériennes, 1975, 9ff., 25ff.

2. A. v. Saint-Germain, Dichter, † 9. März, nach 921, neustr. Herkunft (d. h. aus dem Gebiet zw. Seine und Loire), war in Saint-Germain-des-Prés Schüler → Aimoins. Die norm. Belagerung von Paris 885–886 erlebte er als Augenzeuge. A. vertrat nachdrückl. den Standpunkt der Neustrier, die er von den Franci abgrenzte. Im Lauf der Regierung Kg. Odos verfaßte das hexametr. Epos »De bellis Parisiacae urbis« (hg. P. VON WINTERFELD, MGH Poet. 4, 1, 1899, 77–122 [Neudr. 1964] – H. WAQUET CHF 20, 1942, 1964², nur Buch I–II), dessen zwei erste Bücher die Kämpfe gegen die Normannen 885–896 in preziösem Stil schildern, während das dritte geistl. Lebensregeln enthält, in schwerverständl. Sprache mit zahlreichen obsoleten und gr. Ausdrücken; A. selbst glossierte das Werk. Nach 921 stellte A. auf Ersuchen der Bf.e Frotarius v. Poitiers und Fulrad v. Paris eine Sammlung seiner Predigten zusammen. Ein kleiner Teil davon ist ediert (MPL 132 761–778).

J. Prelog

Lit.: J. LECLERCQ, Le florilège d'Abbon de St Germain, RMA 3, 1947, 113–40 – J. SOUBIRAN, Prosodie et métrique de Bella Parisiacae Urbis d'Abbon, Journ. des Savants 1965, 204–331 – F. PRINZ, Klerus und Krieg im früheren MA, 1971, Monogr. zur Gesch. des MA 2, 129–132 – WATTENBACH-LEVISON 5, 1973, 580–82.

Abbotsbury (Dorset, England), Stadt und Abtei v. St. Peter. Der Markt geht auf eine neuere Gründung um 1050 zurück, als der *huscarl* (Hauskerl) Urk(ir) eine *guild* (Zunft) reichl. beschenkte. Die sehr ausführl. Statuten dieser Zunft wurden im Archiv des Kl.s aufbewahrt. Urk wurde als Gründer des Kl.s (ca. 1026?) verehrt, zusammen mit seiner Frau Tole, die später ihr ganzes Vermögen der Abtei hinterließ. Die Behauptung, es habe sich ursprüngl. um ein Kollegium von Kanonikern gehandelt, beruht wahrscheinl. auf einem Mißverständnis der Statuten: schon vor 1066 gehörte das Kl. dem Benediktinerorden. Es übte fünf Jh. lang feudalherrschaftl. Rechte über die Stadt aus, kannte jedoch über längere Zeiträume Armut und Mißwirtschaft. Seine gut erhaltene, etwa 80 m lange Steinscheune, die um 1400 erbaut wurde, deutet auf einen gewissen Wohlstand während dieser Zeit. Die Bibliothek enthielt einige wertvolle Exemplare. Das Kl. wurde am 12. März 1539 aufgelöst.

D. A. Bullough

Lit.: KEMBLE, Codex Diplomaticus 4, nr. 942 – Victoria County Hist. Dorset 2, 1908, 48–53 – Royal Commission on Hist. Monuments Dorset 1, 1ff. – KER, Medieval Libraries, 1964², I.

Abbreviationes, kanonist. Literaturgattung, v. a. als Epitomierung des →Decretum Gratiani, auch unter Exceptiones, Excerpta, Flores bekannt. Beibehaltung der zumindest grob systemat. Ordnung und bloße Auszüge aus dem Quellentext (selten auch aus den dicta Gratiani) ohne glossierende oder kommentierende Tendenz sind charakterist. Die ältesten A. gehören zu den ersten dekretist. Arbeiten, haben vielleicht die Endfassung des Dekrets selbst noch beeinflußt (*Rubriken*) und dienten wohl schon →Paucapalea als Vorlage. Fast durchwegs anonym; bekannteste Ausnahme die in 26 distinctiones und 37 causae eingeteilte Abbreviatio decreti (um 1156) des →Omnibonus. Dekretalist. A. sind seltener; sie ersetzen z. T. den Quellentext durch neue Formulierungen. Die Geschichte der A. insgesamt ist noch wenig erforscht.

H. Zapp

Lit.: KUTTNER, 257–267, 434–437 – J. RAMBAUD-BUHOT, Les divers types d'abrégés du Décret de Gratien, Recueil C. BRUNEL 2, 1955, 397–411 – A. VETULANI, Le Décret de Gratien et les premiers décrétistes, SG 7, 1959, 273–355 – DERS., Les sommaires-rubriques dans le Décret de Gratien, MIC, Ser. C, 4, 1971, 51–57.

Abbreviator (im 13. Jh. auch Breviator). 1. Angehöriger der päpstl. Kanzlei. Die A.en setzten die Konzepte der Papsturkunden auf und kontrollierten die Reinschriften nach Wortlaut (prima visio) und Rechtsinhalt (iudicatura); bis zum Anfang des 15. Jh. hieß dieser Vorgang cancellariam tenere. Die A.en waren zunächst privat angestellte Hilfskräfte der Notare; erst in Laufe des 13. Jh. traten sie in ein amtl. Verhältnis zum Vizekanzler. Die sog. Kanzleiteilung Johannes' XXII. beschränkte die Notare und ihre A.en auf die Justizsachen; jedoch traten hier im Laufe der Zeit andere Bedienstete der Kurie an ihre Stelle und schränkten ihre Beschäftigung ein. Seit dieser Zeit unterscheidet man Notars-A.en und dem Vizekanzler direkt unterstehende Kanzlei-A.en. Reste einer Tätigkeit der Notars-A.en finden sich jedoch noch im 16. Jh. Die Kanzlei-A.en waren seit den Maßnahmen Johannes XXII. wie der Vizekanzler hauptsächl. mit Gnadensachen beschäftigt. Ihre Zahl wurde von Benedikt XII. auf 24, vom Konstanzer Konzil auf 25 festgesetzt, aber meist weit überschritten. Pius II. vereinigte die A.en 1463 zu einem 70köpfigen Kolleg mit käufl. Stellen. Paul II. stellte 1464 den früheren Zustand wieder her, Sixtus IV. errichtete das Kolleg 1479 erneut, jetzt mit 72 Stellen. In dieser Form bestand das Kolleg bis in die Neuzeit. Schon im 13. Jh. wurde zur rechtl. Prüfung der Urkunden nur ein Teil der A.en herangezogen; daraus entwickelte sich der 12köpfige parcus (oder die presidentia) maior. Die übrigen A.en bildeten den parcus minor; ein Teil der A.en des parcus minor hieß auch A. prime visionis. Seit dem späteren 15. Jh. zog sich der parcus minor von der Amtstätigkeit zurück; diese lag jetzt ganz beim parcus maior. Die A.en erhielten die Taxe pro minuta (d. h. für das Konzept), die seit Johannes XXII. ebenso hoch war wie die Taxe der →Skriptoren. Kanzleivermerke der A.en sind: a) die Quittung für die Anzahlung von 5 grossi auf die Taxe (bei der Entgegennahme des Konzepts; der Rest war fällig bei der prima visio) links in plica (»d v« = dimissis quinque); b) die Taxquittung in der Mitte sub plica; c) für die iudicatura unter der Schnur a tergo; d) für die prima visio ebd. weiter rechts.

2. A.en de curia waren Spezial-A.en für de curia ergehende Papsturkunden, seit 30. Mai 1478 (Vatikan. Archiv, Reg. Lat. 783 fol. 261ᵛ-262ʳ; ungedruckt). Th. Frenz

Lit.: DDC I, 98–106 - J. CIAMPINI, De Abbreviatorum de parco maiori... dissertatio..., Rom 1691 - M. TANGL, Die päpstl. Kanzleiordnungen von 1200–1500, 1894 - H. BRESSLAU, Hb. der Urkundenlehre für Dtl. und Italien I, 1958², 274ff., 296ff., 336ff. - P. HERDE, Beitr. zum päpstl. Kanzlei- und Urkundenwesen im 13. Jh., 1967² - B. SCHWARZ, Die Organisation kurialer Schreiberkollegien von ihrer Entstehung bis zur Mitte des 15. Jh., 1972 - TH. FRENZ, Die Gründung des Abbreviatorenkollegs durch Pius II. und Sixtus IV., Misc. Martino Giusti [im Dr.].

Abbreviaturen → Abkürzungen

'Abd → Sklaverei

Abdal (auch *išiq, torlaq*) Sammelname für Bettelmönche verschiedener heterodoxer, dem Schiismus nahestehender Derwischorden, die im 14. und 15. Jh. bei den türk. Nomaden und Bauern Kleinasiens großes Ansehen genossen. Sie zogen unbeweibt, meist in Gruppen, stets barfuß, barhäuptig, oft nur mit einem Fell bekleidet umher, rasierten Haare, Bart und Brauen und versetzten sich (bes. bei den *Muharrem-Feiern*) durch Gesang, Musik, Tanz und Rauschgifte in ekstat. Zustände. A. Tietze

Lit.: Türk halk edebiyati ansiklopedisi, Nr. 1, 1935, 23ff.

'Abdallāh I. → Aghlabiden

'Abdallāh ibn az-Zubair, 624–692, Gegenkalif, aus vornehmer Familie stammend; versuchte als Führer der mekkan.-medinens. Opposition gegen das weltl. Kalifat der →Omayyaden in Damaskus die Theokratie →Mohammeds in restaurativem Sinne wieder herzustellen. Trotz anfängl. Erfolge scheiterte er an der geopolit. Isolation der Prophetenstädte Mekka und Medina in einer auch religionspolit. gewandelten Welt. R. Sellheim

Lit.: EI² I, 54f. - R. SELLHEIM, Der zweite Bürgerkrieg im Islam (680–692), das Ende der mekkan.-medinens. Vorherrschaft, 1970.

'Abdalwādiden (Banu 'Abdalwād), Berberdynastie in W-Algerien. Als Ergebnis ihrer bevorrechtigten Stellung in Algerien während der Almohadenherrschaft entsteht um 1230 das Reich der A. als einer der Nachfolgestaaten auf dem Gebiet des zerfallenen Almohadenreiches. Ihre Hauptstadt Tlemcen gewinnt erhebl. an Gewicht als regionales Handels- und Kulturzentrum, als Hort islam. Kultur in W-Algerien – letztl. das eigtl. bleibende Ergebnis ihrer 300-jährigen Herrschaft. Auseinandersetzungen mit rivalisierenden Berberstämmen auf dem schließl. von Oujda bis vor Bougie sich erstreckenden Territorium des Reiches sowie Konflikte mit den Ḥafṣiden Tunesiens und Marīniden Marokkos bei anfangs fluktuierenden Grenzen bestimmen seine Geschichte. Eine zweimalige marīnid. Besetzung in den Jahren 1337–59 verschiebt das innere Kräftegleichgewicht zugunsten der allseits umworbenen Araberstämme des Reiches und leitet dessen Zerfall ein. Nach Perioden marīnid., ḥafṣid., span. und türk. Oberherrschaft wird es 1551 von den Türken Algiers endgültig in Besitz genommen. H. Kurio

Lit.: EI², s. v. - G. MARCAIS, Les Arabes en Berbérie, 1913 – H. KURIO, Gesch. und Geschichtsschreiber der Abd al-Wadiden, 1973 - J. ABUN-NASR, Hist. of the Maghreb, 1975².

'Abdarraḥmān ibn abī 'Āmir (Sanchuelo, Šanǧūl, nach seinem Großvater Sancho, Kg. v. Navarra), jüngerer Sohn des Palastmeiers →al-Manṣūr, folgte 1008 seinem Bruder al-Muẓaffar nach, war unbegabt, aber brutal. Er zwang den Kalifen Hišām II., ihn als Thronfolger anzuerkennen, doch wurde dieser 1009 durch eine Revolte entthront, die Residenzstadt al-Madīna az-Zāhira zerstört und Sanchuelo bei seiner Rückkehr von Toledo umgebracht (→'Āmiriden). Lit.: HEM II, 291–304. H.-R. Singer

'Abdarraḥmān I.–V. → Omayyaden

Abecedarien, Schriftstücke, in denen die alphabet. Reihenfolge von Anfangsbuchstaben 1. mag.-kult., 2. hymn.-poet., 3. mnemotechn. und 4. Vollständigkeit garantierende Funktion hat. Bereits im Altertum wurde die mag.-symbol. Bedeutung der →Buchstaben kombiniert mit dem Totalitätsbezug des →Alphabetes in hymn., hermet. und paränet. Dichtungen, deren Verse und Strophen alphabet. →Akrosticha ergeben. Der Symbolbezug des A und Ω auf Christus wirkt nach in der ma. Bezeichnung A. für das gr. und lat. Alphabet, das der Bf. bei der Kirchweih mit der cambuta in das diagonale Aschenkreuz, das in den Kultraum gezeichnet wird, einschreibt. 2. Zahlreiche ma. Hymnen und →Rhythmen vom 6. bis 12. Jh., z. B. auf die Kirche, die Jungfrau, Heilige, Städte, Weltalter, den Frieden, tragen Bezeichnung und Form der A. 3. Die mnemotechn. Funktion, die Augustinus (Retract. I 20) den A. zuschreibt, findet sich v. a. in Merkversen, Lehrgedichten, Rechtskompendien. 4. A. für Chirographen in Alphabetform zum Beweis der Vollständigkeit einer Urkunde sind im 13. Jh. belegt. W. Rüegg

Abel, Bf. v. Reims → Reims

Abel spel, d. h. schönes, kunstvolles Spiel, ist eine Formel in der Überschrift von vier der zehn mndl. dramat. Texte in der *Hulthemschen Handschrift* (ca. 1410). Der vierte, »Vanden Winter ende vanden Somer«, ist eine noch nahe an der Form des →Streitgedichts stehende Bearbeitung des Conflictus veris et hiemis. Mit *abele spelen* werden jetzt speziell »Esmoreit«, »Gloriant« und »Lanseloet van Denemerken« gemeint, die in der Welt des Ritterromans spielen, dem namentl. »Esmoreit« und »Gloriant« einige Motive entlehnen. Bes. Liebe und Standesbewußtsein beherrschen, bald mehr, bald weniger, den Lauf der Ereignisse.

Esmoreit, Prinz v. Sesilien, wird als Kind von einem Vetter geraubt und dem Kg. v. Damast verkauft, der ihn als seinen Sohn erzieht. Erwachsen geworden, hört er zufälligerweise, daß seine vermeintl. Schwester Damiet ihn liebt und daß seine Abstammung dunkel ist. Die Liebe kann er nicht erwidern, ohne die Antwort auf die Frage seiner Herkunft gefunden zu haben. Seine Elternsuche führt zur Wiedererkennung durch die Mutter, Anerkennung durch den Vater und zur glückl. Vereinigung mit Damiet, die ihm nachgereist ist; der böse Vetter jedoch wird gehenkt. Für Gloriant ist keine Frau gut genug; er verliebt sich schließl. dennoch in eine sarazen. Prinzessin, Florentijn, die ebenso stolz ist wie er. Bevor er sie erobern kann, muß er noch viele Gefahren bestehen. Lanseloet liebt Sanderijn, die Dienerin seiner Mutter. Die Kgn. widersetzt sich dieser standeswidrigen Liebe und versteht es so einzurichten, daß Lanseloet sich an der Ehre Sanderijns vergreift. Diese verläßt den Hof und findet ihr Lebensglück bei einem großmütigen Ritter in der Fremde. Lanseloet läßt sie ausfindig machen, aber sie weigert sich, zu ihm zurückzukehren, was ihn vor Kummer sterben läßt.

Am Ende des Spiels wird das Publikum eingeladen, der Aufführung des Possenspiels beizuwohnen, das in der Hs. auf jedes Spiel folgt. Die a.s. waren offenbar für eine kleine fahrende Truppe bestimmt, die im Oberstock einer Herberge gegen Bezahlung vor einem gemischten Publikum auftrat, auf einer Simultanbühne, die (ältester Beleg im MA) zu gleicher Zeit die Möglichkeit bot, auf- und abzutreten. Das in der Hs. bewahrte Repertoire wird darum im Kreis derartiger Truppen (vermutl. im letzten Viertel des 14.Jh.) entstanden sein. Die Entwicklung der a.s. aus Mirakelspielen ist daher unwahrscheinl., ebenso die Abhängigkeit von frz. Vorbildern.

Die a.s. sind, zusammen mit »l'Estoire de Griseldis« (1395), die ältesten weltl. Spiele des MA. Vielsagend in Bezug auf ihre Qualität ist, daß sie die ersten Spiele sind, die für ein modernes Publikum (Esm. 1897, Lans. 1901) aufgeführt wurden. Bei aller Naivität der Intrige sind jene Momente aus der Fabel geschickt ausgewählt, die sich auf dramat. effektive Art montieren lassen und überdies ein ausgeglichenes, aber kurzes (ca. 1000 Verse) Bild der Fabel geben. Eine zentrale Funktion haben darin die Monologe mit affektiven Reaktionen auf das Geschehen, die zugleich einen bedeutenden Beitrag bilden für das verfeinerte und treffsichere Bild, das von den Personen, bes. in »Lanseloet«, gegeben wird.

Sanderijn und Lanseloet sind im 16.Jh. ein Liebespaar vom Range Pyramus und Thisbes; wegen des volkstüml. Gegenstandes wurde namentl. dieses Spiel bis ins 18.Jh. neu aufgelegt und sogar gespielt. W.M.H.Hummelen

Bibliogr. und Ed.: R.ROEMANS und H.v.ASSCHE, Een abel spel van Esmoreit, 1973³ – ID., Een a.s.v. Gloriant, 1970² – ID., Een a.s.v. Lanseloet van Denemerken, 1975⁶ – G.STELLINGA, Het a.s. Vanden Winter ende vanden Somer, 1975².

Abendgottesdienst, sonntäglicher → Sonntag

Abendland → Okzident

Abendländisches Schisma

I. Definition – II. Ursachen – III. Auswirkungen – IV. Beseitigungsversuche

I. DEFINITION: A. S. ist die gegenüber den Papstschismen unter Heinrich IV. oder Friedrich I. ohne Eingreifen eines weltl. Herrschers entstandene, am längsten dauernde und das gesamte Abendland ergreifende, an der Frage nach dem rechtmäßigen Papst aufgebrochene Spaltung der lat. Kirche (1378–1417 bzw. 1423).

II. URSACHEN: Nährboden war die nach der Rückkehr der Päpste von Avignon an den Tiber noch nicht beruhigte Atmosphäre in Rom und im national zerstrittenen Kardinalskollegium, Anlaß die durch das gewalttätige Eingreifen des röm. Volkes überstürzte Wahl Urbans VI. (April 1378). Die formal wohl gültige, durch die monatelange Anerkennung sanktionierte Erhebung scheint aber auf einen geistig nicht gesunden, für sein Amt unfähigen Mann gefallen zu sein. Dies führte sehr bald zu Überlegungen unter den Kardinälen, wie man den Irrtum über die Person und deren wesentl. Eigenschaften gutmachen könne. Der Vorschlag eines Konzils zur Entscheidung über die Gültigkeit der Wahl konnte sich nicht durchsetzen. Im Sommer sagten sich die frz. Kardinäle von Urban los und erklärten den päpstl. Stuhl für erledigt. Einige Wochen später wählten sie im Vertrauen auf den Rückhalt des frz. Kg.s und der Kgn. v. Neapel in Fondi den Kard. Robert v. Genf als Clemens VII. zum Papst. Dieser, zu dem auch große Teile der Kurie übergingen, suchte sich vergebens Roms zu bemächtigen. Schließl. mußte er 1381 Italien verlassen und sich nach Avignon zurückziehen. Beide Päpste richteten nun eine eigene Kurie ein und kämpften um ihre Anerkennung bei den weltl. Obrigkeiten. Da auch nach dem Tod der beiden Päpste die Einheit nicht wiederhergestellt wurde, bestand nun ein zweifaches Papsttum mit ausgebauter Organisation in Rom und in Avignon.

Papstreihen: (*Rom*) Urban VI. (1378–89); Bonifaz IX. (1389–1404); Innozenz VII. (1404–06); Gregor XII. (1406–15) – (*Avignon*) Clemens VII. (1378–94); Benedikt XIII. (1394–1423) – (*Pisa*) Alexander V. (1409–10); Johann XXIII. (1410–15).

III. AUSWIRKUNGEN: Das Doppelpapsttum spaltete die Christenheit teils nach polit. Aspekten, teils nach rechtl. Überlegungen in zwei Obödienzen. Es gelang dem Legaten Urbans VI., das Deutsche Reich, soweit die Macht Kg. Wenzels reichte, England und Ungarn, auch die n. und ö. Länder für seinen Papst zu gewinnen. Aus polit. Gründen stellte sich Schottland gegen den von England Anerkannten; Frankreich, die von ihm abhängigen Burgund, Neapel und Savoyen und die südwestdt. Grenzgebiete, aber auch Österreich schlossen sich nach kurzem Zögern Clemens an, während die span. Reiche teilweise erst nach langer Neutralität und gründl. kanonist. Untersuchungen sich nach Avignon orientierten. Die Spaltung erfaßte auch die zentral geleiteten Orden – in getrennten Ordenskapiteln der beiden Richtungen wurde eine zweifache Ordensleitung gewählt – und setzte sich in den westdt. Domkapiteln und Adelsfamilien fort. Daß sich in beiden Lagern anerkannte religiöse Persönlichkeiten, auch Hl., fanden, die sich mit aller Energie für ihren Papst einsetzten, zeigt, daß es eben keinen papa indubitatus (K. A.FINK) gab, daß sowohl die hist. Frage nach den Umständen der Wahl und Anerkennung wie die kanonist. Probleme schon für die Zeitgenossen unlösbar waren. So gehörte das Sch. zu den schwersten Krisen der ma. Kirche und führte von selbst zu einem nicht nur moral. Autoritätsverlust des Papsttums, zu umfassenden staatl. Eingriffen in die Besetzung kirchl. Ämter und zu starken Zweifeln an der monarch. Struktur der Kirche überhaupt.

IV. BESEITIGUNGSVERSUCHE: Das Sch. war nach der von den Landesherren eingenommenen Frontstellung auch zu einer hochpolit. Angelegenheit geworden. Seine Beseitigung war ohne ihre Hilfe unmögl. Alle eingeschlagenen

Wege dazu führten ins Leere. Die *via facti*, die gewaltsame Verdrängung Urbans durch den Papst von Avignon, scheiterte, und auch sein Nachfolger konnte sich gegen Frankreich und die verbündeten it. Staaten halten. Die *via cessionis*, die Beseitigung der Spaltung durch den Rücktritt eines oder beider Päpste, schob sich mehr und mehr in den Vordergrund der Erwägungen. Bei dem gegen den Willen des frz. Kg.s in Avignon durchgeführten Konklave 1394 hatten die meisten Kard.e für den Fall ihrer Wahl die Bereitschaft beschworen, wenn nur so die Union zu erreichen sei, auch zurückzutreten. Aber der Neugewählte, Benedikt XIII., von seiner Rechtmäßigkeit voll überzeugt, weigerte sich, als eine Gruppe der Pariser Universität ihm die Abdankung als Wunsch des Kg.s vorschlug. Um weiterem Druck zuvorzukommen, versuchte Benedikt die *via conventionis*, direkte Verhandlungen mit dem röm. Papst. Gesandte wurden ausgetauscht, aber Bonifaz IX. wies jedes Angebot zu einem Treffen zurück. Nachdem sich Frankreich mit England polit. verständigt hatte, gelang es, auch dieses Land für die durch Entziehung des Gehorsams *(via subtractionis)* zu erzwingende Abdankung zu gewinnen. Nun schien der Stern Benedikts zu sinken. Seine Kard.e verließen Avignon und versuchten, den Papst in ihre Gewalt zu bekommen. Dieser wurde im Palast belagert und eingeschlossen. Nach über vier Jahren entfloh er in die Provence. Seine Unbeugsamkeit machte tiefen Eindruck; dazu hatte die Gehorsamsentziehung nicht etwa die Bf.e, sondern den Kg. in der Verwaltung und im Finanzwesen der Kirche an die Stelle der Kurie gesetzt. Die Kard.e söhnten sich wieder mit Benedikt aus; zwei Monate nach seiner Flucht wurde seine Obödienz wiederhergestellt. An deren Grenzen schlug er nun ein Treffen mit dem röm. Papst vor. In Rom wurden solche Pläne abgelehnt. Erst Gregor XII., der in der Nacht nach seiner Wahl die Bereitschaft zum Rücktritt verkündete, vereinbarte 1407 eine Zusammenkunft mit Benedikt. Doch fehlte es ihm an Entschlußkraft, das Treffen durchzuführen. Wenige Meilen vor dem vereinbarten Savona machte er Halt. Verhandlungen mit Abgeordneten wurden dahingeschleppt, bis die Kard.e ihren Papst verließen und an ein Konzil appellierten. Ebenso die meisten Kard.e Benedikts, die sich in Pisa mit denen Gregors vereinigten. Benedikt selbst war, nachdem Frankreich mit ihm gebrochen hatte, nach Perpignan gefahren, wohin er ein Konzil einberief. Gregor seinerseits rief seine Anhänger nach Cividale.

Auf der ganzen Breite hatte sich also die *via concilii* durchgesetzt. Man hatte damit auf pragmat. Lösungsversuche verzichtet und sich der zur Ideologie gewordenen konziliaren Theorie hingegeben, wonach das Konzil auch der zuständige Richter über die Papstwahl sei. Solche Überlegungen waren schon zu Anfang des Sch.s laut geworden, v. a. in Schriften von Pariser Universitätsprofessoren; aber erst die Autorität der Kard.e, die sich als die eigtl. Nachfolger der Apostel fühlten, führte zu ihrer Realisierung. Das Konzil v. Pisa (1409), das von Frankreich unterstützt, vom dt. König abgelehnt wurde, setzte die beiden Päpste ab. Die Gesandtschaft Benedikts, die auf Betreiben seines Konzils die Rücktrittsbereitschaft mitteilen sollte, kam erst nach dieser Sentenz in Pisa an. Dort wählte man den Kard. v. Mailand als Alexander V. zum neuen Oberhaupt der Kirche. Ihm folgte schon ein Jahr später der eigtl. Drahtzieher in Pisa, der ehrgeizige Kard. Cossa als Johannes XXIII. Das Konzil fand weite, aber nicht allgemeine Anerkennung. Gregor und Benedikt nahmen die Absetzung nicht an. Statt der bisherigen zwei gab es nun drei Päpste.

Alle Hoffnungen richteten sich nun auf den neuen dt. Kg. Sigismund (1410–37) als den Schutzvogt der Kirche, der sich dem Pisaner Papst angeschlossen hatte. Dieser, von Neapel schwer bedrängt, gewann die kgl. Hilfe nur durch die Einberufung des in Pisa geplanten weiteren Konzils für 1414 nach Konstanz. Dafür hatte der röm. Kg. bereits die großen Mächte gewonnen und so durch die allgemeine Beschickung dessen Anerkennung im voraus gesichert. Das Konzil wurde von Johannes XXIII. eröffnet. Sein Plan, sich mit Hilfe der zahlreichen it. Bf.e durchsetzen zu können, wurde durch die neueingeführte Abstimmung nach Nationen vereitelt. Die durch die starke Beteiligung der Universitäten angeregte Publizistik des Konzils sammelte Anklagen gegen Johannes und forderte seinen Verzicht. Dieser wollte durch seine Flucht das Konzil sprengen. Die Versammlung, die der dt. König mit allen Mitteln zusammenhielt, rettete sich ihr Existenzrecht durch die Dekrete hinsichtlich der Oberhoheit des Konzils über den Papst. Auf dieser Grundlage wurde dem gefangengenommenen Papst der Prozeß gemacht und seine Absetzung betrieben. Nachdem sich das Konzil durch Gregor nochmals hatte berufen lassen, dankte dieser ab. Es gelang dem Kg. freil. nicht, auch Benedikt zur Resignation zu bewegen, wohl aber seine Anhängerschaft zum Konzil zu bringen. Hier wurde Benedikt 1417 abgesetzt. So konnte man zur Neuwahl schreiten. In der Person Martins V. erhielt die Kirche wieder ein allgemein anerkanntes Oberhaupt. Benedikt fühlte sich freil. bis zu seinem Tod als Papst und erhielt sogar noch zwei bald vergessene Nachfolger. Der Gedanke des Sch.s lebte ein Menschenalter später auf dem Basler Konzil nochmals für einige Jahre auf.   H. Tüchle

Lit.: HKG III, 2, 490–516, 545–555 [Bibliogr. bis 1968] – J. H. Smith, Great schism, 1970 – A. Esch, Das Papsttum unter der Herrschaft der Neapolitaner, Fschr. H. Heimpel, 1972, 713–800 – W. Brandmüller, Zur Frage nach der Gültigkeit der Wahl Urbans VI., AHC 6, 1974, 78–120 – Ders., Gesandtschaft Benedikts XIII. an das Konzil v. Pisa, Fschr. H. Tüchle, 1975, 169–205 – J. Leinweber, Neues Verz. der Teilnehmer am Konzil v. Pisa, ebd. 207–246.

Abendmahl, Abendmahlsstreit

I. Vorscholast. Abendmahlslehre und theol. Auseinandersetzungen. – II. Frühscholast. Eucharistielehre. – III. Die scholast. Eucharistielehre vom 13.–15. Jh.

I. Die vorscholast. Abendmahlslehre und theol. Auseinandersetzungen: 1. Die frk. und gall. Mönchstheologen, die Gelehrten der Dom- und Klosterschulen des 9.–11. Jh. haben die Abendmahlslehre der Westkirche im Spannungsfeld der (heute sog.) *symbol.-augustin.* und *metabol.-ambrosian. Tradition* ausgeformt und überliefert. Diese Lehre war wesentl. an die Liturgie der Messe gebunden und diente auch deren Verständnis und Vollzug. Die symbol. Auslegung des Sakramentes des Leibes und Blutes Christi in der Meßerklärung des Florus v. Lyon († um 860), »De expositione missae«, ed. MPL 119, 15–72, oder in der Theologie des →Gottschalk v. Orbais († 867/869) betrachtete (»memorierte«) im Sakrament des Herrenleibes zugleich das Geheimnis der Kirche, die durch die Feier der Messe als Leib Christi konstituiert wird. Die eucharistiefeiernde Gemeinde gehört unabdingbar zum Sakrament des Herrenleibes. Eine Ablösung oder Isolierung des eucharist. Herrenleibes kam diesen Theologen nicht in den Sinn. In der praxis. Theologie des →Amalar v. Metz († um 850), »Liber officialis« III ed. J. M. Hanssens, (StT 139, 255–386) realisiert das Sakrament, was es bezeichnet. Der bedeutende Exeget →Paschasius Radbertus, Abt v. Corbie († um 859), »De corpore et sanguine Domini...« ed. B. Paulus, 1969 (CChr CM XVI), identifizierte den sakramentalen Herrenleib mit der konkreten geschichtl. Leiblichkeit Jesu, so daß auch der theolog. Begriff des wahren Leibes nun einen anderen Sinn bekam, den die zeigenöss. Theologen →Hrabanus Maurus († 856), →Gottschalk v. Orbais († 867/69) und v. a. Rat(h)ramnus v. Corbie († nach 868), »De corpore et sanguine Domini« (ed. J. N. BAKHUIZEN van den BRINK, 1974²) im *ersten Abendmahlsstreit* mit Recht kritisierten. Der wahre Leib Christi im umgreifenden Heilsgeheimnis der Erlösung ist mehr als die konkrete Leibgestalt. Aber auch Rat(h)ramnus gelang es nicht, in seiner spiritualen Sicht des »corpus Domini« Realwirklichkeit und Symbolwahrheit zusammenzusehen. Die augustin. Einheit von sakramentaler Gestalt und geistl. Wirklichkeit, »species« und »veritas« brach auseinander.

2. Im *zweiten Abendmahlsstreit* führte →Berengar v. Tours († 1088), seit 1040 gefeierter Leiter der Domschule, in seiner Streitschrift »De sacra coena adversus Lanfrancum«, ed. W. H. BEEKENKAMP, 1941 (KHSt 2) die Kontroverse über das figürl. Verständnis des Herrenmahles mit einer dialekt. geschulten Beweisführung über das unabdingbare Verhältnis von →Substanz und →Akzidens fort und nahm für seine scharfe Kritik am Verständnis einer zirkumskriptiven (raumzeitl.) Präsenz des Herrenleibes Augustins symboltheolog. Ausführungen in Anspruch, die allerdings im Kontext der dialekt. Eucharistielehre Berengars ihren eigentl. Sinn verloren. Berengars spiritualist. Verständnis der Präsenz drängte die Orthodoxie auf ein Bekenntnis der eucharist. Gegenwart ab, das eindeutig an der raum-zeitl. Gegebenheitsweise orientiert war; vgl. das 1059 auf der röm. Synode Berengar abverlangte Bekenntnis (DENZINGER–SCHÖNMETZER 690). In der darauf folgenden theolog. Diskussion des →Guitmund v. Aversa († vor 1085), →Durandus v. Troarn († 1088), →Lanfranc († 1089 als Ebf. v. Canterbury) u. a. wurde das sensualist. Präsenzverständnis durch einen krit. Begriff einer substanzialen Gegenwart (aufgrund der Wesensverwandlung) korrigiert und geklärt. Diese Auseinandersetzung schärfte zugleich den Blick für die gegensätzl. Lehräußerungen (»sententiae«) der Väter, mit denen sich die Schultheologen (z. B. →Alger v. Lüttich, † 1131/32, »De sacramento corporis et sanguinis Domini« MPL 180, 727–854) beschäftigen mußten. Der Streit um Berengars Abendmahlslehre bestimmte den frühscholast. Eucharistietraktat.

II. DIE FRÜHSCHOLAST. EUCHARISTIELEHRE: 1. Von Berengars Abendmahlsstreit war in der vor- und frühscholast. Theologie auch die große, ungebrochene Tradition der *symboltheolog. Eucharistielehre* betroffen, wie sie einerseits (abseits von Schulen) von den Vertretern der sog. dt. *Symbolismus*, von →Rupert v. Deutz († 1129/30), →Honorius Augustodunensis († Mitte des 12. Jh.) und →Gerhoh v. Reichersberg († 1169) fortgeführt wurde, anderseits von →Hugo v. St. Victor († 1141) und seiner Schule zu einem neuen Höhepunkt gebracht wurde, auf dem in neuer Sicht die (augustin.) Einheit von »species«–»veritas«–»virtus« (Gestalt–Wahrheit–Wirkkraft) in der Eucharistie verstanden wurde, und die schließl. auch in der traditionellen Schriftauslegung von 1 Kor (z. B. durch Gilbert v. Poitiers, † 1154) wirksam blieb.

2. Aus dem Grundgedanken der Wesensverwandlung und substanzialen Gegenwart des »corpus Domini« wurde in der Schule des →Anselm v. Laon der *frühscholast. Eucharistietraktat* entwickelt, indem die ausgewählten Sentenzen der Väter unter den Begriff und die Definition von »*sacramentum*« gebracht wurden. Das Sakrament ist das sichtbare Zeichen der unsichtbaren Gnade. Diese Bestimmung ist die freie sentenzenhafte Wiedergabe augustin. Aussagen über »signum« und »res« der bibl. Opfertheologie (De civitate X c. 5 CSEL 40, 1, 452). Mit der zweifachdoppelten Unterscheidung von »sacramentum« (Brotsgestalt), »sacramentum et res« (Herrenleib) und »res« (Einheit und Gemeinschaft in Gott) suchte die Schule die Tiefendimension des Herrenmahles zu begreifen. – Der ursprgl. selbständige Traktat »De corpore Domini« wurde mit den übrigen Sakramentstraktaten zu einem Buch (liber) zusammengestellt, das →Petrus Lombardus als 4. Buch der Libri IV Sententiarum (ed. Quaracchi 1916, 1971²f.) für die Schule behandelte. Glossenapparate und Kommentare zu Sent. IV dist. 8–13 und die Schriftkommentare zu 1 Kor 10, 16 f. und 11, 20 ff. enthalten die scholast. Eucharistielehre. Vgl. F. STEGMÜLLER, Rep. Commentariorum in Sententias Petri Lombardi, I–II, 1947 [Erg. v. V. DOUCET, Commentaires sur les Sentences, 1954] DERS., Rep. biblicum medii aevi, I–VII, 1950–61.

3. Das Problem der substanzialen Gegenwart des Herrenleibes erfuhr durch den Begriff der »*transsubstantiatio*« eine vorläufige Klärung. Den Terminus prägte Roland Bandinelli (= →Alexander III.), Sententiae (ed. FR. A. M. GIETL, 1891, 231), aber nicht im Zusammenhang mit der Lehre von der Wesenswandlung. Die eigtl. Begriffsgeschichte von »transsubstantiatio« setzte in den 60er Jahren des 12. Jh. ein, und zwar mit den sprachlog. Bemühungen, die Identität des einen und selben Herrenleibes in der Herrlichkeit Gottes und im Sakrament aufzuweisen und die Totalität der leibhaften Präsenz zu begründen. In diesen Bemühungen wurden endgültig auch die sog. eucharist. *Deuteworte* als Konsekrationsworte und der Zeitpunkt der Wandlung fixiert.

4. Entsprechend dem Schichtenbau des Sakramentes unterschieden die Theologen den zweifachen Empfang des Abendmahles, den sakramental-geistl. Empfang in der gläubigen Kommunion und den nur sakramentalen Empfang, der (durch ein Mißverständnis des lukan. Abendmahlsberichtes) an der unwürdigen Kommunion des Judas demonstriert wurde. Diese Einheit von *spiritual-sakramentaler Kommunion* kennzeichnet die eucharist. Frömmigkeit des MA, deren reife Frucht die eucharist. Mystik ist. Die Unterscheidung von »sacramentum« und »res«, Herrenleib und Kommunion, rechtfertigte aber auch den anderen Schwerpunkt dieser Frömmigkeit, den Kult des Leibes Christi (in der Anbetung, Elevation, Prozession, Festfeier).

5. Die spirituale Theologie der *eucharist. Mystik* des →Hugo v. St-Victor († 1141), →Wilhelm v. Auxerre († 1231), →Guiardus v. Laon († 1247), →Bonaventura (1274), →Roger Bacon († 1294), →Rudolf v. Biberach († nach 1326), →Johannes Tauler († 1361), →Johannes Gerson († 1429) und →Dionysius des Kartäusers († 1471) brachte die *geistl. Sinne, das inwendige Verkosten und Genießen, die existenzielle Erleuchtung, die Einigung und Verähnlichung mit Gott* durch das Sakrament zur Erkenntnis und Erfahrung. Diese geistl. Frucht der Kommunion ist das eigtl. Essen und Trinken, und sie kann auch allein durch den von der Liebe durchformten Glauben erlangt werden (»geistl. *Kommunion*« im späteren, uneigtl. Sinn).– Dem *eucharist. Kult* wuchsen neue Formen zu, die *Elevation der Hostie* nach der Wandlung (seit Beginn des 13. Jh.), die *theophor. Prozession* und das *Fronleichnamsfest*, das als Reaktion gegen die Irrlehren seit 1246 in Lüttich gefeiert und durch Urban IV. 1264 für die lat. Kirche eingeführt wurde. Nach der vorgängigen kirchl. und scholast. Dichtung schrieb →Thomas v. Aquin zum Officium des Festes die bekannten *eucharist. Hymnen* und *Sequenzen* (»Lauda Sion Salvatorem«, »Pange lingua gloriosi« [Autorschaft des

Thomas nicht unbestritten!], »Sacris solemniis«), die zur besten scholast. Lehrdichtung zählen. Die *eucharist. Gebete des 13.Jh.* (→»Adoro te devote« [Zuweisung an Thomas unsicher] und →»Ave verum«) artikulierten den Glauben an die Realpräsenz des Herrenleibes. Dieser Glaube wurde durch die Wunderberichte über ein tatsächl. Sehen des Leibes und Blutes Christi gegen jeden Zweifel demonstriet.

6. *Die religiösen Laienbewegungen,* die sich außerhalb der Kirche und gegen sie behaupteten (z.B. die →Katharer und →Waldenser), lehnten mit dem Amt der Kirche auch die priesterl. Konsekrationsvollmacht ab. Sie vertraten ein nach allen Richtungen hin offenes Verständnis der eucharist. Gegenwart Christi im Sakrament. Bei den →Amalrikanern schlug dieses Verständnis um in eine Theorie der universalen Offenbarung und Gegenwart Christi. Zu den kirchl. Stellungnahmen vgl. DENZINGER-SCHÖNMETZER 794 (Glaubensbekenntnis der Waldenser) und ebd. 801 (Glaubensbekenntnis des 4. Laterankonzils 1215).

III. DIE SCHOLAST. EUCHARISTIELEHRE VOM 13.–15.JH.: 1. In den umfangreichen Quästionen der Kommentare zu Sent. IV d. 8–13 (s.o. II. 2), in den Disputationen, Traktaten und Summen hat die scholast. Theologie die *metaphys. (ontolog.) Fragestellung im Eucharistietraktat* geltend gemacht. Die *Vier-Ursachen-Lehre* der Metaphysik (Aristoteles A c. 3, 983 a 26–32) bestimmte nicht nur den Aufbau und die Gliederung des Traktates (vgl. Thomas v. Aquin S. th. III q. 73 introd.), sondern auch den Systemgedanken einer »metaphysischen« Eucharistielehre. Zur spiritualen und prakt. Eucharistielehre vgl. o. II. 5.

2. Die metaphys. Deutung der Begriffe »forma«-»materia« in der Sakramentenlehre (seit →Richard Fishacre O.P., † 1248) und deren konsequente Anwendung auch (aber nicht nur) auf die Mahlgaben, auf die Materie von Brot und Wein und auf die Deuteformel der Konsekrationsworte (»Das ist mein Leib« – »Das ist mein Blut«) diente der *kategorialen Bestimmung des Aktes der Wandlung.* Die Konsekrationsformel ist Formursache des konsekrator. Aktes, die nach der Theorie der kausal-instrumentalen Wirksamkeit der Sakramente in der Eucharistie die Wirklichkeit des Leibes und Blutes Christi bezeichnet und bewirkt. Die Formkraft des Deutewortes ist konstitutiv für diese Wirklichkeit. Dieser Akt setzt auf Seiten des Spenders jene der Wirklichkeit entsprechende Potenz, die *Konsekrationsvollmacht,* voraus. Diese wird durch den sakramentalen Ordo (»Priesterweihe«) verliehen. Bei der Feier des Abendmahles hat Christus den Aposteln diese Vollmacht verliehen (»per actus cognoscuntur potentiae«, durch Wirklichkeit und Tätigkeit werden die Potenzen erkannt!). Die konsekrator. Vollmacht hat priesterl. Charakter, weil deren Akt Opferhandlung ist.

3. »Vi sacramenti«, kraft des konsekrator. Wortes sind Leib und Blut Christi, und »per concomitantiam«, in unabdingbarer Mitfolge, ist Er-selbst, Christus (in seinem für uns hingegebenen Kreuzesleib), gegenwärtig. Die *Präsenz des Herrenleibes* ist die Aktualität des Kreuzesleidens, die Repräsentanz der Passion. Die (erlösende) Passion ist nicht Faktengeschichte, sondern Heilsgeschehen, dessen bleibende Aktualität völlig unbestritten war. Der Opfercharakter der Messe war weniger ein Einzelthema der Theologie (z.B. des Thomas v. Aquin, S. th. III q. 83 a. 1; q. 79 a, 2) als vielmehr Thematik, hermeneut. Prinzip. In bleibender hoherpriesterl. Funktion macht Christus die eucharistiefeiernde Gemeinde seines heilschaffenden Opfers teilhaft und befähigt sie so zum ntl. Gottesdienst. Vgl. die scholast. Lehre vom sakramentalen Charakter (Thomas v. Aquin S. th. III q. 63 a, 6).

4. Die *metaphysische Deutung des Transsubstantiationsbegriffes* (s. o. II. 3) durch Thomas (ebd. q. 75 a. 4) setzt beim ontolog. Gottesbegriff des »infinitus actus« (der göttl. Seinsfülle) an. Dessen schöpfer. Wort im Mund des Priesters wandelt die Mahlgaben, Brot und Wein, zu neuer Wirklichkeit. Das substanziale Sein von Brot und Wein wird durch das konsekrator. Wort (im Vorgriff auf die eschatolog. Vollendung) in den Seinsakt des Leibes und Blutes Christi gewandelt, so daß dieser die Mahlgaben erfüllt und neugestaltet, damit durch das Sakrament des Leibes Christi das *»corpus Christi mysticum«, »die Gemeinschaft der Heiligen«,* auferbaut werde (Thomas v. Aquin ebd. q. 80 a. 4). Dank der metaphys. Deutung des Transsubstantiationsbegriffes konnte Thomas die schwierigen Probleme der bes. Art der eucharist. (heilshaft-eschatolog.) Wandlung (ebd. q. 75), der sakramentalen realen Gegenwart Christi (ebd. q. 78), deren Erscheinungsform in den Mahlgaben (ebd. q. 77) und ihrer heilshaften Wirksamkeit klären (ebd. q. 79). Die ontolog. Fragestellung dient unmittelbar der soteriolog. Aussage; die substanziale Gegenwart des Leibes Christi ist dessen heilschaffende Aktualität.

5. Die *naturphilosoph.,* an der aristotel. Physik orientierte *Deutung des Transsubstantiationsbegriffes,* die im 14.Jahrhundert Schule machte, ging von der Identität der Materie als Substrat der Wandlung aus und konnte diese nur als Wandel der Wesensform verstehen. Im sog. *Korrektorienstreit* (c. 1276–87), in dem die thomas. Unterscheidungslehren diskutiert wurden, wurde auch von den Schülern und Anhängern des Thomas die Transsubstantiation naturphilosoph. erklärt. →Aegidius Romanus († 1316) suchte in den »Theoremata de corpore Christi«, ed. Venedig 1502 fol. 89r–115v die Transsubstantiation als Wandlung der Wesensform des Brotes in die der ausgedehnten, quantitativen Leiblichkeit (»Körperform«) bei selbiger Materie zu begründen. →Johannes v. Paris († 1305) rechtfertigte in seinem Traktat »De modo existendi corpus Christi in sacramento altaris« (London 1886) die *Impanationslehre,* eine Spielart der Theorie von der Konsubstantialität von Herrenleib und Brotsubstanz, die auch →Johannes Duns Scotus und →Wilhelm v. Ockham für denkbar hielten. →Durandus de S. Porciano († 1334) entwickelte die Lehre von der relationalen Gegenwart des »corpus Domini«. Diese pluralen Theorien über die eucharist. Realpräsenz wurden teils scharf kritisiert, teils zensuriert. Aber auch diese Kritik (etwa durch →Hervaeus Natalis OP, † 1323) konnte nicht verhindern, daß die zentrale Frage nach der Präsenz Christi im Sakrament durch naturphilosoph. Fragen überfremdet wurde. Vgl. Wilhelm v. Ockham, »Über das Sakrament des Altares unter bes. Berücksichtigung des Unterschiedes von Punkt Linie, Fläche, Körper, Quantität und Qualität und Substanz« (= Tractatus de sacramento altaris, ed. T.BRUCE BIRCH, 1930).

6. Wilhelm v. Ockham OM († 1349) vertrat (seiner naturphilosoph. Theorie von der Identität von Substanz und Quantität entsprechend) die *These von der quantitativ bestimmten (»qualifizierten«) Gegenwart Christi im Sakrament.* Ohne an eine begriffl.-metaphys. Erschließung des Geheimnisses des »corpus domini« denken zu wollen, terminierte und konkretisierte er dieses sprachlog. und naturphilosoph. und stellte so auch in der Eucharistielehre (aber nicht nur in ihr) einerseits die souveräne und freie Macht Gottes und andererseits die Notwendigkeit des Glaubens unter Beweis. →Johannes Wyclif († 1384) polemisierte gleichermaßen gegen die (scholast.) Theorie der Transsubstantiation und gegen Ockhams Position und postulierte (wohl im Rückgriff auf vorscholast. Überliefe-

rung) eine Realpräsenz des Herrenleibes, die weniger seinshaft als wirkmächtig verstanden wurde. Nach akadem. und kirchl. Verurteilungen der Lehren Wyclifs in England wurden diese auch auf dem Konzil v. Konstanz 1415 als Irrlehren verworfen (DENZINGER-SCHÖNMETZER 1151–1153). Den tschech. Erneuerungsbewegungen um →Johannes Milič († 1374), →Matthias v. Janov († 1393) und v. a. →Johannes Hus († 1415) ging es weniger um Fragen der Abendmahlstheorien als um die religiöse Praxis (der häufigen Kommunion und des Laienkelches).

7. Durch alle Schulen des 14./15.Jh. (Scotisten, Thomisten bzw. Albertisten, der Augustinertheologen) wurden die mit der Lehre von der transsubstanzialen Gegenwart Christi im Sakrament aufgeworfenen Fragen der realen, lokalen, sinnl.-erfahrbaren Präsenz und der substanzialen, totalen, unvermittelten Wandlung erörtert. Vielfältige Theorien, häufig mit log. Übungen und naturphilosoph. Überlegungen verknüpft, wurden ausgedacht, von den großen Autoritäten des 13.Jh. eklektizist. übernommen und nach Gutdünken verändert. In zunehmendem Maße wurden in der Eucharistielehre auch prakt. und kasuist. Fragen (z. B. des Nüchternheitsgebotes, der Anbetungswürdigkeit des Sakramentes u. a.) diskutiert. Die religiöse Betrachtung der Eucharistie wurde in den Schulschriften ungebührl. zurückgedrängt; in der spiritualen Literatur der →devotio moderna wurde die eucharist. Frömmigkeit neu belebt. S. a. Mahldarstellungen. L.Hödl

Lit.: R. GEISELMANN, Die Eucharistielehre der Vorscholastik, 1926 FCLDG 15, 1–3 – P. BROWE, Die Verehrung der Eucharistie im MA, 1933, 1967² – DERS., Die eucharist. Wunder des MA, 1938, BSHT 4 – DERS., Die Pflichtkommunion im MA, 1940 – H. DE LUBAC, Corpus mysticum. L'Eucharistie et l'église au moyen âge, 1949², Theol. 3; dt. Übers. H. URS V. BALTHASAR, 1969 – E. ISERLOH, Gnade und Eucharistie in der philos. Theologie des Wilhelm v. Ockham, 1956, VIEG 8 – H. R. SCHLETTE, Die Lehre von der geistl. Kommunion bei Bonaventura, Albert d.Gr. und Thomas v. Aquin, 1959, MThS S 17 – R. SCHULTE, Die Messe als Opfer. Die Lehre frühma. Autoren über das eucharist. Opfer, 1959, LWQF 35 – G. MATERN, Zur Vorgesch. und Gesch. der Fronleichnamsfeier bes. in Spanien. Stud. zur Volksfrömmigkeit des MA und der beginnenden Neuzeit, 1962, SFGG 10 – B. NEUNHEUSER, Eucharistie in MA und Neuzeit, HDG IV, 4b, 1963 – J. J. MEGIVERN, Concomitance and Communion. A Study in Eucharistic Doctrine and Practice, 1963, SF 33 – D. GIRGENSOHN, Peter v. Pulkau und die Wiedereinführung des Laienkelches..., 1964, Veröff. des Max-Planck-Inst. für Gesch. 12 – H. JORISSEN, Die Entfaltung der Transsubstantiationslehre bis zum Beginn der Hochscholastik, 1965, MBTh 28, 1 – K. PLOTNIK, Hervaeus Natalis OP and the Controversies over the Real Presence and Transsubstantiation, 1970, VGI, NF. 10 – J. DE MONTCLOS, Lanfranc et Bérengar. La controverse eucharistique du XIᵉ siècle, 1971, SSL 37 – A. HÄRDELIN, Aquae et vini mysterium. Geheimnis der Erlösung und Geheimnis der Kirche im Spiegel ma. Auslegung des gemischten Kelches, 1973, LWQF 57 – A. GERKEN, Theologie der Eucharistie, 1973.

Abendmahlsbulle (Bulla in coena Domini), Sammlung von Exkommunikationssentenzen, die bis 1770 am Gründonnerstag (daher der Name), früher auch an den Festen Christi Himmelfahrt und Dedicatio S. Petri in Rom (in Italien und Spanien, auch in S-Deutschland) grundsätzl. in allen Bm.ern verkündigt wurden. Ihre Geschichte geht bis zum Anfang des 13.Jh. zurück. H.Wolter

Lit.: E. GÖLLER, Die päpstl. Pönitentiarie von ihrem Ursprung bis zu ihrer Umgestaltung unter Pius V., I, 1, 1907; II, 1, 1911 – K. PFAFF, Beitr. zur Gesch. der A. vom 16. bis 18.Jh., RQ 38, 1930, 23–76, bes. 24–26 [Frühgesch.].

Abendmahlsprobe → Ordal

Abendmahlsstreit → Abendmahl

Aben(s)berg, Gf.en v., Nachfahren der Babonen, nannten sich seit dem 12.Jh. Gf.en v. A. Durch Rodung ausgeweitete, im 13.Jh. territorialisierte Besitzkomplexe lagen zw. Donau und Abens, um Altmannstein, an der unteren Altmühl. Außer den Alloden waren Vogteien über Regensburger Eigenkirchen wichtig für den Machtaufbau, daneben auch Beziehungen zu den Bm.ern Bamberg und Passau. Die Herrschaften wurden durch die Hzg.e v. Bayern eingeengt. Nach dem Erlöschen des älteren Hauses (1247) kam es zur Linientrennung in die Herrschaften A. und Altmannstein, die schließl. nach dem Tod des letzten A.s (1485) als Reichslehen an Bayern-München kamen. A. Gerlich

Qq.: J. WIDEMANN, Traditionen des Hochstifts Regensburg und des Kl.s St. Emmeram, 1942 – H.-P. MAI, Die Traditionen, die Urkk. und das älteste Urbarfragment des Stiftes Rohr, 1966 – Lit.: G. DIEPOLDER, Oberbayer. und niederbayer. Adelsherrschaften, Zs. Bayer. Landesgesch. 25, 1962, bes. 47ff. – V. v. VOLCKAMER, Das Landgericht Pfaffenhofen und das Pfleggericht Wolznach, HAB 14, 1963.

Aberconwy → Wales

Abercorn (Aebbecurnig Bede), eine brit. (cumbr.) Siedlung am s. Ufer des Flusses Forth (Schottland), die vielleicht schon vor der angl. Besetzung der Gegend Mitte des 7.Jh. ein Bm. war. Der Northumbrier Trumwine (Tumma) wurde 680/681 dort etabliert, um bfl. Autorität über die →Pikten auszuüben. 685 mußte er aber sein Bm. verlassen. Ein Kl. bestand weiter, wahrscheinl. innerhalb eines Vallum (Schutzwalles), wovon noch ein Teil im heutigen Kirchhof existiert. D.A.Bullough

Lit.: STENTON³, 138, 146 – DUNCAN, Scotland 1, 38, 69.

Aberdeen, an der NO-Küste von Schottland bedeutender Handelshafen und Bischofssitz, wichtige Universität. Die im frühen MA vom hl. Machar gegr. Kirche in der Nähe der Don-Mündung wurde um 1130 von Kg. David I. zum Sitz der Diözese A. erhoben. Ein wesentl. Teil der spätma. Kathedrale von St. Machar existiert noch. Die kleine Siedlung neben dieser Kirche war als *Old Aberdeen* bekannt, obwohl sie erst 1489 den Status einer Stadt erhielt. Ungefähr 2 km s., in der Nähe der Dee-Mündung, gab es noch eine Siedlung, die vielleicht schon länger existierte und die während der Regierungszeit Davids I. zur kgl. Stadt ernannt wurde. Diese Stadt hatte einen guten Hafen und wurde im späten MA die drittbedeutendste der schott. Städte nach Edinburgh und Dundee. In Old A. gründete William →Elphinstone, Bf. v. A., 1495 die dritte der schott. Universitäten des MA, zu Ehren von James IV. *King's College* gen. Vgl. auch Schottland. G.G. Simpson

Lit.: C. INNES, Registrum Episcopatus Aberdonensis, 1845, I, IX bis LXXXIII – J. F. K. JOHNSTONE, Concise Bibliogr. of Hist. Topography and Institutions of Shires of A. [etc.], 1914, 9–46 – L. J. MACFARLANE, William Elphinstone, A. University Review 39, 1961/62, 1–8 – A. KEITH, A Thousand Years of A., 1972.

Aberdour → Schottland

Aberdovey (Aberdyfip) → Wales

Aberffraw, das →*cantref* von A., Dorf und Kirchengemeinde an der Mündung des Ffraw-Flusses auf Môn (Anglesey), war der Hauptsitz des Kgr.s von Gwynedd in NW-Wales. Keine Spuren des aus Saal und anliegenden Gebäuden bestehenden Hofkomplexes sind erhalten, aber jüngste Ausgrabungen legten die Wehranlagen einer bisher unbekannten röm. Festung frei. Ein Wiederaufbau aus alten Bruchsteinen könnte auf die Tätigkeit Maelgwns von Gwynedd im 6.Jh. hindeuten. Es ist möglich, daß die naheliegende Kirche von Llangadwaladr eine kgl. Grabstätte war. D.P.Kirby

Lit.: J. E. LLOYD, Hist. of Wales, 1939³, I, 231 – Archaeology in Wales, CBA Group II, 13, 1973, ed. J. L. DAVIES, 36f.

Aberglaube, Superstition

I. Allgemeine Begriffsbestimmung – II. Volkskunde – III. Judentum.

I. ALLGEM. BEGRIFFSBESTIMMUNG: Obgleich häufig synonym verwendet, ist A. nicht ident. mit der erst seit Anfang des 19. Jh. gebräuchl. Bezeichnung Volksglaube. Der Begriff A. erscheint erstmals in einer Glosse des 15. Jh. zur Wiener Hs. des → St. Trudperter Hld. Im 16. Jh. ist der Begriff allgemein gebräuchl. Er wird neben *Mißglaube, Afterglaube, ungloube*, ndtsch. *biglôve*, nl. *bijgeloof, overglov* als Übersetzung des lat. superstitio verwendet. Sprachl. gesehen, handelt es sich bei A. jedoch um eine Wortbildung mit negativem aber (= wider, analog mhd. *Aberlist* = Unklugheit, *Abergunst* = Mißgunst). Der A. ist weder regional noch zeitl. fixierbar, d. h. bestimmte Grundanschauungsformen sind bei ihm immer vorhanden, was der Vergleich abergläub. Vorstellungen bei den verschiedenen Völkern und Zeiten zeigt. In seinen Erscheinungsformen und Inhalten ist er bestimmt durch den jeweiligen Lebensraum, in dem er entsteht. »... das, was wir A. nennen, ist eben nicht eine Begleiterscheinung von bestimmten Religionen, sondern eine Eigenschaft aller primitiven Völker und auch aller einfach und primitiv gebliebenen Menschen und Kreise in einem kultivierten Volk« (BEITL, 116). Der Begriff des A.ns bestimmt sich jeweils von dem religiösen oder wissenschaftl. Standpunkt seines Darstellers aus. Inhaltl. ist der Begriff des A.ns nicht festgelegt. Er wird immer von dem eigenen, als wahr oder richtig empfundenen Standpunkt auf einen zweiten, vom richtigen Glauben, Verhalten abweichenden, d. h. abergläub. Zustand angewendet. A. taucht als solcher immer da auf, wo der urspgl. wahre Glaube in Frage gestellt ist. In Abgrenzung zum Glauben setzt der A. übersinnl. Geschehen in unmittelbare Kausalverknüpfung zur sinnl.-sichtbaren Wirklichkeit, wenngleich beiden die Beziehung auf ein Übersinnliches gemeinsam ist. Der A. ist kein Mangel an Glaube, sondern vielmehr verkehrter (»Wider-«)Glaube. In der religionskrit. Sicht des Thomas v. Aquin (S. th. II–II, 92–96) ist A. »vitium religionis«, exzessive, ausschweifende Verkehrung der Tugend der Gottesverehrung, des Kultes, Glaubens, Gehorsams und der Ehrerbietung durch Götzendienst (ebd. 94), A. (q. 95) und superstitiose Praktiken (q. 96). Die scholast. Theologie hat dieses Lehrstück in der Problemsicht Augustins übernommen, der seinerseits in der Tradition der antiken Religionskritik der Philosophen (Ciceros, Varros u. a.) stand. Augustin hat die Problemsicht des A.ns in doppelter Weise festgelegt: Er hat erstens das Thema mit einem – freilich unkrit. – Dämonenglauben verknüpft und zweitens in der Bekämpfung des heidn. A.ns zuwenig die Gefährdung der kirchl.-chr. Orthopraxie (der Engel- und Heiligenverehrung, der Fürbitten, Segnungen und Exorzismen etc.) durch diesen gesehen. Thomas v. Aquin hat einer selbst- und konfessionskrit. Sicht des A.ns den Weg bereitet, indem er diesen als Gegensatz der sittl.-religiösen Tugend, der »religio« verstand (ebd. q. 92). Ein wesentl. Moment der krit. Reflexion von A. bildete auch die Lehre vom liberum → arbitrium. U. Mörschel

Lit.: PFLEIDERER, Theorie des A.ns, 1872 – C. MEYER, Der A. des MA und der nächstfolgenden Jh., 1884 [Repr. 1971] – A. FREYBE, Der dt. Volksaberglaube, 1910 – R. BEITL, Dt. Volkskunde, 1933 – W.-E. PEUCKERT, Dt. Volksglaube des SpätMA, 1942.

II. VOLKSKUNDE: Ziel volkskundl. mediävist. Forschung über den A.n ist die Feststellung hist. und regional fixierbarer Formen von A.n als Grundlage weitergehender Fragen nach Alter, Herkommen und Überlieferung, Innovation und Diffusion, ethn. und sozialer Bindung, sozialer Funktion und soziokultureller Bedeutung.

[1] *Quellenkritik und Überlieferungsgeschichte:* Quellen sind a) Gebrauchstexte: Divinations- und Wahrsageliteratur, Prognostiken, Zauber-, Segens-, Amulettformeln, astrolog. und mag. gelehrte Lit. u. a. b) Kirchl.-theolog. Texte: Synodalstatuten, Kapitularien, soweit sie diese bestätigen, wiederholen oder sich auf religiöse und kirchl. Verhältnisse beziehen, Dekretalen, Buß- und Beichtbücher, Katechismus- und Predigtliteratur, Dekalogkatechesen (1. Gebot), Traktate und theolog. Spezialliteratur, Frageformulare der Hexeninquisition u. a. c) Außerkirchl. lit. Stücke zum A.n sind erst im SpätMA häufiger und finden sich verstreut in Texten der Dichtung und Erbauungsliteratur, in jurist. Hexenprozeßliteratur und dämonolog. Traktaten, Arzneibüchern u. a.

Die dt. Lit. des SpätMA über A.n ist gelegentl. und vereinzelt bekannt gemacht worden, bes. der von ihr erwarteten Sachnachweise zu einer germ.-dt. Religionsgeschichte wegen. Es fehlen jedoch quellenkrit. Untersuchungen zur Überlieferung, insbes. über ihr Verhältnis zur lat. Lit. des Früh- und HochMA, wodurch die für ihre Geschichte des A.ns wichtige Frage nach der Eindeutschung traditioneller lat. A.-Topoi und somit nach hochschichtl. Superstitionsinnovationen geklärt werden könnte. Die Texte der kirchl.-theolog. A.-Kritik sind in große überlieferungsgeschichtl. Zusammenhänge eingebettet und ihre Sachnachweise erweisen sich häufig als lit. vermittelte, spätantikfrühma. Paganismen und Superstitionen. Augustinus und die Pseudo-Augustin. Predigten des Caesarius v. Arles stehen am Anfang vieler Überlieferungsreihen der A.-Kritik, sowohl hinsichtl. der gerügten Objekte wie der theolog.-weltanschaul. Grundlagen der Kritik. Insbes. die kompendiöse Vollständigkeit des Caesarian. Predigtwerkes gegen spätantik-mediterranen und kelt. A.n hat kräftig nachgewirkt und das Bild regional- und zeitspezif. A.ns in ganz Europa stark verwirrt (Caesarianisches enthalten z. B. Martin v. Braga, De correctione rusticorum; Pseudo-Eligius v. Noyon, Tractatus de rectitudine catholicae conversionis; Pirmin v. Reichenau, Dicta; Pseudo-Burkhard v. Würzburg, Homilia 19, 20, 23, 25; Hrabanus Maurus, Predigten; Regino v. Prüm, De synodalibus causis etc.; Burchard v. Worms, Decretum; u. a.). Der Quellenwert kirchl.-theolog. Lit. über A.n ist also grundsätzl. skept. zu beurteilen. Erst nach Reduktion der Quellen auf die Überlieferungslandschaft läßt sich für gelegentl. regionalspezif. Einsprengsel und Einschübe ein positiver Zeugniswert sichern.

[2] *Terminolog. Klarstellungen und Objektanalyse:* Auch Terminologie, Begrifflichkeit und theoret.-systemat. Elemente ma. Superstitionenkritik – Untersuchungen zur volkssprachl. Lit. des SpätMA fehlen noch – sind weithin antiker Provenienz (Varro), durch Augustinus (De civitate dei) und Isidor v. Sevilla (Etymologiae, VIII 9 sqq) dem MA vermittelt (vgl. Hrabanus Maurus, De magicis artibus; Hinkmar v. Reims, De divortio Lotharii, 15; Ivo v. Chartres, Decretum, XI 67 sq.; Hugo v. St-Victor, Didascalion, VI 15; Gratian, Decretum, II 26, 3 et 4, 1; Thomas v. Aquin, Summa theologiae, II. II. 95, 3), so: Magie, Nekromantie, Geomantie, Hydromantie, Aeromantie, Pyromantie, Astrologie, Divination, Incantation, Auspicium, Augurium, Haruspicium, Pythonissen, Genethliaci, Mathematici, Horoscopi, Sortilegii, Salisatores u. a. (Isidor, Etym., VIII 9–35). Nach Oberbegriffen eingeteilt, unterscheidet man zw. Observation (Beachten von vorbedeutenden Zeichen und (un-)günstigen Zeiten, Befolgen herkömml. Superstitionen), Divination (»wissenschaftl.«-techn. Wahrsagekunst) und ars magica (Zauber). An die Stelle gelehrter spätantiker Begrifflichkeit treten in

superstitionskrit. Texten gehäuft erst im SpätMA volkssprachl. Bezeichnungen: *czaubrer, warsager, trawm auz leger, wachßgisser, hant seher, loz bucher, swert brieffe, ane ganch, nacht varn* etc. (Martin v. Amberg, Gewissensspiegel, 163 ff.). Zugleich wird v. a. infolge von Renaissancemagie und mag. Naturspekulation vermehrt antike Begrifflichkeit rezipiert bzw. durch analoge Wortbildungen erweitert.

[3] *Untersuchungen zur Theoriegeschichte und ihrer superstitionskrit. Implikationen:* Die Superstitionenkritik subsumiert A. unter die Dekalogfrevel (Idolatrie) und beruft sich zudem auf die mosaische Zaubereigesetzgebung des AT, das frühchr. apologet. Schrifttum und die frühen Konzilsbeschlüsse. Daneben bedient sich naturkundl.rationalist. und religiöser Argumente, zumeist nebeneinander und im Begriff einer kreatürl. Subordination der Natur unter einen regelnden Schöpferwillen vermittelt (Agobard v. Lyon, Liber contra insulsam vulgi opinionem de grandine et tonitruis; Hrabanus Maurus, Homilia 42 Contra eos qui in lunae defectu etc.; Maximus v. Turin, Homilia 100. De defectione lunae). Die gesicherte Regelmäßigkeit der Kreatur kann, so das Argument, durch die an sich unwirksamen superstitiosenAkte nicht verletzt werden, es sei denn die Dämonen bewirken die intendierten Erscheinungen vermittels ihrer intellektuellen und techn. Fähigkeiten (Augustinus, De civitate dei, VIII-X, XXI 6) oder durch Täuschungen (Illusion). Herrschte im FrühMA die Illusionstheorie vor (»Canon episcopi«, bei Regino v. Prüm, De synodalibus causis, II 363), so rückte das SpätMA davon ab und behauptete die Realität superstitioser Erscheinungen (Hexenhammer). Begleitet wurde der Wandel u. a. durch die Thomas. Rezeption der Augustin. Dämonenpakttheorie (De doctrina christiana, II) und ihrer systematisierenden Anwendung auf alle Formen der Superstition (Summa theologiae, II. II. 92 sqq.). Danach werden die verschiedenen aberglaüb. Manipulationen, Worte, Gebräuche und Riten als Elemente einer Sprache mit Dämonen definiert, über deren semant. Gehalt prinzipiell Übereinkunft zw. Menschen und Dämonen getroffen werden müsse. Diese Übereinkunft (pacta significationum cum daemonibus inita) kann, so erweitert Thomas die Theorie, stillschweigend vorausgesetzt (pactum tacitum) oder ausdrücklich gemacht werden (pactum expressum). Immer jedoch setzt superstitiose Praxis, die demzufolge keine kausative, sondern semant. Funktion hat, einen Dämonen- bzw. Teufelspakt voraus. Unter Voraussetzung, daß alles, was sichtbar in der Welt geschehe, auch durch Dämonen bewirkt werden könne (Thomas v. Aquin, Quaestiones disputatae de malo, qu. 16, 9) wurde Superstition zu einer umfassenden Bedrohung gemacht.

D. Harmening

Lit.: J. Fehr, Der A. und die kath. Kirche des MA, 1857 – H. B. Schindler, Der A. des MA, 1858 – C. Meyer, Der A. des MA und der nächstfolgenden Jh., 1884 – I. Thorndike, I-II – W. Boudriot, Die altgerm. Religion in der amtl. kirchl. Lit. des Abendlandes v. 5. bis 11. Jh., Unters. zur allgemeinen Religionsgesch. 2, 1928 [Neudr. 1964] – J. Zellinger, Augustin und die Volksfrömmigkeit, 1933 – E. Blum, Das staatl. und kirchl. Recht des Frankenreiches in seiner Stellung zum Dämonen-, Zauber- und Hexenwesen, Veröff. der Görres-Ges., Sektion für Rechts- und Staatswiss. 72, 1936 – L. A. Veit, Volksfrommes Brauchtum und Kirche im dt. MA, 1936 – E. Hendriks, Astrologie, Waarzeggerij en Parapsychologie bij Augustinus, Augustiniana 4, 1954, 325-352 – M. Hain, Burchard v. Worms († 1025) und der Volksglaube seiner Zeit, Hess. Bll. für Volkskunde 47, 1956, 39-50 – B. Helbling-Gloor, Natur und A. im Policraticus des Johannes v. Salisbury, Geist und Werk der Zeiten 1 [Diss. Zürich, 1956] – H. Homann, Der Indiculus superstitionum et paganiarum und verwandte Denkmäler, 1956 – D. Harmening, Superstitio. Überlieferungs- und theoriegeschichtl. Unters. zur kirchl.-theol. Aberglaubenslit. des MA von Augustinus bis Thomas v. Aquin unter bes. Berücksichtigung von Texten der Germanenmission [im Druck].

III. Judentum: Im Volksglauben wirkte eine breite, vielfältige Tradition mag. Praktiken und Vorstellungen aus der Spätantike weiter. In der Religionsphilosophie reicht die Beurteilung dessen, was als A. zu werten und abzulehnen sei, von der strengen Haltung etwa des → Maimonides über jene, die im Zusammenhang mit Astrologie, Medizin, Physiognomik/Chiromantik und Alchemie Konzessionen machten, bis zu weitgehendem Einbau der traditionellen Gottesnamen-Spekulationen und Dämonologie in ein vulgär neuplaton. gefärbtes Weltbild, v. a. in der noch dazu eschatolog. gefärbten, populären Spät-Kabbala. In der Polemik zw. den Religionen war der Vorwurf des A.ns ein fester Topos.

J. Maier

Qq.: M. Margoliot, Sefer ha-Razim, 1966 – M. Gaster, The Sword of Moses, 1896 – G. Scholem, Sefer ha-Tamar, 1927 – Ders., Tarbiz 16, 1945, 196-209 – G. Selig, Sepher Schimmusch Tehillim, 1788 [Repr. 1972] – H. Gollancs, Sepher Maphteah Shelomo, 1917[2] – Lit.: EJud I, 229-240 – EJud (engl.) XI, 707-715 – D. H. Joel, Der A. und die Stellung des Judentums zu demselben, 1881 – I. Finkelscherer, Moses Maimunids Stellung zum A. und Mystik [Diss. Breslau 1894] – H. S. Lewis, JQR 17, 1905, 475-488 – L. Blau, Das altjüd. Zauberwesen, 1914[2] [Repr. 1969] – J. Mann, Texts and Stud. II, 1935, 75 f., 80 f. – J. Trachtenberg, Jewish Magic and Superstition, 1939 [Repr. 1961] – G. Vajda, REJ 106, 1941, 87-123 – T. Schrire, Hebrew Amulets 1966 – G. Vajda, Sources Orientales 7, 1966, 127-153 – J. H. Niggemeyer, Beschwörungsformeln aus dem »Buch der Geheimnisse«, 1975, 247 ff.

Aberlemno → Pikten, → Schottland

Abernethy, Vertrag (nach dem 15. Aug. 1072) zw. Kg. Wilhelm I. v. England und Kg. Malcolm III. v. Schottland. Er beinhaltete Malcolms Huldigung, die Übergabe von Geiseln und wahrscheinl. eine Vereinbarung, daß Edgar der Atheling, Malcolms Schwager und Anwärter auf den Thron Englands, Schottland verlassen würde. Wilhelm nahm ein Kriegsheer und eine Flotte mit nach Schottland, wo er mit Malcolm in A. am Tay, einem alten kgl. Sitz, zusammentraf.

G. W. S. Barrow

Lit.: R. L. G. Ritchie, The Normans in Scotland, 1954, 29-38 – The Anglo-Saxon Chronicle, ed. und übers. D. Whitelock, D. Douglas, S. I. Tucker, 1961, 154 f.

Abgaben

I. Begriffliches; Mitteleuropa – II. Westeuropa – III. Westslawen und Ungarn – IV. Litauen – V. Altrußland und Moskau – VI. Byzanz.

I. Begriffliches; Mitteleuropa. [1] *Grundlagen:* Neben den andersgearteten Leistungen des Adels und der Kirche für Kg. und Reich (→ Lehensdienst, Heerfahrt, Hoffahrt) und neben den Steuern der Stadtbürger ist es im MA in erster Linie die bäuerl. Bevölkerung, die A. und Dienste vielfältiger Art zu erbringen hat. Die Rechtsgrundlagen der A. sind sehr mannigfach, beruhen aber in ihrem Kern auf der Unterstützung, die der Geschützte *(Holde)* seinem Schutzherrn zu leisten hat. Die Beziehung zw. Herrn und Holden ist ein wechselseitiges Verhältnis: der Herr schuldet Schutz und Schirm, der Holde Hilfe (O. Brunner). Die der Hilfe entsprechenden Leistungen erscheinen in den Quellen als *Steuer, Robot* (Hand- und Spanndienste) und *Reise* (Kriegsdienst). Diese Leistungen treten zusätzl. zu den sonstigen regelmäßigen A. der Bauern.

[2] *Hauptformen:* Unendl. vielfältig sind die A. und Dienste der Bauern nach Form, Inhalt und Begründung: a) Der *Grundzins* (census), der dem Grundherrn regelmäßig als Entgelt für die Überlassung des Bodens zu entrichten war; er besteht im allgemeinen aus einem Geldzins und einer Naturalabgabe *(Gült)* von Winter- und Sommergetreide und einigen weiteren pflanzl. und tier. Produkten der bäuerl. Wirtschaft. Zum Grundzins tritt

häufig noch ein *Rekognitionszins*, der je nach der Abgabenzeit *Fastnachtshuhn, Herbsthuhn, Martinszins* usw. oder auch *Herdgeld, Rauchhuhn* oder *Wurtzins* genannt wurde. Den Grundzins ergänzten vielerorts noch Einzugsgelder oder Handänderungsgebühren, die beim Gutsantritt zu zahlen waren (laudemium, honorarium, *Erschatz, Einfahrtsgeld, Gewinngeld*) und das Einverständnis des Herrn mit dem Wechsel des Zinsgutes anzeigten. b) Der *Leibzins*, der sich auf die persönl. Unfreiheit des Hörigen gründet: Er umfaßt einen geringen Kopfzins (census capitalis, *Leibhuhn* usw.), eine Heiratsabgabe (maritagium, *Beddemund, Bumede* usw.), die vielfach nur von den hörigen Frauen erhoben wurden oder nur bei Heirat mit einer nicht zur Hofgenossenschaft gehörigen Person *(Ungenossame)*, und v.a. die Todfallabgabe (mortuarium, *Fall, Hauptrecht, Sterbfall* usw.), die beim Tode eines Leibeigenen an den Herrn zu zahlen war; meistens in Form des besten Stücks Vieh *(Hauptfall, Besthaupt)* oder des besten Gewandes *(Gewandfall, Bestkleid)*, wobei dem Herrn die Wahl zustehen konnte *(Kurmede)*. In älterer Zeit beanspruchte der Herr über den Fall hinaus auch alle Fahrhabe oder einen Teil davon *(Laß, Drittel, Buteil)*. c) Der *Zehnt (Großzehnt, Kleinzehnt, Blutzehnt)*. d) Die *Vogtei- und Gerichtsabgaben*, die dem Vogt oder Gerichtsherrn als Träger der Gerichtsgewalt zustanden; sie reichten von einem bescheidenen Schutzgeld bis zu einer Höhe der Belastung, die den grundherrl. A. gleichkamen. Neben einer geringen *Vogtgebühr* (z.B. Fastnachtshuhn) wurde von den abhängigen Bauern jährl. die *Vogtbede (Vogtgeld, Gerichtshafer, Bedekorn* usw.) eingezogen. e) Die landesherrl. Besteuerung etwa seit dem 12.Jh. (petitio, exactio, *Steuer, Bede, Schatz* usw.).

Zu diesen wichtigen A. treten noch eine Reihe weiterer Belastungen hinzu, wie A., die für die Ablösung von Frondiensten zu entrichten waren *(Dienstgeld, Fuhrgeld, Pfluggeld)*, oder A. zur Abgetung von Bannrechten auf Wald und Weide, Mühle und Backhaus. Die dargestellte Einteilung der A. täuscht jedoch eine Klarheit vor, die in der Wirklichkeit nicht bestand. Grundherrl. A. hatten sich mit den leibrechtl. A. vermischt, Dienste in A., A. in Geldzahlungen verwandelt. Hinzu kommt, daß nicht alle Bauern mit allen A. belastet waren, die sich katalogartig zusammenstellen lassen, vielmehr sich zahlreiche Auslassungen fanden, die teils mit der Rechtsstellung der Bauern und ihres Besitzes, teils mit den relativen Machtpositionen der Bauern und Grundherren zusammenhingen.

[3] *Höhe der Belastung:* Angesichts der Vielfalt der bäuerl. A. und der unterschiedl. Bodenverhältnisse ist es schwierig, die Belastungsquote der Bauern auf eine allgemeingültige numer. Formel zu bringen. Es besteht jedoch die Möglichkeit, die Belastung einzelner Bauernhöfe mit deutl. erkennbaren Einkommens- und Ausgabenverhältnissen genauer zu erfassen. K.LAMPRECHT ermittelte für den Rhein-Mosel-Raum, daß die A. im HochMA insgesamt etwa 30% des Getreiderohertrages der Höfe ausmachten. Nach Berechnungen von W. ABEL verzehrten die Getreideabgaben einer Mecklenburger Bauernhufe im SpätMA mehr als die Hälfte des Getreideertrages nach Abzug von Aussaat und Pferdefutter. Es läßt sich jedenfalls erkennen, daß viele Höfe über den schlichten Lebensunterhalt der Bauernfamilien hinaus nur wenig für schlechte Jahre (Mißernten, Viehseuchen) übrigbehielten.

[4] *Entwicklung:* Die Veränderung der A.-Verhältnisse vom Früh- bis zum SpätMA ist eng verbunden mit der allgemeinen Entwicklung der Landwirtschaft, der Agrarverfassung und den langfristigen Krisen und Konjunkturen im Agrarbereich. Die seit dem 12.Jh. zu beobachtende Auflösung der Villikationsverfassung führte zu einer wesentl. Reduzierung der herrschaftl. Eigenwirtschaft; viele Frondienste wurden in Geldrenten *(Dienstgeld, Frongeld)* abgelöst, die Besitzrechte der Bauern am Boden verbessert und viele A. fixiert. Eine fortschreitende Verdinglichung ursprgl. an der Person haftender A. trat ein, viele personale A. wurden zu Reallasten des Bodens. Die sich herausbildenden unterschiedl. Leihe- und Pachtformen des Bodens (*Erb-, Leib-* und *Zeitleihe; Teilbau*) waren nicht ohne Einfluß auf die Höhe und Art der A. Mit der Ausweitung der Geldwirtschaft seit dem 11./12.Jh. gewann die *Geldrente* gegenüber der *Naturalrente* steigende Bedeutung; die mit der Münzverschlechterung einhergehende Verminderung des Geldzinswertes kam z.T. den Bauern zugute. Angesichts der fixierten Grundzinsen waren neue Formen der A. wie *Vogtbede* und Steuer seit dem HochMA die Hauptmittel der Grund- und Gerichtsherren, um die steigende Grundrente und den vermehrten Ertrag der bäuerl. Wirtschaft abzuschöpfen. Die Agrardepression des SpätMA und die sinkenden Verkaufserlöse für Agrarprodukte führten bei gleichbleibender Abgabenbelastung zu einer erkennbaren Verschlechterung der sozialen Lage der bäuerl. Bevölkerung und verstärkten die Entstehung vieler Wüstungen.

[5] *Quellen:* Das wichtigste Quellenmaterial zur Erforschung der A. und Dienste des FrühMA gewähren in erster Linie die Urkunden, Traditionen und frühen *Urbare;* für das hohe und späte MA stehen v. a. *Rödel, Urbare, Sal-, Zins-* und *Rechnungsbücher* der Grund-, Gerichts- und Landesherrschaften zur Verfügung. Seit dem späteren MA bieten *Weistümer* und *Hofrechte* eine reiche Fundgrube für die Kenntnis bäuerl. A. und Leistungen.

W. Rösener

Lit.: K.LAMPRECHT, Dt. Wirtschaftsleben im MA, 3 Bde, 1885/86 – TH.MAYER, Adel und Bauern im dt. Staat des MA, 1943 – PH.DOLLINGER, L'évolution des classes rurales en Bavière, 1949 – W. MÜLLER, Die A. von Todes wegen in der Abtei St. Gallen, 1961 – W. MÜLLER, Entwicklung und Spätformen der Leibeigenschaft, 1974 – F. LÜTGE, Gesch. der dt. Agrarverfassung, 1967² – W. ABEL, Gesch. der dt. Landwirtschaft, 1967² – O.BRUNNER, Land und Herrschaft, 1973⁵ – W. ABEL, Die Wüstungen des ausgehenden MA, 1976².

II. WESTEUROPA. [1] *Recht:* In ihren verschiedenen Formen bestätigten die A. das Recht, das dem Eigentümer aus seinem Besitz erwächst; sie erlaubten ihm die Ausübung der grundherrl. Gerichtsbarkeit (cognitio fundi), die Pfändung bei Zahlungsverzug, wobei die Rückgewinnung sich einzig auf bewegl. und unbewegl. Güter bezog; dagegen besaß der Nutznießer das ius utendi et fruendi und die Möglichkeit, sich auf das Gewohnheitsrecht oder die geschriebene convenientia zu berufen. Um Mißbrauch zu vermeiden, nahm die Anerkennung des Eigentumsrechts nach dem 13.Jh. die Form einer Rekognition seitens des *Preneur* an und verpflichtete umgekehrt den *Prestateur*, eventuelle schriftl. Beweise für seine Rechte zu erbringen (Cout. de Paris, art. 124). Als Gegenleistung für die Stärkung der rechtl. Garantien wurde eine zunehmende Lockerung des Verhältnisses zw. dem Wert des Kapitals und der Höhe der geforderten Leistung vorgenommen; diese Entwicklung zog dann nach dem 16.Jh. eine Abwertung der realen A. und die Aufwertung der personalen A. nach sich.

[2] *Arten der A.:* Die A. konnten die Gegenleistung für Überlassung eines Besitzes zu dessen Nutznießung oder Bewirtschaftung sein; es handelte sich dann entweder um Besitzwechselabgaben (Verkaufsgebühren an den Feudalherrn, *quint* und *requint*, Lehnsgebühr) oder um eine Pacht-

gebühr (Grundzins, Naturalabgaben, Kehrzehnt, Ackerzehnt usw.). Sie kann auch eine partielle oder eine totale Veräußerung bedeuten, entweder von Einnahmen aus einem Gut (Renten, Zehnten, Mahlgeld, Backgeld und bestimmte oder unbestimmte Banngebühren) oder einer leibl. Person (A. für herrschaftl. Schutz, *Taille*, sog. »Hilfen«, Herdgeld, Lehnsteuer, Todfall, sog. *Formariage*, d.h. Heiratsabgabe, Kopfzins *(chevage)*, je nach dem sozialen Status des einzelnen).

Die A. waren meist von einem einzelnen oder von einem Familienverband zu entrichten (gewöhnl. Steuern, herrschaftl. Lasten, kirchl. A.); nach dem 12. Jh. wurden die A. jedoch der gesamten Gemeinde auferlegt und ihre Entrichtung unter den Beteiligten nach Übereinkunft aufgeteilt (Beherbergung, Herdsteuern, Requisitionen, Pauschalsummen nach Absprache mit dem Grundherrn). Die A. waren in der Regel »erträglich«. Normalerweise wurden die A. als naturgegeben und unumgängl. angesehen, d.h. als eine Pflicht (vectigal, consuetudo, iugum) oder als gerechtfertigte Forderung (*Bede, Queste*), ihre Erhöhung (incrementum census, überhöhter Zins) wurde jedoch als Mißbrauch betrachtet (*Tonte*, exactio, *Tolta*, malae consuetudines); die Festlegung der A. wurde dann zu einer Notwendigkeit. Pauschalsummen sind in Erbzinsregistern sowie in Gewohnheitsrechten *(Coutumiers)* bzw. in den *Weistümern* verzeichnet. Die Zahlung der A. erfolgte zu festgesetzten Daten, sei es nach Brauch und Möglichkeit (nach der Ernte) oder nach den Bedingungen der Pacht in drei oder vier Terminen; sie wurden in Geld oder in Naturalien entrichtet mit einem bestimmten Anteil oder proportional der erzielten Einkünfte. Es scheint unmögl., die Kriterien zu bestimmen, die die Wahl des einen oder des anderen Systems begründet haben, mindestens nach dem Vordringen des Geldes auf dem Lande (Ende 11.Jh.). Folgende Entwicklung kann angenommen werden: in den alten Grundherrschaften der Übergang zum »Zins« in Geldform nach einer gemischten Phase von A. in Geld und Naturalien; in den Rodungsgebieten (11.-13.Jh.) Zahlung in Naturalien proportional (bis ins 14. und 15.Jh. durch *metayage* [Teilbau], *mezzadria*), oft aber auch genau bestimmte Zahlungen in Naturalien *(terrage)*, bes. was Viehpacht *(Gasaille)* oder Anteil aus Kulturen *(complant)* betrifft; die Pachtsummen kombinierten oft Geld und Naturalzins. R. Fossier

Lit.: La tenure, Rec. soc. J.Bodin 3, 1938 – H. CONRAD, Dt. Rechtsgesch. I, 1954 – P. OURLIAC und J. DE MALAFOSSE, Hist. du droit privé, 1969-71³.

III. WESTSLAWEN UND UNGARN: Die A. und Dienste der Bevölkerung für den Fs.en in westslaw. Ländern und in Ungarn haben sich aus den Verpflichtungen der Stammesgenossen für gemeinsame Zwecke entwickelt. Ihre Teilnahme an Landesverteidigung, Burgenbau, ihre A. in Getreide und Schlachtvieh wurden in den sich gestaltenden größeren Staaten seit dem 9.-10.Jh. von den Fs.en zu einem komplizierten System des *fürstlichen Rechts* entwickelt. Die ganze Bevölkerung (mit Ausnahme der Sklaven) wurde dem Fs.en (zuerst als Repräsentanten des Stammes, dann – nach der Annahme des Christentums – als Vollzieher des Willens Gottes) zu den Diensten und A. verpflichtet. Ihr größter Teil zahlte traditionelle, aber vermehrte A., die unter verschiedenen Benennungen in den Urkunden erwähnt werden; dieselben A. erscheinen in verschiedenen Ländern und Landesteilen oft unter anderen Namen. Zu den wichtigsten gehörte eine Getreideabgabe, die bei vielen slaw. Stämmen unter der Bezeichnung *osep, sep, wozzop* aufgetaucht, aber auch nach der Besteuerungseinheit *powołowe* ('Ochsenabgabe'), *poradlne* ('Hakenabgabe') oder *podymne* ('Herdabgabe') benannt wird. Eine große Rolle spielte eine A. in Schlachtvieh, meistens mit dem bisher nicht genügend erklärten Terminus *narzaz (naŕaz)* bezeichnet; es ist mögl., daß auch *podworowe* (Hofabgabe) dieselbe oder eine ähnl. A. bezeichnet. Eine nicht geringe Bedeutung für den Fs.en hatten auch die unterschiedl. genannten A. in Honig, Wachs und Tierfellen. Unter den Pflichten der Bevölkerung wurde Bewirtung des Fs.en, seiner Diener und Beamten (descensus in Ungarn, statio, *stan, nocleh, goztitua*) als bes. bedrückend empfunden, zumal diese Pflicht auch Beherbergung niederer Beamten und Gäste umfaßte. Im 12.Jh. wurde sie teilweise in eine Getreide-, Vieh- oder Geldabgabe umgewandelt; einige Bevölkerungsgruppen wurden von der statio befreit, umso mehr mußte der Rest daran leiden; gänzl. jedoch wurde sie nie abgeschafft: sogar Adlige mußten den Fs.en unter bes. Umständen bewirten. Auch Militärpflichten wurden im 12.Jh. teilweise in A. umgewandelt, wie z.B. custodia – *stróża* (Burgenbewachung) in Polen.

Für die Bedürfnisse des wachsenden Staatsapparates wurden seit dem 10.Jh. in Böhmen, Polen und Ungarn die fsl. Dienste und A. zu einem autarken Wirtschaftssystem, das die mangelnden Marktbeziehungen ersetzen sollte, ausgebaut. Aus der Bevölkerung wurde eine Gruppe der Dienstleute (ministeriales, in Ungarn *udvornici*) ausgesondert, die von den übl. Diensten und A. befreit, aber dafür mit bes. Diensten und mit der Pflicht der Erzeugung der von dem Fs.en benötigten Produkte belastet wurde. Die ministeriales bildeten unterschiedl. Dienstgruppen: einige leisteten Dienste bei den fsl. Höfen und Burgen (Köche, Bäcker, Kämmerer, Tafeldiener, Bierbrauer, Weinbauern, Stallknechte usw.) oder bei den fsl. Eigenkirchen (sanctuarii); andere dienten bei der Jagd (Schützen, Falkenjäger, Hundezüchter) oder schützten fsl. Herden (Schäfer, Viehhirten, Schweinehirten, Pferdezüchter). Viele Dienstleute führten dem Fs.en handwerkl. Erzeugnisse in breiter Spezialisierung zu: von den Erzgräbern, Salzsiedern, Schmieden, Töpfern, Radmachern über die Schiffbauer, Wagen- und Schlittenmacher bis zu den Goldschmieden, Teppichmachern, Seifenköchen und zu den militär. wichtigen Produzenten wie Helmschmieden, Pfeilspitzenmachern, Schildemachern, Kampfgiftmachern. In Ungarn entfiel allein auf Schmiede und Waffenhersteller ein gutes Viertel der Dienstsiedlungen. Die Spezialisierung ging so weit, daß z.B. in Polen eine bes. Gruppe der Zeltaufschlager (perticarii), in Böhmen eine der Spielleute (iaculatores), in Ungarn sogar campanarii (Glockenschläger?) existierten. Die Dienstleute lebten hauptsächl. in spezialisierten Gruppen zusammen, gewöhnl. in der Nähe einer fsl. Burg. Ihre Spuren sind die teilweise bis heute erhaltenen Ortsnamen. Die ministeriales waren gewöhnl. keine spezialisierten Handwerker: ihre Hauptbeschäftigung war der Ackerbau. Sie verschwanden mit der Entwicklung des Marktes und des Angebots an spezialisierten Erzeugnissen der Berufshandwerker.

Neben den Dienstleuten existierten weitere gesonderte Bevölkerungsgruppen, die bes. Aufgaben gegenüber dem Staat hatten und von gewöhnl. Diensten und A. befreit waren: z.B. Grenzwachen (ör ['Wache'], lö, lövö ['Schütze'] in Ungarn, *stróże* in Polen, *chody* in Böhmen). In Ungarn entrichteten die Grenzwächter dem Kg. einen Pferdetribut. Die Székler in Siebenbürgen lösten den Pferdetribut, den sie regelmäßig zur Krönung und Hochzeit des Kg.s wie zur Geburt des Thronfolgers leisteten, später durch eine Ochsensteuer ab. Freil. blieb das die einzige A., die sie dem Kg. leisteten. Denn – so noch Bonfini im 15. Jh. – »die Székler lieben ihre Freiheit so, daß sie eher bereit sind zu sterben als Steuern zu zahlen«. Eine bes. privilegierte Gruppe bildeten die Krieger (milites), welche als kleine Grundbesitzer, die ihre Felder selbst bewirtschafteten, von dem späteren Rittertum zu unterscheiden sind. Außer dem Kriegs-, Geleit- und Botendienst und geringen A. waren sie von anderen Pflichten gegenüber dem Fs.en frei. In Ungarn gewährte die »Goldene Bulle« von 1222 der kleinadligen Schicht der servientes regis weitgehende Steuerfreiheit.

Die fsl. A. waren in den Kastellaneiburgen abzuliefern und wurden hier verteilt. Ein Zehntel aller A. diente dem Unterhalt der Kirche: in der ersten chr. Periode, vor der Einführung des allgemeinen Zehnten, bildete dies die wichtigste wirtschaftl. Grundlage der kirchl. Organisation. Seit dem 11. Jh. ging die Kirche stufenweise zur Einführung des Zehnten als A. der Bevölkerung über: zuerst als Pauschalzehnt (bei den NW-Slawen *biscopouniza* gen.), dann als Garbenzehnt, obwohl in weniger entwickelten Gebieten der Pauschalzehnte noch im 13. Jh. existierte. Die fsl. A. bildeten die Grundlage für den Ausbau des Staates und des Staatsapparates. Die Höhe der kgl. Einkünfte war schon im 12. Jh. beträchtlich. So bezog Kg. Béla III. v. Ungarn (1173–96) jährl. über 106.000 Mark Silber und verfügte mithin über Einnahmen, die denen der Kg.e v. England und Frankreich nicht nachstanden. Ein großer Teil (wahrscheinl. wie in Ungarn ein Drittel) blieb bei der Kastellanei und wurde dort unter dem Kastellan, seinen Hilfsbeamten und der Burgbesatzung geteilt. Der Rest kam (vielleicht über die Provinzialverwaltung, die auch einen Teil einbehalten konnte) an den fsl. Hof, wo er zum Unterhalt des Hofes und des militär. Gefolges (*družyna*) diente. Das Abgabensystem des ›fürstlichen Rechtes‹ war also wenig effizient: es kam mehr dem Beamtenadel als dem Fs.en und dem Staat zugute. So erklärt es sich, daß der adlige Grundbesitz bis zum Ende des 12. Jh. eher klein und als Grundlage der Macht nicht bedeutend war; der Adel gründete seine Macht auf die Ämter und ihre Einkünfte. Ab dem 12. Jh. begannen die Fs.en, seit alters im Besitz der Regalien, auch eigene Gutswirtschaften auszubauen. Der fsl. Landesausbau durch Erschließung und Besiedlung mit freien Gästen, die von gewöhnl. A. befreit wurden, die Einführung des dt. Rechts bedeuteten nicht nur Verbesserung der fsl. Finanzen, sondern auch die Auflösung des überholten Systems des ›fürstlichen Rechtes‹.

B. Zientara/H. Göckenjan

Lit.: J. Pošvář, Daňova a jiná břemena u polabsko-pobaltských Slovanů (A. und andere Lasten bei den Elb- und Ostseeslawen), »Právněhistorické studie« 1, 1955 – K. Buczek, Książęca ludność służebna w Polsce wczesnofeudalnej (Die fsl. Dienstbevölkerung im frühfeudalen Polen), 1958 – K. Modzelewski, La division autarchique du travail à l'echelle d'un Etat: l'organisation ministériale en Pologne médiévale, Annales ESC 19, 1964 – B. Krzemieńska, D. Třeštík, Zur Problematik der Dienstleute im frühma. Böhmen, Siedlung und Verfassung Böhmens in der Frühzeit, hg. H. Ludat, F. Graus, 1967 – K. Buczek, Z badań nad organizacją gospodarki w Polsce wczesnofeudalnej do początku XIV wieku (Zur Forsch. über die Wirtschaftsorganisation im frühfeudalen Polen bis zum Anfang des 14. Jh.), Kwartalnik Historii Kultury Materialnej 17, 1969 – M. Kučera, Anm. zur Dienstorganisation im frühma. Ungarn, Sborník Filozofickej fakulty Univerzty Komenského, Historica 21, 1970 – G. Heckenast, Fejedelni (királyi) szolgálópépek a korai Árpád-Korban, 1970 – O. Kossmann, Polen im MA, Beitr. zur Sozial- und Verfassungsgesch., 1971 – K. Buczek, O chłopach w Polsce piastowskiej (Über die Bauern in Polen zur Piastenzeit), Roczniki Historyczne 40, 1974; 41, 1975 – K. Modzelewski, Organizacja gospodarcza państwa piastowskiego X–XIII w. (Wirtschaftl. Organisation des Piastenstaates 10.–13. Jh.), 1975 – Ders., The System of the Ius Ducale and the Idea of Feudalism, Quaestiones Medii Aevi 1, 1977.

IV. Litauen: Von den A. und Lasten der bäuerl. Bevölkerung in Litauen vor dem 14. Jh. ist fast nichts bekannt; sicherl. gab es weder eine allgemeine Landessteuer noch auf ein bestimmtes Ackermaß bezogene, gemessene A. Sofern aus dem 14. Jh. Nachrichten über Ablieferungspflicht höriger, halbhöriger oder freier Bauern vorliegen, wurden sie von Fall zu Fall festgesetzt und auf Ackergeräte (Pflug, Egge, Sense), auf die Anzahl der Zugtiere, den Feuerherd usw. bezogen. Allmähl. setzte sich die Herdstelle (*dym*, 'Rauchfang') als Berechnungseinheit, zuerst in Hochlitauen (→Aukštaiten) durch und war Anfang des 15. Jh. allgemein Grundlage sämtl. Arten von A. Daneben gab es schon im 14. Jh. eine andere Einheit, den Dienst (*služba*), der mit dem Rauchfang nicht übereinstimmte; ein *voller Dienst (polnaja služba)* konnte bis zu vier Rauchfängen umfassen. Da ein einheitl. Maß bei Berechnung der A. fehlte, waren diese sehr ungleich und lokal verschieden. Sie bestanden zunächst in Naturalien aller Art: in einem Getreidezins von Hafer, Roggen oder Heu (*dzaklo*), in Honig und Wachs, in Fischen und Fellen (Marder, Biber, Eichhörnchen); erst seit Beginn des 15. Jh. kamen, zuerst nur gelegentl., Geldzinse (in der altweißruss. Kanzleisprache des Gfsm.s Litauen *serebrenaja dan*-'Silberabgabe' oder poln. *srzebrzyzna* gen. und vom Ackerland entrichtet) auf. Als seit 1387 der Adel verstärkt zum Dienst für den Landesherrn herangezogen wurde, wuchsen die A. Gfs. Witwot, der zahlreiche Dienstgüter zu erbl. Eigen austat oder bestätigte, bewirkte damit eine Erhöhung der bäuerl. A. Unter ihm und seinen Nachfolgern begann der Dienst (*služba tjaglaja*) den freien Zins (*dan*) zu überwiegen. Die Steigerung der Getreidepreise in W-Europa und die Vergetreidung Polens wirkten sich seit dem Beginn des 16. Jh. auch in Litauen aus, brachten die Einführung eines einheitl. Landmaßes, der Hufe, und eine Strukturveränderung in den A. mit sich. M. Hellmann

Lit.: H. Łowmiański, Studja nad początkami społeczeństwa i państwa Litewskiego (Stud. zu den Anfängen der Ges. und des Staates in Litauen), 1931–32 – Z. Ivinskis, Gesch. des Bauernstandes in Litauen, 1933 – J. Ochmański, Historia Litwy (Gesch. Litauens), 1967 – R. Volkaité-Kulikauskiené, Lietuviai IX–XII amžiais (Die Litauer vom 9.–12. Jh.), 1970.

V. Altrussland und Moskau [1] *Kiever Periode:* Im 10. Jh. zogen die Fs.en v. Kiev auf jährl. Umritten von ihren Untertanen offenbar an festen Sammelplätzen (*pogosty*) persönl. Tribut (*dan'*) ein (Abgabensystem des *Poljud'e*). Delegierung der Steuererhebung an Amtsträger des Fs.en fand sich spätestens seit dem 13. Jh. innerhalb des Verwaltungssystems des →*Kormlen'e*. An die Stelle der Blutrache trat eine Bußtaxe (Wergeld = *vira*). Lasten abhängig gewordener Bauern zugunsten ihrer Herren sind seit dem 12. Jh. belegt.

[2] *Mongolenherrschaft und Moskauer Periode* (1240 bis zum Beginn des 16. Jh.): Bis 1480 erhob die Goldene Horde einen Silbertribut (*vychod*) – seit Ende 13. Jh. mittels des jeweiligen Gfs.en, der einen Teil des Tributs als dan' für sich einbehielt. Mit der Konsolidierung des Steuersystems seit Mitte 16. Jh. wurde dan' zur Sammelbezeichnung für alle direkten Steuern. Sammelbezeichnung für staatl. Lasten war im 16./17. Jh. das *tjaglo*. C. Goehrke

Lit.: G. V. Abramovič, Gosud. povinnosti vlad. krest'jan Severo-Zapadnoj Rusi v XVI-pervoj četverti XVII v., Istorija SSSR 1972, H. 3, 65–84.

VI. Byzanz: Der Begriff, der oft synonym mit Steuer, Leistung, Belastung, Lasten, Auflagen, Fron verwendet wird, ist nach dem leider sehr unscharfen Sprachgebrauch der Fachliteratur für den Bereich des byz. Staates zu definieren als Sammelbegriff für alle Geld-, Natural- und

Arbeitsleistungen, welche die im Machtbereich des byz. Ksr.s Lebenden an Kirche, Kl.er, Staat und privilegierte Einzelpersonen abzuführen hatten.

[1] *Kirchl. Abgaben:* Wer in den Klerus der »Großen Kirche« (Hagia Sophia) in Konstantinopel eintrat, hatte ein Eintrittsgeld zu entrichten. Seit dem 11.Jh. sind die A. der Laien an den Bf. (sog. *Kanonikon*) gesetzl. festgelegt. Für ein Dorf mit zehn Familien betrug sie z.B. fünf Silbermünzen, ein Schaf, zwei Modioi (ein Modios betrug etwa 13 kg) Weizen, zwei Modioi Wein, zwei Modioi Gerste und zehn Stück Federvieh (DÖLGER, Reg.Nr. 944, anno 1057-59). Das Nebeneinander von Geld- und Naturalleistung ist für das byz. Abgabenwesen typisch. Seit dem 13.Jh. herrscht die Tendenz vor, Naturalleistungen mit Geld abzugelten (Adaeratio). Der Ortsgeistliche empfängt an den Gedächtnistagen der Hl.n und der Verstorbenen nach Ortsbrauch Naturalien, sog. *Kaniskia* ('Körbchen'; adaeriert. *Antikaniskia*), ein Ausdruck, der auch beim bäuerl. Abgabenwesen begegnet. Die Oblationen wie auch die Stolgebühren für kirchl. Handlungen sind in Byzanz im Gegensatz zum W nicht allgemeingültig festgelegt; auch die von der Kirche immer wieder geforderte allgemeine Zehntpflicht konnte sich nicht durchsetzen.

[2] *Abgaben an den Staat:* Der Handel wird mit verschiedenen Zöllen (→Zoll) belegt. Neben den immer wieder verbotenen, aber nie ausgemerzten Zahlungen für Ämter und Würden und den niedrigeren Ernennungsgebühren tritt seit dem 9.Jh. die abgestufte Hinterlegung hoher Geldsummen für Ämter und Würden, wofür jährl. eine staatl. Rente *(Rhoga)* (normal 2,4-3,5% der Einzahlung) zurückgezahlt wurde. Die oft durch Gewohnheit sanktionierten Gebühren für Leistungen von Beamten nehmen seit dem 2.Jh., wie die Papyri aus Ägypten zeigen, bis zum Ende des byz. Reiches so zu, daß im 11.Jh. bereits die Klage laut wurde, die Gebühren und Nebensteuern überstiegen die Hauptsteuern um ein Vielfaches. Wichtigste Gebühren sind die *Gerichtssporteln* (das Büropersonal bekommt im 10.Jh. abgestuft 1,3-16% des Streitwertes); Sporteln für Einziehung der Steuern (Anfang des 12.Jh. beträgt die Gebühr für den Steuereinnehmer 8,4% der Hauptsteuer); Abgabe für die Reisemühe (4,2% der Hauptsteuer); Vermessungsgebühren; Gebühren für Urkundenausfertigung und vieles andere. In der agrar. geprägten Wirtschaft von Byzanz sind die Leistungen an den Staat aus der Landwirtschaft die wichtigste Einnahmequelle: a) die Grundsteuer (ungefähr 4% des Bodenwertes) (→Steuer), in der die aus der spätantiken →Annonasteuer abgeleitete Synoné und die Kopfsteuer mitenthalten war. b) Je nach Gegend Abgaben für Nutzung von Wald, Weide, Wasser und Wege. c) Nebenleistungen: v. a. Mithilfe am staatl. Straßen-, Brücken- und Burgenbau, Verpflegung von durchziehendem Heer und Beamten. Durch Sondermaßnahmen (→Allelengyon; →Steuern) suchte der Staat das Steueraufkommen konstant zu halten.

[3] *Abgaben an den Grundherrn:* Pächter und an den Boden gebundene Bauern *(Paroiken)*, die im Kataster des Grundbesitzers eingetragen waren, und für die der Grundherr, nicht der Staat die Steuern eintrieb (diese Einrichtung tritt zum ersten Male im 5.Jh. in Ägypten als *Autopragie* auf), leisten zusätzl. zu den staatl. Belastungen den Zehnten der Ernte, eine Maßnahme, die auch als Eigentumsnachweis diente. Dieser Zehnte, der bei der Aufzählung der Paroikenabgaben merkwürdigerweise sehr selten auftritt, dürfte in den ortsübl., häufiger erwähnten Kaniskia enthalten sein, die an hohen Feiertagen zu entrichten waren. Hinzu kamen nach örtl. Brauch verschiedene Hand- und Spanndienste (Angareiai), die auch mit Geld abgegolten werden konnten. Mit Sicherheit wurden auf Pächter und Paroiken auch die staatl. Nebenleistungen (s.o.) vom Grundherrn abgewälzt, falls dieser nicht durch Immunität *(Exkusseia)* befreit war. Allgemeine Beobachtungen, wie die seit dem 4.Jh. in Italien und Ägypten durch die ganze byz. Geschichte hindurch sich zeigende Steuerflucht der Bauern, und neueste, freil. noch stark hypothet. Berechnungen (SVORONOS) lassen den sicheren Schluß zu, daß viele Bauern in Byzanz durch die mannigfachen Abgaben am Rande des Existenzminimums lebten. S. a. Zehnt, Zoll, Zins.   G. Weiß

Lit.: E. HERMAN, Das bfl. Abgabewesen im Patriarchat von Konstantinopel vom XI. bis zur Mitte des XIX. Jh., Orientalia Christiana Periodica 5, 1939, 434-513 – DERS., Die kirchl. Einkünfte des byz. Niederklerus, Orientalia Christiana Periodica 8, 1942, 378-442 – F. DÖLGER, Aus den Schatzkammern des Heiligen Berges, 1948 – OSTROGORSKY, Féodalité, 259ff. – H.-F. SCHMID, Byz. Zehntwesen, JÖB 6, 1957, 45-110 – F. DÖLGER, Beitr. zur Gesch. der byz. Finanzverwaltung bes. des 10. und 11.Jh., 1960² – DERS., Zum Gebührenwesen der Byzantiner, Byzanz und die europ. Staatenwelt, 1964, 232-260 – P. LEMERLE, »Roga« et rente d'état aux Xe-XIe siècles, RevByz 25, 1967, 77-100 – N. OIKONOMIDES, Actes de Dionysiou, 1968, 104 – N. SVORONOS, Remarques sur les structures économiques de l'empire byzantin au XIe siècle, Travaux et Mémoires 6, 1976, 49-67.

Abgar (Pseudo-A.). Nach Eusebius (hist. eccl. I, 13) wurde in Edessa ein Briefwechsel zw. Jesus Christus und dem Fs.en Abgar V. Ukānā (4 v. Chr.-7 n. Chr. (?) und 13-50 n. Chr.) in syr. Sprache aufbewahrt, in dem der unheilbar kranke Abgar den wundertätigen Erlöser aus Jerusalem zu sich ruft und um Heilung bittet. Dieser antwortet, er müsse sein Geschick in Palästina vollenden, werde ihm aber nach seiner Himmelfahrt einen seiner Jünger senden. Der versprochene Jünger war nach der Legende der vom Apostel Thomas geschickte Thaddaeus. Die beiden Briefe sind im →»Decretum Gelasianum« für apokryph erklärt. Die Legende, die um 300 (jedenfalls einige Zeit nach 260, vgl. DEVOS) entstanden sein dürfte, gelangte in verschiedenen Formen (als wichtiges neues Motiv kam schon früh hinzu die Überlieferung von einem Bild Christi, das Edessa Schutz gegen alle Feinde garantierte) und auf mehreren Wegen (vgl. »Peregrinatio Egeriae«, cap. 17-19) ins Abendland. Sie hat u.a. im Bilderstreit des 8./9.Jh. (vg. »Libri Carolini«) eine Rolle gespielt. Von entscheidender Bedeutung für ihr vielfältiges Nachleben im lat. MA und in den Nationalliteraturen waren der erwähnte Bericht des Eusebius in Rufins lat. Übersetzung (403) und später v. a. die »Legenda aurea« (cap. 5 und 159).   F. Rädle

Lit.: LThK¹ I, 43 – RAC IV, 552-597 bes. 588-593 – E. v. DOBSCHÜTZ, Christusbilder I-II, 1899; I, 102-196 und 158*-248*; II, 130*-156* – HENNECKE-SCHNEEMELCHER I, 325-329 – P. DEVOS, Égérie à Édesse. S. Thomas l'Apôtre. Le Roi Abgar, AnalBoll 85, 1967, 381-400 – J. B. SEGAL, Edessa 'the Blessed City', 1970, 62-80 (vgl. auch AnalBoll 90, 1972, 430-433).

Abgarbild → Mandylion

Abgesang ist in Minne-, Spruchliedern usw. der zweite, dem *Aufgesang* (*Stollen* und *Gegenstollen*) folgende Teil der schon im HochMA verbreiteten *Kanzonenstrophe* (*Barform* in Fehlprägung R. Wagners, von der Musikwissenschaft übernommen, →Bar). Das Formprinzip ist dasjenige von Parallelität und Gegensatz, das von der Antike (*Strophe, Antistrophe, Epodos*) bis zur Gegenwart wirksam blieb; Ableitung von der Hymne erübrigt sich. Der A. ist sehr selten kürzer als ein Stollen, häufig umfangreicher als der Aufgesang, von welchem er sich in Melodie und Reimfolge, nicht immer in der Versgestalt unterscheidet. Sicherheit für (stolligen) Aufgesang gibt bei Fehlen der Melodie die Wiederholung von Verslängen und -kadenzen. Unter sehr vielen Modifikationen der Strophe hat Realisierung eines

(dritten) Stollens nach dem A. eigene Bedeutung. Schlichte Abfolge beider Hauptteile blieb für organisierte →Singschulen weithin verbindl. Vgl. a. Vers- und Strophenbau.
Ch. Petzsch

Lit.: K. GUDEWILL, Bar, Barform, MGG I - O. PAUL-I. GLIER, Dt. Metrik, 1974⁹, 86-89.

Abgeschiedenheit, Grundbegriff der dt. Dominikanermystik des 13. und 14. Jh. (lat. Entsprechung: separatio). Meister Eckhart nennt unter den vier Hauptthemen seiner Predigt die A. an erster Stelle: »Swenne ich predige, sô pflige ich ze sprechene von abegescheidenheit und daz der mensche ledic werde sîn selbes und aller dinge« (DW II 528, 5 f.). A. ist aber nicht nur im myst. und eth. Sinne als Abkehr vom Ich und den Einzeldingen zu verstehen, sondern auch metaphys.: im Blick auf die platon.-augustin. Grundunterscheidung zw. dem schlechthinnigen Sein Gottes (esse simpliciter) und dem partikulären Sein der Geschöpfe (esse hoc et hoc). Der zur A. gelangte Mensch, der sich von allem »diz und daz«, von allem »hoc et hoc« befreit hat, ist mit dem von Einzelsein geschiedenen Sein selbst und dadurch mit Gott vereint. Vgl. auch Johannes von Sterngassen, Heinrich Seuse, Johannes Tauler, Mystik.
K. Albert

Lit.: TH. STEINBÜCHEL, Mensch und Gott in Frömmigkeit und Ethos der dt. Mystik, 1952 - B. WELTE, Meister Eckart als Aristoteliker, PhJ 69, 1961, 64-74 - J. QUINT, Meister Eckharts Traktate, 1963 [DW V 377-468] - K. ALBERT, Meister Eckharts These vom Sein, 1976, 258 ff.

Abhängling → Gewölbe

Abidelas, Michael. Über die biograph. Daten des ersten byz. Katepans für Italien ist nichts bekannt. Nach dem Bericht des Chron. Salern. (cap. 173), in dem die Namensform Abdila lautet, erlitt er im Frühjahr 970 vor Ascoli eine schwere Niederlage gegen das Heer Ottos I., konnte jedoch nach Bari entkommen, von wo aus er im Sommer 970 den aus byz. Gefangenschaft entlassenen Pandulf Eisenkopf ehrenvoll zum Ks. geleiten ließ. Eine Urkunde seines Nachfolgers von 975 überliefert den vollen Titel *patrikios kai katepano tes Italias* (F. Trinchera, Syllabus gr. membranarum, 1865, 5 f. Nr. 7).
H. Enzensberger

Lit.: V. v. FALKENHAUSEN, Unters. über die byz. Herrschaft in S-Italien vom 9. bis ins 11. Jh., 1967, 34, 39, 45, 83, 167.

Abingdon, ca 675 gegr., vielleicht als Doppelkloster von Cissa subregulus. Bis zum 10. Jh. war der größte Teil seines Grundbesitzes an die Krone übergegangen. Neugegr. ca. 954 durch Kg. Eadred mit St. Aethelwold als Abt, wurde A. zur Quelle, aus der Mönche und Äbte für Aethelwolds reformierte Häuser hervorgingen, sowie zahlreiche Bf.e. Das Kl. wurde von Abt Faritius (1100-17) neu erbaut und neu organisiert. 1100 waren es 28 Mönche, 78 i. J. 1117 und im 15. und 16. Jh. 30-35. Das Kl. wurde am 9. Febr. 1538 aufgelöst.
N. P. Brooks

Lit.: D. KNOWLES, The Monastic Order in England, 1966² - M. BIDDLE u.a., MArch. 12, 1968, 26-69.

Abinger, Surrey, als typ. Kleinburg des engl. Landadels →Motte des 11. Jh. mit kon. Erdkegel und Graben. Darauf randl. Palisade und viereckiger Holzturm, hier nicht als Wohnung. Über dem Wassergraben eine gestelzte Holzbrücke. Das dazu gehörende *Manorhouse* abgesetzt. Die Distanz zwischen Motte und Hof auch in O-Deutschland häufig; regelhaft der Hof sonst in der Vorburg.
H. Hinz

Lit.: B. H. TAYLOR, The norman motte at Abinger, Surrey, and its wooden castle, R. L. S. BRUCE-MITFORD, Recent archeological excavations in Britain, 1956, 233 ff.

Abito → Gewand

Abkürzungen beruhen im MA hauptsächl. auf den in der Antike entwickelten Prinzipien der *Suspension* - die nur den Anfang, im Extremfall allein die Initiale (litterae singulares) eines Wortes beläßt und die weggefallenen Buchstaben mit Punkt, einfacher Überstreichung, Überschreibung, Durchkreuzung oder tachygraph. Symbolen andeutet - und der *Kontraktion* - bei der Anfang und Ende des Wortes bleiben, ein darübergezogener Strich jedoch den weggefallenen Mittelteil ersetzt. Die Zahl der im gr. wie im lat. Bereich. bes. auf epigraph. Denkmälern und in jurist. Texten verwendeten sowie auch in alphabet. Abkürzungsverzeichnissen überlieferten Suspensionen ist allmähl. derart angewachsen, daß der Gebrauch der notae iuris zuletzt 535 verboten wurde; dennoch haben sich solche, die Grundlage des röm. Kürzungssystems bildende Suspensionen über das *insulare Schriftwesen* ins MA gerettet. Der Ursprung der Kontraktionen ist ungeklärt; die neue Forschung (z. B. PAAP) sieht ihn nicht ausschließl. in den Nomina Sacra, die nach TRAUBE auf das hebr. Tetragramm für den nicht auszusprechenden Gottesnamen *Jahwe* zurückzuführen sind; für die Festigung und den Ausbau der im MA vorherrschenden Kontraktionen dürften aber doch die seit dem 2. Jh. bes. in jüd.-chr. Kreisen (etwa Alexandriens) immer häufiger benützten Nomina Sacra ($\overline{\Theta C}$ θεός; $\overline{IC}$ Ἰησοῦς; $\overline{KC}$ Κύριος usw.) entscheidend geworden sein, die über die chr. Lit. ins Lat. eingingen ($\overline{DS}$ Deus, $\overline{DMS}/\overline{DNS}$ dominus, $\overline{SPS}$ spiritus, $\overline{SCS}$ sanctus usw.; mit gr. Lettern im MA: $\overline{IHC}/\overline{IHS}$ Iesus, $\overline{XPC}/\overline{XPS}$ Christus) und deren Bildungsprinzip auf profane Wörter ausgedehnt wurde (z. B. $\overline{N}$ non, $\overline{NR}$, usprgl. $\overline{N}$ noster).

Die einzelnen frühma. Schriftprovinzen (vgl. CLA) haben neben übernommenen röm. A. eigene entwickelt und diese, sofern die ihnen zugrunde liegende Schrift nicht von der *karol. Minuskel* abgelöst wurde, fast unverändert bis ins 12. Jh. beibehalten. Für das *ir. Schriftwesen* ist charakterist., daß es sowohl auf *Tironischen Noten* beruhende Ligaturen als A. (z. B. ħ autem, ə eius, ꝯ enim, ⁊ est, ⁊ et) wie auch übergeschriebene Buchstaben (g̊ ergo, m̊ mihi, n̊ nisi, p̊ per usw.) oder monogrammat. Bildungen (z. B. ψalmus psalmus) verwendet hat. Im *ags. Schriftwesen* kommt neben ir. ꞇ die A. ꞇ/ für -tur vor. Unter den *span. A.*, die allgemein einen großen Bestand an Konsonanten bewahren, sind bezeichnend $\overline{nsr}$ noster, p̊ per sowie Kürzungsstrich mit darübergesetztem Punkt (später auch zwei Punkte) für ausgefallenes n. Die ausgleichend wirkende *karol. Minuskelschrift* gab um der Klarheit willen viele A. auf, bildete einige neue (z. B. ꝛ um 800, ᷓ er, re, r) und schuf einen bis ins 12. Jh. bestehenden relativ festen Kanon kürzbarer Wörter und Silben.

Infolge rascher Ausweitung des Fachschrifttums an den Kathedralschulen seit Mitte des 12. Jh. und bes. an den Universitäten trat anstelle des karol. Abkürzungs-Kanons eine auf Platzgewinnung ausgerichtete Vielfalt von A., die unter voller Ausnützung älterer Methoden doch weitgehende Anwendung von akust. Kürzungen und von Hochstellung der Endsilben ermöglicht sowie von den got. Kursivschriften begünstigt wurde. Trotz großer Flexibilität scheinen sich auch im SpätMA verbindl. Abkürzungsformen bes. für scholast. und jurist. Texte herausgebildet zu haben (Tabulae in Hss. mit Werken von Albertus Magnus und Thomas v. Aquin, Hinweise bei Briefstilautoren, Modus legendi abbreviaturas in utroque iure usw.). Zu beachten ist ferner, daß die päpstl. Kanzlei feste Abkürzungsregeln aufgestellt hat. - Nach Möglichkeit wurde das lat. Abkürzungssystem vereinfacht auch in vulgärsprachl. Texten verwendet.
P. Ladner

Lit.: L. TRAUBE, Nomina Sacra. 1907 - P. LEHMANN, Sign. und Erörterungen lat. A. im Altertum und MA, AAM NF 3, 1929 - G. MOLLAT,

Introduction à l'étude du droit canonique et du droit civil, 1930 [Neudr. 1971] – W. M. LINDSAY, Notae Latinae, 1915 [Neudr. 1963], Suppl. by D. BAINS, 1936 (1963) – A. CAPELLI, Lex. abbreviaturarum, 1954 – STAMMLER, Aufriß I, 1957², 57ff. – P. RABIKAUSKAS, Die röm. Kuriale in der päpstl. Kanzlei, 1958, 205-225 – A. H. PAAP, Nomina Sacra in the Greek Papyri of the first five centuries A. D., 1959 – M.-C. GARAUD und F. GASPARRI, Inst. de Recherche et d'Hist. des Textes Bull. 14, 1966, 121-138.

Ablaß (Lat.: *absolutio, indulgentia, remissio, relaxatio*)
I. Praxis und Theorien des 12. Jahrhunderts – II. Theologie und kirchliche Praxis des Ablasses im Hoch- und Spätmittelalter.

I. PRAXIS UND THEORIEN DES 12. JAHRHUNDERTS: Gestalt und Form des Ablasses der ma. Kirche und Theologie wuchsen aus dem doppelten Stamm der altkirchl. *Absolutionen* und der bußdisziplinären *Kommutationen* bzw. *Redemptionen* zusammen. Mit der Fürsprache unterstützte die Kirche – Hirten und Gemeinde – die Büßer im Bußgeschehen. Die alten Sakramentare (z. B. das Sacramentarium Gregorianum) bezeugten im MA vielfältig Gebet und Fürbitte um Vergebung und Nachlaß der Schuld. In der Fortentwicklung der »Kirchl. Buße« (→poenitentia publica) zur Privatbuße rückte diese (deprekative) Absolution in das sakramentale Kerngeschehen ein. Die Ableistung der auferlegten kanon. Buße verlagerte sich (nach mit der Beichte erteilten Absolution) nach außerhalb dieses Geschehens. Die Praxis der Umwandlung (commutatio) bzw. des Nachlasses (redemptio) der Bußstrafen durch den kirchl. Träger der Schlüsselgewalt (Bußpriester, Bf. und Papst) konnte sich darum auch losgelöst von der sakramentalen Buße im A. entwickeln. In dem Maße, in dem die Bußdisziplin die »poenitentia interna«, die Reue, wichtig nahm, gewann auch der A. als Nachlaß der Buß- und Sündenstrafen aufgrund der kirchl. Schlüsselgewalt Gewicht. Im komplexen Begriffsfeld von Sünde und Strafe, Reue und Vergebung, Absolution und A. blieb auch letzterer in sprachl. und sachl. Nähe zur Buße.

Entsprechend diesem undifferenzierten und umgreifenden Verständnis von Sündenvergebung und Buß-Strafe-Nachlaß haben die A.e im 11. und 12. Jh. noch den doppelten Charakter von (deprekativen) Absolutionen und (autoritativem) Bußnachlaß. Mit der allgemeinen Bitte um Vergebung und Nachlaß konnte also auch, wie die ältesten päpstl. und bfl. Privilegien des 11. und beginnenden 12. Jh. beweisen, ein bestimmter A. verbunden sein. Die Praxis päpstl. Absolutionen (ohne eigtl. A.) reicht bis zum Beginn des 12. Jh. (vgl. PAULUS, I, 68-89). Die ältesten bfl. A.e stammen aus S-Frankreich und N-Spanien, sie waren Almosenablässe zugunsten äußerer kirchl. Bedürfnisse (z. B. Kirchen). Im großen und ganzen begnügten sich die Ablaßprivilegien mit einem Erlaß von 20 oder 40 Tagen (gemäß den altkirchl. kanon. Bußzeiten, wie der Quadragesima). Päpste (z. B. Calixt II., † 1123 oder Alexander III., † 1181) haben nur selten A. von mehreren Jahren gewährt; die Bf.e waren großzügiger. Der auf der Synode v. Clermont 1095 von Urban II. verkündete Kreuzzugsablaß war ein vollkommener (»pro omni poenitentia«). Nach der Forschung von R. FOREVILLE hat bereits Stephan Langton, Ebf. v. Canterbury, aus Anlaß des 50jährigen Gedenkens des Martertodes des Thomas Becket († 1170) und der Translation seiner Reliquien nach Canterbury 1220 einen vollkommenen Jubiläumsablaß gewährt. (Den 5. Jubiläumsablaß dieser Art i. Jahre 1420 verteidigte Richard Godmersham gegen die Kritik der Schüler Wyclifs.) Die frühscholast. Theologie des A.es ist krit. Begründung einer herrschenden Praxis. Nach Präpositinus († ca. 1210) und Stephan Langton († 1228) übernimmt die Kirche die erlassenen Bußstrafen; Gaufred v. Poitiers und Robert Courson († 1219) verweisen auf die Kraft des Gebets und der Fürbitte. Alanus ab Insulis († 1202) ließ den A. nur als subsidiäre Maßnahme der Kirche für den Büßer gelten, der selber nicht mehr in der Lage ist, die auferlegte Buße zu leisten. Von Peter Abaelard († 1142) bis zu Robert Courson lehnten die Theologen eine ausufernde Ablaßpraxis scharf ab. In Abaelards Buß-Ethik (Ethica c. 25, MPL 178, 672f.) hatte der A. keinen Platz, er bestritt den Bf.en die Schlüsselvollmacht (dagegen die Synode v. Sens 1140/41, DENZINGER-SCHÖNMETZER, 732), und Courson kritisierte scharf die Praxis der »quaestuarii«, der Ablaßprediger. Diese Kritik hat das Laterankonzil 1215 aufgenommen (DENZINGER-SCHÖNMETZER, 819). Nach der vorherrschenden Meinung betrifft der A. unmittelbar nur die kirchl. Buß- und Sündenstrafe; sofern diese die durch Gott ins Zeitliche gewendete und umgewandelte ewigkeitl. Sündenstrafe ist, hat der A. auch eine jenseitige Bewandtnis.

Die Vertreter der prakt. Theologie, Petrus Cantor († 1197), Robert Courson († 1219), Stephan Langton († 1228) u. a. machten die Gültigkeit des A.es von der Erfüllung folgender Bedingungen abhängig: kirchl. Notlage, dem Bußnachlaß entsprechendes Almosen, Gesinnung der Reue, Erlaubnis des Bußpriesters und schließl. Zuständigkeit des Ablaßverleihers. Diese Bedingungen waren geeignet, ebenso die Heilsbedeutung der (sakramentalen) Buße zu wahren wie deren sozial-kirchl. Verpflichtung Rechnung zu tragen. Diese Theologen lehnten einen völligen, durch mehrere Teilablässe summierten Bußnachlaß ab und wollten sich auch nicht über das Ausmaß des durch den kirchl. A. vor Gott erlangten Strafnachlasses äußern (vgl. Robert Courson, Summa caelestis philosophiae. De poenitentia. ed. V. L. KENNEDY, Med. Stud. 7, 1945, 328). Das 4. Laterankonzil orientierte die großzügige Ablaßpraxis der Bf.e am zurückhaltenden Maß des Pontifex Romanus (DENZINGER-SCHÖNMETZER, 819). In der Auslegung zu 2 Kor 2, 10 (Vergebung durch den Apostel) fanden die frühscholast. Exegeten – der vor 1170 verfaßte Paulinenkommentar »Totius sacrae scripturae« (Cod. Vat. Ottob. lat. 445 fol. 125rb-va) und auch Stephan Langton – eine bibl. Grundlage der Ablaßtheologie.

II. THEOLOGIE UND KIRCHLICHE PRAXIS DES ABLASSES IM HOCH- UND SPÄTMITTELALTER: In der Theologie des 13. und der folgenden Jh. wurde das Thema in den Quästionen (Quodlibeta) diskutiert, in den Summen und Sentenzenkommentaren im Zusammenhang der Theologie der Schlüsselgewalt (Sent. IV 28 dist. 20) und in der Eschatologie dargelegt. Die systemat. Theologie ergänzte in der Ablaßtheologie den überkommenen Gedanken des Straferlasses aufgrund der Umwandlung bzw. der Übertragung der Strafe durch die Idee des *thesaurus ecclesiae*, eines aus dem Leiden Christi und der Märtyrer übervollen Schatzes der Kirche. Diese Idee wurde von Alexander v. Hales (Glossa in Sent. IV d. 20 n. 14† ed. Quaracchi 1957, 360) zwar angesprochen, aber nicht themat. ausgeführt (K. FRINGS, 40 f., 49 f.). Der Kanonist Heinrich v. Segusia (Hostiensis) schrieb sie in seiner um 1263 vollendeten Summa Aurea (V De poenit. et remission. ed. 1537 [Neudr. 1962] fol. 288 vb) Hugo v. St. Cher OP († 1263) zu, dessen ungedruckter (um 1232 verfaßter) Sentenzenkommentar diese Theorie aber nicht bezeugt (N. PAULUS, II, 171 Anm. 3). Ausführl. handeln aber davon die Guerricus v. St. Quentin zugeschriebenen Quästionen über den Ablaß (vgl. B. G. GUYOT, APraed. 32, 1962, 78). Diese Idee erwies sich in der Ablaßtheologie des Thomas v. Aquin, Sent. IV d. 20 q. 1 a. 3, Quodl. II q. 8 a. 2, des Bonaventura Sent. IV d. 20

p. 2 a. un. q. 2 und aller Theologen der Hochscholastik als außerordentl. fruchtbar. Damit überwand die Theologie des 13.Jh. das Schwanken hinsichtl. der jenseitigen Wirksamkeit des A.e; sie faßte die Möglichkeit und Tatsächlichkeit der deprekativen Zuwendung der A.e für die Verstorbenen ins Auge und ließ das rechner. Äquivalenzdenken hinter sich. Sie eröffnete so auch den Weg zur Theorie und Praxis des vollkommenen A.es, den der Papst als Träger der universalen Schlüsselgewalt gewähren kann. In einer fälschl. unter den Werken des Duns Scotus (ed. VIVES V, 370–381) gedruckten Quästion, die möglicherweise Nikolaus von Lyra OM 1309 diskutierte (dagegen C. BALIĆ, 86 Anm. 4) werden bereits fünf casus genannt, in denen der Papst einen universalen Ablaß gewähren kann (im Fall des Inquisitors, der Teilnehmer am Kreuzzug, der Pilger ins Hl. Land und im Fall ausnehmender Frömmigkeit und Heiligkeit).

Die Kanonisten behandelten das Thema in ihren Summen und Apparaten zu den kirchl. Rechtsammlungen: zum →Liber Extra Gregors IX. (5. 38. 4, 14, ed. FRIEDBERG II 885, 888 f.), →Liber Sextus Bonifaz VIII (5. 10. 1, 3, ebd. 1093), zu den →Clementinae (5. 9. 2, ebd. 1190 f.) und →Extravagantes communes (5. 9. 1–5, ebd. 1303–1309). Die kanonist. Doktrin erörterte vornehml. den öffentl.-kirchl. Charakter des Ablaßinstitutes und dessen jurisdiktionelle Bewandtnis. In den Poenitentialsummen (z.B. des Raimund von Peñafort, ed. 1603 [Neudr. 1967]) und Johannes v. Freiburg (ed. 1467, dt. Bearbeitung von Berthold v. Freiburg), wurden die sittl.-religiösen Bedingungen des A. und dessen Zusammenhang mit der sakramentalen Buße geltend gemacht.

Die Ablaßpraxis folgte allerdings im Hoch- und Spät-MA ihrer (d.h. der religiösen Praxis) eigenen Gesetzlichkeit einer qualitativen und quantitativen Spezifizierung und Vermehrung. Die Päpste bewilligten auch im 13.Jh. (vom Kreuzzugsablaß abgesehen) dem Umfang nach eng begrenzte A.e (z.B. von 1 Jahr und 40 Tagen, will heißen ein Jahr mit bestimmten Bußtagen und -übungen und 40 hintereinander folgenden Bußtagen). Den für die Besucher der Peterskirche seit alters her an einigen Tagen des Jahres, für die insularen, transalpinen und it. Pilger gestuften A. dehnte Gregor IX. 1230 auf die Besucher der Grabeskirche des hl. Franz in Assisi anläßl. der Übertragung seiner Reliquien aus. Eine Neuerung war es, daß Innozenz IV. (1243–54) einzelnen ihres Lebens und Wirkens halber verdienten Personen (analog zum Bußnachlaß in der Beichte) einen vollkommenen A. gewährte. Bonifaz VIII. verkündete mit Bulle vom 22. Febr. 1300 (DENZINGER–SCHÖNMETZER 868) erstmals für das Jubeljahr einen allgemeinen vollkommenen A. (»volle Vergebung der Sünden«). Clemens VI. setzte mit Bulle vom 27. Jan. 1343 (ebd. 1025–1027) das Jubeljahr auf das 50. Jahr fest und schrieb für 1350 einen vollkommenen A. aus, den er (erstmals in einem lehramtl. Zeugnis) von der Theologie des Kirchenschatzes her begründete. Die Qualifizierung eines vollkommenen A.es als eines solchen von Strafe und Schuld, »a poena et a culpa« ist von der Idee der totalen, Schuld und Strafe umfassenden Sündenvergebung her begründet und zutreffend; in der landläufigen Verkündigung von A.en durch die Ablaßprediger wurde mit dieser Qualifizierung Verwirrung gestiftet und Propaganda gemacht (dagegen: Clem V, 9, 2 ed. FRIEDBERG II 1190). Die Zuwendung des A.es an die Verstorbenen im Fegefeuer wurde von der Volksfrömmigkeit des 14.Jh. aus der Theologie übernommen und fand rasche Verbreitung. Zu →Dante (Purgatorio II 98–99) vgl. A. CAMILLI, Studi danteschi 30, 1951 207–209. Das erste lehramtl. Zeugnis

ist erst die Kreuzzugsbulle Calixts III. vom 14. April 1456 (ed. J. GONI GAZTAMBIDE; vgl. ferner DENZINGER–SCHÖNMETZER 1398 und 1405). Nachdem allgemein von der Kirche, für den Todesfall Erlaß der Strafen gewährt worden war, wurden seit Beginn des 14.Jh. zunächst einzelnen hochgestellten Persönlichkeiten, später aber und bes. zur Zeit der Pest (durch die dafür bevollmächtigten Beichtväter) breiten Kreisen der Gemeinden und Diözesen Sterbeablässe zuteil.

Die weitverbreiteten Mißstände in der Ablaßpraxis der Prediger wurden nicht nur kirchlicherseits scharf gerügt, sie wurden auch in den Streitgedichten Walthers von der Vogelweide (ed. K. LACHMANN–C.v. KRAUS–H. KUHN 1965[13], 42–46), von Dante (Paradiso XXIX 118–126) u.a. bloßgestellt. Diese Mißstände entstellen, aber entwerten nicht das Ablaßinstitut, das ein gültiges Zeugnis des werktätigen Glaubens und der Jenseitsverantwortung der ma. Christenheit ist. L. Hödl

Qq.: Akten und Urk. der Päpste, Reg. der Bf.e, UB der Städte, Stifte und Kl.; vgl. K. BIHLMEYER–H. TÜCHLE, Kirchengesch. I 7 n. 3 – Lit.: N. PAULUS, Gesch. des A.es im MA vom Ursprunge bis zur Mitte des 14.Jh., B I-II, 1922–23 - B. POSCHMANN, Der A. im Licht der Bußgesch., Theophaneia 4, 1948 – C. BALIĆ, De indulgentiis in disputationibus scholasticis »Quodlibet« nuncupatis, Antonianum 25, 1950, 79–98 – H. KARPP, Buße und A. im Altertum und MA, Theol. Rundsch. NF 21, 1953, 121–136 – J. GONI GAZTAMBIDE, Las primeras indulgencias de difuntos (1456–1474), Anthologica annua 2, 1954, 377–391 – D. TRAPP, The Portiuncula Discussion of Cremona (ca. 1380). New Light in 14th Century Disputations, Rech. Theol. anc. méd. 22, 1955, 79–94 – K. FRINGS, Der A. nach der Lehre des Alexander v. Hales und der Summa Halensis, Misc. M. Grabmann, 1959, 31–54, Mitt. des Grabmann-Inst. der Univ. München H. 3 – R. FOREVILLE, Le Jubilé de saint Thomas Becket. Du XIIIe au XIVe s. (1220–1470). Études et documents, 1959, Bibl. générale de l'Ecole pratique des hautes études, VIe section – DERS., L'idée de Jubilé chez les théologiens et les canonistes XIIe–XIIIe s. avant l'institution du jubilé romain (1300), RHE 56, 1961, 401–424 – L. HÖDL, Der A. der scholast. Lit. und Theologie der Schlüsselgewalt, 1. T.: ... von ihren Anfängen bis zur Summa Aurea des Wilhelm v. Auxerre, Beitr. zur Gesch. der Phil. und Theol. MA 38, 4, 1960.

Ablaßbild, gehört zu den Erbauungsbildern, mit deren frommer Betrachtung in Verbindung mit vorgeschriebenen Gebeten ein →Ablaß verbunden war. Neben der Ablaßinschrift erschienen als Bildthemen am häufigsten der Schmerzensmann mit den Leidenswerkzeugen (→arma Christi), die Muttergottes und Hl.e. Künstlerisch ausgeschmückt sind häufig auch die seit dem 11.Jh. zahlreich erhaltenen *Ablaßbriefe* und *-urkunden,* auf denen sich außer den Siegeln der Ausstellenden die Dekoration meist auf eine Hervorhebung der 1. Textzeile und des Initials beschränkt. Seltener erscheinen auch *Randminiaturen* mit Bezug auf Bestimmungsort und Empfänger. J.M. Plotzek

Lit.: RDK I, 78 ff. – N. PAULUS, Gesch. des Ablasses im MA, I-III, 1922/23.

Ablaßbriefe. [1] Im hohen MA gewährten vielfach Bf.e und Kard.e, einzeln oder in Gruppen, Kirchen und Kl.n briefl. kleinere Ablässe für bestimmte Festtage zum Zweck der Sammlung von Bau- und Unterhaltskosten. *Quellen:* Urkundenbücher der Städte, Territorien und Kl.

[2] Im späteren MA gab man A. (litterae indulgentiales) aus gegen Almosen oder bei Armen auch gratis. Sie konnten häufig mit →Beichtbriefen (litterae confessionales) verbunden sein. H. Wolter

Lit.: H. DELAHAYE, Les lettres d'indulgence collectives, 1928 - N. PAULUS, Gesch. der A.s im MA, 3 Bde., 1922/23 [Reg.].

Ablaßprediger → Kreuzzugsprediger

Ableiges, Jacques d', Jurist, *1340, † 1402. Im Verlauf einer sehr mühsamen Karriere wechselte er vom Dienst beim Hzg. v. Berry in den der Abtei Saint-Denis, in den des Kapitels von Chartres und von Tournai über. Von 1385 bis 1389 war er kgl. Landvogt in Evreux und entfaltete dort große Aktivität, als Karl VI. die Apanage von Karl d. Bösen, Kg. v. Navarra, zurücknahm. Gegen 1388 verfaßte er den »Grand Coutumier de France«, von dem über 25 Hss. und 13 Ausgaben vor 1539 den dauerhaften Erfolg bestätigen (Datum des Edikts von Villers-Cotterets, das das Gerichtsverfahren änderte). Das Werk soll eine Abhandlung über das Prozeßverfahren im Châtelet und den ersten Bericht über das Gewohnheitsrecht von Paris (vor seiner Abfassung 1510) darstellen; es ist jedoch nur eine mittelmäßige und sehr wirre Kompilation, in der Abschriften von Beschlüssen oder Urteilen zu finden sind, Auszüge aus dem »Stilus« von Guillaume de Breuil (Buch I), aus dem Röm. Recht und ein guter Bericht über das Gewohnheitsrecht (Buch II); weiterhin ein Prozeßtraktat, der sich v. a. mit der Stilform von Châtelet beschäftigt und zahlreiche Textbeispiele enthält (Buch III); schließl. verschiedene Kapitel über die Prozesse der Kleriker, über Strafrecht und bemerkenswerte Urteile (Buch IV). Die Hss. enthalten sehr wichtige Varianten; eine krit. Ausgabe, die sich auf schon vorhandene Einzelstudien stützen kann, ist noch zu erstellen. P. Ourliac

Qq.: Le Grand Coutumier de France, ed. LABOULAYE u. R. DARESTE, 1868 – Lit.: O. MARTIN, Hist. de la coutume de Paris I, 1922, 90–101 – P. PETOT, J. d'A., HLF 40, 1974, 283–334.

Abochement. Nur in Lausanne übl., entspricht das A. der Einrede gegen die Zuständigkeit des Gerichts. Bis zum Rechtstermin kann eine der Parteien oder können beide einen laufenden Prozeß vor einem niederen Gericht (z. B. *Maire, Sautier, Sénéchal*) unterbrechen, um den Fall vor den Landvogt zu tragen. D. Anex-Cabanis

Lit.: Plaict Général de 1368, art. 83, in SDS, VD, 1977, Nr. 190 – P. GALLONE, Organisation judiciaire et procédure devant les cours laïques du pays de Vaud [Diss. Lausanne 1972].

Abodriten, Obodriten
I. Archäologie – II. Geschichte.

I. ARCHÄOLOGIE: Die A. als westslaw. Stamm gliedern sich in die A. im engeren Sinne um Wismar mit den Hauptburgen Mecklenburg, Schwerin und Dobin, die *Warnower* ö. davon, die *Wagrier* in O-Holstein mit Oldenburg und Lübeck, die *Polanen* um Ratzeburg, die *Linonen* bis zur Elbe. Im 7. oder späten 6. Jh. nach arch. Befunden eingewandert (von S?). Von Waldgürteln umgrenzte Siedelräume entsprechen wohl dem Bereich von Kleinstämmen, darin Siedlungskammern mit zentralem Burgwall und offenen Siedlungen, die *Burgbezirke* (civitates, terrae) der schriftl. Überlieferung. Große Höhenburgen in der Frühzeit. Die Verringerung der Burgwälle in spätslaw. Zeit wird mit Bildung größerer Einheiten gleichgesetzt. Einige Burgen mit Handwerkern: Holz-, Leder-, Hornbearbeitung, Eisen- und Gießergewerbe, →Oldenburg und →Mecklenburg durch Bildung von Suburbien auf dem Wege zur Stadt, →Alt-Lübeck eine frühstädt. Siedlung. Blühender Ackerbau und Vieh(Pferde)zucht auf dem Lande, viel Fischerei. Die Verdichtung von Schatzfunden auch bei offenen Siedlungen zeugt von Handel und Einkommen einer breiten Schicht. Das arch. Material (meist Keramik) grenzt den abodrit. Raum nicht deutl. ab, in der Küstenzone nach O gibt es fließende Übergänge. Spätslaw. starke Ausweitung nach S-Skandinavien (Ostseekeramik) noch ungeklärt. Deutl. ist der skand. Einfluß als Import, aber auch Grabbau, punktuell ethn. bedingt. Eine germ. Restbevölkerung zeichnet sich inselhaft (z. B. Bosau) ab. H. Hinz

Lit.: J. HERRMANN, Siedlung, Wirtschaft und ges. Verhältnisse der slaw. Stämme zw. Oder/Neiße und Elbe, 1968 – V. VOGEL, Slaw. Funde in Wagrien, 1972 – H. HINZ, Bosau I. und II. Unters. einer Siedlungskammer in O-Holstein, 1974–77.

II. GESCHICHTE: An der Spitze des *Großstammes* stand als Inhaber einer erbl. zentralen Gewalt ein *Samtherrscher* oder *Großfürst* (dux, rex), der aber nur eine lockere Oberherrschaft über eine Vielzahl von kleineren Fs.en (reguli, principes) ausgeübt haben dürfte. Die Herrschaftsbereiche dieser Kleinfürsten waren sicherl. nicht ident. mit den erst seit dem 10. und 11. Jh. bezeugten oben gen. Teilstämmen. Die kleinfürstl. Bereiche sind vielmehr zu denken entweder als *Kleinstämme* in der Art anderer westslaw. Kleinverbände bei Wilzen-Lutizen, Sorben u.a. oder aber als *Burggaue*, d.i. burgbeherrschte kleine Siedlungskammern, civitates im Sinne des sog. Bairischen Geographen (Mitte 9. Jh.). Polit. erscheinen die A. zunächst in engem Bunde mit dem Frankenreich, aus dem sie sich jedoch noch in der 1. Hälfte des 9. Jh. lösen, um mehr und mehr in den dän. Einflußbereich zu geraten. Seit der Mitte des 9. Jh. scheinen sich die Teilstämme, ursprgl. wohl nur Kultverbände, polit. zu organisieren, veranlaßt vielleicht durch einen entsprechenden Eingriff Kg. Ludwig d. Deutschen 844.

Den Ottonen gelang es, die dt. Vorherrschaft wiederherzustellen: das A.-Reich wurde in die entstehende *Billunger-Mark* einbezogen, in deren Rahmen es sich seine Autonomie erhalten konnte. Im Zusammenhang mit der gesamten Eroberungs- und Missionspolitik Ottos I. gegenüber den Slawen ö. von Elbe und Saale entstand 967 das abodrit. Missionsbistum Oldenburg i. Holstein, das dem Erzstuhl Hamburg-Bremen unterstellt wurde. Das abodrit. Fürstenhaus der Nakoniden, das von seiner Residenz Mecklenburg aus den Gesamtverband beherrschte, nahm das Christentum an.

Der große, vom heidn. Kampfbund der Lutizen geführte Slawenaufstand von 983, an dem auch die A. beteiligt waren, beendete die Lage. Mehrfach wurden seither die chr. Kirchen niedergebrannt, die Priester samt dem Bf. verjagt; 1018 wurde der chr. Nakonide Mstislav durch ein Bündnis zw. dem lutiz. und dem abodrit. Adel aus dem Lande getrieben. – Erst als in der Mitte des 11. Jh. die lutiz. Stellung infolge innerer Zerwürfnisse zu wanken begann, war die Zeit für einen Neubeginn der Nakonidenherrschaft gekommen. Seit 1043 unternahm es der in Deutschland, England und Dänemark ausgebildete Nakonide Gottschalk, im Kampf mit dem Prinzip der Teilstämme einen machtvollen, zentral gelenkten abodrit. Herrschaftsstaat aufzubauen – neben dem schon bestehenden poln. und tschech. Seine entschiedene Förderung des Christentums durch Gründung von Kl.n, Kirchen und v. a. durch die Errichtung zweier neuer Bm.er in Ratzeburg und Mecklenburg verrät die Fülle der Macht, über die Gottschalk geboten haben muß, ebenso wie die Ausweitung seiner Herrschaft über die Grenzen des *Großstammes* hinaus nach S und O. Auf Gottschalk geht anscheinend auch die Gründung der zentral gelegenen Burgstadt Alt-Lübeck mit ihrem günstigen Hafen zurück, aber auch die Anfänge des Aufbaus einer fsl. Burgpräfassung als bedeutenden Instrumentes der Zentralherrschaft nach poln. und tschech. Vorbild.

Der Sturz seines wichtigsten äußeren Verbündeten, des Ebf.s Adalbert v. Bremen 1066, bedeutete die Katastrophe auch für Gottschalk. Abermals folgte eine Periode heidn. Reaktion, die erst Gottschalks Sohn Heinrich 1090/93 beendete. Als Heinrich seine Residenz nicht in der Burg seiner Väter, der Mecklenburg, nahm, sondern in Gottschalks Gründung Alt-Lübeck, war klar, daß er den Teilstämmen die polit. Bedeutung zu nehmen und auf den Bahnen des Vaters einen zentralen Herrschaftsstaat zu errichten gedachte. Der Ausbau der Burgbezirksorganisation dürfte weitere Fortschritte gemacht haben. Auch wirtschaftl. hat Heinrich sein Land gefördert: in Alt-Lübeck wurde nicht nur eine Gewerbesiedlung mit einheim. Kräften angelegt, sondern auch eine dt. Kaufmannskolonie, die den westfäl. Ostseehandel in den Hafen der Stadt leitete. Technik und Struktur der agrar. Produktion wurden verbessert. Wie sein Vater, so hat auch Heinrich seine Macht nach S und O hin ausweiten können: 1101 erschien er in Havelberg, 1123/24 drang er bis Rügen vor. So konnte er schließl., wie gute Quellen bezeugen, den Königstitel annehmen. – Gleichwohl behielt die Opposition der heidn. abodrit. nobiles, die in dieser Zeit als mächtige Grundherren zu denken sind, so viel Kraft, daß Heinrich an eine Wiederherstellung der chr. Kirchenorganisation nicht denken konnte. Als er am Ende seines Lebens einen Versuch in dieser Richtung unternahm, fiel er 1127 einem Mordanschlag zum Opfer.

Sein Tod bedeutete das Ende des A.-Reiches. Auch seine Söhne und Enkel wurden rasch nacheinander umgebracht. 1131 wurde das Reich geteilt. Die w. Teile fielen in der Folge rasch an sächs. Territorialfürsten (Gf.en v. Holstein und Gf.en v. Ratzeburg). Der O-Teil unter Fs. Niklot konnte sich dagegen halten, über den Wendenkreuzzug von 1147 und auch über die Eroberungszüge hinaus, die Heinrich d. Löwe seit 1160 unternahm. 1167 sah sich Heinrich genötigt, Niklots Sohn Pribyslaw den größten Teil seiner Herrschaft zurückzugeben; nur die neugeschaffene Gft. Schwerin blieb ihm entzogen. Pribyslaw öffnete sein Land nun endgültig dem Christentum und verharrte in enger Bindung an Sachsen und das Reich. Sein Sohn Heinrich-Borwin holte dann auch dt. Siedler ins Land: aus dem alten A.-Land wurde das dt. Land Mecklenburg. W.H.Fritze

Lit.: F.WIGGER, Mecklenburg. Annalen bis zum Jahr 1066, 1860 – R.WAGNER, Mecklenburg. Gesch. in Einzeldarstellungen II, 1899 – K.WACHOWSKI, Słowiańszczyzna zachodnia. Studya historyczne, 1903 [Neudr. 1950] – H.F.SCHMID, Die Burgbezirksverfassung bei den slav. Völkern, JKGS, NF 2, 1926 – O.BALZER, O kształtach państw pierwotnej Słowiańszczyzny zachodniej, Pisma ośmiertne III, 1936 – W.BRÜSKE, Unters. zur Gesch. des Lutizenbundes, 1955 – Gesch. Schleswig-Holsteins, hg. O.KLOSE, III, 1958 [H.Jankuhn], IV, 1964/72 [W.Lammers] · W.H.FRITZE, Probleme der abodrit. Stammes- und Reichsverfassung, Siedlung und Verfassung der Slawen zw. Elbe, Saale und Oder [hg. H.LUDAT], 1960 – J.FERLUGA-M.HELLMANN-H.LUDAT [Hg.], Glossar zur frühma. Gesch. im ö. Europa, Serie A Lfg. 2, 1974, s.v. Abodriten.

Abondance, Kanonikerabtei im Dép. Haute-Savoie, gegr. Anfang des 12.Jh. auf dem Gebiet der Abtei St.Maurice d'Agaune. Von ihr gingen die Gründungen der Abteien Entremont, Sixt, Grandval und Goaille aus. Die Abtei besaß die Herrschaftsrechte im Tal von A., mußte jedoch den Bewohnern eine verhältnismäßig große rechtl. Autonomie einräumen. Die Malereien des Kreuzgangs (15.Jh.) zeigen Szenen aus dem Marienleben, interessant durch die Darstellung des bäuerl. Lebens; Kirche (13.Jh.) mit großem Chorumgang. J.-Y.Mariotte

Lit.: E.PICCARD, L'abbaye d'A...., Mém. doc. Acad. chabl., 18, 1904, 1-184; 19, 1905, 1-146, 193-814.

Abonnement (Abornement) de taille, de coutumes, Verteilungssteuer, ursprüngl. vom Lehensherrn nach seinem Willen auf die Männer *(hommes levant et couchant)* seiner Herrschaft für den Schutz, den er ihnen gewährte, erhoben. Die Personensteuer verlor ihren willkürl. Charakter, als ihre Höhe beschränkt *(aborné)* und ihre Einziehung jährl. auf ein bestimmtes Datum festgelegt wurde *(abonnement)*. Dieser Brauch, belegt seit dem 1. Viertel des 12.Jh., wurde auf andere Leistungen oder hergebrachte Abgaben ausgedehnt, mit denen v.a. die Unfreien belastet waren; er ist Gegenstand bestimmter Freilassungsurkunden oder wurde in den Freizügigkeitsurkunden oder in den Consuetudines festgelegt, die im 12.Jh. häufiger wurden. Das A. de coutumes ist auch eine der Dispositionen, die in den Weistümern enthalten sind. M.François

Lit.: L.VERRIEST, Institutions médiévales, Introduction au Corpus des records de coutumes et des lois de chefs-lieux de l'ancien comté de Hainaut, 1946 – M.BLOCH, Les caractères originaux de l'hist. rurale française, 1955.

Abortiva, Mittel, die therapeut. oder kriminell beabsichtigt, aber auch unbeabsichtigt (Vergiftung) den Fetus (Fötus) abtöten und/oder den bereits toten Fetus austreiben (»abortum, abortivum, fetum mortuum, partum expellit, depellit, repellit, pellit; abortum facit«); sind vorwiegend pflanzl. Natur und haben oft eine emmenagoge Wirkung (»menstrua pellit, promovet, provocat, purgat«), die bei Überdosierung zur tox.-abortiven wird. Im Vordergrund stehen Pflanzen wie Asarum (Haselwurz), Petroselinum (Petersilie), Ruta (Raute), Sabina (Sadebaum) usw., deren äther. Öle (u.a. mit Thujon, Sabinol, Apiol) eine stark kongestive Wirkung im Becken ausüben und die Frucht dadurch gefährden. W.F.Daems

Lit.: V.J.BRØNDEGAARD, Der Sadebaum als Abortivum, Sudhoffs Archiv 48, 1964, 331-351.

Abraham
1. **A.**, Khan → Awaren
2. **A. v. Ephesus** (hl.), Bf., ursprgl. Mönch, gründete um die Mitte des 6.Jh. Kl. in Konstantinopel und Jerusalem. Erhalten sind zwei Predigten für eine mönch. Hörerschaft, eine Festrede auf →Mariae Verkündigung, die die kurz davor erfolgte Einführung des Festes erwähnt, und eine Homilie über Lk 2, 22ff. auf die Darstellung Jesu. A. vertritt die chalcedonens. Orthodoxie. H.Kraft

Ed.: M.JUGIE, POr XVI, 1922, 442ff. – *Lit.*: LThK² I, 62 – BARDENHEWER V, 143f.

3. **A.**, Bf. v. Freising (seit 957), † 7. Juni 993/994, einflußreicher Ratgeber der Hzgn. Judith (Witwe Heinrichs I., Hzg. v. Bayern) und ihres Sohns Heinrich II., dessen gescheiterte Verschwörung gegen Ks. Otto II. (974) er unterstützte. Die Gunst der Ottonen, die ihn zum Bf. erhob, wurde durch diese Episode (Verbannung, vielleicht nach Corvey) nur zeitweilig unterbrochen und hat seiner Kirche Besitzungen (darunter eine Gft.) in Oberitalien und in Krain eingebracht. In den Kärntner Besitzungen Freisings förderte A. die Slawenmission (→Freisinger slaw. Denkmäler). An die Ausbildung durch den die künstler. und lit. Aktivität in Freising stark anregenden Bf. hat noch der Enkel Judiths, der spätere Kg. und Ks. Heinrich II., sich dankbar erinnert. K.F.Werner

Lit.: LThK² I, 62 – NDB I, 21 – S.HIRSCH, JDG unter Heinrich II., I, 1862, 49ff., 89f. – H.STRZEWITZEK, Die Sippenbeziehungen der Freisinger Bf.e im MA, 1938 – A.ZIEGLER, Die Freisinger slaw. Denkmäler, Fschr. für Kard. Faulhaber, 1949, 128-135 – J.FLECKENSTEIN, Die Hofkapelle der Kg.e 2, 1966 – M.SPINDLER [Hg.], Hdb. der bayer. Gesch. I, 1967 [v.a. 491].

4. **A. (ben Samuel) Abulafia**, geb. 1240 in Saragossa, gest. nach 1291, zeitweise in Palästina, Spanien, Italien, Sizilien und Griechenland, 1288 auf der Insel Comino (bei Malta). Wichtigster Vertreter der »prophet.« →Kabbala; seine nicht zuletzt an der dt. myst. Schule (Eleazar aus Worms) orientierte Lehre, die sich v.a. auf die Gottesnamen bezieht und in der Buchstabenkombinatorik und Zahlensymbolik eine zentrale Rolle spielen, ist bes. über sein Werk »Sefär hayyê ha-'ôlam hab-bā'« (»Buch des Lebens der zukünftigen Welt«) zu einigem Ein-

fluß gelangt. Sein bedeutendster Schüler war Josef →Gikatilla. H. Greive
Lit.: EJud (engl.) II, 185 f. – SCHOLEM, Mystik, 129–170.

5. A. ben David (arab.: A. ibn Daud), jüd. Historiograph und Philosoph von umfassender Bildung, geb. um 1110 in Córdoba, gest. um 1180 in Toledo. Wahrscheinl. mit dem im lat. Schrifttum Avendauth gen. Übersetzer ident. und zusammen mit Dominicus Gundissalinus an der Vermittlung arab.-jüd. Wissenschaft und Philosophie an das lat. MA beteiligt. Sein Geschichtswerk »Sefär (Sedär) haqqabbālāh« (›Buch [Ordnung] der Überlieferung‹), dessen Hauptteil die ununterbrochene Kette der Träger der jüd. Überlieferung darstellt und gegen die Traditionskritik (bes. der zeitgenöss. Karäer) gerichtet ist, hat im Judentum wie – über lat. Übersetzungen – auch im Christentum großen Einfluß ausgeübt. Von wirkungsgeschichtl. geringerem Gewicht ist seine im Original arab. verfaßte, jedoch nur in hebr. Übersetzungen überlieferte philosoph. Schrift »Hā-'ᵃmûnāh hā-rāmāh« (bzw. niśśā'āh) (›Der erhabene Glaube‹) v. a. als frühes Zeugnis des ma. jüd. Aristotelismus (vgl. auch Maimonides) bedeutsam. H. Greive
Lit.: EJud (engl.) III, 948 und VIII, 1159–1163 – M. ARFA, A. ibn Daud and the Beginnings of Medieval Jewish Aristotelianism [Diss. Ann Arbor, Michigan, 1954].

6. A. (ben Meir) ibn Ezra, im lat. Schrifttum auch Avenezra oder Avenare gen.; wahrscheinl. 1089 in Tudela geb. und 1164 gest.; jüd. Exeget, Grammatiker Dichter und Philosoph, Astrologe und Astronom; verließ 1140 Spanien und bereiste Italien, Frankreich und England. I. E.s Kommentare zum größten Teil der Bibel sind im Judentum zu Standardwerken geworden, die den rabbin. Bibelausgaben beigedruckt zu werden pflegen; sie zeichnen sich durch nachdrückl. Berücksichtigung des Literalsinns aus. Seine grammat. Schriften, »Mo'znayim« (›Waage‹), »Sefär ṣaḥût« (›Buch der Reinheit‹) u. a., haben erhebl. dazu beigetragen, die Erkenntnisse der span.-jüd. Sprachwissenschaft an die Juden der Christenheit, auch an die chr. Hebraistik zu vermitteln. In seinen zahlreichen Dichtungen, die z. T. in die synagogale Liturgie übernommen worden sind, erweist sich A. i. E. als Meister der Form. Von dem in Reimprosa abgefaßten myst.-philosoph. Traktat »Ḥay ben Meqiṣ.« (›Lebendiger, Sohn des Wachen‹) abgesehen, hat er philosoph. Schriften im engeren Sinne nicht hinterlassen. Sein Neuplatonismus avicenn. Prägung ist aus seinen anderen Arbeiten, insbes. den Bibelkommentaren, auch dem »Yᵉsôd morā' wᵉsôd tôrāh« (›Fundament der Ehrfurcht und Geheimnis der Lehre‹) und dem »Sefär haš-šem«(›Buch des Namens [Gottes]‹) zu erheben. Als Astrologe und Astronom, auch als Mathematiker, ist er weit über den jüd. Bereich hinaus wirksam geworden. Sein sieben Traktate umfassendes astrolog. Corpus, deren erster den Titel »Re'šit hokmāh« ('Anfang der Weisheit') trägt, ist in der lat. Fassung von Peter v. Abano 1485 und 1507 zum Druck gelangt. Von seinen lat. verfaßten astronom. Werken »Tabulae Pisanae« und »Fundamenta Tabularum« gehörten letztere zu den wichtigsten Quellen algebraischer und trigonometrischer Kenntnisse zur Zeit der Renaissance. H. Greive
Lit.: EJud (engl.) VIII, 1163–1170 – H. GREIVE, Stud. zum jüd. Neuplatonismus. Die Religionsphilosophie des A. i. E., 1973 [Bibliogr.].

7. A. ibn Hasday, hebr. Dichter und Übersetzer arab. Lit., geb. ca. 1180, gest. 1240 in Barcelona. Übers.: »Mo'znê ṣädäq«, hg. J. GOLDENTHAL, 1839 al-Ġazālīs eth. Schrift »Mīzān al-'amal« – ›Waage des Handelns‹); »Sefär hat-tappûah«, hg. J. MUSEN, 1873, mit dt. Übers. (neuplaton. Schrift »Kitāb al-tuffāḥa«–›Apfelbuch‹, über die Unsterblichkeit); »Sefär ha-yᵉsôdôt«, hg. S. FRIED, 1900 (Isaak Israelis »Kitāb al-istaqisāt« – ›Buch der Elemente‹); »Bän ham-mäläk wᵉhan-nāzir«, hg. A. M. HABERMANN, 1951, Übers. W. A. MEISEL, Prinz und Derwisch, 1860² (hebr. Adaptation von Barlaam und Josafat nach Art der Maqamen, Kap. 32–35 neuplaton. Traktat). Dichtungen: »Maḥbärät Tᵉmímāh«, hg. I. DAVIDSON, Fschr. A. S. RABINOWITZ, 1924 (Maqamenfragmente). Lyrik (vgl. S. DAVIDSON IV). H. Dittmann
Lit.: EJud V, 352–354 – S. M. STERN, Ibn Ḥasdāy's Neoplatonist, Oriens 13–14, 1961, 58–120 – H. DITTMANN, Hebr. Maqamendichtung in Spanien, Judaica 27, 1971, 44–59, 90–120, 146–158.

8. A. bar Ḥiyya (auch Savasorda), hebr. Autor, gest. ca. 1136 in Barcelona, verband neuplaton. und aristotel. Anschauungen mit jüd. Tradition und entwarf ein eschatolog.-astrolog. akzentuiertes Geschichtsbild. Vermittler arab. Wissenschaft (Mathematik, Astrologie). Sein wichtigstes math. Werk ist das »Ḥibbûr ham-mᵉšîḥāh wᵉhat-tisborät«, welches von Plato v. Tivoli ins Lat. übersetzt wurde (»Liber embadorum«). J. Maier
Ed.: A. POZNANSKI-J. GUTTMANN [Hg.], Sefer Megillat ha-Megalle, 1924 – J. M. MILLÁS VALLICROSA [Hg.], Libre Revelador, 1929 – E. FREIMANN [Hg.], Sefer Hegjon ha-Nefesch, 1860 – G. WIGODER [Hg.], The Meditations of the Sad Soul, 1969 – J. M. MILLÁS VALLICROSA [Hg.], Abram bar Hiia, Llibre de Geometria, 1931 – DERS. [Hg.], La obra enciclopédica Yĕsodé ha-Těbuná u-Migdal ha-Ĕmuná de R. Abraham Bar Ḥiyya ha-Bargeloní, 1952 – DERS., [Hg.] La obra Forma de la tierra de..., 1956 – DERS. [Hg.], La obra Séfer ḥešbón mahlekot ha-kokabim de... 1959 – Lit.: DSB I [Bibliogr.] – EJud (engl.) II, 130–133 – M. CURTZE, Der »Liber Embadorum« des Savasorda..., Urkk. zur Gesch. der Math. im MA und der Renaissance, 1902 [Nachdr. 1968] – G. SCHOLEM, MGWJ 75, 1931, 172–191 – J. M. MILLÁS VALLICROSA, Estudios sobre historia de la ciencia española, 1949, 219 ff. – L. D. STITSKIN, Judaism as a Philosophy, 1960 – J. SACHAREK, The Doctrine of the Messiah in Medieval Jewish Lit., 1968², 313 ff.

Abraham, ältester Patriarch des jüd. Volkes. [1] *Im jüd. Schrifttum:* In der ma. Lit. wird die in der *Haggadah* und im *Pijjut* erkennbare Typisierung A.s fortgesetzt und durch Darstellung neuer Lehren an Hand einzelner Episoden aus seinem Leben erweitert. Durch Naturbeobachtung und verstandesgemäße Beweisführung gelangte er als erster *Philosoph* zur Erkenntnis der Existenz Gottes, die er seinen Anhängern verkündete, indem er sie entsprechend ihren Fähigkeiten auf den Weg der Wahrheit und zum wahren Gottesdienst führte. Dieser Betonung des Erkenntnisvermögens wird bisweilen die gläubige Liebe und Neigung entgegengesetzt (»Kûzārî« IV, 17–23). Als *Geprüfter* wird aller Welt seine Größe und sein Verdienst, das in den Tagen der Bedrängnis Israel beisteht, sichtbar. Er ist der *Gerechte,* wenngleich er eigenmächtig mit Abimelech einen Bund schloß und zu seiner Vollkommenheit die Abstammung von einem Sündenlosen fehlt. Die bedingungslose Erfüllung an ihn ergangener Offenbarung qualifizieren ihn als Propheten und beweisen die Wahrhaftigkeit der Prophetie. Für seine Nachkommen und für die Proselyten ist er in gleicher Weise *Unser Vater.* R. P. Schmitz
Lit.: G. VERMES, Scripture and tradition in Judaism, 1961, 67–126 – S. SANDMEL, Philo's place in Judaism, a study of conceptions of Abraham in Jewish literature, 1971 – E. E. URBACH, The Sages, Their Concepts and Beliefs, 1975 [Index].

[2] *Ikonographie:* A. wird im Frühchristentum als reifer Mann und im MA mehr als Greis dargestellt. In der frühchr. Sepulkralkunst ist A., der auf Befehl Gottes seinen Sohn Isaak opfern soll, aber durch das Eingreifen Gottes daran gehindert wird (Gn 22), sehr häufig als Bild der Rettung dargestellt. In den Mosaiken von S. Vitale, Ravenna und im MA mehr als Greis dargestellt. In der frühvenna, 6. Jh., steht das Opfer A.s denen des Abel und des Melchisedek gegenüber; Einfluß der Meßliturgie: Bitte

um Annahme des Opfers. In der ma. →Typologie stehen A. und der opfernde Melchisedek für die →Kreuzigung Christi (Eilbertus-Tragaltar um 1180), meist aber für das Abendmahl (→Mahldarstellungen). Reliefs der Opferung Isaaks finden sich in der ma. Kunst nicht nur häufig an Kapitellen, sondern auch in der Portalzone, so in Souillac seitl. am Bestienpfeiler 1120/35; Florenz, n. Baptisteriumstüre von Ghiberti. Die Anfänge eines Zyklus mit erzähler. Zügen bringen die Mosaiken von S. Maria Maggiore, Rom, 5. Jh.: Begegnung von A. und Melchisedek, A. und die Engel, A.s Gastfreundschaft in Gegenwart von Sarah, A. und Lot. Nach A.s Opfer ist der Besuch der drei Engel die verbreitetste Szene in der frühchr. Kunst: Katakombe der Via Latina, Rom, 4. Jh., S. Maria Maggiore, S. Vitale. Aus diesem Bild entwickelt sich die Darstellung der Dreifaltigkeit der Ostkirche, in der schließl. die Figur A.s wegfällt. Erst im MA treten die folgenden Darstellungen auf: A.s Schoß (Lk 16, 22): Miniatur im Pariser Cod. gr. 510 (Gregor v. Nazianz), 9. Jh., Evangeliar Heinrichs III. 1043/46 in Echternach. Als Teil der Lazarusgeschichte z. B. in der Vorhalle zu Moissac 1120/35, dann allgemein Ort der Seligen in Weltgerichtsreliefs wie Conques, 1. Viertel 12. Jh. oder Fürstenportal in Bamberg 1225/37, auf Isaak und Jakob ausgedehnt in Arles, letztes Drittel 12. Jh. Die Darstellung der drei Erzväter A., Isaak und Jakob (Mt 8, 11) wird Bestandteil des Weltgerichts bes. der Ostkirche. In der Miniaturmalerei (byz. Oktateuche, 12. Jh.) wird der Bildschatz an Szenen noch stark erweitert. In den anonymen AT-Zyklen wie Chartres, Westportal, um 1145/55, bleibt A. unbestimmbar, unter den mit Attributen gekennzeichneten wie am Chartreser Nordportal um 1205/10 erscheint er mit Isaak, ein Opfermesser tragend, so z. B. auch in Reims, Amiens, Freiburg i. Br., von Donatello 1421 für den Domcampanile in Florenz. Als Krieger, Pendant zu Melchisedek, z. B. am Pfeiler in Wechselburg um 1235.

G. Binding/E. Lucchesi-Palli/A. Reinle

Lit.: LCI I, 20–35 – LThK² I, 56–59 – RByzK I, 11–22 – RDK I, 82 – 102 – RGG I, 68–71 – A. GRABAR, Christian Iconography, A Study of Its Origins, 1968, 95-96, 140, 144-145 passim – H. G. SEVERIN, Ostrom. Reliefs mit Darstellungen des A.opfers, Bull. du Musée Hongrois des Beaux Arts, 36, 1971, 29–46 – R. STICHEL, Zur Ikonographie der Opferung Isaaks..., Actas del XXIII Congreso Internacional de Historia del Arte, Granada 1973, I, 527–36.

Abravanel, 1. A. Isaak (ben Jehuda), jüd. Religionsphilosoph und Bibelkommentator, geb. 1437 in Lissabon, gest. 1508 in Venedig. Humanist. gebildet, war Geschäftsmann, Finanzpolitiker in ptg., kast. und neapolitan. Diensten; tatkräftiger Vertreter jüd. Interessen. Theolog.-philosoph. suchte er den Ausgleich zw. maimonid. Philosophie und traditionellem Supranaturalismus unter Abwehr averroist. Tendenzen. Unter dem Eindruck der Verfolgungen und Vertreibungen des 15. Jh. stärkte er das jüd. Selbstbewußtsein durch Betonung der endzeitl. Hoffnungen (und eingehende Kritik an der chr. Auslegung des AT). Davon dürfte auch seine kulturkrit. Gesellschafts- und Staatstheorie bestimmt sein. Seine Kommentare zum AT fassen die vorliegenden exeget. Diskussionen jeweils in knappen Übersichten zusammen, um sie dann systemat. und einzelexeget. zu erörtern. Ähnl. der Kommentar zu Maimonides' »Führer der Verwirrten«, aber in der persönl. Tendenz ausgeprägter, bes. bezügl. der Offenbarungslehre (Prophetie).　　J. Maier

Lit.: EJud (engl.) II, 103–109 [Bibliogr.] – A. J. REINES, Maimonides and Abrabanel on Prophecy, 1970 – S. LÉVY, La cité humaine d'après I. A. [Diss. masch. Straßburg 1970] – B. NETANYAHU, Don Isaac Abrabanel, 1972² [Bibliogr.].

2. A., Jehuda (ben Isaak), auch Leone Ebreo (Medico), Arzt, hebr. Dichter und it. Renaissance-Platoniker, geb. 1460/65 in Lissabon, gest. in Italien nach 1523. Judenverfolgungen zwangen ihn, Portugal und dann auch Kastilien zu verlassen. 1492 Arzt des Kg.s v. Neapel, 1495 siedelte er nach Genua über. Es folgten Aufenthalte in Neapel, Venedig und wieder Neapel. – *Hauptwerk*: Dialoghi d'Amore: 1497/1506 verfaßt (Ed. pr.: Blado, Rom 1535; es folgen vier aldin. Ausgaben 1541, 1545, 1549, 1552 und weitere ven. im 16. Jh.; Übersetzungen und Nachahmungen im 16. und 17. J., v. a. im außerjüd. Bereich). Das Werk besteht aus drei Büchern: Dialog zw. Sofia (Symbol der rationalen Weisheit) und Filone (gefühlsbetonte Leidenschaft); Definition von Liebe und Verlangen (Buch I), Grenzen, Formen und Universalität der Liebe (II), Ursprung der Liebe (III).　　O. Besomi/J. Maier

Ed.: S. CARAMELLA, 1929, basiert auf der Ed.pr. Aufgrund von Handschriftenstud. konnte C. DIONISOTTI (s. u.) nachweisen, daß das Original der Dialoghi nicht in it. Sprache aufgesetzt wurde. Anastat. Reproduktion der Ed.pr. mit Komm., hg. G. GEBHARDT, 1924 – *Übers.*: F. FRIEDBERG-SEELEY-J. H. BARNES, The philosophy of Love, 1937 – Lit.: EJud (engl.) II, 109-111 – H. PFLAUM, Die Idee der Liebe – Leone Ebreo, 1926 – G. SAITTA, Filosofia italiana e umanesimo, 1928, 83–157 – J. KLAUSNER, Don Judah Abrabanel and his Love-Philosophy, Tarbiz 3, 1931, 67-98 – H. PFLAUM, Intorno alla vita di Leone Ebreo, Civiltà moderna 6, 1934, 163–193 – G. SAITTA, Il pensiero italiano nell'Umanesimo e nel Rinascimento, 1950, insbes. 2, 79–109 – M. RAYMOND, Le platonisme de Pétrarque à Léon l'Hébreu, Association G. BUDÉ, Actes du congrès de Tours et Poitiers, 1954 – C. DIONISOTTI, Appunti su Leone Ebreo, Italia medioevale e umanistica 2, 1959, 409–428 – J. V. DE PINA MARTINS, Livros Quinhentistas sobre o Amor, Arquivos do Centro cultural Portugés 1, 1969, 80–123 – T. A. PERRY, Dialogue and Doctrine in Leone Ebreo's Dialoghi d'Amore, PLMA 88, 1973, 1173–79.

Abrogans, nach den ersten Lemma benanntes ältestes dt. Glossar, in drei Hss. überliefert: K = Stiftsbibliothek St. Gallen 911, Ende 8. Jh., alem.; Pa = Bibliothèque Nationale Paris lat. 7640, Anf. 9. Jh., bair.; Ra = Bad. Landesbibliothek Karlsruhe Aug. CXI, frühes 9. Jh., alem. Die Schriftheimat von K und Ra ist nicht gesichert; Pa stammt vermutl. aus Regensburg. Grundlage der dt. Glossierung bildet ein spätantikes lat.-lat. Synonymenwörterbuch, das nach G. BAESECKE auf Veranlassung und unter der Leitung des Bf.s →Arbeo um 765 in der Domschule von Freising ins Ahd. übertragen worden sein soll, wobei die lat. Lemmata und die lat. Interpretamente übersetzt wurden. Der dt. A. ist der Versuch der lexikal. Aneignung eines rhetor. Schmuck dienenden Lateins; sein Quellenwert für die dt. Sprachgeschichte liegt daher v. a. auf lexikal. Gebiet.

R. Bergmann

Ed.: STEINMEYER-SIEVERS, I, 1879, 1–270 [Neudr. 1968] – J. SPLETT, Textkrit. zum A., Leuvense Bijdragen 64, 1975, 23–42 – Lit.: G. BAESECKE, Der dt. A. und die Herkunft des dt. Schrifttums, 1930 – W. BETZ, Der Einfluß des Lat. auf den ahd. Sprachschatz I, Der A., 1936 – B. BISCHOFF, Paläograph. Fragen dt. Denkmäler der Karolingerzeit, Frühma. Stud. 5, 1971, 101–134 – R. BERGMANN, Verz. der ahd. und as. Glossenhss., 1973, Nr. 253, 298, 747 [mit Lit.] – J. SPLETT, A.-Studien, 1976 [mit Lit.].

Absage (auch Aufsage, Widersage, lat. diffidatio), formelle Kriegserklärung, seit dem 13. Jh. meist in schriftl. Form zugestellt. Im Zusammenhang mit der →Landfriedensbewegung des 12. Jh., namentl. mit der *Constitutio contra incendiarios* von 1186, welche eine Einschränkung des →Fehdewesens anstrebte, wurde die A. zur unentbehrl. Voraussetzung einer Fehde. Unrechtmäßige Fehdegründe wurden durch eine korrekte A. freil. nicht aufgewogen. Die A. bedeutete die Aufhebung aller Rechts- und Treuebeziehungen zw. den beiden Gegnern und gestattete dem Absager die Anwendung der vom Fehderecht vorgesehenen Kampfmittel. Durch die A. unterschied sich der

Fehdeführende vom ehr- und rechtlosen Räuber. Die formelle A. konnte durch brauchtüml. Gebärden und Handlungen (Fehdehandschuh, rituelle Drohungen und Schmähungen, Verweigern des Grußes, Abdecken der eigenen Dächer) ergänzt oder ersetzt werden. An karnevalist. Terminen wurden Fehden auch ohne A. eröffnet, da zu diesen Zeiten das Recht der Maskenrüge gewaltsame Racheaktionen gestattete. W. Meyer
Lit.: →Fehdewesen.

Absalon, 1. A., Ebf. v. Lund, Gründer von Kopenhagen, * Okt. 1128 in Fjenneslev (Seeland, Dänemark), † 21. März 1201 in Sorø. A. gehörte zur machtvollen Familie Skjalms des Weißen, studierte bis zur Priesterweihe in Paris. 1158 wurde er Bf. v. Roskilde und gehörte zum Rat des Kg.s Waldemar d. Gr. Zusammen mit Ebf. Eskil gründete er 1161 die Zisterzienserabtei Sorø, wie er auch die Kartäuser förderte. 1178 trat A. die Nachfolge Eskils in Lund an, verzichtete aber erst 1191 auf Roskilde. Er half 1169 bei der Eroberung Rügens, errichtete gegen die Ostseeslawen die Bischofsburg Havn (Kern des künftigen Kopenhagen) und war von 1187-90 Regent für Kg. Knud VI. Als führender dän. Staatsmann bewährte er sich auch als Mäzen. →Saxo Grammaticus widmete ihm als Dank seine »Gesta Danorum«. Nachfolger A's in Lund wurde sein Neffe Anders Sunesøn (→Andreas Sunonis), ein anderer Neffe, Peder Sunesøn, erhielt das Bm. Roskilde. A. war der hervorragendste skand. Kirchenfürst des MA. H. Wolter
Qq.: Diplomatarium Danicum I, 1-3, hg. C.A.CHRISTENSEN und H. NIELSEN, 1975,76 – Saxo Grammaticus, Gesta Danorum, hg. J. OLRIK und H. RAEDER, 2 Bde, 1931 und 1957 – Lit.: H. OLRIK, A., 2 Bde, 1908/09 – H. KOCH und B. KORNERUP, Den danske Kirkes Historie, I, 1950 [Lit.].

2. A. v. Springiersbach, Augustinerchorherr v. St. Viktor, Paris (nicht ident. mit Abt Absalom v. St. Viktor, 1198-1203) übernahm die Aufgabe, als Abt von Springiersbach (1190/96) in diesem Augustinerstift in der Diözese Trier die Disziplin wiederherzustellen. Seinen Reformbemühungen war kein dauerhafter Erfolg beschieden. Von A. ist eine Sammlung von sermones erhalten (MPL 211, 13-294) mit 50 Festpredigten, die er vor seinen Kanonikern und vor dem Generalkapitel hielt. Er erweist sich als vorzügl. Prediger und als eigenständiger Theologe. Bes. Interesse an mariolog. Fragen, ein anthropolog. Dualismus mit leibfeindl. Tendenz und Skepsis gegenüber weltl. Bildung kennzeichnen seine Gedankenwelt. J. Prelog
Lit.: A. THOME, Die Sermones festivales des A. v. S. in ihrem dogmat. Gehalt und in ihrer theologiegeschichtl. Bedeutung, 1952 [masch., Seminarbibl. Trier] – F. PAULY, Springiersbach, 1962, Trierer Theolog. Stud. 13, 60-64.

Abschied Jesu von Maria nach der Erweckung des Lazarus, in der Bibel nicht erwähnt, sondern im 13. Jh. unter franziskan. Einfluß entstanden, seit Ende des 14. Jh. dargestellt (Passionszyklen des Kölner Kunstkreises im Wallraf-Richartz-Museum Köln). G. Binding
Lit.: LCI I, 35-37 – RDK I, 102-105.

Absolut, das Absolute. Das substantivierte Neutrum »das Absolute« ist Zentralbegriff philosoph. Gotteslehren in der Neuzeit, v.a. in und seit dem nachkant. Deutschen Idealismus. In dieser Form ist es keiner der Namen Gottes im MA. Der Gott des chr. MA ist nicht primär ein Gott »absoluter« Ferne, er hat sich in Inkarnation und Hl. Schrift geoffenbart, ist in Liturgie und Sakrament mitten unter den Menschen. Dennoch gehört der ma. Wortgebrauch von a. zu der in der neuzeitl. Bedeutung wirksam bleibenden Herkunftsgeschichte.

Im klass. Latein bedeutet 'absolutus' (relativ selbständig empfundenes passives Perfektpartizip von absolvere - 'ablösen') 'in sich abgeschlossen, vollständig' und von daher 'von nichts abhängig, vollkommen, unbedingt'. So weiß Cicero zu sagen, daß die besseren unter den Philosophen »nahezu für vollkommen und vollendet (absoluti et perfecti) gehalten werden« (De div. II, 150).

Bei den *lateinischen* → Kirchenvätern findet sich zwar unter vielen anderen Anwendungen von a. auch die auf Eigenschaften Gottes, aber keineswegs vorrangig: »Niemand ist in a. Weise gut außer dem einen Gott – nemo autem absolute bonus nisi unus Deus«, sagt *Hieronymus* (In Hiez. V, 16, 48/51), ebenso kann aber auch *Augustinus* von der a. Seligkeit (absolute... beatus, De civ. Dei 13, 10) der ersten Menschen (also nicht Gottes!) im Paradies sprechen.

Ein auffällig gehäufter Gebrauch von a. im Kontext der Gotteslehre findet sich im Monologion *Anselms v. Canterbury:* Es steht dort als adverbiale Bestimmung der Seinsaussage (Mon. 28 passim: »Man sieht, daß allein ›der göttl. Geist‹ schlechthin und vollkommen und unbedingt *ist*, alles andere dagegen fast nicht ist – ...simpliciter et perfecte et absolute esse...«) – aber auch schlicht als Prädikativum (ebd.: »...was [gemeint ist der göttl. Geist] allein vollkommen, einfach und unbedingt ist – quod... solum est perfectum, simplex et absolutum«). Im Schlußsatz von Mon. 28 löst Anselm a. aus der sonst immer wiederkehrenden Verbindung mit simplex und perfectus: Der göttl. Geist »ist allein auf absolute Weise – solus absolute est«.

Die damit anklingende Sonderstellung von a. ist aber keineswegs typ. für die Autoren der folgenden Jh. *Thomas v. Aquin* verwendet das Wort recht häufig innerhalb der beiden o.a. Bedeutungsfelder, auf Gott bezieht er es aber nur mehr am Rande, so etwa S. Th. II-II, 184, 2c: »perfectio absoluta – a. Vollkommenheit« kommt nur Gott zu (vgl. L. SCHÜTZ, Thomas-Lexikon, 1895[2] unter a.). Ebensowenig findet sich gegen Ende der Hochscholastik, etwa bei *Wilhelm v. Ockham,* eine ausgezeichnete Verwendung von a. in der Gotteslehre, wenn auch das ockhamist. Verständnis der →potentia Dei absoluta in moraltheolog. Kontext von größter wirkungsgeschichtl. Bedeutung ist.

Erst bei *Nikolaus v. Kues,* am Ausgang des MA, wird a. einer der zentralen Begriffe der Gotteslehre. Auffällig ist bei Nikolaus nicht nur die Häufigkeit des Gebrauchs von a., sondern v.a. die Verwendung als direktes Prädikat Gottes. In De doct. ign. I, 2 wird Gott das »maximum absolutum« genannt, welches alles ist – »quod est omnia« und »mit dem deshalb auch das Kleinste zusammenfällt – secum simul coincidit minimum«. Dieses a. maximum ist die Einheit (unitas), die frei (absoluta!) ist von jeder Einschränkung (contractio). Noch ist a. eine nähere Bestimmung, durch die ein anderes Nomen zum Gottesnamen qualifiziert wird. In De doct. ign. II, 9 (h 95, 27f.) heißt es dann aber eindeutig: »Solus Deus est absolutus, omnia alia contracta – Gott allein ist a., alles andere eingeschränkt«, in II, 4 (h 73, 4) nennt Nikolaus Gott das »völlig Absolute – maxime absolutum« (vgl. h 95, 29). Ist eine derartige Verwendung von a. zwar neu, so stehen die gemeinten Inhalte bei ihm jedoch, greifbar v.a. unter den Begriffen →»coincidentia oppositorum«, →»complicatio-explicatio«, »absolutus-→contractus«, in gewolltem und deutl. Zusammenhang mit vorwiegend neuplaton. Traditionen des MA. Nikolaus v. Kues erweist sich auch in der Begriffsgeschichte von a. als Wegbereiter der Neuzeit, aber gerade bei ihm wird deutl., daß dieser Weg Übergänge, aber keine Unterbrechungen hat. H. Meinhardt
Lit.: HWP I, 12-31 – G. HUBER, Das Sein und das Absolute, 1951 – R. GUARDINI, Das Unendlich-Absolute und das Religiös-Christliche, PhJb 65, 1957, 12-23.

Absolution, Nachlassung von Sünden bzw. Kirchen- und Sündenstrafen, hängt eng mit der kirchl. Bußdisziplin und deren Entwicklung zusammen. Seit dem Zurückdrängen der achr. Bußpraxis (Exkommunikation und Rekonziliation in der Hand des Bf.s) durch die private Buße erfolgte die A. in der Regel im Rahmen der vor dem Priester abgelegten Beichte. Die immer wieder verlangte licentia des Bf.s, später des sacerdos proprius (Conc. Lat. IV, const. 21, COD 221) läßt auf eine außer der Weihegewalt erforderl. Vollmacht schließen. Tatsächl. setzte sich in der für diese Frage entscheidend gewordenen kanonist. Doktrin des 12. und 13. Jh. die Auffassung durch, daß neben der Weihegewalt zur Spendung des Bußsakramentes und damit zur Erteilung der A. eine eigene →Jurisdiktionsgewalt erforderl. ist (→Huguttio, →Laurentius Hispanus, bes. dann →Raimund v. Peñafort und →Heinrich v. Segusia). Die ausschließl. priesterl. Absolutionsgewalt mußte sich durchsetzen gegen die Übung der Diakonen- wie der Laienbeichte. Das Tridentinum (sess. 14 De paenit. cap. 1–2, 6–7, can. 9) bekräftigte die Notwendigkeit einer bes. Jurisdiktionsgewalt zur A. Kontrovers blieb bis in die Gegenwart nur die Frage, ob die A. einen richterl. oder einen Gnadenakt (MÖRSDORF) darstellt. E. H. Fischer

Lit.: M. VAN DE KERCKHOVE, De notione jurisdictionis apud Decretistas et priores Decretalistas (1140-1250), Ius Pont. 18, 1933, 10-14 - E. H. FISCHER, Bußgewalt, Pfarrzwang und Beichtvaterwahl nach dem Dekret Gratians, TQ 134, 1954, 39–82 (Studia Gratiana IV, 1957, 185 - 230) - DERS., Die Notwendigkeit hoheitl. Hirtengewalt zur Bußspendung, Fschr. Ius Sacrum für K. MÖRSDORF, 231-251 - DERS., Der Priester als Bußspender, Fschr. Ius et salus animarum für B. PANZRAM, 201-218 - M. SCHMAUS, AkathKR 145, 1976, 307-320.

Absonderungsgesetze sollen den Einfluß der jeweils anderen Religionsgemeinschaft auf die eigenen Religionsangehörigen verhindern. Sie tragen zur Erhaltung des Judentums in der Diaspora bei, Minderheit in einer religiös anderen, durch Christentum und Islam geprägten Umwelt zu sein, konservieren jedoch zugleich den minderen sozialen und rechtl. Status der Juden. Jüdischerseits finden sie sich v. a. in den *Taqqānôt* (Verbesserungen, d.h. Ergänzungen zu den pentateuch. Gesetzen) verschiedener Rabbinerversammlungen. So verbieten die rhein. Rabbinerversammlungen 1200-23 den Juden, Haar und Bart nach Art der Christen zu schneiden, von Nichtjuden (Christen) gekochte Speisen zu essen, Nichtjuden zur Bereitung des Weins heranzuziehen. Die Rabbinerversammlung von Valladolid (1432) verbietet überdies die dauernde Anstellung chr. Bediensteter und den Jüdinnen, Kleider nach Art der Mauren zu tragen. Das IV. Laterankonzil verlangt 1215, daß Juden und Sarazenen ein unterscheidendes Zeichen an ihrer Kleidung tragen, um dadurch eine geschlechtl. Verbindung mit Christen unmögl. zu machen; Judenhut und gelber Ring sind auf die Bestimmungen dieses Konzils gegründet. Ebenso erläßt es Ausgangsverbote, so für die drei letzten Tage vor Ostern. Der kirchl. entspricht die staatl. Gesetzgebung. So verbieten die *Siete partidas* Alfons' X. die Einladung von Juden auf chr. Gastmähler. Seit dem SpätMA werden die Juden in bestimmte Viertel zwangsverwiesen (1462 Errichtung des Frankfurter Gettos). W. P. Eckert

Lit.: L. FINKELSTEIN, Jewish Self-Government in the Middle Ages, 1964 - K. H. RENGSTORF-S. V. KORTZFLEISCH, Kirche und Synagoge, 1968.

Abstammung des Menschen → Adam

Absterben (demori, mori), in der theolog. Spekulation des MA durch Joh. (3, 30) und Paulus (Gal. 2, 20) exeget. bestimmt: »sol got în gân, überein sô muoz crêature ûz gân«. (Meister Eckhart, PFEIFFER, 12) A. ist hier eine geistige Haltung, die – der Zerstreuung der Welt entwerdend – Seinsgemeinschaft mit Gott (→unio mystica) anstrebt. Als solche gehört a. zum Begriffsgefüge von →Abgeschiedenheit (separatio, distinctio). Vgl. auch devotio moderna. K. Comoth

Lit.: Meister Eckhart, hg. F. PFEIFFER, 1857 [Neudr. 1962] - A. M. HAAS, Nim din selbes war, Stud. zur Lehre von der Selbsterkenntnis bei Meister Eckhart, Johannes Tauler und Heinrich Seuse, 1971 - B. FRALING, Mystik und Gesch., Das ›ghemeyne leven‹ in der Lehre des Jan van Ruusbroec, 1974 - A. M. HAAS, Mors mystica, FZPhTh 23, 1976, 304-392 – Gesamtausg. der dt. und lat. Werke Meister Eckharts (1936ff.) verweist auf den theolog. Kontext ab Augustinus.

Abstinenz → Askese

Abstraktion (gr. ἀφαίρεσις, lat. abstractio)
I. Begriffsbestimmung – II. Spätantike und Frühscholastik – III. Hochscholastik – IV. Kritik.

I. BEGRIFFSBESTIMMUNG: A. bezeichnet im MA v. a. jenen Erkenntnisprozeß, der zur Bildung eines Allgemeinbegriffs führt. Daneben kann A. auch den Vorgang bezeichnen, durch den die math. Gegenstände gewonnen werden.

II. SPÄTANTIKE UND FRÜHSCHOLASTIK: Nachdem →Alexander v. Aphrodisias und die folgende Aristoteleskommentatoren-Schule überhaupt zum ersten Mal den Allgemeinbegriff als immanentes Resultat des abstrahierenden Denkens verstanden hatten, wurde diese gegenüber der aristotel. Lehre grundlegend neue Einsicht dem MA durch →Boethius vermittelt, nach dessen einschlägiger Lehre das Allgemeine in der A. als »für sich Bestehendes« erkannt wird, ohne jedoch in Verbindung mit Sinnfälligem ein subsistierendes Seiendes zu sein. Die damit im abendländ. Denken erstmals vorgebrachte Lehre, man könne von einem sinnfälligen Einzelding aus zu einem Allgemeinen gelangen, indem das Denken die das Einzelseiende als solches bestimmende Wesensform herauslöst und so von den anderen Bestimmungen absieht, wurde im 12. Jh. weitgehend rezipiert und modifiziert. Während jedoch im allgemeinen (so in der Schule v. →Chartres und bei Gilbert v. Poitiers) das begriffl. Herauslösen (abstractim) der intelligiblen Form (forma essendi), wodurch das konkrete Einzelseiende ist, was es ist, – wie der Mensch z. B. dadurch Mensch ist, daß er »Menschheit« hat –, für mögl. gehalten und bes. von denjenigen, die sowohl augustin. wie auch boethian. Philosophie aufnehmen, betont wird, bleibt in dieser Zeit noch eine nähere Bestimmung des Abstraktionsvorgangs aus.

Trotzdem hebt sich in diesem frühen Stadium der Abstraktionstheorie schon eine Lehre heraus, die es verdient, genannt zu werden: die A.-Lehre →Abaelards. Abaelard versteht nämlich. erstmals in der Philosophiegeschichte »A.« als einen Erkenntnisvorgang, der durch »Aufmerksamkeit« geschieht. Diese Lehre, die bes. später BERKELEY und J. S. MILL vertreten haben, geht davon aus, daß es mögl. sei, bei der Erkenntnis eines konkreten Einzelseienden nur bestimmte Momente, also beispielsweise nur die Körperlichkeit dieses Menschen zu »bemerken«.

III. HOCHSCHOLASTIK: Wie die näheren die Allgemeinbegriffe durch A. gebildet werden, wurde eingehend erst im 13. Jh., bes. in der thomist. Philosophie, erörtert. Um aufhellen zu können, welche Voraussetzungen gegeben sein müssen, damit die Erkenntnis eines Seienden überhaupt zustande kommt, ist nach Thomas eine reflexive Analyse der Möglichkeitsbedingungen geistiger Erkenntnis nötig. Schon die sprachl. Auflösung des allgemeinsten aller konkreten Begriffe, des »Seienden« in »das, was ist« oder »das, was Sein hat«, zeigt, daß in diesem Allgemeinbegriff der Seinsakt, der im lumen intellectuale apriori erkannt ist, und eine aus diesem Akt resultierende »Wesenheit«, die durch einen im Licht der Vernunft von den phantasmata abstrahierten Wesensbegriff repräsentiert wird, zusammen mitgedacht werden. Genau diese Zusammensetzung des abstrakten »unselbständigen« (nach HUSSERL) Wesensbegriffs mit dem erkannten Sein macht nach Thomas das Wesen des Urteils aus, in dem einer in den phantasmata »gesehenen« Wesenheit in dem Sinne das Sein zugesprochen wird, daß sie in Wirklichkeit, d.h. in der Natur das ist, was sie ist. Da Thomas jedoch zugleich unter dem ersten konkreten Begriff auch all das begreift, dem ein veritatives Sein zukommt, d.h. von dem ein wahrer assertor. Satz zu bilden mögl. ist, – so daß auch Negationen und Privationen als »Seiende« zu verstehen sind –, muß mit dem im »verbum interius« ausgesprochenen Urteil auch das Sein solcher Seienden erfaßt sein.

Die thomist. A.-Lehre wurde, kaum daß sie zur Kenntnis genommen worden war, von →Heinrich v. Gent in bedeutender Weise modifiziert. Nach Heinrich wird in der sog. »metaphysischen A.«, die von der »logischen« zu unterscheiden ist, die wesheitl. Form (z. B. humanitas) von den an ihr partizipierenden partikulären Seienden (hic homo) abstrahiert. Diese hat als die sich im Urteil lichtende »Wahrheit« der erfaßten Sache, durch die das Objekt »offenbar gemacht und erklärt wird«, im erkennenden Intellekt ein »vermindertes«, erkanntes »objektives« Sein. Durch das so nur durch den Akt des »Sprechens« zu bildende Wort – nicht alles Erkannte im Erkennenden ist ein Wort –, d.h. durch den sog. »Begriff vom Begriff« (notitia de notitia) wird nach Heinrich nicht nur die Sache in ihrem Sein durch das Urteil erkannt, sondern es wird zugleich – modernen Positionen vergleichbar – in einer Art »Doppelurteil« die Wahrheit des Erkannten erkannt.

IV. KRITIK: Diese klass. Form der A.-Lehre wurde innerhalb der nominalist. Kritik bes. heftig von →Wilhelm v. Ockham angegriffen. Seine Kritik richtet sich v. a. gegen jenen springenden Punkt, der den A.-Lehren des Thomas, Heinrich und →Duns Scotus gemeinsam ist: die Notwendigkeit, eine reflexive Erkenntnis des Allgemeinen, das durch die von den phantasmata abstrahierte species intelligibilis repräsentiert wird, vorauszusetzen, um die Erkenntnis eines konkreten Einzeldings oder des Individuellen erklären zu können.

Freil. verkennt die Ockhamsche Kritik an der thomist. Konzeption, derzufolge – so Ockham – der intelligible Wesensbegriff und nicht die quidditas rei materialis das ersterkannte Objekt sein müßte, wenn sie konsequent wäre, daß Thomas die Abstraktion allgemeiner Begriffe als eine in der konkreten Dingerkenntis noch nicht bewußte Bedingung der Möglichkeit derselben verstanden hat, weswegen diese Begriffe mit Recht später »unselbständige« genannt wurden. Die eigene Position Ockhams, der anders als Duns Scotus nur das Individuelle für das real und immer ersterkannte Objekt des Intellekts hält, ist einerseits dadurch charakterisiert, daß er konsequent die species intelligibilis als vermittelndes Erkenntnisprinzip im A.-Prozeß ablehnt, andererseits dadurch, daß er die Bildung der abstrakten Allgemeinbegriffe, die gegenüber den konkreten nur einen verschiedenen »Modus der Bezeichnung« darstellen, für einen »natürlichen Prozeß« hält.

Th. Kobusch

Lit.: HWP I, 47–59 – J. ROHMER, La théorie de l'abstraction dans l'école Franciscaine d'Alexandre du Halès à Jean Peckam, AHDL 3, 1928, 105–184 – L.-B. GEIGER, Abstraction et séparation d'après saint Thomas in de Trinitate q. 5, a 3, RSPhT 31, 1947, 3–40 – B.J.F. LONERGAN, The concept of verbum in the writings of St. Thomas Aquinas. IV. Verbum and Abstraction. Theological Stud. 10, 1949, 3–40 – G. VAN RIET, La théorie thomiste de l'abstraction, RPhL 50, 1952, 353–393 – PH. MERLAN, Abstraction and Metaphysics in St. Thomas' »Summa«, JHI 14, 1953, 284–291 – G. SIEWERTH, Die A. und das Sein nach der Lehre des Thomas v. Aquin, 1958 – L. OEING-HANHOFF, Wesen und Formen der A. nach Thomas v. Aquin, PhJb 71, 1963, 14–37 – E. OESER, Begriff und Systematik der A., 1969 – J. v. BROWN, Abstraction and the object of the human intellect according to Henry of Ghent, Vivarium 11, 1973, 80–104 – H. WEIDEMANN, Metaphysik und Sprache, 1975.

Absurd (lat. absurdus), Derivat von surdus 'taub', übertragen 'unempfindlich, lautlos'. [1] (musikal.): 'unharmonisch, mißtönend'; [2] übertragen: 'ungereimt, widersinnig, töricht, fremd'. 1. auch im MA gebräuchl. (MlatWB 65). In übertragener Bedeutung kann die ursprgl. noch mitklingen. »Eine Rede erscheint absurd, weil sie keinen Sinn zuläßt« (Diom. gramm. I 403, 15) →Apologetik. Infolge der chr. Wertschätzung des Rationalen ist a. auch das moral. Verwerfliche (Aug. sermo 16, 2), das Rationale das Gesunde (Albert M. veget. 1, 5). Wie in der röm., so gibt es den Begriff a. auch in der ma. Rechtssprache (ThLL I, 223). »Credo, quia absurdum« hat seine Grundlage möglicherweise bei Tertullian, De carne Christi V, 4, dennoch ist eine positive Wertung des A. (Kierkegaard, frz. Existenzphilos.) dem MA unbekannt. A. Kolping

Lit.: DU CANGE I, 1, 19 – HWP I, 66f. – MlatWB I, 65 – ThLLL I, 221–226 – H. SCHÜTZEICHEL, Credo, quia absurdum est? TThZ 74, 1975, 156–163.

Abt, Vorsteher einer klösterl. oder klosterähnlichen Gemeinschaft (Abtei). Der Begriff kommt von lat.-gr. abbas, das aus dem Bibl.-Aramäischen abgeleitet ist. Im frühen oriental. Mönchtum ist der Abbas die geistl. Autorität in einer Mönchssiedlung, seine Vollmacht kommt aus der »geistlichen Vaterschaft«, die zu spontaner Unter- und Zuordnung führt; lit. Niederschlag der Führungsqualität sind die →Apophthegmata Patrum (Vatersprüche).

Das Aufkommen des Zönobitentums (seit Pachomius, † 348 und Basilius d. Gr., † 379) führt zur Institutionalisierung des Klosteroberen; im oriental. Mönchtum wird der Begriff A. nicht gebräuchl., stattdessen umschreibende Termini wie Vorsteher, Hegumenos, auch Archimandrit.

Im lat. Mönchtum ist der Begriff im techn. Sinn als Klosteroberer seit dem späten 4. Jh. vorhanden (Hieronymus, Johannes Kassian, Sulpicius Severus). Die frühen lat. Mönchsregeln sind keineswegs einheitl. Das augustin. Mönchtum bleibt beim neutralen Titel praepositus. Ihren klass. Ausdruck findet die monast. Vorstellung von A. in den beiden unmittelbar zusammengehörenden Texten der Regel Benedikts (c. 2; 64) und der sog. Magisterregel (c. 2; 92–94). Die monast. Tradition des pater spiritualis führt dabei die Feder; Anleihen beim Röm. Recht lassen sich nicht belegen. Der A. ist der Vater seiner geistl. Söhne, der Hirt seiner Herde, der Lehrer in der Schule der geistl. Kunst, der geistl. Arzt der Seinen. Die Regeln gestehen ihm umfassende Führungs- und Leitungsvollmacht zu; binden ihn in wichtigen Entscheidungen freil. an den Rat der Brüder (RB 3; ohne Entsprechung in RM) und bürden ihm die volle Verantwortung für das Wohl und Heil seiner Gemeinschaft auf. Benedikt überträgt die Wahl des A.s der Klostergemeinde, jedoch so, daß Bf. und Nachbaräbte u. U. einer unterlegenen pars sanior zum Sieg verhelfen oder gar die selbst einmütige Wahl eines Unwürdigen verhindern sollten (c. 64): dem Bf. stand die Bestätigung zu. Die Magisterregel beruft den A. durch Designation von seiten des Vorgängers in sein Amt (c. 92). Keine der frühen lat. Mönchsregeln fordert die Priesterweihe für den A. Von der merow. Zeit an wurde das freie Wahlrecht durch das →Eigenkirchenwesen stark beschnitten.

Mit der allgemeinen Durchsetzung der Regel Benedikts in karol. Zeit beherrscht ihr Abtsbild das abendländ. Kl. Der von der Klostergemeinde gewählte A. erhält durch den Bf. eine eigene →Abtsweihe, die in ihrer rituellen Ausgestaltung der Bischofsweihe angeglichen wird. Die vom hohen MA an übl. Verleihung der Pontifikalien (Kreuz, Mitra, Stab) an den A. steht im gleichen Zusammenhang. Die karol. Zeit leitet daneben die andere folgenreiche Entwicklung ein: Ä.e übernehmen als Vertrauensleute des Herrschers innerhalb der Reichsorganisation polit. Aufgaben und werden – je nach Bedeutung und Stellung ihres Kl.s – zu einflußreichen Funktionären der Reichspolitik. Das führt zur Entfremdung zwischen A. und Konvent und zur kirchen- und reichspolit.motivierten, von außen kommenden Mitbestimmung bei der Abtswahl. Schon unter Karl Martell begann die Verleihung von der karol. Dynastie zugefallenen Abteien an Laien, die als »Laienäbte« Kl. regierten. Selbst Privilegien, die das Wahlrecht garantierten, schlossen herrscherl. Eingriffe nicht aus. Um dem dadurch drohenden wirtschaftl. Ruin zu steuern, setzt sich seit dem 9.Jh. immer mehr die Aufteilung des Vermögens in die mensa abbatis und die mensa fratrum durch. Die monast. Reformen des MA strebten immer von neuem nach Rückbindung des A.s an seine Kommunität nach freier Abtswahl und wehrten sich gegen das Institut der *Laienäbte* (Kommendataräbte). Die Reformbewegungen, die im MA zu neuen Orden auf der Grundlage der Benediktinerregel führten, blieben dem traditionellen Abtsbild verpflichtet. Durch die stärker zentralist. Verfassung der neuen Orden (bes. Zisterzienser mit jährl. tagendem Generalkapitel, Bindung der Tochterabteien an die Gründungsabtei) wird die Autonomie des A.s eingeschränkt.

In der ausgehenden Spätantike und in der Merowingerzeit führten – zumindest in Gallien – den Titel A. die Vorsteher ländl. Seelsorgezentren (tituli) und suburbaner Coemeterialbasiliken, sofern ihnen zur Erfüllung ihrer seelsorgl. bzw. liturg. Aufgaben sowie zwecks Heranbildung des geistl. Nachwuchses Kleriker beigegeben waren, die unter ihrer Leitung in den monasteria der ruralen tituli und vorstädt. Basiliken ein konventuales Gemeinschaftsleben führten. Die Reform Ludwigs d. Frommen zwang diese abbates, auf diesen ihren Titel zugunsten des funktionalen Titels eines Archipresbyters bzw. des Propsttitels zu verzichten, wenn nicht einzelne Gemeinschaften, die an Coemeterialbasiliken wirkten, die Regel des hl. Benedikt annahmen und ihren Oberen auf diese Weise den (monast.) Abtstitel retteten.

Die regulierten Chorherren, die sich zwar auf die augustin. Tradition verpflichteten und von daher an die Spitze ihrer Klöster den praepositus (Propst) stellten, glichen ihre Oberen der monast. A. an und gaben ihm weithin auch den alten Titel. Die gregorian. Reform des 11. und 12.Jh. stellte die freie Abtswahl wieder her und verteidigte sie durch die Exemtion des Kl.s gegen bfl. Ansprüche. Päpstl. Reservate und Kommendenwesen hoben sie seit dem 14.Jh. vielfach wieder auf. Die zunehmende Klerikalisierung der Kl. führte dazu, daß für den A. erst partikularrechtl. (Synode v. Rom 826, v. Poitiers 1078), dann gemeinrechtl. (Konzil v. Vienne 1311–12) der Empfang der Priesterweihe verlangt wurde. K.S. Frank/V. Dammertz

Lit.: DDC I, 29–62 – DIP I, 8–14, 23–27 – LThK² I, 90–93 – RAC I, 45–55 – H. Schäfer, Pfarrkirche und Stift im dt. MA, Kirchenrechtl. Abh. 3, 1903 – K. Blume, Abbatia. Ein Beitr. zur Gesch. der kirchl. Rechtssprache, Kirchenrechtl. Abh. 83, 1914 – L. Levillain, Etudes sur l'abbaye de Saint-Denis à l'époque mérovingienne, BECh 86, 1926, 52–62 – J. Hausherr, La direction spirituelle en Orient autrefois, 1935 – M. Chaume, Recherches d'hist. chrétienne et médiévale, 1947, 66–84 – Ph. Schmitz, Gesch. des Benediktinerordens I, 1947, 243–251; IV 1960, 209–228 – G.W. O. Addleshaw, The development of the parochial system from Charlemagne to Urban II, St. Anthony's Hall Publication 6, 1954 – B. Hegglin, Der benediktin. A. in rechtsgeschichtl. Entwicklung und geltendem Kirchenrecht, 1961 – A. de Vogüé, La Communauté et l'abbé dans la Règle de St-Benoît, 1961 – P. Salmon, L'abbé dans la tradition monastique, 1962 – J. Siegwart, Der gallo-frk. Kanonikerbegriff, Zs. für Schweizer KG 61, 1967, 193–244.

Abtei [1] (abbatia), ein von einem →Abt (einer Äbt.) geleitetes Kl.; der Begriff bezeichnet in den Quellen gleicherweise die Personengemeinschaft, die Wohneinheit, den Besitz. Im frühen Mönchtum wird an seiner Stelle zur Bezeichnung jeder Art von asket.-monast. Gemeinschaft und Wohnung monasterium gebraucht. Es ist die Übersetzung des gr. μοναστήριον und kam als terminus technicus mit der lat. Fassung der Vita Antonii des →Evagrius v. Antiochia und fast um die gleiche Zeit durch die monast. Schriften des →Hieronymus in das kirchl. Lat. (ca. 370–390). In den frühen lat. Mönchsregeln steht monasterium im oben gen. Sinn: Es ist die nach außen streng abgeschlossene Wohn- und Lebensgemeinschaft der Mönche (z.B. Regula Benedicti 66, 6–7 = Regula Magistri 95, 17–18 [ohne »monasterium«]; Regula Isidori 1). Abbatia tritt erst später an die Stelle von monasterium. Die Verdrängung wird verständl. vom Begriff des Abtes (abbas), dem Oberen des Kl.s, der der von ihm geleiteten Lebensgemeinschaft den Namen gibt. Allerdings darf diese Erklärung nicht mit einer geradlinigen Einführung des Begriffes verbunden werden. An ihr hat das Recht entscheidenden Anteil. Abbatia als Subjekt von Besitz und damit verbundenen Rechten erscheint seit dem frühen MA zunächst im nichtklösterl. Bereich. Abbas ist der erste Geistliche einer Basilika, die abbatia dessen Amt. In diesem Bedeutungsbereich wird abbatia auch zur Bezeichnung des mit dem Amt verbundenen Besitzes und seiner Rechte (Pfründe). In das monast. Vokabular konnte diese Bedeutung leicht übertragen werden: Kl. und die in ihm lebende Mönchsgemeinschaft unter der Leitung eines Abtes.

Die Gründung einer A. war ursprgl. spontaner Entscheidung überlassen. In der w. Kirchenhälfte regte sich früh bfl. Aktivität. Das Konzil v. Chalkedon legte die Gründung und Aufsicht in die Hände des zuständigen Bf.s (Kan. 4). Die Rezeption der Konzilsbestimmungen in der lat. Kirche blieb uneinheitl. Bf.e und Adel bleiben die bevorzugten Klostergründer. Die A.en werden zu Eigenklöstern, die von den Karolingern gegr. bzw. von ihnen erworbenen A.en zu kgl. A.en und Reichsabteien, die unter Königsschutz stehen. Die A. als Grundherrin kommt in den Besitz der Grundherrschaft, die zur Territorialherrschaft werden kann. Seit der Karolingerzeit wurde es übl., A.en (das Abtsgut) als Pfründe an klosterfremde Geistliche oder Laien zu vergeben.

Bestimmte Zweige der ma. Klosterreform suchten die A.en aus den Bindungen an den Eigenklosterherrn und den Ordensbischof zu befreien. Die wichtigste Hilfe war dabei der Zusammenschluß von A.en in Klosterverbänden. In Cluny wurde dieser Weg kompromißlos gegangen, allerdings um den Preis der selbständigen A. in den zum Verband gehörenden Kl.n. Solchen Verbandscharakter tragen auch die benediktin. Reformgruppen; bes. stark bei den Zisterziensern mit der Einführung des Filiationssystems ausgebaut, wobei Zentralismus und Selbständigkeit der einzelnen A. geschickt miteinander verbunden werden (Generalkapitel, Mutter- und Tochterabteien). Die spätma. Reformbewegungen setzen auf die Bildung von Kongregationen, den rechtl. Zusammenschluß von A.en, meist auf geogr. nat. Ebene, unterstützt von gemeinsamen Ordenssatzungen, wobei die Autonomie der einzelnen A.en in unterschiedl. Grade bewahrt bleibt.

[2] Als Lebensgemeinschaft von Personen ist die A. vom monast. Selbstverständnis her zu verstehen. Benedikt (und der Magister) verstehen sie als »Schule für den Dienst des Herrn«, in der die »hl. Kunst« (Askese und chr. Vollkommenheit »unter Führung des Evangeliums«) erlernt werden. Der Eintritt wird gewährt, um »wahrhaft Gott zu suchen«. Diesem Ziel bleibt alles andere untergeordnet. Die A. hat vom monast. Selbstverständnis her keine äußere Zweckbestimmung; die ma. Entwicklung trägt solche an sie heran und fordert von ihr »Dienstleistungen«: Mission, Erziehung, Kunst und Kultur. Hier erweitert sie auch ihr Selbstverständnis: Sie wird zum sichtbaren Abbild der Kirche, was sie in ihrem Lebensvollzug, ihrer Liturgie und baul. Gestaltung zum Ausdruck bringt.

[3] Die A. als Wohn- und Lebensraum entwickelt eine eigene Architektur. Deren Grundlagen dürfen nicht in den Anfängen des Mönchtums gesucht werden. Die ältesten Regeln bestimmen: Einsamkeit der Lage, strenger Abschluß nach außen und – wie Regula Isidori 1 – etwa die funktionale Anordnung der einzelnen Wohnelemente. Ö. und w. Mönchtum zeigen Unterschiede; lokale, nichtmonast. Baugewohnheiten liefern wohl den Vorentwurf. Für das w. Mönchtum darf an das röm. Landhaus gedacht werden. Erst das frühma. Kl. entwickelt sein festes Bauschema, wofür das erweiterte Selbstverständnis der Abtei entscheidend ist (Klosterplan von St. Gallen). Seine schönste und einheitlichste Ausprägung fand das Schema bei den benediktin. Reformgruppen (bes. in den Zisterzienserklöstern). Hinsichtl. der Bauanlage kann der Begriff A. verschieden gebraucht werden: a) für den ganzen, von der Klausurmauer umfaßten Komplex; b) für die Wohnung des Abtes innerhalb dieser Baueinheit.

[4] Die A. als Normaltyp des Kl.s bleibt auf die monast. Orden beschränkt. Die Chorherren seit karol. Zeit gleichen ihre Niederlassungen den monast. jedoch an (in Besitz, Recht, Verwaltung und Bauanlage; trotz unterschiedl. Ordensregel auch weithin in den Lebensform); bei zwar verschiedener Terminologie (Propst, Propstei) treffen die Aussagen auch auf ihre Niederlassungen zu. Erst die anders strukturierten Bettelorden des 13. Jh. weichen von der A. im herkömml. Sinne ab. Als ortsungebundene Personalverbände (eigentl. Orden) kennen sie den *Konvent*, der in der Stadt liegt. Auf den »Dienst am Heiligtum« mit seinen festen Einkünften und festverbundenen Rechten verzichten sie. Der neue Klostertyp ergibt sich aus der gewandelten wirtschaftl. Struktur des hohen MA und einer sich verändernden Ekklesiologie.   K. S. Frank

Lit.: DIP I, 790–871 – K. Blum, Abbatia. Ein Beitrag zur Gesch. der kirchl. Rechtsprache. 1914 – T. P. McLaughlin, Le très ancien droit monastique de l'Occident, 1935 – P. Schmitz-R. Räber, Gesch. des Benediktinerordens I–IV, 1947ff. – K. Hallinger, Gorze-Cluny, 1950–51 – D. Knowles, The Monastic Orders, 1950 – J. Semmler, Zur Überlieferung der monast. Gesetzgebung Ludwigs d. Frommen, DA 16, 1957, 309–388 – Ders., Reichsidee und kirchl. Gesetzgebung, ZKG 71, 1960, 37–65 – Ders., Karl d. Gr. und das frk. Mönchtum, Karl d. Gr. II, 225–289 – La vita commune del clero nei secoli XI e XII, Atti della settimana di studio, Mendola 1959, 1962 – G. Constable, Monastic Tithes, 1964 – F. Prinz, Frühes Mönchtum im Frankenreich, 1965 – W. Braunfels, Abendländ. Klosterbaukunst, 1969, 1976[2] – Germania Benedictina, 1970ff. – A. Häussling, Mönchskonvent und Eucharistiefeier, 1973 – W. Horn, On the Origins of the Medieval Cloister, Gesta XII, 1973, 13–52 – Ders., mit E. Born, New Theses about the Plan of St. Gall, H. Maurer [Hg.], Die A. Reichenau, 1974, 407–480 – K. S. Frank, Die Klosteranlage nach der Regula Magistri, Regulae Benedicti Studia 5, 1978.

Abteistadt, Stadt, deren wesentl. topograph. Keimzelle eine Abtei und deren Stadtherr der Abt ist; eine zweiherrige Stadt, wenn der ortsanwesende Herr der Abt ist. Die A. ist zu unterscheiden von der Stiftsstadt; aber es gibt Grenzfälle, wenn ein Kl. in ein Stift umgewandelt wird. Beim Übergang einer Abtei mit zugehöriger Stadt an einen Landesherrn – im allgemeinen auf dem Weg über die Vogtei – liegt eine A. allenfalls vor, wenn dieser Übergang nach Abschluß der städt. Entwicklung (etwa nach 1500) erfolgte (insofern kann man Siegburg und Hersfeld als Abteistädte bezeichnen, aber kaum Münstereifel, wo nicht nur das Kloster in ein Stift umgewandelt wurde, sondern auch die Vögte seit dem 12. Jh. einen wachsenden Einfluß ausübten). Abteien waren viel seltener und weniger wirksam als Bischofssitze präurbane Kerne ma. Städte. Die Überlegenheit der Bischofssitze beruht: 1. In ihrer besseren Verkehrslage. Wenn auch die Überlieferung, ein Kl. sei im Ödland gegründet, ein topos sein kann, sie trifft in vielen Fällen zu. 2. In den röm. civitates, die Bischofssitze wurden, blieben vielfach stadtsässige Bevölkerung und ein gewisses Marktleben erhalten, Voraussetzungen einer ma. städt. Entwicklung, die bei Abteien nicht bestanden. 3. Die weltl. Machtstellung der Bf.e übertraf im allgemeinen die der Äbte. 4. Die Bischofskirche übte stets – im Gegensatz zu vielen Abteien – zentrale Funktionen aus. Daß eine röm. civitas nicht oder nicht gleich oder nicht dauernd Bischofssitz und Bischofsstadt wurde, blieb eine Ausnahme, während sich an viele Abteien keine städt. Entwicklung anschloß. Auch ist zw. der stadtbildenden und der stadtfördernden Kraft einer Abtei zu unterscheiden. Nicht alle Städte, in deren Frühgeschichte Kl. eine siedlungs-, wirtschafts- und sozialgeschichtl. Bedeutung hatten, wurden A.e. Stadtbildend wirkten im allgemeinen nur Benediktinerabteien. Zwettl bei dem gleichnamigen Zisterzienserkloster erwuchs in räuml. Entfernung von der Abtei, die zwar die Stadtherrschaft erstrebte, aber nicht behauptete.

Die dichte Besetzung Italiens mit civitates ließ so gut wie keine A.e entstehen. Bobbio, Badia di Pompósa, Farfa, Subiaco, Monte Cassino wurden nicht Keimzellen von Städten. Auch in Frankreich, dem städtereichen Gallien, knüpft die ma. Stadtbildung meist an röm. civitates an. In der Narbonense wird zwar die Benediktinerabtei St. Aegidius Keimzelle der Stadt St. Gilles, aber vorzügl. deshalb, weil das Grab des Hl.n sie zu einem Wallfahrtsort mit einem europ. Einzugsbereich machte; sie ist eher als Wallfahrtsstadt denn als A. einzustufen. In Aquitanien entstehen nur Kleinstädte am Sitz von Abteien (z. B. Moissac). Im Gebiet n. der Loire werden mit abnehmender Dichte der röm. civitates bzw. frühma. Bischofssitze rechts von Rhein und Donau Abteistädte häufiger. Im lat. kirchl. O und in Skandinavien, wo alte Abteien fehlen, gibt es keine A.e. Der Sitz des Birgittenklosters Vadstena, von Kgn. Margarete 1400 mit Stadtrecht begabt, Handelszentrum und Wallfahrtsort, ist nicht als solche einzustufen. Als engl. A.e sind Reading, Bury St. Edmunds, St. Albans u. a. zu nennen. Auch hier war die konservative monast. Einstellung einer freien Entfaltung städt. Selbstverwaltung abträglich.

Auch im Raum zw. Loire und Weichsel tritt der Typ A. überwiegend in Mischformen auf. In den Niederlanden ist die stadtfördernde Kraft der alten Abteien und Stifte groß; die starke Stellung der Landesherren, der Gf.en v. Flandern v. a., läßt A.e nicht auf die Dauer bestehen. Arras, wo die außerhalb der Römerstadt gebaute Abtei St. Vaast Keimzelle der Stadt wurde unter der Herrschaft der Äbte, ist spätestens seit 1111 gfl. flandr. Stadt. Nivelles und Gembloux, die man im Frühstadium als A.e bezeichnen kann, sind im 14.Jh. Brabanter Städte. Im dt. Reich ist u. a. entscheidend, ob die Abtei reichsunmittelbar wird. Während sich bei den alten Abteien Mettlach, Gorze, Murbach, Maursmünster/Marmoutier, Maria-Laach, Schwarzrheindorf, Brauweiler, Cornelimünster u. a. keine städt. Entwicklung anschloß, wurden die Abteien Malmedy, Burtscheid, Mönchen-Gladbach, Siegburg, Prüm, Lorsch, Echternach, Weißenburg, Andlau, Hornbach, Remiremont u.a. Keimzellen späterer Städte oder doch Minderformen. Siegburg, das erst 1676 als Unterherrlichkeit zum Hzm. Berg kam, ist eine A., ferner Werden und Fulda. In Fulda liegt eine große Zeitspanne zw. Gründung der Abtei (744) und der Stadtbildung unter Abt Marquardt (1150–65), der die Marktsiedlung (Privileg von 1019) befestigte und aus ihr einen Gerichtsbezirk bildete. Der ummauerte Bezirk der Fürstabtei lag im N der Stadt, deren Kern die Marktsiedlung bildet. Das Stadtgericht war besetzt mit Schultheiß als Vertreter des Abtes und Schöffen mit Kooptationsrecht. Im 14. Jahrhundert gab es eine Ratsverfassung und einen gewerbl. Zentralmarkt mit zünft. Organisation der städt. und klösterl. Handwerker; 1525: 370 steuernde Bürger ohne Beisassen. Insgesamt keine beeindruckende Entwicklung. Keine Abteistadt ist zur ma. Großstadt geworden. E.Ennen

Lit.: DtStb IV, 1 – M.D.LOBEL, The borough of Bury St. Edmund's, 1935 – F.PETRI, Die Anfänge des ma. Städtewesens in den Niederlanden und dem angrenzenden Frankreich, Stud. zu den Anfängen des europ. Städtewesens, 1958 – J.J.HOEBANX. Nivelles est-elle brabançonne au moyen-âge? RB 41, 1963 – E.WISPLINGHOFF, Urkk. und Qq. zur Gesch. von Stadt und Abtei Siegburg I (948) 1065–1399, 1964 – J.L.CHARLES, La ville de St.Trond au moyen-âge, 1965, Bibl. Fac. Phil. Lettres Liège 173 – W.GUGAT, Verfassung und Verwaltung in Amt und Stadt Münstereifel, 1969, Rhein. Archiv 69 – H.MAUERSBERG, Die Wirtschaft und Ges. Fuldas in neuerer Zeit, 1969 – H.SPROEMBERG, Die Gründung des Bm.s Arras i.J. 1094, MA und demokrat. Geschichtsschreibung, 1971 – E.ENNEN, Stadt und Wallfahrt in Frankreich, Belgien und den Niederlanden und Deutschland, Stud. zu Volkskultur, Sprache und Landesgesch., Fschr. M.ZENDER 2. 1972 – H.KOLLER, Die Stadt Zwettl und ihr Umland, Stadt und Stadtraum, 1974, Veröff. Ak. Raumforschung, Landesplanung, Forschungs- und Sitzungsber. 97 – A.UYTTEBROUCK, Le gouvernement du duché de Brabant au bas moyen-âge (1355–1430), 1975.

Äbtissin → Abt

Äbtissinnenweihe → Abtsweihe

Abtreibung (abortus arteficialis), von der chr. Kirche im Gegensatz zur röm. Rechtsauffassung grundsätzl. unter Strafe gestellt. Während die frühen Konzilien A. in jedem Falle als Mord werten, dominiert später aufgrund der Vorschrift Ex 21, 22–23 in der Septuaginta-Version die Auffassung, A. eines conceptus non formatus bzw. nicht vivificatus oder animatus (vor dem 40. Schwangerschaftstag) sei milder zu beurteilen (kanon. seit Gratian, um 1140). Trotz kirchl. Verbots der A. führen med. Lehrbücher des MA, antiker bzw. islam. Tradition folgend, zahlreiche mechan. und dynam. (oral oder lokal anzuwendende) →Abortiva auf (vgl. LEWIN), wobei Abortiva, Emmenagoga, Wehenmittel und Kontrazeptiva häufig nicht streng unterschieden werden. Welche Bedeutung diese Präskriptionen für die Praxis der A. hatten, ist noch wenig erhellt. U.Weisser

Lit.: RAC I, 55–60, bes. 59f. – L.LEWIN, Die Fruchtabtreibung durch Gifte und andere Mittel, 1925² – R.J.HUSER, The Crime of Abortion in Canon Law [Diss. Washington 1942] – J.T.NOONAN, The Morality of Abortion, 1970, 1–59.

Abtriebsrecht → Stadtrecht

Abtritt (Abort, Dansker, lat. secessus), als gesonderte Einrichtung im freien Germanien vor der Karolingerzeit nicht nachweisbar, doch im provinzialröm. Gebiet an Wohnhäusern und Thermen als mehrsitzige Anlage bekannt. Daraus leitet sich die Entwicklung im Klosterbau ab: der St. Galler Plan von 820/830 zeigt die Anlage von mehrsitzigen A.n in getrennten, vom Schlafsaal oder Krankenzimmer zugängl. Bauten. Dasselbe gilt für Lorsch und die Zisterzienserkl. Loccum und Bebenhausen sowie für die →Deutschordensburgen (Marienburg, Marienwerder, Rheden) im 13./14.Jh., die durch einen gesondert im Wasser stehenden und mit der Burg durch einen Brückengang verbundenen Turm gekennzeichnet sind (Bezeichnung als Dansker seit 1393 belegt). Im Profanbau: Granusturm der karol. Aachener Pfalz als gewinkelter überwölbter Gang, der an einem Schacht endet und durch zwei Schlitzfenster belüftet ist; in der 883 gegen die Normannen errichteten Burg Broich/Mülheim a. d. Ruhr ein vom Hof aus zugängl. schräg durch die Ringmauer in den Graben führender Schacht mit Sitzbrett, ein Raum neben dem Hauptsaal und zwei übereinandergelegene mit getrennten Schächten versehene Abtritträume für den zweigeschossigen Nordraum; in den hochma. Burgen und Pfalzen entweder in den dicken Mauern (Bergfried, Schildmauer) ausgesparte Räume mit schräg abgehenden Schächten (Gutenfels, Kräheneck, Wildenburg, Castel del Monte 12./13.Jh.) oder vorgekragten Erkern (Gelnhausen, Leofels 12./13.Jh.); diese auch an Wohnbauten oder an die Außenmauer angebaute Schächte, die im Graben enden (Hohenbaden um 1400). Im städt. Profanbau befindet sich der A. zw. den Häusern oder im Hof als freigespannte hölzerne Anlage oder als Erker. G.Binding

Lit.: HOOPS² I, 15f. – RDK III, 1050–1052 – W.HUBER. Der Abort [Habil. masch. Karlsruhe 1950] – G.BINDING, Schloß Broich in Mülheim/Ruhr, 1970.

Abtshaus (-kapelle, -palast) → Kloster

Abtslisten geben die Namenfolge der Äbte eines Kl.s während einer Zeit bzw. von dessen Gründung bis zum Datum der Anlage einer Liste wieder. Trotz größerer Zahl der Kl. gegenüber jener der Bm.er sind A. nicht so wie Bischofslisten veröffentlicht und erforscht. Formal entsprechen sie oft den Bischofslisten, die im allgemeinen die ältere Überlieferung darstellen. Doch fehlt ihnen der Charakter des Hinweises auf apostol. Sukzession und deren lückenlose Kontinuität. Trotzdem bildeten sie – Bischofslisten, Papst- und Herrscherkatalogen gern parallelisiert – zusammen mit den Namen der Mönche das Rückgrat des Traditionsbewußtseins einer klösterl. Gemeinschaft. Sie sind als Series, Catalogi, Nomina oder commemoratio abbatum u. ä. in Hss. aller Art überliefert, außer in Cartularien, Chroniken und Gesta bes. in liturg. und paraliturg. Gebrauchscodices, in libri memoriales, Kapitels- und Totenbüchern, daher wohl nicht einfach ein »Seitenzweig der Historiographie« (HOFFMANN), eher bisweilen zu Gesta abbatum ausgewachsen (HOLDER-EGGER) und in jedem Fall Kern einer zum liturg. Gedenken geschaffenen Überlieferung. Diese erhielt einen zeitl. Schwerpunkt im HochMA, seit der Zeit des sog. Reformmönchtums. Von den überlieferten A. zu unterscheiden sind die von der Forschung rekonstruierten Äbtereihen eines Kl.s (z.B. in der Gallia Christiana). J.Wollasch

Lit.: Registerposition »A.« bei WATTENBACH-LEVISON-LÖWE, H. 5, 1973 – »Catalogus abbatum« bei WATTENBACH-HOLTZMANN-SCHMALE, 3, 1971 und WATTENBACH-SCHMALE, 1, 1976 – »Ämterlisten« bei A.LHOTSKY, Quellenkunde zur ma. Gesch. Österreichs, MIÖG Ergbd. 19, 1963; unvollst. Verz. in Repfont 3, 1970 s.v. »Catalogi« – Für die in den MGH veröff. A. vgl. bes. SS 13, 1881, 281ff. die von O.HOLDER-EGGER hg. Series abbatum – H.HOFFMANN, Die älteren A. von Montecassino, QFIAB 47, 1967, 224–354 – J.WOLLASCH, Mönchtum des MA zw. Kirche und Welt, MMS 7, 1973 – DERS., Die Klostergemeinschaft von Fulda im früheren MA, hg. K.SCHMID, MMS 8 [im Dr.] – K.SCHMID und J. WOLLASCH, Societas et Fraternitas. Begründung eines komment. Quellenwerkes zur Erforsch. der Personen und Personengruppen des MA, 1975.

Abtsstab → Krümme

Abtsweihe, der neu benannte Abt wird seit alters mit einem gottesdienstl. Segensgebet des Bf.s oder seines Vertreters in sein Amt eingeführt. Zwar nicht die Regula Benedicti, wohl aber die ihr nahestehende Regula Magistri (Kap. 93) beschreibt einen schon geformten Ritus. Das Früh- und HochMA gestaltet diese Gebetsriten in lokaler Unterschiedlichkeit zu einer liturg. Handlung aus, die zunehmend Elemente der Bischofsweihe aufzunehmen tendiert (v. a. rituelle Übergabe der *Pontifikalien*). In das »Pontificale Romanum« (1596, abgelöst 1970) fand der kaum veränderte Ritus des →Durandus v. Mende († 1296) Aufnahme. Da die Weihe die Rechtsstellung des Abtes nicht eigtl. schafft, allenfalls erhöht, blieb der Ritus (anders als die Bischofsweihe) hist. ohne sonderl. Relevanz; die *Laien-* und *Kommendataräbte* empfingen meist keine A.

A. Häußling

Lit.: S. HILPISCH, Entwicklung und Ritus der A. in der lat. Kirche, StudMitt 61, 1947/48, 53–72 – P. VERMEULEN, Abtswijding, Liturg. Woordenboek I, 1962, 32 f. – R. SOMMERVILLE, »Ordinatio abbatis« in the Rule of St. Benedict, RevBén 77, 1967, 246–263.

Abtthron → Thron

Abū Kāmil (Šuǧāʿ ibn Aslam ibn Muḥammad ibn Šuǧāʿ), ca. 850–930; stammte aus Ägypten und war einer der bedeutendsten islam. Mathematiker. Über sein Leben ist nichts Näheres bekannt. Die meisten seiner erhaltenen Werke sind im MA ins Lat. und Hebr. übersetzt worden: a) Die »Algebra von Abū Kāmil« behandelt die Lösung der Normalformen der quadrat. Gleichung und die Elemente des algebr. Rechnens. Danach bringt sie Beispiele und Aufgaben. Die Darlegung erfolgt in Worten. Leonardo Fibonacci hat etwa 30 Aufgaben aus diesem Werk übernommen. A. K. schöpfte seinerseits aus der Algebra von →al-Ḫwārizmī (LEVEY, 13 ff., 217 ff.). b) Die Abhandlung »Über das Fünfeck und Zehneck« untersucht mit algebr. Mitteln die Größenverhältnisse beim regulären Fünfeck und Zehneck. L. Fibonacci hat 17 der insgesamt 20 Probleme übernommen. c) Das »Buch der Seltenheiten der Rechenkunst« behandelt ganzzahlige Lösungen von Systemen unbestimmter linearer Gleichungen. Für eine weitere Abhandlung von A. K. über unbestimmte Gleichungen vgl. die Artikel von SCHUB/LEVEY und SESIANO.

E. A. Neuenschwander

Qq.: H. SUTER, Die Abh. des A. K. über das Fünfeck und Zehneck, Bibliotheca Mathematica 3. Folge 10, 1909/10, 15–42 – H. SUTER, Das Buch der Seltenheiten der Rechenkunst von A. K., Bibl. Math., 3. F., 11, 1910/11, 100–120. – M. LEVEY, The Algebra of A. K., 1966. – *Lit.:* DSB I, s. v. mit Übersicht über die weiteren Werke von A. K. und die Hss. – A. P. JUSCHKEWITSCH, Gesch. d. Math. im MA, 1964, 220–234 – SEZGIN V, 277–281 – P. SCHUB and M. LEVEY, Book on Indeterminate Problems of A. K., Centaurus 13, 1968, 91–94 – J. SESIANO, Les méthodes d'analyse indéterminée chez A. K., Centaurus 21, 1977, 89–105.

Abū Firās al-Ḥamdānī (al-Ḥārit ibn Saʿīd), Dichter aus arab. Fürstengeschlecht (Mutter Griechin), geb. 932, gest. 968; kämpfte als Statthalter von Manbiǧ (N-Syrien) zusammen mit seinem Vetter →Saifaddaula gegen die Byzantiner. Während seiner zweiten Gefangenschaft verbrachte er vier Jahre in Konstantinopel. Seine Gedichte und Lieder sind stark von persönl. Erleben und ritterl. Gesinnung geprägt; zuweilen gleichen sie einem poet. Tagebuch.

R. Sellheim

Lit.: EI² I, 119 f. – R. DVOŘÁK, A. F., ein arab. Dichter und Held, 1895 – SEZGIN 2, 480–483 – O. RESCHER, Beitr. zur arab. Poesie VI, 3, 1959–60.

Abū Ḥafṣ ʿOmar (I.) ibn Yaḥyā al-Mustanṣir →Ḥafṣiden

Abū l-ʿAlāʾ al-Maʿarrī (Aḥmad ibn ʿAbdallāh), blinder arab. Dichter und Denker, 973–1057, aus Maʿarrat an-Nuʿmān (N-Syrien). Weltverneinender Pessimismus kennzeichnet viele seiner Gedichte, verbunden mit furchtloser Kritik an polit. und sozialen Mißständen. Sie läßt ihn selbst vor dem islam. Dogma nicht haltmachen. In seinem Sendschreiben »Risālat al-Ġufrān« profaniert er den Glauben an das Paradies (burleske Divina Commedia).

R. Sellheim

Lit.: EI¹ I, 79–81 – BROCKELMANN² I, 295–297, Suppl. 1, 449–454 – E. LATOR, Oriens 4, 1951, 320–328 – M. SALEH, A. ʿA. al-M., Bibliogr. critique, BEO 22, 1969, 133–204; 23, 1970, 197–309.

Abū l-Qāsim az-Zahrāwī (Albucasis, Bucasis, Alzaharavius), maur. Arzt in Córdoba, gest. um 1013. Äußere Lebensdaten ungewiß (Leibarzt ʿAbd ar-Raḥmāns III.?), Verfasser eines beliebten gesamtmed. Kompendiums (»at-Taṣrīf«), in 30 Bücher gegliedert, in dem er v. a. spätantike Autoren (Paulos von Aigina, Oreibasios, Aëtios), →Rhazes und eigene Beobachtungen zur →Diätetik, Materia Medica und Chirurgie zusammenfaßt. Der chirurg. Teil wurde durch Gerhard v. Cremona schon im 12. Jh. ins Lat. übersetzt und hatte großen Einfluß auf die it. und frz. Chirurgenschulen im 13. und 14. Jh. (Wilhelm v. Saliceto, Guy de Chauliac u. a.), nicht zuletzt wegen der ausführlichen Instrumentenbeschreibungen. Die Chirurgie wurde unter dem Namen des Guy de Chauliac 1497 erstmals in Venedig gedruckt. Auch andere Teile des Taṣrīf nahmen schon im 13. Jh. über das Hebr. den Weg in den lat. Sprachraum: So die 28. Abh. (Zubereitung der einfachen Heilmittel), als »Liber Servitoris« bereits 1471 gedruckt, ebenso die sehr unvollkommene lat. Fassung der ersten beiden allgemeinmed. Bücher, als »Liber theoricae necnon practicae Alsaharavii«, 1519 gedruckt in Augsburg erschienen.

H. H. Lauer

Lit.: BROCKELMANN I, 239; Suppl. I, 425 – M. ULLMANN, Die Medizin im Islam, HO I. Abt. Ergbd. VI, 1. Abschn. 1970 [Schlüsselbibliogr. 149–151, 271] – M. S. SPINK und G. L. LEWIS, Albucasis, On Surgery and Instruments, a Definite Ed. of the Arabic Text with English Translation and Commentary, 1973 – H. SCHIPPERGES, Arab. Medizin im lat. MA, SAH Math.-naturwiss. Kl. 1976, 2. Abh., 1976 [Schlüsselbibliogr.].

Abū l-Wafāʾ al-Būzaǧānī (Muḥammad ibn Muḥammad ibn Yaḥyā), Astronom und einer der bedeutendsten Mathematiker der islam. MA, 940–997/998. Er zog i. J. 959 nach Bagdad, wo er Mathematik und Astronomie lehrte und am Observatorium die Beobachtungen leitete. Im ma. Europa wurde keines seiner Werke übersetzt. Am bekanntesten sind: a) Das »Buch über das, was die Schreiber und Geschäftsleute über die Wissenschaft Arithmetik wissen müssen« behandelt zunächst die Lehre von den Brüchen. Es gibt insbes. Regeln, wie man beliebige Brüche ($\frac{m}{n}$, m und n positive ganze Zahlen) exakt oder angenähert als Summen und Produkte von gewissen, damals vom Volke bevorzugten *Grundbrüchen* ($\frac{m}{n}$, mit $m < n \leqslant 10$) darstellen kann. Sodann werden die Operationen mit ganzen Zahlen und Brüchen beschrieben und verschiedene Formeln für die Berechnung von Flächen und Körpern in der Geometrie gegeben. Danach folgen prakt. Probleme. b) Das »Buch über das, was der Handwerker an geometrischen Konstruktionen benötigt« enthält zahlreiche planimetrische und stereometrische Aufgaben. Von bes. Interesse ist eine Gruppe von Konstruktionen, welche mit konstanter Zirkelöffnung durchgeführt werden (JUSCHKEWITSCH, 273–276). c) A.s »Almagest« und astron. Tafeln sind nur z. T. erhalten. (KENNEDY, Nr. 73).

E. A. Neuenschwander

Lit.: DSB I, s.v. – SEZGIN V, 321–325 – A.P.JUSCHKEWITSCH, Gesch. der Math. im MA, 1964 – E.S.KENNEDY, A Survey of Islamic Astronomical Tables, Transaction of the American Philosophical Society, 46, 1956.

Abū Ma'šar (Ǧa'far ibn Muḥammad ibn 'Umar al-Balḫī), im W: Albumasar, gr. 'Απομάσαρ zählt v. a. aufgrund seiner weitreichenden Nachwirkung im W zu den berühmtesten Astrologen des MA, geb. 787, gest. 886. Es werden ihm über 30 Werke zugeschrieben, deren Authentizität allerdings teilweise umstritten ist. A.M. war der Hauptautor, an dem das Abendland die Astrologie studierte: 27 Titel von ihm wurden im 12.Jh. und später ins Lat. übertragen, mehrere außerdem auch ins Byz.-Mittelgr. Dieser gesamte Werkkomplex, sowohl in der arab. Originalsprache als auch in den Übersetzungen, ist größtenteils noch nicht erforscht und harrt noch der wissenschaftl. Erschließung. Bes. Aufsehen erregte im europ. MA eine Stelle aus seinem »Introductorium maius«, in der man eine Prophezeiung der Jungfräul. Geburt Jesu zu erkennen vermeinte (in Wirklichkeit handelt es sich jedoch um eine antike Darstellung der Isis mit dem Horusknaben).
P. Kunitzsch

Lit.: DSB I – EI² I – SEZGIN IV, 112–116; V, 274f. – ULLMANN, Nat., 317–324 – F.J.CARMODY, Arabic Astronomical and Astrological Sciences in Latin Translation, 1956, 88–101 – R.LEMAY, A.M. and Latin Aristotelianism in the Twelfth Century, 1962 – E.S.KENNEDY and B.L. v.D. WAERDEN, The World-Year of the Persians. Journ. Amer. Oriental Soc. 83, 1963, 315–327 – D.PINGREE, The Thousands of A., 1968 – P.KUNITZSCH, RF 82, 1970, 102–111 – G.HILDER, ZRPh 88, 1972, 13–33.

Abubacer (Abū Bakr Muḥammad Ibn Ṭufayl), gest. 1185 Marrakesch. Stammte aus Andalusien, studierte in Sevilla und Córdoba und war Arzt in Granada. Er wurde Sekretär und Vertrauter von 'Abd al-Mu'min, dem Begründer der →Almohaden. Dieser beauftragte ihn mit einem Aristoteles-Kommentar. Da er zu alt war, bestimmte Abubacer Averroës dazu. Sein Hauptwerk, ein Juwel der arab. Lit., ist der philosoph. Roman »Ḥayy Ib Yaqẓān« (›Der Lebende, der Sohn des Wachenden‹). In allegor. Form will der Autor die vollkommene Übereinstimmung zw. Philosophie und Religion aufzeigen. Sein Held, auf einer einsamen Insel geboren und fern von jedem menschl. Kontakt, entdeckt stufenweise die der Vernunft zugängl. und die relig. Wahrheiten. Das Werk wurde im 15.Jh. ins Lat. übersetzt: »Philosophus autodidactus«. Es hat Daniel Defoe zum »Robinson Crusoe« inspiriert. G.C. Anawati

Lit.: Abubacer, Der Naturmensch, übers. J.EICHHORN, 1783 – M.HORTEN, Die Philosophie des Islam in ihren Beziehungen zu den philosoph. Weltanschauungen des westlichen Orients, 1924 – E.BEHLER, Abubacers Ḥayy ibn Yakẓān als Ausdruck des ma. Platonismus, Parusia, Festg. HIRSCHBERGER, 1965, 351–375.

Abulafia, Abraham → Abraham Abulafia

Abulchares, Dux v. Italien, † 1067/68. Seit 1064 Katepan der Byzantiner in S-Italien; konnte während seiner Amtszeit das Vordringen der Normannen, v.a. Robert Guiscards, noch einmal aufhalten, indem er sich mit den norm. Gegnern Guiscards verband. Sein Name dürfte von arab. Abūl-Ḥāriṯ kommen. Ob er als Muslim oder Renegat in byz. Diensten stand, ist nicht zu klären, da die chr. Quellen darüber nichts sagen und arab. Quellen ihn nicht erwähnen. A. Noth

Lit.: J.GAY, L'Italie méridionale et l'empire byzantin, 1904, 533f. – F.CHALANDON, Hist. de la Domination Normande en Italie et Sicile I, 1907, 174ff., 185 – V. v. FALKENHAUSEN, Unters. über die byz. Herrschaft in S-Italien vom 9. bis ins 11.Jh., 1967, 94f., 106f.

Abulfaragius (Abū 'l-Faraǧ 'Abdallāh Ibn al-Ṭayyib al-'Irāqī), nicht zu verwechseln mit dem homonymen Barhebraeus. Berühmter Arzt, Priester und Nestorianermönch, Philosoph und Theologe, arbeitete und schrieb in der 1. Hälfte des 11.Jh. in Bagdad. Er kommentierte in arab. Sprache die Werke von Aristoteles, Hippokrates und Galen sowie die Hl.e Schrift. Vgl. auch Aristoteles.
G.C. Anawati

Lit.: GRAF, Gesch. der chr. arab. Lit. I, 1960, 160–177.

Abydos, Stadt an der zweitengsten Stelle (1450 m) des Hellespont (asiat. Seite) beim heutigen Kap Nara, 8 km n. von Çanakkale; thrak. Gründung, bereits bei Homer erwähnt, miles. Kolonie. Von den Römern für frei erklärt, gehörte die seit 451 als Bischofssitz bekannte Stadt in byz. Zeit zum Thema Opsikion und entwickelte sich zu einer wichtigen Hafenstadt, in der v.a. für den Ein- und Ausfuhrzoll zuständige Beamte ansässig waren; sie sind bekannt durch Bleisiegel des 6.–10.Jh. Nach der türk. Eroberung verlor A. seine Bedeutung. A. Fourlas

Lit.: DHGE I, 209f. – MEE I, 1926, 106 und Suppl. I, 1959, 27 – ThÉE I, 1962, 76 – H.ANTONIADES-BIBICOU, Recherches sur les douanes à Byzance, l'»octava«, le »Kommerkion« et les commerciaires, 1963, Cahiers des Annales 20.

Abyssus (ἄβυσσος, 'Abgrund'), Ausdruck für die Tiefe des menschl. Geistes und Gewissens als Ort des Selbstgerichtes und der Stimme Gottes (vgl. Aug., In Ps 41, 8; MPL 36, 473s: »Homo abyssus est ... si male hic vixerint homines, abyssus abyssum invocat ... de suplicio ad suplicium et ardore cupiditatis in flammas gehennarum«. – 'Der Mensch ist abgrundtief... Wenn die Menschen hier ein schlechtes Leben führen, ruft ein Abgrund den anderen... von Strafe zu Strafe, vom Feuer der Begierlichkeit zu den Flammen der Hölle'). A. ist auch Ort der Verdammten in der Unterwelt, der Strafe des Grauens und des Moders (Offb 9, 1, 11; 20, 1, 3: vgl. Homer, Od. XI; Vergil, Aen. VI; Dante, Div. Com., Inferno). J. Auer

Qq.: Thomas v. A., STh III, Suppl. q. 97s – id. Super lib. sent. IV d. 50 – *Lit.:* KL.PAULY V, 1053–1056, [s.v. Unterwelt]; ebd. 530f. [s.v. Tartaros] – A.RÜEGG, Die Jenseitsvorstellungen vor Dante, 2 Bde., 1945 – F.ULRICH, Homo abyssus, 1961.

Academia Istropolitana, vom ung. Kg. Mathias Corvinus gegr. Universität (studium generale) in Bratislava (Preßburg) 1467–1490? Zum Kanzler der A. I. wurde ihr größter Befürworter, der Graner (Esztergomer) Ebf. Johann (Vitez) v. Sredna, zum Vizekanzler der Preßburger Dompropst Georg Schönberg ernannt. Neben der artist. Fakultät gibt es Indizien für eine kurzfristige Existenz auch der med. (1467–69?), theolog. (1467–?) und jurist. (1467–71?) Fakultät. An der A. I. wirkten einige bekannte Persönlichkeiten damaliger Zeit, wie Johann Müller-Regiomontanus (1467–71), Johannes Gattus (Gatti, 1467–70), Marcin Bylica aus Olkusz (1467–69) und Laurentius Koch aus Krompach (1469–71). Weder der Kg. noch die Kirche gaben der A. I. eine feste materielle Grundlage. Deshalb begann schon in den 70er Jahren ihr Verfall, wozu auch die veränderten polit. Verhältnisse sowie Ausschaltung und Tod Johannes v. Srednas beigetragen haben. R. Marsina

Lit.: Humanizmus a renesancia na Slovensku [Sammelbd.], 1967.

Acallam na Senòrach → Irische Literatur

Acardus de Arroasia (Achard v. Arrouaise), Prior des Tempels in Jerusalem, † Ende 1136/Anfang 1138; war Augustiner in St. Nicolas d'Arrouaise. Seit 1099 Archidiakon des Bm.s Thérouanne. 1108/09 begleitete er den Legaten Kuno, den zum Kardinalbischof von Präneste erhobenen Mitbegründer des Stifts Arrouaise, ins Hl. Land. Dort ist A. 1109/10 als Dekan, 1112–36 als Prior des Tempels in Jerusalem bezeugt. In letzterer Funktion verfaßte er das Gedicht »Super templo Salomonis« (hg. LEHMANN) in 817 Fünfzehnsilblern, das er nach dem Akrostichon der Vorrede Kg. Balduin v. Jerusalem (wahrscheinl. Balduin

II.) widmete. A. wollte damit auf die Erstattung des von Kreuzfahrern seit 1099 entfremdeten Tempelbesitzes hinwirken. Das in klarem Lat. gehaltene Werk beschreibt die Geschichte des Tempels seit der Zeit Davids und Salomos. Als Grundlage dienten die einschlägigen Bibeltexte und Eusebius' Kirchengeschichte; nach LEHMANN wurde wahrscheinl. auch eine nach 1128 entstandene, verlorene Palästinabeschreibung benutzt. J. Prelog

Lit.: P. LEHMANN, Die mlat. Dichtungen der Prioren des Tempels von Jerusalem Acardus und Gaufridus, Corona quernea, 1941, Schr. der MGH 6, 296-330 – L. MILIS, L'Ordre des chanoines réguliers d'Arrouaise 1, 1969, 100, 103.

Acca, Bf. v. Hexham (709/10–732), † vermutl. 20. Okt. 740, ☐ Hexham. Geschult in der Kathedrale zu York, war A. der ergebene Gefährte Wilfrids nach seiner Ausweisung i.J. 678 und kehrte mit ihm 705 nach Hexham zurück, wo er sein Nachfolger im Bischofsamt wurde. Er entwickelte Wilfrids Kirchenkunst und -musik weiter. A.s aktive Förderung von Eddius und Beda weisen auf sein bes. Interesse am AT hin. Polit. Rivalitäten könnten die Ursache seiner Ausweisung i.J. 732 gewesen sein. In Hexham sieht man heute noch Kreuzfragmente, die von seinem Grab stammen sollen, was aber zweifelhaft ist. Seine Verehrung setzte spät ein. D. A. Bullough

Lit.: DNB I, 56f. – P. H. BLAIR, The World of Bede, 1970 – H. MAYR-HARTING, The Coming of Christianity to Anglo-Saxon England, 1972.

Accessus ad auctores, einer Vita verwandte Einleitungen zur Lektüre von Schulautoren, meist mit den Texten oder deren Erklärungen verbunden. Biograph. und lit. Einzelheiten werden nach bestimmten, bereits in der Spätantike gebräuchl. Schemata erörtert, und zwar mit Hilfe (1.) der bei den Grammatikern geläufigen Begriffe locus, tempus, persona, im MA ergänzt durch causa, res, modus, materia (facultas); (2.) der durch →Servius bekannten Punkte vita poetae, titulus operis, qualitas carminis, intentio scribentis, numerus librorum, ordo librorum, explanatio; (3.) der sog. VII circumstantiae (periochae), einer bei Rhetorikübungen verbreiteten, aus Fragworten bestehenden Fassung quis, quid, cur, quomodo, quando, ubi, quibus facultatibus; die Reihenfolge weicht mitunter ab. Vermittelt wurden diese Schemata durch ir. Lehrer. Die einfache erste Spielform ist, auf die Bibelexegese übertragen, schon im 8. Jh. nachweisbar. Die z. T. noch ungedruckten Belege des 9. Jh. – sie stammen aus dem Kreis um →Johannes Scottus und →Sedulius Scottus – zeigen auffällige Varianten, so eine Gegenüberstellung der lat. Fragepunkte mit ihren gr. Äquivalenten, die gelegentl. verwechselt oder verstümmelt werden: *tis, ti, dioti, pos, pote, pou, pothen* bzw. entsprechend *prosopon, pragma, aitia, tropos, chronos, topos, hyle*. Sie zeigen aber auch groteske Überschneidungen innerhalb der drei Schemata. Sammelbecken dieser bahnbrechenden didakt. Aktivität sind die relativ gut überlieferten Schultexte des →Remigius v. Auxerre. Abgesehen von einigen Sonderformen (Merkverse aus Fragworten) verläuft die Entwicklung bis ins frühe 11. Jh. konstant. Als damals rhetor. und dialekt. Traktate stärker in den Lehrplan eindrangen, wurden die alten Schemata, ohne aus der Mode zu geraten, von einem modernen abgelöst; es wird allgemein bekannt, als eine breitere handschriftl. Überlieferung der log. Abhandlungen des →Boethius einsetzt. Das im ersten Kommentar zur »Isagoge« des Porphyrius vorgefundene Modell, dem des Servius ähnl., wird mit diesem oft verschmolzen, vereinfacht und vorzugsweise bei der Erklärung der Schulautoren angewandt. →Bernhard v. Utrecht und →Konrad v. Hirsau begnügen sich mit drei Fragepunkten, operis materia, scribentis intentio, pac uirti philosophiae (ethicae, logicae) supponatur, denen als vierter utilitas bzw. finalis causa angefügt wird. Neben einer Masse von einzeln überlieferten A. ist am Höhepunkt des Autorenstudiums im 12. Jh. vermutl. im süddt. Raum eine Sammlung entstanden, die in ihrer ursprgl. Fassung einen pädagog. sinnvollen Aufbau des Lehrprogramms erkennen läßt. Sie ist als repräsentativ für das beachtl. Niveau des damaligen Schulunterrichts anzusehen.
G. Glauche

Q.: R. B. C. HUYGENS, A...., 1970 – *Lit.*: E. A. QUAIN, The Medieval A., Traditio 3, 1945, 215-264 – R. W. HUNT, The Introductions to the ›Artes‹ in the Twelfth Century, Studia Mediaevalia in honorem... R. J. MARTIN, 1948, 85–112 – H. SILVESTRE, Le schéma ›moderne‹ des a., Latomus 16, 1957, 684–689 – C. E. LUTZ, One Formula of A. in Remigius' Works, Latomus 19, 1960, 774–780 – G. GLAUCHE, Schullektüre im MA, 1970 passim, Münchener Beitr. zur Mediävistik und Renaissance-Forsch. 5.

Acciaiuoli, ursprgl. aus Bergamo stammende Familie, die am Anfang des 12. Jh. nach Florenz übersiedelte. Auf der Seite der Guelfen stehend, schloß sie sich nach 1300 den *Schwarzen* an. Die von Leone di Riccomanno Ende des 13. Jh. gegr. Handelsgesellschaft verlieh ihr schnell Reichtum und Macht. Nach ihrem Aufstieg zu Bankiers der Angiovinen von Neapel, des Papstes, des Ordens von Jerusalem und Eduards III. wurden die A. später von den großen Bankrotten des Jahres 1345 mitbetroffen und standen, geschwächt durch die Finanzierung der Kriege, die Florenz um den Besitz von Lucca führte, im Kampf gegen ihre kirchl. Gläubiger. Trotzdem gelang es ihnen 1355 infolge ihres Einflusses in der Stadtkommune und dank der Hilfe Angelos, des Bf.s v. Florenz, die Liquidation der Handelsgesellschaft zu erreichen. Später waren die A. im allgemeinen Parteigänger der Medici. S. Polica

Lit.: P. LITTA, Famiglie celebri italiane, Gli A. di Firenze, 1819–83 – R. DAVIDSOHN, Gesch. von Florenz, 1896 – C. UGURGIERI, Gli A. di Firenze nella luce dei loro tempi, 1962.

1. A., Angelo, Dominikaner, * 1298 in Florenz, † 1357 in Neapel. Wurde 1328 zum Bf. v. L'Aquila, 1342 v. Florenz ernannt, wo er in den polit. Ereignissen eine aktive Rolle spielte. Zuerst unterstützte er die Signorie des Gualtieri di Brienne, dann bekämpfte er sie und trug zu ihrem Sturz bei. Er begünstigte in den Auseinandersetzungen mit den großen Herren (Magnaten) die niedrigeren Volksschichten und unterstützte die Stadtgemeinde in einer Streitfrage mit der röm. Kurie (1345). 1355 gab er die Diözese Florenz im Tausch gegen die von Montecassino auf, lebte aber auf Berufung Ludwigs v. Tarent in Neapel. S. Polica

2. A., Niccolo, * 12. Sept. 1310 in Monte Gufoni (Val di Pesa), † 8. Nov. 1365, bedeutender it. Staatsmann. Widmete sich in der Handelsgesellschaft des Vaters früh der kaufmänn. Tätigkeit und begab sich deshalb bald nach der Hochzeit mit Margherita degli Spini (1328) aufgrund eines Beschlusses des Vaters nach Neapel (1331). Dort fand er rasch Zugang zum Hof Kg. Roberts v. Anjou und trat in den Dienst der Katharina v. Valois Courtenay, deren Liebhaber er wurde. Er vertrat ihre Rechte in Griechenland, wo er von 1338–41 residierte und stellte dabei bemerkenswerte diplomat. und organisator. Fähigkeiten unter Beweis. Deshalb wurde er vom Kg. zum *giustiziere* der Terra di Lavoro ernannt und begann so seine politische Laufbahn. Wir wissen nicht, wie groß seine Rolle bei der Ermordung des ersten Gemahls der Kgn. Johanna I. v. Neapel (1348) war; er unterstützte jedoch den Fs.en Ludwig von Tarent und erreichte dessen Vermählung mit der Kgn., indem er seinen Einfluß auf sie geltend machte, den er v. a. in den schwierigen Verhandlungen mit Papst Clemens VI. bei dessen Intervention zu der Untersuchung der

Lage des Kgr.s errungen hatte. Als Großseneschall des Reiches unterstützte er Ludwig v. Tarent auch dann, als Johanna I. versuchte, dessen effektive Macht im Kgr. einzuschränken. Beim Sieg Ludwigs von Tarent erhielt er weitere Schenkungen und erwarb immer mehr Macht und Reichtum. Als die Provenzalen – Johanna I. war auch Gfn. v. der Provence – 1350 versuchten, ihr Macht und Ansehen wiederzugeben und ihren Gatten dabei in eine gefängnisähnl. Lage versetzten, griff A. ein, um Ludwig v. Tarent zu unterstützen und die angemaßte Macht der Herrscherin zu verringern. Dafür erhielt er weitere Schenkungen, und es gelang ihm v. a., der tatsächliche Lenker der Politik des Kgr.s zu werden. Nach der Neuordnung des durch den Feldzug Kg. Ludwigs d. Gr. v. Ungarn erschütterten Staatswesens zielte sein Bestreben in erster Linie auf die Rückeroberung Siziliens, die er im Frühjahr und Sommer 1354 fast vollkommen verwirklichen konnte. Er wurde jedoch bei der Durchführung seines Plans durch innere Zwistigkeiten und finanzielle Schwierigkeiten gehemmt. Deshalb wurde Ludwig v. Tarent nach weiteren Siegen, die am 24. Dez. 1356 in dem feierl. Einzug in Messina gipfelten, am 20. Juni 1357 bei Acireale geschlagen; von dieser Niederlage konnte er sich infolge von Aufständen im Kgr. Neapel und in der Provence nicht wieder erholen. Die Schuld an diesen Mißerfolgen wurde A. gegeben. Nach einer Periode der Entfernung vom Hof wurde er zurückgerufen, um mit Innozenz VI., v. a. aber mit Aegidius →Albornoz zu verhandeln. Ein anderer seiner Erfolge war die Ausschaltung des größten Gegners von Ludwig v. Tarent, näml. Ludwigs v. Durazzo (1362). Wieder von seinen Feinden zum Ziel genommen, starb A. bald darauf am 8. Nov. 1365. Er war mit Petrarca und Boccaccio befreundet. Ihm verdanken wir die Erbauung der Kartause von Val d'Ema in seinem nie vergessenen Stammland Toskana. R. Manselli
Lit.: DBI I, 87–90 – Ferner: E. G. LÉONARD, Hist. de Jeanne I, 3 Bde, 1932–37, passim.

3. A., Raineri (Neri), Hzg. v. Athen (seit 1394) * 1. Hälfte des 14. Jh. vermutl. in Florenz, † 1394. 1365 zog er nach Griechenland, wo ihm sein Onkel Niccolò die Lehen Vostitza und Nivelot übertrug. Es gelang ihm, sein Gebiet um die Stadt Korinth, die als Pfand für ein Darlehen in seine Hand kam, zu erweitern. Die Krönung seiner territorialen Expansionspläne bildete 1388 die Eroberung Athens. 1394 erhielt er von Kg. Ladislaus v. Neapel den erbl. Titel eines Hzg.s v. Athen. S. Polica
Lit.: DBI I, 84 f.

4. A., Zanobi, Humanist, * 1461 Florenz, † 1519 Rom. Ausgezeichneter Kenner des Lat., Gr. und des Hebr. Trat 1495 in den Dominikanerorden ein und widmete sich im Kl. S. Marco der Übersetzung von Werken der gr. Kirchenväter. 1513 von Papst Leo X. nach Rom berufen, war er Inhaber eines Lehrstuhls an der Sapienza (der damaligen Universität), 1518 Präfekt der Vatikan. Bibliothek, für die er einen neuen Katalog verfaßte, außerdem das erste Inventar des Vatikan. Geheimen Archivs und einen Katalog der Apostol. Kammer. S. Polica
Lit.: DBI I, 93 f.

Accipies-Holzschnitt → Holzschnitt

Accola (acla), v. a. im 8.–10. Jh. zw. Loire und Rhein in zwei sehr unterschiedl. Bedeutungen gebraucht, manchmal in demselben Dokument (z. B. »Polyptyque de Saint-Remi de Reims«, hg. GUÉRARD, 1853): [1] ländl. Besitztum mittlerer Größe, viel geringer als *manse* und ähnl. *hôtise* (Ann. Bertiniani, ad ann. 866). F. LOT, A. DÉLÉAGE und R. FOSSIER geben als Fläche eine Annäherung von ungefähr 1–2 ha. an. Die a. entstand aus einer Aufteilung der *manse* (→quartier) oder aus einer Parzelle, die auf dem Haupthof (*terra dominica*) bebaut und einem *hospes* überlassen wurde (→ancinga). [2] im 8.–10. Jh. sehr häufig für den *manant*, Einwohner eines Fleckens oder Dorfes (a. talis loci). P. Toubert
Lit.: Du CANGE s. v. – CH.-E. PERRIN, La seigneurie rurale en France et en Allemagne du IXe au XIIe s., 1953, 69–72 – Annales de St. Bertin, ed. F. GRAT, J. VIELLIARD et S. CLÉMENCET, 1964, 125 ad ann. 866 – R. FOSSIER, La terre et les hommes en Picardie jusqu'à la fin du XIIIe s., 1968, 206–225 – F. LOT, Recueil des travaux hist. de F. L., 3, 1973, III, 695–696 et 702 n. 2.

Accolti

1. A., Benedetto, Humanist aus Arezzo, Kanzler der Republik Florenz, * 1415, † 26. Sept. 1464. Nach Rechtsstudien in Florenz und Bologna lehrte er in Volterra und Florenz und war gleichzeitig als Advokat tätig. Er war mit Leonardo Bruni, Poggio Bracciolini und Carlo Marsuppini befreundet und trat 1458 die Nachfolge Bracciolinis – offenbar auf dessen Nominierungsvorschlag – als Erster Kanzler der Republik Florenz an. Dieses Amt hatte er bis zu seinem Tod 1464 inne. Er schrieb verschiedene Gedichte in it. Volkssprache, aber sein Ruhm ist v. a. an zwei lat. Werke geknüpft. Das erste, der »Dialogus de praestantia virorum sui aevi«, Cosimo de' Medici gewidmet, mit einer leidenschaftl. Verteidigung der eigenen Zeit, ist eine aus der Reihe der typisch humanist. Polemiken mit dem Thema *Querelle des anciens et des modernes*. Das zweite Werk, »De bello a christianis contra barbaros gesto«, gewidmet dem Sohn von Cosimo, Piero, ist eine Geschichte der Kreuzzüge. Dazu wurde er vielleicht durch die Aktivität, die Pius II. im Hinblick auf ein neues Unternehmen gegen die Türken entfaltete, angeregt, eine Aktivität, die er als florentin. Kanzler polit. unterstützte. »De bello« steht unter dem Einfluß von Brunis historiograph. Stil und bemüht sich, die Geschichte der Kreuzzüge von dem Mangel an Eleganz, wie er nach humanist. Auffassung den alten Quellen anhaftet, zu befreien. Was seinen Informationswert betrifft, bezeugt das Werk eine beinahe konstante Abhängigkeit von →Wilhelm v. Tyrus. Es hatte großen Erfolg, und es scheint, daß Tasso, dazu hingeführt von Sigonio, die Anregung zu »Gerusalemme liberata« von einer Übersetzung des Werkes in die Volgare erhielt. F. Cardini
Qq.: V. DA BISTICCI, Vite di uomini illustri, ed. L. FRATI, 2, 1893, 237 –240 – Ed.: Dialogus de praestantia virorum sui aevi, Parma 1689 – De bello a christianis contra barbaros gesto, RHC Occ V, 525–620 – Lit.: E. FUETER, Storia della storiografia moderna, traduzione italiana 2, 1944, 28–29 – L. MARTINES, The Social World of the Florentine Humanists 1390–1460, 1963, 343 f. – R. BLACK, La Storia della Prima Crociate di B. A. e la diplomazia fiorentina rispetto all'Oriente, ASI 131, 1973 3–25.

2. A., Bernardo, gen. Unico Aretino, Dichter und Höfling, * 11. Sept. 1458, † 1. März 1535. Wurde vielleicht in Arezzo geboren, lebte aber in Florenz, Rom und an den Höfen von Mailand, Urbino, Mantua und Neapel. A., ein Mann von unberechenbarem und bisweilen heftigem Temperament, führte ein bewegtes Leben, das sich in seinen lyr. und dramat. Werken widerspiegelt. In seiner lyr. Dichtung kommt er dem Stil seines Freundes →Serafino Aquilano nahe. Er stand auch in poet. Korrespondenz mit Isabella v. Mantua, Elisabetta v. Montefeltro, Costanza Vittoria d'Avalos, Alexander VI., Cesare und Lucrezia Borgia und anderen. Seiner Wahlheimat Florenz, aus der er 1494 und dann erneut 1497 wegen seiner Freundschaft mit Piero de' Medici verbannt wurde, mußte er jedoch fernbleiben. 1520/21 erwarb er das Lehen Nepi in der Nähe von Rom, das er jedoch nicht halten konnte. Er gilt als lyr. Dichter von beachtl. Talent, der mit einer Entwicklungsrichtung des →Petrarkismus verbunden ist, die einige Kritiker wegen ihrer gesuchten Sprache als »präbarock« ansehen. F. Cardini

3. A., Francesco, gen. Francesco Aretino, Humanist und Jurist aus Arezzo, * 1416/17, † Mai 1488, Bruder von 1. Schüler berühmter Rechtslehrer, unter ihnen Antonio da Pratovecchio; hörte auch Vorlesungen des Francesco Filelfo. Er lehrte an den Hohen Schulen von Ferrara, Siena und Mailand. Er war nicht nur Jurist, sondern auch Diplomat von beachtl. Fähigkeiten und stand als solcher zuerst im Dienst des Borso d'Este (1457–61) und dann des Francesco Sforza (1461–66). Nach dem Tod des letzteren nahm A. seine Lehrtätigkeit in Siena wieder auf (1466–79), ging schließl. an die Hohe Schule von Pisa, wo er bis 1484 blieb. Die letzten Jahre verbrachte er in Siena. F. Cardini

Accorre, Renier, florentin. Finanzier (Ranieri Accursi?), † um 1297. Ab 1258 in Provins ansässig. Kämmerer des Kg.s v. Navarra, Gf. v. Champagne (1269–77), dann Oberbrotmeister des Kg.s v. Frankreich (1277–90/92), Schatzmeister v. Champagne (1271–88), Sitz im Parlament und den *Jours de Troyes* (1285–87), Ritter, Herr von Gouaix. Nach Verhaftung, Gefangennahme und Konfiskation seiner Güter (1293) bekam er seine Grundstücke gegen eine Geldbuße von 15000 livres tournois zurück, wurde aber 1294 verbannt. Sein Urkundenbuch (Bibl. nat. fr. 8593) – das älteste private frz. Urkundenbuch – ist von außerordentl. Bedeutung. Sein Sohn Jean war Bürgermeister von Provins (1275–77, 1287). R.-H. Bautier
Lit.: E. BOURQUELOT, BECh 28, 1867, 64–81.

Account, action of → Debt and Detinue

Accursio (Accursino) **da Pistoia,** um 1300, aus der edlen und vermögenden Familie Lazzari stammend, lebte in Rom und kurierte den Kard. Benedetto Caetani (um 1235–1303), den späteren Papst Bonifatius VIII. A. wirkte in der Epoche der Verpflanzung des →Arabismus in die abendländ. Medizin und übersetzte Galens Werk »Liber regiminis vel de virtutibus ciborum« vom Arab. ins Lat.
L. Premuda
Ed.: Ms: Cod. Paris 6865 – *Lit.:* G. MARINI, Degli archiatri pontifici, Roma 1784, I, 32–34 – A. CHIAPPELLI, Medici e chirurghi in Pistoia nel Medioevo, Bull. St. Pistoiese, 8, 1906, 9–46 – DERS., Antichi medici pistoiesi, pesciatini e della Val die Nievole, Bull. St. Pistoiese 30, 1928, 81–104.

Accursius, Doctor legum, * um 1185 in Bagnolo bei Florenz, † 1263 in Bologna, bäuerl. Abkunft, studierte Zivilrecht unter →Azo in Bologna und lehrte ebd. seit etwa 1215. Er verfaßte Glossenapparate zu allen Teilen des →Corpus iuris einschließl. des →Liber feudorum, die zum Standard-Kommentar, zur *Glossa ordinaria* oder *Glosse* schlechthin wurden (→Apparatus glossarum), und schrieb →Summae autenticorum und feudorum. A. war als Berater und Gutachter in Rechtsangelegenheiten auch prakt. tätig und erwarb ein großes Vermögen. Drei seiner vier Söhne, Franciscus (*1225, †1293, aus 1. Ehe), Cervottus (* ca. 1240, † vor 1287) und Guilelmus (*1246, † vor 1314), waren wie er lehrende und praktizierende Juristen: Franciscus Accursii, Ratgeber Kg. Eduards I. v. England 1273–81, schrieb →Casus digesti novi, Guilemus Accursii schrieb Casus codicis und institutionum.

Die Apparate des A. bestehen aus fast 100 000 Glossen. A. knüpfte bei der Redigierung des Riesenwerks an vorhandene Apparate, v. a. seines Lehrers Azo, an und berücksichtigte auch die übrige Lit. Das Werk scheint Anfang der 30er Jahre vorgelegen zu haben. Einige Apparate wurden jedoch später überarbeitet. Die Glosse wurde seit der 2. Hälfte des 13. Jh. mehr und mehr zum Ausgangspunkt jeder Auslegung des Corpus iuris in Unterricht, Theorie und Praxis und mancherorts sogar als Rechtsquelle anerkannt. Ihr Ansehen ist wohl damit zu erklären, daß A. das ganze Corpus iuris, gemessen an dem Bedürfnis der Zeit, erschöpfend kommentiert und dabei Probleme nicht nur aufgeworfen, sondern mehr als ältere Autoren auch gelöst hat. Erst seit dem Ende des MA begann die Autorität der Glosse zu schwinden. P. Weimar
Ed.: Glossa ord., Justinianus I., Corpus iuris civilis, 5 Bde., Venetiis: Baptista de Tortis 1487–89 [Neudr. 1968–69, CGIC, 7–11] – Summa autenticorum, Summa Azonis, Papie 1506 [Neudr. 1966, CGIC 1], 455–481 – Hugolini Summa sup. usibus feud., ed. G. B. PALMIERI, BIMAE 2, 181–194 – *Lit.:* DBI I, 116–121 – COING, Hdb. I, passim – SAVIGNY V, 262–352 – H. KANTOROWICZ, Accursio e la sua biblioteca, RSDI 2, 1929, 35–62 – P. TORELLI, Per l'edizione crit. della glossa acc. Istit., RSDI 7, 1934, 429–568 [als Buch 1935] – E. GENZMER, Zur Lebensgesch. des A., Fschr. für L. WENGER 2, 1945, 223–241 – Atti del Convegno intern. di studi accursiani, ed. G. ROSSI, 3 Bde, 1968.

Acerbus Morena, Geschichtsschreiber, † 18. Okt. 1167; stammte aus einem angesehenen Geschlecht von Lodi. Er wurde unter Konrad III. Richter. Zusammen mit seinem Vater →Otto Morena stand er konsequent auf seiten Friedrich Barbarossas, nahm als einer der *Podestà* seiner Vaterstadt am Kampf des Ks.s gegen Mailand teil, begleitete 1167 Friedrich auf dem Zug nach Rom und starb im gleichen Jahr in Siena an der im ksl. Heer ausgebrochenen Pest. Sein Geschichtswerk ist die Fortsetzung der von seinem Vater begonnenen »Historia Frederici I.« (»De rebus Laudensibus«) für den Zeitraum von Anfang 1161 bis Aug. 1164, eine unter dem Eindruck der Ereignisse entstandene Darstellung aus stauf.-antimailänd. Sicht. In knappem Stil, mit außergewöhnl. eingehenden Persönlichkeitsschilderungen. Sein Latein ist stark volkssprachl. beeinflußt. J. Prelog
Lit.: Das Geschichtswerk des Otto Morena und seiner Fortsetzer über die Taten Friedrichs I. in der Lombardei, hg. F. GÜTERBOCK, 1930, MGH SSrG NS 7 [Nachdr. 1964].

Acerenza (Acheruntia, Acerentia), it. Stadt in der Prov. Potenza. Der zuerst von Livius anläßl. der Eroberung durch die Römer i. J. 318 v. Chr. erwähnte Ort auf einer schwer zugängl. 833 m hohen Tuff-Erhebung des lukan. Apennins nahe des Bradano-Tals war in der Kaiserzeit *Municipium*. In den Gotenkriegen diente A. nach der Besetzung durch Kg. Totila i. J. 547 als mehrfach erfolglos belagerter got. Stützpunkt in S-Italien. Nach der Ausdehnung der langob. Herrschaft auf S-Italien im 7. Jh. Hauptort des gleichnamigen *Gastaldats,* trotzte A. 663 dem Angriff des byz. Ks.s Konstans II. Episode blieb die Schleifung der Befestigungen auf Befehl Karls d. Gr. i. J. 788. Gestützt auf A. gewann der Gastaldus Sico 817 die Herrschaft im Fsm. Benevent. Bei dessen Teilung fiel A. um 849 mit der s. Hälfte des Gastaldats an das Fsm. Salerno, wurde dann aber im 10. Jh. administrativ in das byz. Thema Longobardia einbezogen. Die seit dem Bf. Justus (494–499) bezeugte, nach der Teilung des Gastaldats offenbar für längere Zeit aufgegebene Diözese A. unterstand seit 968 der neuen gr. Metropole Otranto. Der einzige aus gr. Zeit bekannte Bf. Stephan fiel 1041 im Kampf gegen die Normannen. Seit 1042 Sitz einer Herrschaft des Normannen Asclettin wurde A. nach kurzer Rückkehr der Griechen 1061 durch Robert Guiscard erneut erobert. Stadt und Kastell blieben seither – von wenigen Verleihungen (z. B. nach 1255 an Galvano Lancia) abgesehen – hzgl. bzw. kgl. bis zum 14. Jh. Während Papst Johannes XV. 989 A. der neuen Kirchenprov. Salerno als Bm. zuordnete, erhob Nikolaus II. um 1059 A. zum Ebm. und damit zur Metropole der von Ebf. Arnald (1067–1101) organisierten lukanischen Kirchenprov. (Suffragane: Tursi-

Anglona, Gravina, Potenza, Tricarico, Venosa). Obwohl der Wiederaufbau der 1090 niedergebrannten Stadt ebenso wie der Bau der noch erhaltenen Kathedrale unter Ebf. Arnald begannen, ließ der Verlust der Grenzlage die Entwicklung des nach der norm. Reichsgründung abseits der Verkehrsverbindungen gelegenen A. stagnieren und in der eigenen, bis zum Golf von Tarent reichenden Diözese hinter Matera zurückfallen, das 1203 von Innozenz III. kathedralen Rang erhielt und von den Ebf.en als Residenz bevorzugt wurde. Der dadurch ausgelöste Rangstreit endete erst mit der Trennung in zwei Ebm.er i. J. 1954. Vom 14. Jh. an war A. bis zur Aufhebung der Feudalrechte im Kgr. Sizilien als Lehen im Besitz verschiedener Adelsfamilien, seit 1593 als Dukat. 1277 hatte A. bei 93 Feuerstellen (Matera: 525) ca. 550 Einwohner, 1532 350 Feuerstellen und ca. 1800–2000 Einwohner (1965: 4339 Einwohner). N. Kamp

Lit.: F. Ughelli, Italia sacra 7, 1721² [Neudr. 1970], 5–67 – Dizionario geografico-ragionato del regno di Napoli 1, 1797, 26–30 – Il Regno delle Due Sicilie descritto ed illustrato 6, 1853², 120–135 – C. Muscio, Acerenza, 1957 – IP 9, 1962, 452–459 – G. Fortunato und T. Pedio, Badie, feudi e baroni della Valle di Vitalba 3, 1968 – N. Kamp, Kirche und Monarchie im stauf. Kgr. Sizilien I, 2, 1975, 772–779.

Acetabulum → Alchemie, → Apotheke

Aceti, Antonio, * in Fermo, † Sept. 1407; aus vornehmer Familie stammend, nach Rechtsstudien Lektor in Fermo und später in Perugia (1374), schlug dann die polit. Laufbahn ein und wurde *Podestà* seiner Geburtsstadt, wo es ihm jedoch nicht gelang, wieder Frieden zu schaffen. Aufgrund seiner erfolgreichen Politik der territorialen Expansion von Fermo erhielt er 1396 die Würde eines vexillifer iustitiae, die ihm die Kontrolle über die Stadt verlieh. Diese behielt er auch dann, als Papst Bonifaz IX., um die Ordnung wiederherzustellen, den Vizerektor der Mark sandte, der später durch die Ankunft des Bruders des Papstes selbst Verstärkung erhielt. 1401 war A. Senator von Rom, behielt jedoch eine gewisse Autorität in Fermo. Er geriet in Gegensatz zu der päpstl. Macht in der Mark und wurde gemeinsam mit seinen Söhnen enthauptet.

Lit.: BI I, 137 [weiterführende Bibl.]. R. Manselli

Acetum (= lat., gr. τὸ ὄξος, arab. *ḫall*, mhd. *ezzīch*, mnd. *ētik*), 'Essig': älteste dem Menschen bekannte Säure (Num 6, 3: »acetum ex vino«), hergestellt aus alkoholhaltigen Flüssigkeiten durch Gärung: Obst- und Bier-Essig (Hildegard v. Bingen, 12. Jh., »acetum.. de cerevisia factum«), meist Wein-Essig. – Vielfältige Verwendung: zur Speise- und Getränkezubereitung, Arzneiherstellung (zur Wundbehandlung, bei Schlangenbiß, Eiter u. a.; Hippokrates, Galen), zu industriellen Zwecken (Plinius). Celsus kennt Mischungen von Essig und Wasser (»posca«, Oxycraton, Essiglimonade, Getränk des einfachen Mannes), Dioskurides neben Essig (kühlend, adstringierend, blutstillend, entzündungshemmend) verschiedene Essige: Sauerhonig (Oxymel), Salzessig, Meerzwiebelessig (A. Scillae, vgl. auch Receptarium Bambergense, 9./10. Jh., »acitum scilliticum« gegen Schmerzen der Milz) und Thymiansalzessig, 13. Jh.: Im »Liber iste« (12. Jh.) heißt es: »oxi laxativum« (saures Laxans), »Circa instans« (12. Jh.) bietet A. und Sirupus acetosus (simplex und compositus), in Lanfranchis »Chirurgia parva« (14. Jh.) Weinessig zur Reinigung; A. in H. Minners »Thesaurus medicaminum« (1479) und im »Hortus Sanitatis« (1485). Im MA auch Desinfektions- und Antipestmittel (»Regimen sanitatis Salernitanum«, 13. Jh.: »Mane laves vultum, dentes manusque aceto!«). – Der alten Alchemie bekannt: trockene Destillation organ. Stoffe; Pseudo-Geber (12./13. Jh.) destillieren den Essig, um ihn zu reinigen (»acetum distillatum«) und kennt Bleiessig. – In übertragenem Sinn alchemist.: a) ein flüchtiger Stoff, b) Quecksilber oder Alaun (»Turba philosophorum«; 11. Jh.). U. Schmitz

Acfred, Hzg. → Aquitanien

Ach ac edryd → Walisische Rechtskunde

Achaia → Peloponnes, → Savoyen, Haus v.

Achard → s.a. Acardus

Achard v. St. Victor (A. v. Bridlington), * nach 1100 in England oder der Normandie (Domfront/Orne?), † 1171, aus adliger Familie, Studien in Bridlington (Diözese York) und Paris. Regularkanoniker, seit 1155 Abt v. St. Victor. Wenig später Wahl zum Bf. v. Séez, von Hadrian IV. bestätigt. Heinrich II. verhindert die Konsekration. 1161 Bf. v. Avranches und Pate von Heinrichs Tochter Eleonore. Sein jetzt gutes Verhältnis zu Heinrich wirkt sich für seinen Sprengel positiv aus. 1164 gründet er die Abtei La Lucerne; dort befindet sich auch sein Grab. Schriften: »De tentatione Christi« (Paris BN. lat. 15033), »De discretione animae et spiritus« (ed. G. Morin, Geisteswelt des MA I, 1935, 251–62), Sermones (Paris BN. lat. 16461). Vgl. Viktoriner-Schule. H. J. Oesterle

Lit.: DHGE I, 306–07 – Abbé Desroches, Hist.... de l'ancien diocèse d'Avranches I, 1838, 342–45 – Le Héricher, Avranchin monumental et historique, 1846 – J. Chatillon, A. de St. Victor et les controverses christologiques du XIIe siècle, Mélanges F. Cavallera, 1948, 317–37.

Achat → Edelsteine

Acheiropoieta → Ikone

Achimaaz v. Oria (A. ben Paltiel), Geschichtsschreiber, * 1017 in Capua, wo sein Vater am Hof der langob. Fs.en eine Stellung als Arzt gefunden hatte, † nach 1054 in Oria bei Brindisi, dem Ursprungsort seiner Familie. Die anekdotenhafte Chronik »Sefer Yuhasin«, ein an der Geschichte seiner Familie orientierter Bericht in Reimprosa, umfaßt die Jahre 850–1054. Sie enthält auch wichtige Nachrichten zur Geschichte des s. Italien, insbes. des arab. Emirats in Bari. Der Ursprung der Judengemeinde in Oria und der der eigenen Familie wird auf die von Titus nach Italien verschleppten jüd. Gefangenen zurückgeführt, was allerdings recht unwahrscheinl. ist. H. Enzensberger

Lit.: Rep. font. II, 1967, 152 f. – A. Milano, Storia degli ebrei in Italia, 1963, 20, 60–62, 84, 109 – G. Musca, L'emirato di Bari, 1964, 74–79, 81 f., 84–86.

Achiton → Aketon

Achrida → Ochrid(a)

Achse, gedachte horizontale oder vertikale Linie, die der Länge (Längsachse) oder der Breite (Querachse) nach durch einen Baukörper, Bauteil oder eine Fläche gezogen werden kann (Städtebau, Grundriß, Schnitt, Fassade, Wandaufriß, Fenster). Mehrere in einer Fläche übereinander oder in einem Raum nebeneinander liegende, wie auch verschiedene Figuren können A.n bilden, die gleichgeordnet oder rhythmisiert aufeinander folgen. Unter *Achsenbrechung* versteht man die Abweichung der Mittelachsen von Teilen desselben Bauwerks, die normalerweise in gleicher Richtung verlaufen, bedingt durch Rücksichtnahme auf andere ältere Bauteile, auf Kultstätten oder auf das Gelände und durch Ungenauigkeiten oder Wechsel bei der Vermessung (S. Vitale in Ravenna, Gernrode, Wimpfen im Tal). G. Binding

Lit.: RDK I, 117–123 – W. Rave, Die A. in der Baukunst [Diss. TH Berlin 1929].

Achseln, mhd. Bezeichnung für den Achselschutz ganz allgemein. Ein unter dem Panzerhemd liegender Achselschutz aus gepolstertem Stoff wird um die Mitte des 13. Jh. von Ulrich v. Liechtenstein unter dem Namen *spaldenier* (it. *spaliera*, frz. *espalières*) erwähnt. Einfache Rundscheiben oder Buckel als Achselschutz dürfte es zusammen mit den ersten → Armzeugen schon in der 2. Hälfte des 13. Jh.

gegeben haben. In die Darstellung treten sie zu Beginn des 14. Jh. ein. Die eigtl. A. entstanden um 1350 aus den am →Plattenrock hängenden *Achselplatten*. Sie wurden aber erst nach 1370 gebräuchlicher und bestanden aus *Achselbuckeln*, an die sich oben und unten bewegl. zusammengenietete Schienen anschlossen. Gewöhnl. waren die A. vom Armzeug getrennt, konnten aber als sog. *lange Achseln* bis zum Ellbogen hinunterreichen und somit Teil des Armzeuges werden. Um 1400 kam es zur Ausbildung der beiden, für die Folgezeit verbindl. Spielarten: Die westeurop.-dt. Art hatte vorne eine →Schwebescheibe zum Schutz der Achselhöhle angehängt und rückwärts zumeist einen halbrunden *Hinterflug* angefügt. Die it. Art besaß breite *Vorder-* und *Hinterflüge*, welche über Brust und Rücken griffen. Obwohl man diese Art im Dt. auch A. nannte, werden sie in der modernen Fachlit. zur Unterscheidung →Harnischschultern genannt.   O. Gamber

Lit.: San Marte, Zur Waffenkunde des älteren dt. MA – V. Gay, Glossaire Archéologique – O. Gamber, Stilgesch. des Plattenharnisches V und VI.

Acht
I. Sprachliches – II. Achtgründe – III. Verfahren – IV. Achtfolgen – V. Umfang der Acht.

I. Sprachliches: Im germ. MA, wo Missetaten gewöhnl. durch Selbsthilfe gerächt wurden, griff die Gemeinschaft nur dann ein, wenn sie durch die Tat selbst betroffen war: durch Verhängung der Acht über den Täter. Das Wort A. wird hergeleitet von ahd. *āhta*, mhd. *āht(e)*, mnd. *achte*, ags. *ōht* und meint 'Verfolgung', 'Friedlosigkeit', wobei sich im N dafür die Worte aschw. *frithlösa*, adän. *frithlösæ*, westnord. *ūtlegð*, isländ. *sekþ*, finden. Der Täter wird aus dem Friedens- und Rechtsverband der Gemeinschaft ausgestoßen (aschwed. *utlægher*, westnord. *ūtlagr*, ags. *ūtlah*, mhd. *ēlos, exlex*), verliert seine Mannheiligkeit und wird unheilig (westnord. *ūheilagr*). Als Flüchtling muß er sich deshalb in den Wäldern verbergen (ags. *fliema*, vgl. *āfliemed* 'geächtet'). Er wird zum Waldgänger (westnord. *skōgarmaðr*, ags. *wealdgenga*, homo qui per silvas vadit) und heißt 'Wolf' (aschwed. *vargher*, westnord. *vargr*, ags. *wearg*, *wargus* (pactus leg. Sal. 55 § 2), eigtl.: 'Würger'. Dabei ist die Bedeutung der varg-Worte noch immer strittig (vgl. zuletzt Jacoby, 11 ff.). Im Sprachgebrauch des Fehderechts ist der Ächter Feind des Kg.s und des Volkes (nobis et populo nostro inimicus), der bei Ladungsungehorsam die Huld des Kg.s verliert (lex Sal. 91 § 1 a. E.: extra sermonem regis ponere) und damit friedlos wird. Im hohen MA wird auch 'proscriptio' gebraucht (Gelnhäuser Urkunde v. 1180 bei Zeumer I, Nr. 17). Daß es einen allgemeinen Volksfrieden im germ. Bereich gegeben hat, ist für das chr. MA wohl anerkannt, für die germ. Heidenzeit jedoch umstritten (vgl. etwa Gaedeken, Goebel jr., Schlesinger, 151, v. See, 139 ff.).

II. Achtgründe: A. stand auf gewisse Meintaten (mhd. *meinwerk*, germ. *firina*, got. *fairina*, anorw. *niðingsverk*), die eine niedrige und verwerfl. Gesinnung verraten, z.B. Hausfriedensbruch, Grabraub, Mordbrand, Mord, widernatürl. Unzucht, Treubruch, später auch Bruch des Königsfriedens, durch die sich der Täter außerhalb der Gemeinschaft stellte. Sie machten ihn von selbst friedlos, wenn er beim Diebstahl oder Ehebruch auf handhafter Tat ergriffen wurde. Hinzu kam die A. bei Ladungsungehorsam (lex Sal. 91 § 1) und bei Urteilsungehorsam, z.B. bei Totschlag. Im späteren MA ist die A. auf Bußsachen und zivile Schuldklagen erstreckt worden, auch gab es Achtklauseln in Schuldverträgen.

III. Verfahren: Abgesehen von der handhaften Tat ist noch immer strittig, ob der Täter mit Vollendung der Tat von selbst friedlos war oder erst friedlos gelegt werden mußte (vgl. zuletzt Wallén, 269 ff.; Åqvist, 229 ff.). Aber auch bei der handhaften Tat folgte ein Prozeß, in dem die A. ausgesprochen wurde (aschwed. *læggia biltugher*, as. *overtale*, zu mhd. *zal*, 'Rede'), in Schweden in feierl. Form durch Hinausschwören (aschwed. *utsværia*), in Deutschland durch Ächtungsformeln (His I, 416, Grimm, RA I, 1899[4], 58). Hier wird der Vorgang auch als 'bannen' bezeichnet, womit der weltl. Bann gemeint ist. A. und kirchl. Bann sind seit dem hohen MA aneinandergekoppelt (Schröder-Künssberg, 527 n. 78 und Zeumer I, Nr. 39 § 7). Dem Täter wurde oft eine Fluchtfrist zugebilligt (anorw. *fimtargrid*, vgl. auch VGL, MD I § 3). Auch ein Toter konnte noch friedlos gelegt werden (Wallén, 27 ff.).

IV. Achtfolgen: 1. *Persönliche.* Der Ächter ist sowohl dem Rachestreben der geschädigten Partei ausgesetzt als auch Feind des ganzen Volkes. Niemand darf ihn speisen (adän. *matban*, vgl. lex Sal. 91 § 2) noch aufnehmen (vgl. Grettirs saga cap. 72, Slg. Thule 5, 193). Jedermann darf ihn bußlos erschlagen. Er ist vermögensunfähig und rechtlos: Deshalb kann er nicht klagen und keinen Eid schwören. Seine Frau wird zur Witwe, seine Kinder zu Waisen; die Bande zur Sippe zerreißen, er wird erbunfähig. Nach den jüngeren nord. Rechten verdient sich sogar einen Preis, wer ihn erschlägt (isländ. *skógarmannsgjöld*). 2. *Vermögensrechtliche.* Die Fahrhabe des Ächters wird – mit Ausnahme des Frauen-, Kindes- oder Gesellschafteranteils – verteilt, z. B. auf den Geschädigten, den Kg. und die Hundertschaft (ÖGL Eþs 8; 9); die Liegenschaften (oft unter Teilnahme aller) gewüstet (MGH Cap. I Nr. 27, c. 8) oder gefront, d.h, zugunsten des Kg.s und/oder des Geschädigten eingezogen. So die strenge A. Sie war (mit einigen Ausnahmen) unlösbar und galt lebenslängl.

V. Umfang der Acht: 1. *Zeitlich.* Daneben entwickelte sich bei den Skandinaviern eine mildere, lösbare Friedlosigkeit, die in Norwegen *útlegð* im engeren Sinne, in Gotland *vatubanda*, in Island *fjörbaugsgarðr* ('Lebensringzaun') heißt: Dort mußte der Ächter dem Goden drei Mark zahlen und binnen drei Jahren das Land verlassen. Tat er es nicht, so fiel er in strenge A. Auf dem europ. Festland war die A. wegen Ladungsungehorsams zunächst auf Jahr und Tag begrenzt. Sie sollte den Täter veranlassen, sich freiwillig zu stellen. Verstrich die Frist fruchtlos, so wurde über ihn die Aberacht verhängt, die ihn völlig und dauernd friedlos machte. Auch die ostfäl. Verfestung und der vom Gf.en verhängte frk. Vorbann (*fürbann, forisbannitio*) stellen eine leichtere Form der A. dar: Sie sind vorläufige Maßnahmen, die einen an die Allgemeinheit gerichteten Festnahmebefehl mit dem Verbot jegl. Unterstützung (ahd. *meziban*, mnd. *meteban*, 'Speiseban') verbinden. Dem Vorbann konnten Reichsacht und Aberacht folgen. 2. *Örtlich* war die A. zunächst auf den Bezirk des Gerichts beschränkt, das sie erließ. Dem entspricht im N die isländ. *heradssekþ*, in Schweden die Friedlosigkeit im Thingbereich oder im Rechtsbereich (vgl. ÖGL, Dr. 3 : 4). Nur die vom Kg. oder seinem Hofgericht verhängte A. galt im ganzen Reich (Reichsacht, aschwed. *biltugher*), ohne jedoch unlösbar zu sein.   D. Strauch

Lit.: HRG I, 32 – H. Brunner, Abspaltungen der Friedlosigkeit, ZRG GermAbt 11, 1890, 62 – F. Liebermann, Die Friedlosigkeit bei den Angelsachsen, Fschr. H. Brunner zum 70. Geburtstag, 1910, 17 – A. Heusler, Das Strafrecht der Isländersagas, 1911 – R. His, Das Strafrecht des dt. MA I, 1920, 410 ff. – P. Gaedeken, Retsbrudet og Reaktionen derimod i gammeldansk Ret, 1934 – J. Goebel jr., Felony and Misdemeanor, 1937 – W. Schlesinger, Herrschaft und Gefolgschaft in der germ. dt. Verfassungsgesch., Herrschaft und Staat im MA, hg. H. Kämpf, 1956 – P. E. Wallén, Die Klage gegen d. Toten im nordgerm. Recht, 1958 – H. SIUTS, Bann und A. und ihre Grundlagen im Totenglauben, 1959 – H. CONRAD, Dt. Rechtsgesch. 1, 1962², 52, 175, 448 – K. v. SEE, Altnord. Rechtswörter, 1964 – G. ÅQVIST, Frieden und Eidschwur, 1968 – M. JACOBY, Wargus, vargr, ›Verbrecher‹, ›Wolf‹, 1974.

Acht (-zahl) → Oktogon, → Zahlensymbolik
Acht alte Orte → Eidgenossenschaft
Achteck → Oktogon
Achtort *(Achtspitz, Achtuhr)* in Bauhütten Bezeichnung für eine aus zwei übereck gestellten gleichgroßen Quadraten in einem Kreis konstruierte Figur. → Proportion.

G. Binding

Ackerbürgerstadt. Der bekannten älteren typolog. Einordnung der A. zw. dem von Ackerbauern bewohnten Dorf und der von Händlern und Gewerbetreibenden bevölkerten Stadt im Vollsinn durch MAX WEBER (1921) steht eine neuere Definition gegenüber, die die A. als »physiognomisch, oft auch rechtlich-historisch stadtähnliche Siedlung geringer Zentralität, deren Bewohner überwiegend von der Landwirtschaft (oft vom Gartenbau, Rebbau etc.) leben« (Lex. der Geographie, 1968, Westermann), bezeichnet. Die Städte mit einem gewissen Prozentsatz an Ackerbürgern im Sinne von MAX WEBER stehen im Gegensatz zu den eigtl. A.en, die nach ihrem überwiegenden Bevölkerungsanteil so genannt werden. Wenn man den modernen kombinierten und variablen Stadtbegriff zugrundelegt, sind diese Siedlungen wirtschaftl., sozial und kulturell eigtl. keine Städte. Vorhanden sind nur Stadtrecht, städt. Bewußtsein und städt. Baugefüge. Fast alle A.e im engeren Sinne sind planmäßige Gründungen des SpätMA. Da im Zeitalter des werdenden Territorialstaates die polit. Gesichtspunkte gegenüber den wirtschaftl. Faktoren (Verkehrslage, Umlandbeziehungen etc.) überbetont worden waren, entwickelten sich diese Siedlungen meist entweder gar nicht zu Vollstädten im wirtschaftl. Sinne oder sie verkümmerten, wenn die polit. Verhältnisse änderten und die Verdienstmöglichkeiten eines Verwaltungssitzes entfielen. Dadurch wurden viele dieser Städte Reliktstädte bzw. Kümmerformen, deren Bewohner aber durchweg zäh an ihrem Stadtrecht festhielten. Da ein Wachstum wegen der zu knappen Stadtgemarkung nur selten mögl. war, blieben die meisten A.e Klein- oder sogar Zwergstädte. Obwohl es auch in anderen Teilen Europas ähnl. Formen gibt wie z. B. in SO-Europa, ist das Hauptverbreitungsgebiet der A.e im engeren Sinne doch Mittel- und W-Europa. K. Fehn

Lit.: H. FEHN, Das Siedlungsbild des niederbair. Tertiärhügellandes zw. Isar und Inn, Landeskundl. Forsch. 30, 1935 – CH. PROBST, Die Städte im Burgwald. Grundzüge der Wirtschafts- und Bevölkerungsentwicklung hess. Kleinstädte, Marb. Geogr. Schr. 19, 1963 – P. SCHÖLLER, Die dt. Städte, Erdkundl. Wissen 17, 1967.

Ackerdienste → Frondienste
Ackerformen → Flurformen
Ackergeräte. [1] *Archäologie:* Aus dem frühen MA sind unter dem arch. Fundgut Geräte der Bodenbearbeitung in zahlreichen Exemplaren aus Eisen, selten aus Holz, überliefert. Die meisten Stücke, die öfteren in nachahmender Miniaturform, stammen aus frühgeschichtl. Gräbern und Horten slaw. und nordgerm. Gebiete, v. a. der Tschechoslowakei, Polens und Norwegens. Während die Geräte im Beigabengut von Gräbern auf landwirtschaftl. Tätigkeit der Bestatteten (überwiegend Männer) hinweisen, dürften sie bei Horten teils Niederlegungen mit religiösem Hintergrund (Opfer an eine Erntegottheit) – dies gilt auch für die Miniaturformen aus Gräbern –, teils thesauriertes Eigentum von Bauern, Handwerkern und Handelsleuten darstellen. Bemerkenswert ist das weitgehende Fehlen von Ackerbaugeräten in merowingerzeitl. Grabinventaren des Reihengräberkreises. Weitere Gruppen bilden Einzelfunde, die häufig nicht näher zu datieren sind, und Geräte aus bäuerl. und frühstädt. Siedlungen sowie Befestigungen. Generell läßt sich bei einem Vergleich frühma-Exemplare mit solchen der Latène- und Kaiserzeit (aus provinzialröm. und barbar. Gebieten) nur ein geringer oder gar kein Formenwandel erkennen.

Eiserne *Hakenscharen (Hakeneisen)* sind in zahlreichen Varianten mit breiter oder schmaler dreieckiger Grundform und umgebogenen, eine offene Tülle bildenden Schaftlappen als Einzelfunde oder aus Horten und Siedlungen erhalten; sie waren wohl überwiegend auf den Sohlbalken symmetr. gebauter *Haken* angebracht und weisen an ihren Spitzen oft starke Abnutzungsspuren auf. Daß auch Haken ohne eisernen Sohlenschutz im frühen MA verwendet wurden, zeigen mehrere Holzfunde an (z. B. Dabergotz, Mark Brandenburg). In geringerer Anzahl sind *Pflug-* und *Hakenmesser (Riß, Sech, Kolter)* überliefert, die als Vorschneider dienten. Furchenspuren, die von Haken, bisweilen auch von schollenwendenden Pflügen herrühren, konnten unter mehreren Grabhügeln und bei Siedlungen nachgewiesen werden.

Eiserne Blätter oder Beschläge von *Schaufeln* und *Spaten* sind nur sporad. nachweisbar. Mehrere hölzerne Spaten mit oder ohne Absatz am Übergang von Schaft zu Blatt sind aus Oseberg erhalten; in ihrer Form ähneln sie eisenzeitl. Torfspaten. Mehrfach wurden Spuren von Spatenstichen auf Garten- oder Ackerflächen in der Nähe frühgeschichtl. Siedlungen beobachtet.

Nur selten sind *Eggenfunde* zu verzeichnen, wie Teile eines hölzernen Exemplars aus Dorregeest, Niederlande (frühe Kaiserzeit). Arbeitsspuren einer Egge wurden nahe der wikingerzeitl. Siedlung auf Lindholm Høje, Dänemark, freigelegt. M. Müller-Wille

Lit.: Eine das arch. Material betreffende Gesamtübersicht fehlt. – A. STEENSBERG, Ancient harvesting implements, 1943 – J. PETERSEN, Vikingetidens redskaper, 1951 – E. JOPE, Agricultural Implements (C. SINGER [Hg.], A Hist. of Technology, 1956, 82ff.) – J. V. D. POEL, De landbouw in het verste verleden, Ber ROB 10–11, 1960–61, 125ff. – R. PLEINER, Staré evropské kovářství [Alteurop. Schmiedehandwerk], 1962 – K. WHITE, Agricultural implements of the Roman world, 1967 – B. NOVOTNÝ, Depots von Opfersymbolen als Reflex eines Agrarkultes in Großmähren und im wiking. Skandinavien, PamArch 60, 1969, 197ff. – H. JANKUHN, Vor- und Frühgesch. vom Neolithikum bis zur Völkerwanderungszeit. Dt. Agrargesch. 1, 1969 – G. JACOBI, Werkzeuge und Gerät aus dem Oppidum von Manching, 1974 – TH. SJØVOLD, The Iron Age Settlement of Arctic Norway 2, 1974, 295 ff. – O. VEIBACK, Ploven og dens betydning med saerligt henblik på landsbyorganisation, 1974 – Beiträge verschiedener Autoren in der Zs. »Tools and Tillage«, hg. A. STEENSBERG, G. LERCHE, A. FENTON.

[2] *Agrargeschichte:*
Historische Entwicklung der landwirtschaftl. Primärbodenbearbeitungsgeräte Haken und Pflüge: Der Bestand der ma. Primärbodenbearbeitungsgeräte umfaßt größtenteils weiterentwickelte urgeschichtl. *Hakenkonstruktionen*. Aus jungsteinzeitl. Handhakenkonstruktionen entstanden in der Bronzezeit gespannzogene Jochhaken, die neben den in der Eisenzeit aufgekommenen Bauformen als *Karren-* oder *Schwinghaken* im MA weiter verwendet wurden. Die im 1. Jh. v. Chr. im Nordseeküstengebiet entwickelten *Beetpflüge* fanden zunächst eine regional unterschiedl. Verbreitung. Noch während des MA überwog in Deutschland der Anteil von Haken gegenüber den Pflügen. Erst mit einer verstärkten Intensivierung der Landwirtschaft seit dem 19. Jh. begann eine weitere Ausbreitung der Pflüge. Aber noch bis zum Anfang der 1930er Jahre wurden Haken regional noch in beschränktem Umfang zur

Bodenbearbeitung herangezogen wie beispielsweise der »Rheinische Hunspflug« und der »Mecklenburgische Haken«.

Funktionen:

Die Unterscheidung zw. Haken und Pflügen und deren Nomenklatur beruht auf unterschiedl. Funktionen.

a) *Haken:*

Entsprechend den spezif. Konstruktionen gibt es Haken mit drei unterschiedl. Funktionen, die

- a. 1, 2 den Furchenaushub *beidseitig* häufeln (Abb. 1, 2, 3),
- a. 3 den Furchenaushub *einseitig* häufeln (Abb. 4) oder
- a. 4 den Boden schichtweise lockern (Abb. 5).

Bei den Haken der Funktionsgruppen a. 1, 2 und a. 3 erfolgt entsprechend der Bodenart und dem Bodenzustand auf bindigen oder gut durchwurzelten Böden kein Häufeln, sondern beidseitig bzw. einseitig ein teilweises Wenden, Krümeln und Vermischen des Furchenaushubs. Die von Haken gezogenen Furchen sind – im Gegensatz zu den Pflugfurchen – nicht frei, sondern mit dem Rückfall eines Teiles des Furchenaushubs bedeckt.

b) *Pflüge:*

Pflüge wenden, krümeln und vermischen den Boden stets einseitig (Abb. 6, 7).

Von Pflügen wird

- b. 1 der Boden um 180° gewendet (Grünlandvollumbruch),
- b. 2 der Boden bei der allgemeinen Bodenbearbeitung um 135° gewendet oder
- b. 3 der Boden mit Schälpflügen nur flach 160°–170° gewendet.

Die angeführte Reihenfolge der Funktionsdarstellungen der Primärbodenbearbeitungsgeräte entspricht zugleich ihrer hist. Entwicklung (siehe Abbildung). Aus der Funktionsgeschichte der Bodenbearbeitungsgeräte werden die Zusammenhänge zw. der Funktion und der Konstruktion der Geräte sowie deren Arbeitsverfahren im Rahmen der regionalen Ackerbausysteme und deren Intensitätsstufe sichtbar.

Konstruktionen:

Zur Durchführung eines Funktionsverfahrens werden die verschiedenartigsten Gerätekonstruktionen verwendet. Für die Verrichtung der angeführten 7 Funktionsbereiche der Primärbodenbearbeitung im prähist. und hist. Haken- und Pflugbau sind im Laufe der Zeit auf der Erde etwa 100 000 verschiedene Konstruktionen entwickelt worden. Die systemat. Ordnung beruht auf der Konstruktionsgenese der einzelnen Konstruktionsarten; sie beinhaltet zeitl. deren Entwicklung von der Ursprungskonstruktion bis zu allen weiteren Konstruktionsentwicklungen und umfaßt geogr. die globale Gesamtausbreitung.

Beispielsweise bildet der jungsteinzeitl. *Handsohlenhaken* des Typs Burgäschisee-Süd (Abb. 1) eine Ursprungskonstruktion, aus der in der Bronzezeit der *Jochsohlenhaken* des Typs Walle (Abb. 2) entstanden ist. Diese Grundkonstruktion und zahlreiche Weiterentwicklungen waren im MA von Skandinavien über das Mittelmeergebiet bis nach Indien verbreitet. Das ma. Verbreitungszentrum der Konstruktionsgrundart des Jochsohlenhakens von der Schwäbischen Alb aus dem 19. Jh. (Abb. 3) liegt im Mittelmeergebiet, die Verbreitung reichte bis Mitteleuropa und im O bis Indien. Von Portugiesen und Spaniern wurde diese Konstruktion mit der Kolonisation in S-Amerika eingeführt. Weitere Grundkonstruktionen wie der Jochsohlen- und Haupthaken des Typs Døstrup hatten im MA eine Verbreitung von Skandinavien bis zum Vorderen Orient. Unabhängig von den Konstruktionstypen wurden im MA bei allen Bodenbearbeitungsgeräten Neuentwicklungen von Geräteteilen, die der Verbesserung der Funktionalität dienten, eingeführt.

Im MA gab es außer regional verbreiteten Haken- und Pflugkonstruktionen auch Konstruktionen, die eine kontinentale und interkontinentale Verbreitung hatten.

Anbauverfahren:

Während des MA war das um 500 v. Chr. entstandene Anbauverfahren des Saatbettbaues aufgrund der vervollkommneten Bodenbearbeitungsgeräte allgemein verbreitet.

Die gesamte Bodenoberfläche war gelockert, wodurch eine Breitsaat ermöglicht wurde (Abb. 3–5).

Zur besseren Krümelung und Vermischung des Bodens erhielten die Sohlen der Sohlenhaken beidseitig Streich-

---

Fig. 2: Die Entwicklung der Bodenbearbeitungsgeräte Haken und Pflug und ihrer Funktionen

Anbauverfahren	Konstruktionen	Funktionen
Saatfurchenbau	1. / 2.	**a) Haken** — a.1 *Beidseitig schwaches Häufeln des Furchenaushubs. Zwischen den Furchen verbleiben unbearbeitete Erddämme.*
Saatbettbau seit der Eisenzeit	3.	a.2 *Beidseitiges Häufeln des Furchenaushubs.*
	4.	a.3 *Einseitiges Häufeln des Furchenaushubs.*
	5.	a.4 *Boden schichtweise lockern.*
seit dem 1. Jh. v. Chr.	6.	**b) Pflüge** — *Boden einseitig wenden und lockern, stets freie Furche.* b.1 *Schollen um 180° wenden: Grünlandumbruch.* b.2 *Schollen um 135° wenden: allgemeine Bodenbearbeitung.*
	7.	b.3 *Schollen um etwa 170° wenden: flaches Stoppelschälen.*

pflöcke, aus denen später die Streichleisten und hieraus die Streichbretter hervorgingen.

Die abgebildeten, während des MA gebräuchl. Bodenbearbeitungsgeräte dokumentieren eine Vielfalt von Konstruktionen und Funktionen:

Abb. 3: Jochsohlenhaken von der Schwäbischen Alb (bis zum 19. Jh. in Gebrauch),

Abb. 4: »Rheinischer Hunspflug«, Kehrhaken (bis Anfang 20. Jh.),

Abb. 5: »Südtiroler Grindelrad-Vierseithaken« (bis zur Gegenwart),

Abb. 6: »Altdeutscher Landpflug«, Beetpflug (bis 19. Jh.).

Im MA waren *Wölbäcker* von der Nordsee bis zum Alpenvorland verbreitet. Heute sind Wölbäcker noch teilweise in Nordseemarschen in Gebrauch und häufig unter Waldbestand erkennbar.

Für die Anlage von schmalen und sehr langen, in der Mitte gewölbten Feldern, sog. Wölbfeldern, waren Kehrhaken und Beetpflüge sehr geeignet.

In verschiedensten Gebieten Europas waren im MA noch primitive Bodenbearbeitungsgeräte im Gebrauch, wie sie bereits in der Bronzezeit in Nutzung waren; u. a. Jochhaupthaken ohne Schar und Streichkörper, wobei ledigl. die Hauptspitze mit einem Beil bearbeitet war (in der Nähe von Rocca di Papa/Albaner Berge).

Ein wesentl. Grund für die lange Nutzung hist. Bodenbearbeitungsgeräte besteht in dem geringen Zugkraftbedarf; die extensiven Haken (Abb. 3–5) und Pflüge (Abb. 6) benötigen für eine 12 cm tiefe Pflugfurche etwa 100 Kp Zugkraft. Dagegen ist für ein 20–22 cm tiefes Pflügen mit den intensiven Pflügen mit geschwungenem Streichblech (Abb. 7), die sich seit dem Ende des 18. Jh. durchzusetzen begannen, ein Zugkraftaufwand von 200–220 Kp notwendig. Da eine derartige Zugkraft insbes. für kleinbäuerl. Betriebe vielfach unrentabel ist, bilden die traditionellen, extensiven Bodenbearbeitungsgeräte eine den bes. Erfordernissen »angepaßte Technologie«. Das zeitl. Nacheinander der Entwicklung der A. und der Ackerbausysteme in Deutschland, Europa und anderen Industrieländern ist gegenwärtig geogr. nebeneinander in den verschiedensten Teilen der Erde anzutreffen.

Ma. MA. haben in den verschiedensten Teilen der Erde noch eine weite Verbreitung. Gegenwärtig arbeiten ledigl. etwa 25% der Bauern mit Pflügen, während noch 75% aller Bauern mit Haken sowie Hacken oder Grabstöcken arbeiten. Die mannigfaltigen Erkenntnisse, die beim allmähl. Übergang vom extensiven zum intensiven ackerbaul. Produktionsverfahren v. a. in den letzten beiden Jh. gewonnen werden konnten, können eine wichtige Grundlage bei dem Problem der Steigerung der Nahrungsmittelproduktion in Entwicklungsländern bilden.

K.-R. Schultz-Klinken

Lit.: K.-R. SCHULTZ-KLINKEN, Ackerbausysteme des Haken- und Pflugbaues in urgesch. und gesch. Zeit sowie ihr Einfluß auf die Bodenentwicklung, Die Kunde, 1972 – DERS., Die Entwicklung der ländl. Handarbeitsgeräte in SW-Deutschland; Ackerbaugeräte für Bestellung, Pflege und Ernte, Der Museumsfreund, H. 14/15, 1975 – DERS., Zur Nomenklatur und Systematisierung prähist. und hist. Haken und Pflüge auf primär funktioneller sowie konstruktiver Grundlage, im Rahmen der hist. Entwicklung und der regionalen Verbreitung. Forschungsbericht 1977

Ackermaße → Flurformen

Acquaviva, Familie, Herkunftsort Neapel. Ihr Stammvater Rinaldo erhielt von dem Staufer Heinrich VI. Lehen im Gebiet von Teramo (1195). Unter den Mitgliedern der Familie sind Kriegsleute und große Kirchenfürsten. Bes. erwähnenswert ist Antonio († ca. 1395), der als Verbündeter von Karl III. v. Durazzo im Kampf gegen die Anjou die Gft.en S. Flaviano und Montorio erhielt. 1390 machte er sich lokale Streitigkeiten zunutze und besetzte Teramo, deren Signorie zusammen mit der von Atri ihm 1393 gegen Zahlung von 35000 Dukaten von Kg. Ladislaus v. Neapel zuerkannt wurde. Sein Sohn Andrea Matteo († 1407), Erbe der väterl. Lehen, mit dem Titel Gf. v. S. Flaviano, gab die Gft. Montorio zurück, erwarb jedoch den Titel eines Hzg.s v. Atri. Von den drei Söhnen Antonio, Pietro Bonifazio und Giosia (Hzg. v. Atri, † 1462), wurde letzterer 1424 zum Gouverneur v. Teramo ernannt; er stand an der Seite Alfons' v. Aragon im Kampf gegen René v. Anjou und unterstützte Filippo Maria Visconti gegen Francesco Sforza, der ihm alle Lehen jenseits des Tronto fortnahm. Nachdem er auch Teramo eingebüßt hatte (1438), trennte er sich von den Aragon (1443), um die Stadt wiederzugewinnen. Erst im Juli 1446 nahm Giosia aufgrund eines zw. ihm und Alfons v. Aragon geschlossenen Vertrages von der Belagerung Teramos Abstand und erhielt dafür Atri zum Lehen. Nach dem Tode von Alfons (1458) versuchte er erneut, Teramo zu erobern und schloß ein Bündnis mit Giovanni Antonio Orsini. 1459 erhielt er durch Konzession Ferrantes v. Aragon Teramo zurück. Dann trat er auf die Seite Renés v. Anjou und kämpfte gegen die Aragonesen bis zu einem erneuten Aufstand von Teramo (1461). Sein Nachfolger in Titeln und Lehen war sein Erstgeborener Giulio Antonio († 1481) ein Kriegsmann, Begründer der Linie A. d'Aragona, der mit Erfolg an der ersten Verschwörung der Barone (22. Juli 1460) teilnahm. Auf die Seite Kg. Ferrantes übergetreten, blieb er ihm stets treu ergeben. So erhielt er Atri und Teramo wieder. Außerdem nahm er an dem ersten Feldzug zur Verteidigung Otrantos, das von den Türken besetzt war, teil. In Anerkennung seiner militär. Verdienste konnte er dem Namen seines Hauses die Bezeichnung d'Aragona beifügen (1479). Sein Erstgeborener Andrea Matteo, Hzg. v. Atri, Gf. v. S. Flaviano, Marchese v. Bitonto und Gf. v. Conversano († 1529), setzte die Kriegstaten des Vaters fort. Nach der Erwerbung des Lehens Sternatia (im Gebiet von Otranto) i. J. 1478 kämpfte er an der Seite des Vaters gegen die Türken. Als Generalstatthalter des Kg.s Ferrante verteidigte er Gallipoli gegen die Venezianer (1484). 1485 war er allerdings unter den Anführern der Verschwörung der Barone. Nachdem er einen großen Teil seiner Lehen verloren hatte, unterwarf er sich dem Herrscher (1486). Bei der Ankunft Karls VIII. lief er zu dem frz. Herrscher über und erhielt außer den anderen Besitztümern auch Bitonto zurück. Er erlitt neue Verluste nach der Rückkehr Karls VIII. nach Frankreich und konnte seine Lehen erst nach der vom neuen dt. Kg. Friedrich III. erlassenen Amnestie wiedergewinnen. Bei der Auseinandersetzung zwischen Spaniern und Franzosen kämpfte er zugunsten Ludwigs XII. v. Frankreich. Unter Ferdinand d. Kath. nahm er erneut eine hohe Stellung im polit. Leben ein (1506). Er gewann 1508 Atri mit Waffengewalt und 1521 das Lehen Teramo gegen Zahlung von 40000 Dukaten zurück. Seit 1510 widmete er sich als Mitglied der Accademia pontaniana v. a. lit. Tätigkeiten. Sein Bruder Belisario († 1528) verteidigte Apulien gegen die Venezianer. Weil er Ferrante II. und Friedrich I. v. Aragon immer treu ergeben gewesen war, erhielt er von letzterem das Lehen Nardo mit dem Titel Gf. (1497). Ferdinand d. Kathol. gewährte ihm auch den Titel Marchese als Anerkennung seiner Ergebenheit der span. Monarchie gegenüber, und Karl v. Habsburg erhöhte den Marchesetitel zu dem eines Hzg.s v. Nardo (1516). Er verbrachte die letzten

Jahre seines Lebens in Neapel und Nardo und widmete sich lit. Studien. M. C. de Matteis

Lit.: DBI I, 166-184.

Acquêts (Commissaires aux nouveaux). Durch Verordnung vom Nov. 1275 erließ der Kg. v. Frankreich, Philipp III. (der Kühne), ein Recht über Güterkauf seitens der Kirchen, der Geistlichen und der Nichtadligen auf ihren Lehen, Afterlehen, Zinspachten und Freigütern. Es war der erste Versuch des Kgm.s, zu eigenen Gunsten das alte Feudalrecht der Amortisation zurückzugewinnen, das ein Jh. später Karl V. v. Frankreich zum Hoheitsrecht erklärte. Angewandt auf Nichtadlige, die Adelsgut erwarben, wurde dieses neue Recht als *franc-fief* bezeichnet. Diese beiden Rechte existierten mit wechselndem Schicksal bis zum Ende des *Ancien Régime*. Um über die seit 30 Jahren auf diese Weise erworbenen Güter Nachforschungen anzustellen und die entsprechenden Steuern zu erheben, ernannte der Kg. Kommissare. Ebensolche wurden mit der Untersuchung und der Eintreibung der Gelder beauftragt. Anfangs waren es dazu berechtigte, aber nicht auf eine Finanzkarriere spezialisierte kgl. Kleriker oder kgl. Ritter; sie reisten zu zweit oder zu dritt in den →Bailliages und den →Sénéchaussées umher. Unter den letzten Kapetingern, oft mit den *Baillis* und *Seneschallen* assoziiert, waren sie manchmal *Enquêteurs-réformateurs* (missi) und im S eine Art kgl. Stellvertreter, die ihre Machtbefugnisse an Untergebene weitergaben. Sie nahmen, wenigstens teilweise, das Erwerbsgeld selbst ein und legten vor der Rechnungskammer darüber Rechenschaft ab. Die Aufträge waren unter den letzten Kapetingern zahlreich, scheinen zw. 1338 und 1351 ausgeblieben zu sein und kamen unter Johann II. d. Guten, Karl V. und Karl VI. wieder auf. Die Kommissare wurden nun unter den örtl. Beamten ausgewählt. Im 15. Jh. findet man noch episod. solche Kommissionen, aber unter Karl VI. wurden die Kommissare anscheinend bereits durch die kgl. Schatzmeister in den Prov. ersetzt; zu Ende der Regierungszeit Karls VII. und unter Ludwig XI. war es nicht mehr nötig, sie zu ernennen, um diese Rechte zu wahren.

M.-E. Antoine

Lit.: M.-E. CARREAU-ANTOINE, Les commissaires royaux aux amortissements et aux nouveaux acquêts sous les Capétiens, 1275-1328 [Diss. masch. Ecole des Chartes, 1953] – G. SAUTEL, Note sur la formation du droit royal d'amortissement (XIIIe-XIVe siècles), Etudes d'hist. du droit canonique dédiées à GABRIEL LE BRAS, 1963, I, 689-704 – J.B. HENNEMAN, »Enquêreurs-réformateurs« and fiscal officers in fourteenth-century France, Traditio 24, 1968, 309-349.

Acta Apostolorum Apocrypha, umfangreiche romanartige Legendendichtungen um die Apostel, in denen der jeweilige Held bei seinem Missionswerk als Träger göttl. Wundermacht, als Asket und Märtyrer gezeichnet ist. Motiv der Abfassung ist neben der Lust am Fabulieren der Wunsch, für oft häret. Lehren und Bräuche apostol. Ursprung zu behaupten. Grobe Unterteilung in drei Gruppen ist möglich: die im 2. und 3. Jh. entstandenen *Acten des Johannes, Petrus, Paulus, Andreas* und *Thomas;* die (in der Grundschrift) wenig jüngeren *Pseudoclementinen;* die im 4. Jh. entstandenen, weit divergierenden *Jüngeren Apostelacten.* Die erste Gruppe dürfte schon dem Origenes als Corpus bekannt gewesen sein. Es wurde von den Manichäern im 4. Jh. benutzt, und Photios hat es als Werk eines Leukios Charinos gelesen. Diese Acten enthalten neben kath. Elementen ausgeprägt gnost. Theologie und Übergangsformen.

Die Pseudoclementinen liegen hauptsächl. in zwei großen Rezensionen vor, die auf eine gemeinsame in der 1. Hälfte des 3. Jh. vermutl. in Syrien entstandene Grundschrift zurückgehen, den *Homilien* und den *Recognitionen.* Der Name der Recognitionen leitet sich vom Romanmotiv her, dem Zusammenfinden einer zersprengten röm. Familie durch die Hilfe des Petrus. Die Homilien heißen nach den umfangreichen Reden des Petrus, dessen Kämpfe mit Simon magus den eigtl. Inhalt darstellen. H. Kraft

Ed.: Acta Apostolorum Apocrypha, ed. R. A. LIPSIUS-M. BONNET, 1891 bis 1903 [Nachdr. mit Lit. 1959] – Ps. clem. Hom., ed. B. REHM, GCS 42, 1953 – Recogn. ed. B. REHM, GCS 51, 1964 – Einl. v. a. HENNECKE-SCHNEEMELCHER 2 – Lit.: RE, Suppl. XV – ALTANER-STUIBER, 132-140.

Acta RR. Pontificum → Bullarium, → Dekretalen

Actarius → Heerwesen

Actes des Apôtres → Geistliches Drama

Actio, Klage, nach Digesten (44.7.51) und Institutionen Justinians (4.6 pr.) das Recht, vor Gericht zu verlangen, was einem zusteht. Im gemeinen wie im justinian. Prozeß wurden aber nur bestimmte Actiones anerkannt, deren Zusammenstellung die Glossatoren im 4. Buch der Institutionen, bes. im Titel »De actionibus« (4.6) fanden. Im Anschluß daran verfaßten sie systemat. Abhandlungen über Voraussetzungen, Inhalt und Verjährung der A., so →Placentinus, Anselmus ab Orto, →Azo (in der Summa institutionum). →Pilius schrieb über A. gegen den violentus possessor. Eine graph. Darstellung von 169 Actiones als Kreisen in rechteckigen Feldern mit Angabe ihrer systemat. Merkmale durch ein System von Punkten, die an eine Arbor consanguinitatis erinnert, ist die »Arbor actionum« des →Johannes Bassianus, die von →Pontius de Ilerda u. a. kommentiert wurde. Seit Anfang des 13. Jh. gingen die »Summae de actionibus« in den Libellwerken (→Libellus) auf. P. Weimar

Lit.: M. A. v. BETHMANN-HOLLWEG, Der Civilprozeß des gemeinen Rechts in gesch. Entwicklung 6, 1874, 16-27 – H. FITTING, Jurist. Schr. des frühen MA, 1876 [Neudr. 1965] – Anselmi de Orto Iuris civilis instrumentum, ed. V. SCIALOJA, BIMAE 2, 85-116 – COING, Hdb. I, 383-393.

Actio immanens - actio transiens, in der Weiterentwicklung der aristotel. Deutung des Unterschieds zw. dem Handeln *(Praxis)* und dem Herstellen *(Poiesis)* unterscheidet die ma. Philosophie ein Tätigsein, das wie im Streben, Erkennen und Wollen unmittelbar im Tätigen etwas hervorruft, das also in ihm sein Ziel findet und es in sich selbst wachsen läßt (a. i.), und ein Tätigsein, das wie im Herstellen und Bewirken im anderen etwas hervorbringt und in ihm sein Ziel findet (a. t.). Kennzeichnend für die Unterscheidung ist der Versuch, vom körperl. Tätigsein jede anthropomorphe Deutung fernzuhalten und in Abhebung dazu das Eigentüml. des seel. Tätigseins herauszustellen. Soweit ist diese Unterscheidung ein Allgemeingut der ma. Philosophie (und Theologie). In den Detailfragen gibt es jedoch hartnäckige Diskussionen zw. den Schulrichtungen, bes. zw. der Schule des Thomas v. Aquin (ca. 1225-74) und der des Duns Scotus (1266-1308). G. Meyer

Lit.: HWP I, 76-78 – F. NUGENT, Immanent action in S. Thomas and Aristotle, New Scholast. 37, 1963, 164-184.

Actions, forms of → Klage

Actor, der röm. Terminologie entstammende Bezeichnung der kgl. Gutsverwalter im frk. Reich seit der Merowingerzeit; auch bei den Westgoten, Burgundern und Langobarden üblich. Der karol. actor dominicus heißt auch iudex (fisci), procurator regis, villicus. In einigen Abteien (z. B. Corbie) erscheint im 9. Jh. ein actor villarum. Unter dem Namen a. wurden wohl verschiedenartige Domänenbeamte zusammengefaßt. Größere fiskal. Betriebseinheiten (fisci), die einem a. unterstanden, waren in eine Anzahl ministeria eingeteilt, deren jedes einem Unterbeamten des a. zugewiesen war, der auch unter dem Namen maior erscheint. Neben der Verwaltung eines

Domänenbezirks bestand die Tätigkeit des a. in der Gerichtsbarkeit über die Domänenleute und v. a. in der Versorgung des kgl. Hofhaltes während des Aufenthalts in seinem Amtsbereich. A. Verhulst

Lit.: H. Brunner, DRG, 169-171 - W. Metz, Das karol. Reichsgut, 1960.

Actus humanus – actus hominis. Die terminolog. Fixierung der Unterscheidung von *deliberativen* (actūs humani) und *nichtdeliberativen* Akten (actūs hominis) führt Thomas v. Aquin ein. S. th. I–II, q. 1, a. 1 c. beweist Thomas die teleolog. Struktur menschl. Handelns (propter finem) aus dessen wesentl. rational-deliberativem Charakter: »Est autem homo dominus suorum actuum per rationem et voluntatem: unde et liberum arbitrium esse dicitur facultas voluntatis et rationis« ('Es ist nun aber der Mensch Herr seiner Handlungen durch Vernunft und Willen, weshalb die Vernunft und Willensbefähigung auch Freiheit der Entscheidung genannt wird.') Handelt der Mensch als Mensch (inquantum est homo), d. h. handelt er spezif. menschl. – dies im Sinne der differentia specifica, nicht ethisch-normativ zu verstehen – in aus abwägendem Willensentscheid hervorgehenden Akten (quae ex voluntate deliberata procedunt) und ist Objekt des Wollens sein Ziel (finis et bonum), dann folgt daraus quod omnes actiones humanae propter finem sint ('daß alle menschlichen Akte um eines Zieles willen geschehen'), wenn gilt: omnes actiones quae procedunt ab aliqua potentia, causantur ab ea secundum rationem sui obiecti ('Alle Akte, die aus einem Vermögen hervorgehen, werden von diesem verursacht im Hinblick auf sein Objekt'; aaO).

Thomas' These über das spezif. menschl. Handeln als Vollzug teleolog. bestimmter Akte weist zurück auf Aristoteles' Erörterungen über *präxis* ('Handlung') und *prohairesis* ('Entscheidung') v. a. im III. und VI. Buch der EN., wo allerdings diese Thematik so sehr im Vordergrund steht, daß die actūs hominis im Sinne von Thomas nur am Rande und dann unterminolog. berührt werden (vgl. EN. III, 5, 1113 b 26–29).

Die Ineinssetzung von menschl. und willentl.-deliberativem Handeln wird später Gemeingut, vgl. Faust. Rei. grat. 2, 2 (ed. Engelbrecht, CSEL 21, 1891, 61–62): »Sed revolvis et dicis: praescientia et praedestinatio humanorum actuum esse meritorum praefigit et excitat causas. non ita est. magis de origine voluntatis humanae genus praescientiae derivatur« ('Du magst es umdrehen und sagen: Das Vorherwissen und die Vorherbestimmung setzt im voraus fest und ruft hervor die Ursachen menschlicher Handlungen und Leistungen. So ist es nicht. Das Vorherwissen leitet sich aus dem Ursprung des menschlichen Willens her.')

Spricht Thomas davon, daß der menschl. Wille auf ein Ziel und ein Gutes (finis et bonum) gerichtet ist, so ist diese Zweideutigkeit offenbar ein augustin. Erbteil. Aristoteles weist die *prohairesis-Struktur* als neutrales Wesensmerkmal menschl. Praxis auf. *Prohairesis-Charakter* hat selbstverständl. auch die sittl. verwerfl. *Praxis* (EN. III, 2, 1112a 1–2: ('Denn danach, ob wir uns für Wert oder Unwert entscheiden, bestimmt sich unser ethischer Rang' [Dirlmeier]). Diese rein formal-analyt. Betrachtungsweise behält Augustin nicht mehr bei. Er schreibt in »De libero arbitrio« (2, 1, 2–3; CC 29, 1970, 236): »Homo enim ipse in quantum homo est, aliquod bonum est, quia recte vivere cum vult potest ...Si enim homo aliquid bonum est et non posset, nisi cum vellet, recte facere, debuit habere liberam voluntatem, sine qua recte facere non posset« ('Denn der Mensch, insoweit er wirklich Mensch ist, ist etwas Gutes, weil er richtig leben kann, wenn er nur will... Wenn nämlich der Mensch etwas Gutes ist und nicht recht handeln könnte außer er wollte es, muß er einen freien Willen haben, ohne den er nicht recht handeln könnte.') Die Betätigung liberae voluntatis durch den Menschen (in quantum est homo! vgl. Thomas) wird nach Augustin also keinesfalls sittl. neutrale oder gar negative Akte nach sich ziehen können. Der wesentl. menschl. Akt bleibt bei Augustinus nicht in formaler Unbestimmtheit, sondern er bestimmt ihn als den Akt der Hinwendung zu Gott (gen. ad litt. 12, MPL. 39, 382): »Neque enim tale aliquid est homo ut factus, deserente eo qui fecit, possit aliquid agere bene tanquam ex seipso; sed tota eius actio bona, est converti ad eum a quo factus est...« ('Denn so ist es nicht um den Menschen bestellt, daß er als geschaffener, wenn der, der ihn schuf, ihn verläßt, gleichsam aus sich selber etwas gut zustande bringen könnte. Sein gutes Handeln besteht ganz und gar darin, daß er zu dem sich hinwendet, der ihn schuf.'). Die Sache des actus humanus – den Terminus benutzt Augustin nicht – ist bei ihm also spezif. platonischer verstanden als bei Thomas. Die Unterscheidung actus humanus – actus hominis ist bei Augustin der Sache nach, aber wiederum unterminolog. vollzogen. De trin. XII, 3 (CC 16, 1, 1968, 357). Vgl. auch Handlung. H. J. Oesterle

Lit.: LThK[2] 1, 251–256, [mit Lit.] – J. Mausbach-Ermecke, Moraltheologie I, 150ff., 250 – Ders., Die Ethik des hl. Augustinus, 1929[2] – M. Wittmann, Die Ethik des hl. Thomas v. A., 1933 [Nachdr. 1963].

Actus legitimi, im Röm. Recht Rechtsgeschäfte des Zivilrechts, die wegen ihrer Form oder ihres Inhalts einen Schwebezustand nicht vertragen und durch Befristung oder Bedingung hinfällig werden. Die wichtigsten a. l. zählt Dig. 50.17.77 auf. Die Stelle wurde von Reg. Iur. in VI⁰ 50 auszugsweise übernommen. Die kirchl. Gesetzgebung jedoch faßte unter a. l. sowohl Rechtsgeschäfte des Privatrechts als auch Amtshandlungen der streitigen und der freiwilligen Gerichtsbarkeit sowie Klage, Zeugnis und Verbeistandung im Prozeß. Der Ausschluß von den a. l. trat in Verbindung mit der →Exkommunikation (VI⁰ 5. 11.14) und im Gefolge der →Infamie (Extr. Jo. XXII 12.1) ein. Auch das weltl. Strafrecht kannte den Ausschluß von den a. l. im Zusammenhang mit der Infamie (z. B. Friedrich II. 1226; MGH Const. II, 139). G. May

Lit.: E. Eichmann, A. l. (CJC c. 2256 n. 2), AKKR 116, 1936, 43–66 – W. J. Tierney, Authorized Ecclesiastical Acts, 1961.

Actus purus (reine Aktualität = Sein in ursprgl. und totaler Verwirklichung) ist ein zentraler Begriff der Gotteslehre des Thomas v. Aquin (STh I q3 a2). Aus der aristotel. Unterscheidung zw. mögl., wirkl. und notwendigem Sein (Met. XII c6 u. 7) erwachsen und von Anselm v. Canterbury (Prosl. c3) mitbestimmt, besagt er: Gott ist die erste Wirklichkeit und Schöpfer aller zweiten Wirklichkeiten außer sich (QD De pot. q1 a1: q3 a1; ähnl. Johannes Duns Scotus, Ord. I d 39 q1–5, App. A n. 13). Bonaventura bringt dieselbe Wahrheit im Anschluß an Johannes v. Damaskus (De fide orth. I c9: 'Gott, das grenzen- und endlose Meer der Wirklichkeit') in der Rede von der seinsmäßigen (nicht räuml.) Unendlichkeit zum Ausdruck (Sent. Com. I d43 a un. q2). Nikolaus v. Cues spricht hier dann vom »absoluten, nicht kontrakten Maximum« (De doct. ign. I c 4; II c 4). Zur Kritik der Begriffe »absolutes und kontingentes Sein« vgl. I. Kant, Kritik der reinen Vernunft, Trszdl. Elem., 2. T., 2. Abt., Ant. 4. J. Auer

Lit.: L. B. Geiger, Dissimilitude, Transcendance et perfection du Principe divin. Apories et solutions, Dialogue 1962, 17–35 – G. W. Volke, Sein als Beziehung zum Absoluten nach Thomas v. Aquin, Forsch. zur neueren Philos. und ihrer Gesch., NF 15, 1964 – D. Henrich, Der ontolog. Gottesbeweis, seine Probleme und seine Gesch. in der Neuzeit, 1967[2] - W. WEISCHEDEL, Der Gott der Philosophen, Grundlegung einer philos. Theologie im Zeitalter des Nihilismus, 2 Bde., 1971/72 - H. OGIERMANN, Sein zu Gott, die philos. Grundfrage, 1974.

Ad Destricios. An diesem Ort (Estresse? [Dép. Corrèze, Arr. Brive-la-Gaillarde]) besiegte zu Beginn des Jahres 930 der westfrk. Kg. Rudolf (Raoul) vernichtend die damals Aquitanien plündernden *Loire-Normannen*. Der in der Sage fortlebende Erfolg führte zur Unterwerfung aquitan. Großer unter den Kg. K. F. Werner
Lit.: PH. LAUER, Robert Ier et Raoul de Bourgogne, rois de France, 1910, 59.

Ada-Handschrift, künstler. reich ausgestatteter Pergamentcodex mit in Goldtinte geschriebenen Evangelien (Trier, Stadtbibl., Cod. 22). Einem nachträgl. eingetragenen Gedicht zufolge wurde die Hs. auf Bestellung einer »Ada Ancilla Dei« geschrieben, die - von der lokalen Tradition als Schwester Karls d. Gr. bezeichnet - mit einer im späteren Nekrolog von St. Maximin in Trier genannten Nonne ident. sein wird. Das um 800 geschriebene Evangeliar gehört zu einer Gruppe von Prunkhandschriften aus einem Scriptorium, das an den Hof Karls d. Gr. zu lokalisieren ist. Im Buchschmuck verbindet sich insulare Ornamentik mit antiker Formenwelt. J. M. Plotzek
Lit.: Kat. Karl d. Gr., Aachen 1965, Nr. 416.

Adaequatio (lat. 'Angleichung'). Mit Hilfe dieses Ausdrucks, den er gleichbedeutend mit »conformitas« ('Übereinstimmung') und »correspondentia« ('Entsprechung') gebrauchte, definiert Thomas v. Aquin unter Berufung auf →Isaac Israeli die Wahrheit als Übereinstimmung zw. einer Sache und dem sie erkennenden Verstand (»a. rei et intellectus«: De ver. 1,1; S. th. I 16,2). Nach dieser (in Isaacs 'Definitionenbuch« nicht nachweisbaren) Formel, die auf Avicenna (Met. I 9) zurückgehen dürfte, ist das, was der Verstand über eine Sache aussagt, dann wahr, wenn es sich so mit ihr verhält, wie er es in seiner Aussage über sie zu verstehen gibt. Die in der auch von Albertus Magnus (De bono I 1, 8; ed. H. KÜHLE, 1951, 15), Wilhelm v. Auxerre (S. aurea I 10; ed. 1500 [Nachdr. 1964], fol. 23va) u. a. verwendeten a.-Formel ausgedrückte »Korrespondenztheorie der Wahrheit« hat ihren Ursprung bei Platon (Krat. 385[b]) und Aristoteles (Perih. 9, 19[a] 33; Met. IV 7, 1011[b] 25-27). H. Weidemann
Lit.: Thomas v. Aquin, Summa contra gentiles I 59, hg. und dt. übers. K. ALBERT-P. ENGELHARDT, 1974, 220f. - HPhG 6, 1649-68 - J. T. MUCKLE, AHDL 8, 1933, 5-8 - J. VANDE WIELE, RPhL 52, 1954, 539f., 550 - C. VANSTEENKISTE, Angelicum 37, 1960, 371 - P. ENGELHARDT, Innerlichkeit und Erziehung, hg. F. PÖGGELER, 1964, 145-175 - F. RUELLO, La notion de vérité chez s. Albert le Gr. et s. Thomas d'Aq. de 1243 à 1254, 1969.

Adaeratio → Steuerwesen

Adal- → auch Al-, → Adel- [Namensformen]

Adalbald, hl. (Fest 2. Febr.), frk. Grundherr im Gau Austerbant, Enkel der hl. Gertrudis, bekannt v. a. als Ehemann der hl. →Rictrudis, die er 635 auf einem Feldzug Kg. Dagoberts gegen die Gaskogner kennenlernte. Das Ehepaar, das sich der geistl. Führung des Hl. Amandus v. Belgien anvertraute, hatte vier Kinder (Adalsindis, Clotsindis, Eusebia, Maurontus), die später ebenfalls als Hl. verehrt wurden. Um die Mitte des 7. Jh. wurde A. auf einer weiteren Reise in die Gaskogne ermordet (in Périgueux nach einer Nachricht des Chronicon Marchianense, ca. 1200), angebl. von den mißgünstigen Verwandten der Rictrudis. Sein Leichnam wurde nach Elnone (St-Amand) überführt. Eine eigene Lebensbeschreibung des A. existiert nicht; der erste Bericht über seine Existenz findet sich in der Vita Ia Rictrudis des Hucbald von St-Amand (BHL 7247, von 907). Später erweiterten die Biographen seiner Tochter Eusebia seine Legende: Auf Grund seines gewaltsamen Todes wurde zunächst eine Gleichstellung mit den Märtyrern gefordert (BHL 2736, 10. Jh.), dann wurde er unter Anerkennung dieser Eigenschaft den kephalophoren H[l]. zugeordnet (BHL 2737, um 1000). Der dux-Titel ist erst um 1041/43 bezeugt (Gesta pontif. Camerac., I, 23). J.-C. Poulin
Lit.: G. HENSCHEN, AASS Febr. I, 299-303 - R. WASSELYNCK, Adalbaldo, Bibl. SS I, 1961, 173.

Adalbero

1. A. v. Eppenstein, † 1039, ⚭ mit Beatrix, einer Tochter Hzg. Hermanns II. v. Schwaben, und durch sie mit Ks. Konrad II. verschwägert, besaß wie sein Vater Markward die Kärntner Mark, die Gft. Görz und die Schutzvogtei über das Patriarchat Aquileia. Von Ks. Heinrich II. wurde er mit dem Hzm. Kärnten und der Mark Verona belehnt. 1019 kämpfte A. gegen Konrad, vermutl. um das Erbe beider Gemahlinnen. Zw. 1027 und 1028 gehörte A. zur engeren Umgebung des Ks.s, der jedoch 1035 A.s Absetzung wahrscheinl. wegen dessen selbständiger Politik gegenüber mehreren Adligen im ostbayer. Raum und gegenüber Ungarn verfügte. A.s gleichnamiger Sohn war seit 1053 Bf. v. Würzburg. Der 2. Sohn Markward nutzte den Kärntner Eigenbesitz der Familie; dessen Sohn Liutold erhielt 1077 von Ks. Heinrich IV. das Hzm. Kärnten als Lehen zurück. I. Heidrich
Lit.: NDB I, 40 - U. WAHNSCHAFFE, Das Hzm. Kärnten und seine Marken im 11. Jh. [Diss. Leipzig 1878] - A. JAKSCH, Gesch. Kärntens bis 1335, I, 1928 - K. E. KLAAR, Die Herrschaft der Eppensteiner in Kärnten [Diss. Freiburg 1966] - I. HEIDRICH, Die Absetzung Hzg. A.s v. Kärnte n durch Ks. Konrad II. 1035, HJb 91, 1971, 70-94.

2. A., Ebf. v. Reims seit 969; * gegen 920/30, † 23. Jan. 989. Entstammte einer mächtigen Familie (→Ardennergrafen) aus Lothringen, war der Neffe des Bf.s v. Metz, Adalbero, und des Hzg.s von Oberlothringen, Friedrich I. A. wurde in der Abtei von Gorze erzogen, war Domherr der Kirche von Metz und Nachfolger Odalrichs als Ebf. v. Reims; als Seelsorger spielte er eine überragende Rolle. Er reformierte die Abteien von Mouzon (971) und Saint-Thierry (972), indem er die Kleriker, die sie innehatten, durch Benediktinermönche ersetzen ließ. Im Mai 972 hielt er eine Synode in Mont-Notre-Dame ab, um die Reform von Mouzon und die Vereinigung des kleinen Kl.s von St-Timothée mit St-Remi, vom Papst bereits sanktioniert, genehmigen zu lassen. Schließl. rief er gegen 977/983 in Mont-Notre-Dame die Äbte der Provinz von Reims zusammen, um unter dem Vorsitz Raouls v. St-Remi die Vereinheitlichung der klösterl. Bräuche zu besprechen. Zur selben Zeit reformierte er sein Domkapitel sowie die Stiftskirche St-Denis, indem er die Domherren zwang, in Gemeinschaft zu leben. Um das intellektuelle Niveau seines Klerus zu heben, vertraute er 972 Gerbert v. Aurillac die Leitung der Stiftsschule an. Außerdem verschönerte er seinen Dom. Die pol. Aktivität A.s verstärkte sich, als 984 Kg. Lothar von Westfranken sich mit dem Hzg. v. Bayern gegen Otto III. verband und Verdun einnahm. Der Kg. setzte den Gf.en Gottfried v. Verdun, den Bruder des Ebf.s, gefangen (März 985). Wegen seiner allzu offenen Begünstigung der Ottonen wurde A. bald darauf des Verrats angeklagt und am 11. Mai 985 in Compiègne dem Gericht übergeben. Sein Prozeß wurde ein erstes Mal eingestellt dank der Intervention von Hugo Capet, nach dem Tode Lothars (2. März 986) von dessen Sohn, Kg. Ludwig V., am 18. Mai 987 wiederaufgenommen, aber der unerwartete Tod dieses Fs.en beendete ihn plötzl. am 22. Mai. Unter dem Einfluß Hugo Capets sprach der Hof den Ebf. frei. A. wies die Ansprüche von Lothars Bruder, Karl, zurück, ließ in Senlis Hugo Capet zum Kg. wählen und salbte ihn am 1. Juni 987 zu Noyon. Karl, der auf seine Rechte nicht verzichtet hatte, bemächtigte sich Laons, das Hugo 988 vergebens belagerte. A. starb vor dem Ausgang des Kampfes. Sein Grab in der Kathedrale v. Reims ist ein seltenes und schönes Beispiel für die Grabkunst des 10. Jh. M. Bur

Qq.: Richer, Hist. de France, ed. R. Latouche, CHF, 2 Bde, 1930–37 – Gerbert, Lettres, ed. J. Havet, 1889, ed. Weigle, MGH Epp. 1968 – Chronicon Mosomensis Monasterii, ed. W. Wattenbach, MGH SS 14, 600–618. – Lit.: F. Lot, Les derniers Carolingiens, 1891 – Une charte fausse d'A., archevêque de Reims, BEC 52, 1891, 31–45 – Etudes sur le règne d'Hugues Capet, 1903 – H. Renn, Das erste Luxemburger Grafenhaus, Rhein. Archiv, 39, 1941, 28–51 – P. E. Schramm, Der König von Frankreich, 1960² – H. Zimmermann, Frankreich und Reims in der Politik der Ottonenzeit, MIÖG 20, 1962 – H. Fichtenau, Vier Reichsbf.e der Ottonenzeit, Fschr. F. Maass, 1973, 81–96.

3. A., Bf. v. Augsburg seit 887, † 28. April 909. Ratgeber vornehmster Abkunft von Kg. und Ks. Arnulf, Erzieher Kg. Ludwigs IV., hat er für diesen, zusammen mit Ebf. Hatto v. Mainz und den Konradinern, fakt. die Regentschaft ausgeübt. Er reformierte die ihm verliehene Abtei Lorsch und war Gönner von St. Gallen. Wissenschaftl. und als Musiker bedeutend, dürfte der angesehene Bf. in verwandten hochadligen Familien Anlaß geworden sein, den zum Bischofsamt bestimmten Söhnen seinen Namen zu geben. K. F. Werner

Qq.: Vita, 12. Jh. [von geringem Wert], Wattenbach-Holtzmann I, 1967², 258 f. – Lit.: LThK² I, 119 – NDB I, 39 f. – E. Dümmler, Gesch. des ostfrk. Reiches III, 1888², 498 f. – F. Knöpp, Die Reichsabtei Lorsch I, 1973, 257–260 – K. F. Werner, Actes du Colloque »Famille et parenté au MA«, 1977.

4. A. (Ascelinus, Azzelin), Bf. v. Laon seit 977, † Beginn der 1030er Jahre. Neffe des Ebf.s Adalbero v. Reims. 974/975 wirkte er als Kanzler des westfrk. Kg.s Lothar, der ihn zum Bf. v. Laon machte. Im Kampf zwischen Kg. Hugo Capet und dem karol. Thronprätendenten Karl (Hzg. v. Niederlothringen) von diesem wiederholt (987, 988) aus Laon vertrieben, schloß A. sich Hugo Capet an. Durch einen vorgetäuschten Parteiwechsel bemächtigte er sich 991 des Karolingers und seines Neffen, des Ebf.s Arnulf v. Reims, und lieferte sie Kg. Hugo aus, was ihm den Ruf eines Verräters in der späteren Chronistik und Dichtung eintrug. In späteren Jahren trat A. als Verfasser zeitkrit., satir. Schriften hervor. Ein in Form eines Dialogs mit Kg. Robert II. gehaltenes Gedicht (das sog. »Carmen ad Rotbertum regem«) enthält eine treffsichere Karikatur des cluniazens. Mönchtums unter Abt Odilo, dessen Einfluß A. bekämpfte. Einer im Zeichen der Cluniazenser »verkehrten Welt« stellte A. das Bild der in funktionaler Dreiteilung (Klerus, Adel, Bauern) geordneten Gesellschaft entgegen, das von Grundgedanken der Gottesfriedensbewegung getragen ist und auch wegen der realist. Beurteilung des Lebens der bäuerl. Bevölkerung Beachtung verdient. O. G. Oexle

Lit.: G.-A. Hückel, Les poèmes satiriques d'Adalbéron, Université de Paris. Bibl. de la Faculté des Lettres 13, 1901, 49–184 – C. Erdmann, Die Entstehung des Kreuzzugsgedankens, 1935, 61 ff., 338 ff. [mit Berichtigungen der Ed. v. Hückel] – R. T. Coolidge, A., Bishop of Laon, Stud. in Medieval and Renaissance Hist. 2, 1965, 1–114 – C. Carozzi, Le Carmen ad Rotbertum regem d'A. de Laon, Ed., traduction et essai d'explication, [Thèse ungedr. Paris 1973] – Ders., Moyen Age 82, 1976, 453 ff. – O. G. Oexle, Die funktionale Dreiteilung der ›Gesellschaft‹ bei A. v. Laon, Frühma. Stud. 12 [erscheint 1978].

5. A. I., Bf. v. Metz seit 929, Abt des Metzer Eigenklosters St. Trond (Diözese Lüttich) seit 944, † 26. April 964, Sohn des lothr. Pfgf.en Wigerich, Bruder Friedrichs, seit 959 Hzg. v. Oberlothringen, und Stiefbruder Siegfrieds, Gf. v. Luxemburg. A. gab durch die Reform des Kl.s Gorze und die Einsetzung des Abtes Einold der lothr. Reformbewegung starke Impulse. Er reformierte die Metzer Kl. St. Felix, St. Glodesindis und St. Peter. Im lothr. Aufstand von 939 verteidigte er Metz gegen Otto I., näherte sich seit 940 (?) Otto und stand bei dem Aufstand Hzg. Konrads d. Roten (954) treu zum Kaiser. Im W-Reich vermittelte er zw. Hzg. Hugo d. Gr. v. Franzien und Kg. Ludwig IV. H.-W. Herrmann

Lit.: DBF I, 384–388 – NDB I, 40 f. [beide mit weiterführender Lit.] – H. Tribout de Morembert, Adalbéron, évêque de Metz, Biographie Nationale du Pays de Luxembourg 6, 1954, 247–264 – H. Fichtenau, Vier Reichsbischöfe der Ottonenzeit¹, Fschr. F. Maass, 1973, 81–96.

6. A. II., Bf. v. Metz, * 955/62, † 14. Dez. 1005, zweiter Sohn Friedrichs I., Hzg. v. Oberlothringen. A., im Kl. Gorze erzogen, wurde auf Veranlassung seiner Mutter 984 vorübergehend während der von Heinrich d. Zänker ausgelösten Unruhen Bf. v. Verdun. Am 16. Okt. 984 wurde er zum Bf. v. Metz gewählt. Er unterstützte Kg. Heinrich II. 1004–05 in seinen Bestrebungen gegen Verwandtenehen. Seine Beteiligung an den Reichsangelegenheiten tritt zurück hinter dem Ausbau und der Sicherung des Metzer Temporalbesitzes und hinter seinem Wirken für die Reform. Zu deren Durchführung in den Metzer Kl.n St. Felix und St. Symphorian setzte er ir. Mönche ein. Durch die Verbindung mit Wilhelm v. St. Bénigne (Dijon) verstärkte er den Einfluß von Cluny in Lothringen. Er selbst gründete die Frauenklöster St. Maria (Metz) und St. Goeric (Epinal) und wandelte das Stift Neumünster bei Ottweiler (Saar) in ein Benediktinerinnenkloster um. Er ließ Söhne von Weltgeistlichen am Priesteramt zu. H.-W. Herrmann

Qq.: Vita von Abt Constantin v. St. Symphorian, Metz, MGH SS, 658–673 [mit Epitaphium von einem Mönch Konrad, wahrscheinl. aus St. Nabor] – Lit.: DBF I, 388–390 – NDB I, 41 – H. Fichtenau, Vier Reichsbischöfe der Ottonenzeit, Fschr. F. Maass, 1973, 81–96.

7. A. III., Bf. v. Metz seit 1047, † 13. Nov. 1072, Sohn des Gf.en Friedrich v. Luxemburg. A., ein Geistlicher von streng mönch. Lebenshaltung, war gut bekannt mit Bf. Bruno v. Toul, den er nach dessen Wahl zum Papst (Leo IX.) zu den Konzilien nach Reims und Mainz und nach Rom begleitete. Er gründete 1070 das Chorherrenstift St. Salvator/St. Sauveur (Metz), dessen Geistliche unter der gleichen Regel wie der Metzer Kathedralklerus lebten. H.-W. Herrmann

Lit.: DBF I, 390–392 – NDB I, 41.

8. A., Bf. v. Würzburg (seit 1045), * ca. 1010/15, † 6. Okt. 1090 in Lambach a. d. Traun. Sohn des Kärntner Mgf.en (seit 1035) Arnold († 1055) und der Reginlind aus ostfrk. Geschlecht, Letzter des österr. Mannesstammes Wels-Lambach. Würzburger Domschüler, schon früh – vermutl. als Hofkaplan Heinrichs III. – mit den späteren Bf.en Gebhard (v. Salzburg) und Altmann (v. Passau) befreundet, vom Kg. am 29. Juni 1045 zum Bf. bestellt. Gründete mehrere Kl. (u. a. Stift Neumünster in Würzburg) und förderte den Dombau. 1048 empfing A. Heinrich III. in Würzburg, nahm an ksl. Synoden teil (1049 in Mainz mit Leo IX., 1052 in Bamberg), während die isolierte Nachricht, er sei (mit dem Abt Hugo v. Cluny) 1051 Taufpate Heinrichs IV. gewesen, fragwürdig bleibt. Von 1057 an hält er sich häufiger am Königshof auf.

Der ebenso reformeifrige wie königstreue Reichsbischof wurde jedoch durch den Ausbruch des Investiturstreites zum entschiedenen Gregorianer. Nachdem er das Wormser Absagemanifest vom 24. Jan. 1076 noch widerstrebend unterzeichnet hatte, brach er mit dem exkommunizierten Kg., schloß sich der Fürstenopposition an und ließ sich auch nach Canossa (1077) auf keinen Ausgleich ein. Er beteiligte sich im März 1077 an der Forchheimer Wahl und der Mainzer Krönung des Gegenkönigs Rudolf, konnte aber in seine königstreue, im Aug. 1077 von Rudolf vergebl. belagerte Bischofsstadt nicht zurückkehren. Heinrich IV. erklärte A. 1085 für abgesetzt und erhob den Bamberger Domscholaster Meinhard († 1088), 1089 den Würzburger Domherrn Emehard († 1105) zum Gegenbischof. Dank einem militär. Erfolg Hermanns kehrte A. 1086 für kurze Zeit nach Würzburg zurück und wurde von der ksl. Partei auch publizist. erbittert bekämpft. Nachrichten über Weiheakte weisen ihn Ende 1088 in Comburg, 1089 im heimatl. Lambach, 1090 in Salzburg nach. ▭ in Lambach, dort als Hl. verehrt; Kult in Münsterschwarzach und Würzburg seit 17./18. Jh., Kanonisation 1883. Th. Schieffer

Qq.: Vita v. einem Lambacher Mönch um 1200, hg. I. SCHMALE-OTT, Qq. und Forsch. zur Gesch. des Bm.s Würzburg 8, 1954; dazu A. LHOTSKY, Quellenkunde zur ma. Gesch. Österreichs, 1963, 210f. - Lit.: DHGE s.v. – LThK² s.v. – NDB s.v – K. HALLINGER, Gorze-Kluny, 1950/51, 320–331 u.ö. – A. WENDEHORST, StGreg 6, 1959/61, 147–164 – DERS., Das Bm. Würzburg I, Germania sacra NF I, 1962, 100–117 [mit Qq. und Lit.] – W. GOEZ, Frk. Lebensbilder 6, 1975, 30–54.

Adalbert.

1. **A.**, Kg. v. Italien, * 932/936 als Sohn des Berengar, Mgf. v. Ivrea, † 972/975. Seine gemeinsame Krönung mit dem Vater zum Kg. v. Italien (15. Dez. 950 in S. Michele, Pavia) betrachtete Otto I. als Usurpation und beschloß einen Italienzug. Am 23. Sept. 951 war er in Pavia, das Berengar und A. einen Tag früher verlassen hatten, um sich auf die Burg S. Marino zurückzuziehen. Ende des Jahres heiratete Otto, nunmehr Rex Italicorum, Adelheid, die Witwe Kg. Lothars und nahm als Consors regni Erbin ihrer Rechte. Trotzdem nannten sich Berengar und A. weiterhin Kg.e v. Italien. Auf dem Reichstag von Augsburg (7. Aug. 952) belehnte Otto, noch unschlüssig über seine Italienpolitik, Berengar und A. nach Erhalt eines Treueeides mit dem it. Kgr. In den folgenden zehn Jahren versuchte A. gemeinsam mit seinen Eltern, die Selbständigkeit des Kgr.s mit Gewalt wiederherzustellen. Was A. im bes. betrifft, so scheint es, daß die Gft. Aosta seiner direkten Kontrolle unterstellt wurde. 956 trat er in einer Schlacht dem Sohn Ottos, Liudolf, entgegen (vielleicht bei Reggio), wurde jedoch geschlagen. Von Spoleto aus, das 959 ein anderer Sohn Berengars, Wido, erobert hatte, organisierte A. eine Reihe von Einfällen in die Sabina. Aber gerade der auf Rom ausgeübte Druck spitzte die Lage zu, indem er Johannes XII. zwang, auf die Rückkehr Ottos zu drängen, der auch im Aug. 961 nach Italien zog. A. versuchte vergebens, ihn an der Klause von Verona aufzuhalten. Im Herbst 962 flüchtete A. zu den Sarazenen nach Fraxinetum und von dort aus nach Korsika. Dann verbündete er sich mit Johannes XII., der gegen Otto Stellung genommen hatte. Nach der Landung in Centocelle gelangte er bis Rom, zog sich aber kurz danach, unmittelbar vor dem plötzl. Eintreffen des Kg.s, zusammen mit dem Papst wieder zurück. Einem folgenden Versuch, Pavia wiederzugewinnen, kam Burchard v. Schwaben zuvor, der A. zw. Parma und Piacenza entgegentrat und in die Flucht schlug. Vergebl. war auch einer seiner Versuche, eine gemeinsame Aktion mit dem byz. Ksr. zustandezubringen, das interessiert war, die otton. Politik in S-Italien zu durchkreuzen. Schließl. resignierte er und zog sich nach Burgund, dem Stammland seiner Gemahlin Gerberga, zurück. Bei seinem Tod in Autun hinterließ er einen Sohn, Otto Wilhelm. G. Arnaldi

Qq.: Urkk. v. Hugo, Lothar, Berengar II., Adalbert, ed. L. SCHIAPARELLI, Fonti 1924, 291–338 [16 Urkk. von Berengar und A.], 341–347 [3 Urkk. von A.] – Liudprandi episcopi Cremonensis opera, ed. J. BECKER, MGH SSrG, 1915³ – Lit.: DBI I, 214f. – HARTMANN, Gesch. Italiens III, 2, 1911, passim.

2. **A.** v. Sommereschenburg → Sachsen, Pfgf.en v.
3. **A.**, Mgf. v. Österreich → Österreich
4. **A. I.**, Mgf. v. Tuszien, † nach dem 27. Mai 884; Sohn Gf. Bonifaz' II. v. Lucca. Mgf. v. Tuszien 846–884 und tutor v. Korsika. A. gehörten zudem reiche Besitzungen in der Provence. ⚭ 1. Anonsuara; ⚭ 2. Rothilde (vor dem 25. April 875), Schwester Mgf. Lamberts v. Spoleto. Diese Heirat begründete die enge Verbindung der beiden Häuser. A. bewährte sich im Kampf gegen die Sarazenen und trat als Gesandter Ks. Ludwigs II. beim Streit um die Nachfolge Papst Leos IV. († 855) hervor. 878 versuchte er zusammen mit Lambert v. Spoleto, die Anerkennung Karlmanns seitens des Papstes durchzusetzen, den sie in der Leostadt gefangenhielten. Unter Karl III. (d. Dicken) trat A. polit. nicht mehr hervor.

5. **A. II.**, Mgf. v. Tuszien, † 19. Sept. 915; ▭ Kathedrale von Lucca. Sohn von 4 und der Rothilde; Mgf. seit 884. ⚭ Berta (spätestens 895/98), Tochter Kg. Lothars II. v. Lothringen und Mutter Kg. Hugos v. Italien. Durch das väterl. Erbe und vielleicht auch durch eigene wirtschaftl. Unternehmungen war A. sehr reich (Beiname »dives«), was sich u. a. in einer aufwendigen Hofhaltung äußerte, die in Italien nicht ihresgleichen hatte. A.s Politik, mitgetragen von seiner ehrgeizigen Frau, die sich 906 in einem Brief an den Kalifen v. Bagdad als »Kgn. aller Franken« bezeichnete, ist gekennzeichnet durch ein geschicktes Lavieren zw. den einzelnen Anwärtern auf die Königs- und Kaiserkrone, die er um des eigenen Vorteils willen gegeneinander ausspielte, stets darauf bedacht, daß die Autonomie seiner Mgft. und seine königsgleiche Stellung in den Wirren der Zeit keinen Schaden litt. Im Aug. 898 empörte er sich zusammen mit Gf. Hildebrand, möglicherweise im Einvernehmen mit Berengar v. Ivrea und offenbar getragen von einer Aufstandsbewegung auf breiterer Basis, für die neben rein polit. Motiven auch pseudo-religiöse (Formosus-Streit) eine Rolle spielten. Beim Marsch auf Pavia wurde A. jedoch von Ks. Lambert überrascht und gefangengenommen. Nur dessen plötzl. Tod und Berengars schnelle Einnahme von Pavia retteten A. das Leben. Zwar scheint er sich zunächst mit Berengar arrangiert zu haben, doch gehörte er nach dessen Niederlage gegen die Ungarn als führendes Mitglied zu der Gruppe, die Kg. Ludwig von der Provence, den Enkel Ks. Ludwigs II., ermunterte, seine Ansprüche in Italien geltend zu machen (900). Nachdem Berengar, möglicherweise wiederum nach einem Parteiwechsel A.s, »der immer mehr zum Schiedsrichter über das italienische Kgm. wurde« (HARTMANN, 181), Ludwig zum Verzicht auf seine Rechte gezwungen hatte (902), verhielt er sich bei dessen erneutem kurzzeitigen Eingreifen in Italien (905) offenbar neutral, wechselte aber nach Berengars endgültigem Sieg auf dessen Seite über, ohne daß sich damit fakt. etwas an A.s autonomer Herrschaft geändert hätte. So wußte er denn auch Berengars Streben nach der Kaiserkrone zu seinen Lebzeiten zu verhindern. Maßgebl. war A. an der Erhebung Papst Sergius' III. (904) beteiligt.

Th. Kölzer

Lit.: DBI I, 218–221 – A. HOFMEISTER, Mgf.en und Mgft.en im italischen Kgr., MIÖG Ergbd. 7, 1907, 333ff., 386ff. – HARTMANN, Gesch. Italiens III, 2, 1911 [Neudr. 1969] – G. FASOLI, I re d'Italia (888–962), 1949 – R. HIFSTAND, Byzanz und das Regnum Italicum im 10. Jh., 1964 – H. SCHWARZMAIER, Lucca und das Reich bis zum Ende des 11. Jh., 1972 – DERS., Der Adel Luccas im 10. und 11. Jh., QFIAB 52,

1972, 68-89 – H. KELLER, La marca di Tuscia fino all'anno mille, Lucca e la Tuscia. Atti del V Congresso di studi sull'altomedioevo, 1971, 1973.

6. A., Gf. → Babenberger (ältere)

7. A., Gf. v. Metz (Metensium comes, dux Autrasiorum), † 13. Mai 841. In den Quellen tritt er seit Sommer 825 als ksl. missus für den Trierer Sprengel, als ein von Ludwig d. Frommen mit Besitz im Wormsfeld und in der Kunigessundra (bei Mainz) beschenkter fidelis, wie auch als comes et consiliarius des Ks.s auf, der zugleich Güter der Kirche von Le Mans zu Lehen hatte. Z. Z. des Ausbruchs der unüberbrückbar gewordenen Spannungen zw. Ludwig d. Frommen und dessen Sohn Ludwig d. Deutschen im Sommer 838 befand sich A. beim Ks. in Nijmwegen. Aus Sachsen holte er 839 Verstärkung für den Kampf gegen Ludwig d. Deutschen, gegen den er auch 840 das w. Mittelrheinufer verteidigte. Nach Ludwigs d. Frommen Tode wurde A. von Ks. Lothar I. mit der Niederwerfung Ludwigs d. Deutschen betraut. Dabei fand er – vom Fuldaer Annalisten parteiisch als incentor discordiarum (Anstifter von Zwietracht) abqualifiziert – in der Schlacht im Ries den Tod. Enormer Einfluß bei Hofe, weitgestreute Besitzinteressen und gleichhohe Stellung der Verwandten weisen ihn als Mitglied des an der Fortdauer der Reichseinheit interessierten hohen karol. Reichsadels aus.

E. Hlawitschka

Lit.: E. DÜMMLER, Gesch. des ostfrk. Reiches I, 1887² [Neudr. 1960], 126–152 – G. TELLENBACH, Kgm. und Stämme in der Werdezeit des Dt. Reiches, 1939, 47.

8. A. (Wojciech) Jastrzębiec, poln. Bf. und Staatsmann, * 1362, † 1436. Stand im diplomat. Dienst des Kg.s seit 1389, weilte mehrmals in Rom (1397–99), war Kanzler der Kgn. (1399), Bf. v. Posen (1404) und Schiedsmann in Rechtsstreitigkeiten mit dem Dt. Orden. 1410 Inhaber eines Banners bei Grunwald-Tannenberg, wurde 1412 Kanzler des Kgr.s, 1420 Bf. v. Krakau und Kanzler der Universität; als kgl. Kanzler wurde er im Konflikt mit dem Kg. als Ebf. nach Gnesen versetzt. A. war ein tüchtiger Verwalter seiner Diözesen und ihrer Güter. 1423 trat er auf der Synode v. Łęczyca gegen die Hussiten hervor, stand aber dem Bündnis mit Böhmen (1432) bes. wohlwollend gegenüber.

A. Gieysztor

Lit.: W. KLAPKOWSKI, Działalność kościelna biskupa Wojciecha Jastrzębca, 1932.

9. A., Ebf. v. Hamburg-Bremen seit 1043, * um 1000 als 3. Sohn des Gf.en Friedrich v. Goseck (bei Naumburg), †16. März 1072. Zunächst Domherr, war seit 1032 Dompropst in Halberstadt und gehörte unter Heinrich III. vielleicht auch der kgl. Kapelle an. 1043 ernannte ihn der Kg. zum Ebf. von Hamburg-Bremen. Als solcher war er eine wichtige Stütze der Reichsgewalt in N-Deutschland; das Angebot Heinrichs III., ihn Ende 1046 nach der Absetzung dreier Päpste auf der Synode zu Sutri zum neuen Papst zu erheben, lehnte er ab. Als Ebf. war er bemüht, seine Herrschaft in seiner Diözese – v. a. gegenüber der Herzogsgewalt der Billunger – auszubauen, wobei er in seinem Bm. eine fast hzgl. Stellung einnahm. Vor allem aber griff er die Missionsaufgabe seiner Kirche in Skandinavien und im Slawenland wieder tatkräftig auf und sandte seine Missionare bis nach Finnland, den Orkney-Inseln, Island und Grönland. Den Bestrebungen des dän. Kg.s Sven Estridson, für sein Reich ein eigenes Ebm. zu errichten, setzte er, um die Oberhoheit seiner Kirche im N zu wahren, den Plan eines Patriarchats der Hamburger Kirche entgegen; doch scheiterte dieses Vorhaben am Widerstand des Papsttums. Leo IX. ernannte ihn 1053 lediglich zum päpstl. Legaten und Vikar für die Völker des N. Auch den Gedanken, durch die Aufteilung seiner Kirchenprovinz in zwölf Bm.er eine genügende Anzahl von Suffraganen und damit eine wichtige kirchenrechtl. Voraussetzung für einen Patriarchat zu schaffen, konnte er nicht verwirklichen. Erfolgreicher waren zunächst seine Bemühungen, mit Hilfe des chr. Abodritenfürsten Gottschalk die slaw. Gebiete zu missionieren. Das ostholstein. Bm. Oldenburg wurde aufgeteilt; in Ratzeburg und Mecklenburg wurden neue Missionsbistümer gegründet.

Während der vormundschaftl. Regierung für Kg. Heinrich IV. gewann er seit dem »Staatsstreich« von Kaiserswerth (1062) wachsenden Einfluß auf die Reichspolitik und konnte seinen Gegenspieler, Ebf. Anno v. Köln, am Königshof zeitweilig ganz in den Hintergrund drängen. Seine rücksichtslose Erwerbspolitik, insbes. sein Versuch, die beiden großen Reichsklöster Corvey und Lorsch in seine Hand zu bringen, rief jedoch den steigenden Widerstand der dt. Fs.en hervor, die den 1065 mündig gewordenen Kg. ein Jahr später auf dem Reichstag zu Tribur zwangen, A. als seinen Berater zu entlassen. A.s Sturz führte auch zum Zusammenbruch seiner Missionsarbeit. Ein großer Slawenaufstand i. J. 1066 vernichtete die von ihm geschaffene kirchl. Organisation des Abodritenlandes. Seit 1069 gewann A. am Königshof wieder an Einfluß, ohne seine frühere Machtstellung erringen zu können. Er ist einer der letzten großen Vertreter des otton.-sal. Reichskirchensystems. Trotz hoher Begabung hat er wegen seiner Maßlosigkeit und seiner Sprunghaftigkeit keine dauernden Erfolge erringen können. Auch fehlte ihm das Verständnis für die neuen geistigen Kräfte der kirchl. Reformbewegung. Vgl. auch Adam von Bremen.

K. Jordan

Qq.: Hauptquelle ist das 3. Buch der Gesta Hammaburgensis ecclesiae pontificum des Adam von Bremen, ed. B. SCHMEIDLER, MGH SSrG, 1917³, mit dt. Übers. von TRILLMICH, Qq. des 9. und 11.Jh. zur Gesch. der Hamburger Kirche und des Reiches, Ausg. Qq. 11, 1962, 326ff. – Lit.: Weitere Qq. und die ältere Lit. bei O.H. MAY, Reg. der Ebf.e v. Bremen I, 1937, 53ff. – NDB I, 42f. – T. E. BERGMANN, Der Patriarchatsplan Ebf. A.s v. Bremen [Diss. masch. Hamburg 1946] – H. LUDAT, Die Patriarchatsidee A.s v. Bremen und Byzanz, AK 34, 1952, 221–246 – H. FUHRMANN, Stud. zur Gesch. ma. Patriarchate 3, ZRGKanAbt 41, 1955, 120–170 – G. GLAESKE, Die Ebf.e v. Hamburg-Bremen als Reichsfürsten (937–1258), 1962, 55ff. – H. FUHRMANN, Provincia constat duodecim episcopatibus, Stud. Gratiana 11, 1967, 389–404 – W. LAMMERS, A. v. Hamburg-Bremen, Gesch. Schleswig-Holsteins, 4, 1972, 165ff. – U. MATTEJIET, Stud. zur Gesch. des Ebm.s Bremen in otton.-sal. Zeit m. bes. Berücksichtigung ... A.s, 66–118 [Mag. arbeit masch. Berlin 1976].

10. A., Ebf. v. Magdeburg seit 968, † 20. Juni 981 in Zscheren b. Halle/Saale. ⊂ Dom zu Magdeburg. Aus Lothringen stammend, trat A. in das der Gorzer Reformrichtung angehörende Kl. St. Maximin zu Trier ein. Seit 953 ist er in der kgl. Kanzlei nachweisbar (Liutolf A). Auf Anregung →Wilhelms v. Mainz wurde A. von Otto I. zum Leiter der geplanten Russenmission bestimmt und 961 zum Bf. geweiht. A. fand sich zu dieser Aufgabe nur widerstrebend bereit. Er stieß im Reich von Kiev (Kiever Rus) auf heftigen Widerstand und entkam mit Mühe nach Deutschland (962). Trotz seines Mißerfolges wurde er von Otto I. und Wilhelm v. Mainz gefördert und 966 zum Abt von Weißenburg erhoben. In jener Zeit verfaßte A. eine bis 967 reichende Fortsetzung der Chronik →Reginos v. Prüm (Continuator Reginonis, ed. F. KURZE, MGH SSrG, 1890). Die Arbeit, die Traditionen der karol. Reichsanalistik aufnimmt (St. Maximin, s. o.) und fortführt, entstand vermutl. in Verbindung mit dem Hof. Ihr Quellenwert für die Reichsgeschichte ist hoch zu veranschlagen. Beziehungen zur Geschichtsschreibung →Liutprands v. Cremona sind erkennbar, den A. wohl persönl. kannte. Otto I. bestimmte A. 968 zum ersten Ebf. des in diesem Jahr gegr. Ebm.s Magdeburg, wobei seine Erfahrungen in der Slawenmission von Bedeutung gewesen sein dürften. Das Ebm. Magdeburg sollte das Zentrum der Christianisierung der Slawen ö. der Elbe werden. Mönche aus St. Maximin hatten den ersten Konvent des Magdeburger Moritzklosters gebildet, das in personeller und materieller Hinsicht den Grundstock des Domstifts gebildet hatte. Von Papst Johannes XIII. erhielt er das →Pallium. Zu Weihnachten 968 wurde A. in Magdeburg inthronisiert. Der enge Kontakt mit dem Hof bestand fort. A. empfing zahlreiche Urkunden von Kg. Otto I. und Kg. Otto II., trat aber in der Reichspolitik nicht hervor. Der Aufbau des Ebm.s dürfte seine Kräfte beansprucht haben. Für diese Annahme spricht, daß A. auf einer Visitationsreise im Bm. Merseburg starb. Magdeburg wurde unter seinem Episkopat zu einem der bedeutendsten kulturellen Zentren des Reiches. Die Domschule erlebte unter ihrem Leiter →Ohtrich eine Blütezeit; zu ihren Schülern gehörte →Adalbert, Bf. v. Prag. Vermutl. gehen die Anfänge der Magdeburger Geschichtsschreibung auf A. zurück.

D. Claude

Lit.: M. LINTZEL, Ebf. A. v. Magdeburg als Geschichtsschreiber, Fschr. W. MÖLLENBERG, 1939, 12–22 – E. QUITER, Unters. zur Entstehungsgesch. der Kirchenprov. Magdeburg, 1969, 154–161, 173–175 – D. CLAUDE, Gesch. des Ebm.s Magdeburg bis in das 12. Jh. 1, 1972, 114–135 – K. HAUCK, Ebf. A. v. Magdeburg als Geschichtsschreiber, Fschr. W. SCHLESINGER, 2, 1974, 276–353.

11. A. I., Ebf. v. Mainz seit 1109, † 23. Juni 1137, ⌐ Gotthardkapelle beim Mainzer Dom; Sohn des Gf.en Siegbert v. Saarbrücken. A. scheint Mitglied der gegen Ks. Heinrich IV. frondierenden Adelsgruppe gewesen zu sein und sich dem gegen den Vater rebellierenden Heinrich V. angeschlossen zu haben. Am 14. Febr. 1106 wurde er erstmals als Kanzler genannt, mit dessen Amt die Propstei St. Servatius in Maastricht verbunden war; er erhielt auch die des Aachener Marienstiftes. Als Kanzler beeinflußte er die Königspolitik in den nächsten sechs Jahren. Heinrich ernannte ihn zum Ebf. v. Mainz. A. begleitete den Herrscher zur Kaiserkrönung und übte während des Italienzuges starken Einfluß aus. Nach der Rückkehr, am 15. Aug. 1111, erhielt er in Mainz die Investitur.

War das Verhältnis zw. Ks. und Ebf. nach außen hin gut, muß der Bruch in den Beziehungen völlig überraschend, wohl im Sommer 1112, gekommen sein. Die Ursachen des Zerwürfnisses liegen in regionalen Entwicklungen. Heinrich V., der seine Positionen am Mittelrhein auszubauen trachtete, stieß auf den Widerstand des rasch in seine Aufgaben als geistl. Rfs. hineinwachsenden A. Im Nov. oder Dez. 1112 wurde der Ebf. in Langsdorf gefangen genommen; erst nach der Niederlage am Welfesholz gab Heinrich A. im Nov. 1115 wieder frei. Seine Entlassung verdankte er der Mainzer Bürgerschaft, die gegen den Ks. rebellierte. Am 26. Dez. 1115 ließ er sich in Köln von Otto v. Bamberg zum Ebf. weihen. In den nächsten sieben Jahren stand A. in wechselnden Koalitionen stets auf der Seite der Saliergegner; die Verbindung mit den sächs. Widersachern des Ks.s wurde gefestigt. Den Bürgern von Mainz verlieh er nach 1118 und nochmals 1135 ein Gerichts- und Steuerprivileg, das für die Entwicklung des Stadtrechts von grundlegender Bedeutung war. Erst nach einer Friedensvermittlung zw. Ks. und Ebf. durch in Würzburg versammelten Fs.en im Sept. 1121 konnte der Ausgleich zw. Ks. und Papst am 22. Sept. 1122 im Wormser Konkordat herbeigeführt werden. Kirchenpolit. Absichten und territoriale Aspirationen bestimmten nach dem Tod Heinrichs V. (23. Mai 1125) A.s Maßnahmen. Durch eine von ihm gelenkte Kommission ließ er in Mainz am 13. Sept. 1125 den Sachsenherzog Lothar v. Süpplingenburg zum Kg. wählen, auf den A. stets maßgebl. ausübte. Es gelang A., den Besitz des Mainzer Erzstiftes an Rhein und Main, in Hessen und Thüringen zu mehren. Durch die »libertas Moguntina« wurden viele Kl. an den Ebf. gebunden. A. wurde zum Schöpfer der Mainzer Machtstellung im Reich der frühen Stauferzeit.

A. Gerlich

Qq.: J. F. BÖHMER-C. WILL, Reg. der Ebf.e v. Mainz 1, 1877, LIX-LXVI und 243–307 – M. STIMMING, Mainzer UB 1, 1932, 354–537. – *Lit.*: DHGE I, 444–448 – P. KOLBE, Ebf. A. I. v. Mainz und Heinrich V., 1872 – HAUCK III und IV – W. BERNHARDI, JDG Lothar v. Supplinburg, 1879 [Neudr. 1975] – G. MEYER V. KNONAU, JDG Heinrich IV. und Heinrich V., 5–7, 1904–09 [Neudr. 1965] – K. H. SCHMITT, Ebf. A. I. v. Mainz als Territorialfürst, 1920 – H. BÜTTNER, Das Erzstift Mainz und das Reich im 12. Jh., Hess. Jb. für Landesgesch. 9, 1959, 18–36 – L. FALCK, Mainz im frühen und hohen MA, 1972.

12. A. II., Ebf. v. Mainz, † 17. Juli 1141. Sohn des Gf.en Friedrich I. v. Saarbrücken, Neffe von 11. Der in Mainz und Hildesheim, dann in Paris, Reims und Montpellier ausgebildete und früh mit mehreren Propsteien in Mainz und Erfurt ausgestattete A. verdankte seinen Aufstieg zum Nachfolger des Onkels der reichspolit. Konstellation während der Thronvakanz 1138. Kg. Konrad III. und möglicherweise der päpstl. Legat Dietwin begünstigten ihn. A. stand zunächst den Staufern nahe. Die Belange des Mainzer Erzstiftes in Thüringen und Hessen sowie die Abwehr stauf. Machtansprüche am Mittelrhein führten 1141 zur Annäherung an die Welfen. Sein früher Tod verhinderte weitergehende reichspolit. Entwicklungen.

A. Gerlich

Qq.: J. F. BÖHMER-C. WILL, Reg. der Ebf.e v. Mainz 1, 1877, LXVII-LXX und 307–316 – P. ACHT, Mainzer UB 2, 1968, 1–42 – Anselmi Vita Adalberti II. Moguntini, PH. JAFFÉ, Bibl. rer. Germ. 3, 1866, 565–603. – *Lit.*: DHGE I, 448 – NDB I, 44 f. – HAUCK IV – W. BERNHARDI, JDG Konrad III., 1, 1883.

13. A. III., Ebf. v. Salzburg 1168–77 und 1183–1200. Sohn Kg. Wladislaws I. v. Böhmen, Vetter Ks. Friedrichs I., * 1145. A., ein Parteigänger Papst Alexanders III., der gleich nach seiner Wahl ohne Investitur die Regalien in Anspruch nahm, wurde 1169 von Barbarossa zur bedingungslosen Resignation gezwungen. Auf dem Hoftag von Regensburg 1174 wurde A., der sich auch das Domkapitel und die Prälaten zu Feinden gemacht hatte, abgesetzt, und Propst Heinrich v. Berchtesgaden zum neuen Ebf. bestellt. Im Frieden von Venedig 1177 mußten sowohl A. als auch Heinrich zugunsten Konrads v. Wittelsbach auf Salzburg verzichten. Als Konrad 1183 nach Mainz zurückkehrte, wurde A. erneut zum Salzburger Ebf. gewählt. In der Reichspolitik spielte er keine bes. Rolle, für Salzburg aber hat er viel geleistet. Er gründete Spitäler, sicherte mit Hilfe eines ksl. Privilegs die Vormachtstellung der Friesacher Münzstätte im SO-Alpenraum, brachte die Hoheitsrechte über das *Eigenbistum* Gurk erneut zur Geltung und vollendete 1198 den großartigen roman. Dom. Mit der Erschließung neuer Salzlager bei Hallein, das im folgenden Jh. zur führenden Saline S-Deutschlands aufstieg, und mit der kompromißlosen Hinwendung zu den Staufern hat A. die wirtschaftl. und polit. Grundlagen geschaffen, auf denen sein großer Nachfolger Eberhard II. aufbauen konnte.

H. Dopsch

Lit.: H. DOPSCH, Gesch. Salzburgs 1, 1977, 301–321.

14. A., erster Bf. der Pommern (Bm. Wollin) seit 1140, † 3. April 1163/64. Herkunft und Nationalität sind unbekannt. A. wird als Hofkaplan Hzg. Boleslaws III. v. Polen 1124 dem Bamberger Bf. Otto I. als Dolmetscher für seinen ersten Missionszug zu den Pomoranen mitgegeben. Die mehrfach behauptete vorherige Zugehörigkeit zum Konvent des Benediktinerklosters Michelsberg ob Bamberg ist unsicher. A. dürfte spätestens seit 1125 von den Hzg.en v. Polen und Pommern zum Bf. der Pomoranen ausersehen gewesen sein. Streitigkeiten Magdeburgs und Gnesens um die Metropolitanzugehörigkeit dieses Raumes haben die Realisierung des Planes erhebl. verzögert. Erst im Okt. 1140 wurde A. in Rom von Papst Innozenz II. unter Ausklammerung der Metropolitanfrage zum Bf. der Pommern (Pomeranorum episcopus) mit Sitz in Wollin geweiht. Der Wendenkreuzzug (1147) brachte A. in Abhängigkeit vom Ebm. Magdeburg. Aus dem Magdeburger Benediktinerkloster Berge holte er auch den Konvent für das von ihm 1153 gestiftete bfl. Eigenkloster Stolpe a. d. Peene. Ob A. als Gewährsmann der Missionsberichte der Prüfeninger Vita Ottos v. Bamberg betrachtet werden darf, ist fraglich. J. Petersohn

Lit.: NDB I, 45 – W. Wiesener, Die Gesch. der chr. Kirche in Pommern zur Wendenzeit, 1889 – Die Prüfeninger Vita des Bf. Otto v. Bamberg, hg. A. Hofmeister, 1924, XXXIV ff. – D. Andernacht, Die Biographen Bf. Ottos v. Bamberg [Diss. masch. Frankfurt a. M. 1950], 86 – W. Dziewulski, Biskup Pomorski Wojciech, ZapHist. 23, 4, 1957, 7–42 – H. Heyden, Kirchengesch. Pommerns I, 1957², 20 ff. – J. Petersohn, Sakralstruktur und Kultgesch. des s. Ostseeraumes von den Anfängen der Slavenmission bis zum Abschluß der dt. Kolonisation (10.–13. Jh.) [Habil. masch. Würzburg 1969/70].

15. A. Vojtěch (hl.), Bf. v. Prag seit 983, * um 956, † 23. April 997, Sohn des tschech., vermutl. mit den sächs. Liudolfingern verschwägerten Fs.en Slavnik in Libice.

[1] *Politische Bedeutung:* Den Namen A. erhielt er bei der Firmung in Magdeburg, wo er in den Jahren 972–981 die dortige Schule unter der Leitung von →Ohtrich besuchte. Nach der Rückkehr in das Heimatland wurde er in die Reihe des Klerus um Thietmar, Bf. v. Prag, aufgenommen. Nach dessen Tod wurde A. vom Volk zum Bf. ausgerufen; Anfang Juni 983 bekam er die Investitur von Ks. Otto II. in Verona und am 29. Juni die Weihe vom Metropoliten der Prager Diözese, Willigis v. Mainz. Zu seiner Zeit wurde, wie →Kosmas berichtet, das Bm. Mähren in den Prager Sprengel, der, den damaligen staatl. Grenzen von Böhmen folgend, Schlesien und das Krakauer Land umfaßte, einverleibt. Von der bfl. Tätigkeit A.s wird fast nur Anekdotenhaftes erzählt (vergebl. Kampf gegen die heidn. Bräuche und Sitten seiner Diözesanen, Streit wegen Verkauf der chr. Sklaven an Heiden und Juden). Schon 988 verzichtete er auf seine Amtsausübung, begab sich nach Rom und trat mit Zustimmung des Papstes in die gr.-lat. Gemeinschaft der Mönche von San Bonifazio und Alessio auf dem Aventin ein. 992 übernahm er auf Betreiben des Mainzer Metropoliten und einer Gesandtschaft von Prag sein bfl. Amt wieder. In dieser Periode seiner Tätigkeit dürften die spärl. beglaubigten Kontakte zu Géza, Stephan und Bolesław Chrobry aufgenommen worden sein. Es kann sein, daß eben diese Kontakte wie auch die seiner Brüder, der Fs.en v. Libice, den Bruch A.s mit Herzog Bolesław in Prag verursachten. Etwa 994/95 begab er sich nach Aachen zu Kg. Otto III. und von dort aus nach Rom, wo er erneut als Mönch in dem Kl. von San Bonifazio und Alessio häufig mit dem jungen Ks. verkehrte. Der Ebf. v. Mainz setzte beim Papst durch, daß A. den verwaisten bfl. Sitz in Prag übernehmen müsse. Es wurde ihm jedoch vom Papst gestattet, den Heiden zu predigen, falls Hzg. Bolesław ihn nicht wieder aufnähme. Im Juli 996 reiste A. nach Deutschland, im späten Herbst erhielt er eine abschlägige Antwort aus Prag. Frei von bfl. Pflichten begab er sich nach Ungarn, wo er einige Monate am Hof des Hzg.s Stephan verweilte. Hier soll A. u. a. in Mestris (wahrscheinl. Mons Ferreus, Pécsvárad in Pannonien) ein Kl. unter dem Abt Astric (Anastasius) gegr. haben (Hypothesen, die dieses Kl. in Polen lokalisieren, sind kaum haltbar). Von Ungarn reiste A. weiter zu dem poln. Hzg. Bolesław und begann die Missionstätigkeit unter den slaw. Lutizen bzw. den balt. Prussen. Unter dem Einfluß Hzg. Bolesławs begab er sich mit einer kleinen Schar von Geistlichen über Danzig zu den Prussen, wo er nach einem mißlungenen Versuch der Missionierung den Märtyrertod erlitt. Ältere Quellen (Vita I, II und Passio) geben den Ort des Todes ungenau an bei Cholinum in der Gegend von Elbing, spätere verlegen ihn ins Samland. Der poln. Hzg. kaufte die Leiche des Märtyrers von den Prussen und setzte sie in Gnesen, dem Hauptsitz seines Landes, bei. Sofort nach dem Tode wurde A. als Hl. verehrt. Im Jahre 1000 zog Ks. Otto III. zum Grab seines Freundes A., wo ein Ebm. errichtet wurde und der Ks. Reliquien für seine A. geweihten Kirchen in Aachen und Rom empfing. Erst i. J. 1039 brachte der böhm. Hzg. Břetislav die sterbl. Überreste A.s nach Prag. Der Kult versiegte hier aber bald, im Gegensatz zu Polen, wo er als Patron des Reiches verehrt wurde und wo schon 1127 eine »inventio capitis S. Adalberti« stattgefunden hatte. Zur schnellen und dauerhaften Verbreitung der Verehrung A.s trugen zwei Biographien (I. röm.; II: Brun v. Querfurt) und zwei Passionen (I. verloren und II. bair.), die bald nach seinem Tod verfaßt wurden, sehr viel bei. G. Labuda

Lit.: LThK² I – BWbDG I, 13 – H. G. Voigt, A. v. Prag, 1898 – V. Novotný, České dějiny I, 1912, 613 ff. – L. Koczy, Misje polskie w Prusach i na Pomorzu za czasów Bolesławów, Annal. Missiologicae, 6, 1934, 55 ff. – R. Wenskus, Stud. zur hist.-polit. Gedankenwelt Bruns v. Querfurt, 1956 – M. Uhlirz, Die älteste Lebensbeschreibung des Hl. A., 1957 – J. Karwasinska, S. Adalberti Prag. ep. et mart., Vita I, 1962 – S. Mielczarski, Misja pruska św. Wojciecha, 1967 – A. Gieysztor, Sanctus et gloriosissimus martyr Christi Adalbertus. Un Etat et une Eglise missionaire aux alentours de l'an mille, Settimane di studio 14, 1967 611–647 – Wattenbach-Holtzmann ²I, 46 ff.; III, 18 f.–J. Karwasińska, S. Adalberti Prag. ep. et mart., Vita altera, 1969 – G. Labuda, Droga bp. praskiego Wojciecha do Prus, Zapiski historyczne, 24, 1969, 9 ff.

[2] *Literarische Bedeutung:* A. ist wahrscheinl. Autor einer lat. Gorgonius-Legende (mit Prolog, Epilog und Brief an Milo, Bf. v. Minden) und zweier lat. Homilien (hll. Alexius und Wenzel). Dank seiner Initiative entstand die lat. Legende Christians (frühböhm. Kirchengeschichte). Alte Tradition schreibt ihm die Autorschaft des tschech.-kirchenslav. Hymnus »Hospodine pomiluj ny« (›Herr, erbarme dich unser‹) zu, der im 14. Jh. in die böhm. Krönungsordnung aufgenommen wurde; angesichts neuer Forschungen ist dies gut mögl., obwohl schwer zu beweisen. Poln. Tradition hielt ihn für den Verfasser des poln. Hymnus »Bogurodzica Dziewica« (›O jungfräul. Gottesgebärerin‹), zu Unrecht, das Lied ist jünger. F. W. Mareš

Lit.: F. Krásl-J. Ježek, Sv. Vojtěch, druhý biskup pražský, 1898 – K. Doskočil, Šest kázání z hom. Opatovického, 1939 – F. V. Mareš, De lingua et versu et origine hymni Hospodine pomiluj ny, Das heidn. und chr. Slaventum, Annales Instituti Slavici, II, 2, hg. F. Zagiba, 1970 – R. Turek, Svatý Vojtěch, Tisíc let pražského biskupstvi, Hg. J. Kadlec, 1973 – H. Birnbaum, Zu den Anfängen der Hymnographie bei den Westslaven, I–II, (H. Birnbaum, On Medieval and Renaissance Slavic Writing, 1974) – R. Turek, Böhmen im Morgengrauen der Gesch., 1974 – F. V. Mareš, Hospodine pomiluj ny ('Lord Have Mercy upon us'), 1977 [im Dr.].

[3] *Ikonographie:* Dargestellt bes. in Schlesien und Böhmen (Burg Karlstein, Karlsbrücke in Prag), aber auch als Reichspatron im W (Adalbert-Kirche in Aachen, Steinfigur 14. Jh.). Zyklen seit dem 12. Jh. (Dom zu Gnesen, Bronzetür 1175). G. Binding

Lit.: LCI V, 25–28 – LThK² I, 122 f. – RGG³ I, 89.

16. A., Abt v. Echternach, zweiter Abt dieses karol. Eigenklosters (739/40–775), Nachfolger des hl. Willibrord. Zu Unrecht hat man ihn mit einem Gefährten Willibrords gleichen Namens identifizieren wollen, der mit diesem ins Frankenreich kam (zu diesem A. vgl. Catholicisme I, 122). Seine Herkunft ist unbekannt; auch die Tatsache, daß er Abt eines karol. Eigenklosters war, weist keinen sicheren Weg. Durch Pippins Erhebung zum Kg. wurde Echternach kgl. Kl. und erhielt Immunität und Schutz (RI 1, 112). Nach Pippins Tod fiel die Abtei Karlmann zu, der das väterl. Privileg 768/769 bestätigte (RI 1, 121); Karl d. Gr. wiederholte dies 772 (RI 1, 148). Das Grab Willibrords wurde wohl schon zu A.s Zeit ein bedeutendes Pilgerziel, worauf WAMPACH ein reges Handelsleben zurückführen möchte. HAUCK (II⁸, 175) denkt an A. als mögl. Verfasser eines Psalmenkommentars (G. MORIN, RevBén 25, 1908, 80f.). Privatschenkungen in entfernten Gegenden des N und O mögen Zeugnis der Missionstätigkeit Echternachs zu A.s Zeit geben. D. v. d. Nahmer

Lit.: C.WAMPACH, Gesch. der Grundherrschaft Echternach im Früh-MA, 2 Bde., 1929/30, Publ. de la section hist. de l'Inst. Grand-Ducal de Luxembourg, 63.

Adalbertus Rankonis de Ericinio, Kanonikus der Prager Metropolitankirche, *ca. 1320 in Malý Ježov in S-Böhmen, †1388 in Prag. Nach Studien in Paris und Oxford wurde er 1355 Rektor der Pariser Universität. In Prag, wo er seit 1375 weilte, machte er sich einen Namen als Prediger und Berater in theolog. Fragen, geriet aber auch oft in Streitigkeiten, v.a. mit dem Ebf. Johann v. Jenštejn. Er stellte sich positiv zur böhm. Reformbewegung und trug in Zusammenarbeit mit Thomas v. Štítné zur Ausbildung der tschech.-theolog. Terminologie bei. Seine geistigen und wissenschaftl. Interessen spiegeln sich in einem Verzeichnis seiner Bibliothek. Seine dichter. Begabung beweist der Rhythmus ›Ach, in luctum chelym verto‹. J. Kadlec

Lit.: J. KADLEC, Leben und Schr. des Prager Magisters A., 1971 [weiterführende Bibliogr.].

Adalbertus Samaritanus (auch: von Samaria), 1. Hälfte des 12.Jh., aus der Familie der Samaritani in Bologna, lehrte Rhetorik an einer laikalen Schule seiner Heimatstadt. Sein Werk »Praecepta dictaminum« (zw. 1111 und 1115) ist die erste eigtl. →Ars dictandi des MA, bestehend aus allgemeinen Anweisungen für den Briefstil und einem Anhang von 20 Musterbriefen. In seinem für die Praxis des bürgerl. Lebens verfaßten Werk distanziert sich A. von den älteren Rhetoriklehren des →Alberich v. Montecassino. H. M. Schaller

Qq.: F.-J. SCHMALE, A.S., Praecepta dictaminum, MGH Qq. zur Geistesgesch. des MA 3, 1961 – *Lit.:* DBI I, 218 – F. J. SCHMALE, Zu den Anfängen bürgerl. Kultur im MA, RQ 58, 1963, 149–161.

Adalbold v. Utrecht, Kleriker, seit 1010 Bf. v. Utrecht, * ca. 970, †27. Nov. 1026, an der Kathedralschule in Lüttich ausgebildet. Bedeutender Mathematiker, stand in regem Austausch mit Gelehrten wie →Heriger v. Laubach (verlorener Dialog zw. diesem und A. über die unterschiedl. Berechnung der Adventszeit) und →Gerbert v. Reims, späterem Papst Silvester II., dem er die Schrift »De ratione inveniendi crassitudinem sphaerae« in Briefform gewidmet hat. A.s Kommentar zu Boethius' »Consolatio philosophiae« Buch III metrum 9 in zum Teil kunstvoller Reimprosa erweist sich als Werk eines formbewußten Lehrers. In der unvollständigen »Vita Heinrici II. imperatoris« (BHL 3811) ist die sprachl. Darstellung gegenüber den zeitgeschichtl. Fakten sogar überbewertet. Zu Unrecht beigelegt werden A. zwei Traktate zur Musik (MPL 140, 1109–1112 und 1111–1120), bei denen es sich um Exzerpte aus Boethius' »De institutione musica« handelt. Die Zuschreibung von »Vita et miracula S.Walburgis« an A. (BHL 8766) scheint trotz der bezeugten Anteilnahme A.s bei der Wiederherstellung der dieser Hl.en geweihten Stiftskirche in Tiel (Gelderland) nicht gerechtfertigt. G. Glauche

Ed.: MPL 140, 1091–1120 – N.BUBNOV, Gerberti... opera mathematica, 1899, 302–309 – R.B.C.HUYGENS, Sacris Erudiri 6, 1954, 409–426 – E.T.SILK, MARS 3, 1954, 14–24 – MGH SS 4, 683–695 – *Lit.:* MANITIUS II, 743–748 – H. SCHMID, Die musiktheoret. Hss. der Benediktiner-Abtei Tegernsee, Acta musicologica 2, 1956, 69–73.

Adaldag, Ebf. v. Hamburg-Bremen seit 937, * um 900, †28. oder 29. April 988. Angehöriger einer vornehmen sächs. Familie, zunächst Domherr in Hildesheim, dann Mitglied der kgl. Kapelle Heinrichs I., seit 927 als Verfasser und Schreiber von Königsurkunden nachweisbar. 936/937 war er Kanzler Ottos I., der ihn zum Ebf. v. Hamburg-Bremen erhob. Er übte auch weiterhin einen starken Einfluß auf die Reichs- und Kirchenpolitik der Ottonen aus; so begleitete er 962–965 Otto I. auf dessen zweiten Italienzug zur Kaiserkrönung in Rom. Unter ihm erhielt das Ebm. 947/948 durch die Gründung der drei Bm.er Schleswig, Ripen und Aarhus die ersten Suffragane und griff über die Grenzen des Reiches nach Dänemark aus. Um 968 wurde ihm auch das damals in O-Holstein errichtete Bm. Oldenburg unterstellt. Damit nahm die schon länger geplante Organisation der Kirche im N und im Abodritenland ihren Anfang. Ebenso gelang es A., die Selbständigkeit des Ebm.s gegenüber Köln endgültig zu sichern und die Stellung des Ebf.s in seiner Diözese mit Hilfe kgl. Privilegien auszubauen. Er erlebte aber auch den schweren Rückschlag, den die Mission bei den Dänen und Slawen 983 durch eine allgemeine heidn. Reaktion und durch die Zerstörung Hamburgs erlitt. K. Jordan

Lit.: NDB I, 47 – O. H. MAY, Reg. der Ebf.e v. Bremen I, 1937, 27ff. [mit Qq. und älterer Lit.] – F. M. FISCHER, Politiker um Otto d. Gr., 1938, 62ff. – G. GLAESKE, Die Ebf.e v. Hamburg-Bremen als Reichsfürsten (937–1258), 1962, 5ff. – K. REINECKE, Stud. zur Vogtei- und Territorialentwicklung im Ebm. Bremen (937–1184), 1971, 22ff.

Adalgar, Ebf. v. Hamburg-Bremen seit 888, †9. Mai 909; wohl aus einem altsächs. Adelsgeschlecht stammend. A. war zunächst Mönch in Corvey und wurde 865 Gehilfe, später Koadjutor und schließl. Nachfolger des Ebf.s Rimbert v. Bremen. Die unruhigen Verhältnisse an der NO-Grenze des ostfrk. Reiches nach dem großen Normanneneinfall des Jahres 880 machten ihm jedoch eine Missionsarbeit im N unmöglich. Seit 890 konnte er in langwierigen Auseinandersetzungen mit Ebf. Hermann v. Köln die Rückkehr Bremens in den Kölner Metropolitanverband verhindern und die Unabhängigkeit seiner Kirchenprovinz sichern. Ob er in diesem Streit Urkundenfälschungen zugunsten der Hamburger Kirche herstellen ließ, ist in der Forschung immer noch strittig. K. Jordan

Lit.: NDB I, 48 – O. H. MAY, Reg. der Ebf.e v. Bremen I, 1937, 19ff. [mit Qq. una älterer Lit.] – K. REINECKE, Das Ebm. Hamburg-Bremen und Köln, Stader Jb. 1973, 59–76 – R.DRÖGEREIT, Ebm. Hamburg, Hamburg-Bremen oder Ebm. Bremen?, ADipl. 21, 1975, 139–233 – W. SEEGRÜN, Das Ebm. Hamburg in seinen älteren Papsturkk., 1976 [Bibliogr.].

Adalgisel(Ansegisel), **1.A.,** frk.Hzg., wurde im 11.Jahr der Herrschaft Kg. Dagoberts I. (633/634) zum Vorsteher des Palastes und des Kgr.s ernannt. 641 verteidigte er in einer Schlacht an der Unstrut Kg. Sigbert gegen den thüring. Hzg. Radulf, die der junge Kg. in polit. Kurzsichtigkeit begonnen hatte. F. Weyrich

Lit.: DBF I, 409.

2. A.-Grimo, Diakon in Verdun. Sein Testament, ausgestellt am 30. Dez. 634 in Verdun, ist eine der ältesten echten Urkunden des Frankenreiches und ein bemerkens-

wertes Zeugnis über die sozialen, wirtschaftl. und kirchl. Verhältnisse des 7.Jh. A. verfügte über einen weitgestreuten Grundbesitz zw. Lüttich, Verdun und der Mosel und gehörte zum austras. Adel; als seinen nepos nennt er einen dux Bobo; auch der austras. dux Adalgisel könnte ein Verwandter gewesen sein. Die wegen der Besitzlage und des Namens angenommene Verwandtschaft mit den Arnulfingern ist jedoch fragl. Das Testament erhellt ferner die Anfänge geistl. Lebens in Tholey, wo A. loca sanctorum auf Eigengut errichtet und mit clerici aus Trier besetzt hatte. Diesen Besitz schenkte er der Kirche v. Verdun.
O. G. Oexle

Lit.: W. LEVISON, Das Testament des Diakons A.-G. vom Jahre 634, Aus rhein. und frk. Frühzeit, 1948, 118-138 [Ed. 124ff.] – DERS., Zur Gesch. des Kl.s Tholey, ebd. 96-117 – F. PAULY, Aus der Gesch. des Bm.s Trier I, Veröff. des Bistumsarchivs Trier 13, 14, 1968, 45 ff. – H. EBLING, Prosopographie der Amtsträger des Merowingerreiches von Chlothar II. (613) bis Karl Martell (741), Beih. Francia 2, 1974, 30 f., 86 f.

Adalgoz, Ebf. v. Magdeburg → Magdeburg, Ebm.

Adalhard. 1. A., Abt v. Corbie 780-826, * um 750, † 2. Jan. 826; als Sohn von Kg. Pippins Bruder Bernhard Vetter und Berater Karls d. Gr., nach Paschasius Radbertus (MGH SSrG II, 525) mit diesem zusammen erzogen, seit 771 Mönch in Corbie und zeitweilig in Monte Cassino, um 780 als Abt nach Corbie zurückgerufen. Von hier aus in enger Verbindung mit dem Königshof, an dessen Bildungsbestrebungen er als Mitglied des Hofkreises unter dem Pseudonym »Antonius« lebhaften Anteil nahm. Er stand Alkuin freundschaftl. nahe, ebenso Paulus Diaconus, der ihm die emendierten Briefe Gregors d. Gr. sandte (MGH Epp. IV, 617). 809 nahm er an der Synode von Aachen teil. Karl d. Gr. beauftragte ihn im gleichen Jahr mit einer Gesandtschaft an Papst Leo III. und vertraute ihm unter dem unmündigen Kg. Gernhard (812-814) als missus die Regierung von Italien an. Nach dem Tode Karls fiel er bei Ludwig d. Frommen in Ungnade und wurde nach Noirmoutier verbannt, von wo er 821 zurückkehrte. Zuvor hatte er 815 zusammen mit seinem Bruder →Wala in Sachsen das Kl. Corvey gegründet, das 822, wiederum durch A., seinen heutigen Platz bei Höxter erhielt. An der Gründung des nahen Frauenstiftes Herford scheint er beteiligt gewesen zu sein. Er verfaßte eine (nur aus der Überarbeitung Hinkmars bekannte) Hofordnung Karls d. Gr. (WATTENBACH-LEVISON I, 316 f.) sowie die »Statuta antiqua Sti. Petri Corbeiae« (MPL 105, 535-550); ebenfalls verloren ist seine von Flodoard (III, 23) erwähnte Schrift »De ratione lunae Paschalis«.
J. Fleckenstein

Lit.: ABEL-SIMSON, Jbb. Frk. Reich, Karl d. Gr. I², 1888; II, 1883 s. v. – B. SIMSON, Jbb. Frk. Reich Ludwig d. Fromme I, 1874; II, 1876 – HAUCK II⁶, 1952, 177-180 – P. BAUTERS, A. van Huize (750-826). Abt van Corbie en Corvey, 1965 – Kunst und Kultur im Weserraum 800-1600, Ausstellung Corvey 1966.

2. A., Sohn Heinrichs I., Mgf. v. Babenberg → Babenberger (ältere).

Adalia → Antalya

Adalolf v. Flandern → Flandern, → Gft. Boulogne

Adalrich (Attich, Eticho), Hzg. des Elsaß 673-700. Stammte wahrscheinl. aus Burgund und war zunächst Patricius der Provence. Wurde dann von Kg. Childerich II. zum Hzg. ernannt und stellte sich nach dessen Ermordung auf die Seite des neustr. Hausmeiers Ebroin, mit dem er sich aber bald überwarf. A. anerkannte nun Dagobert II., den Sohn Kg. Sigberts III., den man aus Irland zurückgerufen hatte, als Kg. Daraufhin konfiszierte Ebroin alle seine Güter in Burgund. A. regierte sein Hzm. gewalttätig und ließ den hl. German v. Münster-Granfelden und den Bibliothekar des Kl.s ermorden, als diese sich ihm widersetzten. Durch fromme Stiftungen versuchte er, seine Gewalttaten gutzumachen. So gründete er das Frauenstift Hohenburg, dem seine Tochter Odilia als erste Äbt. vorstand, die später Schutzpatronin des Elsaß wurde. Auch das Kl. Ebersmünster n. von Schlettstadt geht auf A.s Gründung zurück. Das Leben des Hzg.s ist Gegenstand zahlreicher Legenden.
F. Weyrich

Lit.: DBF I, 412 f. – CH. PFISTER, Le duché mérovingien d'Alsace et la légende de Ste Odile, 1892 – J. M. B. CLAUSS, Die Hll. des Elsaß, 1935, 36 f., 192.

Adalwald, Kg. der Langobarden, *602 in Monza, Sohn des Kg.s Agilulf und der Theodelinde. A. ist der erste langob. Kg., der auf Betreiben seiner aus einem bayer. Geschlecht stammenden Mutter Ostern 603 kath. getauft wurde, um so ein Zeichen für die Konversion der arian. Langobarden zum Katholizismus zu setzen. Auch seine Erhebung zum Mitkönig (Juli 604) deutet durch den ursprgl. röm. Akt der Akklamation im Circus eine bewußte Abkehr von germ. Traditionen und eine Annäherung an Rom an. Die bereits 604 vereinbarte Verlobung A.s mit einer Tochter Kg. Theudeberts II. v. Austrien ist Ausdruck der von Agilulf angestrebten Absicherung seiner Herrschaft. Nach dem Tod Agilulfs (615) regierte Theodelinde zusammen mit dem Feldherrn Sundrarit für den jungen A. Sundrarit gelang die Absicherung des Langobardenreiches nach außen (Siege über den Exarchen von Ravenna 617 und 619). Die von Theodelinde verfolgte Politik, mit Hilfe der Nachfolger Columbans v. Bobbio eine allmähl. Konversion der Langobarden zum Katholizismus und damit eine Annäherung an Rom zu erreichen, scheiterte am Widerstand der Mehrheit der langob. Hzg.e. 626 wurden A. und seine Mutter von Hzg. Ariwald v. Turin gestürzt. Ihr weiteres Schicksal liegt im Dunkeln.
Ch. Schroth-Köhler

Lit.: DBI I, 227 – L. M. HARTMANN, Gesch. Italiens II, 1, 1900 [Neudr. 1969] – TH. HODGKIN, Italy and Her Invaders V-VI, 1916 – G. ROMANO-A. SOLMI, Le dominazioni barbariche in Italia, 1940 – G. P. BOGNETTI, S. Maria »foris portas« di Castelseprio e la storia religiosa dei Longobardi, G. P. BOGNETTI-G. CHIERICI-A. DE CAPITANI D'ARZAGO, Santa Maria di Castelseprio, 1948.

Adalward, Bf. v. Verden → Verden, Bm.

Adam

1. A. v. la Bassée (de Basseia), Kanoniker in Lille, † 1286, verfaßte zw. 1278 und 1284 eine rhythm. Paraphrase des »Anticlaudianus« (→ Alanus ab Insulis), den »Ludus super Anticlaudianum« (Hs.: Lille 397, Autograph). »Ludus« wegen des leichteren Charakters (BAYART) oder eher wegen der zahlreichen mit eigenen Gesängen auftretenden Personen (in der leidenden Seele ist vielleicht A. selbst zu sehen, vgl. bes. 73. 2, 88. 4). Die Dichtung gibt den »Anticlaudianus« in teils verkürzter, teils durch Einschübe (z. B. eines Streitgedichtes [21], satir. [z. B. 24, 121, 125] und zeitbezogener [148 f.] Partien) erweiterter, leichter verständl. Fassung wieder. Die erzählenden Teile in einer Abart der Vagantenstrophe sind mit sehr vielfältigen notierten Gesängen durchsetzt, die in ihrer Form und (z. T. übernommenen) Melodie z. B. Hymnus, Sequenz, Responsorium, Motett, Conductus, Rondeau darstellen. – Außer dem »Ludus« sind in derselben Hs. drei geistl. oder moral. rhythm. Exempelerzählungen erhalten.
G. Bernt

Ed.: P. BAYART, 1930 [mit Faks. und Transkription der musikal. Teile] – Lit.: P. BAYART [s. Ed.] – A. HUGHES, JAM S 23, 1970, 1-25 – DERS., MGG 15 (Suppl.), 31 f.

2. A. v. Bocfeld (A. v. Bouchermefort), ca. 1220-78/94; seit 1238 Studium in Oxford (Adam v. Marsh, Robert Grosseteste); vor 1243 Magister artium; 1249/50 Rector institutus von Iver; vor 1264 Kanonikus an der Kathedrale von Lincoln. Hinterließ eine große Anzahl von Kommentaren zu aristotel. Schriften; erklärte schon um 1250 zu Oxford die Naturphilosophie des Aristoteles in strenger Anlehnung an den Text mit zahlreichen Unterteilungen und Lemmata. M. Bauer

Lit.: CH. LOHR, Medieval Latin Aristotle Commentaries, Traditio 23, 1967, 317f.

3. A. v. Bremen, Magister, dürfte aus Oberdeutschland stammen und etwa gleichzeitig mit →Lampert v. Hersfeld die Bamberger Domschule besucht haben. 1066/67 kam er nach Bremen; Ebf. Adalbert (1043-72) nahm ihn unter die Domkanoniker auf und übertrug ihm vor dem 11. Juni 1069 das Domscholasteramt. Bald nach Beginn seines Bremer Aufenthalts unternahm A. eine Reise zu Kg. Sven v. Dänemark; nach Adalberts Tod begann er zum Dank für die Aufnahme in Bremen und als seinen Beitrag zum Aufbau des Ebm.s, das bis dahin eine Geschichte seiner Bf.e entbehrte, die »Gesta Hammaburgensis ecclesiae pontificum« (ed. B. SCHMEIDLER 1917, MGH SSrG; hg. und übers. W. TRILLMICH 1961, AusgQqMA 11), die er schon 1075/76 beendete und Ebf. Liemar v. Bremen widmete. Doch muß A. an seinem Handexemplar noch bis 1080/81 gearbeitet haben, bis er vor 1085 an einem 12. Okt. verstarb.

Von den 22 Hss. in drei Klassen überliefern nur zwei die Erstfassung ohne Kontamination mit den anderen Klassen. Die ersten drei Bücher der Gesta behandeln: 1. die Ereignisse bis zum Tod Ebf.s Unni (936), 2. die Zeit bis zum Amtsantritt Adalberts, 3. den Pontifikat Adalberts; ein viertes Buch »Descriptio insularum aquilonis« ist eine hist. Landeskunde der Gebiete, auf die sich die Missionsbemühungen und Metropolitananspruche der Bremer Kirche richteten. Die übrigen Hss. weisen neben verschieden umfangreichen Erweiterungen Marginalien zum ursprüngl. Werk auf, sog. Scholien, die Berichtigungen, Erläuterungen, Belege und Exkurse enthalten und, soweit sie allen Hss. gemeinsam sind, einer von A. selbst vorgenommenen zweiten Redaktion der Gesta angehören, während die übrigen einem Bremer Domherren zuzuschreiben sind, der die zweite Fassung 1085/90 überarbeitete. A. hat zahlreiche Quellen verwertet, neben klass. Autoren und Kirchenvätern für die geograph. und ethnograph. Angaben verlorene Viten, Annalen und Chroniken, Urkunden und Briefe. Sagenhaften Traditionen und mündl. Berichten, auf denen das dritte und vierte Buch großenteils beruhen, kommt ebenfalls starke Bedeutung zu.

A.s Werk verkörpert in den ersten zwei Büchern das Genus der Gesta, Buch drei ist v. a. eine Historia Ebf. Adalberts. Ziel des Ganzen ist es zu zeigen, wie durch die Ebf.e die Kirche verherrlicht und das Christentum verbreitet wird. Dabei identifiziert A. sich mit dem Bremer Patriarchatsanspruch und den Missionsbemühungen und stellt so Kirchlichkeit und Religiosität in die Mitte seiner Vorstellungen, die unter Einbeziehung der Ortskirche auf die Gesamtkirche bezogen sind, verbunden mit einem lebhaften Gefühl für die Sachsen und der Liebe und Treue zum Reich. Höhepunkt der Gesta ist die Geschichte Adalberts, der mit beachtl. Charakterisierungskunst erfaßt ist.– Die Wirkungsgeschichte des Werks ist fast mit der Überlieferungsgeschichte ident. F.-J. Schmale

Lit.: Verf.-Lex. I¹, 2–6 – WATTENBACH-HOLTZMANN II, 566–571; III, 165ff. – Repfont 2, 116f. – H. Chłopocka, SłoeStarSłow I, 1961, 3f.

4. A. v. Dryburgh (Scotus), Magister, *1127/40, †1212. Kind einfacher Eltern (Vita, hg. WILMART 215), wahrscheinl. von norm. Freisassen (HAMILTON) aus Berwickshire stammend, tritt er in die eben gegr. O. Praem. Abtei Dryburgh seiner Heimat ein; daselbst Abtkoadjutor 1184–88/89, schließt er sich jedoch mit Hilfe des Bf.s Hugo v. Lincoln der Kartause Witham in Somerset an. Gefeiert als Prediger und geistl. Schriftsteller, wird er mit →Ælred v. Rievaulx verglichen (BULLOCH). In seiner Handhabung der Bibel ist er den →Viktorinern verpflichtet. Er verkörpert in Leben und Lehre die eremit. Tendenzen der Reformorden des 12.Jh. G.B.Winkler

Qq.: AnalPraem 9, 1933, 209–232 – MPL 198, 19–90 – Ed.: Sermones, MPL 198, 91–440; 184, 869–80, hg. W. DE GRAY BIRCH, 1901; hg. F. PETIT, 1934 – Geistl. Schr.: MPL, 198, 439–610, 609–792; 198, 791–842; 198, 843–872 – Aus der Kartäuserzeit: MPL 153, 799–884 – Lit.: J. BULLOCH, A. of D., 1958 – M.J. HAMILTON, A. of D., 1974, AnalCart 16.

5. A. v. Ebrach, *vor 1100 im Kölnischen, †23.11.1161, Mönch in Morimond, wurde 1127 erster Abt v. Ebrach. Der Schüler und Freund Bernhards v. Clairvaux predigte 1147 in Bayern den Kreuzzug; den Staufern eng verbunden, brachte er 1152 die Wahlanzeige Kg. Friedrichs I. nach Rom; ihm blieb er auch im Schisma von 1159 bei grundsätzl. vermittelnder Haltung treu. Unter A. wurden von Ebrach aus sechs Tochterklöster (Rein, Heilsbronn, Langheim, Nepomuk, Aldersbach, Bildhausen) gegr.; an der Reform anderer Kl. (Heidenheim) war er beteiligt. In sein Wirken und seine Verbindungen (u.a. Hildegard von Bingen, Gerhoh v. Reichersberg) gibt seine Korrespondenz in der Ebracher Briefsammlung einen teilweisen Einblick. F.-J. Schmale

Lit.: W. OHNSORGE, Eine Ebracher Briefslg. des 12.Jh., QFIAB 20, 1928/29, 1–39 – M. PREISS, Die polit. Stellung der Zisterzienser im Schisma 1159–1177, Hist. Stud. 248, 1934 – F. GELDNER, Abt A. v. E., JbffL 11/12, 1953, 53–66 – P. CLASSEN, Gerhoch v. Reichersberg, 1960 – H. WEISS, Die Zisterzienserabtei Ebrach, Qq. und Forsch. zur Agrargesch. 8, 1962 – F. GELDNER, Frk. Lebensbilder 2, 1968.

6. A. de la Halle (pikard.: de le Hale, auch A. le Bossu gen.), wichtigster Vertreter der langen lit. und musikal. Tradition von Arras in der 2. Hälfte des 13.Jh., † vor 1289 (?). A. stammt aus dem intellektuellen Kleinbürgertum; er wird von großbürgerl. Mäzenen unterstützt und nimmt auch teil an den städt. *puys*; später findet man ihn im Dienste des Grafen Robert II. v. Artois, dem er nach der Sizilianischen Vesper (1282) nach S-Italien an den Hof von Karl I. von Anjou folgt.

A.s Werk orientiert sich sowohl an städt. wie höf. Traditionen und umfaßt ein- und mehrstimmige Lyrik, erzählende Lyrik (*dits* und die nur in Arras gepflegte Gattung der *congés*), einen Panegyrikus in Alexandrinerlaissen auf Karl v. Anjou (»Du roi de Sezile«), sowie Theaterstücke: in Arras das »Jeu de la Feuillée« (wohl 1276) und in höf. Rahmen das pastorale Singspiel »Robin et Marion«.

Gemessen an der handschriftl. Verbreitung genossen die *Chansons* und die *jeux-partis* das größte Ansehen. Hist. betrachtet, bilden jedoch, auf musikal. Seite, die mehrstimmigen *Rondeaux* die gewichtigste Leistung A.s, während auf lit. Seite dem »Jeu de la Feuillée« einzigartige Bedeutung zukommt. Dieses atyp. pikard. Theaterstück, das als eine Art Revue auf den damaligen Zuschauer in Arras durchaus komisch wirken mußte, hat durch seine autobiograph. Anlage, in welcher Ehe und Studium, ökonom. Zwänge und Ausbruch in geistige Freiheit, harte Realität und erträumtes Ideal sich entgegenstehen, eine regelrechte Faszination auf die neuere Kritik ausgeübt und zu den widersprüchlichsten Deutungen geführt, deren extremste das Stück als sozialkrit. Pamphlet oder aber als Ausdruck psych.-archetyp. Vorstellungen taxieren. M.-R. Jung

Lyrik und Musik: Einstimmige Kompositionen sind die eher traditionellen höf. Chansons und die gesellschaftl. *jeux-partis*, vielleicht auch Balladen. Die eigtl. Kunstform des ausgehenden 13.Jh., die *Motette*, ist durch 5 Beispiele vertreten, die jedoch etwas gekünstelt anmuten. Von Bedeutung sind die mehrstimmigen *Rondeaux,* die für die *formes fixes* des 14.Jh. wegweisend wurden. Bei A. ist zum ersten Mal eine Verbindung zw. der höf. Gesangsweise und der klerikalen Mehrstimmigkeit jetzt in eher bürgerl. Kreisen belegt. Diese Kompositionen sind als Einheit in der Hs. Paris, Bibl. Nat. fr. 25566 vereinigt, eine Seltenheit für einen Komponisten der damaligen Zeit. Lyr. Einlagen finden sich auch im Theater: ein Refrain im »Jeu de la Feuillée« und zahlreiche Stücke im Singspiel »Robin et Marion«. Hierzu lieferte die Aufnahme solcher Einlagen beim Vortrag der höf. Romane des 13.Jh. viele Vorbilder, doch knüpft dieses Werk an die humorvolle *Pastorale* an, die in höf. Kreisen auch als *Motette* eingedrungen war. Diese Einlagen gehören zu den meistzitierten Weisen des ausgehenden 13.Jh. L.Dittmer

Ed.: Oeuvres complètes (Poésies et Musique), hg. E. DE COUSSEMAKER, 1872 [Repr. 1970] – The Complete Works, hg. L.DITTMER et alii [in Vorbereitung] – The Lyric Works, hg. N.WILKINS, 1967 [mit Musik] – The Chansons, hg. J.H.MARSHALL, 1971 – Motets. Recueil de motets français, hg. G.RAYNAUD, 1881–83 [Repr. 1972] – *Rondeaux,* hg. F.GENNRICH, 1962 – *Jeux-partis,* Recueil général des jeux-partis français, hg. A.LANGFORS, 1926 – *Congé:* Les congés d'Arras, hg. P.RUELLE, 1965 – *Dit d'amour:* A.JEANROY, Trois Dits d'amour du XIIIe siècle, Romania 22, 1893, 45–70 – *Le Jeu de la Feuillée,* hg. E.LANGLOIS, 1911 [Neudr. 1965]; J.RONY, 1969 [m. frz. Uebers.]; O.GSELL, 1970 [m. dt. Übers.]; R.BORDEL, 1971 [m. dt. Übers.] – *Le Jeu de Robin et Marion,* hg. E.LANGLOIS, 1924; K.VARTY, 1960 [mit Musik] – *Du Roi de Sezile,* Oeuvres complètes – Lit.: H.GUY, Essai sur Adam de le Hale, 1898 [Repr. 1970] – A.ADLER, Sens et composition du Jeu de la Feuillée, 1956 – G.LÜTGEMEIER, Beitr. zum Verständnis des Jeu de la Feuillée, 1969 – P.ZUMTHOR, Entre deux esthétiques: A. d. l. H., Mélanges FRAPPIER, 1970, 2, 1155–1171 – N.CARTIER, Le Bossu désenchanté, 1971 – C.MAURON, Le Jeu de la Feuillée, 1973 – J.DUFOURNET, A.d.l.H. à la recherche de lui-même, 1974 – DERS., Sur le Jeu de la Feuillée, 1977 – F.GÉGOU, Recherches biographiques et littéraire Sur A.d.l.H., 1977.

7. A. v. Köln (v. Gladbach), Dominikaner, † 1408, Mitglied des Kölner Konvents (vorher Wien). Im Kölner Generalstudium 1391–92 Sentenzen-Lektor, vor 1395 Magister in s. theologia, 1400 Regens. Ordensämter: Vicarius der Natio Brabantia, 1397 Prior v. Köln, Inquisitor, 1402–08 Provinzial der Ordensprovinz Teutonia. Die ihm zugeschriebene »Summula metrice conscripta ex Summa Raimundi de Penyafort« ist älteren Ursprungs (Verfasser wahrscheinl. Adam v. Aldersbach O. Cist.). P.Engelhardt

Lit.: F.VALLS TABERNER, La »Summula Pauperum« de Adam de Aldersbach, Span. Forsch. der Görresges., I. R., 7, 1938, 69–83 – G.M.LÖHR, Die Kölner Dominikanerschule vom 14. bis zum 16.Jh., 1946, 53 – TH.KAEPPELI, Script. Ord. Praed. Medii Aevi I, 1970, 4.

8. A. v. Marsh, * Ende des 12.Jh., † 1259, studierte in Oxford, Magister artium, 1232/33 Franziskaner, Schüler, Freund und Mitarbeiter des Robert Grosseteste, 1247–50 erster Franziskanerlehrer an der Universität Oxford, im Dienste des Staates und der Kirche tätig. Hinterließ eine für die Zeitgeschichte bedeutsame Briefsammlung. Vgl. auch Franziskanerschulen. L.Ott

Ed.: J.S.BREWER, Mon. Franciscana I, 1858, 77–489 – Lit.: A.B.EMDEN, A Biographical Register of the University of Oxford to A.D. 1500, II, 1958, 1225f.

9. A. Parvipontanus (Balsamiensis), * zu Balsham nahe Cambridge, † vermutl. vor 1159. Er leitete in Paris, wohl am Petit Pont, eine Schule. Sein Hauptwerk, die »Ars disserendi«, erschien 1132. Es ist das erste ma. Lehrbuch der →Logik, das in seinem Aufbau nicht Aristoteles folgt, sondern ein eigenes Schema zugrunde legt. Auch A.s Terminologie ist eigenwillig, und er scheint keine große Nachwirkung gehabt zu haben. J.Pinborg

Ed.: L.MINIO-PALUELLO, Twelfth Century Logic I, 1956 – Lit.: L.MINIO-PALUELLO, The »Ars disserendi« of A. of Balsham Parvipontanus, MARS 3, 1954, 116–169 – L.M. DE RIJK, Logica modernorum I, 1962, 62ff.

10. A. de Perseigne, Regularkanoniker, Benediktiner (Marmoutier), Zisterzienser in Pontigny, dann in Perseigne (Sarthe, Arr.Mamers), wo er bis zu seinem Tode (ca. 1188– ca. 1221) Abt war. Verschiedene Missionen in Ermittlungen und Schiedsverfahren. Er besprach sich in Rom mit Joachim v. Fiore (1195), predigte den 4. Kreuzzug (1201) und handelte im Auftrag von Innozenz III. die Teilnahme von Philipp August und Johann ohne Land am Kreuzzug gegen die Albigenser (1208) aus. Er ist Autor von Briefen (davon 66 veröffentlicht) und zahlreichen Predigten (5 ed.). Man hat ihm zu Unrecht eine Auslegung des 44. Psalms in frz. Sprache zugeschrieben (»Eructavit«). A.Vernet

Qq.: MPL 211, 583–694 (30 Briefe) – Correspondance d'A. de P. (1188–1221), ed. J.BOUVET, 1951–62, AHM XIII, 1–10 [66 Briefe] – A. de P., Lettres I. Texte lat., introduct., traduct. et notes J.BOUVET, 1960, SC 66, [15 Briefe] – MPL 211, 699–744 [5 Marienhomilien] – T.A.JENKINS, Eructavit. An Old French metrical Paraphrase of Psalm XLIV publ. from all the known MSS. and attributed to A. de P., 1909, Ges. f. roman. Lit. 20; vgl. J.F.BENTON, Speculum 36, 1961, 582–584 – Lit.: L.MERTON, La formation monastique selon A. de P., COCR 19, 1957, 1–17 – B.LOHR, The philosophical Life according to A. of P., ibid. 24, 1962, 225–242 und 25, 1963, 31–43.

11. A. de Ross → Vision de St.Paul

12. A. v. Saint-Victor, † 1192 (oder 1177), wohl breton. Abstammung (›Brito‹), ist aus seiner Tätigkeit in der Augustinerabtei St-Victor bei Paris bekannt. Er war dort wahrscheinl. Schüler →Hugos v. Saint-Victor. A. gilt als der bedeutendste Dichter geistl. Sequenzen im 12.Jh. Ausgehend von der Nachricht Wilhelms v. St-Lô († 1349) über sein Wirken in St-V. und über die Vortrefflichkeit seiner Sequenzen (von denen keine genauer bezeichnet wird) und späteren ganz unzuverlässigen Listen wurde sein Werk aus den ältesten liturg. Büchern von St-V. (die nicht immer die älteste Überlieferung darstellen) zuerst von GAUTIER, dann von AUBREY und MISSET rekonstruiert, von BLUME und BANNISTER in AnalHym 54 und 55 genauer eingegrenzt. Es ergab sich eine Reihe von Sequenzen über das ganze Kirchenjahr, deren Zuschreibung im Einzelfall nicht gesichert ist, die aber im ganzen wohl ein zuverlässiges Bild der Kunst A.s geben. Sie zeigen A. als einen Dichter, der in reiner, klarer, frei bewegter Sprache und in mühelosen Reimen die Festbezüge und die typolog. Durchdringungen zu Bildern von z.T. hoher Poesie erhebt. Ihrer Form nach sind diese Dichtungen vollendete Beispiele der ›Sequenzen zweiter Epoche‹, hierin jedoch nicht ohne sehr bedeutende Vorläufer (BLUME, AnalHym 54 VIff., 55 VIIf.). A.s Sequenzen waren in erster Linie Sprachkunstwerke; ihre Melodien wurden z.T. älteren Sequenzen entlehnt oder an anderen Orten sehr früh durch andere ersetzt (HESBERT, 70–75). Der Bau der Sequenzen ist am besten aus dem Melodieteil bei AUBREY-MISSET, auch in AnalHym und bei VECCHI zu erkennen. G.Bernt

Bibliogr.: Zu den A. zugeschriebenen theol. Werken s. MANITIUS 3, 1003 und F.STEGMÜLLER, Repertorium biblicum medii aevi, 2, 14 – Ed.: L.GAUTIER, Oeuvres poétiques d'A. de St-V., 1858, 1894[2] – P.AUBREY-F.MISSET, Les proses d'A., 1900 [mit Melodien] – C.BLUME-H.M.BANNISTER, AnalHym 54 und 55 – F.WELLNER, A. v. Sankt Viktor, Sämtl. Sequenzen, lat. und dt., 1937, 1955[2] – Adamo di San Vittore, Liriche sacre, lat. und it., 1953 [Nachdr. 1969; Auswahl]. – Lit.: Einl. und Nachw. der Ausg., bes. BLUME-BANNISTER, AnalHym 54, VI–XVI, 55 VIIf. – H.SPANKE, StM NS 14, 1–29 – F.J.E.RABY, A Hist. of Christian-latin Poetry etc., 1927, 1953[2], 345–375 – [Zusammenfassend:] J.SZÖVÉRFFY, Die Annalen der lat. Hymnendichtung 2, 1965, 103–121 [mit Liste der Sequenzen, von denen manche, z.B. 4, 22, 29, 31, 33, zweifelhaft] – [R.J.] HESBERT, Monumenta musicae sacrae 3, Le prosaire d'Aix-la-Chapelle [mit Faks. dieser wichtigen Quelle aus dem Anf. des 13.Jh. und (28, Anm. 74f.) einer Liste der darin A. zuzuschreibenden Stücke (nicht ohne Widerspruch zu 70–75 und ohne Begründung der Zuschreibungen; zumindest Nr. 42 der Liste = AnalHym 54 Nr. 121 scheint zweifelhaft)].

13. A. de Suel → Disticha Catonis

14. A. v. Usk, Chronist und Jurist, * ca. 1352, † 1430. Stammte aus Usk in Monmouthshire; war Student in Oxford und schließl. Rektor der Schule für Bürgerl. Recht (ca. 1390-92). Danach praktizierte er an kirchl. Gerichtshöfen in London. 1402 entfloh er über das Meer und wurde später des Raubes angeklagt, wahrscheinl. aufgrund einer von seinen Feinden angestifteten falschen Beschuldigung. 1402-06 war A. Auditor von Streitfällen bei der röm. Kurie. 1408 kehrte er nach Wales zurück, und nachdem er 1411 von Heinrich IV. begnadigt worden war, nahm er seine Arbeit an den kirchl. Gerichtshöfen wieder auf und gewann seine Pfründen zurück. Seine Karriere endete anscheinend 1414 mit dem Tode seines Gönners, des Ebf.s →Arundel.

A.s »Chronicon« für die Jahre 1377-1421 wurde als Fortsetzung von →Higdens »Polychronicon« geschrieben. Durch unvollständige Überprüfung und Ableitung steht vieles in chronolog. falscher Reihenfolge. Am wertvollsten ist der Teil für die Jahre 1397-1402, als A. als eine von Arundels Begleitpersonen' Augenzeuge bei den Ereignissen um die Absetzung Richards II. war. Ebenso liefert er dokumentar. Beschreibungen seiner Arbeit als Zivilrechtler und als Diplomat. Für die Jahre 1402-11 gibt er wertvolle Informationen über seine Abenteuer im Ausland und seine Eindrücke von Rom, seine Beobachtungen von natürl. und übernatürl. Phänomenen und seine hist. Interessengebiete. Für seine Zeit ist es eine ungewöhnl. persönl. gefärbte Chronik (»fatuitatis mee scripturam«; vgl. 56). R. L. Storey

Qq.: Chronicon Adae de Usk, hg. E.M.THOMPSON, 1904 – *Lit.:* BRUO III, 1937-38 – R.L.STOREY, Clergy and common law in the reign of Henry IV, Medieval Legal Records, hg. R.F.HUNNISETT und J.B.POST, [erscheint 1978].

15. A. Wodham, Franziskanertheologe, * um 1295, † 1358 in Babwell, England. Las in London (1328-30), Oxford (1330-32) und Norwich (1332-34) über die Sentenzen; 1340 Magister regens in Oxford. Unmittelbarer Schüler des →Wilhelm v. Ockham und bedeutender Nominalist mit selbständigem Urteilsvermögen. Sein Sentenzenkommentar (drei Redaktionen) liegt nur in einer durch →Heinrich v. Oyta 1373-78 in Prag verfaßten Abbreviatio gedruckt vor (Ed. Paris 1512, besorgt durch →Johannes Major). H. Roßmann

Lit.: HE XIII. 450f. – LThK² I, 133 – NCE I, 118f. – WULF III – UEBERWEG II – A.LANG, Die Wege der Glaubensbegründung, BGPhMA 30, H. 1, 1930 – DERS., Heinrich Totting v. Oyta, ebd. 33, H. 4, 5, 1937 – E.BORCHERT, Der Einfluß des Nominalismus auf die Christologie, ebd. 35, H. 4, 5, 1940 – V.DOUCET, AFrH 47, 1954, 93f. – P. DE VOOGHT, Les sources de la doctrine chrétienne, 1954, 144 – W.DETTLOFF, Die Entwicklung der Akzeptations- und Verdienstlehre von Duns Scotus bis Luther, BGPhMA, 40, H. 2, 1963 – K.MICHALSKI, La philosophie au XIVe siècle, hg. K.FLASCH, 1969.

Adam

I. Adam in der christlichen Theologie – II. Adam im jüdischen Schrifttum des Mittelalters – III. Adam in der deutschen Literatur des Mittelalters.

I. ADAM IN DER CHRISTLICHEN THEOLOGIE: Die ma. Theologie verstand den bibl. Namen A. vornehml. als Eigennamen (vgl. Isidor v. Sevilla, De ortu et obitu Patrum, c. 1). Unter Zugrundelegung des Literalsinnes und der geschichtl. Interpretation von Gen 1-11 (die freil. eine darauf aufbauende »geistige« Deutung nicht ausschloß, vgl. die Deutung A-δ-α-μ auf die vier Himmelsrichtungen bei Thomas, In Joa. c. 2 l. 3) wurde zunächst die *individuelle* Bedeutung des Namens und der Person erhoben. Unter diesem Aspekt behandelte man Fragen wie die nach dem Ursprung des Leibes und der Seele A.s, nach seiner Versetzung in das (geogr. verstandene, aber nicht definitiv lokalisierte) Paradies, nach seiner schließl. Errettung bis hin zur Frage nach der Lage seines Grabes (Thomas, In Mt. 27). Indessen war dieser Aspekt schon überlagert von dem *theologisch-anthropologischen Interesse* an A. als dem Stammvater, Repräsentanten und Erzieher der Menschheit, der die reine Idee des Menschen verkörperte. Diese Überlegungen zur »Urstandslehre« standen bereits im Führungsfeld eines *heilsgeschichtlichen Konzeptes,* d.h. unter dem Blickwinkel der Erbsünde und der weiteren Geschichte der Menschheit auf Christus hin, für den A. in einem nochmals gesonderten Aspekt als *Typos* betrachtet wurde. – Unter den vier genannten Aspekten, die sich in den Werken der Scholastiker vielfältig durchdringen, kommt der theolog.-anthropolog. Betrachtung ein Vorrang zu. Die Erörterung der urständl. Vollkommenheit A.s steht unter dem bibl. Grundsatz von der Vollkommenheit der Werke Gottes (Dtn 32, 4) und dem Boethian. Gedanken, wonach die Natur mit dem Vollkommenen anfängt. Deshalb wird die Theorie von der Erschaffung A.s im Kindheitszustand weithin abgelehnt (Thomas S. th. I q 94 a 3). Dem Grundzug der Epoche entsprechend, wird zunächst die Vollkommenheit A.s im *Erkennen* hervorgehoben. Im Anschluß an die von →Petrus Lombardus Sent. 2 d 23 noch zurückhaltend entwickelte Lehre von der bes. inneren Erfahrung der Nähe Gottes bei A. entwickelten die Meister des 13. Jh. innerhalb der Sentenzenkommentare und der Summen diese Erkenntnislehre in spekulativer Ausführlichkeit mit unterschiedl. Nuancen. Weitgehend einheitl. ist die Annahme einer »scientia infusa« (Albert, in 2 sent d 23 a1; Thomas, in 2 sent d 23 q2 a2 und S. th. I q94 a3; Bonaventura, in 2 sent d 23 2 q1), die eine umfassende Erkenntnis wenigstens der Wesenheiten der Dinge vermittelte (was man z. T. aus der Benennung der Tiere durch Adam erschloß), aber nur aus einer »Gnadenhilfe« (Albert nennt sie »gratia gratis data«: in 2 sent d 23 a1) stammte. Bei Thomas erfolgte die Einschränkung des Erkenntnisumfangs auf die A. obliegenden Lebensaufgaben und den rechten Gebrauch der Dinge (in 2 sent d 23 q2 a2), während Ulrich v. Straßburg den nahezu universalen Charakter vertrat (Summa de summo bono: T 2-3, 7-9, nach W.BREUNING, 9). Im Pilgerstand befindlich, konnte A. nach allgemeiner Auffassung (jedoch entgegen manchen Väteraussagen) nicht die beseligende Gottschau besitzen. Doch sprach schon Petrus Lombardus von einer Gotteserkenntnis A.s »ohne Mittel« (Sent. 4 d1 c5). Diesen Ansatz arbeitete Albert zur Annahme einer durch Erleuchtung geschehenden geistigen Schau Gottes aus (S.th. II q89 m2), die Alexander v. Hales mit dem Vorgang einer Entrückung verband (Glossa in 2 sent d 23, 12). Thomas versuchte diese Gotteserkenntnis derart als eine »mittlere« zw. der der Seligen und des gefallenen Menschen zu erweisen, daß für jene die Erkenntnisbilder nicht den sinnenfälligen Dingen entnommen waren, sondern aus von Gott eingeprägten Erkenntnisbildern kamen. Die daraus abgeleitete Irrtumsfreiheit A.s wurde im Hinblick auf den erfolgten Fall mit einer zuvor in ihm aufgetretenen Überhebung erklärt (Thomas, S.th. I q94 a4; Bonaventura, in 2 d23 a2 ad 1-3; Petrus v. Tarantaise, in 2 d23 q2 a3). – Die der hohen Erkenntnis entsprechende Willensfreiheit bestand in der bes. Festigkeit des Willens wie in der Auszeichnung mit dem Besitz aller Tugenden (Thomas, S.th. q95 a2 u. 3), besagte aber keine Befestigung in der Gnade (Thomas, in 2 sent d 23 q1 a1 sol ad5; Ulrich v. Straßburg T 17-19). Zu den Auswirkungen auf das leibl. Leben A.s (und Evas) – im 19. Jh. unter den Begriff der »praeternaturalen Gaben« gefaßt – gehörten v. a. die »Unsterblichkeit« (im augustin. Sinn des »posse non mori« und in Abhängigkeit von der Sündenfreiheit verstanden), die von Albert vermittels eines der Sterblichkeit entgegenwirkenden Habitus erklärt (in 2 sent d 19 a2 sol), von Thomas aus dem unmittelbaren Einfluß der in der Urgerechtigkeit lebenden Seele auf den Leib (S.th. I q95 a1), von Bonaventura speziell auf die Kraft des Willens (a2 q1 ad 1) zurückgeführt wurde. Zur Begründung dieses Vorzugs diente auch der Verweis auf den Lebensbaum (Gen 2, 9), dessen Frucht aber nur als materiale Grundlage der »Unsterblichkeit« angesehen wurde (Thomas, in 2 sent d19 q1 a4 sol; anders die Auffassung der Richtung um →Praepositinus v. Cremona, † 1210). Die damit auftauchenden Fragen nach den paradies. Lebensverhältnissen A.s (Nahrung, Geschlechtlichkeit, Arbeit) wurden trotz der Betonung der Glückseligkeit dieses Daseins realistischer beantwortet als bei Augustinus (De civitate Dei 14, 26), so daß die Gefahr einer märchenhaften Deutung weithin gebannt erschien. So bezog Thomas auch die »Leidensunfähigkeit« (ähnl. wie Albert, Ulrich v. Straßburg u. a.) allein auf die Freiheit von eigentl. Seinsminderungen (in 2 sent d19 q1 a3 sol; S.th. I q97). In der vieldiskutierten Frage nach dem Verhältnis zu den Tieren wird sowohl die Herrschaftsstellung A.s betont als auch der naturgesetzl. Zustand der Tierwelt anerkannt (Thomas, S.th. I q96 a1). Für die theolog. Anthropologie war auch die positive Wertung des Geschlechtl. (etwa gegen →Honorius Augustod.: Elucidarium 2, 12. 14) bedeutsam, die bei Ulrich v. Straßburg und Thomas sogar zu der Anschauung führte, daß die geschlechtl. Lust vor dem Sündenfall intensiver gewesen wäre (in 2 sent d20 q1 a2 ad 1). – Als innerer Einheitsgrund und als Inbegriff all dieser Gaben, die nur im weiteren Sinne als »übernatürlich« anerkannt wurden, galt die sog. »Urgerechtigkeit« (»rectitudo primi status«: Thomas, S.th. I q95 a1), die in der rechten Ordnung und Harmonie der natürl. Kräfte bestand. – In der theolog. wichtigen Bestimmung des Verhältnisses zw. Urgerechtigkeit und übernatürl. Gnade kam bereits die *heilsökonomische* Betrachtung der Gestalt A.s zur Geltung, von der die Geschichte von Sünde und Gnade der Menschheit ihren Ausgang nahm. Gegenüber der problemat. Auffassung der →Porretaner von der Erschaffung A.s in einem rein natürl. Zustand mit der Bestimmung zum Empfang der Gnade nach bestandener Prüfung und der vermittelnden Ansicht von einer notwendigen Disposition A.s auf die Begnadung (u. a. vertreten von Thomas in 2 sent d29 q1 a1 und →Matthäus v. Acquasparta), setzte sich schließl. die von Praepositinus inaugurierte Auffassung der sofortigen Erschaffung in der Gnade durch (Thomas S. th. I q95 a1), womit auch die Unterscheidung zw. iustitia originalis und gratia sanctificans – ursprgl. Gerechtigkeit und heiligmachender Gnade – hinfällig wurde. Die einzigartige Gnadenausstattung, die A. genauso wie seine Natur als *persönliche* wie als *gemeinsame* empfing, verschaffte ihm auch die Stellung des Hauptes der Menschheit in der übernatürl. Ordnung, die sich freil. beim Eintreten der Ursünde sofort auch negativ (als Erbsünde) für die ganze Menschheit auswirkte. – Den Zusammenhang mit der Sünde A.s versuchte man auf verschiedene Weise zu erklären (Petrus Lombardus mit Hilfe der Theorie des phys. Konnexes: Sent. 2 d30 c6. 7. 8. 9; Thomas v. A. mit dem Gedanken der Solidarität der menschl. Natur und der »voluntas in natura«: in 2 sent d30 q1 a2 und mit der Leibvorstellung bezügl. der Menschheit: S.c. Gent. 4, 54 ad 1; Scotus mit der Heranziehung des »decretum divinum«: Op. Ox. (= Ordinatio) II d 32 n. 9 f.: XIII. 313). Andererseits vermochte gerade die Darstellung der natürl.-übernatürl. Hauptesstellung des ersten A. das Verständnis für die Bedeutung und die Tat des zweiten A. (Christus) vorzubereiten. Unter dieser Perspektive wurde A. als Typos Christi verstanden (Isidor: A. figuram Christi gestavit: MPL 83, 99), an dem sich auch die Einheit von Schöpfung und Erlösung in einem übergreifenden Heilsplan erkennen ließ (Thomas, Expos. in Epist. ad Rom c. 5 lect. 4).

L. Scheffczyk

Lit.: DThC I, 368–386 – A. FRIES, Urgerechtigkeit, Fall und Erbsünde nach Praepositin v. Cremona und Wilhelm v. Auxerre, 1940 – A. HOFFMANN, Komm. zu Thomas v. Aquin, Erschaffung und Urstand des Menschen, Dt. Thomasausgabe 7, 1941 – J. AUER, Die Entwicklung der Gnadenlehre in der Hochscholastik, I-II, 1942, 51 – O. LOTTIN, Psychologie et Morale aux 12e et 13e siècles, II, 1 und IV, 1, 1948/54 – W. BREUNING, Erhebung und Fall des Menschen nach Ulrich v. Straßburg, 1959 [mit Textausgabe = T] – W. GROCHOLL, Der Mensch in seinem ursprgl. Sein nach der Lehre Landulfs v. Neapel, 1969.

II. ADAM IM JÜDISCHEN SCHRIFTTUM DES MITTELALTERS: Im Gegensatz zum Frühjudentum hat das ma. Judentum keine eigene A.-Literatur hervorgebracht. Dennoch spielt die Person A.s in Exegese und Philosophie eine wichtige Rolle. Das rabbin. Judentum beschäftigt sich v.a. mit der Erschaffung A.s und seiner überragenden körperl. Gestalt und Herrlichkeit (A. als Androgynos, Mikrokosmos; Anbetung A.s), wobei Motive eines alten Urmensch-Mythos aufgegriffen und z. T. umgedeutet wurden; in diesem Zusammenhang wird häufig auch die Frage einer *jüd. Gnosis* diskutiert. Breiten Raum in der rabbin. Exegese nimmt die Sünde A.s ein, die jedoch keinesfalls als *Erbsünde* verstanden wurde. In der ma. Philosophie ist die Deutung der bibl. *Adamserzählung* von der jeweiligen Grundeinstellung abhängig. So hebt →Maimonides zwar die intellektuelle Vollkommenheit A.s vor dem Sündenfall hervor, doch bleibt die Körperlichkeit A.s auch vor dem Sündenfall unbestritten. Im Unterschied dazu versteht die Kabbala A. als ursprgl. rein geistiges Wesen und seinen Sündenfall als »Fall in die Körperlichkeit«.

Lit.: MAIER, Religion, 187f., 360f.

P. Schäfer

III. ADAM IN DER DEUTSCHEN LITERATUR DES MITTELALTERS: Darstellungen des ersten Menschen beruhen auf Gen 1–5 als Hauptquelle, die mit hist. und v. a. typolog. Auslegungen und mit Legenden (die auch vereinzelt wirken) bereichert wird. Eine zweite Quelle bietet die apokryphe »Vita Adae et Evae« (lat., 4.Jh.). In den ältesten Belegen wird A. als typolog. Gegenpol Christi betrachtet, so schon in ahd. *Fallsuchtsegen*, ausführlicher und im Kontext der Versuchung Christi (Mt 4) bei Otfrid v. Weißenburg und im »Heliand«. Diese von der Liturgie unterstützte Typologie bestimmt das A.-Bild in religiösen Schriften des ganzen MA, auch dort, wo eine längere Sündenfallerzählung vorliegt: in Predigten, Gedichten, in den Paradiesspielen des SpätMA und bes. in ikonograph. Werken wie der dt. →Biblia Pauperum.

Erst im 11.–12. Jh. erscheinen im Hochdt. *gereimte Bearbeitungen des Genesis-Stoffs* (Wien-Millstätter, Vorauer Gen). Bibelepen dieser Art degenerieren im SpätMA zu knappen Erzählungen, wie im A.-Gedicht des Cod. Karlsruhe 408 (14.Jh.). In solchen Texten, wie auch in *Reimchroniken* und *Historienbibeln*, wird zunächst vom Engelsturz berichtet, der einen Anlaß für die Schöpfung A.s gibt. Daß Gott A. aus (4 oder 8) bestimmten Stoffen schafft, hängt mit der Ansicht des Menschen als Mikrokosmos zusammen. Einzelheiten wie A.s Schönheit und seine Engelskleidung im Paradies stammen aus der Exegese. Die symbol. Funktion des Mannes als *ratio* beeinflußt auch seine Charakterdarstellung. Die Geschichte A.s dient entweder als Erklärung der Erbsünde oder als Warnung vor teufl. Versuchung im allgemeinen.

Die apokryphen A.-Bilder beruhen auf der weithin bekannten *Vita*, die aus einer losen Reihe von Episoden im Leben der Protoplasten besteht und die Buße A.s im Jordan als Kern hat. Die Erschaffungslegende wird gelegentl. hier hinzugefügt. Die Vita-Episoden decken sich mit der nach dem 12. Jh. weit verbreiteten *Sage vom Kreuzholz.*

Bearbeitungen der Vita sind in Deutschland relativ spät (ab 13. Jh.), liegen aber in verschiedenen Formen vor. Neben reinen Übersetzungen sind in Historienbibeln eingeschobene Prosafassungen vorhanden. Metr. Versionen finden sich in Chroniken oder als Einzelgedichte, die oft den Genesis-Stoff mitbehandeln. Der Schwerpunkt liegt jetzt eher auf Erzählinhalt als auf Theologie. A. versucht, Gottes Huld wieder zu erlangen, sonst benimmt er sich als bydermann (so →Lutwin um 1300). Als A. stirbt, bekommt Seth von Paradies einen Zweig, der mit A. auf Golgatha begraben wird und zum Kreuzholz wächst.

Direkte und indirekte *Anspielungen auf A.* sind häufig und beziehen sich entweder auf A. als Urvater oder sie heben seine Rolle als Sünder (Ungehorsam, Hochmut, Gefräßigkeit) hervor, oft im typolog. Sinn. Seltener beziehen sie sich auf die Vita. Einzelmotive wie z. B. die Vorstellung von der Erde als jungfräul. Mutter A.s werden auch in Säkularwerken verarbeitet. Fragen über A., die schon im frühmhd. →Lucidarius auftreten, werden in der Volksdichtung zu *Rätseln.*

Die Säkularisierung der Rolle A.s, die schon in den Vita-Bearbeitungen angedeutet ist, wird im Minne-Kontext deutl. Als extremes Beispiel gilt eine gereimte Predigtparodie des SpätMA, wo A.s und Evas Sexualleben als Rechtfertigung für allgemeine Zügellosigkeit aufgeführt wird. B. Murdoch

Lit.: S. Singer, Zu Wolframs Parzival, Fschr. R. Heinzel, 1898, 353-436 – L. Röhrich, Adam und Eva, 1968 – B. Murdoch, The Fall of Man in the Early MHG Biblical Epic, 1972 – Ders., The Recapitulated Fall, 1974 – Ders., Das dt. Adambuch, Dt. Lit. des späten MA, hg. W. Harms und L. P. Johnson, 1975, 209-224 – Ders., Genesis and Pseudo-Genesis in Late Medieval German Poetry, MAe 45, 1976, 70-77.

Adam qadmon (Urmensch oder Makro-Anthropos), kabbalist. Symbol. Die Brücke zwischen der alten Ši'ûr Qômāh-Vorstellung und den voll entwickelten A. q.-Spekulationen der späteren →Kabbala bildet das »Sefär hab-Bāhîr«, in dem zwar der Begriff A. q. noch nicht vorkommt, das aber die Vorstellung der in der Gestalt des Urmenschen symbolisierten Gesamtheit aller göttl. Potenzen (Sefîrôt) bereits kennt. Der Terminus A. q. findet sich dann zum ersten Mal in dem kabbalist. Traktat »Sôd jedî'at ham-mesî'ût« aus dem 13. Jh. Hier repräsentiert der A. q. nicht die Gesamtheit aller Sefirot, sondern nur die vier höchsten Potenzen, während er im klass. Werk der Kabbala, dem »Zohar« (hier 'ādām qadmā'āh 'ilā'āh 'höchster Urmensch'), wieder die Welt aller zehn Sefirot als der Manifestation des innergöttl. Lebens darstellt. Eine bes. Rolle spielt der A. q. zu Beginn der Neuzeit im kabbalist. System Isaak Lurias (1534-72). P. Schäfer

Lit.: G. Scholem, Ursprung und Anfänge der Kabbala, 1962, 123, 298ff.

Adam und Eva. Dargestellt als Einzelfiguren seit dem 13. Jh. als Stammeltern des Menschengeschlechts unter den Vorfahren Christi und den Patriarchen des AT (Bamberg, Adamspforte um 1230); in der Regel unbekleidet, die Scham mit einem Blatt bedeckt; mit dem Genter Altar der Brüder van Eyck 1426/32 beginnt die Vorliebe für die isolierte Darstellung meist am Baum der Erkenntnis (→Sündenfall). Sonderthema ist A. unter dem Kreuz Christi (in Byzanz seit dem 6. Jh. der Schädel A.s, seit dem 10. Jh. gelegentl. auch A. als Greis) im 10.-13. Jh. sich aufrichtend, also auferstehend am Fuße des Kreuzes, gemäß der Gegenüberstellung Adam-Christus in Röm 5, 12-19 (Halberstadt, Dom, Triumphkreuz um 1220; Elfenbeintafel, Leningrad, byz. 11. Jh., mit E.); seit der Mitte des 13. Jh. erscheint nach dem Vorbild der byz. Kunst der Totenschädel A.s unter dem Kreuz als Gegenüberstellung des verwesten Leichnams A.s mit dem vor Verwesung bewahrten Leib Christi. Darstellung von Szenen aus der Genesis (bes. Erschaffung A.s und E.s, Sündenfall und Arbeitszuweisung) sind seit frühchr. Zeit bekannt, bes. ausführl. Zyklen in der byz. Oktateuchillustration, in der Cappella Palatina, Palermo, in Monreale, in S. Marco, Venedig und auf byz. Elfenbeinkästen des 10.-12. Jh., A. und E. als jugendl. Akte, A. abwechselnd bärtig oder bartlos, vor dem Sündenfall in der Regel beide geschlechtslos, danach mit bedeckter Scham. Ferner: A.s Einführung in das Paradies (Monreale, Mosaik um 1180), A. im Garten Eden zw. den Bäumen des Lebens und der Erkenntnis (Chartres, Glasfenster 12. Jh.), A. hört das Gebot Gottes (Straßburg, Dom, Statuen im Frauenhaus um 1300), A. benennt die Tiere (Alkuin-Bibel, Staatl. Bibl. Bamberg 9. Jh.), Vermählung (Cotton-Bibel, London Brit. Mus. 5./6. Jh.) und bes. der Sündenfall (Dura-Europos 3. Jh.); größte Verbreitung erlangten Gericht und Vertreibung aus dem Paradies, seit dem 13. Jh. durch einen Engel (Cherub, Michael) mit einem Flammenschwert, so schon in byz. Oktateuchen im 12. Jh., schließl. verschiedene Varianten der Buße, A. und E. bei der Arbeit: ackernd, spinnend, Kain nährend (Dom zu Hildesheim, Bronzetür um 1015). In byz. Weltgerichtsdarstellungen knien A. und E. zu Seiten der Hetoimasia (Kastoria, Torcello usw.). Die auffallende Häufigkeit des A.- und E.-Themas an Kirchenportalen wird mit dem Ritus bei Ausschließung von Büßern in Zusammenhang gebracht, ist aber auch im viel weiteren Rahmen der Portalsymbolik (Paradiestür, Himmelstür, Eva-Maria-Symbolik) zu sehen. So erscheinen A.- und E.-Szenen in Tympana (Gumperda, Sachsen, 12. Jh.), an Stürzen (Andlau, Elsaß um 1130), in Archivolten (Chartres, N-Vorhalle um 1220/30), an Gewänden und Pfeilern (Lodi, Dom, Ende 12. Jh., Bamberg 1235/40, Würzburg, Marienkapelle 1491/93 von Riemenschneider), an Bronzetüren (Augsburg um 1065, Verona S. Zeno um 1100, Nowgorod 1152/54), in der weiteren Portalzone (Modena um 1100, Poitiers, Notre Dame-la-Gr. 1140/50, Orvieto, Dom um 1320). Aber auch an Apsiden (Verdun, Kathedrale gegen 1147, Schöngrabern, Niederösterreich, Anf. 13. Jh.), am Querhaus (Reims, Rosengewände vor 1241), häufig an Kapitellen (Cluny 1090/96), selten an Taufsteinen und Kultgeräten (Säckingen, Buchdeckel, Ende 10. Jh.). In der Spätgotik Anf. 16. Jh. Statuetten der Kabinettkunst (Hans Wyditz und Meister H. L.). An Profanpalästen (St.-Antonin-noble-Val, Tarn-et-Garonne, Palais des Vicomtes 1135/40, Venedig, Dogenpalast um 1390). –
G. Binding/A. Reinle/K. Wessel

Lit.: LCI I, 41-70 – LThK² I, 125-131 – RbyzK I, 40-54 – RDK I.

Adam et Eve, le Jeu d', halblitur. Drama (Mitte des 12. Jh.) im anglonorm. Dialekt mit lat. Didaskalien und Teilen, leitet sich von der Messe des Sonntags Septuagesima und der pseudo-augustin. Predigt »Contra Iudaeos« her. Die dramat. Partien in roman. Sprache in paarweise gereimten Achtsilbern oder in einreimigen zehnsilbigen Vierzeilern sind themat. mit den lat. Parteien verknüpft, in die sie eingeschoben sind; diese sind in Prosa geschrie-

ben und liturg. Ursprungs. Das J. d'A. ist durch die Gegenüberstellung der beiden sprachl. Register strukturiert und beruht auf der Technik der *farciture*.
D. Armes-Pierandreï

Ed.: Le Jeu d'Adam, ed .W. NOOMEN, 1971 – *Lit.*: O. JODOGNE, Recherches sur les débuts du théâtre relig. en France, CCM 8, 1965, 1–24 – W. NOOMEN, Le Jeu d'A.: étude descriptive et analytique, Romania 89, 1968, 145–93 – L. MUIR, Liturgy and Drama in the Anglo-Norman Adam, 1973.

Adamas → Diamant

Adamiten. [1] *Begriffsbestimmung*: Die A. (lat. Adamiani gen.) stellen eine der zahlreichen Erscheinungsformen gnost. Geisteshaltung dar, wie aus den in großer Zahl vorhandenen Zeugnissen zu schließen ist. Ihnen allen gemeinsam ist, daß sie ihren Glauben durch Nacktheit bezeugen. Für dieses Charakteristikum läßt sich schwerl. eine präzise Erklärung finden. Es ist ungewiß, woher sie stammen und wie sie sich verbreitet haben, jedoch finden wir sie, was den lat. Okzident betrifft, schon in »De haeresibus« St. Augustins und in den »Etymologiae« des Isidor von Sevilla erwähnt. Nachdem sich derartige Phänomene eine Zeitlang nicht gezeigt hatten, traten Erscheinungen, die wir auf die A. zurückführen können, in verschiedenen Gegenden Europas auf, wobei sich ihre Motivationen sowohl von religiösen Glaubensvorstellungen wie von brauchtumsmäßigen Überlieferungen herleiten lassen. (Man ist bestrebt, zu der ursprgl. Unschuld und damit zur Nacktheit von Adam und Eva zurückzukehren; der Körper wird den Naturkräften wegen ihrer wohltätigen Wirkung ausgesetzt). R. Manselli

Lit.: RGG I s.v.

[2] *A. in Böhmen*, radikalste Form der hussit. Volksbewegung, die als Folge der unrealisierten Pläne der ursprgl. taborit. Revolution nach der Konsolidierung des städt. Tábor 1421 ausbrach. Nach der Unterdrückung der →Pikarden (die den A. manchmal gleichgesetzt werden) sind sie ab Juni 1421 nachweisbar. Als Anhänger der radikalsten – inzwischen hingerichteten – Taboritenpriester Kániš und Húska, von einem Schmied geführt, flüchteten sie in die Wälder am Nežárka-Fluß, wo sie sich in der Nähe von Veselí n. L. auf einer Insel festsetzten. Nach der Überlieferung hatten sie alle bisherigen Einrichtungen aufgegeben, ein kollektives Sexualleben geführt und pantheist. Ideengut propagiert. Sie wurden von Žižka im Frühherbst 1421 grausam ausgerottet (ihre Zahl betrug rund 300). Über die A. herrschen die verschiedensten wissenschaftl. Meinungen: Von den völlig negativen, die den zeitgenöss. Quellen folgen, bis zu den positiven, die die hussit. und kath. Zeugnisse verwerfen und die A. als Überreste der kurz zuvor in Tábor unterdrückten armen Landleute betrachten (BEAUSOBRE, MACEK). Ihre Ansichten sind am ehesten in enge Beziehung zu der freigeistigen Häresie zu bringen, doch weisen sie andere Züge auf. Die A. hielten sich für Auserwählte, die dazu berufen waren, auf den Trümmern der alten Welt ein neues Kgr. zu gründen. I. Hlaváček

Lit.: I. DE BEAUSOBRE, Rozprava o českých adamitech, 1954 – J. MACEK, Tábor v husitském revolučním hnutí 2, 1955, 321–354 [Qq.-Angaben] – T. BÜTTNER und E. WERNER, Circumcellionen und A., 1959, 73–141 – H. KAMINSKY, The Free Spirit in the Hussite Revolution, Essays in Comparative Study, hg. S.L. THRUPP, 1962, 166–186 – E.M. BARTOŠ, České dějiny 2, 1965, 159f. – H. KAMINSKY, A Hist. of the Hussite Revolution, 1967.

Adamslegenden → Adam

Adamnanus v. Hy (Adomnán mac Rónáin), neunter Abt von → Iona (679–704) und Gründer des Kl. Raphoe (Gft. → Donegal). * ca. 624, † 23. Sept. 704. Seine »Vita Columbae«, die von seinem Verwandten St. → Columba handelt, ist das Meisterstück der hiberno-lat. Hagiographie von höchstem hist. Wert (geschrieben ca. 692/697). Als Abt und Aristokrat war A. polit. bedeutend und hochgebildet. Er besuchte Northumbria mehrmals, und i. J. 686/87, während einer diplomat. Mission zu Kg. →Aldfrith, um ir. Kriegsgefangene freizukaufen, widmete er dem Kg. sein Werk »De locis sanctis«, ein Itinerar durch das Hl. Land, das nach dem mündl. Bericht eines frk. Gastes zu Iona, Bf. Arculf, zusammengestellt war. Dieses Werk wurde später von →Beda weitgehend benutzt. Durch Abt →Ceolfrid v. Jarrow wurde A. veranlaßt, die röm. Oster-Datierung anzunehmen, konnte seine eigene Gemeinschaft auf Iona aber nicht davon überzeugen. Erfolgreicher war er in Irland während seiner Besuche dort in den Jahren 692 und 697; vor seiner endgültigen Rückkehr nach Iona (704) hatte er zweifellos bei den n. ir. Kirchen den röm. Oster-Termin durchgesetzt. Auf der Synode v. →Birr i. J. 697 verabschiedete eine aus Kg.en und Geistlichen bestehende Versammlung das →Cáin Adomnáin (oder Lex Innocentium), das das Töten von Frauen, Kindern oder Geistlichen im Krieg verbot. A. ist wahrscheinl. auch Autor eines Kommentars zu den »Bucolica« und »Georgica« von Vergil. Eine Sammlung ekklesiast. Kanones wird ihm gleichfalls zugeschrieben oder wurde auf seine Veranlassung verfaßt. Von mehreren ir. Texten, die A. fälschl. zugeschrieben werden, ist der bedeutendste die mittelir. »Fís Adamnáin«, eine im 10. oder 11. Jh. entstandene Vision von Himmel und Hölle. Überliefert ist auch eine legendäre mittelir. Adomnansvita. F. J. Byrne

Ed.: A.O. und M.O. ANDERSON, Adoman's Life of Columba, 1961 – D. MEEHAN, Adamnan's De locis sanctis, 1958, Scriptores latini Hiberniae, III – *Lit.*: J.F. KENNEY, Sources for the early hist. of Ireland I, 1929, 245f., 283–87, 429–33, 443–45 – BRUNHÖLZL I, 173–178.

Adamsspiel → Adam et Eve, le Jeu d'

Adán → Gebetsruf

Adare, 1226 Sitz eines *manor* in der Gft. Limerick, das Geoffrey de Marisco, Justitiar v. Irland, gehörte. Im 13. Jh. ging der Grundbesitz in die Hände von Maurice FitzGerald über und kam später in den Besitz der Gf.en v. Kildare (→FitzGerald). Die Burg, deren Bau im 13. Jh. begann, wurde zum Mittelpunkt einer kleinen städt. Siedlung. Im frühen 13. Jh. gründete der Trinitarierorden hier ein Haus, das einzige in Irland, das sicher diesem Orden zugeschrieben werden kann. A. Cosgrove

Lit.: G.H. ORPEN, Ireland under the Normans, 1169–1333, 4 Bde, 1911–20 [Repr. 1968], II, 169 – A. GWYNN und R.N. HADCOCK, Medieval Religious Houses: Ireland, 1970, 217, 242.

Adarga, aus N-Afrika stammender Schild der span. Mauren, ursprgl. herzförmig, im SpätMA auch unten eingeschnitten. Das Kernstück des Schildes bildet ein vertikal stehender Parierstock, der in das dicke, aber weiche Leder der Schildfläche eingenäht ist. Die Halteriemen im Innern waren durch das Schildleder durchgezogen und außen durch Quasten gesichert. Vom span.-maur. Wort A. leitet sich die spätma. dt. Bezeichnung →Tartsche (frz. *targe*, it. *targa*) für alle nicht dreieckigen Reiterschilde ab.
O. Gamber

Lit.: VALENCIA DE DON JUAN, Catalogo... de la Real Armeria de Madrid, 1898, 161ff. – H. NICKEL, Der ma. Reiterschild des Abendlandes [Diss. Berlin 1958], 72.

Adel
A. Fränkisches Reich, Imperium, Frankreich – B. Spätantike – C. Italien – D. Byzanz – E. Altrußland – F. Westslawen – G. Litauen – H. Ungarn – I. Skandinavien

A. Fränkisches Reich, Imperium, Frankreich

I. Definitionen; Adelsforschung – II. Ursprung; Fränkisches Reich – III. Strukturwandel und »neuer Adel«, 10.–12. Jh. – IV. Weitere Entwicklung im Imperium – V. Weitere Entwicklung in Frankreich

I. DEFINITIONEN; ADELSFORSCHUNG: A. (nobilitas, noblesse, →Nobility, →Nobleza, vgl. ahd. edeling), in zahlreichen Kulturen auftretende Aussonderung erbl. bevorrechteter Familien, die ggf. einen (meist untergliederten) Adelsstand bilden. Da es mehrfach zu Neubildung von »Adel« kommen kann, bezeichnet der Begriff zu verschiedenen Zeitaltern jeweils abweichend strukturierte Gruppen, bezieht sich jedoch stets auf Familien: A., in Auseinandersetzungen mit dem Kgtm., existiert (und denkt) synchron. in *Sippen*, diachron. in *Geschlechtern* (genealogiae, *lignages*); »persönlicher Adel«, eine Erscheinung der Verfallszeit, ist ein Widerspruch in sich. – Im Frankenreich und seinen Nachfolgestaaten hat A. einen bestimmenden Einfluß ausgeübt. In seiner Gesamtheit verkörperte er Staatsvolk und Reich (populus, regnum) und erhob aus seinem Kreis den Kg., der seinerseits über die von ihm verliehenen Ämter die Rangfolge innerhalb des A.s beeinflußte. Trotz aller Bedeutung wirtschaftl. Faktoren bei der Entstehung von A. ist dieser primär nicht durch Reichtum (Besitz von Sachen) gekennzeichnet, sondern durch Teilhabe an der Macht (Herrschaft über Menschen). Wer ihm angehört, ist (von Geburt) zur Herrschaft berufen, im Gemeinwesen wie in der Kirche und im Eigengut, das nicht »Privatbesitz« ist, weil er in ihm öffentl. Gewalt sowohl darstellt als vertritt. Lange behauptete der A. ein *Herrschafts- und Verwaltungsmonopol*, so, daß kgl. Regierung nur mit dem die staatl. Funktionen wahrnehmenden A. mögl. war. Zwar war sich das Kgtm. in den Staatsgründungen auf röm. Boden seiner Stellung in der Nachfolge des spätröm. princeps als Quelle aller öffentl. Gewalt bewußt und hat immer wieder versucht, durch Rückgriff auf nichtadlige und unfreie Personen und Schichten das Monopol des A.s zu brechen. Das gelang ihm und dem aus dem A. emporgestiegenen Landesfürstentum erst spät. Doch auch in dieser Spätzeit ohne eigenständige polit. Existenz hat der als privilegierter »Stand« im Fürstendienst angepaßte A., mit Relikten von Herrschaft im Eigenbesitz, und in führender Stellung in Armee, Verwaltung und Diplomatie europ. Politik, Kultur und Gesellschaft bis ins 19.Jh. mitgeprägt. – Der Anspruch des A.s zu befehlen, und seine Durchsetzung werden verständl. durch die im abendländ. Denken vor d. 18.Jh. nicht erschütterte Anerkennung einer gott- und naturgewollten Scheidung der Menschen, die den einen die Herrschaft, den andern Gehorsam und Arbeit zuteilt. Eine ihrer Wurzeln ist die auf die Hauswirtschaft (domus, →familia) zurückgehende Trennung des Herrn (dominus) von seinen Knechten und seiner Klientel. Sie ist bei Griechen, Kelten, Römern und Germanen gleich ausgeprägt und hat das europ. Sozialdenken von Aristoteles über Augustinus bis Leibniz bestimmt. Die fakt., durch diese Doktrin legitimierte Sozialordnung kannte als Herren über Knechte außer dem A. die →Freien, die sich teils als solche behaupteten, teils zum A. auf- oder zu den Abhängigen abstiegen. Seit dem 11.Jh. tritt in Frankreich eine Abwandlung der Dreiständelehre (Klerus, A., Volk), auf, in der dem A., an Stelle der Herrschaft in Staat und Kirche, eine dienende, weitgehend militär. Aufgabe in der Weltordnung zugewiesen wird, was der Reformkirche ebenso genehm war wie dem neuerstarkenden Kgtm. Diese *société tripartite* war im Ursprung kein Abbild der Wirklichkeit, sondern ein theoret. Konzept, das zur tatsächl. Entstehung der *Trois Etats* beigetragen hat. – Spätere frz. Vorstellungen vom A. wurden durch diese Trennung von der Kirche wie vom Fs.en nachhaltig beeinflußt. In der *noblesse d'épée*, die von der jüngeren *noblesse de robe* unterschieden wird, ist A. militär. Instrument des Kg.s, seine eigenständige Herrschafts- und Schutzfunktion ist vergessen. Der von der Revolution geprägte Begriff *anarchie féodale*, der sich auf Zustände des Ancien régime bezog, wurde von der Restaurationshistoriographie auf das schwache Kgtm. nach Karl d. Gr. und die vermeintl. vom 9.–11.Jh. erfolgte Entstehung des A.s (dieser Zeitansatz noch bei GUILHIERMOZ, 1902, M. BLOCH, 1939) mit seiner Usurpation kgl. Rechte transponiert. Der Blick auf den frühen A. war auch verstellt durch die von Juristen vertretene Auffassung, erst mit den Adelsproben und kgl. Adelsbriefen existiere eine rechtl. nachweisbare *noblesse*; der Zeit davor wurde nur eine *aristocratie* zugebilligt. – Auch in Deutschland war eine unbefangene Erforschung der Oberschichten verstellt durch die z.Z. des Aufstiegs der modernen Geschichtswissenschaft noch bestehende Adelswelt, mit den Höfen regierender Fs.en und noch aktuellen adelsrechtl. Vorschriften (z.B. Fideikommiß), die es nahelegten, den A. im Licht dieser Spätphase zu sehen: So bediente man sich der durch den »Gotha« (Adelskalender) festgelegten Begriffe wie »Ur-Adel« oder »Brief-Adel«. Von hier wurde allzu direkt die Brücke geschlagen zum vermeintl. ausschließl. germ. Ursprung des A.s, v. a. durch die germanist. Rechtswissenschaft, deren Lehrgegenstand es war, abgesetzt vom röm.-rechtl. Fach, eine durchgängig eigenständige germ.-dt. Rechtsentwicklung darzustellen. *Adelsforschung* im eigentl. Sinn begann mit dem von A. SCHULTE (1896ff.) und seinen Schülern geführten Nachweis der exklusiv adligen Besetzung der Bm.er und Königsabteien, in Leitung wie Kapitel bzw. Konvent, vom 9. bis 12.Jh. Seither wurde die von O. V. DUNGERN postulierte Dominanz des A.s in Staat und Kirche vom 8.Jh. an erwiesen (TELLENBACH und seine Schule). Ähnl. Ergebnisse wurden u.a. in Frankreich, Belgien und Italien erzielt (DUBY, GENICOT, VIOLANTE). Internat. Zusammenarbeit, Organisation in Forschungszentren, krit. Edition bisher nicht oder unzureichend genutzter Quellen und method. Besinnung zum Adelsproblem (K. SCHMID, WOLLASCH) kennzeichnen die derzeitige fruchtbare Forschung, die sich vom frühen noch mehr auf das SpätMA richten sollte.

II. URSPRUNG; FRÄNKISCHES REICH (zu den Voraussetzungen des ma. A.s vgl. auch Germanen sowie Art. zu einzelnen germ. Völkern): Der »Pactus legis Salicae« kennt im Unterschied zu anderen Volksrechten kein bes. →Wergeld des A.s. Daraus hat man auf Nichtexistenz frk. Geburts-A.s geschlossen, bzw. auf seine »Ausrottung« durch Chlodwig in Analogie zur bezeugten Eliminierung rivalisierender Kg.e. Am merow. Hof und in der Reichsverwaltung sei ein neuer *Dienst-Adel* entstanden. Demgegenüber wiesen andere Forscher hin auf a) die vom 5.–7.Jh. kontinuierl. bezeugten frk. »Adelsgräber«; b) den ab 565 in den Gedichten des →Venantius Fortunatus auftretenden austras. Hof-A.; c) die schon Mitte des 6.Jh. polit. einflußreichen Großen der frk. Reichsteile, die »maiores natu« (!) bei Gregor v. Tours, der nobilitas im Prinzip nur seinem rom. Standesgenossen aus dem *Senatoren-Adel* zuerkennt, bei Barbaren den einschränkenden Zusatz »in gente sua« macht. Das letztere gilt nicht für das Königshaus, das seinen Platz in der spätröm. Rangordnung im Nobilissimat (WOLFRAM) gefunden hat. Der aus der spätröm. Reichsbeamtenschaft hervorgegangene Senatoren-A. ist für das Verhältnis A.-Kgtm. zentral, da er mit seinen rechtl. und ständ. Privilegien, im Besitz riesiger Eigengüter und an der Spitze einer zahlreichen Klientel in Gallien voll etabliert war, ehe die frk. Kg.e herrschten, unter denen er seine Stellung behauptet, im S sogar ausgebaut hat. Seine Geschlechter besetzten die Bischofssitze im merow. Gallien in geradezu »erblicher« Folge – der bestimmende Einfluß des A.s auf die Kirche ist nicht erst germ. Ursprungs. Röm. Adelsethik geht über den Episkopat und die sich mit vornehmen barbar. Familien verbindenden Senatoren in den Reichs-A. ein und verschmilzt mit germ. Traditionen. Die spätröm. Regel der Erblichkeit der Rangklasse hoher Amtsträger wird übernommen: Der fränk. comes ist wie sein röm. Vorgänger vir illuster, seine Frau illustris matrona und seine Kinder sind und bleiben es mit ihm. Der frk. hohe A. ist *Amts-Adel,* was nicht ohne weiteres Dienst-A. ist, da in die hohen Ämter ganz überwiegend vornehme Römer und Barbaren ernannt werden. Die in den Quellen als Ausnahmen hervorgehobenen Versuche des Kgtm.s, Leute geringerer Herkunft im Grafen-Amt durchzusetzen, sind letztl. gescheitert – das spätröm. administrative Monopol des A.s blieb im frk. Reich bestehen. Königsdienst am Hof (→Antrustio) mag sozialen Aufstieg begünstigt haben; in jedem Fall hat der Hof, an den die Großen ihre Söhne schickten, integrierend gewirkt und zur Entstehung einer Adelskultur ebenso beigetragen wie der Episkopat. Den am Hof und im Reiche mächtigen optimates, proceres stehen begriffl. gegenüber die potentes, die reichen Grundherren, die mit Billigung des Kgtm.s ihre eigenen agentes in ihren Ländereien haben, parallel zur Organisation der kgl. Fiskalgüter und der mit →Immunität ausgestatteten kirchl. Besitzungen: eine Wurzel der »autogenen Immunität« des A.s, für den das von allen Verpflichtungen freie Eigen(→Allod) ein wichtiges Kennzeichen bleibt.

Mit dem Sieg der *Karolinger* stiegen im 7./8. Jh. nicht wenige ihrer Anhänger aus dem Maas-Moselraum über Ernennung zu hohen Ämtern in den Reichs-A. auf. Darüber hinaus wurde die Oberschicht erhebl. erweitert durch die karol. Anwendung der →Vasallität und ihre Verbindung mit der Landleihe (→beneficium) auf ihre Gefolgsleute und deren Anhang. Gegen die Verpflichtung zum obsequium wurde zahlreichen Kriegern ohne ausreichenden Eigenbesitz die materielle Grundlage zum kostspieligen Kriegsdienst zu Pferde geboten, wobei die Karolinger mit Vorzug Kirchengut heranzogen, das auf dem Wege der →precaria verbo regis ihren eigenen Vasallen (vassi dominici) sowie deren vassi vergeben wurde. Das System wurde endl. auch auf die hohen Ämter (honores) ausgedehnt, deren Inhaber direkte Vasallen des Kg.s wurden und ein Amtsgut (→comitatus) vorfanden, das dem Kg. die freie Ernennung auch von in der betreffenden Region nicht begüterten Großen ermöglichte. Mit der Ausbreitung karol. Macht über Alemannen, Baiern, Thüringer, Westgoten, Sachsen usw. hat sich eine Symbiose des örtl. A.s, der z. T. schon in merow. Zeit erstmals frankisiert worden war, mit dem ins Land entsandten frk. A. und der Eintritt der führenden Geschlechter dieser Gebiete in die frk. Ämter- u. Lehnshierarchie vollzogen. Sie waren »grafenbar« und konnten in allen Teilen des weiten Reichs Verwendung finden. Aus dieser »Reichsaristokratie« (TELLENBACH) hat sich, insbes. durch Versippung mit dem merow., dann karol. Königshaus und (oft dadurch begünstigten) Ausbau regionaler Machtpositionen ein engerer Kreis bedeutender Familien herausgeschält, denen zunehmend die Ernennung in höchste Ämter (Hofämter, Dukat, Mgft., Groß-Gft. bzw. mehrere Gft.en) vorbehalten blieb. Diese höchste Adelsschicht, Wurzel der späteren Fürstenhäuser in Frankreich und Deutschland, war durch das Konnubium mit frk. und ausländ. Kg.en »königsbar« und hat im 9. u. 10. Jh. in einigen, endl. in allen Teilreichen die Karolinger im Kgtm. abgelöst. – Mit der seit Ausgang des 9. Jh. überhandnehmenden Erblichkeit der Lehen, die, wenn auch mit Verzögerung und Varianten auf die honores übergriff, wurde ebenso wie mit den neuen, sich festigenden frk. Teilstaaten (regna) eine (relative) räuml. Fixierung des A.s eingeleitet: Aus dem erbl. Anspruch auf Ausstattung mit einer Gft. wurde eine gräfl. Dynastie, in der Regel mit einem Machtzentrum in der civitas. Folgenreich war auch die karol. Einrichtung der →Vogtei, die dem aus dem A. entnommenen, mit dem kgl. Bann ausgestatteten Vogt der kirchl. Immunitätsbezirke die Ausübung einträgl. Hoheitsrechte und die Möglichkeit brachte, eigenen, z. T. neugewonnenen Vasallen kirchl. Prekarien zukommen zu lassen. Wer Amtsgut, Kirchenlehen oder Prekarie, Vogtei u. (in der Zeit kgl. Schwäche aus diesen noch erweitertes) Eigengut besaß, gewann im 9. Jh. einen uneinholbaren Vorsprung vor seinen Standesgenossen und konnte sie zum Eintritt in die eigene Vasallität veranlassen. Eine *Hierarchisierung* des A.s trat ein.

III. STRUKTURWANDEL UND »NEUER ADEL«, 10.–12. JH.: Vom 10. zum 12. Jh. kontrastieren in Frankreich wie in Deutschland die trotz eines inneren Strukturwandels nachweisbare Stabilität des (alten, bisher einzigen, »edelfreien«) A.s und der folgenreiche, von früheren Forschern z. T. für den Ursprung des A.s überhaupt gehaltene Aufstieg eines neuen, »niederen« A.s. Neuere Forschungen haben gezeigt, daß es im 9./10. Jh. trotz innerer Wirren, Araber-, Normannen- und Ungarneinfällen keinen Umsturz der Adelshierarchie gab, sondern eine Konsolidierung der schon gut plazierten Familien, deren Nachkommen man im 11./12. Jh. etwa auf derselben Stufe wiederfindet, dank der Urkunden-Zeugenlisten, die jeweils die Hierarchie neben bzw. unter dem Aussteller erkennen lassen. Unter der zum Fsm. aufsteigenden obersten Schicht, und unter derjenigen der »Grafenbaren«, denen in der Kirche die Bischofswürde offensteht und nach der Laienabtwürde des 10. Jh. das Patronat bedeuteten, z. T. selbst gegr. Abteien zukam, stehen die Nachkommen ihrer einstigen Großvasallen im Lehns- oder Eigenbesitz der seit dem 10./11. Jh. entstandenen großen Festungen; sie sind Burgherren, *châtelains,* die kleinere Kollegiatstifte, Abteien bzw. Priorate, oft als Grablege für sich und ihre Vasallen, gründen und damit wie die Fs.en mit ihren größeren Stiftungen die monast. Reformbewegungen des 10.–12. Jh. stützen. Aus ihren Familien gehen die Domherren benachbarter Bm.er, manchmal auch ihre Bf.e, hervor. Diese domini, zuweilen auch principes genannt, die in den frz. Fsm.ern des 12. Jh. die »Barone« stellen, sind von ihren Vasallen und Aftervasallen, Inhaber einer →Motte oder eines festen Hauses, die auf der oder den Großburgen des Lehnsherrn das period. *stagium* (Burghut) leisten, klar geschieden – ebenso wie die letzteren von der Welt der nichtadligen Krieger und Diener. Während sich jedoch der karol. und nachkarol. A. in horizontal strukturierten Adelssippen verstand, die wir in zwei bis drei Generationen umfassenden Gedenkbucheinträgen großer Kl. vorfinden, entsteht mit der räuml. Fixierung in der Burg als Adelssitz das *Adelshaus* (K. SCHMID), das nun auch unterhalb der Kg.-, Hz.- und Gf.en-Ebene zur dynast. Zentrierung um den Mannesstamm führt, wie ihn die Genealogen als allein ausschlaggebend auch für die vorhergehende Zeit irrig voraussetzten, in der die weibl. Aszendenz ebenso wichtig und namengebend war wie die männl. Dieser bemerkenswerte Wandel hat auch im gleichzeitigen Aufkommen und der von oben nach unten gehenden Verbreitung der Wappen und Siegel seinen Ausdruck gefunden. – Vom 10. bis 12. Jh. hat aber auch, in zunehmendem Maße, die zahlenmäßig immense Gruppe der nichtadligen Krieger und Inhaber neuer, kleiner Dienstlehen Anschluß an den A. gefunden, in Frankreich wie im Imperium über das neue Dimensionen annehmende Phänomen des →*Rittertums*. Die letztl. auf antike Wurzeln zurückgehende Gürtung mit dem cingulum militiae (→Schwertleite) gab es, selbst bei Königssöhnen schon im Frankenreich, als Zeichen des Eintritts in die Ausübung den weltl. Vorrechte und Pflichten des A.s, in Herrschaft und Kriegsführung. Sie wurde jetzt jedoch, in immenser Ausdehnung und z. T. mit Fortbildung und geistl. Vertiefung ihrer Formen zum distinktiven Merkmal für bisher nicht dem A. angehörende Personen, daß sie sozial wie eth. in die Schicht der Waffendienst ausübenden Freien aufgenommen wurden, die zu keinem niederen Dienst gehalten waren. So in spezif. Sinne miles zu sein (gegenüber der generellen Bedeutung »Soldat«, aber auch »Vasall«), erlaubte bei »ritterlicher« Lebensführung (vgl. die späte [BUMKE] Abspaltung mit tatsächl. Bedeutungswandel von »Ritter« gegenüber Reiter, *chevalier* gegenüber *cavalier*) eine sekundäre Integration in den A. als dessen unterste Schicht. Das wurde begünstigt durch die ihr eigene intensive kulturelle und lit. Bewegung (→höf. Dichtung, →Troubadours), die sich an den Höfen durchsetzte. Gesetze, die Aufnahme in die »Ritterschaft« Ritterbürtigen vorbehielten, ließen vollends einen Berufsstand zum Geburtsstand werden, auch wenn man weiterhin adlig *war,* aber Ritter *wurde* – es sei denn, man blieb, aus sehr verschiedenen Gründen, Knappe (*écuyer*).

IV. Weitere Entwicklung im Imperium: Ministerialität, geistl. Fsm.er, Ausbildung eines Reichsfürsten*standes* und Heerschildordnung sind spezif. für den A. im Imperium, was sich am weitgehenden oder vollständigen Fehlen dieser Phänomene in Frankreich zeigt, aber auch an ihrer eindeutigen Existenz in der kulturell, sprachl. und zunehmend auch polit. nach Frankreich schauenden »Reichsromania« in Nieder- und Oberlothringen (s. Genicot, Parisse). Während aber in den Niederlanden die Kluft zw. altem und neuem »Adel«, *noblesse* und *chevalerie* so scharf betont wird wie im übrigen Reich, wurde der letztere in Lothringen ähnl. wie in Frankreich rascher und vollständiger integriert. In den Niederlanden gehört eine stärkere Anpassung an die frz. Adelsstruktur erst der Periode des glanzvollen spätmittelalterlichen burg. Staates an. – Die aus Haus- und Hofdienst hervorgegangene →Ministerialität der sal. und stauf. Ks., der Kirchen und der neuen Landesherren, in sich bemerkenswert als Heranziehung nichtadliger Helfer in der staatl. Organisation, interessiert hier als der Weg, der einer immensen, z. T. sogar unfreien Personengruppe über das Dienstlehen den Zugang zum Rittertum und sekundär den Aufstieg in den A. eröffnet hat. Der letztere wird erleichtert durch den massiven Eintritt von Adligen in die Ministerialität, mit ihren in Machtausübung und Dienstlehen höheren Ranges gegebenen Vorzügen. Dies und die zunehmenden Eheverbindungen zw. A. und Ministerialen führen dazu, daß die Bezeichnung »Ministeriale« nach 1300 rasch obsolet wird. – Der Fürstenstand, geistl. wie weltl., fand um 1200 seine reichsrechtl. Fixierung in der Heerschildordnung, die ganz auf dem Prinzip der Lehnshierarchie beruhte. *Heerschild* war die Möglichkeit bzw. Befugnis, Vasallen aufzubieten. Die neue Ordnung schloß die Lehnsnahme von Angehörigen gleichen oder gar geringeren Heerschilds aus, bzw. hatte entsprechende Rangminderung zur Folge. Dem Kg. kam der 1. Schild zu, der 2. und 3. den geistl. und weltl. Fs.en, die sämtl. unmittelbar Vasallen des Kg.s sein mußten und sich dadurch auszeichneten, daß sie edelfreie Vasallen (4. Schild: Gf.en und Herren) hatten. Unter den letzteren, die wie die weltl. Fs.en zahlreiche Kirchenlehen innehatten, haben die kleineren Vasallen den 5., die Ministerialen den 6. Schild, während diejenigen Vasallen, die selbst keine Vasallen aufbieten, im Grunde also keinen Heerschild haben, am Fuß der Pyramide stehen. Damit war erstmals der Gesamt-A. einschließl. der neuen Elemente hierarch. gegliedert. Im gleichen Maße, in dem der ordo militaris als zum A. gehörig anerkannt wurde, strebte der »alte«, früher einzige A. danach, sich betont als nobilis (in manchen Gegenden, z. B. Rheinland, nicht aber Sachsen, auch als liber) von den nullis maioribus orti zu distanzieren. Diese Trennung zw. *Herrenstand* (neben dominus findet sich, als nobilis und *edel* im 14. Jh. auch die Ritter beanspruchen, *fri, fri her*) und *Ritterstand* ist ebenso charakterist. wie die über alle Rangstufen des »hohen« A.s (4. Heerschild und darüber) sich manifestierende »Einheit der Dynastenklasse« (v. Dungern), in die der Aufstieg über mehrfache Verschwägerung und Erbschaft adligen Guts dennoch immer wieder gelungen ist. Eine Eigenheit des dt. A.s ist endl., daß alle Familienangehörigen, nicht nur die in Amt, Adelssitz oder Lehen nachfolgenden, den höchsten vom Adelshaus erreichten Titel führen. – Die polit. Bedeutung des A.s im Imperium war immens. Geistl. und weltl. Fs.en, schließl. auf den Kreis der Kfs. beschränkt, wählten den Kg., repräsentierten mit ihm das Reich und beherrschten seinen weitaus größten Teil durch den durch kgl. Gesetze und Privilegien abgesicherten Ausbau ihrer Landeshoheit. Die Rolle der Gf.en und Herren als der nach dem Zusammenbruch der Stauferzeit eigtl. Träger des Kgm.s, dessen Hof- und Amts-A. sie stellten, wurde erst unlängst voll erkannt (Moraw): sie entstammten v. a. der dem Kgtm. offen bleibenden Zone zw. den großen Territorien (z. B. Franken, Rheinland, Schwaben), wo sich Klein- und Mittelgewalten einschließl. d. Reichsritterschaft behaupten konnten. In den →Territorialstaaten hatte der *landsässige Adel* seinen Platz. Auch bei ihm war zur Zugehörigkeit nicht der Umfang des Grundbesitzes maßgebl., sondern die Ausübung von Herrschaft (Niedergerichtsbarkeit, in Schleswig-Holstein und Schlesien auch die hohe). Gegenüber dem Fs.en hat sich (außer in Kurpfalz und Württemberg) in →Landständen organisiert, deren Kurien die Prälaten, Gf.en und Herren (nicht überall), Ritterschaften und Städte bildeten. Wichtiger als die in den Ständen ausgeübte Mitregierung wurde der Fürstendienst mit Übergang zum *Hof-Adel* in den entstehenden Residenzstädten. Im Lande hat abweichend in den einzelnen Territorien Repression der →Fehde und ihr erneutes Überhandnehmen mit Ausbildung fehderechtl. Feinheiten gewechselt. Insgesamt hat die Integration, über die Landstände und durch das finanzielle und administrative Übergewicht den in königsähnl. Stellung entrückten »Landesherrn«, den Sieg davongetragen. Zu beachten sind endl. Sonderformen wie der im Rahmen der →Ostkolonisation sich ausbreitende *Lokatoren-(Schulzen-)Adel* sowie der land- und stadtgesessene *Nieder-Adel*, der weitgehend der Ministerialität entstammte. Der Aufstieg der Städte und des Bürgertums seit dem 12./13. und insbes. im 14./15. Jh. hat in den deutschsprachigen Gebieten des Imperiums den Vorrang des A.s, bes. des Hoch-A.s in Kirche und Staat nicht gebrochen.

V. Weitere Entwicklung in Frankreich: Der französische Lehnsadel hat vor dem Aufstieg des Königtums eine hist. Rolle auf den wesentlich von ihm getragenen →Kreuzzügen und im Mittelmeerraum (Iber. Halbinsel) gespielt; von ihm sind wichtige Impulse bei den monast. Reformbewegungen (Zisterzienser, davor Förderung der Cluniazenser) ausgegangen, mit dem Templerorden zugleich der erste →Ritterorden. Dem Innern Frankreichs hat er außerhalb der zunächst kleinen Krondomäne seine polit. Struktur gegeben in Gestalt von etwa 30 Fsm.ern und, innerhalb und außerhalb derselben, von ca. 1000 Burgbezirken, die im 11.Jh. als territoriale Grundzellen an die Stelle der karol. pagi und der gräfl. Unterbeamten (vicarii, *voyers*, *vigiers*) traten. Von seinem →Donjon (von dominatio) aus beherrschte sie *châtelain* kraft des ihm einst vom Gf.en überkommenen (nicht mehr wie im Imperium immer neu vom Kg. verliehenen) bannus (*droit de ban*, daher mod. *seigneurie banale*) den districtus castri (auch *poté*, von potestas, bzw. salvamentum; seit dem 12.Jh. überwiegt castellania, *châtelainie*), erhob Durchgangsabgaben und legte den Bewohnern Fortifikations- und a. Lasten auf. Man kann ein *premier âge féodal* (ca. 1000–1160) mit der weitgehenden Unabhängigkeit der *châtelains* und ein *second âge féodal* mit dem Übergang (ca. 1160–1240) zu größeren *principautés* bzw. zur *monarchie féodale* in Beziehung setzen wollen.

Es ist jedoch zu beachten, daß es bedeutende, die Politik bestimmende Fsm.er schon im 10.Jh. gibt, daß sich die Grafengewalt mancherorts durchgehend bis zum Aufstieg zum Territorialfürstentum behauptet hat (Flandern, wo castellania ein Verwaltungsbezirk ist, Champagne, wo sie im 12.Jh. gräfl. Burgen in der Organisation von 2000 Vasallen umfaßt) und daß endl. die *châtelains* sich meistens nicht entfernt mit der Finanzkraft der Gf.en und Fs.en, dann den Kg.s messen konnten – wirkl. maßgebend und unabhängig waren sie da, wo aus verschiedenen Gründen die Grafengewalt ausgefallen war, wie z. B. in Teilen Burgunds. Richtig bleibt, daß ein außerordentl. *Konzentrationsprozeß* seit dem 12.Jh., begünstigt durch das →homagium ligium und die im frz. Lehnerbrecht mögl. Vererbung über die Frauen, zunehmend besser verwaltete Großterritorien entstehen und sie bald in kgl. Hand fallen ließ. Das Ergebnis war die Dezimierung des hohen A.s, von dem im 15.Jh. außer den Prinzen des kgl. Hauses, die z.T. →Apanagen empfingen, nur noch wenige Angehörige regierender (oder von Nebenlinien erloschener) Fürstenhäuser von Flandern bis Béarn existieren, die allerdings als hohe kgl. Ratgeber fungieren können. Damit bildete aber die verbleibende Masse des A.s einen Block, in dem alle Nuancen des Ranges das Verwischen des Unterschieds zw. Alt- und Neu-A., *nobles* und *gentils*, nicht hindern, bei umso stärkerer Betonung der Kluft zw. *gentils* und *villains*. Militär., dann als Titel ragte höchstens der →*banneret* hervor, ein Rang, den nach dem 13.Jh. nicht einmal alle *châtelains* mehr innehatten. Im Heerwesen sinkt der Wert des *arrière-ban* (Lehnsaufgebot) gegenüber der seit dem 12.Jh. auftretenden Soldtruppen, für die der A. dem Kg. Ersatzleistungen zahlen muß. Ebenso sinkt, trotz kgl. Maßnahmen, die Zahl der Adligen, die Ritter werden. Seit 1438/40 erhält der A. im Kgl. Heer Sold nach Ausrüstung, nicht mehr nach Rang.

Hinter dieser Krise des A.s in Frankreich des SpätMA stehen auch wirtschaftl. Schwierigkeiten. War die Zersplitterung des Adelsbesitzes seit dem 11.Jh. durch den Sieg des *droit d'aînesse* begrenzt worden (es setzte die jüngeren Söhne für *aventiure* und Kreuzzüge frei), so führte der mit dem größeren Geldumlauf seit dem 12.Jh. einsetzende Geldwertschwund zur Entwertung der festen Abgaben und Grundrenten. Geringeren Einkünften stand ein stets wachsender Aufwand für Rüstung, Pferde, Turniere und standesgemäßen Luxus gegenüber. Nichtadlige Formen des Gelderwerbs hätten die →*dérogeance* zur Folge gehabt. Die ultima ratio war auch hier der Königsdienst, aber es gab auch Abstieg aus dem A., so, wie es Aufstieg aus dem reichen Bürgertum und dem Kreis der jurist. geschulten Beamten gab: Durch kgl. *Lettre de noblesse* (seit 14.Jh.), durch Einheirat oder Erwerb einer *seigneurie*, dann aber oft mit Wirkung erst für die folgende Generation. In jedem Fall mußte adliger Lebensstil (*vivre noblement*), mit Jagd, militär. Dienst und Luxus den Aufstieg begleiten. Es gibt noch keine *noblesse de robe*, das Amt allein macht im 15.Jh. noch nicht den A. (GUENÉE). In einer Welt, die sich auf die »Société d'ordres« (MOUSNIER) zubewegt, in der es aber eine ständische Repräsentation, die dem Kg. gleich zu gleich gegenübersteht, im Unterschied zum Imperium nicht gibt, ist der Kg. der von Gott eingesetzte Ordner aller Stände, der jedem seinen Platz zuweist.

K. F. Werner

Lit.: (*I*): HRG I, 41 ff. – HOOPS² I, 58 ff. – Geschichtl. Grundbegr. I, 1972, 1 ff. – HWP III, 1088 ff. [s.v. Herrschaft und Knechtschaft] – A. SCHULTE, Der A. und die dt. Kirche im MA, 1922² – O. V. DUNGERN, Adelsherrschaft im MA, 1927 – M. BLOCH, La société féodale, 2 Bde, 1939/40 – K. HAUCK, Geblütsheiligkeit, Liber floridus, Fschr. P. LEHMANN, 1950 – H. ZUTT, A. und edel, Wort und Bedeutung bis ins 13. Jh., 1956 – H. MITTEIS, Die Rechtsidee in der Gesch., 1957, 636 ff. – G. TELLENBACH, Zur Bedeutung der Personenforschung für die Erkenntnis des frühen MA, 1957 – K. SCHMID, Zur Problematik von Familie, Sippe und Geschlecht, Haus und Dynastie beim ma. A., ZGO 107, 1957 – L. VERRIEST, Noblesse, chevalerie, lignage, 1959 – K. SCHMID, Über die Struktur des A.s im früheren MA, JbFränkLforsch 19, 1959 – R. BOUTRUCHE, Seigneurie et féodalité, 2 Bde, 1959–70 – H. KALLFELZ, Das Standesethos des A.s im 10. und 11. Jh., 1960 – K. HAUCK, Haus- und sippengebundene Lit. ma. Adelsgeschlechter (W. LAMMERS, Geschichtsdenken und Geschichtsbild im MA, 1961, 165 ff.) – G. DUBY, RH 226, 1961 – K. BOSL, Frühformen der Gesellschaft im ma. Europa, 1964, 106 ff., 156 ff. – G. TELLENBACH, Liturg. Gedenkbücher als hist. Qq., Mél. E. TISSERANT 5, 1964 – K. BOSL, Der »Adelsheilige«, Speculum historiale, Fschr. J. SPÖRL, 1965, 167 ff. – DERS., (AUBIN-ZORN 140 ff., 226 ff., 259 ff.) – G. TELLENBACH, Zur Erforschung des hoch-ma. A., 12. Congr. intern. d. scienc. hist., Rapports I, 1965 – K. SCHMID, DA 21, 1965 – L. GENICOT, MA 71, 1965 – A. und Kirche, Fschr. G. TELLENBACH, 1968 – R. MOUSNIER (Hg.), Problème de stratigraphie sociale, 1968 [dort L. GENICOT und K. BOSL] – DERS., Les hiérarchies sociales de 1450 à nos jours, 1969 – K. SCHREINER, »De nobilitate«. Begriff, Ethos und Selbstverständnis des A.s im Spiegel spätma. Adelstraktate [Habil. Tübingen, 1970] – W. STÖRMER, Kg. Artus als aristokrat. Leitbild des SpätMA, ZBLG 25, 1972 – G. DUBY, Hommes et structures au MA, Recueil d'articles, 1973 – A. BORST, Lebensformen im MA, 1973 – K. BOSL, Leitbilder und Wertvorstellungen des A.s von der Merowingerzeit bis zur Höhe der feudal. Gesellschaft. SBA, 1974, H. 5 – K. SCHREINER, Zur bibl. Legitimation der A.s, ZKG 85, 1974 – K. SCHMID. ZGO 121, 1974 – K. SCHMID-J. WOLLASCH, ›Societas et Fraternitas‹, Begründung eines komment. Quellenwerks zur Erforschung der Personen und Personengruppen des MA, FMASt 9, 1975 – J. LE GOFF, Les gestes symboliques dans la vie sociale: les gestes de la vassalité, Sett. cent. it. 23, 1976 – G. ALTHOFF, Zum Einsatz der elektron. Datenverarbeitung in der hist. Personenforschung, Freiburg. Univ. bll. 52, 1976 – G. BEECH, Prosopography, J. M. POWELL, Medieval Studies: An Introduction, 1976 – PH. CONTAMINE (Hg.). La noblesse au MA, 11.–15. s., 1976 – K. F. WERNER, QFIAB 57, 1977.

(*II*) · P. GUILHIERMOZ, Essai sur l'origine de la noblesse en France au MA, 1902 – K. F. STROHEKER, Der senator. A. im spätantiken Gallien, 1948 – H. KÄMPF (Hg.), Herrschaft und Staat im MA, 1956 (dort: DANNENBAUER, SCHLESINGER, TELLENBACH) – R. SPRANDEL, Der merow. A. und die Gebiete ö. des Rheins, 1957 – G. TELLENBACH (Hg.), Stud. und Vorarb. zur Gesch. des großfrk. und frühdt. A.s, 1957 – R. WENSKUS, Amt und A. in der frühen Merowingerzeit, Mitt. d. Marburg. Univ. bundes, 1959 – H. CONRAD, Dt. Rechtsgesch. I², 1962 [ält. Lit.] – R. SPRANDEL, HZ 193, 1963 – D. CLAUDE, Unters. zum frühfrk. Comitat, ZRG 81 GA, 1964 – K. F. WERNER, Bedeutende Adelsfamilien im Reich Karls d. Gr., IgKR I², 1967 – H. WOLFRAM, Intitulatio, 2 Bde, 1967–73 – F. IRSIGLER, Unters. z. Gesch. des frühfrk. A.s, 1969 – O. G. OEXLE, Bf. Ebroin v. Poitiers und seine Verwandten, FMASt 3, 1969 – K. SCHMID, Die Mönchsgemeinde v. Fulda als sozialgeschichtl. Problem, FMASt 4, 1970 – M. T. W. ARNHEIM, The Senatorial Aristocracy in the Later Rom. Emp., 1972 – W. STÖRMER, Früher

A., 8.-11.Jh., 2 Bde, 1973 – K.F.Werner, Sett. cent. it. 20, 1973 – K. Selle-Hosbach, Prosopogr. merow. Amtsträger 511-613, 1974 – H. Ebling, Prosopogr. der Amtsträger des Merowingerreichs 613-741, 1974 – G. Mayr, Stud. zum A. im frühma. Baiern, 1974 – Th. Schieffer, (Schieder I, 1976, 144ff.) – E. Ewig, ebd., 418ff. – M. Heinzelmann, Bischofsherrschaft in Gallien. Zur Kontinuität röm. Führungsschichten 4.-7.Jh., 1976 – Ders., RHEF 61, 1976 – K.F. Werner, ebd. – R. Wenskus, Sächs. Stammesadel und frk. Reichsadel, 1976 – H. Grahn-Hoek, Die frk. Oberschicht im 6.Jh., 1976 – E. Ewig, Spätantikes und frk. Gallien, Ges. Schr., hg. H. Atsma, 2 Bde, 1976/77.

(III): V. Ernst, Die Entstehung der niederen A.s, 1916 – J. Dhondt, Etudes sur la naissance des principautés territor. en France, 9.-10.s., 1948 – G. Duby, La société aux 11. et 12. s.dans la région mâconnaise, 1953, 1975² – F. Lot, R, Fawtier (Hg.), Hist. des institut. franç. au MA, 1, Instit. seigneuriales, 1957 – P. Bonenfant, G. Despy, La noblesse in Brabant aux 12. et 13. s., MA 64, 1958 – K.F. Werner, Unters. zur Frühzeit de frz. Fsms., 9.-10.Jh., WaG 18-20, 1958-60 – G. Tellenbach (Hg.), Neue Forsch. über Cluny und die Cluniazenser, 1959 – K. Schmid, ZGO 108, 1960 – H. Schwarzmaier, Kgtm., A. und Kl. im Gebiet zw. Iller und Lech, 1961 – W. Hillebrand, Besitz- und Standesverhältnisse des Osnabrücker A.s bis 1300, 1962 – L. Genicot, AESC 17, 1962 – H.K. Schulze, Adelsherrschaft und Landesherrschaft, 1963 (z. Ostsachsen) – E. Köhler, Observations hist. et sociolog. sur la poésie des troubadours, CCM 6, 1964 – J. Bumke, Stud. zum Ritterbegriff im 12. und 13.Jh., 1964, 1977² – A. Kropat, Reich, A. und Kirche in der Wetterau von der Karolingerzeit bis zur Stauferzeit, 1965 – J.M. van Winter, Ridderschap, ideaal en werkelijkheid, 1965, dt. 1969 – F. Lemarignier, Le gouvernement royal aux premiers temps capétiens, 987-1108, 1965 [vgl. G. Duby, MA 72, 1966, 53 ff.] – G. Duby, Misc. medievalia in memor. J.F. Niermeyer, 1967 – Ch. Higounet, Ann.Midi 80, 1968 – K. Leyser, The German Aristocracy from the 9th to the Early 12th Century, Past and Present 41, 1968 – K.F. Werner, Heeresorganisation und Kriegsführung im dt. Kgr. des 10. und 11.Jh., Sett. cent. it. 15, 1968 – Ders., Kgtm. und Fsm. im frz. 12.Jh., VuF 12, 1968 – H. Jacobs, Der A. in der Klosterreform v. St.Blasien. 1968 – R. Fossier, La terre et les hommes en Picardie jusqu'à la fin du 13.s., 2 Bde, 1968 – G. Droege, Landrecht und Lehnsrecht im hohen MA, 1969 – E. Hlawitschka, Die Anfänge des Hauses Habsburg-Lothringen, 1969 – P. van Luyn, Les »milites« dans la France du 11.s., MA 77, 1971, 5 ff., 193 ff. – J. Flori, MA 82, 1976, zu: J. Johrendt, »Milites« und »Militia« im 11.Jh. (Frankreich und Deutschland) [Diss. Masch. 1971] – O. Guillot, Le comte d'Anjou et son entourage au 11.s., 2 Bde, 1972 – G. Devailly, Le Berry (10.-milieu 13.s.), 1973 – J. Fleckenstein (Hg.), Investiturstreit und Reichsverfassung, 1973 – U. Peters, Euphorion 67, 1973 – A. Chédeville, Chartres et ses campagnes, 11.-13.s., 1973 – E. Magnou-Nortier, La société laïque et l'Eglise dans la prov. ecclés. de Narbonne (fin 8.-fin 11.s.), 1974 – E. Bournazel, Le gouvern. capétien au 12.s., 1108-90, 1975 – P. Bonassie, La Catalogne (milieu 10.-fin 11.s.), 2 Bde, 1975 – K.U. Jäschke, Burgenbau und Landesverteidigung um 900, 1975 – L. Genicot, Études sur les principautés lotharingiennes, 1975 – E. Warlop, The Flemish Nobility before 1300, 4 Bde, 1975-76 – A. Borst (Hg.), Das Rittertum im MA. 1976 [Lit.] – J.P. Poly, La Provence et la société féodale, 879-1166, 1976 – M. Parisse, La noblesse lorraine, 2 Bde, 1976 – J.M. van Winter, Cingulum Militiae. Schwertleite en »miles«-Terminologie, TRG 44, 1976 – L. Fenske, Adelsopposition und kirchl. Reformbewegung im ö. Sachsen, 1977 – K.F. Werner, Westfranken–Frankreich unter den Spätkarolingern und frühen Kapetingern (Schieder I, 1976).

(IV; vgl. auch zu III): HRG 2, 1550ff.; 1726ff. – U. Stutz, SAB 1937, H. 27 (z. Ministerialität) – O. Brunner, Adeliges Landleben und europ. Geist, 1949 – K. Bosl, Die Reichsministerialität der Salier und Staufer, 2 Bde, 1950-51 – W. Schlesinger, Die Landesherrschaft der Herren v. Schönburg, 1954 – J.-P. Ritter, Ministérialité et chevalerie, 1955 – J. Bartier, De Bourgond. A., Flandria Nostra 4, 1959 – L. Genicot, L'économie rurale namuroise au bas MA, II: Les hommes. La noblesse, 1960 – H. Obenaus, Recht und Verfassung der Gesellschaften mit St. Jörgenschild in Schwaben. Unters. über A., Einung, Schiedsgericht und Fehde im 15.Jh., 1961 – H. Lieberich, Landherren und Landleute. Land und Herrschaft, 1965⁵ – H. Rössler (Hg.), Dt. A., 1430– Zur polit. Führungsschicht Baierns im SpätMA, 1964 – O. Brunner, 1555, 1965 – O. Hintze, Staat und Verfassung, 1970³ – H. Patze (Hg.), Der dt. Territorialstaat im 14.Jh., 2 Bde, 1970-71 – P. Feldbauer, Der Herrenstand in Oberösterreich, 1972 – Ders., Herren und Ritter, 1973 – W. Schlesinger (Hg.), Die dt. Ostsiedlung, 1975 – W. Para-

vicini, Guy de Brimeu, der burg. Staat und seine adlige Führungsschicht unter Karl d. Kühnen, 1975 – J. Bumke, Ministerialität und Ritterdichtung, 1976 – H. Patze (Hg.), Die Burgen im dt. Sprachraum, 2 Bde, 1976 – R. Sprandel, Die Ritterschaft und das Hochstift Würzburg im SpätMA, JbFränkLforsch 36, 1976 – P. Moraw, Hessen und das dt. Kgtm. im späten MA, Hess. Jb f. LG 26, 1976 – W. Paravicini, Soz. Schichtung und soz. Mobilität am Hofe der Hzg.e von Burgund, Francia, 5, 1977.

(V; vgl. auch zu III): J.-R. Bloch, L'anoblissement en France au temps de François Ier. Essai d'une définition de la condition juridique et sociale de la noblesse au début du 16.s., 1934 – R. Cazelles, La société polit. et la royauté sous Phil. de Valois, 1958 – R. Favreau, La preuve de noblesse en Poitou au 15.s., Bull. Soc. Antiqu. Ouest, série 4, t. 5, 1960 – J. Richard, Châteaux, châtelains et vassaux en Bourgogne aux 11. et 12.s., CCM 3, 1960 – F. Pegues, The Lawyer of the Last Capetiens, 1962 – E. Perroy, Social Mobility among the French ›Noblesse‹ in the Later MA, Past and Present 21, 1962 – B. Guenée, Tribunaux et gens de justice dans le baillage de Senlis à la fin du MA, 1963 – R. Fédou, Les hommes de loi lyonnais à la fin du MA. Etudes sur les origines de la classe de robe, 1964 – B. Guenée, L'hist. de l'Etat en France à la fin du Ma, RH 232, 1964 – E. Dravasa, »Vivre noblement«. Recherches sur la dérogeance de noblesse du 14. au 15.s., Rev. jurid. et écon. du Sud-Ouest, sér. jurid. 16-17, 1965-66 – E. Perroy, Les châteaux du Roannais du 11. au 13.s., CCM 9, 1966 – P.S. Lewis, Later Medieval France. The Polity, 1968, frz.: La France à la fin du MA, hg. B. Guenée [mit Vorwort], 1977 – J. Richard, Le château dans la structure féodale de la France de l'Est au 12.s., VuF 12, 1968 – J.R. Strayer, Les gens de justice du Languedoc sous Phil. le Bel, 1970 – Ph. Contamine, The French Nobility and the War, (K. Fowler, The Hundred Years War) 1971 – W.M. Newman, Les seigneurs de Nesle en Picardie, 12.-13.s., 2 Bde, 1971 – Ph. Contamine, Guerre, Etat et société à la fin du MA. Etudes sur les armées du roi de France, 1337-1494, 1972 – J. Richard, Chevaliers de mesnie castrale et hobereaux campagnards: les Boujon de Vergy, Mél. E. Perroy, 1973 – M. Harsgor, L'essor des bâtards nobles au 15.s., RH 254, 1975 – Ph. Contamine, Points de vue sur la chevalerie en France à la fin du MA, Francia 4, 1976 [mit ungedr. Lit.] – C.T. Allemand (Hg.), War, Literature and Politics in the Late MA, 1976 – G. Bois, Noblesse e crise de revenus seigneuriaux en France au 14. et 15.s. (Contamine, La noblesse [s. zu I]) – Ders., Crise du féodalisme. Recherches sur l'écon. rurale et la démographie au début du 13. au milieu du 16.s. en Normandie orientale, 1977 – T. Evergates, Feudal Society in the Bailliage of Troyes..., 1152-1284, 1975f.

B. Spätantike

A. und Aristokratie in der Verwendungsweise moderner Terminologie sind, bes. in der Spätantike, schwer zu trennen. Nach Vernichtung der Frühformen röm. A.s (Patriziat, Nobilität) in den Bürgerkriegen der ausgehenden Republik fördert Augustus in seiner Senatspolitik (wirtschaftl. Vorteile, Selbstergänzung) die Entstehung einer immer mehr sich aus dem ganzen Imperium rekrutierenden Oberschicht. Dazu kommen vermöge gewährter Immunitäten und Privilegien in einer durch ständige Erweiterung stetig wachsenden Zahl die Mitglieder oberer Ränge ksl. Verwaltung (Illustres, Spectabiles, Clarissimi; Fixierung der Rangklassen durch Valentinian I. CTh 6, 7, 1/371). Da der Clarissimat, ursprgl. Bezeichnung des Senatorenstandes, als Ehrenrang nicht mehr an Standeszugehörigkeit gebunden ist, entsteht neben der Senataristokratie in Rom und Konstantinopel ein Provinzadel. Beiden gemeinsam ist Erblichkeit (vgl. CTh 12, 1, 11/377; 6, 2, 13/383) und Möglichkeit der Bildung von Reichtum und Großgrundbesitz. Zu Standesinteressen und einem im einzelnen oft kaum gerechtfertigten Adels- und Traditionsbewußtsein (fingierte Stammbäume) tritt indes die wahrgenommene Verpflichtung zur Wahrung röm. Kultur und Lebensformen (Anicier, →Symmachus, →Sidonius Apollinaris). Bes. in den Krisenzeiten der Völkerwanderung erfüllt kraft seiner Autorität und Machtposition dieser A. wichtige soziale und polit. Funktionen und trägt so in den w. Reichsgebieten zu reibungsloser Integration röm. Bevölkerungsteile in den das Imperium ablösenden germ. Staaten bei.

G. Wirth

Lit.: A. H. M. Jones, The Later Roman Empire, 1964 – K. F. Stroheker, Der senator. A. im spätantiken Gallien, 1948 [Nachdr. 1970] – M. T. Arnheim, The Senatorial Aristocracy in the Later Roman Empire, 1972 (vgl. W. Eck, Gnomon 46, 1974, 673–681) – J. Matthews, Western Aristocracies and Imperial Court, 1975.

C. Italien

In der röm.-italischen Gesellschaft des 5. und 6. Jh., während des Niedergangs des Imperiums und unter der Herrschaft Odoakers, der Ostgoten und von Byzanz war die durch Bildung, Reichtum und polit. Einfluß bedeutendste Schicht die senator. *nobilitas*. Zum Großteil als Erbadel strukturiert, vertreten in den hohen Rängen des zivilen Beamtentums und des kath. Klerus und verankert in der festen Basis ihres riesigen Grundbesitzes, war sie in formaler Hinsicht noch im Senat von Rom organisiert; neben ihr bestanden die Munizipalaristokratien, in deren Händen die lokale Verwaltung lag. Ihr Untergang wurde durch die Invasion der Langobarden herbeigeführt, die sie nicht nur in den besetzten Gebieten vernichteten, sondern auch in den Byzanz verbliebenen Regionen die Verminderung ihres Grundbesitzes und ihrer Stellung auf Provinzmaß verursachten. Das byz. Herrschaftsgebiet war näml. in eine Vielzahl von Küstenstreifen zersplittert, wie die venet. Lagune, die Romagna mit der Pentapolis, der röm. Dukat und verschiedene Abschnitte in S-Italien. In jedem dieser Gebiete erfuhr die Schicht der Grundbesitzer eine tiefe Veränderung, weil die Notwendigkeiten der Regierung und Verteidigung die byz. Behörden zwangen, sie in das Heer und die ksl. Verwaltung einzugliedern, d. h., sie in eine *militia* umzuwandeln, die durch militär. Gewohnheiten und bisweilen durch vasallische bürokrat. Ursprungs wie consul und dux gekennzeichnet war. In der Zwischenzeit förderten im langob. Italien die Einrichtung des Kgtm.s und die territoriale Organisation die Wiederherstellung einer Grundbesitzeraristokratie, die nach dem mehr oder weniger hohen Grad ihrer polit.-militär. Aufgaben gegliedert und aus Langobarden gebildet war. In dieses soziale Gefüge ordneten sich im 8. und 9. Jh. v. a. in den höheren Stellungen Franken, Alemannen und andere germ. Gruppen ein, die von den Karolingern gesandt wurden, um N- und Mittelitalien militär. zu kontrollieren. Infolge sehr verschiedener Ereignisse also entwickelte sich in ganz Italien, sowohl im byz. Einflußgebiet als auch in den zuerst langob. und später karol. Landesteilen, sowie im weite Flächen umfassenden autonomen langob. Dukat v. Benevent eine vielgestaltige polit.-militär. Aristokratie auf der Basis des Grundbesitzes, in der die adlige Tradition nicht durch starre Distinktionen rechtl. Natur oder des Geblütes geschützt war, sondern de facto durch Erblichkeit der Besitzungen, feste verwandtschaftl. Beziehungen innerhalb mehr oder weniger bedeutender Gruppen, Verbindungen zu den polit. Mächten, zu Episkopat und Abteien, und durch weitgespannte Klientelverhältnisse wirtschaftl. und militär. Art garantiert wurde. Der Begriff »nobilis« löste sich so in »potens« auf, vorausgesetzt, daß Reichtum und Größe der Familie, der der Mächtige angehörte, nicht erst aus allerjüngster Zeit stammten; die Nobilitas hatte verschiedene Dimensionen, entsprechend den regionalen oder lokalen Verhältnissen, an denen sich die gesellschaftl. Vorrangstellung orientierte.

Im karol. und postkarol. Italien trug die wachsende Verbreitung der Formen des Vasallentums dazu bei, den Militäradel zu festigen, führte aber nie dazu, ihm völlig die Gestalt einer rechtl. festgelegten Feudalaristokratie zu verleihen. Dies geschah dagegen in fast vollkommener Weise in *S-Italien*, wo jene Formen erst spät eindrangen und sich zw. dem 11. und 12. Jh. im Zusammenhang mit der norm. Eroberung, die sich auch auf das früher arab. Sizilien erstreckte, und der Gründung des großen Kgr.s Sizilien verbreiteten. Trotz seiner vorzeitigen Ausrichtung auf einen Beamtenstaat erhielt das Kgr. in militär. Hinsicht die Struktur einer Hierarchie von vasall. Gefolgsleuten mit der Nutznießung von Ritterlehen und baronaler Jurisdiktion, entsprechend den von den Normannen aus N-Frankreich mitgebrachten Gewohnheiten. Die Vasallenhierarchie erstarrte infolge der Annäherung ritterl. Gewohnheiten und kgl. Gesetzgebung in der Definition der *militia* zum Erbadel, wie es in der stauf. Fortsetzung des Kgr.s Sizilien im 13. Jh. offensichtl. der Fall ist. Die Fixierung in rechtl. Hinsicht begünstigte ihrerseits die Macht der Barone in allen dynast. Krisen des Kgtm.s beim Übergang von der Dynastie der Staufer zu den Anjou, bei der Abspaltung des aragones. Siziliens vom angevin. S-Italien und in den heftigen Rivalitäten der bei der Abspaltung entstandenen Reiche. Jedenfalls stellte der baronale A., allmähl. mit frz. oder aragones. Elementen durchsetzt – auch in seinen Uneinigkeiten und Unruhen –, weiterhin einen wirksamen Faktor innerhalb des polit. Rahmens dar, den ihm das Kgtm. bot, und organisierte sich in den Parlamenten beider Reiche als vorherrschende Macht neben den Vertretern des Klerus und der Städte.

In *Mittel- und N-Italien* waren die Geschicke des A.s nach dem Jahre 1000 viel komplexer und resultierten aus tiefen inneren Entwicklungsprozessen, nicht aus einer militär. Eroberung. Es ist richtig, daß das regnum Italiae langob. und frk. Ursprungs seit den Kriegszügen Ottos I. den Dynastien der dt. Ks. unterstellt war, aber die ksl. Herrschaft konnte nie so weit organisiert werden, daß sie die gesellschaftl. Entwicklung von ihren vorgezeichneten Linien abbringen konnte. Im lombard.-toskan. Gebiet überzog der Militäradel zw. dem 10. und 12. Jh. das Land mit einem Netz von Kastellen. Er transformierte sich in einen Erbadel lokaler Dynastien: institutionalisiert in der Ausübung seiner Jurisdiktion und in den immer häufigeren Verbindungen vasallofeudaler Natur innerhalb des Herrenstandes selbst wie mit den kirchl. Institutionen und den zahlreichen Berufskriegern, die nach erbl. Tradition in seinem Dienst standen, bei denen die Bezeichnung miles sehr oft die adlige Färbung ihrer seniores, milites maiores annahm. In dieser vielschichtigen militia, die in mehrere Ränge eingeteilt war, verbreitete sich zw. dem 12. und dem 13. Jh. das Ritual der feierl. Verleihung der Ritterwürde, das beitrug, diese militia als einen – Herren und bewaffnete Vasallen umfassenden – A. von der untergebenen bäuerl. Bevölkerung abzuheben. Das Bild des A.s, das sich so allmähl. abzeichnete, wurde in eben diesem Jh. durch die Entwicklung größerer Städte kompliziert, in denen der Stand der maiores und meliores, allmähl. durch die Einbürgerung von vielen Herren aus dem Contado angewachsen, sich gleichfalls als militia und nobilitas qualifizierte, die oft auch viele außerhalb der Stadt gelegene Güter besaß. Aber es handelte sich um eine militia, die durch eine militär. und polit. Eingliederung in die städt. Bevölkerung gekennzeichnet war und deshalb in engster Verbindung mit ihren concives stand, ohne jene klare rechtl. Trennung, die sich auf dem Land zw. milites und rustici entwickelte. Jedoch zeichnete sich im 13. Jh. auch in den größeren Städten die Tendenz der gewalttätigen Adelsverbände ab, sich autonom zu organisieren und sich als privilegierte Klasse ritterl. Tradition abzuschließen. Aber dieser Tendenz stand die Macht entgegen, die die Körperschaften der *Arti maggiori* ('Höhere Zünfte') er-

rungen hatten, sowie die ständige Osmose zw. den Magnatenfamilien militär. Tradition und dem reichen Kaufmannsstand. Dank dieses Austausches verschmolzen schließl. diese beiden oberen Stände im 15.Jh. zu einem städt. Patriziat, das eifersüchtig auf seine Vorrechte bedacht war: ein Stand, der vom Feudaladel, der die neuen Fürstenhöfe zum Zentrum hatte, verschieden war und auch kaum Ähnlichkeit mit dem wohlbekannten Patriziat der ganz singulären Stadt Venedig aufwies, das sich im SpätMA ganz eigenständig auf ökonom.-merkantiler Grundlage bildete und sich starr zu einer erbl. polit. Klasse zusammenschloß.
G. Tabacco

Lit.: G. TABACCO, I liberi del re nell' Italia carolingia e postcarolingia, 1966 – J. JARNUT, Prosopograph. und sozialgesch. Stud. zum Langobardenreich in Italien, 1972 – P. TOUBERT, Les structures du Latium médiéval, 1973 – G. TABACCO, La storia politica e sociale dal tramonto dell' impero alle prime formazioni di stati regionali, Storia d'Italia, hg. R. ROMANO und C. VIVANTI, II, 1974 [mit ausführl. Bibliogr.] – G. CHITTOLINI, La signoria degli Anguissola, NRS 58, 1974 – R. BORDONE, Un' attiva minoranza etnica nell'alto medioevo: gli Alamanni del comitato di Asti, QFIAB 54, 1974 – P. CAMMAROSANO, La famiglia dei Berardenghi, 1974 – M. LUZZATI, Famiglie nobili e famiglie mercantili a Pisa e in Toscana nel basso medioevo, RSI 86, 1974 – G. TABACCO, Nobiltà e potere ad Arezzo in età comunale, StM 15, 1974 – C. VIOLANTE, Una famiglia feudale della »Langobardia« tra il X e il XI secolo, Arch. storico lodigiano, 1974 – V. FUMAGALLI, Terra e società nell'Italia padana: i secoli IX e X, 1974, 1976² – P. CAMMAROSANO, Aspetti delle strutture familiari nelle città dell'Italia comunale, StM 16, 1975 – G. SERGI, Movimento signorile e affermazione ecclesiastica nel contesto distrettuale di Pombia e Novara, StM 16, 1975 – H. KELLER, Die Entstehung der it. Stadtkommunen als Problem der Sozialgesch., Frühma. Stud. 10, 1976 – G. TABACCO, Nobili e cavalieri a Bologna e a Firenze fra XII e XIII secolo, StM 17, 1976.

D. Byzanz

Der alte spätröm. A. verschwand fast völlig mit der Umformung von Byzanz in einen ma. Staat (7.Jh.). In der zweiten Hälfte des 8. und im 9.Jh. werden erste Anzeichen für die Bildung einer neuen byz. Aristokratie feststellbar, die sehr rasch zur herrschenden Klasse aufsteigt. Zu der Zeit treten die ersten Familiennamen (8.Jh.) als Ausdruck der Zugehörigkeit zu einem Adelsgeschlecht auf; →Leon VI. (886–912) ordnet an, Männer aus angesehenen Familien in wichtige Befehlsstellen zu berufen. Der neue A. ist zweifacher Herkunft und diese Zweiteilung bleibt in der Struktur des A.s lange erhalten. Auf der einen Seite war er aus dem Beamtenstand hervorgegangen, dessen Spitzen sich mittels ihrer Funktionen in eine aristokrat. Schicht umbilden, und so einen mehr oder minder geschlossenen Kreis darstellen, aus dem sich die Funktionäre rekrutieren. Bis zum 10.Jh. erhält diese Schicht die Schlüsselstellung im Staatsapparat. Auf der anderen Seite schufen die langandauernden Kriege mit den Arabern zahlreiche berufsmäßige Heerführer, die sich allmähl. durch den Erwerb ausgedehnter Besitzungen in den neueroberten Gebieten bereicherten und angesehene Familien begründeten. Sowohl für die eine wie die andere Gruppe war der Landhunger charakterist., das Streben nach Grundbesitz in Byzanz, dessen städt. Wirtschaft durch die Zünfte und strenge staatl. Kontrolle gehemmt war. Landbesitz bildete sich meist durch Kauf und Erbschaft oder wurde auf irgendeine andere Weise aus bäuerl. Besitz erworben, der vom 7.–9.Jh. an die Basis der Produktion darstellte, aber gegen Ende dieser Epoche in eine schwere Krise geriet. Der Aufstieg des A.s auf Kosten der freien Bauern führte zu einer Abnahme der steuerzahlenden und zu Kriegsdienst verpflichteten Bevölkerung. Daher war der Herrscher bereits im 10.Jh. gezwungen, einen Kampf um die Erhaltung des kleinen Grundbesitzes zu führen, der mittelbar, indem der Übergang bäuerl. Besitzes in die Hände des A.s erschwert wurde, den Aufstieg des A.s verlangsamte. Die größten Adelsgeschlechter bildeten zu dieser Zeit jedoch bereits, gestützt auf zwei Machtmittel – Landbesitz und Zugehörigkeit zum Staatsapparat – die stärkste soziale und wirtschaftl. Schicht, an deren fester Front gegen Ende des 10.Jh. schließl. die Bemühungen der Herrschers scheiterten. Im 11.Jh. befand sich das freie Bauerntum unwiderrufl. im Rückgang. Die abhängigen Bauern auf den Gütern des A.s und des Ks.s bildeten die wichtigste Klasse der Produzenten, womit in der byz. Gesellschaft erste deutl. Zeichen einer feudalen Ordnung auftreten. Zur gleichen Zeit bekommt auch die Physiognomie des A.s ihre fast endgültige Form. Die Herrschaft des A.s tritt immer deutlicher hervor, obwohl er keine einheitl. Schicht darstellt. Die Entwicklung der Aristokratie ging zwei Wege und bedingte einmal die Entstehung des sog. *Beamtenadels,* dem man auch die geistl. Würdenträger zurechnen kann und des sog. *Militäradels.* Der Unterschied wurde dadurch noch verstärkt, daß die polit. Kraft der »Beamten« an das Zentrum des Staates gebunden war, die des »Militärs« an die Provinz. In dieser Phase, in der bei gleichzeitiger kultureller Blüte der Einfluß der Hauptstadt und des Beamtenadels vorherrscht, führt die Vernachlässigung des Militärs zum schicksalhaften Verlust Kleinasiens. Auf einer Welle der Unzufriedenheit kommt die Militäraristokratie an die Macht, personalisiert in der Dynastie der →Komnenen (Ende 11.Jh.). Im Laufe der Zeit verringern sich allerdings die erwähnten Unterschiede innerhalb des byz. A.s, so daß die spätere bunte Vielfalt dieses Standes v.a. aus den unterschiedl. materiellen Möglichkeiten seiner Angehörigen resultierte, unter denen sich Inhaber relativ kleiner Güter und mächtige Herren befanden. Das Verhältnis der gesamten Adelsklasse zu den Produktionsmitteln zeigt allerdings so viele gemeinsame Züge, und die Blutsbindung ihrer Angehörigen erreicht trotz unterschiedl. ethn. Herkunft ein solch hohes Ausmaß, daß die Aristokratie gegenüber allen übrigen Klassen als eine soziale Schicht mit einheitl. Interessen und gemeinsamer Lage erscheint. Den vielschichtigen Charakter des A.s bestimmen mehrere miteinander verflochtene Elemente: die Position in der staatl. Hierarchie, die Zugehörigkeit zu einem Adelsgeschlecht, bedeutende bewegl. Güter, Reichtum an Landbesitz. Auf den feudalen Charakter der Aristokratie weisen seit Beginn des 11.Jh. ihre Privilegien hin, v.a. die Einführung und immer stärkere Verbreitung der Immunitäten *(ekskousseia),* d.h. die Übertragung einiger Grundrechte des Staates auf die feudalen Besitzträger. Es besteht eine Steuer-, Gerichts- und Verwaltungsimmunität, d.h. das Recht der Besitzer auf die teilweise oder vollständige Steuereinnahme, die früher in die Staatskasse floß, die Gerichtsbarkeit des Grundherrn über seine abhängigen Leute (bedeutend seltener) und das Recht der Besitzer, auf ihrem Land Aufgaben aus dem Zuständigkeitsbereich der staatl. Beamten wahrzunehmen. Im 12.Jh. tritt eine weitere bedeutende Institution des byz. Feudalismus auf – die *Pronoia*–, die in der Zuteilung wichtiger Einnahmequellen (Land, Bergwerke, Salinen u.a.), normalerweise aber Landbesitz an die alten und neuen Mitglieder des A.s bestand. Diese Zuteilung, die zur Kompetenz des Ks.s gehörte, war kein Geschenk, da der Empfänger nur das Nutzungsrecht der Pronoia auf Lebenszeit bei gleichzeitiger Verpflichtung zur Heeresfolge erhielt. Diese Verpflichtung erfüllte der Empfänger meistens selbst. Es war aber auch mögl., daß er einen Teil seiner Leute mit sich führte. Die Gefolgschaften der Magnaten bildeten echte kleine Heere von Begleitern und Höflingen. Der Charakter der Pronoia machte deren Träger – den Pronoiaren (der Stratiot der byz. Dokumente) - eher einem Privatbeamten des Ks.s ähnl. als einem Staatsbeamten und das byz. Heer zu einer Institution des A.s. Diese Merkmale verstärken sich in der Epoche der →Palaiologen (1261-1453), als die Pronoia erbl. und formal unterstrichen wird durch den Treueeid, den der Pronoiar gewöhnl. dem Herrscher leistet. Ein weiteres bedeutendes Phänomen der Feudalisierung in der spätbyz. Epoche war die Privatisierung der Beziehung des Ks.s zu den Angehörigen des A.s im Staatsdienst. Alle Staatsbeamten wurden zu Höflingen (*oikéios*) ernannt. Dadurch, aber auch durch die Art der Verrichtung des Dienstes, insbes. da die bedeutendsten Verwandte des Ks.s waren, werden die persönl. Bindungen an den Herrscher sichtbar. Die Staatsbeamten werden immer mehr zu Privatdienern des Ks.s, die gemeinsam mit ihm als eine Art Familienclan den Staat verwalten. Nach 1204 nimmt der byz. Feudalismus einige Züge an, die für den westeurop. Feudalismus charakterist. sind. In dieser Epoche kontrollieren die Feudalherren nicht nur die Landwirtschaft, sondern auch die städt. Wirtschaft dank der langsamen Entwicklung der städt. Schichten. Gegen Ende des byz. Reiches beginnen allmähl. die Unterschiede zw. Privatbesitz und Verwaltungseinheiten zu verschwinden - einige Adlige besitzen ein bestimmtes Territorium und verwalten es gleichzeitig als Statthalter des Ks.s. Bereits etwa ein Jh. früher erhalten die Söhne des Ks.s und andere Mitglieder der Dynastie neben den üblichen administrativen Organisationen durch die Schaffung der sog. Apanagen Territorien zum Besitz und zur Verwaltung, die sich zu halbsouveränen Fürstentümern entwickeln. Damit tritt schließl. eine der grundlegenden Folgen der Feudalisierung von Byzanz ein. Lj. Maksimović

Lit.: G. OSTROGORSKY, Féodalité - R. GUILLAND, La Noblesse de race à Byzance, Byzslav 9, 1948, 207-314 - A. P. KAŽDAN, Ob aristokratizacii vizantijskogo obščestva VIII-XII vv., ZRVI 11, 1968, 47-53 - G. OSTROGORSKY, Die Pronoia unter den Komnenen, ZRVI 12, 1970, 41-45 - DERS., Observations on the Aristocracy in Byzantium, DOP 25, 1971, 1-32 - LJ. MAKSIMOVIĆ, Vizantijska provincijska uprava u doba Paleologa, 1972 - DERS., Geneza i karakter apanaža u Vizantiji, ZRVI 14/15, 1973, 103-154 - A. E. LAIOU, The Byzantine Aristocracy in the Palaeologan Period: A Story of Arrested Development, Viator 4, 1973, 131-151 - A. P. KAŽDAN, Social'nyj sostav gospodstvujuščego klassa v Vizantii XI-XII vv., 1974.

E. Altrußland

[1] *Stammesperiode*. Die soziale Struktur bei den von vielen als Vorfahren der O-Slawen betrachteten →*Anten* (zuletzt erwähnt 602 n. Chr.) ist ungeklärt. Keine Einhelligkeit besteht darüber, ob die O-Slawen vor Entstehung des Kiever Reiches die auf genealog. Zusammenhang beruhende ursprgl. Sippenverfassung bereits überwunden hatten, ob dieser ursprgl. Sippenorganisation eine auf Sklavenarbeit beruhende Formation folgte, und bis zu welchem Grade *Feudalisierungsprozesse* vorangeschritten waren und wann diese einsetzen. Der Ansicht von einer beginnenden oder bereits weitgehenden inneren gesellschaftl. Differenzierung mit ausgeprägter militär., polit. und ökonom. Ungleichheit und Elementen einer sich entwickelnden Staatlichkeit im Rahmen der als polit.-territoriale Organisationen aufgefaßten *Stammesfürstentümer* steht die Anschauung von der elementaren innerstamml. Struktur Fürst-Volk gegenüber, wo Entscheidungen noch von der Gesamtheit aller freien Stammesgenossen getroffen werden. Schriftl. Belege für die Existenz einer herausgehobenen Schicht bei den ostslaw. Stämmen sind spärl. und stammen überwiegend aus einer Zeit, in der stamml. Organisationsformen im Niedergang begriffen und den übergeordneten herrschaftl. Ansprüchen der Kiever Fs.en ausgesetzt waren. Ungeklärt ist, ob es sich bei den *besten*

Männern und *Ältesten* (belegt bei den *Drevljanen* im 10. Jh.) um einen ökonom. von der Masse der übrigen Stammesgenossen abgehobenen und über diese polit. Herrschaft ausübenden A. gehandelt hat oder ledigl. um Personen mit gewissen Strafgewaltsbefugnissen und einem bes. Gewicht bei Beratungen. Versuche, ein Besteuerungssystem zugunsten eines lokalen Stammesadels indirekt aus der Tatsache zu erschließen, daß die von den norm. Varägern und den Chazaren über die O-Slawen errichteten Tributherrschaften auf bereits vorhandenen herrschaftl. Organisationsformen aufbauten, können nur hypothet. sein. Hinweise für einen durch *Grundbesitz* herausgehobenen ostslaw. A. im 8. und 9. Jh. gibt es weder in den schriftl. Quellen noch im arch. Befund (geringe ökonom. Differenzierung bei vorherrschender individueller Wirtschaftsweise). Ob es sich bei den sog. frühostslaw. *grady* (Holz-Erde-Befestigungen) um Herrensitze der in den Quellen erwähnten *Fürsten, Ältesten* und *besten Männer*, um befestigte bäuerl. Einzelhöfe, um nicht ständig bewohnte Fluchtburgen oder um Versammlungsorte bzw. Kultstätten im Zentrum siedlungsgeogr. Mikrolandschaften gehandelt hat, ist im Einzelfall umstritten.

[2] *Kiever Periode*. Die herrschende Oberschicht (*bojare, lučšie muži* 'beste Männer') rekrutierte sich in der Anfangsphase des Kiever Reiches hauptsächl. aus skand. (schwed., gotländ.) Warägern (ar. *varjagi*, vermutl. vom anord. *Vaeringar*, das den an krieger. Heer- und Handelsfahrten oder im Kriegsdienst fremder Fs.en stehenden *Eidgenossen* bezeichnet), wurde jedoch früh durch die aktivsten slaw., balt. und finn. ethn. Elemente ergänzt. Allgemein wird eine relativ rasche Slawisierung (sprachl., kulturell) der Normannen angenommen. Institutioneller Ort adligen Lebens und polit. Handelns war die *Gefolgschaft (družina)* des Fs.en. Sie wurde von ihm mit Nahrung, Kleidung, Waffen usw. unterhalten (häufig die Ursache zu beutesicheren Feldzügen), leistete dafür militär. (*tysjackie, sotskie* 'Tausendschafts-, Hundertschaftsführer') und administrative (*posadniki* 'Statthalter', *tiuny* 'Richter', Gesandte usw.) Dienste und stand dem Fs.en ständig beratend (*dumati* 'denken, überlegen', davon *duma*, im 11./12. Jh. auch *sovet* [Bojaren] 'Rat') zur Seite. Wichtiges, der materiellen Beziehung Fs.-Gefolgschaft (Belohnung-Dienst) übergeordnetes eth. Element war das durch mündl. Absprache vereinbarte, nach der Christianisierung durch Kreuzkuß bekräftigte, jederzeit beiderseits kündbare Treue- und Freundschaftsverhältnis. Zu unterscheiden ist eine *ältere družina (staršaja družina)* mit den wichtigsten Funktionen in der fürstl. Verwaltung und im Heer und eine *jüngere družina (mladšaja družina)*, zusammengesetzt aus den sog. *detskie, otroki, junye* 'die Jungen', vergleichbar den merow. *pueri* mit untergeordneten Aufgaben in der fürstl. Hofverwaltung. Die Gefolgschaft scheint lange für Angehörige niederer sozialer Schichten offen gewesen zu sein. Leben und Besitz der Gefolgschaftsmitglieder wurden durch das höchste *Wergeld (vira)* geschützt. Die ökonom. Macht der altruss. Gefolgschaften beruhte v. a. auf den durch den Handel (zunächst wohl weitgehend in eigener Regie, später von professionellen Fernhändlern betrieben) erzielten Geldeinkünften. Dies erklärt die auffällige Stadtorientiertheit des Kiever A.s. Die Adelshöfe (*dvory*) waren um die fürstl. Herrenburg (*kreml'*) der befestigten Burgstädte (*goroda*) gelegen. Darin drückte sich symbolhaft die Nähe der Gefolgschaft zum Fs.en, ihre ständige Verfügungsbereitschaft und ihr Anspruch auf Beteiligung an der fürstl. polit. Herrschaft aus. Tribut (*dan'*, →Abgaben), der in mehr oder weniger regelmäßig stattfindenden *Umfahrten (poljud'e)* eingetrieben

wurde, sorgte für den Unterhalt der *družina* und stellte die für den Handel (bes. mit Byzanz auf dem »Weg von den Warägern zu den Griechen«) erforderl. Waren (Felle, Honig, Wachs, Pferde usw.) bereit. Die Eintreibung der Abgaben in seit dem 10.Jh. nachweisbaren festen, aus dem übrigen Land für die Fs.en ausgesonderten Bezirken (*pogosti*), war mit der Gastung, d. h. der Aufnahme und Verpflegung des Fs.en oder seiner Beauftragten verbunden (*pogost'* von *gost'* 'Gast'). Neben der aus der handelsökonom. Interessenlage des A.s erklärbaren Stadtorientiertheit hat die eigentüml. *Senioratserbfolgeordnung,* die ein häufiges Überwechseln des Fs.en mit seiner Gefolgschaft in verschiedene Herrschaftsbereiche und Länder (*zemli*) zur Folge hatte, den Prozeß der Herausbildung einer landsässigen, über autogene Herrschaftsrechte verfügenden Aristokratie außerordentl. verzögert. Daß es neben den Gefolgschaften und Reichen der Städte eine eingeborene landbesitzende Oberschicht minderen polit. Einflusses gegeben hat, wird man vermuten dürfen. Zweifelsfrei nachweisbar ist adliger Grundbesitz (von Unfreien und halbfreiem Gesinde, *čeljad'*, bewirtschaftetes, erbl., von Dienst unabhängiges Privatland) erst seit der 2. Hälfte des 11.Jh. Die Masse des Landes befand sich jedoch noch im 12. und 13.Jh. in der Hand freier →Bauern (*smerdy*). Ackerbau spielte für die adligen Besitzungen eine untergeordnete Rolle, wichtiger waren Viehzucht (Pferde), die Ausbeutung der tierreichen Wälder und Beutnerei (für den Handel bedeutsame Wirtschaftszweige). Einen großen Einfluß hatte der Kiever A. auf das innere städt. Leben. In Novgorod hat sich eine aus grundbesitzenden Bojaren, ehem. fürstl. Hof- (*ogniščane*) und Gefolgsleuten (*grid'ba*) bestehende einheim. Stadtaristokratie herausgebildet, die die wichtigsten Ämter (*posadnik, tysjackij*) und kommunalen Institutionen (*Herrenrat*) beschlagnahmte, die Macht des Fs.en auf die Rolle eines vertragl. (durch den sog. *rjads* gebundenen militär. Beauftragten und seitens des posadnik kontrollierten Gerichtsherrn begrenzte und somit die Verfassungsentwicklung Novgorods zu einer oligarch. bestimmten *Stadtrepublik* durchsetzte. Im SW der Rus', im Fsm. Halič-Volhynien, hat sich das landbesitzende Bojarentum gegen die hier schon ständisch begriffene Freiheit der Städte (Einflüsse aus Polen und Ungarn) und z. T. auch gegen fürstl. Interessen durchzusetzen vermocht. Die seit dem 11.Jh. an mehreren altruss. Orten nachweisbare Volksversammlung (*veče*) diente dem A. häufig als Plattform für innerparteil. Machtkämpfe und antifürstl. Intrigen. Das Verhältnis Fs.-A. barg jedoch objektiv stets mehr Interessenübereinstimmungen als Gegensätze in sich, so daß es nicht zu einer ständ. Entwicklung gekommen ist und die traditionellen kooperativen Gefolgschaftsbeziehungen auch im polit. Milieu verstärkter fürstl. Machtkonzentration (bes. im nö. Suzdaler Land; 1175 Ermordung des Gfs.en Andrej Bogolubskij in Vladimir durch adlige Verschwörer) Gültigkeit und Relevanz behielt. Die Stellung des Fs.en blieb überall abhängig von der Zahl und dem sozialen Gewicht adliger Anhänger, die ihm dienten.

[3] *Moskauer Periode:* Die sozialen Wurzeln des A.s (Bojarentums, von altruss. *boj* 'Kampf') der Mongolenzeit, bes. die genealog. und funktionale Kontinuität seit der Kiever Periode, bleiben infolge der Quellenlage weitgehend im Dunkel. Der Prozeß des Einströmens mächtiger Bojarenfamilien nach Moskau begann in größerem Umfang seit den 30er Jahren des 14.Jh. (Erringung der Großfürstenwürde durch Iwan I., Verlegung der Metropolitenresidenz von Vladimir nach Moskau) und setzte sich im Maße des Anwachsens der Macht Moskaus in den folgenden Jahrzehnten kontinuierl. fort. Da in dem zunächst noch kleinen Moskauer Fsm. der Spielraum für Landschenkungen begrenzt war, wurde die Moskauer Bojarenschaft zum Motor einer expansiven Außenpolitik, die schließl. zur vollständigen Beseitigung aller von der Moskauer Herrscherdynastie unabhängigen Fsm.er einleitete. Aus der Konkurrenzsituation um Macht, Einfluß und die Nähe des Herrschers (die *duma* als höchstes, einem kleinen Kreis engster Vertrauter vorbehaltenes Beratungsorgan stand in der Machtwertskala an erster Stelle) erklärt sich das hohe polit. (militär., administrative) Engagement der Moskauer Aristokratie, die sich aus den Nachfahren der seit dem 14.Jh. nachweisbaren untitulierten Moskauer Dienstfamilien, ehem. selbständigen Fs.en und deren mächtigsten Gefolgsleuten zusammensetzte. Die in gefolgschaftl. Denkweisen wurzelnde prinzipielle Kooperationsbereitschaft, die sich im *freiwilligen* Dienst für den Herrscher manifestierte, hat verhindert, daß der A. staatsbildend im Sinne der bewußten Konzentration auf eine unter antizentralist. Vorzeichen geführte Territorialisierung wurde. Die für den W charakterist. Verbindung von Regionalismus und ständ. Wesen ist deshalb ebensowenig zur Ausbildung gekommen wie ein adlig-ständ. Widerstandsdenken gegen herrscherl. Ansprüche. Das *Mestničestvo*-System (von *mesto* 'Platz'), das zum Zweck der Rang- und Ämterverteilung Abstammung und frühere Dienste berücksichtigte und durch das Erblichwerden der Dienstbeziehungen zw. den Familien gekennzeichnet war, garantierte dem A. eine gewisse Sicherheit seiner polit. Stellung und schränkte fürstl. Willkür ein, da der Grundsatz der Rangstellung *nach der Vatersehre* galt, die nicht verliehen werden konnte, sondern ererbt war. Man wird bei der Hocharistokratie eine Art ständ. Bewußtsein erwarten dürfen, das sich aus der Überzeugung von der hohen Abkunft (*rodovitost'*) und dem privilegierten Anspruch auf sämtl. Führungspositionen zusammensetzte. Von der Hocharistokratie (*blagorodstvo*) scharf geschieden ist der niedere A. (*šljachetskij rod*). Er bildete die Masse der teilfürstl. und großfürstl. militär. Formationen und übte in der Verwaltung – wenn überhaupt – untergeordnete Funktionen aus. Im Gegensatz zum über mehrere Regionen ausgreifenden Streubesitz des hohen A.s war das Erb- (*votčina, otčina* 'Vatererbe') oder Dienstgut (*pomest'e*) (beide entfernt vergleichbar mit dem w. Allod bzw. Feudum) des kleinen Adligen provinziell beschränkt. Dem niederen A. war der Zugang in die höheren Dumaränge (*bojare, okol'niči*) verschlossen. Z. T. hat er bäuerl. und unfreie Elemente in sich assimiliert. Die Dienstgutbesitzer (*pomeščiki,* z.T. ehem. abhängige Bojarenleute) besaßen im Unterschied zu den freien Dienern des Gfs.en nicht das Recht zum Wechsel des Dienstverhältnisses (*ot-ezd* 'Abzug'). Eine Profilierung als einheitl. soziale Schicht mit gesamtständischen Zielvorstellungen ist aus den Quellen für den niederen A. nicht faßbar. Die Dienstgutverleihungen (in großem Umfang unter Iwan III.) verfolgten v.a. militärpolit. Zwecke und entsprangen nicht, wie häufig angenommen wird, einer gegen den hohen A. gerichteten großfürstl. Politik. Dieser wurde durch den ihn z. T. belastenden Militärdienst mit Einnahmen entschädigt, die er aus seiner zeitl. befristeten Verwaltungstätigkeit als Statthalter (*namestnik*) in den einzelnen Verwaltungsbezirken (*uezdy*) dadurch erzielen konnte, daß er sich von der Bevölkerung »durchfüttern« ließ. Dieses sog. *Kormlen'e*-System (von *kormit'* 'füttern', nachweisbar schon im 13.Jh., abgeschafft Mitte des 16.Jh.) eine wichtige Quelle adligen Reichtums und ermöglichte vielfach den Erwerb von Grundbesitz, der von Unfreien

und wirtschaftl. abhängigen, theoret. in ihrer Freizügigkeit jedoch nicht beschränkten Bauern bearbeitet wurde, über die der Adlige gewisse administrative und gerichtl. Funktionen ausübte. Die Hierarchie der Macht mit Delegierung unterschiedl. herrschaftl. Befugnisse von den Fs.en über die Statthalter und niederen Amtsträger *(volosteli)* bis hinunter zu den kleinen Erb- und Dienstgutbesitzern läßt gewisse Ähnlichkeiten mit der vom abendländ. Lehnswesen geprägten Herrschaftsverfassung erkennen. Es hat in Moskau jedoch kein voll ausgebildetes Immunitätswesen gegeben. Landbesitz blieb für die Masse des A.s vom Dienst unabhängig, die abgestufte Delegierung von Herrschaftsrechten zog keine völlige Mediatisierung der Bauern und kleinen adligen Grundbesitzern nach sich, und deshalb blieben alle Bevölkerungsgruppen, einschließl. des A.s, dem Gfs.en persönl. zugeordnet. H. Rüß

Lit.: D. Gerhard, Regionalismus und ständ. Wesen als ein Grundthema europ. Gesch., HZ 174, 1952, 307-337 – M. Szeftel, Aspects of Feudalism in Russian Hist., Feudalism in Hist., 1956, 167-182 – M. Hellmann, Herrschaftl. und genossenschaftl. Elemente in der ma. Verfassungsgesch. der Slawen, ZOF 7, 1958, 321-338 – J. Blum, Lord and Peasant in Russia, 1961 – W. Schulz, Die Immunität im nö. Rußland des 14. und 15. Jh., FOG 8, 1962, 26-269 – G. Stökl, Gab es im Moskauer Staat »Stände«? JbGO NF 11, 1963, 321-342 – G. Alef, Reflections on the Bojar Duma in the Reign of Ivan III., The Slav. and East Eur. Rev. 45, 1967, 76-123 – I. I. Ljapuškin, Slavjane Vostočnoj Evropy nakanune obrazovanija Drevnerusskogo gosudarstva (VIII-pervaja polovina IX v.). Materialy i issledovanija po archeologii SSSR 152, 1968 – A. V. Solov'iev, L'organisation de l'état russe aux Xe siècle, L'Europe aux IXe-XIe siècles, 1968, 249-268 – S. B. Veselovskij, Issledovanija po istorii klassa sluzilych zemlevladel'cev, 1969 – W. Philipp, Die gedankl. Begründung der Moskauer Aristokratie bei ihrer Entstehung (1458-1522), FOG 15, 1970, 59-118 – I. J. Frojanov, Kievskaja Rus'. Očerki social'no-ekonomičeskoj istorii, 1974 – H. Rüss, A. und Adelsoppositionen im Moskauer Staat, 1975.

F. Westslawen

Die Aristokratie des frühen MA bildet eine erbl. soziale Oberschicht samt den Stammesfürsten, die der Anteil an polit. und militär. Macht auszeichnet und die altslaw. Führungsschichten, aus dem Kreis der Krieger und fremder Zuwanderer, entstammt.

Zw. *Elbe*, *Saale* und *Oder* sowie in *Pommern* sind uns aus den Quellen seit dem Ende des 8. Jh. primores, reguli, meliores, praestantiores überliefert. Ihre polit. Macht vom 8. bis 12. Jh. ist im Land wie auf den Burgen »populus qui nobis subiectus est« bedeutend (Herbord III, 3), ebenso bedeutsam ist ihr Grundbesitz. Obwohl diese Aristokratie in ihren Kämpfen um Unabhängigkeit oft geschlagen und in der Mehrzahl vernichtet wurde, haben dennoch einige stammesfürstl. Geschlechter der →Abodriten und auf Rügen Eingang in den dt. A. gefunden. Neben dieser Oberschicht kennen wir im 10.-12. Jh. eine mittlere bäuerl.-adlige (seniores villarum), auch Bauernkrieger zu Pferde (in equis servientes, withasii, vetenici) auf dem Land und in Burgen, die auf ältere Perioden zurückgehen. Ihre Spuren sind noch im 14. Jh. im Görlitzer Land in den »rittermäßigen Leh(n)männer« zu erkennen.

In *Böhmen* und *Mähren* sind »Reiche« (bogatyi, Vita des Methodius), »mächtige Herren« (velmąž, vladyka zemli, župan [Zakon sudnym ljudem]) bezeugt, im 10./12. Jh. als primates, seniores, proceres, magnates oder auch speziell als comites, barones, supani bezeichnet. Vom 10. Jh. an gehörten auch Bf.e und Äbte zu dieser Oberschicht. Das Entstehen dieser Schicht muß man in das 9. Jh., wenn nicht noch früher datieren. Zweifellos verstärkten die landesherrl. Einkünfte, der Anteil an allen Regalien sowie das Anwachsen des Grundbesitzes dank der fürstl. Vergabungen die polit. und gesellschaftl. Rolle der Aristokratie. Der Fs. v. Böhmen mußte die Mächtigen in sein polit. Spiel einbeziehen, manche alten und neuen Geschlechter stützen und mit anderen ebenso kämpfen wie mit den Stammesfürsten der Slavnikiden (995) oder mit den Vršovici (1102, 1108). Im 11. Jh. treten neben diesen nobiles auch secundi ordinis milites (Cosmas II, 39) auf, die wir noch im 13. Jh. als nobiles minores kennen. Darunter stehen die *panoše*; aber nur die nobiles maiores und minores (in der Majestas Carolina 1355 als barones und nobiles) bildeten den böhm. A., die Aristokratie und die Ritterschaft.

In *Polen* sind im 11. und 12. Jh. optimates, nobiles, comites, principes terre bekannt, mit den poln. Entsprechungen *żupan*, *pan*, *ksiądz*. Diese Oberschicht war schon in der poln. Stammesperiode mit Grundbesitz und polit. Macht ausgestattet; im gesamtpoln. Staat des 10. und 11. Jh. befestigte sie ihre Stellung, weil sie die höchsten Ämter innehatte und ihr Grundbesitz ständig wuchs. Diese erbl. Aristokratie befand sich nicht selten in Konflikt mit dem Herrscher (Odolan und Przybywoj 992, Skarbimir und Peter Włast im 12. Jh.). Diese Schicht nahm nur wenige fremde Adlige auf, mußte sich aber mit der Einreihung mancher nichtadeligen Elemente – non de nobilium genere, sed de gregariis militibus (Gallus I, 20) – durch den Fs.en abfinden. Auch die Bf.e und Äbte gehörten dieser Schicht an. In der Gefolgschaft der mächtigen Geschlechter gab es ritterl. Ministeriale: commilitones, familiares. Im 12. Jh. bildeten die Mächtigen starke Familienverbände, ähnl. den w. *lignages*, die sich auszeichnen durch Retraktrecht, Immunität und gerichtl. Verantwortlichkeit allein gegenüber den Fs.en. Bekannt sind sie unter späteren Namen aus dem 14./15. Jh., wie die Geschlechter der →Awdańce, der Lisy, der Łabędzie, Odrowąże u. a. Neben der Aristokratie gab es eine Schicht der Ritter – militelli, milites gregarii, mediocres – im 12. und 13. Jh., die man von den Kriegern der Stammeszeit herleiten muß. Im 13. Jh. vergrößerte sich diese Schicht durch andere Elemente, durch landesherrl. Bauern, die zum Ritterstand erhoben wurden, das ius militare erwarben und als kleine Ritter Zugang zur Ritterschaft neben der Aristokratie und der ritterl. Mittelschicht fanden. Ein großer Teil von ihnen erlangte auch das volle ius militare. Die so entstandene neue *Szlachta*, die sich seit dem Ende des 13. Jh. auch durch Wappen und Devisen – proclamationes, Geschlechternamen – unterschied, erlangte als Gesamtheit, ohne Unterschied zur höheren Szlachta, eine eigene gesellschaftl. Stellung (grundlegende Privilegien von 1228 und 1291).

A. Gieysztor

Lit.: J. Lippert, Social-Gesch. Böhmens in vorhussit. Zeit I, 1896 – S. Zháněl, Jak vznikla staročeska šlechta, 1930 – Z. Wojciechowski, Das Ritterrecht in Polen vor den Statuten Kasimirs d. Gr., 1930 – Siedlung und Verfassung der Slawen zw. Elbe, Saale und Oder, hg. H. Ludat, 1960 – J. Brankačk, Stud. zur Wirtschaft und Sozialstruktur der Westslawen zw. Elbe-Saale und Oder aus der Zeit vom 9. bis zum 12. Jh., 1964 – J. Bardach, Historia państwa i prawa Polski t. I do połowy XV wieku, 1964² – J. Bieniak, Polska w okresie rozdrobnienia feudalnego, hg. H. Łowmiański, 1973.

G. Litauen

[1] *Bis zur Union mit Polen (1385/86)*. Eine herausgehobene burgsässige und Herrschaft über die Umwohner ausübende Schicht von Burgherren (principes, seniores, reges, koninge u. ä.) wird schon im 13. Jh. in livländ. und preuß. Quellen genannt. Ihre Herrschaft beruhte auf Gefolgschaften, mit denen sie Kriegs- und Beutezüge unternahm, die sie versorgte und an der Beute beteiligte. Daraus entwickelte sich eine Kriegerschicht (milites, bellatores, equites, armigeri u. ä.). Als feste und größere Herrschaftsbildungen entstanden, traten diese Krieger in den Dienst der

Fs.en (duces) bzw. nach Entstehung einer zentralen litauischen Fürstengewalt (Mitte des 13. Jh.) der Gfs.en. Die Ausdehnung der litauischen Oberherrschaft über ostslaw. Gebiete im O (Polock, Witebsk, Smolensk) bzw. S (Schwarzrußland, später Volhynien) brachte die Berührung mit dem ostslaw. Gefolgschaftsadel und führte schon im 13. Jh. zu einer Differenzierung, wohl auch zu wachsender Landsässigkeit, d. h. Erwerb oder Lehnsnahme von Land und Leuten. Seit dem Aufstieg der Dynastie der Gediminiden oder → Jagiellonen und der Ausdehnung des Gfsm.s Litauen über den größten Teil des ehem. Kiever Reiches erhielten die Gefolgsleute der Gfs.en Ämter, Schenkungen und Verleihungen zur Versorgung (in der altweißruss. Kanzleisprache des Gfsm.s Litauen *vysluga, pomest'e, deržańe* gen.) in den neu erworbenen Gebieten. Daneben gab es ererbten Eigenbesitz, v. a. in Niederlitauen/Schemaiten. Im 14. Jh. war der A. noch kein einheitl. Stand: neben den Teilfürsten der gediminid. Dynastie und der slaw. Gebiete als oberster Schicht gab es den hohen A. (barones, satrape u. ä.) mit großem Grundbesitz und polit. Einfluß, die breite Masse der Ritter (*Bajoren*, nobiles), zu der auch ein Teil des Dienstadels gehörte, sowie den Kleinadel, der z. T. bäuerl. lebte und Dienste bei den großen Adligen nahm. Alle Adligen waren zu Leistungen, Kriegs-, Wacht- und Bau-Diensten, Unterhalt und Beförderung des Gfs.en oder seiner Beauftragten verpflichtet, mußten Abgaben zahlen, unterstanden der Gerichtsgewalt des Gfs.en.

[2] *Bis zum Adelsprivileg Alexanders von 1492.* Nach der Krönung zum Kg. v. Polen stellte Jagiełło am 20. Febr. 1387 ein Privileg aus, mit dem die Angleichung der polit., sozialen und rechtl. Lage des litauischen A.s an den poln. begann. Sofern dieser den röm. Glauben annimmt, wird ihm für seinen Allodialbesitz das volle Eigentums-, Vererbungs- und Veräußerungsrecht zuerkannt; damit wird er als Stand anerkannt, der die Rechte und Freiheiten der Standesgenossen in Polen erhalten soll. In den Unionsverträgen von Wilna und Radom (1401) werden die litauischen Adligen als Garanten der Union beider Länder genannt. 1413 wird die Union in Horodlo am Bug erneuert, die poln. Ämterverfassung auf Litauen übertragen und in die Hände des A.s gegeben. Zusammenkünfte (conventiones et parlamenta) werden vorgesehen; 47 litauische Adelsfamilien werden in die Wappengemeinschaften poln. Adelssippen aufgenommen. Der litauische A. wählt künftig den Gfs.en. Verschiedene Verbesserungen des adligen Güterbesitz- und Dienstrechts werden zugesichert. 1432 erfolgte die rechtl. Gleichstellung des orthodoxen ostslaw. mit dem litauischen kath. A. Am 6. Mai 1434 befreite Gfs. Sigismund die bäuerl. Hintersassen des A.s von den Naturalabgaben an den Gfs.en und sicherte zu, daß kein Adliger ohne öffentl. Gerichtsverfahren abgeurteilt werden sollte. Am 2. Mai 1447 erweiterte Kasimir IV. abermals die Rechte des A.s. Die freie Vererbbarkeit der Adelsgüter wurde auf die weibl. Nachkommenschaft ausgedehnt. Die Adelsbauern wurden von allen Abgaben, Geldzinsen und Diensten für den Gfs.en befreit, ihre Freizügigkeit eingeschränkt. Damit geriet der Gfs. in die Abhängigkeit von der Steuerbewilligung durch den A. Dieser erhielt auch die Gerichtsbarkeit über seine Bauern, in die die großfürstl. Justizbeamten nur in bestimmten Fällen eingreifen durften. Nur dem A. war die Besetzung der Ämter vorbehalten. Mit der Verpflichtung zur Hut der Staatsgrenzen wurde er mitverantwortl. für den Staat. Im Laufe der folgenden Jahrzehnte wurde nicht nur die soziale Schichtung innerhalb des A.s in Magnaten, adlige Mittel- und Unterschicht deutl., sondern auch ein stetiger Zuwachs der Macht der obersten Adelsgruppe. Der Rat des Gfs.en *(rada)* als eigtl. Regierungsinstanz entstand. Am 6. Aug. 1492 verlieh Gfs. Alexander dem A. insgesamt ein neues Privileg, das jedoch v. a. der Rada neue Rechte bescherte. Ohne deren Mitwirkung sollte die Gfs. nichts entscheiden, was dem öffentl. Wohl des Landes diene; die gemeinsam gefaßten Beschlüsse sollte der Gfs. nicht abändern dürfen; er hatte die Wünsche der Rada zu respektieren, ohne sie keine Ämter zu besetzen oder Amtsenthebungen vorzunehmen, während niedere Ämter schon von den Magnaten allein besetzt werden durften. Ein Staatsschatz unter Verwaltung der Rada wurde geschaffen; sie erhielt Anteil am Strafprozeß. – Litauen befand sich zu Ende des 15. Jh. damit auf dem Wege zu einer Adelsrepublik mit monarch. Spitze. M. Hellmann

Qq.: Regesta Lituaniae ab origine usque ad Magni Ducatus cum Regno Poloniae unionem I (bis 1305), hg. H. PASZKIEWICZ, 1930 – Akta unji Polski z Litwą (1385–1791), hg. S. KUTRZEBA und W. SEMKOWICZ, 1932 – Akta Aleksandra, hg. F. PAPÉE, 1927 – Akty Litovskoj Metriki [Akten der Litauischen Metrik], hg. F. J. LEONTOVIČ I (1413–1507), 1886–87 – Lit.: M. KRASAUSKAITĖ, Die litauischen Adelsprivilegien bis zum Ende des 15. Jh. [Diss. Zürich 1927] – K. AVIŽONIS, Die Entstehung und Entwicklung des litauischen A.s bis zur litauisch-poln. Union 1385, 1932 – J. OCHMAŃSKI, Historia Litwy, 1967 [Lit.] – M. HELLMANN, Grundzüge der Gesch. Litauens und des litauischen Volkes, 1976².

H. Ungarn

Als Reiternomaden verfügten die Ungarn vor ihrer Landnahme im Karpatenbecken wie andere kulturell und sprachl. verwandte Steppenvölker (Chazaren, Kök-Türken, Mongolen u. a.) über eine hierarch. gegliederte Gesellschaftsordnung. An der Spitze der aus zehn Stämmen gebildeten Föderation standen ein sakraler Gfs. *(Kündü)*, ihm zur Seite als fakt. Machthaber ein Heerführer *(Gyula)* und die Stammeshäuptlinge *(úr*, 'Herr'), die zusammen mit den Anführern der 40–50 Geschlechterverbände *(Bö, Beg)* die maßgebl. Oberschicht bildeten. Eine bedeutende Rolle spielten die ethn. wie sozial bunt zusammengesetzten militär. Gefolgschaften, mit deren Hilfe Gfs. Géza und dessen Sohn Stephan d. Hl. die überlieferte Stammesverfassung beseitigten und durch den Aufbau einer kgl. Zentralgewalt ersetzten.

Indessen gelang es nicht, die mächtigen Sippenverbände völlig auszuschalten, die mit dem unter Kg. Stephan aufsteigenden Amtsadel der comites und fremden (dt., slaw.) hospites zu einer Magnatenschicht verschmolzen, und deren Siedlungsgebiete nahezu ident. mit den kgl. Komitaten des 11. Jh. waren.

Aus den fürstl. Gefolgschaften des 10. Jh. ging die Schicht der *Jobbagionen* ('Gefolgsleute') oder milites (seit dem 13. Jh. servientes regis) hervor, die das Gros des kgl. Aufgebots stellten und personaliter sub vexillo regio Kriegsdienst leisteten. Einen privilegierten Rechtsstatus genossen Hilfsvölker meist oriental. Herkunft (Chalizen, Petschenegen, Székler u. a.), die als Grenzwachen, Zöllner und Münzer in kgl. Dienst standen und im Heerbann die leichte Reiterei stellten.

Das Kgtm. verfügte im 11. Jh. über eine unumschränkte Machtfülle, zwei Drittel des Grundbesitzes und bis 1170 auch über die Kirchenhoheit (Investitur). Erst Thronstreitigkeiten und dynast. Teilungen ließen weltl. und kirchl. Große erneut an Bedeutung gewinnen, die für sich das Widerstandsrecht beanspruchten und als regnum den »Willen des Landes« gegenüber dem Kg. vertraten, der sich seit 1150 genötigt sah, vor wichtigen Entscheidungen den consensus der Magnaten einzuholen. Diese Entwicklung erreichte ihren Höhepunkt unter Kg. Andreas II. (1205–35), der das Königsgut »zu ewigem Erbe« – ein Lehnswesen wie im W fehlte in Ungarn – an die von ihm begünstigten Barone verschleuderte und damit den Widerstand der servientes regis hervorrief. In der sog. »Goldenen Bulle« von 1222 zwangen sie den Kg. zur Anerkennung ihrer reichsunmittelbaren Stellung und ihres Widerstandsrechts. Die »Goldene Bulle« begründete die Rechtsautonomie des Komitatsadels und öffnete den Weg für die Entstehung der ung. *Adelsnation.* H. Göckenjan

Lit.: F. ECKHART, Magyar alkotmány- és jogtörténet [Ung. Verfassungs- und Rechtsgesch.], 1946 – J. DEÉR, Der Weg zur Goldenen Bulle Andreas' II. von 1222, Schweizer Beitr. zur Allgemeinen Gesch. 10, 1952, 104 ff. – GY. GYÖRFFY, Tanulmányok a magyar állam eredetéröl [Forsch. zur Entstehung des ung. Staates], 1959 – E. LEDERER, La structure de la société hongroise du début du moyen âge, 1960 – H. GÖCKENJAN, Hilfsvölker und Grenzwächter im ma. Ungarn, 1972.

I. Skandinavien

In der Frühzeit Skandinaviens ist ein privilegierter Adelsstand mit eigenen Rechten nicht nachweisbar. Es hat aber von jeher Häuptlingsgeschlechter gegeben, die aufgrund ihrer herausragenden wirtschaftl. Stellung in begrenzten lokalen Bereichen polit. einflußreich waren (→Herse, →Jarl). Ob die isländ. →Goden neben ihrem weltl. Häuptlingsamt auch kult.-priesterl. Funktionen hatten, bleibt unsicher. Jedenfalls wurden den Inhabern der Godenwürde im Zuge der staatl. Organisation der neukolonisierten Insel polit. und jurist. Kompetenzen übertragen, so daß sich der Terminus *goði* ('Häuptling') auf Island auch nach der Christianisierung halten konnte. Erst mit der Entwicklung eines reichsumfassenden Kgtm.s entsteht in allen drei skand. Ländern ein feudaler Dienstadel, in den auch Angehörige reicher Bauernfamilien aufsteigen konnten (→Lendermann, →Hird). Die Befreiung von Abgaben konstituierte den kgl. Dienstadel wohl endgültig als einen eigenständigen Machtfaktor (→Frälse, →Hirðskrá). H. Ehrhardt

K. England → Nobility

Adela

1. A. v. Champagne, Kgn. v. Frankreich, * um 1145, † 4. Juni 1206. Tochter des Gf.en Theobald IV. (II.) v. Blois-Champagne, ⚭ Kg. Ludwig VII. 1160. Sie gebar ihm 1165 den vom Volk mit Jubel begrüßten Thronerben (Philipp II.) und übte mit ihrem Bruder Wilhelm (1165 Bf. v. Chartres, 1168 Ebf. v. Sens, 1176 Bf. v. Reims) einen Einfluß am Hofe aus, dem seit 1175 Gf. Philipp v. Flandern entgegenwirkte. 1179 kam es bei Krankheit des Kg.s zum Streit der Hofparteien, den der am 1. Nov. 1179 zum (Mit-)Kg. gekrönte Philipp II. nutzte, um schon vor dem Tod des Vaters (19. Sept. 1180) allein zu herrschen. Er hat dennoch A. und Wilhelm während seines Kreuzzugs 1190 die, allerdings genau festgelegte, Regentschaft über Frankreich übertragen. K. F. Werner

Lit.: DBF I, 528 – A. CARTELLIERI, Phil. II. August, 1–2, 1900–06 – M. PACAUT, Louis VII et son royaume, 1964.

2. A. v. Flandern, Tochter Roberts II. d. Frommen, Kg. v. Frankreich, † 8. Jan. 1079, ⚰ Kl. Messines. ⚭ Richard III. v. der Normandie; nach dessen Tod (1027) heiratete sie 1028 in Paris Balduin v. Flandern, der 1035 seinem Vater nachfolgte. Als Heiratsgeschenk empfing sie von ihrem Vater Corbie. Aus ihrer Ehe mit Balduin V. stammen drei Kinder: Balduin VI., der 1067 seinem Vater nachfolgte; Robert der Friese, der 1071 Gf. v. Flandern wurde und Mathilde, die 1053 den Hzg. Wilhelm v. der Normandie heiratete. Daß Balduin beim Tode des frz. Kg.s Heinrich I., A.s Bruder, die Vormundschaft über dessen siebenjährigen Sohn Philipp I. erwarb und somit Regent v. Frankreich wurde (1060), wird z. T. dem Einfluß von A. zugeschrieben. A. hatte einen großen Anteil an der kirchl. Reformpolitik Balduins V. und hat auch viele Kirchenstiftungen ihres Gemahls inspiriert. Direkt oder indirekt sind somit A. die Errichtung der Stifte von Aire (1049), Lille (1055) und Harelbeke (1064) und die der Abteien von Messines (1057) und Ename (1063) zu verdanken. Nach dem Tode Balduins V. (1067) reiste A. nach Rom, erhielt den Nonnenschleier aus den Händen Papst Alexanders II. und trat nach ihrer Rückkehr ins Kl. von Messines ein. A. Verhulst

Lit.: DBF I, 529 f.

3. A. v. Vohburg → Friedrich I. Barbarossa

4. A. v. Blois → A. v. England

5. A. v. England, Gfn. v. Blois-Chartres, * um 1065, † 8. März 1138 in Marcigny (Saône-et-Loire). Tochter von Wilhelm d. Eroberer, ⚭ vor 1085 Stephan, Sohn des mächtigen Gf.en Theobald III. v. Blois-Champagne. Stephan erbte nach Theobalds Tod (1086) die Gft.en Blois, Chartres und Meaux, nahm 1096 am 1. Kreuzzug teil, kehrte wenig ruhmvoll vorzeitig zurück, wurde dann von A. erneut ins Hl. Land gesandt, wo er 1102 umkam. Während seiner Abwesenheit und nach seinem Tod bis zur Volljährigkeit ihres Sohnes Theobald IV. regierte die energ. Gfn. allein. Aus Chartres machte sie ein kulturelles Zentrum, wo sie mit Ivo v. Chartres, Anselm v. Canterbury, Hildebert v. Lavardin verkehrte, sich von Hugo v. Fleury eine Kirchengeschichte widmen und von Baudry de Bourgueil in Gedichten feiern ließ. Auch nach der Volljährigkeit ihres 1107 zum Ritter geweihten Sohnes, der seit 1109/11, v. a. seit 1114 persönl. herrschend hervortritt, hat sie neben ihm erhebl. Einfluß bewahrt und gemeinsam mit ihm Urkunden ausgestellt, bis sie sich 1122 ins Kl. Marcigny zurückzog. Sie erlebte noch, daß ein anderer ihrer Söhne, Stephan, als Enkel Wilhelms d. Eroberers 1135 Kg. v. England wurde. K. F. Werner

Lit.: H. D'ARBOIS DE JUBAINVILLE, Hist. des ducs et des comtes de Champagne I, 1859 – A. DUPRÉ, Les comtesses de Chartres et de Blois, 1870 – W. VON DEN STEINEN, Der Kosmos des MA, 1959 – R. R. BEZZOLA, Les origines et la formation de la lit. courtoise en Occident II, 2, 1960 – R. SPRANDEL, Ivo v. Chartres, 1962 – M. BUR, La formation du comté de Champagne, v. 950–v. 1150, 1977.

6. A. v. Hamaland, * um 955, † vor 6. Aug. 1028. ⚭ 1. Immad, Gf. (W-Sachsen) seit etwa 970. 2. →Balderich seit etwa 996, 1003/06 Gf. v. Drenthe, nach 1006 Nachfolger des praefectus Godefrid. Kinder: Gf. Theoderich v. W-Sachsen, Meinwerk, Bf. v. Paderborn, Glismod, Azela, Emma (alle aus 1. Ehe). Über ihre Mutter Liutgard, Tochter Gf. Arnulfs I. v. Flandern, war A. karol. Abkunft, was die Aussage der Vita Meinwerci, der Bf. sei »regia stirpe genitus«, erklärt.

A.s Vater, Wichmann, Gf. v. Hamaland, gründete kurz vor 968 das Stift Elten und stattete es mit reichem Eigen- und Lehnsbesitz aus. Erste Äbtissin wurde A.s ältere Schwester Liutgard. Nach Wichmanns Tod focht A. die Schenkung des Vaters an, da sie ohne ihre Zustimmung erfolgt sei. Otto II. versuchte vergebl., den von beiden Schwestern mit Heftigkeit geführten Streit beizulegen. Nach Liutgards Tod – Gerüchte wollen, daß sie auf Anstiften A.s vergiftet wurde – usurpierte A. mit Unterstützung ihres zweiten Gatten Balderich das väterl. Erbe. Am 18. Dez. 996 beendete Otto III. den Streit um Elten. Dem Stift wurden Besitz und Königsschutz bestätigt, aber A. gelang es, ihre Ansprüche auf einen Teil von Wichmanns Erbe durchzusetzen.

Die von den Zeitgenossen als nicht standesgemäß angesehene Ehe mit Balderich, v. a. aber das skrupellose Vorgehen des Paares bei den territorialen Auseinandersetzungen am Niederrhein brachten A. in den Ruf einer »zweiten Herodias«.

Ihren Lebensabend verbrachte A. in Köln, wo sie von Präbenden des Domes und der Abtei Deutz lebte. Vor dem Dom fand sie auch die letzte Ruhe. Doch soll ihr Leichnam, als die Stadt durch einen Sturm bedroht war, ausgegraben und in den Rhein geworfen worden sein.

K. Stock

Lit.: S. Hirsch, H. Pabst und H. Bresslau, Jbb. des Dt. Reiches unter Heinrich II., II, 1864, 345ff.; III, 1875, 41ff. und 311ff. – R. Holtzmann, Gesch. der sächs. Kaiserzeit (900–1024), 1961⁴ [Neudr. 1967], 461ff. – F. W. Oediger, Adelas Kampf um Elten (996–1002), Annalen Niederrhein 155/156, 1954, 67–85 [Repr. Ders., Vom Leben am Niederrhein, 1973, 217–235] – A. Wirtz, Die Geschichte des Hamalandes, Annalen Niederrhein 173, 1971, 39–68.

7. A. v. Pfalzel, hl. (Fest 24. Dez.), * ca. 660, † ca. 735, entstammt der im Mosel-Maas-Raum begüterten Familie →Irminas: Tochter Irminas (Hl., Mitbegründerin von Echternach, später Äbt. v. Oeren) und des frk. Seneschalls Hugobert, Enkel des dux Theotar (Metz), Schwester der Regentrud, Chrodelind, Plektrud (Gemahlin Pippins d. Mittleren) und vermutl. der älteren Bertrada (Gründerin von Prüm), verwandt vielleicht mit Bf. Hugobert v. Maastricht-Lüttich (hl. Hubertus). A. war verheiratet (mit Odo vir inluster) und hatte Kinder (Alberich, eventuell Haderich, Gerelind; Enkel: Bf. Gregor v. Utrecht). Sie gründete wohl bald nach 700 das Frauenkloster Pf. in einem von ihrem Schwager Pippin erworbenen spätröm. Landsitz und richtete dem neuen Konvent, dessen erste Äbt. sie war, in der villa eine gleichnamige Kreuzkirche ein. Ihre Gründung stattete sie mit Gütern an Maas und Mosel, in Gill- und Bidgau aus (Testament von 732/33). Die ersten Nonnen des Konvents mögen aus Oeren, Nivelles, Andenne gekommen sein, wohin verwandtschaftl. Beziehungen bestanden. A. wird in die Verbindungen ihrer 704/710 verstorbenen Mutter zu ags. Pilger- und Missionskreisen hineingewachsen sein: ein vor 713 dat. Brief einer ags. Äbt. (Bonifatius ep. 8) empfahl eine nach Rom reisende Äbt. der Fürsorge der wegen ihrer Frömmigkeit gerühmten A. 721 besuchte Bonifatius Pf. und gewann A.s Enkel Gregor für Missionsaufgaben. Vermutl. gehörte der Fuldaer Ragyndrudiscodex, mit dem Bonifatius sein Haupt vor den Mördern geschützt haben soll, der genannten Regentrud und gelangte über Pf. in Bonifatius' Besitz. – Ihr Heiligenkult scheint auf Pf. beschränkt gewesen zu sein.

D. v. d. Nahmer

Lit.: KalOSB III, 1937, 453 [zum Kult] – Fr.-J. Heyen, Unters. zur Gesch. des Benediktinerinnenkl. Pfalzel b. Trier, Stud. zur Germania Sacra 5, 1966.

Adelajda → Belekn:gini

Adelantado, im kast.-aragon. Kgr. war der A. im 12. Jh. der militär. Befehlshaber. Nach der Eroberung von Andalusien und Murcia übernahm er unter Ferdinand III. und Alfons X. zusätzl. zu seinen spezif. militär. auch die polit. und rechtl. Funktionen in den *adelantamientos* oder Distrikten, in die das eroberte Gebiet aufgeteilt war (*A. de Frontera*). Nach und nach wurde diese Verwaltungsform auch auf das Binnengebiet des Kgr.s übertragen und ersetzte die alten Gft.en *(A.s mayores)*. Die A.s wurden direkt vom Kg. ernannt, und ihre Würde entsprach der des Kanzlers oder Admirals, der manchmal auch den Titel eines *A. de mar* führte. A.s. Mayores gab es in Kastilien, León, Asturien, Galicien, Guipuzcoa, Alava, Cazorla, Murcia und Andalusien. An der Spitze der Bezirke oder *merindades* standen die *A.s menores*. Alfons X. schuf das Amt des *A. de la Alzadas* oder Oberrichters, eines Kronbeamten, der für die Berufungsverfahren der niederen Gerichtsbarkeit zuständig war. Um die Macht des Adels zu begrenzen, ersetzten die kath. Kg.e nach und nach die A.s durch *alcaldes mayores*. Sie behielten nur den A. v. Cazorla bei, und A.

wurde ein reiner Ehrentitel. – Bis zur endgültigen Organisation wurden in S-Amerika das Amt und die Aufgaben eines A. den Konquistadoren übertragen. J. M. Sans Travé

Lit.: J. F. Rivera Recio, El Adelantamiento de Cazorla, 1948 – A. Ballesteros-Beretta, Alfonso X el Sabio, 1961 – L. Polaino Ortega, Estudios históricos sobre el Adelantamiento de Cazorla, 1967.

Adelard v. Bath (Athelardus, Aelardus, Alardus, Aethelardus Bathensis [Bathoniensis]), * um 1070, † nach 1146, aus Bath, Schulbildung in der Normandie und an der Loire, Bildungsreisen über Tours und Laon, um 1104–07 über Salerno nach Sizilien und Antiochien (um 1115). Um 1130 Rückkehr nach England. An frk. Schulen im Trivium und Quadrivium gebildet, nimmt A. – unter der Formel »Arabum studia scrutari« – breite Kontakte zu arab. Quellen auf und vermittelt den Geist antiker Naturforschung im arab. Gewand an die hochma. Schulzentren. Einflüsse auf spätere Übersetzergruppen um Hermann v. Carinthia, Robert v. Chester und Daniel v. Morley. Versuch einer frühen Konkordanz in der Universalienfrage zw. Philosophie und Naturphilosophie: empir. Forschung und Spekulation gelten als gleichrangige und sich ergänzende Methoden; über die Autorität stellt A. die eigenständige Vernunft (ratio dux).

H. Schipperges

A. v. B.s Bedeutung für Mathematik und exakte Naturwissenschaften: Er übersetzte und bearbeitete verschiedene astronom. und astrolog. sowie math. Werke der Araber und Griechen, so u. a.: die astronom. Tafeln von al-Ḫwārizmī und die Elemente Euklids. Seine Euklidübersetzung aus dem Arab. lieferte dem MA den ersten vollständigen Text der Elemente (vgl. Murdoch). Daneben schrieb A. auch eigene Abhandlungen z. B. über den Abakus und das Astrolabium.

E. A. Neuenschwander

Ed.: H. Weissenborn, Abh. zur Gesch. der Math. 3, 1880, 147–157 – »Regule abaci«, ed. B. Boncompagni, Bull. di bibliogr. e di storia delle scienze matematiche e fisiche 14, 1881, 91–134 – H. Willner, Des A. v. B. Traktat »De eodem et diverso«, BGPhMA 4, 1903 – »Tabula astronomica«, ed. H. Suter, D. kgl. Dansk Vidensk Selsk. Skrifter 7, Raekke, Hist. og filos. Afd. III 1, 1914 – M. Müller, Die »Quaestiones naturales« des A. v. B., BGPhMA 31, 1934 – »De cura accipitrum«, ed. A. E. H. Swaen. Allard Pierson Stifting, Afdeling voor moderne literatuur wetenschap XI, 1937 – *Lit.:* DSB I – I. Murdoch, Euclid, Transmission of the Elements, DSB IV – Ch. H. Haskins, Stud. in the Hist. of Mediaeval Science, 1924, 20–42 [mit Lit.] – F. Bliemetzrieder, A. v. B., 1935.

Adelchis

1. A., Kg. der Langobarden, Sohn des letzten langob. Kg.s Desiderius und der Ansa; Geburts- und Sterbedatum unbekannt, seit Aug. 759 Teilhaber an der Königsherrschaft seines Vaters (gemeinsamer Titel in den Urkunden: Flavius Desiderius et Adelchis viri excellentissimi reges). Im Mai/Juni 774 wurde er zusammen mit seinem Vater von Karl d. Gr. seiner Königswürde beraubt. Während Desiderius in Pavia den frk. Invasoren noch Widerstand leistete, hatte sich Verona, wohin A. gegangen war, frühzeitig ergeben; A. gelang jedoch die Flucht nach Byzanz, wo er polit. Asyl erhielt und mit dem Titel eines Patricius abgefunden wurde. Seine Bestrebungen zur Wiedererlangung der langob. Königswürde scheiterten endgültig 788, als ein in Kalabrien gelandetes byz. Expeditionskorps vom beneventan. Fs.n Grimoald I. mit spoletan. und frk. Hilfe geschlagen wurde. Das weitere Schicksal des A. ist unbekannt. Sein idealisiertes Nachleben im 19. Jh. ist v. a. durch die hist. Tragödie Manzonis geprägt (1820).

H. Zielinski

Qq.: Paul. diac. contin., ed. G. Waitz, MGH SS rer. Langob., 198–219 – LP, Vita Hadriani cc. 23–34, ed. L. Duchesne, 493–496 – Cod. dipl. Longob., t. III, nn. 33–44 – *Lit.:* DBI l, 258f. – Abel-Simson, Jbb. Frk. Reich Karl d. Gr. I, passim – Hartmann, Gesch. Italiens II, 2, 264–312, passim – R. Schneider, Königswahl und Königserhebung im

FrühMA, 1972, 62 – H. ZIELINSKI, Selbstaussage – Fremdaussage. GGA 221, 1972.

2. A., Princeps v. Benevent, † Mai 878, Sohn des Radelchis. A. behauptete den beneventan. Prinzipat gegenüber den Sarazenen im S und Ks. Ludwig II. im N. Die Kämpfe mit den Arabern verliefen zunächst wenig erfolgreich; nach einem unglückl. endenden Angriff auf Bari 860 mußte A. einen Vertrag mit dem Emir dieser Stadt erkaufen. Dies zog eine Intervention Ludwigs II. nach sich, der die Lösung dieses Paktes erzwang, sonst jedoch die Verhältnisse in S-Italien in der Schwebe ließ. Immer neue sarazen. Überfälle nötigten A., des Ks.s Hilfe zu erbitten. Mit byz. Beistand führte der 866 begonnene Feldzug Ludwigs 871 zur Eroberung Baris. Der Ks. verteilte seine Truppen auf beneventan. Kastelle und schickte sich an, den Prinzipat selbst zu beherrschen. Angesichts der karol. Übermacht hielt es A. für geraten, im Aug. 871 Ludwig II. gefangenzusetzen, eine Handlungsweise, die bes. von der it. Forschung als Aufbegehren des langob. Nationalismus interpretiert wurde. Die sarazen. Bedrohung vor Augen, entließ A. den Ks. in die Freiheit, zwang diesen indessen zu dem Eid, nie in feindl. Absicht zurückzukehren. A.s kurzsichtiges Verhalten leitete den Niedergang der Kaisermacht in Italien ein, auch wenn in Rom der Papst den Ks. vom Eid entband und nochmals demonstrativ die Kaiserkrönung vollzog. A. wiederum suchte Rückhalt bei den Byzantinern und – als diese zu bedrohl. wurden – bei den Sarazenen. Ein Rachefeldzug blieb Ludwig II. († 875) versagt. A. fiel einer Verschwörung seiner Verwandten zum Opfer. 866 hat A. als letzter langob. Herrscher dem »Edictus Rothari« Novellen angefügt. H. H. Kaminsky

Lit.: DBI I, 259 [mit Angabe der Qq. und it., frz. Lit.] – HARTMANN, Gesch. Italiens III – G. MUSCA, L'emirato di Bari 847–871, 1967² [mit Karte v. S-Italien] – *Gesetzesnovellen:* Leges Langobardorum 643–866, ed. F. BEYERLE, 1962², 211–216.

Adelgundis → Aldegundis

Adelheid

1. A. (hl.), Ksn., * um 931 in Hochburgund, † 16./17. Dez. 999 im Kl. Selz, ▭ ebd. Tochter Kg. Rudolfs II. v. Burgund, Schwester Kg. Konrads v. Burgund. ⓧ 1. mit Kg. Lothar v. Italien seit 947, Tochter: Emma, die 966 Kg. Lothar v. Westfranken heiratete. ⓧ 2. mit Otto d. Gr. seit Okt./Nov. 951. Kinder (u. a.): Otto II. und Mathilde, die spätere Äbt. v. Quedlinburg. Febr. 962 Kaiserkrönung in Rom zusammen mit Otto d. Gr.. Am Beginn ihres ereignisvollen und polit. einflußreichen Lebens, durch das A. zu den bedeutendsten Frauen des 10. Jh. zählt, standen die Ambitionen Hugos v. Italien auf das Kgr. Burgund; Hugo verlobte die erst etwa sechsjährige A. mit seinem Sohn Lothar. 951 heiratete Otto d. Gr. bei der Verfolgung seiner it. Pläne die seit 950 verwitwete A., die zeitweilig in die Gefangenschaft Berengars II. geraten war. Als Gemahlin Ottos d. Gr. wurde A. zur bedeutenden consors regni, die in zahlreichen Urkunden als Intervenientin begegnet und ihren Gemahl auf den Italienzügen 961–965 und 966–972 begleitete. Maßgebl. an der Erziehung Ottos II. beteiligt, war sie bis 978 dessen einflußreichste Beraterin, ehe sie sich mit ihrem Sohn entzweite und den Hof verließ. 983 gelang es ihr zusammen mit Ksn. Theophanu, ihrem unmündigen Enkel Otto III. die Krone zu erhalten, ehe sie nach einem Zerwürfnis mit ihrer Schwiegertochter den Hof erneut verließ. Beim Tod der Theophanu 991 übernahm sie noch einmal die Regentschaft, doch zog sie sich nach der Mündigkeit Ottos III. 994 bald endgültig zurück. In ihren letzten Lebensjahren hielt sie sich zumeist in ihrer Lieblingsgründung Selz auf. – Schon den Zeitgenossen, die ihre Schönheit, Klugheit und Sittenstrenge rühmten, war das Außergewöhnl. dieser Frau aufgefallen, die →Gerbert v. Aurillac mater regnorum nannte. Überaus aufgeschlossen zeigte sie sich gegenüber der cluniazens. Bewegung; sie stand in Kontakt mit den Äbten Maiolus und Odilo. H. Zielinski

Qq.: Odilo v. Cluny, Epitaphium A. imperatricis, ed. H. PAULHART, MIÖG Ergbd. 20. 2, 1962, 27–54 – Gerbert v. Reims, Briefsammlung, ed. F. WEIGLE, MGH Briefe Dt. Kaiserzeit 2, nn. 20, 74, 128 – I diplomi di Ugo e di Lotario, ed. L. SCHIAPARELLI, Fonti 38 – MGH DD O. I., O. II. und O. III (weitere Qq. bei Paulhart, a. a. O.) – *Lit.:* Bibl. SS I, 233–235 – DBI I, 246–249 – DHGE I, 515–517 – NDB I, 57 f. – LThK² I, 141 f. – PAULHART, a. a. O., 22–26 [ältere Lit.].

Ikonographie: 1097 heiliggesprochen. Dargestellt in fürstl. Gewand mit Zepter und Krone (Domchor zu Meißen um 1260), seit dem 14. Jh. auch mit Kirchenmodell (N-Portal des Augsburger Domes 1343) oder Schiff. G. Binding

Lit.: LCI V, 31 f.

2. A. (Eupraxia, Praxedis), wohl Tochter des Gfs. en Vsevolod v. Kiev, 1088, nach Tod des ersten Gatten, Gf. Heinrich v. Stade (1087) verlobt, 1089 vermählt mit Ks. Heinrich IV., * nach 1067, † 10. Juli 1109 in Kiev, ▭ ebd. im Höhlenkloster. A.s Ehe mit Heinrich IV. scheiterte völlig; sie wurde in Verona unter Bewachung gehalten, floh aber Anfang 1094 zu Mathilde v. Tuscien und tat (kaum glaubhaft wirkende, psychopath. erscheinende) schmutzige Äußerungen über ihr Eheleben, die 1094 eine Konstanzer Synode beschäftigten und 1095 von A. selber auf dem Konzil Urbans II. in Piacenza vorgetragen wurden. Sie tritt dann nicht mehr in Erscheinung. Späterer Nachricht zufolge zunächst nach Ungarn ausgewichen, kehrte sie – die Identität mit Eupraxia vorausgesetzt – in die Heimat zurück und trat Dez. 1106 in ein Kiever Kl. ein. Th. Schieffer

Lit.: NDB I – G. MEYER v. KNONAU, JDG unter Heinrich IV. und V., IV, 1903 [Nachdr. 1965] passim – TH. EDIGER, Rußlands älteste Beziehungen zu Dtl. [Diss. Halle 1911], 57–63 – R. BLOCH, Verwandtschaftl. Beziehungen des sächs. Adels zum russ. Fürstenhause im XI. Jh., Fschr. A. BRACKMANN, 1931, 185–206 – M. HELLMANN, Die Heiratspolitik Jaroslavs des Weisen, Forsch. zur osteurop. Gesch. 8, 1962, 23–25.

3. A., Gfn. v. Sizilien, Tochter Manfreds del Vasto, † 18. April 1118 in Patti, ▭ ebd. Dom. 1089 verband sich Gf. Roger I. v. Sizilien in zweiter Ehe mit A., um die nordit.-lombard. Eroberergruppe, zu deren Führern A.s Bruder Heinrich, Gf. v. Paternò, zählte, fester auf seine Seite zu ziehen. Für die Söhne Simon und Roger (II.) führte A. nach dem Tode ihres Gatten die Regentschaft in der Gft. Sizilien und Kalabrien. Zunächst residierte sie in Messina, ab 1112 vornehml. in Palermo. Im selben Jahr übergab sie die Regierung an Roger II. Eine Reihe von meist gr. Urkunden, in denen sie Adelasia genannt wird, dokumentieren ihre erfolgreiche Regierung, in der sie den verschiedenen ethn. Einheiten gerecht zu werden verstand. Ende 1112 reiste sie nach Jerusalem, um Kg. Balduin I. zu heiraten, der es v. a. auf ihre reiche Mitgift abgesehen hatte. Der Verbindung war kein Glück beschieden. Aufgrund innenpolit. Rücksichten mußte Balduin A. im März 1117 verstoßen, die sich daraufhin wieder nach Sizilien zurückzog. Wenn auch die Bestimmung des Ehevertrags (bei kinderlosem Ausgang sollte die Krone von Jerusalem dem Gf. en v. Sizilien zufallen) nicht zur Wirkung kam, so hatte diese Verbindung für die spätere Erhebung Siziliens zum Kgr. doch schon den Weg bereitet. H. Enzensberger

Qq.: Urkk. verzeichnet bei E. CASPAR, Roger II. (1101–1154) und die Gründung der norm.-sic. Monarchie, 1904 [Neudr. 1966], Regest I, 23 a – P. COLLURA, Appendice al regesto dei diplomi di re Ruggero,

Atti del Convegno internaz. di Studi Ruggeriani, 1955, 545-625 Nr. 1, 3, 4, 7, 9-12, 18 – *Lit.:* DBI I, 253 ff. – E. PONTIERI, La madre di re Ruggero, Atti w.o. 327-432 – J. DEÉR, Papsttum und Normannen, 1972, 153, 165-167, 171, 212.

4. A., Gfn. v. Turin, Tochter des Mgf.en v. Turin, Olderich Manfred, † 19. Dez. 1091; entstammte der nach dem Stammvater benannten Familie der Arduinen, die von der Mitte des 10. bis zum Ende des 11.Jh. einen Großteil des zentralen und s. Piemont unter ihrem Einfluß hatte. Vom Tode des Vaters (1034) bis zum eigenen Ableben war sie de facto Herrscherin über die Mark von Turin. Jedoch führte sie nur den Titel Gfn. (comitissa), während die offizielle Würde des marchio bei ihren drei Ehemännern lag, die sie überlebte: Hermann v. Schwaben, den Aleramiden Heinrich, Otto von Maurienne. Die Heirat mit Otto steht am Beginn des Auftretens der Familie Maurienne-Savoyen in Piemont; nur aus dieser Ehe entstammten Kinder: Petrus (Mgf. seit 1060), Berta (Gemahlin Ks. Heinrichs IV.), Amadeus, Adelheid, Otto. A. gründete 1064 die Abtei S. Maria di Pinerolo und machte wohltätige Stiftungen für viele religiöse Institute im Alpenvorland. 1070 und 1091 ging sie mit Waffengewalt gegen die Stadt Asti und gegen die autonomist. Gebietsforderungen ihres Bf.s vor. Sie stand in Verbindung mit Petrus Damiani und erfüllte eine Mittlerrolle im Kampf zw. Heinrich IV. und dem Papsttum. A. kümmerte sich mehr um den polit. Rang ihrer Verwandtschaft als um die Konsolidierung ihres Hausbesitzes und ihrer Dynastie. Nach ihrem Tod zerfiel die Mark. G. Sergi

Lit.: DBI I, 249-251 – S. HELLMANN, Die Gf.en v. Savoyen und das Reich bis zum Ende der Stauf. Perioden, 1900, 13 ff. – C.W. PREVITÉ-ORTON, The Early Hist. of the House of Savoy, 1912, 189 ff. – T. ROSSI, F. GABOTTO, Storia di Torino, 1914, 75 ff. – G. SERGI, Una grande circoscrizione del regno italico: la marca arduinica di Torino, StM 12, 1971, 668 ff.

5. A. v. Vilich, hl. (Fest 5. Febr.), † 3. Febr. 1008/21, ▭ in Vilich, erzogen in St. Ursula zu Köln, 1. Äbt. des von ihren Eltern Gf. Megingoz und Gerberga um 983 gegr. Kanonissenstifts Vilich, wo sie die Benediktinerregel einführte. Als Nachfolgerin ihrer Schwester Bertrada berief Ebf. Heribert v. Köln (999-1021) sie zur Äbt. von St. Maria im Kapitol zu Köln. In Vilich und Pützchen genießt sie örtl. Verehrung; Bertha, Schwester Wolfhelms von Brauweiler, schrieb 1056/57 ihre Vita (MGH SS 15, 755-763; AnalBoll 2, 1883, 211 f.). F.-J. Schmale

Lit.: LThK² I, 142 – A. GROETEKEN, A. v. V., 1937, 1956².

Adelog, Bf. v. Hildesheim seit 1171, † 20. Sept. 1190, ▭ Hildesheimer Dom. A. stammte wahrscheinl. aus der sächs. Adelsfamilie von Reimstedt. Seit 1160 ist er als Domherr in Hildesheim und als Propst des Domstiftes in Goslar seit 1169 auch noch als solcher Stifts auf dem Petersberg bei Goslar nachweisbar. Stauf. gesonnen, betrieb er im Hinblick auf die Lage des Bm.s eine vorsichtige, aber nicht erfolglose Politik zw. dem Ks. und Heinrich d. Löwen. Beim Sturz des Hzg.s konnte er im Stift eine *herzogähnl.* Stellung und die Lehnshoheit über die Herrschaft Homburg behaupten. Mit Hilfe der Bürger von Hildesheim kaufte er 1185 die Asseburg. Trotz aller polit. Spannungen mit dem Welfen war er auch in Braunschweig als Diözesanbischof tätig. 1179 wurden im *Großen Privileg* die Beziehungen zw. Bf. und Domkapitel geklärt. Bleibende Bedeutung war außerdem seinem Pontifikat durch die Blüte der roman. Kunst in Hildesheim beschieden. St. Godehard wurde vollendet, St. Michael nach einem Brand 1186 wiederhergestellt (gemalte Holzdecke), das Kl. Neuwerk in Goslar erbaut. Damals schufen in Hildesheim und Braunschweig Eilbertus und wohl auch Johannes Gallicus ihre großen Werke. H.J. Rieckenberg

Qq.: K. JANICKE, UB des Hochstifts Hildesheim I – *Lit.:* NDB I – A. BERTRAM, Gesch. des Bm.s Hildesheim I, 1899 – W. BERGES und H.J. RIECKENBERG, Eilbertus und Joh. Gallicus, Ein Beitr. zur Kunst und Sozialgesch. des 12.Jh., NGG, Phil. hist. Kl. 1951 – H.H. MÖLLER, Die Gesch. des Marienaltars im Braunschweiger Dom, Dt. Kunst und Denkmalpflege 25, 1967 – W. HEINEMANN, Das Bm. Hildesheim im Kräftespiel der Reichs- und Territorialpolitik vornehml. des 12.Jh., 1968.

Adelsheiliger, ein in der jüngeren Geschichtswissenschaft (FrühMA-Forschung) gebräuchl. terminus technicus zur Charakterisierung eines bestimmten Heiligentyps, der die hagiograph. Lit. bis zum 11.Jh. entscheidend geprägt hat. Der A. wird in den zeitgenöss. Biographien (Heiligenviten) durch den im Mittelpunkt der Vita stehenden Hl.n vornehmer Abstammung verkörpert, der häufig zunächst eine erfolgreiche staatl. Laufbahn absolviert, bevor er, unter Verzicht auf eine glanzvolle Existenz ›in dieser Welt‹, sich ganz dem Dienst Gottes verschreibt, was in der Regel den Beginn einer auch im staatl.-polit. Bereich wichtigen Tätigkeit als kirchl. Würdenträger, meist Abt oder Bf., bedeutet. Der A. ist Ausdruck einer Epoche, in der sich chr. Gedankengut mit den Traditionen und dem eth. Anspruch der sozial und polit. führenden Schicht (Adel) auf eine bes. Stellung auch im religiösen Bereich verbindet. Im Gegensatz zu Thesen, wonach das Phänomen des A.n als typ. für den germ. Adel, bes. des 7.Jh., anzusehen ist (BOSL, PRINZ), muß der Ursprung dieses Heiligentyps wohl schon in das 4./5.Jh. verlegt werden, als die spätröm. Aristokratie auch die Herrschaft über die hohen Kirchenämter an sich zog (HEINZELMANN). Eine grundsätzl. Änderung des Heiligenideals läßt sich im 11.Jh., d.h. zur Zeit der Reformbewegungen, beobachten (KELLER). Vgl. auch Heilige. M. Heinzelmann

Lit.: K. HAUCK, Geblütsheiligkeit, Liber Floridus, Fschr. P. LEHMANN, 1950, 187-240 – K. BOSL, Der ›Adelsheilige‹, Speculum Historiale, Fschr. J. SPÖRL, 1965, 167-187 – F. PRINZ, Frühes Mönchtum im Frankenreich, 1965, bes. 489-493 und 496-501 – M. KELLER, ›Adelsheiliger‹ und Pauper Christi in Ekkeberts Vita sancti Haimeradi, Adel und Kirche, Fschr. G. TELLENBACH, 1968, 307-324 – M. HEINZELMANN, Bischofsherrschaft in Gallien, 1976.

Adeltrudis (Aldetrudis), 2. Äbt. v. Maubeuge, Tochter des Vincentius Madelgarius und der Waldetrud, Gründerin v. Mons, † 25. Febr. ca. 696; folgte ihrer Tante Aldegundis (Adelgundis) im Abbatiat und ließ dieselbe von Cousolre nach Maubeuge übertragen. J. Wollasch

Lit.: LThK² I, 299.

Ademar v. Chabannes, Geschichtsschreiber, * um 988, † 1034 Jerusalem. Adliger Abkunft, wurde der spätere Mönch v. St-Cybard d'Angoulême (seit 1010) durch seine beiden Onkel, Dekan und Kantor in St-Martial de Limoges, einer Kirche, der er zeitlebens verbunden blieb, ausgebildet. A., unermüdl. Kopist von Hss., verfaßte Hymnen, Predigten, hist. Notizen zu seinen beiden Kirchen und trat als ein vor Fälschungen nicht zurückschreckender Verfechter der »Apostolizität« des hl. Martial hervor. Bekannt ist er durch seine »Historia« (auch »Chronik« gen.) der Franken bis 1028, die im selbständigen Teil überwiegend der Geschichte Aquitaniens gewidmet ist. Zahlreiche Überarbeitungen durch A. haben bis heute eine befriedigende Edition des trotz Irrtümern und Phantastereien wertvollen, informationsreichen Werks erschwert. K.F. Werner

Ed. u. Lit.: Commemoratio abbat. Lemovicensium ed. H. DUPLÈS-AGIER, Chron. de St-Martial de Lim., 1874, 1-8 – Notae hist. de monast. S. Cybarii Engolism. et S. Martialis Lemovicensis, ed. O. HOLDER-EGGER, NA 7, 1881, 632-637 – Zu den Predigten vgl. M.-M. GAUTHIER, Bull. Soc. archéol. du Limousin 88, 1961, 257 ff. – DIES., Cahiers arch. 12, 1962, 205-248 – H. HOFFMANN, Gottesfrieden und Treuga Dei, 1964, 257 ff. – J.A. EMERSON, Speculum 40, 1965, 31 ff. – Zu den Hymnen: J. SZÖVÉRFFY, Die Ann. der lat. Hymnendichtung I, 1964,

367ff. - Epistola de apostolatu Martialis, MPL 141, 89–112 [dort auch ältere Drucke seiner anderen Schr. reproduziert.] – MOLINIER 2, 3–6 – MANITIUS 2, 284–294 – DBF I, 556–559 – WATTENBACH-HOLTZMANN² 1, 310f.; 3, 99f. [Lit. zu den von A. kopierten Hss.] – Repfont 2, 124–126 – Historia, ed. G.WAITZ, SS 4, 106ff.; ed. J.CHAVANON, CTSEH, 1897 [Vgl. L.HALPHEN, A travers l'hist. du MA, 1950, 126–146] – J. DE LA MARTINIERE, MA 46, 1936, 20–33 – K.F.WERNER, DA 18, 1963, 297–326 – D.GABORIT-CHOPIN, La décoration des mss. à St-Martial de Lim. et en Limousin du IXe au XIIe s., 1969 – A.LUBLINSKAYA, Mélanges E.R.LABANDE, 1974, 503–508 – E.-R.LABANDE, Sett. di studio 17, 1970, 781–788, 851f.

Adenet le Roi, * ca. 1240 in Brabant oder Namur, † ca. 1300. Er erlernte sein *mestier* am Hofe Heinrichs III. v. Brabant. Nach dessen Tod (28. Febr. 1261) mußte A. einen neuen Gönner suchen. 1270/71 begleitete er den Gf.en v. Flandern, Gui de Dampierre, auf den Kreuzzug nach Tunis. Nach Flandern zurückgekehrt, blieb A. etwa 30 Jahre in Guis Diensten als *roi* seiner Spielleute. Seine lit. Schaffenszeit entspricht Guis Jahren des Wohlstandes und endet mit der Thronbesteigung Philipps IV. d. Schönen (1285); von diesem Zeitpunkt an verringerte sich das Vermögen des Gf.en ständig. Das letzte Dokument, in dem A. erwähnt wird, stammt aus dem Jahre 1297. Es ist schwierig, seine Werke genau zu datieren. Der »Cléomadès« wurde 1285 beendet. Die »Enfances Ogier« gehen »Berte aus grans piés« voraus (?), und beide sind wohl nach 1273/74 entstanden. »Buevon de Conmarchis«, eine mittelmäßige Bearbeitung des »Siège de Barbastre« in einreimigen Laissen aus Alexandrinern (3945 V.), könnte sein erstes Werk gewesen sein. Die »Enfances« nehmen in einreimigen Laissen aus Zehnsilbern (8229 V.) die erste →Branche der »Chevalerie →Ogier« auf, gehen jedoch nicht auf die →Raimbert zugeschriebene Fassung zurück. »Berte« (3486 Alexandriner) bearbeitet eine unbekannte Fassung der Legende von Pippins Frau. Dieser Text trägt Züge der *Chanson de geste*, der Idylle, selbst der Hagiographie und zeichnet sich durch sein Gefühl für psycholog. Wahrheit und Maß aus. »Cléomadès« (18688 Achtsilber), in dem A. die wunderbare Geschichte des *cheval de fust* wieder wachruft, ist ein echter Abenteuerroman, der von höf. Geist durchdrungen ist; sein Erfolg war beträchtl. und zwar bis ins 18.Jh. hinein.   M.Vuijlsteke

Ed.: A.HENRY, Les oeuvres d'A., Rijksuniv. te Gent, Werken uitg. door de Fac. van de Wijsb. en Lett.: T. I: Biographie d'A. - La tradition manuscrite, 1951 – T. II: Buevon de Conmarchis, 1953 – T. III: Les Enfances Ogier, 1956 – DERS., Univ. de Bruxelles, Trav. de la Fac. de Phil. et Lettres - T. IV: Berte aus grans piés, 1963 – T. V: Cléomadès, 1971 – *Lit.:* A.ADNES, A. dernier grand trouvère. Recherches hist. et anthropologiques, 1970 – R.COLLIOT, Berte aus grans piés. Etude littéraire générale, 1970.

Adenulf v. Anagni, Schüler des Thomas v. Aquin, Neffe von Gregor IX., † 1289; Studium in Paris; um 1250 Magister artium, nach 1272 Magister theologiae; Kanonikus v. Notre-Dame, seit 1264 Propst v. St-Omer; lehnte 1288 die Wahl zum Bf. von Paris ab, starb im folgenden Jahr in St-Victor. Hinterließ einen Kommentar zur aristotel.»Topik« und 18 theolog.Quästionen. M.Bauer
Lit.: L.OTT, Die Wissenschaftslehre des A., Mélanges offerts... à E.GILSON, 1959. 465–490.

Adeodatus, Papst seit 11. April 672, † 17. Juni 676, geborener Römer, Mönch des Erasmusklosters auf dem Caelius. A. kämpfte wie sein Vorgänger Vitalian gegen den Monotheletismus; der LP rühmt seine Güte und Freigebigkeit. Er förderte mehrere Kl., bes. sein Stammkloster.
 G. Schwaiger

Qq.: LP I, 346f. – JAFFÉ² I, 237 – POTTHAST I, 15 – *Lit.:* IP I, 43, 176 – E.CASPAR, Gesch. des Papsttums I, 1930, 587 – SEPPELT II, 71 – L.MAGI, La Sede Romana nella corrispondenza degli imperatori e patriarchi bizantini (VI-VII sec.), 1972 – B.NAVARRA, S. Vitaliano papa, 1972.

Adept. Der Ausdruck A. bezeichnete Gelehrte (philosophi) oder Ärzte (medici), die einen sehr hohen Grad in der Ausübung ihrer Wissenschaft bzw. Kunst erreichten. Man unterschied zwei Stufen: die »incipientes« (Lehrlinge) und die »proficientes« (Gesellen) [Micraelius, col. 50]. Da bereits im 5.Jh. von »adeptio fidei« die Rede ist (Paulinus v. Nola, Epist. 32, 18–3) und lat. Glossen zu gr. Texten den Ausdruck adeptus mit »Qui gratia accepit« umschreiben, wurde A. auch mit »mysta« im Sinne von ἐπόπτης als 'Zeuge des Heiligen' (cf. Lexicon Graeco-Latinum, Basel 1541, s. v. ἐπόπτης) gleichgesetzt (DU CANGE I, 74). J.B. van Helmont nennt daher A.en allgemein die, denen der Geist Gottes außerordentl. Erkenntnisse, insbes. im Sinne der →Kabbala gewährt (Magnet. vuln. cur., 129), adeptus medendi den Arzt, dem Wissen göttl. Ursprungs zu eigen ist, das sich als Schulmedizin nicht vermitteln läßt (Ders., Tract., Praefatio). Bei Paracelsus, für den es in jedem Naturkörper element. und firmament. Kräfte und Eigenschaften und beim Menschen entsprechend zwei Arten von Krankheiten gibt, heißt es: »Der nun weiß, was firmamentisch ist im elementischen Corpus, der ist Philosophus Adeptus.« Er vermag z.B. außer den natürl. auch die firmament. Kräfte der Kräuter zu beschreiben (Opera omnia X, 83f.). Die math. A.en erkennen die Kräfte der Zahlen, Linien und Figuren (Ders. a.a.O. p. 81f.). A. der Medizin ist, »wer die firmamentische Krankheit mit samt ihrer Arzney erkennt und verstehet.«(Ders.a. a.O. p. 85f.). H.M.Nobis

Qq.: Paracelsus, Theophrastus, Philosophia sagax. Ed. HUSER, Basel 1589–1591 – J.B. van Helmont, De magnetica vulnerum naturali et legittima curatione, Paris 1621 – Ders., Tractatus de Lithiasi, Opera Frankfurt 1704 – Micraelius, Johannes, Lexicon philosophicum terminorum philosophis usitatorum, Stettin 1662.

In der →Alchemie war A. im späten MA einerseits eine Bezeichnung für den schon meist in den septem →artes liberales vorgebildeten Schüler, der von einem Meister in die Verfahren und in die vermeintl. Transmutation eingeweiht wurde. Andererseits wurde A. bald als Bezeichnung für den »eingeweihten« Alchemisten aufgewertet, da dieser sich in jahrelangem Lernen und eth.-moral. und religiöser Vervollkommnung (ora et labora) um die Erkenntnis der Geheimnisse der Natur bemüht. Geheimhaltung des mitgeteilten Wissens und Kenntnis von Geheimsprachen, Decknamen und Symbolen kennzeichnen das Verhalten des A.en im MA, aber auch in Geheimgesellschaften der neueren Zeit (z.B. Rosenkreuzer).
 G.Jüttner

Lit.: THARSANDER (G.W.WEGNER), Adeptus ineptus, 1744 – K.CH. SCHMIEDER, Gesch. der Alchemie, 1832 (bisher vollständigstes Biobibliographikon von A.en) – W.GANZENMÜLLER, Die Alchemie im MA, 1938 [Repr. 1967], 113–125 – DERS., Alchemie und Religion im MA, DA 5, 1942, 20–354 [abgedr. DERS., Beitr. zur Gesch. der Technologie und der Alchemie, 1956, 322–335] – G. EIS, Von der Rede und dem Schweigen der Alchemisten, DVjs 25, 1951, 415–435 [abgedr. DERS., Vor und nach Paracelsus, 1965, 51–73] – J.WEYER, Der Alchemist im lat. MA, Der Chemiker im Wandel der Zeiten, hg. E. SCHMAUDERFR, 1973, 29–41.

Aderlaß, *Áderlâz(unge),* partielle Lehnübersetzung von mlat. venaesectio, das seinerseits gr. *phlebotomia* wiedergibt, wobei mhd. *(bluot) lâzen* ursprgl. für (sanguinem) minuere steht und eines der geläufigsten therapeut. Verfahren ma. Heilkunde bezeichnet. Abhängig von spätantik-byz. Vorlagen verfügt bereits die vorsalernitan. Medizin über mehrere *Aderlaßtraktate,* deren Zahl in salernitan. wie nachsalernitan. Zeit stark anwächst und seit dem 14.Jh. das *Aderlaßbüchlein* prägt, jenes Taschenbuch des Praktikers, das auf Krankenbesuche mitgenommen wurde und eigtl. »Ärztliches Vademecum« hätte heißen müssen, seinen Namen indessen dem Überwiegen der Laßschriften verdankt.

Der Aderlaß ist ähnl. wie das →Schröpfen und →Brennen topograph. festgelegt und wurde an bestimmten Laßstellen an eigens in *Laßschemata* aufgelisteten Venen ausgeführt; *Laßmännchen* erleichterten graph. dem Praktiker das Finden. Die Laßstellen waren auf Organe oder Regionen bezogen und wurden – eingebunden in das System der →Humoralpathologie – lunaren, zodiakalen und jahreszeitl. Rhythmen bei der Indikationsstellung zugeordnet. Hinzu kamen Listen *Verworfener Tage* und Erwägungen der Komplexionen- sowie Lebensalter-Lehre, was den A. zunehmend verwickelt gestaltete und das Auswerfen von Laßtagen in spätma. *Aderlaßkalendern* notwendig machte. Die Indikationsstellung war therapeut. breit gefächert und zeigte den Aderlaß auch diätet., diagnost. sowie pharmazeut. an (Lepraschau; Blutdestillation). Eine bes. Rolle spielte das Lassen in der spätma. *Pesttherapie*. Der Blutentzug berücksichtigte den Krankheitsablauf, wurde derivativ-ipselateral oder revulsorisch-kontralateral vorgenommen und diagnost. in der *Blutschau* ausgewertet. Arzt, Wundarzt oder Bader öffneten die von der Laßbinde aufgestaute Vene mit dem *lâz-îsen* (der 'Fliete') und fingen das Blut im Laßbecken auf; gelegentl. ließ der Kranke sich auch selber zur Ader. G. Keil

Lit.: *Allgemeines:* J. BAUER, Gesch. der Aderlässe, 1870 [Neudr. 1966] – Der A., CIBA-Zs. NF VI, 66, 1955 – H. SCHIPPERGES u.a. [Hg.], Einf. in die Gesch. der Hämatologie, 1974 – *Aderlaßtraktate:* A. MORGENSTERN [Hg.], Das Aderlaßgedicht des Johannes v. Aquila [Diss. Leipzig 1917] – R. CZARNECKI [Hg.], Ein Aderlaßgedicht angebl. des Roger v. Salerno... [Diss. Leipzig 1919]; dazu: H. E. SIGERIST, Bull. hist. med. 14, 1943 – D. DE MOULIN, De heelkunde in de vroege middeleeuwen, 1964 – *Aderlaßbüchlein:* G. EIS und W. SCHMITT [Hg.], Das Asager Aderlaß- und Rezeptbüchlein, 1967, VIGGPharm NF 31 – G. BAUER [Hg.], Das Haager Aderlaßbüchlein, 1977, Würzb. med.-hist. Forsch. 12 – *Laßschemata und Laßmännlein:* K. SUDHOFF, Beitr. zur Gesch. der Chirurgie im MA I, Stud. Gesch. Med. 10, 1914 – *Verworfene Tage:* F. AGENO, I giorni egiziaci, Lingua nostra 13, 1952 – G. KEIL, Die verworfenen Tage, Sudhoffs Archiv 41, 1957 – *Aderlaßkalender:* SUDHOFF, Inkunabeln, 261–432a [Laßtafeln] – ZINNER, Bibliogr., 583–788 – E. ZINNER, Der dt. Volkskalender des 15. Jh., naturforsch. Ges. Bamberg 33, 1952 – *Aderlaß-Pesttraktate:* H. BERGMANN, »also das ein mensch zeichen gewun« [Diss. Bonn 1972] – H.-P. FRANKE, Der Pest-»Brief an die Frau von Plauen«, 1477, Würzb. med.-hist. Forsch. 9 – *Blutschau:* D. BLANKE, Die pseudo-hippokrat. »Epistula de sanguine cognoscendo« [Diss. Bonn 1974] – G. KEIL, Makroskop. Hämatoskopie, Proc. XXIII internat. Congr. hist. med. I, 1974.

Adgar → Marienlegenden

Adhémar (Familie), im S des →Valentinois. Sie teilte sich in zwei Hauptlinien: die der Herren v. Grignan und die der Herren v. Montélimar und v. la Garde. Gaucher († 1360, ⌐ Abtei Aiguebelle) aus der letzteren leistete dem Dauphin des Viennois mehrere Lehnshuldigungen (1348, 1349), bestätigte die Freiheiten der Einwohner von Montélimar (1352), erreichte von Ks. Karl IV. am 21. Dez. 1356 die Bestätigung der Länder und Zölle und befreite die Einwohner von Dieulefit vom Zoll von Montboucher (1360). Angehörige der Familie – von → A. v. Monteil bis hin zu Guillaume A. v. Monteil, Bf. v. St-Paul-Trois-Châteaux (1482–1516) – spielten eine wichtige Rolle in der frz. Kirche. M. Hayez

Lit.: DBF I, s.v. – Chartes et documents de l'abbaye Notre-Dame d'Aiguebelle, 1953.

Adhémar von Monteil, Bf. v. Le Puy und Legat Papst Urbans II. beim 1. Kreuzzug, † 1. Aug. 1098. Er entstammte, was nicht ganz sicher ist, dem niederen Adel des Valentinois. Nach GAMS vor 1087 Bf. v. Le Puy. Eine Wallfahrt ins Hl. Land wird vermutet. Vor seinem Aufruf zum Kreuzzug (Clermont 27. Nov. 1095) nahm Urban II. Kontakt mit A. in S-Frankreich auf und ernannte ihn zu seinem Legaten. Zusammen mit dem Gf.en v. Toulouse, Raymund IV. v. St-Gilles, zog A. im Okt. 1096 nach dem O. Seine geistige Führung und vermittelnde Tätigkeit, so etwa bei der Auseinandersetzung zw. Gf. Raymund und Ks. Alexios Komnenos in Byzanz, wurden wichtig. A. nahm an der Belagerung von Nikaia und an der Schlacht bei Doryläum teil, dgl. bei der Belagerung von Antiochia, wo er starb. Sein früher Tod hat ihn zu einer legendären Persönlichkeit gemacht. Die Chronisten rühmen ihn als »Ratgeber der Reichen, Tröster der Leidenden, Stütze der Schwachen, Schatzmeister der Armen und Schlichter von Streitigkeiten«.

J. H. Hill

Lit.: J. H. und L. L. HILL, Contemporary Accounts and the Later Reputation of A., Bishop of Puy. Medievalia et Humanistica 9, 1955, 30–38 – J. A. BRUNDAGE, A. of Puy. The Bishop and His Critics, Speculum 34, 1959, 201–212 – H. E. MAYER, Zur Beurteilung A.s v. Le Puy, DA 16, 1960, 547–552.

Adiaphora → Indifferentia

Adiectio sterilium → Steuer

Al-ʿĀdil, Sultan von Ägypten (1200–18), geb. ca. 1144, gest. 1218, war ungefähr sieben Jahre jünger als sein Bruder Saladin. Zusammen mit seinem ältesten Bruder Tūrānshāh und seinen Vettern Taḳī al-Din und Farrukhshāh gehörte er zur expansiven Teil der Ayyubiden-Dynastie und war der einzige der Gruppe, der Saladin überlebte. Während der Abwesenheit Saladins hatte er Ägypten verwaltet. 1184 zog er nach Aleppo, kehrte aber 1186 nach Ägypten zurück. Wegen seiner Handhabung der ägypt. Finanzen wurde er kritisiert, gab Saladin aber entscheidende Geldsummen. Während des dritten Kreuzzugs war er fast ununterbrochen aktiv in dessen Dienst. Wegen seiner Erfahrung wurde al-ʿĀdil das wirksamste Bollwerk der ayyubid. Macht. Fehden unter den Söhnen Saladins, al-Afḍal, ʿUthmān und aẓ-Ẓāhir sowie Spaltungen innerhalb des Heeres und schließl. der Tod ʿUthmāns gaben al-ʿĀdil den Weg zur Macht frei, ohne die Einheit des ayyubid. Staates zu zerstören. Aẓ-Ẓāhir, sein Schwiegersohn, blieb Herr v. Aleppo, aber die Vorherrschaft der Ayyubiden ging noch während seiner Lebenszeit in die Hände der Söhne al-ʿĀdils über. M. C. Lyons

Lit.: H. L. GOTTSCHALK, al-Malik al-Kāmil, 1958, 19–70 – H. A. R. GIBB, The Aiyubids. A Hist. of the Crusades, ed. K. M. SETTON, 2, 1969[2], 693–699.

Adilburk → Slavnik

Adimari, Pedro, aus Aragon, † 1422. Vermutl. Rechtslizentiat, Pfarrer in der Diözese St-Papoul und Domherr v. Vabres zu Beginn des Pontifikats Urbans V., Kammerherr von Benedikt XIII. und Abt v. S. Juan de la Peña. Während der Kündigung der Obödienz durch Frankreich (1399–1403) übernahm er die Leitung der Finanzgeschäfte und wurde mit der Bewachung des Palastes in Avignon nach der Flucht Benedikts XIII. beauftragt. Er blieb Ratgeber der Apostol. Kammer und Stellvertreter des Kämmerers; als Nuntius v. Paris begleitete er Pedro de Luna, den Neffen des Papstes, und erhob 1405 einen geistl. Zehnten. Ernannt zum Bf. v. Lescar (21. Nov. 1403), zog er diesem verschuldeten Bm. das von Maguelonne vor (20. Nov. 1405). 1406–08 wurde A. Gouverneur v. Avignon und der Gft. Venaissin; er verließ seinen Dienst im Juli 1409. A. war Anhänger Johannes XXIII., der ihn in das Bm. Pamiers versetzte (5. Sept. 1410); er weigerte sich, Maguelonne und Montpellier zu verlassen, wo er vor Ks. Sigismund am 13. 8. 1415 eine Rede hielt. M. Hayez

Lit.: DHGE I – P. PANSIER, Les palais card. d'Avignon aux XIVe et XVe s. 3, 1931.

Adiutor → Finanzwirtschaft

Adler. [1] *Kunst:* Seit dem Altertum »König der Vögel«. Nimmt in der →Mythologie einen hervorragenden Platz ein: Attribut des Zeus-Iuppiter, dessen Blitzbündel er hält, dessen Bote er ist (→Prometheus, →Ganymed). Gehört seit dem Altertum zu den →Sternbildern. Ist nach Plinius und anderen Schriftstellern mit wunderbaren Eigenschaften ausgestattet, eine Tradition, die sich auch im Christentum hält. Der A. ist Sieger über andere Tiere, bes. über → Schlange und →Hase. Beide Motive werden in Antike und MA dargestellt. Als Träger des Ks.s oder als *psychopompos* (Seelengeleiter) erscheint er bei der →Apotheose der röm. Ks., z.B. im Wölbungsrelief des röm. Titusbogens und auf einer Elfenbein-Darstellung des 5.Jh. im British Museum, London. In der röm. Sepulkralkunst ist er sehr verbreitet, was sich auf die frühchr. Kunst auswirkt. Er erscheint unter dem Porträt von Verstorbenen, womit der Gedanke des Emportragens noch deutl. wird, oder als Überbringer des Siegeskranzes, ein aus der röm. Triumphalkunst kommendes Motiv. Zahlreiche kopt. Grabstelen des FrühMA zeigen den A. mit bulla am Hals, ein zuerst in der röm. Kunst auftretendes Motiv. In der frühchr. Kirchenausschmückung erscheint der A. als eines der vier apokalypt. Wesen: Mosaik von S.Pudenziana, Rom, Anfang 5.Jh. (→Apokalypse), danach, mit Buch, als Symbol des →Evangelisten Johannes. Als solches, aber allein, an den *Adlerpulten*. *Adlerfriese* in Relief und Wandmalerei sind in der Apsis der Kathedrale v. Faras in Nubien (9.Jh.) zutage gekommen. Die Symbolik erweitert sich im Lauf des MA, starke Verbreitung finden die dem → Physiologus entnommenen Bilder, z.B. Jungenprobe des A.s, Relief um 1325 im Chorgestühl des Kölner Domes. Der A. ist oft Symbol der Himmelfahrt Christi: sog. Dreinesterkelch in Soest. Er wird Attribut mehrerer Hl.r. Bei der Darstellung der vier →Elemente kommt der A. als Attribut der Luft vor: Reliquienkreuz v. Engelberg, Unterwalden, Anfang 13.Jh. Er ist Symbol der Geometrie (→Artes liberales). Auch des A.s Rolle als Bote ist im MA zu belegen: Bestiarium des Philippe de Thaon. Die Verwendung des A.s als *Dekorations- und Schmuckmotiv* beginnt in der Antike und nimmt im MA zu: Adlerkapitelle sind weit verbreitet. Als Schmuckstück ist die Adlerfibel der Ksn. Gisela, um 1000, berühmt (Mittelrhein. Landesmuseum, Mainz). Adlerfiguren in Geweben sind häufig: kopt., byz. und abendländ. Textilkunst (→Stoffe). Eine klare Unterscheidung zw. Adlerdarstellungen mit Symbolgehalt und solchen dekorativen Charakters ist nicht immer möglich. E. Lucchesi-Palli

Qq.: (in Auswahl): Ex 19, 4–5; Ps 102, 5; Offb 4, 7 – Aristoteles, historia animalium IX, 32 – Plinius, nat. hist. 2, 56; 30, 141; 37, 124 – Ps.-Ambrosius, sermo 46 de Salomone, MPL 17, 694 und 718 – Maximus v. Turin, Hom. 60 de ascensione Domini, MPL 57, 369 – Dionysios Areopagites, De coelesti hierarchia MPG 3, 337A – Gregor I., Moralia, MPL 76, 624s – Physiologus cap. 6, ed. F. SBORDONE, 1936; Übers.: O. SEEL, Der Phys., 1960, 8 – Philippe de Thaon, Bestiaire, ed. E. WALBERG, 1900, 74 ff. – *Lit.:* LCI I, 70–76 – RAC I, 87–94 – RDK I, 172–187; IV, 157–161 – RE I, 371–375 – R. WITTKOWER, Eagle and Serpent, J. Warburg 2, 1938/39, 293–325 – J. DEÉR, A. aus der Zeit Friedrichs II. (P. E. SCHRAMM, Ks. Friedrich's II. Herrschaftszeichen, 1955, 88–124) – DERS., The Dynastic Porphyry Tombs of the Norman Period in Sicily, 1959, 82f. – P. E. SCHRAMM, Herrschaftszeichen und Staatssymbolik III, MGH 13, 3, 1956, 896–899, passim – F. McCULLOCH, Mediaeval Latin and French Bestiaries 1962, 113–115 – E. DINKLER-V. SCHUBERT, Der Schrein der Hl. Elisabeth zu Marburg, 1964, 119–123 – J. KRAMER, Skulpturen mit Adlerfiguren an Bauten des 5. Jh. in Konstantinopel [Diss. München 1968] – E. LUCCHESI-PALLI, Observations sur l'iconographie de l'aigle funéraire dans l'art copte et nubien: Etudes Nubiennes, IFAO [erscheint 1978] – Die Zeit der Staufer, Geschichte-Kunst-Kultur, Kat. der Ausstellung I, Stuttgart 1977, Nr. 775, 870–880.

[2] *Als Herrschaftszeichen; Heraldik:* a) einfacher A.: Als Attribut des Iuppiter Capitolinus wurde der A. Zeichen der röm. Weltherrschaft, v. a. durch seine Verwendung als *Legionsadler*. Mit der Erneuerung des röm. Ksm.s scheint Karl d. Gr. auch den A. als Zeichen des Reichs verwendet zu haben (A. auf der Aachener Pfalz, erst Ende 10. Jh. belegt; als Mastbekrönung auf einem Denar von Quentowik). Unter Otto III. erscheint der A. auf einer Andernacher Münze und auf Miniaturen, hier zuerst als Bekrönung des langen Szepter (Übernahme des Adlerszepters der antiken Imperatoren, vgl. Augustuskameo im Aachener Lotharkreuz). Von Konrad II. bis Heinrich IV. wird das *Adlerszepter* im Königs- (nicht im Kaiser-)Siegel geführt. In der Zeit der Heraldik wird der A. unter Barbarossa zum *Reichswappen*, zuerst golden auf farblosem Grund, im 13. Jh. schwarz auf Gold. Bis um 1230 führen fast alle Rfs.en als Lehnsleute des Kg.s den A. im Schild; um diese Zeit nehmen sie durchweg als Zeichen ihrer Unabhängigkeit vom Kg. andere Wappenbilder an. Bis zu Sigismund bleibt der schwarze A. in Gold Wappen des Ks.s und Kg.s und des Reichs.

b) Doppeladler: Ende 12. Jh. erscheint neben dem einfachen der Doppeladler, zuerst in Siegeln der Reichsstädte Cambrai (noch 12. Jh.) und Kaiserswerth (um 1220). Ebenfalls altoriental. Herkunft, wurde er von den Sassaniden an Byzanz weitergegeben, wo er um 1000 auf sog. *Imperialstoffen* erscheint, mit denen er nach W-Europa gelangt und dort um 1100 in der roman. Kunst als Ornament vorkommt. – Die Verwendung in den Siegeln der Reichsstädte erklärt sich vielleicht aus der Notwendigkeit, auf den Ks. als Stadtherrn hinzuweisen, da der einfache A. auch als Wappenbild eines den A. führenden Rfs.en angesehen werden konnte. Um 1270 wird in England dem dt. Kg. der einfache, dem Ks. der Doppeladler zugewiesen. (Das könnte evtl. darauf zurückgehen, daß der Doppeladler das Zeichen der byz. Kaiserdynastie der Palaiologen war (1259–1463) und seitdem das ksl. Symbol von Byzanz, das die Moskauer Großfürsten im 16. Jh. übernahmen.) Diese Verfahrensweise setzt sich im 14. Jh. auch im Reich durch, ohne offiziell vom Ks. akzeptiert zu werden. Nur einige ksl. Prinzen führen nach 1350 den Doppeladler im Siegel, wohl als Hinweis auf die ksl. Abstammung. 1401 führt Sigismund als Reichsvikar im Siegel den Doppeladler, als Kg. wieder den einfachen und erst nach der Kaiserkrönung 1433 den Doppeladler, der damit offiziell als Kaiser- und Reichswappen anerkannt ist. Der Kg. führt jedoch bis zum Ende des alten Reichs nur den einfachen A. Reichswappen ist seit Sigismund der schwarze Doppeladler mit nimbierten Köpfen (Zeichen der Heiligkeit des Reichs) im goldenen Feld. Vgl. Evangelistensymbole, Greifvögel. H.-E. Korn

Lit.: E. GRITZNER, Symbole und Wappen des alten dt. Reichs, 1902, Leipziger Stud aus dem Gebiet der Gesch. 8, 3 – V. VALENTIN-O. NEUBECKER, Die dt. Farben, 1928 [mit reicher krit. Bibliogr.] – H.-E. KORN, A. und Doppeladler. Herold NF 5, 6, 1963–68, 113 ff. [Diss. Göttingen 1969, Neudr. Marburg 1976] – H. HORSTMANN, Der A. Karls d. Gr., Archivum heraldicum 80, 1966, 18–21.

Adler, weißer, Staatswappen Polens seit 1295: weißer, goldgekrönter A. auf rotem Feld. In vorherald. Zeit auf den Münzen poln. Hzg.e symbol. bekannt. Seit 1222 durch einige Piastenfürsten (Kasimir I. v. Oppeln und Ratibor, Heinrich II. d. Frommen v. Breslau 1224/25 mit Halbmond, später auch mit Kreuz, auf Flügeln) in Schlesien, Krakau-Sandomir 1227, Pommerellen 1229, Großpolen 1230/31, Kujavien 1231, Masovien 1285 für längere oder kürzere Zeit als persönl. Zeichen benutzt. Von Przemysláv II. v. Großpolen seit 1290 mit gesamtstaatl. Bedeutung

gegenüber Wenzel II. v. Böhmen eingeführt, als gekrönter Adler mit Halbmond an das polit. Programm Heinrichs IV. Probus v. Breslau anknüpfend, nach der Krönung 1295 ohne schles. Halbmond. Weitere Entwicklung im 14. und 15.Jh. stilist. oder in Verbindung mit anderen Wappen der Kg.e v. Polen. A. Gieysztor
Lit.: H. ANDRULEWICZ, Der weiße Adler im Wappen des Kgr.s Polen im 13.Jh., ADipl, 19, 1973, 157-210 [Lit.].

Adlerfibel → Fibel

Adlerstein (Aetites, Lapis aquilinus Lapis praegnans, Klapperstein, Erodalis, Enhydros). Konkretionen, deren Mantel und beweglicher Kern *(Calimus)* aus Toneisenstein bestehen, während der *Geodes* Mergel und der *Enhydros* Wasser einschließt. Der Talismancharakter dieses Steins wird von der Antike (Plinius, Dioskurides) über das MA (u. a. →Albertus Magnus, →Lapidarien) in die Neuzeit tradiert. Der auch zum Schutz gegen Schlangen benutzte Stein soll vom Adler zur Geburtsförderung seiner Jungen ins Nest getragen werden. Die Konkretion des Steins im Stein führte zu dieser Analogie zum Ei, aber auch zur Gebärmutter, so daß vornehml. Geburtserleichterung, gelegentl. aber auch Schutz gegen Frühgeburt und Hilfe gegen Gifte und Epilepsie von diesem Amulett erwartet worden sind. G. Jüttner
Lit.: HWDA I, 189-194 - A. BOETIUS DE BOODT, Historia Gemmarum et Lapidum, Hannover 1609. Ed. und Komm.: J. E. HILLER, QStGNT 8, H. 1, 2, 1941 - J. L. BAUSCH, De Haematite et Aetite Schediasmata, Leipzig 1665.

'Adlī → Meḥmed II.

Administration → Verwaltung

Administrator, seit dem späten 13.Jh. offizielle Bezeichnung für den Verwalter eines Bm.s in Sonderfällen, meist bei rechtl. Behinderung des Bf.s zur Leitung der Diözese (→Suspension oder →Exkommunikation). Bonifatius VIII. entzog durch seine Gesetzgebung (VI° 1. 6. 42 und 1. 8. 4) dem Metropoliten das Recht, in solchen Fällen einen Visitator zu ernennen, und reservierte die Bestellung eines A.s dem Apostol. Stuhl. Wenn nichts anderes in der Ernennungsurkunde verfügt wurde, hatte er die gleichen Rechte wie ein zum Bf. Gewählter, der bereits vom Papst bestätigt war. Er besaß wie ein Koadjutor das Recht auf Unterhalt aus den Einkünften des Bm.s. Er blieb so lange im Amt, bis die Behinderung ein Ende hatte oder ein neuer Bf. bestellt war. Im SpätMA wurde einzelnen Bf.en gegen entsprechende Provision vom Papst ein 2. (oder gar 3.) Bm. übertragen, das diese dann als A.en verwalteten. Gelegentl. führte auch der Verwalter kirchl. Vermögens die Bezeichnung A. R. Weigand
Lit.: P. HINSCHIUS, Kirchenrecht II, 1878, 257f. - TH.J. MCDONOUGH, Apostolic Administrators, Canon Law Studies 139, 1941, 8-43.

Admiral → Admiratus

Admiratus. Das aus dem Arab. stammende Wort *(al-amīr,* 'Befehlshaber') gelangte in das norm. Sizilien und bezeichnete dort einen hohen Funktionär, dessen Aufgabenbereich ursprgl. nicht genau festgelegt war, sondern der die traditionellen Kompetenzen dieses Amtsträgers im arab. Sizilien übernahm, wo der Emir der Militär-Gouverneur der Stadt Palermo war. Nach der Bildung des Kgr.s übernahm er auch andere Funktionen, zum Teil auch im Finanzwesen, wobei infolge der Erweiterung des Verwaltungsapparates des Staates noch andere »Admiräle« ernannt wurden. Über diesen stand ein Oberbefehlshaber mit dem Titel »admiratus admiratorum«. Wir finden den A. also in der kgl. Regierung mit einer Reihe von Funktionen, die von der administrativ-finanziellen bis zur militär. reichen. Diese Funktion wurde sehr bald eine der höchsten Würden im Staat oder, wie man später sagte, eines der sieben höchsten Ämter im Staate. Im Laufe der Entwicklung des norm. Staates erfuhr die A. jedoch allmähl. eine Einschränkung seiner Kompetenzen auf die rein militär. und übernahm die Verantwortung für die Flotte des Staates. Die Würde des A. hatte auch unter der Herrschaft von Friedrich II. große Bedeutung, wo die Verantwortlichkeit als Flottenkommandant immer stärker hervortrat (deshalb waren die ersten Amtsträger Genuesen), und während der Anjou-Monarchie. Davon leitet sich die in den verschiedenen europ. Sprachen gebräuchl. Bedeutung des Begriffes Admiral als Kommandant, auch als Oberbefehlshaber einer Kriegsflotte, her. R. Manselli
Lit.: L.-R. MÉNAGER, Amiratus. L'Emirat et les origines de l'amirauté (XIe-XIIIe siècles), 1960 - E. MAZZARESE FARDELLA, Aspetti dell'organizzazione amministrativa nello Stato normanno e svevo, 1966 - M. CARAVALE, Il Regno Normanno di Sicilia, 1966, 131-145.

Admissio → Kaiserzeremoniell

Admonitio generalis, eines der berühmtesten, in seiner Form allerdings z.T. ungewöhnl. →Kapitularien Karls d. Gr.: ein ausführl., 82 Kapitel umfassendes Send- und Mahnschreiben des Kg.s, das wohl 789 nach ausdrückl. erwähnten Beratungen mit den Bf.en und kgl. Räten erlassen wurde. Das Schreiben, das durch Sendboten verbreitet wurde, ist an die Bf.e, den übrigen Klerus, die weltl. Würdenträger und das Volk (populus) gerichtet und umfaßt nach einer arengaartigen Einleitung (→Arenga) mit Äußerungen über die Natur des karol. Kgtm.s von grundsätzl. Bedeutung zwei große Abschnitte: Der erste Teil mit den Kap. 1-59 behandelt Gegenstände der kirchl. Ordnung, und zwar in Wiederholung von Canones und päpstl. Dekretalen aus der Sammlung des →Dionysius Exiguus, die Papst Hadrian I. 774 Karl übersandt hatte: das alte, als vorbildl. angesehene Kirchenrecht sollte danach wiederhergestellt werden. Ganz anders der zweite Teil mit den Kap. 60-82, der sich mahnend an die verschiedenen Gruppen richtet und sie auffordert, in ihren Bereichen die rechte Ordnung wiederherzustellen. Er umschreibt darin prakt. das gesamte Reformprogramm Karls. Bes. characterist. daraus Kap. 62 mit der Bestimmung, daß die geistl. und weltl. Gewalten einträchtig zusammenzuwirken haben, d.h. der Verpflichtung der Großen zur geistl.-weltl. Partnerschaft als einem Grundprinzip des Karlsreiches - und Kap. 72 mit der Ausweitung des Reformprogramms auf die Bildungspflege, für die nach der grundsätzl. Forderung ihrer Berücksichtigung in der »Epistola de litteris colendis« von 784/785 (UB des Kl. Fulda I nr. 166) hier genauere Ausführungsbestimmungen gegeben werden. Sie verraten den Geist →Alkuins, dessen Mitwirkung an der Abfassung der A. nachgewiesen ist. J. Fleckenstein
Ed.: MGH Capit. I nr. 22 - Lit.: ABEL-SIMSON, Jbb. Frk. Reich Karl d. Gr. II, 1883, 11. - L. HALPHEN, Charlemagne et l'empire Carolingien, 1949, 209f. - F.-C. SCHEIBE, Alcuin und die A.g., DA 14, 1958, 211-229. - F. L. GANSHOF, L'Eglise et le pouvoir royal sous Pépin III et Charlemagne, Sett. Cent. it. 7, 1960, 104f., 121f. - DERS., Was waren die Kapitularien? 1961, s.v.

Admont, Benediktinerabtei, 1074 von Ebf. Gebhard v. Salzburg als erstes steir. Männerkloster errichtet; 859 ist der Name A. in einer Urkunde Kg. Ludwigs d. Deutschen erstmals erwähnt. Die ersten Mönche kamen mit ihrem Vorsteher Arnold aus St. Peter in Salzburg. Das mit reichen Gütern und wertvollen Büchern ausgestattete A. hatte wegen seiner Papsttreue während des Investiturstreites unter häufigen Plünderungen und Überfällen der Papstgegner zu leiden. 1121 entstand das ebenfalls bedeutende Frauenkloster. 1122 wurde A. cluniazens. Reformabtei. Das nach einem Brand (1152) schwer zerstörte Kl. wurde neu aufgebaut und erlebte dann seine erste und zugleich höchste Blüte. In der eigenen Schreibschule entstanden die *A.er Annalen* und zahlreiche wissenschaftl. Werke, die A. zum »steir. St. Gallen« machten. 16 Mönche wurden in auswärtige Kl. als Äbte berufen. Der Besitz des Kl.s reichte weit über Österreich, Bayern und bis nach Friaul. Außerdem fanden Seelsorge, Bergbau, die Armen- und Krankenfürsorge frühzeitig eifrigste Pflege. Abt Heinrich II. (1275–97) war gleichzeitig erster Finanzbeamter und Landeshauptmann der Steiermark. Nach seiner Ermordung leitete Abt Engelbert das Kl.; er schrieb 45 wissenschaftl. Werke. Um 1380 besaß A. bereits über 640 Hss. Mit Beginn der Neuzeit löste sich das Frauenkloster auf, A. selbst erlebt im 17. Jh. eine neue Blütezeit.

P. A. Krause

Lit.: P. J. Wichner, Gesch. des Stiftes A., 1874–80 – Ders., A. und seine Beziehung zur Kunst, 1888 – Ders., A. und seine Beziehungen zur Wiss. und zum Unterricht, 1892 – P. A. Krause, Die Krippenkunst des steir. Bildhauers J. Th. Stammel im Stifte A., 1962 – Ders., Das Blasiusmünster in A., 1965 – Ders., Die Stiftsbibliothek in A., 1969⁷ – K. Arnold, A. und die monast. Reform des 12. Jh., ZRGKanAbt 58, 1972, 350–369 – W. Steinböck, Die Gründung des benediktin. Reformklosters A., StudMitt 84, 1973, 52–81 – P. A. Krause, Stift A., ein Bildbd., 1974 – Ders., 900 Jahre Stift A., Bll. für Heimatkunde 48. Jg., 1. H., 1974.

Ado v. Vienne, Ebf., Geschichtsschreiber, * um 800, † 16. Dez. 875; erhielt seine geistl. und wissenschaftl. Ausbildung in Ferrières, hielt sich zw. 841 und 853 in Prüm, danach vielleicht in Ravenna, sicher in Lyon auf, von wo er 859/60 zum Ebf. v. Vienne berufen wurde. Polit. eher Karl d. Kahlen gewogen, war er in seiner kirchl. Einstellung Papst Nikolaus I. verbunden, bes. im Ehestreit Kg. Lothars. Seine Chronik, 870 abgeschlossen, berichtet Heilsgeschichte im Rahmen der sechs Weltalter; dem dürren chronol., später nicht konsequenten Gerüst der ersten vier Weltalter sind jeweils typolog. Interpretationen angefügt. Für die letzten Weltalter wird die Erzählung zusammenhängend gestaltet. Grundlage sind die Chroniken Bedas und Isidors sowie Orosius; von 814 an ist das Werk selbständig. Es enthält Notizen zur Geschichte von Vienne nebst einem Bischofskatalog. Ebenfalls vor 870 entstanden die lit. unbedeutenden Viten der Lokalheiligen Theudarius – mit einer Beschreibung Viennes – und Desiderius, letztere Bearbeitung einer Vorlage des 8. Jh. Das erfolgreichste Werk, das Martyrologium, erweiterte das des Florus v. Lyon und das von A. gefälschte *Parvum Romanum*. Die Kompilation schuf viele neue Hll.e und wurde Grundlage des Martyrologium Romanum. Die Martyrologien von Usuard und Notker gehen auf A.s Werk zurück.

M. Wesche

Qq.: MPL 123 – MGH SS 2, 315–323 – MGH SS rer. Merov. 3, 525–530, 646–648 – *Lit.*: Wattenbach-Levison, 622–624 – H. Quentin, Les martyrologes historiques du moyen âge, 1908 – W. Kremers, A. v. V. [Diss. Bonn 1911].

Adolf

1. A. v. Nassau, dt. König, Sohn Gf. Walrams II. v. Nassau, * ca. 1250, ⚔ 2. Juli 1298 auf dem Hasenbühl bei Göllheim (bei Worms), ⚰ Kl. Rosenthal, ⚭ Imagina v. Limburg. Nachdem es Kg. Rudolf v. Habsburg nicht gelungen war, Kg. Wenzel v. Böhmen für die Wahl seines Sohnes Albrecht, Hzg. v. Österreich, zum dt. Kg. zu gewinnen, hatten Hzg. Albrecht v. Sachsen und wohl auch Mgf. Otto v. Brandenburg dem Böhmen in Zittau ihre Kurstimme gegen Geld überlassen. Diese Verbindung sprengte Ebf. Siegfried II. v. Köln, als er in der Person A.s, dem er seit der Schlacht von Worringen (1288) verpflichtet war, einen eigenen Kandidaten aufstellte und für diesen auch den zunächst zögernden Ebf. Gerhard II. v. Mainz gewann. In der Dominikanerkirche zu Frankfurt wurde A. v. N. am 5. Mai 1292 mit den Stimmen von Mainz (mit für Böhmen), Köln, Sachsen und vielleicht auch der Brandenburgs gewählt. Damit war der Versuch Pfgf. Ludwigs II. bei Rhein, seinen Kandidaten Albrecht v. Österreich durchzubringen, gescheitert; am 24. Juni 1292 wurde A. durch Siegfried v. Köln in Aachen gekrönt. Die Wahl war dadurch ermöglicht worden, daß Köln und Mainz dem Kg. unerhörte Wahlkapitulationen abzwangen. In ihnen ging der auf schmalem Besitz fundierte Kg. schwere finanzielle Verpflichtungen (Köln: 25000 Mark, dafür Verpfändung nassau. Burgen) ein, auch war ihm die Überstellung von Gütern, v. a. wichtiger Burgen, die sich z. T. gar nicht in seinem Besitz befanden, auferlegt. Relativ geringe Forderungen stellte Ebf. Boemund v. Trier. Wenzel v. Böhmen dürfte A. dadurch gewonnen haben, daß er seinen Sohn Ruprecht mit Agnes v. Böhmen verlobte. A. wollte dem Böhmen bis zur Vermählung der Kinder die Reichsländer Pleißen (um Altenburg) und Eger als Pfand geben. Die Erhebung des Lgf.en Heinrich v. Hessen zum Reichsfürsten am 11. Mai 1292 gehörte zweifellos auch zu den Handlungen, zu denen A. auf Drängen Gerhards II. v. Mainz verstehen mußte. Die Herrschaft A.s war fortan wesentl. darauf angelegt, sich aus der ihm in den Wahlkapitulationen aufgezwungenen finanziellen und polit. Handlungsunfähigkeit zu befreien und für sein Kgtm. eine territoriale Basis zu gewinnen. Er kaufte dem in ständiger Geldverlegenheit befindl. Lgf.en Albrecht d. Entarteten v. Thüringen 1293 für 11000 oder 12000 Mark Silber die Lgft. Thüringen (nach einigen Quellen auch Meißen) ab – ein rechtl. in verschiedener Hinsicht fragwürdiges Geschäft. Damit nahm die Verschuldung A.s zunächst zu, und er forderte den gegen ihn von Anfang an mißtrau. Ebf. v. Mainz weiter heraus; einmal, weil die Gefahr bestand, daß die eingeschränkte Liquidität des Kg.s zu Zahlungsversäumnis gegenüber dem Erzstift führen würde. A. hatte näml. in der Wahlkapitulation die Begleichung von Schulden bei der röm. Kurie übernommen, die dort anläßl. der Wahl Gerhards II. zum Ebf. entstanden waren. Zum anderen mußte sich Gerhard durch einen in Thüringen unmittelbar gebietenden Kg. bedrängt fühlen, weil Mainz hier seit alters große Territorialkomplexe besaß und Albrecht selbst mainz. innehatte. Ein ihm im Juni 1294 von Kg. Eduard I. v. England angebotenes Bündnis mußte A. als Rettung erscheinen. Er schloß das Bündnis am 21. Aug. 1294 in Nürnberg ab und brach vermutl. von dort nach Thüringen auf, dem er in aller Form Besitz ergriff. Während er im Herbst 1294 bis in den Raum s. Leipzig vorstieß, gingen aus der Zahlstelle des engl. Kg.s in Dordrecht 25000 Pfund Hilfsgelder an A. ab, die dieser zweifellos mit zur Bezahlung Thüringens verwendet hat. Die Einsetzung eines Reichslandpflegers und der systemat. Kauf von Parteigängern in Thüringen ließen erkennen, daß A. die Basis für sein Kgtm. auszubauen suchte. Ein Vorstoß des Königs nach Burgund und ins Elsaß war nicht mehr als eine Demonstration gegen Kg. Philipp IV. d. Schönen v. Frankreich. Dadurch sollte die mit dem engl. Vertrag übernommene Verpflichtung erfüllt werden, den Kapetinger zur Entlastung der engl. Festlandsbesitzungen vom O her zu bedrängen. Durch einen zweiten Zug nach Mitteldeutschland (Sept. 1295/Mai 1296) tangierte der Kg. die über das Erzgebirge greifenden Interessen Wenzels so nachhaltig, daß er diesen an die Seite seines bisherigen Gegners Albrecht v. Österreich trieb. Kritik an A. wurde 1297 anläßl. der von Ebf. Gerhard II. v. Mainz verspätet an Wenzel vollzogenen Krönung in Prag geübt und im Februar 1298 in Wien sein Sturz durch Brandenburg, Sachsen,

Böhmen und Österreich vorbereitet. Hzg. Albrecht wurde aufgefordert, an den Rhein zu ziehen und A. zu bekämpfen. Die Kfs.en waren bereit, A. abzusetzen und Albrecht zum Kg. zu wählen, der versprach, das Pleißen- und das Egerland an Böhmen zu verpfänden und letzteres von allen vasallit. Pflichten gegenüber dem Reich zu befreien. Papst Bonifaz VIII. suchte im Rahmen seiner Friedenspolitik gegenüber England und Frankreich auch A. und Philipp d. Schönen von krieger. Maßnahmen abzuhalten. Der in Flandern erwartete Zusammenstoß zw. Philipp und Eduard, der in Sluis gelandet war, unterblieb. Während Hzg. Albrecht den Kg. am Oberrhein militär. beschäftigte, führte der von Papst Bonifaz exkommunizierte Ebf. Gerhard in seiner Metropole den Absetzungsprozeß gegen A. (Absetzung am 23. Juni 98 mit 5 von 7 Kurstimmen). Der Nassauer wurde in der Ritterschlacht von Göllheim – diese wurde in zwei längeren zeitgenöss. Gedichten besungen – von Hzg. Albrecht geschlagen und fiel. H. Patze

Lit.: F.W. TH. SCHLIEPHAKE, Gesch. v. Nassau 2 und 3, 1867, 69 – V. SAMANEK, Stud. zur Gesch. Kg. A.s, SAW phil.-hist. Kl. 207, V. Abh. 2, 1930 – Die Reg. des Ksr.s unter A. v. N., RI VI, 2, neu bearb. v. V. SAMANEK, 1948 – F.-J. SCHMALE, Eine thüring. Briefslg. aus der Zeit A.s v. N., DA 9, 1952 – H. PATZE, Ebf. Gerhard II. v. Mainz und Kg. A. v. N., Hess. Jb. f. Landesgesch. 13, 1963, 83–140 – F. TRAUTZ, Stud. zur Gesch. und Würdigung Kg. A.s v. N., Gesch. Landeskunde 2, 1965, 1–45.

2. A. VIII., Gf. v. Holstein, Hzg. v. Schleswig, * 1401, † 4. Dez. 1459, Sohn Gerhards VI., ⚭ 1. Mathilde v. Anhalt, 2. im Jahre 1433 Margarethe v. Hohenstein. Nach dem Tod seines Vaters führte die Hzgn. die Regentschaft für ihre drei jungen Söhne. Deshalb suchten die dän. Kgn. Margarethe und ihre Nachfolger Erich v. Pommern den Schauenburgern Schleswig (in Besitz seit 1386) zu entziehen (1410–35 Kampf um das Hzm.; zwei Prozesse Kg. Erichs gegen die Hzg.e; das Hzm. wird ihnen mit Zustimmung Ks. Sigismunds abgesprochen). A. gelang es – nach dem Tod der Brüder Heinrich IV. (1427) und Gerhard VII. (1433) regierte er allein – durch ein Bündnis mit der Hanse (1426) und Waffenerfolgen (1431 Fall Flensburgs), den größten Teil Schleswigs zu behaupten (15. Juli 1435 Frieden: Bestätigung dieses Besitzstandes auf Lebenszeit). Nach dem Sturz Kg. Erichs übertrug dessen Nachfolger Christoph III. A. das ganze Hzm. als Erblehen (1440). Durch A.s kluge Friedenspolitik erholten sich seine Lande bald von der langen Kriegszeit.

Der kinderlose A. sah seine Erben in den Gf.en v. Oldenburg, den Söhnen seiner Schwester, nicht in den Gf.en der schauenburg. Pinneberger Linie, obwohl für Holstein kein kognat. Erbrecht galt. Auch wünschten A. und die schleswig-holstein. Ritterschaft die Einheit der Lande zu bewahren und einen Heimfall Schleswigs an Dänemark zu verhindern. 1448 wurde der älteste Neffe, Christian I., mit A.s Hilfe dän. Kg., mußte aber gegenüber A. auf Vereinigung Schleswigs mit Dänemark verzichten. Der jüngere Neffe, Gerhard, verscherzte sich jedoch A.s Gunst und Erbe, so daß dieser sich doch entschloß, Christian I. als Erben vorzusehen (Vorbereitung der Personalunion der Lande mit Dänemark 1460). E. Hoffmann

Lit.: DBL I, 133 f. – W. CARSTENS, Die Wahl Kg. Christians I. v. Dänemark zum Hzg. v. Schleswig und Gf.en v. Holstein i. J. 1460, ZSHG 60, 1931 – V. NIITEMA, Der Ks. und die Nord. Union bis zu den Burgunderkriegen, 1960 – »Dat bliven ewich tosamede ungedelt«, Fschr. der Schleswig-Holstein. Ritterschaft, hg. H. v. RUMOHR, 1960.

3. A. → Berg, Gf.en v.

4. A. → Holstein, Gft.

5. A. I. v. Altena, Ebf. v. Köln 1193–1205, * um 1157, † 15. April 1220 (?) in Neuss (?); Sohn des Gf.en Eberhard v. Altena. Vor 1177 Domherr in Köln, 1183 Domdechant, 1191 Dompropst und 1193 Ebf. als Nachfolger seines Onkels, des Ebf.s Bruno III. v. Berg. Er betrieb beim Ks. die Freilassung des gefangenen engl. Kg.s Richard Löwenherz und empfing diesen in Köln Anfang Febr. 1194 mit demonstrativen Festlichkeiten. Als Heinrich VI. Weihnachten 1195 in Worms die Königswahl seines einjährigen Sohnes Friedrich II. wünschte, beeindruckte A.s Ablehnung die nachgiebigen anderen Fs.en. Gegen den ksl. Erbreichsplan vom April 1196 ist keine ausdrückl. Stellungnahme des – zweifellos unwilligen – Ebf.s überliefert. Heinrichs VI. Bitte um Taufe und Königssalbung für Friedrich II. an Papst Coelestin III. im Herbst 1196 erklärt sich v. a. mit den bzz. Unions- und den damit zusammenhängenden Erbverfassungsplänen für das Reich. Hätte A. vordringl. um seine Aachener Krönungsrechte gefürchtet, dann hätte er den – übrigens in Abwesenheit des Ks.s – Weihnachten 1196 herkömml. gewählten Friedrich II. ebenfalls erhoben; seinen Widerstand gab er im Aug. 1197 durch seine Nachkur in Boppard auf. Nach dem Tod Heinrichs VI. erklärte er die Erhebung Friedrichs II. sofort als nichtig, wegen fehlender Taufe und ksl. Drucks bei der Wahl sowie Regierungsunfähigkeit des Kindes. Er bestand auf einer Neuwahl, da sich der Mainzer Ebf. und der Rheinpfalzgraf auf dem Kreuzzug befanden, als seinem Recht und dem des Ebf.s v. Trier, dessen Stimme er kaufte. In Andernach lehnte Ende 1197 Hzg. Bernhard v. Sachsen eine Erhebung ab; ebenso verzichtete in Köln am 1. März 1198 Hzg. Berthold V. v. Zähringen. Wegen seiner Schwäche in der eigenen Partei suchte er Verhandlungen mit Philipp v. Schwaben. Doch als er von dessen Erhebung Anfang März 1198 in Thüringen durch meist sächs. Fs.en hörte, focht er diese Kur an, weil sie nicht auf frk. Boden sowie ohne Mainz, Köln, Trier und Pfalz erfolgt war. Durch die Gunst der Umstände war A. Erster an der Kur und zugleich einziger der vier Fs. Vorkürenden. A. fand sich, obwohl ihn nun Philipp umwarb, mit dem vom engl. Kg. und der Stadt Köln betriebenen, ihm selbst aber gefährl. Kgtm. des Welfen Otto IV. ab, den er am 9. Juni in Köln erhob und am 12. Juli in Aachen krönte, freil. bald nicht mehr unterstützte. Auf die Bestätigungsbitte antwortete Papst Innozenz III., daß er die Gewählten vorher auf Eignung und Würdigkeit zu prüfen habe. A. brach sogleich allen Verkehr ab, obwohl Innozenz III. Otto IV. bestätigte. Gegenüber dem päpstl. Examinationsanspruch, der ebenfalls die Freiheit der fsl. Königswahl bedrohte, stellte der Ebf. die Abwehr der Staufer zurück. Gleichwohl wahrte er bei seinem Übertritt zu Philipp Ende 1204 voll seinen Rechtsstandpunkt: Philipp mußte auf sein Kgtm. verzichten und wurde nach diesem Verzicht am 6. Jan. 1205 in Aachen neu gewählt und gleich gekrönt. Dem freien Fürstenwahlrecht war damit für alle Zeiten im Reiche vor dem Geblütsrecht der Vorrang gesichert, ferner wurde fortan das Recht bestimmter, v. a. der vier vornehmsten frk. Fs.en auf die ersten Kurrufe in bestimmter Rang- und Reihenfolge als unerläßl. für eine gültige Königswahl angesehen.

Am 19. Juni 1205 wurde A. abgesetzt, behauptete sich jedoch in einigen Gebieten des Erzstifts gegen den Nachfolger Bruno v. Sayn. 1208 unterwarf er sich dem Papst. Nach Ks. Ottos Abfall vom Papst setzte ihn im April 1212 der Legat Siegfried v. Mainz wieder in sein Amt ein. Innozenz III. ließ ihn ohne Bestätigung vier Jahre ungestört amtieren, bis er 1216 eine Neuwahl freigab, weil A.s Vetter Engelbert v. Berg fiel. H. Stehkämper

Lit.: R. KNIPPING, Die Reg. der Ebf.e v. Köln im MA II, 1901; III 1, 1909 – C. WOLFSCHLÄGER, Ebf. A. v. Köln als Fs. und Politiker, 1905 –

H. STEHKÄMPER, Der Kölner Ebf. A. v. Altena und die dt. Königswahl (1195-1205), HZ Beih. 2 NF, 1973, 5-83.

6. A. I. v. Nassau, Ebf. v. Mainz, † 6. Febr. 1390 in Heiligenstadt, ⌐ Kl. Eberbach, Sohn des Gf.en Adolf II. v. Nassau-Wiesbaden-Idstein, Bruder Johanns II., Ebf. v. Mainz. Schon früh mit Pfründen in Mainz, Köln und Limburg ausgestattet, studierte A. in Padua und Bologna Rechtswissenschaft. Nach dem Willen seines Oheims Gerlach sollte er dessen Nachfolger in Mainz werden und die seit 1346 aufgebaute interterritoriale Systembildung fortführen. Obschon 1371 von einer starken Gruppe der Domherren gewählt und zwei Jahre später einstimmig postuliert, mußte er zunächst vor den Kandidaten Ks. Karls IV., Gf. Johann I. v. Luxemburg-Ligny und Mgf. Ludwig v. Meißen, weichen. Papst Gregor XI. übertrug ihm 1371 als Abfindung das Bm. Speyer, das er bis 1388 behielt. 1373 räumte ihm das Domkapitel das Erzstift ein, das er gegen Karl IV. und Ludwig v. Meißen behauptete; auf die Königswahl Wenzels (1376) konnte er keinen Einfluß nehmen.

Als Ebf. setzte sich A. in rücksichtsloser Nutzung der kirchenpolit. Konstellationen zu Beginn des großen abendländ. Schismas durch. Als Kfs. stand er der Opposition gegen Kg. Wenzel nahe; ob er auf dessen Absetzung hinarbeitete, bleibt fragl. Gegen seine territorialen Hauptgegner in Hessen und der Pfgft. blieb er erfolgreich. Zusammen mit den rhein. Kfs.en schloß A. am 26. Nov. 1385 und 8. Juni 1386 Münzverträge, durch die für 2 Jh. stabile Währungsverhältnisse geschaffen wurden. Infolge der kirchen- und reichspolit. Schwierigkeiten konnte A. erst nach zehnjährigem Bemühen gemeinsam mit dem Rat in Erfurt am 4. Mai 1389 die Genehmigung Papst Urbans VI. zur Gründung einer Universität erhalten, die nach ihrer Eröffnung 1392 zu einem geistigen Zentrum Mitteldeutschlands werden sollte.   A. Gerlich

Qq.: P. VIGENER, Reg. der Ebf.e v. Mainz II, 1, 1913 [Nachdr. 1970; nur bis 1374] – Lit.: P. GRÜNEWALD, Die Reichspolitik Ebf. A.s v. Mainz unter Kg. Wenzel (1377-90), 1924 – A. PH. BRÜCK, Vorgesch. und Erhebung des Mainzer Ebf.s Johann II. v. Nassau, Archiv für Mittelrhein. Kirchengesch. 1, 1949, 65-88 – A. GERLICH, Die Anfänge des großen abendländ. Schismas und der Mainzer Bistumsstreit, Hess. Jb. für Landesgesch. 6, 1956, 25-76.

7. A. II. v. Nassau, Ebf. v. Mainz seit 1461, * etwa 1423, † 6. Sept. 1475, ⌐ Kl. Eberbach. Sohn Gf. Adolfs v. Nassau-Wiesbaden-Idstein. In früher Jugend wurde A. mit Pfründen in Mainz, Köln und Trier ausgestattet, ehe er mehrere Jahre an der Universität Heidelberg studierte, wo er 1443/44 Rektor war. Anschließend besuchte er die Universität Köln. Dann stieg A. rasch in hohe Mainzer Verwaltungsstellen auf. Am 7. Juli 1451 wurde er Statthalter in Erfurt und im Eichsfeld, erhielt dort am 6. Jan. 1453 die weltl. und geistl. Gerichtsbarkeit und behielt sie auch nach der Wahl seines Gegners Gf. Diether v. Isenburg-Büdingen zum Ebf. im Frühsommer 1459. Die Gelegenheit für seinen Aufstieg kam, als Diether mit dem Papst in Streit geriet um Schulden an der Kurie, aber auch um Grundsätze der Kirchen- und Reichsreform. Im Frühjahr und Sommer 1461 führte ein Legat Geheimhandlungen mit A., für den sich sodann auch Ks. Friedrich III. entschied. Pius II. setzte am 21. Aug. 1461 Diether ab und providierte A. mit dem Ebm. Am 26. Sept. 1461 wurde dies im Domkapitel bekanntgegeben; dessen Mehrheit anerkannte A. am 2. Okt. 1461.

Diethers Verbündeter war v. a. Pfgf. Friedrich III., der reichen Pfandbesitz an der Bergstraße einheimste. A. wurde hauptsächl. von Baden und Württemberg unterstützt. Entscheidend für den Ausgang der Stiftsfehde war die Eroberung von Mainz durch die Nassauer am 28. Okt. 1462. Die Stadt verlor ihre Freiheit. In den zähen Verhandlungen über die Regalienverleihung, die Ks. Friedrich III. erst im Mai 1470 erteilte, wurde die Frage des Rechtsstandes der Stadt ausgeklammert. Zwischenzeitl. hatten sich A. und Diether am 5. Okt. 1463 geeinigt; letzterer erhielt zur lebenslangen Nutznießung die Ämter Dieburg, Steinheim und Höchst. Viele Positionen des Erzstiftes in Hessen gingen verloren. Die an Kpf. gegebenen Pfänder kamen erst 1648 zurück. Die Verhandlungen um die Palliumsübergabe zogen sich infolge der Geldnot bis 1465 hin, erst am 26. Jan. 1466 konnte sich A. zum Bf. weihen lassen.

In den Jahren bis zu seinem Tode widmete sich A., der Auseinandersetzungen mit Papst und Ks. vermied, neben der Schuldentilgung für das Erzstift bes. religiös verinnerlichten Klosterreformen, die seinem eigenen, eher zur Beschaulichkeit als polit. Aktivität neigenden Wesen entsprachen. Der den Wissenschaften zugetane Ebf. plante eine Universitätsgründung in Mainz. Das mit Papst, Dom- und Stiftskapiteln vom Frühjahr 1467 bis zum 31. Juli 1469 erörterte Projekt scheiterte an der Finanzlage des Kurstaates. Erst der von A. auf dem Sterbebett zum Nachfolger empfohlene Diether v. Isenburg konnte sein Vorhaben verwirklichen.   A. Gerlich

Lit.: H. SCHROHE, Mainz in seinen Beziehungen zu den dt. Kg.en und den Ebf.en der Stadt bis zum Untergang der Stadtfreiheit, Mainz 1915, 184-207 – A. ERLER, Die Mainzer Stiftsfehde 1459-1463 im Spiegel ma. Rechtsgutachten, Sitzungsber. der Wiss. Ges. an der Univ. Frankfurt I, 1962 Nr. 5, 1963 – DERS., Ma. Rechtsgutachten zur Mainzer Stiftsfehde 1459-1463. Schr. der Wiss. Ges. an der Univ. Frankfurt, geisteswiss. R. 4, 1964 – H. DIENER, Die Gründung der Universität Mainz 1467-1477, AAMz Nr. 15, 1974 – K. KÖSTER, Adolf v. Breithardt, Mainzer Kanzler unter Ebf. A. II. v. Nassau, Jb. für das Bm. Mainz 2, 1947, 187-226.

Adomnan → Adamnanus

Adoptianismus, Lehre von der Gottessohnschaft Christi, die bereits in der alten Kirche im Streit um die Trinität und um das Verhältnis der göttl. und der menschl. Natur in der einen Person Jesu auftaucht, die Gottessohnschaft des Menschen Jesus erklärt als Annahme an Sohnes Statt, d.h. als Adoption. – Im MA flammte der Streit um die Naturen Jesu in den beiden letzten Jahrzehnten des 8. Jh. erneut in der abendländ. Kirche auf, zunächst innerhalb der span. Kirche allein, dann im ganzen Abendland. Ausgangspunkt war jetzt die Sekte eines Migetius. Für ihn und seine Anhänger standen offensichtl. eth.-rigorist. Anforderungen im Vordergrund von Lehre und Leben. Von seltsamen trinitar. Vorstellungen wird offenbar entstellt berichtet. Es fällt schwer, über die Theologie des Migetius genauere Aussagen zu wagen. Sein großer Gegner war der Ebf. Elipand v. Toledo. In seinem Kampf um die rechte Lehre von Jesus kam er aber seinerseits zu Formulierungen, deretwegen er selbst der Häresie verdächtigt wurde. Sie besagten direkt oder indirekt, Jesus sei als Gottessohn nicht Gottes natürl., sondern sein Adoptivsohn. Widerspruch dagegen kam aus dem freien chr. N Spaniens, aber er erhielt auch Unterstützung in dem Bf. Felix v. Urgel, der der eigtl. geistige Verfechter der Lehre wurde. Da Urgel Ende der achtziger Jahre frk. wurde, war der A. fortan auch ein Problem für die frk. Kirche, zumal er im S Galliens rasch Anhang fand. Auf dem Reichstag von Regensburg 792 wurden Felix und seine Lehre verdammt, anschließend nochmals vom Papst in Rom. Felix floh ins islam. Spanien und war auch bei der zweiten Verurteilung der Lehre auf dem großen Konzil Karls d. Gr. in Frankfurt 794 nicht zugegen. Von da an lag die Hauptlast des Kampfes gegen den A. in den Händen Alkuins. 796 begann der Kampf von neuem, um 799 auf dem Konzil v. Aachen mit einer Disputation zw. Alkuin und Felix v. Urgel vor Karl d. Gr. seinen Höhepunkt und seinen Abschluß zu erreichen, wenn es auch weiterhin noch manche Anhänger des A. gab. Felix v. Urgel blieb in Lyon in Haft. Die schnelle Unterdrückung war mögl., weil in diesen Jahren die Macht Karls d. Gr. über die abendländ. Kirche ihren Höhepunkt erreichte und auch der Papst in dieser Frage mit ihm einig war. Alkuin schrieb während der Schlußauseinandersetzung mehrere Schriften gegen die beiden Hauptvertreter, den »Libellus adversus Felicis haeresim«, die »Contra Felicem Urgellitanum libri VII« und endl. die »Adversus Elipandum libri IV«. Eine große Abhandlung »Contra Felicem Urgellitanum episcopum libri III« schrieb auch der Patriarch Paulinus v. Aquileia. Eine Darstellung und Beurteilung des A. stellt uns einer Reihe von offenen Fragen gegenüber. Die Forschung hat die Lehre von verschiedenen Seiten aus behandelt, die Ergebnisse spiegeln diese Vielfalt. Alkuin hat sie als nestorian. bezeichnet, ist später aber selbst vorsichtiger geworden. Ein Zusammenhang mit dem →Nestorianismus ließ sich so wenig beweisen wie mit den älteren span. Irrlehren. Er wurde auch gedeutet als eine rationale Erklärung der Lehre von Christus gegenüber Muslimen und vielleicht Juden. Auch an den Versuch der Abwehr solcher Gedankengänge innerhalb der chr. Kirche unter muslim. Herrschaft wäre zu denken. Wichtiger ist aber, daß gezeigt werden konnte, daß Begriffe wie homo adoptivus u. ä., die v. a. in der mozarab. Liturgie begegnen, eine alte Tradition in der chr. Kirche des Abendlandes hatten. Elipand hat nur eine scharfe Akzentuierung hinzugefügt, die für die Kirche nicht mehr annehmbar war, da sie auf der vollen Göttlichkeit Jesu auch als Sohn Gottes bestand. – Spuren des A. finden sich noch in der Trinitätslehre Abaelards und des Petrus Lombardus. S. a. Christologie. W. Heil

Lit.: DHGE XV, 204-214 – R. DE ABADAL Y DE VINYALS, La batalla del Adopcionismo en la desintegración de la Iglesia visigoda, 1949 – F. ANSPRENGER, Unters. zum adoptianist. Streit des 8. Jh. [Diss. Berlin 1952] – J. SOLANO, El Concilio de Calcedonia y la controversia adopcionista del siglo VIII en España, Das Konzil v. Chalkedon II, 1953, 841-871 – W. HEIL, Der A., Alkuin und Spanien, Karl d. Gr., hg. W. BRAUNFELS, II: Das geistige Leben, hg. B. BISCHOFF, 1965, 95-156 [umfassende Lit.] – K. SCHÄFERDIEK, Der adoptian. Streit im Rahmen der span. Kirchengesch., ZKG 80, 1969, 291-311 – W. HEIL, Alkuinstudien I: Zur Chronologie und Bedeutung des Adoptianismusstreites, 1970 – K. SCHÄFERDIEK, ZKG 81, 1970, 1-16.

Adoption führt zur Herstellung eines fingierten Vater-(Mutter)-Kind-Verhältnisses. Die theoret. Durchdringung besorgt bes. die röm.-gemeinrechtl. Wissenschaft des MA. Sie läßt jedoch nur bei adoptio plena die vollen Wirkungen der Blutsverwandtschaft eintreten, während bei adoptio minus plena lediglich ein Erbrecht des Adoptierten nach dem Adoptierenden entsteht. Diese Formen übernimmt das kanon. Recht (cognatio legalis). Hingegen sind den germ.-dt. Rechten allein im Zweck beschränkte Adoptionsverhältnisse bekannt wie zur Begründung einer Erbenstellung (frk. *affatomie*, langob. *gairethinx*), hierarch. Bündnisse (z. B. Theoderich) oder der Beziehung zw. Papst und dt. Kg. Familienrechtl. Zwecken dient ein eigenes, nicht auf Fiktion beruhendes Institut, die →Pfleg-(kind)schaft. Diese Situation ändert sich mit der Verbreitung des röm.-gemeinen Rechts kaum. Noch ABGB und BGB regeln nur die beschränkte A. und die Pflegschaft.
W. Brauneder

Lit.: HRG I, 1971, 56ff. – E. EICHMANN, Die A. des dt. Kg.s durch den Papst, ZRGGermAbt 37, 1916, 291ff. – H. KUHN, Philol. zur A. bei den Germanen, ZRGGermAbt 65, 1947, 1-14 – DERS., Kl. Schr., 2 Bde, 1971, 410-419.

Adoratio → Kaiserzeremoniell

Adorno

1. Familie, scheint aus der gleichnamigen Ortschaft in der Nähe von Taggia an der ö. Riviera zu stammen, obwohl die Sage von einer dt. Abkunft aufkam, geknüpft an Pilger, die im 12. Jh. auf ihrem Zug ins Hl. Land nach Genua gelangten. Die erste Erwähnung des Geschlechts erfolgt mit Anna, der Witwe von A., in einem Notariatsakt vom Jan. des Jahres 1186; A. ist offenbar demnach der Stammvater. Von nichtadliger Herkunft, aber durch Handel reich geworden, erreichten die A. in der Mitte des 14. Jh. mit Gabriele das Dogenamt, und seit der Zeit zählten sie gemeinsam mit den →Campofregoso zu den beiden einflußreichsten Familien, die sich in Genua in der Macht abwechselten. Im Lauf von ungefähr 150 Jahren gaben sie der Republik sieben Dogen. Die Verfassungsreform von Andrea Doria nahm ihnen jede polit. Macht, da sie kein eigenes →Albergo hatten und dem Albergo der Pinelli angeschlossen wurden. Die Familie, die auch zeitweise Feudalgüter jenseits der ligur. Bergrücken hatte, teilte sich in viele Zweige, von denen einer in Spanien, ein anderer in Flandern zu Ansehen und Wohlstand gelangte.
G. Petti Balbi

Lit.: Enciclopedia storico-nobiliare italiana I, 318-320 – N. BATTILANA, Genealogia delle famiglie nobili di Genova I, 1825 – P. LITTA, Famiglie celebri d'Italia I. 1919 – A. M. SCORZA, Le famiglie nobili genovesi, 1924, 9f. – J. DAY, I conti privati della famiglia A. (1402-08), Misc. di Storia ligure I, 1958, 43-120.

2. A. (Adorne), Anselmo (Anselme), Höfling Philipps d. Guten, des Hzg.s v. Burgund, und des schott. Kg.s Jakob III., *1424 in Brügge, †1483 in Schottland. A. unternahm mit seinem Sohn Johann und einigen weiteren Begleitern eine lange Pilgerfahrt ins Hl. Land (19. Febr. 1470 bis Mitte April 1471); er hielt sich lange in Italien, im Kgr. Tunis, in Syrien und Ägypten auf. Die Familie A. erbaute in Brügge die Kirche zum Hl. Grab. J. Heers

Lit.: E. DE LA COSTE, A. A., sire de Corthuy, pèlerin de Terre Sainte, 1855 – J. HEERS und G. DE GROËR, L'Itinéraire d'A. A. en Terre Sainte (1470-71), [erscheint 1978].

3. A. Antoniotto, Doge v. Genua, * um 1340, † 5. Juni 1398 in Finale. Erhielt nach einem kurzfristigen Doganat im Juli 1378 dieses Amt erneut am 15. Juni 1384 mit Unterstützung der unteren Volksschichten und schien sich zum Schutzherrn der Christenheit zu erheben: 1386 ließ er Urban VI. aus der Belagerung von Nocera befreien und bot ihm in Genua Gastrecht. 1388 eroberte er die Insel Djerba (Tunesien) und regte einen frz.-genues. Feldzug gegen Mahdia an. Trotz des errungenen Ansehens (er wurde zum Schiedsrichter bei Streitigkeiten zw. dem Kg. v. Zypern und den Angehörigen der →Maona, Venedig und den Visconti gewählt) gab er wegen innenpolit. Schwierigkeiten im Aug. 1390 freiwillig seine Machtstellung auf, die er im April 1391 zurückgewann. Der Aufstand der Savona und die feindl. Haltung anderer einflußreicher Familien Genuas zwangen ihn, im Juni 1392 aus der Stadt zu fliehen. Aber mit der Unterstützung der Visconti wurde er im Sept. 1394 wieder Doge. Da er sich wirtschaftl. Schwierigkeiten, inneren Widerständen und den Ansprüchen Mailands und Frankreichs auf Genua gegenübersah, verhandelte er über die Übergabe der Stadt an Frankreich (die am 23. Okt. 1396 erfolgte) und erhielt dafür den Titel eines Gouverneurs, den er aber nur kurze Zeit behielt; er zog sich nach Finale zurück, wo er an der Pest starb.
G. Petti Balbi

Qq.: A. Giustiniani, Castigatissimi annali..., 1537 passim – Georgii Stellae Annales Genuenses, ed. G. PETTI BALBI, RIS² 17,4, 1975 – Lit.: E. JARRY, Les origines de la domination française à Gênes, 1896 passim – T. O. DE NEGRI, Storia di Genova, 1967, 470-495.

4. A., Gabriele, Doge v. Genua (seit 14. März 1363), †1383. Erließ nach seiner Wahl ein Korpus von Gesetzen, die durch ein kompliziertes Verfahren den Zugang zu den Ämtern regeln und die Vorherrschaft, die die Schichten des Volkes, Handwerker und Kaufleute, über den alten Adel gewonnen hatten, bestätigen sollten. Vorher war er →Anziane gewesen (1350) und hatte 1360 mit der Krone von Aragón die Friedensverhandlungen geführt. Während seiner Amtszeit als Doge mußte er die Angriffe der Adligen zurückschlagen, die danach trachteten, wieder zur Macht zu kommen. Zu diesem Zweck organisierte er verschiedene Feldzüge und erkaufte um teuren Preis den Frieden von den Visconti Mailands, mit der Notwendigkeit, eine Politik starken steuerl. Drucks zu betreiben, die ihm die Sympathie der *Popolari* entzog. Nicht einmal seine brillanten Erfolge in der Außenpolitik, wie die Übereinkünfte mit dem Kg. v. Zypern, v. Aragón und v. Portugal, die Eroberung von Soldaia und die Nominierung zum Reichsvikar konnten sein Ansehen wiederherstellen. Am 13. Aug. 1370 enthoben ihn die *Popolari* seines Amtes und zwangen ihn, sich nach Voltaggio zurückzuziehen, wo er bis zu seinem Tode lebte. G. Petti Balbi
Qq.: Leges Genuenses, HPM 18, 1901, 243–388 – Georgii Stellae Annales Genuenses, ea. G. PETTI BALBI, RIS² 17, 4, 1975, 157–164 – *Lit.*: L. M. LEVATI, Dogi perpetui di Genova (1339–1528), 1928, 39–47 – V. VITALE, Breviario della storia di Genova, 1955, 139–141 – T. O. DE NEGRI, Storia di Genova, 1967, 466–467.

Adoro te devote, eines der berühmtesten spätma. Reimgebete, Verfasser unbekannt, nachweisbar seit 14. Jh. Ursprgl. wohl Formel des privaten Gebets bei der Elevation der Opfergaben in der Messe, wurde der gedankl. dichte, von tiefem religiösen Empfinden zeugende Rhythmus 1570 unter die Danksagungsgebete des Missale Romanum (als 'Rhythmus s. Thomae Aquinatis') aufgenommen und prägte von da aus jahrhundertelang maßgebl. die eucharist. Frömmigkeit in der lat. Kirche. F. Brunhölzl
Lit.: Analhym 50, 1907, 589ff. – A.WILMART, La tradition litt. et textuelle de l'A. t. d., RTh 1, 1929, 21–40 = Auteurs spirituels et textes dévots du moyen âge, 1932, 361–414 – P. CAVARNOS, Greek translations of the ›A. t. d.‹ and the ›Ave verum‹. Traditio 8, 1952, 418–423 – Weitere Lit. bei J. SZÖVÉRFFY, Die Annalen der lat. Hymnendichtung 2, 1965, 253f.

Adoubement ('Ritterschlag'), lat. dubbatio, von frk. *dubban* 'schlagen'. Zeremonie, in der ein junger Adliger (im allgemeinen 15 Jahre alt) an einem Fest des liturg. Jahres im Schloß seines Lehnsherrn oder auf einem Schlachtfeld (was seinen Eintritt in die ritterl. Ordnung bezeichnet) zum Ritter gemacht (oder bewaffnet oder zum Ritter geschlagen) wurde. Die Riten waren ursprgl. (9. Jh.) streng militär. und bestanden in der Übergabe der Waffen (Helm, Panzerhemd, Schwert, Sporen); später (12. Jh.) folgte ihnen ein Schlag mit der flachen Hand (colée, paumée) oder der flachen Klinge des Lehnsherrn auf den Nacken des neuen Ritters; dieser Ritus gab der Zeremonie ihren Namen. Mit dem Gebet am Vorabend, der Eidesleistung und der Segnung der Waffen vor der Messe nahm der Ritterschlag im 13. Jh. den religiösen Charakter der achten Sakramenten an, den er durchgängig behalten sollte. Vgl. Schwertleite. M. François
Lit.: L. GAUTIER, La chevalerie, ed. J. LEVRON, 1959.

Adrevald, Mönch in Fleury, um 850, gilt v. a. als Verfasser hagiograph. Schriften (MPL 124, 901–968) und Begründer des lit. Schaffens über den hl. Benedikt in Fleury. Sicher für ihn bezeugt sind nur Buch I, Kap. 1–39 der »Miracula s. Benedicti« (BHL 1123). Die Bedenken bei der Zuweisung eines weiteren Werkes beruhen auf den sich widersprechenden Aussagen späterer Fortsetzer. A.s unmittelbarer Nachfolger →Aimoin nennt diesen auch als Autor einer »Historia translationis s. Benedicti« (BHL 1117), während →Radulphus Tortarius als deren Verfasser Adalbert angibt. Eine auffällige Beziehung zw. beiden Personen, A. und jenem Adalbert, dokumentiert das Kolophon zu A.s »Miracula« in einigen Hss.: Hucusque Adrevaldus qui et Adalbertus (VIDIER, 152). Charakterist. für beide Werke ist des Autors Vorliebe für landesgesch. Ereignisse, denen die hagiograph. Details oft nur beiläufig zugeordnet werden. Die Zuschreibung von drei kleinen Abhandlungen an A. basiert auf einer dürftigen Überlieferung; es sind eine überarbeitete Fassung der älteren »Vita s. Aigulphi« (BHL 193 bzw. 194), eine »Expositio in benedictiones Jacob patriarchae« (MPL 20, 715–732) und ein Eucharistietraktat »De corpore et sanguine Christi contra ineptias Johannis Scoti« von geringer Eigenständigkeit. G. Glauche
Lit.: A. WILMART, RevBén 32, 1920, 57–63 – I. P. SHELDON-WILLIAMS, JEcH 15, 1964, 77ff. – A. VIDIER, L'historiographie à Saint-Benoît-sur-Loire et les miracles de saint Benoît, 1965.

Adria. Die A. blieb in der spätröm. Epoche ohne große Unterbrechungen eine röm. See, bis sich die Langobarden im 6. und die Slawen im 7. Jh. an der W- bzw. O-Küste ansiedelten. Trotzdem konnte Byzanz, sich bes. auf Süditalien, Epiros, das Exarchat v. Ravenna und Venedig stützend, seine Übermacht weiter in der A. behaupten. Frk. Vordringen im 8., slaw. Piraterie und arab. Angriffe im 9. Jh. gefährdeten kurze Zeit die byz. Seeherrschaft (→Araber, Südslawen). In diesem Jh. fing auch Venedig (→Venedig) an, sich allmähl. von Byzanz zu trennen, übernahm schrittweise die aufgegebenen Positionen und die Kontrolle der A., bes. seitdem die Normannen (→Normannen) 1071 Süditalien unterworfen hatten. Byzanz konnte diese im 11. und 12. Jh. vom ö. Ufer der A. mit ven. Hilfe fernhalten. Fremde Kontrolle des Otrantokanals hätte die A., den bedeutendsten ma. Handelsweg zw. O. und W., für den ven. Handel geschlossen. Mit dem 4. Kreuzzug unterwarf Venedig die ganze O-Küste bis Dyrrhachion und befestigte endgültig seine Macht über das Adriat. Meer. J. Ferluga

Diese Hegemonie mußte Venedig gegen die Versuche des Kgs. v. Ungarn (→Ungarn), in den dalmatin. Häfen einen Zugang zum Meer zu gewinnen, im 13. und 14. Jh. verteidigen (1358 verzichtet V. auf Dalmatien) und sich gegen die Angriffe des Kg.s der Serben, Stefan Dušan, zur Wehr setzen. Die schwerste Gefahr drohte Venedig jedoch von seiten der Rivalin Genua: Um ihren Handel im ö. Mittelmeer zu schützen, verlegte diese näml. ihre Offensive in die A., die so Schauplatz verschiedener Schlachten zw. den beiden Städten (Curzola 1299, Parenzo 1354, Pola 1379) und des für Venedig äußerst gefährl. Chioggia-Krieges wurde. Gezwungen, Triest an Österreich abzugeben, gelang es Venedig, 1420 Dalmatien wiederzugewinnen und Korfu und Stützpunkte in Albanien zu erobern. Deshalb blieb die A. auch nach der Einnahme Konstantinopels durch die Türken bis zur napoleon. Okkupation ein ven. Gewässer. R. Manselli
Lit.: G. CASSI, Il Mare Adriatico. Sua funzione attraverso i tempi, 1915 [dazu auch die Gesch.n Venedigs].

Adrian and Ritheus, unterhaltsamer und lehrreicher ae. Prosa-Dialog aus dem 11. Jh. (eine Variante der »Ioca Monachorum«): Ks. Hadrian und Ritheus unterhalten sich über Zahlen, Namen und Orte, wie z. B., »Wer war der erste Arzt?«. Im Inhalt dem ae. »Salomon and Saturn« (in Prosa) ähnlich. S. Huntley Horowitz
Bibliogr.: NCBEL I, 336 – *Qq.*: J. M. KEMBLE, Dialogues of Salomon and Saturnus, 1848, 198ff. – J. E. CROSS und T. D. HILL (in Vorbereitung) – *Lit.*: M. FÖRSTER, Zu Adrian und Ritheus, EStn 23, 1897, 431–436.

Adrianopel. Vermutl. an der Stelle der alten thrak. Siedlung *Uscudama* (Amm. 14, 11, 15; 27, 4, 12) bei der Mündung der Tundža in die Maritza ließ Ks. Hadrian (117-138) das nach ihm benannte *Hadrianopolis* durch Vergrößerung der ursprgl. Siedlung errichten, um das sich bald zahlreiche Villen und Vororte bildeten. Die verkehrsgünstige Lage an der Heerstraße Sofia–Konstantinopel begünstigte den Aufschwung der Stadt in der Spätantike (seit 297 Hauptstadt der Provinz Haemimontus; Waffenfabriken). Am 3.7.324 besiegte in der Nähe Ks. Konstantin d. Gr. den →Licinius, am 9.8.378 fiel hier Ks. Valens in der Schlacht gegen die Goten (Amm. 31, 13), 586 belagerten die →Awaren vergebl. A. J. Gruber
Lit.: RE VII, 2174f. – KL.PAULY, II 908f. (Lit.).

In byz. Zeit war A., in den Quellen auch *Orestias, Odrysoi* gen., eine der wichtigsten byz. Städte Thrakiens, Sitz eines Metropoliten mit 11 Suffraganen und Zentrum des seit Ende des 8.Jh. bestehenden →Themas Makedonien (heutiges Westthrakien). Im 12.Jh. wurde A. mit der 40 km s. gelegenen Stadt Didymoteichos zu einem kleineren Thema vereint, im 13.Jh. wurde es eigene Verwaltungseinheit. Das Schicksal des byz. A. war geprägt: 1. durch seine strateg. Schlüsselstellung am Kreuzungspunkt von Hauptstraßen nach allen Richtungen (s. geophys. Karte bei ASDRACHA). A. war die letzte große Station der Heeresstraße von Belgrad nach Konstantinopel; 2. durch seine starke Befestigung. Die Quellen erwähnen u.a. eine Akropolis, die eigtl. »Stadt« *(Polis)* und einen wahrscheinl. außerhalb der Stadt liegenden Handelsplatz *(Emporion)*. Unsicher ist, welche Stadtteile die Mitte 19.Jh. noch gut erhaltene, dem antiken *kastron* folgende byz. Mauer (wohl nur 5 km lang) mit Eckbastionen – im Stadtplan heute noch gut erkennbar – umschloß; 3. durch die Lage in einer landwirtschaftl. fruchtbaren Ebene. Drei Gegenkaiser aus bedeutenden Geschlechtern stammten aus A.: Leon Tornikes (Revolte 1047), Nikephoros Bryennios (1077), Alexios Branas (1187). Nach glaubhafter Tradition stammten auch die →Komnenen ursprgl. aus der Gegend von A. Der Gegensatz der Stadtbevölkerung *(Demos)* zur städt. Oberschicht entlud sich nach 1341 in blutigen Unruhen. Der Aristokrat Johannes Kantakuzenos, schon 1320 Verwalter von A., versuchte, durch Parteigänger nach 1341 die Stadt in seine Gewalt zu bringen. 1351 und 1356 wurde A. seinem Sohn Matthaios als Apanage zugeschlagen. Wichtigste Daten der Stadtgeschichte: Vor 807 und nach der Niederlage des Kaisers Michael Rangabe (11.7.813) bei A. blieb der Bulgarenkhan Krum für unbestimmte Dauer im Besitz der Stadt. Sept. 914 mußte sich A. dem Bulgarenzaren Simeon ergeben, doch war es schon 922/23 wieder strateg. Stützpunkt der byz. Abwehr. Diese Funktion nahm A. auch 970 ein im Kampf gegen die →Rus, 1050 und nach 1090 gegen die →Petschenegen (1050 wird von Stationierung von Elitetruppen, sog. *Scholen*, in A. berichtet: Kedren II, 602,3). Beim Durchzug der Kreuzzugsheere kam es v.a. 1147 zu größeren Reibereien mit der Bevölkerung. Bes. bedeutend ist A. zur Zeit von Friedrich I. Barbarossa. Er nahm die Stadt ein, und 1190 wurde ein Vertrag mit Byzanz unterzeichnet. 1204-25 war A. in der Hand der Lateiner (Ks. Balduin wurde nach der Schlacht bei A. am 14.4.1205 vom Bulgaren Kalojan gefangen). 1307 wurde die Stadt von den →Katalanen vergebl. belagert. G. Weiß

Lit.: H. AHRWEILER, Recherches sur l'administration de l'empire byzantin aux IXe-XIe siècles, BCH 84, 1960 [Abdr. Variorum Repr. 1971 s.v. Andrinople] – BECK, Kirche, 175 – OSTROGORSKY, Gesch.³, s.v. – S. EYICE, A. in byz. Zeit und die in diese Zeit fallenden Denkmäler (türk.), Edirnejubiläum, Ankara 1964, 39–76; 20 Abb. (grundlegend) – G. WEISS, Joannes Kantakuzenos..., 1969, s.v. – C. ASDRACHE, La région des Rhodopes aux XIIIe et XIVe siècles, 1976, 136-148 u.ö. (mit Lit.).

Vermutl. nicht-osman. türk. Begs aus W-Anatolien eroberten ca. 1369 die nun bis ins 17.Jh. *Edrene* (dann *Edirne*) gen. Stadt. Erst 1376/77 gelangte →Murād I. in ihren Besitz. Er scheint die gr. Hauptkirche Hagia Sophia in eine Moschee (*Ḥalabīye*) umgewandelt und ein Serail beim Selimiye-Hügel eingerichtet zu haben. →Bāyezīd I. stiftete in der Vorstadt Yıldırım eine Moschee als Nachfolgerin einer frühchr. Kirche. Erst unter →Meḥmed I. bzw. seinen Vorgängern, den Thronprätendenten Süleymān und Mūsā, entstand der neue osman. Stadtkern ö. des byz. *kastron* mit »Alter Moschee« und *bedesten*. Während der Herrschaft →Murāds II. und →Meḥmeds II. erlebte A. seine bauliche Blütezeit (Murādīye- und Üč-Šerefeli-Moschee, Ausbau des Neuen Serail an der Tundža). →Bāyezīd II. vollendete 1487/88 seinen Stiftungskomplex mit einer bedeutenden Krankenanstalt. A. löste →Bursa als osman. Hauptstadt ab, ohne ihrerseits nach 1453 alle Residenzfunktionen an →Konstantinopel abgeben zu müssen, wofür ihre Lage an der Heerstraße nach Belgrad entscheidend war. Die türk. Bevölkerung übertraf bald die gr. Seit dem 14.Jh. spielten Juden aus Mitteleuropa und Spanien (ab 1492) eine wichtige Rolle. Die alte karäische Gemeinde wanderte in die Hauptstadt ab. Nach Einw.-Zahl, polit. und kultureller Bedeutung (zahlreiche angesehene *Medresen*) war A. bald die erste, nach 1453 stets die zweite Stadt des Reichs. K. Kreiser

Lit.: I. BELDICEANU-STEINHERR, La conquête d'A., TM 1, 1965, 439-461 – K. KREISER, Edirne, 1975.

Adrianus et Epictitus → Ioca Monachorum

Adscriptio glebae. [1] eigtl. *adscripticii* (4.-6.Jh.). Abgesehen von regionalen Unterschieden war das Kolonat des oström. Ksr.s im wesentl. gekennzeichnet durch die erbl. und unauflösl. Bindung des Bauern an das bebaute Land, unter der Herrschaft eines *dominus*. Seit der Gesetzgebung von Konstantin (332), bestätigt 364 und 371, ist a. zunächst ein Fiskalmaß, das die Steuereinnahme durch Einschreibung von Pächtern oder kleinen freien Bauern in Zinsregister erleichtern soll. So spricht man von Siedlern »censibus (libris censualibus) adscripti«, dann ab 366 (C.J. XI, 48,6) von adscripticius, nun im allgemeinen Synonym zu (coloni) tributarii, originarii usw. In der 1. Hälfte des 4.Jh. war der Begriff adscripticius gleichzeitig weiter gefaßt als colonus (da er auch für kleine freie Gutsbesitzer oder ehemalige entlassene Tagelöhner galt), und enger, da einige Provinzen wie Palästina das System des a. erst später (Ende 4.Jh.) kannten. Die Lage der adscripticii wurde jedoch seit der 2. Hälfte des 4.Jh. und während des ganzen 5.Jh. ständig schlechter. Zur Zeit Justinians war die Angleichung der adscripticii an die ländl. Sklaven fast vollständig und bestätigt durch eine berühmte Satzung licet condicione videantur ingenui, servi tamen terrae ipsius cui nati sunt aestimentur (C.J. XI, 52,1 vom Jahre 393; C.J. XI, 48,19 und XI, 48,21 vom Jahre 530). Ende des 6.Jh. liefert die Korrespondenz von Gregor d. Gr. ein genaues Bild ihrer Lage. Auf den Erbgütern der Röm. Kirche werden die Siedler zu Zinsen in Naturalien, zu einer Geldsteuer (burdatio) und zu einer Heiratssteuer (nuptiale commodum) gezwungen. Sie sind erbuntertänig. Es ist ihnen prinzipiell verboten, ihre origo zu verlassen, ihr Landstück weiterzuverpachten oder ihren Ernteüberschuß frei zu verkaufen. Sie schulden außerdem Arbeitsleistungen (angariae). Dieses Bild entspricht in mancher Hinsicht dem der coloni in den »Polyptycha« aus dem 9.Jh.

In der Tat sind die adscripticii im Laufe des 7. Jh. in der Masse der coloni aufgegangen.

[2] Die Renaissance der adscripticii und der a. im jurist. Vokabular seit dem Ende des 11. Jh. muß in Beziehung zur neuerl. Verbreitung des »Codex Justinianus« gesetzt werden. Der Begriff servus schien dem Juristen Irnerius aus Bologna, dem Kanonisten Gratian und den frz. Kanzelrednern wie Jacques de Vitry oder den Legisten von Philipp d. Schönen ungeeignet, um die zeitgenöss. Leibeigenschaft zu beschreiben; sie führten dafür den Begriff adscriptiatus wieder ein. Desgleichen stellt der engl. Romanist Bracton auf enthüllende Art die *socmen* den adscripticii des Justinian. Rechts gleich. Später führt die Definition servi terrae zu der Formel »servage de la glèbe« ('Bindung an die Scholle'), von der M. Bloch bewiesen hat, daß sie ihren historiograph. Werdegang den frz. Rechtsgelehrten des 16. und 17. Jh. wie Guy Coquille verdankt und v.a. dem Gebrauch, den Montesquieu in »L'Esprit des lois« davon gemacht hat. P. Toubert

Lit.: RE IV, 1, 498–502 – Th. Mommsen, Die Bewirthschaftung der Kirchengüter unter Papst Gregor I., ZSWG 1, 1893, 43–59 [Neudr. Ders., Ges. Schr., Jurist. Schr. III, 1907, 177–191] – F. de Coulanges, Le colonat romain, Recherches sur quelques problèmes d'Hist., 1885; 1924[4] – M. Rostovtzeff, Stud. zur Gesch. des röm. Kolonats, 1910, APF I – Ch. Saumagne, Du rôle de l'origo et du census dans la formation du colonat romain, Byzantion 12, 1937, 487–581 [Neudr. Les Cahiers de Tunisie 10, 1962, 115–205] – Fr. L. Ganshof, Le statut personnel du colon au Bas-Empire. Observations en marge d'une théorie nouvelle, L'Antiquité class. 14, 1945, 261–277 – A. Segrè, The Byzantine Colonate, Traditio 5, 1947, 103–133 – M. Pallasse, Orient et Occident à propos du colonat romain au Bas Empire, 1950 – A. H. M. Jones, The Roman Colonate, PP 13, 1958, 1–11 – P. Collinet, Le Colonat dans l'Empire romain, »Le servage«, Rec. Jean Bodin II, 1959[2], 85–128 – L. Ruggini, Economia e società nell'»Italia annonaria«, 1961 – M. Bloch, Mélanges historiques I, 1963, 356–378 – J. Kolendo, Kolonat w Afryce rzymskiej w I–II wieku i jego geneza, 1968 [frz. Übers. 1976].

Adso (Azo, »... qui et Hermiricus«) v. Montier-en-Der, * 910/915 im Jura (Kgr. »Hochburgund«), † 992 auf Pilgerfahrt ins Hl. Land. Sohn hochadliger Eltern, Oblat im Kl. Luxeuil, wurde der junge A. 934 zum Schulleiter des von Bf. Gauzlin v. Toul nach dem Vorbild von →Fleury reformierten Kl.s St-Èvre in Toul berufen. 935 ging er mit dem gleichen Bf. zum Abt ernannten Alberich ins Kl. Montier-en-Der (im Walde Der), das in der Diözese Châlons lag, aber Eigenkloster des Bf.s v. Toul war. Als Nachfolger Alberichs vor 968 Abt geworden, ließ A. eine größere Kirche bauen und erweiterte den Klosterbesitz. Brun, Schüler →Gerberts und Neffe Kg. Lothars, berief, als er Bf. v. Langres (980–1016) geworden war, A., den Freund Gerberts, zum Reformabt seines Eigenklosters St-Bénigne bei Dijon, das A. jedoch nach 2 Jahren wieder verließ. Benachbarte Kirchen ließen sich von A., dem Kenner und Sammler von Hss. röm. Autoren und guten Stilisten, Heiligenleben und Miracula-Sammlungen verfassen bzw. umschreiben, von denen sechs erhalten sind. Für die Nachwelt wichtig wurde A. durch die 949/954 auf Wunsch der Gattin Kg. Lothars und Schwester Ottos d. Gr., Gerberga, verfaßte Schrift über das Kommen des Antichrist. Nach ihr fällt das Ende der Zeiten mit dem des Röm. Reiches zusammen. Dieses sei zwar zum größten Teil zerstört, doch bestehe seine »dignitas« fort in den »reges Francorum qui Romanum Imperium tenere debent«, und werde erst mit diesen enden. Einer von ihnen werde als letzter und größter aller Kg.e noch einmal das gesamte Röm. Reich beherrschen und endlich Krone und Szepter am Ölberg niederlegen – dann komme der Antichrist. A. hat mit den »reges Francorum« die noch 948 (Synode v. →Ingelheim) sinnfällig gewordene Gesamtheit der frk. Kg.e gemeint. Erst die begriffl. Trennung Imperium Romanorum/regnum Francorum ließ seit Ende des 10. Jh. auch die Deutung auf die Kg.e Frankreichs allein zu, die später folgenreich wurde. Die von A. erstmals zusammengefaßte, von einem Plagiator Albwin unter eigenem Namen verbreitete, aber auch unter dem v. Augustinus, Hraban und Alkuin kursierende Lehre hat das eschatolog. Denken des MA stark beeinflußt.

K. F. Werner

Ed.: Epist. ad Gerbergam reginam de ortu et tempore Antichristi, ed. E. Sackur, Sibyllin. Texte und Forsch., 1898, 1963[2], 104–113 - Vita Frodoberti, Vita et miracula s. Mansueti ep. Tullens., Vita Basoli, MPL 137, 599–668 Miracula s. Waldeberti, MGHSS 15, 1171–76 – Miracula s. Apri, AASS Sept. 5, 70–79 – Vita s. Bercharii abbat. Dervensis, AASS Oct. 7, 1010–1018 – *Lit.:* Manitius II, 432–442 – Wattenbach-Holtzmann I, 187ff.; 3, 5 und 63 – C. Erdmann, ZKG 51, 1932, 409ff. – Ders., DA 6, 1943, 426ff. – R. Manselli, La ›Lectura super Apocalipsim‹ di Pietro di Giovanni Olivi. Ricerche sull'escatologismo medioevale, 1955, 27ff. – G. A. Bezzola, Das otton. Ksm. in der frz. Geschichtsschreibung des 10. und beginnenden 11. Jh., 1956, 55ff. – R. Konrad, De ortu et tempore Antichristi. Antichristvorstellung und Geschichtsbild des Abtes A. v. M., 1964 – K. F. Werner, HZ 200, 1965, 11 – N. Bulst, Unters. zur Klosterreform Wilhelms v. Dijon, 1973, 31ff. – M. Bur, La formation du comté de Champagne, 1977, 109f. u.ö.

Advent, ca. vierwöchige liturg. Vorbereitungszeit vor Weihnachten. Im 4. Jh. als dreiwöchige Fastenzeit vor Epiphanie (6. Jan.) im gall.-span. Raum erstmals bezeugt (Hl. Hilarius, †366, CSEL 65, 16f.; Konzil v. Saragossa 380, c. 4, J. Vives, Concilios visigóticos, 1963, 17), entfaltete sich der A. hier auf 6–7 Sonntage (ab 11. Nov., Quadragesima S. Martini). Der im 5./6. Jh. nicht ohne Einfluß von Ravenna entstandene röm. A. war inhaltl. auf Weihnachten ausgerichtet und kannte 4 bzw. 5 Sonntage. Aus Gallien drang der Bußcharakter in den röm. A. ein. Die endzeitl. Ausrichtung (Parusieerwartung), im span. A. (5–6 Sonntage) bes. ausgeprägt, aber auch in röm. Liturgietexten erkennbar, spielte im MA kaum eine Rolle. Eine einheitl. Adventspraxis bildete sich erst nach langem Streit um den Adventsbeginn (vgl. Berno v. Reichenau, ep. 13, 1023, ed. K.-J. Schmale, 39–46) im hohen MA heraus. Noch Konrad II. nahm an unterschiedl. Adventsanfang im Reich Anstoß (Adventsstreit v. 1038). Der A. galt als geschlossene Zeit, in der u.a. Hochzeiten verboten und Fasten bzw. Abstinenz geboten waren (Synode von Seligenstadt 1023, c. 1 und 3; Alexander III. an Kg. Ludwig VII. v. Frankreich, JL 11057 v. 20. Aug. 1164). Dementsprechend spielten die Adventssonntage als Staatstermine keine Rolle. Die seit dem 19. Jh. aufgezeichneten Volksbräuche der Adventszeit lassen sich nach heutiger Forschungslage nur schwer in ma. oder noch frühere Zeiten zurückprojizieren. Die signifikantesten unter ihnen sind jüngsten Ursprungs, z.B. der Adventskranz. K. J. Benz

Lit.: DACL I, 2, 3223–3230 – HLG II, 273–276 – HWDA I, 197–201 – RAC I, 118–125 – J. A. Jungmann, A. und Voradvent, Gewordene Liturgie, 1941, 232–294 – S. Benz, Der Rotulus v. Ravenna, 1967, LQF, H. 45.

Adventus → Translationen

Adventus regis, lat. 'Ankunft des Kg.s' (in einer Stadt, einem Kl. usw.). Höhepunkt der Feierlichkeiten unter Beachtung fester Bräuche und liturg. Formen (ordines ad regem suscipiendum, laudes) war das festl. Einholen des Besuchers (occursus). Ein vergleichbares Zeremoniell gestaltete auch den Aufbruch (profectio). Der im abendländ. MA allgemein verbreitete Brauch stammt aus hellenist. Zeit (Feier der *Epiphanie*, d.h. Ankunft am Kultort, einer Gottheit). Das Zeremoniell wurde zur polit. und sakralen Überhöhung des Regenten auf den Herrscherkult übertragen, fand über die Epiphaniefeiern der Diadochen Eingang in den röm. Kaiserkult (a. augusti) und lebte auch außerhalb Roms fort (Vandalenkönig Geiserich; ältester Empfangsordo aus dem westgot. Spanien). Das differenzierte röm. Empfangszeremoniell für die Oberbeamten, das in spätröm. Städten auch germ. Fs.en zuteil wurde, beeinflußte den Empfang des ma. Ks.s in Rom. In der Spätantike stand der feierl. a.r. auch den Stellvertretern des Ks.s zu, die Kirche übernahm ihn für Bf.e und Päpste. Die Merowingerkönige könnten schon vor 508 (processus consularis Chlodwigs in Tours) in den Genuß des spätantik-röm. Herrscherzeremoniells gekommen sein (SCHNEIDER, 233). Über das Papsttum kamen die karol. Herrscher mit diesem Zeremoniell in Berührung (Empfang Karls d.Gr. 774 in Rom) und benutzten es fortan zur sinnfälligen Darstellung ihrer Königs- und Kaiserwürde und zur Entgegennahme der devotio der Besuchten. Der religiöse Sinngehalt des ma. Herrscheradventus und seine liturg. Ausgestaltung unter kirchl. Einfluß basieren auf altchr., durch die Antike beeinflußten Vorstellungen (Joh. d. Täufer, Palmsonntag, Wiederkunft Christi; Advent). Wachten die Herrscher – von kirchl. Seite unterstützt – stets eifersüchtig darüber, daß keinem anderen diese Ehre zuteil wurde (vgl. etwa Thietm. Chron. II, 28), so schwand im ausgehenden MA auch in dieser Hinsicht der Vorrang des Kg.s. Andererseits konnten auch ksl. Legaten, etwa Rainald v. Dassel, feierl. empfangen werden (BRÜHL, 654f.). Eine bes. festl. Ausgestaltung erfuhr das Zeremoniell bei bestimmten Anlässen (Königs- und Kaiserkrönung, Königsumritt). Beim a.r. konnte der Herrscher eine Amnestie für Verbrecher oder Schutz für Verfolgte gewähren. Die Kosten für das Zeremoniell und die Beherbergung des Gefolges wurden durch bes. Abgaben in adventu regis aufgebracht (→Fodrum). Der Herrscheradventus beeinflußte möglicherweise auch die karol. Klosterarchitektur (Torhalle im Kl. Lorsch).

Th. Kölzer

Lit.: E. PETERSON, Die Einholung des Kyrios, Zs. für systemat. Theologie 7, 1930, 682–702 – A. ALFÖLDI, Die Ausgestaltung des monarch. Zeremoniells am röm. Kaiserhofe, Mitt. des Dt. Arch. Inst., Röm. Abt. 49, 1934, 1–118, Die monarch. Repräsentation im röm. Kaiserreiche, 1970, 1–118 – L. BIEHL, Das liturg. Gebet für Ks. und Reich, 1937 – E. EICHMANN, Die Kaiserkrönung im Abendland, 1942 – E. KANTOROWICZ, The King's Advent, The Art Bull. 26, 1944, 207–231, Selected Stud., 1965, 37–75 - H. C. PEYER, Der Empfang des Kg.s im ma. Zürich, Fschr. A. LARGIADÈR, 1958, 219–33 – A. M. DRABEK, Reisen und Reisezeremoniell der röm.-dt. Herrscher im SpätMA [Diss. Wien 1964] – K. HAUCK, Von einer spätantiken Randkultur zum karol. Europa, FMSt 1, 1967, 3–93 – C. BRÜHL, Fodrum, Gistum, Servitium regis, 1968 – R. SCHNEIDER, Königswahl und Königserhebung im FrühMA, 1972 – W. DOTZAUER, Die Ankunft des Herrschers, Der fsl. »Einzug« in die Stadt (bis zum Ende des Alten Reichs), AK 55, 1973, 245–88 – P. WILLMES, Der Herrscher-»Adventus« im Kl. des FrühMA, 1976.

Advokat. [1] Seit dem 5.Jh. im kirchl. Bereich nachweisbar ohne eindeutige Herausstellung seiner Verwendung. Vom 8. Jh. an war seine Zuziehung in zivilen Streitsachen von Klerikern vorgeschrieben. Das Advokatenamt wurde vornehml. von weltl. Herren vindiziert. Funktionen und Aufgaben regelten Gregor IX., Bonifaz VIII. und Clemens V. Damit war die Institution wesentl. abgeschlossen. Bes. Bedeutung hatten die an der röm. →Kurie tätigen *Konsistorial-A.en*. Durch die Bulle Benedikts XII. »Decens et necessarium« (1340) grundsätzl. Regelung seines Aufgabenkreises. Ergänzungen durch Gregor XI., Martin V. und Leo X.

U. Mosiek

Lit.: DDC I, 1524ff. – P. FOURNIER, Les officialités au Moyen Age, 1880 – J. J. HOGAN, Judicial Advocates and Procurators, 1941 – W. M. PLÖCHL, Gesch. des Kirchenrechts I, 1960², 251, 419; II, 1962², 370f.

[2] Die Rolle des A.en gewinnt ihre Bedeutung in der Prozeßführung mit dem Wiederaufleben des Röm. Rechts und der Entwicklung des romano-kanon. Prozeßverfahrens. Er ist nicht nur beauftragt, die Argumente seines Klienten in seinem Plädoyer mündl. vorzutragen, er verfaßt auch alle wichtigen Teile des Dossiers (Klageschriften, Stellungnahmen, Artikel). Seine Aufgabe wird unterstützt durch zahlreiche »Summae advocationis«, die nach dem Vorbild von Bonaguida von Arezzo erschienen sind. Die Entwicklung in Frankreich führte zur Unvereinbarkeit der Funktionen des A.en und der des Staatsanwalts.

H. Gilles

Lit.: M. BOUVIER, L'avocat agréé auprès de l'officialité diocésaine, 1964 – COING, Hdb. I – A. VIALA, Le Parlement de Toulouse et l'administration royale laïque, 1953.

Adyton (ἄδυτον, das 'Unzugängliche'), 1. das innerste Heiligtum: a) im heidn. Kult; in der gr. Patristik auch: b) das jüd. Allerheiligste und c) der chr. Altarraum; im byz. →Kirchenbau: der nur den Liturgen zugängl., gegenüber dem →Naos erhöhte und durch Schranken bzw. →Ikonostasis abgetrennte Altarraum (liturg.: ἱερατεῖον, θυσιαστήριον, βῆμα (→Bema) mit Altar, Kathedra und Synthronos.

2. (metaphor.): das unzugängl. Geheimnisvolle der Mysterien.

H.-J. Schulz

Lit.: BRIGHTMAN (Reg. »Bema«, »Sanctuary«) – DU CANGE II, 195f. – LAMPE, 37.

Æbbe → Coldingham

Áed, Bf. v. Sléibte (→Sletty), †700. Er bot Ségéne, dem Bf. v. Armagh (661–688), seine Ergebenheit an, und zwar in Form eines →edocht, eines testamentar. Dokuments, das man vielleicht mit der air. Vita von St. Patrick identifizieren kann, die als »Fiacc's Hymn« bekannt ist. Dies war entscheidend für den Aufstieg von →Armagh zur Vorherrschaft innerhalb der ir. Kirche. A. war Mitunterzeichner des »Cáin Adomnáin« (Lex Adomnani, 697), (→Adamnanus). →Muirchú widmete ihm seine lat. »Vita Patricii«.

F. J. Byrne

Lit.: W. STOKES und J. STRACHAN, Thesaurus Palaeo-hibernicus II, 1903, 242, 307–321 – J.F. KENNEY, The sources for the early hist. of Ireland I, 1929, 329, 335, 339f., 778 – L. BIELER, The life and legend of St. Patrick, 1949, 42, 46 – J. CARNEY, The problem of St. Patrick, 1961, 29f., 121, 163 – K. HUGHES, The church in early Irish society, 1966, 86, 115–119.

Áed mac Ainmerech, ir. Hochkönig v. →Uí Néill, aus der →Cenél Conaill Dynastie, vermutl. seit etwa 572 (wahrscheinlicher als 586, wie spätere Herrscherlisten angeben), 598 erschlagen von →Brandub mac Echach, Kg. v. Leinster in der Schlacht von Dún Bolg; diese Ereignisse wurden später zum Sagenstoff. A. schloß 575 in der Versammlung von Druim Cett durch Vermittlung seines Vetters St. →Columba v. Hy ein Bündnis mit →Áedan mac Gabráin, Kg. v. →Dálriada in Schottland gegen →Báetán mac Cairill, Kg. v. Ulster.

F. J. Byrne

Lit.: F. J. BYRNE, Irish kings and high-kings, 1973, 110f., 145.

Áed mac Bricc, ir. Bf., † ca. 589/595, gründete Kirchen in Cell Áir (Killare, Gft. Westmeath) und Sliab Liac (Slieveleague, Gft. Donegal). Ein lat. Kirchenlied der →Lorica-Art aus dem 7. Jh. ruft ihn um Schutz gegen Kopfweh an. Die lat. Vita des 12. Jh. weist viele legendenhafte Züge auf.

F. J. Byrne

Lit.: BLUME, AnalHym I, 1908, 315f. – C. PLUMMER, Vitae sanctorum Hiberniae I, 1910, 34–45 – J. F. KENNEY, The sources for the early hist. of Ireland I, 1929, 393f. – W. W. HEIST, Vitae sanctorum Hiberniae ex codice olim Salmanticensi, 1965, 167–181.

Áed Allán mac Fergaile, ir. Hochkönig (734–743), gründete die Vorherrschaft seiner →Cenél nEógain Dynastie im N Irlands. Zw. 734 und 1002 hatten abwechselnd die

Cenél nEógain im N und der →Clann Cholmáin in Mittelirland das Kgtm. von Uí Néill inne. Weiter festigte A. A. F. sein Kgtm., indem er Áed Róin, Kg. v. Ulster, 735 und Áed mac Colggen, Kg. v. Leinster, 738 besiegte und tötete. Sein Zusammentreffen mit →Cathal mac Finguine, Kg. v. Munster in →Terryglass (737) mag dazu geführt haben, daß der letztere das Suprēmat der Kirche von →Armagh anerkannte. Er konnte aber seine Vorherrschaft im S nicht halten und wurde von seinem Nachfolger →Domnall Midi getötet. F. J. Byrne

Lit.: F. J. BYRNE, Irish kings and high-kings, 1973, 114–118, 147f., 208–210.

Áed Findliath mac Néill, ir. Hochkönig seit 862, † 19. Nov. 879, aus der →Cenél nEógain Dynastie. Verbündet mit den wiking. Kg.en v. Dublin (861 und 862) gegen den Hochkönig →Máel Sechnaill mac Máele Ruanaid. Nach seiner Thronbesteigung verfolgte er eine energ. Politik gegen sie und verbündete sich mit den →Ulaid 866, um wiking. Festungen im N zu zerstören; 868 besiegte er die Dubliner und die *Laigin* (Leinstermänner). Er griff Leinster (870 und 874) an, erweiterte aber seine Vorherrschaft nicht bis nach Munster. Seine Herrschaft leitete die sog. »vierzig Jahre Frieden« während der wiking. Kriege ein, erlebte aber auch den Verfall des → Óenach Tailten, der alten Stammesversammlung der Uí Néill, die er in den Jahren 873, 876 und 878 abzuhalten versäumte. F. J. Byrne

Lit.: A. S. GREEN, Hist. of the Irish state to 1014, 1925, 330f. – F. J. BYRNE, Irish kings and high-kings, 1973, 265f.

Áed Oirdnide mac Néill, Hochkönig v. Irland, 797–819. Sein Beiname ordinatus zeigt, daß die karol. Sitte der kgl. Weihung Irland zu dieser Zeit erreicht hatte. 804 befreite er die Kl. von der Pflicht, Truppen für die kgl. Heere bereitzustellen. Er zog sich aber die Feindschaft von Tallaght zu, dessen Gemeinde seine Versammlung, das →Óenach, Tailten boykottierte (811), sowie die der Gemeinschaft von Columba, die ihn 817 in Tara formell verdammte. Zw. 804 und 819 brachte er Leinster wirksam unter die Kontrolle der →Uí Néill. F. J. Byrne

Lit.: F. J. BYRNE, Irish kings and high-kings, 1973, 159–162, 256, 262.

Ædán, Kg. v. Dálriada seit 574, * um 530, † um 608. Mitglied des *Cenél nGabráin* (die Kintyre und S. Argyll besetzten), kämpfte gegen die Ulster Iren (auf Man), die Pikten und die Engländer; späte walis. Quellen sehen in ihm auch einen Feind der Strathclyde Briten. Bei der Versammlung von Druim Cett (575) wirkte er an der Entscheidung des polit. Status des ir. Dálriada mit. Die Engländer besiegten ihn entscheidend bei Degsastan i.J. 603 oder 604 (→Æthelfrith), was zur Einschränkung der Macht Dálriadas führte. D. N. Dumville

Lit.: M. ANDERSON, Kings and Kingship in Early Scotland, 1973 – J. BANNERMAN, Stud. in the Hist. of Dálriada, 1974.

Áedán mac Gabráin, Kg. der Schotten v. →Dálriada, † 17. April 608/609. Seine Weihe durch St. →Columba 574 war die erste auf den Brit. Inseln. 575 schloß er ein Bündnis mit →Áed mac Ainmerech vom n. →Uí Néill gegen die Ansprüche des Kg.s v. Ulster, →Báetán mac Cairill, auf die Oberherrschaft von Dálriada in Schottland. Á. überfiel die Orkney-Inseln (580/581), vertrieb die *Ulstermen* (Ulstermänner) (→Ulaid) von der Insel Man (582/583) und kämpfte seit 590 mit unterschiedl. Erfolg gegen die Pikten und die Miathi (→Maeatae) von S-Schottland. 603 erlitt er bei Degsastan eine Niederlage, als er versuchte, dem Vormarsch von →Æthelfrith v. Northumbria Einhalt zu gebieten. F. J. Byrne

Lit.: M. O. ANDERSON, Kings and Kingship in Early Scotland, 1973, 145–150 – J. BANNERMAN, Stud. in the hist. of Dálriada, 1974, 80–90, 157–170.

Aeddi Stephanus (Eddius), ags. Priester, wahrscheinl. Mönch von Ripon, † nach 710; wurde in Kent im Kirchengesang ausgebildet. Von dort nahm ihn Bf. Wilfrid v. York bei der Übernahme seines Bm.s 669 als Lehrer des Kirchengesangs mit. Ae. trat nun wahrscheinl. ins Kl. Ripon ein, begleitete Wilfrid nach Friesland und auf drei Romreisen (seit 678), erlebte die röm. Synode von 704 und Wilfrids Tod in Ripon. 710/731 (vermutl. nicht lange nach 710) verfaßte Ae. auf Wunsch des Bf.s →Acca v. Hexham und des Abtes Tatberht v. Ripon die »Vita sancti Wilfridi« (hg. W. LEVISON, MGH SS rer. Merov. 6, 1913, 193–263), eine parteiische, aber über weite Strecken als Augenzeugenbericht sehr wertvolle Darstellung des konfliktreichen Lebens dieses Hl.n. Ae.s Wilfridbiographie wurde von Beda benutzt und trug maßgebl. zur Begründung von Wilfrids Nachruhm bei. J. Prelog

Lit.: B. COLGRAVE, The Life of Bishop Wilfrid by E. St., 1927 – H. MOONEN, E. St.: Het Leven van Sint Wilfrid, 1946 – H. MAYR-HARTING, The Coming of Christianity to Anglo-Saxon England, 1972, 139–144.

Aedicula (lat. 'kleines Haus'), als Bauform aus Säulen, Halbsäulen oder Pilastern mit Gebälk- oder Bogenverbindung gebildeter, zumeist von einem Dreieck-, Rund- oder Segmentgiebel bekrönter, aber auch horizontal mit Gesims abschließender Aufbau mit nur geringer Tiefe

Fig. 3: Beispiele für Aedicula. Links: Maria Laach, Querhaus, Fenster; rechts: Speyer, Querhaus, Nebenapsis.

(Gegensatz →Vorhalle) an roman. Bauten zur Rahmung von Portalen (Lombardei, Apulien, Avignon, Mainz, Lund), Fenstern (Apulien, Speyer, Maria Laach) und Nischen (Speyer, Querhaus). Im frühen MA bedeutet Ae. auch eine nicht für den öffentl. Gottesdienst bestimmte Privatkapelle. G. Binding

Lit.: RDK I, 167–171.

Aedilwulf, Angelsachse, schrieb zu Beginn des 9. Jh. ein lat. Gedicht von ca. 800 Versen über die Geschichte eines mit Lindisfarne verbundenen Kl.s, in das er selbst in jungen Jahren eingetreten war. Vorangestellt sind der Dichtung eine kurze, allgemein gehaltene Grußadresse in Hexametern sowie eine knappe Vorrede in Prosa, die sich an Ecgberht v. Lindisfarne als Empfänger wendet. Von den folgenden 23 Abschnitten sind der erste und letzte in Distichen, die übrigen hexametr. abgefaßt. A. berichtet, wie der Edle Eanmund zu Anfang des 8. Jh. unter dem Zwang Osreds I. v. Northumbrien Mönch wurde und eben das Kl. gründete, dem der Verfasser (vielleicht als Abt) angehörte, wie dieses sich weiterentwickelte und von welchen Äbten es geleitet wurde. Zudem ist von den bes. Fähigkeiten und Gnadengaben einzelner Mönche die

Rede, gegen Ende des Gedichtes auch von A.s eigenen (Jenseits-)Visionen, deren letzte ihm eine Begegnung mit seinen ehemaligen Lehrern bringt. Sprachl.-stilist.zeigt sich A. antiken Autoren (Vergil, Ovid) und v. a. auch der lat. Bibeldichtung (Cyprianus Gallus) verpflichtet, daneben u. a. zudem den eigenen ags. Vorbildern (Aldhelm, Beda, Alkuin). Daß dem Werk, das auf dem Kontinent unbekannt blieb, noch eine andere Dichtung A.s vorausging, kann ledigl. vermutet werden. E. Heyse
Ed.: MGH PP I, 1881, 582–604, hg. E. DÜMMLER – L. TRAUBE, Karol. Dichtungen, 1888 – A. CAMPBELL, Aethelwulf De abbatibus, 1967 [mit Einf. und engl. Übers.] – *Lit.*: MANITIUS I, 552.

Aedituus → Custos

Aegidius

1. Ae., vornehmer Gallier, Vater des →Syagrius, †464. Nach Kommando am Rhein gegen die Franken schon unter →Aëtius und wechselhaften Kämpfen in S-Gallien gegen Burgunder und Westgoten (458, 459) im Dienst des Ks.s Maiorianus wurde Ae. von diesem zum Magister militum per Gallias ernannt. Die daraus sich entwickelnde Gegnerschaft zu →Ricimer nach Ermordung des Maiorianus (461) führte zum röm.-westgot. Bündnis gegen Ae. um den Preis der Narbonensis (→Agrippinus), doch gelang Ae. die Errichtung einer eigenen Machtposition um Soissons nach dem Sieg über die Westgoten mit frk. (→Chilperich) Hilfe bei Orléans (463). Eine Offensive gegen Ricimer in Verbindung mit →Geiserich verhinderte der Tod des Ae. (Herbst 464; Ermordung?). Die Nachricht (Greg. Tur. Franc. 2, 12), Ae. sei Kg. der Franken gewesen, scheint zwar Überspitzung eines hist. Tatbestandes, doch hat Ae. zweifellos die Belange des Imperiums in N-Gallien wahrgenommen. G. Wirth
Lit.: M. DE PÉTIGNY, Etudes sur l'hist., les lois et les institutions de l'époque mérovingienne, 2 Bde, 1843–51 – J. SUNDWALL, Weström. Stud. 1915, 3 – K. F. STROHEKER, Der senator. Adel im spätantiken Gallien, 1948, 141 ff.

2. Ae. v. Bailleul, * 1422 in Lillers, † 1482. Er war Professor der Theologie in Löwen, dort mehrfach Rektor. Verfaßte Kommentare zu Aristoteleswerken, zu den Paulusbriefen und den Kath. Briefen sowie einen Sentenzenkommentar. Gedruckt wurde seine »Epistula ad Antonium... de signo crucis lapidibus impresso levando« (Löwen o. J.). U. Mörschel
Lit.: J. WILS, Ephemerides Theologicae Lovanienses 4, 1927, 346 – STEGMÜLLER, Rep. biblic. med. aevi II, 881–902.

3. Ae. Carlerii (Gilles Carlier), * um 1390 in Cambrai, †23. Nov. 1472 in Cambrai. Magister der Theologie in Paris (1419) als Schüler von d'Ailly und Gerson. Disputation mit Nicolas Biskupec auf dem Basler Konzil (1432). Schrieb einen Sentenzenkommentar. H.-J. Oesterle
Lit.: DHGE XI, 1046–1050 – V. DOUCET, Antonianum 5, 1930, 405–442.

4. Ae. Corboliensis (Gilles de Corbeil), * um 1140, † 1224; aus Corbeil (Seine-et-Marne) stammend, studierte Medizin in Salerno und unterrichtete nach einem gescheiterten Versuch, in Montpellier Fuß zu fassen, in Paris, wo er ein Kanonikat bei Notre-Dame erhielt und Kg. Philipp II. August (1180–1223) als Leibarzt diente. Die Pariser Universitätsgründung (1200) hat Ae. zumindest begünstigt. Von seinen Werken waren die Lehrgedichte am verbreitetsten, v. a. die Harnlehre, aber auch der Pulstraktat, die beide mehrfach kommentiert wurden (am erfolgreichsten von →Gentile da Foligno), sich im Lehrbetrieb bis in die Neuzeit hielten und seit dem 13. Jh. in landessprachl. Fassungen begegnen (→Ortolf). In späteren Werken bevorzugt Ae. einen gedrechselten Stil und erweist sich als ätzender Kritiker seiner Zeit. G. Keil
Ed.: Carmen de urinis, Carmen de pulsibus, Carmen de compositis medicaminibus [Bearbeitung des →Liber iste], hg. L. CHOULANT, Aegidii Corboliensis carmina medica, 1826, dazu: P. KLIEGEL, Die Harnverse des G. de C. [Diss. Bonn 1972] – J. SCHÖNEN, Die Medikamentenverse des G. de C. [Diss. Bonn 1972] – Viaticus de signis et symptomatibus aegritudinum, hg. V. ROSE, 1907 – DERS., Anecdota gr. et gr. lat. I, 1864 [Neudr. 1963]; nur Buch IV des Viaticus. Hierapicra ad purgandos praelatos, Auszüge bei VIEILLARD, Gilles de Corbeil, 1909, 360 ff. – *Zur landessprachl. Rezeption*: Ortolf, Arzneibuch, 47–63 – W. L. BRAEKMAN und G. KEIL, Die Vlaamsche leringe van orinen in einer nfr. Fassung des 14. Jh., Nd. Mitt. 24, 1968 – *Zu den Komment.*: K. SUDHOFF, Commentatoren der Harnverse des G. de C., Archeion 11, 1929.

5. Ae. de Fuscarariis, Kanonist, seit 1252 Magister, später Doctor decretorum, † 1289; erster Laie, der an der Universität Bologna kanon. Recht lehrte. Unter seinen Werken »Consilia«, »Lectura in decretales«, →»Quaestiones« hat bes. sein →»ordo iudiciarius« Bedeutung. H. Zapp
Ed.: Quaestiones, Collectio scriptorum de processu canonico, hg. C. F. REATZ, 1860, 1–55 – Ordo iudiciarius, WAHRMUND III, 1 – *Lit.*: DDC V, 967 f. – SARTI I, 447–452 – SAVIGNY V, 520–526 – SCHULTE II, 139–143.

6. Ae. (Gilg, Gilles, Till) v. St. Gilles, hl. (Fest 1. Sept.), † 1. Sept. ca. 720, aus Athen(?), Eremit in der Provence, Attribut Hirschkuh, gilt als Gründerabt des später nach ihm benannten Benediktinerklosters St. Gilles in der Provence, Anfang des 8. Jh. Als Fürbitter Karls d. Gr. verehrt, sein Grab in St. Gilles seit dem 11. Jh. Ziel von Wallfahrten. 1116 Vollendung einer großen Wallfahrtskirche. Im Aufstieg des Heiligenkults verknüpfen sich in einzigartiger Weise Wallfahrtsort und wirtschaftl. Beziehungen (St. Gilles als Messeort) mit kirchl. Intentionen (Benediktiner, u. a. Siegburg). Der Kult breitete sich seit dem 11. Jh. aus und erreichte bereits im 12. Jh. eine erste Blüte. Ae. Rolle in der Karlslegende trug zur Verehrung bei, an der auch der Adel interessiert war. Die Hzg.e Wladislaus (um 1085) und Boleslaus (1111) brachten den Kult nach Polen (Krakau), Otto v. Bamberg führte ihn nach Pommern ein. Durch Heinrich d. Löwen kommt die Verehrung von Braunschweig nach Lübeck und von dort nach Skandinavien. In Oberdeutschland und Österreich besteht seit dem hohen MA ein intensiver Aegidiuskult mit vielen bedeutenden Spitälern, Kapellen und Altären, der Aegidiustag ist Bauern- und Rechtstermin. In Frankreich besitzen Toulouse und Chamalières-sur-Loire Reliquien, in Belgien Brügge. Legendendichtungen gibt es in dt., frz,. it. und engl. Volkssprache (12.–15. Jh.). Vgl. Nothelfer, vierzehn. M. Zender/J. Wollasch
Qq.: Späte Viten: AA SS Sept. I., AnalBoll 8, 1889, 103–120 – Miracula: MGH SS 12, 316–323, AnalBoll 9, 1890, 393–423 – BHL 93–98 (s. auch MGH SS rerMerov. V, 489) – *Lit.*: ADV NF I, 1959, 189 – Bibl. SS IV, 1964, 958 f. – LThK² I, 190 – Vies des Saints IX, 1950, 27–34 – H. AMMANN, Die Deutschen in St. Gilles der Pisch. H. AUBIN I, 1965, 185–220 – T. DUNIN-WASOWICZ, St. Gilles et la Pologne aux XIe et XIIe siècles, AM 82, 1970, 123–135 – M. FÜHLES, Der Trierer Ae. Ein Beitr. zur Formgesch. frühmhd. Legendenepen [Diss. Bonn 1972].
Ikonographie: Dargestellt wird Ae. seit dem 11./12. Jh. (Glasfenster und Archivolten des S-Portals der Kathedrale von Chartres um 1210) u. a. Messe des Ae. und Beichte Karls d. Gr. (Karlsschrein Aachen 1215). G. Binding
Lit.: LCI V, 51–54.

7. Ae. v. Lessines (a Letinis), belg. Dominikaner, † nach 1304. Baccalaureus der Theologie von Paris, stark von Albertus Magnus und Thomas v. Aquin beeinflußt. Seit ca. 1260 astron. Schriften. In der Einleitung zu »Summa de temporibus« III beachtl. Bemerkungen über das verschiedenartige Zeitverständnis beim »astrologus physicus et medicus... theologus«. Nachdem er sich 1270/75 um Stellungnahme Alberts zu den in Paris diskutierten philosoph. Hauptproblemen bemüht, verteidigt er 1278 die Lehre des Thomas (ohne ihn zu nennen) von der Einheit der substantiellen Form, bes. beim Menschen, gegen Robert Kilwardby. Im 1276/85 verfaßten »Tractatus de usuris« versucht er das prinzipiell festgehaltene Zinsverbot kasuist. mit den Erfordernissen des Wirtschaftslebens zu vermitteln. P. Engelhardt

Ed.: »Summa de temporibus« III: R. STEELE, Opera hactenus inedita R. Baconis, fasc. VI, 1926 – »De essentia, motu et significatione cometarum«: L. THORNDIKE, Latin treatises on Comets between 1238 and 1368 A.D., 1950, 103–184 – »Epistula Alberto Magno missa de XV problematibus, Parisiis in scholis magistrorum artis propositis«: P. MANDONNET, Siger de Brabant II, 1908, 29–30 – »Tractatus de unitate formae«: M. DE WULF, Le traité »De unitate formae« de Gilles de Lessines, 1901, [1]–[100] – »Tractatus de usuris«: Thomas v. Aquin, Opuscula – *Lit.*: DSB – GRABMANN, Geistesleben II, 512–530 – *Bibl. und Hss.*: TH. KAEPPELI, Scriptores Ordinis Praedicatorum Medii Aevi I, 1970, 13–15.

8. Ae. de Murino, Musiktheoretiker um 1360. Über sein Leben ist nichts Definitives bekannt. Man glaubt in ihm einen Augustiner zu sehen, obgleich man die Abkürzung 'Aug' auch als Anglicus auflösen will. Zeitl. und stilist. Gründe schließen die Identifizierung mit dem Motettenkomponisten Egidius der codices Modena M. 5. 24 und Chantilly, Musée Condé 564, oder sogar mit Egidius de Thenis oder Egidius de Pusiex der verschollenen Straßburger Hs. M. 222 C. 22 nicht aus. Ihm wird vorläufig nur ein »Tractatus cantus mensurabilis« zugeschrieben, der einem verwandten »Tractatus de diversis figuris« angehängt wird. Wegen der durchaus prakt. Natur der beiden Lehrschriften könnten sie vom gleichen Verfasser stammen. Der bzw. die Traktate behandeln die Kompositionsregeln vom Standpunkt der Notationskunde aus. Der Komponist einer Motette muß die einzelnen Noten eines Choralabschnittes zuerst streng rhythm. gliedern. Der daraus entstandene Tenor besteht entweder aus gleichen (ordinatus) oder ungleichen (mixtus) Notenwerten, wobei man auch frei die Wahl zw. der herkömml. Notationsweise longa/brevis und der für den weiteren Verlauf der Musikgeschichte wichtigen Halbierung brevis/semibrevis treffen kann. Auch muß eine Zusammensetzung von zwei Zählzeiten (tempora) als longa imperfecta durch ihre hohle Form von der dreizähligen ausgefüllten Form der perfecta kenntl. auseinandergehalten werden. Diese hohlen Formen haben in der Tat die bisherigen rotkolorierten Noten ersetzt. Andere nicht näher beschriebene Gliederungen eines Tenorgerüstes per viam subtilitatis können auch angewandt werden. Zu einem Tenor werden die Gerüsttöne der weiteren Stimmen sukzessiv nach den Konsonanzregeln bene ut concordet hinzugefügt. Im ersteren Traktat liegt das Hauptinteresse in der Aufteilung eines Gerüsttones in kleinere Notenwerte (colores), was per antecessores imperfectum relictum est. Hierdurch entstehen stärkere rhythm. Zusammenstöße (*trayn* oder *traynour*) zw. einzelnen Stimmen, die noch kräftiger (fortior) als bloße Verschiebung (syncopa) aufzufassen sind. In der Tat weisen die Kompositionen des ausgehenden 14. Jh. als Hauptmerkmal eine so komplizierte Rhythmik auf, daß eine Korrektur zugunsten der einfacheren Melodik des 15. Jh. sich als wünschenswert erwies. L. Dittmer

Ed.: COUSSEMAKER, Scriptorum de musica medii aevi..., 1869, III, 118-128; [Neuausg. v. G. REANEY in Vorbereitung].

9. Ae. v. Orval (Aureaevallensis) OCist, setzte die Lütticher Bistumsgeschichte des →Heriger v. Lobbes und des →Anselm v. Lüttich in einer umfangreichen, wenn auch wenig krit. Kompilation fort, die z. T. sonst nicht überlieferte Texte bietet (»Gesta Episcoporum Leodiensium«, abgeschlossen 1251). Das erhaltene Originalmanuskript zeigt das Zusammenwirken mehrerer Exzerptoren und die vielfache Überarbeitung durch Ae. (Hs.: Luxembourg, Bibl. Séminaire 264). G. Bernt

Ed.: MGH SS 1–129 – *Lit.*: Rep.font. 2, 1967, 132f.

10. Ae. v. Paris (Egidius), Kanonikus von Saint-Marcel und Magister, * ca. 1160, † ca. 1224. Von den Werken des Ae. sind noch der »Karolinus« und die Bearbeitung der »Aurora« des Petrus Riga erhalten. – Der »Karolinus«, 1195–96 verfaßt und am 3. Sept. 1200 dem Prinzen Ludwig (später Kg. Ludwig VIII.) v. Frankreich überreicht, stellt in vier Büchern Leben und Taten Karls d. Gr. vor. Dieser Fürstenspiegel in hist. Gewand ordnet die Bücher nach den Kardinaltugenden, deren Inbegriff Karl ist. Im fünften Buch wendet sich Aegidius ermahnend an den Prinzen, im Urteil über Philipp August ist er dabei reserviert und übt am eigenen Freund Guilemus Brito Kritik, weil er den Kg. im Ehescheidungskonflikt mit der Kurie unterstützt. Die Captatio benevolencie am Ende des Werkes enthält eine Beschreibung des wissenschaftl. Paris der Zeit nebst bemerkenswerten Äußerungen über die Benutzung der ausschließlich zuverlässigen hist. Quellen. – Die zweimalige Bearbeitung der »Aurora« noch zu Lebzeiten des Petrus Riga besteht aus meist wenig geglückten kürzeren Zusätzen und Revisionen, das Evangelium ist gänzl. neu verfaßt. M. Wesche

Ed.: The ›Karolinus‹ of Egidius Parisiensis, ed. M. L. COLKER, Traditio 29, 1973, 199–325 – Aurora Petri Rigae, ed. P. BEICHNER, PMS 19, 1965 – P. LEHMANN, Erforsch. des MA I, 1941, 186 ff.

11. Ae. Romanus (fälschl. Colonna), bedeutender scholast. Denker und Haupt der →Augustinerschule. * um 1243 in Rom, † 22. Dez. 1316 in Avignon. Seit ca. 1258 Augustiner-Eremit, war er 1269–72 in Paris Schüler des →Thomas v. Aquin. Doch erlangte er dort wegen seines Eintretens für den Aristotelismus gegenüber dessen Verurteilung von 1277 erst 1285 einen Lehrstuhl. 1292–95 wirkte er als Generalprior seines Ordens, 1295 bis zum Tod als Ebf. v. Bourges. Seine mehr als 60 authent. Werke sind nur z. T. gedruckt, darunter seine geschätzten Aristoteleskommentare, die für die Seinsmetaphysik beachtenswerten »Theoremata de ente et essentia« (ed. E. HOCEDEZ, 1930), seine Frühschrift »De erroribus philosophorum« (ed. J. KOCH und J. O. RIEDL, 1944), seine bedeutenderen theol. Werke wie Sentenzenkommentar, Quodlibeta und exeget. Schriften. Für Philipp d. Schönen v. Frankreich schrieb er um 1280 seinen im MA sehr beliebten Fürstenspiegel »De regimine principum« (Repr. Frankfurt 1968). Mit seiner Schrift »De ecclesiastica potestate« (ed. R. SCHOLZ, 1929) trat er 1301/02 für die Oberhoheit des Papstes auch in weltl. Dingen ein. Mit seinem Traktat »Contra exemptos« (Repr. Frankfurt 1968) von 1310 nahm er im Templerprozeß Stellung. Wegen der Gründlichkeit, Klarheit und Originalität seines Denkens hat ihn das MA den *tiefgründigen Lehrer* (doctor fundatissimus) genannt. Seine Lehre ist aristotel.-thomist. orientiert, besitzt aber einen starken neuplaton.-augustin. Einschlag. In seinem Orden entwickelte er im Anschluß an ihn eine in vielen prinzipiellen Fragen der Philosophie und Theologie einheitl. Lehrrichtung, durch die er über das MA hinaus lebendig blieb. A. Zumkeller

Ed.: Repr. 16 Bde., Frankfurt 1964–70 – s.a. G. BRUNI, Le opere di Egidio Romano, 1936 – DERS., AnalAug 24, 331–355 – A. ZUMKELLER, Mss. 14–48 und 555–565 – *Lit.*: TEEUWEN, 153–162 – GINDELE, 152–154 – J. BEUMER, Augustinismus und Thomismus in der theol. Prinzipienlehre des Ae. R., Scholastik 32, 1957, 524–560 – E. HOCEDEZ, Gilles de Rome et S. Thomas, Mélanges Mandonnet I, 1930, 385–409 – G. TRAPÉ, Il Platonismo di Egidio Romano, Aquinas 7, 1964, 309–344 – A. ZUMKELLER, Augustinerschule, 176–194.

12. Ae. de Vadis, Name bzw. Pseudonym eines wahrscheinl. zu Beginn des 16.Jh. lebenden Alchemisten, der Theorie und Allegorie der →Alchemie, der aristotel. Naturphilosophie und →Elementenlehre in dem bis heute häufig zitierten »Dialogus inter naturam et filium artis« (in anderer Ausg.: »... et filium philosophiae«) im Rahmen eines scholast. Lehrgesprächs darstellt. Bisherige Annahmen, Ae. sei ein Pseudonym des Paracelsisten Bernhard G. Penotus aus Ste-Marie (Gascogne, ca. 1519–1617), der den Dialog 1595 herausgab, sind aufgrund eines 1521 von Ae. datierten Widmungsbriefes nicht haltbar. G. Jüttner
Ed.: Frankfurt 1595, hg. B. PENOTUS – Theatrum chemicum II, 1602; II, 1659 – J.J. MANGET, Bibl. chem. curiosa II, 1702 – *Lit.:* W.E. PEUKERT, Pansophie, 1936, 1956 – C.G. JUNG, Psychologie und Alchemie, 1944, 1952.

13. Ae. v. Viterbo, Augustinertheologe und chr. Humanist. * 1470 in Viterbo, † 12. Nov. 1532 in Rom. Als Generaloberer seines Ordens (1506–18), auch bei seiner Eröffnungsrede des fünften Laterankonzils (1512), sowie als päpstl. Gesandter und Kard. (seit 1517) erwies er sich als ein Mann der kirchl. Erneuerungsbewegung, die auf Restauration des bewährten Alten bedacht war. Die Erneuerung der Theologie erhoffte er vom Platonismus eines Marsilius Ficinus, die Erneuerung der Schriftstudien von der Kabbala; Reform der Kirche bedeutete ihm nicht zuletzt Glaubensgemeinschaft mit allen Menschen, zumal mit Griechen und Juden. In seiner Hochschätzung für →Aegidius Romanus erscheint er als Vertreter der →Augustinerschule. Vgl. auch Kabbala. A. Zumkeller
Lit.: TEEUWEN, 205–208 – GINDELE, 154–159 – PERINI I, 177–186 – J.W. O'MALLEY, Giles of Viterbo on Church and Reform, 1968 [mit Werkliste].

AEIOU, Zeichen Ks. Friedrichs III., das er an Bauten, Kunstdenkmälern und Gegenständen als Eigentumsmarke anbringen ließ. Auf Siegeln und Münzen, in Urkunden und Büchern vertrat es Namen bzw. Unterschrift. Die meisten Deutungen sind erst nach des Ks.s Tod entstanden. Ein Schlüssel zum Verständnis ist sein Notizbuch. Die auf das Ksm. des Hauses Österreich bezügl. Eintragungen wie »Austriae est imperare orbi universo« sind von anderer Hand nachgetragen. Der älteste Beleg (1437) verweist mit der Notiz »omnia tempora tempus habent« auf den Prediger Salomo und das *vanitas-Motiv*, das in der ma. Dichtung den Vokalen verbunden ist und diese erklärt. R. Schmidt
Lit.: A. LHOTSKY, AEIOV. Die ›Devise‹ Ks. Friedrichs III. und sein Notizbuch, MIÖG 60, 1952, 155–193 [Neudr. LHOTSKY, Aufsätze und Vorträge 2, 1971, 164–222] – K. PIVEC, Noch einmal A.E.I.O.V., Fschr. H. LENTZE, 1969, 497–504 – R. SCHMIDT, AEIOU, Die ma. ›Vokalspiele‹ und das Salomon-Zitat des Reinbot v. Durne, Fschr. F. TSCHIRCH, 1972, 113–133 – DERS., aeiov. Das ›Vokalspiel‹ Friedrichs III. v. Österreich. Ursprung und Sinn einer Herrscherdevise, AK 55, 1973, 391–431.

Ælfgar, Gf. v. O-Anglien und Mercia, † 1062/66, Sohn des Gf.en Leofric. Er war Gf. v. O-Anglien während des Exils der Familie Godwin (1051/52) und 1053/57, als er die Nachfolge seines Vaters als Gf. v. Mercia antrat. Sein Aufstieg wurde i.J. 1055 und wiederum 1058 durch Verbannung unterbrochen. Nach kurzer Zeit kehrte er jedesmal zurück, indem er mit seinem Schwager Gruffydd v. Wales und mit wiking. Streitkräften aus Irland oder Norwegen einfiel. Unbekannt ist, worin sein angebl. Landesverrat 1055 und sein Vergehen 1058 bestanden.
Lit.: F. BARLOW, Edward the Confessor, 1970. N.P. Brooks

Ælfgifu v. Northampton, Tochter Ælfhelms, *ealdorman* v. Northumbria. War vermutl. die Geliebte →Olaf Haraldsons, bevor sie die Gemahlin *more Danico* Kg. →Knuts wurde, dem sie zwei Söhne, Svein und Harald ('Hasenfuß', Kg. 1037–40) gebar. Obgleich Knut sich 1017 mit Emma vermählt hatte, herrschte Æ. in Sveins Namen über Knuts slaw. Untertanen (ab ca. 1023) und das Kgr. Norwegen (ab 1030). Sie war unbeliebt und wurde durch Magnus Olafson 1035 vertrieben. Berichte zugunsten von Emma behaupteten, daß die Söhne Æ.s von einem Priester und einem Flickschuster gezeugt worden wären. N.P. Brooks
Lit.: M.W. CAMPBELL, Queen Emma and Æ. of Northampton, MSc 4, 1971, 66–79.

Ælfheah, Ebf. v. Canterbury, Märtyrer, † 19. April 1012. Zunächst Mönch in Deerhurst, Einsiedler, später Abt v. Bath. Nachfolger St. →Æthelwolds, Bf. v. Winchester (984); 1006 nach Canterbury versetzt. Er wurde 1011 in Canterbury von den Dänen gefangen, lehnte seinen Loskauf ab und wurde zu Tode geprügelt. Zunächst in St. Paul's begraben, wo bald Wundertaten geschahen, wurden seine sterbl. Überreste 1023 nach Canterbury (Christ Church) überführt. Seine Verehrung wurde später durch seinen Hagiographen Osbern wiederbelebt.
N.P. Brooks
Lit.: N.P. BROOKS, Early Hist. of Christ Church Canterbury, 1978.

Ælfhere, *ealdorman* in →Mercia, 956–983, † 983. Aussagen über seine Familie sind im Testament seines Bruders Ælfheah (SAWYER, 1485) enthalten und in SAWYER 582 (955), wo er »ex parentela regis« ist. Er wurde von Kg. Eadwig zum mercischen ealdorman gemacht und war führender ealdorman im Kgr. von 959 bis zu seinem Tod. Wahrscheinl. herrschte er auch bis 975 seit dem Tode seines Bruders (970) über Wessex. Er unterstützte den mercischen »Staatsstreich« von Eadgar (957) und vielleicht sogar die Ansprüche Æthelreds II. gegenüber Kg. Edward (975–978). In den Quellen in Verbindung mit →Worcester wird er als Führer der anti-monast. Reaktion dargestellt. Die Säkularisierungen durch ihn waren jedoch auf Mercia begrenzt und hatten keine direkte Auswirkung auf Worcester selbst. C.P. Wormald
Lit.: W. SEARLE, Anglo-Saxon Bishops, Kings and Nobles, 1899, 402f. [vgl. dagegen A. NAPIER und W. STEVENSON, Crawford collection of early charters, 1895, 120ff.] – D. FISHER, Anti-monastic reaction, Cambridge Hist. Journ., 1952, 254ff.

Ælfric (Grammaticus), Schüler →Æthelwolds, Mönch und Priester in Winchester, * ca 955, † um 1025, gilt wegen des Umfangs und der Vielfalt seines Werkes als der wohl größte ae. Prosaschriftsteller. In seinen anspruchsvollen Kath. Homilien (ca. 991–992), erste und zweite Sammlung, insgesamt 80 Stücke, und in seinen Heiligenviten, beide mit lehrhafter Absicht, hat er zahlreiche Quellen verarbeitet. Anders als die zeitl. frühere Prosa →Alfreds und seines Kreises, welche oft zu stark vom Lat. abhängig ist, und auch im Gegensatz zu dem weniger umfangreichen Werk des Ebf.s →Wulfstan, das manieriert erscheint, eignet sich der sog. einfache Stil Æ.s für viele Zwecke. Für die Heiligenviten und auch für bestimmte Homilien der zweiten Sammlung entwickelte Æ. aber einen rhythm., alliterierenden und rhetor. Stil, der, abgesehen von der Ausdrucksweise, an manche Züge as. Dichtung erinnert. Die ältere Forschung beschrieb diese Prosa sogar als abgesunkene Dichtung. Briefe, Traktate, kommentierende Bibelübersetzungen (»Hexameron«, Teile des »Heptateuch«), Gelegenheitsstücke (z.B. das »Colloquium« über verschiedene Berufe) und eine ae. Lateingrammatik, die auf Priscian und Donat fußt und auch als Einführung in die ae. Sprache betrachtet wurde, vervollständigen das Œuvre. Æ. starb vermutl. im Kloster Eynsham, Oxfordshire, dessen erster Abt er war (ab 1005).
P.E. Szarmach (mit J. Pinborg)

Bibliogr.: RENWICK und ORTON, 228 ff. – NCBEL I, 317 ff. – ROBINSON, Nos. 198–224 – *Qq.*: B. THORPE, Homilies of Æ., 1844–46 – P.A.M. CLEMOES and M. GODDEN, EETS [1. und 2. Ser. gepl.] – A.O. BELFOUR, Twelfth Century Homilies, EETS 137 – R.D.-N.WARNER, Early English Homilies, EETS 152 – J.C. POPE, Homilies of Æ., A Supplementary Collection, EETS 259, 260 – B. ASSMANN, Ags. Homilien und Heiligenleben, 1889, revid. P.M.A. CLEMOES, 1964 – H. HENEL, Æ.s De Temporibus Anni, EETS 213 – W.W. SKEAT, Æ.'s Lives of Saints, EETS 76, 82, 94, 114 – G.I. NEEDHAM, Æ.'s Lives of Three English Saints, 1966 – G.N. GARMONSWAY, Æ.'s Colloquy, 1947 ²[Neudr. 1967] – S.J. CRAWFORD, OE Versions of the Heptateuch, EETS 160 – S.J. CRAWFORD, Exameron Anglie, revid. Ed., 1921 – *Lit.*: P.A.M. CLEMOES, (Æ. Continuations and Beginnings, ed. E.G. STANLEY, 1966) – J. ZUPITZA, Æ.s Grammatik und Glossar, 1966³ – J. HURT, Æ., 1972 – C.L. WHITE, Æ., revid. M.R. GODDEN, 1974.

Aelian (Claudius Aelianus), ca. 170–240, dessen gr. geschriebene Werke im MA im lat. Abendland ebenso unbekannt waren wie die meisten aristotel. Schriften. Erst im 16. Jh. gingen von den materialreichen 17 Büchern über die Natur der Tiere Impulse für die Tierkunde aus, näml. durch die kommentierten lat. Auszüge von Pierre Gilles (1489–1555) und die vollständigen Übertragungen von ihm und CONRAD GES(S)NER (1516–65). Einzelne Motive aus Ae. haben aber auch im lat. MA indirekt gewirkt. So wurde die Benutzung des Ae. im »Hexaemeron« des →Ambrosius v. Mailand (nach 388) nachgewiesen.

Ch. Hünemörder

Qq.: Ex Aeliani historia per Petrum Gyllium latini facti... De vi et natura animalium..., 1535 – Cl. Aelianus, Opera quae extant omnia graece latineque..., ed. C. GESNER, 1556 – *Lit.*: LGN I, 143.

Ælle. 1., der erste in den Quellen erwähnte Kg. v. →Deira, Sohn v. Yffi, † 588, angebl. nach einer dreißigjährigen Regierungszeit. Nach einer späten Darstellung wurde er von Æthelric v. → Bernicia getötet. Sein Sohn Edwin wurde mit Sicherheit verbannt. Die Sklavenknaben, mit denen Gregor (der spätere Papst) in Rom sprach, waren aus Æ.s Land. D.P. Kirby

Lit.: D.P. KIRBY, Bede and Northumbrian Chronology, EHR 78, 1963, 511–527, bes. 523 ff. – STENTON³, 75–78.

2. Æ., Kg. (Sussex), gilt als Gründer der Dynastie und des Kgr.s S-Sachsen. Seine Ankunft in der Nähe von Selsey Bill mit drei Schiffen und drei Söhnen ist in der Angelsächs. Chronik zu 477 verzeichnet, ebenso eine weitere Schlacht gegen die Briten (485) und die Belagerung und Eroberung von Anderida (491). Diese Daten können nicht nachgeprüft werden. Laut Beda (hist. eccl. II, 5) war Æ. der erste Kg., der Macht über sämtl. engl. gentes s. des Humber-Flusses (→ Bretwalda) ausübte. N.P. Brooks

Lit.: STENTON³, 17–19, 59.

Ælred v. Rievaulx (hl.), Zisterzienserabt und Theologe, * um 1100 in Hexham (N-England), † 12. Jan. 1167 Rievaulx. Nach Schulbesuchen in Hexham und Durham trat Æ. in den Hofdienst bei Kg. David v. Schottland (nach 1124). 1134 wurde er Mönch in Rievaulx. Nach einer Romreise (1140) in Sachen der umstrittenen Bischofswahl in York wurde Æ. Novizenmeister und schrieb das »Speculum Caritatis«. Ende 1143 ging er als Gründungsabt nach Revensby bei Lincoln, 1147 wurde er Abt v. Rievaulx. Unter seiner Regierung erlebte die Abtei eine großartige Entwicklung (140 Mönche und 500 Laienbrüder). Seine Schriften (Homilien »De oneribus«, »De spirituali amicitia«, eine Regel für Inklusen »De institutione inclusarum«, eine Vita des hl. Kg.s Eduard und das Werk »De anima«) reihen Æ. unter die bedeutendsten Vertreter der monast. Theologie ein. Sein umfangreicher Briefwechsel mit berühmten Zeitgenossen blieb nicht erhalten, wohl aber Ansprachen auf Kapiteln, Synoden und in Kirchen. H. Wolter

Qq.: A. HOSTE, Bibliotheca Aelrediana, 1962 – Opera omnia, I: Opera ascetica, hg. A. HOSTE und C.H. TALBOT, 1971, CChr. CM 1 – Walter Daniel, Vita Aelredi, hg. F.M. POWICKE, 1950 – *Lit.*: R. EGENTER, Die Lehre von der Gottesfreundschaft in der Scholastik und Mystik des 12. Jh., 1928 – Un éducateur monastique, Aelred de Rievaulx, 1959 – A. SQUIRE, Æ. of R., 1969 – A. HALLIER, The Monastic Theology of Æ. of R., Cistercian Stud. 2, transl. C. HEANY, 1969.

Aemilia → Emilia

Aeneasroman. [1] *Beschreibung und Verfasserfrage*: afrz. Roman in Achtsilblern, etwa aus der Mitte des 12. Jh. (1150–55), überliefert in neun Hss., deren älteste sich in der Bibl. Laurenziana von Florenz befindet. »Eneas« stammt von einem unbekannten Verfasser, der im norm. Bereich in der Mitte des 12. Jh. wirkte. Dort hatte sich unter der treibenden Kraft von →Eleonore v. Aquitanien die Troubadourkultur und die höf. Auffassung der Liebe und des Lebens verbreitet und ein starkes Wiederaufleben der klass. Studien eingesetzt, das einige neue Dichter bewog, aus den antiken lat. Epen Stoffe für ihre Dichtungen zu schöpfen. So entstanden die ersten drei großen klass. Romane (»Thèbes«, »Eneas«, »Troie«) der höf. Erzählkunst. Der Verfasser des »Eneas« war sicherl. ein Kleriker, der in die scholast. Kultur des 12. Jh. integriert war und seinen Stoff der »Aeneis« des Vergil entnahm. [2] *Verhältnis zur vergil. »Aeneis«*: Das in zwölf Bücher unterteilte lat. Epos schildert in den ersten sechs die Rundfahrt des Aeneas im Mittelmeer nach der Zerstörung Trojas, den Aufenthalt in Karthago und die Landung in Italien; in den anderen sechs den Krieg gegen die Latiner und Rutuler. Das frz. Epos ist ohne Einteilung in Bücher, folgt jedoch in den Hauptzügen der Erzählung Vergils; es faßt die Ereignisse des ersten Teils in 3021 Versen zusammen und entwickelt breit den zweiten Teil in 7135 Versen. Man kann den »Eneas« nicht als Übersetzung bezeichnen, auch wenn der Verfasser in einigen Fällen kurze Partien, die Ort und Zeit beschreiben, genau übersetzt und das ganze Buch VI der Aeneis (Gang in die Unterwelt) getreul. wiedergegeben hat; dagegen hat er sehr oft Umarbeitungen oder Neuerungen eingeführt, indem er einige Partien unterdrückte und Elemente und Entwicklungen einführte, die dem lat. Epos unbekannt sind: Während Vergil uns sofort in medias res führt, wobei er die Vorgeschichte durch die Erzählung des Helden darstellt, zieht der frz. Verfasser nach den Regeln der ma. Rhetorik die chronolog. Entwicklung der Erzählung vor, den ordo naturalis, offensichtl. aus Gründen der Deutlichkeit für sein Publikum. Daher beginnt er mit einer kurzen Schilderung der Geschehnisse bei der Zerstörung Trojas und bei der Ankunft von Aeneas in Karthago (V, 1–280: Aeneis I und II). Er übergeht die vergil. Schilderung der Fahrten des Aeneas im Mittelmeer (Aeneis III) und den Aufenthalt in Sizilien mit den Leichenspielen für Anchises (Aeneis V). Es ist schwierig, die psycholog. Gründe, die den Autor zu solchen Auslassungen bewogen, zu erklären: vielleicht wollte er sich den Interessen des Kreises, an den er sich wandte, anpassen; das rechtfertigt das Übergehen der antiken Spiele, die einem an Jagd und Turnier gewöhnten Publikum fremd waren, aber verwunderl. ist das Weglassen v.a. einiger Episoden des III. Buches der Aeneis (Polydorus, die Harpyen, Scylla und Charybdis), die Stoff für die Entwicklung des Elements des Wunderbaren bieten, das in der frz. Erzählkunst des 12. und 13. Jh. so beliebt war. Statt dessen wird die Tendenz sichtbar, der Erzählung einen humaneren und realistischeren Sinn zu verleihen, der der ma. Psychologie mehr entspricht, wobei die Teilnahme der Gottheiten sehr verringert oder ganz unterdrückt wird. So ist es nicht die Furie Alekto (Aeneis

VIII), die Turnus von der Ankunft des Aeneas benachrichtigt, sondern ein Bote der geliebten Kgn. (V. 3403 ss.), nicht Venus gibt Aeneas die von Vulcanus verfertigten Waffen (Aeneis VIII), sondern ein Bote (V. 4549 ss.); ein Bogenschütze, nicht das Trugbild des Aeneas (Aeneis X), entzieht Turnus dem Kampf (V. 5793 ss.) usw. Im Gegensatz dazu, vielleicht immer mit realist. Tendenzen, wird ein breiter Raum Episoden gegeben, die die Aeneis kaum andeutet oder gar nicht kennt wie die ausführl. Beschreibung der toten Camilla und ihres Grabes (V. 7433 ss.) oder jene der Bestattung des Pallas (V. 6103 ss.). Außer diesen Exkursen und den Elementen eines stärkeren Realismus wird der Erzählung eine tiefere Menschlichkeit dadurch verliehen, daß gerade den menschl. Gefühlen und bes. der Liebe viel mehr Raum gewährt wird. Das Liebesmotiv spielte in der Aeneis eine bemerkenswerte Rolle in der Schilderung der Liebe zw. Aeneas und Dido (IV), die in ein Drama mündete; aber dort hatte es eine polit. und hist. Funktion: es rechtfertigte den jahrhundertealten Haß zw. Rom und Karthago bis zu den berühmten Kriegen und der Zerstörung Karthagos. Im »Eneas« fehlt dieser hist. Bezug. Dido, die im Augenblick des Todes Worte der Vergebung für den Geliebten spricht (V. 2053 ss.), ist vollkommen verändert, fast verchristlicht. Im zweiten Teil seines Werkes hat sich der frz. Dichter ganz weit von seinem Vorbild entfernt, um eigene Lösungen zu bieten: wesentl. ist die breite Darstellung, die dem Entstehen und im folgenden immer höheren Aufflammen der Liebe zw. Aeneas und Lavinia gewidmet ist, ein Motiv, das der vergilian. Erzählung ganz fremd ist, wo von Liebe zw. diesen Personen nicht gesprochen wird. Im »Eneas« verweilt der Dichter jedoch, wie er es bei Dido getan hatte, bei der Beschreibung der Pathologie der Liebe mit allen ihren äußeren Merkmalen. Man erkennt den Einfluß →Ovids, des im 11., 12. und 13.Jh. am meisten bewunderten und gelesenen lat. Dichters. An ihm inspiriert sich der Dichter des »Eneas«, wenn er Didos nächtl. Qual der Leidenschaft schildert, ihre Erschütterung oder die Blässe, das Erröten, die Verwirrung des Mädchens Lavinia. Auch Aeneas ist verwirrt; aber die Ehe mit Lavinia nimmt eine spezielle Bedeutung an, die der Mentalität der Feudalzeit entspricht: Aeneas erscheint wie ein ma. Ritter ohne Lehen, das er nach den feudalen Sitten im Krieg oder durch Heirat erwerben kann. So wird in der Mentalität des Autors oder seines Publikums der Kampf um die Eroberung des Landes gerechtfertigt, das er durch die Heirat mit Lavinia erhält. Im »Eneas« verbindet sich der Stoff, der aus Vergil geschöpft ist, mit den Lehren Ovids, und hier und da kann man auch den Einfluß anderer lat. Autoren (Lucan) erkennen oder jener scholast. Handbücher, Kräuter-, Stein- und Tierbücher, deren Spuren wir in gewissen Beschreibungen finden, wie in der Karthagos, das als ma. Stadt geschildert wird. Die Personen des Epos erscheinen wie Herren ma. Höfe, die sich mit Dienern und Schildknappen, mit Spielleuten und Sängern umgeben. Die Menge besteht aus borjois. Auch die Begriffe, welche Personen, Sachen und Funktionen bezeichnen, stammen aus der ma. Feudalsprache. Der Stil folgt ganz den Regeln der Rhetorik Isidors; es ist nicht mehr Vergils erhabener Stil, der der heroischen Erzählung angepaßt ist, sondern eher ein sog. »mittlerer«, gefälliger Stil, in dem andere Geschmacksrichtungen und Haltungen ihren Ausdruck finden. Daher bietet sich die ganze Dichtung mit ihren Veränderungen und eigenen Erfindungen dem Leser als etwas Neues und anderes dar, das vom ma. Geist durchdrungen ist. Vgl. Heinrich v. Veldeke.

C. Cremonesi

Ed.: Eneas, texte critique, ed. J.J. SALVERDA de GRAVE, 1891, Bibl. Normannica, IV – J.J. SALVERDA de GRAVE, Eneas, Roman du XIIe s., 2 Bde., 1925-31, CFMA, 44, 62; 1964² – *Lit.*: A. ADLER, Eneas and Lavina, RF 71, 1959, 73-91 – E. AUERBACH, Literatursprache und Publikum in der lat. Spätantike und im MA, 1958 – S. BATTAGLIA, La coscienza letteraria nel Medioevo, 1965 – A. PAUPHILET, L'Antiquité et Eneas, Le legs du Moyen Age, 1950 – R. PETULLÀ, Il Roman d'Eneas e l'Eneide, Rendiconti dell'ist. Lombardo di Scienze e Lettere 102, 1968, 409-431 – G. RAYNAUD de Lage, Les Romans antiques et la représentation de L'Antiquité, MA, LXVII, 1961, 247-291 – A. VARVARO, I nuovi valori del Roman d'Eneas, Filologia e Letteratura XIII, 2, 1967, 113-141.

Aeneatores → Heerwesen

Áengus → Óengus

Aenigma (gr. αἴνιγμα). Ursprgl. dem religiösen Bereich zugehörig, und zwar der Orakelsprache, gewinnt der Begriff auch philosoph. Bedeutung. Die doppelte Beziehung zu Theologie und Philosophie behält er auch im MA, v.a. aufgrund des Pauluswortes 1 Kor 13,12 (HOFFMANN). Für das MA war es selbstverständl., daß alles Sichtbare zurückgeht und damit auch zurückverweist auf ein Unsichtbares und daß das Sichtbare zugleich eine Kundgabe des Unsichtbaren ist, wobei aber zw. beiden Bereichen eine unendl. Distanz anzunehmen ist (KOCH). Gott als der Unsichtbare ist in der Welt nur durch die Abbilder »in Spiegel und Rätsel« zugängl. für menschl. Erkenntnis (vgl. Augustinus, trin. I, VIII, 78/16; CChr SL 50, p. 50, 1968). →Wilhelm v. St-Thierry (12.Jh.) entwickelt in einer Schrift mit dem Titel »Aenigma fidei«, was der Mensch im Glauben von Gott erfassen kann. Mit Recht kann die Philosophie des →Nikolaus v. Kues »aenigmatisches Wissen« genannt werden. Mit Hilfe von Aenigmata können der Gotteserkenntnis Möglichkeiten eröffnet werden, die der rein rational-schlußfolgernden Denkweise verschlossen bleiben müssen. Prinzipiell kann jedes Ding in der Welt ae. werden (Nicolaus Cus. poss. n. 58, 1-6), am ehesten eignen sich dafür math. Gegenstände (Nicolaus Cus. poss. n. 61, 9-11; 43, 7-8; 44, 7-14). Die Philosophie erfährt so ihre notwendige Ergänzung durch die Theologie (ebd. n. 58, 9). Die Schau Gottes ohne Rätsel »von Angesicht zu Angesicht« überschreitet die Möglichkeiten denker. Bemühung des Menschen; sie kann ihm nur von Gott geschenkt werden. H. Schnarr

Lit.: HWPI, 87f. – E. HOFFMANN, Pauli Hymnus auf die Liebe, Platonismus und chr. Philosophie, 1960, 187-206 – J. KOCH, Über die Lichtsymbolik im Bereich der Philosophie und der Mystik des MA, Kleine Schr. I, 1973, 27-67.

Aenigmata → Rätsel

Aequitas, Zentralbegriff der ma. Rechtsordnung, der die Verwirklichung des Rechts im Einzelfall bezeichnet. Ae. bedeutet ursprgl. Einheitlichkeit, Gleichmäßigkeit, macht aber einen Bedeutungswandel durch. Nach der Epikie-Lehre des Aristoteles (EN 5.10) vermag die in ihrer generalisierenden Einheit gerechte Norm die Besonderheit des Einzelfalls nicht immer zu berücksichtigen und kann daher zu ungerechten Ergebnissen führen, wenn nicht die abstrakte Regel den Eigenheiten des konkreten Falls angepaßt wird. Gerechtigkeit wird also verwirklicht durch Recht und ae. Diese Vorstellung kommt in den verschiedenen Rechtsordnungen seit der Antike zum Ausdruck, wobei freil. die Bedeutung des Begriffs ae. schwankend ist. Im klass. Röm. Recht tritt ae. in Gegensatz zum ius strictum. Durch die Gesetzgebung der spätantiken chr. Ks. und die Lehren der Kirchenväter wurde der Begriff der ae. in einer durch bibl. Moralvorstellungen geprägten Weise dem MA überliefert. Was die Verwendung des Terminus ae. in den frühma. Rechtsquellen angeht, so nahm die Forschung lange Zeit an, daß ae. hier allein im

Sinne von Billigkeit zu verstehen sei: Das Volksgericht urteile nach strengem Volksrecht, der Kg. dagegen nach ae., d. h. ohne Bindung an das Recht. Diese Auffassung hat sich als zu eng erwiesen. Grundsätzl. war auch der Kg. an das überkommene Recht gebunden und konnte lediglich. im Einzelfall im Wege der Rechtsergänzung nach freiem Ermessen entscheiden. Ae. ist demnach in den Volksrechten gleichbedeutend mit iustitia, rectitudo, ratio und bedeutet nur ausnahmsweise Billigkeit. Unter Berufung auf die chr. Forderung nach Barmherzigkeit stand es aber dem Herrscher weitgehend frei, die Härte des Gesetzes zu mildern. Das Eindringen der misericordia in die ae. zeigen neben Texten, die das Herrscherideal umreißen, insbes. ags. Rechtsquellen des 10.-11. Jh., die z. T. wörtl. Übernahmen von kirchenrechtl. Bestimmungen darstellen. Eine bedeutende Ausweitung erfuhr die Lehre von der ae. seit dem 12. Jh. durch die Kanonistik und Legistik. Als eine dem positiven Recht vorgegebene Größe ist sie danach ein Element der Gerechtigkeit. Sie findet hauptsächl. Anwendung im gesetzten Recht (ae. scripta), muß also durch eine den Sinn der Norm beachtende Auslegung ermittelt werden. Falls das Gesetz schweigt, ist die Lücke mit Hilfe der ae. non scripta zu schließen. Ausnahmsweise kann sich die ae. auch gegenüber dem positiven Recht durchsetzen. Diese Art der ae. als Notstandsrecht hat im Zeitalter des Konziliarismus eine Rolle gespielt. Rechtstechn. ist die ae. bedeutsam für das officium des Richters und für das arbitrium. Sie war ferner geeignet, Probleme der Kollision verschiedener Rechtsgebiete lösen zu helfen. Im engl. Recht führte die Erstarrung des *Common Law* im SpätMA zu einer korrigierenden Rechtsprechung des Kanzlers, der im kgl. Auftrag als *keeper of the king's conscience* tätig wurde. Die auf Verbesserung und Milderung des Common Law ausgerichtete Judikatur des *Court of Chancery* urteilte »ex aequo et bono« und entwickelte ein dem *Law* gegenüberstehendes Normengefüge, die *Equity*. H.-J. Becker

Lit.: DDC V, 394-410 - HOOPS² II, 607-612 - E.WOHLHAUPTER, Ae. canonica, 1931 - F.W. MAITLAND, Equity, 1936 - E. KAUFMANN, Aequitatis iudicium. Königsgericht und Billigkeit in der Rechtsordnung des frühen MA, 1959 - G. KISCH, Erasmus und die Jurisprudenz seiner Zeit, 1960, 1-54 - N. HORN, Ae. in den Lehren des Baldus, 1968 - P.G. CARON, »Ae.« romana, »misericordia« patristica ed »epicheia« aristotelica nella dottrina dell' »Ae.« canonica, 1971.

Aequitas canonica, ein Begriff, der in der ma. kanonist. Lehre zuerst in den vorgratian. Sammlungen (vom 10. Jh. bis zur 1. Hälfte des 12. Jh.), dann im →Decretum Gratiani (ca. 1140) und später in den Werken der →Dekretisten (2. Hälfte des 12. Jh. bis 1. Hälfte des 13. Jh.) und der →Dekretalisten (13.-15. Jh.) ausführl. und präzis ausgearbeitet wurde. An der Ausbildung und Entwicklung des Begriffs ae. c. wirken drei Faktoren mit: 1. der röm. Begriff aequitas in seiner prägnanten Bedeutung als vollkommene Gerechtigkeit, 2. der chr., von den Kirchenvätern ausgearbeitete Begriff misericordia oder benignitas, 3. der aristotel., später von der ma. scholast. Lehre übernommene Begriff *epicheia*, die als Unanwendbarkeit des Gesetzes gesehen wird, falls dessen Anwendung offensichtl. ungerecht erscheint (seit den Dekretalisten). So entwickelte sich ae. c. zu einem der vollkommenen Gerechtigkeit sehr nahekommenden Begriff. Ihr Ziel ist, soweit menschenmögl., die prakt. Durchführung des höchsten Gerechtigkeitsideals. Die auf diese Weise verstandene Billigkeit setzt also die Möglichkeit voraus, die bes. Umstände bei der Anwendung des Gesetzes gebührend zu berücksichtigen. Sie besteht in einer höheren Gerechtigkeit, die im Interesse des allgemeinen oder persönl. geistl. Wohls für den konkreten Fall das strictum ius mildert oder verschärft. Sie steht also dem positiven Recht gegenüber, das nur allgemein voraussehbare Ereignisse berücksichtigen kann, nicht aber bes. gelagerte Umstände. Die ma. kanonist. Tradition unterscheidet zw. geschriebener und nicht geschriebener Billigkeit. Nach den Dekretalisten kommt letztere nur in den Fällen zur Anwendung, deren Regelung weder von der aequitas scripta noch vom ius scriptum vorgesehen ist: hätte der Gesetzgeber solche bes. Fälle gekannt, wäre das Gesetz nicht ergangen, da aus seiner Anwendung auf die konkrete Situation dem Gemeinwohl Schaden erwachsen wäre. Die Lehre dieser Kanonisten sucht die Achtung vor dem Willen des Gesetzgebers mit der Forderung nach Rechtssicherheit zu verbinden. Deshalb darf die Anwendung der Billigkeit nicht undifferenziert sein. Immer muß das negative oder prohibitive Naturgesetz Anwendung finden, keinem einen ungerechten Schaden zuzufügen. Ferner ist für die Anwendung der ae. c. eine iusta causa unerläßl. Der Begriff der Billigkeit bei den ma. Kanonisten hängt eng mit dem des Naturrechts zusammen, das Gratian als »ius quod in Lege et Evangelio continetur« definiert (D. I c. 1). Ferner zeigt sich in der Lehre der Dekretisten und Dekretalisten die ae. c. als Auslegungs- bzw. Anwendungsmittel des Gesetzes; ausschlaggebend bleibt dabei die mens legislatoris. Zuletzt wird die ae. c. von den ma. Kanonisten als Ergänzungsmittel für Gesetzeslücken betrachtet (vgl. X 1. 36. II). P.G. Caron

Lit.: E. WOHLHAUPTER, Ae. c., 1931 - CH. LEFEBVRE, Les pouvoirs du juge en droit canonique, 1938, 163-199 - P. FEDELE, Lo spirito del diritto canonico, 1962 - P.G. CARON, »Aequitas« romana, »misericordia« patristica ed »epicheia« aristotelica nella dottrina dell' »aequitas canonica« (dalle origini al Rinascimento), 1971.

Aerugo (Aes viride, Chalkanth, Kupfergrün, Grünspan), bas. Kupferazetat und früher auch Kupfertartrate. Man unterschied im MA eine seltene natürl. (auch der Malachit als bas. Kupferkarbonat wurde hierzu gezählt) und eine künstl. durch Behandlung von Kupfer mit Weintrester hergestellte Ae. Angewendet wurde Ae. in der Färbetechnik und in der Medizin gegen Aussatz, Fisteln und Zahnfäule und seit dem 16. Jh. in allerdings geringer Dosierung gegen vener. Krankheiten und Asthma. G. Jüttner

Lit.: J.H. ZEDLER, Universallex., 1732-54 - D. GOLTZ, Stud. zur Gesch. der Mineralnamen, Sudhoffs Archiv, Beih. 14, 1972.

Aes ustum (caucucecaumenon, crocus veneris), schwarzes oder rotes Kupferoxyd (CuO, Cu$_2$O), seit der Antike bekanntes Heilmittel, in Pflaster- und Salbenform angewendet. Man stellte es her, indem man dünne Kupferbleche mit Kochsalz oder Schwefel glühte. H. Buntz

Lit.: E. HICKEL, Chemikalien im Arzneischatz dt. Apotheken des 16. Jh. [Diss. Braunschweig 1963], 62-68.

Aesop-Bearbeitungen → Fabel

Æthelbald, Kg. v. Mercia seit 716, †757 (ermordet von seinen Kriegern). Schon 731 besaß er über die südengl. Kgr.e höchste Gewalt (Beda, hist. eccl. V 24). Seine Ansprüche sind von mehreren Worcester Urkunden bestätigt worden, 736 wird er Kg. über alle *Sutangli* und Rex Britanniae genannt (SAWYER, 89). Er griff Wessex (733) und Northumbria (737/40) an und machte offenbar seine Autorität über die W-Sachsen nach einem Aufstand (750-752) wieder geltend. Urkunden beweisen seine Vorherrschaft über →Hwicce ab 716 sowie seine Protektion mancher kent. Kirchen ab 730. Wichtig in bezug auf Streitigkeiten mit der Kirche sind Briefe von Bonifatius (746/747), die gegen seine persönl. Moral, Säkularisierungen sowie Forderungen nach Dienstleistungen von Kl.n auf kgl. Grundbesitz protestieren. Er leitete das Reformkonzil von Clovesho (747) und befreite die mercischen Kirchen von

Brücken- und Festungsarbeiten (749). Die Bestätigungen kent. Kirchenprivilegien durch seine Person sind wahrscheinl. Fälschungen. C.P.Wormald

Lit.: F.M.STENTON, Supremacy of the Mercian kings, EHR 1918, 438ff. - N.P.BROOKS, Military obligations in C 8th and C 9th England, P. CLEMOES und K. HUGHES, England before the Conquest, 1971, 73ff. - H. VOLLRATH-REICHELT, Königsgedanke und Kgtm. bei den Angelsachsen, 1971, 29ff., 122ff. - STENTON³, 207ff.

Æthelberht. 1. Æ., Kg. v. Kent, †24. Febr. 616 (oder 618), ▭ Canterbury. Æ. heiratete Bertha, die chr. Tochter des frk. Kg.s Charibert v. Paris, bevor er i.J. 560 (oder 565) Kg. wurde. Trotz der Niederlage (568) gegen Kg. Ceawlin v. Wessex war Æ. der dominierende engl. Kg. s. des Humber-Flusses (→Bretwalda) vor 597. In diesem Jahr empfing er St. Augustin und 40 Mönche als Missionare aus Rom. Trotz der fraglichen Bekehrung Æ.s (Beda, hist. eccl. I. 26) war er zweifellos der Gründer bfl. Kirchen in Canterbury, Rochester und London, bereitete eine Versammlung für Augustin und brit. Bf.e vor und wurde von Papst Gregor I. aufgefordert, heidn. Kulthandlungen zu unterdrücken. Seine Sympathie für das Christentum dürfte geschwächt worden sein, als Kg. Rædwald von O-Anglien die Oberhand gewann; denn als Æ. starb, waren sein Sohn und Nachfolger Eadbald mit Sicherheit und wahrscheinl. auch seine zweite Frau noch heidn. Seine Gesetze, die das erste engl. schriftl. Gesetzbuch darstellten, waren durch andere frühe europ. Gesetze beeinflußt; sie sind überwiegend weltl., schützen aber dennoch Kirchenbesitz. N.P.Brooks

Lit.: R.A.MARKUS, JEcH 14, 1963, 16-30 - J.M.WALLACE-HADRILL, Early Germanic Kingship in England and on the Continent, 1971.

2. Æ. (Ælbert Coena), Ebf. v. York 767-778, † 8. Nov. 779 oder 780, ▭ in York. A. trat schon als Kind in ein Kl. ein und wurde Mitglied des Domklerus von York, wo er unter seinem Verwandten →Egbert Lehrer wurde, Æ.s Lehre umfaßte alle sieben →Artes liberales sowie das AT. Mit Unterstützung seines früheren Schülers →Alkuin errichtete er eine Bibliothek von erstaunl. Umfang. Æ. wurde am 24. April 767 zum Bf. geweiht und erhielt 773 das Pallium. Er weihte einen Bf. für die Old Saxons (Altsachsen) und hatte Verbindungen zu den Bf.en im Frankenreich. Er unternahm auch den vollständigen Wiederaufbau seiner Kathedrale. Sein Rücktritt stand vielleicht in Verbindung mit den Kämpfen um den Thron Northumbrias. D.A.Bullough

Lit.: MGH PP I, 200ff. - W. LEVISON, England and the Continent in the Eighth Century, 1946.

Æthelflæd, Domina, * ca. 870, †918, ▭ Gloucester-Abtei. Ältestes Kind Alfreds. Ihre Mutter stammte aus dem Königshaus von Mercia. Sie heiratete →Æthelred, ealdorman der Mercianer, um 887, wie aus seinen Urkunden hervorgeht (SAWYER, 217), und wird als zunehmend an seiner Autorität beteiligt dargestellt. Wahrscheinl. war sie schon vor seinem Tod die wirkl. Herrscherin v. Mercia und wird hiernach als Lady of Mercians beschrieben (in kelt. Annalen Kgn. genannt). Sie leitete gemeinsam mit ihrem Bruder, Kg. Edward, eine Burgbaupolitik ein, die gegen dän. Heere in Mittelengland und gegen Einfälle der Iren und Normannen aus dem NW gerichtet war. Ihre Burhs schlossen Chester (907), Bridgnorth (912), Tamworth (913), Warwick (914) und Runcorn (915) mit ein; sie eroberte Derby (917) und Leicester (918), während Edward in den S und O vorrückte. Ihre Verhandlungen mit Schotten, Walisern und den Männern von York vor ihrem Tod machten sie vermutl. zur Initiatorin der Unterwerfung des N unter Edward (920). Sie überführte (909) die sterbl. Reste St. Oswalds zur Gloucester-Abtei, die sie und ihr Mann gestiftet hatten (Wm. Malm. Gest. Reg. I 136). C.P.Wormald

Lit.: F.WAINWRIGHT, A., Lady of the Mercians, Scandinavian England 1975, 305ff.

Æthelfrith, Kg., Sohn von Æthelric. Ae. kam 593 in →Bernicia an die Macht und vereinigte es mit →Deira (605). Unter den heidn. Herrschern von Northumbria betrachtete Beda ihn als den größten Peiniger der Briten. Ein Vorgänger und wahrscheinl. nicht Æ. kann die Gododdin in Catraeth (→Aneirin) geschlagen haben, aber er selber besiegte die Schotten Dálriadas in Degsastan (604) und die Männer von Powys bei Chester (616). Er heiratete die Tochter Ælles v. Deira, deren Bruder Edwin später den Schutz →Raedwalds, des Kg.s v. O-Anglien, und →Bretwaldas suchte, von denen er 616(?) getötet wurde. D.P.Kirby

Lit.: STENTON³, 76ff. - N.K.CHADWICK, The Battle of Chester, Celt and Saxon, 1963, 167-185 - D.P.KIRBY, Bede and Northumbrian Chronology, EHR 78, 1963, 511-527 [bes. 523ff.].

Ætheling. Die Etymologie läßt eine ae. Bedeutung, nobleman ('Edelmann'), vermuten (»Beowulf« 118, 906, 1244, 2506, 3170; »Genesis« 1647; o.e. Beda II, 11). In späteren ags. Zeit war die Bedeutung auf kgl. Prinzen beschränkt; die Erscheinung des Wortes edlyng im walis. Recht mit der Bedeutung designated heir (etwa 'ernannter Nachfolger') deutet darauf hin, daß es möglicherweise diese spezielle Bedeutung für die Engländer erst zur Zeit Æthelstans (Oberherrn v. Hywel Dda) erlangt hat. Die Wessex-Könige des 9.Jh. legten die Nachfolge anscheinend mit einem ernannten Erben fest, und Asser (Vita Alfr. cc. 29, 38, 42) nennt Alfred als secundarius seines Bruders, Kg. Æthelred. Vergleiche zw. den Gesetzen des 11.Jh., die Æ. mit Ebf. klassifizieren (II Knut 58:1; Grið 4, 12), und früheren Gesetzen, die dies nicht tun (Alfred 3, 15; IV Æthelstan 6, 1), deuten auf eine Entwicklung des Brauches bis zu dieser Zeit, und urkundl. Hinweise auf Eadwig (SAWYER, 571, 1211), Edgar (SAWYER, 589, 593-594) und Æthelstan (SAWYER, 1503) belegen diese Annahme. Bedeutende zusätzl. Belege aber (Leg. Edw. Conf. 35:1) erscheinen spät, und die meisten Aussagen beweisen, daß wie auch immer das Thronfolgegesetz sein mochte, der Begriff Æ. für alle Prinzen verwendet wurde. C.P.Wormald

Lit.: J.BOSWORTH und T.TOLLER, Anglo-Saxon Dictionary I, 1898, 22 - F.LIEBERMANN, Gesetze der Angelsachsen II, 1912, 274f. - D.BINCHY, Celtic and Anglo-Saxon Kingship, 1970, 28ff.

Æthelnoth, Ebf. v. Canterbury, 1020-29. Okt. 1038, stammte aus einem berühmten westsächs. Adelsgeschlecht. Æ. wurde Mönch in Glastonbury und später Dekan von Christ Church (Canterbury). Kg. Knut gewährte ihm gerichtl. und fiskal. Privilegien und i.J. 1023 militär. Hilfe, um den Leichnam St. Ælfheahs von St. Paul nach Canterbury zu überführen. Er weihte mindestens einen dän. Bf. (Gerbrand von Roskilde) und machte sich dadurch den Ebf. v. Hamburg-Bremen zum Gegner. Nach dem Tode Knuts weigerte sich Æ., Harald Hasenfuß zu krönen. N.P.Brooks

Lit.: N.P.BROOKS, Early Hist. of Christ Church Canterbury, 1978.

Æthelred. 1.Ae., Kg. v. Mercia seit 675, Sohn von Penda, †716. Æ. annektierte →Lindsey v. Northumbria (679) und gewährte Wilfrid, dem verbannten Bf. v. York, zw. 691 und 702 Schutz und Asyl. Er vermochte nicht die Oberhand über die südengl. Kg.e zu gewinnen. Seine Gemahlin Osthryth, Tochter von Oswiu v. Northumbria, wurde 697 ermordet. Er dankte 704 ab und trat in das Kl. von Bardney ein. D.P.Kirby

Lit.: D.P.KIRBY, Bede and Northumbrian Chronology, EHR 78, 1963, 511-27 [bes. 520] – STENTON³, 45 f. – Saint Wilfrid at Hexham, ed. D.P.KIRBY, 1974.

2. Æ., *ealdorman,* †911. Über seine Herkunft ist nichts Zuverlässiges bekannt. Schon ab 883 beherrschte er die nichtdän. Teile Mercias unter der Souveränität Kg. Alfreds (SAWYER, 218). Nach der Besetzung durch Alfred (886) wurde ihm die Verantwortung für London übertragen; er heiratete Alfreds Tochter →Æthelflæd. Um diese Zeit griff er die S-Waliser an (Asser, Vita Alfr., Kap. 80). Wie Alfred stand er einem der Söhne des Wikingers Hæstens Pate und führte das anglo-walis. Heer zum Sieg über die Dänen bei Buttington (893). Vor 891 traf er mit dem Bf. Anordnungen über die Befestigung der Stadt Worcester (SAWYER, 223); zusammen mit Kg. Edward unterstützte er den Ankauf der Danelaw-Länder von den Heiden durch Engländer (SAWYER, 396f.). Urkunden erwähnen ihn als *dux, ealdorman, hlaford* der Mercianer. Unter Alfred nahm er den Vorsitz des mercischen *witan* ein.

C.P.Wormald

Lit.: STENTON³, 259 [vgl. ebd. Æthelflæd].

Æthelstan. 1.Æ., engl. Kg., *ca. 894, †27. Okt. 939, ⌑ Malmesbury. Sohn und Nachfolger von Kg. Edward d.Ä., gekrönt am 4. Sept. 925 in Kingston. Das Werk seines Vaters und seines Großvaters fortsetzend, erweiterte Æ. durch Eroberungen und Diplomatie sein chr. Kgr. zu dessen größtem Umfang und machte die benachbarten brit., schott. und walis. Kgr.e zu tributzahlenden abhängigen Gebieten. Im Jahre 927, als Kg. Sihtric (der 926 Æ.s Schwester geheiratet hatte) starb, annektierte Æ. das wiking. Kgr. v. York und vertrieb Kg. Guthfrith und Olaf Sihtricson. Daraufhin akzeptierten am 12. Juli 927 die engl. northumbr. Herrscher v. Bamburgh sowie der schott. Kg. und der Kg. der Briten v. Strathclyde Æ.s Herrschaft in Eamont. Innerhalb eines Jahres zwang Æ. die walis. Kg.e auch zu einer demütigenden Unterwerfung in Hereford. Er setzte die Grenze entlang des Wye-Fluß fest und bürdete ihnen einen schweren jährl. Tribut, bestehend aus Gold, Silber und Rindern, auf. Zw. 928 und 937 erschienen die jetzt zu *subreguli* degradierten walis. Kg.e oft zu den wichtigen Festen am Hofe Æ.s. Zu der Zeit (wahrscheinl. 928) vertrieb Æ. die »Westwaliser« (die Briten von Cornwall und Devon) aus Exeter. Er legte ihre W-Grenze am Tamar-Fluß fest und errichtete ihren Bischofssitz in St. Germans. Nur im N wurde gegen Æ. Widerstand geleistet. 934 bestrafte Æ. den schott. Kg. Constantine, indem er sein Kgr. auf dem Landweg und von der See her überfiel. 937 aber verbündete sich Constantine mit Olaf Guthfrithson, Kg. v. Dublin, sowie mit Kg. Owen v. Strathclyde, um in Æ.s Kgr. einzufallen. Æ. und sein Bruder errangen einen überwältigenden Sieg über ihre Gegner bei →Brunanburh, der bald danach in der Dichtung gefeiert wurde. Æ.s polit. und militär. Erfolge spiegeln sich in dem Titel »Rex totius Britanniae« wider, der auf seinen Münzen und in seinen kgl. Urkunden verwendet wurde. Sein Ruhm zog sehr angesehene Freier für seine Schwestern an. Eadgifu war bereits mit Karl d. Einfältigen, Kg. der W-Franken, verheiratet; Eadhild war mit Hugo, Hzg. der Franken, verheiratet; Eadgyth mit dem dt. Kg. Otto I.; eine vierte Schwester mit Konrad, wahrscheinl. dem Kg. v. Oberburgund. Æ. war ein bedeutender Gesetzgeber, zumindest für den s. Teil seines Kgr.s. Seine noch bestehenden Gesetzbücher zeigen, wie er das Gesetz gegen Diebe sowie gegen Adlige, die die Rechtsprechung behinderten, verstärkte; auch regelte er Handel und Zahlungsmittel. Seine aus Silberpfennigen bestehenden Prägungen wurden in Münzstätten überall in seinem ausgedehnten Kgr. unter strenger, von regionalen Zentren gesteuerter Kontrolle geschlagen. Seine kgl. Urkunden nach ca. 930 wurden in einer einzigen Kanzlei hergestellt, die von Schreibern aus dem Bm. Winchester besetzt war. Späte Quellen von geringer Zuverlässigkeit deuten auf Rivalitäten innerhalb der kgl. Dynastie hin. Man wirft einem gewissen Alfred vor, er hätte Æ.s Thronbesteigung angefochten, da seine Mutter, Ecgwyn, angebl. die Geliebte von Kg. Edward war.   N.P.Brooks

Lit.: STENTON³, 339-356 – C.E.BLUNT, The Coinage of Æ., Brit. Numismatic Journ. 42, 1974, 35-160 – D.P.KIRBY, Welsh Hist. Review, 8, 1976, 1-13.

2. Æ., *half-king, ealdorman* v. O-Anglien 932-956; führendes Mitglied einer großen engl. Adelsdynastie des 10.Jh. Er war der zweite von vier Söhnen (alle wurden ealdormen) des Æthelfrith, ealdorman in Mercia (ca. 883 bis ca. 916). Æ. wurde von Kg. Æthelstan zum ealdorman über ein Gebiet ernannt, das bis 917 ein wiking. Kgr. und in dem die herrschende Aristokratie immer noch dän. war. An seinem Beinamen (half-king) kann man erkennen, wie groß seine Autorität über die skand. →Jarls war und welchen Einfluß er an den Höfen der Kg.e Æthelstan, Edmund und Eadred ausübte. Von 944 an begünstigte Æ. zusammen mit seiner Frau Ælfwynn, die von adliger ostangl. Herkunft war, den Ætheling (Edeling) und späteren Kg. Edgar. Es ist ungewiß, ob Æ.s Familie mercischer oder westsächs. Herkunft war. Er besaß zweifellos Grundbesitze in Somerset und Devon, die er der Abtei von Glastonbury übergab, wohin er sich als Mönch 956 zurückzog. Einige seiner ostangl. Besitztümer gingen schließl. an die Abtei von Ramsey über. Zwei seiner vier Söhne, Æthelwold und Æthelwine (Dei Amicus), folgten ihm als ealdormen von O-Anglien.   N.P.Brooks

Lit.: C.HART, Æ. »Half-King« and his family, ASE 2, 1973, 115-144.

Æthelwig, Abt v. Evesham, 1058-77, gewann viele Besitztümer zurück, vergrößerte die Gemeinschaft von 12 auf 32 und unterstützte die Gruppe, die in N-England das Mönchtum wiederbelebte. Er war ein führender Helfer Wilhelms I. Von 1068 an und wahrscheinl. bis zu seinem Tod war er de facto, wenn nicht dem Namen nach, Justitiar in sieben Gft.en unter dem Gesetz von Mercia und besaß umfangreiche weltl. Befugnisse. Eine zeitgenöss. Biographie lieferte die Basis für die Darstellung von Æ. im Evesham Chronicle im 13.Jh. (RS, 1863, 87-96).

P.H.Sawyer

Lit.: R.R.DARLINGTON, Æ., abbot of Evesham, EHR 48, 1933, 1-22, 177-198 – M.D.KNOWLES, Monastic Order in England, 1949, 74-76, 159-167.

Æthelwine, vierter und jüngster Sohn →Æthelstans »Half King«, †992, ⌑ Ramsey. *Ealdorman* von O-Anglien, dessen Amt er nach dem Tode seines ältesten Bruders 968 als Nachfolger antrat. Bald danach gründete er mit Oswald, Bf. v. Winchester, das Kl. Ramsay, dessen Hauptgönner und Schirmherr er wurde. Er bekam den Beinamen »Dei amicus« wegen seiner Verteidigung der monast. Seite während des Streits um die engl. Nachfolge (975-978), wurde aber trotzdem in Ely als Plünderer des Kl.s betrachtet.   N.P.Brooks

Lit.: D.J.V.FISHER, CHJ 10, 1952, 254-270 – C.HART, ASE 2, 1973, 115-144.

Æthelwold, Bf. v. Winchester, 963-984, *ca. 910 in Winchester, wo er seine frühe Erziehung z.T. am Hof von Kg. →Æthelstan erhielt. Nach 935 geweiht, zog Æ. anschließend in das Kl. v. Glastonbury, wo er sein Studium unter Dunstan fortsetzte. Æ. führte ein strenges monast. Leben. Um 954 erhielt er vom Kg. das verlassene Kl. Abingdon; als Abt knüpfte Æ. Verbindungen mit Fleury und Corbie und hatte für einige Zeit den jungen Edgar in seiner Obhut. 963 erhob ihn Edgar zum Bf. v. Winchester; 964 ersetzte er den Weltklerus der Kathedrale (Old Minster) durch Mönche. Mit Unterstützung der großen Grundherren der Gegend etablierte bzw. erneuerte Æ. den Benediktinerorden im »New Minster«, in Ely und in anderen Kl. in O-England. Die große Rolle, die er bei der Abfassung der »Regularis Concordia« spielte, seine engl. Übersetzung der →»Regula Benedicti« und die Einleitung zu einem neuen Hymnar mit volkssprachl. Erläuterungen spiegeln sein Bestreben nach einem hohen geistl. Niveau in allen Gemeinschaften wider. Die beiden letztgenannten Werke bilden eine Hauptquelle unserer Kenntnis des »Standard Old English«. Die von Æ. ausgehende Förderung der Buchkunst war wichtig für die Bildung des einflußreichen Winchester-Stils. Ein weitgehender Neu- und Umbau der Kathedrale ab 971 schuf ein Westwerk und eine würdige Stätte für die Reliquien des hl. Swithun. Æ.s Name wird, berechtigt oder unberechtigt, mit der Entwicklung des Kults der einheim. Hl.n in Orten auch außerhalb Winchesters in Verbindung gebracht. In den frühen Biographien wird ein größerer polit. Einfluß als kgl. Ratgeber angedeutet, doch ist dies nicht beweisbar. Ælfric und andere Schüler bekunden ihre großen Verpflichtungen sowie die der Kirche gegenüber Æ. Sie geben aber auch das Bild einer kompromißlosen Persönlichkeit wieder. D. A. Bullough

Lit.: DNB XVIII, 37-40 (s. v. Ethelwold) - D. KNOWLES, The Monastic Order in England, 1964² - H. GNEUSS, The Origin of Standard Old English, ASE 1, 1972, 63-83 - Tenth-century Stud., ed. D. PARSONS, 1975 - M. WINTERBOTTOM, Three Lives of English Saints, 1972.

Æthelwold Moll, Kg. v. Northumbria (5. Aug. 759 bis 30. Okt. 765). Ein päpstl. Brief aus dem Jahre 757/758 (JAFFÉ 2337) beklagte die Übergabe dreier Kl. in S-Northumbria an den Patricius (*ealdorman*?) Moll durch Kg. Eadberht. Nach dem Mord an Eadberhts Sohn und Nachfolger bestieg Æ. den Thron, konnte aber das Kgr. nicht festigen. Nachdem er 761 einen von seinen Verwandten seines Vorgängers angeführten Aufstand niederwerfen konnte, wurde er 765 von einem Thronanwärter aus N-Northumbria gestürzt. D. A. Bullough

Qq.: Simeon Dunelmensis, hist. reg. (R. S.) 43, 45 - Lit.: E. S. DUCKETT, Alcuin, 1951.

Aetheria (Egeria), Sanktimoniale (Name ursprgl. vom Entdecker der Hs. [1887] zu Unrecht als *Silvia* konjiziert); vornehme Frau vermutl. aus S-Gallien, reiste 415-418 (oder zwanzig Jahre früher) in das Hl. Land mit den damals übl. Abstechern nach Ägypten, dem Sinai, dem Berg Nebo, Seleukia und Ephesos und begab sich anschließend über Edessa nach Konstantinopel, wo sie ihren in Briefform gehaltenen Reisebericht »Peregrinatio ad loca sancta« (adressiert an ihre Mitschwestern) zusammenstellte. Ihre Pilgerroute war im ganzen festgelegt durch die Schriften des AT und NT. Für die Entwicklung des Mönchtums ist kennzeichnend, daß selbstverständl. ein Besuch bei den ägypt. Einsiedlern und Kl.n zu einer Pilgerfahrt ins Hl. Land gehörte. Der Bericht ist eine wichtige Quelle für unsere Kenntnis der Liturgie und Volksfrömmigkeit in der ö. Kirche um 400: Beschreibung der durch die Ortsgegebenheit bestimmten Liturgie von Jerusalem, der Anfänge des Stundengebetes und der Taufvorbereitung; Verhalten der Pilger an den verschiedenen Stätten, Schriftlesung und Lektüre der eventuell vorhandenen *Akten* an den Wallfahrtsstätten. Der Name der Verfasserin ist nicht in dem unvollständig erhaltenen Text überliefert, sondern aus einem sie preisenden Brief des 695 verstorbenen span. Abtes Valerius v. Bierzo erschlossen. H. Kraft/B. Kötting

Ed.: CSEL IXL, 37-101 - SC 21 - CCL 175, 37-90 - Dt. Übers.: H. PÉTRÉ-K. VRETSKA, Die Pilgerreise der Ae. (Peregrinatio Aetheria), 1958 - Lit.: SC 93-95 - LThK² I, 997 - CCL 175, 31-34.

Aetherius, Ebf. v. Lyon seit 586/588, † Ende 602 oder Anfang 603; war von Nicetius v. Lyon zum Nachfolger bestimmt worden, doch wurde er 573 zunächst durch den von Kg. Guntram begünstigten Priscus verdrängt. Erst nach dessen Tod konnte Ae. als Bf. wirken (zuerst 589 bezeugt). Er empfing mehrere Schreiben Papst Gregors I., der ihm zur Angelsachsenmission entsandte Mönche empfahl (601). Nach Beda (Hist. eccl. I, 27) wurde Augustinus, der erste Ebf. v. Canterbury, durch »Ebf. Aetherius v. Arles« geweiht; mit dieser Bemerkung ist wohl nicht Ae. v. Lyon, sondern der gleichzeitig wirkende Ebf. Virgilius v. Arles gemeint. Gleichwohl sind seit der Zeit des Ae. Beziehungen Lyons zur ags. Kirche nachzuweisen, die auch später bestehen blieben. O. G. Oexle

Lit.: DHGE XV, 1170 - DUCHESNE, FE 2, 168 f. - A. COVILLE, Recherches sur l'hist. de Lyon du Ve au IXe siècle, 1928, 343 ff. - H. GERNER, Lyon im FrühMA, 1968, 330 ff.

Aethicus Ister, angebl. Verfasser einer Kosmographie in Form einer Reisebeschreibung, die im Auszug eines »Hieronymus presbiter« vorliegt. Der Inhalt mischt in überaus schwierigem Lat. Angaben aus bekannten Quellen mit Schwindelhaftem. Hypothesen zur Verfasserfrage: [1] Entstehung nach 768. Verfasser ist der Ire →Virgil v. Salzburg († 784), der sich durch die Schrift an seinem einstigen Widersacher Bonifatius († 754) Genugtuung schaffen wollte. - [2] Der Verfasser stammt tatsächl. aus Skythien und hat gegen Ende des 7. Jh. in Istrien (Aquileia) gelebt. Die Eigenart des Werkes ist z. T. auf die zufällige Auswahl des am Rande der lat. Welt gebildeten Autors zurückzuführen (BRUNHÖLZL). - [3] Entstehung nach 768. Verfasser ein in Istrien lebender, sonst unbekannter Frankengegner (HILLKOWITZ). G. Bernt

Ed.: D'AVEZAC, Ethicus et les ouvrages cosmographiques intitulés de ce nom, Mémoires présentés par divers savants à l'Académie des inscriptions et belles-lettres. Ire s., II, 1852, 455-541 - Die Kosmographie des Istriers Aithikos in lat. Auszuge des Hieronymus, hg. v. H. WUTTKE, 1853 - Lit.: H. LÖWE, Ein lit. Widersacher des Bonifatius, AAMz 1951, 1952 - F. BRUNHÖLZL, Zur Kosmographie des Ae., Fschr. M. SPINDLER, 1969, 75-89 - BRUNHÖLZL, 63 f., 517 f. - K. HILLKOWITZ, Zur Kosmographie des Ae., T. II, 1973 - H. LÖWE, DA 31, 1-16; DA 32, 1-22.

Æthilwald, Bf. v. Lindisfarne seit 721 (?), † 740, Diener Cuthberts und Presbyter im Kl. von Lindisfarne um 687. Er wurde Prior (um 705) und Abt v. Melrose. Das zuverlässige späte Kolophon des Lindisfarner Evangeliars (→ Book of Lindisfarne) behauptet, daß Æ. es gebunden hat. Er ist angebl. der Autor eines verlorengegangenen »ymnarius«, das vielleicht die Quelle der Stücke darstellt, mit denen sein Name in einem nordengl. Gebetbuch in Verbindung gebracht wird (»Book of Cerne«; Anfang 9. Jh.). D. A. Bullough

Lit.: B. COLGRAVE, Two Lives of St. Cuthbert, 1940, 331 f. - W. LEVISON, England and the Continent in the Eighth Century, 1946, 295-302.

Aëtios, aus Coelesyrien, wohl Antiochia, stammend, † Ende 366. Hat zw. 359 und 363 die führende Rolle in dem sich zu dieser Zeit als Kirchenpartei organisierenden Neuarianismus gespielt. Dabei war er unter Constantius in Ungnade gefallen und wiederholt verbannt worden. Unter Julian, mit dem ihn eine alte Beziehung verband, wurde er zurückgerufen, zum Bf. geweiht und vom Ks. mit einem Landgut auf Lesbos beschenkt. Nach Julians Tod ist er nicht mehr hervorgetreten. Von seinen in Briefform gehaltenen Schriften hat Epiphanios (haer. 76, 11) mit dem »Syntagmation« eine Probe überliefert. H. Kraft

Ed.: MPG 42, 534-546 - Lit.: G. BARDY, L'héritage littéraire d'Aëtius, RHE 24, 1928, 809-827.

Aetites → Adlerstein

Aëtius, Flavius, * um 390 als Sohn des Magister militum Gaudentius, †21. Sept. 454. Nach 405 Geisel bei Westgoten (→Alarich I.), später bei den Hunnen, mit deren Hilfe er 425 den Usurpator Johannes zu stützen versuchte. Von der siegreichen ksl. Partei amnestiert, stieg er in Machtkämpfen gegen Konkurrenten (Felix, Bonifatius) rasch empor (429 Magister utriusque militiae, 434 Patricius, 432, 437, 446, 454 Konsul) und sicherte bis zu seiner Ermordung durch Valentinian III. Gallien für das Imperium: 432, nach längerem Krieg, Sieg über die Franken unter Clogio und Anerkennung der röm. Oberhoheit in N-Gallien, 433 Juthungensieg in Rätien, 436 Sieg über die Burgunder (443 Ansiedlung des Restes in Savoyen), Ansiedlung von →Alanen in Mittelfrankreich und der Bretagne; vorübergehende Anerkennung der Aremorica als selbständiger Staat sowie der westgot. Position in S-Gallien 440 nach wechselvollen Kämpfen. Trotz persönl. guten Verhältnisses zu den Hunnen (Abtretung Pannoniens wohl schon 428) führte die Offensive →Attilas 451 zur Abwehrschlacht auf den Katalaun. Feldern zusammen mit Westgoten, Burgundern und gall. Truppen, zugleich aber der hieraus gewonnene Machtzuwachs (Verlobung des Sohnes Gaudentius mit der Tochter des Ks.s) zur Katastrophe. Der Ermordung des A. durch Ks. Valentinian bei einer Audienz folgte im März 455 der gewaltsame Tod des Ks.s durch Anhänger des A. Von diesen Ereignissen an datiert der Zerfall des Weström. Reiches. Auch die röm. Position in Gallien, auf Initiative und Persönlichkeit des A. beruhend, ging schnell verloren. G. Wirth

Lit.: RE I, 700–703 – TH. MOMMSEN, A., Hermes 36, 1901, 516–547, Ges. Schr. 4 – E. BUGIANI, Storia di Egizio, Generale dell' Impero sotto Valentiniano III., 1908 – G. LIZERAND, A., 1910 – E. A. THOMPSON, A Hist. of Attila and the Huns, 1948 – F. M. CLOVER, Flavius Merobaudes, A Philol. and Hist. Commentary, 1971 – J. R. MOSS, The effects of the policies of A. on the hist. of Western Europe, Historia 22, 1973, 711–731.

Aevum (gr. *αἰών*) bezeichnet allgemein die Dauer einer Sache (Zeitspanne, Zeitalter, Lebenszeit, Leben), seit Empedokles auch unbegrenzte Dauer (DIELS 31 B 16), bei Plato Ewigkeit als Gegensatz zu Zeit (Tim. 38 A), bei Aristoteles die jedem Ding zukommende Zeitdauer, die unbegrenzte Dauer des Himmels und das Ganze der Zeitdauer (De cael. I, 9 279a 23ff. und II, 1 283b 26ff.). In der neuplaton. und gnost. *αἰωνίς*-Spekulation sowie vom bibl. Sprachgebrauch her wird aevum zur qualitativen Bezeichnung bes. Zeit- und Seinsarten. In der ma. Philosophie und Theologie terminus technicus für jene Art von (nicht-zeitl.) Dauer, welche den geschaffenen, aber unvergängl., in ihrer Substanz unveränderl. und darum außerhalb der Zeit liegenden Wesenheiten (»Intelligenzen«, Engel, Himmelskörper) zukommt. Ae. ist hier nicht gleich »aeternitas« (vgl. Thomas v. Aquin, Summa theol. I 10, 5 arg. 2 mit Sirach 1, 1), sondern »quaedam aeternitatis participatio – eine gewisse Teilhabe an der Ewigkeit« (Thomas v. A., Quodlib. V q. 4 a. 1 [7]) und als solche das Maß der Dauer (mensura durationis) der »aeviterna«. In der Lehre vom ae. thematisiert die ma. Spekulation v. a. ihre Auffassungen von der intermediären Zeitstruktur der Engel. M. Seckler

Lit.: CL. BAEUMKER, Witelo, 1908, Baeumker-Beitr. 3, H. 2 [bes. 583–599; beste Darstellung] – A. MEIER, Scholast. Diskussionen über die Wesensbestimmung der Zeit, Scholastik 26, 1951, 520–556 – W. WIELAND, Kontinuum und Ewigkeit bei Thomas v. Aquino, Einheit und Vielheit, Fschr. C. F. v. WEIZSÄCKER, 1973, 77–90.

Afanasij Nikitin, Kaufmann von Tvef (heute Kalinin), †1472, schrieb einen Bericht über seine Reise nach Indien 1466–72 (»Choženie za tri morja«, 'Reise über drei Meere'), der als eine der frühesten w. Darstellungen jenes Landes von Bedeutung ist. Der Bericht ist in mehreren vollständigen oder fragmentar. Versionen erhalten, die in drei Textvarianten vorhanden sind, alle wahrschein l. A. N.s Urschrift entstammend. Seine Reise nach Indien führte ihn über die Wolga, Baku, das Kaspische Meer, Persien (wo er ca. ein Jahr verbrachte) und den Pers. Golf. Er lebte drei Jahre in Indien, hauptsächl. in Bidar, Hauptstadt des bahmanischen Sultans Muḥammed Schāh III. (1463–82). Er kehrte über Persien, die Türkei (Trapezunt), das Schwarze Meer und die Krim zurück und starb, bevor er Smolensk erreichte. Seine Beobachtungen des religiösen, gesellschaftl. und wirtschaftl. Lebens in Indien liefern wertvolle geschichtl. Zeugnisse. Die lebhafte und ausdrucksvolle Sprache seiner Arbeit stellt einen Kompromiß zwischen gelehrtem und volkstüml. russ. Sprachgebrauch dar. R. Auty

Lit.: R. H. MAJOR, India in the Fifteenth Century, 1857 – K. H. MEYER, Die Fahrt des Athanasius Nikitin über die drei Meere, 1920 – V. P. ADRIANOVA-PERETTS, Choženie za tri morja A. N. 1466–1472 gg., 1958 – M. N. VITAŠEVSKAJA, Stranstvija Afanasija Nikitina, 1972.

Affatomie, nach frk. Recht eine Adoption auf den Erbtitel; sie ist mit einem sehr formalist. Verfahren verbunden (Sal. Recht, 48; Ripuar. Recht, 49). Ihre Außergewöhnlichkeit in einem Recht, das allein auf die natürl. Familie gegründet ist, äußert sich in den Vorsichtsmaßnahmen des Gesetzgebers: im feierl. Akt bei Rechtsvorgängen, in symbol. Gesten, in der Übergabe des Güter an den designierten Erben, durch einen *Salmann* vor Zeugen.
D. Anex-Cabanis

Lit.: R. SCHMIDT, Die A. der lex salica, 1891 – H. KUHN, Philol. zur Adoption bei den Germanen, ZRGGA 65, 1 ff.

Affectio papalis, das von den Päpsten aufgrund der Unmittelbarkeit ihrer Primatialgewalt in Anspruch genommene Recht, über den Kreis der ihnen in ordentl. (gesetzl.) Weise vorbehaltenen Angelegenheiten hinaus aus bestimmtem Anlaß in einem Einzelfall eine Sache an sich zu ziehen (manus appositio) und dadurch die Zuständigkeit untergeordneter kirchl. Organe auszuschalten. Die a. p. findet sich auf verschiedenen Gebieten des kanon. Rechts, namentl. im Benefizialrecht. Die ma. Terminologie unterscheidet häufig nicht zw. a. p. und reservatio; in manchen Fällen bedeutet a. p. die Wirkung der →Reservation. G. May

Lit.: J. HARING, Die a. p., AKKR 109, 1929, 127–177.

Affectus → Passio

Affen. [1] Der »simia« gen. schwanzlose *Magot* (Macaca sylvana) aus N-Afrika wurde auch im MA gern als →Haustier (z. B. von Karl d. Gr. und Friedrich II., s. BALSS, 21 bzw. 43) oder zu Schaustellungen gehalten. Sein Verhalten fand zunehmend lit. Beachtung (bes. Wolfenbüttel, Hzg. Aug. Bibl., cod. Aug. 8. 8, 4°, s. XIII, f. 45^v und Stuttgart, Württ. Landesbibl., cod. med. et phys. 2° 24, a. 1461, f. 119^v), davon vorwiegend Negatives nach dem »Experimentator« durch →Thomas v. Cantimpré (4, 96 = Vinzenz v. Beauvais 19, 106–107 = Albertus Magnus 22, 137 = Konrad v. Megenberg III. A. 62, vgl. BRÜCKNER, 166–169) verbreitet. Das Lausen beschreibt treffend Bartholomaeus Anglicus (18, 94). Allgemein gelten A. als häßl. Abbilder des Menschen (z. B. Bernardus Silvestris 1, 3, 227–228, zit. bei Alexander Neckam 2, 129). Eine eingehende Begründung für die Ähnlichkeit mit dem Menschen (z. T. abweichend von der des Aristoteles, h. a. 2, 8–9, p. 502 a 16-b 26) versucht Albert (21, 19). Den aufrechten Gang mancher Arten erklärt er (20, 22) mit ihrem Gehalt an dem Element Feuer. Anders als Hildegard v. Bingen (7, 24, vgl. BALSS, 39: »vollwertig weder als Tier noch als Mensch«) stuft er in geistiger Hinsicht zw. A. und Menschen den Pygmäen (→ Monstren) ein. Der Imitationstrieb (vgl. die Anekdoten bei Alexander) wird für den angebl. Fang mit Vogelleim (Plin., n. h. 8, 215, ausgeschmückt und verbreitet durch Solinus, 27, 56) benutzt. Aus dem Vergleich der Schlingen mit Schuhen (bei Plinius) entwickelte sich die konkurrierende Fangmethode mit ausgelegten Schuhen (ausführl. seit Thomas s. o., vgl. McCulloch, 87, Anm. 20). Verbreiteter ist das Motiv der Affenliebe (Solin., 27, 57 vgl. McCulloch, 87), die gerade zum Verlust des vorgezogenen Jungen führt. Fabulös ist die Beachtung der Mondphasen (Plin. 8, 215 = Solin. 27, 57). Im →Physiologus ist der Affe zusammen mit dem Wildesel (→Esel) Anzeiger der Äquinoktien und Allegorie des Teufels (wegen Fehlens des Schwanzes, vgl. McCulloch, 86–87). Med. Verwendung ist unbedeutend (ausdrückl. Verzicht bei Hildegard und Albert).

[2] Über andere, *geschwänzte* A. wurde das MA durch Isidor v. Sevilla (12, 2, 31–33) und Hrabanus Maurus (8, 1) unterrichtet. Zu den *Meerkatzen* gehört der »mamonetus« (Thomas 4, 74 nach »Liber rerum« u. ö.). Den »pathio« (Thomas 4, 92 u. ö.) hält Stadler für den *Mandrill* (Papio mandrillus sphinx). Nur Albert zählt den »pilosus« (22, 132) zum »genus symiarum«. Vgl. auch Monstren.

Ch. Hünemörder

Qq.: Albertus Magnus, De animalibus, ed. H. Stadler, II, 1920, BGPhMA 16 – Alexander Neckam, De naturis rerum, ed. Th. Wright, 1863 [Neudr. 1967], Rer. Brit. 34 – Bartholomaeus Anglicus, De proprietatibus rerum, 1601 [Neudr. 1964] – Bernardus Silvestris, De mundi universitate, ed. C. S. Barach und J. Wrobel, 1876 [Neudr. 1964] – Hildegardis, Physica, MPL 197 – Hrabanus Maurus, De universo (= De naturis rerum, MPL 111 – Isidorus Hispalensis, Etymologiae, ed. W. M. Lindsay, t. 2, 1911 – Konrad v. Megenberg, Das Buch der Natur, ed. F. Pfeiffer, 1861 [Neudr. 1962] – Solinus, Collectanea rerum memorabilium, ed. Th. Mommsen, 1895² [Neudr. 1958] – Thomas Cantimpratensis, Liber de natura rerum, T. 1: Text, ed. H. Boese, 1973 – Vincentius Bellovacensis, Speculum naturale, 1624 [Neudr. 1964] – Lit.: H. Balss, A. M. als Biologe, 1947, Große Naturforscher 1 – H. W. Janson, Apes and Ape Lore in the Middle Ages and the Renaissance, 1952 – F. McCulloch, Mediaeval Latin and French Bestiaries, 1960, Univ. of North Carolina, Stud. in the Romance Languages and Lit. 33 – A. Brückner, Quellenstud. zu Konrad v. Megenberg [Diss. Frankfurt 1961].

Ikonographie: Der A. ist Symbol des Bösen, des Lasters (Geiz, Unbeständigkeit) und der Sünde. Nach →Physiologus und anderen ma. Quellen Abbild des →Teufels, auch zur Satire auf die Geistlichkeit verwendet, auch Hinweis auf Nachahmungstrieb und Heuchelei. Im MA häufig dargestellt.

G. Binding

Lit.: LCI I, 76–79 – RDK I, 202–206.

Afflighem, 1083 gegr. Benediktinerabtei im Hzm. Brabant. Wegen einer ungenügenden Kritik der erzählenden und urkundl. Quellen ihrer frühen Geschichte wird neuerdings häufig über die Situation vor 1100 diskutiert (Rolle des Hzg.s v. Brabant, des Bf.s v. Kammerich, des Ebf.s v. Köln; eremit. Stand der ersten Gründung i. J. 1083; cluniazens. Observanz nach der Wahl der Benediktinerregel 1086 usw.). A. wurde schnell zu einem der wichtigsten Brabanter Kl., dank seinem wirtschaftl. Unternehmungsgeist (zahlreiche Ausrodungen, Polderanlagen, Gründung neuer Siedlungen, Schafzucht) und seiner hohen Geistigkeit im 12. und 13. Jh. Von einer schweren Wirtschaftskrise während des 14. Jh. erholte es sich mühsam in der 2. Hälfte des 15. Jh.

G. Despy

Lit.: A. Despy-Meyer, A., Monasticon belge 4, 1964, 17–54 [mit Angabe der Qq. und Lit.] – Fontes Affligemenses I, 1966 ff. – C. Dereine, Critique de l'Exordium Affligemense, Cahiers Bruxellois 14, 1969, 5–24 – G. Despy, La charte de fondation d'A., Rev. Nord 58, 1976, 149–150.

Affonso → Alfons(o)

Afforage (*affeuraige, afforement;* von lat. ad forum). In N-Frankreich herrschaftl. Recht, die Ausstellung zum stückweisen Verkauf von Lebensmitteln zu genehmigen (speziell von Wein) und den Preis zu bestimmen; auf diese Schätzung wurden Steuern an den Herrn gezahlt; im bes. *Schanksteuer,* die die Schankwirte für den in kleinen Mengen verkauften Wein bezahlten (→forage). R.-H. Bautier

Affouage. 1. A. (lat. affoagium, affuiagium). a) Recht, Holz für die Feuerstelle in einem lehnsherrl. oder Gemeindewald zu holen oder zu schlagen. b) Steuer für dieses Nutzungsrecht. c) Abgabe für die Versorgung mit Heizholz vom Bannofen (v. a. Burgund und Nachbarländer).

2. A., Affouagement, Verfahren, um durch die Gemeinschaft und die Verwaltungsbezirke den Betrag der Auflage für alle Feuerstellen festzulegen, dingl. oder steuerl.; die steuerpflichtigen Feuerstellen wurden namentl. aufgezählt und ihre Güter veranschlagt, eventuell der relative Reichtum der Gemeinden (speziell Provence).

R.-H. Bautier

Affrèrement (affrairamentum, affrairatio, unio bonorum, fraternitas usw.). Vertrag über universelle Gemeinschaft aller Güter und Lebensgemeinschaft zw. Miterben oder Fremden, die unter demselben Dach ut germani fratres mit ihren jeweiligen Familien wohnen; ein Vertragstyp, der sich ab Anfang des 15. Jh. aus der großen Gemeinschaftsbewegung im MA ergibt, in Ländern mit geschriebenem Recht (Provence bis Bordelais); er wird nur unter freien Personen geschlossen, aber innerhalb breiter Gesellschaftsschichten (Bauern, Handwerker, Kaufleute); wurde ins Matrimonialrecht übertragen (A. zw. Ehegatten), v. a. im Zentralmassiv. Im Laufe des 16. Jh. wurde er nach und nach aufgegeben.

J. Hilaire

Lit.: R. Aubenas, Le contrat d'affrairamentum, RHDFE, 1933, 478–524 – J. Hilaire, Les aspects communautaires du droit matrimonial, SHDE IV, 2, 1958, 99 ff. – Ders., Vie en commun, famille et esprit communautaire, RHDFE, 1973, 7 ff.

Aforamentos, ptg. Variante der Erbpacht, bei der eine Seite einer anderen das Nutzungsrecht über das Land überträgt unter dem Vorbehalt des Rechtes auf ein jährl. Pachtgeld aus den Erträgen des Hofes. Es umfaßte *tanteo, retracto* und *laudemio.* Die »Ordenanzas Alfonsinas« (1433–1481) verzeichneten diese Form des Gewohnheitsrechts.

M. J. Peláez

Afra, hl. Märtyrerin (Fest 7. Aug., hingerichtet wohl 304 z. Z. der diokletian. Verfolgung), lebte in Augsburg und bezeugt dortiges spätantikes Christentum. Im Mart. Hieron. und bei Venantius Fortunatus erwähnt (MGH AA IV, 1, 368). Die Legende der Bekehrung von A. aus dem 8. Jh. führt weitere Personen in die Augsburger Frühgeschichte ein, so als angebl. ersten Bf. ihren Onkel Dionysius (Kult seit 1252, Fest 26. Febr.; MGH SS rer. Merov. III, 41–54; VII, 192–204). Die Verehrung von A. mit Zentrum in Augsburg (heute St. Ulrich und Afra) ist seit dem 8./9. Jh. vielfach bezeugt und von großer Bedeutung für die Augsburger Geschichtstradition; sonst verstreut in Oberdeutschland (Neresheim, Maidbronn), im Alpenland und Elsaß, selten in Frankreich (Le Mans 834), am Rhein (Köln), in Niederdeutschland (Diözese Meißen) und Dänemark.

M. Zender

Qq.: BHL 108–116 – Lit.: ADV NF I, 1959, 189 – LCI V, 38–41 – LThK² I, 169 f. – H. Rosenfeld, Alamann. Ziukult und SS. Ulrich- und Afra-Verehrung in Augsburg, AK 37, 1955, 306–335 – F. Zoepfl, Die hl. A. v. Augsburg, Bavaria Sancta I, 1970, 51–58.

Ikonographie: Dargestellt mit Märtyrerpalme und Krone, an einen Baum gefesselt, auf brennendem Holz stehend (Stuttgarter Passionale um 1130, Augsburger Fastentücher 12. Jh.).

G. Binding

Afrahat (gr. Aphraates), ältester bekannter syr. Kirchenvater. Lebte unter dem Namen Mar Jakob vermutl. als Bf. in dem berühmten Matthäuskloster (bei dem heutigen Mossul) und soll 104 Jahre alt geworden sein. 337, 344 und 345 schrieb er ein Werk aus 23 Traktaten dogmat., eth. und paränet. Inhalts, das kaum Anteilnahme an den Auseinandersetzungen im Römerreich verrät, sondern Hinweise auf die Lage der Christen in Persien und auf die Verfolgung unter Schapur II. enthält. H. Kraft

Ed.: J. Parisot, Patrol. Syr. I, 1.2, 1895, 1905 – *Übers.*: G. Bert, TU 3, 3–4, 1888 – *Lit.*: Altaner-Stuiber, 342 f.

Afrika

I. Spätantike – II. Geschichte und Wirtschaft – III. Entdeckung der Küsten.

I. Spätantike: Die Herkunft des Namens ist unsicher. Im weiteren Sinne bezeichnet A. einen der drei antiken Erdteile (Europa, Asien mit Ägypten, A. oder Libyen), im engeren zunächst den NO des heutigen Tunesien, der nach der Eroberung von Karthago (146 v. Chr.) röm. Prov. geworden war. Im Verlauf der Expansion von O nach W wurde zuerst Numidien unterworfen, das als Afrika nova zusammen mit Africa vetus zunächst die Prov. Africa proconsularis bildete, 199 n. Chr. aber selbständige Prov. wurde. 42 n. Chr. wurden die zwei Prov.en von Mauretanien (Caesariensis und Tingitana) eingerichtet. Das röm. A. umfaßte also der Küstenebenen im N der Sahara sowie die n. Teile des Atlas und der davor liegenden Küstengebiete, während das Gebiet um Cyrene (Cyrenaica) zusammen mit Kreta eine eigene Prov. bildete. Bei der Neuordnung des Reichsgebiets durch Diokletian kam Mauretania Tingitana zur Dioecesis Hispaniarum, von Mauretania Caesariensis wurde der ö. Teil als Sitifensis, von A. proconsularis ebenfalls das ö. Gebiet als Byzacena und Tripolitania abgetrennt.

Das Städtewesen war einerseits durch die in Municipia umgewandelten pun. Städte wie Karthago, Hadrumetum (heute Sousse), Leptis Magna, andererseits durch röm. Neugründungen wie Sufetula und Lambaesis bestimmt. Das Land war weitgehend ksl. oder privater Großgrundbesitz mit einer für die Versorgung Italiens wichtigen Getreide- und Ölproduktion. Weiter wurden bes. wilde Tiere für die Gladiatorenspiele, Elfenbein, Holz und Marmor ausgeführt; der Hauptausfuhrort Karthago entwickelte sich zur größten Stadt des W nach Rom.

Das Christentum breitete sich rasch und stark aus; am Anfang des 4. Jh. ist es die herrschende Religion. A. wurde zum Kernland der chr. Lit. (Tertullian, Cyprian, Augustin). Durch die religiösen und sozialen Unruhen des 4. und 5. Jh. (→Donatisten, →Circumcellionen, Aufstand des Gildo) litt die polit. Ordnung, 429 drangen über Mauretanien die →Wandalen ein, deren Reich 534 durch den byz. Feldherrn →Belisar zerstört und damit für Byzanz zurückgewonnen wurde; Karthago wurde Hauptstadt des byz. Exarchats. Trotz der danach erfolgten Anlage zahlreicher Grenzkastelle konnte das Eindringen der Berber von S her nicht aufgehalten werden. Die Araber stießen seit 643 aus Ägypten westwärts vor, eroberten 698 Karthago, 709 Ceuta. Die röm. Kultur und das Christentum wurden vom Islam verdrängt. J. Gruber

Inschr.: CIL VIII mit 5 Suppl., 1881–1942 – S. Gsell, Inscriptions lat. d'Algérie I, 1922 – H. G. Pflaum, Inscriptions lat. d'Algérie II 1, 1957 – R. Cagnat, A. Merlin, L. Chatelain, Inscriptions lat. d'A., 1923 – L. Chatelain, Inscriptions lat. du Maroc I, 1942 – A. Merlin, Inscriptions lat. de la Tunisie, 1944 – R. Reynolds-J. Ward-Perkins, The Inscriptions of Rom. Tripolitana, 1952 – *Lit.*: Ch. Diehl, L'A. byz., 1896 [Neudr. 1960] - Ch. A. Julien, Ch. Courtois, Hist. de l'A. du N, 1951² – E. Albertini, L'A. rom., 1952² – J. Lassus, Vingt-cinq ans d'hist. Algérienne. Recherches et publications (1931 à 1956) II, L'Antiquité, 1956 – P. Romanelli, Storia delle prov. Rom. dell'A., 1959 – G. Ch. Picard, La civilisation de l'A. rom., 1959 [dt. 1962] – E. Kirsten, Nordafrikan. Stadtbilder, 1961 – H. J. Diesner, Der Untergang der röm. Herrschaft in N-A., 1964 – L. P. Goubert, Byzance avant l'Islam II, 2, 1965, 179–236 – B. H. Warmington, The Northafrican Prov. from Diocletian to the Vandal Conquest, 1971² – J. M. Abun-Nasr, A Hist. of the Maghrib, 1971 – N. Duval, Les recherches d'épigr. chr. en A. du N, 1962–72, Vestigia 17, 1973, 508–512 – M. Le Glay, Recherches et découvertes épigr. dans l'A. rom. depuis 1962, Chiron 4, 1974, 629–646.

II. Geschichte und Wirtschaft: Das arab. N-A. nennt man Maghrib. Die Beziehungen des Abendlandes zum Maghrib waren im FrühMa zunächst überwiegend feindl. Nach der Eroberung Siziliens und der Festsetzung der Maghribiner in Italiens S-Spitze im 9. Jh. hat sich das Verhalten der campan. Seestädte – Neapel, Amalfi und Gaeta – gegenüber dem Maghrib verändert. Sie pflegten jetzt aus polit. und kommerziellen Erwägungen gute Beziehungen zu ihren islam. Nachbarn in Sizilien und N-Afrika. Aus dem Jahre 1157 stammte das älteste erhaltene Privileg, das ein maghribin. Staat – Tunesien – einer chr. Stadt – Pisa – verliehen hatte, obwohl zw. beiden seit alter Zeit freundschaftl. Beziehungen bestanden und eine ständige Handelsniederlassung von Pisanern schon vorher in Tunis unterhalten wurde. 1160 regierten die →Almohaden den ganzen Maghrib vom Atlant. Ozean bis zur Großen Syrte, was den Handelsverkehr mit den chr. Staaten begünstigte. Gerade nach dem Verlust ihrer kurzlebigen Herrschaft im ö. Maghrib belebten auch die Normannen die guten Beziehungen Siziliens zu seinen s. Nachbarn wieder.

Schon vor der Entstehung der Almohadenherrschaft im ganzen Maghrib war Bugia (1067 gegr.) ein Hauptziel der genues. Handelsschiffe. Wie Tunis für die Pisaner, so war Ceuta der Haupthandelsplatz der Genuesen an der maghribin. Küste. Von dort fuhren sie über die Straße von Gibraltar nach Saleh, das ausdrückl. in dem ersten genues. Vertrag mit den Almohaden 1161 als Ziel erwähnt wurde. Auch Venedig und Ragusa (Dubrovnik) nahmen in wachsendem Maße an dem Handelsverkehr mit N-A. seit der Entstehung des Almohadenreiches teil. Im 13. Jh. richtete die Lagunenstadt sogar einen regelmäßigen Schiffsverkehr mit Tunis, Bugia und Ceuta ein. 1228 entstand die Ḥafṣiden-Dynastie in Tunesien, die bald auch die Herrschaft über Tripolitanien und den ö. Teil Algeriens gewann. 1231 hat Venedig als erste unter den Seestädten einen Vertrag mit den Ḥafṣiden geschlossen, der die übl. Privilegien, die die Signoria auch in Ägypten genoß, enthielt. Im selben Jahr schloß auch Ks. Friedrich II. einen Freundschaftsvertrag mit den Ḥafṣiden, wobei der Handelsverkehr in beiderseitigem Interesse bes. berücksichtigt wurde. 1234 kam der berühmte Vertrag zw. den Ḥafṣiden und den Pisanern zustande, der auf lange Zeit hinaus die rechtl. Grundlage der Beziehungen zw. Pisa und Tunesien geblieben ist. Zum ersten Mal wurden die pisan. Konsuln im Maghrib erwähnt. Angehörige des toskan. Binnenlandes beteiligten sich im Anschluß an die Pisaner, wie auch an die Genuesen, an diesem Handel. 1236 schlossen auch die Genuesen mit den Ḥafṣiden einen Friedensvertrag, dessen Inhalt mit der alten islam. Handelspolitik im Mittelmeerraum übereinstimmte: Der Handelsverkehr der Genuesen in Tunesien wurde auf bestimmte Küstenorte beschränkt, wo ihnen je ein →Fondaco zugesichert war. An allen anderen Orten sollten sie aber nur in Fällen dringender Not landen, nicht aber Handel treiben dürfen. Im selben Jahr wurde auch der Vertrag zw. Genua und den Almohaden erneuert. Bis zum 16. Jh. wurden fast alle befristeten Verträge mit den chr. Staaten erneuert. Diese Verträge garantierten Sicherheit für Leben und Gut. Gegen Mitte des

14. Jh. wurde außerdem die kollektive Verantwortlichkeit der ausländ. Kolonien auf dem maghribin. Boden aufgehoben. Nur der Betroffene wurde zur Verantwortung gezogen.

Im SpätMA waren jedoch die Genuesen die Hauptpartner der Maghribiner, während die Venezianer den bevorzugten Platz im Nahen Osten – v. a. in Alexandria – einnahmen. Im 14. Jh. genossen die Florentiner ein bes. Ansehen in Tunis. Dort eröffneten die Banken der →Acciaiuoli, der →Bardi und der →Peruzzi (sowie die Datini-Handelsgesellschaft von Prato) Niederlassungen. Die Ḥafṣiden nahmen bei ihnen Kredite auf, und so gewann Florenz an polit. Bedeutung in ihrem Reich. Handelstechniken und maritime Versicherung erleichterten eine Geschäftsexpansion. Im 15. Jh und Anfang des 16. Jh. bestand trotz der gegenseitigen Seeräubereien und der Expansion Portugals und Spaniens an den maghribin. Küsten des Mittelmeers und des Atlantiks weiterhin ein reger Seehandel der Italiener, Franzosen, Spanier und Portugiesen mit N-A., der sich noch auf Kosten der islam. Rivalen in A. vergrößerte.

Neben Indigo (von Ceuta) bildeten Alaun, Getreide, Olivenöl, Korallen, Zucker, Produkte der Viehzucht, Pferde, Häute, Felle, Leder, Wolle, Wachs und Mandeln den Hauptteil maghribin. Ausfuhr. Aus dem W-Sudan kam das Gold, das die chr. Partner auch als Münze gern entgegennahmen. Bes. Beachtung verdienen die Abmachungen Venedigs und Genuas mit den Ḥafṣiden im 13. Jh., die diesen Seestädten die Ausfuhr von acht Schiffsladungen Getreide zollfrei gestatteten. Haupteinfuhrgüter der Abendländer nach dem Maghrib waren Lebensmittel, Getreide, Wein, Metalle und Metallwaren, Kurzwaren, Kastanien, Safran, Flachs, Baumwolle, Seide und Seidenwaren, Textilien und Jagdvögel. Häufig genug gingen auch Waren der Levante von den it., frz. und span. Häfen nach dem Maghrib: z. B. Pfeffer, Ingwer, Muskatholz und Indigo. Außer Gewürzen wurden Drogen wie Kampfer, Weihrauch, Galläpfel, Spikanarde, Aloe und Mastix dorthin exportiert. Der durchschnittl. Warenzoll betrug 10%. Das Zollamt trug die Verantwortung für die Erfüllung aller Verträge, die im *Dīwān al-Khums* (Zollamt) durch Versteigerung und Vermittlung von Dragomanen abgeschlossen wurden. Wie in Ägypten galt auch im Maghrib das Prinzip, daß die in *Dār al-Wakāla* eingeführten Güter nur an Muslime verkauft werden durften.

Die Araber N-A.s vermittelten auch die Handelsbeziehungen Europas mit den übrigen A. Nach dem Siegeszug des Islam im W-Sudan und der Eroberung Ghanas durch die Almoraviden (1076) waren der Islam, das sakrale Kgtm. afrikan. Prägung und das Gold die wichtigsten Stützen der sudan. Kgr.e Mali und Songhai. Malis Bemühungen um die Entdeckung des Atlantiks blieben erfolglos, aber die Verbindungen dieser Reiche zum Maghrib und Ägypten führten zum kulturellen Aufschwung im Sudan und zugleich zum Abfluß des Goldes zum Mittelmeerraum (im 10. Jh. schuldet ein Kaufmann in Siǧilmāsa seinem Geschäftsfreund in der Stadt Audaghost die Riesensumme von 40000 Golddinaren). Durch Handel mit N-A., Ägypten und dem Sudan entstand auch der Reichtum der Guineastaaten. Wie im Sudan war Salz aus der Sahara Guineas Haupteinfuhrartikel, während Goldstaub und Kolanüsse den größten Teil der Ausfuhr bildeten. Im Gegensatz zum W-Sudan stellte der O-Sudan keine polit. Einheit dar. In Äthiopien gelang es den arab. Ansiedlern, die äthiop. Küste zu islamisieren und nach Harar vorzudringen. Das chr. monophysit. Äthiopien war damit von der Außenwelt abgeschnitten. Islam. Geschäftsleute und islam. Kleinstaaten in Äthiopien sorgten für die Handelsverbindungen mit der Außenwelt auf den Wasser- und Landwegen. Die O-Küste s. des Somalilandes stellte eine Vermischung zahlreicher Rassen dar: Araber, Perser, Inder, Indonesier, Malaien, Chinesen und Afrikaner, wobei die arab. und pers. Ansiedlungen am wichtigsten waren. Mehr als fünfzig Städte bestanden an dieser Zanǧ-Küste. Da die Zanǧ-Binnen- und Küsten-Reiche keine Flotten auf dem Ind. Ozean besaßen, waren sie auf die Handelsschiffahrt der Küstenplätze angewiesen. Neben Eisen, Gold, Kupfer und Elfenbein galten auch Schildpatt, Ambra und gelbes Sandelholz als wertvolle Exportartikel der Küste und der Binnen-Zanǧ-Reiche; ebenso wurde von hier wie von W- und O-Sudan, Äthiopien und der Somaliküste mit Sklaven gehandelt. S. Y. Labib

Lit.: EI² I, s. v. – AL-IDRISI, Déscription de l'Afrique, 1860 – M. AMARI, I diplomi arabi, 1863 – J. DE MAS-LATRIE, Traités... relations des Chrétiens avec les Arabes de l'Afrique septentrionale au Moyen-Age I-II, 1866–72 – A. SCHAUBE, Handelsgesch..., 1906 – Y. KAMAL [Hg.], Monumenta Cartographica Africae et Aegypti, 15 Bde, 1926 – A.-E. SAYOUS, Le commerce des Européens à Tunis..., 1929 – AL-MUQADDASI, Déscription de l'Occident musulman au Xe siècles, 1950 – E. BARATIER und F. REYNAUD, Hist. du commerce de Marseille II, 1951 – D. WESTERMANN, Gesch. A.s, 1952 – R. S. LOPEZ und I. W. RAYMOND, Medieval Trade in the Mediterranean World, 1955 – A. SAPORI, Storia economica, 1955 – J. HEERS, Gênes, 1961 – S. Y. LABIB, Al-Asadi und sein Bericht, JESHO, VIII, III, 1965 – F. BRAUDEL, La Méditerranée, 1966² – CL. CARRÈRE, Barcelona, 1967 – S. GOITEIN, A Mediterranean Society I-II, 1967–71 – E. KLEMP [Hg.], A. auf Karten des 12.–18. Jh., 1968 – E. ASHTOR, Les métaux précieux et la balance de payement..., 1971 – The Atlas of Africa, 1973 – R. OLIVER und B. M. FAGAN, Africa in the Iron Age, 1975 – H. BAUMANN [Hg.], Die Völker A.s..., 1975 – UNESCO, L'Hist. de l'Afrique III und IV [noch nicht erschienen].

III. ENTDECKUNG DER KÜSTEN: Seit der Expedition der Brüder Vivaldi i. J. 1291 wird die Küste des atlant. A. das Ziel von Seefahrern und Abenteurern. Elf wichtige Reisen werden während des 14. Jh. durchgeführt, aber erst im 15. Jh. können wir von wirkl., systemat. durchgeführten Entdeckungen sprechen. Die Normannen Béthencourts umfahren als erste das Kap Bojador und gründen eine homogene europ. Gemeinschaft außerhalb Europas. Aber erst im Auftrag des ptg. Infanten Heinrich d. Seefahrers wird die Küste A.s kontinuierl. erschlossen. Bei diesem Vordringen können vier große Etappen unterschieden werden: a) Die ersten Küstenerkundungen und die Eroberung der Madeira-Gruppe und der Azoren (1418–33). b) Vom Kap Bojador bis zum Land der Neger (1433–46); Gil Eanes umfährt das Kap Bojador, und bald werden das Kap Blanco und Rio de Oro erreicht; schließl. läßt sich Nunho Tristán auf der Insel Arguin nieder. c) Das Gebiet von Guinea (1446–62), fruchtbar und vegetationsreich. In dieser Periode werden die ersten Expeditionen ins Innere A.s durchgeführt, auf der Suche nach Gold und Sklaven; am bedeutendsten die Reise des Pedro de Cintra. d) Von Guinea zum Kap der Guten Hoffnung (1469–88); es ragen heraus Diogo Cão, der den Kongo entdeckt und Bartolomeu Dias, der den südlichsten Punkt des Kontinents erreicht. Das Jh. endet mit der Reise Vasco da Gamas (1497–99), die schon zu den Küsten des Ind. Ozeans führt. S. Claramunt

Lit.: D. PERES, História dos Descobrimentos Portugueses, 1960 – R. CORNEVIN, Hist. de l'Afrique I, 1967 – L. H. PARIAS, Historia Universal de las exploraciones, 2 Bde, 1968.

Afṭasiden, arabisierte Dynastie berber. Herkunft, die sich als eine der →*Mulūk aṭ-ṭawāʾif* (Regionalkönige), obwohl zuerst in der nö. Meseta ansässig, nach dem Fall des Kalifats von Córdoba, der *Unteren Mark* zw. Tajo und Guadiana bemächtigte und von Badajoz aus 1022–95 die heutige Extremadura und Zentralportugal regierte. Sie waren eifrige Mäzene von Kunst und Wissenschaft, aber ohne polit. Instinkt. Der letzte der vier Herrscher dieser Linie, al-Mutawakkil (1065–95), sah sich von den →'Abbādiden wie von Alfons VI. von León-Kastilien bedrängt und rief die →Almoraviden zu Hilfe, die ihn und seine Dynastie beseitigten, nachdem sie Alfons VI. 1086 bei az-Zallāqa nahe Badajoz besiegt hatten. H.-R. Singer

Lit.: EI I², 242 – A. NYKL, Die A. von Badajoz, Der Islam 26, 1940, 16–48 – H. R. IDRIS, Les Aftasides de Badajoz, Andalus 30, 1965, 277–290 – M. TERRÓN ALBARRÁN, El solar de los Aftásidas, 1971.

Aftervasall → Vasall

Ağa, in einem Text der türk. Volksliteratur des 14. Jh. ist dieser Ausdruck in der Bedeutung 'ältester Sohn', 'älterer Bruder' und manchmal 'Vater' belegt. Auch die übertragene Bedeutung 'Herr' war schon im 15. Jh. gebräuchl. In diesem Sinne ist das Wort dann in Hof- und Armeetiteln benutzt worden. Als Beispiel wäre der Kommandant der Janitscharen *(yeniçeri ağası)* zu nennen. Auch den Eunuchen des großherrl. Hofes wurde dieser Titel gegeben. S. Faroqhi

Lit.: Tarama Sözlüğü I, 1963 – UZUNÇARSILI, Saray – DERS., Kapukulu.

Agadais → Agde

Ägäis, Meer zw. Kleinasien und Griechenland. Von der germ. Völkerwanderung nur wenig berührt, wurden die Inseln der Ä. erst mit dem Eindringen der Slawen auf dem Balkan gegen Ende des 6. Jh. zu Fluchtzielen der byz. Bevölkerung und als solche gleichfalls Ziele slaw. Plünderungen. Ab ca. 650 begannen arab. Einfälle in den Bereich der Ä., die erst im 8. Jh. wieder zurückgingen. Nach der arab. Eroberung Kretas (zw. 823 und 828) folgten neue Angriffe, die 904 in der Erstürmung und Plünderung Thessalonikes gipfelten und erst mit der byz. Rückeroberung Kretas durch Nikephoros II. Phokas endeten. Gegen Ende des 11. Jh. führte das Eindringen der Seldschuken auch in der Ä. zu Kämpfen, die Byzanz jedoch für sich entscheiden konnte. Ab ca. 1100 zunehmender Einfluß der it. Seestädte Venedig, Genua und Pisa. Der Zerfall der byz. Seemacht im 12. Jh. erleichterte die Eroberung Konstantinopels durch die Kreuzfahrer (1204). In der Folge teilten sich Lateiner, Venedig und der byz. Nachfolgestaat Nikaia in die Herrschaft über die Ä., zu denen in den folgenden Jahrzehnten noch Genua, der Johanniterorden und einige kleinere Mächte stießen. Im 13. und bes. 14. Jh. war die Ä. Schauplatz ständiger Kriege zw. Venedig und Genua, wobei Genua den N- und Venedig den S-Teil der Ä. behauptete (Friede 1381). Ab Mitte des 15. Jh. begannen die Osmanen mit der Eroberung der Ä., die aber erst im 18. Jh. abgeschlossen wurde. R.-J. Lilie

Lit.: OSTROGORSKY, Geschichte³ – G. C. MILES, Byzantium and the Arabs, Relations in Crete and the Aegean Area, DOP 18, 1964, 1–32 – H. AHRWEILER, Byzance et la Mer, 1966 – F. THIRIET, La Romanie venetienne au Moyen âge, 1975 [neue Bibliogr. 467–481].

Agapet. 1. A. I., Papst (535–536) aus vornehmer röm. Familie, empfahl sich nach seiner Inthronisation dem Gotenkönig Theodahad dadurch, daß er von der Politik seines Vorgängers abrückte, der das Recht beansprucht hatte, seinen Nachfolger zu designieren. Da Ks. Justinian nach Belisars Sieg in Afrika den Gotenkrieg in Italien fortzusetzen drohte, sandte Theodahad den Papst als Unterhändler nach Konstantinopel. Justinian kam dem Papst weit entgegen, um sich Roms Sympathie bei dem bevorstehenden Krieg zu sichern. Auf A.s Betreiben setzte er den von der Ksn. Theodora gestützten monophysit. Patriarchen Anthimos ab und ließ den Papst die Weihe an dessen Nachfolger Menas vollziehen (13. März 536). Nach seinem Tode (22. April 536) wurde er nach Rom überführt und in der Petruskirche beigesetzt. Sieben Briefe des Papstes (einer unecht) sind in der Collectio Avellana und der Collectio Arelatensis erhalten (MPL 66, 35–80 – CSEL 35 – MGH Epp. III). H. Kraft

Lit.: LCI V, 42f. – SEPPELT I, 265–269.

2. A. II., Papst (seit 10. Mai 946, † Dezember 955), Römer; bemühte sich mit Alberich II. v. Spoleto, dem mächtigsten Herrn in Rom und Mittelitalien, um monast. Reformen. Trotz starker Abhängigkeit von Alberich brachte er die päpstl. Autorität zur Geltung, so im Streit um das Ebm. Reims, so bei der Bestätigung der Metropolitanrechte Hamburgs über Skandinavien 948. Unter Alberichs Druck verweigerte er Otto I. 952 die Kaiserkrönung, räumte ihm aber 955 weitgehende Vollmachten zur Kirchenorganisation in den Gebieten der frühen Ostkolonisation ein. G. Schwaiger

Qq.: LP II, 245 – JAFFÉ² I, 459–463; II, 706 – POTTHAST I, 25 – *Lit.*: HKG III, 1, 227, 233, 270 – LThK² I, 182 – SEPPELT II, 357–362, 366 – H. ZIMMERMANN, Das dunkle Jh., 1973.

Agapetos, Diakon an der Sophienkirche in Konstantinopel, soll Lehrer Ks. Justinians gewesen sein. Bei dessen Regierungsantritt 527 widmete er ihm einen aus 72 kurzen Sprüchen in gesuchter Sprache bestehenden →Fürstenspiegel (Ἔκθεσις), der später als Schulbuch gebraucht wurde. H. Kraft

Ed.: MPG 86, I 1163–1186 – *Lit.*: K. PRAECHTER, BZ 2, 1893, 444–460 – DERS., ebd. 17, 1908, 152–164 – BARDENHEWER V, 24 – K. EMMINGER, Stud. zu den gr. Fürstenspiegeln, 1913.

Agapios, Neuplatoniker, Schüler des →Proklos, ist uns aus dem Referat des Photias über die von Damaskios verfaßte Lebensbeschreibung des Isidoros bekannt. Daraus ist zu schließen, daß A. sich um eine Renaissance der klass. Sprache und Bildung als Voraussetzung des eigentl. Philosophierens bemühte. H. Kraft

Qq.: Photios, Bibl. cod. 242 – Suda s. v. – *Lit.*: KL. PAULY I, 114.

Agatha, hl. Märtyrerin (Fest 5. Febr.), angebl. unter Decius in Catania hingerichtet. Ihr Kult ist schon seit 500 in Italien vielfach belegt (um 470 Bau einer ihr geweihten Kirche durch die arian. Goten in Rom), n. der Alpen zunächst selten (Longuyon). In Catania wurde schon im 8. Jh. der Schleier der Hl.n bei Ausbrüchen des Ätna dem Vulkan entgegengetragen. A. gilt seither als Helferin in Feuergefahr. Aufschwung des Kultes in Deutschland ist erst seit dem hohen, insbes. seit dem SpätMA festzustellen und durchaus aus der volkstüml. Verehrung gespeist. Seit Anfang des 15. Jh. ist die angebl. Grabinschrift »Mentem sanctam, spontaneam honorem deo et patriae liberationem« auf dt. Glocken nachzuweisen. Die Brotweihe am 5. Febr. kommt in Deutschland erst seit dem 16. Jh. vor. Volle Ausbreitung der Verehrung unter volkstüml. Aspekten kennen wir n. der Alpen erst in der Gegenreformation. Zentren sind Emsland, Schlesien, Westfalen, Rheinland, Schwarzwald bis Vorarlberg. M. Zender

Qq.: BHL 133–140 – *Lit.*: AASS Febr. I, 599–663 – ADV NF I, 1959, 189 – LCI V, 44–48 – LThK²I, 183 – RAC I, 1950, 179–184 – G. CONSOLI, S. Agata vergine e martire Catanese, 2 Bde, 1951.

Ikonographie: Darstellungszyklen vereinzelt in der Buchmalerei seit dem 12. Jh., Malerei und Plastik seit dem Ende des 13. Jh. (S. Agata in Cremona, S. Agata in Castroreale um 1420), Einzeldarstellungen (S. Apollinare in Classe, Ravenna, 6. Jh.; S. Cecilia, Rom, 8. Jh.,) mit individuellen Attributen Palme, Zange, Brüste, Fackel seit 14. Jh. (Stephansdom, Wien, Ende 14. Jh.). G. Binding

Agathangelos, Verfasserpseudonym für die »Geschichte des großen Trdat und des hl. →Gregor des Erleuchters«, d. h. die Geschichte der Bekehrung Armeniens. Der Autor hat seinen Bericht mit maßlosen Wundern und Übertreibungen ausgestattet. Er gibt vor, als Augenzeuge

im Auftrag des Kg.s Tiridates II. († 317) zu schreiben; das in Armen. und Gr. erhaltene Buch ist jedoch frühestens in der 2. Hälfte des 5. Jh. abgefaßt. H. Kraft
Lit.: P. DE LAGARDE, AGG 35, 1889, 3–164.

Agathias, * um 350 zu Myrina in Kleiasien, † zw. 579 und 582 in Konstantinopel. Sein Jurastudium begann er in Alexandrien und setzte es in Konstantinopel fort, wo er nach seinem Abschluß als Rechtsanwalt (*Σχολαστιχός*, Scholastikos) tätig war. A. führte das Geschichtswerk Prokops weiter, indem er die Geschichte Justinians für die Jahre 552–559 in 5 Büchern schrieb (unvollendet); dabei stützte er sich auf mündl. Berichte von Augenzeugen und auf pers. Quellen, die ihm sein Freund Sergios übersetzte. A. hat uns auch Gedichte und Epigramme hinterlassen, während 9 Bücher *Δαφνιακά (Daphniaka)*, kurze Darstellungen erot. Mythen, verloren gingen. Vgl. auch Anthologie. A. Fourlas
Lit.: R. KEYDELL, Agathiae Myrinaei Historiarum libri quinque, 1967 [krit. Ausg.; ausführl. Biographie] – MORAVCSIK, ByzTurc I, 214–217 – KARAGIANNOPOULOS, 164–165 – A. CAMERON, A., 1970.

Agatho (hl.), Papst seit 27. Juni 678, † 10. Jan. 681, stammte aus Sizilien; hielt Ostern 680 eine nicht nur von den it. Bf.en besuchte Lateransynode gegen die Monotheleten. Sein Lehrschreiben über die zwei Willen und Wirkungsweisen in Christus fand auf dem 6. allgemeinen Konzil in Konstantinopel 680/681, das mit der Einverständnis der päpstl. Legaten auch Papst Honorius I. verurteilte, freudige Zustimmung. A. verstärkte den päpstl. Einfluß in England (Unterstützung Bf. Wilfriths v. York; Ausbreitung der röm. Liturgie durch Entsendung des Archicantors Johannes). G. Schwaiger
Qq.: LP I, 350–358 – JAFFÉ² I, 238–240; II, 699, 741 – POTTHAST I, 26 –
Lit.: HKG II, 2, 37–43 – LCI V, 50 – LThK² I, 185 – G. KREUZER, Die Honoriusfrage im MA und in der Neuzeit, 1975 – G. SCHWAIGER, Päpstl. Primat und Autorität der Allgemeinen Konzilien im Spiegel der Gesch., 1977.

Agathois → Agde

Agathonikos, Bf. v. Tarsus in Kilikien, Verfasserpseudonym von sechs kurzen dogmat. und apologet. Traktaten in kopt. Sprache. Der Autor ist unter den monophysit. Mönchen Ägyptens zu vermuten; Abfassungszeit ist wegen der Polemik gegen das Chalcedonense im 6. Traktat wohl die zweite Hälfte des 5. oder Anfang des 6. Jh.
H. Kraft
Lit.: W. E. CRUM, Der Papyruscod. saec. VI-VII der Philippsbibl. in Cheltenham, kopt. theolog. Schr. [mit Übers.], 1915.

Agaunum → St-Maurice d'Agaune

Agde (Agathé Tyché), alte phokäische Faktorei, dann galloroman. Stadt; sie wurde erst in der 2. Hälfte des 5. Jh. Bischofsstadt. Ihre große Zeit war die des Konzils von 506. Die Diözese, eine der kleinsten in Frankreich (19 Pfarreien), wurde zur karol. Zeit Gerichtssprengel einer Vgft. Boso, Vicomte v. A. (897), heiratete Adalais v. Béziers und gründete das vgfl. Haus der Agde-Béziers, das die Herrschaft mit den Gf.en v. Toulouse teilte. Ende des 11. Jh. verband sich dieses Haus durch die Heirat von Ermengarde mit dem der →Trencavel. Ihr Enkel, Bernard-Aton VI., trat in das Bündnis mit Aragón gegen die Gf.en v. Toulouse ein und lieh für diesen Krieg vom Bf. 13 000 Solidi (1181). Als Pfand bot er ihm seine vgfl. Rechte an. Diese Transaktionen und die Umwälzungen, die mit dem Albigenser-Kreuzzug verbunden waren, bildeten den Beginn des Übergangs der vgfl. Autorität in die Hände des Bf.s v. A., Mitlehnsherr der Stadt und des Domkapitels, im 12. Jh. Der *consulat*, der 1207 entstand, bildete sich aufgrund der Wiederbelebung des Röm. Rechts und des alten Gewohnheitsrechts der →boni homines. A. war eine Landwirtschafts- und Seestadt und lebte bis Ende des 13.

Jh. im Wohlstand. Die *consuls* wandten sich ohne Zögern dem Kg. v. Frankreich zu, um ihre Machtbefugnisse auf Kosten des Bf.s auszuweiten. Aber die vermehrten kgl. Interventionen mußten ihrerseits dazu führen, die *consuls* zu Werkzeugen der kgl. Macht zu machen. Schließl. setzten die kgl. Privilegien, die →Aigues-Mortes, einem benachbarten und konkurrierenden Hafen, seit dem Ende des 13. Jh. zugestanden wurden, dem städt. Wachstum von A. für immer ein Ende. E. Magnou-Nortier
Lit.: D. J. PICHEIRE, A., 1966 – A. CASTALDO, L'Eglise d'A. (X^e–XIIIe s.), 1970 (Vgl. Rez. v. R. FOREVILLE, Journ. des Savants, Juli-Sept. 1971, 187–205) – A. CASTALDO, Le Consulat médiéval d'A. XIIIe–XVe s., thèse Droit, 1974 [Biblior.].

Agde, Konzil v. → Liturgie, altgall., →Caesarius v. Arles

Ageltrude, Ksn., Tochter des Fs.en Adelchis v. Benevent (853–878) und der Adeltrude. ⊕ seit etwa 875 mit Hzg. Wido (II.) v. Spoleto, dem späteren Kg. (889) und Ks. (891) v. Italien. Nach dem Tode des Gatten (894) war sie, gemeinsam mit ihrem Sohn Lambert (Ks. seit 892) und einem Verwandten ihres Mannes, Wido IV., dem Regenten der Mark Spoleto, bemüht, Benevent, das 891 in die Hände der Byzantiner gefallen war, für ihre Familie zurückzugewinnen. Das Einschreiten Widos IV. in S-Italien (Aug. 895) veranlaßte Papst Formosus im Sept. 895, den ostfrk. Kg. Arnulf v. Kärnten zum Italienzug zu bewegen. Am 22. Febr. 896 wurde dieser, nachdem A. mit der Unterstützung einiger Mitglieder der einheim. Aristokratie vergebl. versucht hatte, ihm den Zugang nach Rom zu versperren, zum Ks. gekrönt. Der Chronist Liutprand gibt A. die Schuld, die Krankheit, die Arnulf bald darauf erfaßte, durch Gift hervorgerufen zu haben. Eine bessere Grundlage (wir sind aber weit entfernt von sicherem Wissen) hat die Meinung einiger moderner Historiker, die A. und Lambert eine gewisse Rolle bei der Veranstaltung der *Leichensynode* zuschreiben, in deren Verlauf Formosus, etwa 10 Monate nach seinem Tod (896), von Papst Stefan VI. einem makabren Gericht unterworfen wurde: A. und Lambert hätten auf diese Weise für den Verrat des Formosus, der Arnulf gerufen hatte, Rache genommen. Gegen Ende März oder Anfang April 897 zog A. in Benevent ein, das sie ihrem Bruder Radelchis im Namen des Ks.s übergab. Nach Lamberts Tod (898) zog sich A., die wiederholt und in ihrem Besitz befindl. Güter von den neuen Herrschern Italiens bestätigt erhielt, in ein Kl. zurück. Das letzte erhaltene Lebenszeichen von ihr stammt vom Aug. 923. G. Arnaldi
Lit.: DBI I, 384–386 – HARTMANN, Gesch. Italiens III, 2, 1911, 111–180.

'Ağemī oğlān ('fremder Knabe'), unter Christen oder Kriegsgefangenen ausgehobene Jünglinge. Nach einer Ausbildungszeit bei Timar-Inhabern (→Timar), zu der der Übertritt zum Islam gehörte, wurden sie den 'ağemī oğlān von Gallipoli zugewiesen. Ab 1453 versetzte man sie je nach ihren Fähigkeiten in verschiedene Einheiten. Die für den Dienst beim Sultan ausgehobenen Knaben wurden →*iç oğlān* oder *ič aǧa*, der Rest kam zu den Janitscharen. N. Beldiceanu
Lit.: EI² I, 212f. – UZUNÇARŞILI, Kapukulu I, 1–141 – I. BELDICEANU-STEINHERR, En marge d'un acte concernant le pençyek, REI 37, 1969, 21–47.

Agen, frz. Bm., Suffraganbistum von Bordeaux. Über seine Entstehung ist nichts Sicheres bekannt. Die Hl.n Caprasius und Foy waren seine Märtyrer (Ende 3. Jh.). Erst mit dem Hl. Phoebadius (ca. 348–400), einem einflußreichen Rhetor, Autor des »Contra Arianos«, gewann die Kirche an Ansehen. Die Grenzen des Bm.s gegen Bordeaux und Bazas sind lange unbestimmt geblieben. Im 13. Jh. wurde es in fünf Archidiakonate aufgeteilt. Sein alter

Dom war dem Hl. Stephan geweiht. 1327 wurde das ganze s. der Garonne liegende Gebiet abgetrennt und zum Bm. Condom geschlagen. Nach dieser Teilung zählte das älteste Pfründenregister 502 Pfarreien. Die Bf.e v. A. erhielten von den Hzg.en der Gascogne, ca. 1020 oder etwas später, gfl. Machtbefugnisse (comitalia) über die Stadt und vielleicht die civitas. Sie prägten Münzen, gen. *arnaudine,* nach dem Namen des Bf.s Arnaud de Boville (1020–49) bis Mitte des 14. Jh. Mehrere Herren von Agenais schuldeten ihnen Lehenstreue (Clermont-Soubiran, Boville, Madaillan, Fumel, Foussat, Roquecor, Brulhois). Im Bm. entwickelte sich die Häresie (hier *agenaise* gen.), weshalb es zur Zeit des Bf.s Arnaud de Rovina (1209–28) durch den Kreuzzug des Simon de Montfort verwüstet wurde. Auch von den Kriegen zw. Frankreich und England im 14. und 15. Jh. blieb es nicht verschont. Der Wiederaufbau begann erst mit der gewinnbringenden Verwaltung des Kard. Leonardo della Rovere (1487–1520). Ch. Higounet

Lit.: DHGE I, 933–941 – GChr II, 891–936 – COMBES, Les évêques d'A., 1885 – E. DELARUELLE, Saint Foebade, év. d'A., in: Villeneuve-sur-Lot et L'Agenais, 1962, 121–132 – PH. WOLFF, Evêques et comté d'A, au XIe s., ebda. 115–120 – D. NONY, La monnaie arnaudine, essai de numismatique, AM, 1959, 5–20.

Agenais, Gft. und *Sénéchaussée* in S-Aquitanien an der Garonne, in der Umgebung von Agen. Sie wurde dreimal in polit. Formationen einbezogen, die der Kg. vergebl. schuf, um die Gascogner in Schach zu halten: in das Kgr. Chariberts unter Dagobert I.; in die Mark Bordeaux nach der Eroberung Aquitaniens durch Karl Martell und Pippin; in die Mark, die gegen Bordeaux Vulgrinus, Gf. v. Périgord und Angoumois, anvertraut wurde. Nachdem die Nachkommen des Hzg.s der Gascogne Sanche Garcie zu Beginn des 10. Jh. die Gft.en der Gascogne unter sich aufgeteilt hatten, fielen das A. und das Bazadais gegen 977 in ihre Hände. Graf Gombaud, Bruder des Hzg.s Guillem Sanche, errichtete um Agen ein großes »Bm. der Gascogner«. Mitte des 11. Jh. ging die Gascogne (und A.) durch Heirat und durch Kauf an Wilhelm VII. Hzg. v. Aquitanien und Gf. v. Poitiers. Trotz eines Versuchs des Gf.en v. Toulouse (1079–80), dies zu verhindern, ging das A. wie Aquitanien durch Erbschaft an Eleonore, Gattin Kg. Ludwigs VII., dann an Heinrich II. v. England; Richard Löwenherz gab es seiner Schwester Johanna zur Mitgift, als sie Raimund VI. v. Toulouse 1196 heiratete. Nach der Absetzung von Johann ohne Land litt es wie das Toulousain unter den Auswirkungen der Feldzüge des Albigenserkrieges (1212–14), ging kraft des Vertrages von Paris (1239) an Alfons v. Poitiers, der dort *bastides* baute, wurde nach seinem Tode von Kg. Philipp III. trotz des Vertrages von Paris von 1259 im Sturm genommen (1271) und 1279 Eduard I. v. England übergeben, der dort ebenfalls bastides gründete. Philipp d. Schöne konfiszierte und besetzte es (1294–1303), gab es aber im Vertrag von Paris 1303 dem Kg. v. England zurück; Papst Johannes XXII. gründete in Condom eine zweite Diözese für das A. im S der Garonne; 1324, nach dem Zwischenfall von Saint-Sardos, besetzte Karl IV. das A. wieder; nach dem Feldzug des Schwarzen Prinzen (1369), der Schlacht von Poitiers und dem Vertrag von Brétigny (1360) wurde das A. dem Kg. v. England zugesprochen; es empörte sich 1369, und zwei Feldzüge (1370, 1377) brachten es an Frankreich zurück. Nach dem Hundertjährigen Krieg übernahm es endgültig Karl VII. (1444). Ludwig XI. übergab es 1469 seinem Bruder Karl v. Guyenne († 1472). R.-H. Bautier

Lit.: Atlas historique français, A. [im Dr.].

Agenda → Rituale

Agennesie (ἀγεννησία), meint in der Trinitätslehre die Proprietät der »Ursprungslosigkeit« des Vaters. Von den Arianern bei noch schwankendem Begriffsgebrauch als ἀγένητος (agénetos, 'ungeworden') mißdeutet und auf die ganze Gottheit bezogen (so noch bei Scotus Eriugena), wurde A. vom 5. Jh. an auf die erste trinitar. Person als Urprinzip fixiert. Albertus und Thomas v. Aquin vertraten die negative Deutung des »sine principio«, Bonaventura die positive des produktiven Urgrundes, was Johannes de Ripa noch subtiler ausarbeitete. Die Deutung der A. als neuer Relation wies bes. Suárez (16. Jh.) ab (De Trin. l. 8, c. 3, nr. 6 sq). Vgl. Dreifaltigkeit. L. Scheffczyk

Lit.: LThK² I, 187f. – P. STIEGELE, Der A.-Begriff in der gr. Theologie des 4. Jh., 1913 – M. SCHMAUS, Der Liber propugnatorius des Thomas Anglicus und die Lehrunterschiede zw. Thomas v. Aquin und Duns Scotus II, 1930 – R. SCHNEIDER, Die Trinitätslehre in den Quodlibeta und Quaest. disp. des Johannes v. Neapel, 1972 – E. BORCHERT, Die Trinitätslehre des Johannes de Ripa, 2 Bde, 1974.

Aggersborg, spätwikingerzeitl. Ringburg am Limfjord in N-Jütland, Dänemark, wahrscheinl. Heerlager und vielleicht wie die anderen drei dän. Anlagen des gleichen Typs (→ Trelleborg) von Svein Gabelbart oder Knut d. Gr. in Zusammenhang mit den Englandzügen um das Jahr 1000 angelegt. Der Ringwall von A. ist kreisrund mit einem inneren Durchmesser von 240 m. Die Anlage besaß vier in den Himmelsrichtungen gelegene Tore, vielleicht mit Holztürmen überbaut. Im Innern 48 Häuser mit gebogenen Wänden, etwa 32 m lang, die 12 viereckige Gruppen bildeten. Unter der Burg Spuren eines Dorfes aus dem 8.–10. Jh. Vgl. Wikingerburgen. O. Schiørring

Lit.: C. G. SCHULTZ, A., Nationalmuseets Arbejdsmark, 1949, 91–108 – V. LA COUR og H. STIESDAL, Danske Voldsteder. Hjørring Amt, 1963, 205–224 – H. W. SCHMIDT og O. OLSEN, Fyrkat, En jydsk vikingeborg I, 1977.

Aggregator (»Liber Serapionis aggregatus«), Bezeichnung für eine anonyme arab. Drogenkunde, die durch → Simon v. Genua und den Juden Abrāhām ben Šem-ṭōb aus Tortosa ins Lat. übertragen wurde und erst in der abendländ. Tradition mit der Übersetzung des »kleineren Handbuchs der Medizin« des Syrers Yūḥannā ibn Sarābiyūn in Verbindung kam. Das Werk hat sich seit dem 13. Jh. neben dem hochsalernitan. »Circa instans« behauptet und wurde gegen Ende des MA mehrfach landessprachl. bearbeitet bzw. übersetzt. Vgl. Kräuterbücher. G. Keil

Ed.: »Liber aggregatus in medicinis simplicibus«, Venedig 1479 (KLEBS 911. I. 2) – G. INEICHEN [Hg.], El libro agregà de Serapiom, I, 1963 – U. SCHMITZ [Hg.], Hans Minners »Thesaurus medicaminum«, 1974, Qn. Stud. Gesch. Pharm. 13 [Mhd. Bearbeitung] – *Lit.:* M. ULLMANN, Medizin.

Aghaboe (ir. Achad Bó), Ort in der Gft. Laois. Standort der Hauptkirche von St. Cainnech († ca. 599/600) sowie des Kgr.s Osraige (Ossory), obgleich der Sitz des Bm.s im Tochterhaus → Kilkenny 1111 errichtet wurde. Im Gegensatz zu Kilkenny fiel A. im 14. Jh. in gäl.-ir. Hände zurück, aber der Anspruch, der später auf Domstatus erhoben wurde, sowie die Identifizierung seines Abtes Fergil († 789) mit St. Virgilius v. Salzburg sind falsch. F. J. Byrne

Lit.: J. F. KENNEY, The sources for the early hist. of Ireland I, 1929, 394f., 523 – A. GWYNN und R. N. HADCOCK, Medieval religious houses: Ireland, 1970, 28, 84.

Agila, Kg. der Westgoten, wurde im Dez. 549 als Nachfolger des ermordeten Theudegisel gewählt. 550 versuchte er vergebl., das rebellierende Córdoba zu erobern. Nach dem Verlust seines Großteils seines Heeres, des Königsschatzes und dem Tod seines Sohnes zog er sich nach Merida zurück. In Sevilla erhob sich → Athanagild gegen ihn, zu dessen Unterstützung ein byz. Heer unter → Liberius im Sommer 552 an der span. S-Küste landete. Nach dreijährigen unentschiedenen Kämpfen wurde A. im März 555 in Merida ermordet. J. Gruber

Qq.: Isid. Goth. 45, MGH AA XI 285f. – Greg. Tur. Franc. 3, 30; 4, 8, MGH SS rer. Merov. I, 126. 140 – Chron. Caesaraug., MGH AA XI, 223 – Lit.: K. SCHÄFERDIEK, Die Kirche in den Reichen der Westgoten und Suewen, 1967, 100ff. – E. A. THOMPSON, The Goths in Spain, 1969 – D. Claude, Gesch. der Westgoten, 1970, 58.

Agilbert (hl.), Bf. v. Wessex und Paris, † vor 690, ⌐ Kl. von Jouarre. Sein Leben, über das Beda in seiner Kirchengeschichte ausführl. berichtet, spiegelt die engen Beziehungen zw. der ags. und der frk. Kirche im 7. Jh. Aus dem Frankenreich stammend, begab sich A. des Studiums wegen nach Irland und schloß sich dann als Missionsbischof Kg. Cenwalh v. Wessex an, der ihn zum zweiten Bf. der Westsachsen in Dorchester machte (um 650). Wegen seiner unzureichenden Sprachkenntnisse mußte A. alsbald einen Teil seines Sprengels einem sächs. Bf. in Winchester abtreten und verließ daraufhin Wessex. Auf der northumbr. Synode v. Whitby (664) war er mit seinem Schüler Abt →Wilfrid v. Ripon Wortführer der röm. Richtung. Nach seiner Rückkehr ins Frankenreich wurde A. Bf. v. Paris, hielt aber seine Bindungen zur Insel aufrecht. Er weihte Wilfrid zum Bf. (v. York) und empfing Theodor v. Tarsus, der auf dem Weg von Rom nach Canterbury sich längere Zeit in Paris aufhielt (668/669). Die Einladung zur Rückkehr nach Wessex lehnte A. ab, sandte jedoch seinen Neffen Leutherius (Chlothar) dorthin, der mit Zustimmung Theodors v. Canterbury vierter Bf. der Westsachsen wurde. A. ist zuletzt 673 sicher bezeugt. Die genealog. Zugehörigkeit zum Kreis der Gründer des Kl.s Jouarre ist nicht gesichert. O. G. Oexle

Lit.: HKG II, 1, 171ff. – J. DUBOIS, Les évêques de Paris des origines à l'avènement de Hugues Capet, Bull. de la Société de l'Hist. de Paris et de l'Ile-de-France 96, 1969, 33–97, 64ff.

Agilolf →Köln

Agilolfinger (Agilulfinger), frühma. Adelsgeschlecht, das von der Mitte des 6. Jh. bis 788 die Herzogswürde in Bayern innehatte (laut Lex Baiuv. Tit. III von den Merowingern eingesetzt). Die Herkunft ist umstritten (bayr., frk., burg., langob. Herkunft wird erwogen). Schon im 6. Jh. zeigt sich eine enge Versippung der A. mit Königsfamilien, was sich in der Namengebung niederschlägt. Gerade in dieser Zeit gab es enge Familienallianzen zw. Hzg.en der Bayern und dem langob. Königshaus. Die A. in Theudelinde († 625; Enkelin des Langobardenkönigs Wacho), ⊙ mit Kg. Authari, dann mit Kg. Agilulf (von dem das genus ducale der A. wohl seinen Geschlechtsnamen ableitete), hatte im Langobardenreich eine mächtige Stellung. Ihr Bruder, der A. Gundoald, wurde Hzg. v. Asti, dessen Nachkommen 652–712 langob. Kg.e waren.

Neben diese langob. Politik tritt eine frühe SO-Alpenpolitik gegen Slawen, Bulgaren, dann Awaren, die vom frk. Kgtm. mitbestimmt wurde. Im 7. Jh. erfahren wir bes. über A. im westfrk. und mittelrhein. Raum, so daß die weite polit. Interessensphäre und Familienverflechtung der A. im Frankenreich sichtbar wird. 624 kommt ein A., der austras. Große Chrodoald, in Konflikt mit Bf. Arnulf von Metz und Pippin d. Ä. Dieser Konflikt mit A. mit karol. Hausmeiern und späteren Kg.en bestimmt bes. die Geschichte der A. im 8. Jh. Seit Hzg. Theodo (ca. 680– ca. 716) wird die Politik der bayr. A. bes. sichtbar: enge Verwandtschaftsbande zu den langob. Kg.en, zum Alemannenhzg. Gottfried, wohl auch zu den thür.-frk. Hzg.en. Diese Hzg.e ö. des Rheins standen in Opposition zu den aufsteigenden Karolingern, betonten aber ihre Reichstreue gegenüber den schwachen Merowingern, wobei polit. wichtig war, daß die Sippe der A. im 8. Jh. mit Bayern und Alemannien zwei Dukate im Alpen- und Voralpenraum in ihrer Herrschaft hatte (Paßstraßen). Hzg. Theodo plante (bes. in Abwehr karol. Einflußnahme) eine auf Rom orientierte bayer. Landeskirche mit Bischofssitzen an seinen Pfalzorten (Hauptpfalz der bayer. A.: Regensburg). Er teilte seine Herrschaft unter seine Söhne wie die Merowingerkönige. Als 725 der Hausmeier Karl Martell in Bayern einbrach und die Familie des Teilherzogs Hugbert ausrottete, gleichzeitig sich mit der A. in Swanahilt vermählte, waren die A. bereits mit den Hausmeiern verschwägert. Der den alem. A.n entstammende bayer. Hzg. Odilo setzte – offenbar mit Hilfe Swanahilts – die Politik Theodos systemat. fort und realisierte 739 die bayer. Diözesaneinteilung, wurde aber 743 von seinen Schwägern Pippin und Karlmann empfindl. geschlagen. Sein Sohn Tassilo III. versuchte trotz starker vertragl. Bindungen an die Karolinger noch einmal »klassische« A.-Politik zu treiben, mußte sich aber schließl. seinem Vetter, Kg. Karl d. Gr., 788 unterwerfen, der die A. ins Kl. schickte und das Hzm. aufhob. W. Störmer

Lit.: B. SEPP, Die bayr. Hzg.e aus dem Geschlecht der Agilulfinger, Oberbayr. Archiv 50, 1897, 1ff. – E. ZÖLLNER, Die Herkunft der Agilulfinger, Zur Gesch. der Bayern, 1965, 107ff. – E. KLEBEL, Zur Gesch. des Hzg.s Theodo, ebd. 172ff. – K. A. ECKHARDT, Merowingerblut II, A. und Etichonen, 1965 – W. STÖRMER, Adelsgruppen im früh- und hochma. Bayern, 1972 – W. GOEZ, Über die Anfänge der Agilulfinger, Jb. für frk. Landesforsch. 34/35, 1975, 145ff.

Agilpert, Bf. v. Wessex 649/650 bis nach 660 und von Paris 668–673, ⌐ Jouarre (?). A. war Franke, wahrscheinl. aus der gleichen Familie wie der Gründer von Jouarre. Nachdem er die Hl. Schrift in Irland studiert hatte, wurde A. zum Bf. der Westsachsen ernannt, mit Sitz in Dorchester (?). Er wurde ca. 660 vertrieben und ging nach Northumbria. In →Whitby (664) gehörte er der romfreundl. Partei an. Schon vor 668 war er Bf. v. Paris. Seine Unterschrift erscheint in einer Urkunde des Jahres 673. Man muß ihn vom Referendarius Agilbert unterscheiden, der Anhänger Ebroins (677–680) war. Die Überlieferung, er sei in einem verzierten Sarkophag in der von ihm erbauten Gruft von St. Paul, Jouarre, begraben, ist annehmbar.

D. A. Bullough

Lit.: Bede, Hist. Eccl. III, 7, 25 – Grosjean, AB. 78, 1960, 250ff., 269ff. – M. DE MAILLÉ, Les cryptes de Jouarre, 1971, Kap. 2, 5, 9.

Agilulf, Kg. der Langobarden, † Nov. 615/Mai 616, aus thüring. Geschlecht, Schwager des Kg.s Authari, dessen Witwe Theodelinde er 590 heiratete. Zunächst Hzg. v. Turin, wurde A. im Mai 591 in Mailand in circo zum Kg. gewählt. Seine ersten Bemühungen galten einem Friedensschluß mit den Franken, der zwar erst 604 offiziell mit der Hochzeit des Sohnes A.s, Adalwald, und der Tochter Theudeberts II. besiegelt wurde, seit seinem Regierungsantritt aber bereits die militär. Zusammenarbeit zw. Franken und Byzantinern unterband. Ebenso erreichte er eine Aussöhnung mit den Awaren, die das Langobardenreich von Pannonien aus bedrohten. Die Befriedung an den N-Grenzen gaben den nötigen Rückhalt bei der Unterwerfung der rebell. Fs.en und Hzg.e im eigenen Reich sowie für den Angriff auf die Byzantiner in Mittelitalien. Innerhalb kurzer Zeit befanden sich die unter Authari verlorenen Gebiete wieder in langob. Hand. 593/94 zog A. vor Rom, das auf Vermittlung Papst Gregors d. Gr. mit 500 Pfund Gold losgekauft wurde. A. setzte seine Angriffe auf röm.-byz. Gebiete fort, bis sich schließl. der Exarch v. Ravenna wegen des desolaten Zustands des Heeres zum Abschluß eines einjährigen Waffenstillstands gezwungen sah, der trotz krieger. Unterbrechungen nach 605 mehrfach verlängert wurde; A. nahm sogar durch Boten persönl. Friedensverhandlungen mit dem byz. Ks. auf und erstrebte eine Annäherung an Rom, einerseits durch das Anknüpfen an röm. Traditionen, wie der Akklamation im Circus, andererseits durch die Duldung der Bemühungen seiner kath. Gemahlin, eine allmähl. Konversion der Langobarden zum Katholizismus vorzubereiten. Ch. Schroth-Köhler

Lit.: DBJ I, 389-397 – HARTMANN, Gesch. Italiens II, 1 – G.P.BOGNETTI, S. Maria »foris portas« di Castelseprio e la storia religiosa dei Longobardi (G.P.BOGNETTI, G.CHIERICI, A. DE CAPITANI D'ARZAGO, Santa Maria di Castelseprio, 1948) – DERS., L'età Longobarda II, 1966.

Agilus, erster Abt v. Rebais ca. 635–ca. 650, † um 650 in Rebais. Weil seine Vita, die sich für zeitgenöss. gibt, nach den verwendeten Vorlagen erst aus dem 9.Jh. stammt (WATTENBACH-LEVISON I, 138), sind Einzelheiten seiner Herkunft aus merow. Hochadel und der Chronologie seines Lebens nicht überprüfbar. Dies gilt auch für die Hypothese seiner Verwandtschaft mit den Agilolfingerherzögen Bayerns. Als puer oblatus unter Abt →Columban Mönch in Luxeuil, nach Columbans Verbannung mit Eustasius auf Missionsreise in Bayern; umstritten, ob er Anteil an der Gründung Weltenburgs hatte; soll zum Nachfolger des Bf.s Modoald v. Langres gewählt worden sein und abgelehnt haben; wurde von den Gründern des Kl.s Rebaisen-Brie mit einer Gruppe von Mönchen aus Luxeuil berufen und vom Kg. zum Abt des Kl.s ernannt, bei dessen Kirchweihe die vier berühmtesten Klostergründer der Zeit, Amandus, Eligius, Dado-Audoenus, Burgundofaro, anwesend waren, und das – mit berühmten Privilegien Dagoberts und Burgundofaros ausgestattet – als Musterkloster columban. Mönchtums unter dem Schutz des Pariser Hofadels gilt. Unter A. wurde mit 20 Jahren Mönch in Rebais sein Nachfolger: Philibert, der Gründer von Jumièges. Im HochMA verteidigten die Mönche v. Rebais ihren Rechtsstand mit Hilfe von Miracula, die sie von A. aufzeichneten. J.Wollasch

Lit.: DHGE I, 957ff. – HKG II, 2 – KalOSB 2, 1934; 4, 1938, 83f. – F.PRINZ, Frühes Mönchtum im Frankenreich, 1965 – J.HEMMERLE, Die Benediktinerklöster in Bayern, Germania Benedictina 1, 1970 – F.PRINZ, Mönchtum, Episkopat und Adel zur Gründungszeit des Kl.s Reichenau, Vortr. und Forsch., hg. Konstanzer Arbeitskreis für ma. Gesch. 20, 1974.

Agincourt (frz. Azincourt), Dép. Pas-de-Calais, N-Frankreich, wo am 25. Okt. 1415 eine der berühmtesten Schlachten des →Hundertjährigen Krieges geschlagen wurde, in welcher Heinrich V. mit einer engl. Armee von vielleicht 4000 Mann überraschenderweise das viel größere frz. Heer, geführt von Connétable d'Albret, überwältigte. Im Gegensatz zu den Engländern erlitten die Franzosen schwere Verluste an Toten und Gefangenen. Dieses Desaster schwächte Frankreich für eine Generation, festigte Heinrichs militär. Ruf und die Überlegenheit der Bogenschützen (→Archers) über die Kavallerie dieser Zeit und ermutigte den engl. Ehrgeiz, Frankreich zu erobern. C.T. Allmand

Lit.: J.H.WYLIE, The Reign of Henry V, 2, 1919 – A.H.BURNE, The Agincourt War, 1956 – G.HIBBERT, A., 1964.

Ägir, an. Meerriese, Sohn des Fornjótr. Gemahl der Rán, Vater von neun Töchtern. Ä., dessen Name von germ. *ahwo 'Fluß, Wasser' abgeleitet ist, heißt auch *Hlér* oder *Gymir*. Er erscheint in zwei edd. Gedichten: die »Hymiskviða« zeigt ihn als gutmütigen Riesen und Bierbrauer der →Asen, die »Lokasenna« läßt ihn als Gastgeber in seiner goldglänzenden Halle auftreten, wo Loki ihn und die anwesenden Götter beschimpft. In →Snorris »Skáldskaparmál« wohnt Ä. auf Läsø in Kattegatt und erfährt durch den Gott Bragi von den Taten der Asen und der Dichtkunst der Skalden, die die Begriffe *Gold*, *Welle*, *Schiff* oder *Feuer* oft mit Ä.s Namen umschreiben. R. Volz

Lit.: K.GISLASON, Œgir og Ægir, ANOH 1876, 313-330 – A.OLRIK und H.ELLEKILDE, Nordens gudeverden I, 1926-51, 434-437 – J. DE VRIES, Altgerm. Religionsgesch. 1, 1956², 251f. – M.TVEITANE, Omkring det mytologiske navnet Ægir m ›vannmannen‹, Acta Phil. Scand. 31, 1976, 81-95.

Agius v. Corvey, Mönch, über dessen Lebensumstände so gut wie nichts bekannt ist und der wohl nicht mit dem sog. Poeta Saxo gleichgesetzt werden darf, verfaßte 864 auf Anregung Rimberts, des späteren Ebf.s v. Hamburg-Bremen, einen nur in einer Hs. des 11.Jh. überlieferten Zyklus von sieben kleinen hexametr. Gedichten zur Erläuterung komputist. Tafeln. Etwa 876 schrieb A., zuweilen der »Vita sancti Martini« des Sulpicius Severus folgend, in Prosa die Lebensgeschichte der 874 bei der Pflege von Kranken verstorbenen ersten Äbtissin v. Gandersheim, Hathumod, die eine Tochter Liudolfs v. Sachsen war. Dieser Vita fügte A. einen Dialog von 359 metr. Distichen hinzu, der zw. ihm selbst (vielleicht war er ein Bruder Hathumods und wäre demzufolge mit einem im Dialog beiläufig erwähnten Sohn Liudolfs v. Sachsen ident.) und den trauernden Nonnen des Kl.s geführt wird. Mit bewegenden Worten sucht der Dichter nach Eklogenart Trostgründe aufzuzeigen. Als Vorbild für diese poet. Totenklage ist die Vita Adalhards von →Radbertus Paschasius zu nennen, wobei aber dem Überlieferungsstand nach A. dessen einziger bekannter Nachahmer wäre. E.Heyse

Ed.: Versus computistici, ed. K.STRECKER, MGH PP. IV, 1923, 937-943 – Vita et obitus Hathumodae, ed. G.H.PERTZ, MGH SS IV, 1841, 165-189 [übers. v. F.RÜCKERT, Das Leben der Hadumod, 1845; die Vita allein auch v. G.GRANDAUR, GdV 25, 1890²] – Dialogus (Epicedium Hathumodae), ed. L.TRAUBE, MGH PP. III, 1896, 369-388 – *Lit.*: NDB I, 95 – H.GOETTING, Das Bm. Hildesheim, Germania Sacra, NF 7, 1, 1973, bes. 82f. und 289f. – BRUNHÖLZL I, 386-389.

Aġlabiden, eine Dynastie arab. Herkunft, die von 800-909 →Ifrīqiya (und Sizilien) de facto unabhängig vom Kalifen beherrschte. Am Ende der anarch. Jahrzehnte nach 740 setzte sich der Gouverneur des Zāb, Ibrāhīm ibn al-Aġlab (800-812) als Statthalter des islam. W durch und begründete ein Haus, das unter seinem Sohn Zijādatallāh I. (817-838) seinen Höhepunkt erreichte. Dieser leitete unter dem Oberbefehl des Asad ibn al-Furāt 827 die Eroberung Siziliens ein. Teile Unteritaliens wurden vorübergehend besetzt und Malta (869/70) erobert. Im Mutterland entstanden die Neubauten der Sīdī 'Uqba-Moschee in al-Qairawān (Kairouan), der Zaitūna-Moschee in Tunis und der Großen Moschee von Sūsa. Trotz ständiger innerer Unruhen und äußerer Bedrohungen, gegen die u.a. die *ribāṭāt* (→Ribāṭ) von Sūsa und al-Munastīr (Monastir) errichtet wurden, bauten die Aġlabiden das von den Römern und Byzantinern angelegte Bewässerungssystem (Reservoire, Aquädukte usw.) weiter aus und schufen insgesamt durch ihr Wirken die Fundamente des späteren Tunesien, die von den →Ḥafṣiden weiter verstärkt wurden. Der nach 875 einsetzende rasche Verfall führte zur Beseitigung der Dynastie durch die schiit. →Fāṭimiden. H.-R. Singer

Lit.: M.SOLIGNAC, Recherches sur les installations hydrauliques de Kairouan et des steppes tunisiennes du VIIᵉ au XIᵉ s., AIEO, 1952, 5-273; 1953, 60-170 – G.MUSCA, L'emirato di Bari, 1964 – A.LEZINE, Architecture de l'Ifriqiya, Recherches sur les monuments aghlabides, 1966 – M.TALBI, L'emirat aghlabide, 184-294, 800-909, Hist. politique, 1966.

Agleier, ma. Silbermünze im Gewicht von 1,0-1,3 g, von den Patriarchen von Aquileia seit 1147 in Nachahmung der *Friesacher Pfennige* geprägt. Seit Wolfger (1204-18) nehmen die A. die in N-Italien übliche Schüsselform an und werden in anderen Münzstätten (Lienz, Latisana, Triest, Laibach) nachgeahmt. Die A. erobern sich ein wei-

tes Umlaufsgebiet von N-Italien bis zur Drau. Letzte Prägung um 1412-37. P. Berghaus
Lit.: J. THEMESSL, Münzen und Münzwesen des Patriarchenstaates Aquileja, 1911.

Aglet → aiguelette

al-Aǧnādain → Araber

Agnatio, ein aus der röm. Rechtssprache stammender Begriff, der ein Prinzip der Abstammung bezeichnet, das allein die männl. Vermittlung gelten läßt. Es wird in der Regel auf die Sippe bezogen, die demgemäß als *agnatische* oder *geschlossene Sippe* alle auf einen gemeinsamen Vorfahren zurückgehenden männl. Nachkommen umfaßt. Sie heißen im altdt. Sprachgebrauch *Schwertmage, Speermage, Germage* im Unterschied zu den sog. *Spindelmage*, die zur sog. *cognatischen*, auch die Frauen umfassenden *Sippe* gehören. Nach der älteren Lehre soll die agnat. Sippe die urprgl. Form der germ. Sippe gewesen sein, doch beruht dies auf einem Rückschluß, der unbeweisbar ist. In geschichtl. Zeit sind agnat. und cognat. Sippen nur in unterschiedl. Mischungen nachweisbar, so daß beide Formen als Idealtypen zu gelten haben. J. Fleckenstein
Lit.: K. SCHMID, Zur Problematik von Familie, Sippe und Geschlecht, Haus und Dynastie im ma. Adel, ZGORh 105, 1957 – H. CONRAD, Dt. Rechtsgesch. I, 1962², 31 ff. [allgemein] – W. SCHLESINGER, Randbemerkungen zu drei Aufsätzen über Sippe, Gefolgschaft und Treue, Festschr. O. BRUNNER, Alteuropa und die moderne Ges., 1963.

Agnellus. 1. A., Metropolit v. Ravenna seit 557, * 487, † 1. Aug. 570, aus vornehmer Familie stammend; war Soldat und verheiratet, bevor er zur Zeit des Bf.s Ecclesius die Diakonenweihe empfing. Da sein Sprengel im unmittelbaren Machtbereich des byz. Ks.s lag, beteiligte er sich nicht an dem Schisma, das wegen der Haltung des Papstes Pelagius I. (556–561) im *Dreikapitelstreit* ausgebrochen war. Sein Eintreten für die byz. Orthodoxie wurde von Justinian nach der Vertreibung der Goten durch reiche Schenkungen belohnt. Von A. existiert ein Brief an einen Bruder Arminius mit einer antiarian. Darlegung des Glaubens (MPL 68, 381 – HUHN). Die Nachrichten über sein Leben finden sich im »Liber pontificalis ecclesiae Ravennatis« seines Namensvetters → Agnellus qui et Andreas H. Kraft
Lit.: J. HUHN, Der A.-Brief »De ratione fidei...,« St. Bonifatius, Gedenkgabe zum zwölfhundertsten Todestag, 1954, 102-138.

2. A. (später auch nach seinem Großvater *Andreas* gen.), Verfasser des »Liber pontificalis ecclesiae Ravennatis«, * 800/805 in Ravenna als Sohn einer adligen Familie, † nach 846. Unter seinen Ahnen ragt Iohannicius hervor, der Notar des Exarchen Theodoros Kalliopa (7.Jh.). A. erhielt seine Ausbildung an der Basilica Ursiana. Noch als Knabe wurde ihm vom Ebf. Martinus die Kirche S. Maria ad Blachernas und später von seinem Onkel, dem Diakon Sergius, S. Bartholomaeus übertragen. Vom Ebf. Petronacius (oder Petronax, 817–835) wurde er zum Priester geweiht. 837–838 assistierte er in Pavia bei den Tauffeierlichkeiten von Rotrud, der Tochter Ks. Lothars I. Der »Liber pontificalis«, für dessen Abfassung A. außer älteren schriftl. Quellen erzählenden Inhalts und Urkundenmaterial auch epigraph. und ikonograph. Zeugnisse (v. a. Mosaiken) heranzog, enthält die Lebensbeschreibungen der ravennat. Ebf.e von S. Apollinaris bis Georgius († 846), mit Ausnahme der Viten des Valerius und des Petronacius, die verlorengegangen sind. Ab 830–831 hielt A. mehrmals öffentl. Lesungen von Abschnitten des »Liber«, der die Überlieferungen der Kirche von Ravenna und darüber hinaus der gesamten städt. Gemeinde, die sich um den Lokalklerus scharte, ins Gedächtnis rufen sollte; dabei spricht A. bei dieser Vergegenwärtigung nicht nur im eigenen Namen, sondern bezieht auch die Zuhörer mit ein. Das inspirierende Motiv des Werkes ist einerseits die Verteidigung der Vorrechte, die das Kollegium der Diakone und Priester auf verwaltungsmäßiger wie auf spiritueller Ebene genoß, in Polemik gegen die Ansprüche der Ebf.e (insbes. des Georgius), die dazu neigten, diese Vorrechte einzuschränken, andererseits die entschlossene Rückforderung der alten Privilegien der Kirche von Ravenna, v. a. ihrer Autonomie gegenüber der röm. Kirche.
G. Arnaldi
Ed.: B. BACCHINI, Modena 1708, ed. pr. [Wiederabdr. MURATORI II, 1723, 23–187; MPL 106, 459–752] – O. HOLDER-EGGER, MHG SS rer. Lang., 1878, 278–391 [die Kapiteleinteilung geht auf diese Ed. zurück] – A. TESTI RASPONI, Muratori² II, 3, 1924 [unvollst., nur bis Vita des Ebf.s Johannes, 609–612; d.h. c. 104] – Lit.: DBI I, 429 f. – WATTENBACH-LEVISON IV, 1963, 428–431 –Repfont II, 1967, 144–146– G. FASOLI, Rileggendo il »Liber Pontificalis« di Agnello Ravennate, La storiografia altomedievale I, 1970, 457–495 (Sett. cent. it., XVII, 1969) – O. CAPITANI, Agnello Ravennate nella recente storia della storiografia medioevale, Felix Ravenna, Ser. V, 5–6, 1973, 183–198 – A. VASINA, Tradizione del »Liber Pontificalis« di Agnello Ravennate fino al XVI secolo, Storiografia e storia. Studi in onore di E. DUPRÉ THESEIDER I, 1974, 217–267 – C. NAUERTH, A. v. Ravenna. Unters. zur arch. Methode des ravennat. Chronisten, 1974, Münchener Beitr. zur Mediävistik und Renaissance-Forsch. 15.

Agnes

1. A., dt. Ksn., * um 1025, † 14. Dez. 1077 in Rom, Tochter Hzg. Wilhelms V. v. Aquitanien und Poitou. Seit Okt. 1043 mit Kg. Heinrich III. verlobt, wurde sie im Mainz zur Kgn. gekrönt und im Nov. 1043 in Ingelheim vermählt. Kaiserkrönung beider war in Rom am 25. Dez. 1046. Kinder → Stammtafel Salier. A. führte nach dem Tode Heinrichs III. die Regentschaft für den schon gekrönten Heinrich IV. bis etwa April 1062, zunächst mit Unterstützung Papst Viktors II. in der Tradition Heinrichs III.; sie verlehnte jedoch die Hzm.er Schwaben, Kärnten und Bayern. Sie besuchte jährl. alle Teile des Reiches, konnte aber die Aufstände in Sachsen (gegen die sal. Hausmacht), in Schwaben und am Niederrhein, der Friesen und Lutizen nicht niederschlagen und auch Bela v. Ungarn nicht unterwerfen. Papst Stephan IX. und Papst Nikolaus II. wurden ohne Mitwirkung des Hofes erhoben. Gegen die röm. Adelspartei gewann Nikolaus, unterstützt von Hildebrand (Gregor VII.), die Waffenhilfe der Normannen: Richard v. Aversa und Robert Guiscard wurden Lehnsmänner der Kurie, eine entscheidende Wende der päpstl. Italienpolitik. Das auch gegen den röm. Adel gerichtete → Papstwahldekret von 1059 drückte in der Königsklausel das Recht des Kg.s an der Papstwahl unbestimmt und verschieden deutbar aus. Nach dem Tode Nikolaus' II. wurde gegen Alexander II., den Papst der röm. Reformer, im Okt. 1061 in Basel Cadalus (Honorius II.), ein Papst der oberit. Adelspartei und eines Teils der Reichsbischöfe, die ihn dann nicht unterstützten, erhoben. A. nahm den Schleier, ohne Nonne zu werden, wohl in der Erkenntnis einer ihrer religiösen Überzeugung nicht entsprechenden Politik unter Berater unter Bf. Heinrich v. Augsburg. Im April 1062 wurde ihr in Kaiserswerth ihr Sohn Heinrich IV. von dem den röm. Reformern nahestehenden Ebf. Anno v. Köln geraubt. A. pilgerte nach Rom. 1064/65, 1066/67, 1072 und 1074 reiste sie nach Deutschland, um hier für die Kirchenreform zu wirken und ihren Sohn für Alexander II. zu gewinnen, zuletzt, um ihn mit Rudolf v. Rheinfelden zu versöhnen. Eine geistl. Freundschaft verband A. mit Petrus Damiani und Jean de Fécamp. Gegen ihren Sohn stand sie auf seiten Papst Gregors VII. M. L. Bulst-Thiele
Lit.: MGH DD H. IV, 1, 1941 [Neudr. 1953]; 2, 1952 [Neudr. 1959] – M. L. BULST-THIELE, Ksn. A., 1933 [Neudr. 1972].

2. A. (Isabella, Elisabeth) v. Burgund, dt. Kgn., † 1323, ▭ Augustinerkirche in Paris; zweite Gemahlin Rudolfs v. Habsburg (seit 1284), Tochter Hzg. Hugos IV. v. Burgund; wurde am 6. Febr. 1284 mit dem 66jährigen Kg. in Remiremont vermählt, der ihr 20000 Mark Silber als Heiratsgut und 3000 Mark als Morgengabe überschrieb und ihren Bruder, Hzg. Robert II. v. Burgund, mit der Dauphiné belehnte, um seinen Einfluß im Arelat zu stabilisieren. 1291 begleitete sie Rudolf auf seinem Todesritt. Da seine Nachfolger ihr Wittum und Morgengabe vorenthielten, kehrte sie nach Verkauf ihrer Kleinodien nach Burgund zurück, wo sie 1306 Pierre de Chambly heiratete, dem sie zwei Söhne gebar. Th. Martin
Lit.: O. REDLICH, Rudolf v. Habsburg, 1903 [Neudr. 1965].

3. A. v. Meran, Kgn. v. Frankreich, † 1201 in Poissy. Tochter von Berthold, Hzg. v. Meran (Tirol). Im Juni des Jahres 1196 heiratete sie Philipp August, Kg. v. Frankreich, der Ingeborg v. Dänemark verstoßen hatte. Papst Innozenz III. belegte nach vergebl. Verweisen das Kgr. mit Kirchenbann, und Philipp mußte sich von A. trennen (Sept. 1200). Sie schenkte dem Kg. drei Kinder: der Sohn Philipp Hurepel wurde Gf. v. Clermont und v. Boulogne; die Tochter Marie heiratete Heinrich I., Hzg. v. Brabant. Die Kinder wurden vom Papst legitimiert (2. Nov. 1201). J. Boussard
Lit.: DBF I, 753 f.

4. A. v. Österreich, Kgn. v. Ungarn. * 1281, † 11. Juni 1364 in Königsfelden; Tochter des dt. Kg.s Albrecht I., ⚭ Kg. Andreas III. v. Ungarn. 1301 verwitwet, hielt A. in Königsfelden neben dem von ihr mitgestifteten Kl. einen kleinen Hof. Als erfolgreiche Vermittlerin in polit. Zwisten vertrat sie die habsbg. Interessen. Th. v. Bogyay
Lit.: LThK² I, 199 - NDB I, 96.

5. A., Tochter des Gf.en v. Mâcon Otto-Wilhelm, *spätestens gegen 1000, † 9. Nov. 1068, ▭ St-Nicolas de Poitiers; ⚭ Wilhelm VIII., Gf. v. Poitou und Hzg. v. Aquitanien (1018), seit 1029 Witwe. A. heiratete 1032 Geoffroy Martel, mit dessen Hilfe sie nach Ausschaltung von Rivalen (1033-39) ihren beiden Söhnen, die sie vom Hzg. hatte, die Nachfolge in Aquitanien sicherte. Als Gfn. v. Anjou (seit 1040) unterstützte sie das Bündnis ihres Gemahls mit dem zukünftigen Ks. Heinrich III., indem sie ihre Tochter A. mit letzterem verheiratete (1043); sie wurde geschieden (1049/52), als sich das Bündnis auflöste. 1058 gelang es ihr, ihrem letzten Sohn, Guy-Geoffroy, in den beiden Hzm.ern Aquitanien und Gascogne die Nachfolge zu sichern. O. Guillot
Lit.: M.-L. BULST-THIELE, Kaiserin A., 1933 - J. DHONDT, Henri Ier, l'Empire et l'Anjou, RB 1946/47, 87-109 - CH. HIGOUNET, Hist. de l'Aquitaine, 1971 - O. GUILLOT, Le comte d'Anjou et son entourage au XIe s., 1972 - W. KIENAST, Dtl. und Frankreich in der Kaiserzeit, 1975², I und 3, 667-669.

6. A. Bernauer → Bernauer, A.

7. A. (sel.), neuntes und jüngstes Kind aus der 2. Ehe Přemysl Ottokars I. mit Konstanze v. Ungarn, * wahrscheinl. 1211, † wohl 2. März 1282; in der Jugend war sie Gegenstand mehrerer diplomat. Heiratsversuche gewesen, die jedoch scheiterten: Heinrich (VII.), Heinrich III. v. England, erneut Heinrich (VII.) und Friedrich II. Deshalb und aufgrund innerer Entwicklung trat sie in das von ihr gegr. Klarissinnenstift in Prag (wahrscheinl. 1234) ein, mit dem sowohl ein Männerkloster als auch ein Spital verbunden wurden. Ihr Kl. war das erste got. Bau im Land und sollte eine Grabstätte der Přemysliden sein. A. entfaltete eine rege Tätigkeit geistl., aber auch weltl. Charakters (Beziehungen mit Päpsten und propäpstl. Politik, Korrespondenz mit der hl. Klara u. a.). I. Hlaváček
Lit.: W. W. SETON, Some New Sources for the Life of Blessed Agnes of Bohemia, 1915 - J. K. VYSKOČIL, Legenda blahoslavené Anežky a čtyři listy sv. Kláry, 1932 - J. VOTOČKOVÁ-JOACHIMOVÁ, Anežka Přemyslovna, 1940 - H. SOUKUPOVÁ-BENÁKOVA, Přemyslovské mauzoleum v klášteře blahoslavené Anežky na Františku, Umění 24, 1976, 193 ff.

8. A., hl. (Fest 21. Jan.), Attribut Lamm, gilt als jugendl. Märtyrerin in Rom, wo sie seit dem 4. Jh. verehrt wird. Noch vor 354 wurde von Constantina, einer Tochter Ks. Konstantins, die ihr geweihte Basilika an der Via Nomentana errichtet. Am 21. Jan. werden dort zwei Lämmer geweiht, aus deren Wolle die Pallien der Ebf.e gewebt werden. Trotz ihres hohen liturg. Ranges – A. wird im Meßkanon, in fast allen Kalendarien und Litaneien erwähnt – ist ihr Kult in Deutschland nicht sehr verbreitet und bleibt (obwohl dort gleichnamige Fürstinnen im SpätMA gefördert) deutl. hinter der Verehrung anderer hl. Jungfrauen zurück. Mehrere Fürstinnen sind nach der Hl.n genannt: A. v. Poitou, Gemahlin Heinrichs III., † 1077; A., Tochter Ottokars v. Böhmen, † 1282; A., Tochter Ludwigs des Bayern, † 1352; A., Kgn. v. Ungarn, † 1364 in St. Blasien, u. a. Bei allen gibt es wohl unter dem Eindruck der röm. Märtyrerin Ansätze zum Kult, nur bei A. v. Böhmen in größerem Umfang (1874 von Rom anerkannt). Daher finden wir in Böhmen Kirchen und Altäre, die der hl. A. v. Rom oder der Hl.n von Böhmen geweiht sind, wobei die Zuweisung wechseln kann. M. Zender
Qq.: BHL 156-167 - *Lit.*: LThK² I, 196 - RAC I, 184-186 - K. W. LITTGER, Stud. zum Auftreten der Heiligennamen im Rheinland, 1975, 28 ff., 214 ff.

Ikonographie: Frühe Darstellungen in den Bildern röm. → Goldglas-Schüsseln des 4. Jh. und in den Mosaiken von S. Apollinare Nuovo in Ravenna (556/559); seit dem 14. Jh. häufig als vornehme Frau, gekrönt, mit Palmenzweig, Buch und Lamm; auch ausführl. Zyklen (Fresken S. Maria Donna Regina in Neapel, Mitte 14. Jh.).
Lit.: LCI V, 57-63. G. Binding

9. A. - Anna → Alexios II., → Andronikos I.

Agnès, Jeu d' → Geistl. Drama

Agnès et Meleus → Chanson de geste

Agnesschwestern, regulierte Augustinerchorfrauen, nach der Überlieferung seit 1326 in Dordrecht (Bm. Utrecht). Nach dem Wiederaufbau ihrer der hl. Agnes geweihten Kirche durch Gerhard von Hermskerke, nahmen sie den Namen »Nonnen (von) der hl. Agnes« an. Die Quellen erwähnen sie unter dem Namen »monasterium B. Agnetis in Dordraco« (1327) und »convent van den besloten nonnen van Sinte Agnieten closter binnen Dordrecht« (1471). Die Schwesternschaft schloß sich 1427 der Windesheimer Kongregation an. Diese versuchte zweimal (1444 und 1446) vergebl., die Nonnen nach Bergen op Zoom umzusiedeln. Seit dieser Zeit weisen die Quellen regelmäßige Arbeiten am Kl. und den Klostergebäuden sowie der Bewirtschaftung aus. 1499 wurde eine neue Kirche errichtet, sechs Jahre später nahm eine Kapelle eine alte Statue der hl. Jungfrau auf, die kult. Verehrung genoß. J. Pycke
Lit.: Monasticon Windeshemense III. [i. Dr.; mit Bibliogr. und Qq.] - HÉLYOT III, 54 f.

Agnus Dei. [1] *Liturgie*: a) Teil des »Meßordinariums«, der aus der mehrfach wiederholten → Akklamation besteht: »Lamm Gottes, du nimmst hinweg die Sünde der Welt: erbarme dich unser« (die letzte der seit dem 9. Jh. auf drei reduzierten Akklamationen lautet seit dem 10./11. Jh.: »gib uns den Frieden«). Durch den syr. Papst Sergius I. (687-701) als Begleitgesang zur Brechung des Brots in die röm. Liturgie eingeführt, später als Gesang zum Friedenskuß bzw. zur Kommunion verstanden. H. B. Meyer

Lit.: LThK² I, 203 – J. A. JUNGMANN, Missarum Sollemnia, 1948, 1962⁴; II, 413-422.

b) *Sakramentale.* Urspgl. aus einer mit Öl vermischten Wachsmasse geformte Lämmer, die der Archidiakon am Karsamstag in der Lateranbasilika weihte, um sie am Weißen Sonntag anstatt der nicht ausreichenden zerstückelten Osterkerze an die Gläubigen zu verteilen. Seit Martin V. wurde die Weihe durch den Papst vollzogen, zunächst alljährl., später nur im 1. und 7. Pontifikatsjahr. Früheste Bezeugung des A.D. in der Mitte des 8.Jh. Nachma. Form: ovale Wachstäfelchen mit Bild des Lamm Gottes, Name und Regierungsjahr des Papstes auf der Vorder-, einem Heiligenbild auf der Rückseite; im 18.Jh. sehr gefragt und vielfach Gattungsname für verwandte klösterl. Wachsprägungen. W. Dürig

Lit.: DThC I, 605 ff. – A. FRANZ, Benediktionen I, 553 ff. – M. ANDRIEU, Ordines Romani III passim.

[2] *Ikonographie:* a) A.D. 'Lamm Gottes', Titel des Messias im NT, soteriolog. Sinnbild für Christus im Johannesevangelium (Joh 1, 29 und 36; siehe auch Apg 8, 32; 1 Petr 1, 19; und im AT Jes 53, 7). Es ist zu unterscheiden zw. dem Lamm Gottes bei Johannes (gr. *amnós*) und dem Lamm als Sinnbild für Christus (gr. *arníon*), wie es in Offb 28mal auftritt (→Apokalypse), obwohl die beiden homonymen Bilder oft zusammengelegt oder verwechselt werden, v. a. in der Ikonographie, in Kontexten wie Ostern, Taufe oder Eucharistie. Das Lamm ist relativ selten in der frühchr. Kunst der Prov.en des Ostreiches. Beispiele: Lamm im Medaillon im Scheitel der Apsisstirnwand der Marienkirche des Katharinenklosters auf dem Sinai, zw. zwei Viktorien mit Kreuzstäben und zwei Medaillons mit Johannes d. Täufer und Maria (Mitte 6.Jh.); Lamm im Schnittpunkt der beiden Balken des Justinuskreuzes im Vatikan (565-578). Die Darstellung des Lammes war im übrigen zugunsten des Christusbildes durch den Kanon 82 der Trullan. Synode (691) verboten (MANSI XI, 977-979), und dieses Verbot, das allerdings nicht immer eingehalten wurde, v. a. in den Randprovinzen (z.B. in Kappadozien), erklärt zum Teil die Seltenheit der Darstellungen des A.D. in den byz. Ländern. Als Attribut des Täufers ist das Lamm in einem Rundbild seit der Mitte des 6.Jh. belegt: auf dem Bischofsstuhl (Kathedra) des Maximinian in Ravenna wird das Lamm mit Kreuz in einem Clipeus von Johannes in der linken Hand gehalten. Im Abendland ist das A.D. dagegen häufig, namentl. in der Sarkophagskulptur und v. a. im Scheitel der Apsisstirnwand oder des Apsisbogens oder am unteren Rand des Apsisbildes als Ergänzung zum Christusbild. Es verbindet sich fast immer mit dem A.D. der Offb: z.B. Apsiden von SS. Cosmas und Damian in Rom (1. Hälfte 6.Jh.) und von S. Michele in Affricisco in Ravenna (Mitte 6.Jh.), Presbyteriumswölbung von S. Vitale in Ravenna (Mitte 6.Jh.) u. a. Von den Darstellungen, die sich strikt an Joh 1, 29 und 1, 36 halten und selten bleiben, seien außer einem Sarkophag aus Salona mit Darstellung einer →Lämmerallegorie und der Inschrift »Ecce agnus dei...« (DACL I, 1 fig. 206) die Gold- und Silberstatuetten im Lateranbaptisterium genannt, die in LP 1, 174 erwähnt werden, mit den Gestalten von Christus und dem Täufer neben dem Lamm als Wasserspeier. Diese Schenkung wird Konstantin zugeschrieben, aber wahrscheinl. erinnert sie an eine spätere Ausschmükkung. Siehe auch den Einhardbogen (Nebenseite) und fol. 162r, British Museum, Ms Harley 2788: in der Initiale I am Anfang des Johannes-Evangeliums zeigt der Täufer auf das Lamm Gottes in einem Medaillon, der Adler des Johannes betrachtet von unten mit den beiden Jüngern die göttl. Erscheinung (Anfang 9.Jh.). In der Kapelle S. Zeno (in S. Prassede) in Rom zeigt der Täufer mit dem Finger auf das Brustbild Christi in der Wölbung und hält wie ein Zepter ein Stabkreuz, das mit dem Rundbild des Lammes versehen ist (1. Hälfte des 9.Jh.). Es sei auch an die Kreuzigungsdarstellung auf einer der Ciboriumssäulen in S. Marco in Venedig erinnert, in der ein Rundbild mit dem Lamm Christus ersetzt. Wie das Werk auch zu datieren ist, es steht für eine Ikonographie, die in gewisser Hinsicht für das 5. und 6.Jh. gültig ist (vgl. die Kreuzigungsbilder in den äthiop. Mss. des 14.Jh., deren Prototypen bis in das 6.Jh. zurückreichen).
Y. Christe

Lit.: DACL I, 1, 877-905 – LCI III, 7-14 – KITTEL I, 342-45 – RByzK I, 90-94 – RGG I. 176f. – F. NIKOLASCH, Das Lamm als Christussymbol, 1963 – Das Einhardkreuz, hg., K. HAUCK, 1974, 68-81.

b) Im Lauf des MA wird das A.D. dargestellt auf der Rückseite von Vortragekreuzen, am Tympanon über Kircheneingängen (O-Chor des Naumburger Domes) und auf Gewölbeschlußsteinen, denen die Bedeutung »Christus als Eckstein« zukommt, bes. in der Buchmalerei in Visionen der →Apokalypse, zumeist als Sinnbild für Leiden, Tod und Sieg Christi; im HochMA lebt der Typus des siegreichen A. D. mit Kreuzstab oder Kreuzfahne fort, oft umgeben von den vier →Apokalypt. Wesen. Weitere Darstellungen: als Symbol der ersten Epiphanie Christi, der →Parusie und des eucharist. Opfers, als Licht des Himml. Jerusalem und die Hochzeit der Ecclesia mit dem A. D. G. Binding

Lit.: LCI III, 7-14.

Agobard v. Lyon, Ebf. 816-840, * um 769, † 6. Juni 840 bei Saintes. Wahrscheinlich aus Septimanien stammend und dem Freundeskreis um Benedikt v. Aniane nahestehend, war er vor seiner Erhebung zum Ebf. Chorbischof in Lyon. Die auf unsicheren Quellen beruhende späte Tradition von St-Médard/Soissons, er sei hier anstelle des in die Empörung der Reichseinheitspartei verwickelten Hilduin 830-833 Abt gewesen, ist nicht glaubwürdig. 835 als Parteigänger Lothars I. im Konflikt zw. Ludwig dem Frommen und seinen Söhnen abgesetzt, zeitweise im Exil, wurde er 839 restituiert; der mit der Verwaltung des Ebm.s betraute →Amalar, ehem. Ebf. v. Trier, hatte sich gegen den von dem Diakon Florus geführten Widerstand nicht durchsetzen können. Sein Gesamtwerk steht im Dienst der einen großen Aufgabe: Verchristlichung der Welt. In sie läßt sich sein polit. Einsatz für die Einheit des Reiches, die ein Abbild der spirituellen Gemeinschaft aller Gläubigen mit Christus sein soll, ebenso einordnen wie sein Kampf gegen Aberglauben, Häresie (→Adoptianismus des Felix v. Urgel), die Praxis der Gottesurteile (gerichtl. Zweikampf) und die Auswüchse des Eigenkirchenwesens. Im Konflikt mit der Judengemeinde v. Lyon (822/828) hat er den Missionsauftrag der Kirche verteidigt, in den Bilderstreit (→Claudius v. Turin) und die Auseinandersetzungen um die liturg. Auffassungen Amalars v. Metz nicht nur indirekt eingegriffen. Die Nachwirkung seines Werkes im MA war gering; das 19.Jh. sah in ihm v. a. den Vertreter eines religiösen Rationalismus, machte ihn aber auch zu einem Vorläufer der Reformatoren des 14.-16.Jh. Bis in die Gegenwart heftig umstritten blieb seine Haltung gegenüber den Juden. Das Schrifttum A.s, der zu den besten Stilisten seiner Zeit gehört, hat größtenteils publizist. Charakter. E. Boshof

Ed.: MGH Epp. V, 150-239 – MGH SS XV, 274-279 – MGH Capit. II, 56f. – *Lit.:* K.H. RENGSTORF-S. v. KORTZFLEISCH [Hg.], Kirche und Synagoge I, 1968, 109ff. [Lit.] – E. BOSHOF, Ebf. A. v. Lyon. Leben und Werk, Kölner Hist. Abh. 17, 1969 – BRUNHÖLZL I, 415-427, 565.

A.s antijüd. Schrift »De judaicis superstitionibus« (›Vom Aberglauben der Juden‹, MPL 104) ist nur in einer einzigen Hs. überliefert, ein Beweis dafür, daß seine Polemik nur ein begrenztes Echo gefunden hat; A. klagt darüber, daß Ks. Ludwig d. Fromme ihm wegen seiner antijüd. Haltung grolle. Seine Ausführungen sind ein unfreiwilliges Indiz dafür, daß sich die Juden sowohl am Kaiserhof als auch bei der frk. Bevölkerung allgemein der Sympathie erfreuten. Jüd. Predigten waren hochgeschätzt. Den Einfluß der Juden auf die Christen fürchtend, mühte er sich, die Juden von den Christen zu isolieren. Seine Angriffe gegen die Juden erfuhren Verbreitung durch die Übernahme in die Streitschrift seines Nachfolgers auf dem Bischofssitz von Lyon, Amulo. W. P. Eckert

Agon → Kampfspiele

Agorius → Praetextatus

Agout (d')

1. **A., Isnard**, Seigneur v. Sault, Seneschall der Provence (1284–85).

2. **A., Raymond**, Sohn von 1, Stellvertreter des Seneschalls Filippo di Sanguineto, † nach 1354. Anführer der Barone, die im Febr. 1348 in Aix Johanna I. zwangen zu schwören, in der Gft. nur provenzal. Beamte zu ernennen; kurz danach wurde er zum Seneschall ernannt. Die Kgn. setzte ihn zweimal ab (1348/49 und 1350) und brachte damit das Land an den Rand des Bürgerkriegs. Im Jan. 1351 gelangte er wieder an die Macht; der standhafte Verteidiger der Unabhängigkeit der Gft. gab im Aug. 1352 sein Amt auf.

3. **A., Fouques I.**, Sohn von 2, Stellvertreter des Seneschalls Hugo v. Les Baux (1344/45). Er kämpfte im Dienst Johannas I. im Kgr. Neapel (1349–52). Als Seneschall der Provence (1352–55) führte er die Belagerung von Les Baux gegen Robert v. Duras. Als oberster Gerichtsherr des Kgr.s Neapel (Ende 1355) wurde er beauftragt, die Justiz zu reformieren. 1356–59 erneut Seneschall der Provence, verteidigte er das Land gegen die Banden des *Archiprêtre*, eines Söldnerführers. A. war Seneschall v. Piemont (1359–61), dann noch einmal der Provence (1361–65).

4. **A., Raymond II.**, Sohn von 3, † nach 1400. Ratgeber und Kämmerer Johannas I. (1348), Seneschall der Provence (1356–70). 1382 mit Ludwig v. Anjou verbündet, der ihn zu seinem Admiral machte; er begleitete ihn auf seinem Italienfeldzug. Nach der Katastrophe von Bari (1384) kehrte er in die Provence zurück und half Maria v. Blois, den widerstrebenden Provenzalen die Herrschaft des jungen Ludwig II. aufzuzwingen.

5. **A., Fouques II.**, Bruder von 4, 1367 sein Stellvertreter, Seneschall der Provence (1376–85), † 28. Dez. 1389. Vertrauensmann von Maria v. Blois während des Krieges der Union von Aix. N. Coulet

Lit.: N. VALOIS, La France et le Grand Schisme d'Occident, I–II, 1896 – F. CORTEZ, Les grands officiers royaux de Provence au Moyen Age, 1921 – E. G. LEONARD, Hist. de Jeanne Ie, 3 Bde., 1932–36.

Agoult, Jean d', wahrscheinl. Sohn des Seneschalls Fouques I. (d') →Agout, Ebf. v. Aix 1379–94, † 19. Sept. 1394. Als Anhänger Clemens VII. und Ludwigs v. Anjou kämpfte er gegen die Stadt Aix, die am 6. Mai 1387 die Übernahme der Diözese durch den Hl. Stuhl durchsetzen konnte. Er erhielt seine Rechte erst wieder 1390.

N. Coulet

Lit.: GChrNov 1, 1889, 92–94, 647f. – N. VALOIS, La France et le grand schisme d'Occident II, 1896, 3 – N. COULET, Guillaume Fabre et le gouvernement du diocèse d'Aix au temps du Grand Schisme, PH 1975, 207–211.

Agramonteses, eine der beiden sich im Kgr. Navarra von der Mitte des 15. Jh. bis zum Beginn des 16. Jh. feindl. gegenüberstehenden Parteien. Unter der Führung des Hauses Agramont vertrat sie die Interessen der Bergbewohner gegen die der ihrerseits vom Haus Beaumont unterstützten Bewohner der Ebene. Ihre Gegensätze traten deutl. hervor anläßl. der Erbfolgeprobleme beim Tode Blancas v. Navarra (1441) und dem Bürgerkrieg, der daraufhin im Kgr. ausbrach. Dabei begünstigten die A. den zukünftigen Johann II. v. Aragon, die Beaumonteses dagegen seinen Sohn, den Prinzen Karl v. Viana. Später unterstützten die A. auch die von Ferdinand d. Kath. betriebene Politik der Eingliederung des Kgr.s Navarra zuerst unter die aragon. Krone und später in das Kgr. Kastilien (1515).

J. M. Sans Travé

Lit.: J. M. LACARRA, Historia politica del Reino de Navarra, desde sus orígenes hasta su incorporación a Castilla, 1973.

Agrarium (agraticum, vectigal), zu unterscheiden von decima, pascuarium oder annona; während des HochMA Abgabe in Naturalien, mit der urbares Land belastet wurde, wahrscheinl. erhoben auf freie Kolonen, mit einer Garbe auf neun oder zehn. Nach dem 11. Jh., in Gebieten W-Frankreichs (Marche, Poitou, Bordelais), in Katalonien und auf den Balearen Pachtvertrag gegen ein Neuntel der Feldfrüchte. In dieser Bedeutung bestand es bis ins 16. Jh. an der frz. Atlantikküste als *agrière*. R. Fossier

Lit.: R. SCHRÖDER, Lehrbuch der Dt. Rechtsgesch., 1932¹ – R. BOUTRUCHE, La crise d'une société. Seigneurs et paysans du Bordelais pendant la guerre de Cent Ans, 1947 – P. DOLLINGER, Evolution des classes rurales en Bavière, 1949 – G. SICARD, Le métayage dans le midi toulousain, 1956.

Agrarkolonisation → Kolonisation

Agrarkommunismus → Markgenossenschaft

Agrarkrise, Häufung ländl.-landwirtschaftl. Notstände, darunter verlassene Höfe und Dörfer, Rückgang des Getreidebaus, Abfall der Grundrenten und langfristiges Mißverhältnis zw. den Erlös- und den Kostenpreisen der Landwirtschaft im SpätMA. Ländl. Siedlungen verschwanden zu Zehntausenden in Mitteleuropa (→Wüstungen). Damit sanken auch Ausmaß und Intensität der Bodennutzungen. In Norwegen verminderte sich der Getreidebau derart, daß trotz stark gesunkener Bevölkerung Getreide eingeführt werden mußte. In England und im sw. Deutschland breiteten sich Schaffarmen auf wüsten Äckern aus. Wo es auch an Weidetieren noch mangelte, überzogen Busch und Baum die wüsten Fluren.

Die Renten aus Grundbesitz sanken. In den nord. Ländern geben die Landpreise, die als kapitalisierte Renten dem Niedergang der Einkünfte folgten, Auskunft, z. B. in Schweden die Landbücher von Uppsala, nach denen sich die Landpreise von der ersten Hälfte des 14. Jh. bis in das zweite Jahrzehnt des 15. auf weniger als die Hälfte verringerten. In England und anderen Ländern ist man auf Zinseinnahmen verwiesen, die sich erhebl. verringerten, z. B. in einigen engl. Grundherrschaften auf die Hälfte und noch weniger. Auch auf dem Kontinent häuften sich die Zinsreduktionen und Zinsrückstände, so etwa in Flandern und noch stärker in Frankreich.

Doch auch in den dt. Territorien wurden Dörfer und Höfe zu geringsten Preisen verschleudert und fanden trotz wiederholter Angebote keine Abnehmer mehr. Wohl mochten große Herren in der Masse ihres Besitzes eine Stütze finden oder ihren Besitz durch billigen Erwerb gar noch vermehren, doch der kleinere Adel verarmte. Er wanderte z. T. ab (oder starb aus), suchte bei Landesherrn in Burg- und Amtmannstellen, in den Städten und in kirchl. Gemeinschaften oder, falls solches nicht glückte, als Strauch- und Fehderitter den Unterhalt zu bestreiten.

Zu solcher Ungunst der ländl.-landwirtschaftl. Verhältnisse trugen die *Preisscheren* bei, die sich im SpätMA zu Lasten des Landbaues öffneten. Es sei eine Graphik (von E. Perroy) gebracht, die zwar nur engl. Preise enthält, aber allgemeiner in Mitteleuropa nachweisbare Prozesse auf-

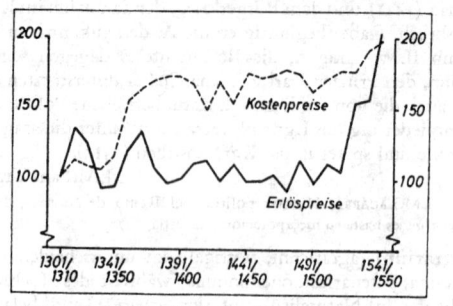

Fig. 4: Kosten- und Erlöspreise des Landbaus in England im ausgehenden Mittelalter (Geld der Zeit, 1301-1310 = 100). Nach E. Perroy.

zeigt (mit der einen Ausnahme von Flandern/Brabant, wo die Preise landwirtschaftl. und gewerbl. Erzeugnisse sich annähernd parallel entwickelten). Die Kostenpreise des Bildes, das neben den Löhnen von Landarbeitern, Zimmerern, Maurern und anderen Handwerkern auch Preise ländl.-landwirtschaftl. Bedarfsartikel enthält, stiegen, während die Preise der landwirtschaftl. Erzeugnisse unter Schwankungen sich etwa auf der gleichen Höhe hielten oder gar sanken. Je nach dem Ausmaß der Marktabhängigkeit landwirtschaftl. Betriebe, Haushalte und Unternehmungen wirkte die Ungunst der Marktverhältnisse auf die landwirtschaftl. Erzeugung, die ländl. Einkommen und nicht zuletzt auch auf die Abwanderung vom Lande ein. Dank der für die Städte günstigen Preisrelationen, verstärkt durch den Ausbau der Gewerbe und des Handels, entfaltete sich in den Städten ein Wohlstand, der auch den unteren Einkommen zugute kam und die Preise der einkommenselast. nachgefragten landwirtschaftl. Erzeugnisse (Fleisch, Wein, Obst) sowie die Preise der Roh- und Halbfertigstoffe der Gewerbe (Flachs, Hanf, Wolle, Farbstoffe u. a.) stützte. Das verhalf einigen stadtnahen Regionen (Oberitalien, Flandern/Brabant und Teilen auch des w. Deutschlands und s. Englands) noch inmitten der europaweiten A. zu einer späten Blüte.

Im Hintergrund dieser Erscheinungen stand der Bevölkerungsrückgang, der im 14. Jh. wohl bereits durch die Hungersnot der Jahre 1315/17 eingeleitet wurde, sich um die Mitte des Jh. durch die aus dem Orient eingeschleppte Pest verschärfte und infolge der immer wieder auftretenden Seuchen sich bis tief in das 15. Jh. fortsetzte. Der Bevölkerungsrückgang in Verbindung mit städt. Aktivitäten hatte, auf eine kurze Formel gebracht, eine Umkehr des Anteils der wirtschaftl. Ressourcen zur Folge: Der Anteil des Bodens am Gesamtprodukt spätma. Wirtschaft sank, der Anteil des Kapitals und der Arbeit stieg. W. Abel

Lit.: M. POSTAN, The Fifteenth Century, The Econ. Hist. Rev. IX, 1939, 160ff. – J. SCHREINER, Pest og Prisfall i Senmiddelaldern, 1948 – E. PERROY, A l'origine d'une économie contractée: Les crises de XIVe s., Annales 4, 1949, 166ff. – M. POSTAN, Some Economic Evidence of Declining Population in the Later Middle Ages, The Econ. Hist. Rev., 2. Ser. II, 1956, 238ff. – C. A. CHRISTENSEN, Aendringerne i landbyens økonomiske og sociale struktur i det 14. og 15. aarh., Hist. Tidsskr. 12, I, 1964, 257ff. – A. VERHULST, L'Économie rurale de la Flandre et la dépression écon. du Bas Moyen Âge, Etudes Rurales, 10, 1964, 68–80 – H. V. D. WEEL, Conjunctuur en economische groei in de zuidelijke Nederlanden tijdens de XIVe, XVe, XVIe eeuw, 1965 – W. ABEL, A.n und Agrarkonjunktur, 1935¹, 1966² [frz.: Crises agraires en Europe, XIIIe–XXe s., 1973] – E. LE ROY LADURIE, Les paysans de Languedoc I, 1966, 135ff. – L. GENICOT, La crise agricole du Bas Moyen Âge dans le Namurois, Univ. de Louvain, Recueil de Travaux d'Hist. et de Philol. 4, 44, 1970.

Agrarwesen →Abgaben, →Bauern, →Fronhof, →Gerichtsbarkeit, →grundherrliche, →Grundherrschaft, →Gutsherrschaft, →Herrschaft, →Manor, →Seigneur justicier, →Urbar

Agricola. 1. A., Georgius (eigtl. Georg Bauer), Humanist, Arzt und Naturwissenschaftler, * 24. März 1494 in Glauchau, † 21. Nov. 1555 in Chemnitz. A. studierte 1514–17 in Leipzig und war anschließend Lehrer und Rektor in Zwickau. Seit 1523 Studium der Medizin in Italien, wo er auch an der *Galen-Ausgabe* des *Asulanus* (Venedig 1525) mitarbeitete. Von 1527 an war A. Stadtarzt in Joachimsthal, seit 1533 in Chemnitz. A. vereinigte humanist. Bildung mit prakt. wissenschaftl. Erfahrung. Seine Schriften, für die er antike, ma. und zeitgenöss. Autoren (→Biringuccio, →Rülein v. Calw) kritisch heranzog, waren grundlegend für die Entwicklung der Mineralogie (»Bermannus sive de re metallica dialogus«, 1530, »De natura fossilium«, 1546) und Geologie (»De ortu et causis subterraneum«, 1546) als selbständige Wissenschaften. Sein illustriertes Hauptwerk »De re metallica libri XII« umfaßt die gesamte Berg- und Hüttentechnik seiner Zeit und ist eine wichtige Quelle für den ma. Bergbau.

H. Buntz

Ed.: De re metallica, Basel 1556, dt. 1557 [Repr. 1967] – G. A., De re metallica, hg. L. H. HOOVER, 1912 [engl. Übers., Repr. 1950] – G. A., Ausgew. Werke, hg. H. PRESCHER, 10 Bde, 1956–71 – *Lit.*: DSB I, 77–79 – NDB I – G. A. 1494–1555, 1955.

2. A., Rudolph (Roelof Huysman), * 1443 als Pfarrerssohn in Baflo bei Groningen, † 27. Okt. 1485. Er besuchte in Groningen die St. Martinsschule, ging 1456 an die Universität Erfurt, später nach Löwen und Köln. 1468 studierte er die Rechte in Pavia und widmete sich den artes. 6 Jahre lang hielt er sich in Ferrara auf. Seine Briefe berichten über diese Zeit: er schrieb eine Biographie Petrarcas, lernte Gr. und hielt am Hofe Ercole d'Estes seine berühmte Rede auf die Philosophie. Die besten Vertreter des it. Humanismus erkannten ihn als ihresgleichen an. Auch sein musikal. und ästhet. Sinn empfahlen ihn. Noch in Italien schrieb er sein Hauptwerk »De inventione dialectica«, das er in Dillingen vollendete. 1479 hielt er sich in Friesland auf, zeitweise als Stadtschreiber in Groningen, im Verkehr mit Wessel Gansfort und Alexander Hegius. Über seinen Besuch in Deventer berichtet Erasmus mehrfach und bezeichnet es als großes Glück, den berühmten Gelehrten 1483 gehört zu haben. Nach seiner Ansicht war A. der erste, der die lat. Sprache so beherrschte, daß er bald wie Vergil, bald wie →Poliziano schreiben konnte. Zuletzt folgte A. einem Ruf seines Freundes Johannes Dalberg, Bf. v. Worms, der als Kanzler in Heidelberg lebte. Dort hielt A. einige Vorlesungen und trieb weitere Sprachstudien. Mit Dalberg reiste er 1485 nach Rom, wo er sich an Pomponius Laetus anschloß. A. verfaßte die Rede, die Dalberg vor dem Papst hielt. Auf der Rückreise erkrankte er in Trient und starb vor Heidelberg. In der Kutte eines Franziskaners ließ er sich begraben. Das Verdienst seiner Dialektik ist die Überwindung der scholast. Methode. A. wollte die Menschen zu krit. Denken anleiten und dadurch ihr Selbstvertrauen stärken. Er mußte freil. manches aus der Überlieferung beibehalten und blieb gleichsam an der Schwelle stehen. Mochte sein Humanismus »formreich, aber ideenarm« (LINDEBOOM) gewesen sein, so hat er doch seinen Schülern (Erasmus, Melanchthon u. a.) sehr viel vermittelt. R. Stupperich

Ed.: De inventione dialectica 1515, ed. A. AEMSTELREDAMUS – Lucubrationes aliquot, Köln 1539 [Neudr. 1961] – Uned. Briefe von A., hg.

K. HARTFELDER, Fschr. der Bad. Gymnasien, 1886, 1–36 – *Lit.*: NDB I, 103f. – J. LINDEBOOM, Het bijbelsch humanisme in Nederland, 1913 – A. FAUST, Die Dialektik A.s, AGPh 34, 1922, 118–135 – M. A. NAUWELAERTS, R. A., 1963 – E. H. WATERBOLK, Een hond in het bad. Eenige aspecten van de verhandling tussen Erasmus en A., 1966 – R. STUPPERICH, Erasmus v. R. und seine Welt, 1977, 25.

Agrimensor (es) → Vermessung

Ágrip af Nóregs konunga sǫgum, anonymer »Abriß« der norw. Königsgeschichte von Halfdan d. Schwarzen (um 830) bis zum Regierungsbeginn Sverrirs (1177), das älteste, nur teilweise erhaltene Geschichtswerk in an. Sprache, wahrscheinl. von einem Geistlichen um 1190 verfaßt. Ausführlicher wird die Herrschaft von Olaf Tryggvason, Olaf d. Hl.n und Magnus Olafson unter Benutzung von →Theodricus, der lat. Vorlage der anonymen →Historia Norvegiae, verschiedenen Königssagas und mündl. Überlieferungen Trondheims dargestellt. Die spätere Geschichtsschreibung, z. B. Fagrskinna und Heimskringla, benutzte Á. als Quelle. R. Volz

Ed.: Ágrip af Nóregs konunga sǫgum, hg. F. JONSSON, 1929, An. Saga-Bibl. 18 – *Lit.*: G. INDREBØ, Aagrip, Edda 17, 1922, 18–65 – F. JÓNSSON, Ágrip, ANOH 1928. 261–317 – B. ADALBJARNARSON, Om de norske kongers sagaer, 1937, 1–54 – S. ELLEHØJ, Studier over den ældste norrøne historieskrivning, 1965, Bibl. Arnamagnæana 26, 197–276.

Agrippiner, in den fries. Küren (um 1085–1106) begegnen denarii Agrippine, sic olim dicebatur Colonia. *Kölner Pfennige* (Silber) mit der Aufschrift »S(ancta) – COLONI – A (Agrippinensis)« wurden bes. im 10. Jh. in großer Menge geprägt. Niederelb. A. werden die in Bardowick und anderen Grenzorten zum Slawengebiet entstandenen Münzen genannt, die auf der einen Seite den Münztyp von Köln, auf der Rückseite den Typ von Andernach nachahmen. Sie werden in das späte 11. und das frühe 12. Jh. datiert; die jüngsten Typen tragen den Namen Heinrichs d. Löwen. Das Verbreitungsgebiet der niederelb. A. liegt in Holstein, Mecklenburg und Pommern. Sie wurden von verschiedenen Münzstätten im 12. Jh. nachgeahmt (Lübeck, Demmin, Stettin, Cammin u. a.). P. Berghaus

Lit.: O. SCHULENBURG, Der Fund von Bibow und die niederelb. A., Hamburger Beitr. zur Numismatik 1, 1947, 14–34.

Agrippinus, röm. Befehlshaber in Gallien, nachweisbar 452–462. Als Comes unter →Aëtius wegen unerlaubter Germanenverbindungen unter dem Ks. →Maiorianus des Hochverrats angeklagt (wohl 459), erscheint A. 461 als Magister militum. Er war damit Gegner des →Aegidius und lieferte den Westgoten die Stadt Narbo aus. Gemeinsame Interessen führten als Folge davon zu einem Unterstützungsvertrag zw. Rom und den Westgoten, den A. indes nicht lange überlebt zu haben scheint. Seine Rettung im Hochverratsprozeß ist in der »Vita Lupicini« (MGH SS rer. Merov. III, 143) als Wundergeschichte stilisiert. G. Wirth

Lit.: M. DE PETIGNY, Études sur l'hist., les lois et les institutions de l'époque merovingienne, 2 Bde, 1843–51 – J. SUNDWALL, Weström. Stud., 1915, 43 – K. F. STROHEKER, Der senator. Adel im spätantiken Gallien, 1948, 145ff.

Agroecius, Bf. v. Sens, schrieb einen dem Bf. →Eucherius (ca. 428–450) v. Lyon gewidmeten grammat. Traktat »Ars de orthographia«, worin er v. a. die Unterschiede der Bedeutung und der Orthographie von ähnl. Wörtern behandelt. Ungeklärt ist seine Identität mit einem Bf. Agrestius, dessen »Versus de fide ad Avitum episcopum« noch nicht ediert sind. A. hat mit seiner Schrift die entsprechenden Abhandlungen →Isidors v. Sevilla beeinflußt. H. Kraft

Ed.: GLK VII, 113–125 – *Lit.*: W. BRAMBACH, Die Neugestaltung der lat. Orthographie, 1868 – SCHANZ-HOSIUS IV 2, 1920, 206f.

Agronomie. Das Vorhandensein der klass. Traktate über A. von Varro und Columella in den Bibliotheken einiger großer Kl. N-Frankreichs läßt darauf schließen, daß das Interesse für A. bereits in karol. Zeit vorhanden war. Man weiß allerdings nicht, ob ihr Gebrauch in der Verwaltung und Bewirtschaftung der klösterl. Domänen dieser Region eine Rolle gespielt hat. In den Zisterzienserabteien des 12. Jh. wurde der Ackerbau als ars mechanica betrachtet, würdig wissenschaftl. Interesses und geeignet zu systemat. Perfektionierung. Während der 2. Hälfte des 13. Jh. verbreitete sich das Interesse auch außerhalb kirchl. Kreise. In Italien und England wurden zu dieser Zeit Handbücher über Landwirtschaft, oft in Volkssprache, verfaßt und für ein gebildetes Publikum bestimmt. Sie unterschieden sich wenig und kopierten einander oft. Sie enthalten prakt. Ratschläge, v. a. zur Verwaltung von Landgütern, die im allgemeinen von den Ministerialen und den herrschaftl. Beamten direkt ausgebeutet wurden. Diese werden aufgefordert, Rechnung zu führen, zu messen, dem Markt zu folgen, die Dienerschaft zu beaufsichtigen usw. Ihre Aufmerksamkeit wird auf die Herstellungskosten, den Ertrag der Samen usw. gelenkt. Viel weniger Auskünfte liefern sie über landwirtschaftl. Technik, obwohl sie manchmal Überlegungen über das Düngen anstellen. Unter den agronom. Werken aus dieser Zeit, die den größten Erfolg hatten, muß in erster Linie auf den Traktat »Ruralium commodorum opus« des Bolognesers Pietro de'Crescenzi hingewiesen werden, verfaßt zw. 1304 und 1306 im Auftrag von Aimeri v. Piacenza, General der Dominikaner, und Karl v. Anjou gewidmet. Er wurde 1373 für König Karl V. übersetzt; ein illustriertes Ms. befindet sich in der Bibliothèque de l'Arsenal in Paris (ms. fr. 5064) unter dem Titel »Livre des Prouffitz champêtres«. Der Autor hat »De Vegetalibus« von Albertus Magnus und Schriften von Jordanus Rufus und Burgundius v. Pisa benutzt. In England verdienen neben Werken und Texten minderer Bedeutung vier didakt. Traktate Erwähnung, die weit verbreitet waren. Der älteste, »Rules«, verfaßt 1240–42 von Robert Grosseteste, Bf. v. Lincoln, in frz. Sprache und zum Gebrauch der Gfn. v. Lincoln, basiert auf einer Sammlung von Regeln, die der Bf. für die Beamten seines Hofes und seines Herrschaftsgebietes aufgestellt hatte. »Senechaucy«, von einem anonymen Autor geschrieben zw. 1260 und 1276, und »Hosbondrye« von Walter v. Henley, geschrieben wahrscheinl. 1286, sind die beiden bekanntesten engl. Handbücher über Landwirtschaft. Das zweite basiert weitgehend auf dem ersten, wurde mehr für ein Publikum von Rechtsgelehrten geschrieben und weniger bekannt ist als »Hosbondrye«, das sich an ein größeres Publikum wendet. »Senechaucy« wurde gegen 1290 von einem gefangenen Advokaten im Gefängnis von Fleta in eine Gesetzessammlung, bekannt unter dem Namen »Fleta«, aufgenommen. Eine anonyme Kompilation, bekannt unter dem Namen »Anonymous Husbandry«, wurde kurz vor 1300 von jemandem verfaßt, der mit den Methoden der Rechnungsprüfung der Abtei Ramsey vertraut war, und hatte in den klösterl. Häusern großen Erfolg. Das Erscheinen dieser verschiedenen Traktate zeigt, daß die Herren seit der Mitte des 13. Jh. aufgrund wirtschaftl. Faktoren für eine aufmerksame Überwachung und rationelle Leitung der Produktion in ihren Domänen aufgeschlossen waren. A. Verhulst

Lit.: P. BOYER, Le Ruralium commodorum opus de Pierre de Crescent, Pos. de thèses Ecole des Chartes, 1943, 29–35 – L. OLSON, Pietro de Crescenzi, The founder of modern agronomy, AH 18, 1944, 35–40 – S. SÜDHOF, Die Stellung der Landwirtschaft im System der ma. Künste,

ZAA, 1956, 128-134 – D. OSCHINSKY, Walter of Henley and other treatises on estate management and accounting, 1971.

Agweddi → Walisisches Recht

Ägypten

I. Byzantinische Epoche – II. Arabische Zeit – III. Wirtschaftsgeschichte – IV. Kirchengeschichte – V. Koptische Kunst.

I. BYZANTINISCHE EPOCHE: Vom Tode Kleopatras 30 v. Chr. bis hin zur arab. Eroberung im 7.Jh. (→Ä. in arab. Zeit, →Alexandria) ist Ä. ohne Unterbrechung röm. bzw. frühbyz. Reichsprovinz. Durch trinitar. und christolog. Streitigkeiten und nationale Elemente bedingt, treten vom 4.–6.Jh. Spannungen mit der byz. Zentralverwaltung auf. (→Ä., Kirchengeschichte, →Alexandria).

[1] *Grundzüge der Verwaltung:* (Auf schwierige Einzelfragen wie z.B. Scheidung von Militär- und Zivilgewalt, untergeordnete Beamte, Militärorganisation, kann hier natürl. nicht eingegangen werden). Ä. ist ungefähr 308 in vier Einzelprovinzen (Thebais, Libya, Jovia, Herculia) unter je einem praeses gegliedert; weitere Teilungen folgten. Bis 382 sind sie der Diözese Oriens zugeteilt. Dann wird Ä. eigene Diözese mit einem Augustalis an der Spitze. 539 nimmt Justinian nochmals eine Verwaltungsreform mit einer deutl. Zweiteilung und Überordnung des Militärgouverneurs (dux) über die Zivilverwaltung vor. Die kleineren Gebietseinheiten, die sog. Toparchien, werden am Anfang des 4.Jh. zu Pagi mit einer Stadt (πόλις) als Zentrum und einem praepositus pagi (Pagarch) als leitendem Zivilbeamten. Diese Gaue sind von unterschiedl. wirtschaftl. Bedeutung. Die Bevölkerung der Gaustadt Oxyrhynchus, über deren Sozialstruktur wir durch reiche Papyrusfunde bes. gut Bescheid wissen (in den Papyri sind 90 verschiedene Handwerksberufe für diese Stadt bezeugt), schätzt FIKHMAN auf 15–25000 Einwohner. Insgesamt sind 17 größere Städte bekannt. [2] *Die wirtschaftl. Bedeutung Ä.s im Reichsverband:* Ä. war für das röm. Imperium die wichtigste Bezugsquelle für Getreide zur Versorgung der Großstadtbevölkerung Roms. Nach der Neugründung Konstantinopels mußte die neue Hauptstadt mitversorgt werden. Konstantin d. Gr. ordnet am 18. Mai 332 die Verteilung von 80000 Broten tägl. an; für Altrom ist die Zahl 200000 anzusetzen. Für die Mitte des 6.Jh. berechnet JONES aus Edikt 13, 8 Justinians eine jährl. Getreidelieferung aus Ä. für umgerechnet 600000 Personen (27000000 Modioi). Hinzu kommt die Versorgung der Armee (im 6.Jh. sind in Ä. 64000 Mann Limitanei, d.h. Grenztruppen, stationiert) durch zusätzl. erhobene sog. annona militaris. Erst mit der Eroberung Ä.s durch die Araber Mitte des 7.Jh. versiegt aus Ä. die Zufuhr von Getreide, das vom Staat als Grundsteuer, Pacht und durch Kauf zusammen mit den Naturalsteuern gehortet wurde. [3] *Der Wandel der Sozialstruktur:* Während im 1. und 2.Jh. n. Chr. Ä. die hohen Belastungen ohne größere Krise überstehen konnte, obwohl bereits aus dieser Zeit die Papyri von Steuerflucht berichten, ist das 3.Jh. gekennzeichnet durch Inflation, Einfall von Nomadenstämmen, Vernachlässigung der dringend notwendigen Bewässerungsanlagen und verstärkte Steuerflucht. Im 4.Jh. bahnen sich Wandlungen in der Sozialstruktur Ä.s an, die erst im 6.Jh. voll in Erscheinung treten. Für das 5.Jh. sind leider sehr wenige Papyri erhalten. Der heidn. Charakter der Städte verschwindet. Gymnasien, Tempel und Theater machen Kirchen und Kl.n Platz. Die Kirche wird Grundherrin, ohne daß wir die Gesamtausdehnung ihrer Güter in Ä. einigermaßen abschätzen können. Die Kurialen, die Schicht der Ratsherren, verschwindet in den Dokumenten; dafür treten in den Städten reiche landbesitzende Familien auf, von denen die Familie der Apionen in mehreren kontinuierl. folgenden Generationen vom Ende des 5.Jh. bis 625 durch die Oxyrhynchuspapyri am besten bekannt ist. Diese Familien besitzen sog. *Autopragie*, d.h. sie haben das Recht, Steuern von den Bauern einzutreiben, die sich unter ihren Schutz gestellt haben in der Patrociniumsbewegung, die der Staat 415 nach langem Ringen anerkennen muß: Cod. Theodosianus XI, 24, 6. Diese Familien bekleiden hohe Verwaltungsposten und besitzen trotz scharfer staatl. Verbote eigene Privatgefängnisse. Die in den Papyri auftretenden Bauern sind schwer in die sonst aus der Gesetzgebung bekannten Kategorien der Kolonen (coloni liberi und coloni adscripticii) einzuordnen. Die Bauern schließen mit den Herren Leihverträge für Gebrauchsgeräte, borgen Geld und verpflichten sich zu Dienstleistungen. Der Staat vermag den »freien«, keinem Großgrundbesitzer unterstellten Bauern vor Beamtenwillkür kaum zu schützen, und es ist erstaunlich, daß sich Dörfer freier Bauern mit Autopragie überhaupt halten konnten. Die Kaisererlasse betonen bis zur Novelle 15 Justinians a. 535 immer wieder die Machtlosigkeit des um 331 in Ä. erstmals auftretenden defensor, der ähnl. wie der neben ihm amtierende *logistes* »wie ein Vater« durch richterl. Gewalt den Schwachen vor den Beamten des Fiskus bewahren sollte. Die soziale Lage breiter Bevölkerungsschichten in Ä. war geeignet, die religiösen und nationalen Spannungen zur Zentralregierung in Konstantinopel zu verstärken und den Sieg des Islam in Ä. zu erleichtern.
G. Weiß

Lit.: M. GELZER, Stud. zur byz. Verwaltung Ä.s, 1909 – J. MASPÉRO, Organisation militaire de l'Egypte byzantin, 1912 – G. ROUILLARD, L'administration civile de l'Egypte byzantin, 1928² – E. R. HARDY, The large estates of Byzantine Egypt, 1931 – H. I. BELL, Egypt from Alexander the Great to the Arab conquest, 1948 – A. C. JOHNSON, L. C. WEST, Byzantine Egypt, Economic Stud., 1949 – J. LALLEMAND, L'administration civile de l'Egypte de l'avènement de Dioclétien à la création du diocèse (284–382), Académie Royale de Belgique, Classe des lettres, Mémoires, 2.Sér., T. 57, 2, 1964 – A. H. M. JONES, The later Roman empire 284–602, 3 Bde. 1964 [s. Register] – DERS., The cities of the eastern Roman provinces, 1971², 295-348: Egypt [mit Karte] – E. WIPSZYCKA, Les ressources et les activités économiques des églises en Egypte du IVe au VIIIe siècle, Papyrologica Bruxellensia 10, 1972 – I. F. FIKHMAN, Oxyrhynchus – cité des papyrus, Les relations sociales et économiques de la ville égyptienne du IVe au milieu du VIIe siècle [russ. mit frz. Zusammenfassung], 1976.

II. ARABISCHE ZEIT: Das byz. *Aigyptos* wurde 619 von dem sasanid. Kg. Ḥusrō II. erobert – der Sieg des Ks.s Herakleios über die Perser (628) brachte das Land jedoch wieder unter byz. Herrschaft. 640 fiel ein arab. Heer unter ʿAmr ibn al-ʿĀṣ, einem Kalifen des 2. Kalifen ʿUmar (634–644) in Ä. ein; die Kapitulation →Alexandrias (17. 9. 642) besiegelte die arab. Eroberung. Unter den Kalifendynastien der Omayyaden von Damaskus (661–750) und der ʿAbbāsiden von Bagdad (seit 750) wurde Ä. (arab. *Miṣr*) von Gouverneuren (arab. *amīr* oder *wālī*) verwaltet, die zunächst Araber, seit der Mitte des 9.Jh. aus dem Sklavenstand aufgestiegene türk. Offiziere waren. Die röm.-byz. Einteilung Ä.s in *Pagarchien* lebte in den Kreisen (arab. *kūra*) bis ins 11.Jh. fort, allerdings wurde anstelle von Alexandria das arab. Militärlager Fusṭāṭ Miṣr (vom lat.-gr. *phossáton* 'Lager') im S des heutigen Kairo Hauptstadt des Landes. Die mittleren und unteren Ränge der Verwaltung blieben eine Domäne chr. Beamter; bis ins 8.Jh. sind die Urkunden zweisprachig (gr. und arab.) abgefaßt. Christen und Juden behielten als Schutzgenossen (arab. *dimmi*) gegen die Zahlung einer Kopfsteuer Religionsfreiheit; der jakobit. (kopt.) und der melkit. Patriarch wurden vom Gouverneur (später vom Sultan) eingesetzt. Wachsender Steuerdruck führte im 8. und 9.Jh. zu mehreren Aufständen der Kopten (arab. *Qibṭ*), nach deren Niederwerfung zahlreiche Übertritte zum Islam erfolgten; ihren Höhepunkt erreichte die *Islamisierung* im 14.Jh. Gleichzeitig vollzog sich die allmähl. sprachl. *Arabisierung* der bäuerl. Landbevölkerung, der Fellachen (arab. *fallāḥ* 'Bauer') durch die Verschmelzung mit eingewanderten, seßhaft gemachten arab. Nomadenstämmen. Der türk. Gouverneur Aḥmad ibn Ṭūlūn (868–884) machte Ä. vom Kalifat unabhängig und begründete die Dynastie der Ṭūlūniden (868–905), deren Machtbereich sich über Syrien bis zur byz. (Taurus-) Grenze erstreckte. Nach drei Jahrzehnten erneuter Verwaltung durch abbas. Gouverneure begann mit Muḥammad ibn Ṭughǧ al-Iḫšīd die 2. unabhängige Dynastie (Iḫšīdiden, 935–969). Sie wurde abgelöst durch die im heutigen Algerien und Tunesien zur Macht gekommenen Fāṭimiden, die 969 Ä. eroberten. 973 siedelte der fāṭimid. Kalif al-Mu'izz in die neugegründete Hauptstadt Kairo (arab. *al-Qāhira* 'die Siegreiche') über. Die Politik der Fāṭimiden zielte wie die ihrer Vorgänger auf die Beherrschung Syriens, doch beendete die Errichtung der Kreuzfahrerstaaten (seit 1099) ihre Vormachtstellung im ö. Mittelmeer. 1167–68 war Ä. eine Art Protektorat des Kgr.s Jerusalem. 1171 riß der zum Wesir aufgestiegene kurd. Offizier Ṣalāḥaddīn (Saladin) Yūsuf ibn Ayyūb die Macht an sich; unter den Ayyūbiden (1171–1250) übernahm Ä. die bisher von den syr. Emiraten gespielte Rolle im Kampf gegen die Kreuzfahrer. 1187 eroberte Saladin Jerusalem zurück; ein Kreuzzug gegen Ä. (1218–21) scheiterte trotz der Eroberung von Damiette. Unter den Ayyubiden entstand das Mamlukentum: die Mamluken (arab. *mamlūk* 'eigen', 'Sklave'), meist türk., aber auch gr., slav. und tscherkess. Kriegssklaven, die durch Freilassung in den Offiziersstand aufstiegen und anstelle eines Soldes die Grundrente eines Landloses (*iqṭā*') zu Lehen erhielten, bildeten seit ca. 1240 das Gros der ägypt. Armee. Diese zur wirtschaftl. und polit. vorherrschenden Schicht gewordene Militäroligarchie stürzte 1250 die ayyūbid. Dynastie, um hinfort Ä. durch Sultane aus den eigenen Reihen zu regieren. In Kairo lebende Nachkommen der von den Mongolen 1258 entmachteten 'Abbāsiden mußten als Kalifen die Herrschaft der mamluk. Sultane (arab. *sulṭān* 'Macht', 'Herrschaft') legitimieren. Unter den Mamluken ging der bis dahin große chr. Bevölkerungsanteil stark zurück. Wichtigste außenpolit. Leistungen der (nach der Lage ihrer Kasernen benannten) *Baḥrī*- ('Fluß-') Mamluken (1250–1389) waren die Abwehr der Mongoleninvasion durch den Sieg beim syr. 'Ain Ǧālūt (1260) und die endgültige Beseitigung der Kreuzfahrerherrschaft des. durch Baibars I. (1260–77) und al-Ašraf Ḫalīl (Fall Akkons 1291). Unter den *Burǧī*- ('Zitadellen-') Mamluken (1382–1517) erlebte Ä. eine durch die rücksichtslose Abschöpfung der Grundrenten verursachte wirtschaftl. Regression; die Errichtung der ptg. Kolonialherrschaft im Indischen Ozean (seit 1497) ruinierte den für Ä. lebenswichtigen Indienhandel über die Häfen am Roten Meer. 1516 wurden die Mamluken bei Marǧ Dābiq nahe Aleppo von den osman. Sultan Selim I. geschlagen; Ä. wurde ein osman. *Paschalik* (1517). H.Halm

Lit.: St. Lane Poole, A Hist. of Egypt in the Middle Ages, 1901[1], 1925[4] [Repr. 1968] – C.H. Becker, Beitr. zur Gesch. Ä.s unter dem Islam, I–II, 1902/03 – A.J. Butler, The Arab Conquest of Egypt and the Last Thirty Years of the Roman Dominion, 1902 [Repr. 1973] – Z.M. Hassan, Les Tulunides, 1933 – C. Wiet, L'Egypte arabe de la conquête arabe à la conquête ottomane 624–1517, G. Hanoteaux [Hg.], Hist. de la nation égyptienne IV, 1937 – S.F. Sadeque, Baybars I. of Egypt, 1956 – H.L. Gottschalk, Al-Malik al-Kāmil von Egypten und seine Zeit, 1958 – S.Y. Labib, Handelsgeschichte Ä.s im SpätMA (1171–1517), 1965 – A.S. Ehrenkreutz, Saladin, 1972 – I.M. Lapidus, The conversion of Egypt to Islam, Israel Oriental Stud. 2, 1972, 248ff. – D.P. Little, Coptic conversion to Islam under the Baḥri Mamluks, BSOAS 39, 1976, 552ff.

III. Wirtschaftsgeschichte: Zw. dem 5. und 8.Jh. beherrschten die syr. und gr. Kaufleute den Mittelmeerhandel. Ihre Schiffe belieferten W-Europa mit Papyrus aus dem islam. Ä. Im 8.Jh. verloren die syr. Kaufleute ihre Vermittlerrolle. An ihre Stelle traten die Juden, bekannt als Rādāniyya, die im 8. und 9.Jh. zwischen Europa, Byzanz, dem großislam. Reich und dem Fernen Osten Handel trieben. Sie kamen mit ihren Waren zu Schiff nicht nach Alexandria, sondern nach al-Faramā (Pelusium), dem ägypt. Hafen am Mittelmeer. Auf dem Landwege (von Spanien oder Italien und Sizilien nach N-Afrika) erreichten sie Alexandria auf ihrem Weg nach Bagdad und dem Fernen Osten. Im 9.Jh. war Alexandria neben Trapezunt ein Umschlagplatz der gr.-oriental. Waren. Byzanz selbst hatte seit der Entstehung der ṭūlūnid. Dynastie im 9.Jh. direkte diplomat. Beziehungen mit Ä., wobei die Geschäftsverbindungen einen wichtigen Platz einnahmen. Auch erlaubte Ä. den byz. Gesandtschaften, die mitgebrachten Waren zu verkaufen sowie sie gegen andere Erzeugnisse, soweit diese nicht die Interessen des Islam bedrohten, einzuhandeln.

Mit der fatimid. Eroberung Ä.s erhielt der ägypt. Handel im Mittelmeeraum und im Indischen Ozean neue Impulse. Der Fatimidenkalif besaß eine eigene Flotte, die den Handelsbeziehungen seines Reiches mit Byzanz, Sizilien und dem Maghrib diente. Auf der anderen Seite segelten die byz. Dromonen im 10.Jh. bis nach Kairo hinunter. Der chr. Handel mit Ä. war also damals nicht mehr hauptsächl. ein Küstenhandel. Auch kann es kein Zufall sein, daß gleich nach der fatimid. Eroberung Ä.s 200 bis 300 Kaufleute aus Amalfi, bzw. Italien und Byzanz, ihre Handelsgeschäfte in Kairo abwickelten.

Trotz des Verfalls des byz. Handels behielten die gr. Kaufleute ihre Privilegien in Alexandria. 1154 gelang es Pisa, einen sehr günstigen Vertrag mit Ä. abzuschließen. Demgemäß verpflichtete sich die fatimid. Regierung, die friedl. pisan. Kaufleute zu schützen und ihnen ihr *Funduq* (Fondaco) in Alexandria zurückzugeben. Auch wurden ihnen Zugeständnisse für die von ihnen eingeführten Edelmetalle und Waren, bes. für Eisen, Holz und Pech gemacht. Die Pisaner durften sogar ihre Waren unbehindert im ganzen Land verkaufen. Falls ihnen dies nicht zu erwünschten Preisen gelang, konnten sie sie wieder ausführen; doch waren Eisen, Holz und Pech der Wiederausfuhr ausgeschlossen. Das bemerkenswerteste Privileg in diesem Vertrag war die Bewilligung eines Fondaco für die Pisaner in Kairo. Mit diesem Funduq und einem Verkaufsrecht im ganzen Land haben die Fāṭimiden 1154 mit der traditionellen Mittelmeerpolitik des Islam (→ Araber) in der Tat gebrochen.

Wegen der Teilnahme Pisas an den Kreuzzügen zur Eroberung Ä.s in den Jahren 1167 und 1169 hatte Pisa das beachtenswerte Privileg von 1154 verloren. Etwa 1173 bekam Pisa in einem Vertrag mit Saladin die alten Privilegien mit neuen Begünstigungen zurück. Aber von dem Kairoer Funduq oder dem Recht auf Freihandel im Binnenland fehlte im neuen Vertrag jede Spur. Damit hat Saladin den altbewährten Grundsatz der islam. Mittelmeerpolitik wiederhergestellt. In einem offiziellen Schreiben an den Abbasidenkalifen in Bagdad beschrieb Saladin die Venezianer, Pisanern, Genuesen und die übrigen chr. Seemächte als gefährliche Gegner, deren Bosheit und Gier nicht ihresgleichen habe; auf der anderen Seite brächten die Handelsbeziehungen mit ihnen der islam. Welt jedoch große Vorteile. Ihre Lieferungen von Kriegsmaterialien dürften nicht unterschätzt werden. Nicht nur Pisa, sondern auch alle chr. Länder und Handelsrepubliken durften seitdem ihren Handel auf ägypt. Boden nur in bestimmten Mittelmeerhäfen – in erster Linie Alexandria und Damiette – abwickeln, wo sie Funduqs für ihre Niederlassungen erhielten. Anfang des 13. Jh. erreichte die Zahl der in Alexandria weilenden abendländ. Kaufleute 3000. Sie trafen nicht nur aus Venedig, Genua, Pisa und Sizilien ein, sondern auch aus den kleineren Seeplätzen der Adria wie Ragusa und Ancona. Auf den Handelsschiffen der Pisaner kamen auch toskan. Kaufleute nach Ä. Außerdem beteiligte sich Barcelona am ägypt. Handel seit Anfang des 13. Jh. Damals verkehrten auch Marseiller Schiffe und Kaufleute mit Alexandria. Damals knüpften Montpellier und Narbonne Handelsbeziehungen mit Ä. an.

In dem 1238 zw. Venedig und Ä. geschlossenen Vertrag wurde zum ersten Mal direkt von ven. Konsul gesprochen, dem die Aufsicht des Fondaco anvertraut und die Rechtsprechung bei Streitigkeiten sowohl unter Venezianern als auch zw. Venezianern und anderen »Franken« zugestanden wurde, während für ihre Streitigkeiten mit Muslimen die Landesgerichte zuständig blieben. Mit dem Handelsverbot plante die Kurie, Ä. die Fundamente seiner Macht und seines Reichtums zu entziehen. Gerade nach der Mamluken-Eroberung Akkons 1291 wollte Rom dieses Verbot erneut durchführen, doch ohne dauerhaften Erfolg. Weder Genua, Venedig, Pisa noch die anderen kleinen it. Geschäftspartner Ä.s hielten sich an das Handelsverbot. Auch Aragón schenkte den päpstl. Maßnahmen keine große Beachtung. Die südfrz. Handelsstädte, denen die Päpste seit ihrer Übersiedlung nach Avignon so nahe waren, haben ihren Verkehr mit Ä. nie völlig abgebrochen.

Außer Sklaven waren Metalle, Holz, Pech, Pelze, Stoffe, Getreide, Wal-, Hasel- und Paranüsse, Mastix, Galläpfel, Safran, Wein, Olivenöl sowie Korallen, Bernstein, Leder und Jagdvögel die wichtigsten Waren, die die abendländ. Kaufleute nach Ä. exportierten. Über bzw. aus Ä. importierte das Abendland Gewürze – in erster Linie Pfeffer –, Ingwer, Kampfer, Benzoe, Gewürznelken, Muskatnuß, Kostwurz, Weihrauch, Aloeholz, Sandelholz, Brasilienholz, Edelsteine, Elfenbein sowie Leinen, Seide, Tutia, Alaun, Natron, Salz, Fisch, Zucker, Getreide, Kassien, Wassermelonen, Balsamöl und Mumien, die zermahlen und als Heilmittel verwendet wurden.

Als Zahlungsmittel durften die Abendländer und Byzantiner ihre einheim. Goldmünzen auf dem ägypt. Markt verwenden. Nach der Verdrängung der byz. Währung genossen ven. Dukaten und florentin. Goldgulden großes Ansehen auf dem Geldmarkt in Ä. Es war auch übl., daß die Abendländer Gold- und Silberbarren mitbrachten, die sie von den Münzstätten in Dinare und Dirhame ausmünzen ließen. Abendländ. Kaufleute wurden dadurch ermuntert, Gold und Silber einzuführen, weil die ägypt. Regierung diese Edelmetalle niedrig verzollen ließ. Außerdem war die Mitnahme von eingeführtem Gold und Silber beim Verlassen des Landes gemäß den Verträgen untersagt. Die ven. Währung hatte schon im 14. Jh. die Grenzen Ä.s und Syriens überschritten und kursierte seit 1412 im Ḥiǧāz, wo sie die jemenit. Märkte erreichte.

Aus Venedig flossen jährl. etwa 1 ½ Millionen Dukaten nach Ä. und Syrien. Die Zahl der auf den Großmärkten kursierenden florentin. Goldgulden ist dagegen schwer festzustellen, doch konnte sie nicht viel geringer als die der Dukaten sein. Auch die ven. Silberwährung nahm in Ä. einen festen Platz ein. Venedig allein gab jährl. eine Emission von 200000 Silberdukaten in den Handel. Anfang des 15. Jh. kursierten im Mamlukenreich insgesamt 500000 ven. Silberdukaten. Auch eröffneten die Italiener Bankniederlassungen, und ihr Wechselgeschäft blühte auf.

In diese Zeit fiel die Entstehung der Handelsmacht des frz. Kaufmanns →Jacques Coeur, der damals den Verkehr mit Ä. suchte. Jacques Coeur knüpfte wichtige Beziehungen mit Ä. an, um gegen Sklaven und frz. Tuche die Seidenstoffe und Spezereien des Orients einzutauschen. Mit diesen wichtigen Beziehungen gab Jacques Coeur dem frz. Geschäft mit Ä. einen neuen Anstoß, das frz. Fondaco in Alexandria wieder zu füllen. Dieser neue Aufschwung der kommerziellen Beziehungen Frankreichs mit Ä. war nur von kurzer Dauer. Mit dem Sturz Jacques Ende Juli 1451 lagen auch seine Schöpfungen brach.

Schon im 14. Jh. war eine Kolonie florent. Kaufleute in Alexandria tätig. Freil. befaßten sich die florent. Geschäftsleute und ihre Agenten weit mehr mit Wechselgeschäften als mit Warenhandel, da damals florent. Tuch von den Venezianern in Ä. verlegt wurde. 1422 schickte Florenz eine Gesandtschaft nach Ä., um die übl. Privilegien der it. Handelsrepubliken zu erwerben. Bes. Wert legte die Kommune darauf, daß ihre Währung ebenso in Ä. kursieren durfte wie die ven. Dukaten. Schließl. übertrug der Sultan 1496 auf die Florentiner alle ven. Vergünstigungen.

Die seit 1427 eingeführte staatl. Monopolisierung des Gewürzgeschäfts und die Erhöhung der Pfefferpreise führten zur Verschlechterung der Handelsbeziehungen Ä.s mit den abendländ. Abnehmern (in erster Linie Venezianer, Genuesen und Katalanen). Dadurch verlor auch der ägypt. Großkaufmann, in erster Linie der Kārimī, seine internat. Geschäftsverbindungen, die er bis ins 20. Jh. nicht wiedergewinnen konnte. Die Vorschläge Venedigs, die traditionelle Handelsstraße mit der Portugiesen konkurrenzfähig zu machen, wurden sowohl von den Mamluken als auch vom Osmanen abgelehnt. Auf jeden Fall verlor Ä. erst gegen Ende des 16. Jh. sein großes Geschäft mit dem Abendland.   S. Y. Labib

Lit.: W. Heyd, Hist. du Commerce du Levant au Moyen Age, I-II, 1885-86 [neue Aufl. 1959] – R. S. Lopez-I. W. Raymond, Medieval Trade in the Mediterranean World, 1955 - S. Y. Labib, Handelsgesch. Ä.s im SpätMA (1171-1517), 1965 - S. D. Goitein, A Mediterranean Society, I-II, 1967-71 - E. Ashtor, A Social and Economic Hist. of the Near East in the Middle Ages, 1976.

IV. Kirchengeschichte: Wie für alle oriental. Länder bedeutet auch für Ä. das Vordringen des Christentums ein Zurücktreten der Griechen, eine allmähl. Verarbeitung des Hellenismus durch die einheim. Bevölkerung und damit Entstehung einer chr. Kultur mit eigener Sprache. Trotz zahlreicher Gruppierungen und Sonderlehren in der Kirche bleibt Alexandria stets eigtl. Ebf.- und Patriarchensitz, bildet sich in Ä. niemals ein eigenständiges Zentrum, das mit konkurrierendem Anspruch gegenüber dem Markosstuhl aufgetreten wäre. Das Wirken Ä.s innerhalb des Reichs im 4. Jh. geht daher allein von Alexandria aus. Dennoch ist →Athanasios (328-373) im strengen Festhalten an der Orthodoxie und im Kampf für sie ganz Ägypter. Er bedient sich als erster Patriarch nachweisl. auch der kopt. Sprache. Ein wichtiger Schritt auf dem Wege zu einer einheitl. ägypt. Kirche ist seine Festlegung des bibl. Kanons (39. Osterfestbrief von 367). Gleichzeitig tritt neben das Anachoretentum das →zönobit. Mönchtum, das als entscheidender Vermittler der chr.-ägypt. Bildung gelten kann. Schenute d. Gr. v. Atripe († 466) macht das Kopt. zu einer einheitl. Literatursprache (saïd. Dialekt). Nicht zuletzt die Mönche und ihre Frömmigkeit bringen als Konsequenz ägypt. Denkens auf dem Gebiet der

Christologie die mono- oder besser diplophysit. Lehre zur Geltung. So stößt 451 in Chalkedon nicht nur die ägypt. Kirchenpolitik, sondern auch die ägypt. Theologie mit der Reichskirche zusammen, was zur endgültigen Trennung führt. Bis hin zur Araberzeit kämpfen nun Ä. und Byzanz miteinander. Schließl. gibt es im Land zwei Patriarchen, einen gr. (melkit.), von Byzanz unterstützten und einen ägypt. (kopt.), von den Gläubigen im Landesinneren getragenen. Gleichzeitig entwickelt sich zunehmend die kopt. Lit. Auch die oriental. Theologie klärt ihre Position. Nach Kämpfen kommt es 616 zu einer Einigung mit der die gleiche Entwicklung nehmenden westsyr. Kirche. Ab 642 weicht mit dem Beginn der islam. (nicht nur Araber-) Herrschaft der byz. Druck. Da auch diese nicht leicht war, gab es im 8./9. Jh. blutige kopt. Revolten. Die Kirche, einzige nat. Institution, stellt aber keinen Nationalhelden, der das genuine Ägyptertum hier zusammengefaßt hätte. Ä. wurde muslim. Nationalstaat eigener Prägung, ungeachtet der Verbindung mit anderen islam. Ländern. Doch bleibt die chr. Position trotz zahlreicher Konversionen stark, stehen Verfolgungszeiten solche friedl. Wettbewerbs gegenüber. Christen gelangen in höchste Staatsämter und stellen weithin die Flottenbesatzung. Wichtig für die Stellung des kopt. Patriarchen war die nachdrückl., notfalls militär. Unterstützung durch das chr. Nubien (Nobadien, Makurien, Alodien) zumindest bis zum 13. Jh. Trotz des Vordringens des Arab. bleibt das Kopt. in abgelegenen Gegenden noch lange Umgangssprache. Doch beginnt schon im 10. Jh. die arab. Literatur der Kopten, die im 13. Jh. ihren Höhepunkt erreicht. In Ä. entsteht die bedeutendste chr.-arab. Lit. und zwar parallel zu der muslim. Die ungeachtet älterer kopt. Formulare offiziell noch immer gr. liturg. Bücher werden insbes. unter Gabriel II. (1131–45) zu Unterrichtszwecken in das Arab. übersetzt. Zur eigtl. Kirchensprache aber wird das Kopt. im bohair. Dialekt. Es findet seitdem im Gottesdienst Verwendung und löst die saïd. Literatursprache ab. C. D. G. Müller

Lit.: C. D. G. MÜLLER, Grundzüge des chr.-islam. Ä. von der Ptolemäerzeit bis zur Gegenwart, 1969.

V. KOPTISCHE KUNST: Sammelbezeichnung für alle Erzeugnisse der bildenden und angewandten Kunst in Ä. (ohne Alexandria) seit der Spätantike, heidn., chr., profanen oder ornamentalen Charakters. Die Städte und Gauvororte waren offenbar selbständige Zentren, in denen provinzialgriech. Elemente sich mit einzelnen provinzialröm. und bodenständig ägypt. in jeweils anderem Verhältnis mischten. In sich völlig uneinheitl. sind die Hauptgruppen der Funde Reliefplastik und Textilien, vorwiegend farbige Wollwirkereien auf Leinen, großenteils von Kleidungsstücken, aber auch große Wandbehänge, Decken, Vorhänge usw., daneben Lederarbeiten, Bronzen, Beinschnitzereien usw. Eine allgemein befriedigende zeitl. und örtl. Ordnung des Materials ist bislang ebensowenig gelungen wie eine ethn. Zuweisung an die kulturell und rechtl. unterscheidbaren Bevölkerungsgruppen. In den figürl. Darstellungen zw. groben Absenkern antiker Kunst und leerem, formschwachem Klassizismus schwankend, tritt das provinzialgriech. Erbe in frühbyz. Zeit hinter einer archaischen Volkskunst der autochthonen Bevölkerung langsam zurück und wird mancherorts (z. B. im Kl. Bawit) durch frühbyz. Einflüsse ersetzt. Hervorragend sind Reichtum, techn. Meisterschaft, Motivfülle und Formenschatz der ornamentalen Plastik. Für die Textilkunst gilt das gleiche (der Großteil der antikisierenden Stücke dürfte aus Alexandria stammen); in ihr setzt sich eine fortschreitende Formenzersetzung des Figürl. durch, während die pflanzl. und geometr. Ornamente mit großem Geschick und Einfallsreichtum gearbeitet sind. Was an Malerei erhalten blieb, ist entweder stark frühbyz. bestimmt (Kellia, Bawit, Saqqara) oder reine Volkskunst (Sohag, z. T. El Bagawat). Zu diesen Fragen besteht in der Forschung völlige Uneinigkeit (vgl. z. B. die weit auseinandergehenden Positionen von P. DU BOURGUET, K. WESSEL und H. ZALOSCER). Nach der arab. Eroberung werden die Zeugnisse, abgesehen von der Buchmalerei, spärlicher. Eine umfassende Bestandsaufnahme und Durcharbeitung stehen noch aus. – Die Bedeutung der kopt. Kunst beruht auf den mannigfachen Einflüssen, die von ihr ausgingen. In Ä. selbst geht die Textilkunst ohne Bruch in die islam. über. Malerisch ist das chr. Nubien anfängl. weitgehend von der kopt. Malerei abhängig, enge Beziehungen bestehen bis zum Untergang des nub. Kgr.s fort. Der kopt. Einfluß auf das abendländ. FrühMA ist umstritten und schwer abzuschätzen. Kopt. Bronzegeschirr wurde bis nach England exportiert und offenbar auch im Merowingerreich sehr geschätzt. Stil. und inhaltl. Parallelen lassen kopt. Einflüsse auf die merow., ags. und ir. Kunst vermuten, die dann wohl durch kopt. Mönche, die bis nach Irland gelangt sind, vermittelt wurden. Der ornamentale Reichtum und die radikale Vereinfachung der menschl. Gestalten fanden leichter Eingang in die Kunst dieser Völker als die spätantik-röm. Formenwelt. Auch auf diesem Gebiet gehen die Meinungen weit auseinander: Während W. HOLMQVIST sehr starke Beeinflussung annimmt, wird sie von J. RAFTERY für Irland ganz abgelehnt. K. Wessel

Lit.: W. HOLMQVIST, Kunstprobleme der Merowingerzeit, 1939 – P. PAULSEN, Kopt. und ir. Kunst u. ihre Ausstrahlungen auf altgerm. Kulturen, Tribus 1952/53 – J. RAFTERY, Ir. Beziehungen zum kopt. Ä. (Christentum am Nil, hg. K. WESSEL, 1964). 260–265 – M. CRAMER, Kopt. Buchmalerei, 1964 – K. WESSEL, Kopt. Kunst. Die Kunst der Spätantike in Ä., 1963 – P. DU BOURGUET, L'Art copte, 1967 – H. ZALOSCER, Die Kunst im chr. Ä., 1974 [dazu K. WESSEL, Oriens christ. 1974, 209–219] – C. C. WALTERS, Monastic Archaeology in Egypt, 1974.

Ahasver(us), latinisierte Form des hebr. 'Aḥašwerôš (vgl. Est 1,1 u. ö.), Name des zu ewiger Wanderung verurteilten Juden. Basierend auf mehreren Traditionen (u. a. Flores Historiarum des Roger de Wendower) entsteht nach 1500 die Gestalt des Ahasver, die in der Folgezeit in vielen Volksbüchern in ganz Europa weite Verbreitung findet. Als überaus fruchtbares lit. Motiv ist der ewige Jude in Lyrik, Epik und Drama nachzuweisen. P. Freimark

Lit.: EMär l, 227 – G. K. ANDERSON, The Legend of the Wandering Jew, 1965 – E. FRENZL, Stoffe der Weltlit., 1976⁴ [mit weiterführender Lit.].

'Ahd → Verträge

Aḥī (zu dem in mehreren Turksprachen belegten *aqī* 'freigebig', wohl mit volksetymolog. Anlehnung an arab. *aḫī* 'mein Bruder'), Führer der vom 13. bis mindestens ins 15. Jh. in Anatolien bestehenden städt. Bünde meist junger Männer aus dem Handwerkerstand, deren Organisation von den Idealen (bes. Freigebigkeit und Gastfreundschaft) und vom Brauchtum (u. a. Aufnahmeritual) der *futūwa* geprägt war. Über die Aḥī-Gilden berichtet ein eigenständiges Schrifttum (*fütüvvet-nāme's*). Obwohl dieses keinerlei öffentl. Pflichten erwähnt und die Gilden als eine Organisation ähnl. den Derwischorden darstellt, deren Hauptaufgabe die Beherbergung und Bewirtung Reisender sein solle, dürften die Bünde auch in polit. Hinsicht eine einflußreiche Rolle gespielt haben. Der osman. Sultan → Murād I. trat ihrer Organisation bei. Die Gilden verfügten über Versammlungshäuser (*zāviye*), die auch als Herbergen dienten. Nach dem 15. Jh. blieb die Aḫī-Tradition im osman. Zunftwesen (vorab in der Gerberzunft) lebendig.   E. Ambros

Lit.: EI² I, 321-323 [mit weiterer Lit.] – N. ÇAĞATAY, Bir Türk Kurumu Olan Ahilik, 1974, AÜİFY 123.

Aḫī Evrān (oder *Evren*), halblegendärer Patron der osman. Gerberzünfte, der um 1300 gelebt haben dürfte. Der Ursprung von A. E.s Verbindung mit der Gerberzunft ist unbekannt. Seine Grabstätte mit angeschlossenem Derwischkloster (*tekye*) in Kırşehir (sö. von Ankara) war ein vielbesuchter Wallfahrtsort. Der Scheich dieses Kl.s hatte beherrschenden Einfluß auf die Zünfte der Gerber und Lederbearbeiter in Anatolien und den europ. Prov.en des Osman. Reiches.   E. Ambros

Lit.: FR. TAESCHNER, Gülschehrīs Mesnevi auf Achi Evran, den Hl. von Kırschehir und Patron der türk. Zünfte, AKM 31, 3, 1955.

Ahl al-ǧamā'a → Almohaden

Ahl al-Kitāb, 'Leute des Buches', 'Buchbesitzer'. Bereits im Koran vorkommende Bezeichnungen für Angehörige nicht-islam. Religionen, die über eine schriftl. Offenbarung verfügen, d. h. vorwiegend Juden und Christen. Im Koran werden sie je nach Mohammeds – hist. bedingter – wechselnder Einstellung zu den Anhängern der vorislam. Hochreligionen teils mit den Muslimen nahezu gleichgesetzt, teils als Ungläubige gebrandmarkt. Letzteres wird v. a. mit dem Vorwurf der willkürl. Fälschung ihrer Offenbarung in wesentl. Punkten und, speziell für die Christen, mit ihrem als Polytheismus gedeuteten Trinitätsglauben begründet. Die positiven und negativen Beurteilungen des Koran finden sich dann – weiter ausgearbeitet – in der Literaturgattung der *Prophetentradition* (ḥadīṯ), der Rechtsliteratur und in theolog. und häresiograph. Werken wieder. Alle mögl. Spielarten der negativen Argumentation gegen die A. hat die im 9. Jh. einsetzende umfangreiche Streitschriftenliteratur des Islam aufbewahrt.

Schon im Koran wird eine von derjenigen der *Heiden* unterschiedl. Behandlungsweise der A. angeordnet. Sie dürfen bei Zahlung einer Abgabe ihren Glauben ungestört weiter ausüben, während die Heiden vor die Alternative Tod oder Bekehrung zum Islam zu stellen sind. In der Folgezeit erhielten die A. als reguläre Bürger eines islam. Staates genau definierte Rechte und Pflichten zugewiesen, über die zu wachen Aufgabe jedes islam. Herrschers war. In der Praxis gestaltete sich das Verhalten ihnen gegenüber ambivalent, schwankend zw. modern anmutender Toleranz und weitgehender Intoleranz.   A. Noth

Lit.: EI² s.v. Ahl al-kitāb – E. FRITSCH, Islam und Christentum im MA, 1930 – A. FATTAL, Le Statut légal des non-Musulmans en pays d'Islam, 1958.

Aḥmad ibn Yūsuf ibn Ibrāhīm ibn ad-Dāya (lat. Ametus), islam. Mathematiker, um 900 in Kairo. Seine Schriften über »Das Verhältnis und die Proportionen« und über »Ähnliche Bögen« wurden von Gerhard v. Cremona ins Lat. übersetzt und im MA gerne benutzt.
     E. A. Neuenschwander

Ed.: M.W. R. SCHRADER, O.P., The »Epistola de proportione et proportionalitate« of Ametus Filius Iosephi [Diss. Wisconsin 1961] – H.L. L. BUSARD – P.S. VAN KONINGSVELD, Der »Liber de arcubus similibus« des Ahmed ibn Jusuf, Annals of Science 30, 1973, 381-406 – *Lit.*: DSB I s.v. [mit Übersicht über die weiteren Werke von A., die Hss. und die Sekundärlit.] – SEZGIN V, 288-290.

Aḥmed Dā'i → Osmanen
Aḥmed Faqih → Osmanen

Aḥmed Paša, osman. Dichter, gest. 1497, ▭ in Bursa. Studium und Lehrtätigkeit an der Medrese ebd. Als Lehrer und Vertrauter → Meḥmeds II. wird er Wesir mit dem Titel → Pascha. In Ungnade vom Hof entfernt, jedoch mit höheren Ämtern in der Prov. betraut, war er z. Z. → Bāyezīds II. Wali v. Bursa. A. gilt als erster in der Reihe der sog. klass. Dichter, Schöpfer der hochosman. Literatursprache. Im lyr.-panegyr. Genre verfaßte er 47 Kasiden, 353 Gazelen, Fragmente, Epigramme und Stücke in pers. und arab. Sprache. Es gelang ihm, das reiche Instrumentarium an Stilmitteln und die Bildersprache der pers. ins Türk. umzusetzen und im quantitierenden arab. Versmaß zu binden. A.s Thematik ist konventionell: Herrscherlob, Wunsch nach Vereinigung mit dem Geliebten. Doch im Licht des allesumfassenden Wesens des Islam ist diese Poesie als Arabeske in der überordnenden Geometrie eines Ornaments zu sehen, als Teil einer einzigen, sinngebenden Aussage zu lesen.   J. Buri-Gütermann

Lit.: EI² (frz. Ausg.) I, 307 – GIBB, HOP II, 40ff. – A.N. TARLAN, A. P. Divani, 1966 [Kr. Ed. m. Hss. Verz.] – H. TOLASA, A. Paşa' nın şiir dünyası, 1973 [Bibliogr.].

Aḥmedī, anatol.-türk. Dichter, als osman. Vorklassiker betrachtet (1334-1412). Zur Glanzzeit des Fs.en v. Germiyan, Süleymānšāh (ca. 1363- vor 88), schrieb A. in Kütahya panegyr. und erzählende Dichtung. Die Ausschaltung seines Mäzens zwang A. wie seinen Rivalen Šeyḫoğlu Muṣṭafā, sich auf die Osmanen umzustellen; er tat das ca. 1400 und hat in Bursa für Prinz Süleymān, später auch für Meḥmed I. und dessen Sohn gedichtet. Als er sein 1390 beendetes enzyklopäd. »Alexanderbuch« für Prinz Süleymān umschrieb, fügte er eine Chronik der Osmanen an. Dies »Iskendernāme« war weit über Anatolien hinaus in türk. Kreisen beliebt. Von diesem umfangreichen Werk, dem »Divan« und dem »Tervīḥ ül-ervāḥ« sind nur Teile ediert; die romant. Versverzählung »Ǧemšīd u Ḫuršīd« wurde 1975 gedruckt (hg. MEHMET AKALIN, Erzurum); A.s kleinere Abhandlungen zu Lit. und Grammatik bedürfen der Untersuchung.   B. Flemming

Lit.: T. KORTANTAMER, Leben und Weltbild des altosman. Dichters A., 1973.

Ahnen (als krieger. Nothelfer), im irrationalen Gedankengut des MA findet sich der visionäre Glaube an das Eingreifen der verstorbenen Vorfahren in der Stunde der höchsten Gefahr. Der *Totenkult* (Gebete, Seelenmessen) gewährleistete das helfende Eingreifen der Ahnen. Diese Vorstellung lebte in der Legende der dankbaren Toten, die in lit. und ikonograph. Darstellungen faßbar ist. Kirchhöfe, die als Wohnstätten der Toten galten, wurden oft als Flucht- und Rückzugsplätze im Kriegsfall aufgesucht. Bilddarstellungen zeigen die kämpfenden A. entweder als mit Sicheln, Sensen, Sargdeckeln und anderen Friedhofsgeräten bewaffnete Skelette oder als gewappnete Heroen. Vor der Schlacht konnte die Hilfe der Vorfahren durch rituelle Worte oder Gebärden (→ Kriegsbräuche, Devotio) beschworen werden. Auch das für gewöhnl. Sterbliche als gefährl. geltende → Totenheer konnte zur Unterstützung von Kriegergruppen antreten, wie aus Berichten über visionäre Erscheinungen hervorgeht; s.a. Arme Seelen.   M.-L. Boscardin

Lit.: HWDA III, s.v. Friedhof; VIII, s.v. Tote – H.R. WIESER, Die dankbaren Toten, Fschr. R. v. KLEBELSBERG, 1949 – O. ODEMIUS, Actacksamma döda, Arch. Tidskrift för Nordisk Folkeminnesforskning 10, 1954 – B. DENEKE, Legende und Volkssage (Geistesgottesdienst) [Diss. Frankfurt 1958] – M. HAIN, Arme Seelen und helfende Tote, Rhein. Jb. für Volkskunde 9, 1958, 54-64 – H G. WACKERNAGEL, Altes Volkstum der Schweiz, 1959.

Ahnenkult → Totenkult, Herrscherkult, Grab

Ahnenprobe (annenprobe, lat. probatio avitae nobilitatis) bezeichnet den Nachweis über die rechtmäßige Abstammung einer Person aus adligem Geschlecht mit Hilfe einer statutenmäßig vorgeschriebenen Ahnenzahl (4, 8, 16, 32). Bei einer *Vier-Ahnenprobe* mußten in aufsteigender Reihe die vier väterl. und mütterl. Großeltern *probiert* werden; die *Acht-Ahnenprobe* reichte bis zu den acht Urgroßeltern väterlicher- und mütterlicherseits. Die A. als Beweisverfahren zum Nachweis adlig-ritterbürtiger Abkunft tritt zuerst im hochma. Lehnrecht auf. Lehnsfähigkeit sowie das Beweisrecht des Zweikampfes sollten nur demjenigen zukommen, der durch seine Abstammung von vier ritterl. Großeltern *echter Ritter* (miles legitimus; *van ridderes art*) war. Seit dem beginnenden 13. Jh. fand die A. auch Anwendung bei der Aufnahme in Domkapitel, in Kanoniker- und Kanonissenstifte sowie in geistl. Ritterorden. Als Mittel der Beweisführung dienten Ahnentafeln, deren Richtigkeit, sowohl was den Nachweis ehel. Abstammung *(Filiationsprobe)* als auch die Adelsqualität *(Adelsprobe)* der angeführten Personen anbetraf, durch adlige Standesgenossen (sog. *Aufschwörer*) eidl. bekräftigt werden mußte. Im SpätMA und in der frühen Neuzeit bürgerte sich der Rechtsbrauch ein, auch die Zulassung zu Ritterturnieren, die Mitgliedschaft in Rittergesellschaften und in landständ. Adelskorporationen, den Erwerb von Rittergütern, die Übernahme von hohen Ämtern in der Landes- und Reichsverwaltung sowie den Eintritt in Ganerbschaften und Fideikomisse von A.n mit genau festgelegten Ahnenzahlen abhängig zu machen. Die A. formalisiert geblütsrechtl. bestimmte Denk- und Handlungsformen. Als solche ist sie ein Indiz für Abschließungstendenzen innerhalb des hohen und niederen Adels. Sie sollte nicht nur die Geschlossenheit standesspezif. Lebens- und Heiratskreise gewährleisten, sondern auch den Zugang zu einträgl. Pfründen und Ämtern gegen neugeadelte und bürgerl. Bewerber abschirmen. Diesem Zweck diente auch die sukzessive Verschärfung der Aufnahmebedingungen in geistl. Stifte und Kapitel durch Erhöhung der Ahnenzahl. Die A. wurde jedoch nicht nur vom Adel als Medium der Selektion und Abgrenzung verwendet. Spätma. Weistümer lokaler Freigerichte machten *rechten Freien* gleichfalls zur Auflage, daß sie ihren vollfreien Geburtsstand durch vier freigeborene Ahnen nachweisen. K. Schreiner

Lit.: Dt. Rechtswb. I, 470 – HRG I, 82–84 – Wb. zur Gesch. I, 55 – R. F. TELGMANN, Von der Ahnenzahl, 1733 – J. G. ESTOR, Practische Anleitung zur Ahnenprobe, 1750 – J. O. SALVER, Proben der hohen Teutschen Reichs-Adels, 1755 – S. K. v. STRADONITZ, Ahnenproben auf Kunstwerken, Ausgew. Aufsätze aus dem Gebiet des Staatsrechts und der Genealogie, 1905, 253 ff. – W. MÜLLER, Die Öffnung des Freigerichts Thurlinden, Fschr. K. S. BADER, 1965, 310 ff.

Ahnentafel → Stammbaum
Ähnlichkeit → Analogia
Ahorn → Laubhölzer

Ähre, Fruchtbarkeit und Leben spendendes Symbol, in die chr. Kunst übernommen als eucharist. Sinnbild des Leibes Christi (Brot) im Abendmahl (→Mahldarstellungen); auch zusammen mit Trauben und →Weinstock. Attribut der Apostel Johannes und Paulus, mehrerer Hl., als Sinnbild des Ackerbaus Attribut →Adams und →Kains. In Darstellungen der →Jahreszeiten charakterisiert sie den Sommer, in →Monatsbildern den Aug. G. Binding

Lit.: LCI I, 81 f. – RDK I, 240–243.

Ährenkleidmadonna → Andachtsbild
Ahron ben Elia → Karäer
Aichardus → Arles, Ebm.

Aidan. 1. A., Bf. v. Ferns → Máedóc
2. A., Missionar, Bf. v. Lindisfarne seit 635, † 652(?). Auf Wunsch Oswalds, des Kg.s v. Northumbria, der Missionare suchte, um seine Untertanen wieder zu bekehren, brachte A. eine Gruppe ir. (schott.) Mönche von Iona nach Lindisfarne. Bedas Angaben über A. sind lückenhaft, er stellte ihn als idealen Missionar dar, der zu Fuß die Bauerngemeinden Northumbrias aufsuchte und sehr einfach mit seiner Gemeinde gemäß den Traditionen der kelt. Kirche lebte. Seine Kirche war Stützpunkt schott. Missionsarbeit, die bis nach Essex im S reichte. D. P. Kirby

Lit.: D. P. KIRBY, Bede's Native Sources for the Historia Ecclesiastica, Bull. of the J. Rylands Library 48, 1966, 341–371 – H. MAYR-HARTING, The Coming of Christianity to Anglo-Saxon England, 1972, 94 ff.

Aides. Erst im feudalen Vokabular Bezeichnung für eine – militär. und in bestimmten Fällen finanzielle – Verpflichtung des Vasallen gegenüber seinem Lehnsherrn; seit dem 13. Jh. und bisweilen auch noch im 15. Jh. bedeutet *aide* oder *aides* alle außerordentl. Subsidien, die dem Souverän zugebilligt wurden, um das Kgr. und seine Rechte zu verteidigen. Anders als *taille* oder *fouage*, v. a. nach 1350, sind die a. genauer indirekte Auflagen auf Transport, Verkauf und Ausfuhr (aus dem Reich oder aus den Gebieten, in denen a. auf Transaktionen erhoben wurden) von Lebensmitteln verschiedenster Art, hauptsächl. Nahrungsmitteln (v. a. Wein) und Textilien. Die a. waren unpopulär, da sie die Geschäfte behinderten und die Verbraucher betrafen, die wegen ihrer Armut keine direkten Steuern zu bezahlen hatten. Dem Languedoc gelang es, sie im 15. Jh. durch eine Einheitssteuer als Äquivalent loszukaufen. Ihre Einziehung war Pächtern anvertraut, deren Eifer bei der Eintreibung die Unpopularität der Steuer verstärkte.
J. Favier

Lit.: J. FAVIER, Finance et fiscalité au bas Moyen-Age, 1971.

Aides, Cour des (oder: Chambre des aides), entstand aus der bes. Befugnis einiger *généraux sur le fait des aides* (Beamte) über die strittigen Angelegenheiten der außerordentl. Finanzen, d. h. der Steuern. Verwaltung und Gerichtsbarkeit waren zur Zeit der Schaffung der ersten *généraux* (1355) – ebenso provisor. wie die Steuer selbst – zusammengelegt; die beiden Funktionen waren vor der Aufhebung der A. (1380) in der Praxis vielleicht getrennt, nach ihrer Wiedereinführung 1383 und bis 1408 de jure noch zusammengelegt, wurden ab 1389 endgültig de facto getrennt; als diese *généraux* zugleich Verwaltung und Gerichtsbarkeit der A. innehatten, standen ihnen in der Gerichtsbarkeit Sonderberater zur Seite. Die Kammer wurde 1418 aufgehoben, von Bedford in Paris und von Karl VII. in Poitiers wiedereingesetzt, nach 1436 in Paris vereinigt und von da ab eine Dauereinrichtung (die Übertragung ihrer Befugnisse an Beisitzer des *Hôtel* durch Ludwig XI. war nur vorübergehend, 1462–64). Es war jedoch unbequem, in Paris über Fälle zu entscheiden, die S-Frankreich betrafen, deshalb dachte man seit 1409 an die Aufteilung der Kammer. 1437 wurde schließl. eine zweite Kammer geschaffen. Nach mehreren Verlegungen zw. Toulouse, wo es die Notabeln des Parlaments, und Montpellier, wo es Gouverneur und Geschäftswelt an sich zogen, blieb es 1478 in Montpellier. In Rouen hatte Bedford indessen die ersten Elemente einer anderen Kammer gegründet (1450 von Karl VII. bestätigt), die aber nur 1462 von Paris unabhängig war. Unter den Vorsitzenden, *généraux* und Beratern bildeten die Kleriker die Mehrheit; die meisten waren Juristen. Der Hof urteilte in erster Instanz, wenn die Beamten der A. miteinbezogen waren, in den andern Fällen in Berufung auf *élus* (Finanzverwalter) und *grenetiers* (Salzsteuereinnehmer). Die meisten Straffälle bestanden in Schleichhandel und Salzschmuggel; im Zivilbereich handelte es sich um Steuerveranlagung und -erhebung sowie um Pachtverträge. Die Kammer spielte wie die Rechnungskammer, die selbst die Berechnung der außerordentl. Finanzen überprüfte, in der Finanzpolitik und -verwaltung die Rolle eines kgl. Rats.

J. Favier

Lit.: J. FAVIER, Finance et fiscalité au bas Moyen-Age, 1971.

Aidesios, Philosoph, † ca. 355, Schüler des →Iamblichos, aus vornehmer, aber armer kappadok. Familie stammend, begab sich nach dem Tod seines Lehrers nach Pergamon und begründete die sog. pergamen. Schule des Neuplatonismus, für die das Interesse an heidn. Mythologie und Theurgie bezeichnend ist. Sein Todesjahr liegt noch vor dem Regierungsantritt des dieser Schule nahestehenden Ks.s Julian. Die Nachrichten über A. finden sich in spärl. und unzusammenhängenden Mitteilungen des →Eunapios.

H. Kraft

Lit.: LThK¹ I, 226 – M. P. NILSSON, Gesch. der. gr. Religion II, 1950, 435.

Aidesius, Ks. → Silvanus

Aie d'Avignon → Chanson de Geste

Aigrefeuille, Familie aus dem Limousin; sie verdankte ihren Ruhm der Protektion Papst Clemens' VI. (aus der Familie Roger, mit den A. verwandt) und Papst Urbans V.

Lit.: DBF I – DHGE I –B. GUILLEMAIN, La cour pontificale d'Avignon, 1966.

1. Wilhelm der Alte, Benediktiner-Prior, † an der Pest 4. Okt. 1369 in Viterbo, ▭ St. Martial de Limoges. Mit 23 Jahren von Clemens VI. zum Kaplan ernannt (1343). Ebf. v. Saragossa (1347), Kard. v. Sta. Maria in Trastevere (17. Dez. 1350); sein Einfluß schwand während des Pontifikats von Innozenz VI. Er trug sehr zur Wahl Urbans V. bei (20. Sept. 1362). Sein Reichtum war beachtl. (v. a. in Aragon, Katalonien und in der Normandie; er verfügte über die Diözese Rodez und die Lehnsfolge der Abtei St-Jean d'Angély wie über Familienlehen). Er begleitete Urban V. nach Italien. 17. Sept. 1367 Bf. v. Sabina; 12. Juni 1365 Protektor der Priorei Sacro Speco, mit der Reform der Benediktinerorden beauftragt. Er setzte seinen Neffen Wilhelm zu seinem Erben und zum Gläubiger seiner Darlehen an den Papst ein.

Lit.: DBI I s.v. – P. M. BAUMGARTEN, Unters. und Urkk. über die Camera collegii card. (1295-1437), 1898 – P. PANSIER, Les palais card. d'Avignon aux XIVe et XVe s., t. 1-2, 1926-30 – F. ENAUD, Découverte fortuite de peintures murales du XIVe s. à Avignon, Les monuments hist. de la France, 1971, Nr. 2-3 – J. DE FONT-RÉAULX, Les card. d'Avignon, leurs armoiries et leurs sceaux, Annuaire Soc. amis Palais des Papes, 49, 1972 – Lettres closes... Clément VI... France; Lettres sec... Urbain V... France; Lettres communes (en cours).

2. Peter, Bruder von 1., † 1371, Benediktinermönch, Abt v. St-Jean d'Angély (1345), dann von la Chaise-Dieu (1346). Bf. v. Tulle, Vabres (1347), Clermont (1349), wo er Wilhelm Grimoard als Generalvikar hatte (später Papst Urban V.), der dieselben Ämter ausübte, als P. von Innozenz VI. zum Bf. v. Uzès ernannt wurde (8. Febr. 1357); er erreichte den Erlaß seiner Schulden vom Bf. v. Vabres und v. Clermont (1. Aug. 1363). Urban V. vertraute ihm am 11. Aug. 1366 die Diözese von Mende an, sein eigenes Land, mit dem Auftrag, den Dom wiederaufzubauen und den Klerus zu reformieren. Als der Papst nach Italien zurückkehrte, ernannte er P. zum Bf. v. Avignon (11. Okt. 1368).

Lit.: P. PANSIER, op. cit. III – J. DE FONT-RÉAULX, Un cahier de lettres sec. et cur. du pape Urbain V relatives à l'église de Mende (1367-1370) –

Bull. phil. et hist., 1963 – Lettres closes... Clément VI... France – Lettres comm. d'Urbain V Nr. 5548, 5626 – Lettres secr... Grégoire XI... France – D. WILLIMAN, Records of the papal right of spoil (1316-1412), 1974.

3. Wilhelm der Junge, Neffe von 1. und 2., * 1339 St-Exupéry, † 13. Jan. 1401, ▭ Kapelle St-Etienne v. St-Martial in Avignon. Archidiakon v. Millau b. Rodez; verdankte seine glänzende Karriere Urban V., der ihn am 12. Mai 1367 zum Kard. v. S. Stefano in Monte Celio machte. Er folgte seinem Onkel Wilhelm als Kämmerer des Sacrum Collegium und begleitete Gregor XI. nach Italien. Als Prior des Kardinalpriester während des röm. Konklave (April 1378) wandte er sich gegen den Tumult des Volkes; er nahm allmähl. Urban VI. gegenüber eine zweideutige Haltung ein (»Ipse est falsus homo«, sagte sein Verwandter Pons Béraud von ihm) und beteiligte sich schließl. an der Wahl Roberts v. Genf (Clemens VII.) in Fondi. Clemens VII. trug ihm auf, den Kg. v. Frankreich (April-Mai 1379) und den röm. Kg. (1379-84) an seine Obedienz zu binden, an dem er aber scheiterte. Nach Avignon zurückgekehrt, brach er nach Rom auf und sagte für Peter v. Aragon über die Umstände bei der Wahl Urbans VI. aus (1386). Als Dekan des Sacrum Collegium beim Konklave 1394 verweigerte er den Eid auf die Abtretung, erklärte sich mit dem Entzug der Obedienz einverstanden und verfaßte einen Traktat gegen Benedikt XIII. (1396).

Lit.: P. M. BAUMGARTEN, op. cit. – P. PANSIER, op. cit. – A. ROSTAND, Les tombeaux des card. d.'A. à Avignon, Bull. monum. 88, 1929 – C. E. SMITH, The Univ. of Toulouse in the Middle Ages, 1958 – O. PREROVSKY, L'elezione di Urbano VI a l'insorgere dello Scisma d'Occidente, 1960 – J. FAVIER, Les finances pontificales à l'époque du grand schisme d'Occident, 1966 – J. DE FONT-RÉAULX, Les card. d'Avignon – M. DYKMANS, Du conclave d'Urbain VI au grand schisme, Archivum historiae pontificiae 13, 1975 – Lettres comm. d'Urbain V (en cours), Nr. 4988, 15973-74, 16060 – Lettres secr... Grégoire XI... France - Lettres secr... pays autres que la France.

4. Faydit, Bruder von 1. und 2., † 2. Okt. 1391, ▭ Dom v. Avignon. Dekan v. Bourges (1358), Bf. v. Rodez (1361) nach der Demission seines Onkels Raymond. Mit der Unterstützung Urbans V. verteidigte er die Freiheiten seiner Kirche gegen Eduard, Fs. v. Aquitanien. Gregor XI. ernannte ihn zum Bf. v. Avignon (18. Juli 1371), als der Sitz durch Peters Tod frei wurde. Er sollte im Limousin eine Steuer erheben, um die Schlösser seiner Heimat zu befreien (1373-75). Wie Wilhelm d. Junge ging er von der Partei Urbans VI. zu der von Clemens VII. über, der ihn zum Kard. v. St-Martin-aux-Monts machte (23. Dez. 1383). Er ersetzte 1382/83 Wilhelm als Kämmerer des Sacrum Collegium. Er blieb Verwalter und Wohltäter der Kirche von Avignon und erhielt die Abtei von Montmajour als Weltgeistlicher (1384).

M. Hayez

Lit.: P. PANSIER, op. cit. t. I-III – A. ROSTAND, op. cit. – J. FAVIER, op. cit. – Lettres comm. d'Urbain V – Lettres secr... Grégoire XI... France.

Aiguebelle, Zisterzienserabtei in der Gemeinde Montjoyer, Dép. Drôme. Filialkloster von Morimond, gegr. 1137, ausgestattet von Gontard Loup, Herr v. Rochefort, Besitzungen in der Dauphiné und in der Provence. 1281 schloß die Abtei mit dem Gf.en v. Provence einen Pariagevertrag für den provenzal. Teil ihrer Besitzungen. 1427 folgte der Abschluß eines Schutzvertrags mit dem Dauphin. Die Abtei wurde nach der frz. Revolution wiederhergestellt und besteht noch heute.

J.-Y. Mariotte

Lit.: Chartes et doc. de l'abbaye... d'A., 1954-1960, Commission d'hist. de l'O. de Citeaux.

Aigueperse, wichtigste Ortschaft der Herrschaft →Montpensier. Im 11. Jh. gehörte die Kirche Notre-Dame zum

Kapitel von Thiers. A. war mit Freiheiten ausgestattet (bekannt aus einer Bestätigung von 1375) und im 14.Jh. eine der 13 starken Städte der Auvergne. Es erreichte im 15.Jh. und zu Beginn des 16.Jh. seine Blüte unter Marie de Berry und den Bourbon-Montpensier, die dort Hof hielten. G.Fournier

Lit.: Inventaire des archives municipales par J.B.CULHAT, 1774, L'Auvergne hist., litt. et artistique, 1914 - M.CHABROL, Coutumes locales de la Haute et Basse Auvergne 4, 1786, 1–41 - R.RIGODON, A., son hist. ses oeuvres d'art, Revue d'Auvergne, 57, 1953, 89–184.

Aigues-Mortes, befestigte Stadt und Hafen im Dép. Gard, gegr. von Ludwig IX. auf einem Gebiet, das der Abtei Psalmodi um 1241/48 abgekauft worden war, um dem Kgr. Frankreich den Zugang zum Mittelmeer zu eröffnen. Er ließ den Hafen anlegen und die bereits bestehende *Tour de Constance* (benannt nach der Tochter Ludwigs VI., Gattin Raimunds v. Toulouse) neu errichten. 1248 und 1270 schiffte er sich von A.-M. zu seinen beiden Kreuzzügen ein. Philipp III. nahm die Arbeiten wieder auf und vertraute sie dem Genuesen Guglielmo Boccanegra (1272, †1273) an. Mit den »Conventions royaux de Nîmes« (Febr. 1278) zwang er die it. Kaufleute, von Montpellier wegzuziehen und sich in der Königsstadt Nîmes niederzulassen, indem er sämtl. Waren nur über A.-M. transportieren ließ, als Umschlagplatz zw. Italien, dem Orient und den Märkten der Champagne. Philipp d. Schöne ließ die *Tour de Constance* im Jahre 1302 zu einem Leuchtturm ausbauen (1306 wurden dort die Templer eingekerkert). Durch die *Tour Charbonnière* wurden die Zugänge zur Stadt geschützt; die bis heute erhaltene Anlage stellt eine typische Befestigung des 13.Jh. dar.

Der Boykott von Montpellier und das Verbot, Arles zu passieren, sicherten A.-M. eine Monopolstellung; nachdem Philipp d. Schöne 1293 in Montpellier Fuß gefaßt und Philipp VI. 1349 die Stadt annektiert hatte, lebten die beiden Städte in Symbiose; nach der Übergabe von Montpellier an Karl d. Bösen, Kg. v. Navarra (1370–71), verlegte Karl V. die »Königsbürger« nach A.-M., eine Sicherung der ausländ. Kaufleute. Der Seehandel von A.-M., geschwächt durch Krisen und Versandung, nahm in der 2. Hälfte des 14.Jh. ab und endete mit der Annexion der Provence 1481 durch die frz. Krone und dem Aufschwung der Hafenstadt Sète. Die benachbarten Salinen (namentl. Peccais) spielten eine wichtige wirtschaftl. Rolle *(Sel du tirage du Rhône)*. R.-H. Bautier

Lit.: J.PAGEZI, Mém. sur le port d'A.-M., 2 vol., 1879–86 – J.MORIZE, A.-M. au XIIIe s., Annales du Midi, 1914, 313–348 – C.H.BOTHAMBY, The walled town of A.-M., The Arch. Journ., 1916, 217–294 – H. CHOBAUD,La commune d'A.-M. au XIVe s., Ecole ant. Nîmes, 6e session, 1925, 121–135 – A.FLICHE, A.-M. et S. Gilles (Petites monographies…), 1950², 1–27, pl.

Aiguilette → Nestel

Aiguillon, frz. Ort im Dép. Lot-et-Garonne. Während seines Reiterzugs von 1345 gewann Henry v. Derby, Stellvertreter Eduards III. v. England, die Stadt und das Schloß von A., wo er eine Garnison einrichtete. Im April 1346 belagerten die Franzosen während des Wiedereroberungsfeldzugs von Johann, Hzg. der Normandie, mit großem Einsatz, doch die Nachricht von der Landung Eduards III. in der Normandie führte zur Aufhebung der Belagerung (20. Aug.). Ph.Contamine

Lit.: K.FOWLER, The King's Lieutenant, Henry of Grosmont, first duke of Lancaster (1310–1361), 1969.

Ail Cluaid (Cluath) → Strathclyde
Ailbe (hl.) → Emly

Ailbe Ua Máel Muaid, Zisterzienserabt v. Baltinglass, Bf. v. Ferns, ca. 1186–1223. Er wurde erst bekannt, als er 1186 auf einer Dubliner Provinzialsynode die in wilder Ehe lebenden engl. und walis. Priester in Irland energ. verurteilte. Dabei lobte er im Vergleich die Keuschheit des ir. Klerus. Sein Pontifikat ist bemerkenswert wegen seiner engen Beziehungen zu den neu in Irland etablierten engl. Interessen. Sein mäßigender Einfluß auf seinen Metropoliten, den engl. Ebf. v. Dublin, den einheim. ir. Klerus sowie auf die engl. Herrenschicht und auf die ir.Kg.e war bedeutend. Ohne Erfolg war Kg. Johanns Empfehlung 1206, ihn zum Ebf. v. Cashel, sowie 1216, ihn zum Bf. v. Killaloe zu ernennen. Zw. 1218 und seinem Tod war A. in einen Rechtsstreit zw. der Familie Marshal, dem kgl. Hof und der päpstl. Kurie um gewisse Besitztümer der Diözese von Ferns verwickelt. J.A.Watt

Lit.: M.P.SHEEHY, Pontificia hibernica. Medieval Papal Chancery Documents concerning Ireland I, 1962, 139–140; 180–181; 199–201 – J.A.WATT, The Church and the Two Nations in Medieval Ireland, Cambridge Stud. in Medieval Life and Thought, 3rd ser. vol. 3, 1970, 56f., 66–68 – DERS., The Church in Medieval Ireland. The Gill Hist. of Ireland 5, 1972, 152–157.

Ailech, große, vermutl. aus der Eisenzeit stammende steinerne Rundfestung in der Gft. Donegal, einige Kilometer nw. von →Derry. A. wurde Sitz der →Cenél nEógain Dynastie der n. →Uí Néill. Nachdem diese 734 ihre Vorherrschaft errichtet hatten, bedeutete der Titel »Kg. v. Ailech« zugleich »Kg. vom Norden Irlands«. Die Anlagen wurden 1101 von →Muirchertach Ua Briain von Munster, dem Anwärter auf das Hochkönigtum zerstört. F.J.Byrne

Lit.: P.HARBISON, Guide to the national monuments of Ireland, 1970, 68f. – F.J.BYRNE, Irish kings and high-kings, 1973.

Ailenn → Leinster

Ailerán Sapiens, wahrscheinl. → fer léigind (Lektor) v. Clonard (Gft. →Meath), †11. Aug. oder 29. Dez. 665. Ir. Exeget der allegor. Schule. Er war Autor einer »Interpretatio mystica« und einer »Interpretatio moralis progenitorum Christi« sowie einer Vers-Mnemonik über die →eusebian. Kanone und einer jetzt verlorenen grammat. Abhandlung: »Rethorica Alerani«. Ungewiß ist, ob seine »Vita sanctae Brigitae« mit irgendwelchen der noch erhaltenen lat. Viten der hl. →Brigida identifiziert werden kann. F.J.Byrne

Ed.: MPL 80, 327–342 – MAC DONNELL, Proc. Irish Academy 7, 1861, 369–371 – MPL 101, 729 – W. MEYER, NAG 1912, 63–67 – Lit.: J.F. KENNEY, The sources for the early hist. of Ireland I, 1929, 279–281, 362 – BRUNHÖLZL I, 171, 196, 537.

Ailettes, rechteckige Achselschutzplatten, zumeist mit dem Wappen des Trägers bemalt. Sie werden anläßl. der Abrechnungen für das große Turnier in Windsor 1278 erwähnt und gleichzeitig in der frz. Buchmalerei dargestellt. Ab 1300 erscheinen sie häufiger, doch ihre internationale Blütezeit fällt erst in das Jahrzehnt 1320–30, danach verschwinden sie bald. Obwohl die A. aus herald. Gründen oft nach vorne weisend dargestellt werden, waren sie in Wirklichkeit so befestigt, daß sie sich dachziegelartig an die Außenseite der Oberarme anlehnten, um vom →Topfhelm abgleitende Hiebe aufzufangen und von den Schultern abzulenken. Sie dürften asiat., wohl mongol. Ursprungs sein. In diesem Zusammenhang ist anzumerken, daß die japan. Samurai-Rüstung ganz ähnl. wappengezierte Achselschutzplatten *(sode)* besaß. O.Gamber

Lit.: V.GAY, Glossaire Archéologique, 1887,1928 s. v. – G.DEMAY, Le costume au Moyen-Age d'après les sceaux, 1880.

Aillt → Walisisches Recht

Ailly, Pierre d', Kard., * um 1350 in Compiègne, † 1420; aus einer Kaufmannsfamilie stammend, studierte A. in Paris am Collège de Navarre, dessen Vorstand er 1384 nach Ablegung der *maîtrise* wurde. Als Almosenier und Beichtvater Kg. Karls VI. spielte er eine aktive und komplexe polit. Rolle in einem Kgr., das durch die Rivalitätskämpfe der Parteien immer zerrissener wurde, und in einer vom Schisma geteilten Kirche. 1389 ernannte ihn der avign. Papst Clemens VII. zum Kanzler der Universität von Paris; in seinem Amt stand ihm sein Schüler Jean Gerson zur Seite, der ihm 1395 folgte, als er vom dem neuen avign. Papst Benedikt XIII. zum Bf. v. Le Puy ernannt wurde. Von dort wurde er trotz des Widerstands des Hzg.s v. Burgund, Philipps d. Kühnen, auf den Bischofssitz von Cambrai versetzt (1397), wodurch er Fs. des Ksr.s wurde. Er nahm am Konzil von Pisa teil (1409), wurde von Johannes XXIII., einem der drei rivalisierenden Päpste, zum Kard. ernannt (1411), und war mit Gerson von 1414 bis 1418 eine der Hauptpersonen des Konzils von Konstanz, wo er den Kg. v. Frankreich vertrat. Er legte dort seine Projekte für die Kirchenreform vor (Traktate »De potestate ecclesiastica«, »De reformatione Ecclesiae«) und unterstützte die These der Superiorität des Konzils über den Papst.

A. hinterließ ein beachtl. und äußerst mannigfaltiges Werk, das von der Theologie bis zur Poesie reicht, über Kalenderberechnung, Astrologie und Kosmographie. Sein »Imago Mundi« erlangte Berühmtheit, da Christoph Kolumbus ein Exemplar davon besaß, was ihn bei der Suche des Seewegs nach Indien und damit der Entdeckung Amerikas maßgebl. beeinflußte. Die von L. SALEMBIER aufgezählten 153 Titel umfassen sicher nicht das ganze Werk, das noch wenig bekannt und teilweise unveröffentl. ist; der publizierte Teil ist in alten und im allgemeinen sehr minderwertigen Ausgaben verstreut; die ausstehende Gesamtausgabe wäre relativ leicht herzustellen, da wir von den meisten Werken Autographen besitzen: A. war ein geschickter und fleißiger Kalligraph. Seine reichhaltige Bibliothek ist zum Großteil erhalten und müßte wiederhergestellt werden. G. Ouy

Ed.: Imago Mundi, ed. B. BURON, 1930 – *Lit.*: P. TSCHACKERT, P. v. A., 1877 [Neudr. 1968] – L. SALEMBIER, Bibliogr. des oeuvres du card. P. d'A., Le Bibliographe moderne 12, 1908, 160–170 – DERS., Le card. P. d'A., 1932 – F. OAKLEY, The Political Thought of P. d'A., 1964 – G. OUY, Le recueil épistolaire autographe de P. D'A. et les notes d'Italie de Jean de Montreuil, Umbrae Codicum Occidentalium 9, 1966 – A. E. BERNSTEIN, P. d'A. and the Blanchard Affair [i. Dr.].

Ailnoth. 1. A. Ebf. v. Canterbury → Æthelnoth

2. A. (neudän. Ælnod), dän. Geschichtsschreiber, lebte während des 1. Viertels des 12. Jh. im St. Alban-Kloster in Odense und gehört zu den engl. Geistlichen, die nach der Eroberung Englands durch den Normannenherzog Wilhelm ins flandr. oder dän. Exil gingen. Seine »Gesta Swenomagni Regis et filiorum eius et Passio gloriosi Canuti Regis«, zw. 1104 und 1117 (nach WEIBULL) oder 1119 und 1125 (nach OLRIK und GERTZ) verfaßt, stehen am Anfang der dän. Geschichtsschreibung. Kg. Knut der Hl., der während eines Aufstandes wegen seiner harten Steuerpolitik 1086 in der St. Alban-Kirche in Odense getötet wurde, wird als Gefolgsmann Gottes beschrieben, der allein dem göttl. und nicht dem Willen des Volkes unterworfen sei. A.s Schrift, eigtl. als Propaganda für den Kult des 1101 vom Papst kanonisierten Kg.s gedacht, dient damit zugleich der Stärkung des monarch. Gedankens. K. v. See

Ed.: Vitae Sanctorum Danorum, ed. M. C. GERTZ, 1908–12, 77–136; dän. Übers.: Danske Helgeners Levned i overs, ved. H. OLRIK, 1893–94, 19–110 – *Lit.*: N. LUKMAN, Ælnod. Et Bindeled mellem engelsk og dansk Historieskrivning i 12. Aarh., Hist. Tidsskrift 11. R., 2, Kbhn., 1947–49, 493–505 – E. HOFFMANN, Die hl. Kg.e bei den Angelsachsen und den skand. Völkern, 1975, 101–127.

Aimard, 3. Abt v. Cluny, ca. 942–ca. 954, † 5./6. Okt. ca. 965, ▭ in Cluny, humilis genere (BC col. 1618), unbestätigt die späte Angabe seiner Herkunft von den Gf.en v. Angoulême (col. 1618, 1634); vielleicht von seinem Vorgänger Odo zum Abt designiert (seine Nennung als Abt zu Lebzeiten Odos in BB I, Nrn. 486, 494, 523 f., 537, 546); von Bf. Rotmund v. Autun zum Abt geweiht (BC col. 1618); nach kurzer Amtszeit erkrankt und erblindet; sein Cartular enthält 278 Urkunden nach den 188 im Cartular Odos (BB I, XIX und XX, Anm. 2); in seinem Abbatiat kamen Charlieu, Sauxillanges und Souvigny endgültig an Cluny (BB I, Nrn. 730, 763, 792, 871); 954, bevor er Maiolus zum Nachfolger designierte und vom Konvent wählen ließ, mehrere Schenkungen in der Auvergne an Cluny und mehrere Tauschhandlungen im Mâconnais zw. Cluny und einigen Grundbesitzern; mehr Schenker an Cluny als z. Z. Odos wollten dort begraben sein. Ebf. Gerald (v. Aix?), der im pagus Uzès an Cluny schenkte, trat dort als Mönch ein, ebenso der Archidiakon von Mâcon, Maiolus, A.s Nachfolger. Die Konventsstärke stieg auf mindestens 132 Mönche (BB II, Nr. 883). Vielleicht begann 948 der Bau der zweiten Klosterkirche (CONANT, 54). A.s Grabinschrift (CONANT, Taf. XCVI, Abb. 219) entspricht die Wertung A.s durch Odilo und Rodulf Glaber. J. Wollasch

Lit.: DHGE V, 1286 – KalOSB 3, 1937, 136 f. – E. SACKUR, Die Cluniacenser in ihrer kirchl. und allgemein gesch. Wirksamkeit bis zur Mitte des 11. Jh., 2 Bde, 1892–94 [Neudr. 1971] – Neue Forsch. über Cluny und die Cluniacenser, hg. G. TELLENBACH, 1959 – R. OURSEL, Le bienheureux A. de Cluny, Notes par un méconnu, Annales de l'Académie de Mâcon 46, 1962/63, 28–31 – K. J. CONANT, Cluny. Les églises et la maison du chef d'ordre 1968, The Mediaeval Academy of America, Publication No. 77 – F. LARROQUE, Souvigny, Les origines du prieuré, RevMab 58, 1970/75, 1–23.

Aimeri. 1. A., Gf. v. Fézensac → Fézensac

2. A. III., Vicomte v. Thouars, frühestens † 995, Nachfolger seines Vaters, des Vicomte Herbert I. (Jan. 988 oder später). A. war einer der bedeutendsten Vasallen des Gf.en v. Poitou Wilhelm VII. (Fiere Brace), Hzg. v. Aquitanien, und erhielt wichtige Lehen von ihm, namentl. die »cella« von St-Michel en l'Herm, die er mit Zustimmung des Hzg.s an die Abtei St-Florent de Saumur abtrat. Wie sein Vater, der vom Gf.en v. Anjou, Geoffroy Grisegonelle, beachtl. Güter in den pagi von Poitiers und Niort erhielt, war auch er einer der bedeutendsten Vasallen von Fulco Nerr, in den Jahren nach dessen Machtübernahme in der Gft. Anjou; in dieser Eigenschaft trat er in das Heer von Fulco Nerra ein, um den Gf.en v. Rennes, Conan, aus Nantes zu vertreiben; er wurde zur selben Zeit wie Fulco Nerra in der (zweiten) Schlacht v. Conquéreuil (27. Juni 992) verwundet und profitierte vom Enderfolg des Unternehmens: der Gf. v. Anjou ernannte ihn zum Vormund des jungen Gf.en v. Nantes, Judicaël, der schließl. seinem Onkel Gf. Guérech nachfolgte, einem Vasallen des Gf.en v. Anjou im Nantais. Als Guérech 988 Gf. Conan ermordet hatte, übte A. aufgrund seiner Vormundschaft die Machtbefugnisse des Gf.en v. Nantes aus, in Treue zu seinen beiden Herren, Wilhelm VII. und Fulco Nerra. O. Guillot

Lit.: H. IMBERT, Notice sur les vicomtes de Thouars, 1867 [unzuverlässig] – A. RICHARD, Hist. des comtes de Poitou I, 1903 – M. GARAUD, Les vicomtes de Poitou, RHDFE 1937, 446–448 [Bibl. 426 Nr. 1 und 427 Anm.] – G. T. BEECH, A rural society in medieval France, the Gatine of Poitou in the eleventh and twelfth centuries, 1964 – O. GUILLOT, Le comté d'Anjou et son entourage au XIe s., 2 Bde, 1972.

3. A., Bf. → Ludwig VII., Kg. v. Frankreich

Aimeric. 1. A., Ebf. v. Lyon (Mai 1236–Juli 1245), †1257. Wahrscheinl. Sohn von Albert II. de la Tour und Marie d'Auvergne, also Neffe des Ebf.s Robert und Bruder des Ebf.s Gui. Er geriet in Konflikt mit seinem Kapitel, auf dem der päpstl. Bann lag, der erst im Nov. 1239 aufgehoben wurde; A. unterstützte die Dominikaner bei ihrer Niederlassung in Lyon, verfolgte den Bau des Doms, dessen Hochaltar am 10. Juli 1245 vom Papst geweiht wurde. Innozenz IV. ließ sich dann am 2. Dez. 1244 in Lyon nieder: Er verfaßte dort die Bullen der Konzilseinberufung gegen Friedrich II. Als der Papst aber die Absetzung des Ks.s aussprach (17. Juli), legte A. sein Amt nieder. Er wurde durch einen Fs.en des rivalisierenden Hauses Savoyen ersetzt. Als einfacher Mönch zog er sich in das strenge Kl. Grandmont zurück. R.-H. Bautier

Lit.: DHGE I, 1180–1183.

2. A. de Belenoi, Troubadour (erwähnt zw. 1216 und 1243). Nach den Angaben in seiner prov. *Vida* aus Lesparre (Gironde) stammend. Nach derselben Quelle war er Geistlicher und wurde später Spielmann. Er frequentierte verschiedene Höfe und widmete seine Dichtungen hochgestellten Persönlichkeiten. Was sein Werk betrifft, das aus 15 Gedichten sicherer Zuschreibung besteht, denen M. DUMITRESCU sieben weitere zweifelhafter Zuschreibung hinzufügt, so stammt die älteste uns bekannte Erwähnung aus seiner Liebeskanzone, Pos Dieus nos a restaurat, die auf 1216 datiert werden kann. A. de B. besuchte u. a. die Höfe von Toulouse, von N-Italien und von Kastilien. 1242 war er wieder in Katalonien, wo er anscheinend kurze Zeit später starb. Er ist ein geistreicher und formensicherer Troubadour. C. Alvar

Lit.: M. DUMITRESCU, Poésies du troubadour A. de B., 1935 – M. RUFFINI, Il trov. A. de B., 1951 – M. DE RIQUER, Los trovadores, 1975.

3. A. de Peguilhan (erwähnt zw. 1190 und 1221). Die Angaben, die uns die prov. *Vida* dieses Troubadours liefert, können als gesichert angesehen werden. Der Sohn eines Bürgers von Toulouse mußte nach Katalonien fliehen und sich unter den Schutz des Troubadours Guillem de Berguedà begeben, der ihn zu seinem Spielmann machte. Mit seinem Beschützer besuchte er den Hof von Kastilien. Es ist mögl., daß A. de P. nach dem Tode von Guillem de Berguedà in Katalonien blieb; von dort aus ging er nach N-Italien, wo er die wichtigsten Höfe besuchte und mindestens 10 Jahre lebte; möglicherweise starb er auch dort. Vielleicht war er Katharer. Es sind 50 Gedichte von ihm überliefert, die zahlreiche Debatten mit anderen Troubadours enthalten. Er war ein Berufsdichter und v. a. ein Hofdichter, der von seiner Kunst an den span. und it. Höfen lebte. Gewöhnl. ist sein Ausdruck klar und einfach und er bemüht sich, soweit mögl., jede Kompliziertheit sowohl im Metrum als auch im Reim zu vermeiden. C. Alvar

Lit.: W. P. SHEPARD und F. M. CHAMBERS, The poems of A. de P., 1950 – M. DE RIQUER, Los t ovadores, 1975.

Aimerich v. Lusignan, Kg. v. Zypern ab 1196; Kg. v. Jerusalem ab 1197, †1. April 1205. Sohn v. Hugo VIII. v. Lusignan; rebellierte 1168 gegen Kg. Heinrich II. (R. v. Torigny, RS 82, 4, 235) und wanderte vor 1174 nach dem O aus. Man sagt, daß er aus der Gefangenschaft in Damaskus von Kg. Amalrich freigekauft wurde, daß er der Liebhaber der Königinmutter, Agnes v. Courtenay, war, und die Ehe zw. seinem Bruder→Guy v. Lusignan und ihrer Tochter Sibylla in die Wege geleitet habe. Er war Connétable v. Jerusalem nach 1179/81, wurde in Hattin gefangen (Juli 1187) und 1188 wieder freigelassen. Nach einem Streit mit Heinrich v. Champagne zog er sich 1193 nach Zypern zurück, wo sein Bruder herrschte. Nach dem Tode Guys 1194 zu dessen Nachfolger gewählt, wurde er 1196 der erste Kg. Zyperns. 1197 heiratete er Kgn. Isabella v. Jerusalem und wurde damit auch Herrscher v. Jerusalem. Nach seinem Tode ging Zypern an seinen Sohn aus der Ehe mit seiner ersten Frau, Eschiva v. Ibelin; Jerusalem fiel an Isabellas Tochter aus einer früheren Ehe. Trotz seines Streits mit dem berühmten Baron-Jurist Ralph v. Tiberias, den er 1198 eines Attentatversuchs beschuldigte, wurde er von späteren Generationen als Rechtsexperte geehrt. P. W. Edbury

Lit.: J. RILEY-SMITH, The Feudal Nobility and the Kingdom of Jerusalem, 1973, 151–158.

Aimeric(us), nach eigenen Angaben in seiner 1086 verfaßten »Ars lectoria« in der Gastine (Saintonge) geboren, in Senlis erzogen und von einem Ademar, wohl dem Bf. v. Angoulême, gefördert. A.s »Ars« enthält Regeln über die Quantität und Betonung der Silben zur richtigen Aussprache der lat. Wörter; vereinzelt begegnen ma. Neubildungen, etwa Ableitungen von Ortsnamen wie Sanctonus (Saintes, in A.s Heimat). Die Belege schöpft A. häufig aus den damals gelesenen Schulautoren. Neun röm. Schriftsteller nehmen neben den freien Künsten in einem Exkurs, wo bibl., chr. und heidn. Lit. mit Hilfe der Metalle Gold, Silber, Zinn und Blei klassifiziert wird, den höchsten Rang ein. Der Zinnklasse gehören Texte aus dem Elementarunterricht (diminutive Namensform) sowie einige chr. Dichter an. Wertvoll sind die von A. zitierten Verse eines Lisorius, der vielleicht mit dem aus der Anthologia Salmasiana bekannten →Luxorius ident. ist. Die nüchterne Materie wird gelegentl. durch metr. Einschübe aufgelockert. Das Verhältnis von A.s »Ars lectoria« zum gleichnamigen Traktat eines Seguinus wird im Zusammenhang mit dessen von REIJNDERS (vgl. Vivarium 11, 1973, 123, Anm. 3) geplanter Ausgabe untersucht. G. Glauche

Ed.: H. F. REIJNDERS, Vivarium 9, 1971, 119–137 (I); 10, 1972, 41–101 (II), 124–176 (III) – *Lit.:* CH. THUROT, Comptes rendus de l'Acad. des Inscriptions et Belles-Lettres, nouv. sér. 6, 1870, 244–251 – MANITIUS III, 180–182 – H. HAPP, Zur Lisorius-Frage, ALMA 32, 1962, 189–225 – A. VERNET, Annuaire de l'École pratique des Hautes Études, IVe sect., 1971, 434f. – REIJNDERS (I), 125f.

Aimo → Bourges, Ebm., → Tarantaise, Ebm.

Aimoin. 1. A. v. St. Germain, Mönch in Saint-Germain-des-Prés vor 845, später Lehrer und Notar ebendort, † nach 896. A. verfaßte auf Wunsch seines Abtes Gozlin, gestützt auf ältere Vorlagen, zwei Bücher »Miracula S. Germani« mit interessanten Nachrichten über die Normanneneinfälle seiner Zeit (im 11. Jh. benützt von →Wilhelm v. Jumièges, MANITIUS, 3, 441) sowie Translationsberichte, bei denen er sich auch als Dichter versuchte (MPL 126, 1025–1028). Sein Stil ist trotz seiner Vorliebe für lange Perioden klar und verständl., seine Sprache frei von den Eigenheiten seines Schülers →Abbo v. St. Germain, der seinem Lehrer A. Stücke seiner Dichtung »Bella Parisiacae urbis« jeweils nach ihrer Vollendung übersandte, ohne auf große Begeisterung zu stoßen (MGH, Poetae 4, 78f.). G. Silagi

Ed.: MPL 115, 939–960 und MPL 126, 1011–1056 – *Lit.:* DHGE I, 1184f.

2. A. v. Fleury, Historiograph und Hagiograph, * um 965 in Ad Francos (heute Francs, Gironde), † nach 1008. Adliger Abkunft, wurde 980/985 Mönch in Fleury bei Orléans (Saint-Benoît-sur-Loire) und wegen seiner lit. Begabung um 987 von Abt →Abbo v. Fleury, damals Vertrauter Kg. Roberts II., beauftragt, für die neue Dynastie eine Geschichte der frk. Kg.e zu schreiben. Vielleicht ist die Ungnade Abbos bei Hofe die Ursache dafür, daß diese »Gesta regum Francorum« (oder »Historia Francorum«) nur bis 654 geführt wurden. Das Werk wurde im 11. Jh. in Sens und St-Germain-des-Prés fortgesetzt und im 13. Jh. in die wichtigen »Grandes Chroniques de France« aufgenommen. Die »Historia«, in der frühen Neuzeit noch oft gedruckt und gelesen, wurde, da sie aus sonst bekannten Quellen geschöpft war, von der modernen Kritik unterschätzt, die lange die sprachl. und historiograph. Leistung (Vergangenheitsgeschichte im 10. Jh.) nicht erkannte. A. errichtete seinem 1004 in der Gascogne erschlagenen Lehrmeister in der »Vita Abbonis« ein Denkmal von hohem geschichtl. Wert und verfaßte eine (nicht erhaltene) Geschichte der Äbte von Fleury. In drei Schriften feierte er den Klosterheiligen, in einer Predigt, einem Translationsbericht in Versen und v. a. in zwei Büchern »Miracula s. Benedicti«, die zu den besten hagiograph. Werken zählen und sich zu einer Klostergeschichte (auch der zahlreichen Priorate von Fleury) und einem Bild des polit. und sozialen Lebens im 11. Jh. in Frankreich ausweiten. K. F. Werner

Ed.: MPL 139, 387–414: 627–870 – Historia, BOUQUET 3, 21–143 – Mirac. s. Benedicti, ed. E. DE CERTAIN, SHF, 1858, 90–172 – Vita Abbonis abbatis Floriacensis, AASSOSB VI, 1, 37–57 – [Das Institut de Recherche et d'Hist. des Textes, Paris, bereitet krit. Editionen der Mirac. und der Vita Abbonis vor] – C. LE STUM, L'»Historia Francorum« d'Aimoin de Fleury. Etude et édition critique [Ms.], vgl. Positions des Thèses de l'Ecole des Chartes, 1976, 89–93 – *Lit.*: MANITIUS 2, 239–246 – MOLINIER, Sources 1, 66 f.; 2, 37 – Repfont 2, 158 f. – WATTENBACH-HOLTZMANN² 1, 308; 3, 97 f. – La continuation d'Aimoin et le ms. lat. 12711, Notices et documents p. p. la Soc. de l'Hist. de France, 1884, 57–70 – W. STACH, Wort und Bedeutung im ma. Latein, DA 9, 1952, 332–352 – J.-F. LEMARIGNIER, Autour de la royauté française du IXe au XIIIe s., BEC 113, 1956, 5–36 – K.-F. WERNER, Die lit. Vorbilder des A. und die Entstehung seiner Gesta Francorum, Fschr. W. BULST, 1960, 69–103 – A. VIDIER, L'historiographie à St-Benoît-sur-Loire et les miracles de s. Benoît, 1965, 71 ff., 87 ff., 181 ff. – R.-H. BAUTIER, Settimane 17, 1970, 821 f., 826 f., 834 f., 843 f.

Aimon, les quatre fils → Haimonskinder
Aimon de Varennes → Chanson de geste

Ainay, St-Martin d' (Athanacum), eine der berühmtesten und reichsten Abteien in der Umgebung von Lyon; gegr. am Zusammenfluß von Rhône und Saône. Die Ursprünge waren bereits zur Zeit Gregors v. Tours durch Legenden verdunkelt. Die Gründung wird dem Hl. Sabinus unter dem Einfluß des Kl.s Lérins und dem Ebf. Eucher zugeschrieben. In A. erhielt wahrscheinl. der Hl. Romanus, der Gründer von Condat (St-Claude) im Jura, seine Ausbildung. Nach der Zerstörung wurde A. 858 von Abt Aurelianus, Notar des Kg.s Karl v. Provence und späteren Ebf.s v. Lyon, mit Hilfe des Gf.en Gérard v. Roussillon und der Mönche von Bonneval in Dunois wiederhergestellt. Die schöne Abtei, erst 1107 von Papst Paschalis II. geweiht und von Abt Gauceran 1112 wiederaufgebaut, besteht immer noch. Seit dem Aufenthalt Innozenz' IV. in Lyon (1245) gab es Bestrebungen, ein geregeltes Klosterleben einzuführen. 1685 wurde die Abtei weltl. Kapitel. R.-H. Bautier

Lit.: A. BERNARD, Petit cartulaire d'A [angefügt dem Cartulaire de Savigny], 1853 – CH. DE FEUGEROLLE-M.-C. GUIGUES, Grand cartulaire d'A., suivi d'un autre cartulaire rédigé en 1286, 1885 – J.-M. de La Mure, Chronique de l'abbaye d'A., ed. G. GUIGUES, 1885 – Vgl. Translatio ss. Florentini et Hilarii, ed. MABILLON, AASSOSB IV, saec., 2, 490–506.

Aineias v. Gaza, Schüler des Neuplatonikers → Hierokles, lebte von etwa 450 bis bald nach 518 als Lehrer der Rhetorik überwiegend in seiner Heimatstadt. In seinem Dialog »Theophrastos« läßt er den Neuplatoniker Theophrastos mit einem Christen Euxitheos über die Hauptunterschiede zw. Neuplatonismus und Christentum disputieren, d. h. über Weltdauer, Unsterblichkeit der Seele und Auferstehung des Leibes. Ferner sind 25 kurze, z. T. persönl. Briefe erhalten. H. Kraft

Ed.: Theophrastos, MPG 85, 871–1004 – Briefe: R. HERCHER, Epistolographi Graeci, 1873, 24–32 – *Lit.*: ALTANER-STUIBER⁷, 516 – BARDENHEWER V, 92.

Aïol, *Chanson de geste* aus dem 12. Jh. (1160–70?) in einreimigen assonierenden *Laissen* aus Zehnsilblern a maiori und Alexandrinern, in frz. Sprache mit Pikardismen; schließt sich durch den Elie de Saint-Gilles an den Zyklus um Garin de Monglane an. Durch seine Heldentaten kann A., der Neffe des Kg.s Louis, die Ländereien, die er dem Verräter Macaire fortgenommen hat, seinem Vater Elie geben und die Heidin Mirabel heiraten. Er wird von Macaire gefangen, als Sklave verkauft und bedeckt sich am Hof des Gratien mit Ruhm. Dort findet er seine beiden Söhne wieder. Gemeinsam befreien sie Mirabel und besiegen den Gegner Mibrien, der die Taufe erhält, während Macaire geviertelt wird. – Die Theorie, nach der ein pikard. Bearbeiter den in Alexandrinern geschriebenen Teil verfaßt und eingefügt haben soll, muß mit Vorsicht aufgenommen werden; der vielfältige Charakter des A. scheint vielmehr aus dem Einfluß neuer Erzählformen zu resultieren, die das ep. System nach 1150 ins Wanken bringen: wie im höf. Roman ist es der Zufall, weniger der Wille des stark individualisierten Helden, der das Abenteuer bestimmt, und die Liebe nimmt eine relativ wichtige Stellung im Erzählablauf ein; die burlesken Episoden des A. erinnern hingegen an gewisse parodist. Formen des Epos, insbes. an die komische Geste →Audigier, auf die im Text ausdrückl. Bezug genommen wird. A. hat drei Nachahmungen gefunden: im Ndl. (1. Viertel 13. Jh.), It. (Ende 14. Jh.) und Span. (Ende 14.–Anfang 15. Jh.?). D. Armes-Pierandreï

Q.: A. et Mirabel und Elie de Saint-Gille, zwei frz. Heldengedichte mit Anm. und Glossar und einem Anh., ed. W. FOERSTER, 1876–82 – A., chanson de geste, publ. d'après le ms. unique de Paris par J. NORMAND et G. RAYNAUD, 1877, SATF – *Lit.*: M. DELBOUILLE, Problèmes d'attribution et de composition, I: De la composition d'A., RBPH 11, 1932, 45–75 – O. JODOGNE, Audigier et la chanson de geste, mit einer neuen Ed., Moyen-âge 66, 1960, 495–526 – J. DESCHAMPS und M. GYSSELING, De Fragmenten van de Limburgse A., Studia Germanica Gandensia 8, 1966, 9–71.

Aiolis → Kleinasien

Airbertach mac Coisse Dobráin, *fer léigind* (Lektor) v. Ros Ailithir (Roscarbery, Gft. Cork), † 1016. Er schrieb mittelir. Verse zu den Psalmen (21. Dez. 982) sowie über andere bibl. Themen. Sein wichtigstes Werk war eine mittelir. Abhandlung in Versen über universale Geographie, die auf spätklass. Quellen beruhte. Er wurde 990 von den Wikingern gefangen, von →Brian Bóruma, Kg. v. Munster, freigekauft und starb als → *airchinnech* (Oberhaupt) seines Kl.s. F. J. Byrne

Ed.: P. Ó NÉILL, Éigse XVII [im Dr.] – *Lit.*: J. F. KENNEY, The sources for the early hist. of Ireland 1, 1929, 681–683 – M. MCNAMARA, Psalter text and psalter study in the early Irish church, RIAProc. 73, C 7, 1973, 238 f.

Airchinnech (anglisiert *erenagh*), entspricht im Ir. dem lat. *princeps*. Normalerweise ein Superior einer untergeordneten Kirche in einer monast. →paruchia, deren Oberabt den Titel →comarba trug. Nach dem 12. Jh. gab es im gäl. Irland a.-Erbfamilien, die als kirchl. Pächter den Bf.en verschiedene Dienste schuldeten, und aus deren

Reihen die Mehrzahl des Klerus der Diözese rekrutiert wurde. C. Doherty

Lit.: J. RYAN, Irish monasticism, 1931, 263–275 [Repr. 1972] – S. J. D. SEYMOUR, The coarb in the medieval Irish church, RIAProc. 41, C 10, 1933, 219–231 – K. HUGHES, The church in early Irish society, 1966, 223, 265.

Aire, Guillaume de l', Herr v. Cornillon, Gouverneur der Dauphiné (21. April 1407–8. Jan. 1410). In seiner Regierungszeit bemühte er sich in erster Linie um Schlichtung der heftigen Auseinandersetzungen, die zw. den Provinzialständen der Dauphiné und seinem Vorgänger, Geoffroy Le Meingre, gen. Boucicaut (Gouverneur 1399–1407) entstanden waren. Sein wesentl. Werk bestand in der Herausgabe einer Verordnung über die Organisation der Rechtssprechung in der Dauphiné, bestätigt durch Urkunden vom 12. Juli 1409, die v. a. wegen ihrer Klauseln über die Urteilsvollstreckung beachtenswert sind.
V. Chomel

Lit.: A. DUSSERT, Les Etats de Dauphiné aux XIVe et XVe siècles, 1915, 155–159 – DUPONT-FERRIER, Gallia regia II, 305f.

Aire, Airecht → Irisches Recht

Aire, Suffraganbistum von Eauze, dann von Auch (Dép. Landes). Seine chr. Ursprünge sind unbekannt. Die Legenden seiner Märtyrer, der Hl. Quiteria, Severus und Gerontius, sind ohne hist. Wert. Der erste bekannte Bf., Marcellus, trat 506 beim Konzil von Agde auf. Die Diözese hatte, nach Verlust des Gabardan an Auch, zu Anfang des 14. Jh. nur 225 Pfarreien. Sie war in zwei Archidiakonate unterteilt (Marsan, Chalosse oder Tursan), weiterhin in sechs Archipresbyterate. Die weltl. Macht übte der Hzg. v. Aquitanien aus. Die Benediktinerabtei Ste-Quitterie du Mas d'Aire wurde ab 1220 mit dem Bischofssitz vereint; ihre Kirche wurde gemeinsam mit St-Jean-Baptiste zur Kathedrale. Die Liste der Bf.e ist bis zum 11. Jh. sehr unvollkommen. Die ersten Bf.e nannten sich nach »Vicus Julii«. Das Bm. wurde dann im 10. Jh. an den »episcopatus Vasconiae« angeschlossen. Die Bf.e des 12. bis 14. Jh., aus Familien der Region, spielten keine bedeutende Rolle.
Ch. Higounet

Lit.: GChr I, 1147–1188 – DHGE I, 1210–1215 – DUCHESNE, FE II, 100 – CAZAURAN, Pouillé du diocèse d'A., 1886 – A. DEGERT, L'ancien diocèse d'A., 1907 – A. DEGERT, Hist. des évêques d'A., 1908.

Aire – sur-la-Lys (Area, Aria), Stadt im Dép. Nord, die Existenz eines Kl.s, das 855 genannt und dann von den Normannen zerstört wurde, ist in Abrede gestellt worden. Aber spätestens seit 1059 existierte ein gfl. Schloß, und Gf. Balduin V. v. Flandern gründete die Stiftskirche St. Pierre. 1093 oder 1101 wurden durch den Gf.en Robert II. Freiheiten zugestanden, kommunale Quellen existieren erst ab 1188; die *charte de l' Amitié* setzte einen *Ruward* und zwölf Geschworene ein. Sie inspirierte die *chartes* zahlreicher anderer Städte. Als Teil der Mitgift von Isabella v. Hennegau wurde die Stadt in die Apanage und die Gft. Artois integriert (1190, dann 1237 nach einer kurzen fläm. Besetzung von 1200–1212). A. erlangte im 13. Jh. wirtschaftl. Bedeutung; Gfn. Marguerite gab ihr 1374 neue, sehr oligarch. Satzungen; A. setzte, verbunden mit der Sache Burgunds, 1477 Ludwig XI. heftigen Widerstand entgegen, was seine Zerstörung zur Folge hatte.
R. Fossier

Lit.: P. BERTIN, Une commune Flamande-artésienne: A.-sur-la-L., 1947 – P. FEUCHERE, La question de l'Aria monasterio et les origines d'A., RBPH, 1950 – R. BERGER, Dignitaires et chanoines... d'A., Bull. Soc. Ant. Morinie, 1972–73 – B. DELMAIRE, Les fortifications d'A., 1973.

Airgialla (engl. Oriel, Uriel), wörtl. 'die Geiselgeber', eine Gruppe von Vasallenstämmen im Zentrum des älteren →Ulster, die nach dem Untergang dieses Kgr.s im 5. Jh. ihre Treue dem →Uí Néill – Hochkönig schenkten. Nach der Schlacht von Leth Cam (827) aber fielen sie unter die direkte Herrschaft des Kg.s der →Cenél nEógain. Diese letzteren übernahmen die Gebiete der Uí Maic Uais in den Gft.en Londonderry und Tyrone. Eine Zweiglinie der Uí Maic Uais aber, die Uí Thuirtri, machte den Verlust wieder gut, indem sie sich bis zur Gft. Antrim ausdehnte auf Kosten des Ulster Kgr.s v. →Dál nAraidi. In der Gft. Armagh beherrschten die Airthir (Orientales) die Kirche von →Armagh, während im 11. Jh. die unter ständigem Druck von den Cenél nEógain stehenden w. Dynastien der Uí Chremthainn die Gebiete von Uí Méith, Mugdorna und Fir Rois in der Gft. Monaghan übernahmen und die Gft. Louth von Ulster und den s. Uí Néill im 12. Jh. eroberten. Ein weiterer Zweig des Stammes zog nach W, um das Kgr. v. Fir Manach (Fermanagh) zu gründen, das sich auf den Raum um Lough Erne konzentrierte. Nach 1189 fiel die Gft. Louth in anglo-norm. Hände und wurde als *English Uriel* bekannt. A.s Einheit wurde zerbrochen, und während des späteren MA der Name *Oriel* für die unabhängige Herrschaft von Mac Mathghamhna (→Mac Mahon) in der Gft. Monaghan verwendet. Fermanagh wurde von Mág Uidhir (→Maguire) beherrscht, aber Airthir (*Orior*, Gft. Armagh) unter Ó hAnluain (→O'Hanlon) stand unter der faktischen Herrschaft von Uí Néill (→Uí 'Néill) von Tír Eóghain (→Tyrone). F. J. Byrne

Lit.: K. NICHOLLS, Gaelic and gaelicised Ireland in the middle ages, 1972, 139f. – F. J. BYRNE, Irish kings and high-kings, 1973, 72–74, 106–129.

Airmyn, William, Bf. v. Norwich (1325), †27. März 1336. Als führender Kanzleigerichtsbeamter (→Chancery) unter Edward II. war A. von 1316–24 Hüter des Reichsarchivs (custos rotulorum), gelegentl. Hüter des großen Siegels und von 1324–25 Geheimsiegelbewahrer. Er stand auf der Seite →Isabellas gegen Edward II. und spielte in den frühen Jahren Edwards III. eine führende Rolle, wobei er sich bei diplomat. Missionen nach Schottland (1328) und Frankreich (1332–33) verdient machte. GALBRAITH vermutet, daß A. vielleicht der Autor des →Modus Tenendi Parliamentum gewesen sei. J. R. L. Maddicott

Lit.: V. H. GALBRAITH, The Modus Tenendi Parliamentum, JWarburg 16, 1953 – J. L. GRASSI, W. A. and the Bishopric of Norwich, EHR 70, 1955.

Aiscough, William, Bf. v. Salisbury (1438), †29. Juni 1450. Als Doktor der Theologie der Universität Cambridge wurde A. Beichtvater Heinrichs VI. und war der erste Bf., der diese Stelle auch behielt. A. half die Statuten des vom Kg. gegr. King's College, Cambridge (1444), aufzustellen. 1445 zelebrierte er Heinrichs Trauung mit →Margarethe v. Anjou. Als treuer Anhänger der Krone und als Mitglied des Rates des Kg.s von 1437–50 teilte A. die Unbeliebtheit der Regierung mit dem Hzg. v. Suffolk (→Pole) und wurde, nachdem er in Edington in seiner Diözese die Messe gelesen hatte, ermordet.
R. W. Dunning

Lit.: BRUO I, 28 – R. L. STOREY, The End of the House of Lancaster, 1966, 40–41, 48, 66.

Aistulf, Kg. der Langobarden seit Juli 749, † Dez. 756, Sohn des Hzg.s Pemmo v. Friaul, Bruder des langob. Kg.s Ratchis; ⚭ Giseltruda, Schwester Hzg. Anselms v. Friaul, des späteren Gründerabts von Nonantola. In seiner kurzen Regierungszeit wurden die Grundlagen für bedeutende Veränderungen im europ. Rahmen gelegt oder entscheidend weiterentwickelt, so v. a. die Entstehung des weltl. Kirchenstaates und die enge Verbindung zw. Papsttum und dem Frankenreich. Sein polit. Ziel, die Reste oström.

Herrschaft zu beseitigen und Italien im regnum Langobardorum zu einigen, scheiterte an Papst Stephan II. und Kg. Pippin. 744 folgte A. nach dem Staatsstreich seines Bruders Ratchis diesem im Hzm. Friaul nach. 749 beteiligte er sich an der Aufstandsbewegung gegen den um eine Verständigung mit Byzanz bemühten Ratchis und wurde noch im gleichen Jahr – nach jüngerer und unzuverlässiger Tradition in S. Ambrogio zu Mailand – zum Kg. erhoben. Im Juli 751, nach einem erfolgreichen Feldzug, urkundete A. bereits im palatium zu Ravenna, dem Sitz des letzten byz. Exarchen Eutichios. Als A. auch Rom bedrohte, suchte der Papst wie schon zu Zeiten Gregors III. bei den Franken um Hilfe nach. Ende 753 zog Papst Stephan II. über die Alpen und bewog Kg. Pippin zum Eingreifen. Nach zwei siegreichen Feldzügen Pippins mußte A., der im Winter 755/756 Rom ergebnislos belagert hatte, den Exarchat und die Pentapolis wieder herausgeben und förmlich dem Papst unterstellen. Als A. im Dez. 756 plötzl. an den Folgen eines Jagdunfalls starb, war die Auseinandersetzung zw. ihm und dem Papsttum noch nicht entschieden. Die frk. und päpstl. Chronistik tadelt wohl allzu einseitig die Treulosigkeit und Grausamkeit A.s.   H. Zielinski

Q.: Paul. diac. Langob., lib. VI, cc. 26, 51, 56, ed. G. WAITZ, MGH SS in us. schol., 224, 235f., 239 – Paul. diac. Contin., ed. G. WAITZ, MGH SS rer. Langob., 198–219 – LP, Vita Stephani II, cc. 5–48, ed. L. DUCHESNE, 441–454 – Leges Langob., Aistulfi leges, ed. F. BEYERLE – Cod. dipl. Longob., t. III, nn. 23–30 – *Lit.*: DBI IV, 467–483 – OELSNER, Jbb. Pippins, passim – HARTMANN, Gesch. Italiens II, 2, bes. 176–203 – E. CASPAR, Pippin und die röm. Kirche, 1914 – R. SCHNEIDER, Königswahl und Königserhebung im FrühMA, 1972, 58f. – O. BERTOLINI, Roma e i Longobardi, 1972, 63–84 – W. H. FRITZE, Papst und Frankenkönig, 1973, 63–78.

Aithech, air. Bezeichnung für einen freien Bauern; ursprgl. die Person, die einem Herrn weitgehende Leistungen und Dienste schuldete, der *base client* (Lehnsmann oder Vasall; *aithech* von air., Verbalsubstantiv zu *aith-fe-n* 'belohnen'). A. wird dann auch als ein Antonym von *flaith*, 'Herr, Lord, Edelmann' verwendet, steht also für einen nichtadligen Freien. Um ein Edelmann zu sein, muß man Herr über Lehnsleute sein *(céli, gíallnai, aithig)*, und da Herrschaft und Adel verbunden sind, sind es auch das Lehnswesen und das Bauerntum. Also bedeutet A. Lehnsmann wie auch freier Bauer.   T. M. Charles-Edwards

Aithech fortha, freier Bauer, der als Stellvertreter für den Kg. ernannt wurde in Fällen, wo der Kg. sonst Beklagter in jurist. Prozessen wäre. Der Stand des Kg.s war zu hoch, als daß er dazu gezwungen werden konnte, eine Schuld wie übl. durch Pfändung seiner Rinder zu tilgen. Der Kläger muß entweder auf seine Ansprüche gegen den Kg. verzichten oder gegen den A. f. vorgehen. Vermutl. wurde letzterer für irgendwelche entstandenen Schäden durch den Kg. entschädigt, wodurch dann kgl. Schulden getilgt wurden, während die kgl. Ehre unangetastet blieb.
                                           T. M. Charles-Edwards

Lit.: Cóic Conara Fugill, Die fünf Wege zum Urteil, ed. R. THURNEYSEN, AAB 7, Anm. 56 – D. A. BINCHY, Celtic and Anglo-Saxon Kingship, 1970, 17 – DERS., Celtica 10, 1973, 84.

Aix-en-Provence, Stadt in S-Frankreich (Dép. Bouches-du-Rhône), entstanden aus der bei den Thermalquellen von Gaius Marius Sextius Calvinus gegr. Colonia Aquae Sextiae.

Im 4. Jh. Verwaltungszentrum der Prov. Narbonnensis Secunda, konnte A. erst nach 794 (Konzil von Frankfurt) seine Rechte als Ebm. gegen Arles behaupten. Im 12. Jh. erstreckten sich diese Rechte über die Bm.er Fréjus, Apt, Riez, Sisteron und Gap. Über die hochma. Stadt gibt es sehr wenige Quellen. Eine nicht vollständige Bischofsliste wurde wohl seit der 2. Hälfte des 4. Jh. geführt; auch sind einige Namen von Bf.en aus karol. Zeit bekannt. Der größte Teil des Kirchenarchivs ist verlorengegangen. Schenkungen an die provenzal. Abteien führen uns zu Namen und den Verbindungen mit einigen großen Familien, wie etwa den Fos.

Das erste wichtige Dokument stammt aus dem Ende des 11. Jh. und kündet von der Reorganisation des Domkapitels unter dem Episkopat von Pierre Gaufridi. Erst während der 2. Hälfte des 12. Jh. residierten die Gf.en der Provence hier regelmäßig, was der Stadt eine gewisse Bedeutung gab und sie schließl. zur Hauptstadt der Gft. werden ließ. 1486 wurde A. mit der frz. Krone vereinigt.
                                              P.-A. Février

Lit.: Hist. d'A., 1977, 50 [Texte v. P.-A. FÉVRIER und N. COULET mit Bibliogr.].

Ajaccio (Adiacium), Stadt und Bm. auf Korsika (Dép. Corse-du Sud). Gregor d. Gr. warf 601 dem Statthalter v. Korsika vor, die Diöz. v. A. und →Aleria unbesetzt gelassen zu haben. 1092 unterstellte Urban II. A. der Metropolitanhoheit v. Pisa, bei der die Diöz. auch nach der Teilung zw. Genua und Pisa (→Korsika) verblieb. Im 14./ 15. Jh. war das Bm. häufig Franziskanern anvertraut. – Sitz des *Comissario Oltramonti* vom *Officio di San Giorgio* von Genua (1491). Gegen 1492 gebaute Festung.
                                              M.-C. Bartoli

Lit.: DHGE I, 1071–1074 – F. Ughelli, Italia Sacra III, 1647, 595–600 – G. CAPPELLETTI, Chiese Italia, 1861, 307–325 – L. CAMPI, Notes et documents sur la ville d'A. de 1492 à 1789 [Neudr. 1976] – F. J. CASTA, Le diocèse d'A., 1974.

Ajoie → Elsgau

Akademie (Academia). Nach dem Verbot der *athenischen A.*, der von Platon gegr. Philosophenschule, durch Justinian (529) blieb die Institution der A. im Abendland während 900 Jahren unbekannt. Der gelehrte Hofkreis Karls d. Gr. hat trotz seiner Bezüge auf antike Namen und Bildungsgüter soziolog. nichts mit einer A. zu tun. Denn diese ist im Gegensatz zu einem Fürstenhof und einer Hochschule eine private Vereinigung gelehrter Männer, die sich nach selbst gegebenen Regeln konstituiert, ergänzt, in einem Privathaus zu regelmäßigen Sitzungen versammelt und sich selbst verwaltet. Die A. stellt somit die gesellschaftl. Organisationsform des Strukturprinzips des Dialogs dar und schließt an die verschiedenen Formen gesellig-lit. Privatzirkel an, die sich in Florenz um die Wende zum 15. Jh., z. B. im →Paradiso degli Alberti und im Kl. v. Santo Spirito um den humanist. Staatskanzler →Salutati bildeten.

In direkter Anlehnung an Ciceros Tusculanen (3, 3, 6s) will Salutatis Schüler →Poggio 1427 sein Landhaus in Terranuova zu einer A. ausgestalten, in deren mit antiken Statuen und Texten passend hergerichtetem Rahmen regelmäßige Gespräche mit gelehrten Männern stattfinden könnten. Dieser Wunschtraum wird 1454 Realität in den im Haus von Alamanno Rinuccini nach festen Regeln stattfindenden Lektüre-, Interpretations-, Deklamations- und Diskussionszusammenkünften junger Bürger, die dieser Einrichtung Bezeichnungen wie A., A. Florentina, Nova A., *Chorus Academiae Florentiae* geben. Ihre geistige Ausstrahlung erhält diese erste nachantike A. durch die Aristoteles- und Platon-Lektüre, die sie mit Hilfe des seit 1456 an der Florentiner Universität lehrenden Griechen Arguropulos pflegt. Das unmittelbare Gegenstück bildet die *A. Platonica*, die →Marsilius Ficinus 1462 in einem bescheidenen, ihm von Cosimo de' Medici geschenkten

Landhaus in Carreggi ganz im Dienst und in der Nachfolge Platons konstituiert, mit lit. und wissenschaftl. Disputationen, rhetor. Übungen, philosoph. Symposien Besucher aus allen Disziplinen anzieht und auf alle Gebiete des Kulturlebens eine außerordentl. Wirkung ausübt. Von Florenz verbreitet sich der A.-Gedanke auf andere humanist. Zentren. In Rom versammelt Pomponius Laetus 1464 einen Kreis bedeutender Humanisten im Quirinal zur *A. Romana*, die 1468 von Papst Paul II. unter der Anklage der Verschwörung und Ketzerei vorübergehend aufgelöst wird. 1458 entsteht im Palazzo des Humanisten →Beccadelli in Neapel eine Art A., deren Mitglieder bedeutende Werke herausbringen, und die, 1471 von →Pontano fortgeführt, als *A. Pontaniana* bekannt wird.

In Venedig gründet Aldus →Manutius nach 1484 eine *Neoacademia*. Die Zusammenkünfte in seinem Haus unterliegen Regeln, die in gr. Sprache verfaßt sind und im wesentl. die Unterstützung der gr. Texteditionen durch Lektüre und philolog.-inhaltl. Diskussion der Texte zur Aufgabe haben, wobei nur gr. gesprochen werden darf. Hunderte von A.n als lit.-philosoph. Zirkel mit Statuten, Ämtern, festem Sitz, festen Zeiten, Selbstverwaltung und Kooptation wirken insbes. in Italien im 16. und 17. Jh. nach. W. Rüegg

Lit.: V. ZABUGHIN, Giulio Pomponio Leto, 3 vol., 1909-12 - M. MAYLENDER, Storia delle accademie d'Italia, 5 vol., 1926-30 - P. O. KRISTELLER, The Platonic Academy of Florence, Renaissance News XIV, 1961, 147-159 - F. BRUNHÖLZL, Der Bildungsauftrag der Hofschule (W. BRAUNFELS [Hg.], Karl d. Gr., II: B. BISCHOFF [Hg.], Das Geistige Leben, 1965), 28 - W. RÜEGG, Das antike Vorbild in MA und Renaissance; die scholast. und die humanist. Bildung im Trecento, Anstöße, 1973, 105-111, 130-137.

Akakianisches Schisma, erstes Schisma zw. der röm. und der gr. Kirche, hat seinen Namen nach dem Patriarchen Akakios v. Konstantinopel 471-489. Der Ks. Zenon der Isaurier (474-475 und 476-491) suchte die unter dem Usurpator Basiliskos erwachten christolog. Streitigkeiten dadurch zu beschwichtigen, daß er durch Akakios eine christolog. Formel, das *Henotikon*, ausarbeiten ließ, die das Chalcedonense hätte ersetzen sollen. Da die Päpstes in der Formel von Chalkedon nicht nur den Ausdruck abendländ. Orthodoxie, sondern auch der Lehraufsicht Roms über die ganze Kirche erblickten, brach Papst Felix III. (483-492) die Kirchengemeinschaft mit den Griechen ab (484), und das Schisma dauerte bis 519, d. h. bis Ks. Justin sich bereit fand, den Patriarchen Johannes II. zur Verurteilung des Zenon und Akakios zu veranlassen. H. Kraft

Lit.: E. SCHWARTZ, Publizist. Slg. en zum acacian. Schisma, AAM, 1934, NF 10.

Akakios. 1. A. v. Beroia, ursprgl. Mönch, seit 378 Bf. v. Beroia (Aleppo), * um 330, † um 432, ist zunächst als Parteigänger des → Meletius v. Antiochia, dann als Gegner des → Johannes Chrysostomos hervorgetreten. Im nestorian. Streit suchte er zu vermitteln. Er ist wahrscheinl. mit dem Presbyter A. ident., dem →Epiphanios das »Panarion« widmete. Der syr. Dichter →Balai (Balaeus) hat fünf Loblieder auf ihn gedichtet. Von ihm sind fünf Briefe (MPG 77, 99-102; 84, 647-648; ACO 1, 1, 1.7) erhalten. H. Kraft

Lit.: DHGE I, 241 ff. - G. BARDY, Recherches de science religieuse 18, 1938, 20-44.

2. A. v. Kaisareia (Pal.), Bf., ca. 339-366, Nachfolger des →Eusebios, spielte bei den Streitigkeiten unter Constantius um die Geltung der Formel von Nikaia eine führende Rolle. Nachdem er die längste Zeit das *Homousios* als sabellian. abgelehnt und zeitweise mit den Homöern zusammen operiert hatte, stimmte er gegen Ende seines Lebens dem *homoiusianisch* interpretierten *Nicaenum* zu. Von seinen Schriften, die Hieronymus (vir. ill. 98) aufzählt, haben sich nur geringe Reste erhalten. H. Kraft

Lit.: LThK² I, 234 - J. M. LEROUX, Acace, évêque de Césarée de Palestine (341-365), Stud. Patr. 8, TU 93 - LIETZMANN, Gesch. der Alten Kirche, 3, 1938, 228-231.

3. A. v. Konstantinopel → Akakianisches Schisma

4. A. v. Melitene (in Armenia II), Gegner des →Nestorios auf dem Konzil v. Ephesos 431, † nach 437, stand mit seiner Christologie dem →Monophysitismus nahe. Erhalten sind eine auf dem Konzil gehaltene Homilie (ACO I, 1, 2), zwei Schreiben an Kyrill v. Alexandria (MPG 84, 693, 838) und zwei nach Armenien gerichtete und nur in armen. Sprache erhaltene Briefe. H. Kraft

Lit.: DHGE I, 242 ff.

Akanthusornament → Ornament

Akathistos-Hymnos, der berühmteste byz. Hymnos (*Kontakion*). Er wird heute in der gr. Kirche jeweils am 5. Fastensamstag zur Gänze vor der stehenden Gemeinde vorgetragen. Der A. besteht aus einem *Prooimion* (in 3 Versionen) und 24 Strophen in alphabet. *Akrostichis*; er handelt in höchst lebendiger Weise von der Verkündigung Mariens und Christi Geburt. Seine bes. Popularität verdankt der A. dem wohl im 7. Jh. entstandenen Prooimion II auf die siegreiche Gottesmutter. Wer den A. (mit Prooimion I) verfaßt hat, ist eine offene Frage; er soll aber noch vor dem Dichter →Romanos um die Wende des 5. zum 6. Jh. verfaßt worden sein. G. Prinzing

Ed.: C. A. TRYPANIS, Fourteen early Byzantine cantica, 1968, 17-39 [mit Komm. und. Bibliogr.]. - Lit.: G. G. MERSSEMANN, Der Hymnos Akathistos im Abendland. I: Akathistos-Akoluthie und Grußhymnen, 1958; II: Gruß-Psalter, Gruß-Orationen, Gaude-Andachten und Litaneien, 1960 - J. GROSDIDIER DE MATONS, Romanos le Mélode et les origines de la poésie relig. à Byzance, 1977, 32-36.

Seit dem 14. Jh. wird der A. in der kirchl. Wand- und Buchmalerei gerne illustriert (H. Nikolaos Orphanos, Thessalonike ein frühes Beispiel, Ms. 429 der Synodalbibl. Moskau und der serb. Psalter, München, die ältesten Hss.) als Zyklus von 16 gerahmten Bildern. K. Wessel

Lit.: RbyzK I, 94-96 [mit Bibliogr.].

Akelei (Aquilegia vulgaris L./Ranunculaceae). [1] *Medizin:* Name *ageleia* u. ä. schon im 10. Jh. belegt (STEINMEYER-SIEVERS I, 55f.); ferner *agleya, acoleia* (Hildegard v. Bingen, Phys. 1, 132), *agleykraut* (Peter v. Ulm, »Chirurgie« 39, 72, 93) usw. aus mlat. aquilegia bzw. aquileia (MlatWB s. v. aquileia), von Albertus Magnus (De veget. 2, 135) mit ›aquila‹ (Adler) in Verbindung gebracht. Unter den Synonymen (Belege z. B. in UB Utrecht, Hs. 694, p. 247, 248, 258, 271) etwa calcatrippa (auch für Rittersporn [Delphinium]). Bei Hildegard »freislich« (= Fraisen [Krampfanfälle bei Kindern]), Skrofeln, schleimige Auswurf und Fieber. Zur Feststellung, ob jemand »besiect« ('gichtig', 'wahnsinnig', 'aussätzig') ist, wurde der Puls mit A.-Öl eingerieben, das im positiven Fall schäumt (BRAEKMAN, Rec. 14). W. F. Daems

Lit.: I. KRUMBIEGEL, Die A. (Aquilegia). Eine Stud. aus der Gesch. der dt. Pflanzen, Janus 36, 1932, 71-92, 129-145 - MARZELL l, 359-367 - W. L. BRAEKMAN, Medische en technische mnl. Recepten, 1975.

[2] *Ikonographie:* Darstellung als Marienpflanze (Frankfurter Paradiesgärtlein 1410), Verwendung als Heil- und Wundkraut (Kölner Dombild des Stephan Lochner 1440/45; Symbol des Hl. Geistes (Portinari-Altar des Hugo van der Goes 1473/75). G. Binding

Lit.: LCI I, 89f.

Aken, Hein van → Rosenroman

Akephalen → Monophysiten

Aketon, schwer von einer →cote-hardie zu unterscheiden, engsitzende Herrenjacke mit Taillenlänge, die entweder wattiert ist oder aus mehreren Schichten Leinen oder Hanf besteht. In beiden Fällen wurden Futterwattierung und Außenmaterial durch Absteppen oder regelmäßiges Durchziehen aller Schichten mit kleinen Befestigungsmaschen zusammengehalten. Mit zieml. Sicherheit kann man annehmen, daß der gesteppte Panzer der Sarazenen, der durch die Kreuzritter eingeführt wurde, als Vorbild für den A. diente, der ein Teil der *Haute Couture* im 14. Jh. wurde. Da er von Kg.en und dem Adel getragen wurde, bestand der äußere Bezug oft aus teurer importierter Seide. Einzelheiten über die Stoffe, die 1330 für Aketon verwendet wurden, und über Anfertigungskosten befinden sich in Ms. 541, Society of Antiquaries, London. Im späteren 15. Jh. wurden einfachere Arten von A. von gewöhnl. Soldaten ganz Europas getragen. S. M. Newton

Akindynos, Gregorios, Mönch, * um 1300 in Prilep (Makedonien), vielleicht slav. Herkunft, † ca. 1349. Er war in Thessalonike Schüler des Gregor. →Palamas, den er im Hesychastenstreit anfangs gegen →Barlaam verteidigte. Doch beunruhigte ihn Palamas' theolog. Terminologie auf der Synode vom Juni 1341, und er versuchte vergebens, ihn zu einer Milderung seiner Formulierungen zu bewegen. Dem Sieg der Palamiten auf der Synode im Aug. desselben Jahres folgte die Verurteilung des A. in Abwesenheit des Patriarchen →Johannes Kalekas. Noch nach dem Tod des A. wurden er und alle Gegner des Palamas endgültig auf der Synode von 1351 verdammt, was den Sieg des Hesychasmus sicherte. Die Werke des A. sind nur teilweise ediert. A. Prinzing-Monchizadeh

Lit.: Beck, Kirche, 716f. – D. Stiernon, Bull. sur le Palamisme, RevByz 30, 1972, 231–341.

Akklamation, spontan wirkende, rhythm. formulierte und sprechchorartig vorgetragene Zurufe der Volksmenge zur Bekundung von Lob, Beifall, Zustimmung, Glückwunsch oder Ablehnung, Tadel, Verwünschung, Forderung. Sie erfährt Verstärkung durch Wiederholung und begleitende Gesten. Die Bedeutung der A. liegt auf polit., rechtl. und religiös-liturg. Gebiet.

Bereits das altpers. Krönungs- und Hofzeremoniell kennt eine Technik der A., die seit Alexander d. Gr. für den ganzen W vorbildl. wurde. Wichtiger Umschlagplatz war Alexandria. In Rom kannte man die A. bei vielen Gelegenheiten: Begrüßung von Staatsmännern und Feldherren, Senat, Volksversammlungen, Wahlen der Konsuln und Ks., Gericht, Militär, Zirkus, Theater, Rednerauftritte, Hochzeiten, Bestattungen und Festlichkeiten. In der Kirche begegnet die A. bei der Wahl von Bf.en und Päpsten, auf Synoden, Konzilien und bei Predigten. Sie ist eine der frühen Formen der kanon. Wahl, wobei die Wähler sich wie durch göttl. Eingebung (quasi per inspirationem) ohne vorgängige Verhandlung oder Beratung spontan und einmütig möglichst durch Zuruf für dieselbe Person aussprechen. Sie wurde durch das IV. Laterankonzil 1215 anerkannt (can. 24 = X 1. 6. 42: nisi forte communiter esset ab omnibus quasi per inspirationem absque vitio celebrata). Als eine Wahl per inspirationem galt jene, die auf wunderbare Weise durch Eingebung Gottes zustande kam (vgl. D. 61 p. c. 8).

Große Bedeutung erlangte sie in der Liturgie, z. B.: Alleluja, Amen, Dignum et iustum, Exaudi, Feliciter, Maranatha, Miserere, Multos annos, Per omnia saecula, Sanctus, Victoria, Vita. Auch die Hymnen »Gloria in excelsis deo, Gloria laus, Te decet hymnus« sowie die Litanei sind aus A.en erwachsen. Eine Sonderform sind die »Laudes regiae«, jene litaneiartigen, mit der Anrufung von Christus und den Hl. verbundenen A.en, die im Zusammenhang der Begegnung des frk. Kgm.s mit dem röm. Papsttum entstanden sind und in denen bei Papst- und Kaiserkrönungen sowie bei Herrscherbesuchen und an Hochfesten für das Wohl von Papst-Kirche und Kaiser-Reich gebetet wurde. Vgl. a. Königs-, Kaiser-, Papst- und Herrscherzeremoniell. G. Langgärtner/G. May

Lit.: LThK² I, 238; VI, 825f. – G. Phillips, Kirchenrecht V, 1857, 868–871.

Akklamationsrichtung. Für die bildl. Darstellung der Herrscherakklamation im Sinne von zeremoniell geregelter Huldigungs- und Repräsentationsszene ist in der Spätantike eine Bildform entwickelt worden, in der sich die Akklamierenden und der Akklamierte in verschiedenen, meist übereinander angeordneten Zonen befinden (z. B. Fries des Konstantinsbogens, Rom; Sockel des Theodosius-Obelisken, Istanbul; Holztür in S. Sabina, Rom). Diese vertikale A. wurde auch auf andere Huldigungsformen wie Kranz- und Gabendarbringungen übertragen, in Christushuldigungen verwendet und auf Zentralräume ausgedehnt (z. B. dem Parusiekreuz akklamierende Apostel im Mausoleum der Galla Placidia, Ravenna; Kuppelmosaiken im Baptisterium der Orthodoxen, Ravenna und in H. Georgios, Saloniki). Sie beeinflußte frühma. und ma. Huldigungsszenen (z. B. W-Wand in S. Maria della Valle, Cividale, 8. Jh.; Akklamation Salomos: Bibel von S. Paolo fuori le mura fol. 185v, 9. Jh.) und lebte auch in den vielzonigen →Weltgerichtsdarstellungen weiter (Akklamation der Gerechten: z. B. Elfenbeintafel im Victoria-and-Albert-Mus., London, 10. Jh.; Miniatur im Codex Parisinus gr. 74 fol. 51v, 11. Jh.). J. Engemann

Lit.: LCI I, 90f. – RAC I, 216–233 – E. H. Kantorowicz, The »King's Advent« and the Enigmatic Panels in the Doors of Santa Sabina, ArtB 26, 1944, 207–231 [bes. 222] – F. W. Deichmann, Ravenna 2, Komm. 1, 1974, 39, 82, 85.

Akkon. [1] *Stadt:* Ab 636 mohammedan., von Kg. Balduin I. 1104 erobert und bis 1187 von den Lateinern gehalten. 1191 wurde es durch den dritten Kreuzzug wieder eingenommen und danach Regierungssitz der lat. Kg.e und Patriarchen sowie Zufluchtsort für viele der aus Jerusalem verbannten Ordenshäuser. Als Haupthafen für Damaskus übte es eine große Anziehungskraft auf viele europ. Kaufleute aus, die während des 12. Jh. dort Handelsgemeinschaften gründeten. Ab etwa 1180 konkurrierte A. mit Alexandria als wichtigstem Absatzmarkt für Gewürze im Mittelmeerraum. Die Stadt wuchs beträchtl. und die Bevölkerung erreichte eine Zahl von etwa 30000. Nach 1250, als Mamluken und Mongolen um das Hinterland kämpften, und der Handel sich weiter nach N verlagerte, verlor die Stadt langsam an Bedeutung. Ihre Eroberung durch die Mamluken (1291) kennzeichnete den Zusammenbruch des Kgr.s → Jerusalem. Die Art und Weise, wie seine Märkte funktionierten, steht immer noch zur Diskussion.

[2] *Kommune* (1231–43): Gegr. aus Opposition zu Ks. Friedrich II., dem Regenten v. Jerusalem, für seinen Sohn Konrad. Sie wurde aufgelöst, als Konrad die Volljährigkeit erreichte. Nach J. L. La Monte übernahm sie die Stadtverwaltung, laut J. Prawer die Regierung der abtrünnigen Teile des Kgr.s, bis der Hohe Gerichtshof 1243 wieder auflebte. Der Verfasser behauptet, daß sie nur eine Körperschaft darstellte, die dazu aufgestellt wurde, dem Ks. Widerstand zu leisten und mit ihm zu verhandeln.

J. Riley-Smith

Lit.: J.L. LA MONTE, The Communal Movement in Syria..., Haskins Anniversary Essays, 1929, 124-131 – J. PRAWER, RHDFE, ser. 4, 29, 1951, 329-351 – J. RICHARD, Le Moyen-Âge 59, 1953, 325-340 – C. CAHEN, RHDFE, ser. 4, 41, 1963, 287-290 – J. PRAWER, Estates, Communities and the Constitution of the Latin Kingdom, Proceedings of the Israel Academy of Sciences and Humanities 2, Nr. 6, 1966, 13-27 – M. BENVENISTI, The Crusaders in the Holy Land, 1970, 78-113 – H.E. MAYER, Zwei Kommunen in Akkon?, AD 26, 1970, 434-453 – J. RILEY-SMITH, Traditio, 27, 1971, 179-204 – J. RILEY-SMITH, The Feudal Nobility and the Kingdom of Jerusalem, 1973, 91-97, 177-184 – B. DICHTER, The Maps of Acre, 1973.

Akkusationsprozeß, im wesentl. aus dem röm. Recht überwiegend für den kanon. Strafprozeß übernommenes Verfahren. Der A. als subsidiäres Recht der Kirche geht bis in die Zeit nach Konstantin zurück und ist im 6./7. Jh. (Gregor d. Gr.) klar nachweisbar. Während nach Gratian (v. a. in C. 2 und 3) der A. neben Straf- auch Zivilverfahren erfassen konnte, wurde er seit →Rolandus Bandinelli zunehmend auf Strafsachen eingeschränkt. Die dekretalist. Weiterentwicklung führte bei fließenden Übergängen zum Denunziations- und dann →Inquisitionsprozeß (Innozenz III.); letzterer wich beträchtl. von den strengen Normen des A.es ab. Für einzelne prozessuale Handlungen (bes. Anklage, Urteil) verlangte der A. das Schriftlichkeitsprinzip; ferner stellte er an den Ankläger bes. Anforderungen (Anklagefähigkeit, Beweislast). Charakterist. sind die dem *Anklagelibell* beigefügte subscriptio, in der sich der Ankläger bei Falschanklage zur Strafe der *Talion* zu verpflichten hatte, und der *Kalumnieneid*. H. Zapp

Lit.: DDC VII, 281ff. – E. JACOBI, Der Prozeß im Decretum Gratiani, ZRGKanAbt 3, 1913, 223-343 – CH. LEFÈBVRE, Gratien et les origines de la ›dénonciation évangélique‹: De l'›accusatio‹ à la ›denunciatio‹, SG 4, 1956/57, 213-250 – G. MAY, Anklage – und Zeugnisfähigkeit, TThQ 140, 1960, 163-205 – W. M. PLÖCHL, Gesch. des Kirchenrechts 2, 1962², 353ff. [Lit. 372ff.; dazu noch immer maßgebl. die älteren Arbeiten von MOLITOR und MÜNCHEN] – P. HERDE, Audientia litterarum contradictarum 1, 1970, 435f.

Akoimeten, frühchr. Mönche. Gründer der A. ('Nicht-Schlafende') war der Grieche Alexander (ca. 350-430). Um 380 wurde er in Syrien Mönch, zunächst im Kl. des Elias, später lebte er als Eremit. Dann unternahm er eine Missionsfahrt nach Mesopotamien und gründete dort ein eigenes Kl. Aus den vielen Mönchen, die sich ihm anschlossen, wählte er eine Kerntruppe, mit der er erneut Missionsreisen unternahm. Dabei geriet er in Antiochien mit dem Patriarchen Theodotos in Streit (nach 404). Er wich nach Konstantinopel aus, wo er ein neues Kl. gründete. Das weckte Neid und Streit. Ob die 426/427 in Konstantinopel tagende Synode unter Patriarch Sisinnius in der Verurteilung der *Messalianer* auch an Alexander dachte, bleibt offen (MPG 103, 89-92). Jedenfalls mußte dieser die Hauptstadt verlassen. Als er mit den Seinen in die Gegend v. Chalkedon kam, hetzte der Bf. Eulalios den Pöbel gegen ihn auf, so daß es zu blutigen Zusammenstößen kam. Gegen den Willen des Bf.s bot der hl. →Hypatios den Verfolgten in seinem Kl. Asyl und Pflege. Durch Intervention der Ksn. Pulcheria durfte Alexander am Bosporus ein Kl. in Gnomon errichten, wo er um 430 starb. Bald darauf verlegte sein Nachfolger Johannes das Kl. nach Eirenaion (heute Tschibukli). Der von Alexander entwickelte Mönchstyp, der viele auswärtige Mönche und Novizen anzog, hat drei Charakteristika: radikale Armut unter Ausschluß jegl. auf Erwerb ausgerichteten Handarbeit; missionar. Einsatz; die Feier der ununterbrochenen Liturgie und das unablässige Gebet (daher der Name). Hinsichtl. der Armuts- und Arbeitsauffassung hat Alexander schon bald heftigen Widerspruch gefunden (vgl. Nilus Sinaita, MPG 79, 998 A). Der grundsätzl. missionar. Einsatz ist ein dem beginnenden ö. Mönchtum fremdes Element. Das ununterbrochene gemeinsame Gebet richtete Alexander so ein, daß er aus der Mönchsschar mehrere Gruppen bildete, die abwechselnd Tag und Nacht das Offizium sangen und so bei den Umwohnern den Eindruck erweckten, die Mönche schliefen nicht. Das nach Eirenaion verlegte Kl. der A. spielte in den kirchenpolit. Kämpfen des 5./6. Jh. eine bedeutende Rolle, zumal unter dem Abt Markellos, der 40 Jahre die Leitung hatte und einer der einflußreichsten Männer der Zeit war. Unter ihm wurde das Akoimetenkloster »eine Hochburg der Orthodoxie«, und er konnte es wagen, sich der Familienpolitik Ks. Leons I. entgegenzustellen. Berühmt ist die Bibliothek des Akoimetenklosters, in der das Dossier für den Kampf um Chalkedon gesammelt war. Im 6. Jh. gerieten die A. für eine Zeit in Konflikt mit dem Papst und Ks. Justinian. Dann hören wir nichts mehr von ihnen. H. Bacht

Lit.: DSAM I, 169-175 – H. BACHT, Die Rolle des oriental. Mönchtums in den kirchenpolit. Auseinandersetzungen um Chalkedon 431-519, Das Konzil von Chalkedon, hg. A. GRILLMEIFR und H. BACHT, 2, 1973⁴, 193-314 [insbes. 260f., 269ff., 275f., 290f.].

Akoluthai → Buchmalerei

Akribie. Nach orthodoxem Kirchenrecht wendet die zuständige Obrigkeit die gültigen Normen gemäß A. bzw. →Ökonomie unterschiedl. an. A. setzt diese ohne Abstriche durch; Handhabung gemäß Ökonomie betrachtet sie mehr als Formulierung des im Einzelfall nicht voll erreichbaren Idealzustands und gewährt Erleichterung. Ob hic et nunc A. oder Ökonomie richtig ist, entscheidet die handelnde Obrigkeit. E. Ch. Suttner

Lit.: E. CH. SUTTNFR, Ökonomie und A. als Normen kirchl. Handelns, OKS 24, 1975, 15-26 [mit Lit.] – Č. DRAŠKOVIĆ, Liberty and Limitations Coming from Tradition Concerning the Adaptation of Orthodoxy to the Modern World, Ἐπιστημονική Ἐπετηρίς Θεολογικῆς Σχόλης Θεσσαλονίκης 19, 1974, 141-159.

Akriten (von gr. ἄκρα, 'Grenze', 'Anhöhe'), 9.-13. Jh., Anwohner der byz.-arab. Grenzgebiete, bes. Mesopotamiens und Armeniens. Vorläufer waren in gewissem Sinn die →limitanei der frühbyz. Zeit und die →Mardaiten des 7. Jh. Entstanden aus dem ständigen arab.byz. Kleinkrieg, erfüllten die A. zusammen mit der regulären Armee, den →Themen und Kleisuren, die Aufgaben eines Grenzschutzes gegen die Araber, wofür sie von Abgaben befreit wurden. Zeitweise nahmen sie zw. Byzanz und dem Kalifat eine halbunabhängige Position ein. Sie raubten und machten Beute zu Lasten oft beider Reiche (ihre Lebensweise ist beschrieben im Epos des →Digenis Akritas). Niedergang im 11. Jh., als Byzanz auch diese Gebiete mit Steuern und Abgaben belastete; doch sind Reste bis ins 13. Jh. nachweisbar. Infolge der erzwungenen W-Orientierung und der Finanznot des byz. Reiches unter Michael VIII. Palaiologos lösten die A. sich auf, was die Eroberung W-Kleinasiens durch die Osmanen erleichterte. → al-Ghāzī. R.-J. Lilie

Lit.: E. WERNER, Akritai und Ghāzī, Studia Byzantina I, 1966, 27-47 – A. PERTUSI, Tra storia e leggenda: Akritai e ghazi sulla frontiera orientale di Bisanzio, Actes du XIVe Congrès international des études byzantines I, Bukarest 1974, 237ff.

Akropolites, Georgios, *1217 in Konstantinopel, † ebd. 1282. Kam als Jüngling 1233 bereits in Kontakt mit dem ksl. Hof von Nikaia, war Schüler von Theodoros Hexapterygos und Nikephoros →Blemmydes; seit 1246 Lehrer des Thronfolgers und späteren Ks.s →Theodor II. Laskaris. A. zeigte sich als fähiger Staatsbeamter im diplomat., militär. und polit. Dienst. Am Unionskonzil von Lyon (1274) nahm er als ksl. Vertreter teil. A. ist der eigentl. Geschichtsschreiber des byz. Kaiserreichs von Nikaia. Seine auf unmittelbare Kenntnisse und Erfahrungen gestützte Chronike Syngraphe (Χρονική συγγραφή) behandelt die Zeit von 1203–61, die u.a. auch wichtige Quelle der epirot.-alban. und bulg. Geschichte der Zeit ist. Er hat auch ein Gedicht, rhetor. und theolog. Werke geschrieben. A. Fourlas

Ed.: A. HEISENBERG, Georgii Acropolitae opera I–II, 1903 – *Lit.:* OSTROGORSKY, Geschichte³, 346 – KARAGIANNOPOULOS, 366 – BLGS I, 26f. – MORAVCSIK, ByzTurc I, 266–268.

Akrostichon. [1] *Definition. Antike Lit.:* Terminus urprgl. *akrostichís* (Cic. div. 2, 111), *akróstichion* (Or. Sib. 8, 249) 'Versspitze', 'Versanfang'; die Form *akróstichon* erst um 1000 im Titel von Anth. Pal. 9, 385 (als Plural *akrósticha*): Die Anfangsbuchstaben einzelner Verse, Strophen oder Gedichtteile ergeben aneinandergereiht ein Wort, eine Wortfolge oder einen Satz. Sonderformen sind das *doppelte A.* (Or. Sib. 8, 217 ff.: die Versanfänge ergeben *Iēsoũs Chreistòs Theoû Yiòs Sōtér*, daraus wiederum *Ichthýs*, lat. bei Aug. civ. 18, 23), das *alphabetische A.* (→ Abecedarium) und das *Akroteleuton*, bei dem die Anfangsbuchstaben von oben nach unten gelesen das gleiche Wort oder den gleichen Satz ergeben wie die Endbuchstaben von unten nach oben *(Telestichon)*.

A. stehen im Zusammenhang mit *Buchstabenmystik* und *-zauber*, die einerseits auf einer Anschauung von der Kunst des Schreibens als eines »unheimlichen Mysteriums« (DORNSEIFF), andererseits auf einer Vorstellung von den Texten als Sinnbildern der Welt und damit von den Buchstaben als »Trägern einer höheren, verhüllten Wahrheit« (VOGT) beruhen. Daher ist das A. zuerst in religiösen Texten belegt (babylon. Gebete; über die alphabet. A. des AT → abecedarii). Beliebt war das A. als Kunstform in der *hellenist. Lit.* Es diente als programmat. Chiffre für das eigene Kunstwollen (*lepté* bei Arat. Phainom. 783–787), zur Hervorhebung einer inhaltl. bedeutenden Versgruppe (*Nikandros* bei Nikandr. Theriaka 345–353) oder auch zur Sicherung der Autorschaft (Geographi Graeci Minores, ed. C. MÜLLER, 1855, I, 238). Namensnennung oder eine ähnl. Aussage in Form eines A.s wird bes. auf Grab- und Weihinschriften der Kaiserzeit häufig (z.B. G. KAIBEL, Epigrammata Graeca, 1878, Nr. 149 et al.; Anth. Pal. 14, 148; CIL V 6723 et al.), auch in Verbindung mit Telestichon (CIL V 1693; Anth. Lat. 492). In der *Orakellit.* dient das A. zur Sicherung des überlieferten Textes gegen das Eindringen von Interpolationen oder gegen sonstige Entstellungen oder Fälschungen (Cic. div. 2, 111f.). Nach dem Vorgang der Verwendung in Texten des AT finden sich A. häufig in der gr. und byz. kirchl. Poesie, sowohl als alphabet. A. (Belege RE I, 1202 ff.) als auch (v.a. in der byz. Hymnodik) zur Angabe des Verfassers. Die A. werden zu ganzen Überschriften ausgeweitet, die wiederum selbständige Verse bilden.

Neben vereinzeltem Auftreten in der *lat. Lit.* der Republik werden A. zunehmend in nachklass. und spätlat. Dichtung verwendet, so in der Ilias Latina (Mitte des 1. Jh. n. Chr.), in den metr. Inhaltsangaben zu den Stücken des Plautus (wohl 2. Jh. n. Chr.), in den Institutiones des → Commodianus und v.a. bei → Porfyrius, wo in den quadrat. geschriebenen hexametr. Gedichten verschiedenartige *Figuren* durch zusammenhängende Buchstabenreihen gebildet werden, die einzelne Wörter oder Verse ergeben (→ Figurengedichte). Unter den chr. spätlat. Autoren verwenden alphabet. A. → Hilarius v. Poitiers (CSEL 65, S. 209), → Augustinus (Psalmus contra partem Donati, RevBén 47, 1935, 318 ff.) und zwar als Gedächtnisstütze (retr. 1, 20), → Sedulius. J. Gruber

Lit.: Kl. Wb. d. chr. Orients, 4f. – RAC I, 235–238 – RE I, 1200–1207 – H. DIELS, Sibyllin. Bll., 1890, 25–37 – F. DORNSEIFF, Das Alphabet in Mystik und Magie, 1925² – R. MARCUS, Alphabetic A. in the Hellenistic and Rom. Periods, Journ. of the Near East. Stud. 6, 1947, 109–115 – E. VOGT, Das A. in der gr. Lit., AuA 13, 1967, 80–95.

[2] *Mittellat. Lit.:* Die Bezeichnung A. findet sich im MA bei → Hrabanus Maurus und → Amalarius v. Metz (»anachrostichis« bzw. »anachrosticha«, MlatWB I, 606); häufiger sind umschreibende Hinweise auf ein A. (z.B. MGH PP I 411 Nr. 23; IV 708 f. »capita versorum«, vgl. Augustinus, Tract. in Evang. Ioh. 10, 12). Das A. blieb das ganze MA hindurch in seinen verschiedenen Formen lebendig. Nach einzelnen Beispielen aus der Übergangszeit (Anth. Lat. 214; Eugenius v. Toledo) bieten Angelsachsen und festländ. Dichter der karol. Epoche eine Fülle von Belegen. → Aldhelm nannte seinen Namen und die Verszahl seiner Rätselsammlung im A. der Praefatio (MGH AA XV 97–99); andere Autoren grenzten durch ein A. in den Schlußversen gewissermaßen den authent. Umfang ihres Werkes ab oder schlossen ihren Namen in ein kurzes Gebet ein; Bitten richteten sich auch an die oftgenannten Adressaten der Dichtungen, denen man mit einem A. bes. kunstvoll huldigte; → Bonifatius verriet im A. die Lösungen seiner Rätsel, → Walahfrid Strabo verschlüsselte so in der »Visio Wettini« die Namen derer, die Wetti in der Hölle erblickt hatte, zu denen auch Karl d. Gr. gehörte (MGH PP I 3–15 bzw. II 316–319). Die Wörter eines A.s können wiederum Verse bilden (MGH PP II 4: »Ermoldus cecinit Hludoici caesaris arma«). In nachkarol. Zeit finden sich A. bei → Adso, → Ademar v. Chabannes, → Froumund, → Guido v. Arezzo, → Stephan v. Rouen, → Caesarius v. Heisterbach und anderen, dazu in großer Zahl in Reimoffizien und Dichtungen für die private Andacht (bei Franco v. Meschede ein A. im Umfang von 111 Buchstaben), wo versteckte Verfassernamen das geistige Eigentum sicherten und den Dichtern zudem fortdauernde Erwähnung im Gebet verhießen. Das A. wurde oft mit gleichlautendem oder die Aussage fortsetzendem *Mesostichon* und (von oben nach unten zu lesendem) *Telestichon* verbunden und in → Figurengedichten verwendet, die in frk.-karol. Zeit sehr beliebt waren (Venantius Fortunatus, Bonifatius, Alkuin und sein Kreis, bes. Hrabanus, Milo v. St-Amand, Eugenius Vulgarius) und im späteren 10. Jh. eine Nachblüte erlebten (→ Abbo v. Fleury und andere, vgl. MGH, Ma. Textüberlieferungen und ihre krit. Aufarbeitung, 1976, 74–75). Das *alphabet. A.* fand im FrühMA weite Verbreitung bei langob. und span. Dichtern, in den merow.-karol. Rhythmen und in der ir.-ags. Hymnodie und diente seiner Herkunft gemäß v.a. geistl. Dichtungen als Form; bisweilen beginnen alle Wörter einer Zeile oder alle Zeilen einer Strophe mit demselben Buchstaben (MGH PP IV 610–612; ZDA 91, 1961, 342). Eine neue Art des A.s weisen seit dem 12. Jh. komputist. Merkverse (Alexander de Villa Dei, »Massa compoti«), religiöse Gedichte und Prosatexte verschiedenen Inhalts auf; in ihnen ersetzen die Reihen der Anfangsbuchstaben Zahlenreihen, durch die für bestimmte Zeiträume die Ostertermine, die Zahl der Wochen zw. Weihnachten und Invocavit usw. angegeben werden; die Initialen können auch die Lunaroder die Sonntagsbuchstaben einer Folge von Jahren ergeben. P. Ch. Jacobsen

Lit.: Vgl. die Indices zu MGH PP I–IV, MANITIUS I–III, SZÖVÉRFFY Ann I–II und WeltD I, WALTHER – AnalHym 29, 5–15; 51, 257–365 – KL. PAULY I, 222 f. – D. NORBERG, Introduction à l'étude de la versification latine médiévale, 1958, 54–57 – B. BISCHOFF, MAStud. II, 1967, 192–227 – F. TSCHIRCH, Spiegelungen, 1966, 201 f. – P. KLOPSCH, Anonymität und Selbstnennung mlat. Autoren, MJb 4, 1967, 20f. –

A. LIEDE, Dichtung als Spiel 2, 1963, 75–78 – U. ERNST, Der Liber Evangeliorum Otfrids v. Weissenburg, 1975, 206–213.

[3] *Dt. Lit.*: In dt. Texten finden sich A. und Verwandtes im 9. Jh. bei →Otfried v. Weißenburg und weiter in religiöser Lit. bei Albertus »v. Augsburg«, Ebernand v. Erfurt, im Niederrhein. »Marienlob«, bei Konrad v. Heimesfurt, Konrad v. Ammenhausen, in der »Erlösung«, bei Ulrich Putsch, Erhard Gros, in Mariendichtung mit Alphabet- und Vokalreihen. A. wird aber, wohl immer durch lat.-gelehrte Ausbildung, auch in nicht-geistl. Lit. vermittelt. Hier hat v. a. →Gottfried v. Straßburg mit der akrost. Umschlingung der Namen Tristan und Isold als Werkgliederung (nicht zu Ende geführt) dem A. hohen Symbolwert verliehen. In seiner Nachfolge zumeist finden sich A. bei Rudolf v. Ems, Heinrich v. dem Türlin, Ulrich v. dem Türlin, Hartwig v. dem Hage, Reinfried v. Braunschweig, in der Braunschweig. Reimchronik und »Des Minners Klage«. Im Zeitalter humanist. Vorbilder geben A. Johannes v. Tepl, Johannes Rothe, Heinrich Steinhöwel, Jakob Püterich v. Reichertshausen, Ulrich Füetrer, Antonius Pforr und Christian Wierstraet. H. Kuhn

Lit.: I. NOFHTE [Mg. Arb. masch. München 1971].

Akrostichon →Steuerwesen, byz.

Akşehir (früher Aḫšar, Aqşar), mittelanatol. Stadt wohl beim antiken Philomelion, bedeutend wegen ihrer Lage an der Straße von Konstantinopel nach Syrien. Seit 1071/80 seldschuk., war A. Sitz von Statthaltern, von denen einer das Kreuzheer Friedrichs I. beim Vorbeizug angriff. 1220 wurden der ehem. Burgherr →Alanyas mit A. als 'Pfründe' (*iqṭāʿ*) entschädigt, 1228/29 der Mengüdschekide Dāvūd Šāh abnl. abgefunden. Seldschuk. Sultane und Würdenträger statteten A. v. a. im 13. Jh. mit zahlreichen Bauten aus. Nach dem Sieg einer Koalition türkmen. Fs.en bei A. (1277) wurde die Stadt nacheinander Besitz der Qaramanen, Ešref-Söhne, des Ilchaniden-Statthalters Timurtaš und der Ḥamīd-Söhne (→Ḥamīd Oğullarī) (nach 1328). Letztere veräußerten 1381/83 ihr Gebiet an die Osmanen. 1403 starb Bāyezīd I. in A. als Gefangener Timurs. Den 1402 wiedereingesetzten Qaramanen gelang es, A. bis 1464 gegen die Osmanen zu behaupten. K. Kreiser

Lit.: I. H. KONYALI, A., 1945.

Akt–Potenz (actus–potentia), Begriffspaar aristotel. Ursprungs; in engerer Bedeutung: Tätigkeit und das Vermögen dazu; in weiterer Bedeutung: Bestimmtheit und Bestimmbarkeit. Die P., etwas zu tun oder zu ändern, ist p. activa, die P., Veränderung zu erleiden, ist p. passiva. Die für ein Ding wesensbestimmende substantielle Form ist der actus primus; diese Form liegt als Prinzip jeder Tätigkeit, dem a. secundus, zugrunde. Als Bestimmtheit und Bestimmbarkeit werden A. und P. auf Form und Materie übertragen, wobei als A. die substantielle Form und als P. im Sinne der p. passiva, d. h. als reine Bestimmbarkeit, die materia prima angesehen werden. Darüber hinaus wird in der Spätscholastik das Sein, durch das etwas ist, im Gegensatz zu seinem Nichtsein als a. entitativus bezeichnet. Bei Gott schließl. kann überhaupt keine Bestimmbarkeit mehr angenommen werden, er ist →a. purus. Hieraus ergibt sich, daß A. und P. in zweifacher Weise verstanden werden müssen: der A. ist Tätigsein und seinshafte Bestimmtheit, die P. bedeutet die Möglichkeit für das Tätigsein und die Möglichkeit, durch die Tätigkeit eines anderen verändert zu werden. Diese Möglichkeit befindet sich wie der A. nur am Wirklichen, sie ist daher anderes als die Nichtwidersprüchlichkeit eines bloß Denkbaren, sie ist p. realis, die von der log. P. unterschieden werden muß. Im MA zeichnen sich folgende Positionen ab: 1. Die *Früh-*

scholastik, die, v. a. von Augustinus und der ps.-augustin. Schrift »De spiritu et anima« bestimmt, die Seele als A. und ihre Kräfte als P. en versteht, wobei jedoch die Identität betont wird. 2. Die *aristotel. Hochscholastik*: Thomas v. Aquin trennt A. und Form begriffl. und faßt das Sein als Aktualität; daher haben im Unterschied zu Gott die rein geistigen Formen Potentialität. Ähnliches lehrt Johannes Duns Scotus, nach dem die Materie aber eine eigenständige Seinsheit ist und ebenfalls A. genannt werden kann. 3. Die *Spätscholastik*: Franciscus Suárez z. B. unterscheidet einen phys. und formalen A. von einem metaphys., näml. u. a. der Existenz. M. Bauer

Lit.: HWP I, 134–142 – L. FUETSCHER, A. und P., 1933.

Akten, seit dem 15. Jh. gelegentl., seit dem 17. Jh. gewöhnl. für lat. acta Bezeichnung des schriftl. Niederschlags von Handlungen im Gerichtswesen, bei Regierung und Verwaltung, während acta bis ins 16. Jh. auch die Handlung (»Händel«) und Verhandlungen, die Geschäfte selbst meinen kann. In mehreren anderen Sprachen bedeutet das Lehnwort nur das rechtserhebl. Ergebnis von Amtshandlungen, die →Urkunde (vgl. die seltene dt. Nebenform *Akte*). Im dt. wissenschaftl. Sprachgebrauch haben sich seit dem 19. Jh. (umstrittene) engere Aktenbegriffe gebildet. Hier sollen die nichturkundl. Zeugnisse schriftl. Geschäftsführung als A. verstanden werden.

Röm. Aktenbildung setzt mit den *Hausbüchern* und *commentarii* (→Amtsbücher) ein, die Bezeichnung für Schriftgut mit den von Cäsar 59 v. Chr. verordneten acta senatus, authent. Protokollen, und acta diurna (urbis), amtl. Nachrichten. Bald nahmen die acta, auch die neueren acta ordinis der Municipalräte und acta militaria für das Truppen-Rechnungswesen, sämtl. Beweise für die Arbeit ihrer Behörden auf. Seit dem 3. Jh. trat der Begriff unbestimmter neben commentarii, gesta, regesta u. a. für *Amtsbücher* aller Art, bes. im gerichtl. und kirchl. Bereich. Die Provinzialbehörden, 366 dazu die municipalen Magistrate (in den gesta municipalia, im frk. Reich bis ins 9. Jh.), schließl. die Bf.e wurden berechtigt und verpflichtet, A. in fremder Sache zu führen, wenn öffentl. Glaube erforderl. oder zu größerer Sicherheit erwünscht war. In der Steuerverwaltung fielen seit Diokletian *Kataster, Polyptycha, Brevia* als A. an.

Ähnliche Arten finden sich im MA wieder, wo Schriftlichkeit in Verwaltungsdingen erhalten geblieben war, durch röm. und kanon. Recht vermittelt wurde oder aus dem Bedürfnis aufkam, neben Rechtstiteln auch Gedächtnishilfen und Beweise für die eigenen Tätigkeiten, für Geschäftsführung und -gang zu erhalten. Abgesehen von der byz. Verwaltung mit ihrem verhältnismäßig reichen Schriftwesen, setzten im strengeren Sinne nur die päpstl. *Register, Synodalakten, Formelsammlungen* und it. *Notare* antike Traditionen fort. Die von Karl d. Gr. veranlaßten Breviarien, die Polyptycha karol. Kl. greifen lediglich auf alte Muster zurück. Im übrigen besteht das Geschäftsschriftgut, das des Pergaments wert schien, bis ins 12. Jh. vorwiegend aus Behelfen, die sich zunächst geistl. Institutionen schufen: Listen (wie *Nekrologien, Verbrüderungsbücher*), Bestandsaufnahmen (wie *Kopial-* und *Traditionsbücher, Güter-* und *Einkünfteverzeichnisse*). Diese und weitere Handbücher gab es auch später, nun z. T. im Auftrag weltl. Gewalten angelegt: *Landesbeschreibungen* (vgl. das »Domesday Book« v. 1086), *Urbare, Lehn-* und *Steuerbücher* (vgl. den »Liber censuum« seit 1192), zahlreiche Listen (wie *Inventare, Matrikel, Bürger-, Juden-,* seltener *Kirchenbücher, Präsenz-, Quartierlisten*) und als Hilfsmittel für die Schreiber selbst *Formel-* und *Kanzleibücher*. Seit dem 12. Jh., mit der Umwandlung älterer Wirtschafts- und Herrschaftsformen zu Verwaltungseinheiten, dokumentierte man auch laufende Geschäfte (vgl. bes. die Kurie, den Deutschen Orden, die w. Kgr., Burgund, it. Städte), was schließl. in das umfassende neuere Aktenwesen mündete. Kanzleien trugen die ausgehenden Urkunden und Mandate in *Register* ein. Gerichte, voran geistl. und Hofgerichte, führten *Protokolle*, oft alle Prozeßphasen und Vorgänge berücksichtigend; der Verlauf von Ratssitzungen, Stände- und Zunftversammlungen, Visitationen, Rechnungslegung wurde protokolliert aufgehoben. It. Kaufleute verbreiteten die *Buchhaltung*, staatliches, städt. und privates Haushaltswesen kam auf und führte zu Aktenbildung. Der nichtregistrierte Auslauf der Kanzleien (wie *Instruktionen, Mitteilungsschreiben*) und der Einlauf (*Berichte, Depeschen* seit dem 15. Jh., *Antworten, Zeitungen, Suppliken* etc.) sind anfangs oft nur in →Briefsammlungen, manchmal in städt. Ratsbüchern in Auswahl erhalten, seit dem 14. Jh. zunehmend, bes. in Städten, in Brief- und Konzeptbüchern. Von losen A. blieb wenig übrig (vgl. aber das Archiv der Datini).

Wie die Bezeichnungen andeuten, haben A. im MA überwiegend die Form von →Amtsbüchern. Sie bilden häufig gleichartige Serien, und wenn man überhaupt loses Schriftgut absichtl. aufhob, fügte man es entweder den Büchern bei (z.B. durch Einlegen oder -nähen) oder legte es in Bündeln, Schachteln, Säcken in derselben Ordnung ab. Wachs- oder Schiefertafeln verwendete man selten für langfristige Aufzeichnungen. Im einzelnen sind die Organisationsformen der A. (ihre *Registratur*) und die inneren Merkmale ihrer Bestandteile, der Eintragungen und Schriftstücke, vielfältig und hängen jeweils von den Arten der Herrschaft, der Geschäfte, von den Kanzleien und aktenbildenden Personen ab. Vgl. a. Verwaltung.

K. Colberg

Bibliogr.: DAHLMANN-WAITZ 9 und 18 – *Lit.*: KL. PAULY I, 54–56 [Lit.] – A. BRENNEKE, Archivkunde, ein Beitr. zur Theorie und Gesch. des europ. Archivwesens, hg. W. LEESCH, 1953 [Repr. 1970] – E. NEUSS, Aktenkunde der Wirtschaft I, 1954, Schriftenreihe der Staatl. Archivverwaltung 4 – A. v. BRANDT, Vorbemerk. zu einer ma. Aktenlehre, Archivar und Historiker, Fschr. H. O. MEISNER, 1956, 429–440 – K. DÜLFER, Urkk., Akten und Schreiben in MA und Neuzeit, AZ 53, 1957, 11–53 – E. PITZ, Schrift- und Aktenwesen der städt. Verwaltung im SpätMA, 1959, Mitt. aus dem Stadtarchiv von Köln 45 – H. O. MEISNER, Archivalienkunde vom 16. Jh. bis 1918, 1969 [Lit., bes. auch zum Aktenbegriff] – H. PATZE, Neue Typen des Geschäftsschriftgutes im 14. Jh. (Der dt. Territorialstaat im 14. Jh., I, 1970, 9–64 [Vortr. und Forsch. 13]) – A. v. BRANDT, Werkzeug des Historikers, eine Einf. in die hist. Hilfswiss., 1973[7] – E. G. FRANZ, Einf. in die Archivkunde, 1974 – J. PAPRITZ, Archivwiss., 4. Bde, 1976.

Akzente. Die uns geläufigen Lesehilfen zur Kennzeichnung des A.s gingen sehr wahrscheinl. aus der textkrit. Beschäftigung mit Homer und anderen Klassikern im 2. und 1. Jh. v. Chr. hervor; dem Leiter der Bibliothek von Alexandria, Aristarchos von Samothrake (217–145 v. Chr.), wird ein entscheidender Anteil daran zugesprochen. Den älteren gr. Texten, bes. nicht-lit. Charakters, auf Stein, Papyrus und Pergament, sind die A. prakt. fremd. Auch in der hellenist. Periode ist die Verwendung von Akzentzeichen willkürl., öfter in epischen, dramat. und lyr. Texten und bei Plato. Am häufigsten sind sie im 2. und 3. Jh. n. Chr. Die Akzentzeichen geben die Tonhöhe und zeitl. Abstufung wieder. Der βαρύς ' (gravis) bezeichnete schwach betonte oder dumpfe Silben, der ὀξύς ' (acutus) die stark betonten oder hellen. Für den Akut steht oft der Zirkumflex ~. In Byzanz wurde die Akzentlehre (προσῳδία) systemat. durchgeführt. In den ma. gr. Hss. sind die A. die Regel. Die Römer übernahmen von den Griechen im 2. Jh. v. Chr. die Akzentlehre und die techn. Ausdrücke (belegt seit Varro). Das abendländ. MA kannte die A. aus den röm. Grammatikern. Dieses Kapitel ma. Orthographie ist bis jetzt wenig erforscht. Vor dem 9. Jh. war die Verwendung von Akzentzeichen auf dem Festland so gut wie unbekannt. In ir.-ags. Hss. kommen A. früh vor. Eingehend hat LOWE (LOEW) die A. zeichen in der *Beneventana* untersucht. Ältester Zeuge ist danach Neapel VI B 12 (817–835), etwas jünger Monte Cassino 3 (zw. 874 und 892). Von Monte Cassino 384 (9./10. Jh.) an, wo die A. einen festen Bestand bilden, sind diese recht häufig. Bis auf Abt Desiderius (1058–87) wird der Zirkumflex über langen einsilbigen Wörtern gesetzt (rê, mê usw.), über langer paenultima, wenn die ultima kurz ist (filióque, peccâre), der Akut hingegen über kurzen monosyllab. Wörtern (án, és) oder über der antepaenultima (efficáciter, spirítibus). Seit gen. Abt wird nur noch der Akut verwendet, d. h. es wird kein Unterschied zw. kurzer oder langer Silbe mehr gemacht. In span. Hss. begegnen seit 948 A. Im 10. Jh. verbreitet sich der Gebrauch von A. n über weite Teile des W. Seit dem 11. Jh. werden Akut und Zirkumflex häufig, doch nie so regelmäßig wie in den gleichzeitigen gr. Hss. Zur Bezeichnung langer oder kurzer betonter Silben finden die A. Eingang in die vulgärsprachl. Lit. In ahd. Sprachdenkmälern begegnen sie seit Ende des 8. Jh. (»Hildebrandslied« usw.), doch ist zu beachten, daß die A. oft von jüngeren Händen herrühren. Das sorgfältigste Akzentuationssystem, zugleich das am meisten systemat., ist das der Schriften Notker Labeos.

A. Bruckner

Lit.: W. M. LINDSAY, The Latin language, 1894, 148–217 [dt. 1897, 171–180] – P. SIEVERS, Die Accente in ahd. und as. Hss., 1909 [bes. 4 ff.] – F. STEFFENS, Lat. Paläographie, 1909, 15 – H. HIRT, Hb. der gr. Laut- und Formenlehre, 1912, 90–94, 266–286 – F. SOMMER, Hb. der lat. Laut- und Formenlehre, 1912, 83–111 – W. LARFELD, Gr. Epigraphik, 1914, 301 ff. – E. A. LOEW, The Beneventan Script, 1914, 274–277 – M. CARLO, W. SCHUBART, Gr. Paläographie, 1925, 171–173 – A. Paleografia española I, 1929, 292–294 – E. K. RAND, A Survey of the MSS. of Tours I, 1929, 89 – E. G. TURNER, Greek Papyri, 1968.

Im Hebräischen sind A. im konsonantischen AT-Text (→Bibel) offensichtl. älter als Vokal- und diakrit. Zeichen der Massoreten (8.–10. Jh.). Überliefert in mehreren Systemen, unter denen sich das tiber. an Geschlossenheit auszeichnet, dienen sie der Intonation, Trennung und Betonung und sichern die kult. korrekte Lesung hl. Texte. Ps, Spr und Ijob weichen im A. bestand von den anderen (21) atl. Büchern ab.

P. Freimark

Lit.: H. BAUER–P. LEANDER, Hist. Grammatik der hebr. Sprache, 1922 [Nachdr. 1965], 136–162.

Akzidentien nennt man in der Musik diejenigen Zeichen (♭ ♮ ♯ ✕), die in der seit →Guido v. Arezzo im Abendland gebräuchl. Notenschrift zu den einzelnen Notenzeichen hinzutreten müssen, um eine von der Stellung auf oder zw. den Linien abweichende Tonhöhe (Erhöhung oder Erniedrigung um 1 Halbton; Erhöhung bzw. Erniedrigung um 2 Halbtöne – Doppelkreuz und Doppel-B – ist weit über das MA hinaus unbekannt) sichtbar oder diese Abweichung wieder rückgängig zu machen. Die dafür verwendeten graph. Zeichen gehen von der bereits in der Buchstabennotation üblichen Schreibung des *b molle* (b, engl. *b flat*, frz. *si bémol*, it. *si bemolle*) als ♭ oder ♮ und des *b durum* (heute im dt. Sprachgebiet – eingeführt durch den Buchdruck als Ersatz für das fehlende eckige b – *h*, engl. b frz. und it. *si*) als ♮, ♮ oder ♯ (auch ✕) aus, womit die seit der Antike an dieser Stelle um einen Halbton verschieden realisierbare Tonhöhe der zw. *a* und *c* (frz./it. *la : si*) liegenden Stufe bezeichnet wurde. Im Liniensystem mußte das b molle zusätzl. durch Hinzufügung seines Tonbuchstabens gekennzeichnet werden, damit es von der ohne diesen Zusatz als b durum geltenden Note zu unterscheiden war, später setzte man diese Zeichen auch vor andere Stufen, um den darüber (♯) oder darunter (♭) gewollten Halbtonschritt (der zumeist die Erhöhung oder Erniedrigung des betreffenden Tones erforderte) anzuzeigen. Ob es sich dabei um genuin zu einer (transponierten) Skala gehörige Stufen (→ gregorian. Gesang) oder um innerhalb einer Skala alterierte Töne (→ musica falsa, musica ficta) handelt, kommt durch die A. selbst nicht zum Ausdruck. Die A. können (wie heute) sowohl am Anfang der Notenzeile (also für diese insgesamt gültig) als auch vor der betr. Note (also nur für diese gültig) stehen, im MA in letzterem Falle sogar mehrere Noten davor, aber auch unmittelbar dahinter oder bei gleicher Tonhöhe dazwischen. H. Schmid

Lit.: RIEMANN[12] (Sachteil), 1967, s.v.

Akzidenz → Substanz-Akzidenz

Akzise (*Ungeld, Zise*, lat. *accisia, assisia*), Bezeichnung für zahlreiche Formen der Besteuerung des Verbrauchs und Verkehrs, selten auch der gewerbl. Produktion. Im 11.Jh. in Spanien und Venedig bezeugt, begegnet sie in Deutschland zuerst am Niederrhein (Köln 1206), im Laufe des 13.Jh. in allen dt. Reichsteilen. Ursprgl. für städt. Bedürfnisse bestimmt und von den Stadtbehörden, meist mit Bewilligung des Stadtherrn, eingenommen, konnte sie bald auch von Landesherren in ihren Städten erhoben werden (1233 Baden, 1239 Österreich, 1336 Böhmen, 1375 Hessen, 1395 Bayern, 1472 bzw. 1488 Brandenburg). Eine ähnl. Steuer gab es in anderen Ländern Europas, auch wenn, wie in Frankreich, der Ausdruck A. fehlt (vgl. die Hinweise bei → afforage, aides, coutumes usw.). Als Verzehrsteuer betraf sie meist den Wein- und Bierkonsum. Sie entstand z.T. in Anlehnung an Zölle und Marktabgaben (*Torakzise*). Neben Gebühren für die Benutzung städt. Verkehrseinrichtungen (Waagen, Maße, Kaufhäuser usw.) entwickelten sich vielfach reine *Verkehrsakzisen* ohne städt. Gegenleistung. Als A.n wurden sogar regelmäßig einlaufende Bußgelder bezeichnet. Die Verkehrsakzisen belasteten meist nur den Großhandel. Der Tarifierung nach sind *Wertakzisen* und A.n nach festen Sätzen für Maß- und Gewichtseinheiten zu unterscheiden. *Akzisefreiheit* genossen oft Geistlichkeit, Adel und bei Gegenseitigkeit Bürger anderer Städte. Allerdings wurde die Akzisefreiheit der Geistlichkeit vielfach von städt. Seite bestritten (Köln 14./15.Jh.). Die Akzisesätze schwankten zw. 1 und 16,67% (Kölner *Weinzapfakzise*). Der poln. Landtag genehmigte 1466 eine *ciza* oder *czopowe* auf Bier und Met von 12,5%. Im Gesamthaushalt ma. Städte stieg die Bedeutung der A. vom 14. zum 15.Jh.; ein hoher Akzisenanteil scheint typ. für Exportgewerbe- und Fernhandelsstädte. Akzisebücher sind eine ergiebige Quelle für die Entwicklung einzelner Gewerbe- und Handelszweige. Große Bedeutung als Steuerquelle gewann die A. in den Territorien erst im 17.Jh. Beispielgebend war in Deutschand, an holländ. Vorbildern orientiert, Brandenburg. F. Irsigler

Lit.: Eine monograph. Behandlung ist ein Desiderat. Hinweise bei R. KNIPPING, Die Kölner Stadtrechnungen des MA, 1897 – O. NATHAN, Hwb. der Staatswis. I, 1923, 205-207 – Finances et Comptabilité urbaines du XIIIe au XVIe siècle, Pro Civitate 7, 1964 – AUBIN-ZORN, I., 297, 368 – HRG I, 87f.

Ala → Heerwesen

Alabaster, feinkörnige, durchscheinende Abart des Gipses ($CaSO_4$), meist weiß, gelegentl. auch hellgrau, rötl. oder gemasert. A. ist leicht zu bearbeiten und diente deshalb seit der Antike zur Herstellung von Vasen und Salbengefäßen. Zu kleineren Skulpturen (Altarreliefs, Grabmäler) wurde er erst wieder im späten MA, u.a. in England, verarbeitet. A. wurde auch zu Heilzwecken (bei Geschwüren, Zahnfleischerkrankungen, Fieber) verwendet. H. Buntz

Q.: Dioskurides, Mat. medica 5, 152 – Lit.: HWDA I, 238 – RDK I, 294-323 – RE III A, 2, 2241-2243.

Alabasterscheiben. Als Ersatz für teure Glasscheiben, die seit der röm. Kaiserzeit zur Füllung von Fensteröffnungen bekannt waren, wurden bis zur Romanik – vereinzelt noch später – dünne, durchscheinende Alabasterplatten (*Alabastrina*) benutzt, v.a. an it. und byz. Bauten (z.B. Kathedrale in Torcello; S. Vincenzo alle tre Fontane in Rom). Neben den A., deren Verwendung bisher in Deutschland nicht nachgewiesen werden konnte, waren auch Marmor-, Glimmer-, Kalk- und Feldspatplatten (z.B. Ravenna, Museo Naz.) bzw. Stuckplättchen (Aachen, Pfalzkapelle) in Gebrauch, die teilweise in → Transennen eingelassen waren. Eine ähnl. gedämpfte Lichtwirkung ergab sich bei Fetthäuten, Tüchern (Zürich, Rathaus) oder Pergament als Fensterverschluß. G. Plotzek-Wederhake

Lit.: Ill. Baulex., hg. O. MOTHES, I, 1874.

Alabasterskulptur → Plastik

'Alā' ed-Dīn, † ca. 1333, Sohn des Staatsgründers 'Osmān und Bruder Orḫans, des zweiten osman. Fs.en, verzichtete – freiwillig oder gezwungenermaßen – auf die Herrschaft. Seiner Initiative werden die Gründung einer Infanterietruppe (der *yaya*), die Einführung einer einheitl. Kopfbedeckung (weiße Mützen) und die erste osman. Münzprägung zugeschrieben. Möglicherweise liegt allerdings eine Verwechslung mit dem gleichnamigen Wesir 'Alā' ed-Dīn (b. Kemāl ed-Dīn) vor. A. gründete mehrere fromme Stiftungen in der Hauptstadt Bursa.
I. Beldiceanu-Steinherr

Lit.: EI[2] I, s.v. – I. BELDICEANU-STEINHERR, Recherches sur les actes des règnes des sultans Osman, Orkhan et Murad I, 1967, 81 n. 19, 94-99.

Alagno, Lucrezia d', * um 1430, † Febr. 1479, stammte aus einer alten amalfitan. Patrizierfamilie, die in angiovin. Zeit nach Neapel übersiedelte und im adligen *sedile* (Wahlkörperschaft) von Nido eingeschrieben war. Ihr Vater, Cola, stand im Dienst des Kg.s Ladislaus und der Kgn. Johanna II. und war 1435 während des Interregnums Mitglied der städt. *balia*. L. wurde mit 18 Jahren am Hof von Alfons V. v. Aragón eingeführt und entfachte bei dem alternden Herrscher eine solche Liebesleidenschaft, daß er sich von ihr nicht mehr trennen wollte und ihr sogar oft in ihr Haus in Torre del Greco folgte. Ihre Stellung wurde offiziell; sie hatte Mittel, Privilegien und Einfluß wie eine Königin. Die Hofdichter feierten jene »treue Liebe«. Ob sie echt oder nur vorgetäuscht war, mag dahingestellt sein; L. arbeitete auf diese Weise jedenfalls auf ihr Ziel hin, die legitime Gattin des Kg.s zu werden, der nunmehr seiner fernen, schon alten und kranken Gemahlin ganz entfremdet war. In dieser Absicht begab sie sich im Okt. 1457 zum Papst, fand Kalixtus III. jedoch unerschütterlich. Nach Alfons' Tod – seinem Sohn und Nachfolger Ferrante wegen ihres Hochmuts verhaßt –, zog sie sich nach Torre del Greco zurück. Während des Aufstandes der Barone sympathisierte sie mit dem angiovin. Prätendenten; deshalb mußte sie nach der Niederlage bei Troia (1462) nach Dalmatien flüchten. Sie kehrte im Okt. 1462 in der Hoffnung auf eine Versöhnung nach Italien zurück, aber die demütigenden Bedingungen, die ihr der Kg. stellen wollte, veranlaßten sie, im Exil zu bleiben: zuerst in Ravenna, dann in Rom, wo sie bis zu ihrem Tode lebte.
M. Del Treppo

Lit.: B. CROCE, L. d'A., Storie e leggende napoletane, 1919, 1948⁴, 83–117.

Alaholfinger, bedeutende Adelssippe der Karolingerzeit, die bes. im schwäb. Baar-Raum (Oberdonau-Neckar) begütert war und dort vornehml. Gf.en stellte. Mitte des 8. Jh. gründeten die A. das Eigenkloster (Ober-)Marchtal, das 776 St. Gallen unterstellt wurde. Diese Stifterfamilie, deren Haupt ein Halaholf war, stellt die eigtl. A. dar, die offensichtl. mit dem schwäb. Herzogshaus, mit den Agilolfingern und den Gerolden eng verwandt waren. Unter ihren Nachkommen begegnet vornehml. der Leitname Berthold (daher auch Bertholde gen.). Die Macht der A. wird sichtbar in der Tatsache, daß sie nicht nur in Schwaben, sondern auch in Baiern, Ostfranken und Italien bedeutende Amtsträger stellten (u. a. Mgf. v. Friaul, Gf. v. Verona). Unter Ks. Karl III. wird ein Berthold schwäb. Pfgf., der den Ks. 880 und 883 nach Italien begleitet. Seine Söhne, die *Kammerboten* Pfgf. Erchanger und Gf. Berthold, werden 916 von Kg. Konrad I. hingerichtet. Beide hatten nach der Herzogswürde in Alemannien gestrebt. In der Baar-Landschaft konnten die A.-Bertholde erstaunlicherweise auch über die Katastrophe von 916 ihren mächtigen Besitz halten bis zum Tod des letzten Gf.en Berthold 973. W. Störmer

Lit.: H. JÄNICHEN, Baar und Huntari (Grundfragen der alem. Gesch. [Vortr. und Forsch. I], 1955), 83 ff. – K. SCHMID, Kgtm., Adel und Kl. zw. Bodensee und Schwarzwald (Stud. und Vorarbeiten zur Gesch. des großfrk. und frühdt. Adels, hg. G. TELLENBACH, 1957), 252 ff. – O. BAUMHAUER, Das monasterium sancti Petri in Marchthal und die Familien im Raum der Ostbaar. Ein Beitr. zur Gesch. Alemanniens in der 2. Hälfte des 8. Jh. [Diss. masch., Freiburg/Br. 1949].

Alaholfsbaar → Baar
Alain → Alanus

Alamand, Sicard, † Juni 1276, entstammte einer Adelsfamilie des Albigeois, um 1243–44 zum Ritter geschlagen und bis 1249 Gefolgsmann Gf. Raimunds VII. v. Toulouse. → Alfons v. Poitiers, der neue Gf., machte ihn zum Vertrauten und übergab ihm die Verwaltung seiner Domänen im S. A. stand ebenso in Diensten Kg. Philips III., an den die Gft. Toulouse durch Erbschaft gefallen war. V. a. durch die Anlage von *bastides* (befestigten Neusiedlungen) und die Ausübung von Zollrechten im Albigeois, Toulousain und Agenais vergrößerte er seinen Besitz beträchtl. Auf einem Lehen, das ihm Raimund VII. 1134 übergeben hatte, wurde Castelnau de Bonafous (das spätere Castelnau de Lévis) gegr.; A. baute es zu seinem Herrschaftszentrum aus (Errichtung einer Münzstätte). Nach A.s Tod gingen die Güter an seinen gleichnamigen Sohn über und gelangten dann in den Besitz der Vicomtes v. Lautrec. Y. Dossat

Lit.: Y. E. CABIÉ, L. MAZENS, Un cartulaire et divers actes des Alamans..., 1882 – CH. HIGOUNET, Les Alaman, seigneurs bastidors et péagers du XIIIᵉ s., AM 68, 1956, 227–253 – S. CAUCANAS, Castelnau-de-Lévis (Tarn), Une seigneurie de l'Albigeois du XIIIᵉ au XVᵉ s. [Thèse, Paris Ec. des Chartes 1977].

Alamannen, Alemannen
I. Geschichte – II. Archäologie.

I. GESCHICHTE: Ein vermutl. Ende 2. Jh. n. Chr. gebildeter germ. Stamm, der sich aus Heer- und Wanderhaufen verschiedener Herkunft, großenteils aber aus elbgerm. Sueben zusammensetzte. Die Angliederung von Verbänden an die A., deren Name die Offenheit des Stammes ausdrückt, ist an der Geschichte der noch um 270 selbständigen *Juthungen* und der *Bucinobantes* zu beobachten, die beide Mitte 4. Jh. als Teile der A. galten. Die Stammesbildung wurde offenkundig durch die Auseinandersetzung mit den Römern motiviert. Vom unteren Main aus versuchten die A. ab 233/234, in das Dekumatenland einzudringen. 259/260 gelangen ihnen der Durchbruch durch den Limes und der Vorstoß über die Alpen. In der Folgezeit nahmen die Römer die Verteidigungsgrenze auf die Linie Rhein, Bodensee, Iller, Lech zurück. So stand den A. das Dekumatenland weitgehend ungehindert als Siedlungsraum zur Verfügung, während die Römer sie aus dem Elsaß zu verdrängen versuchten (Sieg Julians bei Argentorate/Straßburg 357). Auch die Neubefestigung der Rheingrenze unter Valentinian diente diesem Ziel. Ende 5. Jh. suchten die A. ihren Siedlungsraum noch einmal zu erweitern, indem sie erneut in das Elsaß und durch die Burg. Pforte nach SW vorstießen. Hier wurden sie allerdings vom aufstrebenden Burgunderreich zurückgeschlagen. Im O reichte die alem. Expansion bis in die Gegend von Batava (Passau) und ins Noricum; ö. der Iller siedelten die A. jedoch nur zögernd; auch s. des Hochrheins stießen sie nur vorübergehend vor und haben hier nicht vor dem 2. Drittel 6. Jh. kontinuierl. gesiedelt.

Bis Mitte 5. Jh. fehlte den A. ein zentrierendes Kgtm. Die lockere polit. Gliederung des Stammes ist an der Existenz von Teilstämmen (*Brisigavi, Raetobarii*) und an der Wirksamkeit von vielen, öfters miteinander verwandten Kleinkönigen ablesbar; diese sind aus der alem. Oberschicht durch ihre polit.-militär. Funktion herausgehoben. Im Rahmen der alem. Expansion 2. Hälfte 5. Jh., die im NW zur Auseinandersetzung mit den Franken führte, hat sich aber offenkundig ein zentrales Kgtm. gebildet (anders BEHR). Wohl 496/497 besiegte Chlodwig (bei Zülpich?) den ungenannten Kg. der A. und unterwarf hierdurch den Stamm der frk. Herrschaft. Ein Aufstand des alem. Adels vor 506 wurde niedergeschlagen. Bis zu ihrer Übergabe an die Franken standen Teile des alem. Stammes unter ostgot. Schutz und siedelten im alpenländ. Rätien (anders JÄNICHEN, vgl. HOOPS² u. a., die einen Schutz über alle den A. verbliebenen Gebiete annehmen).

Zur Festigung ihrer Herrschaft errichteten die Merowinger den alem. Dukat. Er deckte sich nicht mit dem bisherigen Siedelraum des Stammes, vielmehr waren die neuen Grenzen im W der Rhein, im N die Linie Oos-Ludwigsburg-Ellwangen, im O der Lech, im SO Churrätien. Nach dem Anfall N-Burgunds an den austras. Reichsteil 534 umfaßte im SW den Wirkungsbereich der ersten nachweisbaren alem. Hzg.e Butilin und Leuthari auch das transjuran. Gebiet; dieses wurde nach der Reichsteilung v. 561 als eigener Dukat organisiert (KELLER, WERNER). Nach dem Zeugnis des byz. Geschichtsschreibers Agathias (I, 7) hatten die A. im 6. Jh. eigene Gesetze und Bräuche, unterstanden aber der frk. Herrschaft. Dabei sind zwei Phasen frk. Einflusses zu unterscheiden. Bis ca. 650 wurden die Hzg.e von den Merowingern ein- und abgesetzt (Leudefred, Uncelen 588), führten teils im Auftrag (Chrodobert 631), teils eigenmächtig (Butilin und Leuthari 553) das frk. Heeresaufgebot und spielten auch eine Rolle in merow. Hofintrigen. Über ihre hzgl. Funktionen im Frieden ist nichts bekannt. Ferner bleibt unklar, wieweit sie alem. oder frk. Herkunft waren. Ihr Aktionsschwerpunkt lag s. des Rheins und am Bodensee (Gunzo in Überlingen, 1. Hälfte 7. Jh.), wo die Herrschaftsgrundlagen wegen der dauerhaften röm. und chr. Prägung besser nutzbar waren als im ehem. Dekumatenland. Auch die merow. Kg.e stützten sich auf röm. Fiskalland, Aufenthalte ö. des Elsasses sind jedoch nicht belegt. Zw. 613 und 638 versuchten Chlothar II. und sein Sohn Dagobert, ihren Einfluß zu verstärken. Chlothar ließ den Pactus legis Alamannorum aufzeichnen, und vermutl. um 630 wurden in Inneralemannien die *Huntaren* als frk. Verwaltungsorganisation errichtet (JÄNICHEN, vgl. HOOPS²); sie umschlossen das Gebiet der *Baaren*, deren Funktion strittig ist. Dagobert übertrug das Bm. Windisch nach Konstanz und förderte mit dieser kirchl. Neuorganisation die Christianisierung der noch um 600 großenteils heidn. A. In der zweiten Phase nach 650 vermochte sich der alem. Dukat wegen der Schwächung des Kgtm.s dem merow. Einfluß weitgehend zu entziehen. Die frk. Verwaltungsbezirke wurden allodisiert, und es bildeten sich Adelsherrschaften im Zuge des Landesausbaus (Pleonungen, Bertholde). Andererseits dauerte die Frankisierung im alem. Adel fort. Um 700 übten die alem. Hzg.e agilolfing. Herkunft eine vom merow. Kgtm. zieml. unabhängige erbl. Herrschaft aus. Mit dem Ziel, die frk. Herrschaft in Alemannien wieder zur Geltung zu bringen, zogen die karol. Hausmeier Pippin d. Mittlere und Karl Martell seit 709 gegen die Söhne Hzg. Gotefrids, Lantfrid (Neufassung des alem. Rechts) und Theutbald, zu Felde. Auch Pirmins Gründung →Reichenau 724, in deren Frühgeschichte der Anteil und die Rolle der alem. Hzg.e und Karl Martells umstritten sind, sollte als karol. Stützpunkt dienen. Auf Feldzüge Pippins d.J. folgten die endgültige Aufhebung des alem. Hzm.s und die Unterwerfung der aufständ. A. auf dem Cannstatter Gerichtstag 746.

Die Karolinger haben das alem. Herzogsgut konfisziert und als staatl. Organisation die Grafschaftsverfassung eingeführt, deren Anfänge in vorkarol. Zeit zurückreichen. Nach dem Rupertiner Chancor und den Widonen Warin und Ruthard als Gf.en in der alem. Randgebieten wirkten →Fulrad v. St-Denis und die mit dem alem. Adel verwandten frk. Gerolde und späteren Ulriche in Gesamtalemannien. Wie die Reichenau wurde auch St. Gallen nach anfängl. Zurückhaltung Stützpunkt des karol. Einflusses. Trotz Beseitigung des Hzm.s und Einführung kleinregionaler Gewalten blieb der polit. Zusammenhang Alemanniens erhalten. Karls d. Gr. Plan, den alem. Dukat entlang der Donau zu teilen, wurde nicht ausgeführt. Vielmehr zeigen die Reichsteilungen des 9.Jh., daß die regna auf Stammesgebiete Rücksicht nahmen: Alemannien, Elsaß und Churrätien bildeten eine Einheit. In der ostfrk. Geschichte spielten die A. unter Ks. Karl III. eine bes. Rolle. Der Nachfolger Arnulf v. Kärnten festigte seine anfangs unsichere Position in Alemannien mit Hilfe von Konstanz, St. Gallen und der Reichenau, und dieser Bund von Kgtm. und Kirche erwies sich auch Anfang 10.Jh. neben Rivalitäten des alem. Adels zw. als Hindernis bei der Entstehung des Hzm.s →Schwaben. Th. Zotz

Q.: Q. zur Gesch. der A., bearb. und übers. C. DIRLMEIER, G. GOTTLIEB I, 1976 (Schr. Komm. Alam. Altertumskunde, Heidelberger Akademie Wiss. I) – *Lit.*: DAHLMANN-WAITZ¹⁰, Nr. 160/515 ff., 162/1328 ff., 163/121 f., 164/363 ff., 166/953 ff. – HOOPS² I, 137–142 [Lit.] – R. WENSKUS, Die dt. Stämme im Reich Karls d. Gr. (Karl d. Gr. I: Persönlichkeit und Gesch., 1965). 178–219 – H. KELLER, Spätantike und FrühMA im Gebiet zw. Genfer See und Hochrhein (Frühma. Stud. 7), 1973, 1–26 – Die A. in der Frühzeit, hg. W. HÜBENER (Veröff. Alem. Inst. Freiburg 34), 1974 – F. PRINZ, Frühes Mönchtum in SW-Dtl. und die Anfänge der Reichenau (Vortr. Forsch. 20), 1974, 37–76 – W. SCHLESINGER, Zur polit. Gesch. der frk. Ostbewegung vor Karl d. Gr., Nationes 2, 1975, 9–61 – Zur Frühgesch. der A., hg. W. MÜLLER (WdF 100), 1975 – B. BEHR, Das alem. Hzm. bis 750 (Geist und Werk der Zeiten 41), 1975 – H. KELLER, Frk. Herrschaft und alem. Hzm. im 6. und 7.Jh., ZGORh 124, NF 85, 1976, 1–30 – Hb. europ. Gesch. I, 1976, 227 ff. – K.F. WERNER über den alem. Dukat [künftig Francia].

II. ARCHÄOLOGIE: Die 259/260 in die Decumates agri eingerückten A. werden alsbald auch 300 arch. faßbar. Neben wenigen Siedlungsresten fanden sich Gräber mit Beigaben an Gefäßen, Schmuck und Waffen, jedoch nicht in so großer Zahl, daß man mit einer von der ganzen Bevölkerung einheitl. geübten Beigabenbrauch rechnen könnte. Die Funde konzentrieren sich im Bereich der Main- und Neckarmündung sowie im mittleren Neckartal. Sie lassen Beziehungen zum Fundgut des mutmaßl. Herkunftsgebiets vieler A. (Mitteldeutschland, Elbegebiet) erkennen, sind aber auch durch Importe aus der röm. Prov. geprägt. Umstritten sind Art und Umfang der Weiterbenutzung röm. Anlagen (Kastelle, Villen u.a.). Neugründungen der A. sind befestigte Höhensiedlungen, die in manchen Strukturmerkmalen städt. Gemeinwesen ähneln. Im späten 5.Jh. übernehmen die A. die von den frk. Gebieten N-Galliens sich ausbreitende Reihengräbersitte, wodurch für die Folgezeit bis zum Ende des 7.Jh. ein überaus reiches arch. Quellenmaterial zur Verfügung steht. Unterschiede in Größe, Belegungsdauer und Beigabenausstattung der Friedhöfe lassen Rückschlüsse auf Umfang, Entwicklung und Sozialstruktur der zugehörigen Siedlungsgemeinschaften zu, während die Siedlungen selbst wieder nur unzureichend bekannt sind. Fundgegenstände chr., seltener heidn. Charakters oder konkurrierende Bestattungsbräuche (Gräber in oder bei Kirchen einerseits, Brand-, Hügel- und Pferdegräber andererseits) beleuchten die religiöse Orientierung der A. Auch spiegeln sich fremde kulturelle Einflüsse im Fundmaterial, v. a. solche aus dem Mittelmeerraum (ostgot., langob., byz. Reich). Für Einzelzüge der Tracht läßt sich an den Funden des 7.Jh. eine in den durch den Schwarzwald getrennten ost- und westalam. Siedlungsräumen divergierende Entwicklung ablesen. H. Ament

Lit.: HOOPS² I, 142–163 [Lit.] – K. WEIDEMANN, Unters. zur Siedlungsgesch. des Landes zw. Limes und Rhein vom Ende der Römerherrschaft bis zum FrühMA, JbRGZM 19, 1972, 99–154 – Hist. Atlas Bad.-Württ., Lfg. 3, 1974, Karte III, 6: Die frühe Alemannenzeit mit Erl. v. R. CHRISTLEIN-G. FINGERLIN, Zur alam. Siedlungsgesch. des 3.–7.Jh. (Die A. in der Frühzeit. Veröff. Alem. Inst. Freiburg, 34), 1974, 45–88 – V. MILOČIĆ, Der Runde Berg bei Urach (Ausgrabungen in Dtl. 1950–75 [RGZM Monogr. 1, 2], 1975), 181–198 – E. KELLER, Zur Chronologie der jüngerkaiserzeitl. Grabfunde aus SW-Deutschland und Nordbayern (Stud. zur vor- und frühgesch. Arch., Fschr. J. WERNER, Münchner Beitr. Vor- und Frühgesch., Ergbd. 1, 1974), 247–291.

Alamannische Frühburgen → Befestigungen

Alamanno, Pietro und dessen Sohn **Giovanni**, Bildhauer, übernehmen 1478 für S. Giovanni a Carbonara in Neapel die Erstellung einer Krippe mit 41 Holzfiguren, davon 19 erhalten. Ihre führende Werkstatt erneuert die Holzplastik Neapels und arbeitet in süddt. spätgot., burg. beeinflußtem Stil (z.B. Madonna in S. Eligio, Capua). A. Reinle

Lit.: F. BOLOGNA-R. CAUSA, Sculture lignea nella Campania, 1950 – E. CARLI, La scultura lignea italiana, 1960, 116–117.

Alan, Lord v. Richmond (auch: A. Rufus), Gf. in der Bretagne, † 4. Aug. 1089, Sohn des Eudes v. Penthièvre, verwandt mit den norm. Kg.en Wilhelm I. und II. Möglicherweise war es A., der die bret. Streitkräfte in der Schlacht v. Hastings anführte. Nach der norm. Eroberung wurde er durch den Erwerb von etwa 400 *manors* (Grundherrschaften) einer der größten feudalen Grundherren in England; seine Lehen wurden später als *Honor of Richmond* bekannt. Als seinen Hauptsitz errichtete A. die Burg Richmond; er gründete die Priorei Swavesey in Cambridgeshire als Tochterhaus von S. Sergius und Bacchus in Angers und – gemeinsam mit Wilhelm I. und II. – die Abtei S. Maria in York. P. H. Sawyer

Lit.: GEC 10, 783–785.

Alanen, nomad. Stammesverband, zu den Indogermanen gehörend, erstmals in chines. Quellen im 2.Jh. v.Chr. erwähnt. Seit dem 1.Jh. v.Chr. in den Steppen n. des Kaukasus nachweisbar; ihre Kampf- und Lebensweisen entsprechen denen der sarmat. und skyth. Steppenvölker, während Kultformen auf iran. Einflüsse hinweisen. Im O seit dem 3.Jh. durch die Hunnen bedrängt, breiten sich die A. bis an die Grenzen des Imperiums aus und dringen in kleinen Gruppen während der Völkerwanderung nach W vor, bis zum Ende des 4.Jh. auch in Verbindung mit den Hunnen auftretend (Ansiedlung von A. durch → Aëtius in Gallien); ein Teil gelangt nach Verlust der Stammesführer mit den → Vandalen nach Afrika. In der alten Heimat ziehen sich verbliebene Reste seit dem 6.Jh. unter dem Ansturm der → Avaren in den Kaukasus zurück und bilden den Grundstock des osset. Volkes. Von dort ausgewanderte Gruppen sind im MA in Rumänien nachweisbar. – Seit der Spätantike stehen die A., die auch vom byz. Bereich aus christianisiert worden sind, in Beziehungen zu Byzanz: A. dienen im ksl. Heer und erlangen im 5.Jh. z.T. beherrschenden polit. Einfluß am Hofe (→ Aspar). Auch später, v.a. in der Komnenenzeit, sind A. als byz. Söldner bezeugt. Bes. nachdem die mongol. Invasion des 13.Jh. zu einer Verdrängung alan.-osset. Bevölkerungsteile aus ihren Wohnsitzen geführt hat, bieten alan. Gruppen dem bedrängten Byz. Reich militär. Hilfeleistung gegen die Gewährung von Siedlungsland an. Sie kämpfen seit dem Beginn des 14.Jh. unter byz. Oberbefehl – zumeist erfolglos – gegen die vordringenden türk. Streitkräfte. Vgl. Reiternomaden; Völkerwanderung.

G. Wirth

Lit.: Hoops² I, 122ff. – RE I, 1, 1282ff. – L. Schmidt, Gesch. der Wandalen, 1944³ – G. Vernadsky, Sur l'origine des Alains, Byzantion 16, 1942-43, 81–86 – Ders., Der sarmat. Hintergrund der germ. Völkerwanderung, Saeculum 2, 1951, 340–392 – F. Altheim, Attila und die Hunnen, 1951 – R. Werner, Gesch. des Donau-Schwarzmeer-Raumes im Altertum. Abriß der Gesch. antiker Randkulturen, 1951, 83–150 – O. Maenchen-Helfen, The World of the Huns, 1973.

Alant (Inula helenium L./Compositae). Als *ala* schon im 7.Jh. belegt (Isidor 17, 11, 9), begegnet die Pflanze einerseits unter dem dt. Namen (*alant*: Hildegard v. Bingen, Phys. I, 95; *aland wurtz*: Minner 108; *alant wortz*: Gart, Kap. 154), andererseits unter den malt. Bezeichnungen enula (campan[e]a), elecampane, elempnium, elena, elna u.a., die wohl sämtl. auf das gr. *helenion* (Diosk. I, 27) bzw. das metathet. lat. inula (Plin. 19, 91; 20, 38) zurückgehen. Die aromat. Wurzel wurde v.a. als hustenlösendes, harn- und blähungstreibendes sowie als menstruationsförderndes Mittel verwendet (Albertus Magnus, De veget. 6, 332; Rufinus 117f.; Peter v. Ulm, »Chirurgie« 294), meist in Form einer weinigen Abkochung bzw. des Alantweines (vinum enulatum; potio Paulina oder potio S. Pauli), den man offenbar auch im großen herstellte (1421 Alantweinsiederei in Wörth a.d. Donau). P. Dilg

Lit.: Marzell II, 1012–1016 – Ders., Heilpflanzen, 262–264.

Alanus
1. **A.,** Hzg.e der Bretagne → Bretagne
2. **A. Anglicus,** Lehrer des kanon. Rechts in Bologna zu Beginn des 13.Jh., vielseitiger und sehr selbständiger Autor. Von ihm stammen eine → Dekretalensammlung (erhalten in zwei Rezensionen, um 1206, eine Quelle der Compilatio II), ein → Glossenapparat zum → Dekret Gratians (Incipit: »Ius naturale«, zwei Rezensionen 1192 und 1205) und zur Compilatio I (nach 1207) sowie Einzelglossen zur Compilatio II; alles ungedruckt. Er vertrat hierokrat. Ansichten und betonte die Bedeutung des positiven Rechts gegenüber dem → Naturrecht. P. Landau

Lit.: Kuttner I - R. v. Heckel, Die Dekretalenslg. des Gilbertus und A. nach den Weingartner Hss., ZRGKanAbt 29, 1940, 116–257 – S. Kuttner, Traditio I, 1943, 289 – Ders., The Collection of A.: a Concordance of its two Recensions, RSDI 26, 1953, 39–55 – A. Stickler, A. A. als Verteidiger des monarch. Papsttums, Salesianum 21, 1959, 346–406 – S. Kuttner, Traditio 17, 1961, 534–536 – G. Le Bras, L. Lefebvre, J. Rambaud, L'Age classique 1140-1378 (Hist. du Droit et des Institutions de l'Église en Occident 7), 1965 – S. Kuttner, P. Landau, Traditio 22, 1966, 476.

3. **A. v. Auxerre** → Bernhard v. Clairvaux

4. **A. v. Farfa,** † 769 oder 770, stammte aus Aquitanien, lebte zuerst als Rekluse in den Sabinerbergen nahe dem Benediktinerkloster Farfa, dessen Abt er in seinen letzten Jahren (ab 761) wurde. Der als Kalligraph hochangesehene A. stellte auf Veranlassung seines früheren Abtes Fulcoad ein *Homiliar* für das ganze Kirchenjahr (beginnend mit der Vigil von Weihnachten) zusammen. Diese Predigtsammlung, die auch noch einzelne für das Offizium erforderl. Schriftlektionen enthält, benutzte den alten röm. *Homiliar v. St. Peter* auf und hatte v.a. im bair. Raum (vgl. die auf Baiern konzentrierte handschriftl. Überlieferung) großen Einfluß, bis sie vom offiziellen *karol. Homiliar* des → Paulus Diaconus abgelöst wurde. Außer den allgemein verbreiteten Homilien von Augustinus, Leo d. Gr., Ambrosius, Caesarius v. Arles und Maximus v. Turin sind in die Sammlung Stücke von Sulpicius Severus, Gregor v. Tours, Petrus Chrysologus und Isidor v. Sevilla aufgenommen. F. Rädle

Lit.: DBI I, 575 – Wattenbach-Levison II, 210 – S. Bachmann, Ein Bamberger Unzialfragm. des sog. A.-Homiliars, Jb. f. frk. Landesforsch. 23, 1963, 17–44 – R. Etaix, Le prologue du Sermonnaire d'Alain de Farfa, Scriptorium 18, 1964, 3–10 – R. Grégoire, Les Homéliaires du Moyen Age, 1966, 17–70.

5. **A. ab Insulis (v. Lille).** [1] *Leben und Bedeutung:* * um 1125/30 in der Nähe von Lille, † 1203 in Cîteaux. Nach seinem Studium in der Schule von → Chartres lehrte er die → Artes liberales und Theologie in Paris und (um 1200) auch in Montpellier. In seiner neuplaton. Geisteshaltung steht er Bernhard und Thierry v. Chartres und Bernhardus Silvestris nahe, in den philos.-theolog. Lehrpositionen Gilbert v. Poitiers und in den Moralprinzipien Petrus Cantor. Seine Schriften zeigen ein bemerkenswertes naturphilos. und moralpsycholog. Interesse; den theolog. Systemgedanken, den er im Anschluß an Petrus Lombardus und Petrus v. Poitiers entwickelte, begründete er method. in der Darlegung der wissenschaftl. Prinzipien (»Regularmethode«). Er scheint auch einige wissenschaftl. Übersetzungen aus dem Arab. gekannt zu haben. Gegen Ende seines Lebens zog er sich zuerst zu den Benediktinern nach Bec (so Glorieux, Rth 39, 1972, 51–62), dann nach Cîteaux zurück. Er stand auch mit den Benediktinern in Cluny in Verbindung, denen er zwei seiner Schriften widmete. Otto v. St. Blasien zählt ihn in seiner Chronik (MGH SS XX, 326) zu den berühmten Pariser Magistern des endenden 12. Jh. (Zur Wirkungsgeschichte des A. auf Nikolaus v. Amiens, Simon v. Tournai, Radulfus Ardens u.a. vgl. Landgraf). A. hinterließ das Andenken eines bedeutenden, geradezu allwissenden Lehrers: »Qui totum scibile scivit«. L. Hödl

[2] *Literarische Werke:* Das Prosimetrum »De planctu naturae« geht aus von einer Klage der Natura – dem Dichter im Traum in Frauengestalt erschienen – über die Perversität der gleichgeschlechtl. Liebe, um später in bester satir. Tradition auch andere Laster zu geißeln: Freßsucht, Trunksucht (speziell bei hohen Geistlichen), Habsucht, Hochmut u.a. Ebenso wichtig wie die moralisierende Zielsetzung dürfte dem Autor das zugleich entwickelte Weltbild gewesen sein, das von den auftretenden allegor. Figuren beschrieben wird. Natura hat in Ausführung von Gottes Willen den Menschen geschaffen, der in seiner Drei-

teilung in Haupt, Herz und Lenden den Kosmos widerspiegelt. Sie ist als vicaria Dei auch für die Fortpflanzung der Arten zuständig, hat diese Aufgabe aber der Venus als ihrer subvicaria übertragen. (In der Ausgabe von TH. WRIGHT, Rer. Brit. Scriptores 59/II [1872], 429 ff. und in der engl. Übersetzung von D.M.MOFFAT [Yale Studies in English 36, 1908] sind bei weitem nicht alle Zitate und Anspielungen nachgewiesen.) Besser erschlossen ist die hexametr. Dichtung »Anticlaudianus de Antirufino«, seit durch die Ausgabe von R. BOSSUAT, Textes philosophiques du moyen-âge 1 (1955) und die dt. Nachdichtung durch W. RATH (Aus der Schule v. Chartres 2, 1966), eine bessere Anschauung über die gediegene Vorbildung des A. vermittelt wird. Auch in diesem Werk wird auf die Ausmalung des allegor. und Götterapparates ebensoviel Gewicht gelegt wie auf die eigtl. Handlung: Natura hat eine Versammlung der Tugenden einberufen, um einen vollkommenen Menschen zu erschaffen, der die Welt beherrschen und ein goldenes Zeitalter anbrechen lassen soll. Beschrieben wird die Reise der personifizierten Prudentia zu Gott, der ihr die Seele für den geplanten Idealmenschen übergeben soll. Auf der Fahrt durch das Weltall benützt sie einen Wagen, den ihr die Sieben Künste gebaut haben. Bei dieser Gelegenheit werden die Tätigkeiten und wichtigsten Lehrbücher der → Artes liberales ausführl. geschildert. Als Pferde, die den Wagen ziehen, dienen die fünf Sinne. Mit der Seele, die alle guten Eigenschaften erhalten hat, kehrt Prudentia auf die Erde zurück, wo der Leib für den *puer senex* geschaffen wird. Motive der Psychomachie scheinen auf, als die böse Furie Allecto mit Hilfe der um sie gescharten Übel (Zwietracht, Armut, Schande, Krankheit und – Venus!) den neu geschaffenen Menschen überwältigen will, aber von ihm besiegt wird. Zu dem Weltbild, das Alan in den beiden genannten lit. Hauptwerken entwickelt hat, mit dem starken Nachdruck auf der Bedeutung menschl. Erkenntnis (symbolisiert durch die Artes) paßt der eindrucksvolle »Rhythmus de incarnatione et septem artibus«, der die Terminologie der Artes auf theolog. Grundprobleme anwendet (hg. M.-TH. D'ALVERNY, Alain de Lille et la Theologia, Fschr. H. DE LUBAC 2, 1964 = Theologie 57). In dem Werk, das als bedeutendste theologische Leistung des A. angesehen wird, den »Regulae caelestis iuris« (Basel 1492 oder Straßburg 1497; MPL 210, 621 ff. ist unvollständig), ist dieses Prinzip bes. mit geometr. Termini für das Gesamtgebäude der chr. Theologie systemat. angewandt. Auch die Zuweisung eines anonym überlieferten Ovid-Kommentars (Metamorphosen, Buch I) an Alan durch P.F. GANZ (Verbum et signum, Fschr. F. OHLY I, 1975, 195 ff.) wird durch die hier angedeutete Grundhaltung wahrscheinl., während die Sprichwortsammlung »Parabolae« oder »Proverbia Alani« (MPL 210, 581 ff.) wenig eigenständig und vielleicht eine frühe Übungsarbeit ist. G. Silagi

Ed.: MPL 210 [unkrit.] – M.-TH. D'ALVERNY, Alain de Lille. Textes inédits (Étud. Phil. méd. 52), 1965 – De planctu Naturae (vor 1176), Anticlaudianus, ed. R. BOSSUAT, 1955, Liber parabolarum und Lehrgedichte – Summa »Quoniam homines«, ed. P. GLORIEUX, AHDL 20, 1953–54, 113–364 – De virtutibus, de vitiis, de donis Spiritus sancti, ed. O. LOTTIN, Psychologie et morale aux XII° et XIII° s., 6, 1960, 45–92 – Regulae caelestis iuris, sive Maximae theologicae, Expositio super symbolum apostolorum et Nicenum (mehrere Redakt.), ed. N.M. HÄRING, AnalCist 30, 1974, 7–45 – Ars praedicandi, zum Großteil der unveröffentl. Predigten vgl. D'ALVERNY, Alain de Lille, 119–148, 237–287 – J.B. SCHNEYER, Rep. der lat. Sermones des MA (BGPhMA 43, 1), 1969, 69–83 – Liber poenitentialis (in 3 Redakt.), ed. J. LONGÈRE, AHDL 40, 1965, 169–242 (Anal. med. Namurcens. 17–18, 1965) – Distinctiones dictionum theologicarum, sive Summa »Quot modis«, De fide catholica... contra haereticos... Zum Schriftkomm.

vgl. F. STEGMÜLLER, Rep. bibl. 2, 1950, 27–29. Zu den Pseudoepigrapha vgl. M.-TH. D'ALVERNY, Alain de Lille. – *Lit.*: G. RAYNAUD DE LAGE, Alain de Lille, poète du XII°, 1951 (listes de manuscrits des principales oeuvres) – M.-TH. D'ALVERNY, Alain de Lille. Textes inédits, avec une introduction sur sa vie et ses oeuvres, 1965 (M.T.A. 1965) – W. WETHERBEE, Platonisme and Poetry in the Twelfth Century. The Literary Influence of the School of Chartres, 1972 – Alan of Lille, Anticlaudianus or the Good and Perfect man. Translat. and Comm. by J.J. SHERIDAN, 1973 – A.M. LANDGRAF, Introduction à l'hist. de la litt. théologique de la Scolastique naissante (Univ. Montréal, Publ. Inst. Étud. Méd. 22), 1973, 116–122 – J. LONGÈRE, Oeuvres oratoires de maîtres parisiens au XII° s., I–II, 1975, TRE II, 155 ff. [Werke, Nachleben, Lit.] – P. OCHSENBEIN, Stud. zum Anticlaudianus des A. a. I., 1975; dazu: CH. MEIER, Zum Problem der alleg. Interpretation ma. Dichtung, Beitr. zur Gesch. dt. Sprache und Lit. 99, 1977, 250 ff.

6. A. v. Melsa, wohl 13. Jh., Mönch in der engl. Zisterzienserabtei Melsa (Yorkshire), Verfasser einer lat. Dichtung über Susanna (»Tractatus metricus de Susanna«, 418 Verse, Distichen). Ob A., der vorher Magister in Beverley gewesen und anscheinend entweder aus einem freieren Orden in einem strengeren übergetreten oder überhaupt erst in etwas reiferen Jahren ins Kl. gegangen war, mit dem für die Jahre 1204–12 bezeugten gleichnamigen Propst des Kollegiatsstifts Beverley ident. ist, bleibt fraglich. Die mit schulmäßigen Mitteln, aber doch recht geschickt ausgestaltete Susanna-Geschichte (Dan. 13 der Vulgata) bietet nach Auffassung des Autors für Menschen verschiedenen Alters, Standes und Geschlechts lehrhafte Beispiele für rechtes und unrechtes Verhalten in verschiedenen Lebenslagen. F. Brunhölzl

Ed.: J.H. MOZLEY, StM N.S. 3, 1930, 28 f., 41 ff.

7. A. v. Tewksbury → Becket, Thomas

Alanya (byz. Kalonoros, in w. Quellen u. a. (S)candelore, von den Seldschuken in 'Alā'īya, woraus bald die Kurzform 'Alāya entstand, umbenannt), Stadt an der Grenze von Pamphylien zu Kilikien, bevorzugte Winterresidenz der Seldschuken. 'Alā'ed-Dīn Kaiḳobād I. besetzte 1220/21 A., das dem gr.(?) Burgherrn Kīr Fār(i)d, vielleicht einem Gefolgsmann Zyperns, unterstand. Durch den Ausbau der Festung (»Roter Turm« 1226) und des Hafens (Werft 1227/28) wurde A.s Rolle im anatol.-ägypt. Handel unterstrichen. Seit 1292/93 karamanisch, suchten die Lokalherrscher zunehmend Anlehnung an den Mamluken-Staat, der die Stadt 1427 käufl. erwarb. Zypr. Angriffe (1293, 1361–62, 1366) blieben ohne Ergebnis. Ein mit dem Kgr. 1450 abgeschlossener Friedens- und Handelsvertrag wurde 1453 erneuert. Seit 1471/72 osmanisch. K. Kreiser

Lit.: S. LLOYD, D.S. RICE, A., 1958 – B. FLEMMING, Landschaftsgesch. von Pamphylien... im SpätMA, 1964.

Alarcos (arab. al-Arak oder Marǧ al-ḥadīd), Ort nahe Ciudad Real am Guadiana; hier wurde am 18. Juli 1195 das chr. Heer unter Alfons VIII. v. Kastilien vernichtend geschlagen und dadurch die Reconquista vorübergehend aufgehalten, bis Las → Navas de Tolosa (1212) die Wende brachte. H.R. Singer

Lit.: A. HUICI MIRANDA, La campaña de A., RIEIM 2, 1–71 – J. GONZÁLEZ, El reino de Castilla en la época de Alfonso VIII, I, 1960, 949–970.

Alardeau, Jean, * in Angers, Apostol. Protonotar, Sekretär von Kg. René 1440, *maître rational* des Rechnungshofes von Aix-en-Provence 1463; Bf. v. Marseille 1466–96 und *Général des Finances* in der Provence. In Italien und bei Ludwig XI. mit diplomat. Missionen beauftragt. G. Giordanengo

Lit.: GChrNov, 478–501, 848–853 – F. CORTEZ, Les grands officiers royaux en Provence au MA, 1921, 296.

Alarich. 1. A., westgot. Heerführer (als Kg. erst später erwähnt, daher Erhebung fragl.) aus dem Geschlecht der Balthen, † 410. Vielleicht schon 382 n. Chr. Führer einer Stammesgruppe, begann A. 395 nach Rückkehr der westgot. Bundestruppen aus Italien mit Invasionen gegen Konstantinopel und Griechenland (396), die der oström. Ks. → Arcadius durch Ernennung A.s zum Magister militum per Illyricum beendete. Eine im Nov. 401 einsetzende Invasionswelle nach Italien mit dem Ziel neuer Wohnsitze im W führte zu Germanenverträgen und Gegenmaßnahmen → Stilichos, röm. Sieg bei Pollentia (Ostern 402); in den folgenden Jahren konnte aber A. für Westrom unter Beibehaltung seines Ranges (→ Aëtius als Geisel) gewonnen werden. Der Tod Stilichos (22. Aug. 408) verhinderte dessen Versuch, A. gegen Usurpatoren in Gallien zu verwenden. Da A.s Forderung nach Wohnsitzen in Noricum 408 und 409 dilator. behandelt wurde, kam es zu mehrfacher Belagerung Roms und zeitweiliger Erhebung des Praefectus urbi Priscus → Attalus zum Ks. Die Einnahme und Plünderung der Stadt (14. Aug. 410) nach Verrat bedeuten für spätantikes Romdenken eine tiefe Erschütterung. Ein Versuch, nach Afrika überzusetzen, scheiterte infolge Vernichtung der verfügbaren Schiffe durch einen Sturm; kurz danach starb A. in Kalabrien. Sein Begräbnis im Flußbett des Busento (Iord. Get. 158) bei Cosenza dürfte Sage sein. G. Wirth

Lit.: Hoops² I, 127f. – R. Keller, Stilicho und die Gesch. des weström. Reiches, 1884 – Th. Hodgkin, Italy and her Invaders 2, 1898² – L. Schmidt, Gesch. der dt. Stämme. Die Ostgermanen, 1941² [Neudr. 1969] – E. Demougeot, De l'unité à la division de l'empire Romain 395-410, 1951 – A. Cameron, Claudian. Policy and Propaganda at the Court of Honorius, 1970.

2. A. II., Kg. der Westgoten 485-507, Sohn → Eurichs, trat in jungen Jahren die Regierung an, die von Kämpfen mit dem Frankenkönig Chlodwig gekennzeichnet ist, dem A. polit. und militär. unterlegen war. So mußte der nach seiner Niederlage bei Soissons 486 zu A. nach Toulouse geflüchtete → Syagrius auf Drängen Chlodwigs wieder ausgeliefert werden (Greg. Tur. Franc. 2, 27, MGH SS rer. Merov. I, 71). 490 führte A. zur Unterstützung Theoderichs d. Gr. Krieg in Italien (Anon. Vales. 53). Die Kämpfe gegen die Franken, in denen A. wohl zeitweilig mit den Burgunden verbündet war, wurden zunächst gegen 502 beendet, der gegenseitige Besitzstand anerkannt (Greg. Tur. Franc. 2, 35). Die Inbesitznahme Spaniens wurde auch unter A. fortgesetzt (506 Tortosa: Chron. Caesaraug., MGH AA XI, 222).

Die auf Ausgleich bedachte Politik Theoderichs (Cassiod. var. 3, 1 ff.), dessen Tochter Thiudigotho mit A. verheiratet war (Iord. Get. 297), konnte neue Angriffe Chlodwigs nicht verhindern. Bei Poitiers wurde das westgot. Heer auf eigenem Gebiet vernichtend geschlagen (507), A. fiel in der Schlacht, der gall. Teil des westgot. Reiches ging nach der Eroberung von Bordeaux und Toulouse durch die Franken fast ganz verloren (Prokop. bell. Goth. 1, 12; Isid. Goth. 35, MGH AA XI, 281f.; Greg. Tur. Franc. 2, 37). A. versuchte, Gegensätze zw. den kath. Romanen und arian. Westgoten durch Integration der kath. Bevölkerung in den westgot. Staat auszugleichen. Seine folgenreichste kulturpolit. Leistung war die Publikation der → Lex Romana Visigothorum (Breviarium Alaricianum) am 2. Febr. 506, die für Jh. zur wichtigsten Rechtsquelle SW-Europas wurde. J. Gruber

Lit.: Hoops² I, 128f. – L. Schmidt, Gesch. der dt. Stämme. Die Ostgermanen, 1941² [Neudr. 1969] – W. Ensslin, Theoderich d. Gr., 1959² – K. Schäferdiek, Die Kirche in den Reichen der Westgoten und Suewen, 1967 – E. A. Thompson, The Goths in Spain, 1969 – D. Claude, Gesch. der Westgoten, 1970.

Alarm, -system → Kriegführung

Alaun (Stypteria, Alumen). [1] Nach Dioskurides salzhaltige Substanzen mit characterist. adstringierender und imprägnierender Wirkung, meist Mischungen mehrerer Sulfate bzw. das Doppelsalz Kalium-Aluminiumsulfat. Med. als Ätzmittel, seltener bei Diarrhoe angewandt, techn. für die ma. Textilverarbeitung (Reinigung des Tuches, Beize in der Färberei), Gerberei sowie Zucker- und Glasherstellung notwendig. Im arab. MA, das den A. zu den → Vitriolen zählte und mit diesen zusammen die Herstellung von Schwefelsäure (→ Oleum vitrioli) ermöglichte, wurde bes. A. aus Jemen (hier allg.: Süden) gen. In der salernitan. Rezeptur fand der jemenit. A. noch häufige Anwendung. Seit dem 9. Jh. wird A. vielfach in Schriften zur → Alchemie erwähnt, bes. in der später → Rhazes zugeschriebenen Schrift (12. Jh.) »De aluminibus et salibus«. G. Jüttner

Das Abendland bezog bis zum 15. Jh. A. aus dem Orient. Er wurde zunächst aus Ägypten eingeführt, wo der A. von Wahat unter den Fāṭimiden ein Staatsmonopol war. Im 13. Jh. wurde A. in Kleinasien (Qarahissar, Kutayeh, Ulubad) gewonnen, dann in Phokäa, das gegen 1264 von Michael VIII. Palaiologos an die Brüder Zaccaria aus Genua abgetreten wurde. Sie versuchten ein Monopol zu errichten, ließen den Export von A. aus dem Schwarzen Meer verbieten und kontrollierten die Alaunfabrikation. Ab 1278 stellten sie direkte Seeverbindungen zw. Phokäa und den großen Absatzgebieten Flandern und England her. Das genues. Monopol verstärkte sich nach 1346. Die → Maona v. Chios besetzte Phokäa und verpachtete alle zehn Jahre die Alaunhütten, während die Gattilusio, Herren v. Mytilene, die gr. und türk. Produktion beherrschten. 1449 bildete der Genuese Draperio ein Kartell, das die Förderung und den Handel des gesamten asiat. A. kontrollierte. Aber Phokäa und Mytilene fielen in die Hände der Türken; ab 1458 wurde der A. im Abendland seltener; die Preise stiegen, neue Vorkommen mußten gefunden werden. Alte it. Minen wurden wieder in Betrieb genommen. 1462 entdeckte Giovanni da Castro die Alaunvorkommen von Tolfa bei Civitavecchia im Kirchenstaat. Die Produktion begann sofort; die Päpste verboten den Import von oriental. A. Sie beabsichtigten, die Türkenkriege mit den Einkünften von Tolfa zu finanzieren. Genuesen und Toskaner rivalisierten um die Pachtung der Alaunhütten. Die Medici errangen dabei den Sieg und verkauften päpstl. A. auf allen europ. Absatzmärkten. Nach ihnen kontrollierten abwechselnd Gesellschaften aus Genua, Florenz und Siena die Minen. Der A. von Tolfa trug zum Aufschwung der Häfen von Antwerpen, Livorno, St-Malo und Marseille bei. Er brachte dem Papsttum bis zum 18. Jh. großen Gewinn, trotz der Konkurrenz der Minen von Kastilien, Lüttich, Mitteleuropa und Yorkshire, die im 19. Jh. vorherrschend wurden, bis ihre Produkte von synthet. A. verdrängt wurden. M. Balard

Lit.: E. O. Lippmann, Entstehung und Ausbreitung der Alchemie, 3 Bde, 1919-54 – R. S. Lopez, Genova marinara nel Duecento, 1933 – Das Buch der A.e und Salze, hg. J. Ruska, 1935 – C. Singer, The earliest chemical industry, 1948 – M. L. Heers, Les Génois et le commerce de l'alun, RHES 32, 1954 – L. Liagre, Le commerce de l'alun en Flandre au MA, MA 61, 1955 – J. Delumeau, L'alun de Rome, 1962 – C. Cahen, L'alun avant Phocée, RHES 41, 1963 – H. Lüscher, Die Namen der Steine, 1968 – D. Goltz, Stud. zur Gesch. der Mineralnamen, Sudhoffs Arch. Beih. 14, 1972 – M. Balard, La Romanie génoise [Diss. masch., Paris 1976].

[2] Federalaun, Alumen plumosum, ist Asbest, der antike Amianthus (Magnesiumsilikate), der wegen seiner Feuerbeständigkeit immer sehr begehrt war. Das bei Pli-

nius (Historia naturalis, 19.19) erwähnte »Weben« des Asbest, den er irrtümlich für eine Pflanzenfaser hält, zu feuerfestem Tuch bzw. Kleidung wird im MA vergebl. versucht.
G. Jüttner

Alawich, Äbte → Reichenau
Alba, alter Name für → Schottland
Alba, Stadt → Stuhlweißenburg
Alba, Liedgattung → Tagelied

Alba Iulia (Alba Transilvaniae, Bălgrad, Weißenburg, heute Karlsburg), Stadt in Rumänien (Siebenbürgen). Entstanden aus einer röm. Lagersiedlung und einer dak. Niederlassung wurde A. I. im 9.-10. Jh. Zentrum einer rumän. Lokalwoiwodschaft, kam Ende des 11. Jh. unter die Herrschaft des feudalen ungar. Kgr.s und entwickelte sich zum Mittelpunkt des Komitates Alba sowie zum Sitz des röm.-kath. Bm.s in Siebenbürgen. Die alte Befestigung wurde zur kgl. Festung, zu Beginn des 12. Jh. begann der Bau der ersten Kathedrale. 1241 wurde die Stadt während des Tatareneinfalls zerstört; Wiederaufbau in der 2. Hälfte des 13. Jh. Als bedeutendes Wirtschafts- und Kulturzentrum war A. I. die Hauptstadt der Woiwodschaft und ab Mitte des 16. bis ins 17. Jh. auch des unabhängigen Fsm.s Transilvanien.
N. Edroiu

Lit.: Alba Iulia – 2000, 1975 – ENTZ GÉZA, A Gyulafehérvári székesegyház, 1958 – V. VĂTĂȘIANU, Istoria artei feudale în țările romîne, 1959.

Albalag, Isaak → Averroismus

Alban, hl. (Fest 22. Juni), einer der wenigen brit. Märtyrer. Er wurde in der Nähe von Verulamium wahrscheinl. um die Mitte des 3. Jh. hingerichtet und auf einem nahen Friedhof beigesetzt, über dem vermutl. im 8. Jh. das spätere Kl. → St. Albans erbaut wurde. Sein Kult ist seit 428/29 belegt (Besuch seines Grabes durch die Bf.e Germanus v. Auxerre und Lupus v. Troyes) und hat als eine Ausnahme die ags. Landnahme überdauert. Die erste »Passio« von A. wurde vielleicht in Auxerre um 515 geschrieben. Es ist im einzelnen nicht immer eindeutig zu klären, ob das A.-Patrozinium mehrerer dt. sowie frz. Kirchen ihm oder dem hl. A. v. Mainz († vermutl. 406) gilt.
D. A. Bullough

Q.: BHL, 210d–211a – W. MEYER, Die Legende vom hl. A. des Protomartyr Angliae in Texten vor Beda, AAG Ph.-Hist., NF VIII/1, 1904 – Lit.: W. LEVISON, St. A. and St. Albans, Antiquity XV, 1941, 337-359 – Bibl. SS I, 1961, 656-659.

Ikonographie: Dargestellt als röm. Soldat mit Schwert oder Kreuz, Miniatur des Albanipsalters in St. Godehard in Hildesheim, 1. Hälfte 12. Jh.; illustrierte Vita des 13. Jh. mit 54 Miniaturen von Matthew Paris, Mönch und Historiker in St. Albans Abbey, Dublin, Trinity College E. I. 40; Glasfenster in Warwick, Beauchamp Chapel 1447.
G. Binding

Lit.: LCI V, 67f. – F. WORMALD, The St. Albans Psalter, 1960.

Albanien, Albaner
I. Spätantike, slav. Einwanderung – II. Bulg. und serb. Herrschaft, Mission und Kirchenorganisation – III. Die Albaner im Hoch- und SpätMA – IV. Albanien unter osman. Herrschaft.

I. SPÄTANTIKE, SLAV. EINWANDERUNG: Das von illyr. und teilweise wohl thrak. Stämmen besiedelte Gebiet des heut. Staates A. wurde im 2.-1. Jh. v. Chr. von den Römern erobert (Prov.: Praevalis, Epirus Nova, Epirus Vetus). Der N wurde im 1.-4. Jh. n. Chr. lat., der S gr. Sprachgebiet, soweit hier nicht schon seit der gr. Kolonisation, die im 6. Jh. v. Chr. begann, gr.-hellenist. Einflüsse wirksam geworden waren. Bedeutende antike Städte in A. waren: Apollonia, Dyrrhachion, Epidamnos und Lissus. Der Romanisierung und Hellenisierung folgte im 4. Jh. die Christianisierung. Das Küstenland wurde im 4. und 5. Jh. von Süddalmatien (Salona) aus christianisiert. Im Verlauf des 5. Jh. drang dann die Christianisierung auch in die Berglandschaften des Binnenlandes ein. Vor der slav. Landnahme gab es im Gebiet des heut. A. die Metropole Scodra (Skutari) und mehrere Bm.er. Im Zuge der slav. Einwanderung in das innere Balkangebiet (6. Jh.) drangen einzelne slav. Stammesverbände 548 bis Dyrrhachion vor. Die oström. Herrschaft brach am Ende des 6. Jh. unter dem Ansturm der Slaven zusammen. Zu Beginn des 7. Jh. vollzog sich dann die eigtl. Landnahme. Slav. Volksmassen kamen ins Land, herrschaftl. organisiert von Avaren. Ihrem Ansturm fiel auch die spätröm. Kultur des tieferen Binnenlandes zum Opfer (Zerstörung von Doclea, Erlöschen zahlreicher Bm.er, Verödung weiter Landstrecken). Das wichtige Küstengebiet der Prov. Praevalis und Epirus Nova, das die Verbindung zur Adria und nach Italien beherrschte, konnte jedoch durch starke byz. Streitkräfte behauptet werden; v. a. blieb das befestigte Dyrrhachion in oström. Hand. Nachdem die slav. Invasion während des 7. Jh. abgeebbt war, konnten – im Zuge der Entstehung der byz. Themenverfassung (→ Themen) – die Reste der oström. Herrschaft zum Thema Dyrrhachion zusammengefaßt werden. Im Innern dieses verbliebenen »Reichsalbaniens« konnte sich die oström. Bevölkerung weiterhin halten, bis auch hier Slaven eindrangen, die eine Zeitlang mit der röm. Bevölkerung zusammenlebten (was sich in der Übernahme lat. geograph. Namen ausdrückt), schließl. jedoch das gesamte Reichsalbanien slavisierten. Infolge dieser slav. Einwanderung wurde auch die kirchl. Organisation vernichtet, wobei die in den Gebirgen lebenden, von Romanisierung und Hellenisierung nur teilweise erfaßten, von den Illyrern abstammenden Uralbaner, über die wir zw. dem 7. und 11. Jh. keine lit. Quellenaussagen besitzen, z. T. wieder heidn. wurden.

II. BULG. UND SERB. HERRSCHAFT, MISSION UND KIRCHENORGANISATION: Wichtig blieb Dyrrhachion als oström. Brückenkopf an der Adria. Hier lag die Operationsbasis der Reichsflotte in den w. Gewässern. Durch das im 9. Jh. bulg. gewordene Binnenland von der Landverbindung mit Konstantinopel abgeschnitten, hatte diese Küstenprovinz die militär. Aufgabe, das Vordringen der bulg. Macht zur Adria zu verhindern. Auf die Dauer erwies sich dies angesichts des bulg. Druckes als unmögl. Den Bulgaren wurde daher der Küstenstrich zw. den Unterläufen von Vojusa und Semeni, die menschenarme Sumpfeinöde der Myzeqeja, überlassen. Im byz.-bulg. Friedensschluß von 864 wurde die Grenzziehung wohl in dieser Weise neu geregelt. Das wichtige Thema Dyrrhachion wurde dadurch beträchtl. verkleinert, wobei uns im einzelnen der Verlauf der neuen Grenze unbekannt bleibt. Daß das Binnenland Südalbaniens damals zum bulg. Reich gehörte, ist aus der Geschichte der Christianisierung dieses Gebietes zu erschließen. 893/894 wurde der hl. Klemens, der nach seiner Vertreibung aus dem Großmähr. Reich (886) am Bulgarenhof Aufnahme gefunden hatte, von dem bulg. Fs.en Boris-Michael nach Makedonien und A. entsandt, wohin bisher noch keine Missionare vorgedrungen waren. Der Statthalter Dometa wurde angewiesen, die Missionsarbeit zu unterstützen, die Bevölkerung zu freundl. Aufnahme des Missionars ermahnt. Klemens erhielt vom Fs.en Schenkungen in Ochrid, Glavenica und v. a. in Devol. Die Stadt Devol wurde damit Ausgangspunkt der Christianisierung (Bau einer der sieben bulg. »Kathedralkirchen«; Errichtung der ersten Schule in Bulgarien, in der vom hl. Klemens angebl. 3500 Schüler in altslav. Sprache unterrichtet wurden). Ende des 10. Jh.

löste sich auch das ganze Gebiet um den See von Skutari aus dem oström. Reichsalbanien. Es gehörte nun zu dem serb. Staat von → Dioclea, dessen Fürstenresidenz auf der W-Seite des Skutari-Sees lag. Auch die nordalban. Alpen und das Drin-Bergland unterstanden damals der serb. Herrschaft. Die polit. und kirchl. Verwaltungseinteilung deckten sich seit dem 7.Jh. großenteils. Dem byz. Thema Dyrrhachion entsprach die gr. Kirchenprovinz. Als Bm.er sind im N- und Mittelalbanien des 7.-12.Jh. nachweisbar: Dyrrhachion, Stephaniaka, Kruja, Antivari, Drivasto, Suacium (Svac), Doclea (spätestens im 11.Jh. mit Antivari vereinigt), Polatum (serb. Pilot), Tzernik-Vrego (entstanden aus Scampa), Gradec (entstanden aus dem vorslav. Bm. Byllis, später verlegt nach Belgrad [Berat]), Aulona, Glavenica und Chunavia, Die Grenzen der einzelnen Sprengel sind nicht festzustellen. Die Bischofssitze verteilen sich über Niederalbanien, das Shkumbi-Tal, die Myzeqeja und die Malakastra. In Nordalbanien war das Bergland um den Drin und das Gebiet der nordalban. Alpen dem Bm. Polatum (Pilot) eingegliedert. Die Randlandschaften des heut. A. gehörten zu dem autokephalen Ebm. Ochrid. Hier lagen die Suffraganbistümer Prizren und Dibra, deren Grenzen ebenfalls unbekannt sind.

III. DIE ALBANER IM HOCH- UND SPÄTMA: Nach der Vernichtung des westbulg. Restreiches des Fs.en Samuel und der Einnahme der bulg. Zarenstadt Ochrid (1018) durch Ks. Basileios II. kam das Gebiet bis zur Adria wieder unter byz. Herrschaft. In den alban. Bergen leisteten einzelne Gruppen kurze Zeit Widerstand; durch Besatzungen wurde jedoch die byz. Macht in Mittel- und Südalbanien gesichert.

Einige Jahrzehnte nach der byz. Rückeroberung erscheinen die ersten hist. Nachrichten über die Albaner (Arvaner) als Volk: Bei den Aufständen des Feldherrn Georgios Maniakes (1043) und des Nikephoros Basilakes (1078) werden aus »Albanoi« bzw. »Arvaniten« bestehende Truppen erwähnt (Michael Attaleiates, ed. I. BEKKER, 18, 17ff., 297, 21; Kedrenos II, 739, 9); ebenso bei dem Bericht über die Verteidigung Dyrrhachions durch Ks. Alexios I. Komnenos gegen Robert Guiskard 1081 (Anna Komnene, ed. REIFFERSCHEIDT I, 202, 16).

Nach dem Verfall des byz. Reiches infolge des Vierten Kreuzzuges (1204) wurde S- und Mittelalbanien dem kurzlebigen Despotat von → Epeiros eingegliedert. Im 13.Jh. werden Volks- wie Landschaftsname (Albanon) immer häufiger erwähnt. Im 13.Jh. begann die Ausbreitung alban. Siedlung auf der Balkan-Halbinsel. Die Stämme der alban.Wanderhirten besiedelten zunächst den S des heut. A. und Epeiros, im SpätMA griff die Ausdehnung noch weiter (im NO: Kosowo, Metohija, im S: Griechenland). Als nach dem Tod des Zaren Stephan Dušan (1355) das Großserb. Reich, unter dessen Herrschaft die meisten Gebiete A.s standen, zerfiel, verstärkte sich die Siedlungsexpansion der A. noch. Etwa die Hälfte des gr. Volksgebietes (v. a. Attika, Boiotien, Argolis) wurden damals alban. besiedelt. In diesen Gebieten wuchsen die A. in die gr.-orthodoxe Kirchenorganisation hinein und gingen schrittweise zum Gebrauch der gr. Sprache über, während die A. des Mutterlandes, die in einzelnen Stämmen und Fsm.ern lebten, vom angevin. Kgr. Neapel und den benachbarten ven. Besitzungen aus unter lat.-abendländ. Kultureinfluß gerieten. Infolge dieser Wanderungsbewegung bildete sich auch die starke mundartl. Zweiteilung in Gegen (im N) und Tosken (im S) heraus.

Im SpätMA war das n. und mittlere A. überwiegend kath., mit den Metropolen Antivari (Bar) und Dyrrhachion (Durazzo) sowie den Bm.ern Budua (Budva), Gjoani (Pulati), Ulcinj (Dulcigno) und Sappa (Zadrima), das s. Albanien (und Epeiros) gehörte der orthodoxen Kirche an.

IV. ALBANIEN UNTER OSMAN. HERRSCHAFT: Gegen die im frühen 15.Jh. einsetzende osman. Eroberung leisteten die nordalban. Stämme heftigen Widerstand, geführt von dem Nationalhelden → Georg Kastriota (Skanderbeg). Von Venedig, dem Papst und Neapel unterstützt, konnte sich Kastriota lange behaupten. Nach seinem Tod (1468) brach der Widerstand jedoch zusammen, und A. wurde 1479 zur türk. Prov. Die osman. Steuerregister – wie etwa eines für Mittelalbanien von 1431-32 (Hicrî 835 tarihli Suret-i defter-i sancak-i Arvanid, hg. HALIL INALCIK, Ankara 1954) oder eines für den Kreis von Shkoder von 1485 (Le cadastre de l'an 1485 du sanjak de Shkoder, hg. SELAMI PULAHA, 2 Bde, Tirana 1974) – sind bedeutende Quellen für die Siedlungsgeschichte von A. – Viele Albaner flohen nach der osman. Eroberung nach Unteritalien und Sizilien, wo sich zahlreiche »italoalban.« Gemeinden des unierten Ritus bis heute erhalten haben. Die ven. Küstenfestungen behaupteten sich länger: Alessio und Skutari bis 1501, Dulcigno (Ulcinj) und Antivari (Bar) bis 1571. Die osman. Herrschaft hat die Ausbreitung des Albanertums auf der Balkan-Halbinsel nicht gehindert, sondern vielmehr geradezu begünstigt, v.a. nachdem um 1600 ein großer Teil der A. zum Islam übergetreten war. Von den Osmanen begünstigt, konnten die Albaner damals die meisten Landschaften »Altserbiens« (→ Serbien) und Westmakedoniens besetzen. Mit dieser erneuten Siedlungsausbreitung weitete sich auch die Landesbezeichnung »Albanien« immer mehr aus. Durch die Konversion zahlreicher Albaner wurde A. zum Land dreier Konfessionen und Kulturen: Orthodoxe im S mit gr. Kultur; Katholiken im N, kulturell nach Italien und später nach Österreich orientiert; Muslime in S- und Mittelalbanien, von osman. Reichspatriotismus erfüllt. G. Stadtmüller

Q.: Acta et diplomata res A. mediae aetatis illustrantia 1-2, 1913, 1918 – G. VALENTINI, Acta A. Veneta saeculorum XIV et XV 1-24, 1957-77 – Lit.: M. v. ŠUFFLAY, Polit. Schicksale des Themas Dyrrhachion, Vjesnik kr. Hrvatsko - Slavonsko - Dalmatinskog Zemaljskog Archiva 17, 1915, 273-300 – DERS., Die Kirchenzustände im vortürk. A. Die orthodoxe Durchbruchzone im kath. Damme, Illyr.-alban. Forsch. 1, 1916 – DERS., Städte und Burgen A.s hauptsächl. während des MA, 1924 – A. GEGAJ, L'Albanie et l'invasion turque au XVe s., 1937 – F. PALL, Die Gesch. Skanderbegs im Lichte der neueren Forsch., Leipziger Vjschr. für SO-Europa 6, 1942, 85-98 – G. STADTMÜLLER, Altheidn. Volksglauben und Christianisierung in A., OrChr. P. 20, 1954, 211-246 – DERS., Forsch. zur alban. Frühgesch., 1966[2] [mit ausführl. Bibliogr.] – A. DUCELLIER, Recherches sur la façade maritime de l'Albanie au MA: Durazzo, Valona..., Documents et Recherches 13 [in Vorbereitung].

Albanische Sprache. Erst seit 1462 liegen Originalzeugnisse in alban. Sprache vor. Eine linguist. Rekonstruktion zeigt jedoch, daß sich die A.S. zw. dem 4. und 13.Jh. aus einer Sprache, deren Syntax und Wortgestalt grosso modo dem klass. Gr. bzw. Litauisch ähnelten, in die Form, die in den frühesten bedeutenden Zeugnissen des 16.Jh. verwendet wurde, entwickelte: So ergibt die lat. Wendung 'terrae mōtus' das Lehnwort *tërmet*; und das einheim. Wort *gjilpërë* ('Nadel') muß von *gelli(s) panā(s) < *g^{w}oln r̄(s) p(a)tmiās* ('Garnstift') herstammen. Den besten Beweis für diese Datierungen findet man in den sprachl. konservativen alban. Enklaven S-Griechenlands (→ Albanien, Albaner), die zumindest seit 1200 eigenständige Züge aufweisen. Ihre *tosk.* Dialekte zeigen, daß die Spaltung der A.S. in *Geg-* und *Tosk-Dialekte* bereits über ein Jt. besteht. Daß die *Jireček-Linie* eine kulturelle Grenzscheide geblieben ist, läßt sich durch zwei Umstände zeigen: In der Antike waren die Beziehungen des Protoalbanischen zum Lat. stark, während es nur spärl. Belege seiner Kontakte mit dem klass. Gr. gibt; die A.S. der Antike ist also n. dieser Linie, die auch heute in etwa Geg von Tosk und Alban. vom Makedon. trennt, zu lokalisieren. Vor der Landnahme der Slaven muß die ma. A.S. erhebl. weiter ö. verbreitet gewesen sein (sicher über Serbien hinaus bis zum Banat und dem nw. Bulgarien), wodurch sich die gemeinsamen Eigenschaften der rumän. Sprache und des A. in der kaiserzeitl. und vorröm. Periode erklären; die Namen Niš und Štip (< Stobi) zeigen alban. Überlieferung. Die genauen ethn. Vorgänger der Albaner der röm. Zeit bleiben unbekannt, weil bisher keine eindeutige Identifizierung der überlieferten Völkernamen mögl. ist und weil keine eigtl. Sprachreste vorhanden sind. Wir wissen kaum, wer die Illyrer, Paeonier oder Pannonier waren, und die thrak. Sprache ist gewiß kein Vorläufer der alban. Das ma. A. hatte v.a. zum Lat. des Donaugebiets, zum Südslavischen, Gr., Dalmatischen, It. und Aromunischen sprachl. Wechselbeziehungen. E.P.Hamp

Lit.: E.P.HAMP, Albanian (Current Trends in Linguistics, hg. T.A. SEBEOK, 9, 1972), 1626-1692 [Bibliogr.].

Albany, Hzg. v., Titel, der für die jüngeren Söhne der → Stewart-Dynastie in Schottland geschaffen wurde. Alle vier Hzg.e der ma. Periode spielten eine bedeutende polit. Rolle.

1. **A., Robert**, Hzg. seit 28. April 1398, † 3. Sept. 1420, ◻ Abtei Dunfermline. Er war wesentl. fähiger als sein Vater, Robert II., und sein Bruder, Robert III. Seine Ernennung zum Vormund *(custos)* des Kgr.s (1388) war ein Versuch, eine wirksame Regierung zu schaffen. Während der Gefangenschaft des neuen Kg.s Jakob I. in England (1406-20) war er Regent. Er machte keinen Versuch, den Thron zu besteigen, bemühte sich aber auch nicht um die Befreiung und Rückkehr des Kg.s.

2. **A., Murdoch**, Sohn von Robert, folgte ihm als Hzg. und Regent. Unter Druck handelte er Jakobs Freilassung aus, aber bald darauf ließ der Kg. ihn, seine Frau, zwei Söhne und andere Anhänger festnehmen. Am 25. Mai 1425 wurde Murdoch in Stirling enthauptet; ◻ Kirche der Blackfriars (Dominikaner) in Stirling. Seine Ehrentitel verfielen.

3. **A., Alexander**, 1457/58-85, Sohn von Jakob II., wurde 1479 von Jakob III. als entrechtet erklärt und floh nach Frankreich. Von Edward IV. v. England als Thronprätendent lanciert (1481-82), versöhnte er sich jedoch mit dem schott. Kg., von dem er Titel, Güter und Ämter erhielt. Nach einer Rebellion mußte er 1484 erneut nach Frankreich fliehen, wo er starb; ◻ Kirche der Coelestiner in Paris.

4. **A., Johann**, seit ca. 1505 Hzg., † 2. Juni 1536 ohne ehel. Kinder, Sohn von Alexander. 1515 kam er aus Frankreich und übernahm die Regentschaft für Jakob V., war aber zu eng mit den frz. Interessen verflochten, um sich durchsetzen zu können, und kehrte 1524 endgültig nach Frankreich zurück. J.M.Brown

Lit.: GEC I, 77-82 – E.W.M.BALFOUR-MELVILLE, James I, 1936 – G. DONALDSON, Scotland: James V-VII, 1965 – DERS., Scottish Kings, 1967 – R.G.EAVES, Henry VIII's Scottish Diplomacy, 1971 – R.G. NICHOLSON, Scotland: The Later Middle Ages, 1974.

Albarus Paulus v. Córdoba, gegen 800 geboren, von jüd. Abstammung, aber chr. erzogen wurde A. – wie bei Konvertiten häufig – zum eifrigen Vorkämpfer seines Glaubens in Spanien. Sein streithafter Briefwechsel mit dem zum Judentum übergetretenen Priester Bodo-Eleazar bezeugt über Glaubenseifer hinaus auch ein gewisses wissenschaftl. und künstler. Interesse. Der 854 geschriebene »Indiculus luminosus« ist eine Streitschrift gegen den Islam, in der Mohammed als Vorläufer des → Antichrist dargestellt wird. Die 14 Gedichte des A. sind prosod. mangelhaft und stehen ihrem Inhalt nach in der antikisierenden Tradition (in Spanien vorher durch Eugen v. Toledo und Isidor v. Sevilla vertreten) epigrammat. Kleindichtung. Sie sind in Hexametern abgefaßt, was A. an einer Stelle mit Stolz betont, lediglich ein Hymnus auf seinen Freund und früheren Mitschüler Eulogius besteht aus asklepiadeischen Versen. Nach der 859 erfolgten Hinrichtung des Eulogius schildert A. in der kurzen »Vita Eulogii« dessen Leben und den Märtyrertod. Trotz der üblichen hagiograph. Topoi (z.B. der Übertreibung bei der Beschreibung, wie gebildet Eulogius gewesen sei) bietet A. durch seine zeitl. Nähe und persönl. Bindung interessante Nachrichten; u.a. teilt er eine Liste von Büchern röm. Autoren mit, die Eulogius von einer Reise ins Frankreich nach Spanien mitgebracht habe. G.Silagi

Ed.: Die älteren Ausg. und Hss. sind verzeichnet bei M.C.DIAZ Y DIAZ, Index Scriptorum Latinorum Medii Aevi Hispanorum, 1958, Nrr. 480-501. Abdr. der älteren Ausg. MPL 121, 397-566. Neuausg. der *Briefe*: J.MADOZ, Epistolario de Alvaro de Cordoba, 1947; der *Gedichte*: MGH PP 3, 126-142; Vita Eulogii, vgl. RUIZ, Obras completas de S. Eulogio, 1959; engl. Übers. der Vita Eulogii: C.M.SAGE, Paul Albar of Cordoba, 1943, 190-214 – Gesamtausg. vgl. Corpus scriptorum muzarabicorum, ed. J.GIL, 1975 – Lit.: MANITIUS, I, 421-428 – BRUNHÖLZL, I, 503-506 und 575f.

Albategni, Albatenius → al-Battānī, Muḥammad ibn Ǧābir

Albe → Kleidung, liturgische

Alberga, Albergaria → Albergue

Albergati, Niccolò, Kartäuser, Kard., * um 1375 Bologna, † 9. Mai 1443 Siena, ◻ Kartause Monte Acuto, Florenz, vermutl. Porträt von Jan van Eyck (Wien, Kunsthist. Museum). A. studierte zunächst weltl. Recht, trat dann 1395 in die Kartause S. Girolamo di Casara ein, wurde dort 1404 Priester, 1407 Prior und 1412 Visitator der it. Kartausen. 1417 wählte man ihn zum Bf. v. Bologna, 1426 erhob ihn Martin V. zum Kard. Der eifrige Reformer seiner Diöz. wurde hist. bes. als Friedensvermittler bedeutsam; so, wenn auch zunächst vergebl., 1422/24 zw. England und Frankreich, 1428 zw. Venedig und Mailand, 1429 zw. Bologna und dem Papst, schließl. 1435 auf dem Kongreß v. Arras zw. Frankreich und Burgund, nicht aber mit England. 1433 und 1436 war A. Legat Eugens IV. auf dem Baseler Konzil und Verteidiger des Primats des Papstes. Am 8. Jan. 1438 eröffnete er als Präsident das Konzil v. Ferrara(-Florenz), im Herbst 1438 nahm er am Reichstag v. Nürnberg teil. Zuletzt war A. an der Kurie tätig als Großpönitentiar und → Camerlengo (Finanzverwalter). Benedikt XIV. hat 1744 seinen Kult als Seliger bestätigt. H.Wolter

Lit.: K.A.FINK, Martin V. und Bologna, QFIAB 23, 1931/32, 182-217 – P.DE TÓTH, Il b. cardinale N.A. e i suoi tempi (1375-1444), 1934 – J.G.DICKINSON, The Congress of Arras, 1955 – P.PARTNER, The papal State under Martin V, 1958.

Albergement (auch: abergement, arbergement, herbergement).

[1] Eine Form der Dauerleihe, die bei der Kolonisation in Frankreich eine Rolle spielt. Nach dem Recht des A. lebende Hintersassen zahlen Zins, sind aber von den Abgaben der gesamten → taille, der aubaine und mainmorte (→ Mortuarium) befreit. Das Land untersteht der → Garde und → Commendise des Grundherrn. Die Leiheform des A. findet sich sowohl bei der vereinzelten Urbarmachung und der verstreuten Besiedlung im W Frankreichs (vom s. Poitou bis zur Beauce, im O der Bretagne und in der w. Normandie) als auch bei der weiträumigen und planmäßigen Kolonisation und der Gründung von Dörfern im

ö. Frankreich und in der frz. Schweiz (im Jura und im Saônetal). Sie tritt seit der 2. Hälfte des 11. Jh. auf und verbreitet sich im Laufe des 13. Jh. Der Begriff A. ist in vielen Ortsnamen zu finden.

[2] Hof bzw. bäuerl. Wirtschaft in der Normandie und in der Bretagne (herbergagium, herbergaria).

[3] Pachtvertrag, der für ein unbeweg. Gut gegen Leistung bestimmter Abgaben ausgestellt worden ist (Savoyen, frz. Schweiz, Dauphiné).

[4] Unter dem Einfluß des röm. Rechts wird A. gegen Ende des 13. Jh. gleichbedeutend mit → Emphyteusis und beinhaltet die Landvergabe zur ständigen Nutzung gegen Zahlung der *introge* (= introitus) und eines jährlichen Zinses. R.-H. Bautier

Lit.: P. Duparc, Les tenures en hébergement et en abergement, BEC CXXII, 1964, 5-88.

Albergo di nobili, genues. Institution, die eine Vereinigung bzw. Consorterie von Familien bezeichnet. Irrtüml. verlegte man ihren Ursprung nach Piemont oder verwechselte sie mit dem Consortium der Patrizier oder der in anderen it. Städten üblichen *Società di Torre*. Die erste Erwähnung eines A. findet sich in den Genueser Annalen für das Jahr 1267 im Hinblick auf die Familie Spinola: Diese zieml. späte Nachricht stützt die These nicht, daß die Alberghi sich von den acht *compagne*, in die sich der genues. *Popolo* seit 1135 gruppiert hatte, herleiteten. Das A. ist eine spontane Vereinigung, die zuweilen durch Heiraten gefestigt wurde, entstanden am Ende des 13. Jh., um die Rivalitäten des Machtkampfs, in dem sich die bedeutendsten Familien der Stadt aufrieben, besser ertragen zu können. Die Mitglieder eines A. gaben ihre Familiennamen, Wappen und Privilegien auf und übernahmen den Namen und das Emblem der Familie, mit der sie sich vereinigt hatten. Um sich besser verteidigen zu können, waren sie bestrebt, ihre Wohnsitze in die Nähe zu legen, mit eigener Kirche und eigenen Loggien. Am berühmtesten ist das A. Giustiniani, in das die Angehörigen der → Maona v. Chios zusammenströmten, die interessiert waren, ihre ökonom. Solidarität auch polit. zu festigen. Das A. entwickelte sich in der Tat zu einem polit.-sozialen Organismus, da die öffentl. Ämter auf die Mitglieder verteilt wurden; v.a. mit der Reform von Andrea Doria, der 1528 die Zahl der Alberghi, die bereits auf über 100 angewachsen war, auf 28 festsetzte und das Adelspatent nur diesen zuwies. Infolge der Reibereien zw. den »Parteien« der alten und neuen Nobili (nach ihren Versammlungsorten »del portico di S. Luca« und »di S. Pietro« gen.) wurden 1576 die Alberghi aufgehoben und jede Familie nahm wieder ihren eigenen Namen an. G. Petti Balbi

Lit.: M. Nicora, La nobiltà genovese dal 1528 al 1700, Misc. storica ligure II, 1961, 217-310 – E. Grendi, Profilo storico degli alberghi genovesi, Mélanges de l'école française de Rome 87, 1975, 241-302.

Albergue (alberga, albergaria, auch: arberga, arbergum, arbergaria, albergantia, *alberc, arberc*), dem Herbergsrecht (gistum, Gastung) entsprechende Abgabe, v.a. in S-Frankreich, Aquitanien und Katalonien. Die A. hatte ihren Ursprung in den Leistungen, die von der Bevölkerung der Karolingerzeit zum Unterhalt des Kg.s und seiner Amtsträger erbracht werden mußten; Spuren davon finden sich in der Ile de France und in Burgund noch im 12. Jh. (herbergaria). Im allgemeinen wurde die A. von allen Grundholden gefordert; manchmal nur von den Besitzern freier Eigen, teilweise auch von den geistl. Instituten (→ Servitialpflicht). Oft wurde das Recht durch den Kg. oder die Gf.en an Vasallen übertragen, gelegentl. von diesen usurpiert. Es wurde von örtl. Amtsträgern ausgeübt und den *malae consuetudines* gezählt. Von der Unterbringung des Herrn und seines Gefolges (hospicium, gistum) dehnte es sich auch auf die Versorgung mit Lebensmitteln und Pferdefutter aus (pastus, *past*; dem fodrum entsprechend). Im 11. Jh. erfolgte eine Begrenzung des Umfanges der Leistung und des zu ihrem Empfang berechtigten Personenkreises; im 12. Jh. wurde die A. vielfach aufgegeben oder abgelöst. Die Umwandlung von einer Natural- in eine Geldabgabe, die als Pauschale für eine Gemeinde festgesetzt wurde, erfolgte häufig im 13. Jh.; oft wurde die A. nach Feuerstellen erhoben. Die Rechnungen der A. stellen daher eine wichtige Quelle für die Bevölkerungsentwicklung der Provence dar. – Manchmal nach Joch Ochsen bemessen, vermischte sich die A. mit dem boagium. Ebenso gab es in einigen Gegenden dafür die Bezeichnung receptum (danach *receut* in der Provence, *arsiut* in der Gascogne) und calamanagium. Auch wurde die vom Bf. geforderte procuratio gelegentl. als A. bezeichnet. R.-H. Bautier

Lit.: C. Brühl, Fodrum, gistum, servitium regis, 1968 – E. Baratier, L'albergue (Enquêtes sur les droits et revenus de Charles Ier d'Anjou en Provence [1252 et 1278] 1969), 56-59 [Karte].

Alberic de Besançon → Alexander d. Gr.

Alberich

1. A. (Aubry), Gf. → Mâcon, Gft.

2. A., Mgf. v. *Spoleto,* † nach 917. Wohl frk. Herkunft; taucht zum ersten Mal 889 in der Schlacht an der Trebbia an der Seite → Widos II. v. Spoleto in den Quellen auf. Durch Ermordung Widos IV. (896/897) setzte er sich in den Besitz der Mgft. Spoleto, war aber vielleicht vorher schon Gf. v. Fermo (Hofmeister, 415). Kg. → Berengar I. muß schon bald A.s Herrschaft in Spoleto anerkannt haben, denn 899 kämpften Kontingente aus Camerino und Spoleto mit ihm gegen die Ungarn. 904 war A. mit Mgf. → Adalbert II. v. Tuszien an der Erhebung Papst Sergius' III. beteiligt. Ein weiterer Beweis für die zeitweilige Interessenkoalition der beiden Mgf.en war die Sperrung der Straße nach Rom, um Berengar I. an der beabsichtigten Kaiserkrönung zu hindern (906/907). Bes. hervorgetreten ist A. 915 im Abwehrkampf gegen die Sarazenen am Garigliano. Aus der Verbindung mit der Römerin → Marozia hatte A. einen gleichnamigen Sohn, den späteren »princeps«. Art und Chronologie ihrer Beziehung sind umstritten. A.s Todestag läßt sich nicht sicher bestimmen. Er erscheint zuletzt in einer sicher datierbaren Urkunde 917 im »Liber largitorius« des Kl.s Farfa (ed. Zucchetti, Reg. Chart. Ital. II, doc. 74). Th. Kölzer

Lit.: DBI, 657-659 – A. Hofmeister, Mgf.en und Mgft.en im it. Kgr., MIÖG Ergbd. 7, 1907, 413 ff. – H. Müller, Topograph. und genealog. Unters. zur Gesch. des Hzm.s Spoleto und der Sabina von 800 bis 1100 [Diss. Greifswald 1929] – G. Fasoli, I re d'Italia (888-962), 1949 – E. Hlawitschka, Franken, Alemannen, Bayern und Burgunder in Oberitalien (774-962), 1960 – P. Partner, The Lands of St. Peter, 1972 – Hb. europ. Gesch. I, 656 ff.

3. A., princeps Romanorum, aus dem Geschlecht der *Mgf.en v. Spoleto,* † 31. Aug. 954 in Rom; Eltern: Mgf. Alberich (→ A. 2) und → Marozia, die Tochter → Theophylakts. ⚭ 936 Alda, die Tochter seines Stiefvaters, Kg. → Hugos v. Italien. 932 vertrieb er Hugo mit Hilfe der Römer, um selbst ein auf persönl. Macht beruhendes Regiment in Rom und im Kirchenstaat aufzurichten. Sein Titel »princeps ac senator omnium Romanorum« – den Titel »patricius« hat A. nicht geführt – dokumentiert einen umfassenden Herrschaftsanspruch, dem sich im polit. Bereich auch das Papsttum beugen mußte. A.s Herrschaft, zugleich »die dynast. Tradition und die Revolution« verkörpernd (Falco, 171), ist einer der vielen Versuche, auf den Trümmern des Karolingerreiches neue, unabhängige polit. Gebilde zu schaffen, territorial begrenzt, ohne expansive Ziele (Ausnahme: Sabina; erster Rektor 939 belegt), mit einer gestrafften und zentralisierten Verwaltung, in die offenbar auch die Bf.e einbezogen wurden. Gleichzeitig bemühte A. sich um gute Beziehungen zu den südit. Herrschern und Byzanz (ein Heiratsprojekt scheiterte) und unterstützte – nicht zuletzt auch aus polit. Erwägungen – die Klosterreformen Abt Odos von Cluny. Sein Sohn Oktavian, den A. 954 durch den stadtröm. Adel zum Papst »designieren« ließ (Johann XII.), sollte weltl. und kirchl. Macht wieder in einer Hand vereinigen. Unter dem Druck der polit. Verhältnisse mußte dieser jedoch schließl. in der Erneuerung des Ksm.s durch Otto I. Zuflucht suchen, dessen Begehren A. noch 951 zurückzuweisen gewußt hatte, und bereitete so dem System seines Vaters das Ende. Th. Kölzer

Lit.: DBI I, 647–656 – A. ROTA, La riforma monastica del »princeps« Alberico II nello stato Romano, ASRSP 79, 1956, 11–22 – G. FALCO, Geist des MA, 1958, 162–177 – B. HAMILTON, The monastic revival in tenth century Rome, Studia monastica 4, 1962, 35–68 – R. HIESTAND, Byzanz und das Regnum Italicum im 10. Jh., 1964 – H. ZIMMERMANN, Papstabsetzungen des MA, 1968 – P. PARTNER, The Lands of St. Peter, 1972 – P. TOUBERT, Les structures du Latium médiéval, 1973 – Hb. europ. Gesch. I, 660 ff.

4. A., Abt → Cîteaux

5. A., Kanzler → Ludwig VII.

6. A. v. Montecassino (Albericus Casinensis), * um 1030 in der Gegend von Benevent, † nach 1105, mindestens seit 1065 Mönch in Montecassino, wo er eine hervorragende Stellung einnahm und als Lehrer, Dichter und Verfasser von theolog., hagiograph., kirchenpolit., grammat.-rhetor. und musiktheoret. Werken wirkte. 1079 verteidigte er an der röm. Kurie die kirchl. Eucharistielehre gegen → Berengar v. Tours und schrieb eine (verlorene) Abhandlung »De corpore Domini«. In einem (ebenfalls verlorenen) Traktat verteidigte er Papst Gregor VII. gegen Heinrich IV. Die letzten Lebensjahre scheint A. in Rom verbracht zu haben. Er war mit Abt Desiderius v. Montecassino und Petrus Damiani befreundet. Zu seinen Schülern zählt u.a. Johannes v. Gaeta (Papst Gelasius II.). In die Geschichte der lat. Lit. des MA ist A. v.a. eingegangen als Verfasser von Abhandlungen zur Stilkunst: »Breviarium de dictamine«, »Flores rhetorici« und »De barbarismo et solecismo, tropo et scemate«. Die ihm früher zugeschriebenen »Rationes dictandi« hat man ihm jedoch mit Recht abgesprochen, wie denn A. keineswegs der Begründer der ma. Ars dictandi ist, sondern vielmehr eine ältere grammat.-rhetor. Tradition vertritt. Seine Werke zeigen allerdings Ansätze, die bald nach seinem Tod von den ersten Ars-dictandi-Lehrern in Oberitalien aufgegriffen und weiterentwickelt wurden. H. M. Schaller

Ed.: L. ROCKINGER, Briefsteller und formelbücher des eilften bis vierzehnten jahrhunderts I, 1863, 29–46 – H. H. DAVIS, The ›De rithmis‹ of Alberic of Monte Cassino, MSt 28, 1966, 198–227 (dazu G. BRUGNOLI, Benedictina 14, 1967, 38–50) – M. INGUANEZ, H. M. WILLARD, Alberici Casinensis Flores rhetorici, 1938, MiscCass XIV (dazu H. HAGENDAHL, CM 17, 1956, 63–70) – *Heiligenleben:* s. DBI I, 644f. – *Lit.:* DBI I, 643–645 – MANITIUS 3, 300–305 – CH. H. HASKINS, Albericus Casinensis, Casinensia I, 1929, 115–124.

7. A. v. Reims, Schüler → Anselms v. Laon, † 1141, Leiter der Domschule von Reims (vor 1120–36), Gegner → Abaelards auf der Synode zu Soissons (1121), 1136–41 Ebf. v. Bourges; hinterließ einen Brief an → Walter v. Mortagne über die rechtl. Wirkungen des Eheversprechens. A. ist zu unterscheiden von dem Dialektiker Alberich v. Paris, Lehrer des → Johannes v. Salisbury, der in log. Schriften des 12. Jh. oft zitiert wird. L. Ott

Lit.: L. OTT, Unters. zur theol. Brieflit. der Frühscholastik, 1937, 266–291, 662 – M. GRABMANN, Scholastik II, 138 f., 324 – DERS., Geistesleben III, 102–105, 109 f. – L. M. DE RIJK, Logica modernorum I, 1962.

8. A. v. Settefrati (1. Hälfte des 12. Jh.), Sohn eines nobilis miles der Prov. Caserta, erlebte mit zehn Jahren eine neun Tage und Nächte dauernde Vision, worauf er 1111/23 in Montecassino Benediktiner wurde, um ein bußstrenges Leben zu führen. Seine Identität mit einem 1100 geborenen, 1122 ordinierten A. ist zweifelhaft. In dieser *Vision* wurde seine Seele vom hl. Petrus durch die Qualen des Fegfeuers geführt, zum Höllenschlund und zur Seelenbrücke, kam zum Paradies und schaute die sieben Himmel, um nach einem Blick auf die ird. Straforte wieder in den Körper zurückzukehren. Die eschatolog. Motive der »Visio Alberici« entstammen keineswegs der islam. Tradition, sondern der des chr. Europa, bes. Irlands, wobei als eine Quelle die apokryphe »Visio Esdrae« faßbar ist. Ob Dante diese einzige größere Jenseitsvision, die aus Italien erhalten ist, überhaupt kannte (wie lange diskutiert), ist fraglich. P. Dinzelbacher

Ed.: Bibl. Casinensis 5/1, 1894, 191–206 – MiscCass II, 1932, 83–103 – *Lit.:* P. DINZELBACHER, Die Vision A.s und die Esdras-Apokryphe, StudMitt 87, 1976, 435–442.

9. A. v. Troisfontaines, Mönch des Zisterzienserklosters Troisfontaines (Diöz. Châlons-sur-Marne), † nach dem 25. Jan. 1252; nur aus seinem Werk, der »Chronica«, bekannt, einer von der Erschaffung der Welt bis zum Jahr 1241 reichenden großen Weltchronik (hg. P. SCHEFFER-BOICHORST, MGH SS 23, 1874, 674–950 [Nachdr. 1963]). A. verarbeitete u. a. die Chroniken Sigeberts v. Gembloux (mit ihren Fortsetzungen), Helinands, Hugos v. Saint-Victor, Ottos v. Freising und Guidos v. Bazoches sowie die Historia miscella von Landulfus Sagax, die er Anastasius Bibliothecarius zuschrieb. Dazu kamen heute verschollene Schriften, u. a. ein Reimser Annalenwerk, zwei flandr. Quellen und vermutl. auch eine ungar. Geschichtsaufzeichnung. Außerdem wurden hagiograph. Werke in großer Zahl benutzt. A. durchsuchte Klosterarchive, verwertete viele Briefe und Urkunden und sammelte mündl. Informationen aus aller Welt, bes. bei Zisterziensern, die anläßl. der Generalkapitel zusammenkamen. Er pflegte seine Gewährsleute anzugeben. Die Zusammenstellung seines Werks begann er um 1232. Die ihm nachträgl. bekanntgewordenen »Gesta episcoporum Leodiensium« des → Aegidius v. Orval hat er noch 1252 ausgewertet. Später interpolierte der Kanoniker Mauritius v. Neufmoustier Nachrichten von örtl. Bedeutung. Als Geschichtsquelle ist die Chronik für die zeitgenöss. Vorgänge und wegen des sorgfältig zusammengetragenen genealog. Materials bedeutsam. J. Prelog

Lit.: W. LIPPERT, Zu Guido v. Bazoches und A. v. T., NA 17, 1892, 408–417 – R. F. KAINDL, Stud. zu den ungar. Geschichtsq. 7, AÖG 85, 1898, 431–507.

Albericus. 1. A. de Porta Ravennate, Doctor legum, * in Bologna, † ebd. nach 1194. Studierte unter → Bulgarus und lehrte Zivilrecht. Auch prakt.-forens. Tätigkeit ist 1165/94 bezeugt. A. schrieb u. a. kaum erforschte Glossen (→ Apparatus glossarum) anscheinend zu allen Teilen des Corpus iuris und bearbeitete die → Distinctiones des → Hugo de Porta Ravennate. P. Weimar

Lit.: DBI I, 646f. – SAVIGNY IV, 225–230 – E. GENZMER, Summula de testibus ab A. de P. Rav. composita (Studi di storia e dir. in on. di E. BESTA, I, 1939), 479–510 – COING, Hdb. I.

2. A. de Rosate, Doctor legum, * um 1290 in Rosciate bei Bergamo, † am 14. Sept. 1360 in Bergamo. Nach dem Studium des Zivilrechts in Padua ließ er sich als Advokat in Bergamo nieder. Er befürwortete die Einführung der

Signorie in Bergamo, war maßgebl. an der Neufassung der Statuten i. J. 1331 beteiligt und vertrat die Interessen des Hauses Visconti wiederholt als Gesandter. A. schrieb Kommentare zu den Digesten und zum Codex, umfangreiche »Quaestiones statutorum« (→ Albertus de Gandino) und die alphabet. Rechtsenzyklopädie, das »Dictionarium iuris«. Außerdem übersetzte er den Kommentar des Jacopo della Lana zur »Divina commedia« ins Lat.

P. Weimar

Ed.: In primam (secundam) ff (Digesti veteris, Infortiati, Digesti novi, Codicis) partem commentarii, Venedig 1585 [Neudr. 1974 ff. (OIR 21 ss)] – Opus statutorum, Mailand 1511 – Dictionarium iuris tam civilis quam canonici, Venedig 1573 [Neudr. 1971] – *Lit.*: DBI I, 656 f. – SAVIGNY VI, 126-136 – G. CREMASCHI, Contributo alla biografia di A. da Rosciate, Bergomum 50, 1956, 3-102 – L. PROSDOCIMI, A. da R. e la giurisprudenza it. del sec. XIV, RSDI 29, 1956, 67-78.

Albero

1. A. II., *Bf. v. Lüttich* → Lüttich

2. A. (Adalbero), *Ebf. v. Trier* 1131–52; * um 1080, † 18. Jan. 1152 in Koblenz, aus der Familie der Herren v. Montreuil (Bm. Toul). Als Propst v. St-Gengoul und St-Arnual, Groß-Archidiakon v. Toul, Archidiakon und (seit 1123) Primicerius v. Metz (ungewiß ist die Verduner Prälatur) einflußreicher Verfechter der kirchl. Reformbewegung. A. betrieb die Absetzung Adalberos IV. v. Metz und 1117 die Wahl Theotgers v. St. Georgen zum Nachfolger. 1131 wurde A., der sich Kandidaturen in Magdeburg und Halberstadt entzogen hatte, von Innozenz II. in Reims zur Annahme der v. a. aufgrund von Streitigkeiten zw. Klerus und bfl. Vasallen (Einschaltung Lothars III.) problemat. Trierer Wahl gedrängt und 1132 in Vienne geweiht. Auf Lothars III. zweitem Italienzug vertrat A. die Belange des Papstes, der ihn 1137 zum Legaten in Deutschland ernannte. Ebenso nutzte A. bei der Königswahl 1138 die Mainzer Vakanz und setzte als Anhänger des Papstes Wahl und Krönung Konrads v. Staufen durch, dessen Reichspolitik er mitprägte. Bei Konrad erwirkte A. 1139 die Eingliederung der Reichsabtei St. Maximin vor → Trier in das Erzstift. Den nach zähen Verhandlungen vom Papst bestätigten Erwerb behauptete er in harten Kämpfen gegenüber den Gf.en v. Luxemburg, wodurch er die Vormacht des Ebm.s im w. Mosel- und Eifelraum sicherte. Ebenso verteidigte und festigte er – z. T. im Bund mit der Trierer Bürgerschaft – die ebfl. Stadtherrschaft (1143, 1147). Polit. und reformkirchl. Interessen trafen bei der Förderung bes. der Prämonstratenser, Zisterzienser und Augustiner-Chorherren ebenso wie bei der Abhaltung zahlreicher Synoden zusammen. Für den am zweiten Kreuzzug teilnehmenden Stephan v. Bar verwaltete A. das Bm. Metz. Der glanzvolle Aufenthalt Papst Eugens III. in Trier im Winter 1147/48 (Weihe der neu erbauten Kirche St. Eucharius) betont am sinnfälligsten Rang und Ansehen A.s, der mit Norbert v. Xanten und Bernhard v. Clairvaux befreundet war. Vertraut im Umgang mit Gelehrten, berief er den gebildeten → Balderich v. Florennes zum Domscholaster. In ihm fand der hochbegabte und kämpferische Kirchenfürst seinen lebendig erzählenden Biographen.

H.-J. Krüger

Lit.: DBF I, 1170–1174 – Catholicisme, I, 121 f. – NDB I, 124 – LThK² I, 277 – WATTENBACH-SCHMALE I, 348 f. – H. BÜTTNER, Der Übergang der Abtei St. Maximin an das Erzstift Trier unter Ebf. A. v. Montreuil (Fschr. L. PETRY, Gesch. Landeskunde 5, T. 1, 1968), 65–77 – M. PARISSE, ASHAL 71, 1971, 23–28 – DERS., La noblesse lorraine, XIe–XIIIe s., I, 1976, 198–200.

3. A. (Adalbero III.), *Bf. v. Verdun* → Verdun

Albert (s. a. Adalbert, Albrecht)

1. A. Azzo, * vor 997; † 1097. Sohn Mgf. Albert Azzos I. aus dem Geschlecht der Otbertiner, dem er in der Herrschaft über die Gft. Luni, Genua und Tortona nachfolgte (seit 1026?). Unter Heinrich III. konnte er seinem Herrschaftsgebiet noch die Gft. Lunigiana und zeitweilig auch Mailand hinzufügen. ⚭ 1. (1034/1036) Chuniza, Schwester Hzg. Welfs III. v. Kärnten und Mgf. v. Verona (seit 1047). Ihr Sohn Welf (IV.) setzte 1055 nach dem Tod Welfs III. als Erbe die Welfenlinie fort (1070–77 als Hzg. v. Baiern). ⚭ 2. (1049–51) Garsenda, Tochter Gf. Hugos v. Maine. ⚭ 3. (vor dem 17. März 1074) Mathilde, Schwester Bf. Wilhelms v. Pavia. Anders als sein Vater, der wegen der Beteiligung am Aufstand gegen Heinrich II. (1014) vorübergehend seiner Titel verlustig gegangen war, verfolgte A. von Beginn an auf der Basis eines guten Einvernehmens mit den dt. Herrschern und mit ihrer Unterstützung eine expansive Hausmachtpolitik, die ihm bis gegen Ende seines Lebens ein ausgedehntes Herrschaftsgebiet in Oberitalien einbrachte (vgl. die Urkunde Heinrichs IV. für A.s Söhne vom 1. März 1077: MGH DD H IV, 289). 1069/70 versuchte er ohne Erfolg, gegen die Normannen in der Gft. Maine zu intervenieren. 1078 heiratete sein Sohn Hugo Eria, die Tochter Robert Guiskards. Gute Beziehungen unterhielt A. auch zu Gregor VII., obwohl dieser seine dritte Ehe wegen zu naher Verwandtschaft scharf verurteilte (Greg. VII. Epp. I, 57; II, 9, 35, 36). Im Streit zw. Ks. und Papst suchte A. zunächst zu vermitteln (Canossa). Nach der zweiten Exkommunikation Heinrichs trat er jedoch aus Eigeninteresse auf die päpstl. Seite über. Etwa 1073 erwählte A. als ständige Residenz Este (Prov. Padua), das der von ihm ausgehenden und über seinen Sohn Fulco (aus zweiter Ehe) fortgesetzten Familie (→ Este) den Namen gab.

Th. Kölzer

Lit.: DBI I, 753–758 – JDG, Konrad II., I, 1879, 414 ff. – F. GABOTTO, Per la storia di Tortona nell'età di comune, 1922 – L. CHIAPPINI, Gli Estensi, 1967².

2. A., *Vogt v. Krakau* 1290–1312, † nach 1317, stammte aus einem dt.-böhm. Adelsgeschlecht (1290 als comes bezeichnet), Sohn des Vogtes Heinrich v. Krakau, mit seinen drei Brüdern Erbvogt der Stadt. 1295–1306 förderte A. den böhm.-přemyslid. Einfluß in Polen (→ Böhmen). Im Mai 1311 unternahm er im Einverständnis mit Jan Muskata, dem Bf. v. Krakau, und den Chorherren vom Hl. Grab in Miechów einen Aufstand gegen Kg. Władysław Łokietek und lieferte die Stadt Krakau dem Stellvertreter des böhm. Kg.s, Boleslav v. Oppeln, aus. Im Juni 1312 vertrieb Kg. Władysław Łokietek die Aufständischen. Hzg. Boleslav hielt A. in Oppeln fünf Jahre lang in Haft und verbannte ihn dann nach Prag. Das persönl. Vermögen A.s wurde eingezogen, nicht aber das seiner Mutter und Brüder. Ein Gegner A.s verfaßte über den Aufstand ein kurzes lat. Gedicht (Lied über den Vogt A.). A. Gieysztor

Lit.: E. DŁUGOPOLSKI, Bunt wójta Alberta. Rocznik Krakowski 7, 1905, 135–186 – A. KŁODZIŃSKI, Z dziejów pierwszego krakowskiego buntu wójta Alberta, Zapiski Tow. Nauk. Toruń 14, 1948, 45–56.

3. A. I., *Bf. v. Freising* → Freising

4. A. v. Löwen, Hl., *Bf. v. Lüttich,* * um 1166, ermordet 24. Nov. 1192 in Reims, 1613 in das röm. Martyrologium eingetragen. Aus dem Hause Brabant stammend, wurde A. Lütticher Archidiakon. Unter dem Druck seines Bruders, Hzg. Heinrich I. v. Brabant, und seines Onkels wählte die Mehrheit des Domkapitels A. am 8. Sept. 1191 zum Bf. v. Lüttich, während sich eine Minderheit für Albert v. Rethel entschied, den Vetter Balduins V., Gf.en v. Hennegau, und Onkel der Ksn. Die streitenden Parteien wandten sich an den Ks. Nach dem Urteil von 14 Prälaten machte Heinrich VI. auf dem Reichstag v. Worms Jan. 1192 von dem Devolutionsrecht Gebrauch, das sein Vater formuliert hatte: Er sprach die bfl. Würde

Lothar v. Hochstaden zu. A. weigerte sich nachzugeben und appellierte an den Papst; Coelestin III. bestätigte seine Wahl. Er übertrug dem Ebf. v. Köln (der sich dieser Aufgabe entzog) bzw. dem Ebf. v. Reims (der jedoch nicht Metropolitan von Lüttich war) die Weihe. A., der von allen Anhängern verlassen war und beim Ebf. v. Reims Zuflucht suchte, wurde dort am 24. Nov. 1192 von dt. Rittern ermordet. Dieses Verbrechen, das großes Aufsehen erregte, wurde Heinrich VI. angelastet und trug entscheidend zur Bildung der Fürstenopposition von 1193/94 gegen den Ks. bei. J. Lejeune

Lit.: R. H. SCHMANDT, The election and assassination of A. of Louvain..., Speculum 42, 1967, 639-660.

5. A. II., *Bf. v. Lüttich* → Lüttich

6. A. III. v. Sachsen, *Ebf. v. Mainz* seit 1482, * 1467 in Meißen, † 1. Mai 1484 in Aschaffenburg, ▭ Mainz. Eltern: Kfs. Ernst v. Sachsen-Wittenberg und Elisabeth v. Baiern; Brüder: Kfs. Friedrich d.Weise, Kfs. Johann d. Beständige, Ernst, Bf. v. Halberstadt, Ebf. v. Magdeburg. Als zweiter Sohn des Kfs.en Ernst verdankte A. seine Aufnahme in das Mainzer Domkapitel im Alter von neun Jahren der Kooperation des Ebf.s Adolf II. v. Nassau mit dem Hause Wettin, die auf eine Wahrung der erzstift. Besitzes in der unruhigen Stadt Erfurt abzielte. Ebf. Diether II. v. Isenburg setzte diese Politik fort, er ernannte A. am 30. Mai 1479 zum Statthalter in Thüringen. Das Domkapitel wählte ihn 1480 zum Coadjutor cum iure succedenti, Sixtus IV. bestätigte ihn als solchen. Am 7. Mai 1482 trat A. im Alter von nur 15 Jahren Diethers Nachfolge als Administrator des Erzstiftes an. Die Herrschaft über die Stadt Mainz wurde von ihm ebenso wie die über Erfurt gefestigt. Sein unerwartet früher Tod schnitt alle Ansätze zu einer Politik des Ausgleichs mit den benachbarten Landesherren und dem Domkapitel ab, dessen Haltung schon damals von Dekan Berthold v. Henneberg bestimmt wurde. A. Gerlich

Lit.: H. SCHROHE, Die Stadt Mainz unter kurfürstl. Verwaltung, 1920 – E. ZIEHEN, Mittelrhein und Reich im Zeitalter der Reichsreform I, 1934, 201, 208f.

7. A. I., *Bf. v. Riga*, * um 1165, † 17. Jan. 1229, aus der brem. Ministerialenfamilie de Bekeshovede (Buxhövden), Domherr und Leiter der Domschule in Bremen, seit März 1199 Bf. v. Livland. A. ist der eigtl. Begründer der dt. Kolonie und Landesherrschaft in Livland. Nach Einholung einer Kreuzzugsbulle Innozenz' III. und sorgfältiger polit. Vorbereitung durch Fühlungnahme mit Dänemark, den Kaufleuten auf Gotland, den geistl. und weltl. Großen des Reiches (Teilnahme am Magdeburger Hoftag Kg. Philipps, Weihnachten 1199) erschien er im Sommer 1200 mit Missionaren, Kreuzfahrern und Kaufleuten an der Dünamündung. 1201 gründete er Riga, setzte erste ritterl. Vasallen in den Burgen Üxküll und Lennewarden an und schuf damit die Grundlagen seiner Territorialherrschaft. 1202 wurde von seinem Helfer, dem Zisterziensermönch Theoderich, der → Schwertbrüderorden begründet und dem Bf. unterstellt. 1205 erfolgte in Dünamünde die Gründung einer Zisterze. A. trug 1207 sein Bm. Kg. Philipp auf. Bei vorsichtigen Verhandlungen mit den russ. Teilfürsten von Gercike und Kukenois an der Düna und deren Oberherrn, dem Fs.en v. Polock, erkannte er dessen Tributherrschaft über die Liven ebenso an wie die von Pskov und Novgorod über die Letten. Die 1210 einsetzenden Rivalitäten mit dem Schwertbrüderorden um die Herrschaft über die Liven und Letten, in denen der Papst zugunsten des Ordens entschied, überschatteten seither A.s Tätigkeit. Kämpfe des Ordens gegen die Esten zogen A. in den Streit mit den Dänen hinein, die sich 1219 in Reval und N-Estland festgesetzt hatten. Versuche A.s, sich 1221 mit Kg. Waldemar II. zu einigen und das 1210 geschaffene Bm. Leal (S-Estland), dessen erster Bf. Theoderich 1219 getötet worden war, seinem eigenen Bruder Hermann zu sichern, scheiterten. Erst die Gefangennahme Waldemars II. (1223) ermöglichte es, die dän. Ansprüche zurückzudrängen; das Bm. Leal wurde mit Sitz in Dorpat begründet. Die Dünalinie konnte durch den Erwerb der Burgen Kukenois (hier entstand die bfl. Burg Kokenhusen) und Gercike gesichert werden (1224), nachdem schon vorher Polock auf die Tribute der Dünaliven verzichtet hatte. 1225 erschien Bf. Wilhelm v. Modena als päpstl. Legat in Riga, um die Streitigkeiten zw. Bf., Orden und Dänen zu schlichten; zwar konnten die Besitzgrenzen der dt. Landesherrn festgelegt werden, doch blieb das Verhältnis zu den Dänen offen. 1225 wurden Livland und Dorpat als Marken in den Verband des Reiches aufgenommen, die Bf.e zu Rfs.en. Die estn. Insel Ösel wurde 1227 erobert, 1228 das Bm. Ösel-Wiek geschaffen. Bereits früh um die Exemtion seines Bm.s bemüht, erreichte A. zwar diese, aber nicht die Erhebung zum Ebm. Mehr Staatsmann und Diplomat als Missionar, hat A. seiner Schöpfung die innere Spannung zw. Bf.en und Orden und die äußere Bedrohung durch die heidn. Litauer sowie unsichere Beziehungen zu den russ. Nachbarn hinterlassen, die das Schicksal Livlands im MA bestimmt haben. Eine Verehrung als Seliger genoß A. ztw. seit dem 17. Jh. in Prämonstratenser- und Zisterziensernekrologen. M. Hellmann

Q.: Liv., Esth. und Curländ. UB, hg. F. G. v. BUNGE, 1, 3, 6, 1853 ff. – Arnold v. Lübeck, Chronicon Slavorum, hg. J. M. LAPPENBERG, MGH SSrG, 1868 – Livländ. Reimchronik, hg. L. MEYER, 1876 – F. G. v. BUNGE, Liv., Esth. und Curländ. Urk.-Reg. bis zum Jahre 1300, 1881 – P. JOHANSEN, Die Estlandliste im Liber Census Daniae, 1933 – Fontes historiae medii aevi, hg. A. ŠVĀBE, 1–2, 1937–40 – Heinrich, Chronicon Livoniae, hg. L. ARBUSOW-A. BAUER, MGH SSrG, 1955 – Heinrich Chronicon Livoniae, hg. A. BAUER, Ausg. Q. 24, 1959 – Lit.: BWbDG I, s.v. – NDB I, 129f. – M. HELLMANN, Das Lettenland im MA, 1954 – G. GNEGEL-WAITSCHIES, Bf. A. v. Riga, 1958 – F. BENNINGHOVEN, Der Orden der Schwertbrüder, 1965 – D. WOJTECKI, Münster und Riga (Ö. Europa – Spiegel der Gesch., 1977), 153–170.

8. A. II. Suerbeer, *Ebf. v. Riga*, *Ende des 12. Jh. in Köln, † 1273 in Riga. Domherr (Scholasticus) in Bremen, wurde A. von Ebf. Gerhard II. gegen den in Riga gewählten Prämonstratenserkanonikus v. Magdeburg Nikolaus (1231 v. Gregor IX. bestätigt) zum Bf. v. Livland ernannt und geweiht. Er konnte sich gegen Nikolaus nicht durchsetzen und wurde 1240 Ebf. v. Armagh in Irland, wo er Kg. Heinrich III. v. England gegen die Rebellion der Barone unterstützte und die Kanonisation → Edmunds v. Abingdon förderte. Er nahm am 1. Konzil v. Lyon (1245) teil und wurde 1246 v. Innozenz IV. zum Ebf. v. Preußen und Legaten in Livland, Estland, Holstein und Rügen ernannt, im gleichen Jahr auch zum Administrator des Bm.s Chiemsee und zum Legaten in Rußland. Verbündet mit Fs. Daniel v. Halyč, versuchte er ohne Erfolg, dem röm. Glauben in der Ruś Eingang zu verschaffen. Von 1247/53 war er Administrator des Bm.s Lübeck. Im Streit mit dem Dt. Orden verlor A. sein Legatenamt. Nach dem Tod von Bf. Nikolaus wurde A. 1253 Bf. v. Riga und Metropolit für Livland und Preußen. Alexander IV. bestätigte ihn 1255 als ersten Ebf. v. Riga. H. Wolter

Lit.: NDB I, 130 – P. v. GOETZE, A. S., Ebf. v. Preußen, Livland und Estland, 1854 – H. HELLMANN, Das Lettenland im MA, 1954.

9. A. v. Aachen wird in zwei ma. Hss. aus Lüttich (13. Jh. und 1390) als Verfasser der reichhaltigsten Prosa-Darstellung des 1. Kreuzzuges und der Geschichte der Kreuzfahrerstaaten bis zum Jahre 1119 gen. (»edita ab Adalberto, canonico et custode Aquensis ecclesie«). Näheres über ihn ist nicht bekannt; enge Beziehungen zum niederlothring., bes. Aachener Raum ergeben sich aus Inhalt und Tendenz sowie der Provenienz der Hss. des Werkes. Es ist in zwölf Codd. überliefert, von denen sechs noch aus dem 12. Jh. stammen (Darmstadt 102 vor der Mitte des Jh.; Vat. Reg. lat. 509 von 1158). In den Büchern I–VI beschreibt A. die Ereignisse bis zur Gründung des Kgr.s Jerusalem, wobei auch die Vorkreuzzüge ausführl. berücksichtigt sind. Gegenüber diesem bunten, erzählungsreichen Teil wirkt die Geschichte des Kgr.s (Buch VII–XII) blasser und neigt zu annalist. Form; die Berichte aus den Jahren 1111–19 füllen nur noch ein Buch und enden ohne deutl. Abschluß. Trotz seines Eifers zog A. nicht selbst ins Hl. Land. Er plante anfangs wohl nur ein Werk vom Umfang der Bücher I–VI; den Stoff verdankte er nach eigener Aussage Kreuzfahrern, die ihm Selbsterlebtes und Gehörtes erzählten (I 1). Diese Angabe fand SYBEL durch viele Unstimmigkeiten bestätigt; er bewertete das Werk als unreflektierte Aufzeichnung umlaufender Sagen und Ausdruck der Stimmungen der Zeit und sprach ihm hist. Glaubwürdigkeit ab. Dagegen versuchte KUGLER als Hauptquelle eine zuverlässige verlorene Chronik eines lothring. Augenzeugen zu erschließen. Diese Chronik liegt nach KNOCH freilich nur den Büchern I–VI zugrunde; sie sei auch von →Wilhelm v. Tyrus benutzt worden, der in diesem Teil eng mit A. übereinstimmt. Entsprechend schwanken die Datierungen (I–VI entstanden nach KNOCH um 1102, VII–XII wohl sukzessive zeitl. nahe den Ereignissen). Zitate aus den anonymen »Gesta Francorum« sind bei A. nicht sehr deutl. greifbar; von ihm abhängig sind wohl die Epiker Fulco (nach 1118) und Graindor de Douay (um 1190) und, entgegen KNOCH, auch Wilhelm v. Tyrus (vgl. DA 23, 1967, 218–219; Latomus 26, 1967, 853–854). A., einer der wenigen zeitgenöss. dt. Historiker des 1. Kreuzzuges, läßt in seinem Werk Hzg. Gottfried v. Lothringen von Anfang an als die führende Persönlichkeit erscheinen und sucht den dt. Kreuzfahrern den entscheidenden Anteil am Erfolg zuzuschreiben; als Verfechter der kgl. Rechte im Investiturstreit (XI 48) neigt er dazu, die Rolle der geistl. Führer auf dem Kreuzzug und in Jerusalem zu beschneiden. Seine erzähler. Talent hat vielfach hohes Lob gefunden; MINIS verglich seinen Stil mit dem des Rolandsliedes. Eine eindringende lit. Untersuchung steht noch aus.

P. Ch. Jacobsen

Ed.: RHC Occ IV, 265–713 – A. v. A., Gesch. des 1. Kreuzzuges, übers. und eingel. H. HEFELE, 2 Bde, 1923 – *Lit.*: H. v. SYBEL, Gesch. des 1. Kreuzzuges, 1881², 62–107 – B. KUGLER, A. v. A., 1885 – P. KNOCH, Stud. zu A. v. A., 1966 – C. MINIS, Stilelemente in der Kreuzzugschronik des A. v. A. (Lit. und Sprache im europ. MA, Fschr. K. LANGOSCH, 1973), 356–363; ebd. 167–168 zu Fulco.

10. A., Notar, nachweisbar seit 1139, † 26. Febr. 1159. A., der wohl aus dem südddt.-österr. Raum stammt, nahm in der Kanzlei Kg. Konrads III., v. a. in dessen Byzanzpolitik, eine wichtige Stellung ein. 1140 und 1142 weilte er in Byzanz. Unter den 26 Schriftstücken aus der Zeit Kg. Konrads III., die seine Beteiligung (meist im Diktat) erkennen lassen, befindet sich ein Schreiben an Ks. Johannes II. Komnenos, in dem einmal mehr der Vorrang des röm. Ksm.s vor Byzanz, der »Nova Roma«, betont wird. Durch seine Kenntnis der byz. Verhältnisse empfahl sich A. neben dem Kanzler Arnold v. Wied für die Teilnahme am Kreuzzug des Kg.s 1147–49. A.s Tätigkeit läßt sich während des Zuges bis zur Rückkehr nach Regensburg nachweisen. Wie die anderen Mitglieder der Kanzlei Konrads III. ging auch A. in die Dienste Ks. Friedrichs I. über, für den er 1153 den Konstanzer Vertrag mit bezeugte. 1152 wurde A. Domdekan von Köln, 1153 Propst des Marienstiftes in Aachen und damit »gleichsam Leiter der königlichen Hofkapelle«. – Offensichtl. irrig ist A. mit dem am 30. Juli 1150 bei Konrad III. in Würzburg bezeugten Bf. Albert v. Meißen gleichgesetzt worden (W. RITTENBACH-S. SEIFERT).

H. Patze

Lit.: F. HAUSMANN, Reichskanzlei und Hofkapelle unter Heinrich V. und Konrad III. (Schr. MGH 14), 1956 – W. RITTENBACH-S. SEIFERT, Gesch. der Bf.e v. Meißen 968–1581, 1965.

11. A. Behaim (lat. Bohemus), * ca. 1180/90, † Anfang 1260, aus Familie Niederaltaicher Ministerialen (wohl aus Böhaming, Gem. Lalling n. Deggendorf in Baiern) stammend (kein Böhme); 1212 Passauer Kanoniker, 1226 Archidiakon v. Lorch; hielt sich lange Jahre an der Kurie von Innozenz III. und von Honorius III. auf und wurde eifriger Verfechter päpstl. Ansprüche. 1239 wurde er von Gregor IX. zum päpstl. Legaten in Deutschland ernannt, wo er, v. a. in Baiern, den Kampf gegen Ks. Friedrich II. führte; 1244 entwich er an die päpstl. Kurie Innozenz IV. nach Lyon, kehrte ein Jahr später nach der Absetzung des Ks.s nach Baiern zurück, wurde 1246 Passauer Domdekan, setzte 1250 die Absetzung Bf. Rüdigers v. Passau durch, verlor aber nach dem Tode des Ks.s (1250) unter Bf. Otto v. Lonsdorf an Einfluß und starb isoliert Anfang 1260. – In enger Verbindung mit seiner polit. Tätigkeit stand seine lit., die daneben möglicherweise Ambitionen auf einen Bischofsstuhl (u. U. des wiederzuerrichtenden Ebm.s Lorch) unterstützen sollte: Kataloge der Ebf.e v. Lorch und Passau, der bayer. Hzg.e (MGH SS 25, 619 ff., 623 ff.) verschiedene hist. Notizen über die Kirchen von Lorch, Passau, des Hzm.s Baiern (MGH SS 25, 617 ff., 623 f., UIBLEIN 8 ff.), über die Abstammung der Baiern (LEIDINGER 72 ff.), Passauer Annalen von 1249–52 (L. OBLINGER, AZ NF 11, 1904, 60 ff.), Notizen zur Gotengeschichte des Jordanes (vgl. UIBLEIN 61 f.). Am berühmtesten sind jedoch seine Brief- und Memorialbücher, deren erstes nur in Exzerpten Aventins erhalten ist (ed. HÖFLER 3 ff.), deren zweites, ab 1246 in Lyon angelegt, die erste in Deutschland aufbewahrte Papierhandschrift darstellt (Clm 2574b; HÖFLER 49 ff.; vgl. P. HERDE, DA 23, 1967, 488 f.); es enthält neben wichtiger post. Korrespondenz (Urkunden, Manifeste usw.) verschiedenes Material (eschatolog. Schriften, Geschäftsvermerke usw.).

P. Herde

Lit.: Verf.-Lex.² I, 116 ff. [Lit.] – C. HÖFLER, A. v. B. und Reg. Pabst Innocenz IV., 1847 – G. RATZINGER, Forsch. zur bayer. Gesch., 1898, 1 ff., 628 ff. – G. LEIDINGER, Unters. zur Passauer Geschichtsschreib. des MA, SBA 1915, 9. Abh. – P. UIBLEIN, Stud. zur Passauer Geschichtsschreibg. des MA, AÖG 1956, 95 ff. – LHOTSKY, Quellenkunde, 240 ff. – Repfont II, 1967, 172 f.

12. A. v. Brescia (Albertus de Brixia), OP, † 1314, trägt seinen Namen nach seiner Geburtsstadt Brescia. Er steht als einer der ältesten Vertreter in der Tradition der it. Thomistenschule und deren Anliegen, die Lehren des hl. Thomas unmittelbar für Predigt und Seelsorge nutzbar zu machen. Es wird angenommen, daß A. selbst Schüler des Thomas v. Aquin war. Seine Aussage über eine ihm zuteil gewordene Vision, in der ihm der hl. Thomas mit einem kostbaren Stein auf der Brust erschien (»... quia Ecclesiam illuminabat«), war in dessen Kanonisationsprozeß von Bedeutung und fand in der Thomasikonographie ihren Niederschlag. Sein Hauptwerk »De officio sacerdotis sive Summa casuum conscientia«, welches die Tugend- und Sakramentenlehre des Aquinaten behandelt, ist nachweisl. in zehn Hss. erhalten.

U. Mörschel

Ed.: J. QUÉTIF-J. ECHARD, Scriptores Ordinis Praedicatorum I, 526 f. – *Lit.*: GRABMANN, Geistesleben I, 388 f. – DERS., Divus Thomas 18, 1940, 5–28.

13. A. (Alpertus) v. Metz, † nach 1021/25, Mönch im Kl. St. Symphorian zu Metz, dann in der Diöz. Utrecht (im Kl. Amersfoort?), die vielleicht seine Heimat war. A. verfaßte 1005/17 einen Bericht über die letzten Jahre (978-984) Bf. → Dietrichs I. v. Metz, mit wertvollen Nachrichten zum Süditalienzug Ottos II. Zw. 1021 und 1025 widmete er Bf. → Burchard I. v. Worms »De diversitate temporum libri duo«, eine Darstellung der niederlothring., bes. Utrechter Lokal- und Kulturgesch. von 990 bis 1021, ein originelles Werk, in dem auch Interventionen Heinrichs II. in Niederlothringen und Burgund behandelt werden. A., dessen Stil stark an Caesar (Bell. Gall.) angelehnt ist, scheint dem lit. Kreis um Bf. → Adalbold v. Utrecht angehört zu haben. K.F.Werner

Faks. (der einzigen erhaltenen Hs., früher Wolfenbüttel, jetzt Hannover 712 A): C. Pijnacker-Hordijk (Codd. graeci et lat. photographice depicti, Suppl. V, 1908) – *Ed.*: MGH SS IV, ed. G.H.Pertz, 697–700 bzw. 700–723 – Beste Ausg. von »De diversitate...«: A. Hulshof (Werken uitgegeven door het Historisch Genootschap te Utrecht, 3. Ser., 37, 1916) – *Lit.*: RFHMA II, 201 f. [Lit.] – LThK² I, 281 f. – DBF II, 296 f. – NDB I, 204 f. – Manitius II, 278–283 – Hoops I, 70 – Wattenbach-Holtzmann² I, 185; III, 1971, 40 f., 61 f. – J. Romein, Geschiedenis van de noordnederlandse geschiedschrijving in de middeleeuwen, 1932, 33–35 – J.F.Niermeyer (Misc. J. Gessler II, 1948), 952–957 – F.W.Oediger, Adelas Kampf um Elten, 996–1002, AHVN 155/156, 1954, 67–86 – F.W.N.Hugenholtz, Alpertus Mettensis als ›biograaf‹, TG 79, 1966, 249–259.

14. A. Rindsmaul, bekanntestes Mitglied einer stauf. Ministerialenfamilie (»Rindsmaul«) auf Grünsberg b. Nürnberg. Er begegnet erstmals bei Heinrich VI. 1197 in Sizilien als Zeuge einer Schenkung für Heinrich v. Kalden (RI IV, 3 605). Falls ident. mit Bos teutonicus, missus Hzg. Philipps, ist er schon 1195 bei diesem belegt. 1209 bei Otto IV., 1215–32 bei Friedrich II. in S-Deutschland und Italien, seit 1223 mit Heinrich (VII.) in S-Deutschland, bei diesem noch 1234/35 nach der Empörung gegen den Vater (RI V, 1 4362, 4378), 1237 wieder bei Friedrich II. in Wien. 1253 machte ein A.R. mit seiner Gemahlin Adelheid dem Kl. Heilsbronn (b. Ansbach) eine Stiftung; sicher Mitglieder der nächsten Generation, da beide noch 1283 urkundl. erwähnt werden (Schumann-Hirschmann, Urk. reg. des Zisterzienserklosters Heilsbronn I, 1957; Nürnberger UB I, 1959). D. v. d. Nahmer

Lit.: J. Ficker, Forsch. zur Reichs- und Rechtsgesch. Italiens, 1868–74 [Nachdr. 1961], § 391 – K. Bosl, Die Reichsministerialität als Träger stauf. Staatspolitik in Ostfranken und auf dem bair. Nordgau, 69. Jb. des Hist. Vereins für Mittelfranken, 1941 – D. v.d. Nahmer, Die Reichsverwaltung in Toscana unter Friedrich I. und Heinrich VI. [Diss. Freiburg 1965].

15. A. v. Sachsen, dt. Scholastiker, * ca. 1316 bei Helmstedt, † 8. Juli 1390 in Halberstadt. Über seine Jugend ist nichts Genaues bekannt. Er studierte an der Pariser Universität, wo er 1351 Magister artium und 1353 Rektor wurde. Dort lehrten damals auch Johannes Buridanus und Nikolaus Oresme. Beide beeinflußten ihn stark. Um 1362 verließ A. Paris und trat in den Dienst von Papst Urban V. Vom Papst erwirkte er 1365 das Privileg zur Gründung der Universität Wien, deren erster Rektor er wurde. Kurz darauf (1366) übernahm er das Bm. Halberstadt, welchem er bis zum Lebensende vorstand. A.s Schriften entstanden vermutl. während seiner Pariser Zeit. Sie bestehen größtenteils aus Quaestiones und Kommentaren zu Aristoteles sowie zu einigen anderen Gelehrten. Bes. wichtig waren seine Quaestiones zu den physikal. Schriften von Aristoteles (Zusammenstellung der Fragen vgl. Grant, 199–206; detaillierter Auszug vgl. Clagett). Daneben verfaßte A. einige Abhandlungen zur Mathematik (»Tractatus proportionum«, »De quadratura circuli« u. a.) und zur Logik (»Logica Albertutii«, »Sophismata« u. a.). E. Neuenschwander

Lit.: DSB I s. v. [mit einer Übersicht über die weiteren Werke von A., die Hss., die frühen Drucke und die Sekundärlit.] – Sarton III, 2, 1428–1432 – M.Clagett, The Science of Mechanics in the Middle Ages, 1959 – H.L.L.Busard, Der »Tractatus proportionum« von A. v. S., DÖAW, math.-naturwiss. Kl. 116, 2. Abh., 43–72, 1971 – E. Grant, A Source Book in Medieval Science, 1974.

16. A. v. Stade, Chronist, * Ende 12. Jh., † wohl nach 1265. Da A. die laxe Handhabung der Benediktinerregel im Marienkloster zu Stade, dessen Abt er seit 1232 war, nicht zusagte, trat er 1240 in das dortige Franziskanerkloster ein. Damals nahm er seine Weltchronik (bis 1256 reichend) in Angriff. Außerdem verfaßte er in 5320 Versen das Epos »Troilus« über den Trojanischen Krieg (1249), das im wesentl. auf Dares Phrygius beruht (→ Troiadichtung), ferner zwei verlorene metr. Dichtungen (»Raimundus« und »Quadriga«) und die ebenfalls verlorene Konkordanz »Auriga«. Seine Weltchronik (Annales), für die er Beda, Ekkehard v. Aura, Adam v. Bremen, Helmold v. Bosau, die Rosenfelder Annalen und einige andere Quellen benutzte, besitzen seit dem 12. Jh. selbständigen Wert, doch sind die zahlreichen genealog. und anderen Mitteilungen über den Adel in Sachsen nicht immer zuverlässig. Eine wichtige Quelle für die ma. Verkehrsgeschichte stellt die in der Chronik enthaltene Routenbeschreibung von Stade (über Reims-Lyon) nach Rom und zurück (Brenner) und ins hl. Land dar. H. Patze

Ed.: Annales Stadenses auctore Alberto hg. J.M.Lappenberg, MGH SS XVI, 271–379 [unvollständig] – *Lit.*: Verf.-Lex. I, 30–36 [Lit.] – H. Krüger, Das Stader Itinerar des Abtes A. aus der Zeit um 1250, Stader Jb. 1956-58 – B. U. Hucker, Das Problem von Herrschaft und Freiheit in den Landesgemeinden und Adelsherrschaften des MA im Niederweserraum [Diss. Münster 1978], 333–342.

17. A. v. Sternberg, Bf., * ca. 1332/33, † 14. Jan. 1380 in der von ihm gegr. Kartause Tržek (O-Böhmen). Aus mähr. Herrengeschlecht stammend, war er schon 1352 päpstl. Ehrenkapellan und Prager Domherr, 1357–64 Bf. v. Schwerin, Vertrauter Karls IV. 1364–68 und erneut von 1371 bis zum Tode Bf. v. Leitomischl, in der Zwischenzeit Ebf. v. Magdeburg. Von zwei it. Reisen und engen Beziehungen mit Johann v. Neumarkt beeinflußt, war er durch seine Kunstliebe und sein Mäzenatentum bekannt (Pontificale). I. Hlaváček

Lit.: Z. Nejedlý, Dějiny města Litomyšle I, 1903, 148–152, 156–171 – L. Schmugge, Das Pontificale des Bf.s A. v. St., Med. Boh. 3, 1970, 49–86.

Albertanus v. Brescia, Richter und Politiker in Brescia, nachweisbar 1226 bis 1253, geriet bei der Belagerung der Stadt durch Friedrich II. 1238 in Gefangenschaft und kam nach Cremona, wo er die erste (und längste) seiner drei erbaul. Schriften abfaßte: »De amore et dilectione dei et proximi et aliarum rerum et de forma vitae.« 1245 schrieb er den Traktat »De arte (oder: doctrina) loquendi... et tacendi«, 1246 oder 1248 den »Liber consolationis et consilii«. Diese drei seinen Söhnen gewidmeten Werke, die zu tugendhaftem Wandel ermahnen und Lebensweisheiten vermitteln wollten, erfreuten sich schnell größter Beliebtheit, wurden häufig abgeschrieben, in zahlreiche Volkssprachen übersetzt und sehr früh gedruckt. Auch die fünf von ihm erhaltenen Sermones, die er an Richter und Franziskanerkonvent in Genua (Sermo I) und Brescia richtete, hatten großen Publikumserfolg. Die Traktate sind nicht ohne lit. Reiz und erreichen ihr moralisierendes Ziel auch durch Zitate aus klass. und zeitgenöss. Lit., wie etwa aus dem → Pamphilus, den Exempla des → Petrus Alfonsi, Satiren des → Gottfried v. Winchester u. a. Die Hs. von Senecas »Epistolae morales« in Brescia, Biblioteca Queriniana Cod. B II 6 enthält Randglossen und -zeichnungen von der Hand des A., in denen der im 13. Jh. fast unbekannte Martial zitiert wird, außerdem Persius, Juvenal, Ovid und Cicero, wie C. VILLA 1969 nachweisen konnte, so daß man A. mit gutem Grund unter die ersten Vorläufer des Humanismus einordnen darf. G. Silagi

Ed.: Albertani Brixiensis liber consolationis et consilii ex quo hausta est fabula de Melibeo et Prudentia, ed. TH. SUNDBY, 1873 – De arte loquendi et tacendi, ed. TH. SUNDBY (Brunetto Latinis Levnet og Skrifter, 1869, LXXXIV–CXIX, bzw. Della vita e delle opere di Brunetto Latini, 1884, 475–506) – Liber de amore et dilectione dei, Cunei 1507, Florenz 1610 u.ö. – L.F. FÉ D'OSTIANI, Sermone inedito di Albertano giudice di Brescia, 1874 [Sermo I] – Albertanus Brixiensis, Sermones quattuor, ed. M. FERRARI LONATO o.J. [1955] [Sermo II–V] – Lit.: DBI I, 669 [mit älterer Lit.] – C. VILLA, La tradizione delle »Ad Lucilium« e la cultura di Brescia dall'età carolingia ad Albertano, IMU 12, 1969, 9–51, bes. 24ff. – HUILLARD-BRÉHOLLES, Hist. Dipl. Frid. II., Introd. p. DXXII wird dem A. ein »Tractatus de epistolari dictamine« zugeschrieben, freilich ohne nähere Begründung.

Alberti

1. A. *(Contalberti)*, toskan. Adelsfamilie. Stammvater der Gf.en A. (Contalberti) ist Gf. Albert, der Sohn Mgf. Theobalds II. v. Spoleto und Camerino, dessen Vater Bonifaz († 953?), ein Schwager Kg. Rudolfs II. v. Hochburgund und frk. Herkunft, zunächst Gf. v. Bologna und seit 945 Mgf. v. Spoleto gewesen war (Stammtafel: STAHL, 21). Die A. waren im Florentiner Contado begütert, v.a. im SW der Stadt, dem sog. Mugello. Ihre Herrschaft stützte sich in erster Linie auf das Kastell Prato, das sie als Reichslehen besaßen und nach dem sich der Hauptzweig der A. benannte, bis es von Heinrich VI. wieder eingezogen wurde (erscheint 1193 als »palatium imperatoris«), sowie ferner auf die Kastelle Mangona, Vernio und Baragozza aus der Erbschaft der Kadolinger Gf.en (Gf. Hugo, † 1113), mit deren Hilfe sie die Übergänge in die Gft. Bologna und Pistoia kontrollierten. Durch wechselnde Koalitionen und in immer neuen Kämpfen mußten sich die A. gegen rivalisierende Familien (→ Guidi) und gegen die aufstrebenden Kommunen, v.a. Florenz, behaupten. Das gelang ihnen notdürftig, solange sie sich auf die Reichsgewalt stützen konnten (St. 3711, 4025, 4620; BF 320, 344); auf die Dauer aber unterlagen sie dem Druck der in den Contado expandierenden Stadt. Bekannteste Vertreter der Familie im 12. Jh. sind Gf. Alberts Söhne, Bf. Gottfried v. Florenz (1114–36, vertrieben) und Gf. Tankred-Nontigiova, dessen zweite Ehefrau Cäcilie das Bindeglied zu den Kadolingern darstellt, sowie dessen Sohn, Gf. Albert v. Prato/Mangona († 1203). Von einer empfindl. Niederlage gegen die verbündeten Kommunen Lucca, Pisa und Florenz (1184) haben sich die A. nie mehr erholt. 1198 mußten sie – widerstrebend und unter erhebl. Opfern – dem gegen die Reichsgewalt gerichteten tusz. Bund unter der Führung von Florenz beitreten, das sie 1200 in seinen Schutz nahm und dafür u.a. die Hälfte der Einkünfte aus den Besitzungen der A. erhielt. Die A. wurden Bürger der Stadt und beteiligten sich in der Folgezeit aktiv am polit. Leben der Kommune. Die Besitzungen im Contado wurden ihnen belassen, doch mußten sie die Florentiner Gerichts- und Steuerhoheit anerkennen und 1218 einen Unterwerfungseid leisten. Gf. Albert (II.) von Mangona († nach dem 4. Jan. 1250) zeichnete sich mehrfach in Kriegszügen der Stadt aus. Seine Söhne Alessandro und Napoleone führten in den vierziger Jahren des 13. Jh. durch ihre Parteinahme für die Guelfen bzw. Ghibellinen (vgl. Dante, Inf. 32, 41ff.) eine jahrzehntelange Spaltung der Familie herbei. Napoleone war im letzten Jahr der Ghibellinenherrschaft in Florenz *Podestà* der Stadt (1266), sein Sohn Orso 1276 *Podestà* der vertriebenen Ghibellinen von Bologna. Erst 1280 kam es im Zuge der Friedensaktion Kard. Latinos in Florenz zu einer vorübergehenden Aussöhnung zw. den Brüdern. 1325 starb die Familie im Mannesstamm mit Alessandros kinderlosem Sohn Alberto aus. Margherita, Tochter von Albertos Bruder Nero und Frau des Benuccio Salimbene aus Siena, verkaufte offenbar die Burggemeinden der A. an die Bardi. Th. Kölzer

Lit.: EncIt II, 176f. – R. DAVIDSOHN, Gesch. v. Florenz I–IV, 1896–1925 – DERS., Forsch. zur Gesch. v. Florenz I–IV, 1896–1908 – B. STAHL, Adel und Volk im Florentiner Dugento, 1965 – D. V. D. NAHMER, Die Reichsverwaltung in Toscana unter Friedrich I. und Heinrich VI. [Diss. Freiburg 1965] – A. HAVERKAMP, Friedrich I. und der hohe it. Adel (Beitr. zur Gesch. Italiens im 12. Jh. [Vortr. und Forsch., Sonderbd. 9], 1971), 53–92.

2. A., eine große Florentiner Bankiersfamilie, die von einer Ritterfamilie, den Herren v. Catenaia aus der Nähe von Arezzo, abstammt. In Florenz gehörte sie zur Guelfen-»Partei« und wurde deswegen 1260–67 exiliert. Die Bedeutung der A. als Geschäftsleute tritt zuerst in ihren aus der Zeit von 1302–48 erhaltenen Rechnungsbüchern zutage. Die A. beschäftigten sich am Anfang des 14. Jh. noch mit dem Tuchimport von Flandern nach Italien und waren danach an dem Aufbau einer eigenen it. Tuchproduktion beteiligt. Spätestens von der Mitte des 14. Jh. ab sind sie als Geldleiher und Bankiers der Päpste bedeutend. In der zweiten Hälfte des 14. Jh. gelten sie als das größte Bankhaus Europas. Während es am Anfang des 14. Jh. Vertreter des Hauses in Flandern, auf den → Champagnemessen, in Mailand, Bologna, Venedig, Neapel und Barletta (Apulien) gab, war am Ende des Jh. die Champagne aufgegeben, dafür kamen Avignon, Barcelona, Genua, London, Paris und Perugia hinzu. Im 15. Jh. ging die führende Stellung der A. an die Medici über. Am Beispiel der A. erläuterte R. DE ROOVER die ältere Struktur der großen it. Handelsfirmen. Nach dem Partnerschaftsvertrag von 1323 war ein Grundkapital von 25000 Florinen in 25 Anteile geteilt, die sich elf zu zehn zu vier auf drei A.-Brüder und deren Söhne verteilten. Jeder war entsprechend seinen Anteilen an Gewinn und Verlust beteiligt und konnte zusätzl. Kapital einbringen *(sopra corpo)*, das zu 8% verzinst wurde. Seit 1345 gab es zwei selbständige A.-Firmen nebeneinander. R. Sprandel

Lit.: I. RENOUARD, Les relations des Papes d'Avignon et des compagnies commerciales et bancaires de 1316 à 1378. Bibl. des Écoles françaises d'Athènes et de Rome 151, 1941 – I libri degli A. del Giudice, hg. A. SAPORI, 1952 – R. DE ROOVER, The story of the A. Company of Florence (Business, Banking and Economic Thought in late medieval and early modern Europe. Selected Stud., hg. J. KIRSHNER 1974), 39–84.

3. A., Leon Battista, it. Gelehrter und Künstler, *1404 Genua, † 1472 Rom, entstammte der florent. Familie A. (s. 2. A.). Sein Leben verlief nicht losgelöst von polit. Ereignissen, von Parteikämpfen und Herrschaftswechsel. A.s Weg führte von Venedig nach Padua, Rom und Florenz. In Padua lernte er bei → Barzizza die lat. Autoren Cicero und Quintilian kennen, die ihn auch zu den gr. wie Lukian, Xenophon, Plutarch führten. In Rom stand er im Dienst des Kard.s → Albergati und später des Papstes Eugen IV. 1430 trifft man ihn im diplomat. Dienst in Frankreich, den Niederlanden und Deutschland, 1432 erhielt er ein Amt in der päpstl. Kurie, das er 30 Jahre innehatte. In der letzten Phase seines Lebens wurde ihm die Unterstützung des humanist. gesinnten Papstes Nikolaus V. zuteil.

Ein produktiver Antrieb erwuchs ihm nicht nur aus den antiken und humanist. Schriftstellern, sondern auch aus seinen Beziehungen zur zeitgenöss. Malerei und Skulptur. In Florenz hat er Brunelleschi, Donatello, Masaccio, L. della Robbia, Ghiberti kennengelernt. A. hat eine Fülle von Werken in lat. und it. Sprache hinterlassen. Erstere gliedern sich in lit. und kunsttheoret.: eine in der Jugend verfaßte lat. Komödie »Philodoxeos« (1424), eine Schrift »De commodis litterarum atque incommodis« (1428/29). Es folgten die »Intercenales« und Satiren in Lukians Manier: »Musca«, »Canis« (1443) und »Momus« (1450). Seit dem Aufenthalt in Florenz verfaßte er als *uomo universale* kunsttheoret. und physikal. Schriften: »De pictura« (1435/36), »De Statua«(?), »De motibus ponderis« (verloren), »Trattati dei pondi, liere e tirari«, »De re aedificatoria« (1452), »Descriptio urbis Romae« (1443-1449?), »Ludi mathematici« (1450/52). Antike Theorie (Vitruv) und moderne, auch math. Erfahrung sind hier in Einklang gebracht. (Die math. und naturwissenschaftl. Schriften A.s werden u.a. durch B. GILLE [DSB] gewürdigt.) A.s Kenntnisse waren umfassend; er hat Formen nicht nur beschrieben, sondern auch erschaffen; zahlreiche Bauten und Entwürfe gehen auf ihn zurück. So die Kirche S. Francesco in Rimini, die Erneuerung der Fassade von S. Maria Novella, Palast und Loggia der Rucellai in Florenz, der Zentralbau von S. Andrea in Mantua u.a.

Die ersten Schriften in it. Sprache waren die Novellen »Deifira« und »Ecatomfilea« und zahlreiche Gedichte – »Tirsis« ist die erste Ekloge in it. Sprache. In diesen frühen Werken kehren manche Motive aus Petrarca und Boccaccio gewandelt wieder. 1433-34 erschienen die ersten Bücher von »Della famiglia«, das vierte kam 1440 hinzu. Die Bücher sind dialog. abgefaßt, wodurch der Unterhaltung alles Doktrinäre genommen wird. Die Themen (Über das Verhältnis der Jungen zu den Alten – Über die Ehe – Über die Sparsamkeit – Über die Freundschaft) ergänzen einander; die freie Reproduktion antiker Schriftsteller traf mit der Erneuerung des antiken Unterrichtsideals zusammen, so daß die körperl. und geistige Erziehung in gleicher Weise berücksichtigt werden. Wie die Dialoge über das richtig geführte Hauswesen, so will auch das vierte Buch über die Freundschaft ein geordnetes Zusammenleben zw. Menschen begründen und die Sicherheit dafür schaffen, daß die aus Einzelnen gebildete Gesellschaft der fortuna Herr werden kann. A.s *virtù* ist die *virtù civile*. Auch in den späteren Werken »Teogenio« (ca. 1450) und »De Iciarchia« (1468) ist die Thematik des Kampfes gegen die fortuna nicht aufgegeben, aber gleichzeitig wird die veränderte Stellung des Menschen in einer veränderten Welt beschrieben: Die Zurückgezogenheit in *villa* und *campagna* steht im Zeichen des ästhet. Ideals. – Die Verwendung des It. (Volgare) hat A. im dritten Buch von »Della Famiglia« nicht nur hist. begründet, sondern auch mit dem Blick auf eine neue Leserschicht. Nicht zufällig ist er der Verfasser der ersten it. Grammatik. – Vgl. Utopie.

F. Schalk

Ed.: Opere volgari, ed. C. GRAYSON, 1960 – Momus o del principe, ed. und komm. G. MARTINI, 1942 – Della pittura, ed. L. MALLÉ, 1950 – La prima grammatica della lingua volgare, ed. C. GRAYSON, 1965 – Intercenales inedite, ed. E. GARIN, 1964 – L'architettura e de re aedificatoria, ed. und it. übers. G. ORLANDI, 1966 – De commodis litterarum atque incommodis, ed. L. G. CAROTTI, 1976 – Dt. Ausg.: Vom Hauswesen (Della famiglia), übers. W. KRAUS, eingel. F. SCHALK, 1962 – *Lit.:* DSB, s.v. – P. H. MICHEL, A. Un idéal humain au XVe s., La pensée de L.B.A., 1930 – G. SANTINELLO, L.B.A. una visione estetica del mondo e della vita, 1962 – E. GARIN, La formazione di A. (Storia della lett. it., hg. E. CECCHI-N. SAPEGNO III: Il Quattrocento, 1966) – N. L. GENGARO, A. teorico ed architetto, 1969 – J. GADO, A., universal man of the early Renaissance, 1969 – Atti del convegno Albertiano, Accademia dei Lincei (25.-29. IV.) 1972 – Acht Beitr. zu L.B.A., Rinascimento, 2. Ser., Bd. XII, 1972 – Misc. di stud. Albert. A cura del Comitato genov. per le onoranze a L.B.A. nel quinto centenario della morte, 1976.

Albertus

1. A. Astensis de Sancto Martino, 1150-71 bezeugt als Kanoniker der Kathedrale von Asti (Piemont), vielleicht aus San Martino Alfieri sw. Asti stammend, verfaßte um 1150 ein (noch unediertes) Werk »Flores dictandi« insbes. über die Abfassung von Briefen, das z.T. von den »Rationes dictandi« des → Hugo v. Bologna (1119) abhängig zu sein scheint.

H. M. Schaller

Lit.: L. BETHMANN, AdG 9, 1847, 632 – F. GABOTTO, N. GABIANI, Le carte dello Archivio Capitolare di Asti, BSSS 37, 1907 – CH. H. HASKINS, Stud. in mediaval culture, 1929, 184 – H.-J. BEYER, Die »Aurea Gemma« [Diss. Bochum 1973], 175.

2. A. de Gandino, * in Crema (Prov. Cremona), † nach 1310, studierte beide Rechte in Padua und ist 1281/1310 als Richter in Lucca, Bologna, Perugia, Florenz und Siena und als *Podestà* in Fermo gut bezeugt. A. schrieb eine Darstellung des Strafprozeß- und Strafrechts in drei Fassungen, den sog. »Tractatus de maleficiis«, und über Rechtsfälle aus dem Gebiet des Statutarrechts, »Quaestiones statutorum«. In beide Werke hat A. viel Material aus seiner richterl. Praxis eingearbeitet. KANTOROWICZ hielt die »Quaestiones de maleficiis« des Guido de Suzaria irrtüml. für die 1. Fassung des »Tractatus de maleficiis« von A. und kannte nicht die »Quaestiones statutorum« des Jacobus de Arena, die A. den seinigen zugrunde gelegt hat. A. schien ihm daher origineller, als er war.

P. Weimar

Ed.: H. KANTOROWICZ, A. und das Strafrecht der Scholastik I, 1907 [Urk., Reg.]; II, 1926 [Ed. der 3. Fassung des Tractatus de maleficiis] – A., Quaestiones statutorum, ed. A. SOLMI, BIMAE III, 155-214 – *Lit.*: A. SOLMI, A. e il diritto statutario nella giurisprudenza del sec. XIII, RISG 32, 1901, 182-202 – H. KANTOROWICZ, Gesch. des Gandinustextes, ZRGRomAbt 42, 1921, 1-30; 43, 1922, 1-44 – DERS., Leben und Schr. des A., ZRGRomAbt 44, 1924, 224-358.

3. A. Magnus (auch A. de Lauging, A. Theutonicus, A. Alemanus, A. de Colonia oder Coloniensis, philosophus magnus, doctor expertus, doctor universalis, nach seiner Bischofsweihe dominus A. episcopus quondam Ratisponensis).

I. Leben – II. Literarische Tätigkeit – III. Würdigung.

I. LEBEN: * um 1200 (1193?) zu Lauingen (Schwaben), † 15. Nov. 1280 in Köln, aus ritterbürtiger Familie (ex militaribus), nicht aus dem Geschlecht der Gf.en v. Bollstadt. Über seine wissenschaftl. Ausbildung in den Jugendjahren wissen wir nichts. Als jungen Mann finden wir ihn in Padua, wo er wahrscheinl. die Rechte studierte und erste Kenntnisse eth. und naturwissenschaftl. Schriften des Aristoteles erwarb. Hier trat er 1223 (1229?) in den Predigerorden ein. In Köln absolvierte er Noviziat und theolog. Studien. Nach 1233 lehrte er an den Ordensschulen von Hildesheim, Freiburg i. Br., Regensburg und Straßburg. Für seine wissenschaftl. Entwicklung ist es von entscheidender Bedeutung, daß er zu Beginn der vierziger Jahre nach Paris gesandt wurde, um den Doktorgrad zu erwerben und Magister in der theolog. Fakultät zu werden. 1248 wurde er als Leiter an das neu gegründete studium generale et solemne in Köln berufen. Hier war u.a. Thomas v. Aquin sein Schüler. In das Jahr 1252 fiel der erste Schiedsspruch Alberts zw. dem Ebf. und der Kölner Bürgerschaft. 1254-57 versah er das Amt des Provinzialpriors der dt. Ordensprovinz (Teutonia). Zusammen mit Thomas v. Aquin verteidigte er 1256 am päpstl. Hof zu Anagni erfolgreich die Mendikantenorden gegen den Pariser Magister und Weltgeistlichen Wilhelm v. St-Amour. Dort hielt er auch eine Disputation gegen die These der Averroisten über die Einheit des Intellekts, aus der später die Schrift »De unitate intellectus« entstand. 1257 aus Italien zurückgekehrt, war er bis 1260 Lektor in Köln. 1258 war er erneut führend an einem Schiedsspruch zw. dem Ebf. und der Stadt Köln (»Großer Schied«) wie auch an der Schlichtung mehrerer innerkirchl. Streitigkeiten beteiligt. Gegen den ausdrückl. Wunsch des Ordensgenerals Humbert übernahm A. 1260 auf Anordnung Alexanders IV. das Bm. Regensburg. Nach knapp einjähriger Leitung des Bm.s bat er, damals in Italien weilend, den Nachfolger Alexanders (1261) um Entbindung von seinem Amt, die ihm Urban IV. 1262 gewährte, der ihn 1263 mit der Kreuzzugspredigt in Deutschland, Böhmen und allen deutschsprachigen Gebieten betraute. A. hatte sich nach seiner Resignation wieder der Jurisdiktion seines Ordens unterstellt und nahm nach Beendigung des päpstl. Auftrages 1264 seinen Sitz in Würzburg und 1267 (1268?) in Straßburg, wo sein ehemaliger Schüler Ulrich Leiter des Konventsstudiums war. Eine erneute Berufung nach Paris (1269) lehnte A. wohl auch wegen Altersbeschwerden ab (er bezeichnete sich selbst 1271 als caecutiens). Auf Wunsch des Ordensgenerals ging er bald darauf nach Köln, das ihm zur zweiten Heimat geworden und wohin er zwischenzeitl. öfters zurückgekehrt war, um 1271 erneut zw. Ebf. und Stadt zu vermitteln. 1274 nahm er am Konzil v. Lyon teil, wo er für die Anerkennung der Wahl Rudolfs v. Habsburg zum dt. Kg. eintrat. Nach einem Bericht in den Kanonisationsakten des Thomas v. Aquin soll er 1277 in Paris die Lehre seines Schülers verteidigt haben. Nach seinem Tod (1280) wurde er im Chor der Ordenskirche vom hl. Kreuz, den er aus eigenen Mitteln hatte erbauen lassen – er hatte das Privileg, über seine Einkünfte zu verfügen –, beigesetzt.

Der Ursprung des Ehrentitels A. M. ist umstritten. Nach regionaler Verehrung im 15. Jh. und Seligsprechung durch Gregor XV. (1622) wurde A. von Pius XI. (1931) zum Hl. und Kirchenlehrer erhoben. Seine Reliquien ruhen seit der Zerstörung der Kölner Dominikanerkirche (1804) in St. Andreas in Köln, die Hirnschale in der Stadtpfarrkirche zu Lauingen. Dargestellt ist er mit seinem Schüler Thomas v. Aquin auf einem Fresko im Kapitelsaal von S. Marco in Florenz von Fra Angelico um 1440; in Einzeldarstellungen als Dominikaner oder als Bf., Attribute Buch und Schreibgerät, seit dem 14. Jh. mit Nimbus.

II. LITERARISCHE TÄTIGKEIT: Von dem uns bekannten umfangreichen Schrifttum Alberts dürfte das unvollendete Werk »De natura boni« das älteste, vor 1243 anzusetzende sein. Es ist nicht in Quaestionenform abgefaßt, sondern in fortlaufender Darstellung, zeigt eine geringe Verwendung aristotel. Gedankengutes und enthält eine umfangreiche Mariologie. Während seiner Pariser Tätigkeit beginnt eine intensive Auseinandersetzung mit Aristoteles. Frucht dieser Zeit sind die in Quaestionenform abgefaßten Summen »De sacramentis«, »De incarnatione«, »De resurrectione« (unvollendet), »De IV coaequaevis«, »De homine« (diese beiden zusammengefaßt auch »Summa de creaturis« gen.) und »De bono« (unvollendet). Ebenso in Paris entstand sein umfangreicher Kommentar zu dem Sentenzenbuch des → Petrus Lombardus, den er 1249 in Köln abschloß. In engem zeitl. und sachl. Zusammenhang damit stehen Quaestiones theologicae, vornehml. moraltheolog. und eschatolog. Inhalts. Eine Erklärung der Schriften des Ps.-Dionysius begann er ebenfalls in Paris mit der Exposition von »De caelesti hierarchia« und vollendete sie in Köln, wo er auch die Kommentare zu den übrigen Schriften des Ps.-Areopagiten verfaßte. Sie sind uns in einer Nachschrift des Thomas v. Aquin erhalten und waren um 1250 abgeschlossen. Thomas hörte auch die Vorlesung über die Nikomach. Ethik, die 1250–52 als »Super Ethica, commentum et quaestiones« ihre lit. Form erhielt. Dieses Werk ist die erste abendländ. Erklärung des aristotel. Werkes, die 1246–47 von → Robert Grosseteste übersetzt worden war. Alle gen. Kommentare haben gemeinsam, daß sie Texterklärung mit zahlreichen Quaestionen verbinden. Auf Bitten der Mitbrüder nahm A. wahrscheinl. anschließend das große Werk der Erklärung aller damals bekannten und ins Lat., teils aus dem Gr., teils aus dem Arab. übersetzten *aristotel.* oder als aristotel. geltenden *Schriften* in Angriff. Er wollte sich dabei an die Reihenfolge der überlieferten Schriften des Stagiriten halten, aber auch über solche Themen schreiben, die sich bei diesem nicht finden oder von Aristoteles zwar behandelt wurden, aber verloren gingen. Der Form nach sind es Paraphrasen, in die Digressionen zum besseren Verständnis des Textes oder zur Ergänzung eingefügt sind. Er beginnt mit der Physik (»Physica«) und »De caelo (et mundo)«, unterbricht die aristotel. Ordnung mit der Untersuchung »De natura loci«, fährt fort mit der Erklärung der ps.-aristotel. Schrift »De causis proprietatum elementorum«, der sich die Paraphrase von »De generatione et corruptione« und der »Meteora« anschließt. In den dann folgenden fünf Büchern »De mineralibus« stützt er sich auf → Avicenna und Exzerpte aus der ps.-aristotel. Schrift »De lapidibus«. Einen chronolog. Anhaltspunkt haben wir für die darauf folgende Erklärung von »De anima«, die in die Zeit seines Provinzialats fällt. Für das als »Parva naturalia« bezeichnete Corpus konnte er sich teils auf aristotel. Werke stützen, teils sind es eigenständige Schriften. 1256–57 ist »De vegetabilibus« in sieben Büchern anzusetzen, eine um viele Digressionen erweiterte Paraphrase des ps.-aristotel. (von Nikolaos Damaskenos [1. Jh. v. Chr.] kompilierten) Werkes »De plantis«; davon behandeln B. 1–5 allgemeine Botanik (Morphologie, Physiologie, Ökologie), B. 6 spezielle (ca. 390 verschiedene, alphabet. angeordnete Pflanzenarten einschließl. ihrer med. Wirkkräfte, z.T. nach → Avicenna und dem → Circa instans) und B. 7 ökonom. Botanik (Pflanzenzucht, Landwirtschaft und Gartenbau, z.T. nach → Palladius), welch letzteres über → Petrus de Crescentiis weiteste Verbreitung gefunden hat. Anschließend bearbeitete er die zoolog. Schriften des Aristoteles anhand einer von → Michael Scotus wohl in Zusammenarbeit mit → Jakob Anatoli hergestellten arab.-lat. Übersetzung in 19 Büchern. Frucht dieser Beschäftigung sind die »Quaestiones super libris de animalibus« (acht Hss. erhalten), die in der Nachschrift des Conradus de Austria von 1258 in lebendiger Weise den scholast. Unterricht des A. im Kölner Studium generale widerspiegeln. Davon zu unterscheiden ist die große Tiergeschichte »De animalibus« in 26 Büchern. Nach der Paraphrase der 19 Bücher der Vorlage handeln B. 20–21 über die stoffl. Zusammensetzung der Tierkörper, die dabei wirksamen Kräfte und die geistig-seel. Fähigkeiten in absteigender Organisationshöhe (→ Tierpsychologie). Die restl. Bücher, bei denen er u.a. das Tierbuch des Jorach (wahrscheinl. ident. nach Arnoldus Saxo), den »Canon medicinae« des Avicenna – u. a. im Schlangenbuch (B. 25) – und den sog. »Liber sexaginta animalium« des Rhazes heranzieht, enthalten nach einer kurzen Darstellung des Menschen (B. 22, tract 1) eine alphabet. Aufzählung der Tierarten (hauptsächl. nach → Thomas v. Cantimpré, nat. rer. 4–9) mit einer ausführl. Darlegung über die Falken »De falconibus«. Dieser für die Geschichte der Beizjagd wichtige, bereits bei → Vincenz v. Beauvais zitierte Traktat, der zahlreiche ältere Quellen verwendet, ist (nach LINDNER) möglicherweise A.' älteste lit. Arbeit und könnte erhebl. früher als der »Liber de animalibus«, vielleicht bereits während A.' Studium an der Univ. Padua – in den zwanziger und dreißiger Jahren des 13. Jh. – entstanden und erst später in diesen, in dem er einen Fremdkörper bildet, übernommen worden sein. Der Traktat »De falconibus« wurde zusammen mit dem »Liber de cura equorum« und dem Traktat »Ut canes pulcherrimos habeas« von Wernherus Ernesti

(1404) und Heinrich Münsinger (zw. 1434 und 1442) unabhängig voneinander ins Dt. übertragen.

In engstem Zusammenhang mit diesem Werk stehen die beiden Opuscula »De natura et origine animae« und »De principiis motus processivi« (über die Ursachen der tier. Bewegung, ein Kommentar zu »De motu animalium« des Aristoteles), die ursprgl. ein Teil von »De animalibus« waren. In den Jahren 1262-63 verfaßte A. die Metaphysik-Paraphrase (»Metaphysica«) in 13 Büchern und anschließend »De unitate intellectus« in Form einer großen Quaestio. In direktem Zusammenhang mit der Metaphysik steht das Werk »De causis et processu universitatis«, das A. als Vollendung der Metaphysik bezeichnet. Es bietet in seinem zweiten Buch einen Kommentar zu dem ps.-aristotel. »Liber de causis« und war sicher vor 1271 vollendet. Für die Paraphrase der Nikomach. Ethik (nicht zu verwechseln mit »Super Ethica«) und den Kommentar zur Politik (»Politica«), der als einziger nicht in Paraphrasenform verfaßt ist, läßt sich keine genauere Datierung angeben. Sie bilden jedenfalls den Abschluß der großen Aristoteleserklärung.

Auch für die Abfassung der *log. Schriften* fehlen uns Anhaltspunkte zur Datierung. Von den beiden Gelegenheitsschriften »De XV problematibus« und »Problemata determinata« ist die erstere vor dem 10. Dez. 1270, die zweite im Frühjahr 1271 verfaßt. »De fato« dürfte 1256/57 während des Aufenthaltes in Anagni entstanden sein.

Von den ihm zugeschriebenen *math. Werken* kommt als echt nur der unvollendete Kommentar zu den Elementen des Euklid in Frage, der zw. »De animalibus« und der Metaphysik verfaßt ist.

An *bibl. Schriften* kennen wir die Kommentare zu Ijob, zu Prov. c. 11 (De muliere forti, Echtheit bestritten), zu Isaias, Ieremias, Ezechiel (die beiden letzteren nur in kleinen Fragmenten), zu den Klageliedern, zu Baruch, zu Daniel, zu den kleinen Propheten und zu den vier Evangelien. Die Datierung der *exeget. Schriften* ist ungewiß. Sie werden allgemein in die sechziger Jahre angesetzt und dürften in der Reihenfolge des bibl. Kanons abgefaßt sein. In das letzte Lebensjahrzehnt fallen die beiden *eucharist. Werke* »De mysterio missae« und »De corpore domini« sowie die unvollendete »Summa de mirabili scientia dei« (»Summa theologiae«), die für Ordensbrüder im Lehramt abgefaßt ist. Gegen die Echtheit der *eucharist. Schriften* und der »Summa« sind in letzter Zeit Bedenken erhoben worden. Sicher echt sind die vier Universitätspredigten aus dem Jahre 1247. Die neuerdings in einer Leipziger Predigtsammelhandschrift aufgefundenen *Sermones* bedürfen hinsichtl. ihrer Echtheit noch der genauen Prüfung.

III. WÜRDIGUNG: Seit der 2. Hälfte des 12. Jh. waren zusammen mit arab. und jüd. Gedankengut die metaphys., naturphilosoph. und naturwissenschaftl. Schriften des Aristoteles vornehml. in der Interpretation des → Averroes (Ibn Rušd) bekannt geworden und hatten große geistige Unruhe ausgelöst. A.s Absicht und Verdienst sind es, daß er das neue Gedankengut seinen Zeitgenossen bekannt machte, indem er es in seinem ursprgl. Gehalt und befreit von fälschender Interpretation, insbes. der arab. Kommentatoren, wiederherstellte und so dem Aristotelismus zum Durchbruch verhalf. Seine Methode ist dadurch charakterisiert, daß er aufgrund der Fülle seines Wissens die mannigfaltigen Meinungen zu Wort kommen läßt, um eine umfassende Erörterung des Problems zu ermöglichen. Das gilt zunächst von der großen Aristotelesparaphrase, aber auch von seinen systemat. Werken, in denen er das überkommene Gedankengut mit der neuen Lehre zu interpretieren sich bemühte, um die Widerspruchslosigkeit zw. dem chr. Glauben und dem aristotel. Denken zu beweisen. Dabei ist zu beachten, daß A. dem Platonismus, insbes. dem Neuplatonismus, den er nicht als Gegensatz zum Aristotelismus empfand, großen Einfluß einräumte. Seine Wertschätzung des Neuplatonismus dürfte eine der Wurzeln der spekulativen dt. Mystik (z. B. Dietrich v. Freiberg, Berthold v. Moosburg, Meister Eckhart) sein. Mit Recht hat die Nachwelt A. den Ehrentitel des doctor universalis gegeben, da er wie kaum ein anderer ma. Denker das theolog., philosoph., naturwiss. und med. Wissen seiner Zeit beherrschte und seinen Zeitgenossen zugängl. machte. Die Form, in der er dieses Wissen verarbeitete, hebt ihn über einen Sammler und Enzyklopädisten weit hinaus. Er nimmt zu den überkommenen Berichten krit. Stellung, betont den streng kausalen Charakter der Naturwissenschaft und ergänzt das Überlieferte bes. in den zoolog. und botan. Werken durch eine Vielzahl exakter, auf seinen ausgedehnten Reisen gesammelter Beobachtungen (darunter auch Erstbeschreibungen), wobei er freil. manchen Anschauungen seiner Zeit (etwa bezügl. der Astrologie) verhaftet bleibt, ihm gelegentl. auch falsche Identifizierungen und andere Irrtümer (STADLER, 1913) unterlaufen. Hingegen gründet sich sein Ruf als Alchemist und Zauberer bzw. die schon bald einsetzende volkstüml. Legendenbildung auf die zahlreichen Schriften, die ihm irrtüml. oder auch absichtl. unterschoben wurden und bis in das 19.Jh. hinein seine z.T. abwertende Beurteilung in der Historiographie bestimmten; hierzu zählt man gemeinhin die weit verbreitete Schrift »De secretis mulierum«, die beiden ebenfalls äußerst populären (und vielfach gedruckten) Kompilate über die mag. Kräfte verschiedener Pflanzen, Edelsteine und Tiere: »Liber aggregationis seu liber secretorum Alberti Magni de virtutibus herbarum, lapidum et animalium quorundam« und »De mirabilibus mundi«, den Traktat »Compositum de compositis«, den »Libellus de Alchemia« u.a.m. Indes hat sich A., ohne die aristotel. → Transmutationstheorie ganz zu verwerfen, vielmehr krit. mit der Praxis der → Alchemie auseinandergesetzt und metallurg. Prozesse beschrieben. Transmutation durch ›Metallfärbung‹ (tingieren) und aufgrund der alchem. Annahme einheitl. Grundsubstanzen aller Mineralien, die nur mehr oder minder vollkommen gemischt und damit ›verbesserungsfähig‹ seien, bezweifelt er und folgt damit der Meinung des Avicenna und Rhazes. In seinen kosmolog.-naturkundl. Werken hat A. den Wissensstand seiner Zeit über Mineralien, Erze und → Edelsteine (→ Lapidarien) zusammengefaßt. Gegenüber der Darstellung der Mineralien in den → Enzyklopädien des MA und in den Schriften zur → Materia medica ist hier erstmalig ein method. Ansatz mit eigenständiger Systematik diesem Thema gewidmet. Seine Leistung als Botaniker, die freil. schon bald in Vergessenheit geriet und somit ohne Nachwirkung blieb, liegt hauptsächl. darin, daß er sich mit den Pflanzen nicht ihrer jeweiligen Nutzanwendung wegen, sondern vielmehr um ihrer selbst willen beschäftigte, wobei er das überlieferte Wissen kommentierend mit der eigenen Erfahrung verband. Als erster (und bis zum 16.Jh. auch einziger) wirkl. wissenschaftl. Bearbeiter der Botanik wie der Zoologie seit Aristoteles und Theophrast gilt A. daher zu Recht als einer der größten, wenn nicht als der bedeutendste Naturforscher des lat. MA. Die Tierkunde (Autograph und 40-50 Hss. erhalten) wurde im MA viel benutzt und exzerpiert, aber nichts ins Dt. übersetzt. Eine Wirkungsgeschichte kann noch nicht geschrieben werden. Häufig wurden ihm auch andere Werke, wie z.B. eine Version des Thomas v. Cantimpré (»Thomas III«), zugeschrieben. A. hat keine Schule gebildet, weil das System seines Schü-

lers Thomas v. Aquin zur verpflichtenden Lehre des Dominikanerordens erklärt wurde. Der Versuch, im 15. Jh. in Paris und Köln dem Thomismus einen Albertismus entgegenzustellen, hat zu keinem dauernden Erfolg geführt.
W. Kübel (mit G. Jüttner, Ch. Hünemörder, S. Schwenk, G. Binding, P. Dilg)

Ed.: Einzelne bes. naturwiss. Werke erschienen schon früh als Inkunabeln und Frühdrucke. - Opera omnia (ed. pr. 21 Bde), ed. P. JAMMY, Lyon 1651 [unkrit. und unvollständig] - Opera omnia (38 Bde), ed. A. BORGNET [wenig veränderter Abdruck], 1890-99 - Alberti Magni opera omnia, ed. cur. Institutum Alberti Magni Coloniense [bis 1978 14 Bde bzw. Halbbde erschienen] - *Einzelausgaben:* E. MEYER-C. JESSEN, De vegetabilibus libri VII, 1867 [photomechan. Nachdr. angekündigt] - M. WEISS, Commentarii in Iob, 1904 - P. M. DE LOË, Commentarii in libr. Boethii De divisione, 1913 - H. STADLER, De animalibus libri XXVI, 2 Bde, 1916-20 - V. HEINES, Libellus de Alchemia (ascribed to A. M.), 1958 - B. GEYER, Die Universitätspredigten des A. M., SBAW H. 5, 1966 - D. WYCKOFF, Book of Minerals [engl. Übers.], 1967 - *Bibliogr.*: B. GEYER, Die patrist. und scholast. Philosophie (Überweg II, 1928¹¹ [unveränderter Nachdr. 1951]), 402, 739-743 - M.-H. LAURENT-M.-Y. CONGAR, Essai de bibliogr. albertinienne, Rev. Thom. 36 n.s. 14, 1931, 198-244 - TH. KÄPPELI, Bibliogr. Albertana: Positio causae S. Alberti, 1931, 1-56 - A. WALZ-A. PELZER, Bibliogr. S. A. Magni indagatoris rerum naturalium, Angelicum 21, 1944, 13-40 - F. J. CATANIA, A Bibliogr. of St. A. the Great, The modern Schoolman 37, 1959-60, 11-28 [mit Addenda von R. HOUDE, ebda. 39, 1961-62, 61-64] - M. SCHOOYANS, Bibliogr. philosophique de s. A. le Grand, Rev. da Univ. Cath. de São Paulo 21, 1961, 36-88 - K. LINDNER, Von Falken, Hunden und Pferden. Dt. A. M.-Übers. aus der 1. Hälfte des 15. Jh. (Q. und Stud. zur Gesch. der Jagd VII/VIII), 1962 - TOTOK II, 362-376 - *Zusammenfassende Darstellungen:* H. C. SCHEEBEN, A. M., 1955² - B. GEYER, A. M. (Die großen Dt. I), 1956, 201-216 - H. OSTLENDER, A. M., Düsseldorf, o. J. - *Naturwissenschaftl. Werke:* DSB I s. v. - TH. SCHMITT, Die Meteorologie und Klimatologie des A. M. [Diss. sc. techn. München 1909] - H. STADLER, Irrtümer des A. M. bei Benutzung des Aristoteles, AGNT 6, 1913, 387-393 - J. M. STILLMAN, The Story of Alchemy and Early Chemistry, 1924, 1960 - F. STRUNZ, A. M. Weisheit und Naturforsch. im MA (Menschen, Völker, Zeiten 15), 1926 - H. BALSS, A. M. als Zoologe (Münchener Beitr. zur Gesch. und Lit. der Naturwiss. und Med. H. 11/12), 1928 - THORNDIKE II, 517-592, 720-750 - S. D. WINGATE, The mediaeval lat. versions of the Aristotelian scientific corpus, 1931 [Nachdr. o. J.] - SARTON II, 934-944 - F. STRUNZ, Les sciences naturelles dans l'oeuvre d'A. le Grand (Ann. Guébhard-Séverine 8), 1932 - T. A. SPRAGUE, Plant Morphology in A. M.; Botanical Terms in A. M., Kew Bull. 9, 1933, 431-440, 440-459 - J. R. PARTINGTON, A. M. on Alchemy, Ambix 1, 1937, 3-20 - P. KIBRE, Alchemical writings ascribed to A. M., Speculum 17, 1942, 499-518 [vgl. Isis 35, 1944, 303-316; Osiris 11, 1954, 23-29; ebd. 13, 1958, 157-183] - P. AIKEN, The animal hist. of A. M. and Thomas of Cantimpré, Speculum 22, 1947 - H. BALSS, A. M. als Biologe (Gr. Naturforscher 16), 1947 - D. GOLTZ, Stud. zur Gesch. der Mineralnamen in Pharmazie, Chemie und Medizin von den Anfängen bis Paracelsus (Sudhoffs Arch. Beih. 14), 1972, 45-49 - *Ikonographie:* LCI V, 71-73 - SCHEEBEN-WALZ, Iconographia albertina, 1932.

Albi

I. Stadt - II. Bistum - III. Grafschaft, Vicomté - IV. Sénéchaussée.

I. STADT (am linken Ufer des Flusses Tarn, Dép. Tarn, S-Frankreich): Erst am Anfang des 5. Jh. erscheint Albiga als Mittelpunkt einer civitas in den Quellen. Sie umfaßte den sw. Teil des Gebietes der Rutenii, eines südgall. Volksstammes, und wurde von den Flüssen Viaur, Agoût und Thoré begrenzt. Die Anwesenheit weltl. und kirchl. Gewalten bildete den Ansatzpunkt zu städt. Entwicklung (vgl. Abschnitt II, III).

Der ursprgl. Siedlungskern von A. war vermutl. der *Castelvielh*, der sich auf einem steilen Felssporn an der Einmündung eines Baches in den Tarn erhob. Die Burg der Vicomtes lag hier; ebenso ursprgl. die Kathedrale, die später im Zuge einer Ausdehnung des städt. Siedlungsraumes weiter ö. neu errichtet wurde. Eine Brücke über den Tarn wurde 1035 gebaut. 1220 erließ der bfl. Stadtherr Guilhem Peire die erste Fassung der *coutumes* (Gewohnheitsrechte). Die städt. Verwaltung lag zu dieser Zeit bereits in den Händen von Konsuln. Im 13. Jh. führten zwölf Konsuln, die von einer allgemeinen Bürgerversammlung gewählt wurden, das Stadtregiment. Im Laufe des 13. Jh. gelang es der Stadt, ihre Privilegien allmähl. zu erweitern; so wurde ihr z. B. um 1245 der Einzug des Zolls für den Unterhalt der Tarn-Brücke übertragen; seit 1269 war sie an der Ausübung der hohen Gerichtsbarkeit, die dem Bf. als Stadtherrn zustand, beteiligt. Häufig kam es zu Auseinandersetzungen zw. Stadtgemeinde und Stadtherrn. Im SpätMA erlangte innerhalb der Stadt eine Oligarchie die Vorherrschaft; ein Zeichen für diese Wandlung der Verfassung in A. war die Einschränkung des Modus der Konsulwahl (1402); die Zahl der Konsuln wurde auf sechs begrenzt. Seit Ende des 13. Jh. vertrat ein *viguier* (vicarius) den Kg. in A. und teilte sich mit dem Bf. die Ausübung der Gerichtsbarkeit. Nach dem Ende der → Albigenserkriege setzte erneut eine Ausdehnung der Stadt ein. Dieser Ausbau wurde durch eine Zeit des Friedens und des wirtschaftl. Aufschwungs begünstigt. Mehrere Orden begründeten zu dieser Zeit dort Niederlassungen in der Stadt. Wichtigstes Zeugnis dieser Periode ist die 1276 begonnene Kathedrale, der wohl bedeutendste got. Kirchenbau in S-Frankreich. - Seit dem Ende des 12. Jh. war die Stadt befestigt. 1328 öffnete sie ihre Tore den → Pastorellen. Ab 1344 mußte sie auf Befehl des Kg.s ihre Mauern angesichts der engl. Gefahr verstärken.

Die Bevölkerung, die 1343 etwa 10000 Einw. zählte, verringerte sich am Ende des MA erheblich - z. T. infolge des Schwarzen Todes (1348) und der krieger. Wirren. Im 16. Jh. lebten nur noch 7000-8000 Einw. in der Stadt. Am Ende des 15. Jh. setzte dabei erneut eine wirtschaftl. Belebung ein, an der u. a. der Waidhandel seinen Anteil hatte. Dieser neue Reichtum fand seinen Ausdruck in der kunstvollen Ausgestaltung der Stadt.

Die städt. Kunstförderung wurde noch von dem Mäzenatentum des Bf.s Ludwig I. von → Amboise übertroffen. Ludwig sorgte für die Vollendung der Kathedrale, die von ihm geweiht wurde, und stattete sie mit bedeutenden spätgot. Kunstwerken aus; er errichtete außerdem eine Buchdruckerei in A. (1474-84). Die vielfältigen geistigen und kulturellen Impulse in A. um das Jahr 1500 verdeutlichen beispielhaft den Übergang vom MA zur Neuzeit.

M. Greslé-Bouignol

II. BISTUM: Suffraganbm. von Bourges, die Kathedralkirche der hl. Cäcilie geweiht. Als einer der ersten Bf.e des in die Zeit vor dem 5. Jh. zurückreichenden Bm.s ist der hl. Salvius (574-584) bezeugt. Vom 10. bis 12. Jh. häuften sich im Bm. die Aneignungen von kirchl. Gütern und Ämtern durch die Gf.en v. Toulouse und die Vicomtes v. A.; 1144 verzichtete der Vicomte auf sein Spolienrecht. Die Häresie der Katharer verbreitete sich in der Diöz. seit dem 12. Jh. so sehr, daß »Albigenser« zu einer allgemeinen Bezeichnung für die südfrz. Häretiker wurde. Doch verstand es Bf. Guilhem Peire (1185-1227) durch geschickte Diplomatie, ein Übergreifen der → Albigenserkriege auf die Diöz. zu verhindern. Seine Nachfolger, v. a. Bernhard v. Castanet (1276-1308), bekämpften die Häretiker mit großer Härte. - Zur weltl. Herrschaft der Bf.e gehörten die Stadt, die Schlösser Marssac und Rouffiac und die Seigneurie Monestiés. Die gewaltige Kathedrale (Baubeginn 1276) und das Schloß, gen. *La Berbie*, sind die bedeutendsten Zeugnisse bfl. Macht. Durch die Abtrennung eines Teiles der Diöz. (1317) entstand das Bm. Castres. Fünf Bf.e erlangten im 14. Jh. die Kardinalswürde; im 15. Jh. verschlechterte sich jedoch das Verhältnis zum Papst durch einen Konflikt zw. Kapitel und Kurie wegen der Zurückweisung einer Bischofswahl. Bf. Ludwig I. v. → Amboise (1474–1503), der eine Erneuerung des kirchl. Lebens herbeiführte, als Vertreter des humanist. Zeitalters Kunst und Wissenschaft förderte und als Staatsmann großen Einfluß bei der Kurie besaß (vgl. Abschnitt I), stellte auch den Frieden mit dem Papst wieder her. 1515 verlor das Domkapitel sein Wahlrecht. Ch. Higounet

Für die Verwaltung des Bm.s im SpätMA war es von Bedeutung, daß die Untereinteilung der Steuerveranlagung (ursprgl. von der *sénéchaussée* oder der → Judikatur wahrgenommen) am Anfang des 15. Jh. an die *Petits États d'Albigeois*, die Ständevertretung der Diöz. (→ *Assiette diocésaine*) überging. Ein verkleinertes Abbild der Provinzialstände, erhielt sie von diesen Befugnisse im lokalen Bereich. Sie umfaßte Vertreter der drei Stände. Seit 1424 bezeugt, regelmäßige Tagung im 16. Jh. M. Greslé-Bouignol

III. GRAFSCHAFT, VICOMTÉ: Innerhalb des karol. regnum Aquitanien wurde 778 eine Gft. A. errichtet. 878 unterstand sie Gf. Raimund v. Toulouse und blieb von da an beim Grafenhaus v. Toulouse. Die Reihe der Vicomtes v. A., die die Gft. beherrschten und wahrscheinl. aus ministeriales der Gf.en v. Toulouse hervorgingen, begann 942 mit Hatto (Aton). Die Lehen der Vicomtes lagen im S des Tarn; sie besaßen den *Castelvielh*, den alten Burgberg von A. Durch eine Reihe von Heiraten erwarb das Geschlecht die Vicomtés Nîmes, Carcassonne, Béziers und Agde. Nach Vicomte Raimund Bernhard (um 1074), gen. Trencavel, wurde das Geschlecht benannt. Raimund Roger unterlag 1209 dem Angriff des Kreuzfahrerheeres unter Simon v. Montfort auf Béziers und Carcassonne und beschloß sein Leben im Kerker (→ Albigenserkriege). Sein Sohn Raimund II. erhob sich 1240, um seine Territorien wiederzugewinnen; doch wurde er besiegt und mußte am 7. April 1247 auf alle Vicomtés (auch auf A.) zugunsten des Kg.s v. Frankreich verzichten. Ch. Higounet

IV. SÉNÉCHAUSSÉE D'ALBIGEOIS: [1] Der Titel eines Seneschalls des Albigeois wurde von den Amtsträgern geführt, die von den Vicomtes v. A. und Béziers mit der Verwaltung ihrer Domänen links des Tarn beauftragt worden waren. Namentl. ist hier Guillaume Pierre de Brens zu nennen (1167 eingesetzt). Nachdem Amaury v. Montfort in den → Albigenserkriegen die Domänen für den Kg. erobert hatte, wurden hier kgl. Seneschälle ernannt (1227 und 1231 bezeugt).

[2] Von den Seneschällen der Vicomtes zu unterscheiden sind die kgl. Amtsträger, die das Gebiet rechts des Tarn verwalteten, das bis zu Gf. Raimund VII. († 1249) den Gf.en v. Toulouse unterstanden hatte. Raimund VII. hatte nach seiner Niederlage in den → Albigenserkriegen im Vertrag v. 1229 neben anderen Territorien zwar seine Gebiete rechts des Tarn behalten können, unterstand jedoch seitdem als Seneschall unmittelbar der Krone.

Sein Nachfolger → Alfons v. Poitiers übergab das Albigeois rechts des Tarnufers dem Seneschall v. Toulouse (endgültig 1256), der von nun an die beiden Titel eines Seneschalls v. Toulouse und des Albigeois führte. Diese Regelung blieb auch bestehen, nachdem das Albigeois 1271 mit den übrigen Domänen des Alfons v. Poitiers an die Krone gefallen war. M. Greslé-Bouignol

Lit.: DOLLINGER-WOLFF, Bibliogr. de l'hist. des villes françaises, 1967, 595–598 – GChr I, 1–62 – DHGE I, 1600–1617 – J. VAISSÈTE-C. DEVIC, Hist. générale de Languedoc, ed. E. DULAURIER u.a., 2–8, 1872ff., passim – E. ROSSIGNOL, Petits Etats d'Albigeois, ou Assemblées du diocèse d'A., 1875, 260f. – C. PORTAL, Hist. de la région albigeoise, 1911 – L. DE LACGER, L'évêque, le roi, le clergé et la commune à A. pendant la seconde moitié du XIVe s., 1920, 120f. – DERS., Etats administratifs des anciens diocèses d'A., de Castres et de Lavaur, 1921 – DERS., A. et son développement jusqu'au début du XIIIe s., 1935, 31 f. –
G.W. DAVIS, The Inquisition at A., 1299–1300, 1948 – P. BREILLAT, A., Aperçu hist., la vie économique, les enceintes, population (Recherches sur la population et la superficie des cités remontant à la période galloromaine, hg. F. LOT, 2, 1950), 151–187 – L. DE LACGER, Louis d'Amboise, évêque d'A. (1474–1503), 1950–1954 – DERS., Bernard de Castanet, évêque d'A. (1276–1308), BLE 1954, 193–220 – DERS., Hist. religieuse de l'Albigeois, 1962.

Albich, Siegmund, Arzt, stammte aus Uničov (Neustadt) in N-Mähren, * um 1358, † vielleicht 23. Juli 1426 in Breslau, seit 1382 an der Prager Univ. zuerst Baccalaureus artium liberalium, dann Mediziner und Jurist, seit 1396 Leibarzt Kg. Wenzels, vermutl. später auch für Kg. Sigismund tätig. Verwitwet (1411) empfing er die kirchl. Weihen und wurde 1412 Ebf. v. Prag. Wegen der kirchl. Unruhen zog er sich wenige Monate später in die Propstei Vyšehrad zurück. 1419 übersiedelte er nach Mähren, dann nach Breslau. I. Hlaváček

Unter den frühesten Vertretern der Medizin an der Prager Univ. nimmt A. einen hervorragenden Platz ein. Über 70 Hss. und ein Druck bezeugen seine fachlit. Tätigkeit. Neben Konsilien für Wenzel und Sigismund haben sich Ausarbeitungen zur materia medica und zu einzelnen Krankheiten und Schriften zur Pestbekämpfung erhalten. Sein um 1422 entstandenes Hauptwerk, das kompendienartige »Medicinale« (»Practica«), gelangte in geraffter Form 1484 unter dem Titel »Tractatulus de regimine hominis« (auch: »Vetularius«) in den Druck. Einen Einblick in seine Lehrtätigkeit an der Univ. Prag gewähren die »Reportata ex lectionibus magistri Albici«. Die v.a. der ärztl. Praxis gewidmeten Medizinschriften bergen ererbtes Lehrgut, das A. aus eigenen Erfahrungen und selbständiger Urteilskraft bereicherte. Ihr Fundament bildet die Lehre von den sex res non naturales. A. erstrebte eine Diätetik ausgewogener Lebensführung, verwarf ein starres Festhalten an astrolog. gegründeten Aderlaßregeln und vertrat bioklimatolog.-ethnograph. und geomed. Lehren, die erst mit Paracelsus einen größeren Widerhall erfahren sollten. Lehrgut A.s machte sich bereits sein zeitgenöss. Widersacher Christian v. Prachatitz zu eigen. Vereinzelte Übersetzungen ins Dt. und Tschech. ließen es auch Medizinern minderen Rangs und laienmed. Kreisen bekannt werden. Es blieb nach Ausweis der handschriftl. Überlieferung bis in das ausgehende 16. Jh. in Geltung. J. Telle

Lit.: NDB I, 148 f. – Verf.-Lex. I, 40 f.; V (Nachtr.), 23 f.; I², 154 f. – O. SCHRUTZ, Albíkova životospráva pro císaře Zikmunda (A.s Regimen contra reumata für Kg. Sigismund), Časopis lékařův českých 48, 1909, 86–88, 117–119, 145–147 – K. SUDHOFF, S. A. über die Pest, Sudhoffs Arch. 7, 1914, 89–99 [mit Textproben]; ebd. 9, 1916, 117–156 [Abdr. der Pestabh. »Collectorium minus« und »Collectorium maius«] – G. GELLNER, Jan Černý a jiní lékaři češti do konce doby jagellonské, VKČSpN I. Kl., 1934, ersch. 1935, 63 f. – G. EIS, Das Deutschtum des Arztes A., ZDPh 64, 1939, 174–209 [mit Textproben] – R. BACHEM, Ein Bamberger Pestgedicht und sein Verhältnis zu A. v. Prag, Stifter-Jb. 3, 1953, 169–175 – E. SCHULTHEISS, Über die Werke des A. Ein Beitr. zur spätma. med. Handschriftenkunde, Janus 49, 1960, 221–234 – DERS., Ein Beitr. zur Pestlit. des SpätMA, Centaurus 7, 1960, 213–219 – DERS., Ein spätma. med. Handschriftenfragm., AK 42, 1960, 231–238 – F. LENOCH-H.M. KOELBING, Das »Regimen contra reumata« des Sigismund Albicus (ca. 1358–1427), 1969 – H.-J. WEITZ, A. v. Prag. Eine Unters. seiner Schr. [Diss. Heidelberg 1970 (mit Wiedergabe dt. Ps.-Texte)] – M. CIERNY, Medizin und Mediziner an der Prager Karl-Univ. (Zürcher medizingesch. Abh., 95), 1973.

Albigenser

I. Geschichte und Glaubensvorstellungen – II. Der Albigenserkrieg in S-Frankreich.

I. GESCHICHTE UND GLAUBENSVORSTELLUNGEN: Das Wort »Albigenser« war seit dem Ende des 12. Jh. v.a. in S-Frankreich gebräuchl. Bezeichnung für eine häret. Bewegung, deren Mitglieder anderswo → Katharer genannt werden. Der Name leitet sich von der Stadt Albi ab, wird jedoch nur in relig. Hinsicht gebraucht; denn die Einwohner der Region hießen Albienser, wie der Chronist Petrus v. Vaux-de-Cernay (→ Petrus Sarnensis) bezeugt

In den Quellen erschienen die A. erstmals um 1135 im Gebiet von Toulouse als neue Komponente in der von relig. Unruhen erschütterten Welt des S, zw. Anhängern des → Petrus v. Bruis und des → Heinrich v. Lausanne, wobei sie den Eindruck erweckten, ein Wiederaufleben des alten → Arianismus zu verkörpern; deshalb wurden sie in der Tat anfängl. Arianer genannt, als ihre Lehre noch durch einen sog. gemäßigten Dualismus gekennzeichnet war. Das ist übrigens der erste Dualismus, der mit der frühesten aus der Ferne kommenden Welle des Bogomilentums (→ Bogomilen) im W auftrat.

Da ihre Ausbreitung rasch fortschritt und sie eine Organisation in Diöz. vornehmen mußten, ließen sie deshalb von der Balkanhalbinsel einen *perfectus*, Niketas, kommen, der im Konzil v. S-Félix-de-Caraman (Datierung unsicher, wohl um 1170) als Schiedsrichter fungieren und ihre Beschlüsse festlegen sollte. Die wichtigste Konsequenz des Auftretens von Niketas unter den Dualisten S-Frankreichs war der Sieg des radikalen Dualismus, der fakt. von allen als einzige gültige Lehre anerkannt wurde, so daß er von da an für die Glaubenslehre der A. characterist. war, auch wenn der gemäßigte Dualismus weiterhin bestehen blieb bzw. von den it. Katharern wieder eingeführt wurde. Das geschah, als die Verbindung zw. den häret. Gruppen beider Länder sich bes. nach dem Kreuzzug Innozenz' III. (vgl. Abschnitt II) enger gestaltete.

Nach dem Konzil v. S-Félix-de-Caraman erreichten die A. ihre größte Ausbreitung: Die zeitgenöss. Chronisten berichten von häret. perfecti, die in ihrer characterist. Kleidung umherzogen, von öffentl. Versammlungen der A., von Streitgesprächen zw. A.n und Katholiken vor einem Schiedsrichterkollegium, das am Ende einer der beiden Seiten Recht oder Unrecht gab. Es gab auch Feudalherren, sogar solche von hohem Ansehen, die die A. unterstützten und ihrem Glauben anhingen, wie es für einige Mitglieder der Familie der Gf.en v. Foix gesichert ist und wie man es von dem Gf.en v. Toulouse selbst, Raimund VI., behauptete. Weder die Predigten des Abtes v. Clairvaux, Heinrich v. Marcy, der auch nach seiner Erhebung zum Kard. zurückkehrte, um den kathol. Glauben zu stärken, noch die Mission verschiedener Legaten, richteten etwas gegen sie aus. Vielmehr wurde die Ermordung eines dieser Legaten, Pierres de Castelnau, der von Innozenz III. persönl. zu Raimund VI. gesandt worden war, das Motiv, das den Papst veranlaßte, zum Kreuzzug gegen die A., dem ersten, der gegen Häretiker und in einem chr. Land geführt wurde, aufzurufen (vgl. Abschnitt II).

Der Kreuzzug, der neben rein relig. Motiven auch andere umfaßte, näml. Abenteuerlust und Beutegier, wurde z.T. sehr grausam geführt (z.B. Niedermetzelung der Einwohner von Béziers). Er erreichte jedoch sein Ziel der Vernichtung der Häretiker v.a. wegen seiner relativ kurzen Dauer – ungefähr zwei Monate – nicht und verwandelte sich in einen echten, langwierigen Krieg zw. Nord- und Südfranzosen, der sich mit wechselndem Kriegsglück bis 1229 hinzog. Obwohl die A. schwere Schläge hinnehmen mußten, überlebten sie, so wie es ihnen auch gelang, die Angriffe der → Inquisition zu überstehen, die seit 1231 mit großer Energie gegen sie vorging. Als wichtigste Konsequenz ihrer Situation griffen die A. zu einer Reihe von Hilfsmitteln, die es ihnen ermöglichten, sich zu verbergen und in der Bevölkerung zu tarnen, wobei es ihnen lange Zeit glückte, auch ihre Hierarchie und ihre häret. Kirchenorganisation zu bewahren. Erst nach der Mitte des 13.Jh. gingen die Bf.e nach Italien, wo sie regelmäßig von ihren Gläubigen besucht wurden und so Wechselbeziehungen herstellten, die mehrere Jahrzehnte dauerten.

Gewisse Erfolge hatten die Predigten der Dominikaner, die jedoch bei der Bevölkerung als Inquisitoren unbeliebt waren, sowie der Minderbrüder, denen es gelang, eine wirksame, engmaschige Missionstätigkeit zu entfalten, die in alle Schichten eindrang. Von nicht geringer Bedeutung war jedoch auch der polit. Erfolg des frz. Kgtm.s, das die Wiedererrichtung der Diözesan- und Parochialstruktur in S-Frankreich mit sich brachte, die das geistige und moral. Niveau des Klerus hob.

In einer langsam, jedoch stetig fortschreitenden Krisensituation lebte die A.-Bewegung zu Beginn des 14.Jh. durch die Predigttätigkeit eines von glühendem Eifer und Leidenschaft beseelten Missionars, Pierre Autier, wieder auf; diesem gelang es, mit einer kleinen Gruppe von Anhängern eine so gewaltige Bewegung ins Leben zu rufen, daß kath. Persönlichkeiten wie → Bernardus Guidonis und Jacques Fournier, der spätere Papst Benedikt XII., in Besorgnis gerieten. Doch wurde Autier von einem Verräter der Inquisition ausgeliefert, die ihn der weltl. Gerichtsbarkeit für den Scheiterhaufen übergab. Um die Mitte des 14.Jh. waren die A. prakt. vernichtet.

Die Glaubenslehre der A. war ein radikaler Dualismus, in dem sich ein positives Prinzip (Gott) als Prinzip des Geistes und ein negatives (Satan) als Prinzip der Materie im Kampf gegenüberstanden. Um diesen Kampf zu erklären, bildeten die A. eine Reihe myth. Erzählungen aus. Ihr wesentl. Element ist, daß ein böser Geist sich als Engel des guten Gottes, der nicht fähig war, an Betrug zu denken, ausgab und dessen Zuneigung und Vorliebe zu gewinnen vermochte. So wurde er der Anführer der Engelscharen, führte einen großen Teil von ihnen erfolgreich durch Versprechungen irdischer Freuden, Reichtum, Macht und Genusses der Frauenliebe in Versuchung und brachte sie dazu, sich gegen Gott zu erheben. Hierauf kam es im Himmel zu einem Kampf, in dessen Folge die aufrühr. Engel besiegt, vertrieben und auf die Erde gestoßen wurden, gefangen in den Banden der Materie, was für sie die Hölle bedeutete.

Der gute Gott wollte jedoch die gefallenen Engel retten und suchte deshalb lange nach einem Engel, der auf die Erde niedersteigen sollte, um sie die Mittel ihrer Erlösung zu lehren. Schließl. willigte ein Engel, Jesus, ein, die Aufgabe zu übernehmen, vor der alle anderen mit Furcht und Schrecken zurückgeschaudert waren, und kam auf die Erde, d.h. stieg in die Hölle hinab, wo er die Geschehnisse erlebte, von denen uns die Evangelien berichten. Nach einigen Quellen habe er einen irdischen Leib besessen, nach anderen sei er reiner Geist gewesen, der nur dem Schein nach materiellen Körper hatte. In diesem Fall waren seine Leiden und Tod »einfache Erscheinungen«.

Durch seine Lehre habe Jesus die in der Materie eingekerkerten Geister die Möglichkeiten ihrer Erlösung erkennen lassen; sie hätten jedoch seiner Lehre nur in verschiedenen Grade Folge geleistet; einige befolgten die von Jesus erlassenen Vorschriften voll und ganz und versuchten, die Verbindung mit der geistigen Welt wiederherzustellen, auch durch den Empfang eines Sakraments, das uns nur unter dem lat. Namen *consolamentum* bekannt ist; nach dem Tode wurden sie der vollkommenen Erlösung teilhaftig. Entsprechend ihrer größeren oder geringeren Bereitschaft, die von dem Erlöser gepredigte Lebensweise anzunehmen, inkarnierten sich andere nach dem Tode gemäß ihrer Verdienste erneut in Menschen, oder konnten sogar zu mehr oder weniger edlen oder unreinen Tieren werden (Metempsychose, 'Seelenwanderung'). Diese Lehre, die für die A. typisch ist, trug die sichere Verheißung in sich, daß die Macht des guten Gottes, wenn auch in einer Zeit, deren Dauer nicht absehbar ist, alle vom Himmel gefallenen Geister retten würde (einige kleinere Gruppen hielten allerdings daran fest, daß die unverbesserl. Bösen in der Erdenhölle verbleiben).

In ihrer Morallehre folgten die A. im allgemeinen in allem den Normen, die für das Leben der Katharer galten, d.h. Enthaltung von jedem Geschlechtsverkehr und von allen Speisen, die aus Fleisch bestanden oder in weiterem Sinne Produkte einer geschlechtl. Vereinigung waren – wie Milch, Käse und Eier. Dasselbe gilt für ihre Liturgie, in der sie wie die anderen Katharer die Riten der *adoratio* kannten, mit der den perfecti Ehre erwiesen wurde, sowie der *fractio panis* (Verteilung des von den perfecti gesegneten Brotes), des *melioramentum* (Bußritus) und v. a. des *consolamentum* (Handauflegung), das zu gleicher Zeit Taufe, Firmung und Priesterweihe bedeutete.

Was ihre Ekklesiologie betrifft, hielten die A. darauf, sich von den anderen Katharer-Gruppen zu unterscheiden, die sie genauso wie die Katholiken verwarfen, auch wenn sie sich wechselseitig im Gefahrenfalle gegenüber der Inquisition Hilfe leisteten. In ihrer Hierarchie stand an der Spitze ihrer Kirchen ebenso wie bei den anderen Katharern ein Bf., der als Koadjutor einen filius maior (mit Nachfolgerecht?) und einen filius minor sowie einige Diakone hatte. Um Mißverständnisse zu vermeiden, die auch in der Wissenschaft auftreten, möchten wir zum Abschluß folgendes festhalten: 1. Es gab keine Verbindung zw. der Welt der A. und der Troubadourdichtung (gegen D. DE ROUGEMONT, L'amour et l'Occident, und R. NELLI); denn kein Troubadour erscheint in den Akten der Inquisition; außerdem ist das Grundmotiv dieser Dichtung, die Liebe zum Leben und zur Natur, den A.n fremd und verhaßt. 2. Kein sicheres arch. Zeugnis der A. ist überliefert. 3. Die A. haben nur eine bescheidene Philosophie und Theologie entwickelt; die Werke, die zum Beweis ihrer großen Bedeutung angeführt werden (Giovanni di Lugio, Liber de duobus principiis), beziehen sich auf das it. Katharertum und sind in einer it. Hs. (Florenz) überliefert. In diesem Sinne ist die Verherrlichung der Neo-Katharer durch D. ROCHÉ und R. NELLI Übertreibung.

In der Tat sind, soweit uns bekannt ist, die A., die in der Welt der Katharer innerhalb der Kirche des W von außerordentl. Bedeutung waren, verschwunden, ohne nennenswerte Spuren zu hinterlassen.   R. Manselli

II. DER ALBIGENSERKRIEG IN S-FRANKREICH: Mit dem Kreuzzug gegen die A. wurden die Kreuzzugsideen erstmals in einem chr. Land in die Praxis umgesetzt. Innozenz III. traf diese Entscheidung nach dem vergebl. Einsatz geistl. Mittel und v. a. nach der Ermordung des Legaten Pierre de Castelnau (1208). Trotz der Vorbehalte Philipp Augusts folgten viele Adlige dem Aufruf des Papstes. Das Heer wurde im Juni 1209 in Lyon gesammelt, marschierte das Rhônetal hinab und griff Béziers an. Der unerwarteten Einnahme der Stadt folgte ein großes Blutbad (22. Juli). Die militär. Anfangserfolge erlaubten, am 1. Aug. Carcassonne anzugreifen. Die Stadt kapitulierte sofort. Nun wurde dem energ. Simon v. → Montfort der Oberbefehl übertragen, während vorher der Legat Arnaud Amaury den Kreuzzug geleitet hatte. Wenig später starb der Vicomte v. Béziers und Carcassonne als Gefangener.

Die polit. und militär. Lage änderte sich bald darauf: Hatte → Raimund VI., Gf. v. Toulouse, zunächst am Kreuzzug teilgenommen, so übernahm er angesichts der Plünderungen und Greueltaten des Kreuzheeres in seinen Territorien die Führung des occitan. Widerstandes, wobei ihn die Gf.en v. Foix, die sich zur Häresie bekannten, und die Gf.en v. Comminges unterstützten. Mit sehr begrenzten militär. Mitteln begann Simon die Eroberung des Landes; die erste Belagerung von Toulouse (17.–29. Juni 1211) schlug fehl. Einen großen Sieg errangen die Kreuzfahrer jedoch am 10.–12. Sept. 1213 bei Muret; Kg. Peter II. v. Aragón, der seinen Schwager Raimund VI. unterstützte, fand in der Schlacht den Tod. Toulouse konnte jedoch auch jetzt nicht eingenommen werden. Nur das unmittelbare Eingreifen des frz. Kgtm.s (»Pilgerfahrt« des Prinzen Ludwig VIII.) ermöglichte es Simon, in die Stadt einzudringen und das Schloß Narbonne zu befestigen.

Die 4. → Lateransynode (1215) erließ Verordnungen gegen die Häretiker und bedrohte alle Fs.en, die Ketzerei in ihren Gebieten nicht verfolgten, mit Absetzung und Konfiskation. Diese Bestimmungen wurden gegen Gf. Raimund VI. angewandt, dem die Gft. Toulouse zum größten Teil entzogen wurde; zum neuen Gf.en wurde der Befehlshaber des Kreuzheeres erhoben. Doch Simon v. Montfort wollte auch die Provence beherrschen. Seine Niederlage vor Tarascon im Aug. 1216 hatte den Aufstand v. Toulouse im Sept. 1217 zur Folge. Bei einer zweiten Belagerung (seit Okt. 1217) fand Simon den Tod vor den Mauern der Stadt (28. Juni 1218). Amauri de Montfort, der älteste Sohn Simons, war kaum in der Lage, das Werk des Vaters fortzusetzen; der junge Gf. Raimund VII. hatte 1223–24 große militär. Erfolge bei der Rückeroberung seines Landes.

Nun griff jedoch der Kg. ein: Amauri verzichtete auf seine gfl. Rechte, Ludwig VIII. nahm im Januar 1226 das Kreuz. Nach langer Belagerung wurde Avignon eingenommen; auf die Eroberung v. Toulouse verzichtete der Kg. (Okt. 1226), der im Nov. 1226 auf dem Rückweg vom Feldzug starb. Trotz des Todes Ludwigs VIII. konnte sich Raimund VII. nicht gegen Blanca v. Kastilien und den Legaten Romain de Saint-Ange behaupten. Nach dem Vertrag v. → Meaux, im Jan. und April 1229 in Paris ratifiziert, behielt Raimund VII. Toulouse, → Albi im N des Tarn, Agenais und Quercy; seine Tochter Jeanne wurde zur Heirat mit Alfons v. Poitiers, einem der Brüder Ludwigs IX. gezwungen, wodurch auf lange Sicht die w. raimundin. Territorien der Krone gesichert wurden. Der ganze ö. Teil seiner Länder ging Raimund VII. verloren; er bildete mit dem alten Besitz der Vicomtes v. Béziers und Carcassonne die Senechaussées Carcassonne und → Beaucaire. Der Kreuzzug hat damit auf entscheidende Weise zur Einigung des Kgr.s Frankreich beigetragen, die sich allerdings unter großen Leiden der südfrz. Bevölkerung und um den Preis der Vernichtung bedeutender Teile der eigenständigen occitan. Kultur vollzog.
   Y. Dossat

Q.: COD, 203–247 – Pierre des Vaux-de-Cernay, Hystoria Albigensis, h♦. P. GUEBIN-E. LYON, 3 Bde, 1926–39 – La chanson de la Croisade albigeoise, hg. und übers. E. MARTIN-CHABOT, 3 Bde, 1931–61 – *Bibliogr.*: H. GRUNDMANN, Bibliogr. zur Ketzergesch. des MA (1900–1966), 1967 (vgl. Hérésies et sociétés dans l'Europe préindustrielle, hg. J. LE GOFF, 1968) – *Lit.*: A. LUCHAIRE, Innocent III, 6 Bde (bes.: La Croisade des Albigeois), 1904–08 – P. BELPERRON, La Croisade contre les Albigeois et l'union du Languedoc à la France, 1942 – A. BORST, Die Katharer, 1953 – R. MANSELLI, L'eresia del male, 1963 – M. LIGNIÈRES, L'hérésie albigeoise et la croisade, 1964 – H. J. WARNER, The Albigensian heresy, 1967 – CH. THOUZELLIER, Vaudois et cathares en Languedoc, 1969[2] – E. GRIFFE, Les débuts de l'aventure cathare, 1972

– R. NELLI, Les cathares, 1972 – W. L. WAKEFIELD, Heresy, Crusade and Inquisition in Southern France, 1974.

Albini, Giacomo, v. Moncalieri, um 1300–48/49, aus bürgerl. und gebildeter Familie stammend; war Bezirksarzt seiner Stadt und bezog ein Monatsgehalt von 25 Wiener Liren. A. war der Hausarzt des Fs.en Philipp v. Achaia (um 1275–1334) und der Verfasser von »De sanitatis custodia«, das Giacomo v. Savoia, dem Fs.en v. Achaia (1334–67) gewidmet ist (um 1341/48). Darin spiegeln sich Galens ärztl. Philosophie und arab. Einflüsse. L. Premuda

Lit.: V. MALACARNE, Delle opere de'medici, e de'cerusici che nacquero, o fiorirono prima del secolo XVI negli Stati della Real Casa di Savoia, Turin 1786 – G. G. BONINO, Biografia medica piemontese, I, 1824 – B. TROPEO, Dei medici e degli archiatri dei Principi della R. Casa Savoia. Catalogo Ragionato disposto per ordine cronologico, II, 1858 – G. CARBONELLI, Il »De Sanitatis Custodia« di Maestro G. A. di Moncalieri, 1906 – W. SCHMITT, Theorie der Gesundheit und »Regimen sanitatis« im MA [masch. Habil., Heidelberg 1973].

Albinus. 1. A. (frz. Aubin), Hl., Bf. v. Angers, † nach 549, stammte aus der Gegend von Vannes (Bretagne) und war zunächst Mönch und Abt im monasterium Tincillacense (nicht identifiziert). Zwei Jahrzehnte wirkte er als Bf. in Angers und nahm an den Synoden v. Orléans 538, 541 und (durch einen Vertreter) 549 teil. Er starb achtzigjährig an einem 1. März (Festtag). Venantius Fortunatus verfaßte eine Vita, die er dem Nachfolger des A., Domitianus (zuerst bezeugt 567), widmete (MGH AA 4/2, 27 ff.). Schon bei Gregor v. Tours ist von einer basilica beati Albini in Angers und von Miracula am Grab die Rede (Hist. Fr. VI, 16; Liber in gloria confess. c. 94). Erwähnung im Martyrolog. Hieronymianum (zum 1. März), weitere Feste am 30. Juni (Translation von 556?) und 1. Juli. Sein Kult verbreitete sich über ganz Frankreich, Deutschland, bis nach Polen. O. G. Oexle

Lit.: DUCHESNE, FE 2, 357 f. – Catholicisme I, 1948, 1012 f. – DHGE I, 1696 – LThK² I, 289.

2. A., Abt v. St. Peter und Paul in Canterbury, Schüler von Ebf. → Theodor und Abt → Hadrian, die ihm ausgezeichnete Latein- sowie Griechischkenntnisse vermittelten. 709/710 trat er die Nachfolge Hadrians als Abt an. Er bewog → Beda, die »Historia Ecclesiastica« zu schreiben, zu der er schriftl. Urkunden sowie mündl. Überlieferungen über das Wirken der »discipuli Gregorii papae« in Kent und seinen Nachbargebieten beitrug. Zweimal sandte er → Nothhelm zu Beda mit diesen Quellen und mit päpstl. Briefen, die Nothhelm in Rom gefunden hatte und die er für überlieferswert hielt. N. P. Brooks

Q.: Beda, hist. eccl., praef., IV. 20, ed. C. PLUMMER, 1896.

3. A. → Alkuin

Álbizzi (Álbizi), florent. Familie, stammt aus Arezzo. Ihre Anfänge sind unbedeutend, obgleich eine spätere Tradition sie unter die Nobilität einreihen wollte. Die Á. siedelten bald nach Florenz über, wo sie seit dem Anfang des 13. Jh. zu den angesehenen Häusern gezählt wurden und seit den ersten Jahren des 14. Jh. eine wachsende Rolle im polit. Leben der Stadt als Mitglieder der »Partei« der »Schwarzen Guelfen« und der Wollzunft spielten. Nach der Vertreibung des Gualtier v. → Brienne aus Florenz, gegen den ein Mitglied der Familie, Antonio, eine Verschwörung angezettelt hatte, zeichneten sie sich als Führer der konservativsten Faktion der großen Familien aus, deren Ziel es war, den Aufstieg der unteren Schichten zu polit. Macht zu hindern. Aus diesem Grund wurden die bedeutendsten Mitglieder der Á. zusammen mit den Häuptern der rivalisierenden Familie Ricci 1372 bei Verbot jeder polit. Aktivität verbannt. Obwohl sie von den → Ciompi wegen ihrer polit. Ziele verfolgt wurden, gewannen die Á. nach 1382, v. a. mit Maso und dessen Sohn Rinaldo, ihre alte Macht zurück. Sie konnten an ihren Rivalen, den Ricci, aber v. a. den → Alberti, Rache nehmen und errichteten im Bunde mit den da Uzzano, den → Strozzi, den Guicciardini, den Capponi und anderen großen Familien ein oligarch. Regime in Florenz. Als jedoch mit Cosimo de' → Medici, dem Erben der »demokratischen« Politik der Ricci und der Alberti, der von den unteren Schichten unterstützt wurde, ein neuer Gegner auftauchte, sahen die Á. ihre Macht schwinden und spalteten sich sogar in zwei Gruppen, von denen eine dem Medici feindl. gesinnt war (Rinaldo), während die andere (dessen Bruder Luca) ihn unterstützte. Nach dem Sieg von Cosimo de' Medici wurden Rinaldo und andere Mitglieder der Familie exiliert und siedelten nach Ancona über. Andere Á. blieben jedoch in Florenz, wo sie ein ehrenvolles und wohlhabendes Leben im Schatten der neuen Medici-Macht führten, jedoch nie mehr ihre frühere Bedeutung wiedergewinnen konnten. F. Cardini

Lit.: R. DAVIDSOHN, Gesch. v. Florenz, passim – M. BECKER, Florence in Transition, 2 Bde, 1967–68, passim – G. BRUCKER, The Civil World of Early Renaissance Florence, 1977, passim.

1. Á., Maso degli, florent. Politiker, * 1343, † 2. Okt. 1417. Nach den ersten Schritten seiner polit. Karriere mußte er 1373 infolge der Verurteilung seiner Familie Florenz verlassen. Er floh nach Deutschland, wo er mit Auszeichnung in den Reihen des Dt. Ordens kämpfte. 1381 kehrte er als Oberhaupt seiner Familie nach dem trag. Tod Pieros nach Florenz zurück, bestrebt, dessen polit. Erbe anzutreten und seinen Tod zu rächen, für den er v. a. die → Alberti verantwortlich machte, die er in der Tat 1392 zu Tod oder Verbannung verurteilen ließ. Seither fast absoluter Herr von Florenz, begann er eine Politik, die im Innern durch die Konzentration der Macht in den Händen weniger großer Familien (»oligarch. Regime«) und nach außen durch den Kampf gegen die Viscontiherzöge von Mailand und durch die Tendenz, einen großen Regionalstaat unter der Oberherrschaft von Florenz zu bilden (Erwerbung von Arezzo 1384, von Pisa 1406 und von Cortona 1410) gekennzeichnet war. Sie kann als polit. Modell der *criptosignoria* des Cosimo de' → Medici angesehen werden. F. Cardini

Lit.: DBI II, 27 f.

2. Á., Piero degli, florent. Politiker, † 23. Dez. 1379, Sohn von Filippo di Orlando und von Contessa di Sinibaldo de'Donati. Nach mehreren erfolgreich geführten Gesandtschaften errang Á. in Florenz großen polit. Einfluß als Haupt der Oligarch. Faktion, die im Gegensatz zu der von den Ricci geführten Faktion stand, die eine Teilnahme der Mitglieder der Arti Mediane und Minori und auch der novi cives an der Stadtregierung begünstigte. Als ihm vor der florent. Regierung, aus Furcht, er strebe die Signorie an, fünf Jahre lang die bürgerl. Rechte entzogen wurden, suchte er am Hof von Neapel Zuflucht (1372–77). Nach seiner Rückkehr nach Florenz wurde er in den Aufstand der → Ciompi verwickelt, als Feind der neuen Volksherrschaft verhaftet und enthauptet.

Lit.: DBI II, 28 f. F. Cardini

3. Á., Rinaldo degli, florent. Politiker, * 1370, † 2. Febr. 1442, Sohn von 1 und der Bartolomea di Andrea Baldesi. Stand zuerst im Schatten des Vaters, von dem er den kühnen, willensstarken und ritterl. Charakter und das heftige Temperament geerbt hatte. Er war ein Diplomat von hohem Rang – die Berichte von seinen Gesandtschaften, die »Commissioni«, sind eine sehr wertvolle hist. Quelle – und setzte als Haupt seiner Familie und der oligarch. »Partei« die gegen die Visconti und die Popolaren gerichtete Politik seines Vaters fort, darin unterstützt –

aber auch gebremst – von seinen Verbündeten, den Strozzi und den da Uzzano. Auf seine Initiative gehen der Krieg gegen die Visconti (1424–26), die Einführung des Katasters 1427 und das Unternehmen gegen Lucca (1429–33) zurück. Als er seine Macht durch seinen Hauptgegner Cosimo de' Medici bedroht fühlte, gelang es Á. 1433, dessen Verbannung durchzusetzen. Doch konnte er im folgenden Jahr, auch wegen der großen Popularität, die jener genoß, seine Rückkehr nicht verhindern. Seinerseits von der Verbannung bedroht, versuchte er, mit Waffengewalt Widerstand zu leisten, wurde aber vom Großteil seiner Anhänger und sogar von seinem Bruder Luca, der sich den Medici angeschlossen hatte, im Stich gelassen. So wurde er am 13. Nov. 1434 verbannt und ließ sich, nach einigen vergebl. Versuchen, in die Heimat zurückzukehren, in der Stadt Ancona nieder, wo er nach seiner Rückkehr von einer Pilgerfahrt ins Hl. Land starb. F. Cardini

Lit.: DBI II, 29–32.

Albohali Alchait → al-Ḫayyāṭ

Alboin, Kg. der Langobarden ca. 560/565–572/573. Sohn Kg. Audoins und der Thüringerprinzessin Rodlinde. ∞ 1. frk. Prinzessin Chlodoswintha († vor 567), Tochter Kg. Chlothachars I.; 2. Rosemunda, Tochter des Gepidenkönigs Kunimund, den er selbst erschlagen hatte. Die hist. Tat A.s war es, das Langobardenvolk aus Pannonien nach Italien geführt zu haben (Mai 569). Anlaß hierzu war wohl weniger eine angebl. Einladung des Narses, von der Paulus Diaconus (Hist. Lang. II, 5) spricht, als vielmehr der Druck der Gepiden, gegen die A. sich mit den Avaren verbündete, denen er Pannonien überließ. Bereits im Sept. waren wichtige Städte Oberitaliens in seiner Hand (Aquileia, Cividale, Treviso, Vicenza und Verona), während Pavia noch Widerstand leistete. In den folgenden Jahren dehnte A. seine Herrschaft über große Teile Piemonts und Liguriens aus, ohne indes die Seestädte (Genua, Savona) und die Alpenpässe in seine Gewalt bringen zu können. Pavia gewann er erst 572/573. Im Juni desselben Jahres wurde A. in Verona auf Anstiftung seiner Gemahlin ermordet. Die ausführl. Schilderung dieses Vorgangs bei Paulus Diaconus (Hist. Lang. II, 28) zeigt deutl. Züge langob. Volkssage. In Wahrheit dürfte Byzanz seine Hand im Spiel gehabt haben, wie die Flucht seines Mörders Helmichis und der Rosemunda nach Ravenna beweist, nachdem der Versuch Helmichis', die Königswürde zu gewinnen, kläglich gescheitert war. C. Brühl

Lit.: DBI II, 34–38 – HOOPS² I, 132f. – J.WEISE, Italien und die Langobardenherrscher von 568 bis 628, 1887 – HARTMANN, Gesch. Italiens II, 1 – TH. HODGKIN, Italy and her Invaders V, 1916 – O. BERTOLINI, La data dell'ingresso dei Longobardi in Italia, Bull. Soc. pavese di storia patria 20, 1920, 47ff. – L. SCHMIDT, Die Ostgermanen, 1941² [Neudr. 1969] – C. G. MOR, La marcia di re Alboino (568–570) (Problemi della civiltà e dell'economia longobarda. Scritti in memoria di G. P. BOGNETTI, 1964), 179-198.

Albon, Gf.en v. Das Geschlecht A., das das Fsm. Dauphiné geschaffen hat, gehörte zu den bedeutendsten Grafenfamilien im Gebiet des Kgr.s Burgund, auch nach dessen Einbeziehung in das Reich 1032. Für die Entstehung der Gft. A. war die Teilung der Gft. Vienne 1030 von großer Bedeutung. Ebf. Burchard v. Vienne, der diese Gft. 1029 von dem letzten Kg. v. Burgund, Rudolf III., erhalten hatte, teilte sie zw. dem Gf.en v. Maurienne, Humbert aux Blanches Mains, dem Begründer des Staates Savoyen, und Guigo I. d. Alten, Herrn v. Vion (Dép. Ardèche), am rechten Ufer der Rhône. Zahlreiche spätere Konflikte zw. Savoyen und der Dauphiné waren in dieser Teilung begründet. Durch diese bfl. Belehnung erhielt Guigo I. die Burg Albon (Dép. Drôme) und ausgedehnte Herrschaften im s. Viennois. Zw. 1039 und 1043 wurde er von Ks. Heinrich III. mit dem Briançonnais belehnt. Als Vogt des Bf.s Malleus v. Grenoble nahm er im Grésivaudan, dem Gebiet um Grenoble, eine fsl. Stellung ein. Erst in den Urkunden der vier Nachfolger Guigos, die ebenfalls seinen Namen trugen, erscheint seit 1079 die dem Grafentitel hinzugefügte Bezeichnung »v. Albon«. Der Beiname *Delphinus (Dauphin)*, der 1110 das erste Mal erscheint, wurde seit 1133 ständig geführt. In einer Urkunde vom 13. Jan. 1155 bestätigte Friedrich Barbarossa dem Gf.en Guigo V. alle Rechte, die er selbst und seine Vorgänger vom Reich zu Lehen erhalten hatten; einschließl. einer Münzstätte für das Gebiet des Briançonnais in Cesana. Mit Guigo V. Dauphin, der am 29. Juli 1162 starb, erlosch die Dynastie der A. Seine Tochter, Beatrix v. A., war in zweiter Ehe mit Hugo III., Hzg. v. Burgund, verheiratet. Ihr Sohn, Dauphin André, wurde der Begründer der burg. Linie der Fs.en der → Dauphiné. V. Chomel

Lit.: JDG, Konrad II., I, 363; II, 50, 488; dazu: W. H. RUDT COLLENBERG, Maximilia et Mathilda reginae, Ann. della Facoltà di Magistero dell' Univ. di Palermo, 1969, 5–48 – G. DE MANTEYER, Les origines du Dauphiné de Viennois. La première race des comtes d'A. (843–1228), 1925 – DERS., Les origines du Dauphiné de Viennois. D'où provient le surnom de baptême Dauphin reçu par Guigues, comte d'A. (1100–1105), 1925 – L'Hist. du Dauphiné, hg. B. BLIGNY, 1973, 113–130.

Albornoz, Aegidius, Kard. und Staatsmann, * Cuenca 1302, † Viterbo 1367, Sohn des Adligen García Álvarez de Albornoz und der aragones. Dame Teresa de Luna. Wahrscheinl. wurde er am Hofe von Zaragoza erzogen, zuerst unter der Vormundschaft seines Onkels, des Ebf.s Jimeno de Luna und danach unter der des Bf.s Pedro López de Luna, seines Vetters ersten Grades. Um 1317 nahm er sein Studium in Montpellier oder Toulouse auf. 1324 wurde er bereits als Domherr von Cuenca erwähnt. In der Folge wurde er zum Archidiakon v. Cuenca und v. Calatrava ernannt. 1334 ging er als Botschafter Alfons' XI. nach Avignon, was seinen Einfluß am kast. Hof deutl. macht. 1336 war er wichtiger Mitarbeiter dieses Kg.s und Mitglied seines Rates. Als sein Onkel Jimeno de Luna, Ebf. v. Toledo, starb, folgte er ihm auf dem Erzbischofsstuhl und als Kanzler v. Kastilien nach (1338). Als Ebf. entfaltete er eine intensive seelsorger. Tätigkeit, er setzte sich für die Sittenreinheit des Klerus ein und wirkte als geistig-kultureller Förderer. 1341 nahm er als Kanzler v. Kastilien an den *Cortes* v. Burgos teil und als päpstl. Legat an dem Kreuzzug gegen die → Marīniden. 1348 erließ er das Stadtrecht v. Alcalá, wobei er sich bereits als bedeutender Gesetzgeber erwies. Später folgten dann die Gesetzessammlungen von Toledo und von Sevilla. Er nahm an der entscheidenden Schlacht am Salado und an der Einnahme von Algeciras teil. Der frühe Tod Kg. Alfons' XI. (1350) und die Thronbesteigung Peters I. hatten zur Folge, daß A. sich nach Avignon begab, wo Clemens VI. ihn im selben Jahr zum Kard. ernannte und somit seine kuriale Laufbahn begann. S. Claramunt

Nachdem er 1352 Leiter der Apostol. Poenitentiaria gewesen war, wurde er 1353 von Innozenz VI. zum päpstl. Legaten in Italien und Vikar für die Territorien des Kirchenstaates ernannt, mit der Aufgabe, sie zu reorganisieren, da sie sich völlig der päpstl. Kontrolle entzogen hatten. Er begann sein Werk mit der Toskana, die er 1354 unter päpstl. Herrschaft zurückführen konnte. Bei dieser Tätigkeit legte ihm die Kurie, die seine maßvolle, auf Konzessionen gerichtete Politik nicht billigte, wiederholt Hindernisse in den Weg. Gleichzeitig konsolidierte A. die Stellung des Hl. Stuhls in Rom, wobei er sich der Unterstützung von → Cola di Rienzo versicherte. Danach wandte er sich dem Hzm. Spoleto, der Mark Ancona und der

Romagna (1355-57) zu, Gebieten, in denen der partikularist. Zersplitterungsprozeß am weitesten fortgeschritten war. Aber nach einigen Erfolgen wurde er durch kuriale Intrigen, bei denen die →Visconti, die in A.' Tätigkeit eine Gefährdung ihres Vordringens in der Romagna erblickten, nicht unbeteiligt waren, nach Avignon zurückgerufen. Vor der Abreise berief er jedoch in Fano ein Parlamentum generale aller Prov. der Kirche ein (29. April bis 1. Mai 1357) und promulgierte den »Liber constitutionum Sanctae Matris Ecclesiae« (bekannter unter dem Titel »Constitutiones Aegidianae«), auf dem sein Ruhm als Staatsmann und Gesetzgeber beruht, und der bis 1816 Geltung besaß. Wegen der Mißerfolge seines Nachfolgers bald wieder nach Italien zurückgesandt, nahm A. sein Werk in der Romagna wieder auf: aber alle seine Erfolge (v. a. die Unterwerfung des →Ordelaffi und die Eroberung von Bologna) wurden durch die Wahl des neuen Papstes Urban V. (1362) zunichte gemacht, der 1364 mit den Visconti Frieden schloß, wobei er prakt. die gesamte Politik des A. verleugnete. Nachdem dieser das Legatenamt in der Romagna verloren hatte, begab er sich als päpstl. Legat in das Kgr. Sizilien; aber die Hindernisse, auf die er dort stieß, veranlaßten ihn, die Reorganisation der Mark Ancona bis zur Rückkehr der Kurie nach Italien wiederaufzunehmen, die 1367 erfolgte. Im gleichen Jahr starb er. Das von ihm in Bologna gegründete und mit reichen Mitteln versehene *Collegio di Spagna*, das span. Studenten das Studium an der Universität erleichtern soll, besteht noch heute.   G. Severino

Q.: Diplomatario del Cardenal Gil de A. Cancilleria Pontificia (1351-1353), ed. E. Sáez u. andere, 1976 – Lit.: DBI II, 45-53 [mit Bibliogr.] – A. Jara, A. en Castilla, 1914 – F. Filippini, Il cardinale Egidio A., 1933 – J. Beneyto Perez, El cardenal A., canciller de Castilla y caudillo de Italia, 1950 – J. Glenisson-G. Mollat, Gil A. et Androin de la Roche (1353-67), 1967 – A. Erler, Ae. A. als Gesetzgeber des Kirchenstaates, 1970 – Repfont III, 1970 s.v. Constitutiones Aegidianae, 619 – El cardenal A. y el Colegio de España, hg. E. Verdera y Tuells, 3 Bde (Studia Albornotiana 11-13), 1972-73.

Albrecht

1. **A. I.**, dt. Kg., * wahrscheinl. 1255, ermordet 1. Mai 1308 bei Brugg a.d. Reuß (Schweiz), ▭ Speyer, Dom. Eltern: Kg. Rudolf I. und Gertrud, Tochter Gf. Burkhards III. v. Hohenberg, Mai 1281 »Verweser über Österreich und über Steyr«, Ende 1282 Hzg. zu Österreich und zu Steyr, Herr zu Krain, der Mark und zu Portenau, 27. Juli 1298 zum Kg. gewählt, 24. Aug. 1298 in Aachen gekrönt. ∞ Elisabeth, Tochter des Gf.en Meinhard v. Görz-Tirol am 20. Nov. 1274. Kinder: vgl. Stammtafel Habsburger.

Nach der Wahl seines Vaters zum Kg. trat A. seit 1274 mit wechselnden Titeln als Gf. v. Habsburg, primogenitus oder einfach filius regis polit. auf. Nachdem Kg. Ottokar II. v. Böhmen 1276 Rudolf v. Habsburg unterlegen war und auf die Erwerbungen in den Ostalpenländern verzichtet hatte, belehnten 1277 bair. Bf.e A. und seine Brüder mit Lehen, die früher Babenberger und Spanheimer (in Kärnten) innegehabt hatten. 1281 wurde A. von seinem Vater als Reichsverweser eingesetzt und 1282 zusammen mit seinem Bruder Rudolf mit dem babenberg. Erbe belehnt. In der Rheinfelder Hausordnung von 1283 wurde dieser Besitz von den habsburg. Stammlanden am Oberrhein getrennt und A. allein übertragen. A., eine kantige Persönlichkeit, stieß in Österreich und Steiermark auf Abneigung. In Wien, das über den Verlust seiner Reichsunmittelbarkeit erbittert war, fand er Widerstand, unterwarf aber die Stadt 1288 wieder. 1290 übertrug ihm Kg. Rudolf Ungarn als heimgefallenes Reichslehen, doch war diese Verleihung unzureichend begründet und mußte schon 1291 wieder zurückgenommen werden, nicht zuletzt deshalb, weil Papst Nikolaus IV. Ungarn als Eigentum der röm. Kirche betrachtete, das angebl. auf Stefan d. Hl. zurückging.

Der zuletzt 1290 in Erfurt von Kg. Rudolf unternommene Versuch, A. die Nachfolge zu sichern, mißlang, weil der Habsburger nicht bereit war, dem Přemysliden die Ostalpenländer zurückzugeben, die sein Vater Ottokar II. innegehabt hatte. Kg. Rudolf hatte das Wahlrecht des Böhmenkönigs anerkannt und ihm die schles. Reichslehen übertragen, erfolglos. Die Belehnung A.s mit Ungarn verdarb vollends die Bereitschaft Wenzels II. zur Wahl des Habsburgers. Die Fs.en wollten keine Erbmonarchie. A.s Lage wurde schwierig, als sich der Steirer mit dem Ebf. Konrad v. Salzburg verbündeten, aber A. konnte Anfang 1292 ein bis Bruck a.d. Mur vorgedrungenes salzburg.-bair. Heer schlagen und Friesach einnehmen. Um freie Hand für den Kampf um die Krone zu gewinnen, bestätigte er die Rechte der Steiermark. Ein Aufstand rief ihn in die habsburg. Stammlande. Im Dez. 1292 huldigte er Kg. Adolf und wurde mit Österreich und der Steiermark belehnt. Die Beziehungen zu Böhmen wurden normalisiert, 1296 die Auseinandersetzung mit Salzburg und Baiern beendet. Seit Juni 1297 betrieb Ebf. Gerhard II. v. Mainz den Sturz Adolfs v. Nassau. Bei der Aussöhnung zw. A. und Wenzel II. v. Böhmen spielte →Peter v. Aspelt eine wichtige Rolle. Wenzel wurde dadurch für eine Wahl A.s gewonnen, daß dieser ihm die Verpfändung der Reichsländer Eger und Pleißen (um Altenburg) in Aussicht stellte und auf die Erfüllung aller vasallit. Pflichten Böhmens gegen das Reich verzichtete. In der Schlacht bei Göllheim verlor Kg. Adolf am 2. Juli 1298 das Leben gegen den Habsburger. A. bestand auf einer zweiten, förml. Wahl, die in Frankfurt stattfand. Gleich Adolf v. Nassau mußte sich A. die Krone mit großen Zugeständnissen an die Ebf.e v. Mainz, Trier, Köln und auch an Wenzel v. Böhmen erkaufen. Während sich Kg. Adolf in dem Streit zw. Frankreich und England auf die Seite Edwards I. geschlagen hatte, hatte A. seit 1295 Kontakt mit Philipp IV. d. Schönen aufgenommen. Die Begegnung der beiden Kg.e in Quatrevaux a.d. Maas (bei Toul) stand unter dem Druck des Kapetingers, die frz. Grenze nach O zu verschieben. Man fürchtete, A. wolle wichtige Reichsgebiete preisgeben, um dem Hause Habsburg die frz. Unterstützung bei der Errichtung der Erbmonarchie zu sichern. A.s Versuch, einen Erbstreit um die Gft. Holland-Seeland zu Gunsten seines Hauses zu wenden, schlug fehl. Frankreich duldete die Habsburger nicht an der Rheinmündung. Die rhein. Kfs.en planten im »Kurverein von (Nieder)heimbach« (bei Bingen) am 14. Okt. 1300 die Absetzung A.s. Der Kg. ging von der Reichsvogtei Oberschwaben aus erfolgreich gegen die rhein. Kfs.en vor, zuerst gegen den Pfgf.en, dann gegen den Mainzer (Belagerung von Bingen 1302); auch der Kölner mußte sich schließl. den Forderungen des Kg.s zur Preisgabe widerrechtl. errichteter Zölle und Rückgabe von Reichsgut beugen. Nicht zuletzt dank der Hilfe rhein. Städte, die unter den Zöllen gelitten hatten, war es dem Kg. gelungen, den Kurverein von Niederheimbach zu vernichten. Obwohl Bonifatius VIII. A. nicht anerkannt und ihn bei seinem Streit mit den Kfs.en schwer bedroht hatte, wahrte A. die Ruhe und rechtfertigte sein Verhalten 1302. Die inzw. aufs äußerste getriebene Spannung zw. Bonifatius VIII. (Bulle »Unam sanctam« 18. Nov. 1302) und Philipp IV. kam A. zugute, der dem Papst einen Treu- und Gehorsamseid leistete und weitere Zugeständnisse machte. Der Tod Bonifatius VIII. brachte die Wende dieser Politik.

Während A. die Nachfolge Wenzels II., des Schwiegersohnes Přemysł II. v. Polen († 1296), und seine Krönung zum Kg. v. Polen in Gnesen 1299 hinnahm, trat er der Nachfolge der Přemysliden in Ungarn (Aussterben der Arpaden 1301) in Gestalt Wenzels III. entgegen und entschied sich mit Bonifatius VIII. für Karl Robert v. Anjou. Jetzt soll A. von Wenzel all das zurückgefordert haben, womit er 1298 sein Kgtm. vom Böhmenkönig erkauft hatte, nämlich Meißen, Eger-, Oster-, Pleißenland. Wenzel II. sollte ferner auf Schlesien, Polen und Ungarn verzichten. Peter v. Aspelt riet Wenzel zu einem Bündnis mit Frankreich. In Ungarn setzte sich Karl Robert v. Anjou durch. Während Rudolf III. v. Habsburg in Mähren einrückte, marschierte A. von Nürnberg auf Budweis, erlitt aber dann vor der Bergstadt Kuttenberg eine Niederlage. Nach dem Tod Wenzels II. (1305) schloß sein Sohn Wenzel III. mit A. den Frieden v. Prag und verzichtete auf Egerland und Meißen. Als Wenzel III. 1306 ermordet wurde, gab A. Böhmen als erledigtes Reichslehen an Rudolf III. v. Habsburg, der Wenzels III. Witwe geheiratet hatte. Nach dem Tode Rudolfs III. 1307 verlangte eine böhm. Partei Hzg. Heinrich v. Kärnten als Kg. Nachdem A. seinem Sohn Rudolf in Böhmen zur Macht verholfen hatte, war er von dort in das Osterland (vgl. Leipzig) eingebrochen, hatte den Feldzug aber aufgeben müssen. In Erneuerung der Politik Kg. Adolfs hatte er sich von Lgf. Albrecht den Verkauf Thüringens bestätigen lassen; sein Hauptmann verlor aber 1307 die Schlacht bei Lucka gegen die Söhne des Lgf.en, die die Erneuerung des wettin. Territoriums von Thüringen bis Meißen betrieben. Weil A. die Ansprüche seines Neffen Johann (→ Johann Parricida) auf den Besitz des Hauses nicht anerkannte, wurde er von diesem meuchlings erstochen. H. Koller

Lit.: NDB I, s. v. – F. Kern, Die »Abtretung« des linken Maasufers an Frankreich durch A. I., MIÖG 31, 1910 – F. Baethgen, Die Promissio A.s I. für Bonifaz VIII. (Gedächtnisschr. G. v. Below, 1928), 75–90 – A. Hessel, Jbb. des Dt. Reiches unter Kg. A. I. v. Habsburg, 1931 – A. Lhotsky, Gesch. Österreichs, 1967 – W. Leist, Landesherr und Landfrieden in Thüringen, 1975.

2. A. II., *dt. Kg.*, Kg. v. Ungarn und Böhmen 1438–39, Hzg. v. Österreich 1411–39, * 10. Aug. 1397, † 27. Okt. 1439; ▭ Stuhlweißenburg. Eltern: Hzg. Albrecht IV. v. Österreich und Hzgn. Johanna v. Baiern (-Straubing); ⚭ Elisabeth v. Luxemburg, einzige Tochter Ks. Sigismunds; Sohn: Ladislaus Postumus, Kg. v. Ungarn und Böhmen. Als österr. Hzg. durch den Abwehrkampf gegen die Hussiten und eine energ. Reformpolitik (Landfriedenssicherung, zentralist. Gerichtsreform, Konsolidierung der Finanzen, reformator. Landeskirchenpolitik) hervorgetreten, betrieb A., seit 1421 Schwiegersohn Ks. Sigismunds, mit der Übernahme des lux. Erbes eine an Sigismund orientierte Politik, in der v. a. die böhm. und ungar. Verhältnisse sein Handeln bestimmten. War die Übernahme der Stephanskrone ohne Verhandlungen mit ungar. Ständevertretern ohne nennenswerte Opposition erfolgt, so sah sich A. in Böhmen trotz gemäßigter Haltung (Anerkennung der Prager Kompaktaten) mit einer hussit. Gegenpartei konfrontiert, die den jüngeren Bruder Kg. Władysławs III. v. Polen, Kazimierz, als Gegenkönig erhob, was trotz mehrheitl. Zustimmung der böhm. Stände zum Kgtm. A. zu Kriegshandlungen in Böhmen und Schlesien führte. Waffenstillstand und Friedensverhandlungen mit Polen unter Einschaltung des Konzils v. Basel erlaubten es, im Sommer 1439 in Ungarn gegen die andrängenden Türken vorzugehen. In ihrer Abwehr erblickte A. eine seiner Hauptaufgaben, wurde darin aber von den ungar. Ständen nur unzureichend unterstützt. A. starb, nachdem er während des Feldzugs an der Ruhr erkrankt war, auf der Rückreise nach Wien in Langendorf (Neszmély) a. d. Donau bei Gran.

Am 18. März 1438 in Frankfurt einhellig zum dt. Kg. gewählt, hat A. nie das engere Reichsgebiet betreten und alle mit der Reichsregierung zusammenhängenden Aufgaben an seine Räte und die Mitglieder der Reichskanzlei delegiert. Dabei konnten u. a. Kaspar Schlick und Konrad v. Weinsberg bedeutenden Einfluß ausüben, nicht nur in den kirchl. Fragen, bei denen sich A. der Neutralitätspolitik der Kur- und Reichsfürsten anschloß und die Mainzer Akzeptation (vom 26. März 1439) bestätigte, sondern v. a. auch in der Diskussion um die Reichsreform auf den Reformreichstagen zu Nürnberg (Juli und Okt. 1438), die aber trotz der städtefreundl. Haltung der kgl. Parteigänger ergebnislos blieben. Ansätze einer Verwaltungsreform und Bestrebungen zur Erneuerung der kgl. Rechte im Reich kennzeichnen seine Politik als dt. Kg., über die wegen seiner kurzen Herrschaft kein abschließendes Urteil mögl. ist, deren Tendenz vielmehr indirekt und aus der Bewertung der Maßnahmen als östr. Landesfürst erschlossen werden muß. G. Hödl

Q.: RTA 13, 1925; 14, 1935 – Das Reichsregister Kg. Albrechts II., bearb. H. Koller, 1954 – RI XII, 1975 [umfassende Lit.] – *Lit.*: NDB I, 154 f. – W. Wostry, Kg. A. II. 1437–1439, 1–2, 1906–07 – R. Urbánek, Věk poděbradský I. (České dějiny III-1), 1915 – G. Koller, Princeps in ecclesia. Unters. zur Kirchenpolitik Hzg. Albrechts V., 1964, AÖG 124 – G. Hödl, Reichsregierung und Reichsreform unter Kg. A. II. Eine Bestandsaufnahme, ZHF 1, 1974.

3. A. III., Hzg. v. Mecklenburg, *Kg. v. Schweden* 1364–1405, * um 1338, † 31. März 1412, ▭ Kl. Doberan. ⚭ 1. Richardis v. Schwerin seit ca. 1353, 2. Agnes v. Braunschweig-Lüneburg seit 1396. Eltern: Hzg. Albrecht II. v. Mecklenburg und Euphemia, Halbschwester von Kg. Magnus Eriksson v. Schweden. Der Konflikt zw. kgl. Zentral- und adliger Partikulargewalt in Schweden verhalf A. mit Förderung der sehr zahlreichen dt. Bevölkerung von Stockholm 1364 auf den schwed. Thron, nachdem (nach dt. Quellen) Gf. Heinrich d. Eiserne v. Holstein die ihm von vertriebenen schwed. Adligen angebotene Königswürde ausgeschlagen hatte. Nach der auf der Moraer Wiese bei Uppsala erfolgten Absetzung der Folkungerkönige Magnus Eriksson und seines Sohnes Håkon sowie der nicht unanfechtbar vollzogenen Königswahl eröffnete A. den Kampf gegen die Folkunger, der mit seinem Sieg bei Enköping 1365 endete. A.s Versuche, sich mit Hilfe seines Vaters und durch Zuzug zahlreicher dt. Adliger aus der Abhängigkeit von schwed. Adelsinteressen zu lösen, führte zum Bündnis der schwed. Großen mit Kgn. Margarete v. Dänemark, Gemahlin Kg. Håkons, deren Truppen A. bei Asle, unweit Falköping, 1389 schlugen. Für den in dän. Gefangenschaft geratenen Kg. führten seine Anhänger – v. a. von Rostock und Wismar aus – einen Kaperkrieg (→ Vitalienbrüder), der die Handelsinteressen der meisten Hansestädte schwer schädigte. Daher bemühte sich die Hanse um einen Ausgleich zw. den Kriegführenden: Im Frieden von Skanör (1395) wurde die Entlassung A.s aus der Haft vereinbart; die Hanse versprach – gegen Übergabe von Stockholm als Pfandschaft an sieben Hansestädte – die Zahlung eines Lösegeldes an Margarete. Das Lösegeld wurde nicht bezahlt, und das Pfand verfiel an die siegreiche Partei. Der dän. Kgn., die aus dem Konflikt als eigtl. Siegerin hervorgegangen war, wurde durch diesen Vertrag der Weg zur → Kalmarer Union geebnet. A. verzichtete 1405 formell auf Schweden, in dem er als dt. Territorialfürst v. a. eine Finanzquelle gesehen hatte. Als Hzg. v. Mecklenburg-Schwerin (seit 1395) widmete er sich zuletzt der Befriedung und Sicherung des vom Vater erzielten territorialen Besitzstandes. W.-D. Mohrmann

Lit.: V. A. NORDMAN, A., Hzg. v. Mecklenburg, Kg. v. Schweden, 1938, AASF, B XLIV, 1 – DOLLINGER, Hanse², 111 ff.

4. A. III. d. Fromme, *Hzg. v. Baiern-München* seit 2. Juli 1438, * 27. März 1401 in München, † 29. Febr. 1460 ebd., ▭ Andechs. ∞ 1. Agnes → Bernauer seit 1432/33, 2. Anna v. Braunschweig-Grubenhagen seit 22. Jan. 1437. A.s friedliebende Natur zeigte sich in der schnellen Versöhnung mit seinem Vater Ernst nach der Ermordung Agnes Bernauers 1435 und in der Ablehnung der ihm 1440 angetragenen Krone Böhmens. Gegen das Raubrittertum des Straubinger Landes griff A. energ. durch; auch verband er sich 1444 mit Kurpfalz, Pfalz-Neumarkt und dem Bf. v. Regensburg, 1445 erneut mit Kurpfalz und Württemberg zu einem Landfrieden. Im Konflikt mit Hzg. Ludwig VII. v. Baiern-Ingolstadt schloß er sich dessen Gegnern an; doch konnte er nach dessen Tod (1447) seine Ansprüche auf das Ingolstädter Erbe gegenüber seinen Landshuter Vettern nicht durchsetzen. Mit Ermächtigung des Konzils v. Basel trieb er zusammen mit Nikolaus v. Cues eine aktive, die Landesherrschaft stärkende Klosterreform, bei deren Durchführung 1455 das Benediktinerkloster → Andechs gegr. wurde. G. Schwertl

Lit.: NDB I, 156 – R. MITTERMÜLLER, A. d. Dritte v. München-Straubing, 2 Bde, 1866-67 – S. v. RIEZLER, Gesch. Baierns III, 1889 [Neudr. 1964], 314-335, 355-362 – M. DOEBERL, Entwicklungsgesch. Bayerns I, 1916³, 316 – SPINDLER II, 266 f.

5. A. IV. d. Weise, *Hzg. v. Baiern-München*, * 15. Dez. 1447 in München, † ebd. 18. März 1508, ▭ ebd. im Dom. ∞ Kunigunde, Tochter Ks. Friedrichs III. seit 3. Jan. 1487. A., urspgl. für den geistl. Stand bestimmt, studierte während der Regierung seiner älteren Brüder Johann IV. und Sigmund in Italien. Nach dem Tod Johanns konnte A. 1465 die Mitregierung und 1467 durch den Rücktritt Sigmunds die Alleinregierung erlangen. Aus Furcht vor einer neuen Spaltung wehrte A. die Ansprüche seiner jüngeren Brüder Christoph und Wolfgang ab; der unruhige Christoph († 1493) schloß sich deshalb den Ritterbünden der Böckler und Löwler an. Nach dem Aussterben der Herren v. → Aben(s)berg 1485 zog A. deren Herrschaft ein. Der verschuldete Ehzg. Sigmund v. Tirol verpfändete den bair. Hzg.en große Teile Tirols und verschrieb A. 1487 die gesamten vorderösterr. Lande. Schon 1486 hatte sich die bankrotte Reichsstadt Regensburg freiwillig der Landeshoheit A.s unterworfen. Gegen diesen Machtzuwachs mobilisierte Ks. Friedrich III. den zweiten → Schwäb. Bund, dem sich auch der Straubinger Löwlerbund anschloß. Im Augsburger Frieden 1492 mußte A. außer Abensberg sämtl. Erwerbungen preisgeben. 1503 erlosch die Landshuter Linie mit Hzg. Georg, der statt A. seinen Schwiegersohn Pfgf. Rupprecht zum Erben eingesetzt hatte. Der Landshuter Erbfolgekrieg (1503-05) wurde durch den Kölner Schied (1505) beigelegt: A. konnte Ober- und Niederbaiern wiedervereinigen, mußte jedoch die Gründung des Fsm. Pfalz-Neuburg und die Abtretung eines Interesses an Kg. Maximilian I. und die übrigen Verbündeten zugestehen. Das Primogeniturgesetz von 1506 beendete das Zeitalter der bair. Landesteilungen. A., der erste jurist. gebildete Landesherr Baierns, bemühte sich um den Ausbau der hzgl. Kirchenhoheit, förderte Kunst und Geschichtsschreibung (Füetrer, Kölner) und bestellte Aventin zum Erzieher seiner Söhne. G. Schwertl

Lit.: NDB I, 157 – O. T. v. HEFNER, Gesch. der Regierung A.s IV., Hzg. in Bayern, Oberbayer. Arch. 13, 1852, 227-312 – S. v. RIEZLER, Gesch. Baierns III, 1889 [Neudr. 1964], 458-651 – M. DOEBERL, Entwicklungsgesch. Bayerns I, 1916³, 327-337 – A. WEISSTHANNER, Die Gesandtschaft Hzg. A.s IV. v. Bayern an die Röm. Kurie 1487, AZ 47, 1951, 189-200 – SPINDLER II, 1966, 268-294.

6. A., Gf. → Ballenstedt

7. A. d. Bär, erster *Mgf. v. Brandenburg*, * um 1100, † 18. Nov. 1170, ▭ wahrscheinl. im Hauskloster Ballenstedt. Eltern: Gf. Otto d. Reiche aus dem Geschlecht der Askanier († 1123) und die Billungerin Eilika, Tochter Hzg.s Magnus v. Sachsen († 1142), ∞ Sophie v. Winzenburg 1125/26. Kinder: Sieben Söhne, darunter Mgf. Otto I. v. Brandenburg, Ebf. Siegfried v. Bremen, Bernhard, Hzg. v. Sachsen, und drei Töchter. Der zeitgenöss. Beiname ist wohl als Ehrentitel für den Gegner Heinrichs d. Löwen aufzufassen. A. heißt in der urkundl. Überlieferung stets Adalbertus (Albertus).

Als einziger Sohn und Erbe eines reichen Familienbesitzes im sächs. Schwaben- und Nordthüringgau, in der Altmark und im → Wendland gehörte A. zu den angesehensten sächs. Fs.en. Er setzte im Einvernehmen mit dem Sachsenherzog Lothar v. Süpplingenburg sofort nach dem Tode seines Vaters die von diesem angebahnte Slavenpolitik zielstrebig fort: 1124 bemächtigte sich A. der Mark Lausitz; 1127 erwarb er vom Hevellerfürsten → Pribislav (Pribislav-Heinrich) als Patengeschenk für seinen Sohn Otto die an sein ostelb. Herrschaftsgebiet im N angrenzende Landschaft Zauche, die askan. Allod blieb und als der eigentl. Grundstein der Mark → Brandenburg gelten darf. Während der zweiten Missionsreise Ottos v. Bamberg (1128) fungierte A. als Mgf. der Nordmark, vielleicht stellvertretend für seinen Schwager Heinrich v. Stade, der Ende 1128 ohne Erben starb und dessen Nachfolge, vermutl. aufgrund alter Anrechte, A. für sich erfolglos geltend machte. Seine Fehde mit dem Stader Grafenhaus und sein Streben nach der sächs. Herzogswürde, die schon sein Vater 1112 besessen hatte, brachten A. vorübergehend um die Gunst Kg. Lothars, der ihm 1131 auch die Lausitz entzog. Auf dem Romzug wurde das Vertrauensverhältnis zw. Lothar und A. jedoch wiederhergestellt. Der Tod des erbenlosen Mgf.en Konrad v. Plötzke (1133) brachte A. überraschend schnell an das eine seiner polit. Ziele: Seine Belehnung mit der sächs. Nordmark (1134) machte ihn zum Herrn über das gesamte Lutizenland von der Lausitz bis zur unteren Peene und Oder (1136). Dagegen machte der Tod Lothars (1137) A.s Hoffnungen auf das andere Ziel, die sächs. Herzogswürde, vollends zunichte, die seinem Vetter Heinrich d. Stolzen, dem anderen Billungerenkel (→ Billunger), als Gemahl der Kaisertochter Gertrud zufiel. Vergebl. versuchte A. an der Seite Konrads III., der ihm 1138 das Hzm. Sachsen übertrug, sich militär. gegen die welf. Übermacht zu behaupten; nur sein Verzicht auf Sachsen (1141) ermöglichte 1142 den Ausgleich und A. die Rückkehr in seine verwüsteten Stammlande und in sein Amtslehen. Die Nordmark rückte nunmehr für A. in den Mittelpunkt seines polit. Handelns. Der Sicherstellung seiner Herrschaft über die beiden lutiz. Fürstensitze dienten zwei Maßnahmen: der Erbvertrag mit dem kinderlosen Hevellerfürsten Pribislav v. Brandenburg zw. 1142 und 1147 sowie die Vertreibung der Erben → Wirikins aus → Havelberg zu Beginn des Wendenkreuzzuges. Seine hier und auch bereits auf dem Polenfeldzug Konrads III. (1146) gemachten Erfahrungen führten zu verstärkten Kontakten mit Pommern (Fs. Ratibor 1148 in Havelberg) und Polen, mit dem im Jan. 1148 in Kruschwitz die Abgrenzung der Interessensphären im Elbe-Oderraum durch ein Ehebündnis zwischen A.s Sohn Otto und der Piastin Judith besiegelt wurde. Gleichzeitig trug die Landnahme in der Prignitz und im Ruppiner Land durch sächs. Geschlechter und ihre Bauern zur Stärkung der dt. Herrschaft bei. Als Pribislav 1150 starb und A. seine Nachfolge antrat, regte sich eine lutiz.-heidn. Opposition; mit ihrer Hilfe setzte wenig später ein Verwandter Pribislavs, Jaxa v. Köpenick, seinen Herrschaftsanspruch durch. Erst die Vertreibung Jaxas am 11. Juni 1157 wurde zur Geburtsstunde der Mark Brandenburg. Damit war A. die Bildung einer neuen Landesherrschaft auf slav. Boden gelungen, die – bei Wahrung alter Reichsrechte – nicht mehr auf dem Amtslehen beruhte, sondern nur auf Schenkung und Erbschaft begründet war, und neben der die Nordmark rasch an Bedeutung verlor. Der neue Titel *marchio in Brandenborch* enthielt ein Programm. Seine Ausführung überließ A. seinem Mitregenten (seit 1144) und Nachfolger Otto d. I., der sich ausschließl. dieser Aufgabe widmete und als erster Mgf. im neugegründeten askan. Hauskloster Lehnin beigesetzt wurde. – 1158 unternahm A. mit seiner Gemahlin eine Pilgerfahrt ins Hl. Land.

A.s erfolgreiche Politik basierte auf der engen Zusammenarbeit mit dem Ebm. Magdeburg, v.a. mit Ebf. →Wichmann; sie reichte von der Wiederherstellung der otton. Bm.er Havelberg (1151) und Brandenburg (1161-65) über diplomat. und militär. Aktionen (1148; 1157; 1166-68) bis zu gleichgerichteten Maßnahmen der →Kolonisation, v.a. der planmäßigen Anwerbung fläm., niederrhein. und sächs. Kolonisten zu Erbzinsrecht zur Erweiterung und Umsetzung slav. Dörfer und Neuanlagen auf Rodeland sowie zur Urbarmachung der sumpfigen Niederungen und Gründung von Marktsiedlungen (Stendal um 1160; Jüterbog 1174). Diese Leistungen A.s und Wichmanns stehen hinter der kolonisator. Tätigkeit ihres gemeinsamen Gegners, Heinrichs d. Löwen, nicht zurück (Helmold I, 89). Mit diesem söhnte sich A. erst im Juni 1170 aus, nachdem ihn auch die letzten jahrelangen Fehden mit Heinrich d. Löwen seinem achts. Ziel nicht näher gebracht hatten. In seiner unbeirrbaren Pflichttreue gegenüber Herrscher und Reich übertraf A. seinen Rivalen; auf Italien- und Polenfeldzügen sowie am Hofe bewährte er sich als Stütze stauf. Reichsmacht.   H. Ludat

Q.: Regesten der Mgf.en v. Brandenburg aus askan. Hause, bearb. H. KRABBO, 1. Lfg. 1910, 1–78; Nachtr. v. F. KRETZSCHMAR, 12. Lfg., 1955, 885–889 – *Lit.*: O. v. HEINEMANN, A. d. B., 1864 – H. KRABBO, A. d.B., FBPG 19, 1906 – A. HOFMEISTER, Die Ahnentafeln der Mgf.en v. Brandenburg, FBPG 33, 1920 – H. LUDAT, Legenden um Jaxa v. Köpenick, 1936 – J. SCHULTZE, Die Mark Brandenburg I, 1961 – DERS., Forsch. zur Brandenburg. und Preuß. Gesch., Ausgew. Aufsätze, 1964, 70ff., 155ff. – W. HOPPE, Die Mark Brandenburg, Wettin und Magdeburg. Ausgew. Aufsätze, 1964 – J. SCHULTZE, Proprietas und Hereditas ö. Elbe und Oder, BDLG 104, 1968 – DERS., Landschaft und Vasallität in der Mark Brandenburg, BDLG 106, 1970 – W. H. FRITZE, Das Vordringen dt. Herrschaft in Teltow und Barnim, JbrLG 22, 1971, 81ff. – E. SCHMIDT, Die Mark Brandenburg unter den Askaniern (1134–1320), 1973.

8. A. Achilles

Mgf. v. Brandenburg, seit 1440 in Franken regierend, 1470 Kfs., * 9. Nov. 1414 in Tangermünde, † 11. März 1486 in Frankfurt a. M. während des Reichstages, ⌐ Kl. Heilsbronn. Eltern: Kfs. Friedrich I. und Elisabeth I. v. Baiern-Landshut, Kinder: → Stammtafel Hohenzollern. A., der seine Jugend in Tangermünde verbrachte, zeichnete sich bereits 1431 bei dem Hussitenfeldzug seines Vaters aus (Aeneas Sylvius [→ Pius II.] verlieh ihm wegen seiner militär. Fähigkeiten und seines krieger. Charakters den Beinamen Achilles). Er unterstützte Kg. Albrecht II. 1438/39 gegen Kg. Kasimir v. Polen in Böhmen und Schlesien, wurde »oberster Hauptmann in Schlesien« und diente Ks. Friedrich III. als Reichshauptmann in zahlreichen Reichsangelegenheiten. Als gewandter Politiker und fsl. Repräsentant vertrat er wiederholt den seit dem Nürnberger Reichstag (1444) in seinen Erblanden weilenden Ks. Verlobung und Heirat seiner Tochter Ursula mit einem Sohn Kg. Georgs v. Podiebrad (1463, 1467) führten allerdings zur Entfremdung mit dem Ks. (bis etwa 1471).

A.s aufwendige Hausmachtpolitik in Franken (seit 1440 Regent des »Unterlandes« um Ansbach, seit 1464 des »Oberlandes« mit Plassenburg/Kulmbach) erreichte nicht das angestrebte Ziel: die Schaffung eines »Hzm.s« der frk. Bm.er und Städte. Weder im Hochstift Würzburg (1440-43) noch gegen Nürnberg (im → Markgrafenkrieg 1449-50) noch im Kampf um die Ausdehnung des »ksl.« Landgerichtes Nürnberg gelang A. die Verdichtung seiner Herrschaft und die Vereinigung der n. und s. Landesteile. Aufgrund seiner guten und sparsamen Verwaltung hinterließ A. seinen Erben jedoch die frk. Herrschaften schuldenfrei nebst einem Schatz von 400000 fl.

Der Verzicht seines Bruders Friedrich II. (1470) brachte A. das brandenburg. Territorium und die Kurwürde. Er vermochte sich gegenüber gefährl. Gegnern und Konkurrenten, v.a. Pommern (1472–78) und Schlesien-Ungarn (1478–82), zu behaupten und gewann u.a. das Hzm. Krossen. Seine → »Dispositio Achillea« (1473) schränkte die Erbfolge auf eine brandenburg. und zwei frk. Linien ein. Mit Hilfe frk. Räte ordnete A. teilweise das Finanzwesen neu, so daß schließl. etwa 40% seiner Bruttoeinnahmen (40000 fl.) aus Brandenburg stammten.

In A.s Leben und polit. Handeln spiegeln sich einige Hauptzüge der reichsfürstl. Territorialpolitik im 15. Jh. wider. Auch wenn der Fs. selbst die Mark Brandenburg eher als Nebenland betrachtete, erweist sich dessen militär. Sicherung und wirtschaftl. Stabilisierung als seine bedeutendste Leistung, durch die wesentl. Grundlagen für die Ausbildung des frühneuzeitl. brandenburg. Staates geschaffen wurden. Die Verschmelzung eigener territorialer Interessen mit denen des Reiches gelang A. nur unvollkommen, doch diente seine seit den sechziger Jahren betriebene Politik der Erhaltung des status quo zw. Pegnitz und Neumark mittelbar dem Reichsinteresse.   G. Heinrich

Lit.: NDB I, 161ff. – W. PRIEBATSCH, Polit. Korrespondenz des Kfs.en A. A., 1–3, 1894, 1897f. – E. KANTER, Mgf. A. A. v. Brandenburg I, 1911; dazu P. JOACHIM, HZ 112, 1914 – A. WERMINGHOFF, Ludwig v. Eyb d. Ä., 1919 – E. BRANDENBURG, Die Ahnen Augusts d. Starken, 1937, Taf. 23 f. – J. SCHULTZE, Die Mark Brandenburg 3, 1963, 107–161 – H. QUIRIN, Mgf. A. A. v. Brandenburg-Ansbach als Politiker, Jb. f. frk. Landesforsch., 31, 1971, 261–308.

9. A. I.

Hzg. v. *Braunschweig und Lüneburg*, * 1236, † 15. Aug. 1279, ⌐ St. Blasius in Braunschweig, 2. Sohn Hzg. Ottos d. Kindes und der Mathilde v. Brandenburg; aus 1. Ehe mit Elisabeth v. Hessen: Heinrich I. v. El.-Grubenhagen, aus 2. Ehe mit Alessina v. Montferrat fünf Söhne, eine Tochter, darunter Albrecht II. v. Br.-Göttingen, Wilhelm v. Br.-Wolfenbüttel, Luther v. Br., Hochmeister des Dt. Ordens. A., der seinen Beinamen (longus, magnus) zunächst wegen seiner Körpergröße, später wegen seiner hist. Bedeutung trug, regierte seit 1252 mit seinem Bruder Johann, teilte das 1235 begründete Hzm. 1269 mit diesem; Johann wählte das Fsm. Lüneburg (Lüneburg, Celle, Hannover, Gifhorn), A. erhielt das Land zw. Deister und Leine, Göttingen, Gebiet um Einbeck, die Stadt Helmstedt und den Harz. Braunschweig blieb gemeinsamer Besitz. Es gelang A., die Truchsessen v. Wolfenbüttel, die mit Peine, Wolfenbüttel und der Asseburg seit Ks. Friedrich II. eine für die Welfen gefährl. prokaiserl. Gewalt bildeten, auszuschalten. Als A. zugunsten Sophies v. Hessen gegen die Wettiner in den thüring. Erbfolgekrieg eingriff, wurde er 1263 bei Besenstedt (b. Halle) gefangen genommen und nur gegen Abtretung von Eschwege, Witzenhausen und anderer Plätze an der Werra, von der die Welfen damit endgültig abgedrängt wurden, freigelassen. Während eines Aufenthaltes in London 1265 erwirkte er für Kaufleute aus Hamburg und Bremen die Erlaubnis zur Bildung einer Hanse in London. In seiner meist mit friedl. Mitteln betriebenen Territorialpolitik ist die Ausdehnung auf die Weserlinie bemerkenswert. 1260 wurde diese Linie als Grenze gegen Köln und Corvey anerkannt; 1272 wurde der halbe Solling, 1277 Hameln erworben. H. Patze

Lit.: ADB I, s.v. – LDG, s.v. – A. BÄHR, A. I., Hzg. zu Braunschweig und Lüneburg. 1252–1279, Jb. des Geschichtsvereins für das Hzm. Braunschweig 13, 1914 – S. ZILLMANN, Die welf. Territorialpolitik im 13. Jh. (1218–67), 1975.

10. A., Gf. → Habsburg

11. A., *Gf. v. Hohenberg*, Kanzler Ludwigs d. Baiern 1340–42, † 25. April 1359; über seine Vaterschwester mit den Habsburgern verschwägert. Nach Studien in Paris war er Domherr in Konstanz und Straßburg. Als er sich in der Konstanzer Bischofswahl von 1334 nicht durchsetzen konnte, trat er in die Dienste Ludwigs d. Baiern; 1337–41 war er Landvogt im Elsaß, im Herbst 1340 wurde er ksl. Kanzler. Im Nov. 1342 verließ er bei einer Mission nach Avignon die ksl. Partei und blieb dort bis 1345; 1344 scheiterte seine Bischofswahl in Konstanz, 1345 in Würzburg. 1349 wurde er zum Bf. v. Freising providiert, 1351 geweiht. K. v. Andrian-Werburg

Lit.: A. WENDEHORST, Das Bm. Würzburg 2 (Germania sacra NF 4), 1969, 72–75.

12. A. v. Baiern, *Gf. v. Holland und Hennegau* seit 1389, Hzg. v. Niederbaiern-Straubing seit 1353, * 1336, † 13. Dez. 1404 im Haag, ⚭ 1. Margarete v. Brieg († 1386), 2. Margarete v. Kleve. Der Wittelsbacher, Sohn Ludwigs d. Baiern und der Margarete v. Avesnes, in Baiern begütert, wurde 1358 anstelle seines wahnsinnigen Bruders, des Gf.en Wilhelm, *Ruward* (Regent) in Hennegau, Holland, Seeland und Friesland, 1389 nach dem Tode Wilhelms Inhaber dieser Territorien. Als starke Persönlichkeit übte A. jahrzehntelang bedeutenden Einfluß in der internationalen Politik aus. Er stützte sich zunächst auf die ständ. Vertretungen, die sich in seinen Territorien im 14. Jh. herausgebildet hatten, und schloß seinen Bruder Ludwig d. Römer und seine Schwägerin Mathilde v. Lancaster von der Erbfolge aus. Dabei strebte er nach Erweiterung seiner Fürstenmacht in einer Zeit polit. Wirren (Hundertjähriger Krieg, Rivalität der Wittelsbacher und Luxemburger, Interventionen in Flandern, Brabant und Lüttich, Erbfolgekrieg in Geldern, Feldzüge gegen die Friesen [1398], Unterstützung des Dt. Ordens), aber auch großer wirtschaftl., sozialer und verfassungsgeschichtl. Wandlungen (Gewährung lokaler Satzungen, Aufschwung der städt. Wirtschaft, Ausbau administrativer Einrichtungen usw.). Diesen nahezu »absolutist.« Tendenzen A.s wirkten die gemeinsamen polit. Aktionen der ständ. Kräfte in seinen Fsm.ern entgegen, wobei A. allerdings Nutzen aus den Rivalitäten der einzelnen Gruppierungen ziehen konnte (Auseinandersetzungen mit → Hoeks [1392] und → Kabeljauws, die er nacheinander unterstützte, wobei sein Sohn Wilhelm v. Ostrevant gegen ihn opponierte; Ermordung Sigers v. Enghien und Aufstand des Hennegauer Adels; Opposition des Bf.s v. Cambrai). Eine geschickte Heiratspolitik, die seine Nachkommen aus erster Ehe (die zweite Ehe blieb kinderlos) mit den Häusern Luxemburg, Jülich-Geldern und Burgund verband, und aktives Mäzenatentum runden das Bild dieses spätma. Fs.en ab. Da sich A. seit seinem definitiven Herrschaftsantritt meist in seinen n. Territorien aufhielt, übertrug er die Regierung des Hennegau seinem Sohn Wilhelm v. Ostrevant. A. Scufflaire

Q.: F. VAN MIERIS, Groot charterboek der Graven van Holland…, 1753–56 – L. DEVILLERS, Cartulaire des Comtes de Hainaut…, 1881–96 – *Lit.*: NDB I, s.v. – F. QUICKE, Les Pays-Bas à la veille de la période bourguignonne (1356–1384), 1947 – M.-A. ARNOULD, Les dénombrements de foyers… Hainaut (14e–16e s.), 1956 – SPINDLER II, bes. 203 ff.

13. A. v. Orlamünde, *Gf. v. Holstein*, * um 1182, † wahrscheinl. 18. Febr. 1245, Eltern: Gf. Sigfried v. Orlamünde und Sophie, Tochter des dän. Kg.s Waldemar I.; ⚭ 1211 Hedwig v. Thüringen. Nach der dän. Eroberung Nordelbingens (1201) wurde A. wohl 1202 vom dän. Kg. Waldemar II. mit → Holstein, Stormarn, Wagrien und Ratzeburg belehnt. A. setzte das Werk der → Schauenburger Gf.en fort: Errichtung der Landesherrschaft durch Landesausbau (so 1211/18 Gründung des Kl.s → Preetz) und Verankerung des Lehnswesens. Er kämpfte als Parteigänger für Waldemar II. gegen verschiedene dt. Fs.en; 1217–18 war er am Kreuzzug nach Livland beteiligt. Nach Waldemars II. Gefangennahme (1223) führte A. vergebl. Verhandlungen zur Freigabe des Kg.s. Er suchte nun die Waffenentscheidung, unterlag Jan. 1225 bei Mölln einer dt. Fürstenkoalition und blieb bis zum Frieden nach der Schlacht bei → Bornhöved (1227) deren Gefangener. Später erhielt er für das verlorene Holstein von Waldemar II. Alsen als Lehen. E. Hoffmann

Lit.: DBL I, 215–217 – LDG, 25 – W. BIEREYE, A., Gf. v. Orlamünde und Holstein, Nordelbingen 6, 1927; vgl. auch: DERS., ZSHG 57, 1928 – H. J. FREYTAG, Die Eroberung Nordelbingens durch den dän. Kg. 1201 (Fschr. K. JORDAN, 1972) – U. LANGE, Grundlagen der Landesherrschaft der Schauenburger in Holstein, ZSHG 99, 1974, 76–93 – E. HOFFMANN, Die Bedeutung der Schlacht v. Bornhöved für die dt. und skand. Gesch., Zs. des Vereins für Lübeck. Gesch. und Altertumskunde 57, 1977, 9–37.

14. A. II., *Hzg. v. Mecklenburg* seit 1348, * 1318, † 18. Febr. 1379, ⌂ Kl. Doberan. Eltern: Heinrich II. und Anna, Tochter Hzg. Albrechts II. v. Sachsen-Wittenberg.

1336 nach Vormundschaft zur Regierung gelangt, erreichten A. und sein Bruder Johann I. unter Ausnutzung des wittelsbach.-lux. Gegensatzes 1348 die Emanzipation von der sächs. und brandenburg. Lehnshoheit und die Erhebung in den Reichsfürstenstand durch Karl IV. Der Ausbau der Landesherrschaft des neuen Hzg.s zu einem der bedeutendsten Fs.en im spätma. N-Deutschland wurde, vollzog sich auf Kosten der Gf.en v. Schwerin, deren gfl. Rechte sich A. 1357 aneignete. Seine gemeinsam mit Städten und benachbarten Fs.en betriebene Landfriedenspolitik beschnitt die Selbständigkeit lokaler adliger Gewaltenträger. Durchaus auf den eigenen Vorteil bedacht, gehörte A. zu den Parteigängern Karls IV., dessen wichtigster Verbündeter beim Erwerb der Mark Brandenburg 1373 er wurde, und der seinerseits die nord. Politik A.s unterstützte.

Gestützt auf Bündnisse v. a. mit den Gf.en v. Holstein, plante A. den Aufbau eines in Schweden und Dänemark dynast. befestigten Einflußbereichs um die Ostsee als mecklenburgischem Binnenmeer (H. WITTE). Während 1364 sein Sohn, Hzg. Albrecht III., den schwed. Thron besteigen konnte, scheiterte die Besetzung des dän. mit Albrecht IV., dem Enkel von A. und Kg. Waldemar Atterdag, am diplomat. Geschick von Waldemars zweiter Tochter, Kgn. Margarethe. Ihr gelang es 1376 im Einvernehmen mit der Hanse, ihren Sohn Olaf gegen den mecklenburg. Prätendenten Kg. v. Dänemark wählen zu lassen.

A. brachte zwar die territoriale Entwicklung des seit 1352 mit seinem Bruder geteilten Hzm. Mecklenburg zum

Abschluß, doch blieb er in seiner nord. Konzeption der von machtpolit. Interessen geleitete dt. Landesfürst, der seine Ziele mit den wirtschafts- und handelspolit. Intentionen der Hansestädte nicht zur Deckung zu bringen vermochte. W.-D. Mohrmann

Lit.: W. STRECKER, Die äußere Politik A.s II. v. Mecklenburg, JVMGA 78, 1913, 1–300 – S. TÄGIL, Valdemar Atterdag och Europa, 1962 – M. HAMANN, Mecklenburg. Gesch., 1968 (Mitteldt. Forsch. 51).

15. A. I. d. Stolze, *Mgf. v. Meißen* (regierend seit 1190), * 1158, † 25. Juli 1195 in Krummenhennersdorf, ▭ Altzelle; Sohn Mgf. Ottos d. Reichen und der Hedwig v. Brandenburg; ∞ Sophia v. Böhmen; Tochter Christina. Seine Eltern lösten noch zu ihren Lebzeiten eine Fehde zw. A. und seinem jüngeren Bruder Dietrich d. Bedrängten aus, weil Hedwig letzterem die Mark Meißen sichern wollte. Den Streit im Haus Wettin konnten weder Ks. Friedrich I. (Vermittlungsversuch auf dem Reichstag zu Würzburg 1189) noch Heinrich VI. beilegen. Als nach dem Tode Ottos Weißenfels als Erbgut an Dietrich fiel, gewann dieser den Beistand Lgf. Hermanns I. v. Thüringen, nachdem er dessen Tochter Jutta geheiratet hatte. Weißenfels war mehrfach zw. den Brüdern umkämpft. 1192 war A. an der Fürstenopposition gegen Heinrich VI. beteiligt. Nach dem Tode A.s behielt Heinrich VI. die Mark Meißen zunächst als erledigtes Reichslehen ein.
H. Patze

Lit.: ADB I, s.v. – LDG s.v. – O. SIEGISMUND, Dietrich d. Bedrängte, Mitt. des sächs. Altertumsvereines, 26–27, 1877 – R. KÖTZSCHKE-H. KRETZSCHMAR, Sächs. Gesch. I, 1935 [Neudr. 1965], 76f.

16. A. II., *Hzg. v. Österreich*, * Ende 1298, † 20. Juli 1358 in Wien, ▭ in der von ihm gestifteten Kartause Gaming (Niederösterreich). Eltern: Kg. Albrecht I. und Elisabeth v. Görz-Tirol († 28. Okt. 1313). ∞ seit 1324 Johanna v. Pfirt († 15. Nov. 1351). Kinder:→ Stammtafeln, Habsburger. Ursprgl. für den geistl. Stand bestimmt, verwaltete A. seit 1326 die habsbg. Vorlande; nach dem Tod Friedrichs d. Schönen regierte er zusammen mit seinem Bruder Otto, nach dessen Tod 1339 allein. Durch eine Erkrankung war er seit 1330 teilweise gelähmt. A. vergrößerte umsichtig den habsbg. Besitz im W (Erwerbungen: 1324 das Erbe der Gf.en v. Pfirt, 1326 Villingen, 1350 z. T. Belfort und Rougemont, u.a.) und im Ostalpenraum (1335 Kärnten und Krain, endgültig erst nach dem Ausgleich mit dem lux. Konkurrenten im Frieden v. Enns 1336). A. unterhielt gute Beziehungen zu Ludwig d. Baiern. Dennoch verständigte er sich rasch mit Karl IV., der ihm wahrscheinl. schon 1348 das Privilegium de non evocando (→ Österreich) zugestand und einer Ehe seiner Tochter Katharina mit A.s Sohn Rudolf IV. zustimmte. Ein für die habsbg. Herrschaft weitgehend ergebnisloser Krieg gegen Zürich (1351–55) bewirkte eine Festigung der → Eidgenossenschaft. Während A.s Regierungszeit wurde das Land von schweren Katastrophen heimgesucht (u.a. Villacher Bergsturz 1348, Pest 1349–50); von krieger. Ereignissen blieb Österreich jedoch weitgehend verschont. Erst unter dem angesehenen und beliebten Hzg., der 1355 eine auf Gleichberechtigung und Gemeinschaftsregierung der Söhne abzielende Hausordnung erließ, wurde die habsbg. Dynastie in Österreich wirkl. heimisch. W. Maleczek

Lit.: E. ELOGA, Albrecht II., Hzg. v. Österreich [Diss. Wien 1952] – A. LHOTSKY, Gesch. Österr. seit der Mitte des 13. Jh., 1967.

17. A. III., *Hzg. v. Österreich*, * zw. 18. Nov. 1349 und 16. März 1350 wahrscheinl. in Wien, † 29. Aug. 1395 auf Schloß Laxenburg (Niederösterreich), ▭ Wien, St. Stephan (Herzogsgruft). Eltern: Albrecht II., Hzg. v. Österreich und Johanna, Gfn. v. Pfirt. ∞ 1. Elisabeth v. Luxemburg, Tochter Ks. Karls IV., seit 19. März 1366 († 4. Sept. 1373); 2. Beatrix v. Zollern, Tochter Friedrichs V., Bgf. v. Nürnberg, seit Frühjahr 1375 († 10. Juni 1414).

Aus polit. Gründen 1353 mit Katharina, Tochter des Mgf.en v. Mähren, 1362 mit Elisabeth, Nichte Kg. Ludwigs I. v. Ungarn, verlobt, unterblieben beide Heiratsprojekte nach dem Tod des älteren Bruders, Hzg. Rudolf IV. (27. Juli 1365). Auf Wunsch Ks. Karls IV. heiratete A. III. 1366 dessen Tochter. Gemäß den Bestimmungen des Hausvertrages vom 18. Nov. 1364 stand ihm mit seinem Bruder, Hzg. Leopold III., das Recht gleicher Herrschaftsausübung unter Anerkennung der Vorrangstellung des Älteren zu. Die Anlehnung an den Ks. brachte den Friedensvertrag v. Schärding mit den Wittelsbachern, der den Besitz Tirols sicherte (29. Sept. 1369). Während Freiburg i. Brsg. seit dem 23. Juni 1368 die habsbg. Herrschaft anerkannte, blieb der Besitz von Triest vorerst nur Episode. Finanzielle Schwierigkeiten und das ständige Drängen des Bruders auf Teilung charakterisieren die Jahre bis zum Vertrag v. Neuberg (25. Sept. 1379), durch den A. Nieder- und Oberösterreich erhielt, während Steiermark, Kärnten, Krain, die Wind. Mark, Istrien, Feltre und Belluno sowie Tirol und die Vorlande an Leopold fielen. Damit wurden die albertin. und die leopoldin. Linie des Hauses begründet. Dazwischen liegt A.s Versuch, Violante, Tochter Galeazzos II. Visconti, zu ehelichen, was am Einspruch des Papstes scheiterte. Unter dem Einfluß seines mächtigen (später gestürzten) Hofmeisters Hans v. Liechtenstein war A. bemüht, die exemte Stellung einzelner hochadliger Familien (z. B. Gf.en v. Schaunberg) zugunsten der Landesherrlichkeit zu beseitigen. Nach Leopolds Tod (9. Juli 1386) Gesamtherrscher, kämpfte er erfolglos gegen die Eidgenossen, mit denen er nach der Niederlage von Näfels (9. April 1388) einen (1394 auf 20 Jahre verlängerten) Waffenstillstand abschloß. Auf kirchenpolit. Gebiet führte er Leopolds Länder zur röm. Oboedienz, der er zeitlebens anhing, zurück. 1394 beteiligte sich A. im Bund mit benachbarten Fs.en und Baronen an Kg. Wenzels Gefangennahme. Sein Streben nach der Reichskrone verhinderte ein früher Tod. Auf kulturellem Gebiet waren der Ausbau Wiens zur Residenz (u.a. Fortführung des Dombaus und die durchgreifende Reorganisation der Wiener Univ. 1384) die bedeutendsten Leistungen A.s. Ebenso wirkte er als Sammler kostbarer Hss. sowie als Mäzen von Künstlern und Gelehrten (vgl. Wiener Herzogswerkstätte). Sein Kaplan, der Augustinereremit Leopold v. Wien, verfaßte die erste Landeschronik (»Chronik von den 95 Herrschaften«, ed. MGH Dt. Chroniken VI) und übertrug auf A.s Wunsch lat. Werke ins Dt. Peter Suchenwirt besang seine »Littauerfahrt« (1377; ed. A. PRIMISSER, 1827, Neudr. 1961). Von der Stiftung einer ritterl. Gesellschaft rührt der Beiname 'mit dem Zopfe' her. A. A. Strnad

Lit.: NDB I, 169 – H. STOWASSER, Zur inneren Politik Hzg. A.s III., MIÖG 41, 1926 – A. LHOTSKY, Was heißt Haus Österreich?, AAW 93, 1956 (Aufsätze und Vorträge 2, 1971) – A. GERLICH, Habsburg-Luxemburg-Wittelsbach im Kampf um die dt. Königskrone, 1960 – A. STRNAD, Hzg. Albrecht III. v. Österreich [Diss. Wien 1961] – P. UIBLEIN, Beitr. zur Frühzeit der Univ. Wien, MIÖG 71, 1963, 284–310 – A. STRNAD, Ein habsbg.-viscont. Eheprojekt aus dem Jahre 1374, MIÖG 72, 1964, 326–363 – P. UIBLEIN, Die östr. Landesfs.en und die Wiener Univ. im MA, MIÖG 72, 1964, 382–408 – A. LHOTSKY, Die Wiener Artistenfakultät 1365–1497, SÖAW 247/2, 1965.

18. A. d. Beherzte, *Hzg. v. Sachsen*, Gubernator v. Friesland, * 31. Juli 1443 in Grimma, † 12. Sept. 1500 in Emden, ▭ Meißen, Dom. Der Sohn des sächs. Kfs.en Friedrich II. geriet mit zwölf Jahren in die Hände des Prinzenräubers Kunz v. Kaufungen (→ Prinzenraub, sächs.). Seine am 11. Nov. 1459 in Eger geschlossene Ehe mit Zedena, Tochter des Böhmenkönigs Georg v. Podiebrad, lag im Zuge ostwärts gerichteter wettin. Territorialpolitik, doch mißlang A.s Versuch, 1471 die böhm. Krone zu erlangen. Enge Beziehungen zu den österr. Verwandten bestimmten seine weitere Laufbahn. 1475 kämpfte er als Reichsbannermeister gegen Burgund, führte seit 1480 mehrfach das Reichsheer gegen Ungarn und wurde zur stärksten Stütze Maximilians in den Niederlanden, wo er als Statthalter 1488-93 die Erhebung der Stände niederwarf. 1498 erhielt er die schwere Bürde der Erbstatthalterschaft über das aufständ. Friesland. – Die sächs. Lande regierte er seit 1464 gemeinsam mit dem älteren Bruder Ernst, entschied sich bei der Leipziger Teilung 1485 für den meißn. Teil und verwaltete fortan sein Hzm. vorbildl. In der »väterlichen Ordnung« von 1499 legte er die Primogenitur in dem von ihm begründeten albertin. Zweig der Wettiner fest. K. Blaschke

Lit.: ADB I, s.v. – LDG, s.v. – NDB I, s.v. – F. A. v. LANGENN, Hzg. A. d. Beherzte, 1838 – W. GOERLITZ, Staat und Stände unter den Hzg.en Albrecht und Georg 1485-1539, 1928.

19. A. III., *Kfs. v. Sachsen-Wittenberg*. Seine Lebensdaten sind zum Teil nur erschließbar, * vermutl. um 1375/80 in Wittenberg, † 27. Nov. 1422 ebd. an Brandverletzungen, ▭ ebd. in der Fürstengruft der ma. Franziskanerkirche, Sohn des Kfs.en Wenzel und der Cäcilie v. Carrara, ⚭ Offka (Euphemia) v. Schles.-Oels. A. wurde seit Mitte der neunziger Jahre von seinem Bruder Rudolf III. zur Regierung herangezogen. Die wirtschaftl. und polit. Bedeutung von Sachsen-Wittenberg war im letzten Halbjahrhundert seines Bestehens gering. Dem glanzvollen Titel (Kfs., Erzmarschall, Pfgf. v. Sachsen, Hzg. in Sachsen, Gf. zu Brehna, Burggraf zu Magdeburg) stand ein ärmliches, durch Kriegsaufwand im 14. Jh. geschwächtes Land gegenüber. Als A. 1419 die Regierung antrat, waren die Einkünfte infolge der Politik seines Bruders so stark zurückgegangen, daß sich A. nur vier Diener halten konnte und bald noch die Ämter der Magdeburger Bgft. der Stadt für 5000 Schock böhm. Groschen verpfändete. Streit mit Wittenberg mußte sein Schwager, Kfs. Friedrich I. v. Brandenburg, 1421 schlichten. Seinerseits wirkte A. als Schiedsrichter bei schweren Auseinandersetzungen zw. Magdeburg und Brandenburg (1420/21) und beteiligte sich an der Landfriedenspolitik, jedoch nicht an den Hussitenfeldzügen. Der Versuch → Friedrichs I. v. Brandenburg, Sachsen-Wittenberg nach dem Tod des kinderlosen A. seiner Landesherrschaft einzugliedern, scheiterte. Friedrich I. wurde von Ks. → Sigismund wegen seiner Pläne eines Bündnisses mit Polen und fehlender Geldmittel nicht belehnt. Indem Sigismund dem Wettiner Friedrich d. Streitbaren v. Meißen das Lehen übertrug, wurde eine wesentl. Voraussetzung für den wettin.-hohenzoller. Machtkampf um den Mittelelberaum geschaffen, der für die weitere Territorialgeschichte von Mitteldeutschland bedeutungsvoll wurde. Erst nach vier Jh. vermochte der brandenburg.-preuß. Staat die Entscheidung Sigismunds zu revidieren und das Gebiet der Landesherrschaft Kfs. A.s zu übernehmen. G. Heinrich

Q.: Staatsarchive Magdeburg, Weimar, Dresden – Lit.: Eine Gesch. der Hzg.e v. Sachsen-Wittenberg sowie Biograph. der letzten Kfs.en fehlen. – G. v. HIRSCHFELD, Gesch. der sächs.-askan. Kfs.en, VjsHSG 12, 1884 – E. BRANDENBURG, Kg. Sigmund und Kfs. Friedrich v. Brandenburg, 1891.

20. A. d. Entartete, *Lgf. v. Thüringen und Pfgf. v. Sachsen*, * 1240, † 1315 in Erfurt, ▭ ebd. St. Marien. Eltern: der Wettiner Heinrich d. Erlauchte, Mgf. v. Meißen, und die Babenbergerin Konstanze, ⚭ 1. Margarete, Tochter Ks. Friedrichs II., 2. Kunigunde v. Eisenberg, 3. Elisabeth v. Orlamünde. A. ist die wohl unerfreulichste Gestalt der thür. Geschichte; er wurde – wohl schon von den Zeitgenossen – als der Entartete bezeichnet. Früh zur Mitregierung herangezogen, war A. seit 1256 Lgf. v. Thüringen und Pfgf. v. Sachsen. 1269 flüchtete sich seine erste Gemahlin vor ihm nach Frankfurt a. M. Ein Jahr später mußte er im Vertrag von Tharandt versprechen, seinem Vater nicht länger nachzustellen. Sein ständiger Geldmangel machte ihn zum Verbündeten der Stadt Erfurt, die ihn auszukaufen suchte. 1277 forderte der Adel Thüringens Kg. Rudolf v. Habsburg vergebl. auf, die Lgft. als erledigtes Reichslehen einzuziehen. Gegen die Verschleuderungspolitik A.s suchte des. sein ältester Sohn, Friedrich d. Freidige, den Anspruch auf Landesherrschaft zu behaupten. 1294 verkaufte A. ohne Zustimmung seiner Söhne und des Ebf.s v. Mainz, seines Lehensherrn, die Lgft. an Kg. → Adolf v. Nassau. Der Verkauf wurde 1306 von A. bestätigt; Kg. Albrecht v. Habsburg griff den Rechtsanspruch seines Vorgängers auf. Erst die Schlacht bei Lucka 1307, in der Friedrich d. Freidige und sein Bruder Diezmann ein Heer des Habsburgers besiegten, sicherte den Fortbestand der Wettiner Landesherrschaft. A. lebte damals bereits als »landesherrl. Pensionär« (H. PATZE) in Erfurt, wo er in kümmerl. Verhältnissen starb. W. Leist

Lit.: Gesch. Thüringens, hg. H. PATZE-W. SCHLESINGER, II, 2, 1973 – W. LEIST, Landesherr und Landfrieden in Thüringen, 1975.

21. A. II., *Ebf. v. Magdeburg*, * ca. 1170, † 15. Okt. 1232 (in Oberitalien?), ▭ 28. Feb. 1233 Dom zu Magdeburg, Sohn des Gf.en Günther v. Käfernburg (aus dem Haus der Gf.en v. Schwarzburg) und der Gfn. Agnes v. Saarbrücken. A. wurde nach Besuch der Hildesheimer Domschule 1192 zum Akolythen geweiht und wurde dann Domherr zu Magdeburg, um 1200 Propst von St. Maria ad Gradus in Mainz. Er hatte zuvor in Paris und wahrscheinl. später noch in Bologna studiert. 1200 wurde er vom Papst gegen den Willen des Kapitels mit der Dompropstei Magdeburg providiert; es gelang ihm, sich hier durchzusetzen. 1205 wurde er als stauf. Parteigänger zum Ebf. v. Magdeburg gewählt und erhielt nach Verzögerung die Weihe am 24. Dez. 1206 in Rom durch Innozenz III. Er versuchte zunächst, einen Ausgleich zw. Kg. Philipp und dem Papst zu vermitteln, trat nach Ermordung des Herrschers und dem Erhalt großer Güterschenkungen (Herrschaft Sommerschenburg und Haldensleben) sowie der Übertragung wichtiger Königsrechte in der Bischofsstadt auf die Seite Ottos IV., den er 1209 auf seinem Romzug begleitete. Infolge des Konflikts zw. Kurie und Kaiser stellte sich A. nach längerem Zögern 1212 auf die Seite des Papstes. Damit war auch eine Entscheidung zugunsten der Staufer gefallen, die die von Otto IV. verliehenen Privilegien bestätigten und den hochgebildeten und polit. begabten Kirchenfürsten nun vielfach zu herrschaftl. und diplomat. Aufgaben heranzogen. So wirkte A. als Reichslegat in Oberitalien, als Gf. der Romagna, als Helfer bei der Wahl Kg. Heinrichs (VII.) und vermutl. auch als Mitwirkenden beim Erlaß des → »Statutum in favorem principum« (1231/32). A.s Versuche, seine Landesherrschaft v. a. in den Gebieten ö. der Elbe auszubauen, fanden in den Welfen und den Mgf.en v. Brandenburg entschlossene Gegner. Auch seine Bestrebungen, die Magdeburger Metropolitangewalt bis nach Livland auszudehnen, blieben letztl. erfolglos. – A. hatte die Anfänge der frz. Gotik kennengelernt; daher ließ er nach dem Dombrand von 1207 den Wiederaufbau des Magdeburger Doms nach Laoner Vorbild beginnen. Damit wurde der erste Kathedralbau auf dt. Boden geschaffen, der dem Muster der frz. Gotik folgte. B. Schwineköper

Lit.: H. SILBERBORTH, Ebf. A. v. M., Geschichtsbl. für Stadt und Land Magdeburg 45, 1910 – A. RUPPEL, Zur Reichsdelegation d. Ebf.s A.v.M., QFIAB 13, 1910 – GS Magd. I, 1, 1972.

22. A., Protonotar → Fleischmann, A.

23. A., möglicher Autor des Jüngeren Titurel → Titurel; vgl. auch Albrecht v. Scharfenberg

24. A. v. Eyb, Domherr in Eichstätt, Bamberg und Würzburg, * 24. Aug. 1420 bei Ansbach, † 24. Juli 1475. Nach jurist. und humanist. Studien (1444–59) an it. Hochschulen, von 1460 bis zu seinem Tode Tätigkeit in Franken als Jurist. Sein lit. Werk mit hauptsächl. moraldidakt. Inhalt steht in Thematik und Aufbau unter dem Einfluß des it. Humanismus und gliedert sich in frühe lat. und späte dt. Schriften. Hauptwerke sind die 1459 zusammengestellte »Margarita poetica« (Frühdrucke ab 1472, GW 9529–9537), ein als Rhetorik gedachtes Florilegium aus antiken und Renaissance-Schriften; das 1472 in Nürnberg erschienene sog. »Ehebüchlein« (»Ob einem manne sey zunemen ein eelichs weyb oder nicht«, Frühdrucke GW 9520–9528) und das 1474 entstandene, posthum Augsburg 1511 gedruckte »Spiegel der Sitten«, der eine verstärkt auf ma. Tradition zurückgreifende Tugend- und Ständelehre und die dt. Übersetzung dreier Komödien enthält (Plautus: »Menaechmi«, »Bacchides«; Ugolino v. Pisa: »Philogenia«). G. Klecha

Teilausg.: M. HERRMANN [ed.], Dt. Schr. des A. v. E., I: Das Ehebüchlein, II: Die Dramenübertragungen, 1890 – *Lit.*: M. HERRMANN, A. v. E. und die Frühzeit der dt. Humanismus, 1893 [maßgebende Biogr.] – J. A. HILLER, A. v. E. – Medieval Moralist, 1939 [Repr. 1970] – H. WEINACHT, A. v. E., Frk. Klassiker, hg. W. BUHL, 1971, 170–182.

25. A. v. Halberstadt, erster dt. Bearbeiter der Metamorphosen Ovids, wurde in Halberstadt geboren und ist wahrscheinl. ident. mit dem von 1217–51 urkundl. mehrfach bezeugten Albertus scolasticus im Stift Jechaburg in Thüringen, das wie A. selbst in Beziehung zum antikefreundl. Landgrafenhof stand. A.s Werk, dessen Beginn 1190 oder 1210 umstritten ist, ist das einzige mhd. Zeugnis direkter Rezeption antiker Lit. ohne frz. oder mlat. Vermittlung, jedoch im MA nur durch zwei Fragmente überliefert. 1545 überarbeitete Jörg Wickram A.s Metamorphosen, wodurch sie ins 16. und 17. Jh. fortwirkten. Obwohl A.s Original nicht zu rekonstruieren ist, zeigt der Textvergleich seine Eigenart: die Einfärbung der Götter- und Heldengeschichten Ovids in den Geschmack und den Stil des romanhaften Erzählens der frühhöf. Epoche.
H. Schüppert

Ed.: A. v. H. und Ovid im MA, hg. K. BARTSCH, 1861 [Nachdr. 1965; mißlungene Rekonstruktion des Orig.] – G. Wickrams Werke, hg. J. BOLTE (BLV 237, 241). 7, 1905, 277–283; 8, 1906, 93–105 [mit den Frgm.] – H.-G. ROLOFF, G. Wickrams sämtl. Werke, 1967ff., 13 [i.V.] – *Lit.*: FR. NEUMANN, Meister A. und Jörg Wickrams Ovid auf dt., PBB(O) 76, 1955, 321–389 – G. HEINZMANN, A. v. H. und Jörg Wickram, Stud. zu einer Rekonstruktion von A.s Metamorphosen [Diss. München 1967].

26. A. v. Johan(n)sdorf, Minnesänger und Ministeriale der stauf. Zeit, * ca. 1165, † nach 1209; stammte aus der Passauer Gegend, diente vermutl. mehreren Bf.en v. Passau und Bamberg. Wahrscheinl. ist A.s Teilnahme (zusammen mit Hartmann, Friedrich v. Hausen, Heinrich v. Rugge) am Barbarossa-Kreuzzug 1189–92.
Die Überlieferung A.s besteht aus 42 Strophen in den Hss. A, B, C. Das sind etwa elf echte Minnelieder (die Gruppierung der Strophen ist umstritten); davon enthalten fünf oder sechs Kreuzzugsthemen. Diese Kreuzlieder stellen nicht den abstrakten Konflikt zw. Gottes- und Frauenminne dar, sondern eher den Versuch, das Minneverhältnis angesichts des unmittelbar bevorstehenden Abschieds zu definieren und zu bestätigen. In den Liedern MF 86, 1, 87, 5, 87, 29, 93, 15 bemüht sich der Ritter, die bekümmerte Frau von der Notwendigkeit der Kreuznahme zu überzeugen, sie zu trösten und zur Treue in seiner Abwesenheit zu ermutigen. Aus solchen konkreten Minnekonflikten entsteht die Möglichkeit eines verinnerlichten, persönl., dauerhaften Minneverhältnisses, einer *herzeliebe*, die außerhalb des höf. Milieus weiterbestehen soll. D. P. Sudermann

Lit.: D. P. SUDERMANN, The Minnelieder of A. v. J.: Ed., Comm., Interpr., 1976 – Des Minnesangs Frühling, neu hg. H. MOSER und H. TERVOOREN, 1977.

27. A. v. Kemenaten nennt sich als Verfasser des mhd. Dietrichepos »Goldemar« (Bruchstück in einer Hs. des 14. Jh.). Er gilt als ident. mit einem Dichter A. v. K., den → Rudolf v. Ems erwähnt, und hätte demnach in der 1. Hälfte des 13. Jh. gewirkt. Ihn als Angehörigen einer der im 13. Jh. urkundl. bezeugten Familien v. K. zu identifizieren und damit seine Heimat zu bestimmen, ist bisher nicht gelungen. J. Heinzle

Lit.: Verf.-Lex.² I s.v.

28. A. v. Scharfenberg, epischer Dichter des 13. Jh. (?), den Ulrich → Füetrer in seinem »Buch der Abenteuer« (15. Jh.) als Verfasser der Werke »Merlin«, »Seifrid de Ardemont« und »Fraw Eren hof« nennt. Von diesen sind uns die zwei ersten durch die Nachdichtungen Füetrers erhalten. Man hat A. als Wolframepigonen sehen und aufgrund des Vornamens mit dem Dichter des »Jüngeren → Titurel« identifizieren wollen. »Fraw Eren hof« ist dabei als Deckname des »Jüngeren Titurel« interpretiert worden. Die Forschung hat aber gezeigt, daß Füetrer Wolfram für den Dichter des »Jüngeren Titurel« hält, ferner spricht Füetrers Version des »Merlin« eher gegen als für eine Identität der beiden Verfasser. Durch Füetrers Mischung der Quellen lassen sich Umfang und Inhalt der ursprgl. Werke A.s nicht feststellen. Wie Vergleiche mit frz. Überlieferungen zeigen, könnte A.s »Merlin« eine recht wortgetreue Übersetzung des »Merlin« von → Robert de Boron mit einer einleitenden Zusammenfassung des sog. »Grand-Saint-Graal« gewesen sein. Der Hauptbestandteil im »Seifrid« ist das Motiv der Feenliebe (»Märchentypus von der gestörten Mahrtenehe« [PANZER]). Übereinstimmungen der Motive mit dem »Gauriel« → Konrads v. Stoffeln, → Pleiers Epen und dem »Persibein« bei Füetrer lassen auffallend. Das zeitl. Verhältnis zw. A.s Werk und diesen Epen ist kaum zu klären. »Fraw Eren hof« war vermutl. eine allegor. Dichtung eventuell didakt. Art oder in Form eines Fürstenlobs. K. Nyholm

Ed.: F. PANZER, Merlin und Seifrid de Ardemont, 1902 – K. NYHOLM, Die Gralepen in U. Füetrers Bearbeitung, 1964 – *Lit.*: R. SPILLER, Stud. über A. v. S. und U. Füetrer, ZDA 27, 1883, 158–179, 262–294 – P. HAMBURGER, Der Dichter des Jüngeren Titurel, ZDPh 21, 1889, 404–419 – W. WOLF, Wer war der Dichter des jüngeren Titurel?, ZDA 84, 1953, 309–346 – K. NYHOLM, A. v. S. »Merlin«, Acta Acad. Aboensis Ser. A 33, 2, 1967 – H. G. MAAK, Zu Füetrers »fraw Eren hof«, ZDPh 87, 1968, 42–46 – U. KILLER, Unters. zu U. Füetrers »Buch der Abenteuer« [Diss., Würzburg 1971].

Albret, Haus v. Die gascogn. Familie A. (»de Lebret«) stammt aus dem gleichnamigen Kirchspiel (heute Labrit) im Herzen des Landes (SW-Frankreich). Ihre ersten Mitglieder werden in der 2. Hälfte des 11. Jh. faßbar. Während des 12. und zu Anfang des 13. Jh. dehnen die A. ihre Besitztümer nach N (Sore, Cernès, Cazeneuve) und nach O (Casteljaloux, Nérac) aus. Die Verwandtschaft, die Amanieu VI. (1240/70) mit Kg. Heinrich III. v. England verbindet, und die Verlagerung des Zentrums des Hzm.s Aquitanien nach Bordeaux stärken ihre Macht. Aber erst mit Amanieu VII. (1294–1324) und seinen Söhnen, Bernard Aiz V. (1324–59) und Bérard I. v. Vayres, beginnt der Aufstieg der Familie. Die Erbfolge in direkter Linie während dreier Jh., die Länge der Regierungszeiten, die Einführung einer festen Erbfolge mit Erstgeburtsrecht haben dazu beigetragen. Dank einer geschickten Heiratspolitik (Vayres, Langoiran, Gironde) und einiger Erbschaften (Tartas, Rions, Bergerac) wächst das Erbgut unaufhörlich. Schließl. lassen sich die A. von der Mitte des 13. bis zur Mitte des 14. Jh. ihre Unterstützung der engl. Kg.e mit mehreren Seigneurien in den Landes (Born, Maremne, Marensin) und im Bordelais bezahlen. Unter der Herrschaft von Arnaud Amanieu (1359–1401), Karl I. (1401–15) und Karl II. (1415–71) werden die A. zu Verbündeten der Kg.e v. Frankreich; sie weiten ihre dynast. Beziehungen aus (Bourbon, Sully, Armagnac, Rohan) und vergrößern erneut ihren Besitz (Güter im Berry und den Gft.en Dreux und Gaure). Durch eine Reihe bedeutender Heiraten steigen sie in den höchsten frz. Adel auf. Als Witwer von Françoise v. der Bretagne, der Gfn. v. Périgord, Vicomtesse v. Blois und Limoges, gelingt es Alain d. Gr. (1471–1522) zwar nicht, Anna, die Erbin der Bretagne, zu heiraten; dafür besteigt jedoch sein Sohn Jean aus seiner Ehe mit Katharina v. Foix den Thron von Navarra (1494–1516), und sein Enkel Heinrich heiratet Margarete v. Valois-Angoulême. Aus der Verbindung ihrer Tochter Jeanne d'Albret mit Antoine v. Bourbon stammt der spätere Kg. v. Frankreich, Heinrich IV.

J. B. Marquette

Lit.: A. Luchaire, Notice sur les origines de la maison d'A., 1873 – Ders., Alain le Grand, sire d'A., 1877 – J. B. Marquette, Le Trésor des chartes d'A. I (CDHistFr), 1973 – Ders., Les A. L'ascension d'un ignage gascon (XIe s.–1360), Les Cahiers du Bazadais, 1975, 1978.

Albuin, Bf. v. Säben → Brixen
Albuinsbaar → Baar
Albumasar → Abū Ma'šar
Albuquerque → Romanze
Albus (denarius albus, Weißpfennig), nach ihrem weißen Aussehen benannte Münzart im Wert eines Groschens (anfangs 24 Pfennige). Der A. geht in die Münzverträge der rhein. Kfs.en seit 1357 und bes. seit 1386 als Vertrags-Silbermünze ein und wird von den Vertragspartnern mit gleichem Typ (Vorderseite: Hl.; Rückseite: Wappen) geprägt. Nach dem Mainzer Wappen (Rad) wird der A. häufig *Raderalbus* gen. Zahlreiche Münzherren übernehmen den A.-Typ in ihre eigene Münzprägung. Erst im Laufe des 16. Jh. verschwindet der *Vertragsalbus* aus dem Umlauf. Als Landeswährung hält er sich am Rhein und in Hessen jedoch bis ins 18. Jh.
P. Berghaus

Lit.: Wb. der Münzkunde, 1930, 18–20 – W. Hess, Das rhein. Münzwesen im 14. Jh. und die Entstehung des Kurrhein. Münzvereins (Vortr. und Forsch. 13), 1970, 257–323.

Alcabala (von arab. *al-qabala*), indirekte Sondersteuer, die den Warenverkehr in den Städten von Al Andalus belastete. Nach der Reconquista wurde die a. in einigen kast. Städten weiterhin erhoben, bis sie im 14. Jh. im gesamten kast.-leones. Kgr. zu einer Dauersteuer wurde. Ab dem 15. Jh. belief sich die a. auf 5 oder 10% des Wertes des Produktes.
M. Sánchez Martínez

Lit.: S. de Moxó, La a. Sus orígenes, concepto y naturaleza, 1963 – Ders., Los cuadernos de a. Orígenes de la legislación tributaria castellana, AHDE 39, 1969, 317–450.

Alcabitius → al-Qabīṣī
Alcaicería (von arab. *al-qaisāriyya*, dieses von gr. καισάρεια, scil. ἀγορά), im arab. Spanien den Luxuserzeugnissen (Seidenstoffe, Tuche, Häute, Teppiche, Silbergegenstände, Goldschmiedearbeiten usw.) vorbehaltene geschlossene Märkte. Eine a. bestand aus einem zentralen Innenhof, um den herum Säulengänge angeordnet waren, in denen die Läden untergebracht waren. Der gesamte streng bewachte Bezirk wurde nachts geschlossen. Die a.s gehörten dem Staat, der sie an die Kaufleute verpachtete. Die a.s von Granada, Malaga und Almería lieferten den naṣrīd. Emiren beträchtl. Einkünfte.
M. Sánchez Martínez

Lit.: EI², s.v. ḳaysāriyya [mit Lit.] – L. Torres Balbás, A.s hispanomusulmanas, Al-Andalus XIV, 1949, 431–455.

Alcaide (arab. *al-qā'id*), Befehlshaber einer Burg oder Festung, vergleichbar mit dem *Tenente* bzw. *Prestamero*. Von adeligem Stand, übte er die Gewalt über kgl. oder herrschaftl. Burgen als Lehen aus, genoß die Privilegien der Rechtsprechung (Partida 2ª, Tit. 13, 1.22 ff.). Der *a. de los Donceles* war der Leiter der Palastwache der kast. Kg.e des späten MA.
M. J. Peláez

Lit.: DHE I, s.v. – EI², s.v. ḳā'id – R. Gibert, Hist. General del Derecho Español, 1974, 213, 223, 273, 285 – L. García de Valdeavellano, Hist. de las instituciones españolas, 1975⁴, 506, 613, 620, 630.

Alcalà, Univ., gegr. 1499 auf Initiative des Kard.s Ximenes als Reformuniversität für den span. Klerus, 1509 eröffnet. Die Universität A. zeichnet sich aus durch ihre Offenheit gegenüber den verschiedenen theolog. Strömungen, einschließl. des Nominalismus (im Gegensatz zur Hochburg des Thomismus → Salamanca) sowie gegenüber den neuen humanist. Methoden, von denen die 1514–17 veröffentlichte Polyglottenbibel von A. ein epochemachendes Zeugnis ablegt.
J. Verger

Lit.: J. I. Tellechea, La création de l'université d'A. et sa signification dans la Renaissance espagnole (Pédagogues et Juristes. Congrès du centre d'études supérieures de la Renaissance de Tours 1960), 1963, 137–147.

Alcalde (von arab. *al-qāḍī*), allgemeine Bezeichnung für alle kast. Beamten mit richterl. Aufgaben. In der typischsten Verwendung bezieht sich dieses Wort auf die im kast. lokalen concilium des HochMA von den Bewohnern eines Ortes gewählten Richter, die die richterl. Funktion gemeinsam mit dem Vorsitzenden der (Bürger)versammlung oder iudex ausübten. Die Bezeichnung a. hatte viele Verwendungen. So war der *a. mayor* ein Jurist, der den *corregidor* der kast. Gemeinden in seiner richterl. Funktion unterstützte, wenn dieser dem Adel entstammte und kein (höherer) Jurist war. Die *a.s de corte* waren mit der Regelung der Fälle des kgl. Gerichtshofes im späten MA beauftragte Richter. Sie amtierten am jeweiligen Aufenthaltsort des Kg.s. Die *a.s de hermandad* waren Delegierte und Richter der kast. und bask. *hermandades* (Verbrüderungen) und der *santa Hermandad* in jeder Gemeinde oder in jedem Distrikt (→ Hermandad). In Orten mit weniger als 30 Bürgern gab es einen, in den übrigen Orten zwei.
C. Sáez

Lit.: R. Gibert, El concejo de Madrid. Su organización en los siglos XII al XV, 1949 – N. Guglielmi, Los a.s reales en los Concejos castellanos, Anales de Hist. Antigua y Medieval 1956, 79–109 – J. Torres Fontes, El a. mayor de las aljamas de moros en Castilla, AHDE 31, 1962, 131–182 – J. I. Morillo-Velarde Pérez, El A. en la administración española, 1977.

Alcántara, Orden v. Der geistl. Ritterorden v. A. wurde in San Julián del Pereiro im Kgr. León von Gómez gegr.; kurz darauf erhielt er die päpstl. Bestätigung (1176). Vor 1187 wurde er vom Orden v. → Calatrava abhängig, nahm die Zisterzienserregel an und verbreitete sich für kurze Zeit in Kastilien als »Orden v. Trujillo«. Als Gegenleistung für die Unterstellung unter den Meister v. Calatrava erhielt der Orden 1218 Burg und Stadt A., nach denen er sich fortan benannte, sowie anderen Grundbesitz des Ordens v. Calatrava in León. Mehrere Mitglieder des Ordens v. A. wurden ihrerseits Meister v. Calatrava. Bis 1248 kämpfte der Orden in Extremadura, Murcia und Andalusien gegen die Musulmanen. Er erhielt große Grundbesitzschenkungen und war an der Wiederbesiedlung zahlreicher Dörfer, u. a. in Extremadura, beteiligt. Dort führte seine Ausdehnung zu Streitigkeiten mit den Templern und benachbarten Städten.

Nach 1275 kämpfte der Orden in Extremadura und Andalusien gegen alle Feinde des Kg.s, sowohl gegen die → Mariniden (1275-1340) als auch gegen einheim. Aufständische (1350-94) und stets gegen Portugal. Eingriffe des Kg.s, innere Streitigkeiten und der machtpolit. Ehrgeiz des örtl. Adels führten im 15.Jh. zur Spaltung des Ordens. Zisterziens. Reformversuche blieben ohne Erfolg. 1501 unterstellten die Kath. Kg.e den Orden ihrer Administration. Die Ressourcen des Ordens wurden von nun an direkt für die Bedürfnisse des gesamtspan. Zentralstaates verwendet. → Reconquista. D.W. Lomax

Q.: F. Rades y Andrada, Chronica de las tres ordenes y cavallerias de Sanctiago, Calatrava y A., Toledo 1572 – I.J. Ortega y Cotes, Bullarium ordinis militiae de A. olim sancti Juliani de Pereiro, Madrid 1759 – A. de Torres y Tapia, Crónica de la orden de A., 2 Bde, Madrid 1763 – Lit.: DIP I, 470ff. – J.F. O'Callaghan, The Foundation of the Order of A., 1176-1218, CathHR 47, 1961-62, 471-486 [Jetzt: ders., Collected Stud., 1975] – D.W. Lomax, Las milicias cistercienses en el reino de León, Hispania 23, 1963, 29-42 – J.A. Muñoz Gallardo, Revista de estudios estremenos 21, 1965, 247ff. – F. Gutton, L'ordre d'A., 1975.

Alcázar, arab. Bezeichnung (al-qaṣr) für → Burg, die in die kast. Sprache eingegangen ist. Die Bezeichnung wurde auch für die nicht befestigte Residenz (→ Pfalz) übernommen. In Katalonien, Valencia und auf Mallorca fand sie keinen Eingang. O. Engels

Alchemie

I. Theorie und Entwicklung – II. Schrifttum – III. Verfahren und Geräte – IV. Sprache und Zeichen – V. Ikonographie.

I. Theorie und Entwicklung (arab. al-kīmiyā', dies aus gr. chymeía, chēmeía [wahrscheinl. zu gr. chéō 'gießen' und Ableitungen daraus], früher auch gedeutet aus ägypt. Keme [chēmi] – das Schwarze [Land] = Ägypten, als angenommener Ursprungsort): Der im MA synonym gebrauchte Ausdruck Chymia für diese Wissenschaft der Naturstoffe, ihre Veränderungen und Verwandlungen bzw. ihre »Vervollkommnung« wird erst in der Neuzeit inhaltl. von der A. abgesetzt. Die → Chemie der Neuzeit hat sich aus der Praxis der A., nicht aus deren Theorie entwickelt. Für die heut. Chemie ist die Ermittlung der Zusammensetzung der Naturstoffe durch die qualitative Analyse und der Mengenverhältnisse ihrer Bestandteile durch die quantitative Analyse sowie Zusammenfügung der Bestandteile, Elemente oder deren Verbindungen zu neuen oder bekannten Substanzen, in der Synthese, charakterist. In der A. geht man dagegen von a priori aufgestellten theoret. Anschauungen (vorsokrat. und aristotel. Naturphilosophie) und vereinzelten falsch gedeuteten Tatsachen aus und sucht edle Metalle und Edelsteine zu erzeugen, indem man die Naturstoffe in geeigneter Weise mischt (→ Mixtio, Krasis) oder ein → Elixier, einen → Lapis Philosophorum, ein Alkahest zu diesem Zwecke zusetzt. Dieser → Transmutation geht ein Arbeitsprozeß (Opus magnum) voraus, der den Naturstoffen ihre Eigenart (forma) nimmt, um sie als Prima Materia empfängl. für neue (edlere) Eigenschaften durch den → Stein der Weisen zu machen. Differenziert wird die Theorie durch die ebenfalls aristotel. Vorstellung von der Bildung der Stoffe aus den vier antiken → Elementen Erde, Wasser, Feuer, Luft, die je nach Mischung den den Elementen zugeordneten Qualitäten kalt, feucht, heiß, trocken Dünste entstehen lassen, die an der Erdoberfläche Wolken, Regen, Schnee, im Erdinnern dagegen → Mineralien hervorbringen. Vorstufen für diese sind jedoch die Verdichtung der Dünste je nach Mischung zu → Quecksilber (Mercurius → Hermes, Hydrargyrum) und → Schwefel (Sulphur), die auch Vater und Mutter, gelegentl. auch corpus und anima der Metalle gen. und somit auch als Prima Materia der Mineralien gedacht werden (eine Erweiterung der Dualität zur Trias: Sal (→ Salz), Sulphur, Mercurius wurde im ausgehenden MA u.a. durch → Paracelsus vollzogen). Eine weitere Vermischung dieser beiden Prinzipien ist im Gold in reinster Form und im »richtigen« Mengenverhältnis geschehen. Andere Metalle und Mineralien sind durch nicht optimale Mischungsverhältnisse oder durch Verunreinigungen, mehr oder weniger unvollkommen, noch im Zustand eines »Reifeprozesses« oder aber »erkrankt« (→ Medizin, Dyskrasis). Den der organ. Natur analog gedachten langwierigen Reifeprozeß will der → Adept beschleunigen, »die Natur nachahmen und vollenden«, was auch zur nachma. Homunculus-Theorie vom künstl. Menschen geführt hat. Auch will der Adept die »Erkrankung« der Stoffe heilen und sie durch ein Elixier, eine → Tinktur, einen Stein der Weisen zur »Erlösung« (Eukrasis) bringen, indem die optimale Mischung erreicht wird. Da dies in der Humoralpathologie und -therapie auch das Ziel der Medizin ist, treiben im Islam seit dem 9.Jh. und im europ. MA seit dem 13.Jh. auch viele Mediziner A., weniger mit dem Ziel der Transmutation als auf der Suche nach dem Allheilmittel, (Lebens-)Elixier, der → Panacee, was die Entwicklung chem. Arzneimittel über die vorhandenen Naturstoffe hinaus und damit die Chemiatrie (→ Paracelsus) des 16.Jh. erst mögl. gemacht hat.

Die dem → Hermes Trismegistos (→ Corpus Hermeticum) zugeschriebene A. wurde im Hellenismus aus chem.-technolog. Wissen der Priestergelehrten der frühen Hochkulturen, v.a. Ägyptens und aus vorsokrat. sowie aristotel. Naturphilosophie entwickelt. Aus anfangs vermittelten Farb- und Verfälschungsrezepten für Metalle, Mineralien und Edelsteine sowie Anweisungen zur Herstellung der dazu benötigten Geräte, wie sie u.a. in der byz. A. noch überliefert sind, entwickelte sich bald auch eine lit. A., deren Metaphorik die Tendenz der A. zur Geheimhaltung und Verschlüsselung noch entgegenkam. Die Entwicklung der heiligen Kunst (hierá téchnē) aus einer scientia practica in eine scientia speculativa, wobei im Islam und im europ. MA beide gleichermaßen betrieben wurden, ist durch neuplaton. und gnost. Gedankengut gefördert worden. Als »astronomia inferior« in die anthropozentr. → Mikro-, Makrokosmostheorie integriert, bietet sie dem spekulativen Analogiedenken weiten Raum. Der islam. Kulturkreis vom 9.-13.Jh. entwickelte sowohl die pragmat. (Geräte, → Öfen, → Destillation) als auch die spekulative Richtung (z.B. durch die Schriften der → Lauteren Brüder zu Baṣra) entscheidend weiter. Dem europ. MA lagen bis zum 12.Jh. nur Bruchstücke (Rezepte) der über gr.-byz. Quellen tradierten prakt. Ausrichtung, die man zu den artes mechanicae, den Eigenkünsten und der Stoffkunde zählt, vor. Seit dem 12.Jh., beginnend mit der Übersetzerschule in Toledo, dann in Unteritalien und bes. in Palermo beginnt die Rezeption der arab. A., und diese verbindet sich mit chr. Gedankengut. Durch die qualitative Veränderung des Transmutations- zum Transsubstantiationsgedanken ist in die Verwandlung und Veredelung, Läuterung und »Erlösung« der Stoffe vermehrt Heilsgeschehen integriert worden (vgl. Abschnitt IV). Begünstigt durch die aenigmat. - metaphor. Sprache (vgl. Abschnitt IV) entstand der »Sensus chimicus«, analog dem mehrfachen Schriftsinn der Bibel, deren Inhalt alchem. ausgelegt wurde (u.a. Henoch, Moses), während seit der Renaissance auch klass. Mythologie, etwa die Argonautensage, diese Ausdeutung erfuhr. Der religiöse Aspekt der A. stellte hohe ethische Anforderungen an den → Adepten, dessen Ziel die Lösung der von Gott in der Natur verborgenen Geheimnisse und damit das Erreichen der Felicitas (Eudaimonia) auf dem Weg des »ora et labora« war. Der Schutz vor Mißbrauch des Wissens, Verschlüsselung, Decknamen und Geheimhaltung förderte die reiche Metaphorik der A. Die für das SpätMA charakterist. A. setzt sich aus antiker Naturphilosophie, Aristotelismus, Neuplatonismus, Gnosis und chr. Gedankengut sowie prakt. »chemischer« Betätigung zusammen. Dies hat einen Symbol- und Emblematafundus hervorgebracht, der unter Einbeziehung evtl. auch tiefenpsycholog. Aspekte Einfluß auf das gesamte Geistesleben des MA, nicht nur auf Medizin, Pharmazie, Mineralogie, ausgeübt hat. Erst in der Neuzeit hat sich - ebenso wie die Astronomie von der Astrologie - die Chemie von der A. gelöst. Die einseitige Definition der A. als Goldmacherkunst (Chrysopoeia) und ihre Diffamierung als Falschmünzerei kommt erst im SpätMA zum Tragen. Zwar wird in der → Suda das »Verbot« der A. durch Diokletian 296 n. Chr. anläßl. des alexandrin. Aufstandes erwähnt, doch finden sich entsprechende Verordnungen erst 1380 (Karl V., Frankreich), 1403–04 (Heinrich IV.), 1452 (Heinrich VI., England), 1488 (Venedig), 1493 (Nürnberg). Grundsätzl. herrschte jedoch die von Thomas v. Aquin formulierte Ansicht, daß die A. prinzipiell erlaubt sei, sofern sie nicht verbotene Praktiken wie etwa Magie anwandte oder Betrug zum Ziele hatte. So ist auch die Bulle Papst Johannes XXII. »spondent quas non exhibent...« (1317) mehr gegen derartige Praktiken als gegen die alchem. Theorie gerichtet. Gleichwohl haben Franziskaner und Dominikaner von 1272 bis 1323 mehrfach die vornehml. in den Kl. als einzigen Stätten der Gelehrsamkeit praktizierte A. verboten. Mit der Ausweitung der A. bei sich ausbreitender Laiengelehrsamkeit ist der kommerzielle Aspekt in den Vordergrund getreten und hat v. a. an Fürstenhöfen (u. a. durch Rudolf II., 1552–1612, in Prag) Förderung erfahren. Der Zerfall der A. in kommerzielle Spekulation und theosoph.-myst. Vorstellungen ist im MA nur im Ansatz zu finden. Letztere Richtung, die sich in Hermet. Gesellschaften (u. a. Rosenkreuzer, seit 17. Jh.) und im Werk von V. Weigel und J. Böhme manifestiert, beruft sich auf die angebl. 1459 verfaßte Schrift »Die Chymische Hochzeit des Christian Rosenkreutz«, deren eigentl. Autor, J. V. Andreae, diese jedoch erst 1616 herausgab.

II. SCHRIFTTUM: Älteste erhaltene Zeugnisse der A. sind der Leidener und der Stockholmer Papyrus (ca. 250 v. Chr.) mit Rezeptsammlungen zur Gewinnung und Fälschung von Metallen, Imitation von Perlen und → Edelsteinen und zum Purpurfärben. In der Betonung der Nachahmung von Naturstoffen, die bei Bolos v. Mendes (3. Jh. v. Chr.) schon anklingt, unterscheiden sie sich von frühen mineralog.-techn. Fertigkeiten, wie sie u. a. das Werk des Plinius vermittelt. Zw. 100 und 300 n. Chr. entstanden Schriften apokrypher und pseudepigraph. Autoren, welche Göttern, Weisen oder Offenbarungsträgern wie → Hermes (→ Corpus Hermeticum), Isis, Agathodaimon, Ostanes, → Jamblichos, Moses u. a. zugeschrieben worden sind. Die »Physikà kai Mystikà« des → Ps.-Demokrit (3. Jh. n. Chr.) führten als frühes Zeugnis der myst.-mag. (hermet.) A. die Alchemisten Ostanes, Pammenes, → Maria Hebraea und Kleopatra auf. Einflußreich sind die Schriften des → Zosimos v. Panopolis (4. Jh. n. Chr.), die in mehreren Kommentaren, u. a. des → Olympiodor (6. Jh. n. Chr.), und in arab. Zitaten erhalten sind. Alchem. Autoren des 4. Jh. sind Pelagius und → Synesios, der einen Kommentar zum Traktat des Ps.-Demokrit als Lehrbrief verfaßt hat. Der Übergang von alexandrin. zu byz. A. beginnt mit Olympiodor, dessen Gerätebeschreibungen einen beachtl. Stand chem. Praxis zeigen, und mit Stephanos v. Alexandrien (7. Jh.), dessen Werk u. a. von → Heliodoros (8. Jh.) als Lehrgedicht verbreitet worden ist. Sie wird fortgeführt durch Hierotheus, Salmanas (9./10. Jh.), Psellos (11. Jh.), und Nikephoros (13. Jh.). Der Cod. Marcianus 299 (11. Jh., Venedig) und davon abhängige spätere Hss. sind Sammlungen von Schriften, Gerätedarstellungen und gr. Fachtermini sowie Symbolen dieser frühen A. Die *charakterist. Literaturformen* der A., zu denen später noch das Colloquium (»Turba«, Streitgespräch) hinzukommt, sind im Zeitraum des 3. bis 8. Jh. n. Chr. schon nachweisbar: *Rezept, Offenbarungsvision, Allegorie, Rätseldichtung, Lehrgedicht, Dialog und Kommentar*.

Die *Araber* übernahmen alexandrin. A. im 8./9. Jh., teils direkt aus antiken Quellen, teils durch die Vermittlung syr.-nestorian. Übersetzer- und Kulturzentren. Die arab. Urfassung der → »Turba Philosophorum« entstammt dem 9. Jh. Alchem. Schriften entstanden im Umkreis des → Ğabir ibn Ḥayyān (Ende 8. Jh., nicht ident. mit dem lat. Kompilationen eines Geber latinus [→ Ps.-Geber] 13. Jh.) und der Schule des Ğaʿfar aṣ-Ṣādiq (9./10. Jh.). Neben der myst.-esoter. Richtung etwa in der arab., pseudoaristotel. Kompilation, die seit dem 12. Jh. als »Secretum secretorum« dem Abendland bekannt wurde, in der → »Tabula smaragdina« oder in den gnost. beeinflußten Schriften der Lauteren Brüder zu Baṣra (10. Jh.), findet sich auch eine exoter., pragmat. Richtung, die durch Ausweitung einzelner Verfahren, wie etwa der → Destillation, die → Materia medica bereicherte und dem eigtl. Transmutationsgedanken eher skept. gegenüberstand. Hier sind ar-Rāzī (→ Rhazes, 9./10. Jh.), → al-Fārābī (10. Jh.) und Ibn Sīnā (→ Avicenna, 11. Jh.) zu nennen. Zahlreiche lat. Pseudepigraphen haben später aber gerade diese Autoren als Verfechter der hermet. A. dargestellt.

Im *europ. Früh- und HochMA* finden sich wenig Ansätze alchem.-hermet. Denkens, vielmehr werden technolog. Fertigkeiten und Rezepte zum Glasschmelzen, Mosaikkunst, Glockenguß, Metallverarbeitung und Farbenherstellung etwa in den → »Compositiones ad tingenda musiva« (9. Jh.), in der → »Mappae clavicula de efficiendo auro« und in der »Schedula diversarum artium« (»De diversibus artibus«) des → Theophilos Presbyter (11. Jh.) vermittelt. Hinzu kommt noch die Schrift des → Heraclius »De coloribus et artibus Romanorum« (11. Jh.). Dieser *artes*-Literatur schließen sich später Schriften zur Montanistik (Berg-, Probier- und Scheidebücher) und zur → Pyrotechnik (→ Feuerwerksbücher) an. Sie werden ergänzt durch die seit dem 15. Jh. vielfältige, auch landessprachl. Lit. der *Destillierbücher*, insbes. auch der → Alkoholdarstellung (Bücher der »gebrannten Wässer«). Die *Rezeption* des *arab. Schriftencorpus* zur A. eröffnete im Spanien und Sizilien des 12. Jh. den Entfaltungsprozeß der europ. A. Zu dem Kreis der Übersetzer in Toledo mit → Gerhard v. Cremona (12. Jh.) ist → Robert v. Chester mit der Übertragung (1144) des angebl. von → Ḫālid ibn Yazīd aus dem 7. Jh. verfaßten, mit Angaben eines Morienus Romanus beruhenden »Liber de compositione alchemiae« sowie mit einem Kommentar zur »Tabula smaragdina« zu zählen, während die »ars alchemiae« des → Michael Scot(t)us (ca. 1180–1235) in der siz. Rezeptionssphäre von Palermo entstanden ist. Seit dem *13. Jh.* sind als Ergebnis dieser Assimilation Schriften dieser »ars nova« weiter verbreitet. → Dominicus Gundissalinus, → Daniel v. Morley, → Robert Grosseteste, → Roger Bacon ordnen sie in die artes-Lit. ein. → Albertus Magnus und → Arnald v. Villanova, vielfach als Autoren pseudepigraph. Schriften gen., verbinden aristotel. Naturlehre und alchem. Gedankengut mit Mineralogie und Medizin. Einbezogen wird alchem. Schrifttum u. a. in die → Enzyklopädien des 13. Jh., bei → Bartholomaeus Anglicus, → Thomas v. C(h)antimpré, → Vinzenz v. Beauvais. Unter dem Namen des → Rhazes lagen das »Secretum secretorum« und »De salibus et aluminibus« seit dem 12./13. Jh., unter seinem sowie des → Avicenna und anderen Namen seit dem 13./14. Jh. auch der → »Liber lumen luminum« (→ »Liber claritatis«) in lat. Übersetzung vor. Ebenso die »Tabula smaragdina« und die lat. Kompilation (13. Jh.) »Summa perfectionis magisterii« des → Ps.-Geber. Als Pseudepigraphen sind auch alchem. Schriften, die unter den Namen Arnald v. Villanova, Raimundus Lullus und Thomas v. Aquin verbreitet wurden, anzusehen. Die Berücksichtigung des med. Aspektes hat → Johannes v. Rupescissa (Jean de Roquetaillade, 14. Jh.) in seinem Werk »De consideratione quintae essentiae rerum omnium« eine Nachwirkung bis zu Paracelsus und darüber hinaus gesichert. Alchem. Ausdeutung erfuhr u. a. in der Lit. der → Roman de la Rose bzw. dessen Weiterführung. Die nun als scientia theorica (speculativa) und scientia practica sich auch auf Laienkreise (»Bauernalchemie«) ausbreitende A. findet bald Kritiker, etwa in Chaucer, Petrarca und Dante. Erst zum Ende des MA vervielfacht sich jedoch die Gattung der Schmäh- und Spottschriften gegen die A., in der Phase ihrer Aufspaltung in »niedere« Goldmacherkunst und myst. Spekulation. *Landesssprachl. Texte* sind seit dem *15. Jh.*, z. B. 1412/16 das → »Buch der hl. Dreifaltigkeit«, 1426 die → »Alchymey teuczsch« verbreitet, denen im *16. Jh.* viele Werke folgen, u. a. der → »Splendor Solis«, der – S. Trismosinus zugeschrieben – in der Tradition der pseudothomist. → »Aurora consurgens« (14. Jh.) steht. Werke von Autoren wie → Petrus Bonus (14. Jh.) sowie die N. Flamel (14. Jh.) und einem → Bernhardus Trevisanus des 15. Jh. später zugeschriebenen Traktate gehören zum festen Bestandteil nachma. alchem. Anthologien. G. Jüttner

III. VERFAHREN UND GERÄTE: [1] *Verfahren:* Im Gegensatz zu den chem. Einzelrezepten einiger artes mechanicae, der Eigenkünste, wie Farb- und Färbekunst, sowie der Montanistik und Pyrotechnik, hat seit dem 12. Jh. das europ. MA den Kanon der alchem. Prozesse und der zugehörigen Geräte, der im islam. Kulturkreis aus alexandrin.-hellenist. Ansätzen entwickelt worden ist, übernommen und seinerseits ausgebaut. Auch die Terminologie für Geräte und → Öfen sowie u. a. die Begriffe Alkohol, Alkali, Alaun, Soda, Salmiak, Elixier und A. – gelegentl. einem Bedeutungswandel unterworfen – bezeugen die arab. Tradition. Der *Verfahrensprozeß* (Opus magnum, Magisterium) hatte als Endziel die Verwandlung, Veredelung und damit »Erlösung« der Materie und somit im Einzelfall Gewinnung von Gold (Rote Tinktur) oder Silber (Weiße Tinktur). Hauptverfahren war jedoch die Herstellung des für diesen Zweck als notwendig erachteten → Lapis Philosophorum, der als fest (Pulver), bzw. in dem Begriffen → Elixier oder → Quinta Essentia auch als flüssige Substanz aufgefaßt wurde. Letzteres in zunehmendem Maße, als seit → Avicenna über → Johannes v. Rupescissa bis zu → Paracelsus der pharmazeut. Aspekt, die Gewinnung eines Allheilmittels, einer → Panacee, in den Vordergrund trat. Chem. Erfolge dieser Verfahrensschritte, wie die Herstellung von Mineralsäuren, die Verfeinerung der → Destillation und damit die Herstellung konzentrierten → Alkohols waren sozusagen Nebenprodukte des »Opus«. Letzteres wurde oft als die gesuchte Panacee (Aqua ardens; Aqua Vitae) angesehen und es hat sich zu dessen Gewinnung wie zu anderen Zielen der Destillation seit dem 13./ 14. Jh. eine eigene Literaturgattung entwickelt, die zudem die Gewinnung von äther. Ölen und Aquae medicatae zum Gegenstand hatte. Der alchem. Prozeß folgte der Maxime »Solve et coagula«, vergleichbar der Spagyrik (*spaō* und *ageirō*: 'trennen und vereinigen') des Paracelsus und dem Ziel der Mixtio, der optimalen Mischung der → Elemente oder Prinzipien. Hierzu war ein Menstruum oder Clavis Mixtionis bzw. Alkahest erforderl. (meist Lösungsmittel: Wasser, Alkohol, aber auch organ. oder mineral. Säuren: »Scheidewasser«). Durch Auflösung oder Verreibung (»Tod« [Mortarium – 'Mörser']) sollte die Materie ihrer Forma entkleidet werden und als Urmaterie die Bereitschaft erhalten, in der Coniunctio (Zeugung, Vereinigung) den Samen (Chrysosperma), Keim eines qualitativ besseren Zustandes zu erhalten und ihn in der Resurrectio (Auferstehung) zu verwirklichen. Allegor. wurde demnach auch der Beginn als Passio, »Quälung« der Materie, bezeichnet. Die zu den Prozessen verwendeten *Stoffe* haben im MA seit → Rhazes keine wesentl. Erweiterung mehr erfahren. Der Antike und den Arabern verdankte man die Kenntnis der sechs (bzw. nach Einbeziehung des Quecksilbers) sieben Metalle: Gold, Silber, Kupfer, Zinn, Eisen, Blei sowie der »flüchtigen« Stoffe: Quecksilber, Schwefel, Arsenik, Salmiak (der später zu den Salzen gerechnet wurde). Dazu kannte man Markasit (Schwefelkies), Magnesia (mehrdeutig), Tutia (Galmei) und mindestens seit Anfang des 14. Jh. die als Mittelmineralien zusammengefaßten Salze, Alaune, Vitriole, Borax, Salpeter, Weinstein, »Antimon« (Antimontrisulfid). Vor der Herstellung der Mineralsäuren (wahrscheinl. im 12. Jh. in Italien) arbeitete man mit organ. Säuren, etwa Essig. Ps.-Geber kennt jedoch schon Salpetersäure (aus Vitriol, Salpeter und → Alaun [alumen iameni] hergestellt) und Schwefelsäure, sowie das Gold lösende »Königswasser«, (Aqua regia). Die *Anzahl der Operationen* reicht von vier über sieben, acht bis zu zwölf, je nach Differenzierung in Untergruppen. Die Sieben- und die Zwölfzahl waren bes. verbreitet, wobei in letzterer die einzelnen Schritte den Zeichen des → Zodiakus zugeordnet oder den zwölf Toren des himml. Jerusalem verglichen wurden. Auch die Abfolge ist nicht immer festgelegt, und bei den Verfahrensnamen kommen Bezeichnungen für v. a. farbl. Zwischenzustände des Materials, etwa Amalgambildungen (→ Amalgam; albedo [Aquila]; rubedo [Leo]; nigredo [Corvus]; Caput corvi; Draco viridis; Cauda pavonis) und für Rückstände (Caput mortuum). Diese wurden aber auch synonym für einzelne Verfahrensschritte bzw. deren Ergebnisse eingesetzt. *Siebenzahl:* Mortificatio, Sublimatio, Calcinatio, Solutio, Tinctio, Coagulatio. *Zwölfzahl:* Calcinatio, Congelatio, Fixatio, Solutio, Digestio, Destillatio, Sublimatio, Separatio, Ceratio, Fermentatio, Multiplicatio, Projectio. Der letzte Schritt bedeutet das Aufstreuen des fertigen »Lapis« auf den zu transmutierenden Stoff. (Der sich mehrfach wiederholende Kreislauf des Lösens und Vereinigens wird durch den Ouroboros 'sich in den Schwanz beißende Schlange' [Drachen] symbolisiert.) Nach der »Summa perfectionis« des Ps.-Geber wird der Stoff sublimiert; ausgeschmolzen (Descensio); destilliert; erhitzt und oxydiert (Calcinatio); gelöst; auskristallisiert (Coagulatio); fixiert und erweicht (Ceratio). Über die Putrefactio (Fäulung) ist mit der Fermentatio ein neuer Reifeprozeß möglich. Wichtig war die Coniunctio (Mysterium coniunctionis), die, das Dualitätsprinzip Quecksilber und Schwefel (vgl. Abschnitt I) zur Vereinigung und damit zur gewollten Mixtio, als Substanzverbesserung, brachte. Dies gilt für den »Lapis«, das Medium und (oder) auch für die umzuwandelnde Substanz.

[2] *Geräte:* Neben den von M. BERTHELOT (Coll. des Anciens Alchim. Grecs) wiedergegebenen Darstellungen von → Öfen und alchem. Geräten aus spätantiken Papyri und deren späteren Abschriften finden sich in Hss. des MA verschiedentl. Abbildungen chem. Gerätschaften (u. a. Cod. Cassellanus; um 1565 entstandene Kopie der Chrysopoeia der »Kleopatra« sowie im → »Liber Trinitatis«). Der »Liber Fornacum« des Ps.-Geber ist den Öfen gewidmet. Ein »Liber Florum« eines Gebertus (15. Jh., unter Benutzung älterer Quellen; vgl. W. GANZENMÜLLER. Beitr. zur Gesch. der Technologie und der A., 1956, 272–300) bringt eine Vielzahl von Darstellungen dem. Apparate, die erst im 16. Jh. u. a. in den Destillierbüchern des H. → Brunschwig erweitert wurden. Das *Laboratorium,* im Islam oft schon in Verbindung mit Arzneizubereitungsräumen, wird im europ. MA zunächst meist in Klosterräumen eingerichtet, behält auch bei Ausbreitung der A., ihrem Charakter entsprechend, die Mischung von Andachtsstätte und Experimentierraum bei und wird mit ausgehendem MA an den Fürstenhöfen eingerichtet und erweitert. Ausweitung von → Apothekenräumen zu Laboratorien (v. a. zur Destillation) ist seit dem 15. Jh. verstärkt feststellbar. Hier dienten sie bes. in Universitätsapotheken zu Ausbildungszwecken. Als *Heizstoffe* für die Öfen wurde Holzkohle, Brennholz, Lampen und Kerzen, sowie für langsame und gleichmäßige Erwärmung gärender Pferdemist (ca. 60°), gelegentl. auch Sonnenwärme benutzt. Bekannt waren das Balneum arenae (Sandbad), dem gelegentl. noch Wärmeplättchen aus Metall (Kerotakis) aufgelegt wurden, das Balneum Mariae (Wasserbad, → Maria Hebraea zugeschrieben), das Balneum vaporis (Dampfbad) und das Thermospodion (Aschebad). Neben Mörsern (Mortarium), Tiegeln (Tigillum), sowie Waagen verschiedener Konstruktionen wurden für die Prozesse des »Opus« v. a. folgende Geräte benutzt: *Aludel* (arab. *al-uṭāl,* aus gr. *aithálion,* oft dem *Kürbis* [Cucurbita] gleichgesetzt) ist ein aus Ton oder Glas, später auch aus Eisen oder Kupfer gefertigtes bauchiges Gefäß, deren mehrere – da unten und oben offen – übereinandergestellt und mit einem »hermetischen« Gefäß (Alembicus coecus) abgeschlossen, der Sublimation oder rückläufigen Destillation dienten. Die Trennung mittels Destillation diente andererseits ein Aufsatz mit schnabelartigem Fortsatz (Alembicus rostratus), aus dem das Destillat in die Rezipienten (= Auffanggefäße [Receptaculum] floß. Der *Helm* (*Alembik,* arab.: *al-anbīq* aus gr. *ámbix,* lat.: Caput Mauri, Galea, Capitellum) wurde auf das Destillationsgefäß gesetzt und mit Lehm (Lutum Sapientiae) »hermetisch« verdichtet. Diese Bezeichnung trägt auch ein Lehmüberzug, der das Zerspringen der Glasgefäße verhinderte. Aus der Vereinigung beider vorgen. Gefäße ist die *Retorte* entstanden, welcher verschiedene Namen, u. a. Matrix ('Gebärmutter') gegeben worden sind. Im 14./15. Jh. erweiterten sich die Formen durch schlangenartige Aufsätze, die im Falle des *Pelikan* einen fortwährenden Destillationskreislauf ermöglichten, und durch Rückflußröhren sowie getrennte Wasserkühlsysteme. G. Jüttner

IV. SPRACHE UND ZEICHEN. [1] *Sprache:* A.-Lit. ist überwiegend in lat. Sprache überliefert. Seit dem SpätMA traten im Zuge der Emanzipation der Landessprachen als Medien der Wissenschaften und Künste auch volkssprachl. Texte auf. Übersetzungen in die dt. Sprache, denen sich zunehmend dt. konzipierte Werke zur Seite stellten, sind seit dem 14. Jh. bezeugt und bildeten in der frühen Neuzeit einen umfängl. Literaturbezirk. Prosaische Werke überwiegen; vereinzelt wurden auch Verstexte abgefaßt.

Die alchem. Fachsprache wird von einem sympathet.-physiognom. Verständnis der Stoffeswelt geprägt und weist zahlreiche anthropomorph-bildl. Elemente auf. Sie beruht auf einer analog. Betrachtungsweise, die innere Zusammenhänge und mannigfache Sinnbezüge zw. chem.-stoffl. Vorgängen und Vorgängen in der Welt des Menschen und der Natur herstellte. Insbes. hat man organ. Erscheinungen einen Verweisungscharakter zuerkannt. Nach ihrem Vorbild erscheint eine belebte Stoffeswelt: Man unterschied z. B. zw. »männlichen« und »weiblichen« Stoffen. Metalle bezeichnete man als »unreif« und »krank«; sie entstehen aus »Samen«, werden »geboren«, besitzen »corpus«, »anima« und »spiritus«, »wachsen« und können »getötet« und »geheilt« werden. Im Begriffsschatz machen sich jedoch auch abstraktive Tendenzen bemerkbar. Praxisnähe schlug sich insbes. in stoff- und verfahrenskundl. Anweisungen nieder.

Die sprachl. Fassung alchem. Kenntnisse schwankt zw. einer sachl.-nüchtern, »aperte« gehaltenen, dem fachl. Verstehenshorizont einer zeitgenöss. Leserschaft gemäßen Darstellungsweise und einer esoter. Schreibart, die die gemeinte Sache verdunkelte und »tecte« darlegte, um bestimmten Lesern ein Verständnis secundum literam zu verwehren. Sofern man möglichst präzise, exakt-eindeutige Mitteilungen über bestimmte Sachbereiche erstrebte, zeigt sich in sprachl. Teilbereichen eine engere Verwandtschaft mit der med.-pharmazeut., metallurg.-techn. oder naturphilosoph.-scholast. Fachsprache. Ihre Eigenart verdankt die alchem. Fachsprache der »verdeckten Rede«. Sie beruht auf dem Gebrauch arkansprachl. Techniken und sinnbildl. Ausdrucksmittel und kann sich sowohl auf die Darlegung naturphilosoph.-spekulativer und theoriebetonter als auch auf die Beschreibung chem. Prozesse und prakt. Verrichtungen des empir.-techn. Bezirks erstrecken. Die Grenzen zw. der parabol. Rede und einem Funktionalstil, der fachsprachl. Konvention gemäß dazu dient, Sachwissen unverhüllt und klar wiederzugeben, sind oft unscharf gezogen.

Die Arkansprache beruht teilweise auf der vom Renaissanceplatonismus neu belebten Vorstellung, daß tiefe und von Gott auserwählten Alchemisten (»Philosophen«) offenbarte Naturgeheimnisse nur in dunkler Rede einen angemessenen Ausdruck finden können. Sie stand in engem Zusammenhang mit dem Schweigegebot für Alchemisten, das teilweise den in anderen artes geübten Geheimhaltungsbräuchen entsprach. Sein Bruch bedeutete, göttl. Strafe anheimzufallen. Es ließ Alchemisten darauf hoffen, daß ihr Wissen Unwürdigen, Unverständigen und Betrügern unbekannt blieb oder daß es ihnen bei einem gewalttätigen Zugriff von mächtigen Personen Schutz bot. Es legitimierte, Entdeckungen und Verfahrensweisen von Konkurrenten geheimzuhalten; zuweilen mag es dem Vorsatz dienl. gewesen sein, die Kenntnis über die Herstellungsweise von bestimmten Erzeugnissen, z. B. von Arzneimitteln, zu monopolisieren und gewinnträchtig auszunutzen. Sozialeth. gesinnte Alchemisten pflegten den aenigmat. Sprachstil, weil sie befürchteten, daß eine Verbreitung ihrer Kenntnisse die sozialökonom. Ordnung gefährden und manchen Mißbrauch im Münz-, Arznei- oder Kriegswesen nach sich ziehen könne. Manchmal dürfte er Ausdruck von ahndungsvoll-visionär erfaßten Erfahrungen und Sachverhalten sein. Alchemisten minderen Rangs und Scharlatanen ermöglichte er, mangelndes Wissen zu bemänteln.

In der verblümten Rede wurden vegetabil. Wachstums- und Reifungsprozesse, Zeugung, Geburt und Tod von Mensch und Tier und andere biolog. Vorgänge mit alchemischen Stadien analogisiert. Das Opus magnum wurde personifiziert und z. B. als »chymische Hochzeit« zw. Cabritis (< arab. *kibrīt*/sulphur) und Beia (< arab. *al-baiḍā* die 'Weiße', mercurius) dargestellt (→ »Visio Arislei«) bzw. als eine Vereinigung von sol/sulphur/pater und luna/mercurius/mater, aus der »Königin« (albedo-Phase/Silber) und »König« (rubedo-Phase/Gold) hervorgehen (→ »Rosarium philosophorum« – Bildgedicht). – Einen bedeutenden Einfluß auf Sprache und Bildwelt hat die chr. Glaubenslehre ausgeübt, aus der man ebenfalls Aufschlüsse über alchemisch-stoffl. Prozesse zu erlangen meinte. Dabei wurde z. B. die göttl. Weltschöpfung dem alchem. Tun und Christus dem »Lapis philosophorum« verglichen oder die hl. Trinität sinnbildhaft mit den »Lapis«-Konstituenten corpus/anima/spiritus verknüpft. Unter dem Bild der Passion und Auferstehung Christi (→ »Buch der hl. Dreifaltigkeit«) oder der kirchl. Messe (→ Melchior Szebeni, »Processus sub forma missae«) wurde dargelegt, was zur Erringung der wandlungskräftigen und heilenden »medicina« notwendig ist. – Im Zusammenhang mit Lehren über die Relationen zw. Mikro- und Makrokosmos hatte man die → Metalle mit den sieben Planeten in nähere Beziehungen gerückt und dem Einfluß der Planeten auf die Metallentstehung eine bes. Bedeutung zugemessen. Aufgrund dieser Lehren besitzt die alchem. Fachsprache astrolog. Termini (Sol/Gold, Luna/Silber, Mars/Eisen, Venus/Kupfer, Mercurius/Quecksilber, Jupiter/Zinn, Saturn/Blei). Begünstigt von diesen angestammten Bindungen zw. der Alchemie (»astronomia inferior«) und der Astrologie hat seit dem ausgehenden MA die antike Mythologie, in der manche Rezipienten eine verhüllte Darlegung von alchem.-naturkundl. Methoden und Zielen erblickten, der figürl. Rede weitere Elemente geliefert und Autoren veranlaßt, zur allegor. Darstellung alchem. Lehren antike Götter und Heroen figurieren und agieren zu lassen.

Großen Anteil an der obscuritas alchem. Texte hat der polysemant. Charakter von zahlreichen Wörtern; z. B. kann das Wort »aqua« gewöhnl. 'Wasser', eine 'liquide Substanz' (wie mercurius/Quecksilber), ein 'solvierendes Mittel' oder das aristotel. 'Element Wasser' bedeuten. Neben der Polysemie fällt die schon in der → »Turba philosophorum« thematisierte Synonymenfülle ins Gewicht. Manche Bedeutungsverdunkelungen beruhen auf externen Faktoren (Sprachwechsel, Überlieferung) oder allgemeinen semant. Wandlungsprozessen. – Zur absichtsvollen Verschleierung alchem. Wissensgutes dienten Geheimcodes (z. B. in der → »Alchymey teucsch«), Buchstabenversetzungen (*tbmkt*/salis), Anagramme (*xidar*/radix) oder Akrosticha. Manche Autoren mieden eine diskursiv geordnete Darstellungsweise, indem sie vorsätzl. zum Verständnis notwendige Angaben aussparten oder im Text verstreuten bzw. auf mehrere Schriften verteilten (Ǧābir ibn Ḥayyān, Roger Bacon). Eine wichtige Rolle spielte der Gebrauch von Decknamen für Stoffe, Stoffeigenschaften oder chem.-physikal. Vorgänge, bei denen es sich oft um Wörter bzw. Komposita handelt, die zwar der Gemeinsprache ('Löwe', 'Maientau') oder verwandten Fachsprachen angehören, denen aber eine völlig andersartige Bedeutung zugelegt ist ('weiße Rose'/elixir ad album, 'rote Rose'/elixir ad rubeum). Sie können charakterist. Eigenschaften ('Adler'/volatiler Stoff) bzw. Farben ('Rabe'/Schwarzfärbung, 'Pfau'/Farbenspiel in der Prozeß-Endphase) wiedergeben. Nicht selten wird die Bedeutung alchem. Ausdrücke jeweils von ihrer sprachl. Gruppierung bestimmt.

Eine synonymreiche Terminologie, Polysemie und allegorisierende Rede riefen zahlreiche Kommentare, Auslegungen, »chymische Rätseldeuter« hervor. Ihnen zur Seite stehen in der frühen Neuzeit gedruckte Synonymaverzeichnisse und Wörterbücher von J. Garland, W. Gratarolus, M. Toxites, L. Thurneisser, H. Reusner, G. Dorn, M. Ruland, J. M. Faust oder W. Johnson. Alchem. Interpretamente antiker Mythen stammen u. a. von E. Quattrami, M. Maier, J. Gohorry, P. J. Fabre, J. Toll, E. Libois, A. J. Pernety, W. Salmon oder A. Poisson.

Die verrätselnde Schreibart vieler Alchemisten bot wissenschaftl. Gegnern oder Satirikern einen Hauptangriffspunkt und ließ in der frühneuzeitl. Öffentlichkeit den Verdacht aufkommen, daß die »Rhätersschreiber« mit sprachl. Versteckspielen über Mißerfolg und Unwissenheit hinwegzutäuschen suchten. Erst im Zuge der »Wissenschaftlichen Revolution«, die die naturkundl.-philosoph. Grundlagen der A. zerbröckeln ließ, erfuhr ihr fachsprachl. Medium einen einschneidenden Wandel. Ihre sprachl. Hinterlassenschaft blieb fortan hauptsächl. bei okkult-hermet. gesinnten Esoterikern des 19. und 20. Jh. lebendig. Beurteilt als »ein Instrument von außerordentl. Geschmeidigkeit, das ermöglicht, Operationen genau zu beschreiben und sie zugleich in Bezug zu einer allgemeinen Konzeption von der Wirklichkeit zu setzen« (M. Butor), wurde ihr im 20. Jh. auch von dichter. Seite Aufmerksamkeit zuteil.

[2] *Zeichen*: Bei der Darlegung alchem. Lehren gebrauchte man auch »Zeichen« (characteres, signa, notae), die hauptsächl. für Stoffe, Gerätschaften, Zeiten oder Operationen galten. Sie treten in der gr. A.-Lit. auf und erscheinen dann vereinzelt im Schrifttum des lat. MA. Anzahl der graph. Einheiten (Graphe) und Ausmaß ihrer fachsprachl. Verwendung erreichten in alchem. und med.-pharmazeut. Werken des 17. und 18. Jh. einen merkl. Höhepunkt; im Zuge der frz. Nomenklaturreform erfuhren die Zeichen einen tiefgreifenden Wandel.

Der *Ursprung* der meisten in SpätMA und früher Neuzeit verwendeten Graphe liegt im Dunkel. Ihre Hauptmasse scheint nicht aus Kenntnis der gr.-arab. Alchemietradition oder der Hieroglyphik hervorgegangen zu sein. An *Typen* birgt der Zeichenschatz der Alchemisten vornehml. Piktogramme (Bildzeichen: Kronen-Graph für regulus/Metallkönig, metall. Ausscheidung; Retorten-Graph für retorta), Ideogramme (Begriffszeichen: der Ouroboros, u. a. Chiffre für 'Anfang ohne Ende', das 'All-Eine' bzw. das eleat. ἕν τὸ πᾶν, die 'immerwährende Zyklusstruktur' alchem. Prozesse) und Logogramme (Totenkopf-Graph für caput mortuum, Destillationsrückstand; crux-Graph für crucibulum, Schmelztiegel). In genet. Hinsicht scheinen auf Wortabbreviatur beruhende Logogramme und Piktogramme (ikon. Graphe) vorzuherrschen. Ps.-Lulls Alphabetgebrauch (A = deus/chaos, B = mercurius/materia) könnte auf naturphilosoph.-myst. Einwirkungen bei der Entstehung bestimmter Zeichen bzw. Zeichensysteme hinweisen. Manche Zeichen zeigen als graph. Hauptmerkmal Buchstaben oder buchstabenartige Formen; anderen Graphen liegen die sieben → Planeten- und zwölf Zodiakalzeichen oder Kreis, Kreuz, Viereck u. a. geometr. einfache Formen zugrunde. Sie konnten graph. Schwankungen unterliegen und kombiniert werden. Häufig hat man sie in unterschiedl. Bedeutung verwendet; andererseits macht z. B. ein weitgehend konventionalisierter Gebrauch der vier Elementenzeichen oder der Planetenzeichen für die sieben Metalle zaghafte Standardisierungstendenzen der alchem. Graphemsprache kenntlich. Zeichenlisten in manchen Hss. und Drucken boten Lern- und Dekodierungshilfen. Aus der frühen Neuzeit sind der Signaturenlehre verhaftete Versuche bekannt, aus der Graph-Gestaltung die physikal.-chem.

Eigenschaften des bezeichneten Stoffes und den Grad seiner »Perfektion« zu erschließen. - Mehrdeutbarkeit, Varianz und Fülle der Zeichen konnten beim fachl. unzulängl. gerüsteten Leser das Textverständnis erschweren; im Verein mit der »verdeckten Rede« haben sie manchmal einer Popularisierung chem.-pharmazeut. Kenntnisse entgegengewirkt. Insgesamt gesehen läßt ihre deskriptiv pragmat. Verwendungsweise in SpätMA und früher Neuzeit jedoch nicht erkennen, daß Entstehung und Gebrauch der Graphe auf die Absicht zurückgehen, chem. Wissen zu verdunkeln; ihre Bezeichnung als »Geheimsymbole« dürfte unzutreffend sein.
J. Telle

V. IKONOGRAPHIE: Der ikon. Bestand der A.-Lit. setzt sich hauptsächl. aus Gerätschaftsabbildungen und aus allegor. bzw. symbol. Darstellungen alchem. Theoreme zusammen. Manche Lehren wurden als Schemata und Schautafeln geboten. Einblick in handwerkl.-technolog. Aspekte der A. gewähren Zeichnungen in praxisbetonten Werken (→ Ps.-Geber, »Summa perfectionis«), metallurg. Fachschriften, »Berg-«, »Probier«- und »Kunstbüchern« oder Destillierbüchern (H. → Brunschwig, »Liber de arte distillandi«, 1500). Auch die frühneuzeitliche Genre- und Sittenmalerei, der »Der Alchemist« ein beliebtes Sujet bot, bewahrte Züge der einstigen Arbeitswelt des Alchemisten.

Neben Schriften, in denen A. als eine empir.-praxisbezogene ars kenntlich wird, illustrierte man auch Werke einer um Naturerkenntnis ringenden alchemia speculativa. Diese Illustrationen stehen oft in einem engen Zusammenhang mit der Bildwelt der figürl. Rede, die Illustratoren genügend Anknüpfungspunkte darbot. Analog zur sinnbildhaften Arkansprache ist manchen Bildern ein mehrdeutiger Symbolcharakter eigen. Ihr Verhältnis zum Text kann zw. enger Beziehung und Beziehungslosigkeit schwanken; bei der textlosen Bildfolge von Altus (»Liber mutus«, 1677) dürfte es sich um eine spätzeitl. Erscheinung handeln. Teilweise machen sich Übernahmen aus der kirchl.-chr. Bildwelt bemerkbar (Christusdarstellungen, Krönung Mariae, Evangelisten-Symbole, Lebensbaum und fons vitae). Farben können auf Farberscheinungen beim alchem. Prozeß verweisen (schwarz/»Schwärzung«, weiß/»Weißung«, rot/»Rötung«). Bekanntere Bildsymbole sind das Ei, der Ouroboros, Drache oder Hermaphrodit/Androgyn. Häufig begegnen Personifikationen (z.B. Königin/Silber, König/Gold bzw. Lapis philosophorum; antike Götter/Metalle bzw. Planeten). Manche Einzelbilder oder Bilderserien bieten eine Darstellung des Opus magnum. Daß man eine kombinator. Bildsymbolik entwickelte, um die »scientia sapientiae totius« zu verhüllen, zeigen z.B. die Figuren auf einer Marmortafel eines mit → Hermes Trismegistos konfundierten »Weisen« in der »Tabula chemica« des Muḥammad ibn Umail. - Ikonograph. wertvolle Zeugnisse enthalten die → »Aurora consurgens«, das → »Buch der hl. Dreifaltigkeit«, das → »Donum Dei« und → Lamsprings »Traktat vom philosoph. Stein«. Aus der Fülle illustrierter Schriften heben sich ferner der Salomon → Trismosinus zugeschriebene Traktat → »Splendor solis«, der von Janus Lacinius besorgte Druck der »Pretiosa margarita novella« (1546), die wohl noch im 14. Jh. entstandene Bilderserie im → »Rosarium philosophorum« (1550) oder die 1582 von H. Reusner in Druck gegebene »Pandora« heraus. In Schriften von Basilius Valentinus, J. D. Mylius (»Philosophia reformata«, 1622), Emblembüchern von M. Maier (»Atalanta fugiens«, 1617) und D. Stoltz (»Chymisches Lustgärtlein«, 1624) u.a. Drucken des 17.Jh. hat sich häufig ikon. Erbgut bewahrt. Vermutl. hat die alchem. Bildwelt auf bildende Künstler eingewirkt (A. Dürer, H. Bosch, P. Breughel) und Spuren in der manierist.-hermet. Kunsttradition hinterlassen. Vgl. Kabbala.
J. Telle

Lit. zu [I]: ThRE, 199-227 - L. FIGUIER, L'a. et les alchimistes, 1860 [Neudr. 1970] - M. BERTHELOT, Les origines de l'a., 1885 [Neudr. 1966] - H. KOPP, Die A. in älterer und neuerer Zeit, 1886 [Neudr. 1971] - M. BERTHELOT, Introduction à l'étude de la chimie des anciens et du MA, 1889 [Neudr. 1966] - DERS., La chimie au MA, 1893 [Neudr. 1967] - DERS., Die Chemie im Altertum und im MA, übers. E. KALLIWODA, 1909 [Neudr. 1968] - R. REITZENSTEIN, Zur Gesch. der A. und des Mystizismus, 1919 - E. O. v. LIPPMANN, Entstehung und Ausbreitung der A., 2 Bde, 1919-31; 3, hg. R. v. LIPPMANN, 1954 - H. ST. REDGROVE, A. - ancient and modern, 1922 [Neudr. 1970] - E. O. v. LIPPMANN, Beitr. zur Gesch. der Naturwiss. und der Technik I, 1923; II, hg. R. v. LIPPMANN, 1953 - J. M. STILLMANN, The story of A. and early chemistry, 1924 [Neudr. 1960] - A. E. WAITE, The secret tradition in A., 1926 [Neudr. 1969] - F. STRUNZ, Astrologie, A., Mystik. Ein Beitr. zur Gesch. der Naturwiss., 1928 - A. J. HOPKINS, A., child of greek philosophy, 1930 [Neudr. 1967] - J. READ, Prelude to chemistry, 1936 [Neudr. 1966] - W. GANZENMÜLLER, Die A. im MA, 1938 [Neudr. 1967] - G. GOLDSCHMIDT, Der Ursprung der A., Ciba Zs. 5, Nr. 57, 1938 - DERS., Die ma. A., Ciba Zs. 6, Nr. 65, 1939 - W. GANZENMÜLLER, A. und Religion im MA, DA 5, 1942, 329-346 - H. E. FIERZDAVID, Die Entwicklungsgesch. der Chemie, 1945 - J. R. PARTINGTON, Hist. of A. and early chemistry, Nature 159, 1947, 81-85 - F. SH. TAYLOR, The alchemists, 1949 [Neudr. 1962] - W. GANZENMÜLLER, Wandlungen in der gesch. Betrachtung der A., Chymia I, 1959, 143-154 - R. J. FORBES, On the origin of a., Chymia 4, 1953, 1-11 - DERS., Metallurgy and technology in the MA, Centaurus 3, 1953, 49-57 - E. J. HOLMYARD, A. in mediaeval Islam, Endeavour 14, 1955, 117-125 - W. E. PEUKERT, Pansophia, 1956² - R. SCHMITZ, A. und Pharmazie in der Renaissance, PharmZ 103, 1958, 329-333 - T. BURCKHARDT, A. - Sinn und Weltbild, 1960 - M. ELIADE, Schmiede und Alchemisten [frz. 1956], 1960 - W. SCHNEIDER, Probleme und neuere Ansichten in der Alchemiegesch., Chemiker-Ztg. 85, 1961, 643-651 - J. READ, Through A. to chemistry, 1963 - R. MULTHAUF, The origins of chemistry, 1966 - E. STRÖKER, Denkwege der Chemie, 1967 - A. G. DEBUS, The chemical dream of the renaissance, 1968 - D. GOLTZ, Versuch einer Grenzziehung zw. »Chemie« und »A.«, Sudhoffs Arch. 52, 1968, 30-47 - E. J. HOLMYARD, Alchemy, 1968² - J. LINDSAY, The origin of A. in Graeco-Roman Egypt, 1970 - E. CH. FLAMAND, Erotique de l'a., 1970 - E. E. PLOSS, H. ROSEN-RUNGE, H. SCHIPPERGES, H. BUNTZ, Alchimia, Ideologie und Technologie, 1970 - J. R. PARTINGTON, A hist. of chemistry, I-II, 1970-71.

Zu [II] allgemein: DSB - HWDA - EI¹ II, 1085-1093 - RAC, 239-260 - K. CHR. SCHMIEDER, Gesch. der A., 1832 [Neudr. 1959] - L. OLSCHKI, Gesch. der neusprachl. wissenschaftl. Lit. I, 1919, II, 1922 - SARTON-G. BUGGE, Das Buch der großen Chemiker, 2 Bde, 1929-30 [Neudr. 1955] - G. HEYM, An introduction to the Bibliogr. of A., Ambix I, 1937, 48-60 - R. HIRSCH, The invention of printing and the diffusion of alchemical and chemical knowledge, Chymia 3, 1950, 115-141 - G. F. HARTLAUB, Von der A. in der Dichtung, Die BASF 2, 1952, 127-133 - K. FRICK, Einf. in die alchemiegeschichtl. Lit., Sudhoffs Arch. 45, 1961, 147-163 - H. BUNTZ, Dt. alchem. Traktate des 15. und 16. Jh. [Diss. München 1968] - F. SEZGIN, IV [u.a. A. und Chemie] - M. ULLMANN, Nat. HO - H. BIEDERMANN, Handlex. der mag. Künste, 1973² - CL. GAGNON, Recherche bibliogr. sur l'a. médiévale occidentale, La science de la nature, hg. G. H. ALLARD-J. MENARD, 1974, 155-199 - G. CARBONELLI [s.v.] - *Kat., Hss.*: THORNDIKE-KIBRE - Union Academ. Internat.: J. BIDEZ u.a., Cat. des manuscrits alchimiques grecs, 8 Bde, 1924-32 - D. W. SINGER, Cat. of latin and vernacular alchemical manuscripts in Great Britain and Ireland, 3 Bde, 1928-31 - W. J. WILSON, Cat. of latin and vernacular alchem. manuscripts in the USA and Canada, Osiris 6, 1939, 1-844 [Neudr. 1969] - J. CORBETT, Cat. des Manuscrits alchem. lat. [Frankreich], 2 Bde, 1939-51 - A. SIGEL, Kat. der arab. alchem. Hss. Deutschlands, 3 Bde, 1949-56 - J. W. FÜCK, The arabic Lit. on A. according to an-Nadīm, Ambix 4, 1951, 81-144 - W. GANZENMÜLLER, Q. zur Gesch. der Chemie (Beitr. zur Gesch. der Technologie und der A., 1956), 369-381 - E. E. PLOSS u.a. (s. l.), Alchemia: Hss. in Deutschland, 1970, 211-213 - *Kat., gedr. Q.*: P. BOREL, Bibliotheca chimica sive catalogus librorum philosophorum, Heidelberg, 1656 [Neudr. 1968] - J. FERGUSON, Bibliotheca chemica, 1906 [Neudr. 1954] - A. L. CAILLET, Manuel bibliograph. des sciences psychiques ou occultes, 2 Bde, 1912 [Neudr. 1964] - Cat. of the Ferguson collection of books, 2 Bde, 1943 - D. DUVEEN, Bibliotheca alchemica et chemica, 1949 [Neudr. 1965] – J. FERGUSON, Bibliograph. notes on hist. of inventions and books of secrets, 1959 – A. and the occult. A. cat. of books and mss. from the collection of P. and M. Mellon, bearb. v. J. MACPHAIL, R. P. MULTHAUF, A. JAFFÉ, W. MCGUIRE, 2 Bde, 1968 – *Sammelwerke:* PH. ULSTADT, Coelum Philosophorum, Straßburg 1527 – De Alchemia, Nürnberg 1541 – J. LACINIUS, Pretiosa ac nobilissima artis chymicae collectanae, Venedig 1546, 1554 (Später: Pretiosa margarita novella) – De Alchemia opuscula complura veterum philosophorum, Frankfurt 1550 – G. GRATAROLUS, Verae Alchemiae artisque metallicae... doctrina, Basel 1561 (erweitert: Alchemiae... artisque metallicae doctrina, Basel 1572) – S. TRISMOSINUS, Aureum vellus 1–3, Rorschach 1598, 4–5, Basel 1604 – Musaeum Hermeticum Reformatum, Frankfurt 1625, 1678² [Neudr. 1970 = Fontes artis chymicae, 1], 1749³ (= engl. Ed., A. E. WAITE, 1893) – E. ASHMOLE, Theatrum Chemicum Britannicum, London 1652 [Neudr. 1967; 1968] – L. ZETZNER, Theatrum Chemicum, 6 Bde, Straßburg 1659–61 [3 Bde, Ursel 1602; 4 Bde, Straßburg 1613; 5 Bde, Straßburg 1622] – MANGET-F. ROTH-SCHOLZ, Bibliotheca chemica, Nürnberg-Altdorf 1727–29 [Neudr. 1971] – DERS., Dt. Theatrum Chemicum, 3 Bde, Nürnberg 1727–32 – D. GOLTZ, J. TELLE, H. J. VERMEER, Der alchem. Traktat »Von der Multiplikation« von Ps.-Thomas v. Aquin, Unters. und Texte (Beih. Sudhoffs Arch.), 1977 – *Einzelausgaben:* W. GANZENMÜLLER, Liber Florum Geberti (s. V.) – A. E. WAITE, The Turba Philosophorum, 1896 [Neudr. 1970] – E. DARMSTÄDTER, Die A. des Geber, 1922 [Neudr. 1969] – R. REITZENSTEIN, Alchem. Lehrschriften und Märchen bei den Arabern (Religionsgeschichtl. Versuche 19/2), 1922–24 – O. LAGERCRANTZ, Alchem. Rezepte des spätern MA, 1925 – J. RUSKA, Tabula Smaragdina, 1926 – E. DARMSTÄDTER, Berg-, Probir- und Kunstbüchlein (Münchener Beitr. zur Gesch. und Lit. der Naturwiss., H. 2/3). 1926 – J. RUSKA, Turba Philosophorum, QStGNM 1, 1931 [Neudr. 1969] – DERS., Übers. und Bearb. von al-Rāzīs Buch »Geheimnis der Geheimnisse«, QStGNM 4, 1935 – DERS., Buch der Alaune und Salze, 1935 – DERS., Al-Rāzīs Buch »Geheimnis der Geheimnisse« QStGNM 6, 1937 [Neudr. 1973] – P. KRAUS, Jābir ibn Ḥayyān. Contribution à l'hist. des idées scientifiques dans l'Islam, 2 Bde, 1942–43 – H. RITTER-M. PLESSNER, Picatrix (dt. Übers.), 1962 – Aurora consurgens, ed. und übers. M. L. v. FRANZ (3: Mysterium coniunctionis, hg. C. G. JUNG, 1957), 1963 – N. FLAMEL, Le livre des figures hiéroglyphiques [bearb. M. PRÉAUD], 1970 – M. PLESSNER, Vorsokrat. Philosophie und gr. A. (Turba Philosophorum, ed. bei F. KLEIN-FRANKE, Boethius IV), 1975 – D. GOLTZ, J. TELLE, J. VERMEER (s. o.).

Zu [III]: H. SCHELENZ, Gesch. der Pharmazie, 1904 [Neudr. 1965] – DERS., Zur Gesch. der pharmaz.-chem. Destilliergeräte, 1911 [Neudr. 1964] – G. FESTER, Die Entwicklung der chem. Technik, 1923 [Neudr. 1969] – C. A. BURLAND, The arts of the alchemists, 1967² [Neudr. 1968] – R. J. FORBES, A short hist. of distillation, 1948 [Neudr. 1970] – DERS., Metallurgy (s. I.) – W. GANZENMÜLLER, Liber Florum Geberti (s. v.) – DERS., Beitr. zur Gesch. der Technologie und der A., 1956 – R. J. FORBES, Der Alchemist und das Laborgerät, Ciba-Rundschau 5, 1961, 23–33 – E. E. PLOSS, Ein Buch von alten Farben, 1962 – W. SCHNEIDER, Die gesch. Beziehungen der Metallurgie zur A. und Pharmazie, Arch. für Eisenhüttenwesen 37, 1966, 533 f. – E. E. PLOSS, Alchimia (s. I.) – J. WEYER, Der A. im lat. MA (Der Chemiker im Wandel der Zeiten, hg. E. SCHMAUDERER), 1973, 11–42 – B. STRAHLMANN, Chemisten in der Renaissance (ibid.), 42–99 – C. R. HILL (s. V.).

Zu [IV] Sprache: M. RULAND, Lexicon alchemiae sive dictionarium alchemisticum, Frankfurt 1612 [Neudr. 1964] – A.-J. PERNETY, Les fables égyptiennes et grecques dévoilées et réduites au même principe, avec une explication des hiéroglyphes, et de la guerre de Troye, 2 Bde, Paris 1758 [Neudr. 1971] – DERS., Dict. mytho-hermétique, dans lequel on trouve les allégories fabuleuses des poètes... et les termes barbares des philosophes hermétiques expliqués, Paris, 1787² [Neudr. 1972] – A. POISSON, Théories & symboles des alchimistes. Le grand oeuvre, 1891 [Neudr. 1975] – J. RUSKA-E. WIEDEMANN, Beitr. zur Gesch. der Naturwiss. LXVII, Alchem. Decknamen (SB der Physikal. med. Sozietät Erlangen 56–57, 1924–25), 1926 – G. TESTI, Diz. di alchimia e di chimica antiquaria, 1950 – A. SIGGEL, Decknamen in der arab. alchemist. Lit. (Dt. Akad. der Wiss. zu Berlin, Inst. für Orientforsch., Veröff. 5), 1951 – G. EIS, Von der Rede und dem Schweigen der Alchemisten, in: Vor und nach Paracelsus. Unters. über Hohenheims Traditionsverbundenheit und Nachrichten über seine Anhänger (Med. in Gesch. und Kultur 8), 1965, 51–73 [1951¹] – M. BUTOR, Die A. und ihre Sprache, Rep. I, 1963, 15–26 [frz. 1953¹] – H. J. SHEPPARD, A survey of alchemical and hermatic symbolism, Ambix 8, 1960, 35–41 – R. SCHMITZ-A. WINKELMANN, Über die alchem. Geheimschr. im Briefwechsel des Lgf. en Moritz v. Hessen-Kassel (1592–1627), PharmZ 106, Nr. 13, 1961, 374–378 – M. P. CROSLAND, Hist. stud. in the language of chemistry, 1962 – E. E. PLOSS, Die Sprache der Alchimisten, Arbeit und Volksleben, Dt. Volkskundekongreß 1965 Marburg (Veröff. des Inst. für mitteleurop. Volksforsch., R. A, 4), 1967, 240–249 – G. EIS, Das sozialeth. Verantwortungsgefühl der Alchemisten, in: Forsch. zur Fachprosa, 1971, 241–247 [1962¹] – H. J. SHEPPARD, The mythological tradition and seventeenth century alchemy (Science, medicine and society in the Renaissance, hg. A. G. DEBUS, I, 1, 1972), 47–59 – D. GOLTZ, Stud. zur Gesch. der Mineralnamen in Pharmazie, Chemie und Medizin von den Anfängen bis Paracelsus, Sudhoffs Arch., Beih. 14, 1972.

Zu [IV] Zeichen: P. WALDEN, Zur Entwicklungsgesch. der chem. Zeichen (Stud. zur Gesch. der Chemie, hg. J. RUSKA [Fschr. E. O. V. LIPPMANN], 1927), 80–105 – V. CORDIER, Die chem. Zeichensprache einst und jetzt, 1928 [Neudr. 1974] – C. O. ZURETTI, Alchemistica Signa, Cat. des Manuscrits Alchimiques Grecs 8, 1932 – J. R. PARTINGTON, The origins of the planetary symbols for the metals, Ambix 1, 1937–38, 61–64 – F. S. TAYLOR, Symbols in Greek Alchemical Writings, Ambix 1, 1937/38, 64–67 – J. RUSKA, Neue Beitr. zur Gesch. der Chemie, QstGNM 8, 1942, 305–434 [Über Zeichen der gr. A., gr. Zeichen in syr. Überlieferung, den Ursprung der neueren chem. Zeichen und Decknamen] – K. F. BAUER, Beitr. zur Gesch. der alchem. Zeichenschr., Gutenberg-Jb. 1952), 9–13 – W. SCHNEIDER, Lex. alchem.-pharmazeut. Symbole, 1962 [Teilfaks. des »Medicinisch-Chymisch- und Alchemistischen Oraculums«, Ulm 1755, mit Erl.] – G. W. GESSMANN, Die Geheimsymbole der Alchymie, Arzneikunde und Astrologie des MA [122 Taf.], 1922² [Neudr. 1972] – F. LÜDY-TENGER, Alchem. und chem. Zeichen [30 Abb., 128 Taf.], 1973 [1928¹].

Zu [V]: LCI I, 92–94 – MICHAEL MAIER, Atalanta fugiens [Oppenheim 1618], Faks.-Dr. hg. und mit einem Nachwort v. L. H. WÜTHRICH, 1964 – DANIEL STOLTZIUS V. STOLTZENBERG, Chym. Lustgärtlein [Frankfurt 1624], Faks.-Dr. mit einer »Einführung in die Alchimie des ›Chymischen Lustgärtleins‹ und ihre Symbolik« v. F. WEINHANDL, 1964 [auch: 1975] – G. CARBONELLI, Sulle fonti storiche della chimica e dell'alchimia in Italia, 1925 [zahlr. Abb.] – F. FERCHL-A. SÜSSENGUTH, Kurzgesch. der Chemie [200 Abb.], 1936 (A pictorial hist. of chemistry, 1939) – G. F. HARTLAUB, Signa Hermetis (Zwei alte alchem. Bilderhss.), ZDVK 4, 1937, 93–112, 144–162 – G. HEYM, Some alchemical picture books, Ambix 1, 1937–38, 69–75 – T. L. DAVIS, Pictorial representations of alchemical theory, Isis 28, 1938, 73–86 – J. READ, The alchemist in life, lit. and art, 1947 – G. F. HARTLAUB, Chym. Märchen. Naturphilos. Sinnbilder aus einer alchem. Prunkhs. der dt. Renaissance, Die BASF 1954, H. 2-3; 1955, H. 1 – W. GANZENMÜLLER, Liber Florum Geberti. Alchem. Öfen und Geräte in einer Hs. des 15. Jh. (Beitr. zur Gesch. der Technologie und der A.), 1956, 272–300 [1941¹] – O. NOWOTNY, Alchem. Bildsymbolik (Atti del VII. Congresso Internaz. di Storia della Farmacia Padova-Venezia 1958, hg. A. E. VITOLO), 1958, 338–358 – G. F. HARTLAUB, Der Stein der Weisen. Wesen und Bildwelt der A. (Bibl. des Germ. Nat.-Mus. zur dt. Kunst- und Kulturgesch. 12), 1959 – R. J. FORBES, Der Alchemist und das Laborgerät, Ciba-Rundschau 5, 1961, 23–33 – G. DE TERVARENT, De la méthode iconologique (Acad. royale de Belgique, Classe des beaux-arts, Mém. 12, Fasz. 4), 1961 – E. GRILLOT DE GIVRY, Picture museum of sorcery, magic & alchemy, 1963 [frz. 1929¹] – E. TRENCZAK, Lucas Jennis als Verleger alchim. Bildertraktate, Gutenberg-Jb. 1965, 324–337 – H. M. E. DE JONG, Michael Maier's Atalanta fugiens. Sources of an alchemical book of emblems (Janus, Suppl. 8), 1969 – E. E. PLOSS (u. a.), Alchimia. Ideologie und Technologie, 1970 [zahlr. Abb.] – J. VAN LENNEP, Art & alchimie. Étude de l'iconographie hermétique et de ses influences, 1971 [1966¹] – Splendor solis [Faks. von Cod. germ. fol. 42, Berlin, Staatsbibl.] eingel. G. HÖHLE, 1972 – C. G. JUNG, Psychologie und A. [zahlr. Abb.] (Ges. Werke 12), 1972 [1944¹] – DERS., Die Psychologie der Übertragung, Erl. anhand einer alchem. Bilderserie, 1973 [1946¹] – H. BIEDERMANN, Materia prima. Eine Bildersig. zur Ideengesch. der A., 1973 – A. A. A. M. BRINKMAN, Brueghels ›Alchemist‹ and its influence, in particular on Jan Steen, Janus 61, 1974, 233–269 – S. KLOSSOWSKI DE ROLA, A. Die geheime Kunst [193 Abb.], 1974 [engl. 1973¹] – A. PIGLER, Barockthemen. Eine Auswahl von Verz. zur Ikonographie des 17. und 18. Jh., II, 1974², s. v. Alchimistenwerkstätten, 531 f. – A. A. A. M. BRINKMAN, Chemie in de kunst (Chemie en Techniek Cah. 1), 1975 – C. R. HILL, The iconography of the laboratory, Ambix 22, 1975, 102–110 – J. FABRICIUS, Alchemy. The medieval alchemists and their royal art, 1976 [zahlr. Abb.].

Alchfrith, Sohn von Oswiu, Kg. v. Northumbria, und wohl der Riemmelth v. Rheged, verehelichte sich mit einer Tochter von Penda v. Mercia und wurde Herrscher v. Deira. A. übergab →Wilfrid das Stift zu Ripon und unterstützte ihn nach der Synode v. Whitby (664) vorgeschriebene röm. Osterdatierung. A. dürfte sich gegen seinen Vater erhoben haben. Möglich ist es, daß die jetzt nicht mehr lesbare Inschrift des Bewcastle-Kreuzes zu seiner Erinnerung angefertigt wurde. D. P. Kirby
Lit.: Stenton³, 151 – H. Mayr-Harting, The Coming of Christianity to Anglo-Saxon England, 1972, 107f. – St. Wilfrid at Hexham, ed. D. P. Kirby, 1974, 24ff., 42ff.

Alchymey teuczsch, Titel von Niederschriften, die im Cod. pal. germ. 597 der Universitätsbibliothek Heidelberg enthalten sind und zu den ältesten Denkmälern der deutschsprachigen Alchemieliteratur zählen. Sie stammen aus den späten zwanziger Jahren des 15. Jh. und wurden von mehreren Schreibern in die Hs. eingetragen. Neben med. und astrolog. Eintragungen enthalten sie v. a. Texte alchem. Inhalts. Sie bezeugen die Tätigkeit eines Alchemistenkreises im ö. Bayern (Gft. Hals bzw. Passauer Gegend), der vermutl. mit den Lgf.en v. Leuchtenberg und Hals in Beziehungen stand und sich 1423 mit Goldvermehrung beschäftigte. Namentl. bekannte Mitglieder dieses Kreises sind Niklas Jankowitz, Michael Prapach und Michael Wülfing; ihre Lebensumstände sind nicht näher bekannt. Um unerwünschten Lesern einen Einblick in ihre alchemist. Praxis zu erschweren, wurden manche chem. Abschnitte in verdeckter Rede abgefaßt oder unter Gebrauch mehrerer Zeichenreihen in Geheimschrift eingetragen. J. Telle
Lit.: W. Wattenbach, A. t., AKDV NF 16, 1869, 264-268 [mit Reproduktion chiffrierter Stellen] – G. Eis, A. t., Ostbair. Grenzmarken, Passauer Jb. für Gesch., Kunst und Volkskunde 1, 1957, 11-16 [mit Textproben] – G. Eis, G. Keil, Nachtr. zum Verf.-Lex. (PBB 83), 1961, 167-226, 170f. – Verf.-Lex.² I, 209.

Alciocus (bei Fredegar) oder Alzeco (bei Paulus Diaconus), *bulg. Fs.* »Vulgarum dux«, vermutl. 5. Sohn des Khan →Kubrat, emigrierte aus dem den Awaren unterworfenen Pannonien. Siedelte sich um 663 mit seinem Gefolge im Gebiet v. Benevent (S-Italien; Sepinum, Bovianum, Isernia u. a.) an und erhielt den Titel gastaldius (→Gastaldat). Unsichere Chronologie. I. Dujčev
Q.: Fredegarius, Chron. IV, 72, MGH SS rer. Merov. 2, 157, 14 – P. Diaconus, Hist. Lang. V, 29, MGH SS rer. Lang. 154, 1 – Fontes latini hist. bulg. I, 1958, 415 ff. – Vgl. Moravcsik, ByzTurc II, 1958, 357 – Lit.: Zlatarski, Istorija I, 1, 1918, 118ff.–M. Kos, O bolgarskem knezu Alcioku in sloven. knezu Valuku, Šišičev – Zbornik, 1929, 251-258.

Alcluith → Dumbarton

Alcobaça (S. Maria de), Zisterzienserkloster in Portugal (Prov. Leiria), um 1152/53 auf Bitten Alfons' I. v. Portugal durch das Generalkapitel v. →Cîteaux gegr. Es übertraf an Prachtentfaltung und durch seine religiöse, kulturelle, wirtschaftl. und soziale Aktivität alle übrigen Kl. dieses Ordens in Portugal. Die (nicht unverdächtige) Übertragungsurkunde über den *couto* (→Coto), die das Kl. ausdrückl. zur Urbarmachung des geschenkten Landbesitzes verpflichtete, ist vom 8. April 1153. Eine Bestätigung durch Papst Alexander III. datiert vom 27. März 1164. Bis das Kl. 1157 bezugsfertig war, wurden die ersten 12 Mönche provisor. in Chiqueda untergebracht. Die endgültige Gebäude wurden vor 1178 an errichtet. Seit dem Ende des 12. Jh. genoß das Kl., das häufig unter der Leitung von Äbten aus dem kgl. Haus stand, eine privilegierte Stellung bei Kg. und Papst. Nach islam. Angriffen (1184-95), bei denen das Kl. zerstört wurde, baute eine neue Gemeinschaft aus Clairvaux entsandter Mönche A. wieder auf (bis 1222). Als die Kirche 1252 geweiht wurde, umfaßte der Konvent 40 Mönche, später bis zu 999. Im Spät-MA gehörte der Abt v. A. dem kgl. Rat und den Cortes an, war Großalmosenier und Großkaplan des Kg.s und besaß die Jurisdiktionsgewalt über den →Christusorden und den Orden v. →Avis (Evora), nachdem ein Abt v. A. schon im 12. Jh. Mitbegründer des Ritterordens vom Flügel des Hl. Michael gewesen war. D. Maurício / L. Vones
Q.: R. de Azevedo, Documentos Medievais Portugueses. Documentos Régios I, 1-2, 1958-62 – Lit.: DHGE II, 25-29 – M. dos Santos, A. illustrada, Lissabon 1710 – B. de Brito, Chronica de Cister, Lissabon 1720 (l. 3, c. 20ff.) – F. de S. Boaventura, Hist. chronologica e critica da Real Abbadia de A., 1827 – C. Erdmann, Papsturkunden in Portugal, 1927, 61-63, 237-239 – J. Vieira Natividade, Os monges agronomos em A., 1942 – A. de Gusmão, A Real Abadia de A., 1948 – M. Cocheril, Abadias cistercienses portuguesas (Lusitania Sacra 4), 1959, 61-92 – Ders., Recherches sur l'Ordre de Cîteaux au Portugal, 1960 – Ders., Études sur le monachisme en Espagne et au Portugal, 1966 – F. de Almeida, Hist. da Igreja em Portugal I, 1967², 129-132 – M. Cocheril, Notes sur l'architecture des abbayes cisterciennes au Portugal, 1972 – P. Feige, Filiation und Landeshoheit. Die Entstehung der Zisterzienserkongregationen auf der Iber. Halbinsel (Zisterzienser-Stud. I), 1975, 37-76.

Alcock, John, Staatsmann, * 1430 in Beverley, † 1. Okt. 1500, Bf. v. Rochester (1472), Bf. v. Worcester (1476), Bf. v. Ely (1486), Doktor des Rechts in Cambridge; 1471 trat er in den kgl. Dienst ein, wurde Hüter des Kanzleigerichtsarchivs und diente bei diplomat. Missionen. Er war 1472-73 Bewahrer des großen Siegels, 1473 Tutor des Prinzen v. Wales (des späteren Edward V.) und Präsident seines Rates. Kurzfristig 1475 und unter Heinrich VII., 1485, war er Kanzler v. England. A. war Gründer des Jesus College, Cambridge (1496). Zwei seiner Predigten wurden von Wynkyn de Worde gedruckt. R. W. Dunning
Lit.: BRUC, 5 f. – C. D. Ross, Edward IV, 1974, 321 f.

Alcuin → Alkuin

Aldebald v. Lérins, Biograph → Maiolus v. Cluny

Aldegundis, hl. (Fest 30. Jan.), Äbt. des Kl.s Maubeuge (Malbodium) an der Sambre, sö. von Valenciennes), das sie wohl selbst gegr. hat; * 623/639 (Reg. Dagoberts I.) in dem heut. frz. Dép. Nord, † 684 (oder 689, 695), Kind religiöser und einflußreicher Eltern: Waldebertus (domesticus Chlothars II., erw. 626/627?) und Bertila. Nach ihrem Tod wurde sie wie ihre Eltern in Cousolre (arr. Avesnes, cant. Solre-le-Château), wo ihre Erbgüter lagen, begraben. Auf Betreiben ihrer Nichte Aldetrudis, die ihr als Äbt. des Kl.s nachfolgte, wurde ihr Leichnam später nach Maubeuge gebracht; weitere Translationen fanden 1039, 1161 und 1439 statt. Nach den wenig ausführl. Nachrichten zu ihrem Leben scheint A. in ihrer religiösen Lebenshaltung gegen den Willen ihrer Mutter auf den Rat ihrer Schwester Waldetrudis (Hl., Gründerin von Kl. Mons, Gattin des hl. Vincentius Madelgarius) beharrt zu haben. Ihr Biograph berichtet bes. von einer Reihe von Visionen der A. Die 1. »Vita Aldegundis« (MGH SS rer. Merov. VI, 85-90; 1. Hälfte 9. Jh.) ist das Werk eines anonymen, dem Kreis um Kl. Nivelles nahestehenden Verfassers, der vielleicht eine ältere Biographie mit Teilen eines libellus über die Visionen der Hl. zu einem einzigen Bericht verarbeitete; spätere Biographien bauen auf dieser Vita auf (BHL 244-248). Die Hl. wird seit dem 8. Jh. in den Kalendarien geführt, ihr Kult ist in Belgien, N-Frankreich und bis zum Rhein verbreitet. M. van Uytfanghe
Lit.: BNB XXXI, Suppl. 3, 1961, 10-14 – Vies des Saints I, 1935, 619-621 – E. de Moreau, Hist. de l'Église en Belgique I, 1945², 137-143 – O. Dittrich, A. Liefooghe, A., eine Hl. der Franken – Sainte Aldegonde, une sainte des Francs, 1976.

Alde(n) (aldio, aldius u. a., Etymologie nicht zweifelsfrei geklärt). Die gemeingerm. Schicht der Halb- oder Minderfreien (→ Liten) werden bei den Langobarden – in Ausnahmefällen auch in Baiern (wohl unter langob. Einfluß) und in Thüringen – A. gen. Sie begegnen in zahlreichen Urkunden und Gesetzen aus langob. Zeit, was auf eine große Verbreitung ihres erbl. Standes schließen läßt. Im Unterschied zu den übrigen germ. Stämmen ist die Abhängigkeit der langob. A. bes. stark ausgeprägt. Für alle Rechtsgeschäfte bedurfte der A. der Zustimmung seines dominus (Roth. 235, Liutpr. 139). Dieser haftete für ihn und war der Empfänger der Bußgelder im Falle einer Verletzung des A. durch Dritte (Roth. 208, 376). Im Unterschied zu den servi machte sich bei den A. schon frühzeitig eine Beschränkung der Leistungen geltend, bei deren Festlegung der dominus sich an die consuetudo zu halten hatte. Auch durften die A. eine libera (Freie) heiraten (Roth. 216). Von den Freigelassenen (liberti) unterscheidet die A. v. a. die fehlende Bewegungsfreiheit, da sie stets an die Scholle gebunden blieben (Liutpr. 142).   H. Zielinski

Q.: Leges Langob., ed. F. BEYERLE – Cod. dipl. Longob., I–III – *Lit.*: Dt. Rechtswb. I, 477f. – EncIt II, 280f. – HOOPS² I, 135f. – BRUNNER, DRG I, 147–150 – MAYER, It. Verfassungsgesch. I, 159–165 – A. I. NJEUSSYCHIN, Der Freiheitsbegriff im Edikt des Rothari, ZRGGerm-Abt 66, 1948, bes. 102–108.

Aldenburg, Stadt, Bm. → Oldenburg

Alderman → ealdorman

Alderotti, Taddeo (Thaddaeus Florentinus), Arzt, * 1223 in Florenz, † 1303, Studium der Medizin und der Philosophie um 1245 in Bologna, seit etwa 1260 Professor der Medizin in Bologna. A., der auch bei Dante (Paradiso XII, 83) erwähnt wird, ist einer der wichtigsten frühen magistri der Medizin in Bologna. Als Vertreter der scholast. Medizin verfaßte er Kommentare, die nicht nur die → Articella, sondern auch Teile des »Canon« des → Avicenna betreffen; darüber hinaus erkannte er die Notwendigkeit der Übersetzung von Klassikern der Medizin direkt aus dem Gr. Als Lehrer von → Mondino dei Luzzi bereitete er der Lehrsektion in Bologna den Weg. Außer hygien. und diätet. Werken, die z. T. früh ins It. übersetzt wurden, faßte er seine klin. Beobachtungen in »Consilia« zusammen und begründete damit eine wichtige med. Literaturgattung; in ihnen findet sich die erste Beschreibung der Destillation des → Alkohols.   G. Baader

Ed.: In Claudii Galeni artem parvam commentarii, Neapel 1522 – Expositiones in arduum aphorismorum Hippocratis volumen, in divinum prognosticorum Hippocratis volumen, in praeclarum regiminis acutorum Hippocratis opus, in subtilissimum Ioannitii Isagogarum libellum, Venedig 1527 – De conservatione sanitatis, Bologna 1477 – G. MANUZZI-L. RAZZOLINI, Sulla conservazione della salute, 1863 – G. M. NARDI, »Consilia«, 1937 – *Lit.*: DSB I, 107 – IndAur I, 318, Nr. 103, 110 – SARTON 2, 1086f. – RASHDALL I, 236, 237, 245 – THORNDIKE-KIBRE, 1920 – W. ARTELT, Die ältesten Nachr. über die Sektion menschl. Leichen im ma. Abendland (AGMN 34), 1940, 18f. – G. BAADER, Hs. und Inkunabel in der Überlieferung der med. Lit. (Technikgesch. in Einzeldarstellungen 17), 1969, 38, 43.

Aldetrudis → Adeltrudis

Aldfrith, Kg. v. Northumbria, 685–704. Unehel. Sohn von Kg. Oswiu und der ir. Prinzessin Fína der Northern → Uí Néill, lebte im Exil unter den Schotten von Dál Riata, als sein Bruder Ecgfrith, Kg. v. Northumbria, in der Schlacht v. Nechtanesmere (685) im Piktenreich starb. A. wurde zurückgerufen, um das geschrumpfte Kgr. zu regieren. Es gelang ihm, die Grenzen zu sichern. Allgemein erfreute sich A. guter Beziehungen zur Kirche, allerdings nicht zu → Wilfrid, dem ehemaligen Bf. v. York. A. ist wahrscheinl. ident. mit Acircius, dem der Gelehrte → Aldhelm v. Malmesbury seine Abhandlung »Epistola ad Acircium (de metris et enigmatibus ac pedum regulis)« widmete.   D. P. Kirby

Lit.: S. B. GREENFIELD, A Critical Hist. of Old Engl. Lit., 1965, 11–14 – STENTON³, 88–90, 139, 143, 182 – H. MAYR-HARTING, The Coming of Christianity to Anglo-Saxon England, 1972, 195 – St. Wilfrid at Hexham, hg. D. P. KIRBY, 1974, 19ff., 51ff.

Aldgild (Aldgisl, Adgild). Der fries. Fs. (Hzg., Kg.?), Vater des Kg.s Radbod, ist nur aus der Vita s. Wilfridi (MGH SS rer. Merov. 6, 120; danach Beda V, 19, ed. PLUMMER, 326) bekannt. A. gewährte Wilfrid 678 auf seiner Romfahrt Gastfreundschaft, vielleicht aus einer Gegnerschaft gegen die Franken heraus, die Wilfried zu ersten missionar. Versuchen bei den Friesen nutzte, in deren Verlauf sich angebl. auch A. taufen ließ.   J. Prinz

Lit.: F. FLASKAMP, Die Anfänge fries. und sächs. Christentums (Gesch. Darstellungen und Q. 9), 1929, 4f. – H. HALBERTSMA, Aldgisl, koning in Friesland: Earebondel G. A. WUMKES, 1950.

Aldhelm, Begründer und erster Höhepunkt der lat. Lit. und Kultur der Angelsachsen, * um 640, † 25. Mai 709, ⌐ in Malmesbury, kgl. Abstammung aus Wessex, erzogen von den Iren Maildubh, um 670 in der Umgebung und Schule Theodors, Ebf. v. Canterbury, und des Abtes Hadrian. 675 Abt v. Malmesbury, um 690 Romfahrt zu Papst Sergius I., 705 Bf. der durch Teilung von Wessex neugegründeten Diöz. Sherborne.

Neben biograph., bildungs- und kirchengeschichtl. bedeutsamen Briefen und einer Reihe von Versus auf Kirchen und Altäre gründet sein Ruhm, den frühe und breite Überlieferung bezeugt, auf folgenden Werken: 1) Epistula ad Acircium [d. i. Aldfrid, Kg. v. Northumbria] de metris et enigmatibus ac pedum regulis: einem Abschnitt über die Symbolik der Siebenzahl (de septenario) folgt ein Gespräch zw. Magister und Discipulus über den inneren Bau des Hexameters; nach hundert dem Kg. überreichten und oft selbständig überlieferten Rätseln (4 bis 16 Hexameter, N. 100 creatura steht mit 83 Versen für sich) von hohem kulturgeschichtl. Wert beschließt eine vollständige Metrik den Lehrbrief. 2a) De virginitate (an eine Äbt. Hildilitha und ihren Konvent) ist ein Lob der jungfräul. Askese von Männern und Frauen (ab c. 40; c. 58 gegen die Modesucht) anhand von Beispielen des AT und NT sowie der Väterzeit (aus Schriften der Kirchenväter, den Vitae patrum); in eine Reihe von Hss. dieses Werkes wurden später ae. Glossen eingetragen. b) In einem zweiten Libellus (De laudibus virginum) hat A. die Tradition des opus geminatum (seit Sedulius) aufgenommen und die Prosa des ersten, z. T. unter Änderung der Exempla versifiziert (2904 Hexameter; V. 2446ff. De octo vitiis principalibus). Mit dem Lob des jungfräul. Lebens, dem Thema des sog. Tugend- und Lasterkatalogs und dem Beispiel seiner Rätselsammlung hat er auf die ags. Kultur und Lit. und durch sie (→ Tatwine, → Bonifatius) auf die karol. Epoche gewirkt.

Während die Dichtungen nach Vokabular und Stil in epischer Tradition stehen (vor Rätselsammlung und Epos je eine Praefatio mit Akro- und Telestichon), ist die Prosa (von ir. Latinität beeinflußt?) häufig dunkel und manieriert (Gräzisierungen und Stilmittel der Alliteration). Wilhelm v. Malmesbury nimmt A.s Stil (verba exotica, pompatica) in Schutz.   R. Düchting

Ed.: Aldhelmi opera, ed. R. EHWALD, MGH AA 15 – Aenigmata, ed. F. GLORIE [mit engl. Übers.], CChr S. L. 133, 1968, 359–540; s. CPL³, 1961, N. 1331–1339 – The Old Engl. Glosses of MS. Brussels, Royal Library, 1650 (A.'s De Laudibus Virginitatis), ed. L. GOOSSENS, 1974 – Q.: Beda, Hist. eccl. gentis Anglorum V 18 – Faritius, Vita Aldhelmi, MPL 89, 63–84 – Wilhelm v. Malmesbury, De gestis pontif. Anglorum lib. V. – *Lit.*: Zum Etymon des Namens A., vgl. EHWALD, 524, zu V. 1 – Zu Griechischkenntnissen A.s und seines Kreises W. BULST, ZDA 75, 1938, 105ff.; Faritius, MPL 89, 66 schreibt ihm sogar Hebräischkenntnisse zu. – E. v. ERHARDT-SIEBOLD, Die lat. Rätsel der Angelsachsen, 1925 – MANITIUS I, 134–141 – W. F. BOLTON, A hist. of anglo-latin lit. 1, 1967, 68–100 – BRUNHÖLZL I, 200–206 – M.WINTERBOTTOM, A.'s prose style and its origin, ASE 6, 1977, 39–76.

Aldobrandeschi, mächtige feudale Familie vielleicht langob. (nach einigen jedoch franko-sal.) Ursprungs, die weite Gebiete in der S-Toskana beherrschte (Becken der Flüsse Cecina, Ombrone, Albegna, Fiora) und ihre Besitzungen von der sog. Maremma bis zum Gebiet des Bolsena-Sees ausdehnte. Obwohl einige Hinweise annehmen lassen, daß die Vorfahren der A. in den ersten Jahren des 9.Jh. aus der Gft. Lucca gekommen sind, gestatten uns die überlieferten Urkunden nicht, bis über das Ende des 10.Jh. zurückzugehen. Die erste urkundl. belegte Persönlichkeit war ein gewisser Radolfus. Zw. 1160 und 1163 erhielt Ildebrandino Novello von Ks. Friedrich I. den Titel »comes palatinus«. Das war der Beginn einer glanzvollen Periode für das Geschlecht, die Anfang des 13.Jh. ihren Höhepunkt mit dem Gf.en Ildebrandino fand, nach dessen Tode (1208) jedoch unter seinen Söhnen Ildebrandino, Ildebrandino Novello, Guglielmo und Bonifacio so große Zwistigkeiten ausbrachen, daß die Gft. unter die vier Zweige der Familie aufgeteilt wurde. Die bedeutendsten unter ihnen waren die Linien von Soana (oder Sovana) und Pitigliano (1284 erloschen) und von Santafiora, die oft in starker Feindschaft entzweit waren. Die erste hing nämlich der Guelfenpartei an, war Florenz treu und begünstigte die Politik von Orvieto, die zweite dagegen war ghibellin. eingestellt und stützte sich auf Siena (es fehlte jedoch nicht an plötzl. Frontwechseln). Am Ende des 13. und zu Beginn des 14.Jh. gingen fast alle Gebiete der Gf.en v. Soana und Pitigliano an die Kommune Orvieto oder an die Orsini; die Besitzungen der Gf.en v. Santafiora dagegen (die Dante als Beispiel des Niederganges der großen feudalen Geschlechter Italiens zitiert) fielen in die Hände der Republik Siena. F. Cardini

Lit.: G.CIACCI, Gli A. nella storia e nella »Divina Commedia«, I–II, 1935.

1. A., Guglielmo, † 1254, Sohn des Ildobrandino. Nahm 1208 an der Aufteilung des väterl. Erbes teil und wurde dadurch der Stammvater des A. v. Soana und Pitigliano. In härtestem Kampf gegen Siena engagiert, das danach trachtete, die Herrschaft über seine Gebiete zu gewinnen – bes. über die Stadt Grosseto –, verbündete er sich mit dem Papst und Florenz (dessen Bürger er anscheinend 1238 wurde und dem er sich 1251 zur Abtretung der beiden Häfen Talamone und Porto Ercole verpflichtete). Diese Politik zwang ihn, in Gegensatz zu Ks. Friedrich II. zu treten, dessen Hauptgegner er in der s. Toskana wurde. Er starb 1254, nachdem er als Verbündeter von Florenz, Lucca und Orvieto durch den Frieden v. Stomennano viele Gebiete wiedererlangt hatte, die ihm von den sienes. und ghibellin. Heeren entrissen worden waren. Sein Nachruhm als freigebiger und ritterl. *Signore* war so groß, daß ihn Dante »il gran Tosco« ('den großen Toskaner') nannte (Purg. XI, 58). F. Cardini

Lit.: DBI II, 93–96.

2. A., Omberto, † 1259, Sohn des Guglielmo A. v. Soana und Pitigliano, typ. Vertreter der »zweiten Generation« seines Geschlechts (Dante versetzte ihn wegen seines sprichwörtl. Hochmuts in das Purgatorio) und der Krise, die nunmehr um die Mitte des 13.Jh. die ganze toskan. Feudalität erfaßte, da die großen Städte sich die Eroberung des Contado zum Ziel gesetzt hatten. Er führte die väterl. Politik fort, wobei er Siena entgegentrat und sich auf den Papst, Orvieto und Florenz stützte; für kurze Zeit gelang es ihm, den Zwist mit seinen Verwandten aus der Linie von Santafiora beizulegen, die ebenfalls interessiert daran waren, die Kontrolle über Grosseto im Wettbewerb mit Siena zu erlangen. Über O.s Tod in der Burg von Campagnatico im Val d'Ombrone gibt es zwei Versionen: der ersten Tradition nach fiel er im Kampf gegen die Sienesen; die zweite berichtet, er sei in seinem Bett von – natürl. von Siena gedungenen – Söldnern erwürgt worden. F. Cardini

Lit.: DBI II, 99f.

Aldobrandini, berühmte toskan. Familie, stammte aus der Ortschaft Lasciano bei Pistoia und siedelte sich nach dem Ende des 12.Jh. in Florenz an. Schon seit der 2. Hälfte des 13.Jh. errang sie große Bedeutung, wie die Häufigkeit zeigt, mit der ihre Mitglieder das Priorenamt während des Jahrzehnts von 1282 bis 1292 bekleideten, als die *Arti Maggiori* bzw. deren Aristokratie das Stadtregiment führten. Wenn auch die Zugehörigkeit eines Lippo Aldebrandini (eines der Hauptexponenten des Handelshauses → Bardi) zu dieser großen Familie zweifelhaft ist, so ist doch sicher, daß die A. eines der wenigen Geschlechter waren, denen die »Signoria della città« (Villani) nach dem Umsturz 1301 verblieb. Eine sehr bedeutende Gestalt in dieser Periode war Ugo A., der zu den »Mercanti di Calimala« (→ Florenz) zählte, in den Jahren 1282–92 dreimal *Priore* und in den von Kard. Latino geleiteten Friedensverhandlungen Bürge für die Guelfen gewesen war. Später waren die A. meistens Parteigänger der Medici. Schließl. siedelten sie nach Rom über, wo ihr Ansehen weiter stieg. Aus einem Zweig der Familie ging Papst Clemens VIII. hervor. S. Polica

1. A., Aldobrandino, florent. Bürger, * 1388, † 1453. Bekleidete in Florenz verschiedene öffentl. Ämter, u.a. war er Kommissar der Republik in Montepulciano (1428). 1434 stieg er bis zum höchsten Amt des *Gonfaloniere* auf und empfing Papst Eugen IV. auf seiner Flucht aus Rom in Florenz. Als Parteigänger der Medici war er Mitglied der → Balìa, die Cosimo aus der Verbannung zurückrief. Dieser übertrug ihm von neuem die Gonfaloniere-Würde (1450). Er errichtete die Cappella della Concezione in S. Lorenzo und stiftete testamentar. dort eine Kaplanspfründe. S. Polica

2. A., Giovanni, florent. Bürger, * 1422, † 1481 in Sarzana, bekleidete im Namen der Republik Florenz verschiedene Ämter: u.a. war er *Podestà* in Pistoia (1458) und in der gleichen Stadt *Capitano* (1467). 1476 wurde er als letztes Mitglied seiner Familie zum *Gonfaloniere* ernannt, weil die A., die sich allmähl. von den Medici gelöst und schließl. mit ihnen verfeindet hatten, von diesem später von den Ehrenämtern ferngehalten wurden. Von 1480 bis zu seinem Tode war A. Capitano in Sarzana. S. Polica

Aldobrandino da Siena, Arzt der Beatrix v. Savoyen, Gfn. von der Provence, Frau des Raimund Berenger IV.; † um 1287 in Troyes. A. schrieb für Beatrix etwa 1256/57 anläßl. einer Reise der Gfn. einen der frühesten erhaltenen afrz. med. Traktate »Le régime du corps« hygien., diätet. und physiognom. Inhalts, v.a. unter Verwendung med. Übersetzungen des → Arabismus von → Constantinus Africanus bis → Gerhard v. Cremona; diese reich überlieferte Schrift wurde bereits im 14.Jh. zweimal ins It. übersetzt; darüber hinaus wurde eine it. metr. Fassung des physiognom. Teils dieses Werks, besorgt durch Battista Caracino, bereits im 15.Jh. gedruckt. Ein ins It. übersetzter Traktat A.s über die Kräfte des Rosmarin sowie eine lat. »Practica oculorum« sind noch unediert. G. Baader

Ed.: Le livre pour garder la santé du corps, Lyon 1481 – L.LANDOUZY-R. PÉPIN, Le régime du corps, 1911 – Philosomia degli uomini, Florenz [etwa 1489] – *Lit.:* SARTON 2, 1083f. – WICKERSHEIMER, Dict. 17f. – GW I, 423, Nr. 856–857 – KLEBS 33.

Aldrich, Bf. v. Le Mans, hl. (Fest 7. Jan.), * 21. Juni 800, † 24. März 857. Der Vater Sion war frk.-sächs. Herkunft, die Mutter Gerildis alem.-bair., ein Elternteil war wohl mit den Karolingern verwandt. Im Alter von zwölf Jahren kam er zur Erziehung an den ksl. Hof (Aachen); später wurde er in Metz Kanoniker, Diakon und Scholaster, unter Bf. Drogo (Sohn Karls d. Gr., seit 823 Bf. v. Metz) Priester und wohl Leiter der Domschule. Als confessor Ks. Ludwigs d. Frommen wurde er Bf. v. Le Mans (Weihe 22. Dez. 832). A. blieb einer der treuesten Anhänger Ludwigs d. Frommen, auch nach der Niederlage von 833; 840/841 war er auf der Seite Karls d. Kahlen. Neben einer intensiven Bautätigkeit und der Wahrnehmung religiösliturg. Aufgaben (Translation mehrerer Hl., u. a. → Liborius) zielten seine Bemühungen auf die Restitution verlorenen Kirchenguts und bfl. Rechte, wobei er auf den erfolgreichen Widerstand v. a. des Kl.s Anisola (St-Calais) stieß. In diesem Zusammenhang entstanden möglicherweise die Bistumsgeschichte nach dem Vorbild des → »Liber Pontificalis« (Actus pontificum...) und die »Gesta domni Aldrici« unter Verwendung zahlreicher Fälschungen. Neuerdings wird die Abfassung der Fälschungen sowie der beiden gen. Quellen in die Zeit nach seinem Tode verlegt (857/863). Sein Kult beschränkt sich auf die Diöz. von Le Mans, Metz, Laval. M. Heinzelmann

Q.: R. Charles-J. Froger, Gesta domni Aldrici Cenomannicae urbis episcopi, texte et comm., 1890 – G. Busson-A. Ledru, Actus pontificum Cenomannis in urbe degentium, Archives hist. du Maine II, 1901 – L. Celier, Catal. des actes des évêques du Mans, 1910 – Zu den Q. H. Löwe in Wattenbach-Levison III, 346f. und zuletzt, unter Berücksichtigung der neueren Arbeiten von W. Goffart, ebd. V, 594f. – Lit.: Catholicisme I, 1948, 287f. – DHGE II, 68f. – Vies des Saints I, 1935, 146-148.

Aldus → Manutius

Alea fortune → Troiadichtungen

Alebrand, Ebf. v. Hamburg-Bremen → Bezelin

Alegret → Troubadoure

Aleman, Louis, * gegen 1390 in Arbent-en-Bugey, † 16. Sept. 1450 in Salon-de-Provence, ▢ Arles, Sohn des örtl. Grundherren Jean. Neffe des Kard.s François de Conzies. A. machte nach seinen Studien in Montpellier und Avignon eine glänzende kirchl. Karriere: 1418 wurde er Bf. von Maguelonne, 1423 Ebf. v. Arles, 1426 Kard. sowie Kommendatarabt v. Montmajour. Während der beginnenden Reorganisation des Kirchenstaates war A. von 1424 bis 1428 päpstl. Statthalter in der Romagna und im Exarchat Ravenna. Als Verfechter der Kirchenreform nahm er seit Juni 1434 am Konzil v. Basel teil und spielte dort ab 1438 eine entscheidende Rolle. Als einziger Kard. war er Gegner der Entscheidung Eugens IV., die Versammlung aufzulösen und nach Ferrara zu verlegen (18. Sept. 1437); am 14. Febr. 1438 wurde er zum Leiter des Konzils gewählt. Er brachte auch das Konklave zustande, das Hzg. → Amadeus VIII. v. Savoyen als Felix V. zum Papst wählte. Wegen seiner aktiven Unterstützung dieses Gegenpapstes wurde er am 28. Mai 1440 seiner Würden enthoben, am 19. Dez. 1449, nach dem Ende des Schismas, erlangte er sie wieder. Angebl. Wundererscheinungen machten sein Grab in Arles zu einem Pilgerziel. Die Seligsprechung A.s (9. April 1527) sanktionierte diesen Volkskult. N. Coulet

Lit.: GChr Nov, 787-829, 1312-1370 – DHGE I, 86-88 – G. Perouse, Le Cardinal A., 1905 – J. R. Palanque [Hg.], Le dioc. d'Aix-en-Provence, 1975, 53-54, 72.

Alemannien → Alamannen, → Schwaben

Alemannische Minuskel → Rätisch

Alençon

I. Stadt – II. Grafschaft, Herzogtum.

I. Stadt (Dép. Orne): Die erste Siedlung entstand in kelt. Zeit bei einer Furt am Zusammenfluß von Sarthe und Briante; sie blieb bis zum Anfang des 11. Jh. eine kleine Ansiedlung, die durch versumpfte Flußniederungen geschützt wurde. Erst als A. ein wichtiger Grenzort zw. Normandie und Maine geworden war, und 1020 Wilhelm v. Bellême hier eine Burg hatte errichten lassen (vgl. Abschnitt II), die 1049 von Hzg. Wilhelm d. Eroberer eingenommen wurde, weitete sich die Siedlung aus. Im Schutze zweier nacheinander errichteter Umfassungsmauern (11.–15. Jh.) konnte sich A. im N ausdehnen (Vorstädte Notre-Dame und Lancrel). Nur kurze Zeit, am Anfang des 13. Jh., besaß A. städt. Verfassung (→ Kommune). Während des Hundertjährigen Krieges wurde die Stadt von den Engländern besetzt (1417-49). Aus dem MA sind noch Reste der hzgl. Burg erhalten.

II. Grafschaft, Herzogtum: Das mächtige Geschlecht der → Bellême beherrschte am Anfang des 11. Jh. das Grenzgebiet zw. Normandie und Maine. Wilhelm I. v. Bellême wurde von Hzg. Richard II. v. d. Normandie mit A. belehnt, wo er um 1020 eine Burg errichtete. Durch seine Ehe mit der Enkelin Wilhelms I. erlangte Roger v. Montgomery, Vicomte v. Exmes (→ Le Mans), die Gft. Perche und die Herrschaft A. (1094); er führte als erster den Titel eines Gf.en v. Alençon. Seine Nachfolger trugen den Beinamen »Talvas« (Schild). Durch Kauf ging die Gft. an Kg. Philipp August über (1217). Ludwig d. Hl. machte daraus 1269 eine kgl. → Apanage für seinen fünften Sohn Peter; als dieser kinderlos starb (1284), fielen die Kastellaneien A. und Essay an die Krone zurück. Die Gft. A. (erweitert um die »Terre du Cotentin« und die Vicomté Trun) wurde von Philipp d. Schönen 1291 erneut zu einer Apanage gemacht, die er seinem Bruder Karl, dem Begründer des Geschlechtes Valois, übergab. Bes. der kgl. Freigebigkeit verdankten seine Nachfolger eine beträchtl. Ausdehnung der Gft. im 14. Jh. (u. a. Verneuil 1334, Laigle 1365, Domfront 1367, Argentan durch Kauf 1372); die Gft. umfaßte am Ende des Jh. das Doppelte der ursprgl. kgl. Schenkung. Diese Territorialbildung vollzog sich v. a. unter Karl II. (1325-46, gefallen bei Crécy) und seinem dritten Sohn Peter II., gen. »Le Noble« (1361-91). Dessen ältere Brüder Karl (→ A. 1) und Philipp (→ A. 2) wurden Geistliche, wobei bes. Philipp als Kirchenfürst große Bedeutung erlangte.

Unter Johann I. (1391-1415) wurde die Gft. A. durch Kg. Karl VI. zum Hzm. erhoben, das mit dem Pairtitel (→ Pairs) verbunden wurde (1. Jan. 1414). Hzg. Johann II. (1409-76), der als Gefährte der Jeanne d'Arc bekannt wurde, nahm am Königshof eine bedeutende Stellung ein. Da er jedoch wiederholt an den Aufständen der großen Lehnsherren gegen das Kgtm. beteiligt war (1440 → Praguerie, erneut nach 1461 während der Periode der → Ligue du Bien Public), und mehrmals vor Gericht gestellt. Nach seiner endgültigen Verurteilung wegen Felonie (18. Juli 1474) verfiel sein Hzm. der Krone; erst sein Sohn René II. († 1492) erhielt 1483 das inzwischen hochverschuldete väterl. Erbe zurück. Nach dem Tod Renés gelang es seiner Witwe Margarethe († 1521), der Schwester des Hzg.s v. Lothringen, die Verwaltung des Hzm.s A. selbständig in die Hand zu nehmen. Die Regierung dieser bedeutenden Fsn., die nach ihrem Tod als Hl. galt, stellte für A. eine Blütezeit dar; von ihrer Kunstförderung zeugt das Portal der Kirche Notre-Dame zu A. im Flamboyantstil. Ihr Sohn Karl IV. heiratete Margarethe v. Angoulême (1509), die Schwester Franz I. Mit Karl IV. erlosch der

Zweig der Valois als Inhaber des Hzm.s. Margarethe behielt den Nießbrauch am Hzm., nach ihrem Tod 1549 wurde es wieder der Krone unterstellt. J. Gourhand

Lit.: DBF I, 1416f. – Vicomte de Romanet, Géographie du Perche et Chronologie de ses comtes..., 1890–1902 – Vicomte de Motey, Origines de la Normandie et du duché d'A., 1920 – Du Mesnil du Buisson, Les origines d'A., Bull. Soc. hist. arch. Orne 67, 1949, 15–24 – A. Vallez, La construction du comté d'A. (1209–1380), Annales de Normandie, 1972, 11–18.

Alençon (Haus). Aus der Familie der Gf.en v. Alençon, einer Linie der Valois, gingen im 14./15. Jh. eine Reihe bedeutender Persönlichkeiten hervor (→ Alençon, Stadt, Gft., Hzm.).

1. A., Karl III. v., * um 1337, † 5. Juli 1375 im Schloß Pierre-Scize bei Lyon. Zunächst Seigneur v. Domfront (1344), wurde nach dem Tod seines Vaters, Karl II., in der Schlacht v. Crécy (1346) Gf. v. → Alençon und v. der Perche, entsagte 1358 seinem weltl. Besitz und trat zu Paris in den Dominikanerorden ein. Auf Intervention des frz. Kg.s wurde er 1365 Ebf. v. Lyon. Als eifriger Verteidiger der Jurisdiktionsansprüche in seiner Bischofsstadt geriet er jedoch bald in Auseinandersetzungen mit den kgl. Amtsträgern und mit der Stadt Lyon, über die er das Interdikt verhängte (Dez. 1372–Juli 1373). Kg. Karl V. ließ seine Temporalien beschlagnahmen; die Auseinandersetzungen dauerten bis zum Tod des Ebf.s an. J. Gourhand

Lit.: DHGE II, 94–96.

2. A., Philipp v., * um 1339, † 16. August 1397 Rom, ⌂ Santa Maria in Trastevere; der zweite Sohn von Karl II., Gf. v. → Alençon, und von Maria v. Spanien. Bereits 1356 wurde er zum Bf. v. Beauvais ernannt, aber wegen seiner Jugend noch nicht geweiht. 1359 erhielt er das Ebm. Rouen. Zahlreiche Konflikte mit seinem Kapitel und später mit der kgl. Justiz über die Anwendung der Synodalstatuten führten jedoch 1373 zur Beschlagnahme seiner Temporalien. Papst Gregor XI. stimmte seiner Absetzung als Ebf. v. Rouen zu, verlieh ihm den Titel des Patriarchen v. Jerusalem und ernannte ihn 1374 zum Administrator des Ebm.s Auch. Als sich Ph. v. A. nach dem Ausbruch des → Abendländischen Schismas dem röm. Papst Urban VI. anschloß, entzog ihm dessen avign. Gegner Clemens VII. 1378 das Ebm. Ph. v. A. floh nach Rom und wurde dort nacheinander zum Kard. von S. Maria in Trastevere (1378), von Sabina (1385) sowie von Ostia und Velletri (1389) ernannt; er fungierte auch als Dekan des Kardinalskollegiums. Papst Bonifaz IX. beauftragte ihn mit einer Legation zu Kg. Wenzel (1389–90), um diesen für die röm. Obödienz zu gewinnen. Vergeblich versuchte er an der Pariser Universität, von der aus eine Bewegung zur Überwindung des Schismas ausging (→ Konziliarismus), den Standpunkt der röm. Kurie zur Geltung zu bringen. J. Gourhand

Lit.: DHGE II, 96–97 – L. Mirot, E. Deprez, Un conflit de juridiction sous Charles V: l'affaire de Ph. d'A...., Moyen-âge, 1897, 129–174 – Abbé Tabourier, Un prince de l'Eglise de la maison d'Alençon. Le cardinal Ph. d'A. (1339–1402), 1933.

Aleppo (arab. Ḥalab), Stadt in Syrien, liegt im Schnittpunkt wichtiger Handelsstraßen und Karawanenwege, 390 m ü.M. am Fluß Quwaiq. Bereits im ausgehenden Altertum eine Stadt mit starker arab. Zuwanderung, wurde A. 638 n.Chr. von den Muslimen erobert. A. erlangte um die Mitte des 10. Jh. weltgeschichtl. Bedeutung als Hauptstadt und Residenz des Ḥamdāniden → Saifaddaula (944–67) und durch seinen erfolgreichen Kampf gegen das byz. Ksm. In diese Zeit fiel auch A.s höchste kulturelle Blüte. Die folgenden Jh. sind vom Auf und Ab rivalisierender Mächte bestimmt, vom ständigen Krieg um ein wichtiges Grenzland zw. türk. Stämmen im N, ägypt. → Fāṭimiden und Bagdader Kalifen und ihren Vasallen. Aufreibende Kämpfe mit den Kreuzfahrern brachten A. im 12. Jh. an den Rand des Zusammenbruchs. Unter den → Ayyūbiden (1183–1260) blühte die Stadt als Handels- und Wirtschaftszentrum und als Sitz einer vielfältigen Gelehrsamkeit erneut auf. 1260 wurde A. von den Mongolen fast völlig zerstört; nach ihrem überraschenden Abzug fiel es an die ägypt. → Mamlūken, unter denen es sich zu einem der bedeutendsten Märkte des Vorderen Orients entwickelte. Von der Zerstörung durch → Timur Lenk (1400) erholte sich die Stadt schnell; die Befestigungsanlagen wurden erweitert. Mit der Herrschaft der Osmanen (seit 1520) verstärkte sich die Bedeutung A.s als Handelsplatz, v.a. durch den Handel mit den Ländern W-Europas, die in A. über Niederlassungen verfügten. R. Sellheim

Lit.: EI² III, s.v. Ḥalab – J. Sauvaget, Alep, 1941 – A.R. Hamidé, La ville d'Alep, 1959 – E. Wirth, Damaskus-A.-Beirut, Die Erde 97, 1966 – J.-C. David, Alep, structures urbaines, Bull. Etud. Orientales 28, 1975.

Aleramiden (Aledramiden), Hochadelsfamilie aus Piemont (Ligurien), deren Angehörige den Markgrafentitel führten, benannt nach dem von 933 bis (vor) 991 urkundl. belegten Aleramus (Aledramus), dem Sohn eines nicht näher bekannten, 921 wohl zur Gefolgschaft Kg. Rudolfs v. Hochburgund zählenden Wilhelm (dies, nicht Aleram, bevorzugter Name bei den A.). Er lebte nach sal. Recht, weshalb wfrk. Familienherkunft anzunehmen ist. Die romanhafte Überlieferung (erstmals 1. Hälfte 14. Jh. bei Jakob v. Acqui: Aleram Waisenkind dt. Rompilger, geboren und erzogen in Sezzè, heute Sezzadio s. Alessandria, im Heer Ottos I. vor Brescia, Geliebter der Kaisertochter, Flucht in die ligur. Berge, Köhlerdasein, Retter des Ks.s bei einem Überfall, Erhebung zum Mgf.en 967) ist bis auf das Datum (MGH DD OI 339) ebenso haltlose Phantasie wie die Herleitung von dem Sachsen Widukind oder den Kg.en v. Kent. Aleram erhielt 933 und 935 von den Kg.en Hugo und Lothar Besitz in den Komitaten Vercelli und Acqui. Zu Berengar II. übergegangen, vermählte er sich in zweiter, offenbar kinderloser Ehe mit dessen Tochter Gerberga und wurde 960/961 zum Mgf.en erhoben. Seine Mark umfaßte die Gft.en Monferrat, Acqui und Savona. Auch den Übertritt zu Otto I. vollzog Aleram ohne Beeinträchtigung seiner polit. Stellung. 991 teilten die Söhne aus erster Ehe Anselm und Otto die Mark und den weitgestreuten Familienbesitz. Anselm wurde zum Stammvater der Mgf.en v. Savona, die bald in zahlreiche Linien zersplitterten (Vasto, Maira, Bressa, Ceva u.a.), Otto zum Stammvater der Mgf.en v. Monferrat, die bis zum Aussterben 1305 einen gewichtigen Machtfaktor zw. Po, Orba und Apenninen darstellten. W. Goez

Lit.: DBI, s.v. Aleramo – JDG Konrad II., 1, 380–413 – F. Gabotto, Riv. stor., arte, arch. di Alessandria 38, 1919 – L. Usseglio, I Marchesi di Monferrato 1, 1926 – E. Hlawitschka, Franken, Alemannen, Bayern und Burgunder in Oberitalien (774–962), 1960.

Aleria (Alalia), Stadt (heute Dorf) und Bm. auf → Korsika. Die Stadt ist antiken Ursprungs (564 v. Chr. phokäische Kolonie). A. war neben Ajaccio und Sagona zur Zeit Papst Gregors d. Gr. eines der drei Bm.er auf Korsika; der Papst ließ 601 das lange vakant gebliebene Bm. besetzen. Die folgende Geschichte von A. liegt im Dunkeln. Bei der Eroberung der Insel durch die Araber (809) wurde A. zerstört; doch bereits 813 ist erneut ein Bf. bezeugt. Als Gregor VII. die Bm.er auf Korsika reorganisierte, wurde A. 1092 der neugeschaffenen Metropolitangewalt von Pisa unterstellt, was den polit. und wirtschaftl. Interessen Pisas auf der Insel entsprach. 1133 jedoch wurde angesichts des genues. Widerstandes der Diözesanbereich von A. zw. Pisa und Genua geteilt; der Bischofssitz A. verblieb bei Pisa, dagegen wurde die Diöz. Accia, die bereits im früheren MA eigene Bf.e besessen hatte, von A. abgetrennt und in die Kirchenprovinz von Genua einbezogen. (Die Diöz. Accia wurde 1563 aufgelöst und dem Bm. Mariana angegliedert, da die Stadt inzwischen wegen der Malaria unbewohnbar geworden war; sie ist heute Wüstung.) Die Diöz. A. umfaßte 18 Pfarrbezirke *(pievi)*. Im 13.–14. Jh. entsandten die Päpste zur Durchführung von Reformen mehrfach Beauftragte auf die Insel; der Bischofssitz A. wurde öfter Dominikanern, Franziskanern und Augustinern anvertraut. Die Bf.e hörten im SpätMA auf, in A. zu residieren; sie verlegten ihren Sitz im 15. Jh. schließlich nach Cervione. M.-C. Bartoli/R.-H. Bautier

Lit.: DHGE II, 131 ff. – RE I, 1, 1366 f. – F. UGHELLI, Italia sacra III, 1644, 600 ff. – G. CAPPELLETTI, Le Chiese d'Italia, 1861, 326–637 – F. MOLARD, Evêques d'A., Bull. hist. et philol., 1891, 53 f. – J. JEHASSE, Comptes rendus de l'Acad. Inscr. et belles-lettres, 1961 – DERS., La Corse romaine (Hist. de la Corse), 1971 – F. CASTA, Le diocèse d'Ajaccio, 1974.

Alessandria, Hauptstadt der it. Prov. A. Der Ursprung von A. stellt noch immer ein Problem dar. Der Tradition nach wurde es 1168 durch Initiative des Lombard. Städtebundes gegr., aber nach Analyse der Quellen kann man annehmen, daß sich die Stadt durch eine spontane Bevölkerungskonzentration am Zusammenfluß von Tanaro und Bormida in der Nähe der befestigten Curtis Rovereto entwickelte, die mit der Zeit eine bes. wirtschaftl. und strateg. Stellung erreicht hatte. Das Zusammenströmen von milites, mercatores und possessores, die aus Bergoglio und von den Königshöfen Gamondio und Marengo stammten, wurde durch die Reaktion auf die Gebietsforderungen begünstigt, die zunächst von Friedrich I. selbst und dann vom Mgf.en Wilhelm v. Monferrat erhoben wurden, dem die obengen. Ortschaften in einem 1164 erlassenen Kaiserdiplom übertragen worden waren; wegen der Verkehrsverbindungen in diesem Raum hatte auch Genua reges Interesse daran. Am 3. Mai 1168 traten die Konsuln »Alexandrinae novae civitatis« dem Lombard. Städtebund bei und leisteten 1170 dem Papst Alexander III., dem zu Ehren die Stadt ihren Namen angenommen hatte, den Treueid. Nach der erfolglosen, im Herbst 1174 vom ksl. Heer unternommenen Belagerung ergab sich die Stadt in einer veränderten polit. Situation dem Mgf.en v. Monferrat (1178); um die ksl. Gunst zu erlangen, akzeptierte sie 1182 die jurid. Fiktion einer Neugründung mit der Änderung des Namens in *Cesarea*, die nicht von langer Dauer sein sollte. Das Gebiet von A. erreichte im ersten Jahrzehnt des 13. Jh. durch häufige und unvermeidl. Kriege sowohl mit dem Mgf.en v. Monferrat als auch mit den Nachbarstädten Genua, Tortona, Pavia, Casale, Asti, Alba, die bald Freund, bald Feind waren, die größte Ausdehnung, die aufgrund des späten Eintritts der Stadt in die polit. Konkurrenzkämpfe mögl. war. Man kann sagen, daß die lebendigste Periode der Stadtgeschichte A.s in der Mitte jenes Jh. abgeschlossen ist. Die innerstädt. »Parteien«, die von einflußreichen Familiengruppen geführt wurden (Guasco und Dal Pozzo einerseits, Invizici und Lanzavecchia andererseits), geben von nun an zu wiederholten Interventionen von außen Anlaß, die die Stadt nach 1348 in dauerhafte Bindungen mit der Mailänder Signoria führen, unter den einander ablösenden Dynastien der Visconti und der Sforza und dann unter der span. Herrschaft bis 1708. A. A. Settia

Lit.: G. GHILINI, Annali di A., hg. A. BOSSOLA-G. IACHINO, 1–2, 1903–06 – P. ANGIOLINI-L. VERGANO, Storia di A., I [bis zum 13. Jh.], einzige Publ.], Rivista di storia, arte e archeologia per le province di A. e di Asti, 68–69, 1959–60, 1–164 – Popolo e Stato in Italia nell'età di Federico Barbarossa. A. e la Lega Lombarda, 1970 – G. PISTARINO, A. nel mondo dei comuni, StM 3 s., XI, 1970, 1–101.

Alessio (gr. Lissos, lat. Lissus, alban. Lezhë, serbokroat. Lješ), Stadt in Albanien nahe der Drin-Mündung, Anfang 4. Jh. v. Chr. als gr. Kolonie gegr., in der röm. Kaiserzeit wichtiger Hafen und Verkehrsknotenpunkt. 395 fiel A. an das Oström. Reich, in byz. Zeit gehörte es zum Thema Dyrrhachion. Es kam 1343 an das serb. Reich, 1361 an das serb. Fsm. Zeta, 1393 an Venedig. Das Gebiet war im 15. Jh. unter → Georg Kastriota (Skanderbeg) Zentrum des Widerstandes gegen die Osmanen, die es 1478 besetzten. Zw. dem 3. und 5. Jh. wird A. als Bischofssitz gen. 592 erwähnt Papst Gregor I. d. Gr. den von den Slaven vertriebenen »Johannes episcopus Lissiensis«. Ein zweiter namentl. bekannter Bf. taucht jedoch erst 1357 auf. Das Bm. A. war zunächst dem gr. Metropoliten v. Dyrrhachion unterstellt, seit dem 14. Jh. dem lat. Ebf. v. Antivari (Bar). In ven. Zeit war der Bischofsstuhl regelmäßig besetzt.
G. Stadtmüller

Lit.: RE XIII, 1, 731–736 – DACL II, 151–153 – TH. A. IPPEN, Skutari und die nordalban. Küstenebene, 1907 – M. v. SUFFLAY, Die Kirchenzustände im vortürk. Albanien (L. v. THALLOCZY, Illyr.-alban. Forsch. I, 1916), 188–281 – DERS., Städte und Burgen Albaniens hauptsächl. während des MA, 1924 – G. STADTMÜLLER, Forsch. zur alban. Frühgesch. 1966².

Alet(h), Bm. → St-Malo

Alexander d. Gr. in Kunst und Literatur
A. Ikonographie – B. Alexanderdichtung

A. Ikonographie
I. Byzanz – II. Westen.

I. BYZANZ: Die Bedeutung A.s für Byzanz erhellt aus dem Vergleich der Eroberung des Röm. Reiches durch Konstantin d. Gr. mit der Welteroberung A.s (Euseb. V. Const. I, 8) und aus der Geschichtskonstruktion bei Ps.-Kodinos (VI: 54, 20 ff.), nach der A. die ö. Völker unterwarf und aus der Tatsache, daß sich die Achtung für ihn, weil Makedonien später Teil des Röm. Reiches wurde und Konstantin d. Gr. und alle seine Nachfolger röm. Ks. waren, auf die Ks. übertrug. Bald nach Konstantin, dessen Münzporträt ab 326 dem A.s angenähert wurde, hat der A. des A.-Romans (→ Alexanderdichtung) das Alexanderbild geprägt. Auf den röm. Kontorniaten erscheinen ab 356 Szenen aus dem Roman. Im byz. MA ist die beliebteste Alexanderszene seine Himmelfahrt: Elfenbeinkasten im Landesmus. Darmstadt; Steinreliefs in Theben, Konstantinopel, Venedig (Außenwand von S. Marco), Docheiariu und Mistra; Emailmedaillons an der Pala d'Oro, S. Marco, Venedig und als w. Ableger das Mosaik des Pantaleone in der Kathedrale von Otranto, die Würzburger Kiliansfahne und die Soester Fahne (St. Patroclus-Kirche). Die Beliebtheit dieser Szene kann aufgrund der positiven Bedeutung A.s nur aus einer positiven Deutung der Himmelfahrt erklärt werden. Der A.-Roman ist in zwei illustrierten byz. Hss. erhalten (Cod. Barocci 17, Bodleiana, Oxford, 13. Jh., und Cod. Z. I. 48, Istituto Ellenico, Venedig). Ältere Zyklen müssen vorausgesetzt werden, denn einzelne Szenen aus dem Roman finden sich in abweichender Gestaltung auch in den Kynegetika Ps.-Oppians (Venedig, Bibl. Marc.) sowie auf einigen Tonscherben (Byz. Mus. und Benaki-Mus., Athen, Mus. Thessalonike). Sinn dieser Bilder aus dem A.-Roman ist die indirekte Darstellung des byz. Anspruchs auf die gottgewollte Herrschaft des byz. Ks.s über die zivilisierte Welt. K. Wessel

II. WESTEN: Im W wirkte neben den zahlreichen A.-Lesen bes. die moral. Deutung (Vinzenz v. Beauvais, Hugo v. St. Victor, Rupert v. Deutz u. a.). In der Darstellung A.s bildet hier die Luftfahrt als Sinnbild für dessen Superbia das Hauptmotiv; seit der Übersetzung des Archipresbyters

Leo (Neapel um 950) tragen Greifen statt der Adler A. empor (Portal in Remagen 12.Jh., Chorumgang des Basler Münsters 13.Jh., Portal von Petershausen/Konstanz; Kath. zu Nîmes 12.Jh., zerstört; Chorgestühl des Kölner Domes um 1320; Teppich aus Tournai 1459 für Philipp d. Guten v. Burgund), häufig sind auch abgekürzte oder mißverstandene Darstellungen (Misericordien engl. Chorgestühle 14./15.Jh.). In die chr. Bildwelt ist A. als einer der →Neun guten Helden eingegangen. G. Binding

Lit.: RbyzK I, 96–99 [Lit.] – RDK I, 332–344 [Lit.] – LCI I, 94–96 [Lit.] – R. S. LOOMIS, A. the Great's Celestial Journey, Burl. Mag. 178, 32, 1918, 136–140 – A. ALFÖLDI, Die Kontorniaten, 1943, 85–88, 102f. – K. WEITZMANN, Greek Mythology in Byz. Art, 1951, 87–104 – H. P. L'ORANGE, Stud. in the Iconography of Cosmic Kingdom in the Ancient World, 1953, 118–122 – A. GRABAR, Images de l'Ascension d'Alexandre en Italie et en Russie, 1965 – A. XYNGOPOULOS, Les Miniatures du Roman d'A. le Grand dans le codex de l'Institut Hellénique de Venise, 1966.

B. Alexanderdichtung

I. Antike Literatur – II. Byzantinische Literatur – III. Slavische Literaturen – IV. Mittellateinische Literatur – V. Romanische Literaturen – VI. Mittelhochdeutsche Literatur – VII. Mittelniederländische Literatur – VIII. Angelsächsische und mittelenglische Literatur – IX. Altnordische Literaturen – X. Islamische Literatur – XI. Hebräische Literatur.

I. ANTIKE LITERATUR: Als antike Quellen für die ma. A.-Dichtung kommen im wesentl. in Betracht: der sog. Alexanderroman, einzelne kleinere Schriften über die Wunder des Alexanderzuges, Nachrichten lat. Historiker über A.

[1] Der gr. A.-Roman des 3. Jh. n. Chr. wurde dem Peripatetiker und Teilnehmer am Alexanderzug, Kallisthenes, zugeschrieben. Darin sind benutzt: eine romanhafte Biographie in der Tradition der auf starke Effekte ausgehenden Alexanderdarstellungen, wie sie zuerst Kleitarchos Ende des 4. Jh. v. Chr. verfaßte; ein Briefroman des 1. Jh. v. Chr.; eine Reihe von größeren Alexanderbriefen (Erzählung vom Zug ans Ende der Welt, vom Wasser des Lebens, von der Taucherglocke und von der Himmelsreise); die Erzählung von A.s Zusammentreffen mit den Gymnosophisten; die Schrift »Alexanders letzte Tage«; bereits zu Lebzeiten A.s entstandene volkstüml. Überlieferungen. Dadurch ergibt sich eine starke Entstellung der hist. Tatsachen. Die Tendenz des Romans besteht darin, A. als Welteroberer und Weltenherrscher zu verherrlichen. Mehrere Überlieferungszweige (Rezensionen) sind zu unterscheiden: Rezension α: Eine Übersetzung dieser ältesten Version (W. KROLL, 1926) verfaßte Anfang des 4. Jh. Iulius Valerius Alexander Polemius in rhetor.-archaisierendem Stil (B. KÜBLER, 1888). Sie ist auch im →Itinerarium Alexandri benutzt. Kurzfassungen dieser Übersetzung sind im MA sehr verbreitet (J. ZACHER, 1867; A. HILKA, RF 24, 1910–11, 16–30, 34–69). α ist auch die Grundlage für die armen. (R. RAABE, 1896; engl. Übers.: A. M. WOLOHOJIAN, 1969), syr. (engl. Übers.: W. BUDGE, 1889; dt. Übers.: V. RYSSEL, ASNSL 90, 1893, 83ff., 269ff., 353 ff.) und lat. Übers. des Archipresbyters Leo v. Neapel im 10. Jh. (F. PFISTER, 1913; D. J. A. ROSS, CM 20, 1959, 102–158) sowie für die »Historia de preliis« (O. ZINGERLE, Germ. Abh. 4, 1885, 127–265; A. HILKA, 1920; W. KIRSCH, 1971; K. STEFFENS, 1975; H.-J. BERGMEISTER, 1975; A. HILKA-J.-J. BERGMEISTER, 1976; A. HILKA-R. GROSSMANN, 1977). Die mehr historisierende Rezension β des 5. Jh. (L. BERGSON, 1965) ist über eine abulg. Übers. in russ. Chroniken eingedrungen und hat auch auf das byz. Alexandergedicht des 14. Jh. (S. REICHMANN, 1963) eingewirkt. Unterrezensionen sind λ (H. VAN THIEL, 1959, 1974), ε (J. TRUMPF, 1974), γ, aus β und ε kombiniert (Buch I: U. v. LAUENSTEIN, 1962; Buch II: H. ENGELMANN, 1963; Buch III: F. PARTHE, 1969).

[2] An kleineren Schriften über A. sind v. a. von Bedeutung: a) Der Brief A.s an Aristoteles über die Wunder Indiens, der in verkürzter Form in den Roman interpoliert wurde, in lat. Fassung bei Iulius Valerius vorliegt und häufig zusammen mit der Epitome des Iulius Valerius überliefert ist (W. W. BOER, 1953 [Neudr. 1973], H. VAN THIEL, 1974; synopt. Ausg.: M. FELDBUSCH, 1976). – b) A.s Unterhaltung mit den Brahmanen (Gymnosophisten), die den Gegensatz zw. einfachem und zivilisiertem Leben zum Gegenstand hat und die Überlegenheit oriental. Weisheit zeigt. Lat. Bearb. sind das dem Bf. →Palladius zugeschriebene und in mehreren Versionen überlieferte »Commonitorium Palladii« (F. PFISTER, 1910; W. BERGHOFF, 1967; H. VAN THIEL, Hermes 100, 1972, 354–358; DERS., 1974) und die erstmals bei →Alkuin erwähnte »Collatio cum Dindimo« (B. KÜBLER, 1888). – c) Der Brief des Pharasmanes an Hadrian über fabelhafte Stämme Indiens (E. FARAL, Romania 43, 1914, 199–215, 353–370; F. PFISTER, Kl. Schr., 1976, 366–371). – d) Die Schrift »Alexanders letzte Tage«, die auf guter hist. Überlieferung beruht und als Teil der sog. Metzer Epitome (§ 87–123) erhalten ist (P. H. THOMAS, 1966²).

[3] Bei den lat. Historikern sind neben einzelnen Nachrichten folgende zusammenhängende Darstellungen zu erwähnen: a) Die romanhafte, farbenprächtige Monographie des Q. Curtius Rufus (E. HEDICKE, 1908²; K. MÜLLER, 1954–55 mit Übers. v. H. SCHÖNFELD), Hauptquelle für die »Alexandreis« des →Walter v. Châtillon und den »Alexander« des →Rudolf v. Ems. – b) Die »Historiae Philippicae« des Pompeius Trogus in der Epitome des Iustinus (O. SEEL, 1972²; Übers. von O. SEEL, 1972). – c) Der Bericht des Iosephus über A.s Besuch in Jerusalem (antiqu. 11, 314–347) und über die Einschließung der n. Völker (bell. Iud. 7, 7, 4; mit Gog und Magog identifiziert: antiqu. 1, 6, 1) gelangte teils durch die dem →Rufinus zugeschriebenen Übersetzungen, teils durch die dem Bf. →Methodios zugewiesene, aber erst im 7. Jh. entstandene und um 700 aus dem Gr. übersetzte Apokalypse (M. ISTRIN, 1897; H. VAN THIEL, 1974; A. LOLOS, 1976) in die Kenntnis des MA. – d) Orosius 3, 12–20. – e) Die »Collectanea rerum memorabilium« des →Solinus (TH. MOMMSEN, 1895²).

J. Gruber

Lit.: Die Ausg. sind im Text genannt – KL. PAULY III, 86f. – EM I, 1977, 272–291 – A. AUSFELD, Der gr. Alexanderroman, 1907 – F. P. MAGOUN, The Gests of King A. of Macedon, 1929 – R. MERKELBACH, Die Quellen des gr. Alexanderromans, 1977² – H. VAN THIEL, Leben und Taten A.s v. Makedonien, 1974 – F. PFISTER, Kl. Schr. zum Alexanderroman, 1976.

II. BYZANTINISCHE LITERATUR: Den Ausgangspunkt für die byz. Rezeption des beliebten, legendär ausgeschmückten Stoffes der hist. Alexanderüberlieferung bildet der Roman des anonymen Ps.-Kallisthenes. Seine verschiedenen Textgruppen (Rezensionen) α, β, γ, ε und λ sind fast alle in frühbyz. Zeit (4.–7. Jh.) entstanden und weitgehend in Hss. aus mittel- und spätbyz. Zeit überliefert. Selbständigere, freilich sich auch noch an Ps.-Kallisthenes orientierende Bearbeitungen des Stoffes kennen wir nur aus spätbyz. Zeit: [1] Das 1388 verfaßte Alexandergedicht aus dem Cod. Marc. gr. 408, ein Gedicht in 6120 reimlosen polit. Versen, das wohl von einem Prosatext abhängt, der der Rez. β des Ps.-Kallisthenes nahe steht, aber auch Entlehnungen aus Rez. α sowie den byz. Chronisten →Georgios Monachos und →Zonaras aufweist (Neued. durch S. REICHMANN, 1963). [2] Die sog. Alexander-Prosa, die eine populäre, vielfach spätbyz. Verhältnisse widerspiegelnde Überarbeitung einer der Rez. γ des Ps.-Kallisthenes nahestehenden Textes darstellt und quasi als byz. A.-Ritterroman bezeichnet werden kann. Sie ist primär in 9 Hss. des 16.–17. Jh. überliefert, die jeweils wieder als eigenständige Fassungen zu werten sind. Die älteste Fassung, repräsentiert durch den Cod. Vindob. theol. gr. 244 (Ed. durch K. MITSAKIS, 1967), ist vermutl. zw. 1430 und 1453 entstanden. Eine der 9 Hss., der Cod. Meteor. 400 von 1640, war höchstwahrscheinl. die Vorlage für die neugr. Prosaversion, die sog. »Phyllada«, die als Volksbuch vom 17. bis ins 20. Jh. weit verbreitet war. Auf eine nur zu erschließende, den Rez. α und β nahestehende volkssprachl. Prosaversion des Ps.-Kallisthenes, die in der 2. Hälfte des 15. Jh. (noch in spätbyz. Zeit) abgefaßt sein dürfte, wird auch die sog. »Rimada« zurückgeführt, das neugr. Alexandergedicht, das im Cod. Meteor. 445 (16. Jh.) und in 14 ven. Volksbuchausgaben aus dem 16.–19. Jh. überliefert ist (Krit. Ed. D. HOLTON, 1974).   G. Prinzing

Lit.: H. GLEIXNER, Das Alexanderbild der Byzantiner [Diss. 1961] – G. VELOUDIS, Der neugr. A. Tradition in Bewahrung und Wandel [Diss. 1968] (Misc. Byz. Monac. 8) – DERS., A.d.Gr. Ein alter Neugrieche, 1969 – BECK, Volkslit., 133–135 – *Διήγησις τοῦ Ἀλεξάνδρου.* The Tale of A., the Rhymed Version. Crit. Ed. With an Introduction and Comm. by D. HOLTON, 1974 (*Βυζαντινὴ καὶ νεοελληνικὴ βιβλιοθήκη* 1).

III. SLAVISCHE LITERATUREN

Unter der Bezeichnung »Geschichte von Alexander d. Gr.« ist in den *süd- und ostslav. Literaturen* eine umfassende Tradition der Bearbeitungen des A.-Stoffes inbegriffen, welche hauptsächl. auf dem Ps.-Kallisthenes begründet ist. Den Ausgangspunkt bildet das kulturelle Leben, welches mit den ersten Schritten der Christianisierung der Slaven und mit den byz.-gr. Einflüssen verbunden war. Es gibt *zwei Hauptzweige* dieser slav. Überlieferung des A.-Romans, welche von der kirchenslav. lit. Tradition ausgehen und später lokale Färbung bekommen haben: [1] Die erste Bearbeitung des gr. Textes (Ps.-Kallisthenes β) stammt aus Bulgarien (10.–11. Jh.). Durch die Vermittlung der kirchl. Institutionen gelangte dieser Text v.a. in das russ. Gebiet; zuerst in das Kiever Fsm. und später, vom 11. zum 12. Jh., in andere Teile Rußlands, wo er durch weitere Bearbeitungen ging. Heute setzt man vier oder fünf Versionen voraus. Manche Forscher vermuten sogar eine selbständige russ.» Übersetzung des gr. Textes. Charakterist. für diesen Zweig der Tradition sowie für den Zutritt zu dem Stoff ist, daß er in den Zusammenhängen der hist. Lit. tradiert worden ist, z.B. in der kirchenslav. Bearbeitung des →Johannes Malalas oder in den »Russ. Chronographen«. Zugleich ist diese Tradition des Ps.-Kallisthenes durch andere Elemente der byz., hauptsächl. der hist. Lit. erweitert worden, z.B. G. Hamartolos, Epiphanios aus Cypern, Methodios v. Patara. [2] Vom 14. Jh. an ist die ältere Version des A.-Romans durch eine neue zurückgedrängt worden, die zugleich eine andere Rezension des Ps.-Kallisthenes (γ) reflektierte und nahe dem Text des byz. Volksromans stand. Der Text ist anfangs des 14. (oder sogar am Ende des 13.) Jh. in dem serb. Gebiet bearbeitet worden: sog. »serb. Alexandreis«. Diese Version ist durch die Kontakte mit der lat.-roman. ma. Tradition W- und S-Europas gekennzeichnet. In den süd- und ostslav. Lit. repräsentiert sie das spezif. Genre des ma. Ritterromans. Bald hat dieser Text große Verbreitung gefunden und wurde weiter bearbeitet, hauptsächl. in Rußland, aber auch in der Ukraine, Bulgarien und Rumänien. Man zieht sogar die Möglichkeit in Erwägung, daß dieses slav. Werk der Ausgangstext für die ma. gr. Version sein könnte.   F. Svejkovský

Lit.: A. N. VESELOVSKIJ, Iz istorii romana i povesti, Sbornik otd. russk. jazyka i slovesnosti, 40, 1886 – V. ISTRIN, Aleksandrija russkich chronografov, 1893 – N. CARTOJAN, Alexandria în literatura românească, 1910 – M. N. BOTVINNIK, JA. S. LUR'E, O. V. TVOROGOV, Aleksandrija, 1965 – R. MARINKOVIĆ, Srpska Aleksandrida, 1969.

Das *alttschech. Gedicht* eines unbekannten Autors aus dem letzten Jahrzehnt des 13. oder dem ersten des 14. Jh. ist unter dem Titel »Alexandreis« bekannt. Die Vorlage war die »Alexandreis« Walters v. Châtillon. Das Werk ist nur fragmentar. erhalten; das Ganze hatte etwa 9000 Verse. Es repräsentiert die älteste Phase der alttschech. ritterl. Epik. Die Wahl der Vorlage zeigt die entscheidende Rolle der lat. Tradition in dieser Poesie. Allerdings beweist der Text zugleich die beabsichtigte Verschiebung von der Ebene der Schulpoesie zu der der höf. Lit. Der Autor betonte v.a. die Elemente der Reflexion, der ständ. und polit. Ideale. Er hat die einzelnen Ereignisse oder Motive der A.-Tradition in erster Reihe als hist. Erfahrungen der Vergangenheit begriffen und oft direkt mit der aktuellen Situation des böhm. Kgr.s konfrontiert. Gleichzeitig unterdrückte er die Rolle der Phantastik (z.B. der »Historia de preliis«). – Neben seiner Hauptquelle benutzte er als sekundäre Quellen hauptsächl. Kommentare und auch den dt. »Alexander« Ulrichs v. Etzenbach.   F. Svejkovský

Ed.: V. VÁŽNÝ, Alexandreida, 1963 [mit Bibliogr.] – *Lit.*: A. PRAŽÁK, Staročeská báseň o A. Velkém, 1945 – H. H. BIELEFELDT, Die Q. der alttschech. A., 1951 – F. SVEJKOVSKÝ, Alexandreida, Čes. lit. 4, 1956.

IV. MITTELLATEINISCHE LITERATUR

Die Verbreitung von Kenntnissen über A. d. Gr. in der lat. Lit. des MA geschah in hohem Maße und mit großer Wirkung durch die romanhafte Darstellung des Ps.-Kallisthenes. Die lat. Übersetzung des Iulius Valerius hatte daran in ihrer vollständigen Fassung geringen Anteil, anders die vor dem 9. Jh. entstandene Epitome. Bedeutender war die Übersetzung, die der Neapolitaner Archipresbyter Leo zw. 869 und 951 wohl unter dem Titel »Nativitas et victoria Alexandri Magni regis« schuf. Bereits im 11. Jh. wurde die Übersetzung des Leo revidiert: Die erste interpolierte Version dieses Werkes, der »Historia de preliis« (J 1), zeichnet sich durch stilist. Besserungen, die Einfügung der kleinen ind. Tractate und Ergänzungen durch hist. Quellen aus. Diese Recensio wurde noch zweimal überarbeitet: J 2 wurde um Orosius, Valerius Maximus, Ps.-Methodius und Josephus erweitert, J 3 vor 1236 mit moralisierender Tendenz um oriental. Quellen.

Diese letzte Recensio wurde 1236/38 von dem Spoletaner Richter Quilichinus der Vorlage getreu – zum Teil unter Wahrung des Wortlautes – in lat. Distichen umgesetzt, ein Werk, das im späten MA nicht geringe Verbreitung erreichte. Die »Historia Alexandri Magni« (ed. W. KIRSCH, 1971) ist von Quilichinus als Ergänzung zum ersten Makkabäer-Buch verfaßt worden und fügt sich in die Geschichtsauffassung von den vier Weltreichen ein. Der Stil der Historia ist wenig anspruchsvoll und variabel. Die älteste erhaltene A.-Dichtung des lat. MA ist ein Abecedarius in troch. Fünfzehnsilbern aus dem 9. Jh. Die Quelle dieses sehr fragmentar. überlieferten Gedichts scheint einer von Iulius Valerius verschiedenen Version des Ps.-Kallistenes anzugehören (MGH PP 4, 600 f., SCHALLER-KÖNSGEN 539, NORBERG, Poesie, 71–81).

Die für die lat. A.-Dichtung folgenreichste hist. Quelle war die »Historia Alexandri« des Curtius Rufus: zw. 1178 und 1182 verfaßte Walter v. Châtillon seine »Alexandreis« nach dieser Vorlage. Walter schuf mit diesem in zehn Bücher eingeteilten Epos, das den Geist der klass. lat. Dichtung atmet und beispielhaft für den lit. Humanismus des 12. Jh. ist, ein eindrucksvolles ma. Gegenstück zu den in der Schullektüre gepflegten röm. Autoren, von denen die »Alexandreis« Vergils »Aeneis« als Schulbuch par excellence im Laufe des 13. Jh. entthronen sollte. Bereits seit dem ausgehenden 12. Jh. hatte der Stil der »Alexandreis« eifrige Nachahmer gefunden.

Zu den A.-Dichtungen im weiteren Sinne gehört auch der Abschnitt über A. d. Gr. in der Universalchronik des Gottfried v. Viterbo († um 1192), dem »Pantheon« (ed. PISTORIUS-STRUVE MGH SS II, 16 f.). Gottfried benutzt in den Verspartien den Bericht aus den »Antiquitates« des Josephus über A.s Einzug in Jerusalem, beschreibt ausführlicher das Ende des Darius sowie die am Ende der bewohnten Welt eingeschlossenen jüd. Stämme und die Völker Gog und Magog. Mehr als ein Drittel der Verse nimmt der Briefwechsel mit dem Brahmanenkönig Dindimus ein, der hier in einer Chronik die Eigenschaft eines Fürstenspiegels bekommt. Die Schilderung schließt mit der Charakterisierung A.s als des rastlosen Erforschers und Eroberers der Welt, mit dessen Tod die Geschichte durch das Röm. Reich fortgesetzt wird. Neben den romanhaften und hist. Darstellungen A.s in der Dichtung bot der bibl. Stoff Gelegenheit zu seiner Behandlung. So wird A. d. Gr. erwähnt, um der Geschichte der Makkabäer den hist. Rahmen zu geben; dies sowohl zu Beginn des Makkabäer-Buches in der »Aurora« des Petrus Riga als auch, und dort ausführlicher, in der Makkabäer-Versifizierung des Hildebert v. Lavardin († 1130; MPL 171 c. 1293-1302) mit einer Schilderung des Todes A.s und der Reichsteilung.

Bedeutender als die letztgenannten Beispiele sind die zum Teil zahlreich überlieferten Kleindichtungen epigrammat. Charakters, zumeist fingierte Epitaphien, die den Gegensatz von ird. Größe und menschl. Nichtigkeit im Angesicht des Todes zum Gegenstand haben. Die »Historia de preliis« J 3 enthielt ebenfalls zwei solche Stücke, die auch unabhängig vom Gesamtwerk kursierten.

M. Wesche

Lit.: G. CARY, The Medieval A., 1956 – MPL 209 c. 459-574 – H. CHRISTENSEN, Das Alexanderlied Walters v. Châtillon, 1905 – Epitaphien: A. HILKA, Stud. zur Alexandersage, RF 29, 1910, 69-71 – F. PFISTER, Die Historia de preliis und das Alexanderepos des Quilichinus, Münch. Mus. I, 1911, 249-301.

V. ROMANISCHE LITERATUREN: [1] *Frankreich.* a) Der »Roman d'Alexandre« (hg. E. C. ARMSTRONG u. a., The Medieval French »Roman d'Alexandre« [= MFRA], I-VII, 1937-76) ist ein zusammengesetztes Gebilde, in das *vier Gedichte* verschiedener Autoren eingegangen sind. Das früheste davon (etwa 1130) ist das von Alberic von Pisançon (?) verfaßte; Alberic hatte – gestützt auf einen vollständigen Iulius-Valerius-Text, auf Curtius und auf die »Historia de Preliis« (= »HdeP«) J1 – A.s Jugendgeschichte und seine Taten bis zur Belagerung von Tyrus erzählt; davon erhalten ist ein Bruchstück von 105 Achtsilbern in franko-prov. Mundart (Hs. Florenz, Laurenziana, Plut. LXIV, 35); für den Rest muß das mhd. »Alexanderlied« (Vorauer Fassung) des Pfaffen Lamprecht eintreten (MFRA, III, 2-8, 37-60). Alberics Text wurde umgearbeitet zu einer Fassung in Zehnsilbern (etwa 1160-65), die teilweise in den Hss. A (Paris, Arsenal, 3472) und B (Venedig, Museo Civico Correr, VI, 665) überliefert ist (MFRA, I und III, 8-24, 61-100). Von Alexandre de Paris wurde diese Fassung schließl. noch stark erweitert und zur Branche I seiner Standard-Redaktion in Zwölfsilbern (Alexandrinern) umgebildet (um 1185; MFRA, II, 1-73). – Das zweite Gedicht ist »Le Fuerre de Gadres« von Eustache (um 1170), abgefaßt in Alexandrinern; es erzählt eine frei erfundene Episode: Während der Belagerung v. Tyrus wird eine Streife, die zum Fouragieren *(fuerre)* ausgerückt ist, von einer großen gegner. Übermacht abgefangen; das übersteigerte Ehrgefühl der Betroffenen läßt es nicht zu, daß jemand den Kampfplatz verläßt, um Verstärkung zu holen; A. wird mit Verspätung benachrichtigt und kommt schließl. seinen Leuten zu Hilfe. Dieses Gedicht ist nur in der stark veränderten Fassung der Branche II des Alexandre de Paris erhalten, wo es in den Bericht von der Belagerung von Tyrus, der auf Alberic und Curtius fußt, eingearbeitet ist (MFRA, II, Zeilen 1-1634). Was zu seinem ursprgl. Bestand gehört, läßt sich aber aufgrund einer lat. Übersetzung nach dem Original des Eustache erschließen (MFRA, IV und V, zu korrigieren durch Ross, J Warburg, XXII, 211-253, und CM, XXII, 205-221). – Drittens: Ein langes Gedicht (über 8000 Alexandriner) von Lambert le Tort v. Châteaudun behandelte den Sieg über Darius und dessen Tod, A.s Fahrt zu den Wundern Indiens, den Sieg über Porus, die Rückkehr nach Babylon und den Kampf gegen den (frei erfundenen) »amiral« dieser Stadt und schließl. A.s Vergiftung, seinen letzten Willen und seinen Tod (etwa 1170-75). Hauptquelle war eine Hs., in der eine Valerius-Epitome und die »Epistola ad Aristotelem« zusammenstanden, Nebenquelle die »HdeP« J2. Lamberts Gedicht ist nur in der doppelt erweiterten Form der Branche III überliefert, die es zunächst durch einen ersten Bearbeiter (»Lambert II«) und schließl. durch Alexandre de Paris erhalten hat (MFRA, II, 143-320, und VI). – Für das Ende seines Helden hat Alexandre de Paris anstelle von Lambert ein weiteres (viertes) Gedicht herangezogen, »Mort Alixandre« (etwa 1175-80), von dem ein Bruchstück in der Hs. A erhalten ist (MFRA, VII, 1-4, 27-35). Alexandre de Paris bietet eine etwas verworrene Darstellung: A. verteilt Kgr.e an seine Heerführer, die dann in einzelnen Klagereden *(regrez)*, die in zwei Reihen angeordnet sind, mit übertriebener Ausführlichkeit ihren Schmerz äußern. Verwendet sind dabei die betreffenden Angaben in der Valerius-Epitome und in der »HdeP« J2 (MFRA, II, 321-358, und VII). – Die Version der Hss. A, B und L (Paris, B. N., fr. 789) ist ein früherer Versuch, die vier einzelnen Gedichte zu einem Alexanderleben zusammenzufassen. Um 1185 hat dann Alexandre de Paris die Standardversion hergestellt, die in allen anderen Hss. vorliegt (MFRA, II).

Der Form nach ist der »Roman d'Alexandre« ein Epos, und seit Alberic ist er in epischen Laissen (Versreihen unterschiedl. Länge mit gleichem Reim, bzw. gleicher Assonanz) abgefaßt. Alberic verwandte die seltene Achtsilber-Laisse. Sein Gedicht wurde zunächst in die verbreitete zehnsilbige Form und schließl. von Alexandre de Paris in zwölfsilbige →Alexandriner umgeschrieben. Dem Geist nach ist der »Roman« eine *chanson de geste* im typ. formelhaften Stil; A. erscheint als Feudalherrscher, der seine Ritter nach ma. Kriegsbrauch zum Sieg führt.

b) In zwei Fortsetzungen zum »Roman«, die auf freier Erfindung beruhen, wird erzählt, wie A. an seinen Mördern gerächt wird; die Verfasser sind Jean le Nevelon (um 1180; hg. E. B. HAM, 1931 und 1946) und Gui de Cambrai (vor 1191; hg. B. EDWARDS, 1928).

c) Als Einschübe finden sich in etwa der Hälfte der Alexandre-de-Paris-Hss. »Le Voyage d'Alexandre au Paradis Terrestre« (Mitte 13. Jh.; nach dem lat. Exemplum »Salomon didascalus Iudaeorum de itinere Alexandri ad Paradisum«) und »La Prise de Defur« (um 1240), eine Episode, in der höf. und krieger. Elemente miteinander abwechseln (beide Texte hg. L. P. G. PECKHAM – M. S. LA DU, 1935). Dasselbe gilt von »Les Voeux du Paon«, dem spätesten und am meisten verbreiteten Text aus der Reihe der frz. Alexandergedichte (kurz vor 1312; rund 40 Hss.; hg. R. L. G. RITCHIE, vgl. The Buik of A., 1921-29). Eine Ergänzung dazu bietet Jean Brisebarre mit »Le Restor du Paon« (vor 1337; hg. R. J. CAREY, 1966), eine Abwandlung Jean de le

Mote mit »Le Parfait du Paon« (1340, hg. R.J. CAREY, 1972).

d) »Le Roman de Toute Chevalerie« (8050 Alexandriner in Laissen) ist ein anglonorm. Text von Thomas v. Kent (um 1180; hg. B. FOSTER, 1976). Thomas stützte sich auf eine Epitome-»Epistola«-Hs.; zusätzl. Wunderdinge übernahm er aus Solinus und Aethicus Ister.

e) Zwei Prosaauflösungen des »Roman d'Alexandre« und einiger seiner Anhänge entstanden im 15.Jh.: ein anonymer Text (Hs. Besançon 836) und die »Histoire du bon roy Alexandre« von Jean Wauquelin (vor 1448; beide Texte noch unveröffentlicht; vgl. MEYER, I, 313–329). Weite Verbreitung erfuhr »Der altfranzösische Prosa-Alexanderroman« (16 Hss., 11 Drucke; hg. A. HILKA, 1920), der frei nach der »HdeP« J2 übersetzt ist. Eine lange Alexandervita in Prosa findet sich in »L'Histoire ancienne jusqu'à César« (1206–30); in überarbeiteter Form ist sie in andere Chronik-Werke eingegangen; die Quellen sind eine Epitome-»Epistola«-Hs. und Orosius, Buch III (ROSS, CM, XXIV, 181–231). Quintus Curtius wurde 1468 von Vasco de Lucena für Karl d. Kühnen in frz. Prosa übertragen (29 Hss., 5 Drucke vor 1555; unveröffentlicht; s. BOSSUAT, Bibl. Humanisme et Renaissance, VIII, 195–245).

Lit.: Neben den Ausgaben s. P. MEYER, Alexandre le Grand dans la litt. française du MA, 1886 – G. CARY, The Medieval Alexander, 1956 – D.J.A. ROSS, Alexander Historiatus, 1963; Suppl., J Warburg, 1967.

[2] *Spanien.* a) Über Spanien gelangte die kurze Alexanderbiographie aus den »Ausgewählten Weisheiten und schönen Sentenzen« des Mubaššir ibn Fātik (11.Jh.) in die abendländ. Lit. Die arab. Vorlage wurde unter dem Titel → »Bocados de Oro« ins Span. übertragen (1. Hälfte 13.Jh.), und der lat. »Liber Philosophorum Moralium Antiquorum« (spätes 13.Jh.), der darauf zurückgeht, wurde von Guillaume de Tignonville (spätes 14.Jh.) ins Frz. und diese Fassung wiederum im 15.Jh. von Stephen → Scrope (»The Dicts and Sayings of the Philosophers«; spätere Überarbeitung von William Worcester) und danach noch einmal von Lord Rivers ins Engl. weiterübersetzt. b) »El libro de Alexandre« (Mitte 13.Jh.) ist ein ansprechendes Gedicht mit betont ma. Färbung und moralisierender Tendenz. Der Verfasser ist möglicherweise Gonzalo de Berceo. Seine Quelle ist die »Alexandreis« des Walter v. Châtillon; daneben sind die »HdeP« J2 (vielleicht auch J3) und der frz. »Roman d'Alexandre« in der Fassung der Hs. B benützt.

Q.: Bocados de Oro, hg. in H. KNUST, Mitteilungen aus dem Eskurial, 1879 – C.F. BÜHLER, The Dicts and Sayings of the Philosophers, EETS, 211, 1941 – El Libro de Alexandre, hg. R.S.WILLIS, 1934 – Lit.: I. MICHAEL, The Treatment of Classical Material in the L. de A., 1970.

[3] *Italien.* Von acht it. Texten über A. sind sieben nach der »HdeP« J3 übersetzt. a) Dies sind zunächst fünf Fassungen in Prosa: Berlin, Hs. Ital. quart. 33, ein jetzt verlorenes Bruchstück aus dem 14.Jh. (hg. A. HILKA, ZRPh, XLI, 234–253); Florenz, Bibl. Riccardiana 1922 (Q. II. 12), spätes 14.Jh. (STOROST, 118–125); Florenz, Bibl. Naz. II. I. 365 (Strozzi), frühes 14.Jh. (STOROST, 145–167); Venedig, Bibl. Marciana It. Cl. VI, aus dem 15.Jh. (STOROST, 133–144); »Libro del Nascimento«, zw. 1474 (Treviso) und 1502 (Venedig) sechsmal gedruckt (STOROST, 168–179). b) Auf die gleiche Vorlage geht zurück die »Alessandreida in rima cavata dal latino«, ein Gedicht in → ottava rima, das zw. 1512 und 1712 fünfzehnmal gedruckt wurde (STOROST, 180–230, mit Teilausgabe). c) Indirekt von der »HdeP« J3 abhängig ist die »Istoria Alexandri Regis« von Domenico Scolari (14.Jh.), ein Gedicht in ottava rima, das nach der lat. »Alexandreis« des Quilichinus von Spoleto (vgl. Abschnitt IV) übersetzt ist (STOROST, 4–117, mit Teilausgabe).

d) »I nobili fatti di Alessandro Magno« (Prosa, 14.Jh.; hg. G. GRION, 1872, unzulängl.) sind der einzige Text, dessen Quelle die »HdeP« J2 ist (STOROST, 168–179). D. ROSS

Lit.: J. STOROST, Stud. zur Alexandersage in der älteren it. Lit., 1935 [grundlegend]. Die Texte sind fast alle unveröffentlicht.

VI. MITTELHOCHDEUTSCHE LITERATUR: Die dt. Dichtung des MA rezipierte die Alexandersage, wie sie ihr durch die lat. Übersetzungen des gr. A.-Romans (v. a. durch den Archipresbyter Leo) und durch mlat. und frz. Bearbeitungen bekannt wurde. Das älteste Werk im dt. Sprachraum ist das Alexanderlied des Pfaffen Lamprecht (um 1150), der als Vorlage ein Alexanderlied des Provenzalen Albéric v. Besançon (Pisançon) benutzte. Lamprechts Werk ist in drei unterschiedl. Fassungen überliefert. Dem Original am nächsten steht der »Vorauer A.« (1185/1202), der fragmentar. Charakter besitzt. Um 1160 wurde das Original bearbeitet und erweitert, doch ist auch diese Zwischenstufe (BS) verloren. Auf sie gehen die beiden jüngeren Fassungen zurück: der »Basler A.«, der im 13.Jh. erneut überarbeitet und später in eine Prosachronik eingefügt wurde, und der »Straßburger A.«, eine frühhöfische Bearbeitung von ca. 1180.

Aus der hochhöf. Zeit sind keine A.-Dichtungen erhalten, doch nennt Rudolf v. Ems die Dichter zweier verlorener Werke. Die beiden umfangreichsten Alexanderepen entstanden in der späthöf. Zeit. Der »A.« des Rudolf von Ems (1230/50), auf zehn Bücher und ca. 40000 Verse geplant, wurde nur zur Hälfte fertiggestellt. Als Quellen benutzte Rudolf anfangs die »Historia de preliis«, später Curtius Rufus. Eine wortreiche Bearbeitung der lat. »Alexandreis« des Walter v. Châtillon ist Ulrich v. Etzenbachs »A.« (1271/82). Aus dem 14.Jh. stammen zwei kürzere Alexanderepen, Seifrits »A.« (1352), der sich eng an die »Historia de preliis« anlehnt, und eine getreue Übersetzung der lat. »Historia Alexandri« des Quilichinus von Spoleto, die in einer Hs. von 1497 überliefert ist («Wernigeroder A.«).

Eine kurze Prosafassung der Alexandervita aus dem 14.Jh. ist als Abschnitt im »Großen Seelentrost« enthalten. Umfangreicher sind die Alexanderchronik des Meister Babiloth (15.Jh.), eine Prosaübersetzung der »Historia de preliis«, und das Alexanderbuch des Johann Hartlieb (um 1444). Hartlieb bearbeitete seine Quelle, die dem Original von Leos Übersetzung nahesteht, frei und stilist. gewandt. Durch den Druck (Augsburg 1473 u. ö.) wurde sein Werk zum Volksbuch. Für das 15.Jh. sind auch dramat. Bearbeitungen des Alexanderstoffes nachweisbar (Aufführung von Alexanderdramen in Lübeck 1446 und 1467), doch haben sich keine Texte erhalten. Eine breite Rezeption der Alexandersage erfolgte auch durch kleinere Texte (»A. und Anteloye«, »Aristoteles und Phyllis«) und durch die zahlreichen Erwähnungen A.s in Chroniken und Historienbibeln.

Das Alexanderbild in der dt. Dichtung des MA ist nicht einheitl., sondern setzt die unterschiedl. Beurteilung in den antiken Quellen, die von naiver Bewunderung bis zu völliger Ablehnung reicht, fort. Hinzu kommen verschiedene chr. Wertungen. Durch seine Erwähnung in der Bibel wird A. zu einer wichtigen Figur der Welt- und Heilsgeschichte, innerhalb derer er auch als Heide den Willen Gottes vollzieht. Dagegen wird in den Exemplasammlungen seine Maßlosigkeit und Grausamkeit kritisiert. Doch meistens ist A. im MA der Mann, dessen geheimnisvolle Abstammung und ungewöhnl. Taten (Himmels-, Tauchfahrt) Staunen erregen, oder das Idealbild eines höf. Ritters und vorbildl. Herrschers. H. Buntz

Bibliogr.: H. BUNTZ, Die dt. A.-Dichtung des MA, 1973 – Lit.: E. GRAMMEL, Stud. über den Wandel des A.-bildes in der dt. Dichtung des 12. und 13. Jh. [Diss. Limburg 1931] – J. BRUMMACK, Die Darstellung des Orients in den dt. Alexandergesch. des MA (Philol. Stud. und Q. 29), 1966.

VII. MITTELNIEDERLÄNDISCHE LITERATUR: Die mndl. A.-Dichtung beginnt um 1260 mit → Jacob van Maerlants »Alexanders geesten«, einer teilweise stark erweiterten Bearbeitung der »Alexandreis« des Walter v. Châtillon. Den Stoff für einen Teil seiner Erweiterungen verdankte Maerlant wahrscheinl. den seiner Vorlage hinzugefügten Glossen; manches stammt aber aus anderen lat. A.-Dichtungen. Der ep. Gestaltung von »Alexanders geesten« stellte Maerlant um 1280 im 4. Buch der 1. Partie seines »Spiegel historiael« eine als Teil der historia mundi aufgefaßte Darstellung des Alexanderlebens gegenüber. Auch im Bereich der historia sacra hatte die Geschichte A.s ihren Platz. In Prosa umgesetzt und um einige »Alexanders geesten« und der »Historia scholastica« entnommene Kapitel erweitert, in denen A. als Werkzeug Gottes dargestellt wird, wurde die Fassung des »Spiegel historiael« der sog. »Bibel von 1360« einverleibt, einer wahrscheinl. aus der Kartause von Herne im Hennegau stammenden mndl. Bibelfassung, die später auch im N, im Kreisen der →Devotio Moderna, viel gelesen wurde. Eine abweichende, mit der »Großen Seelentrost« in Zusammenhang stehende Darstellung der Alexandergeschichte ist in die sog. »erste ndl. Historienbibel« aufgenommen. Eine Hs. der »Bibel von 1360« war die Vorlage der 1477 von Gheraert Leeu zu Gouda gedruckten »Historie van Alexander«, des ersten volkssprachl., weltl. Buches, das in den Niederlanden gedruckt wurde. W. P. Gerritsen

Lit.: M. DE VRIES-E. VERWIJS, J. v. M., Spiegel hist. I, 1863 – J. FRANCK, A.'s geesten v. J. v. Maerlant, 1882 – S. S. HOOGSTRA, Proza-bewerkingen v. h. leven van A. de G., 1898 – P. J. H. VERMEEREN, J. v. Maerlants A.'s geesten, SpL 1972–73 – C. H. J. M. KNEEPKENS-F. P. VAN OOSTROM, Maerlants A.' geesten en de Alexandreis, Ntg 69, 1976 – K. R. DE GRAAF, The last days of A. in Maerlants A.' geesten, A. the G. in the M. A., Mediaevalia Groningana I, 1978 – W. P. GERRITSEN, Gheraert Leeu's Hist. v. A. en hs. Utrecht, U. B. 1006, Uit bibliotheekuin en informatieveld (Fschr. D. GROSHEIDE), 1978.

VIII. ANGELSÄCHSISCHE UND MITTELENGLISCHE LITERATUR: Der Alexanderstoff war, wie die ae. Prosatexte → »Alexanders Brief an Aristoteles« und → »Wunder des Ostens« (beide nach lat. Quellen) zeigen, zum Teil schon im ags. England verbreitet (spätestens seit Ende des 9. Jh.). Die früheste me. Alexanderdichtung dürfte die Romanze »Kyng Alisaunder« (8021 Verse in vierhebigen Reimpaaren) sein, die wahrscheinl. um 1300 verfaßt wurde; als Quelle diente im wesentl. der anglonorm. »Roman de Toute Chevalerie« des →Thomas v. Kent. Nur fragmentar. erhalten sind die später im Rahmen des →Alliterative Revival entstandenen Dichtungen »Alexander« A, B und C (A manchmal auch »Alisaunder« gen., B manchmal auch »Alexander und Dindimus«, C manchmal auch »The Wars of Alexander«). Daß die Geschichten über A. im spätma. England allgemein bekannt waren, bezeugt gegen Ende des 14. Jh. → Chaucer in seinen »Canterbury Tales« (in der Erzählung des Mönchs); →Gower berichtet im 6. Buch seiner »Confessio Amantis« (1789–2366) über A.s legendären Vater Nectanabus. Zwei lange Alexandergedichte wurden im 15. Jh. in Schottland geschrieben, näml. »The Buik of Alexander« (über 11 000 Verse), dessen Verfasserschaft umstritten ist, und Gilbert Hays »Buik of King Alexander« (an die 20 000 Verse; bis jetzt nur auszugsweise gedruckt). In der 1. Hälfte des 15. Jh. entstand auch eine Prosafassung des Alexanderstoffes (überliefert in der → Thornton-Hs.); diese Bearbeitung ist die der ersten engl. Prosaromanzen. H. Sauer

Bibliogr.: NCBEL I, 421–424 – RENWICK-ORTON, 411 f., 448 – R. M. LUMIANSKY, Legends of A. the Great (A Manual of the Writings in Middle Engl., ed. J. B. SEVERS, I), 1967, 104 ff., 268 f. – Q.: G. V. SMITHERS, Kyng Alisaunder, EETS, 227, 237 – F. P. MAGOUN, JR., The Gests of King A. of Macedon, 1929 [Alexander A und B] – W. W. SKEAT, The Wars of A., EETS, E. S., 47 – R. L. G. RITCHIE, The Buik of A., STS n. s. 12, 17, 21, 25 – J. S. WESTLAKE, The Prose Life of A., EETS 143 – *Lit.:* G. CARY, The Medieval A., 1956 – A. C. BAUGH, The Middle Engl. Period (A Lit. Hist. of England, ed. A. C. BAUGH, 1967²), 180–183, 232, 300 – D. MEHL, Die me. Romanzen des 13. und 14. Jh., 1967 188–198 – H. SCHELP, Exemplar. Romanzen im Mittelengl., 1967, 149–171.

IX. ALTNORDISCHE LITERATUREN: [1] *Island – Norwegen:* Im westnord. Bereich wurde die A.-Dichtung bereits um die Mitte des 13. Jh. durch eine isländ. Prosübersetzung der »Alexandreis« des Walter v. Châtillon (Galterus de Castillione) bekannt.

Diese »Alexanderssaga« ist in einer längeren (AM 519 a 4°) und einer kürzeren (AM 226 fol.) Version – beide aus der 2. Hälfte des 13. Jh. – überliefert, sowie in einigen wenigen Fragmenten. Am Schluß von AM 226 fol., die auch die »Gyðingasaga« (»Geschichte der Juden«) enthält, wird gesagt, daß der spätere Bf. des isländ. Bm.s Hólar, Brandr Jónsson, auf Geheiß des norweg. Kg.s → Magnús Hákonarson, die »Alexanderssaga« und die »Gyðingasaga« ins Isländ. (»í norrænu«) übersetzt habe. Brandr Jónsson war 1247 Abt des isländ. Kl.s þykkvibœr, wurde 1262 zum Bf. gewählt, hielt sich 1262–63 in Norwegen auf, wo er mit Magnús Hákonarson zusammentraf, und starb 1264. Es ist mittlerweile umstritten, ob Brandr Jónsson wirkl. die »Alexanderssaga« übersetzt hat, oder ob er nur eine norweg. Hs. nach Island überführt hat.

Die Saga ist – wie die »Alexandreis« – in zehn Bücher eingeteilt. Walter v. Châtillon (»meistari Galterus«) wird häufig als Gewährsmann gen. Die sehr sichere und souveräne Prosaübersetzung der in Hexametern abgefaßten lat. Vorlage gilt als ein hervorragendes Werk der altnord. Übersetzungslit. H. Ehrhardt

Ed.: Alexanders saga, ed. C. R. UNGER, 1848 – Alexanders saga, ed. F. JÓNSSON, 1925 – *Lit.:* F. JÓNSSON, Lit. hist. 2, 1923², 861 f. – T. ÞÓRHALLSSON, Brandur Jónsson, biskup á Hólum, Skírnir 107, 1923 – O. WIDDING, Það finnur hver sem um er hugað, Skírnir 134, 1960 – E. Ó. SVEINSSON, Athugasemdir um Alexanderssögu og Gyðingasögu, Skírnir 135, 1961 – DERS., Alexandreis et la Saga d'Alexandre (Rencontres et courants litt. franco-scandinaves. Actes du 7ᵉ Congrès Internat. d'Hist. des Litt. Scandinaves 1968, 1972) – L. LÖNNROTH, Hetfurnar lika bleika akra. Athuganir á Njáls sögu og Alexanders sögu, Skírnir 144, 1970 – K. SCHIER, Sagalit., 1970, 116 ff.

[2] *Schweden – Dänemark:* Die schwed. Übersetzung des Alexanderromans fußt auf dem spätgr. »Ps.-Kallisthenes«, bzw. auf dessen lat. Übersetzung des Archipresbyters Leo (»Historia de preliis«, Orosius-Redaktion) und ist in der umfangreichen Knittelversdichtung »Konung Alexander« überliefert. Der Übersetzer ist unbekannt. Der »Konung Alexander« wurde im Auftrag des Reichsdrosten Bo Jonsson (Grip) übersetzt und muß zw. 1375 und 1386 entstanden sein. Der Text ist allein in der Sammelhs. cod. Holm. D. 4 (Mitte 15. Jh.) bewahrt.

Der Übersetzer folgt im großen und ganzen dem Handlungsverlauf der lat. Vorlage, ist aber in der Darstellung weitläufiger und ausführlicher. In Ethik und Lebensauffassung bedeutet der »Konung Alexander« eine Abkehr von der höf. schwed. Dichtung vom Anfang des 14. Jh. (→ Eufemiavisor, → Erikskrönikan), indem bes. die Zielstrebigkeit und prakt. Staatsklugheit des Welteroberers A. betont werden.

Eine kurze Prosaversion des Alexanderromans ist außerdem in der aschw. Erbauungsschrift »Siælinna þrøst«, einer Übersetzung des nd. → Seelentrost aus der Mitte des 14. Jh., überliefert. Diese Tradition geht ebenfalls auf Leos »Historia de preliis« zurück.

Durch eine adän. Übersetzung des schwed. »Siælinna thrøst« (»Siæla trøst«, um 1500) wird der Alexanderroman auch in Dänemark bekannt. H. Ehrhardt

Ed.: Konung Alexander, ed. J. A. AHLSTRAND, 1855-62 – Siælinna thrøst, ed. S. HENNING, 1954 – Sjælens Trøst (»Siæla trøst«), ed. N. NIELSEN, 1937-52 – Lit.: KL I, 75-79 – E. N. TIGERSTEDT, Ny ill. svensk litt. hist. I, 1955, 85 ff.

X. ISLAMISCHE LITERATUR: Die Gestalt A.s und Materialien des Alexanderromans begegnen in der *islam. Lit.* in mannigfacher Brechung. Im Koran wird A. unter dem Namen Ḏū l-Qarnain, der 'Zwiegehörnte', gen.; er wird dort v. a. mit dem Bau der Mauer gegen die Gog und Magog in Verbindung gebracht (Sure 18, v. 82-98). Das Motiv von A.s Suche nach dem Wasser des Lebens wirkt nach in der Perikope von der Begegnung Mose mit einem rätselhaften »Diener Gottes«, der in der Exegese meist den Namen Ḫaḍir erhält (vgl. Sure 18, v. 59-81). Ältestes und wichtigstes Zeugnis einer vom Koran unabhängigen Tradition ist der Briefwechsel zw. A. und Aristoteles, der vielleicht schon in umayyad. Zeit (um 740) als geschlossener Zyklus vorlag (→ Alexanderbrief). Die überaus verzweigten und diffusen hist. Nachrichten sind kaum untersucht. Bemerkenswert scheint, daß man beim Tode des Būyidenherrschers 'Aḍudaddaula (982) in einem Kreise Bagdader Philosophen die Worte wiederholte, welche die zehn Weisen am Sarge A.s gesprochen hatten. Die Beweinung A.s wird auch in arab. Miniaturen dargestellt.

In der *iran. Welt* wandelte sich das Bild A.s von dem eines feindl. Eroberers, der das Achämenidenreich zerschlagen hatte, zu dem eines muslim. Helden und iran. Ritters, der aufgrund seiner Verdienste den Rang eines im Koran gewürdigten Propheten erwarb. Schon Firdausī (gest. 1020) legitimiert ihn in seinem Königsbuch (»Šāhnāma«) als angebl. Halbbruder des letzten Darius. Bedeutendstes Beispiel lit. Gestaltung ist hier das zweiteilige Alexanderepos des Niẓāmī (gest. 1209). Jedoch ist das Thema auch in der *osman.* (→ Aḥmedī) und in der *tschagataiischen* Lit. behandelt worden. J. van Ess

Lit.: EI² (engl.) IV, 127 ff. s. v. al-Iskander und Iskandar Nāme; IV, 902 ff. s. v. al-Khadir – M. BROCKER, Aristoteles als A.s Lehrer in der Legende [Diss. Bonn 1966]; dazu Ergänzungen von G. ENDRESS, Oriens 20, 1968-69, 411 ff. – R. PARET, Der Koran. Komm. und Konkordanz, 1971, 316 ff.

XI. HEBRÄISCHE LITERATUR: Auch auf die hebr. Lit. des MA hat die Persönlichkeit A.s d. Gr. eine starke Faszination ausgeübt. Die zahlreichen Episoden, Exempla und Betrachtungen über A.s Charakter, welche sich bes. in der moralist. Lit. des Judentums finden, sind jedoch vorläufig noch zu trennen von den direkten Bearbeitungen des Alexanderromans, bei denen die gr. oder lat. Vorlagen (z. T. über arab. Übersetzungen) mehr oder weniger ersichtl. sind. Letztere werden durch eine ganze Reihe von Hss. bezeugt, die allerdings bis heute nur teilweise in brauchbaren Editionen vorliegen. Ein abschließendes Urteil über quellenkrit. Zusammenhänge ist daher soweit nur bedingt möglich.

Wohl direkt auf eine gr. Vorlage des Alexanderromans in der Rez. ε (vgl. den von J. TRUMPF 1974 hg. Text) geht eine Hs. zurück, die R. REICH 1972 abgedruckt hat: »Sēfār 'Aleksanǎrôs Môqdôn«. Es handelt sich hier um eine freie jüd. Bearbeitung im Stil einer bibl. Erzählung, ein durchaus übliches Verfahren der jüd. Adaption fremder Stoffe. Ein anderer »Sefar 'Aleksanǎrôs Môqdôn« (hg. I. LEVI, 1896, übers. von M. GASTER, 1897) geht direkt auf die Rez. γ des gr. Romans zurück (vgl. etwa den von U. v. LAUENSTEIN u. a. hg. Text). Die Schrift entstand zw. dem 11. und 13. Jh. in S-Italien und ist stark durchsetzt mit Ausschmückungen und weiteren abenteuerl. Erzählungen, deren Platz innerhalb der jüd. Alexandertradition noch untersucht werden muß.

Die übrigen hebr. Fassungen hängen sämtl. von der lat. Version des Archipresbyters Leo v. Neapel (Rez. δ des gr. Romans) ab, und zwar von den sog. interpolierten Fassungen, der »Historia de preliis« (J2, J3). Ein Text wurde wahrscheinl. von Samuel ibn Tibbon im 12. Jh. von einer arab. Vorlage ins Hebr. übersetzt (hg. I. LEVI, 1886). In den Umkreis dieser Version gehört eine weitere Hs., die von I. LEVI 1881 untersucht und teilweise abgedruckt wurde. Ein im MA unter den Juden weit verbreitetes Geschichtsbuch, »Sēfār Jôsippôn« (entstanden im 10. Jh. ebenfalls in S-Italien), enthält eine weitere Version – ein Zusatz wohl aus dem 13. Jh. –, die auf die »Historia de preliis« (J2) zurückgeht. Eine fast wörtl. Übersetzung, zusammen mit einer Beschreibung der Buchillustrationen, die die lat. (J3) Vorlage offensichtl. enthielt, wurde von Immanuel ben Jakob »Bonfils« Mitte des 14. Jh. angefertigt. Dieser Text, nach der ausführlichsten Hs. von I. KAZIS 1962 hg., übers. und kommentiert, stellt eine brauchbare Grundlage für weitere vergleichende Untersuchungen dar.

J.-H. Niggemeyer

Q.: I. LEVI, Les traductions hébraiques de l'hist. légendaire d'Alexandre, REJ 3, 1881, 238-275 – DERS., Sēfār tôlᵉdôt 'Aleksanǎr, Qobāṣ 'al jad II, 1886 – DERS., Un nouveau Roman d'Alexandre, Fschr. M. STEINSCHNEIDER, 1896 (= 1975), 235-237; hebr. T. 142-163 – M. GASTER, An old Hebrew Romance of A., JRAS 1897, 485-549 (Stud. and Texts 2, 1928, 814-878) – I. KAZIS, The Book of the Gests of A. of Macedon, 1962 – M. SANDERS-H. NAHMAD, A Judeo-Arabic Epitome of the Yosippon, Fschr. S. B. FREEHOF, 1964, 275-299 – J. DAN, 'Alîlôt Aleksander Môqdôn, 1969 – H. HOMINER, Sefar Jôsippôn, 1971⁴ – R. REICH, Tales of A. the Macedonian, 1972 – Lit.: EJud (engl.) II, 579 f.; X, 296-298 – I. LEVI, La légende d'Alexandre dans le Talmud, REJ 2, 1881, 293-300; 7, 1883, 78-93 – DERS., REJ 12, 1886, 117 f.; 28, 1894, 147 f. – L. WALLACH, Yosippon and the A. Romance, JQR 37, 1946-47, 407-422 – D. FLUSSER, An »Alexander Geste« in a Parma MS, Tarbiz 26, 1956, 165-184 – DERS., Der lat. Josephus und der hebr. Josippon, Fschr. O. MICHEL, 1974, 122-132.

Alexander

1. **A.**, Gfs. v. Litauen seit 20. Juli 1492, Kg. v. *Polen* seit 3. Okt. 1501, * 5. Okt. 1461 in Krakau, † 19. Aug. 1506 in Wilna, □ ebd., 4. Sohn Kasimirs IV. und der Habsburgerin Elisabeth. Humanist. gebildet, aber persönl. weder bedeutend, noch tatenfreudig, erlangte seine Herrschaft für Polen und Litauen dadurch große Bedeutung, daß in ihr Voraussetzungen für die Entwicklung zur Adelsrepublik geschaffen wurden. Nach des Vaters Tod wurde A. zum Gfs.en v. Litauen erhoben, die Union mit Polen fakt. gelöst. Am 6. Aug. 1492 erteilte A. dem Adel seines Landes ein umfassendes Privileg, das die Bestimmungen Kasimirs IV. von 1447 bestätigte und durch neue Zugeständnisse erweiterte: Außenpolitik, Entscheidung über Krieg und Frieden, Ämterbesetzung in den Grenzgebieten, Finanzpolitik und Gerichtsbarkeit über die Amtsträger wurden an die Mitwirkung oder Zustimmung des großfürstl. Rates (der consiliarii) gebunden, ein großfürstl. Schatz geschaffen, dem Mittel nur mit Einwilligung der Räte entnommen werden durften. Der hohe litauische Adel erreichte damit rechtl. Gleichstellung mit dem poln. Magnatentum, gegen dessen Eindringen in Litauen er sich zugleich durch Beschränkung des Erwerbs von Gütern durch Ausländer absicherte. 1492 kam es zu einem ersten Krieg mit dem Gfsm. Moskau, den A. durch den Frieden vom 5. Febr. 1494 beenden mußte; am 18. Febr. 1495 heiratete er Elena, die Tochter des Gfs.en Ivan III. v. Moskau. Dieser aber brachte eine Koalition gegen die jagiel-

lon. Brüder zustande. Angesichts der Bedrohung nahmen die litauischen Räte A.s Verbindung mit Polen auf und vereinbarten die Union von Wilna und Krakau (Mai/Juli 1499), in der die poln. Senatoren und litauischen Räte sich gegenseitig verpflichteten, ohne Mitwirkung der anderen Seite keinen Herrscher zu wählen; auch Litauen wurde damit Wahlreich. Während des unter nichtigem Vorwand von Ivan III. begonnenen Krieges (1500), in dem sich A. mit dem livländ. Meister des Dt. Ordens, Wolter v. Plettenberg, verbündete, starb A.s Bruder Johann Albrecht v. Polen. A. wurde zum Nachfolger gewählt, verpflichtete sich am 23. Okt. 1501, Litauen und Polen zusammenzufügen (quasi unum corpus), doch trat diese Union nie in Kraft. Am 25. Okt. 1501 stellte A. den poln. Senatoren ein Privileg aus, das ihn verpflichtete, nichts gegen den Willen des Senats zu unternehmen; andernfalls durften ihm die Senatoren den Gehorsam aufsagen (De non praestanda oboedientia). Der unglückl. verlaufene Krieg mit Moskau zwang A. zum Waffenstillstand am 22. März 1503, durch den große Gebiete im N und O Litauens an Moskau abgetreten wurden, welches nach W bis an den mittleren Dniepr vorrückte. Gleichzeitig griffen die Krimtataren und Stephan d. Gr., Fs. der Moldau, im SO an, wobei zeitweilig Pokutien am oberen Prut verloren ging. Die Senatsregierung in Polen erwies ihre Unfähigkeit. Schon der Reichstag zu Petrikau (Jan. bis März 1504) beschloß Bestimmungen gegen die Verschleuderung von Königsgut, wobei A. Unterstützung beim Kanzler Jan Laski, dem späteren Ebf. v. Gnesen, und den adligen Landboten fand. Der Reichstag zu Radom (April, Mai 1505), der dem Adel jede bürgerl. Tätigkeit verbot und das Bürgertum polit. ausschaltete, verpflichtete den Kg., keinerlei neue Gesetze ohne Mitwirkung von Senat und Landboten (nuntii terrestres) zu erlassen. Diese Konstitution »Nihil Novi« übertrug die Legislative endgültig den beiden Kammern des Reichstages. Dem Kg. als Exekutive wurde ledigl. im Rahmen der bestehenden Gesetze ein Verordnungsrecht zugestanden. Damit war die Grundlage für jene »Adelsdemokratie« geschaffen, die unter Ausschaltung der Städte und der Bauern in Zukunft das polit. Schicksal Polens und Litauens bestimmte; das Erbrecht der Jagiellonen wurde unter Aufhebung der Vereinbarungen von Wilna und Mielnik für verbindl. erklärt. M. Hellmann

Lit.: PSB I, 58–61 – Lietuvių Enciklopedija I, 97–100 – SIĖ I, 365 – Hb. europ. Gesch. 3, 1003–1060 – TH. DZIAŁYŃSKI, Zbiór praw litewskich, 1841 – M. LJUBAVSKIJ, Litovsko-russkij sejm, 1900 – F. PAPÉE, Akta Aleksandra 1501–1506, MPH XIX, 1927 – M. KRASAUSKAITĖ, Die litauischen Adelsprivilegien bis zum Ende des XV. Jh. [Diss., Zürich 1927] – G. RHODE, Gesch. Polens, 1966.

2. A. I., *Kg. v. Schottland*, 1107–24, 5. Sohn Malcolms III. »Canmore« und St. Margaretes, Nachfolger seines unverheirateten Bruders Edgar. Er erhielt seinen ungewöhnl. Namen vermutl. zu Ehren Papst Alexanders II. A. war etwa 15 Jahre alt, als seine Eltern starben. Es scheint, daß er in einer anglo-norm. Umgebung aufwuchs und eine ritterl. Erziehung erhielt. Unter der Herrschaft seines Bruders besaß er wahrscheinl. S-Schottland; als er den Thron bestieg, vertraute er dieses Gebiet seinem jüngeren Bruder und Nachfolger David an. Wie Edgar war A. von der militär. Unterstützung Heinrichs I. v. England abhängig, um seine Herrschaft über ein Land mit verschiedenen Stämmen und Sprachen aufrechterhalten zu können. Seine abhängige Position kann man auch in seiner Ehe mit einer unehel. Tochter Heinrichs I. und in seiner Führung einer Heeresabteilung bei Heinrichs Invasion in Wales (1114) erkennen. Während seiner Regierungszeit zeigten sich einige Fortschritte in der Normanisierung Schott-

lands, z. B. die begrenzte Einführung von Ritterlehen, die Gründung einer augustin. Priorei zu → Scone sowie die Ernennung dreier aufeinanderfolgender engl. Bf.e v. → St. Andrews: → Turgot, Prior v. Durham (1107), → Eadmer, Mönch v. Canterbury (1120) und Robert, Prior v. Scone (1124–59). G.W.S. Barrow

Lit.: R.L.G. RITCHIE, The Normans in Scotland, 1954 – A.A.M. DUNCAN, Scotland, the making of the kingdom, 1975, 128–132.

3. A. II., *Kg. v. Schottland* 1214–49, * 24. Aug. 1198, † 8. Juli 1249, war der einzige ehel. Sohn Wilhelms I. »des Löwen«. A. verteidigte mit Erfolg die Unabhängigkeit seines Kgr.s und hielt gleichzeitig den Frieden mit England aufrecht. Er setzte die Politik seines Vaters fort, indem er die kgl. Herrschaft über Galloway und das w. Hochland wieder geltend machte, die Gründung neuer Städte förderte und meist ein gutes Verhältnis zur Kirche unterhielt. Zw. 1209 und 1214 stand der schott. Kg. im Schatten der Macht Kg. Johanns v. England. Obgleich A. von Johann 1212 zum Ritter geschlagen worden war, war er fest entschlossen, eine unabhängigere Richtung einzuschlagen. Nach dem Tod seines Vaters verband er sich mit den Baronen, die die → Magna Charta unterschrieben (1215–16), wobei jedoch sein Plan, die n. engl. Gft.en wiederzugewinnen, scheiterte. Er konnte nicht einmal die Vereinbarung von 1209, die eine Heirat seiner Schwestern mit Heinrich und Richard v. England vorsah, durchsetzen. Trotzdem hielt A. am Kurs einer vorsichtigen Friedenspolitik gegenüber dem jungen Heinrich III. fest. Er heiratete dessen Schwester Johanna 1221 und schloß mit Heinrich III. den dauerhaften Friedensvertrag v. York (1237). Dabei wurden schott. Ansprüche auf die n. engl. Gft.en und Forderungen aus dem Heiratsvertrag von 1209 aufgegeben. A. bekam als Entschädigung Gebiete in → Cumberland. Da Kgn. Johanna ohne Nachkommen 1238 starb, heiratete A. Maria v. Coucy (Vermandois). Sie gebar ihm einen Sohn, den späteren Alexander III. Im Jahre 1222 führte A. Krieg, um Argyll zu unterwerfen. Er unterdrückte einen Aufstand in Galloway 1235 und versuchte, den Kg. v. Norwegen zu bewegen, die w. Inseln abzutreten. A. starb auf der Insel Kerrera (Argyll) während eines großen Feldzuges, der das w. Hochland unter kgl. Herrschaft bringen sollte. G.W.S. Barrow

Lit.: A.A.M. DUNCAN, Scotland, the making of the kingdom, 1975, 520–551.

4. A. III., *Kg. v. Schottland* 1249–86, * 4. Sept. 1241, † 19. März 1286; Sohn von Alexander II. und Maria v. Coucy. Da A. noch minderjährig war, als er an die Regierung kam, konnte sich Heinrich III. v. England immer wieder in die schott. Angelegenheiten einmischen, was durch die Ehe A.s mit Heinrichs Tochter Margarete (1251) noch unterstützt wurde. Innerhalb des schott. Adels kämpften zwei Parteien um die Macht: die Comyns und Alan Durward mit seinem Anhang. Nach 1258 vermochte sich Heinrich in Schottland nicht mehr durchzusetzen. Wie sein Vater versuchte A., das w. Hochland und die Inseln zu unterwerfen und forderte Kg. Hákon IV. v. Norwegen 1263 zu einem Großfeldzug heraus, der von den Schotten in der Schlacht von → Largs zurückgeschlagen wurde und mit dem Tode Hákons endete. Mit dem Vertrag v. Perth 1266 trat Norwegen die Hebriden und die Insel Man an Schottland ab. A. verhielt sich Edward I. v. England gegenüber freundl., aber unnachgiebig. So entsprach er z. B. nicht seiner Forderung nach Huldigung für Schottland. Während A.s Regierungszeit entwickelten sich im schott. Recht und in der Verwaltung die meisten Institutionen, die das spätere schott. Kgr. im MA kennzeichnen, z. B. regelmäßige Parlamente, die denen in England ähnlich waren. Die Kinder von A. und Margarete († 1275) überlebten den Vater nicht. Die Enkelin Margarete, »the Maid of Norway«, wurde schott. Nachfolgerin und als solche formell anerkannt. A. heiratete 1285 Yolande v. Dreux und starb 1286 an einem Sturz vom Pferd. G.W.S. Barrow

Lit.: D.E.R.WATT, The Minority of Alexander III of Scotland, TRHS, 5. Ser., 21, 1971, 1-23 – G.W.S.BARROW, The Kingdom of the Scots, 1973 – A.A.M.DUNCAN, Scotland, the making of the kingdom, 1975, 552-615.

5. A., *bulg. Fürst*, Sohn des Zaren Ivan Asen I. und Bruder Ivans Asen II., * um 1196/97, Todesjahr unbekannt, ⚭ Tochter des serb. Kg.s Stephan d. Erstgekrönten. A. flüchtete 1207 vor Zar Boril samt mit seinem Bruder zu den Kumanen nördl. der Donau, dann nach Halyč. In die Heimat zurückgekehrt, wurde er 1218 Sebastokrator und Statthalter des Serdikagebietes. I. Dujčev

Q.: G. Acropolita, Historia, ed. A. HEISENBERG, 25, 32ff. – Lit.: ZLATARSKI, Istorija III, 105ff., 286, 369, 420 – I. DUJČEV, Bŭlgarsko srednovekovie, 1972, 289ff.

6. A. I., »d. Gute«, *Fs. der Moldau* 1400-1432; † Jan. 1432, Sohn des Vojevoden Roman. Seine Regierung hatte einen wesentl. Anteil an der inneren und äußeren Festigung des moldauischen Fsm.s. Seit seiner Thronbesteigung bemühte er sich um die Erneuerung des Anschlusses seines Landes an Polen; diese Orientierung hatte die Außenpolitik des moldauischen Fsm.s seit 1387 bestimmt. Die Kriege Polens gegen den Dt. Orden unterstützte er zweimal durch Entsendung von Truppenverbänden: 1410 in der Schlacht bei Tannenberg (Grunwald) und 1422 bei der Belagerung der Marienburg. Seine enge Verbindung mit dem poln. Kg. Władysław Jagiełło sollte in erster Linie bewirken, die expansive Politik Ungarns unter dem Luxemburger Sigismund, der seit 1387 Kg. v. Ungarn war, vom Fsm. Moldau abzuwehren. Diese richtete sich auf das Gebiet des Donaudeltas, das zu diesem Zeitpunkt vom Fsm. Moldau und seinem Donauhafen Kilia kontrolliert wurde.

Durch den in Lublau zwischen Sigismund und Jagiello am 15. März 1412 geschlossenen Vertrag wurde dem ung. Kg. der freie Zugang zu Kilia gesichert und die Teilnahme des Fsm.s Moldau an der antiosman. Koalition wie an den Plänen und Projekten zugunsten des bedrohten Byzanz festgelegt. Dieses Bündnis bildete die Voraussetzung für eine Verstärkung der Beziehungen A.s zum byz. Hof. Das Fsm. Moldau war auf dem Konstanzer Konzil (1415) vertreten und nahm an den Verhandlungen teil, die der Wiederherstellung einer Union der beiden chr. Kirchen dienen sollten. 1420 mußte das Land einen großen osman. Angriff abwehren, der den ersten Versuch der Türken darstellt, sich die Kontrolle über das Donaudelta zu verschaffen. Gegen Ende seines Lebens gab A. seine Verbindung zu Polen auf. Er wechselte in das Lager seiner Gegner über und unterstützte die litauischen Unabhängigkeitsbestrebungen.

Unter A.s Regierung vollzog sich in der Kirchenorganisation des Fsm.s Moldau ein großer Fortschritt: A. ist nicht nur die Normalisierung des vorher sehr gespannten Verhältnisses zum Patriarchen v. Konstantinopel zu verdanken, sondern der Vojevode gründete auch eine Reihe von Klöstern (Bistrita, Moldovita), die im kirchl. und kulturellen Leben des Landes eine führende Stellung einnahmen. A. schützte ferner die Hussiten, die vor den Verfolgungen, denen sie in Polen und Ungarn ausgesetzt waren, in sein Land geflohen waren. S. Papacostea

Lit.: N. IORGA, Hist. des Roumains et de la Romanité orientale III, 1937, 370-420; IV, 1937, 7-44.

7. A. II. (Alexăndrel), *Fs. der Moldau* (1449, 1452-1454, 1455), Sohn des Vojevoden Ilias. Er regierte mit Unterbrechungen gegen Ende der langen Thronstreitigkeiten, die das Fsm. Moldau vom Tod Alexanders I. d. Guten (1432) bis zur Machtübernahme durch Stefan d. Großen (1457) beherrschten. A. bemächtigte sich Anfang 1449 erstmals des moldauischen Throns. Dabei wurde er von Polen unterstützt, das nicht bereit war, die durch den ung. Reichsverweser Johann Hunyadi geschaffene Lage hinzunehmen (Johann hatte 1448 das Donaudelta der unmittelbaren Kontrolle Ungarns unterstellt, indem er in Kilia eine Besatzung postiert hatte). A. konnte den Thron zunächst jedoch nur wenige Monate behaupten. Als er 1452 wieder zur Herrschaft gelangte, schloß er Frieden mit den Ungarn. Nach zweijähriger Regierung wurde er durch den Prätendenten Peter Aron erneut entthront. 1455 vermochte er ein letztes Mal den Thron zu besteigen, doch wurde er bereits im Frühjahr endgültig von seinem Gegner besiegt. Bald darauf starb er in Cetatea Albă. S. Papacostea

Lit.: N. IORGA, Hist. des Roumains et de la Romanité orientale IV, 1937, 104-135.

8. A. Nevskij, * um 1220, † 14. Nov. 1263, bedeutendster russ. Fs. des 13. Jh. Als begabter Feldherr und geschickter Politiker war A. seit 1236 mit Unterbrechungen *Fs. v. Novgorod* und seit 1252 *Gfs. v. Vladimir-Suzdal'*. In mehreren erfolgreich bestandenen Kämpfen mit Schweden, Ordensrittern und Litauern erwarb sich A. große Verdienste um Großnovgorod. Der glänzende Sieg, den A. am 15. Juli 1240 an der Neva über das vorrückende schwed. Heer unter Jarl Birger errang, trug A. den Beinamen »Nevskij« ein. Am 5. April 1242 schlug er auf dem Eis des Peipussees das Heer der dt. Ordensritter vernichtend. Damit wurde das Vordringen des Dt. Ordens nach O aufgehalten. Trotz dieser Erfolge stießen A.s Bestrebungen, die fürstl. Macht gegenüber den polit. Institutionen Novgorods zu verstärken, auf Widerstand. Erfahrungen mit schwed. und dt. Vertretern der ecclesia militans haben A.s mißtrauische Haltung gegenüber päpstl. Angeboten, eine Union zu bilden und eine gemeinsame Front gegen die mongol. Invasoren zu errichten, offenbar beeinflußt. Angesichts des Zusammenbruchs der russ. Abwehr gegen den Mongolenansturm – v. a. nach dem Tod seines Vaters, Gfs. Jaroslav (1246) – und nach der Huldigungsreise zu Khan Batu in Saräi und an den Hof des Großkhans in Karakorum (1248-49) entschied sich A. für die Anerkennung des mongol. Herrschaftsanspruchs und für eine weitgehende Zusammenarbeit mit dem fremden Eroberer. Auf dieser Grundlage vermochte A. seine Machtposition zu festigen. 1252 machte er das antimongol. Fürstenbündnis, an dessen Spitze sein Bruder, Gfs. Andrej, stand, mit Hilfe von Strafexpeditionen der Goldenen Horde zunichte und erlangte den erwünschten *jarlyk* für das Gfsm. Vladimir. Entschieden trat A. für eine Befriedigung der Tributforderungen des Mongolenkhans ein. Er unterstützte 1257-59 die Mongolen bei ihrer Volkszählung, die den Prozeß der Konsolidierung der Mongolenherrschaft abschloß, und schreckte dabei nicht vor blutigen Repressalien gegen die altruss. Bevölkerung zurück. Dabei gibt es Hinweise, daß A. die Gegensätze, die innerhalb der Goldenen Horde entstanden waren, auszunutzen bestrebt war. – A.s Mongolenpolitik, von seinen Zeitgenossen bis auf die Geschichtsforschung des 19./20. Jh. kontrovers beurteilt, fand starke Unterstützung bei der Oberschicht und v. a. der Kirche, innerhalb derer die Überzeugung vorherrschte, daß Widerstand aussichtslos sei und nur zum Zusammenbruch der russ. Fsm.er und der Orthodoxie führen würde. A.s polit. Weisheit wurde in seiner um 1282 im Umkreis des gleichgesinnten Metropoliten Kirill verfaßten Vita gerühmt, die eine Verbindung des Genres des Fürstenlebens mit dem der Heiligenvita darstellt. Die

Verehrung A.s entwickelte sich mit der Erhebung seiner Gebeine (1380) und der Kanonisationssynode (1547). Als Enkel von Vsevolod III., gen. »Das große Nest«, als Großvater von Ivan I. Kalità und damit Stammvater der Moskauer Dynastie galt A. seinen Nachkommen als Vorbild eines weitblickenden, auf das Staatswohl bedachten Herrschers. A. Poppe

Q.: PSRL I und LN I [laut Register] – A.s Nevskij Vita, J. K. Begunov, Pamjatnik russkoj literatury XIII veka., 1965, dt.: Russ. Heiligenlegenden, hg. E. Benz, 1963, 124–131 – *Lit.*: A. V. Ekzempl'jarskij, Velikie i udel'nye knjazja Severnoj Rusi v Tatarskij period s 1238 po 1505 g. t. I. SPb, 1889, 29–40 – S. M. Solovev, Istorija Rossii II, 1960, 151–161 – V. V. Kargalov, Vnešnepolitičeskie faktory razvitija feodal'noj Rusi, 1967, 133–154 – W. Philipp, Über das Verhältnis des »Slovo o pogibeli russkoj zemli« zum »Žitie Aleksandra Nevskogo«, FOG 5, 1957, 7–37 [Lit.] – Stökl, Gesch.⁴, 127–133 [Lit.] – E. Hösch, A. N., Die Großen der Weltgesch. III, 1973, 718–729 – W. Philipp, Heiligkeit und Herrschaft in der Vita Alexandr Nevskijs, FOG 18, 1973, 55–72 [Lit.] – V. Pašuto, A. N., 1974.

9. A. I. Aldea, Fs. d. Valachei 1431–1436, Sohn des Vojevoden Mircea I. Er gelangte mit Unterstützung des moldauischen Vojevoden Alexander I. auf den Thron und begann zunächst, die antiosmanischen Kräfte zu einigen; aber er mußte bald dem Druck der Türken nachgeben, die die Valachei erneut ihrer Oberherrschaft unterstellten. 1432 nahm er sogar am türk. Feldzug gegen Transilvanien (Siebenbürgen) teil. Die Regierungszeit A.s, die mit der letzten Etappe der Ostpolitik des Luxemburgers Sigismund zusammenfiel, fand 1436 ihr Ende, als es seinem Bruder Vlad → Dracul(a) mit der Unterstützung des ung. Kg.s gelang, A. aus dem Land zu vertreiben und sich des valach. Throns zu bemächtigen. S. Papacostea

Lit.: N. Iorga, Hist. des Roumains et de la Romanité orientale IV, 1937, 47–75.

10. A. II., Papst, 30. Sept./1. Okt. 1061 – † 21. April 1073, stammte aus Baggio b. Mailand, vornehmer Herkunft, seit früher Jugend der Mailänder Kirche zugehörig und in ihrer Domschule ausgebildet; er war weder Schüler Lanfrancs in Bec oder Mitglied der dt. Hofkapelle noch Mitbegründer der → Pataria; 1056 Bf. v. Lucca; arbeitete mit Vertretern der röm. Reformpartei zusammen und wurde von dieser Gruppe unter dem maßgebl. Einfluß des Archidiakons Hildebrand (des späteren Gregor VII.) in der Nacht vom 30. Sept./1. Okt. 1061 zum Papst gewählt und inthronisiert, gestützt durch norm. Hilfe und Hzg. Gottfried v. Lothringen-Tuszien (sowie dessen Gemahlin Beatrix). Auf Betreiben des röm. Adels und lombard. Reichsbischöfe erhob der dt. Hof am 28. Okt. 1061 Bf. Cadalus v. Parma als Honorius II. Unter dem Einfluß → Annos v. Köln wurde A. auf der Synode v. Mantua 1064 auch vom Reichsepiskopat anerkannt. Seitdem verlor das Schisma seine Bedeutung. A. war schon seiner Herkunft nach der adligen Schicht verbunden, die den höheren Klerus und den it. Reichsepiskopat stellte. Er war noch Vertreter der älteren Gruppe der Reformpartei, die in der Tradition Leos IX. im Zusammenwirken mit dem Kg. die Kirche reformieren wollte. Obwohl Hildebrand (mit wachsendem Rigorismus) maßgebl. die päpstl. Politik leitete, sah A. sein Anliegen der röm. Kirchenreform vorwiegend im Ausgleich extremer Forderungen, gelegentl. auch gegen Hildebrand und die radikale neue Frömmigkeit der Mönchs- und Klerikergemeinschaften. Mit der fortschreitenden Verwirklichung des röm. Reformprogramms verstärkte sich der päpstl. Einfluß in allen Ländern der lat. Kirche, verschärften sich aber auch die Spannungen zum jungen Kg. Heinrich IV. und mit dem Reichsepiskopat; einzelne Bf.e, u. a. Anno v. Köln und Siegfried v. Mainz, wurden vorgeladen, nach der Abdankung Ebf. Widos v. Mailand im Streit um die Nachfolge einige kgl. Räte gebannt. Durch Kard. Hugo Candidus wurden die span. Reiche enger mit Rom verbunden (Aragón wurde 1068 dem Hl. Stuhl lehenspflichtig). A. unterstützte die beginnende → Reconquista durch den (ersten sicheren päpstl.) Kreuzablaß, begünstigte die Eroberung Englands durch Wilhelm I. und förderte die Ausbreitung und Festigung der Normannenherrschaft in Unteritalien-Sizilien, die zugleich diese Gebiete in den röm. Kirchenverband eingliederte. G. Schwaiger

Q.: Jaffé² I, 566–592 – Potthast I, 35 – *Lit.*: HKG III, 1, 401, 411–421 – Le istituzioni ecclesiastiche della »Societas christiana« dei secoli XI-XII. Papato, cardinalato ed episcopato, Misc. del Centro di studi medievali 7, 1974 – G. Jenal, Ebf. Anno II. v. Köln (1056–75) und sein polit. Wirken, 2 Tle, 1974–75 – C. Morton, Pope A. II and the Norman conquest, Latomus 34, 1975, 362–382 – G. Arrighi, La bonifica di Alessandro II papa e vescovo di Lucca (XI sec.) in Vallebuia (Lucca), Rivista di Storia dell'Agricoltura 15, 1975, 95–109 – W. Ullmann, The Papacy and Political Ideas in the Middle Ages, 1976 – R. Hüls, Kard.e, Klerus und Kirchen Roms 1049–1130, 1977 – T. Schmidt, A. II. (1061–1073) und die röm. Reformgruppe seiner Zeit, 1977 [Lit.] – TRE II, 235–237.

11. A. III. (Orlando [Roland] Bandinelli), Papst 7. Sept. 1159–30. Aug. 1181, † Civita Castellana, stammte aus Siena. Lehrer der Rechte in Bologna, wo er eine Summa zum → Decretum Gratiani und theolog.-geschichtl. bedeutende Sentenzen verfaßte; 1150 Kard., 1153 Kanzler der röm. Kirche, einflußreichster Berater Hadrians IV. Als päpstl. Legat geriet er auf dem Reichstag von → Besançon 1157 in eine heftige Auseinandersetzung mit Friedrich I. Barbarossa und Ebf. Rainald v. Dassel. Nach Hadrians Tod wählte die kaiserfeindl. Mehrheit der Kard.e Roland, die Minderheit den Kard. Oktavian aus dem kaiserfreundl. Geschlecht der Monticelli als Victor IV., der einige Anerkennung fand (durch Senat und Volk von Rom; Synoden v. Pavia 1160 und Lodi 1161) und noch die Gegenpäpste Paschalis III., Calixtus III. und Innozenz III. als Nachfolger erhielt. Seit Friedrich I. offen für Victor IV. eintrat, brach der Kampf zw. Papst- und Kaisertum in aller Heftigkeit aus. A. mußte nach Frankreich gehen (1161–65) und fand hier sowie in ganz W-Europa Anerkennung. Nach Victors Tod wuchs sein Anhang auch im ksl. Herrschaftsbereich; bes. Rückhalt gewann er in den oberit. Städten, die 1168 die neugegr. Stadt → Alessandria nach ihm benannten. Eine Verständigung zw. Papst und Ks. brachte erst der Friede v. Venedig 1177. Damit war Friedrichs Versuch gescheitert, eine ksl. Kirchenhoheit zu üben. Das Schisma war nun bedeutungslos, erlosch endgültig aber erst im Jan. 1180. Heinrich II. v. England nützte die Kampfsituation zum Ausbau seiner Hoheitsrechte (Artikel v. Clarendon 1164); Ebf. Thomas → Becket wurde von A. unterstützt, doch zeigte der Kg. nur unmittelbar nach Beckets Ermordung (1170) dem Papst größeres Entgegenkommen. Das 3. Laterankonzil 1179 bestimmte, daß künftig der von den Kard.en mit Zweidrittelmehrheit gewählte Papst sein solle, minderte das geltende Eigenkirchenrecht zum Patronatsrecht und ergriff Maßnahmen gegen die → Katharer. Päpstl. Kreuzzugsaufrufe blieben fast erfolglos. A. ist einer der bedeutendsten ma. Päpste, ebenbürtiger Antagonist Friedrichs I., begabt als Gelehrter und Staatsmann, dabei maßvoll und verständigungsbereit. Als erster großer Kanonist unter den Päpsten des MA legte er den Grund zur neuen dekretalen Gesetzgebung des Papsttums: mit Hilfe der Dekretisten und Dekretalisten wird Papstrecht zum universalen Kirchenrecht. G. Schwaiger

Ed.: MPL 200 – Summa, ed. F. Thaner, 1874 [Neudr. 1962] – Sententiae, ed. A. Gietl, 1891 – Q.: LP II, 397–446 – Jaffé² II, 145–431 –

POTTHAST I, 35 f. – J.B.WATTERICH, Pontificum Romanorum... vitae II, 1862, 377–649 – J. ALBERIGO, J. A. DOSSETTI u. a., COD 1973³, 205–255 [Lit.] – *Lit.*: LThK² I, 315 f. – HKG III, 2, 67–95 [Lit.] – TRE II, 237–241. – HALLER III², 145–252 – HEFELE-LECLERCQ V, 916–1114 – W. OHNSORGE, Päpstl. und gegenpäpstl. Legaten in Dtl. und Skandinavien 1159–1181, 1929 – M. PACAUT, Alexandre III, 1956; dazu F. KEMPF, RHE 52, 1957, 932–937 – M.W. BALDWIN, A. III and the XIIth century, 1968 – M.G. CHENEY, The recognition of Pope A. III, EHR 84, 1969, 474–497 – W. HEINEMEYER, »Beneficium – non feudum sed bonum factum«. Der Streit auf dem Reichstag zu Besançon 1157, ADipl 15, 1969, 155–236 – R. FOREVILLE, Lateran-Konzil I–IV, 1970 – W. L. WARREN, Henry II, 1973 – Le istituzioni ecclesiastiche della »Societas christiana« dei secoli XI–XII. Papato, cardinalato ed episcopato. Misc. del Centro di studi medievali VII, 1974 – R. FOREVILLE [Hg.], Thomas Becket, Actes du Colloque internat. de Sédières (1973), 1975 – W. ULLMANN, The Papacy and Political Ideas in the Middle Ages, 1976 – L. FALKENSTEIN, A. III. und der Streit um die Doppelwahl in Châlons-sur-Marne (1162–64), DA 32, 1976, 444–494 – G. LESAGE, La ratio canonica d'après Alexandre III, Proceedings of the Fourth internat. congress of medieval canon law (Toronto 1972), 1976, 95–106.

12. A. IV. (Rainald Gf. v. Segni), *Papst seit* 12. Dez. 1254, † 25. Mai 1261 in Viterbo; durch seinen Onkel Gregor IX. wurde er 1227 Kard.-Diakon, 1231 Kard.-Bf. v. Ostia; seine Papstwahl fand in Neapel unter dem Einfluß des Kard.s Ottaviano Ubaldini statt. Persönl. religiös und versöhnl., setzte A. die antistauf. Politik seiner Vorgänger (→ Innozenz IV.) fort, die er bei seinem Tod gescheitert sah. Nach vergebl. Verhandlungen mit Manfred belehnte er 1255 den engl. Prinzen Edmund mit Sizilien (dessen Kandidatur das engl. Parlament wegen der harten päpstl. Bedingungen zum Scheitern brachte). Der mehrfach gebannte Manfred baute seit 1255 seine Herrschaft in ganz Italien und Sizilien aus und ließ sich 1258 in Palermo krönen. Weite Teile des Kirchenstaates gingen verloren, in Rom kam es zu heftigen Machtkämpfen. Im dt. Interregnum trat A. für Kg. Wilhelm v. Holland ein, widersetzte sich der Wahl Ottokars II. v. Böhmen, verbot nach Wilhelms Tod die Wahl des Staufers Konradin und bevorzugte nach der Doppelwahl 1257 zeitweilig Richard v. Cornwall. Mit dem Ende des → Lat. Kaiserreichs schwanden Unionshoffnungen. Kreuzzugsaufrufe und kirchl. Reformbemühungen blieben erfolglos. A. unterstützte die Mendikantenorden gegen den Weltklerus an der Univ. Paris und vereinigte 1256 mehrere Eremitenverbände zum Orden der Augustiner-Eremiten.　　　　　　　　　G. Schwaiger

Q.: RI V/3, 1407–1441 – C. BOUREL DE LA RONCIÈRE, J. DE LOYE, P. DE CENIVAL, A. COULON, Les Registres d'Alexandre IV, 3 Bde, 1902–59 – Registro degli atti e delle lettere di Gregorio de Monte Longo (1233–1269), 1965 – TH. T. HALUSCYNSKYJ, M. M. WOJNAR, Acta Alexandri P. P. IV, 1966 – *Lit.*: LThK² I, 316 f. – HKG III, 2, 251–254 [Lit.] – HALLER IV², 272–296 – S. SIBILIA, Alessandro IV, 1961 – S. ANDREOTTA, La famiglia di Alessandro IV e l'Abbazia di Subiaco, Atti e Memorie della Società Tiburtina di Storia e d'Arte 35, 1962, 63–126; 36, 1963, 5–87 – P. TOUBERT, Les Déviations de la croisade au milieu du XIIIᵉ s.: Alexandre IV contre Manfred, Moyen-âge 69, 1963, 391–399 [Neudr.: P. TOUBERT, Études sur l'Italie médiévale, 1976] – O. ENGELS, Die Staufer, 1972 – G. F. NÜSKE, Unters. über das Personal der päpstl. Kanzlei 1254–1304, 1. T., ADipl 20, 1974, 39–240 – W. ULLMANN, The Papacy and Political Ideas in MA, 1976 – Die Zeit der Staufer [Kat. der Ausstellung Stuttgart 1977], I–IV, hg. R. HAUSSHERR, 1977.

13. A. V. (Petros Philargis, Petrus v. Candia), *Papst seit* 26. Juni 1409, * um 1340 auf Kreta, † 3. Mai 1410; Franziskaner; nach Studien in Oxford, Paris und Pavia (Sentenzenkommentar) durch Galeazzo Visconti Bf. v. Piacenza 1386, Vicenza 1388, Novara 1389, Ebf. v. Mailand 1402, durch Innozenz VII. 1405 Kard. und Legat in Oberitalien; hervorragend beteiligt am Konzil v. → Pisa, wo er nach Absetzung Gregors XII. und Benedikts XIII. einstimmig gewählt und am 7. Juli 1409 gekrönt wurde. A. investierte Ludwig II. v. Anjou als Kg. v. Sizilien, blieb beim Legaten Cossa (→ Johannes XXIII.) in Bologna und starb hier.　　　　　　　　　　　　　　　G. Schwaiger

Lit.: LThK² I, 317 – HKG III, 2, 490 f., 508–516 [Lit.] – DBI II, 193–196 – W. LAMPEN, Prosae seu poemata Petri de Candia OFM (Alexandri V, Papae Pisani), AFrH 23, 1930, 172–182 – K.G. BRUCHMANN, Eine unbekannte Urk. Papst A.s V., ZVGSchl 66, 1932, 130–138 – Petrus de Candia OFM (A. V Papa Pisanus), Tractatus de immaculatae deiparae conceptione, hg. A. EMMEN, 1955 – G. D. OLTRONA VISCONTI, Ancora sui natali di Pietro Filargo, Bollettino storico per la provincia di Novara 51, 1960, 119–129 – K. BINDER, Der Pisaner Papst A. V. und seine Lehre von der Erbsünde, Jb. des Stiftes Klosterneuburg 8, 1973, 7–55.

14. A. VI. (Rodrigo de Borja [Borgia]), *Papst seit* 11. Aug. 1492, * wahrscheinl. 1. Jan. 1431 (1432?) in Játiva bei Valencia, † 18. Aug. 1503. Von seinem päpstl. Onkel Calixtus III. 1455 zum Kard., 1456 zum Vizekanzler der röm. Kirche ernannt und mit reichen Pfründen versehen; von den Zeitgenossen als klug, glänzend begabt, polit.-diplomat. gewandt und geschäftskundig gerühmt, doch von sittenloser Lebensführung, bes. in seinem ehebrecher. Verhältnis zu Vanozza de Cataneis, die ihm vier Kinder gebar. A. wurde durch simonist. Machenschaften zum Papst gewählt. Unter seinem Pontifikat vollzog sich ein Ausbau der Zentralgewalt im Kirchenstaat. Angesichts des Eindringens Frankreichs und Spaniens in Italien vermochte er sich erfolgreich zu behaupten, wobei er sich zunächst an Spanien (»Heilige Liga« 1495), später an Frankreich (seit 1499) anschloß (Beteiligung an der Eroberung von Neapel 1501). Ein gewisses Gegengewicht zum frz. Einfluß in s. Italien sollte auch A.s Paktieren mit den Osmanen bilden. Auch innerhalb der durch die Entdeckungen in O und W sich wandelnden Lage wußte A. päpstl. Machtansprüche zu wahren (u. a. Schiedsrichteramt im Streit Spaniens und Portugals um die neuentdeckten Länder, Vertrag v. → Tordesillas 1494). – A.s Politik wurde weitgehend davon bestimmt, seine Familie (bes. seine Kinder Lucrezia und Cesare Borgia) im Stil it. Renaissancefürsten zu etablieren. Unter den Leistungen seines Mäzenatentums ragen die »Appartamenti Borgia« im Vatikan hervor. Neuere Versuche einer günstigeren Beurteilung seiner ungeistl. Persönlichkeit sind durch Quellen kaum gestützt.
　　　　　　　　　　　　　　　　　　G. Schwaiger

Lit.: DBI II, 196–205 – HKG III, 2, 651 f., 660–667 [Lit.] – LThK² I, 317 f. – SEPPELT-SCHWAIGER IV², 376–394, 497–500 [Lit.] – G. SORANZO, Il tempo di Alessandro VI papa e di Fra Girolamo Savonarola, 1960 – F. BÉRENCE, Les papes de la Renaissance, 1966 – R. DE MAIO, Savonarola e la Curia Romana, 1969 – A. BORÀS I FELIU, Cartes d'Alexandre VI conservades a l'Arxiu del Palau de Barcelona, AnalSTarr 46, 1973, 279–323 – El Tratado de Tordesillas y su proyección, 2 Bde., 1973 – V. PETRICCIONE, Notizie storiche documentate sulla devozione di Cesare Borgia all'Immacolata (1499–1500), Analecta Tertii Ordinis Reg. S. Francisci de Paenitentia 13, 1974–76, 549–600 – A. A. STRNAD, Papsttum, Kirchenstaat und Europa in der Renaissance (Rom in der Neuzeit, R. ELZE, H. SCHMIDINGER, H. SCHULTE NORDHOLT, 1976), 19–52 – TRE II, 241–244.

15. A., *Bf. v. Alexandria* (313–328), trat gegen Ende der großen Verfolgung sein Amt an und hatte mit der Unordnung zu kämpfen, die mehrfacher rascher Bischofswechsel und lange Sedisvakanz über die ägypt. Kirche gebracht hatte. Sie ist die Voraussetzung für das Schisma des Melitius, das dadurch entstanden war, daß dieser während der Sedisvakanz in die Kompetenzen des alexandrin. Bf.s eingegriffen hatte; es gehört zu den Voraussetzungen des arian. Streites. Melitius hatte den von seiner zur Partei des A. übergegangenen Presbyter → Arius bei A. wegen seiner häret., näml. antiochen. Trinitätslehre denunziert. A. hielt (vermutl. 318) in Alexandria eine Synode, auf der er den Arius exkommunizierte. Von einer ursprgl. 70

Stücke umfassenden Briefsammlung des A. sind drei erhalten (H. OPITZ III 1, 1934); ferner gibt es seine ganze Homilie »Über Seele und Leib und das Leiden des Herrn« und Fragmente von Predigten und Briefen in verschiedenen oriental. Übersetzungen (s. CPG 2). H. Kraft
Ed.: H. G. OPITZ, Athanasius' Werke 3, 1 [5 Briefe], 1934ff. - MPG 18, 585-604 [Homilie] - *Lit.*: ALTANER-STUIBER, 269.

16. A., *Bf. v. Lincoln* 1123-48, norm. Herkunft, * 1091/93, † 1148, von seinem Onkel, Bf. → Roger v. Salisbury, dem Justitiar Heinrich I., in Laon erzogen und 1121 zum Archidiakon v. Salisbury erhoben. Unter Heinrich I. wie unter Stephan v. Blois war A. an der Verwaltung Englands führend beteiligt, die damals fast ausschließl. in den Händen Rogers v. Salisbury und seiner Verwandten lag. 1139 wurde A. wie Roger von Kg. Stephan eingekerkert, da ihre Machtfülle, ihr Nepotismus und der Ausbau ihrer Burgen das Mißtrauen des Kg.s erregt hatten. Diese Maßnahme Stephans rief den Widerstand zahlreicher engl. Prälaten hervor; sie trug mit zu der Unterstützung bei, die die Konkurrentin Stephans, Ksn. → Mathilde, nach ihrer Landung 1139 zunächst bei einigen Großen fand. Auch A. schloß sich nach seiner Freilassung Mathilde an und nahm an ihrem Einzug in Winchester 1141 teil. – A., ein prunkliebender Kirchenfürst, war zu gleicher Zeit auch ein Förderer der Zisterzienser. In seiner familia befanden sich bedeutende Gelehrte wie → Heinrich v. Huntingdon, der it. Theologe Guido und Gilbert v. Sempringham.
H. Mayr-Harting
Q.: Heinrich v. Huntingdon, Historia Anglorum, ed. I. ARNOLD (RS), 1879 – Wilhelm v. Malmesbury, Historia Novella, ed. K. R. POTTER, 1955 – *Lit.*: DNB, s.v. – R. H. C. DAVIS, King Stephen, 1967 – A. G. DYSON (ungedr. Lit., Bodleian Library, Oxford), 1970 – M. BRETT, The English Church under Henry I, 1975.

17. A. I., *Bf. v. Lüttich* 1128-35, † 6. Juli 1135. A.s Herkunft ist unbekannt, vermutl. stammte er aus dem Adel der Lütticher Diöz. Nachdem er bedeutende kirchl. Ämter im Bm. Lüttich innegehabt hatte (Archidiakon des Hesbaye/Hasbengaues spätestens seit 1101, Propst von St-Barthélémy und St-Martin, dann vicepiscopus [bfl. Vikar]), erlangte er nach zwei fehlgeschlagenen Versuchen (1119, 1121) am 18. März 1128 die Weihe zum Bf. Als Anhänger Lothars III. schlug er am 7. Aug. 1129 Gottfried v. Löwen, dem der Kg. das Hzm. Lothringen entzogen hatte. Unter A.s Episkopat fand in Lüttich März/April 1131 die Begegnung Lothars III. mit Papst Innozenz II. statt. In geistl. Hinsicht trat A. als Förderer der Regularkanoniker hervor. Der Simonie angeklagt, wurde er im Mai/Juni 1135 durch das Konzil v. Pisa seines Amtes enthoben.
J.-L. Kupper
Lit.: J. CLOSON, Alexandre Ier de Juliers..., Bull. de la Société d'Art et d'Hist. du diocèse de Liège 13, 1902, 403-473 – E. DE MOREAU, Hist. de l'Église en Belgique II, 1945², 106-108; III, 1945, 33-35 – CH. DEREINE, Les chanoines réguliers au diocèse de Liège avant St-Norbert, 1952.

18. A. II., *Bf. v. Lüttich* seit 1164, † 9. Aug. 1167. Die Herkunft ist nicht bekannt, ein verwandtschaftl. Verhältnis zu Bf. A. I., dessen Nachfolger im Archidiakonat des Hesbaye/Hasbengaues A. II. 1128 wurde, ist jedoch zu vermuten. A. II. war außerdem Lütticher Dompropst (1145) und Archidiakon v. Trier (ab 1135). Er wurde 1164 Bf., die Weihe erfolgte Okt. 1165. Am 29. Dez. 1165 vollzog er die Erhebung Karls des Gr. als Hl. im Aachener Münster. Als überzeugter Anhänger Friedrichs I. und der antipäpstl. Partei begleitete er den Ks. auf seinem vierten Italienzug (1166-67) und starb in Rom. J.-L. Kupper
Lit.: BNB 39, s.v. – J.-L. KUPPER, Notes sur l'évêque de Liège Alexandre II...., Moyen âge 80, 1974, 385-401.

19. A., *Bf. v. Płock* 1129-56. A. stammte aus Malonne (Bm. Lüttich) und war ritterl. Herkunft. Wie sein Bruder Walther, Bf. v. Breslau, kam er nach Polen, wo er als Bf. sich auch militär. gegen die heidn. Prussen betätigte. Polit. 1141-46 mit den jüngeren Söhnen Bolesław III. gegen den *Senior* Władysław verbündet, übte er wahrscheinl. Vormundschaft und Mitregentschaft für Bolesław Kędzierzawy aus. Neben einer gemeinsam mit seinem Bruder durchgeführten Stiftsgründung in Malonne (1147) stiftete A. den 1144 geweihten roman. Dom in Płock und war an der Gründung der Abtei Czerwińsk beteiligt. A. war auch Stifter der Bronzetüren für Płock, heute in der Novgoroder Sophien-Kathedrale. → Tür. A. Gieysztor
Lit.: PSB I, 65f. – C. DEPTUŁA, Studia Płockie III, 1975, 68-71.

20. A. ab Alexandro, * um 1461 in Neapel, † 2. Okt. 1523 in Rom. Nach humanist. Studien in Neapel und Rom betätigte er sich in jungen Jahren angebl. als Advokat. Sein Buch enthält in 170 Kapiteln neben Kuriositäten Erörterungen aller mögl. Fragen der antiken Welt, v. a. zum antiken Recht, bes. dem röm. Wichtig sind die Untersuchungen zur röm. Ämterverfassung und die Rekonstruktion des Zwölftafelgesetzes. P. Weimar
Ed.: Genialium dierum libri sex, Rom 1522 [33 Ausg. bis 1673] – *Lit.*: D. MAFFEI, Alessandro d'Alessandro, giureconsulto umanista (1461-1523), 1956.

21. A. v. Aphrodisias, zw. 198 und 211 n. Chr. an die Athener peripatet. Schule berufen, genoß als Aristoteles-Kommentator bis in die Renaissance hohes Ansehen. Erhalten sind Kommentare zu Analytica priora, Topica, De Sensu et Sensibili, Meteorologica, Metaphysica *A-A*. In selbständigen Schriften hat A. strittige Fragen behandelt, bisweilen mit materialist. Tendenz. Erhalten blieben »De Anima« mit dem oft für sich tradierten Kap. »De Intellectu«, »Quaestiones«, mit in beiden Fällen problemat. Abhängigkeit von Aristoteles, »De Fato«, »De Mixtione«. Zu arab. erhaltenen Traktaten vgl. GÄTJE, STROHMAIER, zu lat. Übersetzungen und Fragmenten THÉRY, CRANZ. A.s Lehre, daß die Fähigkeit intellektueller Repräsentation mit dem Individuum entstehe und vergehe und daß sie durch einen mit der Gottheit gleichgesetzten universellen Intellekt aktualisiert werde, gab der arab. Philosophie, v. a. → Averroës, Anstoß zu eigenen Entwicklungen und rief in der Hochscholastik den Einspruch kirchl. Autoritäten hervor. Thomas v. Aquin wandte sich gegen A. Intelligible Gegenstände existieren für A. nur verbunden mit einem Intellekt. In der arab. und der von ihr abhängigen w. Optik drang A. mit seiner Ablehnung von Sehstrahlen und seiner Ansicht durch, das Auge wirke als passiver Empfänger. Seine gegen die Stoa gerichtete Lehre von der mit aktiven und passiven Vorgängen gekoppelten Stoffmischung wurde wichtig für die Entwicklung differenzierter Vorstellungen von anorgan. Prozessen.
M. Schramm
Ed.: CAG 1-3, Suppl. 2 – *Lit.*: P. MERLAN, DSB I, s.v. – H. STROHMAIER, EI² IV, s.v. Iskandar al-Afrūdīsī – G. THÉRY, Autour du décret de 1210. II: A. d'A. (Bibl. Thomiste 7), 1926 – P. MORAUX, A. d'A., exégète de la noétique d'Aristote (Bibl. de la Faculté de Philosophie et Lettres de l'Univ. de Liège 99), 1942 – E. CRANZ, Catal. transl. et comm. 1, 1960, 77-135; 2, 1971, 411-422 – H. GÄTJE, Zur arab. Überlieferung des A. v. A., ZDMG 116, 1966, 255-278 – E. WIEDEMANN, Zur Gesch. der Lehre vom Sehen, Annalen der Physik und Chemie, NF 39, 1890, 470-474 – F. REX, Chrysipps Mischungslehre und die an ihr geübte Kritik in A.s v. A. De Mixtione [Diss. Frankfurt a. M. 1966].

22. A. Bonini v. Alessandria (Piemont), Franziskanertheologe, * um 1270, † 5. Okt. 1314 in Rom. Las etwa 1301-03 in Paris über die Sentenzen; weigerte sich, die Appellation Philipps d. Schönen gegen Bonifatius VIII.

(24. Juni 1303) zu unterzeichnen, wurde darauf in Rom Lector Sacri Palatii und durch päpstl. Intervention (29. Nov. 1303) Magister der Theologie in Paris. Danach Lektor in Genua, 1307-08 Magister regens in Paris als Nachfolger (nicht Schüler) des Johannes Duns Scotus; Berater Philipps d. Schönen in der Templerfrage. 1309 Provinzial in Neapel; auf dem Konzil v. Vienne in der Armutsfrage Gegner der Franziskanerspiritualen. Vom 2. Juni 1313 bis zu seinem Tode Ordensgeneral. Sein Sentenzenkommentar (zweite Fassung nicht vor 1309) ist ungedruckt. Weitere Werke: Kommentare zu Aristoteles, Metaph. (Ed. Venedig 1572, unter dem Namen des → Alexander v. Hales) und De anima (Ed. Oxford 1481); In Ev. Joan., In Ep. ad Rom.; Quaestiones disputatae, Quodlibet; Tractatus de usuris (Ed. A.-M. HAMELIN, 1962). H. Roßmann

Lit.: ECatt II, 1882 – EFil¹ I, 1007 – LThK² I, 306 – M. SCHMAUS, Der Liber propugnatorius des Thomas Anglicus (BGPhMA 29), 1930 [Trinitätslehre] – L. VEUTHEY, A. d'A., 1932 – R. M. HUBER, A Documented Hist. of the Franciscan Order, 1944 – WULF, III – Catholicisme I, 1948, 307f. – GILSON, Hist. 698 – W. DETTLOFF, Die Entwicklung der Akzeptations- und Verdienstlehre von Duns Scotus bis Luther (BGPhMA 40, H. 2), 1963 – J. TH. ERNST, Die Lehre der hochma. Theologen von der vollkommenen Erkenntnis Christi, Freib. Theol. Stud., 89. H., 1971.

23. A. v. Bremen (auch Minorita gen.), Laienbruder des Franziskanerordens, nur als Verfasser einer »Expositio in Apocalypsim« bekannt. Bezog als erster die apokalypt. Visionen auf die Ereignisse der Kirchengeschichte bis zu dem Konflikt zw. Ks. Friedrich II. und dem Papsttum. Von ihm hängen → Peter Aureoli und → Nikolaus v. Lyra ab. Vgl. auch Geschichtsphilosophie. C. Schmitt

Ed.: A. WACHTEL, 1955; vgl. RBMA II, 1950, Nr. 1115, 66f. – Lit.: A. KLEINHANS, De Commentario in Apocalypsim Fr. A. Bremensis, Antonianum II, 1927, 288-334 – H. GRUNDMANN, Über den Apocalypsen-Komm. des Minoriten A., Zbl. f. Bibliothekswesen XLV, 1928, 713-723 – M. HÜGGLER, Der Bilderkreis in den Hss. der Alexander-Apocalypse, Antonianum IX, 1934, 85-150, 269-308 – A. WACHTEL, Die Weltgeschichtl. Apocalypse-Auslegung des Minoriten A. v. B., FSt XXIV, 1937, 201-259.

24. A. v. Hales OFM, Scholastiker, Doctor irrefragibilis, * ca. 1185 in Hales Owen, England, † 21. Aug. 1245 in Paris. A. studierte in Paris, war vor 1210 Magister artium und von ca. 1225 bis zu seinem Tod Magister regens der Theolog. Fakultät. In Paris bleibend wurde er ca. 1226/29 Kanoniker von St. Paul in London. Im *Universitätsstreit* (1229) vertrat er die Interessen der nach Angers ausgewichenen Studenten und Professoren 1231 bei der röm. Kurie, wurde 1231 Domherr v. Lichfield und Archidiakon v. Coventry, lehrte aber seit 1232 wieder in Paris. Als Mitglied einer Gesandtschaft des engl. Kg.s Heinrich III. trat er bei Ludwig IX. v. Frankreich für die Erneuerung der engl.-frz. Friedensverträge ein. Anfang des Schuljahres 1236/37 wurde er Franziskaner und gewann dadurch für den Orden den ersten Lehrstuhl an der Universität Paris (zugleich Beginn der »Franziskanerschule«). Ca. 1241/45 unterzeichnete er als Dekan der Theolog. Fakultät ein Lehrdokument gegen die pantheist. Tendenzen an der Pariser Universität. 1245 nahm er an dem Lyoner Konzil teil, das ihn als »magnus doctor theologiae« ehrte. Kurz danach starb er in Paris, betrauert von Kirche und Wissenschaft als »theologorum monarcha«.

Werke: »Exoticon«, Schrift über Fremdwörter; »Sermones«; »Expositio... super Regulam« (Mitarbeit), ed. 1950; »Glossae in IV libros Sent.«, 4 Bde, 1951-57; »Quaestiones«, 2 Bde, 1960; »Summa theologica«, 4 Bde, 1924-48: begonnen nach 1235, umfaßt sie bei seinem Tod Buch I (ohne Nachtrag: »De missione visibili«), Buch II (ohne Nachtr.: »De corpore humano et De coniuncto«), Buch III (unvollst.). Auch →Wilhelm v. Melitona, zur Fortsetzung der Summa bestellt, konnte sie nicht vollenden. Erst in neuerer Zeit in ihrer Authentizität bezweifelt, ist sie von der fast einstimmigen handschriftl. wie hist. Tradition und auch von der modernen Kritik als »Summa Alexandri« bestätigt worden, die A. in Mitarbeit anderer unter seiner Aufsicht erstellt hat. – A. ist der Begründer der scholast. Methode im 13. Jh., der erste, der seinen theolog. Vorlesungen die Sentenzen des → Petrus Lombardus zugrunde legte; seine Summa ist der großartige Versuch einer theolog. Synthese auf der Grundlage der augustin. Tradition unter Benutzung der philos. gr., arab. Lit., v. a. Aristoteles (1222 Zitate). M. Mückshoff

Lit.: UEBERWEG, 382 [bis 1928] – A. V. HALES, Summa theol. IV Prolegomena [bis 1948] – F. W. BAUTZ, Biogr. bibliogr. Kirchenlex.. 109f. [bis 1975].

25. A., Bf. v. Hierapolis (Mabbug) und Metropolit der Prov. Euphratensis, erscheint auf dem Konzil v. → Ephesos 431 und in den folgenden Jahren als entschlossener Gegner des → Kyrill v. Alexandria und der Union von 433 (bei der sich die antiochen. Theologie durchgesetzt hatte, aber → Nestorios geopfert worden war). Im »Synodicon«, einer auf den Comes → Eirenaios urspgl. zurückgehenden Aktensammlung, finden sich 27 Briefe des A., die die unter ksl. Druck geschlossene Union bekämpfen. A. wurde wegen seines Widerstandes abgesetzt und 435 nach Ägypten verbannt. Die Suda nennt ihn als Verfasser einer – nicht erhaltenen – Schrift »Was hat Christus in die Welt Neues gebracht?«. H. Kraft

Ed.: MPG 84, 551ff. – Lit.: ACO I, 4 – M. RICHARD, Mél. de science religieuse 3, 1946, 147-156.

26. A. v. Lykopolis, Neuplatoniker, schrieb vermutl. um 300 oder später einen antimanichäischen Traktat (ed. A. BRINKMANN, 1895) »Contra Manichaei opiniones disputatio«, der eine wertvolle Schilderung der manichäischen Kosmogonie bietet. Obwohl → Photios (c. Manich. I, 11) ihn zum Ebf. v. Lykopolis in der Thebais macht, ist es ungewiß, ob er überhaupt Christ war, weil sich in der Schrift kein Hinweis auf das Christentum des Verfassers findet. H. Kraft

Lit.: RAC I, 270ff. – L. TROJE, Mus. Helveticum 5, 1948, 96-115.

27. A. Neckam (Nequam), mlat. Schriftsteller und Theologe aus England, Nährbruder Kg. Richards I., * 1157 in St. Albans, dort anfängl. erzogen (daher A. de sancto Albano), Studium und zeitweise Lehrtätigkeit in Paris, später auch in Oxford, Kanoniker und (seit 1213) Abt der Augustinerabtei Cirencester, † 1217 in Kempsey, ▭ in Worcester. Sein ungewöhnl. vielseitiges und umfangreiches lat. Werk nimmt eine Position zw. den platon. Naturphilosophen des 12. Jh. in Frankreich und den aristotel. Enzyklopädien des 13. Jh. in England (Robert Grosseteste, Roger Bacon) ein; A. kannte als einer der ersten Teile des Aristoteles Latinus und hatte nachgewiesene Beziehungen zur Schule von Salerno und zu Avicenna. Sein noch nicht ausreichend erforschtes Oeuvre umfaßt den lexikograph. ergiebigen Traktat »De nominibus utensilium«, versifizierte Fabelbearbeitungen (»Novus Aesopus«, »Novus Avianus«) und Sermones, Bibelexegese und Poesien. Enzyklopäd. Charakter haben die als Einleitung eines Ecclesiasteskommentars gedachten zwei Bücher »De naturis rerum«: mit dem bibl. Schöpfungswerk beginnend über Vogel- und Tierwelt bis zu menschl. Vanitas-Erscheinungen, mit literaturgeschichtl. interessanten Einlagen (II 173 De septem artibus, 174 De locis in quibus artes floruerunt liberales); das Werk beruft sich auf zahlreiche naturwissenschaftl. Autoritäten der Antike, zitiert aber auch zeitgenöss. Versus. Es wird öfter ausgeschrieben von → Vinzenz v. Beauvais (Spec. nat.) und → Thomas

v. Cantimpré (Thomas III.). »De laudibus divinae sapientiae« aus dem Jahr 1211 (zehn Distinctiones mit 3102 Distichen) ist nur teils eine Versifikation von »De naturis rerum«; Dist. V bringt interessante »Laudes urbium« (it. und frz. Schulen und ihrer Lehrer und Hl., einschließl. einer Romschelte). Die Poesien sind zumeist Gelegenheitsverse moral.-asket. Charakters; auffallend zugleich eine Vorliebe für Bacchus (mit lit. Verbindungen zu Hugo Primas) und proverbiale Themen, deren virtuose Verskünsteleien denen des → Serlo nahestehen. A.s natur- und sprachwissenschaftl. Leistung weist auf Roger Bacon hin (s. Opera inedita, ed. BREWER, 1859, 457), der ihm Erkenntnis und Fleiß attestierte, ihn aber doch nicht zu den Autoritäten gezählt wissen wollte. R. Düchting

Ed.: M. ESPOSITO, On some unpublished poems attributed to A.N., EHR 30, 1915, 450–471 (Werkverz.; Pseudepigrapha) – Ergänzungen durch J. C. RUSSELL, A.N. in England, ebd. 47, 1932, 260–268 und MANITIUS III, 792–794 – De naturis rerum, De laudibus divinae sapientiae, ed. TH. WRIGHT, 1863 [Neudr. 1967], Rer. Brit. Script. 34 – Fabelbearbeitungen: L. HERVIEUX, Les fabulistes latins II-III, 1884–94 – Zu den Prorogationes novi Promethei s. H. WALTHER, MAe 31, 1962, 33–42 – Zu den kleinen Gedichten des A.N.: DERS., MJb 2, 1965, 111–129 – Vgl. R. LOEWE, R.W. HUNT, A.N.s knowledge of Hebrew, MARS 4, 1958, 17–34 – Mit A.s Spottnamen Nequam (Neckam) spielen Epigramme und das Epitaph. R.W. HUNT [Diss., Oxford 1936]; vgl. vorerst HUNT, English learning in the late twelfth century, TRHS IV, 19, 1936, 19–41 – Lit.: DNB 40, 154f. – SARTON II, 385f. – E.O. v. LIPPMANN, Die vier Elemente bei A.N. (12. Jh.), Chem. Ztg., Nr. 58, 1934, 709–716 – MANITIUS III, 784–794.

28. A. v. Roes, Kanoniker v. St. Maria im Kapitol zu Köln, familiaris des Kard.s Jakob Colonna. A.s genaue Lebensdaten sind unbekannt, es sei denn, er wäre mit dem urkundl. gut bezeugten *A. v. Leysberg* (* um 1225) identisch. Dieser erhielt unter Ebf. Konrad v. Hochstaden eine Männerpfründe am Kanonissenstift St. Maria im Kapitol und war Pfarrer in Effern. Auf diese Stelle hat A. v. Leysberg dann verzichtet; er führte nach 1275 einen Streit an der Kurie um die Pfarre Klein-St.-Martin zu Köln, wurde schließl. Franziskaner; † vor 1300. A. v. Roes, auf den diese Daten passen würden, weilte nach Angaben in seinen Schriften im Gefolge des gen. Kard.s während der Vakanz des päpstl. Stuhls nach dem Tod Nikolaus III. in Viterbo. Hier hatte er zwei »Schlüsselerlebnisse«, die seine Werke maßgebl. prägten: Beim Gottesdienst fand er im Meßbuch das Gebet für das Kgtm., d.h. für den röm.-dt. Ks. getilgt, und nach der Wahl Simons de Brion zum Papst (Martin IV.) wurde ihm durch den offen zur Schau getragenen Triumph der Franzosen deutlich, daß die rechte Ordnung der Welt gestört sei. Die erhaltenen Werke »Memoriale de prerogativa Romani imperii« (1281, darin der Traktat »super Romano imperio« des Jordanus v. Osnabrück), die Dichtung »Pavo« (1285), eine Parabel, in der der Papst als Pfau dargestellt wird, und die »Noticia seculi« (1288) kreisen um dieses Thema. A.s eigene Vorstellungen verdichten sich in der Forderung, daß den Deutschen das *Imperium*, den Italienern das *Sacerdotium*, den Franzosen das *Studium* zukommen solle. Er begründet dies z.T. hist. (die Deutschen, nicht die Franzosen sind die wahren Erben Karls d. Gr., der ein Deutscher war), z.T. völkerpsycholog. A.s Werke wurden im SpätMA viel beachtet, das Memoriale im 15. Jh. ins Dt. übersetzt.

H. Thomas

Ed.: A., Schriften, hg. H. GRUNDMANN-H. HEIMPEL (MGH Staatsschr. I, 1), 1958 – Lit.: BWbDG I, 76f. – Repfont II, 187 – Die Schr. des A., hg. und übers. H. GRUNDMANN (MGH DMA 4), 1949 – H. HEIMPEL, A. und das dt. Selbstbewußtsein des 13. Jh., AK 26, 1935, 19–60 – H. GRUNDMANN, Über die Schr. des A., SA 8, 1950, 154–237.

29. A. v. Salamis, Mönch des dortigen Barnabasklosters im 5. Jh. Verfasser von zwei Enkomien. Das eine ist nicht allein der Verherrlichung des Apostels Barnabas gewidmet, sondern sucht zugleich die auf die Apostel zurückgehende Gründung und Unabhängigkeit der zypr. Kirche zu erweisen. (Die zypr. Bf.e haben spätestens seit der Synode v. Ephesos 431 die → Autokephalie ihrer Kirche gegen Antiochia beansprucht.) Das andere zum Fest der Kreuzeserhöhung preist die Wiederfindung des Kreuzes durch die Ksn. → Helena. Dazu ist in den Hss. eine Epitome derselben Rede beigegeben. H. Kraft

Ed.: AASS Juni II, 436 – MPG 87, 3, 4087–4106 [lat.].

30. A. de S. Elpidio, Augustinertheologe, * um 1265 S. Elpidio (Mark Ancona), † 1326 Melfi. 1307 als Magister der Theologie in Paris bezeugt, wirkte er 1312–26 als Generalprior seines Ordens und starb kurz nach seiner Erhebung zum Bf. v. Melfi. In seiner theolog. Lehre suchte er engen Anschluß an Augustinus und erscheint auch in seinem kirchenpolit. Traktat »De ecclesiastica potestate« (ed. 1494 u. ö.) als typ. Vertreter der → Augustinerschule.

A. Zumkeller

Lit.: TEEUWEN, 162 – GINDELE, 160 – PERINI II, 46–48 – RB II, 77 – ZUMKELLER, Augustinerschule, 199 – ZUMKELLER, Manuskripte 52 und 565 f.

31. A. de Tartagnis, Doctor legum, * um 1424 in Imola (Prov. Bologna), † 3. Sept. 1477 in Bologna. Studierte 1438–45 und lehrte ab 1451 Zivilrecht meist in Bologna. Zu seinen Schülern zählen → Jason de Maino, Bartholomaeus → Socinus und L. → Bologninus. Aus seinen Vorlesungen sind hervorgegangen: »Commentaria« und von einem Schüler ausgearbeitete »Interpretationes«, beide nur zu einzelnen Stellen, ferner »Apostillae« zu Kommentaren des Bartolus. A.s Konsiliensammlung enthält 1281 Gutachten. P. Weimar

Ed.: Comm. in primam et secundam Dig. veteris (Infort., Dig. novi, Cod.) partem, Mailand 1507 – Interpret. ad f. Pandect. tit., Venedig 1595 – Consiliorum liber primus (– sept.), Lyon 1563 – Lit.: SAVIGNY VI, 312–319 – A. SABATTANI, De vita et operibus A. Tartagni de I., 1972, auch in: Studi senesi 83, 1971, 172–291.

32. A. v. Telese, * wohl gegen Ende des 11. Jh., wahrscheinl. in S-Italien. Im dritten Jahrzehnt des 12. Jh. Abt des Benediktinerklosters San Salvatore in Telese. † vor 1143, da sein Nachfolger Stephanus seit Nov. 1143 belegt ist (IP IX 119). Seine Chronik »De rebus gestis Rogerii Siciliae regis libri IV« umfaßt die Jahre 1127–35, ist allerdings unvollständig überliefert. Entstanden auf Anregung der Gfn. Mathilde v. Alife, einer Schwester Rogers II. v. Sizilien, beschreibt das Werk die Angliederung Unteritaliens an Sizilien, die Entstehung des norm. Kgr.s und dessen erste Jahre. A. war gut informiert – er ist mehrmals persönl. mit Roger II. zusammengetroffen –, berichtet jedoch nicht alles und stellt manches verdreht dar. Die Rolle Anaklets II. bei der Erhebung Rogers zum Kg. wird von A. stillschweigend übergangen, das Kgtm. ganz auf autochthone Wurzeln zurückgeführt. Ob die ursprgl. Konzeption die Fortführung des Werkes bis 1140 – Abschluß der Konsolidierungsphase – vorgesehen hatte und ob es unvollendet geblieben ist, kann auch durch die Auffindung der Kap. 6–10 des vierten Buches, die zu 1136 einzuordnen sind, nicht entschieden werden. In Form von Traumerzählungen wird die polit. Propaganda Rogers und seiner Anhänger formuliert. Hzg. Wilhelm v. Apulien z. B. erscheint als Haupt der Gegner Rogers, und der Anspruch auf das Hzm. wird nicht auf einen Erbvertrag zurückgeführt. Über den Einblick in die polit. Vorstellungswelt des norm. Kg.s hinaus bietet A. auch gute Informationen zur Ereignisgeschichte der von ihm behandelten Zeit. H. Enzensberger

Ed.: MURATORI 5, 1724, 615–645 – DEL RE I, 1845 [Neudr. 1975], 81–156 [mit it. Übers.] – Die Traumerzählungen aus Ms. 996 der Bibl.

Central Barcelona bei M. REICHENMILLER, Bisher unbekannte Traumerzählungen A.s v. T., DA 19, 1963, 339–352 – D. CLEMENTI, Alexandri Telesini Ystoria serenissimi Rogerii primi regis Siciliae, lib. IV, 6–10, BISIAM 77, 1965, 105–126 – *Lit.*: Repfont II, 1967, 188 f. – DBI II, 236f. – J. DEÉR, Papsttum und Normannen, 1972, 16, 159, 175, 177 f., 181–185, 204, 221, 227.

33. A. v. Tralleis, * 525 in Tralleis (Lydien), † 605 in Rom. Nach Galen vielleicht der bedeutendste gr. Arzt der Spätantike, der als Lehrer der Medizin in Rom lebte. Sein Hauptwerk Θεραπευτικά (*Therapeutika*) stellt zwar eine Kompilation aus mehreren früheren med. Werken dar, jedoch mit selbständigem Urteil, wobei er nicht frei vom Glauben an Wundermittel, Amulette und dgl. ist.
A. A. Fourlas

Ed.: T. PUSCHMANN, Alexandros v. Tralles, I–II, 1878–79 [Repr. 1963] – *Lit.*: F. BRUNET, Oeuvres médicales d'Alexandre de Tralles, I–IV, 1933–37 – G. K. POURNAROPOULOS, Συμβολὴ εἰς τὴν Ἱστορίαν τῆς Βυζαντινῆς Ἰατρικῆς [Habil. Schr., Athen 1942], 41–46.

34. A. de Villa Dei, Grammatiker und Mathematiker, * 1160/70 zu Villedieu, † 1240/50 als Kanonikus zu Avranches. Im Anschluß an Priscian bearbeitete A. (in der Syntax durchaus originell) eine Enzyklopädie (»Alphabetum maius«), woraus er 1199 einen Auszug in 2645 Hexametern erstellte, das »Doctrinale (puerorum)«. Die elementare Grammatik wurde weiterhin nach Donat gelehrt, das »Doctrinale« war für fortgeschrittene Schüler bestimmt. Es verdrängte schließl. Priscian. Im 15. Jh. sind 290 Ausgaben und Teildrucke nachweisbar. Namhafte Gelehrte erklärten und verbesserten das Werk noch im 16. Jh., während die Humanisten über den »Barbaren« A. ihren Spott ausgossen. Philolog. ist das »Doctrinale« insofern bedeutsam, als es zur Normierung des fortentwickelten, lebendigen Lat. des HochMA beigetragen hat. Bleibenden Wert hat das vorbildl. System der Syntax.

Daneben verfaßte A. ein lat. Lehrgedicht über das Rechnen mit den damals neu in Europa eingeführten 'indischen' Ziffern (»Carmen de Algorismo«), welches im 13. Jh. häufig kommentiert und bearbeitet wurde (vgl. MORTET). Auch ein Lehrgedicht über den → Computus (»Massa compoti«) war sehr beliebt. Weiter werden A. zugeschrieben: »Summarium biblicum«, »De Sphaera« und »Ecclesiale«.
G. Müller/E. Neuenschwander

Ed.: Doctrinale, ed. D. REICHLING, Mon. Paed. XII, 1893 – Carmen de Algorismo, ed. J. O. HALLIWELL (Rara Mathematica), 1839 – R. STEELE, The Earliest Arithmetics in English (EETS 98), 1922 – Massa compoti, ed. R. STEELE (Opera hactenus inedita Rogeri Baconi 6, 1926) – W. E. VAN WIJK, Le nombre d'or, 1936 – Ecclesiale ed. L. R. LIND, 1958 [Bibliogr.] – *Lit.*: Kindlers Literaturlex. II, 1443 – SARTON II, 616 f. – V. MORTET, Le plus ancien traité français d'algorisme, Bibl. Math., 3. F., 9, 1908–09, 55–64 – F. RABY, Secular Latin Poetry II, 1957.

35. A., der wilde, obdt. Spruch- und Liederdichter, Ende 13. Jh. Das Werk umfaßt 24 Spruchstrophen, fünf Lieder, einen Leich und gehört trotz seines geringen Umfangs zu den ungewöhnlicheren dieser Zeit. A. erschließt dem Minnesang nicht nur geistl. Motive und damit neue Liedtypen, er faßt konventionelle und ausgefallene Themen auch in allegor. Form. So ist er eine der markanten Mittlerfiguren zw. hoch- und spätma. dt. Dichtung. I. Glier

Lit.: Der w. A. (Dt. Liederdichter des 13. Jh., hg. C. v. KRAUS, 2 Bde, 1952–58; I, 1–19; II, 1–17) – J. BIEHL, Der w. A., 1970.

Alexanderbrief (»Epistola Aristotelis ad Alexandrum«), ein angebl. Sendschreiben des Aristoteles an Alexander d. Gr., ist eines der weit verbreitesten und bedeutendsten ma. Regimina sanitatis. Vor der Mitte des 12. Jh. durch Johannes Hispaniensis (Avendauth) aus der arab. pseudoaristotel. Kompilation »Sirr al-asrār« (10./11. Jh.) ins Lat. übersetzt, beeinflußte die Schrift zahlreiche spätere Regimina und lag seit dem 13. Jh. auch in dt. Fassungen vor.

Im Mittelpunkt der Gesundheitsregeln steht eine »Lehre nach dem Aufstehen« und ein Jahreszeitenregimen. → Secretum secretorum, → Alexander d. Gr. (vgl. Abschnitt X).
W. Schmitt

Lit.: J. BRINKMANN, Die apokryphen Gesundheitsregeln d. Aristoteles an Alexander d. Gr. in der Übersetzung des Johann v. Toledo [Diss. Leipzig 1914] – W. HIRTH, Stud. zu den Gesundheitslehren des sog. »Secretum secretorum« [Diss. Heidelberg 1969].

Alexanderdichtung → Alexander d. Gr.

Alexanders Brief an Aristoteles. Das ae. Prosastück aus dem 9. Jh. stellt sich dar als Brief von Alexander d. Gr. an Aristoteles. Es ist eine Übersetzung der lat. »Epistola Alexandri«, die ihrerseits auf eine ältere gr. Vorlage (etwa 200 n. Chr.) zurückgeht (→ Alexander d. Gr., Abschnitt B. II). Der Text, bei dem es sich um die früheste Bezeugung des Alexanderstoffs auf engl. Boden handelt, beschreibt den exot. Zauber des Orients, Alexanders phantast. Entdeckungen und seine militär. Erfolge. Zusammen mit einem ähnl. gearteten Text, »Wunder des Ostens«, bildet er einen Bestandteil der → »Beowulf«-Hs. S. H. Horowitz

Bibliogr.: RENWICK und ORTON, 240 – NCBEL I, 335 ff. – *Ed.*: S. RYPINS, Three Old Engl. Prose Texts, EETS 161 – *Lit.*: K. SISAM, Stud. in the Hist. of Old Engl. Lit., 1953, 83–93 – S. B. GREENFIELD, A Critical Hist. of Old Engl. Lit., 1965, 64 f. – H. SCHABRAM, Superbia, 1965, 35 f.

Alexandre du Pont → Chanson de geste

Alexandria
I. Stadtgeschichte, Wirtschaft und Bevölkerung – II. A. in der spätantiken und ma. Kirchen- und Geistesgeschichte.

I. STADTGESCHICHTE, WIRTSCHAFT UND BEVÖLKERUNG: Die 332/331 von Alexander d. Gr. w. des kanop. Nilarms zw. dem Mareotis-See und dem Meer gegr. hellenist. Hauptstadt Ägyptens mit rechtwinkliger Stadtanlage (6 km lang, 1,5 km breit), ausgezeichnet durch bedeutende Bauten (Königsburg; Museion mit großer Bibliothek, 48 v. Chr. zerstört, von Antonius neu eingerichtet; Serapeion mit kleiner Bibliothek, 389 geplündert; Hafenanlagen; Leuchtturm Pharos, erst 1326 eingestürzt), erreichte in den beiden Jh. v. und n. Chr. ihre höchste Blüte. Der wirtschaftl. Reichtum A.s beruhte auf gewerbl. Produktion (Glaswaren, Leinenweberei, Papyrus), auf der Ausfuhr des ägypt. Getreides und dem Transithandel nach Arabien und Indien. Auch unter oström. Herrschaft blieb A. trotz kirchenpolit. Wirren ein bedeutendes Handelszentrum. In spätantik-frühbyz. Zeit wurde A., das niemals eine rein gr. Großstadt gewesen war, von einer (vorwiegend gr. sprechenden) Mischbevölkerung mit bedeutendem jüd. Anteil bewohnt. Hier wurde das AT seit Mitte des 3. Jh. v. Chr. ins gr. übersetzt (Septuaginta). Philon als gr. »Jude« suchte um die Zeitenwende jüd. Offenbarungsglauben in hellenist. Denk- und Sprachformen darzustellen. Die gr. Oberschicht war dünn geworden, genuines Ägyptertum gab es kaum noch.

619 kam A. in den Besitz der Perser, bis Herakleios die Stadt für kurze Zeit wieder dem oström. Reich anschloß (629). Mit der arab. Eroberung (642) verlor A. an polit., kaum aber an wirtschaftl. Bedeutung, da der Hafen den ganzen MA hindurch einer der wichtigsten im ö. Mittelmeer blieb. So bestanden in A. 28 chr. Handelsniederlassungen; den Schiffen aus chr. Ländern stand ein eigener Hafen offen. Der für die Ausfuhr wichtigste Gewerbezweig, die Textilherstellung, belieferte den W mit feinen Stoffen. Die Einwohnerzahl von etwa 65.000 wurde durch die Pest (1347–50) vorübergehend verringert. Ein echter Niedergang der Stadt setzte jedoch erst nach 1500 ein; er wurde auch von der osman. Herrschaft (seit 1517) nicht aufgehalten.
J. Gruber/L. Perrone/C. D. G. Müller

Lit.: EI² IV, 137-143 – RAC I, 271-283 – P. ANGIOLINI, Vecchia A., 1956 – H. TH. DAVIES, A., the Golden City, 1958 – A. H. M. JONES, The Cities of the Eastern Roman Provinces, 1971².

II. A. IN DER SPÄTANTIKEN UND MA. KIRCHEN- UND GEISTESGESCHICHTE: Das wissenschaftl. Leben in A., dem bedeutendsten geistigen Zentrum der hellenist. Welt, war auch in der Spätantike noch überwiegend heidnisch. Hellenisierte oriental. Gelehrte spielten in ihm eine bedeutende Rolle. Hypatia, Synesios, Hierokles, Olympiodoros, Ammonios machen A. zu einem Mittelpunkt platon. Philosophierens. Seit vorchr. Zeit hatten die missionar. überaus aktiven Juden eine starke Position. Erst unter Kyrill I. (412/444) wurden sie aus der Stadt vertrieben, in der sie auch später – abgesehen vom Beginn der muslim. Herrschaft – keine Bedeutung mehr erlangten. Großen Einfluß auf die Entfaltung der chr. Lehre gewann die Katechetenschule v. A.: Klemens († vor 215), Origenes († 253/254); sie bevorzugten die allegor. Schrifterklärung. Areios, Begründer der arian. Christologie, war alex. Priester. Wichtige Synoden zur Klärung und Verteidigung des orth. Christusdogmas fanden darum in A. statt (318 oder 321: Ebf. Alexandros; 339 und 362: Ebf. Athanasios). Das vielfältige chr. Leben der Stadt wurde seitdem zunehmend in feste kirchl. Bahnen gelenkt. Das freie Lehrertum der alten Katechetenschule trat zurück. A. blieb aber Umschlagplatz der chr. Lit., an dem syr. Bücher in das Gr., gr. in das Kopt. übersetzt wurden; darunter noch immer auch die Werke von Sondergruppen, keineswegs nur streng kirchl. Orthodoxie.

Die letzten Reste der alten chr. Schultradition waren spätestens mit dem Konzil v. Chalkedon (451) verschwunden. A. war Sitz eines Ebf.s, der als »Papst und Patriarch« die ägypt. Kirche einte (→ Ägypten) und eine große Rolle in der Kirche des Ostrom. Reiches spielte. Er stammte in der Regel aus einer der bedeutenden Familien der Stadt, später auch aus deren Umgebung. Die Nachfolge trat zumeist der Sekretär des Vorgängers an, der mit den Amtspflichten schon vertraut war. Das gilt auch für einen Ausländer wie den Syrer Damian (578/577-607/606). In dieser Zeit der Kirchenspaltung residierte der kopt.-monophysit. Patriarch nach heftigen Auseinandersetzungen zw. Anhängern (Griechen) und Gegnern (Kopten) des Konzils v. Chalkedon in den Kl.n außerhalb der Stadt. A. selbst war Sitz des gr. Patriarchen, der seit Ks. Justinian I. (527/565) auch staatl. Machtbefugnisse besaß und schließl. das Präfektenamt mit übernahm. Erst die arab. Herrschaft erlaubte dem Ägypter (Kopten) die Residenz in der Stadt. Seit dem 8. Jh. befand sich erneut auch ein Melkit (Grieche) wieder neben dem Ägypter (Kopten) in A. Letzterer siedelte mit Christodulos (1046/77) nach Kairo über und behielt nur eine Zweitresidenz in der sieben Schiffstagereisen entfernten Stadt. Der Kopte war auch für Nubien und Äthiopien kirchl. Oberhaupt. Seit dem 13. Jh. hatte er gegen syr. Widerstand auch einen Ebf. als seinen Vertreter in Jerusalem. Im 14. und 15. Jh. wurden Unionsverhandlungen mit Rom (Konzil v. Florenz) geführt.

Auch in arab. Zeit blieb A. ein wichtiges wissenschaftl. Zentrum, in dem nun in das Arab. übersetzt wurde. In den ersten Jh. arab. Herrschaft besaßen chr. Gelehrte noch Einfluß. Die geistige Rolle A.s übernahmen später zunehmend Fusṭāṭ und Kairo (6. Juli 969 gegr.). Durch zahlreiche Moscheen (einige davon ehem. Kirchen) erhielt A. vom HochMA ein islam. Gesicht. C. D. G. Müller

Lit.: DHGE II, 289-369 – K. MICHAŁOWSKI, A., 1970 – J. MARLOWE, The Golden Age of A., 1971.

Alexandriner, seit Ende 14. Jh. Bezeichnung für den frz. Zwölfsilbler, weil verschiedene Fassungen des Alexanderromans (→ Alexander d. Gr.) seit 1170 in diesem Versmaß geschrieben sind. Seit der 1. Hälfte des 12. Jh. finden sich A.-Laissen in prov. und frz. Kreuzzugsepen; später setzt sich der A. gegen den Zehnsilbler in den → Chansons de geste allgemein durch. Ab ca. 1200 wird der A., bes. in einreimigen Vierzeilern, zum bevorzugten Vers der nichtlyr. moral. und religiösen Lit. In der frz. höf. Lyrik findet der A. keinen Eingang und ist auch bei den Troubadours selten, was als bewußte aristokrat. Haltung der Kunstlyrik zu werten ist. Die Ursprungsfrage (lat. oder innerfrz. Ableitung) ist nicht geklärt. – Die Umsetzungen der Chansons de geste in Prosa lassen den A. im SpätMA aus der erzählenden Lit. fast gänzl. verschwinden. Im 15. Jh. tritt der A. v. a. in Epitaphien auf, während ihn Jacques → Milet in seiner dramat. Bearbeitung der Troiasage (1450-52) zur stilist. Hervorhebung der Totenklagen verwendet. Doch erst im 16. Jh. wird der A. zum *vers héroïque*. – Vom A. mit Zäsur nach der sechsten Silbe ist der Zwölfsilbler mit anderen Zäsuren grundsätzl. zu unterscheiden: Zäsur nach ungerader Silbenzahl ist häufig in der heterometr. nicht-höf. Lyrik und erklärt sich durch die Gegenwart von Versen mit ungerader Silbenzahl in der gleichen Strophe. M.-R. Jung

Lit.: DPR², 57-64 – M. E. PORTER, The Genesis of Alexandrin as a Metrical Term, MLN 51, 1936, 528-535 – G. LOTE, Hist. du vers français. I: Le Moyen Age, 3 Bde., 1949-55 – A. SAKARI, Les pièces lyriques en alexandrin des troubadours (Actes du II° congrès de langue et Lit. du Midi de la France, 1961), 113-119 – D'A. S. AVALLE, Le origini della quartina monorima di alessandrini, Saggi ETTORE LI GOTTI, 1962, I, 119-160 – K. TOGEBY, Hist. de l'alexandrin français, Études Blinkenberg, 1963, 240-266 (vgl. a. DERS., Immanence et structure, 1968, 208-234).

Alexianer, -innen, auch Celliten, ursprgl. eine nach dem hl. → Alexios ben. Laienbrüdergenossenschaft zur Pflege von Kranken und Geistesschwachen und zur Bestattung von Toten, bes. in Pestzeiten; vor dem 14. Jh. aus → Begharden (→ Beginen) hervorgegangen, von Gregor XI. 1377, Bonifatius IX. 1394 und Eugen IV. 1431 (als Celliten) in Schutz genommen; Sixtus IV. verlieh ihnen 1472 die Augustinerregel; seitdem tragen sie schwarzen Habit mit Ledergürtel. Als »arme Brüder, Lollarden, Rollbrüder (Begräbnisbrüder) oder Lungenbrüder« waren sie in Flandern, am Niederrhein, in Straßburg, Hamburg und Braunschweig verbreitet. G. Binding

Lit.: DHGE XII, 118-122 – DIP² II, 748-755 – LThK² I, 326f. – RGG I, 234f.

Alexios v. Edessa (legendärer Hl., 17. Juli, Ostkirche: 17. März), nach der Legende Sohn reicher röm. Eltern, lebte als Bettler unter einer Treppe in Edessa bzw. auch in Rom; in die Dichtung des MA aufgenommen (→ Alexiuslied). Nach A. nannten sich im 14. Jh. die → Alexianer; Patron der Pilger, Bettler und Kranken. Dargestellt zunächst ohne Attribute (Rom S. Alessio, Fresko 8. Jh.), im O als Eremit mit dem Gesichtstypus des Täufers; byz. Einfluß im W (Dom zu Monreale); seit dem späten MA im W häufiger, zumeist in Pilgertracht, mit Treppe als Attribut (Bad Oberdorf/Allgäu, Retabelflügel 2. Hälfte 15. Jh.); szen. Darstellung seit 11. Jh. (Rom S. Clemente 11. Jh.; Stuttgarter Passionale um 1130; Esslinger Frauenkirche, Fresko um 1340; Boppard, Karmeliterkirche, Fresken um 1480). G. Binding

Lit.: LCI V, 90-95 [Lit.].

Alexios

1. A. I. Komnenos, byz. Ks. seit April 1081, *1048/57, † 15./16. Aug. 1118. A., der Begründer der Dynastie der → Komnenen, kam an die Macht als Vertreter des Militäradels. Mit ihm hat der byz. Staat, von neuen Kräften getragen, einen Aufschwung erlebt. Nach der katastrophalen

Herrschaft des Beamtenadels im 11. Jh. kam es unter A. zu einer allgemeinen Verbesserung der inneren Lage und zu einer aktiveren Außenpolitik. Mit den Seldschuken erreichte A. einen Ausgleich auf friedl. Wege – allerdings um den Preis einer fakt. Anerkennung der seldschuk. Herrschaft über große Teile Kleinasiens. Der Friede in Kleinasien befreite die byz. Kräfte für den Kampf gegen die → Normannen, die unter Robert Guiskard nach der Eroberung des byz. Unteritalien (1071) auf die ö. Adriaküste (1081 vorübergehende Eroberung von Dyrrhachion) übergriffen. Den Sieg über die Normannen konnte A. – v.a. angesichts des Verfalls der byz. Seestreitkräfte – nur mit Hilfe der Venezianer erringen; als Gegenleistung mußten den venez. Kaufleuten umfassende Handelsprivilegien eingeräumt werden (1082), wodurch die Epoche der Vorherrschaft der Seerepublik im ö. Mittelmeer eingeleitet wurde. Gefahren von außen vermochte A. auch sonst mehrfach mit einer geschickten Bündnispolitik zu begegnen. So gelang es ihm, die drohende Eroberung Konstantinopels durch die mit dem Emir v. Smyrna verbündeten → Petschenegen (1090/91) abzuwenden, indem er die → Kumanen gegen sie aufbot. A. verstand es zunächst auch, den Ersten Kreuzzug zur Rückgewinnung einiger kleinasiat. Gebiete auszunutzen, da sich die Kreuzfahrer anfangs meist an die mit A. 1097 getroffene Vereinbarung hielten, von ihnen eroberte, ehemals byz. Städte dem Ks. auszuliefern. Doch begann bereits mit dem Streit zw. A. und → Bohemund v. Tarent um den Besitz von → Antiochia (seit 1098) die lange Reihe der Auseinandersetzungen zw. Byzanz und den lat. Kreuzfahrern und den Normannen, die bereits vorhandenes gegenseitiges Mißtrauen in tiefe Feindschaft einmünden ließ.

Wirtschaftl. Schwierigkeiten, die sich seit der Mitte des 11.Jh. ankündigten und die A. geerbt hatte, führten zu einer bedeutenden Münzverschlechterung und zu rascher und drückender Steuererhöhung (→ Steuer, Steuersystem in Byzanz). Eine inflationsartige Vermehrung der Ämter und Titel sowie ein zunehmender Übergang zur Steuerverpachtung waren Zeichen für den Verfall des einst stark zentralisierten Beamtensystems (→ Beamtenwesen in Byzanz). Die Schwächung der Hauptsäulen des byz. Staates – des Finanzwesens, des Beamtenapparates und des Militärwesens – wurde teilweise durch die Einführung der → Pronoia ausgeglichen, die ohne zusätzl. Ausgaben die Existenz eines stehenden einheim. Heeres, neben Söldnertruppen verschiedenster Herkunft, gewährleistete. Die Pronoia beschleunigte den Feudalisierungsprozeß im Byz. Reich, der sich bereits unter A. in deutl. Erscheinungsformen abzeichnete.

Das Verhältnis der Kirche zur ksl. Gewalt war zumeist konfliktfrei, wenn sich auch zeitweilig kirchl. Opposition gegen einige Maßnahmen der ksl. Politik regte, so gegen die Übertragung von Klosterbesitz an weltl. Verwalter im Zuge des → Charistikariersystems und gegen die Einziehung von Kirchenschätzen zur Bestreitung der hohen Kriegskosten. Insgesamt konnte A. jedoch in kirchl. und theolog. Fragen als strenger und kompromißloser Verteidiger der Orthodoxie gelten. Er bekämpfte häret. Bewegungen, v.a. die sich vom südslav. Bereich aus im Byz. Reich verbreitenden → Bogomilen sowie neuplaton. und aristotel. Gelehrtenkreise, deren Hauptvertreter →Johannes Italos war.

Insgesamt bezeichnet die Regierung des A. eine Phase des Aufschwungs und der vergleichsweisen Stabilisierung, die allerdings um den Preis einer stärkeren Zentralisierung zu Gunsten einer Feudalstrukturierung des Staatsgefüges, einer Erhöhung der Steuerlasten sowie zunehmender wirtschaftl. (und bald auch polit.) Abhängigkeit von w.-lat. Einflüssen erreicht wurde. Die von A. verfolgte Politik errang keinen dauerhaften Erfolg, da die byz. Vorherrschaft zur See bereits unwiederbringl. verlorengegangen war, und allgemein die Kraft des byz. Staates zu einer Überwindung der expansiven Mächte (v.a. im lat.-w. Bereich) nicht ausreichte. Lj. Maksimović

Q.: Anna Comnène, Alexiade I–III, ed. B.Leib, 1937-45 [Neudr. 1967] – Lit.: F.Chalandon, Essai sur le règne d'Alexis I Comnène, 1900 [Neudr. New York o.J.] – Runciman, Kreuzzüge I – Kretschmayr, Venedig I, 159ff. – Ostrogorsky, Geschichte³, 293-310 – Ders., Die Pronoia unter den Komnenen, ZRVI 12, 1970, 41-54.

2. A. II. Komnenos, byz. Ks. sept. 1180-83, Sohn von Manuel Komnenos, ⚭ Agnes v. Frankreich (Agnes – Anna), * 14. Sept. 1169, † Sept. 1183. Die Regentschaft, die für den minderjährigen A. die Staatsgeschäfte übernahm, stärkte in der Innenpolitik die lateinerfreundl. Richtung, was Erbitterung im Volk und eine Verschwörung des Adels zur Folge hatte. Ein von einem antilat. Aufstand in Konstantinopel begleiteter Staatsstreich brachte im Mai 1182 Andronikos Komnenos an die Macht, der sich zum Mitkaiser A.' aufschwang und Mitglieder und Anhänger der Regentschaft hinrichten ließ. Bald darauf wurde auch A. erdrosselt; seine kurze, unselbständige Herrschaft besaß nur Übergangscharakter. Lj. Maksimović

Lit.: N.Radojčić, Dva poslednja Komnena na carigradskom prijestolju, 1907 – F.Cognasso, Partiti politici e lotte dinastiche in Bisanzio alla morte di Manuele Comneno, 1912 – Ostrogorsky, Geschichte³, 326ff. – O.Jurewicz, Andronikos I. Komnenos, 1970.

3. A. III. Angelos, byz. Ks. 8. April 1195 (nach Entthronung seines Bruders Isaak II.), * 18. Aug. 1203, † nach 1210. Herrschsüchtig, aber eine schwache Persönlichkeit, vermochte A. den Verfall der byz. Macht nicht aufzuhalten. Er verstand nicht einmal, die Machtergreifung seines Schwiegersohnes Stephan d. Erstgekrönten in Serbien polit. auszunützen. Der lange Krieg mit den Bulgaren war vorwiegend durch Mißerfolge gekennzeichnet; Ks. Heinrich VI. wurde eine Zeitlang, wenn auch unregelmäßig, ein sehr hoher Jahrestribut gezahlt, weswegen eine bes. »Alamannensteuer« eingeführt wurde. Infolge der in Byzanz um sich greifenden Feudalanarchie fielen einige Gebiete auf der Balkan-Halbinsel von Byzanz ab. Als die Kreuzfahrer Konstantinopel zum ersten Mal einnahmen (17. Juli 1203), entfloh A. mit der Staatskasse. Er starb in Nikaia. Lj. Maksimović

Lit.: W.Norden, Das Papsttum und Byzanz I, 1903, 114-163 – Ostrogorsky, Geschichte³, 332-344 – C.M.Brand, Byzantium confronts the West, 1968, 111-244.

4. A. IV. Angelos, Ks. v. Byzanz (gemeinsam mit seinem Vater Isaak II.) seit 1. Aug. 1203, *1183, † 28. Jan. 1204. Nach der gewaltsamen Machtübernahme durch Alexios III. (1195) wie sein Vater eingekerkert, gelang A. zu einem Zeitpunkt die Flucht in den W, als dort der Vierte Kreuzzug vorbereitet wurde. A. bat – nach ergebnislosen Verhandlungen mit Innozenz III. – seinen Schwager Philipp v. Schwaben um Hilfe gegen den Usurpator. Da Philipp durch den Thronstreit mit Otto IV. an einem unmittelbaren Eingreifen in Byzanz gehindert wurde, vermittelte er ein Zusammentreffen zw. A. und den in → Zadar lagernden Kreuzfahrern und Venezianern. A. versprach ihnen als Gegenleistung für ihre Unterstützung hohe Geldsummen, die Wiederherstellung der kirchl. Einheit und Hilfe beim weiteren Kreuzzugsunternehmen. Da eine Wendung gegen Konstantinopel im Interesse der Führer des Kreuzzuges – v.a. jedoch der Venezianer – lag, kam im Mai 1203 auf Korfu ein entsprechendes Abkommen zustande. Am 17. Juli 1203 eroberten die Kreuzfahrer Konstantinopel und ermöglichten A. und Isaak II.

die Übernahme der Herrschaft. A. blieb unter den gegebenen Machtverhältnissen ein Werkzeug der Kreuzfahrer; die Bevölkerung nahm gegen ihn eine feindl. Haltung ein, während anderseits der Druck seiner lat. Bundesgenossen wuchs, da A. die versprochenen Geldsummen nicht zu zahlen vermochte. A. fiel einem Volksaufstand zum Opfer (→ Alexios V.), während sein Vater im Kerker starb. → Lateinisches Kaiserreich. Lj. Maksimović

Lit.: RUNCIMAN, Kreuzzüge III, 111–136 – OSTROGORSKY, Geschichte³, 343f. – C.M. BRAND, Byzantium confronts the West., 1968, 228–251.

5. A. V. Dukas Murtzuphlos, byz. Ks. 5. Febr. 1204–11. April 1204, † Ende 1204. A., ein Vertreter der antilat. Richtung, war der Schwiegersohn von Alexios III. Angelos. Ein Volksaufstand, der Alexios IV., den Verantwortl. für die Besetzung Konstantinopels durch die Kreuzfahrer, stürzte, brachte A. auf den Thron. In diesem Machtwechsel erblickten Kreuzfahrer und Venezianer eine Provokation; sie nahmen am 13. April 1204 Konstaninopel (→ Lat. Kaiserreich) ein und plünderten es furchtbar aus. A. war bereits vorher aus der Stadt geflohen; er wurde auf Befehl Alexios III. geblendet, später von den Kreuzfahrern gefangengenommen, in die Hauptstadt gebracht und durch Sturz von der Theodosiossäule getötet. Lj. Maksimović

Lit.: M. LASKARIS, Vizantiske princeze u srednjevekovnoj Srbiji, 1926, 32ff. – C.M. BRAND, Byzantium confronts the West, 1968, 248–257 – CMH³, 284–286, 291.

6. A. Studites, Patriarch v. Konstantinopel 1025–43. Zunächst Abt des Kl.s Studios (nach dem A. benannt ist). Ks. Basileios II. berief ihn zum Patriarchen, ohne die zuständigen Metropoliten zu befragen. Diese Maßnahme führte später zu schweren Auseinandersetzungen, aus denen sich A. selbst allerdings geschickt heraushielt. Als Patriarch erließ er eine Reihe von Synodalentscheidungen und Disziplinarerlassen, so einen Synodaltomos gegen die Monophysiten in der Gegend von Melitene, einen Tomos gegen den messalian. Häretiker Eleutherios v. Paphlagonien u.a. Er gründete 1034 ein »Marienkloster«, dessen Typikon in der Originalfassung verlorengegangen ist. Seine Patriarchalakten sind zwar durch zahlreiche kanonist. Aussagen ein Zeugnis für A.' Reformeifer, sein Verhalten gegenüber der ksl. Gewalt beweist jedoch das Gegenteil: Willfährig beugte sich A. allen Übergriffen des Hofes, so z.B. der zweiten und dritten Eheschließung der Ksn. → Zoe. A. A. Fourlas

Ed.: MPG 119, 744–748, 828–850 – VV 12, 1906, 515–517 – Q.: GRUMEL, Regestes, H. II, 245–265 – Lit.: DHGE II, 398 – GEDEÓN, 317–322 – BECK, Kirche, 599 – LThK² I, 328 – MEE 3, 715 – ThEE 2, 133f.

Alexipharmaca, aus der Antike stammende Bezeichnung für giftabwehrende Mittel (gr. ἀλέξειν 'abwehren'). Nikander (um 100 v.Chr.) schrieb unter diesem Titel ein Gedicht von über 600 Versen »über die Gifte, die den Speisen und Getränken zugemischt werden, und ihre Gegenmittel« (gedr. Ausg. 1499 Venet. ap. Aldum Manutium); auch das 6., der »Materia medica« des Dioskurides im 7./8.Jh. angehängte Buch, das von Giften und ihren Gegenmitteln handelt, trägt gelegentl. diesen Titel. W. Schneider

Lit.: J. BERENDES, Die Pharmazie bei den alten Kulturvölkern I, 1891, 275ff., 306.

Alexis Slav, Enkel des Zaren Ivan Asen I. (Name der Mutter unbekannt), Statthalter der Festung Tzepina (Rhodopengebiet), * Ende des 12.Jh., Todesjahr unbekannt. ⚭ 1. (außerehel.?) Tochter Ks. Heinrichs v. Flandern, von dem A. den Titel »Despot« erhielt, der von Ivan Asen II. bestätigt wurde; ⚭ 2. Tochter des Theodoros Petralipha. Um 1220/21 siedelte A. nach Melnik (SW-Bulgarien) über und gründete das Kl. der Muttergottes Spileotissa, dessen Besitz er durch Schenkungsurkunde 1220 bestätigte. – Eine charakterist. Persönlichkeit während der staatl. Zersplitterung der Balkan-Halbinsel nach der Eroberung Konstantinopels 1204, spielte A. eine wichtige Rolle als Vermittler zw. dem → Lateinischen Kaiserreich und Bulgarien. I. Dujčev

Q.: G. Acropolita, Historia, ed. A. HEISENBERG, 38, 21ff. – Henri de Valenciennes, Hist. de l'empereur Henri de Constantinople, ed. J. LONGNON, 505, 545ff., 555ff. – Lit.: Zlatarski, Istorija III, 272ff., 277ff., 282ff. – I. DUJČEV, Iz starata bǎlg. knižnina II, 1944, 30ff., 311ff. – DERS., Medioevo bizantino-slavo III, 1071, 651ff., 702.

Alexiuslied (»Cançun de saint Alexis«), afrz. Gedicht (125 fünfzeilige Langvers-Strophen, aus assonierenden Zehnsilblern bestehend), um 1040 geschrieben, anonym (vielleicht Thibaut de Vernon zuzuweisen). Die maßgebende Editionsgrundlage bildet der Cod. L, Hildesheim, St. Godehard. Alexius, spätgeborener einziger Sohn des röm. Patriziers Euphemian, entflieht in der Hochzeitsnacht aus dem Vaterhaus. Er lebt 17 Jahre als Diener Gottes in Laodicea und Edessa von Almosen. Um der Verehrung durch das Volk auszuweichen, besteigt er ein Schiff und wird vom Winde nach Rom verschlagen. Dort wohnt er weitere 17 Jahre als Bettler unter der Treppe des reichen väterl. Hauses und bleibt von der Familie (Vater, Mutter, Braut, Diener) unerkannt. Ein Brief in der Hand des Toten enthüllt dem Papst, den Ks.n Arcadius und Honorius sowie den Angehörigen seine wahre Lebensgeschichte. Der Leib des Hl. wird vor der Beisetzung in der Kirche stürmisch verehrt, und es ereignen sich Wunder. Das Gedicht aus dem 11. Jh. zeichnet sich durch bes. Qualität aus: klare Struktur, zurückhaltend romanhafter Charakter, echtes Pathos (v.a. in den Monologen). Es basiert auf einer lat. Vorlage; frühere gr. und syr. Alexiusleben blieben dem afrz. Dichter wohl unbekannt. Das A. ist eines der frühesten lit. bemerkenswerten frz. Heiligenleben, in dem hagiograph. topoi geschickt verwendet werden. Der Alexiusstoff erfuhr im 12. bis 14.Jh. weitere frz. Bearbeitungen in Vers und Prosa. Ebenso sind bedeutende Fassungen der Legende in anderen Sprachen erhalten: ait., prov., me., rätorom. und mhd. Versionen, unter denen sich der »Alexius« des → Konrad v. Würzburg (1275) hervorhebt. Bis in die Neuzeit fand das Alexiusleben dichter. Gestaltung. P. Remy (mit L. Gnädinger)

Lit.: H.F. MASSMANN, Sanct-Alexius-Leben in acht gereimten mhd. Behandlungen, nebst geschichtl. Einl. sowie dt., gr. und lat. Anhängen, 1843 – G. PARIS, L. PANNIER, La vie de saint Alexis, poème du XIe s. et renouvellements des XIIe, XIIIe et XIVe s., 1872 – M. RÖSLER, Die Fassungen der Alexius-Legende mit bes. Berücksichtigung der me. Versionen, 1905 – G. EIS, Die Alexiuslegende A (Beitr. zur mhd. Legende und Mystik. Unters. und Texte, 1935), 256–315 – J.H.D. ALLEN, JR., Two Old Portuguese Versions of the Life of Saint Alexis. Codices Alcobacenses 36 and 266, 1953 (Illinois stud. in language and lit. 37, 1) – C. STOREY [Hg.], Blackwell's French Texts, 1946, 1958: Textes Litt. Fr., 1968 – V. BERTOLUCCI PIZZORUSSO, Le versioni otrantine della leggenda di S. Alessio, Stud. mediolat e volgari, VI–VII, 1959, 9–24 – M. SPRISSLER, Das rhythm. Gedicht »Pater Deus Ingenite« (11.Jh.) und das afrz. A., Forsch. zur Rom. Ph., 18, 1966 – K. GIERDEN, Das afrz. A. der Hs. L. Eine Interpretation unter dem Gesichtspunkt von Trauer und Freude, 1967 (Unters. zur roman. Philologie 1) – G. ROHLFS [Hg.], Slg. Roman. Übungstexte, 1950, 1968 – Das Leben des hl. Alexius. Aus dem Afrz. übers. v. K. BERNS, 1968 (Klass. Texte des MA 6) – Trad. fr. de G. MERMIER und S.M. WHITE, 1972 – L. GNÄDINGER, Eremitica, Stud. zur afrz. Heiligenvita des 12. und 13.Jh., Beih. zur ZRPh, 130, 1972, 1–90 – CH. E. STEBBINS, A Critical Ed. of the 13th and 14th Cent. Old French Poem Versions of the »Vie de s. Alexis«, Beih. zur ZRPh, 145, 1974 – P. REMY, La strophe CXV de la »Vie de s. Alexis«, Actes du XIIIe Congrès Intern. de Ling. et Phil. Romanes, 1976, 735–749 [Bibliogr.].

Alfandegas (von arab. *al-funduq*), in den ma. Städten Spaniens die zur Lagerung der Waren und zur Unterbringung der Kaufleute bestimmten Gebäude; sie waren oft im Be-

sitz des Kg.s oder der Gemeinde. Im Kgr. Portugal waren die a. die Steuereinnahmestellen für den Außenhandel.
M. Sánchez Martínez
Lit.: L. GARCÍA DE VALDEAVELLANO, El mercado. Apuntes para su estudio en León y Castilla durante la Edad Media, 1975².

Alfani, Gianni (oder G. degli A.), Dichter des → Dolce stil nuovo. Ein Florentiner dieses Namens schrieb sich 1243 in die Seidenzunft ein und lebte bis in die ersten Jahre des 14. Jh.; ein anderer A. (*1273/83) war 1311 → *Gonfaloniere di giustizia* und wurde von Heinrich VII. zum Rebellen erklärt. Es ist ungewiß, mit welchem der beiden (oder mit einem uns unbekannten Dritten) man diesen Vertreter des Dolce stil nuovo identifizieren muß, von dem uns sieben Liebesdichtungen (sechs *Balladen* und ein *Sonett*) erhalten sind, beeinflußt in Themen und Wortwahl von → Dante (»Rime« und »Vita Nuova«) und v. a. von → Cavalcanti. Einer eigenständigen Reflexion über das Phänomen der Liebe und die Beziehungen zw. Liebe und Religion abgeneigt, verwendet der Dichter die Ballade und vermeidet die *Canzone*, die für den Ausdruck philosoph. Gedanken geeigneter ist. Zeichen seiner weltl. Einstellung ist die Erwähnung von → Andreas Capellanus in einem scherzhaften Sonett (VII 8), das A. Cavalcanti geschickt hat (in IV 18–19 gepriesen als der einzige, der Amor kennt), der mit einem Motett antwortete. Bemerkenswert ist A.s Fähigkeit, die poet. Technik Cavalcantis wiederzugeben: Die Balladen beziehen sich auf die Augen der Frau und ihren Gruß, auf die Augen und das Herz des Dichters und seine Todesangst. Neben der Geliebten steht die Gruppe der anderen Frauen (II 1, V, VI 9); gleichzeitig wird ein Gefühl der Solidarität unter den Menschen sichtbar, die den Lehren Amors folgen. Das geht aus II 6 und v. a. aus IV hervor, wo A. die »Ballatetta« anredet und sie zu seiner Dame schickt, wobei er in geglückter Weise Cavalcantis Ballade »Perch' i' no spero« nachahmt: Das Mitleid (11 und 24), das der Dichter nicht nur von der Frau, sondern auch vom Freund als beständig erbittet, vereint in einer nicht nur äußerl. Beipflichtung zum charakterist. Ideal des 'Stile nuovo' das Ideal der Liebe mit dem der Freundschaft. F. Bruni
Lit.: Poeti del Duecento, ed. G. CONTINI, II, 1960, 605–614 – Poeti del Dolce stil nuovo, ed. M. MARTI, 1969, 335–350 – DBI II, 251 – M. COTTINO-JONES, Profilo stilistico di G. degli A., LI 23, 1971, 457–472 – M. MARTI, Storia dello Stil nuovo, II, 1973, 541–553.

Alfanus. 1. A., Ebf. v. *Capua* 1158; † vor 1183, unterstützte in S-Italien Papst Alexander III., von dem er 1174 die Bestätigung des Metropolitanrechts seines Sitzes erhielt. Vertrauensmann Kg. Wilhelms II., dem er 1163 eine Verschwörung anzeigte. A. nahm an der Gesandtschaft teil, die Johanna v. England, die Braut Wilhelms II., nach Sizilien geleitete. Am 18. Febr. 1177 wohnte er der Hochzeit in Palermo bei. P. Delogu
Lit.: DBI II, 257.

2. A., Ebf. v. *Salerno* seit 1058; † 9. Okt. 1085. Mitglied einer sehr vornehmen salernitan. Familie, Dichter, Musiker, Arzt; um 1050 ist er als Magister in Salerno bezeugt. Er war schon 1054 Kleriker, als er mit Desiderius, dem künftigen Abt v. Montecassino, Freundschaft schloß, mit dem er in Benevent, in Florenz bei Papst Viktor II. und in Montecassino war. Nachdem A. so mit Kreisen der Kirchenreform in Verbindung getreten war, wurde er vom Fs.en Gisulf II. nach Salerno zurückgerufen und zum Abt des Stadtklosters S. Benedetto erhoben; hierauf wurde er zum Ebf. gewählt. Er spielte eine bedeutende Rolle in der Reformbewegung und stand in Verbindung mit Petrus Damiani, Desiderius und Gregor VII., den er während seines salernitan. Exils beherbergte. Er reorganisierte das kirchl. Leben seiner Prov. 1062 unternahm er eine Pilgerfahrt über Konstantinopel nach Jerusalem. Nach der Eroberung von Salerno durch die Normannen spielte er eine Vermittlerrolle zw. diesen und dem Papst. In den Jahren 1080–1085 errichtete er mit Unterstützung von Robert Guiscard eine neue, gewaltige Kathedrale. P. Delogu
Lit.: DBI II, 253–257 – LThK² I, 366.

Werke: Die von Petrus Diaconus bezeugten Hymnen und Gedichte des A. (composuit ... passionem s. Christinae et librum hymnorum et versuum: MGH SS VII 728; detailliertes, auf Hausüberlieferung des Cod. Cassin. 280 saec. XI beruhendes Schriftenverzeichnis bei Petrus Diaconus, De viris ill. Casin. c. 19, MPL 173, 1030) sind zum großen Teil erhalten. Neuerdings werden ihm 68 Nummern zugeschrieben; nur zweimal nennt A. sich selbst (im Akrostichon 1 und in der Inschrift 53, 2 am Dom zu Salerno). Die Hälfte der Texte feiert südit. Märtyrer (darunter Christina v. Bolsena, deren Vita A. schrieb); andere gelten Montecassino und seinen Begründern oder sind an Fs.en und hohe Geistliche gerichtet, deren Epitaphien er auch verfaßte. A. bedient sich neben mehrfach angewandten ambrosian. und sapph. Strophen verschiedenster, z. T. ungewöhnl. Vers- und Strophenformen mit oft assonierendem Reim (Akrostichis 1 und 54; Abecedarius 38; Vorliebe für runde und symbol. Zahlen erkennbar); weniger wegen solcher Polymetrie als wegen der themat. Vielfältigkeit (darunter 14 Confessio metrica, 45 Maria ad Iesum) wurde A. der »Venantius Fortunatus Unteritaliens im 11. Jh.« genannt (MANITIUS II, 619). R. Düchting
Ed.: A. LENTINI, F. AVAGLIANO, I carmi di Alfano I, 1974 (MiscCass, 38), wodurch die ältere Teilausg. (wie AnalHym 22, 40 und 50 sowie MPL 147, 1269ff überholt sind) – Vita et Passio s. Christinae MPL 147, 1269ff. – *Lit.:* MANITIUS II, 618ff.

In seiner Übersetzung der Schrift des → Nemesios v. Emesa Περὶ φύσεως ἀνθρώπου, deren Physiologie galenisch ist, hat A. für die Medizin eine Terminologie geschaffen, die sich am Schriftlatein dieser Zeit orientierte. Darüber hinaus hat er die Bedeutung des → Arabismus für die Weiterentwicklung der Medizin in Salerno erkannt (→ Constantinus Africanus). Die Zuweisung erhaltener med. Schriften an A. ist umstritten. G. Baader
Ed.: Nemesii episcopi premnon physicon sive περὶ φύσεως ἀνθρώπου liber a N. Alfano archiepiscopo Salerni in Latinum translatus, ed. C. BURKHARD, 1917 – P. CAPPARONI, Il »De quattuor humoribus corporis humani« di Alfano I arcivescovo di Salerno, 1928 – DERS., Il »Tractatus de pulsibus« di Alfano I arcivescovo di Salerno, 1936 – *Lit.:* P. O. KRISTELLER, The school of Salerno, BHM 17, 1945, 149–151 – G. BAADER, Die Entwicklung der med. Fachsprache im hohen und späten MA (Fachprosaforsch., hg. G. KEIL, P. ASSION), 1974, 97–100.

Alfasi, Isaak b. Jakob, gen. Rif, geb. 1013 im heut. Algerien, gest. 1103 in Spanien; studierte in Kairuan und verbrachte den größten Teil seines Lebens in Fez (daher der Beiname A.). 1088 mußte er nach Spanien fliehen und wurde 1089 Oberhaupt der Akademie in Lucena. Das Hauptwerk A.s ist – neben zahlreichen Responsa – das Gesetzeskompendium »Sefär ha-Hªläkôt« oder» Hªläkôt Rabbātī« (Hilkôt A.), ein Extrakt der wichtigsten halak. Bestimmungen und somit eine Art Epitome des babylon. → Talmuds. Es konzentriert sich auf die Teile des Talmuds, die von prakt. Bedeutung für die Rechtsprechung waren, und erlangte in der Folgezeit (auch wegen der z. T. ausführl. Erläuterungen) außerordentl. Ansehen. Der Erstdruck erschien 1509 in Konstantinopel (Neudr. Jerusalem 1969, ed. N. SACHS); eine krit. Edition steht noch aus.
P. Schäfer
Lit.: EJud (engl.) II, 600–604 – SH. SHEFER, Ha-Ri''f ûmišnātô, 1966–67.

Alférez, Alférez real (von arab. *al-fāris*), Anführer der Truppen des Monarchen, der in der Schlacht das kgl.

Feldzeichen sowie bei den Hofzeremonien das Schwert des Kg.s, Symbol der richterl. Gewalt, trug. Er bestätigte auch Schenkungen und Privilegien (Partida 2ª, Tit. 9,1.16). In Aragón übte er zweitrangige Funktionen aus. In Kastilien verlor er an Wichtigkeit, als Johann I. 1382 das Amt des *Condestable* (Kronfeldherr, *Connétable*) schuf.

M. J. Peláez

Lit.: J. CARUANA GÓMEZ DE BARREDA, Los alféreces de Aragón en tiempos de Alfonso II y Pedro II (1162–1213), RABM 4ª. ép. 61, 1955, 407-425 – E. PALACIOS. El Alférez Real, 1959 – M. DE SIETE IGLESIAS, Los alféreces mayores del rey, Hidalguía X, 1962, 129–148 – L. GARCÍA DE VALDEAVELLANO, Hist. de las instituciones españolas, 1975³, 489f., 493.

Alfieri, Familie, erscheint in den Urkunden von Asti erstmals in der Mitte des 12. Jh. (1149). Seit dem Beginn des 13. Jh. fest in der polit. Führungsschicht der Kommune verankert, erreichte sie in der ersten Hälfte des 13. Jh. mit Guglielmo und Alferio, reichen Kaufleuten und Grundbesitzern, den Höhepunkt der Macht. Mitglieder der Familie waren an der starken wirtschaftl. Entwicklung des w. Europas im 13. und 14. Jh. beteiligt. Von Guglielmo stammen die – 1897 ausgestorbenen – Herren v. Magliano ab. Alferio, dessen Nachkomme → Ogerio ist, war der Stammvater der späteren Linie Magliano/Castagnole delle Lanze (im folgenden Marchesi di Sostegno). Diese Linie erlosch 1797.

I. Naso

Lit.: EncIt II, 387f.

Alfieri, Ogerio, Politiker und Geschichtsschreiber, * 1. Hälfte des 13. Jh. in Asti, wirkte aktiv bei der Verwaltung des reichen Familienvermögens mit. Nach 1277 nahm er mit starkem Engagement am polit. Leben von Asti teil. Er erfreute sich großer Autorität in der Kommune, die ihn mit schwierigen Aufgaben betraute: 1292 war er unter den vier → Savi, in deren Kompetenz die Behandlung aller Gemeindeangelegenheiten von Asti lag. In demselben Jahr, als er vermutl. schon Archivar der Kommune war, riet er dem *Podestà*, eine Sammlung aller Akten und Urkunden anzulegen, die die Rechte der Kommune konstituierten. Diese von ihm zusammengestellte Sammlung bildet (zusammen mit einigen später hinzugefügten Urkunden) den berühmten »Codex Astensis«, dem eine kurze »Chronica« vorausgeht, eine Zusammenfassung der Geschichte von Asti, die von A. in einem geläufigen und konzisen Stil geschrieben wurde. Er starb vielleicht 1294, da die »Chronica« mit dem 18. April dieses Jahres schließt.

Lit.: DBI II, 271 f.

I. Naso

Alf laila wa-laila → Tausendundeine Nacht

Alfons

1. A. I. »el Batallador«, *Kg. v. Aragón und Navarra*, * um 1073, † 1134 in Poleñino; wurde als nachgeborener Sohn Sanchos I. 1109 Kg., weil sein Bruder Peter I. ohne Kinder starb. Da die Expansion der Almoraviden Kastilien ernsthaft gefährdete und A. im Ruf eines tüchtigen Kriegsmannes stand, betrieb 1109 wohl noch Alfons VI. v. Kastilien die Heirat seiner Erbtochter Urraca mit dem aragon. Kg. Urraca, Witwe des Gf.en Raimund v. Burgund, war die kgl. Gewalt in den Reichen ihres Vaters übertragen worden; noch 1109 schlossen sie und ihr Mann einen Vertrag, der gegenseitig dem Partner alle kgl. Rechte in den eigenen Reichen einräumte. Beide waren Urenkel Sanchos III. v. Navarra; aber nicht nur deswegen wurde ihre Ehe wegen zu naher Verwandtschaft angefochten und 1114 von Papst Paschalis II. annulliert, sondern v. a. weil Klerus und Adel des Kgr.es León und z. T. auch Kastiliens um ihre polit. Eigenständigkeit fürchteten.

A. betitelte sich »totius Hispaniae imperator« und suchte in wechselvollen Kämpfen bis 1114 den leones. und galic. Adel zur Anerkennung zu zwingen, während seine Frau eine schwankende und wegen ihres Sohnes Alfons Raimundez, den der Adel zum kgl. Nachfolger wünschte, öfters auch gegenüber Aragón eine feindl. Haltung einnahm. Ab 1114 betätigte sich A. als Vorkämpfer der Reconquista; er war der Auffassung, in dieser Eigenschaft den Landweg bis Jerusalem freizukämpfen. Gestützt auf einen von ihm initiierten Kreuzzugsbeschluß einer Synode v. Toulouse, eroberte er 1118 Zaragoza, 1119 Tudela und Tarazona, 1120 Calatayud und Daroca. Die Eroberung Léridas, dessen Besitz auch der Gf. v. Barcelona beanspruchte, blieb ein unerreichtes Ziel. 1125–26 durchstreifte er Andalusien und Valencia und warb dort ca. 10000 Mozaraber an, um sie ins Ebrotal umzusiedeln.

Bis zum Tode Urracas (1126) hatte A. nicht auf seine Rechte am kastil. Reich verzichtet, kämpfte deshalb gegen den neuen Kg. Alfons VII. (Alfons Raimundez), den Sohn seiner Frau aus erster Ehe, und konnte sich dabei auf die Städte stützen, die gegen den Adel aufbegehrten. Im Frieden v. Támara (Juli 1127) verzichtete A. auf den Kaisertitel im Tausch gegen Gebiete am oberen Ebro, die Sancho II. erobert hatte. Nach einer Intervention im frz. S (1131) widmete er sich der Eroberung Léridas, belagerte mehrere Jahre Fraga und starb 1134 an einer schweren Verwundung, die er sich in der verlustreichen Schlacht v. Fraga zugezogen hatte. Ohne leibl. Erben setzte er ganz im Geiste seines ununterbrochenen Kampfes gegen die Sarazenen ein Testament auf, das die Templer, Johanniter und die Chorherren vom Hl. Grab zu gemeinsamen Nachfolgern in seinen Reichen bestimmte, aber vom Adel Aragóns und Navarras nicht akzeptiert wurde.

J. M. Sans Travé/O. Engels

Lit.: A. LÓPEZ FERREIRO, Hist. de la S. Iglesia de Santiago de Compostela III–IV, 1900–01 – J. M. LOSCERTALES, La sucesión del rey Alfonso VI., AHDE 13, 1936-41 – J. M. R. LACARRA, Documentos para el estudio de la reconquista y repoblación del Valle del Ebro, Estudios de Edad Media de la Corona de Aragón II, 1946; III, 1947-48; V, 1952 – DERS., La conquista de Zaragoza por Alfonso I (18 diciembre 1118), Al-Andalus 12, 1947 – DERS., Semblanza de Alfonso »el Batallador«, 1950 – A. HUICI MIRANDA, Los Banu Hud de Zaragoza, A. el Batallador y los almorávides, Estudios de Edad Media de la Corona de Aragón VII, 1962 – DERS., Los franceses en la reconquista y repoblación del valle del Ebro en tiempo de A. el Batallador. Cuadernos de hist. 2, 1968 – J. M. LACARRA, Vida de A. el Batallador, 1971 – L. VONES, Die Hist. Compostellana und die Kirchenpolitik des nordwestspan. Raumes, 1070–1130 [Diss. masch. Köln 1977].

2. A. II. »der Keusche«, *Kg. v. Aragón* und *Gf. v. Barcelona*, * 1154, † 25. April 1196. Hieß als Erstgeborener ursprgl. Ramón nach seinem Vater Ramón Berenguer IV., mußte aber nach dessen Tod (1162) seinen Namen gegen den seines Bruders Alfons (nach Alfons I. v. Aragón) austauschen. Auf Betreiben seiner Mutter Petronila sollte an der Spitze der Krone Aragón die Tradition der kgl. Familie von Aragón und nicht die des Grafenhauses von Barcelona fortgesetzt werden. Indem A. die kgl. Grablege in San Juan de la Peña und die gfl. in Ripoll aufgab und in Poblet eine neue für seine Familie schuf, suchte er eine der Vereinigung von → Aragón und → Katalonien nunmehr angemessene Tradition einzuleiten. Unter ihm fiel die Gft. → Roussillon an das Haus Barcelona (1172), und die Gft.en Ampurias und Urgell (1188) wurden so stark an Barcelona gebunden, daß dadurch die Formierung zum Prinzipat Katalonien in ihr letztes Stadium treten konnte. Der Heimfall der ledig gewordenen Gft. Provence (1168) löste Konflikte mit dem Grafenhaus v. Toulouse aus und beförderte entscheidend die schon länger im Gang befindl. katal. Expansion in S-Frankreich. Die Gft.en bzw. *vicomtés* Provence, Carlat (zur Hälfte), Carcassonne/Béziers, Nîmes,

Foix, Razès, Millau, Gévaudan, Bigorre und Béarn waren von A. abhängig. Gleichzeitig setzte er die Expansion nach S fort; er eroberte Caspe, gründete Teruel und beteiligte sich 1177 an der Belagerung → Cuencas, womit er die von seinem Vater übernommene Lehnsabhängigkeit vom kastil. Kg. abstreifte. Sein Vertrag v. Cazola (1179), der die weitere → Reconquista der Halbinsel zw. Kastilien und Aragón aufteilte, und das Ende der Datierungspraxis in Katalonien nach den Regierungsjahren der frz. Kg.e auf der Synode zu Tarragona (1180) lassen den Willen zu vollständiger polit. Eigenständigkeit erkennen. Die wechselvolle Bündnispolitik gegenüber Kastilien, Navarra und León sowie sein urspgl. Plan, die byz. Kaisertochter Eudoxia zu heiraten, leiteten die Grundzüge der späteren Außenpolitik der Krone Aragón schon ein.

S. Claramunt/O. Engels

Lit.: J. F. CABESTANY – E. BAGUE u. a., Els primers comtes-reis, 1960, 55–99 – J. VENTURA, A. el Cast. El primer comte-rei, 1961 – O. ENGELS, Der Vertrag v. Corbeil (Ges. Aufs. zur Kulturgesch. Spaniens 19, 1962), 123–141 – DERS., Schutzgedanke und Landesherrschaft im ö. Pyrenäenraum, 1970.

3. A. III., »der Freigiebige«, *Kg. v. Aragón* und Gf. v. Barcelona, * 1265, † 18. Juni 1291, ohne Nachkommen. Ältester Sohn Peters III. und der Constanze v. Sizilien, wurde 1282 von seinem Vater zum Statthalter seiner Kgr.e ernannt, als dieser zur Eroberung Siziliens aufbrach. Nov. 1285, als sein Vater starb, führte A. einen erfolgreichen Feldzug gegen Jakob II. v. Mallorca, um die Balearen zu erobern. Sein größtes außenpolit. Problem war Sizilien, das von seinem Bruder Jakob regiert wurde. – Sein Ziel war ein Friedensschluß mit dem Papst, Frankreich und dem Haus Anjou; nach verschiedenen Zusammenkünften wurde 1291 im Vertrag v. Tarascon ein Teilfrieden über Sizilien erreicht. Im Inneren mußte A. den Forderungen der aufständ. Adligen der aragon. Union und der Städte nachgeben und 1287 das »Privileg der Union« beschwören. Er sah sich auch gezwungen, einen Krieg gegen Sancho IV. v. Kastilien wegen dessen frankreichfreundl. Haltung zu führen (1289).

S. Claramunt

Lit.: S. SOBREQUES, A. el Franc (Els descendents de Pere el Gran, Biografies catalanes VI), 1961 – F. SOLDEVILA, Vida de Pere el Gran i d'A. el Liberal, 1963 – J. F. O'CALLAGHAN, A Hist. of Medieval Spain, 1975, 394–396.

4. A. IV., »der Gütige«, *Kg. v. Aragón* seit 1327, * 1299, † 24. Jan. 1336, zweiter Sohn Jakobs II. und der Blanche v. Anjou, ⚭ 1. Theresia v. Entenza, Erbin der Gft. Urgel, die damit der Krone einverleibt wurde, 2. Leonore v. Kastilien, Schwester Alfons XI. Als Erbprinz führte A. das Expeditionsheer zur Eroberung Sardiniens, nachdem sein Vater im Tausch mit Bonifaz VIII. gegen Korsika und Sardinien auf Sizilien verzichtet hatte, und unterwarf 1324 die Insel nach mehreren Gefechten mit pisan. Streitkräften. Er unterstützte ohne Erfolg einen Kreuzzug gegen Granada. Sein größtes Problem war, die Herrschaft über Sardinien zu festigen, zumal von Genua aus inspirierte Aufstände in Sássari und Cagliari ausbrachen. Verbündet mit Jakob III. v. Mallorca begann er einen Krieg gegen Genua, der erst 1337 unter seinem Sohn Peter IV. endete. Der an einer chron. Krankheit leidende, tief religiöse Herrscher wurde polit. vom Einfluß seiner zweiten Gemahlin Leonore beherrscht. Die letzten Jahre seiner Herrschaft waren von familiären polit. Kämpfen getrübt.

S. Claramunt

Lit.: E. BAGUE, A. al Benigne (Els descendents de Pere el Gran, Biografies catalanes VI, 1961).

5. A. V., *Kg. v. Aragón* → 17. Alfons I. (v. Neapel)

6. A. I., *Kg. v. Asturien* (739–757), Sohn von Peter, Hzg. v. Kantabrien und Schwiegersohn von Pelayo, dem ersten Führer des chr. Widerstandes gegen das islam. Spanien. A. kann als Schöpfer des Kgr.s Asturien angesehen werden. Ein Aufstand der Berber gegen die Araber (741) und eine große Trockenheit, die die gesamte Iber. Halbinsel erfaßte (750–753), schwächten die Befestigungslinie, die die Walis von Córdoba um die ersten chr. Widerstandszentren herum errichtet hatten. Diese Lage wurde von A. ausgenutzt, der in einer Reihe von Feldzügen die wichtigsten Festungen und Städte Galiciens, des Duerotals und des oberen Ebro dem Boden gleichmachte; dadurch beschleunigte er die schon begonnene Abwanderung der muselman. Bevölkerung von der n. Meseta nach S. Er siedelte die chr. Gemeinden, die er auf seinem Vormarsch antraf, jenseits des Gebirges im N und die von der Meseta eingewanderte Bevölkerung in den Tälern des Kantabr. Gebirges an. Dadurch wurden in diesem Gebiet die Grundlagen der wirtschaftl., sozialen und kulturellen Strukturen im Kgr. Asturien geschaffen.

A. Riera Melis

Lit.: L. BARRAU DIHIGO, Recherches sur l'hist. politique du royaume asturien (718–910), RHi 52, 1921, 1–360 – J. PÉREZ DE URBEL, Los primeros siglos de la Reconquista (711–1038), 1964 – C. SÁNCHEZ-ALBORNOZ, Despoblación y repoblación del valle del Duero, 1966 – DERS., Orígenes de la nación española. Estudios críticos sobre la historia del reino de Asturias II, 1974.

7. A. II., »el Casto«, *Kg. v. Asturien*, * 791, † 842, Sohn von Fruela I. Er gelangte mit der Unterstützung einer Adelspartei an die Macht, die mit der hinhaltenden Politik, welche die letzten astur. Kg.e dem islam. Spanien gegenüber verfolgt hatten, nicht einverstanden war. Er verlegte die Hauptstadt von Pravia nach Oviedo, welches bessere Verbindungen zum Rest des Landes besaß, und gründete ein Bm. Der Sieg der antiislam. Partei in Asturien provozierte eine starke Reaktion von seiten des Emirats → Córdoba. Zw. 792 und 805 mußte das Kgr. fast jeden Sommer mehrere simultan durchgeführte islam. Angriffe an seiner galic. und alaves. Grenze abwehren. Infolgedessen erweiterte A. die Beziehungen zum karol. Reich, wodurch er das Kgr. den frk. Einflüssen in Wirtschaft und Kultur öffnete. Eine Reihe von Aufständen innerhalb des islam. Spaniens beendete ab 805 die sommerl. Angriffe. Diesen Umstand nutzte A., um – ermutigt und beraten von einer Gruppe mozarab. Kleriker und Adliger, die die Ansicht vertraten, daß die astur. Monarchie die legitime Nachfolgerin der westgot. sei – die entstehenden polit. und kirchl. Strukturen des Kgr.s entsprechend hispanogot. Vorbildern auszubauen. Unter A. II. hörte Asturien auf, ein von Córdoba und Toledo abhängiges Kgr. zu sein und wurde ein polit. und kirchl. selbständiger Staat.

A. Riera Melis

Lit.: Estudios sobre la monarquía asturiana realizados con motivo del XI centenario de A. II el Casto, celebrado en 1947, 1971² – J. PÉREZ DE URBEL, Los primeros siglos de la Reconquista (711–1038), 1964 – C. SÁNCHEZ-ALBORNOZ, Orígenes de la nación Española. Estudios críticos sobre la hist. del reino de Asturias II, 1974.

8. A. III. der Große, *Kg. v. Asturien*, 866–Dez. 910, Sohn von Ordoño I. Nach der Niederwerfung verschiedener Aufstände von Galiciern und Basken verlegte er die Hauptstadt des Kgr.s nach León. Da die von den Christen geförderten Aufstände des Muladis in al-Andalus, bes. des Ibn Marwān in Mérida und der Banū l-Qāsim im Ebrotal, zu einer Schwächung der islam. Herrschaft führten, konnte A. die Neubesiedlung des N von Portugal in Angriff nehmen. Gegen 878 wurde die w. Grenze des Kgr.s bis zum Mondego vorgeschoben, und es wurden u. a. die Städte Coimbra, Porto, Braga und Viseu wieder besiedelt. Das Emirat v. Córdoba versuchte, dieser territorialen Ausweitung entgegenzutreten. Seine Offensive gegen die Ebene von León wurde jedoch bei Polvoraria zum Stehen gebracht und bei Valdemora zurückgeschlagen. Nach einer Reihe von Feldzügen mit unentschiedenem Ausgang schloß A. einen Friedensvertrag mit Córdoba, der gemeinsam mit dem Aufstand des 'Umar ibn Ḥafṣūn im peribet. Andalusien A.' Besiedlungspläne begünstigte. Die Besiedlung der verlassenen Gebiete der n. Submeseta schritt aufgrund des Bevölkerungsüberschusses der Gebirgsgegenden des N und der mozarab. Einwanderung aus dem S schnell bis zum Duero voran, an dem eine Befestigungslinie errichtet wurde. Die letzten Jahre von A.' Leben waren durch Wirren gekennzeichnet: Der Kg. wurde 910 durch eine Verschwörung seiner Söhne entthront und nach Boides verbannt, wo er kurz darauf starb. Unter der Herrschaft von A. verdoppelte Asturien seine territoriale Ausdehnung, und sein polit. Zentrum verlagerte sich vom Gebirge (Oviedo) in die Ebene (León); die Grenze wurde bis zum Duero und zum Mondego vorgeschoben, und die Wiederbesiedlung ermöglichte die Nutzung der Gebiete zw. der kantabr. Kordillere und den beiden gen. Flüssen. A. Riera Melis

A. ist Verfasser – oder zumindest Initiator und Redaktor – einer früher einem fiktiven Bf. Sebastian v. Salamanca zugeschriebenen Chronik (hg. J. Prelog, Die Chronik A.' III., erscheint 1978), die, den Zeitraum 672–866 umfassend, als Quelle für das Ende des Westgotenreichs und die Anfänge der Reconquista von hohem Wert ist. Dieses Werk gehört zu einer Quellengruppe (sog. Zyklus A.' III.), die vom Neogotismus geprägt ist (Darstellung des astur. Reichs als Fortsetzung des westgot.). J. Prelog

Lit.: A. Cotarelo Valledor, Hist. crítica y documentada de la vida y acciones de Alfonso III el Magno, último rey de Asturias, 1933 – C. Sánchez-Albornoz, La sucesión al trono en los reinos de León y Castilla, Boletín de la Academia Argentina de Letras 14, 1945, 35–124 (Neudr. in: Ders., Viejos y Nuevos Estudios sobre las Instituciones medievales españolas II, 1976, 1105–1172) – M. R. García Álvarez, Sobre la pretendida asociación al trono de Alfonso III, Boletín de la Comisión Provincial de Monumentos…. de Orense 17, 1949, 39–56 – J. Pérez de Urbel, Los primeros siglos de la Reconquista (711–1038), 1964 – C. Sánchez-Albornoz, Despoblación y repoblación del valle del Duero, 1966 – Ders., Repoblación del reino asturleonés. Proceso, dinámica y proyecciones, Cuadernos de Hist. de España 53–54, 1971, 236–459 (Neudr. in: Ders., Viejos y Nuevos Estudios…, 579–790) – Ders., Orígenes de la nación española. Estudios críticos sobre la hist. del reino de Asturias III, 1975.

9. A. VIII. Kg. v. Kastilien seit 1158, * 1155 in Soria, † 1214 in Gutierre-Muñoz, Sohn von Sancho III. und Blanca v. Navarra, die bei seiner Geburt starb; ⚭ seit 1170 Eleonore, Tochter Heinrichs II. v. England und der Eleonore v. Aquitanien. Während seiner Minderjährigkeit (bis 1169) herrschten anarch. Verhältnisse, da sich die beiden mächtigen kast. Familien, die Castro und die Lara, Vormundschaft und Regentschaft für den jungen Kg. streitig machten. In diese Auseinandersetzungen griff auch Kg. Ferdinand II. v. León ein, der eine Zeitlang die Vormundschaft über seinen Neffen ausübte. A.' Gemahlin brachte als Mitgift die Gft. Gascogne in die Ehe und empfing als Morgengabe zahlreiche kast. Gebiete. Die Hauptsorge des Kg.s, der von den Chronisten als tapfer, gläubig, gerechtigkeitsliebend und Freund der Künste geschildert wird, galt dem Kampf gegen die Almohaden, den er jahrzehntelang mit wechselndem Erfolg führte. Schließl. war er führend an dem großen Sieg der Kastilier, Navarresen, Katalanen und Aragonesen bei Las → Navas de Tolosa (1212) beteiligt. Die Beziehungen zw. Kastilien und Aragón waren während seiner Regierung zumeist freundl. und festigten sich durch den Vertrag v. Cazola (1179), der die Zonen der Expansion in islam. Spanien festlegte. Dagegen war das Verhältnis zu León und Navarra oft gespannt. Einer der wichtigsten Erfolge A.' war die Eingliederung von Alava und Guipuzcoa, wobei er von Teilen der Basken unterstützt wurde. Seine Versuche, die Gft. Gascogne als Mitgift seiner Frau dauernd in Besitz zu nehmen, hatten jedoch keinen Erfolg. – Im geistl. Bereich kennzeichnete Treue gegenüber dem Papst seine Politik; er stellte untergegangene Bm.er (Albarracín, Cuenca) wieder her, unterstützte die monast. Bewegung, in deren Gefolge neue Orden wie Predigerorden und Barfüßer erschienen, die nächst Zisterziensern und Prämonstratensern die größte Bedeutung erlangten. Ebenso förderte er nachhaltig die Ritterorden. Die Ansätze auf dem Gebiet der Bildungspolitik waren zunächst durch den Ausbau von Domschulen, in einer späteren Phase durch Universitäten gekennzeichnet. Bedeutend als Gesetzgeber und im Bereich des Landesausbaus, verlieh A. vielen Gemeinden Stadtrechte, von denen das Recht von Cuenca bes. Bedeutung und in der Folgezeit große Verbreitung erlangte. E. Sáez

Lit.: J. Gonzáles, El reino de Castilla en la época de A. VIII., 3 Bde, 1960 – J. F. O'Callaghan, A Hist. of Medieval Spain, 1975, 235 ff.

10. A. X. der Weise
I. Leben und Regierung – II. Gesetzgeberische, wissenschaftliche und literarische Tätigkeit.

I. Leben und Regierung: Kg. v. Kastilien und León seit 1252, * 26. Nov. 1221 in Toledo, † 4. April 1284 in Sevilla, □ Burgos, Kl. Las Huelgas, 1. Sohn Ferdinands III. und der Beatrix v. Schwaben, Tochter Philipps v. Schwaben, ⚭ seit 1244 Yolante (Violante), Tochter Jakobs I. v. Aragón und Yolantes v. Ungarn, 10 Kinder.

Vor seiner Thronbesteigung war A. im Auftrag seines Vaters an mehreren Feldzügen und Missionen beteiligt, die alle mit der → Reconquista Murcias zusammenhingen. Als Kg. verfolgte A. einen für das 13. Jh. typ. »Imperialismus«, der sich auf die verwandtschaftl. Bindungen mit dem frz. Königshof stützte und eine Eroberung Marokkos ins Auge faßte, wofür er wegen des benötigten Schiffsraumes die Unterstützung der Seestädte im w. Mittelmeer brauchte.

Der Tod des röm. Kg.s Konrad IV. (1254) war Anlaß, sich über seine Mutter als einziger Erbe der Staufer zu fühlen, 1255 das Hzm. Schwaben zu reklamieren und im März 1256 die Wahl durch ghibellin. Pisaner zum Ks. anzunehmen. Im Vordergrund des Interesses (in Spanien unter dem Schlagwort fecho del Imperio geläufig) stand das stauf. Erbe in Italien; auch die 1257 gegen Richard v. Cornwall vom Trierer Kfs.en betriebene und vom frz. Königshof unterstützte Königswahl in Frankfurt hatte im wesentl. den Sinn einer besseren Rechtsgrundlage im Kampf gegen den »Usurpator« Manfred in Italien. Seine Anerkennung als Kg. in Deutschland, das er persönl. nie betreten hat, blieb abhängig von Fs.en, die der frz. Politik verpflichtet waren; das Papsttum wich dieser Anerkennung aus und lenkte 1265 mit der Belehnung Karls v. Anjou die it. Politik in andere Bahnen. Noch nach der Königswahl Rudolfs v. Habsburg (1273) wurde A. wegen des fecho del Imperio beim Papst vorstellig und mußte im Sommer 1275 behutsam zum Verzicht auf das röm. Kgtm. gebracht werden.

Alle Aktionen für den fecho del Imperio wurden erhebl. durch Adelsunruhen im Reich behindert. Der kast. Adel wehrte sich gegen die Zentralisationsbestrebungen der Krone und paktierte in wechselvollem Spiel mit den Sarazenen in Granada und mit Jakob I. von Aragón, obwohl dieser der Schwiegervater A.' war. Jakob fürchtete um seinen Einfluß in Navarra, schlug aber auch für seinen Schwiegersohn den Aufstand der Mudéjares in Murcia nieder, weil er damit rechnen mußte, daß A. andernfalls die maur. Bevölkerung in Valencia unterstützte. Indem die Sarazenen von Granada die Mudéjares in Murcia und in

Andalusien begünstigten und Hilfe von Marokko annahmen, brachten sie die Reconquista zum Erliegen; A. konnte nur Jerez, Medina Sidonia, Lebrija, Niebla und Cádiz erobern.

A.' letzte Regierungsjahre waren durch Thronkämpfe gekennzeichnet. Nach dem Tod seines erstgeborenen Sohnes Fernando de la Cerda beanspruchten dessen Sohn Alfons de la Cerda wie auch der Infant Sancho die Krone; letzterer veranlaßte seinen Vater, ihn zum Erben einzusetzen. A.' Versuch, ein von Kastilien abhängiges Kgr. Jaén zu schaffen, um seinen Enkel Alfons damit abzufinden, scheiterte am Widerstand Sanchos. Ein offener Krieg zw. Vater und Sohn brach 1281 aus; schließl. sah sich A. von allen Anhängern verlassen, nur die Städte Sevilla und Murcia blieben loyal. Doch trat allmähl. eine Besserung der polit. Situation für A. ein; sie zu nutzen, hinderte den Kg. der Tod.

Blieb A. auf polit. Gebiet ein oft wirklichkeitsfremder Herrscher, der zwar imperiale Träume verfolgte, in schwierigen Situationen aber vielfach Tatkraft und den Mut zur Entscheidung vermissen ließ, so übertraf er wohl alle zeitgenöss. Herrscher als Gesetzgeber und Gelehrter, als Anreger und Förderer von Wissenschaft und Literatur.
E. Sáez/O. Engels

II. GESETZGEBERISCHE, WISSENSCHAFTLICHE UND LITERARISCHE TÄTIGKEIT: Die zahlreichen Werke, die unter dem Namen A. überliefert sind, stellen in Wahrheit das Resultat der Tätigkeit einer großen Gruppe von Mitarbeitern dar, die vom Kg. beauftragt und koordiniert wurden. Diese Aktivität von Übersetzern, Kompilatoren, Redaktoren, Dichtern und Musikern setzt die Vermittlungstätigkeit zwischen O und W fort, die von den toledan. Übersetzern entfaltet wurde; aber auch die Wahl der Sprache (kast., mit Ausnahme der »Cantigas«) ist ein Anzeichen für völlig neue Bestrebungen: Aneignung der hist. Vergangenheit und der Wissenschaft und Streben nach einer der Realität entsprechenden Rechtsordnung, die den kast. Staat in den Mittelpunkt dieses kulturellen Universums stellt: ein gewaltiges Vorhaben, parallel dem imperialen und erfolgreicher als dieses. – Der Versuch, die kast. Gesetzgebung zu vereinheitlichen, der schon unter Ferdinand III. begonnen hatte, entwickelt sich in verschiedenen Etappen (»Setenario«, dann »Espéculo« [ca. 1260], schließl. → »Siete Partidas«); aber in der Praxis beschränkt sich A. darauf, einigen Städten das wenig originelle »Fuero Real« (1255) zu geben. Die historiograph. Tätigkeit beginnt mit der »Estoria de España«, die alle verfügbaren Kenntnisse über Spanien, auch aus epischer Quelle, sammelt und vereinigt. Die Redaktion begann ca. 1270, wurde unter Sancho IV. fortgesetzt und unter Alfons XI. in einer Fassung, die als »Primera Crónica General« bekannt ist, vervollständigt; sie erweitert sich dann zur Weltgeschichte in der → »General e grand Estoria«. Vom dichter. und musikal. Gesichtspunkt aus sind die 427 »Cantigas de Santa Maria«, in galic., der Sprache der iber. Lyrik der Zeit, geschrieben, bes. wichtig. – Hohe Bedeutung erlangte auch A.' Förderung der Astronomie und Kosmogonie (»Tablas alfonsíes«, → Tafeln, Astronom.; → »Libros del saber de astronomía«, »Tratado del cuadrante 'sennero'«). A. Várvaro

Q.: Crónica del rey don Alfonso X, BAE 66, 1875, 3–66 – A. GARCÍA GALLO, El libro de leyes de Alfonso el Sabio, AHDE 21–22, 1951–52, 345–528 – Ed.: Opúsculos legales, 1836 – Libros del saber de astronomía, ed. M. RICO Y SINOBAS, 1863–67 – Lapidario, ed. J. FERNÁNDEZ MONTAÑA, 1881 – Libro de acedrex, dados e tablas, ed. A. STEIGER, 1941 – Setenario, ed. K. H. VANDERFORD, 1945 – Primera Crónica general, ed. R. MENÉNDEZ PIDAL, 1955² – Cantigas de Santa Maria, ed. W. METTMANN, 1959–64 – Tratado del cuadrante »sennero«, ed. J. M. MILLÁS VALLICROSA (Nuevos estudios sobre hist. de la ciencia española), 1960 – Liber Picatrix, übers. H. RITTER-H. PLESSNER (Picatrix: Das Ziel des Weisen), 1962 – Lit.: DSB I, 122 [Bibl.] – A. BUSSON, Die Doppelwahl des Jahres 1257 und das röm. Kgtm. A.' X. v. Castilien, 1866 – A. STEIGER, A. d. Weise und die Kaiseridee, Schweizer Beitr. zur allgemeinen Gesch. 7, 1949 – E. S. PROCTER, Alfonso X. of Castile, 1951 – P. E. SCHRAMM, Das kast. Kgtm. in der Zeit A.' d. Weisen (1252–1284) (Fschr. E. STENGEL, 1952) – J. M. MILLÁS VALLICROSA, Un nuevo manuscrito astronómico alfonsí, Actes du VIIIe Congrès Internat. d'Hist. des Sciences, Florenz-Mailand 1956, I, 304–308 – W. METTMANN, Stand und Aufgaben der alfonz. Forsch., RJ 14, 1963, 269ff. – D. CATALÁN, El taller historiográfico alfonsí, Romania 89, 1963, 354–375 – A. BALLESTEROS BERETTA, Alfonso X el Sabio, 1963 – B. ROBERG, Die Abdankung A.' X. v. K. als dt. Kg., Hist. Jb. 84, 1964, 334–351 – P. KNECHT, I libri astronomici di Alfonso X in una versione fiorentina del trecento, 1965 – S. ARMISTEAD, New Perspective in Alfonsine Historiography, RP 20, 1966–67, 204–217 – J. E. KELLER, Alfonso X. el Sabio, 1967 – J. F. O'CALLAGHAN, The Cortes and Royal Taxation during the Reign of Alfonso X. of Castile, Traditio 27, 1971, 379–398 – COING, Hdb. I, 670–674 – C. J. SOCARRAS, Alfonso X of Castile. A Study on Imperialistic Frustration, 1975 – O. ENGELS, El rey Jaime I de Aragón y la política internacional del siglo XIII (X Congreso de Hist. de la Corona de Aragón, Ponencia, Zaragoza, 1976) – J. D. NORTH, The Alfonsine tables in England, Prismata (Fschr. W. HARTNER), 1977, 269–301.

11. A. IV. »el monje«, *Kg. v. León* (926–932), gelangte nach seinem Streit mit seinen Brüdern Sancho und Ramiro, mit denen er sich in der Herrschaft des Kgr.s teilte, an die Macht. 931 dankte er zugunsten Ramiros, der bis dahin über Portugal herrschte, ab und trat in das Kl. Sahagún ein. 932 versuchte er, den Thron zuzuerlangen, wurde von Ramiro besiegt und starb bald darauf. A. Riera Melis

Lit.: C. SÁNCHEZ-ALBORNOZ, La sucesión al trono en los reinos de León y Castilla, Boletín de la Academia Argentina de Letras 14, 1945, 35–124 – E. SÁEZ, Ramiro II, rey de »Portugal« de 926 a 930, Revista Portuguesa de Hist. 3, 1947, 271–290 – DERS., Notas y documentos sobre Sancho Ordoñez, rey de Galicia, Cuadernos de Hist. de España XI, 1949, 25–104 – DERS., Sobre la cronología de Alfonso IV »el Monje«, Anuario de Estudios medievales I, 1964, 503–520.

12. A. V., *Kg. v. León* 999–1028, † 1028, Sohn von Vermudo II. und Elvira García. Gekrönt mit fünf Jahren, wurde für ihn bis 1008 von seiner Mutter und dem galic. Gf.en Menendo González die Regentschaft geführt. In diese Zeit fällt die letzte größere Expansionsphase des islam. (→ al-Andalus); ebenso litt das Kgr. unter norm. Angriffen und dem Ausdehnungsdrang Kastiliens, das seine Grenze auf Kosten von León nach W verschob. Als 1008 mit dem Tod 'Abdalmaliks, des Sohnes von al-Manṣūr, der Druck Córdobas endgültig nachließ, begann zw. den chr. Reichen der Kampf um die Vorherrschaft. A. nutzte dabei die Minderjährigkeit des kast. Gf.en García aus, um 1017 einen Teil der eroberten Gebiete zurückzugewinnen; dadurch geriet A. in Gegensatz zu dem Vormund Garcías, Sancho III. v. Navarra. Dieser Konflikt wurde 1022 durch einen Kompromiß beigelegt. Auf innenpolit. Gebiet verdienen die ersten Gesetze Beachtung, die für das gesamte Kgr. Geltung hatten; sie wurden auf einer vom Kg. geleiteten Versammlung von Bf.en und Adligen feierl. verkündet. Den Bürgern seiner Hauptstadt verlieh der Kg. den → fuero v. León. A. Riera Melis

Lit.: L. VÁZQUEZ DE PARGA, El Fuero de León, AHDE 15, 1944, 464–498 – J. PÉREZ DE URBEL, Hist. del condado de Castilla II, 1945 – R. MENÉNDEZ PIDAL, El Imperio Hispánico y los cinco reinos, 1950.

13. A. VI., *Kg. v. León und Kastilien*, * Juni 1040, † 30. Juni 1109 in Toledo, ⌂ Sahagún; 2. Sohn von Ferdinand I. und Sancha. Bei der von seinem Vater vorgenommenen Teilung erhielt A. León und den Tribut des islam. Kgr.s Toledo, wobei es zu langandauernden Konflikten mit seinem ältesten Bruder Sancho kam, der Kastilien und den Tribut von Zaragoza geerbt hatte. Bei mehreren krieger. Auseinandersetzungen unterlegen, wurde A. 1072 von Sancho abgesetzt und mußte sich an den Hof seines maur. Vasallen in Toledo zurückziehen. Nach dem Tode Sanchos bei der Belagerung von Zamora trat A. die Herrschaft über León, Kastilien und Galicien an, das seinem Bruder García entzogen worden war. In Kastilien wurde er von den Vasallen nur widerstrebend anerkannt; er hatte zuvor in Burgos dem → Cid die Unschuld am Tode seines Bruders Sancho II. (1072) durch einen Reinigungseid bezeugen müssen. Die Regierungsjahre A.' von 1072–86 sind durch einen imperialen Aufschwung der kast.-leones. Herrschaft geprägt. A. bemächtigte sich des Rioja-Gebietes, zwang Sancho Ramírez zum Lehnseid für das n. des Ebro gelegene Navarra und eroberte Toledo im Mai 1085 nach langer Belagerung. Angesichts der kastil. Bedrohung rief Mu'tamid v. Sevilla den Almoraviden-Emir Jūsuf ibn Tāšufīn zu Hilfe, der mit seinen berber. Truppen Ende Juni 1086 in Algeciras landete und dem Heer A.' am 23. Okt. 1086 bei Sagrajas nahe Badajoz eine vernichtende Niederlage zufügte. Ein Rückgang des kast. Einflusses auf die Taifa-Kgr.e war die Folge, ebenso aber auch die Versöhnung mit dem von ihm 1081 vertriebenen Cid, der in der Folge die iber. Levante erfolgreich im Auftrag A.' besetzte und verteidigte. 1086–1109 erzielte A. im Kampf gegen die Almoraviden fast ausschließl. Mißerfolge. Neid und Rivalität gegenüber dem Cid verhinderten ein dauerhaftes militär. und polit. Zusammengehen mit diesem, wodurch die Möglichkeit einer gesamtspan. Herrschaftsbildung ungenutzt blieb. Die Verheiratung seiner Tochter Urraca mit Alfons I. »el Batallador« brachte nicht den gewünschten polit. Erfolg. - Kulturell wurde das verstärkte Eindringen abendländ.-frz. Einflüsse unter A. gefördert, wozu wohl auch seine Heiratsverbindungen mit frz. Prinzessinnen und die Einsetzung von Bf.en frz. Herkunft beitrugen. Der roman. Baustil breitete sich während seiner Herrschaft s. der Pyrenäen aus, die röm. Liturgie wurde eingeführt, die westgot. Schrift durch die frz. verdrängt. Begünstigt wurde das Eindringen dieser Neuerungen durch die große Pilgerstraße nach → Santiago de Compostela, die der Kg. wiederherstellen und sichern ließ. E. Sáez

Lit.: J.M.RAMOS Y LOSCERTALES, La sucesión del Rey Alfonso VI, AHDE 13, 1936–41, 36–99 – R.MENÉNDEZ PIDAL, La España del Cid, 1956⁵ – L.G. DE VALDEAVELLANO, Hist. de España I, 2, 1973⁸ – L.VONES, Die ›Historia Compostellana‹ und die Kirchenpolitik des nordwestspan. Raumes zw. 1070 und 1130 [Diss. masch. Köln 1977] – P.FEIGE, Die Anfänge des ptg. Kgtm.s und seiner Landeskirche (Ges. Aufsätze zur Kulturgesch. Spaniens 29), 1978.

14. A. VII., *Kg. v. León und Kastilien* seit 1126, Ks. seit 1135, * 1105 in Galicien, † 21. Aug. 1157 in Fresneda, ▭ Toledo; Sohn der Kgn. Urraca und des Gf.en Raimund v. Burgund; 1111 wurde er in Santiago zum Kg. v. Galicien gekrönt, als Reaktion seiner Parteigänger gegenüber Kgn. Urraca und ihrem Stiefvater Alfons I. v. Aragón. Nach dem Tode seiner Mutter bestieg A. den Thron von León und sehr bald gelang es ihm, ein sich völlig auflösendes Kgr. zu befrieden. Als der Kg. v. Aragón 1134 starb, befand sich A. in einer begünstigten Situation, die er aber nicht recht auszunützen verstand, trotz seiner in León am 26. Mai 1135 vorgenommenen Kaiserkrönung. Seine Vasallen, der Kg. v. Navarra, der Gf. v. Barcelona, der Gf. v. Toulouse und andere Barone aus dem Languedoc standen nicht tatsächl. unter seiner Herrschaft, sondern waren mit ihm nur durch eine lockere Lehensbeziehung verbunden, was das Scheitern dieser imperialen Konzeption nach dem Tode des Monarchen erklärt. Echte Mißerfolge für die hegemoniale Politik waren die durch seinen Vetter Alfons (Affonso Henriques) erlangte Unabhängigkeit des Kgr.s Portugal (endgültig durch den Frieden v. Zamora 1143) und die Vereinigung Aragóns mit Katalonien durch die Ehe der Thronerbin Petronila und des Gf.en v. Barcelona Ramón Berenguer IV. Mit letzterem schloß A. den Vertrag v. Tudillén (1151), der die Grenzen für künftige Reconquista-Unternehmungen festlegte. Seine zahlreichen Kriegszüge in islam. Gebiet brachten nur vorübergehende Erfolge; die Eroberungen von Córdoba, Almería und anderen Städten waren nicht von langer Dauer. Mit der Teilung seines Kgr.s unter seine beiden Söhne, Sancho (Kastilien) und Ferdinand (León), durchkreuzte er selbst seine Bemühungen um die Erlangung der imperialen Vormacht auf der Iber. Halbinsel. E. Sáez

Q.: Hist. Compostellana, ed. E.FLÓREZ, España Sagrada XX, 1765, 1–568 – P.RASSOW, Urkk. Ks. A.' VII. v. Spanien, 1126–1155, AU 10, 1928, 327–468; 11, 1930, 66–137 – Chronica A. Imperatoris, ed. L.SÁNCHEZ BELDA, 1950 – *Lit.*: ECE I, s. v. – R.MENÉNDEZ PIDAL, El imperio hispánico y los cinco reinos, 1950 – A.UBIETO ARTETA, Navarra-Aragón y la idea imperial de A. VII de Castilla, Estudios de Edad Media de la Corona de Aragón 6, 1956, 41–82 – L.G.DE VALDEAVELLANO, Hist. de España I, 2, 1973⁸ – L.VONES, Die ›Historia Compostellana‹ und die Kirchenpolitik des nordwestspan. Raumes zw. 1070 und 1130 [Diss. masch. Köln 1977] – P.FEIGE, Die Anfänge des ptg. Kgtm.s und seiner Landeskirche (Ges. Aufsätze zur Kulturgesch. Spaniens 29), 1978.

15. A. IX., *Kg. v. León*, 1188–1230, * 1171 in Zamora, † 1230 in Villanueva de Sarria; Sohn von Ferdinand II. und Urraca v. Portugal. ⚭ 1. Theresia, Tochter Sanchos I. v. Portugal (Auflösung der Ehe aus kirchenrechtl. Gründen); 2. Berenguela, Erbtochter Alfons VIII. v. Kastilien. A. folgte seinem Vater auf den Thron von León zu einem Zeitpunkt, als seine Stiefmutter Urraca López ihn verfolgte, um das kgl. Erbe für ihren Sohn Sancho zu erlangen. – Die zeitgenöss. Chronisten loben ihn wegen seines Stolzes, seiner Körperkräfte, seiner hohen Gesinnung. Während seiner Regierung widmete sich der Kg. mit Eifer dem inneren Wiederaufbau und der →Reconquista. Mit seiner Wiederbesiedlungs- und Stadtgründungspolitik (→ Kolonisation und Landesausbau) trug er beträchtl. zur Veränderung der Gesellschaft bei; seine Unterstützung der Gemeinden hatte die Verminderung der Macht des Adels und die Anhebung des kulturellen Niveaus im Kgr. zur Folge. Eine seiner wichtigsten Initiativen war die Einberufung einer *Curia regia* nach León 1188, an der zum ersten Mal Repräsentanten des städt. Bürgertums teilnahmen; von hier aus nahmen die → *Cortes* ihren Ausgang (vgl. auch Stände). In den Cortes v. León (1188) wurden beachtl. Gesetze zum Schutze von Leib und Gut aller Untertanen gegen Machtmißbrauch und Willkür erlassen; man hat diese Gesetze mit der »Magna Charta« verglichen. Die lange Regierungszeit A. IX. ist in der äußeren Politik von der Rivalität und ständigen Auseinandersetzungen mit dem Kg. v. Kastilien, Alfons VIII., geprägt. A. IX. zögerte auch nicht, sich nach der Schlacht v. → Alarcos mit den → Almohaden gegen Kastilien zu verbünden. Diese Allianz hatte die Intervention des Papstes Coelestin III. zur Folge, der den leones. Monarchen exkommunizierte, dem Volk erlaubte, die Waffen gegen seinen Kg. zu ergreifen und die Untertanen von ihrer Gehorsams- und Treuepflicht entband. Der Kampf endete mit der Ehe von A. IX. mit Berenguela, der ältesten Tochter des kast. Monarchen. Diese Verbindung brachte jedoch wegen des Verwandtschaftsgrades der Ehegatten neue Schwierigkeiten mit sich. Innozenz III. exkommunizierte die Gatten, und diese sahen sich zur Trennung gezwungen, was Anlaß zur Wiederaufnahme der Feindseligkeiten zw. den beiden Kgr.en war.

An der Schlacht von Las → Navas de Tolosa (1212), bei der Kastilier, Navarresen, Katalanen und Aragonesen vereint gegen die Almohaden kämpften, beteiligte sich A. IX.

nicht; er nutzte sogar den Kreuzzug aus, um kast. Gebiete anzugreifen. Trotz seiner gelegentl. Bündnisse mit den Mohammedanern trieb A. ansonsten die Reconquista beträchtl. voran, v. a. in den letzen Jahren seines Lebens, in denen ihm die Besetzung der wichtigen Städte Valencia de Alcántara, Cáceres, Mérida und Badajoz gelang. Ihr folgte die Besetzung des gesamten Gebietes n. des Guadiana; damit war der Weg nach Sevilla frei, den die Ritterorden in den folgenden Jahren mit der Einnahme von Trujillo, Medellín, Alange und Santa Cruz noch weiter öffnen sollten. Bei seinem Tod hinterließ A. ein beträchtl. vergrößertes Kgr., und den Eroberungen ließ er eine schnelle und wirksame Wiederbesiedlung folgen, die sich auf alle seine Territorien erstreckte. Eine seiner wichtigsten kulturellen Taten ist die Gründung der Universität → Salamanca, die 1219 ihr Wirken begann. E. Sáez

Lit.: J. GONZÁLEZ, Alfonso IX, 2 Bde, 1944.

16. A. XI., Kg. v. León und Kastilien, * 1311 in Salamanca, † 1350 in Gibraltar; bestieg als Sohn Ferdinands IV. und der Konstanze v. Portugal schon im zweiten Lebensjahr den Thron. Seine Regierungszeit von 38 Jahren war eine der bedeutendsten des kast. MA. Die Jahre seiner Minorität waren mit Parteikämpfen angefüllt, die nach dem Tode Marias de Molina (1321), der Witwe Sanchos IV. und Regentin für den unmündigen Enkel, unter den neuen Regenten Philipp, Johann d. »Einäugigen« und Johann Manuel, die das Kgr. unter sich teilten, einen Höhepunkt erreichten. Ganz im Gegensatz dazu steht die Zeit der Großjährigkeit. Mit dem entscheidenden Sieg am Salado (1340) und der Eroberung von Algeciras (1344) wurden die afrikan. Mariniden vernichtet und das Reich v. Granada zum Stillhalten gezwungen; die Konflikte um die Meerenge v. Gibraltar waren damit beseitigt. A. griff auch in den Hundertjährigen Krieg ein, beschränkte sich aber darauf, ein kluges Gleichgewicht zw. England und Frankreich einzuhalten, wodurch eine Ausweitung des Wollhandels und eine Beherrschung der flandr. Märkte gelang. A.' Erfolge fußten auf einer energ. Innenpolitik, welche die Stärkung der kgl. Autorität im Auge hatte. Er beseitigte die → Hermandades, die Instrumente kommunaler Rebellion, und ersetzte die allgemeine Bürgerversammlung in den wichtigeren Städten durch einen verkleinerten Rat oder ein Stadtregiment. Mit derselben Zielsetzung führte er in den wichtigeren Orten auch Corregidores ein, die als Vertreter der Königsgewalt die von der Bürgerschaft gewählten Bürgermeister verdrängten. A. konzentrierte auf diese Weise die kommunalen Befugnisse in seiner Hand, um von dieser Basis aus den Kampf mit dem Adel aufzunehmen. Er setzte damit zugleich Vorstellungen des monarch. Frühabsolutismus in die Praxis um. Schon 1337 war der Adel vollständig unterworfen. Den → Cortes kam bei diesem Umbau des Verfassungsgefüges eine wichtige Funktion zu. A. war mit Maria v. Portugal verheiratet, die ihm den Thronfolger Peter I. schenkte; seit 1329 stand er unter dem Einfluß der schönen Eleonore v. Guzmán, die ihm u. a. Heinrich II. v. Trastámara gebar, der nach einem Bürgerkrieg die kast. Krone übernehmen sollte.

E. Sáez

Lit.: A. BALLESTEROS BERETTA, Hist. de España y su influencia en la Hist. Universal III, 1944² – R. GIBERT, El concejo de Madrid, su organización en los siglos XII a XV, 1949 – L. SUÁREZ FERNÁNDEZ, Intervención de Castilla en la Guerra de los Cien Años, 1950.

17. A. I. (V.)
I. Lebensdaten; Alfons als König von Aragón – II. Italienpolitik – III. Alfons als Förderer des Humanismus.

I. LEBENSDATEN; ALFONS ALS KÖNIG VON ARAGÓN: A. I., Kg. v. Aragón und Sizilien seit 1416 (als A. V. der Großmütige), Kg. v. Neapel seit 1442, * 1396, † 1458, Eltern: Ferdinand v. Antequera (seit 1412 als Ferdinand I. Kg. v. Aragón) und Eleonore v. Alburquerque. – Am glänzenden Hof von Medina del Campo erzogen, begab er sich mit 16 Jahren in das Gebiet der Krone v. Aragón, als sein Vater den Thron bestieg. Drei Jahre später (1415) heiratete er in Valencia seine Kusine María, Tochter von Heinrich III. v. Kastilien, die ihm keine Kinder schenkte und von der er lange Jahre getrennt war. Zu Beginn seiner Regierungszeit, im Jahre 1416, hatte er polit. Auseinandersetzungen mit Katalanen und Aragonesen wegen seiner kast. Berater und der Absetzung des → Justicia v. Aragón. Vom Beginn seiner Regierung an setzte A. die traditionelle aragon. Politik der Expansion im Mittelmeer fort, die auch sein Vater verfolgt hatte. So lief er 1420 mit einer Flotte aus, um → Sardinien und → Sizilien zu befrieden und → Korsika, damals in genues. Besitz, anzugreifen. Die Kgn. v. Neapel, Johanna II., bat A. um Hilfe gegen Ludwig III. v. Anjou und adoptierte ihn als Sohn und Erben. Der aragon. Kg. wurde am 5. Juli 1421 als Befreier von Neapel empfangen. Nachdem jedoch die Kgn. ihren Entschluß zugunsten Ludwigs v. Anjou geändert hatte, sah sich A. gezwungen, nach Katalonien zurückzukehren, um später mit verstärkten Kräften den Kampf um Neapel wiederaufzunehmen. Nach seinem Eingreifen in die innerkast. Verhältnisse zur Verteidigung der Interessen seiner Brüder Heinrich und Johann ging A. für den Rest seines Lebens nach Italien (1432; vgl. Abschnitt II). – Während der Abwesenheit des Monarchen erlitten seine span. Besitztümer schwere polit. und soziale Krisen, die A.' Statthalter – die Kgn. María und sein Bruder Johann v. Navarra – nicht lösen konnten. In Katalonien kam es zu großen sozialen Unruhen durch die Bewegung der Remensas (unfreie Bauern), deren Streben nach kollektiver Freiheit der Monarch unterstützte. Auf Mallorca war der Aufstand der Foráneos (Bauern) ausgebrochen, in dem sich die Hauptstadt der Insel und die Bauern der Dörfer gegenüberstanden. Diese Revolte wurde von den vom Kg. aus Neapel gesandten Truppen niedergeworfen. In Barcelona tobten die Kämpfe zw. den beiden Parteien der Busca und der Biga; so bereitete sich die Auseinandersetzung vor, die verstärkt während der Regierungszeit seines Nachfolgers Johann II. ausbrechen sollte. E. Sáez

II. ITALIENPOLITIK: Die Italienpolitik A.' kann als Schluß- und Höhepunkt der aragones. Expansion im Mittelmeer betrachtet werden, deren Ziel die Eroberung des gesamten zentral-mediterranen Raumes war, von dem sich bereits Sardinien und Sizilien als Stützpunkte in aragon. Hand befanden. Daher nominierte Johanna II. v. Anjou, die für das Kgr. Neapel keine Erben hatte, nicht ohne Grund A. zu ihrem Nachfolger. Als die Kgn. jedoch ihre Pläne änderte und dem aragon. Kg. ihren entfernten Verwandten Ludwig v. Anjou als Rivalen entgegensetzte, sah sich A. gezwungen, mit Waffengewalt zu intervenieren und seinem Gegner seit 1432 in einem langen und schwierigen Krieg entgegenzutreten, den dramat. Phasen hatte: Zwei Jahre lang bereitete A. von Sizilien aus den Angriff auf Neapel vor. Am 4. Aug. 1435 wurde er jedoch von den Genuesen bei → Ponza in einer Seeschlacht vernichtend geschlagen, gefangengenommen und von Genua Filippo Maria → Visconti, dem Hzg. v. Mailand, übergeben (vgl. hierzu Italien). Da Visconti aber überzeugt war, die Freundschaft eines mächtigen Herrschers könne ihm von Nutzen sein (v. a. weil ihm von Venedig ständig Gefahr drohte und Genua ein nur unsicherer Verbündeter war), ließ er A. frei und unterstützte ihn bei seinen weiteren militär. Operationen in S-Italien, die mit dem triumphalen Einzug in

Neapel am 2. Juli 1442 endeten, den A. Filarete auf dem Triumphbogen (des Castello Angioino, Neapel) verewigt hat.

Nach der Eroberung und der Unterdrückung jedes noch vorhandenen Widerstandes errichtete A. seine Residenz im Kgr. Neapel, wo viele Katalanen Ämter bei Hof und Lehen erhielten. Prachtliebend und ein Förderer der Künste, ließ A. das Castello Angioino verschönern, umgab sich mit Künstlern und Dichtern und begründete eine hervorragende Bibliothek (vgl. auch Abschnitt III). Er war durch eine leidenschaftl. Liebesbeziehung mit der neapolitan. Adligen Lucrezia d'→Alagno verbunden.

Innenpolit. vermochte er seine Herrscherautorität gegenüber den sich widersetzenden Baronen zu behaupten, wobei er ihre Aufstände oftmals mit Härte unterdrückte. Seine Italienpolitik zielte nach dem Tode des Filippo Maria Visconti 1447 darauf, dessen Hzm. zu gewinnen. Er stieß jedoch auf feindselige Haltung von Seiten Mailands und der anderen it. Stadtstaaten wie Florenz und Venedig, die – nach dem kurzen Zwischenspiel der → Ambrosianischen Republik – Francesco → Sforza unterstützten. Deshalb mußte er in die Bedingungen des Friedens v. Lodi einwilligen, der das Ende seiner ehrgeizigen Bestrebungen bedeutete. Nach seinem Tod (1458) ging das Kgr. Neapel auf seinen natürl. Sohn Ferdinand, bekannter als Ferrante, über. R. Manselli

III. ALFONS ALS FÖRDERER DES HUMANISMUS: A. war Mäzen und Beschützer bedeutender, auch freigeistiger Humanisten wie → Valla, → Beccadelli, Fazio, Porcello, → Filelfo, Manetti; Verehrer antiker Denkmäler (bei der Belagerung von Gaeta 1435 verbot er, Steine aus Ciceros Villa zu verwenden) und Autoren (die tägl. im Feld und bei Hof in Vorlesungen und Disputationen vergegenwärtigt wurden). So galt er den Zeitgenossen als Ideal des humanist. Fs.en. W. Rüegg

Lit.: J. AMETLLER Y VINYAS, Alfonso V de Aragón en Italia y la crisis religiosa del siglo XV, 3 Bde, 1903-28 – A. SORIA ORTEGA, Los humanistas de la corte de Alfonso el Magnánimo, 1956 – Estudios sobre Alfonso el Magnánimo con motivo del quinto centenario de su muerte, 1960 – J.M. MADURELL MARIMON, Mensajeros barceloneses en la corte de Nápoles de Alfonso V de Aragón, 1963 – E. PONTIERI, Alfonso d'Aragona, 1966 – DERS., A. il Magnanimo 1975.

18. A. II., *Kg. v. Neapel,* * 4. Nov. 1448 als erster Sohn des Ferdinand v. Aragón und der Isabella Chiaramonte, † 18. Dez. 1495. Seit 1458 Hzg. v. Kalabrien, unterdrückte 1462 den dort gegen Kg. Ferdinand ausbrechenden Aufstand. ⚭ 1465 Ippolita Maria Sforza, die Tochter des Hzg.s v. Mailand, Francesco Sforza, um eine polit. Allianz zu festigen. Infolge der krieger. Politik seines Vaters war er ständig durch militär. Unternehmungen in Anspruch genommen. Dabei zeichnete er sich mehrfach im Kampf aus: gegen die Venezianer bei der Verteidigung von Florenz (1467), gegen Florenz an der Spitze des päpstl. Heeres (1478), gegen die Türken, die Otranto besetzt hatten (1480) und im Krieg von Ferrara, in dem er auch diplomat. Aktivität entwickelte. In offener Feindschaft gegen die Barone trug er mit seiner Haltung zum Ausbruch des großen Aufstands der Barone 1485 bei, bei dessen Niederschlagung er wieder eine militär. Rolle spielte. Nach dem Tod des Vaters (25. Jan. 1494) bestieg er den Thron und wurde am 8. Mai vom päpstl. Legaten gekrönt. Sogleich mußte er Karl VIII. in Italien entgegentreten. Die Niederlage des neapolitan. Heeres in Rapallo, die folgende frz. Invasion in das Kgr., Abfälle und Revolten führten dazu, daß er am 23. Jan. 1495 zugunsten seines Sohnes Ferdinand (II.) abdankte und sich nach Mazara auf Sizilien zurückzog. Er trat in den Olivetanerorden ein und starb noch im gleichen Jahr in Messina. Mit seinen Verfassungsgesetzen förderte er die Entwicklung der Domanialstädte als Gegengewicht gegen die Barone. Seine Kanzlei wurde durch die Mitarbeit so bedeutender Humanisten wie Albino, Pontano und Galateo geprägt. M. Del Treppo

Lit.: Regis Ferdinandi I Instructionum Liber, ed. L. VOLPICELLA, 1916, 225-229 – R. COLAPIETRA, Gli aspetti interni della crisi della monarchia aragonese, ASI Ser. VI, 119, 1961, 163-399 – G. L. HERSEY, Alfonso II and the artistic Renewal of Naples 1485-1495, 1969.

19. A. I., »der Eroberer« (Affonso Henriques), *Kg. v. Portugal* seit 1139, * 1107/11 in Guimarães, † 6. Dez. (?) 1185 in Coimbra, ▭ Coimbra, Hl. Kreuz. Eltern: Heinrich v. Burgund, Gf. v. Portucale († 1112), und Therese v. León (Regentin bis 1128), ⚭ 1146 Mafalda v. Savoyen. Das von Gf. Heinrich unter der Bezeichnung Portucale zw. Minho und n. von Leiria vereinte Herrschaftsgebiet begann sich unter A. nach der Schlacht bei São Mamede von der kast.-leones. Lehnsabhängigkeit (1128) zu lösen. Zugleich mußte A. die Unabhängigkeit gegen die Mauren schützen, über die er in der legendenumwobenen Schlacht v. Ourique (1139) siegte. 1143 erkannte Kastilien-León im Frieden v. Zamora seinen Königstitel und die erbl. Thronfolge an, die er außerdem durch Lehnseid an den Papst absicherte (erst von Alexander III. 1179 bestätigt). Unterstützt von Kreuzfahrern, gelang ihm 1147 mit der Einnahme von Santarém und Lissabon der entscheidende Vorstoß nach S. Der Vertrag v. Celanova 1160 regelte die Verteilung der zurückeroberten Gebiete mit Kastilien. Neben der Organisation der Nationalkirche unter dem Primat Bragas und der Gründung von Kl. → Alcobaça ist die Errichtung des Ritterordens von Aviz 1162 für die Festigung des Kgr.s bedeutsam. D. Briesemeister

Vom Leben des Kg.s berichten uns in zuverlässiger Weise mehrere Chroniken in lat. (»Chronicon Conimbricense«, begonnen 1200, »Chronica Gothorum«) und ptg. Sprache (»Crónica breve do Arquivo Nacional«, 1429). Weitere spätere Chroniken erhoben die Figur des Kg.s in den Bereich der Legende, bes. die 3. und 4. der »Crónicas breves de Santa Cruz de Coimbra« (vor 1419). Die »Crónica de A. Henriques«, die 1505 von dem kgl. Geschichtsschreiber Duarte Galvão (1446?–1517) beendet wurde, entlehnt vieles aus den älteren Chroniken und heroisiert A.' Leben in apologet. Weise. A. I. wird ein lat. Bericht über die Eroberung von Santarém zugeschrieben (»De expugnatione Scalabis«), dessen Authentizität als zweifelhaft anzusehen ist. J.-M. d'Heur

Bibliogr.: D. BARBOSA MACHADO, Bibliotheca lusitana I, Lissabon 1741, 1782² [Neudr. 1965], 11a-15a – U. CHEVALIER, Rép. des sources hist. du MA I [Neudr. 1960], 167f. – Lit.: F. DE ALMEIDA, Hist. de Portugal I, 1922, 133ff., 140-170 – C. ERDMANN, Das Papsttum und Portugal im 1. Jh. der ptg. Gesch. (AAB 1928, Phil.-Hist. Kl., Nr. 5) – M. BLÖCKER-WALTER, A. I. v. Portugal, 1966 – J. DE SENA, A Família de A.H. (Estudos de hist. e de cultura I, 1967), 15-91 – T. DE SOUSA SOARES, D. Afonso Henriques (Os Grandes Portugueses, hg. HERNÂNI CIDADE I, 1964), 23-42 – A. DE ALMEIDA FERNANDES, Portugal no Período Vimaranense (868-1128), Revista de Guimarães 82, 1972, 37-90, 171-220 – P. FEIGE, Die Anfänge des ptg. Kgtm.s und seiner Landeskirche (Ges. Aufs. zur Kulturgesch. Spaniens 29, 1978).

20. A. II., *Kg. v. Portugal* 1211-23, * 1185, † 1223, ▭ Alcobaça, erstgeborener Sohn von Kg. Sancho I. und Dulce v. Barcelona, begann seine Regierung mit den Cortes v. Coimbra (1211), in denen fortschrittl. Ideen über Staat und Herrschaft festgelegt wurden. Instrumente seiner Machtausübung waren die *Confirmações* bei der öffentl. Verwaltung und die *Inquirações*, die auf eine Abschaffung der Mißbräuche in Adel und Kirche abzielten. Seine in einem Testament niedergelegten polit. Ideen und die Regierungsaufgaben hielten ihn vom Krieg fern, wenn er auch Truppen nach Las → Navas de Tolosa gegen die Almohaden entsandte (1212) und seine Ritter den Ort Alcácer do Sal und einige Festungen wie Monforte eroberten. So konnte er dem Nachfolger ein vergrößertes Kgr. und v. a. geordnete Herrschaftsverhältnisse hinterlassen. C. Batlle

Q.: A. BRANDÃO, Crónicas de D. Sancho I e D. Afonso II, hg. A. DE MAGALHÃES BASTO, 1945 – Crónicas dos sete primeiros reis de Portugal, hg. C. DA SILVA TAROUCA, 3 Bde, 1952–53 – Lit.: DHP I, 39–40 – F. DE ALMEIDA, Hist. de Portugal I, 1922, 189–201 – A. E. REUTER, Kgtm. und Episkopat in Portugal im 13. Jh., 1928 – D. PERES, As Cortes de 1211, Revista Portuguesa de Hist. 4, 1953, 1–8.

21. A. III., *Kg. v. Portugal*, * 5. Mai 1210, † 16. Febr. 1279, ⌑ Alcobaça, zweiter Sohn von Alfons II. und Urraca v. Kastilien, lebte am Hof Ludwigs IX. v. Frankreich, wo er die Gfn. Mathilde v. Boulogne heiratete. An den Kämpfen Frankreichs gegen England war er beteiligt. Papst Innozenz IV. setzte 1245 A.' Bruder Sancho II. ab und übergab den Thron an A. Nachdem dieser seine Macht gegen innere bewaffnete Widerstände gesichert hatte, eroberte er das von Kastilien beanspruchte Algarve von den Arabern zurück. Damit endete die → Reconquista in Portugal. A.' Herrschaft wurde durch die Heirat mit Beatrix, einer Tochter Alfons X. v. Kastilien, und durch die Festlegung der Grenze am Guadiana gesichert. Eine weitere Konsolidierung brachte die intensive Kolonisationstätigkeit mittels der Gewährung von → *fueros*. 1254 berief er die → *Cortes* von Leiria ein, die ersten in Portugal, an denen Vertreter der Kommunen (→ Consejo) teilnahmen, ebenso reorganisierte er die *curia regia*. C. Batlle

Q.: Crónicas dos sete primeiros reis de Portugal, hg. C. DA SILVA TAROUCA, 3 Bde, 1952–53 – Lit.: DHP I, 40–41 – F. DE ALMEIDA, Hist. de Portugal I, 1922, 215–231 – A. E. REUTER, Kgtm. und Episkopat in Portugal im 13. Jh., 1928 – A. HERCULANO, Hist. de Portugal 5, 1952, Livro 6 – C. SÁNCHEZ-ALBORNOZ, La Curia Regia portuguesa, Siglos XII y XIII (Investigaciones y documentos sobre las instituciones hispanas, 1970), 381–459.

22. A. IV., *Kg. v. Portugal*, * 8. Febr. 1291, † 28. Mai 1357, Sohn des Kg.s Dionysius und der Hl. Isabella v. Aragón; ⚭ Beatrix v. Kastilien. A. erhob sich gegen seinen Vater, der seine unehel. Söhne bevorzugte. Nach seiner Thronbesteigung 1325 verbannte er den mächtigsten seiner unehel. Halbbrüder, was einen Krieg verursachte, der erst durch Vermittlung der Hl. Isabella beendet wurde. Die unwürdige Behandlung seiner Tochter Maria durch ihren Gatten Alfons XI. v. Kastilien führte zu einem Konflikt zw. beiden Kgr.en. Der Kastilier gab wegen der Bedrohung durch die → Mariniden in der Meerenge von Gibraltar nach, gegen die er die Hilfe seines Schwiegervaters benötigte; dieser unterstützte ihn denn auch in der siegreichen Schlacht am Salado. Das Ende seiner Herrschaft wurde überschattet durch die Ermordung der Inês de → Castro, der Geliebten des Thronerben Peter, der sich darauf gegen ihn erhob. Beider Versöhnung erfolgte erst kurz vor dem Tode des Kg.s. C. Batlle

Q.: Crónicas dos sete primeiros reis de Portugal, hg. C. DA SILVA TAROUCA, 3 Bde, 1952–53 – Lit.: DHP I, 41 f. – F. DE ALMEIDA, Hist. de Portugal I, 1922, 258–277.

23. A. V. »el Africano«, *Kg. v. Portugal*, * 15. Jan. 1432 in Sintra als Sohn v. Kg. Duarte (Eduard) und Eleonore v. Aragón, † 28. Aug. 1481 in Sintra: – A., dritter ptg. Herrscher aus der Dynastie Avis, begann seine lange Regierung nominell mit der Thronerhebung am 9. Sept. 1438. Zur vollen Ausübung der Herrschaft gelangte er aber erst nach Erreichen der Volljährigkeit (Cortes v. Lissabon, Jan. 1446). Die Regentschaft seines Onkels Pedro, Hzg. v. Coimbra und Senior v. Montemor und Aveiro, die dieser unter Umgehung des Testaments seines Bruders auf den Cortes v. Torres Novas (Nov. 1438) und Lissabon (Dez. 1439) erlangt hatte, beendete A. gewaltsam durch die Schlacht bei Alfarrobeira (20. Mai 1449). Im Vollbesitz der Regierungsgewalt erwarb sich A. seinen Beinamen zw. 1458 und 1471 durch eine intensive Eroberungspolitik in N-Afrika (1458 Alcácer Ceguer; 1471 Arzila, Larache und Tanger, das bis 1661 ptg. blieb); er fügte seinem Titel »rei de Portugal e dos Algarves« die Erwähnung der afrikan. Herrschaft hinzu.

Der letzte Abschnitt von A.' Regierung seit 1475 ist durch seinen Versuch, die Kronen Portugal und Kastilien zu vereinigen, gekennzeichnet. Das hatte sein Eingreifen in den kast. Thronstreit und seine Verstrickung in die europ. Politik zur Folge. Im Ringen um die Nachfolge Heinrichs IV. v. Kastilien nahm A. Partei für seine Nichte Johanna »la Beltraneja« gegen Isabella d. Katholische, um deren Hand er sich 1469 selbst beworben hatte. Nach Anfangserfolgen, begünstigt durch seine Verlobung mit Johanna, warf ihn die Niederlage bei Toro (März 1476) zurück und zwang ihn zu – ergebnislos gebliebenen – Beistandsverhandlungen mit → Ludwig XI. v. Frankreich. Von Sept. 1476 bis Ende 1477 weilte A. in Frankreich, unternahm zu Nancy (29. Dez. 1477) einen fruchtlosen Vermittlungsversuch zw. Ludwig XI. und → Karl d. Kühnen und spielte letztl. mit dem – für kurze Zeit in die Tat umgesetzten – Entschluß abzudanken. Entscheidend für das Scheitern seiner Bestrebungen wurde die Niederlage v. Albuera, die ihn zum Frieden v. Alcáçovas (4. Sept. 1479) zwang. A. und Johanna mußten auf ihre Thronansprüche in Kastilien verzichten; Portugal erhielt dafür Handlungsfreiheit in Afrika zugestanden, dazu den Besitz Guineas, Madeiras, der Azoren, des Kap Verde und die Eroberung v. Fes; Kastilien behielt sich die Kanar. Inseln und die Eroberung v. Granada vor. Während A.' span. Pläne am Widerstand der vereinigten Kronen Kastilien und Aragón gescheitert waren, wurde sein Ausgriff nach Afrika zukunftsweisend für die ptg. Außenpolitik.

Die innere Festigung des Reiches unter seiner Regierung wurde wesentl. ermöglicht durch die sog. »Ordenações Af(f)onsinas«, eine Sammlung der Gesetze seit Alfons II., die die Grundlage für Regierung und Justizverwaltung bildete, aber ursprgl. das Werk Pedros v. Coimbra war. Nachfolger A.' wurde sein Sohn Johann aus einer am 6. Mai 1447 geschlossenen Ehe mit seiner Cousine Isabella († 2. Dez. 1455), der Tochter Pedros. – Als Beichtvater und vertrauter Ratgeber diente A. der Kard. Jorge (Martins) da Costa, gen. Alpedrinha. Auf kulturellem Gebiet war der Kg. ein bedeutender Förderer humanist. Einflüsse. Er war u. a. Mäzen des Malers Nuno Gonçalves, der Geschichtsschreiber Fernão Lopes und Gomes Eanes de Zurara, gen. Azurara, und des Rechtsgelehrten Vasco Fernandes de Lucena. C. Batlle/L. Vones

Q.: DUARTE NUNES DE LEAO, Primeira Parte das Chronicas dos Reis de Portugal, 1600 – Ordenaçoens do Senhor Rey D. Affonso V. Collecção da Legislação Antiga e Moderna do Reino de Portugal T. I, Legislação Antiga I–V, Coimbra 1792 – RUI DE PINA, Chronica de El-Rei D. Affonso V. 3 Bde (Bibliotheca de Classicos Portuguezes), 1901–02 – Documentos das Chancelarias Reais anteriores a 1531 relativos a Marrocos, ed. P. DE AZEVEDO, I (1415–1450), 1915; II (1450–1456), 1934 – Documentos do Corpo Chronologico relativos a Marrocos (1488 a 1514), ed. A. BAIAO, 1925 – C. R. ACENHEIRO, Crónica dos Reis de Portugal (1535) (Colecção de Documentos Inéditos de Hist. Portugueza V, 1926²), 1–364 – Livro antigo de cartas e provisões dos senhores Reis D. Afonso V, D. João II e D. Manuel, do Arquivo Municipal do Pôrto, ed. A. DE MAGALHAES BASTO, 1940 – Documentos sobre a Expansão Portuguesa, ed. V. MAGALHAES GODINHO, 3 Bde, 1944–1956 – Lit.: F. M. SOUSA VITERBO, A Batalha de Toro, 1900 – DERS., A Cultura intellectual de D. Affonso V, Archivo Historico Portuguez 2, 1904, 254–268 – A. BRAAMCAMP FREIRE, A Chancellaria de D. Affonso V, ebd. 2–3, 1904–1905 – A. F. BARATA, Vésperas de

Alfarrobeira, ebd. 3, 1905 – A.G. DA ROCHA MADAHIL, A política de D. Afonso V apreciada em 1460, Biblos 7, 1931 – E. PRESTAGE, The Anglo-Portuguese Alliance, 1934 – A. DE JESÚS DA COSTA, Relações de D. Afonso V con Castela e Aragão em 1460, 1952 – R. RICARD, Études sur l'hist. des Portugais au Maroc, 1955 – A. MOREIRA DE SÁ, As Actas das Cortes de 1438, Rev. da Faculdade de Letras da Universidade de Lisboa, 2. Ser., 22, 1956 – L. SUÁREZ FERNÁNDEZ, Relacōines entre Portugal y Castilla en la epoca del Infante Don Enrique, 1393-1460, 1960.

24. A. I., Gf. der Provence → Provence

25. A. II., Gf. der Provence 1196–1209 (zugleich Senior v. Millau und Gévaudan), aus dem Königshaus Aragón, * 1182, † 1209 in Palermo, wohin er seine Schwester Konstanze, die Friedrich II. versprochen war, begleitete. A., der 2. Sohn Kg. Alfons II. v. Aragón, blieb als Gf. polit. eng mit seinem älteren Bruder, Kg. Peter II. von Aragón, verbunden. Während seiner Herrschaft wurden unter Beteiligung von Juristen die Grundlagen des administrativen Institutionen in der Gft. Provence geschaffen. A. befand sich mehrfach in krieger. Auseinandersetzung mit Gf. Wilhelm IV. v. Forcalquier. G. Giordanengo

Q.: F. BENOIT, Recueil des actes des comtes de Provence appartenant à la maison de Barcelone, 2 Bde, 1925 – Lit.: Encycl. des Bouches-du-Rhône 2, 324-330 – G. DE TOURNADRE, Hist. du comté de Forcalquier, XIIe s., 1930.

26. A. Jourdain, Gf. v. Toulouse → Toulouse

27. A. v. Poitiers, frz. Fs., Gf. v. Toulouse, * 1220, † 21. Aug. 1271 bei Genua, ⊕ Johanna v. Toulouse. A., der 4. Sohn Kg. Ludwigs VIII. v. Frankreich, wurde Juni 1241 von seinem Bruder Ludwig IX. mit Poitou und Auvergne belehnt, die ihm sein Vater vermacht hatte. Als Gatte der Johanna v. Toulouse (die Ehe war vom frz. Hof aus polit. Gründen erzwungen worden) erbte er 1249 nach dem Tod seines Schwiegervaters, Gf. → Raimund VII., das Toulousain, das Agenais, Rouergue sowie das zum Imperium gehörige Venaissin. 1249-50 nahm er am Kreuzzug nach Ägypten teil. Nach einer Reise durch seine Territorien (1251) lebte der kränkl. Fs. zumeist in Paris oder in seinen Residenzen Moissy und Hôpital bei Corbeil. Von kleinl. Charakter, eifersüchtig auf seine Autorität bedacht, behielt er sich alle Entscheidungen vor. Da er seine riesigen Territorien aus der Ferne regierte, besaßen die von ihm eingesetzten *enquêteurs-reformateurs* große Bedeutung. Diese Beauftragten wurden in die Herrschaftsgebiete gesandt, v.a. um Beschwerden der Bevölkerung entgegenzunehmen. Wohl bes. aus religiösen Motiven bemühte sich A. um die Abstellung von Mißständen. A.' Länder waren in *sénéchaussées* eingeteilt; dreimal jährl. traten Ratgeber, *sénéchaux* und *enquêteurs* als Parlament zur Beratung der aktuellen polit. Fragen zusammen. Trotz dieser umsichtigen Verwaltungsorganisation wurden die Finanzen durch A.' Kreuzzugsvorbereitungen stark belastet. Die Kosten des ägypt. Kreuzzuges ließen sich nur schwer aufbringen. Gegen 1270 plante A. eine neue Unternehmung, zu deren Finanzierung von Städten, Klerus und Juden hohe Beiträge gefordert wurden; daneben sollten die Kosten mit dem Erlös aus den beschlagnahmten Gütern von Waldensern und dem Gewinn aus Waldverkäufen bestritten werden. Im Juli 1270 schiffte sich A. nach Tunis ein; auf dem Rückweg starb er bei Genua; der Tod seiner Gattin erfolgte bald darauf. Da die Ehe kinderlos geblieben war, fiel der gesamte Territorialbesitz des A. an seinen Neffen, Kg. Philipp III.
Y. Dossat

Lit. und Q.: E. BOUTARIC, Saint Louis et A. de P., 1870 – A. BARDONNET, Comptes d'Alfonse de Poitiers, 1243-1247, Arch. hist. Poitou 4, 1875, 1-234 – DERS., Comptes et enquêtes d'Alphonse, comte de Poitou, ebd. 8, 1879, 1-160 – P. GUÉBIN, Les amortissements d'A. de P.,

RevMab 1925, 80-106, 133-144, 293-304; 1926, 27-43 – P.-F. FOURNIER-P. GUÉBIN, Enquêtes administratives d'A. de P., 1959 – Y. DOSSAT, Saisimentum comitatus Tholosani ... 1271, 1966.

28. A. v. Cartagena, Bf. v. Burgos, * 1385/86, † Burgos 23. Juni 1456. Sohn des getauften Rabbiners Pablo de Santamaría, erwarb den Doktorgrad der Rechte in Salamanca. Er war Dekan in Santiago und Segovia und führte diplomat. Missionen in Portugal und Deutschland im Dienste von Johann II. v. Kastilien durch. Seit 1435 war er Bf. v. Burgos und trug zum architekton. Glanz seiner Kathedrale bei. Er leitete die kast. Delegation auf dem Konzil v. Basel, wo er den Vorrang Kastiliens vor England und die kast. Rechte auf die Kanar. Inseln verteidigte. Er war ein gemäßigter Anhänger des Konziliarismus, von dem er sich jedoch trennte, als das Konzil mit dem Papst brach. 1438 reiste er nach Breslau, um sich mit Kg. Albrecht II. zu treffen und trug zum Frieden mit Polen bei. Bedeutender Humanist, seine hervorragendsten Werke sind: »Defensorium unitatis christianae«, »Anacephalaiosis o genealogía de los reyes de España« (»A. oder Genealogie der Kg.e v. Spanien«), »Doctrinal de caballeros« (»Unterrichtsbuch für Ritter«). N. López Martínez

Lit.: Diccionario de Hist. eclesiástica de España I, 366f. – L. SERRANO, Los conversos D. Pablo de Santamaría y D. A. de C., 1942 – F. CANTERA, Alvar García de Santa María. Hist. de la judería de Burgos y sus conversos más egregios, 1952 – N. LÓPEZ MARTÍNEZ, Teología española de la convivencia a mediados del siglo XV, Burgense 8, 1967, 149-162.

29. A., Diogo, ptg. Seefahrer, 1433-70, der im Auftrag des Infanten Heinrich d. Seefahrers an den Erkundungs- und Forschungsfahrten zur W-Küste Afrikas teilnahm. 1445 nahm er mit Antão Gonçalves an der Fahrt der Rio-de-Oro-Karavellen teil. Ein Jahr später fuhr er zum Kap Blanco und mit einer weiteren Expedition, die von Madeira ausging, segelte er zur Insel Arguin, wo er an Land ging. Ende 1461 entdeckte er die sieben westlichsten Inseln des Kapverd. Archipels. S. Claramunt

Lit.: D. PERES, Hist. dos Descobrimentos Portugueses, 1960.

Alfonsi, Petrus → Petrus Alfonsi
Alfonsinische Tafeln → Tafeln, astronomische
Alfonso Alvares da Villasandino → Alvarez de Villasandino
Alfonso Martínez → Martínez de Toledo, Alfonso
Alfonso Onceno, Poema de → Poema de Alfonso Onceno

Alfons(o) de Spina (d'espina), Franziskaner, Rektor der Universität Salamanca, Beichtvater Alvaros de Luna, 2. Hälfte des 15. Jh. in Spanien, wahrscheinl. jüd. Herkunft. 1458-59 verfaßte er sein Hauptwerk »Fortalitium fidei contra Judeos, Saracenos et alios Christianae fidei inimicos« – eine method. und ideolog. Grundlage der → Inquisition. Das in fünf Kapitel eingeteilte Buch richtet sich v.a. gegen das Judentum, indem es detailliert die von Conversos begangenen Sünden gegen den chr. Glauben beschreibt, sie der Befolgung des jüd. Glaubens bezichtigt (Kap. 2) und die Überlegenheit des Christentums sowie die selbstverschuldete Unterlegenheit des Judentums in der Geschichte aufzeigt. Für seine Argumentation stützt sich A. sowohl auf ältere Schriften – Raimund Martin, Abner v. Burgos, Inquisitionsakten – als auch auf genaue persönl. Beobachtungen. Die Lösung des Problems sieht er in der energ. Durchführung der Inquisition, deren Ergebnis das Auslöschen jüd. Traditionen sein sollte: die Vertreibung der Juden aus Spanien. Rolf Schmitz

Lit.: A.A. SICROFF, Les controverses des statuts de »pureté de sang« en Espagne du XVe au XVIIIe s., 1960, 74-76 – Y. BAER, A Hist. of the Jews in Christian Spain, 1961 [Ind.] – T. DE AZCONA, Isabel la Católica,

1964, 377 ff. - CH. BEINART, 'Anûsîm bedin hā-'inqwisişjāh, 1965 [Ind.] - H. KAMEN, Span. Inquisition, 1965, 30f., 42.

Alfonsus Vargas Toletanus → Vargas Toletanus, A.

Alfraganus → al-Farġānī

Alfred der Große

I. Leben und Regierung – II. Kulturförderung und lit. Tätigkeit.

I. LEBEN UND REGIERUNG: Kg. der W-Sachsen und Engländer, * 848 in Wantage, † 26. Okt. 899. Jüngster Sohn Æthelwulfs, des Kg.s der W-Sachsen (838–858). Nach der »Angelsächsischen →Chronik« wurde er mit fünf Jahren von Leo IV. in Rom 853 »zum Königtum geweiht«, was vielleicht darauf hinweist, daß er konsular. Insignien erhielt, oder als ein nachträgl. Versuch verstanden werden muß, den zukünftigen Kg. einem Thronfolger aus karol. Hause ähnl. zu machen. Zur Zeit seiner Thronbesteigung (871) war Wessex schon das mächtigste der engl. Kgr.e. Bis 880 mußte A. jedoch sein Reich gegen ständige Wikingerangriffe verteidigen. Zu dieser Zeit fühlte er noch keine Verantwortung für die seinem Herrschaftsbereich benachbarten Gebiete, die durch Verträge der dän. Besiedlung überlassen wurden. Ein überraschender Angriff der Dänen 878 zwang A., Zuflucht in Athelney zu suchen. Er sammelte seine Truppen und errang bei Edington einen entscheidenden Sieg. In der Folgezeit ließ sich sein besiegter Gegner, der dän. Kg. Guthrum, taufen und zog sich nach O-Anglien zurück. A. nutzte die folgende Periode relativer Ruhe (bis 892), um planmäßig Befestigungswerke anzulegen. Außerdem scheint er jetzt Anspruch auf Erweiterung seines engl. Herrschaftsbereiches erhoben zu haben: →Æthelred, *ealdorman* v. Mercien, wurde sein Schwiegersohn und Stellvertreter und übernahm nach der Besetzung Londons durch A. (886) dort die Herrschaft. A.s Kgtm. wurde von der Gesamtheit der Engländer anerkannt, die nicht im dän. Machtbereich lebten. In einem Vertrag mit Guthrum (ca. 886) versuchte A. als Führer der *ealles Angelcynnes witan* (»Ratsherren« des ganzen egl. Volkes), auch als Schirmherr der Engländer unter dän. Herrschaft aufzutreten. In diesem Vertrag wurden ferner die Grenzen seines Herrschaftsgebietes und des →Danelaw festgelegt. Der letzte Abschnitt seiner Regierung ist erneut durch Wikingerangriffe gekennzeichnet. A.s neu geschaffene Kriegsflotte, die die Küste gegen Überfälle verteidigen sollte, erzielte dabei kaum Erfolge. Durch die →burhs wurden die Wikinger jedoch von Wessex abgehalten und von westsächs. und mercischen Heeren schließl. überwunden.

C. P. Wormald

II. KULTURFÖRDERUNG UND LIT. TÄTIGKEIT: A.s Größe zeigte sich v. a. in seinem Wirken für eine Neufassung des →Ags. Rechtes und in seinen kulturpolit. Maßnahmen, mit denen er dem Niedergang der Bildung in seinem Reich entgegentrat. Von den späten 880er Jahren an umgab er sich nach karol. Muster mit einem Kreis von Gelehrten aus Mercien, Wales, Irland und dem Imperium. Unter ihnen befanden sich Männer wie → Asser, → Grimbald v. St-Bertin, Plegmund, →Waerferth v. Worcester und Johannes v. Corvey.

Das Ziel, sein Reich durch Bildung zu einen, erläuterte der Kg. im Vorwort zu seiner Übersetzung der »Cura Pastoralis« Gregors d. Gr.: Eine Reihe wichtiger lat. Prosaschriften sollte in die Volkssprache übertragen werden; diese Übersetzungen sollten dem Verfall des Lateinstudiums Rechnung tragen und auch den des Lateins Unkundigen Kenntnisse vermitteln. Wie A. angibt, stützte er sich bei der Übersetzung der »Cura Pastoralis« auf die Unterweisung, die er von seinen gelehrten Helfern empfing. A. selbst übersetzte außer der »Cura Pastoralis« auch noch das erste Buch der »Soliloquia« des → Augustin und die »Consolatio Philosophiae« des →Boethius. Ob die Prosaversion der ersten 50 Psalmen im sog. Pariser Psalter von ihm stammt, ist nicht ganz sicher. Im Kreis A.s entstanden vermutl. die ae. Übersetzungen der »Historia adversus paganos« des → Orosius (mit dem Einschub der berühmten Reiseberichte von Ohthere und Wulfstan), der »Historia ecclesiastica« → Bedas sowie die »Dialoge« Gregors d. Gr. durch Waerferth. Die beiden letzteren Werke sind ursprgl. im mercischen Dialekt abgefaßt, die erstgenannten im westsächs. Möglicherweise hatten A. und sein Kreis auch etwas mit der Abfassung der »Angelsächsischen Chronik« zu tun, die dann bis ins 12. Jh. weitergeführt wurde; vielleicht ist sogar das ae. → »Martyrologium« (ebenfalls im mercischen Dialekt) mit dem A.-Kreis verknüpft. A.s Urteil über die Mißstände im Bildungswesen wird in der Forschung freil. manchmal bezweifelt, da er nicht berücksichtigt, was in Mercien geleistet wurde. In der volkstüml. Überlieferung nimmt A. einen hohen Rang ein: Noch in me. Zeit läuft eine Spruchsammlung, die sog. »Proverbs of A.«, unter seinem Namen, und selbst → Ælfric hielt die ae. Beda-Übersetzung für ein Werk des Kg.s.

P. E. Szarmach

Bibliogr.: RENWICK-ORTON, 240–297 – NCBEL I, 313 ff. – ROBINSON, Nr. 211–222 – Ed.: W. J. SEDGEFIELD, King A.s Old Engl. Version of Boethius, 1899 – T. A. CARNICELLI, King A.s Version of St. Augustine's Soliloquies, 1969 – H. SWEET, King A.s W-Saxon Version of Gregory's Pastoral Care, EETS 45, 50 – DERS., King A.s Orosius, EETS 79 – T. MILLER, The Old Engl. Version of Bede's Ecclesiastical Hist., EETS 95, 96, 110, 111 – Q.: Asser's Life of King A., ed. W. STEVENSON, erg. D. WHITELOCK, 1959² – The Anglo-Saxon Chronicle, ed. und übers. D. WHITELOCK [mit Bibliogr.], 1961 – Gesetze der Ags., hg. und übers. F. LIEBERMANN, I, 1903, 16ff; III, 1916, 30ff. – Lit.: C. PLUMMER, Life and Times of A. the Great, 1902 – E. S. DUCKETT, A. the Great, 1956 – R. H. M. DOLLEY-C. BLUNT, The Chronology of the Coins of A. the Great 871–99 (Anglo-Saxon coins, hg. R. H. DOLLEY, 1961), 77–95 – D. WHITELOCK, The Old Engl. Bede, PBA 48, 1962, 57ff. – K. OTTEN, Kg. A.s Boethius, 1964 – D. WHITELOCK, The Prose of A.s Reign (Continuations and Beginnings, hg. E. G. STANLEY, 1966), 67ff. – DIES., The genuine Asser, 1967 – H. R. LOYN, A. the Great, 1967 – J. NELSON, The problem of King A.s royal anointing, JEcH 18, 1967, 145 ff. – A. PAYNE, King A. and Boethius, 1968 – J. BATELY, King A. and Orosius, Anglia 1970, 433 ff. – STENTON³, Kap. 8 – M. BIDDLE-D. HILL, Late Saxon planned towns, Antiquaries J. 51, 1971, 70 ff. – J. M. WALLACE-HADRILL, Early Germanic Kingship, 1971 – DERS., Franks and Engl. in the 9th Century, Early Medieval Hist., 1975 – M. PARKES, Palaeography of the Parker MS of the Chronicle, ASE, 1976. 149 ff.

Alfredus Anglicus (A. v. Sareshel), Studium in Spanien. Übersetzte um 1210 »De vegetabilibus« des Nicolaus Damascenus (ed. E. H. F. MEYER, 1841) aus dem Arab.; kommentierte die »Meteorologica«. Hauptwerk (1217) »De motu cordis« (ed. C. BAEUMKER, BGPhMA I–II, 1923). A. zählt, neben Daniel v. Morley, zu dem engeren Kreis um Gerhard v. Cremona an der Übersetzerschule von Toledo; er gilt als einer der ersten Vermittler des »neuen Aristoteles« an die hochma. Schulen und als typ. Vertreter des galen.-neuplaton. Gedankengutes in der scholast. Naturphilosophie.

M. Bauer

Lit.: CH. LOHR, Medieval Latin Aristotle Commentaries, Traditio 23, 1967, 355 f.

Algazel → al-Ġazzālī

Algebra → Mathematik

Alger v. Lüttich, seit Ende des 11. Jh. Diakon und Scholasticus zu Lüttich, 1121 Mönch in Cluny und Priester, † 1131/32; hinterließ u. a. einen kanonist. Traktat »De misericordia et iustitia«, einen eigen → Berengar v. Tours gerichteten Eucharistietraktat, eine Abhandlung »De libero arbitrio«. Nicht von A. stammen die »Sententiae Magistri A.«, eine Sammlung von Traditionszeugnissen zu verschiedenen theolog. Traktaten (um 1120).

L. Ott

Ed.: MPL 180, 739-972 – *Lit.*: P.FOURNIER, G. LE BRAS, Hist. des collections canoniques en Occident II, 1932, 329-332, 340-344 – L.BRIGUÉ, A. de Liége, 1936 – H.J.F.REINHARDT, Die Ehelehre der Schule des Anselm v. Laon, 1974– DERS. ThPh 50, 1975, 381-403.

Algorismus, Algorithmus → Rechenkunst

Alguacil (von arab. *al-wazīr*), Subalternbeamter der spätma. städt. Justizverwaltung in Spanien, der, oft unter Aufsicht eines *A.Mayor*, richterl. und administrative Anordnungen auszuführen hatte, was dem Aufgabenbereich des dt. Büttels entspricht. Das Amt des A., ursprgl. kein untergeordnetes, ist im 13.Jh. im Bereich des kast.-leones. Königshofes verwurzelt, wo dem *A. de Casa del Rey* (bzw. *A. Mayor del Rey* oder *Justicia Mayor de la Corte*) die Durchführung kgl. Befehle in Rechtsangelegenheiten und eine schiedsrichterl. Funktion oblag. Am aragones. Königshof des 14.Jh. sind zwei A.s (katal. *Algotzirs*) für die Rechtsfindung im Bereich des Palastbezirks zuständig.

C. Sáez/L. Vones

Lit.: J.COROMINAS, DCELC, s.v. – L.GARCÍA DE VALDEAVELLANO, Historia de las instituciones españolas, 1975⁴, 494, 546, 562.

Alhambra (arab. *al-ḥamrā* 'Die Rote'), Residenz, Festung, Verwaltungssitz der → Naṣriden in Granada, hauptsächl. aus dem 14.Jh.; liegt auf einem Bergrücken, auf dem sich nachweisl. schon im 9.Jh. eine Burg gleichen Namens befand. 1492 fiel die A. mit Granada in die Hand der Christen. Karl V. ließ sie um einen Renaissance-Palast erweitern. Die zu den schönsten Beispielen islam. Schloßbaukunst zählende Palastanlage mit Türmen gruppiert sich, rechtwinkelig versetzt, um den Myrten- und Löwenhof. Beide Höfe leiten mit ihren Wasseranlagen und -spielen von den Gärten zu den prächtigen Innenräumen über; diese sind wie zierl. Säulenhallen und Pavillons mit Stalaktiten, die zu Kuppeln aufstreben, und Erkern mit Filigranen umgeben und mit bemalten und vergoldeten einzigartigen Stuckornamenten, Fayence-Mosaiken, Schnitzereien sowie einer figürl. Deckenmalerei ausgeschmückt.

R. Sellheim

Lit.: EI¹ II, 1016-1020 – R.BORRMANN, Die A., 1900 – E.KÜHNEL, Granada, 1908 – F.P.BARGEBUHR, The A., 1968 [dazu Lit. Oriens 25-26, 1976, 371f.].

Alhandreus → Astrologie

Alhazen → Ibn al-Haiṯam, Muḥammad ibn al-Ḥasan

Alhred, Kg. v. Northumbria, Ende 765-774, † im Piktenland, Todesjahr unbekannt. A., ein Sohn von Eanwine, war angebl. ein Nachkomme → Idas, des ersten Kg.s v. → Bernicia; in diesem Gebiet fand er auch die größte Unterstützung. Nachfolger des entthronten Æthelwald, förderte er die (allmähl. ausklingende) ags. Missionstätigkeit bei Sachsen und Friesen und suchte die Freundschaft der Karolinger. Innere Gegensätze führten zum Angriff seiner Gegner auf York, der Vertreibung der dort ansässigen Friesen (773) und der Absetzung A.s. D. A. Bullough

Lit.: STENTON³, 90-93.

'Alī ibn al- 'Abbās al-Maǧūsī → Medizin

'Alī ibn Abī Ṭālib, Vetter und Schwiegersohn des Propheten Mohammed, geb. ca. 600, ermordet 661. Polit. zunächst ohne Gewicht, scharten sich nach Mohammeds Tod um ihn v.a. Kräfte, die sich durch die Vormacht der alten mekkan. Prophetengefährten und der erst spät zum Islam übergetretenen mekkan. Oberschicht zurückgesetzt sahen. 656 wurde A. zum Kalifen erhoben; in einem Bürgerkrieg konnte er sich aber nicht gegen seine Gegner durchsetzen. Aus seiner Anhängerschaft entwickelten sich die verschiedenen Richtungen der *Schia*. T. Nagel

Lit.: EI¹, s.v.

'Alī ibn Yūsuf ibn Tāšufīn → Almoraviden

'Alī b. Ḳūšǧī, * Samarkand, † 19. Dez. 1474 Istanbul. Angesehener türk. Astronom und Mathematiker, der zur Entwicklung dieser Wissenschaften im Osman. Reich beitrug. Nach Abschluß seines Studiums wurde er Leiter des von dem Timuridenfürsten und Astronomen Uluġ Beg errichteten Observatoriums in Samarkand. Später Emigration über Tabrīz ins Osman. Reich, wo er in Istanbul eine Professur erhielt. Verfasser von Werken über Astronomie, Mathematik, Grammatik, Rhetorik u.a.

H. Sohrweide

Bibliogr.: M.CUNBUR, Ali Kuşçu Bibliyografyasi, 1974 – *Lit.*: EI² I, 393.

'Alī Paša, † 1406, Sohn des Ḫalīl Paša Ǧāndārlzāde, war Wesir und Großwesir und diente drei osman. Sultanen, → Murād I., → Bāyezīd I. und → Süleymān Čelebi. Er spielte eine wichtige militär. Rolle, v.a. in der Schlacht v. → Kosovo-Polje 1389 und bei den Auseinandersetzungen um Konstantinopel 1391. Man schreibt ihm einige Maßnahmen zu: Anweisung, die *ḳāḍī* zu entlohnen, Gründung eines Pagen-Corps (→ *ič oġlān*), Aufstellung einer Art Genie-Truppe (*čeraḫōr*), Verbot der Ausfuhr von geprägtem Silber. Er gilt als geschickter Staatsmann, doch trägt sein Ruf den Makel der Bestechlichkeit.

I. Beldiceanu-Steinherr

Lit.: EI² I, s.v. – I.H.UZUNÇARŞILI, Çandarlı Vezir Ailesi, 1974, 31-45.

Alidosi, Familie, stammt nach alter Überlieferung von zwei byz. Capitani ab, die im 6.Jh. nach Italien gekommen waren. Die ersten sicheren Belege gehen jedoch erst auf das 13.Jh. zurück: 1209 verlieh Otto IV. den Brüdern Alidosio und Litto die *massa* S. Ambrogio im Tal des Santerno; 1249 scheint ein Alidosio von der massa unter den Zeugen einer Urkunde auf, die in Gegenwart des comes imperialis der Romagna ausgestellt wurde. In dieser Zeit kamen die A. allmähl. in den Besitz von Gebieten und Burgen, die im Hochtal des Santerno an der Grenze zum toskan. Apennin lagen. Die Massa Alidosiorum (heute Castel del Rio) wurde ein wichtiges Handelszentrum. Später ließ sich der Hauptzweig der A. in Imola nieder und nahm an den Kämpfen gegen die Familie Nordigli teil, um die Herrschaft über die Stadt zu gewinnen. 1287 wurde Litto zum *Podestà* gewählt, zwei Jahre später zum *Capitano del popolo*. Ein Alidosio, der sich mit dem mächtigen Maghinardo Pagani verschwägert hatte, eroberte 1296 Imola. Seine Signorie war jedoch nur von kurzer Dauer. Erst 1334 wurde Lippo A., Capitano del popolo von Imola, ohne Einschränkungen *Signore* der Stadt. 1342 gelang es den A., von Benedikt XII. das Vikariat von Imola zu erhalten, das 1350 von Clemens VI. bestätigt wurde. Die A. waren die ersten Signori in der Romagna, die vom Papst das apostol. Vikariat, also die rechtl. Anerkennung ihrer Signorie, erhielten. Die militär. Macht und die finanziellen Einkünfte der Signori v. Imola waren gering. Diese Umstände, zu denen noch ein Familienzwist zw. Azzo und Beltrando trat, erklären die späteren Schwierigkeiten der Familie. Alles in allem erwies sich die Herrschaft von Beltrando als vorteilhaft für die Geschicke der Stadt. Beltrando verstand es, wichtige dynast. Verbindungen zu knüpfen. Ihm gelang es auch, 1384 von Urban VI. die Anerkennung des Erbrechts der A. auf das Vikariat in Imola zu erhalten. Auf Beltrando folgten seine Söhne Lippo (1391-99) und Ludovico (1391-1424). Nach der Gefangennahme Ludovicos 1424 blieb den A. nur die kleineländl. Herrschaft von Castel del Rio.

C. Dolcini

Lit.: EnclT II, 493-495 – P.PARTNER, The papal State under Martin V, 1958 – J.LARNER, The Lords of Romagna, 1965 [It. Übers., 1972] – A.VASINA, I Romagnoli fra autonomie cittadine e accentramento papale nell'età di Dante, 1965 – A.I.PINI, La popolazione di Imola e del suo territorio nel XIII e XIV secolo. In appendice: l'estimo di Imola del 1312, 1976.

Alidosi, Ludovico, erster Sohn von Beltrando A., † 1430, blieb nach dem Tod seines jüngeren Bruders Lippo (1399) Signore v. Imola. L. war mit den bedeutendsten Humanisten befreundet und stand mit ihnen in Briefwechsel. Er verfaßte selbst Gedichte und verschiedene Schriften. In den ersten Jahren seiner Signorie erzielte er eine Reihe von polit. Erfolgen. Er verschwägerte sich mit den → Pio v. Carpi und den → Ordelaffi v. Forlì und erhielt vom Kardinallegaten Baldassare Cossa den Titel eines päpstl. Vikars v. Imola (1403), der später von Martin V. (1422) bestätigt wurde. Aber die schwierige Frage der Signorie v. Forlì, wo Giorgio Ordelaffi bei seinem Tode 1422 als Erben einen Neffen von Ludovico hinterlassen hatte, brachte schließl. seine eigene Signorie in Imola zum Sturz. Trotz des von Florenz versprochenen und geleisteten Beistands fiel das Heer Filippo Maria Viscontis in Imola ein und L. A. wurde zwei Jahre lang in Haft gehalten. Nachher fand er bei den Pio v. Carpi Schutz. Nachdem er die Nachricht von dem in Ferrara zw. Filippo Maria Visconti und Florenz 1428 geschlossenen Frieden erhalten hatte, trat er in den Orden der Franziskaner-Observanten ein. Er starb 1430 in Rom. C. Dolcini

Lit.: DBI II, 376f.

Aliénor d'Aquitaine → Eleonore v. Aquitanien

Alighieri

1. A., Dante → Dante Alighieri

2. A., Jacopo, dritter Sohn Dantes und der Gemma Donati, folgte dem Vater – mit Sicherheit seit 1313 – in die Verbannung und teilte sein Geschick in Verona und Ravenna. Nach 1325 nach Florenz zurückgekehrt, erhielt er vom Bf. v. Fiesole die niederen Weihen (1326) und später ein kirchl. Benefizium. Er blieb in Florenz und erreichte die Rückerstattung des väterl. Vermögens, das bei der Verbannung konfisziert worden war. Wir wissen ferner, daß er eine Verbindung zuerst mit einer Frau, von der er 2 Söhne hatte, und später (1346) mit einer zweiten einging, die ihm eine Tochter schenkte. (Jedoch wurde Dantes Familie nicht von dieser Linie fortgesetzt.) Es steht fest, daß er 1349 schon verstorben war, wahrscheinl. durch die Pest des vorhergegangenen Jahres dahingerafft. Er war ein Dichter von bescheidenem Rang und schrieb ein »Capitolo« in 51 Terzinen, in dem er den Inhalt der Divina Commedia darlegte, ferner Glossen zum Inferno in der *lingua volgare*. Von ihm ist auch das Kurzepos »Il dottrinale« erhalten, dessen Themen Astronomie, Astrologie, Naturwissenschaften, Politik, weibl. Ästhetik und Schönheitspflege sind. R. Manselli

Lit.: DBI I, 452f. - Enciclopedia Dantesca I, 143–145.

3. A., Pietro, Sohn von Dante und Gemma Donati, wird gemeinsam mit seinem Vater bei der Wiederbestätigung der Verbannung (1315) gen. und teilte Dantes Geschicke bis zu dessen Tod. Nach Absolvierung der Rechtsstudien in Bologna erreichte er nach 1321 die Rückkehr in die Heimat und die Erstattung des konfiszierten väterl. Vermögens. Später kehrte er nach Verona zurück, wo er sich niederließ, heiratete und einige Verwaltungsämter bekleidete, u. a. war er *Vicario generale* des *Podestà*. In der Diöz. Ravenna erhielt er auch kirchl. Benefizien. Er beschäftigte sich nicht nur mit eigener Poesie, sondern widmete sich nach 1340 auch dem Werk des Vaters und verfaßte in lat. Sprache zwei Kommentare dazu (1341, 1348), deren Bedeutung in neuesten Untersuchungen bestätigt wurde. Durch ihn wurde Dantes Familie fortgesetzt, die in direkter männl. Linie bis 1558 bestand, während sie in weibl. Linie in der verones. Familie Serego-Alighieri bis heute fortlebt. R. Manselli

Lit.: DBI I, 453f. - EDant I, 147–149.

Alignan, Benedikt (Benoit) v., Abt v. La Grasse 1224–29, Bf. v. Marseille 1229–67, † 1268. Er nahm am Kreuzzug von 1239 teil und reiste 1260–61 erneut ins Hl. Land, wo er seinen »Tractatus super erroribus quas citra et ultra mare invenimus« vollendete, Ausdruck einer im 13. Jh. bereits überwundenen Theologie. In seiner Diöz. erwies er sich als Anhänger Karls v. Anjou. Kurz vor seinem Tod verzichtete er auf sein Bm. und beschloß sein Leben bei den Franziskanern. G. Giordanengo

Lit.: GChrNov, 117–172 – M. GRABMANN, Der Franziskanerbf. B. de A. und seine Summa zum Caput Firmiter des vierten Laterankonzils (Kirchengesch. Stud., P. M. BIHL, 1944), 50–64 – P. AMARGIER, B. d'A., évêque de Marseille (1229–68). Le contexte et l'esprit d'une théologie, Moyen-âge 1966, 443–462 – DERS., Evêques et prévôts languedociens de l'église de Marseille, Cahiers de Fanjeaux 7, 1972, 147–162.

Alione, Gian Giorgio, it. Dichter und Politiker, * um 1460 in Asti, † vermutl. 1521, stammte aus einer reichen astigian. Familie, die bereits 916 urkundl. belegt ist und seit dem 12. Jh. der polit. Führungsschicht der Stadt angehörte. A. war 1511–13 und 1517 Mitglied des *Consiglio di Credenza*. Ständig mit der franzosenfreundl. Partei verbunden, wurde er 1518 vom frz. Kg. Franz I. zum Befehlshaber des Kastells Monte Rainero ernannt. Er verfaßte auf frz. religiöse Lieder, ein »Chapitre de liberté« und Gelegenheitsdichtungen, interessant ist sein »Rondeau en flameng«. In makkaron. Latein schrieb er zur Verteidigung der Franzosen eine »Macharonea contra Macharoneam Bassani«. Sein bedeutendstes Werk sind die zehn Farcen im Dialekt von Asti, die unter dem Titel »Opera iocunda« gesammelt sind. I. Naso/G. Busetto

Ed.: Opera Iocunda no. D. Iohanis Georgii Alioni astensis, metro macaronico materno et gallico composita, Asti 1521 [Ed. pr.] – E. BOTTASSO, G. G. A., L'Opera Piacevole, 1953 – P. A. TOSI, Maccheronea (Maccheronee di cinque poeti italiani del sec. XV 1864) – I. C. BRUNET, Poésies françaises de J. G. A. (d'Asti) composées de 1494 à 1520, 1836 – *Lit.:* DBI II, 460–462 – B. COTRONEI, Le farse di G. G. A. poeta astigiano della fine del sec. XV, 1889 – C. GIACOMINO, La lingua dell'A., Arch. glottologico italiano XV, 3, 1900, 403–410; XV, 4, 1900, 411–448 – A. MORTIER, Un dramaturge populaire de la Renaissance italienne, Ruzzante I, 1925, 70, 225.

Aliprandi, Bonamente, it. Geschichtsschreiber, * um 1350, † 1417, stammte aus einer angesehenen Mantuaner Familie, die aktiv am polit. Leben der Stadt teilnahm. Nach dem Studium der Rechtswissenschaft bekleidete er verschiedene öffentl. Ämter, u. a. war er camerarius ('Schatzmeister') der Kommune. Aus der polit. Erfahrung, die er durch seine Teilnahme an der Politik Mantuas und der Gonzaga gewonnen hatte, schöpfte er das Material für seine in it. Versen verfaßte »Cronica de Mantua«, auch als »Aliprandina« bekannt, in die er – v. a. bei der Beschreibung weiter zurückliegender Epochen – legendäre Elemente aufnimmt. Wertvoll ist der zeitgeschichtl. Abschnitt. Die Chronik reicht bis zum Jahre 1414. R. Manselli

Lit.: DBI II, 463f. – Repfont I, 199f.

Aliquid → Transzendentalien

Aliscans → Chanson de geste

Alix v. Meranien, Gfn. v. Burgund, † 1279. Tochter Ottos v. Meranien (→ Andechs) und der Beatrix v. Schwaben, Pfgfn. v. Burgund, folgte ihrem Bruder Otto II. als Gfn. v. Burgund, brachte die Gft. ihren beiden Ehemännern, Hugo v. Chalon († 1266) und Philipp v. Savoyen (1267) als Mitgift. A. bekämpfte mit wechselndem Erfolg die Adelsrevolten in der Franche-Comté unter Jean v. Chalon, dem Vater Hugos v. Chalon. Nach ihrer Heirat mit Philipp v. Savoyen geriet sie infolge der savoy. Politik in den roman. Gebieten der späteren Schweiz in wachsenden Gegensatz zu Rudolf v. Habsburg.

J.-Y. Mariotte

Q.: Cartulaire des comtes de Bourgogne, Mém.... Acad. de Besançon 7, 1908.

Aljamiado-Literatur, in span. bzw. ptg. Sprache mit arab. Buchstaben geschriebene Lit. Span. *aljamiado* ist Ableitung von *aljamía* aus arab. *al-'aǧamīya* 'die fremde (Sprache)', womit die Araber im MA die iberoroman. Sprachen bezeichneten. Schreiber und Leser der A.-Lit. sind zuerst die → Mudéjares, span. Muslime, die nach der Rückeroberung ihren Glauben unter chr. Herrschaft frei ausüben durften. Das für das span. MA so charakterist. Zusammenleben verschiedener Religionen hörte mit Beginn der Neuzeit auf. Im Laufe des 16. Jh. wurden die Mudéjares zur Annahme des Christentums gezwungen. Man nannte sie und ihre Nachfahren *Neuchristen* oder *Moriscos*. Sie praktizierten den Islam im Verborgenen weiter. Nachdem sie sich mehrere Male erfolglos aufgelehnt hatten, resignierten sie und leisteten nur noch inneren Widerstand. Das zähe Festhalten am Islam muß als heiml. Weiterleben ma. Zustände bezeichnet werden. Große Hilfe im Ringen der Moriscos um ihre Selbsterhaltung waren die A.-Hss., in denen sie ihren Glauben, ihr Wissen und ihre Phantasiewelt festhielten. Wir finden in der A.-Lit. die größte Mannigfaltigkeit. Hier können nur die wichtigsten Themen angegeben werden: der Koran, die fünf Grundpfeiler des Islams, Gebete, Überlieferung von Aussprüchen und Taten Mohammeds (Ḥadīt), Loblieder auf Mohammed, Verhaltensregeln für alle Fälle des Lebens, Recht, Naturwissenschaften, Astrologie, Volksmedizin, Magie, Träume, Anekdoten und phantast. Erzählungen, Polemik gegen andere Religionen, Mystisches. Weiten Raum nehmen Legenden ein, z. B. die Josefslegende und die Legende von der Himmelfahrt Mohammeds, die sich aus einem Koranvers (Sure 17, 1) entwickelt hat. Sie war in der islam. Welt weit verbreitet und gelangte auch ins Abendland (Liber Scalae, afrz. Livre de l'Eschiele). Asín Palacios brachte die »Göttliche Komödie« damit in Verbindung. Der Roman »Paris y Viana« zeigt, daß die Moriscos an der abendländ. Kultur Anteil hatten. Prakt. Zwecken dienten Urkunden. Die Hss. stammen mit wenigen Ausnahmen aus Aragón. – Drei Merkmale kennzeichnen die Sprache der Texte: sie ist 1. archaisch, 2. kast. mit aragones. Substrat, 3. durchsetzt mit Arabismen (arab. Wörter, span. Wörter mit arab. Bedeutungsstruktur, Syntax nach arab. Vorbild). Vermutl. sind die Arabismen aus der Vorlage entnommen, denn die meisten Texte sind aus dem Arabischen übersetzt. In einigen Fällen kennt man das Original, z. B. das »kitāb al-anwār«. Die älteste Hs., das »Poema de Yúçuf« (Ms. A), stammt aus dem 14. Jh. Die Mehrzahl der Texte wurde im 16. Jh. und im ersten Jahrzehnt des 17. Jh. geschrieben. Als 1609 die Moriscos ausgewiesen wurden, gingen die meisten in die Länder des Maghreb. Am längsten bewahrten sie ihre Eigenart in Tunis, wo sie noch sehr viele A.-Texte schrieben. Es gibt auch ptg. A.-Hss. Die A.-Hss. waren alle versteckt und wurden erst lange nach dem Abzug der Moriscos, z. T. Jh. später, an Geheimplätzen der Häuser gefunden. R. Kontzi

Lit.: D. LOPES, Textos em aljamia portuguesa. Estudo filológico e histórico, 1897 [Neuaufl. 1940] – A. R. NYKL, El rrekontamiento del rrey Ališandᵉre, RHi 77, 1929, 409–611 – R. MENÉNDEZ PIDAL, Poema de Yúçuf. Materiales para su estudio (RABM 8), 1952² – A. GALMES DE FUENTES, Hist. de los amores de Paris y Viana, 1970 – Actas del Coloquio Internacional de Lit.-Aljamiado-Morisca, 1972 – R. KONTZI, Aljamiado-Texte. Ausg. mit einer Einl. und Glossar, 2 Bde, 1974 – A. GALMES DE FUENTES, El libro de las Batallas. Narraciones épicocaballerescas, 2 Bde, 1975.

Aljubarrota, Ort in Portugal in der Extremadura (Leiria). Hier wurde am 14. Aug. 1385 Johann I. v. Kastilien von den durch Engländer und Gascogner verstärkten ptg. Truppen unter Johann I. v. Portugal besiegt. Mit diesem Sieg wurde das Haus → Avis und damit die Existenz Portugals als unabhängiges Kgr. gefestigt. Zum Dank für den Sieg wurde das Kl. → Batalha errichtet. S. Claramunt

Lit.: DHP I, 104–111 – P. E. RUSSELL, The Engl. Intervention in Spain and Portugal in the time of Edward III and Richard II, 1955, 357–399 – A. DO PAÇO, A., 1958.

Alkali (arab. *al-qalī*), Sammelbegriff für bas. reagierende Salze, im MA meist die Karbonate der Alkalienmetalle (K_2CO_3, Na_2CO_3). Nach ihrem Ursprung unterschied man *Pott-* oder *Waidasche* (alcali vegetable; cineres clavellati), die durch Verbrennen von Pflanzen und Auslaugen der Asche gewonnen wurde, und *Soda* (alcali minerale), die aus Strandpflanzen ausgelaugt wurde oder mineral. Herkunft war. A. diente zur Herstellung von Glas (als Flußmittel), Seifen, Farben und Medikamenten (für Spülungen und Salben). H. Buntz

Lit.: E. O. V. LIPPMANN, Abhdl. und Vortr. zur Gesch. der Naturwissenschaften II, 1913, 326–357 – H. REMY, Lehrbuch der anorgan. Chemie I, 1970¹², 190–235 – D. GOLTZ, Stud. zur Gesch. der Mineralnamen, Sudhoffs Arch. Beih. 14, 1972, 234–238.

Alkindi → al-kindī

Alkohol (A. Vini; Spiritus Vini, Weingeist; Aqua ardens; Aqua Vitae). Der arab. Begriff *al-kuḥl* bezeichnet usprgl. eine trockene, feine Substanz und zunächst ein feines schwarzes Pulver von Antimonglanz (zum Färben der Augenbrauen), später auch andere Augenmittel. (In der Pharmazie ist die Bedeutung 'feinverteilt' erhalten geblieben; z. B. »Ferrum alcoholisatum«.) Die Bezeichnung A. Vini hat Paracelsus, der darunter das »Subtilste« des Weines verstand, als Synonym für die Quintessenz (→ Quinta Essentia) des Weines geprägt: Die Antike kannte zwar die gelegentl. Entflammbarkeit schwerer Weine und beherrschte auch in der Spätzeit, ebenso wie der islam. Kulturkreis, → Destillationsverfahren, doch ist die Kenntnis der Herstellung der Aqua ardens erst im 12. Jh. in Italien nachweisbar und bis zum 10. Jh. unbekannt, wie ein Vergleich zweier Hss. der → Mappae clavicula zeigt. Nachweise finden sich auch in einem salernitan. Codex des 12. Jh.; bei Taddeo → Alderotti (13. Jh.), der die med. Wirkungen (virtutes) beschrieb, und im »Feuerbuch« des → Marcus Graecus.

Gelegentl. wurde im MA der A. als die auch in der → Alchemie gesuchte → Panacee (Allheilmittel) angesehen. Den A. beschrieben im MA eingehender → Arnald v. Villanova, → Pseudo-Lullus, → Johannes de Rupescissa, G. M. Savonarola. Im 15./16. Jh. wird in Destillierbüchern und der landessprachigen Gattung der »Bücher der gebrannten Wässer« u. a. Alkoholgewinnung und Verwendung zu Extraktionen beschrieben. Neben dem Wein wurden seit dem 14. Jh. auch Getreide, vorzugsweise Roggen, aber auch Bier (Gerstenmaische) zum Ausgangsmaterial. In Italien und Frankreich sind von Benediktinern, Kartäusern und Dominikanern Kräuterdestillate bes. zu med. Zwecken schon früh hergestellt worden. Äußerl. wurde A. zur Wundbehandlung benutzt. Die konservierende Wirkung für Naturalien war bekannt. Während Streitschriften gegen Alkoholmißbrauch erst im 16. Jh. vermehrt auftreten, finden sich Verordnungen der Orden gegen den Abusus schon früher. Zur Überwachung des Alkoholkonsums ist in zahlreichen Verordnungen seit dem 16. Jh. der Vertrieb konzentrierter Spirituosen zum Monopol der → Apotheken, in denen auch zumeist der A. hergestellt wurde, erklärt worden, während »Wasserbrennerinnen« und »Laboranten« gesonderte Lizenzen erhielten. G. Jüttner

Lit.: EI, s. v. Kuḥl – H. SCHELENZ, Zur Gesch. der pharmazeut. - chem. Destilliergeräte, 1911 [Neudr. 1964] – P. RICHTER, Beitr. zur Gesch.

der alkoholhaltigen Getränke, AGNT 4, 1912–13, 429–452 – J. RUSKA, Ein neuer Beitr. zur Gesch. des A.s, Der Islam 4, 1913, 324ff. – E. O. v. LIPPMANN, Abhandl. und Vortr. zur Gesch. der Naturwiss. und der Technik II, 1913, 203, 216 – G. FESTER, Entwicklung der chem. Technik, 1923 [Neudr. 1969] – E. O. v. LIPPMANN, Beitr. zur Gesch. der Naturwiss. und der Technik I, 1923, 56, 60, 107, 123, 124; II, 1952, 65, 66 – R. J. FORBES, A short hist. of destillation, 1948 [Neudr. 1970].

Alkuin (Alcuin, Alchwine)

I. Leben und Wirken – II. A. als lit. Persönlichkeit – III. Die A. zugeschriebene math. Schrift.

I. LEBEN UND WIRKEN:* um 730 in Northumbria, † 19. Mai 804 in Tours. Der große ags. Gelehrte wurde an der Kathedralschule in York unter den Ebf.en Egbert und Ælbert erzogen, war dann dort als Lehrer tätig; seit 766 Leiter der Schule, damals der berühmtesten Bildungsstätte nicht nur Englands, sondern des ganzen chr. Europa, aus dem ihr zahlreiche Schüler zuströmten. Die Bibliothek in York war wahrscheinl. die umfangreichste des Abendlandes. Ihrer Spannweite entsprach die Gelehrsamkeit A.s. Sein Ruf veranlaßte Karl d. Gr., ihn bei einer Begegnung, die 781 in Parma während der Romfahrt des Kg.s stattfand, an den eigenen Hof zu berufen. Seitdem wirkte er im Frankenreich als Leiter der Hofschule Karls und als einflußreicher Berater des Kg.s in allen kirchl. Fragen. In den Jahren 786 sowie zw. 789 und 793 finden wir ihn nochmals in seiner Heimat, bevor er nach dem endgültigen Verzicht auf eine Heimkehr 796 Abt des reichen und angesehenen Kl. St. Martin in Tours wurde, wo er starb. Mittelpunkt seiner Tätigkeit im Frankenreich war die Hofschule, die nach dem Willen Karls zum Zentrum des geistigen Aufschwungs in seinem Reich wurde. An ihr traf er mit Paulinus v. Aquileia, Petrus v. Pisa, Theodulf v. Orléans u. a. zusammen, die Karl ebenfalls berufen hatte. A. trat unter ihnen als der führende Lehrer hervor. Der Kg. selbst reihte sich mit seiner Familie unter seine Schüler ein, zu denen neben den Angelsachsen, die ihm auf das Festland gefolgt waren, bald auch Franken kamen, unter ihnen so bedeutende Persönlichkeiten wie → Angilbert und → Adalhard, Rigbod, der spätere Ebf. v. Trier, → Arn v. Salzburg, → Einhard, → Hrabanus Maurus und viele andere.

A.s lit. Werke sind zu einem großen Teil aus dieser prakt. didakt. Tätigkeit hervorgegangen; so seine Schrift »De orthographia«, der die Auffassung zugrunde liegt, daß das genaue und sorgfältige Schreiben Grundlage aller geistigen Arbeit ist. V. a. hat A. die septem → artes liberales, Kern des damals im Frankenreich stark verfallenen Schulunterrichts, an der Hofschule zu neuer Blüte gebracht und im ganzen Reich gefördert. Für die Grammatik verfaßte er seine »Grammatica«, der Rhetorik, der er neue Auftriebe gab, diente sein »Dialogus de Rhetorica et virtutibus«, während er die Dialektik, der er die Schrift »De Dialectica« widmete, wohl weitgehend neu einführen mußte. Der Astronomie galt das bes. Interesse Karls d. Gr. Als A. schon in Tours war, sandte ihm der Kg. seine diesbezügl. Fragen, die A. ihm briefl. beantwortete; wir können geradezu einen Briefwechsel zusammenstellen. Die große Anteilnahme A.s an der Musik ist vielfach überliefert; der unter A.s Namen bei GERBERT, Scriptores I, 26–27 gedruckte Traktat »De musica« ist jedoch unecht. Außerdem hängt die Beurteilung seines musikal. Wirkens eng mit dem liturg. zusammen. Zahl, Zahlensymbolik, Rätsel, der Dialog sind wesentl. Züge und Gegenstände überall in A.s Werk, in seinen Briefen, v. a., dazu in einigen kleineren Schriften. In Verbindung mit diesen Arbeiten steht die Bemühung um ein reines Latein. A.s Vorbild war hierbei das Latein der Väter, namentl. Gregors d. Gr. Das Streben nach einer gereinigten, klaren Schrift führte zur Ausbildung der → »Karol. Minuskel«. Ist sie auch kaum das Werk eines einzelnen und hat sie auch nicht nur ein einziges Zentrum, so kann ein bedeutender Einfluß A.s von der Hofschule und von Tours aus nicht bezweifelt werden. Symptomat. dafür ist die sog. »Alkuinbibel«, die er Weihnachten 800 Karl d. Gr. in Rom überreichen läßt. Diese »Alkuinbibel« im eigtl. Sinne ist nicht erhalten, aber einige »Alkuinbibeln« mit ihr eigenen Merkmalen, die vielleicht unter ihm als Abt. v. Tours geschaffen wurden. Darüber hinaus können wir von einer Gruppe von »Alkuinbibeln« sprechen, die in den folgenden Jahrzehnten in Tours z. T. in Prachtform mit denselben Merkmalen entstanden. Hier hat A. eine Entwicklung eingeleitet, die sich erst nach ihm entfaltete, wie dies auch für die ganze umfangreiche Gruppe von Hss. der »Schule v. Tours« gilt, die eines der großen → Scriptorien des Frankenreiches im 9. Jh. war.

Grundanliegen A.s, das sein ganzes Werk durchdringt, ist die Mitsorge für den Nächsten. Innerhalb der großen Zahl der erhaltenen Briefe, die heute wegen ihrer hist. Nachrichten sehr geschätzt werden, findet sich kaum ein Schreiben, in dem nicht Ermahnungen zu chr. Lebensführung an die Adressaten zu finden sind. Weit verbreitet war A.s Schrift »De virtutibus et vitiis liber«. Er tritt für das Allerheiligenfest ein, das bei ihm erstmals im Abendland erscheint. Heiligenviten schreibt er für St. Martin, für St. Vedastus, St. Richarius, v. a. aber für seinen Verwandten, den hl. Willibrord. Die Bibel bleibt Wurzelgrund von allem; von ihr stellte A. eine Textrevision her, außerdem schrieb er Kommentare zur Gen, zu den Ps, dem Hld und Ecclesiastes, zu einigen Paulusbriefen, zur Offb und v. a. seinen umfangreichen Johanneskommentar. Überliefert ist A.s umfangreiche liturg. Tätigkeit, die sich bes. in seinem (nicht erhaltenen) Homiliar, seinem Lektionar und seiner Redaktion des Sacramentarium Gregorianum niedergeschlagen hat. Große Aufmerksamkeit wandte er dem Glaubensbekenntnis, der fides, zu, deren Richtigkeit er z. B. im Adoptianismusstreit (→ Adoptianismus) mit allen Kräften zu verteidigen suchte. Der Auslegung der Trinität galt A.s große dogmat. Schrift »De fide sanctae et individuae trinitatis«, die er 802 Karl zum großen Aachener Konzil gewidmet hat. Lange Zeit hat man in A. auch den Verfasser der → Libri Carolini gesehen, der großen Staatsschrift Karls gegen das VII. ökumen. Konzil v. Nikaia, das für die Bilderverehrung eintrat. Diese Auffassung ist heute fast allgemein zugunsten Theodulfs v. Orléans aufgegeben (während WALLACH noch daran festhält).

Obwohl selbst kein Mönch, war er um das Klosterwesen bemüht, v. a. um die innere Disziplin und um die geistige Ausbildung. Karl übergab ihm mehrere Kl., so Ferrières und Troyes, Flavigny und St-Josse-sur-mer an der Kanalküste, v. a. aber das große St-Martin in Tours. Auf dem Konzil v. Frankfurt 794 wurde er durch einen bes. Kanon in die Gebetsgemeinschaft der Konzilsväter, d. h. der Bf.e, aufgenommen, obwohl er selbst nur den Weihegrad eines Diakons hatte. Große Verdienste erwarb A. in der Sachsen- und Avarenmission, in der er darauf hinwirkte, die Zwangstaufen aufzugeben und stattdessen die Unterworfenen durch eine gute Katechese wirkl. für den neuen Glauben zu gewinnen.

A.s Bedeutung in seiner Zeit beruht wesentl. auf dem Einfluß, den ihm seine Stellung am Hofe Karls d. Gr. gab. Sie ermöglichte ihm eine Wirksamkeit auf allen Gebieten, die von der Kirche zu beeinflussen waren, wie seine Mitwirkung an der → Admonitio generalis zeigt. Stark wirkte er auf die Folgeentwicklung des Frankenreiches, wobei sich viele seiner Ansätze erst später entfalteten. Manches wirkte weiter ins MA hinein, einiges war von bleibender

Bedeutung: die Tätigkeit für den Gottesdienst, für die Mission, die Bibelrevision, allgemein seine geistigen Bestrebungen, seine Sorge für Schrift und Sprache. A.s Persönlichkeit erschließt sich nicht leicht, die geistige und moral. Intensität läßt ihn die Welt der Gelehrsamkeit ohne Bruch mit dem öffentl. Wirken verbinden. W. Heil

II. A. ALS LIT. PERSÖNLICHKEIT: Unter dem Namen A.s sind über 300 meist kurze, vorwiegend in Distichen und Hexametern verfaßte metr. Gedichte erhalten. Der Mann, der das Bildungsideal seiner Zeit entscheidend mitbestimmte, hat damit selbst in seinem Werk der Dichtung einen bedeutenden Platz eingeräumt. Sich in Gedichten zu äußern, war ihm offensichtl. ganz natürlich. A. war überzeugt vom Wert und von der Würde der Dichtkunst; sie verleiht dem Herrscher, der sie fördert, Ruhm und dem Dichter Ansehen. Auf dieses wurde mitunter empfindl. geachtet (Nr. 40, MGH PP I, 253). Die meisten Gedichte sind entweder → Tituli für Gebäude, Bücher u. a., Epitaphien oder Briefgedichte. Sie scheinen damit einem vorwiegend prakt. Zweck unterworfen; doch sind sie bereits durch ihre poet. Form über die bloße Information erhoben, und meist ist wohl die Dichtung die erste Zweck, dem die Mitteilung, Belehrung, das Erbauliche als Stoff dient. So bewegen den Dichter A. – bei aller Formel- und Floskelhaftigkeit – vielfältige lit. Absichten, die gerade auch in seinen Briefgedichten zutage treten – welche die starke menschl. Bindungsfähigkeit des Lehrers und Freundes A. offenbaren –, ferner in der ‚literarischen' Versfassung seiner Willibrordvita (die Prosafassung war für die klösterl. Tischlesung bestimmt), in dem Epos über die Hl. der Kirche von York (»De sanctis Euboricensis ecclesiae«) mit seinen vergil.-antik. Tönen, in dem poet. Spiel mit dem Rätsel, der Kuckuckseklogue (56), in den scherzhaften Zügen, den poet. Bildern. In den Bereich des Literarischen gehört auch A.s Beteiligung an der sprachl.-stilist. Bearbeitung älterer Heiligenleben. Ansätze zu lit. Formung finden sich auch in den didakt. Schriften, z. B. in der Grammatik, in der das Gespräch zw. den Knaben Franco und Saxo und dem Lehrer über das gewöhnl. Schema des Grammatik-Lehrdialogs hinausgeführt ist. G. Bernt

III. DIE A. ZUGESCHRIEBENE MATH. SCHRIFT: In frühen Drucken wird A. als Verfasser einer anonymen Sammlung math. Aufgaben (»Propositiones ad acuendos iuvenes«) bezeichnet. Mehrere Indizien sprechen tatsächl. dafür, daß das Werk im 9. Jh. im ostfrk. Bereich und im Umkreis des Kaiserhofes entstand. Auf A. als Autor weisen neben anderen Kriterien die math. Interessen des Gelehrten hin, der u. a. an Einhard arithmet. Scherzfragen sandte (MGH Epp. 4, 285, 8). Die Zuschreibung der »Propositiones« an Beda in Herwagens Erstausgabe (HERWAGEN, Opera Bedae Venerabilis Presbyteri... I, Basel 1563, 135-146) ist dagegen nicht zu belegen.

Die Sammlung besteht aus 56 Aufgaben mit 53 Lösungen. Sie entstammen überwiegend der Unterhaltungsmathematik. Hauptgruppen sind: lineare Probleme mit einer Unbekannten (davon 8 Hau-Rechnungen) und mit mehreren Unbekannten (davon 8 »Zechenaufgaben«); Aufgaben mit geometr. und arithmet. Folgen; Anordnungsprobleme (davon 4 Transportaufgaben); Aufgaben der rechnenden Geometrie (überwiegend Flächenberechnungen elementarer Figuren). Es fehlen prakt. Probleme der Kaufmannsmathematik. Der Autor beschränkt sich im allgemeinen auf die Angabe der Lösungswerte, ohne ein Verfahren zu nennen.

Die »Propositiones« sind die älteste math. Aufgabensammlung in lat. Sprache. Ähnl. Probleme, z. T. mit gleichen Zahlenwerten, findet man z. B. in Ägypten (Papyrus Rhind), China, in der gr. Anthologia Palatina und in arab. Texten. Die von A. benutzten Vorlagen sind nicht eindeutig feststellbar. Das Werk steht v. a. in der röm. Tradition. Bes. die geometr. Probleme haben ihre Entsprechung in Schriften der röm. Feldmesser (Agrimensoren; → Vermessung); dieser gesamte Komplex begegnet uns geschlossen in der in Wirklichkeit vor → Gerbert v. Aurillac entstandenen anonymen »Fortsetzung« seiner Geometrie. Ähnl. Aufgaben wie in den »Propositiones« finden sich später häufig; so bei → Leonardo v. Pisa, in spätma. Aufgabensammlungen aus dem Klosterbereich, bei den Cossisten, in der math. Unterhaltungsliteratur des 17./18. Jh. und z. T. noch in heut. Schulbüchern. Bes. populär wurden die Transportaufgaben in der Einkleidung mit Ziege, Wolf und Kohlkopf. M. Folkerts

Bibliogr.: *zu [I und II]*: ThRE 2, s.v. – *Ed.*: F. FORSTER, B. Flacci Albini seu Alcuini abbatis... opera omnia, 2 Bde, Regensburg 1777 – MPL 90, 667-676; 100, 101 – Alcuini Carmina, MGH PP I, 1, 160-351 – Alcvini sive Albini Epistolae, MGH Epp. IV, 1-493, 614-616; V, 643-645 – H. SCHÜTZE, Auslese aus den Werken berühmter Lehrer 3, 4, 1879, 1880 [dt. Übers. der Briefe] – Das Leben des hl. Willibrord v. A., übers. W. WATTENBACH, GdV 14, 1888, 1-26 – G. MEIER, Ausgew. Schr. v. Columban, A.... (Bibl. der Pädagogik 3), 1906², 20-51 – J. FREUNDGEN, A.s pädagog. Schr. (Slg. der bedeutendsten pädagog. Schr. aus alter und neuer Zeit 4, 1906²), 59-86, 142-151 – D. SCHALLER-E. KÖNSGEN, Initia carminum latinorum saeculo undecimo antiquiorum, 1977 [Bibliogr.] – *Q.*: Vita Alcuini, MGH SS XV, 1, 182-197 – *Lit.*: HAUCK² II, 1952 – C. J. B. GASKOIN, A., his life and work, 1904 [Nachdr. 1966] – MANITIUS I, 273-288; II, 800f. – A. KLEINKLAUSZ, A., Annales de l'Univ. de Lyon, 3. Sér., 15, 1948 – WATTENBACH-LEVISON II, 225-236 – E. S. DUCKETT, A., Friend of Charlemagne, 1956 – G. ELLARD, Master A., Liturgist, 1956 – B. FISCHER, Die Alkuinbibel (Aus der Gesch. der lat. Bibel I), 1957 – J. FLECKENSTEIN, Die Hofkapelle der dt. Kge., I: Die karol. Hofkapelle (Schr. der MGH 16/I), 1959 – L. WALLACH, A. and Charlemagne, Stud. in Carolingian Hist. and Lit. (Cornell Stud. in classical philology 32), 1959 – W. EDELSTEIN, Eruditio und sapientia. Weltbild und Erziehung in der Karolingerzeit. Unters. zu A.s Briefen, 1965 – Karl d. Gr. II, hg. B. BISCHOFF, 1965, 63-154 – J. DESHUSSES, Le Supplément au sacramentaire grégorien: A. ou Saint Benoît d'Aniane?, ALW 9, 1, 1965, 48-71 – DERS., Le sacramentaire grégorien de Trente, RevBen 78, 1968, 261-282 – DERS.-H. BARRÉ, À la recherche du Missal d'A., EL 82, 1968, 3-44 – Gesch. der kath. Kirchenmusik, hg. K. G. FELLERER, I, 1972 – BRUNHÖLZL I, 1975, 268-286, 546-549 [Bibliogr.].

Zu [III]: M. CANTOR, Math. Beitr. zum Kulturleben der Völker, 1863 – DERS., Die röm. Agrimensoren und ihre Stellung in der Gesch. der Feldmeßkunst, 1875 – M. FOLKERTS, Die älteste math. Aufgabensammlung in lat. Sprache: Die A. zugeschriebenen Propositiones ad acuendos iuvenes. Überlieferung, Inhalt, krit. Ed. (DÖAW, math.-naturwissenschaftl. Kl. 116, 6. Abh.), 1978 – J. TROPFKE, Gesch. der Elementarmathematik, 4. Aufl., bearb. H. GERICKE, K. REICH, K. VOGEL [noch nicht erschienen].

Alla en Granada la rica → Romanze
Alla prima → Wandmalereitechnik
Allah → Gott
Allegatio → Disputatio
Allegorie, Allegorese

I. Antike – II. Mittellateinische Literatur – III. Patristische und scholastische Theologie – IV. Judentum – V. Volkssprachliche Literaturen.

I. ANTIKE: A. (ἀλληγορεῖν 'anders sagen') verbildlicht einen abstrakten Begriff oder Vorgang, oft durch Personifikation. In der *gr. Lit.* ist sie v. a. vertreten durch Prodikos (Herakles am Scheideweg bei Xen. mem. 2, 1), Aristophanes, Menander, Kebes, Lukian; in der *röm. Lit.* wird sie häufig (Plautus, Lukrez, Vergil, Horaz, Ovid, Lukan, Statius), um in der *Spätantike* bei → Claudianus, → Martianus Capella, → Boethius einen Höhepunkt zu erreichen. Zusammen mit Prudentius (Psychomachia) wirken diese Autoren auf das MA.

Von der gestaltenden A. des Autors oder bildenden Künstlers wird meist die allegor. Erklärung (*Allegorese*) unterschieden, die einen geheimen Sinn unterstellt, den es zu deuten gilt. Sie beginnt in der gr. Lit. mit der (häufig etymologisierenden) Deutung Homers; Voraussetzung dafür war die Entwicklung abstrakten Denkens in der Philosophie. Allegor. Mythenerklärung (Euhemeros, Cornutus) wird bes. bei den Neuplatonikern Numenios und Porphyrios (→ Platonismus) geübt. Unter den lat. Dichtern wird v. a. Vergil allegor. erklärt (→ Fulgentius; chr. Allegorese der 4. vergilian. Ekloge durch Ks. Konstantin I.). J. Gruber

II. MITTELLATEINISCHE LITERATUR: Die A. begegnet in der mlat. Lit. in vielfältigen, oft schwer zu unterscheidenden Formen. In den ma. Bibelkommentaren ist sie grundsätzl. nicht auf den Bereich beschränkt, der ihr neben der lit., moral. und anagog. → Bibelauslegung in der Theorie zufällt, sondern umgreift als hermeneut. Auslegungsprinzip die ganze Exegese (s. III.). Die A. beruht auf dem Prinzip der Aufdeckung des verborgenen, heilsgeschichtl., heilspädagog. und eschatolog. Sinnes der Hl. Schrift.

Analog der Bibel werden auch *heidn.* Autoren allegor. gedeutet (vgl. den Aeneis-Kommentar des → Bernardus Silvestris oder die »Integumenta super Ovidii metamorphosin« des → Johannes v. Garlandia). Dadurch erschließt sich dem chr. Leser ein neuer Sinn hinter dem »integumentum« der dichter. Erzählung. Allegor. Schriftdeutung und auctores-Allegorese werden z. T. eng verwandt gesehen (vgl. Petrus Berchorius), in der Scholastik (z. B. bei Hugo v. St. Viktor und Thomas v. Aquin) jedoch streng unterschieden.

Verglichen mit der Bibelexegese hat die Allegorese der z. T. noch paganen spätantiken Lit. (z. B. Macrobius) weniger stark und v. a. weniger universal auf das MA gewirkt, doch sind für die beliebte Sonderform der *Personifikationsallegorie*, auf die sich in moderner Zeit das Allegorieverständnis immer enger verengt hat, Werke wie die »Psychomachia« des Prudentius, »De nuptiis Philologiae et Mercurii« des Martianus Capella und die »Consolatio Philosophiae« des Boethius zu maßgebl. Mustern geworden.

Von den zahlreichen, meist antithet. Unterscheidungskriterien, die zur Definition der A., ihrer Anwendungsbereiche und ihrer Funktionen vorgeschlagen wurden (vgl. MEIER, 24 ff.), ist bes. wichtig die Opposition von hermeneut. und illustrierender A. Während die hermeneut. A. sich auf vorgegebene Texte bezieht, wird in der *illustrierenden A.* etwas gedankl. Konzipiertes ins Bild umgesetzt (vgl. DE BRUYNE: »spiritualisation-matérialisation«; PÉPIN: »interprétation-expression«). Diese der »Versinnfälligung« statt der direkten Sinnerschließung dienende A. ist, da sie naturgemäß dem dichter. Prinzip näher und zudem pädagog. sehr effektiv ist, in primär poet. Lit. vorherrschend. Hierher gehören u. a. die allegor. ausgestaltete → Predigt, die → Vision und jede Art von Personifikationsallegorie bis hin zu den großen allegor. Epen etwa des → Alanus ab Insulis. Auch die illustrierende Allegorie lebt, trotz ihrer größeren schöpfer. Freiheit und Spontaneität, von einer starken rationalen Bewußtheit. F. Rädle

III. PATRISTISCHE UND SCHOLASTISCHE THEOLOGIE:
a) Von der allegor. und typolog. Auslegung atl. Geschehnisse und Worte durch den Apostel Paulus (z. B. 1Kor 10, 1-13, Gal 4, 21-31, Eph 5, 31 f.) angeregt, suchten und fanden die gr. und lat. Väter das Heilsgeheimnis der Hl. Schriften in allen seinen (künftigen, inwendigen und himml.) Dimensionen auf dem Weg der A., die sie krit. abgrenzten von der A. der heidn. Philosophie und Dichtung. Während in achr. Zeit die antiochen. *Exegetenschule* (seit Lukian v. Antiochia, ca. 270) bes. die hist.-grammat. Schriftexegese betrieb, bot die *alexandrin.* über diese bloß *somatische* hinaus noch die *psychische* (eth.) und dann v. a. die *pneumatische,* d. h. die allegorist. Exegese an (v. a. seit Origenes, † um 254, aber auch in den Werken des Ambrosius, † 397, und des Augustinus, † 430), wodurch die A. größte Bedeutung im Geistesleben des MA erlangte. Die bibl. Perikopen oder Redefiguren wurden durch sinnbildl. und gleichnishafte Erklärung auf ihren tieferen und verborgenen Sinn und Seinsgrund hin erklärt und ausgelegt. Gegenüber dem → Symbol (»Realsymbol«) als wesenhafter Vergegenwärtigung eines Sachverhalts im Zeichen (im kirchl. Sakrament vermittelt das »äußere Zeichen« im vergegenwärtigten Heilszusammenhang die »innere Gnade«) oder der → Parabel (Gleichnis) als einer unmittelbar dem offenbaren Sinnbezug gleichlaufende Erzählweise (Aesops Fabeln; die Himmelreich-Gleichnisse Mt 13 und Mk 13) eignet der A. sehr viel größere Freiheit der theol. Perspektiven und Horizonte. Der notwendige Bezug der A. auf das Mysterium Christi und die Kirche war ein wirksames Kriterium gegen einseitige, willkürl. und gekünstelte A. z. B. bei den ma. liturg. Symbolisten, die vielfach allem und jedem einen tieferen Sinn unterlegten.

b) Im ma. Denken gründet die A. in der Anerkennung des Zusammenhangs und der Entsprechung von Sinnenfälligem und Übersinnl., von Zeitl. und Ewigem. Natur und Geschichte werden in der A. auf ihren verborgenen Grund und Gang hin gedeutet. Die A. kann aber auch Gedanken durch fiktive Erzählungen und Personifizierungen sinnfällig darstellen. Es gibt die Funktion des Interpretierens, die Materielles gewissermaßen spiritualisiert, und die Funktion des Illustrierens, die Spirituelles gewissermaßen materialisiert. Funktionen und Anwendungsbereiche der A. sind also zu unterscheiden. – Nach dem bekannten ma. Merkvers: »Littera gesta docet; quid credas, allegoria; moralis, quid agas; quo tendas, anagogia« gelangt die Theologie durch die A. vom Buchstaben der bibl. Geschichte zu ihrem Geist und Geheimnis, begründet, erbaut und vollendet sie die Erkenntnis im Glauben. Nach dem einhelligen Zeugnis der ma. Theologen offenbart sich im anderen des Kreatürlichen und Geschichtlichen Gottes Wesen und Wirken. Zur Zeugnislage vgl. H. DE LUBAC, Exégèse médiévale I, 2, 1959, 522–536 (489–548). – Die verschiedenen Funktionen und Anwendungsbereiche der A. gehen in der scholast. und monast. Theologie des MA oft ineinander über und lassen sich nicht nach den modernen Gesetzen und Gesichtspunkten der Lit. abgrenzen. Auch die heute geläufige Unterscheidung zw. A. und Symbol, nach der nur im Symbol die Vergegenwärtigung des Bezeichneten durch das Bezeichnende überzeugend gegeben ist, trifft nicht zu, denn die ma. Deutung und Anwendung der A. schließt die Symbolik ein. Auch die (moderne) Unterscheidung zw. geschichtl. begründeter Typologie und willkürl. konstruierter A. ist für das MA unzutreffend, denn die allegor. Schriftauslegung ist im Kern typolog. Die ma. A. schließt auch die einfache Metapher nicht aus, den Übergang vom Bild zum Begriff. – Die Flexibilität der Funktionsweisen und die Variabilität der Anwendungsbereiche der A. bargen auch die Gefahr eines spieler., unverbindl. und ungezügelten Denkens, das die A. scharfer Kritik (z. B. durch die Reformatoren) ausgesetzt hat. In der Praxis bewegt sich die Allegorese jedoch im Strom der Glaubensüberlieferung und der theol. Gewohnheiten, die in den Nachschlagewerken und hermeneut. Untersuchungen (z. B. Bonaventura, Breviloquium, Prol.) greifbar werden. Die wissenschaftstheoret. Bedeutung der allegor., typolog. und analogen Aussageweise muß von der Methode der → Theologie her gewürdigt werden. J. H. Emminghaus/L. Hödl/A. Riedlinger

IV. JUDENTUM: A. war im Judentum von der → Bibel her, Allegorese v. a. durch die Auslegung des Hld bekannt. Sonst dominierte – vom hellenist. Judentum abgesehen – der »gewöhnliche«, dem Wortsinn nahekommende Schriftsinn P^ešaṭ. Im MA wurde der P^ešaṭ zum strikten Wortsinn: 1. infolge der aufkommenden hebr. Sprachwissenschaft, 2. in Abwehr der christolog. Exegese der Kirche und 3. im SpätMA als erster von vier Schriftsinnen (wörtl., erbaul., ethisch, geheim). Hob die philosophierende Exegese den Wortsinn im Extremfall zugunsten des unterstellten philosoph. Inhalts auf, so ordnete ihn die → Kabbala in ihre Symbolik ein und entsprach insofern der traditionellen Forderung, den P^ešaṭ möglichst unangetastet zu lassen. A. traditioneller Art begegnet v. a. in der religiösen Dichtung (bes. in Anlehnung an das Hld), in Erbauungsschriften und in der Kabbala (neuplaton. gefärbt und bis zu mytholog. Ausdrucksweise überhöht). Profane Dichtung (→ Poesie) und → Philosophie bedienten sich der auch in der Umwelt übl. Muster.
J. Maier

V. VOLKSSPRACHLICHE LITERATUREN: [1] *Allgemein, Deutsche Literatur:* Für das ma. Verständnis von A. ist grundlegend, daß ein Text oder ein sprachl. Zeichen über seinen wörtl. Sinn hinaus weitere Bedeutungen enthalten kann. Das gilt sowohl für die Definitionen der *Rhetoriken,* welche die A. neben Metapher, Ironie, Rätsel u. a. zu den *Tropen* ordnen, wie auch für die Praxis der *Bibelauslegung.* Strittig war dabei immer wieder, ob diese Mehrdeutigkeit nur dem Worte Gottes vorbehalten sei oder auch vom Menschen geschaffen werden könne. Eine eigene Theorie allegor. Dichtung hat das MA nicht formuliert.

Dennoch bilden sich *Handlungsmodelle* und Konventionen heraus, die vielfach variiert werden. Zu ihnen zählen sowohl die Queste oder Suche (→ »Rosenroman«, → Dantes »Divina Commedia«, Guillaume de → Deguilevilles »Pelerinage de la vie humaine«) wie auch der Kampf um die Erstürmung einer Burg (Prudentius' »Psychomachia«, »Rosenroman«, »Minneburg«, → Moralitäten) oder die Jagd (→ Hadamars v. Laber »Jagd«, frz. Jagdgedichte). Häufig finden sich ferner allegor. Auslegungen von Farben, Pflanzen, Edelsteinen oder Gebäuden (z. B. die Minnegrotte in → Gottfrieds v. Straßburg »Tristan«). Auch das Schachspiel (→ Jacobus de Cessolis, Konrad v. Ammenhausen, »Les echecs amoureux«) und Gerichtsverhandlungen (Konrads v. Würzburg »Klage der Kunst«, Hermanns von Sachsenheim »Mörin«) sind als vielseitig verwendbare Modelle beliebt. In der Darstellungsweise reicht die Skala von der eindeutigen Auslegung, die Punkt für Punkt vorgeht, im einen Extrem bis hin zur mehrdeutigen, in welcher der Autor nur mit sprechenden Namen oder Details auf eine weitere Sinnebene verweist, auf der anderen Seite. Die Sinnbezüge zw. literaler und allegor. Aussage orientieren sich an Konventionen, werden aber auch vom einzelnen Autor eigenständig oder willkürl. gesetzt.

Personifikationsgedichte stellen meist interessante Grenzformen dar, denn sie können einerseits komplizierteste allegor. Aussagen vermitteln, sich aber andererseits auch nur im Wortsinn erschöpfen. Dazwischen entwickeln die Verfasser die verschiedensten Methoden, sie vereinzelt oder massiert und verbunden mit allegor. Elementen zu durchsetzen. Hierfür bieten die volksprachl. Lit. v. a. des späten MA eine Fülle von Beispielen und Mischformen. Doch ebensowenig wie sich im MA eine eigene Poetik allegor. Dichtung entwickelt, kann ein einziger Text als reine und paradigmat. Verwirklichung von A. gelten.

Da die Einsicht in die Komplexität der A. gerade in den letzten beiden Jahrzehnten beträchtlich gewachsen ist, müssen frühere Pauschalurteile, die sie auf Rationalität reduzierten oder ihr Künstlichkeit vorwarfen, zumindest als einseitig erscheinen. In Theologie, Lit. und darstellender Kunst bildet die A. einen wichtigen Schlüssel zum Verständnis eines spezif. ma. Denkens in Analogien und Sinnbezügen.
I. Glier

[2] *Altfranzösische Literatur:* Die lat. allegor. Dichtungen des MA (vgl. II) werden v. a. in Frankreich nachgeahmt und bilden dort schon bald einen wesentl. Bestandteil der afrz. Lit. Die übernommene A. findet zunächst in der geistl. Lit. Anwendung. Aber schon früh zeigt sich, wie geistl. und weltl. Elemente auf den späteren allegor. Liebesroman deuten. Zu den Vorläufern des »Rosenromans« gehört → Raouls de Houdenc »Songe d'Enfer«, in dem der träumende Dichter, über die allegor. Orte Habsucht, Begierde, Eifersucht, Treubruch, usw. in die Hölle fährt, wo er u. a. an einer allegor. Höllenmahlzeit teilnimmt. Personifiziert werden die verschiedenen Stationen der Reise, und obwohl Raouls Metaphern auf die »Psychomachia« zurückgreifen, ist der Plan der Reise selbst ganz originell. Raouls »Romanz des eles de la proece« schildert den Versuch der ritterl. Tüchtigkeit, Vollkommenheit zu erreichen; zwei Flügel, ausgestattet mit je sieben Federn der verschiedenen Aspekte von »largece« und »cortoisie«, leisten hierzu die nötige Unterstützung. »Songe de Paradis«, ein in Aufbau und Stil dem »Songe d'Enfer« ähnlendes Gedicht, stammt wahrscheinl. nicht von Raoul de Houdenc.

Um 1234 erscheint »Tournoiement Antecrist«, in dem Huon de Méris ausführl. die Taten des Teufels schildert; begleitet von den personifizierten Lastern kämpft Satan gegen Christus, die Tugenden und Artusritter. Im »Ordene de chevalerie« erzählt ein anonymer Dichter, wie Hue de Tabarie von Saladin gefangen und nach der Zeremonie befragt wird, in der ein Knappe zum Ritter geschlagen wird. Hue zählt die symbol. Stationen auf, die zum Ritterschlag führen.

Geistiges Streben allegorisieren → Henri d'Andeli um 1236 in »Bataille des sept arts« und → Jehan le Teinturier in »Mariage des sept arts«. – Der »Rosenroman« (→ Roman de la Rose) gehört zu den wichtigsten Dichtungen der afrz. Lit. Das Werk ist »eine bis in alle Einzelheiten durchgeführte A. einer Herzensgeschichte« (VORETZSCH). Wer wirkl. echte Liebe finden will, muß alle Gesichtspunkte dieser Liebe kennenlernen, die ihm auf seiner Suche entweder helfen oder hindern. Hoffnung und Habsucht, Glück und Eifersucht, u. v. m., erscheinen personifiziert, ehe es dem Liebenden gelingt, einen Kuß von der begehrten Rose zu erlangen. Mit dem »Rosenroman« erreicht die A. ihre höchste Popularität. Aber auch negative Reaktionen bleiben nicht aus. 1310 verspottete Gervais du Bus in »Fauvel« den »Rosenroman«. Der Name des symbol.-allegor. Pferdes Fauvel besteht im Frz. aus den Anfangsbuchstaben von Schmeichelei, Habsucht, Schändlichkeit, Unbeständigkeit, Eifersucht, und Feigheit. Der Dichter kritisiert auch die Kirche, und Fauvels Taten kündigen bereits die Gestalt des Antichrist an.

Zum Anfang des 14. Jh. erscheint die 72000 Verse zählende »Ovide moralisé« eines Minoritenmönchs, der die Metamorphosen frei übersetzt und interpretiert. Zw. 1330 und 1358 verfaßt → Guillaume de Deguileville drei Werke (über 36000 Verse): »Pélerinage de la vie humaine«, »Pélerinage l'âme« und »Pélerinage Jésus-Christ«. 1399 nimmt → Christine de Pisan (1364–1430) in ihrer »Épitre au d'Amour« Stellung gegen → Jeans de Meung voreingenommene satir. Beurteilung der Frau. Wichtiger jedoch für die Fortsetzung der allegor. Lit. ist »Chemin de long estude«, dessen Titel auf → Dantes »Vagliami il lungo studio« beruht. Christine gelangt nach langem Wandern in den fünften Himmel, wohin Erde in der Zwischenzeit einen Boten geschickt hatte, der herausfinden sollte, ob dort der perfekte Mensch gefunden werden könnte. Reichtum, Rittertum, und Weisheit nehmen an der Diskussion teil, aber die Frage kann nicht beantwortet werden. Daraufhin wird Christine als Botschafterin zum Kg. v. Frankreich geschickt, der vermutl. das Problem lösen könne. Ehe jedoch der Kg. in eine peinl. Lage kommen kann, erwacht sie im rechten Augenblick und stellt fest, daß alles nur ein Traum war. 1483 gibt Jean Molinet eine Prosaversion des »Rosenromans« heraus, dem er eine moralisierende Abhandlung hinzufügt, um lasterhafte Menschen in tugendhafte umzuwandeln.

Der Einfluß der A. auf die lyr. wie auch auf die lehrhafte Dichtung ist nicht zu unterschätzen. Im späten MA blüht die A. im → Drama – in den sog. → Moralités, Moralitäten – noch einmal auf, und erreicht im engl. → »Everyman« die künstler. höchste Stufe. In der afrz. Lit. drücken bereits die Titel der Dramen Inhalt und allegor. Deutung aus: »Bien-avisé«, »Mal-avisé«, »L'homme Pêcheur«, »Les enfants de maintenant« sowie die »Condamnation de banquet« von Nicolas de Chesnaye, wo Krankheiten und Heilmittel abwechselnd auftreten. Polit. Themen gehören zu den Moralitäten genauso wie bibl. und legendäre aus der Vergangenheit W. Kroll

Zur span. und it. A. → Gonzalo de Berceo, → Imperial, Francisco, → Ruiz, Juan, → Santillana, Marques v., → Juan de Mena, → Dante, → Boccaccio, → Petrarca, → Latini, Brunetto, → Hypnerotomachia Poliphili.

[3] *Alt- und mittelenglische Literatur:* Wie lebendig die ma. Neigung zu allegor. Darstellung und allegor. Deutung im ags. England war, zeigen mehrere z. T. illustrierte oder ae. glossierte Hss. von Prudentius' »Psychomachia« sowie das Werk → Bedas; im Bereich der ae. Prosa legen davon Zeugnis ab Kg. → Alfreds Übersetzung der »Consolatio Philosophiae« des → Boethius und die Homilien → Ælfrics mit ihrer traditionsgebundenen allegor.-typolog. Exegese. An explizit allegor. ae. Dichtungen besitzen wir a) einen kurzen ae. → »Physiologus«-Zyklus (der Panther = Christus; der Wal = der Teufel); b) den ae. → »Phoenix«, der u.a. eine A. der Auferstehung ist. Allegor.-typolog. Bezüge weisen darüber hinaus z.T. auch die ae. → Bibeldichtung (z.B. → »Exodus«) und die poet. Heiligenleben (z.B. → »Juliana«) auf. Zweifelhaft ist dagegen, ob und wie weit von ihren Autoren nicht als Allegorien gekennzeichnete ae. Dichtungen (bes. → »Beowulf« und → Elegien) neben ihrem Wortsinn auch noch eine allegor. oder symbol. Bedeutung haben. Zur Vorsicht mahnt hier schon die Verschiedenartigkeit der vorgeschlagenen Deutungen, die beim »Beowulf« vom »Kampf der Landbewohner mit dem Meer« (im 19. Jh.) bis zur »Allegorie der chr. Erlösung« (1960) reichen.

Frühme. Allegorien sind die → Homilie »Sawles Warde« und die me. Version des → »Bestiarium«. Eine Hochblüte erlebte die allegor. Dichtung aber erst in der 2. Hälfte des 14. Jh., als eine Reihe von Traumvisionen wie → »Winner and Waster« oder → »The Parliament of the three Ages« entstand. Zu den bedeutendsten Werken dieser Gattung gehört zum einen »The Pearl« (→ Pearl-Dichter), in deren komplexer Allegorie die Perle bzw. das Perlenmädchen wohl nicht nur für die verstorbene kleine Tochter des Erzählers steht, sondern auch für theolog. Vorstellungen; zum anderen William Langlands → »Piers Plowman«, wo allegor. Figuren wie Lady Holy Church, Conscience, Lady Meed und die sieben Todsünden auftreten. Neben die religiösen Anliegen stellt sich weltlichere Thematik (Liebesallegorie): → Chaucer übersetzte nicht nur einen Teil des → »Roman de la Rose«, sondern schrieb auch mehrere Traumvisionen (»The House of Fame«; »The Book of the Duchess«; »The Parliament of Fowls«); die beiden letzteren enthalten vermutl. Anspielungen auf zeitgenöss. Ereignisse. → Gower verwendete eine Liebesallegorie als Rahmen für seine »Confessio Amantis«. Im 15. Jh. wurde einerseits die Tradition der allegor. Traumvision durch die Chaucernachfolger fortgeführt (→ Douglas, → Dunbar, → »Kingis Quair«, → Lydgate, → Skelton, sowie noch im 14. Jh. → Usk), andererseits kam die Allegorie in den → Moralitäten (Morality Plays) auf die Bühne. Man hat die Moralitäten, deren bekannteste → »Everyman« (»Jedermann«) ist, als dramat. Predigten bezeichnet, die zeigen, wie der Mensch leben muß, wenn er das ewige Heil erlangen soll. Personifikationen wie Schönheit, Besitz, Gute Werke, Tod begleiten ihn auf seinem Weg.

Die allegor. Tradition setzte sich weit über das Ende des MA hinaus fort (Edmund Spenser, »Faerie Queene«; John Bunyan, »The Pilgrim's Progress«). H. Sauer

[4] *Slavische Literaturen:* In der ma. tschech. Lit. finden sich nur drei namhafte Werke, die sich eindeutig als A. bezeichnen lassen: Zwei Gedichte religiösen Inhalts, »Otep myrrhy« – 'Ein Büschel Myrrhen' (vgl. Hld I, 13) –, »Mistr Lepič« – 'Meister Lepič' – (→ Lyrische Dichtung) und eine polit. Tierallegorie des → Smil Flaška z Pardubic, »Nová rada«. In den ost- und südslav. Lit. des MA scheint die A. keinen wesentl. Anteil gehabt zu haben. R. Auty

Zu allegor. Darstellungen in den Bildenden Künsten vgl. Ikonographie, → Ikonologie, → Personifikation, → Symbol.

Q.: *zu [III]*: Ps. Melito, Clavis ed. I.B. PITRA, Spicilegium Solesmense II–III, 1855 – Hrabanus Maurus, De universo, MPL 111, 9–611 – Ps. Hugo de S. Victore, Allegoriae super V. et N.T., MPL 175, 633–924 – Petrus Berchorius, Reductorium Morale super totam Bibliam, Antwerpen 1609 – Hieronymus Lauretus, Silva Allegoriarum totius Sacrae Scripturae, Barcelona 1570 [Neudr. 1970] – *Lit. [allgemein]:* LAW, 121–124 [Bibliogr.] – R. WÜLKER, Grundriß zur Gesch. der ags. Lit., 1885, 262–269 – C. VORETZSCH, Einf. in das Studium der afrz. Lit., 1905 – G. GRÖBER, GRomPhil I², 1906; II, 1893–1907 – W. R. MACKENZIE, The Engl. Moralities from the Point of View of Allegory, 1914 – G. PARIS, La litt. française au moyen-âge, 1914 – C. R. POST, Medieval Spanish Allegory, 1915 – J. HEINEMANN, Altjüd. Allegoristik (Ber. des jüd.-theol. Seminars Breslau), 1936 – C. S. LEWIS, The Allegory of Love. A Study in Medieval Tradition, 1936, 1965⁵ – E. DE BRUYNE, Etudes d'esthétique médiév. 2, 1946 – J. HEINEMANN, Die wiss. Allegoristik des jüd. MA, HUCA 23, 1950, 611–643 – D. W. ROBERTSON, JR., The Doctrine of Charity in Mediaeval Lit. Gardens: A Topical Approach Through Symbolism and Allegory, Speculum, 1951 – P. ZUMTHOR, Hist. litt. de la France, VIme–XIV s., 1954 – R. SHARROCK, John Bunyan, 1954 [Neudr. 1968] – H. G. JANTSCH, Stud. zum Symbolischen in frühmhd. Lit., 1959 – H. DE LUBAC, Exégèse médiévale I–II, 1959–64 – W. T. H. JACKSON, The Lit. of the Middle Ages, 1960 – H. R. JAUSS, Genèse de la poésie allégorique française au Moyen-âge (de 1180 à 1246), 1962 – D. W. ROBERTSON, JR., A Preface to Chaucer, 1962 [bes. 286–390] – CURTIUS – A. FLETCHER, A., 1964 – S. B. GREENFIELD, A Critical Hist. of OE Lit., 1965 [bes. 35f., 232] – O. SEEL, Antike und frühchr. Allegorik (Fschr. P. METZ, 1965), 11–45 – R. HERZOG, Die allegor. Dichtkunst des Prudentius, 1966 – R. TUVE, Allegorical imagery, 1966 – A. C. BAUGH, The ME Period (A Lit. Hist. of England, ed. DERS., 1967²) – R. HAHN, Die A. in der antiken Rhetorik [Diss. Tübingen 1967] – SCHOLEM, Mystik, 26ff. – H. R. JAUSS, Entstehung und Strukturwandel der allegor. Dichtung (GRLMA 6), 1968, 146–244 – D. SCHMIDTKE, Geistl. Tierinterpretation in der deutschsprach. Lit. des MA, 1968 – R. HOLLANDER, Allegory in Dante's Commedia, 1969 – W. BLANK, Die dt. Minnealiegorie, 1970 – J. PÉPIN, Dante et la tradition de l'allégorie, 1970 – P. PIEHLER, The Visionary Landscape. A Study in Medieval Allegory, 1970 – J. I. WIMSATT, Allegory and Mirror, 1970 – M. ARIAS REYERO, Thomas v. Aquin als Exeget, 1971 – I. GLIER, Artes amandi (MTU 34), 1971 – M. R. JUNG, Etudes sur le poème allégorique en France au moyen-âge (Romanica

Helvetica 82), 1971 – U. Krewitt, Metapher und trop. Rede in der Auffassung des MA, 1971 – J. Ehlers, »Historia«, »allegoria«, »tropologia«, MJB 7, 1972, 153–160 – S.B. Greenfield, The Interpretation of OE Poetry, 1972 [bes. 133ff.] – Maier, Religion (Register s.v.) – H.J. Spitz, Metaphorik des geistl. Schriftsinns, 1972 – H. Greive, Stud. zum jüd. Neuplatonismus, 1973 [Register s.v.] – E. Jeauneau, ›Lectio philosophum‹, Recherches sur l'Ecole de Chartres, 1973 – A. Llinarès, Théorie et pratique de l'allégorie dans le Libre de Contempladó de R. Lulle, AHDL 39, 1973, 103–136 – C.L. Wrenn [Hg.], Beowulf, 1973³, revid. W.F. Bolton, 82ff. – Verbum et Signum I, Beitr. zur mediävist. Bedeutungsforsch., hg. H. Fromm-W. Harms-U. Ruberg, 1975 – R. Allau, La science des symboles, 1976 – I.G. Maccaffrey, Spenser's Allegory, 1976 – Chr. Meier, Überlegungen zum gegenwärt. Stand der A.-Forsch., Frühma. Stud. 10. 1976, 1–69 – A.C. Spearing, Medieval Dream Poetry, 1976 – Fr. Ohly, Schr. zur ma. Bedeutungsforsch., 1977.

Allelengyon, Fachausdruck des byz. Steuerrechts. In den Papyri bedeutet ἀλληλεγγύη die wechselseitige Verbürgung, bei Justinian sind ἀλληλέγγυοι die Gesamtschuldner. Nach Nov. 99 haften sie nur für ihre Quote. Im 9. und 10.Jh. ist ἀλληλεγγύως bzw. ἀλληλέγγυα Ausdruck für gegenseitige Steuerhaftung innerhalb einer dörfl. Steuergemeinschaft. Kontinuität zur spätantiken adiectio sterilium (ἐπιβολή), der Übertragung von Brachland mit Steuerverpflichtung, scheint trotz Ostrogorsky vorzuliegen. Spezielle Bedeutung hat A. in einem Gesetz des Ks.s Basileios II. (Dölger, Regest 793) als Steuerhaftung der Großgrundbesitzer für »Bedürftige« (ταπεινοί), ohne daß der Ausdruck in dem nur lit. erhaltenen Erlaß näher definiert wird. Das Gesetz wurde von Ks. Romanos III. 1028 aufgehoben (Dölger, Regest 832). G.Weiß

Lit.: Dölger, Beitr., 129f. – R. Taubenschlag, The law of Greco-Roman Egypt in the light of the papyri 332 B.C.–640 A.D., 1955², 303f. – Lemerle, Esquisse I, 72; II, 258f. – Ostrogorsky, Geschichte³, 157f., 254 – R. Kaser, Das röm. Privatrecht. 2.Abschn.: Die nachklass. Entwicklungen, 1975², 454.

Alleluia → Hallelujah

Alleman. 1. A., Laurent I., Bf. v. Grenoble 1484–1518, † um 1520. 1476 hatte Bf. Siboud Alleman (→ 2. A.) v. Grenoble, der Onkel von Laurent I. A., zugunsten seines Neffen auf sein Bischofsamt verzichtet. Trotzdem wurde der Schweizer Prälat und spätere Bf. v. Sion (Sitten), Jost v. Silenen, der bereits Koadjutor geworden war, als Anhänger des frz. Kg.s für das Bischofsamt in Grenoble nominiert; Laurent I. A. wurde dagegen das Bm. Orange im Juli 1477 übertragen. Er erhielt jedoch auf Intervention Karls VIII. bei Papst Sixtus IV. am 8. März 1484 endgültig das Bm. Grenoble. Sein Episkopat war für die Geschichte der Diöz. von großer Bedeutung, u. a. auch wegen der Tätigkeit seines Generalvikars, François Du Puy, des späteren Generals des Kartäuserordens. Der Verfall der bfl. Jurisdiktion zugunsten der kgl. Gewalt konnte allerdings auch durch die Erneuerung der Offizialstatuten (1491) nicht aufgehalten werden. Trotzdem bemühte sich Laurent I. A. weiterhin um religiöse Reformen. In gewissenhafter Erfüllung seiner Visitationspflicht durchreiste er mehrmals seine Diöz. 1495 wurden erneut Synodalstatuten erlassen. In der Nähe von Grenoble wurde 1509 ein Minimenkloster gegr. 1518 verzichtete Laurent I. A. zugunsten seines Neffen, Laurent II. Alleman, auf sein Bischofsamt. V.Chomel

Lit.: GChr XVI, 252f. – DHGE II, 595f. – Prudhomme, Hist. de Grenoble, 1888, 280 – C.J. Burckhardt, Kard. Matthäus Schiner (Raron – Burg und Kirche), 1972, 140.

2. A., Siboud, Bf. v. Grenoble 1450–76, † 20. oder 29. Jan. 1477. Siboud A. stammte aus einer der berühmtesten Familien des Adels im Grésivaudan, sein Vater war Jean Alleman de Séchilienne. Bevor er 1450 in Grenoble die Bischofswürde erhielt, war er dort seit 1445 Dekan des Kapitels von Notre Dame. Am 3. Oktober mußte er dem Dauphin Ludwig II. den Lehnseid für die Temporalien seiner Diöz. leisten. Eine Zusammenkunft seiner weitverzweigten Familie fand am 1. Mai 1454 im bfl. Palast statt. Von seinem Bemühen um die Seelsorge in seiner Diöz. zeugen die regelmäßig durchgeführten Visitationen und die Erneuerung der Synodalstatuten seines Vorgängers, Aimon de Chissé. Ein Jahr vor seinem Tod, im Jan. 1476, trat Siboud A. zugunsten seines Neffen Laurent vom Bischofsamt zurück. V.Chomel

Lit.: GChr XVI 251 – DHGE II, 597.

Allerheiligen, Fest der röm. Liturgie am 1. Nov., kommt aus verschiedenen Wurzeln: einer antiochen. (Chrysostomospredigt zu einem Allerheiligensonntag nach Pfingsten), – einer röm. (Kirchweih des Pantheon am 13. Mai 609 oder 610 durch Bonifatius IV. und Kirchweih einer Allerheiligenkapelle in St. Peter durch Gregor III.), – einer frk. (Übernahme von A. durch Ludwig d. Frommen 835 unter Gregor IV. als Denkmal einer Aussöhnung zw. Ludwig d. Frommen und seinen Söhnen). Die Verlegung von Mai auf Nov. geschieht durch Gregor IV. wegen der im Herbst leichteren Ernährung der Pilger. Seine große Stellung als »Ostern des Herbstes« erhielt A. im SpätMA durch die Nähe von → Allerseelen mit dem Sakramentenempfang für den → Ablaß. A. will nicht etwa numer. alle, auch »vergessene« Hl. feiern, sondern Vollendung und Jenseitigkeit – ein Fest des Himmels, ein Fest der Wirksamkeit göttl. Gnade. Th. Schnitzler

Lit.: K.H.A. Kellner, Heortologie, 1911³, 240 [klare Darbietung von Q. und Forsch.].

Allerheiligenbild geht zurück auf die Kap. 5, 7, 19, 20 und 22 der → Apokalypse und auf das durch Papst Gregor IV. und Ks. Ludwig d. Frommen im 9. Jh. endgültig eingeführte Fest → Allerheiligen. Dargestellt wird die Anbetung des Lamm Gottes (→ Agnus Dei) durch die Chöre der Hl., vermehrt durch die → Patriarchen und → Propheten sowie um die Vertreter aller Stämme, Nationen und Sprachen, die als Unio Sanctorum die gesamte Menschheit repräsentieren. Illustrationen in → Antiphonaren, → Missalien und → Sakramentarien seit dem 10./11.Jh. (Sakramentar aus Fulda in Udine Bibl. capitol. 76 V). In der Monumentalmalerei des 12. Jh. an Stelle des Lammes der verklärte Christus oder Christus auf dem Schoß der Gottesmutter (Regensburger Dom, Allerheiligenkapelle um 1160; Oberkirche von Schwarzrheindorf um 1175). G. Binding

Lit.: LCI I, 101–104 – LThK² I, 348 – RDK I, 365–374.

Allerseelen (Seelen = Verstorbene), in der röm. Liturgie Gedenktag am 2. Nov. für alle Toten, ursprüngl. der Pfarre oder klösterl. Gemeinde. A. wurde eingeführt vom hl. Abt Odilo (994–1048) für Cluny, rasch verbreitet, erst 1311 in Rom. Benedikt XV. gab 1915 den Zelebranten an A. das Privileg der Trination (dreimalige Zelebration der Messe); er schuf die Totenpräfation. Die liturg. Erneuerung erwähnt die dreifache Meßfeier nicht mehr. A. übernahm im MA viele Texte und Formen vom Karfreitag, auch die schwarze Farbe der Paramente, die aber die antike Festfarbe ist. Luther hatte anstatt Schwarz Violett genommen und das Vaticanum II ordnete für die Totenfeier einen mehr österl. Ductus an. Das geschah in der liturg. Erneuerung in Text und Form. Doch auch vorher schon besaß A. Anklänge an die Osterfeier. Neben die Feier der Auferstehung Jesu trat die Feier der Hoffnung auf die Auferstehung des Menschen in vielen Melodien und Worten, die der Osterliturgie entlehnt sind. A. hatte größte Bedeutung für den Zusammenhalt der Familien durch den gemeinsamen Gang zu den Gräbern der Ahnen.

Lit.: K.H.A. Kellner, Heortologie, 1911³, 242. Th. Schnitzler

Allgäu, Landschaft um die obere Iller. Die frühesten Nennungen des Landschaftsnamens fallen in karol. Zeit: 817 (Wisirihiscella) in pago Albigaugense (WARTMANN I, 212); 839 (Nordhovun) in pago Albegauge (WARTMANN I, 354); 868 (Stoufun) de pago Albekeuve (WARTMANN II, 155); 905 (Fiskina) in pago Albegeuve (WARTMANN II, 347). Der Name dient als Gauname jeweils der näheren Bestimmung der Lage von Orten, die sich im w. oder s. Teil des heut. A. befinden. Das Bestimmungswort *alb-* jenes Gaunamens dürfte in karol., d. h. ahd. Zeit noch als Appellativ (und nicht nur als Name) gebraucht worden sein und die Bedeutung 'Alp/Alm', 'hochgelegene Bergweide', 'Berghang' gehabt haben (AhdWb I, 194). Der im sö. Schwarzwald anzusiedelnde ma. *Alpgau* (mit 'p' im Gegensatz zum *Allgäu,* das konsequent mit 'b' geschrieben wird - entgegen Hist. Atlas v. Baden-Württemberg, Karte IV, 3: Bezirksnamen des 8. bis 12. Jh.) ist die gleiche Bildung (so LÖFFLER, 2, dagegen DERTSCH, 6, JÄNICHEN, Erläuterung zu Karte IV, 3 des Hist. Atlas v. Baden-Württemberg). Die hochgelegenen Bergweiden waren namengebend für beide Gaue. Sie waren auch die Ursache dafür, daß die Masse der frühen Ortsnamennennungen im gebirgigen w. und s. Teil des heut. A. liegen. Denn es gab dort oberhalb der Waldgrenze und in Seitentälern bis zu 300 Meter darunter von Natur aus waldfreie weite Böden, die ohne Rodung im Sommer als Weideland genutzt werden konnten (→ Alm). So bleibt das alte, (früh)ma. A. auch auf den W und S beschränkt. Der Umfang dessen, was man als A. bezeichnete (grundlegend dazu CRÄMER), dehnte sich aber mit der Zeit immer mehr nach N und O aus. Die Landschaft erreicht im Bauernkrieg von 1525/26 die Ausdehnung, die sie in groben Zügen auch heute noch besitzt (dazu W. KÖNIG). Damals setzte sich der »A. er Haufen« aus Bauern zusammen, die aus einem Gebiet kamen, das im O fast bis zum Lech, im NO bis Buchloe und im NW bis Waldsee reichte. Ansonsten wurde der Landschaftsname von unterschiedl. Institutionen und Gruppen in Anspruch genommen und zeigt dabei jeweils verschiedenen Umfang. Für das MA sind die wichtigsten: 1. Die »(Eglofser) Freien im A.« (Freibauern, die um Eglofs, im W- und Oberallgäu siedelten (1243-1806); 2. das »Archidiakonat A.« (1275-1508/25) als Verwaltungseinheit des Bm.s → Konstanz, das den n. Bodenseeraum, den größten Teil des heut. Vorarlberg umfaßte und im O bis zur Iller ging; 3. die »Reichsritterschaft im A.«, ein »Ritterbund«, der von 1408-1806 bestand; 4. der »Allgäuische Gebrauch« (1471-1806), eine Rechtsauffassung, die am konservativen Personalprinzip (im Gegensatz zum Territorialprinzip) festhielt. → Alamannen, → Kempten, → Schwaben. W. König

Q.: WARTMANN, UB der Abtei St. Gallen, 1862-82 - *Lit. und Atlanten:* AhdWb – HOOPS² I, 183f. – U. CRÄMER, Das A., Werden und Wesen eines Landschaftsbegriffs (Forsch. zur Dt. LK 84), 1954 – Hist. Atlas v. Bayer.-Schwaben, hg. W. ZORN, 1955 – P. v. POLENZ, Landschafts- und Bezirksnamen im frühma. Dtl.; Unters. zur sprachl. Raumerschließung I, 1961 – H. SCHWARZMAIER, Kgtm., Adel und Kl. im Gebiet zw. oberer Iller und Lech, 1962 – Hist. Atlas v. Baden-Württ., Karte IV, 3: Bezirksnamen des 8. bis 12. Jh., hg. Kommission für gesch. LK in Baden-Württ., 1972ff. – H. LÖFFLER, Stadt- und Landkreis Lindau (Hist. Ortsnamenbuch v. Bayern. Schwaben 6), 1973 – R. DERTSCH, Landkreis Sonthofen (Hist. Ortsnamenbuch v. Bayern. Schwaben 7), 1974 – W. König, Der Landschaftsname A. Zur Abhängigkeit seines Bedeutungsumfanges von regionalen, psycholog. und soziolog. Faktoren. Alem. Jb. 1973-75, 1976, 186-200.

Allgegenwart Gottes, Aussage über das Wesen Gottes. Nicht von der geschaffenen Wirklichkeit in Raum und Zeit, sondern vom allmächtigen Schöpfergott und seinem absoluten, personalen Geistwesen her muß die A.G. verstanden und begründet werden. – Der gläubige Mensch sucht Gott an jedem Ort (Is 6, 2f.; Ps 138/139), macht Orte bes. religiöser Erfahrung zu Kultstätten (→ Tempel) und identifiziert das Wesen Gottes schließl. mit seinem eigenen Ort (→ Himmel). – Die A. G. wird entsprechend der Gottes- und Weltvorstellung verschieden gesehen: Von Gregor v. Nyssa (Or. cat. c. 25 MPG 45, 68 ἐν παντὶ τὸ θεῖον ... ἐνδύον ... περιέχον ... ἐγκαθήμενον; »Das Göttliche ist das All erfüllend, umfassend, durchdringend«) kommt über Petrus Lombardus (Sent. I d. 37 c. 1) in die ma. Theologie die Lehre: Gott ist aller Schöpfung gegenwärtig *per potentiam* (Bonaventura: wegen seines Schöpferseins; Thomas v. Aquin: wegen seiner Weltherrschaft), *per praesentiam* (Thomas v. Aquin: wegen seiner Allwissenheit; Bonaventura: wegen seiner personalen Unmittelbarkeit), *per essentiam* (Thomas v. Aquin: wegen seiner Schöpferkausalität; Bonaventura: weil er für die Welt ist, was die Seele für den Leib ist: Thomas, S. th. I q. 8 a. 3c; Bonav. I d. 37 p. 1 a. 3 q. 2c). – Die Problematik dieser A. G. wird vom Heilsgedanken her aufgegriffen, wenn im Anschluß an Augustinus (Ep. 187 MPL 33, 832-840) die A. G. in Christus (hypostat. Union) in den Heiligen und Seligen (durch Gnade und Glorienlicht) und in den Sündern und Verdammten (als Schöpfer und Richter) unterschieden wird. – Ps. Dionysius spricht von einer A. G. in den Geschöpfen, die aus Gott hervorgehen, in den Heiligen, die von Gottes Gnade begleitet sind, und in den Seligen des Himmels, die mit Gott vereint sind (De div. nom. c. 4 § 4 10, 14, MPG 4, 697ff.). – Bei Wilhelm v. Ockham (Sent. Com. I d. 39) wird die A. G. mit der → Unermeßlichkeit (immensitas) Gottes begründet, weil zu aller Wirklichkeit Quantität gehört. – Die → Mystik (Bonaventura, Sent. Com. III d. 29 q. 2 ad 6) spricht davon, daß Gott jeder Wirklichkeit innerlicher (transzendent innerlich) sei, als ihre Elemente und Prinzipien ihr sind (→ scintilla animae, Seelenfünklein, Gott). J. Auer

Lit.: LThK² I, 350f. – A. FUERST, The hist. study of the doctrine of the omnipresence of God in selected writings between 1220-1270, 1951 – J. AUER, Transzendenz nach außen – Transzendenz nach innen, Franziskan. Forsch., H. 28 – S. J. GRABOWSKI, The allpresent God, 1954 – J. AUER, Bonaventura. Stud. zu seiner Wirkungsgesch., 1976, 41-56.

Allgemeines – Besonderes → Universalia

Allianzwappen (Ehewappen), Zusammenstellung der beiden Wappen zweier Ehegatten. Das Wappen des Mannes nimmt meist die bessere Stelle ein (herald. rechts); beide Schilde sind oft gegeneinander geneigt. Aus herald. Courtoisie ist das Wappen des Mannes meist dem der Frau zugewandt, d. h. gegenüber der Normalform seitenverkehrt. Auch können die Wappen der Eheleute in einem (gespaltenen oder gevierten) Schilde vereinigt sein.
Lit.: RDK I, 374f. H. E. Korn

Alliata, Familie. Die A. (oder Agliata) gehörten zu den wohlhabendsten und einflußreichsten popolaren Familien Pisas im 14. Jh. Ursprgl. mittlere Grundbesitzer, siedelten sie zw. 1260 und 1270 von Calcinaia, einer Ortschaft im pisan. Valdarno, wo sie Güter und das Patronat über die Kirche S. Giorgio behielten, nach Pisa über. Dank eines gewissen Startkapitals, ihres Unternehmungsgeistes und infolge der schwierigen Situation Pisas in den letzten Jahrzehnten des 13. Jh. gelang ihnen ein sehr rascher sozialer, wirtschaftl. und polit. Aufstieg: Zahlreiche erhaltene Urkunden bezeugen ihre intensive Bankiers- und Handelstätigkeit, Verschwägerung mit den bedeutendsten adligen und nichtadligen Familien der Pisaner Oligarchie und den Erwerb eines Geschlechterturms. Galgano A., der erste bedeutende Exponent der Familie, bekleidete zw. 1273 und 1294 (seinem Todesjahr) verschiedene Ämter: *Capitano della dogana, Soprastante della gabella* und *Camerlengo,* bei

denen er sich im Auftrag der Kommune um Getreidelieferungen und Steuererhebungen kümmerte. Erst mit seinem Sohn Betto begann die Familie Mitglieder unter den → Anzianen und → Savi, den höchsten städt. Regierungsorganen, zu stellen. Das ganze 14.Jh. hindurch entfalteten die A. eine rege Handelstätigkeit sowohl zu Wasser als auch zu Lande und erwarben allmähl. beträchtl. Grundbesitz, der allerdings durch seine geograph. Lage wie auch durch Erbteilungen zersplittert war. Das in polit. Hinsicht bedeutendste Mitglied der Familie war Cecco, der Sohn von Betto, der zw. 1340 und 1362 das Zünglein an der Waage in den Parteikämpfen darstellte. Obgleich 1360 eine Verschwörung die Proklamierung Ceccos zum *signore* beabsichtigte, zeigte er sich diesem Plan abgeneigt; in der Tat erwies sich seine Politik geprägt von dem Ziel, an den kommunalen Einrichtungen festzuhalten. Sein Tod begünstigte die Errichtung signoriler Regime. Die A. spielten danach keine große polit. Rolle mehr, waren jedoch weiterhin Mitglieder der Regierungsorgane. Bei der Eroberung von Pisa durch Florenz 1406 emigrierten sie, wie viele andere Familien der Oligarchie, nach Sizilien. M.Tangheroni
Lit.: M.TANGHERONI, Gli A., 1969.

1. A., Antonio, † 1512, Sohn des Bankiers Pietro und Nachfolger im Lehen Troccoli (Triocala), das seinerzeit von Carlo di Luna e Peralta erworben worden war. Er heiratete dessen Schwester Eleonora und führte nach Lunas erbenlosem Tod seinen Titel Gf. v. Caltabellotta (Privileg vom 14. April 1497). Am 27. Sept. 1499 erhielt er im Hinblick auf seine Besitzungen im Tal von Mazara auch das Privileg, den Ort Villafranca zu gründen und dort das imperium merum et mixtum (hohe Gerichtsbarkeit) auszuüben. 1508 war er Deputierter des Regnum. Durch einen Entscheid des Gerichtshofs der kgl. Gran Corte wurde ihm auf Antrag des Neffen seiner Frau, Giovanni Vincenzo Luna Rosso, Gf. v. Sclafani, die Gft. Caltabellotta aberkannt. Nach seinem erbenlosen Tod verband sein Nachfolger, der Bruder Andreotto, durch seine Heirat mit Apollonia Aiutamicristo die A. mit der anderen großen Bankiersfamilie von Palermo. F.Giunta
Lit.: F.EMANUELE-GAETANI DI VILLABIANCA, Della Sicilia nobile, 1759, I, 36; III, 107 – I.SCATURRO, Storia della città di Sciacca, 1925, I, 709, 715.

2. A., Betto, Hauptexponent der Familie → A. am Ende des 13. und Beginn des 14.Jh. in Pisa, † um 1330. Er war sechzehnmal Anziano (→ Anzianen), Korrektor des Breve von Iglesias (1303), Kastellan v. Cagliari (1305), Gesandter bei Jakob II. v. Aragón (wegen Verhandlungen über Sardinien), *console del regno* (1310), Korrektor der Statuten von Pisa (1311), zweimal Gesandter bei Robert v. Anjou und ständiges Mitglied der → Savi während des sardin. Krieges. Auf dem Handelssektor wickelte er v.a. Geschäfte mit Sardinien ab und behielt dort nach der Eroberung der Insel durch die Aragonesen (1324) Interessen. Gleichzeitig kaufte er beträchtl. ländl. Grundbesitz.
Lit.: DBI I, 496f. M.Tangheroni

3. A., Gerardo, Jurist und Staatsmann, * 1420 als Sohn des Ranieri A. und der Agata Montaperto, † 1478 in Palermo, absolvierte in Bologna das Studium der Rechte und nahm nach seiner Rückkehr in die Heimat aktiv am polit. Leben des Regnum teil. Schon 1451 erhielt er den Auftrag zu einer schwierigen Mission bei Kg. Alfons V. d. Großmütigen und wurde 1455 von diesem Herrscher zum Protonotar des Kgr.s ernannt. Dieses Amt wurde ihm 1464 von Johann II. v. Aragón bestätigt. Er errang die Wertschätzung dieses Kg.s, der ihn als »unseren hervorragenden, lieben Berater und Protonotar« bezeichnete und ihm Vertrauensaufträge erteilte. Sein Vermögen war beträchtl. Ihm gehörte im Gebiet von Palermo eine Zuckerrohrplantage; er stand auch in Geschäftsverbindung mit den Luna, von denen er im Tausch gegen andere Güter die Baronie und das Schloß von Castellammare erwarb (1468). Auf jurist. Gebiet entfaltete er eine intensive Aktivität. Als Früchte dieser Tätigkeit sind einige »consilia« und »allegationes« erhalten, die v.a. dem Gewohnheitsrecht von siz. Städten wie Palermo und Trapani gewidmet sind. F.Giunta
Lit.: DBI I, 498f. – L. GENUARDI, I giuristi siciliani dei secoli XIV e XV (Studi storici e giuridici dedicati a F.CICCAGLIONE I, 1909), 417, 423-427 – J.VICENS VIVES, Fernando el Catolico, 1952, 251, 405 – C.TRASSELLI, La »questione sociale« in Sicilia, 1955, 20 – F.GIUNTA, Uomini e cose del Medioevo mediterraneo, 1962, 294.

4. A., Pietro, Bankier und Kaufmann. Die wichtigsten Belegstellen für seine Tätigkeit finden sich im *Conto del Tesoriere generale* (→ Finanzwesen) des Regnum, der ihn, zusammen mit anderen Mitgliedern der Familie, unter den Bankiers von Palermo aufführt. Wir finden ihn 1441-1444 mit Filippo und 1472 mit Francesco eingetragen; in der Folge taucht der Firmenname »Pietro Alliata e soci« auf (1487-88). Wie alle anderen Bankiers seiner Zeit beschäftigt sich auch P.A. mit dem Getreidehandel, da Tratten auf Getreide als Zahlungsmittel von Schulden (v.a. des Herrschers selbst) üblich waren. Es ist nicht von ungefähr, daß P.A. Ende 1470 bei einer Getreidelieferung vom Verladehafen Sciacca beteiligt war. So ragte P.A. auch unter den Bankiers hervor, die für den Hof von Johann II. v. Aragón und für angesehene Männer wie den Vizekönig Bernardo Requesens, den *Tesoriere* des Regnum (→ Finanzwesen), Wechselgeschäfte tätigten. Sein Vermögen wuchs in der zweiten Hälfte des 15.Jh. derartig an, daß er von Carlo di Luna e Peralta das Lehen Troccoli erwerben (1496) und seinen Nachfolgern den Weg zum Adel bahnen konnte. F.Giunta
Lit.: J.VICENS VIVES, Fernando el Catolico principe de Aragon rey de Sicilia, 1952 – V.CUSIMANO, Storia dei banchi di Sicilia, 1974².

Alliteration
A. Altgermanische Dichtung – B. Lateinische Literatur des Mittelalters – C. Mittelalterliche Literatur Englands und Schottlands.

A. Altgermanische Dichtung
A. ist in der agerm. Dichtung die Verbindung zweier oder mehrerer sinntragender Wörter durch gleichen Anlaut, meist im Rahmen eines metr. Schemas *(Stabreim)*, aber auch bei formelhaften Wendungen, wie Haus und Hof, Geld und Gut, Wind und Wetter. Die A. ist das wichtigste Element der Versbindung in der agerm. Dichtung. Hier allein haben sich – im Gegensatz zum ir. und lat. Alliterationsgebrauch – feste Regeln der Stabsetzung herausgebildet: In der vierhebigen, aus zwei Halbzeilen bestehenden Langzeile, der am weitesten verbreiteten Versform in der germ. Dichtung, tragen gewöhnl. die beiden Hebungen der ersten Halbzeile und die erste Hebung der zweiten Halbzeile den Stab. Die zweite Hebung der zweiten Halbzeile ist immer stablos. Beispiel aus dem Hildebrandslied: »gárutun se iro gúdhamun/gúrtun sih iro suért ana«. Diese Regel gilt sowohl für die freieren Formen der ahd. (z.B. →»Hildebrandslied«), as. (z.B. →»Heliand«) und ags. Dichtung (→»Beowulf«), als auch für die Versmaße der → Edda und der streng silbenzählenden und stroph. → Skaldendichtung, die aber neben der A. auch den Binnenreim aufweist. Die Vokale staben untereinander, während die Konsonanten und die Lautgruppen *st*, *sk*, *sp* nur mit sich selbst staben können.

Die Grundregeln der Stabsetzung wurden bereits in

isländ. ›Mustergedichten‹ des 12. und 13. Jh. (→ »Háttalykill«, → »Háttatal«) niedergelegt. Während der Stabreim auf dem Kontinent im Laufe des 9. Jh. von der Endreimdichtung verdrängt wird, bleibt die A. im N bis ins späte MA hinein das vorherrschende metr. Prinzip bes. der westnord. Dichtung. In den norweg. höf. Ritterromanen des 13./14. Jh. und in der geistl. Lit. erscheint die A. – als ornamentales (nicht-poet.) Stilelement einer gehobenen Prosa – in Zwillingsformeln, die einen deutl. Bezug zur lat. Rhetorik haben, wie: *sœmd ok samvit, illgjarn ok úsið, friðr ok fagnað*. Auch in der askand. Rechtslit., dort v. a. in den jüngeren, von Kgtm. und Kirche beeinflußten norweg. und schwed. Texten und in der volkssprachl. Urkundenlit., sind alliterierende Zwillingsformeln als rechtssprachl. Ausdrucksmittel und rhetor. Schmuckelement weit verbreitet (z. B. *land ok lag, kirkia ok konungr, sœkia ok svara*).   H. Ehrhardt

Lit.: A. Heusler, Dt. Versgesch. unter Einschluß des ae. und an. Stabreimverses, 2 Bde., 1956² – K. v. See, Germ. Verskunst, 1967 – H. Ehrhardt, Der Stabreim in an. Rechtstexten, 1977.

B. Lateinische Literatur des Mittelalters

Im ma. Lat. wird die A. im Anschluß an die antike und spätantike lat. Praxis (z. B. Sidonius Apollinaris, 5. Jh.) vielfach in freier Weise als ein ornatives Stilmittel unter anderen verwendet. Die lit. Theorie gibt zwar einerseits die Warnung der antiken Rhetorik (»Rhetorica ad Herennium«, 1. Jh. v. Chr.; Martianus Capella, 5. Jh.) vor einer »allzu großen Häufigkeit (nimia assiduitas) desselben Buchstabens« wie in dem Enniusvers »O Tite, tute, Tati etc.« weiter (→ Galfrid v. Vinsauf, → Eberhard d. Deutsche); andererseits wird in der Tradition der antiken Grammatik (Donat, 4. Jh.) das → Par(h)omoeon durch → Isidor, der es als multitudo verborum ex una littera inchoantium (Beispiel ist u. a. der erwähnte Enniusvers) definiert, durch → Beda und noch → Matthaeus v. Vendôme als positives Stilmittel legitimiert. Und so pflegt man die A. eifrig, oft in Verbindung mit der → Paronomasie, z. B. cara (Maria), culpa carens, teils maßvoll (z. B. → Walter v. Châtillon und → Nivard v. Gent), teils in übertriebener Form, die bis zur → pangrammat. Manier gehen kann, deren bekanntestes Werk → Hucbalds Preis der Kahlköpfe (Ecloga de calvis, 146 Verse) ist, dessen sämtl. Wörter mit c beginnen.

Bes. beliebt ist die A. im Lat. der Iren und der Angelsachsen. Bei letzteren findet sich u. a. in endgereimten → rhythm. Carmina markante, zum Teil versübergreifende A. (so in Æthilwalds »Ad Hovam comitem«), die den Einfluß der (gesprochenen) germ. alliterierenden Dichtersprache zeigt; in Anlehnung an die germ. Stabreimdichtung erscheint die A. auch als (alleiniges) Bindemittel von lat. Versen, z. B. bei → Alkuin (so in Adoniern wie care fidelis, / credule nate) und in ags. lat. → Hymnik. Muttersprachl. beeinflußt ist etwa auch die A. in lat. Versionen afries. Gesetze.   F. Quadlbauer

Lit.: D. Norberg, Introduction à l'étude de la versification lat. médiév., 1958, 49 ff. – F. Liebermann, Reim neben A. im Anglolat. um 680, AStNSp 141, 1921, 234 – F. W. Schulze, Stabungen ... in den Lateinversionen der afries. Gesetze, ZDA 91, 1961–62, 85 ff. – Ders., Reimstrukturen im Offa-Preislied Æthilwalds und die Entwicklung des ae. A.sverses, ZDA 92, 1963, 8 ff.

C. Mittelalterliche Literatur Englands und Schottlands

I. Altenglischer Alliterationsvers – II. Altenglische alliterierende Prosa – III. Mittelenglische alliterierende Prosa – IV. Alliterative Revival – V. Schottische alliterierende Dichtung

I. Altenglischer Alliterationsvers: Anders als in der neueren engl. Dichtung, wo A. als Mittel der Hervorhebung oder als Schmuckelement gebraucht wird, dient die A. in der ae. Dichtung dazu, die beiden Hälften der poet. Langzeile zusammenzubinden. Allgemein gilt, daß die erste Halbzeile die A. auf der ersten Hebung und wahlweise auch auf der zweiten Hebung trägt, während in der zweiten Halbzeile nur die erste Hebung alliteriert, wie in den Versen (»Beowulf« 5; 72)

monegum mægþum   meodosetla ofteah   oder
geongum ond ealdum,   swylc him god sealde.

Jeder Vokal oder Diphthong alliteriert mit jedem anderen Vokal oder Diphthong. Die Verbindungen *st, sp* und *sc* im Anlaut alliterieren nur jeweils mit sich selbst – eine verstechn. Konvention, die dann in der me. Epoche fallengelassen wird: dort gilt *s* als alliterierende Entsprechung für alle diese Verbindungen gleichermaßen. Stellenweise begegnen in der ae. Dichtung aber auch komplexere Strukturen, wobei die A. mehr der ästhet. Wirkung halber als aus verstechn. Bedürfnissen eingesetzt wird.

In der Frage, wie der ae. Vers theoret. zu beschreiben sei, ist sich die Forschung nicht einig. In der Nachfolge von E. Sievers teilt man die ae. Langzeile in zwei Hälften zu je zwei Füßen. In einfachster Form enthält der Fuß ein betontes und ein unbetontes Element. Fünf allgemeine rhythm. Typen (Sievers'sche Typen) für die Halbzeile kommen vor:

A	´ x / ´ x	stiðum wordum
B	x ´ / x ´	þonne sorg and slæp
C	x ´ / ´ x	him wæs ful boren
D_1	´ / ´ ` x	eald inwitta
D_2	´ / ´ x `	har hilderinc
E	´ ` x / ´	hrimcealde sæ

Im Gegensatz zu dieser Theorie, die einen nicht gleichmäßigen Zeitablauf impliziert, haben u. a. Heusler und Pope nach alternativen Beschreibungsmodellen gesucht. Pope meint, im Takt *(measure)* und nicht im Vers erschließe sich die Einfachheit der ae. Prosodie. Seine Theorie der Isochronie und seine Annahme, die Harfe habe zur musikal. Auffüllung der im Taktschema auftretenden Pausen gedient, wurden von A. J. Bliss und T. Cable angegriffen. Beide halten Pope's Taktlehre für anachronist. und bieten ihrerseits Modifikationen der Sievers'schen Theorie.   P. E. Szarmach

Bibliogr.: NCBEL I, 33–36 – Renwick-Orton, 148–150 – Lit.: E. Sievers, Agerm. Metrik, 1893 – S. O. Andrew, The Old Engl. Alliterative Measure, 1931 – C. S. Lewis, The Alliterative Metre, Rehabilitations and Other Essays, 1939, 117 ff. – A. J. Bliss, The Metre of Beowulf, 1958 u. ö. – J. C. Pope, The Rhythm of Beowulf, 1966² – R. P. Creed, A New Approach to the Rhythm of Beowulf (PMLA 81), 1966, 23 ff. – K. v. See, Germ. Verskunst, 1967, bes. 61–71 – T. Cable, The Meter and Melody of Beowulf, 1974.

II. Altenglische alliterierende Prosa: A. begegnet uns schon in der ae. Prosa der Zeit Kg. → Alfreds und in solchen relativ frühen anonymen Texten wie Pseudo-Wulfstan XLIX und →Vercelli-Homilie II; konsequente Anwendung findet sie dann in der Prosa →Wulfstans und v. a. beim späteren →Ælfric. Wulfstan hat eine bes. Vorliebe für tautolog. Wortpaare, die miteinander alliterieren oder sich reimen, ähnl. denen, die uns aus der Rechtssprache bekannt sind, wie etwa *word and weorc, habban and healdan* (wo freilich die A. ein mnemotechn. Mittel ist). Zwar macht Wulfstan im großen und ganzen einen so ausgiebigen Gebrauch von der A. und von anderen mechan. angewandten rhetor. Figuren, daß er maniriert erscheint; dennoch erreicht er mit seinem zwei-hebigen Phrasenbau, mit A., Reim und Assonanz eine solche Höhe des Stils, daß der »Sermo Lupi ad Anglos« als ein klass. Text auf dem Gebiet der religiösen Prosa gelten darf. Ælfric hingegen entwirft eine rhythm. Prosa, die an die gebundene Sprache und überhaupt an Dichtung anklingt, ohne freilich in den Ton und die Diktion der ae. Poesie zu ver-

fallen. Seinem Stil erschließt sich darum ein größeres Feld ästhet. Möglichkeiten. Im allgemeinen besteht eine solche rhythm. Zeile aus zwei Hälften mit je zwei Hebungen, doch enthält sie zumeist mehr Silben, als es in der Poesie üblich ist (vgl. C. I); ein Beispiel ist der Anfang der Homilie V aus Ælfric's »Supplementary Collection«:
»Se godspellere Iohannes sæde on þysum godspelle þæt Crist ure Hælend, þa þa he her on life wæs,
come on sumne sæl to Samarian byrig,
to ðæs heahfæderes wurþige þe wæs gehaten Iacob...«
Ælfric hat seinen rhythm. Stil auf dem Weg durch die Erste und Zweite Reihe der »Catholic Homilies« bis zu seinem erzähler. Meisterwerk, den »Lives of the Saints«, offenbar immer weiter entwickelt. Ob er sich auf lat. Vorbilder, insbes. etwa die Praxis des →Cursus, gestützt hat, oder der Erfinder dieser Form war (POPE), ist immer noch strittig. P. E. Szarmach

Bibliogr.: NCBEL I, 51 f. – *Lit.*: A. McINTOSH, Wulfstan's Prose, 1948 – D. BETHURUM, Homilies of Wulfstan, 1957, 87 ff. – O. FUNKE, Stud. zur alliterierenden und rhythmikierenden Prosa in der älteren ae. Homiletik, Anglia 80, 1962, 9 ff. – J. C. POPE, Homilies of Ælfric: A Supplementary Collection, EETS 259, 105 ff. – S. M. KUHN, Cursus in Old Engl.: Rhetorical Ornament or Linguistic Phenomenon?, Speculum 47, 1972, 188 ff.

III. MITTELENGLISCHE ALLITERIERENDE PROSA: Daß ausgehend von der ae. rhythm. alliterierenden Prosa (vgl. C. II) eine Verbindungslinie in die spätere Epoche hineinreicht, zeigt sich an einigen frühme. Texten, die zu drei Gruppen zusammentreten: 1. »Wooing«-Gruppe, etwa 1225–50, benannt nach dem Thema der »Werbung« um den liebenden Christus. Hierher gehören fünf rhapsod.-meditative Texte im Dialekt des w. Mittelengland. Sie sind beeinflußt von →Hugo v. St. Victor, →Bernhard v. Clairvaux und St. →Anselm. 2. »Katherine«-Gruppe, um 1250–1300, eine Reihe von Homilien zum Preis der Jungfräulichkeit. 3. Myst. Traktate aus dem Umkreis von Richard →Rolle, wie etwa »The Form of Perfect Living« und »A Talkyng of þe Love of God«, in denen mitunter dieselben Themen wie in der »Wooing«-Gruppe zur Sprache kommen. Zur »Wooing«-Gruppe gehören vier kurze Stücke lyr. Prosa, in denen Christus angesprochen wird: 1. »On wel suiðe God Ureisun of God Almihti«; eine frühere, aber unvollständig überlieferte Fassung davon ist 2. »On Ureisun of Oure Louerde«; es handelt sich um eine eindringl. und geradezu sinnl. Anrufung des himml. Bräutigams, mit einer anschaul. Schilderung der Passion; 3. »A Lofsong of Ure Louerde«, ein ähnl. gearteter Text; 4. »The Wohunge of Ure Lauerd«, dessen Text, der womögl. unter dem Einfluß der »Ancrene Riwle« steht, ebenfalls die Schönheit und Vollkommenheit des himml. Liebhabers Christus betont. Das Thema der persönl. und phys. Vereinigung mit Christus läßt an eine weibl. Leserschaft, womögl. auch an weibl. Verfasserschaft denken. Allerdings sind Züge erot. Verlangens in den myst. Schriften Englands und des Rheinlands ohnehin weit verbreitet, gleichgültig ob sie für Mönche oder für Nonnen bestimmt waren. Das fünfte Stück dieser Gruppe, »On Lofsong of Ure Lefdi«, ist eine Paraphrase der »Oratio ad Sanctam Mariam« des Bf.s →Marbod v. Rennes. Der Text ist zwar an Maria als Fürbitterin gerichtet, betont aber die phys. Einzelheiten der Kreuzigung. R. H. Robbins

Bibliogr.: WELLS, 528 ff. – *Ed.*: W. M. THOMPSON, EETS 241.

IV. ALLITERATIVE REVIVAL ('Wiederbelebung der alliterierenden Dichtung'): Terminus für das unvermittelte Hervortreten einer Reihe von anonymen erzählenden Dichtungen v. a. im N und W Englands, die in einem alliterierenden Vers, der an ae. Muster erinnert, abgefaßt sind. Diese Erscheinung setzte in der zweiten Hälfte des 14. Jh. ein und hielt bis ins 15. Jh. an.

Der Umstand, daß hier anscheinend ganz plötzl. nach einer Pause von vier Jh. wieder alliterierende Dichtung ans Licht trat, ist als bewußte Wiederbelebung bodenständiger archaischer Dichtungsformen aus Protest gegen die Vormachtstellung Londons und seiner französierten Lit. gedeutet worden. Obwohl die schriftl. Zeugnisse spärl. sind (→Layamons »Brut« ist das einzige bemerkenswerte Beispiel aus der Zwischenzeit), scheint doch eine dünne, aber ununterbrochene Verbindungslinie von der ae. Alliterationsdichtung zu dieser späteren Epoche zu führen, und vielleicht handelt es sich eigentl. um keine Wiederbelebung, sondern einfach um die Hochblüte einer kontinuierl. und schrittweise sich entfaltenden Tradition.

In Form, Stil und Inhalt sind die Zeugnisse des A. R. sehr vielfältig, und fast jede ma. Gattung ist vertreten. Der me. Alliterationsvers weist wie der ae. (vgl. C. I) vier oder mehr Haupthebungen auf, von denen zwei oder mehr alliterieren. Dazu kommt eine variierende Anzahl unbetonter Silben. Er ist flexibler als der ae. Vers. Die Dichter gefallen sich häufig im Artifiziellen und stellen ihr techn. Können zur Schau. Mit wenigen Ausnahmen bevorzugen sie einen breiten, zu Exkursen neigenden Erzählstil. Sie zielen auf sinnl.-konkrete Darstellung, die sich aus scharfen Einzelbeobachtungen zusammensetzt, und meiden Vergleich und Metapher. Sie bedienen sich fester formelhafter Wendungen, die in mündl. Tradition wurzeln, und einer konventionellen poet. Diktion, die sich auf ein Repertoire von archaischen und bewußt artifiziellen Epitheta stützt. Diese sehr unterschiedl. Gedichte lassen sich, obwohl eine solche Einteilung stets problemat. bleibt, am einfachsten in drei Gruppen zusammenstellen: 1. Die »Alexander«-Gruppe: drei Gedichte über die Eroberungszüge Alexanders d. Gr. (»Alexander A«, »B« und »C«), »The Destruction of Troy«, »The Destruction of Jerusalem« und »Joseph of Arimathie«, eine frühe Fassung der Gralslegende. Diese Texte sind lang und weitschweifig, sie wirken im großen und ganzen schlicht und nicht beeinflußt von frz. Neuerungen. Die Alliterationstechnik wird nachlässig und eintönig gehandhabt. Eine Ausnahme macht »Morte Arthure« (→Artus-Dichtung), das beste Gedicht der Gruppe mit abwechslungsreicher Alliterationstechnik. Der Dichter hat die Ereignisse um Kg. Arthurs Eroberungen und seine endgültige Niederlage bewußt zu einer Geschichte von Aufstieg und Fall mit geradezu tragödienhafter Struktur umgebildet. 2. Die »Gawain«-Gruppe: Hierher gehören vier Gedichte, die zusammen in der Hs. Cotton Nero A.x überliefert sind und als Werke eines einzigen Verfassers (→»Pearl«-Dichter) gelten. »Patience« erläutert die Tugend der Geduld anhand der Geschichte von Jonas, »Purity« diejenige der Reinheit anhand der Sintflut, des Untergangs von Sodom und des Mahles des Belsazar. »Pearl« und →»Sir Gawain and the Green Knight« sind die überragenden Werke in dieser Gruppe. In »Pearl« wird der Dichter, der den Tod eines Kindes beklagt, durch eine Vision getröstet, die ihm zeigt, daß das Kind der ewigen Seligkeit teilhaftig ist. Die Romanze von »Sir Gawain« ist ein Gedicht von hoher Gefühlskultur auf der Grundlage der höf. Liebestheorie. Anders als die Waffentaten, die wir von den Helden der »Alexander«-Gruppe kennen, stellen Gawains Abenteuer sich als heikle Bewährungsproben seiner persönl. Integrität dar. Die A. tritt massiver auf als in den Gruppen 1 und 3; darüber hinaus verwendet der Dichter schwierige Strophenformen und den Endreim sowie die kunstvolle Wiederholung von Schlüsselwörtern. Form und Inhalt beider

Gedichte verraten einen starken frz. Einfluß. Ein weiteres Gedicht, das ähnl. kunstvoll gearbeitet ist, wird ebenfalls dieser Gruppe zugerechnet: »St. Erkenwald«, die Geschichte einer wunderbaren Erlösung, abgefaßt in einem Londoner Dialekt. 3. Die Gruppe der »Moralischen Satiren«. Hier sind die beiden frühesten Werke (um 1352) der alliterierenden Schule zu nennen: die beiden Streitgedichte → »Winner and Waster«, in dem sich Sparsamkeit und Verschwendung gegenüberstehen, und »The → Parliament of the Three Ages«, eine Auseinandersetzung zw. Jugend, Mannesalter und Greisenalter. Der bedeutendste Text dieser Gruppe und zugleich wohl auch der berühmteste des A. R. überhaupt ist indessen der in einem s. Dialekt verfaßte → »Piers Plowman« William Langlands, ein sehr komplexes Werk, das eine Fülle von moral., theolog., gesellschaftl. und polit. Fragen anschneidet und sich jeder Klassifikation entzieht. Unter seinem Einfluß entstanden wahrscheinl. »Pierce the Plowman's Crede«, eine Kritik an den Bettelorden, und »Richard the Redeless«, eine Anklage gegen polit. Mißstände unter Richard II. V. Krishna

Bibliogr.: Manual ME I, 1967 – Lit.: J. P. OAKDEN, Alliterative Poetry in Middle Engl., 1930, 1935 [Neudr. 1968], II, 24 ff. – J. R. HULBERT, A Hypothesis Concerning the A. R., MP 28, 1931, 405 ff. – D. EVERETT, Essays in Middle Engl. Lit., 1955, 46 ff. – R. A. WALDRON, Oral-Formulaic Techniques and Middle Engl. Alliterative Poetry, Speculum 32, 1957, 792 ff. – E. SALTER, A. R., MP 64, 1966, 146 ff., 233 ff. – T. TURVILLE-PETRE, The A. R., 1977.

V. SCHOTTISCHE ALLITERIERENDE DICHTUNG: Das »Alliterative Revival« (vgl. C. IV), die Wiederbelebung oder das Fortleben der alliterierenden Tradition, in England von der Mitte des 14. Jh. an, erreichte Schottland etwas später und in veränderter Gestalt. Für die schott. Dichter war die A. kein Konstruktionsprinzip, sondern ein schmückendes Stilmittel, das mit dem Endreim zusammenging. Die am meisten verbreitete Form, die etwa von 1400 an bis ins 16. Jh. gebraucht wurde, ist eine 13 zeilige Strophe, die Ähnlichkeit mit der in → »Sir Gawain and the Green Knight« verwendeten aufweist, wobei aber die neun langen Zeilen durch Endreim gebunden sind. Sie erscheint in Romanzen wie in »Rauf Coilyear« und »Golagros and Gawane« (→ Romanzen, schott.), aber auch in Texten ganz anderer Art: »The Pistill of Susan« (vor ungefähr 1420, falls der Hinweis in Wyntouns »Original Chronicle«, Z. 4321–26, sich auf dieses Gedicht bezieht) erzählt die Geschichte von Susanna und den beiden Ältesten (nach Dan in der Anordnung der Vulgata) auf einfache und wirkungsvolle Weise; das »Buke of the Howlat« (um 1450) von Sir Richard Holland entwirft ein Vogelparlament nach dem Vorbild von → Chaucer als Rahmen für satir. Ausfälle gegen die Religion und für Lobsprüche auf das Haus → Douglas. W. Scheps

Ed.: Rauf Coilyear, hg. S. J. H. HERRTAGE, EETS ES 39 – Golagros and Gawane, The Pistill of Susan, Buke of the Howlat, hg. F. J. AMOURS, STS 27, 38 – Lit.: J. P. OAKDEN, Alliterative Poetry in Middle Engl. 1930, 1935 [Neudr. 1968], I, 217 ff.; II, 78 ff. – W. A. CRAIGIE, Scottish Alliterative Poems, PBA 28, 1942, 217 ff.

Alliterative Revival → Alliteration (C. IV).

Allivrement, Verfahren der Vermögenseinschätzung bei der Veranlagung zu direkten Steuern, in Italien seit dem 12. Jh., in Frankreich seit dem 13. Jh. Nach der Einschätzung des Vermögens unter Anwendung bestimmter Koeffizienten oder Verdingungswerte (bei deren Festlegung das polit. Ziel, bestimmte Gruppen von Steuerpflichtigen zu bevorzugen, mit im Spiel sein konnte) wurden die Bestandteile des Vermögens in einen Einheitswert in Bargeld umgelegt. Durch dieses Verfahren wurde eine relative Abstufung der Besteuerungsgrundlagen ermöglicht. Wenn die Summe der A.s bekannt war, konnten die Steuerbeiträge aufgeteilt werden, indem eine bestimmte Summe pro Pfund A. erhoben wurde. J. Favier

Das Verfahren, das der entwickelteren Finanzverwaltung S- und W-Europas entspricht, fehlt in Mitteleuropa. Die Vermögenssteuer auf dem Lande (→ Bede) wurde dort nach Grundbesitzeinheiten erhoben; bei jener in der Stadt beschränkte man sich auf die Festlegung eines Vermögensprozentsatzes (→ Schoß, Gewerft) und die Selbsteinschätzung der Besteuerten, so daß man immer erst nachträgl. den Ertrag einer Steuer kannte. R. Sprandel

Lit.: J. FAVIER, Finance et Fiscalité au bas MA, 1971.

Allmacht (omnipotentia) eignet Gott aufgrund seines unendl. und absoluten Geistwesens, wie schon im bibl. Gottesnamen *El schaddaj* (Septuaginta: *pantokratōr* = Vulgata: omnipotens: 67 mal) sowie in positiven Gottesaussagen des AT und NT zum Ausdruck kommt (Gen 18, 14; Lk 1, 37; Mk 10, 27; Lk 18, 27; Mt 19, 26). Das Glaubenswissen um die A. Gottes ist Grundlage des vertrauenden Bittens in aller Not (Est. 13, 9–17; Ps 115, 3 [113, 11]), und alle Taufsymbole und Glaubensbekenntnisse der Kirche beginnen mit dem Glauben an den Pantokrator Gott. – Seit Augustinus wird diese Glaubensaussage als theolog. Aussage, deren Gottesverständnis vom Welt- und Selbstverständnis des Menschen her mitbestimmt ist, entfaltet, und seit → Petrus Lombardus wird diese augustin. Theologie systematisiert und weitergebildet. – Schon Augustinus (Sermo 109 MPL 38, 636 ss) hatte die A. Gottes dahin erklärt, daß Gott nichts Negatives, nichts gegen das Sein (Vernichten oder Sterben), nichts gegen die Wahrheit (Lügen oder Getäuschtwerden), nichts gegen die Wirklichkeit (Geschehenes ungeschehen machen) tun könne (Contra Faustum 26, 5 MPL 42, 481 s). Gegen die dialekt. Lehre des → Gilbert de la Porrée (De Trin. c. 4 n. 91, ed. HÄRING, 134), wonach Gott Geschehenes ungeschehen machen könne, sowie gegen die positivist. Lehre des Petrus → Abaelard (III Introd. c. 4 MPL 178, 1093; vgl. 132 ff.; 107), wonach Gott nur wirken könne, was er tatsächlich tut und getan hat, sowie gegen den exzessiven Weltoptimismus des Abaelard (ebd.; vgl. auch Johannes Damaszenus, De fid. orth. II 29), wonach Gott keine bessere Welt hätte schaffen können, als die, die er geschaffen hat, wendet sich schon eingehend Petrus Lombardus (Sent. I dist. 42, 43, 44) und lehrt: Gott kann anderes tun, als was er getan hat, Besseres schaffen, als was er geschaffen hat. Die Hochscholastik entfaltet diese theolog. Lehren des chr. Gottesbildes noch differenzierter (vgl. Kommentare zu Petrus Lombardus; Thomas, S. th. I q. 25). – Im → Nominalismus wurde wiederum die von Thomas (S. th. I q. 25 a. 1) noch realist. verstandene Unterscheidung zw. der ›potentia absoluta‹ in Gott und der ›potentia ordinata‹ Gottes in Hinsicht auf die Schöpfung exzessiv personalist. dahin verstanden, daß das Maß der ›potentia absoluta‹ Gottes vom menschl. Denken allein genommen wurde, und man lehrte, Gott könne auch das in sich Widersprüchl. wirken, was sich bes. in der *Rechtfertigungslehre* auswirkte (vgl. Wilhelm v. Ockham, Sent. Com. I dist. 17: Rechtfertigung und Beseligung verlangt keine Änderung im Menschen, sondern nur das Wollen Gottes). Die spätere Theologie hat darum auch die A. Gottes oft mehr vom Willen Gottes als von seinem Wesen her verstanden (→ Gott). J. Auer

Lit.: HWTh I, 193 f. – DThC IV, 1162–1164; XV, 3322–3374 – H. POMMEL, Pantokrator, Theol. viatorum 5, 1953/54, 322–378 – T. BIARD, La puissance de Dieu, 1960 – L. PUSCI, La nozione della divina omnipotenza in G. Duns Scotus [Diss. Rom 1967] – K. BANNACLS, Die Lehre von der doppelten Macht Gottes bei Wilhelm v. Ockham, 1975.

Allmende (das *allgemeine Land*), Liegenschaften im Eigentum von Gemeinden oder gemeindeähnl. Körperschaften, deren Mitglieder diese Liegenschaften nutzen. Für die Siedlung (Stadt, Dorf, Hof) ist die A. Nutzungsreserve. A. von ahd. *alagimeinida*; mhd. *al(ge)meinde, almende*; mndd. *allmende, almenie, allmend*; schwäb. *almuod, almut, almed, elmed*; alem. *almand, alment*; fries. *elmétha, almente, allmuth*; hess. *allme, almt*; bair.-östr. *öllmet, gemain*; pfälz. seit dem 13. Jh. *heingereide*; engl. *common lands*, lat. *communio, communitas exactio, compascuus ager, silva publica, nemus commune, algemeina*. In der Dreiteilung der dörfl. Mark bildete die A. als Gemeinland einen Bestandteil. Die Entstehung der A. ist kontrovers. Der Rückführung der A. auf germ. Formen und Genossenschaften und die Auffassung der A. als hist. Ausgangspunkt der Entwicklung des Privateigentums steht die aus den Quellen erhärtete Ansicht gegenüber, daß die A.n Randerscheinungen des Nutzungsbedürfnisses und nicht Ausgangspunkt dörfl. Raum- oder Verbandsbildung sind. Obwohl vermutl. bereits vorher die später unter bes. Rechtsformen stehenden A.-Liegenschaften bäuerl. genutzt wurden, haben sich A.-Verfassung und rechtl. Regelung der A.-Nutzung seit der frk. Zeit allmähl. entwickelt: sie lassen sich in den Alpenländern bis ins 10. Jh. zurückverfolgen. Verschiedentl. wurden A.n durch Kauf und Tausch zw. Herrschaft und Gemeinden und Stadtbürgern, gar auch durch Leihe (Erbleihe) erweitert. Anderseits wurden auch A.-Teile veräußert oder an die Landesherrschaft abgetreten. Kgl., landesherrl. oder sonstige grundherrl. Hoheitsrechte an A.n führten zur Ausbildung eines A.-Regals, das sich im HochMA v.a. auf Holzbezug, Jagdrecht, Wassernutzung und Rodung bezog und die bäuerl. A.-Rechte einschränkte oder mit Lasten belegte. Größere Waldgebiete wurden als kgl. Bannforste privater und genossenschaftl. Verfügung entzogen. In Norwegen wurde angenommen, die A. gehöre dem Kg., der daraus Stücke verpachten konnte.

Die A. umfaßte: Weide, Ödland (Heide), vereinzelt Rebland, Wald in seinen verschiedenen Übergangsformen zu den halboffenen und offenen Naturweiden. Der Wald war bes. bedeutungsvoll für die Gewinnung von Bau- und Brennholz, für Eichelmast, Jagd, Streue und durch seine Bodenfrüchte. Pollenanalyt. Ergebnisse und ma. Zeugnisse belegen, daß auch in Flachmooren und Bruchwäldern Vieh geweidet wurde. Zur sog. innern A. gehörten auch Straßen und Wege, Brunnen, Bäche, Flüsse und Binnengewässer, die für den Fischfang und den »Wasserhaushalt« der bäuerl. Wirtschaft wichtig waren. Der Dorfzaun selbst gehörte zur A. und alles, was im Dorfgraben lag und wuchs. Es gab Zwischenformen, die teils individuell, teils kollektiv genutzt wurden und wie die A. manchmal den Anlaß zu Streitigkeiten bildeten. Wenn in Norwegen ein Privater Land für sich beanspruchte, das andere als A. bezeichneten, mußte nach dem Rechtsbuch des Frostothings (12. Jh.) das Ding entscheiden. Räuml. Nutzgrenzen und Nutzungsdichte führten nicht selten zu Prozessen, wobei v. a. zu entscheiden war, wieviel und welches Vieh auf die A. aufgetrieben werden durfte und wem das Auftriebsrecht zustand (Herrschaft/Gemeinde, Vollbauer/Kleinbauer, grundbesitzlosen Taglöhnern, »armen Leuten« und nicht vollbäuerl. Dorfbewohnern). Diese Auseinandersetzungen wurden bes. heftig in Zeiten geführt, in denen in den Dörfern eine schnelle Zunahme der Bevölkerung zu verzeichnen war, wodurch sich der Anteil des Einzelnen an der A. verringerte. Ebenso führte aber auch der steigende Holzbedarf der Städte und Bergwerke und die Verminderung von Wald und Weide durch verstärkte Rodung zu Streitigkeiten um die A. Daher auch die Versuche, Zuzüglern die Nutzung der A. zu verwehren und diese zur Pertinenz bestimmter Hofstätten auszugestalten oder den alteingesessenen Familien vorzubehalten.

In der Regel wurde die A. gesamthänderisch genutzt. Zur Mitgliedschaft an einer Körperschaft konnten als Nutzungsvoraussetzungen bes. Erfordernisse treten: Liegenschaftseigentum (oft eine Hufe), eigener Haushalt (Herd), Wohnsitz in der Gemeinde, bestimmtes Alter. Bei der nichtaufgeteilten Nutzung durften alle Berechtigten Vieh auf die Gemeinweiden in der Umgebung der Siedlungen im Frühling und Herbst und auf die Alpen im Sommer auftreiben und im Wald nach Bedarf Holz und Pflanzen beziehen. Aufgeteilt wurde die Nutzung, wenn A.-Gut (Gärten, Wiesen, Äcker, Rebland, Wald) einzelnen in Form von Erblehen, kurzfristiger Leihe, Zinspacht auf Zeit, im Turnus oder durch Verlosung zur Sondernutzung überlassen wurde, was zu intensiverer Bearbeitung und Steigerung der Erträge führte. Seit dem Hoch- und SpätMA wurden die Absprachen über A.-Nutzung durch →Weistümer festgehalten.

L. Carlen

Lit.: HRG I, 108-120 – HOOPS² I, 173 f. – A. TIMM, Die Waldnutzung im Spiegel der Weistümer, 1960 – K. S. BADER, Dorfgenossenschaft und Dorfgemeinde, 1962 – L. D. STAMP-W. G. HOSKINS, The Common Lands of England and Wales, 1963 – K. H. SCHROEDER-G. SCHWARZ, Die ländl. Siedlungsformen in Mitteleuropa, 1969.

Allod (frk. *alodis*, lat. *alodus, al(l)od(i)um, alaudium*, frz. *alleu*, prov. *alo(c)*, mndl. *alloy*), zuerst in der Lex Salica und anderen frk., aber auch in den vom Frk. Recht beeinflußten alem., bair. und thür. Rechtsquellen stets in der lat. Sprachform, seit der Rezeption in verschiedenen Zusammensetzungen (z. B. Allodialgut) als Begriff der Rechts- und Verfassungsgeschichte wiederbelebt, erst im 19. Jh. in die dt. Rechtssprache eingegangen. Hergeleitet aus nicht bezeugtem ahd. *alôt*, zusammengesetzt aus *al* 'voll, ganz' und frk. *ôd*, ahd. *ôt*, germ. *auda* 'Gut, Besitz', erscheint als Grundbedeutung von A., die es im wesentl. stets bewahrt hat: 'Vollgut', die rechtl. Bezeichnung für den volleigenen Besitz. Doch unterliegt der jeweilige Inhalt des Wortes, bedingt durch rechtl. und wirtschaftl. Veränderungen, erhebl. Schwankungen. Die Wortbildung erfolgte in einer Zeit, in der man verschiedene Rechtsformen des Besitzes zu unterscheiden begann. Die Ansicht von SOHM und GIERKE, daß A. ursprüngl. nur die Fahrnis bezeichnet habe, hat sich freilich nicht durchgesetzt. In frk. Zeit erscheint A. als Bezeichnung für das Vermögen als Nachlaß, soweit es der gesetzl. Erbfolge unterliegt. Die Quellen unterscheiden innerhalb des Vermögens zw. dem A. (Familienerbgut) und dem Erwerbsgut (Kaufgut, Lehnsgut), wobei der Begriff A. immer deutlicher auf liegendes Gut bezogen wird. Mit der Ausbreitung des Lehnswesens tritt A. als Bezeichnung für das im vollen Eigentum stehende Gut in Gegensatz zum abgeleiteten Besitz in den Vordergrund. In dieser Bedeutung als Nichtlehnsbesitz tritt A. in Gegensatz zu beneficium bzw. feudum/feodum (vgl. das dt. Gegensatzpaar *eigen* und *lehen*). Schließl. bezeichnet A. im engeren Sinne das unbelastete Grundeigentum im Unterschied zum abgabepflichtigen Eigen. Regional (Mitteldeutschland) wird A. als wirtschaftl. Begriff zur Bezeichnung des Fronhofes verwendet. Während in W-Europa infolge des hochentwickelten Lehnswesens das A. dem Lehnsbesitz wich (»Nulle terre sans seigneur«), spielte das A. in Deutschland stets eine hervorragende und in seiner Bedeutung steigende Rolle: Rodungsland wurde als A. betrachtet (Allodialgrafschaft) und Lehen in weitem Umfang im Rechtswege oder fakt. in Eigen umgewandelt (Allodifikation). Durch diese Erhaltung und Vermehrung des Allodialbesitzes wurde die Macht des Adels gegenüber dem Kgtm. gestärkt und der Ausbau der →Landesherrschaft begünstigt mit der Folge der für die dt. Geschichte grundlegenden dualist. Verfassungsentwicklung. – Zum bäuerl. Allodialbesitz vgl. Eigen, Eigentum. K. H. Burmeister

Lit.: Dt. Rechtswb. I, 486–502 [O. v. GIERKE] – HRG I, 120 f. – KLUGE, 15 – RÖSSLER-FRANZ, 22 f. – R. SOHM, Die frk. Reichs- und Gerichts-Verfassung, 1871, 118 – E. CHENON, Étude sur l'hist. des alleux en France, 1888 – H. MITTEIS, Lehnrecht und Staatsgewalt, 1933 – L. GÉNICOT, L'économie rurale namuroise au bas moyen-âge 1199–1429, 2 Bde, 1943, 1960 [Neudr. 1974–75] – R. BOUTRUCHE, Une société provinciale en lutte contre le régime féodal. L'alleu en Bordelais et en Bazadais du XIe au XVIIIe s., 1943 – G. THEUERKAUF, Land und Lehnswesen vom 14. bis zum 16. Jh., 1961 – H. EBNER, Das freie Eigen, 1969.

Allstedt, Stadt in Thüringen (Bez. Halle). Karl d. Gr. schenkte dem Kl. Hersfeld den Zehnten in Altstedi und der urbs Altstediburg sowie eine Kapelle. Diese lag zusammen mit einem karol. Wirtschaftshof am Ostrand des Ortes, geschützt durch eine darüber gelegene Burg an der Stelle des heut. Schlosses. Seit Heinrich I. ist A. eine bes. in otton. und sal. Zeit bedeutende Königspfalz, die auch im Sachsenspiegel erwähnt wird (LR III, 62, 1). Die Pfalz und das Reichsgut um A., wozu ein Königsforst gehörte, wurde seit Mitte des 12. Jh. von Reichsministerialen verwaltet. Von Ludwig d. Baiern als Reichslehen ausgetan, wurde die Pfalz von Karl IV. als Kern eines neuen Reichsfürstentums, der Pfgft. Sachsen, an die Askanier gegeben, aus deren Besitz sie 1423 an die Wettiner fiel. Der Umfang der Pfgft. deckt sich in etwa mit dem späteren Amt A. – Der Ort wurde um 1500 von Kfs. Friedrich d. Weisen zur Stadt erhoben. W. Leist

Lit.: E. HEINZE, Die Entwicklung der Pfgft. Sachsen (Sachsen und Anhalt 1, 1925), 20 ff. – F. FACIUS, A., 1935 – P. GRIMM, Dt. Königspfalzen 2, 1965, 277 f.

Allthing (altisländ. *alþingi*), das zentrale polit.-rechtl. Versammlungsorgan Islands. Mit der Errichtung des A. – nach herkömml. Geschichtstradition i. J. 930 – bekam die seit der 2. Hälfte des 9. Jh. hauptsächl. von W-Norwegen aus besiedelte Insel einen verfassungs- und staatsrechtl. Rahmen, der sich in vielem von den damals im N bekannten verfassungsrechtl. Normen unterschied: Da Island als oligarch. Republik organisiert war ein Kgtm. nicht existierte, wurde das A. als landeseinheitl. Thing konzipiert, während im übrigen Skandinavien zu dieser Zeit lediglich regionale, voneinander unabhängige Thingbereiche bestanden. Außerdem waren auf Island Gesetzgebung und Rechtsprechung voneinander getrennt. Eine exekutive Gewalt fehlte. Die Struktur des A. dokumentiert das Bestreben, dem neukolonisierten Land, dessen Bevölkerung nicht nur aus verschiedenen Gegenden Norwegens stammte, sondern auch aus den Wikingersiedlungen in England und Irland, ein für alle (freien Leute) geltendes Rechtsinstitut zu schaffen, mit dem Ziel einer größtmögl. Rechtssicherheit. Die Initiative zur Errichtung des A. kam ohne Zweifel von Seiten der seit der Landnahmezeit einflußreichen Häuptlingsgeschlechter (→ Gode, *goði*), die auf diesem Wege ihre polit. und gesellschaftl. Stellung sichern konnten. Die Folge war, daß sich das A. mehr und mehr von einer Volksversammlung zu einer bauernaristokrat. Repräsentationsversammlung entwickelte.

Das A. wurde einmal im Jahr in der zweiten Junihälfte auf *Þingvellir* im SW der Insel abgehalten. Teilnahmeberechtigt war jeder Freie, der die Thingsteuer (*þingfararkaup*) bezahlen konnte. Thingpflichtig waren alle Goden und jeder neunte Mann aus den jeweiligen Godentümern. Im übrigen war die Teilnahme freiwillig.

Drei Institutionen konstituierten das A.: 1. Der→ Rechtssprecher (*lögsögumaðr*), der als einziger Beamter des isländ. Freistaates die Aufgabe hatte, das gesamte Recht während seiner dreijährigen Amtsperiode auf dem A. vorzutragen. Ihm oblag also die Wahrung und Formulierung des jeweils geltenden Rechts. 2. Die gesetzgebende Körperschaft (*lögrétta*), die allein das Recht hatte, neue Gesetze (*nymæli*) zu beschließen und die bei Unstimmigkeiten darüber befinden mußte, was Recht und Gesetz sei (*rétta lög*). Auch die Gewährung von Ausnahmeregelungen (*leyfi*) erfolgte dort. Den Vorsitz führte der Rechtssprecher. 3. Die Gerichte (*dómar*), vor denen die Prozesse geführt wurden, und die die Urteile zu fällen hatten. Die Richtergremien wurden von den Goden ernannt. Urspgl. existierte wohl nur ein einziges Gericht, aber nach der Aufteilung des Landes in vier Viertel (*fjórðungar*) um 960, hatte jedes Viertel sein eigenes Gericht (*fjórðungsdómr*) auf dem A. Später wurde noch ein fünftes Gericht (*fimmtardómr*) als eine Art letzte Instanz eingerichtet.

Die Anerkennung der norweg. Oberhoheit über die Insel (1262–64) brachte zunächst noch keine Veränderungen für das A. mit sich. Erst nach der Annahme der norweg. Gesetzbücher →»Járnsíða« (1271) und →»Jónsbók« (1281) verlor das A. seine überkommene Struktur: Das Rechtsprecheramt wurde abgeschafft, die Lögrétta wurde ausschließl. zu einem Organ der Rechtsprechung, kgl. Beamte übernahmen die Funktionen der Goden. In dieser veränderten Form bestand das A. bis 1798 und wurde dann aufgelöst.

Das A. spielte nicht nur im Rechtsleben, sondern auch in der polit. und kulturellen Geschichte des alten Island eine wichtige Rolle: So wurde i. J. 1000 das Christentum durch einen Beschluß des A. eingeführt, 1096/97 die Einführung des → Zehnten beschlossen und 1117/18 auf eine Verordnung des A. hin mit der Niederschrift des weltl. und später auch des kirchl. Rechts begonnen. Auch der Anschluß Islands an Norwegen erfolgte nach Entschließungen des A. Die wichtigsten Quellen zu Entstehung und Aufgabenstellung des A. sind Aris »Íslendingabók« (→ Ari inn fróði) und das Rechtsbuch des freistaatl. Island (→ »Grágás«). H. Ehrhardt

Lit.: F. BODEN, Die isländ. Regierungsgewalt (Gierkes Unters. 78), 1905 – K. MAURER, Vorlesungen über an. Rechtsgesch. IV, 1907–38 [Neudr. 1966] – Ó. LÁRUSSON, Lov og ting. Islands forfatning og lover i fristatstiden, 1960 – J. JÓHANNESSON, Islands historie i mellomalderen, 1969 – H. KUHN, Das alte Island, 1971.

Alltud, alltudiou → Walisisches Recht

Allwissenheit (omniscientia) Gottes besagt, daß Gott als Schöpfer alles Geschaffene, alle Geheimnisse der außermenschl. wie der innermenschl. Welt, der Wirklichkeit wie der Geschichte, der Vergangenheit wie der Zukunft kennt. In dem Glauben an die A. Gottes finden darum Gottesfurcht und Gottvertrauen als die Grundhaltungen des Menschen gegenüber dem Offenbarungsgott der Schrift ihren Ausdruck (vgl. Ps 139 [138] 1–18; Ijob 34, 21–25). Personifiziert erscheint die A. Gottes selbst als *Weisheit Gottes* (vgl. Ps 147 [146] 4 f.; Prov. 8 f.; Sap 7, 27–9, 18), in der seine liebende Vorsehung wurzelt. – Augustinus kommt in seinen theolog. Überlegungen bereits zu der Aussage: Das Wissen Gottes ist seine Weisheit, und seine Weisheit ist sein eigenes Wesen (scientia – sapientia – ipsa essentia sive substantia: De Trin. XV 13, 22 MPL 42, 1076). – Diese Aussage findet auf dem Boden der aristotel. Erkenntnispsychologie bei Thomas v. Aquin in 16 Einzelfragen (S. eh. I q. 14 a. 1–16; Stnt. Com. I dist. 39–41) die entscheidende Ausweitung und Vertiefung: Gott als der reine und absolute Geist erfaßt sich selbst als ersten Gegenstand seiner Erkenntnis comprehensiv und darin alle geschaffene Wirklichkeit außer sich in der Welt und im Menschen (*Kardiognosie:* Jer 17, 10; Ps 44 [43] 22; Apg 1, 24) und zwar im ganzen wie im einzelnen in unmittelbarer Schau, weil er selbst der schöpfer. Grund aller Wirklichkeit ist. Daran knüpfen sich in der Theologie drei Fragen, die bis zum Ende des MA viel erörtert werden: die Frage, ob und wie Gott auch das Nichtwirkl., nur Mögliche, und ob und wie er das, was nur durch freie Tat des Menschen in Zukunft wirkl. wird (→ futuribilia), erfaßt, und schließl. welche Wirkung sein Vorherwissen des Zukünftigen (→ praescientia) auf die Freiheit des Menschen ausübt, ob sie eine Vorherbestimmung (→ praedestinatio: vgl. Röm 8, 29) sei. Zur Lösung der erstgenannten Fragen hat die Theologie, bes. seit dem 16. Jh., die Unterscheidungen zw. scientia visionis (Schau des Wirklichen) und scientia simplicis intelligentiae (Erkennen des Möglichen) eingeführt, und die Jesuitentheologie (→ Molinismus) hat die Lehre von einer scientia media zw. diesen beiden Wissensarten zur Lösung für die Frage nach der Freiheit der futuribilia gegenüber dem göttl. Vorherwissen entwickelt. → Gott. J. Auer

Lit.: DThC IV, 1598–1620 – HWP I, 195–198 [Lit.] – V. WHITE, Gott und das Unbewußte, 1957 – R. PETTAZZONI, Der allwissende Gott, Zur Gesch. der Gottesidee, 1960.

Alm
I. Almwirtschaft – II. Almrecht.

I. ALMWIRTSCHAFT: Die Almwirtschaft ist eine spezif. Form der Gebirgsweidewirtschaft, die v.a. in den Alpen, mit gewissen Abwandlungen aber auch in anderen Gebirgen vorkommt. Sie unterscheidet sich grundsätzl. von der → Transhumance und dem → Nomadismus. Die A.en (Bezeichnung im alem.-schweiz. Bereich: Alpen) sind meist an der oberen Grenze der produktiven Zone gelegene, mit festen Gebäuden ausgestattete Weideflächen, die während der schneefreien, wärmeren Jahreszeit dem Vieh als ausschließl. Aufenthaltsorte und Futterplätze dienen. Charakterist. ist die feste organisator. Verbindung mit dem bäuerl. Betrieb im Tal und die vertikale Struktur der Herdenwanderungen. Die Nutzung der günstig gelegenen Hochweiden ist wahrscheinl. ebenso alt wie die Dauerbesiedlung der großen Alpentäler; eine Almwirtschaft als Wirtschaftssystem im engeren Sinne gibt es aber wohl erst seit der Bronzezeit. Diese altgenutzten Almgebiete oberhalb der Waldgrenze oder im Bereich der schütteren Waldzone, die auch während der Römerzeit beweidet wurden, bildeten die Ansatzpunkte für die frühma. Almwirtschaft. Erst als im Zuge der Rodungsbewegung des 12. und 13. Jh. die Nebentäler und die höheren Waldgebiete erschlossen wurden (→ Kolonisation und Landesausbau), kam es zu einer Ausdehnung der Almflächen in der Waldzone. Da durch die grundherrl. Unterstützung die neugegr. Viehhöfe, die sog. Schwaigen, auf die Getreidebasis verzichten konnten, wurden aber auch manche alten A.en in Schwaigen umgewandelt. Vom 13. Jh. an gewinnt in den Alpen die Rinderhaltung gegenüber der Schafhaltung immer stärker an Boden, wobei die Aufzucht vor der Milchwirtschaft eindeutig dominierte. Am Ende des MA sind erste Anzeichen eines Absinkens der Dauersiedlungsgrenze zugunsten der Almenzone zu erkennen (→ Wüstung). Diese Entwicklung setzt sich bis ins 19. Jh. fort. K. Fehn

II. ALMRECHT: Die Rechtsverhältnisse an und auf den A.en werden aus schriftl. Quellen seit dem 6., für den N seit dem 9. Jh. erkennbar. Die Lex Romana Burgundionum 506 (MGH LL I, t. II, 1, 141) läßt auf genossenschaftl. organisierte, aber nach Einzelrechten gegliederte Almwirtschaft für roman. besiedeltes Gebiet schließen. Eigentümer von A.en sind in den Alpenländern seit dem 8. Jh. geistl. und weltl. Herren und Kl. Hzg. Theodo v. Baiern verschenkt ca. 700 zwei A.en, Bf. Tello v. Chur tritt 765 A.en und Almanteile an das Kl. Disentis ab. Durch Leihe gelangen A.en an Einzelbauern oder Genossenschaften zur Nutzung. Mit dem Loskauf von Leihezinsen, über freie bäuerl. Erbleihe und durch Rodung gehen A.en ins Eigentum von Gemeinden, Genossenschaften und Privaten über, obwohl sich z.T. ein Obereigentum von Landes- oder Grundherren lange hält und in best. Rechten (Vorweide-, Almwahlrechte) und Abgabepflichten (Laub-, Vogelmahl) äußert. In den frz. Alpen (v.a. Hte.-Provence, Dauphiné und Savoyen) wurde für die Almnutzung (*droit d'alpage*, alpaticum, alpagium) eine Abgabe an den Grundherrn gezahlt. Namentl. für die Schweiz, die Pfrontner Mark, Ostalemannien, Vorarlberg, Tirol sind Alpgenossenschaften, deren seit dem 13. Jh. einsetzende Satzungen altes Gewohnheitsrecht enthalten, überliefert. Im Los- oder Turnusverfahren gewählte Vorstände verwalten die A.en. Alpbücher und Kerbhölzer (Holzurkunden) zeichnen die oft bei Erbgang, Heirat oder Kauf in Bruchteile aufgespaltenen Anteils- und Nutzungsrechte auf. Dienstbarkeiten beschränken oder erweitern die Almrechte. – Über Auseinandersetzungen um Almrechte vgl. Alpfehden.

Im skand. Raum belegen norweg. Rechte seit dem 12. Jh. genossenschaftl. Eigentum oder Bewirtschaftung. Das Rechtsbuch des Frostothings stellt es jedem frei, in der Allmende eine Almhütte anzulegen und im Sommer dort zu hausen. Gulath. lög. 84 spricht von Grenzen einzelner Almsitze. Die Bauern sollen aus den Heimweiden bis Mitte Juni in die A.en ziehen. Auch das isländ. Recht (Grágás) regelt die Auffahrt zur Almhütte. L. Carlen

Lit.: HOOPS² I, 181–189 – HRG I, 123–132 – P. ARBOS, La vie pastorale dans les Alpes françaises, 1922 – K. HAFF, Zum älteren norweg. und dt. Alprechte, VjsSoz 26, 1933, 146–154 – J. FRÖDIN, Zentraleuropas Alpwirtschaft, 2 Bde, 1940–41 – N. GRASS, Beitr. zur Rechtsgesch. der Alpwirtschaft, 1948 – G. GLAUERT, Die Almwirtschaft als landschaftsgestaltender Faktor in den Ostalpen im Wandel der Zeiten (Dt. Geographentag 1951), 235–241 – N. GRASS (Fschr. K. G. HUGELMANN I, 1959), 159–180 – S. PUGLISI, La civiltà appeninica, 1959 – Viehzucht und Hirtenleben in Ostmitteleuropa, 1961 – K. FEHN, Alm- und Almwirtschaft im Berchtesgadener Land vom MA bis zur Gegenwart, ZAA 16, 1968, 36–54 – F. ZWITTKOVITS, Die A.en Österreichs, 1974 – H. HEROLD, Alprechtliches aus der Schweiz (Fschr. N. GRASS 2, 1975), 43–114 – F. TREMEL, Zur Rechtsgesch. des Almwesens (Fschr. N. GRASS 2, 1975), 3–18.

Almagest
Titel des astronom. Handbuchs (eigtl. Μαθηματικὴ Σύνταξις, Syntaxis Mathematica) von Claudius Ptolemaeus aus Alexandria, geschrieben um 140 n. Chr. Das Werk enthält eine Darstellung der gesamten Himmelskunde (insbes. der Theorien der Bewegung der Sonne, des Mondes und der fünf Planeten) und einen Katalog mit Koordinaten für 1025 Fixsterne. Es wurde zum grundlegenden Lehrbuch der Astronomie im Orient und in Europa, wo es bis zum Anbruch der modernen Astronomie mit Kopernikus, Kepler und Galilei die höchste Autorität des Faches darstellte. Das Werk durchlief zahlreiche Übersetzungen in den ö. Mittelmeerländern (mittelpers., syr., arab.) wie auch im Abendland: 1160, eine anonyme lat. Übersetzung aus dem Gr. in Sizilien, die ohne Nachwirkung blieb; 1175, durch Gerhard v. Cremona in Toledo, aus den beiden arab. Fassungen von al-Ḥaǧǧāǧ ibn Yūsuf ibn Maṭar und von Isḥāq ibn Ḥunain (»translatio ysaac«). Diese letztere, in schwer verständl. Übersetzerlatein, war die Fassung, in der das Abendland das Werk hauptsächl. las, bis seit dem 15. Jh. wieder auf den gr. Urtext zurückgegriffen wurde. Die Titelform A. wurde durch die lat.

Übersetzungen des 12. Jh. eingeführt (almagestum etc.). In den arab. Schriften hatte sie *al-mağastī* gelautet, was vermutl. auf einer mittelpers. Form *magastīk* beruht, die eine (im Gr. selbst noch nicht nachgewiesene) Superlativform des Titels, Μεγίστη (scil. Σύνταξις), wiedergab.

P. Kunitzsch

Ed.: J. L. HEIBERG, Ptolemaeus, Opera I, 1–2, 1898–1903 – K. MANITIUS, Ptolemäus, Hb. der Astronomie I–II, 1963² [gute dt. Übers.] – *Lit.*: DSB XI, s. v. Ptolemy – EI² I, s. v. Baṭlamiyūs – RE XXIII, 2, 1788–1859, s. v. Ptolemaios (66) – P. KUNITZSCH, Der A. Die Syntaxis Mathematica des Claudius Ptolemäus in arab.-lat. Überlieferung, 1974 – O. PEDERSEN, A Survey of the A., 1972 – O. NEUGEBAUER, A Hist. of Ancient Mathematical Astronomy I–III, 1975.

Almanach (mlat., abgeleitet aus dem arab. *al-manāḫ* oder dem gr.-alexandrin. ἀλμενιχιακά), bezeichnet:

1. ma. Tafelwerk, enthaltend Ephemeriden der Planetenbewegung. Die ersten A.e treten in Europa im 13. Jh. auf und wurden nach arab. Vorbildern geschaffen (MILLÁS-VALLICROSA). In den nachfolgenden Jh. sind A.-Hss. relativ häufig zu finden (vgl. THORNDIKE-KIBRE, 1731). Bes. beliebt war der »Almanach perpetuum« von →Jacob ben Machir (Prophatius Judaeus), der sowohl in Hebr. als auch in Lat. überliefert ist. Für weitere Angaben vgl. Tafeln, astronom.; Kalender.
E. Neuenschwander

Lit.: EI² I, 419 – THORNDIKE-KIBRE – H. P. J. RENAUD, L'origine du mot »almanach«, Isis 37, 1947, 44–46 – J. M. MILLÁS-VALLICROSA, La Transmisión del Almanaque desde Oriente a Occidente (Actes du VIᵉ Congrès Internat. d'Hist. des Sciences, Amsterdam, 1950), 140–144 – G. J. TOOMER, Prophatius Judaeus and the Toledan tables, Isis 64, 1973, 351–355.

2. neben verschiedenen Typen oftmals verzierter →Kalender die auf ein Jahr berechneten, fast ausnahmslos deutschsprachigen Wandkalender, die in Form von Einblattdrucken seit etwa 1460 hergestellt und als Neujahrsgeschenke verteilt wurden. Nach den ersten unverzierten Beispielen, die sich auf Zeitangaben und Ratschläge für gesunde Lebenshaltung beschränken, beginnt als erster Günther Zainer in Augsburg, mit dem Einblattkalender auf das Jahr 1472 den Text mit Initiale, Randverzierung und Spruchband, das die Neujahrsglückwünsche trägt, auszustatten. Die ornamentale Ausgestaltung der Spruchbänder sowie der Randschmuck entwickeln sich in der Folgezeit zu künstler. bedeutenden Leistungen. So etwa auf dem A. zum Jahr 1474 mit einer Narrenranke des Boccaccio-Meisters aus der Werkstatt des Johann Zainer in Ulm, dessen Blätter mehrfach anderen Druckern zum Vorbild dienten. Zum Schönsten gehört der nur fragmentar. erhaltene A. auf das Jahr 1483 aus der Offizin des Peter Drach in Speyer, dessen Schmuck mit Szenen der Monatsarbeiten den →Meister des Hausbuchs zugeschrieben wird. Gegen Ende des 15. Jh. treten v. a. Straßburg, Nürnberg und Leipzig als Produktionsstätten hervor, wo die Kalender auch mit astronom. und med. Bildern versehen werden. Die häufig als Makulatur in Einbänden überkommenen A.e finden sich seit dem 16. Jh. sporad. auch in anderen Ländern.
J. M. Plotzek

Lit.: RDK I, 375–380 – Einblattdrucke des 15. Jh., hg. von der Kommission für den Gesamtkat. der Wiegendr., 1914 – M. LEBECH, Frau Runestav til Almanak, 1969.

Almandin → Granat

Almannus v. Hautvillers, Hagiograph, * um 830, † 22. Juni 889 (vgl. WILMART 319); in früher Jugend als Oblate dem Kl. Hautvillers (Diöz. Reims) übergeben, wo er das Studium der gr. Sprache und der Philosophie betrieb; er scheint auch Kontakte mit →Johannes Scottus und seiner Schule (Laon) gehabt zu haben. Als Mönch und Priester hielt er sich längere Zeit außerhalb seiner Diöz. auf (Besançon?); ein Brief seines Ebf.s Hinkmar berief ihn in das Kl. zurück, da er nach Angaben eines Vasallen des Ebf.s Harduicus v. Besançon (843/872) nach Pfründen und weltl. Geschäften gestrebt hatte. A. ist v. a. als Autor mehrerer Heiligenleben und Translationsberichte bekannt, die er als Auftragsarbeiten, z. T. unter Benutzung von Archivmaterial aus Reims und Hautvillers, verfaßte.
M. Heinzelmann

Q.: Brief des Propstes Theudoin v. Châlons-sur-Marne an A. mit der Bitte, aus Anlaß der Auffindung der Gebeine des Bf.s Memmius v. Châlons (868) dessen Vita zu überarbeiten; Antwort und Zusage von A. (MGH Epp. VI, 169–171) – Regest eines Briefes Ebf. Hinkmars v. Reims an A., überl. bei Flodoard, Hist. Rem. eccl. III, 28 (MGH SS XIII, 552) – Epitaph des A. nach einem verlorenen cod. von Laon (MGH PP IV/3, 1030, nr. VII) – Notiz in einem verlorenen Nekrolog von Hautvillers, gesehen von J. MABILLON, Vetera Analecta, 1723², 425; Eintrag zum 22. Juli (die Angabe seines Todestags in den Epitaphs ist demnach vielleicht nicht auf Juni, sondern auf den Juli zu beziehen: Quintilis decimas... kalendas) – Notiz bei Sigebert v. Gembloux, Lib. de script. eccl., cap. 98 (MPL 160, 569) mit Werkverz. (gekürzte Fassung des Nekrologeintrages).

Werke und Ed.: Vita der hl. Ksn. Helena († ca. 328) und Ber. über die Translation ihrer Gebeine von Rom nach Hautvillers 841, BHL 3772 und 3773; geschrieben im Auftrag Ebf. Hinkmars v. Reims, nach EWIG vor 853, die die Vita den Primatanspruch Triers (853–863 Konflikt mit Reims) auf die Gallia Belgica erwähnt. – Vita des Eremiten Sindulf († Anfang 7. Jh. in Diöz. Reims) und dessen Translation 866, BHL 7792 und 7793 – Neubearb. der Vita des hl. Bf.s Memmius v. Châlons-s.-M. (3./4. Jh.) 868; überl. nur durch eine Kopie des 17. Jh., teilweise abgedruckt bei J. VAN DER STRAETEN, AnalBoll 92, 1974, 308–319 (BHL 5909; vgl. auch oben Brief des Theudoin) – Vita des hl. Ebf.s Nivardus v. Reims († ca. 673), Gründer von Hautvillers, MGH SS rer. Merov. V, 157–171 – Philosoph. Traktat, gewidmet Ebf. Sigebod v. Narbonne (873–885), WILMART 285 ff. – Klagegedicht (Lamentationes) über die Zerstörungen der Normanneneinfälle (882?), nicht erhalten, erwähnt im Nekrologeintrag und bei Sigebert v. Gembloux.

Lit.: DHGE II, 634–636 – WATTENBACH-LEVISON V, 529f. – A. WILMART, La lettre philosophique d'Almanne et son contexte litt., AHDL 3, 1928, 285–319 – E. EWIG, Ksl. und apostol. Tradition im ma. Trier, Trierer Zs. 24/26, 1956/58, 153–158.

Almanzor → al-Manṣūr

Almer (mhd. *almerein*, *almerey*, *allmar* und diverse Nebenformen), Bezeichnung für einen hohen, ein-, selten zweitürigen Schrank, abgeleitet vom lat. *armarium* bzw. *armaria*. Armarium (vgl. MlatWB I, 959 f.) hießen zunächst Schränke, in denen Schriftgut untergebracht war; seit dem 12. Jh. verwendete man den Begriff für Wandschränke, die zur Aufbewahrung des Allerheiligsten oder von Reliquien dienten, ferner für die zur Aufnahme liturg. Geräte und Paramente bestimmten, meist im Chorraum der Kirche befindl. Nischen, die durch Gitter oder Holztüren verschlossen waren. Im tägl. Leben bezeichnete A. ein Wirtschaftsmöbel im Bereich der Küche oder der Vorratskammer *(speysallmar)*, aber auch schrankartige Möbel, die zur Verwahrung von Kleidungsstücken dienten *(gewantallmar)*. Im Gegensatz zum meist reich ausgestalteten →Schrank handelt es sich dabei um einen schlichten, nur wenig ornamental verzierten Einrichtungsgegenstand, wie z. B. ein erhaltener A. im Hist. Museum zu Basel zeigt. Seine einfache Form wird nur durch die sparsame Bemalung der Türen, die geschnitzte Zinnenkrönung und den Schloßbeschlag belebt. → Möbel.
E. Vavra

Lit.: RDK I, 387f. – M. HEYNE, Dt.-Wohnungswesen, 1899, 261.

Almería (arab. *al-mariyya* 'der Wachtturm'), span. Provinzhauptstadt am Mittelmeer, trat seit 955 an die Stelle des landeinwärts gelegenen Pechina (Baǧǧāna), das im 9. Jh. eine quasi-autonome Seefahrerrepublik war. Stark befestigt, war es im 10. Jh. Hauptmarinebasis, erlebte als Regierungssitz der *Kleinkönige* Ḫairān (1012–28), Zuhair (1028–38) und dann unter den →Banū Ṣumādiḥ seine materielle wie geistige Blütezeit, war aber noch unter →Almoraviden wie → Almohaden (1. bzw. 2. Hälfte des 12. Jh.) reich und berühmt (Handwerksprodukte, Werft). Seit 1247 zum Kgr. Granada, 1489 spanisch. H.-R. Singer

Lit.: HEM I, 348–356 – L. TORRES BALBÁS, A. islámica, Al-Andalus 22, 1957, 411–453 – L. SECO DE LUCENA, Al-Andalus 31, 1966, 329–337 – C. EWERT, Der Miḥrāb der Hauptmoschee von A., MM 13, 1972, 286ff.

Almirante (von arab. *al-amīr*), Würdenträger, dessen Befehl und Gerichtsbarkeit alle Personen und Rechte auf See vom Zeitpunkt des Auslaufens der Flotte bis zum Ende der krieger. Aktion unterstanden. Er erscheint in Spanien als Dauerbezeichnung im 13. Jh. C. Sáez

Lit.: DCELC, s.v. – DHE I, s.v. – C. IBÁÑEZ DE IBERO, Hist. de la Marina de guerra española desde el siglo XIII hasta nuestros dias, 1942² – F. PÉREZ EMBID, El almirantazgo de Castilla hasta las Capitulaciones de Santa Fé, 1944 – L. GARCÍA DE VALDEAVELLANO, Hist. de las instituciones españolas, 1975⁴, 626ff.

Almirante de Indias (Admiral v. Indien). Die *Capitulaciones* (Verträge) v. Santa Fé (17. April 1492) regelten die zukünftigen Beziehungen zw. der Krone und Christoph Columbus nach der Entdeckung neuer Länder. In der ersten Klausel des Dokuments fordert Columbus die Ernennung zum Admiral auf Lebenszeit über alle Inseln und alles Festland, das er entdecken sollte. Dieser Titel sollte für immer bestehen und vererbbar sein. Die Kath. Kg.e stimmten zu und gewährten ihm dieselben Vorrechte wie der Familie Enriquez, den Admiralen v. Kastilien. Bei der Erneuerung der Capitulaciones (Barcelona 1493) bestätigten die Kg.e Kolumbus als *Almirante del Mar Oceano* (Admiral des Ozean. Meeres). L.-J. Navarro Miralles

Lit.: DHE I, s.v. – A. GARCÍA GALLO, Los orígenes de la administración territorial de las Indias, AHDE 15, 1944, 16–106.

Almogávares, Söldner der katal.-aragones. Krone, die vorwiegend aus Gebirgsgegenden stammten. Der Name leitet sich von Plänklergruppen ab, die sich bei Reiterangriffen von der Vorhut abspalteten, um das umliegende Gebiet zu plündern. Die einzelnen Plänkler wurden als *Algareros* oder A. (arab. *al-mug̲āwir*) bezeichnet. Peter III. v. Aragón (1276–85) setzte die A. in seinen militär. Unternehmungen ein. In Sizilien kämpften sie im Dienst Kg. → Friedrichs III. v. Trinacria bis zum Frieden v. Caltabellotta (1302). Danach stellte sich das Gros dieser Soldaten (manche blieben in Italien) als ein Teil der → Katal. Kompagnie unter den Befehl von Roger de Flor und war an der Eroberung der Hzm.er Athen und Neopatras beteiligt.
S. Claramunt/L. Vones

Bibliogr.: H.E. MAYER, Bibl. zur Gesch. der Kreuzzüge, 1965, Nr. 1473ff., 2247ff., 2824ff. – Lit.: E. LEVI, Gli Almogāvari d'Italia (DERS., Castelli di Spagna, 1930), 82–92 – M. VALLVÉ, Los A. La famosa expedición a Oriente de Catalanes y Aragoneses, 1942² – F. SOLDEVILA, Els Almogávers, 1952 – F. SOLDEVILA, Gli A., Nuova Rivista Storica 51, 1967, 41–78 – J. PASCOT, Les almugavares, 1971 – J.M. MORENO ECHEVARRÍA, Los A., 1972.

Almohaden (arab. *al-muwaḥḥidūn* 'die Unitarier'), eine durch den Maṣmūda-Berber Ibn Tūmart (geb. 1091, gest. 1130) begründete religiöse Reformbewegung. Sie beruhte auf striktem Bekenntnis der göttl. Einheit, Glauben an den von Gott gesandten *Mahdī* und einem purist. Islam strengster Observanz. Sie entstand als Protestbewegung gegen die → Almoraviden und mālikit. Theologen, die die Lehren des → al-G̲azzālī verworfen hatten. Von Tīnmallal im Hohen Atlas, wo sich Ibn Tūmart Ende 1121 als Mahdī proklamierte, breitete sich die Lehre rasch aus und erreichte 1147 mit der Einnahme von Marrakesch den Sturz der Almoraviden. 'Abdalmu'min (1133–63), ein Zanāta-Berber aus der Nähe von Tlemsen, treuester Jünger des Mahdī, sicherte sich dessen Nachfolge und begründete ein Reich, das auf dem Höhepunkt von Tripolitanien bis zum Atlantik reichte und → al-Andalus einschloß. Bereits 1160 war ganz N-Afrika unterworfen; die almoravid. Statthalter – voran der Admiral ihrer Flotte – gingen meist zu den A. über, und die wiederauflebenden Versuche maur. Fs.en, eigene Reiche zu gründen, wurden vereitelt. Ledigl. die Balearen blieben bis 1203/04 unbezwungen (→ Banū Ġāniya), und → Ibn Mardanīš (1124–72), der Herr der span. Levante, leistete bis zu seinem Tode Widerstand. Der Sohn und Nachfolger des Reichsgründers, Abū Ya'qūb Yūsuf (1163–84), der in Sevilla aufgewachsen und von hispanomaur. Gesittung geprägt war, verstärkte die kulturellen Bindungen N-Afrikas mit al-Andalus. Der fortdauernde Druck der Reconquista wurde unter Abū Yūsuf Ya'qūb al-Manṣūr (1184–99) in der Schlacht v. → Alarcos (1195) vorübergehend zum Stehen gebracht, aber bereits unter Muḥammad an-Nāṣir (1199–1213) machte die schwere Niederlage von Las → Navas de Tolosa (1212) den inzwischen eingetretenen Machtverfall deutl. sichtbar. Nach dem Tod seines Sohnes und Nachfolgers, Yūsuf al-Mustanṣir, 1224, nahmen Konflikte im Rat der Zehn *(ahl al-ğamā'a)* und dem des Vierzig – Kern der almohad. Stammestheokratie – sowie Familienzwiste um die Thronfolge überhand; in den Prov. brachen Aufstände aus und schließl. warf Abū l-'Ulā' (1227–32), ganz dem Milieu von al-Andalus ergeben, die almohad. Traditionen ab. Die Folge war der Abfall Ifrīqiyas (1229) unter seinem Gouverneur Abū Zakariyyā', Nachfahre eines der engsten Vertrauten des Mahdī, Abū Ḥafṣ 'Umar (→ Ḥafṣiden). Seinem Beispiel folgte 1236 Yag̲murāsan, der in W-Algerien die Dynastie der → 'Abdalwādiden begründete. Die → Mariniden, Zanāta-Berber wie die Vorgenannten, drangen von O her nach Marokko ein, nahmen 1250 Fes und machten 1269 mit der Erstürmung von Marrakesch dem Reich der A. ein Ende; der letzte Widerstand in Tīnmallal am Ausgangspunkt der almohad. Bewegung wurde 1276 gebrochen.

Was die A. zu schaffen wußten, war ein Staatswesen mit einem ausgeklügelten System abgestufter Kontrollorgane (Räte), Prediger und einer Art Elitekommissare, die aber doch in der Blütezeit des Reiches nicht hemmend wirkten. Die A. versagten insofern, als sie dem islam. Staat zuliebe die Möglichkeit, einen dauerhaften Bund aller Berber zu schaffen, verpaßten. Die Formel aller berber. Dynastien und Staaten – ein Clan an der Führungsspitze eines Reiches – verkörperten sie beispielhaft. In ihrem Falle ruhte die Herrschaft auf der sicheren Basis der volkreichsten aller Berbergruppen, der Maṣmūda, weshalb sie länger als andere berber. Dynastien Bestand hatten. Es gelang ihnen aber auch nicht, die um die Mitte des 11. Jh. in Tunesien eingebrochenen Beduinenstämme der Banū Hilāl und Sulaim, die zum »Ferment der Dekomposition« sowohl des Reiches der A. wie späterer sollten, im Staatsgefüge zu neutralisieren. Erst jenen ist das Heimischwerden des Arab. in N-Afrika und die Arabisierung der Steppengebiete und Ebenen zuzuschreiben. In al-Andalus rief die Politik der A. eine wachsende anti-afrikan. Einstellung hervor, die Bestand haben sollte. Andererseits förderten sie die Wissenschaften (→ Averroës [Ibn Rušd], Ibn Ṭufail, Ibn Zuhr) und die Künste, v.a. der Architektur. »Andalusische« Baumeister entwickelten einen monumentalen, unverwechselbaren almohad. Stil, der in der Giralda in Sevilla, der Qaṣba der Udāya in Rabāṭ, der Kutubiyya von Marrakesch u.a. großartigen Bauwerken fortlebt. Sie öffneten auch die Städte der Ifrīqiya, die bis dahin kulturell stärker dem Orient als dem muslim. W verbunden war, der hispano-maur. Kultur. Die A. schufen das größte und glänzendste Reich, das je Berbern zu errichten gegeben war.
H.-R. Singer

Q.: I. GOLDZIHER, Materialien zur Kenntnis der Almohadenbewegung in N-Afrika, ZDMG 41, 1887, 30–141 – E. LÉVI-PROVENÇAL, Documents inédits d'hist. almohade, 1928 – *Lit.*: H. TERRASSE, L'art hispano-mauresque des origines au XIIIe s., 1932 – DERS., Hist. du Maroc I, 1949, 261–367 – L. TORRES BALBÁS, Arte almohade, Ars Hispaniae IV, 1949, 7–70 – A. HUICI MIRANDA, Hist. política del imperio almohade, 2 Bde, 1956–57 – E. LAMBERT, L'art musulman d'Occident des origines à la fin du XVe s., 1966 – R. BOUROUIBA, Chronologie d'Ibn Tumart, RHCM 3, 1967, 39–47 – R. LE TOURNEAU, The Almohad Movement in North Africa in the 12th and 13th Centuries, 1969 – R. BOUROUIBA, La doctrine almohade, ROMM 13–14, 1973, 141–158.

Almojarifazgo (von arab. *al-mušrif*, 'Inspektor') war im Kgr. Kastilien Bezeichnung für die in den Gebieten Andalusien und Murcia erhobenen Zollgebühren. Vor der Eroberung erhob das musulman. Kgr. Sevilla eine Abgabe auf die Waren, die in die Städte eingeführt wurden; diese Abgabe wurde von dem *almojarife* eingezogen. Nach der Reconquista behielt Ferdinand III. in Sevilla diese fiskal. Einrichtung bei, deren Ertrag in der Folge von der kast. Krone eingezogen wurde. M. Sánchez Martínez

Lit.: M. A. LADERO QUESADA, La Hacienda Real de Castilla en el siglo XV, 1973.

Almoner → Almosentasche

Almoraviden (arab. *al-murābiṭūn*), eine über Marokko, W-Algerien und → al-Andalus herrschende Berberdynastie (ca. 1056–1147) bzw. die diese tragende islam. Reformbewegung strikt mālikit.-orthodoxer Richtung. Sie wurde begründet von dem *faqīh* (→Islam. Recht) 'Abdallāh ibn Yāsīn (gest. 1059) aus dem südmarokkan. Ṣanhāǧa-Stamm der Gazūla, der ab 1048 unter den schleiertragenden (*mulaṯṯamūn*) Sahara-Ṣanhāǧa missionierte und durch sein Wirken einen der Versuche der Ṣanhāǧa einleitete, die Hegemonie über ganz Marokko zu erringen, dem später andere folgen sollten. Obwohl meist nur als religiöse Bewegung verstanden, waren handfeste wirtschaftl. Faktoren im Spiel, da der einträgl. Karawanenhandel zw. den Nigergebieten und dem Südrand des Mittelmeerraumes durch die Westbewegung der Zanāta, Erbfeinde der Ṣanhāǧa (→Berber), ihnen verloren gegangen war. Auch dürfte der Wunsch, die Maṣmūda, die die atlant. Ebenen Marokkos von Tanger bis zum Hohen Atlas bewohnten, zu unterwerfen, wirksam gewesen sein.

Gegen 1058 begannen unter dem Lamtūna-Chef Abū Bakr (gest. 1087/88) die Eroberungszüge, wobei Ibn Yāsīn umkam und 1070 Marrakesch von Abū Bakr als künftige Hauptstadt gegründet wurde. Sein Vetter, Yūsuf ibn Tāšufīn (sprich Tašfīn; 1061–1106), verstand es, ihn vom Oberbefehl zu verdrängen, beließ ihm aber die sahar. Gebiete (mit dem Tāfīlālt), die ab 1076 einen eigenen Staat bildeten. Die A. wendeten sich von der Wüste ab und nach N. Zw. 1071 und 1082 (Fall Algiers) gewann Yūsuf, zumeist kampflos, Marokko und W-Algerien; seit 1073 titulierte er sich → *amīr al-muslimīn*. Ab 1082 erreichten ihn die Hilferufe der hispan. → *mulūk aṭ-ṭawā'if* (Kleinkönige), die Alfons VI. v. León-Kastilien tributpflichtig geworden waren und seinem Druck zu erliegen fürchteten. Insgesamt viermal (1086, 1088, 1090, 1102–03) setzte Yūsuf nach Spanien über, schlug Alfons VI. 1086 bei az-Zallāqa (→Afṭasiden); 1090 beseitigte er mit Zustimmung der orthodoxen Theologen die mulūk aṭ-ṭawā'if unter dem Vorwand, nicht-kanon. Steuern erhoben und mit den Christen paktiert zu haben und verbannte sie nach Marokko, soweit sie nicht getötet wurden. Seine Heerführer eroberten zw. 1091 und 1095 den Rest des muslim. Spanien von Lissabon bis Murcia. Nur der → Cid, der 1094 Valencia besetzt und sich damit sein eigenes Reich geschaffen hatte, sowie die → Hūdiden in Saragossa blieben unbesiegt. Erst bei Yūsufs viertem Feldzug räumten des Cids Witwe und Alfons VI. 1102 Valencia. Nach Yūsufs Tod bestieg sein Sohn 'Alī (1106–43) den Thron. Er schlug zwar erfolgreich Aufstände im Innern nieder, setzte wie sein Vater viermal nach Spanien über, gewann 1110 Saragossa und 1115/16 die Balearen dem Reich, besaß aber doch nicht das Genie des Vaters. 1118 ging mit Saragossa die ganze »Obere Mark« dem Islam endgültig verloren; ihr Eroberer, Alfons I. v. Aragón »el Batallador«, unternahm 1125–26 seinen kühnen Zug durch den S der Halbinsel, bei dem er von den → Mozarabern unterstützt wurde, was allerdings 1125–27 zur Deportation der meisten Mozaraber nach Marokko führte und das Ende ihrer Gemeinden und Kirchenorganisation bedeutete. Ab 1126 macht die Wühlarbeit der → Almohaden den A. zu schaffen. Ein erster Ansturm auf Marrakesch konnte abgewehrt werden, aber von da ab mehrten sich die Schwierigkeiten in N-Afrika wie in al-Andalus. Die Thronbesteigung des Tāšufīn ibn 'Alī 1143 leitet die kurze Agonie der almoravid. Herrschaft ein. 1144 fiel der Kommandeur der chr. Garde der A., der barcelones. Vizegraf Reverter (ar-Rubartair), letzte Stütze der Dynastie; Tāšufīn kam 1145 nahe Oran ums Leben, sein Sohn Ibrāhīm wurde von dessen Bruder Isḥāq ausgeschaltet, und dieser selbst kam beim Fall von Marrakesch 1147 zu Tode. Schon 1146 waren Fes und Salā von den Almohaden eingenommen worden.

Trotz der relativen Kürze der Dauer der almoravid. Dynastie wurden die Grundlagen des späteren marokkan. Staates unter ihrer Herrschaft gelegt und dieses Land mit einem Hof und einer zentralen Verwaltung (→ *Maḥzan*) ausgestattet; in al-Andalus wurde die Reconquista gestoppt und N-Afrika weithin den Einflüssen der maur. Kultur Spaniens geöffnet. Die in ihrem afrikan. Machtbereich von jeher starken heterodoxen Richtungen wurden ausgeschaltet und der Triumph der Orthodoxie mālikit. Ritus vollendet. Hof und Verwaltung wurden »hispanisiert«, Dichter, Gelehrte und Künstler strömten von jenseits der Meerenge herbei und machten das nw. Afrika zu einem Teil der hispano-maur. Kulturprovinz. Als verderbl. für das Geistesleben muß jedoch der allzugroße Einfluß angesehen werden, den das Regime den Theologen-Juristen einräumte. Mit der von diesen durchgesetzten Verbrennung der Bücher des → al-Ġazzālī wurde das Beste dessen abgelehnt, was der Islam jener Zeit zu bieten hatte. H.-R. Singer

Lit.: EI[2] II, s.v. Gudāla – H. TERRASSE, Hist. du Maroc I, 1949, 209–260 – M. GÓMEZ-MORENO, La arquitectura bajo los Almorávides, Ars Hispaniae III, 1951, 279–296 – G. MARÇAIS, L'architecture musulmane d'Occident, 1954, 183–260 – J. BOSCH VILÁ, Los Almorávides, 1956 – A. HUICI MIRANDA, La salida de los Almorávides del desierto y el reinado de Yūsuf b. Tāšfīn, Hespéris 46, 1959, 155–182 – DERS., El Rawḍ al-qirṭās y los Almorávides, HT I, 1960, 513–541 – DERS., Nuevas aportaciones al »al-Bayān al-muġrib« sobre los Almorávides, Al-Andalus 28, 1963, 313–330.

Almos, ung. Fs., * 819/820, † 895, Vater Arpads. Nach altung. totemist. Überlieferung, die ganz (DÜMMERTH) oder z. T. (GYÖRFFY) Eingang in die Chroniken des 11.–14. Jh. fand, war der myth. Turul-Falke der Fsn. Emesu im Traum erschienen und hatte mit ihr A. gezeugt. An der ung. Landnahme war A. nicht mehr beteiligt. Er wurde vorher getötet, wobei es sich möglicherweise um rituellen Königsmord handelte. H. Göckenjan

Lit.: G. GYÖRFFY, Krónikáink és a magyar őstörténet, 1948 – M. DE FERDINANDY, A. (Stud. zur ung. Frühgesch. 1957) – D. DÜMMERTH, Á. fejedelem mitosza és valósága (Filológiai Közlöny, 1973).

Almosen. Die Geschichte der chr. Armenfürsorge gewann im HochMA durch die *Almosenlehre* eine bes. Ausprägung. Man ging davon aus, daß jegl. Besitz dem Menschen nur zur Nutznießung zugewiesen sei; der Kirche wie den einzelnen Christen bleibe die Sorge für die Hilfsbedürftigen auferlegt. Jedem Menschen sollte zwar entsprechend seinem Stande der notwendige Lebensbedarf zukommen; was jedoch über das Erforderl. hinausginge (= Überfluß), stünde von Rechts wegen den Armen und Notleidenden zu; denn der Schöpfer habe ja die Erdengüter letztl. für alle Menschen bestimmt. Für jeden Gläubigen besteht somit die unbedingte religiös-eth. Verpflichtung, von seinem Überfluß A. zu geben. Wer über dieses Gebot hinaus auch noch vom Notwendigen etwas abgibt, folgt einem Rat des Evangeliums. Die Soziallehren des HochMA betonen noch nicht die Arbeitspflicht der Armen. Thomas v. Aquin umschreibt das A. als jenen Dienst, den wir einem Bedürftigen aus Mitleid um Gottes willen erweisen (S. th. II. II. 32. 1). Als A. kann bald die Gabe, bald der Akt des Gebens bezeichnet werden. Im weiteren Sinne umfaßt A. alle Werke der geistl. und leibl. Barmherzigkeit. Im Anschluß an die Gerichtsrede (Mt 25, 31–46) werden als die sieben leibl. A. gen.: Hungrige speisen, Durstige tränken, Nackte bekleiden, Fremde beherbergen, Kranke besuchen, Gefangene befreien, Tote begraben. Als geistl. A. gelten: Unwissende belehren, Zweifelnden raten, Trauernde trösten, Sünder zurechtzuweisen, dem Beleidiger verzeihen, die Lästigen und Schwierigen ertragen und für alle beten (Thomas, S. th. II. II. 32. 2). Das A. bietet eine Möglichkeit, für begangene Sünden Genugtuung zu leisten. In der volkstüml. Verkündigung dieser zeitgenöss. Kanzelredner und in der künstler. Darstellung der Werke der → Barmherzigkeit erfuhr die karitative Tätigkeit jener Zeit gerade durch die Verpflichtung zum Almosengeben einen unerhörten Antrieb. → Armut. J. Gründel

Lit.: A. ADAM, Arbeit und Besitz nach Ratherius v. Verona, 1927 – TH. HORVERT, Das Eigentumsrecht nach dem hl. Thomas v. Aquin, 1929.

Almosenier. Der span. *Limosnero* (in Navarra auch *offertor* gen.) war ein Hofgeistlicher, der seit dem HochMA die Aufgabe hatte, die kgl. Almosen zu verteilen. Am aragon. Königshof gab es im SpätMA zwei A.s *(almoyners)*, denen außer der Almosenvergabe auch die Aufteilung der Überreste der kgl. Tafel unter die Armen oblag. Vgl. Almosen, → Armut, Aumônier, Elemosinarius. L. Vones

Almosentasche (afr. *aumosniere, aumônière*, engl. *almoner*). Da die ma. Kleidung keine eingearbeiteten Taschen besaß, war sie für die Aufbewahrung von Geld und kleinen Gebrauchsgegenständen wie Schlüssel, Schmuck, Schreibtäfelchen etc. auf → Beutel und Hängetaschen angewiesen, die man am Gürtel oder am Band über die Schulter trug. Sie waren sichtbare mod. Accessoire der höheren Stände. Die A., die wir aus Quellen und Monumenten schon vom frühen MA kennen, wurde von Frauen und Männern bis ins späte MA getragen und war ursprgl. zur Austeilung des Geldalmosens an die Armen bestimmt. Die A. hatte trapezförmigen Zuschnitt mit meist abgerundeten Ecken und im Gegensatz zum zubindbaren Beutel einen Überschlag. Ihr Material war Leder oder Stoff, oft mit reichen Verzierungen. Ein bedeutendes Herstellungszentrum war im 13. und 14. Jh. Paris. Dort wurden die meist mit Stickereien, die religiöse Motive oder Szenen der Minne darstellen, kostbar ausgeführten *aumônières sarrazinoises* gefertigt; Handelsgut, dessen Vorbilder die Kreuzfahrer aus dem O vermittelten, und die die Damen als mod. Accessoires benutzten (u.a. Cluny, Paris), sie oftmals auch den Kirchen mit Reliquien schenkten, wo sie uns teilweise erhalten sind (z.B. Xanten, St. Victor). Im Handwerksbuch von 1268, das uns der Pariser Prévot É. → Boileau aufgezeichnet hat, wird auch die Zunft der Hersteller der aumônières sarrazinoises erwähnt (titre 75), und 1290 werden ebenfalls in Paris eigene Vorschriften für die Herstellung der A. erlassen. J. Harris

Q.: E. Boileau, Livre des Métiers, ed. M.M.R. DE LEPINASSE-F. BONNADOT (Hist. générale de Paris), 1879 – *Lit.*: VIOLLET-LE-DUC, Mobilier III, 1870, 26ff. – RDK I, 393–401 – E. REUSENS, Elements d'archéologie chrétienne II, 1886, 392ff. – V. GAY, Glossaire archéologique I, 1887, 84 – H.R. D'ALLEMAGNE, Les Accessoires du Costume et du Mobilier I, 1928, 109 – M. BRAUN-RONSDORF, Die Tasche, Ciba-Rundschau 129, 1956.

Almotacén (von arab. *al-muḥtasib*), Eichmeister, Marktaufseher im islam. und chr. Spanien. Ursprgl. hatte er als Beauftragter der musulman. Herrscher eine rein religiöse Aufgabe. Später beschränkten sich seine Aufgaben auf die Überwachung des wirtschaftl. Lebens der muslim. Städte, bes. hinsichtl. der Herstellung von Manufakturartikeln und des Verkaufs auf den Märkten, wo er die Preise festsetzte und Maße und Gewichte überprüfte. In den span. Kgr. des MA war der a. Gemeindebeamter mit ähnl. Aufgaben, der mit der Überwachung der Märkte und der Kontrolle der Produkte der Verkäufer beauftragt wurde. An einigen Orten war er auch für die Kontrolle der Handwerker und Händler und sogar für die Ortspolizei zuständig.
J. M. Sans Travé

Lit.: P. CHALMETA, El señor del zoco en España, 1973.

Almu, Almain → Leinster

Almucia, Almutie (lat.: almutia, fr.: aumusse, aunuce). Die A. bestand im MA – erstmalig in Frankreich Mitte des 13. Jh. erwähnt – aus einem Kopf und Schulter verhüllenden Kleidungsstück, von Stiftsgeistlichen in der kalten Jahreszeit beim Chordienst getragen. Im späten MA wurde die A. beim Aufkommen des → Baretts zu einem bis zu den Ellenbogen reichenden Schultermantel aus Pelzwerk, Wolle oder Seide, vielfach mit Pelz gefüttert und gesäumt mit Fransen oder Troddeln aus Tierschwänzen (Wiesel). Im 16. Jh. verkümmerte die A. im kanonikalen Bereich zu einem beim Chordienst über dem linken Arm getragenen Pelzstreifen. Seit dem Ende des 13. Jh. wurde die A. von beiden Geschlechtern als bis zum Gürtel reichender Umhang zum Schutz gegen die Kälte benutzt. E. Vavra

Lit.: DU CANGE I, 191f. – V. GAY, Glossaire I. 85f. – RDK I, 402f. – J. BRAUN, Die Liturg. Gewandung, 1907 [Neudr. 1964], 355f.

Alnwick, Schloß in England am S-Ufer des Flusses Alne, 44 km von der heut. schott. Grenze, die ö. Uferstraße bewachend. Der schott. Kg. Malcolm III. wurde 1092 in der Nähe von A. während der von ihm geführten Invasion getötet, und Wilhelm I. »der Löwe« 1174 gefangengenommen, während er das Schloß belagerte. Die baroniale Würde von A. wurde zuerst von William Tison eingenommen, dann durch die Familie Vesci, die ca. 1140 Motte und *bailli* (→ Befestigungen) hinzufügten. Henry de Percy kaufte die baroniale Würde 1309 und baute das Schloß nach konzentr. Plan mit Befestigungsmauer, Türmen usw. wieder auf. Die Familie → Percy war daraufhin in Northumberland als vorherrschende Adelsfamilie etabliert. Das Schloß A. wurde nicht als Residenz benutzt, sondern als Basis, um die schott. Grenze zu verteidigen und Einfälle nach Schottland durchzuführen. Während der Rosenkriege war A. ein Zentrum des Hauses Lancaster.
R. L. Storey

Lit.: G. TATE, Hist. of A., 2 Bde, 1866–69 – J.M.W. BEAN, The Percies' Acquisition of A., Archaeologia Aeliana 4. Ser., 32, 1954, 309–319 – I. J. SANDERS, Engl. Baronies, 1960, 103.

Alnwick, William, Bf. v. Norwich (1426), Bf. v. Lincoln (1436), † 5. Dez. 1449. Als Doktor des Rechts in Cambridge war A. Kirchenrechtler, bis er 1421 zum Sekretär Heinrichs V. ernannt wurde. Er war Bewahrer des Geheimsiegels 1422–32 und der erste, der dieses Amt auch nach seiner Weihe zum Bf. noch beibehielt. 1435 wurde er zum Kongr.

v. → Arras entsandt. Er blieb bis 1447 Mitglied des Rates des Kg.s, widmete aber außerdem dem Kampf gegen Häretiker sowie seinen Pflichten in seiner Diöz. in Lincoln viel Zeit. Mit dem dortigen Domkapitel geriet er über Fragen der Jurisdiktion in ernste Auseinandersetzungen.

R.W.Dunning

Lit.: BRUC II – A.H.THOMPSON, The Engl. Clergy and their organisation in the Later Middle Ages, 1947 – R.L.STOREY, Diocesan Administration in Fifteenth-Century England, 1972, 17 und n. 70.

Aloe (u.a. A. ferox Mill. und A. perryi Bak./Liliaceae). Die älteste Abbildung der Pflanze findet sich im sog. Wiener Dioskurides-Codex aus dem 6.Jh. (Wien, Östr. Nat. Bibl., Cod. Med. gr. 1, fol. 15ʳ). Die als *aloe, alene, alon* (STEINMEYER-SIEVERS III, 525) oder *aloen, azabare* (Alphita, ed. MOWAT, 6) bezeichnete Droge, der eingetrocknete Saft aus den Blättern verschiedener A.-Arten, wurde in drei Qualitäten gehandelt: *epaticum* (*aloepatide*: STEINMEYER-SIEVERS III, 525), *cicotrinum* (*citrinum*: Albertus Magnus, De veget. 6, 13; *succotrinum*: Constantinus Africanus, De grad. 354) und *caballinum* (Alphita, ed. MOWAT, 6; Circa instans, ed. WÖLFEL, 2). Hauptlieferant war die Inselgruppe Sokotra im Ind. Ozean. Einführung und Verbreitung der A. in Deutschland gehen auf Albertus Magnus zurück. Fast alle arab. und salernitan. Autoren erwähnen die A. als beliebtes Abführmittel. In der Volksmedizin wurden ferner die Blätter bei Verwundungen und Verbrennungen verwendet (Sympathiemittel). Das als Räuchermittel hochgeschätzte Aloeholz (aloes lignum, xiloaloes, aloxilon, agallochum u.a.) stammte indes nicht von A.-, sondern von Aquilaria-Arten.

I. Müller

Lit.: MARZELL I, 224f.

Alp → Alm

Alpage → Alm

Alpenpässe, im MA wichtig als Verbindungen zw. W-, Mittel und O-Europa einerseits und Italien andererseits, als Pilger- und Kulturwege nach Rom, als Handelsstraßen zum Mittelmeer und als Heerstraßen zur Beherrschung Italiens. Am bedeutendsten waren in den W-Alpen: Mont Genèvre, Mont Cenis, Großer St.Bernhard; in den Zentralalpen: St.Gotthard, Septimer; in den O-Alpen: Brenner, Pontebba; daneben über 100 weitere A. von z.T. nur regionaler oder lokaler Bedeutung.

Die wichtigsten A. wurden schon in röm. Zeit als ausgebaute Straßen oder Wege benützt. Aus dem FrühMA weiß man wenig über sie, doch sind sie für krieger. Vorstöße nach Italien wiederholt, von Rompilgern und Kaufleuten in geringem Maß stets begangen worden. Vereinzelt scheinen Reste röm. Transportorganisation ins HochMA fortgelebt zu haben, wie z.B. in Graubünden.

Eine baul. Pflege der A. kannten Früh- und HochMA nicht, doch sind seit karol. Zeit und früher zur Erleichterung des Paßverkehrs Hospize, wie das am Großen St.Bernhard, und Kl. wie Novalesa und Disentis gegründet worden. Mit dem starken Verkehrsaufschwung vom 11.-13.Jh. wurden an den meisten A. Hospize gestiftet. Auch Gasthäuser entstanden. Im HochMA scheint es an einigen A.n grundhörige Bauern gegeben zu haben, die zum Säumerdienst verpflichtet waren. An ihre Stelle traten seit dem 13./14.Jh. überall Transportgenossenschaften der Säumer und Fuhrleute, die auf festgelegten Wegabschnitten die Ware gegen Lohn führten. Mit Ausnahme des befahrbaren Brenners konnten alle A. bis ins 14. oder 16.Jh. nur mit Saumtieren begangen werden. Nahe an die A. heranführende Wasserwege, wie die schweiz. und oberit. Seen, erleichterten den Transport. Der Paßverkehr war im Winter ebenso stark wie im Sommer dank Schlitten und mehr Säumern. Der Transport dauerte je nach Paß 14-30 Tage, die Einzelreise ein bis zwei Wochen.

Seit dem 13.Jh. läßt sich eine zielstrebige Verkehrspolitik und Konkurrenz der paßbeherrschenden Mächte erkennen, so z.B. der Dauphins am Mont Genèvre (→ Albon, → Dauphiné), der Savoyer (→ Savoyen) am Mont Cenis, der Habsburger am St.Gotthard, des Bf.s v. → Chur an den Bündner A.n und der Gf.en v. → Tirol am Brenner. Sie suchten Straßenherrschaft und Zollstellen über eine möglichst lange Strecke in ihrer Hand zu vereinigen, durch Verträge mit it. und dt. Städten und durch baul. Verbesserungen deren Handelsverkehr auf ihre A. zu ziehen. Dazu gehörte der Bau des Steges in den Schöllenen, der um 1200 den Gotthard öffnete, des Weges durch die Eisackschlucht am Brenner 1314 und eines Karrenwegs am Septimer 1387.

Vom Warenverkehr über die A. vor dem 11./12.Jh. wissen wir wenig. Stets wurden geringe Mengen von kostbaren Stoffen, Gewürzen und Waffen über die A. von Italien und Sklaven, Metalle u.a. dorthin gebracht. Vom 11.Jh. an nahm der internat. Warentransit zw. Italien und Flandern stark zu, aber auch der Regionalverkehr im engeren Einzugsgebiet der A. Ziel des internat. Alpentransits bildeten vom 12.-14.Jh. die → Champagnemessen. Zu den genannten Waren gesellten sich nun v.a. Tuche und Bücklinge aus Flandern sowie Leinen aus Oberdeutschland, im 13./14.Jh. engl. und ndl. Wolle für die aufsteigende it. Wollweberei, dazu regional Salz, Pferde, Vieh und Wein. Der Warenverkehr über den Brenner, v.a. mit Venedig, nahm erst vom 13.Jh. an größere Ausmaße an. Dagegen ging mit dem Aufstieg des Seeverkehrs zw. Italien und Flandern und dem Ende der Champagnemessen seit dem 14.Jh. die internat. Bedeutung der W- und Zentral-A. stark zurück. Kurzfristigere Schwankungen und Verschiebungen des Verkehrs von einem Alpenpaß zum andern waren häufig. Der nur schwer abschätzbare Gesamtwarenverkehr pro Jahr betrug zw. dem 13. und 15.Jh. am Brenner ca. 3000-5000 t, an den Zentral- und W-A. höchstens je 1200 t.

Als Heerstraßen nach Italien benützten die Karolinger vorwiegend den Mont Cenis und Großen St.Bernhard, die ostfrk. Karolinger den Brenner, die Ottonen seit 951 gleichmäßig Bündner-A. und Brenner, die Salier fast nur den Brenner. Die Staufer zogen sowohl über die W- als auch die Bündner-A. und den Brenner. So dominierte der Brenner auch bei den Italienzügen, die ebenfalls oft im Winter stattfanden. Die Heere wurden häufig auf mehrere A. aufgeteilt.

Das Wechselspiel von kgl. Politik zur Offenhaltung der A. und lokalen Gewalten ließ an wichtigen A.n Paß-Staaten entstehen, so vom 11.-13.Jh. die Herrschaft der Savoyer auf beiden Seiten des Mont Cenis und des Großen St.Bernhard, im 13./14.Jh. die Gft. Tirol am Brenner, den von den Dauphins privilegierten Talgemeindenbund von Briançon am Mont Genèvre und die schweiz. → Eidgenossenschaft rund um St.Gotthard, Bündner- und Walliser A.

H.C.Peyer

Lit.: A.SCHULTE, Gesch. des ma. Handels und Verkehrs zw. W.-Dtl. und Italien, 1900 – J.E.TYLER, The alpine passes 962-1250, 1930 – K.SCHROD, Reichsstraßen und Reichsverwaltung im Kgr. Italien, 1931 – G.SCHREIBER, Ma. M.A. und ihre Hospitalkultur, Misc. Galbiati 3, 1951, 336ff. – O.STOLZ, Gesch. des Zollwesens, Verkehrs und Handels in Tirol und Vorarlberg, 1953 – O.P.CLAVADETSCHER, Verkehrsorganisation in Rätien zur Karolingerzeit, SchZG 5, 1955, 1ff. – M.C. DAVISO DI CHARVENSOD, I pedaggi delle alpi occidentali nel medio evo, 1961 – J.F.BERGIER, Genève et l'économie européenne de la Renaissance, 1963, 120ff. – F.GLAUSER, Der internat. Gotthardtransit 1493-1505, SchZG 18, 1968, 177ff. – P.DUPARC, Les cols des alpes occidentales et centrales au moyen âge (Colloque internat. sur les cols des Alpes 1969), 1971 – Vom Saumpfad zur Autobahn. 5000 Jahre Verkehrsgesch. der Alpen (Bayer. Staatsbibl., Ausstellungskat. 15), 1978, bes. 24–45 [Bildmaterial].

Alpert → Albert

Alpetragius → al-Biṭrūǧī

Alpfehden, spezif. Form des → Fehdewesens im Alpenraum. Private oder obrigkeitl. Auseinandersetzungen um Grenzlinien und Nutzungsrechte im hochalpinen Weidegebiet (→ Alm). Ausgetragen meist durch nichtstaatl. Gruppen in der brauchtüml. Form des Viehraubes, des *Heckenbrechens* und der Vertreibung gegnerischer Hirten. Ursachen der Konflikte sind Bevölkerungsvermehrung und Erschließung von neuem Weideland. A. werden oft durch ein Schiedsgerichtsverfahren beigelegt.

M.-L. Boscardin

Lit.: H. G. WACKERNAGEL, Die geschichtl. Bedeutung des Hirtentums (Altes Volkstum der Schweiz, 1959) – A. RIGGENBACH, Der Marchenstreit zw. Schwyz und Einsiedeln und die Entstehung der Eidgenossenschaft [Diss., Zürich 1965].

A und Ω (seltener Ω), erster und letzter Buchstabe des gr. Alphabets. In Offb Gottesname, sowohl als Selbstaussage des Vaters (1, 8; 21, 6) wie des Sohnes (22, 13), z. T. vervollständigt oder ersetzt (1, 17; 2, 8) durch die Umschreibung: der Erste und der Letzte, der Anfang und das Ende, der ist und der war und der kommt (kommen wird) (vgl. Jes 41, 4; 44, 6). In der Ikonographie finden A und Ω seit der 2. Hälfte des 4. Jh. allgemeine Verbreitung, und zwar in ausschließl. Anwendung auf Christus (zu früheren Beispielen und ihrer Bedeutung s. RAC I, 1–4). In dieser Zeit wurden auch Offb 1, 8 und 21, 6 christolog. interpretiert, ebenso wie der Pantokratortitel des Vaters auf den Sohn bezogen wurde. A und Ω erscheinen bes. auf den Münzen des Usurpators Magnentius († 353), und zwar zu Seiten des Christogramms, möglicherweise zur Betonung der Gleichheit des Vaters und des Sohnes gegenüber dem arianisierenden Constantius II. (s. aber die Vorbehalte hiergegen bei W. KELLNER, Libertas und Christogramm, Diss., Freiburg 1967). Die Buchstaben begleiten regelmäßig: das sternförmige Christusmonogramm, das ✹-Christogramm und die Crux monogrammatica ⚵, das Kreuz, das Gotteslamm und die Christusbüste oder -gestalt. Sie wurden bisweilen auch isoliert in einen Kranz, Clipeus oder ein Dreieck eingeschrieben oder hingen als Pendilien an Kreuzen und Votivkronen (Abb.: BAWÎT, Kap. 27: Adler mit

Fig. 5

dreifachem Amulett trägt drei Kränze mit A und Ω als Symbol der Dreifaltigkeit). Schließl. wurden A und Ω auch Ringen, Siegeln und Gegenständen des tägl. Lebens eingraviert, möglicherweise mit magischer oder apotropäischer Sinngebung.

Y. Christe

Lit.: AURENHAMMER, Lex. chr. Ikon. I, 1–2 – DACL I, 1, 1–25 – LCI I, 1 – RDK I, 1–5 – RAC I, 1–4 – KITTEL I, 1–3 – F. DORNSEIFF, Das Alphabet in Mystik und Magie, 1922 – P. BASTIEN, Le monnayage de Magnence (350–353), 1964.

Alphabet (s. a. Schriften)

I. Griechisches Alphabet – II. Lateinisches Alphabet – III. Glagolitisches Alphabet – IV. Kyrillisches Alphabet – V. Hebräisches Alphabet.

I. GRIECHISCHES ALPHABET: Neben die vielen hundert Zeichen der altoriental. Schriftsysteme tritt am Ende des 2. Jt. die linksläufige phöniz. hebr. Konsonantenschrift mit 22 Buchstaben. Ihre Namen und Reihenfolge sind hebr. und gr. (AT, Septuaginta), nicht phöniz. überliefert. Nach Herodot vermittelten die Phönizier den Griechen ihr A. Übereinstimmend sind die Zeichen, ihre Namen (teils dunkel, teils semit.) und Reihenfolge, anfangs auch die Linksläufigkeit. Die ältesten gr. Inschr. (Dipylonkanne aus Athen, 8. Jh. ?, Totenstein aus Thera, 7. Jh. ?) sind mit den phöniz. Schriftzeugnissen aufs engste verwandt. Das gr. A. ist aber weiter entwickelt: es besitzt die Vokale und kann somit das gesprochene Wort hinreichend lautgerecht wiedergeben. Wann, wo und wie die Hellenen das phöniz. A. rezipierten, ist unbekannt (16.–11., 9. Jh. ?).

II. LATEINISCHES ALPHABET: Das lat. A. geht zurück auf das gr. Dieses wurde von den hellen. Kolonisatoren im 9./8. Jh. in Italien eingeführt. Die früheste gr. Inschr. auf it. Boden ist diejenige der chalkid. Kolonie Pithecusa auf Ischia (8. Jh.), Gründerin der Stadt Cumae in Campanien, der man die Einführung des A.s in Rom zuschreibt. Die ältesten Inschr. Roms bzw. von Latium – die Inschr. von Tivoli (7.–6. Jh.), die Fibel von Praeneste (7.–6. Jh.), Duenosinschr. (7. Jh.), der Cippus des Forum Romanum (6. Jh.) – weisen übereinstimmend auf das chalkid. A. hin. Die lange behauptete etrusk. Herkunft des lat. A.s wird neuerdings wieder bestritten. Vom 7.–5. Jh. ist die lat. Schrift eine gr. Erst seit dem 5. Jh. entwickelt sie sich unabhängig davon und macht die ion. Schriftreform, die zur gr. koinē führt, nicht mit. Seit dem Beginn des 3. Jh. besteht bis auf Cicero das lat. A. aus 21 Zeichen. Nicht zum A. rechneten die Römer Y und Z. Die Schriftrichtung war ebenfalls zunächst linksläufig, wird dann vorübergehend furchenwendend (bustrophedon) und bald endgültig rechtsläufig. Die Reihenfolge der Buchstaben entspricht der gr., die Namen dagegen nicht (A, BE, CE, DE usw.); eine befriedigende Erklärung fehlt bis jetzt. Das MA brachte drei graph. neue Zeichen: die gerundete Form des V u, im MA phonet. gleich mit v, j zur Differenzierung des Halbkonsonanten von i, seit dem 15. Jh. nachweisbar, w, bis ins 12. Jh. durch Verdoppelung von v und u (vu, uv, uu, vv) gebildet, wobei die häufige Verschränkung zweier v zum w führte.

A. Bruckner

Lit.: R. CAGNAT, Cours d'épigraphie latine, 1914[4] – W. LARFELD, Gr. Epigraphik, 1914[3] – W. SCHUBART, Gr. Paläographie, 1925 – S. BASSI, Monumenta Italiae Graphica I–II, 1956–57 – EBrit I, s. v. – J. FRIEDRICH, Gesch. der Schrift unter bes. Berücksichtigung ihrer geistigen Entwicklung, 1966 – K. FÖLDES-PAPP, Vom Felsbild zum A., 1966 – H. JENSEN, Die Schrift in Vergangenheit und Gegenwart, 1969[2].

III. GLAGOLITISCHES A. (Glagolica): älteste slav. Schrift, kurz vor 863 von Konstantin d. Philosophen (hl. → Kyrill v. Thessaloniki) zusammengestellt. Die Buchstaben sind frei erdacht, mit Reminiszenzen an die gr., lat. und an die oriental. Alphabete. Die Glagolica entspricht dem damaligen slav. Lautbestand, ihre Form ist für Kalligraphie geeignet. Sie war für das (Alt-)Kirchenslavische bestimmt; zunächst in Großmähren z. Z. der kyrillo-methodian. Mission (863–885) verwendet. Von dort hat sich die Glagolica mit der akslav. Sprache nach Böhmen, Makedonien, Bulgarien und Kroatien verbreitet. In Bulgarien entwickelte sich eine runde, in Kroatien eine eckige Variante. Die runde Glagolica wurde im 10.–11. Jh. von der *Kyrillica* abgelöst. An der kroat. Küste hat sich jedoch die Glagolica tief eingewurzelt; sie wurde als nationales Kulturmerkmal angesehen, wahrscheinl. wegen ihrer ausgeprägten Funktion: Sie grenzte die kroat. Kultur sowohl vom kyrill. schreibenden O als auch von den ven. Einflüssen vom W (Lateinschrift) ab. Mit der Zeit benutzte man die Glagolica nicht nur für das Kirchenslavische, sondern auch für das Kroat. Im 16. Jh. hat sich die kroat.-glagolit. Kursive entwickelt. Im 19. Jh. wurde die Glagolica im kroat. Küstenland endgültig von der Lateinschrift verdrängt und blieb weiterhin nur im liturg. Gebrauch (röm. Ritus); das 1927 von J. VAJS edierte Meßbuch hat die Glagolica nur im Meßkanon, parallel mit Lateinschrift. In Böhmen war die Glagolica bis Ende 11. Jh. bekannt; 1347 wurde die Glagolica unter Karl IV. im Emaus-Kloster (Prag) wiedereingeführt (aus Kroatien) und dort im kirchenslav. Gottesdienst (röm. Ritus) bis ca. 1430 verwendet. Ähnl. kroat.-glagolit. Enklaven gab es in Polen (Oleśnica, gegr. 1380, Kleparz-Kloster in Krakau, 1390– Ende 15. Jh., Mönche aus Prag).

F. W. Mareš

Lit.: V. JAGIĆ, Glagoličeskoe pis'mo (Grafika u slavjan, 1911, 51–262 + 36 Tafeln [Enciklopedija slavjanskoj filologii 3]) – J. VAJS, Rukovět' hlaholské paleografie, 1932 – V. ŠTEFANIĆ-M. PANTELIĆ, Pregled glagoljske paleografije.

Glagolica rund	Glagolica eckig	Zahlenwert	Kyrillica	Zahlenwert	Buchstabenname	Lautwert	Glagolica rund	Glagolica eckig	Zahlenwert	Kyrillica	Zahlenwert	Buchstabenname	Lautwert
Ⰰ	Ⰰ	1	а	1	az	a	Ⱇ	Ⱇ	500	ф	500	frt	f
Ⰱ	Ⰱ	2	б	–	buky	b	Ⱈ	Ⱈ	600	х	600	chěr	ch
Ⰲ	Ⰲ	3	в	2	vědě	v	Ⱉ	Ⱉ	700	ѡ	800	ot	o
Ⰳ	Ⰳ	4	г	3	glagoli	g	Ⱋ	Ⱋ	800	щ	–	šta	št
Ⰴ	Ⰴ	5	д	4	dobro	d	Ⱌ	Ⱌ	900	ц	900	ci	c
Ⰵ	Ⰵ	6	е	5	(j)est	(j)e	Ⱍ	Ⱍ	1000	ч	90	črv	č
Ⰶ	Ⰶ	7	ж	–	živěte	ž	Ⱎ	Ⱎ	–	ш	–	ša	š
Ⰷ	Ⰷ	8	ѕ	6	ʒělo	ʒ	Ⱏ	Ⱏ	–	ъ	–	jer	ъ
Ⰸ	Ⰸ	9	з	7	zemlja	z	ⰟⰊ	–	–	ꙑ	–	jery	y
Ⰹ, Ⰺ	Ⰹ, Ⰺ	10	ι, ı	10	iže	i	Ⱐ	Ⱐ	–	ь	–	jer'	ь
Ⰻ	Ⰻ	20	и	8	i	i	Ⱑ	Ⱑ	–	ѣ	–	jat'	ě, ja
Ⰼ	Ⰼ	30	ђ	–	g'erv	g'	Ⱓ	Ⱓ	–	ю	–	jus	ju
Ⰽ	Ⰽ	40	к	20	kako	k	–	–	–	ꙗ	–	ja	ja
Ⰾ	Ⰾ	50	л	30	ljudije	l	–	–	–	ѥ	–	je	je
Ⰿ	Ⰿ	60	м	40	myslite	m	Ⱔ	–	–	ѧ	900	ęs	ę
Ⱀ	Ⱀ	70	н	50	naš	n	Ⱘ	–	–	ѫ	–	ǫs	ǫ
Ⱁ	Ⱁ	80	о	70	on	o	Ⱗ	Ⱗ	–	ѩ	–	jęs	ję
Ⱂ	Ⱂ	90	п	80	pokoj	p	Ⱙ	–	–	ѭ	–	jǫs	jǫ
Ⱃ	Ⱃ	100	р	100	rci	r	–	–	–	ѯ	60	xi	x (ks)
Ⱄ	Ⱄ	200	с	200	slovo	s	–	–	–	ѱ	700	psi	ps
Ⱅ	Ⱅ	300	т	300	tvrdo	t	Ⱚ	Ⱚ	–	ѳ	9	fita	f
Ⱆ	Ⱆ	400	оу, ȣ	400	uk	u	Ⱛ	–	–	ѵ	400	ižica	griech. υ

Fig. 6 Glagolitisches und Kyrillisches Alphabet
Die Buchstabennamen *iže* und *i* gelten in der Kyrillica umgekehrt

IV. KYRILLISCHES A. (Kyrillica): jüngere der beiden slav. Schriften (neben der Glagolica); nach dem hl. Kyrill v. Thessaloniki benannt, obwohl dieser die Glagolica (nicht die K.) geschaffen hatte. Entstand im makedon.-bulg. Raum spätestens Anfang 10. Jh. und hat allmähl. die ältere Glagolica abgelöst. Die meisten Buchstaben sind der gr. Unzialschrift entnommen, die Zeichen für spez. slav. Laute sind größtenteils aus der Glagolica entlehnt (vereinfacht und stilist. angepaßt); die Alphabetordnung folgt dem gr. und glagolit. Vorbild. Mit dem (alt-)kirchenslav. Schrifttum hat sich die Kyrillica aus Bulgarien und Makedonien nach Rußland und bei den Serben verbreitet, später bei den Rumänen; im 11. Jh. war sie wahrscheinl. auch in Böhmen bekannt. Im 16. Jh. entstand die kyrillische Kursivschrift. Die Kyrillica war ursprgl. für das (Alt-)Kirchenslavische bestimmt, mit der Zeit wurde sie von allen slav. Schriftsprachen angenommen, die sich im früheren byz. Kulturbereich entwickelten; heutzutage sind es: Bulg., Makedon., serb. Variante des Serbokroat., Russ., Ukrain., Weißruss. (in Rußland wird kyrillisch bloß *azbuka* 'Alphabet' gen.). Eine Vereinfachung des Schriftsystems und zugleich eine stilist. Anpassung an die Lateinschrift wurde in Rußland unter Peter d. Gr. (1700) durchgeführt; seitdem wird der ältere Schriftduktus nurmehr in den kirchenslav. Büchern der Orthodoxen und der Unierten (byz. Ritus) und in der wissenschaftl. Lit. aus dem Bereich des (Alt-)Kirchenslavischen verwendet. Nach 1917 wurde die Kyrillica in etlichen nichtslav. Sprachen der Sowjetunion eingeführt.

F. W. Mareš

Lit.: E. F. KARSKIJ, Slavjanskaja kirillovskaja paleografija, 1928 – V. N. ŠČEPKIN, Russkaja paleografija, 1967 – P. DJORDJIĆ, Istorija srpske ćirilice, 1971.

V. HEBRÄISCHES A.: Es besteht aus 22 Buchstaben; Vokalzeichen über bzw. unter den Konsonanten wurden erst vom 5./6. Jh. n. Chr. an entwickelt. Im Laufe der langen Geschichte der hebr. Schrift haben sich bis zum MA drei verschiedene Schrifttypen herausgebildet: 1. die *Quadrat-* oder *Buchschrift*, die für bibl., liturg. und talmud. Texte nahezu kanon. Geltung erhielt. 2. die *Kursive* und 3. die *halbkursive Kanzleischrift* (Mešîṭ[ā']), fälschl. auch rabbin. oder Raschi-Schrift gen.). Jede dieser drei Grundtypen ist nach geogr. Besonderheiten der verschiedenen Länder und Kulturkreise zu differenzieren; man unterscheidet palästinens.-syr., ägypt., babylon., pers., jemenit., nordafrikan., span., gr., it., nordfrz., aschkenas. und karäische Ausformungen des jeweiligen Grundtyps. Der hebr. Buchdruck (seit dem Ende des 15. Jh.) verwendet vorwiegend die Quadratschrift, aber auch die Halbkursive.

P. Schäfer

Lit.: S. A. BIRNBAUM, The Hebrew Scripts 1, 1971; 2, 1954–57.

Alpharabius → al-Fārābī, Muḥammad ibn Muḥammad

Alphidius, alchemist. Autor, wahrscheinl. arab. Herkunft, vielleicht mit dem bei Ibn Umail (→ Senior Zadith) zitierten Asfidus ident. Unter seinem Namen, der jedoch oft entstellt oder mit → Artephius verwechselt wurde, sind mehrere Werke handschriftl. überliefert. Von späteren Alchemisten wurde A. häufig zitiert.

H. Buntz

Lit.: THORNDIKE-KIBRE, 1732 – H. BUNTZ, Dt. alchemist. Traktate des 15. und 16. Jh. [Diss. München 1968], 103 f., 160 ff.

Alphita (von ἄλφιτον [Sgl.] 'Gerste'), eigentlich ein (zu med. Gebrauch) zubereitetes Mehlgericht aus gerösteter Gerste (lat. farina hordei), ist das Anfangswort eines anonymen med.-botan. Glossars, nach dem die gesamte Liste dann ihren Namen erhalten hat. Diese wertet hauptsächl. das → Antidotarium Nicolai, → Simon v. Genua und andere Autoren aus und führt neben pflanzl., tier. und mineral. Drogen auch die Namen von Organen und Krankheiten sowie andere Termini an. Vermutl. noch im 13. oder zu Beginn des 14. Jh. in der lexikograph. Tradition Salernos entstanden und in mehreren Hss. überliefert, stellt sie eine der wichtigsten Drogen- und Synonymenlisten des MA dar.

I. Müller

Ed.: S. DE RENZI, Coll. Sal. III, 1854, 271–322 – J. L. G. MOWAT, A., A medico-botanical glossary, Anecdota Oxoniensia, Mediaeval and modern ser. I, 2, 1887 – TSCHIRCH I, 639–661 [erg. Abdruck nach den Edd. v. DE RENZI und MOWAT] – R. CREUTZ, Das ma. med.-botan. Vokabularium »A.« lat. und dt. überarb., QStGNM 7, 1940, 1–80 – *Lit.:* SARTON III, 1222.

Alraun(e) (Mandragora vernalis Bertol. [M. officinarum L.] / Solanaceae). Die in der gräzisierten und dann ins Lat. übernommene Namensform (wahrscheinl. von pers. *mardom gijāh* oder *mehr gijāh* 'Menschen-' bzw. 'Liebespflanze') als *mandragora(s)*, ahd. als *al(a)run, alruna* u. ä. (zu got. *rūna* 'Geheimnis') bezeichnete Alraunpflanze gehört zu den berühmtesten und namentl. im MA höchstgeschätzten Zauberkräutern. Die bedeutende Rolle, welche die schon im alten Ägypten bekannte Mandragora in der Medizin wie im Aberglauben der meisten Kulturvölker spielte, erklärt sich einmal aus der heftigen Wirkung dieser Giftpflanze, die u.a. in der Frauenheilkunde, als Schlafmittel und insbes. als Narkotikum Verwendung fand: So v.a. zur Betäubung bei chirurg. Eingriffen, vermischt mit Wein (Albertus Magnus, De veget. 6, 380) oder in Form der sog. → Schlafschwämme, die u.a. mit dem Saft der Wurzel oder der Früchte getränkt waren. Daneben zählte sie zu den am häufigsten benutzten → Aphrodisiaca (daher die Bezeichnung *friedel-/freidelwurz* [mhd. *vriedel* 'Buhle']). Hildegard v. Bingen, die ausführl. die mag. Kräfte der dem Einfluß des Teufels bes. ausgesetzten Alraunpflanze beschreibt (Phys. I, 56), empfiehlt sie indes gerade für den gegenteiligen Zweck. Zum anderen und hauptsächl. aber ist der aus dem Orient stammende, in der gr.-röm. Antike mehrfach belegte, doch erst im MA voll ausgebildete Mandragora-Alraunglaube auf die menschenähnl. (männl. oder weibl.) Gestalt der rübenartigen, oft gegabelten bzw. verzweigten Wurzel (der A. oder die A.e im engeren Sinn) zurückzuführen, aus der man die sog. Alraunmännchen schnitzte. Als Hauptquelle für die mit deren Gewinnung verbundenen Zeremonien gilt ein Bericht des Flavius Iosephus (Bell. Iud. 7, 6, 3), wonach man des bei Nacht hell strahlenden A.s gefahrlos nur habhaft werden konnte, wenn er von einem schwarzen Hund (als stellvertretendes Opfer) aus der Erde gezogen wurde. Auf diese u.a. bei Ps.-Apuleius (Herbarius, ed. HOWALD und SIGERIST, 222–225) wiedergegebene Schilderung beziehen sich auch zahlreiche bildl. Darstellungen, wie z.B. ein Blatt (fol. 4v) des sog. Wiener Dioskurides-Codex (um 512 n.Chr.), das die personifizierte Heuresis mit einem A. in Händen und einem toten Hund zu Füßen zeigt. Nach ma. Auffassung mußte man sich vor dem Ausgraben ferner die Ohren verstopfen, um von dem fürchterl. Schrei, den der A. dabei ausstößt, nicht getötet zu werden. Zu diesen spä-

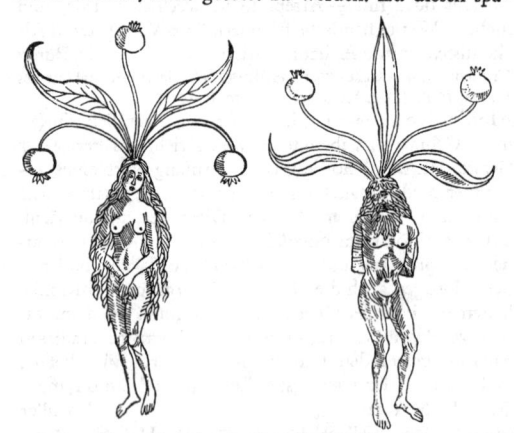

Fig. 7 Aus: Gart der Gesuntheit, Mainz 1485

teren Ausschmückungen gehört des weiteren die Fabel, daß der A. unter dem Galgen aus dem Harn oder Sperma eines gehenkten Diebes wächst (daher die volkstüml. Bezeichnung *Galgenmännlein*). Welch große Wertschätzung der A. genoß, beweist nicht zuletzt der schwunghafte Handel, den betrüger. Quacksalber und A.-Krämer damit trieben. Als Glück, Reichtum, Liebe, Kindersegen, Gesundheit usw. verheißender Talisman angepriesen und meist teuer bezahlt, wurden die Alraunmännchen als sog. *spiritus familiares* (Hausgeister) sorgfältig in Kästchen und verschlossenen Flaschen aufbewahrt, gekleidet und sogar gebadet. Da die Alraunpflanze indes nur im Orient und im Mittelmeergebiet, nicht aber in Deutschland wächst, waren die meisten der hier gebrauchten Figürchen nicht aus der echten, sondern aus einheim. Wurzeln (vornehml. der → Zaunrübe und dem Allermannsharnisch [→ Lauchgewächse]) hergestellt. Verschiedenorts wurden derartige Fälschungen noch im 20. Jh. feilgeboten. P. Dilg

Lit.: MARZELL III, 52f. – HWDA I, 312–324 (hier weitere Spezial-Lit.) – E. GERHARD, Beitr. zur Gesch. einiger Solaneen [Diss. Basel, 1930], 113–153 – L. TERCINET, Mandragore, qui es-tu?, 1950 – L. HANSMANN, L. KRISS-RETTENBECK, Amulett und Talisman, 1966 [Abb. 110–115] – W. HÄVERNICK (Hg.), Beitr. zur dt. Volks- und Altertumskunde 10, 1966, 17ff. – K. FIGALA, A. (Veröff. des Forsch.inst. des Dt. Mus. für Gesch. der Naturwiss. und der Technik, A, Nr. 63), 1970 – H. GRAPE-ALBERS, Spätantike Bilder aus der Welt des Arztes, 1977 [Abb. 116–137 aus Ps.-Apuleius-Hss.].

Alsengemme. Die nach einem Fund aus Sønderborg, Alsen, benannten runden oder ovalen Gemmen bestehen aus zweischichtigem Glasfluß mit meist dunkelschwarzer gewölbter Unter- und flacher hellblauer Oberseite, auf der gewöhnl. drei, sonst ein, zwei oder vier menschl. Figuren eingeritzt sind (Intaglio). Bislang sind über 90 Exemplare bekannt, großenteils von kirchl. Inventarien (Evangelienbücher, Kreuze, Reliquienschreine) des 11.–14. Jh., weiterhin als Einzel-, Schatz- oder Siedlungsfunde; sie sind hauptsächl. in den Niederlanden, NW-Deutschland und Dänemark verbreitet, vereinzelte Stücke stam-

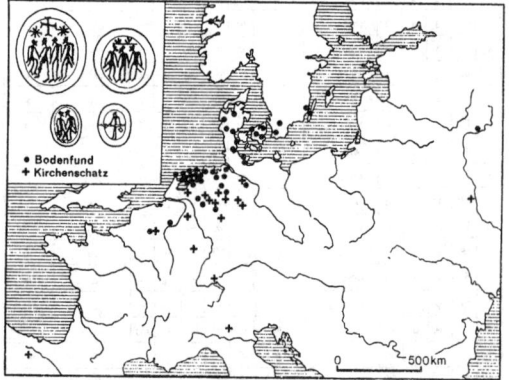

Fig. 8 Verbreitung der Alsengemmen (nach GANDERT, mit Ergänzungen)

men aus dem w., s., ö. und n. Europa. Als Vorbilder sieht man mediterrane Bronzeamulette an, auf denen die Anbetung der Hl. Drei Könige dargestellt ist. Abgesehen von der Gemme aus Lieveren, Drenthe, geben die Stücke die Szene nur sehr unvollkommen wieder. GANDERT gliedert sie in sechs Typenreihen und datiert sie in das 8.–10. Jh. Neuere Funde, so in Lund und Smolensk, weisen jedoch auf eine Herstellungszeit nach 1000. M. Müller-Wille

Lit.: HOOPS² I, 198f. – O.-F. GANDERT, Die A.n, 36. Ber. RGK 1955, 156ff. – DERS., Die A. von Lieveren, Nieuwe Drentse Volksalm 76, 1958, 74ff. – DERS., Eine A. in Spanien, MM 3, 1962, 177ff. – V.P. DARKEVIČ, Proizvedenija zapadnogo chudožestvennogo remesla v vostočnoj Evrope, Arch. SSSR, Svod arch. istočn. E 1–57, 1966, 7ff. – H.H. VAN REGTEREN-ALTENA, M.F. VAN DEN BERG-HAMBURGER, Een A. uit Texel, Helinium 7, 1967, 69ff. – W.A. VAN ES, Een A. uit de Noordoostpolder?, Helinium 7, 1967, 71ff. – A.W. MÅRTENSSON, En alsengem i Lund, Kulturen (Lund), 1967, 139ff. – Archéol. 1969, 26.

Altaicher Annalen → Annales Altahenses

Altan (it. *altana*), auch *Söller*, im Gegensatz zum frei vorkragenden → Balkon ein bis zum Erdboden unterbauter, mit einer Brüstung versehener, hölzerner oder steinerner Austritt in oberen Etagen, teilweise in Verbindung mit Freitreppen, bes. am → Palas (Pfalz in Paderborn 1. Drittel 11. Jh., Burg Münzenberg 1160/65, vilicus-Haus in Gelnhausen 1170/80, Palatium in Seligenstadt 1235/40).

Lit.: G. BINDING, Burg Münzenberg, 1965. G. Binding

Altan, Antonio, päpstl. Diplomat und Politiker, * gegen Ende des 14. Jh. in San Vito am Tagliamento, † 1450 in Barcelona. Nach Rechtsstudien in Padua erhielt er dort das Doktorat. Er trat in den Dienst der Röm. Kurie, zuerst als capellanus papae (1431), dann als → Auditor an der Rota. 1432 wurde er zum Konzil v. Basel gesandt, in der Folge begleitete er Eugen IV. nach Florenz. Bei einer zweiten Mission in Basel (1435), gemeinsam mit Ambrosius → Traversari, verteidigte er Eugen IV. 1436 wurde er zum Bf. v. Urbino ernannt. In seiner Diöz., wo er allerdings nur kurz residierte, verbündete er sich mit den → Montefeltro. 1436 wurde er als päpstl. Gesandter nach Schottland geschickt, wo er kurz vor der Ermordung Kg. Jakobs I. eintraf. Es gelang ihm, Jakob II. Stewart den Thron zu sichern. Eine andere Gesandtschaft führte ihn nach Deutschland (1437), wo er die Interessen Albrechts II. v. Österreich förderte. Während des Hundertjährigen Krieges brachte er einen Waffenstillstand zw. Karl VII. und Heinrich VI. zustande (1444). 1449 war er Kollektor der Apostol. Kammer in Spanien u. Portugal. A. war einer der bedeutendsten päpstl. Diplomaten des 15. Jh. E. Pásztor

Lit.: DHGE II, 777-779; III, 821 – DBI, s.v. – P. PASCHINI, Un diplomatico friulano del primo Quattrocento, Memorie storiche Forogiuliensi 19, 1923, 221-228.

Altar

I. Begriff, Name, Bedeutung, Symbolik – II. Arten – III. Form – IV. Ort.

I. BEGRIFF, NAME, BEDEUTUNG, SYMBOLIK: a) Der *christliche* A. ist das vom Stützentisch her entwickelte, ca. 90-100 cm hohe, nach Länge und Breite jedoch unterschiedl. große, vielfach kub. oder quaderförmig verblockte, bedeutendste Ausstattungsstück innerhalb der Apsis oder des Altarraums, auf (bzw. an) dem die Messe gefeiert wird. Der Tisch als hist. Ausgangspunkt ist bibl. bezeugt (1 Kor 10, 21: mensa Domini, τράπεζα κυρίου). War der A. in vorkonstantin. Zeit – in kleineren Versammlungsräumen – meist nur relativ klein, aus Holz und damit bewegl., wurde er später – schon aus Gründen der quantitativen Proportionalität zur Basilika – zunehmend nach Breite und Tiefe größer, bald auch aus dauerhafterem und wertvollem Material (Stein, Marmor) gefertigt.

b) Während der gr. O vorwiegend an der Bezeichnung τράπεζα (seltener θυσιαστήριον oder βῶμος) festhielt, war im lat. W – unter dem Einfluß der Opfertheologie der Messe – der *Name* altare (seltener altarium oder altaris, ara) der absolut vorherrschende, auch in sämtl. westeurop. Sprachen fremdwortl. davon abgeleitet. Der Name geht zwar etymolog. höchstwahrscheinl. zurück auf adolere ('verbrennen'; als *Brandopferaltar;* vgl. ara von arere 'brennen'), doch stand ihm da MA die Ableitung von altus (hoch; *Hochaltar*) im allgemeinen Bewußtsein völlig im Vordergrund, schon wegen der relativen Erhöhung der Altartribuna gegenüber der Basilika, oft noch verstärkt durch die →Krypta unter dem Altarraum. Der Name mensa (als Korrelat zu τράπεζα) war im MA auf die obere deckende Altarplatte – im Gegensatz zum stützenden Unterteil (stipes) – eingeengt.

c) *Bedeutung und Würde* des A.s entspringen erstens seiner Notwendigkeit für die Feier der Messe und der engen Verbindung zur Eucharistie, dann – zweitens – schon seit frühchr. Zeit auch seinem engen Zusammenhang mit den hochverehrten Märtyrerreliquien (im Bodengrab, in einer Nische o.ä., im Altarunterbau oder an dessen Verbindungsstelle mit der Altarplatte, seit dem HochMA stets im vorderen oberen Teil der Altarmensa, dort wo der Priester den A. zu küssen pflegte; →Reliquiar) und den (bereits 402 durch Paulinus v. Nola ep. 32, 8 [CSEL 29, 283] und ep. 32, 11 [ibid. 287] bezeugten) Kreuzreliquien unter dem A., und schließl. – drittens – seit karol. Zeit wegen seiner ausdrückl. Weihe. Während in nachkonstantin. – vorkarol. Zeit jeder A. durch die erste Meßfeier (oder evtl. auch schon durch die Deposition von Reliquien) als geheiligt galt, bedurfte er seit dem 8./9. Jh. einer eigenen Konsekration (vgl. Ordo Romanus 41 bei ANDRIEU IV, 311 ff.) durch eine (den Initiationssakramenten von Taufe – Firmung – Eucharistie nachgebildete) Waschung, Salbung und erste Meßfeier. Im Ordo der *Konsekration* war die Reliquien-Einfügung integrierender Bestandteil (das gilt jedoch nicht für den Bereich der orth. Kirche, in der Reliquien oder Reliquiengräber nie unter dem A. nicht vorgeschrieben sind). Die Salbung wurde dazu durch die (vier oder fünf) der Altarplatte eingegrabenen Kreuzeszeichen (meist vier an den Ecken und eines in der Mitte der Mensa) und auch durch das obligate unterste (gewachste und daher ölresistente) Leintuch (Chrismale) für die Erinnerung wachgehalten. Bes. durch diese Konsekration eignete dem A. Heiligkeit, die durch eine etwaige Exsakration (stärkere Zerstörung des A.s oder Trennung von Platte und Unterbau, Verletzung des Reliquiensepulcrums, Mord oder Blutvergießen am A.) verlorenging und eine Neuweihe erforderte. Jeder A., mindestens jeder ortsfeste, hatte dazu seinen *titulus:* Der des Hauptaltars war schon anfangs fast stets, später immer, mit dem der Kirche selbst ident. und unveränderl. Nebenaltäre hatten ebenfalls ihren Titel, meist von Hl. (auch von Engeln oder Erlösungsmysterien); doch konnte der Ortsordinarius ihn notfalls ohne Neuweihe ändern. Nicht selten wurde der A. (neben seinem eigtl. titulus) auch nach seinem Stifter oder nach der ihn nutzenden Zunft, Bruderschaft etc. benannt. Der Volksaltar vor einem Lettner hatte regelmäßig den Titel des hl. Kreuzes *(Kreuzaltar).* Altartitel und Altarreliquien mußten nicht ident. sein. Es gab auch Anniversarien der Altarweihe, beim Hauptaltar mit dem Kirchweihtag ident., bei Nebenaltären auch mit dem Jahrestag des Titelheiligen verbunden.

d) In der vorherrschenden *Symbolik* des MA galt der A., zumal der meist steinerne Hochaltar, wegen seiner engen Verbindung zur Eucharistie als Repräsentant Christi (in der Orthodoxie auch als Thron Christi) bzw. geradezu als Christus selbst, wohl im Anschluß an Christi Selbstbezeichnung als Eckstein (Mt 21, 42 parr., mit Bezug auf Ps 118, 22). Alle dem A. erwiesene Verehrung (Altarkuß, Inzensation etc.) oder Schmückung (Altartücher, Kerzen etc.), selbst die zwingende Beisetzung von Heiligen- und Märtyrerreliquien (die Hl. und bes. die Märtyrer gleichsam als »Hofstaat Christi«, wohl auch im Anschluß an Offb 6, 9) wurden stets christolog. bezogen bzw. gedeutet. Im Ritus der Kathedral-Gottesdienste hatte diese Deutung des A.s z. B. zur Folge, daß der Subdiakon oder Lektor die (oft atl.) Lesung nicht zum Volk, sondern zum A. hin verlas: Das AT weist als Ganzes auf Christus hin.

II. ARTEN: a) Das *altare fixum,* der ortsfeste A., hatte während des MA bis in die jüngste Gegenwart als Hauptkennzeichen den unverrückbaren und unverletzl. Verband von Unterbau oder Stützen (stipes), einer einzigen – meist durch Mörtel – fest damit zusammengefügten, oben flachen, gelegentl. auch wie innerhalb eines gekehlten Rahmens leicht eingetieften Platte (mensa) und Märtyrergrab (sepulcrum) samt der zwingenden Voraussetzung der bfl. Konsekration. Wenigstens der Hauptaltar (altare maius, summum, dominicale, cardinale) einer jeden konsekrierten Kirche mußte diese Bedingungen erfüllen. In der Orthodoxie wird dagegen weitgehend am Tischaltar festgehalten.

b) Das *altare portatile* (a. mobile, ara portatilis, *Tragaltar*) war dagegen eine ebenfalls geweihte und mit einem Reliquiengrab ausgestattete kleinere transportable Steinplatte (sog. *Altarstein*), im 11.–13. Jh. auch in Form eines etwas höheren Kästchens (→ *Tragaltar*) aus geschmücktem Metall mit einer Abdeckung aus Stein (meist Marmor, Halbedelstein o. ä.), doch stets so groß, daß Kelch und Hostienschale (oder die Hostie allein) darauf Platz hatten. Auf einem solchen bewegl. Kleinaltar konnte mangels eines ortsfesten A.s (etwa auf Reisen, daher auch *Reisealtar*) die Messe überall gefeiert werden.

c) Das *altare quasi fixum* war seinem Wesen nach die länger dauernde Verbindung bzw. Einpassung eines Altarsteins in einen selbst zwar nicht geweihten, aber altarähnl. festen Unterbau (hölzerner Tisch, aufgemauerter Block o. ä.), der die obengen. Bedingungen eines altare fixum nicht erfüllen mußte, wenn er sie auch vielfach erfüllte. Der quasi-feste A. fand – bis in jüngste Zeit – gern Verwendung bei Nebenaltären oder vor der Konsekration des Hauptaltars einer noch nicht geweihten Kirche. Nebenaltar und altare quasi-fixum sind dabei im MA keineswegs ident. Hingegen läßt eine entsprechende Aussparung in der mensa eines ma. A.s, zumal wenn kein sepulcrum vorhanden ist, immer auf ein altare quasi-fixum schließen.

III. Form: a) Der älteste Typus ist der *Tischaltar*: Eine waagerechte Platte (mensa) wurde von einer oder mehreren Stützen getragen. Diese Form stand in vorkarol. Zeit im Vordergrund, kam aber durch das ganze MA hindurch noch vor. Bei kleineren Ausmaßen der mensa genügten als Unterbau oft eine gedrungene Säule oder ein Pfeiler; größere Platten verlangten dann leicht vier Stützen (evtl. noch dazu eine mittlere) oder auch zwei seitl. stützende Orthostatenplatten. Durch eine wegnehmbare Verkleidung der Stützelemente (Antependien) konnte – mindestens opt. – leicht der Eindruck eines Kasten- oder Blockaltars entstehen; die Übergänge waren oft fließend.

b) Der *Kastenaltar* war gekennzeichnet durch einen größeren Hohlraum im Inneren. Ausgangspunkt dieser Form war die Reliquienverehrung: Unter dem A. reichte ein Schacht (cataractus) bis auf das Bodengrab (confessio) hinab, so daß der Fromme mit ihm oder einer Reliquie durch eine Öffnung (fenestella confessionis) hindurch Sichtkontakt bekommen oder gar durch Herablassen von Stoffstückchen o. ä. mittels eines Fadens sich *Kontaktreliquien* (brandea) verschaffen konnte (vgl. Rom, St. Peter u. a.). Auch bei der Trennung des A.s vom Bodengrab konnte man diese Altarform erhalten, wenn man in das Innere eines solchen Kastenaltars ein Reliquienkästchen hineinstellte. Der gliedernde Schmuck der Stirnseite solcher Kastenaltäre (Regensburg, St. Stephan; Wimpfen im Tal, Stiftskirche u. a.) ist vielfach die Fortführung der alten Fenestella. Vorgeblendete Halbsäulen (Würzburg, Neumünster) erinnern auch oft an einen Tischaltar. In spätma. Zeit, bes. nach dem Einfügung des sepulcrum in die obere mensa, wurde das Kasten-Innere oft als Schrank für liturg. Requisiten benutzt.

c) Der *Blockaltar* bekam seinen Namen vom geschlossenen blockhaften stipes, über den die mensa allseits nur wenig vorkragte. Seit karol. Zeit war diese Form die verbreitetste, vermutl. wegen ihrer Solidität und beliebigen Vergrößerbarkeit. Zudem eigneten sich die großen geraden Stipesflächen vorzügl. zu ornamentalem (Lisenen, Pilaster, Blatt- und Rankenwerk, in Italien auch Kosmatenarbeit), architekton. (Arkaturen, Spitzbogenverblendungen; Soest, Wiesenkirche) und figuralem Schmuck (Köln, Dom, Hochaltar) oder zur Verkleidung mit → Antependien. Der vom Blockaltar ausgehende jüngere *Sarkophagaltar* mit stark geschweiften Konturen der Vorder- und Seitenflächen begegnet erst seit dem 16. Jh., um dann im Barock die Vorherrschaft zu bekommen.

IV. Ort: In vorma. Zeit hatte jede Kirche im Prinzip nur einen einzigen freistehenden A. im Zentrum der Apsis, vor den Sitzen des Bf.s (cathedra) und des Klerus (subsellia, synthronoi) in der Apsiskonkave. Durch das Gesetz der Gebetsostung (Orientierung), dem auch die Kirchenachse folgte, waren die Sitze im MA bereits allgemein vor den A. verlegt, die Cathedra auf die linke (sog. *Evangelien-*)*Seite*, die Sitze eines zahlreicheren Klerus (Kl., Kanonikate) beiderseits der Wände eines zw. Schiff und Apsis zugefügten Grundrißquadrats (Chor). Damit rückte der A. zunehmend gegen die Ostwand des Chores, war den meist schon nicht mehr umschreitbar und wurde in vielen Fällen schon nahezu zu einer Wandkonsole, mit seinen Aufbauten in die Rückwand einkomponiert. Die Vielzahl von Klerikermönchen in den Kl.n seit karol. Zeit führte zur Privatmesse und zur Vermehrung der A.e im Kirchenschiff (Idealplan von St. Gallen) oder Kapellenkranz des Chores. Die Pfarrkirchen folgten bald diesem Vorbild (Nebenaltäre, altaria minora); die Zahl der A.e ging oft über die prakt. Notwendigkeit hinaus. Der Vorrang der Privatmesse (missa lecta) führte zur Verlegung aller Handlungen der Messe allein an den A. (Fortfall des Ambo und der Assistenz) und machte ihn so zum wesentlichsten Kultrequisit der Kirche überhaupt. – Zu Schmuck und Akzessorien des A.s (→ Altarciborium, → Baldachin, Altartuch, → Antependium, → Schrein, → Retabel, → Predella, → Tabernakel) vgl. Kirchenausstattung und entsprechende Artikel.

J. H. Emminghaus

Lit.: RDK I, 412–429, 441–549 – RAC I, 334–354 – LThK¹ I, 369–375 – F. Wieland, Mensa und Confessio, 1906 – Ders., A. und Altargrab, 1912 – J. Braun, Der chr. A., 2 Bde, 1924 – F. J. Dölger, Die Heiligkeit des A.s, Antike und Christentum 2, 1930, 161–183 – L. Eisenhofer, Hb. der kath. Liturgik, 2 Bde, 1932/1933, I, 342–376.

Altaranordnung. Der → Altar, Zentrum der chr. Liturgie und von Anfang an bestimmend für den Grundriß des Kirchenbaus (→ Apsis, Chor), führt seit dem 7. Jh. durch Nebenaltäre zu reicherer Raumgestaltung (Nebenapsiden, Querhaus, Doppelchor, Kapellenkranz). Die Anordnung der zahlreichen Altäre bezieht zunächst mehrere Kirchen mit ein (→ Kirchenfamilien), führt dann auf gleicher oder

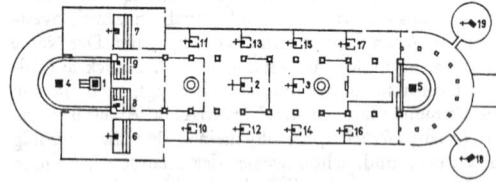

Fig. 9 Umzeichnung des Planes von St. Gallen (um 820)
1 Marien- und St. Gallus-Altar mit Sarkophag und Konfessio des hl. Gallus, 2 Kreuzaltar, 3 Altar der beiden Johannes, 4 Paulusmemorie, 5 Petrusmemorie, 6 Philippusaltar, 7 Andreasaltar, 8 Benediktusaltar, 9 Kolumbanusaltar, 10 Stephanusaltar, 11 Laurentiusaltar, 12 Martinsaltar, 13 Mauritiusaltar, 14 Unschuldige-Kinder-Altar, 15 Sebastiansaltar, 16 Caeciliaaltar, 17 Agnesaltar, 18 Gabrielsaltar, 19 Michaelsaltar

verschiedener Ebene (→ Krypta, Schiff, Emporen, Türme) in einer Kirche angeordnet (Fulda und Hersfeld neun, Centula 12, Le Mans 14, St. Gallen 19, Hildesheim 20 Altäre) zu einer allegor. Interpretation des Bauwerks als Darstellung des himml. Jerusalem (Hymnus »Urbs beata Hierusalem«), vergegenwärtigt durch den Ritus und die himml. personale Hierarchie, verkörpert in den Reliquien, die die Altäre umschließen. Entsprechend den Qualitäten und Potenzen der Hl. gibt es wechselnde Kombinationen in der A. In der Grundfigur ihrer Anordnung auch als Trinitäts- oder Kreuzsymbol vorhanden. G. Binding

Lit.: J. BRAUN, Der chr. Altar, 1924 – G. BANDMANN, Früh- und hochma. A. als Darstellung (Das erste Jt., hg. H. V. ELBERN, I, 1962), 371-411 – E. LEHMANN, Die Anordnung der Altäre in der karol. Klosterkirche zu Centula (Karl d. Gr. III: Karol. Kunst, 1965), 374-383 – O. NUSSBAUM, Der Standort des Liturgen am chr. Altar vor dem Jahre 1000. Eine arch. und liturgiegesch. Unters. (Theophania 18, 1 und 2), 1965.

Altarantependium → Antependium

Altaraufbau → Retabel

Altarciborium, ein *Altarüberbau* aus einer Verdachung über vier Stützen (Pfeilern oder Säulen, fast stets mit Kapitellen), gelegentl. auch über nur zweien unter Anlehnung des Daches an eine Rückwand (bes. bei Nebenaltären). Seine *Form*, bes. die der Verdachung, ist vielfältig: glatt oder überkuppelt, mit vier- oder achtseitiger schlichter oder durchbrochener Pyramide, etagiert durch übereinandergestaffelte *Säulenstellungen*, in got. Zeit gern nach Art der Großarchitektur gestaltet mit über den Säulen emporgeführten krabbenbesetzten *Fialen* etc.; geometr. oder figurale Reliefierung begegnet häufig; die Stützen sind meist durch *Archivolten* (halbrund, ogiv, halber *Vierpaß*) miteinander verbunden, seltener durch einen glatten *Architrav*; das Material ist vorwiegend Sand- oder Kalkstein, vielfach aber auch Marmor, ganz selten gegossenes Metall oder mit Edelmetall verkleidetes Holz.

Die *Herkunft* des A.s ist vermutl. ableitbar von der (iran.-achaemenid.?) Thronarchitektur (so in spätkaiserzeitl. und byz. Thronbasiliken) oder auch von der → *Aedicula* über paganen Standbildern von Göttern und Heroen im *Tempeladyton* oder *Heroon* (vgl. die Herrscher- und Evangelistenbilder karol. und otton. Miniaturen). Vergleichbare Überbauten begegnen auch über → Ambonen, Lesepulten und Kanzeln, Hochgräbern, seltener über Taufbecken, zu Baldachinen reduziert über Gewände- oder Säulenfiguren Christi, Mariens und der Hl.

Zweck des A.s ist kult.-liturg. die Hervorhebung und Verfeierlichung des Altars (oft im Zusammenhang mit in den *Interkolumnien* herabhängenden oder um die Stützen geschlungenen Vorhängen, *tetravela*, LP III 228, Reg.), ästhet. die Proportionierung des relativ kleinen Altars zum großen Kirchenraum, prakt. vielleicht auch der Schutz gegen von der Decke herabfallenden Schmutz.

Der *Name* A. (im LP auch fastigium, umbraculum, tegurium) leitet sich sicher nicht vom lat. cibus (etwa = eucharist. Speise, etwa in einer vom Dach des A.s herabhängenden Pyxis, Taube o.ä. als Vorläufer des sog. *Ciboriums* im neuzeitl. kath. Kult, eines Speisekelches für die Aufbewahrung konsekrierter Hostien) her; vielleicht eher vom gr. κιβώριον, der behelfsmäßig als Becher gebrauchten, strähnig verstärkten Samenkapsel der Colocasia (vgl. W. PAPE, Gr.-dt. Hwb., 1954², II 1436): das A. als umgestülpter Becher. Die Herkunft des Namens ist unsicher.

Die *Verbreitung* des A.s ist zeitl. und örtl. differenziert, es war aber nie obligat. Früheste Erwähnung geschieht in der konstantin. Lateranbasilika (LP, Vita Silvestri, I 172, 8, doch möglicherweise durch Redaktion des 6. Jh. verfälscht), dann nur gelegentl. im vorkarol. Italien. Seit karol. Zeit wegen der reichseinheitl. Liturgiereform beiderseits der Alpen nachweisbar (Monumente in Perugia: S. Prospero, Ravenna: S. Apollinare in Classe, Mailand: S. Ambrogio u.a.), in Deutschland erst seit dem HochMA stärker verbreitet und erhalten (Nachweise J. BRAUN). Prächtigster Nachklang im Barock: Berninis A. in Rom, St. Peter von 1633. J. H. Emminghaus

Lit.: RDK I, 473-485 – RAC III, 68-86 [Lit.] – J. BRAUN, Der chr. A. II, 1924, 185-275 – J. H. EMMINGHAUS, Hungertücher und ihre liturg. Herkunft [phil. Diss., masch. Münster 1949].

Altare → Beneficium

Altargerät, für den Vollzug der chr. Liturgie gebräuchl. Gerätschaften in unmittelbarer oder mittelbarer Beziehung zum Altar: Primär die vasa sacra *Kelch* und *Patene*, *Pyxis* bzw. *Custodia* (Ciborium) zur Aufbewahrung der eucharist. Spezies sowie die *Monstranz* als liturg. Schaugefäß, sekundär *Altarkreuz* und *-leuchter*, *Paxtafel* und *Weihrauchgefäß*, *Situla*, liturg. Fächer (*Flabellum*, *Rhipidion*) und Hänge- bzw. (*Votiv-*)*kronen* (diese in der Frühzeit stets mit dem Altar verbunden), schließl. auf dem Altar aufgestellte *Reliquiare*. Im Wandel der liturg. Praxis als wichtigste Voraussetzung für die Entwicklung des A.s ändern sich Funktion und Sinn mancher Gerätschaften, die im FrühMA auch andere, heute unbekannte Objekte umfaßten (vgl. dazu: MGH SRM IV, 574). Der sakrale Rang des A.s innerhalb der liturg. Mysterien veranlaßte früh seine Auszeichnung durch Verwendung edler Materialien wie auch künstler., bildl. oder symbol. Ausstattung. Die Übernahme bestimmter Geräte in den kirchl. Dienst wird durch eigene Segnungen hervorgehoben.

V. H. Elbern

Lit.: RDK I, 489 ff. – J. BRAUN, Das chr. A., 1932 – V. H. ELBERN, Liturg. Gerät in edlen Materialien z.Z. Karls d. Gr. (Karl d. Gr. III, 1965), 115 ff.

Altarhaus → Chor

Altarista → Beneficium, → Praebende, → Klerus

Altarschranken → Chor

Altarvorsatz → Antependium

Altena, Gf.en v. Der zuerst 1122 auftretende Adolf, comes de A., ist ident. mit dem Gf.en Adolf v. Berg (1094-1170). Sein Sohn Eberhard begründete die Linie A., die in der nächsten Generation mit Adolf v. A. einen bedeutenden Kölner Ebf. stellte. Altena selbst war seit ca. 1188 Kölner Lehen. Anfang des 13. Jh. verlegten die Gf.en ihren Sitz nach Burg Mark; von dort bauten sie das Territorium Mark aus. → Berg, Gf.en v. G. Droege

Lit.: H. FLEBBE, Q. und Urk. zur Gesch. der Stadt Altena I, 1967 – J. BOCKEMÜHL, Der Grabstein des Gf.en Adolf v. Berg... (Jahresgabe des Altenberger Dom-Vereins), 1970.

Altenbanz (Banze, Altenbanke), Kirchdorf in Oberfranken (n. Bamberg), frühester Mittelpunkt des zum Grabfeldgau gehörigen Banzgaues. Im spätmerow.-frühkarol. Ausbauland am Obermain gelegen und zunächst Reichsgut. Das aufgesiedelte Land muß schon in spätkarol. Zeit → Allod der Gf.en v. Schweinfurt geworden sein, während der große Forst zunächst in der Hand des Kg.s verblieben ist. Am Südrand des Forstes führt die *Königsstraße* von Frankfurt nach Böhmen vorbei, im Spessart als Birkenhainer Straße und bei Banz als recta strata (1195) bezeugt. – Nach arch. Befunden setzt um 800 die kirchl. Organisation ein: Errichtung einer Kirche in Stein innerhalb des Ortsfriedhofes von A., ungewöhnl. großer Saalbau von 9,5 m lichter Breite und etwa 11 m Länge mit ö. Rechteckchor. Die Kirche ist der Mittelpunkt der Urpfarrei A. mit mehr als 43 Wohnplätzen. Deren Sprengel erstreckt sich zunächst über den ganzen Banzgau, 30 km weit von SW nach NO. Die Kirche ist als schweinfurt. Eigenkirche anzusehen und geht zu unbekanntem Zeitpunkt aus dem Erbe des Grafenhauses an das Bm. Würzburg über. Der erste Kirchenneubau des 12. Jh. ist kleiner als der Gründungsbau, eine Folge des durch Abzweigung neuer Pfarreien geschrumpften A.er Sprengels. – Im Königsforst entsteht etwa um 800 eine Mittelpunktsburg, heute noch als Ringwall mit dem sehr großen Areal von 10 ha gut erhalten. Die Burgmauern waren in Holzerdetechnik mit trocken gemauerter Steinverblendung erstellt. Über die Bebauung des Innenraumes ist bisher nichts bekannt. – Spätestens am Ende des 10. Jh. errichten die Gf.en v. Schweinfurt oberhalb des Maines, etwa 4 km von A. und 300 m s. des Ringwalles an der recta strata eine Burg in massiver Bauweise mit einem Innenraum von 0,75 ha. Hier entsteht der neue, ursprgl. in der offenen Ortschaft Banz zu denkende Amtssitz der Gf.en für die Verwaltung des Banzgaues. Man darf sich die Burg vergleichsweise so vorstellen wie die ergrabene Schweinfurter Burg in Ammerthal, mit Vor- und Hauptburg, Kirche, Wohn- und Wirtschaftsgebäuden. In ihr stiften Mgf. Herrmann und die Gfn. Alberada die Abtei Banz; sie geht um 1069 samt dem Banzgau und dem Banzforst an das Erzstift Bamberg über. K. Schwarz

Lit.: Hist. Stätten Dtl. VII, 71 ff. – H. HIRSCH, Die echten und unechten Stiftungsurk. der Abtei Banz (SAW. Phil-hist. Kl. 189), 1919 – E. FRHR. V. GUTTENBERG, Die Territorienbildung am Obermain, 1927, 134f. – P. SCHÖFFEL, Die Großpfarrei A., Zs. für bayer. KG 13, 1938, 129ff. – W. METZ, Eine Q. zur Gesch. der frk. Reichsgutsverwaltung, DA 11, 1954-55, 207ff. – K. SCHWARZ, Der frühma. Landesausbau in NO-Bayern – arch. gesehen, Ausgrabungen in Deutschland 2, 1975, 368ff.

Altenglische Literatur. Keine andere volkssprachl. Lit. verfügt über eine so reiche Überlieferung aus ihrer Frühzeit wie die ae. Über 400 Hss. mit ae. Sprachdenkmälern sind erhalten. Selbst wenn man diejenigen abzieht, die ledigl. ae. Glossen zu lat. Texten (→ Glossen und Glossare, ae.), Urkunden oder Gesetzestexte (→ Ags. Recht) enthalten, bleibt der Umfang der überlieferten Dichtung und Prosa ganz erheblich – für ihre Qualität mag die ihnen gewidmete Forschungsarbeit sprechen.

Vier größere Codices mit ae. Dichtung sind erhalten: 1. Die →Beowulf-Hs., die neben den 3182 Versen des →»Beowulf« auch →»Judith« sowie einige Prosatexte bewahrt hat; 2. die →Junius-Hs. mit den Bibel-Paraphrasen (→Bibeldichtung) →»Genesis«, →»Exodus«, →»Daniel«, →»Christ and Satan«; 3. das →Exeter-Buch, eine reiche Sammelhs.; es enthält u.a. die →»Christ«-Gedichte; Heiligenlegenden (das poet. Leben des hl. →Guthlac; →Cynewulfs →»Juliana«); bibl. Stoffe (→»Azarias«); allegor. Dichtung (→»Phoenix«, →»Physiologus«, ae.); Lyrik (z. B. →»Wanderer« und →»Seafarer«, →Elegien, ae; ferner →»Reimgedicht«, →»Resignation«); didakt. und →Spruchdichtung; Erinnerungen an die heroische Zeit der Germanen (→»Deor«, →»Widsith«, beide einem fiktiven →scop in den Mund gelegt); →»Soul and Body« II; die ae. →Rätsel. 4. das →Vercelli-Buch; es enthält eingestreut zw. Prosahomilien sechs Gedichte, darunter →»Andreas«, →»Dream of the Rood« und Cynewulfs →»Elene«. Ein kleinerer Teil der ae. Dichtung ist außerhalb dieser vier Codices überliefert, z.B. →»Finnsburg«-Fragment, →»Judgment Day« II, →»Runengedicht«, die poet. Fassung von →»Salomon and Saturn«, →»Waldere«. Die vier gen. Hss. lassen sich paläograph. dem späten 10. oder frühen 11. Jh. zuordnen; die Entstehungszeit der Gedichte selbst ist aber schwer zu bestimmen. Die erhaltenen Abschriften sind spätwestsächs.; der sprachl. Befund deutet jedoch darauf hin, daß ein Großteil des Überlieferten ursprgl. in einem angl. Dialekt abgefaßt worden war und bereits im Verlauf des späten 7., des 8. oder 9. Jh. entstand. Aus späterer Zeit ist anscheinend nicht mehr so viel Dichtung erhalten. An den Anfang des 10. Jh. gehören möglicherweise »Judith« und →»Genesis« B; im Verlauf des 10. und sogar noch im 11. Jh. entstanden eine Reihe von hist. Gedichten, wohl jeweils bald nach den Ereignissen, die sie besingen: es sind dies die in der »Angelsächsischen →Chronik« eingefügten Gedichte (z. B. »Battle of → Brunanburh«), →»Durham« sowie, als letzter Höhepunkt der heroischen Dichtungstradition, »The Battle of →Maldon« (nach 991, südengl.). Aufgrund der Überlieferungslage bleibt allerdings jeder Versuch, die Geschichte der ae. Dichtung zu periodisieren, ein gefährl. Unterfangen, und ebensowenig läßt sie sich nach großen Verfassergestalten aufgliedern. Es sind ohnehin nur zwei Namen bekannt: → Cædmon und → Cynewulf. Nach → Bedas Bericht soll Cædmon auf göttl. Eingebung hin einen Hymnus an den Schöpfer und in der Folgezeit noch viele Gedichte über bibl. Stoffe hervorgebracht haben. Cynewulf hat seinen Namen als in Runenschrift gegebene Signatur in vier Gedichten hinterlassen (»Juliana«, »Elene«, »Christ« II, »The Fates of the Apostles«). Versuche der älteren Forschung, den beiden Dichtern noch weitere Texte zuzuschreiben, sind fehlgeschlagen.

Die ae. Dichtung wirft eine Reihe von Fragen auf, mit denen sich die Forschung immer wieder auseinandergesetzt hat, z. B.: 1. Das Verhältnis von heidn.-germ. und chr. Zügen ist nicht ganz einfach zu deuten. Während manche Texte (z. B. »Exodus«) chr. Gedankengut in einer heroischen Diktion darbieten, die letztl. heidn. Liedtradition entstammt, werden in anderen (z.B. »Beowulf«) heidn. Inhalte von chr. Warte aus behandelt. Das für die ältere Forschung charakterist. Bestreben, die heidn. Elemente herauszustellen und chr. Züge (etwa im »Beowulf« und in den Elegien) als spätere Interpolationen abzutun, ist allerdings in den letzten Jahrzehnten zurückgegangen; heute versucht man zu zeigen, daß die ae. Dichter ihre chr. Grundhaltung und die der älteren Tradition entnommenen Züge meist zu einer künstler. Einheit verschmolzen. 2. Einer bestimmten Forschungsrichtung ist die Kenntnis der Kirchenväter sogar Vorbedingung für das Verständnis der ae. Poesie; ihre Erklärung einer ganzen Reihe von Dichtungen als chr. Allegorien wird aber nicht allgemein akzeptiert. 3. Gattungsgeschichtl. Arbeiten untersuchen die gemeinsamen gattungsspezif. Züge etwa in der ep. Dichtung oder in den Elegien, und bei den Anhängern der strukturalist.-formalist. Schule stehen die Kriterien der ästhet. Einheit und formalen Qualität im Vordergrund. 4. Wichtig u.a. für Probleme des Stils ist die Frage der mündl. Komposition; allerdings ist das Vertrauen in die Anwendungsmöglichkeiten der »oral-formulaic theory« womögl. wieder etwas zurückgegangen (→ Mündl. Literaturtradition). 5. Gerade in neuerer Zeit versucht die Literaturwissenschaft auch, Erkenntnisse und Methoden der Kunstgeschichte und Archäologie für ein tieferes Verständnis der ae. Poesie nutzbar zu machen (z. B. »Beowulf« und die Funde von → Sutton Hoo).

Die ae. Prosaliteratur hat weniger Beachtung erfahren als die poet., obgleich sie viel umfangreicher ist. Gewöhnl. unterscheidet man zwei Hauptepochen: zum einen die Prosa der Alfred-Zeit (Ende 9. Jh.) mit den frühwestsächs. Werken Kg. →Alfreds sowie den angl. →Waerferths v. Worcester und des unbekannten Übersetzers von Bedas «Historia Ecclesiastica«, und zum anderen die klass. spätwestsächs. Prosa → Ælfrics und →Wulfstans (Anfang 11. Jh.), die auf den Bemühungen der Benediktinerreform der 2. Hälfte des 10. Jh. aufbauen konnte, als z.B. → Æthelwold, der Lehrer Ælfrics, die Benediktinerregel übersetzte. Ob sich schon vor der Zeit Alfreds eine mercische Prosaschule gebildet hatte, deren mercische Kirchensprache noch länger nachwirkte, ist umstritten. Der überwiegende Teil der ae. Prosa besteht aus Übersetzungen und Bearbeitungen nach lat. Quellen. Einen breiten Raum nimmt das religiöse Schrifttum ein, z. B. → Bibelübersetzungen, Homilien (→ Ælfric, →Wulfstan, → Blickling-Homilien, → Vercelli-Homilien, → Heiligenlegenden, ae., das ae. → »Martyrologium«, Vorschriften für Priester und Ordensleute (Übersetzungen der Benediktinerregel, der Regel → Chrodegangs, der Capitula → Theodulfs); daneben steht Sachliteratur und Lehrhaftes (z.B. → »Adrian and Ritheus«, → »Solomon and Saturn«; → Byrhtferth v. Ramsey, → Kräuterbücher), Geschichtsschreibung (»Ags. → Chronik«) und gelegentl. sogar Exotisches und Romanhaftes (→ »Alexanders Brief an Aristoteles«, → »Wunder des Ostens«, →»Apollonius v. Tyrus«). P. E. Szarmach/H. Sauer

Bibliogr.: The Year's Work in Engl. Stud. 1ff., 1921ff. – Annual Bibliogr. of Engl. Language and Lit. 1ff., 1921ff. – PMLA bzw. MLA Internat. Bibliogr. – Old Engl. Newsletter 1ff., 1967ff. – Renwick-Orton, 121–269 – ASE 1ff., 1972ff. – NCBEL I, 187ff. – N.R. Ker, Cat. of Mss. Containing Anglo-Saxon, 1957 – Ders., A Suppl. to Cat. of Mss. Containing Anglo-Saxon, ASE 5, 1976, 121–131 – A. Cameron, A List of Old Engl. Texts (A Plan for the Dict. of Old Engl., hg. R. Frank-A. Cameron, 1973), 25–306 – *Ed.:* Die ae. Dichtung ist prakt. vollständig ed. in ASPR, 6 Bde, 1931–1953; ein Großteil der ae. Prosa findet sich in EETS, 1864ff. und der BAP, 1872–1933; ferner gibt es zahlreiche Einzelausg. – *Lit.:* A. Brandl, Gesch. der ae. Lit., 1908 – K. Sisam, Stud. in the Hist. of Old Engl. Lit., 1953 – B.F. Huppé, Doctrine and Poetry, 1959 – S.B. Greenfield, A Critical Hist. of Old Engl. Lit., 1965 – E.G. Stanley [Hg.], Continuations and Beginnings. Stud. in Old Engl. Lit., 1966 – K. Malone, The Old Engl. Period (to 1100) (A Lit. Hist. of England, hg. A.C. Baugh, 1967²), 1–105 – C.L. Wrenn, A Study of Old Engl. Lit., 1967 – A.C. Watts, The Lyre and the Harp, 1969 [oral-formulaic theory] – G. Wienold, Formulierungstheorie, Poetik, Strukturelle Literaturgesch. am Beispiel der ae. Dichtung, 1971 – A. Lee, The Guest Hall of Eden, 1972 – S.B. Greenfield, The Interpretation of Old Engl. Poems, 1972 – M. McC. Gatch, Beginnings Continued: A Decade of Stud. of Old Engl. Prose, ASE 5, 1976, 225–243 – Ders., Preaching and Theology in Anglo-Saxon England, 1977.

Altenglische Sprache. Eine westgerm. Sprache, die in Großbritannien ungefähr zw. 450 und 1150 gesprochen wurde und in der Hauptsache von ca. 900 an auch schriftl. bezeugt ist. Als germ. Sprache weist das A. die folgenden Kennzeichen auf: ein Verbalsystem mit zwei Tempora, ein Praeteritum mit Dental-Suffix, starke und schwache Deklination der Adjektive, festgelegten Akzent, bestimmte Vokalveränderungen, die Erste (Germ.) Lautverschiebung (»Grimm's Law«) und den gemeingerm. Wortschatz. Es hat sich eingebürgert, vier Hauptdialekte zu unterscheiden: 1. *Nordhumbrisch:* Texte z.B. »Cædmon's Hymn« (→ Cædmon), »Bede's Death-Song«, »The Leiden Riddle«, und für das spätere Nordhumbrisch z.B. die Glosse zum → Book of Lindisfarne; 2. *Mercisch:* bezeugt z.B. in der Glosse zum Vespasian-Psalter; vieles nur in späteren, z.T. saxonisierten Abschriften erhalten, z.B. das ae. → »Martyrologium«, ae. Übersetzung von → Bedas »Historia ecclesiastica«; 3. *Kentisch* und 4. *Westsächsisch.* Insoweit das Nordhumbrische und Mercische gleiche Merkmale zeigen, gebraucht man den gemeinsamen Terminus »*Anglisch*«. So verweisen die Namen der Dialektgebiete ungefähr auf die Verteilung der Siedlungsgebiete der Angeln, Sachsen und Jüten. In großen Zügen sind die Unterschiede zw. diesen Dialekten zieml. klar; sie lassen sich nicht nur in Lautstand und Flexion, sondern auch im Wortschatz feststellen – doch bleiben Einzelheiten strittig. In dem Maß, wie sich die polit. und kirchl. Macht südwärts verlagerte, rückte auch jeweils der entsprechende Dialekt in den Vordergrund. Mit der Einteilung des zuletzt dominierenden Westsächsisch in Frühwestsächsisch und Spätwestsächsisch trifft man ungefähr die Zeit Kg. → Alfreds v. Wessex (871–899) einerseits und die Zeit → Ælfrics (ca. 955–ca. 1025) andererseits. Am Ende der ags. Epoche hatte sich auf der Grundlage des Spätwestsächsischen und der Tätigkeit → Æthelwolds und der Schule von Winchester eine Art Standard-A. herausgebildet.

Im Vergleich mit späteren engl. Sprachstufen zeigt das A. einige auffällige Eigenheiten in Lautstand, Syntax und Wortschatz. Das A. kennt (wenn man das Spätwestsächsisch als Grundlage der Beschreibung nimmt) den gerundeten Vorderzungenvokal [ȳ], den offenen Vorderzungenvokal [ǣ] und die fallenden Diphthonge [ēa] und [ēo]. Diese Laute verschwinden im Frühmittelengl. (Im späteren Englisch taucht das [æ], das sich dann insbes. im Amerikan. gehalten hat, wieder auf.) Sechs Konsonantengruppen sind zunächst stellungsbedingte Allophone: [f, v], [θ, ð], [g, ʒ], [s, z], [h, x, ç], [n, ŋ]. Später entwickeln sie sich jedoch zu eigenständigen Phonemen. Insofern als das A. über vollausgebildete Flexionssysteme für Substantive, Adjektive, Pronomina und Verben verfügt, ist es in sehr viel höherem Maße eine synthet. Sprache als das heutige Englisch. Man hat anhand des Verhältnisses von Morphemen zu Wörtern quantitativ nachgewiesen, daß das A., was seine synthet. Komplexität betrifft, dem Lat. näher steht als dem Neuengl., und daß es auch weiter vom Mittelengl. entfernt ist als das heutige Englisch. Es versteht sich, daß es als stark flektierende Sprache auch eine freiere Wortstellung zuläßt. Im A. gibt es sieben Klassen starker Verben, drei (nach anderer Auffassung zwei) Klassen schwacher Verben, eine Reihe von Präteritopräsentien (hauptsächl. Modalverben) und einige sehr wichtige anomal flektierte Verben. Die Substantive bilden zahlreiche Klassen, wobei freilich von verschiedenen Grammatikern verschieden viele angesetzt werden. Andere morpholog. Unterschiede zum heut. Englisch betreffen die Verwendung des Duals, das wenig entwickelte Relativpronomen und das im A. beachtete grammat. Geschlecht. Im A. fehlt ein analyt. Passiv, Futur und Perfekt; diese Formen werden aber auf synthet. Weise neu gebildet. Das A. hat Lehnwörter aus anderen Sprachen übernommen, vorzügl. lat. und skand., doch verfügt es auch an sich über ausreichende Möglichkeiten der Wortbildung. Der Gebrauch von zusammengesetzten Wörtern ist beispielsweise ein bes. Zug der ae. Poesie, der im späteren Englisch nicht fortlebt.

P. E. Szarmach

Bibliogr.: A.G. Kennedy, A Bibliogr. of Writings on the Engl. Language, 1927; ferner → ae. Literatur, Bibliogr. – *Lit.:* 1. Phonologie und Morphologie: K. Luick, Hist. Grammatik der engl. Sprache, 1914–39 [Neudr. 1964] – A. Campbell, Old Engl. Grammar, 1959 – K. Brunner, Ae. Grammatik (nach der ags. Grammatik von E. Sievers), 1965⁸ – K.H. Wagner, Generative Grammatical Stud. in the Old Engl. Language, 1969 – R. Lass, J.M. Anderson, Old Engl. Phonology, 1975 – 2. Wortschatz: R. Jordan, Eigentümlichkeiten des angl. Wortschatzes, 1906 – H. Gneuss, Lehnbildungen und Lehnbedeutungen im A., 1955 – H. Schabram, Superbia. Stud. zum ae. Wortschatz, 1965 – H. Gneuss, The Origin of Standard Old Engl. and Aethelwold's School at Winchester, ASE I, 1972, 63–83 – 3. Syntax: R. Quirk, C.L. Wrenn, An Old Engl. Grammar, 1957², 59ff. – B. Mitchell, A Guide to Old Engl., 1968², 58ff. – 4. Wörterbücher: J. Bosworth, T.N. Toller, An Anglo-Saxon Dict., 1898; Suppl. T.N. Toller, 1921; Enlarged Addenda to the Suppl., A. Campbell, 1972 – J.R. Clark Hall, H.D. Meritt, A Concise Anglo-Saxon Dict., 1960⁴ – F. Holthausen, Ae. etymolog. Wb., 1963².

Alte Orte → Eidgenossenschaft

Alter, Lebensstufe des Menschen mit rechtl. Bedeutung, v.a. für die Handlungs- und Ehefähigkeit. 1. Für die Berechnung des A.s wurde die Geburt, kirchenrechtl. bisweilen der Taufe zugrunde gelegt. Das röm. Recht unterscheidet zw. *Unmündigen* (impuberes) und *Geschlechtsreifen* (puberes). Eintritt der Pubertät wurde in der Regel bei Knaben mit vollendetem 14., bei Mädchen mit vollendetem 12. Lebensjahr angenommen. Die Pubertät brachte grundsätzl. volle Geschäftsfähigkeit; der noch nicht 25jährige (minor) wurde aber bei Rechtsgeschäften bes. geschützt (exceptio, restitutio, cura minorum), es sei denn, daß er selbst arglistig über sein Alter hinwegtäuschte, »cum malitia suppleat aetatem« (C. 2. 42. 3). Das kanon. Recht übernahm u. a. hinsichtl. der Ehefähigkeit die Pubertätsgrenze des röm. Rechts; eine vorher geschlossene Ehe war jedoch gültig, wenn die Ehewerber tatsächl. geschlechtsreif waren. B. Primetshofer

2. Volljährigkeit (Vogtbarkeit, Mundbarkeit) wurde im germ. Recht ursprgl. individuell nach der Reife bestimmt und durch Haarschur etc. kundgetan. Von den Volksrechten an begegnen Volljährigkeitstermine zw. zehn und 18 Jahren, wobei Ablauf des 12., seit dem Spät-MA des 18. Lebensjahres häufigster Termin ist. Der Minderjährige ist beschränkt handlungsfähig: Er kann bestimmte Handlungen (z.B. gerichtl.) nicht vornehmen, andere nach erreichter Volljährigkeit widerrufen; zudem steht er unter väterl. oder vormundschaftl. Gewalt. Erstere entfällt mit Volljährigkeit nicht von selbst, doch kann dem Sohn die Entlassung aus ihr nicht mehr verwehrt werden. Rechte, die – wie v. a. das sächs. – Minderjährigkeit mit dem 12. Lebensjahr enden lassen (»zu seinen Jahren kommen«), kennen als weiteren Termin den Ablauf des 21. Lebensjahres (»zu seinen Tagen kommen«), bis zu dem die Wirkungen der Minderjährigkeit freiwillig fortdauern können. Sonderaltersstufen gelten u. a. für Ehe-, Testier-, Ämterfähigkeit sowie strafrechtl. Delikts- und Schadenersatzfähigkeit. Letztere werden zw. dem 7. und 14. Lebensjahr (anni discretionis) individuell bestimmt. Dies und manche Sonderaltersstufen manifestieren den Einfluß des kanon. und röm.-gemeinen Rechts. Mit dessen Verbreitung wird die Altersstufe der infantia, die bis zur Vollendung des 7. Lebensjahres Handlungsunfähigkeit bewirkt, im dt. Recht heimisch. Es kennt nunmehr Unmündige, Minderjährige und Volljährige. Volljährigkeit kann auch obrigkeitl. oder letztwillig durch den Gewalthaber oder nach dem Satz »Heirat macht mündig« vorzeitig eintreten. – Wer zu hohem Alter, meist das 60. Lebensjahr (»über seine Tage«), gekommen ist, wird gewisser Pflichten ledig und kann sich freiwillig unter Vormundschaft begeben. → Lebensalter. W. Brauneder

Lit.: DDC I, 315ff. – HRG I, 134ff. – F. L. FERRARIS, Prompta bibliotheca I, 1885, 150–156 – J. FREISEN, Gesch. des kanon. Rechts bis zum Verfall der Glossenlit., 1893, 323 f. – K. A. ECKHARDT, Die Volljährigkeitsgrenze von 24 Jahren, ZRGGermAbt 61, 1941, 1 ff. – H. CONRAD, Dt. Rechtsgesch. I, 1962², 153, 397ff. – M. KASER, Das röm. Privatrecht I, 1971², 83f.; II, 1975², 116ff. – L'Enfant (Rec. Jean Bodin XXXV, XXXIX), 1975.

Alternierende Versmaße → Vers

Alter und neuer Bund → Ecclesia und Synagoge

Alter Stil (stilus, mos, calendarium vetus, -antiquus(m), *alter Kalender*; abgekürzt: st. v.; a. St. o. ä.) in Quellen und chronolog. Werken seit 1582 Bezeichnung des → Julianischen Kalenders im Gegensatz zum → Gregorianischen Kalender (*neuer Stil*). Im a. St. war durch zu hohen Ansatz der Tages- und Mondumlaufslänge ein Überschuß von zehn Tagen angewachsen, der sich durch Beibehaltung der alten Schaltung ab 1. März 1700 auf 11, ab 1. März 1800 auf 12 und ab 1. März 1900 auf 13 Tage erhöhte. Nach a. St. rechneten die meisten kath. Länder Europas verschieden lang bis 1585, einzelne bis ins 18. Jh., Graubünden bis 1812. Die protestant. Gegenden Deutschlands datierten bis 18. Febr. 1700 nach dem a. St., ebenso Pisa und Florenz bis 22. Dez. 1749, England bis 2. Sept. 1752, Schweden bis 17. Febr. 1753 (Sonderregelung für 1700–1712, 1739–1753), Rußland bis 31. Jan. 1918, Jugoslawien bis 19. Jan. 1919, Griechenland bis 16. Febr. 1923, die gr.-orth. Kirche bis 10. März 1924, Rumänien bis 1. Okt. 1924. Schreibweise bei Doppeldatierung: $\frac{\text{a. St.}}{\text{n. St.}}$ (kath. Kanzleien auch umgekehrt) oder Zusatz: *stilo vetere* o. ä. – Umrechnung: Datum a. St. + 10 (bzw. 11, 12, 13) = Datum n. St. Abweichende Osterdaten in den dt. protestant. Gebieten (1724, 1744), in Dänemark (1744), in Schweden, Finnland verschiedentl. bis ins 19. Jh. Nicht zu verwechseln mit *Stil* = → Jahresanfang. W. Schlögl

Lit.: DAHLMANN-WAITZ, 17/1–24, 134–140 – GINZEL III, 257–287 [Lit.] – GROTEFEND, 24–28 – H. KALETSCH, Tag und Jahr, die Gesch. unseres Kalenders, 1970, 80, 84.

Altersversorgung → Familie, → Hospitalwesen
Altes Testament → Bibel
Älteste, Vierundzwanzig → Apokalyptische Motive
Altfranzösisch → Französische Sprache, → Französische Literatur
Altfried, Bf. v. Hildesheim → Hildesheim
Altgallische Liturgie → Liturgie, altgallische
Altgelasianum → Sakramentar
Althochdeutsche Literatur und Sprache
I. Definition und Abgrenzung – II. Überlieferung – III. Geistesgeschichtliche Einordnung.

I. DEFINITION UND ABGRENZUNG: Unter ahd. Lit. und Sprache versteht man das frühma. Schrifttum in hd. Volkssprache von den Anfängen einer schriftl. Überlieferung (6./7. Jh. inschriftl., 8. Jh. handschriftl.) bis gegen Ende des 11. Jh., d.h. also die älteste geschichtl. Stufe dt. Lit. und Sprache. In dieser Zeit ist als Abgrenzung gegen roman. Nachbarschaft im W und S sowie gegenüber der lat. Kirchen-, Gelehrten- und Bildungssprache auch die primär sprachl., sekundär ethn. Selbstbezeichnung *deutsch* entstanden, die sich bis um 1000 allgemein durchgesetzt hat: ahd. *diutisk* seit dem 9. Jh., mlat. theodisce, theodisca lingua seit dem späten 8. Jh., auf der Basis von frühahd. *þeudisk* 'zu unserer *þeoda* (Volksgruppe) gehörig', neben dem mlat. teutonicus (nach dem germ. Völkernamen Teutoni, -es zum selben Wortstamm) erscheint. Die Entwicklung und Ausbreitung des Wortes *deutsch* darf als wichtigstes Indiz für die Genese eines volkssprachl. Bewußtseins gewertet werden, das gleichzeitig Grundbedingung für die Entstehung der ahd. Lit. ist. Sprachgeschichtl. spiegelt sich darin außerdem der allmähl. Integrationsvorgang der südgerm. Stammesdialekte von Franken, Baiern und Alemannen zum zunehmend vereinheitlichten Ahd., das schreibsprachl. im Rahmen des ostfrk. Reichsverbandes (ahd. *ōstarrîchi* 'Ostreich') näher zusammenrückt. Nur teilweise wird die absterbende Sprache der Langobarden des 7. bis 9. Jh. in Oberitalien in das Ahd. integriert. Die nächsten Verwandten des Ahd. sind im N das noch stark nordseegerm. bestimmte, aber vom frk. Ahd. her beeinflußte As., im NW das Anfrk.-Andl., im W die im 9. Jh. dem Afrz. erliegende Sprache der Westfranken. Von allen zeitl. vergleichbaren germ. Sprachen ist das Ahd. durch die mehr oder weniger vollständige Durchführung der hd. oder zweiten Lautverschiebung t, p, k > tz, pf, kχ/ch bzw. 33 (ss), ff, ch sowie d > t und *þ* > d gekennzeichnet, die sich von S nach N in abnehmender Staffelung im Zeitraum vom 5./6. bis 8./9. Jh. vollzieht, so daß auch die Innengliederung des Ahd. in Dialekte weitgehend dadurch bestimmt wird.

II. ÜBERLIEFERUNG: Das ahd. Schrifttum wird durch rund 25, fast ausschließl. *klösterl. Überlieferungsorte* in weiter räuml. und mundartl. Streuung bestimmt, wie sie im Gefolge der ir., ags. und westgot.-frk. Mission des 6.–8. Jh. entstanden sind und sich in die benediktin. Reichsklosterkultur eingefunden haben. So ist auch die »Regula S. Benedicti« im frühen 9. Jh. im Kl. St. Gallen in das Ahd. übersetzt worden. Am Frühahd. haben über 30 festländ. (frk., thür., alem., langob.) *Runeninschriften* teil, die bereits vorwiegend chr. sind und dem 6./7. Jh angehören. Am Anfang der außerinschriftlichen ahd. Schreibtradition stehen seit dem 8. Jh. Namen und Sachwörter in *Urkunden, Geschichtsquellen* oder *Leges-Texten* (diese bis ins 7. Jh. zurückreichend), sodann durch die ganze ahd. Zeit niedergeschriebene Glossen zu lat. Texten (bes. Bibel und Schulautoren) und lat.-ahd. *Glossare* aus über 1000 Hss., welche zusammen mit den Namen (ON, v. a. aber PN) den Hauptanteil des ahd. Sprachmaterials ausmachen. Bereits in der 2. Hälfte des 8. Jh. werden dabei zwei Bildungsströme greifbar: ein süd-nördl. von Oberitalien nach Baiern, durch die Glossarhs. → »Abrogans« vertreten; ein nordwestsüdöstl. aus dem ags. Kulturraum in das frk. Gebiet, v. a. nach Fulda und von dort weiter ausstrahlend, durch den sog. »Vocabularius S. Galli« (nach der späteren Bibliotheksheimat) vertreten (ältestes lat.-ahd. Sachglossar). Aus der lat.-ahd. Glossierungstätigkeit erwächst in einzelnen Kl. wie Fulda, Weißenburg, Murbach, Reichenau, St. Gallen, Freising, Regensburg und Mondsee weitgehend unabhängig voneinander die volkssprachl. Textübersetzung, die sich seit dem späten 8. Jh. stufenweise von der Interlinearversion (Form-für-Form-Umsetzung mit ahd. Text zw. den lat. Zeilen, z. B. ambrosian. »Murbacher Hymnen«, Hauptteil nach 800 auf der Reichenau verfaßt) über die interlinearartige, noch eng an der lat. Vorlage gebundene Form (z. B. »Tatian«-Evangelienübersetzung in Fulda um 830 unter Abt → Hrabanus Maurus) bis zur freien, sogar kommentierenden spätahd. Übersetzungskunst (→ Notker III. der Dt. in St. Gallen, um 950–1022; → Williram, Abt v. Ebersberg, um 1010–um 1070) entwickelt, vom frühen Sonderfall der Isidorübersetzung nach 800 im W des ahd. Sprachgebiets abgesehen. *Ahd. Prosa* besteht fast nur aus Übersetzungen: sie reichen vom NT (»Tatian«, um 830 Fulda) und AT (Ps, bes. Notker III.–; Paraphrase des Hld durch Williram) sowie daraus gezogenen katechet. und hymn. Texten (Paternoster, Cantica) über Rechtslit. (z. B. Lex Salica Karolina, Mainz Anfang 9. Jh., → »Straßburger Eide« afrz. – ahd. von 842) bis zum fast vollen Spektrum der septem – artes liberales bei Notker III. (u. a. Boethius, Martianus Capella) und zum spätahd. → »Physiologus« (2. Hälfte 11. Jh.). Die Übersetzungshaltung bleibt durch die gesamte ahd. Zeit auf die Grundsprache des Latein ausgerichtet. Die *dichter. Überlieferung* des Ahd. ist zwei völlig verschiedenen Ursprüngen verpflichtet, die sich z. T. vermischen. Auf der einen Seite stehen die absterbenden, teilweise in Umformung begriffenen Reste einer agerm. Lit. in Stabreimtechnik (→ Alliteration), allen voran als einziges dt. Heldenlied das »Hildebrandslied«, auf älterer bair. Grundlage in ostfrk.-as. Mischsprache im 2. Viertel des 9. Jh. in Fulda niedergeschrieben, sodann die altertüml. heidn.-germ. »Merseburger Zaubersprüche« (10. Jh.) und die Runenmerkverse des »Abecedarium Nordmannicum« (1. Hälfte 9. Jh. durch → Walahfrid Strabo vermutl. in Fulda aufgezeichnet). Chr. Umformung zeigen das »Wessobrunner Schöpfungsgedicht« (1. Viertel 9. Jh.) und das eschatolog.-predigthafte »Muspilli« (bair., mit rheinfrk. Spuren, 3. Viertel 9. Jh.), beide in stabenden Langzeilen verfaßt. Mischung von Stab- und Endreim begegnet in vielen verchristlichten Segensformeln (z. B. »Lorscher Bienensegen«, 10. Jh.). Auf der anderen Seite entwickelt sich seit der 2. Hälfte des 9. Jh. nach frühchr.-mlat. Vorbild eine geistl. Endreimdichtung, die sich als *sacra poesis* versteht und in der Bibeldichtung erfüllt. Ihr erster und als einziger namentl. bekannter Vertreter ist → Otfrid v. Weißenburg (um 800–nach 870), dessen Evangelienharmonie die erste große dt. Reimdichtung darstellt. Daneben stehen kleinere anonyme Bibel- und Legendendichtungen, ferner das verlorene, nur in mlat. Umdichtung erhaltene »Galluslied« Ratperts v. St. Gallen aus dem letzten Viertel des 9. Jh.

III. Geistesgeschichtliche Einordnung: Im Rahmen des europ. FrühMA bedeutet ahd. Lit. 1. *katechet.-kirchl. Gebrauchslit.* pragmat. Ausrichtung im Sinne von Glaubensverfestigung und Kirchenorganisation (katechet. Texte Paternoster, Credo, Beichten, weitere Gebete, Priestereid, Benediktinerregel, Predigt, Kosmogonie und Eschatologie); 2. *chr.-antike Schullit.* zur primär theolog. ausgerichteten Bildungsaneignung in Kl.- und Domschulen (Glossen, Glossare, Bibelübersetzung, Bibelkommentierung, Wissenschaftslit.); 3. *chr. Bibel-, Hymnen- und Legendendichtung* in der klösterl.-kirchl. Gemeinschaft, seit karol. Zeit aus dem renaissancehaften Wettstreit mit der lat. Antike entstanden; 4. volkssprachl. Fixierung von geltendem *Recht* (Legeswörter, Lex-Salica-Übersetzung, Markbeschreibungen, Kapitularienübersetzung); und erst zuletzt 5. *agerm. Randlit.* von monumentaler Resthaftigkeit (Heldenlied [»Hildebrandslied«], Zaubersprüche). Innerhalb der agerm. Lit. ist die ahd. Lit., weil westeurop.-chr. und von der Antike her maßgebl. überschichtet, das schwächste Glied. Dafür ist sie entscheidende sprachl.-dichter. Vorschule für die spätere Entfaltung der mhd. Lit. seit dem 12. Jh. geworden, nicht im Sinne direkter Nachwirkungen, die ganz vereinzelt bleiben (Notker III., Williram), sondern durch ein dem Dt. neu gewonnenes, überregional tragfähig gewordenes Sprachinventar chr.-antiker Bildung und spirituell vertiefter Innerlichkeit. Sprachl. ist das Ahd. bes. in Wortschatz und Syntax durch Lehnwörter, Lehnprägungen und Übersetzungen stark durch das lat. Vorbild bestimmt, an dem sich die neue volkssprachl. Schriftlichkeit heranbildet. So vollzieht sich mit dem Ahd. die erste dt. Rezeption der Antike.

S. Sonderegger

Lit.: S. Sonderegger, Ahd. Sprache und Lit. Eine Einf. in das älteste Dt. (Slg. Göschen 8005), 1974 [Bibliogr.]. – I. Knight Bostock, A Handbook on Old High German Lit., neu bearb. K.C. King–D.R. McLintock, 1976 [Bibliogr.].

Altichiero da Zevio, bedeutendster Veroneser Maler in der 2. Hälfte des 14. Jh., * um 1320/30 in Zevio bei Verona, arbeitete v. a. als Freskomaler in Verona, wo er erstmalig am 2. März 1369 als *pintore* gen., und in Padua, wo er zum letzten Mal am 29. Sept. 1384 anläßl. einer Verhandlung am Hof von Carrara erwähnt wird. Innerhalb dieses Zeitraumes gibt es nur spärl. Nachrichten über seine Werke, von denen v. a. drei Arbeiten seinen Ruf begründet haben: der Zyklus in der Cappella di S. Felice in der Basilika S. Antonio in Padua, mit einer Kreuzigung und Szenen aus dem Leben des hl. Jakob, die laut einer Abschlußrechnung des Auftraggebers Bonifazio Lupi, Mgf. v. Soragna, 1379 vollendet gewesen sein müssen, sodann ein Zyklus mit Szenen aus dem Leben Christi und der Hl. Lucia, Katharina und Georg im Oratorio di S. Giorgio, Padua, aus der Zeit um 1378–84 und schließl. das Votiv-Fresko mit den Rittern der Familie Cavalli in S. Anastasia zu Verona, das aus stilist. Gründen nach 1385 entstanden sein wird. Offenbar hat A. mehrfach mit einem beinahe gleichrangigen Gehilfen gearbeitet, Jacopo Avanzo aus Bologna, dessen Signatur man auf einem der Fresken im Oratorio di S. Giorgio findet und den Paduaner Geschichtsschreiber Michele Savonarola 1440 mit den Fresken in S. Felice in Verbindung bringt. Die Kunst A.s zeigt sich am reinsten im großen Kreuzigungsfresko in der Cappella di S. Felice, einer monumentalen, räuml.-illusionist. geordneten Komposition, die das Thema in Erweiterung genrehafter Szenen über das bis dahin Geläufige hinaushebt. Seine Erzählfreude verdichtet das Geschehen zu vielfigurigen Szenen von großer Unmittelbarkeit, die in der Entwicklung zu einer breiteren Erfassung der Wirklichkeit und Porträthaftigkeit vieler Köpfe das Unbestimmt-Allgemeine der Malerei vor ihm überwindet. Im Gegensatz zu dem großartig einfachen Raumschema → Giottos, dessen Fresken A. in Padua studieren konnte, dominiert in seiner Malerei die Vielgestaltigkeit eines erzählenden, vielleicht von → Tomaso da Modena angeregten Naturalismus, mit oft kühner, die Umwelt phantasievoll steigernder, aber auch von vorhandenen Bauwerken inspirierter Architekturdarstellung. Aus der Einheitlichkeit der Farbabstimmung im Zusammenwirken von Architektur, Landschaft und Figuren resultiert eine Betonung des Malerischen, die erlaubt, geradezu von einem Komponieren aus der Farbe zu sprechen. V. a. diese sich von der Florentiner Malerei deutl. absetzenden Neuerungen sind es, die bald Nachahmung fanden in Parma, Bologna und bis hin nach Umbrien sowie am Prager Hof, wo Künstler aus Treviso die böhm. Malerei entscheidend mitgestalteten. J. M. Plotzek

Lit.: P. Schubring, A. und seine Schule. Ein Beitr. zur Gesch. der oberit. Malerei im Trecento [Diss. Leipzig 1898] – G. L. Mellini, A. e Jacopo Avanzi, 1965 [vgl. Rez., Kunstchronik 1966, 335ff.] – H.-W. Kruft, A. und Avanzo. Unters. zur oberit. Malerei des ausgehenden Trecento, 1966.

Altieri, Familie aus dem röm. Stadtadel, auf die sich die Kurie beim Konsolidierungsprozeß des Kirchenstaates zw. dem 15. und 16. Jh. stützen konnte, die aber aus verschiedenen Ursachen auf eine Nebenrolle beschränkt blieb. Die A. führten ihren Ursprung auf die Zeit Ks. Ottos III. zurück. Sie waren Herren v. Oriolo und Veiano und besaßen bedeutenden Grundbesitz (Weideland) in dem zu Latium gehörenden Teil Tusziens. Unter den Mitgliedern der Familie ist außer → A., Marcantonio ein Lorenzo zu nennen, der im 14. Jh. Conservator populi Romani war (in seine Amtszeit fiel die Bleiverkleidung der Pantheonkuppel). Die Familie erlosch im Mannesstamm mit Emilio Bonaventura, dem späteren Papst Clemens X. (1670–76). Da der Papst jedoch seine Nichte Caterina adoptierte, ging der Name auf die Albertoni-Paluzzi über. M. Miglio

Lit.: P. E. Visconti, Città e famiglie nobili e celebri dello Stato Pontificio III, 1847, 524-638.

Altieri, Marcantonio, * 1450 in Rom, † 1532. Eltern: Girolamo A. und Nicolaa Capodiferro.⚭ 1472 Gregoria degli Albertoni Paluzzi. Er bekleidete zahlreiche öffentl. Ämter, ohne jedoch seine humanist. und lit. Interessen zu vernachlässigen, die er schon in seiner Jugend unter der Leitung des → Pomponius Letus gepflegt hatte. Am 6. Juli 1482 wurde er von Papst Sixtus IV. zum Kastellan der Burg von Viterbo ernannt. Seine polit. Tätigkeit, die auf die Beilegung der Zwistigkeiten zw. der Kurie und dem Adel abzielte, trat v. a. anläßl. der »Pax romana« des Jahres 1511 hervor. Seit 1525 war er Guardian der *Confraternita dei Raccomandati all' Immagine del Salvatore ad Sancta Sanctorum,* deren Grundbuch und Privilegienliste er bearbeitete. 1527 versuchte er der Plünderung von Rom zu entgehen, wurde jedoch verhaftet und erst gegen Kaution freigelassen. Er verfaßte »Li Nuptiali« (ed. E. Narducci, 1837), ein Sittengemälde seiner Zeit, und die »Baccanali« (noch nicht veröffentlicht), die ein wertvolles Dokument für die Geschichte des Pontifikats von Julius II. (1503-13) darstellen.

M. Miglio

Lit.: DBI II, 560f. – A. Schiavo, Palazzo Altieri, 1962, passim – C. Gennaro, La ›Pax romana‹ del 1511, ASRSP Ser. III, 90, 17-47.

Altkirchenslavische Sprache → Kirchenslavische Sprache

Alt- (Staraja) Ladoga, frühstädt. Siedlung am w. Ufer des 12 km weiter n. in den Ladogasee mündenden Volchov, altnord. Aldeigia oder Aldeigiuborg gen., verdankt seine Bedeutung der Lage an einem von den ö. Ostseegebieten in das n. Osteuropa zur Wolga und zum Dnjepr führenden Flußhandelsweg. Bei den Ausgrabungen seit dem späten 19. Jh. wurden auf einem von hohen Erdwällen umgebenen Areal s. des heut. gleichnamigen Ortes mindestens fünf Siedlungsschichten von insgesamt 3 m Mächtigkeit mit Resten von regelmäßig angeordneten Holzwegen und -häusern (Blockbauten unterschiedl. Größe) festgestellt. Das Fundmaterial weist auf Ackerbau, Tierhaltung, Jagd, Fischfang, Metall-, Knochen- und Hornverarbeitung, schließl. auf Handelstätigkeiten der dort lebenden Bevölkerung hin; in seinem Formengut läßt es Verbindungen mit ostskand., ostslav. und finn.-ugr. Gebieten erkennen. Die ältesten Funde sind entgegen früherer Auffassung in das 9./10. Jh. zu datieren; ob zu dieser Zeit schon der Platz umwallt war, ist nicht gesichert. Nach der Nestorchronik hielt sich Rurik 862 in A.-L. auf, ehe er kurz darauf nach Novgorod übersiedelte.

Trotz der Überflügelung durch Novgorod seit dem 11. Jh. bestand die Niederlassung weiter. Zu Beginn des 12. Jh. wurde n. von ihr eine Steinburg mitsamt zugehöriger offener Siedlung und mehreren Kirchen errichtet. A.-L. diente seit dieser Zeit als wichtiger Stützpunkt für die nach Karelien und zu den Weißmeergebieten ausgerichtete ostslav. Expansion.

Aus der näheren Umgebung sind an den Uferrändern des Volchov zahlreiche Hügel (*sopki*) erhalten, mit Brandbestattungen, die – falls Beigaben vorhanden – slav. (Kriviçen) oder skand.-finn. Bevölkerungsgruppen zugewiesen werden können. M. Müller-Wille

Lit.: Hoops[2] I, 220-225 [mit weiterer Lit.] – Słow Star Słow 3, 1967, 110-112 – O. Davidan, Stratigrafija nižnego sloja Staroladožskogo gorodišča i voprosy datirovki. Archeologičeskij sbornik 17, 1976.

Altlandschaftsforschung, wissenschaftl. Untersuchung eines vom Menschen in prähist. oder hist. Zeit gestalteten Erdraums. Durch Verknüpfung naturwissenschaftl., arch., geogr., hist.-landeskundl. und namenkundl. Arbeitsweisen wird eine Vorstellung von früheren räuml. Zuständen und Vorgängen erarbeitet, die sich v. a. in der kartograph. Darstellung niederschlägt. Die A. beginnt mit der Untersuchung der Naturbedingungen, da sie Besiedlung, Wirtschaft und Verkehr beeinflußt haben. Das Klima war auch in hist. Zeit labil. Da es sich nicht im gesamten geogr. Raum des MA gleichartig verändert hat, sind regionale Forschungsansätze unerläßlich. Die Auswertung von Pollendiagrammen, Jahresringen, von Chroniken und Witterungsaufzeichnungen bieten die wichtigsten Grundlagen. Im Zusammenhang mit Klimaschwankungen stehen Veränderungen in der Höhe des Meeresspiegels, die z. B. in der Nordsee im frühen und späten MA zu Transgressionen geführt haben. Klimaschwankungen, ebenso aber auch anthropogene Ursachen (z. B. Mühlenstau) sind ferner für Veränderungen in der Wasserführung von Flüssen verantwortlich. Bodensedimente, Luftbilder, arch. Befunde, schriftl. Dokumente und ältere kartograph. Werke (Flurkarten, Katasterpläne) bilden weitere Ausgangspunkte. Da es sich bei Böden um gewordene und sich wandelnde, von anderen veränderl. Erscheinungen der Landesnatur und -kultur abhängige Gebilde handelt, die durch Einwirkungen des Menschen erhebl. Wandlungen erfuhren, reichen zur Beurteilung ma. Verhältnisse Rückschlüsse von heut. Böden nicht aus. Die Erforschung der natürl. und der naturnahen Vegetation, der Kulturpflanzen und der Tierhaltung bringt grundlegende Erkenntnisse zum Verständnis ma. Besiedlung und Wirtschaft und des Handelsverkehrs. Vegetationsgeschichte, Paläoethnobotanik und Haustierkunde liefern in Verbindung mit Archäologie des MA und hist. Geographie die bedeutendsten Methoden. Die Untersuchung der Bevölkerung als wichtigstes Agens zielt ab auf ihre Verteilung und Dichte, ihre Zahl und gesellschaftl. Gliederung. In den letzten Jahren haben Anthropologie und Archäologie neue Methoden zur Bestimmung der Einwohnerzahlen von Siedlungen entwickelt. Das Siedlungsgefüge mit seinen Verkehrswegen und Nutzflächen, das an naturräuml. Bedingungen angepaßt und von Kulturbedingungen abhängig ist, steht im Mittelpunkt der A. Ein bes. wichtiges Teilgebiet, das mehrere Fächer umfaßt, ist dabei die Wüstungsforschung. Kenntnisse über Lagerstätten, Technologie und Handelswege sind zur Erforschung der Verbreitung und Arbeitsweise von Gewerben und Industrien erforderlich. Bei der Landwirtschaft sind neben der Ermittlung der Flurformen die Betriebsformen, Bodennutzungssysteme, Anbaufrüchte und Tierhaltung bes. wesentlich. Durch ihre Fragen nach den Veränderungen der Erdoberfläche durch den Menschen hat sich die A. zu einem wichtigen Teil der Umweltforschung entwickelt. H. Jäger

Lit.: Hoops² I, 225-233 – Niedersächs. Landesinstitut für Marschen- und Wurtenforsch., Probleme der Küstenforsch. im s. Nordseegebiet, erscheint seit 1940, bisher 11 Bde – E. Lange, Botan. Beitr. zur mitteleurop. Siedlungsgesch., 1971 – E. Gottschalk, Stormvloeden en Revieroverstromingen in Nederland, 3 Bde, 1971-77 – H. Jäger, Hist. Geographie, 1973² – D. Denecke, Hist. Siedlungsgeographie und Siedlungsarchäologie des MA, ZAMA 3, 1975, 7-36 – H.M. Kiefmann, Die Tiefenkarte des Gr. Plöner Sees als Beitr. zur Erforsch. einer frühen Kulturlandschaft..., Offa 32, 1975, 16-29 – U. Sporrong, Gemarkungsanalyse in Wangelau (Krs. Hzm. Lauenburg), Offa 32, 1975, 57-78 [skand. Lit.] – W. Abel, Die Wüstungen des ausgehenden MA, 1976³ – K.E. Behre, Beginn und Form der Plaggenwirtschaft in NW-Deutschland nach pollenanalyt. Unters. in Ostfriesland, Neue Ausgrabungen und Forsch. in Niedersachsen 10, 1976, 197-224 – H. Jankuhn, Einf. in die Siedlungsarchäologie, 1977 – Vgl. auch Lit. zu Kolonisation und Landesausbau, Wüstung.

Alt-Lübeck, am Zusammenfluß von Schwartau und Trave lag *Lubecke* (→ Helmold v. Bosau), ein slav. Burgwall. Die gleichnamige Hansestadt entlehnte den Namen. Funde seit frühslav. Zeit (Ende 7./8. Jh.), Blütezeit Mitte 11.-Mitte 12. Jh. als Residenz Heinrichs, des Samtherrschers der → Abodriten. Nach Angriffen durch die → Ranen und Zerstörung 1138 nicht wieder aufgebaut. Eine Curie des Lübecker Bf.s folgte, die im späten MA aufgegeben wurde. – Im ovalen Wall mit Holzerdekonstruktion wurde 1852 die Grundmauer einer Saalkirche mit Apsis und Giebellaube entdeckt. Die Lage und reiche Gräber im Innern bezeugen eine Eigenkirche Heinrichs. Ein Fürstensitz wird nach Funden w. der Kirche vermutet, Unterkünfte der Besatzung sind unbekannt, dagegen sind Metallwerkstätten nachweisbar, vielleicht Münze Heinrichs. Im ö. Vorgelände keine, im W nur geringe Siedlungsspuren. Zw. Wall und Trave Blockhäuser von Handwerkern (Drechsler-, Leder-, Metallgewerbe). Pfähle an der Trave stammen vielleicht von der erwähnten Brücke. Jenseits der Trave (Teerhofinsel) wird nach alten Funden die von Helmold erwähnte »Colonia non parva mercatorum« vermutet, ebenso die zweite Kirche (»Hügelkirche«). Die bisherigen Grabungen ergaben trotz der Bezeugung als Handelsort wenig Importfunde. H. Hinz

Lit.: W. Neugebauer, A.-L., ein Forschungsber., Offa 21-22, 1964-65, 128 ff. – Ders., A.-L. und Lübeck (H. Hinz, Kiel Papers '72, 1972), 91 ff. – Ders., Der Stand der Erforsch. A.-L. (H. Jankuhn, Vor- und Frühformen der europ. Stadt im MA, 1974), 231 ff.

Altmann. I. A., Bf. *v. Passau* seit 1065, * 1010/20, † 8. Aug. 1091 in Zeiselmauer bei Göttweig (Niederösterreich), ⌐ Stiftskirche Göttweig; stammte aus westfäl., anscheinend nach Sachsen und Baiern verzweigter Adelsfamilie; Schüler, dann Domscholaster in Paderborn, noch vor 1056 Stiftspropst in Aachen, zugleich Hofkaplan Heinrichs III., dann der Ksn. Agnes; befreundet mit dem Ebf. Gebhard v. Salzburg (1060-88) und dem Bf. Adalbero v. Würzburg (1045-90). A. nahm 1064-65 an der großen dt. Pilgerfahrt ins Hl. Land teil (Lampert zu 1065); Erhebung zum Bf. auf Wunsch der Ksn., mit der er auch weiterhin in Verbindung stand. Die (großenteils nicht näher datierbaren) Aktionen seines Reformeifers galten über die Kl. hinaus (Kremsmünster 1065/83, Melk 1089) v. a. dem Klerus: A. wurde der Wegbereiter des schon großenteils augustin. regulierten Kanonikertums im Dt. SO (Gründung von St. Nicola vor Passau und Rottenbuch vor 1073/74, Anfänge von Göttweig um 1076, Reform von St. Florian und St. Pölten) und verkündete, freil. unter tumultuar. Widerspruch seines Diözesanklerus, die strengen Zölibatsgebote Gregors VII. (26. Dez. 1074 oder 1075). Sein zunächst gutes Verhältnis zu Heinrich IV. (MGH DD H. IV: 188, 6. März 1067, für Passau; 273, 25. Mai 1074 für St. Nicola; Vermittlung im Sachsenkrieg 1075) endete mit dem Ausbruch des Investiturstreites: A. wurde ein kompromißloser Gregorianer, ein sowohl kirchl. wie polit. unversöhnl. Gegner des Kg.s. Er blieb der Wormser Versammlung vom 24. Jan. 1076 fern, wohnte als päpstl. Legat den Verhandlungen der Fürstenopposition in Ulm und Tribur bei (Sept.-Okt. 1076) und empfing bußbereite Bf.e. 1077 befand er sich aber, offenbar ohne Legatenfunktion, im Gefolge des Gegenkönigs Rudolf. Darüber verlor er seine Bischofsstadt, die Anfang 1078 ztw. von Heinrich IV. besetzt wurde. Er trat auf der röm. Fastensynode 1079 gegen Heinrich auf, blieb anscheinend ein Jahr lang in Rom und wurde auf der Fastensynode 1080 zum ständigen Legaten in Teutonicis partibus mit Rekonziliationsvollmachten und polit. Aufträgen bestellt (Registerbriefe IX 3. 10 Gregors VII., 1081). Er wirkte mit dem Abt Wilhelm v. Hirsau zusammen und suchte – vergeblich – in Konstanz einen Gegenbischof durchzusetzen (1080), doch ist über seine Legation, die auch noch unter Urban II. galt, sonst kaum etwas bekannt. A. blieb offenbar auf den Osteil seiner Diöz. beschränkt; dort aber fand er ztw. (1081-82) Rückhalt an Mgf. Leopold II. v. Österreich und konnte 1083 das Stift → Göttweig weihen, in dem er wohl meist Aufenthalt nahm. Der Zerfall der Opposition im Episkopat, die formelle Absetzung durch den Ks. (1085; Gegenbischöfe Hermann 1085-87, Thiemo 1087-92?) änderten nichts an seiner Haltung. Weiheakte in Lambach (1089) und Salzburg (1090) sind die jüngsten Nachrichten. Schon früh als Hl. verehrt, wurde A. jedoch nicht kanonisiert (Billigung des Kultes erst im 19. Jh. für Passau, Linz, St. Pölten, Wien). Sein Reformwerk kam infolge der kirchenpolit. Wirren nur in Rottenbuch zu stetiger Entfaltung; seine Stiftungen bedurften sehr bald eines Neuansatzes oder wurden umgewandelt, so Göttweig 1094 in ein Kl.
Th. Schieffer

Q.: Zu den (unechten) Urk. A.s zuletzt S. Haiser, Passau-St. Florian-St. Pölten (Sankt Florian. Erbe und Vermächtnis, 1971), 36-49 – Der »Liber canonum contra Heinricum quartum« ist zu Unrecht A. zugeschrieben worden; vgl. dazu F. Thaner, MGH L.d.L. I, 471 f. Hagiograph.-hirsauisch getönte Vita eines Göttweiger Mönches um 1140, hg. W. Wattenbach, MGH SS 12, 223-243; dazu A. Lhotsky, Quellenkunde zur ma. Gesch. Österreichs, 1963, 205 ff. u. ö. – Lit.: DHGE II, 826 f. – LThK² I, 402 f. – NDB I, 225 f. – Hauck III, passim – G. Meyer v. Knonau, JDG unter Heinrich IV. und V. 2-4, 1894-1903 [Nachdr. 1964-65], passim – O. Schumann, Die päpstl. Legaten in Dtl. 1056-1125 [Diss. Marburg 1912], 30-35 – R. Bauerreiss, KG Bayerns 2, 1951, 51 f., 98-103 u. ö. – J. Oswald, Beitr. zur Gesch. des Bf.s A. v.

Passau, Ostbair. Grenzmarken 4, 1960, 212-226 – Der hl. A., hg. Abtei Göttweig, 1965 – K. LECHNER, Unsere Heimat [Wien] 37, 1966, 82-91 – E. MEUTHEN, Die Aachener Pröpste, Zs. des Aachener Geschichtsvereins 78, 1967, 19f.

2. A. v. St. Florian, Propst des Augustinerchorherrenstiftes St. Florian (bei Linz an der Donau) von 1212 bis zu seinem Tod 1221/23, * um 1150, besuchte unter → Rahewin die Freisinger Domschule. Wo er seine Studien vertiefte, entzieht sich vorläufig unserer Kenntnis. Neben hagiograph. Werken (metr. Bearbeitungen der Viten der Hl. Afra, Florian und Blasius) verdanken wir ihm den umfangreichsten lat. Kommentar zum Hld (über 3000 Hexameter), in dem die einschlägige Lit. souverän verarbeitet wurde. Im Zusammenhang mit der Frührezeption bzw. Verbreitung des gelehrten Rechts verdienen v. a. seine kanonist. Werke Beachtung, darunter eine systemat. Bearbeitung des Kirchenrechts (»Ysagoge iuris«) auf der Grundlage des Decretum Gratiani u. der Dekretalen bis zur Compilatio IV in mehr als 5000 Hexametern. W. Stelzer

Lit.: Verf.-Lex² I, 308-310 – W. STELZER, A. v. St. F., MIÖG 84, 1976, 60-104.

Altmark (Antiqua marchia, Olde Marck), ältester, w. der Elbe gelegener Teil der Mark Brandenburg. Das Gebiet, in das im 7. Jh. slav. Siedler eingewandert waren, wurde in karol. Zeit ins Reich einbezogen (→ Höhbeck). In otton. Zeit Teil der Mgft. der Nordmark, blieb es nach dem Slavenaufstand von 983 als Rest der Mark unter dt. Herrschaft und wurde durch eine Kette von Burgen (Werben, Arneburg, Tangermünde) gesichert. 1134 wurde → Albrecht d. Bär von Lothar III. mit der Nordmark belehnt. Die Mgf.en aus dem Hause der Askanier konsolidierten ihre Herrschaft in der A. durch Verdrängung der Burggrafen v. Arneburg und der Gf.en v. Osterburg, Gardelegen und Hillersleben. Die A. wurde zur Heimat zahlreicher brandenburg. Adelsgeschlechter, die aus der askan. Ministerialität hervorgingen. Das in mehrere Vogteien gegliederte Gebiet wurde erst seit dem 14. Jh. als 'Altmark' bezeichnet. Kirchl. gehörte die A. seit der karol. Mission zu den Bm.ern Halberstadt und Verden. Kolonisator. Maßnahmen, bes. seit Albrecht d. Bären, verstärkten ständig das dt. Element. Nur in der nw. A. bewahrten die zu den Polaben zählenden Slaven ihre Sprache und Lebensformen z. T. bis in die frühe Neuzeit. Die bedeutendsten Städte waren im MA Stendal (gegr. um 1160 durch Albrecht d. Bären) und Salzwedel. H. K. Schulze

Lit.: J. SCHULTZE, Nordmark und A., JGMODtl 6, 1957, 77-106 – H. K. SCHULZE, Adelsherrschaft und Landesherrschaft. Stud. zur Verfassungs- und Besitzgesch. der A., des ostsächs. Raumes und des hannoverschen Wendlandes im hohen MA (Mitteldt. Forsch. 29), 1963 – DERS., Die Besiedlung der A. (Fschr. W. SCHLESINGER I, 1973 [Mitteldt. Forsch. 74/I]), 138-158.

Altneuschul → Synagoge

Altniederdeutsch → Altsächsische Sprache und Literatur

Altnordische Literatur

I. Allgemeines – II. Sprachgeschichtliche Voraussetzungen – III. Überlieferung – IV. Gattungen.

I. ALLGEMEINES: A. L. ist die volkssprachige Lit. der nordgerm. Länder von etwa 800 bis 1500, vom Beginn der Wikingerzeit bis an die Schwelle der Reformation. Im engeren Sinne versteht man darunter die Lit. der westnord. Länder, d. h. Norwegens und bes. des von dort besiedelten Island, in denen – neben Rechtsbüchern, Geschichtswerken, religiösen und didakt. Texten – die genuin nord. Gattungen → Edda, → Skaldendichtung und → Saga zu Hause sind. Im weiteren Sinne zählt dazu auch die Lit. der ostnord. Länder, d. h. Schwedens und Dänemarks, deren Beitrag sich auf Rechtsbücher und solche Texte beschränkt, die von vornherein im mehr oder weniger engen Zusammenhang mit kontinentaleurop. – meist über das Nd. vermittelten – Literaturtraditionen stehen: geistl. Erbauungstexte, → Reimchroniken, Balladen (→ Folkeviser), im geringen Maße höf. Versepik (→ Eufemiavisor).

Der Terminus »altnordisch« ist demnach in zweierlei Hinsicht ungenau und mißverständlich: 1. wird er häufig gleichgesetzt mit »altwestnord.« oder »altisländ.«, 2. entspricht er nicht der gewohnten Nomenklatur, da er einen Zeitraum umfaßt, der in den westgerm. Sprachen in zwei Abschnitte (z. B. Althochdeutsch/Mittelhochdeutsch) geteilt wird. Er suggeriert damit den Eindruck zeitloser Altertümlichkeit und fördert die einseitige Blickrichtung auf das – oft nur vermeintlich – Genuine, die Vernachlässigung der Tatsache, daß sich die a. L. nicht in der Tradition altgerm. Denkens und Dichtens erschöpft, sondern zugleich auch im Kontext der europ. Literaturbeziehungen des MA steht. Zwar kann sich dadurch, daß der Norden erst um die Jahrtausendwende christianisiert wird – also mehrere Jhh. später als das westl. und südl. Europa –, die heidnische Kultur während der Wikingerzeit (vom Ende des 8. bis zur Mitte des 11. Jh.) noch einmal voll entfalten, aber auch die chr. Mission ist – zumindest soweit sie von den brit. Inseln kommt – eine Frucht der auswärtigen Kontakte, die sich durch die Wikingerzüge ergeben. Die Bedeutung der a. L. liegt deshalb nicht zuletzt in der Fähigkeit, die ständigen Einflüsse von den westl. Inseln und vom südl. Kontinent, die spätestens seit der Wikingerzeit zum Norden kommen, auf eine durchaus selbständige Weise den eigenen Kunstprinzipien anzuverwandeln.

Die mlat. Überlieferung – ohnehin erst seit der Christianisierung denkbar – ist in ihrem Anteil gegenüber der volkssprachigen im Norden denn auch schwächer vertreten als in den kontinentalen europ. Literaturen. Erwähnenswert sind einige Namen aus dem ostnord. Bereich: zunächst in Dänemark der Kreis von Dichtern und Gelehrten, der sich um 1200 im Umkreis des Ebf.s → Absalon bildet – Anders Sunesen (→ Andreas filius Sunonis) – → Sven Aggeson und bes. → Saxo Grammaticus (dessen »Gesta Danorum« ihre Eigenständigkeit dadurch beweisen, daß sie die Geschichte nicht, wie üblich, in den christl. Heilsplan einordnen, sondern aus der einheim. Mythen- und Sagentradition begründen) –, ferner in Schweden der Dominikaner → Petrus de Dacia, der in der 2. Hälfte des 13. Jh. die Visionen der köln. Begine Christine v. Stommeln beschreibt, und der 1350 an der Pest gestorbene → Matthias v. Linköping, der Lehrmeister und Beichtvater der hl. → Birgitta. Für den westnord. Bereich ist es bezeichnend, daß einige lat. Werke nur noch in an. Übersetzung erhalten sind, so die Viten des norweg. Missionskönigs → Olaf Tryggvason.

Einflüsse der a. L. auf die west- und südeurop. Literaturen sind demgegenüber schwer zu identifizieren. In der Wikingerzeit, in der sich der nord. Sprachraum im W bis nach Irland und zur Normandie und im O bis nach Kiev und Novgorod ausdehnt, kommt es zumal in Mittelengland, im Bereich des → Danelag, zu engen Wechselbeziehungen zw. ags. und an. Sprache und Dichtung. In geringerem Maße hat die an. Sprache auch ihre Spuren in dem von schwed. → Warägern durchzogenen Kiever Reich (→ Kiev) hinterlassen, vielleicht auch einen Anstoß zur Entwicklung der russ. Heldenepik gegeben. Eine im engeren Sinne lit. Ausstrahlung war der a. L. aber wohl nur ein einziges Mal vergönnt: mit den 'Revelationes' (Offenbarungen) der hl. Birgitta v. Vadstena, die – nach Birgittas Kanonisation 1391 – eine rasche und weite Rezeption in fast ganz Europa finden, allerdings nicht in ihrer schwed. Originalfassung, sondern – wie zu erwarten – in lat. Übersetzung.

II. Sprachgeschichtliche Voraussetzungen: Die weite zeitl. Erstreckung des Begriffs 'altnordisch' über mehr als sechs Jhh. ist, wenn sie auch zu Fehlbeurteilungen verleiten kann, aus den sprachgeschichtl. Verhältnissen durchaus erklärbar. Die nordgerm. Sprachen – in ihrer frühest faßbaren Periode, dem »Urnordischen« (2.–8. Jh.), durch etwa 150, meist sehr kurze Runeninschriften (→ Runen) gut bezeugt – trennen sich erst um 600 von der westgerm. Entwicklung, machen dann aber, nachdem die jüt. Landbrücke durch den Abzug der Angeln nach den brit. Inseln und das Nachrücken der Slaven abgebrochen war, im 7. und 8. Jh. einen raschen und durchgreifenden Umbildungsprozeß durch, dessen wesentl. Kennzeichen der starke Verfall schwachbetonter Silben und das häufige Auftreten von Umlauts- und Brechungsvokalen sind. Die siebensilbige ahd. Verszeile *Hadubrant gimahalta* würde im An. auf vier Silben (mit zwei Umlauten) geschrumpft sein: *Hǫðbrandr mælti*. Während sich im Westgerm. eine sprachgeschichtl. Zäsur etwa in der 2. Hälfte des 11. Jh. abzeichnet, steht das An. bereits um 800, am Beginn der Wikingerzeit, in der Form da, die es – von Einzelheiten abgesehen – bis ins SpätMA hinein beibehält. Das, was damals verschont wird, bes. die Flexionssilben, bleibt im Westnord. noch lange und im Island. überhaupt erhalten.

Diese konservative Sprachentwicklung ist eine Grundvoraussetzung der typ. nordischen Kunsttradition, denn die streng silbenzählenden Versmaße der Skalden bleiben mehr als ein halbes Jahrtausend hindurch von quantitativen Lautneuerungen fast unbehelligt, und auch die – mit dem strengen Versbau zusammenhängende – scheinbar willkürl. Wortstellung der Skalden ist nur deshalb möglich, weil die Flexionssilben, die die richtige Zuordnung der Wörter im Satzgefüge sicherstellen, zumindest im Island. nicht angetastet werden.

Die sprachl. Kriterien, die zur Datierung an. Dichtungen dienen können, sind daher recht kümmerlich: Zunächst der nur westnord. Ausfall des w im Anlaut vor r, der im 10. Jh. gelegentl. eine alte w-Alliteration zerstört (*reka* = aschwed. *vræka*), der Ausfall des h im Anlaut vor Konsonanten während des 10.–12. Jh. im Ostnord. und Norweg. (*hlaupa* = anorw. *laupa*), die – auch das Island. erfassende – Dehnung dunkler Vokale vor l-Verbindungen im 12. Jh. (*skald* > *skáld* [Akzent bedeutet Länge]) und erst seit 1300 dann eine Neuerung, die den Silbenbestand der betroffenen Wörter vergrößert, die Bildung eines Sproßvokals vor r (*Baldr* > *Baldur*). Ganz beschränkt auf das Ostnord. und damit das gewichtigste Kriterium für die Trennung von Westnord. und Ostnord. sind einige Monophthongierungen, die – zusammenhängend mit entsprechenden Erscheinungen im Nd. – schon während des 10. Jh. im Dän. einsetzen und dann auf das Schwed. übergreifen (aisl. *steinn* = adän. *stēn, lauss* = *løs*). Auch die Schwächung der Tenues p, t, k zu Medien und Spiranten oder gar Halbvokalen hat ihren Schwerpunkt im Dän. und erfaßt das Westnord. im 13. Jh. nur spurenweise (*hlaupa* = *løbe, fljúga* = *flyve, skógr* = *skov*). Ostnord. und norweg. ist schließl. die seit 1400 bemerkbare Wandlung des anlautenden þ zu t (*þing* > *ting*).

Einflüsse auf den Wortschatz und die Wortbildung empfängt das Nord. während der Wikingerzeit, wie angedeutet, aus dem Ags., seit dem 11. Jh. dann auch aus der chr. Kirchensprache, wobei das Westnord. in der Bildung der neuen Terminologie viel stärker auf die altheim. Wortbestand zurückgreift als das sprachl.-lit. offenbar weniger traditionsbewußte Ostnord. (z. B. altwestnord. *þrenning*, aschwed. *träfaldoghet* »Dreifaltigkeit«). Ebenso öffnen sich das Dän. und bes. das Schwed. mehr als das Norweg. dem Einfluß des Mndt., das seit dem 13. Jh. vornehml. als Geschäftssprache der Hanse in den Norden vordringt (z. B. schwed. *språk* 'Sprache', *släkt* 'Geschlecht', die Präfixe *be-, för-, und-*, das Suffix *-era* in Verben wie *hantera* 'hantieren'). Manche dieser Neuerungen gelangen dann allerdings auch ins Westnord., da sich nach der → Kalmarer Union von 1397 das Dän. als Verwaltungs- und Literatursprache in Norwegen durchzusetzen beginnt.

Nur das Island. nimmt an dieser Entwicklung kaum noch teil, und so können alle genannten Veränderungen den vorherrschenden Eindruck nicht verwischen, daß zumindest die a. L. im engeren Sinne – die aisl. – durch mehr als ein halbes Jahrtausend hindurch in einer nahezu gleichförmigen Sprache entstanden ist.

III. Überlieferung: Die Unsicherheiten der Datierung und damit der Anschein zeitloser Altertümlichkeit ergeben sich aber nicht nur aus den sprachgeschichtl. Verhältnissen, sondern auch aus der späten schriftl. Fixierung der a. L.: Erst im 12. Jh. beginnt man im Norden zu schreiben. (Dabei ist selbstverständl. von der in Stein, Holz, Knochen oder Metall geritzten Runenschrift abzusehen, die während des 11. Jh., kurz nach der Christianisierung, auf schwed. Totengedenksteinen noch einmal sehr ausgiebig verwendet wird, später auf dem Pergament aber nur noch als anachronistisches Kuriosum erscheint.)

Das lat. Alphabet, in dem die a. L. überliefert ist und das erst mit der chr. Mission zum Norden gelangt, wird nach ags. Vorbild um einige Zeichen vermehrt: þ und ð für dentale Reibelaute, y und ø für Umlautvokale und Akut zur Bezeichnung der Vokallänge (á). Island. Erfindung ist ǫ für tiefes ö. Der sog. »1. grammatische Traktat«, in der 2. Hälfte des 12. Jh. von einem island. Geistl. verfaßt, beschäftigt sich mit orthograph. Problemen, die gerade damals noch aktuell gewesen sein müssen.

Auf Island ist der Winter 1117/18 angebl. der Zeitpunkt, in dem zum erstenmal ein Text aufs Pergament kommt: eine Gesetzeskodifikation, die nicht erhalten ist. Überhaupt stehen volkssprachige jurist. und geistl. Texte im Westnord. am Anfang der hs. Überlieferung, auf Island das Fragment einer Predigtsammlung (um 1170), ein Homilienbuch (um 1200) und ein Fragment des island. Rechtsbuches, der → Grágás. Das Ostnord. dagegen beginnt mit lat. Hss., während volkssprachige Aufzeichnungen von Rechtsbüchern erst in der 1. Hälfte des 13. Jh. folgen. Das älteste Buch des Nordens überhaupt ist das Necrologium Lundense, ein lat. Totenregister der Domkirche von Lund, dessen früheste Teile auf die Zeit um 1120 zurückreichen. Die Klöster, die solideste Grundlage schriftl. Kultur im MA, verbreiten sich – von Vorläufern wie dem St. Knudskloster in Odense abgesehen – erst während des 12. Jh.: in Island Þingeyrar (1112), Munkaþverá (1155), Þykkvibær (1168) und → Flatey (1172), in Dänemark → Esrom (1153), → Sorø (1162), → Øm (1165) und → Løgum (1173), in Schweden Alvastra (1143).

Läßt man die a. L. mit der Wikingerzeit beginnen, geht der schriftl. Fixierung also ein schriftloses Stadium von mindestens dreieinhalb Jhh. voraus. Die Frage nach Ausmaß, Kontinuität und Zuverlässigkeit der mündl. Überlieferung stellt sich daher in der a. L. dringlicher als in irgendeiner der anderen germ. Lit.en, in denen volkssprachige Texte bereits seit dem 8. Jh. aufgezeichnet werden.

So schwankt die Datierung der Eddalieder von vornherein schon deshalb erhebl., weil die Hs. der Edda, der sog. Codex regius, erst aus der Zeit um 1270 stammt. Ähnliches gilt für die Sagas, denn die großen island. Sammelhss., in denen sie – von wenigen Einzelhss. und Fragmenten seit der Mitte des 13. Jh. abgesehen – überliefert sind, entstanden erst im 14. Jh.: Frísbók, → Hauksbók, Mǫðruvallabók, → Flateyjarbók, Melabók usw. Allein schon aus diesem späten terminus ante quem ergibt sich die noch immer (oder besser: neuerdings wieder) umstrittene Frage: Beruhen die Isländersagas vorwiegend auf volkstüml., schon im 10./11. Jh. mündl. geformter und einigermaßen geschichtstreuer Erzähltradition (»Freiprosatheorie«) oder sind sie vorwiegend erst in der »Schreibezeit« des 12.–14. Jh., der *skriftǫld,* erfundene, gelegentl. von klerikalen Denk- und Stilmustern geprägte, ästhet.-lit. beurteilbare Kunstwerke (»Buchprosatheorie«)? Ledigl. die Skaldendichtung scheint dieser Datierungskalamität enthoben, da die Sagas ihre Darstellung häufig mit Strophen skald. Preislieder belegen und diese Zitate fast durchweg namentl. bekannten, jeweils zeitgenöss. Skalden zuweisen. Freilich bleibt die Richtigkeit dieser Zuweisungen und damit die chronolog. Ordnung der Skaldendichtung, wie sie FINNUR JÓNSSON 1912 ff. in seiner maßgebl. Ausgabe aufgestellt hat – ein eigenes Corpus der Skaldendichtung hat das MA nicht überliefert –, letztl. von der Glaubwürdigkeit der Sagas abhängig, zumal sprachgeschichtl. Kriterien aus den in Abschnitt II genannten Gründen und stilist. Kriterien wegen der konservativ-esoter. Kunsttradition der Skalden häufig versagen.

Ansonsten ist die schriftl. Überlieferung auf Island trotz ihres späten Einsetzens sehr reichhaltig – 700 bewahrte Pergamenthss. vom 12.–16. Jh. – (übrigens nicht zuletzt deshalb, weil der Überfluß an jungen Kälbern, deren Aufzucht sich unter den kargen Bedingungen der Insel nicht lohnte, einen Überfluß an Pergament garantierte). Während der sog. »skandinavischen Renaissance« im 16./17. Jh. gelangen die weitaus meisten isländ. Hss. außer Landes: nach Kopenhagen in die Kgl. Bibliothek und in die Arnamagnæan. Sammlung, die ihr Gründer, der Isländer Árni Magnússon (1661–1730), der Kopenhagener Universität vermacht, daneben auch nach Stockholm und Uppsala. 1971 beschließt die dän. Regierung die Rückführung der in ihrem Besitz befindl. Hss. nach Island.

IV. GATTUNGEN: Die Eigenständigkeit der a. L. zeigt sich darin, daß die drei markantesten Literaturgattungen des westnord. Zweigs – die eddische Dichtung, die Skaldendichtung und die Saga – keine Entsprechung in den anderen germ. Literaturen haben. Sie neigen deshalb dazu, sich einer chronolog. Einordnung zu entziehen und eine Art von geschichtslosem Dasein zu führen. Datierungen haften jedenfalls meist an Äußerlichkeiten, Wortschatzparallelen, metr. Details usw. Die zwingende Vorstellung, daß dieses oder jenes Werk der geistige oder formale Ausdruck einer bestimmten Zeitströmung und eines zeitl. fixierbaren kulturellen Milieus sei, stellt sich hier nur selten ein.

Immerhin stehen die Götter- und Heldenlieder der Edda mit ihren stabreimenden Langzeilen zumindest formal, die Heldenlieder dazu auch inhaltl. im genet. Zusammenhang mit der Lieddichtung der anderen germ. Literaturen, scheinen ihre stroph. Form und einige metr. Eigentümlichkeiten aber von der Skaldendichtung und der Spruchdichtung übernommen zu haben. Und immerhin läßt sich eine ältere Schicht von Heldenliedern, die ihre südgerm. Sagenstoffe während der frühen Wikingerzeit importieren, mehr oder weniger deutl. von einer jüngeren Schicht trennen, die bereits unter dem Eindruck der hochma. Balladendichtung des Kontinents steht. Aber selbst die Götterlieder in ihrer größeren Vielförmigkeit, die vom Visionsgedicht im Stil der → Vǫluspá bis zum Götterschwank im Stil der → Þrymskviða reicht, lassen sichere Datierungen kaum zu, da der heidn. Mythos auch nach der Christianisierung als Element skand. Kulturtradition dichterisch weitergepflegt wird.

Noch unsicherer liegen die Verhältnisse bei Skaldendichtung und Saga, denn man kennt, da beide Gattungen ohne auswärtige Parallelen dastehen, nicht einmal ihren Ursprung und daher auch kaum ihre Entwicklungstendenzen.

Die Skaldendichtung mit ihrer stroph. Form, ihren Stab- und Binnenreimen, ihrer strengen Silbenzählung, ihrer freien Wortstellung und ihrem überreichen Metaphernschmuck (→ Kenning) glaubte die ältere Forschung auf auswärtigen – irischen – Einfluß zurückführen zu müssen, während man neuerdings erkennt, daß anaturalistische Kunst, wie sie auch in den Runenritzungen und Holzschnitzereien der Wikingerzeit zum Ausdruck kommt, nichts Ungermanisches zu sein braucht. Gleichwohl ist die stilgeschichtl. Entwicklung der Skaldendichtung, die um 800 sogleich in ihrer artist.-esoter. Form einsetzt und wohl erst unter dem Einfluß chr. Kunstanschauungen mehr und mehr an Einfachheit und Anschaulichkeit gewinnt, immer noch nicht hinreichend geklärt.

Ähnlich steht es mit der Saga, dem einzigen Fall von Prosadichtung in den germ. Literaturen des MA. Versuche, die Saga als Weiterentwicklung außernord. Vorbilder zu begreifen, sind jedenfalls gescheitert: Weder scheinen die → fornaldarsǫgur («Vorzeitsagas») als Fortsetzung angebl. alter heroischer Erzählkunst (GENZMER) noch die während des 13. Jh. aus dem Frz. übertragenen → riddarasǫgur (»Rittersagas«) als Fortsetzung höf. Versepik des Kontinents (RUBOW) am Anfang der Sagadichtung zu stehen. Um so unklarer bleibt die Chronologie im Kernbereich der Gattung, den → Islendingasǫgur (»Isländersagas«): Geht die Tendenz zur volkstüml.-einfachen oder umgekehrt zur geistl.-erbaulichen, gelehrten Darstellungsweise?

Die Dominanz und Festigkeit des Edda-Skaldik-Saga-Kanons erklärt sich wohl weniger aus bodenständigem Beharrungsvermögen als vielmehr aus speziellen gattungsgeschichtl. Bedingungen: Der Norden überspringt die frühma. Phase des großen Versepos, das aus der Virgil-Nachfolge über die bibl. Versepik den volkssprachigen Literaturen vermittelt wurde, weil er spät christianisiert wird und dadurch mit der mitteleurop. Schriftkultur erst zu einer Zeit in Kontakt kommt, als dort die Phase der Bibelepik bereits abgeschlossen ist. Es sind dann in erster Linie Prosagattungen – Heiligenviten, Homilienbücher, theolog. und naturwiss. Lit. –, die seit dem 12. Jh. durch geistl. Vermittlung zum Norden kommen und an deren Vorbild sich die Anfänge einer eigenen Schrift- und Buchkultur enwickeln. Auf diesen literaturgeschichtl. Voraussetzungen beruht im wesentl. die Gattung »Saga«. Die eddische Dichtung kann demgegenüber keine epische Großform aus sich entwickeln; sie gelangt allenfalls – so in den jüngeren Atlamál (→ Atlilieder) – zu einer Art »Kleinepos«. Als daher in der Mitte des 13. Jh. – auf Initiative des norweg. Kg.s – Hákon Hákonarson – höf. Versromane zum Norden importiert werden, ist die Prosatradition bereits so sehr gefestigt, daß man bei der Übertragung die Versform aufgibt und im Stil der Saga schreibt: Aus den Versepen werden die riddarasǫgur.

Auch außerhalb der Saga bildet sich im 13. Jh. – unter direktem oder indirektem Einfluß des Kontinents – eine reichhaltige Prosaliteratur heraus: Die → Lais der → Marie de France werden in Prosa übertragen (→ Strengleikar), mit dem norweg. »Königsspiegel« (→ Konungs skuggsjá), einer polit. Stände- und Sittenlehre in Form eines Dialogs zw. Vater und Sohn, entsteht eines der bedeutendsten Beispiele ma. Fürstenspiegelliteratur (→ Fürstenspiegel), auf Island verfaßt → Snorri Sturluson die → Snorra Edda, ein Lehrbuch für Skalden, die einzige Poetik innerhalb der germ. Literaturen des MA, zugleich eine systemat. Darstellung der heidn. Mythologie, deren Kenntnis zum Verständnis der skaldischen Metaphorik notwendig ist. Zur Prosaliteratur zählen schließl. auch die Aufzeichnungen von Rechtsbüchern, die wir aus nahezu allen skand. Landschaften kennen, die umfangreichste volkssprachige Rechtsliteratur der germ. Länder überhaupt, deren Genuität und bäuerl. Volkstümlichkeit allerdings nicht überschätzt werden sollten; zumal die Neuredaktionen des 13. Jh. (→ Magnús Hákonarsons Landslög, → Jyske Lov, → Upplandslagen), die norweg. → réttarbœtr (»Rechtsbesserungen«) usw. zeigen inhaltl. Einflüsse der staatl. Rechtspflege und der Landfriedensbewegung des Kontinents und formal selbst in der Verwendung des althergebrachten Stabreims gelegentl. Einflüsse der mlat. Rhetorik.

Daneben ist die Skaldendichtung, die während der Wikingerzeit vornehml. als Fürsten- und Kriegerpreisdichtung in Erscheinung tritt, seit dem 12. Jh. sowohl in der Lage, christl. Thematik in Form des Heiligen- und Marienpreises, des Gebets und der Bußpredigt in sich aufzunehmen (→ Plácítúsdrápa, → Geisli, → Harmsól, → Leiðarvísan, → Lilja), als auch fähig, die spärl. Bedürfnisse nach einer höf. Gesellschaftsdichtung zu erfüllen. Der neue Geschmack, der nach Klarheit und Einfachheit strebt, führt allerdings dazu, daß sich die skaldische Gattung in der 2. Hälfte des 14. Jh. dem Ende zuneigt. Immerhin aber leben in den isländ. → rímur ihre formalen Mittel, Stabreim und Kenning, kombiniert mit dem populär gewordenen Endreim *(rím)*, bis in die Gegenwart fort.

Populär wird der Endreim, obwohl schon seit dem Ende des 10. Jh. gelegentl. von Skalden verwendet, im Norden recht eigentl. erst durch die Ballade, die seit etwa 1200 von dän. Adelskreisen aus Frankreich über Niederdeutschland importiert wird, im 14. Jh. den Höhepunkt ihrer Beliebtheit erreicht, aber erst seit der Mitte des 16. Jh. aufgezeichnet wird, so daß – in merkwürdiger Parallele zu den älteren Gattungen der a. L. – ihr Ursprung und ihre Frühgeschichte unklar bleiben. Vornehml. aus den ritterl. und heldenepischen Stoffen des Kontinents beziehen die dän.-schwed. Balladen – seit der Romantik nach dt. Vorbild mißverständlicherweise → Folkeviser (»Volkslieder«) genannt – ihre Motive, während die gleichzeitigen norweg. → Kæmpeviser (»Heldenlieder«) und die → färöischen Balladen ebenso wie die isländ. *rímur* stärker auf einheim. Heldensagenstoffe zurückgreifen. Allenthalben werden dabei die lyr. Elemente der kontinentalen Vorlagen mehr oder weniger durch episch-dramat. ersetzt. Gegenüber dieser bis in die Neuzeit weiterwirkenden balladischen Gattung, der letzten bedeutenden Leistung der a. L., bleiben die drei höf. Versromane, die zu Anfang des 14. Jh. die Gemahlin des Norwegerkönigs Hákon V. Magnússon, die aus Deutschland stammende Eufemia, in schwed. Knittelverse übertragen läßt, ein folgenloses Kuriosum (→ Eufemiavisor).

Starke Abhängigkeit von kontinentalen Vorbildern kennzeichnet auch die zweite für den ostnord. Bereich typische Gattung, die → Reimchronik, die mit der schwed. → Erikskrönikan um 1330 ihren ersten Höhepunkt erreicht und mit der dän. »Reimchronik« (Rimkröniken) in der 2. Hälfte des 15. Jh. das gewichtigste Literaturwerk des dän. SpätMA stellt. Dieselbe Abhängigkeit vom Kontinent äußert sich schließl. in der Legenden- und Erbauungsliteratur (Fornsvenska Legendariet, Siælinna thrœst [→ Seelentrost]) und sogar in den polit. Liedern, in denen das

schwed. Nationalbewußtsein während der Unionsstreitigkeiten seinen Ausdruck findet. Die stetige Einwanderung dt. Adelsgeschlechter und das weitere Vordringen der Hanse in den Norden einerseits, der Besuch der neugegründeten dt. Universitäten durch Skandinavier andererseits läßt den dt. Einfluß während des 15. Jh. immer stärker werden. Aber erst die Reformation, die eine Menge deutschsprachiger Erbauungstexte mit sich führt und überhaupt eine neue Art von Lit. hervorbringt – Visitationsbücher, Bibelübersetzungen, Gesangbücher –, schafft einen Traditionsbruch, der das Ende der a. L. bedeutet. K. von See

Bibliogr.: Islandkatalog der Universitätsbibl. Kiel und der Universitäts- und Stadtbibl. Köln, hg. Universitätsbibl. Kiel, bearb. O. KLOSE, 1931 – H. HERMANNSSON in: Islandica I, III, IV, XIII, XXIV, XXVI, XXXVII, Ithaca, N.Y. 1908–1955 [Neudr. 1966–73; Bibliogr. zur Edda und zu den Sagas] – L. M. HOLLANDER, A Bibliography of Skaldic Studies, 1958 – Bibliography of Old Norse-Icelandic Studies, 1963 ff. (erscheint jährl.) – *Lit.: zu [I]:* G. TURVILLE-PETRE, Origins of Icelandic Lit., 1953 – J. DE VRIES, An. Literaturgesch., 2 Bde, 1964–67² – Kulturhistorisk leksikon for nordisk middelalder, 1956 ff. (bisher 20 Bde) – *zu [II]:* A. NOREEN, An. Grammatik, I: Altisländ. und anorweg. Grammatik, 1970⁵; II: Aschwed. Grammatik, 1904 – P. SKAUTRUP, Det danske sprogs historie I, 1944 – J. BRØNDUM-NIELSEN, Gammeldansk Grammatik, 1–4, 1950–62 – V. SKARD, Norsk språkhistorie til 1350, 1962 – J. DE VRIES, An. etymol. Wb., 1962² – E. WESSÉN, Die nord. Sprachen, 1968 – H. KUHN, An., Kurzer Grundriß der germ. Philol. bis 1500, hg. L. E. SCHMITT, I: Sprachgesch., 1969, 123–143 – D. A. SEIP, Norweg. Sprachgesch., bearb. und erweitert v. L. SALTVEIT, 1971 – O. BANDLE, Die Gliederung des Nordgerm. (Beitr. zur nord. Philol. I), 1973. – *zu [III]:* S. SONDEREGGER, Überlieferungsgesch. der frühgerm. und an. Lit. (Gesch. der Textüberlieferung der antiken und ma. Lit. 2, 1964), 703–761 – H. BEKKER-NIELSEN, Icelandic Mss. in Denmark and their Return to Iceland, Libri 23, 1973, 169–180.

Alto, Abt, iroschott. Einsiedler (Herkunft umstritten), der nach der von Otloh v. St. Emmeram um 1070 neugefaßten Vita S. Altonis um 740 in dem später nach ihm benannten Altomünster (Oberbayern) eine Zelle errichtete. Angehörige der frankenfreundl. → Huosi besaßen eigenkirchl. Rechte an der Zelle; Kg. Pippin förderte die Gründung durch eine Waldschenkung, der eine ausgedehnte Rodungstätigkeit folgte. Die Kirchweihe (Peter und Paul) erfolgte vor 750, angebl. durch Bonifatius. Keine zeitgenöss. Quelle berichtet über diese Vorgänge. Die Vita S. Altonis ist für die spätere Zeit des nach 1000 durch die Welfen wiedererrichteten Kl.s Altomünster (1056 Verlegung des Konvents in das welf. Hauskloster Altdorf-Weingarten, dafür Übersiedlung der dortigen Nonnen nach Altomünster) eine wertvolle Quelle. Für die Zeit des 8. Jh. können obige Angaben als gesichert gelten.

H. Schwarzmaier

Q.: Vita s. Altonis, hg. G. WAITZ, MGH SS 15, 2, 843–846 – Historia Welforum, hg. E. KÖNIG, 1938 – *Lit.:* LCI V, 103 f. – M. HUBER, Der hl. Alto und seine Klosterstiftung Altomünster (Wiss. Festg. zum 1200-jähr. Jubiläum des hl. Korbinian, 1924), 209–244 – R. BAUERREISS, Kappel b. Unterammergau, ein Vorläufer Altomünsters, StudMitt 48, 1930, 325–328 – E. KÖNIG, Die süddt. Welfen als Klostergründer, 1934, 8–16 – J. FLECKENSTEIN, Über die Herkunft der Welfen und ihre Anfänge in S-Deutschland (G. TELLENBACH [Hg.], Stud. und Vorarbeiten zur Gesch. des großfrk. und frühdt. Adels, 1957), 83 ff. – R. BAUERREISS, KG Bayerns I, 1958², 98 f. – H. SCHAUWECKER, Otloh v. St. Emmeram, StudMitt 74, 1963, 44 – F. PRINZ, Frühes Mönchtum im Frankenreich, 1965, 348 f. – Germania Benedictina II (Bayern), bearb. J. HEMMERLE, 1970, 27.

Altoluogo → Selçuk

Altomünster → Alto

Altopascio, Hospital, nach einer verhältnismäßig späten Überlieferung um 1070 von der Gfn. Mathilde v. Canossa, Mgfn. v. Tuszien, im Sumpfgebiet gegr., das von den Abhängen der pistoise. Apennin bis Lucca und Pisa reicht und durch Einmündung und Zusammenfluß mehrerer Wasserläufe, darunter auch der Arno, entstanden war.

Heute durch Menschenhand verändert, stellte dieses Gebiet einst ein schwer zu überwindendes Hindernis für alle Reisenden dar, die von Lucca auf der *via romea* nach Siena, Rom oder Pisa gelangen wollten. Deshalb wurde dieses Hospital errichtet, in dem alle Aufnahme fanden, die zur Durchquerung des Sumpfgebiets sich der Hilfe von Kahnschiffern und Fährleuten bedienen mußten. Religiose sorgten für die Bedürfnisse der in A. aufgenommenen Pilger und Reisenden und wirkten als Fährleute. Auf Anordnung des Papstes nahmen sie zuerst, wie andere derartige Institutionen, die Regel der Hospitaliter von S. Johannes in Jerusalem an. Von Friedrich Barbarossa erhielten sie zu einem Zeitpunkt, als der Ks. nach dem zweiten Reichstag von Roncaglia bemüht war, das ius regale auf Brücken und Flußüberfuhren zu bekräftigen, ein – heute verlorenes – Privileg, das ihnen das Recht garantierte, unentgeltl., aber unter ksl. Schutz, Fährdienste zu leisten.

In enger Verbindung mit der Kommune Lucca, deren Politik A. gefolgt zu sein scheint, verstand es das Hospital unter seinen Leitern, den *Maestri*, geschickt, seinen Grundbesitz zu vergrößern. Sein Ziel war die Einverleibung anderer Hospitäler, die zu ähnl. Zwecken in der Nachbarschaft entstanden waren. Um dies zu erreichen, machte es sich in der I. Hälfte des 13. Jh. die Kämpfe zw. den toskan. Städten zunutze und stützte sich auch erneut auf die ksl. Autorität: So erhielt es von Friedrich II. ein Privileg, das in feierl. Form die Konzessionen von Friedrich Barbarossa bestätigte und erweiterte und ein Hospital aus dem Besitz des Bf.s v. Lucca dem A. angliederte. Das Hospital A. trug das Patrozinium des Apostels Jacobus und hatte das in der Apokalypse gen. *tau* zum Emblem. Seine institutionelle Festigung erfolgte 1209 durch eine Regel, die vom *Maestro* Gallico eingeführt und später von Papst Innozenz III. approbiert wurde. Ihr Text ist in der lat. Originalfassung und in einer it. Übersetzung überliefert. Außer in Lucca hatte A. Sukkursalen in S- und N-Italien (Alessandria), in Frankreich (Paris), in London, sowie im übrigen England, und erfreute sich großer internationaler Berühmtheit. Unter dem Schutz Luccas, das ihm seine Sicherheit in einem Statut formell garantierte (erstmals 1308 belegt) reich und blühend, mußte A. infolge der Ereignisse um Castruccio → Castracani degli Antelminelli, durch die Parteikämpfe in Lucca und den Krieg zw. Lucca und Florenz einen allmähl. Abstieg und langsamen Bedeutungsverlust hinnehmen. Aber noch Boccaccio in seinem »Decameron« vergleicht einen Kochtopf, um seine außergewöhnl. Größe zu beschreiben, mit dem der Fratres von A. Nachdem Florenz die Kontrolle über die Straßen, die von der Ebene von Lucca zum pistoiese. Serravalle führten, fest in seiner Hand hatte, verlor A. an polit. Einfluß, während die fortschreitende Gewässerregulierung seine prakt. Bedeutung minderte. So kam es zu einem Abkommen, aufgrund dessen ein Teil der Ländereien von A. an Florenz überging, das sie der Familie Capponi übertrug, während das Hospital und die in der Ebene liegenden Güter bei Lucca verblieben. Auch heute noch ist A. eine blühende Kleinstadt, deren älteste Teile in die ehemaligen Gebäude des Hospitals hineingebaut wurden; die Kirche mit dem Glockenturm, dessen Glocke »La Smarrita« den Pilgern und Wanderern nach Sonnenuntergang das Hospital zu erreichen half, besteht noch heute. R. Manselli

Lit.: REPETTI, Diz. storico-geografico della Toscana I, s.v. A. – F. SCHNEIDER, Reichsverwaltung in Toscana, 1914, passim – DERS., Nachlese in Toscana, QFIAB 22, 1930–31, 31–86 (vgl. auch F. SCHNEIDER, Toscan. Stud., 1974, 399–454).

Altötting, Stadt in Bayern, im früheren MA Ötting (Otinga), erst seit der Gründung von Neuötting A. gen. Seit 748 bezeugte hzgl. Pfalz, seit 788 karol. Königspfalz, als deren Kapelle das Oktogon der heut. Wallfahrtskirche angesehen werden muß. Ludwig d. Dt. residierte hier öfter; Karlmann stiftete 876/877 ein Kl., in dem er beigesetzt wurde. Auch nach den Ungarneinfällen im 10./11. Jh. ist A. als Pfalz bezeugt, unter dem ersten Wittelsbacher Gründung eines Chorherrenstiftes. Mitbedingt durch die Verlegung des Handelsweges Venedig–Salzburg–Nürnberg an den Inn, entstand (wohl um 1224) als wittelsbach. Gründung Neuötting mit Stadtrecht und Münze. Das heut. Gnadenbild, eine stehende Madonna (um 1330), gilt erst seit 1489 als wundertätig. Sein sich schnell verbreitender Ruf lockte Ströme von Pilgern an, eine für das SpätMA typ. Erscheinung, vergleichbar anderen spontanen südt. Kulten der Zeit (Grimmenthal in Henneberg 1497, Dettelbach in Franken 1504, Regensburg 1519). Bei der Entwicklung A.s zu einem der größten Wallfahrtsorte in Mitteleuropa fällt allerdings nur die erste Blüte noch ins MA; alles übrige – auch A.s Stellung als wittelsbach. Hauswallfahrt – ist ein Werk der Gegenreformation (trotz der bereits 1509 durch Hzg. Albrecht IV. erfolgten Stiftung des berühmten »Goldenen Rößls«). – Zeugnisse des spätma. Pilgerwesens sind: Darstellung des bekleideten Gnadenbildes (um 1500), ein Pilgerzeichen, eine gedruckte Mirakelschrift, ein gemalter Mirakelzyklus und die ältesten, noch in situ befindl. Votivtafeln Deutschlands. Ab 1499 erfolgte der spätgot. Neubau der Stiftskirche; noch in vorreformator. Zeit wurde A. Ziel großer Städteprozessionen. W. Brückner

Lit.: LThK² I, 404f. – Hist. Stätten Dtl. VII, 17f. – M. A. KÖNIG, Weihegaben an U. L. Frau von A., 2 Bde, 1939–40 – C. M. KÖNIG, Chorherrnstift A., 1949 – J. PFENNINGMANN, Stud. zur Gesch. A.s im Früh- und HochMA [Diss. München 1952].

Altoviti, florent. Familie, stammte aus dem oberen Valdarno, hatte sich vermutl. in der 2. Hälfte des 12. Jh. in Florenz niedergelassen. Ihr erstes urkundl. belegtes Mitglied ist Longobardo, der gegen Ende des 12. Jh. als Eigentümer von Liegenschaften in Borgo Santi Apostoli aufscheint und dessen Söhne *Davanzato, Scorcia, Corbizzo, Squarcialupo, Iacopo, Caccia* und *Altovita* die Begründer ebensovieler Linien der Familie sind. Die A. spielten zw. dem 13. und dem 15. Jh. im polit. Leben von Florenz eine wichtige Rolle. Sie kämpften in der guelf. »Partei« (Altovita war jedoch Ghibelline). Man kann sagen, daß ihre Bedeutung – zusammen mit der anderer neuer Familien wie der Magalotti, → Peruzzi und → Acciaiuoli – mit dem Wachsen der Popolanen-Bewegung zunahm. Alle diese Familien waren in dem Biennium von 1293–95 durch eine bemerkenswerte polit. Doppelzüngigkeit gekennzeichnet: Sie wandten sich näml. von Giano della Bella ab, nachdem sie seine magnatenfeindl. Politik zuerst gefördert hatten, und gingen dazu über, die 'Großen' zu unterstützen. Im 14. Jh. zeichneten sich die A. im Kampf gegen die Signorie des Hzg.s v. Athen, Gualtier v. → Brienne und in verschiedenen polit. Aktivitäten aus: Sie waren Mitglieder der kommunalen Regierung, Juristen und Diplomaten. Als Vertreter der herrschenden Bürgerschicht waren sie Gegner der → Ciompi und trugen danach zur Errichtung des oligarch. Systems bei. Mit dem Aufkommen der Signorie der → Medici verloren sie ihre polit. Bedeutung. Das Bankhaus der A. figurierte in der avign. Periode des Papsttums unter den Häusern, die mit den Päpsten in Geschäftsverbindung standen. Das Urkundenmaterial über diesen Aspekt ihrer Familiengeschichte geht bis auf das Jahr 1329 zurück. In der Folge spielten die A. das ganze 14. Jh. hindurch in der florent. Innenpolitik eine stark papstfreundl. Rolle. Nachkommen der Familie lebten noch in unserem Jh.   F. Cardini

1. A., Arnaldo, florent. Politiker, † 1360, Sohn von 4, behauptete sich trotz des Unglücks seines Vaters, der in der Verbannung gestorben war. A. nahm ab 1338 an vielen Gesandtschaften teil und bekleidete militär. und polit. Ämter. Den Gipfel seiner Karriere bezeichnete sein Eintritt in die Behörde der *Priori* (1358) und das von ihm ausgeübte Amt des *Capitano* v. Pistoia. Die interessanteste Phase seiner Laufbahn war jedoch sein Widerstand gegen den Hzg. v. Athen, Gualtier v. → Brienne: Gemeinsam mit seinem Verwandten Bindo A. gehörte er 1343 zu der Gruppe, die den *Signore* zwangen, die Stadt zu verlassen.
Lit.: DBI I, 573.   F. Cardini

2. A., Bindo, florent. Politiker, † 1353, Sohn von 3, kann als eigtl. Begründer der polit. Erfolge seiner Familie während des 14. Jh. angesehen werden. Nachdem er sich wiederholt als loyaler Anhänger der guelf. »Partei« gezeigt (er kämpfte 1325 in der Schlacht v. Altopascio und war Gefangener von Castruccio → Castracani) und seine polit. und diplomat. Fähigkeiten bewiesen hatte, war er 1343 einer der Protagonisten im Kampf gegen die Signorie des Hzg.s v. Athen. Dafür war er nach der Vertreibung des Hzg.s unter den »Vierzehn«, d. h. Mitglied der Behörde, die – berufen, die Republik wiederherzustellen – ihr eine stark oligarch. Prägung zu geben versuchte. In der Zwischenzeit nahm er, berühmt auch für seine intellektuellen Fähigkeiten, an der Gründung des florent. »Studio« teil (1348) und wurde mit der Ritterwürde ausgezeichnet. Seine intensive polit. Tätigkeit gipfelte 1350 in der Wahl zum *Gonfaloniere di giustizia*, d. h. zum Leiter der Behörde der *Priori delle Arti*, und mit dem ersten Würdenträger der Republik.   F. Cardini
Lit.: DBI I, 573 f.

3. A., Oddo, florent. Politiker, Sohn des Altovito di Longobardo und daher der Hauptlinie des A.-Familienverbandes angehörig. Er zeichnete sich als angesehener Exponent der Regierung des *Primo Popolo* und als entschiedener Anhänger der guelf. »Partei« aus. Nachdem er in der Schlacht von → Montaperti mitgekämpft hatte, suchte er deshalb während der Vorherrschaft der ghibellin. »Partei« in Florenz als Verbannter Schutz in Lucca. Nach dem Erstarken der Guelfen in die Heimat zurückgekehrt, bemühte er sich in Florenz und beim Papst, daß in seiner Stadt die Eintracht wieder herrsche. Zu diesem Zweck unterzeichnete er 1280 als Guelfe den Versöhnungsakt zw. den Parteien, der von Kard. Latino angeregt worden war. A. war von 1284 bis 1293 viermal *Priore delle Arti*, nach 1296 verlieren sich seine Spuren. Er mußte jedoch schon seit einiger Zeit polit. nicht mehr aktiv gewesen sein, weil man z. B. seine Position zur Zeit der Einrichtung der → Ordinamenti di Giustizia nicht kennt.   F. Cardini
Lit.: DBI I, 577 f.

4. A., Palmieri, florent. Politiker, † 1320, Sohn von 7, war wie sein Vater Jurist und wie dieser geneigt, die gemäßigteren Forderungen der guelf. »Partei« zu unterstützen. 1293 förderte er die Aktionen des Giano della Bella und war sogar anscheinend einer der Verfasser der → Ordinamenti di Giustizia. Wie andere gemäßigte Mitglieder der florent. Führungsschicht rückte er jedoch recht bald von Giano ab und war sogar, wie Compagni angibt, mit einem anderen Juristen, Baldo d'Aguglione, 1295 unter den Mitgliedern der Verschwörung gegen ihn. Seitdem finden wir P. A. ständig mit der Familie → Cerchi und der »Partei« der »Weißen« verbunden. Er nahm an der gleichen Gesandtschaft zu Papst Bonifatius VIII. teil, der auch → Dante Alighieri angehörte und wurde 1302 von den Schwarzen Guelfen zur Verbannung verurteilt. Seitdem verband er sein Geschick immer enger mit dem der exilierten Weißen Guelfen und stellte seine Dienste als Jurist dem Ks. Heinrich VII. während seines Italienzuges zur Verfügung. Nach dem Tod des Herrschers (1313) zog sich P. A. nach Pisa zurück und verbrachte dort seine letzten Lebensjahre.   F. Cardini
Lit.: DBI I, 578.

5. A., Palmieri, florent. Politiker, † 1396, Sohn von 1, v. a. auf diplomat. Gebiet tätig. 1385 war er als *Capitano* der guelf. »Partei« interessiert, wegen der Erwerbung der Stadt → Arezzo für Florenz zu verhandeln; später wurde er mit Gesandtschaften und verschiedenen bedeutenden Aufgaben in Bologna, Pisa, Lucca, Imola und Rimini betraut. In der Vorbereitung des Kampfes gegen Giangaleazzo → Visconti stark engagiert, gewährte er sogar der Kommune zur Bestreitung ihrer militär. Ausgaben ein zinsloses Darlehen über eine beträchtl. Summe. Die Tatsache, daß ausgerechnet er 1395 gewählt wurde, um dem Visconti die Gratulation der Republik Florenz zu seinem Aufstieg zur Herzogswürde zu überbringen, darf nicht überraschen. Indem die Florentiner zu Giangaleazzo einen der härtesten Gegner seiner Politik schickten, wollten sie vielleicht betonen, wie ernstgemeint und ehrl. ihre Glückwünsche waren. Als die Feindseligkeiten gegen die Visconti trotzdem wieder ausbrachen, war P. A. in der vordersten Linie bei der Organisation der Liga zw. Florenz, Bologna, Padua und Mantua gegen den Hzg. v. Mailand.
Lit.: DBI I, 578 f.   F. Cardini

6. A., Stoldo, florent. Politiker, † 1392, Sohn von 2, begann seine Laufbahn als Kriegsmann und Diplomat und begab sich u. a. auch nach Avignon zu Papst Gregor XI., mit dem Versuch, die Krise zu schlichten, die in den »Krieg der acht Heiligen« *(Guerra degli Otto Santi)* gemündet war. Als eine der beliebtesten Persönlichkeiten am päpstl. Hof und Repräsentant der Magistratur der Guelfenpartei bemühte er sich auf jede Weise, die Eintracht zw. seiner Stadt und dem Papst wiederherzustellen; u. a. beherbergte er die hl. Katharina v. Siena und begünstigte ihre Predigten in Florenz. Er wurde darin von dem Kreis von Patriziern der Guelfenpartei unterstützt, der das Kl. Santa Maria Novella zum Zentrum hatte und in dem die Freunde und Bewunderer der sienes. Hl. vereinigt waren. Infolge des Aufstandes der → Ciompi wurde A. aus dem öffentl. Leben ausgeschlossen und mußte zw. 1378 und 1381 in die Verbannung gehen. 1381 in die Heimat zurückgekehrt, verfolgte er weiterhin die alten polit. Interessen, schloß sich den Förderern einer oligarch. Abkapselung an und neigte sich damit immer mehr der »Partei« der → Albizzi zu. In den letzten Jahren seiner polit. Tätigkeit bemühte er sich mehrmals ohne Erfolg, die Spannung zw. der Republik Florenz und dem Mailand des Giangaleazzo → Visconti beizulegen.   F. Cardini
Lit.: DBI I, 580.

7. A., Ugo, florent. Politiker, † 1292, Sohn des Altovito, aus der von Davanzato abstammenden Linie der Familie. Richter, Anhänger der Guelfenpartei, mußte aus diesem Grund 1260 nach der Schlacht v. → Montaperti seine Stadt verlassen, während die Ghibellinen seine Häuser in Borgo Santi Apostoli zerstörten, wie aus dem »Liber extimationum« hervorgeht. Nach der Schlacht v. → Benevent nach Florenz zurückgekehrt, spielte er eine führende Rolle bei dem Versöhnungsversuch zw. Guelfen und Ghibellinen und nahm 1280 an den Friedensverhandlungen teil, die durch Vermittlung des Kard.s Latino zw. den beiden »Parteien« geführt wurden. Aufgrund seines Rufes als gerechter und maßvoller Mann wurde er häufig zur

Schlichtung verschiedener Streitfälle unter verfeindeten Familienverbänden herangezogen. Er wurde mit der Ritterwürde ausgezeichnet und bekleidete zahlreiche öffentl. Ämter; so war er auch seit der Einrichtung des *Priorato di giustizia* 1282 wiederholt Mitglied des Priorenkollegiums. F. Cardini
Lit.: DBI I, 580f.

Altprovenzalische Sprache (bzw. oft einfach prov. oder okzitan.), roman. Sprache, in der die erste europ. Kunstlyrik abgefaßt wurde. Es ist die Sprache der prov. Troubadours und per definitionem zunächst auch diejenige der Gattung als solcher, sofern sie über S-Frankreich hinaus für die Übung der hohen Lyrik bestimmend wurde. Dante Alighieri sagt dazu: »Pro se vero argumentatur alia [loquela], scilicet oc, quod vulgares eloquentes in ea primitus poetati sunt, tanquam in perfectiori dulciorique loquela« (De vulg. el., I. x. 3). In dieser Beschreibung deutet eloquens auf die Kunstlyrik; perfectior ist eine Sprache, die formal als vollkommener gilt als andere, dulcior eine solche, die im Hinblick auf die Ansprüche der hohen Lyrik als bes. ausdrucksfähig gilt.

Das Prov. wird gewöhnl. als lit. Koinē beschrieben, die auf den Dialekten S-Frankreichs beruht und mit dem ältesten uns bekannten Troubadour (→Wilhelm IX. v. Poitiers, 1070–1127) bereits ausgeformt vorliegt. Wie alle ma. Schriftsprachen ist diese Koinē nicht sehr stark normiert, d.h. sie ist morpholog. und lexikal. weniger selektiv; es gibt viele Doppelformen, die der schwierigen Technik der Troubadourdichtung entgegenkommen. Dem Habitus nach ist das Prov. eine galloroman. Sprache, die zwar sehr archaisch, mit dem Afrz. aber immer noch vergleichbar ist. Auffällige Lauterscheinungen sind die folgenden: 1. Lat. -tr- wird -ir-, z.B. in *patre(m) > paire*, *Petru > Peire* (wie Peire Vidal). 2. In den Auslaut tretendes -v- wird zu -u-, z.B. in *breve(m) > breu* (frz. *bref*); wie im »Breu de pergamina« 'Liederblatt' bei Jaufré Rudel). 3. Das auslautende -n ist nicht stabil (sog. -ꞑ *caduc*), wie z.B. im Namen Marcabru), d.h. *fine(m) > fin* bzw. *fi*.

Geograph. setzen sich die prov. Dialekte vom Frz. entlang einer Linie ab, die von der Garonne-Mündung aufsteigend sich n. des Zentralmassivs hinzieht, ins mittlere Rhônetal nach S absteigt und sich gegen den Mt. Cenis fortsetzt. Die zentrale Mundart ist diejenige des Languedoc (zw. Toulouse und Montpellier, mit Narbonne und Béziers im S); eine Gruppe für sich bilden die Mundarten der Provence. Selbständig sind im N die Mundarten der Auvergne, im NW das Limousinische. Doch stimmen die Areale der sprachl. Erscheinungen im MA mit den heut. in den meisten Fällen nicht genau überein.

Im Verhältnis zur Bedeutung der Lyrik treten andere prov. Texte stark zurück. Solche Texte sind der Boethius (»Boeci«), die »Chanson de St. Foy«, die Romane »Jaufré«, »Flamenca«, die »Novas del Papagai«, Lehrgedichte *(Ensenhamen)* und Traktate sowie das religiöse Schrifttum der Waldenser. Zu bemerken ist außerdem, daß das Prov. sehr früh auch urkundl. vorliegt. Zw. 1034 und 1197 sind uns 541 vulgärsprachl. Urkunden erhalten. (Man bedenke, daß die erste auf frz. abgefaßte Urkunde aus dem Jahre 1204 stammt.) Die immer wieder aufgeworfene Frage nach dem Ursprung der prov. Dichtersprache ist deshalb falsch gestellt. Die Konventionen der Koinē beruhen auf den ma. Verfahren der Verschriftlichung, die ausgeprägte Dialektalismen unterdrücken und nur das jeweils (oder allenthalben) Typische registrieren.

Die Reflexion der Technik brachte auch Werke grammat.-rhetor. Inhalts hervor. Es sind dies »Las razos de trobar« des Raimon Vidal (Anfang 13.Jh.), der »Donatz proensals« von Uc Faidit (1. Hälfte 13.Jh.) sowie die »Vers e Regles de trobar« des Katalanen Jofré de Foixà (um 1289/90 in Palermo). Gesammelt wurden auch romanhafte Viten vieler Troubadours. Diese bilden das wichtigste Corpus aprov. Prosatexte.

Die Troubadours bezeichneten ihre Sprache als *lenga romana* oder als *lemozi*. Es scheint in der Tat, daß dem frz. SW – mit dem Poitou, das dem Prov. im MA noch verhältnismäßig nahe stand – bei der Herausbildung der prov. Lyrik eine bes. Bedeutung zukam (Abtei St-Martial in Limoges). Das Gaskogn. galt als eigenständige Sprache (vgl. den fünfsprachigen »Descort« des Raimbaut de →Vaqueiras), das Katalan. demgegenüber einfach als regionale Fortsetzung des Prov. Die Geltung des Katal. als Schriftsprache geht zurück auf Ramón →Lullus (katal.: Llull, 1233–1315).

Mit dem 13.Jh. ist die Blüte des Prov. vorbei. Die sprachl. Form der Minnelyrik wird in N-Frankreich das Afrz., in Italien (vom Prov. abgesehen) zunächst das Sizilian., dann das Toskan.-It., in Spanien das Galic.-Ptg.

Die prov. Lyrik ist in Liederhss. (frz. *chansonniers*) überliefert. Mehr als die Hälfte davon, nämlich 52, stammen aus Italien, 14 aus N-Frankreich und zehn aus Katalonien; nur 19 sind aus S-Frankreich. Vom Text her sind die Beziehungen dieser Liederhss. untereinander sehr komplex. Sie bilden ein Gefüge, das sich in drei Konstellationen gliedert. Die erste geht auf eine Sammlung zurück, die sich in der 2. Hälfte des 13.Jh. auf dem ven. Festland lokalisieren läßt. Die zweite bezieht sich auf Quellen, die sich zu Ende des 13.Jh. in einer Schreibstube in der Gegend von Narbonne oder Béziers befunden haben müssen. Zu dieser gehören die Troubadourzitate im »Breviari d'Amor« (gegen 1290) des Matfré Ermengau. Die sog. Dritte Überlieferung stammt aus einem nordit. Zentrum der Zeit um 1300. G. Ineichen

Lit.: F. Raynouard, Lexique roman ou Dict. de la langue des Troubadours, 6 Bde., 1839–44 – E. Levy, Prov. Suppl.-Wb., 8 Bde, 1894–1924 [Dict. provençal-français, 1909, 1961²] – C. Appel, Prov. Chrestomathie, 1930⁶ [mit Formenlehre; Lautlehre in gesondertem Bd., 1918] – C. Brunel, Les plus anciennes chartes en langue provençale, 1926, Suppl. 1952 – *Verz. der Lieder und deren Überlieferung:* A. Pillet-H. Carstens, Bibliogr. der Troubadours, 1933 – I. Frank, Rép. métrique de la poésie des troubadours, 2 Bde, 1953–57 – J. Bouttère-A.H. Schutz, Biographies des Troubadours, 1964² – *Zur Überlieferungsgeschichte:* D'A.S. Avalle, La letteratura mediev. in lingua d'oc nella sua tradizione manoscritta, 1961 [dt.: Gesch. der Textüberlief. 2, 1964] – R. Richter, Die Troubadourzitate im ›Breviari d'amor‹, 1976.

Altsächsische Sprache und Literatur. [1] Als *altsächsisch* bezeichnet die Germanistik diejenigen etwa zw. 800 und 1100/50 entstandenen Texte, die in der Sprache des germ.-frühdt. Stammes der Sachsen verfaßt sind. Die as. Sprache unterschied sich diesen Texten zufolge durch eine Reihe charakterist. Eigenzüge sowohl von den Sprachen der germ. Nachbarn der Sachsen, der Franken und Friesen als auch von derjenigen ihrer nach Britannien ausgewanderten Stammesgenossen, der Angelsachsen.

Über die mundartl. Binnengliederung des As.en geben die erhaltenen Texte nur wenig Auskunft. Vermutl. spiegelte sich die hist. bezeugte polit. Gliederung der Sachsen in die Teilstämme der Westfalen, Engern, Ostfalen und Nordalbingier zumindest anfangs auch in der Dialektgliederung wider; die Texte lassen jedoch nurmehr eine sprachl. Zweiteilung des As.en in Westfäl. und Ostfäl. erkennen.

[2] Was die as. *Literatur* betrifft, so steht die Existenz mündl. tradierter Heldendichtung zwar fest; erhalten ist uns davon jedoch nichts. Was an as. Texten überliefert

ist, gehört ausnahmslos in den Bereich kirchl. Schriftkultur. Die ältesten as. Texte sind aus den Bedürfnissen der chr. Mission erwachsene, meist eng an frk. Vorbilder angelehnte Prosatexte wie *Taufgelöbnisse* und eine *Beichte;* anderes, wie eine *Allerheiligenpredigt,* eine *Psalterübersetzung* und ein *Psalterkommentar* oder wie die *Glossierungen* verschiedener bibl. und patrist. Schriften entstammt gelehrtem Klosterbetrieb, wieder anderes wie die Essener und Freckenhorster *Heberegister* stellt klösterl. Geschäftsprosa dar. Obwohl diese Prosatexte für die Sprach- und Kulturgeschichte von großer Wichtigkeit sind, kommt ihnen jedoch kaum lit. Bedeutung zu. Solche besitzen ausschließl. die Denkmäler der as. *Bibelepik:* der sog. »Heliand«, eine etwa 6000 Stabreimverse umfassende poet. Darstellung des Lebens Jesu, und eine fragmentar. überlieferte »Genesis«-Dichtung.

Wie die Forschung früh erkannt hat, ist bes. der »Heliand« ein Kunstwerk hohen Ranges; trotz intensiver Bemühung ist es jedoch immer noch nicht gelungen, das kunstvolle Wechselspiel zw. theolog. Gehalt und dichter. Form in allen Einzelheiten aufzuhellen. Auch der Fragenkomplex um Entstehungszeit, -ort und -anlaß sowie Verfasserschaft des anonym überlieferten Epos hat sich noch nicht in allen Einzelheiten klären lassen. Überliefert ist der »Heliand« in vier zw. 850 und 950 entstandenen Hss., von denen zwei annähernd vollständig, zwei nur kurze Fragmente sind. (Ein weiteres Handschriftenfragment, wohl Ende des 9. Jh., wurde 1977 in Straubing gefunden.) Keine der vier edierten Hss. repräsentiert das Originalmanuskript, keine enthält Nachrichten über den Dichter, seinen Auftraggeber oder seine Schaffenszeit.

Doch wird in einer 1562 von Flacius Illyricus (d. i. Matthias Vlacich) abgedruckten »Praefatio in librum antiquum lingua saxonica conscriptum«, die einem verschollenen »Heliand«-Codex entnommen sein muß, berichtet, daß ein »Ludouicus piissimus augustus« einen als Dichter berühmten Sachsen mit der poet. Bearbeitung der Hl. Schrift in heim. Sprache beauftragt habe, damit auch den illiterati die Frohe Botschaft zugängl. gemacht werden könne. Verknüpft man das Zeugnis dieser »Praefatio«, als deren Autor sich →Hrabanus Maurus wahrscheinl. machen läßt, mit den anderen Nachrichten über die Religions- und Bildungspolitik im neubekehrten Sachsenland, dann ergibt sich, daß als Anreger des »Heliand« nur Ludwig d. Deutsche, nicht Ludwig d. Fromme in Frage kommen kann; der Dichter könnte der zur kgl. Kapelle Ludwigs gehörige notarius Adalleod gewesen sein. Die poet. Gestaltung des Lebens Jesu dürfte er um 840 im Kl. Fulda in Angriff genommen und um 850 im Kl. Werden abgeschlossen haben. Seine Hauptquelle war die lat. Rezension der Evangelienharmonie Tatians, wichtigste Nebenquelle der Matthäuskommentar des Hrabanus. Daß der Dichter, wie lange angenommen, von der ags. Bibeldichtung beeinflußt oder gar abhängig gewesen sei, muß neuerer Forschung zufolge als höchst fraglich gelten; auch ist es unwahrscheinl., daß es bei den Sachsen schon vor dem »Heliand« Versuche zur poet. Darstellung von Stoffen unter Verwendung des vorchr.-germ. Kulturerbe entstammenden Stabreimverses gegeben hat. Welche Anregungen der Dichter auch immer empfangen haben mag: in seinem Bestreben, seinen erst kürzlich christianisierten Landsleuten die Botschaft des Evangeliums in heim. Versform sowie mit den Stilmitteln und dem Wortschatz der Heldendichtung verständlich zu machen, hat er ein Kunstwerk geschaffen, das in künstler. und theolog. Hinsicht gleichermaßen als meisterhaft gelten darf. Von einer »Germanisierung des Christentums«, die ältere Forschung im »Heliand« festzustellen meinte, kann keine Rede sein; das Leben des Heiland wird zwar in gewissen Zügen der Umwelt der as. Hörer angepaßt, das Ethos des neuen Glaubens aber, bes. die Lehren der Bergpredigt, kompromißlos verkündigt.

Von einem zweiten Werk as. Bibelepik, einer →»Genesis«-Dichtung, sind nur Bruchstücke erhalten: 337 Verse in originalem Wortlaut, 619 Verse in ags. Übersetzung. Verstechn. und stilist. Unterschiede zum »Heliand« erweisen, daß das atl. Epos von einem anderen, jüngeren Dichter stammen muß. An poet. Rang dürfte es dem »Heliand« nicht nachgestanden haben; die Fragmente verraten v. a. Meisterschaft bei der Schilderung seel. Vorgänge.
H. Beckers

Lit.: G. Cordes, And. Elementarbuch, 1973 – J. Eichhoff–I. Rauch, Der Heliand (WdF 321), 1973 – J. Rathofer, As. Lit. (Kurzer Grundriß der germ. Philol. bis 1500, hg. L. E. Schmitt, II, 1973), 242–262 – W. Sanders, As. Sprache (Ndt. Sprache und Lit. Eine Einf. I, 1973), 28–65 – U. Schwab, Ansätze zu einer Interpretation der as. Genesisdichtung, AION (G) 17, 1974, 111–186; 18, 1975, 7–88 – J. Belkin–J. Meier, Bibliogr. zu Otfried v. Weißenburg und zur as. Bibeldichtung (Heliand und Genesis), 1975 – W. Haubrichs, Veriloquium nominis. Zur Namensexegese im frühen MA. Nebst einer Hypothese über die Identität des »Heliand«-Autors (Verbum et Signum I, Beitr. zur mediävist. Bedeutungsforsch., Fschr. F. Ohly I, 1975), 231–266 – J. Rathofer, Realien zur as. Lit., Nd. Wort 16, 1976, 4–62.

Alt-Schieder, im Emmertal (Kr. Detmold) gelegene Anlage aus eiförmigem älteren Wall und einschneidendem jüngerem Rechteckwall, diente Schuchardt als Beleg für seine Theorie, daß die in →capitulare de villis und brevium exempla gen. karol. Güter Kastelle mit curtis und curticula seien. Neue Grabungen ergaben jedoch, daß beide Wallsysteme nicht gleichzeitig erbaut waren. Die curticula ist frühestens frühotton., der curtis mag karol. sein, lieferte jedoch keine spezif. frk.-karol. Funde.
H. Hinz

Lit.: A. v. Oppermann, C. Schuchardt, Atlas vorgesch. Befestigungen in Niedersachsen, 1888–1916 – C. Schuchardt, Die frühgesch. Befestigungen in Niedersachsen, Niedersächs. Heimatbll. 3, 1924 – H. Hinz, Die Stellung der Curtes innerhalb der karol. Wehrbaues, Germania 45, 1967, 130ff.

Altshausen, Gf.en v. → Veringen, Gf.en v.
Altsiedelland → Kolonisation und Landesausbau
Altstadt, in Stadtgeographie, Kommunalwissenschaften, Denkmalpflege und Städtebau Bezeichnung für den Kernbereich aller im Laufe der Jh. (bes. in MA, Renaissance- oder Barockzeit) bis zur Industrialisierung entstandenen Städte, der gekennzeichnet ist durch Platz-, Straßengefüge, überkommene Bausubstanz, Gestaltqualität und Verteilung von Sakral- und Profanarchitektur.

Die vergleichende Städtegeschichte unterscheidet dagegen eine nach Verfassung, Gestalt und Funktion spezif. ma. A. als Forschungsobjekt. So hebt sie etwa in *Erlangen* von der frühneuzeitl., seit 1686 für hugenott. Einwanderer errichteten, rechteckigen Neustadt »Christian-Erlang« eine A. ab, die an die Dreifaltigkeitskirche nach N gelehnt, in annähernd ellipt. Form wesentl. in der Zeit Karls IV. (1361, 1374) entstanden ist. In der vorhergehenden Hauptphase der Städtebildung legte der Bf. v. Paderborn bei seiner Burg *Warburg* binnen 50 Jahren zur wirtschaftl. und militär. Absicherung seiner Herrschaft eine A. und eine Neustadt an, beide räuml., kirchl. und polit. selbständig. Beide Stadtteile handelten rechtl. jeder für sich, polit. häufig aber verbündet bis zur Verfassungsreform von 1436, in deren Folge im 16. Jh. ein gemeinsames Rathaus auf der Grenze beider Stadtbezirke errichtet wurde. Im allgäuischen *Isny* ist es die Bürgerschaft selbst, die in der 2. Hälfte des 13. Jh. die Plananlage von 1171 um eine Neustadt nach O erweitert, die anders als die nicht viel jüngere Wassertor-Vorstadt eng in die gemeindl. Verwaltung einbezogen wurde.

Im Zuge der Reaktivierung hist. Stadtkerne und im Vergleich zu späteren Stadterweiterungen des 19. und 20. Jh. (in der Denkmalpflege z. T. Altquartiere) werden diese in Genese, Topographie und Sozialstruktur heterogenen Stadtteile im allgemeinen Verständnis jeweils als A. zusammengezogen. Um die einzelnen bis in die Mitte des 19. Jh. entstandenen Teile der hist. Stadtgestalt differenzieren zu können, wurde durch intensive Zusammenarbeit zw. Städtegeschichte, Archäologie des MA, Hausforschung sowie Bau- und Kunstgeschichte die Erforschung von Grund- und Aufriß (KEYSER) in Richtung auf Baualterspläne (KLAAR) und die topograph. Darstellung von Phasen städt. Wachstums (STOOB) verfeinert. Das notwendige Quellenmaterial steht dabei in den europ. Ländern durch die älteren, Flurbuch und Parzellenplan verbindenden Katasteraufnahmen zur Verfügung, die im Rahmen umfangreicher Forschungsprojekte ediert und ausgewertet werden. Ein erster Überblick ist bereits erkennbar (PH. WOLFF, W. BRAUNFELS). Die Einbeziehung von Stadtansichten dagegen stößt, ebenso wie die Auswertung älterer Vogelschaupläne, auf method. Schwierigkeiten, da allgemein noch die Kriterien fehlen, um die sich vielfältig überlagernden Zeit- und Sachschichten dieses Bildmaterials in eine absolute Chronologie oder eine Provenienz der Vorlagen einzuordnen. Das Fehlen einer nicht nur an Schriftquellen, sondern auch an bildl. Darstellungen und Sachgütern orientierten Quellenkunde wird hier bes. deutlich. Erst mit Hilfe dieser Quellen wird es mögl., auch sozialtopograph. Aussagen zu machen: So gliedert sich die A. von *Esslingen* am Ausgang des MA in drei Vorstädte mit eigener Befestigung und rechtl. Sonderstellung, die die A. im engeren Sinne umgeben. Diese selbst läßt durchgehend mindestens eine Zweiteilung zw. einem von Kaufleuten, Handwerkern und Weingärtnern bestimmten sö. und dem mit geistl. Instituten sowie den Wohnräumen des städt. Patriziats besetzten n. Teil erkennen (der heut. Marktplatz hat seine Form erst durch Abbruch von Katharinenkirche und Hospital 1811 erhalten). Zeigt die Plinsauer Vorstadt im S alle gen. Sozialgruppen, so überwiegen in der Obertor-Vorstadt Angehörige der Unterschicht, während die Beutau von Weingärtnern bewohnt wird.

Daß dieser innerstädt. Differenzierung nach Wohn- und Arbeitsräumen auch eine Abstufung im polit. Einfluß entsprechen kann, zeigt die Gruppenstadt → *Braunschweig* (vgl. Stadt, Stadttypen), in der über die üblichen sondergemeindl. Rechtsbezirke (Immunitäten, Juden) hinaus fünf einzelne unterschiedl. verfaßte Bürgergemeinden bestanden. An einen Burg- und Stiftskomplex bei der Okerfurt mit Suburbium (später Sack) nebst otton. Marktsiedlung schloß Lothar von Süpplingenburg eine Plananlage nach W an, die zum Kern der A. wurde. Diesem Siedlungsbereich entsprach auf dem anderen Ufer der Oker die Alteweik, die ihrerseits unterschiedl. Rechtskreise und Sozialgruppen vereinte. Unter Heinrich d. Löwen trat für zuziehende Flamen im N der mit eigenem Stadtrecht begabte Hagen hinzu, in dem zw. Hagen und A. (1231 antiqua civitas) verbleibenden Winkel entstand endlich die Neustadt. Alle drei Städte setzten seit 1269 einen Gemeinen Rat für die Belange der gesamten Stadt ein, in den die Fernhandel treibende, z. T. mit der landesherrl. Ministerialität Verbindung haltenden Bürger der A. allein zehn, der Hagen sechs und die Neustadt vier Vertreter entsandten. Neben diesem Ratskolleg, an dem nach 1300 auch Alteweik und Sack beteiligt waren, blieben die Organe der Einzelstädte bis in das ausgehende MA im

Amt. → Neustadt, → Stadterweiterung, → Kolonisation und Landesausbau.

W. Ehbrecht

Lit.: K. GRUBER, Die Gestalt der dt. Stadt, 1952 – E. KEYSER, Städtegründungen und Städtebau in NW-Deutschland im MA, 1958 – G. SCHWARZ, Allgemeine Siedlungsgeographie, 1966³ – H. GEBHARD, System, Element und Struktur in Kernbereichen alter Städte, 1969 – Atlas der hist. Schutzzonen in Österreich, I, 1970 – A. PAPAGEORGIOU, Stadtkerne im Konflikt, 1970 – A. KLAAR, Baualtpläne österr. Städte, 1972ff. – O. BORST, Die Esslinger A., 1972 – H. STOOB, Dt. Städteatlas, 1973ff. – M. GARZMANN, Stadtherr und Gemeinde in Braunschweig im 13. und 14. Jh., 1976 – W. BRAUNFELS, Abendländ. Stadtbaukunst, Herrschaftsform und Baugestalt, 1976 – Guide internat. d'hist. urbaine, I: Europe, hg. PH. WOLFF, 1977.

Altstraßen → Straßen

Alt(Gamla)-Uppsala, Vorläufer von → Uppsala (Östra Åros), seit Mitte des 1. Jt. als religiöses und polit. Zentrum des Mälarseegebietes, des ostschwed. Kernbereiches der Svea, bezeugt, von 1164–1273 Residenz des schwed. Ebf.s. Das *Gotteshaus* des 12. Jh. löste ein heidn. Heiligtum ab, in dem nach Adam v. Bremen (II 58; IV 26 f.) Odin, Thor und Freyr mit Menschen- und Tieropfern verehrt wurden. Ob die von LINDQVIST 1926 ausgegrabenen Pfostenreste im Querschiff und Chor der heut. Steinkirche zu einem hölzernen Tempel des 10.–11. Jh. oder zu einer frühen Kirche gehören, ist umstritten. – Das *Gräberfeld* im SW der Kirche umfaßt drei große Hügel auf einem glazialen Kiesrücken und zahlreiche kleinere Anlagen. Den Untersuchungen von 1846–47, 1874 und 1925 zufolge befanden sich an der Basis des O-, Mittel- und W-Hügels Brandbestattungen unter einem durch Steine eingefaßten und mit Lehm abgedeckten Holzaufbau. Die durch Brand reduzierten Beigabenreste aus dem O- und W-Hügel lassen sich als Schmuckstücke aus Edelmetall, u. a. mit Filigran- und Cloisonnézier und Stil I-II-Dekor, preßblechverzierte Helm- sowie Schwertteile, Spielsteine, Glasfragmente, spätantike Pseudokameen und Knochen verschiedener Tiere identifizieren. Die ehemals reiche, Waffen, Schmuck, Tafelgeschirr, Tieropfer und vermutl. auch Möbel und Gerät enthaltende Beigabenausstattung und der aufwendige Grabbau zeichnen die Hügel als Prunkgräber aus, die in das 6. Jh. datiert werden können. Manches spricht dafür, daß es sich um Grablegen der Ynglingerdynastie handelt; eine Verknüpfung mit den in Snorris →Ynglingasaga und þjóðolfs →Ynglingatal gen., in Uppsala verstorbenen und begrabenen Kg.en Aun, Adil (Eadgil im →»Beowulf«), Egil oder Olov trätelja – daher die Bezeichnung »Königshügel« – ist jedoch sehr hypothet. – Seit Snorri ist Gamla Uppsala auch als Königsgut (Uppsala öd) bezeugt.

M. Müller-Wille

Lit.: KL 19, 334–336 – S. LINDQVIST, Uppsala högar och Ottarshögen, 1936 – B. NERMAN, Gamla Uppsala - sveariksets hjärtpunkt, 1943 – N. ÅBERG, Uppsala högars datering, Fornvännen 42, 1947, 257 ff. – S. LINDQVIST, Uppsala högars datering, Fornvännen 14, 1949, 33 ff. – B. ARRHENIUS, En nyfunnen svärdsknapp från Uppsala Västhög, Fornvännen 58, 1963, 225 ff. – M. STENBERGER, Det forntida Sverige, 1964, 530 ff. – O. OLSEN, Hørg, hov og kirke, ANOH 1965, 116 ff. – B. ALMGREN, Die Königsgräber von A.-U. (Sveagold und Wikingerschmuck, Kat. RGZM Mainz, 1968), 95 ff. – S. LINDQVIST, Uppsala hednatempel och första katedral, Nord. tidskr. 43, 1967, 236 ff.

Altwin, Bf. v. Brixen → Brixen

Alumnat → Schulwesen

Alusianos (von Aluisianos?), bulg. Fs., zweiter Sohn des Zaren Ivan Vladislav und Neffe des Zaren Samuel. Nach der byz. Eroberung Bulgariens durch Ks. Basileios II. (1018) mußte A. nach Byzanz übersiedeln. Er wurde zum Patritios und Statthalter des Themas Theodosioupolis (Armenien) ernannt. ∞ mit reicher armen. Grundherrin. Als er in Ungnade fiel und sein Besitz konfisziert wurde, schloß er sich 1040 dem Aufstand seines Vetters Petros

Deljan an. Nach mißglückten Angriffen der Aufständ. gegen Thessalonike verriet A. seinen Vetter und ließ ihn blenden. 1041 wurde er von Ks. Michael IV. begnadigt und rehabilitiert. Sein weiteres Schicksal ist unbekannt.

I. Dujčev

Q.: Joh. Skylitzes, Synopsis histor., hg. I. THURN, 359, 32ff.; 360, 51; 412, 88ff. – Joh. Zonaras, Histor. III, 600, 9ff. – M. Psellos, Chronographie, hg. E. RENAULD, I, 78ff. – Cecaumenos, Strategicon, hg. WASS.-JERN., 1896, 22, 3ff. – *Lit.*: ZLATARSKI, Istorija I, 2, 1927, 779ff.; II, 1934, 44ff.; III, 1940, 44ff., 60ff., 127ff., 485ff. – MORAVCSIK, Byz Turc II, 1958, 64 – I. DUJČEV, Studia linguistica St. Mladenov, 1957, 159ff.

Alvares, Fr. Joâo OSB, * 1410/25 Torres Novas, Portugal, † 1490. Er nahm an verschiedenen afrikan. Feldzügen als Sekretär des Infanten Ferdinand (* 1433, † 1470) teil. Er war Kommendatarabt von Paço de Souza (Porto) und fruchtbarer Autor kanon.-pastoraler »Cartas aos monges do monastério P. de S.« (1460, 1467 und 1468) und hist.-militär. Werke, »Martirium et gesta inf. dom. Ferdinandi apud Fez« (1470) und »Relação de cautiveiro do Infante d. Fernando« (Madrid, Bibl. Nac., ms. 8120).   M. J. Peláez

Lit.: K. S. ROBERTS, An Anthology of Old Portuguese, 1956, 123 ff. – J. S. DA SILVA DIAS, Correntes de sentimento religioso em Portugal (s. XVI a XVIII), I, 1960, 52, 96ff. – A. DE ALMEIDA, Fr. J. A. Est. textual e lit-cultural, 1964 – M. DARBORD, Traité de la vie et des faits de l'infant D. F., 1965.

Álvarez de Villasandino, Alfonso, kast. Dichter, * um 1350, † um 1424, lebte in Toledo und schrieb seit ca. 1370, zunächst galic. Er gehört zu den ältesten Vertretern höf. Reimkunst im Cancionero de → Baena (1445), der etwa 200 seiner *cantigas, preguntas* und *decires* überliefert. Von Baena als »monarca de todos los poetas e trobadores« gerühmt, stellte der Dichter seine Feder in den Dienst kast.-aragones. Dynasten, Adliger und Gönner. Seine Gelegenheits- und Auftragsgedichte – Frauenlob, Panegyriken, Schmählieder, Satire, Bitte und Dank, Obszönes und Religiöses, philos. Streitfragen – sind eng mit der zeitgenöss. Geschichte und Gesellschaft verflochten. Sprachl. an der galic. Lyrik sowie an prov. Formkunst geübt, ist A. ein gewandter, anpassungsfähiger, unausgeglichener Dichter im Übergang zur allegor. Dichterschule Kastiliens.

D. Briesemeister

Ed.: Cancionero de J. A. de Baena. Ed. crit., J. M. AZÁZETA, 1966 – *Lit.*: G. CARAVAGGI, V. et les derniers troubadours de Castille (Mél. R. LEJEUNE, 1968), 395–421 – J. N. LONG, Poetic technique and themes in the poetry of A. A. de V. [Diss. Univ. Wisconsin 1971], DAI 32, 1971, 5797 A.

Alvarus Pelagius (Álvaro Pelayo), Kanonist, * 1275/80 in Galicien (NW-Spanien), † 25. Jan. 1350 in Sevilla. Am Königshof von Kastilien erzogen, Kleriker von Compostela, Student der Rechte in Bologna bei → Guido de Baysio, dozierte dort und in Perugia Kirchenrecht. 1304 wurde er in Assisi Franziskaner, um 1330 Pönitentiar an der Kurie in Avignon, am 16. Juni 1332 Titularbischof v. Koron (Peleponnes), am 9. Juni 1333 Bf. v. Silvez in Algarve (S-Portugal); nach Streitigkeiten von dort 1346 vollends vertrieben. Obwohl im theoret. Armutsstreit auf seiten der Franziskanerkommunität, verteidigte er (wie zuvor → Augustinus Triumphus) in seiner im Auftrag Johannes' XXII. verfaßten »Summa de statu et planctu Ecclesiae« (1330–32; revidiert 1335–40; Ed. Ulm 1474) die Idee der päpstl. Weltherrschaft gegen → Marsilius v. Padua und Ks. Ludwig d. Baiern; im zweiten Buch rügte er die Mißstände in Kirche und Gesellschaft. Für Alfons XI. v. Kastilien verfaßte er sein »Speculum regum« (1341–44). Er schrieb ferner das »Collyrium fidei adversus haereses« (1344).   H. Roßmann

Lit.: EFil² I, 204 – LThK² I, 409 – NCE I, 360 – A. LANG, Die Wege der Glaubensbegründung (BGPhMA 30, H. 1-2), 1930 – N. JUNG, Un franciscain, théologien du pouvoir pontifical, A. P., 1931; dazu J. LECLER, Rech SR 21, 1931, 582–589 – M. GRABMANN, SBA 1934, H. 2 – WULF III – F. A. V. D. HEYDTE, Die Geburtsstunde des souveränen Staates, 1952 – G. SCHRICK, Der Königsspiegel des A. P. [Diss. Bonn 1953] – M. WILKS, The Problem of Sovereignty in the Later Middle Ages, 1964 – W. KÖLMEL, Paupertas und potestas, FSt 46, 1964, 57–101 – J. MOORMAN, A Hist. of the Franciscan Order, 1968 – W. KÖLMEL, Regimen christianum, 1970 – B. TIERNEY, Origins of Papal Infallibility, 1972 – J. MIETHKE, QFIAB 54, 1974, 510.

Alvastra, ältestes schwed. Zisterzienserkloster (neben Nydala in Småland), das 1143 auf Betreiben Kg. Sverkers d. Ä. von frz. Mönchen aus Clairvaux in der Nachbarschaft des Königshofes Alvastra (Östergötland) angelegt wurde. Zw. 1344 und 1349 hielt sich dort die Hl. Birgitta auf. 1524 wurde die Abtei säkularisiert.   H. Ehrhardt

Lit.: LThK² I, 409 – DHGE II, 892.

Alviano, Bartolomeo, einer der größten Heerführer des 15./16. Jh., * 1455 vielleicht in Todi, † 1515 in Ghedi, Brescia. War infolge der vielfältigen Interessen der Orsini, mit denen er eng verbunden war, auf den verschiedensten Kriegsschauplätzen tätig. 1496 verteidigte er Bracciano, l'Anguillara und Trevignano gegen Alexander VI. und die Anhänger der Colonna; 1505 kämpfte er im Dienst des Kg.s v. Spanien im Gebiet von Neapel gegen die Franzosen und erwarb große Verdienste beim Sieg am Garigliano. Nach dem Scheitern eines Angriffsversuchs gegen Florenz (1505) trat er zusammen mit Niccolò Orsini endgültig in Venedigs Solddienst über. Er hielt das Heer von Ks. Maximilian im Cadore auf, rückte nach Istrien vor und wurde Hzg. v. Pordenone. Eher ein fähiger Kriegsmann als ein kluger Politiker, konnte A. den günstigen polit.-militär. Moment nicht nützen: Einige seiner Divergenzen mit den Orsini zählten zu den Ursachen des Rückzugs von Agnadello (1509), währenddessen er von Ludwig XII. gefangengenommen wurde. 1513 befreit, wurde er *Capitano generale* von Venedig, fand jedoch die Republik nunmehr unter dem Einfluß Frankreichs und verstrickt in das Spiel der internationalen Bündnisse vor. Daher auf eine zweitrangige Rolle beschränkt, wurde A. 1513 von den Spaniern in der Nähe von Vicenza besiegt, schlug jedoch selbst die Truppen des Kg.s im Gebiet von Verona und in Friaul. Schließl. kam er 1515 dem frz. Kg. Franz I. zu Hilfe, indem er blitzschnell seine Truppen aus dem Veroneser Gebiet in die lombard. Ebene verlegte, wo er die endgültige Niederlage der Schweizer in der Schlacht v. Marignano (14. Sept. 1515) mitbestimmte; kurz danach starb er.   S. Polica

Lit.: DBI I, 587–591.

Alvisus, Abt v. → Anchin, Bf. v. Arras, * 1080/85, † 6. Sept. 1147 in Philippopel. Fläm., wohl nichtadliger Abkunft, trat A. früh in das damals cluniazens. Kl. St-Bertin (bei St-Omer) ein, wurde schon 1109 als Reformprior nach St-Vaast (Arras) gesandt und übernahm 1111 das Kl. Anchin (a.d. Scarpe, ö. Douai) als Abt. Gestützt auf das flandr. Grafenhaus (v.a. Gfn. Clementia) und auf gute Beziehungen zum frz. Hof (bes. zu → Suger v. St-Denis, den man lange irrtüml. für seinen Bruder hielt), wurde er zu einem Führer der sich von Cluny unabhängig machenden flandr. Klosterreform, die weit nach N-Frankreich (Noyon, Reims) ausstrahlte. Mit Unterstützung Kg. Ludwigs VII. wurde A. 1131 Bf. v. Arras, konnte aber eine angemessene Ausstattung des erst 1094 wiedererrichteten Bm.s gegen lokale Widerstände nicht durchsetzen. Er starb auf dem Zweiten Kreuzzug, auf den er Kg. Ludwig VII. begleitete.   K. F. Werner

Lit.: H. SPROEMBERG, Beitr. zur Frz.-Flandr. Gesch. 1: A., Abt v. Anchin (1111–1131), 1931 [mit Regesten bis 1147] – DERS., Die Gründung des Bm.s Arras i.J. 1094, Standen en Landen 24, 1962,

1-50, erneut in Ders., MA und demokrat. Geschichtsschreibung, 1971, bes. 152.

Amadas et Ydoine → Chanson de geste

Amadeus

1. A. I., *Gf. v. Genf* → Genf

2. A. II., *Gf. v. Genf* seit 1280, † 22. Mai 1308, ⚭ 1285 Agnes v. Chalon. Seine Regierung bestand hauptsächl. aus zahlreichen, aber erfolglosen Versuchen, dem Haus Genf die Stellung wiederzuverschaffen, die es früher in Genf und im Waadtland hatte. Zur Erreichung dieses Zieles schloß er sich Bündnissen gegen die Gf.en v. Savoyen an (Dauphins des Viennois, Habsburg, Bf.e v. Genf). A. II. wurde diplomat. und militär. durchweg von seinem Namensvetter Amadeus III., Gf. v. Savoyen, überragt und von diesem endgültig aus Genf verdrängt. Eine letzte Koalition vom 4. Sept. 1307 wurde durch seinen Tod beendet.

J. Y. Mariotte

Lit.: P. Duparc, Le comté de Genève, 1955, 194-244.

3. A. III., *Gf. v. Genf,* * 29. März 1311, † 18. oder 19. Jan. 1367, folgte 1320 seinem Vater Guillaume, unter der Vormundschaft seiner Großmutter Agnes v. Chalon, Gattin des Mahaut v. Boulogne 1394. Die lange Regierung A.' brachte v. a. die Normalisierung der Beziehungen mit Savoyen. Ab 1329 (Schiedsspruch von Ternier) versuchte der Gf. v. Genf nicht mehr, das Anwachsen der savoy. Macht am Genfer See in Frage zu stellen, sondern seine Reichsunmittelbarkeit zu wahren. Von 1343 bis 1349 hatte er die Vormundschaft über den jungen Amadeus VI. v. Savoyen (»Comte Vert«) inne. In den folgenden Jahren führten die ehrgeizigen Pläne des jungen »Comte Vert« und der savoy. Vorstoß nach Faucigny zu einer Verschlechterung der Beziehungen, ohne daß es allerdings zum offenen Krieg kam. Karl IV., von beiden Parteien bedrängt, stellte 1356 und 1365 eine Reihe von Urkunden aus, die sich im einzelnen bisweilen widersprachen, v. a. in bezug auf das Münzrecht. Die Gft. Genf konnte sich zwar behaupten, war aber ganz von reichs. Territorien umgeben. Ihre administrativen und finanziellen Einrichtungen folgten in ihrer endgültigen Form dem savoy. Muster. Münzen wurden 1356-62 in Annecy geprägt. Der Bevölkerungsrückgang infolge der Pest 1348 wird deutlich aus den Steuerrechnungen (comptes des subsides) von 1333 und 1361.

J. Y. Mariotte

Q.: Série SA (Archives de l'ancien duché de Savoie, Dép. Arch. Savoie) – Lit.: P. Duparc, Le comté de Genève, 1955 – Zum Geburtsdatum A.' vgl. B. Gagnebin, Genava NS 13, 318.

4. A., *Gf.en v. Savoyen* → Savoyen

5. A. IV., *Gf. v. Savoyen* 1233-53, * 1197, † 1253. Als Oberhaupt des Geschlechts verschaffte er seinen unruhigen jüngeren Brüdern jeweils ein Betätigungsfeld: Thomas (Piemont), Pierre (Faucigny, Pays de Gex, Pays de Vaud, Chablais), Boniface (Bugey), Philippe (Viennois, später Bresse). Zum Teil finanzierte das Haus Plantagenet die savoy. Eroberungen. Heinrich III. v. England, dessen Schwiegermutter aus Savoyen stammte, rief zur militär. Unterstützung Savoyens auf. A. IV. führte in vielen Bereichen die Politik seines Vaters, des Gf.en Thomas, fort: Begrenzung der Machtbefugnisse der Vicomtes, Erweiterung der Aufgabenbereiche der Burgvögte (*châtelains*) als Inhaber von bezahlten und widerruflichen Ämtern, Einsetzung von Richtern mit abgegrenzten territorialen Bezirken (*judicatures*) und gräfl. Beamten (*baillis*), Sorge für Sicherheit auf den Straßen, Gewährung von Stadtprivilegien (Montmélian). Ghibelline wie sein Vater, unterstützte er Friedrich II. in Italien, ließ jedoch Innozenz IV. durch Savoyen ziehen, so daß dieser zum Konzil nach Lyon gelangen und dort den Ks. für abgesetzt erklären konnte. Nach 1250 führte das relative polit. Gleichgewicht zw. Papst- und Kaisertum zu einem territorialen Aufschwung entlang der großen Straßen zw. Italien und der Champagne.

B. Demotz

Q.: Série SA (Archives de l'ancien duché de Savoie, Dép. Arch. Savoie) – Lit.: HPM I, chartarum, 1836 – L. v. Wurstemberger, Peter II., Gf. v. Savoyen IV, 1858 – S. Guichenon, Hist. généalogique de la Royale Maison de Savoie [Neudr. 1976] – A. Perret, Principaux organes de gouvernement de l'état savoyard 1189-1323, Bull. philol. et hist. 1960-61, I, 345-360.

6. A. V. d. Große, *Gf. v. Savoyen* 1285-1323, * um 1249/52, † 1323. Gewährte seinen Brüdern Apanagen (Louis: Pays de Vaud; Thomas: Piemont), erwarb durch seine Heirat die Herrschaft Bâgé (Bresse). Ein Großteil seiner Regierungszeit war von Kriegen bestimmt. Er stellte sich unter Aufbietung aller Kräfte gegen den Dauphin (→ Dauphiné) und dessen Verbündete (den Gf.en v. Genf, die Herren v. Villars und Châlon) und stützte sich dabei auf den Hzg. v. Burgund. 1289 brachte er das Gebiet von Coligny (Revermont) in seinen Besitz und festigte seine Stellung in Genf. Angesichts der Gefahr, die Rudolf v. Habsburg im Gebiet Payerne-Bern darstellte, suchte A. Annäherung an Philipp d. Schönen, wobei er seine guten Beziehungen zu Eduard I. weiterhin pflegte. Gegen die Anjous aus der Provence, die nach dem Besitz Piemonts trachteten, bediente er sich der Savoyen-Achaia und der Visconti. Seine kluge und vorsichtige Diplomatie wird deutl. durch Gegnerschaft zum Ks., wenn dieser Habsburger ist – Unterstützung, wenn er Luxemburger ist (Beispiel: seine Politik gegenüber Heinrich VII.; der Gf. gewann dabei v. a. das Canavese). Zu den Päpsten in Avignon hielt A. V. sein gutes Verhältnis aufrecht, zurückhaltend dagegen blieb er gegenüber den Kapetingern, die die Angevins und die Dauphins unterstützten. In der gesamten Gft. wurden Befestigungen errichtet (Montmélian, Pont d'Ain). A. V. machte im wesentl. die gräfl. Burgvogteien zu einer festen Einrichtung, schuf mit Chambéry ein Verwaltungszentrum (nach dem Kauf des Schlosses 1295) und errichtete sich eine prächtige Residenz in Le Bourget. Unter A. d. Gr. erlebte Savoyen eine zwar kostspielige, aber glanzvolle Regierung. A. starb mitten in den Vorbereitungen eines Kreuzzugs.

B. Demotz

Q.: Série SA (Archives de l'ancien duché de Savoie, Dép. Arch. Savoie) – Lit.: DBI II, 741 ff. – S. Guichenon, Hist. généalogique de la Royale Maison de Savoie [Neudr. 1976] – A. Perret, Principaux organes de gouvernement de l'état savoyard 1189-1323, Bull, philol. et hist. 1960-61, I, 345-360 – B. Demotz, La politique internat. du comté de Savoie XIIIème-XVème, Cahiers d'hist. 19, 1974, 29-64.

7. A. VI., der »Grüne Graf« *(Comte Vert), Gf. v. Savoyen* 1343-83, * 1334, † 1383. Einer der bedeutendsten Fs.en aus dem Hause Savoyen. Die savoy. Chroniken betonen seine militär. Erfolge; A. VI. war jedoch auf allen Gebieten ein bemerkenswerter Fs. Zwar standen ihm am Beginn seiner Herrschaft fähige Ratgeber zur Seite (Ludwig II. v. Savoyen, Herr des Waadtlandes, und Amadeus III. v. Genf), doch übernahm er eine Gft., die durch Mißernten, Pest (seit 1348) und Widersetzlichkeiten der konkurrierenden Linie der Savoyen-Achaia (1355-68) zerrüttet war. Mit harter Hand trat A. VI. allen Widerständen entgegen: Er ließ Bürger hängen, die die gfl. Burgen gestürmt hatten, um Juden, in denen sie die Urheber der Pest sahen, zu ermorden. Philipp v. Achaia, der Söldnerbanden angeworben hatte, um Besitzungen des Savoyers zu verwüsten, verschwand 1368 spurlos (wahrscheinl. wurde er im See v. Avigliana ertränkt). Unbotmäßige Adlige wurden enteignet oder umgesiedelt. Für alle Gerichtshöfe, auch die kirchl., galt fortan das gfl. Gericht als Appellationsinstanz aufgrund des Reichsvikariats, das dem Fs.en am 21. Juli 1356 von Karl IV. verliehen und am 12. Mai 1365 bestätigt worden war. Auch durch Neuordnung des Verwaltungswesens festigte A. VI. seine Landeshoheit: 1371 wurde die Rechnungskammer endgültig konstituiert, 1358 die Münzkammer geschaffen, 1364 der Halsbandorden gestiftet, um dem hohen Adel des Landes einen Zusammenhalt zu geben, 1379 wurden neue Statuten für Savoyen erlassen. Die militär. Erfolge, die A. VI. seit 1352 erzielte, erlaubten ihm eine Eingliederung der Enklaven im W der Alpen, und im Vertrag v. Paris (5. Jan. 1355) erhielt A. VI. Faucigny und Beaufort, die Valbonne und mehrere Gebiete rechts der Rhône sowie eine Erweiterung seines Einflußbereiches (Lehenshoheit über die Herren v. Thoire-Villars). Schließl. vergrößerte er seinen piemontes. Besitz gegen den Widerstand der Visconti nach O und S (Erwerb von Biella 1378, Cuneo 1382) und zwang den Mgf.en v. Saluzzo zum Lehnseid.

Darüber hinaus war A. VI. ein bemerkenswerter Diplomat. Er versuchte, die →Dauphiné zu kaufen, wobei er von Frankreich überboten wurde, was die savoy.-frz. Beziehungen vorübergehend trübte. Das Gegengewicht zu seiner frz. Heirat (mit Bonne v. Bourbon) bildete sein Reichsvikariat. Außerdem verbündete er sich mit Papst Clemens VII. (Gf. Robert v. Genf). Dieser drängte Ludwig I. v. Anjou zum Einfall in Neapel, wobei A. gegen Überlassung der angevin. Rechte in Piemont militär. Hilfe leistete (1382). Zur Bestreitung seiner hohen finanziellen Aufwendungen mußte A. allerdings Ämter verpfänden, Burgvogteien verleihen und die Abgaben stark erhöhen, v.a. zwecks Finanzierung seines »Kreuzzuges« 1366. Von seinem Vetter →Johann V. Palaiologos, Sohn der Johanna v. Savoyen, zu Hilfe gerufen, gelang es ihm, den Zugang zum Schwarzen Meer gegen die Türken freizukämpfen und den Basileus von den Bulgaren zu befreien. Damit war das Mittelmeer in den Gesichtskreis des Hauses Savoyen getreten. B. Demotz

Q.: Série SA (Archives de l'ancien duché de Savoie, Dép. Arch. Savoie) – Lit.: Marie-José, La Maison de Savoie. Les origines. Le Comte Vert, le Comte Rouge. 1956 – E. L. Cox, The green count of Savoy, Amadeus VI and transalpin Savoy in the XIV c., 1967 – B. Demotz, La politique internat. du comté de Savoie XIIIe-XVe, Cahiers d'Hist. 19, 1974, 29-64 – Ders., La géographie administrative savoyarde: l'exemple du comté de Savoie, Le Moyen-Age 1974, 261-300.

8. A. VII., der »Rote Graf« *(Comte Rouge)*, Gf. v. Savoyen 1383-91, * 1360, † 1391, ⚭ Bonne v. Berry. Als junger Ritter kämpfte A. im Heer des frz. Kg.s bis zu den Streitigkeiten um Saluzzo und das Franc-Lyonnais. Er griff ab 1384 wiederholt im bfl. Wallis ein und unterstützte den Bf. v. Sion (Sitten), der die Simplonstraße beherrschte, gegen die Bewohner des Wallis; Eingriffe erfolgten seit 1387 auch im Canavese, wo Adlige und →Tuchins, gedrängt von Visconti und dem Mgf.en v. Montferrat, in Aufruhr waren. Erst 1392 wurde mit Hilfe von Bern und Freiburg sowie der Savoyen-Achaier die Ordnung wiederhergestellt. Als größtes Ziel strebte A. jedoch den Durchbruch zum Mittelmeer an, der ihm von Cuneo an auf diplomat. Wege gelang. Einen ersten Erfolg bedeutete die Erwerbung von Nizza. Aufgrund von Rechten aus einem Vertrag seines Vaters mit Ludwig I. v. Anjou und mit Hilfe des ihm 1383 verliehenen Reichsvikariats erwarb er 1385 Barcelonnette und das Ubaye-Tal, anschließend gewann er Giovanni Grimaldi, den Herrn v. Beuil, für sich, schließl. die Einwohner von Nizza, die einen neuen Schutzherrn suchten. So konnte A. 1388 in Nizza einziehen und die Stadt mit den Tälern des Var und seiner Nebenflüsse in Besitz nehmen. Das erlaubte ihm, die Kontrolle über die Zugänge zu den Alpenpässen vom Simplon bis zum Mittelmeer zu vervollständigen. Mit einem Schlag hatte A. eine bedeutende Stadt, einen Seehafen sowie einen Stützpunkt für den Salzhandel gewonnen. Ebenso versuchte er, die Oberhoheit über Genua zu gewinnen. Die Verhandlungen hierüber standen kurz vor dem Abschluß, als A. an den Folgen eines Jagdunfalls starb. Sein Tod beendete das Vorrücken auf Genua und stürzte den savoy. Hof, der bis dahin in Ripaille am Genfer See eine glänzende Periode durchlebt hatte, in eine schwere Krise. B. Demotz

Q.: Série SA (Archives de l'ancien duché de Savoie, Dép. Arch. Savoie) – Lit.: C. de Pierlas, La ville de Nice pendant le premier s. de la domination des princes de Savoie, 1898 – Marie-José, La Maison de Savoie. Les origines. Le Comte Vert, le Comte Rouge, 1956 – B. Demotz, La politique internat. du comté de Savoie XIIIème-XVème, Cahiers d'Hist. 19, 1974, 29-64.

9. A. VIII., Gf. (1391-1416) und Hzg. (1416-39) v. Savoyen, 1439-49 Papst (Felix V.), * 1383, † 1451. A. VIII. verbrachte seine Kindheit inmitten der schweren Krise am Hof nach dem Tod von Amadeus VII. Bonne v. Bourbon, Großmutter von A. VIII., führte für ihn zunächst die Regentschaft; ihr Leibarzt wurde jedoch von unzufriedenen Kreisen des Giftmordes an A. VII. beschuldigt. Die Mutter A.' VIII., Bonne v. Berry, galt als treibende Kraft unter den Anklägern. Die ungesunde Atmosphäre des frz. Hofes griff auch auf den savoy. Hof über; die frz. Hzg.e (v. a. v. Berry, Bourbon und Burgund) wetteiferten seit 1392 um Einfluß in Savoyen. Der geschickteste von ihnen, Philipp d. Kühne v. Burgund, verheiratete 1393 A. VIII. mit Maria v. Burgund, erklärte die Regentschaft für beendet, indem er Bonne v. Bourbon absetzte und zwei Jahre später verbannte, und verheiratete die verwitwete Bonne v. Berry. Odon v. Villars, A.' VIII. Ratgeber, sorgte als einziger für einen gewissen Zusammenhalt in der Gft. Bei seiner Volljährigkeit 1398 sah sich A. VIII. neben den Übergriffen der Hzg.e heftigen Unruhen des Feudaladels gegenüber – v.a. von seiten der waadtländ. Herren, die für die Hinrichtung Othons v. Grandson verantwortl. waren, der Savoyen-Achaier in der Gft. Genf und in Piemont und der Grimaldi um Nizza.

A. VIII. errang dennoch große Erfolge als Landesherr: 1398 erhielt er das ständige Reichsvikariat; er stellte wieder geordnete Verhältnisse in der Verwaltung her; unter seiner Herrschaft erreichte die durch Ks. Sigismund am 19. Febr. 1416 zum Hzm. erhobene Gft. Savoyen ihre größte territoriale Ausdehnung. Herrschaftsrechte wurden erworben (an der Gft. Genf, Rückkauf seit 1401, nachdem das Grafenhaus 1394 erloschen war; Rechte des Odon v. Thoire-Villars 1402, wodurch Bresse und Bugey vollständig savoy. wurden; Lehnseid der Gf.en v. Tenda 1406, was zu besseren Verbindungen mit Nizza führte, wo ein savoy. Statthalter an die Stelle der Grimaldi trat). Die auf Kontrolle des Simplon gerichtete Politik wurde von A. VIII. wiederaufgenommen; das Valle d'Ossola, das unter den Condottieri und ihren Anhängern schwer gelitten hatte, wurde vorübergehend savoy. Schutzherrschaft unterstellt. A. VIII. schickte 1416 die Berner gegen Unruhen im Wallis ins Feld; 1413 wurde der Mgf. v. Saluzzo zur dauernden Unterstellung unter savoy. Lehnshoheit gezwungen; 1427 erfolgte die Erwerbung von Vercelli, was den Verlust des Valle d'Ossola ausglich. Ohne die Landesangelegenheit zu vernachlässigen (1430 Erlaß bemerkenswerter Statuten), erlangte A. VIII. zw. 1401 und 1430 großen Ruhm als Diplomat: in zahlreichen Zusammenkünften strebte er einen Ausgleich zw. Armagnacs und Bourguignons an; er lenkte die Stoßrichtung seiner mögl. Gegner gegen die Visconti, um Piemont als savoy. Besitz zu sichern. Trotz dieser Erfolge war das Ende seiner Regierung von schweren persönl. und polit. Rückschlägen gekennzeichnet: Tod seiner geliebten Frau (1422) und seines ältesten und begabtesten Sohnes (1431), Scheitern eines gegen die Dauphiné gerichteten Eroberungsversuches (1430), Verschwörungen und Intrigen (1433). A. VIII. zog sich schließl. in der Kartause Ripaille zurück, die er verließ, als ihm das Konzil von Basel die päpstl. Würde übertrug (1439). Als Gegenpapst und Widersacher → Eugens IV. ohne starken Anhang, war A. VIII. ein savoy. Fs., der sich von seinen Vorgängern stark unterschied: mehr Diplomat als Krieger, weniger wirklichkeitsnah, ein Liebhaber höf. Etikette.   B. Demotz

Q.: Série SA (Archives de l'ancien duché de Savoie, Dép. Arch. Savoie) – *Lit.*: S. Guichenon, Hist. généalogique de la Royale Maison de Savoie [Neudr. 1976] – Seppelt IV, 295f. u.ö. – Marie-José, La Maison de Savoie. Amédée VIII, le duc qui devint pape, 1962 – B. Demotz, La politique internat. du comté de Savoie XIIIème–XVème, Cahiers d'Hist. 19, 1974, 29–64.

10. A. IX., Hzg. v. *Savoyen* 1465–72, * 1436, † 1472. Galt wegen großer Frömmigkeit als Seliger. Wegen seiner schweren Krankheit wurde 1469 seiner Frau, Hzgn. Jolande, Schwester Ludwigs XI. v. Frankreich, die Regentschaft übertragen. Von dieser Zeit an herrschte in Savoyen Bürgerkrieg (Aufruhr der großen Feudalherren, die teils frz., teils burg. Parteigänger waren). Jolande konnte sich nur mit Hilfe frz. Truppen behaupten (1471). Nach A.' IX. Tod regierte Jolande bis 1478. Da Savoyen sich polit. zu sehr Burgund näherte, bewog Ludwig XI. die Berner, ins Waadtland, die Walliser, ins Chablais einzufallen. Nach dem burg. Zusammenbruch (Grandson, Murten) mußte Jolande die Schutzherrschaft ihres Bruders anerkennen. Um dem frz. Zugriff zu entgehen, machte sie Turin anstelle von Chambéry zu ihrem Hauptsitz, was zu Mißhelligkeiten der Savoyer gegenüber den Piemontesern führte. Trotz der drohenden Gefahr des staatl. Zusammenbruchs Savoyens herrschte unter Jolande ein glanzvolles höf. Leben; so war → Dufay ztw. als Musiker tätig.

B. Demotz

Lit.: H. Ménabrea, Hist. de Savoie [Neudr. 1958] – S. Guichenon, Hist. généalogique de la Royale Maison de Savoie [Neudr. 1976].

11. A., Bf. v. *Lausanne* → Lausanne

12. A. Hispanus (Amadeo Meneses da Silva), * um 1422 in der span. Stadt Ceuta in N-Afrika, † 10. Aug. 1482 im Kl. S. Maria della Pace in Mailand, ⌐ ebd., Sohn der span.-port. Adligen Ruy Gómez de Silva und Isabel de Meneses, Bruder der hl. Beatrix da Silva, der Begründerin der franziskan. Konzeptionistinnen. Während der Jahre 1442–52 war er Hieronymit im Kl. v. Guadalupe (Cáceres). Aufgrund einer Erscheinung des hl. Franziskus erbat er die Erlaubnis zum Ordenswechsel und begab sich nach Italien. Im großen Kl. St. Franziskus zu Assisi nahm ihm Pater Santiago Bassolini de Mozzanica die Ordensgelübde ab; 1456 wurde er dem Kl. St. Franziskus in Mailand zugewiesen, wo er ein enger Freund des Herzogpaares v. Mailand (1450–66), Francesco I. Sforza und seiner Frau Bianca Maria Visconti, wurde, die ihm schwierige Missionen übertrugen. Er feierte sein erstes Meßopfer im Kl. v. Orone am 25. März 1459. Angeregt durch seine Gebets- und Bußübungen folgte bald eine Reihe von Geistlichen seiner Lebensweise. Mit ihnen gründete er die Kongregation der Amadeiten. Aber angesichts der schweren Bedenken der Observanten, die eine erneute Spaltung innerhalb des Ordens für unangebracht hielten, wurden die Amadeiten 1470 von Paul II. verboten, als sie bereits etwa sechs Konvente umfaßten. A. ging auf Weisung Sixtus IV., der ihn zu seinem Beichtvater ernannt hatte, 1472 nach Rom, wo durch die Amadeiten wieder kanon. anerkannt wurden und das span. Kl. San Pietro in Montorio in Rom zu ihrem Hauptsitz wählten. Auf einer Reise (1482), die ihn in das Kl. der Lombardei führen sollte, verstarb er in Mailand.

Während seines Aufenthaltes in Rom schrieb A. seine »Apocalypsis nova«, in der er in acht »Entrückungen« die wichtigsten Geheimnisse des Glaubens darlegt. Das in Form eines Dialogs mit dem Engel Gabriel geschriebene Werk ist in einer großen Anzahl von verderbten und sehr fehlerhaften Hss. erhalten. Bei A.' Tod zählte die Kongregation der Amadeiten rund 20 Konvente, die auf dem Generalkapitel, das der Orden 1518 in Lyon abhielt, zur Ordensprovinz mit Sitz San Pietro in Montorio erhoben wurden. Aufgrund der am 23. Jan. 1568 von Pius V. erlassenen Bulle »Beatus Christi salvatoris« wurde die Kongregation aufgehoben.

M. de Castro

Q. und Lit.: Annales minorum 1464, 30–43; 1482, 16–42; 1568, 6–10, 18–26 – Acta SS. August. II, 562–606 – L. Wadding, Scriptores ordinis minorum, 1906, 15 – J. de San Antonio, Bibl. universa franciscana I, 54–56 – P. Sevesi, Beato Amadeo Menezes de Sylva dei frati minori, fondatore degli amadeiti. Vita inedita di fra Mariano de Firenze e documenti inediti, Luce e amore 8, 1911, 529–542, 586–605, 681–710 – Ders., Il beato Amadeo Menezes de Sylva e documenti inediti, Misc. francescana 32, 1932, 227–232 – M. de Castro, Manuscritos franciscanos de la Bibl. Nacional de Madrid, 1973, 333–335, Nr. 287, 430, Nr. 400.

Amadis de Gaule, span. Ritterroman des 16. Jh. in Prosa, berichtet von den heldenhaften und wunderbaren Abenteuern des A. v. Gallien und seiner Liebe zu Oriane v. Dänemark. Ein urspgl. »Amadis«, der verlorengegangen, jedoch hinreichend bezeugt ist, vielleicht gaskogn. oder prov. Herkunft und wahrscheinl. eine Umgestaltung der arthurian. Themen der »Vulgate Version«, war in Kastilien ab 1350 bekannt. Die früheste bezeugte Ausgabe (1508) ist Garci Rodriguez de Montalvos' Bearbeitung der »antiguos originales«, die häufig dem Portugiesen Vasco de Lobeira zugeschrieben worden sind. Montalvo hatte zahlreiche Fortsetzer und Übersetzer in Europa: die Übertragung von Herberay (1540–48) ist eine für den frz. Geschmack eingerichtete Fassung des span. Amadis, der für zu ma. befunden wurde; die Religiosität schwindet hinter der Erotik, galante Rhetorik überschwemmt den Stil, der Rahmen wird theatralischer. Während im übrigen Europa das Erscheinen des »Don Quijote« von Cervantes (1605) den Niedergang des Amadis beschleunigte, hatte dieser Roman bei den frz. Lesern weiterhin ungeheuren Erfolg und war von entscheidendem Einfluß auf die Gestalt des heroischen Barockromans des 17. Jh.

D. Armes-Pierandreï

Lit.: G. S. Williams, The Amadis Question, RHi 21, 1909, 1–167 – E. B. Place, Fictional Evolution: The Old French Romances and the Primitive A., Reworked by Montalvo (PMLA 71), 1956, 521–529 – Ders., A. de Gaula, edicion y anotacion, 1959–65 – J. O'Connor, A. de G. and its Influence on Elizabethan Lit., 1970 – H. Weddige, »Die Historien A. auss Franckreich«, dokumentar. Grundlegung zur Entstehung und Rezeption, 1975.

Amalaberga, Tochter des Vandalenkönigs Thrasamund und der Schwester Theoderichs d. Gr., Amalfrida. Dieser verheiratete sie an den Thüringerkönig Herminafrid (Ut... nunc etiam longius claritate Hamali sanguinis fulgeatis; Cass. var. 1, 1), um die Thüringer damit in sein Bündnissystem gegen die Franken einzuordnen. Nach dem Niederwerfung des Thüringerreiches und der Ermordung ihres Gemahls in Zülpich (wohl 534) floh A. mit ihren Kindern zu ihrem Bruder Theodahad nach Italien. Belisar brachte sie nach der Einnahme von Ravenna 540 nach Byzanz.

H. Patze

Lit.: Gesch. Thüringens I, hg. H. Patze – W. Schlesinger, 1978, 322ff.

Amalarich, Sohn des Westgotenkönigs Alarich II. und der Thiudigotho, Tochter Theoderichs d. Gr. A. wurde nach dem Tode Theoderichs, der von 511 bis 526 »faktisch und staatsrechtlich« (CLAUDE) das durch die Eroberungen der Franken und Burgunden auf Spanien und einen Küstenstreifen am Mittelmeer begrenzte Westgotenreich beherrschte, zum Kg. der Westgoten eingesetzt. Mit Chlothilde, einer Tochter Chlodwigs, verheiratet, wurde er wegen Glaubensstreitigkeiten mit ihr von ihrem Bruder Childebert I. angegriffen, 531 bei Narbo (Narbonne) besiegt und nach seiner Flucht in Barcelona ermordet.

J. Gruber

Q.: Prokop. bell. Goth. I, 12, 47 ff. – Iord. Get. 302 – Isid. Goth. 36 ff., MGH AA XI, 282 ff. – Chron. Caesaraug., MGH AA XI, 223 – Greg. Tur. Franc. 3, 10 – *Lit.*: L. SCHMIDT, Gesch. der dt. Stämme. Die Ostgermanen, 1941² [Neudr. 1969] – K. SCHÄFERDIEK, Die Kirche in den Reichen der Westgoten und Suewen, 1967 – D. CLAUDE, Gesch. der Westgoten, 1970.

Amalarus v. Metz (Symphosius), Liturgiker, * um 775/80 in der Gegend von Metz, † um 850 vermutl. in Metz, erhielt starke Anregungen von → Alkuin, war von 809–813 Ebf. v. Trier (seine Identität mit »A. v. Trier« von HANSSENS erwiesen), wirkte dann in der ksl. Palastschule von Aachen; 813 reiste er im Auftrag Karls d. Gr. nach Konstantinopel. Eine humorvolle Erinnerung an diese Reise bilden seine »Versus marini« (vgl. BRUNHÖLZL I, 437). Er war 835–838 Ebf. v. Lyon (Absetzung durch die Synode v. Quierzy, bes. auf Betreiben des Diakons Florus v. Lyon, der in seinem »opusculum de actione missae« die allegorist. Meßerklärung des A. als traditionswidrig bekämpfte). A. machte sich verdient um die Bildung des Klerus, gab 823 erstmals den im ganzen MA hochgeschätzten »Liber officialis«, ein Handbuch der Liturgie, heraus und verfaßte u.a. noch das die Stundengebetsordnung von Rom und Metz vergleichende Werk »De ordine antiphonarii«. In seiner Liturgie- und Meßerklärung herrscht v.a. die Allegorese (→ Allegorie) vor, das Bestreben, die liturg. Riten und Gebete – oft sehr sachfremd und gekünstelt – auf einen tieferen Sinn hin zu erklären.

J. H. Emminghaus

Ed.: Amalarii episcopi opera liturgica omnia, ed. J. M. HANSSENS (Studi e Testi 138–140), 1948–50 [Lit.] – E. DUMMLER, MGH PP I, 426 ff. [Versus marini] – *Lit.*: NDB I, 236 f. – LThK² I, 414 – ECatt I, 959–962 [Lit] – A. KOLPING, A. v. M. und Florus v. Lyon, ZkathTh 73, 1951, 424–464 – A. CABANISS, A. of M., 1954.

Musikalische Bedeutung: A. stand mitten in den zwei entgegengesetzten Bewegungen der abendländ. Liturgie: Die Bestrebung nach Einheit, die bes. durch seinen Schutzherrn Karl d. Gr. verfochten wurde, und die Weiterentwicklung der Gesänge auf die uns bekannte klass. Form. Der Verlust seines Antiphonars ist nicht zuletzt deswegen bes. zu bedauern, weil die Nachwelt ihn zu einem legendären Gewährsmann nach dem Vorbild Boethius wesentl. mißgedeutet hatte; hierdurch hätten wir Belege erhalten, die näher seine melodiae, neumata und sequentiae veranschaulicht hätten. Wandernde Melismen (νεῦμα 'Wink'; hier wohl mit πνεῦμα 'Hauch', Melodie konfundiert) als gemeinsame angewandte Verzierung innerhalb sonst verschiedener Melodien sind v.a. im geschmückten Gesang (Graduale, Alleluia, Responsorium) reichl. belegt, ohne daß wir näheres über ihre Herkunft wissen. Auch deuten A.s Äußerungen auf die um diese Zeit wohl einsetzende Tendenz, Sequenzen als unabhängige Gebilde zu mehreren Alleluia-Vertonungen wahlweise zu verwenden.

L. A. Dittmer

Lit.: F. HAFFNER, Symphosius Amalarius v. Metz, Ebf. v. Trier, zur Gesch. der Sakramentarspendung (Fschr. A. THOMAS 1967), 135–140.

Amalasuntha, ostgot. Kgn. 526–535. Als Tochter Theoderichs d. Gr. und Autofledas röm. gebildet und mit dem Westgoten Eutharich († wohl 522) verheiratet, übernahm A. nach dem Tod Theoderichs (526) die Regentschaft für ihren Sohn → Athalarich. Widerstand der Goten gegen ihre Regierungsweise und gegen die rhetor.-philosoph. Erziehung des Sohnes müssen die probyz. Haltung A.s verstärkt haben und führten zu Geheimverhandlungen mit Justinian mit dem Ziel der Herrschaftsübergabe. Ihr nach dem Tod Athalarichs (2. Okt. 534) zum Mitregenten erhobener Vetter → Theodahad konnte trotz ähnl. Absichten die Verhaftung und Tötung A.s (30. April 535) auf einer Insel im Bolsena-See nicht verhindern, doch bedeutete die Ermordung Anlaß zum byz. Einmarsch in Italien. Offizielle Bezeichnung A.s als Kgn. fällt wohl erst in die Zeit nach 534.

G. Wirth

Lit.: HOOPS² I, 245 f. – RE 23/1, 430 – F. DAHN, Die Kg.e der Germanen II, 1866 – W. HODGKIN, Italy and her Invaders III, 1898² – J. SUNDWALL, Abh. zur Gesch. des ausgehenden Römertums, 1919, 263 – E. SCHWARTZ, Zu Cassiodor und Prokop (SBA 1939, H. 2) – W. ENSSLIN, Theoderich d. Gr. und seine Zeit, 1959².

Amaler, got. Königsgeschlecht (*Amelungen*; etymolog. Namensableitung bei MÜLLENHOFF, MGH AA 5, 143; Jord. Get. 14, 79 ff.). Der von → Jordanes überlieferte, 17 Generationen umfassende Stammbaum gab zu Spekulationen bezügl. fast jedes Namens Anlaß und scheint ursprgl. der Rückbeziehung des Geschlechts auf göttl. Ursprung zu dienen (so 1 Gapt; 6 Ostrogotha als Stammespersonifikation, 5 Hiserna als moral. Deutung). An Historizität ist erst mit Hermenricus (vgl. Amm. 31, 3, 1) zu denken, doch bietet auch die Folgezeit mit Völkerwanderung, Aufspaltung bei Ignorierung der hist. Ereignisse des 5. Jh. in der Liste vielfache Schwierigkeiten. Nahe liegt, bei der Liste handle es sich um eine Fiktion Cassiodors unter Zuhilfenahme früherer Quellen (Jord. 14, 82 Ablabius). Als Anlaß käme die Betonung west- und ostgot. Gemeinsamkeit etwa bei der Eheschließung → Amalasunthas mit → Eutharich 515 in Frage.

G. Wirth

Lit.: HOOPS² I, 246–249 – RE I, 2, 1718–1720 – F. DAHN, Die Kg.e der Germanen II, 1866, 61 ff., 108 ff. – L. SCHMIDT, Gesch. der dt. Stämme. Die Ostgermanen, 1941² [Neudr. 1969], 247.

Amalfi (Amalphia), it. Küstenstadt in Kampanien am Golf von Salerno, Hzm. und Ebm. Die erste verläßl. Nennung, zugleich die Erwähnung eines Bf.s v. A., bietet ein Brief Papst Gregors I. von 596 (JAFFÉ Nr. 1403; IP, 8, 74 Nr. 21); allerdings weisen arch. Funde und eine Inschrift, die dem 4. Jh. zugeschrieben werden, auf früheres Christentum hin. Seit dem Ende der Gotenkriege stand A. unter der Herrschaft von Byzanz, hatte aber zweifellos eine lat. Bevölkerung. Ende des 8. Jh. war es Teil des Hzm.s → Neapel. A. beteiligte sich an dessen Kämpfen gegen die langob. Hzg.e v. → Benevent. Eine kurze beneventan. Herrschaft (838–839), die nach dem Tode Hzg. → Sicards durch Aufstand endete, bezeichnet zugleich das Ende der Abhängigkeit A.s von Neapel, denn anschließend beginnt die Reihe der gewählten comites.

Das Territorium von A. an der N-Küste des Golfs von Salerno war eingeengt zw. Gebirge und Meer einerseits, den angrenzenden Gebieten von Sorrent, Neapel und → Salerno andererseits. So am Ausbau eigener territorialer Macht gehindert, erwarb sich A. eine starke Stellung durch den Aufbau einer Flotte. Diese wurde zum eigtl. Garanten jener Eigenständigkeit, die in den Jahrzehnten nach der Erlangung der Unabhängigkeit in einer Politik wechselnder Bündnisse ihren deutlichsten Ausdruck findet. Zunächst unterstützte A. 846 und 849 – neben → Gaeta und Sorrent – mit eigenen Schiffen die Unternehmungen Hzg.

Sergius' I. v. Neapel gegen die Angriffe der → Sarazenen auf die Küsten Mittelitaliens (Ponza, Gaeta, Ostia). Dann beteiligte es sich an Bündnissen gegen Neapel in den Jahren 859 und 870, zuletzt unter der Führung Ks. Ludwigs II. Wenig später versuchte sogar Papst Johannes VIII., sich gegen Zahlung einer bedeutenden Summe die Hilfe der amalfitan. Flotte zu sichern. Dem stand jedoch ein Pakt mit den Sarazenen entgegen, so daß der Papst Ende 879 dem Bf. und dem Präfekten von A. – wie auch Neapel und Gaeta – Exkommunikation und Bann androhte, um sie von der Seite der Ungläubigen abzubringen. Mit diesen sich gut zu stellen, gebot zweifellos das schon für jene Zeit zu vermutende Handelsinteresse.

An der Spitze des unabhängigen A. standen zunächst jährl. neu gewählte comites, später praefecturii, die jedoch bald auf Lebenszeit eingesetzt wurden und ihr Amt auch vererben konnten; 957/958 nahmen sie den Titel dux an. Sie bemühten sich noch im 10. Jh. um die Verbindung zu Byzanz, das A. wie auch Neapel und Gaeta weiterhin als zu seinem Reich gehörig betrachtete: mehrere Präfekten und Hzg.e jener Zeit trugen byz. Hoftitel, wenngleich relativ bescheidene, und 968 beteiligten sich amalfitan. Schiffe sogar am syr. Feldzug Ks. Nikephoros' II.

Damals war A. eine der bedeutendsten Handelsmächte des Mittelmeerraumes; es überragte die übrigen Hafenstädte Kampaniens weit. Verwendung, ja sogar Nachprägung des aus dem arab. → Sizilien verbreiteten Gold-Tarì lassen die überwiegende Ausrichtung der Handelsbeziehungen erkennen. Deren höchste Blüte entfaltete sich im 11. Jh. Damals besaß A. zahlreiche Niederlassungen an den Küsten des ö. Mittelmeeres, in Durazzo, Konstantinopel, Kleinasien, Zypern, Syrien und Ägypten; von dort kamen v.a. Gewürze, kostbare Stoffe und Teppiche nach Italien im Austausch gegen Agrarprodukte. Für den Vertrieb sorgten amalfitan. Kolonien in vielen Städten des S der Halbinsel, so in Capua, Benevent, Neapel, Salerno, Tarent, Barletta, Cosenza, auch in Catania, Syrakus und Mazara del Vallo. Hervorzuheben sind noch die amalfitan. Kirchen und Spitäler in Jerusalem, bereits lange vor den Kreuzzügen (→ Johanniterorden).

Der Einrichtung des Hzm.s folgte die Erhebung des Bm.s A. zum Ebm. durch Papst Johannes XV., wahrscheinl. 987. Die gleichzeitig errichteten vier Suffraganbistümer Lettere, Scala, Minori (damals Reginnum) und Capri entsprachen der Ausdehnung des Amalfitaner Territoriums. Der Nachfolger des ersten Ebf.s Leo, Johannes (1030–50), war Lehrer des späteren Papstes Gregor VII.; Ebf. Peter, häufig in päpstl. Umgebung bezeugt, bildete zusammen mit → Humbert v. Silva Candida und dem späteren Papst Stephan IX. die Gesandtschaft, die Leo IX. 1054 zu Ks. Konstantinos IX. Monomachos nach Byzanz schickte, damit sie die bereits drohende Trennung der w. und der ö. Kirche zu verhindern suchten. Noch 1112 fungierte Ebf. Maurus als Gesandter Paschalis' II. zu Ks. Alexios I. Komnenos.

Damals stand A. längst unter norm. Herrschaft. Bereits 1039 war das Hzm. durch Fürst → Waimar IV. v. Salerno unterworfen worden, hatte jedoch nach dessen Ermordung 1052 die Unabhängigkeit zurückgewonnen. Indessen dauerte die Bedrohung durch Salerno trotz des von Papst Alexander II. 1071 unternommenen Vermittlungsversuches an. Um ihr zu entgehen, unterstellten die Amalfitaner sich Ende 1073 dem Hzg. → Robert Guiskard, dessen alsbald nach A. entsandte Truppen die Stadt jedoch anscheinend wie bei einer Eroberung plünderten. Noch 1080, im Lehnseid des Normannen gegenüber Gregor VII., wird A. neben Salerno unter den Gebieten gen., deren Inbesitznahme durch den Hzg. der Papst nicht endgültig zustimmte. 1088 erscheint der bereits 1074 aus Salerno vertriebene Fs. Gisulf II. überraschend als Hzg. v. A., anerkannt durch Urban II. Seine Herrschaft blieb jedoch Episode. – 1096 revoltierten die Amalfitaner erneut gegen die norm. Herrschaft. Ein Hzg. Marinus übernahm die Regierung, bis Hzg. → Roger I. v. Apulien 1100 A. wieder in Besitz nehmen konnte. Das bedeutete den endgültigen Verlust der früheren Unabhängigkeit, abgesehen von der Teilnahme A.s an der Aufstandsbewegung nach dem Tode Hzg. → Wilhelms v. Apulien 1127, die schon bald mit der Anerkennung → Rogers II. endete. Dieser brachte 1131 auch die bis dahin den Bürgern vorbehaltene Burg gewaltsam in seine Hand.

Im Kampf Kg. Rogers II. und Papst Anaklets II. mit Innozenz II. und Lothar III. ergriff mit diesen verbündete → Pisa, zusammen mit → Genua auf dem Wege zur bedeutendsten Seemacht des Tyrrhen. Meeres, die Gelegenheit, seine Angriffe gegen die Küsten des Kgr.s → Sizilien bes. auf A., mit dem Pisa seit Jahrzehnten in scharfer Handelskonkurrenz stand, zu richten. A. wurde zuerst 1135, dann nochmals 1137 erobert und völlig zerstört, die Schiffe im Hafen wurden verbrannt. Von dieser Katastrophe hat es sich nie erholt. Nach dem Ende der Unabhängigkeit ging nun auch die überragende wirtschaftl. Stellung verloren. 1156 wurde A. im Vertrag v. → Benevent noch eigens als Teil des Kgr.s Sizilien genannt, hatte aber keine tatsächl. Bedeutung mehr. Im späteren MA ist es ledigl. eins unter vielen kleineren Lehen; 1461 gab es Kg. Ferdinand I. v. Neapel seiner natürl. Tochter Maria bei deren Hochzeit mit Ferdinando Piccolomini als Mitgift.

D. Girgensohn

Lit.: IP 8, 380-392 [mit Bibliogr.] – Consuetudines civitatis Amalfie, hg. A. DE LEONE, A. PICCIRILLO, 1970 – R. FILANGIERI, Scritti di paleografia e diplomatica, di archivistica e di erudizione, 1970, 1-48, 49-62, 103-118 – H.M. WILLARD, The fundicus, a port facility of Montecassino in medieval A., Benedictina 19, 1972, 253-261 – Le pergamene degli archivi vescovili di Amalfi e Ravello 1-2, hg. J. MAZZOLENI, C. SALVATI, 1972-74 – H.M. WILLARD, Abbot Desiderius and the ties between Montecassino and A. in the 11th century, MiscCass. 37, 1973 – G. IMPERATO, L'attività commerciale degli amalfitani, Studi meridionali 8, 1975, 217-252 [Forts.] – A.O. CITARELLA, Saggio bibliografico per una storia di A. nell'alto medioevo ASPN 89, 1972, 407-426 – U. SCHWARZ, A. im frühen MA (9.-11. Jh.). Unters. zur Amalfitaner Überlieferung, 1977.

Amalgam (arab. *al-malġam* aus gr. *málagma*), Verbindung von Quecksilber und Metallen, bes. Gold und Silber, zu einer weicheren und leichter zu bearbeitenden Masse. A.e dienten im MA zur Verfertigung von Spiegeln, Gold-A. zur Herstellung von Goldschrift und zur Feuervergoldung. Bei der Amalgamation (»Verquickung«) gewann man mittels Quecksilber Gold aus goldhaltigem Sand, später auch aus zerkleinertem Erz. In der → Alchemie wurden die A.e oft für echte, durch Transmutation entstandene Edelmetalle gehalten und je nach Färbung alchemist. Silber bzw. aurum nostrum, aurum sophisticum, später »Truggold« gen. Amalgambildung mag verantwortl. gewesen sein für den von Alchemisten oft zitierten »Pfauenschweif« (cauda pavonis), ein schillerndes Farbenspiel während der Durchführung von → Transmutationsversuchen.

H. Buntz

Lit.: GMELIN, Hb. der anorgan. Chemie 34, I, 1960[8], 1-41; 62, 1950[8], 1-100 – H. LÜSCHEN, Die Namen der Steine, 1968 – H. BIEDERMANN, Handlex. der mag. Künste, 1973[2] – D. GOLTZ, J. TELLE, H.J. VERMEER, Der alchem. Traktat »Von der Multiplikation von Ps.-Thomas v. Aquin. Unters. und Texte (Sudhoffs Archiv, Beih. 19), 1977.

Amalrich. 1. A., *Kg. v. Jerusalem* seit 1163, * 1136, † 11. Juli 1174 in Jerusalem, ⌑ Grabeskirche; 2. Sohn des Gf.en Fulco v. Anjou und der Kgn. Melisende v. Jerusalem; Nachfolger seines Bruders Balduin III., ∞ 1. Agnes v. Courtenay, Kinder: Balduin IV., Sibylla. Nach der Annullierung der Ehe Heirat mit Maria Komnena 1167, Tochter: Isabella I. Trotz der Ausweitung seiner Herrschaft gegen Ägypten und des Bündnisses mit Byzanz nahm während seiner Regierungszeit die muslim. Macht im N zu. A.s Angriffe auf Ägypten (1163, 1164, 1167, 1168, 1169) scheiterten und führten schließl. zur Schwächung des lat. Kgr.s und damit zur Etablierung Saladins in Ägypten und Syrien. Die Lateiner erlitten damals ihre ersten territorialen Verluste (Banias i.J. 1164; Darum und Akaba i.J. 1170). A. war Krieger und Staatsmann; er erließ zahlreiche Gesetze, u.a. um 1166 die → »Assise sur la ligece« (auch »Assise des A.«), die auf beinahe das gesamte öffentl. Leben Bezug nahm. A. war angebl. auch der Initiator der »Cour de la chaîne«, eines Gerichtshofes, der ausschl. mit Handel und Seefahrt befaßt war. Als Förderer von Kunst und Wissenschaft regte A. den Ebf. →Wilhelm v. Tyrus zu seiner Geschichte des Kgr.s an; die Verbindung mit Byzanz förderte die Entstehung zahlreicher Kunstwerke in Palästina.   S. Schein

Lit.: R. RÖHRICHT, A.I., Kg. v. Jerusalem, MIÖG 12, 1891, 433–493 – G. SCHLUMBERGER, Campagnes du roi Amaury Ier de Jérusalem en Egypte au XIIe s., 1906 – H.E. MAYER, Gesch. der Kreuzzüge, 1968 – J. PRAWER, Hist. du royaume latin de Jérusalem I, 1973².

2. A. v. Bena → Amalrikaner

Amalricus → Amalrich

Amalrikaner, Anhänger des Amalrich v. Bena (Bène b. Chartres), wurden 1210 wegen pantheist. Irrlehren in Paris verurteilt, und führende Mitglieder (Professoren und Seelsorger) derselben wurden am 15. Nov. 1210 als Ketzer verbrannt. Das 4. Laterankonzil und die Universitätsstatuten von 1215 (Chart. Univ. Paris I n. 20, 78–80) erneuerten die Verurteilung. Die Quellen unterscheiden nicht krit. zw. den Lehren der A. und denen Amalrichs, der bis zu seinem Tod 1206 ein versierter Dialektiker in Paris war und als solcher auch gewagte theolog. Thesen disputierte. Er wurde posthum mit seinen Anhängern verurteilt. – Die wichtigsten Quellen der amalrikan. Lehren sind das Verurteilungsdekret (ebd. I n. 12, 71f.) und die Streitschrift Contra Amaurianos (ed. C. BAEUMKER, BGPhMA 24, 5–6, 1926), die der Herausgeber (gegen die Meinung P. MANDONNETS) Garnerius v. Rochefort zuwies. Geistesgeschichtl. Hintergrund des pantheist. Identitätssystems der A. ist die kosm. Offenbarungsspekulation des →Johannes Scottus Eriugena, dessen Schrift »De divisione naturae« (»Perifision«, d.i. »Periphyseon«) als Liber Amalrici bezeichnet und nach 1210 verurteilt wurde. Das soziolog. Milieu ist die Geisteswelt der religiösen (Volks-)Bewegungen. →Chartres, Schule v.   L. Hödl

Lit.: G.C. CAPELLE, Autor du décret de 1210: III – Amaury de Bène. Étude sur son panthéisme formel (BiblThom 16), 1932 – M. TH. D'ALVERNY, Un fragment du procès des Amauriens, AHDL 25/26, 1950–51, 325–336 – M. DAL PRA, Amalrico di Bène, 1951 – K. ALBERT, Amalrich v. Bena und der ma. Pantheismus, MM 10, 1976, 193–212.

Amandellerie, die Aufzeichnung privater Rechtshandlungen und ihre Archivierung durch Amtleute im ma. Metz. Sie wurde 1197 von Bf. Bertram in Metz eingerichtet. Das Vorbild für die A. bildete die Institution der Schreinskarten (→Schreinswesen) in Köln und ihre Verwaltung durch Amtleute (officiales). In Metz wurden die Aufzeichnungen, die frühzeitig auf frz. verfaßt wurden, ebenfalls in Schreinen (*arches*) aufbewahrt, die in jedem Pfarrbezirk von *amans* (Amtleuten) geführt wurden. Diese Beamten (ursprgl. zwei gewählte →Notabeln, später ein Patrizier als Inhaber des nun käufl. gewordenen Amtes) bezeugten bei einem Vertragsschluß, daß eine für diesen benötigte Urkunde sich in ihrem Schrein befand. Allein diese Bestätigung reichte für die rechtl. Geltung des Vertrags in jedem Falle aus und verlieh ihm eine außergewöhnl. Beweiskraft. Nach dem Ende der bfl. Kanzlei in Metz (nach 1224) und dem vorübergehenden Aufhören der städt. freiwilligen Gerichtsbarkeit (etwa 1236–45) entwickelte sich die A. zu einer grundlegenden Institution und wurde verbindl. für alle privaten Rechtshandlungen, nicht nur für Grundstücksverträge. Ihre Auflösung begann um die Mitte des 16. Jh.; 1728 wurde sie abgeschafft.

R.-H. Bautier

Lit.: Formulaire de 116 actes, v. 1430–1450, Bibl. nat., mss. fr. 5396, f 98–122 – N. DE WAILLY, Observations grammaticales sur les actes des amans de Metz..., Mém. Acad. Inscr. XXX, 1881, 303–370 – G. CAHEN, L'a., Mém. Acad. nat. de Metz, 5e sér., XII, 1966–67, 89–119; XIV, 1970–71, 139–189 – Ecrivains et clercs. Recherches sur la rédaction des chartes et des contrats à Metz pendant la seconde moitié du XIIIe s., ibid., 6e sér. VI, 1975, 67–101.

Amandus, frk. Missionar, * um 600 in Herbauges bei Nantes (?), † 6. Febr. eines nicht genau bekannten Jahres (676, 679 oder 684) in Elno, ▭ ebd. A. entstammte einer edlen Familie aus Aquitanien, trat in jungen Jahren in das Kl. Oye (bei La Rochelle) ein und lebte 15 Jahre lang als Rekluse bei Bourges, ehe er nach einem Rombesuch (627?) auf Veranlassung des Bf.s Acharius v. Noyon als Missionsbischof in das frk.-fries. Grenzgebiet ging (vor 638). Er gehört in den Kreis jener vom Mönchtum in →Luxeuil beeinflußten Missionare, die ihre Aufgabe nicht so sehr darin sahen, Heiden zu taufen, als vielmehr das vom Verfall bedrohte Christentum im frk. Reich in Verbindung mit Rom (649 richtete Papst Martin I. einen Brief an A.; MGH SS rer. Merov. 5, 452ff.) zu festigen. A. wirkte zunächst in der Diöz. Tournai, ztw. auch im Beauvaisin und war vermutl. 647–649 Bf. v. Maastricht. Sein wichtigstes Missionsgebiet blieb aber zeitlebens Flandern. Die von ihm 639 (?) gegr. Abtei in Elno (St-Amand) wurde sein Hauptstützpunkt, doch war er auch an anderen Klostergründungen beteiligt (Nivelles 640, Barisis 663; während die Gründung von St. Peter und St. Bavo in Gent wohl eher seinem Gefährten Bavo zukommt). Die geringen Erfolge seiner Predigttätigkeit, v.a. aber der Widerstand des eingesessenen Klerus, sollen ihn veranlaßt haben, Missionsreisen zu den Basken, den Karantanen und in das alpenländ. Rätien zu unternehmen, die aber geschichtl. nicht zu erweisen sind. Enttäuscht zog sich A. nach Elno zurück, wo er starb (Testament von 675; MGH SS rer. Merov. 5, 483f.). – Die Erhebung seiner Gebeine (translatio) feierte man in Verbindung mit der dedicatio der Abteikirche in Elno bereits im 9. Jh. am 26. Oktober (vgl. Kalender des Abtes Hartbert v. Lobbes um 860; hg. B. BISCHOFF, Fschr. A. DOLD 1952, 255; dazu J. PRINZ, Fschr. H. HEIMPEL 3, Veröff. Max-Planck-Inst. für Gesch. 36, 3, 1972, 290ff.). Dieser Tag wurde seit dem 10. Jh. auch als Todestag des Hl. gefeiert und später auch für das Sterbedatum der Bf.e A. v. Straßburg (343/346) und A. v. Worms (nach 614) in Anspruch genommen, sicher zu Unrecht. Acht Hymnen und vier Sequenzen auf A. sind überliefert (AnalHymn 8, 11). Der Kult des Hl. beschränkte sich im wesentl. auf das nö. Frankreich und den Raum des heut. Belgien (hier allein 111 Kirchenpatrozinien). Die Übertragung der A.-Verehrung nach SO-Deutschland geht auf Ebf. →Arn v. Salzburg (785–821) zurück, der vor seiner Berufung Abt von St-Amand gewesen war. In ganz NW-Deutschland war der Kult so gut wie unbekannt mit Ausnahme der Amanduskirchen in Herongen und Datteln (Erzdiöz. Köln) und in Aschendorf, Emsland (Diöz. Osnabrück). Der Dom in Magdeburg besaß 1166 Reliquien des Hl.

J. Prinz

Q.: Vita, MGH SS rer. Merov. 5, ed. B. KRUSCH, 395f.; dazu 7, 846ff. – Suppletio und poet. Vita, MGH Poet. Carol. 3, 561ff. –
Lit.: HKG II, 2, 109, 117ff. – LThK² I, 416f. – F. FLASKAMP, Die An-

fänge fries. und sächs. Christentums, 1926, 6, Anm. 15 – E. DE MOREAU, St. Amand, apôtre de la Belgique et du Nord de la France (Museum Lesianum, Section missiologique 7), 1927 – DERS., St. Amand, le principal évangelisateur de la Belgique (Collection nat. 24), 1942 – F. L. GANSHOF, Algemene geschiedenis der Nederland I, 1949, 293 ff. – A. VERHULST, Over de stichting en de vroegste geschiedenis van de St. Pieters en de St. Baafsabdyen te Gent, 1953 – TH. SCHIEFFER, Winfrid-Bonifatius und die chr. Grundlegung Europas, 1954, 87 f. – Bibl. SS I, 1961, 918–923 – F. W. OEDIGER, Die Kirchen des Archidiakonats Xanten, Publikationen der Ges. für Rhein. Geschichtskunde XII, 1969, 41, 170 f. – GS, Das Ebm. Magdeburg I, 1, 222.

Amanieu de Sescar → Troubadours

Amanricus → Amalrich

Amantea, it. Bm. an der Küste Kalabriens, Prov. Cosenza. Die Anfänge der Stadt sind unbekannt. Die früheste Nachricht ist zu 885/886 überliefert: die im langob.-byz. Grenzbereich gelegene Festung A. mußte sich dem Strategen Nikephoros Phokas ergeben, nachdem dessen Vorgänger Stephanos Maxentios sie erfolglos belagert hatte und deshalb abgelöst worden war. Unmittelbar danach dürfte das Bm. A. errichtet worden sein, zuerst in der 901/902 veröffentlichten Diatyposis, einem Verzeichnis der Kirchen des Patriarchats Konstantinopel (s. GRUMEL, Regestes Nr. 598), gen. Dort wie auch in den späteren →Notitiae episcopatuum erscheint A. unter den Suffraganbistümern der Metropole → Reggio Calabria. Jedoch ist aus verläßl. Zeugnissen kein Bf. bekannt. Bereits vor der norm. Eroberung (Ende des 11. Jh.) war A. im Bm. →Tropea aufgegangen. Während des MA spielte A. nur noch 1269 eine nennenswerte Rolle, als es an der Aufstandsbewegung gegen Kg. →Karl I. v. Sizilien teilnahm und erst nach harter Belagerung eingenommen werden konnte.

D. Girgensohn

Lit.: IP X, 40 – G. VALENTE, Diz. dei luoghi della Calabria, 1973, 39–45.

Amarcius (Sextus A. Gallus Piosistratus: Pseudonym), Verfasser von vier Büchern Sermones (Satiren) nach dem Vorbild des Horaz. Über seine Person ist nichts Sicheres bekannt. Stellen seines Werkes lassen die Vermutung zu, daß er um 1100 in der Gegend von Speyer wirkte. A. besaß vielseitige Kenntnisse und schrieb metr. korrekte, doch mitunter schwierige und dunkle Hexameter; er war wohl ein Schulmann. Seine Sermones stellen, bald in längeren Abhandlungen, bald in lebhaften Dialogen, moral. und theol. Gegenstände mit wiederholtem Bezug auf Gebräuche und Mißbräuche der Zeitgenossen, bes. der hohen Geistlichkeit und der weltl. Großen dar. Möglicherweise hat der Investiturstreit auf das Werk eingewirkt. Ein Beispiel für lebendige Verbindung mit der Kunstübung der Zeit ist die Anspielung auf eine in das Repertoire der »Cambridger Lieder« (→Carmina Cantabrigiensia) eingegangene Liedersammlung (Serm. I, 416–421). Das Werk hatte keine breitere Wirkung (es ist nur in einer Hs. und einem Frgm. überliefert), wird aber von →Hugo v. Trimberg angeführt.

G. Bernt

Ed.: M. MANITIUS, 1888 – K. MANITIUS, MGH Q. zur Geistesgesch. des MA 6, 1969 [mit ausführl. Einl. und Komm. und Bibliogr.] – Lit.: Verf.-Lex.² I, 321–323 – MANITIUS II, 569–574; III, 1067 – F. J. E. RABY, A Hist. of Secular Latin Poetry, 1934, 1957² [Nachdr. 1967], I, 401–404 – C. ERDMANN Forsch. zur polit. Ideenwelt des FrühMA, 1951, 128–134 – D. SCHALLER [u. a.], MJB 7, 1972, 93–101.

Amarrage → Anc(h)oraticum

Amasra (Sesamos bzw. Amastris, in w. Quellen u. a. (S)amastro), Schwarzmeerstadt in der Türkei (Prov. Zonguldak). A. gehörte 1204 zum Ksr. Trapezunt, nach 1214 zu Nikaia. Byzanz scheint A. im Laufe des 14. Jh. an die Osmanen verloren zu haben, ab 1393 ist allerdings ein Konsulat Genuas auf eigenem Territorium nachweisbar. Mehmed II. besetzte A. während des Trapezunter Feldzugs (1461) und siedelte den Großteil der Einwohner nach Konstantinopel um.

K. Kreiser

Lit.: HEYD, HCL, Index s. v. Samastri.

Amasya (Amascia), eine der bedeutendsten nordanatol. Städte in türk. Zeit. Seit dem späten 11. Jh. im Besitz der Danischmendiden, wurde sie 1171/74 seldschuk. und ergab sich nach häufigem Besitzerwechsel 1396 dem Osmanen Bāyezīd I. Nach dessen Niederlage bei →Ankara 1402 bereitete der spätere Mehmed I. von A. aus die Wiederherstellung der Reichseinheit vor. In früh- und hochosman. Zeit war A. bevorzugte Prinzenresidenz.

K. Kreiser

Lit.: EI² I, 431 f. – P. KAPPERT, Die osman. Prinzen und ihre Residenz Amasya im 15. und 16. Jh., 1976.

Amator (frz. Amateur oder Amatre), Hl., Bf. v. Auxerre, * 344, † 1. Mai 418, die Eltern waren Mitglieder führender Familien von Auxerre bzw. Autun. ∞ Martha, eine reiche Erbin vornehmer Abkunft aus Langres, die von Bf. Helladius v. Auxerre eingekleidet wurde, als A. selbst in den Klerus eintrat; A. bekleidete das Amt eines Diakons, seit ca. 388 das des Bf.s v. Auxerre. Als solcher ersetzte er die alte Kathedrale am Ufer der Yonne vor der röm. Mauer durch einen Neubau in der Stadt, den er anstelle des von ihm erworbenen Stadtpalastes des Vornehmen Ruptilius errichtete, und der vielleicht noch von ihm selbst dem Protomärtyrer Stephanus geweiht wurde (Inventio der Reliquien s. Stephani i. J. 415!). Er wurde an der Seite seiner Gemahlin, die einige Jahre vorher auf ihrem Besitz Héry (cant. Seignelay) gestorben war, in einer von ihm selbst gebauten cella (spätestens seit dem 6. Jh. S. Amator) auf dem Montartre (Mons autricus), dem traditionellen Friedhof von Auxerre, bestattet. Seine Biographie (BHL 356) schrieb ein Priester Stephanus afrikan. Herkunft auf Ersuchen von → Aunacharius, Bf. v. Auxerre (573/603; der Brief des Bf.s und das Antwortschreiben vgl. MGH Epp. III, 446–448); als legendär dürfte darin die Episode der Zwangstonsurierung seines Nachfolgers → Germanus durch A. anzusehen sein. Nach dem Zeugnis der Translatio Ciryci et Iulittae (BHL 1811; verfaßt wohl im 11. Jh., vgl. dazu Catholicisme III, 404) hat A. zusammen mit dem clarissimus Sabinus die Körper der Märtyrer in Antiochia entdeckt und nach Gallien gebracht, wo nach der Institutio des Aunacharius ihr Kult spätestens seit dem 6. Jh. im Kl. Saint-Cyr-les-Colons bei Auxerre belegt ist. Eine Verbreitung der Reliquien des A. kam wohl anläßl. seiner Umbettung i. J. 862 zustande, im 11. Jh. wurde er in die Kathedrale von Auxerre überführt.

M. Heinzelmann/M. van Uytfanghe

Lit.: Abbé LEBEUF, Mém. concernant l'hist. ... d'Auxerre I, 1848, 18–31 – R. LOUIS, L'Église d'Auxerre et ses évêques avant s. Germain. Saint Germain d'Auxerre et son temps, 1950, 39–88, bes. 49–56 – H. ATSMA, Kl. in Gallien [Diss. masch. Mannheim 1971], bes. 148–150 und 214–216 – J. CH. PICARD, Auxerre, La topographie chrétienne des cités de la Gaule, 1976, 18–25.

Amatus. 1. **A.**, Bf. v. Oloron 1073–89, Ebf. v. Bordeaux 1089–1101, † 22. Mai 1101. A. war als Legat Gregors VII. und Urbans II. einer der tatkräftigsten Verfechter der kirchl. Reform in Aquitanien und der Gascogne, aber auch in der Kirchenprovinz von Tours, in der Narbonnaise und in Spanien. Auf zahlreichen von ihm geleiteten Provinzialsynoden setzte er sich für die Erneuerung der Kirche ein (1074 in St-Maixent, 1077 und 1078 in Gerona in Katalonien, 1080 in Bordeaux, 1081 in Saintes und Issoudun, 1082 in Charroux, 1089 nochmals in Saintes und 1093 in Bordeaux). So wandte er sich gegen Simonie und weltlichen Besitz der Kirche. Ebenso bekämpfte er häret. Tendenzen. Zahlreiche Kl. wurden von ihm reformiert. Am Ende seiner geistl. Laufbahn führte ihn eine Reise nach Aragón, wo er die Kathedrale von Huesca weihte (1097).

Im Gefolge Urbans II. begab er sich nach Clermont, Toulouse, Nîmes und 1099 zum Konzil nach Rom. Als Ebf. v. Bordeaux sorgte A. wirksam für die Wahrung von Frieden und Rechtsordnung. Er förderte die Gründung der Abtei La Sauve-Majeure durch Gerhard v. Corbie und kämpfte in seiner Diöz. weiterhin für die Kirchenreform. Unter seinem Namen sind einige Briefe überliefert; ihre Zuschreibung an A. wird jedoch angezweifelt. Neuere Forschungen sehen in seinem Namensvetter → Amatus v. Monte Cassino deren Urheber. Ein Elogium auf A. verfaßte → Baldericus (Baudry) v. Bourgueil. Ch. Higounet

Lit.: GChr I, 1265–1267; II, 806–809 – BOUQUET XV, 669f., 763–776 – DHGE II, 973–977 – A. DEGERT, Un ouvrier de la réforme au XIe s. A. d'Oloron, Revue des questions hist. 84, 1908, 33–84 – M. FAZY, Essai sur A. d'Oloron, archevêque de Bordeaux et légat du Saint-Siège, Cinquièmes mélanges d'hist. du MA [hg. LUCHAIRE], 1908, 77–142. – TH. SCHIEFFER, Die päpstl. Legaten in Frankreich vom Vertrage v. Meersen (870) bis zum Schisma von 1130, 1935 [Neudr. 1965] – A. BECKER, Stud. zum Investiturproblem in Frankreich. Papsttum, Kgtm. und Episkopat im Zeitalter der gregorian. Kirchenreform, 1049–1119, 1955.

2. A. v. Montecassino, Geschichtsschreiber der Normannen, * um 1010 in Salerno, Todesjahr unbekannt. Zw. 1047 und 1058 war er Bf. v. Capaccio – Paestum (Prov. Salerno), wie die bis heute unwiderlegten Forschungen von LENTINI ergaben. Während der ersten Regierungsjahre des Abtes Desiderius (1058–86), dem er später seine »Historia Normannorum« widmete, legte er sein Bischofsamt nieder und zog sich als Mönch nach Montecassino zurück. Wie mit zieml. Gewißheit anzunehmen ist, starb er auch dort. Der Cod. Vat. Borg. 211 nennt als Todestag den 1. März eines nicht näher bezeichneten Jahres. Eine weitere Nachricht über A. liefert uns eine Cassineser Urkunde vom Jahr 1061, in der A. unmittelbar nach Desiderius unterzeichnet. Das »Chronicon Casinense« und das Werk »De viris illustribus« des Petrus Diaconus geben zwar genaue Nachrichten über seine lit. und historiograph. Tätigkeit, berichten aber kaum über andere biograph. Daten.

Sein Hauptwerk, die »Historia Normannorum« in acht Büchern, handelt über die Taten der Normannen v. a. in Campanien. Gemeinsam mit dem Werken des → Wilhelm v. Apulien und des → Gaufredus Malaterra stellt es eine der wichtigsten Quellen für die norm. Eroberung von Süditalien dar. Sie umfaßt die Periode von 1016 bis 1078. Das Werk ist nicht im lat. Original, sondern nur in einer afrz. Übersetzung überliefert. Andere Schriften von A. sind: »De gestis apostolorum«, Gregor VII. gewidmet, eine Dichtung in eleganten Versen über das Leben der Hl. Petrus (Buch 1–3) und Paulus (nur ein Teil von Buch 4). In »De laude«, das nicht erhalten ist, hat A. sicher den jungen, aber schon mächtigen Diakon Hildebrand gefeiert, der bei den Cassineser Mönchen in hoher Achtung stand. Über das andere von Petrus Diaconus angeführte Werk »De duodecim lapidibus et civitate caelesti Hierusalem« ist wenig bekannt. F. Avagliano

Ed.: L'Ystoire de li Normant et la Chronique de Robert Viscart par Aimé, ed. O. DELARC, 1892 – Storia de'Normanni di Amato di Monte-Cassino, ed. V. DE BARTHOLOMAEIS (Fonti 76), 1935 – Il poema di Amato su S. Pietro Apostolo, ed. A. LENTINI (MiscCass, 30–31), 1958–59 – *Bibl.*: DBI II, s.v. Amato – *Q.*: Chronicon Casinense III, c. 35, MGH SS VII, 1846, 728 – Petri Diaconi De viris illustribus 20, MPL 173, 1032 – *Lit.*: MANITIUS - A. LENTINI, Ricerche biografiche su Amato di Montecassino, Benedictina IX, 1955, 183 ff. – P. F. PALUMBO, L'età normanna nelle fonti e nella letteratura storica, Rivista Storica del Mezzogiorno IV, 1969, 9–12.

Amaury. 1. A. v. Montfort, Heerführer → Albigenser, → Montfort

2. A. → Amalrich

Amazonen

I. Die Amazonenüberlieferung in der lat. Literatur des MA – II. Amazonen in europ. und arab. Berichten über NO-Europa.

I. DIE AMAZONENÜBERLIEFERUNG IN DER LAT. LIT. DES MA: In der lat. Tradition des MA gelangte die Vorstellung von den A. aus verschiedenen Quellen und aus unterschiedl. Motiven. Der umfassendste Bericht ist der von Iustinus in der Trogus-Epitome (2, 4) und Orosius in dessen »Historia adversum paganos« (1, 15): Heimat, Sitten und Herrschaftsform werden geschildert; Mythologisches – Herakles' Zug gegen die A. – wird mit Historischem gemischt: So wird erwähnt, die Amazonenkönigin Thalestris habe mit einem Gefolge von 300 Frauen Alexander d. Gr. aufgesucht, der das Schicksal großer Männer teilen und mit ihr Beilager halten sollte (Orosius 3, 18, 5; Iustin 12, 3, 5). Iustins und des Orosius Nachrichten erscheinen bei → Jordanis in seiner »Getica« (cap. 7, 8), wonach die A. unmittelbar von den Goten abstammen. Diese Darstellung übernahm → Ekkehard v. Aura († nach 1125) in seine Weltchronik und erweiterte seine Vorlage nochmals um Teile aus Orosius. Auch → Otto v. Freising († 1158) benutzte die »Historia adversum paganos«, die schon im 9. Jh. → Frechulf v. Lisieux die Historie der A. zu dessen umfassender Weltchronik lieferte, für die Beschreibung der A. in seiner Chronik (1, 23. 2, 25). Neben der Historie war das Interesse an der Kosmographie Anlaß für die Beschäftigung mit den A.: In den Etymologien (9, 2, 64) → Isidors v. Sevilla († 636) wird ihrer bei der Behandlung der Skythen und ihrer Nachbarn gedacht; ebenso erwähnt sie der → Aethicus Ister (cap. 68), der sich, was die Realien betrifft, teilweise an Iustin/Orosius hält. Einen weiteren Zugang stellt die Mythologie dar. Der Kommentar des Servius zu Vergil, Aeneis 11, 648ff. enthält in knapper Form das Wichtigste über Namen und Herkunft der A. und die Kgn. Hippolyte. Bedeutender für die lat. Troia-Epik (→ Troia-Dichtung) des MA waren allerdings die spätantiken Schwindelautoren Dictys Cretensis und Dares Phrygius. Der dürre Bericht des Dares diente den beiden umfangreichsten lat. Troia-Epen, der »Ylias« des Joseph Iscanus († um 1210) und dem »Troilus« (1249) des → Albert v. Stade als Grundlage und Anregung, wobei der »Troilus« um einen Exkurs nach Orosius erweitert wurde. Das eigenwillige gesellschaftl. Leben der A. bestimmte das Interesse mancher Autoren, sie unter die Ungeheuer und Fabelwesen zu setzen. Dies war bereits im frühma. → »Liber monstrorum« (1, 19) geschehen, ohne daß allerdings die A. ausdrücklich gen. sind, und es wurde im 13. Jh. von → Thomas v. Cantimpré in seinem enzyklopäd. »Liber de natura rerum« (3, 2) ebenso gehalten. Auch Adam v. Bremen (um 1074/76) verbindet die A. mit Fabelwesen wie den Kyklopen und Kynokephalen (Gesta Hammaburg. eccl. pontif. 4, 19. 25). Eine weitere Verbindung der A. zu → Alexander d. Gr. stellt der Alexanderroman (Leo Archipresbyter 3, 25f.) her: Nach der Eroberung Indiens fordert Alexander in einem Brief an die A. deren Unterwerfung. Sie wird ihm mit dem Hinweis auf die Macht der A. verweigert, dafür werden ihm ausführl. die Bedingungen für eine Verbindung mit den auf einer Insel lebenden Frauen dargestellt. M. Wesche

II. AMAZONEN IN EUROP. UND ARAB. BERICHTEN ÜBER NO-EUROPA: Zahlreiche europ. und arab. Autoren des MA berichten über phantast., von krieger. Frauen bewohnte Länder, wobei die Siedlungen der Amazonen mehrfach im NO Europas lokalisiert werden. In dreierlei Varianten dieser Legende ist entweder von einem Land, einer Stadt oder einer Insel der Frauen die Rede. Die erste Variante finden wir bereits bei Paulus Diaconus (um 790). Ebenso erzählt Adam v. Bremen (um 1074/76) von einer in der Nähe von Estland gelegenen terra feminarum (Adam 3, 16; 4, 19, 25). Die zweite Variante finden wir u. a. im Bericht des Ibrāhīm ibn Ja'qūb (965/966), nach dem sich eine »Stadt der Frauen« in der Nähe des Prussenlandes befinden sollte. Die dritte Variante dieser Legende berichtet schließl. von zwei im N gelegenen Zwillingsinseln, von denen die eine von Frauen, die andere von Männern bewohnt war. Eine sehr umfangreiche Version dieser Variante lieferte al- → Idrīsī (1154), der jene Inseln in der Nähe von Estland und Finnland lokalisierte. Vermutl. ist diese Lokalisierung auf den Namen der unweit von Tallin gelegenen Insel Naissare (estn. Fraueninsel) zurückzuführen. T. Lewicki

Lit.: F. Westberg, Ibrāhīm's-ibn-Ja'qūb's Reisebericht, Mém. de l'Acad. Impér. des Sciences de St. Pétersbourg, VIII. Série, III, Nr. 4, 1898, 140–143 – M. O. Koswen, Amazonki, Sov. Etnografija, 1947, H. 2., 33–59; H. 3, 3–32 – T. Lewicki, Arabskie legendy o kraju Amazonek na północy Europy, Zeszyty Naukowe Uniwersytetu Jagiellońskiego Nr. 13, 1957, 283–307.

Ambachten, Vier → Vier Ambachten

Ambasciator (Ambasciatorenvermerk). Der aus dem Kelt. über das Germ. entlehnte mlat. Begriff bezeichnet einen Gesandten, Boten und lebt in den roman. Sprachen (vgl. etwa frz. *ambassadeur*) fort. Das mlat. Verbum ambasciare ('eine Nachricht, einen Auftrag überbringen') erlangte im Urkundenwesen der karol. Herrscher eine spezielle Bedeutung: Übermittlung des Beurkundungsbefehls an die kgl. Kanzlei durch einen dazu Beauftragten (erster gesicherter Beleg: MGH DD Karol. I, 150 von 783). Der *Ambasciatorenvermerk* mit dem Namen des Beauftragten findet sich in der Regel beim Recognitionszeichen des Diploms und ist in *Tironischen Noten* eingetragen, hat somit kanzleiinternen Charakter. Mit dem Schwinden der Kenntnis der Tiron. Noten im späten 9. Jh. entfiel der Ambasciatorenvermerk (zuletzt 889). Die Eintragungen zeigen, daß für diese Aufgabe auch Ksn.en, Unterkönige und andere hohe Persönlichkeiten in Frage kamen; in diesen Fällen ist davon auszugehen, daß ambasciare zugleich eine Intervention zugunsten des Urkundenempfängers umschreibt.

H. H. Kaminsky

Lit.: Mlat WB I, 541 f. – H. Bresslau, AU I, 1908, 167–184 – Ders., Hb. der Urkundenlehre II, 1, 1915, 94 f.; II, 1931, 544 f. – G. Tessier, Diplomatique royale française, 1962, 107 f.

Amberg, Stadt in der → Oberpfalz, seit dem 14. Jh. Mittelpunkt des opf. Eisengewerbes (→ Eisen) und Hauptstadt eines kpf. Fsm.s. Ursprgl. eine Kaufmannsniederlassung, deren wirtschaftl. Ordnung und Entwicklung der Kg. 1034 dem Bf. v. Bamberg überließ. Im 12. Jh. ein kgl. privilegiertes forum, 1242 als Stadt belegt, 1269 bair. Die A.er Kaufleute genossen Zollbefreiung und Geleitschutz in Oberdeutschland und Ungarn. Gleichzeitig rasche Umformung der opf. Erzschürfen und Schmelzfeuer zu Eisengruben und Hammerwerken um den A.er Erzberg. 1351 freie Erzsuche für A.er Bürger im opf. Fsm., Abtransport von Erz und Eisenwaren durch eine societas navium nach Süden. Bair. u. pf. Erbteilungen erschwerten indes das Eisengewerbe, und so schuf 1387 die opf. *Hammereinigung* für 66 Städte und Werke einen kartellähnl. Verbund der Eisenwirtschaft, man garantierte Erzlieferung für liquide Hämmer, beschränkte Produktionsstätten und Arbeitszeit, setzte Löhne fest und reagierte monopolist. gegen Außenseiter. Die entsprechende A.er Bergordnung begrenzte die Größe der bürgerl. Betriebe und fixierte einen vierjährigen Produktionszyklus. Nach 1430 Kämpfe mit der Nachbarstadt Sulzbach um den Erzabbau, begleitet von A.er Transportsperren gegen Sulzbach. Die erneuerte Hammereinigung von 1449 konnte den Bergbau der Außenseiter nicht mehr ausschließen. Inzwischen hatte das wachsende Handwerk Zünfte gebildet; 1453 sperrte die *gemain* A. gegen Pfgf. Friedrich, der es gewaltsam besetzte. Zusammenhänge mit einem gleichzeitigen Streik der Schustergesellen sind ungeklärt. 1455 favorisierte der Pfgf. eine Bergbaugesellschaft der Stadt mit 75 Bürgern, v. a. zwecks Wasserbeseitigung in den Gruben. Erst Ende des 15. Jh. nahm die Erzförderung wieder zu, nun in der Hand kleinerer Gewerkschaften, daneben wurde außer Eisenwaren auch Schwarz- und Weißblech erzeugt. Die Politik des Rates blieb dabei bürgerfreundl., wofür u. a. das Verbot des → Fürkaufs, die Begrenzung der Haushöhe auf zwei Stockwerke und die Volksschulen für Knaben und Mädchen zeugen.

H. Rubner

Q.: M. Schwaiger, Chronica der ... Stadt A., 1564 [Neudr. 1967] – Lit.: H. Sturm, Zur ältesten Gesch. A.s, Opf. Heimat, H. 4, 1959 – R. Sprandel, Das Eisengewerbe im MA, 1968 – H. Stahl, Die Wirtschaftsordnung der Stadt A. [Diss. Erlangen 1969].

Ambierle (Ambierta), Abtei in Frankreich (Dép. Loire) im Roannez (Forez), Diöz. Lyon, dem hl. Martin geweiht. Die Entstehungsgesch. trägt legendäre Züge: Angebl. wurde A. durch Gerhard v. Roussillon, Gf. v. Lyon, gefördert. 902 wurde A. Bestandteil des gfl. beneficium. Ks. Ludwig d. Blinde übergab es zwei seiner Getreuen; diese unterstellten es Abt → Odo v. Cluny, dem Ludwig IV. 939 den Besitz von A. bestätigte. Von da an war A. Priorei von Cluny mit großen Grundherrschaften im Forez und Mâconnais. Ludwig VII. bestätigte die Güter der Abtei (1166) und stellte sie unter seinen Schutz (1169). Die Abteikirche wurde von Abt Antoine de Balzac (1435–91), dem späteren Bf. v. Valence, neu errichtet. A. wurde 1788 säkularisiert.

R.-H. Bautier

Q.: Terrier du Prieuré d'A., Inventaire, Bull. Soc. Diana III, 1885–86, 154–165 – Lit.: DHGE II, 1039–1042 – E. Révérend du Mesnil, Les donateurs du triptyque d'A. et la légende de Gérard de Roussillon, Roannais ilustré V, 1886, 35–45, 65–79, 97–112, 129–145 – Congrès arch., 1885–86, 87–89; 1913, 236–241 – C. Bouillet, Hist. du prieuré de St-Martin d'A., 1910.

Ambo, mit Brüstung und Lesepult ausgestattete, erhöhte Plattform in altchr. und ma. Kirchen.

[1] *Archäologie*: Vorgänger der Kanzel; n. der Alpen aus 1. Jt. nicht erhalten. Im S aus Stein; meist ein A., seltener zwei Ambonen für Evangelium und Epistel (z. B. S. Clemente, Rom). Bei Grabungen in frühchr. Kirchen des 4.–6. Jh. mit Fundamenten und Platten des Oberbaues entdeckt. Auf dem Fundament das erhöhte Lesepult, manchmal mit zwei seitl. Treppen. Der A. war mit dem → Bema verbunden, jedoch ins Schiff vorgeschoben, da nach Constitutio Apostolica II/LVIII der Vorleser auf erhöhtem Punkt in der Kirche stehen sollte. A. mit Rundfundament und kurzem Hals in Lavant bei Lienz, mit langem Hals in Boppard und St. Ursula zu Köln, mit langem Hals, hufeisenförmigem Grundriß und Zugang von der Stirnseite im Trierer Dom. In Ugium (St-Blaise, Bouches-du-Rhône) ein Fundament aus rechteckigem Stein mit Einlassungen für vier Pfeiler. In Lavant der Oberbau vielleicht aus Holz.

H. Hinz

In *Byzanz* diente der A. verschiedenen gottesdienstl. Zwecken: Lesung der hl. Texte, Predigt und Verkündigung der bewegl. Feste; in der H. Sophia, Konstantinopel, wurde dort auch der Ks. gekrönt, und man gab vom A. Siege und andere wichtige polit. Ereignisse bekannt. In Basiliken war sein Platz meist näher am Bema als am Eingang, gewöhnl. nie einer der Säulenreihen, seltener in der Mittelachse (z. B. Myra; H. Titos, Gortyn; Metropolis, Kalambaka). In kleinen Kirchen und den meisten Zentralbauten fehlt er. Manchmal wurde der A. durch eine Treppe mit dem Bema verbunden (Salona; S. Eufemia, Grado), in großen Kirchen auch durch einen bes. Gang (Solea; z. B. H. Sophia, Konstantinopel; Johanneskirche, Ephesos; Kathedrale, Pliska; Rundkirche, Preslav). Die älteste Form besteht aus einem Marmorpostament, einer halbrunden Kanzel und einer geraden Treppe mit Treppenwangen beiderseits. Seit dem späten 5. Jh. kommt der A. mit zwei Treppen und Baldachin auf (z. B. Basilika A., Theben; Metropolis, Kalambaka), der von Säulen oder Pfeilern getragen werden kann (z. B. S. Marco, Venedig). K. Wessel

Lit.: ECatt (s. v. pulpito) – RbyzK I, 126-133 – RDK I, 627-635 – H. ROLLAND, Fouilles de Saint-Blaise, Gallia, Suppl. III, 1951, 151 ff. – F. MILTNER, Die Ausgrabungen in Lavant/Osttirol, Jb. Arch. Österr. Inst., Beibl. 40, 1953, 61 f. – TH. KEMPF, Trierer Domgrabungen 1943-1954 (Neue Ausgrabungen in Dtl., hg. W. KRÄMER, 1958), 368-379 – F. MÜHLBERG, Frühchr. Köln, 1965, 50 f. – DERS., Boppard, eine frühchr. Gemeindekirche mit Baptisterium unter St. Severus (Römer am Rhein, 1967), 114 – E. EIDEN (Neue Ausgrabungen in Dtl., hg. W. KRÄMER, 2., 1975), 91 ff.

[2] *Skulptur, Kleinkunst*: Gestalt und Dekor des frühma. A. sind nur fragmentar. bekannt. Neben massiv steinernen gab es solche aus edlem Metall über Holzkern (Aachen?) sowie in Verbindung von Stein und Metall (Centula). Charakterist. sind konvexe Mittelplatten, nach dem bekannten frühchr. Typus, ö. Form, aus Ravenna, mit Flechtbandkreuzen in entsprechender Rahmung (Romainmôtier, St-Maurice) oder Kassettenaufteilung (Echternach). Daneben auch rechteckige Mittelfelder (Concordia, Hirsau/Stuttgart). Bild. hervorragend Amboplatten des Typs mit figürl. Evangelistensymbolen (Cividale, Sigvaldplatte und Fragment des Paulinus). Von den schräg verlaufenden Ambowangen nur Fragmente nachweisbar (z. B. Brescia). V. H. Elbern

Der A. der H. Sophia, Konstantinopel, war reich mit Gold, Silber und Edelsteinen geschmückt. Sonst finden sich vornehml. die gleichen Schmuckformen wie an Schrankenplatten. Figürl. Reliefs sind sehr selten (z. B. A. aus H. Georgios, Thessalonike, 5. Jh., Arch. Mus. Istanbul). Die Treppenwangen zeigen häufiger figürl. Darstellungen (z. B. Opfer Abrahams: Fragment im Mus. Iznik; Hirten: Fragmente aus Tralles, Arch. Mus. Istanbul). K. Wessel

Lit.: E. BACH, L'Ambon de Baulmes etc., Mél. d'hist. et de lit. off. à M. CH. GILLIARD, 1944, 114 ff. – A. GRABAR, Ambons, Sculptures byz. de Constantinople (IVe-Xe siècle), 1963, 80-89 – E. DOBERER, Die ornamentale Steinskulptur an der karol. Kirchenausstattung (Karl d. Gr. III: Karol. Kunst, 1965), 217 ff.

Amboise, Stadt, *seigneurie* in Frankreich (Dép. Indre-et-Loire), Herkunftsort eines Adelshauses (→ Amboise, Haus). Der *vicus Ambacianensis* an einem Loireübergang, seit antiker und merow. Zeit bezeugt, wurde 843 von den Normannen zerstört. Die unter Karl d. Kahlen wiederaufgebaute Burg ging in der Folgezeit als kgl. Besitz an die Gf.en v. Anjou über. Am Ende des 10. Jh. wurde Landricus (Landri) v. Châteaudun vom Gf.en mit einer Burg belehnt. Infolge des Verrats Landris, der sich dem Gf.en v. Blois angeschlossen hatte, ließ der Gf. v. Anjou die Burg mit Hilfe des Adelshauses v. Buzançais zerstören; diese hatten bereits einen Teil des *oppidum* zu Lehen und errichteten hier vor 1027 die Tour de Pierre. Seit der kurz darauf erfolgten Belehnung des Ritters Fulco(d)ius (Foucois) mit einer Motte durch die Anjou gab es hier drei Burganlagen: die Tour de Pierre der Buzançais; die Motte des Foucois, »Le Domicile«, das während des ganzen 11. Jh. unmittelbar unter gfl. Kontrolle blieb. Allmähl. vermochten die Buzançais gegenüber ihren Konkurrenten die Oberhand zu gewinnen: am Ende des 11. Jh. zerstörte Sulpicius v. Buzançais die Motte des Foucois. Sein Sohn Hugo, der durch Heirat auch die Herrschaft Chaumont erwarb und damit Vasall des Gf.en v. Blois wurde, zerstörte 1106 Le Domicile. Fakt. alleiniger Herr über A. geworden, gelang es ihm, von dem jungen Gf.en Fulco d. Schönen v. Anjou, dem er 1109 den Lehnseid leistete, auch den Titel eines Seigneur v. A. zu erhalten.

Seit Hugo erwarb das Haus A. großes Ansehen; Hugo errichtete 1115 eine neue Burg, zeichnete sich auf dem Kreuzzug aus und nutzte seine doppelte Vasallität (sowohl gegenüber Anjou wie gegenüber Blois) zu eigener Herrschaftsbildung (Burgen Montrésor und Montrichard, bedeutender Grundbesitz beiderseits der Loire). Die offene Auflehnung seines Sohnes und Nachfolgers Sulpicius gegen seine beiden Lehnsherren scheiterte (Sulpicius starb 1153 als Gefangener des Gf. v. Blois); doch vereinigte das Haus weiterhin die Seigneurien A. und Chaumont. Seit 1303 besaß ein Zweig der Familie nur noch die Seigneurie A. Infolge einer Verschwörung Ludwigs v. A. gegen den Kg. wurden 1431 Schloß und Besitztümer konfisziert und der kgl. Domäne eingegliedert. Unter Karl VIII. und Franz I. entstand hier eines der schönsten frz. Königsschlösser. O. Guillot

Q.: L. HALPHEN – R. POUPARDIN, Chroniques des comtes d'Anjou et des seigneurs d'A., 1913 – Lit.: DHGE II, s. v. – J. X. CARRÉ DE BUSSEROLLE, Dict. géogr., hist. et biogr. d'Indre-et-Loire I, s. v. – L. HALPHEN, Le comté d'Anjou au XIe s., 1906 – J. BOUSSARD, Le comté d'Anjou sous Henri Plantegenêt et ses fils, 1938 – K. F. WERNER, Unters. zur Frühzeit des frz. Fsm.s, WaG 18, 1958, 256-289 – J. BOUSSARD, L'origine des familles seigneuriales dans la région de la Loire moyenne, CCM 1962, 303-322 – O. GUILLOT, Le comté d'Anjou et son entourage au XIe s., 1972, 2 Bde.

Amboise, Haus: Die Familie ist nach dem Ort → Amboise benannt und seit dem 11. Jh. nachweisbar. Große polit. Bedeutung und hohes Ansehen erlangte sie seit der 2. Hälfte des 15. Jh. im Dienst des frz. Kgtm.s. Bevor das Geschlecht um die Mitte des 17. Jh. erlosch, gingen aus ihm noch einige bedeutende Persönlichkeiten hervor.

1. A., Aimery, Sohn von 11, * 4. Juli 1434, † 13. Nov. 1512, seit 1483 Großprior der →Johanniter für Frankreich und Generalkapitän der Galeeren des Ordens, seit 10. Juli 1503 Großmeister der Johanniter auf Rhodos.

2. A., Georg I., Sohn von 11, * 1460 auf Schloß Chaumont-sur-Loire, † 25. Mai 1510 in Lyon, ▭ Rouen, Kathedrale (bedeutendes Grabmal), 1484-92 Bf. v. Montauban, 1492 Ebf. v. Narbonne (Elekt bereits seit 1482/83), 1493 Ebf. v. Rouen, 1498 Kard. G. v. A. kann als einer der bedeutendsten frz. Staatsmänner des ausgehenden MA gelten. Am Hof wurde er kgl. Almosenier (→Aumônier du Roi), doch seine Verbindung zu Hzg. Ludwig v. Orléans (dem späteren Ludwig XII.), der gemeinsam mit Hzg. Franz II. v. d. Bretagne gegen Kg. Karl VIII. opponierte, trug ihm eine zweijährige Haft (1487-89) und die Verbannung ein. Nach deren Begnadigung verschaffte ihm Ludwig v. Orléans das Ebm. Rouen (1493). Er begleitete seinen Gönner, für den er seit 1494 auch das Amt des *lieutenant* (Stellvertreter) in der Normandie ausübte, auf dem Neapelfeldzug Karls VIII. (1494/95). Mit der Thronbesteigung Ludwigs v. Orléans wurde er zum beherrschenden Ratgeber und Leiter der frz. Politik. Bes. als Vermittler zw. frz. Kgtm. und Papst spielte G. v. A. eine große Rolle. Gemeinsam mit seinem Bruder, Bf. Ludwig (→ A. 9), erreichte er die Annullierung der ersten Ehe des Kg.s und seine Verbindung mit →Anna v. d. Bretagne; dieser Dienst wurde ihm mit dem Kardinalshut belohnt (Dez. 1498), außerdem wurde er 1501 Legat für Frankreich. Die Aussichten des frz. Prälaten, während der beiden Konklaven von 1503 zum Papst gewählt zu werden, waren nicht gering. Papst Julius II. ernannte ihn auf Lebenszeit zum Legaten für Frankreich und Avignon. Am Abschluß der gegen Venedig gerichteten Liga v. Cambrai (1508) war

G. v. A. führend beteiligt. – Als Vertreter einer kirchl. Reformpolitik setzte er sich für eine Erneuerung der Kl. und für Reformen des Universitätswesens ein, die jedoch v. a. am Widerstand der Sorbonne, die eine Einschränkung ihrer Privilegien ablehnte, scheiterten. Beim Volk genoß G. v. A., der sich aktiv um eine Besserung der Lage der Bevölkerung bemühte, hohes Ansehen. – Dem Mäzenatentum des Kirchenfürsten ist die Vollendung der Kathedrale von Rouen zu verdanken. Er ließ 1497-1510 in Gaillon das Schloß der Ebf.e v. Rouen errichten, das erste große Bauwerk Frankreichs im Stil der it. Renaissance.

3. A., Georg II., Sohn von 6, * 1488, † 25. April 1550 im Schloß v. Oigny, seit dem 30. Juli 1510 Ebf. v. Rouen, seit dem 16. Dez. 1545 Kard., *lieutenant général du roi* (Stellvertreter des Kg.s) für die Normandie. G. war ein typ. Renaissanceprälat. Auf ihn geht die endgültige Gestaltung des Neubaus der Kathedrale von Rouen nach dem Brand von 1514 zurück, ebenso ließ er dort von Roland le Roux das monumentale Grabmal für sich und seinen Onkel errichten, das einen Höhepunkt der Renaissance in Frankreich darstellt.

4. A., Jakob II., Sohn von 11, * um 1450, † 27. Dez. 1516 in Paray-le-Monial; seit 1475 Abt. v. Jumièges, seit 1480 Abt v. Cluny (auf dieses Amt verzichtete er 1514 zugunsten seines Neffen Geoffroy, Sohn von 5), seit 1505 Bf. v. Clermont. J. v. A. veranlaßte bedeutende Baumaßnahmen in Jumièges und an der Kathedrale von Clermont, in Paris ließ er das berühmte »Hôtel de Cluny« und in Cluny den Abtspalast (heute Rathaus) und Abtskapelle errichten.

5. A., Johann I., Sohn von 11, † 28. Mai 1498 in Dijon, ⌑ Langres, seit 1478 Bf. v. Maillezais, 1481 Bf. v. Langres, *maître des requêtes de l'hôtel du roi* (→Requêtes), Generalprokurator an der röm. Kurie, 1475 Gesandter am kast. Hof, 1483 Gouverneur für beide burg. Herrschaftsgebiete (→Burgund).

6. A., Johann, gen. v. Bussy, Sohn von 11, ⚭ mit Katharina v. Saint-Belin. Aus dieser Ehe stammten 16 Kinder (bes. bedeutend: Georg II. v. A. [→A. 3] und Geoffroy v. A., Abt v. Cluny). J. v. A. war *lieutenant général* des Hzg.s v. Orléans in der Normandie.

7. A., Karl I., gen. v. Chaumont, Sohn von 11, † 1481, ⚭ mit Katharina v. Chauvigny; Söhne: Karl II. v. A. und Ludwig II. v. A. (→ A. 8, A. 10), beteiligte sich an den Aufständen der großen Lehnsherren gegen das Kgtm. (→Praguerie 1440, →Ligue du Bien Public seit 1464). Nach dem Tode Karls v. Frankreich, eines der Hauptführer der Adelsopposition, begnadigt, wurde er Gouverneur der Champagne (1474) und erhielt die Gft. Brienne (1475). Seine großen militär. und polit. Fähigkeiten bewies K. v. A. während des Krieges gegen Burgund (1477 Einzug in Dijon). Es gelang ihm, Jolande v. Savoyen (→Amadeus IX.) aus der Gefangenschaft Karls d. Kühnen zu entführen. Nach der Eingliederung des Hzm.s Burgund wurde er zum dortigen Gouverneur ernannt. Als die Kämpfe um Burgund erneut ausbrachen, eroberte er 1479 Teile der Franche-Comté, 1480 griff er Luxemburg an.

8. A., Karl II., gen. v. Chaumont, Sohn von 7, * 1473, † 11. Febr. 1511 in Coreggio (Italien), 1493-96 Gouverneur v. Paris, seit 1499 stand er als *Grand-Maître de la Maison du Roi* an der Spitze der kgl. Hofhaltung, von 1504 an war er →Maréchal de France und 1508-10 →Amiral de France. Als Gouverneur des 1500 eroberten Mailand nahm er an den Italienfeldzügen teil (Niederwerfung des genues. Aufstandes 1507). Er kommandierte die Armee der Liga v. Cambrai, die sich gegen Venedig (Agnadello 1509) und später gegen Papst Julius II. richtete.

9. A., Ludwig I., Sohn von 11, * um 1432, † 1. Juli 1503 in Lyon, ⌑ Albi, Kathedrale, seit dem 24. Jan. 1474 Bf. v. Albi, seit etwa 1471 Ratgeber und Vertrauter Ludwigs XI., 1472 Generalprokurator des Kg.s an der röm. Kurie, 1471-84 *lieutenant général* (Stellvertreter) des Kg.s in der Languedoc. L. v. A. wurde mit zahlreichen polit. und diplomat. Missionen beauftragt, die ihn v. a. ins →Roussillon (1475 erreichte er die Übergabe von Perpignan), in die Guyenne und in die Franche-Comté (hier war er 1479-80 *lieutenant* des Kg.s) führten. 1483 wurde er während der Regentschaft der →Beaujeu Mitglied des *Conseil étroit* (enger Rat). Wegen seiner Verbindung mit dem opponierenden Hzg. v. Orléans fiel er 1484 beim Kg. in Ungnade und floh nach Avignon. Wieder zu Gnaden gelangt, wurde er mit verschiedenen vertraul. Missionen beauftragt. 1491 zelebrierte er den Trauungsgottesdienst für Karl VIII. und Anna v. d. Bretagne. Beim Regierungsantritt Ludwigs XII. wurde er 1498 Mitglied des *Conseil secret* (geheimer Rat) und mit dem Verfahren zur Annullierung der Ehe des Kg.s beauftragt, der Anna v. d. Bretagne heiraten wollte. 1502 wurde L. v. A. Gouverneur v. Montpellier. Förderer des Humanismus und bedeutender Mäzen, ließ er in →Albi den Chor der Kathedrale neu errichten, den er 1480 weihte, und sorgte für die einzigartige spätgot. Ausstattung des Kirchenraumes. In seiner Diöz. führte er bedeutende Reformen der Mönchs- und Nonnenklöster durch und bemühte sich, Bildung und Moral seines Klerus zu heben.

10. A., Ludwig II., Sohn von 7, * 1477, † 1517 in Ancona (Italien), ⌑ in Loreto (sein Herz in Albi). 1497 wurde ihm vom Papst die Anwartschaft auf die Diöz. v. Albi gewährt, in der sein Onkel Ludwig I. v. A. (→ A. 9) Bf. war. 1501 wurde er Bf. v. Autun, nach dem Tod seines Onkels 1503 Bf. v. Albi und am 8. Dez. 1506 Kard. v. S. Pietro e Marcellino; er stand an der Spitze der Provinzialstände der Languedoc. Sein Onkel, Kard. Georg I. v. A., betraute ihn mit der Reform der Kl. (Dez. 1504); L. v. A. erließ religiöse Vorschriften für die Gläubigen. Bedeutender Mäzen und Humanist. Er starb in Italien während einer Mission bei der Kurie.

11. A., Peter I., Sohn von Hugo VI. v. A. (*Chambellan* Karls VI. und des Hzg.s v. Orléans, † 1421), † 28. Juni 1473, ⚭ 1428 Anna v. Bueil, ⌑ Bourges, Kirche des Klarissenklosters, von ihm gegr.; Seigneur v. Bussy, Chaumont und Meillant, gilt als der eigtl. Begründer des polit. Aufstiegs seines Geschlechts (er hatte 17 Kinder, darunter: Karl, Aimery, Ludwig I., Johann I., Hugo, Johann, Peter, Jakob, Georg). Er nahm an der Belagerung von Orléans (1429) durch Jeanne d'Arc teil, 1433 gehörte er zu den Mitgliedern der Verschwörung gegen den Günstling Karls VII., →La Trémoille; 1440 wurde er Gouverneur der Touraine. An der →Praguerie war er aktiv beteiligt. Ludwig XI. beauftragte ihn mit zahlreichen Missionen in Burgund und Italien. Da er sich jedoch 1465 der →Ligue du Bien Public anschloß, fiel er beim Kg. in Ungnade und büßte seine Güter ein (→Amboise, Ort und Seigneurie).

12. A., Peter, Sohn von 11, * um 1450, † Sept. 1505; 1467 Abt v. St-Jouin-de-Marnes in Poitou, von dem Kreuzgang erneuern ließ, seit 1481 Bf. v. Poitiers; Ratgeber des Kg.s. Er zählte zu den Prälaten, die die Kunst der beginnenden Renaissance förderten (Errichtung des Schlosses Dissay in Poitou). R.-H. Bautier/R. Scheurer

Lit.: DBF II, 481-526 – DHGE I, 1058-1081 – M. Harsgor, Recherches sur le Conseil du roi sous Charles VIII et Louis XII [Thèse masch. Paris-Sorbonne 1972] – Y. Lanande-Maillefert, Charles VIII et son milieu, 1470-98. La jeunesse au pouvoir, 1975 – Vgl. auch die Lit. zu Karl VII., Ludwig XI., Karl VIII., Ludwig XII.

Amboß → Schmiede

Ambra (*Ambra grisea,* lat. ambar, gr. ἄμπαρ, arab. 'anbar; mhd. und mndl. *amber*), Droge: wohlriechende Ausscheidung des Pottwals (Physeter macrocephalus), als graue Masse auf dem Meer schwimmend. In der Antike wohl unbekannt; im MA bei Wolfram v. Eschenbach. – Med. Anwendung: Rhazes' »Liber ad Almansorem« (10. Jh.), Avicenna (um 1000), Serapion d. J. (11. Jh.), Averroes und Simeon Seth (beide 12. Jh.) zur Stärkung von Hirn und Herz; Rufinus (13. Jh.) bei Magenbeschwerden und Herzeleid. Ab 14. Jh. Pomum ambrae (Riechapfel) als Desinfektions- und Schutzmittel bei Seuchen (Pestschriften). In H. Minners »Thesaurus medicaminum« (1479) aus dem Antidotarium Nicolai und Mesue; im »Hortus Sanitatis« (1485) dt. Bezeichnung *walrode*. Bei Rezeption der arab. Medizin Verwirrung über *A. grisea* und *A. (citrina sive flava = ambrum, electrum* und *lyngurion* [Dioskurides: gegen Magen- und Bauchschmerzen], *su[c]inum* [Plinius: in Halsbändern und Amuletten, der Ambraball röm. Damen], *karabe,* →bernstein = Baumharz). *A. alba* = sperma ceti (→*Walrat*). – Heute: Geruchskorrigens in der Parfümerie, obsolet als Stimulans und Aphrodisiacum.
U. Schmitz

Lit.: MlatWb I, s. v. ambar und ambra – EI² (engl.) I, 484 [mit Belegen aus der arab. Lit.] – W. HEYD, Gesch. des Levantehandels im MA II, 1879, 562–566 – A. TSCHIRCH, Hb. der Pharmakogn. II, 1, 1912, 742 f., 746 – J. M. RIDDLE, Pomum ambrae, Sudhoffs Arch. 48, 1964, 111–122.

Ambroise, norm. *Jongleur* aus Évreux, Ende 12. Jh.; nahm am Dritten Kreuzzug (1189-92) teil, aus dem seine monumentale »Estoire de la Guerre Sainte« hervorgeht (12. 332 achtsilbige *Laissen),* die den Rahmen einer hist. Chronik weit überschreitet. A. verbindet zeitgenöss. Geschichte mit eigenen Erlebnissen, um die hervorragenden Taten seines Kg.s Richard Löwenherz und dessen Ritter zu rühmen; ihr Kampf ist der Herrschaft des Christentums gewidmet. Der Dichter vergißt dabei aber nicht, die Leiden der Pilger zu beschreiben. Das Gedicht ist von treffendem Realismus durchzogen: A. zeichnet nicht so sehr wahre Geschichte auf; vielmehr ist ihm daran gelegen, Kg. und Adelsleute, Ritter und Soldaten in der Ausübung ihres Kriegshandwerks darzustellen. A. ist Augenzeuge, und der Leser erlebt den Kreuzfahrer aus nächster Nähe, wie er marschiert und streitet, aber auch singt und trinkt, ißt und schläft. Weil A. nicht dem Adelsstande angehörte und auch keinen Zugang zum Kriegsrat hatte, sieht er den gesamten Kreuzzug aus der Perspektive der »kleinen Leute«, der Fußsoldaten. Ungetrübt ist ihre Freude nach einer gewonnenen Schlacht, und A. verweilt mit bes. Behagen bei Leuten, die den Einzug in Jerusalem kaum noch erwarten können; er schildert auch eindrucksvoll die Verzweiflung der Pilger, als sie schließl. gezwungen werden, der Hl. Stadt den Rücken zu kehren. Die »Estoire« entstand vor 1196 und ist in einer einzigen Hs. (Ende 13. Jh., England) in der Bibliothek des Vatikan erhalten.
W. Kroll

Ed.: A., »Estoire de la Guerre Sainte«, ed. G. PARIS (CDHistFr 130, 1897).

Ambronay (Ambroniacum), Benediktinerabtei (S. Maria) in Frankreich (Dép. Ain), gegr. um 803 durch den hl. Barnhard v. Romans, an der Stelle eines von Kolumban angelegten Priorates. Bei der Abtei entwickelte sich der gleichnamige Ort als →Abteistadt. Am Ende des 13. Jh. mußte die Abtei den Gf.en v. Savoyen Herrschaftsrechte abtreten. Zur gleichen Zeit erhielten die Bürger v. A. Freiheiten. Die Abtei besaß etwa 20 Priorate (u. a. →Brou) und neun Dekanate.
Y. Mariotte

Lit.: DHGE II, 1131–1141 – J. DUBOIS, Moines et monastères…, Le Bugey 1962.

Ambrosianer, aus einer in der Mitte des 14. Jh. von drei Mailänder Adligen vor der Porta Cumena gegr. Einsiedelei hervorgegangener Orden nach der Augustinerregel (1375) und mit ambrosian. Ritus. 1441 von Eugen IV. mit ähnl. Gruppen zur Congregatio fratrum S. Ambrosii ad Nemus Mediolanensis zusammengeschlossen. 1589 mit den aus dem 14. Jh. stammenden Fratres Apostolorum und einer im 15. Jh. abgespaltenen Kongregation mit röm. Ritus zur Congregatio fratrum s. A. ad Nemus et s. Barnabae vereinigt. 1646 von Innozenz X. aufgehoben. Von ihnen zu unterscheiden sind die von Karl Borromäus 1578 gegr. Oblaten des hl. Ambrosius.
K. Elm

Lit.: Storia di Milano 9, 1960, 648–650 – E. BOAGA, La soppressione innocenziana dei piccoli conventi in Italia (Politica e Storia 26), 1971.

Ambrosianerinnen, aus dem um 1470 beim Sacro Monte in Varese gegr. Eremitorium der sel. Katharina v. Pallanza hervorgegangener kontemplativer Nonnenorden nach der Augustinerregel, die die Kanoniker von Varese vermittelten, und den Konstitutionen der Ambrosianer (1474); 1798 aufgehoben. 1822 als Schulgenossenschaft neugegründet, gegenwärtig drei Häuser in der Lombardei. Als A. werden gelegentl. auch die lomb. Annuntiatinnen bezeichnet.
K. Elm

Lit.: DIP I, 513 – A. DEL FRATE, Il monastero delle Agostiniane Ambrosiane nel Sacro Monte di Varese, 1922 – DERS., S. Maria del Monte sopra Varese, 1933.

Ambrosianische Republik, kurzfristige Regierungsform in →Mailand (1447-50). Filippo Maria →Visconti, der dritte Hzg. v. Mailand, war am 13. Aug. 1447 gestorben, ohne direkte Erben zu hinterlassen. Dadurch wurde das Problem der Nachfolge akut. Auf das Hzm. erhoben folgende Herrscher Ansprüche: Ks. Friedrich III., Alfons v. Aragón, Kg. v. Neapel, der vom Visconti selbst zum Nachfolger designiert worden war (AS, 32), Karl v. Orléans, ein Nachkomme von Valentina Visconti, Francesco Sforza, Ehemann der legitimierten Tochter Filippos, Bianca Maria, und schließl. der Hzg. v. Savoyen. Alle hatten in Mailand Anhänger. Außerdem gab es auch eine venedigfreundl. »Partei«, bei der vielleicht der Einfluß von Florenz (AS, 32) nicht unbeteiligt war. Es gewann jedoch eine republikan. Richtung die Oberhand, die die Unterstützung fast aller großen Mailänder Familien erhielt. Am 14. Aug. 1447 wurde die A. R. ausgerufen. Die Regierung hatte folgende Zusammensetzung: 24 *Capitani* und »Verteidiger der Freiheit« – *Difensori della libertà* (mit einem Prior an der Spitze), sechs Beigeordnete für jeden Stadttorsektor – *aggiunti per porta* –, zwölf in der Balia für Krieg und Frieden – *XII della balia per la guerra e per la pace* –, sechs Zensoren und sechs *Consiglieri di giustizia.* Am 17. Aug. wurde der 'Generalrat der 900' *(consiglio generale dei Novecento)* und am 5. Okt. die 'Kommission der 30 für die Gebühren des →Monte und des Schatzes von S. Ambrogio' *(Commissione dei Trenta per la tassa del Monte e del tesoro di S. Ambrogio)* eingesetzt. Die Kommunalverwaltung lag weiterhin in den Händen des *Podestà,* des *Vicario* und der *XII di Provvisione.* Alle Funktionen wurden von Personen ausgeübt, die schon an der Visconti-Regierung beteiligt gewesen waren. In der Stadt traten sofort schwere Störungen der öffentl. Ordnung auf. Diese Probleme sowie die militante Bedrohung der Grenzen durch Venedig und der Abfall vieler Städte des Herrschaftsbereichs (Brescia, Pavia, Tortona, Alessandria, Vigevano, Lodi, Piacenza, Parma) veranlaßten die Regierung, unter starken Widerständen, Francesco Sforza zum *Capitano generale* von Mailand zu ernennen. Dieser nahm den Krieg gegen Venedig wieder auf, wobei er glänzende Siege davontrug, und eroberte die rebell. Städte zurück, Pavia eingeschlossen, das er für sich behielt. Durch seine Macht löste er große Furcht bei den Trägern der Stadtregierung aus. Es wurden Friedensverhandlungen mit der Republik Venedig aufgenommen; da der Sforza jedoch in seiner Befehlsgewalt gehindert wurde, zog er es vor, in den Dienst der Serenissima zu treten (AS, 35). In der Folge wurden neue Friedensverhandlungen mit Venedig geführt, der Sforza antwortete mit der Belagerung von Mailand. In der erschöpften Stadt erhielt schließl. die sforzafreundl. »Partei« die Oberhand. Am 25. Febr. 1450 wurde Francesco Sforza zum Hzg. ausgerufen: die A.R. war zu Ende. Es gibt zahlreiche Interpretationen von Historikern für die Ursachen, die zu ihrer Gründung führten; sicher scheint jedoch, daß es sich nicht um einen Volksaufruhr handelte und daß verschiedene Motive beteiligt waren, darunter der Haß gegen den verstorbenen Hzg., Tendenzen, eine Stadtrepublik zu errichten, die damals von Humanisten und Juristen verherrlicht wurde, Furcht vor einer fremden Signorie, schließl. die persönl. Interessen der Familien der städt. Führungsschicht (in erster Linie der Borromeo, AS, 33), die aus einer Aristokratie von Grundbesitzern bestand, in deren Hand die ganze wirtschaftl. Macht und die Kontrolle über Bankwesen u. Handel lag. G. Soldi Rondinini

Q.: Archivio di stato di Milano, Archivio del conte Sforza avanti il Principato, Carteggio generale, cart. 32–39 (agosto 1447–1451) – Teilweise aufgeführt bei: E. RESTI, Documenti per la storia della Republica Ambrosiana (Regesto ragionato), ASL 1954-55, 192–266 – G. COGNASSO, La Repubblica di Sant' Ambrogio (Storia di Milano VI, 1955), 387-447 [mit Bibliogr. und Q.].

Ambrosianischer Gesang. Die Liturgie der erweiterten Diöz. Mailand, die seit dem 8. Jh. dem Schutzheiligen → Ambrosius zugeschrieben wurde, konnte sich neben der röm. als einzige unter den Kirchen des w. Teils Europas bis in die Gegenwart behaupten. Wegen der abweichenden, altertüml. anmutenden Melodien des A.G.s betonen einige Forscher (DUCHESNE) eine direkte Entlehnung aus der syr. Kirche, evtl. auch eine indirekte über Aquileja und Ravenna (KING), während andere (CAGIN) sie eher als Sonderform eines gemeineurop. Gebildes ansehen möchten, indem sie die Ähnlichkeit einerseits mit der röm., andererseits mit der teilweise rekonstruierten gallikan. Liturgie hervorheben. Da wohl auch jene Liturgie aus einer Verbindung entlehnten Erbgutes mit einheim. Schaffen entstanden ist, doch rigoroser und durchgreifender als diese normiert wurde, lassen sich die Ansichten miteinander vereinbaren. Seit der Drucklegung (1475) des Missale Ambrosianum ist die nur in wenigen Hss. überlieferte Tradition einem größeren Publikum zugängl. geworden.

Wie die röm. Liturgie kennt die ambrosian. Wechselgesänge: Ingresa (= Introitus), Antiphona ante/post Evangelium (s.a. Chorantiphon), Contrafactorium (= Agnus Dei) und Transitorius (= Communio); Sologesänge/Psalmellus (= Graduale) und Offertorium (im gregorian. Gesang melselchörig gesungen) und die der Gregorianik nahverwandte direkte Psalmodie: Cantus oder Tractus. Der formelhafte Vortrag von Psalmen entbehrt im A.G. der Zwischenkadenz der gregorian. Tradition, während hier ein Quartverhältnis (z.B. A E), dort ein Quintverhältnis (z.B. H E) zw. Rezitations- und Grundton herrscht. Als Neugut der ambrosian. Tradition gelten die 14 Hymnen der Stundengebete, die unbestritten dem hl. Ambrosius zugeschrieben werden. Drei dieser vierzeiligen achtsilbigen Hymnen, »Aeterna Christi munera«, »Aeterne rerum conditor« und »Splendor paternae gloriae« fanden Aufnahme in die röm. Liturgie. L. A. Dittmer

Ed. und Lit.: P. WAGNER, Einf. in die gregorian. Melodien I, 1895 – Paléographie musicale, Sér. I, v und vi (= British Museum, Add 34209), 1896–1900 – L. DUCHESNE, Revue d'hist. et de litt. religieuse, 1900, 31 ff. – Pracconius Paschale, 1934 – Antiphonale Missarum juxta ritum sanctae ecclesiae mediolanensis, 1935 – Canti Ambrosiani per il popolo, 1936 – Liber vesperalis, 1939 – Officium et Missa pro Defunctis cum exsequiarum ordine, 1939 – A. A. KING, Liturgie of the Past, 1959.

Ambrosiaster, Kommentar zu 13 Paulusbriefen unter dem Namen des Ambrosius, seit Erasmus A. gen. Der den Schriften des → Ambrosius nach Stil, Auslegungsweise und Bibeltext ganz unähnl. Kommentar zeichnet sich durch Schärfsinn und Abneigung gegen die allegor. Exegese aus. Vom Verfasser des A. existieren ferner die pseudoaugustin. 127 »Quaestiones veteris et novi testamenti«, in denen exeget. und dogmat. Fragen behandelt werden. Über diesen Verfasser gibt es nur Hypothesen. Man weiß, daß er in der Zeit des Papstes Damasus (366–384) geschrieben hat. Gewissen Anklang hat die Zuweisung an einen bekehrten Juden Isaak gefunden, von dem es eine kleine Abhandlung »De fide et incarnatione« gibt. Isaak hat bei den schismat. Wirren, in die Damasus verwickelt war, eine Rolle als Beschuldiger des Papstes gespielt. H. Kraft

Ed.: A., MPL 17, 45–508 – Quaestiones, CSEL 50, ed. A. SOUTER – Weitere Frgm.: MPLS 1, 590; 652–673 und 2, 389–392 – Lit.: TRE II, 356–362.

Ambrosius

1. A. Aurelianus, brit. Herrscher, wahrscheinl. in der 2. Hälfte des 5. Jh. Er war angebl. adliger röm. Herkunft, vereinigte nach der ersten Welle germ. Angriffe die zerstrittenen Briten und gebot dadurch der Invasion Einhalt (Gildas, MGH AA XIII, 1). Der durch ihn initiierte Widerstand erreichte seinen Höhepunkt in der Schlacht von →Mons Badonicus. A.' Biographie ist von Legenden überwuchert; verläßl. Zeugnisse fehlen. D. P. Kirby

Lit.: R. G. COLLINGWOOD, J. N. L. MYRES, Roman Britain and the English Settlements, 1937², 314 ff. – D. P. KIRBY, Vortigern. BBCS 23, 1968, 37–59 – L. ALCOCK, Arthur's Britain, 1971, 26 ff.

2. A. (hl.), Bf. v. Mailand 374–397, * vermutl. 339, † 4. April 397, ▭ S. Ambrogio in Mailand, bedeutender Kirchenpolitiker, wird als fruchtbarer und vielgelesener Autor zu den vier großen lat. Vätern gerechnet. Das bekannte Mosaikbild in S. Ambrogio könnte porträtähnl. sein. Aus vornehmer röm. Familie stammend, schlug A. zunächst die Beamtenlaufbahn ein und wurde 370 Consularis Liguriae et Aemiliae mit dem Amtssitz in Mailand. Als er in diesem Amt die Streitigkeiten zu schlichten versuchte, die um die Nachfolge des Bf.s → Auxentius zw. Arianern und Katholiken ausgebrochen waren, einigten sich beide Seiten dahin, ihn als Bf. zu fordern. Der damals wegen der Sitte des Taufaufschubs noch ungetaufte A. gab dem Wunsche nach, empfing die Taufe und eine Woche später am 7. Dez. 374 die Bischofsweihe. A. besaß als Römer klare sakralrechtl. Vorstellungen von dem Verhältnis des Staates und der Kirche; sie verboten ihm, staatl. Einmischung in den religiösen Bereich zu dulden, und erklären auch seine Haltung gegenüber Heiden, Juden und Häretikern. Seine Erfolge sind darüber hinaus auf die Kraft seiner Persönlichkeit zurückzuführen. Es gelang ihm, den Arianismus in Oberitalien und Illyrien zurückzudrängen; den Ks. Theodosius I., der einen Aufstand in Thessalonike blutig unterdrückt hatte, nötigte er zu förml. Kirchenbuße; er verhinderte die Rückkehr der Victoriastatue in den Sitzungssaal des röm. Senats und bestimmte den Ks. Gratian dahin, die staatl. Zuwendungen an den röm. Kult einzustellen. Die Einführung des Kirchengesangs im W geht auf ihn zurück; von den unter seinem Namen überlieferten Hymnen hat er mindestens zwölf (aber gerade nicht den sog. »Hymnus Ambrosianus«, d.i. das Tedeum) gedichtet. Sie haben formal und sachl. die ma. Hymnendichtung aufs stärkste geprägt. Seine Schriften bestehen meist aus wenig überarbeiteten Vorträgen und Predigten. Der größere Teil ist exeget.; seine Vorbilder sind Philon, Origenes und Basileios, aber im Unterschied zu ihnen ist nicht allein der allegor., sondern auch der moral. Sinn breit herausgearbeitet. Bes. wichtig sind davon eine Auslegung der Schöpfungsgeschichte ('Exameron', d.i. »Hexaëmeron«) und ein Lukaskommentar. Andere wichtige Schriften sind eine (an Ciceros De off. angelehnte) Ethik »De officiis ministrorum« und zwei zur Unterrichtung der Neugetauften bestimmte Werke über die chr. Mysterien: »De mysteriis« und »De sacramentis« (Echtheit angefochten). H. Kraft

Ed.: MPL 14-17 - CSEL 32; 62; 64; 72 - Hymnen: W. BULST, Hymni lat. antiquissimi LXXV, Psalmi III, 1956 - Vollständige Übersicht in CPL 123-183 - *Lit.:* H. V. CAMPENHAUSEN, A. v. M. als Kirchenpolitiker, 1929 - F. H. DUDDEN, The Life and Times of St. A., 2 Bde, 1935 - TRE II, 362-386 [Lit.] - J. HUHN, Das Geheimnis der Jungfrau-Mutter Maria nach dem Kirchenvater A., 1954.

Ikonographie: Dargestellt als Bf., zumeist zusammen mit den drei anderen abendländ. Kirchenlehrern; Attribute sind Bienenkorb und Kind in der Wiege (Bienen brachten Honig in den Mund des schlafenden Kindes, Symbol der Beredsamkeit), eine Geißel (zur Vertreibung der Feinde der Kirche, der Arianer) oder Knochen (Auffindung der Gebeine der Märtyrer Gervasius und Protasius). Früheste Darstellung ohne Attribut Mosaik in S. Vittore in Cielo d'oro/S. Ambrogio in Mailand um 470; Zyklus von zwölf Szenen aus dem Leben des A. auf der Rückseite des Paliotto in S. Ambrogio in Mailand 9. Jh.; bes. in der spätma. Tafelmalerei (Meister Theoderich auf der Burg Karlstein bei Prag um 1370; Kirchenväteraltar von Michael Pacher um 1483). G. Binding

Lit.: LCI V, 115-120 [Lit.] - F. WIELAND, Zur Ikonographie des hl. A., RQ 23, 1909 - J. BRAUN, Tracht und Attribute der Hl. in der dt. Kunst, 1943, 64.

3. A. Autpertus (Antbertus, Ansbertus), hl., Theologe, † 30. Jan. 784 auf dem Weg nach Rom. Er stammte aus der Provence, wurde um 740 Mönch im Benediktinerkloster St. Vinzenz bei Capua und war dort vom 4. Okt. 777 bis zum 28. Dez. 778 Abt. Außerordentl. gebildet und geistvoll, bemühte er sich, die Lehre der Väter in eine veränderte Zeit zu übersetzen. Er vertiefte die theolog. Reflexionen der Mitwirkung Marias bei der Menschwerdung des Sohnes Gottes, blieb aber gegenüber der Frage ihrer leibl. Aufnahme in den Himmel zurückhaltend. Sein Hauptwerk ist der umfangreiche, zw. 758 und 767 vollendete Kommentar zur Apokalypse (ed. R. WEBER, CChr Cont. med. 27-27A), der auf die folgenden Kommentatoren stark eingewirkt hat. Wichtige andere Werke: MPL 39, 2129-2134; 40, 1091-1106; 89, 1277-1332.
H. Riedlinger

Lit.: J. WINANDY, Ambroise Autpert, moine et théologien, 1953 - C. LEONARDI, Spiritualità di Ambrogio Autperto, StM, 3. Ser., 9, 1968, 1-131 - F. BUCK, Ambrose Autpert, the First Mariologist of the Western Church (C. BALIĆ [Hg.], De culto mariano saec. VI-XI, 1972), 277-318.

4. A. Traversari (sel.), * 16. Sept. 1386 in Portico (Romagna), † 21. Okt. 1439 Florenz. Trat 1400 in den Camaldulenser Orden in Florenz ein; 1431 Ordensgeneral; auf dem Konzil zu Basel (1435) und zu Ferrara-Florenz (1438-39) tätig. Mitglied des Florentiner Humanistenkreises, Sammler gr. Hss., Übersetzer des Diogenes Laertios und u. a. gr. Kirchenväter. C. H. Lohr

Lit.: DThC I, 953 - DHGE II, 1127-1129 - LThK² I, 431 - C. SOMIGLI, Un Amico dei Greci: Ambrogio T., 1964 - P. O. KRISTELLER, Iter italicum I-II, 1963-67, passim - M. E. COSENZA, Dict. of Italian Humanists, 1962-67, IV, 3455-3463; V, 1781f.; VI 227-229 - EFil² VI, 603f. - A. C. WAY (Cat. translationum et commentariorum II, 1971, 136).

Ameilh. 1. A. (Ameil), **Pierre**, Ebf. v. Narbonne 1225-45. Der Episkopat A.s ist durch Auseinandersetzungen mit dem languedoz. Adel und eine Verschärfung der Ketzerverfolgungen gekennzeichnet. Bei seinen Konflikten mit dem Vicomte v. Narbonne fand A. die Unterstützung des Kgtm.s (Ludwig VIII. und der Blanca v. Kastilien). Mit einem Teil des Adels, v. a. den Niort, war der Ebf. verfeindet.

Als aktiver Gegner der Häresien verurteilte A. zahlreiche Katharer. Ebenso förderte er die Ansiedlung der Dominikaner in Narbonne. 1234 erließ er Gesetze gegen die Ketzerei; v. a. aber häuften sich seit 1422 - nach der Ermordung von Inquisitoren in Avignonet - die Exkommunikationen. Bei einem von A. geleiteten Konzil der südfrz. Bf.e in Narbonne (Ende 1243/Anfang 1244) wurden die Inquisitionsverfahren weiter ausgebaut und präzisiert. Y. Dossat

Lit.: C. DOUAIS, Documents pour servir à l'hist. de l'Inquisition dans le Languedoc I, 1900, 59-66.

2. A. (Amiel), **Pierre**, der »Kard. v. Embrun«, * 1309, † 1389, Auvergnat, Abt v. St-Bénigne in Dijon 1355, Ebf. v. Vienne 1362, dann v. Neapel 1363, schließl. v. Embrun 1365; von Clemens VII. zum Kardinalpriester von St-Marc ernannt. A., ein mittelmäßiger und intriganter Kurialist, schloß sich dem Kard. Gui de Boulogne an, wurde von Urban V. mit dem geheimen Auftrag nach Neapel geschickt, durch die Heirat von Aymon de Genevois, Neffe von Gui und Bruder von Robert, dem späteren Clemens VII., mit Johanna v. Durazzo dem Haus Boulogne die Erbfolge in Neapel zu sichern. Der Mißerfolg dieser Verhandlungen geht aus A.s Sammlung von Briefkopien hervor. A. blieb in der Folgezeit Anhänger Roberts v. Genf, er setzte sich für das Konklave v. Fondi ein und bekämpfte in Avignon durch seine Schriften die Urbanisten.
H. Bresc

Ed.: La Correspondance de P. A., archevêque de Naples, puis d'Embrun (1363-1369), hg. H. BRESC (SHM 6), 1972.

Ameise. Der → »Physiologus« (c. 12) reduziert die antiken Angaben über A. auf drei. Vorbildl. für den Menschen ist nach Spr. 6, 6 ihre Arbeitsteilung und ihr Fleiß, die ihr das Überleben sichern. Bei Hugo v. Folieto (2, 29) wird zusätzl. die Mär (aus Isid. 12, 3, 9, nach Solin. 30, 23) von der Goldgewinnung in Äthiopien durch hundsgroße A.n (zit. Vinz. 20, 134) ausgemalt (MCCULLOCH, 81-84), eine Sage, die ursprgl. in Indien lokalisiert ist (Plin. 11, 111, vgl. Thomas v. Cantimpré 9, 23 = Albertus Magnus 26 16 mit Zweifel an der Wahrheit). Nur Albert bietet eigene Beobachtungen und Experimente (BALSS, 316-317). Bei Hildegard v. Bingen (7, 43) bedeutende med. Verwendung.
Chr. Hünemörder

Q.: Albertus Magnus, De animalibus, ed. H. STADLER, II (BGPhMA 16), 1920 - Hildegardis, Physica, MPL 197 - Hugo de Folieto, De bestiis et aliis rebus, MPL 177 - Isidorus Hispalensis, Etymologiae, ed. W. M. LINDSAY, 2, 1911 - Der Physiologus, übertr. und erl. v. O. SEEL, 1960 - Solinus, Collectanea rerum memorabilium, ed. TH. MOMMSEN, 1895² [Neudr. 1958] - Thomas Cantimpratensis, Liber de natura rerum, I: Text, ed. H. BOESE, 1973 - Vincentius Bellovacensis, Speculum naturale, 1624 [Neudr. 1964] - *Lit.:* H. BALSS, Die Tausendfüßler, Insekten und Spinnen bei Albertus Magnus, Sudhoffs Arch. 38 1954, 303-322 - F. MCCULLOCH, Mediaeval Latin and French Bestiaries, 1960.

Ikonographie: In der Bibel werden Fleiß und Klugheit der Ameise gerühmt, die im Sommer ihre Speise für den Winter sammelt (Spr. 6, 6-8, 30), im »Physiologus« u. a. Anspielung auf das Gleichnis der klugen und törichten Jungfrauen. G. Binding

Lit.: LCI I, 110f.

Ameisenlöwe (Myrmeleon formicarius), in Wirklichkeit die Larve der Ameisenjungfer, wird im → »Physiologus« in seinen verschiedenen Versionen in Ausdeutung von

Ijob 4, 11 als Mischwesen zw. Löwe (Fleischfresser) und Ameise (Pflanzenfresser) und deshalb als nicht lebensfähig beschrieben (BODENHEIMER, 117). Konkreter ist Gregor d. Gr. im Ijob-Kommentar (5, 20, 40 und 5, 22, 43), dessen Schilderung des »myrmicoleon« (lat. formicarum leo oder formicaleon) über Isidor (Etym. 12, 3, 10) verbreitet wurde (vgl. BODENHEIMER, 121). Nach Adelinus (Aldhelm) behauptet Thomas v. Cantimpré (9, 22, übers. bei BODENHEIMER, 169-170 nach Konrad v. Megenberg III. F. 14), der A. habe es mehr auf die Vorräte der Ameisen, auch im Winter, abgesehen. Erst Albertus Magnus kennt (26, 16) aus eigener Erfahrung die Jagd des zeckenähnl. A.n mit dem Sandtrichter. Bartholomaeus Anglicus hält (18, 52 und 18, 10) das Insekt (Thomas: vermis de genere formicarum), dessen Färbung er aber ziemlich genau beschreibt, für eine Spinnenart. Chr. Hünemörder

Q.: Gregor, M., Moralia in Ijob, MPL 75 – Albertus Magnus, De animalibus, ed. H. STADLER, II (BGPhMA 16), 1920 – Thomas Cantimpratensis, Liber de natura rerum. I: Text (ed. H. BOESE), 1973 – Konrad v. Megenberg, Das Buch der Natur, ed. F. PFEIFFER, 1861 [Neudr. 1962] – Bartholomaeus Anglicus, De proprietatibus rerum, 1601 [Neudr. 1964] – Lit.: F. S. BODENHEIMER, Materialien zur Gesch. der Entomologie bis Linné I, 1928.

Amerbach, Johannes, Buchdrucker, * um 1440/45 in Amorbach (Unterfranken), † 25. Dez. 1513 in Basel. Höchstwahrscheinl. Sohn des Bürgermeisters Peter Welker und ident. mit dem Joh. Welker diocesae Herbipolitanae. Wurde in Paris durch seinen Lehrer Johannes de Lapide (Joh. Heynlin v. Stein) mit den ersten dt. Druckern (U. Gering, M. Friburger und M. Crantz) bekannt. War in Rom und v.a. in Venedig (als Buchhändler, vielleicht auch als Drucker) tätig, deshalb Hans v. Venedig, Hans Venediger gen. Seit 1478 als Buchdrucker in Basel, 1481 zünftig zu Safran, erhielt 1484 das Bürgerrecht und heiratete am 24. Febr. 1483 Barbara, die verwitwete Tochter des Ratsherrn Leonhard Ortenberg. Gewann als wissenschaftl. Berater und Herausgeber außer Johannes de Lapide (seit 1484 in der Basler Kartause) J. Reuchlin, B. Rhenanus und S. Brant, begründete die enge Verbindung zw. dem Humanismus und dem Basler Buchdruck, druckte neben klass. und humanist. Autoren (auch Petrarca, Enea Silvio Piccolomini, Baptista Mantuanus, Marsilius Ficinus) große kommentierte lat. Bibelausgaben und Kirchenväter (Ambrosius, Augustinus in 11 Bd., 1506, Hieronymus, nach seinem Tod 1516 von Joh. Froben vollendet), aber wenige deutschsprachige, mit Holzschnitten geschmückte Bücher (das »Zeitglöcklein« des Bertoldus zweimal dt. und einmal lat.). – Von Bedeutung waren auch die Söhne: Bruno (1485-1519), Drucker; Basilius (1489-1535), Drucker und st. Sekretär; Bonifatius (1495-1562), Professor des röm. Rechts, Freund des Erasmus v. Rotterdam. F. Geldner

Lit.: NDB I, 247f. - Die Amerbachkorrespondenz..., bearb. und hg. A. HARTMANN, I, 1942 – M. KISCH, Bonifatius A., 1962 – J. BENZING, Die Buchdrucker des 16. und 17. Jh. ..., 1963, 29 – F. GELDNER, Die dt. Inkunabeldrucker I, 1968, 118ff.

Amerika. [1] *Skandinavische Entdeckungsfahrten:* A. war, abgesehen von der noch immer nicht zweifelsfrei erwiesenen Entdeckung durch skand. Seefahrer um das Jahr 1000, dem MA unbekannt. Die vorkolumbian. Entdeckung A.s durch Skandinavier steht im Zusammenhang mit der großen skand. Expansion während der Wikingerzeit (798-1066), die den gesamten Nordatlantikraum umfaßte. Von Island aus, das Ende des 9. Jh. entdeckt und besiedelt wurde, erfolgte die Entdeckung Grönlands. Noch während der Landnahme auf Grönland (ab 985) scheinen jenseits der Davis-Straße, also auf dem nordamerikan. Kontinent, fremde Küsten entdeckt worden zu sein, die gute Lebensmöglichkeiten versprachen. Sie gingen v. a. unter der Bezeichnung *Vínland,* daneben auch als *Markland* und *Helluland* in die isländ. Geschichtsschreibung ein. Diese neuen Entdeckungen werden bereits bei Adam v. Bremen (IV, 39) um 1075 zum ersten Mal erwähnt (»insulam ... quae dicitur Winland«). Genauere Auskünfte über die Vinlandfahrten der Grönländer und Isländer sind dann nur noch in isländ. Quellen enthalten, so in der »Eiríks saga rauða« (auch »Þorfinns saga Karlsefnis« gen.) und im »Grœnlendinga þáttr.« Beide Sagas sind in Hss. des 14. Jh. überliefert, aber von älteren Vorlagen abhängig. Ihr Quellenwert ist umstritten. Während die ältere Forschung (G. STORM) die lit. anspruchsvollere »Eiríks saga« favorisierte, erbringen neuere Arbeiten (WAHLGREN; JÓHANNESSON) den Nachweis des höheren Alters und der größeren hist. Glaubwürdigkeit des »Grœnlendinga þáttr«.

Folgt man ihrem Bericht, so wurde die nordamerikan. Küste erstmals von dem Isländer Bjarni Herjólfsson gesichtet (ca. 986), der sie jedoch nicht betrat. Die eigtl. Entdeckungsfahrt unternahm um das Jahr 1001 Leif Eriksson, der Sohn Erichs d. Roten. Er folgte der Westküste Grönlands zunächst in n. Richtung, kreuzte die Davis-Straße und segelte dann nach S. Er unterschied drei verschiedene Küstenregionen: Helluland ('Steinplattenland' / Baffinland?), Markland ('Waldland' / Labrador?) mit langen Sandstränden (Furðustrandir, 'Wunderstrände') und weiter s. Vínland ('Weinland'), so benannt, weil einer der Entdecker sich mit wildem Wein betrank. Diese Benennung scheint indessen volksetymolog. Charakter zu haben. Vinland kann näml. auch – kurzvokal. gesprochen – 'Grasland', 'Weideland' bedeuten (von *vin*, 'Weide'). Leif überwinterte in Vinland. Nach seiner Rückkehr unternahm sein Bruder Thorvald mit 30 Begleitern die nächste Vinland-Fahrt. In einem Kampf mit Eingeborenen, die sie *skrælingjar* ('Schwächlinge') nannten, wurde Thorvald getötet. Es ist ungeklärt, ob es sich bei diesen Eingeborenen um Eskimos oder Indianer handelte. Die wohl umfangreichste Expedition unternahm Thorfinn Karlsefni, der mit 160 (»Eiríks saga«: 160) Männern, fünf Frauen und Vieh drei Winter in Vinland siedelte und dann dem Druck der Eingeborenen weichen mußte. Auch wenn es nach dem 11. Jh. offenbar zu keinen weiteren Besiedlungsversuchen mehr gekommen ist, so ist es doch denkbar, daß man aus Gründen der Holzversorgung weitere Vinland-Fahrten unternahm. So berichten etwa die »Isländischen Annalen« für das Jahr 1121, daß Bf. Erik Gnupsson v. Grönland auszog, um Vinland zu suchen.

Fälschungen oder Mißdeutungen arch. Zeugnisse (z. B. der →Kensington-Stein, die Truthähne auf Fresken im Schleswiger Dom und die →Vinland-Karte) konnten wohl nur deswegen entstehen, weil man bislang lediglich auf ma. schriftl. Quellen angewiesen war. Erst seit 1960 gibt es ernstzunehmende arch. Hinweise auf skand. Siedlungen auf dem amerikan. Kontinent: Bei L'Anse-aux-Meadows im N Neufundlands stieß der Archäologe HELGE INGSTAD auf die Fundamente von Grassodenhäusern, einer Schmiede und anderer Baulichkeiten, die allem Anschein nach skand. Ursprungs sind und nach der C-14-Datierung auf den Beginn des 11. Jh. zurückgehen. M. Kurt

Q.: The Vinland Sagas, ed. H. HERMANNSSON, 1930 [Neudr. 1966] – F. NIEDNER [Übers.], Grönländer und Färinger Gesch., 1965 – E. EBEL, Die Vinland Sagas. Ausgew. Texte zur Entdeckung A.s durch die Wikinger, 1973 – Lit.: E. ZECHLIN, Maritime Weltgesch. Altertum und MA, 1947 – J. JÓHANNESSON, The Date of the Composition of the Sagas of the Greenlanders, Saga-Book of the Viking Society XVI, 1962 – G. JONES, The Norse Atlantic Saga, 1964 – E. WAHLGREN, Fact and Fancy in the Vinland Sagas (Old Norse Lit. and Mythology, ed. E. C. POLOMÉ, 1966) – S. E. MORISON, The European Discovery of A.

The Northern Voyages A.D. 500–1600, 1971 – A.S. INGSTAD, The Norse Discovery of America. The Norse Settlement at L'Anse-aux-Meadows, 1977.

[2] *Spanische und portugiesische Entdeckung*: Die Entwicklung der Hochseeschiffahrt und in deren Gefolge die Wiederentdeckung und -besiedlung der schon der Antike bekannten Inselgruppen im Atlantik (→ Entdeckungen und Eroberungen) im Verlauf des 14. und 15. Jh. durch vornehml. it., span. und ptg. Seefahrer lösten seit ca. 1415 eine bis weit in die Neuzeit anhaltende Rivalität um Schiffahrts-, Fischerei-, Handels- und Landbesitzrechte zw. Kastilien und Portugal aus, die nicht nur die führenden westeurop. Seemächte waren, sondern auch aufgrund ihrer Nachbarschaft zu Afrika frühzeitig die geopolit. Bedeutung des Atlantiks erkannt hatten. Einflußreiche soziale Schichten und eine überlegene Führung und Organisation (→ Heinrich d. Seefahrer) begünstigten Portugals maritime Expansion, die zunächst auf die wirtschaftl. Erschließung → Guineas (Gold, Sklaven und Gewürze) ausgerichtet war, sich aber seit der Mitte des 15. Jh. zunehmend auf die Erkundung eines Seeweges nach Indien durch Umschiffung Afrikas konzentrierte. Parteienkämpfe, langanhaltende innere Wirren und der Verfall der monarch. Autorität unter Johann II. und Heinrich IV. hinderten Kastilien daran, seine maritimen Interessen wirkungsvoll gegenüber Portugal zu vertreten, so daß die Kath. Kg.e, Ferdinand und Isabella, nach Durchsetzung ihrer Erbansprüche gegenüber der mit dem kast. Adel verbündeten ptg. Krone 1479 im Vertrag v. Alcáçovas einschneidende Zugeständnisse machen mußten. Gegen die Anerkennung seiner Besitzrechte auf die → Kanar. Inseln mußte Kastilien auf die Schiffahrt s. einer vom nordwestafrikan. Kap Bojador w. in den Ozean angenommenen Linie verzichten und schien damit endgültig aus dem Wettbewerb um den lukrativen Guineahandel und insbes. um die Suche nach dem Seeweg nach Indien ausgeschieden zu sein.

Nach einer Phase innerer Konsolidierung und nach Beendigung des langjährigen Reconquista-Krieges gegen das letzte Maurenreich auf iber. Boden entschlossen sich die Kath. Kg.e unmittelbar nach dem Fall Granadas, das Angebot zur Suche eines westlichen Seeweges nach Indien, das der nach langjährigen Verhandlungen bereits abschlägig beschiedene Genuese → Kolumbus den Herrschern unterbreitet hatte, doch noch anzunehmen.

Nicht Zweifel an der Kugelgestalt der Erde, wie lange Zeit behauptet, sondern Skepsis gegenüber den auf Ptolemäus basierenden Berechnungen des Kolumbus über den Erdumfang und damit über die zurückzulegende Entfernung hatten die von der Krone eingesetzten Expertenkommissionen veranlaßt, von der Unternehmung abzuraten, obwohl namhafte Geographen der Zeit, wie etwa der Italiener → Toscanelli, sie befürworteten. Auch der Gedanke, im w. Atlantik neue Länder zu entdecken, war unter den seefahrenden Zeitgenossen verbreitet, doch einzelne, in der 2. Hälfte des 15. Jh. unternommene Versuche zur Auffindung neuer Inseln waren gescheitert.

In den »Capitulaciones von Santa Fe« (17. April 1492) genannten vertragl. Abmachungen zw. Kolumbus und den Kg.en verpflichtete sich der Entdecker, im Auftrag der Monarchen den w. Seeweg nach Indien einzuschlagen, die dabei aufzufindenden Inseln und Festländer (»Islas y tierras firmes del mar océano«) namens beider Herrscher in Besitz zu nehmen und mit deren Bewohnern Handelsverbindungen anzuknüpfen. Als Gegenleistung erhielt der Genuese nicht nur die Finanzierung der Expedition, Gewinnanteile aus den Handelsgeschäften und das Monopol für zukünftige Unternehmungen dieser Art, sondern auch die Ernennung zum Admiral des Ozean. Meeres, zum Gouverneur und Vizekönig über die zu entdeckende Gebiete für sich und seine Erben zugesichert (→ Almirante de Indias). Schon bald sollten sich diese weitreichenden Zugeständnisse der Krone für den Fortgang der Entdeckungen und der Kolonisation als schwere Hypothek erweisen. Obwohl die Krone schon sehr früh sich über einzelne Bestimmungen dieser »Capitulaciones« hinwegzusetzen begann und ihre Revision anstrebte, sollte es doch bis zum 3. Jahrzehnt des 16. Jh. dauern, bevor ihre rechtl. und administrativen Folgen beseitigt wurden und die Krone die volle Verfügungsgewalt über die neuen Gebiete zurückerlangte. Ähnliche, in der jurist. Form kgl. Privilegien gefaßte Vereinbarungen bildeten in der Folgezeit den Ausgangspunkt eines Großteils der maritimen Expansionsversuche sowohl Spaniens als auch der übrigen europ. Mächte, da der in der Entstehung begriffene moderne Staat nicht in der Lage war, derartige Unternehmungen ohne Mitwirkung privater Initiative und privaten Kapitals eigenverantwortl. durchzuführen.

Am 3. Aug. 1492 verließen die drei kleinen, aber durchaus hochseetüchtigen und dem techn. Entwicklungsstand der Zeit entsprechenden Schiffe des Kolumbus den Hafen von Palos, steuerten nach einem Zwischenaufenthalt auf den Kanar. Inseln am 6. Sept. westwärts und landeten am 12. Okt. 1492 in dem Glauben, Japan (»Cipango«) oder andere dem asiat. Festland vorgelagerte Inseln erreicht zu haben, zunächst auf der Bahama-Insel Guanahani und wenig später auf der »La Española« genannten Insel Haiti, die beide durch förml. Rechtsakt in Besitz genommen wurden. Die Entdeckung und Besitznahme neuer Gebiete im Atlantik führte sofort nach Kolumbus' Rückkehr Anfang März 1493 zu erneuten Spannungen zw. Kastilien und Portugal, zumal der Entdecker sich infolge widriger Umstände gezwungen gesehen hatte, den Hafen von Lissabon anzulaufen, wodurch die ptg. Krone als erste von dem erfolgreichen Unternehmen Kenntnis erlangt hatte. Unter Berufung auf den Vertrag v. Alcáçovas und die Papstbulle »Aeterni Regis« Sixtus IV. vom 21. Juni 1481, die als Bestätigung des vorgenannten Vertrages durch die röm. Kurie auf Wunsch Portugals ergangen war, erhob Johann II. Anspruch auf die neu entdeckten Gebiete, da diese sich angebl. in vertragl. Portugal zugesicherten Teilen des Ozeans befänden. Durch fünf in kurzer Aufeinanderfolge von Papst Alexander VI. erwirkte Bullen (»Inter Caetera«, vom 3. Mai 1493; »Eximiae Devotionis«, ebenfalls vom 3. Mai 1493; »Inter Caetera«, vom 4. Mai 1493; »Piis Fidelium«, v. 25. Juni 1493 und »Dudum Siquidem«, vom 26. Sept. 1493) gelang es den Kath. Kg.en, Portugal diplomat. auszumanövrieren. Diese Bullen übertrugen Kastilien die neu entdeckten und in jenen Gegenden noch aufzufindenden Gebiete, erteilten den Kg.en den Auftrag zur Missionierung der Eingeborenen und fixierten eine 100 Meilen w. der Azoren und Kapverd. Inseln in nord-südl. Richtung verlaufende Linie, jenseits derer Kastilien das alleinige Recht zur Schiffahrt zugesprochen erhielt. Gestützt auf diese päpstl. Dokumente vermochte Kastilien in den Verhandlungen mit Portugal seine Interessen durchzusetzen, mußte jedoch das Zugeständnis machen, die päpstl. Trennungslinie zw. den Interessensphären beider Reiche 370 Meilen w. der Kapverden in den Atlantik vorzuschieben. Durch diese im Vertrag v. → Tordesillas (7. Juni 1494) getroffene Vereinbarung gelang zwar die Beilegung des Konflikts mit Portugal; die Verlegung der Trennungslinie hatte jedoch zur Folge, daß die Ostküste Südamerikas in den Einflußbereich Portugals fiel.

Die Papstbullen Alexanders VI. haben die Historiographie lange Zeit stark beschäftigt. So glaubte man, in ihnen einen Beweis für die Fortdauer des universalen Machtanspruchs des Papsttums, für die in ma. Denkweisen begründeten Rechtsansprüche Kastiliens, ja, sogar für die Begründung eines Lehnsverhältnisses zw. der kast. Krone und dem Papst sehen zu können. Alle diese Deutungen basieren jedoch weitgehend auf der von der span. Spätscholastik des 16. Jh. entfachten Diskussion um die Rechtfertigung der span. Landnahme in Amerika, deren konkreter Hintergrund Spannungen zw. Siedlern, Kirche und Krone waren, die sich an der Frage der Behandlung der Eingeborenen entzündet hatten. Im Kontext der zum Vertrag v. Tordesillas führenden Verhandlungen erweisen sich die Papstbullen aber v. a. als ein Meisterstück kast. Diplomatie. Portugal hatte näml. seit der Mitte des 15. Jh. alle die maritimen Interessen betreffenden vertragl. Vereinbarungen mit Kastilien vom Papst bestätigen und sich von diesem ein Exklusivrecht für seine afrikan. Unternehmungen verleihen lassen, lange bevor Kastilien im Vertrag v. Alcáçovas diese päpstl. Rechtsetzungen anerkannt hatte. Die Kath. Kg.e wandten ihrerseits nunmehr ledigl. ein bislang gegen Kastilien eingesetztes Mittel an, gegen das Portugal keine Einwendungen vorbringen konnte. Dies wird u. a. daraus ersichtlich, daß die fraglichen Bullen nicht nur von Kastilien angefordert, sondern auch in der Kanzlei der Kath. Kg.e redigiert wurden. Ein von keinem anderen chr. Herrscher beanspruchtes Gebiet galt zu dieser Zeit als *res nullius*, so daß die Entdeckung und Besitznahme eines neuen Landes keiner weiteren Rechtfertigung bedurfte. Die Papstbullen bedeuteten aus der Sicht der kast. Herrscher mithin zunächst nichts anderes als die Bestätigung dafür, daß die von Kolumbus entdeckten Gebiete nicht innerhalb der früher von der Kurie abgegrenzten Interessensphäre Portugals lagen, mithin also res nullius waren. Die späteren Interpretationen der Bullen müssen vor den veränderten polit. Verhältnissen gesehen werden.

Während Portugal erst 1500 durch Cabral von dem ihm zugefallenen Teil Amerikas Besitz ergriff und eine Besiedlung erst weit später einleitete, unternahm Kastilien unmittelbar nach Kolumbus' Rückkehr verstärkte Anstrengungen zur weiteren Erkundung der »Indien«. Die Kolonialpolitik der Krone bestand zunächst darin, durch Kolumbus die weitere Erkundung jener Länder voranzutreiben, um bis zum Reich des Großkhans vorzustoßen, gleichzeitig aber schon mit der wirtschaftl. Nutzung der bekannten Inseln durch die Errichtung von Handelsfaktoreien nach ptg. Vorbild auch die polit. Herrschaft zu sichern. Die äußerst hohen Kosten einer staatl. gelenkten Handelskolonisation und die vergleichsweise geringen Erträge der beiden nächsten Kolumbusreisen veranlaßten die Monarchen bald, unter Verletzung der mit dem Entdecker getroffenen Abmachungen von dem staatl. Handels- und Schiffahrtsmonopol abzurücken. Seit 1497 läßt sich der Übergang zu einer staatl. kontrollierten, aber von Privatinitiative getragenen planmäßigen Siedlungs- und Kolonisationspolitik beobachten, die schließl. in den umfangreichen gesetzl. Regelungen Karls V. und Philipps II. zu einem Höhepunkt gelangte. Wesentl. beigetragen hat zu dieser Entwicklung der Umstand, daß der Beginn der überseeischen Kolonisation und die Anfänge des monarch. Absolutismus bzw. der Ausbildung des modernen Staates zeitl. zusammenfielen. Die innere Entwicklung der Kolonien ist dadurch ganz entscheidend beeinflußt worden. Staatsrechtl. blieben die neuen Gebiete als Zuerwerb der Monarchen persönl. Besitz der Herrscher, die jedoch bereits in den Papstbullen festlegen ließen, daß nach ihrem Tode jene Länder als autonome Reiche unveräußerl. Bestandteil der Krone v. Kastilien werden sollten.

Die Nachricht von den Entdeckungen des Kolumbus verbreitete sich rasch in ganz Europa und rief großes Aufsehen hervor, wie die Veröffentlichungen, Übersetzungen und Nachdrucke seines ersten schriftl. Berichts erkennen lassen. Während jedoch die gelehrten Humanisten der Zeit überwiegend von einem »mundus novus«, einer »Neuen Welt«, sprachen, bürgerte sich in Spanien als staatsrechtl. verbindl. Bezeichnung der Name »Indias, Islas y Tierra Firme del Mar Océano«, abgekürzt »Las Indias«, ein, der bis zur Unabhängigkeit der Kolonien seine Geltung behielt. 1507 jedoch hatte schon der deutsche Kartograph M. → Waldseemüller auf einer seiner neuen Karten der neu entdeckten Länder den Vorschlag unterbreitet, diese nach dem in span. Diensten stehenden und um die Entdeckungen verdienten it. Geographen und Seefahrer Amerigo → Vespucci zu benennen. Spätere Kartenzeichner übernahmen die Bezeichnung und um die Mitte d. 16. Jh. hatte sich der Name zunächst für den südamerikan. Subkontinent, einige Zeit später auch für die gesamte Neue Welt durchgesetzt. Trotz zahlreicher Reiseschilderungen und geogr. Berichte über Amerika, die oft auf Befehl der Krone geschrieben, von staatl. Behörden gesammelt und kgl. Kosmographen, Chronisten und Astronomen zugängl. gemacht und von diesen weiterverbreitet wurden, dauerte es weit bis ins 16. Jh. hinein, bis sich Anfänge einer geistigen Auseinandersetzung über das Phänomen eines neuen Kontinents mit unbekannten Menschen beobachten lassen. Erst in der 2. Hälfte des 16. Jh. kam unter dem Einfluß der span. Spätscholastik ein Prozeß der Inkorporation der verschiedensten kulturellen Implikationen der Entdeckungsfahrten in das von antiken und ma. Autoren geprägte Weltbild des frühneuzeitl. Europa in Gang. Problemat. bleibt auch heute noch die Bedeutung der Entdeckung Amerikas für die geschichtl. Entwicklung Europas. Zwar wird in der Lit. in Periodisierungsfragen Mittelalter-Neuzeit befaßten Lit. die Entdeckung Amerikas als ein Kennzeichen der Epochenwende bezeichnet; die mit dem Spanien der Kath. Kg.e beschäftigte Historiographie charakterisiert das Spanien des Entdeckungszeitalters jedoch noch als überwiegend mittelalterlich geprägt. So muß man angesichts des Forschungsstandes dem engl. Historiker J. H. ELLIOTT zustimmen, der von einem »uncertain impact« Amerikas auf das frühneuzeitl. Europa spricht. → Entdeckungen und Eroberungen.

H. Pietschmann

Lit.: R. KONETZKE, Das span. Weltreich. Grundlagen und Entstehung, 1943 – F. PÉREZ EMBID, Los descubrimientos en el Atlántico y la rivalidad castellano-portuguesa hasta el tratado de Tordesillas, 1948 – A. GARCÍA-GALLO, Las bulas de Alejandro VI y el ordenamiento jurídico de la expansión portuguesa y castellana en Africa e Indias, AHDE 27-28, 1957-58, 461-829 – J. H. PARRY, Zeitalter der Entdeckungen (Kindlers Kulturgesch.), 1963 – J. H. ELLIOTT, The Old World and the New, 1492-1650, 1970 – F. CHIAPPELLI [Ed.], First Images of America. The Impact of the New World on the Old, 2 Bde, 1976 – A. REIN, Über die Bedeutung der überseeischen Ausdehnung für das europ. Staatensystem [Neudr. o. J.].

Amerus (Aumerus), Autor einer 1271 in Italien verfaßten »Practica artis musicae«, nennt sich im Prolog »presbyter anglicus, clericus et familiaris venerabilis patris domini Octoboni« (Kard. Ottoboni hielt sich 1265-68 in England auf). Im ersten Teil des Werkes werden allgemeine Probleme und der einstimmige Gesang der Liturgie (→ Gregorian. Gesang) behandelt, u. a. die Namen und Formen der Notenzeichen *(Neumen)*, die acht *Kirchentonarten*, die zur Einprägung des Tonsystems als Gedächtnisstütze verwendete *Guidonische Hand* und die sog. *Mutationen*, d. h.

der Wechsel der Hexachorde beim Überschreiten ihres Umfanges und die dadurch entstehende Wandlung der Tonqualität (z. B. G sol in G re oder G ut), wobei Einzelheiten über damalige Unterschiede zw. engl. und röm. Choraltradition aufscheinen. Der zweite Teil behandelt die mehrstimmige Kunstmusik der Zeit, die sog. *Mensuralmusik*. Ist der Datierung Glauben zu schenken, so erscheint A. als Spätling in der Entwicklung der Lehre von der Aufzeichnung der metr. Notenwerte, weil man damals in Frankreich über dieses Stadium schon hinweggegangen war. Diese neue Lehre fand Aufnahme in einem kaum von A. verfaßten Anhang zu seinem Traktat (s. Hss. Misc. Lit. 115 der Staatsbibliothek Bamberg). L. A. Dittmer

Lit.: MGG I, s.v. – J. KROMOLICKI, Die Practica artis musicae des A. und ihre Stellung in der Musiktheorie des MA [Diss. Berlin 1909].

Amethyst (wohl von *a-μεθνω [='gegen Trunkensein'], violetter bis dunkelblauer Quarz (SiO_2). In der Antike und im MA wird unter den → Edelsteinen dem als »weinfarben« bezeichneten (z. B. Plinius nat. hist. 37, 121) A. die Gabe, Nüchternheit und klaren Verstand zu verleihen sowie Melancholie zu vertreiben, zugeschrieben. Ebenso soll er bei Unwetter und im Krieg helfen. Als Ring getragen oder pulverisiert eingenommen, sollte er die vorgenannten Wirkungen zeitigen. Seine Beliebtheit führte zu verschiedenen Methoden der Verfälschung. Seit dem Ausgang des MA wurde er auch gelegentl. gegen Diarrhoe und als Antacidum innerl. verabreicht. G. Jüttner

Lit.: HWDA I, s.v. – MLatWb I, s.v. amethystos – BOETIUS DE BOODT, Historia gemmarum et lapidum, Hannover 1609 – O. V. HOVORKA, A. KRONFELD, Vergleichende Volksmedizin, 1908–09.

Ametus → Aḥmad ibn Yūsuf

Amiens (kelt.-lat.: Samarobriva, Ambianos), Stadt, Bischofssitz und alte Gft. in Frankreich (Dép. Somme). Die gall. Siedlung, auf deren wirtschaftl. Bedeutung schon Cäsar hinwies, beherrschte die röm. Durchgangsstraßen nach Boulogne und in die Britannia. Frühzeitig machten sich chr. Einflüsse bemerkbar (Märtyrer St. Firmin um 305, St. Quintin und St. Fuscian im 4. Jh.; der hl. Martin v. Tours war vor 370 in A. Soldat; hier soll seine Mantelteilung erfolgt sein). Die bfl. Organisation bewahrte ihre Kontinuität seit Edibius (511), wobei die genauen Grenzen der Diöz. erst 1308 festgelegt wurden. Kurze Zeit war A. Herrschaftszentrum des kleinen Teilreiches Chlothars I. A. gehörte in der Folgezeit zu Neustrien und fiel 843 an das Westreich.

Träger der Grafenwürde erscheinen spät in der Überlieferung: Angilvinus um 850, dann Mitglieder der »Névélous« (LEVILLAIN), darauf des Hauses v. »Gouy« mit Rodulf I. († 926, »Rodulfus de Gaugeio«, Flodoard, Ann. ad 925) und Rodulf II. († 944). Mit Herbert II. errichteten die Gf.en v. Vermandois dort ihre Herrschaft. Ein Versuch des Zusammenschlusses mit → Valois und → Vexin ließ eine Vereinigung mit den s. Herrschaftsbereichen vorübergehend mögl. erscheinen (Walter I. und Walter II. von 965 bis 1024), doch gelang es den Gf.en v. Flandern, die Herrschaft an sich zu ziehen (von 949 bis 965 und erneut um 1000). In den Wirren während dieser Periode wurden Gft. und Grafenamt von A. allmähl. zu einem bloßen Titel. Diese Entwicklung wurde v. a. bedingt durch die beginnende Selbständigkeit der Äbte v. → Corbie und der »Grafen« v. Montdidier (auch: v. Breteuil), den Aufstieg starker Lokalgewalten (v. a. der Boves, verbunden mit den Coucy), die zeitweiligen Normanneneinfälle (859–860, 881–883, 890) und die Beschränkung der bfl. Macht nach 1050 durch die Herren v. Picquigny als vicedomini (*vidames*). Um 1085 erscheinen für A. mehrere »Grafen« zusammen.

Entscheidend für die Geschichte von A. wurde die Periode von 1075 bis zum Beginn der kgl. Verwaltung i. J. 1190. Zum einen deuten nun erste Privilegien (vielleicht gegen 1084, aber wahrscheinl. erst 1117 von Bf. und Gf. bestätigt) auf eine Herausbildung städt. Gewalt hin, zum anderen wird der gfl. Einfluß zunehmend ausgeschaltet. Aus dem Geschlecht der Boves-Coucy stießen zunächst Enguerran de Boves und dann Thomas de Marle auf den Widerstand des Bf.s, der sich mit der Stadtgemeinde verbündete, und auf die Gegnerschaft Kg. Ludwigs VI., der im Verlauf eines Kampfes um die Stadt unmittelbar eingriff (Belagerung des Castillon, 1113). Angesichts der Tatsache, daß die Gf.en v. Vermandois sich nicht an die Stelle der Coucy zu setzen vermochten, wurde es dem Gf.en v. Flandern, Philipp v. Elsaß, mögl., die Herrschaft erneut an sich zu ziehen. Doch im Vertrag v. Boves (1187) stimmte der Gf. einem baldigen Übergang von A. in die Hände Kg. Philipp Augusts zu. Diese Bestimmung trat mit dem Tod der Frau des Gf.en, Elisabeth v. Vermandois (1190), in Kraft.

Der Kg. bestätigte die städt. Privilegien und ließ die Stadtmauer, die von den Flamen begonnen worden war, verstärken. In dieser Zeit zeichnet sich eine Blüte des monast.-religiösen Lebens ab, so durch den Einzug der Augustinerchorherren (St-Jean, 1115–35), die Ausbreitung der Benediktinerklöster (St-Acheul) sowie die Besitzausdehnung des Domkapitels auf das Stadtumland. Der Reichtum der Kirche und der Stadt spiegeln sich wider im Bau der Kathedrale (im Auftrag von Bf. Evrard de Fouilloy begonnen und im wesentl. ausgeführt von Robert de Luzarches, 1220–39, 1269). A., das um 1250 etwa 30000 Einw. zählte, war in dieser Zeit das größte Handelszentrum für Waid in N-Frankreich und ein wichtiger Getreidehandelsplatz. Auch die Textilverarbeitung war bedeutend, die Tuche allerdings von mittelmäßiger Qualität. Der Wein von A. besaß keinen bes. Ruf.

Die Organisation der *bailliage* (→ bailli) entwickelte sich in A. verhältnismäßig langsam. Abgesehen von den → prévôts der benachbarten Krondomäne, kannte man um 1202 und bis 1232 nur umherreisende *baillis* (Pierre de Béthizy, Jean de Fricamps). Die Verwaltungsorganisation prägte sich vor 1241 aus (Abtrennung des Vermandois); sie umfaßte in der bailliage fünf *prévôtés* (Amiens, Doullens, Beauquesne, St-Riquier, Montreuil), dazu traten 1305 noch drei weitere (Fouilloy, Vimeu, Beauvais); in Wirklichkeit erstreckte sich der richterl. Amtsbereich des bailli auf die Arrouaise und das Bray (bis um 1265), das Ponthieu und das Artois; die Loslösung des Artois 1369 und des Ponthieu 1361 verkleinerten diesen administrativen Verband.

Die verhältnismäßig große Loyalität der pikard. Herren (1314 gab es nur geringe Unruhen, 1342 trat das Geschlecht der Ailly als vicedomini (*vidames*) an die Stelle der Picquigny) erklärt, daß die frz. Kg.e sich gern in A. aufhielten (Schiedsspruch Ludwigs d. Hl. 1264, → Amiens, Mise of; Lehnseid Eduards III. 1329; Hochzeit der Isabella v. Baiern 1385 usw.). 1435 gehörte A. zu den Sommestädten, die Kg. Karl VII. zeitweilig an die burg. Hzg.e abtreten mußte. 1463–68 gelangte die Stadt vorübergehend wieder in kgl. Hände, um 1477 beim Tod Karls d. Kühnen ohne Auseinandersetzungen endgültig in den Besitz des Kg.s zurückzukehren. R. Fossier

Lit.: A. DE CALONNE, Hist. de la ville d'A., 1906 – P. GRIERSON, L'origine des comtes d'A.-Valois-Vexin, Moyen-âge, 1939 – J. MASSIET DU BIEST, L'échevinage de la commune d'A. aux XIIe et XIIIe s., Rev. du Nord, 1953 – P. FEUCHÈRE, Une tentative manquée de concentration territoriale: la principauté d'Amiens..., Moyen-âge,

1954 - J. MASSIET DU BIEST, Etude sur les fiefs et censives ... à A., 1954 - M. FLEURY, Le bailliage d'A., BEC 1957 - R. FOSSIER, La Terre et les hommes en Picardie jusqu'à la fin du XIIIe s., 2 Bde, 1968 - A. LEDUQUE, Esquisse de topographie hist. sur l'Ambianie, 1972 - Hist. de la Picardie, 1976.

Amiens, Mise of (A., Mise d'), Schiedsspruch, den Ludwig IX. v. Frankreich in Amiens am 23. Jan. 1264 im Zusammenhang mit den Streitigkeiten zw. Heinrich III. v. England und seinen Baronen fällte. Ludwig annullierte die Provisionen v. → Oxford und erklärte, daß Heinrich das Recht habe, alle Beamten in seinem Herrschaftsgebiet und seinem Haushalt zu erneuern. Die Ablehnung des Spruches durch Simon de → Montfort führte zum Ausbruch des Krieges der → Barone. C. H. Knowles

Lit.: R. F. TREHARNE, The Mise of Amiens, 23 Jan., 1264 (Stud. in Medieval Hist. presented to F. M. POWICKE, 1948), 223-239 - P. WALNE, The Barons' Argument at Amiens, EHR 73, 1958, 453-459 - C. T. WOOD, The M. of A. and Saint-Louis' Theory, French Hist. Studies 6, 1969-70, 300-310 - R. F. TREHARNE, Documents of the Period of Baronial Reform and Rebellion, 1973, 280-291.

Amikt → Kleidung, liturgische

'Āmil, in der islam. Verwaltungsgeschichte häufig begegnender Titel wechselnden Inhalts. In der Vielfalt seiner Verwendungsmöglichkeiten vergleichbar etwa mit »Beamter«, »Funktionär« oder engl. »agent«. Als bestimmter Rang in einer Beamtenhierarchie läßt sich A. ebenfalls nicht fixieren, die Skala reicht vom Provinzgouverneur bis zum einfachen Steuereintreiber. Nur soviel läßt sich sagen, daß der A. in der Regel keine militär. Befugnisse hatte, und daß er als Beamter in der Zivil-Verwaltung bes. häufig als Finanz- und Steuerexperte anzutreffen ist.

Lit.: EI², s.v. - LexArab, s.v. A. Noth

Amīr → Emir

Amīr al-mu'minīn, 'Befehlshaber der Gläubigen'. Seit dem zweiten Kalifen 'Umar (634-644) neben ḥalīfa der gängige Kalifentitel. Mit der Annahme dieses Titels durch andere Herrscher war immer entweder ein Anspruch auf das Kalifat oder zumindest die Prätention verbunden, eine vom Kalifen unabhängige Herrscherstellung einzunehmen. V. a. westislam. Machthaber usurpierten diesen Titel, so die span. Umayyaden (seit 929), die → Ḥafṣiden und die → Marīniden in Marokko. Er betont im übrigen die militär. Seite islam. Herrschertums im Unterschied zu ḥalīfa ('Stellvertreter' des Propheten) bei den Sunniten und Imām ('Vorbeter') bei den Schiiten. A. Noth

Lit.: EI² I, s.v. - LexArab, s.v.

Amīr al-muslimīn, 'Befehlshaber der Muslime'. Eine Abwandlung des Kalifentitels → amīr al-mu'minīn. Eingeführt wurde dieser Titel von den westislam. → Almohaden (1061-1147), die zwar nicht den Kalifentitel usurpieren wollten, vielmehr die 'Abbāsidenkalifen in Bagdad anerkannten, aber damit eine kalifenähnl. Stellung in ihrem Herrschaftsgebiet beanspruchten. Hin und wieder wurde dieser Titel auch noch nach ihnen von Herrschern im westislam. Gebiet getragen. A. Noth

Lit.: EI² I, s.v. - LexArab, s.v.

Amiral de France. Das Amt des Admirals v. Frankreich (von arab. al-amīr, zur Herkunft vgl. Emir) trat erstmals unter Ludwig IX. 1248 auf. Als Grand Officier der Krone dem Connétable gleichgestellt, war der A. unabsetzbar und unterstand unmittelbar dem Kg. Dem A. war die Herrschaft über Meere und Küsten der kgl. Domäne übertragen. Seine Aufgaben, die durch die ordonnances von 1373, 1400, 1484, 1490 und 1508 geregelt wurden, umfaßten die Aufstellung der Seestreitkräfte, die Verteidigung der Küsten, die Kontrolle der → Kaperschiffahrt und die Ausübung des Seerechtes. Die Einkünfte des A. bestanden in einer Pension, dem Ertrag aus Bußen und Abgaben (so der Verfügung über mehrere Seefahrtsgebühren und -zölle, z. B. das → ancoraticum [Ankergebühr] in den Häfen der kgl. Domäne), Einnahmen aus der Ausübung des → Strandrechtes sowie dem zehnten Teil der Prisen. Der A. führte die goldene Pfeife als Zeichen seiner Würde; er war von den gardes du pavillon-amiral umgeben und wurde von einem Vizeadmiral sekundiert. Im Laufe des SpätMA allmähl. zum Hofmann geworden, führte er den Vorsitz bei den Sitzungen der Admiralität (→ Amirauté) und vertrat die Macht des Kgtm.s gegenüber den Admirälen der großen feudalen Fsm.er. - Zu einzelnen Admirälen v. Frankreich vgl. Listen im Anhang. M. Mollat

Lit.: L. R. MÉNAGER, Amiratus-'Αμηρᾶς. L'Emirat et les origines de l'Amirauté (XI-XIIIe s.), 1960 - C. SCHNAKENBOURG, L'Amirauté de France à l'époque de la monarchie administrative 1669-1792 [Thèse Droit masch. Paris 1975; mit Lit.]. - Vgl. Amirauté.

Amirauté (Admiralität). Der Begriff umfaßt sowohl Rangstellung und Würde des Admirals (→ Amiral de France, Admiratus, Emir) als auch die für Meeresfragen zuständige Behörde mit ihrem Jurisdiktions- und Administrationsbereich. In Frankreich gab es die a. als kgl. Gerichtsinstitution seit 1373; sie umfaßte mehrere Gerichtshöfe mit → lieutenants généraux und particuliers, ferner verfügte sie über Räte (conseillers), Sachwalter (procureurs), einen Gerichtsschreiber (greffier), einen Gerichtsdiener (huissier), Büttel (sergents) und einen Einnehmer (receveur). Ihre Zuständigkeit wurde allmähl. auf alle Fälle, die Seefahrt, Seekrieg, Handelsschiffahrt und Fischerei betrafen, erweitert; damit vollzog sich eine zunehmende Wiedergewinnung der seigneurialen Hoheitsrechte an Küsten und Gewässern durch die Krone. Im 15. Jh. - mit der Wiedereingliederung der großen feudalen Fsm.er - erfolgte die Ausschaltung der regionalen a.s, die auf eine ebenso lange Tradition wie die kgl. zurückblicken konnten (Guyenne seit 1295, Bretagne seit 1320). Die von den Hzg.en v. Burgund für Flandern geschaffene a. blieb jedoch ebenso wie eine eigene. a. in der Provence (A. du Levant) erhalten. Weder die Table de Marbre in Paris, die die Gerichtshöfe der a., Connétablie und der Eaux et Forêts beherbergte, noch diejenige in Rouen (1508) war die letzte Instanz in Fällen, die Meer und Schiffahrt betrafen; es bestand stets die Möglichkeit der Appellation an das → Parlament.

M. Mollat

Lit.: M. GOURON, L'A. de Guyenne, 1938 - J. M. DAVID, L'A. de Provence et des mers du Levant [Thèse Droit Marseille 1942] - J. DARSEL, L'A. de Bretagne [Thèse lettres masch. Paris 1954] - DERS., L'A. en Normandie, Rev. dép. Manche IX-X, 1967-68; Ann. Normandie XIX-XXIII, 1969-73 - C. SCHNAKENBOURG, L'A. de France à l'époque de la monarchie administrative 1669-1792 [Thèse Droit masch. Paris 1975; mit Lit.].

'Āmiriden, die Nachkommen (und Freigelassenen aus der Fraktion, ṭā'ifa, der Ṣaqāliba 'Sklaven/Slaven') des Palastmeiers Muḥammad ibn abī 'Āmir → al-Manṣūr (gest. 999; Vgl. auch → 'Abdarraḥmān ibn abī 'Āmir.) Nach dem Fall des Kalifats von Córdoba 1031 gründete sein Enkel 'Abdal'azīz in der Levante Spaniens ein Reich mit der Hauptstadt Valencia, das er von 1021-61 und seine Nachfolger mit Unterbrechungen bis 1085 regierten, als sich al-Qādir von Toledo (→ Banū Ḏī n-Nūn) der Stadt und des Reiches bemächtigte. Der bedeutendste Klient der Familie war Muǧāhid al-'Āmirī (1009-44), der (bzw. sein Sohn 'Alī bis 1076) das Gebiet von Denia und die Balearen, kurz auch Sardinien beherrschte, als seiner Zeit größter Seeräuber galt, aber doch Poeten und Gelehrten seine Förderung angedeihen ließ. H.-R. Singer

Lit.: EI² I, 446 - C. SARNELLI CERQUA, Muǧāhid al-'Āmirī, 1961 [arab.] - D. CABANELAS, Ibn Sīda de Murcia, 1966.

Ami(s) et Amile. Die Sage von Amis und Amile, ein

Beispiel wahrer Freundestreue, wird erstmals durch eine Erwähnung in der »Epistula ad Bernardum« des Radulfus Tortarius († 1114) bezeugt; in der ersten Hälfte des 12. Jh. entstand in N-Italien eine »Vita Sanctorum Amici et Amelii carissimorum«. Beide lit. Zeugnisse könnten ihr Vorbild in einer Chanson de geste des 11. Jh. haben, während die auf uns gekommene Fassung der »Chanson d'Amis et Amile« erst vom Ende des 12. Jh. stammt. Die beiden Hauptpersonen sind am selben Tag geboren, und sie haben die gleichen Gesichtszüge; es ist ihnen vorherbestimmt, einander beim Kampf für Karl d. Gr. zu begegnen und einen ewigen Freundschaftsbund zu schließen. Amile liebt heiml. Belissent, die Tochter Karls d. Gr.; ihre Liebe wird vom Verräter Hardré entdeckt. Gegen ihn soll Amile in einem Gottesurteil kämpfen. Falls er verliert, wird die Schuld der Liebenden offenbar. Da nimmt Amis seine Stelle ein, siegt im Zweikampf und muß Belissent heiraten; wegen dieser Sünde bestraft ihn Gott mit dem Aussatz. Amile, gerettet und mit Belissent vereint, findet eines Tages Amis wieder und erfährt, daß er ihn heilen könne, wenn er ihn mit dem Blut seiner Söhne wasche. Nach der Opferung der Kinder greift Gott in Anbetracht dieser höchsten Liebesprobe auf wunderbare Weise ein: Amis wird geheilt, ein Engel erweckt die Kinder vom Tode. Einige Zeit danach sterben die Helden am gleichen Tag. → Freundschaftssagen. G. Busetto

Ed.: P. F. Dembowski, 1969 [Bibliogr. pp. VIII–XII] – R. Y. Mayberry, A critical edition of »A. e. A.« (Diss. Abstr., Ann Arbor, XXIX), 1968–69 – Lit.: A. Monteverdi, Rodolfo Tortario e la sua epistola »Ad Bernardum«, Stud. Romanzi XIX, 1928, 7–45 – M. De Riquer, Los cantares de gesta franceses, 1952, 318–321 – C. Pasquali, Origini italiane della leggenda d'Amico e Amelio, Cultura Neolatina XIII, 1953, 218–228 – Th. E. Vesce, Reflections on the Epic Quality of »A. e. A.«, Char.son de geste, MSt XXXV, 1973, 129–145.

Amman (Amtmann, fläm. *Ambtman, Amp(t)man,* von *ambachtsman,* lat. *amman(n)us).* Der in vielen regionalen Namensformen und unterschiedl. Begriffsinhalt verbreitete Titel (→Amtman) bezeichnete in den Niederlanden den Vertreter des *écoutête* (zu scultetus, Schultheiß) oder des →bailli, aber in →Brüssel den Vorsteher der obersten Gerichtsbehörde des Hzg.s v. Brabant, dem die einzelnen Schöffenhöfe der *ammannie* unterstanden. 1125 hatte Hzg. Gottfried I. einen einfachen villicus (Schultheiß) seiner Wahl zum A. ernannt, um damit ein Gegengewicht gegen die gewachsene, polit. und militär. Macht seines alten Vertreters in Brüssel, des Kastellans (→Kastellanei), dessen Amt erbl. geworden war, zu schaffen. Die Kompetenzen des A. wurden in der Folgezeit in dem Maße präzisiert und erweitert, wie sich mit der urbanen Entwicklung Brüssels (seit dem 13. Jh.) die Aufgaben der städt. Gerichtsbarkeit vermehrten. Vollstrecker des polit. Willens des Territorial- und Stadtherrn und aus der städt. Gesellschaft hervorgegangen, vermochte der A. gegen Ende des 13. Jh. den Kastellan zu verdrängen und übernahm seine militär. Funktion. Er besaß richterl., administrative und fiskal. Befugnisse; polizeil. Gewalt erwuchs ihm aus dem Schutz der hzgl. Rechte, den er in Brüssel selbst sowie in den vorstädt. und ländl. *ambachten* (→Schöffe) seines Jurisdiktionsbereiches wahrnahm, dessen Grenzen im 13. Jh. festgelegt wurden. M. Martens

Lit.: Ch. Kerremans, Etude sur les circonscriptions judiciaires et administratives du Brabant et les officiers placés à leur tête par les ducs antérieurement à l'avènement de la Maison de Bourgogne (1406), 1949 – Hist. de Bruxelles, hg. M. Martens, 1976.

Ammanati Piccolomini, Giacomo, * 8. März 1422 in Lucca als Sohn des Cristoforo A., † 10. Sept. 1479. Seit 1430 war er Schüler des →Guarino; in Florenz waren später →Bruni und →Marsuppini seine Lehrer. Hierauf trat er in den Dienst des Kard.s Domenico Capranica und war während der Pontifikate von Calixtus III. (1455–58) und Pius II. (1458–62) scriptor in der Cancelleria apostolica. Papst Pius II. erwählte ihn zum secretarius domesticus und verlieh ihm das Privileg, seinem Namen das Cognomen Piccolomini anzufügen. Seit 1458 war er Prior von S. Apollinare in Florenz, seit dem 18. Juli 1460 Bf. v. Pavia und schließl. seit dem 18. Dez. 1461 Kardinalpriester von S. Crisogono. Unter Paul II. (1464–71) verlor er seine einflußreiche Position, trat in heftige Polemik gegen den Papst und geriet auch – wegen fiskal. Probleme – in Auseinandersetzung mit dem Hzg. v. Mailand, Galeazzo Maria Sforza (1466–76). In dieser Phase seines Lebens verstärkten sich seine humanist. Interessen. Papst Sixtus IV. (1471–1484) setzte ihn wieder in die Ämter ein, ernannte ihn zum Legaten von Umbrien und am 17. Aug. 1477 zum Kardinalbischof v. Tusculum. Seit dem 24. Sept. des gleichen Jahres war er auch Administrator des Bm.s Lucca. Er verfaßte »Commentarii rerum memorabilium, quae temporibus suis contigerunt«, die die Commentarii von Pius II. fortsetzen. Weitere Werke von ihm sind ein »Diario concistoriale« für die Jahre 1472–79 und eine bedeutende Briefsammlung. M. Miglio

Lit.: DBI II, 802f. – Repfont 2, 216 – F. R. Hausmann, Armarium 39 Tom. 10 des Archivio Segreto Vaticano. Ein Beitr. zum Epistolar des Kard.s G. A. P. (1422–1479) und anderer Humanisten, QFIAB 50, 1971, 112–180 – M. Miglio, Storiografia pontificia del Quattrocento, 1975, 149–152.

Ammensleben, Gf.en v., das seit der 1. Hälfte des 11. Jh. bezeugte Geschlecht nannte sich nach der Stammburg Groß-Ammensleben (nw. Magdeburg); es führte zuerst 1087 den Grafentitel. Otto v. A. verlegte seinen Sitz nach Hillersleben, das nun namengebend für die Familie wurde. Ammensleben und Hillersleben waren ihre Eigenklöster. Dort, im ö. Nordthüringgau, lag ihr Herrschaftsbereich, der sich z. T. aus Grafschaftsrechten, ganzen Dörfern, meist aber aus Streubesitz, Vogteirechten, Eigenkirchen und Ministerialen zusammensetzte. Nach dem Aussterben der Gf.en im Mannesstamme 1154 zerfiel die Herrschaft.

H. Patze

Lit.: H. K. Schulze, Adelsherrschaft und Landesherrschaft, 1963, 23–55.

Ammianus Marcellinus, röm. Geschichtsschreiber, * um 330 in Antiochia, † um 395 (in Rom?). Aus begüterter gr. Familie, diente als Offizier im röm. Heer, seit 353 als Protector domesticus im Stab des Magister equitum Ursicinus in Gallien und im Orient und beteiligte sich am Perserfeldzug des Ks.s Iulianus (362/63). Nach Aufenthalt in Antiochia und Studienreisen nach Ägypten und Griechenland siedelte er um 380 nach Rom über, wo er mit einzelnen Mitgliedern der konservativ-heidn. Aristokratie Kontakt pflegte (Nicomachus, →Praetextatus, →Symmachus), während er der röm. Oberschicht insgesamt krit. gegenüberstand (14, 6; 16, 8, 13; 27, 11).

In Rom verfaßte er 31 Bücher Gesch. des röm. Reiches (»Res gestae«) von Nerva (96–98) bis zum Tode des Ks.s Valens 378 und setzte damit das Werk des Tacitus bis auf seine eigene Zeit fort. Während er für die verlorenen Bücher 1–13 (bis 352) lit. Quellen wie Cassius Dio (bis 229) und Herodianus (bis 238) benützte und diesen Stoff wohl sehr gestrafft darbot, konnte er sich für die ausführl. Darstellung der Zeitgesch. auf eigene Kenntnisse und Augenzeugen (15, 1, 1) stützen. Dieser Teil ist in die Bücher 14–25 (bis zum Tode des Ks.s Iulianus 363; veröffentlicht wohl 391/92) und 26 (mit neuer Einleitung) – 31 gliedert.

A. schreibt Reichsgesch., die bestimmt ist von der Gesch. der einzelnen Ks., in B. 14–25 vorwiegend annalist. geordnet, in B. 26–31 mehr geograph. gegliedert (begründet

26, 5, 15). Zahlreiche Exkurse sind in die fortlaufende Darstellung eingefügt, so zur Ethnographie (Sarazenen 14, 4; Kelten 15, 9. 12; Hunnen und Alanen 31, 2), Geographie (die ö. Prov. 14, 8; die Alpen 15, 10; Gallien 15, 11; das Schwarzmeergebiet 22, 8; Ägypten 22, 15f.; Persien 23, 6; Thrakien 27, 4), über Naturerscheinungen (Erdbeben 17, 7, 9ff.; Sonnen- und Mondfinsternis 20, 3; Regenbogen 20, 11, 26ff.; Schaltjahr 26, 1, 8ff.).

A. zeichnet sich durch einen weiten Blick und durch das Bemühen um Objektivität aus. Durch seine unmittelbare Teilnahme am Zeitgeschehen und durch vielfache Beziehungen zu Zeitgenossen bringt er für seine Aufgabe wichtige Voraussetzungen mit. Mit den Mitteln der antiken Historiographie (Kampfschilderungen, direkte Reden, Anekdoten, Exempla, Exkurse) ist er vertraut. Nach dem Schema der antiken Biographie läßt er dem Tod eines Ks.s jeweils eine Charakteristik folgen; dabei zeigt er sich als Meister dieser Darstellungsform. Sein Latein, in dem die lit. Tradition allenthalben spürbar ist, wird geprägt von einem ins Anspruchsvolle und Überladene gesteigerten, scharf kontrastierenden, pathet.-rhetor. Stil mit Satzrhythmus und Cursus. Dieses letzte große Geschichtswerk der Antike ist angesichts der inneren Krisen, Barbarisierung und äußeren Bedrohungen des Imperium Romanum von einem starken Pessimismus beherrscht, dem aber dennoch der Glaube an die geistige Größe Roms nicht fehlt.

Die Überlieferung beruht auf einem Cod. Fuldensis (Vaticanus lat. 1873) des 9. Jh. und auf einem Hersfeldensis, den Gelenius (Basel 1533) noch benutzte, der aber bis auf 6 Blätter (heute in Marburg) verloren ist. Erstausgabe von Angelus Sabinus, Rom 1474. J. Gruber

Ed.: C.U. Clark, 1910-15 [Neudr. 1963] – J.C. Rolfe [mit engl. Übers.], 1935-39 [Neudr. 1950-52] – J. Fontaine-E. Galletier-G. Sabbah [mit frz. Übers.], 1968ff. – E. Seyfarth [mit dt. Übers.], 1968ff. – A. Resta Barrile [mit it. Übers.], 1973f. – Übers: L. Tross-C. Büchele, 1835f. [Neudr. 1964] – O. Veh, eingel. v. G. Wirth, 1974 – Komm.: J.A. Wagner-C.G.A. Erfurtd, 1808 [Neudr. 1975] – P. De Jonge, B. 14-16, 1935ff. – J. Szidat, B. 20/21, 1977 – Lit.: Die wichtigste Lit. bis 1973 bei Veh-Wirth, 937-950 – Hoops² I, 253-256 – H. Drexler, A.-Stud., 1974 – R.C. Blockley, A.M., 1975 – G.A. Crump, A.M. as a Military Historian, 1975 – J.M. Alonso-Núñez, La visión historiográfica de A.M., 1975 – N. Bitter, Kampfschilderungen bei A.M., 1976.

Ammonios → Platonismus

Amobyr → Walisisches Recht

Amod, amodwr → Walisisches Recht

Amont, Amt und Verwaltungsbezirk in der Franche-Comté, entstanden aus einer Aufteilung der Funktionen des Hauptvertreters des Pfgf.en v. Burgund (baillivus comitatus Burgundiae). Das Amt A. umfaßte die Kastellaneien im NO der Gft. um den Hauptsitz des Vogtes, Vesoul, wo sich die wichtigsten gfl. Hausgüter befanden. Der Vogt vereinigte in seiner Hand administrative und richterl. Funktionen. Er berief den Bann. Verhältnismäßig früh wurde ein Teil dieser Funktionen in der Praxis von seinen Stellvertretern *(lieutenants)* ausgeübt. Seit 1389 führte der Stellvertreter des Vogtes v. Amont den Vorsitz bei den Landständen der Gft. Y. Mariotte

Amor (cupido, eros). In der spätröm. Kunst des 3./4. Jh. lebt das im Hellenismus geprägte Bild A.s fort. Oft wird er zusammen mit anima *(psyche)* dargestellt, tritt aber auch häufig als selbständiger Fruchtbarkeits- und Jahreszeitengenius auf. Er findet sich als figürl. Motiv in der dekorativen Gesamtausstattung profaner und sakraler Räume (z. B. vollplast.: Ostia, Casa di Amore, 4. Jh. – Bodenmosaik: Sizilien, Piazza Armerina, 4. Jh. – Rom, S. Pietro in Vaticano, Säulen des konstantin. Ciborium, 4. Jh.). Bes. zahlreich haben sich Darstellungen A.s aus dem Bereich der spätantiken Grabeskunst erhalten. Vermutl. sollte mit ihnen auf die todüberwindende Kraft des Prinzips hingewiesen werden, das sich in der Gestalt A.s ebenso wie in den zugleich verwendeten chr. Bildmotiven verkörperte. In Kleinkunst und Kunsthandwerk überwiegt die erot. Komponente der Figur A.s. In der kopt. Kunst wird der antike Typus A.s aufgenommen. Im HochMA wird er durch Züge aus Mystik und Minnedichtung bereichert, die er in der Frührenaissance aber wieder verliert.

Plastik: In der dekorativen *Architekturplastik* ist das Motiv des A. wie in der älteren, so auch in der spätröm. Epoche häufig. Die Architekturplastik des MA behält dieses Motiv in geringem Umfang bei (Sizilien, Monreale, Kreuzgang, 1176; ma. plast. Portaleinfassungen v.a. in Ober- und Mittelitalien), zahlreicher sind die Beispiele v.a. in der Frührenaissance, die unmittelbar auf meist röm. Vorlagen zurückgreift (Florenz, s. und n. Domtüren, um 1400 – Venedig, Dogenpalast, Kapitell, um 1350 – Orvieto, Taufbecken, um 1402).

Sarkophagplastik: Auf Darstellungen spätantiker Sarkophage ist das Motiv des A. häufig: innerhalb mytholog. Themen, als Schlaf- und Todesgenius, als allegor. Figur zusammen mit chr. Themen und in bürgerl. Szenen, bes. bei Hochzeitsdarstellungen (dextrarum iunctio) oder als sekundäre Figur wie Träger von Namenstabulae und Girlanden. – Solche Sarkophage mit Darstellungen A.s werden in ma. Kirchen als bewußt eingefügter Schmuck wiederverwendet (Genua, Dom, Südfassade, 12. Jh. – Massa Marittima, Kathedrale, W-Schiff, über Portal, 14. Jh. – Bagnoréa, Campanile) oder dienen als unmittelbare Vorlage für Bauskulptur (Auxerre, Kathedrale, Fassade, um 1280 – Modena, Dom, Fassade, um 1106). Antike Sarkophage mit Darstellungen A.s werden auch ihrem ursprgl. Zweck entsprechend wiederverwendet (Pisa, Camposanto, Sarkophag des Dominus Gallus Agnellus Iudex, 13. Jh.). Das Motiv gehört dann zum festen Bestand der Grabkunst der Frührenaissance (Lucca, Dom, Grab der Ilaria del Carretto, 1408 – Florenz, S. Croce, Marsuppinigrab, 1453 – Rom, SS. Apostoli, Grab des Kard.s Pietro della Rovere, 1474), um schließl. Thema der Freiplastik zu werden.

Wandmalerei: Auch hier ist in der Spätantike das Motiv des A. in verschiedenen figürl. Themenkreisen geläufig, wobei das Gesamtthema des ikonograph. Kontextes wechseln kann: Jahreszeiten, Mythologisches, bes. Dionysisches, Erotisches, bes. Hochzeitsthematik (Rom, S. Giovanni e Paolo, 4. Jh. – Trier, ksl. Palast, Deckenmalerei, 4. Jh.). In der Grabmalerei findet sich das Motiv in gleichem ikonograph. Kontext wie in Wohnräumen, spezifischere Bedeutungsinhalte sind hier wie in der Grabplastik aber zusätzl. anzunehmen. Auch hier tritt die Figur A.s gleichwertig zusammen mit chr. Themen auf (Rom, S. Costanza, Wölbungsmosaiken, 4. Jh. – Rom, Katakomben: Domitilla, Pietro e Marcellino, Via Latina, u.a. – Sabratha-Gagaresh, Grab der Aelia Arisuth, 4. Jh.). In der sakralen Malerei des MA bleibt die überlieferte Figur A.s, wenn auch meist nicht als Hauptmotiv, in Bildern mit Hochzeitsthematik erhalten (Neapel, S. Maria Incoronata, »Sakrament der Ehe«, 1352/54). Durch die hochma. Lit. erhält die Figur neue Bezüge und Attribute. Darstellungen des göttl. und des weltl. A. finden sich bes. häufig in Italien. Der profane A. ist geflügelt, trägt einen Kranz aus Rosen, ist mit Pfeilen, Bogen und Köcher ausgestattet, an Stelle der Füße hat er aber Raubvogelkrallen und trägt als Trophäen die Herzen seiner Opfer am Köcherband (Assisi, S. Francesco, Unterkirche, Apsis, um 1325). Der illustrierte Text von Francesco Barberino scheint unmittelbar als Vorlage benutzt:

hier steht der mit den bekannten Attributen ausgestattete profane A. auf einem galoppierenden Pferd. Züge von Mischwesen der antiken Mythologie (Sirenen) und von Schilderungen endzeitl. Visionen der chr. Lit. (wie die der apokalypt. Reiter) scheinen hier zusätzl. übernommen (Castello Sabbionara di Avio, um 1370). A. kann auch in Darstellungen des »Triumph des Todes« auftauchen (Pisa, Camposanto, um 1350). Als heiterer antik. Liebesgott erscheint A. dann in der it. Renaissance (z. B. Mantua, Pal. Gonzaga, Camera degli Sposi, A. Mantegna, 1474 – Florenz, Uffizien, Botticelli, »La Primavera«, um 1478).

Buchmalerei: Im spätantiken Kalenderbild gehört A. zur Darstellung der Venus (Kalender v. 354); in seiner hellenist. Prägung erscheint er in ma. Illustrationen zu antiken (Prudentius, »Psychomachia« – Ps.-Oppian, »Cynegetica«), aber auch zu karol. Texten (Hrabanus Maurus, 780–856, »De rerum naturis seu de universo«). Um neue Züge bereichert, tritt er in Miniaturen zur Minnedichtung auf, wo seine Mutter »Frau Minne« seine Attribute übernimmt (Wien, Nat.Bibl. Cod. 2592, fol 13^v, 14.Jh. – Paris, Bibl. Nat. ms fr 1584, fol 1^v, fol D, 14.Jh.). Zu Dantes »Divina Commedia« entstehen mehrere Illustrationen (u.a. von Botticelli, 1482/1503).

Kleinkunst und Kunsthandwerk: Vielfach erscheint A. zusammen mit seiner Mutter Venus auf Gegenständen, die zum Themenkreis 'Hochzeit' gehören (London, Brit. Mus., Silbergerät der Christin Proiecta, 4.Jh.), auf spätantik. Diptychen u. frühkopt. Beinschnitzereien, die meist mytholog. Liebespaare zeigen (Mus. in Brescia; Ravenna; Paris, Mus. Cluny; Liverpool), als Stoffmuster, meist aus kopt. Bereich, auch auf Goldgläsern. Im HochMA wird dieser bes. Themenkreis neu belebt und bereichert durch die Minnedichtung (Bildteppiche, Minnekästchen). Im byz. Raum lebt im MA bei dieser Thematik die antike Ikonographie weiter (byz. Elfenbeinkästchen) und wird in der Frührenaissance Italiens wieder aufgegriffen (Medaillen Pisanellos zur Hochzeit des Lionello d'Este, 1444).

Zu Amor in der Lit. vgl. Liebe. J. Deckers

Lit.: LCI I. 113–115 – RDK I, 641–651 – F. WICKHOFF, Die Gestalt A.s in der Phantasie des it. MA, JPKS II, 1890, 41–53 – R. FOERSTER, A. und Psyche vor Raffael, JPKS 3–4, 1895, 1–9 – A.M. AMELLI, Miniature sacre e profane..., 1896, Taf. 112 – R. STETTINER, Die illustrierten Prudentiushss., 1905 – R. KOECHLIN, Le Dieu d'Amour..., GazdBA, 2. ser., 63, 1921, 279–297 – DERS. Les Ivoires..., 1924, 3, Nr. 1068, 1071, 1076, 1077, 1080, 1092, 1094, 1098 – A. W. BYVANCK, Die Gesillustreerde Hss. van Oppianus' Cynegetica, Meddedelingen van het Nederlands Hist. Inst. Rom 5, 1925, 34–64 – H. KOHLHAUSEN, Minnekästchen..., 1928 – A. GOLDSCHMIDT-K. WEITZMANN, Die byz. Elfenbeinskulptur... 1, 1930, Nr. 23 – A. FREY-SALLMANN, Aus dem Nachleben antiker Göttergestalten (Das Erbe der Alten 19), 1931 – R. VAN MARLE, Iconographie de l'art profane 2, 1932, 414–496 – E. PANOFSKY, Studies in Iconology, 1939, 95–128 – J. ADHÉMAR, Influences..., 1939, Taf. 36, 37, Abb. 114, 119 – F. CUMONT, Recherches sur le symbolisme..., 1942, 319, 461ff. – E. PANOFSKY, Renaissance and Renascences, Kenyon Review, 1944, 235 – I. RAGUSA, The Re-Use... [Diss. New York 1951], Nr. 11, 46, 52, 54, 73, 77, 85, 106 – H. STERN. Le Calendrier de 354..., Inst. Fr. d'Archéologie de Beyrouth (BAH 55), 1953, 186, Taf. 20, 4; 20, 6 – J. SEZNEC, The Survival of the Pagan Gods (Bollingen series 38), 1953, Index: Cupid/Amor – H. W. GROHN, Zwei Cassoni..., Forsch. und Ber. 1, 1957, 90–100 – W. F. VOLBACH, Frühchr. Kunst, 1958, Taf. 6, 23, 24, 32, 37, 41, 42, 45, 53, 116–118 – L. REEKMANS, La ›dextrarum iunctio‹..., Bull. de l'Inst. Hist. Belge de Rome, Fasc. 31, 1958 – Rep. Sarkophage 1, 1967 – J. KOLLWITZ, Die Malerei der konstantin. Zeit (Studi di Antichità Cristiana 27), 1969 – N. HIMMELMANN, Typolog. Untersuchungen..., 1973, 18–20, Taf. 6, 8, 9, 24–26, 39, 41a, 42b – A. EFFENBERGER, Kopt. Kunst, 1974, Abb. 8, 14, 24, 25, 43, 59, 109, 117, Reg. s.v. Eros – L. KÖTSCHE-BREITENBRUCH, Die neue Katakombe... (JbAC, Erg. 4), 1976 – W. F. VOLBACH, Elfenbeinarbeiten, 1976³, Nr. 57, 61, 66, 72, 74, 75, 76, 78, 80, 82, 83, 86b, 88 – G. HABICH, Die Medaillen..., o.J., Taf. 3.

Amorbach, Kl. im Odenwald. Wohl um 734 von einem Amtsträger aus der Umgebung Karl Martells inmitten des Odenwaldforstes an einer Straßenkreuzung gegr. (späte Klostertradition nennt den Hl. Pirmin als Hauptgründer), entwickelte sich das Kl. rasch zu einem bedeutenden → Königskloster, das zur Sachsenmission herangezogen wurde (drei Äbte des Kl.s waren Bf.e von Verden), und den ö. Odenwald durch planmäßige Rodung erschloß. Obwohl die Abtei 993 Würzburger Eigenkloster wurde, erlebte sie in der Folgezeit einen zweiten Höhepunkt im Rahmen der Gorzer Reform und wurde zu einem überregionalen geistigen Zentrum. 1015 waren vermutl. A.er Mönche an der Gründung des Kl.s Michelsberg (Bamberg) beteiligt. Sie brachten dorthin den Ordo Amerbacensis. Unter Abt Richard I., der zugleich auch Abt v. Fulda war, wurde A. offenbar in die Herrschaftsinteressen Heinrichs II. einbezogen. Ein Niedergang erfolgte in der Stauferzeit, als die von den Staufern geförderten Vögte des Kl.s, die Herren v. Dürn (→ Walldürn), starke Eingriffe in den Klosterbesitz vornahmen, der immerhin am Vorabend der Säkularisation (1803) noch in ca. 100 Orten vorhanden war. Im SpätMA verlor das Kl. stark an Ausstrahlungskraft (nur mehr wenige Mönche, bes. aus dem niederen Adel der Umgebung) und konzentrierte sich stärker auf die Erhaltung der Klosterherrschaft. Erst im beginnenden 15.Jh. konnte eine eigenständige Klosterreform (gegen den Willen der meisten Mönche) durchgesetzt werden, die den Status des Adelsklosters beseitigte und geistiges Leben und wissenschaftl. Studien erneuerte. Seit Ende des 16.Jh. setzten die Stadt A. (1253 Stadterhebung durch die Herren v. Dürn) und die meisten Klosterdörfer den Territorialisierungsbestrebungen der Abtei stärkeren Widerstand entgegen (Erbhuldigungsverweigerung). W. Störmer

Lit.: R. KREBS, Das Kl. A. im 14. und 15. Jh., AHess. Gesch. 7, 1910, 185ff. – J. BENDEL, Die Gründung der Abtei A. nach Sage und Gesch., StudMitt 39, 1918, 1ff. – A. Beitr. zu Kultur und Gesch. von Abtei, Stadt und Herrschaft (Neujahrsbll. der Ges. für Frk. Gesch. 25), 1953 [bes. die Beitr. v. R. KENGEL und A. WENDEHORST] – A. SCHÄFER, Unters. zur Rechts- und Wirtschaftsgesch. der Benediktinerabtei A. bis in die Zeit nach dem 30jähr. Kriege [Diss. masch. Freiburg/Br. 1955] – W. EICHHORN, Die Reichsabtei A. unter den Karolingern, Stud.Mitt. 78, 1968, 28ff. – W. STÖRMER, A.-Miltenberg (Hist. Atlas von Bayern, T. Franken), 1978.

Amortisation, bes. in Frankreich Regelung des Erwerbs von Grundbesitz durch die Kirche oder eine andere Person der → Toten Hand. V.a. bei Besitz, an dem der Grundherr ein Obereigentumsrecht hatte, der aber bereits erblich von einem Lehnsmann oder Hörigen besessen wurde, erhielt der Grundherr angesichts des Umstandes, daß bei kirchl. Immobiliarerwerb keine Handwechselgebühr oder Sterbfallabgabe bezahlt wurde, eine Ausgleichszahlung für die ihm zustehenden Gefälle. Die Leistung dieser Zahlung ist der eigtl. Akt der A. Zur A. in Frankreich vgl. Acquêts. – Vgl. auch Amortisationsgesetze. J. Hilaire

Lit.: HRG I, 147f. – O. MARTIN, Hist. de la Coutume de Paris I, 425–440.

Amortisationsgesetze (leges de non amortizando), städt., dienten dazu, den Grunderwerb der → Toten Hand (Kirche, Klerus, geistl. Körperschaften) auf dem Wege der Zuwendung von Liegenschaften und Gefällen einzuschränken oder zu verhindern. Sie richteten sich gegen das Erbrecht der Toten Hand und das freie Verfügungsrecht über den Besitz. Meist wurden sie mit wirtschaftl. Notwendigkeiten begründet; die Erweiterung des steuerfreien Kirchenbesitzes ging zu Lasten des Bürgerguts. Spuren von A.n finden sich bereits in den karol. Kapitularien (811, 816), feste Formen in Byzanz im 10.Jh. Die Amortisationsgesetzgebung der ma. Städte setzt im 13.Jh.

ein (Lübeck 1220/26, 1240; Stade 1279; Erfurt 1281) und erreicht im 14. und 15. Jh. ihren Höhepunkt. Häufig erfolgt ihre Anwendung kraft kgl., landes- oder stadtherrl. Privilegierung (Goslar 1219, 1275; Altenburg 1256; Lindau 1270; Boppard 1274; Ulm 1300; Augsburg 1306 usw.). In einigen Städten waren auch die Juden von den A.n betroffen (Leoben, Judenburg). Der Immobiliarerwerb der Toten Hand war selten ganz verboten, meistens nur erschwert und durch Auflagen belastet wie z. B. Vorkaufsoder Losungsrecht bzw. die Verpflichtung zur Wiederveräußerung nach Jahr und Tag. Gelegentl. wurden längere Fristen gesetzt, in Venedig (1328) zehn Jahre; in Trier betrug die Rückkauffrist seit 1344 sogar 60 Jahre (aufgehoben 1365). Insgesamt war die Wirksamkeit der städt. A. im MA relativ gering. – Seit dem 13. Jh. werden A. auch in den Territorien erlassen; man findet sie schließl. in allen europ. Ländern bis hin zu Rußland (Ivan IV., 1580), ebenso in geistl. Territorien. F. Irsigler

Lit.: HRG I, 147f. – LThK² I, 447 – W. KAHL, Die dt. Amortisationsgesetze, 1879 – H.C. LEA, The dead hand, 1900 – A. STÖRMANN, Die städt. Gravamina gegen den Klerus, 1916.

Amortissements (Commissaires aux) → Acquêts

Amours → Art d'aimer

Amphibologia (auch *amphibolia*), in der Logik einer der 13 Typen von Fehlschlüssen (fallaciae). A. umschreibt die Fälle, wo eine Phrase oder ein Satz (nicht nur ein Einzelwort) mehrdeutig ist. J. Pinborg

Lit.: → Logik.

Amphilochios v. Ikonion (hl.), * ca. 340, † nach 394, Kappadokier gleich seinen Freunden → Basileios und den beiden Gregoren, und Vetter des → Gregor v. Nazianz, vertritt wie diese die 391 in Konstantinopel zur Herrschaft gekommene Trinitätslehre. Er war Rechtsanwalt in Konstantinopel, bevor Basileios d. Gr. seine Wahl zum Bf. v. Ikonion und Metropoliten der Prov. Lykaonien veranlaßte. Nachrichten über seine Amtszeit liegen aus den Jahren 376–394 vor. Sie zeigen ihn als eifrigen Verfechter der Orthodoxie, insbes. der Homoousie des Hl. Geistes, und als Gegner verschiedener Häresien (darunter der Messalianer). Das den trinitar. Streit beendende Gesetz des Theodosius vom 30. Juli 381 bestimmte ihn als Normalbischof für Prov. und Diöz. Asia; d.h. die Glaubensgemeinschaft mit ihm bewies die Rechtgläubigkeit. Von seinen zahlreichen Schriften ist relativ wenig erhalten. Die »Iambi ad Seleucum« sind eine Studienanweisung für einen jungen Freund und enthalten ein wichtiges Kanonsverzeichnis. Eine Reihe von Predigten, z. T. noch unediert, wird überliefert; dazu zahlreiche Fragmente. H. Kraft

Ed.: MPG 37, 1577–1600 (Iambi a. S.) – MPG 39, 9–130 – *Lit.*: K. HOLL, A.v.I., 1904 – G. FICKER, Amphilochiana, 1906 – ALTANER-STUIBER, 308f.

Ampliatio, in der terminist. Logik die Erweiterung der Denotation (suppositio) eines Terminus im Satz, so daß er etwa nicht nur für gegenwärtig existierende, sondern auch für vergangene oder zukünftige Gegenstände steht (Gegensatz: → restrictio). J. Pinborg

Lit.: → Logik

Ampurias (Ampurdán), Spanien (Prov. Gerona), seit Anfang des 6. Jh. nachweisbares Bm., dessen Sitz in → Emporiae im Zuge der frk. Reconquista zu Ende des 8. Jh. nicht wiederbesetzt wurde. Die ihr zugehörige Gft. A. ist unter der Leitung von Adligen meist einheim. Herkunft seit dem Anfang des 9. Jh. bezeugt und wurde dem Bm. v. Gerona zugeordnet. Wie die übrigen Gf.en der sog. Span. Mark, so vererbten auch die Gf.en v. A. ihre Herrschaft seit dem ausgehenden 9. Jh. und leiteten sie im Laufe des 10. Jh. in fakt. Unabhängigkeit über. Mit den benachbarten Gf.en v. → Roussillon verband sie bis ins 12. Jh. ein gegenseitiges Beerbungsrecht auf Grund gemeinsamer Abkunft von Sunyer II. (895). Im 12. Jh. wurden sie von der Krone Aragón lehnsabhängig und verloren jede nennenswerte polit. Eigenständigkeit. Infolge Differenzen mit Kg. Jakob II. verlor das angestammte Haus mit Pons Hugo IV. (1277–1313) die Gft.; sie fiel zeitweise an kgl. Seitenlinien, bis sie 1456 endgültig der Krone inkorporiert wurde.
M. Salrach Marés/O. Engels

Q.: H. FLÓREZ, España Sagrada XLII, 266–274 – Marca Hispanicas, Paris, 1688 – J. VILLANUEVA, Viage literario a las Iglesias de España XIII – *Lit.*: J. VIVES, AST 19, 1946 – M. ALMAGRO, Las fuentes escritas de A., 1951 – S. SOBREQUÉS VIDAL, Els barons de Catalunya, 1957 – F. MATEU Y LLOPIS, El »ius monetae« en el condado de A., 1957 – R. D'ABADAL I DE VINYALS, Els primers comtes catalans, 1958 – P. NEGRE PASTELL, Castelló de A., de villa rural a capital del condado de A. (siglos IX a XII), Anales del Instituto de Estudios Gerundenses 12, 1958, 89–172 – O. ENGELS, Schutzgedanke und Landesherrschaft im ö. Pyrenäenraum (9.–13. Jh.), 1970 – E. ALBERTI CORP, L'Empordà al temps visigòtic i l'Alta Edat Mitjana, 1970.

'Amr ibn al-'Āṣ, bedeutender Feldherr während der frühen islam. Eroberungszüge, gest. 664. Seit 633 wirkte er an der Besetzung Syriens und Palästinas mit. 639 führte er ein Truppenkontingent in das Niltal. 641 wurde die Festung Babylon (Alt-Kairo) eingenommen, ein Jahr später fiel Alexandria A. in die Hände. Im Ersten Bürgerkrieg (657–658) verhalf v. a. A.s Verhandlungsgeschick dem Omayyaden Mu'āwiya zum Sieg. T. Nagel

Lit.: EI², s.v. – F. GABRIELI, Die Macht des Propheten, 1968.

Amra Choluim Chille, Lobgedicht auf den hl. → Columba (v. Hy, † 597), in Irland Colum Cille gen. Es wird einem der bedeutendsten Dichter Irlands, Dallán Forgaill (lat. Forcellius), zugeschrieben, der ein Zeitgenosse des hl. Columban war. Nach neueren Forschungen, die sich auf linguist. und stilist. Untersuchungen stützen, wurde das Lobgedicht erst kurz nach dem Tod des Hl. verfaßt. Der Text darf als bes. anspruchsvoll gelten. Die Sprache ist ausgewogen und altertüml., der Stil kunstvoll und rhetor. Spätere ma. Hss., die den Text als Abschriften überlieferten, zeigen eine bemerkenswerte Übereinstimmung, offensichtl. wurde der »A.C.C.« als ein geistl., kanon. Text tradiert. Die Abschriften enthalten eine Fülle von Wortglossen, eine Besonderheit, die sich sonst nur in den »geheiligten« Texten des air. Rechts findet. P. MacCana

Ed.: W. STOKES, RevCelt XX. 1899, 31–55, 132–183, 248–289, 400–437; XXI, 1900, 133–136 – *Lit.*: Kindlers LitLex I, 1004f. – J. F. KENNEY, Sources for the Early Hist. of Ireland: Ecclesiastical, 1929, 426f. – V. HULL, ZCP 28, 1960–61, 242–251.

Amras, Gf. v., Titel im Haus der Gf.en v. → Andechs, nach der Burg Ambras bei Innsbruck, die Andechser Eigenbesitz war. Der Titel ist belegt für Otto II. v. Dießen und Wolfratshausen († 1122?) seit etwa 1078 (»comes de Omeras«). L. Auer

Lit.: Acta Tirolensia I, hg. O. REDLICH, 1886, 118f. – Genealog. Hb. zur bair.-östr. Gesch., hg. O. v. DUNGERN, 1931, 20.

Amselfeld, Schlachtort → Kosovo Polje, → Serbien

Amsterdam

I. Archäologie und Siedlungsgeschichte – II. Wirtschaft und Verfassung.

I. ARCHÄOLOGIE UND SIEDLUNGSGESCHICHTE: Stadtkern im späten 13. Jh. wahrscheinl. entstanden aus einer fries. agrar. Moorsiedlung; die präurbane Parzellierung wurde bis zu der Anlage des neuen Grachtengürtels (17. Jh.) nicht wesentl. geändert. Die Entstehung von Zuidersee und Y erodierte das seit ca. 1000 n. Chr. besiedelte Moorland, wodurch eine günstige Situation für den Hafen an der Amstelmündung, die ca. 1270 abgedämmt wurde, entstand. Älteste Stadtbesiedlung von Landbesitzern, Handwerkern, Kaufleuten und Schiffern entlang beider Amsteldeiche

(Warmoesstraat und Nieuwendijk) dat. durch Kugeltöpfe und rhein. Steinzeug. An der Wasserseite der Deiche fand im 14.Jh. eine große Landgewinnung für den Bau der hölzernen Kaufmannshäuser und Speicher statt, wodurch die Amstelmündung um ca. 100 m schmaler wurde. Verschiedene dieser künstl. geschaffenen Parzellen wurden arch. untersucht. Der erste Stadtwall mit Palisade, Graben und Stadttor aus Backsteinen wurde unter der St.-Olof-Kapelle (15.Jh.) am NO-Ende der Stadt ausgegraben. Eine dreischiffige Backsteinkirche mit rechteckigem Chor, fundiert auf einem hölzernen Rost (etwa 1300), wurde unter der Oude Kerk aufgedeckt. Das Stadtgebiet wurde 1421 nach einem Brand erweitert, 1481 ummauert. Seit einigen Jahren wird der Bau der Metrowerke im Ostteil der Stadt (insbes. das Hafenviertel Lastage, 15.-18.Jh.) arch. überwacht. Die Konservierungsbedingungen unter dem Grundwasserspiegel sind sehr günstig für hölzerne Fundierungskonstruktionen (Schiffsreste sind oft verwendet) und für Fundkomplexe von Leder, Textilien, Metall, Glas, Pflanzen- und Tierresten usw. Die Importkeramik spiegelt den Fernhandel v.a. mit dem Rheinland, SW-Frankreich und Spanien wider. H.H. van Regteren Altena

Lit.: Rotterdam Papers I, A contribution to medieval archaeology, hg. J.G.N.RENAUD, 1968, 121-136 – H.H. v. REGTEREN ALTENA, Vondsten onder de St. Olofskapel, 1972 – J.M.BAART u.a., Opgravingen in A.; 20 Jaar Stadskernonderzoek, 1977.

II. WIRTSCHAFT UND VERFASSUNG: 1275 erhielten die Einwohner der sich entwickelnden Hafenstadt Zollfreiheit in der Gft. Holland, 1306 Stadtrecht. Sie beteiligten sich an der Binnenfahrt von der Zuidersee über A. und Holland nach Flandern und Brabant, die zu dieser Zeit den alten Handelsweg über Utrecht zu ersetzen begann. Seit 1323 wurde ein Einfuhrzoll auf Hamburger Hopfenbier in A. erhoben. Die Stadt entwickelte sich zum Zentrum dieses Handelszweiges in den n. Niederlanden. Die A.er Schiffer und Kaufleute begannen in zunehmendem Maße neben den Hansen Handel zu treiben und erweiterten ihre Tätigkeit allmählich auf den gesamten Nord- und Ostseeraum. V.a. bei der Getreideeinfuhr aus den Gebieten der ö. Ostsee, auf die die dichtbevölkerten Niederlande zunehmend angewiesen waren, spielte A. eine wichtige Rolle. Als Rückfracht dienten zunächst Erzeugnisse der holl. Landwirtschaft und Fischerei, doch wurde dieses Angebot bald durch gewerbl. Produkte aus dem ganzen ndl. Raum und seit etwa 1425 auch durch Baiensalz ergänzt. Damit sicherte sich A. eine Vorrangstellung in den Niederlanden auf Kosten der Ysselstädte und des Brügger Hansekontors, das die Hanse gegen die neue Konkurrenz erfolglos durch Stapelzwang zu schützen versuchte. Diese Gegensätze führten wiederholt zu Seekriegshandlungen Lübecks und der übrigen wend. Hansestädte mit A. und Holland. Trotz wirtschaftl. Aufschwungs im SpätMA erreichte A. seinen Höhepunkt als Handelszentrum erst seit dem späten 16.Jh.

Über Verfassung und Verwaltung A.s vor 1400 ist wenig bekannt. Danach verfügte der Gf. v. Holland, → Albrecht v. Baiern, daß die Rat, d.h. die amtierenden und ehemaligen Bürgermeister und Schöffen, jährl. drei Bürgermeister wählen sollten, die einen der scheidenden als vierten kooptierten. Diese Verfassung begünstigte das Entstehen einer Händleroligarchie, wobei noch hinzukam, daß die A.er Kaufleute nach 1425 seßhafter und damit für Verwaltungsaufgaben verfügbar wurden. Von Kaufleuten wurde auch die *vroedschap* (Rat) der angesehensten Bürger beherrscht, die seit 1477 das Privileg hatte, jährl. dem burg. Statthalter eine Vorschlagsliste zur Ernennung der Gerichtsschöffen vorzulegen. J. A. van Houtte

Lit.: H.J.SMIT, De opkomst van den handel van A. [Diss. Amsterdam 1914] – H.BRUGMANS, Geschiedenis van A. I, 1938 [Neudr. 1972] – F.KETNER, Handel en scheepvaart van A. in de 15e eeuw, 1946 – Zeven eeuwen A., hg. A.E.D'AILLY, I, 1951.

Amt

I. Einleitung – II. Amt und Amtsbegriff in der Spätantike, im Byzantinischen Reich und in Altrußland – III. Amt und Ämter im Fränkischen Reich und in Frankreich bis zum 12.Jh. – IV. Die Ämter in Deutschland – V. Die Struktur der königlichen Ämter im spätmittelalterlichen Frankreich – VI. Die Ämter in England – VII. Die Ämter in Italien – VIII. Die Ämter in den chr. Reichen der Iberischen Halbinsel.

I. EINLEITUNG: Das dt. Wort 'A.' entspricht in seiner Begriffsentwicklung nicht genau der Gesch. des Ämterwesens selbst. Aus kelt. Wurzel schon früh in die germ. Sprachen eingegangen, bezeichnet das Wort (ahd. *ampaht*, mhd. *ambe(h)t*, *ammet*; vgl. Abschnitt IV, 1) im frühen MA v.a. den *Dienst* (ministerium, servitium) bei einem kgl. oder adligen Herrn, sei es an seinem Hof (→ Hofämter) oder in seiner → Grundherrschaft. Sind schon die Hofämter entweder von Anfang an nicht ohne öffentl. Funktion oder später in diese hineingewachsen, so bestehen daneben in Fortführung spätröm. *honores*, mit der gleichen Sammelbezeichnung, in den germ. Nachfolgestaaten des W hohe Ämter öffentl. Charakters, wie *dux*, *comes*, die erst allmähl. in einen Prozeß der Feudalisierung (Belehnung, Erblichkeit) einbezogen werden, ihren öffentl. Charakter aber nie ganz abstreifen. Schon in merow., v.a. aber in karol. Zeit wird *ministerium* auch für die Träger der honores der übliche Ausdruck ihrer Amtsverpflichtung ebenso wie der territorialen Erstreckung ihrer Amtsausübung.

Die institutionelle Auffassung vom A. (*officium*) als einem festen, den einzelnen Amtsinhaber überdauernden Pflichtenkreis ist jedoch vom röm. Ämterwesen v.a. auf die Kirche (→ Amt, kirchliches) übergegangen, wo er auch durch die dort ebenfalls vordringende Ämterleihe (→ beneficium) nicht verdrängt werden konnte. Ältere Amtsvorstellungen und der kirchl. Amtsbegriff mögen gemeinsam dazu beigetragen haben, daß seit dem hohen MA auch das staatl. A. den dienst- oder lehnrechtl. Charakter wieder abstreift. Das Wort 'Amt' wird in Deutschland zum Zentralbegriff der Verwaltung des nachfeudalen Flächenstaats, der sich zuerst in den Territorien der dt. Fs.en ausbildet, während in Frankreich und anderen europ. Ländern der entsprechende Begriff (officium, *office* usw.) sich mit Ausbau und Sieg der kgl. Zentral- und Lokalverwaltung eng verbindet. – Vgl. auch Adel, Dienst, Hofämter, Beamtenwesen, Župa sowie die Darstellung bei einzelnen Ländern und bei den städt. Institutionen.

K. Kroeschell/K. F.Werner

II. AMT UND AMTSBEGRIFF IN DER SPÄTANTIKE, IM BYZANTINISCHEN REICH UND ALTRUSSLAND: [1] *Spätantike*: Auffassungen der Spätantike zum Amtsbegriff sind Fortsetzung der Vorstellungen zum Amt der republikan. *Magistratur*. Die Deutung der Magistratur als Vertretung der staatl. Gewalt wird vom Staat des Prinzipats grundsätzl. übernommen, erfährt aber bereits im 1.Jh. entscheidende Modifizierungen analog der Entwicklung der ksl. Kompetenzen. Dazu kommen die Ämter der ksl. Staatsverwaltung als Verquickung von offiziellem Bereich und privatem ksl. Haushalt; erst die Überleitung der letzten republikan. Ämter in die direkte ksl. Verfügungsgewalt vollendet das Ksm. und bedeutet, pragmat. gesehen, den Anfang der Spätantike. Ein genaues Bild des spätantiken Ämtergefüges läßt sich an Hand lit. und epigraph. Zeugnisse, der Rechtskodifikationen und der → Notitia Dignitatum indes kaum geben; fragl. bleibt, ob ein klarer Schematismus aller einzelnen Kompetenzen bis ins einzelne überhaupt bestand oder aber verwirklicht wurde.

Das A. der Spätantike ist gekennzeichnet durch: a)

Ressortbezogenheit; b) hierarch. Gliederung mit oberster Instanz am ksl. Hof bzw. in ksl. Person; c) Rangklassen (Clarissimat, Spectabilität, Illustrissimat, dazu drei Ränge der Comitiva, seit dem 4. Jh. Patriciat für Mitglieder der obersten Rangklasse) mit bestimmten Zugehörigkeitsmerkmalen, sozialen und rechtl. Vorteilen (für den Clarissimat als nominelle Zugehörigkeit zur Senatorenklasse erblich) und einer sich immer mehr ausweitenden Verleihung ehrenhalber. Die Möglichkeit laufbahnmäßigen Vorrückkens besteht, für Amtsdauer gibt es bindende Regeln nicht; d) Qualifikationskriterien (Herkunft aus Ritter- oder adäquatem Curialenstand, im allgemeinen nach vorausgehender militär., seit Hadrian auch ziviler Laufbahn; bestimmte Bildungsvoraussetzungen ergeben sich damit von selbst); e) Vergütung nach festen, dem A. entsprechenden Gehaltsklassen.

Neben diesen leitenden Ämtern (honores) entwickeln und vermehren sich in Kaiserzeit und Spätantike die nachgeordneten Dienststellen (officia, ὀφίκια, τάξεις) mit subalterner Laufbahn (dignitates; Benennung der Inhaber als officiales oder nach Amtszugehörigkeit als praesidiales, provinciales, praetoriani, auch largitionales), die sich aus urspgl. Funktionen des Militärdienstes herleitet (auch Bezeichnung als cohortales, milites, στρατιῶται; vgl. etwa Joh. Lyd. Mag 3, 30; Symm. Rel. 23, 11) und entsprechende Organisationsformen beibehält, ihrer anderen Wurzel nach jedoch auch Freigelassene und selbst Sklaven (vgl. etwa CIL II 5181) verwendet. Beförderung innerhalb einzelner officia ist möglich; zu den Inhabern der festgelegten Planstellen treten *supernumerarii* (auch: *vacantes*) als außerplanmäßig Beschäftigte oder Anwärter. Geringe Bezahlung wird durch die im 4. Jh. fixierten Dienstleistungsgebühren (*sportulae*) kompensiert; im übrigen erfordern honores wie dignitates eine trotz gelegentlicher Verbote ebenfalls seit dem 4. Jh. normierte Einstandsgebühr (*suffragium*).

Maßgebend für Ansehen und Bezahlung ist auch bei gleicher Titulierung einzelner der Rang der Behörde: Subalterne der scrinia des Hofes erhalten im Durchschnitt mehr als das Doppelte gleichrangiger Beamter der Regionalverwaltung. Als Vorteil indes müssen u.a. Befreiung von Lasten des Curialenstandes (seit Konstantin, vgl. CTh 6, 26, 8–12; Zurückweisung von Curialen immer wieder angeordnet), eigener Gerichtsstand bei der Dienststelle (*privilegium fori*) und Einstufung in erwähnte Ehrenränge mit entsprechenden Vorrechten und Immunitäten während der Dienstzeit oder nach der honesta missio (ehrenhaften Entlassung) gelten: Auf diese Weise sind auch Möglichkeiten sozialen Aufstiegs gegeben. Erbzwang ist (wenngleich offensichtl. nicht generell) nachweisbar, muß aber angesichts der allgemeinen sozialen Situation als Vorzug empfunden worden sein.

Die germ. Nachfolgestaaten behalten die röm. Ämter weitgehend bei, u.a. um die Verbindung zu den röm. Untertanen zu gewährleisten; Aufhebung oder Übertragung neuer Ämter kennzeichnen demnach die allmähl. innere Strukturänderung im Übergang zum MA (vgl. Abschnitt III).

[2] *Byz. Reich*: Durch Diokletian endgültig fixiert, geht der spätröm. Reichs- und Staatsaufbau im wesentl. nahtlos auf das Byz. Reich über, differenziert sich aber angesichts neuer allgemeiner Voraussetzungen (u.a. durch die Themenordnung; →Themen) und Akzentverschiebungen innerhalb der Reichsverwaltung. Nachrichten über Änderungen im Ämterschematismus lassen sich aus dem Kleterologion des Philokalos, den Konstantin. Sammlungen »De Caerimoniis« und »De Administrando Imperio« und den Taktika Uspenskij und Beneševič etwa noch entnehmen, für die spätere Zeit haben vornehml. lit. Quellen zu gelten.

Kennzeichnend ist nach wie vor die Trennung in wirkl. und Titularämter; die Einführung des gloriosus-Titels (→Titel) für die Inhaber höchster Ämter im 6. Jh. ist Folge spätantiker Titelinflation. Tendenzen sozialer Verschiebung innerhalb der Beamtenschaft bis hin zu Symptomen der Feudalisierung im 11. und 12. Jh. beeinträchtigen die Funktionen der zentralen Verwaltung nicht. Philokalos kennt insgesamt 18 Rangklassen von Amtsinhabern in Hof-, Militär- und Verwaltungsdienst; Nachrichten über Versuche einer Eindämmung der in Spätantike und Byz. Reich verbreiteten →Korruption durch einzelne Herrscher begegnen bis in die Paläologenzeit. →Beamtenwesen (in Byzanz).
G. Wirth

[3] *Altrußland*: In der *Kiever Ruś*, die von Byzanz mit der kirchl. Organisation und Jurisdiktion auch die rechtl. Vorstellungen übernahm, wurden die Steuereinnehmer, Richter, militär. Befehlshaber (*Wojewoden*) jeweils nur persönl. ernannt. Der Bojarenrat (*duma bojarskaja*), der den Fs.en beratende Kreis von Gefolgsleuten bzw. Adligen (→Adel), wurde erst in der *Moskauer Ruś* allmähl. zu einer festen Institution. Die Ausbildung von Ämtern mit Amtspflichten erfolgte erst mit der Entstehung einer Staatsverwaltung im Moskau des ausgehenden 15. Jh. →Kiev, Reich von (Verfassung).
M. Hellmann

Lit.: Th. Mommsen, Röm. Staatsrecht I, 1887³ [Neudr. 1963] – E. v. Herzog, Gesch. u. System d. röm. Staatsverf. II, 1891² – O. Hirschfeld, Die ksl. Verwaltungsbeamten bis auf Diokletian, 1905² – Th. Mommsen, Abriß des röm. Staatsrechtes, 1907 – J. B. Bury, The Administrative System of Byzance in the 9th Century, 1911 – L. Bréhier, Les institutions de l'empire byzantin, 1949 – A. H. M. Jones, The Later Roman Empire, 1964 – Ders. u.a., The Prosopography of the Later Roman Empire, 1971 – A. P. Kaschdan, Die Zusammensetzung der herrschenden Klasse in Byzanz im 11. und 12. Jh. [russ.], 1974 – W. Schuller, Grenzen des spätröm. Staates: Staatspolizei und Korruption, Zs. für Papyrologie und Epigraphik, 1975, 1–22.

III. Amt und Ämter im Fränkischen Reich und in Frankreich (bis 12. Jh.): [1] Spätröm. Rangklassen (z.B. vir illuster; nobilissimus) sowie das Ämterwesen lebten im *Frk. Reich* fort, wenngleich in zunehmender Vereinfachung. Der frk. Kg. – als 'princeps et dominus' wie der Ks. im Prinzip alleiniger Verleiher öffentl. Gewalt – ernannte allein in die weiterhin 'honores' genannten hohen Ämter, für die eine Ernennungsurkunde (z.B. für patricius dux, comes) ausgestellt wurde. Die spätröm. Sitte, nach der weltl. Ämterlaufbahn das A. des Bf.s anzustreben, lebt fort; bes. merov. Hofbeamte wurden häufig Bf.e. Mit dem Ersatz weltl. referendarii durch geistl. Kapelläne ändert sich in karol. Zeit diese Form der Rekrutierung.

Das Bewußtsein einer Ämterhierarchie manifestiert sich im »Ämtertraktat« (7./8. Jh., mit Wurzeln im 6. Jh.), im Vergleich der geistl. und weltl. Hierarchie durch Walahfrid Strabo (MGH Capit. II, 514–516) und in den Angaben Adalhards v. Corbie und Hinkmars v. Reims in »De ordine palatii« zu den Hof- wie zu den Reichsämtern. Für den Amtsinhaber wird *minister* (mit Ableitungen *ministerialis, ministerium*) zum herrschenden Terminus. Man hat geglaubt, diese Entwicklung über den Hofdienst aus der germ. Hausherrschaft mit ihren Hausämtern ableiten und in Gegensatz zum öffentl. Charakter röm. Ämter stellen zu können. Demgegenüber ist zu beachten, daß die frk. Ämter im palatium (aula), wie *maior domus, thesaurarius, referendarius, comes palatii, apokrisiarius/archicapellanus* auf röm.-byz. Vorbilder und nicht auf den germ. Herrenhof zurückgehen. Auch Hofämter haben nicht bloß »privaten« Herrendienst (was beim princeps, wie in spätröm. Zeit, ohnehin nicht denkbar ist), sondern öff. A. zum Gegenstand: evident beim comes palatii, gilt dies auch für den *dapifer/Seneschall,* der mit den kgl. Domänen ja gerade ein öffentl. Element des frk. Staates kontrolliert. Endlich gilt 'ministerium' für die Gf.en und Missi und deren Amtsbereich, auch wenn der Begriff außerdem in der Grund- und Hausherrschaft begegnet. Der öffentl. Charakter des Terminus ist klar bezeugt (ministri publici, 813; rei publicae minister, 968). Aus minister regis (für den Hausmeier) und ministerialis noster (7.Jh.) wird im 9.Jh. *archiminister* zum höchsten Hofrang. Alle ministri, am Hof und im Reich, dienen der kgl. administratio (De ord. palatii). Das frühe MA kannte demnach, in abwandelnder Kontinuität des röm. Amtsgedankens, das öffentl. A., wodurch der Terminus Amtsadel (→ Adel) seine Berechtigung erhält. Seit Karl d. Gr. und Ludwig d. Frommen wird – wohl in Nachfolge Papst Gregors des Gr. und Isidors v. Sevilla – sogar abstrakt vom A. (ministerium, officium) des Ks.s und Kg.s gesprochen, worauf sich um 1000 → Abbo v. Fleury (Collectio canonum, c. 3) bezieht. In konkreter Form begegnet der Kg. als minister Dei seit spätmerow. Zeit – wichtiges Indiz für die Wirkung chr. Vorstellungen auf den Herrschafts- und Amtsbegriff.

Der in spät- und nachkarol. Zeit eintretenden Feudalisierung der hohen Ämter lag ursprgl. die Absicht des Kg.s zugrunde, die persönl. Treuebindung des Amtsinhabers zu stärken (SCHEYHING). Über die Belehnung mit dem Amtsbereich und ihre sich durchsetzende Erblichkeit zerbrach die frk. Amts-Hierarchie, doch schwindet das Bewußtsein öffentl. Amtsgewalt dabei nicht. Aus dem einstigen Amtsträger (dux, comes) wird ein erbl. princeps aus eigenem Recht (dei gratia), der seinerseits belehnte, endlich gar remunerierte und absetzbare Amtsträger einsetzt. Was das Kgtm. an »Staatlichkeit« in diesem Prozeß verlor, gewann die entstehende territoriale Verwaltung.

[2] In *Frankreich* haben die schon im 9./10.Jh. aus dem A. des dux/marchio und dem Besitz von Großgrafschaften hervorgegangenen neuen Territorial-Fürstentümer bereits um 1000 (Anjou, Blois-Touraine) nichtbelehnte, absetzbare Amtsträger (*prepositi, prévôts*) eingeführt, bevor diese Institution Mitte 11.Jh. vom Kgtm. zu besserer Verwaltung seiner Krondomäne übernommen wurde. Mit der seit Ende 12.Jh. unter teilweiser Beachtung anglonorm. Vorbilder (→ England, Verfassung) sich vollziehenden Einführung der kgl. *baillis* wird erstmals ein höherer, absetzbarer und territorial zuständiger Amtsinhaber eingeführt, so wie auch bei Hofe der Einfluß der auf Lehnsbasis bestehenden *grands offices* zugunsten »echter« Amtsträger beschränkt wurde. Der in der eigtl. Feudalperiode geschwächte, aber nie ganz geschwundene Amtsgedanke begann hier seinen Wiederaufstieg im Dienst der Zentralgewalt (vgl. Abschnitt V). K. F.Werner

Lit.: J. F. NIERMEYER, Mediae latinitatis lexicon minus, s.v. ministerium, ministerialis, minister – HOOPS² I, 257-264 – HRG I, 150-156, s.v. A., Ämtertraktat, Amtmann – R.WENSKUS, A. und Adel in der frühen Merowingerzeit, Mitt. des Marburger Universitätsbundes, 1959 – R. SCHEYHING, Eide, Amtsgewalt und Bannleihe, 1960 – J.-F. LEMARIGNIER, Le gouvernement royal aux premiers temps capétiens, 987-1108, 1965 – K. F. WERNER, Kgtm. und Fsm. im frz. 12.Jh., Vortr. Forsch. 12, 1968, 177-225 (196f., 200ff.) – E. BOURNAZEL, Le gouvernement capétien au XIIe s., 1108-1180, o.J. [1975] – H. WOLFRAM, Intitulatio, 2 Bde, 1976/77 – Hb. europ. Gesch. 1, 1976, 765ff., 776ff., 778ff.

IV. DIE ÄMTER IN DEUTSCHLAND: [1] *Voraussetzungen*: Das außerordentl. vielseitig verwendete Wort 'Amt' mit zahlreichen Komposita (Aufzählung der wichtigsten in RWb I, 554-557) wird etymolog. abgeleitet vom kelt.-lat. *ambactus, ambasia,* das die lat. Schriftsteller mit servus bzw. ministerium, officium, munus übersetzen. Got. *andbahti* (διάκονοι), ahd. *ampaht(i)*, *ammath* führen über mhd. *ambe(h)t, amnct* zu nhd. Amt (GRIMM I, 280; GRAFF, Ahd. Spr. I, 262; FRINGS, Ahd. Wb. I, 313; LEXER, Mhd. Wb. I, 48; BENECKE, Mhd.Wb. I, 27; Middelnederlandsch Wb. I, 387; BRINCKMEIER, Glossar. dipl. I, 67; TRÜBNER I, 73; KLUGE-MITZKA).

Die Wurzeln dieser sprachl. Entwicklung weisen in das Bedeutungsfeld von Gefolgschaft, Pflicht, Dienst, Wahrnehmung weltl. oder geistl. Aufgaben, Hoheitsrecht im funktionalen oder territor. Sinn. Mit zunehmender Differenzierung der Verwaltungstätigkeiten bilden sich aus der »Gefolgschaft« kelt. und später germ. Adliger »Ämter« (Cäsar, Bell. gall. 6, 15), von den niedrigen Tätigkeiten der servi bis zu den Haus- und Hofämtern der merow. und karol. Zeit. Parallel hierzu entwickeln sich die kirchl. Ämter (*officia, beneficia* mit zahlreichen Klassifikationen; → Amt, kirchliches), die ebenfalls die ganze Spannbreite von der Ausübung der → Grundherrschaft durch mit Unfreien besetzte Ämter bis zu den hohen geistl. Ämtern aufweisen. Vielfach sind dabei spätantike Ämter und Verwaltungstraditionen weitergeführt oder wiederbelebt worden. Ämterwesen, Kanzlei- und Verwaltungspraxis der Kirche haben während des ganzen MA entweder vorbildhaft oder durch unmittelbare Verbindung auf den weltl. Bereich gewirkt.

[2] *Die Entwicklung der Ämter seit dem frühen MA*: Als Instrument aller Formen von Herrschaftsausübung begleitet das Amt die Wandlungen der polit. Gesamtverfassung von der merow. Zeit bis in das späte MA. Erscheint es zunächst als Funktion des *Vasallen* (honor, dignitas), so verdinglicht sich das A., vom 8.Jh. an, mit der Leihe des zur Ausübung des A.es notwendigen Landes (*Prekarie, beneficium, praebenda*) und wird »feudalisiert«. Es gerät damit in den Entwicklungsprozeß des Benefizial- und → Lehenswesens (weltl. und geistl. Ämterleihe).

Je mehr die Lehen und Kirchenämter sich zu nutzbaren, vererbl. Gerechtsamen verselbständigen, eigentumsähnl. Besitz und Grundlage territorialer Herrschaft werden, desto mehr wächst das Bedürfnis des Kgtm.s, eine neue Schicht von Unfreien, die → Ministerialen, in Ämter zu heben und ihre Rechte gesondert zu regeln (Dienstmannenrechte). Da dies, in Deutschland von Heinrich IV. an, mit Hilfe des lehensrechtl. Instrumentariums geschah, war es nur eine Frage der Zeit, bis sich die Ministerialen dem alten Lehensadel assimiliert hatten (13.Jh.).

In den Territorien, bis hinunter zu den einzelnen *Grundherrschaften*, stellte sich das Problem der Herrschaftsausübung durch jederzeit lenkbare und absetzbare Funktionsträger (»Beamte«) im Widerstreit zu den zentrifugalen Tendenzen des Lehenswesens in verkleinertem Maßstab ganz ähnlich. Auch dort war der Landes- bzw. Grundherr gezwungen, sich einen Stab von ihm ergebenen homines novi zu schaffen, was auf lange Sicht eine Verdrängung des Lehensstaats durch den Beamtenstaat beinhaltete. Die heute noch geläufigen Bedeutungsvarianten von A. als Herrschaftsbezirk (»Burg, Stadt und A.«, »Kloster und A.«, *ambocht/ambacht* als Gerichtsbezirk) haben sich dabei herausgebildet. Da sich in Deutschland im Unterschied etwa zu Frankreich (vgl. Abschnitt V) die Entwicklung des modernen Staates in den Territorien vollzog, liegt im *territorialen Ämterwesen* auch die Wurzel des modernen Beamtentums (→ Beamtenwesen). Spezielle Bedeutungen entfaltet der Begriff A. in der engräumigen, differenzierten Verwaltung der Städte, besonders da, wo die Machtverteilung auf eine Schicht gleichberechtigter Bürger das Wahlprinzip und die zeitl. Begrenzung des A.es begünstigten (Geschworene, Ratsherren, Ämter in Handwerk und Gewerbe). M. Stolleis

[3] *Ämter und spätma. Landesherrschaft:* Im Bereich der →Landesherrschaft ist das A. (auch *officium, advocatia;* →Vogtei, →Komturei) die seit dem 13. Jh. sich ausbildende Organisationsform der territorialen Lokalverwaltung, mit deren Einrichtung Landesherren die intensive Wahrnehmung und Nutzung ihrer verschiedenartigen Herrschaftsrechte zu erreichen suchten, indem sie diese in überschaubaren lokalen Einheiten festen Verwaltungsmittelpunkten, gewöhnl. →Burgen, zuordneten und von absetzbaren Beauftragten (→Amtmann, auch *officiatus, advocatus,* →Vogt, →Komtur) ausüben ließen, die ihnen rechenschaftspflichtig waren und ein in Bestallungsbriefen festgelegtes Gehalt bezogen, das nicht unbedingt in Form von Bargeld geleistet wurde. Da Ausübung der jeweils zu einem A. zusammengefaßten landesherrl. Herrschaftsrechte v. a. bedeutet, die an einzelnen Besitztiteln hängenden Abgaben einzutreiben und die damit verbundenen Dienste in Anspruch zu nehmen, ist das A. in erster Linie eine Institution der landesherrl. Finanzverwaltung (→Finanzwesen). Da der Anspruch auf Abgaben und Dienste aber nur durchsetzbar war, wenn der Landesherr auch für die Wahrung von Frieden und Recht und für militär. Schutz sorgte, war das A. gleichzeitig eine Institution im Rahmen der territorialen Gerichts- und Wehrverfassung. Bei den Abgaben ist zu unterscheiden zwischen grundherrl. Einkünften, die von den auf landesherrl. Grundbesitz (Kammergut, →Domäne) ansässigen Hufnern (Amtsbauern) in Form von Natural- und/oder Geldzinsen geleistet wurden, und vogtei- und landesherrl. Einkünften, zu denen außer Vogteiabgaben *(exactio coacta)* auch Einnahmen aus Mühlen, Zöllen, Geleiten und aus Nutzungsrechten an Wäldern, Seen, Flüssen etc. gehörten sowie Abgaben der amtsässigen Klostervogteien (→Vogt, Vogtei) und der amtsässigen Städte (→Stadt, Städtewesen). Dazu kamen noch Einnahmen aus der Gerichtsbarkeit sowie aus →Beden *(precaria, exactio voluntaria),* die von den nicht amtsässigen Hufnern in der Regel nur für einen bekanntgegebenen Zweck und nur mit Zustimmung der Landstände (→Stände) erhoben werden durften. Die einem Landesherrn in einem A. geschuldeten Dienste *(servitia, onera)* waren von den Amtsbauern ihm als Grundherrn zu leistende Dienste, so der Transport von Natural- und Geldabgaben an einen bestimmten Ort sowie vogtei- und landesherrl. Dienste wie Gerichtsfolge, Brücken- und Wegebau *(brucwerc),* Burgdienste *(burgwerc)* und unter jeweils bestimmten Voraussetzungen die Verpflichtung zur →Landfolge *(lantwere, defensio terre)*.

Wegen der Vielfalt der einem A. jeweils zugeordneten Herrschaftsrechte war deren intensive Wahrnehmung und Nutzung nur gewährleistet, wenn der über die gesamten Amtseinkünfte rechenschaftspflichtige Amtmann einzelne Funktionen wiederum an Beauftragte delegierte, für die es regional verschiedene Bezeichnungen gibt (z. B. Kellner, Meier, Richter, Untervogt, Zöllner) und die ähnl. wie der Amtmann entweder ein festes Gehalt bezogen, einen bestimmten Anteil aus den jeweils verwalteten Amtseinkünften einbehalten durften, gegen Abführung eines Pachtzinses die ihnen übertragene landesherrl. Einnahmequelle zur freien Nutzung erhielten oder aus genau bezeichnetem Amtszubehör die daran hängenden Einkünfte beanspruchen konnten (Dienstlehen, →Dienst). Vereinzelt überlieferten Amtsrechnungen zufolge dienten die Amtseinkünfte außer zur Besoldung des Amtmannes und seiner Beauftragten zur Bestreitung der Kosten, die dem Landesherrn dadurch entstanden, daß er als Gegenleistung für die in seinem Amtsbereich beanspruchten Abgaben und Dienste den jeweils Abgaben- und Dienstpflichtigen →Schutz und Schirm gewähren mußte. Dabei spielten regelmäßige Geldzahlungen oder die Abtretung von Einkünften aus bestimmten zum A. gehörigen Liegenschaften (→Burglehen) an die zu militär. Leistungen verpflichteten Burgmannen stets eine bes. Rolle, ebenso Ausgaben für Unterhalt, Instandsetzung und Ausbau von Gebäuden und Verteidigungsanlagen. Überschüsse wurden gegen Vorlage von Schuldbriefen an landesherrl. Gläubiger ausgezahlt (→Assignatio, Rente), vom Landesherrn, wenn er sich am Amtssitz aufhielt, verzehrt oder an die landesherrl. Kammer abgeführt (→Hofämter, →Residenz).

Während einige (meist geistl.) Landesherren die mit der Einrichtung von Ämtern ermöglichte Bürokratisierung (→Beamtenwesen) der Herrschaftsausübung zur effektiven Ausschöpfung ihrer vielfältigen Einnahmequellen so intensiv genutzt haben, daß sie erhebl. Überschüsse erwirtschaften und durch Kauf oder Anpfändung von Herrschaftsrechten ihren Amtsbereich arrondieren und vergrößern konnten, war der Mehrzahl der Landesherren zunächst nicht in der Lage, ihren mit der Verbreitung der Geldwirtschaft steigenden Geldbedarf aus ihren Amtseinkünften zu erlösen und deshalb genötigt, einzelne Rechtstitel oder gar die gesamten Amtseinkünfte für Geld zu veräußern oder für einen Kredit zu verpfänden. Daß im Falle der Verpfändung von Ämtern die Pfandgläubiger das Recht erhielten, bis zur Rückzahlung der Pfandsumme die für ihr Darlehen ihnen zustehenden →Zinsen aus landesherrl. Einnahmequellen als Amtmann selbst zu erheben und daß dieses Recht sich auch auf ihre Nachkommen vererbte (Nutzungspfand), hatte zwar zur Folge, daß die pfandgebenden Landesherren auf die nach Bestreitung aller für die Funktionsfähigkeit des Amtes anfallenden Kosten noch frei verfügbaren Amtseinkünfte längerfristig verzichten mußten und führte damit auch zu einer Beeinträchtigung der mit der Einrichtung von Ämtern beabsichtigten »Intensivierung und Rationalisierung des Staatsbetriebes« (O. HINTZE). Es kam aber nicht zu einer Verdinglichung im Sinne von Feudalisierung. Der Amtscharakter blieb u. a. dadurch gewahrt, daß dem Landesherrn das verpfändete A. zur militär. Nutzung (Öffnungsrecht) bereitgehalten und nach Entrichtung der Pfandsumme sofort wieder übergeben werden mußte. War erst einmal eine Reihe von Ämtern der intensiven Nutzung der Landesherren entzogen, fehlten ihnen allerdings in der Regel die finanziellen Mittel zur Auslösung verpfändeter Ämter. Die Sanierung der landesherrl. Finanzen gelang in den meisten Fällen erst am Ausgang des MA im Zusammenhang mit der zunehmenden Bürokratisierung der Zentralverwaltung als Kontrollinstanz für die Amtsführung von Amtmännern, in vielen Fällen auch erst, als Landesherren durch Säkularisierung von Kirchengut ihre Einnahmequellen erheblich vermehren konnten.

Die einem Landesherrn in landsässigen Städten (→Stadt, Städtewesen) zustehenden stadtherrl. Rechte wurden ebenfalls zu lokalen (städt.) Verwaltungseinheiten zusammengefaßt und die daran hängenden Einkünfte (Vogteiabgaben, Arealzinse, Einnahmen aus der Gerichtsbarkeit, Mühlen, Zöllen, Münze, Allmende), sofern einzelne Einnahmequellen nicht verpfändet waren, ebenso wie in den Ämtern von besoldeten, abrechnungspflichtigen Beauftragten eingezogen, Mühlen und Münze allerdings oft verpachtet. Gelangten stadtherrl. Rechte durch Kauf oder Anpfändung in die Verfügungsgewalt der Stadt, bestellte deren Rat zur Wahrnehmung dieser Rechte wiederum Pächter oder Beauftragte, die immer dem Ratsherren rechenschaftspflichtig waren, der aufgrund seines Amtes (officium) für die Abrechnung über die jeweils abzuliefernden Einkünfte zuständig war. Ratsämter, von denen die der Kämmerei, Wein-, Gerichts-, Wedde- und Marstallherren die wichtigsten waren, wurden gewöhnl. unter den Ratsmitgliedern aufgeteilt und in bestimmten Turnus lebenslängl. und ehrenamtl. ausgeübt (→ Stadt, Städtewesen). Bei der Amtsausübung entstandene Unkosten wurden erstattet. Für die Intensität der städt. Amtsführung ist z. B. bezeichnend, daß die Pächter städt. Einnahmequellen von Zeit zu Zeit Einkommensverzeichnisse vorlegen mußten und daß ihnen die Pacht erhöht wurde, sobald sie eine Einkommenssteigerung erzielt hatten. – A. ist außerdem die v. a. in Norddeutschland übliche Bezeichnung für → Zunft. Vgl. auch Reichsregiment, Reichsreform, Beamtenwesen. I.-M. Peters

Lit.: *Zu [1] und [2]*: Hoops² I, 257-264 – H. Planitz-Th. Buyken, Bibliogr. zur Dt. Rechtsgesch., 1952, 260, 265ff., 275, 446, 456ff., 471, 491, 553, 606, 630ff. – HRG I, 150-154 – Feine, 1972³, 349ff. – RWb I, 544-557 sowie Material in der Kartei des RWb (Heidelberger Akademie der Wiss.) – *Zu [3]*: E. Pitz, Schrift- und Aktenwesen der städt. Verwaltung im SpätMA (Mitt. des Stadtarchivs Köln 54), 1959 – O. Hintze, Staat und Verfassung (Ges. Abh. I), 1962² – O. Brunner, Land und Herrschaft, 1965⁵ – K. Blaschke, Wechselwirkungen zw. der Reformation und dem Aufbau des Territorialstaates, Der Staat 9, 1970, 347-364 – H. G. Krause, Pfandherrschaften als verfassungsgesch. Problem, ebd., 387-404, 515-533 – H. Patze [Hg.], Der dt. Territorialstaat im 14. Jh., 1-2 (Vortr. Forsch. 13-14), 1970-71 – Ders., Gesch. Thüringens (Md. Forsch. 48, II, 1), 1974 – Ders. [Hg.], Die Burgen im dt. Sprachraum. Ihre rechts- und verfassungsgesch. Bedeutung (Vortr. Forsch. 19, 1-2), 2 Bde, 1976 – I.-M. Peters, Das ma. Zahlungssystem als Problem der Landesgesch. I-II, BDLG 112, 1976, 139-183; 113, 1977, 141-202 – W. R. Berns, Ebf. Balduin v. Trier (1307-1354) als »Territorial« herr. Die Burgenpolitik Balduins [Diss. Gießen 1978].

V. Die Struktur der königlichen Ämter im spätmittelalterlichen Frankreich: Der dem dt. Wort Amt entsprechende Begriff *officium (office)* erhielt im Verlauf des späteren MA allmähl. eine bes. Bedeutung, die sich jedoch zunächst schwer umreißen läßt; *office* erscheint niemals territorialbezogen. Eine genaue Definition wird erst 1610 in den »Cinq livres du droit des offices« von Charles Loyseau formuliert. Doch bereits seit dem Ende des 15. Jh. werden die charakterist. Merkmale des frz. Ämterwesens faßbar, die die Gesellschaft in Frankreich bis zum Ende des *Ancien régime* wesentl. mitprägen sollten. So wurde v. a. der *Ämterkauf* zu einem bevorzugten Mittel für den Aufstieg innerhalb der sozialen Hierarchie.

Als wichtigste Grundlage des *office* ist die Verleihung von Gewalt durch den Grundherrn an Personen anzusehen, die in seinem Namen die Domäne verwalteten und auch befugt waren, dort die Abgaben einzuziehen und die Gerichtsbarkeit auszuüben. Durch die Übernahme dieser Funktionen erhielt der Amtsträger einen Teil der öffentl. Gewalt, die der Seigneur als Oberhaupt einer weltl. oder geistl. Herrschaft innehatte und die der Kg. an der Spitze seines Kgr.s vertrat. Die *offices* des *maire* (villicus, maior), des *prévôt* (praepositus), des *receveur* (Abgaben- und Steuereinnehmer) und des *greffier* (Gerichtsschreiber, Kanzlist) waren zunächst Domänenämter, die später pachtbar wurden, d. h., daß der Amtsträger das Recht erworben hatte, sein A. während eines festgelegten Zeitraums auszuüben und die mit ihm verbundenen Abgaben einzuziehen; was nach Abzug der Pachtsumme als Überschuß blieb, behielt er für sich. Die Verpachtung des A.es war also nichts anderes als ein verschleierter Verkauf, um so mehr, als es in der Praxis üblich wurde, die Pacht zum Nutzen des Amtsträgers stets zu erneuern. Diese Entwicklung führte dazu,

daß dem office zwei charakterist. Merkmale zugeordnet wurden: die Dauer, die zur Erblichkeit führen konnte, und die Käuflichkeit *(vénalité)*, die ein Eigentum an A. voraussetzt. Diese Merkmale sind bezeichnend für die Ausübung von Ämtern im gesamten späten MA, auch wenn sie erst im 16. Jh. Eingang in das Amtsrecht fanden.

Die *prévôtés* lassen sich als ein Zwischenglied zw. den *Domänenämtern* und den *kgl. Ämtern* definieren, da die Funktion der *prévôts* v. a. in der Verwaltung der Krondomäne bestand (vgl. Abschnitt III). Das A. des *prévôt* wurde zumeist verpachtet, bis es Karl VIII. durch die *ordonnance* vom Juli 1493 mit einer Gehaltszahlung verband. Nur die Ämter des *receveur* und des *greffier* blieben pachtbar. Die Institution der → baillis und der ihnen in S-Frankreich entsprechenden → Seneschälle *(sénéchaux)*, die urprgl. allerdings Vertreter des Territorialherrn gewesen waren, sind in das eigtl. feudale System kaum noch einzuordnen. Diese Einrichtungen gehörten bereits in den Bereich des *kgl. Verwaltungssystems*, in dem sich nun auch, mindestens seit Mitte 13. Jh., die großen Justiz- und Finanzinstitutionen entwickelten. Auf sie stützte sich in zunehmendem Maße die Macht der frz. Monarchie. Die Mitglieder dieser Verwaltungsinstitutionen waren sämtl. kgl. Beamte, die durch die *lettres de provision d'office* (→ Lettre) ernannt wurden. Die *lettres* wurden von der kgl. Großkanzlei ausgefertigt (gesiegelt wurde mit gelbem Siegelwachs, das Siegel hing an einem doppelten Pergamentstreifen) und von den *gardes des rôles des offices* (Bewahrern der frz. Beamtenverzeichnisse) überwacht. Die lettres enthielten stets den Passus, daß die Ernennung des Beamten nur so lange gültig war, wie es dem Kg, gefiel. Die Grundlage bildete die Auffassung, daß das A. und nicht der Beamte nach dem Recht unter dem Schutz des Kg.s stand; damit machte sich die frz. Monarchie die Formulierung Papst Innozenz IV., zu eigen, der hinsichtl. der kirchl. Benefizien die Auffassung vertreten hatte: Man müsse für die Ämter sorgen, nicht für deren Inhaber. Dennoch wurden die Ämter in der Praxis auf Lebenszeit verliehen. Die Deklaration Ludwigs XI. vom 20. Okt. 1467 untersagte feierl. jeden Amtswechsel oder jede Amtsentlassung und legte fest, daß künftig jeder Beamte nur durch den Tod, die Amtsniederlegung *(résignation)* oder wegen eines Amtsvergehens *(forfaiture)* aus dem A. ausscheiden konnte. Damit wurde lediglich ein fakt. Zustand anerkannt, der bereits mehr als ein Jh. existiert hatte: die Unauflösbarkeit des Amtes.

Tatsächl. vermischte sich im Laufe des 14. Jh. die Vorstellung von der Stabilität des A.es, die eng mit der Kontinuität der kgl. Autorität und – nach heut. Sprachgebrauch – mit der Wahrnehmung einer öffentl. Funktion verbunden war, mit dem eigenen Interesse des jeweiligen Amtsinhabers. Hierbei war es von bes. Bedeutung, daß für die im Prinzip unentgeltl. Amtsübertragung in zunehmendem Maße vom künftigen Amtsinhaber eine Geldsumme gezahlt werden mußte, die als *finance* bezeichnet wurde. Die »Käuflichkeit« der Ämter (→ Ämterkäuflichkeit, → Korruption) tauchte erstmalig um 1350 auf und wurde im Rahmen eines Prozesses des Pariser Parlaments, dem bereits vor diesem Zeitpunkt diese Praxis vertraut gewesen sein dürfte, verurteilt. Hier wird als Form der Übertragung eines A.es die Abtretung durch den Amtsinhaber an einen Dritten gegen eine Geldzahlung deutlich. Seit dieser Zeit wurde das A. als ein Teil des Vermögens des Amtsinhabers verstanden.

Das Vorbild für die rechtl. Behandlung des Amtswesens bildeten in der Terminologie wie in der Anwendung die Bestimmungen des kanon. Rechtes für die kirchl. Benefizien. In diesem Zusammenhang ist bes. die *resignatio in favorem* hervorzuheben, bei welcher der für das A. designierte Nachfolger in der Lage sein mußte, das A. sofort auszuüben. Bei der *résignation à condition de survivance* (Resignation zugunsten eines Nachfolgers), die dem *mandatum expectationis* im kanon. Recht entsprach, konnte der für das A. Vorgeschlagene dieses erst übernehmen, wenn der Inhaber gestorben war. Damit war der Weg zur Erblichkeit der Ämter beschritten, die jedoch erst am 12. Dez. 1604 durch die Deklaration Heinrichs IV. offiziell anerkannt wurde und für die die Zahlung einer jährl. Abgabe, der *Paulette*, gefordert wurde. Die Resignation eines Beamten von seinem A. zugunsten eines Dritten war nur mögl. mittels einer Ausfertigung neuer *lettres de provision*, die gegen die Zahlung einer Gebühr ausgehändigt wurden. Die Einnahmequelle aus dem Verkauf der bestehenden Ämter wurde von Ludwig XII. erhebl. ausgeweitet, indem er seit seinem Regierungsantritt neue Ämter schuf. Bes. die Zahl der *offices de trésoriers* (Schatzämter), die er käufl. machte, und der *offices de receveurs* (Einnehmerämter) wurden auf diese Weise erhöht. Von den *offices de finance* wurden die *offices de judicature* (Magistrate und Richterämter) unterschieden, deren Verkauf zwar prinzipiell untersagt war, in der Periode vor 1598 aber dennoch stattfand. Die Höhe der Gehälter, die den Amtsinhabern gezahlt wurden, blieb stets bescheiden, bes. im Vergleich zu den vielfältigen Bereicherungsmöglichkeiten, die den Beamten durch ihre Amtsausübung offenstanden (→ Korruption).

Es ist üblich, dem Begriff des *office*, so wie er oben definiert wurde, den der *commission* gegenüberzustellen, einer anderen Form der Übertragung öffentl. Gewalt. Sie unterschied sich von der oben dargestellten Gewaltenübertragung beim office dadurch, daß die Übertragung zeitl. begrenzt war und der Inhalt des spezif. Auftrags jeweils in den *lettres de commission*, die ebenfalls in der Kanzlei ausgefertigt wurden, festgelegt war. Eine strenge Unterscheidung zw. office und commission, für die es bereits im 14. und 15. Jh. Voraussetzungen gab, wurde aber erst seit dem Anfang des 16. Jh. vorgenommen. In der Vorstellung der Menschen im spätma. Frankreich sowie in der Sprache der Gerichtshöfe wurden Kommissare als Beamte des Kg.s angesehen und den Inhabern von offices gleichgestellt.

M. François

Lit.: Novum Glossar. Mediae Latinitatis, s.v. Officium (i.Dr.) – CH. LOYSEAU, Cinq livres du droit des offices, 1610 – P. RONNELLE, La commission et les commissaires dans l'ancienne France, 1905 – O. MARTIN, La nomination aux offices royaux au XIVe s., d'après les pratiques de la chancellerie (Mél. P. FOURNIER), 1929 – R. MOUSNIER, La vénalité des charges sous Henri IV et Louis XIII, 1945, 1971² [grundlegend zur nachma. Amtsentwicklung] – CH. LEFEBVRE, Les juristes du MA et la vénalité des offices (Misc. VAN DER ESSEN), 1947, 273 – J. KUEBLER, Recherches sur la fonction publique sous l'Ancien régime. L'origine de la perpétuité des offices royaux [Diss. Nancy 1958] – F. AUTRAND, Offices et officiers royaux en France sous Charles VI, Rev. hist., 1969, 285-338.

VI. DIE ÄMTER IN ENGLAND: [1] *Angelsächsische Epoche*: Im Ämterwesen läßt sich kaum Kontinuität vom röm. Britannien zu den Reichen der Angelsachsen erkennen. Die frühen Kg.e bedienten sich bei der Herrschaftsausübung ihrer Gefolgsleute *(gesidas)*, später tritt ein im Lande begüterter Dienstadel (→ *thegns*) hervor. Als kgl. »Beamter« im → shire erscheint der (dem frk. Grafen vergleichbare) → *ealdorman*, der im Gerichtswesen eng mit dem Bf. zusammenarbeitet. Im 10. Jh. übernimmt ein Unterbeamter, der *scir-gerefa* (sheriff), die Rolle des ealdorman (→ Angelsächsisches Recht).

Der kgl. Hofhalt wurde zum Kristallisationspunkt für festere Institutionen. Im 9./10. Jh. lassen sich mehrere, aus germ. Wurzel stammende Hofämter nachweisen (z.B. *burthegn* = camerarius; *byrle* = pincerna). Die camerarii (→ *chamberlains*) stiegen von Hütern des Königsschatzes zu »Finanzbeamten« auf, die dem Hof die zur Bewältigung seiner »öffentlichen« Aufgaben erforderl. Geldmittel bereitstellten. Es bildeten sich Ansätze zu einer Behördenorganisation (thesaurus zu Winchester im frühen 11. Jh., scriptorium im Rahmen der → Hofkapelle mindestens seit dem 10. Jh.).

[2] *Von der norm. Eroberung bis zum Ende des MA*: Die anglonorm. Kg.e bauten nach 1066 als alleinige Verleiher von öffentl. Gewalt eine Zentral- und shire-Verwaltung auf, die über lenkbare und absetzbare Funktionsträger geistl. und weltl. Standes verfügte (→ Hofämter). Auf ags. und norm.-frk. Grundlage wurde ein Hofhalt mit drei Abteilungen (Kapelle/Kanzlei, Halle, Kammer) und gegliedertem Ämterwesen geschaffen. In der »Constitutio Domus Regis« (ca. 1135) sind genannt die (besoldeten) Ämter des → Kanzlers, des magister scriptorii, der Seneschalle (→ *stewards*), des Mundschenks, des Kämmerers, des thesaurarius, der Konstabler, des Marschalls sowie diverse kleinere Ränge. Im Lauf des 12. Jh. fand das nicht in die curia einbezogene Amt des Justitiars (capitalis iustitiarius) seine volle Entfaltung, der zum Vizeregenten aufstieg und als alter ego des Kg.s bei dessen Abwesenheit die Reichsadministration lenkte (bis 1234). Justitiar, Kanzler, sonstige Hofchargen und Große zählten zum Kreis der *barones de scaccario* (→ Exchequer; → Richard v. Ely), denen maßgebl. Anteil an der einzigartigen Intensivierung des engl. Finanz- und Gerichtswesens – namentl. in der Zeit Heinrichs II. – zukam. Wenn auch eine gewisse Überschneidung von Feudal- und Amtsstatus nicht zu leugnen ist, wurden die barones doch hauptsächl. nach ihren administrativen Fähigkeiten berufen. Es entstand der Typus eines professionellen Amtsträgers, der – oft von geringer Herkunft – über den Königsdienst zu hohen geistl. Würden aufsteigen konnte. Ein Bestreben, die Magnaten vom engeren Hofdienst fernzuhalten, ist unverkennbar. Einige Amtsränge sind später als Ehrenwürden in bestimmten Adelsfamilien erblich geworden (*steward, marshal*).

Auf shire-Ebene wirkte als kgl. Beauftragter der → *sheriff* (vicecomes), den sich auf eine ags. und norm. Wurzel zurückführen läßt. Er war zuständig für Gericht, Steuereinziehung und Heerwesen und hatte namentl. auch die Aufsicht über die Krongüter in seinem Bereich, die er oft in Pacht hielt; der nach Abzug der Pachtsumme verbleibende Überschuß fiel ihm als Entgelt zu. Während Wilhelm der Eroberer das lukrative sheriff-Amt vielfach dem Hochadel überließ, setzten spätere Kg.e mit Vorliebe novi homines ein. Die Amtsführung des sheriffs wurde durch die Krongewalt überwacht (»Sheriff's inquest«, 1170). Seit der Zeit Heinrichs I. entsandte die curia regis Reiserichter (*iustitiarii itinerantes*) ins Land, welche die Funktionen der sheriffs beschnitten.

Größere und kleinere Amtsträger bezeichnete man unterschiedslos als *ballivi* (→ bailli). Die servientes (→ *serjeants*; vgl. auch → sergent) waren feudalrechtl. an den Kg. gebunden und zu bestimmten niederen Diensten verpflichtet. In den Gebieten des Königsforstes wurden *forestarii* tätig (→ Forst).

Die großen Baronien lehnten sich in ihrem Ämterwesen an das Modell des kgl. Hofhalts an. In den Grundherrschaften begegnen ballivi sowie – auf unterer Ebene – *prepositi* (→ *reeves*), die oft unfreien Standes waren. In den Städten nahm anfangs der sheriff die Finanz- und Gerichtsrechte wahr. Doch erlangten manche Bürgerschaften das Recht, eigene Stadtvögte zu wählen, die sodann als kgl. Beauftragte galten (→ Stadt, Städtewesen).

Die Konzeption der zentralen, auf die curia regis gegründeten Administration ist von den angevin. Kg.en des späten 12. und des 13. Jh. auf ihren Höhepunkt geführt worden und auch für das spätere MA bestimmend geblieben. Die Tatsache, daß mehrere Finanz- und Gerichtsbehörden sich nach und nach aus dem engeren Umkreis des Hofes lösten und zu autonomen, meist in Westminster seßhaften Departments wurden (→ Exchequer, Court of → Common Pleas, → Kanzlei u. a.), förderte die ohnehin vorhandene Tendenz zur Professionalisierung des Beamtentums. Verschiebungen und Neubildungen innerhalb des Hofhalts ließen zusätzl. Chargen entstehen (z. B. Keeper of the → Wardrobe im frühen 13. Jh., Keeper of the Privy Seal seit 1311; → Privy Seal Office). Eine »Household Ordinance« von 1279 gibt Einblick in die inzwischen eingetretenen Wandlungen der Hoforganisation. Vom 13. Jh. an trat ein aus Aristokraten und Amtsträgern zusammengesetzter Rat *(King's Council)* hervor, der allmähl. Exekutivbefugnisse gewann. Das kgl. Beamtentum wurde ztw. in die Auseinandersetzungen zw. Monarchie und Ständetum hineingezogen und mußte Funktionen im Rahmen der → Parlamente übernehmen (→ Stände). Baroniale Oppositionsbewegungen suchten die Administration unter Kontrolle zu bringen, entwickelten aber kaum wirkl. Gegenkonzeptionen. Das Laientum drang vor und eroberte traditionell »geistliche« Ämter, sogar das des Kanzlers, erstmals 1340. Die Londoner Rechtsinnungen (→ Inns of Court) und die Universitäten (King's Hall, → Cambridge) nahmen sich der Ausbildung des Nachwuchses an. Während so das jurist. Element im Beamtentum gestärkt wurde, zeichnete sich in der shire- und Lokalverwaltung eher ein Vordringen von Selbstverwaltungstendenzen ab. Gewählte → *coroners* (schon seit 1194) und Friedensrichter aus der → Gentry (seit dem 14. Jh.) zogen Funktionen des sheriff an sich, der im wesentl. auf die Einhebung von Geldern beschränkt wurde und dafür ein Gehalt empfing.

Seit dem 14. Jh. traten im kgl. Ämterwesen manche Gegensätze zw. den der monarch. Spitze näher oder ferner stehenden »Behörden« hervor. Unter dem Einfluß des röm. Rechtes kamen abstrakte Staatsvorstellungen zum Zuge, die eine deutlichere Scheidung von privaten und öffentl. Belangen ermöglichten. Trotzdem läßt sich für das SpätMA noch keine grundsätzl. Scheidung zw. Hoforganen und Departments des »Staates« vornehmen, wie sie in der Forschung gelegentl. versucht wurde. Die Kg.e des 15. Jh. drängten den Einfluß des Hochadels auf das Ämterwesen zurück, das in seiner traditionellen Form zur Basis für den Absolutismus des Hauses Tudor wurde.

K. Schnith

Q.: EHD II–V – Ricardus de Ely (Richard v. Ely, Richard son of Nigel), Dialogus de Scaccario, lat.-dt. Ausg., hg. M. SIEGRIST, 1963 [Sachkomm. 283–391]; lat.-engl. Ausg., hg. CH. JOHNSON, 1950 [mit Constitutio Domus Regis] – Lit.: T. F. TOUT, Chapters in the Administrative Hist. of Mediaeval England, 1920–33 – W. A. MORRIS, J. R. STRAYER u. a., The English Government at Work 1327–36, 3 Bde, 1940–50 – S. B. CHRIMES, An Introduction to the Administrative Hist. of Mediaeval England, 1952 – HBC, 1961² (mit Listen der English Officers of State) – H. G. RICHARDSON-G. O. SAYLES, The Governance of Mediaeval England, 1963 – F. J. WEST, The Justiciarship in England, 1966 – B. P. WOLFFE, The Royal Demesne in English Hist., 1971 – HEG I, 947–951.

VII. DIE ÄMTER IN ITALIEN: Der lat. Begriff *officium* diente während der Herrschaft des Odowaker und der Ostgoten, der ersten beiden röm.-germ. Monarchien, weiterhin zur Bezeichnung öffentl. Ämter und Funktionen, da der röm. Verwaltungsapparat bekanntl. erhalten blieb bzw. durch die »Pragmatica sanctio de petitione papae Vigilii« von Justinian reorganisiert wurde (vgl. Abschnitt II).

Nach dem Einfall der → Langobarden in Italien 568 unterschieden sich die Ämter in den Teilen Italiens, die den neuen Herren unterstanden, deutl. von den Einrichtungen der im Bereich des byz. Imperiums verbliebenen Regionen. Im Kgr. der Langobarden bildeten sich also Ämter aus, die die Institutionen dieses Volkes widerspiegelten und eng mit der germ. Tradition verbunden waren (wie *gastaldus*). In den von Byzanz kontrollierten Gebieten lebten dagegen die spätantiken Ämter fort bzw. wurden andere Einrichtungen von der Zentralgewalt geschaffen, die den neuen Erfordernissen Rechnung trugen, so die tribuni in Venetien, die → Katepane in S-Italien oder die Beamten im ma. Rom.

Karl d. Gr. und seine Nachfolger erweiterten nach der Eingliederung des Langobardenreiches in das Karol. Reich die schon bestehenden Ämter, soweit ihr Einfluß reichte und schufen in dem Maße, in dem Italien Gemeinsamkeiten mit anderen frk. beherrschten Territorien aufwies, neue, die für ihre Verwaltungsorganisation notwendig waren. Während des *Regnum Italiae* und weit in das 11. Jh. hinein kam es im Gefolge lang andauernder Anarchie zu einem Ämterwirrwarr und zu Mißbräuchen, wobei sich die Sphären des öffentl. Rechts und des Privatrechts stark vermischten.

Neue Ausprägung erfuhren die Ämter in Italien durch den polit. Aufschwung der *Städte*, in denen die verschiedenen Funktionen der städt. Verwaltung sich zu Ämtern mit bes., jedoch nicht immer streng abgegrenzten und unterschiedenen Kompetenzen, entwickelten. Jedenfalls muß festgehalten werden, daß neben diesen städt. Ämtern die vorhergehenden weiterbestanden, auch wenn sie häufig allmähl. an Bedeutung und tatsächl. Macht verloren. Im Zuge stauf. Italienpolitik versuchte Friedrich Barbarossa, seine Amtsträger in den Städten einzusetzen (die sog. vom Kaiser ernannten städt. *potestates*), während Friedrich II. nach sizil. Vorbild ein zentralisiertes Ämtersystem einrichten wollte, durch das das gesamte Regnum Italiae verwaltet werden sollte (→ Italien, Verfassungsgesch.). Es handelte sich dabei jedoch nur um kurzfristige Versuche. Gerade während der Auseinandersetzungen des 12./13. Jh. schufen demgegenüber die in Ligen organisierten ital. Städte neue zusätzl. Verwaltungsämter (z. B. *rectores*). Mit dem Podestariat (→ Podestà) in den → Kommunen, mit den → Signorien und den → Prinzipaten bildeten und behaupteten sich weitere Ämter.

Im *Kgr. Sizilien* schuf die norm.-stauf. Monarchie ein zentrales Ämterwesen zur Verwaltung des Staates: In einem stufenweisen Entwicklungsprozeß entstand eine Beamtenhierarchie, an deren Spitze die *magni officiales regni* (Seneschalcus usw., charakterist. ist der → Admiratus/Admiral) standen und die auch nach Friedrich II. fortlebte (→ Liber Augustalis, → Beamtenwesen). R. Manselli

Lit.: Da es keine Monographie über das Thema gibt, muß man allgemeine Hb. der it. Rechtsgeschichte heranziehen, wie z. B.: P. DEL GIUDICE, Storia del diritto italiano, 1923 – A. SOLMI, Storia del diritto italiano, 1930 – Zum norm.-stauf. Staat vgl. M. CARAVALE, Il regno normanno di Sicilia, 1966 – Vgl. ferner: C. BRÜHL, Fodrum, Gistum, Servitium regis, 2 Bde, 1968.

VIII. DIE ÄMTER IN DEN CHRISTLICHEN REICHEN DER IBERISCHEN HALBINSEL: Im Bereich der Iber. Halbinsel erfuhren die Vorstellungen vom A., bedingt durch die Anknüpfung an das westgot. Vorbild und den Zwang zu straffer Herrschaftsorganisation wegen der Maurengefahr, schon früh eine starke Ausprägung. Träger des Amtsgedankens waren neben der Kirche und dem Kgtm. die selbständigeren Regierungsgewalten in den Territorien. Später sind noch Sonderentwicklungen einzelner Reiche (z. B. der Krone Aragón) und die Entstehung des Städtewesens zu berücksichtigen.

Die Herrscherwürde wurde während der → Reconquista in den sich bildenden Reichen in Einklang mit der kirchl. Lehre als ein von Gott verliehenes A. *(oficio, menester)* zur Sicherung von Frieden und Recht verstanden. Die theoret. klarste Darlegung dieser Auffassung, allerdings nun im Sinne des unmittelbar göttl. Ursprungs der Königsmacht, findet sich im 13.Jh. in den → »Siete Partidas« Alfons X. (Partida II, 1). Der vom Kgtm. vermittelte Amtsgedanke zeigt sich a) in der Delegation der Königsgewalt an einen Stellvertreter *(Gobernador)*, von dem sich die späteren Vizekönige *(Virreyes)* herleiten; b) in der Organisation der Verwaltungsspitze, deren Institutionen *palatium* bzw. *curia* des Kg.s (nach dem Vorbild der westgot. *aula regia*) und im SpätMA *Cancillería regia* bzw. *Consejo Real* mit einer Fülle von Hofämtern sind; c) in der Verwaltung der Territorien, wo die Grafschaftsbezirke *(Condados; Mandaciones; Commissas)* unter der sich manchmal verselbständigenden Befehlsgewalt eingesetzter Amtsträger *(Conde; Juez; Potestad)* stehen; d) in der spätma.-frühneuzeitl. Rechtsprechung und Finanzverwaltung. Befehlsausübende Offiziale der kgl., gfl. oder herrschaftl. (senioralen) Autorität in den Territorien sind die *Merinos (maiorinus;* in NO-Spanien → *bayle, battle,* bajulus) und unter diesen die *Sayones (Saigs, sagiones)*, wozu im 13.Jh. in den Grenzgebieten der kgl. → Adelantado hinzutritt. Allgemein ist im SpätMA eine Aufgliederung der Amtsbefugnisse und eine charakterist. Gestaltung des Amtswesens in einzelnen Herrschaftsbereichen (Condado de Vizcaya; Katalonien, Valencia, Mallorca) zu beobachten.

Nachdem die Entwicklung des *Städtewesens* in Spanien schon im frühen 11.Jh. eingesetzt hatte, ohne daß eine von der Stadtversammlung *(Concejo, concilium)* abhängige, eigene Ämterstruktur entstanden wäre, erschienen seit dem 12.Jh. bes. Amtsinhaber zuerst für die städt. Rechtsprechung *(Juez local, Zalmedina,* → Alcalde), dann auch vereidigte Repräsentanten des Concejo *(Jurados, Fieles)*. Der im SpätMA anwachsenden Zahl städt. Amtsträger *(oficiales municipales, aportellados)* stehen Versuche der Königsgewalt gegenüber, durch die Einsetzung von Stadtherrn oder *Regidores* die Unabhängigkeit der Magistrate einzuschränken bzw. eine Beaufsichtigung der städt. Verwaltung durch spezielle Beauftragte *(Pesquisidores, Veedores, Emendadores, Alcaldes de salario, Corregidores)* durchzusetzen. → Stadt, Städtewesen. L. Vones

Lit.: L.G. DE VALDEAVELLANO, Hist. de las Instituciones españolas, 1975⁴ - C. SÁNCHEZ-ALBORNOZ, Viejos y nuevos estudios sobre las Instituciones medievales españolas, 2 Bde, 1976².

Amt, kirchliches
I. Begriff – II. Besetzung – III. Verzicht.

I. BEGRIFF: Für die Verwendung des Amtsbegriffs (officium) in der Geschichte der kirchl. Rechtssprache sollte die Feststellung Isidors v. Sevilla Gültigkeit behalten: »Officiorum plurima genera esse, sed praecipuum illud quod in sacris divinisque rebus habetur.« Der in frühen kanonist. Texten ausschließl. den liturg. Funktionen geweihter *Amtsträger* vorbehaltene Begriff erfuhr eine wechselvolle Ausgestaltung, die in der Mitte des 13.Jh. zu einem ausgeprägteren rechtl. Verständnis führte: A. als geistl. Auftrag, in eigenem Namen die mit der jeweiligen Weihestufe verbundenen Vollmachten oder/und die kraft Gesetzes oder Gewohnheit gegebenen jurisdiktionellen Befugnisse auszuüben. Dieser Bestimmung ging die Unterscheidung zw. *potestas ordinis* und *potestas iurisdictionis* voraus, die sich in der Auseinandersetzung um Probleme wie gültige Sakramentenspendung, päpstl. Vorrang, Schlüsselgewalt, Strafgewalt allmähl. anbahnte und nach Zunahme der absoluten → *Ordination* im 11.Jh. und deren Anerkennung durch Innozenz III. zu Beginn des 13.Jh. sich allgemein durchsetzte, vorbereitet durch Gratians Unterscheidung von *potestas* und *executio potestatis* sowie durch die Weiterentwicklung dieser Terminologie in der *Dekretistik*. Von großer Bedeutung für das Verständnis des kirchl. A.s erwies sich außerdem die enge Verbindung mit dem Rechtsinstitut des → *Benefiziums*, das im 12.Jh. zum unabdingbaren Träger des *Amtseinkommens* wurde.

II. BESETZUNG: Infolge der nach Ort und Zeit sowie in bezug auf höhere und niedere Kirchenämter unterschiedl. Entwicklung des Besetzungsrechtes, das durch staatl. Eingriffe und Übernahme germ.-rechtl. Elemente entscheidend geprägt wurde, schuf die *Dekretalistik* bis 1298 eine Terminologie, die auf systemat. Erfassung der verschiedenen Formen der *Ämterbesetzung* abzielte. Da Benennung des Kandidaten und Verleihung des A.s zwei voneinander getrennte Handlungen bildeten, von denen erstere außer im Falle der collatio libera durch die zuständige Autorität in Händen Dritter lag, ergaben sich für die sog. collatio necessaria folgende Rechtsfiguren: Die *Amtsübertragung* erfolgte nach electio durch confirmatio, nach postulatio durch admissio, nach praesentatio und nominatio durch institutio collativa. Im Unterschied zu dem aus der *Amtsverleihung* erfließenden ius in re wurde der durch designatio personae erworbene Anspruch seit dem Dekretapparat »Animal est substantia« ius ad rem (petendam) genannt. Die letzte Stufe bei der *Amtsbesetzung,* institutio corporalis bzw. investitura, hatte das Recht auf Geltendmachung possessor. Rechtsmittel zur Folge. Mannigfache Beeinträchtigung erfuhr das gemeinkirchl. *Besetzungsrecht* durch abweichende lokale Gewohnheiten, *Expektanzen, Optionen, Kommendierungen,* päpstl. *Provisionsmandate* und → *Reservationen* sowie durch das *Erste-Bitten-* und landesfürstl. *Ernennungsrecht*.

III. VERZICHT: In der von Gesetzgebung und Kanonistik eingehend behandelten Frage eines *Amtsverzichts* wurde dem Inhaber (ius in re) eines kirchl. A.s grundsätzl. auch das Recht auf *Resignation* zuerkannt. Seit Alexander II. waren jedoch Geisteskranke und seit Alexander III. auch Minderjährige von der Ausübung dieses Rechts ausgeschlossen; unter Bonifatius VIII. wurde außerdem ein Verzicht zugunsten Dritter unwirksam, wenn zwei Berechtigte auf dem Prozeßwege Anspruch auf ein A. erhoben. Die Verzichterklärung konnte sowohl mündl. als auch schriftl., sowohl persönl. als auch durch einen Prokurator erfolgen. Voraussetzungen waren: hinreichender Grund, Freiheit von Furcht und Zwang sowie von → Simonie, Annahme durch die zuständige Autorität. Vom letztgenannten Erfordernis war der Papst auf Grund einer Entscheidung Bonifatius VIII. ausgenommen. Einen ohne Zustimmung der Obrigkeit eigenmächtig vollzogenen Rücktritt erklärten päpstl. Dekretalen für ungültig. Gleichwohl sah die Schule v. a. im Anschluß an → Raimund v. Peñafort den Verzichtleistenden selbst durch einen solchen Schritt gebunden. Ein *stillschweigender* Amtsverzicht trat durch Annahme inkompatibler Ämter, durch Heirat eines Klerikers und durch feierl. Profeß (→ Gelübde) ein. H. Müller

Lit.: G.V. McDEVITT, The Renunciation of an Ecclesiastical Office, 1946 - D. E. HEINTSCHEL, The Mediaeval Concept of an Ecclesiastical Office, 1956 - H. BARION, ZRGKanAbt 46, 1960, 112-134 - L. HÖDL, Scholastik 36, 1961, 1-22 - W.M. PLÖCHL, Gesch. des Kirchenrechts II, 1962², 197-220 - R.L. BENSON, The Bishop-Elect, 1968 - K. NASI-

LOWSKI, Ius Sacrum (Fschr. K. MÖRSDORF, 1969), 165-179 – M. BERTRAM, ZRGKanAbt 56, 1970, 1-242 – HDG III, 3c, 91-95 – J. A. SOUTO, La noción canónica de oficio, 1971 – FEINE, 201-213 – A. ZIRKEL, »Executio Potestatis«, 1975 – W. IMKAMP, Apollinaris 49, 1976, 106-132 – H. MÜLLER, Der Anteil der Laien an der Bischofswahl, 1977.

Ämter Christi, Aufgaben Christi als Lehrer (Prophet), Priester, König (Hirt) bei der Sendung durch den Vater. In der Patristik dient die Anführung dieser Ämter der Verdeutlichung des Wortes Christus, aber auch als Bezeichnung der Funktion Christi (z. B. Petrus Chrysologus, sermo 59, MPL 52, 363; Chrysostomos, Epist. II ad Cor. Hom. 3, 5, MPG 61, 411; Eusebius, hist. eccl. III, MPG 20, 71). Es geht dabei noch nicht um eine systemat. Erörterung, da auch nur zwei der Ämter angeführt werden (z. B. Faustinus, De Trinitate V, 2: MPL 13, 70). Die Scholastiker kennen die Dreizahl der Ämter ohne systemat. Darstellung. Thomas v. Aquin spricht von Christus als dem Priester und Richter (S. Th. III q. 22 a. 5), aber auch als dem Gesetzgeber, Priester und König (S. Th. III q. 22 a. 1c). Die Dreiteilung kennt er (vgl. Psalmenkommentar in Ps 44, 5); sie dient zur Erklärung des Wortes Christus. Bonaventura verwendet die drei Bezeichnungen ohne systemat. Auseinandersetzung (vgl. z. B. Lignum vitae, 39, 40, 42, 45). Wäre die Frage hinsichtl. der Ä. C. in der Begrenzung auf die Dreizahl schon in der Scholastik endgültig entschieden, so bliebe die Verwendung anderer Bezeichnungen für die Aufgaben Christi (Bischof, Hierarch, Anwalt, Richter, Haupt, Mittler u. ä.) unverständl. Die in der Patristik schon anzutreffende Auffassung von der Teilhabe aller Getauften an den Ä.C. (z. B. J. Chrysostomus, MPG 61, 411) wird von der Scholastik übernommen und in der Lehre vom sakramentalen Charakter von Taufe (Repräsentation der Gottesweisheit), Firmung (Repräsentation des Gutseins) und Weihe (Repräsentation der Macht, Dienstvollmacht) verarbeitet. Deutl. wird dies in der Sakramentenlehre der »Summa Halensis« und den »Quaestiones de charactere« des → Alexander v. Hales. Eine systemat. Erarbeitung der Ämterlehre findet sich beeinflußt durch A. Osiander erst bei J. Calvin. Die kath. Theologie übernimmt diese Systematik am Ende des 18. Jh.

H. Heinemann

Lit.: LThK² I, 457-459 – J. FUCHS, Magisterum, Ministerium, Regimen..., 1941 – L. HÖDL, Die Lehre von den drei Ämtern Christi... (Fschr. SCHMAUS, 1967, II), 1785-1806.

Ämterkäuflichkeit, charakterist. Zug des frühnz. Fiskalismus, entwickelte sich in dieser Form seit dem 14. Jh.; ist zu unterscheiden von der in früh- und hochma. Quellen gen. *emptio*. Dabei liegt wohl in der Regel nicht eigtl. Kauf vor, sondern Pacht oder Pfandbesitz von Einkünften aus Ämtern, was prakt. zu ihrer Appropriierung führte. Diese Ä. ist schlecht belegt u. erforscht; besser dagegen die spätma.-frühnz., bes. für Frankreich und die päpstl. Kurie, wo sie die größte Bedeutung hatte. Die Entwicklung verlief regional sehr verschieden; ihren Schwerpunkt hatte die jüngere Ä. in S- und W-Europa. In ihrer vollen Ausprägung bedeutet sie den rechtmäßigen und systemat. (Ver)-Kauf von Ämtern, nun bloß zu beschränkter Nutzung am Amt, das im Rahmen der 'staatlichen' Organisation« verbleibt (REINHARD). Dafür war ein Wandel der Amtsauffassung unter Einfluß des kirchl. Amtsdenkens Voraussetzung. Daß dieses Nutzungsrecht verkäufl. wurde, war wiederum v.a. Folge der Anwendung des kirchl. *Benefizialrechts* (→ beneficium). – An der Kurie begann die Entwicklung damit, daß der Papst seit dem 14. Jh. gewisse niedrige Kanzleiämter wie geistl. Pfründen vergab *(Provision).* Da die Ämter durch Gebühren entlohnt wurden, konnte man sie ohne finanzielle Belastung vermehren, soweit die »standesgemäße Nahrung« der Amtsinhaber gesichert blieb, worüber ihre Kollegien wachten. Die durch Übertragung benefizialrechtl. Normen geförderte Auffassung vom dauernden Besitz am Amt führte zu Ämterhandel Privater (Tausch, Amtsverzicht zugunsten Dritter gegen Abfindung). Fiskal. nutzen ließ dieser sich dadurch, daß die erforderl. Genehmigung zu solchen Geschäften und etwa benötigte *Dispense* nur gegen Zahlung erteilt wurden. In Nachahmung der *Pfründenhoheit* und der *Dispensationsgewalt* des Papstes vergaben auch weltl. Gewalten solche Ämter durch Provision, ein erprobtes Instrument der Zentralisation. – Ein weiterer Schritt zur Ä. war, daß man diese einträgl. Ämter zur Abgeltung von Verpflichtungen vergab. In Verbindung mit dem Recht zur *Resignation* kam das Verfahren auch für hochgestellte Gläubiger in Frage; mit der Einbeziehung höherer Ämter wurde es noch attraktiver. Gegen den Verkauf insbes. dieser Ä. erhob sich Widerstand (Beamtenkollegien, Stände), auch aufgrund rechtl. und moral. Bedenken (Ämterkäuflichkeitsverbote des röm. und kanon. Rechts; Simonievorwurf bes. bei Richterämtern). Deshalb ging man relativ spät zum offenen Verkauf an Meistbietende über (ab 2. Hälfte des 15. Jh.).

Die Ä. war ein immer weiter ausgebautes Verfahren der Aufbringung von öffentl. Einnahmen, die auf dem ordentl. Weg nicht zu bekommen waren wegen Verweigerung der Stände bzw. bei der Kurie der *nationes*. Dagegen gab es keine Handhabe, weil die meisten käufl. Ämter überwiegend auf *Sporteln* (und *Douceurs*), nicht auf Steuermitteln fundiert waren. Durch die Ä. gewann der Staat eine Quasi-Verbrauchssteuer von seinen Untertanen und eine Art von Staatsanleihe auch aus den Kreisen, die von Besteuerung exiemiert waren. → Amt, → Korruption.

B. Schwarz

Lit.: W. v. HOFMANN, Forsch. zur Gesch. der kurialen Behörden vom Schisma bis zur Reformation (Bibl. des kgl. Preuß. Hist. Inst. Rom, 12-13), 1914 – C. BAUER, Ma. Staatsfinanz und internationale Hochfinanz, HJb 50, 1930, 19-46 [Neu gedr. in: BAUER, Ges. Aufsätze 1965, 88-111] – K. W. SWART, Sale of Offices in the Seventeenth Century [Diss. Leiden 1949] – R. MOUSNIER, Le trafic des offices à Venise, RHDFE 30, 1952, 552-565 [Neu gedr. in: MOUSNIER, La plume, la faucille et le marteau, 1970, 387-401] – R. MOUSNIER, La vénalité des offices sous Henri IV et Louis XIII (Collection Hier), 1971² – B. SCHWARZ, Die Organisation kurialer Schreiberkollegien von ihrer Entstehung bis zur Mitte des 15. Jh., 1972 – W. KÜCHLER, Ä. in den Ländern der Krone Aragóns (Ges. Aufsätze zur Kulturgesch. Spaniens 27, 1973), 311-336 – W. REINHARD, Staatsmacht als Kreditproblem, VjsSoz 61, 1974, 289-319.

Ämterlaufbahn → Cursus honorum, → Beamtenwesen

Amtmann, Plural im MA meist *Amtleute,* kann jeden Inhaber eines → Amtes bezeichnen, selbst der Kg. gilt als »des Reiches höchster A.«, die Kfs.en sind »des Reiches Amtleute«. Das Lehnrecht des Schwabenspiegels nennt Truchseß, Schenk, Marschall und Kämmerer 'die vier amptman'. Zusammenfassend werden die verschiedenen Amtsträger einer Grund- oder Landesherrschaft als »Amtleute« bezeichnet, desgleichen die Inhaber städt. Ämter.

Neben dem allgemeinen Begriffsinhalt ist A. Titel für die Inhaber bes. Ämter: 1. Vertreter des Landesherrn mit Statthalterfunktion im Gesamtgebiet oder größeren Teilgebieten, auch als Landvogt, Hauptmann, Pfleger, Vitztum (von vicedominus) usw. bezeichnet. – 2. Verwalter eines landesherrl. Amtsbezirkes (→ Amt, → Vogtei), zuständig für Rechtspflege, Friedenswahrung, Verwaltung der Domänen und Erhebung der landesherrl. Einkünfte. Der A. vertrat den Landesherrn innerhalb des Amtsbezirkes und nahm meist auch militär. Aufgaben wahr. Die Einsetzung erfolgte nicht in lehnrechtl., sondern in amtsrechtl. Form (Bestallung durch einen *Amtsbrief*), so daß der A. stärker abhängig war als der Inhaber eines Lehens. Die

Besoldung bestand in einem *Dienstgeld,* doch haben die Landesherrn nicht selten die Ämter verpfändet, wobei der Pfandinhaber zugleich A. wurde. Die Bezeichnungen für den A. (officialis, officiatus) waren in den einzelnen Territorien unterschiedl. (Drost, Vogt, advocatus, Vitztum, Pfleger, *bailli*), auch hinsichtl. der Funktionen gab es Varianten. – 3. In Baiern und der Oberpfalz Bezeichnung des → Froneboten (Büttel, Scherge, Waibel), vgl. dazu Gerichtsbarkeit. – 4. Grundherrl. Beamter, der den *Amtshof* bewirtschaftete und bestimmte Funktionen im Rahmen der lokalen grundherrl. Verwaltung ausübte. Schon die ahd. Glossen kennen *ambahtman* für villicus. Der grundherrl. A. hat ähnl. Aufgaben wie der →Keller, →Meier oder → Vogt. Im alem.-bair. Raum wurde der A. *(Ammann)* oft vom Beauftragten der Grundherrschaft zum Leiter der Dorfgemeinde. Seine Position entsprach dann der des Dorfschulzen. Eine Sonderentwicklung vollzog sich in den Talschaften der Innerschweiz, wo der Ammann als → Landammann zum Vorsteher größerer Gebiete wurde.

H. K. Schulze

Lit.: Dt. Rechtswb. I, 538 ff., 576 ff. – HRG I, 155 f. – H. AUBIN, Die Entstehung der Landeshoheit nach niederrhein. Q. (Hist. Stud. 143), 1920 – K. S. BADER, Dorfgenossenschaft und Dorfgemeinde (Stud. zur Rechtsgesch. des ma. Dorfes II, 1962), 300 ff.

Amtsbücher, Fachterminus der hist. Grundwissenschaften für Rollen und Bücher, die zur Ausübung eines Amtes gehörige Eintragungen enthalten; im modernen Sprachgebrauch rechnet man die Bücher des privaten Geschäftsverkehrs hinzu, so daß man heute oft Geschäftsbücher als Oberbegriff verwendet. Geschäftsbücher waren die von den Römern schon in republikan. Zeit zu führenden Hausbücher. Zu eigtl. A.n wurden seit dem Ende der Republik die *commentarii* der Priester und Magistrate, später v. a. der Ks.: Mischungen aus Tagebuch, Protokollen, Gesetzen, Erlassen, Schriftwechsel, Formularen, für die allmähl. häufig jeweils eigene Rollen angelegt wurden. A. waren und blieben die *acta* und die übrigen röm. Akten.

Im MA wurden in der Regel Akten gleichfalls buchförmig geführt. Aus allen Bereichen ma. *Verwaltung* ist eine Fülle von A.n erhalten, bes. seit dem 13. Jh. (→ Akten). Sehr verbreitet waren solche A., mittels derer Rechte und Pflichten überblickt werden konnten. Dieselben oder weitere Bücher benutzte man, um Merkwürdiges für die Erledigung laufender Geschäfte zu bewahren. Die Kaufmanns- und viele städt. Ratsbücher bestehen aus derartigen gemischten Aufzeichnungen *(Mischbücher).* Je mehr man Schriftlichkeit schätzte, je differenzierter die Vorgänge wurden, desto mehr entfalteten sich die A. Für einzelne Angelegenheiten richtete man gesonderte Bücher ein, zunächst v. a. für ausgestellte Urkunden (→ Register), im Finanzwesen (vgl. die *Pipe Rolls* seit dem 12., Tiroler *Raitbücher* seit dem 13. Jh., *Zollrollen, Kämmereirechnungen*), für Urteile und Beschlüsse (vgl. *Protokoll-, Statutenbücher*), für den Geschäftsgang (vgl. *Kanzleibücher,* die byz. enzyklopäd. *Staatshandbücher*). Die aus herrschaftl. und städt. → Kanzleien überlieferten Namen für A., häufig *Register* genannt, beweisen ihre vielfältige Verwendung, die z. T. bis heute reicht. Das Vertrauen in die A. zeigen bes. solche, deren Einträge öffentl. Glauben genossen, z. B. die → *Imbreviaturbücher* der Notare, die Bücher der freiwilligen Gerichtsbarkeit, vornehmlich für Grundstücksachen (städt. *Schreinsrollen* und *-bücher* im Rheinland seit dem 12., → Schreinswesen; böhm. *Landtafeln* seit dem 13.; poln. *Grodbücher* seit dem 14. Jh.). Ihr Inhalt kam oft → Urkunden gleich. – Die Eintragungen können chronol. oder, seltener, sachl. gegliedert sein, Geschäfte vorbereiten *(Konzeptbücher),* begleiten oder nach Ausfertigungen, Vorakten, Entwürfen festhalten. Gelegentlich sind sie durch *Indices* erschlossen (vgl. die *Calendars* für die → Rolls). Sie können auf →Wachstafeln oder Pergamentbzw. Papierlagen, auf Papyrus- oder Pergamentstreifen geschrieben sein, die nachträgl. zu Codices (→ Codex) bzw. → Rotuli vereinigt wurden, aber auch vorgebundene Bücher füllen. → Amt, → Stadtbuch, → Grundbuch.

K. Colberg

Lit.: Kl. Pauly I, 1257-1259 [Lit.] – J. REETZ, Hamburgs ma. Stadtbücher, Zs. des Vereins für Hamburg. Gesch. 44, 1958, 95-139.

Amtseid → Eid
Amtstracht → Ornat
Amulett, lat. amuletum. Etymologie nicht völlig gesichert, wohl aus amoliri 'abwenden' und nicht aus gr. *amylon* 'Brei aus Kraftmehl' oder arab. *ḥamala* 'tragen' abzuleiten. Das Wort A. als am Körper getragener, krafthaltiger Gegenstand zur Abwehr von Bösem, Krankheit usw. ist in diesem Sinne erstmals bei Varro (Charis.: Gr. Lat. 1, 105, 9) belegt. Nach der Art des Umbindens als ligamen(tum) oder ligatura, hinsichtl. seiner med. Indikation als *phylakterion* (in ahd. Glossen mit *pleh* übersetzt), servatorium oder remedium bezeichnet. Heute weitgehend mit dem Begriff Talisman als Glücksbringer synonym verwendet, stellt A. nach W. BRÜCKNER eher einen Unterbegriff von Talisman dar. Mesopotamien (Edelsteine, Rollsiegel als A.e) und klass. Antike kennen ein vielgestaltiges Amulettwesen (vgl. Plin., hist. nat.), das in diffizilen Tradierungsschichten Eingang in chr. Praxis fand und dessen populäre Ausformungen entgegen J. GRIMM wohl nicht germ. Ursprungs sind; es gibt keine Hinweise, daß wikingerzeitl. A.e wie der »Thorhammer« (8./9. Jh. n. Chr.) und amulettartige Schwertanhänger, z. T. mit Runen versehen (vgl. ahd. *zoubar* für A.) nach der Christianisierung lange weiterlebten. Amulettglaube ist im wesentl. an ein spezif. Weltbild gebunden, das in der *Materie,* in einer *Gestalt* oder einem *Zeichen* bestimmte Kräfte verkörpert sieht.

Dadurch ist eine fast unüberschaubare, oft auch lokal ausgeprägte Vielzahl von A.en und Amulett-Formen bedingt, die man stark vereinfachend in drei Hauptgruppen unterteilen kann: 1. *Steine, Halbedel-* und *Edelsteine* werden erst im 15. Jh. wieder verbreiteter und erfassen im 16. und 17. Jh. weitere Kreise. Antike Sammlungen wie die Steinbücher des Theophrastus (um 200 v. Chr.) und des Aëtios v. Amida (Leibarzt Justinians) finden durch ihre lat. Übersetzung und durch die »Physica« der → Hildegard v. Bingen Eingang in die Volksmedizin und bleibendes Interesse. Nach der Sympathielehre besitzt z. B. die Koralle die Kraft, Kinder gegen Zauber zu schützen (im MA häufig als Freiskette, z. B. am Hals des Jesusknaben in der bildenden Kunst belegt); die Koralle ist beliebtes Material für die Darstellung der »Feige«, eine seit der Spätantike bekannte apotropäische Gebärde. Amulettmaterialien sind 2. *pflanzliche Stoffe* wie Wurzeln, Früchte (z. B. Granatapfel) und deren Nachbildungen in anderen Materialien, beschrieben v. a. im »Hortus sanitatis« des Johannes v. Kuba (1486). Eine letzte Gruppe bilden 3. *tierische* und *menschliche Stoffe* (Schnecken, Hörner, Krallen, Haare, Knochen, Zähne usw.).

Die Auseinandersetzung des Christentums mit der heidn. Spätantike stellt den Hauptstrang lit. Tradierung superstitiöser Vorstellungen dar. Nach Augustinus besitzen hierbei Zeichen, Worte und Materialien den Charakter eines Codes zw. Magiern und Dämonen. Thomas v. Aquin unterscheidet zw. »characteres«, »aliqua nomina«, »imagines astronomicae« (illicita signa) und »divina verba«, »ignota nomina«, »signum crucis« (licita signa). Wie wesentl. im FrühMA der kraftattrahierende »character« war, der aus der altorient. Buchstaben- und Zahlensymbolik herrührt und seine weiteste Verbreitung in linguist. nicht deutbaren Formeln wie »Sator/Arepo«, seinen Höhepunkt aber in kabbalist. Buchstaben- und Zahlensystemen fand, belegen nicht nur Bleikreuze aus dem 4. (?) Jh. n. Chr., in denen die Worte *Phōs* und *Zōe* ('Licht', 'Leben') kreuzweise geschrieben sind und damit das zentrale Omega betonen, sondern auch ein Bleikreuz aus einem Fußbodengrab des 8./9. Jh. unter der Kathedrale von Lausanne mit der mag. Formel »Abracax«. Nach Vinzenz v. Beauvais (um 1190–1264) dürfen Gegenstände dann als A.e benutzt werden, wenn ihnen eine natürl. Kraft innewohne, superstitiös aber sei es, sie mit characteres zu versehen, außer es handle sich um Aufschriften wie »Pater Noster« oder »Ave Maria«, um damit Kranke zu heilen (vgl. RAC). Gregor v. Tours, Mirac. II, 45 (MGH SS rer. Merov. I, 2, 582) berichtet von einem kranken Knaben, dem ligaturae um den Hals gehängt werden.

Hier schließt sich chr. Amulettwesen an, das mit Reliquien – noch im HochMA sind A.e meist reliquienartig gestaltet –, Berührungsobjekten von Heiligengräbern und Kultbildern der Wallfahrtsorte, gedruckten Segen, Kreuzen (z. B. Caravaca-Kreuz), Rosenkränzen, Agnus Dei u. a. das erlaubte Analogon zu den als superstitiös verurteilten A.en darstellt, durch Aufschrift mit kabbalist. Buchstabenreihen aber ihrerseits wieder in den Bereich bekämpfter mag. Praxis gelangt. Bekämpfung abergläub. Praktiken finden sich bei → Caesarius v. Arles, dem gegen Ende des 8. Jh. entstandenen Indiculus Superstitionum (der unter Nr. 10 Phylakterien und Ligaturen abhandelt), in Poenitentiarien und Dekalogkatechesen. Sie vermittelten zugleich über die Gelehrten-Schulen der Kl. fremde Aberglaubenvorstellungen, die noch durch Kenntnisse von Rompilgern, durch die Kreuzzüge und die Handelskontakte mit dem Orient angereichert wurden und intensive Anregungen zur Gestalt- und Stoffmagie mit sich brachten. 1246 wurde auf Veranlassung Alfons X. v. Kastilien eine Sammlung arab. und pers. Autoren, die spätantike Traditionen aufnehmen, unter dem Titel »Picatrix ... compilavit« ins Lat. übersetzt, die auch für die Amulettherstellung von großer Bedeutung wurde.

Die Hochblüte des Amulettglaubens aber begann mit der Neuzeit und ist wesentl. durch die Erfindung des Buchdrucks und der damit einsetzenden Systematisierung einer Unzahl ma. Quellen bedingt. A.e erfuhren nicht nur intensives wissenschaftl. Interesse (Paracelsus, Agrippa v. Nettesheim, Arpe), sondern auch breite Popularisierung. Die »Modewissenschaft« der Astrologie führte schließl. dazu, daß im 18. Jh. die Bedeutung der »characteres« als Ursache für die Wirkung eines A.s immer mehr zurücktrat, während die Gestirnkonstellation, unter der ein A. hergestellt war, zur Hauptsache wurde. Hierdurch sank der »character«, an dem sich ursprgl. die Diskussion entzündet hatte, als astrolog. Markenzeichen zu einem Sigel herab. → Magie. Ch. Daxelmüller

Lit.: HWDA I, 374–384 – RAC I, 347–411; V, 322–332 – J. REICHELT, Exercitatio de Amuletis, Straßburg, 1671 – P. F. ARPE, De prodigiosis naturae et artis operibus Talismanes et Amuleta dictis, Hamburg 1717 – R. H. LAARSS, Das Geheimnis der A.e und Talismane, 1926² – K. MEISEN, Der böse Blick, Rhein. Jb. für Vk 1, 1950 – H. O. MÜNSTERER, Die südd. Segens- und Heiligenkreuze, Bayer. Jb. für Vk 1954, 90–122 – »Picatrix«, Das Ziel des Weisen von Pseudo-Maǧrīṭī, übers. H. RITTER, M. PLESSNER, 1962 – W. BRÜCKNER, Cera Cera-Virgo Cera-Virginae, ZVK 59, 1963, 233–253 – H. HOMANN, Der Indiculus superstitionum et paganiarum und verwandte Denkmäler [Diss. Göttingen 1965] – L. HANSMANN–L. KRISS-RETTENBECK, A. und Talisman, 1966 – L. KRISS-RETTENBECK, Bilder und Zeichen relig. Volksglaubens, 1971² – D. HARMENING, Superstitio. Überlieferungs- und theoriegeschichtl. Unters. zur kirchl.-theolog. Aberglaubenslit. des MA, 1978.

Anachoreten, mönchsgeschichtl. Terminus (von gr. ἀναχωρεῖν), der den »Einsiedler« bezeichnet. Der im Profangriechischen vorhandene Begriff erhält seine neue Bedeutung im 3. nachchr. Jh. mit dem Aufkommen der chr. Wüstenaskese in Ägypten. Als lat. Entsprechung wird anachorita und eremita gebildet.

[1] *Die Anfänge:* Die ersten A. sind chr. Asketen, die sich im Laufe des 3. Jh. von ihren Gemeinden trennen und außerhalb derselben in einer »religiösen Sonderwelt« leben. Die Anachorese als entscheidende Tat trennt sie von den innerkirchl. der altkirchl. Gemeinden lebenden Asketen. Über die Motive ist keine eindeutige Auskunft möglich. Unmittelbar geht es um das »Leben nach dem Evangelium in der Nachahmung Christi«; damit jedoch das Evangelium für die Wüstenaskese fruchtbar gemacht werden kann, müssen die reiche asket. Praxis der antiken Umwelt und Entwicklungen innerhalb der Christengemeinden hinzugenommen werden. In der von → Athanasius stilisierten Vita des Antonius v. Ägypten (250 bis 356) erhält die Bewegung ihren Prototyp. Danach dürfen die Anfänge der chr. Anachorese in die 1. Hälfte des 3. Jh. gelegt werden; die große Blütezeit liegt im 4. Jh. (Historia Lausiaca des → Palladius, Historia Monachorum in Aegypto, → Apophthegmata Patrum). Von Ägypten greift sie auf Palästina, Syrien und Kleinasien über. Die A. leben grundsätzl. allein (»allein mit dem alleinigen Gott«); die Zelle ist ihr eigtl. Lebensraum. Das bedeutet jedoch keine völlige Isolierung. Vielmehr kann die Anachorese zum lockeren Zusammenschluß der Allein-Lebenden führen; die geistl. Autorität eines erfahrenen Mönchs (Abbas, Altvater) gibt der Anachoretensiedlung ihre sammelnde Mitte.

[2] *Anachorese und Koinobion:* Im 4. Jh. entsteht im ö. Mönchtum die Gegenbewegung. In Ägypten organisiert → Pachomius († 346) das Koinobitentum: Sammlung der Mönche an einem Raum (κοινόβιον) und Verpflichtung auf eine gemeinsame Lebensweise (Regel). Für Kleinasien leistet → Basilius d. Gr. († 379) die gleiche Arbeit. Bibl. (Gott schuf den Menschen für die Gemeinschaft; die Idealgemeinschaft der Urgemeinde!: Apg 4, 32ff.) und philosoph. Argumentation (»Der Mensch ist kein wildes und einsames Wesen, sondern ein sanftes und geselliges«, Große Regeln 3, 1) verbinden sich dabei harmon. Daher ist die Gemeinschaft der eigtl. Lebensraum des Mönchs im Gegensatz zu dem des A. Eine feindselige Ablehnung des Anachoretentums ist bei Basilius unverkennbar. Trotz der starken Aktivitäten der oriental. Koinobiarchen (im 5. Jh. Schenute in Ägypten; im 8. Jh. Theodoros Studites in Byzanz) bleibt im byz. Mönchtum die Anachorese bevorzugte und weitverbreitete monast. Lebensform. Im MA führt sie zur Idiorrhythmik, die bes. auf dem Athos verbreitet war. Danach leben die Mönche asket. nach ihrer eigenen Weise (ἴδιος ῥυθμός), bewahren sich auch wirtschaftl. eine bescheidene Selbständigkeit und schließen sich zu kleinen Gruppen zusammen. Mit der Expansion des byz. Mönchtums nach Rußland verbreitet sich diese Form auch dort (Skiten-Mönche).

[3] *Das lateinische Mönchtum:* Das Mönchtum drang in die lat. Kirche in der 2. Hälfte des 4. Jh. ein. Hier dominiert einerseits von Anfang an die Gemeinschaftsform. Die Spannung zw. Anachorese und Koinobitentum wird andererseits entschärft. Die Anachorese wird dem im gemeinsamen Klosterleben bewährten Mönch als höchste Stufe der Vollendung zugestanden; Johannes Cassian, der Theoretiker des frühen lat. Mönchtums, prägt diese Festlegung (Conl. Patrum XVIII). Ein schönes Nebenein-

ander von Koinobion und Anachoretentum bezeugt → Cassiodor für sein Kl. Vivarium (Inst. I 29). Benedikt und der Magister schließen sich theoret. Cassian an (Reg. Ben. 1, 3 = Reg. Magistri 1, 3). Ob Benedikt prakt. dieser Anweisung folgte, d. h. sein Kl. als Vorbereitung auf die Anachorese führen wollte, wird wohl verneint werden müssen; sicher machte er sich nicht Johannes Cassians Bekenntnis zu eigen: »Cuius professionis (des A.) nos quoque optamus esse participes« (Conl. Patrum XVIII 8). Unklar ist die lat. Terminologie, die sich mit den Lehnworten aus dem Gr. begnügt. Ort der Definition ist die beliebte Aufzählung »De genere monachorum«. Hieronymus unterscheidet den A. vom Eremiten, ohne die Kriterien klarer Differenzierung angeben zu können (Ep. 22, 34. 35). Für Benedikt und den Magister (→ Regula Magistri) ist anachorita mit eremita identisch. Isidor v. Sevilla versucht sauber zu trennen und macht aus dem Eremiten einen Einsiedler, aus dem A. den Sonderfall des Reklusen (De eccl. officii II 16; Regula 19, 2–3). →Eremiten; →Irland, Mönchswesen.

K. S. Frank

Lit.: K. Heussi, Der Ursprung des Mönchtums, 1934 – B. Steidle [Hg.], Antonius Magnus Eremita, 1956 – Théologie de la vie monastique, 1961 – L'Eremitismo in Occidente nei secoli XI e XII (Atti della settimana di studio Mendola, 1962), 1965 – P. Nagel, Die Motivierung der Askese in der alten Kirche und der Ursprung des Mönchtums, 1966 – D. J. Chitty, The desert a City, 1966 – K. S. Frank, Mönche im frühchr. Ägypten, 1967 – A. Angenendt, Monachi Peregrini, 1972 – G. M. Colombás, El Monacato Primitivo I–II, 1975 – K. S. Frank, Grundzüge der Gesch. des chr. Mönchtums, 1975 – Ders. [Hg.], Askese und Mönchtum in der Alten Kirche, 1975 [Lit.].

Anadolu Hisarı, Festung, 1395 von Sultan Bāyezīd I. auf der anatol. Seite des Bosporus, an dessen engster Stelle errichtet, von großer strateg. Bedeutung, da sie den Byzantinern die Verbindung mit dem Schwarzen Meer abschnitt. Vor der Schlacht v. → Varna (1444) gelang der osman. Truppen in ihrem Schutz der Übergang zum europ. Ufer des Bosporus. Nach der Eroberung von Konstantinopel 1453 verlor die Festung ihre militär. Bedeutung und verfiel allmähl. 1928 wurde sie restauriert.

P. Kappert

Lit.: EI¹ I, 481 – A. Gabriel, Chateaux turcs du Bosphore, 1943, 9ff.

Anagni, Vertrag v. Ks. Friedrich I. hatte in den Verhandlungen mit den Lombarden zu → Montebello (16./17. April 1175) erstmals, aber vergebl. versucht, seine Gegner durch einen Sonderfrieden zu trennen. Nach der Niederlage bei → Legnano durch die Mailänder (29. Mai 1176) nahm er Ende Okt./Anfang Nov. 1176 Verhandlungen mit Alexander III. in A. (Mittelitalien) auf. Seinen Unterhändlern gelang es zwar nicht, mit dem Papst einen Sonderfrieden zu schließen, wohl aber, Einvernehmen über einen Gesamtfrieden zu erzielen und die Bedingungen für den Frieden zw. Kirche und Reich festzulegen. Entscheidend war die gegenseitige Anerkennung Friedrichs und Alexanders. Hinzu kamen die Rückgabe der Regalien und Besitzungen an die röm. Kirche sowie der Verzicht des Ks.s auf die Präfektur über die Stadt Rom. Beide beiden brachten Opfer: Friedrich brach die Würzburger Eide (Mai 1165), ließ den Gegenpapst fallen und verzichtete auf die Eigengüter der Mgfn. Mathilde (→ Mathild. Güter); Alexander beließ Kirchenfürsten in ihren Ämtern, die im Schisma an der Seite des Ks.s gestanden hatten. Doch sollte der Friede zw. Kirche und Reich erst in Kraft treten, wenn das gesamte Vertragswerk durch Friedensverträge Friedrichs mit dem Lombardenbund, dem Kg. v. Sizilien und dem Ks. v. Byzanz vollendet worden wäre. Da die Verhandlungen zw. Ks. und Lombarden entscheidend für das Zustandekommen des Gesamtfriedens waren, legten die ksl. und päpstl. Unterhändler schon in A. das künftige Verfahren fest, und erbot sich Alexander zur Reise nach Oberitalien, um persönl. einwirken zu können. So begannen in seiner Gegenwart Mitte April 1177 in Ferrara ksl., päpstl., lombard. und siz. Unterhändler die Verhandlungen, in deren Verlauf Friedrich wesentl. Verbesserungen gegenüber A. zu erzielen vermochte. Mit der Ratifikation am 1. Aug. 1177 in Venedig wurde das gesamte Vertragswerk zum Abschluß gebracht, der Friede wiederhergestellt und das Schisma beendet. → Venedig, Frieden v.

W. Heinemeyer

Lit.: P. Kehr, Der Vertrag v. A. i. J. 1176, NA 13, 1888, 75–118.

Anagnostes, Johannes. Unter diesem Namen sind in zwei bisher bekannten Hss. (Vat. gr. 172 und Barb. gr. 241) zwei Texte überliefert, die beide die Einnahme von Thessalonike durch die Türken 1430 behandeln: die »Διήγησις περὶ τῆς τελευταίας ἁλώσεως τῆς Θεσσαλονίκης« und eine sehr viel kürzere Monodie. Als Augenzeuge bringt A. sachl. und aufschlußreiche Nachrichten über die Lage in Thessalonike während und nach der türk. Eroberung und ist auch für die Geschichte der türk. Eroberer von Quellenwert.

Ch. Böhme

Lit.: I. Bekker, BC 1838, 481–528 – MPG 156, 587–632 – I. Tsaras, Ioannu Anagnostu Diēgēsis peri tēs teleutaias halōseōs tēs Thessalonikēs, 1958 [mit neugr. Übers.] – Moravcsik, ByzTurc I, 312.

Anagoge (gr. 'Hinaufführung'), zuerst bei Origenes Bezeichnung des geistl. Schriftsinns im Unterschied zum Wortsinn (vgl. De principiis IV, 3, 4. 6; GCS 22, 530. 533). Sodann bei den gr. Vätern, auch den Antiochenern und bei Hieronymus (vgl. ep. 120, 8, 5; CSEL 55, 490). Nach Cassian (conl. 14, 8; CSEL 13, 404ff.) bzw. Abt Nesteros besteht der geistige Sinn aus drei Arten: der tropologia oder moral. Auslegung zur Besserung des Lebens, der allegoria, nach der Ereignisse zum voraus noch höhere Geheimnisse darstellen, der a., die von den geistigen Geheimnissen zu den noch erhabeneren himml. aufsteigt. In diesem eingeschränkten Sinn nehmen Beda (De tabernaculo 1, 6; CChr 119A, 25) und nach ihm die großen Scholastiker (vgl. Bonaventura, Breviloquium, Prol. § 4; Op. omn. V, 205; Thomas, S. Th. I, 1, 10) den »sensus anagogicus«. Durch die Postille des Nikolaus v. Lyra († 1349) wurde der Merkspruch des Dominikaners Augustinus v. Dänemark († 1285) allgemein bekannt: »Littera gesta docet, quid credas allegoria, moralis quid agas, quo tendas (urspgl. quid speres) anagogia« ('Buchstabe lehrt, was geschah, was zu glauben sei, allegoria, sittl. Sinn, was zu tun, was zu hoffen, anagogia'). Vgl. auch Schriftsinn, → Allegorie, Allegorese.

J. Schildenberger

Lit.: LThK¹ I, 465f. – C. Spicq, Esquisse d'une Hist. de l'Exégèse latine au MA, 1944 – H. de Lubac, Hist. et Esprit, 1950; dt.: Der geistige Sinn der Schrift, 1952 – J. Schildenberger, Vom Geheimnis des Gotteswortes 1950 – H. de Lubac, Exégèse médiévale, 3 Bde, 1959–64 – W. A. Bienert, Allegoria und A. bei Didymos d. Blinden v. Alexandria, 1972.

Anaklet II., *Papst* (Gegenpapst) seit 14. Febr. 1130, * um 1090, † 25. Jan. 1138, vorher Petrus Pierleone, aus der reichen und mächtigen, urspgl. jüd. röm. Adelsfamilie → Pierleoni, die nach der Konversion von A.s Urgroßvater Baruch (1030) bereits lange das Reformpapsttum unterstützte; Mönch in Cluny; um 1112 Kard.-Diakon, 1120 Kard.-Priester v. S. Maria in Trastevere; Legat Calixt II. in England und Frankreich; hochgebildet, geschäftskundig, von unbescholtenem Lebenswandel, neben dem Kanzler → Haimerich wohl die bedeutendste Persönlichkeit im Kard.-Kolleg. Unmittelbar nach dem Tod des Honorius II. wählte eine knappe Minderheit meist jüngerer nordit. und frz. Kard.e unter Führung des Kanzlers Haimerich eiligst Innozenz II., die Mehrheit (meist älterer röm.

und südit. Kard.e, mit Klerus und Volk) A. Beide Kandidaten erhielten am 23. Febr. in röm. Kirchen die Bischofsweihe. Von den Wahlvorgängen her befand sich A. ohne Zweifel im besseren Recht, konnte sich auch in Rom behaupten, aber nur Teile der Christenheit gewinnen (Patrimonium, Roger II. v. Sizilien, Mailand, Schottland, vielleicht Orient, zunächst auch Aquitanien und einige dt. Bf.e). In der Doppelwahl spiegelt sich ein Generationenkonflikt innerhalb der Reformkreise, der seit dem Tod des Calixt II. 1124 immer deutlicher hervorgetreten war. A. verkörperte die altgregorian. (und cluniazens.) Tradition. Innozenz II. wurde von den stärkeren jüngeren Reformgruppen und ihrer neuen Spiritualität (v. a. Regularkanoniker, Augustinerchorherren, Prämonstratenser und Zisterzienser), denen die nächste Zukunft gehörte, unterstützt. Mit dem ganzen Gewicht ihres Einflusses kämpften bes. Bernhard v. Clairvaux und Norbert v. Magdeburg erfolgreich für die Anerkennung Innozenz II. G. Schwaiger Gegenüber der Legalität bezeichnete Bernhard die Dignität, die A. fehle, als entscheidend und nannte es eine Schande für Christus, daß ein Judensproß (soboles Judaica: MPL 182, 294 B) den Stuhl Petri erlangt habe. A. wurde von der später siegreichen Minderheitspartei als Gegenpapst deklariert und diffamiert. – Zw. der hist. Gestalt des A. und den Legenden vom jüd. Papst Andreas bestehen Beziehungen.

H. Dittmann

Q.: JAFFÉ² I, 8370–8432 – MPL 179, 687–731 – Lit.: HGK III, 2, 5–14 [Lit.] – EJud (engl.) II, s. v. – BARON IV, 10–12, 121–123, 237f., 300–302 – F.-J. SCHMALE, Stud. zum Schisma des Jahres 1130, 1961 – M. DA BERGAMO, La duplice elezione papale del 1130, Contributi dell'istituto di storia medievale I, 1968, 265ff. – J. PRINZ, Popes from the Ghetto, 1968² – L. PELLEGRINI, Cardinali e curia sotto Callisto II 1119-1124. Contributi dell'istituto di storia medievale II, 1972, 507ff. – Le istituzioni ecclesiastiche della »Societas christiana« dei secoli XI–XII. Papato, cardinalato ed episcopato. Misc. del Centro di studi medievali VII, Atti della quinta settimana internazionale di studio, Milano, 1974 – F.-J. SCHMALE, Systemat. zu den Konzilien des Reformpapsttums im 12. Jh., Annuarium Historiae Conciliorum 6, 1974, 21–39 – A. RUSSO, La doppia elezione papale del 1130 e l'opera di S. Bernardo di Chiaravalle, RLSE 7, 1975, 41–52, 125–142 – W. ULLMANN, The Papacy and Political Ideas in the Middle Ages, 1976 – R. HÜLS, Kard.e, Klerus und Kirchen Roms 1049-1130, 1977, 189–191, 225.

Analogia (gr. ἀναλογία, lat. als Fremdwort seit Varro) bedeutet im klass. Lat. die Proportion (Varro, Cicero, Seneca), findet Eingang in die Grammatik mit der Bedeutung von 'similitudo', der 'Ähnlichkeit' (Varro: verborum similium declinatio similis); auch in der Architektur gebräuchl. als 'convenientia partium', die 'Harmonie' (Vitruv). Die lat. Kirchenväter verwenden a. (wohl im Anschluß an Röm. 12, 6) im Sinne der Übereinstimmung von AT und NT (Augustinus, De util. cred. 5 u. ö.).

Dem lat. MA sind die gen. Bedeutungen u. a. vertraut durch: Ambrosius, Augustinus, Priscian, Macrobius und Martianus Capella sowie durch Calcidius, Comm. Tim. (ed. WASZINK, 1962, Register), Boethius, Anal. post. I, 9, II, 16 und Isidor, Orig. I, 28,1. In der aristotel. Tradition des 13. Jh. erfährt das Wort eine neue philosoph. Gewichtung durch seine Anwendung auf den Problemkreis der Prädikation. Schon Aristoteles (v. a. Metaph. IV, 1–2; Eth. Nik. I, 4) unterscheidet nicht nur zw. univoker (eindeutiger) und äquivoker (mehrdeutiger) Prädikation, sondern auch zw. äquivoken Ausdrücken im strikten und solchen im weiteren Sinne: Dingen, die von Einem her oder auf Eines hin sind, entgegengesetzten Dingen, gemeinsamen Akzidentien in Dingen, aber auch Aussagen 'secundum prius et posterius', sowie relativen und analogen (bzw. proportionalen) Ausdrücken.

Diese Ansätze werden im arab. MA von al-Fārābī, Ibn Sīnā (Avicenna), al-Ġazzālī und Ibn Rušd (Averroës) ausgearbeitet, wobei man im strikten Sinne äquivoke Ausdrücke (muštaraka, in den lat. Übersetzungen: aequivoca) von jenen im weiteren Sinne unterscheidet. Letztere werden als muttafaqa (lat. convenientia) bzw. mušakkaka (lat. ambigua) als ein Mittleres zw. univoken und äquivoken Termini verstanden (vgl. Alfārābī's philosoph. Abh., ed. DIETERICI, 1892, 88, 145f.; Algazelis Logica I, ed. LOHR, Traditio XXI, 1965, 246).

Nach der Feststellung des vierten Laterankonzils (1215), wonach jede Ähnlichkeit zw. Gott und Geschöpf von einer noch größeren Unähnlichkeit umschlossen ist (D 806), übernimmt auch der lat. W. diese Einteilung der arab. Aristoteliker. Die »Summa Fratris Alexandri« (um 1240; ed. Quaracchi, 1924, I, 32) setzt der convenientia secundum univocationem eine convenientia secundum analogiam entgegen, wobei der bei den Lateinern gebräuchl. und auch durch die neuen Aristoteles-Übersetzungen stärker in den Vordergrund gerückte Begriff der a. das umfaßt, was die arab. Philosophen unter ›convenientia‹ bzw. ›ambigua‹ verstanden. Obwohl die Textbücher der Logik des 13. Jh. (Petrus Hispanus u. a.) im Grunde noch der Einteilung der aristotel. Kategorienschrift folgen und Roger Bacon noch 1267 das Verhältnis von Analogie und den verschiedenen Weisen der Äquivozität behandelt (Opus maius, De signis, nn. 36–46, 100–108, ed. PINBORG, Traditio XXXIV, 1978), setzt sich die Auffassung der a. als eines Mittleren zw. univoker und äquivoker Prädikation in der Scholastik des späten 13. Jh. allgemein durch (Bonaventura, I Sent. 1 dub. 5; Albertus, S. Th. I, 6, 26, 1, 1; Thomas v. Aquin, dessen Lehre einer langen Entwicklung unterworfen ist, vgl. L. SCHÜTZ, Thomas-Lexikon, 1895², s. v.). Um 1300 aber erreicht die Kritik eines Duns Scotus an der Theorie einer Gotteserkenntnis ohne univoke Begriffe, daß Wilhelm v. Ockham (I Sent. 2, 9; III Sent. 9 R; Qdl. IV, 12) und die Nominalisten die a. als ein Mittleres zw. Univokation und Äquivokation ablehnen, während im spätma. Platonismus des Nikolaus v. Kues die a.-Problematik unter diesem Terminus und in diesem Kontext nicht themat. wird.
C. H. Lohr

Lit.: ThLL s. v. – MlatWb s. v. – HWP I, 214–227 [Lit.] – LThK² I, 468–473 [Lit.] – RGG³ I, 348–353 [Lit.] – H. A. WOLFSON, The Amphibolous Terms in Aristotle, Arabic Philosophers, and Maimonides, Harvard Theological Review 31, 1938, 151–173 – H. LYTTKENS, The Analogy Between God and the World, 1952 – R. HAUBST, Nikolaus v. Kues und die Analogia entis (Die Metaph. im MA, hg. P. WILPERT, 1963), 686–695 – R. ANTILLA-W. A. BREWER, Analogy: A Basic Bibliogr., 1977.

Analogia (fidei). Die 'Übereinstimmung im Glauben' (vgl. Röm 12, 6) ist eine durchgängiges Prinzip der patrist. und scholast. → Bibelauslegung, der Einheit des AT und des NT, der Schöpfungs- und Heilsordnung, um den verborgenen (christozentr. und soteriolog.) Sinn der Schrift (-stellen) zu erhellen. Über das Verständnis der schöpfungsgeschichtl. Analogie als Seinsanalogie (→ analogia) kam es in der altprotestant. und tridentin. Theologie zu den langwierigen Streitigkeiten, die gegenwärtig in der Diskussion unter den Termini »analogia fidei« und »analogia entis« ausgetragen werden.
L. Hödl

Lit.: → analogia, → Bibelauslegung, → Gotteserkenntnis.

Anamnestik (Befragung des Kranken; Vorgeschichte der Krankheit). Die ma. Medizin verfügte über hochentwickelte Methoden der Krankheitsfindung, wie sie in der → Urognostik, der → Sphygmologie, der → Physiognomik, der → Haemato-, → Kopro- und → Sialoskopie sowie bei andern diagnost. Verfahren (→ »Capsula eburnea«) praktiziert wurden, doch gingen sie in der Regel vom Status praesens bzw. von katamnest. Beobachtungen aus, ohne die Anamnese gezielt einzusetzen. Das soll nicht heißen, daß die Anamnese ganz vernachlässigt wurde; sie kommt durchaus zur Anwendung, beispielsweise am Rande der Harnschau als Fremd- oder Eigenanamnese sowie beim Krankenbesuch, was vorsalernitan. Leitfäden und spätma. Kasuistik deutl. erkennen lassen, doch wurde sie nie zu einem System ausgebaut, das sich neben den diagnost.-prognost. Verfahren in der Praxis durchgesetzt hätte. Das gilt selbst für jene ärztl. Praktiken, die ausschließl. auf der Anamnese aufbauen: Auch sie – beispielsweise das Krankheitspezial → Lunar – greifen nur aspektiv. auf die Erinnerung des Kranken und seiner Umgebung zurück, ohne nach einem System oder Plan die Anamnese abzurufen. G.Keil

Lit.: K. SCHUBRING, Wieder einmal Vorläufiges zu Paulos v. Nikaia, Verh. XIX. internat. Kongr. Gesch. Med. [1964], 1966 – CH. PROBST, Der Weg des ärztl. Erkennens bei Heinrich v. Mondeville (Fachlit. des MA, Fschr. G. EIS, 1968) – CH. WEISSER, Zur Quellenfrage des spätmhd. Krankheits-Speziallunars, Stud. neophilol. 48, 1976.

Anan ben David → Karäer

Anaphora (ἀναφορά: das 'Hinauftragen', die 'Darbringung'). [1] Im NT sprechen Hebr 13, 15; 1 Petr 2, 5 vom *Darbringen* (ἀναφέρειν) geistl. *Opfer*, bes. des Gebets (im Gegensatz zu materiellen Opfergaben). [2] In der gr. Patristik bedeutet A. das *eucharist. Opfer* a) in der Gesamtheit der Opferliturgie (den gleichen Sinn hat bisweilen auch *Prosphora*), b) im engeren Sinn des Darbringungsvollzuges unter den Worten des eucharist. Hochgebets gemäß den seit dem 2./3. Jh. zentralen προσφέρομεν (offerimus)-Aussagen der Anamnese (→ Kanon). Während letztere jedoch konkrete Gabenbezeichnungen enthalten (und Prosphora auch 'Opfergabe', später speziell das 'Opferbrot', vgl. hostia, bedeutet), hat A. den Sinn der sakramentalen Vollendung (vgl. röm. actio, infra actionem). [3] Seit dem 6. Jh. wird A. in der Bedeutung *Opfergebet* (zunächst εὐχή τῆς ἀ.) anstelle der frühchr. Bezeichnung → Eucharistie (εὐχαριστία 'Danksagungsgebet') gebraucht und entwickelt sich zum terminus technicus für das *eucharist. Hochgebet* der oriental. Liturgien (in der seit dem 4./5. Jh. in den einzelnen Patriarchaten differenzierten Form). Von den insgesamt erhaltenen A.-Texten (syr. über 70, chald. 3, byz. 2, arm. einst 14, kopt. 3, äthiop. 20) zeigen die ins 4. Jh. zurückgehenden des syr.-byz. Typs (bes. die der Jerus. Jakobusliturgie) und die byz. der Chrysostomus- und der Basiliusliturgie) die konsequenteste Entfaltung der frühchr. Eucharistia bezügl. der gleichartigen Struktur von Danksagung (mit Einsetzungsbericht, → Kanon), Anamnese, → Epiklese, → Fürbitten und → Doxologie. – Die alexandrin. A. (Markos- bzw. kopt. Kyrillos-A., A. des → Serapion) weist dagegen bezügl. des Übergangs vom Dank- zum Bittgebet (zw. Sanctus und Einsetzungsbericht und in der Einbindung des letzteren) strukturelle Ähnlichkeit mit dem Röm. Kanon auf. – [4] A. im erweiterten Sinn von *Gebetsformular* umfaßt auch die dem Hochgebet vorausgehenden und folgenden Priestergebete der Liturgie (vgl. 2a). [5] A. = Velum (ἀήρ), 'Schleier' über den Opfergaben in der syr. Liturgie. [6] Stilfigur → Rhetorik.
H.-J. Schulz

Lit.: DACL I, 1898-1918 – RAC I, 418-427 – R. STORF, Gr. Liturgien, BKV², 1912 – J.M. HANSSENS, De missa rituum orientalium, 2 Bde, 1930-32 – J.A. JUNGMANN, Missarum Sollemnia, 1962⁵ – BRIGHTMAN - A. HÄNGGI-I. PAHL-A. RAES, Prex eucharistica, 1968 – G. WAGNER, Der Ursprung der Chrysostomusliturgie, 1973.

Anaritius → an-Nairīzī

Anastasios. 1. A. I., byz. Ks., April/Mai 491 – Juli 518, * 428/430, in Dyrrhachion, † 9./10. Juli 518. A. wurde zum Ks. gewählt, um als erfahrener Beamter zwei Kernprobleme des Reiches zu lösen: das religiöse und das ethn. Da er als entschiedener Anhänger des Monophysitismus durch seine Politik heftigen Widerstand bei den Verfechtern der Orthodoxie hervorrief, verschärfte seine Politik den Glaubenskonflikt in Byzanz. Das ethn. Problem, hervorgerufen seit Ks. Leo I. (457-474) durch die Vorherrschaft der Isaurier, eines krieger. Volkes aus dem S Kleinasiens, wurde nach jahrelangen Kriegshandlungen durch massenhafte Umsiedlung der Isaurier aus Kleinasien nach Thrakien gelöst. A. hat v.a. zur Vervollkommnung des von Konstantin d. Gr. geschaffenen Finanzwesens beigetragen, durch die Stabilisierung des Kupfergeldwertes sowie die Durchsetzung von Sparmaßnahmen und eine harte Steuerpolitik, die größtenteils die Landbevölkerung traf. Die protektionist. Politik zugunsten der städt. Handels- und Gewerbewesens bewirkte gleichzeitig einen schnellen ökonom. Aufschwung. Lj. Maksimović

Lit.: OSTROGORSKY, Geschichte³, 40ff. – C. CAPIZZI, L'Imperatore Anastasio I, 1969.

2. A. I., Patriarch v. Antiochia (hl.), 559-599, war ein eifriger Gegner der zuletzt den Monophysitismus begünstigenden Religionspolitik des Ks. s Justinian und der seines Nachfolgers Justin II. und wurde deswegen 570-593 verbannt; erst Ks. Maurikios ließ ihn zurückkehren. Von seinen zahlreichen Schriften ist wenig erhalten. Überliefert werden fünf dogmat. Abhandlungen und fünf Predigten, von denen mindestens eine unecht ist. H. Kraft

Ed.: MPG 89, 1293-1408 – Die Rede zu seiner Rückkehr aus der Verbannung bei J.B. PITRA, Iur. eccl. Graec. hist. et. mon. 2, 251-257 – Lit.: ALTANER-STUIBER, 512.

Anastasius
1. A. I., Papst (hl.), 399-402. Über das Werk dieses Papstes sind nur wenige Nachrichten überliefert. Drei durch den (ersten) origenist. Streit und die Verurteilung des Origenes durch Theophilos v. Alexandria veranlaßte Briefe sind erhalten, in denen der Papst sich der Verurteilung anschließt. Verloren ist ein Brief, in dem er das antidonatist. Konzil 401 in Karthago zu entschlossenem Vorgehen aufforderte. H. Kraft

Ed.: MPL 20, 68-80, 22 – CSEL 55 – MPLS 1, 790-792 – ACO 1, 5.

2. A. II., Papst seit 24. Nov. 496, † 17. Nov. 498. Versöhnlicher als sein Vorgänger Gelasius I., bemühte sich A., dessen Pontifikat in die Zeit des Akakian. Schismas fiel, um Frieden und Verständigung, untersagte jedoch, → Akakios v. Konstantinopel und dessen Nachfolger in den Diptychen der Liturgie zu nennen. Seine Versuche einer Beilegung des Akakian. Schismas riefen die Gegnerschaft eines Teiles des röm. Klerus hervor; sie trugen ihm darüber hinaus im MA den Vorwurf der Häresie ein (so bei Dante, Div. Comm., Inf. XI, 8f.). Sein angebl. Glückwunschschreiben zur Taufe Chlodwigs stellt eine Fälschung des 17. Jh. dar. G. Schwaiger

Q.: LP I, 258f. – JAFFÉ² I, 95f. – Lit.: HKG II, 2, 12, 14, 215 – LThK² I, 493 – I. DOELLINGER, Papstfabeln des MA, 1890², 146-153 – H. RAHNER, Die gefälschten Papstbriefe aus dem Nachlaß v. J. VIGNIER, 1935.

3. A. III., Papst seit April [?] 911, † Juni [?] 913, Römer; persönl. untadelig; blieb bei der Herrschaft Alberichs I. v. Spoleto, des röm. Adligen Theophylakt und dessen Gemahlin Theodora d. Ä. ohne merkl. Einfluß.
G. Schwaiger

Q.: LP II, 239 – JAFFÉ² I, 448; II, 706 – Lit.: LThK² I, 493 – HKG III, 1, 226, 466 – H. ZIMMERMANN, Das dunkle Jh., 1973.

4. A. IV., Papst seit 12. Juli 1153, † 3. Dez. 1154, vorher Konrad v. Suburra, geborener Römer, Kard.-Bf. v. Sabina; blieb im Schisma 1130 als Vikar Innozenz' II. in Rom. Er besaß große kuriale Erfahrung und bewies eine versöhnl. Grundeinstellung, war aber als Papst bereits altersschwach. Im Gegensatz zu seinem Vorgänger Eugen

III. verhielt er sich Friedrich I. gegenüber nachgiebig. Während seines Pontifikats begann Schweden mit der Zahlung des Peterspfennigs. G. Schwaiger
Q.: LP II, 388 - JAFFÉ² II, 89-102*-* POTTHAST I, 42 - Lit.: LThK² I, 493 - HKG III, 2, 36, 72 - HALLER III, 116-120.

5. A., *Abt v. Cluny* → Cluny

6. A.-Ascherich (Astric), ung. Ebf. v. Gran, vermutl. dt. oder frz.-burg. Herkunft. Schüler des hl. → Adalbert Vojtěch, den er 993 nach Rom, 996/997 nach Polen begleitete. Später nahm A. Verbindung zum ung. Hof auf und reiste 1000/01 nach Italien, um die päpstl. Zustimmung zur Königskrönung Stephans d. Hl. und zur Errichtung der ung. Bm.er einzuholen. Als Abt v. Pécsvárad und seit 1006 Ebf. v. Gran und Kalocsa wichtigster kirchl. Mitarbeiter Stephans. H. Göckenjan
Lit.: A. CZUDOWSKA, Astryk-Anastazy, Słow Star Słow I, 1961 - G. GYÖRFFY, Zu den Anfängen der ung. Kirchenorganisation, AHP 7, 1969.

7. A., der Apokrisiar, † 666, Schüler des → Maximus Confessor. A. teilte die Mißhandlungen, denen sein Lehrer ausgesetzt war. Er beschrieb den Prozeß gegen Maximus in Kontanstinopel und die Verhöre in Bizya, ferner verfaßte er einen Brief an einen Presbyter Theodosios v. Gangra, in dem er Väterzeugnisse gegen den Monotheletismus aufführte. J. SIGLMAYR schreibt ihm die Kompilation der → Doctrina patrum zu. H. Kraft
Ed.: MPG 90, 67-172 - DEVREESSE, AB 1955, 5-16 [Prozeßbericht] - Lit.: J. SIGLMAYR, BZ 1909, 14-40.

8. A. Bibliothecarius, lat. Schriftsteller, Gegenpapst August/September 855, * vor 817 (811/812?), in Rom erzogen, † ebd. um 879. Neffe des Bf.s Arsenius v. Orte, bedeutender Mitarbeiter der Päpste Nikolaus I., Hadrian II. und Johannes VIII. A. wurde 847/848 von Leo IV. zum Kardinalpriester von San Marcello ernannt, geriet aber bald in Gegensatz zu Leo, verließ Rom und suchte Verbindung mit den Kaiserlichen, lebte v. a. in der Diöz. Aquileia. In Rom verfiel er 850 (wiederholt 853) dem Kirchenbann und wurde laisiert (8. Dez. 853). Nach dem Tod Leos IV. (17. Juli 855) versuchte A. vergebl., sich gegen den gewählten Benedikt III. mit Gewalt durchzusetzen. Der neue Papst nahm versöhnl. A. als Laien in die Kirchengemeinschaft wieder auf; Nikolaus I. versprach, ihn auch wieder in das Presbyterium einzusetzen, was von Hadrian II. dann ausgeführt wurde. Nikolaus I. ernannte A. zum Abt von S. Maria in Trastevere. Von 861/862 an wurde A. engster Mitarbeiter Nikolaus I. und unter Hadrian II. 'Bibliothecarius Romanae Ecclesiae' (= Kanzler und Archivar). Als sein Vetter Eleutherius (868) Gattin und Tochter Hadrians II. ermordete, fiel A. für kurze Zeit in Ungnade, bis seine Unschuld erwiesen wurde. Ende 869 reiste A. im Auftrag Ks. Ludwigs II. nach Konstantinopel, wo er (auch im Interesse des Papstes) an der letzten Sitzung des 8. ökumen. Konzils teilnahm. Während die Originalakten dieser Synode verloren gingen, konnte A. eine Abschrift nach Rom bringen, dort übersetzen und herausgeben. Unter Johannes VIII. war A. weniger einflußreich, aber noch als Verfasser von Papstbriefen tätig. Er übersetzte gr. Heiligenleben und theolog. Werke. Er war ein Gegner des Photius und Förderer der hl. Konstantin und Method (in Rom 867/868); aus umfangreicher Geschichts- und Rechtskenntnis vertrat er wirksam den römischen Primatgedanken. H. Wolter
Ed.: Epistolae sive Praefationes, hg. E. PERELS-G. LAEHR, MGH Epp. VII, 395-442 - Interpretatio synodi VIII generalis, MPL 129, 9-196 - Interpretatio synodi VII generalis, MPL 129, 195-512 - Chronographia tripartita, hg. C. DE BOOR (Theophanis Chronographia II, 1885), 31-346 - Lit.: DBI III, 25-37 - A. LAPÔTRE, De A. B. sedis apostolicae, 1885 [grundlegend] - E. PERELS, Papst Nikolaus I. und A. B., 1920 - G. LAEHR, Die Briefe und Prologe des B. A., NA 47, 1928, 416-468 - N. ERTL, Diktatoren frühma. Papstbriefe, AU 15, 1937/38, 56-132 - P. DEVOS, A. le Bibliothécaire, Byzantion 32, 1962, 97-115 - C. LEONARDI, A. B. e l'ottavo concilio ecumenico, StM 8, 1967, 59-192 - D. LOHRMANN, Das Register Papst Johannes' VIII. (872-882) (Bibl. des Dt. Hist. Instituts Rom 30), 1968, bes. 239-257 - DERS., Eine Arbeitshandschrift des A. B. und die Überlieferung der Akten des 8. Ökumen. Konzils, QFIAB 50, 1971, 420-431.

9. A. der Dichter, unbekannter Verfasser eines Begräbnisliedes, den S. PÉTRIDÈS mit → Anastasius Sinaita zu identifizieren versuchte. H. Kraft
Ed.: J. B. PITRA, AnalSacra 1, 242-249 - Lit.: LThK² I, 491 - S. PÉTRIDÈS, ROC 6, 1901, 444-452.

10. A. der Mönch, † 662, Schüler und Leidensgefährte des → Maximus Confessor. A. verfaßte einen in lat. Version erhaltenen Brief an die Mönche von Calaris über die beiden Willen in Christus. H. Kraft
Ed.: MPG 90, 131-136.

11. A. Sinaita (hl.), Abt auf dem Sinai, Wirksamkeit um 640 bis nach 700. Er war ein eifriger Verfechter der Orthodoxie gegen Nestorianer und Monophysiten. Unter seinen zahlreichen Schriften sind hervorzuheben: der »Wegweiser« (»Viae dux«) um 685, der den Weg zur Bekämpfung des Monophysitismus zeigen will; eine »Anagogische Auslegung des Sechstagewerks«, die den Schöpfungsbericht als Weissagung auf Christus und die Kirche versteht; 154 »Fragen und Antworten« über vorwiegend exeget. Themen, mehrere Predigten und eine knapp gefaßte »Geschichte der Häresien und Synoden«. H. Kraft
Ed.: MPG 89 - J. B. PITRA, Iur. eccl. Graec. hist. et mon. 2, 283-294 - Lit.: ALTANER-STUIBER, 524-525.

Anathem, bei Semiten, Griechen und Römern ein Fluch mit Ausstoßung aus der Gemeinschaft, der den Zorn Gottes oder der Götter hervorrufen soll. Wird in der chr. Urkirche zum Mittel der Gemeindezucht gegen den, der durch die Sünde nicht nur von Gott, sondern auch vom Volk Gottes getrennt ist, schließt jedoch eine Wiederaufnahme des Bekehrten nicht aus. Erste normative Bestimmungen über die Verhängung des A.s bringen bereits - aus prakt.-disziplinärem Interesse gegen den montanist. Enthusiasmus - die ältesten überlieferten Synoden (um 170). In der Synode v. Elvira (um 300) wird in can. 52 der Exkommunikation eine Verwünschung hinzugefügt; die Synode v. Gangra (343) übernimmt in Anklang an Gal 1, 9 die Formel »anathema sit«. Im Sinne einer Trennung von der Gemeinschaft drückt sich Johannes VIII. in der Dekretale »Hengiltrudam« (C. 3 q. 4 c. 12) aus. Gratian kommentiert die Stelle »anathematizati intelligendi sunt non simpliciter a fraterna societate separati, sed a corpore Christi (quod est ecclesia)«. Die Angleichung zw. großer Exkommunikation und A. wird durch die Dekretalen Gregors IX. (1234) gefördert (X 5. 39. 59). → Exkommunikation.
A. Dordett
Lit.: DDC I, 512-516 - F. KOBER, Der Kirchenbann nach den Grundsätzen des kanon. Rechts, 1863² - W. DOSKOCIL, Der Bann in der Urkirche, 1958 - L. ARIAS, La pena canónica en la Iglesia primitiva, 1975.

Anathematismen Kyrills v. Alexandria, im Herbst 430 von K. auf einer Synode verfaßte und einem Lehrschreiben angefügte 12 zusammenfassende Sätze der kirchl. Lehre über Christus, die von Patriarch → Nestorios v. Konstantinopel angenommen werden sollten, wenn er nicht nach zehn Tagen dem vom röm. Papst Coelestin gesprochenen Urteil verfallen wollte. Eine neuartige Betonung der Einheit gegen die vermeintl. Trennung der Menschheit und Gottheit Christi rief sofort den Widerstand oriental. Bf.e um Johannes v. Antiochia hervor, so

daß die A. auf dem mittlerweile einberufenen allgemeinen Konzil (Ephesos 431) nicht den formellen Grund der Verurteilung des Nestorios bilden konnten, sondern nur durch Verlesen und Einfügen zu den Akten eine gewisse Bestätigung erhielten. Mit einer Zurückdrängung der antiochen. Richtung seit der 2. Hälfte des 5. Jh. wurden die 12 A. schließl. sogar als dogmat. Definitionen und im MA als das eigtl. Glaubensbekenntnis des Ephesinums angesehen.
J. Speigl

Lit.: A. DENEFFE, Der dogmat. Wert der A. Cyrills, Scholastik 8, 1933, 64–88, 203–216 – H.-M. DIEPEN, Les douze A. au Concile d'Éphèse et jusqu'en 519, RevThom 55, 1955, 300–338.

Anatoli, Jakob → Jakob ben Abbamari ben Simson ben Anatoli

Anatolien (türk. Anadolu aus byz.-gr. Anatoli), Hoch- und Gebirgsland zw. Schwarzem Meer, Ägäis, Mittelmeer und Armenien bzw. Mesopotamien. Seit 1071 (→ Mantzikert) im Besitz türk. Herrscherhäuser. 1390 fiel Philadelphia, die letzte byz. Stadt A.s, in die Hand der Osmanen, die mit A. nur eine Prov. im W und NW der Halbinsel bezeichneten.
K. Kreiser

Lit.: EI² I, 461–480, s.v. Anadolu – D. J. GEORGACAS, The Names for the Asia Minor Peninsula (BN NF Beih. 8), 1971.

Anatolios. 1. A., *Patriarch v. Konstantinopel*, † 3. April 458. Als Nachfolger für den in Ephesos 449 abgesetzten Patriarchen Flavian hatte Dioskur den alexandrin. Diakon und Apokrisiar A. wählen lassen. Nach der dramat. Wende, die durch den Tod des Ks.s Theodosius II. (28. Juli 450) eintrat, paßte A. sich sofort der veränderten Situation an. Auf Verlangen des Papstes Leo I. hielt er (am 21. Okt. 450) in Konstantinopel eine Synode ab, auf der er den Lehrbrief Leos anerkennen und die Verurteilung des Eutyches wiederholen ließ. Während und nach der Synode von Chalkedon vertrat er die in Leos Lehrbrief festgelegte und von der Synode unter seiner Mitwirkung formulierte vorwiegend abendländ. Christologie. Im übrigen führte er mit dem Papst ergebnislose Verhandlungen um den (die kirchl. Gleichstellung Neu- und Altroms verfügenden) 28. Kanon.
H. Kraft

Ed.: Briefe an Papst Leo I., MPL 54 (Briefe Leos I., Nr. 53, 101, 132) – ACO 2, 1, 2; 2, 4 – *Lit.*: LThK² I, 497.

2. A., Pseudo- → Chronologie, → Osterstreit

Anatomie
I. Geschichtlicher Überblick – II. Sektion – III. Leichenschau.

I. GESCHICHTLICHER ÜBERBLICK: Die anatom. Kenntnisse des frühen MA lassen kaum den hohen Stand ahnen, den die A. aufgrund der Sektion der menschl. Leiche in Alexandria vom 3. Jh. v. Chr. erreicht hatte und wie sie uns – wenn auch nur anhand von Tiersektion weiterentwickelt – bei Galen im Rom des 2. Jh. entgegentritt. Neben knappen Notizen in enzyklopäd. Werken wie bei → Isidor spiegeln dürre vulgärlat. Leitfäden des 5. und 6. Jh. wie die »Gynaecia« Vindicians oder anatom. Angaben in frühma. med. Kompendien, wie in der »Ars medicinae«, das geringe, auf Tieranatomie beruhende anatom. Wissen dieser Zeit wider. Anders wird dies erst mit der universitätsmäßig betriebenen Medizin in Salerno, wo durch arab. Vermittlung größere Teile der galen. A. um 1100 im Abendland wieder greifbar werden. Es entstehen hier im 12. Jh. für den Unterrichtsbetrieb, zunächst für die im Anschluß an Galen vorgenommenen Tiersektionen Leitfäden, wie die des Ps. → Copho und des → Maurus, bald jedoch auch systemat. Lehrbücher scholast. Prägung (→ Urso). Dieser Situation entspricht in der Medizinalordnung Ks. Friedrichs II. (1231–50) die Verpflichtung für die in Salerno in die Medizin eingegliederten Chirurgen zum Anatomiestudium. Erste Spuren von weiteren Teilen der arabist.-galen. anatom. Terminologie aus dem in Toledo im 12. Jh. ins Lat. übersetzten »Qānūn« des Ibn Sīnā (→ Avicenna) sind Ende des 12. Jh. in dem anatom. Leitfaden des zur Medizinschule von Montpellier gehörigen Ricardus Anglicus nachzuweisen; voll ist Avicenna jedoch erst an den nordit. Universitäten von der 2. Hälfte des 13. Jh. an zur Wirkung gekommen. Dort, v.a. in Bologna, wo Chirurgie wie in Salerno in die med. Lehrbetrieb eingegliedert wurde, erlebte die A. des MA ihren entscheidenden Fortschritt. Für die dort praktizierte Lehrsektion (vgl. Abschnitt II) schuf → Mondino dei Luzzi ca. 1316 einen Leitfaden, in dem er sich noch nicht von der Autorität der arabist.-galen. Tieranatomie lösen konnte. Abweichungen von ihr galten, wie noch bei Jacques Dubois (1478–1555), als Anomalien. Diese »Anathomia« Mondinos selbst wurde zum autoritativen Lehrbuch der A. für die nächsten zwei Jh. Frankreich, v.a. Paris, blieb von dieser neuen Entwicklung in der A. zunächst unberührt. Auch nach der Einführung der Lehrsektion in Montpellier 1366, in Paris erst 1478, blieb, bes. an der streng scholast. ausgerichteten Pariser Fakultät, die A. stets konservativer arabist.-galen. als anderswo.

II. SEKTION: Von der Eröffnung der Leichname weltl. und geistl. Fs.en zur Einbalsamierung vom 9. Jh. an, bei denen es zuweilen zu patholog.-anatom. Zufallsfunden kam, führte der Weg konsequent zu patholog.-anatom. Sektionen; sie sind 1286 in Cremona das erste Mal nachweisbar (1348 in Perugia und Siena, 1407 in Paris). Im Rahmen des med. Unterrichts erfolgten – nach der Tiersektion im 12. Jh. in Salerno – die ersten Lehrsektionen an der menschl. Leiche an der Univ. Bologna um 1300; die erste sicher nachweisbare Sektion führte 1316 Mondino dei Luzzi durch. 1341 folgte Padua nach, 1366 Montpellier, 1391 das span. Lérida, 1404 Wien, 1460 Prag und erst 1478 Paris, kurz vor Tübingen (1485). Mondino dei Luzzi sezierte in Bologna zunächst selbst. Nach Mondino entsprach jedoch der Ablauf dieser Lehrsektionen scholast. Praxis: Lektüre der sich an der arabist.-galen. Tieranatomie orientierenden A. des Mondino durch den Professor (der Medizin) am Katheder, Demonstration des Vorgelesenen durch den Demonstrator oder Ostensor (der in Bologna meist Professor der Chirurgie war) und Durchführung der Sektion durch den Dissecator (der meist Doctor war). Die erste Lehrsektion neuen Stils – ohne Vorlesen des autoritativen Lehrbuchs durch den Professor und ohne Demonstrator – führte Andreas Vesal, der Begründer der modernen A., 1541 in Padua durch.

III. LEICHENSCHAU: Gerichtsmed. äußerl. Besichtigungen von Leichen Getöteter sind sowohl in den norm. Gesetzen als auch für Innozenz III. (1209) und für Frankreich unter Philipp d. Schönen (1285–1314) bezeugt; in dt. Städten des 15. Jh., wie z. B. in Würzburg, wurden hierzu bisweilen Barbiere oder Wundärzte herangezogen. Gerichtsmed. Sektionen zur Feststellung der Todesursache sind zuerst in Bologna und zwar knapp vor der ersten sicher bezeugten Lehrsektion nachweisbar (1302; später 1318 und 1335). 1388 wird von einer gerichtsmed. Sektion des Kard.s Aicelin de Montaigu in Angers, 1521 von der Papst Leos X. berichtet. In dt. Städten ist für Hamburg 1350 eine solche Leichenöffnung durch einen Barbier bezeugt; in Köln wurden 1478 bzw. 1493 die Stadtärzte dazu verpflichtet.
G. Baader

Lit.: RAC I, 430–438 – G. WOLFF, Leichen-Besichtigung und- Unters. bis zur Carolina als Vorstufe gerichtl. Sektion, Janus 42, 1938, 225–286 – W. ARTELT, Die ältesten Nachr. über die Sektion menschl. Leichen im ma. Abendland (AGMN 34), 1940 – C. SINGER, A short hist. of anatomy and physiology from the Greeks to Harvey, 1957² –

G. WOLF-HEIDEGGER-A. M. CETTO, Die anatom. Sektion in bildl. Darstellung, 1967 - R. HERRLINGER, Gesch. der med. Abb. I, 1967 - G. BAADER, Zur A. in Paris im 13. und 14. Jh., Mod. Hist. Journ. 3, 1968, 40-53 - V. SCHIERER, Die »Epistula de ratione ventris vel vicerum« [Diss. Berlin 1976], 86f.

Anbetung des Kindes → Geburt Christi, → Drei Könige

Anbetung des Lammes → Apokalyptische Motive

Anchialos (heute Pomorie), Stadt und Festung an der ostbulgar. Schwarzmeerküste, im 5.-4. Jh. v. Chr. als gr. Kolonie gegr., bis Mitte 6. Jh. n. Chr. thrak. Siedlung (Prokop., De aedif. III, 7, 18 ff., ed. HAURY). A. besaß seit der Gründung des bulg. Staates (681) große Bedeutung für die bulg.-byz. Beziehungen. 708 griff Ks. Justinian II. die Stadt an, erlitt jedoch eine Niederlage. 763 erfolgte die Eroberung durch Ks. Konstantin V. Kopronymos. 784 ließ Ksn. Irene A. befestigen. Nach dem Sieg des bulg. Zaren Simeon am 20. Aug. 917 über das byz. Heer am Acheloos unweit von A. wurde die Stadt dem bulg. Staat eingegliedert. Im 13.-14. Jh. stand A. zumeist unter bulg. Herrschaft. Kirchenzentrum seit frühester Zeit, wurde A. später Sitz eines Metropoliten. Die günstige Lage im Schnittpunkt wichtiger Straßen und die Rolle als ven. und genues. Exporthafen im SpätMA verliehen der Stadt wirtschaftl. Bedeutung. I. Dujčev

Lit.: RE I, 2103 ff. - ZLATARSKI, Istorija I/1, 1918, 174, 213 ff., 241 ff., 262, 386; I/2, 1927, 385 ff.; II, 1934, 213 ff., 217 ff., 460 ff.; III, 1940, 523 ff., 536, 606 - G. MIHAILOV, Inscriptiones graecae in Bulg. repertae I, 1970², 323 ff. - K. JIREČEK, Pŭtuvanija po Bŭlgarija, 1974, 850 ff.

Anchin (Aquicinctum, Aquicinium), Kl. in Frankreich (Dép. Nord). Das St-Sauveur (außerdem: Unserer lieben Frau und allen Heiligen) geweihte Kl. wurde 1079 von den Adligen Siger und Walter gegr. (Gründungsbericht erhalten, MGH SS XIV, 578-584) und fand in Bf. Gerhard II. v. Cambrai einen Förderer, der die Benediktinerregel einführte und 1086 die Kirche weihte. A., das an der Gründung des Kl.s → Afflighem beteiligt war, besaß eine große Grundherrschaft und zahlreiche Prioreien. Aus dem Hl. Land erhielt A. als Stiftung des Gf.en Robert v. Flandern eine Armreliquie des Hl. Georg. Abt → Alvisus reformierte das Kl. Von Calixt II. wurde es 1123 unter den Schutz des Hl. Stuhles gestellt; Honorius III. verlieh 1219 dem Abt den Gebrauch von Mitra und Krummstab. Das mit einer bedeutenden Bibliothek ausgestattete Kl. zeichnete sich seit dem 12. Jh. durch ein reiches geistiges Leben aus, dessen Hauptvertreter der Geschichtsschreiber → Andreas v. Marchiennes war. Das neue, 1182 begonnene Klostergebäude wurde während der Frz. Revolution zerstört. R.-H. Bautier

Q.: MGH SS XIV, 578-591; ebd. XVI, 503-506; ebd. VI, 392-398, 405-438 - Lit.: L. TIMM, Eine Unters. der Continuatio Acquicinctina [Diss. Erlangen 1913] - P. KATH, Sigeberti continuatio Aquicinctina. Eine quellenkrit. Unters., Bull. de la Commission royale d'hist. de Belgique 83, 1914, 1-222 - K. F. WERNER, Andreas v. Marchiennes und die Geschichtsschreibung von A. und Marchiennes in der 2. Hälfte des 12. Jh., DA 9, 1952, 423-452 [Lit.].

Anc(h)oraticum (auch: anc(h)oragium, ankoragium, anchoragio; frz. *ancrage*), [1] einer der zahlreichen ma. → Hafenzölle, Gebühr, die vom Schiffsführer für die Genehmigung, Anker zu werfen, gezahlt werden mußte; seit Ende des 12. Jh. auf s. und w. Meeren verbreitet. Im späten MA wurden in verschiedenen Mittelmeerhäfen neue derartige Gebühren geschaffen; sie richteten sich nach Art oder Tonnage der Schiffe oder auch nach dem Wert (ad valorem) der transportierten Waren. Mit den Einnahmen wurden Hafenwerke finanziert (Errichtung von Docks, Molen, Leuchttürmen). Das bekannteste a. ist das *ancoratge* von Barcelona (1439 eingeführt); es sind Rechnungen bis 1447 überliefert, die eine wichtige Quelle für die Gesch. des Mittelmeerhandels darstellen. - Eine ähnl. Abgabe stellte das *amarrage* (für das Recht, am Kai anzulegen, zu laden oder zu entladen) dar. R.-H. Bautier

[2] Dem a. vergleichbare Abgaben im hans.-nordeurop. Raum sind: das Pfahlgeld, das seit 1341 in Danzig und Elbing beim Festmachen der Schiffe an Pfählen erhoben wurde, sowie der Hamburger Werkzoll, 1309 zuerst erwähnt, zur Instandhaltung der Hafenwerke, v. a. des Neuwerks (zugleich Wehrturm und Seezeichen). R. Sprandel

Lit.: C. CARRÈRE, Le droit d'ancrage et le mouvement du port de Barcelone au milieu du XVe s., Estudios de hist. moderna III, 1953, 67-156 - E. PITZ, Die Zolltarife der Stadt Hamburg, 1961 - J. SCHILDHAUER, Hafenzollregister des Ostseebereiches, HGbll 86, 1968, 63-76.

Ancient demesne (ehemaliges Krongut) mag das Land Kg. Edwards d. Bekenners v. England bezeichnen, das im → »Domesday Book« registriert ist. Dieses Land ist dadurch gekennzeichnet, daß unfreie Bauern es als Leihgut *(socage)* besaßen. Diese Besitzform wurde zuerst in Rechtsabhandlungen des 13. Jh. beschrieben, deren Verfasser meinten, daß sie durch die Vertreibung ags. freier Bauern aus ihrem freien Besitz z. Z. der norm. Eroberung bzw. durch ihre spätere Wiedereinsetzung als privilegierte, aber unfreie Bauern entstanden war. Gegenüber anderen unfreien Bauern wurden die Bewohner der a. d. durch zwei Privilegien geschützt: 1. den »little writ of right«, der ihnen zusicherte, daß Streit über ihre Besitzrechte lediglich im Gericht des jeweiligen → manors (Fronhof) der a. d. untersucht werden sollte, und zwar vor den aus dem bäuerl. Gericht nach dem Brauch des jeweiligen manors; 2. den Erlaß »monstraverunt«, der sie bei den kgl. Gerichten gegen einen neuen Herrn schützte, falls der Kg. das manor verlieh. Die Bauern der a. d. besaßen noch weitere Privilegien, z. B. Freiheit von Abgaben, außer der *tallage*, einer vom Kg. erhobenen Steuer, vom Straßenzoll und von der Gerichtsbarkeit des → *Sheriffs*; sie waren nicht verpflichtet, an den *shire courts* und den *hundred courts* (→ Ags. Recht) teilzunehmen oder zu den Unkosten der zum Parlament entsandten Vertreter der Gft. beizutragen. Es wurde jedoch in jüngster Zeit gezeigt, daß diese traditionelle Vorstellung von den Besonderheiten der a. d. gegenüber dem übrigen Krongut für die Zeit vor dem Ende des 12. Jh. unbekannt war. Die zwei Erlasse stammen aus dem 13. Jh.; die Privilegien der a. d. entstanden wesentl. aus der mit den Reformen Heinrichs II. verbundenen Rechts- und Verwaltungstätigkeit und wurden erst unter Richard I., Johann und Heinrich III. schriftl. fixiert. Neuere Forschungsergebnisse haben ferner bestätigt, daß frühere Historiker den Unterschied zw. kgl. und anderen unfreien Bauern vor dem späten 12. Jh. zu stark betont haben. Die Besonderheiten, die die a. d. im 13. Jh. auszeichneten, entstanden erst in der Zeit um 1200, als Juristen neue Definitionen von Freiheit und Unfreiheit einführten und ma. Abhängigkeitsverhältnisse als Unfreiheit neu interpretierten. B. P. Wolffe

Q.: Bracton on the Laws and Customs of England, hg. S. E. THORNE, 2, 1968, 37 f. - Fleta, hg. H. G. RICHARDSON-G. O. SAYLES (Selden Society 72, 1953), 17 f. - Britton, hg. F. M. NICHOLS, 2, 1865, 12-14, 142 f., 338 - *Lit.*: A. FITZHERBERT, The new Natura Brevium, London 1794, 11-16, 161, 228 - P. VINOGRADOFF, Villainage in England, 1892, 82-126 - F. POLLOCK-F. W. MAITLAND, The Hist. of Engl. Law I, 1895, 383-406 - R. S. HOYT, The Royal Demesne in Engl. Constitutional Hist., 1950 - J. A. RAFTIS, Tenure and Mobility. Stud. in the Social Hist. of the Medieval Village, 1964 - R. H. HILTON, Freedom and Villeinage in England, PP 31, 1965, 3-19 - M. K. MCINTOSH, The Privileged Villeins of the English A. D., Viator 7, 1976, 295-328.

Ancilla theologiae, Philosophie ist 'Magd der Theologie'. Mit dem Bildwort von der Magd (aus Philos v. Alexandria allegor. Auslegung der Sarai-Hagar-Geschichte, Gen 16) bezeichnen patrist. Theologen (Klemens v. Alexandria, Origenes, Gregor v. Nyssa, Gregor v. Nazianz, Johannes v. Damaskus u. a.) die propädeut. Zuordnung der → artes liberales zur Philosophie bzw. dieser zur Theologie. Im MA wurde es aufgenommen, um das Verhältnis der Theologie zu den philosoph. Disziplinen krit. zu bestimmen: gegen eine Überfremdung der Theologie (Gregor IX. Brief an die Pariser Theologen vom 7. Juli 1228, DENZINGER-SCHÖNMETZER, 824), gegen ein eigenmächtiges Vorgehen der Philosophie (Petrus Damiani, De divina omnipotentia, c. 5, MPL 145, 603), gegen deren Überbewertung (Richard Fishacre OP, Prolog zum Sentenzenkommentar), für die Zuordnung zur Theologie im Verhältnis von 'dienend und vorausgehend' (Thomas v. Aquin, In Boethium de Trinit. q. 2 a. 3, ed. BECKER 97: »quasi famulantes et praeambulae«), für die Rückführung aller Erkenntnis auf die Theologie (Bonaventura, De reductione artium ad theologiam, n. 26, ed. Opera omnia V, 325).

L. Hödl

Lit.: B. BAUDOUX OM, Philosophia »ancilla theologiae«, Antonianum 12, 1937, 293-326 – M. GRABMANN, Die theolog. Erkenntnis- und Einleitungslehre des hl. Thomas v. Aquin (Thom. Stud. 4), 1948, 182-184 – G. SÖHNGEN, Die Einheit in der Theologie, 1952, 13 f.

Ancinga (auch: accinga, ancenga, andecena, andecinga, antsinga, anzinga). 1. Flächenmaß im HochMA, hauptsächl. für Ackerland angewendet. Entspricht einer Größe von etwa 14 Ar. GANSHOF nimmt diese Zahl als ungefähren Größenwert an, während MUSSET sie radikal ablehnt. – 2. Die Quellen bezeichnen als A. außerdem ein Feldstück des Sallandes, das dem Grundholden vom Verwalter des Grundherrn zugewiesen wurde; der Grundholde hatte alle landwirtschaftl. Arbeiten durchzuführen und die Ernte dem Grundherrn vollständig abzuliefern. Derartige Feldfronden, die zumeist nach Morgen bemessen wurden, trugen manchmal bes. Namen (*hommée* in Lothringen, *mannverc* im dt. Bereich). Die gleiche Form des Frondienstes fand auch im Weinbau der Fronhöfe Anwendung.

Der erste sichere Nachweis der A. findet sich in der Lex Baiuvariorum. Nach ihr betraf die A. nur die *coloni*; die Ableistung der Dienste der *servi* erfolgte nach Frontagen. In Baiern ist die A. außerdem charakterist. für die freien Hufen (mansi ingenuiles), wie sie im Inventar von Staffelsee (nach 801) erscheinen. Die A. verliert jedoch im 9. Jh. ihre für freie Lehen (tenurae ingenuiles) charakterist. Form, wie die meisten Urbare aus dieser Zeit (z. B. St-Germain-des-Prés, Montier-en-Der, St-Bertin) zeigen, die die beiden Formen der Bemessung von Fronarbeit nicht mehr deutl. voneinander unterscheiden.

Unter verschiedenen Bezeichnungen (häufig als riga, pertiga, so im Prümer Urbar von 893; als mensura im Mettlacher Zinsbuch um die Mitte des 10. Jh.; als aratura und *juchart* in Baiern) ist das System der Feldfronden vereinzelt in N-Frankreich, Lotharingien, der Champagne, Burgund sowie in Baiern bis zum 12. Jh. nachweisbar. PERRIN hat gezeigt, daß die Vergabe der letzten Fronäcker gegen Zinsleistung zu ihrem Verschwinden gegenüber den Urbaren führte.

P. Toubert

Lit.: MLatWB I, s.v. andecinga – CH. E. PERRIN, De la condition des terres dites »ancingae« (Mél. F. LOT..., 1925), 619-640 [grundlegend] – DERS., Recherches sur la seigneurie rurale en Lorraine d'après les plus anciens censiers (IXe–XIIe s.), 1935, s.v. ancinga et mannverc – PH. DOLLINGER, L'évolution des classes rurales en Bavière depuis la fin de l'époque carolingienne jusqu'au milieu du XIIIe s., 1949 – L. MUSSET, Observations hist. sur une mesure agraire: le bonnier (Mél. L. HALPHEN, 1951), 535-541 – F.-L. GANSHOF, Le polyptyque de l'abbaye de Saint-Bertin (844-859), Ed. critique et commentaire (Mém. de l'Académie des Inscr. et Belles-Lettres XLV), 1975.

Ancona. [1] *Stadt* an der it. Adriaküste (→ Pentapolis). Gegr. um 390 v. Chr. als Kolonie. Wegen ihrer günstigen Lage schon bald Bedeutung als Handelsplatz und röm. Flottenstützpunkt. Der Tradition zufolge seit dem 4. Jh. Bischofssitz, doch ist ein Bf. erst im 6. Jh. nachzuweisen. Nach dem Untergang des weström. Reiches und der nur kurzen Herrschaft der Ostgoten stand A. unter dem Schutz Ostroms und konnte wiederholten Angriffen der Goten (539, 551) und zunächst auch der Langobarden erfolgreich Widerstand leisten. 728 dem langob. Hzm. Spoleto unterstellt, wurde A. durch Pippin und Karl d. Gr. dem Papst übertragen (754, 774). Die nach einer Zerstörung durch die Sarazenen (847-850) wiederaufgebaute Stadt anerkannte zwar 876 erneut gegen einen Jahreszins formal die Oberherrschaft des Papstes, war jedoch stets auf Autonomie und Ausbau ihres Einflußbereiches bedacht, stieß dabei aber auf die erbitterte Konkurrenz der Nachbarstädte, v. a. der Seemacht Venedig, mit der sie bis ins 15. Jh. zahlreiche Kriege ausfocht. Trotz aller Anfeindungen gelang es der Stadt, ihre Selbständigkeit auch gegenüber Papst und röm. Ks. sowie den Mgf.en zu behaupten. Mehrmals wurde sie von dt. Herrschern belagert (1137, 1158, 1167, 1173), v. a. nachdem der byz. Ks. Manuel seit 1149 über A. wieder in Italien Fuß zu fassen versuchte. Dieser neuerl. polit. Einfluß von Byzanz blieb nur Episode. Äußeres Zeichen der städt. Autonomie war die Prägung einer eigenen Münze, auf der das Bild des päpstl. Oberherrn nicht erschien (seit etwa 1170). Erst 1355 wurde A. dem Kirchenstaat eingegliedert, dem es – auf Dauer allerdings erst seit 1532 – bis 1860 angehörte.

[2] *Mark Ancona.* Die Mark entwickelte sich im Laufe des 12. Jh. aus dem ö. Teil des Hzm.s Spoleto. 1093/94 setzte Heinrich IV. den Reichsministerialen Werner als dux et marchio des gesamten Gebietes ein, doch konnten er und seine Söhne sich offenbar nur in Camerino und der Pentapolis, dem Gebiet der späteren Mark, durchsetzen, zumal seit 1152 mit Welf VI. wieder ein eigener Hzg. v. Spoleto auftrat. Bereits 1105 wird Werner bezeichnenderweise princeps Anchonitanus bzw. Anconae gen., und noch im 13. Jh. spricht man von der »marca Guarnerii«. Bis zur endgültigen Einbeziehung der Mark in den Kirchenstaat 1355 war sie ein ständiges Streitobjekt zw. päpstl. und ksl. Ansprüchen. Nach 1168, spätestens 1177, wurde Konrad v. Lützelhard Mgf. v. A. und zugleich Hzg. v. Ravenna, 1191 möglicherweise abgelöst von Gf. Gotebald v. Senigallia (Zweifel bei HAVERKAMP I, 227 Anm. 249, 230 Anm. 264). 1195 ging die Mgft. an → Markward v. Anweiler über, der seine Herrschaft auf einen Großteil des ö. Mittel- und Oberitalien ausdehnen konnte (Ravenna, Ancona, Molise, Abruzzen), ein weithin geschlossenes Territorium, das jedoch mit zahlreichen reichsunmittelbaren Immunitäten durchsetzt war, wie sie v. a. Barbarossa nach 1177 geschaffen hatte. Markward vermochte seine Stellung nach dem Tod Ks. Heinrichs VI. infolge des Widerstandes wichtiger Städte und der päpstl. Rekuperationspolitik nicht zu halten, zumal sich sein Hauptinteresse auf Sizilien richtete. Mit dem Verlust der Mark wurde das Kgr. Sizilien von Reichsitalien durch das Patrimonium Petri getrennt. 1208 wurde Azzo IV. v. Este von Innozenz III. mit der Mark belehnt. 1209 anerkannte Otto IV. die päpstl. Ansprüche, ebenso Friedrich II. 1213. 1239 riß jedoch Friedrich II. die Mark wieder an sich, die bis zum Tod Kg. Manfreds (1266) von Reichsvikaren verwaltet wurde. Danach fiel sie erneut an den Papst, der sich bis zum Exil von Avignon behaupten konnte. 1355 wurde die Mark endgültig dem Kirchenstaat eingegliedert (bis 1860). Th. Kölzer

Lit.: DHGE II, 1528-1537 – IP IV, 195ff. – FICKER, Italien 2, 245ff. –

K. Rausch, Die staatsrechtl. Stellung Mittel-Italiens unter Heinrich VI. 1878 – F. Tenckhoff, Der Kampf der Hohenstaufen um die Mark A. und das Hzm. Spoleto von der 2. Exkommunikation Friedrichs bis zum Tod Konradins, 1893 – P. Lamma, Comneni e Staufer. Ricerche sui rapporti fra Bisanzio e l'Occidente nel Secolo XII, I–II (Studi storici, Fasc. 14–18, 22–25), 1955–57 – M. Natalucci, A. attraverso i secoli I, 1961² – A. Haverkamp, Herrschaftsformen der Frühstaufer in Reichsitalien 1–2, 1970–71 – P. Partner, The Lands of St. Peter, 1972 – P. Lamma, Byzanz kehrt nach Italien zurück (Beitr. zur Gesch. Italiens im 12. Jh. [Vortr. und Forsch.], Sonderbd. 9, 1971), 37–51 – A. Carile, L'assedio di A. del 1173. Contributo alla storia politica e sociale della città nel secolo XII, Atti e Memorie della Deputazione di Storia Patria per le Marche 7, 1971–73, 23–57 – Ders., Federico Barbarossa, i veneziani e l'assedio di A. del 1173. Contributo alla storia politica e sociale della città nel secolo XII, StVen 16, 1974, 3–31.

Ancone (Etymologie unsicher) bezeichnet eine ven. Form des → Retabels im 14. und 15. Jh., bei der das architekton. Rahmenwerk (fünf Kompartimente, seitl. zwei Geschosse, die Mitte durch eine große Ordnung und gekoppelte Säulen herausgehoben; manchmal ein drittes Geschoß als Bekrönung) und die Tafelbilder in den Arkaden (im 15. Jh. im Mittelfeld oft Skulpturen) aufeinander abgestimmt komponiert sind. Strukturzusammenhänge mit der Architektur, vornehml. der Fassade von S. Marco, sind nachweisbar. K. Wessel

Lit.: EncIt, s.v. – H. Fechner, Rahmen und Gliederung ven. Anconen aus der Schule v. Murano, 1969.

Ancrene Riwle, die »Regel für Anachoretinnen«, wurde im frühen 13. Jh. von einem unbekannten Kleriker als Andachtsbuch und Leitfaden für drei adlige Schwestern geschrieben, die ein Leben als Klausnerinnen begonnen hatten. Sie wurde bald umgearbeitet, als »Ancrene Wisse« (»Anleitung für Anachoretinnen«), um auch den Zwecken größerer religiöser Gemeinschaften und eines gemischten Laienpublikums zu genügen. Neben Übersetzungen ins Lat. und Afrz. sind acht Hss. erhalten, die verschiedene me. Fassungen bieten. Das Werk blieb weiterhin sehr beliebt: es erschien in einer Wycliffit. Bearbeitung; es wurde benützt in zwei Erbauungstraktaten des 14. Jh., »The Chastising of God's Children« und »The Poor Caitiff«, in → Rolle's »Emendatio Vitae«, im »Tretyse of Love« (spätes 15. Jh.) und anderswo.

Die »A. R.« ist in acht Bücher unterteilt. Die B. I und VIII befassen sich mit liturg.-rituellen Fragen und mit zwanglos gehaltenen Anleitungen zur Haushaltsführung und bilden einen Rahmen für die B. II bis VII, in denen der Verfasser sein Hauptanliegen behandelt, näml. die Führung des inneren Lebens. Hier geht er ein auf die fünf Sinne, auf Altes Gesetz und Neues Gesetz, die sieben Todsünden, auf Beichte, Buße und Liebe. Der Verfasser schöpft aus älteren Klosterregeln, insbes. denen Ælreds und Bernhards v. Clairvaux und aus den fälschl. Grosseteste zugeschriebenen »Moralia super evangelia«. Er stützt sich auch sehr stark auf die Bibel, auf die patrist. Lit. und auf die »Vitae Patrum«, und bietet anschaul. Einzelheiten aus dem Alltagsleben, Lehrgut aus den → Bestiarien, Exempla und Sprichwörtliches. Die »A. R.« zeichnet sich aus durch viele eindringl.-zarte und sogar witzige Passagen, durch hochgezüchteten Stil und verfeinerte Bildung und durch eine sprachl. Klarheit, derentwegen sie als das wichtigste engl. Prosawerk vor → Malory gelten darf. Über den Verfasser hat die Forschung verschiedene Vermutungen angestellt. Der Text wird im allgemeinen mit der Abtei Wigmore in Herefordshire in Verbindung gebracht; evtl. ist er von einem Augustiner-Chorherrn aus der benachbarten Abtei Limebrook geschrieben. P. Moylan

Bibliogr.: Wells, 361 und passim – Matthews, 72 – NCBEL I, 498 ff. – *Ed.*: C. D'Evelyn, EETS 216 – J. A. Herbert, EETS 219 – M. Day, EETS 225 – R. M. Wilson, EETS 229 – A. C. Baugh, EETS 232 – W. H. Trethewey, EETS 240 – J. R. R. Tolkien, EETS 249 – F. M. Mack, EETS 252 – E. J. Dobson, EETS 267 – G. Shepherd, Ancrene Wisse, 6, 7, 1959 [mit Bibliogr., 73 ff.]–M. Salu, A. R., 1955 [Übers.] – *Lit.*: F. D. S. Darwin, The Engl. Mediaeval Recluse, 1943 – A. Zettersten, Stud. in Dialect and Vocabulary, 1965 – J. Grayson, Structure and Imagery, 1974 – E. J. Dobson, Moralities on the Gospels, 1975 – Ders., The Origins of Ancrene Wisse, 1976.

Andachtsbild

I. Allgemeines – II. Menschwerdung und Jugend Christi, Maria – III. Passion, Auferstehung und Himmelfahrt.

I. Allgemeines: Unter A. verstand man ursprgl. einzig graph. Blätter und Blättchen, die man an die Wand heftete oder in Gebetbücher legte. Von diesem »kleinen A.«, wie es heute zur Unterscheidung gen. wird, wurde der Begriff in den 1920er Jahren durch dt. Gelehrte wie Dehio, Pinder und Panofsky auf eine Gattung von Bildwerken übertragen, die v.a. in der dt. Kunst des 14. und 15. Jh. ihre Blüte erlebte, aber keineswegs bloß auf diese Zeit und diesen Kulturkreis beschränkt war. Vesperbild, Christus-Johannes-Gruppe und Schmerzensmann waren die ersten Themen dieser Gattung, die analysiert wurden. Ihre Zahl hat sich, nachdem man einmal das Wesen der Sache erkannt hatte, mächtig vermehrt.

Das A. steht als selbständige Bildgattung zw. dem kult. Repräsentationsbild, welches eine göttl. oder hl. Gestalt in Vereinzelung oder in einer Reihe vergegenwärtigt, und dem erzählenden Bild, welches eine Szene aus der Heilsgeschichte oder Heilstatsachen schildert. Das A. tendiert meist nach Reduktion des Figurenbestandes und des Beiwerks und appelliert an einen Beschauer, den es zum betrachtenden Miterleben aufrufen will, das sich bis zur myst. Identifikation steigern kann. Nicht Momente aus der Lehr- und Wundertätigkeit Christi werden zu A.n verarbeitet, sondern solche, die Mitfreude und Mitleiden ermöglichen, also Menschwerdung und Jugend Christi einerseits, Passion und Auferstehung anderseits. Unsere Übersicht wird sie nach der Chronologie der Heilsgeschichte aufreihen. Eine differenzierte Analyse kann hier aus Raumgründen nicht geboten werden, für sie ist auf die Lit. zu einzelnen A.-Typen zu verweisen. Zum A. als Gesamterscheinung gibt es keine umfassende Darstellung.

Die *Wurzeln* der einzelnen A.er reichen unterschiedl. weit zurück. Umstritten ist in bestimmten Fällen der Einfluß von religiöser Dichtung und myst. Visionen, d.h. die Frage von Priorität oder Gleichzeitigkeit von Wort und Bild. Die Situation ist fast bei jedem Thema des A.s verschieden. Desgleichen gibt es große Unterschiede hinsichtl. der *Funktion* und der *Aufstellung* von A.ern nach Ort und Zeit. Die Figur Christi auf dem Palmesel tritt nur in der Palmsonntagsprozession in Erscheinung, der Heiliggrabchristus in der Passionsliturgie, falls er nicht Teil eines permanenten steinernen Heiliggrabes ist, dasselbe gilt für den Auferstehungs- und Himmelfahrtschristus. Andere A.er wiederum, wie z. B. der kreuztragende Christus oder das Vesperbild konnten zur ständigen Ausstattung einer Kirche, Kapelle, von Friedhöfen, Bildstöcken, klösterl. und profanen Wohnräumen gehören, auch Teil eines größeren Ensembles, wie eines Altars oder Grabmals sein.

Die *Abgrenzung zw. Kultbild und Andachtsbild* ist fließend: Einen roman. Triumphbogenkruzifixus oder eine hierat. thronende Muttergottes wird man kaum als A. ansprechen. Sobald jedoch der Gekreuzigte in oft extrem realist. Weise zum Leidenden wird oder die Muttergottes zur ird. Mutter mit lebensnahen Zügen, ist die Voraussetzung für das A. geschaffen. Was die Beziehung von A. und *Gnadenbild* einer Wallfahrt betrifft, so gibt es beide Gattungen, oft wird jedoch z. B. bei Muttergottes- und Vesperbildern der A.-Charakter durch hierat. Bekleidung zurückgedrängt.

Material und Format: Die Untersuchungen und Definitionen des got. dt. A.s gingen von den im 14. und 15. Jh. dominierenden Plastiken aus. Es ist aber festzuhalten, daß die gleichen Typen auch in der Buchmalerei und Graphik, Tafel-, Wand- und Glasmalerei vorkommen. Das Format plast. A.er kann von Überlebensgröße bis zur extremsten Kleinheit wechseln. Das A. macht die stilist. Strömungen mit und nützt sie für neue Ausdrucksmöglichkeiten. Andererseits jedoch werden gewisse Prototypen gnadenbildhaft wiederholt, wie dies z.B. für Christus-Johannes-Gruppen des Bodenseeraums oder für den Straßburger Kreuzträger anzunehmen ist. Jedes A. hat sein größeres oder kleineres geograph. und zeitl. begrenztes *Verbreitungsfeld.* Einzelne Typen von A.ern leben in den Barock hinein weiter und erfahren hier eine neue Blüte. Zur ikonograph. Überlagerung und wechselseitigen Beeinflussung von A.-Typen, v.a. bei den Passionsthemen, und ihrer entsprechend unscharfen Benennung – z.B. Pietà, Ecce Homo – werden bei den entsprechenden Fällen Hinweise gegeben.

II. Menschwerdung und Jugend Christi, Maria: Ins Vorfeld marian. A.er gehören Darstellungen ihrer Mutter St. Anna. Repräsentationsbilder *St. Anna selbdritt* leiten sich kompositionell von den byz. Muttergottesbildern her, zuerst hierat. thronend, dann genrehaft vermenschlicht, als Dreigenerationenbild. Solche autonomen Gruppen, auch als Hängestücke vorkommend (Köln, Schnütgen-Museum, Doppelfigur um 1520), wird man als A. bezeichnen dürfen. Mit der Szene Mariä Tempelgang, die sehr beliebt war, und den mehr klösterl. Bildern von Marias Handarbeiten im Tempelbezirk haben wir den Umkreis für ein erstes A. Marias, das der *Tempeljungfrau.* Bekannt v.a. unter dem Titel der *Ährenmadonna* ist Maria stehend, im Gebete, ohne Mantel, in ährenbedecktem gegürtetem Kleid dargestellt. Ein solches Bild wurde 1387 durch die dt. Kolonie in den Mailänder Dom gestiftet, hier zweimal erneuert, in Deutschland durch plast. Kopien und Holzschnitte verbreitet.

Als Tempeljungfrau, welcher der Verkündigungsengel gegenübertritt, erscheint die oft monumentale Doppelgruppe der beiden stehenden Figuren als ausgesprochenes A. in Italien im 14. und 15. Jh. (Carli, Scultura lignea italiana, 54 ff.). Bedeutendstes dt. Beispiel ist der im Gewölbe von St. Lorenz in Nürnberg aufgehängte »Englische Gruß« von Veit Stoß 1517/19. Als »Bild« der Inkarnation Christi hat die *Verkündigung* v.a. im SpätMA eine wichtige Stelle.

Im ähnl. Sinne wird die Begegnung der werdenden Mütter Maria und Elisabeth *(Visitatio, Mariä Heimsuchung)* zum myst. A. Wie die Verkündigung erscheint sie zuerst in klass. Monumentalität als Teil von Zyklen, in Reims, dann in Bamberg. Die zarteste Ausformung des myst. Zeitalters bringt die Gruppe um 1320 aus dem Dominikanerinnenkloster St. Katharinenthal, Kt. Thurgau, jetzt im Metropolitan Museum, New York, ein Beispiel der Noblesse des Weichen Stils eine Gruppe vom Anfang des 15. Jh. im Germ. National-Museum in Nürnberg. Wichtig ist der myst. Auffassung dieses A.s die Sichtbarkeit der Kinder im Mutterleib.

Aus dem ostchr. Bildtypus der hierat. auf ihrem Lager ruhenden Gottesmutter mit dem Kind daneben entstand das w. A. *Maria puerpera* oder *Unserer lieben Frauen Kindbett,* das in Deutschland Anfang des 14. Jh. in Frauenklöstern gestaltet wird: Maria auf dem Bett liegend oder aufgerichtet hat das Kind neben sich, spielt mit ihm oder stillt es. Frühestes Beispiel um 1330 aus Buchau im Württembg. Landesmuseum, Stuttgart; stillende Muttergottes, um 1420, im Kl. Oesede bei Osnabrück. Dieser A.-Typ ist nicht als Reduktion von Weihnachtsszenen entstanden, sondern aus myst. Visionen und Vorstellungen. Es scheint, daß manchmal Maria auch ohne Kind, auf dem Bett liegend, als A. dargestellt wurde, als ein A., mit dem sich die Nonne identifizieren konnte. Häufiger natürl. wurde das Christkind als Wiegenkind zum A. verselbständigt.

Christkindwiegen, geschnitzt und bemalt, aus dem 14. Jh., wie sie sich sehr selten – Bayer. National Museum, München, Schnütgen-Museum, Köln – erhielten, dienten den Nonnen zu betrachtenden Spielen und Nachvollzug. Die *Weihnachtskrippe* bedeutet eine genrehafte, erzähler. und breit volkstüml. Ausweitung des Themas. Ältestes bekanntes Beispiel des 15. Jh. im ehemaligen Benediktinerinnenkloster Preetz, Holstein. Die Erstellung einer Figurenkrippe 1384 in Fabriano in den Marken ist durch Vertrag bezeugt. In Neapel gab es figurenreiche Krippen schon im 15. Jh., Vorläufer der berühmten barocken Weihnachtskrippen daselbst.

Die Statuette des *Jesuskindes* als A. kommt in der 1. Hälfte des 14. Jh. in Frauenklöstern auf, wo entsprechende Visionen bezeugt sind. Frühe Beispiele: das Jesuskind der Mystikerin Margarete Ebner in Maria Medingen b. Dillingen und das Sarner Jesuskind, bekleidet mit dem »Gewand der Königin Agnes«. Das nackte, zunächst nicht eindeutig stehend gedachte Kind trägt einen Vogel, später eine Weltkugel und auch Leidenswerkzeuge. Spezielle Aufstellung ist bezeugt für die Weihnachtszeit auf Altären.

Sonderformen des Jesuskindes als A.: das Gehen lernende Kind, von einem Engel geleitet (Beispiel im Bayer. Nationalmuseum, München, aus Landsberg a. Lech); das an der Hand der Mutter schreitende Jesuskind, welches, wie V. Kotrba nachwies, als A. die Jugend Christi schlechthin, *infantia Christi,* verbildlicht.

Maria mit dem Kinde auf den Armen oder im Schoß, ganz- oder halbfigurig, nach byz. Prototypen abgewandelt oder in freier Neuerfindung der Romanik und Gotik ist in der Regel als A. zu betrachten. Dies gilt naturgemäß v.a. für die lebensnahe, zunächst höf., dann bürgerl. Mutterdarstellung. Der für eine umfangreiche Gruppe von Muttergottesfiguren des Weichen Stils um 1400 geprägte moderne Begriff der *Schönen Madonnen* hebt den A.-Charakter des Themas heraus.

Das A. der Muttergottes kann durch Zutaten und Attribute weiter spezifiziert sein: Mit der Mondsichel unter den Füßen und dem Sonnennimbus wird sie zum *Apokalyptischen Weib.* Mit einem Portalrahmen, vor oder in dem sie steht oder thront, wird sie als die Verschlossene Pforte, *porta clausa,* der Ezechielvision gedeutet. Frühes plast. Beispiel Steinrelief »Madonna des Dom Rupert« um 1149/58 in Lüttich, später ein Della Robbia-Tondo Mitte 15. Jh. an Or San Michele in Florenz.

Als *Schutzmantelmadonna* birgt Maria unter ihrem ausgebreiteten Mantel Stifterfiguren, Vertreter eines Ordens, einer Gemeinde oder der Christenheit überhaupt. Die *Schreinmadonna,* vom ausgehenden 13. bis beginnenden 16. Jh. vorkommend, zuerst in Frankreich, dann bis nach Schweden verbreitet, Stand- oder Sitzfigur Marias mit dem Kinde, läßt sich der Höhe nach – ohne den Kopf – wie ein Triptychon öffnen. Im Innern gemalt Christus am Kreuz, das Kreuz haltend oder die Dreifaltigkeit, begleitet von anbetenden Engeln, Gläubigen oder von Passions- und anderen Szenen.

Als *Schmerzensmutter,* mit dem Schwert des Leides, das ihr Herz durchdringt, ist Maria aus dem Zusammenhang der Passion herausgelöst. So wird sie allein, oft auch neben Christus als Schmerzensmann, zum A. Auch beim Vesperbild, das im folgenden Abschnitt besprochen wird, kann die Betonung auf Maria als Mater dolorosa liegen.

Die Szene des *Marientodes*, im SpätMA oft außerhalb von Marienzyklen autonom dargestellt, ist häufig A. von Guttodbruderschaften.

III. PASSION, AUFERSTEHUNG UND HIMMELFAHRT: Den Auftakt passionszeitl. A.er bildet die liturg.-dramat. *Figur Christi auf dem Palmesel*. Auf einem Rädergestell montiert, wurde sie in der Palmsonntagsprozession zur Nachahmung des Einzugs Christi in Jerusalem mitgezogen. Erhaltene Beispiele setzen mit der Spätromanik ein (aus der Gegend von Landshut, Museum Berlin; aus Steinen, Kt. Schwyz, Schweiz. Landesmuseum Zürich), doch ist die Prozession »cum effigie sedentis Domini super asinum« schon in der Vita des hl. Ulrich v. Augsburg (982–992) bezeugt. Im SpätMA gehört ein »Palmesel« zur normalen Ausstattung einer Kirche. Die Prozessionsfiguren sind lebens- oder unterlebensgroß, als reines A. gab es sie auch kleinformatig.

Eine ganz andere, spirituellere Art des A.s vertritt die *Christus-Johannes-Gruppe*. Das Bildthema ist bibl. begründet, Jo 13, 23 schildert den Lieblingsjünger beim Abendmahl an der Brust Christi ruhend. Diese zentrale Gruppe erscheint seit dem 9.Jh. in der Buchmalerei bei Abendmahlsszenen und daraus herausgelöst ab ca. 1150 als Autorenbild vor den Schriften des Johannes. Entscheidend für die Verwendung als A. ist die schon frühchr. vorgeprägte Idee der Jesusminne. In schwäb. Frauenklöstern entstehen in der ersten Hälfte des 14.Jh. lyr.-myst. Christus-Johannes-Gruppen, unter denen diejenige aus St. Katharinenthal, jetzt Antwerpen, Museum Mayer van den Bergh, klass. Vollendung erreicht. Verbreitungsgebiet und Zeit sind bei diesem A. sehr beschränkt.

Ein Gegenbeispiel von höchster Popularität bietet das A. *Christus am Ölberg*. Im Gegensatz zur stärksten figürl. Reduktion der Christus-Johannes-Gruppe ist dieses A. bildhaft-szen. angelegt. Der Erlöser im Gebet vor seiner Gefangennahme am Ölberg, durch Mt, Mk und Lk überliefert, tritt im FrühMA selten, seit dem 14.Jh. öfters als Bildmotiv auf. Als autonomes A. wird es verhältnismäßig spät herausgelöst. Seit der 1. Hälfte des 15.Jh. entstehen, am dichtesten in S-Deutschland, meist in Nebenräumen von Kirchen und auf Friedhöfen, plast. Ölberggruppen; um 1500 gehören sie zur normalen Kirchenausstattung, z.T. bis ins 19.Jh. wiederholt. Zum Figurenbestand zählen nebst Christus der Engel mit dem Kelch des Leidens und die drei schlafenden Jünger, oft auch die nahenden Häscher mit Judas. Das Thema der Todesangst Christi, ein typ. menschl. Miterleben gestattendes A.-Motiv, wurde im Zusammenhang mit Bruderschaften und Totenkult gesehen, daher auch der nahe Bezug zu Friedhöfen. Vgl. z.B. den Ölberg unter einem Baldachinbau von 1493 in Überlingen und den Ölberg mit einer Totenleuchte von 1491 in Hochsal b. Laufenburg.

Die *Geißelung Christi*, als Passionsszene seit dem 9.Jh. dargestellt, tritt als selbständiges A. erst im 15.Jh. auf, um 1500 am häufigsten in Spanien, und wird im Barock – vgl. Christus in der Wies – höchst populär. Nicht mit Christus an der Geißelsäule zu verwechseln ist das A. *Christus im Kerker*, mit dem in seine Tunika gekleideten, dornengekrönten, meist stehend an eine halbhohe Säule gefesselten Erlöser. Dieses im 17.Jh. ausgebildete A. beruht auf textl. Grundlagen des 14.Jh.

Das A. *Ecce Homo* schildert entweder szen. oder als Einzelfigur Christi mit Purpurmantel, Dornenkrone und Rohr, die von Jo 19, 4–5 berichtete Präsentation Jesu vor dem Volke durch Pilatus mit den Worten »Ecce Homo«. Daher auch gedanklicher Zusammenhang mit dem Kult der Scala santa als dem Ort dieses Ereignisses. Szen. Darstellungen setzen im 9.Jh. ein, plast. A.er der Einzelfigur erst um 1500, plast. Zweiergruppen Christus-Pilatus in der 1. Hälfte des 16.Jh. bes. in Schlesien. Verwandtschaft und Vermischung mit dem A. des »Schmerzensmannes« und ähnl. Typen, Verwechslung auch in den Bezeichnungen sind festzustellen.

Die *Kreuztragung Christi* nach Golgatha ist durch alle Evangelisten bezeugt; Mt und Mk erwähnen, daß Simon v. Cyrene zur Mithilfe gezwungen wurde, Lk nennt die nachfolgende Menge und die klagenden Frauen. Das A. des kreuztragenden Christus ist jedoch nicht allein als Reduktion aus szen. Bildern dieses Vorganges zu verstehen, sondern auch aus dem autonomen Bild Christi mit dem Kreuz als Erlöserattribut entstanden. Ferner zusätzl. aus der wörtl. Aufforderung Christi, ihm mit dem eigenen Kreuz nachzufolgen gemäß Mk 8, 34. Monumentale Kreuzträgerfiguren setzen um 1400 ein. Diejenigen in den Münstern von Freiburg i.Br. und Thann i. Elsaß sind wohl Repliken des 1411 in das Straßburger Münster gestifteten A.s. Hier wie an andern Orten war die Innenseite des Kircheneingangs der bevorzugte Aufstellungsort. Zusätzl. Figuren können zur szen. Ausweitung führen: Simon v. Cyrene, die weinenden Frauen, Veronika mit dem Schweißtuch und Schergen. Solche Gruppen wurden auch *Ausführung Christi* gen.; monumentales Beispiel von 1461 in der Spitalkirche Solothurn. Drei Typen des sitzenden leidenden Erlösers sind in ihrer Bedeutung voneinander zu unterscheiden: 1. Der als *Herrgottsruh* bezeichnete, von Geißelung und Dornenkrönung erschöpfte Christus; 2. *Christus in der Rast* oder *Christus im Elend*, der auf einem Stein, Strunk oder auf dem liegenden Kreuz sitzend die Annagelung erwartet, entweder mit klagender Geste der ans Haupt gelegten Rechten oder mit gefesselten Händen. Frühestes Exemplar der ersteren Typus vom Ende des 14.Jh. im Dom zu Braunschweig. Zur Entstehung des A.s *Christus in der Rast* trug der atl. Prototyp des auf dem Misthaufen sitzenden Job wesentl. bei. 3. Schließl. kann auch der *Schmerzensmann* sitzend dargestellt sein.

Der *Kruzifixus*, seit karol. Epoche monumentales plast. Kultbild beim Kreuzaltar oder im Triumphbogen, sowie am Prozessions- und Altarkreuz, nähert sich dort den Voraussetzungen des A.s, wo er Leiden und Tod in realist. Weise vergegenwärtigt, also bereits z.B. beim Gerokreuz im Kölner Dom um 970. Seit dem 13.Jh. ist dies der Normaltyp des Kruzifixus. Im Rahmen der Leidensmystik des 14.Jh. zu sehen sind die *gabelförmigen Baumkreuze* mit schauerl.-expressiver Erlöserdarstellung, vom Typ des Gekreuzigten in St.Maria im Kapitol in Köln von 1304. Auch Italien kennt diese extreme Art. In dieser Zeit geht es auch um den myst. Typus des mit seinen Armen vom Kreuz sich lösenden, meist die Nägel haltenden Erlösers, dem »Schmerzensmann« verwandt. Im SpätMA entstehen sog. *Kalvarienberge* als figurenreiche freiplast. Schilderungen der Kreuzigung Christi, bei Kirchen, auf Friedhöfen, Stadtplätzen oder in entlegenen Punkten der freien Natur.

Die *Kreuzabnahme*, eine wie man zunächst annehmen möchte, rein transitor. Szene der Passionszyklen, ist nicht erst in Renaissance und Barock beliebt geworden, sondern kommt schon in der Romanik als autonomes Kult- und Andachtsbild vor. Solche freiplast. Gruppen sind dominierendes Kultbild wie z.B. in Prato, Tivoli, Volterra und in span. Kirchen. In Deutschland wäre das kolossale Relief der Externsteine von 1115 zu nennen.

Das A. der *Beweinung Christi* liegt zw. Kreuzabnahme und Grablegung, bald mehr diesem oder jenem Thema näher. Der unter dem Kreuz oder bereits beim oder auf dem Grabe liegende Leichnam wird von den Frauen, Johannes, Josef v. Arimathia und Nikodemus betrauert. Der Ursprung der Bildformel ist byz.-it. Davon zu unterscheiden ist die Beweinung des »Schmerzensmannes«.

Wie eine Reduktion aus der Beweinung wirkt das in Wechselwirkung mit ihr verwandte A. des *Vesperbildes*, heute meist fälschl. *Pietà* genannt. Es ist jedoch, zudem ohne Anregung durch einen bibl. Text, einzig aus myst. Vorstellung erwachsen. Die sitzende Maria hält auf ihrem Schoß, analog zum Mutter-Kind-Typus, den toten Erlöser. Dessen Gestalt kann je nach Stilstufe geradlinig starr, abgewinkelt, nach unten gleitend, an ihre Beine gelehnt oder am Boden liegend zu ihren Füßen dargestellt sein. Wo Maria den Erlöser fast stehend hochgezogen »zeigt«, besteht ein Übergang zum Schmerzensmann, zum A. *Not Gottes* und zur *Engelspietà*. Aspekte der Gottesmutterschaft und der Totenklage überlagern sich; deshalb wohl auch gibt es im 14. Jh. die Variante des Vesperbildes mit kindhaft kleinem Erlöser. Entsprechende myst. Formulierungen, von Seuse, sind beizuziehen. Das Vesperbild, Anfang des 14. Jh. in den Mystikerklöstern S-Deutschlands entstanden, aber bald weit darüber hinaus volkstüml. geworden, gehörte im SpätMA zur normalen Kirchenausrüstung und erlebte im Barock - z.B. Meisterwerke von Ignaz Günther und Raffael Donner - eine neue Blüte. Das Vesperbild breitete sich im 15. Jh. nach Frankreich und Italien aus. Hier zuerst als Export von Werken des Weichen Stils. An dieses dt. Motiv des A.s schließen bedeutende Werke Michelangelos an. Das *Heiliggrab Christi* (→ Kirchenausstattung) wird dort zum A., wo es mit der liegenden Figur des Erlösers und bei größeren Anlagen zusätzl. mit dem Grabesengel, den drei Marien und den schlafenden Wächtern ausgestattet ist, also im 14. und 15. Jh. Hölzerne Grabschreine und Figuren wurden nicht nur für die liturg.-dramat. Verwendung von Gründonnerstag bis Ostern aufgestellt, steinerne, wie das um 1330 im Münster von Freiburg i. Br., wurden ständig verehrt. Dem *Kreuz- oder Stationenweg* (→ Kirchenausstattung) als Folge von Passionsszenen zur betrachtenden Gebetsfolge haftet A.-Charakter an, wie auch den *Sacri Monti*.

Neben diesem Drang zur breiten Erzählung der Passion gibt es die Tendenz zu ihrer Zusammenfassung in einem einzelnen Bildwerk. Das A. des *Schmerzensmannes* zeigt den Erlöser mit einem Lendentuch bekleidet, mit allen Wunden der Passion, auch denen der Kreuzigung, jedoch meist mit geöffneten Augen, selten als Leichnam, sondern als visionäre Symbolfigur. Die Entwicklung dieses A.s setzt im 12. Jh. mit byz. Ikonen ein. Es besteht eine Reihe von Typen und Varianten, auch Vermischung mit andern A.ern: als Halbfigur aus dem Sarkophag ragend oder aus einem Wolkensaum, ganzfigurig statuenhaft, oft die Seitenwunde weisend oder aus ihr das Blut in einen Kelch spritzend, mit Leidenswerkzeugen oder von ihnen umgeben, zuweilen sitzend oder vor Gottvater fürbittend kniend. Der Schmerzensmann kann von der Mutter begleitet sein, die ihn beklagt, oder umarmt. Von Maria und Johannes, auch von Engeln beklagt, ist er das wohl verbreitetste it. A. des SpätMA und der Renaissance. Im v. a. frz. A. der *Pitié de Nostre Seigneur, Not Gottes* hält Gottvater seinen Sohn als Schmerzensmann in den Armen. Dieses seit dem 13. Jh. vorkommende, auch nachma. (El Greco) A. ist eine Abart der Darstellung der hl. Dreifaltigkeit mit dem von Gottvater getragenen Kruzifixus, dem sog. *Gnadenstuhl*. Beide Themen sind als ausgesprochene Passions-A.er aufgefaßt worden. Mit dem A. des Schmerzensmannes verwandt sind die meist der Malerei und Graphik zugewiesenen Darstellungen Christi in der myst. Kel-

ter, des sog. *Keltertreters*. Nahe steht auch die Schilderung des Schmerzensmannes als Brunnenfigur der *Fons vitae*, die zur Verwendung als tatsächl., wasserspendende Gestalt sakraler Brunnen führte.

Schließl. ist als zusammenfassendes A. der Passion auch das *Antlitz Christi* (auch *Veronikabild*, sancta facies, vera effigies, ver icon, Veronika, vultus, sudarium) anzusehen. Zwei Vorstellungen fließen hier zusammen: 1. Die Legende vom Christusbildnis in Edessa, das der mit dem Erlöser in Briefwechsel stehende Herrscher → Abgar habe machen lassen, das in Edessa seit dem 6. Jh. verehrt wurde, 944 nach Konstantinopel und von dort im 13./14. Jh. nach dem W gebracht worden sei (→ Mandylion). 2. Die Legende, daß Christus einem Tuch, das ihm Veronika darbot, sein Antlitz einprägte, wurde um 1300 als ein Ereignis des Kreuzwegs gedeutet.

Am Schluß der Passions-A.er steht die Statue des *Auferstehungs-* und des *Himmelfahrtschristus*, in der Praxis wohl ein und dieselbe Skulptur für die Vergegenwärtigung von Auferstehung und Himmelfahrt: Christus, nur mit dem roten Mantel bekleidet, mit der Rechten segnend, in der Linken die Fahne.   A. Reinle

Lit.: *A. allgemein:* RDK I, 681–687 – *Anna selbdritt:* LCI V, 185–190 – *Ährenkleidmaria:* LCI I, 82–85 – *Mariä Verkündigung:* LCI IV, 422–437 – *Mariä Heimsuchung:* LCI II, 229–235 – *Maria im Wochenbett:* LCI II, 400–406, 657f.; IV, 126f., 535–536 – J. SCHEWE, Unserer Lieben Frauen Kindbett [Diss. Masch. Kiel 1958] – *Krippe, Wiege, Christkind:* RDK III, 590–608 – LCI II, 400–406, 657f. – LCI IV 126f. – O. KASTNER, Die Krippe, 1964 – *Maria allg.:* LCI III, 154–210 – I. H. FORSYTH, The Throne of Wisdom, 1972 – K. H. CLASEN, Die Schönen Madonnen, 1951 – Kat. Ausstellung »Schöne Madonnen«, Salzburg 1965 – *Schutzmantelmadonna:* LCI IV, 128–133 – *Schmerzensmutter:* LCI IV, 85–87 – *Schreinmadonna:* LCI III, 193 f. – *Christus auf dem Palmesel:* LCI IV, 1039–1060 – LCI III, 363f. – *Christus-Johannes-Gruppe:* RDK III, 658–669 – LCI I, 454–456 – *Christus am Ölberg:* LCI III, 342–349 – D. MUNK, Die Ölberg-Darstellung in der Monumentalplastik S-Dtl.s [Diss. Tübingen 1968] – *Geißelung Christi:* LCI II, 126–130 – *Christus im Kerker:* RDK III, 687–692 – *Ecce Homo:* RDK IV, 674–700 – LCI I, 557–561 – *Kreuztragender Christus:* LCI II, 649–653 – U. ULBERT-SCHEDE, Das A. des kreuztragenden Christus in der dt. Kunst [Diss. München 1968] – B. WILK, Die Darstellung der Kreuztragung Christi und verwandte Szenen bis um 1300 [Diss. Tübingen 1969] – *Christus in der Rast, im Elend, Herrgottsruh:* RDK II, 644–658 – LCI III, 496–498 – *Kruzifixus:* LCI II, 677–695 – *Kalvarienberg:* LCI II, 489–491 – *Kreuzabnahme:* LCI II, 590–595 – E. C. PARKER, The Descent from the Cross: Its Relation to the Extra-Liturgical Depositio Drama, 1975 – *Beweinung Christi:* RDK II, 467–475 – LCI I, 278–282 – *Vesperbild:* LCI IV, 450–456 – W. PINDER, Die dichter. Wurzel der Pietà, Rep. für Kunstwiss. 42, 1920, 145–163 – DERS., Die Pietà, 1922 – W. PASSARGE, Das dt. Vesperbild im MA, 1924 – W. KÖRTE, Dt. Vesperbilder in Italien (Kunstgeschichtl. Jb. der Bibl. Hertziana 1, 1937), 1–138 – *Heiliggrab:* LCI II, 182–192 – A. SCHWARZ-WEBER, Das Heiliggrab in der dt. Bildnerei des MA, 1940 – *Schmerzensmann und verwandte A.er:* LCI IV, 87–95 – E. PANOFSKY, Imago Pietatis (Fschr. FRIEDLÄNDER, 1927), 261–308 – G. V. D. OSTEN, Der Schmerzensmann, 1935 – W. MERSMANN, Der Schmerzensmann, 1952 – *Engelspietà:* RDK V, 601–621 – *Gnadenstuhl, Not Christi:* RDK IV, 435f. (s. v. Dreifaltigkeit) – LCI I, 525–537 – *Antlitz Christi, Veronika:* RDK I, 732–742 – LCI IV, 223 f. – *Keltertreter:* RDK III, 673–687 – LCI II, 497–504 – *Gnadenbrunnen:* LCI I, 331–336 – M. B. WADELL, Fons Pietatis, 1969 – *Auferstehungschristus:* RDK I, 1230–1240 – LCI I, 201–218 – W. BRAUNFELS, Die Auferstehung, 1951 – *Himmelfahrt:* LCI II, 268–276.

Andachtsübungen → Volksfrömmigkeit

Andalò. Familie, ihr Ursprung ist auf das vornehme Haus Carbonesi zurückzuführen, das sich von Alberto, Gf. v. Bagnacavallo (Anfang des 11. Jh.) herleitete. Der Stammvater, Andalò di Pietro di Lovello, war 1202 *Podestà* v. Cesena und bekleidete dieses Amt bis zu seinem Tod (1225) wiederholt in anderen Städten, zuletzt in Genua (1224). 1205 war er Condottiere auf einem Feldzug, der einige

Burgen im Apennin in die Gewalt der Kommune Bologna bringen sollte. Gemeinsam mit dem Vater schenkte er auf Veranlassung seiner Tochter Diana die Kirche S. Nicolò delle Vigne, über die er das ius patronatus hatte, zusammen mit den umliegenden Ländereien dem neuen Dominikanerorden. Als Feldherren und Rechtsgelehrte wurden die A. berühmt durch ihre Tätigkeit als Podestà, die sie kontinuierl. in vielen mittel- und nordit. Städten ausübten (Cesena, Bologna, Ferrara, Ravenna, Mailand, Genua, Florenz, Pisa usw.), und in bes. Weise durch das Senatorenamt in Rom, das jeweils von Brancaleone (1252–55, 1257–1258) und von Castellano (1258) bekleidet wurde. Die Ausübung des Podestà-Amtes wurde für die A. eine Art Familientradition, ein »Beruf«, und Quelle von Reichtum und Macht – sie waren in der Tat in der Mitte des Jh. Eigentümer von riesigen Ländereien, Häusern und Mühlen in der Ebene und im Hügelland von Bologna und Imola, von Palästen, Wohntürmen und Häusern im Quartier S. Procolo (ASB, »Beni dei banditi«), Lehensträger der Pieve S. Maria di Gesso und Eigentümer von über 400 servi (Liber Paradisus) –, ihre Amtstätigkeit war darüber hinaus eine Quelle polit. Ruhms, v. a. infolge der administrativen Fähigkeiten Brancaleones und seiner Onkel Loderingo und Castellano, die in schwierigen Situationen berufen wurden, um so bedeutende Städte wie Rom, Florenz und Bologna zu regieren. Obwohl sie kaiserfreundl. waren – dieser Umstand begünstigte die Verschwägerung Loderingos mit Salinguerra, dem Signore v. Ferrara –, waren die A. eher 'Experten' als Parteileute. Erst in späterer Zeit, durch die harte Opposition der Geremei-Partei dazu getrieben, verknüpften sie die bolognes. Politik mit den Interessen der eigenen Familie und der Partei der Lambertazzi, deren Führer sie sogar wurden. Im Bürgerkrieg von 1274 geschlagen, wurden sie eingekerkert oder aus der Stadt verbannt (»Libri bannitorum«), ihre Häuser wurden angezündet (*Guasto degli Andalò* – Katastrophe der A.) und ihre Güter konfisziert. Auf einen raschen und ruhmvollen Aufstieg folgte ein gleicherweise rascher Abstieg der Familie A., deren Mitglieder mehr als 70 Jahre lang Initiatoren der Reform der Rechtsprechung, Statutengebung und Verfassung vieler it. Kommunen gewesen waren. Unter den Mitgliedern der Familie finden wir auch bekannte Persönlichkeiten der Kirche, in Verbindung mit dem Dominikanerorden: Die selige Diana († 1236), Gründerin des Dominikanerinnenkonvents S. Agnese (1223), Loderingo, den Mitbegründer des Ordens der Frati Gaudenti (1261) und Andalò, Dominikanerprior einer Provinz und Inquisitor, der in der Wende vom 13. zum 14. Jh. lebte.

L. Paolini

Q.: ASB, Beni dei banditi, Nr. 6, 7, 8 – ASB, Libri bannitorum I, ff. 1r–5v – Liber Paradisus, ed. F.S. GATTA-G. PLESSI, 1956, 16–19, 23, 24, 34, 54, 72 – Lit.: DBI III, 44–52 – G. GOZZADINI, Cronaca di Ronzano e memorie di Loderingo d'A. frate gaudente, 1851 – DERS., Delle torri gentilizie di Bologna e delle famiglie alle quali prima appartennero, 1875 [Neudr. 1965], 76–88 – AAVV, Ronzano e i Frati Gaudenti, 1965, v.a. 53–62.

1. A., Brancaleone, Staatsmann, * um 1220, † 1258. Sohn eines anderen Brancaleone, Enkel von Andalò, dem Stammvater der adligen bolognes. Familie. Er war Gf. v. Casalecchio dei Conti und schon als ganz junger Mann *Podestà* v. Vercelli (1248). Wohl kaum älter als 30 Jahre wurde er von der Kommune Bologna für das ehrenvolle Amt des Senators v. Rom vorgeschlagen; offenbar genoß er bereits einen großen Ruf als bedeutender Jurist und fähiger Politiker. Als Bedingung seiner Annahme stellte er die Forderung, daß seine Amtszeit als Senator drei Jahre (1252–55) dauern solle, und verlangte zur Garantie seiner persönl. Unverletzlichkeit die Stellung von Geiseln aus adligen röm. Familien, die er nach Bologna sandte. Er regierte über den Parteien stehend, ohne sich von ihnen beeinflussen zu lassen, und mit Strenge, wie ein echter Diktator. Als Anhänger einer Regierung des Popolo und erfahrener Kenner ihres Wesens trug er zur Ausarbeitung der Statuten bei und führte den Rat der → Anzianen, der → boni homines, die Regierung der → Arti und das Amt des *Capitano del popolo*, das er selbst ausübte, ein. Dabei geriet er in Gegensatz zu dem baronialen Adel, den er stets mit Strafmaßnahmen zu beherrschen bemüht war. Die militär. Unternehmungen, die er gegen Terracina, Viterbo und Tivoli führte (1253–54), um seine Stadt der Getreideversorgung und einen Zugang zum Meer zu sichern, ließen ihn in Gegensatz zu Innozenz IV. treten. Aber erst dessen Nachfolger, Alexander IV., bereitete A. ernste Hindernisse, indem er die Schar der Unzufriedenen, die nicht nur aus dem Adel stammten, sondern sich infolge der unbeugsamen Strenge, mit der der Senator die Rechtsprechung handhabte, gebildet hatte, sammelte und gegen ihn führte. Während eines Aufstandes im November 1255 wurde er gefangengenommen und im Kastell Passerano inhaftiert. Die in Bologna verwahrten Geiseln retteten ihm das Leben, trotz des Interdikts, das der Papst über jene Stadt verhängte. B. kam 1256 frei, wurde jedoch auf der Rückreise von den Florentinern gezwungen, eine zweite dauernde Verzichterklärung auf das Senatorenamt zu unterzeichnen. 1257 wurde er bei einem Volksaufstand wiedergewählt, vielleicht ohne zeitl. Begrenzung. Dieses Mal war seine Regierung nicht mehr von strenger Gesetzestreue geprägt: B. war ein Mann der Parteien (er knüpfte enge diplomat. Beziehungen mit → Manfred) und der Ressentiments geworden (er ließ zwei Annibaldi aufhängen, 140 Geschlechtertürme zerstören und verbreitete Panik unter dem röm. Adel, der gezwungen war, aus der Stadt zu fliehen). Bei der Münzreform, die er durchführte, erschien sein Bild – ein außerordentl. Privileg – auf dem Romanino bzw. Silbergroschen. 1258 führte er einen Feldzug gegen Anagni und wurde zum *Capitano del popolo* von Terni erwählt; im Sommer nahm er zusammen mit Manfred und dem Kard. Ottaviano degli Ubaldini an der Belagerung von Florenz teil. Während eines Feldzugs, durch den er die Getreidegebiete von Corneto in seine Hand bekommen wollte, erkrankte er, wurde nach Rom zurücktransportiert und starb fast unmittelbar darauf, vielleicht an Gift oder an der Malaria. Es wurden ihm von den Römern außerordentl. Ehrungen erwiesen.

L. Paolini

Lit.: DBI III, 45–48 [mit weiterführender Bibl.].

2. A., Castellano, † 1276, Bruder von A. 3, Onkel und Altersgenosse von A. 1, wurde berufen, dessen Nachfolge als *Senator* von Rom anzutreten (1258). Bis dahin war er nur *Podestà* von Fermo gewesen (1258). Von geringerem Format als Politiker, konnte er die Unternehmungen seines Neffen nicht fortsetzen, mit Ausnahme der Unterwerfung von Corneto. Nachdem kaum wenige Monate vergangen waren, wurde er durch einen neuerl. Aufstand abgesetzt und gefangengenommen. Dank der Geiseln in Bologna rettete er sein Leben. Erst 1260 wurde er durch die Ankunft von → Flagellanten (Geißlerzügen) in Rom befreit. Von seinem Neffen erbte er in Bologna auch die Führerschaft der Faktion der Lambertazzi. Es gelang jedoch den Geremei, die von fähigen Männern wie Alberto Caccianemici und Rolandino Passeggeri besser geleitet wurden, nunmehr auch mit Unterstützung der Volksschichten, die Oberhand zu bekommen, indem sie die starke Spannung ausnützten, die infolge der schwierigen außenpolit. Situation entstanden war, da die Aktionen Guidos v. Montefeltro die Hegemonie der Stadtkommune über die Romagna zu untergraben drohten. C. wurde während der blutigen Bürgerkriege des Jahres 1274 gefangengesetzt und starb im Kerker. L. Paolini

Lit.: DBI III, 48 - A. HESSEL, Gesch. der Stadt Bologna von 1116 bis 1280, 1910, 498-505.

3. A., Loderingo, it. Staatsmann und Ordensgründer, * vor 1215 als Sohn der vornehmen bolognes. Familie, † 1293, bekleidete ab 1251 das Amt des *Podestà* in sieben Städten der Emilia und Toskana: Modena (1251), Siena (1252), Faenza (1254 und 1262), Pisa (1255), Reggio (1258), Bologna (1263, 1265, 1267) und Florenz (1266). 1261 gründete er zusammen mit drei anderen Adligen den Orden der Ritter der Beata Virgo Maria Gloriosa (»Frati Gaudenti«), mit dem Ziel, Frieden zw. verfeindeten Familien zu stiften, die Schwachen und Bedürftigen zu schützen und die Freiheit der Kirche und des Glaubens gegenüber der Häresie zu verteidigen. Sehr bald wurde der Orden jedoch ein Instrument der päpstl. Politik. Die wichtigsten Phasen der auf Versöhnung der Städte und Vermittlung zw. den Parteien gerichteten Politik von L. spielten sich in Bologna (1265) und Florenz (1266) ab, beide Male mit der Unterstützung des Frate Gaudente Catalano di Guido d'Ostia, der der guelf. Partei angehörte. Die beiden Fratres, die mit voller Autorität ausgestattet waren, führten in Bologna wichtige Neuerungen ein: Erlaß neuer Statuten mit außergewöhnl. Maßnahmen zur Aufrechterhaltung der Ordnung und der Schaffung einer Polizeitruppe von 1200 Bewaffneten; die Einrichtung der *Memoriali*, das heißt der registermäßigen Erfassung der Privaturkunden. Um die Spannung zw. den Parteien zu verringern, betrieben sie auch eine Heiratspolitik. In Florenz, wohin sie sich im Auftrag von Clemens IV. nach der Schlacht v. Benevent begaben, setzten sie in ihrer Eigenschaft als Rectores den Rat der Sechsunddreißig ein (parität. aus Guelfen und Ghibellinen zusammengesetzt), organisierten die → Arti Maggiori neu und versuchten eine Versöhnung zw. den Parteien mittels Heiraten zustandezubringen. Aber gerade durch ihren Wunsch, das Gleichgewicht zw. den Parteien zu bewahren und zu garantieren, und gleichzeitig dem päpstl. Auftrag zu entsprechen, nach dem die guelf. Partei das Übergewicht haben sollte, enttäuschten sie schließl. alle. Vielleicht wegen dieser schwankenden Haltung versetzte Dante sie in das »Inferno« unter die Heuchler (XXIII, 103 ff.). Im Dez. 1266 wurden sie fortgeschickt. 1267 zog sich L. in den Konvent Ronzano zurück, wo er 1293 starb. L. Paolini

Lit.: DBI III, 50-52 - Enciclopedia Dantesca I, 257 - G. GOZZADINI, Cronaca di Ronzano e memorie di Loderingo d'A. frate gaudente, 1851.

Al-Andalus (wahrscheinl. von der zu vermutenden berber. Form des Namens der Wandalen abgeleitetes Wort), im MA übliche arab. Bezeichnung jener Teile der Iber. Halbinsel, die jeweils unter muslim. Herrschaft standen und somit je nach deren Umfang variabel. Zuletzt meinte sie nur noch das maur. Kgr. → Granada (→ Naṣrīden). Das davon abzuleitende span. Andalucía umfaßt die Gebiete zw. Atlantik, Mittelmeer und Sierra Morena im N. In eine Krise des Westgotenreiches fiel die Landung einer arab.-berber. Streitmacht unter Ṭāriq ibn Ziyād gegenüber von Gibraltar (Ǧabal Ṭāriq) 711, einem Unterfeldherrn des Eroberers von N-Afrika, Mūsā ibn Nuṣair. Jener besiegte den westgot. Kg. Rodrigo am Guadalete bei Jerez de la Frontera durch Verrat und erreichte in raschem Siegeslauf Toledo; der Rest der Halbinsel wurde von ihm und Mūsā bis 714 unterworfen. Der Widerstand war meist nur schwach; die schwer bedrückte leibeigene Landbevölkerung wie die verfolgten Juden (→ Spanien, Judentum) hatten nichts zu verteidigen. Bald wurden unter dem Sohn von Mūsā und später den von Damaskus bzw. Kairuan aus ernannten Statthaltern Vorstöße über die Pyrenäen hinweg unternommen, die auch nach der Niederlage 732 zw. → Tours und Poitiers (Balāṭ aš-šuhadā' 'die Heerstraße der Märtyrer') nicht sogleich aufhörten und zur 40 Jahre dauernden Besetzung der Septimania führten. Kämpfe zw. nord- und südarab. Stämmen, die zu raschem Wechsel der Gouverneure führten, Hintansetzung der hervorragend an der Eroberung beteiligten → Berber, zunehmende Unzufriedenheit der Neubekehrten (→ *muwalladūn*) führten eine chaot. Situation herbei, die ein Abkömmling der von den → 'Abbāsiden gestürzten → Omayyaden, der spätere 'Abdarraḥmān I. (756-788), geschickt ausnutzte, um sich ein selbständiges Emirat (Hauptstadt → Córdoba) zu schaffen. Dieses Emirat wurde von ihm und seinem energ. Enkel al-Ḥakam I. (796-822) aufgebaut und gefestigt. Inzwischen hatte sich gegen 717/718 der höchste N der Halbinsel unter dem Goten Pelagius-Pelayo erhoben, Asturier wie Kantabrer schüttelten das Joch der Fremden ab. Im 9. Jh. verlief die Grenzzone bereits am Duero und am Fuß der Pyrenäen. Die Arabisierung und kulturelle Orientalisierung des Landes, Konsequenz der Eroberung und Islamisierung, machten unter dem Emir 'Abdarraḥmān II. (822-852) gewaltige Fortschritte (→ Ziryāb). Man hat den Bevölkerungsanteil und die innere Kohäsion arab. wie berber. Stämme, die in al-A. siedelten, in den letzten Jahrzehnten bei weitem unterschätzt und zu wenig bedacht, daß durch die Weiterexistenz derselben auch die sozialen Strukturen der Einheimischen stark beeinflußt wurden. Andererseits blieb ein nicht geringer Teil der Bevölkerung seinem Glauben und seiner angestammten roman. Sprache treu (→ Mozáraber). Amts- und Bildungssprache war freilich das Arab. Im 9/10. Jh. kehrten allenthalben Aufstände der sich zurückgesetzt fühlenden Neomuslime und der mehr und mehr unzufriedenen Mozáraber aus (→ Ibn Ḥafṣūn), und das Emirat drohte unterzugehen. Nur der unbeugsamen Energie des Fs.en 'Abdallāh (888-912) gelang es, den Staat zu retten. Unter seinem Enkel 'Abdarraḥmān III. (912-961) und dessen Sohn al-Ḥakam II. (961-976) erlebte nunmehr das Reich seine Blütezeit. Der erstere proklamierte sich im Gegenzug auf die Ambitionen der → Fāṭimiden in N-Afrika 929 zum Kalifen (→ *amīr al-mu'minīn*) und griff in N-Marokko ein. Als Regierungssitz erbaute er Madīnat az-Zahrā', in der Nähe von Córdoba. Unter dem minderjährigen Sohn von al-Ḥakam II., Hišām II. (976-1013), ergriff der Palastmeier Muḥammad ibn abi 'Āmir → al-Manṣūr die schlaffen Zügel der Macht und schwang sich zum prakt. absoluten Herrscher auf. In 52 Feldzügen (→ *ṣā'ifa*) setzte er den chr. Reichen aufs schwerste zu, aber auch die Zerstörung von Santiago de Compostela (997) vermochte nicht, den Elan der → Reconquista für immer zu brechen. Nach seinem Tode setzte rasch der Verfall ein, das Kalifat endete 1031, und allenthalben machten sich Teilkönige (→ *mulūk aṭ-ṭawā'if*) selbständig. Es war dies eine Periode polit. Ohnmacht, aber blühender höf. Kultur. Im letzten Viertel des 11. Jh. ging Alfons VI. v. León-Kastilien daran, die muslim. Duodezfürsten zu unterwerfen bzw. zu beseitigen (1085 Fall von → Toledo). Da griffen die → Almoraviden ein, schlugen ihn 1086 bei Badajoz und vereinigten al-A. mit ihrem Reich. Beim Niedergang ihrer Macht wurden sie hierin von den → Almohaden abgelöst. Obwohl diese Alfons VIII. 1195 bei → Alarcos noch einmal eine schwere Niederlage beizubringen vermochten, wurden sie 1212 bei Las → Navas de Tolosa von ihm entscheidend geschlagen. Ferdinand III. gelang es, den größten

Teil des muslim. Restgebietes zu besetzen (1236 Córdoba, 1246 Jaén, 1248 Sevilla), während Jakob I. v. Aragón 1229-32 die Balearen und 1238-41 das Kgr. Valencia eroberte. Die Reconquista war bis auf das von den Naṣriden gehaltene Gebiet abgeschlossen. Diese überlebten um den Preis des Verzichts auf das Kgr. Jaén und Anerkennung ihres Vasallenstatus. Sie gingen im 13. und 14. Jh., zeitweilig mit Hilfe der → Marīniden, noch einmal zu Gegenangriffen über, als in Kastilien Bürgerkrieg herrschte. Als aber dieses und Aragón 1469 in Personalunion vereinigt wurden, war das Ende des anachronist. Muslimstaates auf span. Boden gekommen und die Kath. Kg.e eroberten zw. 1481 und 1492 das Kgr. Granada. Wenig später wurden die nicht ausgewanderten Muslime zwangsgetauft (→ Moriscos). Auch die → Mudéjares, die seit Jahrhunderten aufgrund vertragl. Regelung unbehelligt in Kastilien und Aragón gelebt hatten, wurden den Moriscos gleichgestellt und schließl. zw. 1609 und 1612 unterschiedlos meist nach N-Afrika zwangsausgesiedelt.

In vielfältiger Weise hat al-A. als Vermittler ö. Kulturgutes gewirkt: seitens chr. Herrscher durch die Tätigkeit der Toledaner Übersetzerschule (→ Toledo) des 12. Jh. und die von → Alfons X. angeregten oder angefertigten Übersetzungen; direkt bei dem mögl. Einfluß auf die Entstehung der prov. Troubadourdichtung und durch das oriental. Erzählgut, das über die »Disciplina clericalis« des → Petrus Alfonsi nach Europa einströmte. Auch kamen gewichtige Teile des antiken Erbes auf dem Umweg über die Bewohner von al-A. nach Europa zurück. Am stärksten beeinflußt wurde natürl. die Halbinsel selbst; das beweisen Toponomastik wie die nicht nur auf den Wortschatz beschränkten Einwirkungen des Arab. auf ihre roman. Sprachen, aber auch Institutionen, wie der *zabazoque* (*ṣāḥib as-sūq*) bzw. → *almotacén (al-muḥtasib)* u. a., die der islam. Gesellschaftsordnung entlehnt wurden. → »Liber iudiciorum«. H.-R. Singer

Bibliogr.: B. Sánchez Alonso, Fuentes de la hist. española e hispanoamericana I, 1952², 133-369 – *Lit.*: Enciclopedia lingüística hispánica I, s. v. Toponimia arábiga – R. Dozy, Recherches sur l'hist. et la litt. de l'Espagne pendant le moyen âge 1-2, 1881² [Neudr. 1965] – E. Lévi-Provençal, L'Espagne musulmane au X⁰ s.: Institutions et vie sociale, 1932 – Ders., Hist. de l'Espagne musulmane 1-3, 1950-54 – W. Vycichl, Al-Andalus 17, 1952, 449ff. – L. Torres-Balbás, Arte hispanomusulmán (Hist. de España V, 1957), 331-788 – H. Terrasse, Islam d'Espagne. Une rencontre de l'Orient et de l'Occident, 1958 – H. Lautensach, Maur. Züge im geogr. Bild der iber. Halbinsel, 1960 – A. Huici Miranda, The Iberian Peninsula and Sicily (The Cambridge Hist. of Islam 2, 1970), 406-439 – L. Torres-Balbás, Ciudades hispanomusulmanas 1-2, 1971 – P. Guichard, Tribus arabes et berbères en Al-A., 1973 – P. Chalmeta Gendrón, El »señor del zoco« en España: edades media y moderna. Contribución al estudio de la hist. del mercado, 1973 – C. Sánchez Albornoz, La España musulmana según los autores islamitas y cristianos medievales 1-2, 1973² – L. A. García Moreno, El fin del reino visigodo de Toledo, 1975.

Andamento → Mosaiktechnik

Andechs

I. Grafengeschlecht und Burg – II. Wallfahrt im SpätMA.

I. Grafengeschlecht und Burg: Das westbair. Adelsgeschlecht aus dem Huosigau benannte sich zuerst nach seinen Burgen Amras, Dießen und Wolfratshausen, seit 1132 nach der neuen Stammburg A. Seine Herkunft ist ungeklärt, Abstammung von den Rapotonen (Plank) aber wahrscheinlicher als von den Liutpoldingern (Tyroller). Älteste faßbare Angehörige des Geschlechts sind im Gf. Berthold († ca. 990) und dessen Sohn Friedrich († ca. 1030). Mit Gf. Berthold III. v. A. († 1151) beginnt die ununterbrochene Stammreihe. Herrschaftszentrum war urspgl. das Gebiet zw. oberem Lech und oberer Isar mit den Burgen Dießen (seit 1132 Chorherrenstift) und A. am Ammersee (in der Burgkapelle seit ca. 1182 die hl. drei Hostien, die eine Wallfahrt begründeten). Durch eine geschickte Heiratspolitik erwarben die A.er nach dem Aussterben der Schweinfurter noch im 11. Jh. Besitz im Obermaingebiet, wo sie 1130 die Plassenburg (über Kulmbach) erbauten. In Tirol besaßen sie seit ca. 1100 von den Bf.en v. Brixen die Gft.en im Puster- und Unterinntal sowie die Hochstiftsvogtei. Sie kontrollierten also im N die Übergänge über den Frankenwald und im S den Brenner und die in Brixen auftreffende Straße aus dem Drau- und Pustertal. Als Gefolgsleute der Staufer stiegen die A.er im 12. Jh. zu europ. Geltung auf. Gf. Berthold IV. († 1188) erbte von den Formbachern 1158 die Gft.en Neuburg am Inn, Schärding und Windberg; 1173 wurde er von Ks. Friedrich I. mit der Mgft. Istrien belehnt und 1180 – ein gewisser Ausgleich für die Erhebung der Wittelsbacher zu Hzg.en v. Baiern – für seine Besitzungen um Fiume zum Hzg. v. → Meranien erhoben. Von den Söhnen Bertholds V. († 1204) waren Otto I. Hzg. v. Meranien und Pfgf. v. Burgund († 1234), Heinrich Mgf. v. Istrien († 1228), Berthold Patriarch v. Aquileia († 1251) und Ekbert Bf. v. Bamberg († 1237); seine Töchter Agnes und Gertrud heirateten die Kg.e v. Frankreich und Ungarn. Infolge der angebl. Beteiligung an der Ermordung Philipps v. Schwaben (1208) fielen die oberbair. Besitzungen an die Wittelsbacher, die Mgft. Istrien an Aquileia und die Vogtei über Brixen an die Gf.en v. Tirol. Die Gft. im Puster- und Unterinntal konnte Hzg. Otto I. nach dem Tod seines Bruders Heinrich behaupten. Mit seinem Sohn Otto II., der 1239 Innsbruck das Stadtrecht verlieh, und seinem Bruder Berthold starben die A.er 1248 bzw. 1251 im Mannesstamm aus; die Burg A. wurde wenig später von den Wittelsbachern zerstört. L. Auer

Lit.: BWbDG I, 94-102 – Genealog. Hb. zur bair.-östr. Gesch., hg. O. v. Dungern, 1931, 6ff. – K. Bosl, Europ. Adel im 12./13. Jh. Die internat. Verflechtungen des bayer. Hochadelsgeschlechtes der A.-Meranier, ZBayerLdG 30, 1967, 20-52 – F. Tyroller, Die Gf.en v. Andechs (Bayer. Streifzüge durch 12 Jh., hg. A. Fink 1971), 19-27.

II. Wallfahrt im SpätMA: Einer von Bauerreiss angenommenen Kontinuität der Wallfahrt seit der Übertragung der hl. Hostien auf Burg A. (wohl 1182) wurde in der Forschung widersprochen. Die Wiederauffindung der Reliquien geschah 1388. Eine erfolgreiche Ausstellung fand 1392 in München als Ersatz für die röm. Jubelfahrt statt; die Einnahmen wurden zw. Papst und bair. Hzg. geteilt. Vor 1400 läßt sich in A. kein bes. öffentl. Kult feststellen. Die älteren Gemeindeprozessionen der Kreuzwoche sind pfarrechtl. Natur. Auch später handelt es sich wieder um die abhängigen Dörfer des Stiftes, das seit 1416 als hzgl.-bair. Gründung errichtet wurde (seit 1438 mit eigenen Säkularkanonikern). Nach der endgültigen Approbation eines dauernden Kultes durch den päpstl. Legaten Nikolaus v. Kues reichl. Ablaßgewährungen, 1455 Benediktinerbesiedlung von Tegernsee aus. 1458 wurde A. Abtei, die sich der Melker Reform anschloß. Viermal im Jahr öffentl. Heiltumsweisungen, wofür an der Außenfront der hochgelegenen Schatzkammer ein Erker angebaut wurde; seitdem als »mons sanctus« bezeichnet. Gedruckte Heiltumsbriefe mit Holzschnittdarstellungen der zahlreichen, in Deutschland nur mit Aachen vergleichbaren Reliquienschätze von 1496. In nachmittelalterl. Zeit allmähl. Wandlung zur barocken Marienwallfahrt mit zwei konkurrierenden Gnadenbildern. W. Brückner

Lit.: A. Brackmann, Die Entstehung der A.er Wallfahrt (Abh. d. preuß. Akad. d. Wiss. 1929, Phil. hist. Kl. 5) – Der Schatz vom hl. Berg A., Ausstellungskatalog Bayer. Nat. Museum München, 1967 – W. Brückner, Fschr. J. Dünninger, 1970, 402-405.

Andelot, Vertrag v., auf Betreiben Kg. Guntchrams v. Burgund nach einem über das ganze Frankenreich verzweigten Adelsaufstand mit seinem Neffen und gleichzeitigem Adoptivsohn (seit 577), Kg. Childebert II. v. Austrien, im Beisein geistl. und weltl. Großer in der Pfalz Andelao (heute A., Dép. Hte-Marne) am 28. Nov. 586 (oder 587?) geschlossen. Das Vertragswerk sollte dazu dienen, eine Regelung strittiger Besitzansprüche am ehemaligen Charibert-Reich und an Kgn. Brunichildes Eigengütern (einstige Morgengabe an ihre Schwester Galswinth) herbeizuführen, die Nachfolgefrage nach dem Tode eines jeden der beiden Kg.e abzuklären, den Besitzstand der kgl. fideles zu sichern, deren Freizügigkeit in beider Herrschaftsgebieten zu gewährleisten, aber auch deren gegenseitige Abwerbung zu verhindern. So hat dieser Vertrag einerseits die Tendenz, die innerdynast. Spannungen zu überwinden und damit die Einflußmöglichkeiten der Aristokratie – etwa bei Thronvakanzen und Vormundschaftsregierungen – einzudämmen, andererseits treu gebliebene fideles fester an die Kg.e zu binden. E. Hlawitschka

Q. und Lit.: Vertragstext bei Gregor v. Tours, Libri Historiarum X, lib. IX, 20, MGH SS rer. Merov. I, 1, hg. B. Krusch-W. Levison, 1951², 434–439 – E. Ewig, Descriptio Franciae (Karl d. Gr. 1, hg. H. Beumann, 1965), 154 – W. A. Eckhardt, Die Decretio Childeberti und ihre Überlieferung, ZRGGermAbt 84, 1967. 67ff. – F. Irsigler, Unters. zur Gesch. des frühfrk. Adels, 1969, 162f. – A. M. Drabek, Der Merowingervertrag von A. aus dem Jahre 587, MIÖG 78, 1970, 34–41 – H. Grahn-Hoek, Die frk. Oberschicht im 6. Jh., 1976, 214, Anm. 410; 260ff.

Andenne, Stadt im heut. Belgien (Prov. Namur); von Begge, einer Tochter Pippins I., in einem Teil der Grundherrschaft Seilles an der Maas um 690 gegr. Frauenkloster. Die aus Nivelles stammenden Nonnen befolgten urspgl. die Benediktinerregel; um 1100 wurde die Abtei jedoch in ein Stift für weltl. Kanonissen umgewandelt, das um 1200 Adelsstift wurde; um 1250 gab A. die direkte Nutzung seiner Güter auf und ging zum Pachtsystem über. In der Nähe der Abtei entstand ein Flecken, der sich im 13. und 14. Jh. zu einer der mittelgroßen Städte der Gft. Namur entwickelte. G. Despy

Im 11. Jh. setzte in A. eine auf Export gerichtete Keramikproduktion ein, die auf guten Tonvorkommen basierte. Kannen, Krüge, Schüsseln aus hell-grauem Ton mit äußeren Glasurbändern wurden im ndl.-fläm. Raum und bis nach England und Schleswig-Holstein verhandelt. Im 14. Jh. endet die Produktion, vielleicht als Folge der Pest. W. Hinz

Lit.: L. Génicot, Economie rurale namuroise, I–II, 1943–60 – J. Hoebanx, L'abbaye de Nivelles, 1952 – G. Despy, Le Moyen-âge, 56, 1950, 221–245 – Ders., Ann. Féd. arch. hist. Belgique, 36, 1955, 169–179 – F. Rousseau, Le monastère d'Andenne, Ann. Soc. arch. Namur, 53, 1965, 35–65 – R. Borremans, R. Warginaire, La céramique d'A., 1966.

Anderida → Pevensey

Andernach (kelt.-lat. Antunnacum), Stadt am Mittelrhein. Nach der röm. Eroberung des Rheinlandes im 1. Jh. v. Chr. wurde bei der kelt. Siedlung A. unter Tiberius ein Kastell angelegt, das mit dem Ausbau des Limes (1. Hälfte 2. Jh.) jedoch aufgegeben wurde. Neben der strateg. Funktion besaß A. Bedeutung als Handelsplatz für die als Baumaterial, Mühlen- und Backofensteine begehrten rhein. Basalte und Tuffsteine, ztw. für Mayener Tonwaren sowie für Getreide, im MA auch für Wein und Fisch. Die Siedlungskontinuität A.s ist in der außerhalb des Kastellbereiches gelegenen kelt. Siedlung und der röm. Lagerdorf (canabae) zu suchen, aus dem sich eine um 280–290 wegen der Germanenangriffe durch eine Ringmauer befestigte Kaufmannssiedlung entwickelte. Um 480 ging A. relativ ungestört in den Besitz der Franken über (spätröm.-frk. Gräberfeld-Kontinuität). Die von mehreren merow. Kg.en des 6. und frühen 7. Jh. genutzte Pfalz (Schilderung bei Venantius Fortunatus, Carmina, MGH AA 4, 243; 596 Erlaß eines Kapitulars, vgl. MGH Cap. I, 7) war Zentrum des noch nicht ausreichend untersuchten Fiskalbezirks, der vermutl. erst in den Normanneneinfällen von 882/883 zerfiel. Das verbliebene, mit vergleichsweise geringem Besitz ausgestattete, aber strateg., verkehrs- und wirtschaftsgeograph. überaus günstig gelegene Krongut A. (Rheinverkehr, Straße Trier-Eifel-A.) überließ Friedrich I. 1167 mit Zoll und Münze dem Kölner Ebf. Rainald v. Dassel. In den Parteikämpfen der Folgezeit konnte der Ebf. v. Trier 1194 die Pfarrkirche für sich gewinnen, der Besitz des Ortes wurde aber Köln 1205 endgültig bestätigt. Ebf. Philipp v. Heinsberg hatte bereits durch die Schöffenordnung von 1171 der Kaufmannschaft einen beherrschenden Platz in der Gerichts- und Ratsverfassung gesichert. Im frühen 14. Jh. erlangten die Zünfte Mitwirkung am Stadtregiment, und 1522 wurde im Institut der Achter (acht gewählte Vertreter der Bürgerschaft) ein stetig an Einfluß gewinnendes Kontrollorgan des Rates geschaffen. – Die Siedlung war längst über den Rahmen des spätröm. Kastells hinausgewachsen; in zwei Mauererweiterungen des 12. und 13. Jh. wurde der umwehrte Bereich mehr als verdoppelt. Sakral- und Profanbauten zeugen heute noch von Bedeutung und Wohlstand der an mehreren Städtebündnissen beteiligten Stadt im hohen und späten MA. Wirtschaftl. Schaden brachte allerdings die wegen einer Erhebung gegen den Landesherrn 1359/67 erfolgte Verlegung des kurköln. Zolls nach Linz, die erst 1475 durch Maximilian im Zusammenhang mit der Belagerung von Linz (im Burg. Krieg, Zug gegen Neuß) rückgängig gemacht wurde.

Bedeutenden Anteil am A.er Wirtschaftsleben besaß die jüd. Gemeinde (Judenbad erhalten). – Bes. Beachtung verdient ein um 1190 angelegter *Rotulus* mit privaten Rechtsurkunden, z. T. vergleichbar den Kölner Schreinsbüchern (→ Schreinswesen). Eine Lateinschule ist seit 1433 bezeugt. In der Reformationszeit fand die Täuferbewegung breiten Anhang. F.-J. Heyen

Q.: Rep. des Archivs der Stadt A., bearb. A. Görz, AHVN 59, 1894, 1–170 – Inventar des Archivs der Stadt A., bearb. F.-J. Heyen, E. Bucher, K. Werner, 1–5, 1965–73 (Veröff. der Landesarchivverwaltung Rheinland-Pfalz 4, 7, 8, 10, 21 [B. 6 erscheint 1979]) – Lit.: R. Hoeniger, Der Rotulus der Stadt A. 1173–1256, AHVN 42, 1884, 1–60 – O. Schwab, Die Pfarre A. in rechtsgesch. Entwicklung bis zum Ende des 18. Jh. [Diss. Köln 1931] – Die Kunstdenkmäler des Krs. Mayen I, bearb. J. Busley, H. Neu, 1941, 74–200 (Die Kunstdenkmäler der Rheinprov. 17 [Lit.]) – K. Zimmermann, Vom Römerkastell A. zur ma. Stadt, RhVjbll 19, 1954, 317–340 – P. Adams, Kurzgefaßte Gesch. der Stadt A., K. Wind, 440 Jahre A.er Zünfte 1357–1797, 1955 – K. Zimmermann, Das röm. A., RhVjbll 25, 1960, 207–221 – T. Roslanowski, Recherches sur la vie urbaine et en particulier sur le patriciat dans les villes de la moyenne Rhénanie septentrionale [Bonn, Andernach, Koblenz], Studia z Dziejów Osadnictwa 2 (Studia i Materiały z Historii kultury materialnej 21), 1964 – H. Hunder, Die Juden in A., Documenta Judaica, Ausstellungskat. 1970, 33–76.

Andernach, Schlacht bei, 8. Oktober 876, Niederlage der Truppen Karls des Kahlen bei dessen Versuch, sich nach dem Tode Ludwigs d. Dt. in den Besitz des ihm im Vertrag v. → Meersen (870) entgangenen O-Teils Lotharingiens zu bringen. Ludwig III., Kg. der Ostfranken, Sachsen und Thüringer, als dessen Feldherr Heinrich der Babenberger vermutet werden darf, nahm nach Vereitelung des Rheinübergangs Karls bei Deutz eine flankierende Stellung auf dem linken Rheinufer bei A. ein. Rechtzeitig gewarnt, schlug er den mit überlegenen Kräften geführten westfrk. Überraschungsangriff ab. Einige der zahlreichen bei der Verfolgung gefangenen Großen boten später (879) Ludwig III. die westfrk. Krone an. K. F. Werner

Lit.: DÜMMLER III² – J. PRINZ, DA 33, 1977, 543 ff.

Anders Sunesen → Andreas filius Sunonis

Anderssein, Andersheit (lat. alteritas, aliquid, aliud) ist eine der Transzendentalien, jener alle Kategoriengrenzen übersteigenden Grundbestimmungen aller endlichen Seienden. Philosoph. reflektiert wurde das A. erstmals in Platons Spätdialogen »Parmenides« und »Sophistes«: A. meint relatives Nichtsein; jedes Seiende ist anders als die anderen, es *ist* das, was die jeweils anderen sind, *nicht*. Über die Neuplatoniker vermittelt, gelangt das A. in die verschiedenen Transzendentalienlehren des MA. Dabei ist bemerkenswert, daß es bei den »Seinsmetaphysikern« eine mehr untergeordnete Rolle spielt, während es bei den »Einheitsmetaphysikern« als Gegenbegriff zur Einheit geradezu die Grundbestimmung von Endlichkeit darstellt. Im Bereich des Endlichen durchdringen Einheit und A. einander: je weiter von Gott, desto größer die A., je näher zu Gott, desto größer die Einheit. Nikolaus v. Kues symbolisiert dieses Verhältnis in seiner »Figura paradigmatica« (De coniecturis h I, 9):

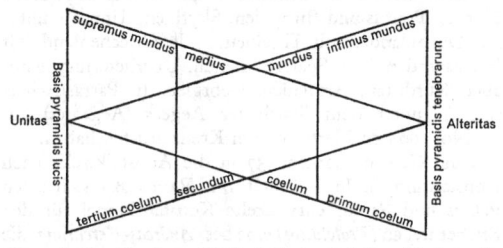

Gott, als der absoluten Einheit, kommt keinerlei A. mehr zu, er ist das »Nicht-Andere« (vgl. Nikolaus v. Kues, De non aliud). → Transzendentalien, → Einheitsmetaphysik – Seinsmetaphysik. H. Meinhardt

Lit.: G. SCHULEMANN, Die Lehre von den Transzendentalien in der scholast. Philosophie, 1929 – H. R. SCHLETTE, Das Eine und das Andere. Stud. zur Problematik des Negativen in der Metaphysik Plotins, 1966 – G. SCHNEIDER, Gott – das Nichtandere. Unters. zum metaphys. Grunde bei Nikolaus v. Kues, 1970 – W. BEIERWALTES, Identität und Differenz. Zum Prinzip cusan. Denkens. Vortr. der Rhein.-Westf. Akad. der Wiss., G 220, 1977.

Andlau, benediktin. Frauenkloster im Elsaß (Dép. Bas-Rhin), gegen 880 von der Ksn. Richardis (Richgard) gegr., die ihm reiche Schenkungen machte und sich nach der Absetzung ihres Gatten, Ks. Karls III. (887), dorthin zurückzog. A. war vom 12. Jh. bis zur Aufhebung während der Frz. Revolution Stift für adlige Kanonissen. Es unterstand geistl. unmittelbar dem Hl. Stuhl, weltl. dem Reich; die Äbt. war Reichsfürstin. Ch. Wilsdorf

Lit.: PH. A. GRANDIDIER, Oeuvres hist. inédites I, 1865, 214–269 – GP III, 39–43 – H. BÜTTNER, Ksn. Richgard und die Abtei A., Archives de l'église d'Alsace, 23, 1956, 83–91 – R. WILL, Das roman. Elsaß, 1966, 259–263 – F. RAPP, Réformes et réformation à Strasbourg, Église et société dans le diocèse de Strasbourg, 1974, 102 f., 285.

Andlau, Peter v., Verfasser einer staatsrechtl. Schrift, * um 1420, † 1480. Es ist weiterhin unsicher, ob »de Andlo« Familienname oder Herkunftsbezeichnung (Andlau im Elsaß) ist. Ab 1439 Studium in Heidelberg, 1443 in Pavia (klass. Sprachen, Kirchenrecht), Decret. Doct., bfl. Kaplan 1450–60 am Basler Münster, Professor für Kirchenrecht an der 1460 neugegr. Univ. Basel, Vizekanzler an der Univ. 1461–81, 1471 Rektor und Senior an der Jurist. Fakultät, Propst zu Lautenbach, Kanonikus zu Colmar. Er schrieb – neben anderen Werken – 1460 den Libellus de Cesarea monarchia« (meist zitiert unter dem Titel »De Imperio Romano«). Diese Schrift, erstmals im Druck 1603, wird als früheste zusammenhängende Darstellung des Staatsrechts des Hl. Röm. Reichs angesehen. Sie behandelt Entstehung und Funktion der Obrigkeit, die antiken Reiche und die *translatio imperii*, die Kfs.en, Königswahl und Kaiserkrönung, die Stellung des Ks.s nach innen und außen, Adel, Kriegswesen, Verwaltung u. a. Der Standpunkt ist eindeutig kurialistisch; die Betonung päpstl. Oberhoheit und kaisertreue Gesinnung stehen in dem Ks. Friedrich III. gewidmeten Werk jedoch nebeneinander. Der gelehrte Jurist zitiert v. a. kanon. und röm. Recht, Zitate antiker Autoren übernimmt er meist aus → Thomas' v. Aquin »De regimine principum«, dem er im übrigen ebenso wie dem »Tractatus magistri de prerogative Romani imperii« des Jordanus v. Osnabrück (ca. 1280) und Aeneas Silvius' »De ortu et auctoritate imperii Romani« (1445; → Pius II.) verpflichtet ist. Dezidierte Vorschläge für die → Reichsreform finden sich nicht, doch tritt er für eine Stärkung des Ksm.s und in der Rechtspflege für den gelehrten Richter und das röm. Recht ein. M. Stolleis

Hss. und Ed.: Hss. in Darmstadt, Basel, Paris, Vatikan. Nach letzterer (ehem. Heidelberg) die Ausgaben v. M. FREHER, Straßburg 1603, 1612, sowie (zus. mit anderen Schr.) Nürnberg 1657 – Beste Ausg. J. HÜRBIN, ZRGGermAbt 12, 1891; 13, 1892 – Lit.: NDB I, 276f. [Angaben über weitere Werke des P. v. A.] – J. S. PÜTTER, Litteratur des Teutschen Staatsrechts I, 1776, 77–88 – G. HUGO, Zs. f. gesch. Rechtswiss. I, 1815, 338 ff. – O. STOBBE, Gesch. der dt. Rechtsquellen, 1860, I, 456 – P. LABAND, Über die Bedeutung der Reception des Röm. Rechts für das dt. Staatsrecht, 1880 – J. HÜRBIN, ZRGGermAbt 16, 1895; 18, 1897 – H. REHM, Gesch. der Staatsrechtswissenschaft, 1896, 182 – J. HÜRBIN, P. v. A., der Verf. des ersten dt. Reichsstaatsrechts, 1897.

Andorra, Tallandschaft in den sö. Pyrenäen. Die Ortsnamen ibero-bask. Herkunft weisen auf das Alter der Besiedlung des Gebietes hin. Der Sage nach soll Karl d. Gr. sich im Lande aufgehalten haben. Vom 11. Jh. an vereinigten sich die sechs andorran. Täler bzw. Pfarrgemeinden. – Seit dem ausgehenden 9. Jh. sind Abgabenforderungen sowohl der Gf.en v. Urgel wie auch der Bf.e v. Urgel feststellbar. Die Rechte der Gf.en kamen über die Vicomtes von Castelbó und von Cabrera an die Gf.en v. Foix. Die Kompetenzstreitigkeiten wurden durch den Schiedsspruch vom 8. Sept. 1278 geklärt; A. stellt seitdem eine Rechts- und Besitzgemeinschaft des Gf.en v. Foix und des Bf.s v. Urgel dar in Form eines *Conseniorates*. Die Rechtsprechung sollte gemeinsam von zwei → bayles als Vertretern der beiden Herren ausgeübt werden; die Frondienste wurden abgeschafft. Zum Ausdruck der Selbstverwaltung A.s wurde der (mindestens seit dem 14. Jh.) von den Andorranern gewählte Rat. – Diese Bestimmungen sind noch heute gültig: Der Bf. v. Urgel konnte seine Rechte bewahren, während die Herrschaftstitel der Gf.en v. Foix an die Krone von Navarra fielen und über Heinrich IV. an den frz. Staat übergingen (1607, 1620). – Das andorran. Gewohnheitsrecht wurde nie schriftl. fixiert; es ist mit röm. und katal. Recht (zweifellos aus dem 16. Jh.) vermischt, bewahrt aber – v. a. in den Bestimmungen über die *pubilla* (Erbtochter) und den erlaubten Verwandtschaftsgrad bei Eheschließungen – sehr alte Rechtselemente des Pyrenäenraumes. P. Ourliac

Q.: F. VALLS TABERNER, Privilegis i Ordinacions de les valles Pirinenques III: Vall d'A. (Textes de dret català II, 1920) – Lit.: J. F. BLADÉ, Etudes géogr. sur les vallées d'A., 1875 – BAUDON DE MONY, Origines hist. de la question d'A., BECh, 1885 – Mehrere Aufsätze von A. BRUTAILS, Rev. des Pyrénées, 1891; RC, 1896; Rev. des Universités du Midi, 1897 – B. RIBERAYGERA ARGELICH, Los valles de Andorra, 1949 – J. M. FONT-RIUS, Els origens del Cosenyoria, Andorra, Pirineos II, 1955, 76–109 – J. A. BRUTAILS, La coutume d'Andorre ([Neudr. 1965], Monumenta Andorrana I) – B. BELINGUIER, La condition juridique des vallées d'Andorre, 1970 – O. ENGELS, Schutzgedanke und Landesherrschaft im ö. Pyrenäenraum (9.-13. Jh.), 1970, passim – P. OURLIAC, La réforme des institutions andorranes (Problèmes actuels des vallées d'Andorre), 1970, 119-151 – DERS., La Jurisprudence civile d'Andorre, 1972.

André, Dauphin des Viennois, Gf. v. Albon 14. März 1192-1237, † 14. März 1237, ⌑ St. Andreas zu Grenoble (von ihm 1227 gestiftet). Seine Eltern waren Hzg. Hugo III. v. Burgund und Beatrix, Tochter des Dauphin Guigues V. (Heirat 1183). A. war der erste Dauphin aus dem Hause Burgund und trat 1192 die Nachfolge seines Vaters an. Im Juni 1202 heiratete er Beatrix, gen. »v. Claustral«, die Enkelin des Gf.en v. Forcalquier, Wilhelm VI. Ihre Mitgift bestand in den Gft.en Embrun und Gap. Seine zweite Gemahlin war Semnoresse, die Tochter des Gf.en v. Valentinois, Aimar v. Poitiers. Eine dritte Ehe schloß A. am 21. Nov. 1219 mit Beatrix, der Tochter Wilhelms IV., Mgf. v. Montferrat.   V. Chomel

Q. und Lit.: U. CHEVALIER, Itinéraire des dauphins de Viennois de la seconde race, 1886 – DERS., Regeste dauphinois, I-II, passim – P. VAILLANT, L'Hist. du Dauphiné, hg. B. BLIGNY, 1973, 118-121.

André, Pierre, kgl. Ratgeber unter Philipp VI., Bf. v. Noyon, Clermont und Cambrai, † 13. Sept. 1368, Sohn eines Bürgers von Clermont, Domherr von Paris (1337), bei seiner polit. Tätigkeit eng mit dem Kanzler Guillaume →Flote verbunden. A. bewahrte während dessen Abwesenheit zw. 1342 und 1347 das kgl. Siegel; er war mit Flote an den Verhandlungen über den Kauf der Dauphiné durch den Kg. beteiligt, empfing den Treueid der Amtsträger des Landes (1343) und war mit der Ratifizierung des Vertrages über die Abtretung von Montpellier an Frankreich betraut, den Flote 1352 ausgehandelt hatte. Ebenso stand er in Verbindung mit Etienne Aubert, dem späteren Papst Innozenz VI., und trat seine Nachfolge als Bf. v. Noyon (11. Okt. 1340) und Bf. v. Clermont (25. Sept. 1342) an. A. war in kgl. Auftrag in Avignon tätig; als Bf. v. Cambrai (seit 17. Jan. 1349) wurde er von Innozenz VI. beauftragt, den Frieden zw. Flandern und Hennegau (1353) sowie Flandern und Brabant-Luxemburg (1356) wiederherzustellen; er griff in die Territorialpolitik des Hauses Wittelsbach im Hennegau ein (→Albrecht v. Baiern) und versuchte, den Streit zw. den Gf.en v. Foix u. Armagnac zu schlichten (1361).   R.-H. Bautier

Andrea Dandolo, Doge v. Venedig, Chronist →Dandolo, Andrea

Andrea da Barberino, it. Schriftsteller, Sohn des Jacopo di Tieri dei Mangiabotti, * um 1370 vermutl. in Barberino in der Valdelsa, wo seine Familie herstammt, oder in Florenz, wo er bis zu seinem Tod (der zw. dem 14. Aug. 1431 und dem 31. Mai 1433 erfolgte) ständig lebte. A., der den Beruf eines Spielmanns ausübte, ist gewiß der bedeutendste der it. Prosakompilatoren von Stoffen aus dem Karlssagenkreis. In seinem berühmtesten Werk »I Reali di Francia« (in sechs Büchern) wird die *gesta* von Orlando (Roland) und Carlo Mainetto (d. h. der junge Karl d. Gr.) auf antike und it. Ursprünge zurückgeführt und das frk. Haus von Konstantin abgeleitet. Die Genealogie des Hauses wird über Fiovo, Fioraldo, den Kg. v. Frankreich, Fioravante, Gisberto, Ottaviano, Guidone zu Buovo, der von Galione di Maganzo, dem Vorfahren von Gano, getötet wird, weitergeführt. Von Pipino, dem Nachkommen des Fioravante, gelangt man zu Carlo Mainetto und seiner Schwester Berta, die aus der umstrittenen Liebe zu Milone den Sohn Orlando empfing. Weitgespannt sind die Bogen der von A. benutzten Vorbilder, von den »Storie di Fioravante« bis zur »Geste Francor« (cod. Marcianus Fr. XIII) und zum »Buovo« (cod. Laurentianus Palatinus 93), um nur die wichtigsten zu nennen. Auch für die anderen Werke hat A. sowohl franco-italienische als auch it. und frz. Quellen benutzt: so für den »Aspramonte« in drei Büchern, den das explicit der Hss. sogar als Übersetzung bezeichnet (nach einem frz.-venet. »Aspremont«, der dem Marciano Fr. IV sehr ähnlich ist), für den sehr erfolgreichen »Guerrin Meschino« in acht Büchern, für den »Aiolfo del Barbicone«, die »Storie Nerbonesi« (sieben Bücher), »Ugone d'Alvernia« sowie für die anderen Werke, die man ihm zuschreibt (»Rambaldo« und, ohne gesicherte Basis, »Seconda Spagna« und »Rinaldino da Montalbano«).   G. Busetto

Ed.: Storia di Aiolfo del Barbicone, ed. L. DEL PRETE, 1863-64 – Le Storie Nerbonesi, ed. I. G. ISOLA, 1877-80 – I Reali di Francia, ed. G. VANDELLI, G. GAMBARIN, 1947; A. RONCAGLIA, F. BEGGIATO, 1968 – Storia di Ugone d'Alvernia, ed. F. ZAMBRINI, A. BACCHI DELLA LEGA, 1882 – L'Aspramonte, ed. M. BONI, 1951 – *Lit.*: DLI I, 65-67 [Bibliogr.].

Andreas, Apostel (30. Nov.), Bruder des Simon Petrus. Zuerst Jünger Johannes des Täufers; von Jesus als erster der Apostel berufen; in allen Apostellisten des NT – in der ersten Viererreihe – aufgeführt. Als Predigt- und Missionsgebiet nennen apokryphe Berichte und frühe Kirchenschriftsteller Landschaften s. und ö. des Schwarzen Meeres: Pontus und Bithynien, Skythien, dann die unteren Donauländer mit Thrakien, endl. Griechenland mit Epirus und Achaia. Spätere oriental. Überlieferung nennt auch Kurdistan, Armenien, Georgien. In Patras/Achaia soll A. unter dem Statthalter Aegeas (Aegeates) am 30. Nov. 60 den Martertod am Kreuz erlitten haben.

Seine Gebeine kamen 357 in die Apostelkirche nach Konstantinopel. In Rivalität mit Roms Apostelfürsten Petrus und Paulus entwickelte Konstantinopel für den Erstberufenen *(Protoklitos)* eine bes. *Andreas-Verehrung,* die die Gründung des Bischofssitzes von Byzantion durch ihn behauptet. Seit dem 5. Jh. finden sich im W Patrozinien: Ravenna, Rom, im 6. Jh. Clermont (Gregor v. Tours schreibt ein Buch über seine Wunder). Das Martyrologium Hieronymianum nennt neben seinem Todestag auch den Tag seiner Bischofsordination (5. Febr.). Im 6. oder 8. Jh. ist A. in die röm. Meßliturgie (= Embolismos) aufgenommen. 1208 überträgt Kard. Petrus v. Capua die Reliquien nach Amalfi (Translationsfest 9. Mai); das Haupt kommt 1462 nach Rom (1964 durch Paul VI. an Patras zurückgegeben). Die angebl. *Andreas-Kreuzreliquie* befindet sich seit 1250 in der Abtei St. Victor; 1438 kommen durch Hzg. Philipp d. Guten v. Burgund, der 1429 unter dem Patronat des hl. A. den Orden vom »Goldenen Vlies stiftet hatte, Teile davon an die Brüsseler Palastkapelle. Das Andreaskreuz wird zum Emblem von Burgund. Dieses Diagonalkreuz (crux decussata) entstammt erst spätma. Überlieferung. Über die Habsburger kommt der A.-Kult auch in die österr. Erblande und nach Spanien.

A. ist *Schutzpatron* der Kirche von Konstantinopel, von Rußland, Griechenland, Schottland, Sizilien. Seit dem SpätMA ist er Bergwerkspatron, schon vorher als Höhenheiliger verehrt (Rom, Tirol, Freising). A. gilt als Standespatron der Fischer, Seiler, Metzger, Wasserträger, unverheirateten Frauen. Er wird angerufen um Heirat, Kindersegen, bei Gicht, Krämpfen, Rotlauf (Andreaskrankheit).

Um den *Andreastag* (30. Nov.) haben sich an der Schwelle des Kirchenjahres eine Reihe von Jahresanfangsbräuchen angesiedelt. Der Tag galt als Lostag, die *Andreasnacht* als günstig für Orakel (bes. Liebes- und Heiratsorakel), für Schatzhebung u. a. Wie die Patronate dürften wenigstens ein Teil der vielen Bräuche sowie der abergläub. Vorstellungen und Praktiken um den Andreastag ins MA zurückreichen.   E. Wimmer

Ikonographie: [1] Als drittem Apostel nach Petrus und Paulus wird für A. ein eigener Bildtypus geschaffen, ältestes erhaltenes Beispiel ist ein Mosaikmedaillon in der ebfl. Kapelle in Ravenna (um 500): ein Greis mit fanat. Gesicht, gesträubtem, wirrem Haar und kurzem Vollbart, ähnlich in S. Apollinare Nuovo (um 520) und S. Vitale (546/547). Kanonisch wird aber der beruhigtere Typus, wie er im Baptisterium der Arianer, ebenfalls Ravenna, erscheint (um 500): volles, gescheiteltes Haar, längerer, manchmal zweizipfliger Vollbart. In den byz. Apostelreihen fehlt er nie. In Konstantinopler Werken nimmt er als der Gründer der dortigen sedes apostolica häufig einen hervorgehobenen Platz ein, z.B. auf einem Buchdeckel des 9.Jh. (Venedig, Bibl. Marc.) über dem Kreuz neben Petrus und Johannes d. Täufer auf einer Votivtafel aus Elfenbein (10.Jh.; Wien, Kunsthist. Mus.) zur Rechten Petri, auf einer Ikone des 14.Jh. (Moskau, Kunstmus.) hinter Petrus und Paulus in einer Lücke zw. ihnen. Auf zwei Triptycha des 10.Jh. (Rom, Pal. Venezia und Paris, Louvre) aus ksl. Werkstatt steht er mit Jakobus, Johannes, Petrus und Paulus als Repräsentanten der Apostel unter Christi Thron; eine Elfenbeintafel des 12.Jh. (London, Victoria-und-Albert-Mus.) zeigt ihn mit vier Hl., deren Reliquien ebenfalls in Konstantinopel verehrt wurden. Ein persönl. Attribut hat er nicht, das manchmal vorkommende Stabkreuz, das auch andere Hl. halten können, weist ihn als Märtyrer aus. K.Wessel

[2]: Dargestellt im W seit achr. Zeit in der Reihe der Apostel oder auch einzeln, meist langbärtig; als Attribut neben dem Buch und der Rolle auch der Fisch und bes. das Kreuz als Zeichen seines Todes für Christus und seiner Herrlichkeit, anfangs und in Italien und Frankreich bis ins 15.Jh. als lat. Kreuz (Aachener Münster, Marienschrein um 1230), seit dem 14./15.Jh. die zumeist großformatige x-förmige crux decussata, das Andreaskreuz. Als Szenen bes. die Berufung beim wunderbaren Fischzug und das Wunder der Brotvermehrung. Seine Kreuzigung bleibt die Hauptszene in allen Zyklen, die um legendäre Ereignisse ergänzt werden: A. heilt den blinden Matthias, A. vor Algeas, seine Predigt im Gefängnis. – → Andreas (ae. Gedicht). G.Binding

Lit.: AURENHAMMER, 132-138 [Lit.] – HWDA I, 398-405 – LCI V, 138-152 – LThK² I, 511-513 – RByzK I, 154-156 – F. DVORNIK, The Idea of Apostolicity in Byzantion and the Legend of the Apostle Andrew, 1958 – Vies des Saints XI, 1005-1010.

Andreas

1. A. v. Ungarn, * 30. Nov. 1327, † 1345, Sohn des Kg.s v. Ungarn, Karl Robert v. Anjou, und der Kgn. Elisabeth Łokietek, Tochter des Kg.s v. Polen, Bruder des Kg.s Ludwig I. v. Ungarn-Polen; ⚭ 31. März 1342 mit → Johanna I., Kgn. v. Neapel, mit der er verwandt war. Der Ehe entstammte der einzige Sohn Johannas, Karl Martell, der jedoch als Kind starb. Vom Papst erhielt A. 1344 den Königstitel, wurde jedoch nie gekrönt, da sich seine Gemahlin und der Hof trotz einer bedeutenden Schenkung von 80000 Goldflorin, die Ludwig d. Gr. dem Königreich machte, der Krönung widersetzten. Er starb als Opfer einer Palastverschwörung, sein Tod wurde als Jagdunfall ausgegeben. Ludwig d. Gr. führte mehrere Feldzüge gegen das Kgr. Neapel, um die Ermordung des Bruders zu rächen und forderte vergebens vom Papst die Bestrafung Johannas. E.Pasztor

Lit.: B.HÓMAN, Gli Angoini di Napoli in Ungheria 1290-1403, 1938 (Reale Accad. d'Italia, Studi e documenti 8) – L.MAKKAI, Hist. de la Hongrie des origines à nos jours, 1974, 99-100.

2. A. I., *Kg. v. Ungarn* aus dem Hause der Arpaden 1046-60, * vor 1020, † 1061 in Zirc. Nach einer bewegten Jugend wurde A. 1046 Kg. Sein Vater, Hzg. Vasul, wurde nach einem gescheiterten Anschlag gegen Stephan d. Hl. geblendet, A. mit seinen zwei Brüdern verbannt. Nach Aufenthalten in Böhmen und bei den Petschenegen ging A. nach Kiev, wo er die Tochter des Gfs.en Jaroslav heiratete. Von den Gegnern des Kg.s Peter Orseolo wurde A. nach Ungarn gerufen; zum Zeitpunkt seiner Ankunft brach ein heidn. Aufstand aus, den er zuerst ausnutzte, dann aber niederschlug und die durch Stephan d. Hl. geschaffenen staatl. Verhältnisse wiederherstellte. Zugunsten Peters führte Ks. Heinrich III. 1051 einen Feldzug gegen A., der mit Hilfe seines Bruders Bela, des Inhabers des Ducatus, die Deutschen besiegte. Den drohenden Angriff der Petschenegen lenkte A. dadurch ab, daß er ihren Einfall in das Byz. Reich mit Waffen unterstützte. Zur Reorganisierung der kgl. Grundherrschaft ließ er um 1056 die Dienstleute konskribieren und nach dem Muster der Münzen Stephans d. Hl. Halbdenare prägen. Zur Ergänzung des während der heidn. Reaktion getöteten und verjagten hohen Klerus ließ A. 24 Domherren des zerstörten Kapitels von Verdun nach Ungarn kommen, gründete das Benediktinerkloster Tihany (1055) und das Basilitenkloster Visegrád. Seinen Sohn Salomon verlobte er mit der Tochter Heinrichs III. Er veränderte die auf dem Seniorat beruhende ung. Erbfolge und ließ anstelle des gesetzmäßigen Thronfolgers, Hzg. Bela, seinen eigenen Sohn, Salomon, krönen. Bela griff daraufhin A. mit Hilfe des Neffen seiner Frau, Bolesławs II. v. Polen, an. Während der Auseinandersetzung erlag A. einer Verwundung. G.Györffy

Lit.: B.HÓMAN I, 243-268 – G.GYÖRFFY, Magyarország története I [im Druck].

3. A. II., *Kg. v. Ungarn* 1205-35, * 1176/77, † 21. Sept. 1235, ⌐ Zisterzienserabtei Egres. Eltern: Kg. Bela III. und Anna (Agnes) v. Chatillon. ⚭ 1. Gertrud v. Meranien (vor 1203); 2. Jolante v. Courtenay seit 1215; 3. Beatrix v. Este seit 1234. Der ehrgeizige, aber innerl. labile Tatmensch war unfähig, die Grenzen seiner Kräfte und Möglichkeiten zu erkennen und erlag oft fremden Einflüssen, bes. dem der herrschsüchtigen Kgn. Gertrud. Die Begünstigung ihrer Verwandtschaft und deren Gefolgsleute gab Anlaß zu einer Verschwörung, der die Kgn. 1213 zum Opfer fiel. A.' jahrzehntelange Bemühungen, in Galizien eine Secundogenitur zu errichten, scheiterten. Einen Kreuzzug, den er seinem sterbenden Vater hatte geloben müssen, unternahm A. 1217-18, als er glaubte, die Kaiserkrone von Konstantinopel erringen zu können. Einziges positives Ergebnis war die Verlobung des Thronfolgers Bela mit Maria Laskaris, Tochter des Ks.s v. Nikaia, Theodor. Die »ewigen Schenkungen« des Kg.s an einen engen Kreis von Günstlingen zerstörten weitgehend die alten Grundlagen der kgl. Macht. Dabei versuchte A. die Kosten der glänzenden Hofhaltung und der fast jährl. Kriege durch außerordentl. Steuern, Verpachtung der Regalien, Geldverschlechterung und Abwälzung der Kriegslasten auf die Grundbesitzer zu decken. Die Kirche und Bela als »rex iunior« traten der Mißwirtschaft und den verhängnisvollen Neuerungen entgegen, die → servientes regis aber, von einer Magnatengruppe geführt, erzwangen 1222 die »Goldene Bulle«, die erste Verbriefung der unverletzbaren Rechte einer Gesellschaftsschicht in Ungarn. 1224 erhielten die Siebenbürger Sachsen ihr Privileg »Andreanum« (→ Siebenbürgen). Den 1211 im Burzenland gegen die Kumanen angesiedelten Dt. Orden vertrieb A. 1225, als dieser sein Territorium als unabhängigen Ordensstaat unter päpstl. Lehnshoheit dem Einfluß des ung. Kgr.s entziehen wollte. Th. v. Bogyay

Lit.: HÓMAN II, 58-105 – J.DEÉR, Der Weg zur Goldenen Bulle A.s II. v. 1222, Schweiz. Beitr. zur Allg. Gesch. 10, 1952.

4. A. III., Kg. v. Ungarn 1290–1301, * 1265/70 in Venedig (?), † 14. Jan. 1301 in Buda, ⌐ ebd. in der Minoritenkirche. Eltern: Stephan, nachgeborener Sohn v. Andreas II., und Tomasina Morosini. ⚭ 1. Fennena v. Kujavien seit 1290; 2. → Agnes v. Österreich seit 1296. Tochter (aus 1. Ehe): Elisabeth. Nach dem Tode Ladislaus IV. wurde A. als letzter männl. Nachkomme der Arpaden von den kirchl. und weltl. Großen, die die päpstl. und ksl. Ansprüche auf Lehnshoheit ablehnten, zum Kg. berufen und am 13. Juli 1290 in Székesfehérvár gekrönt, wobei er einen ihm vorgelegten Krönungseid schwören mußte. Diesem Eid gemäß zwang A. Hzg. Albrecht v. Habsburg 1291 im Hainburger Frieden zur Rückgabe der westl. ung. Grenzburgen. In dem letztl. erfolglosen Kampf gegen die Oligarchie stand ihm seit 1293 seine tatkräftige Mutter bei, die das von den Thronprätendenten aus dem Hause → Anjou bedrohte sw. Gebiet zw. der Donau und der Adria regierte. A. begünstigte die Kirche und den Komitatsadel, die ihn gegen die Barone unterstützten. In seinen Gesetzen werden Ansätze zu einem Ständestaat sichtbar.

Th. v. Bogyay

Lit.: BLGS I, 71 – G. PAULER. A magyar nemzet története az Árpádházi királyok alatt., 2, 1899², 414ff. – J. GERICS, Árpádkori jogintézmények és terminológia, Századok 103, 1969, 611–640 – DERS., Von den Universi Servientes Regis bis zu der Universitas Nobilium Regni Hungariae (Album Elemér Mályusz, 1976, 97ff.).

5. A., Bf. v. Prag seit 1215, † 30. Juli 1223. Aus adliger Familie stammend, war A. vor seiner Wahl Prager Kanoniker, Propst von Altbunzlau, Melnik und Prag, seit 1211 zugleich Kanzler des böhm. Kg.s. Nach seiner Bischofsweihe durch Innozenz III. auf dem 4. Laterankonzil wandelte sich A. zum kompromißlosen Verfechter kirchl. Reform und Selbständigkeit gegenüber den noch mächtigen eigenkirchl. Gewohnheiten in Böhmen. Der Kirchenkampf, geführt unter der Devise »Libertas ecclesiae«, war im Grunde ein großer Zehntstreit. Nach jahrelangen Auseinandersetzungen, die A. meist von Rom aus (mit päpstl. Hilfe und Interdikt) gegen Kg. und Adel führte, errang er 1222 (teils nur formale) Zugeständnisse des Kg.s bei Zehnt, Gerichtsbarkeit und Investitur, die eine Voraussetzung für den weiteren Aufstieg der böhm. Kirche im 13. Jh. bildeten. A. selbst jedoch kehrte nicht mehr in seine Diöz. zurück.

P. Hilsch

Lit.: V. NOVOTNÝ, České dějiny I, 3, 1928 – P. HILSCH, Der Kampf um die Libertas ecclesiae im Bm. Prag (Bohemia sacra, hg. F. SEIBT, 1974), 295–306.

6. A. v. Bergamo, Geschichtsschreiber des späteren 9. Jh.s, Lebensdaten unbekannt. Er entstammt dem Klerus von Bergamo und verfaßte nach 877 einen Auszug aus der »Historia Langobardorum« des → Paulus Diaconus, den er bis in seine Zeit fortsetzte. Überliefert ist der Zeitraum bis unmittelbar nach dem Tod Karls d. Kahlen (6. Okt. 877). Von einiger Bedeutung ist seine Darstellung ledigl. für die Zeit Ks. Ludwigs II., die er als Zeitgenosse schildert, während er sich in den älteren Partien nur dürftig unterrichtet zeigt. Provinzielle Enge des Gesichtskreises und der deutl. fühlbare langob. Standpunkt sind die Kennzeichen seines Werkes, der einzigen größeren hist. Darstellung N-Italiens im 9. Jh.; sie hält aber sowohl in formaler als auch v. a. sprachl. Hinsicht keinen Vergleich mit der gleichzeitigen Geschichtsschreibung in O- und W-Franken aus.

Th. Kölzer

Ed.: Historia, ed. G. WAITZ, MGH SRL, 220–230 – *Lit.:* DBI III, 79 f. – WATTENBACH-LEVISON 4, 1963, 403 f.

7. A. Bonellus de Barulo, Rechtslehrer, * in Barletta (Prov. Bari), lehrte Zivilrecht in Neapel schon vor 1250 und noch 1271. Er glossierte die Constitutiones Regni Siciliae (→ Marinus de Caramanico) und schrieb einen Kommentar zu den letzten drei Büchern des Codex (→ Lucas de Penna), »Differentiae inter ius romanum et ius longobardorum« (identisch mit den fälschlich sog. »Commentaria in leges longobardorum« (→ Differentienlit.), sowie eine »Summa de successione ab intestato«.

P. Weimar

Ed.: Commentaria super tribus postremis libris codicis, Venedig 1601 [Neudr. 1975, OIR. XVIII] – In leges long. comm. (Leges Longobardorum cum arg. glosis C. de Tocco, Venedig 1537 [Neudr. 1964], Bl. 232v–240r) – *Lit.:* DBI II, 776–779 – SAVIGNY V, 408–416 – L. VOLPICELLA, Della vita e delle opere di A. Bonello da Barletta, 1872 – Iuris interpretes saec. XIII, hg. E. M. MEIJERS, 1924 [mit Ed. der Summa].

8. A. Cadac → Cadac

9. A. Capellanus
I. Theorien über Verfasser und Werk – II. Europäische Verbreitung des Werkes.

I. THEORIEN ÜBER VERFASSER UND WERK: Verfasser von »De Amore«, Ende 12.–Anfang 13. Jh. Wenige und unsichere Lebensdaten. In einigen Hss. wird er als »capellanus regis francie« oder »francorum aule regie« bezeichnet. P. RAJNA wies 1891 nach, daß ein A. c. in Urkunden des Hofs von Champagne in den Jahren 1182–86 erwähnt wird, während kein Dokument die Anwesenheit eines A. unter dem Klerus des kgl. Hofes bestätigt. Die Identifizierung mit dem Autor von »De Amore« wird durch die Wichtigkeit, die Marie de Champagne in dem Werk beigemessen wird, wahrscheinlich gemacht, ferner durch die Erwähnung von Damen, die mit jenem Hof in Verbindung standen und durch die Thematik der Abhandlung selbst. Die Abfassungszeit ist zw. 1174, dem Datum eines fingierten Briefes, der in das Werk eingefügt ist, und 1238 anzusetzen, dem Jahr, in dem der »Liber de amore et dilectione Dei et proximi« des → Albertanus v. Brescia geschrieben wurde, wo die älteste uns bekannte Zitierung von »De Amore« steht. Im Text gibt es Anspielungen auf Personen und Ereignisse, die die Gelehrten zu identifizieren versuchten, ohne absolute Gewißheit zu erlangen. Der Traktat, gewidmet einem nicht identifizierten Gualterius, ist nach scholast. Gewohnheit dreigeteilt. Im 1. Buch erörtert man über die Natur, die Wirkungen der Liebe und die Art und Weise, sie zu erringen; hier sind acht Dialoge zw. einem Mann und einer Frau von verschiedener sozialer Herkunft eingeführt, in die auch eine allegor. Erzählung, eine Bitte an die Gfn. v. Champagne, ein Urteil zu fällen, und ihre betreffende Antwort eingefügt sind. Im 2. Buch werden die Veränderungen analysiert, die in einer nunmehr errungenen Liebe eintreten können, und einige Entscheide der »Liebeshöfe« angeführt. Den Schluß bildet eine Novelle aus dem bret. Bereich, die als Einleitung für die Regulae amoris dient. Das 3. Buch stellt eine heftige Palinodie der ersten beiden dar: mit vis polemica und in realist. Sprache legt A. die frauenfeindl. Argumente dar, die einer Strömung des ma. Denkens eigen sind, und rechtfertigt den vorhergehenden Teil als vom Wunsch diktiert, ein Mittel zu bieten, die Sünde intellektuell zu erkennen und damit zu vermeiden. Die Quellen A.' werden ihm von der klerikalen Kultur, in die er integriert ist, geboten: Klassiker, Kirchenväter, arab. Wissenschaft. Ihm eigen ist das stolze Bewußtsein seines Status als clericus das er oft bekundet, wobei er dem Adel des Geblüts die probitas morum entgegenstellt, die allein die Unterschiede zw. den Menschen schafft, und deretwegen der Kleriker allein hervorragt. Der Erfolg von »De Amore« wird mehr von den Spuren seines Einflusses bezeugt, der in vielen europ. Literaturen sichtbar wird, als aus der Zahl der Hss. (über zwei Dutzend) und der Übersetzungen: zwei in das

Frz., zwei in das Toskan., eine in das Katal., zwei in das Dt. Vielleicht wurde der Erfolg durch die Verdammung durch die Inquisition (1277) eingeschränkt.

Unter den vielen Problemen, die »De Amore« präsentiert, und in deren Beurteilung die Kritiker nicht übereinstimmen, sind zwei, miteinander verbundene, grundlegend: Ob man die Liebe, über die A. schreibt, als höf. auffassen soll und welchen Sinn das 3. Buch hat. Nach der Definition von G. PARIS als »code de l'amour courtois«, die von einigen (BOSSUAT, BATTAGLIA, PARRY) mehr oder weniger völlig angenommen wurde, stellen jüngere Untersuchungen, die »De Amore« im Rahmen der ma. Kultur betrachten, seinen höf. Charakter in Zweifel (VINAY, VISCARDI, DRONKE). Andere schlagen genauere Erklärungen vor. A. J. DENOMY sieht in dem Traktat den Einfluß des Averroismus, dem zufolge duae contrariae veritates bestehen können, die eine secundum fidem, die andere secundum philosophiam; man kann diese Hypothese aus chronolog. Gründen nicht gelten lassen. D. W. ROBERTSON JR. ist der Ansicht, daß allein das 3. Buch die authent. Meinung von A. enthält, während die ersten beiden nur eine ironische Darstellung der höf. Liebe seien. Nach F. SCHLÖSSERS Meinung sind in »De Amore« zwei Gesichtspunkte ausgedrückt, der weltl.-aristokrat. und der religiöse, die, obwohl sie sich nicht ausschließen, nicht miteinander harmonieren können. Nach D. KELLYS Ansicht will A. sicherlich die höf. Liebe kodifizieren, die aber ein komplexes Phänomen und nicht ohne sinnl. Seiten ist; der Traktat lasse außerdem den Gedanken einer Rangordnung verspüren, nach der die verschiedenen Arten der Liebe, angefangen von der zu Gott bis zu der sinnl., dem Gegenstand eben des 3. Buches, nach einer absteigenden Stufenleiter angeordnet sind. A. M. Finoli

Geht man konsequent vom Zeugnis derjenigen Hss. aus, die A. als Capellanus des frz. Kg.s bezeichnen, und berücksichtigt, daß aus lit.-hist. Sicht es sich um die Einführung volkssprachl. innovativer Stoffe und Themen (Artuserzählung, Minneallegorie, -fragen, -urteile, -regeln etc.) in lat. Traktatprosa handelt, so liegt es weniger nahe, als 'Sitz im Leben' den Hof Maries de Champagne in Troyes zu suchen. Eher ist das Werk einem Kreis theolog.-lat. Gebildeter zuzuordnen, wie sie im Umkreis der Chancellerie des frz. Kg.s zu finden sind. Dafür sprechen insbes. die generelle Diktion des Werks, das die Amorthematik in spitzfindiger Übertreibung darstellt, die Zurückweisung des plebeius aus dem Kreis der Amorberechtigten (ein Pariser sozialpolit. Thema!), die Tatsache der reprobatio amoris, ferner die namentl. Zuschreibung der Liebesurteile an Damen der frz. Feudalaristokratie, die vielleicht weniger Glorifikation meint als literaturpolit. Satire aus der Sicht der Hofkreise in Paris, die zu Artusepik und Minnelyrik der Feodalen kühle Distanz hielten. A. Karnein

II. EUROPÄISCHE VERBREITUNG DES WERKES: Zwei Phasen der Rezeption zeichnen sich deutlich ab. Das 13. Jh. liest »De Amore« als ein Werk über cupiditas, die falsche, gottferne Liebe. In diesem Sinne zitiert → Albertanus v. Brescia 1238 das Incipit des Traktats und einige regulae amoris. Letztere erscheinen noch einmal mit gleicher Sinnsetzung zu Beginn des 14. Jh. in dem it. Moraltraktat »Fiore di Virtù«. Auf eine Exzerpta-Sammlung aus »De Amore« greift Geremia da Montagnone für sein »Compendium moralium notabilium« 1295/1300 zurück. Alle auf Amor bezogenen Zitate sind dem 3. Buch entnommen und dienen Geremia zur Verurteilung der Liebe. Dieselben Zitate übernimmt noch 1424/25 Arnold Geylshoven v. Rotterdam für sein alphabet. Florilegium. Diese 'theologische' Lektüre innerhalb des Normsystems gelehrten Schrifttums bestätigt für die volkssprachl. Lit. der Rosenroman des Jean de Meun, der ebenfalls das Incipit des Traktats als Negativaussage über die Liebe heranzieht (V. 4377-86, éd. LANGLOIS). Gleichzeitig beobachtet man, daß die afrz. und mhd. Minnetraktate, wie auch die ma. Adaptationen der »Ars Amatoria« Ovids, die sich um eine positive Sinngebung der Liebe zw. den Geschlechtern bemühen, nicht auf A. C. rekurrieren. Gelegentl. behauptete Einflüsse lassen sich nicht beweisen.

Ein Umschlag in der Wirkung des Traktats tritt erst gegen Ende des 13. Jh. ein. Jetzt beginnt »De Amore« in der volkssprachl. Lit. ein neues Sinnpotential zu entfalten: Es wird als positives Werk über weltl. Liebe interpretiert. Wie weit das Verurteilungsdekret Bf. Tempiers 1277 mit diesem veränderten Verständnis zusammenhängt, ist ungeklärt. Ausgedehnte Benutzung von »De Amore« bezeugt für diese Zeit das »Livre d'Enanchet« in Oberitalien, das ganz bestimmte Aspekte herausgreift: Bes. das Verhältnis von Liebe und Sozialstruktur hat den Verfasser dieser Ständelehre interessiert. 1290 leitet in N-Frankreich Drouart la Vache den Reigen der spätma. Übertragungen ein. Er übersetzt einen Text, den er immer noch als Lektüre für die *clercs* versteht und der für Laien nicht geeignet ist, doch für den instruierten clerc großen lit. Genuß bedeutet (V. 7547-57). Weltl.-freie Verfügbarkeit der Materialien des Traktats bezeugt um die Mitte des 14. Jh. Antonio → Pucci, der im »Libro di Varie Storie« das Amorkapitel (Nr. XXXVIII) fast ausschließl. mit Zitaten aus »De Amore« bestreitet: v. a. Minneregeln und -kasus interessieren sowie einiges zum Verhältnis von Liebe, Eifersucht und Ehe, jedoch nichts, was heute als spezif. höf. Amorkonzeption (sapienter amare) erkannt werden könnte. In diese Zeit fallen auch zwei toskan. Übersetzungen, die den Traktat integral in Prosa wiedergeben (Drouart hat noch in Reimpaare übertragen), und zu Ende des 14. Jh. eine fragmentar. katal. Übersetzung. Für eine Beurteilung dieser Texte im Rahmen der Rezeptionsgeschichte fehlen entsprechende Untersuchungen. In Deutschland ist »De Amore« erst im 15. Jh. greifbar und wirkt v. a. auf das Genre der Minnereden ein. So 'montiert' Eberhard v. Cersne 1404 Teile des Traktats zu einer allegor. Dichtung »Der Minnen Regel« – ähnlich dem Verfahren Puccis sind es zunächst Minneregeln und -kasus, die übernommen werden. Darüber hinaus verwendet Eberhard einiges aus den psycholog. Kapiteln des 2. Buches und als Hauptstück die Erzählung vom Bretonischen Ritter und dem Sperber, die auch Pucci schon für seinen »Brutto di Bretagna« als Vorwurf diente. Der Arme Schoffthor kreiert aus der Totenheer-Allegorie des 5. Dialogs um 1470 sein Reimpaargedicht »Warnung an hartherzige Frauen«. Mit einer Paraphrase der Minneregeln gestaltet der Ellende Knabe um etwa die gleiche Zeit die *rede* von »Der Minne Gericht«. Eine integrale Übersetzung widmet Johann → Hartlieb 1440 einem weltl. Fs.en (Albrecht VI. v. Österreich). Für Hartlieb bedarf – im Gegensatz zur früheren Zeit – jetzt v. a. die Übertragung des frauen- und amorfeindl. 3. Buches einer zusätzl. Entschuldigung vor der Gesellschaft des Wiener Hofes: die Thematik der ersten beiden Bücher ist dagegen problemlos akzeptiert. In Frankreich setzt sich noch einmal der Verfasser der »Echecs Amoureux« mit dem Incipit des Traktats auseinander (Paris, Bibl. Nat., ms. fr. 9197, f. 293 va–294 rb). Er interpretiert »Amor est passio« als med.-psycholog. Folge verhinderten Liebesgenusses – die darin usprgl. bezeichnete Ferne und Distanz zum richtigen Weg, zur heilsgewissen caritas ist völlig aus dem Blick geschwunden. Die moderne Vorstellung von »De Amore« als System höf. Liebe initiiert im 16. Jh. Nostradamus. Er setzt die Legende von den Minnehöfen in die Welt, die im 19. Jh. zwar zurückgewiesen wird, doch das Interesse solchermaßen auf »De Amore« gelenkt, dem Traktat eine Schlüsselrolle für den aus Troubadourlyrik und Artusroman abgeleiteten Begriff des *amour courtois* beließ. A. Karnein

Ed.: Andreae Capellani regii Francorum de Amore libri tres, rec. E. TROJEL, 1892 [Nachdr. 1964] – R. BOSSUAT. Li livres d'Amours de Drouart La Vache, publ. d'après le ms. unique de l'Arsenal, 1926 – W. FIEBIG, Das Livre d'Enanchet nach der einzigen Hs. 2585 der Wiener Nationalbibl., 1938 – Andrea Capellano, Trattato d'Amore, testo latino del sec. XII con due traduzioni toscane inedite del sec. XIV, a cura di S. BATTAGLIA, 1947 – A. PAGÈS, Andreae Capellani regii Francorum De amore libri tres, traslati amb la traducció catalana del segle XIV. Introducció i notes, 1930 – F. X. WÖBER, Der Minne Regel von Eberhard v. Cersne, 1404, 1861 – A. KARNEIN, Der Tractatus des A. C. in der Übers. Johan Hartliebs, 1970 – *Lit.*: G. PARIS, Études sur les romans de la Table Ronde. Lancelot du lac. II Le conte de la Charrette, Romania XII, 1883, 459-533 – P. RAJNA, Tre studi per la storia del libro di Andrea Cappellano, SFR 5, 1891, 193-272 – A. CARTELLIERI, Philippe II. August, 1899-1900 [Neudr. 1969], I, 230 – J. J. PARRY, The Art of Courtly Love by A. C., 1941 – A. J. DENOMY, The De amore of A. C. and the Condemnation of 1277, MSt VIII, 1946, 107-149 – G. VINAY, Il De Amore di Andrea Cappellano nel quadro della letteratura amorosa e della rinascita del secolo XII, StM XVII, 1951, 203-276 – D. W. ROBERTSON JR., The Subject of the De amore of A. C., MP 1952-53, 145-161 – J. F. BENTON, The court of Champagne as a Literary Center, Speculum XXXVI, 1961, 551-591 – DERS., The Evidence for A. C. Re-Examined Again, StP LIX, 1962, 471-478 – P. PALUMBO, La questione della Reprobatio amoris nel trattato di Andrea Cappellano (in: Saggi e ricerche in memoria di E. LI GOTTI II, 1962, 429-446) – F. SCHLÖSSER, A. C.: Seine Minnelehre und das chr. Weltbild des 12. Jh., 1962² – P. DRONKE, Medieval Latin and the Rise of European Love-lyric, 1965-66, I, 83-85 – D. KELLY, Courtly Love in Perspective: the Hierarchy of Love in A. C., Traditio XXIV, 1968, 119-147 – A. VISCARDI, Il De amore di Andrea Capellano e l'amore cortese (Studi linguistici in onore di V. PISANI II, 1969), 1043-1060 – D. W. ROBERTSON, A Preface to Chaucer, 1973³, 391-448 – A. KARNEIN, Auf der Suche nach einem Autor: A., Verfasser von ›De Amore‹, GRM NF 28, 1978, 1-20.

10. A. filius Sunonis (dän.: Anders Sunesen oder Sunesøn), Ebf. in Lund, * zw. 1160 und 1170, † 24. Juni 1228 auf Ivö (Schonen), ◻ Dom zu Lund. Er studierte Theologie und Jura in Paris, Bologna und Oxford, nach der Rückkehr Ernennung zum Dompropst in Roskilde und zum kgl. Kanzler, ab 1201 als Nachfolger → Absalons Ebf. in Lund, wo er 1222 das erste dän. Dominikanerkloster gründete. Bes. Verdienste erwarb sich A. S. durch die Missionierung Estlands (1206-19). Auf theolog. Gebiet verfaßte A. S. in den beiden umfangreichen Lehrgedichten »De septem sacramentis« (verloren) und »Hexaëmeron« einen Abriß der chr. Dogmatik. Die zwölf Bücher des erhaltenen Werkes berichten in 8040 Hexametern unter dem Einfluß der frz. Scholastik über die Schöpfung der Welt in sechs Tagen, der Dreifaltigkeit, dem Sündenfall, den zehn Geboten, den Tugenden und Sünden, der Erlösung durch Christus und dem Jüngsten Gericht. Seine jurist. Interessen bezeugt die lat. Paraphrase der schonischen Gesetze mit Definitionen und Begründungen. Der Marienhymnus »Missus Gabriel de caelis« wird ihm fälschlich zugeschrieben, die Abfassung von Sequenzen durch A. S. ist zweifelhaft. R. Volz

Ed.: Andreae Sunonis filii archiepiscopi Lundensis Hexaëmeron libri duodecim, ed. M. CL. GERTZ, 1892 – Die lat. Paraphrase der schonischen Gesetze (Danmarks gamle Landskabslove, hg. J. BRØNDUM-NIELSEN, I, 2, 1933, 467-667) – *Lit.*: F. HAMMERICH, En Skolastiker og en Bibeltheolog fra Norden, 1865, 5-150 – V. AMMUNDSEN, A. S. (Kirkehist. Saml., 5. R., 3, 1905-07, 650-664) – S. SKOV, A. S.s parafrase af Skånske Lov, Scandia 13, 1940, 171-195 – DERS., A. S.s Hexaëmeron (Kirkehist. Saml., 7. R., 2, 1954-56, 281-331) – AA. KABELL, Über die dem dän. Ebf. A. S. zugeschriebenen Sequenzen, ALMA 28, 1958, 19-30.

11. A. v. Fleury, Geschichtsschreiber, † 31. März (um 1050), aus begüterter, adliger Familie des Orléanais, Mönch, später Dekan/Prior des Kl.s Fleury (St-Benoît-s.-Loire), wo er 1041-43 und erneut nach 1044 die Miracula s. Benedicti, von denen → Aimoin v. Fleury lib. II und III verfaßt hatte, mit lib. IV-VII fortsetzte. Wie Aimoin die Vita Abbonis, so schrieb A. mit der »Vita Gauzlini« um 1042 ebenfalls die Biographie eines Abts v. Fleury, der seit Ende 1012 auch Ebf. v. Bourges war († 1030). → Gauzlin war → Abbo v. Fleury 1004 als Abt gefolgt. In beiden Werken, die sich, z. T. wörtlich, überschneiden, gibt A. nicht Hagiographie, sondern im Rahmen der allg. und frz. Geschichte die Ereignisse, die das bedeutende Königskloster Fleury, seine Behauptung gegenüber dem Bf. v. Orléans und den Großen im Umkreis und die Geschichte seiner Priorate in Neustrien, Burgund und Aquitanien, sowie einschlägige Nachrichten aus Spanien und Italien, betreffen. Selten ins 9. und 10. Jh. zurückgreifend, gestützt auf Briefe, Urkunden, Arbeiten der Historiographie von Fleury und gute Gewährsmänner, bietet A. eines der besten, auch die Kultur- und Kunstgeschichte berührenden zeitgeschichtl. Werke, die uns das 11. Jh. hinterlassen hat. K. F. Werner

Ed.: Les Miracles de s. Benoît, ed. E. DE CERTAIN, 1858, 173-276 (Neuausg. in Vorbereitung) – R.-H. BAUTIER, G. LABORY, Vie de Gauzlin, abbé de Fleury, 1969 [mit wichtiger Einl.] (vgl. dazu J. DUBOIS, CCMéd 13, 1970, 358ff.). – *Lit.*: Repfont II, 227f. – A. VIDIER, L'historiographie à St.-Benoît – s. – Loire e tles miracles de St-Benoît, 1965, 94f., 184ff., 197ff. – R.-H. BAUTIER (Sett. cent. it. 17, 1970), 827f.

12. A. v. Gagliano OFM, * in »castro Galiani« (Abruzzen), legte 1300 in Sulmona die franziskan. Ordensgelübde ab. Nach Studien in Neapel und Perugia wurde er Provinzial der franziskan. Abruzzen-Prov. Penne. Wegen des Verdachts, mit → Michael v. Cesena in Verbindung zu stehen, seines Amtes enthoben, flüchtete er nach Neapel, wo er ein Vertrauter des Kg.s Robert v. Anjou und der Kgn. Sancia wurde. Angeklagt, der Ketzerei des Michael v. Cesena anzuhängen, wobei ihm unzweifelhafte spirituale Ansätze vorgeworfen wurden, mußte er sich einer Reihe von Prozessen unterwerfen, an deren Ende er jedoch freigesprochen wurde. E. Pasztor

Lit.: E. PASZTOR, Il processo di A. d. G. (1337-1338), AFrH 48, 1955, 252-297.

13. A. de Isernia, * in Isernia (Prov. Campobasso), † 1316, Doctor legum, Consiliarius familiaris Kg. Karls II. und Kg. Roberts v. Neapel. A. gehörte 1289-94 als Richter und danach als Magister rationalis der Magna regia curia an und war seit 1290 Professor des Zivilrechts in Neapel. Er schrieb Kommentare zu den → Libri feudorum (1289/1309) und zu den Constitutiones regni Siciliae (nach 1309) und arbeitete Regeln für das Verfahren der magistri rationales in Abgabenangelegenheiten (»Ritus regiae curiae officii rationum«) aus. P. Weimar

Ed.: Super usibus feud., Lyon 1541 – Super const. Regni (Constitutiones Regni utr. Siciliae, Lyon 1560) – *Lit.*: DBI I, 100-103 – L. PALUMBO, Andrea d'Isernia, 1886 – Iuris interpretes saec. XIII, hg. E. M. MEIJERS, 1924 – G. M. MONTI, Sul testo dei »Riti della Magna Curia« dei Maestri raz. e su A. d'I., Annali del Sem. giur.-econ. della Univ. di Bari, vol. 3, fasc. 1, 1929, 65-101.

14. A. v. Kaisareia (Kappadokien), Metropolit, verfaßte – vermutl. um 615 – einen text- und auslegungsgeschichtl. wichtigen Kommentar zur → Apokalypse. Die Auslegung strebt danach, als dreifachen Schriftsinn den buchstäbl., tropolog. und anagog. Sinn zu erschließen. Diesem kommt bes. Bedeutung zu, weil A. in den Schrecken der eigenen Zeit – 611 vertrieb Herakleios die Perser aus Kaisareia – die Nöte der Endzeit geweissagt findet. Der Kommentar zitiert die Väter zurück bis Papias.

Eirenaios und Methodios kommen häufig zu Wort, und durchweg setzt sich der Verfasser mit dem Kommentar des Oikumenios auseinander. H. Kraft
Ed.: MPG 106, 207-486; 1387-1412 – Lit.: J. SCHMID, Stud. zur Gesch. des gr. Apc-Textes I, 1956 – Frgm. einer zweiten Schrift (Θεραπευτική) bei F. DIEKAMP, AnalPat, 1938, 161-172.

15. A. v. Kreta (hl.), Ebf. v. Gortyn, * um 660 in Damaskus, † 740. Trat in seiner Jugend in das Grabeskloster in Jerusalem ein. Später war er in Konstantinopel als Diakon in der kirchl. Verwaltung tätig und wurde um 692 Ebf. v. Gortyn. Als solcher trat er als eifriger Verehrer der Bilder auf. Er hinterließ 23 lange Predigten und viele Kirchenlieder. Sie bestehen aus den *Idiomela* (d.h. Liedern mit eigener Melodie) und den von ihm erfundenen *Kanones*, längeren, aus acht oder neun mehrstrophigen Liedern zusammengesetzten Gesängen. Der *große Kanon*, ein Bußgesang von 250 Strophen wird heute noch in der ö. Liturgie der → Fastenzeit gesungen. H. Kraft
Ed.: MPG 97, 805-1302, 1306-1444; dazu A. HEISENBURG, BZ 10, 1901, 508 – Lit.: BARDENHEWER V, 152-157 – ALTANER-STUIBER, 534 [Lit.] – Dt. Übers. der Gr. Kanones: A. v. MALTZEW, Andachtsbuch, 1895 – R. KIRCHHOFF, Die Ostkirche betet, II, 1963².

16. A. v. Marchiennes, Geschichtsschreiber, * um 1115/20, † 27. Jan. 1202, Mönch, dann Prior im Kl. Marchiennes (Dép. Nord, Arr. Douai). Nach Überarbeitung der Miracula s. Rictrudis des Gualbert (1165, 1174) schrieb er für das Nachbarkloster → Anchin, von dem Marchiennes reformiert worden war, die Genealogiae Aquicinctinae (1182/84) und eine wichtige Fortsetzung der Weltchronik des → Sigebert v. Gembloux (»Continuatio Aquicinctina« 1149-1201, ab 1192 gleichzeitig). Für Marchiennes verfaßte er das Chronicon Marchianense und ein »Poleticum« (→ Polyptichon). Sein Hauptwerk ist die von Bf. Peter v. Arras nach 1191 erbetene, 1196 abgeschlossene »Historia succincta de gestis et successione regum Francorum«, die Geschichte der drei frk. Königsdynastien. In ihr begründet A. die Lehre vom Reditus regni Francorum ad stirpem Karoli, die von frz. Geschichtsschreibern des 13. Jh. aufgegriffen wurde und sich durch die Grandes → Chroniques de France verbreitete. Ihr zufolge war Elisabeth, die Tochter des flandr.-hennegauischen Gf.en Balduin V. (VIII. v. Flandern) karol. Abkunft. Ihr Sohn Ludwig aus der Ehe mit Kg. Philipp II. August wird bei seiner künftigen Thronbesteigung (er wurde 1223 Kg.) die Karolinger wieder auf Frankreichs Thron führen und damit zugleich eine Prophezeiung des 11. Jh. erfüllen, derzufolge die Kapetinger nur sieben Generationen herrschen werden. K. F. Werner
Lit.: Repfont II, 231; III, 643 f. – K.F. WERNER, A. v.M. und die Geschichtsschreibung v. Anchin und Marchiennes [Diss. masch. Heidelberg 1950] – DERS., DA 9, 1952 – DERS., WaG 12, 1952 – G.M. SPIEGEL, The Reditus... A New Look (French Historical Studies 7, 1971).

17. A. Pannonius, aus einer adligen Familie hervorgegangen, kämpfte an der Seite von Johann Hunyadi gegen die Türken, wurde dann Kartäuser (1445) und erwarb eine hohe theolog. Bildung. Er lebte in Italien (Venedig, Ferrara, Pavia), gedenkt in seinen Werken aber auch seiner Heimat. U.a. verfaßte er nämlich – neben einer »Expositio super Cantica Canticorum« (1460) – auch einen »Libellus de virtutibus Mathiae Corvino dedicatus« (1467). Einige Teile dieses Werkes, das eine Art speculum regis darstellt, nahm er später in den »Libellus de virtutibus Herculi Estensi dedicatus« auf. Ercole d'Este war bekanntl. der Schwager von Matthias Corvinus. In dem »Libellus super decessu divi Borsii ducis« stellte A. Betrachtungen über den Tod und das Leben im Jenseits an. E. Pasztor
Lit.: Repfont II, 1967, 232 f.

18. A. v. Regensburg, Historiograph, Augustinerchorherr, * etwa 1380, † 1438 (oder wenig später). Nach Schulbesuch in Straubing (wohl um 1393) trat A. 1401 in das Chorherrnstift St. Mang in Regensburg ein; er scheint es bis zu seinem Tode nur selten verlassen zu haben. 1405 wurde er in Eichstätt zum Priester geweiht. Nach eigener Mitteilung begann er schon damals, über die Zeitereignisse Aufzeichnungen anzulegen: einmal in der Form von tagebuchartigen Notizen über Selbsterlebtes und eingegangene Nachrichten, wie sie für die Jahre 1422-27 erhalten sind (»Diarium sexennale«), zum anderen als Sammlung von Aktenstücken, wie A. sie z.B. in den Jahren 1422/23 grob geordnet zu seinem siebenteiligen Hauptwerk »Concilium Constanciense« zusammengefügt hat. Das entspricht der Arbeitsweise vieler Zeitgenossen, die uns Aktensammlungen zu den großen kirchenpolit. Ereignissen überliefert haben (so → Dietrich v. Nieheim).

Das früheste für die Öffentlichkeit bestimmte Werk A.' ist die »Chronica summorum pontificum et imperatorum Romanorum«, zum größeren Teil eine umsichtige Kompilation, dann von der Zeit Kg. Wenzels und der abendländ. Schismas an mit selbständigem Aussagewert, abgeschlossen 1422. Sie fand eine Fortsetzung bis 1438; das gilt ebenso für die 1425-28 entstandene »Chronica de principibus terrae Bavarorum«, von der A. selbst eine Übersetzung ins Dt. anfertigte. Die Kombination der anfangs unvermischt verwendeten Formen – Aktensammlung und Ereignisbericht – bringt die »Chronica Husitarum«, eine bis 1429 geführte Schilderung der Hussitenkriege mit zahlreichen Dokumenten. D. Girgensohn
Lit.: A. v. R., Sämtl. Werke, hg. v. G. LEIDINGER, 1903 [Neudruck 1969] – NDB I, 283 – D. GIRGENSOHN, Das Pisaner Konzil von 1135 in der Überl. des Pisaner Konzils von 1409, Fschr. H. HEIMPEL 2, 1972, 1068f.

19. A. von Rode, im Gebiet des Niederrheins wirkender, zw. 1274 und 1281 als Notar für die Kanzlei Rudolfs v. Habsburg bezeugter Magister, mutmaßl. Autor eines lat. hexametrischen, moralisierenden Lehrgedichts mit dem Titel »Filius«. 1269 verfaßt, ist es an den Gf.en Wilhelm IV. v. Jülich gerichtet, für dessen Söhne A. als Erzieher tätig war. In dem Rahmen eines fiktiven Vater-Sohn-Verhältnisses werden Lebensregeln und Spruchweisheit ausgebreitet, die von höf.-adligem und chr. Gedankengut geprägt und bes. aus den bibl. Büchern und den Disticha Catonis, sprachl. aus dem Missale Romanum und Ovid gespeist sind. Im zweiten Teil des Werkes, der über die Entstehung berichtet, ist auch eine dt. Übersetzung, die für adlige Laien bestimmt war, erwähnt. Das Gedicht wurde in der ma. Schule verwendet und kommentiert. M. Wesche
Ed.: H. GROSSMANN, Das »Filius«-Gedicht des Magisters A. de Rode. Krit. Ausg. 1972 (Beih. zum MJb 10) – Lit.: Verf.-Lex.² I, 348-350 – H. GROSSMANN, Unters. zum »Filius«-Gedicht des Magisters A. de Rode, MJb 8, 1973, 152-232.

20. A. v. St-Victor, Regular-Kanoniker in Paris, † 1175 in Wigmore (Herefordshire, England), wo er zw. 1147/48 und 1154 und wiederum 1161/63 bis zum Tod Abt war. Er war Schüler des Hugo v. St-Victor und Magister der Theologie. Bei der Auslegung eines Großteils der Schriften des AT (vgl. RBMA 1295-1329) griff er unter dem Einfluß der zeitgenöss. jüd. Schriftauslegung (Raschi) auf den hebr. Text zurück und beschränkte sich weitgehend auf den Literalsinn (z.B. der Emmanuel-Weissagung Is 7,14) und wurde deshalb von Richard v. St-Victor (De Emmanuele MPL 196, 601-604) scharf kritisiert. V.a. seine Methode hatte Einfluß auf Stephan Langton, Petrus Comestor, Petrus Cantor, Herbert de Bosham, Nikolaus v. Lyra u.a. Vgl. auch St-Victor, Schule v. G. Ruppert

Lit.: DHGE II 1617 - Hist. Litt. France 13, 408 - G. TROCHON, André de St. Victor, 1877 - RThAM 10 1938, 358-373; 11, 1939, 145-167 - G. CALANDRA, De historia Andreae Victorini expositione in Ecclesiasten, 1948 - B. SMALLEY, The study of the Bible in the middle ages, 1952 [Repr. 1964], 112-195 - A. PENNA, Andrea di S. Vittore il suo commento a Giona, Biblica 36, 1955, 305-331 - H. DE LUBAC, Exégèse médiévale II. 1, 1961, 361-367 - A. M. LANDGRAF, Introduction à l'hist. de la litt théol. de la scol. naissante, 1973, 158-172.

21. A. Ungarus, Verfasser einer Geschichte des Feldzugs Karls v. Anjou gegen Manfred - »Descriptio victorie quam habuit ecclesia Romana, a. d. incarn. MCCLXVI, quarto marcii, sub S.mo papa d. Clemente papa IV, pontificatus sui a. II, per brachium magnifici viri d. Karoli victoriosissimi regis Sicilie, ducatus Apuleie, principatus Capue, alme Urbis senatoris, Andegavie, Provincie et Forcalquerii comitis« -, die 1272 geschrieben und Pierre d'Alençon, dem Bruder Philipps III. v. Frankreich gewidmet wurde. A. bezeichnet sich als »magister olim capellanus« der Kg.e v. Ungarn Bela IV. (1235-70) und Stephan V. (1270-72), mit dem Karl v. Anjou 1270 in ein doppeltes Verwandtschaftsverhältnis getreten war, um einen Stützpunkt für seine auf die Balkanländer und Dalmatien gerichtete Politik zu gewinnen. A., der sehr rhetor., aber wohlinformiert und mit gutem log. Aufbau schreibt, will zeigen, wie vortreffl. und v.a. wie notwendig und von der Vorsehung gewollt die Aktion Karls v. Anjou war. In seinem Unternehmen habe sich nämlich das Urteil Gottes offenbart und vollzogen, der die sündige stauf. »vitis maledicta« ausrotten und sie zum Vorteil der gesamten Christenheit durch die »pulcra vitis« des Hauses v. Frankreich ersetzen wollte, das seit der Zeit Karls d. Gr. ein Schirmherr der Kirche war. A.' Schrift hat ihren Platz in der angiovin. Propaganda am frz. Hof, die darauf zielte, dessen volle Unterstützung - der Enthusiasmus des Vaters von Philipp III., Ludwigs IX., war gering gewesen - für die weitgespannte Politik, die Karl nach dem Sieg über Konradin und die folgende innere Konsolidierung betrieb, zu erreichen. L. Capo (mit E. Pasztor)

Ed.: G. WAITZ, MGH SS 26, 559-580 - *Lit.*: C. MERKEL, L'opinione dei contemporanei sull'impresa italiana di Carlo I d'Angiò, Mem. Acc. Lincei, classe scienze morali, s. IV, vol. IV, 1888, 277-435, v.a. 294-297.

Andreas. Das ae. Gedicht aus dem ausgehenden 9.Jh. (überliefert im → Vercelli-Codex) erzählt von der legendären Begegnung des hl. Andreas mit den menschenfressenden Mermedoniern, die er bekehrt, um den hl. Matthäus zu erretten. Der Stoff, der auf eine verlorene lat. Fassung der apokryphen gr. »Andreas-Akten« zurückgeht, kommt auch anderweitig in der ae. Lit. vor (z.B. in den → »Blickling-Homilien«). Das Gedicht, das in der → Cynewulf-Nachfolge steht, orientiert sich am Stil des Heldenlieds und zeigt einige Anklänge an → »Beowulf«. A. Eller

Bibliogr.: RENWICK UND ORTON, 219f., vgl. 247f. - NCBEL I, 237ff. - ROBINSON, Nr. 58, 60, 100 - *Ed.*: ASPR 2, 1932 - K. R. BROOKS, A. and the Fates of the Apostles, 1961 - *Lit.*: C. SCHAAR, The Old Engl. A. and Scholarship Past and Present, EStS 45, 1965, Suppl., 111ff. - S. B. GREENFIELD, A Critical Hist. of Old Engl. Lit., 1965, 103-107.

Andreaskreuz → Andreas, hl.

Andredes-Leah (auch: Andred, Andredes-Weald, heut. Name: Weald), ae. Bezeichnung für das im frühen MA dünn besiedelte und stark bewaldete Gebiet, das von den Gft.en Hampshire und Sussex bis zur Mündung des Rother in den Ärmelkanal reicht; der Name ist vom röm. Kastell Anderida (→ Pevensey) abgeleitet. Schon vor dem 8. Jh. besaßen entfernt liegende Dörfer in Kent, Sussex und Surrey Nutzungsrechte für die Schweinemast (denns) im A.-L. Ortsnamen auf -*hurst*, -*leah* und -*feld* bezeugen das Fortschreiten der ags. Kolonisation. N. P. Brooks

Lit.: J. E. A. JOLIFFE, Pre-feudal England: the Jutes, 1933 - H. C. DARBY, New hist. Geography of England, 1973, 32-35.

Andrej Bogoljubskij, * um 1111, ermordet 29. Juni 1174, einer der tatkräftigsten ma. russ. Fs.en, beherrschte 1157-74 das Fsm. Vladimir-Suzdal'. 1146-55 half er seinem Vater Jurij Dolgorukij, sich in Kiev zu behaupten, ohne dessen polit. Vorstellungen zu teilen. Nach dem Tod des Vaters (15. Mai 1157) entzog er sich der Thronfolge in Kiev und ergriff mit Unterstützung des regionalen Adels und der Städte die Macht im Fsm. Rostov-Suzdal'. Von hier aus strebte A. nach der Alleinherrschaft in den Landesausbaugebieten zw. Oka und Wolga und der Oberhoheit über weitere russ. Länder. Um nicht von den einflußreichen Städten Rostov und Suzdal' abhängig zu werden, erhob A. Vladimir an der Kljazma zur Residenz. A.s dortige Bautätigkeit, die dem Kiever Vorbild folgte und auch roman. Stilelemente übernahm, sollte seine Hauptstadt der alten Metropole ebenbürtig machen. Unter A.s prunkvollen Bauten sind u.a. die Kathedrale Mariä Himmelfahrt, das Goldene Tor, die Pokrov-Kirche am Flüßchen Nerl' und der Palast in Bogoljubovo zu nennen. A. förderte bes. die Verehrung der Mutter Gottes als Schirmherrin seiner Person und seines Fsm.s, die Heiligsprechung des örtl. Märtyrers, Bf. Leo, sowie das lit. und historiograph. Schaffen. Dieses Mäzenatentum sollte der Festigung seiner Herrschaft dienen. Um 1161 verbannte A. seine beiden Brüder sowie Neffen und andere Große aus seiner Umgebung. Mehrjährige Bemühungen in Konstantinopel, sein Fsm. aus der kirchl. Jurisdiktion des Metropoliten v. Kiev zu lösen und eine zweite russ. Metropole in Vladimir zu errichten, scheiterten. Dem Ausbau seines Herrschaftsbereiches im O dienten - unter dem Vorwand des Kampfes gegen Ungläubige - Feldzüge gegen die Wolgabulgaren (1164, 1172). A. übte ebenfalls polit. Einfluß in Groß-Novgorod aus. Als es ihm nicht gelang, den Stadtstaat mit der Waffe zum Gehorsam zu zwingen, wandte er 1170 mit Erfolg das Mittel der wirtschaftl. Blockade an. Kiever Versuche, sich in Novgoroder Angelegenheiten einzumischen, wurden von A. rücksichtslos bekämpft, die alte Reichsmetropole 1169 erstürmt und geplündert.

A. hat wesentl. zum polit. Strukturwandel Altrußlands beigetragen. Er wirkte auf das polit. Leben vieler Fsm.er ein und wurde von etwa fünfzehn Fs.en als Oberhaupt (»Vater«) anerkannt. Doch sein Bruch mit den traditionellen Beziehungen der Fs.en untereinander und sein Bestreben, andere Fs.en als Vasallen zu behandeln, stießen seit 1173 auf Widerstand. Als kühner und ehrgeiziger, aber allzu schroffer Herrscher mangelte es ihm auch an Selbstbeherrschung, was ihm sogar ein sonst wohlwollender Chronist vorwarf. So riefen sein Verhalten und seine Politik auch in seiner engsten Umgebung Opposition hervor. 1174 fiel er einer Verschwörung zum Opfer. A. Poppe

Q.: PSRL I und LN I - Hypathios Chronik, PSRL II - Des Patriarchen Lukas Chrysoberges Schreiben an A., RIB VI, 63-76 - *Lit.*: M. P. POGODIN, Knjaz A. J. B., 1850 - PL. SOKOLOV, Russkij archierej iz Vizantii, 1913, 96-158 - V. O. KLJUČEVSKIJ, Sočinienija I, 1956, 317-325 [Dt. Übers.: Lehrgang der Gesch. Rußlands I, 1925, 319-327] - S. M. SOLOVEV, Istorija Rossii, kn. I., 1959 - N. N. VORONIN, Zodčestvo severo-vostočnoj Rusi I, 1961, 113-344, 512-544 - DERS., VizVr 21, 1962, 29-50; 23, 1963, 23-46; 26, 1965, 190-218 - G. K. VAGNER, Skul'ptura Vladimiro-Suzdal'skoj Rusi, 1964 - J. A. LIMONOV, Letopisanie Vladimiro-Suzdal'skoj Rusi, 1967, 61-68, 73-85 - STÖKL, Gesch.³, 117-119 [Lit.] - W. VODOFF, Un »parti theocratique« dans la Russie du XIIe siècle? Remarques sur la politique écclesiastique d'André de Bogoljubovo, CCM 17, 1974, 3, 193-215 - E. HURWITZ, Andrei Bogoljubskii: An Image of the Prince (Russian Hist. I, 1975). 39-52 - *Zur kunstgeschichtl. Entwicklung*: F. HALLE, Die Bauplastik von Wladimir-Ssusdal. Russ. Romanik, 1929.

Andrelini, Publio Fausto, it. Humanist, * ca. 1462 in Forlì, † 1518 in Paris. Nach dem Studium der Rechte in

Bologna ging er nach Rom, wo er Mitglied der berühmten Academia Pomponiana wurde und 1485 die Dichterkrönung erhielt. Nach kürzerem Aufenthalt bei den →Gonzaga in Mantua ging er 1488 nach Paris, wo er zu großer Berühmtheit gelangte. 1493 erhielt er einen Lehrauftrag für Rhetorik an der Sorbonne. Nachdem er in den Kreis der frz. Humanisten eingetreten war, verfaßte er Dichtungen v.a. panegyr. Art, so daß er u.a. den Titel Hofdichter erhielt. Der Italienzug Karls VIII. (1494–95) inspirierte ihn zu einem Epos in Hexametern (in 2 Büchern), in dem er die Siege des Herrschers, u.a. die Schlacht bei Fornovo, feierte. Er trat in Kontakt mit Guillaume Budé, dem er ein astrolog. Lehrgedicht »De influentia siderum« widmete, mit Jacques Lefèvre d'Etaples und Erasmus v. Rotterdam. Unter seinen kleineren Werken ist ein hübsches Kuriosum seine Klage über den Straßenschmutz in Paris (»Querela Parisiensis pavimenti«). In späteren Lebensjahren verfaßte er auch mehrere Schriften mit ethisch-religiöser Tendenz. A. übte einen beträchtl. Einfluß auf die Entwicklung des frz. Humanismus aus, als einer von dessen Initiatoren er anzusehen ist und als dessen bedeutendster Vertreter er zu Lebzeiten galt. R. Manselli
Lit.: DBI II, 138–141 – DHGE I, 1747 f.

Andria, Stadt in der it. Prov. Bari. 915 erstmals urkundl. erwähnt, wurde A. um die Mitte des 11.Jh. befestigt und Sitz einer norm. Gft. Ein Bf. v. A. ist erst im 12.Jh. sicher zu belegen (1137). Bedeutung erlangte die Stadt in stauf. Zeit als »Residenz« und Grablege zweier Frauen Friedrichs II., Isabellas v. Jerusalem († 1228) und Isabellas v. England († 1241). Jedoch ist die Identität der 1904 bei Grabungen in der Krypta des Doms gefundenen »Kaiserinnengräber« nicht gesichert. Im SpätMA ist die Stadt, seit den Anjou in Händen der Balzi (frz. Baux), ohne große Bedeutung. Th. Kölzer
Lit.: R. D'URSO, Storia della città di A., 1842 – A. HASELOFF, Die Kaiserinnengräber in A., 1905 – E. MERRA, Monografie Andriesi I–II, 1906 – P. CAFARO, Le tombe delle due imperatrici sveve in A., 1938 – R. LONTONE, I vescovi di A., 1962 – N. KAMP, Kirche und Monarchie im stauf. Kgr. Sizilien I, 2, 1975 – C. VIOLANTE, A. all'arrivo dei Normanni: qualche questione interpretativa (Roberto il Guiscardo nel suo tempo. I⸰ Giornate normanno-sveve del Centro di Studi normannisvei dell'Università di Bari, 1975).

Andronikos
1. A. I. Komnenos, byz. Ks. Sept. 1183–1185, *um 1122, † 12. Sept. 1185. Der gebildete, hochintelligente, aber auch machthungrige und grausame A. ist »eine der interessantesten Gestalten der byz. Geschichte« (OSTROGORSKY). Nach abenteuerl. Wanderjahren auf der Flucht vor seinem Vetter Ks. Manuel I. verhilft ihm im April 1182 v.a. das mit einer prowestl. Regierung unzufriedene Volk zum Einzug in Konstantinopel. Als Preis duldet der wohl selbst nicht lateinerfeindl. A. eine Verfolgung, die sich v.a. gegen Genuesen und Pisaner richtet. Die grausame Dezimierung der Oberschicht, außenpolit. Mißerfolge (u.a. geht Kroatien an Bela III. v. Ungarn verloren, Serbien wird unabhängig, Aug. 1185 nimmt der Normanne Wilhelm II. Thessalonike ein) und idealist. Versuche, Mißstände in der Beamtenschaft zu beseitigen, machen alle Schichten zu Feinden des A., den beim Aufstand eine wütende Menge zu Tode foltert. G. Weiß
Lit.: OSTROGORSKY, Gesch.³, 326 ff. – CMH 4, 1. 244 f. – A. HOHLWEG, Beitr. zur Verwaltungsgesch. des Oström. Reiches unter den Komnenen, 1965 – O. JUREWICZ, A. I. Komnenos, 1970 [dazu ablehnend: O. KRESTEN, JÖB 20, 1971, 328 f.] – CH. M. BRAND, Byzantinum confronts the West 1180–1204, 1968, 31–75 [grundlegend].

2. A. II. Palaiologos, byz. Ks. 11. Dez. 1282–24. Mai 1328, * 1259/60, † 13. Febr. 1332. Unter dem tiefreligiösen, unkrieger. A. verfällt der byz. Staat: 1321–28 kämpft A. gegen seinen Enkel Andronikos III. Zu späte Einsicht, Intrigen, das Fehlen eines schlagkräftigen Heeres lassen wandernde Turkstämme in Westkleinasien seßhaft werden (Emirate). 1302 besiegt Osman, der Gründer des osman. Reiches, bei Baphaeum (Nähe von Nikomedeia) das Heer des Sohnes von A. (→ Osmanen). A. kann die drohende Gefahr nur durch Anwerben der → Katal. Kompagnie einstweilen abwehren. Der Verlust der ertragreichen Küste Kleinasiens und der Widerstand der Großgrundbesitzer verhindern eine Sanierung der zerrütteten Staatsfinanzen. Aus Sparsamkeit löst A. 1285 die kleine byz. Kriegsflotte auf. Der Staat ist fortan den Seemächten, v.a. Genua und Venedig, ausgeliefert, ebenso zu Lande den katal. Söldnern, die nach ihrem Sieg über die Türken byz. Gebiete angreifen. Die 1274 geschlossene Kirchenunion mit dem Westen wird sofort nach Regierungsantritt von A. aufgehoben, der Kirchenfriede mit den → Arseniten aber erst 1310, v.a. durch den bedeutenden Kanzler Nikephoros Chumnos, wiederhergestellt. Westl. Kreuzzugspläne (Karl v. Valois) gegen A. scheitern. 1328 wird A. von seinem Enkel Andronikos III. enthront. G. Weiß
Q.: DÖLGER, Reg., Nr. 2076–2612 – *Lit.*: OSTROGORSKY, Gesch.³, 394–414 – CMH 4, 1. 340–352 – NICOL, Last centuries, 99–171 – E. LAIOU, Constantinople and the Latins. The foreign policy of Andronicus II. (1282–1228), 1972.

3. A. III. Palaiologos, byz. Ks. 24. Mai 1328–1341, * 1296, † 15. Juni 1341. Die Regierung des sportl., kampferprobten, durch die besitzende Oberschicht (→ Johannes Kantakuzenos) an die Macht gelangten A. ist eine Atempause im Verfall von Byzanz. Mit Hilfe des Johannes Kantakuzenos baut A. eine kleine Flotte auf, durch die einige Inseln (Chios, Lesbos) unter A. dem Reich erhalten werden können. Epiros und Thessalien fallen an Byzanz. An Serbien unter dem bedeutenden Stephan Dušan muß A. jedoch bereits 1334 wichtige Festungen im N (u.a. Kastoria, Ochrid) abtreten. Der Siegeszug der → Osmanen geht weiter, die wichtige Städte besetzen (Nikaia 1321, Nikomedeia 1337). Die Einrichtung eines obersten Gerichtshofes 1329 zum Kampf gegen Korruption und Ämterkauf hat wenig sichtbare Wirkung. Es gelingt nicht, den Staatshaushalt zu sanieren. G. Weiß
Q.: DÖLGER, Reg., Nr. 2714–2862 – *Lit.*: OSTROGORSKY, Gesch.³, 411–420 – CMH 4, 1. 350–356 – NICOL, Last centuries, 172–190 – U. V. BOSCH, Ks. A. III. Palaiologos, 1965.

4. A. IV. Palaiologos, byz. Ks. 12. Mai 1376–1. Juli 1379. * 11. April 1348, † 28. Juni 1385. Unklar ist, ob der in den Quellen wegen seiner Körperkraft und Schönheit gerühmte A., ältester Sohn Ks. Johannes V., sich nur aus Herrsch- und Rachsucht mehrmals gegen Vater und Brüder erhob oder auch aus polit.-patriot. Motiven. Als Regent der Hauptstadt verweigert A. seinem Vater zweimal Hilfe und Gehorsam. Mit genues. und türk. Hilfe erobert der 1373 wegen Konspiration gegen seinen Vater teilweise geblendete A. 1376 Konstantinopel und setzt die Kaiserfamilie gefangen. Die Kämpfe mit dieser gehen auch nach 1379 weiter, als sie durch Venedig befreit wird und A. eine Teilherrschaft (u.a. Selymbria, Rhaidestos) unter tatsächl. Oberhoheit des türk. Sultans Murad I. zugesprochen wird. G. Weiß
Lit.: OSTROGORSKY, Gesch.³, 447–450 – CMH 4, 1. 371 f. – NICOL, Last centuries, 285–305 – J. W. BARKER, Manuel II. Palaeologus 1391–1425, 1969 [Index].

5. A. Kamateros, bekannter Laientheologe des 12.Jh., stammte aus der Familie der Dukas und war mit Ks. Manuel Komnenos I. mütterlicherseits verwandt. Während seiner Regierungszeit bekleidete er die Ämter: Stadtpräfekt, ἐπὶ τῶν δεήσεων, Großdrungar der Hofgarde (δρουγγάριος τῆς βίγλης). Ks. Manuel betraute ihn mit

der Abfassung eines antihäret. Sammelwerkes »ἱερὰ ὁπλοθήκη« (»Hl. Waffenkammer«). Im Unterschied zu der »Panoplia« des Euthymios Zigabenos enthält diese um 1170–75 entstandene Schrift nur Argumente gegen die Lateiner und Armenier in der Form eines Dialogs zw. Ks. Manuel und einem Kard. Der Patriarch →Johannes Bekkos befaßte sich später mit der Widerlegung dieser Schrift.
E. Konstantinou

Ed.: MPG 141, 396–613 (enthält nur die bibl. und Väterstellen sowie die Widerlegung des J. Bekkos) – *Lit.*: Beck, Kirche, 626f.

Anefang. Mit dem symbol. *anafanc* (ahd.), dem Anfassen, Ergreifen einer gestohlenen, wiederaufgefundenen bewegl. Sache *(Fahrnis)* durch den Bestohlenen wird das rechtsförml. A.-Verfahren mit dem Ziel der Herausgabe, u. U. auch der Ermittlung des Diebes eingeleitet. Schon in frühma. Volksrechten erwähnt oder vorausgesetzt (L. Rib. 33, 1) und noch dem Sachsenspiegel (LdR. 2, 36) bekannt, gehört der A. zu den frühesten Formen einer regelhaften Rechtsverfolgung im germ. Bereich, die ältere Formen der →Selbsthilfe einschränken. Wie aus dem archaischen Talionsrecht bei Friedensbruch die Klage auf Buße geworden ist, so aus dem Wiederansichnehmen der gestohlenen Sache der A., durch den der Inhaber der Sache die Möglichkeit hatte, diese bis zum Gerichtstag zu behalten, und unter der Behauptung, nicht der Dieb zu sein, die Beklagtenrolle auf seinen zu benennenden Vormann *(Gewähren, auctor)* zu schieben. Damit mündet der A. in das sog. Dritthandverfahren ein *(intertiatio* für A. in den lat. Quellen): Das urspgl. Suchen des Diebes wird in ein Verfahrensmodell übertragen (so auch in slav. Rechten). Im Sonderfall des auf frischer Tat ertappten oder unmittelbar verfolgten Diebs waren dagegen die Selbsthilfebefugnisse des Bestohlenen erweitert (→ Spurfolge).

Die A.-Klage stand nicht demjenigen zu, der die Sache freiwillig aus der Hand gegeben (ausgeliehen) und dann bei einem Dritten gefunden hatte; er konnte sich nur an den Entleiher halten *(Hand wahre Hand)*. Zusammen mit dem Satz, wonach nur der Entleiher gegen den ihn bestehlenden Dieb vorgehen kann (Liutpr. 131), sieht man in dieser Beschränkung den sog. Publizitätsgedanken bestätigt, wonach das dt. Recht über den A. weniger das Eigentum als die äußere Lage des tatsächl. Innehabens einer Sache (→ Gewere) schützt und damit einen deutl. Unterschied zum röm. Recht macht. Neuerdings wieder geäußerte Zweifel an der ausschließl. Geltung des Prinzips »Hand wahre Hand« für die frk. Zeit rühren daher nicht nur an ein elementares, vielleicht purist. und stat. Systembild, sondern auch an Bedeutung und Geltungsbereich des A. Sicher ist, daß der A. allmählich zur bloßen Herausgabeklage ohne peinl. Folgen wurde, mit verschwimmenden Grenzen gegenüber ähnl. Rechtsbehelfen. K. O. Scherner

Lit.: Hoops² I, 280–282 – HRG I, 159–163 – P. Laband, Die vermögensrechtl. Klagen, 1869 – J. W. Planck, Das dt. Gerichtsverfahren im MA I, 1879 – H. Meyer, Entwerung und Eigentum, 1902 – K. Rauch, Spurfolge und A. in ihren Wechselbeziehungen, 1908 – H. Planitz, Fahrnisverfolgung im dt. Recht, ZRGGermAbt 24. 1913 – H. Meyer, Gerüft, Handhaftverfahren und A., ebd. 37, 1916 – E. Goldmann, Tertia manus und Intertiation im Spurfolge- u. A.verfahren des frk. Rechts, ebd. 39, 1918; 40, 1919 – L. J. van Appeldoorn, Mobilia non habent sequelam, TRG II, 1922 – L. de Valdeavellano, La limitación de la acción reivindicatoria de los bienes muebles en el derecho español medieval, Revista del derecho privado 21, 1947 – E. Levy, West Roman Vulgar Law, 1951 – K. Rauch, Spurfolge und Dritthandverfahren in der frk. Rechtsentwicklung, ZRGGermAbt 68, 1951 – E. Anners, Hand wahre Hand, 1952 – P. Merêa, Estudos de direito hispânico medieval I, 1952 – A. d'Ors, Estudios Visigóticos II, 1960 – H. Conrad, Dt. Rechtsgesch. 2, 1962² – Amira-Eckhardt II, 196f. – K. O. Scherner, Salmannschaft, Servusgeschäft u. venditio iusta, 1971.

Anegenge (»daz anegenge«), mhd. Reimpaargedicht von 3242 Versen eines unbekannten Verf. aus dem bair.-österr. Raum, entstanden um 1180. Obwohl die genaue Datierung nicht sicherbar, ist der Text formal und themat. eindeutig Repräsentant der dt. geistl. Literatur des 12. Jh., überliefert in der um 1300 datierten Wiener Sammelhs. 2696. Der Titel »anegenge« (Anfang, Ursprung) beruht auf nicht originaler handschriftl. Rubrizierung, erscheint als Wort aber auch im Text und bezieht sich auf Schöpfung und Heilsgeschichte als Grundlagen des Weltgeschehens und der Menschheit. Unter starker Reduzierung der Erzählelemente des AT und NT zugunsten von Reflexionen wird eine christozentrische Schöpfungs- und Heilstheologie predigthaft dargeboten. Die Schöpfung resultiert aus der Beratung der trinitarischen Personen, die Erlösung aus dem Prozeßgespräch der Töchter Gottes. Zur Revozierung des Sündenfalls wird ein typolog. Definitions- und Bezugssystem von den Sünden Adams und Evas zu den Erlösungstaten Christi und Marias entfaltet. Die Kompilation von Genesisauslegung, Trinitätslehre und Heilsdogmatik erlaubt keine eindeutigen Quellenerweise, sie erscheint sekundär schulisch vermittelt und vulgarisiert scholast. Methoden und Gedanken. Ziel der durch zahlreiche Exkurse und Wiederholungen formlos wirkenden Gestaltung ist neben der Paränese das Lob Gottes. → Bibeldichtung. U. Schulze

Ed.: D. Neuschäfer, Das A. Textkrit. Stud., diplom. Abdruck, krit. Ausg., Anm. zum Text, 1966 (Medium Aevum 8) – Ders., Das A., 1969 (Altdt. Texte in krit. Ausg. 1 [mit Lit.]) – *Lit.*: Verf.-Lex.² I, 352–356 – H. Dittmar, Das Christusbild in der dt. Dichtung der Cluniazenserzeit, 1934 (Erlanger Arbeiten 1), 28–35 – F. Scheidweiler, Stud. zum A., ZDA 80, 1944, 11–45 – H. Rupp, Die religiösen Dichtungen des 11. und 12. Jh., 1958, 231–279 – W. Fechter, Eine Sammelhs. geistl. Dichtungen des 12. und 13. Jh. (Wien 2696), Fschr. F. Maurer, 1968, 246–261 – D. Neuschäfer, Möglichkeiten der Rückgewinnung des Ursprüngl. bei einfacher Textüberl. in einer Sammelhs., gezeigt am A. (Probleme altgermanist. Ed., 1968), 63–71 – E. J. Mäder, Der Streit der ›Töchter Gottes‹, 1971 (Europ. Hochschulschr. I 41), 46–51 – B. Murdoch, The fall of man in the early middle high german biblical epic, 1972 (GAG 58).

Aneirin, walis. Tradition nach ein nordbrit. Dichter, der ein als »Y Gododdin« bekanntes Heldengedicht verfaßte. A.s Lebensdaten wie auch die Datierung seines Gedichtes, das in zwei sich überlappenden Fassungen in einer Hs. des 13. Jh. überliefert ist, sind seit langem umstritten. Nach jüngster Auffassung fanden die im »Y Gododdin« dargestellten Ereignisse, die die Folge der heroischen Elegien dieses Werkes inspirierten, um 580 statt, nämlich ein katastrophal endender brit. Feldzug von Edinburgh aus gegen die Angelsachsen in Catterick. Sollte das Gedicht tatsächl. aus dieser Zeit stammen, muß es mehrere Jh. lang mündl. weitergegeben worden sein, bis es nicht später als 1100 niedergeschrieben wurde. »Y Gododdin« übte einen beträchtl. Einfluß auf die walis. Dichtung des MA aus.
D. N. Dumville

Ed. und Übers.: Canu Aneirin, ed. I. Williams, 1938 – The Gododdin, übers. ins Engl. v. E. Anwyl, Cymmrodorion Transactions, 1909–10 – The Gododdin, übers. v. T. Gwynn Jones, Y Cymmrodor 32, 1922, 1–57 – *Lit.*: K. Jackson, The Gododdin, 1969 – D. Greene, SC 6, 1971, 1ff. – Ders., SC 8–9, 1973–74, 1ff. – M. Miller, TCWAAS NS 75, 1975, 96ff. – D. Dumville, BBCS 27, 1976–78.

Anerbenrecht, ein bes. →Erbrecht des bäuerl. Grundbesitzes, wobei der Hof ungeteilt auf einen von mehreren gleichnahen Erben übergeht. Es sichert soweit die Geschlossenheit der Höfe im Erbgang durch das Mittel der Einzelnachfolge.

Die in der älteren Lit. (v. Dultzig, Huppertz) vertretene Ansicht vom germ. Ursprung des A.s ist heute aufgegeben. Nach den german. Rechten des frühen MA bestand zw. Vater und Kindern eine Vermögensgemeinschaft; einzelne Kinder konnten beim Abzug vom Hof bei Lebzeiten des Vaters abgefunden werden und verloren damit ihre Ansprüche wegen des Hausvermögens. Oft blieb so nur ein einziger Erbe zurück. Waren es mehrere, so setzten sie häufig die Gemeinschaft fort. Daneben ist aber auch eine Teilung des Besitzes gut bezeugt, bei der Töchter neben Söhnen vielfach keinen Anteil nahmen. Sonst aber hatten alle Kinder gleiches Recht; eine Anerbenfolge gab es nicht.

Die Aufteilung in Gebiete der *Anerbensitte* und der *Realteilungssitte*, die für die Agrarverfassung Mittel-, West- und Nordeuropas bis zur Gegenwart kennzeichnend ist, hat sich also erst im Laufe des MA ausgebildet. Von den hierfür angenommenen Ursachen wie Bevölkerungsdichte, natürl. Bedingungen oder Anbauverhältnisse sowie Verkehrslage und wirtschaftl. Verhältnisse, reicht keine hin, um die Ausbildung der Erbgewohnheiten in den einzelnen Gebieten allgemein zu erklären. Dagegen scheint für die Entstehung der Anerbenfolge der Einfluß der → Grundherrschaft maßgebl. gewesen zu sein. Den Schwierigkeiten der Erbteilung bäuerl. Güter suchte sie zunächst dadurch zu begegnen, daß sie einen von mehreren Erben als → Träger für die Erfüllung der Abgaben- und Gerichtspflichten verantwortl. machte. Hieraus konnte sich das Vorrecht entwickeln, den väterl. Besitz gegen Abfindung der Geschwister ungeteilt zu übernehmen. Schon im 12.Jh. ist aber bezeugt, daß Grundherren der Neuverleihung von Gütern die Einzelerbfolge vorschreiben. Im späteren MA erscheint sie vielerorts in Hofrechten und Weistümern in gewohnheitsrechtl. Geltung und wird seit dem 16.Jh. auch in landesherrl. Verordnungen niedergelegt und von diesen verallgemeinert.   W. Winkler

Lit.: E. v. DULTZIG, Das dt. Grunderbrecht in Vergangenheit, Gegenwart und Zukunft, 1899 – G. HAGMEISTER MEYER ZU RAHDEN, Die Entwicklung des ravensberg. A.s im MA [Diss. Göttingen 1936] – B. HUPPERTZ, Räume und Landschaften bäuerl. Kulturformen in Dtl., 1939 – TH. MAYER-EDENHAUSER, Unters. über A. und Güterschluß in Kurhessen, 1942 – J. GEBB, Über den Ursprung des dt. A.s [Diss. Greifswald 1955] – HRG I, 163ff. – K. KROESCHELL, Gesch. Grundlagen des A.s, Agrarrecht 6, 1978, 147ff.

Angariae → Frondienste

Ange d'Or, frz. Goldmünze mit der Darstellung des hl. Michael auf einem Drachen, den frz. Schild haltend, im Gewicht von ursprgl. 7,42 g und 24 Karat Feingehalt, 1341 eingeführt. In den zeitgenöss. Quellen wird der A. als Angelus, Angelotus oder Engelot bezeichnet.   P. Berghaus

Lit.: J. LAFAURIE, Les monnaies des rois de France, Hugues Capet à Louis XII, 1951, 4c.

Angel → Fischfang

Angela v. Foligno, Mystikerin, * um 1248 in Foligno, † 4. Jan. 1309 ebd.; ihr Kult als Selige wurde 1701 bestätigt. Sie war verheiratet, hatte Kinder und führte bis etwa 1285 ein Leben in der Welt. Dann beschloß sie, veranlaßt auch durch die Begegnung mit Fra Arnaldo v. Foligno, ihrem späteren geistl. Führer, ihr Leben völlig zu ändern. Ihr Entschluß wurde durch den Tod aller ihrer Angehörigen um 1288 auf eine harte Probe gestellt. Sie wurde Franziskaner-Tertiarin und widmete sich intensiver karitativer Tätigkeit, v. a. der Pflege von Aussätzigen. Dazu traten starke religiöse Erlebnisse als Seherin und Mystikerin. Ihre Visionen wurden genau von Fra Arnaldo aufgezeichnet. Nachdem kirchlicherseits ihre Visionen auf Rechtgläubigkeit und Gültigkeit geprüft und bestätigt worden waren, nahm A. im religiösen Leben eine bedeutende Stellung ein: Sie bekämpfte die »Secta spiritus libertatis« und beeinflußte → Ubertino da Casale.

Die Sammlung der ihr zuteil gewordenen Offenbarungen und Darstellungen ihrer religiösen Erfahrungen im »Liber de vera fidelium experientia« schildert myst. Erleben, das sich stufenweise Christus nähert, bis es ihn erreicht und die Seele sich mit ihm in Liebe und Schmerz vereint; eine Mystik, die sich zur Erfahrung Gottes als »Ognibene«, als höchster Vollendung, erhebt.   R. Manselli

Lit.: DBI III, 186f. – Bibl. SS I, 1185-1190 – Repfont II, 394, s.v. Arnaldus de Fulgineo.

Fra Angelico O. P., florent. Maler, eigtl. *Guido di Piero*, * gegen 1400, † 1455 Rom, tritt um 1420 als *Fra Giovanni* ins Kl. San Domenico in Fiescole ein, einer Gründung des seligen Giovanni Dominici zur Förderung der strengen Observanz und damals vom hl. Antonio Pierozzi geleitet, in dessen »Summa Moralis« sich mit der Kunst A.s deckende Aussagen über die Maler finden. »Angelico« ist ein schon früh bezeugter Ehrentitel, oft zu »Beato Angelico« ergänzt. Sein Leben entsprach dominikan. Ideal; abgesehen vom Aufenthalt im Filialkonvent San Marco in Florenz (ca. 1441-45) und in Rom (ca. 1445-50, Sommer 1447 in Orvieto), wo er für Eugen IV. und Nikolaus V. im Vatican arbeitete, erst er es im Fiesolesaner Kloster, das er 1450-52 als Prior leitete. Seine künstler. Anfänge liegen z.T. in der Buchmalerei, stilist. bei Gentile da Fabriano und Ghiberti, mit dem er noch 1433 beim *Triptychon der Linaiuoli* (Museo di San Marco) zusammenarbeitet; ab ca. 1427 wirkt Masaccio auf ihn. Obwohl er zu den führenden Meistern seiner Zeit gehört, wie die zu Filippo Lippi parallele Stilentwicklung und die Wechselwirkungen mit Domenico Veneziano zeigen, steht die Ausrichtung auf den devotionalen Wert durchaus im Vordergrund: dominikan. Demut und heitere Weltoffenheit werden durchstrahlt von dem reinen Licht tiefen Glaubens. Die Unterschiede in seinen Werken sind zweckbestimmt: die Altäre mit ihrem innigen Ausdruck und ihrer schönfarbigen Ausführung als Einladung zur Andacht für die Laien (Hochaltar für San Marco; *Kreuzabnahme* für die Capella Strozzi in S. Trinità, jetzt im Museo di San Marco; weitere ebd. und a.a.O., die Predellenbilder meist zerstreut); die strenge Geistigkeit und asket. Formgebung der für die Meditation der Mönche in *San Marco* bestimmten *Fresken*; die reiche formale Möglichkeiten entfaltende Ausmalung der *Kapelle Nikolaus' V.* (1448). Sein Stil erfuhr durch seine Werkstatt und selbständige Schüler, z.B. Benozzo Gozzoli, eine große Verbreitung; die geistige Beherrschung seiner formalen Kraft wirkte auf die hervorragendsten Künstler wie Piero della Francesca und Fouquet.   Ch. Klemm

Lit.: ST. ORLANDI O. P., Beato Angelico, monografia storica della vita e delle opere, 1964 – J. POPE-HENNESSY, Fra A., 1974.

Angelo, Jacopo d' → Jacobus Angelus

Angeloi, byz. Familie und Dynastie, die ihren sozialen Aufstieg der 1110/15 erfolgten Heirat des aus Philadelphia (Kleinasien) stammenden Konstantin Angelos mit Theodora verdankt, der jüngsten Tochter Ks. Alexios' I. Komnenos. Konstantin und seine drei Brüder sind jedoch erst in der Zeit Ks. Manuels I. Komnenos in höheren Staatswürden und militär. Kommandostellen bezeugt. Nachdem ein Enkel Konstantins und Theodoras, Isaak, 1185 nach einer Revolte gegen Ks. Andronikos I. Komnenos, unter dem nicht allein die A. Verfolgungen erlitten, selbst Ks. geworden war, stellten die A. bis 1204 die byz. Ks. Danach gelang es einem anderen Zweig der A., sich in Konkurrenz zu den Laskariden und Lateinern die Herrschaft in Epiros, Thessalient und zeitweilig auch in Thessalonike bis Ende des 13./Anfang 14.Jh. zu sichern. → Orsini.   G. Prinzing

Lit.: PLP Fasz. 1 – CH. M. BRAND, Byzantium confronts the West 1180-

1204, 1968 – D. POLEMIS, The Doukai. A Contribution to Byzantine Prosopography 1968 – B. FERJANČIĆ, Tesalija u XIII i XIV veku, 1974 – A. P. KAŽDAN, Social'nyj sostav gospodstvujuščego klassa Vizantii XI-XII vv., 1974.

Angelologie → Engellehre

Angelomus v. Luxeuil

OSB, schrieb etwa 845–855 drei stark kompilator. Kommentare zum AT. Im Genesis-Kommentar (zur Entstehungsgeschichte vgl. den Widmungsbrief an Leotric) hat A. am Anfang vieles von seinem Lehrer Mellinus Gelernte übernommen, der ihn im Laufe der Arbeit auf Augustinus verwies. Die wichtigsten Quellen sind aber Hrabanus und Alkuin. Der in 18 Hss. erhaltene Kommentar zu Kön ist zum größten Teil aus Hrabanus und Beda kompiliert. Von Ks. Lothar, an dessen Hof A. 851 berufen wurde, ist der Hld-Kommentar angeregt, der nahezu ganz aus Exzerpten von Gregor, Aponius, Alkuin und Justus v. Urgel besteht. In den Einleitungsgedichten und Vorreden hat Smaragd von St. Mihiel nachgewirkt. Entsprechend der Tendenz seiner Quellen überwiegt bei A. die allegor. und moral. Auslegung. Die Lehre von den 7 modi der Schriftdeutung, die er in der Praefatio zum Kön-Kommentar ausbreitet (vgl. B. SMALLEY, The Study of the Bible, 41 f.), hat für seine exeget. Praxis keine Bedeutung. – Weitere sonst erwähnte Schriften von A. (vgl. STEGMÜLLER 1339. 1–3) haben sich offenbar nicht erhalten.   F. Rädle

Ed.: MPL 115, 106C–628D – Widmungsbriefe, Vorreden und die Einleitungsgeschichte; MGH Epp. V, 619–630 – MGHPP II, 675–677 – *Lit.*: MANITIUS I, 418–421 – WATTENBACH-LEVISON III, 329 – STEGMÜLLER, RBMA Nr. 1334–1339, 3 – M. L. W. LAISTNER, Some early medieval commentaries on the Old Testament, The Harvard Theological Review 46, 1953, 27–46.

Angelot

engl.-frz. Goldmünze mit der Darstellung eines Engelbrustbildes zw. den Wappenschilden von Frankreich und England, im Gewicht von 2,32 g 1427 von Kg. Heinrich VI. v. England eingeführt und über einen längeren Zeitraum in Paris und anderen Münzstätten geprägt. 1470 wurde in England eine Goldmünze im Gewicht von 5,18 g eingeführt, die ebenfalls den Namen A. erhielt und in großer Menge in den Verkehr kam.   P. Berghaus

Lit.: G. C. BROOKE, Engl. Coins, 1950², 149 – J. LAFAURIE, Les monnaies des rois de France, Hugues Capet à Louis XII, 1951, 94.

Angelsachsen

A. Terminologie – B. Archäologische Erforschung des angelsächsischen England.

A. Terminologie

Angelsachsen *(Anglo-Saxon[s])* ist der heute übliche Terminus für die vorherrschende Bevölkerungsgruppe in Süd-, Mittel- und Ostengland sowie in Südwestschottland vom 5./6. Jh. bis 1066, *Angelsächsisch* für die entsprechende Periode der engl. Geschichte und für ihre materielle und geistige Kultur (Metallbearbeitung, Buchkunst, Baukunst usw.). Bis ins späte 19. Jh. war letzteres auch die gebräuchl. Bezeichnung für Sprache und Literatur dieser Bevölkerung; seit etwa 1870 trat jedoch der Begriff *Altenglisch (Old English)* in Sprach- und Literaturwissenschaft zunehmend an die Stelle von Angelsächsisch. → Paulus Diaconus ist der einzige frühma. lat. Schriftsteller, der das Kompositum »Angli Saxones« verwendet (Hist. Lang. IV 23, VI 15), vielleicht, um diese von den Sachsen auf dem Kontinent abzugrenzen. Vorher hatte → Beda Venerabilis den Ausdruck »Anglorum sive Saxonum gens« gebraucht, um die germ. Eroberer des s. Britannien zu bezeichnen (Hist. eccl. I 15, cap. I 22 ff.), obwohl ihm bekannt war, daß nicht alle Invasoren vom Festland diesen beiden Stammesgruppen angehörten (Hist. eccl. I, 15). Die Autoren des 7. Jh. gebrauchten *Saxonia* und *saxonicum* für Landschaften Englands und deren Bewohner, welche die moderne Terminologie (z. B. »East Anglia«) wie auch andere Quellen mit den *Angli* in Verbindung bringen, während andererseits Alkuin und Æthelweard sächs. Gebiete unter Anglia fassen. Der zusammengesetzte Terminus kommt weder in den ältesten Gesetzen noch in den Königsurkunden vor. Der Vertrag Alfreds d. Gr. mit Guthrum (um 886) stellt *Engliscne* und *Deniscne* gegenüber (LIEBERMANN, Gesetze I, 126). Die Einleitungen zum Vertrag und zu Alfreds Gesetzen benutzen als kollektiven Begriff »Angelcynn« (ebd. I, 126, 46). Gleichwohl erscheint Alfred als »Angul-Saxonum rex« in den Königsurkunden, und noch fast 200 Jahre danach benutzen sowohl lat. als auch einheim. Urkunden das Kompositum. Von Gelehrten des späten 16. Jh. (L. NOWELL, W. CAMDEN) wurde der Terminus wiederaufgenommen und speziell auf die Sprache angewandt. Auf- und Umschriften auf Münzen und Spangen wurden vom 17. Jh. an eindeutig als ags. nachgewiesen. Mit B. FAUSSETT, der seit 1757 ags. Gräberfelder in Kent ausgrub und als solche identifizierte, begann die archäol. Erforschung (vgl. Abschnitt B).

Die Herausgabe oder Neuherausgabe der wichtigsten hist., rechtshist. und lit. Quellen aus ags. Zeit im 19. Jh. wurde von der Behauptung einer natürl. Überlegenheit der ags. Kultur und Sprache begleitet. Engl. Gelehrte des späten 19. Jh. eröffneten eine heftig geführte Kontroverse über das Problem, in welchem Maße die norm. Eroberung (1066) einen Kontinuitätsbruch und Wendepunkt in der geschichtl. Entwicklung der engl. Gesellschaft und Verfassung markiert. Dieser Streit beeinflußt noch die gegenwärtige Diskussion, v. a. in der Frage der Anfänge des → Feudalismus und des Charakters der vorgregorianischen Kirche in England. Stärker als die Geschichtswissenschaft war die Kunstgeschichte bereit, eine Konstanz ags. Traditionen anzunehmen. Seit dem 2. Weltkrieg wurde bes. eifrig die Frage diskutiert, welchen Beitrag jeweils die kelt. Welt und das röm. beherrschte Britannien zu den wirtschaftl. und sozialen Strukturen sowie – was neuerdings ebenfalls erörtert wird – auch zu den Verfassungsinstitutionen des ags.en England geleistet hat. Zur ags. polit. Geschichte → England; zur ags. Sprache und Lit.: → Altenglische Sprache, → Altenglische Literatur.

D. A. Bullough

Lit.: OED, s. v. Anglo-Saxon – R. FLOWER, Lawrence Nowell and the discovery of England in Tudor times, PBA 21, 1935 – H. M. CHADWICK, The Study of Anglo-Saxon, 1941 – STENTON² [Bibliogr.] – S. PIGGOTT, Ruins in a Landscape, 1976, Kap. 4.

B. Archäologische Erforschung des angelsächsischen England

I. Herkunft – II. Gräber – III. Christliche Periode – IV. Siedlungsstätten – V. Häuser – VI. Wirtschaft.

I. HERKUNFT: Die A. kamen im Laufe des 5. Jh. nach England. Aus hist. Quellen geht hervor, daß sie aus Jütland, Angeln und Altsachsen kamen; die Archäologie zeigt jedoch, daß die »angelsächsische« Bevölkerung auch Einwanderer aus dem fries. Gebiet umfaßte und daß wahrschein. die Stammesgruppen bei der Ankunft schon vermischt waren (wie aus der sog. anglofries. Keramik zu schließen ist). Hinweise, daß die ersten germ. Einwanderungen vor Ende des 4. Jh. stattfanden (jedenfalls vor dem offiziellen Abzug der Römer aus Britannien um ca. 410), liefern frühe Keramiken verschiedener Art und provinzialröm. Metallgegenstände (bes. Gürtelgarnituren) sowie Stätten, die Zeugnis von ununterbrochener germ. Besetzung ab Ende des 4. Jh. (z. B. Mucking, Essex) geben. Unter den frühen Fibeln, die Beziehungen zum heimatl. Festland aufweisen, befinden sich Schalenfibeln, gleicharmige Fibeln und solche mit viereckiger Kopfplatte.

Nach anfängl. Besiedlung des O Englands (von Yorkshire bis Kent) und der Südküste erweiterten die A. allmähl. ihre Siedlungsräume: zuerst entlang den Flußtälern und Römerstraßen, dann auf das Hinterland, bis um die Mitte des 6.Jh. ein großer Teil des heut. England im Besitz der A. war. Die Besiedlung NW-Englands war sporad. und wahrscheinl. späten Datums (Derbyshire z.B. weist keine ags. Funde auf, die früher als 600 datiert sind). Die polit. Macht der A. fand mit der norm. Eroberung 1066 ein plötzl. Ende. Aber gewisse Merkmale ags. Lebens blieben in der Kunst und in der materiellen Kultur (sowie in der Sprache, die die Grundlage der heut. engl. Sprache bildet) bis ins späte MA erhalten.

II. GRÄBER: Bei ihrer Ankunft in England waren die A. heidnisch; infolgedessen verdanken wir einen Großteil unserer Kenntnisse ihrer materiellen Kultur zw. 400 und 700 den Grabfunden. Körper- und Feuerbestattungsriten sind uns bekannt. Körpergräber fanden sich fast ausschließl. in O-Anglien und Lincolnshire, Urnengräber in Kent, Sussex, Yorkshire und im NO. Anderswo trifft man auf beide Riten. Hügelbestattungen (sekundäre Bestattungen in prähist. Hügelgräbern ausgenommen) fanden bis zum 7.Jh. nicht statt. Obgleich diese Bestattungsart am häufigsten in Kent und Sussex vorkommt, wurde dieser Ritus bei reichen Bestattungen auch in anderen Regionen ausgeübt. Der reichste Fund aus dieser Zeit ist der Grabhügel eines ostangl. Kg.s, der 1939 in → Sutton Hoo (Suffolk) untersucht wurde. Der auf ca. 630 zu datierende Fund enthält einen großen Schatz an Gold und Granatschmuck sowie Tafelsilber, Waffen und anderen Gegenständen, die alle in ein großes Schiff gelegt wurden – eine der wenigen Schiffsbestattungen, die aus England bekannt sind (→ Grabformen).

Man findet eine Anzahl von Siedelplätzen aus der heidn. Periode der A. Die eigtl. Chronologie aber beruht auf Grabfunden, die derzeit nur aufgrund stilist. und typolog. Kriterien datiert werden können. Wie auf dem europ. Festland bilden im Tierstil I und II (SALIN) ornamentierte Funde eine weitgehende Hilfe bei der Schaffung einer vergleichenden Chronologie. Südengl. Gräber mit Funden skand. und rhein. Herkunft sind wegen der Verbindung beider Chronologiesysteme *(cross-dating)* von überregionaler Bedeutung. Gleichzeitig liefern hist. Aufzeichnungen des frühen 5.Jh. und die Bekehrung Englands zum chr. Glauben (daneben auch die Einführung eines Münzsystems) im Laufe des 7.Jh. einen recht genauen chronolog. Rahmen für Anfang und Ende der heidn. Zeitalters. Was die Chronologie betrifft, ist das 6.Jh. das am wenigsten zufriedenstellende und gibt den Archäologen die meisten Probleme auf.

III. CHRISTLICHE PÉRIODE: Das Eindringen des Christentums Anfang des 6.Jh. und die allmähl. Bekehrung der A. vermindert unser Wissen über ihre materielle Kultur beträchtl., da die Zeremonie der Bestattung mit Beigaben langsam aufhört. Kirchl. Altertümer, Schatzfunde, Münzen und Siedlungsstätten liefern die wichtigsten archäolog. Zeugnisse für die A. nach ihrer Bekehrung. Dagegen ermöglicht die Wiedereinführung von schriftl. Aufzeichnungen durch die Kirche eine viel genauere Rekonstruktion der chr. A.-Periode, als sie für die heidn. Zeit möglich war.

Wie für die heidn. Periode werden Hauptdatierungen des archäolog. Materials durch stilist. und typolog. Methoden vorgenommen, obgleich die Dendrochronologie künftig eine absolute Chronologie für gewisse Gebiete ermöglichen wird. Handschriften, Skulpturen und Metallarbeiten bilden einen überzeugenden Rahmen, der anhand der Datierung der ab dem 9.Jh. häufiger vorkommenden Münzfunde kontrolliert werden kann.

IV. SIEDLUNGSSTÄTTEN: Nach 1945 sind zunehmend Siedlungen erforscht worden. Ein 1972 aufgestelltes Verzeichnis der besser erforschten ausgegrabenen Siedlungen ergibt eine Liste von 187 Orten, die großangelegte Dorf- oder Stadtgrabungen sowie einzelne Gebäude einschließt. Das ags. Leben war überwiegend ländl., obgleich es genügend Beweise für städt. Siedlung ab der Römerzeit gibt, was auf eine besser entwickelte Wirtschaft hindeutet. In den Anfangsphasen der ags. Periode hatten die röm. Städte die Funktion von Bevölkerungszentren. Manche aber (wie Wroxeter) bestanden nicht bis ins spätere MA. Mit neuen Gründungen, bes. im späten 9. und 10.Jh., wurde die Stadt zum festen Bestandteil der Siedlungslandschaft. Im Domesday Book sind über 100 Städte eingetragen, in denen vielleicht 10% der Bevölkerung wohnten. Nur wenige Stadtareale sind bisher untersucht worden, aber Ausgrabungen in Winchester, York, Hamwih (Southampton), Canterbury, Oxford usw. haben viel Material und Informationen geliefert.

V. HÄUSER: Bei Zeugnissen der ländl. Siedlung und Gebäude wird die Auswertung durch Datierungsprobleme erschwert. Viele Fundstätten haben wenig oder überhaupt kein Material vorzuweisen – oder sehr ungenau datierbare Keramik –, und Ansätze zu einer Synthese beruhen weithin auf einer Diskussion der Bautypen. Die meisten Gebäude haben rechteckigen Grundriß, manche (gewöhnl. nach dem 9.Jh.) sind schiffsförmig, und es gibt eine große Anzahl von *Grubenhäusern*. Ein ungeklärtes Problem bildet die Tatsache, daß die Häuser der A. weder denen im Heimatgebiet noch den Bauten der Romano-Briten gleichen. Das von der Medieval Village Research Group erschlossene siedlungsgeschichtl. Material zeigt dabei Verbindungen der Befunde aus ags. Zeit mit dem Erhaltenen aus früher Neuzeit. Die meisten Profanbauten sind aus Holz; Stein ist aber nicht unbekannt (z.B. Portchester). Steinbautechnik wird durch die oberirdischen Reste von Kirchen und freistehenden Skulpturen bezeugt. Überreste von Holzkirchen sind an verschiedenen Plätzen ausgegraben worden.

VI. WIRTSCHAFT: Die Landwirtschaft ist mit archäolog. Mitteln bisher wenig erforscht worden. Felder, Tierknochen und Pollenreste werden erst jetzt untersucht. Gewerbl. Verfahren – bes. Eisenverhüttung, Schmieden, Zimmererarbeit und Töpferei – wurden relativ gründl. erforscht. D.M.Wilson

Lit.: D.M.WILSON, The Anglo-Saxons, 1970² – DERS., [Hg.], The Archaeology of Anglo-Saxon England, 1976 – Medieval Village Research Group (früher: Deserted Medieval Village Research Group), Reports 1–24.

Angelsächsische Baukunst → Baukunst
Angelsächsische Chronik → Chronik, angelsächsische
Angelsächsische Handschriften → Beowulf-Hs., → Book of Lindisfarne, → Exeter-Buch, → Junius-Hs., → Vercelli-Codex
Angelsächsische Literatur → Altenglische Literatur
Angelsächsische Minuskel → Insulare
Angelsächsische Mission. Kanon.-kult. Romverbundenheit paarte sich in der ags. Kirche sowohl mit eigen- und landeskirchl. Ordnung wie mit germ. Selbstbewußtsein. Mit den Iren hatte sie ein kraftvolles monast. Element (das sie erst schrittweise der ausschließl. benediktin. Observanz zuführte) und einen lebendigen Bildungswillen gemeinsam. Sie rezipierte von ihnen neben der Schrift und der Bußdisziplin alsbald auch die Idee der *peregrinatio,* der asket. Heimatlosigkeit. All diese Energien drängten schon

in der dritten chr. Generation zur Wirkung nach außen, aber als rational durchdachte, auf die Glaubenspredigt bei den Festlandsgermanen zielende Planung.

Am Anfang stehen freilich Fehlschläge. Der Bf. Wilfrith v. York nahm 678 auf seiner Romreise den Weg über das benachbarte Friesland und predigte das Evangelium, aber ohne erkennbare Dauerwirkung. Die Konzeption einer systemat. a. M. geht auf den eng mit Irland verbundenen Northumbrier Ekbert zurück. Von ihm ausgesandt, wirkte der Priester Wikbert zwei Jahre lang (um 685?) wiederum erfolglos bei den Friesen, da der Hzg. Radbod die Mission zwar kaum behinderte, sich selber jedoch nicht gewinnen ließ. Die beiden Ewalde, die sich zu den w. Sachsen vorwagten, wurden gar erschlagen (691/692?).

Sichtlich aufgrund solcher Erfahrungen war die a. M., in realist. Einschätzung der germ. Kulturstufe und Mentalität, seither darauf bedacht, mit dem Rückhalt an chr.-frk. Staatsgewalt die Überlegenheit des Christentums sichtbar zu machen. Der als Wilfriths und Ekberts Schüler röm., benediktin. und ir. geformte Northumbrier →Willibrord zog 690 mit einer Zwölferschar aus und ließ sich unter dem Schutz des Hausmeiers Pippin des Mittleren das sw., schon frk. beherrschte Friesland als Missionsfeld zuweisen. Vergebl. Vorstöße seines Gefährten → Suidbert zu den Brukterern, Willibrords selber zu den Dänen bestätigten nur die negativen Erfahrungen. Willibrord fügte sich der karol.-frk. Reichskirche ein, erwirkte aber auch eine päpstl. Missionsvollmacht (wohl 692). Auf Geheiß Pippins begab er sich 695 abermals nach Rom zum Empfang der Bischofsweihe und des Palliums. → Utrecht wurde sein ebfl. Sitz, doch kam der diözesane Neuansatz nicht zu rechter Entfaltung, zumal die Friesenmission dem Wechsel der polit. Situation unterworfen blieb (Tod Pippins 714, Radbods 719). Geistiges Zentrum wurde weniger Utrecht als das um 700 aus adliger Schenkung errichtete, in karol. Schutz übergebene Kl. → Echternach.

Erst mit → Bonifatius aus Wessex, der an Willibrord († 739) anknüpfte, aber weit über ihn hinausführte, kam die a. M. zum kompromißlosen Durchbruch. Der wiederum persönl. in Rom eingeholte Missionsauftrag (719), die Bischofsweihe durch den Papst (722), die Erhebung zum Missions-Ebf. (wohl 732), eine dritte Romreise und die Bestellung zum päpstl. Legaten (737/738) kennzeichnen das Programm einer Ausweitung und Erneuerung der frk. Kirche nach röm.-kanon. Normen. Einen Konflikt mit dem frk.-aristokrat. Episkopat sah Bonifatius von vornherein voraus, aber das Prinzip der romverbundenen Landeskirche blieb auch ihm selbstverständl.: Zum päpstl. Auftrag trat ein Schutzbrief Karl Martells (723). Bonifatius überwand die Reste des Heidentums in Hessen und Thüringen, dagegen erfüllten sich seine Hoffnungen auf eine Mission bei den »Altsachsen« nicht. Die Heidenbekehrung trat im Gesamtbild der a. M. zurück hinter der regulierenden, auch kulturell befruchtenden Reform eines rudimentären oder verwilderten Christentums. Vorerst blieb Bonifatius auf die ostrhein. Länder des Frankenreiches beschränkt, wo er erste Kl. gründen konnte (Amöneburg, Ohrdruf, → Fritzlar, Kitzingen). Mit dem Willen des Hzg.s Odilo errichtete er 739 eine Diözesanordnung in Baiern, aber erst nach dem Tode Karl Martells (741) ermöglichten ihm die neuen Hausmeier, Karlmann und Pippin d. J., eine geradezu stürmische Reformaktion in der frk. Kirche (Errichtung hess.-thür. Bm.er, radikale Synodalbeschlüsse, Gründung des Kl.s → Fulda). Helfer aus der Heimat sein einheim. Schüler standen ihm zur Seite (u. a. Willibald, → Lul, → Lioba; Gregor, → Sturmi). Neben Echternach wurde dieses bonifatian. Missionsgebiet zu einer bis ins 9. Jh. erkennbaren, ags. geprägten Schriftprovinz.

Der Höhepunkt der a. M. ging jedoch in einen raschen Umschwung über. Manche Reformforderungen (Restitution der Kirchengüter, Wiederaufrichtung der Metropolitanverfassung) stießen im frk. Adel und Episkopat auf erbitterten Widerstand, vor dem die Hausmeier zurückwichen. In der frk. Kirche aber regten sich zugleich Kräfte, die aus eigenem Antrieb das Programm einer romverbundenen Reform aufgriffen (→ Chrodegang v. Metz, → Fulrad v. St-Denis). Die a. M. mündete damit in eine von frk. Kirchenmännern und karol. Kg.en gelenkte Kirchen- und Bildungsreform ein, in der sich die Grundlegung des abendländ. MA vollzog, über die Angelsachsen ging die Geschichte hinweg. Bonifatius hatte Mühe, das ostrhein. Organisationswerk in seinem Sinne zu sichern († 754), mit dem Tode seiner Schüler Lul v. Mainz (786), der noch die Erhebung seiner Kirche zur Metropole erlebte (780/782), und → Willibald v. Eichstätt (787?) klang die a. M. aus. Letzte aus England gekommene Glaubensboten wirkten, aber schon unter fr. Leitung, im n. Friesland und in der endlich realisierten Sachsenmission: Aluberht (767 in York zum Bf. geweiht), Liafwine († um 780 in Deventer), Willehad († 789 als erster Bf. v. Bremen). Gestalt und Wirken → Alkuins († 804) repräsentieren dann eine neue Phase ags. Ausstrahlung auf das Festland. → Mission.

Th. Schieffer

Lit.: Hauck I, II – HKG III, 1, 12–19 [Lit.] – STENTON³, 165–176 – GEBHARDT, §§ 37–41 [Lit.] – P. W. FINSTERWALDER, Wege und Ziele der ir. und ags. Mission im frk. Reich, ZKG 47, 1928, 203–226 – W. LEVISON, England and the Continent in the 8th Century, 1946 – G. HAENDLER (Die Kirche in ihrer Gesch., 2, 1961, 32–38 [Lit.]) – H. BÜTTNER (BRAUNFELS, KdG I, 461–471) – S. J. CRAWFORD, Anglo-Saxon Influence on Western Christendom, 1966², 32–71 – W. H. FRITZE, Universalis gentium confessio (Frühma. Stud. 3, 1969), 78–130 passim – A. ANGENENDT, Willibrord im Dienste der Karolinger, AHVN 175, 1973, 63–113 – HEG I, §§ 65–67 [Lit.].

Angelsächsisches Recht

I. Die Quellen und ihre Problematik – II. Die Hauptthemen der Gesetzgebung – III. Die Gerichtsverfassung.

I. DIE QUELLEN UND IHRE PROBLEMATIK: 1. Die *kgl. Gesetzgebung* beginnt im 7. Jh. mit vier Gesetzbüchern, deren bedeutendste Æthelbert v. Kent (597/616) und Ine v. Wessex (688/694) erlassen haben. Die Reihe der noch erhaltenen Gesetzbücher wird fortgesetzt von dem *domboc* Alfreds v. Wessex (887/899), in das die Gesetze Ines aufgenommen wurden. Die meisten Nachfolger Alfreds haben als Kg.e der Engländer seine Gesetzgebung bestätigt und durch eigene Gesetze ergänzt. Mit dem umfangreichen Gesetzbuch Knuts (1018/23) (I. Kirchl. Recht; II. Weltl. Recht) wurde der Höhepunkt der ags. Gesetzgebung erreicht. 2. Anonyme *Verordnungen und Rechtsaufzeichnungen* sind aus dem 10. und 11. Jh. überliefert, darunter die offenbar amtl. »Hundred Ordinance« (Hundertschaftsverordnung; 946/961), Statustrakte und lokale Weistümer wie → »Dunsaete« (vermutl. 926/939). Im frühen 12. Jh. vermitteln nichtoffizielle Übersetzungen und Sammlungen, v. a. die → »Leges Henrici Primi« (1114/18), ein umfassendes Bild des ags. Rechtes, das v. a. auf der Gesetzgebung Knuts beruht. 3. *Urkunden und Klosterchroniken* enthalten bisweilen Angaben über Rechtsfälle. Die meisten betreffen das Eigentum, einige, v. a. aus der Zeit zw. 980 und 1020, beziehen sich auf das Strafrecht.

Obwohl die Zeugnisse vergleichsweise zahlreich überliefert sind, haben sie nur begrenzten Beweiswert: a) Die ags. Gesetzbücher waren im Unterschied zu den kontinentalen zwar in der Volkssprache verfaßt, blieben aber wahrscheinl. dennoch Randerscheinungen in einem traditionell weitgehend mündl. Rechtsleben. Die Anwendung des domboc z. B. wurde zwar wiederholt verlangt, doch kein überlieferter ags. Rechtsfall nimmt auf geschriebenes Recht Bezug. Die handschriftl. Überlieferung der Gesetzgebung ist von ganz wenigen vornormannischen Skriptorien und Sammlungen der 12. Jh. wie dem »Codex Roffensis« und dem lat. »Quadripartitus« abhängig. Man muß bei der ags. Gesetzgebung daher mit Überlieferungsverlusten rechnen; auch die erhaltenen Texte sagen über so wichtige Bereiche wie Familienrecht und Eigentum nichts aus. b) Die ags. Gesetzbücher vereinigen überliefertes Gewohnheitsrecht und staatl. Erlasse, die sich nicht leicht voneinander trennen lassen. Das überlieferte Gewohnheitsrecht muß noch im 12. Jh. sehr altertüml. gewesen sein und sicher auch vielfältiger, als die größtenteils westsächs. Zeugnisse erkennen lassen. Dieses Element in der ags. Gesetzgebung ist jedenfalls auf Kosten der dynam. Entwicklung im administrativen Bereich zu sehr betont worden. Die Gesetze wurden vom Kg. und vom → witan verkündet, doch unter den uns bekannten Mitgliedern des witan werden kaum Rechtskundige. Die gesetzgeber. Initiative wird deshalb beim Kg., seinen Amtsträgern und geistl. Ratgebern gelegen haben. Es ist gezeigt worden, daß ein großer Teil der offiziellen und nichtoffiziellen Rechtsaufzeichnungen des frühen 11. Jh. das Werk von Ebf. →Wulfstan v. York (1002-23) war, der sich für karol. wie auch engl. Recht interessierte. Seit der Zeit Alfreds ist starker ausländ. Einfluß auf das ags. Recht spürbar, nicht nur im kirchl. Bereich, sondern auch in weltl. Verordnungen, z. B. über Hochverrat, Münzprägung und Gerichtsverfassung. Dabei ist es nicht immer sicher, wieweit diese Neuerungen auch durchgeführt wurden. c) Ein großer Teil der zweiten Gruppe der Quellen, v. a. die Sammlungen des 12. Jh., spiegeln vielleicht eher Wünsche wider als die Rechtswirklichkeit. d) Die Quellen der dritten Gruppe, Urkunden und Chroniken, wurden von Klerikern überliefert und oft auch verfaßt, die sich mehr für ihre Vermögensrechte interessierten als für die Prozesse, in denen sie festgestellt wurden. Diese Quellen sind daher kein Ersatz für die objektiven Prozeßberichte späterer Zeiten.

II. Die Hauptthemen der Gesetzgebung: Bis zu Alfreds Zeit beschäftigen sich ags. Gesetze, soweit sie nicht kirchl. Fragen behandelten, mit der Wiedergutmachung für Rechtsverletzungen zw. den Beteiligten. Die Buße für Tötungen, sexuelle Delikte, Verletzung von Schutzverhältnissen und Hausfriedensbruch, Körperverletzungen, Diebstahl und Flurschäden war an den Geschädigten oder seine Sippe zu zahlen. In den ersten drei Fällen war die Höhe der Buße nach dem Stand des Verletzten abgestuft; bei Diebstahl umfaßte sie in Kent mehrfache Erstattung des Sachwerts, in Wessex dagegen nur einfache Rückgabe. Die Durchsetzung blieb größtenteils der Selbsthilfe überlassen; das Zwangsmittel im Hintergrund war die → Fehde. Sofortige Rache an einem auf frischer Tat ertappten Dieb war erlaubt, und das einzige frühe ags. Gesetz gegen die Fehde verbot die Rache für den auf frischer Tat gestellten und getöteten Dieb. Das Ziel der Gesetzgebung war es eher, für außerordentl. Fälle Vorsorge zu treffen (z. B. der Missetäter verließ seine Verwandten oder jemand hatte keine Verwandtschaft) als die Rechte und Verpflichtungen der Sippe zu beschränken. Doch schon damals hatte der Kg. eine Aufgabe bei der Durchsetzung der Friedensordnung. Abgesehen von den bes. schweren Strafen für die Verletzung des Königsfriedens waren Geldbußen für viele Delikte an den Kg. zu zahlen (60 Schilling für Diebstahl nach dem Gesetzbuch Ines); zumindest in Wessex führten seine Beamten den Vorsitz bei Gericht.

Von der Zeit Alfreds an nimmt der kirchl. Charakter der Gesetzbücher zu: Einiges von Wulfstans Satzungen ist kaum von seinen Homilien zu unterscheiden. Auch wird das Element der öffentl. Ordnung viel augenfälliger. Neben umfangreicher Rechtsetzung im administrativen Bereich gibt es genaue Bestimmungen für die Abhaltung von Gerichtstagen. Die Rechte und die Verantwortung des Kg.s werden betont durch den Erlaß von Gesetzen gegen Hochverrat unter Alfred, durch die immer häufigere Anwendung der Geldbuße von 120 Schillingen für »Ungehorsam« seit Edward d. Ä. (899-924) und durch die genaue Aufzählung der einzelnen → pleas of the crown (Straftaten, deren Verfolgung der Kg. sich vorbehielt) in den Gesetzen Knuts. Strafen stehen stärker im Vordergrund als Bußen: Æthelstan (925-939) führte die Todesstrafe für fast alle Arten des Diebstahls ein; Knut bedrohte den Dieb mit Verstümmelung. Die → Blutrache wurde nicht verboten, aber Alfred versuchte, die tatsächl. Anwendung von Gewalt unter Kontrolle zu bringen, und Edmund (942/946) beschränkte die Rachepflicht der Sippe. Die spätere Gesetzgebung betonte im allgemeinen die Verantwortung der Amtsträger, der Gemeinschaften und Herren, Sicherheit dafür zu leisten, daß ihre Leute sich dem Gericht stellten, die Bezeugung von Rechtsgeschäften zu organisieren, um die Geltendmachung von Gewährleistungsansprüchen zu erleichtern, Flüchtlinge und gestohlenes Vieh zu verfolgen und Übelbeleumdete vor Gericht zu bringen. Friedlosigkeit wird in späteren Gesetzen öfter bezeugt als in früheren. Schon die ags. Gesetzgebung entwickelte sich also in die Richtung, die die Rechtspflege unter den Plantagenet nehmen sollte.

III. Die Gerichtsverfassung: In frühen ags. Gesetzbüchern finden wir nur das örtl. Gericht, bei dem der → reeve (gerefa) → ealdorman oder scirman des Kg.s den Vorsitz führte; doomsmen (Urteilssprecher) sind selten bezeugt. Immer wieder erwähnt wird das Verfahren mit Reinigungseid und Eidhelfern. Im frühen 10. Jh. finden wir Vorschriften für die monatl. Zusammenkunft des Gerichts des reeve, das von der Zeit Edmunds an das *hundred court* (Hundertschaftsgericht) genannt und dessen Zuständigkeit in der »Hundred Ordinance« aus der Mitte des 10. Jh. umschrieben wurde. In den Gesetzen Edgars (959/962) erscheinen zwei Gerichte, das *burh court (burh-gemot,* → borough), das dreimal im Jahr zusammentrat, und das *shire court (scir-gemot,* → shire), das unter dem Vorsitz von Bf. und ealdorman zweimal zusammentrat, um in kirchl. und weltl. Angelegenheiten Recht zu sprechen. Der *shire-reeve (scir-gerefa,* → sheriff), der Vertreter des ealdorman, erscheint in keinem der erhaltenen frühen Gesetze, sondern erst in späteren Urkunden. Die Möglichkeit einer Berufung vom hundred court an das shire court wird erst von Knut an erwähnt; Æthelstan und Edgar erlaubten die Berufung an den König, aber nur dann, wenn am Ort kein Recht zu finden war. Die späteren ags. Gesetzbücher legen mehr Gewicht auf das → Gottesurteil und, bei Eigentumsstreitigkeiten, auf die Verwendung von Zeugen, die aus der Gemeinschaft ausgelost wurden.

Der Umfang und die Art privater Gerichtsbarkeit vor der norm. Landnahme lassen sich nicht leicht feststellen. Die Urkunden deuten an, daß Gerichtshoheit seit dem späteren 8. Jh. verliehen wurde. Im späteren 10. Jh. besaßen große Kirchen wie Worcester und Ely Exemptionen, die ganze Hundertschaften umfaßten. Das Gesetzbuch Knuts gestattete sogar die Übertragung von pleas of the crown, und unter Edward dem Bekenner (1042-1066) waren

Formeln für vollständige Immunität weit verbreitet. Es scheint jedoch festzustehen, daß die Angelsachsen der ma. Justiz in England ein Gerichtssystem hinterließen, das in höherer Blüte stand als anderswo in N-Europa (s. a. → Boc, → Danelaw, → Folkland, → Hundertschaft, → Sippe, → Soke, → Wergeld). → Englisches Recht, Amt.

C. P. Wormald

Q.: F. Liebermann, Gesetze der Angelsachsen I, 1903 [Neudr. 1960] – F. Attenborough, Laws of the Earliest Engl. Kings, 1922 – A. Robertson, Laws of the Kings of England from Edmund to Henry I, 1925 – D. Whitelock, Engl. Historical Documents I, 1955, 327 ff. u. ö. – K. A. Eckhardt, Leges Anglo-Saxonum (Germanenrechte NF, 1958) – P. Sawyer, Anglo-Saxon Charters, 1968 – Lit.: H. Adams u. a., Essays in Anglo-Saxon Law, 1876 – F. W. Maitland, Domesday Book and Beyond, 1897 [Neudr. 1960], 307–345 – H. Chadwick, Stud. in Anglo-Saxon Institutions, 1905 [Neudr. 1963] – F. Liebermann, Gesetze der Angelsachsen 2, 1912; 3, 1916 [Neudr. 1960] – J. Goebel, Felony and Misdemeanour, 1937, 1–61, 336–440 – N. Hurnard, Jury of Presentment, EHR 1941, 375 ff. – Ders., Anglo-Norman Franchises, EHR 1949, 289–310 – Amira-Eckhardt, 73–81 – A. Harding, Social Hist. of Engl. Law, 1966, 13–29 – D. Bethurum, Wulfstan (Continuations and Beginnings, hg. E. Stanley 1966), 210 ff. – F. Pollock-F. W. Maitland, Hist. of Engl. Law, 1968², 1, 1–63, 79–110 – A. Harding, Law Courts of mediaeval England, 1973 – D. Kate, Unters. zu Inhalt, Stil und Technik ags. Gesetze und Rechtsbücher des 6.–12. Jh. (Archiv für vergleichende Kulturwissenschaften 10), 1974.

Angelsächsische Sprache → Altenglische Sprache

Angelus Clarenus (Angelus de Clareno), OFM, * um die Mitte des 13. Jh. in Chiarino (Marken), † 15. Juni 1337, stammte aus bäuerl. Familie und wurde unter dem Namen Pietro da Fossombrone, unter dem er in der ersten Phase seines Wirkens bekannt ist, Minderbruder. Während seines ganzen Lebens Diakon, vertrat er den strengsten Rigorismus und erregte dadurch heftige Gegnerschaft, so daß er eingekerkert und danach um 1289 als Missionar nach Armenien gesandt wurde. Nach seiner Rückkehr nach Italien erhielt er von Papst Cölestin V., um neue Zwistigkeiten zu vermeiden, die Erlaubnis, eine Gruppe »pauperes heremitae domini Coelestini« zu bilden. Aus diesem Anlaß nahm er den neuen Namen A. C. an. Von Bonifatius VIII. wurde die Gruppe jedoch aufgelöst und mußte um 1295 nach Griechenland fliehen, wo A. bis 1305 blieb. Dann kehrte er nach Italien zurück und suchte die Protektion des mächtigen Kard.s Napoleone Orsini zu gewinnen, der ihn auch aus einem Prozeß 1311 rettete. Nach einem zweiten Prozeß 1311 während des Kampfes gegen die Spiritualen, nach dem Konzil von Vienne und dem Tode von Clemens V., sah sich A. schließl. gezwungen, Mönch zu werden und in Subiaco Zuflucht zu suchen. Von dort aus wirkte er als bedeutender geistiger Leiter der Franziskaner-Spiritualen. 1334 mußte er vor den Verfolgungen der Inquisition aus Subiaco fliehen und suchte in der Basilicata, im Eremus von S. Maria in Aspro Zuflucht, wo er wenige Jahre später starb.

Er verfaßte Werke von tiefster Spiritualität, die zu der strengsten Richtung des Franziskaner-Rigorismus gehören, auf der Linie des Petrus Johannis → Olivi: »Expositio regulae fratrum minorum«, »Historia septem tribulationum«, die bedeutendste Verteidigungsschrift des Franziskaner-Spiritualismus, als prüfender Überblick über die Geschichte der Kirche gestaltet, und die großartige Briefsammlung, vielleicht das aussagekräftigste und wichtigste Epistolar des religiösen Lebens im Trecento. Große Bedeutung errang A. C. auch als Übersetzer aus dem Gr., der die »Himmelsleiter« des Johannes Klimakos dem W erschloß.

R. Manselli

Lit.: DBI III, 223–226 – Repfont II, 239–240.

Anger, Frère, frz. Dichter → Vie de St-Grégoire
Angerdorf → Dorfformen

Angers, Anjou

I. Geschichte der Stadt und des Bistums Angers sowie der Grafschaft Anjou – II. Das Gewohnheitsrecht des Anjou – III. Die Klöster in Angers (St-Aubin, St-Serge) und ihre Skriptorien – IV. Die Universität Angers.

I. Geschichte der Stadt und des Bistums Angers sowie der Grafschaft Anjou: Die westfrz. Stadt Angers an der Maine (Dép. Maine-et-Loire), im MA Zentrum der bedeutenden Gft. und späteren Provinz Anjou, ist galloröm. Ursprungs: Die civitas Iuliomagus (Tabula Ptolemaei; auch Andecavis, Andegavis) bot im 4. Jh. durch ihre enge Ummauerung dem Bf. (als erster Bf. ist um 370 Defensor bezeugt) sichere Kirche und bald auch dem Gf.en Schutz. Um 470 kämpfte Kg. Chilperich als gallo-röm. Foederatenführer bei A. In der merow. Epoche wurde die Stadt Grafensitz, und es entstanden Abteien außerhalb der Mauern (St-Aubin im 6. Jh., St-Serge im 7. Jh.); nicht weniger als vier Kirchen wurden errichtet; im weiteren Bereich der Diöz. folgte die Abtei St-Maur-de-Glanfeuil (St-Florent-de-Montglonne gehörte damals zum Bm. Poitiers). In ihrer polit. Zugehörigkeit erlebten die Stadt und ihr Umland durch die Teilungen zw. den merow. Kg.en ein wechselvolles Schicksal. Seit 613 gehörte sie endgültig zu Neustrien.

Die zentralen Funktionen der Stadt verstärkten sich in der Karolingerzeit. Das Königskloster St-Aubin wurde der Weiheort für jeden neuen Bischof. Innerhalb der Mauern residierten die lokalen Gewalten. Seit ca. 770 war die Gft. in die Bret. Mark einbezogen, deren Inhaber Hruodland (→ Roland) die Wido-Warnachar-Lambert waren. Sie übten über die Gft. Oberherrschaft aus oder hatten selbst das Grafenamt inne. Innerhalb der Diöz. ebenso wie innerhalb der Gft. vollzog sich eine territoriale Festigung. Durch seine geograph. Lage beherrschte A. alle Täler in der Umgebung des Zusammenflusses von Maine und Loire. Es bildete den Mittelpunkt für die drei Archidiakonate Outre Maine, Outre Loire und Angers, die seit dem Ende des 9. Jh. bezeugt sind.

Um 850 brachten die Normannen und die Bretonen diese Herrschaftsorganisation aus dem Gleichgewicht. Durch den Verrat des Mgf.en Lambert (Gf. v. Nantes und Angers) mußte Karl der Kahle 851 dem Bretonen Erispoë den Westen der Gft. außer Maine und Mayenne überlassen. 863 erhielt sein Nachfolger Nominoë »das Land zw. den beiden Gewässern« (wohl Mayenne und Sarthe) mit St-Aubin. Etwa zu diesem Zeitpunkt wurde den Bretonen auch St-Serge überlassen. Die restl. Gft. im O. wurde Teil der neuen Mark gegen Bretonen und Normannen unter → Robert dem Tapferen († 866), zu der auch die Touraine gehörte. Als Gf. v. Angers folgte auf Robert der Welfe Hugo der Abt; nach dessen Tod wurde sie von Ks. Karl III. an Odo, den Sohn Roberts des Tapferen, verliehen, der sie, als er 888 Kg. wurde, seinem Bruder Robert übertrug. Seitdem war sie in robertin. Hand und gehörte zur ausgedehnten Herrschaft dieses Hauses über Neustrien (zuerst mit dem marchio-, dann mit dem dux-Titel).

Fulco der Rote, ein Vasall der Robertiner, war seit 898 vicecomes *(vicomte)* in Angers und seit 907 (Tod des Bretonen Alain d. Gr.) Gf. v. Nantes. Seine Gemahlin stammte von den Wido-Warnachar-Lambert ab. Nachdem Fulco 919 von den Normannen aus seinem Grafenamt in Nantes verdrängt worden war, führte er spätestens seit 929 den Grafentitel in Angers. Noch in der zweiten Hälfte des 10. Jh. ist der robertin. Lehnsherr als Inhaber der Gft. bezeugt, aber er mußte den Grafentitel seiner Vasallen anerkennen. Seit Gf. Fulco dem Guten († um 960) war damit ein Grafenhaus begründet, das seinen Einfluß bald über Anjou ausdehnte.

Unter ihm und unter Gauzfredus (Geoffroy Grisegonelle; † 987) wurde das Haus der Anjou zum bedeutenden Herrschaftsträger, v. a. als Vasall der Robertiner (bes. für die Gft. Anjou [ausgenommen Saumur, das dem Haus Blois gehörte] und für Teile der Touraine, u. a. die wichtige Festung Loches) und als Vasall der Hzg.s von Aquitanien, namentl. für Loudun und Mirebeau. Um 966 reformierte der Graf das Kl. St-Aubin und weitere Abteien in seinem Machtbereich (→ Abschnitt III). Um 950 (zu einer Zeit, da er nicht mehr vicomte, sondern gf. war) setzte er als vicomte in Angers Rainaldus (Renaud) ein, dessen beträchtl. Allodialbesitz im Gebiet der Mauges an der unteren Loire und damit außerhalb der Gft. lag. 973 designierte der Gf. für das Bischofsamt von Angers Renaud, den Sohn des ebengenannten vicomte. Dieser bedeutende Bf. verteidigte sehr aktiv die kirchl. Rechte, stellte die synodale Gerichtsbarkeit wieder her und reformierte die Abtei St-Serge, die von Alain d. Gr. der Kirche von Angers übertragen worden war. Nach dem Jahr 1000 schenkte der Bf. sogar seiner Kirche allen Allodialbesitz in den Mauges, den er von seinem Vater geerbt hatte. Mit Gf. Fulco Nerra (987-1040), dem Sohn von Geoffroy Grisegonelle, überwand das Haus Anjou diese noch von karolingerzeitl. Strukturen geprägten Verhältnisse. Der Gf. nahm kurz vor 1005 (dem Todesjahr des Bf.s Renaud) das Gebiet in den Mauges in Besitz, das nach einigen Jahrzehnten erst in die Gft. und dann in die Diöz. einbezogen wurde. Er beherrschte das Bm. und schaffte 1005 die Herrschaft des vicomte ab. Seit 1006 begann er ein ähnl. Vorgehen im Gebiet von Vendôme, indem er für das Bischofsamt von Angers Hubert, den Sohn des vicomte v. Vendôme, ernennen ließ. Der Gf. gründete mehrere Abteien: Beaulieu-les-Loches, St-Nicolas und La Charité in Angers. Bedeutend als Erbauer von Burgen (in Angers erweiterte er die Ummauerung um 1032), duldete er teilweise auch den Burgenbau hoher Adliger. Er erbte von seinem Vater die Doppelvasallität, wandelte sie jedoch um. Geoffroy war stets ein zuverlässiger Getreuer und Verbündeter des kapet. Kg.s. Außerdem blieb er Vasall des Hzg.s v. Aquitanien. In seinem langwährenden Kampf gegen das benachbarte Haus → Blois zeichneten sich folgende wichtige Etappen ab: Schlachten bei Conquéreuil (992) und Pontlevoy (1016), Eroberung v. Saumur (endgültig 1026) und Unterstützung Heinrichs I. bei dessen Sieg (1032) über Odo II. v. Blois/Champagne. Seit etwa 1032 kam es zu Auseinandersetzungen Fulcos mit seinem Sohn, Geoffroy Martel, die fast bis zu seinem Tod andauerten. Geoffroy beachtete die von seinem Vater ererbten vasallit. Bindungen wenig, besetzte das Vendômois ohne Rücksicht auf die kgl. Oberlehnsherrschaft und half im Interesse seiner Stiefsöhne seiner Gattin Agnes, nacheinander zwei rivalisierende Hzg.e v. Aquitanien auszuschalten. Geoffroy gründete das Kl. Trinité in → Vendôme (Mai 1040), aber ohne Beteiligung seines Vaters, der, als er zum dritten Mal ins Hl. Land pilgerte, auf dem Rückweg starb.

Als guter Administrator richtete Geoffroy überall in seinen Burgen Burgwarde *(Chevaliers gardiens)* ein und verallgemeinerte die Verwaltung durch prepositi (→ *prévots*). Die Gewohnheitsrechte wurden von ihm beherrscht und fixiert (→ Abschnitt II); so schränkte er den Zugang hoher Adliger zum Besitz von Kastellaneien ein, zunächst indem er versuchte, die Adligen der Zwischeninstanz der *grand prévôts*, die er in jedem wichtigen Ort der Gft. errichtete, zu unterstellen; später, gegen Ende seines Lebens, beherrschte er den Adel, allein aufgrund seines hohen Ansehens, ohne Zwang ausüben zu müssen. 1041 begann er, den frz. Kg. Heinrich I. gegen Thibaud v. Blois zu unterstützen. Dabei gelang es ihm, dessen Gft. in der Touraine gegen 1044 zu erobern, für die der Gf. jedoch Vasall des Hauses Blois wurde. Seit Ende 1043 knüpfte er Verbindungen zum Imperium an. Im Zuge dieser Politik wandte er sich als Verbündeter Ks. Heinrich III. 1049 sogar gegen seinen Kg. Heinrich I. Das war die erste, ehrgeizigste Phase seiner Regierungszeit. Sie wird bezeichnet durch die Gründung von Notre-Dame-de-Saintes 1047 und durch die Erhebung von Eusebius Bruno (Eusèbe Brunon) zum Bf. v. Angers nach dem Tod Huberts 1047. (Eusebius Bruno entstammte wahrscheinl. der burg. Aristokratie und war polit. dem Imperium zugewandt.) Eigtl. Urheberin dieser polit. Orientierung war die Gfn. Agnes, Tochter Otto-Wilhelms v. Burgund und Mutter der Ksn. Agnes. 1052, nachdem der Gf. militär. besiegt worden war, schloß er mit Heinrich I. Frieden, verbündete sich mit ihm gegen Wilhelm den Eroberer und begnügte sich ausschließl. mit seinen herkömml. Herrschaftsrechten. Er ließ sich von Agnes scheiden, verzichtete auf das Vendômois und gegenüber der Kirche auf jede Investitur von Spiritualien für die größeren Benefizien. Er unterstellte La Trinité-de-Vendôme dem Heiligen Stuhl und gründete in Angers das Stift St-Laud. Die Nachfolger von Geoffroy Martel, seine Neffen Gottfried (Geoffroy »le Barbu«; 1060-68) und dann Fulco (Foulques »le Réchin«; 1068-1109), waren unbedeutend. Beide ließen zu, daß neue Burgen entstanden und mehr noch – auch eigenständige Kastellaneien. Gottfried, der sich von der von seinem Onkel gebilligten Investiturreform abkehrte, wandte sich gegen das Kl. Marmoutier und ließ sich schließlich in einen Kampf mit dem Papsttum ein; 1067 wurde er vom Legaten Stephan abgesetzt und anschließend von seinem Bruder eingekerkert (1067, endgültig 1068). Fulco, wie sein Bruder Vasall des Kg.s, des Hzg.s v. Aquitanien und des Gf.en v. Blois (für die Touraine), richtete seinen Ehrgeiz ledigl. auf die Gft. v. Maine, wobei er auf die Gegnerschaft des Hzg.s der Normandie stieß. Endlich war sein Vorhaben von Erfolg gekrönt: Er konnte seinen Sohn Fulco d. J. mit der Erbin dieser Gft. verheiraten. Die Schwäche der Grafengewalt während dieser Periode erlaubte die Einführung der gregorian. Kirchenreform, wobei die Konventswahl der Äbte und die kanon. Wahl des Bf.s v. Angers durchgesetzt wurden; zu Bf.en wurden nach Eusebius († 1081) nacheinander Prälaten erhoben, die aus der mittleren Adelsschicht in der Umgebung von Angers stammten. Gottfried v. Tours (1082-93), Gottfried v. Mayenne (1093-1101) und Rainald (Renaud) v. Martigné (1102-24). Gerade dieser Adelsschicht sind die großen Gründungen der Zeit zu verdanken: La Roë (um 1096), Fontevrault, das spätere angevin. Hauskloster (um 1100), das außerhalb der Diöz., aber im Einflußbereich der Gft. lag, sowie Nyoiseau (1109).

Seit dem Herrschaftsantritt Fulcos d. J. (1109) führte das Haus Anjou die Titel der drei Gft.en Anjou, Touraine und Maine, die gemeinsam als »le Grand Anjou« bezeichnet werden. Damals wurden die Verbindungen zum engl. Königshaus geknüpft, (bes., als 1120 Gottfried, der älteste Sohn des Gf.en, Mathilde, die Erbtochter des engl. Kg.s Heinrich I., heiratete. Darüber hinaus richteten sich die polit. und dynast. Bestrebungen der Anjou auf den Orient (der Gf. heiratete 1128 während des Kreuzzuges die Erbtochter Balduins II., des Kg.s v. Jerusalem). Gottfried Plantagenet, der die Herrschaft beim Aufbruch seines Vaters nach Palästina 1128 übernahm, kämpfte tatkräftig gegen die Seigneurs v. Sablé, Amboise und Montreuil-

Bellay (dort zerstörte er die Burg) und eroberte die Normandie. Das frühe 12. Jh. war eine Blütezeit für das Grand Anjou, in der sich durch den Landesausbau und die Anlage von Marktsiedlungen ein wirtschaftl. Aufschwung vollzog, der sich mit der Entstehung des Angevin. Reiches noch verstärkte: v. a. durch die Öffnung des engl. Marktes für den Wein des Anjou. Das 12. Jh. war auch eine Blütezeit des kirchl. Lebens in der Diöz. Angers; Bf. Ulger war bestrebt, die gregorian. Kirchenreform bis hinunter zur Ebene der Pfarrbezirke durchzusetzen und die Pfarrorganisation zu vollenden. Zahlreiche Tochtergründungen der Kl. Tiron, Savigny und Cîteaux prägten das monast. Leben.

Beim Tod Gottfrieds Plantagenet (1151) war Heinrich, Sohn von Gottfried und Mathilde, Herr über den Territorialbesitz von der Normandie bis zur mittleren Loire. 1152 wurde er durch seine Gemahlin Eleonore Hzg. von Aquitanien und 1154 (beim Tod des engl. Kg.s Stephan v. Blois) erhielt er durch seine Mutter den engl. Königsthron (→ Angevinisches Reich). Heinrich II. Plantagenet verlegte den Schwerpunkt seiner Herrschaft nach England und ließ das Grand Anjou von einem einzigen Seneschall verwalten: Der gegen die Barone durchgesetzte Friede und die Stabilität des angevin. Geldes vermehrten dort den Wohlstand. Der Kirchenbau setzte sich seit dem 11. Jh. fort; nun prägte sich die angevin. Gotik aus, die 1151 bei der Kathedrale v. Angers erstmals in Erscheinung trat. Der Kg. und die Kgn., die eine Vorliebe für das Anjou zeigten, bestimmten Fontevrault zu ihrer Grablege. Nach dem Zwischenspiel der Regierung Richards I. (1189-99) kommt es im Anjou zur Krise: Arthur v. der Bretagne, der von den Angevinen unterstützte Prätendent, wurde von Johann Ohneland ausgeschaltet, kurz bevor Kg. Philipp August 1204 aus anderen Gründen die Festlandlehen seines Vasallen einzog und bald darauf seinen eigenen Seneschall im Grand Anjou einsetzte, um von dem Gebiet in den darauffolgenden zehn Jahren in zunehmendem Maße Besitz ergreifen zu können.

Bis 1246 war das Anjou Bestandteil der Krondomäne. Diese Rückkehr zu geordneten polit. Verhältnissen bewirkte einen beträchtl. Wohlstand, der sich an zwei Momenten ablesen läßt: Zwischen 1230 und 1240 erfolgte die Errichtung einer großen Mauer in Angers, die 4 km umfaßte. Während der gleichen Periode wurde der Chor der Kirche St-Serge erbaut, ein Hauptwerk der angevin. Gotik.

1246 erhielt Karl, der jüngere Bruder Kg. Ludwig des Heiligen und Gemahl der Beatrix v. der Provence, das Grand Anjou als Apanage. Das Anjou hatte bald die finanziellen Lasten der ehrgeizigen krieger. Vorhaben Karls zu tragen (→ Anjou, Dynastie).

Unter Karl II. erhielt Karl v. Valois, der die Tochter Karls II. geheiratet hatte und der jüngere Sohn von Philipp III. war, 1290 Maine-Anjou als Apanage; 1297 wurde die Gft. Anjou zur *pairie* erhoben. Er überließ seinem Sohn Philipp die Apanage bei seinem Tode 1325; Philipp gliederte sie, nachdem er 1328 Kg. geworden war, der Krondomäne ein. Ebenso verfuhr später Johann der Gute, der die Gebiete als Apanage erhielt und sie nach seiner Thronbesteigung 1350 erneut zur Domäne schlug. 1369 schließlich empfing Ludwig, der 2. Sohn Johann des Guten, das Anjou als Apanage, das nun zum mit der Pairswürde verbundenen Hzm. (*duché pairie*) erhoben wurde; Ludwig begründete das hzgl. Haus Anjou (→ Anjou, Dynastie), das bald eine ehrgeizige Mittelmeerpolitik betrieb und damit zu den Schwierigkeiten, die der Hundertjährige Krieg

für das Anjou brachte, die großen finanziellen Lasten langer auswärtiger Kriege hinzufügte. Während der Regierung des letzten Vertreters des Geschlechtes, des Kg.s René v. Anjou (1434-80), war diese Politik – neben den Folgen des Aufstandes in Angers 1461 – die Ursache ständiger Not und Unzufriedenheit.

Als darüber hinaus die Kinder des Kg.s René vorzeitig starben, vermochte Ludwig XI. mühelos die Rückkehr der Apanage in den Kronbesitz vorzubereiten, indem er der Stadt 1475 eine lokale Satzung bewilligte. Das war das Vorspiel zur – diesmal endgültigen – Eingliederung in die kgl. Domäne, die 1480 nach dem Tod Renés durchgeführt wurde. O. Guillot

Lit.: L. Halphen, Le comté d'Anjou au XIe s., 1906 [Neudr. 1974] – J. Chartrou, L'Anjou de 1109 à 1151, 1928 – J. Boussard, Le comté d'Anjou sous Henri Plantagenet et ses fils, 1938 – H. Landais, Étude sur la géographie, l'hist. et l'administration de l'Anjou au XIIIe s. [Diss. masch. Paris, Éc. des Chartes, 1946] – K. F. Werner, Unters. zur Frühzeit des frz. Fsm.s, 9.-10. Jh., WaG 18, 1958, 264-289, 283-289 – O. Guillot, Le comté d'Anjou et son entourage au XIe s., 2 Bde, 1972 – Hist. des Pays de la Loire, hg. F. Lebrun, 1972 (mit Beitr. v. J.-M. Bienvenu u. a.) – Atlas hist. de la France II, Anjou, hg. R. Favreau [Bibliogr.] – Brühl, Palatium I.

II. Das Gewohnheitsrecht des Anjou: Um 990 begann man im Anjou, sich in breitem Umfang auf das ungeschriebene Gewohnheitsrecht, die *coutume*, als Rechtsquelle zu berufen. Um 1055 zeigten sich, vermutl. auf Betreiben des Gf.en Gauzfried (Geoffroy Martel), die ersten Anzeichen für den Gebrauch einer eigenen coutume für den pagus, die Gft. Anjou. Dieses Gewohnheitsrecht wirkte seit seinem Ursprung auf die gesamten Territorien des Hauses Anjou ein (→ auch Abschnitt I). J. Yver hat gezeigt, daß man Elemente des angevin. Gewohnheitsrechts bes. in den coutumes des Maine, des Vendômois und der Touraine wiederfindet. So hat es hier das Erbrecht beeinflußt.

Die coutume des Anjou wurde seit dem beginnenden 13. Jh. Gegenstand zahlreicher sowohl privater als auch öffentl. Rechtsaufzeichnungen: So beinhaltet eine *ordonnance* (Erlaß) Kg. Ludwigs d. Hl. vom Mai 1246, daß die Witwe eines Adligen nach der inquisitio (*enquête*) die Vormundschaft (*bail*) über die Kinder und ihr Land erhält. Weiterhin sind zwei private Rechtsaufzeichnungen zu nennen: »Les coustumes d'Anjou et dou Maigne«, die spätestens 1273 von den → »Etablissements de St-Louis« wiederaufgenommen wurden. Seit dem Ende des 14. Jh. gab es offizielle Kodifikationen, bes. zu den *Grands Jours* von Anjou und Maine, einer regionalen Appellationsinstanz, i. J. 1391 eine Fassung in Gestalt von 27 Artikeln, die einen offiziellen Charakter besitzen. 1411 erscheint anläßl. vergleichbarer Grands Jour eine erste gemeinsame offizielle Kodifikation der coutume von Anjou und Maine, die 16 Teile umfaßt und einige Vorschriften des röm. Rechts einführt. Bemerkenswert ist auch die private Kodifikation des Claude Liger, der versuchte, die coutume nach dem Vorbild des Justinian. Codex zu systematisieren. 1463 erfuhr die coutume von Anjou anläßlich der von Kg. René für das Hzm. Anjou berufenen Grands Jours eine erneute offizielle Kodifikation, die die Fassung von 1411 erweiterte. Wie diese war sie in 16 Teile gegliedert und bezog wiederum fakt. die Gft. Maine ein. Schließlich erfolgte 1508 auf Initiative des frz. Kg.s eine letzte offizielle Neubearbeitung, die bis 1789 Gültigkeit besaß. O. Guillot

Q. und Lit.: Beautemps-Beaupré, Coutumes et institutions d'Anjou et du Maine, 1ère partie, Coutumes et styles, 4 Bde, 1877-83 – J. Yver, Les caractères originaux du groupe des coutumes de l'Ouest de la France, RHDFE, 1952, 18-79 – J. Ph. Lévy, Le droit romain en Anjou, Bretagne, Poitou (Jus Romanum Medii Aevi, Pars V, 4b), 1976.

III. Die Klöster in Angers (St-Aubin, St-Serge) und ihre Skriptorien: [1] *Geschichte*: Bedeutende Abteien im A. waren v. a. *St-Aubin* (534/535 geweiht) und *St-Serge* (spätestens gegen 650 gegr.), aber außerhalb der Stadtmauern (→ auch Abschnitt I). Die Kanoniker wurden 929 und Ende des 10. Jh. durch Mönche ersetzt. Die kirchl. Reformen der beiden Abteien im 11. Jh. besaßen unterschiedl. Charakter: In St-Aubin wurden sie vom Gf.en veranlaßt, dem die Abtei im 10.–12. Jh. unterstand. In St-Serge, das unter bfl. Leitung stand (ca. 900), ging die Reform vom cluniazens. gelenkten Kl. → Marmoutier aus (Abt Vulgrinus 1046–56). Die Priorate (über 30), die Temporalien (von Anjou bis England), die roman. und got. Bauwerke sowie die Tätigkeit der Skriptorien aus dem 11. Jh. weisen auf die Macht und Bedeutung der beiden Abteien hin.
Y. Chauvin

[2] *Skriptorien*: Aus den Kl. und der Kathedrale von A. sind uns karol. Hss. überliefert, deren Ursprung wir nicht genau kennen. Im 11. Jh. läßt sich die Tätigkeit der Skriptorien der Abteien St-Aubin und St-Serge verfolgen. Die Untersuchung der erhaltenen Hss. führt zur Feststellung, daß in der 2. Hälfte des 11. Jh. und in den ersten Jahren des 12. Jh. in A. ein Schrifttyp verwendet wurde, der sich mit dem in einem Teil Westfrankreichs benutzten vergleichen läßt. Characterist. Formen gewisser Buchstaben und Ligaturen gestatten die Identifizierung der in St-Aubin und St-Serge abgeschriebenen Hss. Zeigen die Hss. aus St-Serge keinen bedeutenden Buchschmuck, so verhält es sich mit den Hss. aus St-Aubin völlig anders: Hier erreichte die Buchmalerei eine hohe Blüte, bes. am Ende d. 11. Jh., als ein bemerkenswerter Künstler eine Reihe von Hss. illuminierte, unter denen sich eine großformatige Bibel (Angers, Bibliothèque municipale, 3–4) und eine illustrierte Vita des hl. Albinus (Paris, Bibliothèque Nationale, n. a. 1. 1390) auszeichnen. Dank günstigen Umständen ist ein bedeutender Teil der Hss. in der Bibliothèque municipale von A. im Originaleinband erhalten. So läßt sich erkennen, wie man in A. gegen Ende des 11. Jh. von einem karol. Buchrückentypus zu einem solchen mit gespaltenen Bünden überging.
J. Vezin

Q.: B. de Broussillon, Cart. de St-Aubin, 1896 – Y. Chauvin, Cart. de l'abbaye St-Serge [Diss. Caen 1969] – Lit.: A. Mussat, St-Serge (Congrès archéol. de France, 1964), 62–77 – J. Vezin, Les scriptoria d'Angers au XIe s., 1974.

IV. Die Universität Angers: Als Hauptnutznießerin der »Zerstreuung« der Pariser Univ. von 1229 (→ Paris, Universität) nahm die Rechtsschule in Angers im 13. Jh. v. a. auf dem Gebiet des röm. Rechts einen starken Aufschwung, konstituierte sich im 14. Jh. als Univ. und wurde im 15. Jh. durch die Fakultäten der artes, der Theologie und der Medizin ergänzt.
J. Verger

Angevinisches Reich (auch: angiov.), moderne Bezeichnung für die Herrschaft d. Hauses Anjou (→ Angers, Plantagenet) in England und weiten Teilen Frankreichs (Normandie, Loiregrafschaften, Aquitanien, Gascogne sowie Lehnshoheit über Bretagne) unter den Kg.en Heinrich II., Richard Löwenherz und Johann Ohneland, 1154 bis 1204/06. Neuere Forschung betont zu Recht die hist. Grundlagen des A. R. im »Norman Empire«, der seit 1066 bestehenden norm. Herrschaft beiderseits des Kanals. Das A. R. war ein europ. kulturelles und polit. Phänomen., mit frz. sprechender Oberschicht, durch welche die erstaunl. administrative Leistung einer Kontrolle der Gebiete von der schott. bis zur span. Grenze möglich wurde. Die Stellung des frz. Kg.s als Oberlehnsherr der frz. Territorien blieb trotz zahlreicher Konflikte im Prinzip unangestastet und erlaubte Philipp II. August in geschickter Ausnutzung angevin. Familienzwists die Zerstörung des Reichs, dessen südwestfrz. Restgebiete allerdings im 13. Jh. und v. a. im → Hundertjährigen Krieg erneut von Bedeutung waren.
K. F. Werner

Lit.: A. Cartellieri, Neue Heidelb. Jbb. 1898, 269 ff. – H. Böhmer, Kirche und Staat in England und in der Normandie im 11. und 12. Jh., 1899 [Neudr. 1968] – M. Powicke, The Loss of Normandy, 1189–1204. Stud. in the Hist. of the Angevin Empire, 1913, 1961[2] – Y. Renouard, Essai sur le rôle de l'Empire angevin dans la civilisation, RH 195, 1941, 289 ff. – K. F. Werner (Historia Mundi 6, 1958), 121 ff., 140 ff. – M. D. Legge, Anglo-Norman Literature and its Background, 1963 – J. Le Patourel, Normandy and England, 1066–1144, 1971 (Stenton Lecture) – Ders., The Norman Empire, 1976.

Anghiari, Schlacht v. (29. Juni 1440), militär. an sich bedeutungslose Episode, in der – im Rahmen des Krieges zw. der Republik Florenz und dem Hzm. Mailand – das florent. Heer bei A. in der Toscana (nö. Arezzo) den Truppen Mailands unter dem Befehl des dabei besiegten Niccolo Piccinino entgegentrat. Der Kampf erhielt seinen Ruhm durch ein Urteil des Machiavelli (der mit der Behauptung, es habe dabei nur einen Gefallenen gegeben, ihn zum typ. Beispiel der sog. »unblutigen Kämpfe« zw. den Söldnerkompagnien stempelte) und durch ein großes Wandgemälde, das den Saal der Fünfhundert im Palazzo della Signoria in Florenz hätte schmücken sollen und das von Leonardo da Vinci ausgeführt wurde. Aber die Experimentiertechniken des genialen Meisters scheiterten diesmal und führten zur Zerstörung des Gemäldes.
F. Cardini

Angilberga (Angelberga, Engelberga), Ksn., Gemahlin des Karolingers Ludwig II. Die den oberit. Supponiden (salfrk. Herkunft) zugehörige A., vermutl. Tochter des Gf.en Adelgisus v. Parma, wurde 851 Braut des Ks.s. An Reichsverwaltung, polit. und militär. Unternehmungen ihres Mannes nahm sie in ungewöhnl. Maß Anteil, v. a. seit seiner Erkrankung und Jagdverletzung 864. Öfters in Diplomen als Intervenientin genannt, erhielt sie von ihm zwölf Schenkungsurkunden. Den Zeitgenossen galt die »consors imperii« als herrschsüchtig, einflußreich und habgierig. Da der Ehe nur zwei Töchter entsprossen (Gisla, Nonne in Brescia, frühverstorben; Ermengarda, seit gewaltsamer Entführung 876 Gattin Bosos v. Vienne), wollte A. Italien und die Kaiserkrone den ostfrk. Karolingern zuspielen; sie verhandelte 872 mit Ludwig d. Dt. Nach Eintritt des Erbfalls erklärte sich die Mehrheit des oberit. Adels jedoch für den Westfranken Karl d. Kahlen. A. hatte Mühe, ihr Wittum zu behaupten. Auf Bitte urkundeten für sie Ludwig d. Dt. 876, Karlmann 877, Karl III. 880–887, Berengar 888, Arnolf 889. Schon 877 machte sie ihr Testament zugunsten der Abtei S. Sisto zu Piacenza. Nach 889 verschwindet A. aus der Überlieferung.
W. Goez

Lit.: E. Dümmler, Gesch. des ostfrk. Reiches 2–3, 1888[2] [Nachdr. 1960] – G. Pochettino, ASL 48, 1921 – S. Pivano, ASL 49, 1922 – G. v. Pölnitz-Kehr, HJb 60, 1940 – Ch. E. Odegaard, Speculum 26, 1951 – E. Hlawitschka, Franken, Alemannen, Bayern und Burgunder in Oberitalien, 1960.

Angilbert, Hofkapellan Karls d. Gr.,* ca. 750, † 18. Febr. 814, ⌐ Kl. St-Riquier. Franke vornehmer Abstammung, ztw. Leiter der Hofkapelle Pippins von Italien; als Mitglied der »Hofakademie« Karls »Homerus« gen. War an der Hofschule von Petrus v. Pisa, → Paulinus v. Aquileia und bes. von → Alkuin unterrichtet worden. Aus nichtsanktionierter Ehe mit Karls Tochter Bertha stammten die Söhne → Nithard, der spätere Geschichtsschreiber, und Hartnit. Als Gesandter Karls d. Gr. suchte A. 792/794 Papst Hadrian I. auf und überbrachte 796 Papst Leo III. einen Teil der Avarenbeute nebst einem Brief Karls über die Gewaltenteilung zw. Papst und Frankenkönig (MGH

Epp. IV, 136ff. Nr. 93; Karls Instruktion für A. ebd. 135f. Nr. 92; Brief Alkuins an A. 141f. Nr. 97). Seit 789/790 Laienabt des Kl.s St-Riquier (Centula), vermehrte er dessen Bibliothek auf 202 Bände und ließ die bedeutende Kirchenanlage errichten. Der geringe Umfang des überlieferten lit. Werkes steht im Gegensatz zur Bedeutung des Politikers. Wir besitzen drei Briefe an Ebf. → Arn v. Salzburg, den Freund Alkuins (MGH Epp. IV, 236f., 246ff., Nr. 147, 151f.). Die Prosaschriften »De ecclesia Centulensi libellus« (MGH SS XV/1, 174–179; CTSEH 17, 1894, 57–69) und »Institutio de diversitate officiorum «(CTSEH 17, 296–306; Bishop, Liturgica historica, 1918, 321–329) sind aus seiner Tätigkeit als Laienabt erwachsen. In Gedichten (MGH PP I, 358–366, vgl. 633 und II, 693) begrüßte er Karls Sohn Pippin und seinen Lehrer Petrus v. Pisa, pries Karl und seinen Hof. Er dichtete Inschriften, auch Grabinschriften, darunter seine eigene. Traube hat ihm Gedichte zugeschrieben, die bisher als solche eines Bf.s Bernowin galten (MGH PP I, 414–422, Nr. VI–XXVI). Augustins Schrift »De doctrina christiana« versah er für Ludwig d.Fr. mit Prolog und Epilog (MGH PP IV, 915f.). Das Epos »Karolus magnus et Leo papa« (MGH PP I, 366–379; Brunhölzl in: Karolus Magnus et Leo papa [Stud. und Q. zur Westfäl. Gesch. 8, 1966], 55–97 mit dt. Übers.), dem »Homerus« der »Hofakademie« früher zugeschrieben, ist A. aus sprachlich-stilist. Gründen wieder abgesprochen worden. Das Werk ist wegen seiner breiten Darstellung einer Hofjagd unter Karl d.Gr. auch jagdgesch. bedeutsam. H. Beumann

Lit.: Repfont II, 242–243 – Brunhölzl I, 299–301, 550f. – Zum Epos »Karolus Magnus et Leo papa« vgl. K. Roth, Zwei Gedichte über Hofjagden aus den Zeiten Karls d.Gr. und Ludwigs d.Fr., Forstwiss. Centralbl. NF 3, 1881, 64–69 – K. Lindner, Die Jagd im frühen MA, 1940, 392ff. – D. Schaller, Interpretationsprobleme im Aachener Karlsepos, RhVjbll 41, 1977, 160–179.

Angilram, † 791, Abt der Benediktinerabtei in Sens, seit 25. Sept. 768 Bf. v. Metz. Seit 784 wirkte er als Kaplan am Hof Karls d.Gr. und erhielt bald darauf die Abtei v. Chiemsee, ohne die Verwaltung seiner Diöz. aufzugeben. Er starb auf einem Feldzug Karls d.Gr. gegen die Avaren. Bekannt wurde er v.a. durch die ihm unberechtigt zugeschriebenen »Capitula Angilramni«, deren 71 (72) meist kurze und nur wenig gefälschte Rechtssätze die Beachtung des privilegium fori fordern und sich vorwiegend mit dem Anklageverfahren gegen Bf.e und auch niederere Kleriker beschäftigen. Hauptquellen sind das röm. Recht (bzw. dessen westgot. Redaktion), die Collectio Dionysio-Hadriana und weitere Sammlungen, die auch den → Ps.-Isidor. Dekretalen zugrundeliegen, mit denen zusammen die Capitula Angilramni meistens überliefert sind. Angeblich sollen sie A. von Hadrian I. (772–795) überreicht worden sein (deshalb manchmal auch Cap. Hadriani oder Synodus Romana); nach anderer Überlieferung ist Hadrian der Empfänger. N. Häring

Ed.: P. Hinschius, Decretales Ps.-Isidorianae et Capitula Angilramni, 1863 [Nachdr. 1963], 755–769 – *Lit.:* DDC I, 522–526 – NCE I, 524 – P. Fournier-G. Le Bras, Hist. des coll. can. en Occident I, 1931, 142–145, 188–190 – H. Fuhrmann, Einfluß und Verbreitung der ps.-isidor. Fälschungen I, 1972, 161–163.

Angiò, Dynastie → Anjou

Angiolello, Giovanni Maria, it. Autor, * 1451/52, † um 1525, 1470–83 (?) in türk. Gefangenschaft, bedeutend als abendländ. Augenzeuge der osman. Expansion gegen Persien (1473 Schlacht gegen Uzun Hasan) und auf dem Balkan; 1507/15 war er in Persien im (diplomat., merkantilen?) Auftrag Venedigs. Er verfaßte u.a. »Historia Turchesca«. C.P. Haase

Ed.: Breve narratione della vita et fatti del Signor Ussuncassano (Ramusio, Navigationi 2, 1559), 66–78 [eine Übers. aus dem Türk. u.a.] – Historia Turchesca [hg. unter dem Namen des Kompilators Donado da Lezze], ed. I. Ursu, 1909 – *Lit.:* DBI I, s.v. – N. di Lenna, Ricerche intorno allo storico G.M.A., Archivio Veneto-Tridentino 5, 1924, 1–56.

Angiolieri, Cecco, it. Dichter, * ca. 1260 in Siena, dort † 1311/13, stammt aus einem wohlhabenden Guelfen-Geschlecht; sein Name wird in mehreren Sieneser Urkunden genannt. Er führte ein abenteuerl. Leben: als Soldat bei einem Angriff auf Turri in den Maremmen (1281) wurde ihm wegen Verlassens des Schlachtfeldes zweimal eine Geldbuße auferlegt; 1282 und 1291 wurde er wegen Ausgehens nach der Sperrstunde verurteilt; anläßlich einer handgreifl. Auseinandersetzung mit Dino di Bernardo da Monteluco 1291 in einen Prozeß verwickelt, entging er jedoch einer Verurteilung; 1288 begleitete er seinen Vater mit Sieneser Rittern, um Florenz im Krieg gegen Arezzo beizustehen. In Campaldino (1289) ist er vielleicht Dante begegnet, mit dem ihn eine, wie es scheint, nicht unproblemat. Freundschaft verband. Verheiratet und Vater von 6 Kindern, die das von Schulden überhäufte väterl. Erbe zurückwiesen (1313), scheint A. – den wenigen Dokumenten nach zu urteilen, v.a. aber, wenn man die Aussagen des Dichters selbst wörtlich nimmt – das leichtsinnige Leben eines Genußmenschen geführt zu haben, der sich über jede moral. oder religiöse Ethik hinwegsetzte. Er lebte hauptsächl. in Siena, mußte aber vielleicht auch die Verbannung in Rom erfahren. Es werden ihm bis zu 150 Sonette zugeschrieben. Nach M. Marti handelt es sich nur um 112, dazu 16 unsicherer Zuweisung. Die Wirkung von A.'s Dichtung war derart, daß die restl. als Nachahmungen angesehen werden können. Seine Gedichte weisen immer wiederkehrende Motive auf: die Frau, die Schenke, die Würfel, den Haß seinen Eltern gegenüber (gemäß der Technik des vituperium). Seine Dame, Becchina, macht er zu einer Anti-Beatrice und entwickelt die Thematik des → Dolce Stil Nuovo in entgegengesetztem Sinne. Wenn sich ebenfalls eine Übertragung seiner psycholog.-sozialen Erfahrung findet, ist diese gemäß den Mitteln des burlesken Stils entwickelt, dessen Tradition auf die Goliardendichtung zurückgeht. Wenn diese Dichtung auch von Melancholie geprägt ist, so geschieht der Übergang von der bissigsten Schmähung zu einem gewissen Lebensüberdruß, einem *spleen* ante litteram, der nicht ohne schwarzen Humor ist, doch nach der Technik der variatio im mittleren Stil, und es ist daher nicht nötig, verfehlte anachronist. Interpretationen zu Hilfe zu nehmen, die aus A. einen Vorläufer des »poète maudit« machen. Am meisten hat seine Zeitgenossen die sowohl formale als auch konzeptuelle Virtuosität seiner Dichtung beeindruckt, und sie hat zahlreiche Nachahmungen hervorgerufen. R. Blomme

Ed.: M. Marti, Poeti giocosi del tempo di Dante, 1956, 111–250 – M. Vitale, Rimatori comico-realistici del Due e Trecento, 1956, I, 259–456 – *Lit.:* B. Maier, La personalità e la poesia di C.A. Studio critico, 1947 – F. Figurelli, La Musa bizzarra di C.A., 1950 – M. Marti, C.A. (Cultura e stile nei poeti giocosi del tempo di Dante, 1953), 83–130.

Angiolo, Jacopo d' → Jacobus Angelus

Angiovinisches Reich → Angevinisches Reich

Anglona, Zweig der großen Familie der Gf.en v. Sangro. Ihr Name leitet sich von einer homonymen, jetzt abgegangenen Ortschaft in Lukanien ab. Schon im 12. Jh. nachgewiesen, gewannen die A. in stauf. Zeit Ansehen und Bedeutung: Mit anderen Familien wirkten sie unter Friedrich II. an der Regierung des Kgr.s Sizilien mit. Eines ihrer Mitglieder, *Stefano,* war zw. 1228 und 1241 Justitiar der Terra di Lavoro und in den Abruzzen. Bekannter als er ist *Borrello,* der zuerst Anhänger von Konrad IV. gewesen war, nicht die Partei Manfreds ergreifen wollte, sondern lieber auf die Seite Papst Innozenz' IV. trat. Von diesem erhielt er 1253 die Gft. Lesina (einen Teil des Honor montis sancti Angeli), die Manfred von seinem Vater hinterlassen worden war. Daraus entstand ein Zwist, in dessen Verlauf Borrello von den Soldaten des Staufer-Prinzen getötet wurde, was dem Papst Gelegenheit bot, gegen diesen einzuschreiten, und schließlich den endgültigen Bruch herbeiführte. Ein anderes bedeutendes Mitglied der Familie A. war *Ruggero,* Ebf. v. Siponto, der in der Auseinandersetzung zw. Friedrich II. und dem Papst eine wichtige Rolle spielte und seinen Bischofsstuhl bei der Gründung von Manfredonia in diese Stadt verlegte. Verschieden von dem oben genannten *Stefano* ist anscheinend ein zweiter dieses Namens, der während der Sizilianischen Vesper in der Region Molise zugunsten der Aragonesen 1283 einen Aufstand machte, jedoch zwei Jahre später sich seinem Herrscher wieder gehorsam zeigte. Die A. scheinen im 14. Jh. ausgestorben zu sein. R. Manselli

Lit.: DBI, s.v. A., Borello d' und Stefano d' – R. MORGHEN, Il tramonto della potenza sveva in Italia, o.J., 157-159.

Anglonormannische Literatur. Der frz. Dialekt, der während der drei auf die norm. Eroberung folgenden Jahrhunderte in England verwendet wurde, wird anglo-normannisch genannt. In dieser Epoche diente er zur Abfassung sowohl religiöser als auch weltl. Vers- und Prosawerke. Im 12.Jh. haben anglonorm. Dichter den Weg für spätere Entwicklungen gebahnt. Das 13.Jh. war die Blütezeit der religiösen und didakt. Lit. Im 14. Jh. mußte das Anglonorm. nach und nach dem Engl. weichen; gegen Ende des Jh. neigten diejenigen engl. Dichter, die sich überhaupt noch einer frz. Mundart bedienten, dazu, das Frz. des Festlandes anzustreben. Anglonorm. hörte auf, eine Literatursprache zu sein.

Als Vertreter der a. L. der ersten Hälfte des 12.Jh. sind zu nennen: Benedeit, → Philippe de Thaon, → Gaimar. Benedeit verfaßte die anglonorm. → »Navigatio Sancti Brendani«, womöglich das älteste in achtsilbigen Reimpaaren verfaßte Werk der frz. Sprache. Von Philippe de Thaon stammen die frühesten frz. naturwiss. Abhandlungen, »Cumpoz« und »Bestiaire«. Gaimar dürfte wohl der erste Chronist gewesen sein, der einen Augenzeugenbericht auf Frz. schrieb; seine »Estoire des Engleis« entstand etwas früher als der »Brut« von → Wace.

Zur 1. Hälfte des 12.Jh. gehört auch das erste frz. Drama, »Jeu d' → Adam et Eve«, und zur 2. Hälfte die erste volkssprachl. Dramatisierung der Passionsgeschichte, »Seinte Resureccion« (→ Passionsspiele). Aus dem 12.Jh. stammen auch die ersten anglonorm. Übersetzungen der Psalmen wie auch anderer bibl. und liturg. Texte. Aus der 2. Hälfte des Jh. ist auch die erste Verschronik mit Augenzeugenschilderungen des Autors überliefert, der Bericht → Jordan Fantosmes über die Jahre 1172-74. Etwa zur gleichen Zeit entstanden die ersten vorwiegend zur Unterhaltung gedichteten Werke der anglonorm. Lit. wie etwa »Tristan«, »Horn« oder der Alexanderroman (»Roman de toute chevalerie«). Bes. beliebt waren die zur Verehrung der Vorfahren gedichteten Romanzen, wobei »Boeve de Haumtone« ein früher Vertreter dieser Gattung ist. Ab Mitte des 12.Jh. gibt es auch Satire, Fabliau, Lai und Lyrik.

Im 13.Jh. werden Heiligenleben und -legenden, religiöse Werke verschiedenster Art, erbauliche und didakt. Werke immer zahlreicher und wichtiger. Das starke Anwachsen solcher Texte in der Volkssprache wird oft mit den Auswirkungen des Vierten Laterankonzils v. 1215 in Verbindung gebracht. Ein solcher zur Buße mahnender, in 24 anglonorm. Fassungen überlieferter anonymer Text ist der »Manuel des Péchés«, der auch ins Me. und ins Lat. übersetzt wurde. Namentl. bekannte Autoren didakt. und religiöser Schriften sind → Edmund of Abingdon, → Robert Grosseteste, und Matthew → Paris. Alle drei verfaßten Werke in anglonorm. wie auch in lat. Sprache, teilweise auch auf Engl.

Im frühen 14.Jh. zeugt der Franziskaner → Nicole Bozon noch für das Fortleben des Anglonorm.; ihm werden Heiligenleben, moral. Erzählungen und kurze Gedichte moral. und didakt. Art zugeschrieben. Aus dieser Zeit gibt es noch vereinzelte Texte wie etwa die wichtige Chronik des Peter Langtoft, Stiftsherr in Bridlington. Aber die bedeutendste Zeit der anglonorm. Lit. ist schon vorbei. Die aus dem späten 14. Jh. stammenden Werke, wie etwa »Mirour de l'Omme« und »Cinkante Balades« John → Gowers, sind nicht mehr im anglonorm. Dialekt verfaßt, sondern in einer kontinentalfrz. Mundart. Spätere anglonorm. Texte können nicht mehr als lit. im engeren Sinn bezeichnet werden, wenn sie auch für Historiker und Linguisten interessant sind. C. Scott Stokes

Bibliogr.: J. VISING, Anglo-Norman Language and Lit., 1923 – K.V. SINCLAIR, Anglo-Norman Stud.: The Last Twenty Years, Australian J. of French Stud. 2, 1965, 113 ff., 225 ff. – R.J. DEAN, The Fair Field of Anglo-Norman: Recent Cultivation, MH 3, 1972, 279 ff. – W. ROTHWELL, Où sont les études d'anglo-normand? ZFSL 83, 1973, 195 ff. – Q.: Publications of the Anglo-Norman Text Society, 1939 ff. – Lit.: M.D. LEGGE, Anglo-Norman in the Cloisters, 1950 – DIES., Anglo-Norman Lit. and its Background, 1963 – A.C. BAUGH, The Middle Engl. Period, Cap. IV (A Literary Hist. of England, ed. A.C. BAUGH, 1967²), 135-142.

Anglure, Familie. Das Geschlecht besaß St-Chéron und Anglure, im Perthois (südl. Champagne) zu Lehen; es wird zuerst um 1170 erwähnt. *Ogier v. St-Chéron* begleitete Heinrich II. v. Champagne 1190 ins Hl. Land und blieb mehrere Jahre im Orient; 1199 nahm er von neuem das Kreuz und beteiligte sich 1204 an der Eroberung Konstantinopels. *Ogier VI. v. Anglure* wurde 1356 bei Poitiers gefangengenommen und teilte die Gefangenschaft des Kg.s Johann d. Guten in England. *Ogier VIII.* verfaßte einen Bericht über eine Pilgerfahrt ins Hl. Land 1395-96, in deren Verlauf eine Gruppe von Pilgern aus der Champagne und Lothringen auch Kairo, Zypern und Rhodos besuchte. J. Heers

Lit.: F. BONNARDOT-A. LONGNON, Le Saint Voyage de Jhérusalem du Seigneur d'A., 1888 [Neudr. 1970].

Angoulême
I. Bistum – II. Grafschaft – III. Stadt.

I. BISTUM (heute Dép. Charente): Suffraganbm. von Bordeaux. Sein erster bekannter Bf. dürfte der hl. Ausonius (4.Jh.) gewesen sein. Aber erst der Einsiedler Cybard († 581) begründete seinen Ruhm; das Kloster, das seinen Namen trägt und eng an das Bm. angeschlossen ist, wurde zw. 817 und 838 gegründet.

Von den bedeutenden hochma. Bf.en waren einige der Simonie schuldig: Grimoard v. Mussidan (991-1018), unter dem die Kathedrale St. Peter geweiht wurde; Gerhard (Gérard de Malart; 1037-1043); Wilhelm (1043-1076) und Ademar Taillefer (1076-1101), unter dem das Domkapitel seine Eigenständigkeit erlangte. In diese Zeit fällt auch das Wirken des Chronisten → Ademar v. Chabannes, seit 1010 Mönch in St-Cybard. Bf. Gerhard (Girard de Blaie, 1102-1136) gab der Diöz. ihre endgültige Organisation: Es wurden neue Pfarreien geschaffen, das Kirchengut wiederhergestellt, eine Einigung mit dem Kapitel erzielt, der Bischofspalast errichtet und die Kathedrale vergrößert (1128).

Der Temporalbesitz der Kirche v. Angoulême ist durch

das »Livre des fiefs« des Bf.s Guillaume de Blaye (1273-1307) überliefert; es verzeichnet das Lehen La Penne, nahe der Kathedrale gelegen, die Lehensabhängigkeit der Herren von La Rochechandry, La Rochefoucauld, Montmoreau und Montbron und einen Teil des Périgord. Die Kriege und Irrungen der Gf.en v. Angoulême mit den Plantagenêt und den frz. Kg.en führten zu einer Schwächung des bfl. Güterbestandes. Die Bf.e im späten 15.Jh. plünderten ihrerseits das Kirchengut; erst Antoine d'Estaing (1507-1523) stellte in der Diöz. wieder geordnete Verhältnisse her.

II. GRAFSCHAFT: Der pagus v. A. (Ecolismensis, Engolismensis), das spätere Angoumois, gehörte zum regnum Aquitaniae, das lange zw. Pippin II. v. Aquitanien und Karl dem Kahlen umstritten war. Auf den Gf.en Turpio († 863) und Emeno, der bereits Gf. des Périgord († 866) war, folgte, ernannt durch Karl den Kahlen, Gf. Vulgrimnus (Vougrin), der auch das → Périgord und darüber hinaus vielleicht die → Saintonge und das Agenais besaß; er konnte seine honores seinen Nachkommen hinterlassen. Die endgültige Trennung der Gft. Angoulême von der Gft. Périgueux fand erst um 975/982 statt; die Grafschaft Angoulême blieb nun in Lehnsabhängigkeit von den Gf.en v. Poitiers und Hzg.en v. Aquitanien.

Die Gf.en des 11.Jh. und der 1. Hälfte des 12.Jh. vergrößerten das Angoumois um Lehen im Poitou, in der Saintonge und im Gironde-Gebiet: Melle, Chabanais, Confolens, Ruffec, Blaye, Benauges. Trotz Erbteilungen und Auseinandersetzungen mit rebellierenden Vasallen konnten sie sich als ein mächtiges Geschlecht behaupten, das den Namen *Taillefer* (nach einem Vorfahren aus dem 10.Jh.) trug. Mit der Entführung der Erbin von A., Isabella, der Braut des Hugo v. Lusignan, Gf.en v. der Marche, durch den Plantagenêt Johann »ohne Land«, wurde der große Konflikt zwischen den Plantagenêt und dem Kg. v. Frankreich ausgelöst, da Hugo v. Lusignan diesen um Beistand angerufen hatte (1200-1202). Nach dem Tode Johanns heiratete Isabella ihren einstigen Verlobten, der dem Kapetinger den Lehnseid leistete. Die Zeit von 1226 bis 1241 war die Blütezeit der *Taillefer-Lusignan*, die nun das Angoumois mit Cognac und Merpins besaßen, die Saintonge mit St-Jean d'Angély, Aunis (»le grand fief d'Aunis«), Lusignan und die Gft. der Marche.

Aber zw. Hugo X. einerseits, Kg. Ludwig IX. d. Hl. und seinem Bruder → Alfons v. Poitiers andererseits brachen 1241 Streitigkeiten aus; als besiegte Rebellen verloren Hugo und Isabella nach dem Vertrag von Pons (1242) ein Drittel ihrer Domänen; sie behielten jedoch die Gft. A. Die Linie der Taillefer-Lusignan erlosch mit Hugo XIII. und seinem Bruder Gui [Guido], zu dessen Lebzeiten sich Philipp der Schöne der Gft. durch Verrat bemächtigte (1308); die natürl. Erben wurden entschädigt und das Angoumois mit der Krondomäne vereinigt (1314). Danach ging die Gft. noch durch folgende Hände: Johanna v. Navarra (1317); Charles d'Espagne (1350); der Kg. v. England, Eduard III., nach dem Vertrag v. Brétigny (1360-73); Ludwig, Hzg. v. Orléans (1394), dessen Urenkel jüngerer Linie Franz v. A., der als Franz I. Kg. von Frankreich wurde und die Gft. zum Hzm. erhob (1515).

III. STADT: Die Stadt A. (gallo-röm. Iculisna) wurde erst im 4.Jh. gegr. und wurde Hauptort einer eigenen civitas, die aus der civitas von → Saintes herausgelöst wurde. Das auf einem der Charente beherrschenden Bergsporn gelegene oppidum hatte vorher nur eine kleine Siedlung beherbergt. Zur Bischofsstadt und zum Grafensitz geworden (→ Abschnitte I, II), hatte A. 508 den Angriff der Franken und im 9.Jh. die Zerstörungen der Normannen zu ertragen. Die spätröm. Ummauerung umfaßte nur den zentralen Teil des Plateaus. Die befestigte gfl. Burganlage des 11.-14.Jh. lag im O des castrum (heute Rue Taillefer und Rathaus). Im späten 13.Jh. wurde die Ummauerung in sö. Richtung ausgedehnt.

Das Wirtschaftsleben in A. stagnierte bis zum 12.Jh. weithin. Im 11.Jh. werden allerdings einige Münzhandwerker erwähnt. Zwei vorstädt. Siedlungen entstanden am Flußufer: die eine bei der Abtei St-Cybard, die andere bei L'Houmeau in Verbindung mit einem Flußhafen, der 1280 v.a. für den Salzhandel geschaffen wurde. – 1203-04 verlieh der engl. Kg. Johann »ohne Land« A. eine »Kommune« nach dem Vorbild der → Etablissements de Rouen; doch verschwand sie bald wieder. Erst 1373 stellte Kg. Karl V. von Frankreich die städtische Selbstverwaltung mit einer Körperschaft von 100 *pairs* wieder her; diese wählten jährlich 12 Schöffen und einen Zwölferrat *(conseilleurs)* und präsentierten dem Kg. einen Kandidaten für das Bürgermeisteramt. Diese polit. Organisation bedeutete allerdings für eine Stadt, deren Zahl im MA kaum über die Zahl von 1000 Feuerstellen hinausgelangte, eine schwere Belastung. Ch. Higounet

Q.: Adémar de Chabannes, Chronique, ed. J. CHAVANON, 1897 – Historia pontif. et comitum Engolismensium, ed. J. BOUSSARD, 1957; vgl. K.F.WERNER, DA 19, 1963, 297ff. – Cartulaire de l'Eglise d'A., ed. J. NANGLARD, 1900 – Livre des fiefs de Guillaume de Blaye, ed. J. NANGLARD, 1905 – *Lit.*: DHGE II, 242-257 – GChr II, 975-1052 – J. DEPOIN, Les comtes héréditaires d'A., de Vougrin à Audoin II, Société arch. et hist. de la Charente, 1903-04 – J. TRICOIRE, Les évêques d'A., 1912 – L. BURIAS, J.A. CATALA, A., 1934 – P. BOISSONNADE, L'ascension, le déclin et la chute d'un grand état féodal du Centre-Ouest... (1137-1314), Soc. arch. et hist. de la Charente, 1935, 1943 – F. LOT, Recherches sur la population et la superficie des cités remontant à la période gallo-romaine II, 1950, 469-502 – J. BURIAS, Géographie hist. du comté d'A. (1308-1531), 1957 – R. FACON, Le développement d'A., Bull. et Mém. Soc. Charente, 1957.

Angoumois, alte Gft. und spätere Provinz in Westfrankreich, → Angoulême.

Angster (deminutiv angstel, engstel), schon in der Spätantike nachweisbares, ins ma. Deutschland wahrscheinlich aus Venedig übernommenes beliebtes Vexiergefäß in Flaschenform, sekundär auch Trinkgefäß. Zwei Entwicklungslinien, die gängigere mit breiter Mündung auf langem, seit dem 15.Jh. auch gekrümmten Hals, der entweder einzügig ist oder aus zwei bis sechs um die Gefäßachse tordierten Röhren besteht. Seine das Ausströmen hemmende Verengung gilt als namengebend (mlat. »angustrum, angastarius, angistarium«). Frühester mhd. Wortbeleg: »Kleiner Lucidarius« I 661 (1291/92) des sog. Seifried Helbling. Material: v.a. Glas, vereinzelt Metall (Zinn), auch Holz. Als Fastnachtsrequisit bedeutsam. Fortleben bis weit in die Neuzeit. Dieselbe Gefäßform heißt ohne funktionell oder typolog. erkennbaren Unterschied auch *Kuttrolf (gutterel, kuterolf, guttrolf* u.ä.; Wurzel lat. »gutta«, 'Tropfen'). Frühester mhd. Wortbeleg für Kuttrolf: Als »gutrel« im Willehalm des Wolfram v. Eschenbach (um 1220). H. Hundsbichler

Lit.: RDK I, 698 – F. BIEMANN, Der Kuttrolf – Sonderling unter den Glasgefäßen, Mitt.Bl. der Keramik-Freunde der Schweiz 76, 1968, 12-14 – F. RADEMACHER, Die dt. Gläser des MA, 1933 [Neudr. 1963], 60-70 [Lit., Typologie, hist. Belege] – I. SCHLOSSER, Das alte Glas, 1956, 49f. [funktionelle Erklärung der Gefäßform] – *Hist. Belege:* P. SELLA, Glossario Latino Emiliano (StT 74), 1937, 12 – Wb. der bair. Mundarten in Österreich I, 4. Lfg. 1966, 243 – LEXER I, 72 und 1804

Angstmann → Scharfrichter

Anguillara, bedeutende Familie des röm. Contado, vermutl. langob. Herkunft, hatte ihre Besitzungen in der sog. röm. Tuscia und lag dort beständig im Kampf mit der zweiten großen Familie, den Prefetti di Vico. In Rom gehörte sie zu den Vertretern der ghibellin. Faktion und damit zu den Parteigängern Heinrichs VI., dem sie in der Stadt Unterstützung und Aufnahme bot. Obwohl sie im Contado eine starke Position besaß, mußte sie nach der Niederlage und dem Tod Manfreds (1266) und dem Aufstieg Karls v. Anjou und der Guelfen langsam eine Einbuße ihrer Bedeutung hinnehmen, woran auch der Übergang von *Pandolfo* A. (Sohn) zu den Guelfen letztlich nichts änderte. Der Familie gelang es jedoch, weiterhin eine gewisse Macht und ihren Reichtum zu behalten, indem sie sich auf die andere große röm. Familie, die → Orsini, stützte. Wie mit den → Colonna standen die A. mit den Orsini jedoch in einem ambivalenten Verhältnis, bei dem Bündnisse und Freundschaften einander abwechselten. Als Heinrich VII. v. Luxemburg 1302 nach Rom kam, fand er bei den A. gemäß ihrer traditionellen ghibellin. Tendenz Unterstützung. Verwickelt in die inneren Kämpfe der Stadt, die ihren Nährboden in den Familienfehden hatten, erlebten die A. Mitte des 13. Jh. noch eine Periode des Aufschwungs: *Orso* dell'A. wurde 1340 zum Senator von Rom gewählt. Er war der Gastgeber Petrarcas, als dieser auf dem Kapitol zum Dichter gekrönt wurde, und führte bei dieser feierl. Zeremonie den Vorsitz (1341). In der Folge trat die Familie erneut in eine Krise ein. Mit dem Ausgang des MA war ihr Glanz erloschen. Im 18. Jh. starben die A. aus. R. Manselli

Lit.: DBI III, 300–314 [verschiedene Persönlichkeiten der Familie] – P. BREZZI, Roma e l'impero medioevale, 1948 passim – E. DUPRÉ THESEIDER, Roma dal comune di popolo alla signoria pontificia, 1952.

Anguissola, adlige Familie aus Piacenza, schon Ende des 10. Jh. mit reichem Grundbesitz nachgewiesen. Seit dem 12. Jh. errang sie im städt. Leben Bedeutung und ragte zusammen mit einigen wenigen anderen durch Reichtum und Ansehen hervor. Während einige ihrer Mitglieder am Stadtregiment mitwirkten, widmeten sich andere dem Geldgeschäft und konsolidierten ihre schon vorher gute wirtschaftl. Position. Im 13. Jh. finden wir daher die A. unter den Führern der Guelfenpartei und als Träger hoher Ämter; sie unternahmen aber auch wegen ihrer Bankgeschäfte Reisen ins Ausland, v. a. zu den →Champagnemessen nach Frankreich (Bar-sur-Aube, Troyes). *Lancillotto* z. B. finanzierte u. a. den Kreuzzug Ludwigs IX. d. Hl. von 1270. Nicht weniger stark ist der Anteil der A. am kulturellen Leben von Piacenza: So wird ein anderer *Lancillotto* († 1359), ein Kriegsmann, als Freund Petrarcas bezeugt, *Nicola* zu Ende des 15. Jh. war philosoph. tätig. Die weitverzweigte Familie besteht noch heute. R. Manselli

Lit.: EncIt III, s. v. – DBI II, s. v. A. Lancillotto – P. CASTIGNOLI-P. RACINE, Corpus statutorum Mercatorum Placentiae (secc. XIV–XVIII), 1967, XVI, LVIII, LXXI, LXXIV, LXXVII, LXXVIII und passim.

Angus → Óengus

Anhalt. Bei der Teilung des Besitzes der Askanier nach dem Tod Hzg. Bernhards v. Sachsen 1218 erhielt Heinrich I. (1212–44) die eigtl. Hausgüter zwischen Ostharz und Mittelelbe. Die zunächst die gräfl. Grafentitel führenden Mitglieder dieser Linie galten bald als Reichsfürsten und nahmen den Fürstentitel an (1807 Herzogtitel). – Namengebend wurde aus unbekannten Gründen die im Selketal des Ostharzes abseits gelegene Burg A. Die umfangreichere Ausgestaltung eines Territoriums scheiterte an der Konkurrenz benachbarter Fs.en sowie an immer erneuten Landesteilungen, woran auch die Einführung einer Senioratsverfassung nichts ändern konnte. Bereits 1270 entstanden so durch die Söhne Heinrichs I. die Linien *Aschersleben, Bernburg* und *Köthen.* Nach Aussterben der Aschersleber kam deren Gebiet 1315 mit der wichtigen Stadt A. an die Bf.e v. Halberstadt und ging dem Haus für immer verloren.

Wichtigste Erweiterung des Landes gelang 1307/19 durch Erwerb der Herrschaft Zerbst von den Gf.en v. Arnstein-Barby, wodurch die aufblühende Bierbrauerstadt Zerbst zum größten und wirtschaftl. bedeutendsten Ort des Landes wurde. Infolge der Reformation konnten schließl. noch die Güter der unter anhalt. Vogtei stehenden Kl. Nienburg/Saale, Gernrode und Hecklingen erworben werden. Nach weiteren Teilungen konnte erst 1570 Fs. Joachim Ernst alle Teile wiedervereinigen, denen 1572 in Zusammenarbeit mit den Ständen eine neue Ordnung gegeben wurde. B. Schwineköper

Bibliogr.: R. SPECHT, Bibliogr. zur anhalt. Gesch., 1930 (Nachtr.: 1935; 1958 [masch.]) – *Lit.:* H. WÄSCHKE, Anhalt. Gesch., 1912–13 – A. SCHRÖDER, Grundzüge der Territorialentwicklung der anhalt. Lande, Anhalt. Geschichtsbl. 2, 1926 – Hist. Stätten Dtl., Bd. 11: Prov. Sachsen/Anhalt, hg. B. SCHWINEKÖPER, 1977.

Anhänger, → Schmuckstück, → Amulett, → Orden, auch kleiner Gebrauchs- oder Erinnerungsgegenstand aus Edelmetall (Gold, Silber usw.) und/oder aus seltenen, wertvollen Naturstoffen (Edelstein, Perle, Perlmutter, Elfenbein) beschaffen und, an einer Öse befestigt, an Halskette, Armband, Gürtel, Rosenkranz, Hut oder Barett getragen. Stoff, Form, Zeichen- und Bildhaftigkeit sowie Anwendung von A.n ermöglichen eine typolog. Gliederung der Vielfalt von Erscheinungsformen: Stein, Baum und Kraut, Tier und Mensch, Sacra und Charaktere, Gestalt (nach L. HANSMANN und L. KRISS-RETTENBECK). – *Stein:* Der Steinglaube antiker und oriental. Tradition begründet auch im MA Beliebtheit und Mannigfaltigkeit von A.n aus Mineralien, bes. der aufgrund ihrer alchemist. Bedeutung als heilbringend angesehenen → Edelsteine. Die Hochschätzung dieser Naturdinge wegen ihrer Eignung für Schmuck und ihrer fördernden und heilbringenden Eigenschaften zeigt der Warenbestand im Laden des Goldschmieds: Petrus Christus, »Der hl. Eligius in seiner Werkstatt« (1449; Slg. R. Lehmann, New York). Zu den Mineralien zählt auch die → Koralle, von den Griechen *lithodendron* ('Steinbaum') genannt; zahlreiche it., fläm. und altdt. Meister stellen das Jesuskind mit einem Korallenast am Halsband als Zeichen des roten Lebensbaumes und in apotropäischer Sicht als Wirkmittel gegen Schadenzauber und Behexung dar (Pietro di Giovanni d'Ambrogio, Die Anbetung der Hirten, um 1440). *Pflanzl.* A. sind → Bisamäpfel, Riechkapseln mit Blütenstoffen, Dufthölzern und Gewürzen als Inhalt, die als Schutzmittel gegen Dämonen und Seuchenansteckung getragen werden (Luca Signorelli, um 1445–1532, Fresko »Testament Mosis«, Dom von Orvieto). A. aus Horn, Pfoten, Klauen, Haar, Bart, Fell und Federbalg, Ei, Knochen, Zahn und Gebiß, Schnecke, Muschel und Perle sollen dem Träger die Kraft und Tugend solcher *tier. und menschl. Stoffe* vermitteln, z. B. kleine Eule mit Stein und Perle auf dem Bildnis Anna v. Ungarn von Hans Maler (1521; Innsbruck, Ferdinandeum). Skapuliere (Anhängerkapsel in Buchform aus einem Frauengrab des gepid. Gräberfeldes von Szentes-Nagyhegy, Ostungarn, spätes 6. Jh.), Amulettkapseln, → Münzen, schmuckbesetzte → INRI-A. sind den *Sacra und Charakteren* zuzuordnen, während → Kreuz- (Jerusalemkreuz, Taukreuz), Mond-, Herz-, Neidfeigen-A. Schmuckgegenstände *symbol- und zeichenhafter Gestalt* sind. In dieser Gruppe kommt mit wachsender Bedeutung der geistl. Bruderschaften im SpätMA den kleinen vergoldeten Silber-A.n bes. Bedeutung zu, die, vollplast. oder als Relief ausgestaltete Darstellungen der Madonna mit dem Kind, der Anna Selbdritt, Gottvaters, v. a. auch der ritterl. Schutzpatrone Michael, Georg, Sebastian und Christophorus aufweisen. → Pilgerzeichen, → Goldenes Vlies. K. Beitl

Lit.: RDK I, 699–705 – E. BASSERMANN-JORDAN, Der Schmuck, 1909 – E. STEINGRÄBER, Alter Schmuck, 1956 – L. HANSMANN–L. KRISS-RETTENBECK, Amulett und Talisman, 1966 – T. B. HUSBAND–J. HAYWARD, The Secular Spirit: Life and Art at the End of the MA, 1975, 84–91.

Ani, ab dem 5. Jh. als Festung erwähnt, wurde im 10. Jh. die Hauptstadt des großarm. Reiches der Bagratiden. Erst unter diesen setzte die Blüte der Stadt mit reger Bautätigkeit ein, von der in der heutigen Ruinenstätte an der NO-Grenze der Türkei noch viele, v. a. chr. Denkmäler zu sehen sind. 1045 eroberten die Byzantiner unter Ks. Konstantin IX. Monomachos die Stadt und zwangen Kg. Gagik II. zur Abdankung. Bereits 1064/65 aber wurden die Byzantiner durch die Seldschuken Alp Arslans abgelöst, und seit 1239 herrschten in A. die Mongolen. Aus dieser Epoche finden sich mindestens zwei in Resten erhaltene Moscheen. Bauinschriften an der Salvatorkirche aus dem späten 14. Jh. lassen auf kontinuierl. Fortleben in A. schließen, das erst durch ein Erdbeben im 14. Jh. unbewohnbar wurde. A. Prinzing-Monchizadeh

Lit.: EI¹ I, 507f. – RByzK I, 158–170 – R. GROUSSET, Hist. de l'Arménie. Des origines à 1071, 1947 [Nachdr. 1973].

Aniane, Abtei der Diöz. Maguelonne (Dép. Hérault, Arr. Montpellier), an der Mündung der Corbière (Anianus) in den Hérault, ☿ Hl. Erlöser (und Maria). Gegen 780 von Witiza (lat. Euticius), dem Sohn des westgot. Gf.en des Gebietes, auf väterl. Erbgut gegr. Aus Verehrung für den hl. Benedikt v. Nursia nahm Witiza dessen Namen an (→ Benedikt v. Aniane) und führte dort die → Regula Benedicti ein, nachdem er das burg. Kl. St-Seine, wo er seine Bildung erhalten hatte, verlassen hatte. Seit 782 entstand in A. eine monast. Gemeinschaft, die als eine der größten im Frankenreich bald 300 Mönche umfaßte; Benedikt v. A. kommendierte Karl d. Gr. das Kl., um seiner Gründung den Schutz und die Förderung des frk. Herrschers zu sichern. Die Ausstrahlung der Abtei in ganz Aquitanien während der Regierung Ludwigs des Frommen war eng mit dem weitgespannten Wirken Benedikts verbunden: Als eine Art übergeordneter Abt leitete Benedikt eine Reihe von klösterl. Gemeinschaften, die er selbst gegr. hatte oder die sich unter seinem Einfluß nach dem Vorbild von A. entwickelten; ebenso wurde ihm die Reform zahlreicher älterer Kl. übertragen, in denen er die Regula Benedicti anstelle der Regula mixta einführte. Mit der Kaisererhebung Ludwigs des Frommen vergrößerte sich der kirchl. und polit. Einfluß des Abtes von A. noch. Nach dem Tode Benedikts (821) richtete der Ks. an die Mönche des Kl.s und den von ihnen gewählten Abt Tructesindus einen Brief, in dem er das monast. Ideal darlegte, und bestätigte die Privilegien der Abtei.

Gegen 890 geriet die Abtswürde in den Besitz der Ebf.e v. Arles, dann in den der Bf.e v. Béziers. Am Ende des 10. Jh. erlangte das Kl. seine Selbständigkeit zurück, diese war jedoch stark beschnitten: Noch 1035 bestätigte der Gf. v. Carcassonne, daß sein Halbbruder die Würde eines Laienabtes von ihm zu Lehen erhalten hatte. – A. geriet in langandauernde Streitigkeiten mit dem benachbarten Kl. → St-Guilhem-du-Désert (Gellone), in das sich um 800 Hzg. Wilhelm v. Aquitanien auf Betreiben Benedikts zurückgezogen hatte. A. versuchte bis zum 12. Jh. mit Hilfe von Urkundenfälschungen vergeblich, St-Guilhem seiner Jurisdiktion zu unterstellen. – 1411 wurde A. reformiert. 1562 verbrannten die Calvinisten Archive und Ausstattung der Abtei; nach der Revolution wurden die Gebäude zum Gefängnis, die Klosterkirche zur Pfarrkirche. R.-H. Bautier

Q. u. Lit.: Vita s. Benedicti A., MGH SS XV, 1, 198–220 – ABBÉ CASSIAN-E. MEYNIAL, Cart. des abbayes d'A. et de Gellone I, 1900 – DHGE III, 277–279 – GChr VI, 830–853, 341–346 – W. PUCKERT, A. und Gellone. Diplomat.-krit. Unters. zur Gesch. der Reform des Benedictinerordens im IX. und XI. Jh., 1899 – Notitia de servitio monasteriorum, hg. P. BECKER (CCM I) – J. SEMMLER, Die Beschlüsse des Aachener Konzils i. J. 816, ZKG 74, 1963.

1. Anianus (frz. Aignan), hl., Bf. v. Aurelianum (Orléans), † 453. Die einzige gesicherte hist. Tatsache, die sein Leben betrifft, ist durch Sidonius Apollinaris (Ep. VIII, 15) und Gregor v. Tours (Hist. Franc. II, 7) überliefert: Die Furchtlosigkeit des A. ersparte Orléans 451 eine Verwüstung durch Attilas Hunnen. Drei Legenden haben die Biographie von A. umgestaltet: Eine Vita Ia (BHL 473, 6. Jh.) hat ausschließl. die Verteidigung von Orléans zum Gegenstand; eine Vita IIa (BHL 474, Mitte 9. Jh./989), beeinflußt von den Vitae Evurtii (BHL 2799–2800), behandelt außerdem die Berufung und das Begräbnis des Hl.; eine Vita IIIa oder Sermo (BHL 476, 10. Jh.) führt die Herkunft des Anianus weiter aus, erwähnt dagegen die Belagerung von Orléans nicht. Erwähnungen im Martyrologium Hieronymianum zum 17. Nov. (Tod) und 14. Juni (Translation). Der Verehrung des A. kam im MA die bes. Frömmigkeit der frz. Kge. zugute; die zwei berühmtesten Translationen seiner Reliquien wurden auf Veranlassung Roberts II. (d. Frommen) 1029 und Ludwigs d. Hl. 1259 vorgenommen. Die Verehrung des hl. Verteidigers von Orléans wurde durch die Gegenwart fremder Truppen angeregt: bes. im Hundertjährigen Krieg (Befreiung der Stadt durch Jeanne d'Arc 1429) und im Krieg von 1870. Die Verehrung des A. verbreitete sich über ganz Frankreich, namentl. im w. Zentralfrankreich und im Südwesten. Seine Reliquien wurden 1562 von den Protestanten zerstreut. J.-C. Poulin

Lit.: A. LOYEN, Rôle de s. A. dans la défense d'Orléans, Acad. Inscr. et Belles-Lettres, Comptes rendus 1969, 64–74 – G. RENAUD, Traditions de l'Église d'Orléans sur... A., Ann. École prat. Hautes Études, IVe section, 1972–73, 745–752 – DERS., Les miracles de s. A. d'Orléans (XIe s.), AnalBoll 94, 1976, 245–274 (Éd. 256–274).

2. A., ägypt. Mönch, berechnete um 400 durch Verbindung des 19jährigen Mondzyklus mit dem 28jährigen Sonnenzyklus einen 532jährigen Osterzyklus. Unter Benutzung der Weltchronik des Panodorus stellte er 412 eine eigene »Weltchronik« zusammen, von der wir nur durch byz. Chronisten Kenntnis haben. H. Kraft

Ed.: E. HONIGMANN, APOSI 12, 1953, 178–182 – *Lit.:* LThK² I, 561.

3. A. v. Celeda, Diakon, übersetzte zw. 415 und 418 mehrere Predigten des Johannes Chrysostomos (darunter auch die Rede »Ad neophytos«) ins Lat., um den Kirchenvater für den Pelagianismus in Anspruch zu nehmen. Erhalten sind 2 Vorreden (MPL 45, 1749f.). H. Kraft

Lit.: LThK² I, 561 – CH. BAUR, L'entrée litt. de S. Chrysostome dans le monde latin, RHE 8, 1907, 252ff. – E. HONIGMANN, Patristic Stud., StT 173, 1953, 54–58.

Anima → Seele

Animalia → Materia medica

Anis (Pimpinella anisum L./Umbelliferae). Der aus dem Orient stammende, seit dem frühen MA in Deutschland angebaute A. (Cap. de villis, 70) gehört zu den vielen Heil- und Gewürzpflanzen, die man von den Römern übernahm. Demnach ist auch der mhd. Name *anis (enis)* aus dem lat. anisum (MlatWB I, 669f.) entlehnt, das seinerseits auf das gr. *anison* zurückgeht; mitunter wird anisium, *aneis, enysz* (Gart, Kap. 15) u. ä. als röm. Fenchel oder süßer Kümmel (ciminum dulce) bezeichnet (Albert. M., De veget. 6, 272; Konrad v. Megenberg V, 7). Med. fanden die aromat. A.-Früchte v. a. als blähungstreibendes und verdauungsförderndes Mittel, aber auch in der Frauenheilkunde sowie als Aphrodisiacum Anwendung. P. Dilg

Lit.: MARZELL, Wb. III, 751–753 – DERS., Heilpflanzen, 153f.

Anjou, alte Gft., später Hzm. in W-Frankreich. Die Geschichte des A. wird gemeinsam mit der Geschichte seiner Hauptstadt Angers behandelt; → Angers, Anjou.

Anjou (Dynastie)

I. Einleitung – II. Die Anjou in Sizilien und Neapel – III. Die Anjou in Ungarn – IV. Die Herzöge der jüngeren Linie Anjou.

I. EINLEITUNG: Das spätma. Haus A. ist aus einer Seitenlinie des frz. Königshauses hervorgegangen. (Zu der älteren anglofrz. Dynastie Anjou: → Angers, → Angevinisches Reich, → Plantagenet, → England.) Es erhielt seinen Namen aufgrund der 1246 erfolgten Apanagierung des Begründers und bedeutendsten Vertreters der Dynastie, → Karls I., des jüngeren Sohnes Kg. Ludwigs VIII. und Bruders von Kg. Ludwig d. Hl., mit der westfrz. Gft. Anjou (späteres Hzm.; → Angers). Durch die Gft. → Provence sowie die Herrschaft in S-Italien, die Karl im Bündnis mit Papsttum und Guelfen errichtete, und eine aktive Heiratspolitik, die dem Haus v. a. → Ungarn eintrug, stiegen die A. im Zeitalter einer allgemeinen polit. und machtpolit. Expansion Frankreichs zu einer der führenden Dynastien des spätma. Europa auf, die das polit. Geschehen im ö. Mittelmeerraum und im Ostmitteleuropa des 14. Jh. wesentl. beeinflußte (→ Abschnitt II, III).

Nachdem die großen it. und ung. Linien des Hauses A. im späten 14. und frühen 15. Jh. ausgestorben waren, lebten Name und Herrschaftsanspruch der Dynastie in der (frz.) »jüngeren Linie A.« fort (→ Abschnitt IV). Deren Entstehung geht auf eine – zunächst ohne fakt. Wirkung gebliebene – Adoption Ludwigs, Hzg.s v. Anjou, eines Sohnes des frz. Kg.s Johann II. des Guten, durch Johanna I., die letzte Vertreterin des neapolitan. Hauptzweiges, zurück (1380). Von ihrer frz. Apanage, dem Hzm. Anjou, aus verfolgten die jüngeren A. als Konkurrenten → Aragóns eine expansive Mittelmeerpolitik in Anknüpfung an angiovin. Traditionen. Nach der 1480/81 erfolgten Wiedereingliederung von Anjou, Provence und Maine in die frz. Krondomäne bildeten die Ansprüche der A. auf → Neapel und → Sizilien einen rechtl. Ausgangspunkt für die frz. Italienpolitik seit Karl VIII. → Italien. U. Mattejiet

II. DIE ANJOU IN SIZILIEN UND NEAPEL: Der Aufstieg Karls I., Gf. v. Anjou, des Begründers der angiovin. Königshauses, begann mit seiner Vermählung mit *Beatrice v. der Provence*, die ihm die Gft. Provence als Mitgift brachte, über die er nach dem Tode von Raimund Berengar 1245 herrschte. Als fähiger Regent zog er die Aufmerksamkeit Papst Urbans IV. auf sich, der ihn nach Überwindung der Widerstände, die Kg. Ludwig d. Hl., Karls Bruder, seinem polit. Plan entgegensetzte, nach Italien rief, um die sizil. Krone Manfred, dem Sohn Friedrichs II., abzugewinnen. Am 6. Jan. 1266 in Rom zum Kg. v. Sizilien gekrönt, besiegte er am 26. Febr. 1266 → Manfred bei Benevent, und zwei Jahre später, am 23. Aug. 1268, den Staufererben → Konradin. Karl regierte 1266–85, wobei er seinen Einflußbereich über Unteritalien ausdehnte (Tuszien, ztw. Rom und Teile des Kirchenstaates, guelf. Kommunen und Gebiete). Von seiner ersten Gemahlin († 1267) hatte er vier Kinder: von diesen wurde *Karl II. der Lahme* sein Nachfolger. Die anderen verheiratete er entsprechend den Plänen und Erfordernissen seiner Politik, die sich im ö. Mittelmeerraum v. a. gegen das Wiederaufleben des byz. Staates richtete: Philipp ehelichte 1267 *Isabella v. Villehardouin*, die ihm das lat. Fsm. (→ Lat. Kaiserreich) Achaia in die Ehe brachte, das für die Kontrolle der Ostküste der Adria sehr wichtig war; *Beatrice* vermählte sich mit *Philipp v. Courtenay*, dem Titularkaiser v. Konstantinopel; die letzte Tochter, *Isabella*, wurde die Gemahlin *Ladislaus IV.*, des Kg.s v. Ungarn. V. a. die letzte Ehe war sehr bedeutsam; er verwirklichte damit seinen Plan, fest im ö. Europa Fuß zu fassen; die Heirat schuf – gemeinsam mit der Vermählung seines ersten Sohnes mit *Maria v. Ungarn*, der Tochter Kg. Stefans V. und Schwester Ladislaus IV. – die Voraussetzungen für die Festsetzung der angiovin. Dynastie in Ungarn und begründete die erste große dynast. Linie der A., die ung. (→ Abschnitt III).

Da der älteste Sohn Karls II. v. Neapel, *Karl Martell*, für den ung. Thron designiert war und außerdem vor dem Vater starb (1295), fiel die Nachfolge auf den zweiten Sohn Karls II., → *Ludwig* († bereits 1297), der jedoch entgegen dem väterl. Wunsch die kirchl. Laufbahn einschlug und auf den Thron verzichtete. Er trat in den Minoritenorden ein und wurde Bf. v. Toulouse (heiliggesprochen). Die Thronfolge ging daher auf den dritten Bruder über, *Robert*, der seit dem Tode des Vaters 1299 bis 1343 Kg. v. Neapel war. (→ Sizilien stand nach dem Aufstand der → Siz. Vesper 1282 und dem Frieden v. → Caltabelotta 1302 unter der fakt. Herrschaft von Friedrich III. v. → Aragón und seinen Nachkommen.) Von den anderen beiden Söhnen erhielt *Philipp* den Titel eines Fs.en v. Tarent, *Johannes* den eines Hzg.s v. Durazzo. Sie begründeten die Linien A.-Tarent und A.-Durazzo, die in der bewegten Politik des Hofes von Neapel eine große Rolle spielten. Von den Töchtern heiratete *Maria* in erster Ehe *Sancho v. Aragón*, Kg. v. Mallorca, in zweiter *Jakob v. Aragón*, Herrn v. Xerica; *Blanca* wurde durch ihre Vermählung mit Kg. *Jakob II.* Kgn. v. Aragón. *Margarete* ehelichte *Karl v. Valois*, Bruder Kg. Philipps des Schönen und Vater des Begründers des Hauses Valois, Philipp VI. *Beatrice* vermählte sich mit dem Mgf.en *Azzo VIII. v. Este*, Signore v. Ferrara und nach dessen Tod mit dem prov. Adligen *Bertran des Baux* (del Balzo), Gf. v. Montescaglioso. Die letzte Tochter, *Eleonora*, ehelichte *Friedrich II. (III.)* v. Aragón, Kg. v. Trinakria.

Kg. *Robert* hatte aus seinen beiden Ehen – mit *Jolande (Violante) v. Aragón* 1302 und mit *Sancia v. Aragón* – nur einen Sohn, Karl, Hzg. v. Kalabrien, der vor ihm starb (1328). Man schrieb ihm auch eine illegitime Tochter zu, *Maria d'Aquino*, die v. a. dadurch bekannt wurde, daß sie der Gegenstand der Liebe Bocaccios war, die sie unter dem Namen Fiametta verherrlichte. Nach Roberts Tod folgte ihm unter Ausschluß sämtl. anderer Verwandter seine Enkelin *Johanna*, die Tochter von Karl, Hzg. v. Kalabrien auf den Thron. Die Schwester *Maria* wurde für die Nachfolge designiert, jedoch nur für den Fall, daß Johanna vor ihr stürbe. Entweder um ihre Position zu festigen oder um die Verbindung zum ung. Zweig der Familie enger zu knüpfen, sah sich Johanna gezwungen, *Andreas v. Ungarn*, den Bruder Kg. Ludwigs I. d. Gr. zu ehelichen. Kurz nach ihrer Thronbesteigung (1343) wurde Johanna durch die Ermordung des Gatten, an der sie vielleicht nicht unbeteiligt war, zur Witwe, ohne Kinder zu haben. Nach Überwindung der Krise, die diesem Verbrechen folgte, heiratete sie ihren entfernten Vetter *Ludwig*, der 1362 starb, später einen anderen entfernten Verwandten, *Jakob III. v. Aragón-Mallorca*, und schließl. *Otto, Hzg. v. Braunschweig-Grubenhagen*. Erbenlos geblieben, stand sie im Zentrum heftiger Familienintrigen, wurde zuerst abgesetzt, versuchte sich 1380 durch Adoption des frz. Prinzen *Ludwig v. Anjou* mit dem frz. Königshaus zu verbinden (→ Abschnitt IV) und wurde später von *Karl III.* aus der Linie A.-Durazzo gefangengenommen und ermordet (1382). Karl III. herrschte von 1381–86 über Neapel, bestieg dann den Thron von Ungarn, wo er jedoch im gleichen Jahr ermordet wurde. Ihm folgte 1386 der damals zehnjährige *Ladislaus* († 1414) unter der Regentschaft seiner Mutter *Margarete* auf den neapolitan. Thron. Vier Jahre später erhielt er die volle Herrschergewalt und strebte auch mehrfach erfolglos nach der ung. Krone. Da er von seinen drei Gemahlinnen *Konstanze von Chiaramonte* († 1392 verstoßen), *Maria v. Zypern* († 1404) und *Maria d' Anghieri*, Gfn. v. Lecce, die ihn überlebte, keine Kinder hatte, fiel die Nachfolge an seine unstete Schwester *Johanna II.*, die ebenfalls erbenlos starb und durch ihre schwankende Haltung gegenüber den um die Nachfolge rivalisierenden Mächten, den frz. jüngeren Anjou (→ Abschnitt IV) und den Aragonesen (Testamentsänderungen), große Unruhen hervorrief, die mit der Eroberung des Kgr.s Neapel durch → Alfons I. (= Alfons V. v. Aragón) endeten.

Geringere hist. Bedeutung unter den drei Linien der neapolitan. A. hatten die Fs.en v. Tarent, deren Begründer der schon erwähnte *Philipp* ist, der durch seine Heirat mit *Ithamar*, der Tochter des Despoten von Epiros (die anscheinend durch Ehebruch von der hist. Szene abtrat), Besitzungen an der Ostküste der Adria gewann. Seine zweite Gemahlin war *Katharina v. Valois*, die von Seiten ihrer Mutter Katharina v. Courtenay den Titel eines Titularkaisers v. Konstantinopel besaß, mit dem sich auch ihr Ehemann schmückte und der nach ihrem Tod 1346 auf den Sohn *Robert* überging. Von den Kindern Philipps starb *Karl*, der Erbe des Fürstentitels v. Tarent, sehr jung und ohne Nachkommen (1315); *Philipp*, Despot v. Romania († 1330) ehelichte Jolande (Violante), die Tochter von Jakob II.; *Margarete* († 1366) heiratete den abenteuerlustigen → *Gualtier de Brienne*, Hzg. v. Athen; *Robert* († 1362) vermählte sich mit Maria v. Bourbon; *Ludwig* ehelichte nach dem Tod des Andreas v. Ungarn die Kgn. *Johanna*, starb aber vor ihr; *Philipp II.* († 1373), Fs. v. Tarent und Achaia, vermählte sich mit *Maria v. Sizilien*, Tochter Karls, des Hzg.s v. Kalabrien, nach dem Tod ihrer beiden früheren Ehemänner, *Karl*, Hzg. v. Durazzo und *Robert del Balzo*, Gf. v. Avellino; *Margarete*, Witwe des Kg.s Eduard Balliol v. Schottland, ehelichte *Francesco del Balzo*, Hzg. v. Andria; *Johanna* heiratete *Leon*, Kg. v. Armenien. Die Linie der A. war insgesamt unstet und unzufrieden, im Hofleben intrigant und setzte Gerüchte und Klatsch in Umlauf, ohne dadurch jedoch ihre Machtstellung erweitern zu können. Sie starb im Lauf des 14. Jh. aus, ohne Abkömmlinge zu hinterlassen.

Die Linie Durazzo, die die Dynastie nach dem Erlöschen des Hauptzweiges mit der Kgn. Johanna fortsetzte, hatte den schon genannten *Johann* zum Begründer. Auch sie war, wie die Linie Tarent auf Besitzungserweiterung an der Ostküste der Adria orientiert. *Johann* ehelichte *Mathilde v. Hennegau*, die Tochter von Florence, Fs. v. Achaia, was Johann diesen Titel einbrachte, dem er 1333 die Würde eines Hzg.s v. Durazzo hinzufügte. In zweiter Ehe heiratete er *Agnes v. Périgord*, von der er drei Söhne hatte: *Karl*, Hzg. v. Durazzo, der sein Leben in trag. Weise durch Enthauptung endete, weil er als Mittäter bei der Ermordung des Andreas v. Ungarn angesehen wurde. Er war mit *Maria*, der Tochter des Hzg.s v. Kalabrien vermählt. Der zweite Sohn *Ludwig* war Gf. v. Gravina. Dessen einziger Sohn aus der Ehe mit *Margherita Sanseverino* war *Karl III. v. A.-Durazzo*, der spätere Kg. v. Neapel und Ungarn. Der letzte Sohn *Robert* war Fs. v. Morea. *Karl v. A.-Durazzo* hatte drei Töchter: *Margarete* († 1412) ehelichte ihren Vetter, Kg. *Karl III*. Die zweite, *Johanna* († 1387), heiratete zwei frz. Adlige. Die dritte vermählte sich zuerst mit *Cansignorio della Scala* und später mit *Jacopo del Balzo*, Hzg. v. Andria, Fs. v. Tarent, Despot v. Romania und Titularkaiser v. Konstantinopel.

Aus der Ehe Kg. Karls III. mit seiner Cousine *Margarete* stammen Kg. Ladislaus, der keine legitimen Nachkommen hatte, und Kgn. *Johanna*, die ebenfalls kinderlos starb.

R. Manselli

Lit.: DBI, s.v. Angiò [einzelne nicht regierende Mitglieder der Familie] – E. G. LÉONARD, Les Angevins de Naples, 1954 [allg. Überblick über die Dynastie].

III. DIE ANJOU IN UNGARN: Im Rahmen seiner großangelegten, gegen Byzanz gerichteten Orientpolitik hat Karl I. v. A. schon vor der Schlacht v. Tagliacozzo versucht, Ungarn durch familiäre Bande in sein Bündnissystem einzubeziehen, indem er nach dem Tode seiner ersten Frau (23. Sept. 1267) mit Zustimmung des Papstes um die Tochter Kg. Bélas IV., Margarete, warb. Die hl. Dominikanerin wies ihn jedoch ab. 1269 schloß er mit dem »jüngeren Kg.« Stephan V. ein Schutz- und Trutzbündnis, das 1270 mit der Verlobung ihrer Kinder besiegelt wurde. Während die Ehe des Ungarnkönigs Ladislaus IV. kinderlos blieb, gebar seine Schwester Maria ihrem Gatten, dem Kg. Karl II., 14 Kinder und wurde Stammutter sowohl des ung. wie auch des neapolitan. Zweiges der A. Nach dem Tode Ladislaus' IV. (1290) betrachtete sich Kgn. Maria als einzige rechtmäßige Erbin des ung. Kgr.s, das sie am 6. Jan. 1292 formell ihrem ältesten Sohn, Karl Martell, übergab. Als dieser 1295 starb, änderte sein Vater, Karl II., die Erbfolge und setzte seinen dritten Sohn Karl Robert als Erben beider Sizilien ein. Dem Sohn Karl Martells, *Karl Robert* (Caroberto), blieb zunächst nur der leere Titel »rex Hungariae«. Papst Bonifatius VIII. als Lehnsherr stimmte dieser Regelung zu und erklärte 1299 den zehnjährigen Karl Robert zum Kg. v. Ungarn. Nach dem Tod Kg. Andreas' III. (1301) entschieden sich jedoch die mächtigsten Oligarchen für den böhm. Thronfolger Wenzel III., einen Enkel Bélas IV., der sich mit der Tochter des letzten Arpadenkönigs verlobte. Bonifatius VIII. lud 1302 beide Kg.e vor und sprach Ungarn nach einem formalen Gerichtsverfahren dem Anjou zu. Karl Robert, dem sein Großvater 1304 auch Salerno und den Honor Montis Sancti Angeli wegnahm, sollte mit der Krone Ungarns entschädigt und davon abgehalten werden, den Thron aufgrund des Erstgeburtsrechts Robert streitig zu machen. Lehnsrechtl. Entscheidungen erwiesen sich aber in Ungarn als völlig wirkungslos, und Karl Robert konnte sich erst durchsetzen, als die sonst sehr erfolgreiche päpstl. Diplomatie den Anspruch der Kurie auf Lehnshoheit über Ungarn fallen ließ. Er wurde 1308 als Kg. Karl I. allgemein anerkannt. Der junge Herrscher machte sich die Tradition der Arpaden zu eigen und betrachtete das Geblütsrecht als Grundlage seiner ung. Herrschaft, gab jedoch seinen Anspruch auf das väterl. Erbe in Italien nie auf. So sollte das »Kgr. Neapel« in der weitverzweigten Familienpolitik Karls I. und seines Sohnes Ludwig I. eine hervorragende, aber auch verhängnisvolle Rolle spielen.

Karl Robert war durch seine Mutter Klementia, Tochter des dt. Königs Rudolf I., mit den Habsburgern in Österreich nahe verwandt und wurde von ihnen im Kampf um die ung. Krone gegen Wenzel-Ladislaus v. Böhmen unterstützt. Durch seine Ehen knüpfte er verwandtschaftl. Bande mit den Piasten und Luxemburgern. 1306 wurde *Maria*, Tochter Hzg. Kasimirs v. Teschen und Beuthen, seine erste Frau. Die Ehe blieb kinderlos. Nach dem Tod Marias (16. Dez. 1315) heiratete Kg. Karl I. 1318 *Beatrix v. Luxemburg*, Tochter Ks. Heinrichs VII., die Anfang November 1319 im Kindbett starb. Seine dritte Frau, *Elisabeth*, Tochter des Polenkönigs Wladislaw Łokietek (∞ 20. Juli 1320), gebar ihm fünf Söhne. *Karl* (* 1321) starb im Säuglingsalter. *Ladislaus* (* 1324) wurde 1327 mit Anna, Tochter des böhm. Kg.s, Johann v. Luxemburg, verlobt, er starb jedoch schon 1329. *Ludwig* (* 5. März 1326) wurde 1329 mit Margarete, Tochter Karls IV., verlobt. *Andreas* (* 30. Nov. 1327) wurde aufgrund der 1332 mit Kg. Robert getroffenen Vereinbarung 1333 nach Neapel gebracht und mit seiner Base zweiten Grades, der Enkelin und Thronerbin Roberts, *Johanna,* verlobt. *Stefan* (* 20. Aug. 1332) hätte Johannas Schwester Maria heiraten sollen. Von einer namentl. nicht bekannten Geliebten, die später an den Stadtrichter v. Preßburg verheiratet wurde, hatte Karl I. einen um 1316 geborenen Sohn *Koloman,* der für die geistl. Laufbahn bestimmt wurde. Er führte zu Lebzeiten seines Vaters den Herzogtitel und war von 1337 bis zu seinem Tode (1375) Bf. v. Györ (Raab). Eine unehel. Tochter Karls I. war *Katharina v. Ungarn,* die Mutter der → Anna v. Schweidnitz. 1339 schloß Karl I. in Visegrád mit dem letzten Piastenkönig Kasimir d. Gr. den Erbvertrag, der seinem Sohn und Nachfolger, Kg. Ludwig I., 1370 die poln. Krone einbringen sollte.

Das Abkommen v. 1332 über das Kgr. Neapel wurde dagegen nie erfüllt. Schon Kg. Robert hat es verletzt, als er 1342, nach der Hochzeit Johannas und Andreas', diesen von der Regierung ausschloß. Papst Clemens VI. erlaubte allerdings dem Prinzgemahl die Führung des Königtitels. Als er auf Drängen Kg. Ludwigs I. auch die gemeinsame Krönung anordnete, wurde Andreas am 19. Sept. 1345 in Aversa von Hofleuten ermordet. Katharina v. Valois, Witwe des Hzg.s v. Tarent, Philipp v. A., hat die Mörder wohl im Einvernehmen mit Johanna angestiftet. Johanna brachte im Dez. einen Sohn, *Karl Martell,* zur Welt, der trotz der zahlreichen Liebschaften der Kgn. als Kind des Andreas und Thronerbe auch von Kg. Ludwig I. anerkannt wurde. Nichtsdestoweniger verlangte der Ungarnkönig vom Papst die Verurteilung und Absetzung Johannas und erneuerte den Anspruch der ung. A. auf das Lehen Neapel-Sizilien. Die vom Papst angeordnete Untersuchung verlief im Sande, weil die Anstifter die Täter und gefährl. Mitwisser schnell hinrichten ließen. Hinzu kam, daß die Päpste in Avignon und ihr Protektor, der Kg. v. Frankreich, die ung. A. von Italien unbedingt fernhalten wollten.

Was Kg. Ludwig I. in zwei siegreichen Kriegszügen nach S-Italien (1347-48, 1350) nicht erzwingen konnte, versuchte er durch Heirat zu erreichen. Nachdem der kleine Karl Martell 1348 gestorben war, kam Ludwig 1349 mit dem päpstl. Legaten Kard. Guido, Ebf. v. Lyon, überein, daß sein Bruder *Stephan* Johannas Schwester und designierte Nachfolgerin, *Maria,* heiraten solle. Marias Gatten, Karl v. Durazzo (→ Anjou 1.), hatte Ludwig 1348 als Verräter verurteilen und köpfen lassen, doch machte er 1350, nachdem seine Frau 1349 an der Pest gestorben war, selbst einen Heiratsantrag, wurde aber abgewiesen. Daraufhin verlobte er sich mit der am ung. Königshof erzogenen Tochter des Banus v. Bosnien, Stephan Kotromanović, *Elisabeth,* die – wie auch er – ein Urenkelkind Kg. Stephans V. war. Die Hochzeit fand erst 1353 statt, doch blieb die Ehe 17 Jahre hindurch kinderlos. Sein Bruder Stephan heiratete 1350 die Tochter von Ks. Ludwig dem Baiern, seine Tochter *Elisabeth* galt zunächst als Thronerbin Kg. Ludwigs. Sie war – den Wandlungen der politischen Lage folgend – mit Jodok, Mgf. v. Mähren, Albrecht v. Habsburg und Kg. Wenzel v. Böhmen verlobt und wurde schließl. 1370 die 2. Frau ihres Großonkels *Philipp v. Tarent,* Titularkaiser v. Konstantinopel.

Kg. Ludwig I. ließ 1364, einem Vorschlag des Papstes Urban V. folgend, den zehnjährigen verwaisten *Karl II. v. Durazzo* nach Ungarn holen, verlobte ihn mit der einjährigen Anna, Tochter Ks. Karls IV., und übertrug ihm die Würde des Hzg.s v. Slavonien und Kroatien, die meist der Thronfolger innehatte. Kgn. Elisabeth schenkte aber ihrem Gatten nach 17 Jahren Unfruchtbarkeit drei Töchter, 1370 *Katharina,* 1371 *Maria* und 1373 *Hedwig*. Die 1374 mit Ludwig, dem zweiten Sohn Karls V. v. Frankreich verlobte Katharina starb 1378, Maria wurde bereits 1372 mit *Sigismund v. Luxemburg,* Hedwig aber 1373 mit *Wilhelm v. Habsburg* verlobt.

Kg. Ludwig I. bestimmte Maria und Sigismund zu Erben seiner beiden Kgr.e. Karl II. v. Durazzo verhalf er zum Thron v. Neapel. Als er 1382 starb, erlosch die männl. Linie des ung. Zweiges. Die elfjährige Maria bestieg sofort den ung. Königsthron; aber die Polen lösten die Personalunion mit Ungarn und krönten die jüngere Hedwig zum »König«. Kgn. Elisabeth als Regentin und der Palatin Nikolaus Garai wollten Maria an Ludwig v. Orléans verheiraten, im Sommer 1385 fand auch die Hochzeit per procuram statt. Sigismund v. Luxemburg setzte sich aber mit Waffengewalt durch und heiratete die Kgn. am 1. Nov. 1385. Maria herrschte seit 1387 mit ihrem zum Kg. gewählten Gatten. Sie starb am 17. Mai 1395 nach einem Reitunfall an Fehlgeburt. Mit dem Tode Hedwigs (1400) starb der ung. Zweig der A. auch in der weibl. Linie aus.

Th. v. Bogyay

Lit.: I. MISKOLCZY, Magyar-olasz összeköttetések az Anjouk korában. Magyar-nápolyi kapcsolatok, 1937 – B. HÓMAN, Gli Angioini di Napoli in Ungheria 1290-1403, 1938 (Reale Accademia d'Italia, Studi e documenti 8).

IV. DIE HERZÖGE DER JÜNGEREN LINIE ANJOU: Das Haus der Hzge. v. A. (jüngere Linie) geht auf → *Ludwig I. v. A.* (1339-84) zurück, den Sohn Kg. Johanns II. des Guten und jüngeren Bruders Karls V., der 1351 die Gft.en Anjou und Maine als Apanage erhielt und zwei Jahre später zum Pair erhoben wurde. Ihm wurde 1360 der Titel »Herzog und Pair« verliehen; ztw. war er Gf. der Touraine und 1380 Regent des Kgr.s für den unmündigen Kg. Karl VI. 1380 wurde er durch Kgn. Johanna I. v. Neapel adoptiert; dadurch erbte er 1382 die Gft. Provence und das Kgr. Neapel, das er zu behaupten suchte und bis er 1384 starb. Der Sohn, den ihm seine Frau *Marie de Blois,* Tochter Karls, des Hzg.s der Bretagne, gebar, wurde als *Ludwig II. v. A.* (1377-1417) sein Nachfolger in Anjou und Provence. Ludwig II. versuchte, das Kgr. Neapel zurückzuerobern (1387-89); 1390-99 vermochte er sich gegen Ladislaus zu halten. Nachdem ihn das Konzil v. Pisa 1409 als Kg. anerkannt hatte, kehrte er nochmals nach Neapel zurück. Er war mit *Jolande (Violante) v. Aragón* verheiratet, der Tochter Johanns I. Auf diese Ehe sollten sich in der Folgezeit die Ansprüche der Hzg.e v. A. auf den aragon. Thron gründen. Jolande gebar fünf Kinder: *Ludwig III.; Maria v. A.* (1404-63), die *Karl VII.,* Kg. v. Frankreich, heiratete und Mutter Kg. Ludwigs XI. war; *René* († 1480); *Jolande* († 1440), die sich mit dem Hzg. der Bretagne, *Franz I.* vermählte; *Karl* (1414-72), Gf. der Maine (die die Franzosen 1448 von den Engländern zurückerobert hatten), Vater *Karls v. Maine,* der von seinem Onkel, »Kg.« René, 1480 die Provence erbte, die er wegen eigener Kinderlosigkeit gemeinsam mit Maine 1481 seinem leiblichen Vetter Ludwig XI. vermachte. Ludwig III. v. A. (1403-34), der gemeinsam mit den Territorien seines Vaters auch deren Herrschaftsansprüche geerbt hatte (1417), stürzte sich wie dieser in das neapolitan. Abenteuer (1421-22). Nachdem ihn Kgn. *Johanna II.* 1423 adoptiert hatte, zog er 1424 in Neapel ein, wo er sich gegen → Aragón zu behaupten suchte, mußte sich in der Folgezeit aber ganz auf

Kalabrien beschränken. Sein Bruder, »Kg.« René, erbte von ihm die Provence und die neapolitan. Besitzansprüche; bereits mit zehn Jahren hatte er im Vorgriff auf die spätere Erbschaft von seinem Onkel mütterlicherseits, dem Kard. und Hzg. → Karl II., das Hzm. Bar und die Mgft. Pont-à-Mousson (1419) erhalten; von seinem Schwager → Karl II., Hzg. v. Lothringen, hatte er dessen Hzm. geerbt. Er war Gefangener des Hzg.s v. Burgund, als ihn 1435 Kgn. Johanna II. adoptierte. Er schickte seinen jüngeren Sohn *Ludwig*, den »prince de Piémont« nach Neapel, um später dort selbst sein Glück gegen Alfons v. Aragón zu versuchen (1438-42). Beim Tode Peters v. Portugal (1465) trat er, inspiriert von einer katal. Partei, als Prätendent für die Krone Aragóns auf. Seine Hoffnungen wurden durch den Tod seines Sohnes *Johann v. Kalabrien* zunichte gemacht. Bald nach dem Sohn verlor René auch seinen Enkel *Nikolaus*, Hzg. v. Lothringen und Bar (1473). Rex in partibus v. Jerusalem, Kg. v. Sizilien und Aragón, war der »roi René« gemeinsam mit seiner zweiten Frau *Jeanne de Leval* (∞ 1454) – wie sein Gegenspieler Alfons – einer der großen Mäzene der Praerenaissance. Nach Renés Tod ergriff Ludwig XI. Besitz vom Anjou, und nach dem Tod des Neffen *Karl v. Maine* zog der Kg. auch die Provence und die Maine zu seinem Kronbesitz.

Das restl. Erbe fiel über die ältere Tochter Kg. Renés, *Jolande v. Anjou*, die Gemahlin des Gf.en *Ferry de Vaudemont*, an René II. († 1580). Als Hzg. v. → Lothringen und Bar war er der Stammvater der Fs.en, die bis zur Heirat Hzg. Franz Stephans (als röm. Ks. Franz I.) mit Maria Theresia v. Habsburg (1736) in Lothringen regierten.

R.-H. Bautier

Lit.: E.-G. LÉONARD, Hist. de Jeanne Ière, reine de Naples, comtesse de Provence, 3 Bde, 1932-37 – A. LECOY DE LA MARCHE, Le roi René, sa vie, son administration, ses travaux artistiques et litt., 2 Bde, 1875-76 – L.-H. LABANDE, Louis Ier d'Anjou, la Provence et Marseille, M-A 1948, 297-325 – J. LEVRON, La vie et les moeurs du roi René, 1953.

Anjou. 1. A., Karl v., Sohn von Robert v. Anjou, * 1298, † 9. Nov. 1328, wurde bald Werkzeug seines Vaters in dessen Toscanapolitik, als es ihm nach der Niederlage von Montecatini, wo sein Cousin Karl, Sohn von Philipp v. Tarent, fiel, 1325 gelang, für die Dauer von zehn Jahren zum Signore v. Florenz ernannt zu werden. Auf diese Art sicherte er die Vorherrschaft der Anjou in dieser Region. Er starb schon nach drei Jahren. Seine Tochter war die künftige Kgn. Johanna I. v. Neapel. R. Manselli

Lit.: DBI, s.v.

2. A., Karl v., Sohn von Johann, Hzg. v. Durazzo, * ca. 1322, † 1346, ränkevoll und ehrgeizig, heiratete Maria, die Schwester von Johanna, die Thronerbin von Sizilien war, wobei er hoffte, dadurch eine Möglichkeit zur Thronfolge zu erhalten. Da diese Aussicht wegen Johannas Eheschließung mit → Andreas v. Ungarn dahinschwand, wurde er einer der Führer des Widerstandes gegen diesen und nahm – es ist nicht bekannt, in welcher Rolle – an der Verschwörung teil, die zu Andreas' Ermordung führte. Jedenfalls wurde er von Ludwig v. Ungarn bei dessen Rachefeldzug für verantwortl. an diesem Verbrechen betrachtet und 1346 enthauptet. R. Manselli

Lit.: DBI, s.v.

Anka (Anna), bulg. Fsn., Tochter des valach. Fs.en Nikolas Alexander Bassarab (1352-64) und der ung. Prinzessin Klara. ∞ vor 1360 den Zaren von Vidin (NW-Bulgarien), Johannes Srazimir (um 1356-1396). Als Zarin förderte sie die Entstehung einer lit. Schule. 1360 wurde ihr eine in Vidin abgeschriebene Sammelhandschrift *(Sbornik)* mit 13 hagiograph. Frauenlegenden und eine Reisebeschreibung 'De locis sacris Hierosolymitanis' (jetzt Cod. Ghent 408) gewidmet. A. kehrte infolge der ung. Besetzung des Gebietes von Vidin (1365/70) in die Valachei zurück und trat unter dem Einfluß ihrer Mutter zum Katholizismus über. Todesdatum unbekannt. I. Dujčev

Lit.: K. JIREČEK, Istorija Bolgar, 1878, 420 – P. A. SYRKU, K istorii ispravlenija knig v Bolgarii v XIV veke, I, SPb 1898 [Repr. 1972], 443ff., 448ff. – E. TURDEANU, La litt. bulgare du XIVe siècle et sa diffusion dans les pays roumains, 1947, 38ff. – Bdinski Zbornik. An Old-Slavonic Menologium, 1973, 242; 19ff.

Ankara (gr. Ankyra, in älteren osman. Quellen Engürü), heut. Hauptstadt der Türkei (seit 1923). Die zentralanatol. Stadt wurde nach 1073 türkisch und ging der Reihe nach in den Besitz der Seldschuken, Danischmendiden, erneut der Seldschuken (1193/94), Ilchaniden, Eretnas und Germiyans über (mit Ausnahme der Jahre 1101-27, in denen A. ein letztes Mal byz. Grenzfestung war). Seit 1354 bzw. 1361/62 war A. osman. 1402 erlitt bei A. das Heer des Osmanenherrschers Bāyezīd I. die entscheidende Niederlage gegen Timur. Als Hauptort der Prov. → Anatolien war A. auch später bedeutend. K. Kreiser

Lit.: EI² I, s.v. – P. WITTEK, Zur Gesch. Angoras im MA, Fschr. G. JACOB, 1932, 329-354.

Anker. 1. A., terminus technicus für ein Gerät zum Festlegen von Schiffen. Gr. ἄγκυρα, belegt seit ca. 600 v. Chr. (Alkaios, Theognis), bezeichnet bereits fast stets den Eisen-A. Die Römer übernahmen die gr. Erfindung und den Namen *ancora*, von ihnen mit Modifikationen die Germanen, zuerst an Nordsee und Niederrhein (ae. *ancor, oncer*, an. *akkeri*, ahd. *ancher*). Der Eisen-A. besteht aus Armen mit Flunken, aus Schaft, ggf. Stock, der im Altertum beweglich war, und Ring oder Öse zum Befestigen. Form, Größe und Gewicht variieren stark (z. B. Oseberg-Boot, Norwegen, 9,8 kg; Wrack von Mahdija, Tunesien, bis 695 kg). Die Flunkenblätter (Hände) werden im Lauf der Zeit immer größer, von der röm. Meißel- über die Lorbeerblatt- zur spätma. Dreiecksform. Die Entwicklung des A.s im Altertum ist dabei gut überschaubar, nicht aber im MA. – Bis in die Neuzeit hielt sich auch die ältere, primitive Form des A.s, der *Stein-A.*, meist eine Mischkonstruktion aus beschwerendem Stein (dafür in der Antike auch Blei) und umgebendem Holz (gr. ἐνναί, Homer; ahd. *senchil, sinchila*, an. *íli* und *stjóri* 'Steurer'). Es sind A. von unterschiedlichster Form und variierendem Gewicht (z. B. Kaupang, Norwegen, 80 kg). – Jedes Schiff führte mehrere unterschiedl. große A. an Bord, auch Stein- und Eisen-A. nebeneinander. Im Mittelmeerraum und N-Europa werden sie an A.-Tauen (gr. ἀγκύρεια, ae. *ancorbend*, an. *akkeris strengr* u. ä.) befestigt.; A-Ketten kommen hier nur gelegentl. vor. Leichtere A. konnten von einem Mann getragen, größere nur mit einer Winde bewegt werden *(A.-Spill)*. U. Schnall

Lit.: HOOPS¹ I, 342f. – HJ. FALK, An. Seewesen, WS 4, 1912, 1-122 – F. MOLL, The Hist. of the Anchor, The Mariner's Mirror 13, 1927, 293-332 – L. CASSON, Ships and Seamanship in the Ancient World, 1971 – D. ELLMERS, Frühma. Handelsschiffahrt in Mittel- und Nordeuropa, 1972 (Schr. des dt. Schiffahrtsmuseums 3).

2. A. (Ankerbalken), konstruktive Vorrichtung aus Holz oder Eisen zur zugsicheren Verbindung von Bauteilen oder zur Aufnahme von Zugspannungen. Der Schub des aus Sparrenpaar und Kehlbalken gebildeten Dachgespärres wird bei → Fachwerkbauten von Ankerbalken, die durch die Ständer der Außenwände gesteckt und verkeilt sind, aufgenommen; ähnlich bei den Dachstühlen ma. Kirchen und Hallenbauten. Als Zug-A. gegen die Schubwirkung gemauerter Bögen oder → Gewölbe (lombard. Kirchen, Hochelten 1129, Lauben, → Backsteinbau); als hölzerne Ring-A. im Mauerwerk (Speyer, Münzenberg, Ilbenstadt), am Fuß von Kuppel- und Klostergewölben (Speyer; Florentiner Dom) oder als Eisen-A. bei schlanken Außenpfeilern polygonal geschlossener oder zentral angelegter Räume (Aachener Münster, Turm des Freiburger Münsters) gegen Gewölbeschub und horizontal angreifende Windkräfte. Im SpätMA zumeist im Profanbau zur Verankerung von Unterzügen durch Eisen-A., die mit dem Balken verbolzt, durch die Mauer gesteckt und außen mit einem als Jahreszahl oder ornamental gebildeten Splint gesichert sind. G. Binding

Lit.: RDK I, 708–713 – G. BINDING, Kleine Kunstgesch. des dt. Fachwerkbaus, 1977² – DERS., Holzankerbalken im Mauerwerk ma. Burgen und Kirchen, Château-Gaillard 8, 1977, 69–77.

3. A., Symbol des Glaubens und der Hoffnung auf Rettung in der Auferstehung bei → Aposteln und → Kirchenvätern, in der achr. Kunst seit dem 3. Jh. verbreitet, bes. auf → Gemmen und bei → Grabinschriften. Die häufig geäußerte Vermutung, der A. mit einem Querbalken sei ein heiml. Zeichen für das → Kreuz gewesen, findet keine Stütze in der Väterliteratur; zudem treten Kreuzdarstellungen dann nicht sofort nach dem Kirchenfrieden auf. Im MA verschwindet die A.-Symbolik und erscheint erst wieder im 15. Jh. vereinzelt als Attribut der Allegorie der Hoffnung. Attribut der Hl. Clemens, Placidius und Philomena, Nikolaus v. Myra, Johann v. Nepomuk, Veit und Rosa v. Lima. G. Binding

Lit.: LCI I, 119 – RDK I, 705–708.

Ankerzoll → Anc(h)oraticum, → Hafen, Hafenzölle und -gebühren

Anlaf → Olaf

Anna, hl., Mutter Marias; Fest 26. od. 25. Juli (Orient). Name und Legende erstmals im Protevangelium des Jakobus (um 150); danach im Ps.-Mt-Evangelium (6. Jh.) und im Liber (seu Evangelium) de nativitate Mariae (um 800; → Apokryphen). Schriftl. Zeugnisse im Abendland seit karol. Zeit. In ihnen wird die Legende wegen ihres apokryphen Charakters vorerst wohlwollend behandelt (Flodoardus, Historia Remensis; Petrus Damiani, Homil. 3 in Nativ. BMV), kann sich jedoch gegen die Kritik behaupten (Fulbert v. Chartres, Sermo 6 de ortu almae BMV; Honorius Augustodunensis, Speculum Ecclesiae; Vinzenz v. Beauvais, Speculum historiale). Insbes. ihre Aufnahme in die Legenda aurea des Jakobus de Voragine verschaffte ihr weiteste Popularität. Das Trinubium Annae (3 Ehen mit Nachkommenschaft = Die hl. Sippe), ein neues Legendenmotiv, bringt erstmals Haymo v. Halberstadt (Epitome historiae sacrae) nach älterer Tradition. Petrus Lombardus (In ep. ad Galat.) und Petrus Comestor (Historia scholastica) vertreten den Gedanken positiv; Thomas v. Aquin (In ep. ad Galat.) lehnt ihn ab. – Kenntnisnahme der oriental. A.-Verehrung (seit dem 6. Jh.) und Reliquienerwerb (Annenhäupter in Chartres, 1204; Ourscamp, Köln und Mainz, 1212, 1500 durch Diebstahl v. Mainz nach Düren) durch Kreuzfahrer und Orientreisende bringt im 13. Jh. einen Kultaufschwung, der seinen Höhepunkt nach 1450 findet. Gefördert wurde der v. a. in Deutschland außerordentl. verbreitete Annenkult durch die letztl. positiv entschiedene (Sixtus IV.) Kontroverse um die Immaculata conceptio und durch eine bes. Vorliebe der dt. Humanisten für die im SpätMA sehr verehrte Hl. (Johannes Trithemius, De laudibus s. Annae, Miracula s. Annae; Rudolf Agricola, Carmen in laudem s. Annae; u. a.). Die Popularität des Annenkultes am Ausgang des MA ist bezeugt durch erbaul. Anna-Lit., Bildwerke (A. Selbdritt), Bruderschaften (erstmals 1328 Bremen), Stiftungen und wallfahrtl. Zulauf zu berühmten Anna-Reliquien (Düren seit 1500, Annaberg in Sachsen, Anfang 16. Jh.). D. Harmening

Lit.: E. SCHAUMKELL, Der Kultus der hl. A. am Ausgange des MA, 1893 – P. V. CHARLAND, St.-Anne et son culte, 1–3, 1911–21 – B. KLEINSCHMIDT, Die hl. A., ihre Verehrung in Geschichte, Kunst und Volkstum (Forsch. zur Volkskunde 1–3), 1930 – F. P. KEYES, St. Anne Grandmother of our Saviour, 1955 – TRE II, 5, 752–755.

Ikonographie: In den wachsenden Marienkult des späteren MA war auch die Verehrung der hl. A. eingeschlossen; Kirchen und Kapellen wurden ihr geweiht; sie war Patronin vieler Berufe, bes. des Bergbaus. Einzeldarstellungen seit 7. Jh. bekannt (Rom S. Maria Antiqua; Faras), zumeist analog den Madonnentypen mit Kind. Nur auf dem Balkan und auf Kreta begegnet auch A. lactans (Kurbinovo, 1191; Tirnovo; Kastoria; Sv. Naum; Kandanos; Lambini u. a.). Als Auswirkung der wachsenden Anerkennung der Unbefleckten Empfängnis der Maria entstand im 13. Jh. das → Andachtsbild der sog. Anna Selbdritt, einer aus A., Maria und dem Jesuskind bestehenden Gruppe. Szenen aus dem Leben der A. findet man seit dem 6. Jh. in der byz. Kunst (ältestes Beispiel: Verkündigung an A., Elfenbeintäfelchen, Leningrad, Ermitage) und sonst erst seit dem 9. Jh. (S. Maria de Gradellis, Rom, 872/882); viele ma. Zyklen des → Marienlebens und der Jugendgeschichte Jesu beginnen mit Darstellungen aus dem Leben der A. (Ciborium-Säule, S. Marco, Venedig, 13. Jh.; Ohrid, Sv. Kliment, 1295; Chorakirche, Istanbul, 1315/20; Giottos Fresken in der Arena-Kapelle zu Padua um 1305, Buxtehuder Altar des Meisters Bertram E. 14. Jh.); im MA bes. beliebtes, als Symbol der Unbefleckten Empfängnis der Maria dargestelltes Ereignis ist die Begegnung A.s und Joachims an der Goldenen Pforte von Jerusalem.

G. Binding / K. Wessel

Lit.: LCI V, 168–184 – LThK² I, 570–572 – J. LAFONTAINE-DOSOGNE, Iconographie de l'enfance de la Vierge dans l'Empire byzantin et en Occident, 1964–65.

Anna Selbdritt → Anna, Hl.

Anna

1. A., *böhm. Kgn.* 1307–10, älteste Tochter Kg. Wenzels II. v. Böhmen aus seiner ersten Ehe mit Guta v. Habsburg. * 15. Okt. 1290, † 3. Sept. 1313, ⚭ 13. Febr. 1306 → Heinrich v. Kärnten. Die fakt. kinderlos gebliebene Ehe (eine Tochter starb 1307, wenige Monate alt) begründete Heinrichs Ansprüche auf die böhm. Krone gegen die Habsburger (→ Albrecht 1.) und verhalf dem Kärntner Hzg. nach der Ermordung Wenzels III., des letzten männl. Přemysliden, zum Thron. Nachdem Heinrich als Kg. gescheitert war, verließ A. am 9. Dez. 1310 Prag und starb in der Fremde. I. Hlaváček

Q.: Königsaaler Chronik (Font. rer. Bohem. IV) – *Lit.:* L. SCHÖNACH, Beitr. zur Gesch. der Kgn. A...., MVGDB 45, 1907, 121–133 – J. ŠUSTA, České dějiny II, 1, 2, 1935–39.

2. A. Komnene, *byz. Prinzessin*, Geschichtsschreiberin, Tochter des byz. Ks.s → Alexios I. Komnenos. * 2. Dez. 1083, † ca. 1153/54, ⚭ 1097 Nikephoros Bryennios. A. erhielt eine umfassende Bildung. Nach dem Tod ihres Vaters (1118) versuchte sie, für ihren Gatten den ksl. Thron zu gewinnen. Nach dem Scheitern ihres Versuches zog sie sich in das von ihrer Mutter Eirene zu Beginn des 12. Jh. gegr. Nonnen-Kl. τῆς Κεχαριτωμένης (tēs Kecharitōmenēs) zurück. Nach dem Tod ihres Gatten (1136/37) widmete sie sich ganz der Abfassung ihres Werkes 'Αλεξιὰς (»Alexias«), das sie im Jahrzehnt nach 1136/37 vollendete. Das in 15 Bücher gegliederte Werk, eine Ergänzung und Fortsetzung des unvollendeten Werkes ihres Mannes Ὕλη ἱστορίας (»Hylē Historias«), das die Jahre 1070–79 umfaßt, behandelt die Zeit von 1069 bis 1118. Die 'Αλεξιὰς ist, trotz mancher chronolog. Fehler und der Voreingenommenheit v. a. gegenüber den Lateinern (aus ihrem Haß gegen die Kreuzfahrer macht sie keinen Hehl, was sicher die

Gefühle des byz. Hofes den Kreuzfahrern gegenüber treu wiedergibt), die wertvollste zeitgenöss. Quelle für die Geschichte ihres Vaters, während dessen Regierung sich die Begegnung von Byzanz und Abendland im Ersten Kreuzzug sowie die Kriege mit den Normannen im W, den Steppenvölkern im N und Seldschuken im O vollzogen; A. stützt sich dabei auf die Staatskanzlei (Urkunden und Briefe), Archive, mündl. Zeugnisse ihres Vaters, Berichte ksl. Feldherren, eigene Beobachtungen und persönl. Erlebnisse. Die auf sachl. Genauigkeit bedachte A., deren Ideal der Attizismus ist (Homer, Tragiker, Geschichtsschreiber und die Anthologia Palatina werden öfters in ihrem Werk zitiert), hatte als lit. Vorbilder primär Thukydides und Polybios. Als Quellen benutzte sie zwar außer dem Werk ihres Gatten auch Skylitzes Continuatus, Michael Attaleiates und Michael Psellos, stilist. aber ist sie von Johannes Epiphaneus und Theophylaktos Simokattes beeinflußt. A. A. Fourlas

Ed.: B. LEIB, Anna Comnène, Alexiade I–III, 1937–45 [Neudr. 1967], Bd. IV: Index [P. GAUTIER], 1967 [mit Einl., Komm. und frz. Übers.] – *Lit.*: BLGS II, 446f. – KARAGIANNOPOULOS, 324f. – OSTROGORSKY, Gesch.² 290 – MORAVCSIK, Byzturc I, 219–223 – HUNGER, Profane Lit., 400–409.

3. A. v. Ungarn, *byz. Ksn.* → Andronikos II.

4. A. v. Savoyen, *byz. Ksn.*, Tochter Amadeus' V., Gf. v. Savoyen und der Maria v. Brabant, * um 1306, erhielt bei der Taufe den Namen Johanna, den sie bei ihrer Heirat mit Ks. Andronikos III. Palaiologos (1325) in Anna änderte. Zw. 1330 und 1337 gab sie einer Tochter und zwei Söhnen, Johannes und Michael, das Leben. Geachtet und geliebt von ihrem Gatten – der durch ihre Vermittlung auch militär. Unterstützung vom W erhoffte –, gelangte A. nach dem Tode von Andronikos (1341) auch zu großer polit. Bedeutung, da sie für ihren neunjährigen Sohn Johannes die Regentschaft übernahm. Nach mehreren Versuchen, die zw. dem Großdomestikos Johannes Kantakuzenos und dem Megas Dux Alexios Apokaukos vehement ausgebrochenen Feindseligkeiten unter ihre Kontrolle zu bringen – während auch die Türkengefahr immer drohender wurde –, gelang es A. schließlich 1354, ihrem Sohn Johannes V. endgültig den Thron zu sichern und Kantakuzenos auszuschalten, der sich als →Johannes VI. zum Ks. proklamiert und zw. 1347 und 1354 gemeinsam mit Johannes V. regiert hatte. Nach einer Reise in den Westen 1355 haben wir keine weiteren Nachrichten von ihr. R. Manselli

Lit.: DBI III, 333–335.

5. A. v. d. Pfalz, *dt. und böhm. Kgn.*, zweite Gemahlin →Karls IV., * 1329, † 1353 in Prag, ⌑ Veitsdom, Tochter Pfgf. Rudolfs II. († 1353). ⚭ Bacharach, Krönung zur röm. Kgn. Aachen 1349, Krönung zur böhm. Kgn. Prag 1. Nov. 1349. Mit der sensationellen Hochzeit, gegen päpstl. Rat, spaltete Karl die Wittelsbacher Partei und festigte entschieden seine Position. In der Mitgift wurzeln die späteren Erwerbungen Karls in der → Oberpfalz (»Neuböhmen«, ab 1353). Polit. Wirken A.s ist nicht bezeugt. Das einzige Kind Wenzel (* 1350) starb früh (1351).
P. Moraw

Q. und Lit.: RI VIII – NDB I, 299 – E. WERUNSKY, Gesch. Ks. Karls IV. und seiner Zeit, 3 Bde, 1880–92. bes. Bd. 2 – Vgl. a. Karl IV.

6. A. v. Schweidnitz und Jauer, *dt. und böhm. Kgn.*, dritte Gemahlin → Karls IV., * 1338/39, † 1362, ⌑ Veitsdom, Tochter Hzg. Heinrichs II. v. Schweidnitz († 1343); ⚭ Ofen 27. Mai 1353, Krönung zur böhm. Kgn. Prag 28. Juli 1353, Krönung zur röm. Kgn. Aachen 9. Feb. 1354, Krönung zur Ksn. Rom 1355. Erbin der letzten noch nicht an Böhmen gebundenen schles. Hzm.er (Anfall 1368, → Schweidnitz, → Jauer), hat A. von allen Frauen Karls als Mutter des Thronerben →Wenzel (* 1361) den relativ größten polit. und personalpolit. Einfluß ausgeübt. – Dargestellt im Veitsdom (Grabmal) und auf Karlstein.
P. Moraw

Lit.: NDB I – J. GOTTSCHALK, A. v. Schweidnitz, Jb. der Schles. Friedrich-Wilhelm-Univ. zu Breslau 17, 1972.

7. A. v. Kiev, *Kgn. v. Frankreich*, Gemahlin Heinrichs I., wahrscheinl. seit 1051, jüngste Tochter Jaroslavs d. Weisen v. Kiev, † 1075/89. Nach dem Tode Heinrichs I. (1060), dem sie neben dem Thronfolger, Philipp, noch zwei weitere Söhne, Robert († um 1065) und Hugo d. Gr., Gf. v. Crespy und Valois (bekannt als Teilnehmer des 1. Kreuzzugs), geboren hatte, war sie an der Vormundschaftsregierung beteiligt. Die in einer Urkunde des Jahres 1063 erscheinende Unterschrift »Ana reina« ist eine Wiedergabe des lat. »Anna regina« mit kyrill. Buchstaben nach der afrz. Aussprache. A.s 2. Ehe mit Raoul II., Gf. v. Vermandois, der ihretwegen seine rechtmäßige Gattin verlassen hatte, erregte Ärgernis (Briefwechsel zw. dem Papst und dem Ebf. v. Reims). A. Poppe

Q.: Hugo v. Fleury, MGH SRG IX, 388–389 – Recueil des Actes de Philippe I..., ed. M. PROU, 1908, Nr. 16, 48–49 – *Lit.*: A. CAIX DE ST. AMOUR, Anne de Russie..., 1896² [Materialslg.] – DBF II, 1337f. – M. HELLMANN, Die Heiratspolitik Jaroslavs des Weisen (FOG 8, 1962), 7–25 – E. MELIN, Studia C. O. Falk sexagenario oblata, 1966, 137–167 – R. HALLU, Anne de Kiev..., 1973 [Materialslg.] – V. TIMIRJAZEV, Francuskaja koroleva A. Jaroslavna, Istoriceskij Vestnik 55, SPb. 1894 198–209 – E. MELIN, Die kyrill. Unterschrift Ana R'na aus dem Jahre, 1063, Scando – Slavica XI, 1965, 122–131.

8. A. (Anne de Bretagne), *Hzgn. der* → Bretagne, *dann Kgn. v. Frankreich*, * 1477 in Nantes, † 1514 in Blois, ⌑ St-Denis (ihr Herz in Nantes). Als Tochter Hzg. → Franz II. wurde sie 1486 von den bret. Landständen als zur Erbfolge im Hzm. berechtigt erklärt und in der Folgezeit stark in die Auseinandersetzungen zw. dem frz. Kgtm. und ihrem Vater, der die Unabhängigkeit seines Landes durch Bündnisse mit den auswärtigen Gegnern Frankreichs bewahren wollte, verwickelt. Nach der Niederlage und dem Tod Franz' II. und trotz des Vertrages von Verger (1488), der die Feindseligkeiten zw. der Bretagne und Frankreich beenden sollte, setzte sie die Selbständigkeitsbestrebungen ihres Vaters fort: Im Dez. 1490 ließ sie sich per procuram dem röm. Kg. Maximilian antrauen. Das führte zur Neuaufnahme des bret. Krieges durch Frankreich, das nicht bereit war, eine habsburg. Bedrohung im W hinzunehmen. Ohne wirksame Unterstützung durch Maximilian erlag die Bretagne rasch dem frz. Angriff; ihre Besetzung brachte den territorialen Abschluß des frz. Königsstaates. A. entschloß sich, dem Drängen des frz. Kg.s auf Heirat nachzugeben (Dez. 1491), um die Leiden ihres Landes zu beenden und ihm ein gewisses Maß an Eigenständigkeit zu erhalten. Die erneute Vermählung A.s erregte in Europa großes Aufsehen, wozu v. a. zahlreiche Flugschriften von seiten beider Parteien beitrugen: Bes. die von Maximilian nahestehenden dt. Humanistenkreisen ausgehende Polemik gegen den angebl. frz. »Brautraub« löste in Deutschland eine frühe Welle von Reichspatriotismus aus.

Nach dem Tod Karls VIII. (1498) ließ Ludwig XII. sofort seine Ehe mit Jeanne de France, der Tochter von Ludwig XI., annullieren, um A. im Jan. 1499 zu heiraten. Aus dieser Ehe hatte A. eine Tochter, Claude, die 1506 mit Franz v. Angoulême, dem späteren Kg. Franz I., verlobt wurde. Die Bretagne kehrte nach dem Ehevertrag an die Gatten zurück. Claude hinterließ sie ihrem Sohn Franz, und das Hzm. wurde 1532 endgültig wieder an das Kgr. angeschlossen. – A., obwohl klein und leicht hinkend, beeindruckte ihre Zeitgenossen durch Schönheit und Majestät; sie hielt glänzend Hof und förderte Künstler und Dichter.   R. Scheurer

Lit.: DBF II, s.v. – G. G. TOUDOUZE, Anne de Bretagne, reine de France, 1959 – M. A. BUTLER, Twice a queen of France: Anne of Brittany, 1967 – J. BABELON, Monnaies et médailles d'Anne de Bretagne (Actes du 91e congrès nat. des soc. sav., Rennes, 1966, sect. archéol., 1968) – H. WIESFLECKER, Ks. Maximilian I., 1971, 318–341 – Y. LABANDE-MAILFERT, Charles VIII et son milieu, 1975.

9. A. v. Beaujeu, * 1461, † 1522 in Chantelle, ⌐ Abtei Souvigny, *frz. Fsn.* aus kgl. Geblüt, Tochter Ludwigs XI.; ∞ seit 1474 → Peter v. Beaujeu, Bruder des Hzg.s v. Bourbon. Seit der Thronbesteigung ihres minderjährigen Bruders Karl VIII. (1483) nahmen A. und ihr Gatte so großen Einfluß, daß sie bis 1491 die eigtl. Regierung über Frankreich innehatten. Intelligent, mutig und geschickt, setzte A. das Werk ihres Vaters, die Schaffung und Konsolidierung des zentral regierten frz. Königsstaates, fort, oft mit denselben Methoden. Die wichtigsten Ereignisse ihrer Regierung sind dabei die Eindämmung der feudalen Reaktion, die sich nach dem Tod Ludwigs XI. verstärkte (*Guerre folle* 1484), die Einberufung der *États généraux* und der lange und schwierige Kampf gegen die z.T. mit ausländ. Mächten verbündeten großen Lehnsherren, der mit der Niederlage der Hzg.e v. Orléans und der Bretagne endete (1488). Nach dreijährigen Verhandlungen, die unter starkem militär. Druck beendet wurden, entschloß sich Hzgn. → Anna v. der Bretagne, Kg. Karl VIII. zu heiraten, womit der letzte weitgehend selbständige Lehnsstaat dem frz. Kgtm. unterworfen wurde (1491). Seit 1491 löste sich Karl VIII. vom Einfluß seiner Schwester A., die eine Gegnerin seiner Italienpolitik war. A. hielt sich nun hauptsächl. im Bourbonnais auf. Nach dem Tod ihres Gatten (1503) verwaltete sie ihre Ländereien und beaufsichtigte die Erziehung ihrer Tochter Susanne, für die sie die »Enseignements« schrieb, deren Vorbild teilweise die »Enseignements« Ludwigs d. Hl. sind. Hatte A. als Regentin auf die Schwächung der Feudalgewalten hingearbeitet, so bemühte sie sich jetzt, die Unabhängigkeit des Bourbonnais zu erhalten. Kunstverständig, veranlaßte sie den Ausbau ihrer Residenzen (v.a. Schloß v. Moulins). Sie ist dargestellt in dem berühmten Triptychon des → Meisters v. Moulins in der Kathedrale v. Moulins.   R. Scheurer

Lit.: DBF II, s.v. – P. PÉLICIER, Essai sur le gouvernement de la dame de Beaujeu, 1882 – H. DE CHABANNES-I. DE LINARES, A. de B., 1955 – Y. LABANDE-MAILFERT, Charles VIII et son milieu, 1975.

10. A. Porphyrogenneta, byz. Prinzessin, Gattin Vladimirs v. Kiev → Vladimir v. Kiev

11. A. v. Orléans, † 1491, Mitglied der kgl. Familie (Tochter v. Charles d'Orléans), *Äbt. v. Fontevrault*, folgte Ende 1477 ihrer Cousine Marie de Bretagne, der ersten Reformatorin von Fontevrault. Unter großen Schwierigkeiten setzte sie deren Werk fort, die Reform der Priorate Lencloitre-en-Gironde, Foicy, Variville, und des Konvents der Filles-Dieu v. Paris, den sie von Karl VIII. erhalten hatte. Sie starb 1491, sieben Jahre vor der Thronbesteigung ihres Bruders Ludwig XII.   J.-M. Bienvenu

Lit.: H. NICQUET, Hist. de l'Ordre de Fontevrault, 1642 – A. JUBIEN, L'abbesse Marie de Bretagne et la Réforme de l'Ordre de Fontevrault, 1872 – ABBÉ EDOUARD, Fontevrault et ses monuments I, 1873, 343–348.

Annalen (lat. *annales*, dt. »Jahrbücher«) gelten als die »eigenwüchsigste Form ma. Geschichtsschreibung« (GRUNDMANN). Als historiograph. Gattung erst seit dem 8. Jh. faßbar, sollen A. aus Rand- und Interlinearnotizen jener Ostertafeln entstanden sein, welche die ags. Missionare im Bewußtsein des heim. Osterstreits, der gerade erst überwunden wurde, seit 690 ins Frankenreich mitgebracht hatten und von Kloster zu Kloster weitergaben. Solche *Oster-A.* treten in den ältesten Hss. seit dem 8. Jh. ebenso entgegen wie noch in Einzelaufzeichnungen bis ins 15. Jh. Sie sind wenig mehr als lit. anspruchslose Reihungen meteorolog., militär. und biograph. Fakten, ledigl. bestimmt für die eigene Klostergemeinde. Sie konnten der Charakterisierung jüngst vergangener Jahre und als lebendige Erinnerungshilfen dienen. Andererseits rechnet die Forschung schon mit früher Verselbständigung solch jahrweiser Eintragungen in der Form, daß unter Übergehung des jeweiligen Ostertermins nur noch das Inkarnationsjahr stehen blieb.

Dabei ist nicht übersehen worden, daß die Gattung einen röm. Namen trägt und in hist. Notizen zu Konsullisten der Spätantike auch eine entstehungsgeschichtl. Parallele besitzt. Allerdings fiel der Ostertafelrand wiederholt zu schmal für auch nur kurze Eintragungen aus; daß sie dann trotzdem vorgenommen, zw. die Zeilen gedrängt oder weiter zum nächsten Jahr geführt, ja, auf den gegenüberliegenden Rand als eigene Text-Kolumne geschrieben wurden, wird als Indiz für andere Entstehung als zu bloßer Ausnutzung nicht ausgefüllter Tafelzeilen gewertet. Tatsächl. sind hist. Vermerke zu Listen eponymer Amtsträger bereits in den assyr. Limmu-A. seit 1200 v. Chr. zu vermuten, und ebensolche Zusätze kennzeichnen die Zeittafeln des Eusebios, deren Kenntnis im FrühMA durch Beda 725 bezeugt wird. Darüber hinaus scheint Beda hist. Notizen aus Italien benutzt zu haben, die mit den Fasti Vindobonenses des 6. Jh. vergleichbar waren, und diese präsentieren sich ebenfalls als Konsullisten mit wiederholten Notizen über Ereignisse aus den jeweiligen Amtsjahren. Bekannt war außerdem seit den A. der pontifices maximi von ca. 130/115 v.Chr. (amts-)jahrweise Geschichtsschreibung größeren Umfangs, die sich zu einer Literaturgattung entwickelte (Ältere und jüngere röm. Annalistik, Tacitus) und in der Spätantike bes. im oström. Bereich und ö. angrenzenden Gebieten Bedeutung erlangte. Die antike Technik der A.-Darstellung schlug sich in den Chroniken Cassiodors bis 519, des Victor Tunnunensis bis um 567 und des sog. → Fredegar mit seinen Fortsetzungen für die Berichtszeit von 582/583 bis 768 nieder. Eine relative Ordnung hist. Notizen, die eine inhaltl. Bestätigung seit den 40er Jahren des 6. Jh. finden, wird für das kelt. Kulturgebiet der Brit. Inseln vorausgesetzt, wenn auch die festen Daten erst von späterer Hand zugefügt wurden.

Solchen Ereignislisten fehlte die gemeinsame Ära, und die lieferten die Ostertafeln seit Dionysius Exiguus im 6. und bes. Beda im 8. Jh. in Gestalt von Jahren seit Christi Geburt als bleibende Orientierungshilfe mit. Beda durchsetzte darüber hinaus – wie schon der Afrikaner Victor seine ganze Chronik – auch die berühmte »Kirchengeschichte der Angelsachsen« mit Inkarnationsdatierungen und schloß mit einem zusammenfassenden chronolog. Anhang von 60 vor bis 731 nach Christi Geburt; dem in mehrere Königreiche aufgespaltenen, in der kontinentalen Missionstätigkeit aber gemeinsam auftretenden Angelsachsentum empfahl sich die Inkarnationsära im Unterschied zu individuellen Königsjahren als unmißverständl. ebenso wie heilsgeschichtl. überzeugende Zeitrechnung. Aus diesen Gründen wird man die volle Ausbildung der ma. Annalistik im 8. Jh. als Verschmelzung insularer und festländ. Tradition erklären dürfen. In Irland dagegen blieben A. gelegentl. bis ins 13. Jh. hinein ohne Inkarnationszählung (→ Computus).

Kleine, häufig weitergegebene und -geführte, ja, neu kompilierte A. mochten gar losgelöst vom komputist. Gerüst gebildet werden. Auch den mit 741 einsetzenden

Frk. Reichs-A., verfaßt seit den letzten Jahrzehnten des 8.Jh., wird jener Ausgangspunkt von Anfang an gefehlt haben, so daß die historiograph. Kontinuität zur Merowingerzeit und damit letztlich auch zur Antike nicht völlig geleugnet werden sollte. Bei den Reichsannalen und ihren im Ost- und Westreich über 829 hinausgehenden Fortsetzungen ist ihr zeitweilig quasi – offizieller Gebrauch (sie dienten Hof und Verwaltung zu Rückfragen) hervorzuheben. Nicht weniger auffällig ist, wie sich die »kleinen« A. – trotz vermeintl. individueller Klosterüberlieferung – zunächst fast ausschließl. im Umkreis der den frühen Karolingern nahestehenden Abteien finden, wie ihre Eintragungen z.B. deren militär. Taten verzeichnen, auch wenn sie sich nicht auf die eigene Region beziehen. Endlich finden sich annalist. Aufzeichnungen des 8. und 9.Jh. kombiniert mit der Überlieferung von Gesetzes- und Kapitularientexten (K.F.WERNER). Durch all dies wird die vielseitige Verwendbarkeit dieser Gattung ebenso unterstrichen wie ihre (ztw.) polit. Bedeutung.

Gemeinsam ist den »großen« und den »kleinen« A. die anonyme und die stückweise, gelegentl. gar jahrweise Abfassung. Allerdings hat die Untersuchung der »Annales Corbeienses« seit dem 9.Jh. zeigen können, daß reichlicher Handwechsel mit weitgestreuten Eintragungen gleicher Hand parallel laufen kann, daß also spätere Hände durchaus auch noch Einzelnotizen für weit zurückliegende Jahre vornahmen. Entsprechend wird für die ags. Kompilation aus der Alfred-Zeit (871–899), die unter dem Titel »Angelsächsische Chronik (Anglo-Saxon Chronicle)« bekanntgeworden ist, nach annalist. Bestandteilen spätestens von der Mitte des 7. bis zur Mitte des 9. Jh. und neuem Schlußteil bis 891 mit nachträgl. Vorspannen von Jahresberichten für die Zeit seit Caesars Britannienfeldzügen gerechnet, und ähnliches gilt für die frühen Jahresberichte in ir. Annalenwerken wohl des 10.Jh.

Oster-A., kleine und große A. werden seit der 2. Hälfte des 9.Jh. vermehrt um die Gruppe der chronikal. A., die mit dem bescheidenen Umfang des Einzeleintrags bisweilen auch die Anonymität ihres Autors abstreifen (→ Chronik, → Historiographie). Für die ältere Zeit notwendig kompilator., bes. wenn bis zur Weltschöpfung zurückgegriffen wurde, wachsen z.B. die bis 1077 reichenden A. → Lamperts v. Hersfeld unter Verwendung örtl. Annalistik und der spätantik-frühma. Chronistik für die Gegenwart eben zu anspruchsvoller Geschichtsschreibung unter Rück- und Vorgriffen und mit polit. Engagement des Autors. Wird hier der anfangs kompilator. Charakter später durch nachträgl. redigierte Jahresberichte von einer Länge bis zu 50 Druckseiten zurückgedrängt, so schlägt er im 12.Jh. wieder durch in dem insgesamt noch umfangreicheren Geschichtswerk des Annalista Saxo mit seinen zahlreichen wörtl. Entlehnungen, die in ähnlicher Weise wie bei der karolingerzeitl. Annalistik die Rekonstruktion verlorener Vorlagen erlauben. Alle vier Annalengruppen sind dann auch weiterhin benutzt worden, so daß annales Geschichtsschreibung schlechthin werden konnten, zumal sie in allen Gebieten des ma. Abendlandes Verwendung fanden und wegen des überwiegend lat. Sprachgewands auch universal benutzbar waren. Lediglich die reiche spätma. Annalistik Islands wurde beherrscht von volkssprachl. Überlieferung, zumal hier eine lat. Überformung wie diejenige der Historiographie in England seit anglo-norm. Zeit ausblieb. – Für den byz. Bereich wird der Begriff »Annalen« im Hinblick auf die vorliegende Gattung nie gebraucht. Geläufig ist als Terminus → Chroniken, Chronographie usw. Am nächsten stehen ihm die Klein- oder Kurzchroniken. In der altruss. erzählenden Überlieferung werden die Termini letopiś, letopisec ('Annalen', 'Annalist') neben dem weniger gebräuchl. Begriff Chronik verwandt. Eine strenge Scheidung beider Gattungen ist hier nicht möglich.

Aussagen über die Lebensdauer annalist. Geschichtsschreibung stoßen auf die Schwierigkeit, daß nicht alle Annalen auch diesen Namen tragen und umgekehrt das Titelwort »Annales« o.ä. wiederholt nur eine (lokale) Chronik bezeichnet. Tatsächl. im Zeitraum des MA ausgelaufen scheinen nur die Osterannalen zu sein; als späte Beispiele wären die »Adnotationes historicae tabulis paschalibus insertae« zur ung. Geschichte der Jahre 1171–1241 und das »Chronicon S. Dionysii breve ad cyclos paschales« bis 1285 zu nennen, wobei hier der Osterkalender übrigens noch ohne Notizen bis 1537 weiterlief. Kompilator. Annalistik vieler Schattierungen, aber auch lokale Geschichtsschreibung in formal anspruchsloser Fassung lief kontinuierl. über das bewußte, gegen die Magdeburger Zenturien gerichtete Wiederaufgreifen der jahrweisen Gliederung in den zwölf bis 1198 geführten Bänden »Annales ecclesiastici« des Cesare Baronius von 1588–1607 hinaus. Bis 1616 reicht die Kompilation der Vier Meister, ir. Minoriten von 1632–36 aus Donegal (»Annals of the Kingdom of Ireland by the Four Masters«), bis 1627 die Annalistik des Schwarzwaldklosters St. Georgen in der Diöz. Konstanz und gar von 988 bis 1716 die »Novgorodskaja tret'ja letopis'«.

Textwanderungen auf der einen, kompilator. Bemühungen auf der anderen Seite haben immer wieder zu Mißverständnissen und damit irrtüml. Mitteilungen geführt, so daß sogar dem Werk eines frühneuzeitl. Gelehrten wie Baronius durch die Minoriten Antoine und François Antoine Pagi 1689 bis 1705 vier Bände »Critica historico-chronologica in universos Annales ecclesiasticos...« beigegeben werden konnten. Die bisweilen für Annalen ganz allgemein herausgestellte »Genauigkeit, Sachlichkeit, Zuverlässigkeit und ihr Bemühtsein um die Chronologie« (VAN CAENEGEM-GANSHOF) muß somit in vielen Einzelfällen Abstriche gefallen lassen. Im Unterschied zur Chronistik wird aber bewußtes Arrangieren von Fakten zugunsten geschichtsmetaphys. Glaubensaussagen in den ma. Exemplaren dieser Gattung selten zu beobachten sein, wenn auch ein apriorist. Urteil mit der Gleichzeitigkeit des A.-Eintrags, für dessen Schreiber Folgen noch nicht bekannt sein konnten, steht und fällt. Ohnehin gibt es polit. bedingte Auswahlinformation auch hier, wie gerade die Annalenforschung seit Leopold Rankes Berliner Akademieabhandlung von 1854 »Zur Kritik fränkisch-deutscher Reichsannalisten« hat zeigen müssen. Doch für den Historiker, der vielfach erst aus dem post hoc von Ereignissen auf das propter hoc schließen kann, stellt das Jahregerüst der Annalistik die Grundlage für Darstellung und Interpretation vieler Vorgänge seit dem frühen MA dar. Angewiesen bleibt er dabei auf eine quellenkrit. sorgsame Scheidung von ursprgl. und abgeleiteter Eintragung, um in der Chronologie nicht fehlzugreifen.

Zur Annalistik einzelner europ. Länder und Gebiete → auch Historiographie; zu annalenähnlichen Aufzeichnungen aus frühosman. Zeit → Geschichtskalender. Vgl. ferner die Artikel zu den der Annalistik benachbarten Gattungen (z.B. → Chronik) sowie zu einzelnen Autoren und Werken. Annalen einzelner Bm.er, Kl. usw. sind in der Regel den entsprechenden Ortsnamen zugeordnet (z.B. Annales Hildesheimenses → Hildesheimer Annalen).

K.-U. Jaeschke

Bibliogr. und Lit.: Erschöpfende Bibliogr. strebt Repfont II, 243–354 u.ö. für die einzelnen annales an [dort auch Verweise auf Stichwörter wie Chronica, Letopiś, Flateyjarannáll u. ä.] - Seither versuchten mehr als bloße Einzelfragen zu klären: L. BOSCHEN, Die Annales Prumienses. Ihre nähere und ihre weitere Verwandtschaft, 1972 - K. F. WERNER, Das Geburtsdatum Karls d. Gr., Francia 1, 1973, 133 ff. - N. SCHRÖER, Die Annales S. Amandi und ihre Verwandten (Göppinger akad. Beitr. 85, 1975) - K. HARRISON, The Framework of Anglo-Saxon Hist. to A.D. 900, 1976 - *Zusammenfassend:* R. L. POOLE, Chronicles and Annals, 1926 - CH. W. JONES, Saints Lives and Chronicles in Early England, 1947 - R. R. NEWTON, Med. Chronicles and the Rotation of the Earth, 1972 - TS 14, 1975 (M. MCCORMICK) - Nur in Einzelfeststellungen zur Genese überholt: H. GRUNDMANN, Geschichtsschreibung im MA (Dt. Philologie im Aufriß 3, 1957²) - R. C. VAN CAENEGEM-F. L. GANSHOF, Kurze Quellenkunde des westeurop. MA, 1964 - B. GUENÉE, Histoires, annales, chroniques. Essais sur les genres hist. au MA, Annales 28, 1973, 997-1016 - A. GRANSDEN, Hist. Writing in England c. 550 to c. 1307, 1974 [mit dem Terminus *living chronicle*] - G. MAC NIOCAILL, The Medieval Irish Annals (Medieval Irish Hist. Ser. 3), 1975 - *Zur byz. und auss. Annalistik:* Bibliografija russkogo letopisanija, hg. R. P. DMITRIEVA - Letopisi i Chroniki (Sammelbd.), 1973 - H. J. GRABMÜLLER, Die russ. Chroniken 11.-18. Jh. im Spiegel der Sowjetforsch., JbGO NS 24, 1976, 394-416; 25, 1977, 66-90 [Lit.] - P. SCHREINER, Die byz. Kleinchroniken II, 1977, 38 ff.

Annalen v. St-Bertin (Annales Bertiniani), so von der Forschung des 19. Jh. nach der Herkunft der ältesten erhaltenen Hs. (10/11. Jh.) ben. (eine wohl noch ältere Hs. aus Reims ist nur noch durch Kopie des 17. Jh. benutzbar). Die A. v. St-B. sind die westfrk. Fortsetzung der frk. → Reichsannalen, wichtigste Q. für die Zeit → Karls des Kahlen, → Ludwigs des Stammlers, Ludwigs III. und Karlmanns; sie umfassen den Zeitraum 741-882. Der erste Abschnitt (741-835, bis 829 Abschrift der Reichsannalen mit einigen Zusätzen, ab 830 selbständig) entstand wohl unter der Aufsicht des Erzkaplans Fulko (Abt von St-Hilaire in Poitiers, ab 835 Verwalter des Metropolitansitzes Reims); der zweite (835-861) stammt von dem Hofkaplan → Prudentius († 861), einem Spanier, der 843/46 Bf. v. Troyes wurde. Diese Teile bieten eine wegen der unmittelbaren Aufzeichnung der Ereignisse am Hof sehr wertvolle Darstellung im Sinne des Herrschers (aber bei Prudentius nicht unkritisch). Der dritte Teil (861-882), den → Hinkmar v. Reims von seinem persönl. Standpunkt aus schrieb, ist das ausführl. Geschichtswerk eines vorzüglich informierten Staatsmanns, dessen Urteil stark von Leidenschaften und Animositäten (z. B. gegen Laienäbte wie → Robert d. Tapferen u. Gf. → Ramnulf I. von Poitiers) geprägt ist. J. Prelog
Ed.: Annales de Saint-Bertin, hg. F. GRAT, J. VIELLIARD, S. CLÉMENCET (mit Einf. v. L. LEVILLAIN), 1964 - *Lit.:* F. L. GANSHOF, Notes critiques sur les Annales Bertiniani (Mél. F. GRAT II, 1949), 159-174.

Annales Altahenses (Altaicher Annalen), die Zeit von 708 bis 1073 umfassende reichsgeschichtl. Aufzeichnung von einem Mönch des Klosters → Niederaltaich, überliefert in einer 1517 von dem bair. Geschichtsschreiber Aventinus angefertigten Abschrift. Der erste Teil (708-1032) ist eine Kompilation aus den verlorenen Hersfelder und größeren Hildesheimer Annalen sowie den Annales Alamannici mit ihren Fortsetzungen, ferner Willibalds Vita Bonifatii, Thangmars Vita Bernwardi und anderen Quellen. Für den um 1075 zusammengestellten zweiten Teil (1033-73) sind die Chronik → Hermanns von Reichenau und wahrscheinlich eine verlorene Schilderung der Ungarn- und Böhmenkriege Heinrichs III. von 1041-1052 herangezogen worden; hinzu kommt reichhaltiges eigenes Material des Annalisten. Dieser in einfachem Latein mit Reimprosa gehaltene Teil gewinnt durch ausführl. Erzählungen, persönl. Bemerkungen des Autors, Einflechtung von Reden und Hinweisen auf Zukünftiges chronikal. Charakter. Der Verfasser ist einer der ersten Autoren, der von einem »dt. Reich« (regnum Teutonicum) spricht (zu 1038 u. ö.). Er zeigt bes. Interesse für seinen weiteren Umkreis im SO. Meist urteilt er vorsichtig, mißbilligt aber die Politik Heinrichs IV. und läßt → Otto v. Northeim, der sich 1065 die zuvor kgl. Abtei Altaich hatte übertragen lassen, in ungünstigem Licht erscheinen. J. Prelog
Ed.: A. A. maiores, hg. W. v. GIESEBRECHT, E. L. B. v. OEFELE, MGH SRG IV, 1891² - *Lit.:* Repfont II, 245 [Lit.] - MANITIUS II, 394-398 - LHOTSKY, Quellenkunde, 173 - WATTENBACH-HOLTZMANN II, 545-548.

Annalist, Schwäbischer → Berthold v. Reichenau

Annalista Saxo → Arnold, Abt v. Berge und Nienburg

Annaten, Abgaben für vom Papst verliehene, nichtkonsistoriale → Benefizien; sie entwickelten sich aus der Gewohnheit, bei der Ordination Geschenke zu machen. Später wurden daraus pflichtmäßige, nach dem Jahresertrag des Benefiziums berechnete Abgaben an den Papst. Seit Innozenz III. waren bei der Ernennung und Bestätigung von Bf.en und Äbten A. zu zahlen. Von der Mitte des 13. Jh. an wurden auch von den niederen Pfründen A. erhoben. Clemens V. forderte 1306 von allen vakanten und vakant werdenden Benefizien die Einkünfte des ersten Jahres. 1311 protestierte das Konzil v. Vienne gegen die Erhebung der A. Johannes XXII. beanspruchte die A. für alle von Rom zu besetzenden Benefizien. Seit dem Avignoner Exil kam es zu einer starken Vermehrung der A. Das Konstanzer Konzil hob in seiner 25. Sitzung die Zahlung der A. bis zur Wiederherstellung der Einheit der Kirche auf. Konkordate zw. Martin V. und den einzelnen Nationen regelten die A.-Frage zufriedenstellend für die Kurie. Das Basler Konzil untersagte 1435 die Einziehung von A.; eine Neuregelung erfolgte für Deutschland 1448 im → Wiener Konkordat. Das Konzil v. Trient beschränkte in seiner 24. Sitzung die Erhebung von A. auf Kathedral- und Pfarrkirchen mit entsprechend hohem Einkommen. R. Bäumer
Lit.: LThK² I, 575 - DU CANGE I, 257 - HRG I, 177 f. - NCE I, 556 f. - J. P. KIRSCH, Die päpstl. A. in Dtl. während des 14. Jh., 1903 - F. BAIX, La chambre apostolique et les »Libri Annatarum« de Martin V. (1417-1431), 1947-55 - Die A.-Register des Bm.s Konstanz aus dem 15. Jh., bearb. v. M. KREBS, Freiburger Diözesan-Archiv 76, 1956, 1-467 - E. BROUETTE, Les »Libri Annatarum« pour les pontificats d'Eugène IV à Alexandre VI, IV: Pontificats d'Innocent VIII et Alexandre VI, 1963 - H. HOBERG, Die Einnahmen der Apost. Kammer unter Innozenz VI., 2 Bde, 1955-72 - DERS., Die Einnahmen der Apost. Kammer am Vorabend der Glaubensspaltung (Hundert Jahre Dt. Priesterkolleg beim Campo Santo Teutonico 1977), 69-85.

Anne → Anna

Annecy. Der burgus A. trennte sich im frühen MA vom agrar. Territorium Annesciacum (867: Anerciacum), der heut. Vorstadt Annecy-le-Vieux. Die Pfarrei wird 1107 zum ersten Mal erwähnt. Gegen Anfang des 13. Jh. wurde A. Hauptresidenz der Gf.en v. → Genf, die hier ein Schloß besaßen und die Zentralverwaltung ihrer Gft. errichteten (Rechnungskammer, Gerichte usw.). Ab 1356 prägten sie Münzen im Palais de l'Ile. 1402 wurde A. mit der gesamten Gft. Genf an → Savoyen angeschlossen. 1440-1679 bildete es mit einigen Unterbrechungen den Mittelpunkt einer savoyischen Apanage. Die kleine Stadt (um 1340 und um 1500 höchstens 300 Feuerstellen, im 1360 mindestens 120 Feuerstellen) zeichnete sich durch rege handwerkl. Tätigkeit aus (bes. Eisengewerbe). Die heute bekannten Stadtprivilegien stammen von 1367, aber eine erste Fassung gab es wahrscheinl. schon 1310. J. Y. Mariotte
Lit.: P. DUPARC, La formation d'une ville, A. jusqu'au début du XVIe s., 1973 (1976) - J. Y. MARIOTTE, A. et ses environs au XIIème siècle... (Bibl. de l'école des chartes 1972 ff.), 5-32.

Annenbrüder, Bruderschaft zur Verehrung der Mutter Mariens, Sicherung des Seelengedächtnisses und gegenseitiger Fürsorge. Erstmalig 1328 in Bremen nachweisbar.

Im Zuge der im späten MA wachsenden Annenverehrung Gründungen u. a. in Hamm (1418), Mainz (1428), Köln (1475) und Frankfurt (1475). Weite Verbreitung auch in England, Frankreich, Polen, Italien und den Niederlanden. Mitglieder waren im MA u. a. Max. I. (Worms), Anna v. Polen (Warschau) und Karl d. Kühne. In der 1378 von Urban IV. für kuriale Beamte (Parafrenarii) gegr. röm. Annen-Bruderschaft finden sich seit dem 15. Jh. vornehmlich Prälaten und Kardinäle. K. Elm

Lit.: P. V. CHARLAND, Madame Ste-Anne et son culte, I–III, 1911–21 – B. KLEINSCHMIDT, Die hl. Anna. Ihre Verehrung in Gesch., Kunst und Volkstum, 1930 – J. ACHELIS, Eine vergessene St.-Annen-Brüderschaft, Brem. Jb. 38, 1939, 243–256.

Annibaldi, berühmte Familie, die in Rom im Laufe des 13. Jh. ihre Blütezeit erreichte, wobei ihre Mitglieder wichtige Ämter in der Stadtregierung und bei der Verwaltung der Gebiete des Kirchenstaates bekleideten. Mittelpunkt der Lehnsherrschaft der A. war das Gebiet der Hügel von Tusculum mit der Burg Molara; ihre Festungen in Rom waren die Torre delle Milizie und das Kolosseum. Verschwägert mit den Päpsten der Familie → Conti (Innozenz III., Gregor IX., Alexander IV.), waren die A. lange Zeit im großen und ganzen Anhänger der päpstl. Partei, die sie gegen demokrat. Regierungen und bei der Unterdrückung der Katharer und in den Zwistigkeiten mit dem Imperium unterstützten. Nachdem Frankreich begonnen hatte, Einfluß auf die Päpste zu nehmen, zeigten sich bei den A. zwei verschiedene polit. Einstellungen: Ein Teil der Familie, darunter der Kard. *Riccardo*, schloß sich den Anjou an, der andere Teil stellte sich auf die Seite des Ks.s. Später widersetzten sich die A., die im Grunde ein Machtgleichgewicht zw. den größten röm. Geschlechtern befürworteten, der Politik von Nikolaus III., die die Macht der Familie → Orsini zu sehr stärkte. Es gab später territoriale Konflikte mit den folgenden Päpsten; die Einigung mit dem Papsttum trat erst unter Bonifatius VIII. ein, der in den A. Verbündete gegen die → Colonna fand. Die Familie hatte jedoch allmähl. ihre Macht eingebüßt, und viele ihrer Ländereien waren auf die → Caetani übergegangen. Die A. spielten noch eine Rolle bei den Ereignissen, die den Italienzug Heinrichs VII. und dann Ludwigs des Baiern begleiteten, aber um die Mitte des 14. Jh. war ihre Funktion im polit. Leben Roms nurmehr von zweitrangiger Bedeutung. F. Simoni Balis Crema

Lit.: DBI I, 340–352 – M. DYKMANS, D'Innocent III à Boniface VIII. Hist. des Conti et des Annibaldi, Bull. Inst. hist. belge Rome, 45, 1975, 19–211.

Annibaldi, Riccardo, * im ersten Dezennium des 13. Jh., † 1276; wurde 1237 von Gregor IX. zum Kardinaldiakon von S. Angelo in Pescheria erhoben; in der Folge zum Rektor von Campagna und Marittima ernannt, übte er dieses Amt bis 1249 aus, später hatte er bis 1252 die Würde des Vicarius von Innozenz IV. in Rom inne. In den folgenden Jahren, unter Papst Alexander IV. (1254–61), spielte R. eine bedeutende Rolle in den polit. Ereignissen in Rom und im Kgr. Sizilien. Er war Anhänger der engl. Partei an der Kurie und unterstützte – ohne Erfolg – die Kandidatur Edmunds v. Lancaster für die Nachfolge im Kgr. Es gelang ihm jedoch, Richard v. Cornwall das Senatorat von Rom zu sichern (1261). Während des Pontifikats der Franzosen Urban IV. (1261–64) und Clemens IV. (1265–68) betrieb R. eine deutlich anjoufreundl. Politik: Er bereitete die Wahl Karls v. Anjou zum Senator von Rom vor (1263), unterstützte dessen Landung in Italien und begleitete ihn bei seinem Eroberungsfeldzug gegen das Kgr. bis zur Grenze. Sein Eintreten für die Sache der Anjou, die er vielleicht noch wärmer unterstützte als Clemens IV. selbst, wurde in der Folge anscheinend weniger intensiv: In der Tat erwies sich R. im Konklave 1268–71 als Anhänger der ksl. Partei. Neben seiner polit. Aktivität ist bes. seine Förderung des Ordens der Augustinereremiten bemerkenswert, dessen sich R. bis zu seinem Tode annahm. F. Simoni Balis Crema

Lit.: DBI, s. v.

Annihilatio ('Vernichtung') meint in der scholast. Philosophie und Theologie ein Geschehen, das wie »creatio« eine mutatio metaphysica (Änderung der Seinswirklichkeit) gegenüber der mutatio naturalis (Änderung der Erfahrungswirklichkeit: vgl. Aristoteles gen. corr. 319b 10–12, 30–320a 2) oder der mutatio miraculosa (wunderbaren Veränderung: vgl. Thomas v. Aquin, 4. Sent. 11. 1. 3,3a) darstellt. Der Ausdruck A. begegnet in diesem Zeitraum auch in der Lehre von der eucharist. Wandlung wie in einer falschen Mystik.

1. Hatte die gr. Philosophie allgemein vertreten, daß aus nichts nichts wird (nullam rem e nilo gigni divinitus umquam: Lucretius, De rer. nat. I v. 150; vgl. Aristoteles, Phys A 4 und 8, 187a 26–29; 191a 30f), so bringt schon im 1. Jh. v. Chr. 2 Makk 7,28 den Schöpfungsglauben Israels in die Form: »Du weißt, daß Gott dies (Himmel und Erde) nicht aus Dingen gemacht hat, die schon da waren (οὐκ ἐξ ὄντων)«, um so die absolute Einmaligkeit der Allmacht des Schöpfergottes zum Ausdruck zu bringen (vgl. Ps. Aristoteles, Über den Kosmos, 397b 20f). Das aus nichts Erschaffene kann nur durch den Schöpfer im Sein erhalten werden. – Die chr. Apologeten seit dem 3. Jh. griffen diese Lehre auf (vgl. Theophilus, Ad. Autol. I 4, II 10, MPG 6, 1029, 1064; Irenaeus, Adv. Haer. II 10, 4 MPG 7, 736; Augustinus, Conf. XII 7f MPL 32, 828). Anselm v. Canterbury nennt darum das geschaffene Sein sogar ein »Nichtsein« (Monologium c. 28; vgl. 7 und 8), weil es nur bestehen kann, insofern Gott es erhält (vgl. MPL 158, 154–155b; → conservatio: Thomas v. A., De pot. V 3,4; SThI 104,3,4; Bonaventura I dist. 37 a. 1 q. 2 ad 5; Duns Scotus IV dist. 1 q. 1 n. 33). A. wäre also Sache Gottes, zu dessen Güte es jedoch gehört, daß nichts von dem, was er geschaffen hat, ins Nichts zurücksinken läßt (vgl. Sap 1, 14). – Einzig Origenes scheint hier, eben un der Güte Gottes willen, an die Möglichkeit einer A. im Sinne einer → Apokatastasis (vgl. Apg 3, 21) gedacht zu haben, wenn er von den Seelen, die ursprgl. Engel waren und zur Strafe für ihre Nachlässigkeit Leiber annehmen mußten (De princ. I 5, 2–5), lehrt, daß sie am Ende der Zeit gemäß 1 Petr 1, 9 ihr Heil dadurch erlangen sollen, daß sie wieder aufhören, menschl. Seelen in menschl. Leibern zu sein, und in ihren ursprgl. Zustand reiner Geister zurückversetzt werden (ebd. II 8, 3: vgl. Ed. A. GÖRGEMANNS-H. KARPP, Vier Bücher von den Prinzipien, 1976, 202–205).

2. Seit dem 12. Jh. wurde die Gegenwart von Leib und Blut Christi unter den Gestalten von Brot und Wein im eucharist. Sakrament durch → Transsubstantiation erklärt (DENZINGER-SCHÖNMETZER 802), die jedoch als Wandlung (→ conversio, ohne A.) verstanden wurde, da die Gestalten (alle Erscheinungsform) erhalten bleiben (vgl. Thomas SThIII q. 75 a. 3; Bonaventura IV dist. 11 a. 1 q. 3; Ockham II q. 7 J). Als Wilhelm v. Ockham erklärte, daß schon die Zerstörung der Form allein A. sei, auch wenn die Materie erhalten bleibe, sprach er bei der Transsubstantiation auch von einer A. (dicitur annihilatio quod reducitur in ita purum nihil, sicut fuit ante mundi creationem: sic vere annihilatur panis [»von a. spricht man, wenn etwas in das reine Nichts zurückgeführt wird, wie es vor der Schöpfung der Welt war: so wird das Brot annihi-

liert«]: IV q. 6 K). Wilhelms v. Ockham Begriffserklärung für A. blieb bis in die Gegenwart erhalten; seine Deutung der Transsubstantiation wurde von der Kirche jedoch nie übernommen (vgl. Suarez, De Euch., disp. 50 sect. 7, 21).

3. Eine Art A. begegnet auch in irrigen Lehren der → Mystik, ausgehend von der bibl. Aussage, daß Christusnachfolge → Selbstverleugnung (Mk 8, 34 Par.) verlange. In einem quietist. Sinne wollten so schon Gruppen der syr. → Messalianer im 4. und 5. Jh. (→ Simeon v. Mesopotamien) alles sittl. Tun im religiösen Leben des Menschen ausschalten. Ähnl. Lehren vertraten verschiedene Sekten seit dem 13. Jh. (GUARNIERI, 408–499), bis im 16. Jh. der Quietismus seine Ausprägung fand (vgl. Margherita Porete: Miroir des simples âmes), die von der Kirche ausdrückl. verurteilt wurde (Michael de Molinos: Oportet hominem suas potentias annihilare [»Der Mensch muß seine Fähigkeiten zunichte machen«.]: verurteilt 1682: DENZINGER-SCHÖNMETZER 2201). J. Auer

Lit.: HWP I, 333 f. – H. BREMOND, Falsche und echte Mystik, 1955 – R. GUARNIERI, Il movimento del libero spirito, 1965 – H. DÖRRIES, Simeon v. Mesopotamien, 1941.

Annio, Giovanni, * 5. Jan. 1437 (nach anderen 1432) in Viterbo, † 13. Sept. 1502, anscheinend von Cesare Borgia vergiftet. Zu einem unbekannten Zeitpunkt, vielleicht 1448, trat er in den Dominikanerkonvent S. Maria dei Gradi in Viterbo ein. 1464 ist er als Baccalaureus in Florenz bezeugt, wo er einen Kurs über den Sentenzenkommentar des Petrus Lombardus begann und mit Giovanni Rucellai in Verbindung trat. 1469 ist sein Aufenthalt in Viterbo belegt, 1471 in Genua, wo er von der Kommune für die Jahre 1472–76 einen Lehrauftrag für Grammatik erhielt und sich unter dem Schutz des Dogen Paolo Fregoso bis zu einem nicht genau festgelegten Zeitpunkt aufhielt. Etwa 1488/89 nach Viterbo zurückgekehrt, wurde er zum öffentl. Lehrer ernannt und suchte die Freundschaft und Protektion der Familie Farnese. In Viterbo hatte er 1493 Gelegenheit, Papst Alexander VI. kennenzulernen. Wahrscheinl. als Folge dieser Begegnung wandte sich der Borgia-Papst an A., um ihn das ikonograph. Programm für einen der von Pinturicchio im Borgia-Appartement des Vatikan mit Fresken dekorierten Säle entwerfen zu lassen. 1499 wurde A. vom Papst zum Magister s. palatii apostolici ernannt. Der Ruhm A.s ist v.a. an seine unermüdl. Tätigkeit als Fälscher geknüpft, die alle Bereiche erfaßte: Epigraphik, Archäologie, Geschichte, Prophetie. Seine kulturellen Interessen, die keinesfalls gering zu schätzen sind, waren sehr vielfältig und weitgespannt: Auslegung der Apokalypse, prognost. Schriften, kleinere Abhandlungen über die Monti di Pietà (Leihanstalten) und den jüd. Wucher, Fälschung von Werken des Berosus Chaldaeus, Ausgrabung gefälschter Statuen in Gegenwart Alexanders VI. und Verfassung von gr., pseudoetrusk. und lat. Inschriften (unter ihnen ist am berühmtesten das sog. Decretum Desiderii, das A. in einer epigraph. nie existierenden Scriptura Beneventana anfertigen ließ). Die Früchte seiner Bildung – im Guten wie im Schlechten – sind in den von Eucario Silber am 3. Aug. 1498 in Rom publizierten »Antiquitates« gesammelt, die später noch mehrfach ediert wurden. M. Miglio

Lit.: R. WEISS, Traccia per una biografia di Annio da Viterbo, Italia Medioevale e Umanistica 5, 1962, 425–441.

Anniversarien, Jahresgedächtnisse. A. als Feier eines Ursprungsereignisses kennt die heidn. Umwelt des frühen Christentums sowohl bei Menschen (natale genuinum, natale imperii) als auch bei Institutionen (natale urbis, natale templi). Das älteste chr. Anniversarium (seit 2. Jh.) ist das Gedächtnis des Jahrestages des Todes oder Begräbnisses von Märtyrern, das als Gegensatz zur heidn. Geburtstagsfeier verstanden wird (Tertullian, Ambrosius). Seit dem Gelasianum Vetus (ed. MOHLBERG, 246) Meßformulare für den dies annualis. – Das Anniversarium des Bischofsweihetages als natale episcopi geht auf das natale imperii (Thronbesteigung) des Ks.s zurück. Im Sacramentarium Veronense (ed. MOHLBERG, 122–129) sieben Formulare In natale episcoporum (Weihetag des Papstes). – Das Anniversarium der Kirchweihe hat eine äußere Parallele im natale templi, seinen Ursprung aber im jüd. Kult (Judas Makkabäus). W. Dürig

Lit.: RAC III, 643 ff. (s.v. dedicatio) – LThK² I, 577 ff.; VI, 303 ff. (s.v. Kirchweihe) – Liturgisch Woordenboek II, 1860ff. (s.v. Natale) – W. DÜRIG, Geburtstag und Namenstag, 1954 – A. CHAVASSE, Le sacramentaire Gélasien, 1958, 36 ff.

Anno II., Ebf. v. Köln seit 1056, * ca. 1010 wohl (Alt-) Steußlingen (Schwäb. Alb), † 4. Dez. 1075 Köln, ⌑ Siegburg. Aus schwäbischem Adel, Schüler, dann Domscholaster in Bamberg, wohl nach 1046 Hofkaplan Heinrichs III., 1054 Stiftspropst in Goslar. Febr. 1056 in Koblenz vom Ks. investiert, 3. März in Köln geweiht; kraft seines Amtes Erzkanzler für Italien und 1057 (sowie 1063–67) auch Erzkanzler der röm. Kirche. Er widmete sich dem Ausbau seines Ebm.s (Anwartschaft auf Saalfeld und Coburg 1057 von der poln. Kgn. Richeza aus dem lothr. [rhein.] Pfalzgrafenhaus; Abtretung des Siegberges 1059/60 durch den von A. besiegten Pfgf. Heinrich; Errichtung der Kölner Stifte Mariengraden [1057?] und St. Georg 1059), trat aber unter der Regentschaft der Ksn. Agnes zunächst nicht polit. hervor.

Eine (nicht näher erkennbare) Maßregelung A.s und anderer dt. Bischöfe durch Nikolaus II. führte 1060/61 zum Bruch mit Rom, so daß 1061 der neue Papst Alexander II. ohne Fühlung mit der Regentschaft erhoben, von dieser aber der Bf. Cadalus v. Parma zum (Gegen-)Papst Honorius II. ausgerufen wurde. A. sah klar, daß es aus dieser verfehlten Umkehrung der Fronten keinen Ausweg gab, als durch die einzig mögl. Anerkennung des Reformpapstes Alexander unter tunlichster Wahrung der Reichsautorität vom Schisma loszukommen. Im Bunde mit anderen Fs.en setzte er der ohnehin glücklosen Regierung der Ksn. Agnes durch den Staatsstreich von Kaiserswerth April 1062) ein Ende, indem er den elfjährigen Heinrich IV. in seine Gewalt brachte und die fakt. Führung der Reichsgeschäfte an sich zog. Eine Synode in Augsburg, die eine Schiedsgewalt über beide Päpste geltend machte (Okt. 1062), und eine Pfingstsynode in Mantua (1064) schoben unter A.s vorwaltendem Einfluß (von dem auch die Erhebung seines Bruders Werner/Wezilo zum Ebf. v. Magdeburg 1063 zeugt) das Schisma beiseite.

Von diesem Höhepunkt aber sank A.s polit. Geltung bald wieder ab, zumal ihn der Ebf. → Adalbert v. Hamburg-Bremen allmähl. verdrängte. Mit der Schwertleite Heinrichs IV. begann 1065 ein Jahrzehnt neuer Labilität, bei der uns die Lückenhaftigkeit der Quellen zudem oft den Einblick in Zusammenhänge und Hintergründe verwehrt. Der jetzt gebotene Romzug zur Kaiserkrönung, auf Zuraten A.s schon 1065 beschlossen, blieb unausgeführt. Auch die Verweisung Adalberts vom Hofe, Jan. 1066 (Versammlung v. → Tribur) hatte keinen polit. Wiederaufstieg A.s zur Folge. Der 1066 vom Kg. zum Ebf. v. Trier investierte Kuno, A.s Neffe, wurde auf dem Zug in seine Metropole umgebracht; Kg. und Papst fanden sich mit der Wahl des neuen Ebf.s Udo ab.

Der eigenen Kirche galt wieder A.s verstärkte Sorge: Aus dem Erbe Richezas sicherte er 1063 dem Ebm. Saalfeld und Coburg mitsamt dem Orlagau, gewann er für seine Stiftung Mariengraden den reichen Besitz um Klotten im Moselraum; er gründete das Kloster → Siegburg (wohl 1064, Kirchweihe 1066), ließ sich 1065 vom Kg. die Eigenherrschaft über Malmedy, Kornelimünster und Vilich zuweisen, weihte Kölner Kirchen (St. Maria im Kapitol 1065, St. Gereon 1069). Aber gegen die Lösung Malmedys aus dem alten Doppelklosterverband setzte sich der Abt Dietrich v. Stablo erbittert zur Wehr, mit dramat. Auftritten vor Kg. und Papst, bis A. 1071 verzichtete. Den stetigen Einfluß am Königshof gewann A. nicht zurück, und auch sein Verhältnis zum Papst blieb nicht ungetrübt. Weil er 1068 auf der Reise nach Rom mit Cadalus-Honorius zusammentraf (sicherlich um ihn zum Verzicht zu bewegen), wurde er von Alexander II. erst nach einer Bußleistung empfangen. Anfang 1070 ging er wieder in offizieller Mission nach Italien; gemeinsam mit → Siegfried v. Mainz besprach man in Rom die nicht ohne Verschulden des Kg.s einreißenden Mißstände in der dt. Kirche. Anscheinend als Leiter des Hofgerichtes wurde A. 1072 nochmals an der polit. Führung beteiligt, aber dies blieb ebenso eine Episode wie der Anlauf zu einer Vermittlung im Sachsenaufstand (1073).

Diese Jahre sind dagegen durch neue monast. Initiativen A.s gekennzeichnet. Auf der Rückkehr aus Rom lernte er 1068/70 im oberit. → Fruttuaria eine cluniazensisch geprägte Klosterobservanz kennen. Dieser Reformbewegung öffnete er 1070-72 in raschem Zuge, auch gegen heftige Widerstände, seine Klöster Siegburg, St. Pantaleon in Köln, Saalfeld und Grafschaft im Sauerland; v. a. Siegburg wurde ein weit ausstrahlendes Reformzentrum. Diese köln. Bischofsklöster bilden zugleich, wie auch der Erwerb der Propstei Rees (1075), den Ausgangspunkt seiner Besitz- u. Territorialpolitik, insofern der Stadtherrschaft vergleichbar. In seiner Stadt → Köln kam es 1074 aus geringfügigem Anlaß zu einem Bürgeraufstand, der den Ebf. zur Flucht zwang, aber von seiner Ritterschaft mit aller Härte niedergeschlagen wurde – ein Geschehen noch ohne sonderl. Tragweite, aber beachtenswert als frühe Aktion dt. Stadtbürger.

Hildebrand-Gregor VII. (seit 1073), den der Lebensweg einst (1047) selber nach Köln geführt hatte, bekundete der Kölner Kirche sein Wohlwollen, drängte jedoch A. wie andere Bf.e in herrischem Ton zu strenger Reformhilfe; den offenen Zusammenstoß (Worms, Jan. 1076) jedoch hat A. nicht mehr erlebt. Eine charakterist. Gestalt des »vorgregorian.« Reichsepiskopats, hat er als Reichspolitiker die glimpfliche Ablösung des Cadalus-Schismas erwirkt, als Territorialpolitiker frühe Stufe der Pfgft. vom Niederrhein abgedrängt, als Kirchenpolitiker der jüngeren Mönchsreform den Weg ins Reich geebnet. Genugsam bezeugt ist bei aller Härte sein verzehrender Eifer im geistl. Amt, seine fromme Neigung zur Askese. Nur diese Züge haben sein in Siegburg hagiograph. geprägtes Andenken bestimmt: Vita des Abtes Reginhard ca. 1080/85 (nur Fragmente), erste erhaltene Vita 1104/05, frühmhd. → Annolied gegen 1120 (wenn nicht als schon 1080/85), jüngere Vita nach 1180, Heiligsprechung durch päpstl. Legaten und Annoschrein 1183. Th. Schieffer

Ikonographie: Dargestellt bes. im Rheinland, als Bf. im Ornat bzw. Kasel mit Pallium, meist Stab und Kirchenmodell; frühestes Beispiel mit fünf Modellen in einer Miniatur der Vita A.s aus Kl. Grafschaft, 12. Jh. (Darmstadt, Landesbibl.). G. Binding

Q.: F.W. OEDIGER, Reg. der Ebf.e v. Köln I, 1954-1961, 242-338 – Vita Annonis minor, hg. M. MITTLER, 1975 – *Lit.:* NDB I, 304-306 – LThK² I, 579 – F.W. OEDIGER, Gesch. des Ebm.s Köln I, 1972², 114-128 – G. JENAL, Ebf. A. v. Köln und sein polit. Wirken, 2 Bde 1974-1975 – Monumenta Annonis, 1975 [Ausstellungskat. mit vielseitigen Beitr.] – Sankt A. und seine viel Liebe statt. Beitr. zum 900jährigen Jubiläum, hg. G. BUSCH, 1975 – R. SCHIEFFER, Neue Lit. über A. v. Köln. Ein Ber., RhVjbll 40, 1976, 254-272 – *Einzelfragen:* J. SEMMLER, Die Klosterreform v. Siegburg, 1959 – G. KRAUSE, Das Papstwahldekret (StGreg 7), 1960, 126-143 [zum Konflikt von 1060-61] – J. FLECKENSTEIN, Die Hofkapelle II, 1966, passim – H. JAKOBS, Der Adel in der Klosterreform v. St. Blasien, 1968, 242-259 [zu Fruttuaria und Siegburg] – D. LÜCK, Standesverhältnisse, verwandtschaftl. Beziehungen und Werdegang bis zur Bischofsweihe, AHVN 172, 1970, 7-112 – DERS., Erzkanzler der röm. Kirche, ADipl 16, 1970, 1-50 – R. SCHIEFFER, Die Romreise dt. Bf.e 1070, RhVjbll 35, 1971, 152-174 – N. EICKERMANN, Fragmente aus Reginhards verlorener Vita Annonis, Soester Zs. 88, 1976, 5-27; dazu: R. SCHIEFFER, DA 34, 1978, 202-213 – D. LÜCK, Rhein. Lebensbilder 7, 1977, 7-24 – *Zur Ikonographie:* LCI V, 192f. [Lit.].

Annolied, mhd. Dichtung zum Preis des Kölner Ebf.s → Anno II. († 1075); wohl 1080 verfaßt. 878 Reimverse, von denen nur das letzte Drittel speziell dem Ebf. gilt. Voraus geht ein zweifacher Überblick über die Weltgeschichte: Auf eine kurze historia divina (von der Schöpfung bis zu Annos Episkopat) folgt ein in Einzelheiten origineller Abriß der Profangeschichte. Dabei wird das (in der Geschichtsschreibung seit dem 6. Jh. gemiedene) Schema der vier Weltreiche verwandt. Bes. Interesse gilt Caesar und den vier dt. Stämmen (ihre origines werden z. T. erstmals im A. erzählt): Caesars Bündnis mit den Deutschen macht diese zu Mitbegründern seiner Monarchie. Diese Konstruktion steht an Stelle der (dem Autor wohl unbekannten) Theorie der translatio imperii ad Francos. Das »niuwe kunincrîche« Christi (V. 533) ist wohl kaum als Ablösung des vierten Weltreichs, sondern als dessen chr. Überhöhung gemeint. – Wesentl. Grundlage ist die Auffassung des Menschen als tertius mundus (nach Joh. Scotus Eriugena), als Verbindung von Geist- und Körperwelt (V. 19-38). Exemplarisch wird dies an Annos Wirken für Gott und Welt gezeigt. Polit. steht der Autor wohl auf der Seite des (den Gegenkönig Rudolf v. Schwaben favorisierenden) Adels, ist aber kein Gregorianer.

Im Aufbau verdankt das A. manches der Geschichtsschreibung seiner Zeit (D. KNAB), doch bleibt die konsequente Dreigliederung singulär. Der Annoteil (V. 577 ff.) zeigt Berührungen mit Lamperts »Annalen«; unklar ist das Verhältnis zur »Vita Annonis« des Siegburger Abtes Reginhard, von der kürzlich Fragmente aufgetaucht sind. Abfassungsort des A.es ist wohl Kl. Siegburg, Gründung und Grabstätte Annos, der dort als Hl. verehrt wurde. – Breite Nachwirkung erlangte der Caesarbericht durch Übernahme in die mhd. → Kaiserchronik. Als Ganzes ist das A. nur dank Martin Opitz erhalten, der es 1639 mit einem lat. Kommentar herausgab. E. Nellmann

Lit.: D. KNAB, Das A., 1962 – E. NELLMANN, Das A., hg., übers. und komm., 1975 [Bibliogr.] – N. EICKERMANN, Zwei Soester Fragmente aus Reginhards verlorener Vita Annonis, Soester Zs. 88, 1976, 5-27 – H. THOMAS, Bemerkungen zu Datierung, Gestalt und Gehalt des A., ZDPh 96, 1977, 24-61 – R. SCHIEFFER, Ein Quellenfund zu Anno von Köln, DA 34, 1978, 202-213 – H. THOMAS, Ein Quellenfund zum A., ZDPh 97, 1978, 403-414.

Annominatio, rhetor. Figur. Der Gebrauch der a. ist im MA sehr verbreitet. Nach E. R. CURTIUS versteht »unter annominatio (...) die antike Rhetorik die Häufung verschiedener Flexionsformen desselben Wortes und seiner Ableitungen, aber auch gleichklingender und anklingender Wörter«. Diese Definition ist jedoch nicht unangefochten. Kenner der Materie wie G. CONTINI oder P. BOYDE ziehen es vor, von *replicatio* zu sprechen, einem Terminus, der den »Leys d'Amor« entlehnt ist. Die von Curtius vorgeschlagene Definition verleitet in der Tat dazu, drei verschiedene Verfahren zu vermengen: das polyptoton (»verschiedener Flexionsformen desselben Wortes«), die replicatio (»und seiner Ableitungen«), d. h. eine Wiederholung nicht desselben Wortes, sondern von Wörtern mit gemeinsamer Wurzel und gemeinsamer Bedeutung, und die annominatio stricto sensu (»gleichklingender und anklingender Wörter«). Auf den ersten Blick sehen a. und replicatio gleichermaßen wie ein etymolog. Spiel aus; während man jedoch bei einer Wiederholung von Wörtern mit gemeinsamer Wurzel und gemeinsamer Bedeutung von replicatio sprechen muß, zeichnet sich die a. durch unterschiedl. Bedeutung aus, selbst wenn eine gemeinsame Wurzel vorliegt; deshalb ist sie als pseudo-etymolog. Spiel anzusehen (H. LAUSBERG). R. Blomme

Lit.: H. MORIER, Dict. de poétique et de rhétorique, 1975², 110 – E. R. CURTIUS, Europ. Lit. und lat. MA, 1948, 280 – H. LAUSBERG, Hb. der Lit. Rhetorik, 1960, 322, § 637 – P. BOYDE, Dante's style in his lyric poetry, 1971, 251, Anm. 2.

Annona
I. In der Spätantike – II. Im Mittelalter.

I. IN DER SPÄTANTIKE: Im Röm. Reich war a. der landwirtschaftl. Jahresertrag, ferner der Vorrat und Bedarf an Getreide, auch der Getreide- und Marktpreis überhaupt und bes. die Zufuhr von Getreide nach Rom; schließl. bedeutete a. die Naturallieferung der Provinzen für den Unterhalt der Soldaten und Beamten oder für die Versorgung der Hauptstadt. Die *cura annonae* bestand anfangs darin, daß der Staat für das Vorhandensein von ausreichendem und preisgünstigem Getreide Sorge trug; später erfolgte eine kostenlose, monatl. Getreideverteilung an die Massen in Rom. Vgl. a. Steuer. W. Rösener

II. IM MITTELALTER: [1] Von der spätröm. Einrichtung der a. ist in den germ. Kgr.en der Völkerwanderungszeit fast nichts mehr geblieben. Die wichtigste Ausnahme bildet das westgot. Spanien, wo die »Lex Visigothorum« IX, 2, 6 (ed. E. WOHLHAUPTER, 1936, 268–70) auf Lebensmittelverteilung hinweist, die durch *erogatores annone* vom *comes civitatis* vorgenommen wurden. Tatsächl. besteht die a. fast nur noch als lit. Reminiszenz (z. B. bei Beda, Hist. eccl., ed. C. PLUMMER, I 15). Bemerkenswert ist die *annona publica domni regis* in den Aufzeichnungen der Frankfurter Synode von 794 nach den Hungerjahren 792/793 (MGH Capit. I 74).

[2] Im allgemeinen bedeutet a. im MA *Getreide*. Diese Bedeutung findet sich bereits in der »Lex salica«, 25 § 1, in zahlreichen Aufzeichnungen karol. Kl. sowie in den Statuten des → Adalhard v. Corbie. Der Begriff bezieht sich in Texten, wo er ausdrückl. genannt wird, auf Weizen, Roggen, Gerste, Hafer und verschiedene Hülsenfrüchte (z. B. UB von St. Johannes in Jerusalem, Nr. 140 von 1141; UB von Ourscamp, Nr. 100 von 1164; UB von St-Pierre de la Couture, Nr. 90 von 1167; UB von Léoncel, Nr. 17 von 1169 u. a.). Manchmal wird die spezielle Bedeutung von a. – sie ist sehr unterschiedl. in den einzelnen Quellen – erst aus dem Kontext klar: etwa als Wintergetreide *(a. hyemalis)* im Gegensatz zum Sommergetreide *(a. martialis),* als Roggen *(a. grossa)* im Gegensatz zu Weizen, so im »Domesday Book«, I 25; manchmal auch als Mengkorn *(a. mixta)* wie im UB von Sauxillanges (10. Jh.); als Korn *(a. viva)* im Gegensatz zum Mehl wie im Polyptychon von St-Germain des Prés (ed. LOGNON II 99); als Halmfrucht *(a. viridis)* im Gegensatz zum geernteten Getreide *(a. sicca)* usw. Von bes. Interesse sind solche Texte (aus dem 11.–13. Jh.), die unterscheiden zwischen: 1. a. = Wintergetreide, 2. avena und 3. Brachland, und uns auf diese Weise Auskunft geben über die in den einzelnen Gebieten verschiedenen Anbauformen im System der → Dreifelderwirtschaft; z. B. UB von Lérins, Nr. 224

[11. Jh.]; UB der Johanniter v. Trinquetaille zu 1190 und der Text von 1246 bei DU CANGE unter a. → Annonagium, → Annonaria. P. Toubert

Lit.: MlatWb I, s. v. – RE I, 2, 2316–2321 – O. HIRSCHFELD, Philologus 39, 1870, 1–96 – A. MAURIZIO, Hist. de l'alimentation végétale depuis la Préhist. jusqu'à nos jours, 1932 – N. JASNY, The Wheats of Classical Antiquity, 1944 – A. VERHULST, Karol. Agrarpolitik. Das Capit. de villis und die Hungersnöte von 792/793 und 805/806, ZAA 13, 1965, 175–189.

Annonagium (annonaticum). In N-Frankreich (Burgund, Anjou usw.) Getreideabgabe der Pächter, für den Vorrat der herrschaftl. Speicher bestimmt. R.-H. Bautier

Annonaria, in Frankreich kirchl. (klösterl.) Amt für die Verwaltung des Getreidespeichers, die Aushändigung von Getreide an die Mönche und die Brotverteilung unter die Armen. R.-H. Bautier

Annuntiaten, Ritterorden, als Halsbandorden von → Amadeus VI. v. Savoyen, dem »Comte Vert«, wahrscheinl. 1364 am päpstl. Hof in Avignon gestiftet. Die Zahl der Gründungsmitglieder wurde offenbar zu Ehren der 15 Freuden Mariens auf 15 Ritter (einschließl. des Gf.en) festgelegt. Der ursprgl. Zweck des Ordens scheint es gewesen zu sein, unter einer Gruppe von Rittern, die die Kreuzzugsgelübde abgelegt hatten, enge Loyalitätsbindungen zu schaffen. Die Gründungsstatuten sind nicht erhalten, so daß die 14 Ritter nicht mit Sicherheit identifiziert werden können; nahezu alle Ritter der ersten Generationen, darunter Amadeus III. oder Aymon, beide Gf.en v. Genf, Antoine de Beaujeu oder Simon de St-Amour, Hugues de Chalon-Arlay, nahmen am »Kreuzzug« Amadeus VI. (1366–67) teil. Neuaufgenommene Ritter leisteten einen Eid, Arme und Schwache zu verteidigen, sich gegenseitig treu zu dienen, alle Streitigkeiten einem Schiedsgericht zu unterwerfen und für Beerdigung der verstorbenen Mitbrüder und Gebete an die hl. Jungfrau zu sorgen. Testamentar. stiftete Amadeus VI. ein Kartäuser-Kloster in Pierre-Châtel (Bugey), das bis 1607 als Hauptsitz des Ordens diente. Die früheste Devise der Ordensmitglieder, die in einer Hs. von 1382, in der immerwährende Messen zu Ehren der Jungfrau Maria in Lausanne angeordnet wurden, abgebildet ist, bestand aus einem goldenen Halsband mit drei verflochtenen »Liebesknoten« an der Schließe und der Aufschrift »Fert«, die bis heute nicht erklärt werden konnte. 1409 und 1434 gab Amadeus VIII. dem Orden neue Statuten. Das Halsband wurde allmählich prunkvoller verziert. 1518 reorganisierte und erweiterte Hzg. Karl III. v. Savoyen den Orden. Sein neuer Name »Orden des Halsbandes und der Annuntiata« betonte die bes. Ergebenheit der Ritter im Dienste der hl. Jungfrau wie gegenüber dem Hause Savoyen. Bis zum Ende der it. Monarchie stellte der vom Kg. verliehene Orden (»Ordine Supremo della SS. Annunziata«) die höchste Auszeichnung des it. Staates dar. E. L. Cox

Lit.: L. CIBRARIO, Statuts et ordonnances du très noble Ordre de l'Annonciade, 1840 – G. CLARETTA, Statuti antichi inediti e statuti recenti dell' O. S. della SS. Annunciata, 1881 – D. MURATORE, Les Origines de l'Ordre du Collier, Arch. héraldiques suisses, XXIII, XXIV, 1909-10 – V. PRUNAS TOLA, L'Ordine Supremo della SS Annunziata, 1963 – E. COX, The Green Count of Savoy, 1967.

Annuntiatinnen. [1] *Lombardische A.:* Aus einem 1408 von sieben adligen Damen aus Venedig und Pavia bei S. Giorgio in Pavia gegr. Konvent hervorgegangener Nonnenorden nach Augustinerregel und mit Generalpriorin an der Spitze. Im 15. und 16. Jh. weite Verbreitung in der Lombardei und Venetien. Auflösung in der Napoleon. Zeit bis auf das Kl. in Voghera, heute Mitglied einer mit dem OSA verbundenen Kongregation. Die bekannteste Hl. des Ordens ist → Katharina v. Genua.

Lit.: DIP I, 664 f. – Acta OSA 9, 1964, 284–287.

[2] *Französische, »Rote« A.* (nach der Farbe des Skapuliers): Von Johanna v. Valois nach der Annullierung ihrer Ehe mit Ludwig XII. 1500 in Bourges mit Hilfe von Franziskaner-Observanten gegründeter Büßerinnenorden. Die »Regel der zehn Freuden und Tugenden Mariens« 1502 von Alexander VI. anerkannt. Im 16. Jh. mit Unterstützung des Hochadels Ausbreitung in Frankreich und den span. Niederlanden. Heute bestehen vier Konvente in Frankreich, England und Belgien. K. Elm

Bibliogr.: J. F. BONNEFOY, Bibliogr. de l'Annonciade, CFr 13, 1943, 117–142, 237–252, 353–376 – *Lit.:* DIP I, 658–662 – J. F. BONNEFOY, Notules sur Jeanne de France, AFH 46, 1953, 44–59.

Annunziationsstil → Jahresanfang

Annweiler → Anweiler

Anonymus IV, wichtiger und umfangreicher Musiktraktat, von E. D. COUSSEMAKER im 1. Bd. seiner »Scriptorum de musica medii aevi nova series« (1864) als vierter der anonymen Texte dieses Bandes veröffentlicht. Sein Verfasser berichtet u. a. über wichtige Vorgänge der Musikpflege des 13. Jh. in Paris. Da er mehrfach auf England verweist, könnte er vielleicht selbst Engländer gewesen sein. Nach ihm verfaßte ein Magister Leoninus eine Sammlung von mehrstimmigen Kompositionen ursprgl. solist. Teile der Liturgie (»Magnus liber organi de gradali et antiphonarii«), die von seinem Nachfolger Perotinus umgearbeitet und erweitert wurde; beide Fassungen waren für den Gebrauch an Notre Dame zu Paris bestimmt. Einige Stadien dieser Erneuerung des mehrstimmigen Repertoires sind in Abschrift auf uns gekommen (sog. Notre Dame-Codices). Diese hist. Daten, die für uns bes. wertvoll sind, bilden jedoch nur einen relativ kleinen Teil des auch sonst nicht uninteressanten Traktates. So beschreibt er ausführlich und etwas langatmig die klass. rhythm. Formeln (ordines) der mehrstimmigen Motette der frühen »modalen« Blütezeit dieser Kunstgattung (etwa um die Mitte des 13. Jh.) und deren Darstellung in der Notenschrift, die Konsonanzen und ihre Verwendung in den damals üblichen Kompositionsweisen (Organum, Discantus, u. a. m.). Obwohl er die ausgebildete Mensuraltheorie des von ihm erwähnten Franco v. Köln sicher kannte, bleibt er dabei, die überkommene Form der Ligaturen zur Bezeichnung der damals üblichen sechs rhythm. modi zu verwenden. H. Schmid

Lit.: Anonymus IV, hg. und übers. L. A. DITTMER, 1959 – O. HICKEL, Zur Überlief. des A. IV, Acta Musicologica 34, 1962.

Anonymus ad Cuimnanum, anonymer Verfasser eines lat. Kommentars zur »Ars maior« des Donat, ir. Herkunft, aus der 2. Hälfte des 7. Jh. (der Empfänger Cuimnanus sonst nicht bezeugt). Das Werk ist in einer Hs. (St. Paul im Lavanttal/Kärnten; aus Murbach kommend) erhalten, in ags. Minuskel (1. Hälfte 8. Jh.). Sprache wie Auslegungsmethode sind deutlich ir. geprägt, jedoch verhältnismäßig regelhaft. Das recht umfangreiche Werk behandelt v. a. Nomen und Verbum, die übrigen Redeteile kürzer. Es nimmt verschiedentl. Bezug auf den Schulbetrieb, zeugt auch von z. T. spitzfindigen Auseinandersetzungen verschiedener Lehrmeinungen. Auch der zugrundeliegende Donattext, ausgeprägt zum ir. Überlieferungszweig gehörig, wird an einigen Stellen als kontrovers diskutiert. Die Auslegung konzentriert sich öfters auf die Besonderheiten; trotz des gelehrten Anspruchs werden aber gelegentl. auch gröbere Irrtümer weitergegeben. Die benutzten Quellen sind vielfältig, nicht alle mehr identifizierbar; die Hauptmasse liefern Pompeius, Consentius und Diomedes.

Aus dem vorkarol. (ungekürzten) Diomedestext rührt die singuläre Überlieferung sonst verlorener altlat. Dichterzitate. Die Einleitung d. Werks entwickelt, ausgehend von Isidors »Differentiae«, ein vom üblichen Schema abweichendes enzyklopäd. System, das neben jenem indirekt bis ins 12. Jh. reicht. Die direkte Nachwirkung des Werks ist recht kurz, bes. bei dem fast gleichzeitigen Iren → Malsachanus, in karol. Zeit bei dem Iren → Clemens zu beobachten. B. Taeger

Lit.: CLA X, 1452 – B. BISCHOFF, Eine verschollene Einteilung der Wiss., AHDL 33 [25], 1958, 5–20; vgl. a. DERS., Ma. Stud. I, 1966, 273–288 – B. BISCHOFF-B. TAEGER [in Vorbereitung].

Anonymus contra philosophos, chr. Streitschrift eines unbekannten Autors (2. Viertel des 6. Jh.) gegen den altröm. Götterglauben sowie gegen die stoische und neuplaton. Philosophie. Die chr. Seite vertritt Augustinus, aus dessen Werk die Argumente kompiliert sind. Vom gleichen Verfasser stammt eine Schrift »Contra Iudaeos«, ebenfalls eine Augustinus-Kompilation über Fragen der Dogmatik und des AT. J. Gruber

Ed.: D. ASCHOFF, CChr LVIII A, 1975 (Contra philosophos), LVIII B (Contra Iudaeos; in Vorbereitung).

Anonymus de rebus bellicis. Zw. 337 und 378 richtet ein unbekannter Verfasser eine Schrift an den Ks., in der er eine Reihe von Vorschlägen zur Innenpolitik und zur Verteidigung macht: Er verlangt eine Reform der Finanzen und eine Kodifikation des Rechts. Zur Stärkung der Verteidigungskräfte stellt er in Wort und Bild eine Reihe von Erfindungen vor, wie Feldgeschütze und Kampfwagen, Schaufelradschiff und Schlauchbrücke. Sie sollen den Mangel an Truppen und Arbeitskräften ausgleichen. Während das Werk in seiner Zeit ohne Resonanz blieb, griffen Konrad Kyeser im »Bellifortis« (1405) und Leonardo da Vinci auf Gedanken des A. zurück. J. Gruber

Lit.: E. A. THOMPSON, A Roman Reformer and Inventor, 1952 [mit Text und engl. Übers.] – J. VOGT, Orbis, 1960, 317 – F. PASCHOUD, Roma aeterna, 1967, 118–132.

Anonymus Haserensis, ein namenlos gebliebener Eichstätter Kanoniker, der Herrieden an der Altmühl als seine Heimat angibt und in diesem Kl. ausgebildet worden sein dürfte, schrieb ein nur fragmentar. erhalten gebliebenes Geschichtswerk in mehreren Büchern mit kurzen Lebensbeschreibungen der Eichstätter Bf.e von der Diözesangründung im Jahre 741 bis zur Ernennung Gundekars II. i. J. 1057. Er ist ein Verwandter des Bf.s Woffo v. Merseburg (1055–58) und wohnte noch der Bestattung → Gundekars II. (1075) bei. Verloren sind die Bücher, die über die Ksn. Agnes und die Bf.e vor Gundekar II. handelten; der erhaltene Teil (der Anfang des Gundekar-Buches: eine Hs. im Eichstätter Ordinariatsarchiv) dieses ersten größeren Geschichtswerkes aus Franken ist von guter Zuverlässigkeit und zeichnet sich durch einfachen und klaren Stil aus. Deutlich sind des A. Kritik an Papst Gregor VII. und seine Treue zum sal. Hause. R. Kurz

Ed.: MGH SS 7, 254–266 (MPL 146, 1006–1026) – *Lit.:* WATTENBACH-HOLTZMANN II, 474 – HBG III, 1, 126 – M. ADAMSKI, Herrieden. Kl., Stift und Stadt im MA (Schr. des Inst. für frk. Landesforsch. an der Univ. Erlangen, Hist. R. 5), 1954, 53 ff. (A. = Propst Heysso) – E. M. WERNER, Anonymus v. Eichstätt, Stud. zur Biographie im HochMA [Diss. München 1966] (Gleichsetzung des A. H. mit Udalrich I. v. Eichstätt).

Anonymus v. Laon. Hinter ihm verbirgt sich ein wahrscheinl. aus der Bretagne stammender Prämonstratenser, der in Laon eine Weltchronik (ab O. C. – 1219) schrieb, deren Berichte seit Mitte des 12. Jh. auf eigener Kenntnis beruhen und bes. für das engl.-frz. Verhältnis, die Gesch. Philipps II. August und die Kirchengeschichte wichtig sind. F.-J. Schmale

Ed.: Nur teilw. ediert in: MGH SS XXVI, 443-457 [1006-1219] – A. CARTELLIERI-W. STEICHELE, Chronicon universale anonymi Laudunensis von 1154 bis zum Schluß (1219), 1909 – PH. LAUER (BEHE, Bd. 188, 1910), 86-90 [943]) – *Lit.:* Repfont III, 365 – MOLINIER II, 318, Nr. 2209.

Anonymus Mellicensis, nach der Erstausgabe Autor eines Schriftstellerkataloges aus dem 12. Jh. in der Tradition des Hieronymus und Gennadius, den er bis in seine eigene Zeit fortsetzt. Der bes. Wert des Abrisses liegt in der Mitteilung einer Fülle sonst nicht bezeugter literarhist. Details. Der Entstehungsort ist angesichts der breiten Schilderung der Regensburger lit. Szene in einem dortigen Kl. zu suchen. Behandelt werden Arnold v. St. Emmeram und die Viten der Lokalpatrone Emmeram und Erhard (Kap. 62-64), ferner die bedeutendsten Vertreter des Hirsauer Reformkreises, die in St. Emmeram erzogen wurden (Kap. 108-110); Otloh fehlt. Neben St. Emmeram kommt als mögl. Heimat des Verfassers Prüfening in Frage. Aus dem Abwägen der einzelnen Argumente zugunsten eines Kl.s ergibt sich für dieses die größere Wahrscheinlichkeit (vgl. ETTLINGER, Einleitung). Entscheidend ist die Beobachtung, daß der Bücherbestand Prüfenings im 12. Jh., dokumentiert durch zwei zeitgenöss. Kataloge mit Ergänzungen in einem Verzeichnis von 1347, dem Verfasser nachweisl. als ergiebiges Reservoir für seine Angaben diente. Das zeigen seltenere Texte, v. a. aber die Gruppierung von Autoren entsprechend ihrer Überlieferung in den Hss. des Kl.s (Kap. 38-39 und 50-51; Kap. 57-58 nebst 25 usw.). Ein Abschnitt über Boto v. Prüfening (NA 38, 1913, 555) wurde vermutl. von einem Klosterinsassen hinzugefügt. An Quellenwerken wurden Bedas Kirchengeschichte sowie die Chroniken Hermanns v. Reichenau und Frutolfs v. Michelsberg eifrig benützt. Als Verfasser wird jetzt → Wolfger v. Prüfening vermutet.
G. Glauche

Ed.: B. PEZ, Bibl. Benedictino-Mauriana, 1716, 417-498 und danach MPL 213, 961-984 – E. ETTLINGER, Der sog. »A.M. de scriptoribus ecclesiasticis« [Diss. Straßburg 1896] – *Lit.:* MANITIUS III, 312-314 – H.-G. SCHMITZ, Kl. Prüfening im 12. Jh. (Misc. Bavarica Monacensia 49), 1975, 234 ff.

Anonymus, normannischer, üblicher Name für den (oder die) Verfasser der Traktate im um (oder kurz nach) 1100 geschriebenen Codex 415 des Corpus Christi College Cambridge, nach einigen Teil-Editionen erst 1966 vollständig (aber nicht abschließend) gedruckt. Die etwa 31 (meist nach dem Hs.-Katalog von James mit J gezählten) Texte sind um 1100 entstanden, keiner ist anderweitig überliefert oder nachweisl. im MA benutzt worden. Den Autor suchte man in York (»A. v. York«, Ebf. Gerhard, 1000-08), in neuerer Zeit meist in der Normandie, bes. Rouen (Ebf. Wilhelm 1079-1110 und dessen Umgebung); doch blieb die Einheit der Verfasserschaft nicht unbestritten.

Die Traktate sehr verschiedenen Umfangs erörtern kanonist. und theolog. Fragen, untersuchen auch Einzel-Begriffe; sie arbeiten mit der dialekt. Methode der frühen Scholastik, führen altkirchl. Autoritäten an, benutzen auch Texte der gleichzeitigen Schule v. → Laon sowie die kanonist. Sammlungen → Ivos v. Chartres (entstanden 1094/95). – In den Traktaten werden vielfach polem. Meinungen begründet, die den herrschenden der gregorian. Kirchenreform strikt zuwiderlaufen. Gegen den Primat Lyons in Gallien und Canterburys in England, bes. aber gegen den röm. Universalprimat, wird ein alle Apostel und demgemäß alle Bf.e gleichstellender Episkopalismus vertreten (J 2, 4, 23, 28-30), aber auch ein Primat Jerusalems begründet (J 12); päpstl. Exemtionsprivilegien für Kl. werden abgelehnt (J 5, Z 7), der Zölibat in Frage gestellt, die Rechte der Priestersöhne verteidigt (J 22, 25, 26). Die einzelnen Thesen fügen sich keineswegs immer widerspruchslos zusammen, J 10 (kurz) stellt die priesterl. Gewalt über die kgl.; bes. Beachtung hat aber stets der bei weitem umfangreichste Traktat »De consecratione pontificum et regum« (J 24, zwei Fassungen) gefunden, die umfassendste und tiefste Theorie des Sakral-Königtums im früheren MA (→ Königtum, → Gottesgnadentum). Durch das Sakrament der Salbung wird der Kg. zum Deus per gratiam, Christi göttl. Natur abbildend, den gesalbten Bf.en übergeordnet; zu Unrecht bestreitet der Papst ihm das Investiturrecht (J 28). – Wenn der Autor publizist. Zwecke verfolgte, hat er sie nicht erreicht; die Deutung als bloße Schulübung kann aber allenfalls für einige Traktate befriedigen. Die Texte des N. A. lassen noch viele Fragen ungelöst.
P. Classen

Ed.: Die Texte des N.A., ed. K. PELLENS, 1966 (vgl. HZ 206, 1968, 696 ff.) – Der Cod. 415 des Corpus Christi College Cambridge, Facs.-Ausg., hg. K. PELLENS, 1977 – *Lit.:* H. BÖHMER, Kirche und Staat in England und in der Normandie, 1899 – G. H. WILLIAMS, The N.A. of 1100 A.D., 1951 – E. H. KANTOROWICZ, Deus per naturam, Deus per gratiam, Harvard Theol. Rev. 45, 1952 (abgedruckt in: DERS., Selected Stud., 1965) – DERS., The King's Two Bodies, 1957 – N. F. CANTOR, Church, Kingship and Lay Investiture in England 1089-1135, 1958 – W. BAER, Stud. zum sog. A. v. York, 1966 – R. REYNOLDS, The Unidentified Sources of the N.A., Transactions of the Cambridge Bibliogr. Society 5/2, 1970 – K. PELLENS, Das Kirchendenken des N.A., 1973 [Bibliogr.] – W. HARTMANN, Beziehungen des N.A. zu frühscholast. Bildungszentren, DA 31, 1975.

Anonymus Placentinus → 2. Antoninus

Anonymus Romanus, unbekannter Verfasser der »Historiae Romanae fragmenta ab anno MCCCXXVII usque ad a. MCCCLIV« (unter diesem Titel erstmals von L. A. MURATORI, Antiquitates 3, 1740, coll. 251-546 ediert). Herkunft und Geburtsort stehen nicht fest, einige wenige biograph. Angaben lassen sich aus der in röm. Volkssprache geschriebenen Chronik erschließen. So ist bekannt, daß der Autor 1338/39 in Bologna Medizin studierte. Sein Todesjahr muß nach 1360 angesetzt werden. Aufgrund einiger Anhaltspunkte innerhalb des Werkes läßt sich seine Abfassung auf einen Zeitpunkt wenige Jahre nach den behandelten Ereignissen festsetzen (etwa auf 1357/58). Der Aufbau der Erzählung ist streng log. und geht über das annalist. Prinzip hinaus. Mit Unrecht hat man die Authentizität der Chronik bezweifelt, die eines der interessantesten historiograph. Zeugnisse des 14. Jh. darstellt und großen Quellenwert für die damalige polit. Situation Italiens besitzt. Das Werk ist auf weiten Strecken nur unvollständig und in späten Abschriften aus dem 16. und 17. Jh. überliefert. Die Cola di Rienzo betreffenden Partien wurden auch separat ediert (Vita di Cola di Rienzo, ed. A. FRUGONI, 1957; engl. Übers.: The Life of Cola di Rienzo, transl. J. WRIGHT, 1975).
M. Miglio

Lit.: Repfont II, 356 – M. MIGLIO, Gruppi sociali e azione politica nella Roma di Cola di Rienzo, Studi Romani 23, 1975, 442-457.

Anonymus Scottus, namentl. nicht bekannter ir. Autor aus der 2. Hälfte des 7. Jh., Verfasser eines lat. Kommentars zu den Kathol. Briefen (»Commentarius in epistolas catholicas«), der in einer einzigen Hs. (Karlsruhe, Aug., CCXXXIII, fol. 1^r-40^v, Anfang 9. Jh. wohl auf der Reichenau geschrieben) erhalten ist. In diesem ältesten Kommentar seiner Art (der ebenfalls ir. »Tractatus Hilarii in septem Epistolas canonicas« und Bedas Auslegung sind jünger und vom A. S. beeinflußt) wird der Bibl. Text in der für die ir. Exegese der Zeit bezeichneten Weise (vgl. BISCHOFF) erklärt. Typisch sind u. a. die schulmäßigen Einleitungsschemata in Frageform, die Vorliebe für themat. Aufgliedern und die starke Berücksichtigung des litteralen

Sinnes (häufig mit Hilfe der Etymologie). Die sehr mechan., oft Wort für Wort (»id est«) deutende Methode verleiht dem Kommentar einen spröd sachl., fast glossenartigen Charakter. Bemerkenswert ist, daß außer den Kirchenvätern auch die Namen von fünf ir. Exegeten erwähnt werden (Lodcen, Manchianus, Bercannus, Bannbannus und Brecannus), die dem Autor möglicherweise durch mündl. Lehre bekannt waren. Mit ziemlicher Wahrscheinlichkeit gehört der A. S. in den Umkreis dieser Exegetenschule, die in der 2. Hälfte des 7. Jh. im S Irlands nachzuweisen ist. F. Rädle

Ed.: R. E. McNally, CChr CVIII B, 1973, 1–50 – *Lit.:* Ders., ebd., p. VII–X – B. Bischoff, Wendepunkte in der Gesch. der lat. Exegese im FrühMA. (Ma. Stud. I), 205–273, bes. 266.

Anonymus, ungarischer, Chronist und Autor der ältesten erhalten gebliebenen Geschichte der Ungarn (Gesta Hungarorum). Alle Versuche, A. mit einer namentl. bekannten Persönlichkeit zu verbinden, blieben bis heute umstritten. Man vermutete hinter ihm einen Zeitgenossen Kg. Belas III. (J. Györy, Gy. Györffy) oder Belas IV. (G. Karsai). Sicher ist nur, daß A. gebildeter Kleriker (Studium in Paris) war, der die Landnahme der Ungarn und die Geschichte der großen ung. Adelsgeschlechter, deren Umkreis er entstammte, bis zum 11. Jh. darstellte und nach frz. Vorbild in die Form ritterl., z. T. romanhafter Gesten kleidete. H. Göckenjan

Lit.: J. Györy, Gesta regum-Gesta nobilium, 1948 – Gy. Györffy, Abfassungszeit, Autorschaft und Glaubwürdigkeit des anonymen Notars, ActaAntHung 20, 1972 – Középkori kutfőink kritikus kérdései, ed. J. Horváth-Gy. Székely, 1974.

Anonymus Valesianus. Unter diesem Titel sind zwei verschiedene spätantike historiograph. Texte zusammengefaßt, die jetzt richtiger als *Excerpta Valesiana* bezeichnet werden. Von einem späteren Epitomator (unter Benutzung des → Orosius und von Kaiserbiographien des 4. Jh.) exzerpiert, stellt der erste Text (bis § 35) bei aller Kürze sehr zuverlässig die Zeit von 305 bis 337 dar. Der 2. Teil (§ 36–96) umfaßt die Jahre vom Regierungsbeginn des Ks.s → Nepos 474 bis zum Tode Theoderichs d. Gr. 526. Die Geschehnisse in Italien werden in chronolog. Reihenfolge dargestellt, die Ereignisse im O an gegebener Stelle eingefügt. Die erste Hälfte (bis zum Jahre 518) zeigt eine gegenüber Theoderich freundl. Tendenz, während in der weiteren Darstellung deutl. eine den Goten und Arianern feindl. Gesinnung vorliegt, so daß mit zwei verschiedenen Autoren zu rechnen ist. Erstausgabe von H. Valesius, Paris 1636. J. Gruber

Ed.: J. Moreau-V. Velkov, 1968² [Lit.] – *Lit.:* J. N. Adams, The Text and Language of a Vulgar Latin Chronicle (Anonymus Valesianus II). London, Inst. of Class. Stud., Bull. Suppl. Nr. 2, 1976.

Anonymus v. York → Anonymus, normannischer

Anrichte → Möbel

Ansbach-Bayreuth → Nürnberg, Burggrafschaft, → Hohenzollern

Ansbald, Abt v. Prüm (860–886), hl. (Fest: 12. Juli, translatio: 10. März), angebl. aus lux. Grafengeschlecht, schon um die Jahrhundertmitte Mönch zu Prüm. A. erhielt durch Petition Bestätigungen und Schenkungen Lothars II., Ludwigs d. Deutschen, Ludwigs III. und Karls III. Die Achtung, die er am kgl. Hof genoß, ermißt man vielleicht aus einer Urkunde Ludwigs d. Deutschen von 870 (D 133), mit der Ludwig die von seinen Eltern erbaute und verfallene Begräbniskirche zu Aachen für die Fürsorge A.s übergab und nun dotierte. Prüm war zur Zeit A.s nicht nur von den karol. Reichsteilungen betroffen, sondern wurde 882 von den Normannen verwüstet (Regino ad. a.). Karl III. förderte den Wiederaufbau der Abtei noch 882 mit einer Schenkung (D 58). Die weitreichenden Verbindungen des Konvents zur Zeit A.s zeigen mehrere Einträge in süddt. Verbrüderungs- und Gedenkbüchern sowie eine Urkunde des bret. Hzg.s Salomon. D. v. d. Nahmer

Q.: Regino v. Prüm, Chronica, MGH SRG; Briefe des Lupus v. Ferrières, MGH Epp. VI, 1; AASSOSB saec. IV, 2, 475 f. – *Lit.:* C. Schorn, Eiflia sacra II, 1889, 343 ff. – G. Tellenbach, Der Konvent der Reichsabtei Prüm unter Abt A., Fschr. M. Miller, 1962, 1 ff.

Ansbertus (Ansebercthus), hl., Bf. v. Rouen, † um 695. Sein ältester Biograph (BHL 520 [kurz vor 811] und nicht die gekürzte Version BHL 519 [ca. 870?]) berichtet, daß er in Chaussy-en-Vexin als Angehöriger einer bedeutenden neustr. Familie geboren wurde. Am Hof Chlothars III. stieg er zum Rang eines Referendars auf. Er zog sich bald ins Kl. Fontenelle zurück, das zu dieser Zeit von →Wandregisilus (St-Wandrille) geleitet wurde; ca. 677 folgte er Lambert als dritter Abt von Fontenelle, i. J. 684 seinem Freund → Audoenus als Bf. v. Rouen nach. Zu Christi Himmelfahrt 688 nahm er eine feierliche elevatio der Reliquien des Audoenus vor, was ihm die Ungnade Pippins d. Mittleren und ein Exil in Hautmont-sur-Sambre eintrug; begnadigt, starb er, ohne seinen Bischofssitz wieder eingenommen zu haben. Sein Leib wurde nach Fontenelle zurückgebracht und in St-Paul beigesetzt; in den ersten Jahren des 8. Jh. übertrug Abt Bainus von Fontenelle seine Reliquien nach St-Pierre. Die norm. Invasionen zwangen die Gemeinde von Fontenelle zur wiederholten Flucht; die Reliquien des A. wurden namentl. in Quentovic (858–861), Etaples (866–868) und Chartres (885–886) in Sicherheit gebracht. 944 befanden sie sich in Boulogne, als Gf. Arnulf I. v. Flandern sie mit Reliquien des hl. Wandregisilus nach Mont-Blandin (Gent; BHL 8810) brachte, wo sie bis zu ihrer Auflösung durch die Protestanten 1578 blieben. Erwähnungen im Martyrologium Hieronymianum (Weißenburger Hs.) zum 9. Februar (depositio), zum 9. und 10. März und zum 1. April (Translationen).

J.-C. Poulin

Lit.: DHGE III, 431–433 – W. Levison, Zur Kritik der Fontaneller Geschichtsquellen, NA 25, 1900, 593–607.

Anschauung Gottes meint im AT noch die bes. Art der Gotteserfahrung etwa bei Patriarchen (Gen 18, 32, 25–31; Gen 32, 31; Ex 24, 10; Dt 34, 10), mit der von Gott her die → Theophanie korrespondiert. Die spätjüd. Apokalyptik, bes. aber das NT kennt nur noch eine A. G. für die verstorbenen Gerechten (vgl. 4 Esra 7, 91, 98; 1 Joh 3, 2; 1 Kor 13, 12; Apk 22, 4). Die Lehre von dieser eschatolog. A. G. erweist sich bei den Vätern der ersten drei Jh. als Trost im Martyrium und als Ansporn für ein Leben aus dem chr. Zeugnis. Die großen Väter des Ostens und des Westens im 4. und 5. Jh. entwickelten bereits eine Theologie der A. G., in der die Fragen nach Möglichkeit und Grenzen einer unmittelbaren Schau des unendl. und unbegreifl. Gottes durch den geschaffenen Menschen mittels der Unterscheidung zw. Gottes Wesen und Gottes Herrlichkeit (vgl. Gregor v. Nyssa, c. Eunomium 12 MPG 45, 956 f.) und zw. einer visio corporalis, intellectualis und spiritualis (vgl. Augustinus, Ep. 147 ad Paulinam 15, 36–54 MPL 33, 612–622) erhellt werden. Seit Gregor d. Gr. (Dial. 4, 26–28 MPL 77, 357–366) festigt sich der Glaube, daß unmittelbar nach dem Tode des Menschen die Entscheidung über Seligkeit, Läuterung oder Verdammnis eintritt.

1. Was bei Augustinus begonnen hat, wird im 12. Jh. verwirklicht und anthropol. und psycholog. als geistige Innenschau des Menschen verstanden, in der Gottes Licht selbst (vgl. Ps 35, 10) die Schau ermöglicht und Gottes Bild der Seele einprägt (Petrus Lombardus, Sent. II dist.

23; IV dist. 49). Im 13.Jh. werden diese Gedanken mit Hilfe der aristotel. Psychologie und Metaphysik weiterentfaltet, wobei Thomas v. Aquin, beinahe im Sinne der neuplaton. → theoria Plotins (vgl. Enead. VIg), die A.G. als eine Erfüllung des intellectus speculativus durch die intellegible Form, die Gott selbst im lumen gloriae der Seele einprägt, versteht (Sent. Com. IV dist. 49), während Bonaventura und seine Schule mehr die Vereinigung mit Gott in der dilectio hervorheben (Sent. Com. III dist. 31 a. 3 q. 1; Duns Scotus Ox. IV dist. 49 q. 5). Immer aber bleibt A.G. ebenso reines Gnadengeschenk (gegenteilige Meinung der → Begharden 1312 verurteilt: DENZINGER-SCHÖNMETZER 895) wie letzte Erfüllung menschl. Möglichkeit und menschl. Seins. – Auf die Frage Papst Johannes XXII., wie Verstorbene, die des Auferstehungsleibes noch entbehren, selig sein können (1331–33), wurde durch ihn selbst 1334 und nach seinem Tode durch Benedikt XII. 1336 einfach mit der Feststellung geantwortet, daß die animae separatae a corporibus im Himmel selig sind (DENZINGER-SCHÖNMETZER 990–1001), wie die Kirche von Anfang an festgehalten hat, weil A.G. Sache der Geistseele, nicht des Leibes sei, und A.G. die Seligkeit ausmache.

2. Neu verstanden wird die A.G. zu Beginn der Neuzeit durch Nikolaus v. Kues, der seit seiner Schrift »De docta ignorantia« von 1440, bes. in »De visione Dei« und in fast allen anderen Werken die A.G. als myst. Gottschau anthropolog. und im Sinne der negativen Theologie des Neuplatonikers eines Ps. →Dionysius Areopagita vorstellt. Durch Erwiderung großer Zeitgenossen (→ Bernhard v. Waging, → Vinzenz v. Aggsbach) entwickelt sich der große →Mystikerstreit des 15. Jh. J. Auer

Lit.: HWP I, 347ff. – LThK² I, 583–591 [Lit.] – M. DYKMANS, Les sermons de Jean XXII sur la vision béatifique, 1973 – W.J. HOYE, Actualitas omnium actuum (Man's beatific vision of God as apprehended by Thomas A., Monogr. zur philos. Erforsch. 116), 1975 – J. AUER, Auferstehung des Fleisches, MThZ 26, 1975, 17–37 – H. ROSSMANN, Der Magister Sprenger in München und seine Kontroversschr. zum Konzil v. Basel und zur myst. Theologie (Mysterium der Gnade, 1975), 350, 390, 411.

Anseau de Garlande → Garlande

Ansegis. 1. A., hl., Abt v. → Fontenelle (St. Wandrille), † 20. Juli 833, ▭ Fontenelle (»Kapitelsaal«), verwandt mit Gervold, Abt v. Fontenelle und Bf. v. Evreux, unter dessen Abbatiat er als Mönch in Fontenelle eintrat, und der ihn Karl d.Gr. kommendierte; von ihm selbst mit der Leitung der Kl. St-Sixte in Reims und St-Menge in Châlons betraut, 807 Abt v. St. Germer; 817 von Ludwig d. Frommen, zu dessen Zeit er als *exactor operum regalium* in der Aachener Pfalz mit der Überwachung der kgl. Bauten sub Einhardo abbate beauftragt war, zum Abt v. → Luxeuil ernannt, 822 Abt in Fontenelle, das er mit Bauten, kirchl. Geräten, Paramenten und Hss. reich ausstattete und im klösterl. Leben nach der Regula Benedicti ausrichtete (vgl. F. LOHIER-J. LAPORTE, Gesta sanctorum patrum Fontanellensis coenobii, 1936). Erfolgreich wurde seine Kapitulariensammlung (MGH Capit. 1, 394–450), fraglich ist sein Anteil an der Aachener Kanonikerregel, den Institutiones Aquisgranenses; in seinem Testament (Gesta S., 111 ff.) sind Geschenke für verbrüderte geistl. Gemeinschaften enthalten. J. Wollasch

Lit.: DHGE III, 447f. – LThK² I, 591f. – J. LAPORTE, Une variété de rouleaux des morts monastiques. Le testament de St. Anségise (833), RevMab 42, 1952, 45–55 – WATTENBACH-LEVISON, 2, 3, 5 – R. BUCHNER, Die Rechtsquellen (Beih.), 1953 – J. FLECKENSTEIN, Die Hofkapelle der dt. Kg.e (MGH Schr. 16/1), 1959 – Bibl. SS I, 1961, 1339f. – F.-L. GANSHOF, Was sind die Kapitularien?, 1961 – Karl d. Gr., Lebenswerk und Nachleben, hg. W. BRAUNFELS, I, 1965²; III, 1966; V, 1968 – J. LAPORTE, St. Anségise, L'Abbaye S. Wandrille de Fontenelle 21, 1971–72, 5–17.

2. A., Ebf. v. Sens seit 871, † 25. Nov. 883, hatte sich schon vor seiner Erhebung wiederholt (867, 870) als Vertrauter des westfrk. Kg.s Karl des Kahlen bei Gesandtschaften an den Papst bewährt. Nach der Kaiserkrönung Karls (Dez. 875) erhob ihn Papst Johannes VIII. am 2. Jan. 876 zum päpstl. Vikar für das gesamte Frankenreich, mit dem Recht, Synoden zu berufen und in allen Angelegenheiten als vermittelnde Instanz zw. dem Papst und den frk. Bf.en aufzutreten. Der Anspruch und die daran geknüpften polit. Ziele auch Karls des Kahlen scheiterten am Widerstand westfrk. Bf.e, v.a. Ebf. → Hinkmars v. Reims, gegen den primatus Ansegisi (Synode v. Ponthion, Sommer 876). Bei der Königsweihe von Karls des Kahlen Enkeln Ludwig und Karlmann (879) konnte A. das Krönungsrecht für Sens sichern. O.G. Oexle

Lit.: DHGE III, 448f. – A. FLICHE, La primatie des Gaules depuis l'époque carolingienne jusqu' à la fin de la querelle des investitures (876–1121), RH 173, 1934, 329–342 – H. FUHRMANN, Stud. zur Gesch. ma. Patriarchate II, ZRGKanAbt 71, 40, 1954, 1–84, 11f. – P.E. SCHRAMM, Der Kg. v. Frankreich I, 1960², 113f. – WATTENBACH-LEVISON 5, 537f., 558f.

Ansegisel, Sohn → Arnulfs v. Metz, ist als domesticus des austras. Kg.s Sigibert III. bezeugt (ca. 648). Die 805 entstandenen Annales Mettenses prior. charakterisieren ihn als Gefolgsherrn, dem eine größere adlige Gefolgschaft anhing und der, in dieser Position mancherlei Anfeindungen ausgesetzt, im Verlaufe von Adelsfehden von einem Gegner namens Gundewin erschlagen wurde. Er war mit Begga, einer Tochter des 640 verstorbenen austr. Hausmeiers Pippin d.Ä., vermählt. Aus ihrer Ehe ging Pippin d. Mittlere hervor, der den Aufstieg des Karolingergeschlechts wesentl. mitbestimmte. E. Hlawitschka

Lit.: E. HLAWITSCHKA, Die Vorfahren Karls d. Gr. (Karl d. Gr., I: Persönlichkeit und Gesch., hg. v. H. BEUMANN, 1965, 1967², 59, 74) – I. HASELBACH, Aufstieg und Herrschaft der Karlinger in der Darstellung der sog. Annales Mettenses priores, 1970, 45 f. – H. EBLING, Prosopographie der Amtsträger des Merowingerreichs, 1974, 54f.

Anseis de Carthage → Chanson de geste

Anselm

1. **A.**, Ebf. v. Canterbury → 6. Anselm
2. **A. von Havelberg**, Theologe und Staatsmann, Bf. von Havelberg seit 1129, Ebf. und Exarch v. Ravenna seit 1155, * ca. 1099, † 12. Aug. 1158. Als vermutl. Schüler Norberts v. Xanten war A. wohl Prämonstratenser. Er war zumeist in reichspolitischen Diensten der Ks. Lothar III., Konrad III. und Friedrich I. tätig. Als Leiter einer Gesandtschaft Ks. Lothars an den oström. Hof hielt er sich 1135/36 in Konstantinopel auf. Hier kam es zw. ihm und dem Ebf. Niketas von Nikomedien zu einer hochoffiziellen theolog. Disputation, die A. erst anderthalb Jahrzehnte später im Auftrag Papst Eugens III. in seinem Hauptwerk »Anticimenon« (s.u.) verarbeitete. – Die kirchl. und territoriale Festigung seines Bm.s im westslav. Kolonisations- und Missionsgebiet suchte A., der sich selbst selten in Havelberg aufhielt, durch Errichtung des Prämonstratenserstiftes Jerichow (1144), Gründung des Domkapitels (um 1150) und Teilnahme am Wendenkreuzzug 1147 (als päpstl. Legat) zu fördern. 1155 vermittelte A. zw. Friedrich I. und Hadrian IV. und erhielt das Ebm. Ravenna.

A.s Schriften entstanden wohl alle 1149/50: 1. »Epistola ... ad Ecbertum abbatem Huysborgensem contra eos qui importune contendunt monasticum ordinem digniorem esse in ecclesia qam canonicum« (MPL 188, Sp. 1117–40). 2. »Tractatus de ordine pronuntiandae letaniae« (ed. F. WINTER, Zur Gesch. des Bf.s A. v. H., ZKG 5, 1882, 144–155). 3. »Anticimenon id est liber contrapositorum sub dialogo conscriptus« (meist »Dialogi« gen., MPL 188, 1139-1248). Nur das 2. und 3. Buch geben sich als Niederschrift des Streitgesprächs von 1136 über die alten theolog. Differenzen zw. gr. und röm. Kirche aus. Im 1. Buch »Liber de unitate fidei et multiformitate vivendi ab Abel iusto usque ad novissimum electum« entwirft A. seine Geschichtstheologie, die am bisherigen Geschichtsverlauf nachzuweisen sucht, daß sich das Menschengeschlecht gemäß Gottes Heilsplan gerade in der natürl. Vielfalt seiner empir. Geschichte bis zu einer zukünftigen höchstmöglichen Vollendung weiterentwickelt. Damit gilt A.s Werk in der neueren Forschung als eines der frühesten Zeugnisse für die Ausbildung der neuzeitl., vom Grundbegriff des Fortschritts geprägten Geschichtsphilosophie. → Geschichtsdenken. J.W.Braun

Ed. (neben den im Text gen.): Krit. Ausg. durch J.W.Braun (in Vorbereitung) - *Lit.:* Verf.-Lex.² I, 384-391 - P.Lamma, Comneni e Staufer I, 1955 - W.Berges, A. v. H. in der Geistesgeschichte des 12.Jh., JGMODtl 5, 1956, 39-57 - K.Fina, A. v. H., Unters. zur Kirchen- und Geistesgesch. des 12.Jh., AnalPraem 32, 1956, 69-101 [Bibliogr.], 193-227; ebd. 33, 1957, 5-39, 268-301; ebd. 34, 1958, 13-41 - J.W. Braun, Stud. zur Überlieferung der Werke A.s v. H. 1.: Die Überlieferung des Anticimenon, DA 28, 1972, 133-209.

3. A. II. v. Lucca OSB, *Bf. v. Lucca*, * um 1035 in Mailand als Sproß einer einflußreichen, urprgl. in Baggio (w. Mailand) begüterten Familie, von deren Mitgliedern einige als missi im Reichsdienst nachzuweisen sind, und die sich am Ausgang des 11.Jh. nach dem Herkunftsort nennt. Neffe und Nachfolger A.s I. (Alexander II.), † 18. März 1086 in Mantua; ⌐ ebd.; 1087 heiliggesprochen. Nach Studium in Mailand Mönch im Kl. Polirone. Möglicherweise Schüler Lanfrancs im Kl. Bec. Im März/April 1073 auf Vorschlag A.s I. Wahl zum Bf. v. L.; Investitur durch Heinrich IV. nach April 1074; Weihe 1074/75. Im Februar 1075 Verzicht auf das Bm. und Eintritt in das Kl. St-Gilles (Rhonemündung). Rückkehr auf Befehl Gregors noch im selben Jahr und Beginn der Kanonikerreform. 1077 päpstl. Legat in Mailand; Teilnehmer an den Reformsynoden von 1079 und 1080. Ende 1080 von seinen Klerikern vertrieben, verbrachte er den Rest seines Lebens in der Umgebung der Mgfn. Mathilde v. Tuszien. - Seine Kanonikerreform scheiterte an der Koalition des reformunwilligen Mehrheit der Kanoniker mit den kommunalen Freiheitsbestrebungen gegen das verhaßte Haus Canossa. Als päpstl. Vikar in der Lombardei war A. auch im Exil einer der tatkräftigsten Helfer Gregors VII. Durch seine Kanonessammlung (nach 1083?) ist er v.a. als Kanonist bekannt. Die Bedeutung dieses Werkes liegt in der Auswahl und Systematisierung des überlieferten kirchenrechtl. Stoffes, den A. - bisweilen mit Hilfe von deutl. Textretuschen - auf den apostol. Stuhl zuordnete. Umfassend beschäftigte er sich mit der materiellen Zwangsgewalt der Kirche und dem Problem des gerechten Krieges, so daß man ihn hinsichtl. der Theorie als Vorläufer der Kreuzzüge bezeichnen konnte. Von allen Reformsammlungen erlangte A.s Werk die weitaus größte Bedeutung und Verbreitung, wenngleich sein Einfluß erst zu Beginn des 12.Jh. wirksam geworden zu sein scheint. - Der Verteidigung Gregors VII. gegen Angriffe seiner Gegner ist der »Liber contra Wibertum« gewidmet (MGH L.d.L. I, 519-528). Ein erstes Schreiben an Wibert sowie dessen Antwort (vgl. K.Jordan, MIÖG 62 [1954], 159-164) sind verloren. Der von Bonizo v. Sutri (ed. E.Perels, 204) erwähnte »Libellus« A.s zur Kanonikerreform ist ebenfalls verloren (vgl. J.Leclercq, StGreg 6 [1959-61], 176 Anm. 7a). Eine Parallele zu diesem Werk dürfte aber lib. VII der Kanonessammlung darstellen. Zu den kleineren oder verlorenen Schriften vgl. DBI III, 406. Einen »Sermo de caritate« hat E.Pasztor entdeckt (BISIAM 77 [1965], 96-104).

Th.Kölzer

Q.: Vita Anselmi Luc. [nicht Bardo!], MGH SS XII, 13-35; SS XX, 693-696 [Auszüge] - Ranger. Anselm., MGH SS XXX/2, 1152-1307 - Collectio canonum, ed. [unvollständig] F.Thaner, 1906-15 [Neudr. 1965]; Rubriken in MPL 149, 485-534. Vgl. BHL Nr. 536-540 - Repfont II, 368f. - *Lit.:* DBI III, 399-407 - E.Pasztor, Sacerdozio e regno nella ›Vita Anselmi episcopi Lucensis‹, AHP 2, 1964, 91-115 - M.L.Corsi, Note sulla famiglia da Baggio (secoli IX-XIII), Raccolta di studi in memoria di G.Soranzo, 1968, 166-206 - J.Ziese, Hist. Beweisführung in Streitschr. des Investiturstreites, 1972, 18-95 - H.Fuhrmann, Einfluß und Verbreitung der pseudoisidor. Fälschungen II, 1973, 509-522 - H.Schwarzmaier, Lucca und das Reich im 11.Jh., 1973, 400-412.

4. A. V., *Ebf. v. Mailand* 1126-35, † 1136. A. stammte aus der vornehmen mailänd. Familie der de Pusterla, hatte in Tours und Paris (1106-07) und in Laon (1109-10) studiert und war vor seiner Wahl Mitglied des Domkapitels der ordinarii. Unter dem Einfluß der Kommune, die sich damals dem Widerstand der mailänd. Kirche, insbes. der zweiten → Pataria, gegen die zentralist. Bestrebungen des Papsttums angeschlossen hatte, verteidigte A. gegenüber Honorius II. das Vorrecht der mailänd. Ebf.e, das Pallium durch päpstl. Legaten in Mailand zu erhalten, krönte den Gegenkönig Konrad, weshalb er 1128/29 exkommuniziert wurde, schloß sich 1130 Anaklet II. an, der ihm das Pallium in der in Mailand üblichen Form verlieh. Aber als die Partei Innozenz' II. in Mailand an Einfluß gewann, wurde A. 1134/35 vor einer städt. Versammlung u.a. wegen Ketzerei (Schisma?) angeklagt und vertrieben; Innozenz setzte ihn auf dem Konzil v. Pisa ab. Bald darauf wurde er gefangengenommen u. Innozenz ausgeliefert. Er starb in Rom eines gewaltsamen Todes. L.Fasola

Lit.: DBI III, 415-417 - P.Zerbi, La Chiesa Ambrosiana di fronte alla Chiesa Romana dal 1120 al 1135, StM, R. III, 4, 1963, 162-184, 192-205 - Ders., I rapporti di S. Bernardo di Chiaravalle con i vescovi e le diocesi d'Italia (Vescovi e diocesi in Italia nel Medioevo, 1964, I), 222-231, 245-282.

5. A. von Besate (Anselmus Peripateticus), Mitte 11.Jh., stammte aus dem it. Geschlecht der Herren v. Besate und war Angehöriger der Mailänder Kirche. Seine Lehrer waren Drogo in Parma, Sichelmus in Reggio. Er war der einzige sicher nachweisbare Italiener in der Kapelle Ks. Heinrichs III. (sog. Heinrich C, seit 1045). In Hildesheim besaß er unter Bf. Hezilo eine Pfründe und starb dort wohl sehr jung. Auf ihn gehen die gr. Buchstaben in den Rekognitionszeichen der Königsurkunden zurück. A. ist der Verfasser der »Rhetorimachia« (entstanden etwa 1046-1048), eines Pamphlets und einer Lehrschrift zugleich mit erfundenen, aber auch wahren Angaben über die Laster der Kleriker, der äußeren Form nach ein Brief, den A. an seinen Vetter Rotiland gerichtet hat, in einer Mischung aus Prosa und Versen, unterteilt in drei Bücher, in Anlehnung an die antiken Rhetoriker. H.-J.Rieckenberg

Ed. und Lit.: A. v. B., Rhetorimachia, hg. K.Manitius, MGH QG II, 2, 1958, 95-183; vgl. Ders., DA 12, 1956, 56ff. - Repfont II, 365.

6. A. v. Canterbury
I. Leben und Wirken - II. Das literarische Werk - III. Die wissenschaftliche Methode - IV. Der philosophisch-theologische Systemgedanke - V. Die Wirkungsgeschichte.

I. Leben und Wirken: * 1033 (oder Anfang 1034) in Aosta, † 21. April 1109 als Ebf. in Canterbury.

a) Die *Hauptquelle* seines Lebens und Wirkens ist das Doppelwerk seines Sekretärs und Biographen → Eadmer († ca. 1121): Vita s. Anselmi archiepiscopi Cantuariensis, ed. R.W.Southern, Oxford Med. Texts, 1972 und Historia Novorum in Anglia, edidit M.Rule, RS 81, 1-302; MPL 159, 347-524). Die Vita noch zu Lebzeiten A.s begonnen, wurde nach dessen Tod durch mehrere Überarbeitungen zur Heiligenvita umgeformt. – Vgl. ferner Johannes v. Salisbury († 1180) Vita s. Anselmi archiepiscopi Cantuariensis, MPL 199, 1009–1040. – In zeit- und geistesgeschichtl. Hinsicht kommt der in zwei Bücher gegliederten Briefsammlung A.s bes. Bedeutung zu (ed. F. S. SCHMITT, Opera omnia III, 93–294; IV, 3–232; V, 233–423).

b) In der Klosterschule seines Landsmannes → Lanfranc in Bec trat A. 1060 in den Benediktinerorden ein; er wurde dort 1063 Prior und (als Nachfolger Lanfrancs) Leiter der Schule und 1079 Abt. Er machte Schule und Konvent zu einer bekannten und gesuchten Stätte der Gelehrsamkeit unter dem benediktin. Ideal der Erziehung »in litteris et virtutibus«. Die Disziplinen der litterae, des Triviums (→ artes liberales), betrachtete er als Basis des Bildungsganges (Ep. 64, Op. III 180f.; Ep. 290 ebd. IV 209f.), dessen Ziel die sittl. Ertüchtigung des geistl. Menschen ist. A. erweist sich als Pädagoge, der die Gefahren einer nur auf Zucht und Strafe bedachten Erziehung sehr deutl. sah (Eadmer Vita I c. 22, ed. SOUTHERN 37–40), der sexuelle Vorurteile abbaute (ebd. I c. 14 ed. 23 f.) und immer wieder auf die Bedeutung der Geduld und des liebenden Interesses des Erziehers hinwies. Personale Bindung bringt den Schüler nicht in ein Abhängigkeitsverhältnis zum Lehrer, sondern erweckt das Bewußtsein der eigenen Verantwortung und Freiheit (Ep 4.19-23, Op. III 104; Ep. 16 ebd. 121f.; Ep. 59 ebd. 173f.

c) 1093 ernannte Kg. Wilhelm II. Rufus v. England A. (als Nachfolger des bereits 1089 verstorbenen Lanfranc) zum Ebf. v. Canterbury. Nicht ohne Bedenken leistete er den Lehenseid, wurde am 25. Sept. 1093 inthronisiert und am 4. Dez. konsekriert. Als Ebf. v. Canterbury war er Primas der Kirche von England, die Wilhelm der Eroberer nach den »usus atque leges quas patres sui et ipse in Normannia habere solebant« (»Gebräuchen und Gesetzen, die seine Väter und er selbst in der Normandie gepflogen hatten«) organisiert hatte: Der Kg. bestellt die Bf.e, Äbte und höheren Prälaten. Nur mit seiner Erlaubnis durften päpstl. Schreiben oder Legaten empfangen werden. – Der Einfluß Roms auf die engl. Kirche war auch zur Zeit Gregors VII. (1073–85) weitgehend ausgeschaltet. – Kein Bf. durfte über Barone und Diener des Kg.s wegen eines Kapitalvergehens eine öffentl. Kirchenstrafe verhängen.

Wegen dieser sog. *norman customs* kam es zu den Auseinandersetzungen (des engl. Investiturstreites) zw. A., der von den Reformpäpsten Urban II. (1088–99) und Paschalis II. (1099–1118) unterstützt wurde, und Kg. Wilhelm II. und Heinrich I., auf deren Seite die Mehrheit der Reichsbischöfe stand. A. ging zweimal (1097–1100 und 1103–06) ins Exil. Erst im Juli 1105 bahnte sich der Ausgleich an, der die Zustimmung Paschalis' II. und des engl. Hoftages zu Westminster (Aug. 1107) fand.

A.s Kirchenkampf ist theolog. motiviert. Die Kirche steht unter dem Gesetz Gottes, das in den hl. canones der Synoden und in der gottgegebenen auctoritas des hl. Petrus und seiner Nachfolger wirksam ist. Unabhängig von äußerer Gewalt muß sich die Kirche als »freie Braut«, nicht als »hörige Magd« (Ep. 235. 21-24 ebd. IV 143) auf ihre Vollendung hin ausrichten. Nach innen suchte A. die Kirchenreform v. a. durch die Erneuerung des Klerus voranzubringen. Er ging auf den Reformsynoden mit aller Schärfe, aber wenig Erfolg gegen die Priesterehe vor, die noch im 12. Jh. weit verbreitet war (vgl. C. N. L. BROOKE, CHJ 12, 1956, 1–21): Keuschheitsversprechen bei den höheren Weihen, Ehehindernis dieser Weihen.

II. DAS LITERARISCHE WERK: *a) Die echten Schriften* in der krit. Ausg. von F. S. SCHMITT OSB: S. Anselmi Cantuariensis Archiepiscopi Opera omnia. Vol. I, 1938, Vol. II–VI, 1946–61; Ed. photomechanica in 2 tomis. Rec. F. S. SCHMITT, 1968. – Unkrit. Ausg.: Paris 1675, 1721 (von Gerberon, Mauriner-Kongregation), abgedr. in MPL 158 und 159. – *1.* Monologion (Selbstgespräch) I 1–87, 1076 (möglicherweise erst 1077 vollendet); lat.-dt. F. S. SCHMITT, 1964. – *2.* Proslogion (Anrede), I 89–139, um 1077/78 (die Einrede Gaunilos und die Antwort A.s wenig später); lat.-dt. F. S. SCHMITT, 1962; lat.-frz. A. KOYRE, 1964³. – *1. 2.* dt. R. ALLERS, A. v. C., Leben, Lehre und Werke, übers., eingel. und erl., 1936, 251–348, 349–400; engl. S. W. DEANE, 1962; lat.-engl. M. J. CHARLESWORTH, 1965; lat.-it. F. S. SCHMITT-G. SANDRI, 1959.

3. De grammatico (Über den Grammatiker) I 141–168, zw. 1080/85 (möglicherweise schon vor 1070); lat.-engl. D. P. HENRY, 1964. – *4.* De veritate (Über die Wahrheit) I 169–199, zw. 1080/85; lat.-dt. F. S. SCHMITT, 1966. – *5.* De libertate arbitrii (Über die Freiheit des Willens) I 201–226, zw. 1080/85. – *6.* De casu diaboli (Vom Fall des Teufels) I 227–276, nach 1085(–95). – *4. 5. 6.* dt. R. ALLERS, A. v. C., 1936, 401–418, 467–497, 499–524 (gekürzt); lat.-engl. J. HOPKINS-H. RICHARDSON, 1967.

7. Epistola de Incarnatione Verbi (Lehrbrief über die Fleischwerdung des Wortes) I 277–290 (1. Red.) vor dem 7. Sept. 1092, II 1–35 (2. Red.) Anfang 1094. – *8.* Cur Deus homo (Warum ist Gott Mensch geworden) II 37–133, zw. 1094/97 begonnen, 1098 vollendet; lat.-dt. F. S. SCHMITT, 1970³; lat.-frz. R. ROQUES, 1963 (SC 91); engl. S. W. DEANE, 1962. – *7. 8.* dt. R. ALLERS, A. v. C., 1936, 419–445, 447–466 (gekürzt).

9. De conceptu virginali et de originali peccato (Über die jungfräul. Empfängnis und die Erbsünde) II 135–173, zw. 1100/1101. – *10.* De processione Spiritus sancti (Über den Hervorgang der Hl. Geistes) II 175–219, 1102. – *7. 8. 9. 10.* lat.-engl. J. M. COLLERAN, 1969.

11. Epistola de sacrificio azymi et fermentati (Lehrbrief über das Opfer des ungesäuerten und gesäuerten Brotes) II 221–242, zw. 1106/1107. – *7. 8. 9. 10. 11.* lat.-engl. J. HOPKINS-H. RICHARDSON, 1970.

12. De concordia praescientiae, praedestinationis et gratiae Dei cum libero arbitrio (Über die Vereinbarkeit der Vorherwissens, der Vorausbestimmung und der Gnade Gottes mit dem freien Willen) II 243–288, zw. 1107/1108; dt. R. ALLERS, A. v. C., 1936, 525–563 (gekürzt). – *13.* Orationes sive Meditationes (Gebete und Betrachtungen) III 1–91, zw. 1063/1109; dt. (Auswahl) L. HEBLING, 1965. – *14.* Epistolarum liber primus. III 93–294; liber secundus, prima pars, IV 1–232; altera pars, V 233–423.

b) Reportata (Nachschriften) der Schüler: 15. Anselmi archiepiscopi Liber de humanis moribus per similitudines, ed. R. W. SOUTHERN-F. S. SCHMITT, Memorials of St. A., 1969 (ABMA 1), 1–103. – *16.* Alexandri monachi Cantuariensis Liber ex dictis beati Anselmi, ebd. 105–195; Miracula, ebd. 196–268. – *17.* Eadmeri Cantuariensis monachi scriptum de beatitudine perennis vitae sumptum de verbis beati Anselmi, ebd. 271–360. – *18.* Miscellanea Anselmiana, ebd. 293–360.

c) Schriften, deren Echtheit nicht unbestritten ist: 19. Libri sancti Anselmi »Cur Deus homo« prima forma inedita..., ed. E. DRUWÉ, 1933 (AnGr 3); vgl. RIVIÈRE RHE 31, 1935, 501–540, RevSr 16, 1936, 1–32. – *20.* De potestate et impotentia, possibilitate et impossibilitate, necessitate et libertate, ed. F. S. SCHMITT, 1936 (BGPhMA 33); vgl. H. WEISWEILER: Schol. 13, 1938, 103–105. – *21.* De unitate divinae essentiae et pluralitate creaturarum..., d'après Jean de Ripa, par A. COMBES, 1944 (EPhM 34).

d) *Pseudoepigrapha* der Pariser Ausgabe von 1675 des G. GERBERON und MPL 158 und 159; vgl. P. GLORIEUX, MSR. C 9, 1952, 61–63. – *22*. Homiliae et exhortationes, ed. GERBERON 155–194; MPL 158, 585–688; vgl. A. WILMART, AHDL 2, 1927, 5–29. – *23*. Carmen de contemptu mundi, ebd. 195–200, 687–706, aliud carmen, ebd. 200f. 705–708; vgl. R. BULTOT: Script. 19, 1965, 30–41. – *24*. Liber meditationum 22 et orationum 75, MPL 158, 709–1016 (teilweise unecht, s. 13). – *25*. Hymni et Psalterium de s. Virgine Maria, MPL 158, 1035–1050; ed. P. LE RAGEY, 1883. – *26*. Epistola 107 De coena Domini (»Abendmahlsbrief Anselms«) MPL 159, 255–258; vgl. A. STOELEN: RThAM 34, 1967, 18–83. – *27*. Zu den ps. anselm. mariolog. Traktaten des Eadmer De conceptione sanctae Mariae (ed. H. THURSTON-T. SLATER, 1904, MPL 159, 301–318) und De excellentia gloriosissimae virginis matris Dei (MPL 159, 557–580) vgl. R. W. SOUTHERN, Saint A. and his Biographer, 1966, 287–296. Zur Epistola s. Anselmi ad coepiscopos Angliae (über das »festum conceptionis«) vgl. EMMEN, Virgo Immaculata V, 1955, 137–150.

e) Mehrere Schriften A.s (z. B. nr. 7, 8, 11, 12) sind in verschiedenen Redaktionen überliefert: die endgültige hat A. in der Regel mit Vorwort und Inhaltsverzeichnis versehen. Die lit. Form des Dialogs ist immer auch Denk- und Lehrform. Das lebendige Wort ist der ursprgl. Ort des Denkens (Prosl. proem. Op. I 93. 3 f.). Auch die Meditationen und Gebete haben diesen dialog. Charakter, welcher der Frömmigkeit des MA gute Dienste geleistet hat. – Die Adressaten der Schulschriften sind A.s Schüler und Freunde (nicht nur in Bec). Im »Proslogion« und in »Cur Deus homo« wandte er sich über diese hinaus an den »insipiens« und »infidelis«.

Der Törichte, der im Psalm 14, 1 (bzw. 53, 2) spricht: »Es gibt keinen Gott!«, ist in A.s Blickfeld nicht der Vertreter eines kämpfer. Atheismus, und der Ungläubige, d. h. der Jude und der Muslim, für den die Menschwerdung Gottes ein Unding ist, ist nicht einfach glaubenslos. Aber jede Form des Atheismus und des Unglaubens betrifft den Theologen A. und macht ihn nicht nur zum Apologeten, den Irrtum und Unglauben der Zeitgenossen beschäftigen, sondern zum krit. Theologen, dem die Rationalität des Glaubens und des Dogmas eine ständige Aufgabe ist.

III. DIE WISSENSCHAFTLICHE METHODE: a) Das Monologion und Proslogion verfaßt A. in der Rolle dessen, »der still mit sich überlegend nach dem forscht, was er nicht weiß« (Prosl. proem. Op. I 93,3 f.; Monol. prol. ebd. 8, 18 f.). In der Inwendigkeit nachdenkl. Betrachtens verlautet das offenbarende Wort des wesentl. und wirkl. Wahren und Guten; dieses lebendige Wort steht in Entsprechung zum lebendigen Wort des Geistes, der gar nicht gedacht werden kann ohne das substanziale Wort und ohne die substanziale Liebe« (Monol. c. 49–55 Op. I 64–67). Innerung und Bewußtsein (»memoria«), Erkenntnis und Einsicht (»intelligentia«) und Liebe (»amor«), sind konstitutiv für den schöpfer. und geschöpfl. Geist. A. gehörte und rechnete sich auch zur augustin. Tradition (vgl. Monol. prol. Op I, 8), und dieser Denkhorizont wird nicht dadurch grundlegend geändert, daß er sich entschiedener als Augustin der aristotel.-boethian. Logik und Dialektik zuwandte. Der Glaube sucht für Gottes Wesen und sein Wirken in der Welt und in der Heilsgeschichte den denknotwendigen Beweisgrund.

b) Im »Proslogion« demonstrierte A. das wissenschaftl. Programm des Glaubens, der den zwingenden Beweisgrund sucht: »fides quaerens intellectum«. – In den soteriolog. Schriften wandte A. diese Methode an! – Diesen denknotwendigen Beweisgrund er- und vermittelte A. (im Prosl. c. 2 u. 3 Op. I 101.4 f., 103.1 f.) mit dem Begriff von »etwas, über den nichts Größeres gedacht werden kann«. Dieses kann als »nicht-existierend« nicht einmal gedacht werden. Obwohl A. in den Kap. 5–22 diesen Mittelbegriff eines Wesenshöchsten, dem die Existenznotwendigkeit als Eigentümlichkeit zukommt, vielfältig erläutert, so können doch diese analyt. Denkhilfen die synthet. Kraft seines Beweisganges nicht mehr verstärken: »So wirklich also bist Du, Herr mein Gott, daß Du als nichtexistierend auch nicht gedacht werden kannst.« (Prosl. c. 3 Op. I 103. 3 f.)

Die Kraft des Beweisganges muß vielmehr aus dem Ganzen anselm.-augustin. Denkens begriffen werden: Denken und Erkennen sind nicht ohne innere Schau und Erfahrung, denn »Denken heißt, eine Sache geistig schaubar machen«. »Videre ist Grundwort für Verstehen«, H. U. v. BALTHASAR, Herrlichkeit II 226. Die geschaute Gestalt hat in ihrer Helligkeit etwas Unwiderlegliches. Und der Glaube ist nicht ohne diese erkennende Schau. Im Glauben erschwingt der Intellekt die Erkenntnis des höchsten Wesens. So sehr aber der Intellekt durch den Glauben angespannt und angestrengt wird, die Erkenntnis hebt den Glauben nicht auf. Die formale und formalisierende Kraft dialekt. Denkens er- und vermittelt jene Helligkeit des Glaubensinhaltes, die dem Glaubensakt die Festigkeit und Solidität, dem Erkennen aber die Notwendigkeit verleiht.

Die »rationes necessariae« erfüllen den Anspruch der Dialektik. Die Theologie ist nicht ohne die Philosophie (Dialektik). A. hat die Symboltheologie an die Dialektik die Meditation (und Mystik) an die Argumentation angebunden und hat so den Weg der Scholastik erschlossen. Der »intellectus fidei« ist ein komplexer Akt der ideativen Schau, der dialekt. begriffl. Anstrengung und der personalen Erfahrung. Wird eine Dimension unterdrückt, so wird der Beweisgang (und das theol. Programm) A.s in die Enge geführt. Die Auslegungsgeschichte des sog. ontolog. Gottesbeweises ist dafür ein Beleg.

c) Die aristotel. Kritiker des Beweises (im 13. Jh., z. B. Thomas v. Aquin) haben den Gedankenfortschritt A.s vom gedachten vollkommensten Sein zum Dasein des gedachten Vollkommensten kritisiert. Ausgehend von der prinzipiellen Differenz zwischen »esse« und »essentia« (Sein und Wesen) und der nicht weniger prinzipiellen Indifferenz der »essentia« gegenüber einer bestimmten Seinsweise, hielten diese Kritiker dafür, daß die für Gott wesenhafte Identität von Wesen und Sein nur metaphys. aufzuweisen sei. Die scholast. Verteidiger des »Gottesbeweises« z. B. Bonaventura, »ein treuer Schüler des hl. Anselm« (E. GILSON) waren nicht weniger um eine metaphys. Vertiefung des Beweisganges bemüht. Beide, Kritiker und Befürworter, lösten das ontolog. Argument aus der Gesamtkonzeption. – Den theol. Charakter des Beweises radikalisiert K. BARTH in seinem Anselm-Buch; und den sprachlog. radikalisieren die Vertreter der analyt. Philosophie, u. a. MALCOLM (Wittgensteinschule) und HARTSHORNE (Whiteheadschule). Diesen Interpreten des Beweises geht es nicht mehr um das Subjekt des Argumentes, Gott, sondern nur um das Prädikat des »Existenz-Notwendigen«, das modal untersucht wird. Zur Kritik vgl. H. G. HUBBELING, ZThK 67, 1970, 98–127 und MESSNER, AAns IV, 1, 1976, 333–345. Zur gegenwärtigen Diskussion über das ontolog. Argument vgl. AAns IV, 1, 1975, 59–364.

IV. DER PHILOSOPHISCH-THEOLOGISCHE SYSTEMGEDANKE: a) In augustin. Tradition ging A. das Weltverständnis von der Idee der schöpfer. Fülle des Guten her an, er überschritt dabei an keiner Stelle die Grenze zur dionys.-neuplaton. Theologie, die aus den Schriften des → Johannes

Scotus Eriugena bekannt war, und in der Gott »der hypostasierte Inbegriff seines Nicht-Seins im Verhältnis zu allem anderen Sein« ist (BARTH, Dogmatik II, 1 343). Vielmehr ist das Seiende in seinem Hersein durch das Nichts begrenzt. Es hat seinen Ort im lebendigen schöpfer. Wort Gottes. Von diesem Grundgedanken des personalen Wortes des schöpfer. Geistes erklärte A. einerseits das Schöpfungsgeschehen, seine ewigkeitl. Planung, zeitl. Durchführung und eschatolog. Vollendung ohne jeden Gedanken an die ewigkeitl. Wesensgründe (»causae primordiales« des Scotus Eriugena); zum anderen entwickelte er aus diesem Gedanken den trinitar. Gottesbegriff (Augustins sog. »psychologische Trinitätslehre« schöpfungstheol. überformend). Im schöpfer. göttl. Wortgeschehen »ist alles eins wo nicht die Verschiedenheit der Beziehungen begegnet« (vgl. De process. Spir. S. c. 1 Op. II 181. 2–5 und ö.). Dieses Axiom ging in die Lehrsprache der Theologie ein (vgl. DENZINGER-SCHÖNMETZER 1330). – Die geistbegabte Kreatur kann das ihr geschenkte Sein nur in der Ausrichtung auf das Ewig-Gute, Wahre in Freiheit vollziehen. Rechtheit (»rectitudo«) und Freiheit gehören zusammen. Der rechte Wille um der Rechtheit willen (De lib. arb. c. 3 Op. I 212. 22 f.; De concord. q. III c. 3 Op. II 266. 2–7) ist Sache der Freiheit; die Freiheit ist Gabe und Gnade der ursprgl. Rechtheit. Freiheit und Rechtheit wachsen bzw. nehmen in gleicher Weise ab.

b) Sowenig sich das Geschöpf in diese Rechtheit der Freiheit selbst setzen kann, sowenig kann es die in Freiheit verwirkte Rechtheit aus sich wiederherstellen. »Über den Sturz des Teufels« (De casu diaboli) reflektierte A. das Unheilsgeschehen des Abfalls des Menschen von Gott. Der Sünder raubt dem Schöpfer die schuldige Ehre, liefert sich der bösen Begierlichkeit aus, die ihn desorientiert und desintegriert (ebd. c. 26 Op. II 274.) und gerade so ruiniert. Der ursprgl. Rechtheit und Freiheit bar, steht alles menschl. Leben unter dem tödl. und schuldigen Mangel der ursprgl. Rechtheit und der Gerichtsverfallenheit. Von dieser Schuld- und Notlage (des »peccatum originale« Erbsünde) ging A. in der Frage nach Heil und Erlösung aus.

c) »Cur Deus homo?«. Vom Ungenügen der patrist. »Loskauftheorie« und deren Konvenienzgründen überzeugt und der Suche nach den »rationes necessariae« (s. o. III. b), »aus welcher Notwendigkeit... Gott... die Niedrigkeit... der menschlichen Natur zu ihrer Wiederherstellung angenommen hat« (Cur Deus homo I c. 1 Op. II 48. 22–24), entwickelte Anselm die genuin lat. Erlösungslehre (Satisfaktionstheorie)! Die Ausrichtung des freien Willens hin auf Gott in der ursprgl. und urtüml. Rechtheit des Geistes ist die einzige und ganze Verherrlichung des Schöpfers durch das Geschöpf. »Nichts aber ist in der Schöpfungsordnung unerträglicher, als wenn das Geschöpfliche dem Schöpfer die schuldige Ehre verweigert, nicht erstattet, was es raubt« (ebd. I c. 13 Op. II 71 f.). Solches Gewicht hat die Sünde, daß nur eine frei geleistete Genugtuung von unendl. Wert Gottes Ehre wiederherstellen kann. Was also der Mensch leisten sollte, als Sünder aber nicht vermag, und also nur Gott vollbringen kann, hat der Gott-Mensch Jesus Christus für uns vollbracht (ebd. II c. 7 Op. II 101 f.). In ihm hat das personale schöpfer. Wort Gottes die konkrete, geschichtliche, personale Natur des Menschen angenommen, um in der Identität des göttl. Logos die menschl. Person zu heilen und zu retten. Der Gottes Sohn ist kein anderer als der Sohn Marias der Jungfrau (ebd. II c. 9 und 16 Op. II 105 f., 121, 23 f.). »Darum sollte jene Jungfrau in solcher Reinheit glänzen, wie sie nach Gott nicht größer denkbar ist (De conceptu virgin. c. 18 Op. II 148, 17 f.). Dieses mariolog. Axiom ist später in der Idee der »praeservatio« (der Rettung Marias von der Erbsünde im voraus) fruchtbar geworden.

Die Grundanliegen der Erlösungslehre werden verfehlt, wenn die Auslegung einerseits nicht die unabdingbare Zusammengehörigkeit von Barmherzigkeit und Gerechtigkeit (Wahrheit) Gottes im Heilshandeln, die A. von der Bibel her (Ps 25, 10; 85, 11; 117, 2 u. ö.) und vom Monol. (c. 9 Op I 106–108) an beachtete, in acht nimmt – Im Erweis seiner Liebe ist Gott wahr (gerecht) und er ist sich treu in der Barmherzigkeit! – und wenn andererseits nicht gesehen wird, daß es bei Gottes erlösender Gerechtigkeit nicht so sehr darauf ankommt, daß »für unendliche Schuld unendlich wertvolle Buße getan werden muß« als vielmehr, »daß es nur dann recht (juste) zugeht, wenn der Mensch, auf dessen Seite die Schuld liegt, von sich her zu zahlen vermag; was tiefer heißt: 'von sich her aufsteht und sich wieder aufrichtet'« (Cur Deus homo II c. 8 Op. II 103.9), U. v. BALTHASAR, Herrlichkeit II 253 f. Der Einfluß rechtssoziolog. Vorstellungen des germ. Ehrverständnisses braucht dann nicht übersehen zu werden. A.s Erlösungslehre wurde in ihrer Geltung auch durch die Reformation nicht erschüttert. Vgl. H. P. KOPF, Die Beurteilung von A.s 'Cur Deus homo' in der protestant. deutschsprachigen Theologie seit F. CH. BAUR, 1956; KESSLER, Die theol. Bedeutung des Todes Jesu. Eine traditionsgesch. Unters., 1970.

V. WIRKUNGSGESCHICHTE: Den wissenschaftl. Ruf der Schule in Bec begründeten zunächst die beiden Frühschriften (Monol. und Prosl.), die nachweisl. die Gotteslehre des → Honorius Augustodunensis und der Viktoriner, des → Achard († 1171) und → Richard v. St.-Viktor († 1173) beeinflußten. A.s Anliegen der begriffl.-dialekt. Erhellung und Begründung der Vätertheologie ist für die »scholastische Methode« der wissenschaftl. Überformung der »auctoritas« durch die »ratio« wirksam und bestimmend geworden. Aus der säkularen Geschichte des anselm'schen Gottesbeweises (s. o. III. c) zweigten in der Neuzeit Descartes, Leibniz, Wolff u. a. die philosoph.-theol. Apologetik ab. – A.s Verständnis des »liberum arbitrium«, das seinerseits in der patrist. Tradition stand, beeinflußte nachhaltig die Zisterziensertheologen Bernhard v. Clairvaux († 1153), Isaak v. Stella († ca. 1169) und den Verfasser des (Alcher von Clairvaux zugeschriebenen) »Liber de spiritu et anima«. Zum weiteren Einfluß auf Hugo v. Rouen, Robert v. Melun, Johannes Blund, Philipp den Kanzler vgl. LOTTIN, Psychologie et Morale IV, 2, 1954, 832; ebd. IV, 1 A.s Einfluß auf die scholast. Erbsündelehre. Zu seinem Einfluß auf die scholast. Heilslehre und Mariologie vgl. o. IV. 3. L. Hödl

Ikonographie: Dargestellt als Bischof, dem Christus und Maria erscheinen, als Abt und Mönch, Attribute Buch oder Schiff. Früheste Darstellungen sind Autorenbilder seit dem Anfang des 12. Jh. in Frankreich, England und Italien. Einzeldarstellung als Abt auf einem Wandgemälde in S. Miniato al Tedesco, S. Francesco, 14. Jh.

G. Binding

Bibliogr.: Anselme de Cantorbéry Pourquoi Dieu s'est fait homme, hg. R. ROQUES, 1963, SC 91, 463–500 – R. POUCHET, La rectitudo chez Saint Anselme. Un itinéraire augustinien de l'âme à Dieu, 1964 (Etud. Augustin.), 267–275 – TOTOK II, 183–191 – L. J. BATAILLON, Bull. d'hist. des doctrines médiévales: 4. S. Anselme, RSPhTh 50, 1966, 88–97 – L. MERTON, MonS 3, 1965, 221–236 – AAns I, 1969, 269–280 – The Many-Faced Argument. Recent. Stud. on the Ontological Argument for the Existence of God, hg. J. HICK und A. C. MCGILL, 1968, 357–370 – A. C. MCGILL, Recent Discussions of Anselm's Argument, ebd. 33–110 – Vgl. MÜLLER, Saint Anselme, docteur de l'église, AAns IV, 1, 1975, 47–58 – Q.: Zur Bibliographie A.s s. o. I – Werke A.s vgl. II.

Lit.: *Reihen und Sammelwerke:* Spicilegium Beccense I, Congrès internat. du IXe centenaire de l'arrivée d'Anselme au Bec, 1959 – Sola ratione. Anselm-Studien für F.S.Schmitt zum 75.Geburtstag, hg. H.K.KOHLENBERGER, 1970 – *Einzeluntersuchungen:* A.STOLZ, A. v. C., 1937 (Gestalten des chr. Abendlandes I) – G.SÖHNGEN (Die Einheit der Theologie. Ges. Abh., Aufsätze, Vortr., 1952), 24–62 – K.BARTH, Fides quaerens intellectum. A.s Beweis der Existenz Gottes im Zusammenhang seines theol. Programms, 1958² – A.BUTLER, Die Seinslehre des hl. A. v. C., 1959 – G.H.WILLIAMS, A. Communion and Atonement, 1960 – H.U. v. BALTHASAR, Herrlichkeit II: Fächer der Stile, 1962, 219–263 – J.KOPPER, Reflexion und Raisonnement im ontolog. Gottesbeweis, 1962 – P.MAZZARELLA, Il pensiero speculativo di S. Anselmo d'Aosta, 1962 (Pubbl. Ist. Univ. di Mag. di Catania. Ser. filosof. Saggi e monogr. 38) – G.OTTINA, La dottrina della libertà in S. Anselmo, 1962 – R.W.SOUTHERN, St.A. and his biographer, 1963 – CH.HARTSHORNE, A.s Discovery: A Re-examination of the Ontological Proof for God's Existence, 1965. [Lit.] – A. PEGIS, MSt 28, 1966, 228–267 – F. HAMMER, Genugtuung und Heil. Absicht, Sinn und Grenzen der Erlösungslehre A.s v. C. (WBTh 15), 1967 – D. HENRICH, Der ontolog. Gottesbeweis. Sein Problem und seine Gesch. in der NZ, 1967² [Lit.] – W. FRÖHLICH, AAns I, 1969, 223–267 – CH. ARMSTRONG, DR 86, 1968, 354–376 – R. HAUBST, Vom Sinn der Menschwerdung »Cur Deus homo«, 1969 – K.-F. UBBELOHDE, Glaube und Vernunft bei A. v. C. Eine Stud. zur Genese systemat. Theologie zum zum Verständnis von »Theologia« und »Philosophia« zw. Patristik und Frühscholastik [Diss., Göttingen 1969] – J. VUILLEMIN, Le Dieu d'Anselme et les apparances de la raison, 1971 – DIES., AGPh 53, 1971, 278–299 – TH. BUSKE, ThZ 28, 1972, 197–211 – J. HOPKINS, A companion to the study of St. A., 1972 [Lit.] – H.K.KOHLENBERGER, Similitudo und ratio. Überlegungen zur Methode bei A. v. C., 1972 – A.SCHURR, ArPh 35, 1972, 111–126 – W. SIMONIS, Trinität und Vernunft. Unters. zur Möglichkeit einer rationalen Trinitätslehre bei A., Abaelard, den Viktorinern, A.Günther und J.Frohschammer, 1972 – G.GRESHAKE, TQ 153, 1973, 323–345 – DERS., 1973 (QD 61), 69–101 – J.FELLERMEIER, ThGl 64, 1974, 249–286 – J.BRECHTKEN, FZPhTh 22, 1975, 171–203 – W.MOHR, A. v. C. als Reformer und seine Auswirkung auf die Entwicklung der Gewaltenfrage in England, AAns IV, 2, 1975, 223–312 – F. ULRICH, FZPhTh 22, 1975, 70–170 – S. Vanni Rovighi, Sapientiae Procerum Amore. Mélanges MÜLLER, 1975 (StA 63). *Ikonographie:* LCI V, 195–197.

7. A. v. Gembloux → Sigebert v. Gembloux

8. A. v. Laon († 15. Juli 1117), Schüler des → Anselm v. Canterbury in Bec, stand seit ca. 1080 (zusammen mi seinem Bruder Radulf) der Kathedralschule in → Laon vor und brachte diese in Zusammenarbeit mit →Wilhelm v. Champeaux († 1122) zu hohem Ansehen, das viele Zeitgenossen rühmen: Johannes v. Salisbury (Metalogicon I c. 5, ed. WEBB 17), Rupert v. Deutz (De omnipotentia Dei c. 26 MPL 170, 476), Gottfried v. Auxerre (Contra capitula Gilberti, ed. MPL 185, 616), Philipp v. Harvengt, Epistola VII MPL 203, 58), der seinem Lehrer einen begeisterten Nachruf widmete (MPL 162, 1180). Dieses Ansehen muß trotz der scharfen Kritik auch Abaelard (Historia Calamitatum, ed. MONFRIN, 1967³, 68) bestätigen. Mit den beiden Formen seiner Schriftauslegung, einer ausführl. Kommentierung und einer knappen Glossierung, hat A. der frühscholast. Theologie sachl. und method. den Weg gewiesen. Bei aller Verschiedenheit der Vätersentenzen muß deren Übereinstimmung gesucht werden, z.B. in der Streitfrage der theolog. Deutung des göttl. Wollens. Darüber schrieb A. an Heribrand, Abt von St.Laurentius in Lüttich (ed. O. LOTTIN, Psychologie et morale V, 175–178): »Sententiae... diversae, sed non adversae, in unam concurrunt convenientiam... (ebd. 176)« ('Die verschiedenen, aber nicht widersprüchl. Sentenzen der Väter kommen ineins zur Übereinstimmung').

Exegetische Werke: Psalmenkommentar, gedruckt MPL 116, 193–696 unter dem Namen des Haimo v. Halberstadt [Zuweisung an A. umstritten], Kommentar zum Hohenlied, der nach LECLERCQ (RTh 16, 1949, 29–39) in drei von einander unabhängigen Fassungen überliefert ist, Fragmente eines Genesis- und Paulinenkommentars. – Der noch ungedruckte Paulinenkommentar Cambridge MS Trinity College B I 29 (27) fol. 48v–103 stammt aus A.s Schule, möglicherweise von Radulf. Die in MPL 162 gedruckten Enarrationes in Matthaeum, E. in Cantica Canticorum und E. in Apocalypsim gehören ihm nicht.

Von A. ging auch die Initiative aus zu einem umfassenden, vornehml. auf Vätersentenzen beruhenden, aber auch die magistri moderni (z.B. Manegold v. Lautenbach, Berengar v. Tours, Lanfranc) berücksichtigenden Glossenwerk zum AT und NT, das im ganzen MA als *Glossa* benutzt wurde und seit dem 15.Jh. (unkrit. und fälschl. unter dem Namen des Walahfrid Strabo [† 849]) als »Glossa ordinaria« gedruckt wurde (z.B. MPL 113 und 114).

Nach gegenwärtiger, unvollendeter Forschung der Entstehung und Überlieferung der Glossa (ordinaria) stammen von A. die Glossen zum Psalter, zu den Paulusbriefen und wahrscheinl. auch die zum Johannesevangelium. Die Glosse zum Matthäusevangelium wird Radulf zugeschrieben. Von Gilbertus Universalis († 1134 als Bf. in London) stammen die Glossen zum Pentateuch, zu den großen Propheten und den Klageliedern.

Durch die Erneuerung der Schriftauslegung gab A. in seiner Schule auch entscheidende Impulse zur Renaissance der Theologie im 12.Jh. als »sacra pagina«, d.h. der an der Heilsgeschichte (Schöpfung und Erlösung) orientierten Schrifttheologie. Die in der Literaturgeschichte »der Schule Anselms v. Laon und Wilhelms v. Champeaux« zugewiesenen Sentenzensammlungen gehören nicht in ursprungsgeschichtl., literarhist., sondern nur in wissenschafts- und problemgeschichtl. Sicht zur Schule v. Laon. Die auf A. zurückgehenden Einzelsentenzen, zusammengestellt von O.LOTTIN (V, 19–143), wurden aber nach glaubhafter Überlieferung bereits in der Schule v. Laon gesammelt und (systematisch?) zusammengestellt. Zum »Liber pancrisis« (ed. O.LOTTIN, V, 32–82; VI, 480–491) und zu den »Sententiae (Ps.-)Anselmi« (ed. F.P. BLIEMETZRIEDER, BGPhMA XVIII, 2–3, 1919, 47–153) s. Schule von → Laon. H.J.F.Reinhardt

Lit.: TRE III, s.v. – H.WEISWEILER, Das Schrifttum der Schule A.s v. Laon und Wilhelms v. Champeaux in dt. Bibl., 1936 (BGPhMA XXXIII, 1–2) – B. SMALLEY, The Study of the Bible in the MA, 1964 – O.LOTTIN, Psychologie et morale aux XIIe et XIIIe siècles, V-VI, 1959–60 – A.M.LANDGRAF, Introduction à l'hist. de la litt. théologique de la scolastique naissante, ed. A.LANDRY, übers. (frz.) L. GEIGER, 1973 (Publ. inst. et. méd. XXII) – H.J.F.REINHARDT, Die Ehelehre der Schule des A. v. L., 1974 (BGPhMA NF XIV) – V.I.J.FLINT, The »School of Laon«: A reconsideration, RTh 43, 1976, 89–110.

9. A. v. Lüttich, Geschichtsschreiber des Bm.s → Lüttich im 11.Jh., * vor 1008 (dem Todesjahr Bf. Notgers), † kurz vor oder nach dem 3. März 1056. A. entstammte einer bedeutenden Adelsfamilie aus der Gegend von Köln, war Vertrauter der Bf.e →Wazo (1042–48) und Theoduin (1048–75); diesen begleitete er 1053/54 nach Rom. Gefördert durch → Poppo v. Stablo, studierte A. in Lüttich, wo er 1041 Kanoniker und später Domdekan von St. Lambert wurde. Zu seiner Zeit war Lüttich, das als vorgeschobene Bastion der Reichskirche gegenüber dem regnum Francorum Bedeutung besaß, ein lebendiger Mittelpunkt von Wissenschaft und Geschichtsschreibung. → Heriger, Mönch in Lobbes und Schüler → Folcuins, hatte bereits für Lüttich »Gesta episcoporum« verfaßt. An dieses bedeutende Werk ma. Historiographie, das Ausdruck der Erneuerung des Bm.s in otton. Zeit, v.a. unter Bf. Notger (972–1008), war, knüpfte A. durch seine »Gesta pontificum Tungrensium, Traiectensium et Leodiensium« an (Geschichte der Bf.e von Tongern, Maastricht und Lüttich); zur Verlegung des Bischofsortes im frühen MA, der in diesem Titel zum Ausdruck kommt, vgl. → Lüttich, Bm.). Dieses Werk stellt die wichtigste Quelle der Lütticher Geschichte bis 1048 dar. Die erste Fassung, verfaßt auf Wunsch der Äbtissin Ida v. St.-Caecilien zu Köln, der Tante und Taufpatin A.s, ist verloren. Die zweite, erhaltene Fassung ist Ebf. → Anno II. v. Köln gewidmet (1056); diese Zueignung weist auf die Herkunft A.s wie auf die engen reichskirchl. Beziehungen Lüttichs zu Köln hin. Das Werk in seiner endgültigen Gestalt besteht aus zwei Büchern: das erste stammt von Heriger, das zweite Buch ist von A. und wurde vielleicht in einigen Punkten von einem anonymen Kanoniker überarbeitet. Der den Episkopat Wazos behandelnde Teil macht die Hälfte des Werkes aus; er ist der eigenständigste und am besten informierende Abschnitt. Insgesamt sind die »Gesta« in schlichtem Stil geschrieben. Der Verfasser bemüht sich, von ihm benutzte alte Autoren (so Sulpicius Severus) nachzuahmen. A.s Werk wurde von späteren Geschichtsschreibern ausgiebig herangezogen, v.a. von → Sigebert v. Gembloux und → Wilhelm v. Orval, der den »Gesta« 1247–51 eine continuatio anfügte. M. Sot

Ed.: MGH SS VII, 161–234; XIV, 107–120 – *Bibliogr. und Lit.*: WATTENBACH-HOLTZMANN I, 1, 143–148 – Repfont II, 367ff. – DHGE III, 487–489 – J. F. KUPPER, Liège et l'Église imperiale, XIe–XIIe s. [Diss. masch. Liège 1978].

10. A. v. St-Remi. Was man von A. weiß, geht allein auf seine Schrift über die Weihe der Abteikirche St-Remi in → Reims durch Papst Leo IX. (2. Okt. 1049) zurück (»Hist. dedicationis eccl. S. Remigii Remensis«, BHL 4825), die er, wohl Mönch der Abtei, auf Geheiß des Abtes Herimar verfaßte und den Brüdern widmete. Obwohl er wahrscheinl. Augenzeuge der Ereignisse war, dürfte sein Werk kaum vor 1056 redigiert worden sein, da ihm die Ende 1055 erfolgte Erhebung des → Gervasius zum Ebf. v. Reims bekannt war. Im Mittelpunkt der erbaulichen Schrift stehen zwar die Vorgeschichte des Bauvorhabens, die Translation der → Remigius-Reliquien (1. Okt.) und die Kirchweihe, aber wertvolle ortsgeschichtl., liturg. und kirchenrechtl. Einzelheiten weiß er auch über die Anreise des Papstes, dessen Ankunft in Reims (29. Sept.), v.a. über das päpstl. Konzil in St-Remi (3.–5. Okt.), über dessen Teilnehmer, Verhandlungen und Beschlüsse, über die Gebetsverbrüderung zw. Papst und Konvent (6. Okt.) sowie über die kirchenpolit. Reaktion Kg. Heinrichs I. v. Frankreich und seines Hofes auf die in seinem Reich vom Papst vorgenommene Synode zu berichten. Den Schluß seines Werkes bildet Leos IX. Rundschreiben über die Aufnahme der Konzilsbeschlüsse in das Kirchenrecht sowie über die Feier des Remigiusfestes zum Jahrestag der neuen Translation (JL 4185). L. Falkenstein

Hss.: Reims 1417 (Ende 12.Jh., St-Nicaise), 1402 (Ende 13.Jh., Domkirche), 1418 (15.Jh., Domkirche; zusammen mit Dicta eines Ponsard de Vendresse) – *Ed.*: AASSOSB 6, 1, 713–727. – MPL 142, 1415–1440 – *Lit.*: Repfont II, 369.

11. A. Turmeda, * Ende des 14. Jh. auf Mallorca, trat in den Franziskanerorden ein und ging zur Vertiefung seines Theologiestudiums nach Bologna. Um 1385 ging er nach Tunis, wo er sich zum Islam bekehrte und bis zum Zollaufseher brachte. Er bekam den Namen ʻAbdallāh b. ʻAbdallāh at-Tarǧumān al-Mayurquī al-Muhtadī. Er weigerte sich, in die chr. Welt zurückzukehren und blieb bis mindestens 1423 in N-Afrika. Auf arab. schrieb er den »Tuḥfa« gen. Traktat, eine Widerlegung und Karikatur der chr. Dogmen. Alle seine katal. Werke verfaßte er in Tunis. 1398 schrieb er in Versen den »Libre dels bons amonestaments«, der neben elementaren chr. Ratschlägen zyn. Ermahnungen und eine pittoreske Abhandlung über die Macht des Geldes enthält. Aus demselben Jahr stammen seine »Cobles de la divisó del regne de Mallorques«, in denen er die Mönche der Balearen und Kataloniens lobt. Aber sein wichtigstes Werk ist die »Disputa de l'Ase« (1417–18), die durch eine frz. Übersetzung bekannt ist (Lyon, 1544): es handelt sich um eine Polemik zw. dem Autor und einem Esel über die Präeminenz des Menschen oder des Tieres. Die Haltung des Autors ist voller Zynismus, wenn es ihm auch nicht an Witz mangelt. C. Alvar

Lit.: M. DE EPALZA, La Tuḥfa; autobiografía y polémica islámica contro el Cristianismo de ʻAbdallāh al-Tarǧumān (fray Anselmo Turmeda), Rom. Acc. Lincei 1971 (Memorie, ser. VIII, vol. XV [mit ausführl. Bibliogr.]).

Ansgar (Anskar), hl., karol. Missionar, Ebf. v. → Hamburg-Bremen, * um 801 in der Pikardie, † 3. Febr. 865 in Bremen. Hauptquelle für A.s Leben und Persönlichkeit ist die an allgemeinen Einzelnachrichten reiche *Vita Anskarii*, die von A.s Schüler und Nachfolger → Rimbert stammt. Sie liefert außer einer anschaul. Biographie wertvolle Auskünfte zur Missionsgeschichte der Karolingerzeit, zur Geschichte der hamburg.-brem. Kirche und des europ. Nordens. – A. kam als Frühwaise in die Klosterschule von → Corbie, ein Zentrum karol. Bildung. Mit dem Amt des Lehrers beauftragt, gelangte er 823 nach »Neu-Corbie«, → Corvey in Sachsen. Der junge Mönch war früh dem Abt v. Corbie, → Wala, einem Vetter Karls d. Gr., aufgefallen. Wala empfahl A. Ludwig d. Frommen. In der Pfalz Ingelheim war nämlich 826 der Dänenkönig Harald Klak getauft worden. Gefragt, ob er mit Harald ins heidn. Dänemark gehen wollte, entschied sich A. für Skandinavien als den Bereich seiner Lebensaufgabe. Freilich ging Harald nach der Taufe gar nicht nach Dänemark, sondern blieb in Rüstringen, seinem Lehen in Friesland. 829 reiste A. dann in ksl. Auftrag nach Schweden. In Birka, dem Fernhandelsplatz, gelang 830/831 der Aufbau einer Missionsstation. Hamburg wurde 831 als Missionssprengel für den Norden bestimmt. A. wurde Bf.; nach einer Romreise erhielt er die Legation für Schweden, Dänen und Slaven. Hamburg wurde 832 zum Ebm. erhoben. Doch schon in den 40er Jahren traten Rückschläge in der Missionsarbeit ein. 843 ging infolge der Reichsteilung die Zelle Turholt in Flandern für Hamburg verloren; sie hatte wirtschaftl. und auch personell eine Basis für die Mission gebildet. 845 wurde die Hammaburg (→ Hamburg) durch Wikinger zerstört. A. entkam mit Not; nur die Reliquien konnten gerettet werden. Durch den Tod des Bf.s v. Bremen, Leuderich, am 24. Aug. 845, bot sich eine Gelegenheit, A. das Bm. Bremen zu übertragen und ihm damit eine neue Grundlage für die Mission zu schaffen. Nach beträchtl. Schwierigkeiten mit dem Ebm. Köln, zu dem Bremen gehörte, wurde auf den Synoden in St. Alban zu Mainz 847 und in Mainz 848 das Ebm. Hamburg-Bremen eingerichtet; die päpstl. Bestätigung erfolgte 864. Von Bremen aus nahm A. seinen Missionsauftrag wieder auf. Kirchen entstanden in Schleswig-Haithabu (→ Haithabu), → Ripen und wahrscheinl. auch in Birka; d.h. die kirchl. Organisation konnte zuerst in den Handelszentren Fuß fassen, wo es schon vereinzelt Christen und Christenfreunde gab. 852/853 kam A. nochmals nach Dänemark und Schweden. Der Bericht über seinen Aufenthalt in Birka (Vita Anskarii 19–20) ist bes. aufschlußreich für die Form der Bekehrungspropaganda, die Rolle des Kgm.s im Missionszeitalter, die Glaubensvorstellungen und die Verfassungsgeschichte der N. A. starb in Bremen an einer ruhrartigen Krankheit. – Die Rigorosität seines Charakters, die Festigkeit seiner Planung, sein persönl. Mut und diplomat. Geschick sind zu-

sammenzusehen mit seinen visionären Anlagen; seine Lebensaufgabe kannte A. seit seiner Jugend aus einer Vision. Zeit seines Lebens erhielt er weitere Weisungen und Bestätigungen durch Gesichte, Träume oder Auditionen (→ Visionsliteratur). Wenn auch der bleibende Erfolg der Mission unter A. im N insgesamt nicht groß war, so blieb die Erinnerung an seine charismat. Persönlichkeit im Ebm. Hamburg-Bremen wie in Skandinavien bedeutend.
→ Mission. W. Lammers

Ed.: Pigmenta (Gebetssammlung), ed. J.M. Lappenberg, Zs. d. Vereins f. Hamburg. Gesch. 2, 1847, 1ff. – Virtutes et miracula beati Willehadi, MGH SS II, 378ff. – Brief an die dt. Bf.e, Hamburg. UB I, 1824, Nr. 17 – Q.: Rimbert, Vita Anskarii, ed. G. Waitz, MGH SRG; ed. W. Trillmich, Ausg. Q XI [mit Übers., Einl. und Lit.] – Lit.: Hoops² I, 347f. [Lit.] – H. Dörries, A. und die älteste sächs. Missionsepoche, Zs. f. Niedersächs. KG 45, 1940, 81ff. – L. Weibull, Ansgarius, Scandia 14, 1941, 186ff. – G. Mehnert A., Apostel des Nordens, 1964 – H. Dörries-G. Kretschmar, A. Seine Bedeutung für die Mission, 1965 – W. Göbell, Das neue Bild A.s (Hamburger Ansgar-Jb. 1965/66, 17ff. – W. Lammers, A. Visionäre Erlebnisformen und Missionsauftrag (Speculum Historiale, 1965), 541ff. – H. Jankuhn, Das Missionsfeld A.s (Frühma. Stud. I, 1967), 221ff. – R. Stupperich, Politik und Mission im Werk A.s, Jb. d. Vereins f. Westfäl. KG 61, 1968, 19ff. – R. Drögereit, Hamburg-Bremen, Bardowick-Verden. Frühgesch. und Wendenmission, Brem. Jb. 51, 1969, 193ff. – W. Lammers, Formen der Mission bei Sachsen, Schweden und Abotriten, BDLG 106, 1970, 23ff.

Ansitz, in S-Deutschland eine kleine Burg in grabenumwehrtem ebenem Areal mit wenigen Gebäuden, dabei →Bergfried, archäolog. dat. Hoch-SpätMA. Ohne Baureste auch Burgstall genannt. So in Österreich nach Cori im 14. Jh. bezeugt, aus Burgstelle entstanden. Verengung auf →Wüstung in nachma. Zeit. Identisch nd. Seß, meist eine Niederungsburg mit Bergfried oder →Kemenate.
H. Hinz

Lit.: O. Pieper, Burgenkunde, 1912, 18f. – K. Schwarz, Die vor- und frühgesch. Geländedenkmäler Oberfrankens, 1955, 30ff. – H. Hinz, Burgenlandschaften und Siedlungskunde, Château-Gaillard 5, 1972, 65ff.

Ansprand, Kg. der Langobarden, * ca. 660/661, † 712, ⌂ in Pavia in der von ihm gegr. Hadrianskapelle, ⚭ Theodorada, Vater Kg. Liutprands. A. stammte aus vornehmen, jedoch nicht näher faßbarem Geschlecht. Seine Bedeutung liegt v.a. darin, daß er die Grundlagen für die stabile Königsherrschaft seines noch kurz vor seinem Tod erhobenen Sohnes Liutprand legte. Nach den Nachrichten des Paulus Diaconus wurde A. nach dem Tod Kg. Cunincperts der Vormund von dessen unmündigem Sohn Liutpert. In den anschließenden Thronwirren war A. der maßgebl. Widersacher des Usurpators Aripert II., der Liutpert beseitigte und die Familie des A. dezimierte. A. selbst und seinem Sohn Liutprand gelang die Flucht an den Hof des bair. Hzg.s Teutpert. 712 stellte ihm dieser ein Heer zur Verfügung, mit dem er Aripert II. vertreiben konnte, ehe er selbst für drei Monate bis zu seinem Tod noch im gleichen Jahr die Königswürde übernahm. Paulus Diaconus lobt ihn in beredten Worten. Aus seiner Regierungszeit hat sich keine Königsurkunde erhalten, auch fehlen »Privaturkunden«, die nach A. datierten.
H. Zielinski

Q.: Pauli diac. Hist. Langob., lib. VI, c. 17-35, ed. L. Bethmann-G. Waitz, MGH SRL 170-177 (dieselbe Ausg. MGH SRG 219-228) – Lit.: DBI III, 425-427 – Hartmann, Gesch. Italiens II, 2, 122-125 – R. Schneider, Königswahl und Königserhebung im FrühMA, 1972, 50-53.

Anstrudis, hl. (Fest: 17. Okt.), † vor 709. Nach dem wohl späten (karol.) Vita sind ihre Eltern Salaberga und Baso. 12jährig trat sie in das von ihrer Mutter gegr. und geleitete Marienkloster zu Laon ein. Salaberga bestimmte sie zur Nachfolgerin im Amt der Äbt. Ihr Lebenswandel und ihre Amtsführung trugen ihr weithin Ansehen ein. Ihr Bruder Balduin (Hl., Archidiakon v. Laon, Vita BHL 902) wurde von Ungenannten ermordet, die auch Ebroin mit falschen Anschuldigungen gegen A. aufgebracht haben sollen, sie aus dem Kl. zu verjagen, was aber am Widerstand der Nonnen scheiterte. Die Vita berichtet den Versuch des Bf.s v. Laon, das Marienkloster von sich abhängig zu machen. A. wehrte sich dagegen mit der vom Gf. Vulfoald (Erbauer des Michaelsklosters bei Verdun) vermittelten Hilfe Pippins d. M. Eventuell sind so die berichteten Schwierigkeiten nicht ohne Zusammenhang mit den Auseinandersetzungen zw. Ebroin und den Pippiniden, deren Nachfolger später das adlige Institut in Händen hatten (A. Schulte, Der Adel und die dt. Kirche im MA, 1958³, 429f.).
D. v. d. Nahmer

Lit.: Vita Anstrudis Abbatissae Laudunensis (BHL 556), MGH SRM VI, 64-78 – Vies des Saints 10, 1952, 548f.

Antalya (Attaleia, schon in arab. Quellen des MA Anṭāliya, in w. Quellen Sat(t)alia), wegen seines Naturhafens in türk. Zeit Hauptort Pamphyliens. Nach dem kurzen Gastspiel des Florentiners(?) Aldobrandini (1204?-07) eroberte der Seldschuke Kaiḫusrau I. die Stadt, die noch vor → Alanya der bedeutendste Mittelmeerstützpunkt der Dynastie, bes. unter dem mongol. Protektorat (ab 1243), wurde. Die zypr. Intervention von 1215/16 hinderte sie nicht, mit dem Kgr. und anderen Handelsnationen (u.a. Venedig 1220) günstige Verträge abzuschließen. Vom Beginn des 14. Jh. bis ca. 1377 war A. im Besitz der → Ḥamīd-Oğullarï, dann ihrer Abkömmlinge, des Hauses → Teke-Oğullarï (zypr. Besetzung 1361-72). 1332 wurde A. von → Ibn Baṭṭūṭa besucht und beschrieben. Der Osmane Bāyezīd I. nahm A. um 1397/99. 1402 wurde die Stadt durch Timurs Truppen geplündert. Die zweite osman. Eroberung von 1415 konnte auch die Kreuzfahrerflotte von 1472 nicht rückgängig machen.
K. Kreiser

Lit.: İA 12, 124-133 – B. Flemming, Landschaftsgesch. v. Pamphylien... im SpätMA, 1964 – R.M. Riefstahl, Turkish Architecture in Southwestern Anatolia, 1931.

Antecessor, offizieller Titel der an den staatl. Rechtsschulen in Konstantinopel, Berytos und Rom in der Epoche Justinians lehrenden Professoren. Einige der A.en wirkten an der Kodifikation Justinians entscheidend mit. Als Professoren hatten sie die Aufgabe, die gr. sprechenden Studenten in die lat. Texte des Corpus iuris einzuführen. Die aus der Sprachverschiedenheit resultierenden Schwierigkeiten meisterten die A.en mit eigenen Unterrichtsmethoden. In einem ersten Kurs diktierten sie eine sinngemäße Übersetzung der Quellen, den *index*. In der zweiten Vorlesung folgte die fachspezif. Interpretation in Form von *paragraphai*. Die Vorlesungen wurden nach Mitschriften von Studenten herausgegeben, wobei manchmal Textveränderungen vorkamen. Die Editionen sind meist nur fragmentar. und indirekt erhalten.

Die bedeutendsten A.en waren Theophilos, Stephanos, der durch seine Digestenbearbeitung bekannt wurde, Thalaios, von dem der wichtigste Codexkommentar stammt, und Julianos, der die gr. Novellen Justinians für die lat. sprechenden Studenten adaptierte. Umfangreichere Texte besitzen wir noch von Dorotheos, Anatolios, Theodoros und Isidoros.
P. Pieler

Lit.: L. Wenger, Die Q. des röm. Rechts, 1953, 682ff. – N. van der Wal, Les commentaires grecs du Code de Justinien, 1953 – D. Simon, Aus dem Codexunterricht des Thalelaios. A. Methode, ZRGRomAbt 86, 1969, 333ff.; B. Heroen, ZRGRomAbt 87, 1970, 315ff.; C. Interpolationenberichte, RIDA 16, 1969, 283ff.; D. Divergenzen zw. Thalelaioskommentar und Codexüberl., RIDA 17, 1970, 273ff. – H.J. Scheltema, L'enseignement de droit des antécesseurs, 1970 – P.E. Pieler, Byz. Rechtslit. (Hunger, Die Profane Lit.) II, 405ff.

Antelami, Benedetto, führender it. Bildhauer im letzten Viertel des 12.Jh., nur durch zwei Signaturen dokumentiert, alles andere muß durch Stilanalyse erschlossen werden. Am Relief der Kreuzabnahme im Dom zu Parma die Vollendungsinschrift von 1178: »Anno milleno centeno septuageno octavo scultor patravit mense secundo Antelami dictus sculptor fuit hic Benedictus«; am N-Portal des Baptisteriums daselbst die Inschrift des Beginnes (1196): »Bis binis demptis annis de mille ducentis incepit dictus opus hoc scultor Benedictus«. Der Beiname erinnert an die Korporation der Bauleute in Genua, die sich vom 12. bis 16.Jh. »magistri antelami« nannten. A.s höchst persönl. geprägter Stil bereichert seine romanisch-antikisierenden Figuren von runder Körperlichkeit mit Eindrücken aus provenzal. Romanik (Arles, St-Gilles) und der Gotik der Ile de France (Paris, Chartres), die er gekannt haben muß. Hauptwerke: In Parma, Dom: Kreuzabnahme-Relief vom ehemaligen Lettner und Bischofskathedra; am Baptisterium Portal- und Fassadenplastiken, im Innern Kapitelle, Altar, Taufstein und die von einem Portal stammenden Monatsbilder; Skulpturen an der Domfassade von Fidenza (Borgo San Donnino). Starke Nachwirkung: S. Andrea in Vercelli, Monatszyklen in Cremona und Ferrara, Reiterbilder in Mailand und Zürich. – Architekton. Tätigkeit A.s ist zumindesten für das Baptisterium in Parma anzunehmen. A. Reinle

Lit.: G. DE FRANCOVICH, B.A., 2 Bde, 1952 – G.P. BOGNETTI, Una rettifica epigrafica etc., SBA, phil. hist. Kl. 1959, H. 3 – A.C. QUINTAVALLE, Parma. Duomo e Battistero, 1966 – A. REINLE, Der Reiter am Zürcher Großmünster, ZAK 26, 1969, 21-46 – A.C. QUINTAVALLE, Romanico padano, civiltà d'Occidente, 1969, 105-192 – C. GNUDI (Prop. Kg, Das Mittelalter II, 1972, 343-345).

Anten, Antenproblem → Sklavenen

Antependium (lat. 'Vorhang'), bewegl. Bekleidung der Altar-Vorderseite. Der Begriff A. taucht erst gegen Ende des 15.Jh. in den Quellen auf; von den zahlreichen Namen für A. wie *palla, velamen, antemensale, füraltar* usw. waren *vestis, fürhang, cloth, drap* am gebräuchlichsten für A. aus Stoff, *tabula* für solche aus Holz oder Metall.

Schmückende Umkleidungen des Altars, des zentralen Orts der chr. Liturgie und Sinnbilds Christi selbst, sind seit frühchr. Zeit bezeugt (z.B. Mosaiken in S. Apollinare in Ravenna, 6.Jh.). Der ma. Altarschmuck beschränkte sich vorwiegend auf dessen Vorderseite, das belegen seit dem 9.Jh. häufige Benennungen wie »frontale«; Antependien, für die in den Quellen zahlreiche tituli überliefert sind, wurden, soweit möglich, in Material und Darstellung dem Rang der verschiedenen Kirchenfeste angepaßt. Zum leichteren Wechseln bestanden sie vorzugsweise aus Stoff. Von Edelmetall für Antependien berichten die Quellen nicht vor dem 8.-9.Jh. (→ Liber pontificalis). Die goldene Tafel Karls des Kahlen († 877) für St-Denis, die uns das Tafelgemälde des Meisters von St-Gilles, Ende 15.Jh. (London, Nat. Gallery) überliefert, ist das älteste bekannte A. in dieser Technik. (Der karol. → Goldaltar von S. Ambrogio in Mailand ist hingegen ein allseitig geschmückter Konfessionsaltar.) Nicht-textile Antependien konnten aus Holz sein, bemalt oder mit Metall bekleidet. Aus dem 12.-14.Jh. haben sie sich bes. in Skandinavien und Spanien zahlreich erhalten.

Bilderschmuck auf Antependien war im MA die Regel, er wird nach dem 16.Jh. neben rein ornamentalen Antependien seltener. Das Material: Stoff, Holz oder Metall, war – typisch für die ma. Kunst – zu keiner Zeit bestimmend für Themenauswahl oder Komposition der Antependien. Frühchr. und frühma. Quellen nennen schon alle Themen, die sich auf den seit dem 11.Jh. zahlreicher erhaltenen Antependien finden: Bilder Christi oder Mariens zw. Engeln, Aposteln, Propheten oder Heiligen bzw. Szenen aus der Heilsgeschichte. Die frühen Stoff-Antependien trugen vermutl. meist kleine aufgestickte oder eingewebte Bilder vor gemustertem Grund.

Bei den in den Ganzen durchgegliederten Bildfeldern der ma. Antependien überwiegen im 11.-14. Jh. Darstellungszyklen, Reihen von Figuren oder Szenen über- und nebeneinander seitl. eines größeren Mittelbildes. Schmückende Trenn- und Rahmenleisten spielen eine große Rolle. Der thronende Christus in der Mandorla steht meistens im Zentrum der Antependien des 12. und 13.Jh., so auch beim ältesten erhaltenen A. aus Stoff aus Kl. Rupertsberg bei Bingen (Brüssel, Musée du Cinquantenaire), Stickerei auf Seide, Anfang 12.Jh. Weitere Antependien mit Christus in der zentralen Mandorla: A. aus Ölst bzw. Tamdrup (Kopenhagen, Nat.-Mus.), Kupfer vergoldet; Komburg, Kupfer vergoldet; A. aus Tahull (Barcelona, Museo de Arte Cataluña), Holzrelief; Città di Castello, Silber; alle 12.Jh. Im 14.Jh. steht anstelle des thronenden häufiger der gekreuzigte Christus, im A. aus Kl. Lüne, Holz, bemalt, um 1300, ausnahmsweise in der Mandorla ein Gnadenstuhl. Seltener kommt die thronende Muttergottes innerhalb dieses Schemas vor: Lisbjerg, Jütland, Kupfer vergoldet, 12.Jh.; A. aus Alós de Balaguer (Barcelona, Museo de Arte Cataluña), Stuckrelief, 13.Jh. Heiligendarstellungen im Zentrum ebenso gegliederter Antependien sind seit dem Ende des 13.Jh. häufiger, meist handelt es sich um die Altar- oder Kirchenpatrone: A. aus Bohi (Barcelona, Museo de Arte Cataluña), Holz, bemalt, Ende 13.Jh.; A. aus dem Baptisterium (Florenz, Opera del Duomo), Silber, 1401-51; A. vom Ornat des Goldenen Vlieses (Wien, Schatzkammer), Stickerei, 1. Hälfte 15.Jh.

Das zweite wichtige Gliederungsschema der ma. Antependien, die Arkadenreihe, oft mit betonter Mitte, begegnet beim ältesten erhaltenen A., der im 1019 von Heinrich II. und Kunigunde gestifteten Goldtafel für das Basler Münster (Paris, Musée de Cluny). Der segnende Christus in der Mitte wird von Erzengeln und dem hl. Benedikt begleitet, zu seinen Füßen die ksl. Stifter. Die Themen der durch Arkaden gegliederten Antependien variieren stärker als beim ersten Typ: Majestas (Helmstedt, Marienberger Kirche), Stickerei, Mitte 13.Jh.; Marienkrönung (Florenz, Museo degli Arazzi), Stickerei des Jacopo Cambi, 1336; Kreuzigung (Paris, Louvre), Grisaillemalerei auf weißer Seide, Stiftung Karls V., 1364-80; Marienkrönung (Kamp), Stickerei, 1. Hälfte 14.Jh.

Im 15.Jh. werden v.a. bei textilen Antependien, z.B. Gobelins, einzelne große Figuren oder Gruppen vor gemustertem Hintergrund häufiger. Sonderformen sind die Antependien der Querschiff-Altäre von S. Spirito, Florenz, mit kleinen wie applizierten wirkenden Bildern vor gemaltem Stoffhintergrund oder einem gerafften Vorhang. H. Westermann-Angerhausen

Lit.: RDK I, 441-595 – E. v. SYDOW, Die Entwicklung des figuralen Schmucks der chr. Altarantependia und Retabula bis zum 14.Jh., 1912 – S. MÜLLER-CHRISTENSEN-M. SCHUETTE, Das Stickereiwerk, 1964 – M. BLINDHEIM, De malte antemensaler i Norge, 1969 – F. RADEMACHER, Die Regina Angelorum in der Kunst des frühen MA, Kunstdenkmäler des Rheinlandes, Beih. 17, 1972, 99-107 – B. MARKOWSKI, Eine Gruppe bemalter Paliotti in Florenz und Toskana und ihre textilen Vorbilder, Mitt. des Kunsthist. Inst. Florenz 17, 1973, 105ff.

Anthemius. 1. Procopius A., weström. Ks. 467-472, † 30. Juni 472. Als Nachkomme des Usurpators Procopius (365-366) und des Praefectus praetorio Anthemius (→ Arcadius) zur obersten Gesellschaftsschicht Konstantinopels gehörend und hochgebildet, errang A. militär. Erfolge an der Donau (455 Magister militum; vgl. Sidon. carm. 2, 199ff.). Er war Schwiegersohn Marcians; nicht zuletzt deshalb betraute ihn wohl Leo I. auf Bitte → Ricimers um einen Nachfolger für Libius Severus 466 mit der Würde des w. Ks.s (Ausrufung nach Landung in Italien mit starken Kräften am 12. April 467: Iord. Get. 236ff.). Seine Politik zielte auf die Gewinnung v. a. röm. Senatsaristokratie ab, doch führten Rivalitäten zw. Ricimer und dem A. unterstützenden → Marcellinus nach dessen Ermordung im Herbst 468 zum Bruch mit Ricimer, seit 467 Schwiegersohn des A. Die Zerwürfnisse arteten in krieger. Auseinandersetzungen aus und lähmten die Vorbereitung eines Vandalenkrieges. A. war in Rom isoliert und wurde 472 ermordet (Paul. Diac. Hist. Rom. 15, 2f.; Chron. min. MGH AA IX 306). Vorher war der von Ricimer aus Konstantinopel als neuer Ks. erbetene → Olybrius ausgerufen worden. G. Wirth

Lit.: RE I, 2, 2365-2368 – E. Stein, Gesch. des spätröm. Reiches I, 1928, 573 ff. – L. Vassili, La cultura di Antemio, Athenaeum 16, 1938, 38–45 – E. Loyen, Recherches hist. sur les panegyriques de Sidoine Apollinaire, 1942.

2. A. (Anthemios), byz. Baumeister und Mathematiker, * 2. Hälfte des 5. Jh. in Tralleis, † um 534 (Agath., V, 6, 9, S. 171, 174). Nach der Zerstörung der Hagia Sophia zu Konstantinopel im Nikaaufstand 532 leitete A. im Auftrag von Justinian I. ihren Wiederaufbau, zusammen mit → Isidoros v. Milet (Prokop, De aed. I, 1, 24, S. 9). Nach Prokop errichtete er auch andere Bauten in Konstantinopel und im Lande (Prokop, De aed. II, 3, 7, S. 54).
D. Nagorni

Nach Agathias soll A. verschiedene techn. Versuche durchgeführt haben, um seinen Nachbarn Zenon zu belästigen: Erzeugung eines »künstlichen Erdbebens« mit Hilfe von Wasserdampf (vgl. Darmstaedter), Blendung durch Sonnenlicht mittels Hohlspiegeln usw. Daneben verfaßte A. einen Traktat über Brennspiegel περὶ παραδόξων μηχανημάτων; er ist jedoch nicht der Autor des »Fragmentum Mathematicum Bobiense« (vgl. Toomer, 19f.). E. Neuenschwander

Lit.: DSB I, s.v. – E. Darmstaedter, A. und sein »künstliches Erdbeben« in Byzanz, Philologus 88, 1933, 477–482 – G. L. Huxley, A. of Tralles, A Study in Later Greek Geometry, 1959 (mit Ed. und engl. Übersetzung) – H. Kähler, Die Hagia Sophia, 1967 – G. J. Toomer, Diocles on Burning Mirrors, 1976.

Anthimus, Arzt, mußte wegen verräter. Beziehungen zum Ostgotenkönig Theoderich Strabo († 481) vom Hofe Ks. Zenons (474–491) in Byzanz fliehen; lebte daraufhin am Hofe Theoderichs in Ravenna, als dessen Gesandter er Verhandlungen mit den Franken führte. Theoderich widmete er auch den diätet. Lehrbrief »De observatione ciborum«. Dieser Kurztraktat aus der Verfallszeit der antiken Medizin enthält u. a. volksmed. Elemente und ist darüber hinaus durch sein Vulgärlatein, seine Gräzismen und germ. Sprachbestandteile von großem Interesse. G. Baader

Ed.: V. Rose, Anecdota Graeca et Graecolatina, H. 2, 1870, 63–102 – E. Liechtenhain, CML VIII 1, 1963² [mit dt. Übers.] – Lit.: Kl. Pauly, I, 1964, 374 – Law, 168 – E. Schwentner, Lat. fartalia faritalia, faratalia und Verwandtes, RhM NF 110, 1967, 230–233 – G. Baader, Lo sviluppo del linguaggio medico nell' antichità e nel primo medioevo, Atene e Roma NS 15, 1970, 11 f. – C. Deroux, Des traces inconnues de la Diététique d'Anthime dans un manuscrit du Vatican (Reg. Lat. 1004), Latomus 33, 1974, 680–687 – W. Wiedemann, Unters. zu dem frühma. med. Briefbuch des Cod. Bruxellensis 3701-15 [Diss. Berlin 1976], 41 f.

Anthologie
A. Griechische Literatur – B. Lateinische Literatur.
A. Griechische Literatur
I. Geschichte der Sammlung – II. Einzelne Dichter.

I. Geschichte der Sammlung: Sammlungen (»Blumenlesen«) aus lit. Werken (Tragödien, Komödien, Hymnen) sind durch Papyri für das 3. Jh. v. Chr. belegt, ebenso die frühesten Epigrammsammlungen. Um 70 v. Chr. stellte *Meleagros* aus Gadara eigene und fremde Epigramme zu einem »Kranz« (»Stephanos«) zusammen; im Einleitungsgedicht (Anthologia Palatina 4, 1) nennt er 47 Dichter von Archilochos bis auf seine Zeit. Unter gleichem Titel sammelte *Philippos* v. Thessalonike um 40 n. Chr. neuere und zeitgenöss. Epigramme, jedoch weniger erot. als vielmehr gnom. und anekdot. Inhalts (Einleitungsgedicht A. Palatina 4, 2). Gedichte seit Philippos vereinigte *Diogeneianos* v. Herakleia am Pontos um 140/150; hier zuerst der Titel »Anthologion«. Im »Kyklos« des *Agathias* sind eigene und zeitgenöss. Epigramme erstmals nach Sachgruppen (Anathematika, Epideiktika, Epitymbia, Protreptika, Skoptika, Erotika, Sympotika) geordnet. Diese Sammlung fand in der Folgezeit zahlreiche Neuausgaben und scheint bis ins 12. Jh. existiert zu haben.

Kurz vor 900 stellte der Protopapas Konstantinos *Kephalas* in Konstantinopel aus den obengenannten und anderen Sammlungen ebenfalls nach Sachgruppen eine A. zusammen. Sie ist (vermittelt durch eine Sammlung des 10. Jh.) als die Bücher 4 (?), 5–7, 9, 10–12 (?) in der 2. Hälfte des 11. Jh. (Aubreton; um 980: Beckby) in die *Anthologia Palatina* eingegangen. Diese umfaßt außerdem in Buch 1 chr. Inschriften des 4.–10. Jh., in Buch 2 die Beschreibung von 80 Statuen in den Thermen des Zeuxippos zu Konstantinopel (zerstört 532) durch → *Christodoros* v. Koptos, in Buch 3 Inschriften aus einem Tempel in Kyzikos, in Buch 8 Epigramme des Gregor. v. Nazianz, in Buch 13–14 Gedichte vor und nach Kephalas, insgesamt ca. 3700 Epigramme. Eine Sammelhs. (Cod. Palatinus Vaticanus gr. 23), die außerdem auch Werke des → Nonnos (verloren), Paulos Silentiarios, → Johannes v. Gaza und ferner Anacreontea enthält, erschien um 1590 im Besitz des Heidelberger Bibliotheksdirektors F. Sylburg. Nach dessen Tod gelangte sie in die Bibliotheca Palatina, 1623 in die Vaticana nach Rom, 1797 in die Pariser Nationalbibliothek. 1816 wurde ein Teil der Hs. nach Heidelberg zurückgegeben.

Aus zwei Vorlagen einer älteren Sammlung stellte → Maximos Planudes (etwa 1255–1305) in Konstantinopel die *Anthologia Planudea* mit insgesamt ca. 2400 Epigrammen (abgeschlossen am 1. Sept. 1299; Autograph als Cod. Marcianus gr. 481 in Venedig) nach Sachgruppen zusammen, wobei er v. a. stark erot. Gedichte ausschloß und z. T. abänderte. Erstausgabe von J. Laskaris, Florenz 1494. Die in der Anthologia Palatina fehlenden ca. 400 Epigramme der Anthologia Planudea werden heute als Anthologia Palatina Buch 16 gedruckt.

Von kleineren Sammlungen (Beckby I, 72f.; Aubreton, 67ff.) ist die z. Zt. des Kephalas entstandene *Sylloge Euphemiana* zu erwähnen.

Ed.: P. Waltz-F. Buffière, 1928ff. [mit frz. Übers.] – H. Beckby, 1965² [mit dt. Übers.] – Lit.: Kl. Pauly I, 375ff. [Lit.] – F. Lenzinger, Zur gr. A., 1965 [Diss. Bern] – R. Aubreton, La tradition manuscrite des épigrammes de l'A. gr., REA 70, 1968, 32–82 – A. Turyn, Demetrius Triclinius and the Planudean A., EEBS 39/40, 1972–73, 403–450.

II. Einzelne Dichter: → *Gregor v. Nazianz*. Die im 8. Buch der Anthologia Palatina (dazu 1, 51. 92) vereinigten Epigramme des Gregor v. Nazianz (329–389) sind Grabinschriften (Epitymbia) oder behandeln das Thema der Grabschändung oder des Gelages in der Kirche, das aus Anlaß von Heiligenfesten stattfand. Sie knüpfen in Form, Sprache und mytholog. Anspielungen an die bis zum 2. Jh. n. Chr. während Blütezeit des gr. Epigramms an.

Palladas, 2. Hälfte des 4. Jh. in Alexandria, Grammatiklehrer (9, 168 ff.). Erhalten sind ca. 160 Epigramme, mit denen er diese Lit.-Gattung zu neuer Blüte führte. Neben zahlreichen Spottepigrammen (programmat. 11, 341) stehen solche gnom. und didakt. Inhalts. Zeitlebens arm, greift er immer wieder die reiche Oberschicht an (10, 61. 63); ein pessimist. Zug (z. B. 9, 172. 180 ff.; 10, 58 ff. 77. 96) herrscht vor, gelegentl. von hedonist. Äußerungen ergänzt (11, 54. 62). Obwohl er sich als Vertreter des Heidentums fühlt (9, 441; 10, 82. 90), fehlt Götterkritik nicht (5, 257; 10, 53). Im Formalen (Metrum, Quantitäten) ohne Künstelei bis zur Nachlässigkeit, liebt er eine kräftige Sprache (7, 683; 10, 45), durchsetzt mit lat. und barbar. Wörtern, Wortfragmenten, Zitaten, Sprichwörtern und Wortspielen.
Lit.: Kl. Pauly IV, 430 [Lit.] – RE XVIII, 2, 158–168 – C. García Gual, P., el último poeta alejandrino. Bol. del Inst. de estud. helen. 7, 1973, 45–52.

Agathias (vgl. S. 203). Um 567 veröffentlichte A. in seinem »Kyklos« eigene Gedichte und solche seiner Freunde, in denen in Konkurrenz zu den klass. Vorbildern (4, 4, 67) ein neuer Höhepunkt der gr. Epigrammatik erreicht wird. Auf allen Gebieten dieser Gattung werden traditionelle Themen aufgegriffen, doch ist A. bemüht, durch Wortwahl und Gedankenführung Neues zu geben. Auffallend ist die Länge seiner Epigramme. In den Weihepigrammen ist die heidn. Mythologie gegenwärtig, daneben steht aber auch Christliches (1, 35 f.). Die zahlreichen Liebesepigramme im 5. Buch der Anthologia Palatina (keine Paidiká) zeigen die Auseinandersetzung mit den Alexandrinern und Meleagros; Subjektives tritt häufig hinter einem lehrhaft-moralisierenden Ton zurück. Auch manche der Grabepigramme sind Gestalten des Mythos und der Geschichte gewidmet (7, 22. 567. 614), andere Personen der eigenen Familie und Bekanntschaft (7, 551 f. 574. 593. 596 u. a.), teilweise wohl als echte Inschriften konzipiert, ebenso wie die Bauinschriften (9, 619. 631. 641 ff. u. a.). Hinzu kommen Trinklieder und Spottepigramme (Anthologia Palatina, Buch 11). Im Formalen knüpft A. und sein Kreis an Metrik und Stil des → Nonnos an. Einflüsse des Epos, der Rhetorik und der erot. Epistolographie sind greifbar, der Wortschatz ist preziös (zahlreiche Hapax legomena).
Ed.: G. Viansino, 1967 – *Lit.:* A. Cameron, A., 1970 [Lit.] – R. C. McCail, The erotic and ascetic poetry of A., Byzantion 41, 1971, 205–267.

Weitere bedeutendere Autoren des Agathias-Kyklos sind: *Johannes Barbukalos*. Erhalten sind 3 pathet. Gedichte (9, 425 ff.) auf die Zerstörung Beiruts sowie solche auf Bäder und Statuen sowie je ein Weihe- und Grabgedicht.
Lit.: Kl. Pauly I, 823.

Iulianos. Ägypter, vielleicht ident. mit dem Praefectus praetorio von 530/531, mit ca. 70 Epigrammen einer der fruchtbarsten, aber künstler. nicht hervorragenden Dichter des »Kyklos«. Echte Liebesdichtung fehlt, dagegen überwiegen in den zahlreichen Weihe- und Grabepigrammen und bes. in den Gedichten auf Gestalten des Mythos Variationen bekannter Muster. Das gleiche Thema wird oft doppelt (die »Kuh des Myron« achtmal) behandelt.
Lit.: RE X, 12 f. – F. Fusco, Un epigrammatista dell' A. Palatina, Giuliano d' Egitto. Annali della Facoltà di lettere e filosofia, Università di Macerata, Padova 3/4, 1972–73, 137–163.

Leontios Scholastikos. Die 24 erhaltenen, mittelmäßigen Epigramme beschäftigen sich mit den traditionellen Themen des Grabgedichts auf mytholog. (7, 149 f.) und zeitgenöss. Personen; daneben stehen solche auf Statuen und Bilder. Ein Liebesepigramm 5, 295.
Lit.: Kl. Pauly III, 573 [Lit.] – RE XII, 2049 f.

Makedonios von Thessalonike. Konsul, vielleicht ident. mit dem Curator dominicae domus von 531. Liebes- und Weihepigramme, Trinklieder, Gedichte auf sein Haus (9, 648 f.), auf Sardes (9, 645) und ein Bad (9, 625) zeigen die im Agathias-Kyklos übliche Thematik, die mit durchschnittl. Kunst behandelt wird. Grabepigramme fehlen. Auch Zitate und mytholog. Einkleidung beweisen die Verknüpfung mit der Tradition.
Ed.: J. A. Madden, 1971 [Diss. State Univ. of New York] – *Lit.:* Kl. Pauly III, 191 f. – RE XIV, 771 f.

Marianos Scholastikos. Erhalten sind 6 Epigramme (9, 626 f. ein Bad; 9, 657 der Sophienpalast zu Konstantinopel, verfaßt frühestens 566; 9, 668 ein Park; 16, 201 geistiger Eros), in denen sich Formgewandtheit mit dem Naturgefühl der Zeit verbindet.
Lit.: Kl. Pauly III, 1025 – RE XIV, 1750.

Paulos Silentiarios. Etwa 520–575, Freund des Agathias (9, 292 f.). Überliefert sind neben einer Beschreibung (Ekphrasis) der Sophienkirche in Konstantinopel (vorgetragen am 6. Jan. 563) ca. 80 Epigramme, in denen wie bei Agathias die traditionellen Motive in eleganter Sprache und Form aufgegriffen und variiert werden. Seine zahlreichen Liebesepigramme zeichnen sich durch eine tiefe Empfindung und Leidenschaft aus.
Ed.: G. Viansino, 1963 – *Lit.:* Kl. Pauly IV, 567 – RE XVIII, 2, 2366–2372 – P. Friedländer, Johannes v. Gaza und P. S., 1912 [mit Ausg. der Ekphrasis] – J. Fletcher, D. S. Carne-Ross, Ekphrasis, Arion 4, 1965, 563–581.

B. Lateinische Literatur

I. Geschichte der Sammlung – II. Einzelne Dichter

I. Geschichte der Sammlung: Neben (verlorenen) Zusammenstellungen von Satiren und von Sentenzen aus dramat. Dichtern wurden in der lat. Lit. bereits in klass. Zeit Sammlungen priapeischer Gedichte und von Sentenzen aus den Mimen des Publilius Syrus angelegt. Aus der Spätantike ist eine A. von Epigrammen und Gedichten im *Cod. Salmasianus* (cod. Par. lat. 10318) erhalten. Die Sammlung ist um 530 in N-Afrika entstanden und enthält 382 Epigramme v. a. von Dichtern der letzten Vandalenzeit, außerdem einzelne Verse und Gedichte klass. (Ovid, Properz), nachklass. (Seneca, Florus, als Nr. 17 den Vergil-Cento »Medea« des Hosidius Geta) und konstantin. (→ Porfyrius) Zeit (unbestimmt Nr. 200 Pervigilium Veneris; vgl. RE XIX, 1062–1067). Eine Gliederung nach verschiedenen Gruppen wie Vergilcentonen, Distichen, Rätseln des Symphosius, Epigrammbuch des Luxorius ist erkennbar. Im weiteren Sinne versteht man unter *Anthologia Latina* Sammlungen neuerer Herausgeber, in die außer der A. des Cod. Salmasianus auch antike Gedichte aus Sammlungen in Hss. des 9.–12. Jh. aufgenommen sind.
Ed.: F. Bücheler-A. Riese, I, 1, 1894²; I, 2, 1906² – *Lit.:* Kl. Pauly I, 377 – LAW 168 f. – Schanz-Hosius IV, 69–76 – F. Munari, Die spätlat. Epigrammatik, Philologus 102, 1958, 127–139.

II. Einzelne Dichter: *Flavius Felix*. 5 Epigramme (Nr. 210–214) feiern König Thrasamund (496–523) als Erbauer der Thermen in Aliana bei Karthago, Nr. 214 mit → Akrostichon, Mesostichon und Telestichon (Thrasamundus cunta innovat vota serenans). Wohl vom gleichen Dichter das Bittgesuch Nr. 254.

Florentinus. Er schreibt anläßl. der Jahresfeier der Regierung des Kg.s Thrasamund einen Panegyricus (Nr. 376) in 39 Hexametern, in denen der Kg., sein Land und die Hauptstadt Karthago gepriesen werden.

Luxorius. Lebte unter König Hilderich (523–530; vgl. Nr. 203) in Karthago. Außer Nr. 18 (Vergil-Cento) und 203 sind am Ende der Sammlung 89 Gedichte in verschiedenen Metren erhalten, die eine gekünstelte, manchmal jedoch auch anschaul. und geistreiche Ausdrucksweise zeigen. Nach dem Vorbild des Martial schließen alle mit einer Pointe. Neben epideikt. Epigrammen und Grabepigrammen finden sich zahlreiche Spottgedichte, denen eine derbe Erotik nicht fehlt.

Ed.: H. HAPP [Diss. masch., Tübingen 1958], mit Komm. – M. ROSENBLUM, 1961 – I. K. HORVATH-F. KURUCZ, 1963 – *Lit.:* KL. PAULY III, 796 [Lit.].

Pentadius. Die Gedichte Nr. 234 »De Fortuna«, 235 »De adventu veris«, 265–268 »De Narcisso« zeigen z, T. einen spieler., aber ermüdenden Bau der Distichen, die so geformt sind, daß die 2. Pentameterhälfte dem 1. Teil des Hexameters entspricht.

Lit.: RE XIX, 503 f.

Reposianus. Der Verfasser des Gedichts mit dem traditionellen Motiv »De concubitu Martis et Veneris« (Nr. 253) gehört wohl ebenfalls der Vandalenzeit an.

Ed.: U. ZUCCARELLI, 1972 – *Lit.:* KL. PAULY IV, 1380 – SCHANZ-HOSIUS III, 43 f. (um 300).

Symphosius. Die 100 Rätsel des S. (Nr. 286), die aus je 3 Hexametern bestehen, sind mit bemerkenswerter sprachl. und metr. Sorgfalt unter geschickter Anwendung verschiedener Stilmittel gestaltet. Die Auflösung wird durch die Überschrift gegeben. Die Sammlung galt als Muster für die ma. Rätselpoesie (→ Aldhelm, → Alkuin, → Anonymus Mellicensis, → Tatwine v. Canterbury); daher hat sich auch neben dem Cod. Salmasianus eine Nebenüberlieferung gebildet.

Lit.: R. T. OHL, The Enigmas of Symphosios, 1928.

Vespa. Der Verfasser des frühestens am Ende des 3. Jh. entstandenen Streitgesprächs zw. Bäcker und Koch (Nr. 199) gestaltet nach den Vorbildern der bukol. Wettkampfgedichte bzw. der in der Fabelliteratur und Rhetorik beliebten Synkrisis in einfacher Dramatik nicht ohne Witz. Er begründet damit das Motiv des ma. Ständewettstreits (→ Stände), auch in Einzelzügen wie der Kennzeichnung der Gegner durch gegensätzl. Farben. J. Gruber

Lit.: RE VIII A, 1705–1710 – Vgl. auch Epigrammata Bobiensia, Florilegien.

Anthon, Schlacht v. Bei dem Ort A. nahe Vienne in der nw. Dauphiné (Dép. Isère) standen sich am 11. Juni 1430 die Truppen des Bourguignon Louis de Chalon, Prince d'Orange, der die → Dauphiné besetzen wollte, und die der frz. Provinzverwaltung unter dem Gouverneur Raoul de Gaucourt und dem Maréchal Imbert de Grolée gegenüber. Durch den Einsatz der Söldnertruppen des Rodrigo de Villandrando auf frz. Seite konnten die Bourguignons besiegt werden. Ph. Contamine

Lit.: F. BARBEY, Louis de Chalon, prince d'Orange, 1926, 123–154.

Anthropologie. Das MA kennt weder eine eigene Disziplin noch das Wort A. Die Gründe dafür sind offenkundig: die Bestimmung des Menschen ergibt sich aus dessen Bezug zu Gott und zum Universum, jenen beiden Größen, die über ihre theoret. Erklärungskraft hinaus eine unmittelbare Bedeutung für die menschl. Daseinserfüllung haben. A. als eigene Disziplin erscheint also erst dort, wo die traditionelle Metaphysik ihre Bedeutsamkeit einbüßt. Die selbstverständl. Anerkennung der beiden genannten Bezüge läßt sich an den zentralen anthropolog. Kategorien der menschl. Gottebenbildlichkeit und der Repräsentanz des Kosmos im Menschen (= Mikrokosmos) ablesen; beide Gedanken besitzen innerhalb der Epoche fraglose Gültigkeit.

Epochenspezif. Probleme ergeben sich aus der heilsgeschichtl. Perspektive, dem Sündenfall und der Erlösung des Menschen. Diese Schwierigkeiten zeigen sich deutlich bei → Augustinus. Dessen Bestimmung des Menschen von der Seele her: »der Mensch ist eine vernünftige Seele, die sich eines sterblichen und irdischen Körpers bedient« (De moribus eccl. I 27, 52) korrespondiert dem Weg des Menschen zu Gott, und zwar so sehr, daß auch Thomas von Aquin eindeutig erklärt: »es gehört zur Sache des Theologen, die Natur des Menschen von der Seele her zu betrachten« (S. Th. I 75, prol.); aber anders als Thomas hält Augustinus es nicht unbedingt für notwendig, die Frage des Verhältnisses von Leib und Seele definitiv zu klären. Damit hinterläßt er ein ungelöstes Problem, das sich in dem Maße als dringlich erweist, in dem das MA den augustinischen »Rückzug aus dem Kosmos« (KAMLAH, Christentum und Geschichtlichkeit, 1951[2], 249 ff.) wieder rückgängig macht.

Einen ersten großen Versuch, die heilsgeschichtl. Dimension mit der metaphys. Trias Gott-Welt-Mensch in Einklang zu bringen, unternimmt → Johannes Scottus Eriugena. Den umfassenden Prozeß des Hervorgangs des Vielen und der Rückkehr zu dem Einen werden nämlich der Sündenfall des Menschen und die Menschwerdung Christi als Momente zugeordnet; dabei erscheint die auf die Sinnlichkeit verwiesene »historische« Situation des Menschen als von Gott bereits vorhergesehene Folge der Ursünde, ein Zustand, dem die sinnlich wahrnehmbare Welt angepaßt ist, während die Inkarnation die Rückkehr der Welt und des Menschen zu ihrem Ursprung ermöglicht und bewirkt.

Diese auf eine Identifizierung von Natur und Geschichte, von Natur und Gnade hinauslaufende Bestimmung des Menschen durch Eriugena vermag sich zwar geschichtl. nicht durchzusetzen, eröffnet aber den geistigen Raum, innerhalb dessen Diskussionen über die Frage nach der Rolle des Menschen im Universum positiv entschieden werden. Denn wenn schon die sinnliche Welt um des Menschen willen besteht, ist nicht leicht einsehbar, daß der Mensch wiederum bloß zur Restituierung der Zahl der gefallenen Engel existiere; mit diesem Argument wendet sich → Honorius Augustodunensis gegen eine in der Schule von → Laon entwickelte Überlegung zu der Frage, weshalb Gott den Menschen geschaffen habe. Dieser Gedanke spielt zwar keine größere Rolle, die Gegenargumentation des Honorius kann jedoch als Indiz dafür dienen, daß nunmehr im weiteren Verlauf des 12. Jh. die Natur des Menschen in den Mittelpunkt des Interesses rückt. Parallel dazu wächst auch das Interesse an kosmolog. Fragen, und zwar über die durch den platon. »Timaios« vermittelten Kenntnisse hinaus.

In diesem hist. Zusammenhang leistet → Avicennas Lehre vom Menschen eine Vermittlungsfunktion zw. der chr., augustin. geprägten Tradition und der auf die Natur des Menschen gerichteten Neuorientierung. Die Eignung der avicennischen Doktrin liegt in deren Bestimmung des Menschen von der Seele her, die zwar auch als Form des Leibes, in sich aber als selbständige intellektuelle Substanz aufgefaßt wird. Diese offenkundige Nähe zur augustin. Position darf jedoch die entscheidende Differenz nicht verdecken: die avicennische Lehre vom Menschen, die in der Psychologie ihren Ort hat, erscheint im Kontext der Physik (Liber sextus naturalium); von daher ist es ganz folgerichtig, wenn Avicenna auch solchen Fragen nachgeht, die das Verhältnis von Seele und Leib betreffen, und beispielsweise im Herzen das Organ sieht, dessen sich die Seele zur Beherrschung des Leibes bedient. Es hieße demgegenüber der augustin. Lehre vom Menschen Gewalt antun, wollte man sie in gleicher Weise physikal. interpretieren: die Psychologie Augustins ist kein Bestandteil der Physik, und sein Ausgangspunkt von der Seele impliziert nicht notwendig eine dualist. Auffassung vom Menschen, sondern indiziert den heilsgeschichtl. Aspekt, der wiederum auf den ganzen Menschen abzielt. – Die Fülle der Abhandlungen über die Seele, von → Dominicus Gundissalinus über Johannes Blund bis zu →Wilhelm v. Auvergne stehen unter dem Eindruck der von Avicenna im wesentl. bestimmten Neuorientierung.

Neben diesen Schriften über die Seele hat auch der ps.-augustin. Traktat »De spiritu et anima« eines unbekannten Zisterziensers (zw. 1162 und 1190, s. NORPOTH, vgl. PUTSCHER) im Sinne des Augustinus die Einschätzung des Menschen im HochMA nicht wenig beeinflußt (zahlreiche Hss., Übernahme ins 2. Buch von „De natura rerum" des Thomas v. Cantimpré).

Wie sehr die naturphilosoph. Fragestellung in der Folgezeit die Lehren vom Menschen bestimmt, zeigt sich ganz augenfällig gerade auch bei jenen Denkern, die sich gegen den zunehmenden Einfluß des Aristoteles ausdrückl. auf die chr. Tradition berufen. Sie versuchen, die augustin. Grundposition vom Vorrang der Seele und ihrer unmittelbaren Beziehung zu Gott mit Hilfe der aristotel. Begrifflichkeit des Hylemorphismus, also auf den Boden der Naturphilosophie neu zu begründen, allerdings nunmehr mit eindeutig dualist. Ergebnissen. Die überwiegende Mehrheit aller Magistri, nicht nur derjenigen aus dem Franziskanerorden, vertritt einen anthropolog. Dualismus, der sich aus der Annahme einer durchgängig hylemorphist. Zusammensetzung der geistigen Substanzen aus Form und geistiger Materie (materia spiritualis) und aus der korrespondierenden Auffassung von der durch eine eigene Form bereits vorgeprägten Materie (forma corporeitatis) ganz folgerichtig ergibt. Damit läßt sich zwar die Individualität und Unsterblichkeit der menschl. Seele recht einfach rechtfertigen, eine Intention, die angesichts des averroist. Monopsychismus auch verständlich ist; die Frage der Einheit des Menschen läßt sich von diesen Voraussetzungen her aber nicht mehr beantworten.

Genau diese Frage bildet den Ausgangspunkt der anthropolog. Überlegungen des Thomas v. Aquin. Er bedient sich zur Erklärung dieser Einheit ebenfalls der aristotel. Begrifflichkeit, allerdings in einer den Boden der Naturphilosophie und auch die Position des Aristoteles überschreitenden Weise. Die geistige Seele ist demnach die einzige substantielle Form, die unmittelbar die Aktualität des Seins, der Körperlichkeit, der Lebendigkeit, der Sinnlichkeit und der Rationalität verleiht, so daß vermittelnde Zwischenformen wie die forma corporeitatis oder die »Vernunftkeime« (rationes seminales) auf der Seite der Materie ebenso ausgeschlossen werden wie eine Pluralität von Formen innerhalb der Seele oder deren Zusammensetzung aus geistiger Materie und Form. Die unmittelbare Verknüpfung von geistiger Form und absolut ungeprägter Materie (materia prima) hat Konsequenzen für die Auffassung vom Menschen, die Thomas insbes. von der Erkenntnis her expliziert. So vermag der Intellekt sich nur im Durchgang durch die Sinnlichkeit zu realisieren, die für das geistige Erkennen wesensnotwendig ist; ebenso gilt aber auch, daß die menschl. Sinnlichkeit immer schon geistig geprägt und daher nicht mit der tier. ident. ist. Daher kann man das Verhältnis von Intellekt und Sinnlichkeit, von Seele und Leib nicht nach dem Modell des Herrschens und Beherrscht-Werdens und schon gar nicht nach der Vorstellung vom Leib als dem Gefängnis der Seele deuten; Thomas weist derartige Gedanken zurück: Die Vollkommenheit der Seele und ihre Gottebenbildlichkeit bestehen gerade in ihrer Verbindung mit dem Leib.

Der Widerspruch der letztlich naturphilosoph. geprägten Magistri, die die Schwächen der thomist. Lösung insbes. von den Grenzphänomenen Zeugung, Geburt und Tod her aufzuzeigen suchen, findet ihren lit. Niederschlag im sog. → Korrektorienstreit. Mag dieser Streit auch zunächst mit einer kirchl. Verurteilung (1286 durch den Ebf. v. Canterbury, → Johannes Peckham) der thomist. These von der Geistseele als der einzigen substantiellen Form im Menschen enden, so setzt sich doch die Lehre des Thomas insgesamt durch, wenn auch nicht in ihrer ganzen Subtilität und besonders nicht mit all ihren Konsequenzen.

Daß Nikolaus v. Kues am Ausgang des MA dennoch eine ganz anders geartete Lehre vom Menschen konzipiert, hängt nicht nur mit seinem neuplaton. Ansatz zusammen. Mit der bemerkenswerten Konsistenz seines Systems sucht er der wachsenden Zusammenhanglosigkeit der metaphys. Trias Gott-Welt-Mensch zu begegnen. Angesichts der Unendlichkeit als dem maßgebenden Kennzeichen Gottes vermag er den Kosmos nicht mehr – wie die traditionelle Kosmologie es tut – eindeutig zu lokalisieren, zu begrenzen und teleolog. zu deuten. Damit verliert auch der Mensch seinen eindeutig angebbaren Ort als Mittelpunkt der Welt. Für den Menschen eröffnet sich so aber die Möglichkeit, die herkömml. Rolle als Betrachter und Nutznießer der Welt zugunsten eines neuen Selbstverständnisses aufzugeben. Es ist von daher ganz konsequent, wenn Nikolaus die Gottebenbildlichkeit des Menschen nicht mehr primär in seiner Ausstattung, sondern in seiner Kreativität sieht. Man kann das sicher als einen Hinweis auf die neuzeitl. Entwicklung deuten, darf darüber jedoch die entscheidende Rolle der Inkarnation nicht aus dem Auge lassen, mit deren Hilfe Nikolaus das Endliche mit dem Unendlichen zu vermitteln sucht, ein Gedanke, der an den Anfang der ma. Lehren vom Menschen zurückverweist. – → Menschenbild. G. Wieland (mit Ch. Hünemörder)

Q.: Thomas Cantimpratensis, Liber de natura rerum, T. 1: Text [ed. H. BOESE], 1973 – Lit.: L. NORPOTH, Der ps.-augustin. Traktat »De spiritu et anima« [Diss. München 1924], 1971 – L'homme et son destin. Actes du premier Congrès Internat. de Philos. Méd., 1960 – M.-D. CHENU, La théologie au 12. s., 1966¹, 19-61 – B. STOCK, The Philos. Anthropology of Johannes Scottus Eriugena, StM 8, 1967, 1-57 – M. PUTSCHER, Pneuma, Spiritus, Geist. Vorstellungen vom Lebensantrieb in ihren gesch. Wandlungen, 1973 – TH. SCHNEIDER, Die Einheit des Menschen, 1973.

Anthypatos (Proconsul), byz. Amts- und Hoftitel. Bis in die mittelbyz. Zeit hinein fungierten Anthypatoi als Gouverneure in den einzelnen Provinzen, ehe diese durch die Entwicklung der Themenorganisation allmählich militarisiert wurden (→ Themen). *Anthypatoi der Themen* waren unter dem → Strategen Leiter der Zivilverwaltung eines Themas (bis 2. Hälfte 9. Jh., dann ersetzt durch die → Protonotarioi). Seit dem 10. Jh. nur noch reiner Hoftitel, der im 12. Jh. ausstarb. R.-J. Lilie

Lit.: R. GUILLAND, Recherches sur les Institutions byzantines II, 1967, 68-79 – N. OIKONOMIDÈS, Les listes de préséance Byzantines du IXe et Xe siècles, 1972 [Index; bes. 287, 294, 343].

Antiballomena → Quid-pro-quo

Antibes. Das prov. Bm. A., das sich zw. Mittelmeerküste und den Ausläufern der Voralpen erstreckt und im O und W von den Flüssen Var und Loup begrenzt wird, wurde Suffraganbm. von Embrun; es hatte in der Spätantike Aquae (Baiae) Sextiae (Aix-en-Provence) unterstanden. Von 660 bis zum Ende des 10. Jh. ist kein Bf. namentl. bekannt. Mitte des 11. Jh. gerät der Bischofssitz in die Hand der Familie des Rodoard, der ihn nach der Vertreibung der Sarazenen vom Gf. en Wilhelm erhielt. Einige Nachkommen Rodoards traten in das Kl. → Lérins ein; andere wurden Bf.e: Aldebert I. (nachweisbar 1022-62), Gottfried, Aldebert II. (nachweisbar 1093). Am Anfang des 12. Jh. entstand ein Bruch in der Entwicklung; der Ebf. v. Embrun versuchte, einen Mönch von St-Victor in

→ Marseille als Bf. durchzusetzen. Der Bischofssitz entglitt der Familie endgültig, als Mainfroi (gegen 1113), ein Vertrauter von → Raimund Berengar, geweiht wurde. 1144 erwirkte der Bf. eine Verlegung seines Sitzes nach Grasse, wodurch diese Siedlung den Anfang ihres wirtschaftl. Aufstiegs erlebte. Möglicherweise fand diese Verlegung statt, um sich dem Druck des Laienadels besser entziehen zu können. – Der Ort A. blieb in der Folgezeit ein Hafen von bescheidener Bedeutung. P.-A. Février

Q. und Lit.: G. DOUBLET, Recueil des actes concernant les évêques d'A., 1915 – P. A. FÉVRIER, Le développement des cités de la basse Provence orientale [Diss. masch. Paris 1955], 73–87 – M. FONTANA, La réforme grégorienne en Provence orientale, 1957.

Antichrist
A. Theologie und Politik – B. Literatur – C. Ikonographie
A. Theologie und Politik
I. Christentum – II. Entsprechung im Islam.

I. CHRISTENTUM: A., Wort aus dem NT (1 Joh 2, 18 ff.; 4, 1–6; 2 Joh 7), mit dem Anhänger der häret. Lehre gekennzeichnet werden, wonach Jesus nicht der Christus sei. Diese präsent.-kollektive Bedeutung ist bereits in ntl. Zeit von Vorstellungen aus spätjüd. Apokalyptik überlagert worden, so daß in der patrist. Exegese das Schwergewicht des A.-Verständnisses auf einer futur.-individuellen Gestalt lag: Das Wesen des A. wird als »Mensch der Sünde« beschrieben und seine Funktion darin gesehen, daß er durch sein Erscheinen das endgültige Kommen Christi (Parusie) zum Weltgericht ankündigt. Mit der Kraft Satans ausgestattet, und insofern als Personifizierung der widergöttl. Kräfte verstanden, wird der A. die Menschen verführen und leidvoll bedrücken, ehe ihn der wiederkehrende Christus selbst vernichtet. Diese allgemeine Unschärfe hinsichtl. der personalen Kennzeichnung und des zeitl. Auftretens hat bereits in der frühen Kirche zu Versuchen geführt, den A. mit bestimmten gesch. Gestalten zu identifizieren; etwa dem Imperium Romanum, Nero redivivus u.a.

Die erste große Abhandlung über den A. vom Anfang des MA – sieht man von den Schriftstellern der Merowingerzeit in Gallien ab – findet sich in den Homilien zum Propheten Ezechiel und in den »Moralia in Job« Gregors d. Gr. Dort erscheint der A. als wesentl. Element der chr. Eschatologie und wird als Persönlichkeit, deren Ankunft unmittelbar bevorsteht, dargestellt. Die Furcht vor dem A., die in engem Zusammenhang mit der Angst steht, das Ende aller Zeiten sei nahe, findet ihren Nährboden in den Gewalttaten und Grausamkeiten, die die Völker des besiegten Imperium Romanum während der Völkerwanderungszeit erduldeten. Zwei ursprgl. aus Syrien stammende Schriften, die in veränderter Form starke Verbreitung fanden, die Methodios v. Patara zugeschriebenen »Revelationes« (Methodius-Apokalypse) und die Prophezeiungen der »Sibylla Tiburtina« erweitern und vervollständigen im 8. und 9. Jh. das von Gregor d. Gr. gezeichnete Bild des A. Mit diesen beiden kurzen, jedoch sehr bedeutsamen Werken, die einen starken Einfluß auf alle folgenden Jh. ausübten, wird der A. mit der polit. Realität verbunden und in die Auseinandersetzungen der Zeit einbezogen; er trug so zur Ausprägung myth.-symbol. Gestalten wie Endkaiser und Gog und Magog bei (apokalypt. Völker, die als Vorboten des A. angesehen wurden). Schließl. wurden bestimmte Begleitumstände der Ankunft des A. festgelegt, z. B. die Wiederkunft von Henoch und Elias (oder auch anderer Gestalten, entsprechend den Exegeten der → Apokalypse), und die furchtbaren Kämpfe bei der Verfolgung der Kirche u. ihrer wahren Gläubigen durch den A.

Zugleich ergibt sich aus der in 1 Joh 2, 18 f. (4, 1–6; 2 Joh 7) getroffenen Unterscheidung zw. dem eigtl. Antichristus und den antichristi die Möglichkeit, letztere, einzeln genommen, mit dem rex tyrannus, d.h. dem Herrscher, der kein rex iustus ist, in Verbindung zu setzen (→ Tyrann). Dadurch kommt es zu einem starken Einfluß apokalypt. Ideenguts auf das polit. Denken der Zeit. Auf dieser Basis entwickelten sich die Darstellungen des A. bei → Odo v. Cluny in seiner »Occupatio«, in der er nach Gregor d. Gr. den A. mit dem Behemot des Buches Ijob gleichsetzt, sowie bei → Adso v. Montier-en-Der in seiner »Epistula de ortu et tempore Antichristi«. Dieses Werk fand infolge seiner klaren, zusammenfassenden Darstellung weiteste Verbreitung: Sein A.-Bild wirkte nicht nur auf die theol. Auseinandersetzung mit der Apokalypse ein und beeinflußte das polit. Denken, sondern strahlte auch auf die Kunst aus (noch die Fresken von Luca Signorelli im Dom von Orvieto zeigen indirekt das Nachwirken Adsos).

Zw. dem 11. und 12. Jh. spielt die Gestalt des A. während des Investiturstreits zur gleichen Zeit in der gregorian. und antigregorian. Polemik eine Rolle (z. B. bei → Benzo v. Alba) und gewinnt durch den Angriff der Türken auf das Hl. Land und in den Kreuzzügen bes. Bedeutung. Man glaubte allgemein, die Ankunft des A. sei nahe und die Türken seien seine Vorboten. So nimmt die Gestalt des A. immer mehr die Züge einer realen Persönlichkeit an, mit der man sich in der Lit. des 12. Jh. auseinandersetzt: Otto v. Freising spricht von ihm im letzten Buch seiner »Chronica de duabus civitatibus«; die große Seherin → Hildegard v. Bingen erblickt ihn symbol. in ihren Visionen; → Gerhoch v. Reichersberg widmet ihm seine Schrift »De investigatione Antichristi«; → Norbert v. Magdeburg betrachtet ihn als schon geboren und steht damit im Widerstreit zur Meinung des Hl. Bernhard. Eine entscheidende Wendung im Bild des A. trat durch → Joachim v. Fiore († 1202) ein. Bei seiner Schilderung der Endzeit der Kirche gewann dieser aus dem Studium der Schriften des NT, insbes. der Apokalypse, die Anschauung, es stünde das Kommen zweier Antichristi bevor, eines verborgenen, der im Inneren der Kirche wirkte, Sittenverfall und Dekadenz hervorrief und die wahren Christen einer Prüfung unterwarf, und des zweiten, des eigtl., der mit geringen Veränderungen die Züge des traditionellen A. bewahrte. Diese Theorie des doppelten A. hatte gewaltige hist. Konsequenzen sowohl im ekklesiolog. wie polit. Bereich, v.a. als sie von den sog. → Franziskaner-Spiritualen aufgenommen wurde. Eine Weiterentwicklung der joachimit. Theorie stellt die These von Petrus Johannis → Olivi dar, die er in seiner »Lectura super Apokalypsim« aufstellt, es gäbe zwei Antichristi, einen mystischen (typischen, symbolischen) und einen eigentlichen. Diese These übernahm → Ubertino da Casale in seinem »Arbor vitae crucifixae Ihesu«, der die Päpste Bonifatius VIII. und Benedikt XI. als myst. Antichristi betrachtete, während die südfrz. Spiritualen Johannes XXII. nach seiner Verdammung des totalen Armutsideals der Minderbrüder für den myst. A. ansahen. Durch sie und in ihrer Nachfolge wurde der myst. A. zum Oberhaupt der ecclesia carnalis und konnte daher auch später mit dem Papst gleichgesetzt werden, so wenn dieser der Häresie bezichtigt wurde oder als Verfolger wahrer Christen wie z. B. der → Fraticelli galt.

Die Gestalt des myst. A. und die Idee der ecclesia spiritualis führten jedoch nicht dazu, daß die traditionelle Auffassung des A. aufgegeben wurde, vielmehr bildete diese die Lehrmeinung der offiziellen Kirche. Im 14. und 15. Jh. erscheinen diese Gestalt und Idee jedoch häufig im orthodoxen und häret. Schrifttum und in der Predigtliteratur (→ Johannes de Rupescissa, → Mathias von Janov) sowie in Prophetien und Visionen, in denen der Papst oft den A. verkörpert. In Verbindung mit religiösen Strömungen dieser Art erscheinen der myst. und der eigtl. A. in erster Linie zur Zeit der Reformation bei der Polemik zw. Katholiken und Lutheranern in theol. Auseinandersetzungen, in Flugschriften und im Bereich der volkstüml. Propaganda.

R. Manselli (mit G. Jenschke und W. Ullmann)

II. ENTSPRECHUNG IM ISLAM: Im islam. Kulturkreis heißt die dem A. entsprechende Figur ad-Daǧǧāl, der »Betrüger« (aus syr. *daggālā*). Der Daǧǧāl leitet mit seiner Herrschaft, welche 40 Tage oder 40 Jahre lang Unreinheit und Tyrannei über die Erde bringt, das Ende der Zeiten ein, an dem schließl. alle Menschen sich zum Islam bekehren werden. J. van Ess

B. Literatur
I. Mittelhochdeutsche Literatur – II. Alt- und mittelenglische Literatur – III. Romanische Literaturen – IV. Slavische Literatur.

I. MITTELHOCHDEUTSCHE LITERATUR: Die mhd. *A.-Dichtung* in Prosa, Vers und Dialogform fußt auf bibl. Eschatologie und rezipiert v. a. die Sibyllin. Schriften, Ps.-Methodius und → Adso v. Montier-en-Der. Bekannt sind bes. der »Friedberger A.«, das bair. Gedicht »Von dem Anticriste« (13. Jh.) sowie Freidanks Spruch 49 und Frau Avas Gedicht, dessen Quellen u. a. das »Elucidarium« des Honorius Augustodunensis ist. Zwar auf Adso zurückgehend, doch eigenständig sind der »Ludus de Antichristo« und verwandte Dramen. Das 15./16. Jh. kennt noch A.-Dichtungen, bes. Pamphilus Gegenbachs »Nollhart« und verschiedene A.-Spiele. Gemeinsam ist den Dichtungen, daß der A. vor der Parusie Christi als rex iniquus, Tyrann, Nero redivivus etc. für kurze Zeit die ird. Herrschaft an sich reißt, bis Christus ihn endgültig besiegt. Sein Kommen wird durch – oft sieben – Zeichen angekündigt; er sitzt im Tempel Gottes, wo er dessen Platz einnimmt. In den Geschichtswerken des Dt. Symbolismus ist der A. die zentrale Rollenfigur der Profangeschichte und noch im 16. Jh. gilt in der Nachfolge Luthers der A. als personalisierter, auf das Papsttum bezogener Feind des Christentums. Bildzeugnisse finden sich seit dem 16. Jh. als Einblattdrucke. A. Wang

II. ALT- UND MITTELENGLISCHE LITERATUR: Im Alt- und Frühme. wurde das Kommen des A. v. a. in der Predigtliteratur geschildert, so etwa in den → »Blickling-Homilien« (Nr. 7 u. 11), → »Vercelli-Homilien« (Nr. 2 und Nr. 15 = Thomas-Apokalypse), Homilien aus Hs. Vespasian D XIV (Nr. 27), meist im Zusammenhang mit dem Weltende und dem Jüngsten Gericht. Eine ae. Übersetzung von → Adsos »Libellus de Antichristo« enthält die Predigt »De temporibus Antichristi« (= Ps.-Wulfstan-Homilie Nr. 42, ed. NAPIER). Breiten Raum nimmt die A.-Thematik im echten Werk Ebf. →Wulfstans ein, v. a. in seinen wohl um die Jahrtausendwende entstandenen Homilien I–V (ed. BETHURUM). Für Wulfstan sind A. einerseits alle diejenigen, die nicht gemäß dem rechten chr. Glauben leben und lehren; andererseits und v. a. ist der A. aber auch für ihn die höllische Figur, die in der Endzeit erscheinen und die Christen verfolgen wird. Als Quellen benützte Wulfstan u. a. Adsos »Libellus« und altengl. Homilien → Aelfrics; dieser hatte den eschatolog. A. sowohl im Vorwort zu seinen »Homiliae Catholicae« als auch im »Sermo in die iudicii« (ed. POPE Nr. 18) dargestellt.

Später wurde die Figur des A. dann in den verschiedensten Gattungen der religiösen me. Lit. behandelt. Im → »Cursor Mundi« (Anfang 14. Jh.), einer Art heilsgeschichtl. Enzyklopädie in Versen, die nach den sieben Weltaltern (→ Geschichtsdenken) gegliedert ist, beschäftigt sich der Abschnitt über das 7. Weltalter mit dem A. und seinem Kommen in der Endzeit (21 975–22 426). Ein anderes Werk religiöser Belehrung und Ermahnung, »The → Prick of Conscience« (14. Jh.), mit über 100 erhaltenen Hss. die zu ihrer Zeit populärste me. Dichtung überhaupt, geht ebenfalls ausführl. auf die Gestalt des endzeitl. A. ein (Teil V, 4047–4630). Für die Schriften →Wycliffs (ca. 1328–84) und seiner Anhänger, der → Lollarden, ist dagegen charakterist., daß sie häufig ihre religiösen Gegner (Papst und Bettelmönche) mit dem A.en identifizieren, z. B. »Speculum de Antichristo« und »Antichrist and his Meynee« (ed. MATTHEW) sowie »The Lanterne of Liȝt«. Das Bild vom Angriff des A.en gegen die wahre Kirche wurde aber auch in antilollard. Werke übernommen und gegen die Lollarden selbst gerichtet, z. B. in dem Gedicht »The Reply of Friar Daw Thopias« (ed. WRIGHT). Von den vier großen engl. Mysterienspielzyklen des späten MA (→ geistliches Drama) enthält der Chester-Zyklus als vorletztes Stück ein A.-Spiel: der endzeitl. A. tritt als falscher Christus auf, wird zunächst von vier Königen verehrt, disputiert dann mit den Propheten Elias und Enoch und wird schließl. vom Erzengel Michael überwunden. Unmittelbar zuvor bietet der Chester-Zyklus ein Spiel über die Propheten, die den A. ankündigen. In Langlands allegor. Vision → »Piers Plowman« (2. Hälfte des 14. Jh.) bildet die Schilderung vom Angriff A.s und seiner zahlreichen Anhänger, darunter der Todsünden, gegen die gute Sache, verkörpert durch Conscience ('das Gewissen') mit ihrem Gefolge, den abschließenden Höhepunkt (B-Version, Passus XX = C-Version, Passus XXIII; nicht in der A-Version). Vermutl. im 15. Jh. entstanden sowohl eine me. Vers- als auch eine Prosabearbeitung der »Revelationes« des Ps.-Methodius (ed. D'EVELYN; ed. PERRY).

Die Reformatoren des 16. Jh. stellten in ihrer Polemik gern wieder den Papst als den A.en dar, so z. B. John Bale in seinem Drama »King Johan«. H. Sauer

III. ROMANISCHE LITERATUREN: A.-Spiele, im eschatolog. Zyklus zuweilen auch mit Weltgerichtsspielen verbunden, wurden vielfach zur Adventszeit aufgeführt und blieben bis ins 16. Jh. beliebt. Diesen spätma.-volkssprachl., nicht mit der Liturgie zusammenhängenden Typ des Mysterienspiels bietet das frz., mit Miniaturen zur Inszenierung überlieferte Stück »Le Jour du Jugement« (1330/40). Das als Frgm. erhaltene »Mystère du jugement de Dieu« (15. Jh.) war für eine dreitägige Aufführung (A., Weltende und Jüngstes Gericht) angelegt. Aus Italien stammt, abgesehen von Erwähnungen des zu Pfingsten 1298 und 1304 in Cividale gezeigten »Ludus Christi«, eines der ältesten erhaltenen A.-Spiele mit lat. Regieanweisungen, eine dramat. Lauda aus Perugia (1320/40).

Die nichtdramat. Behandlung des A.-Stoffs in den roman. Lit. ist kaum erschlossen. Sie steht mit verwandten Motiven des apokalypt.-prophet. Schrifttums (15 Zeichen des Jüngsten Gerichts, Sibyllin. Sprüche u. a.) in Verbindung. Die A.-Legende liegt in 6 frz. Vers- und 1 Prosabearbeitung vor. Die fälschlich Henri d'Arci zugeschriebene anglo-norm. Fassung (1160/80) ist eine ungelenk versifizierte Übers. von Adsos Traktat. Geoffroy de Paris bringt 1243 in der »Bible des sept etats du monde« (Buch 6) eine eigenständige Version, ebenso Huon le Roi de Cambrai in den »Regrets Notre Dame« (1244/48). Moralisierende Reimpredigten bieten die »Vers« des Thibaut de Marly (1170/90) und die *raison* des nordfrz. Geistlichen Bérengier (1. Hälfte 13. Jh.). Eine wahrscheinl. in Italien von einem Pikarden oder Wallonen verf. *istoire* (1241?) behandelt neben dem A. die 15 Zeichen des Jüngsten Gerichts, ein Streitgespräch zw. Leib und Seele sowie das

Letzte Gericht. Die prov. Versfassung ist in einer Übers. des apokryphen Nikodemus-Evangeliums enthalten. Das ital. »Poema sull'avvento dell'Anticristo« (Hs. 13.Jh.) wurde Uguccione da Lodi zugeschrieben. Der frz. Benediktiner Huon de Méry verfaßte um 1235, vielleicht angeregt durch Raoul d'Houdenc, eine kunstvolle allegor. Vision »Li tournoiemenz d'Antecrist«, die den Kampf zw. Tugenden und Lastern darstellt.

Ohne eigtl. Weiterentwicklung in der Zeit der religiöspolit. Endzeiterwartung und Untergangsstimmung hat sich die A.-Vorstellung im späten MA als Mittel der Polemik, der Angstidentifikationen, aber auch in burlesken Verzerrungen vergröbert. D. Briesemeister

IV. SLAVISCHE LITERATUR: Das A.-Thema wird in den balkanslav. → Apokryphen behandelt, erscheint auch in der spätma. glagolit. → kroat. Lit. (»Čtenie od anetihrsta«). Der tschech. Reformprediger → Milíč von Kremsier (Milíč z Kroměříže) schrieb einen »Libellus de Antichristo« (1367). Er hatte schon früher im Gefängnis gesessen, weil er den Kaiser → Karl IV. als den A. bezeichnet hatte. Eine Johannes → Hus zugeschriebene Schrift über den A. ist verschollen. R. Auty

C. Ikonographie

Darstellungen des A. in menschl. Gestalt, gekrönt und mit einem übergroßen Auge und in Verbindung mit einem Drachen zuerst in Illustrationen der Apokalypse (Bamberger Apokalypse, 49^v, um 1020, Bamberg StBibl.; Span. Hs. des Beatus-Kommentars 10.Jh.). Im 12.Jh. entstehen Szenen aus dem Leben des A. (Hortus deliciarum der Herrad v. Landsberg, 2. H. 12. Jh..); zahlreich in der → Bible moralisée, die den A. als Kg. mit Krönungsmantel und Krone, mit den Attributen und Gebärden des thronenden Christus zeigen. Eine Berliner Hs. des 15.Jh. erzählt die Geschichte des A. in volkstüml. Breite unter dem Einfluß religiöser Spiele, ähnlich ein Blockbuch von 1472 (Gotha, LBibl.). G. Binding

Lit.: [Zu A I] LThK² I, 636f. – R. MANSELLI, La lectura super Apocalipsim di Pietro di Giovanni Olivi. Ricerche sull'escatologhion medioevale, 1955 – DERS., Spirituali e beghini in Provenza, 1959 – H.D. RAUH, Das Bild des A. im MA, 1973 – R.E. LERNER, Refreshment of the Saints, The time after A. as a station for earthly progress in medieval thought, Traditio 32, 1976, 97–144 – M. REEVES, Joachim de Fiore and the prophetic future, 1976 – R. MANSELLI, L'Anticristo mistico: Pietro di Giovanni Olivi, Ubertino da Casale e i papi del loro tempo, Collectanea Franciscana 47, 1977, 5–25 – DERS., Gioacchino da Fiore e il doppio A. (FrühMA Stud. 1977) – *[Zu A II]* El¹ und El², s.v. al-Dadjdjāl – D.S. ATTEMA, De mohammedaansche opvattingen omtrent het tijdstip van den Jongsten Dag en zijn voortekenen, 1942, 52ff., 90ff., 113ff., 152ff.
[Zu B I] Verf.-Lex.² I, s. »Vom Antichrist«, »Von dem Anticriste« – G. GÜNTHER, Der stauf. Ludus de Antichristo, 1970 – *[Zu B II]*. – *Ed.*: R.D. WARNER, Early Engl. Homilies from MS Vesp. D. XIV, EETS OS 152 – A. NAPIER, Wulfstan. Slg. der ihm zugeschriebenen Homilien, mit Bibliogr. v. K. OSTHEEREN, 1967, Nr. 42 und S. 347f. – D. BETHURUM, The Homilies of Wulfstan, 1957, Nr. I–V und S. 278–293 – J.C. POPE, Homilies of Aelfric, EETS OS 259 und 260, Nr. 18 – R. MORRIS, Cursor Mundi, EETS OS 57, 59, 62, 66, 68, 99 – DERS., The Prick of Conscience, 1863 – F.D. MATTHEW, The Engl. Works of Wyclif Hitherto Unprinted, EETS OS 74, bes. 108ff., 253ff. – H.E. WINN, Wyclif. Select Engl. Writings, 1929, bes. 69ff. – L.M. SWINBURN, The Lanterne of Liȝt, EETS OS 151 – TH. WRIGHT, Political Poems and Songs, RS 14, 1859–61, II, 39ff. – P.L. HEYWORTH, Jack Upland, Friar Daw's Reply – W.W. GREG, The Play of A. from the Chester Cycle, 1935 – R.M. LUMIANSKY, D. MILLS, The Chester Mystery Cycle, EETS SS 3 – W.W. SKEAT, Piers the Plowman, 2 Vols, 1886 u.ö. – C. D'EVELYN, »The Middle Engl. Metrical Version of the ›Revelations of Methodius‹, PMLA 33, 1918, 135–203 – A.J. PERRY, Trevisa's Dialogues etc., EETS OS 167, bes. 109ff. – *Bibliogr.*: H. KURATH–S.M. KUHN, Middle Engl. Dict., 1954ff., s.v. Antechrist – Manual ME 2, III, bes. Nr. 59, 89, 91, 92, 94 – *Lit.*: H.B. WORKMAN, John Wyclif, 1926 [Repr. 1966], bes. II, 425 – K. JOST, Wulfstanstud., 1950, 218–221 – M.W. BLOOMFIELD, The Seven Deadly Sins, 1952, bes. 190 und 445 – J. LAWLOR, Piers Plowman, 1962, bes. 178ff. – M.McC. GATCH, Eschatology in the Anonymous Old Engl. Homilies, Traditio 21, 1965, 117ff. – T.B. BLATT, The Plays of John Bale, 1968 – T. STEMMLER, Liturg. Feiern und geistl. Spiele, 1970, 255–285 – K. SPERK, Ma. Tradition und reformator. Polemik in den Spielen John Bales, AF 101, 1973, bes. 23f. und 116–120 – R.K. EMMERSON, The Coming of Antichrist... [Diss. Stanford/Cal. 1977] *[Zu B III]* DSAM V, 364ff. (Fins dernières) – GRLMA 6, 2 232–235 (m. Bibliogr. für Textausg. der roman. A.-Legenden) – HWDA I, 479–502 – RAC I, 450–457 – E. LEVI, La leggenda del l'Anticristo nel teatro medievale, StM 7, 1934, 52–63 – L. GROS, Étude sur le Mystère de l'Antéchrist et du Jugement de Dieu, 1962 – R. MANTON, Le thème des »Quinze signes du Jugement dernier« dans la tradition française, RB 45, 1967, 827–842 – G. JENSCHKE, Unters. zur Stoffgesch., Form und Funktion ma. A.spiele [Diss. Münster 1971] – H.M. SCHALLER, Endzeit-Erwartung und A.-Vorstellungen in der Politik des 13.Jh., Fschr. H. HEIMPEL, 2, 1972, 924–947 – N. COHN, The pursuit of millenium, 1977 – *[Zu C]* LCI I, 119–122.

Anticlaudian → Alanus ab Insulis

Antidota (von gr. ἀντί 'gegen' und διδόναι 'geben'), nach Galen, dessen zwei Bücher »De Antidotis« und weitere Bemerkungen in seinen Werken die spätantike Situation zeigen, die im wesentl. bis in die frühe Neuzeit unverändert blieb; innerl. zu gebende Arzneimittel, später auch einige (z. B. Theriak) äußerl. angewandt, meist – den Rezepten Galens nach – aus zahlreichen Bestandteilen zusammengesetzt; Dioskurides bezeichnet auch einzelne, giftwidrige Drogen als Antidote; sollten heilend oder vorbeugend wirken können gegen die verschiedensten Erkrankungen, oft betont gegen Gifte (daher übliche Übersetzung Antidotum 'Gegengift'), wobei es Mittel gab, die bes. auf Tiergifte, wie Schlangenbisse, Skorpionstiche, Tollwut, oder auf andere Vergiftungsmittel, wie Giftpflanzen (z. B. Aconitum) oder Mineralgifte (z. B. Arsen), ansprechen sollten. Unter den Gewährsleuten, die Galen für Rezepturen nennt, befinden sich solche, die schon im 3.Jh. v. Chr. lebten. Bes. wichtige Antidote seiner Zeit waren Theriak und Mithridat, die ihrer gerühmten Wirkungen wegen auch im MA hoch geschätzt wurden; Vorschriften bei Aëtius (um 550), Paulus v. Aegina (7.Jh.), Avicenna (um 1000) und Nikolaus gen. Myrepsos (13.Jh.). Zu Beginn der Neuzeit, als die wichtigsten ma. Rezepturen Aufnahme in Pharmakopöen fanden, sind dort regelmäßig Vorschriften für Theriake und Mithridate aufgenommen. Spezielle Antidota sind selten unter dieser Bezeichnung geführt, so z. B. Antidotus Haemagogos Nicolai Alexandrini (im Kölner Dispensarium 1565). Der Begriff Antidot war allgemein verbreitet, wie seine Verwendung zur Bezeichnung von Arzneibüchern als Antidotarien beweist. Er blieb vereinzelt auch später, speziell für Gegengift, erhalten, so im Antidotum Arsenici, einem Mittel gegen Arsenvergiftung, das im 19.Jh. offizinell war.

W. Schneider

Lit.: G. HEILMANN, Die gesch. Entwicklung des Begriffes »Gegengift« [Diss. Würzburg 1888] – G. WATSON, Theriac and Mithridatium, 1966.

Antidotarien → Arzneibücher

Antidotarium Mesue → Mesue (Pseudo-)

Antidotarium Nicolai, erste abendländ. Pharmakopöe aus der Mitte des 12.Jh., eine der wichtigsten, wenn nicht die wichtigste Formelsammlung ma. Pharmazie, fußt auf dem frühsalernitan. »Antidotarius magnus« (→ Arzneibücher). Der Kompilator, ein Salerner Arzt Nicolaus, folgt Ps.-Platearius in der Auswahl der »usuales medicinae«, hat den Bestand des »Liber iste« jedoch um das Doppelte – auf insgesamt 140 Formeln – erhöht und achtet auf praxisgerechte Verwendbarkeit (z. B. lange Haltbarkeit) der ausgewählten Arzneimittel. Die exzerpierten Texte hat er überarbeitet, wobei er durch Einführen einer neuen Gewichtseinheit (Gran) die riesigen Arzneimittelgewichte des »Antidotarius magnus« auf ein praxisbezogenes Ausmaß zusammenstreicht und entsprechend dem »Liber iste« den Wortlaut einer einheitl. Gliederung unterwirft. Er beginnt mit der Erklärung des Arzneimittelnamens, läßt die Heilanzeigen folgen, schiebt den Gewichtsvergleich mit dem »Antidotarius magnus« ein, um dann die Rezeptur (Ingredienzen und Herstellungsvorschriften) zu bringen, der er Hinweise auf Dosis und Darreichungsformen anschließt. Dabei ergeben sich gelegentl. Überschneidungen zw. Indikations- und Applikations-Abschnitt, da eine Entflechtung der beiden Themenbereiche in vielen Fällen ausgeschlossen ist. – Alphabet. Reihung, Gewichtstabellen und Synonymenschlüssel erhöhen die Benutzbarkeit des Werkes, das sich rasch durchsetzte und schon im späten 12. Jh. auch außerhalb Salernos Verwendung fand. Die ersten Hinweise auf die Wirkungsgeschichte stammen aus Salerno selber: Um 1155 kennt Salernus Aequivocus den »vomitus Nicolai« als gängiges Emetikum (»Compendium« 22, CREUTZ, S. [497]): die Verfasser der »Ersten Salerner Roger-Glosse« (→ Roger Frugardi) verwenden um 1190 das A. N. als grundlegende Arzneimittellehre, und → Guido v. Arezzo d. J. zitiert in Parma gegen 1180 zahlreiche Vorschriften, darunter wiederum den »vomitus Nicolai« (»Liber medicinalis [mitis]« 93^{vb}26 GOEHL). Nach Frankreich und Deutschland wandert der Text im 13. Jh., wobei Vinzenz v. Beauvais (»Spec. doctr.« XII, 103, 107. 108) und adt. Arzneibücher frühe Einflüsse erkennen lassen (→ Ortolf; »Freiberger Arzneimittellehre«). Johann v. St-Amand rühmt nach 1261 in seinen »Expositiones super A. N.« das Werk als »bestes und wohlgeordnetes unter allen Arzneibüchern«. 1270/74 macht die Pariser med. Fakultät den Besuch eines A.-N.-Kurses ihren Studenten zur Pflicht. Die frühe nfrk. Rezeptliteratur (1283) zeigt sich von ihm stark beeinflußt; schon vor 1300 ist das A. N. in Ypern offizinell. Fünf mnfrk. Übersetzungen zeugen von einer bedeutenden Rezeptionsbewegung, die in zahlreichen landessprachigen Fassungen zum Ausdruck kommt: Noch im MA wurde der Text ins Dt., Engl., Frz., It. und Span. – mehrfach – übertragen, und hebr., gr. sowie arab. Übersetzungen zeugen von der beachtl. Strahlkraft der Schrift, die auch gegenläufig zum vorherrschenden »Kulturgefälle« durchgedrungen ist. Reichweite und Dauer der Wirkung lassen sich für das A. N. kaum überschätzen. Bis ins 18. Jh. bildet es »den Grundstock... aller späteren Pharmakopöen«, und einzelne Formeln behaupten sich bis in die Gegenwart. – Das A. N. ist nicht als Pharmakopöe konzipiert, hat sich aber funktional als erste Pharmakopöe durchgesetzt. Für alle »in practica medicinae studere volentes« legte es »recto ordine« den »modus conficiendi et dispensandi« fest und lieferte die textl. Grundlage für die Verselbständigung der Pharmazie. Ohne die durch das A. geschaffenen Voraussetzungen (Lagerfähigkeit; Standardisierung) wäre der Abschnitt 47, 1 in den »Konstitutionen von Melfi« (→ Liber Augustalis) ebensowenig denkbar wie das ven. »Capitolare medicorum« (ca. 1260; IX: sicut praecipit antidotarium ⟨Nicolai⟩).

G. Keil

Ed.: Ed. pr. N. Jenson, Venedig, 1471 (KLEBS 703.1) – P. DORVEAUX, L'Antidotaire Nicolas. Deux traductions françaises de l'A. N., 1896 – W. S. VAN DEN BERG, Eene Middelnederlandse vertaling van het A. N. Met den Latijnschen text de eerste gedrukte uitgave..., 1917 – K. H. LEBEDE, Das A. des Nicolaus v. Salerno und sein Einfluß auf die Entwicklung des dt. Arzneiwesens [Diss. Berlin 1939] – G. MELLBOURN-G. KEIL, Das A. N. in einer sächs. Fassung des 15. Jh. (Fachprosa-Studien), 1977 – D. GOLTZ, Ma. Pharmazie und Medizin. Dargest. an Gesch. und Inhalt d. A. N. Mit einem Nachdr. der Druckfl. v. 1471 (VIGGPharm NF 44), 1976 – Lit.: V. ROSE [Hg.], Aegidii Corboliensis Viaticus, 1907, XII [erkennt das A. N. als Kurzfassung des »Antidotarius magnus«] – H. E. SIGERIST, Stud. und Texte zur frühma. Rezeptlit., 1923 (Stud. Gesch. Med. 13) – A. LUTZ, Der verschollene frühsalernitan. Antidotarius magnus in einer Basler Hs. aus dem 12. Jh. und das A. N., Acta pharm. hist. 1, 1959 (vgl. a. VIGGPharm NF 16, 1960) – DERS., Das Dynameron des sog. Nikolaos Myrepsos und das A. N., ebd. 21, 1963 – DERS., Chronolog. Zusammenhänge der alphabet. angeordneten ma. Antidotarien, Verh. XIX. internat. Kongr. Gesch. Med., Basel [1964], 1966 – G. ONGARO, Gli antidotari salernitani, Salerno 2, 1968 [weitgehend von LUTZ abhängig] – W. F. DAEMS, De Middelnederlandse vertalingen van het A. N., SH 3, 1961 – W. [L.] BRAEKMAN-G. KEIL, Fünf mndl. Übers. des »A. N.«, Sudhoffs Archiv 55, 1971 – G. KEIL, Zur Datierung des »A. N.« (Wiss. Verbindung Cimbria zu Heidelberg, Fschr. zum 100jährigen Bestehen, 1976); vgl. a. Sudhoffs Archiv 62, 1978 – DERS., Das älteste nfrk. Rezept und seine Q., Jb. Ver. nd. Sprachforsch. 102, 1979; Zusammenfassung vgl. Korrbl. Ver. nd. Sprachforsch. 83, 1976.

Antikenrezeption

I. Abgrenzungen – II. Literarische Antikenrezeption – III. Antikenrezeption in der Kunst.

I. ABGRENZUNGEN: Antikenrezeption als bewußte Übernahme kultureller, in Literatur und Kunst überlieferter Formen der gr.-röm. Antike durch Kulturträger der ma. Gesellschaft zur Erreichung partikularer Zwecke, ist einerseits spezieller als »Nachleben«, »Fortleben«, »Erbe« der Antike. »Das Thema 'die Antike als Lehrmeisterin des MA' ist fast identisch mit dem der ma. Kultur, denn es gibt in ihr wohl kaum ein Gebiet, auf das die Antike nicht einmal in irgendeiner Weise eingewirkt hat« (SCHRAMM). A. ist anderseits weiter als → »Renaissance«, in der antike Kultur- und Lebensformen in ihrer Originalität und Totalität als gesellschaftserneuernde und deshalb zu neuem Leben erwachte Macht anerkannt werden. A. ist auch zu unterscheiden von → »Humanismus« (Parteiung für Menschlichkeit), worin impliziert ist, daß menschl. Identität in der dialog. Interaktion mit fremden Menschen der Vergangenheit und Gegenwart gesucht und gefunden wird (RÜEGG).

A. ist ein Phänomen des abendländ. MA. In → Byzanz wird das polit. Bewußtsein imperialer Kontinuität kulturell abgestützt durch die institutionell von den verschiedenen Schulen geförderte »symphonia« zw. Antike und Christentum. Die Uniformierung des antiken Kulturerbes, die Konzentration auf das Griechentum, die Verabsolutierung des Platonismus in seiner Synthese mit dem Christentum sind nicht als Rezeption, sondern als »Intensivierung« der Antike in einer hellenist. geprägten Gesellschaft zu verstehen und haben gerade deshalb auf den Westen eine große kulturelle Wirkung ausgeübt (ANDRESEN). Auch das intensive Fortleben der Antike im Islam ist nicht durch A. gekennzeichnet. Vielmehr tritt der Islam in eine bereits stark antik, d.h. hellenist. geprägte Hochkultur ein und gebraucht deren Errungenschaften in »verkleideter und verdunkelter«, deshalb um so wirksamerer »Entlehnung« (GRUNEBAUM), v. a. durch »Übersetzung« in eine zwar religiös und polit. diametral anders konstituierte, jedoch dem »Wissen als religiöser Haupttriebkraft« und damit auch der antiken Wissenschaft gegenüber zutiefst aufgeschlossene Gesellschaft (ROSENTHAL). Im abendländ. MA fehlt die polit. Kontinuität und ökonom. Stabilität für ein ungebrochenes Weiterwirken der Antike. Es fehlt aber auch die geistige Potenz der gr. Antike, wie umgekehrt eine von Wissensdrang beseelte Religiosität. Vielmehr erfordert hier die Übernahme antiker Kulturformen das Erlernen einer fremden, schon bald nur noch lit. geprägten Hochsprache und damit die bewußte Auseinandersetzung mit der Antike als einem gegenüber der Alltagswelt bewußtseinsmäßig unterschiedenen Artefakt.

Diese Spannung zw. der als chr. empfundenen Wirklichkeit und den antiken Kulturformen, die zu ihrer Bewältigung erlernt werden müssen, spiegelt sich nicht nur im Begriffselement »Rezeption« als einer bewußten Übernahme, sondern noch mehr, indem »Antike«, den Epochenbegriff »Altertum« ablösend, aus dem Stilgegensatz »antik-gotisch« in der Analyse ma. Kunst hervorgehend, neben dem hist., auf das gr.-röm. Altertum begrenzten, einen normativen, dessen Vorbildlichkeit postulierenden Aspekt enthält (RÜEGG). A. umfaßt somit nicht den ma. Gebrauch antiker Techniken und Konstruktionen, wohl aber die gewollte Nachbildung antiker Formen, wie z.B. des Laterans im Aachener Palast → Karls d.Gr. (→ Abschnitt III), nicht das Weiterwirken antiker Verwaltungs- oder Gesellschaftsstrukturen, sondern die bewußte Anlehnung an imperiale oder republikan. Vorbilder zur Legitimation oder Neuorientierung ma. Herrschaftsformen; nicht die instrumentale Verwendung und Weiterentwicklung antiker Schrift-, Literatur- und Denkformen, sondern die explizite Pflege und Inanspruchnahme antiker Schriftmuster, → Artes und → Auctores zur kognitiven, ästhet., moral., gesellschaftl. Bildung der Herrschafts- und Kulturträger. A. ist nicht so sehr durch ihre Gegenstände als durch die Kommunikationsstruktur ihrer Vermittlung sowie die Sozial- und Wertstruktur ihrer Vermittler und Empfänger bestimmt.

II. LITERARISCHE ANTIKENREZEPTION: A. steht für das MA im Vordergrund, einmal weil die soziale Konstruktion der Wirklichkeit sprachl. und in der komplexen Gesellschaft der Hochkultur schriftl. konstituiert ist. Zum zweiten, weil entsprechend der antiken Auffassung neben der sportl., auf Kriegstüchtigkeit zielenden nur die auf der Vermittlung und Anwendung sprachl. beruhende geistige Bildung durch die → Artes liberales sozial anerkannt ist und die auf den → Artes mechanicae beruhenden Formen der bildenden Kunst im wesentl. erst in der Renaissance soziales Prestige verleihen. Zum dritten, weil die maßgebenden sprachl. Handlungsmuster in einer fremden, der lat. Literatursprache überliefert sind, die schulmäßig erlernt werden muß.

Zwar unterscheidet sich bereits in der Antike die Literatursprache der Gebildeten von der Umgangssprache, doch wird die rhetor. Hochsprache von einem relativ breiten, durch das sich ausbreitende Beamtentum in den Mittelstand eindringenden Publikum getragen und durch ein ausgebautes Schulwesen vermittelt. Durch die Barbareneinfälle des 5.Jh. wird dieses röm. Schulsystem in den Provinzen des Westens allmähl. zerstört. Zwar erhalten sich an den Höfen der Amaler und Merowinger in Italien und Gallien sowie im westgot. Reich vereinzelte Schulen und lit. Tradition; doch geht das Bildungswesen, das die A. vermittelt, bald ganz in die Hand der Kirche über. A. wird zum Monopol des Klerus, die auf A. beruhende und diese vermittelnde lit. Hochsprache der Gebildeten zur Sondersprache der Liturgie, der Konzilien, ist Geschäftssprache der Kanzleien und des sich entwickelnden Amtswesens und Fachsprache weniger Gelehrter, die in Schulinseln über das abendländ. Europa verstreut, eine abgeschlossene Gesellschaft dem Klerus angehöriger Lehrer und Schüler bilden. Da Latein das einzige Instrument der A. ist, sind die polit. führenden Schichten von dieser Bildung weitgehend ausgeschlossen, soweit es sich bei ihnen um Laien handelt; Bf.e und Äbte als Vertreter der bes. in otton.-sal. Zeit polit. einflußreichen Reichskirche sind an der Ausprägung der lat. Bildung des Früh- und HochMA – z.T. führend – beteiligt. Bis zum 12.Jh. gibt es im Abendland keine lit. gebildete Gesellschaft. Höfische Kulturzentren, in denen die A. zum Aufblühen einer entsprechenden Literatur beiträgt, wirken nicht über den geschlossenen Kreis hinaus (BEZZOLA). Bis zum 12.Jh. kann der größte Teil des niederen und des hohen Laienadels nicht lesen und schreiben. Einzig die regierenden Fürsten erhalten regelmäßig eine literarisch-lat. Bildung. Der Versuch → Karls d.Gr. und seiner unmittelbaren Nachfolger, einen Stand gebildeter Laien zu schaffen, bleibt auf Dauer ohne Erfolg, während die westsächs. Erziehungsreform → Alfreds d.Gr. ein Jh. später wegen ihrer stärker volkssprachl. geprägten Ansätze zu einer lit. Publikumsbildung beigetragen zu haben scheint.

Erst mit der intensiven A. der klerikalen Literatur und Bildung, die stärker in die höf. und ritterl. Kreise hineinwirkt, erweitert sich im 12.Jh. der Kreis des durch die A. gebildeten Publikums, behält jedoch nach wie vor ihr Zentrum in einer geschlossenen Gruppe von gelehrten Klerikern. Lesen und Schreiben ist zwar jetzt weiter verbreitet als früher, gilt jedoch immer noch als etwas Außergewöhnliches. Erst die Ausbreitung des Schriftverkehrs im Geschäftsleben und die Einrichtung entsprechender städt. → Schulen leiten vom Ende des 12.Jh. an die Alphabetisierung des entstehenden städt. Bürgertums und des niederen Adels ein und schaffen damit die Voraussetzung für eine den partikularen Rahmen geschlossener Gruppen sprengende A. V.a. erhöhen die → Studia generalia mit ihren für das ganze Abendland geltenden akadem. Graden die räumliche, soziale und geistige Mobilität der lit. gebildeten Elite. Die Entwicklung rationaler Systeme zur Erklärung weltanschaul. und religiöser Probleme, die Anerkennung allgemeiner Rechtsnormen und die Ablösung gruppenspezif. Verhaltensregeln durch rationale und universale Morallehren führen zum Siegeszug der Rezeption des → röm. Rechts, der gr. Philosophie und Naturwissenschaft, der lat. Autoren. Trotzdem ist AUERBACH zuzustimmen, wenn er auch in dieser spektakulären A. des 12.Jh. einen wesentl. strukturellen Unterschied zur Renaissance sieht: Erst in ihr findet sich eine so zahlreiche Minorität von Gebildeten, daß eine mit der antiken vergleichbare Gesittung erreicht ist. Dies aber ist nur möglich, weil das Lat. im Humanismus den Charakter einer Fach- und Schulsprache verliert und zum allgemeinen Werkzeug der menschl. Selbstpflege, der allseitigen persönl. Kultur wird, die dann in einer gebildeten, nuancenreichen Muttersprache ihren Ausdruck findet. Damit gelangt die mit der A. der Karolinger, Alfreds d.Gr., des 12.Jh. ansatzweise verbundene Pflege der Volksliteratur zu breiter gesellschaftl. Geltung und Wirkung. A. entwickelt sich im MA von einem Anliegen soziolog. geschlossener Gruppen zu einer die bürgerl. Gesellschaft bestimmenden Bildungsmacht.

A. kann im MA nicht auf ein umfassendes Welt- und Menschenbild ausgerichtet sein, da dieses von den Glaubenssätzen der chr. Kirche bestimmt ist. Sie bleibt auf partikulare Ziele der weltl. Daseinsbewältigung beschränkt. Sie ist Quelle für spezif. Wissen und Schatz der Lebens- und Weltweisheit. Sie vermittelt Regeln und Exempla für die Bewältigung derjenigen Aufgaben, die nicht durch die unmittelbare Alltagserfahrung gelöst werden können. Sie dient aber auch den Trägern weltl. Herrschaft – wie z.B. → Karl d.Gr. oder → Otto d.Gr. – und später den it. Stadtkommunen zur ideolog. Legitimation ihres Herrschaftsanspruches gegenüber außen und innen, zugleich aber auch zur bildungsmäßigen Konsolidierung ihrer Verwaltungsstrukturen. Sie entspricht ebenso prakt. Zwecken wie der innerweltl. Handlungsorientierung. Dadurch steht aber die A. zur heilsgesch. Absolutheit der chr. Botschaft in einem Spannungsverhältnis, das vorstellungsmäßig im MA unterschiedl. strukturiert ist. Im FrühMA wird die göttl. Schöpfungstat mit der Kontingenz innerweltl. A. unmittelbar verknüpft, so im Vergleich der → Artes liberales mit Blumen, die in der weiten Wiese der Hl. Schrift wurzeln und deren Kraft in der Tiefe der Wurzeln und nicht in den welkenden Blättern zu finden ist (Libri Carolini IV, cap. XXI). Damit ist A. zugleich neutralisiert und durch die unmittelbare Wirkung göttl. Macht legitimiert. Dies entspricht der autoritativen Struktur frühma. A., dem schülerhaften Lernen, der bruchstückhaften Übernahme einzelner Elemente, die ihren Sinn nur in der Benennung durch Autoritäten erhalten (RÜEGG) und deshalb mag. Charakter annehmen können (→ Abschn. III). Im 12. Jh. erhält A. als diesseitiges Abbild und Instrumentarium eines vorstellungsmäßig ungeheuer distanzierten jenseitigen Kosmos der ewigen Ideen, Ursachen und Gründe alles Seienden die Struktur eines »architektonischen Idealismus, der jede Erkenntnis absondert, ihr als Wesenheit eigene Form verleiht und sie mit anderen zusammenordnet zu hierarchischen Verbänden und immer wieder Kathedralen errichtet« (HUIZINGA).

Bei Dante zeigt sich eine »figurale« Struktur (AUERBACH) spätma. A.: Autoren und Gestalten antiker Lit. werden als Figuren begriffen, deren ird. Wirklichkeit ein gewisses Eigenleben aufweist, ihren eigtl. Sinn jedoch erst im Hinblick auf die von Christus bestimmte Heilsgeschichte erhält. → Vergil darf bis hinauf zum Paradies Führer sein; eintreten darf nur der als Christ verstandene Statius. Das Spannungsverhältnis A.–chr. Botschaft ist in der religiösen Sinngebung vertikal, im gesch. Ablauf horizontal aus der überzeitl. Perspektive des Heilsgeschehens Christi gegliedert. → Dante vergleicht Vergil mit dem Wanderer, der in der Nacht ein Licht auf dem Rücken trägt und die nach ihm kommen erhellt, mit seinem Wort der chr. Botschaft und Mission dient, selbst jedoch im dunklen Kerker der Vorhölle seinen Platz behält (Purg. 22, 66ff.). Im → Humanismus erscheint die A. dialog. strukturiert: Durch die dialog. Interaktion mit antiken Lebens- und Ausdrucksformen erschließt sich in der Perspektive gesch. situierter Akteure Geschichte als mitmenschl. dimensioniertes Interaktionsfeld. Die gesellschaftl. Horizontale der Gegenwart erhält so einen gesch. Horizont innerweltl. Handlungsorientierung und bleibt zugleich bezogen auf die Vertikale chr. Sinnorientierung. Im »Secretum« → Petrarcas tritt die himml. Lichtgestalt der Wahrheit ihren Platz dem antiken Autor ab mit der für die A. des Humanismus typ. Begründung: »Für das Ohr eines Sterblichen soll eine menschliche Stimme reden… Doch werde ich anwesend sein, damit er, was er von dir hört, von mir gesagt glaube.« Mit dieser dialog. Struktur wird A. nicht nur quantitativ, sondern auch qualitativ zu einer die bürgerl. Gesellschaft prägenden Bildungsmacht.

Zur lit. Antikenrezeption im engeren Sinn der Nachbildung, Übersetzung oder Adaption antiker Autoren, Ereignisse, Vorstellungen (z. B. aus der Geschichte, der Mythologie) in den einzelnen Literaturen des MA vgl. die betreffenden Stichworte. W. Rüegg

Lit.: P. E. SCHRAMM, Kaiser, Rom und Renovatio, 1929, 1957[2] – BEZZOLA, Litt. courtoise – CURTIUS-P. RENUCCI, L'aventure de l'humanisme européen au moyen âge, 1953 – R. R. BOLGAR, The Classical Heritage and its Beneficiaries, 1954, 1958[2] – E. AUERBACH, Literatursprache und Publikum in der lat. Spätantike und im MA, 1958 – G. E. v. GRUNEBAUM, Der Islam im MA, 1963 – F. ROSENTHAL, Das Fortleben der Antike im Islam, 1965 – R. R. BOLGAR [ed.], Classica Influence on European Culture a. d. 500–1500, 1971 – W. RÜEGG, Anstöße, 1973 – J. HUIZINGA, Herbst des MA, 1975[11] – C. ANDRESEN, Antike und Christentum, 1978.

III. ANTIKENREZEPTION IN DER KUNST: [1] Im *Abendland* hat A. verschiedene Gründe und ist auf unterschiedl. Weise erfolgt. Für die Wiederverwendung antiker Werke als → Spolien waren oft Bequemlichkeit oder Sparsamkeit, also wirtschaftl. und prakt. Gründe bestimmend, aber nicht selten vermischt mit der Freude an der Kostbarkeit des Materials (Marmor, Elfenbein, Edelsteine) sowie der Bewunderung für die Qualität der Arbeit, also ästhet. Motiven. Grabungen nach antiken Überresten sind im 11. Jh. in St-Albans in England, im 13. Jh. von Friedrich II. in Sizilien veranstaltet worden. Eine bes. Rolle bei der A. spielt die kult. Tradition, Legendenfreude, Wunderglaube und Magie, die eine populäre Deutung des antiken Objektes mit seinem merkwürdigen, oft nicht mehr verstandenen und deswegen der Deutung bedürfenden Darstellungsinhalt veranlaßten. Anders liegt es bei Maßnahmen, wie sie Karl d. Gr. für seine Aachener Residenz in der Übernahme von Säulen aus Ravenna, Rom und St. Gereon in Köln, der vermeintl. Theoderich-Reiterstatue und des Proserpina-Sarkophages vornehmen ließ; hier liegen mag.-polit. Gründe vor, ein Dokument für bewußte Legitimierung der Nachfolgerschaft, bzw. seiner Ansprüche darauf; ähnlich bei Otto d. Großen im Magdeburger Dom (röm. Säulen, Kapitelle, Marmorbelag), im Aachener Lotharkreuz mit dem Kameo des Kaisers Augustus und bei Friedrich Barbarossa in der Wiederherstellung der karl. Pfalz in Nimwegen (mit antiken Säulen und Kapitellen). Aber schon in Aachen sind diese Maßnahmen verbunden mit der »Kopie«, einmal unmittelbare mehr oder weniger getreue oder freie Nachschöpfungen nach dem antiken Vorbild (Einhardsbogen, Reliefs, Kapitelle, Skulptur, Buchmalerei), zum andern summar. Übernahme von Typen oder Formen, wie auch der imperiale Gedanke des MA spätantiker Herkunft ist, abgewandelt als Idee der chr. Weltherrschaft. Wie im polit. Bereich und auf allen anderen Gebieten des geistigen Lebens (Literatur, Schrift, Kult, bildende Kunst) manifestiert sich das Imperiale der verschiedenen Epochen jeweils in anderer Gestalt; aber stets treten dabei neue Übernahmen antiker Motive und insbes. röm. Formen in Erscheinung (Lorscher Torhalle = westfrk., in provinzialröm. Tradition stehende Formen, auf den röm. Constantinsbogen und die Eingangsbauten am Atrium von Alt-St.-Peter in Rom bezogen), aber auch direkte Anlehnungen an provinzialröm. Vorbilder (Speyer, Dombau II unter Heinrich IV. 1080–1106 oder das Türgewände von S. Miguel de Lino in Oviedo in Spanien). Schon allein die Verwirklichung der repräsentativen imperialen Idee unter Karl d. Gr. durch den massiven Steinbau ist eine bewußte A. Daneben ist die stilbildende Wirkung des antiken Erbes zu beobachten. In dem äußerst komplexen Zusammenwirken von individueller Geistesverwandtschaft, direktem Antikenstudium, latentem Zusammenhang mit der Spätantike und in einem im inneren Stilablauf begründeten Parallelverhältnis können A. auch mehr oder weniger unbewußt für den Künstler und Auftraggeber begründet liegen (got. Kathedralskulptur, Dornauszieher, Blattmasken). → Bauplastik, → Buchmalerei.

G. Binding

Lit.: R. HAMANN-MAC LEAN, Antikenstudium in der Kunst des MA, Marburger Jb. für Kunstwiss. 15, 1949/50, 157–250 – H. LADENDORF, Antikenstudium und Antikenkopie, 1958[2] [Lit.-Verz.] – W. SENF, Das Nachleben antiker Bauformen von der karol. Zeit bis zur Schwelle der hohen Gotik in Dtl., Wiss. Zs. der Hochschule für Architektur und Bauwesen, Weimar 11, 1964, 579–590 – H. KELLER, Das Nachleben des antiken Bildnisses von der Karolingerzeit bis zur Gegenwart, 1970, 43–114.

[2] In *Byzanz* war die Situation insofern ganz anders, als nach Konstantinopel durch die Kaiser seit Konstantin

d. Gr. viele Hunderte antiker Kunstwerke aus dem ganzen Röm. Reich verbracht worden waren, darunter z. B. der Zeus und die Athene des Phidias, bzw. als Geschenke aus den alten Kulturzentren gelangten, so daß die Kaiserstadt mindestens bis 1204 ein großes Museum antiker Kunst war (wenig blieb erhalten: die Bronzepferde von S. Marco, Venedig, und die Schlangensäule aus Delphi auf dem At Meydan, Istanbul). Infolge dessen kann man von einer A. im eigtl. Wortsinne nicht sprechen, sondern von einer steten Auseinandersetzung mit dem antiken Erbe, neben der eine bewußte Abkehr von ihm stehen kann. Die »Renaissancen« in der byz. Kunst sind Perioden, in denen sich die Künstler bes. intensiv und schöpferisch an der antiken Kunst orientierten. Ihre Methoden sind, bes. für die »makedonische Renaissance«, intensiv erforscht, und der schon in frühbyz. Zeit faßbare Rückgriff auf die hellenist. und gelegentl. kaiserzeitl.-röm. Kunst reißt auch nach dem Lat. Kaiserreich nicht ab. Als Beispiele seien genannt: die Silberarbeiten mytholog. Thematik im 6. und 7. Jh., die Übernahme zahlreicher antiker → Personifikationen in die Buchmalerei des 10. Jh. (sogar Neuschöpfung antikisierender Personifikationen kommt vor), die im 13. Jh. wiederauflebt, die antiken Themen auf Elfenbeinschnitzereien des 11. Jh., die fortlaufende Tradierung antiker wissenschaftl. Illustration (Dioskurides, Soranos, Apollonios v. Kition u. a. m.) und die Illustration der Idyllen des Theokrit im 14. Jh. Nur teilweise erforscht ist die Rolle, die die byz. antikisierenden Strömungen als eine Komponente in dem komplexen Vorgang der abendländ. A. gespielt hat. Nach den bisherigen Erkenntnissen darf diese Rolle nicht gering veranschlagt werden, zumal zahlreiche Werke der Kleinkunst antikisierende Traditionen in den Westen vermittelt haben dürften. K. Wessel

Lit.: K. WEITZMANN, Greek Mythology in Byz. Art, 1951 – DERS., Das klass. Erbe in der Kunst Konstantinopels, Antike und Neue Kunst 3, 1954, 5ff. – DERS., Geistige Grundlagen und Wesen der Makedon. Renaissance, 1963 – DERS., Various Aspects of Byz. Influence on the Latin Countries from the Sixth to the Twelfth Century, DOP 20, 1966, 1–24 – E. KITZINGER, The Byz. Contribution to Western Art of the Twelfth and Thirteenth Centuries, ebd. 25–48 – J. H. STUBBLEBINE, Byz. Influence in Thirteenth-Century Italian Painting, ebd. 85–102 – O. DEMUS, Byz. Art and the Latin West, 1970.

Antilope. Die sich mit den Hörnern im Gebüsch am Euphrat verfangende A. (Namen: antolops u. ä., vgl. McCULLOCH, 84–86, calopus bei Thomas v. Cantimpré 4, 16 = Vinz. 19, 3 = Albert. M. 22, 36 und 22, 16) des → Physiologus (Cap. 36) ist kaum bestimmbar wie der »oryx« (Thomas 4, 83 = Vinz. 19, 98 = Albert. 22, 127) des Plinius (8, 214) und der Bibel. Der geringe Wasserbedarf (Plin. 10, 201) spricht für den Spießbock (Oryx, lange gerade Hörner, N-Afrika). Als »algazel« identifiziert Albert (22, 48) wohl die Dorcasgazelle (Gazella, geschwungene Hörner) mit der »demma« des Thomas (4, 29). Die med. Anwendungen bei Albert (22, 48) lieferte → Rhazes (Cap. 12). Ch. Hünemörder

Q.: Albertus Magnus, De animalibus, ed. H. STADLER, 2, 1920 (BGPh MA 16) – Der Physiologus, übertr. und erl. O. SEEL, 1960 – Rhazes, De facultatibus partium animalium (= Liber sexaginta animalium, In: Abubetri Rhasae... opera exquisitiora, 1544 – Thomas Cantimpratensis, Liber de natura rerum, T. 1: Text, ed. H. BOESE, 1973 – Vincentius Bellovacensis, Speculum naturale, 1624 [Neudr. 1964] – Lit.: F. McCULLOCH, Mediaeval Latin and French Bestiaries, SRLL 33, 1960.

Antiminsion. Der Name (gr.-lat.: anti-mensa = anstelle des Altartisches) taucht in den Ostkirchen Ende des 12. Jh. auf, die Sache ist älter: Ursprgl. – bei den Vorchalkedonensern (→ Chalkedon) bis heute – ein tragbarer Holzaltar zur außerkirchl. Eucharistiefeier; in der byz. Tradition, bes. seit der 2. Periode des Ikonoklasmus (815–843), eine mit hl. Bildern (meist Grablegung Jesu) geschmückte, geweihte und mit Reliquien versehene Holztafel oder entsprechendes Tuch als Altarersatz zur ortsunabhängigen Liturgiefeier; seit dem 18. Jh. auch auf geweihte Altäre gelegt und in das Iliton (Corporale) eingeschlagen. Andere Namen: Thronos, Kathierosis. P. Plank

Lit.: DACL II, 2319–2326 [Lit.] – J. Izzo, The A. in the Liturgical and Canonical Tradition of the Byzantine and Latin Churches, 1975.

Antimon (antimonium, stibium, Spießglas) bezeichnet im ma. Sprachgebrauch das am häufigsten vorkommende A.-Erz Antimonit (Sb_2S_3), während metall. A. (→ Regulus antimonii) für eine Abart des Bleis gehalten wurde. A. war seit der Antike bekannt und fiel hauptsächl. als Nebenprodukt bei der Kupfer- und Silbergewinnung an. Es diente zur Herstellung von Schminke, zur Trennung von Gold und Silber und zur Goldreinigung. Als Medikament wurde es nur äußerl. angewandt (in Salben für Geschwüre und Wunden), erst seit Paracelsus auch wieder innerlich. In der → Alchemie hieß A. »grauer Wolf« (☿) und verursachte viele der beobachteten Farberscheinungen. → Metalle. H. Buntz

Lit.: E. O. v. LIPPMANN, Entstehung und Ausbreitung der Alchemie, 1919, 629–646 – GMELIN, Hb. der anorg. Chemie, 18A, 1950[8] – H. LÜSCHEN, Die Namen der Steine, 1968, 175f. – D. GOLTZ, Stud. zur Gesch. der Mineralnamen, Sudhoffs Archiv, Beih. 14, 1972, 138f.

Antioche, chanson d' → Kreuzzugsdichtung

Antiocheia, Antiochia
I. Stadtgeschichte in spätantiker und byzantinischer Zeit – II. Das christliche Antiochia – III. Der Staat der Kreuzfahrer.

I. STADTGESCHICHTE IN SPÄTANTIKER UND BYZANTINISCHER ZEIT: Die Stadt am Orontes (heut. Kleinstadt Antakya in der S-Türkei nahe der syr. Grenze), 300 v. Chr. von Seleukos I. gegr., nach der röm. Eroberung 64 v. Chr. Hauptstadt der Prov. Syria, entwickelte sich seit dem hellenist. Zeitalter zu einer der größten Handelsmetropolen des antiken Mittelmeerraumes. Der Förderung, die A. – trotz zeitweiliger antiröm. Unruhen – durch die Ks. während des Prinzipates erfuhr (bes. Hadrian), verdankte A. seine großartige bauliche Ausgestaltung. A. war – wie andere östl. Großstädte – von einer ethnisch vielfältigen, teilweise hellenisierten Bevölkerung mit großem jüd. Anteil besiedelt. Die älteste chr. Gemeinde außerhalb Palästinas wurde zu einem der bedeutendsten Ausgangspunkte des Christentums (vgl. Abschnitt II).

Während der Krise des Röm. Reichs im späten 3. Jh. wechselte die Stadt mehrmals den Besitzer (u. a. 260 pers. Eroberung, danach bis 273 zum Sonderreich der Zenobia v. Palmyra); Konsolidierung und Wiederaufstieg erlebte die Stadt im 4./5. Jh. (z. B. Errichtung eines Palastes durch Diokletian, wozu ihre strateg. Rolle als Etappenort nahe der unruhigen Ostgrenze beitrug. Erneuerung der Stadtmauern (u. a. 395/396) lassen für die Spätantike auf Bevölkerungswachstum schließen. – Ein anschaul. Bild des trotz schwerer relig. und polit. Konflikte blühenden städt. Lebens in dieser Periode bieten uns die Reden und Briefe des → Libanios. Der Antiochener Rhetor, Vertrauter und Mentor Ks. Julians, verkörperte – ebenso wie sein Landsmann → Ammianus Marcellinus – während der relig. Umbruchszeit des 4. Jh. die heidn.-hellenist. Bildungstradition A.s, die sich gegenüber dem vordringenden Christentum zu behaupten suchte. 362 versuchte Ks. Julian durch persönl. Eingreifen in A. den Widerstand der bereits stark christianisierten Bevölkerung gegen seine das Heidentum begünstigende Politik zu brechen.

Im späten 5. und im 6. Jh. führten Katastrophen (Erdbeben, Großbrände) und wiederholte pers. Plünderungen (bes. 540) zu Verarmung und Niedergang. Der Wiederaufbau A.s unter Justinian (ztw. Name *Theupolis*) vermochte das Areal der spätantiken Stadt schon nicht mehr auszufüllen. 637 wurde A. kampflos den Arabern übergeben; es blieb als Festung bedeutend, sein städt. Leben in arab. Zeit stand jedoch im Schatten des nahen → Aleppo. 969 gelang Ks. Nikephoros Phokas die byz. Rückeroberung, was zu einer gewissen Belebung städt. Funktionen führte (Verwaltungszentrum, Grenzhandel zum islam. Bereich). 1085 von Seldschuken besetzt, wurde die Stadt am 2./3. Juni 1098 vom Heer der Kreuzfahrer erobert (vgl. Abschnitt III). U. Mattejiet

Lit.: LAW, 180f. - RE I, 2, 2442-2445 - Antioch-on-the-Orontes (Publ. of the comm. for the excavations of A.), 4 Bde, 1932-52 - G. DOWNEY, A Hist. of Antioch..., 1961 - DERS., Ancient Antioch, 1963 - J. H. W. G. LIEBESCHUETZ, Antioch, 1972. - J. LASSUS, La ville d'Antioche... (Aufstieg und Niedergang der röm. Welt II, 8), 54-102.

II. DAS CHRISTLICHE ANTIOCHEIA: A. erlangte in der chr. Geschichte als Ort der ersten heidenchristl. Gemeinde höchste Bedeutung (Apg 11, 26). Im röm. Reich war es Zentrum der Reichsdiözese Oriens und wurde darum Mittelpunkt auch der kirchl. Mission und Verwaltung. Im 4. Jh. unterstanden ihm 15 Metropolien mit mehr als 200 Bm.ern. Kan. 6 v. → Nikaia (325) erwähnt A. neben Rom und Alexandria namentl. und bestätigt seine Vorrechte im kirchl. Bereich. Unter den ö. Patriarchaten nimmt es später den dritten Rang ein. Um 400 übte es wichtigen Einfluß auf die Kirche v. Konstantinopel aus: Bf.e → Johannes Chrysostomos und → Nestorios waren zuvor Priester in A. Die byz. Liturgie empfing entscheidende Impulse von A. Nach dem Konzil v. → Chalkedon (451) spaltete sich die Kirche von A. in Anhänger (Melkiten) und Gegner (Monophysiten) seiner christolog. Entscheidung; erstere repräsentierten mehr das gr., letztere das einheim. Element. Bedeutendster Theologe der zweiten Richtung war → Severos v. A. († 538). Die Spaltung, verbunden mit den polit. Entwicklungen, trug wesentl. zum Niedergang A.s bei. 637 nahmen die Araber die Stadt ein und brachten den Islam. Von den einst prächtigen chr. Denkmälern sind nur geringe Reste erhalten bzw. wieder freigelegt. - Von bes. Bedeutung für die Entwicklung der chr. Theologie, bes. der Christologie wurde die sog. *antiochenische Schule*, manchmal auch Katechetenschule, im Unterschied zur alexandrin. Exegetenschule, genannt. Der Begriff »Schule« bezeichnet nicht eine feste Institution wie letztere, sondern eine bestimmte Weise des Umgangs mit der Bibel und, daraus folgend, der Theologie, von einigen großen Lehrern entfaltet und weitergegeben. Eine 1. Periode zeichnet sich nur undeutlich im 3. Jh. ab. Bedeutsam wurde die 2. Periode unter Lukianos († 312). Er begründete ein Didaskaleion, revidierte den Septuaginta-Text des AT, erarbeitete eine Rezension des NT und inaugurierte die für A. fortan characterist. krit. Methode der Bibelexegese, die sich v.a. am Literalsinn orientierte. Seinem Schülerkreis gehörten Areios und die meisten Vertreter der nach diesem benannten christolog. Richtung an, daher »Syllukianisten« benannt. - Ohne Abhängigkeit davon, doch der gleichen bibeltheol. Methode verpflichtet, sammelten sich um → Diodoros v. Tarsos († vor 394) die Männer der 3. Periode, wie Johannes Chrysostomos, → Theodoros v. Mopsuestia, → Theodoretos v. Kyros. Auch Diodoros bemühte sich bes. um die Christologie; um der Gottheit Christi gerecht zu werden, gefährdete er aber die personale Einheit des Gottmenschen. Von seinen Werken sind nur Bruchstücke erhalten. Auf ihn berief sich später Nestorios. Diese Schulrichtung fand nochmals ihre Fortsetzung in den Schulen v. → Edessa und Nisibis.

H. M. Biedermann

Lit.: G. BARDY, Recherches sur Lucien d'Antioche, 1936 - R. DEVREESSE, Le Patriarcat d'A. depuis la paix de l'Église jusqu'à la conquête arabe, 1945 - J. QUASTEN, Patrology II, 1953, 121ff.; III, 1963, 302ff. [Lit.] - R. JANIN, Les églises orientales et les rites orientaux, 1955⁴ - R. A. GREER, The Antiochene Christology of Diodor of Tarsus, JTS 17, 1966, 327-341 - L. LAHAM, Le Patriarcat d'A. au premier millénaire, OrChrAn 181, 1968, 115-136 - CH. SCHÄUBLIN, Unters. zur Methode und Herkunft der antiochen. Exegese, 1974.

III. DER STAAT DER KREUZFAHRER: Das 1098-ca. 1268 bestehende Fsm. Antiochia (mit lat. Patriarchat A. verbunden) wurde von dem Italo-Normannen → Bohemund v. Tarent während des 1. → Kreuzzugs gegr.; es umfaßte das Gebiet der byz. Prov. A. (vor der seldschukischen Eroberung 1085). Es wurde in der Folgezeit von Aleppo bis zum zentralen Taurus und zur kilik. Ebene ausgedehnt. Doch ein halbes Jh. nach der Eroberung des Orients durch die Lateiner wurde A. zur bedeutendsten Zielscheibe der muslim. »Gegenkreuzzüge«, die sich auf das obere Mesopotamien richteten, und es verlor alle seine Eroberungen wieder, v.a. nachdem die Gft. → Edessa gefallen war (1144). Die Verlagerung der Hauptfront der Feindseligkeiten nach der Einnahme von Ägypten durch → Saladin (1169) ermöglichte dem Fsm. jedoch fast ein ganzes Jh. lang das Überleben unter einer Dynastie von Fürsten, die fast sämtlich den Namen Bohemund trugen.

Infolge seiner geopolit. Situation hatte das Fsm. mit größeren außenpolit. Problemen zu kämpfen als das gleichzeitige lat. Kgr. → Jerusalem. Das Byz. Reich gab seinen Anspruch auf Rückeroberung dieses von ihm einst beherrschten Gebietes niemals auf: 1137 wurde A. von Ks. Johannes II. zur Anerkennung byz. Oberhoheit gezwungen. Kirchl. gelang es Byzanz, neben oder sogar anstelle des lat. Oberhirten einen gr. Patriarchen wiedereinzusetzen. Die Gefahr einer Wiedereingliederung in Byzanz schwand erst nach der Eroberung von → Konstantinopel durch die Lateiner 1204 (→ Kreuzzug, 4.). Auf der anderen Seite bestanden Beziehungen zu den Armeniern von Kilikien, die, nachdem sie zunächst mit A. gegen Byzanz verbündet gewesen waren, in Kilikien ein eigenes Kgr. (Klein-Armenien) gründeten und Anfang des 13. Jh. A. sogar als Besitz beanspruchten. Die Versöhnung, die Ludwig d. Hl. zw. ihnen und Bohemund VI. zustande brachte, zog den Fs.en v. A. in das armen. Kielwasser und brachte ihn an die Seite der Mongolen, die zu dieser Zeit den ganzen Nahen Osten eroberten. Das erklärt die außergewöhnl. heftige Rache, die die ägypt. Mamlūken an A. übten, als es ihnen gelungen war, die Invasoren aufzuhalten. Das Fsm. fiel 1268; allerdings bestanden noch 20 Jahre lang Bruchstücke unter Fs.en, die Ende des 12. Jh. auch Erben der Gft. → Tripolis geworden waren.

Die Gesch. des Fsm.s zeigt einen durchaus eigenständigen Charakter. Obwohl seine Struktur in vieler Hinsicht derjenigen anderer Staaten des lat. Orients ähnlich war, und der Staat im 12. Jh. zeitweise den Kg.en v. Jerusalem unterstellt war, trug es doch auch ganz eigene Züge. Im Gegensatz zum Kgr. Jerusalem waren in der einheim. Bevölkerung die armen. und byz. Elemente wesentl. tragender als die muslimischen. Andererseits hatte der italonorm. Adel sein eigenes Recht eingeführt, dessen Hauptzeugnis, die »Assisen v. A.«, eigentümlicherweise in einer armen. Übersetzung, die im 13. Jh. in Kilikien benutzt wurde, überliefert ist. Im Levantehandel spielte das Fsm. eine geringere Rolle als → Akkon im Kgr. Jerusalem und → Ayas im 13. Jh. in Kilikien. Hingegen war die Kommune v. A., entstanden im Widerstand gegen die Armenier, die einzige des lat. Orients, die lange Zeit eine echte Existenz bewahrte.

Die militär. Erfordernisse veranlaßten die Herrscher des

Fsm.s, wie die der anderen Lateinerstaaten, Burgen zu bauen oder auszubauen. Die beiden wichtigsten sind Şahyūn und →Margat. Die militär. und finanziellen Schwierigkeiten ihres Unterhalts veranlaßten die weltl. Herren des 12.Jh., ihre Burgen Ritterorden zu überlassen, den →Templern (Baġrās) und den →Johannitern (Margat), die in der Geschichte Antiochiens im 13.Jh. große Bedeutung erlangten.

Gemeinsam mit dem Fsm. wurde auch eine lat. Kirche unter einem eigenen Patriarchen gegr., dem entsprechend den traditionellen Bistumsgrenzen auch die Gft.en Edessa und Tripolis unterstanden, und der sogar im Kgr. auf die Prov. Tyrus Anspruch erhob. Das Patriarchat A. zeichnete sich, v.a. unter Aimery v. Limoges im 12.Jh., durch gute Beziehungen mit den Monophysiten und den Maroniten gegen die Griechen aus. Gegenüber den Muslimen unterhielten die Fs.en ihrerseits gute Beziehungen zu den häret. »Assassinen«, die an den äußersten Grenzen des Fsm.s im SW siedelten. C. Cahen

Lit.: C.CAHEN, La Syrie du Nord à l'époque des Croisades, 1940 – A Hist. of the Crusades, hg. K.SETTON, u.a., 1955, passim – RUNCIMAN, Kreuzzüge, passim – C.CAHEN, Turcobyzantina et Oriens Christianus, 1975.

Antiochus. 1. A. v. Ptolemais (Akkon), Bf., † unter Ks. Arcadius (395-408) nach Angabe des Gennadius (vir. ill. 20), der an der gleichen Stelle auch über seine Schriften berichtet. A. wird in den Kirchengeschichten des Sozomenos (8, 10) und Sokrates (6, 11) als begeisternder und flüssiger Prediger erwähnt. Auf der Eichensynode 403 trat er als heftiger Gegner des Johannes Chrysostomos auf. Von seinen Schriften sind nur Fragmente erhalten. H. Kraft

Ed.: CPG II, 4296f. – Lit.: ALTANER, 289.

2. A. Strategius, 1.Hälfte 7.Jh., Mönch im Sabaskloster zu Jerusalem. Dort erlebte er 614 die Einnahme der Stadt durch die Perser, wurde auch nach Persien verschleppt, konnte aber fliehen und in sein Kloster zurückkehren. A. hat die Eroberung der Stadt beschrieben; das gr. Original und dessen arab. Übersetzung sind verloren, aber eine georg. Tochterübersetzung ist erhalten. – A. ist ferner Verfasser einer »Zusammenfassung der Hl. Schrift« (Pandektes), nämlich einer bibl., mit Väterzitaten angereicherten Sittenlehre. H.Kraft

Ed.: Pandektes: MPG 89, 1421-1850, Engl. Übers. der »Eroberung Jerusalems«: CONYBEARE, EHR 1910, 502-517.

Antiphon, Antiphonie. [1] *Sprachlich:* A. (mfrz. *antievene, antienne*) und Antiphonie, obschon verschiedene Termini, basieren – auch antiken Q. folgend – auf gr. ἀντίφωνος, -ον 'entgegenschallend, dagegen tönend, antwortend' (ThGL 1.2, 1204). Dabei erhellt ἀντί 'vor Augen, in der Nähe, gegenüber, anstatt (gleichwertig)', lat. anti, ante 'vor' (HAW 2.1, 2, 441-443; H.FRISK, Gr. Etymolog. Wb. 1, 1960, 113-114) den vollen Sinn des Wortes 'Antiphonie' (Wechsel, -gesang) als Manier, v.a. →Psalmen – später auch →Hymnen – alternierend vorzutragen, indem zwei einander gegenüberstehende Halbchöre verseweise abwechseln (z.B. Philo I 312, 25; Greg. Naz. carm. I 1.32.37; MPG 37. 513A; Socr. hist. eccl. 6. 8. 11; Theodoret. hist. eccl. 2. 19). Substantiviert bedeutet τὸ ἀντίφωνον in gr. Musiktheorie das Intervall der Oktav als Umkehrung der Prim (Ps.-Aristot. problemata 19. 7, 13, 17, 39; ed. C.JANUS; – Gaudent. Philos. Harmonica introductio c. 20, p. 21 M; ed. C.JANUS). In der →Monodie besagt 'in A.en', d.h. 'in Oktaven singen': Chöre oder Sänger verschiedener Stimmlage (z.B. Knaben und Männer) tragen – gemeinsam oder einander ablösend – eine Melodie vor; sie erklingt dabei – gleichzeitig oder nacheinander – in Oktaven (REIMANN, 322-344, 373-395). In der →Liturgie ist τὸ ἀντίφωνον Vorvers, Rahmenvers, Refrain (Pallad. hist. Laus. 104; Socr. hist. eccl. 6.8.3 – Sophron. Comm. liturg. 12). Hier ist A. Typus eines Gesanges, der Psalmen einleitet und – seit frühchr. Zeit nach der →Doxologia minor – beschließt, der aber auch nach jedem Vers wiederholt werden kann. 'Ἀντίφωνα wird als neutrum plur. in das Lat. (antiphona, -orum) übernommen (Cassian. inst. 2, 8. 3, 8; ThLL 2. 173) und fortan allgemein als femininum (antiphona, -ae) behandelt (z.B. Peregrin. Aeth. 15, 5 et passim. – Serm. domin. 1, 3 – Aug. reg. 2, 1. – Cassian. inst. 2, 2, 1. – Cassiod. hist. trip. 10, 8. 10, 9. – Bened. reg. 9. 45). Weil der Gesang Psalmen vorausgeht, verbindet im 7./8.Jh. Ps.-Germanus (MPL 72. 95) antiphona mit anteponere 'vorsetzen, vorausschicken, vorhergehen lassen'; dem entsprechen antep(h)ona und antefona.

[2] *Liturgisch:* Antiphonie – im *jüd.* →Tempelkult bekannt (2 Esr 12, 39), von →Therapeuten gepflegt (Euseb. hist. eccl. 2, 17) – gelangt vielleicht schon unter Ignatius v. Antiochia († um 110) aus dem vorderen Orient über Syrien in *gr.* →Liturgien (Socr. hist eccl. 6. 8. 11).

A.en werden erstmals im 4.Jh. durch →Flavian v. Antiochia († 404) und →Diodor v. Tarsus († vor 394) aus dem Syr. in das Gr. übertragen (Theodoret. hist. eccl. 2. 19. – Niket. Choniat. mes. 5. 30). Den Typus bezeugt →Basilius d. Gr. († 379) für Ägypten, Palästina, Syrien, Mesopotamien und Kappadokien (Basil. Ep. 207, 3); →Johannes Chrysostomus († 407) führt ihn in Konstantinopel ein (Socr. hist. eccl. 6. 8). »In liturgiis graecorum antiphona sunt pura puta, ex variis psalmis diversorum versuum, qui magis solemnitatis mysterium exprimunt, ecloga« (J.C. SUICERUS, Thes.eccl. e patribus Gr., 1682, 387). A.en in gr. Liturgien setzen sich aus Psalmversen und -wendungen (→ Tropania), aus anderen Bibelstellen (→ Aposticha) und auch aus freien Texten (→ Stichera) zusammen, die dem Fest- und Tagescharakter entsprechend wechseln; → Typika ordnen sie für das → Kirchenjahr.

Etwa seit der röm. Synode i. J. 382 – an ihr nehmen auch Griechen und Syrer teil – gebrauchen nach und nach alle *lat. Liturgien* Antiphonie und A. In Rom führt sie Papst Damasus I. (366-384) ein (Chronik v. Lirinum; vgl. MABILLON, Praefat. in AASSOSB, Praefat. altera in saec. IV, Nr. 210). Für das officium missae schreibt sie Papst Cölestin I (422-432) vor (LP 1, 1886[2], 230). In Mailand pflegt → Ambrosius (339-397) antiphonalen Gesang (Paulin. Vita Ambrosii c. 13. – Aug. Conf. 9, 7, 15). Wohl mit → Cassian kommen Antiphonie und A. in gall. Liturgien. Seit → Benedikt v. Nursia sind Vortragsweise und Typus im Abendland verbreitet. Lat. Liturgien wählen als A.en Texte aus der Hl. Schrift – Grundsubstanz antiphon. Repertoires – oder aus achr. Lit., den Acta Martyrum und den Vitae Sanctorum; vom 10.Jh. an nehmen sie auch → Officia rhythmata auf, die parallel zu → Sequenzen entstehen. Bevor man dazu überging, ganze Officia poetisch zu gestalten, gibt es ein Nebeneinander von Poesie und Prosa. Seit 12./13.Jh. verlangt die zunehmende Unifikation liturg. → Formulare v.a. neuerer Feste (sog. → Historien) Rhythmus und (oder) Metrik beizubehalten und Glieder der Strophen sogar durch Reim zu binden.

Nach dem liturg. Ort sind zu unterscheiden: 1. *A. ae officii missae:* → Introitus, → Ingressa (→ Ambrosian. Gesang), → Prae- oder Prolegendum (mozarab. → Liturgie, gallikan. Liturgie) → Psallenda (→ Ambrosian. Gesang), A.ae ante vel post Evangelium (→ Ambrosian. Gesang, → Gallikan. Gesang), Trenos (mozarab. → Liturgie), Laudes (mozarab. → Liturgie), Sonus (gallikan. → Liturgie), → Offertorium (Frühzeit), Offerenda (→ Ambrosian.

Gesang), Sacrificium (mozarab. → Liturgie) A. ad pacem, A.a ad confractionem (mozarab. → Liturgie), A.a in fractione (gallikan. → Liturgie), → Communio, Confractorium, Transitorium (→ Ambrosian. Gesang), A.a ad accedentes (mozarab. → Liturgie), Trecanum (gallikan. → Liturgie).

2. *Antiphonae officii chori*: A.a super Psalmum, A.a ad → Canticum, auch → Evangelium (Magnificat, Benedictus, Nunc dimittis), A.a → invitatoria, A.a ad crucem (→ Chorantiphon), A.a in choro (→ Chorantiphon), Vespertinum (mozarab. → Liturgie), → Sonus (mozarab.→ Liturgie), Allelujaticum (mozarab. → Liturgie), → Laudes ad vesperas (mozarab. → Liturgie), A.ae maiores (→ O-A.en), A.a de Podio, A.ae finales B.M.V. → Marianische A.en). A.a rogationalis (→ Rogationes), A.a litanialis sive processionalis (→ Litanei, Prozession).

A. erfüllt im officium chori eine eigene Aufgabe: In der → Messe hat sie begleitende Funktion; im → Stundengebet ist sie Selbstzweck, Hauptinhalt. Nach jedem Psalmvers wiederholt, bewirkt der Gesang ästhet. bedeutsame Struktur, v.a. wenn Teile einer A. (→ Versantiphon, A.a duplex) oder mehrere A.en von gleichem → Modus mit Versen eines Psalms oder Canticums wechseln. Weil deshalb das officium divinum länger dauert, verzichten, zumal im hohen MA, Mönche und Kanoniker, zunächst an Ferialtagen (→ Kirchenjahr), A.en nach jedem Vers zu repetieren; sie singen sie bloß vor dem Psalm und nach der Doxologia minor. Dies gilt fortan als Norm (G. DURANDUS, Rationale div. off. 5, 1574, 8). Gleichwohl pflegt man seit dem 11.Jh. da und dort an Hochfesten, insbes. beim Vortrag des Introitus und ntl. Cantica, die A. auch vor der Doxologie zu wiederholen, so daß sie dreimal gesungen wird (Johannes Beleth, Explicatio c. 35). - M. GERBERT, De cantu 1, 1774, 504). Der Ritus ist in MA und NZ (Braga, Prämonstratenser, Karmeliten) als *triumphare psalmis* oder *triplicare* geläufig. Der Abusus, A.en vor Psalmen zu intonieren und nach der Doxologie vollständig vorzutragen, entstammt einer Epoche, in der Kenntnis fundamentaler Gesetze liturg. Ästhetik verlorengegangen war (J.M.TOMMASI, Opera omnia 12, 1774, 5; ed. GALLICCIOLLI).

[3] *Musikalisch*: A. (Vorvers) scheint aus musikal. Bedürfnis entstanden zu sein. Die antike Gewohnheit schickt vokaler Musik ein kurzes Instrumental-Präludium voraus. Weil aber der chr. Gottesdienst Musikinstrumente ausschloß, übernimmt dies die menschl. Stimme. Indem lat. Praxis schlichte Psalmodie musikal. mehr oder weniger reich umrahmt, schafft sie einen Organismus höherer Stufe. So kommt es zur A., die (wie den → Choral überhaupt) → Modalität und freier → Rhythmus kennzeichnen. Phrasen – einfache Membra – gliedern ihre oft syllab. Themen. A. wirkt in der Regel durch ihr melod. Verhältnis zur → Finalis, das → Protasis und → Apodosis ordnen. Doch einige A.en – meist zu ntl. Cantica – weichen ab: Sie sind weiträumig gebaut, reihen mehr als zwei – zuweilen von Neumengruppen getragene – Sätze aneinander und nähern sich manchmal sogar responsorialer Struktur (→ Responsorium). → Differenzen – verschiedene → Clausulae der Finalis (Schlußkadenzen) – verbinden A. und Psalm; sie werden über den Vokalen der letzten sechs Silben eines jeden Verses gebildet. Seit dem 9.Jh. – dem Beginn abendländ. Musiknotation – stellen Schreiber in → Tonaren, in → Antiphonaren und in → Traktaten Differenzen über den Vokalen (e u o u a e) der letzten sechs Silben (seculorum amen) der Doxologia minor dar. Lat. Antiphonie wandelt die Form der Differenzen des gleichen Modus sooft ab, als Initialmelodien der A.en Akkommodation verlangen, um den → Tenor der Psalmformel in den Beginn der zugehörigen A. leicht überleiten und bequem einmünden zu lassen. So weckt jeder Melodiebeginn einer A. eine fest umrissene Psalmdifferenz. Manche A.en haben jedoch keine Differenz; sie sind aus dem Verband der Psalmodie gelöst und zu selbständigen Gesängen geworden. Der Usus, solche Weisen ohne Psalm oder Psalmvers mit dem Ausdruck 'A.' zu bezeichnen, ist jüngeren Datums; er leitet seinen Ursprung von der → Kommemoration her. Bei → Konkurrenz u. → Okkurrenz zweier Feste, pflegt die Kirche eines zu kommemorieren; sie trägt an Stelle des vollständigen Offiziums bloß konstitutive Elemente vor: z.B. in Laudes und Vesper eine A. mit Doxologie und Oration. Dabei vertritt die Doxologie den Psalm; läßt man auch sie beiseite, gelangt die A.ie an die Grenze ihrer Entwicklung. Dieses Stadium repräsentieren v.a. A.ae litaniales seu processionales und A.ae finales B.M.V.

Substantielle Kriterien charakterisieren in groben Zügen das Alter der Melodien: A.en, die Texte dem bibl. → Psalter entnehmen, haben einfache, meist syllab. Melodien von geringem Ambitus. Indes legen Texte prophet. Bücher den Gesängen einen bemerkenswerten Duktus gleichsam nahe. Antiphonentexte aus den Acta Martyrum und Vitae Sanctorum verzichten überwiegend auf eigene Melodien und adaptieren für diese Texte – insbes. aus der Hl. Schrift – komponierte Weisen (F.A. GEVAERT, La Mélopée antique dans le chant de l'église latine, 1895, 160). Einige Texte und Melodien sind Neuschöpfungen und zeigen oft Verfall liturg. Komposition, indem sie den offiziellen Wortlaut der Kirche und der Bibel ignorieren und (oder) modernere Tonarten gebrauchen. D. v. Huebner

Lit.: DU CANGE I, 301-302; II, 1, 89 – E.A.SOPHOCLES, Greek Lexicon of the Roman and Byzantine periods, 1887, 191 – DACL I, 2, 2282-2319; III, 1, 256-321 – DPCR I, 286-292 – ECatt I, 1442-1443 – LAMPE, 160 – MGG I, 523-545 – MlatWb. I, 711-712 – P.WAGNER, Einführung I, 1911³, passim; 2, 1912², 362, 364; 3, 1921, passim – EISENHOFER, I, 169-172, 220-244 – H.HUCKE, Unters. zum Begriff ›A.‹ und zur Melodik der Offiziumsantiphonen [Diss. masch., Freiburg i.Br. 1951] – J.A.JUNGMANN, Missarum Sollemnia 1 und 2, 1962², passim – P.RADÓ, Enchiridion liturgicum I, 1966, 406 – *Zur gr. Musik und Liturgie:* DACL I, 2, 2461-2483 – Mon. mus. byz. I-3, 1935-39 – O.TIBY, La musica bizantina, 1938 – A.RAES, Introductio in Liturgiam orientalem, 1947 – E.WELLESZ (Das Musikwerk 15, 1959) – O.STRUNK, The Antiphons of the Oktoechos, JAMS 13, 1960, 50-67.

Antiphonar, Antiphonarius (liber, libellus), Antiphonarium oder Antiphonale (libellum) bezeichnet ein Gesangbuch lat. Liturgien; es umschließt Antiphonen und → Responsorien zu Messe und Offizium (→ Stundengebet). Gr. Pendant ist Tropologion (→ Troparion) und Sticherarion (→ Stichera).

Einzelheiten früher Geschichte zur Terminologie sind dunkel. Selten haben die Bücher Titel; zuweilen steht obenan: »Incipiunt responsoria et antiphonae per circulum anni« u. dgl. Der Ausdruck A. taucht im 8.Jh. auf, als Paul I. Kg. Pippin ein A. cum iis Responsoriale ins Frankenreich schickte (MPL 98, 200). → Amalar († 850/851) bestätigt (MPL 105, 1245) röm. Nomenklatur des 9.Jh.: Das Buch responsorialer Meß-Gesänge (Graduale, Tractus, Alleluja, Offertoriumsverse) nennen die Römer Cantatorium, die Franken aber Gradale (sic!) und Antiphonarius. Dieser notiert auch Antiphonen der Messe (Introitus, Offertorium, Communio). Das röm. Buch der Offiziumsgesänge vereinigt in sich zwei Teile: → Responsale (Responsorien enthaltend) und Antiphonarius (Antiphonen umfassend). Das frk. Buch heißt Antiphonarius; es stellt Responsorien und Antiphonen vermischt – der Reihenfolge des Kirchenjahres entsprechend – zusammen. A.e der Frühzeit haben selten → Musiknotation.

Das MA kennt drei Arten von Büchern zu Messe (→ Missale, Vollmissale und Antiphonarium scil. officii missae, seit 12. Jh. → Graduale scil. libellum) und zu Offizium (→ Brevier, Vollbrevier und Antiphonarium officii scil. divini vel chori). Missale und Brevier enthalten gesprochene, gelesene und gesungene Texte (ohne Melodien); Vollmissale und Vollbrevier – seit Ende des MA außer Gebrauch – haben auch Musiknoten und zeichnen den Ablauf des Gottesdienstes vollständig auf; A.e der Messe und des Offiziums notieren einzig Gesänge (mit melod. Zeichen); s. a. Tonar und Venitar.

Seit dem 12. Jh. gliedert man das Corpus in Temporale (→ Proprium de tempore) und in Sanctorale (→ Proprium de Sanctis und → Commune Sanctorum). Es beginnt gewöhnl. mit wechselnden Teilen der Sonn- und Wochentage vor Ostern; ihnen folgen gleichbleibende Teile von Ostern bis zum letzten Sonntag des → Kirchenjahres; Gesänge im Jahre festliegender Tage – Weihnachtswoche, die der erste Teil enthält, ausgenommen – beschließen das Corpus.

Seither nimmt das Antiphonar v. a. die Gesänge des Stundengebetes – auch Responsorien – auf. Es setzt sich aus einem *Antiphonarium nocturnale* mit Invitatoriale (pro nocturnis horis: Matutin) und einem *Antiphonarium diurnale* (pro diurnis horis: Laudes, Prim, Terz, Sext, Non, Vesper und Komplet) zusammen; aus letzterem geht ein Exzerpt als → Vesperale hervor. Für Ferialtage – sie entnehmen als Antiphonen Texte v. a. des bibl. Psalters – ist *Antiphonale psalterii* (wöchentl. wiederkehrende liturg. Ordnung der Psalmen) Teil eines A.s, der auch als selbständiges Buch (Psalterium liturgicum) vorkommt. A.e lassen – Hymnen – sie stehen oft gesondert in einem Buche (→ Hymnar) – und melod. Formeln der → Psalmodie sowie andere → *Toni communes* meist beiseite. Mindestbestand eines A.s sind Antiphonen und Responsorien. Je mehr darüber hinaus ein A. aufnimmt, desto ähnlicher wird es einem Vollbrevier, von dem es – weil Lectiones nocturnales ignorierend – aber stets getrennt bleibt.

Ältestes Cantatorium (ohne Musiknotation) ist das »Graduale« von Monza aus dem 8. Jh. (ed. J. M. TOMMASI, Opera omnia 12, 1774, 214). Eine Sammlung und Ordnung liturg. Gesänge wird Gregor d. Gr. († 604) zugeschrieben, die man bis ins vorige Jh. als Kopie in der Hs. 359 (St. Gallen, Stiftsbibl.) überliefert glaubte; sie ist ein Cantatorium (mit dt. adiastemat. → Neumen) des 9. Jh. Als älteste Antiphonensammlung (ohne Musiknoten) gilt das ir. → A. v. Bangor aus dem 7. Jh. (Mailand, Ambrosiana, C. 5 inf.) mit unbedeutendem Initialschmuck, das zusätzl. → Cantica, Hymnen und → Collectae aufweist.

Im A. Hartkers mit dt. adiastemat. Neumen (zw. 986 und 1011; St. Gallen, Stiftsbibl., Cod. 390–91), einem der ersten erhaltenen frühesten Beispiele mit künstler. Schmuck, findet sich unter den Federzeichnungen Gregor I., der einem Schreiber Gesänge diktiert. Ein frühes Exemplar für jenen Buchtypus, der (ohne Noten) das A. missae und das A. officii enthält und als Prachthandschrift ausgestattet ist, überliefert das in Goldtinte geschriebene A. v. Compiègne (Paris, B. N. Lat. 17436) aus dem 9. Jh. Schon um 990 besitzt das themat. überaus reich ausgestattete Meß-A. aus Kl. Prüm (Paris, B. N. Lat. 9448; Kat. Werdendes Abendland an Rhein und Ruhr, 1956, Nr. 419), das durch → Tropen und → Sequenzen erweitert ist, ein Illustrationsschema, das mehr oder weniger reduziert für die folgenden Jh. bestimmend bleibt. In der Festfolge des Kirchenjahres erscheinen Szenen aus dem Leben Christi, Mariens und Darstellungen von Hl. Zu den herausragenden A.en hinsichtl. der Vielfalt der Themen und des künstler. Schmuckes zählt dasjenige aus St. Peter in Salzburg (Wien, Österr. Nat. bibl., Cod. Vindob. S. N. 2700, Faks.-Ausg., 1971; Kommentarbd. [F. UNTERKIRCHNER und O. DEMUS], 1974), das um 1160 mit Federzeichnungen und Miniaturen ausgestattet wurde.

Bes. zahlreich haben sich A.e aus dem 14. und 15. Jh. erhalten, deren z. T. umfangreiche Bildzyklen in Form der seit dem 13. Jh. üblich werdenden Initialminiaturen ausgeführt sind, wofür das dreibändige, 1290 datierte A. v. Beaupré (Baltimore, Walters Art Gallery, Ms. 759–62) ein frühes Beispiel darstellt.

D. v. Huebner / G. Plotzek-Wederhake

Q.: A. MOCQUEREAU, Cantatorium, IXe s., Cod. 359 de la Bibl. de S-Gall (Pal. mus. II, 2), 1924 – R. J. HESBERT, Antiphonale Missarum Sextuplex, 1935 – DERS., Corpus Antiphonalium officii, Vol. I–II; Rerum eccl. documenta, Ser. major, Fontes VII–VIII, 1963–65 – J. FROGER, Antiphonaire de l'office monastique transcrit par HARTKER (Paléographie Musicale II, 1), 1970 – *Lit.:* Catholicisme I, 659–660 – DACL I, 2, 2440–2461 – MlatWB I, 712f. – ECatt I, 1443–1447 – MGG I, 545–549 – S. BÄUMER, Gesch. des Breviers, 1895, 211f., 279ff. – WAGNER, Einführung I, 140, 148, 199, 234, 240, 297; II, 100ff.; III, 24 – A. GASTOUÉ, Le graduel et l'antiphonaire romains, 1913, 19ff., 194ff. – V. LEROQUAIS, Les Sacramentaires et les Missels manuscrits des Bibl. publiques de France, 1–4, 1924 – A. BOECKLER, Abendländ. Miniaturen bis zum Ausgang der roman. Zeit, 1930 – EISENHOFER I, 74–80, 89–90; II, 93 – V. LEROQUAIS, Les Breviaires manuscrits des Bibl. publiques France, 1–5, 1934 – RDK I, 729–732 – HBW I, 264–387 – P. RADÓ, Enchiridion liturgicum I, 1966, 418.

Antiphonar v. Bangor, seit der Erstveröffentlichung durch den it. Historiker L. A. MURATORI (Anecdota bibliothecae Ambrosianae, Padua 1713, IV, 119–159) die nicht ganz zutreffende Bezeichnung für eine Hs. aus dem ir. Kl. Bangor, die liturg. Texte (Hymnen, Kollekten, Antiphonen u. a.) enthält. Sie wurde zwischen 680 und 691 geschrieben, gelangte zu einem nicht bestimmbaren Zeitpunkt nach Bobbio und befindet sich jetzt in der Biblioteca Ambrosiana zu Mailand. Bedeutsam und wertvoll ist sie als früheste Quelle lat. Hymnendichtung ir. Prägung und als Beleg für die Verwendung der betreffenden liturg. Stücke in jenem Kl. während des 6. und 7. Jh. → Liber hymnorum.

E. Heyse

Ed.: F. E. WARREN, The antiphonary of B. – an early Irish ms., 2 Bde, 1893–95 (Henry Bradshaw Society IV. X) – C. BLUME, AnalHym 51, 1908, 259ff. – E. FRANCESCHINI, L'Antifonario di B., 1941 – *Lit.:* LThK^1 I, 1222 – J. F. KENNEY, The sources for the early hist. of Ireland, 1929, 706–712 – BRUNHÖLZL I, 164f.

Antiquari, Jacopo, Humanist, * 1444/45 in Perugia, † um 1512, Sohn des Arztes Stefano; war in seiner Heimatstadt Schüler des Humanisten Giovanni Antonio Campano und bereitete sich dabei auch auf eine kirchl. Laufbahn vor. Nach 1467 begab er sich als Sekretär des Gouverneurs dieser Stadt nach Bologna, erwarb dort in kurzer Zeit großen Ruhm als Literat und Schriftsteller und trat mit Francesco Filelfo in Briefwechsel. 1472 wurde er an den Hof der Sforza in Mailand berufen, in deren Dienst er blieb, solange sie an der Macht waren. Er arbeitete in der hzgl. Kanzlei mit und errang allmähl. die Freundschaft vieler Humanisten seiner Zeit, mit denen er einen regen Briefwechsel über Probleme von Mailand und Italien unterhielt, der nur teilweise bekannt ist. Über lit. Fragen korrespondierte er u. a. mit Angelo Poliziano, Giorgio Merola, Giovanni Pico della Mirandola, Ermolao Barbaro dem Jg., Girolamo Morone und anderen Humanisten. Er genoß die bes. Wertschätzung von Ludovico il Moro, der ihm zahlreiche kirchl. Benefizien verschaffte. Es gelang ihm aber, sich auch nach dem Feldzug Karls VIII., der Flucht Ludovicos und der Rückkehr der Fran-

zosen eine geachtete Stellung zu erhalten und weiter am lit. und kulturellen Leben Italiens teilzunehmen, wie seine Beziehungen zu dem bedeutenden Aldus Manutius und zu Leandro Alberti bezeugen. Seine Bedeutung liegt weniger im Engagement und im Umfang seiner Werke als vielmehr in seiner Vermittlerrolle in der vielschichtigen Welt der Humanisten, der er angehörte. R. Manselli
Lit.: DBI, s.v. – G.B. VERMIGLIOLI, Memorie di J.A., 1813.

Antiqui-moderni. Das Wort »modernus« scheint eine Prägung der Spätantike zu sein, die sich dadurch einen neutralen Begriff verschaffte (dies im Gegensatz zu »novus«, das meist ein abwertendes Bedeutungselement enthält), um die Zeitgenossen und ihre Erzeugnisse zu bezeichnen. Im Gegensatz zu »antiquus« wird »modernus« verwendet, um die eigene Periode gegenüber der Tradition abzugrenzen, sei es in stolzer Behauptung der eigenen Leistung, sei es, um die Rückkehr zu den Alten zu empfehlen. Es ist nicht möglich, den beiden Termini a. und m. einen eng definierten Bedeutungsumfang zuzuordnen, da sich der Sprachgebrauch von Fall zu Fall ändert. Bald sind a. solche, die nur um eine Generation älter sind oder auch nur deren Verfahrensweise verhaftet bleiben, bald umfaßt a. die ganze frühere Tradition. Der Gegensatz begegnet uns in Beschreibungen von Stilunterschieden oder in Darstellungen doktrinaler Verschiedenheiten. Erst bei den Humanisten der Renaissance wird a. auf die eigtl. »auctores« des klass. Altertums beschränkt (→ Antikenrezeption).

In gewissen Kontexten versteinert jedoch die Verwendung dieses Gegensatzes. Hier sei z.B. auf die → Devotio moderna verwiesen, die sich als Wiederbelebung des ursprgl. Christentums verstand. Man kann auch den Begriff »logica modernorum« erwähnen, der sich wenigstens seit dem 14. Jh. als Bezeichnung für die spezif. ma. terminist. Logik einbürgerte.

Am berühmtesten ist aber die Verwendung des Gegensatzpaares in der Unterscheidung zw. »via antiqua« und »via moderna« im Universitätsleben des 15. Jh., bes. in Deutschland. Ursprgl. scheint die via a. sich mit diesem Namen bezeichnet zu haben, um die Rückkehr zu den alten Meistern der Hochscholastik (v.a. Albertus Magnus, Thomas v. Aquin und Johannes Duns Scotus) zu befürworten. Später wird via a. zu einem anderen Namen für den mit diesen Autoren verknüpften Begriffsrealismus, während sich die via m. zur Erkenntnistheorie → Wilhelms v. Ockham und des → Johannes Buridanus bekannte. Obwohl sich die Auseinandersetzung oft zu heftigen Polemiken steigerte und in mehreren Statuten und Statutenänderungen von Universitäten ihren Niederschlag fand, bleibt es unmöglich, ein festes, die ganze Philosophie umfassendes Lehrgebäude mit den Begriffen via a. und via m. eindeutig und hinreichend zu identifizieren. Die Wirklichkeit ist viel komplexer, als die Statuten und die bequeme Terminologie uns glauben lassen wollen. A. und m. sind in diesem Zusammenhang eben Etiketten, die ihre ursprgl. Bedeutung fast ganz verloren haben. → Logik. J. Pinborg
Lit.: F. GÖSSMANN, A. und m. im MA, 1974 (Veröff. des Grabmann-Institutes 23) – A. und M. Traditionsbewußtsein und Fortschrittsbewußtsein im späten MA, MiscMed 9, 1974.

Antisemitismus → Judenfeindschaft, → Juden

Antistes (lat. anti/antestare, 'vorstehen, den Vorzug verdienen') bezeichnet in der Antike allgemein 'Vorsteher' Aufseher' (Romani imperii) und 'Vorsteherin, Aufseherin' (latrinarum) im bes. bedeutet A. 'Priester, Oberpriester' einer Gottheit und 'Vorsteher' eines Tempels, einer Kultgemeinschaft. Als Femininum ist A., auch antista, im Sinne von virgo Vestalis gebräuchlich.

In chr. Zeit – v.a. seit dem 4. Jh. und über das MA hinaus – wird A. zum einen 'Sachwalter, Anwalt' (tutor, advocatus), zum andern 'Priester' (sacerdos), d.h. im engeren Sinne 'Vorsteher' einer Bischofskirche oder eines kirchl. Verbandes (rector ecclesiae episcopalis vel congregationis ecclesiasticae) und auch geistl. 'Würdenträger' (praelatus). In den Cod. Theodosianus (ed. P. KRÜGER, 1923/26, XII, 1, 49; XVI, 2, 42) und Justinianus (ed. P. KRÜGER, 1911[12], I, 3, 18, 22, 25 u.ö.) sowie in chr. Epigraphik vom 4.-9. Jh. bezeichnet A. stets einen 'Bischof', im Liber diurnus Romanorum Pontificum (ed. H. FÖRSTER, 1958, 83 p. 90, 10) und in anderen Quellen (MlatWb I, 721 f.) 'Papst'. Im weiteren Sinne bedeutet A. auch 'Abt, Äbtissin' (MGH SRM IV 440, 13; V 39, 14). – Der Terminus A. begegnet früh in der abendländ. Liturgie (MOHLBERG, nrr. 402, 403) – sie bewahrt ihn bis heute – und in der Sprache des kanon. Rechts (noch in der Constitutio »Providentissima Mater Ecclesia« [AAS 28. VI. 1917]), das Femininum antistita ['Oberin' eines Frauenklosters; höhere Oberin von Genossenschaft weibl. Religiosen] auch im heute geltenden Recht (CJC 1917 s. Register). D. v. Huebner
Q.: CIL – DIEHL, Inscriptiones – L.C. MOHLBERG, Liber Sacramentorum Romanae Aeclesiae ordinis anni circuli, RED. F IV, 1960 – Lit.: DU CANGE I, 1883, 303 – L. FERRARIS, Prompta bibliotheca canonica, juridica, moralis, theologica 3, 1884, 322 – ThLL II, 184-186 – DACL V, 1, 1922, 938-949 – ECatt I, 1505 – DEAR I, 406, 496 – K. MÖRSDORF, Die Rechtssprache des Cod. Juris Canonici, 1967, 172 f., 174.

Antlaßtag → Gründonnerstag(sbräuche)

Antlitz Christi → Andachtsbild

Antoine, Saint, mystère de → Geistl. Drama

Antoine

1. A. de Bourgogne, Hzg. v. → Brabant (seit 1406) und → Limburg (seit 1404), * 1384, ✕ 25. Okt. 1415 bei Azincourt, 2. Sohn Hzg. Philipps des Kühnen v. Burgund und der Marguerite v. Male; ⚭ 1. 1402 Jeanne de St-Pol († 1407); 2. 1409 Elisabeth v. Görlitz aus dem Hause Luxemburg. 3 Kinder, darunter aus erster Ehe Johann IV. und Philippe de St-Pol. Von mütterl. Seite Großneffe und Erbe der Hzgn. Johanna v. Brabant; Mai/Juni 1404 zum Gouverneur v. Brabant ernannt; nach dem Tod seiner Großtante Hzg. (1. Dez. 1406). Als frz. Fs. modernisierte A. die Regierung nach burg.-frz. Vorbild namentl. durch die Gründung einer Rechnungskammer (Chambre des comptes) in Brüssel im Juli 1404. Er bemühte sich, die Landesfinanzen zu reorganisieren und zu sanieren, hatte jedoch wegen seiner allzu aufwendigen Außenpolitik keinen Erfolg. Er unterstützte mehrfach seinen Bruder, Hzg. → Johann »Ohnefurcht« v. Burgund, gegen die Armagnacs (→ Armagnacs et Bourguignons). Aus seiner zweiten Ehe erwarb er Rechte über → Luxemburg, geriet aber auch hier mit einer armagnacischen Partei in Konflikt, die ihm die Kontrolle über dieses Territorium erschwerte. In Brabant stellte seine Regierung ein gewisses Gleichgewicht zw. der hzgl. Gewalt und den Städten dar.
A. Uyttebrouck
Lit.: NBW I, 36-43 – A. UYTTEBROUCK, Le gouvernement du duché de Brabant au bas MA, 1975.

2. A., »grand bâtard de Bourgogne«, * 1421, † 1504 in Brügge, ⌐ Tournehem (neben seiner Mutter). Unehel. Sohn Hzg. Philipps des Guten v. Burgund und der Jeanne de Presles, Tochter des Steuereinnehmers Guillaume le Maire aus Lille; ⚭ 1456 Marie de la Viefville. Seit 1432 am hzgl. Hof erzogen, 1452 zum Sire de Beveren, später zum Gf. en v. La Roche erhoben; 1456 Ritter vom → Goldenen Vlies. Er zeichnete sich bei Turnieren aus, leitete Gesandtschaften und befehligte Heere und Flotten. Bei → Nancy 1477 gefangengenommen und an Ludwig XI.

ausgeliefert, ging er zum Kg. über. Dieser nahm ihn in Dienst und überhäufte ihn mit Geschenken. A. brach jedoch seine Verbindung zum Haus Burgund, dem sein Sohn diente, nicht ab. Er war Sammler von Büchern, die er mit seinem Emblem, der Schießscharte, und seiner Devise »Nul ne s'y frote« (»Niemand stoße sich daran«) verzieren ließ. J.Richard

Lit.: DBF II, 37–41 – M.BERGE, Bâtards de la maison de Bourgogne (Intermédiaire des Généalogistes, 1955), 316–408 – A.BOINET, Un bibliophile au XVe s. (BEC 1906), 265–269 – H.PARENTY, Bull. Soc. Acad. Boulogne VI, 185–189.

3. A. de La Sale, frz. Dichter, * ca. 1385 in der Provence, wo er die früheste Jugend verbrachte, unehelicher Sohn des Söldnerführers Bernard de La Sale, gen. Chicot, und einer Provençalin. Trat 1399 als Page in den Dienst der Anjou, diente Ludwig II. bis 1417, Ludwig III. bis 1434, René bis 1448. Er verließ den Hof der Anjou unter unbekannten Umständen und wechselte in den Dienst Ludwigs v. Luxemburg über, an dessen Hof er bis zu seinem Tod im Jahre 1460(?) blieb. Seine zahlreichen Reisen führten ihn nach Portugal, Frankreich und Italien; er war in Sizilien, auf den Lipar. Inseln und in Afrika, wo er an der Eroberung von Ceuta (1415) teilnahm. Als wissensdurstiger und genauer Beobachter besuchte er u.a. den Vulkan Stromboli (1417) und die berühmte Grotte der Sibylle im Appennino marchigiano (1420), die er auch in einer schönen chorograph. Karte zur Illustration des Werkes »Le paradis de la reine sibylle« darstellt, verfaßt aus Anlaß der Hochzeit von Johann v. Anjou, Hzg. v. Kalabrien, und Maria v. Bourbon (1435), und das er später in »La Salade« aufnimmt (1444). Lange ausgefeilt, ist dies das erste bedeutende Werk von A., dem 1451 »La Sale« folgt: beide Titel spielen mit dem Namen des Verfassers. Es handelt sich dabei um breit angelegte Kompilationen didakt. Art, in sehr gelehrter Prosa verfaßt, die genealog., herald. und militär. Themen zum Inhalt haben, mit ausführl. Abschnitten persönlicher Erinnerungen, in denen der Autor glückl. Proben seiner unterhaltsamen Erzählkunst liefert, die wir in »Réconfort de Madame de Fresne« (1458) und v.a. in seinem Hauptwerk, der »Histoire et plaisante cronicque du petit Jehan de Saintré et de la jeune dame des Belles Cousines« (1456) wieder antreffen. Es ist dies die Geschichte eines jungen Pagen, in den sich eine adlige Dame verliebt, die es unternimmt, ihm eine vollendete »éducation sentimentale« zu geben und für seine ritterl. Erziehung zu sorgen, wodurch sie aus ihm bald einen vollkommenen Ritter macht. Als solcher zieht er in den Krieg. Seine Abwesenheit benutzt ein junger Abt »mit roten Wangen« (Damp Abbé), der durch seine kraftvolle, animal. Schönheit die Dame verführt und die Welt der höf. Ideale des edlen Ritters einstürzen läßt, dem bei seiner Rückkehr nur der bittere Trost der Rache bleibt. Die Kritik neigt dazu – wenn auch nicht ganz einstimmig –, den »Petit Jehan de Saintré« als ersten modernen Roman anzusehen (obwohl in ihm ma. Elemente wie die Gegenüberstellung von Ritter und *clerc* verwoben sind) und daraus die vollkommene Rekonstruktion der höf. Weltanschauung und ihren Verfall durch den bürgerl. Realismus abzulesen. G.Busetto

Lit.: DLF 629–632 – F.DESONAY, A. de La Sale aventureux et pédagogue, 1940, 187–202 – G.A.BRUNELLI, A. de la Sale, 1962, 53–60 – G.MACCHIA, La letteratura francese I, 1970, 51–52 – Y.OTAKA (éd.), Jehan de Saintré, suivi de l'Addiction extraite des Croniques de Flandres, 1967 – J.KRISTEVA, Le texte du roman, 1970 – M.EUSEBI, Le varianti nella tradizione manoscritta del Petit Jehan de Saintré, Cultura Neolatina XXX, 1970, 172–184 – J.MISRAHI, J.ORR, M. DE RIQUER, Mélanges de langue et de litt. du Moyen Age et de la Renaissance offerts à JEAN FRAPPIER, 1970, II, 823–829 – J.ORR, Sur un passage du »Petit Jehan de Saintré«, ibid., 885–889 – M. DE RIQUER, El episodo barcelonés del »Jehan de Saintré« y Juan de Calabria en Barcelona, ibid., 957–967 – Y.OTAKA, A. de La Sale et son »Jehan de Saintré«, Etudes de Langue et Litt. Françaises 18, 1971, 1–21 – CH.A.KNUDSON, The Prussian expedition in »Jehan de Saintré«, Études de langue et litt. du moyen âge offerts à FÉLIX LECOY, 1973, 271–277 – TH.E. VESCE, Notes on A. de La Sale's Réconfort de Madame Du Fresne, MSt 37, 1975, 478–493.

Anton de Montoro → Montoro, Anton de

Antonello da Messina, it. Maler, * um 1430, † 1479 in Messina. A., anscheinend Schüler Colantonios in Neapel, geht von der am dortigen Hofe herrschenden niederländ. Malerei der Zeit van Eycks aus, deren Typen und detailreiche Malkultur die frühe *Kreuzigung* (Sibiu/Hermannstadt resp. Bukarest) und der bereits meisterhafte *Hieronymus im Gehäuse* (London) spiegeln. Von seinem ab 1455 in Messina entstehenden Werk sind nur zwei stark beschädigte Altäre (*Polyptychon*, Messina; *Verkündigung*, Palermo) und ein paar kleine Tafeln erhalten; eine Tendenz zu monumentaler, stereometr. Reinheit macht sich – vielleicht nicht unberührt von Laurana – geltend (*Annunziata* in München und Palermo). 1475/76 reist er nach Venedig, vermutl. über Urbino, wo ihn die mächtige Klarheit und das weich vereinheitlichende Licht des Piero della Francesca tief beeindrucken. Beides vermittelt er ebenso wie die nord. Technik der Ölmalerei der ven. Schule; seine Piero verpflichtete *Sacra Conversazione* für San Cassiano (Fragmente in Wien) ist der bis zu Tizian verbindliche Prototyp des ven. Altarbildes. Etwa gleichzeitige Meisterwerke sind die Kreuzigungsbilder in Antwerpen und London; das reifste der *hl. Sebastian* in Dresden. Seine hervorragenden Bildnisse sind in ndl. knappem Ausschnitt und Dreiviertelsansicht gehalten und verbinden strenge Plastizität mit einem leuchtend intensiven Blick (Berlin, London, Paris u.a.a.O.). Ch.Klemm

Lit.: J.LAUTS, A.d.M., 1940 – ST.BOTTARI, A., 1953 – G.MANDEL-L.SCIASCIA, L'opera completa di A.d.M., 1967 (Classici dell'arte 10).

Antonij Pečerskij → Mönchtum (Rußland)

Antoninus. 1. A. (Antonino Pierozzi OP), Ebf. v. Florenz. * März 1389 in Florenz, † 2. Mai 1459 ebda, heiliggesprochen 1523. A. wurde 1405 Dominikaner der strengen Observanz, gewonnen durch Johannes Dominici (später Kard. Ebf. v. Ragusa). 1418 wurde A. Prior in Cortona, 1421 in Fiesole, 1428 in Neapel und 1430 in Rom (S. Maria sopra Minerva). 1431 ernannte Eugen IV. ihn zum General-Auditor der Rota, der → Audientia sacri palatii. Von 1432–45 war A. Generalvikar aller it. Dominikaner-Observanten.

1436/37 gründete er mit Hilfe Cosimos de' Medici in Florenz den Konvent S. Marco. Eugen IV. erhob ihn 1446 zum Ebf. v. Florenz, wo er reformerisch tätig wurde; als Friedensvermittler, Seelenführer und sozial-caritativer Initiator gerühmt (er gründete die noch heute bestehende Gesellschaft der »Buonomini di San Martino«), schrieb er vielfach gedruckte moral- bzw. pastoraltheolog. Werke (»Confessionale«, »Omnium mortalium cura«, »Defecerunt«, »Curam illius habe«), die er zur »Summa Theologiae«, auch »Summa Moralis« gen., zusammenfaßte; ferner das »Chronicon«, eine Weltchronik als Werkbuch für Prediger und Seelsorger. H.Wolter

Ed.: Summa Theologiae, Venedig 1740 (Neudr. 1958) – Lit.: LCI V, 202–204 – Repfont II, 376 – R.MORÇAY, Saint A., fondateur du Couvent de S-Marc, archevêque de Florence, 1914 [grundlegend] – W.T. GAUGHAN, Social Theories of St-A. from his Summa Theologica, 1951– C.C.CALZOLARI, Frate A. Pierozzi... arcivescovo di Firenze, 1961.

2. A. (Anonymus Placentinus). Eine Reihe von Bürgern aus Piacenza unternahm zw. 560 und 570 eine Wallfahrt in das Hl. Land. Der Reisebericht ist durch einen

Irrtum – Deutung des Schutzpatrons Antonius als Reiseteilnehmer – einem A. als Verfasser zugeschrieben worden.
H. Kraft
Ed.: CSEL 39, 157-218 – CC 175, 127-174 – *Lit.*: Repfont II, 376.

Antonio

1. A. (Beccari) da Ferrara, it. Dichter, * 1315 in Ferrara, † ca. 1371/74. Obwohl er aus einfachen Verhältnissen stammte, erwarb A. Beccari eine gute humanist. Bildung; aus Lust am Abenteuer und am Glücksspiel brach er jedoch seine Studien ab. Man findet ihn in Bologna als Hofdichter der Pepoli, in Forlì bei den Ordelaffi, in Ravenna bei den da Polenta, aber auch in Rimini, Modena, Padua, Venedig, Florenz und Siena. Er unterhielt eine dichterische Korrespondenz mit Petrarca, der ihn als »vir non mali ingenii sed vagi« (Seniles, III 7) einschätzte, und mit Dichtern wie Fazio degli → Uberti und Antonio → Pucci. Sein *canzoniere* umfaßt mindestens 90 Gedichte. Es ist zu Recht auf den sprachl. hybriden Charakter dieser Dichtung hingewiesen worden, die hauptsächl. der mittleren Stillage zuzuordnen ist und sich zw. gelehrter Tradition und volkstüml. Dichtung bewegt. Der Einfluß von Cecco → Angiolieri läßt sich nicht leugnen, doch wird mit A.B. die »giullareske« Thematik eher autobiograph. als literarisch. Neben Gedichten religiösen oder polit. Charakters und Liebeslyrik verdankt man ihm v. a. den Tonfall der »disperata«, der während des ganzen Quattrocento Nachahmer fand.
R. Blomme
Ed.: L. BELLUCCI (Collezione di opere inedite e rare 129, 1967 [Bibliogr.]) – DERS., Ed. und Komm. A.B., 1972 [mit vorzügl. biograph. Einl.].

2. A. da Lucca OSM, it. Musiktheoretiker des 15.Jh., von dem nur der Traktat »Ars cantus figurati« erhalten ist, in dem er sich mit Fragen der Notation von Mensuralmusik beschäftigt.
H. Leuchtmann
Ed.: COUSSEMAKER IV, 421-433 – *Lit.*: F.J. OLIVIER, Cat. des Livres, Manuscrits et Instruments de Musique de feu M.CH.E.H. DE COUSSEMAKER, 1877, nr. 524 – EITNER – J. WOLF, Gesch. der Mensural-Notation von 1250-1460. T. I, 1904, 406 – DERS., Hb. der Notationskunde I, 1913, 388.

3. A. da Noli, it. Seefahrer, * um 1430 in Genua aus einer in Noli beheimateten Familie, † kurz vor 8. April 1497. Nach Kartographie-Unterricht bei seinem Bruder Agostino (der 1438 als »magister cartarum pro navigando« aufscheint), begab er sich mit anderen Verwandten nach Portugal und trat in den Dienst Heinrich des Seefahrers. Offenbar erforschte er zw. 1458 und 1460 die Kapverd. Inseln, die zum Teil bereits von Alvise da Mosto entdeckt waren, so gründlich, daß er als ihr wahrer Entdecker angesehen wurde. Zeitgenöss. offizielle Quellen bezeugen die Rolle, die er bei der Entdeckung und Kolonisation der Inseln spielte: 1460 wurde er von Fs. Heinrich mit der »Capitania« von Santiago investiert; dieses Amt hatte er noch 1476 inne, auch als die Insel unter span. Oberhoheit kam. Als Santiago, aufgrund seiner wirtschaftl. und bevölkerungsmäßigen Expansion nunmehr in zwei Regierungsbezirke geteilt, wieder in den Besitz von Portugal überging, behielt A. die Kapitanie über den S bis zu seinem Tode. Aus seiner Ehe mit einer Portugiesin aus der Familie de Aguilar, hatte er eine Tochter, Bianca, die es erreichte, daß die Privilegien des Vaters auf sie und ihren Gatten übergingen.
G. Petti Balbi
Lit.: R. CADDEO, Le navigazioni atlantiche di Alvise da Ca' Mosto. Antoniotto Usodimare e Niccoloso da Recco, 1928, 101-107 – CH. VERLINDEN, A. da Noli et la colonisation des îles du Cap Vert, Misc. di storia ligure III, 1963, 127-144 – F. SURDICH, Gli esploratori genovesi del periodo medievale, Misc. di storia delle esplorazioni, 1975, 96-101.

Antonios

1. A. I. Kassymatas, bilderfeindl. *Patriarch v. Konstantinopel,* Jan. 821-837, † Jan. 837. Aus dem Mittelstand stammend; besaß hohe Bildung und lehrte in Sphorakion (Véfa-meidan); danach Mönch und Abt im Mētropolitōn-Kl. (Petrion) und Bf. v. Sylaion. Im Auftrag Leons V. Mitverf. einer ikonoklast. Schrift, die verloren ging. Wegen seiner Führungsrolle in der ikonoklast. Bewegung im Dez. 814 von Patriarch Nikephoros I. mit dem Anathem belegt (→ Bilderstreit).
A. Katsanakis
Q.: I. BEKKER, Leonis grammatici chron., 1842, 350ff. – MANSI XIV, 114-120 – *Lit.*: DHGE III, 819f. – LThK² I, 669 – GRUMEL, Reg., I, 2, 31, 41 ff. – BECK, Kirche, 499.

2. A. IV., *Patriarch v. Konstantinopel* 12. Jan. 1389–Aug. 1390 und März 1391–Mai 1397, † Mai 1397. Er entwickelte eine rege außenpolit. Aktivität, um den Auflösungsprozeß des → Byz. Reiches zu verhindern; gegenüber dem Moskauer Gfs.en Vasilij I. verteidigte er in einem Brief die Universalität der byz. Kaiserideologie (Es gibt nur einen Ks. in der Welt) und ersuchte 1397 den poln. Kg. Władysław II. um Entsendung militär. Hilfe zur Abwehr der → Osmanen. Hierzu erhielt er eine Zusage auch vom ung. Kg. Sigismund. An den Gfs.en v. Moskau richtete er ähnl. Bitten. Einer Kirchenunion stimmte er zu. Die Fülle seiner Briefe zeugen von seinem Bestreben, die byz. Reichskirche vor desintegrativen Erscheinungen an der Peripherie zu bewahren.
A. Katsanakis
Q.: MIKLOSICH-MÜLLER II, 112-292 – *Lit.*: DHGE III, 746 – LThK² I, 670 – ThEE II, 980f. – OSTROGORSKY, Gesch.³, 457f. – GRUMEL, Chronol., 437 – BECK, Kirche, 35, 37 – HKG III, 2, 619f.

3. A., *Ebf. v. Novgorod,* † 8. Okt. 1231, ⌐ ebd. Sophienkirche, dort als Hl. verehrt. A., eigtl. Dobrynja Jadrejkovič, war vor seinem Eintritt ins Kl. Kaufmann. Nach einer Pilgerreise, auf der er 1201 Konstantinopel besuchte und über die dortigen Kirchen und Reliquien einen Bericht schrieb, der Auskunft über den Zustand der Stadt vor der Plünderung im 4. Kreuzzug von 1204 gibt, ging er als Mönch A. ins Erlöserkloster in Chutyn'. 1211 wählten ihn die Bürger zum Ebf., nachdem sie den polit. anders ausgerichteten Ebf. Mitrofan abgesetzt hatten. In Kiev erhielt er die Bischofsweihe. 1218, in veränderter polit. Lage, versuchten seine Gegner, ihn zugunsten Mitrofans zu vertreiben. Da A. jedoch in der Stadt blieb, schickten die Novgoroder beide Prätendenten nach Kiev. Der Metropolit entschied sich für Mitrofan, entschädigte aber A. mit dem Bm. Peremyšl'. Nach Mitrofans Tod 1223 wählten die Novgoroder zunächst einen neuen Ebf. Als A. 1225 zurückkehrte, konnte er sein früheres Amt erneut antreten. Mit den Interessen Novgorods vertraut, unterstützte er den → Posadnik gegen den Fs.en Jaroslav und bemühte sich beim Legaten, Bf. → Wilhelm v. Modena, um Bestätigung des Friedens mit dem Schwertbrüderorden. Krankheitshalber trat A. 1228 zurück. Mit dem neuen Ebf. geriet die Stadt bald in Konflikte und holte A. wieder; doch konnte er sein Amt nicht mehr ausüben, weil er die Sprache verloren hatte.
R. Stupperich
Ed.: B. DE KHITROVO, Itinéraires russes en Orient, 1887 [frz. Übers.] – *Lit.*: PSRL 4-7, 25 – RBS [Neudr. 1962], 214ff. – A.M. AMMANN, Unters. zur Gesch. der kirchl. Kultur und des religiösen Lebens bei den Ostslawen, 1955, 124ff. – Novgorod. K 1100-letiju goroda, ed. M.N. TICHOMIROV, 1964 – K. ONASCH, Groß-Novgorod, 1969.

Antoniterorden → Antoniusorden
Antonius der Eremit, hl. → 6. Antonius
Antonius v. Padua, hl. → 8. Antonius

Antonius

1. A., Hagiograph, Schüler des hl. Symeon Stylites (→ Styliten), verfaßte nach dessen Tod (2. Sept. 459) eine Lebensbeschreibung des Hl.; dabei benutzte er die um 444 verfaßte Darstellung Theodorets in seiner Mönchsgeschichte.
H. Kraft

Lit.: H. LIETZMANN, Das Leben des hl. Symeon Stilites, TU 32, 4, 1908 [mit gr. und aus dem Syr. übers. Text].

2. A. de Abbatia, it. Alchemist, wahrscheinl. 14. Jh. A. betrieb alchem. Versuche im Kl., trotz kirchl. Verbotes; er zitiert in seinen Schriften → Geber, → Hortulanus, → Arnald v. Villanova und → Raimundus Lullus. Ihm zugeschriebene Traktate werden erst im 17. Jh. gedruckt, zusammen mit Schriften von → E. Kelley und → Johann v. Tetzen. G. Jüttner

Ed.: A. de A., Epistolae duae de Lapide. Zwei Schreiben vom Stein, in: Drei vortreffl. Traktätlein (Drei vortreffl. chym. Bücher), hg. W. STADTLAENDER, Hamburg, 1670, 1672, 1691 – *Lit.*: K. CH. SCHMIEDER, Gesch. der Alchemie, 1832 [Nachdr. 1959] – H. KOPP, Die Alchemie in älterer und neuerer Zeit, 2 Bde, 1886 [Nachdr. 1962].

3. A. Andreas, Franziskanertheologe, * in Tauste (Saragossa), † um 1320; nach Studien an der neugegr. Univ. Lérida und in Paris (Magistergrad) hatte er nach Johannes Duns Scotus dessen Lehrstuhl inne. Sein Hauptverdienst besteht in der faßlichen Darstellung der schwierigen Werke seines Meisters; daher erhielt er neben dem Ehrentitel »Doctor dulcifluus« auch den Beinamen »Scotellus«. J. P. Lang

Ed.: Abbreviatio operis Oxoniensis Scoti, Venedig 1578, 1628 – Compendiosum principium in lib. Sent., Padua 1475 – *Lit.*: DHGE II, 1633 – C. BALIĆ, Antonianum 20, 1945, 284–288 – STEGMÜLLER, Rep. commentariorum in sent. Petri Lombardi I, 1947, 37.

4. A. v. Bitonto, * um 1385, † 7. Sept. 1465 in Atella, Theologe und Prediger aus der Franziskaner-Observanten-Provinz S. Nicola in Apulien, entfaltete in ganz Italien seine Predigttätigkeit. Über das Kirchengebot (des Lateranense IV, DENZINGER-SCHÖNMETZER 812) der österl. Kommunion und jährl. Beichte geriet er in eine Kontroverse mit den Dominikanern; gegen den Humanisten Lorenzo → Valla verteidigte er die apostol. Überlieferung des (sog.) »Apostol. Glaubensbekenntnisses«.

Werke: Reihe von Predigten (vgl. Gesamtkat. der Wiegendrucke II n. 479–86), »Commentarium in I. libr. Sententiarum« unediert (RCS I n. 72), »Speculum animae« und andere kleinere Schriften. C. Schmitt

Lit.: DBI III, 539 – A. GAETA, A. da B., O.F.M., oratore e teologo, 1952 – C. PIANA, A. de B., O.F.M., praedicator et scriptor s. XV, FStud XIII, 1953, 178–97.

5. A. de Butrio → Dekretalistik

6. A. der Eremit, der Große, auch Abt gen., Eremit und bedeutender Mönchsvater in Ägypten. [1] *Leben*: * 251/252 in Kome (Keman), von kopt. Eltern, † 356. Zog um 275 zu den Eremiten in der Wüste. Schon bei Lebzeiten breitete sich der Ruhm seiner Frömmigkeit aus, und Schüler versammelten sich bei ihm, um von ihm Askese zu lernen. Durch seinen berühmten Biographen → Athanasius v. Alexandria wurde er bald weit über Ägypten hinaus bekannt und gilt seither als die überragende Persönlichkeit des frühen Mönchtums (Begründer, Prototyp, Patriarch der Mönche; noch für Luther ist er »monachorum pater et monasticae vitae princeps«). Die athanasian. Antoniusvita wurde bald ins Lat. übersetzt und wirkte propagandist. im frühen lat. Mönchtum (vgl. Augustinus, Conf. 8, 6). – Die ursprgl. Gestalt des A. läßt sich aus den → Apophthegmata Patrum (mit 38 Vätersprüchen unter seinem Namen) erkennen. Von den unter seinem Namen mitgeteilten Briefen, die er kopt. diktiert haben müßte, gelten sieben lat. überlieferte (MPG 40, 972–1000) als echt, ebenso der Brief über die aufrichtige Reue (MPG 40, 1065). K. S. Frank/H. Kraft

[2] *Verehrung im MA*: Der ma. A. (Fest 17. Jan.) ist weithin eine europ. Neuschöpfung. Um die Mitte des 11. Jh. kamen seine Reliquien nach La-Motte-aux-Bois (später Saint-Antoine) in der Dauphiné. Die um 1095 dort entstandene Laienbruderschaft zur Versorgung der gesunden wie kranken Pilger entwickelte sich in den nächsten zwei Jh. zum Antoniter-Chorherrenorden (→ Antoniusorden, Hospitaliter). Mit diesem Orden erhielt der Antoniuskult seinen einflußreichen Träger. A. wurde zum Krankenpatron (gegen Mutterkornbrand und andere Arten von Brand, später auch Wundrose und die verschiedensten geschwürigen Prozesse) sowie zum Patron der Haustiere und Helfer der Armen (Antoniusschwein, das von dem Privileg der Antoniter kommt, ihre für die Armenversorgung bestimmten Schweine frei weiden zu lassen, oder ein aus öffentl. Mitteln unterhaltenes Schwein, das für die Armen der Gemeinde bestimmt war). Es wurde zusammen mit der die jährl. Almosensammlung des Ordens ankündigenden Schelle, den das hl. Feuer anzeigenden Flammen und dem Ordenszeichen T (wohl stilisierte Krücke?) zu Attributen des Hl. in der bildenden Kunst. Sein hohes Ansehen beweisen die häufigen Darstellungen: Versuchung des hl. A. (Isenheimer Altar; Hieronymus Bosch u.a.). K. S. Frank (mit A. Mischlewski)

Q.: Athanasius, Vita Antonii, MPG 28, 835–976 – dt. Übers.: BKV² Athanasius 2 – Apophthegmata MGP 65, 76–88; Briefe MPG 40, 977–1066 – *Lit.*: DIP I, 700–703 – K. HEUSSI, Ursprung des Mönchtums, 1936, 78–108 – L. MAILLET-GUY, Les Reliques de S. Antoine en Dauphiné, et non en Provence. Le procès de 1489 à 1502, 1937 – G. KORTE, A. der Einsiedler in Kult, Kunst und Brauchtum Westfalens, 1952 – B. STEIDLE, A. Magnus Eremita, 1956 – H. DÖRRIES, Die Vita Antonii als Geschichtsquelle, Wort und Stunde I, 1966, 145–224 – A. MISCHLEWSKI, Grundzüge zur Gesch. des Antoniterordens bis zum Ausgang des 15. Jhs. 1976 – *Zur Ikonographie*: LCI V, 205–217.

7. A. de Leno, it. Musiktheoretiker vom Anfang des 15. Jh., von dem ein Traktat in it. Sprache erhalten ist: »Regulae de contrapuncto«, in dem er die Kontrapunktregeln der Zeit weitergibt und Fragen der (älteren schwarzen) Notation von Mensuralmusik erörtert. Eigene Notenformen für bes. Notenwerte scheinen ohne Einfluß auf die prakt. Musik geblieben zu sein. H. Leuchtmann

Ed.: COUSSEMAKER III, 307–328 – *Lit.*: H. RIEMANN, Gesch. der Musiktheorie im IX.–XIX. Jh., 1898, 1921², 282, 284ff. – EITNER – J. WOLF, Gesch. der Mensural-Notation von 1250–1460, T. I, 1904, 216, 297ff., 327, 355, 380 – DERS., Hb. der Notationskunde I, 1913, 313ff. – C. SARTORI, La notazione italiana del Trecento, 1938, 76, 104f. – E. APFEL, Der Diskant in der Musiktheorie des 12.–15. Jh. [Diss. masch. Heidelberg 1953] – A. SEAY, Einf. zu Guilielmi monachi De praeceptis artis musicae, Corpus Scriptorum de Musica XI, 1965, 6f. – K.-J. SACHS, Der Contrapunctus im 14. und 15. Jh. – Unters. zum Terminus, zur Lehre und zu den Q., 1974.

8. A. v. Padua, hl., Theologe und Prediger, * 1195 in Lissabon, † 13. Juni 1231 in Arcella bei Padua. [1] *Leben*: Auf den Namen Fernando getauft, trat er 15jährig – so schon die unmittelbar nach seinem Tod verfaßte »Legenda prima« – in das Kl. St. Vinzenz nahe Lissabon der regulierten Augustiner-Chorherren ein; nach zwei Jahren Übersiedlung ins Kl. S. Cruz in Coimbra (hier intensives Studium der hl. Schrift und der Kirchenväter). Die Translatio der fünf ersten franziskan. Märtyrer aus Marokko veranlaßten ihn 1220 zum Eintritt bei den Franziskanern in St. Antonius zu Olivares nahe Coimbra, wobei er den Namen des Klosterpatrons annahm. Er ging nun, selbst den Märtyrertod erstrebend, nach Afrika, wurde jedoch durch eine Krankheit zur Rückkehr gezwungen und auf der Rückreise nach Sizilien verschlagen. 1221 auf dem Generalkapitel in Assisi von Gratian, dem Provinzial der Romagna, in seine Provinz aufgenommen, wurde er, nachdem er eine Zeit zurückgezogen in Montepaolo bei Forlì gelebt hatte, mit der Predigt gegen die Ketzer beauftragt. 1222–24 predigte A. in Oberitalien, v.a. in Rimini und Mailand (gegen die Katharer), nach 1224 in S-Frankreich (gegen die Albigenser). Er stand Ordensgemeinschaften in Le Puy und Limoges als Guardian, später als Provinzial der Romagna vor. Franziskus berief ihn zum ersten Lehrer der Theologie für die Franziskaner (A. lehrte im Franziskanerkloster von Bologna und führte die Theologie des hl. Augustinus in den Franziskanerorden ein). Nach seinem Tod Beisetzung seines Leichnams zunächst in S. Maria Maggiore in Padua, Kanonisierung bereits am 30. Mai 1232 durch Papst Gregor IX. zu Spoleto; am 7. April 1263 Erhebung seiner Gebeine in Anwesenheit des hl. Bonaventura (mit unversehrter Zunge) und Übertragung in die neue Basilika.

[2] *Werke:* Außer den Sermones werden die ihm sonst zugeschriebenen Werke (Ausgabe: C.A.HOROY [Hg.], S.Antoni Paduani opera omnia (Medii aevi Bibliotheca Patristica 1, 6), 1880 – A.M.LOCATELLI [Hg.], S.Antonii Patavii thaumaturgi incliti sermones, 1895) heute als nicht authent. angesehen.

[3] *Ikonographie:* Bildl. Darstellungen des A., in der Franziskanerkutte, meist jugendlich-bartlos, finden sich in Italien seit der Mitte des 13.Jh. Frühestes Attribut ist das Buch, seit der Mitte des 14.Jh. kommt in Italien eine Flamme in seiner Hand hinzu, im 15.Jh. Herz und Lilie. Das Jesuskind, das in nachma. Zeit zum Hauptattribut wurde (es geht auf die Erscheinungserzählung, zuerst im »Liber miraculorum«, um 1350, zurück) findet sich um 1500 erstmals in den Niederlanden und Spanien. In Deutschland sind Darstellungen des A. im MA selten. Die bekanntesten Wunder – wie sie die Viten und Mirakelsammlungen in traditionellen Motiven berichten – werden zyklisch und einzeln dargestellt (zu den frühesten gehören San Francesco in Assisi, Basilica und Scuola del Santo in Padua).

[4] *Verehrung:* Die kirchl.-liturg. A.-Verehrung, zuerst auf Padua und den Franziskanerorden beschränkt, weitete sich im 14. und 15.Jh. allmählich aus und war im 16.Jh. bereits in der gesamten Kirche verbreitet. Auch die volkstüml. A.-Verehrung erfuhr im 15.Jh. eine starke Steigerung, ihre eigtl. Blüte erreichte sie erst seit Beginn des 17.Jh. Nach Deutschland gelangten bereits im 14.Jh. zwei A.-Reliquien: 1330 München, Franziskanerkirche (von Ks. Ludwig dem Baiern persönl. aus Padua überbracht); 1350 Erfurt, St. Peter. Das Responsorium »Si quaeris«, später in der volksfrommen Verehrung die »Dreizehn Privilegien« (Hilfeleistungen) des hl. A. genannt, ist schon um 1250 in einem Offizium nachgewiesen. Die Verehrung des hl.A. v. Padua verdrängte erst in nachma. Zeit weitgehend den Kult des hl. → Antonius Eremita. Nun wurde A. v. Padua einer der am meisten verehrten Hl. (it. Il Santo) – Zur paduan. A.-Wallfahrt → Padua.   E. Wimmer

Q. und Lit.: S. Antonii de Padua vitae duae, hg. L.KERVAL, 1904 – AS Junii II, 703–780 – AURENHAMMER I, 164–171 – EM I, 620–622 – LCI V, 219–225 – LMK I, 288–295 – LThK² I, 672–674 – B. KLEINSCHMIDT, A. v. P. in Leben und Kunst, Kult und Volkstum, 1931 – G.HERZOG-HAUSER, A. v. P., 1947 – S.CLASEN, A., 1959 – J.TOUSSAERT, A. v. P. [Dt. Übers.], 1967.

9. A. v. Pforr, Geistlicher, † 1483, entstammt einer in Breisach am Oberrhein ansässigen Patrizierfamilie. Er ist seit 1436 in verschiedenen oberrheinischen Gemeinden, seit 1472 als Kirchherr von Rottenburg am Neckar bezeugt. Die Quellen bekunden enge Beziehungen zum Rottenburger Hof der lit. interessierten Pfgfn., späteren Ehzgn. Mechthild. A. v. P. gilt als der Verfasser bzw. Übersetzer des »Buchs der Beispiele« (bestimmte Abschnittsinitialen nennen den Namen A. v. P.: HOLLAND, 54–69). Das Prosawerk ist die dt. Bearbeitung eines Textes aus der Tradition des ind. »Pañcatantra« und geht wahrscheinl. unmittelbar auf den »Liber parabolarum antiquorum sapientum« (»Liber Kelilae et Dimnae«, »Directorium vitae humanae«) des → Johannes v. Capua (2.Hälfte 13.Jh.) zurück. Gewidmet ist es Mechthilds Sohn, dem Gf.en Eberhard v. Württemberg, der – einem Zeugnis von 1496 (HOLLAND, 249) zufolge – die Übersetzung des »opus fabularum perutile« ins Dt. befohlen hat.   U. Gerdes

Ed. und Lit.: Das Buch der Beispiele der alten Weisen…, ed. W.L. HOLLAND (BLV LVI), 1860 [Nachdr. 1969] – F. GEISSLER, Anton v. P., Das Buch der Beispiele der alten Weisen. Krit. hg. nach der Straßburger Hs. mit den Lesarten aller bekannten Hss. und Drucke des 15. und 16.Jh., 2 Tle, I: Text; II: Einl., Beschreibung der Hss. und Drucke, Lesartenapp., ausführl. Register, 1964–74 [reiche Lit.].

10. A. Romanus, it. Komponist des 15.Jh., von dem sechs meist vierstimmige Kompositionen (eine davon nur in einer Stimme erhalten) überliefert sind; neben Messeteilen weltl. Huldigungsgesänge auf F.Gonzaga (1395–1444) und Mantua, T.Mocenigo (Doge 1413–22) und den Dogen F.Foscari (1423–57). Er steht in der Nachfolge → Ciconias, läßt aber Isorhythmik und Imitation zurücktreten. Auch bei ihm die für Ciconia typ. Struktur von zwei konzertierenden Diskantstimmen über zwei instrumentalen Tenores.   H.Leuchtmann

Ed.: F.A.GALLO, Antoni Romani Opera, 1965 – Lit.: A.W.AMBROS, Gesch. der Musik III, 1868, 1881² [Neudr. 1968], 487 – EITNER – A.SCHERING, Aufführungspraxis alter Musik, 1931 [Neudr. 1975], 36, 109 – DERS., Musikgesch. in Beispielen, 1931 [Neudr. 1954], Nr. 30 – W.KORTE, Stud. zur Gesch. der Musik in Italien im ersten Viertel des 15.Jh., 1933, 30ff., 47ff., 68ff. – H.BESSELER, Bourdon und Fauxbourdon, Stud. zum Ursprung der ndl. Musik, 1950, 1974², 77, 83, 132 – F.A.GALLO, Ducalis sedes – Stirps mocinico, Musiche veneziane nel ms. 2216 della Bibl. Univ. di Bologna, Quadrivium VI, 1964, 107–116, Tav. I–II.

Antoniusfeuer → Antoniusorden (Hospitaliter)

Antoniusorden, Antoniter

[1] *Antoniter (Hospitaliter)* entstanden aus einer Laienbruderschaft, die sich im letzten Jahrzehnt des 11.Jh. (nach der Ordenstradition 1095) in La-Motte-aux-Bois, seit dem 14.Jh. St-Antoine(-en-Viennois) gen. (Dép. Isère, Arr. St-Marcellin), bildete. Die dortige Kirche mit den angebl. Gebeinen des Mönchsvaters → Antonius des Eremiten war 1083 in den Besitz der Benediktinerabtei St. Peter in Montmajour gelangt, die hier ein Priorat errichtete. Aufgabe der Bruderschaft war die Betreuung der Pilger, auch der am sog. *Hl. Feuer*, später *Antoniusfeuer* gen. (Ergotismus gangraenosus 'Mutterkornbrand'), erkrankten. Zu deren Pflege, auf die sich die Antoniter spezialisierten, wurde schon früh ein Spital erbaut. Die therapeut. Leistungen sowie die Propaganda der vorbeiziehenden Santiago-Pilger waren die Ursachen einer auffallend raschen Ausbreitung der Bruderschaft, deren Außenstellen, die *Präzeptoreien,* sich schließl. über das gesamte Gebiet der röm.-kath. Kirche erstreckten (letzte Neugründung 1514: Lennewarden/Livland). Zur Deckung der wachsenden finanziellen Bedürfnisse wurde in den Pfarreien eine jährl. Almosensammlung unter Mitführung von Antoniusreliquien (der *Quest*) durchgeführt und von den Gläubigen kostenlos das *Antoniusschwein* aufgezogen. 1247 erhielten die Antoniusbrüder, die damals bereits die Krankenpflege an der päpstl. Kurie versahen, von Innozenz IV. die Erlaubnis, einen Konvent zu bilden und nach der Augustinusregel zu leben. Sie wurden seitdem als selbständiger Orden betrachtet. Nach langen Kämpfen mußten die Benediktiner St-Antoine verlassen, und das Mutterhaus der Antoniter wurde 1297 durch Bonifatius VIII. zur Abtei erhoben. Trotz äußeren Glanzes und ständiger Privilegierung durch die Päpste bis hin zum Versuch, die Antoniusverehrung zu monopolisieren, begann schon im 14.Jh. der Niedergang, zu dem die ungeheure Verschuldung des

Mutterhauses, die Verpfründung des Ordens, Übernahme weltl. Aufgaben, Nepotismus sowie Stellenbesetzung durch die Röm. Kurie beitrugen. Ordensreformen von 1367, 1420-22, 1478 blieben ohne greifbaren Erfolg. Durch das Große → Abendländ. Schisma wurden ganze Präzeptoreien abgetrennt. Der Verlust vieler Antoniterhäuser durch Reformation und Hugenottenkriege, das Terminierverbot des Trienter Konzils und das seltenere Auftreten des Antoniusfeuers beschleunigten den Abstieg des Ordens. Er wurde 1776 dem Johanniterorden inkorporiert.
A. Mischlewski

Q.: Die oberhess. Klöster. Reg. und Urkk. III, 1: Reg., bearb. A. ECKHARDT (VHKH 9. Klosterarchive. Reg. und Urkk. 7), 1977 - *Lit.*: DIP II, 134-141 - K. H. BAUER, Das Antonius-Feuer in Kunst und Medizin, 1973 - A. MISCHLEWSKI, Grundzüge der Gesch. des A. bis zum Ausgang des 15. Jh., 1976 (BBK 8 [mit Bibliogr.]).

[2] *Antoniusritterorden.* Innerhalb der zahlreichen Orden und ordensähnl. Gemeinschaften, die sich nach dem Eremiten → Antonius d. Gr. benannten, zählt der 1382 gegr. Ritterorden vom hl. Antonius nach Aufbau und Zielsetzung als einziger zu den wirkl. Ritterorden (→ Antoniusorden, Hospitaliter). Im 14. Jh. fand die Verehrung des »Volksheiligen« u. a. in Burgund auch Eingang in die höf.-ritterl. Welt des SpätMA. Der Hl. wurde zum Patron der Ritter, die ihm Altäre, Kapellen und Burgen weihten. Ein Sohn Ks. Ludwigs des Baiern, Hzg. Albrecht I. v. Niederbaiern-Straubing und Gf. v. Hennegau (1336-1404; → Albrecht v. Baiern) stiftete den Ritterorden, um mit dessen Hilfe das Hl. Land wiederzugewinnen und die Türken zu bekämpfen. Allerdings kam das Vorhaben mangels Unterstützung weiterer Fs.en und angesichts innerer Auseinandersetzungen nicht zur Ausführung. Der Orden scheint Mitte 15. Jh. aufgehört haben zu bestehen.

Die Ordenstracht entsprach den überlieferten ikonograph. Attributen des Eremiten: Das gegürtete Gewand hielt ein himmelblauer, goldverzierter Gürtel zusammen mit einer linksseitigen Schließe und einem anhängenden Glöckchen. Letzteres konnte auch um den Hals getragen werden. Zwei Antoniuskreuze (T) zierten einen vergoldeten Rundstab. Der schwarze Umhang zeigte ein blaues Antoniuskreuz. P. Fried/W. Liebhart

Lit.: LThK² I, 677 - KERLER, 430 - LCI V, 205-217 - DESE II, 227-228 - SPINDLER II, 202-207 - Algemene Geschiedenis der Nederlanden III, 1951 - P. NOORDELOOS, Antoniana, Arch. voor de geschiedenis van de Katholieke Kerk in Nederland I, 1959, 27-107.

Antrustio, Mitglied der → trustis dominica, kgl. Gefolgsmann der Merowingerzeit. Markulf (Formulae I/18) kennzeichnet den A. als *fidelis regis*. Er ist ein Freier, speziell zum Waffendienst bestimmt und an den König mittels eines Eides, der ihn zu Treue und Waffenbeistand verpflichtet, gebunden. Bes. der Eid betont den feierl. und unauflösl. Charakter dieser Bindung. Als kgl. Amtsträger innerhalb des palatium (→ Pfalz) wird der A. oft vom Kg. mit bedeutenden Schenkungen ausgestattet. Ausdruck seiner sozial herausgehobenen Stellung und der bes. Bindung an den Herrscher ist sein Wergeld, das dreimal so hoch wie das Wergeld für einen gewöhnl. Freien ist (vgl. Pactum leg. sal., 63/2; Lex sal., 43/4; 44/1 und 2; Lex Rip., 11/1). Die Novellen der Lex Salica 8 sehen ein eigenes Verfahren im Fall eines Rechtsstreits zw. zwei Antrustionen vor; die Ebene der Beweisführung wird durch den Eid erweitert. Der Status der Antrustionen kann als Vorgänger der → Vasalität im eigtl. Wortsinne angesehen werden. D. Anex-Cabanis

Lit.: HOOPS² I, 360ff. - M. DELOCHE, La trustis et l'antrustion royal sous les deux premières races, 1873 - W. SCHLESINGER, Herrschaft und Gefolgschaft in der germ. dt. Verfassungsgeschichte, HZ 176, 1953, 225ff. - H. KUHN, Die Grenzen der Germ. Gefolgschaft, ZRGGerm-

Abt 73, 1956, 1ff. - A. BERGENGRUEN, Adel und Grundherrschaft im Merovingerreich, VSWG 41, 1958.

Antwerk, alte Bezeichnung für das gesamte techn. Kriegsgerät, das vor dem allgemeinen Gebrauch der Feuerwaffen beim Angriff und bei der Verteidigung befestigter Plätze verwendet wurde. Das Wort bedeutet Gegenwerk und hat mit dem in zeitgenöss. Berichten vereinzelt fälschlich verwendeten *hantwerk* (Handwerk) nichts zu tun. Zum A. zählten das gesamte Stoßzeug zum Einrennen von Befestigungsmauern und Toren (→ Widder), das Schieß- und Wurfzeug (→ Blide, → Wippe, → Rutte) und alle Arten von Belagerungstürmen, Fallbrücken, Sturmleitern und Deckungsmitteln (→ Katze). E. Gabriel

Lit.: R. SCHNEIDER, Die Artillerie des MA, 1910 - B. RATHGEN, Das Geschütz im MA, 1928.

Antwerpen

I. Siedlung und Verfassung - II. Wirtschaftliche Bedeutung im MA.

I. SIEDLUNG UND VERFASSUNG: Neue Ausgrabungen (1952-61, 1974-76) zeigen, daß in A. von etwa 140 n. Chr. bis zum Ende des 3. Jh. eine röm. Ansiedlung bestand, über deren Charakter und Lage nur schwer eine genaue Feststellung möglich ist. Nach dem 4. Jh. blieb wahrscheinl. nur ein Festungswerk (castellum) übrig, in dem vom hl. → Amandus oder einigen seiner Anhänger im 3. Viertel des 7. Jh. eine Kirche (☩ Peter und Paul) erbaut wurde. Diese lag wahrscheinl. im S des späteren Stadtzentrums, an der Stelle der späteren Michaelsabtei. Bei dem merow. *castrum* bestand auch eine Münzstätte. 726 wurde die Kirche Eigentum des hl. → Willibrord, der sie seiner Gründung → Echternach hinterließ. 836 vernichteten die Normannen die Befestigung (civitas) und wahrscheinl. auch die Kirche. Seit der 2. Hälfte des 9. Jh. entstand jedoch weiter nördlich eine neue Siedlung in der Umgebung des späteren *Steen*. Um 900 wird diese als *vicus* erwähnt. Sie wurde schließl. im Laufe des 10. Jh. durch einen Erdwall verstärkt, der wie ein Halbkreis bogenförmig vom Scheldeufer ab angelegt wurde. Ebenfalls im Lauf des 10. Jh. oder spätestens zu Anfang des 11. Jh. wurde ungefähr in der Mitte der verstärkten Ansiedlung eine Kapelle zu Ehren der hl. Walburga gebaut. Der Erdwall wurde erhöht und während einer zweiten Phase an der Außenseite mit Pfahlwerk und Ringgraben versehen; diese siedlungsgesch. Phase hängt vielleicht damit zusammen, daß A. um 980 durch Otto II. zum Zentrum einer Mgft. entlang der Reichsgrenze zu → Flandern erhoben wurde: 980 wird A. *castrum* genannt.

Diese Umwandlung einer Ansiedlung, die bisher wahrscheinl. eine Handelsniederlassung gewesen war, in einen militär. und herrschaftl. Stützpunkt hatte zur Folge, daß die Bevölkerung sich mehr und mehr außerhalb der Burg an ihrer S- und SO-Seite ansiedelte, dort, wo der neben dem Steen gelegene *Vismarkt* als ältester Markt das Zentrum bildete, ein Zentrum, das sich im Lauf des 11. Jh. nach O, zum Gr. Markt hin ausbreitete. Die Gründung einer Burg war wahrscheinl. auch mit der Einführung eines Reichszolls verbunden, von dem die Bewohner von A. und einer Anzahl Dörfer aus der Mgft., die zum Unterhalt der Burg beitrugen, befreit wurden (libertas operis castrensis). Aus derselben Zeit stammt vielleicht auch die Zollbefreiung der Bewohner von → Tiel und Aachen in A., die später auf eine Anzahl anderer Orte ausgedehnt wurde. Seit dem 11. Jh. wurden auch wieder Münzen in A. geprägt. Im Lauf des 11. Jh. wird A. *portus* oder *emporium* genannt, was auf die wachsende Bedeutung der werdenden Stadt als Handelszentrum und Hafen hinweist. Vergebens versuchte damals die Abtei Echternach Ansprüche auf den Zoll sowie ihren früheren Besitz in A.

zu erheben, den sie wahrscheinlich am Ende des 9. Jh. oder im 10. Jh. zugunsten des Reiches verloren hatte. Im Rahmen dieser Entwicklung wurde wahrscheinl. die kirchl. Zugehörigkeit A.s und der Mgft. endgültig geregelt: Seit dem 10.-11. Jh. bildete dieses Gebiet einen Teil des Bm.s Cambrai, aber es ist nicht sicher, ob es ihm früher unterstanden hatte. In A. selbst gehörten die Kirchenrechte über ein ausgedehntes Pfarrgebiet bis 1124 dem Stift St. Michael, das am Ende des 11. Jh. zweifelsfrei bestand, dessen (nicht bekannte) Ursprünge jedoch viel weiter zurückreichen müssen. Wahrscheinl. ist die Kirche Nachfolger der frühma. Peter- und Paul-Kirche innerhalb des 836 zerstörten röm.-merow. castrum. Diese Annahme würde u. a. ihre isolierte Lage gegenüber der 1000m weiter nördl. gelegenen spätkarol. Ansiedlung erklären, der aus dem späten 10. Jh. stammenden ksl. Burg und der benachbarten Handelsniederlassung aus dem 11. Jh., über die sie trotzdem, kraft ihres Ursprungs, die Pfarrechte behielt. Die Entwicklung dieser Handelsniederlassung im Laufe des 11. Jh. hätte jedoch diesen Zustand auf die Dauer unhaltbar gemacht, da die Walburga-Kapelle, die nun innerhalb der ksl. Burg lag, als eine von St. Michael abhängige Kapelle schwerlich die Rolle eines Pfarrzentrums übernehmen konnte. Deshalb entstand, vielleicht bereits etwa 1100, sö. der Handelsniederlassung, jedoch außerhalb derselben, die Liebfrauenkapelle, der 1124 die Pfarrechte von A. übertragen wurden. Diese wurde gleichzeitig der Sitz eines Kapitels, das aus einer Anzahl Kanoniker von St. Michael gebildet wurde, die nicht einverstanden waren mit der Umwandlung dieses Stiftes in eine regulierte Chorherrenabtei, die im gleichen Jahre durch den hl. Norbert auf Initiative des Bf.s v. Cambrai erfolgte. Die Lage der Liebfrauenkirche auf der anderen Seite eines teils natürlichen, teils künstl. angelegten Wasserlaufs (später Boterrui und Suikerrui), der die Stadt längs der Südseite begrenzte und der sich an der Ostseite fortsetzt, läßt vermuten, daß die Stadt am Ende des 11. Jh. bereits durch eine erste Wasserlinie befestigt war. Außerdem beweist sie, daß die Ausbreitung der Ansiedlung schon diese Linie überschritten hatte. Wahrscheinl. während der zweiten Hälfte des 12. Jh., als die Ansiedlung sich weiter ausgedehnt hatte, wurde eine zweite Verteidigungslinie rund um die Stadt durch die Anlage neuer Wasserläufe errichtet, die nunmehr auch mit Erdbefestigungen versehen wurden und ein Gebiet von 31,5 ha umschlossen (Steenhouwersvest, Lombardvest, St.-Kathelijnevest).

Die *Mgft. A.*, die während des 11. Jh. meist den Hzg.en von Niederlothringen aus dem Hause Verdun unterstanden hatte, war durch Ks. Heinrich V. 1106 Gottfried I. v. Löwen, Hzg. v. → Brabant, übertragen worden, der sie endgültig mit seinen Besitzungen vereinigte. Dieser ließ sich in A. durch einen *amman* (villicus, Amtmann) vertreten, der im Namen des Hzg.s die Burg verwaltete und zusammen mit der fsl. *Schöffenbank* Gerichtsbarkeit und Herrschaft über die Stadt ausübte. In der 2. Hälfte des 12. Jh. ernannte der Hzg. neben dem amman einen Amtsträger moderneren Typs, den Schultheiß (*schout*), der gemeinsam mit den Bürgern der Stadt den Kampf gegen die alte feudale Schöffenbank begann. Um 1200 war die Schöffenbank zum größten Teil in Händen der städt. Bürger. 1221 bestätigte der Hzg. diesen Zustand, indem er der Stadt ihr erstes Freiheitsprivileg verlieh. Außerdem erscheint 1233 zum ersten Mal neben den Schöffen ein *Geschworenenrat* (iurati). Hiermit war die Grundlage für das spätma. Stadtregiment A.s geschaffen. A. erfuhr während des 13. Jh. eine starke Ausbreitung, so daß zu Ende des Jahrhunderts eine neue Stadtumwallung angelegt werden mußte, die nun ganz aus Stein bestand und zum größten Teil bis ins 19. Jh. erhalten blieb. Die Grundfläche der Stadt vergrößerte sich dadurch auf ca. 156 ha. Die Verbindung A.s mit der Gft. Flandern nach dem fläm.-brabant. Krieg des Jahres 1355 unterbrach diese Entwicklung zeitweilig, doch der Aufstieg begann wieder unter den burg. Hzg.en gegen Ende des 14. und am Anfang des 15. Jh. Die Stadt breitete sich nun vor allem an der Nordseite aus und erreichte eine Fläche von mehr als 210 ha, innerhalb welcher um 1400 ungefähr 2800 Wohneinheiten bestanden.

A. Verhulst

II. WIRTSCHAFTLICHE BEDEUTUNG IM MA: Die erste Erwähnung A.er Handels enthält die Koblenzer Zollrolle (angebl. v. 1104). Zweifellos verkehrten A. auch in London, wo sie als Vermittler zw. dem Rheinland und England auftraten. Eine gleiche Rolle spielten sie hinsichtl. des Warenaustausches zw. Holland-Seeland und Flandern-Brabant, wie der lange Streit mit → Mecheln wegen der Stapel von Getreide, Salz und Hering erweist (13.-14. Jh.). Das Gewerbe, zumal die Tuchweberei, blieb im Vergleich zu Handel und Schiffahrt bescheiden, auch wenn A. Tuche über Italien bis nach Byzanz ausführte. Der Handel erfuhr einen bedeutenden Aufschwung, nicht nur in bezug auf England, als der engl. Wollstapel zw. 1296 und 1340 wiederholt in A. eingerichtet wurde. Seit etwa 1317 fanden zwei Messen jährl. zu Pfingsten und am St.-Bavo-Tag (1. Okt.) statt. Noch dauerhaftere Folgen hatte die Tatsache, daß England die Tuche seiner schnell wachsenden Exportindustrie, die wegen ihrer Konkurrenz gegen das örtl. Gewerbe von Flandern abgewehrt wurden, seit etwa 1350 auf den A.er Messen, die offenbar stark besucht wurden, zum Verkauf brachte. U. a. fanden sie dort dt., zunächst rhein. Abnehmer. Der Vorstoß der süddt. Händler nach N führte sie auch nach A., und ihre Mittlerrolle zur it. Wirtschaft erhob die A.er Messen zu einem selbständigen Gewürzmarkt, der den zu → Brügge immer mehr überflügelte. Die Einwohnerzahl A.s wuchs 1374-1496 von etwa 5000 auf ca. 50000. Die flandr. Unruhen unter der Regentschaft Maximilians (1482-93) besiegelten den Untergang Brügges als Zentralstelle des Marktverkehrs in den Niederlanden zugunsten A.s. – Auch der später in A. so bedeutende Buchdruck fand dort im späten 15. Jh. Eingang.

J. A. van Houtte

Lit.: F. PRIMS, Geschiedenis van A., I-VII, 1927-40 – J. A. VAN HOUTTE, Anvers aux XVe et XVIe s. Expansion et apogée, Annales XVI, 1961, 248-278 – H. VAN DER WEE, The Growth of the Antwerp Market and the European Economy (14th-16th Centuries), 3 Bde, 1963 – R. DOEHAERD, Études anversoises. Documents sur le commerce international à Anvers 1488-1514 (Ports-Routes-Trafics 14), 3 Bde, 1966³ – J. VAN ACKER, A. van romeins veer tot wereldhaven, 1975 – L. VOET, A. VERHULST u. a., De stad A. van de romeinse tijd tot de 17e eeuw. Topografische studie..., 1978.

Antwerps Liedboek, »Een schoon liedekens-boeck«, 1544 von Jan Roulans zu Antwerpen gedrucktes Liederbuch, wichtige Quelle der weltl. mndl. Lyrik. Das im Taschen-Breitformat ohne Musiknoten gedruckte A. stellt wahrscheinl. zumindest eine 3. Auflage dar; erhalten ist nur ein einziges Exemplar (Wolfenbüttel, Herzog August Bibl. 236. 5 Poet.). Die 221 Texte, von denen vier zweimal vorkommen, sind in drei Folgen alphabet. geordnet; 113 tragen die Überschrift »een nyeu liedeken«, 50 werden als »een oudt liedeken« bezeichnet. Die letzteren sind jedoch vermutl. meist am Anfang des 16. Jh. entstanden, nur wenige sind beweisbar älter. Die Texte stammen zum Teil aus bürgerl. Milieu (→ Rederijkers), etwa 50 gehören zum spätma. internationalen Volksliedschatz, viele davon liegen auch in dt. Fassungen vor. Die Melodien bei 87 Texten sind in Kontrafakten in gleichzeitigen geistl. Liederbüchern mit Musiknoten erhalten. W. P. Gerritsen

Ed.: Antw. Liederb. vom Jahre 1544, hg. HOFFMANN V. FALLERSLEBEN, 1855, Horae Belgicae 11 [Neudr. um 1970] – FL. VAN DUYSE, Het oude Ned. lied, 1903–08 – Een schoon liedekens-boeck, hg. W. Gs. HELLINGA, 1941 [Neudr. 1968] – Het Antw. Liedb., 87 melodieën op teksten uit »Een Schoon Liedekens-Boeck« van 1544 [mit musikwiss. und philol. Komm.], hg. K. VELLEKOOP, H. WAGENAAR-NOLTHENIUS, W. P. GERRITSEN und A. C. HEMMES-HOOGSTRAAT, 1972, 1975² – *Lit.:* G. KALFF, Het lied i.d. M.E., 1884 [Neudr. 1966] – J. KOEPP, Unters. über das Antw. Liederb. vom Jahre 1544, 1928 – D. BAX-R. LENAERTS (Gesch. v. d. letterk. der Ned., III, 1944), 242–275 – G. KAZEMIER, TNTL 91, 1975, 238–255.

Anubda, Kriegsdienst zur Bewachung oder zum militär. Schutz von Grenzfestungen oder Grenzorten. Die A. entstand schon in einer frühen Phase der → Reconquista in Kastilien aus den geograph. Gegebenheiten des Landes und verbreitete sich von dort über León bis nach Portugal. Sie wurde zu Pferd abgeleistet. Ihre Nichtableistung wurde mit einer Geldstrafe geahndet, welche später in den Betrag für den Freikauf von diesem Dienst verwandelt wurde. – Als *anubdator* wurde der öffentl. Wächter und Ausrufer bezeichnet; → Guardia. M. J. Peláez

Lit.: P. MERÊA, Anuduba e Adua, Revista Portuguesa de Filología XI, 1961, 101–112 – M. E. GONZALEZ, La a. y la arrobda en Castilla, CHE XXXIX–XL, 1964, 5–42.

Anulus piscatoris (Fischerring, auch anulus secretus), Ringsiegel des Papstes für Geheimschreiben. Ältester Hinweis auf die Verwendung 1265; in Gebrauch auch in Avignoneser Zeit, v. a. aber benutzt für Besiegelung und Verschluß der → Breven, in deren Datumszeile es ausdrückl. angekündigt wird: »sub anulo piscatoris«. Siegelbild ist der hl. Petrus im Boot mit dem Namen des jeweiligen Papstes. Einige Päpste, bes. Eugen IV., verwandten statt dessen einen anulus secretus, der die Köpfe der Hl. Petrus und Paulus zeigt (Siegelankündigung: »sub anulo nostro secreto« oder »sub anulo capitum principum apostolorum«). Manche Autoren vermuten jedoch, diese Päpste hätten daneben auch einen a. p. geführt. Das Siegel selbst ist rund (Durchmesser ca. 1,5 cm) und aus rotem Wachs. Da die Enden des Pergamentstreifens, mit dem das Breve verschlossen wurde, zu einer Kordel gedreht in den Rand des noch weichen Siegels eingedrückt wurden, wurde dieses beim Öffnen der Urkunden meist zerstört; unbeschädigte Siegeloriginale sind daher ganz selten. Beim Tode des Papstes wird der Siegelring vom Kämmerer zerbrochen. Th. Frenz

Lit.: BRESSLAU I, 83 f.; II, 554 f., 612, Anm. 1 – K. A. FINK, Unters. über die päpstl. Breven des 15. Jh., RQ 43, 1935, 80 ff., bes. Taf. IX–XI – TH. FRENZ, Das Eindringen humanist. Schriftformen in die Urkk. und Akten der päpstl. Kurie im 15. Jh., ADipl 20, 1974, 421, Anm. 12, 424, Anm. 26.

Anus(s)im → Judenmission, → Zwangstaufe

Anweiler (Annweiler), Stadt in der Pfalz (Krs. Bergzabern). Die Festungen um A. (→ Trifels) gehörten zum stauf. Burgensystem. – Die Familie der Reichsministerialen v. A. wird erst unter Ks. Friedrich I. faßbar und läßt sich bis Dietrich († vor 1216) nachweisen. Bedeutendster Sproß ist → Markward v. Annweiler. H.-W. Herrmann

Lit.: K. BOSL, Reichsministerialität, 228 f., 591 f.

Anzeige, denuntiatio: [1] *Im röm. Recht und gemeinen Recht:* Erklärungen verschiedener Art (Tatsachenmitteilungen, Rechtsbehauptungen, Gebote und Verbote), die Private oder Behörden zu rechtl. Zwecken an Private oder Behörden richteten, z. B. die Mitteilung der Forderungsabtretung durch den Zessionar an den Schuldner, das Verbot eines Neubaus durch den Nachbarn, die Aufforderung des Verkäufers durch den Käufer, die verkaufte Sache gegen Ansprüche Dritter zu verteidigen, die Anzeige von Verbrechen bei einer Behörde oder die Meldung von Ehehindernissen. Nach dem Vorbild des kanon. Prozeßrechts wurde durch das Gesetz über das Verfahren gegen Majestätsverbrecher Ks. Heinrichs VII. »Ad reprimenda« (1313) die private A. als dritte Art der Einleitung eines Strafverfahrens auch in den gemeinen weltl. Prozeß eingeführt. P. Weimar

[2] *Im kanon. Prozeß* wurden Vergehen dem kirchl. Oberen (iudex) durch A. zur Kenntnis gebracht, damit er den Täter durch entsprechende Maßnahmen zur Buße rufe oder bestrafe. Bis zum 12. Jh. unterschied sich die A. verfahrensmäßig nicht von der Anklage (accusatio). Nach Ansätzen bei Gratian wurde durch Innozenz III. die A. in Abhebung von → Akkusations- und → Inquisitionsprozeß Mittel zur Einleitung eines eigenen förml., aber nicht an den ordo iudiciarius gebundenen Verfahrens (auf bloße Denuntiation hin, ohne Anklageschrift); vorausgehen mußte, entsprechend der sog. regula evangelica (Mt 15, 18), eine caritativa admonitio, damit der Täter sich bessern und Buße tun konnte.

Nach → Henricus de Segusio zielte die A. als denuntiatio evangelica auf Buße, als denuntiatio iudicialis auf Bestrafung, als denuntiatio canonica auf Absetzung eines schlechten Amtswalters und richtete sich als denuntiatio canonica regularis gegen Ordensleute. H. Schmitz

Lit.: DDC V, 557–569 – HEUMANN-SECKEL, 134–136 – FEINE, 439–441, 545 – W. M. PLÖCHL, Gesch. des Kirchenrechts II, 1962², 353, 361, 364 – HRG I, 680 f.

Anzianen (Älteste), als Institut der Volksorganisation 1233 in Bologna bezeugt, werden mit dem Sieg des → *popolo* über die Adelspartei zum Verfassungsorgan der it. Kommunen. Seit 1250 (Florenz nach bolognes. Vorbild) verbreitet sich die Institution rasch über Mittel- und Oberitalien. Aufgabe der nach Stadtteilen gewählten A. ist der Schutz der Popolanen; sie wirken dazu auch mit bei Feldzügen, Rechtspflege, Besteuerung, Finanzverwaltung. Vorstellungen von bibl. Gottesvolk und chr. Gemeinde erklären wohl die Benennung. → Kommune, → Stadt, Städtewesen. H. Keller

Lit.: Du CANGE, s. v. anciani, antianus – A. PERTILE, Storia del diritto italiano II, 1, 1897, 201 ff., 213 ff. – R. DAVIDSOHN, Gesch. von Florenz II, 1, 1908, 370 ff. – A. HESSEL, Gesch. der Stadt Bologna, 1910, 334 ff. – W. SCHELB, Staatsverwaltung und Selbstverwaltung, staatl. Rechtspflege und Sondergerichtsbarkeit im Stadtstaat Bologna, 1910, 118 ff. – E. CRISTIANI, Nobiltà e Popolo nel Comune di Pisa, 1962, 188 ff. – B. STAHL, Adel und Volk im florentiner Dugento, 1965, 114 ff.

Aonach → Oenach

Aonghus → Óengus

Aosta (frz. Aoste), Hauptstadt des → Aostatales. Gegr. in augusteischer Zeit am Oberlauf der Dora Baltea an der Kreuzung der wichtigen Straßen, die zu den Höhen des Kl. und des Gr. St. Bernhard führten (→ Alpenpässe), unterstand A. verschiedenen Herrschaften: Ostgoten, Byzantinern, Langobarden und dem merow. Teilreich Burgund. Später gehörte A. zu den Territorien Ludwigs des Frommen und Lothars I. bis zur Aufteilung Lotharingiens unter den Nachkommen des letzteren. Man nimmt an, daß es kurze Zeit (855–875) in das Kgr. Italien eingegliedert war und nach dem Tod Karls des Kahlen zum zweiten Kgr. Burgund gehörte. Ab der Mitte des 5. Jh. war A. Sitz eines Bf.s, der zuerst dem Ebf. v. Mailand, seit dem 8. Jh. der neugeschaffenen Erzdiözese Tarentaise unterstand. Vermutl. in nachkarol. Zeit ergriff der Bf. v. A. die Herrschaft über die Stadt. Im 11. Jh. richten sich die Bestrebungen der Gf.en v. Maurienne, später von → Savoyen auf A. Die savoy. Oberherrschaft festigte sich in den beiden folgenden Jh., wobei sie die verschiedenen Mächte, die in A. ihren Sitz hatten (Bf., Kapitel von S. Orso, Vicomtes von Challant, signorile Familien, Kommunalgewalten) unterwarf und eingliederte – im Zuge der Entstehung des neuen Territorialgefüges, das die Gf. en v. Savoyen beiderseits der Westalpenpässe errichteten. G. G. Merlo

Lit.: J.-A. Duc, Hist. de l'Église d'Aoste, 10 Bde. 1901-14 – La Valle d'Aosta, Relazioni e comunicazioni presentate al XXXI Congresso storico subalpino, I-II, 1958 – V. Viale-M. Viale Ferrero, A. romana e medievale, 1967 – A. Zanotto, A. Antichità – Cose d'arte, 1970 – L. Colliard, La vieille Aoste I-II, 1970.

Aostatal, it. Landschaft in den westl. Alpen, seit 1945/48 autonomes Gebiet, überwiegend französischsprachig. Das A. wurde ursprgl. von den Salassen bewohnt, einer kelt.-ligur. Bevölkerung. Es wurde 25 v. Chr. von den Römern erobert, die die Hauptstadt → Aosta gründeten. Nach dem Niedergang des Reiches gehörte es Ostgoten, Byzantinern und Langobarden. Letztere traten es 575 an das merow. Kgr. Burgund ab. Der frk.-burg. Einfluß (im späten MA durch den savoy. noch verstärkt) wirkte sich tiefgreifend auf seine sprachl. und ethn. Entwicklung aus. Nachdem die Gft. Aosta Teil des zweiten Kgr.s Burgund geworden war, wurde sie 1032 → Humbert »aux blanches mains« unterstellt und gehörte später fast ohne Unterbrechung dem Haus Savoyen. 1191 gestand Gf. Thomas I. v. Savoyen dem A. ein Freiheitsprivileg zu, das zur rechtl. Grundlage der Autonomie wurde, die das Gebiet im Rahmen der savoyisch-piemontes. Territorien bis 1773 behielt. Die religiösen und polit. Wirren der 1. Hälfte des 16. Jh. verstärkten die Eigenständigkeit noch; sie machten aus dem A. ein echtes *Pays d'État* (ständ. regiertes Gebiet). Das 17./18. Jh. stellte dagegen eine Verfallsperiode dar, in deren Verlauf die Beseitigung der alten ständ.-autonomen Regierung erfolgte. L. Colliard

Lit.: T. Tibaldi, Storia della valle d'A., 5 Bde, 1902-16 – Misc. valdostana, 1903 – A. Lange, Le Udienze dei conti e duchi di Savoia nella Valle d'Aosta, 1337-1351, 1956 – A. P. Frutaz, Le fonti per la storia della Valle d'Aosta, 1966 – A. Zanotto, Hist. de la Vallée d'Aoste, 1968 – B. Janin, Le Val d'Aoste, 1976 – L. Colliard, La culture valdôtaine au cours des siècles, 1976.

Apanage
I. Definition; Apanagen in Frankreich – II. Apanagen im Byzantinischen Reich.

I. Definition; Apanagen in Frankreich: Apanage (frz.; lat. *apanamentum, appanagium*), Dotation zugunsten eines nachgeborenen Kindes, wenn es kein Anrecht auf ein Erbteil hat. In der span. Verfassungsgeschichte als → Infantazgo (Infanticum) bezeichnet. – In Frankreich entstand die A. im 13. Jh. in den zur Baronie erklärten Lehen, die ungeteilt auf den ältesten Sohn übergingen. Im 12. Jh. hinterließen die kapet. Kg.e den jüngeren Söhnen Lehen von geringer Bedeutung; erst Ludwig VIII. übertrug ihnen 1225 große Domänen (Anjou, Artois, Poitou); die von ihm geschaffenen A.n waren allerdings nur in direkter Linie übertragbar (→ Karl v. Anjou wurde 1284 die Erbfolge seines Bruders → Alfons v. Poitiers verweigert).

Der Ausschluß der Töchter von der Erbfolge in den A.n wurde von Philipp dem Schönen 1314 für Poitou festgesetzt und sogleich wieder annulliert; er wurde jedoch von Johann dem Guten 1360 nur in bezug auf das Berry ausdrückl. formuliert. Aber Karl V. gelang es, diese Regelung auf die A. seines Onkels, des Hzg.s v. Orléans, auszudehnen; sie galt fortan allgemein.

Das Hzm. Burgund, 1363 Philipp dem Kühnen und seinen Erben in direkter Linie vermacht, wurde von Karl V. erst 1378 zur A. erklärt. Beim Tod Karls des Kühnen gründeten seine Tochter Maria und ihre Nachkommen ihren Anspruch auf den Rechtstitel, daß der Ausschluß der Töchter nicht ausdrückl. festgesetzt worden war. Das Hzm. Bourbon war vertragsgemäß der Regelung unterworfen, die für die A.n galt, aufgrund des Zugeständnisses an die Tochter von Johann v. Berry, die Auvergne in die Ehe mit Johann v. Bourbon einzubringen (1400); aber auch Susanna v. Bourbon war berechtigt, 1499 diese A. zu erben.

Die Fs.en führten in ihren A.n in der Regel Verfassungsinstitutionen nach dem Vorbild des frz. Kgtm.s ein. In Verbindung mit einer erfolgreichen Heiratspolitik, durch die den ursprgl. A.n oftmals ausgedehnte Territorien hinzugefügt wurden (z. B. Anjou, Burgund), begünstigte der Verwaltungsaufbau die Umwandlung der A.n in Fürstentümer, die deren Inhabern die Grundlage für eine unabhängige Politik boten. – Als Kronlehen wurden alle A.n seit dem 14. Jh. zu → Pairien erhoben. Wenn die A.n auch im 15. Jh. eine Gefahr für die Herausbildung des zentral regierten frz. Königsstaates bildeten, weil die Prinzen von Geblüt durch sie über echte Fürstentümer verfügten, so erleichterte die Institution der A. andererseits die Eingliederung bzw. Wiedereingliederung bestimmter Territorien in die Krondomäne, da sich durch diese Verfassung eine Übertragung des Besitzes unter weitgehender Vermeidung von Erbfolgestreitigkeiten sichern ließ. J. Richard

Lit.: C. Wood, The french A.s, 1966 – F. Salet, Succession de Bourgogne (Mél. R. Crozet, 1966), 1307-1316 – J. Amado, Fondement et domaine du droit des a.s, Cahiers d'hist., 1968, 355-379 – Y. le Roy, Les princes du sang [Diss. masch.], Paris 1974].

II. Apanagen im Byzantinischen Reich: Die Byzantinistik versteht unter A.n Territorien, die parallel zur staatl. Provinzverwaltung unter Mitgliedern der Dynastie zur Verwaltung, aber auch zu fast völlig eigenständigem Besitz aufgeteilt wurden. Als Produkt der feudalen Epoche haben die A.n eine ebensolange Entstehungsgeschichte wie der Bildungsprozeß der feudalen Gesellschaft in Byzanz (11.-14. Jh.). Zweck der Gründung von A.n war es, den ksl. Söhnen Einkünfte aus bestimmten Territorien zu sichern, um den Preis immer größerer Schwächung der administrativen Einheit, über die Träger der A.n eine Verbindung des Zentrums mit dem Landesinnern zu gewährleisten. A.n umfaßten seit der Mitte des 14. Jh. den größten Teil der verbliebenen Länder des Ksr.s: Thrakien, Thessalonike mit Makedonien, Thessalien, die Peloponnes (Morea). So wurde ein System dynast. Herrschaft geschaffen, das fakt. die Aufteilung des Staates im Kreis der herrschenden Familie bedeutete. So, wie für den byz. Feudalismus die Privatisierung öffentl. Institutionen charakterist. ist, war die von den Trägern der A.n ausgeübte Herrschaft im Grunde privat, oft sogar erblich. Gleichzeitig ging auf sie ein bedeutender Teil der staatl. Souveränität über, da sie eigenes Heer, Hofhalt, Finanzwesen und Gerichtsbehörden hatten und oft auch in der Außenpolitik selbständig auftraten. Die Einheit des Geldwesens und der Gesetzgebung wie auch die rechtl. unumstrittene oberste Herrschaft des Ks.s verhinderten jedoch den vollständigen Zerfall des byz. Kaiserreiches.

Lj. Maksimović

Lit.: J. W. Barker, The Problem of Apanages in Byzantium during the Palaiologan Period, Byzantina 3, 1971, 103-122 – Lj. Maksimović, Geneza i karakter apanaža u Vizantiji, ZRVI 14/15, 1973, 103-154 [mit frz. Zusammenfassung].

Apatheia. Das antike, bes. von der stoischen Philosophie vertretene Ideal der Freiheit und Unabhängigkeit gegenüber Leidenschaften und Affekten wurde v. a. von → Clemens v. Alexandria in das chr. Denken eingeführt. Durch → Euagrios Pontikos fand es Eingang in die eigtl. asket. Lit. des Ostens. Die Lehre von der A. erscheint bei vielen Vätern des Mönchtums als Kernstück des geistl. Lebens, als das hohe Ziel des »geistl. Kampfes«, zugleich aber als Gnadengeschenk Gottes. Insofern ist ihr Verständnis von dem der antiken Philosophie klar abgehoben, ebenso dadurch, daß die Liebe ihr übergeordnet ist als die letzte Vollendung des geistl. Menschen. Bei Johannes Klimakos ist sie die 29. Stufe (von 30) auf der »Leiter« der Vollkommenheit. Auch Maximos Homologetes weist ihr eine entscheidende Rolle zu, und für Symeon den Neuen Theologen ist sie unabdingbare Voraussetzung der wahren Gottes- und Nächstenliebe wie der Schau Gottes schon hier. Im Westen dagegen wird sie nur von → Cassian vertreten, sonst eher abgelehnt (so bei Hieronymus und Augustinus). H. M. Biedermann

Lit.: DSAM I, 727–740 [ältere Lit.]. – RAC I, 484–487 [Lit.]. – VILLER-RAHNER [Reg.]. – W. VÖLKER, Praxis und Theorie bei Symeon dem Neuen Theologen, 1974.

Apellido (Aufruf). [1] A. als Aufruf des Kg.s, Territorialherrn oder *Concejo* zum Heeresaufgebot (→ Heer) in Kastilien, um sich in aller Schnelligkeit gegen einen Überraschungsangriff zu verteidigen oder kurzfristig einen Kriegszug mit rein defensiven Zielen auszuführen (im Gegensatz dazu → Fonsado). Die Verpflichtung erstreckte sich zwar auf alle wehrfähigen Männer, die Durchführungsart hing jedoch oft von der in Statuten festgelegten rechtl. Sonderstellung (→ Fuero) der einzelnen Gemeinwesen ab, was eine Einschränkung der Aufgebotspflicht beinhalten konnte. Das unerlaubte Fernbleiben wurde mit Geld-, Natural- oder peinlichen Strafen belegt.

[2] A. (in Katalonien *Somatén*) als Alarmruf infolge der Verübung einer schweren Straftat, der sowohl die Ergreifung des Übeltäters auf handhafter Tat als auch die Wiedergutmachung des Schadens durch nachbarschaftl. Hilfe bewirken sollte und gleichzeitig die Einleitung eines verkürzten Gerichtsverfahrens bis hin zum unmittelbaren Strafvollzug bedeutete. Nach ma. aragon. Recht ersetzte der A. in diesem Fall Vorladung und Berufung. → Sagramental. M. J. Peláez/L. Vones

Lit.: A. PALOMEQUE TORRES, Contribución al estudio del ejército en los estados de la Reconquista, AHDE 15, 1944, 205–351, bes. 278 ff. – L. G. DE VALDEAVELLANO, El »Apellido«. Notas sobre el procedimiento »in flagranti« en el derecho español medieval, CHE 7, 1947, 67–105 – DERS., Estudios Medievales de Derecho privado, 1977.

Apengeter, nd. Bezeichnung für *Rotgießer, Rotschmied* (→ Gießerei). Die Annahme, daß *apen* ein verschwundenes mnd. Wort für Zapfen, (Wasser-) Hahn sei, scheint gegenüber anderen etymolog. Erklärungen den Vorzug zu verdienen. Sie wird erhärtet durch die Tatsache, daß in allen Zunftordnungen der A. ein Hahn zu den Meisterstücken gehört. Der Begriff A. ist bes. im Bereich der wend. und sächs. Hansestädte verbreitet. In der 2. Hälfte des 16. Jh. wird er weitgehend durch das hd. Wort Rotgießer ersetzt, im 17. Jh. verschwindet er ganz.

Die A. fertigten v. a. Haushaltsgegenstände aus Messing im Rot- oder Gelbguß (→ Gelbgießer). Beim Rotguß enthielt die Kupferlegierung weniger als 20 % Zink bzw. Galmei, beim Gelbguß zw. 20 und 50 %. Jedoch setzte sich der Gelbguß anscheinend erst in nachma. Zeit durch. Typ. Produkte der A. waren neben den erwähnten Hähnen Leuchter, Waschschüsseln, Waagschalen, Tiegel, Töpfe, Laternen, Öl- und Weihrauchgefäße, Gürtelschnallen, Ringe und Fingerhüte. Als Meisterstücke wurden in Braunschweig zwei verschiedene Hähne und ein zweiarmiger Leuchter, in Lübeck ein Hahn und zwei verschiedene Schüsseln gefordert. Die Gußformen wurden aus Lehm vom Gießer selbst hergestellt, doch sind häufig gebrauchte Formen auch selbst in Metall gegossen worden.

Ihr Produktionsverfahren unterscheidet die A. klar von den Kupferschmieden oder -schlägern und den Beckenschlägern, die Kupfer- bzw. Messingblech kalt durch Hämmern und Treiben bearbeiteten. Schwieriger – offensichtl. auch schon im MA – ist es, sie von den → Grapengetern (→ Bronzeguß) und Kannengetern (Zinngießern, → Kannegießer) zu trennen. Die Verwandtschaft dieser Gewerbe drückt sich oft in ihrer Vereinigung zu einem gemeinsamen Amt (Zunft) aus. 1439 entscheidet der Lübecker Rat, daß die A. Bronzegefäße nur bis zu einem Gewicht von 7 »Marktpfund« reparieren dürfen, wobei das zu verwendende Metall genau spezifiziert wird. Neue Bronzegefäße dürfen sie nicht gießen, umgekehrt die Grapengeter keine neuen Messinggeräte. Trotzdem konkurrieren, wenigstens in Braunschweig und Magdeburg, die A. mit den Grapengetern beim Guß großer Bronzewerkstücke wie Glocken, Taufbecken, Geschützen und Grabplatten. Die Gußformen solcher Stücke werden übrigens z. T. von Bildhauern angefertigt. Wohl zur Abgrenzung gegen die sozial tiefer stehenden Kesselflicker verbietet die Lübecker A.-Amtsrolle die meisten Flick- und Lötarbeiten.

In Lübeck sind die A. seit 1432 als eigenständiges Gewerbe organisiert. In Braunschweig sind sie für das frühe 15. Jh. belegt, doch geben sie sich erst 1545 eine (vom Rat zunächst nicht bestätigte) Ordnung. Erst 1577 trennen sich die Hamburger A. von den Grapen- und Kannengetern. Ein Zusammenschluß von Amtsmeistern aus 15 Städten zw. Flensburg und Göttingen, Bremen und Greifswald ist für 1573 bezeugt.

Die Vergabe von Aufträgen für den Guß von Geschützen und Glocken an auswärtige oder wandernde Gießer haben die A. anscheinend nie ganz unterdrücken können. Im 15. Jh. fühlen sie die Konkurrenz Nürnberger Fertigprodukte. Zumindest in Lübeck können die A. ihre eigenen Produkte nur stark eingeschränkt, nämlich nur an vier Tagen im Jahr, selbst in den Handel bringen. Obwohl in Lübeck die Meisterwerdung ein bescheidenes Mindestvermögen voraussetzt, haben die A. weder dort noch in den anderen Städten zu den überdurchschnittl. wohlhabenden Gewerben gehört. H.-P. Baum

Q.: C. WEHRMANN, Die älteren lübeck. Zunftrollen, 1872 – O. RÜDIGER, Die ältesten Hamburg. Zunftrollen und Brüderschaftsstatuten, 1874 – E. BODEMANN, Die älteren Zunfturk. der Stadt Lüneburg, 1883 – Lit.: W. STIEDA, Hans. Vereinbarungen über städt. Gewerbe im 14. und 15. Jh., HGBll 15, 1888 – A. PELTZER, Gesch. der Messingindustrie, Zs. des Aachener Gesch. Vereins 30, 1908 – F. FUHSE, A., Rotgießer und Gropengießer, Braunschweig. Magazin 29, 1923 – DERS., Schmiede und verwandte Gewerke in der Stadt Braunschweig (Braunschweiger Werkstücke 5), 1930 – DERS., Handwerksaltertümer (Braunschweiger Werkstücke 7), 1935 – A. OLDEBERG, Metallteknik under Vikingatid och Medeltid, 1966.

Apenninenpässe. Der Verkehr des antiken Rom mit der Ebene des Po lief vornehml. über die Via Flaminia mit dem Paß zw. Schieggia und Cagli; noch germ. Kriegerscharen nahmen diesen Weg, Theoderich wird 500 diese Straße benutzt haben. Die Ausdehnung langob. Herrschaft nach Umbrien störte diese Verbindung. Als Ende des 6. Jh. der Exarch Romanos die Langobarden zurückdrängte, blieb diesen nur der La-Cisa-Paß, Pavia mit Toscana zu verbinden. Die neue Bedeutung Roms verhinderte, daß die A. nur regionale Verbindungswege blieben: Die Ks. auf ihren Italienzügen, die seit dem 7. Jh. zahlreichen Rompilger, der bei fortschreitender Entwicklung der Städte wachsende Handel überquerten den Apennin ebenso wie der gesamte kirchl. Verkehr der west-, mittel- und nordeurop. Kirchen mit Rom; bedeutende Künstler wirkten beiderseits des Gebirges, später trat die humanist. Reise zu den antiken Stätten Roms hinzu. Die Via Flaminia mußte ihren antiken Vorrang an bislang weniger bedeutende Straßen abtreten, obwohl Karl 800 noch diesen Weg gewählt hatte.

Im N des Apennin reihen sich die Paßstraßen beherrschende Plätze an der Via Aemilia auf: Genannt seien Bologna (Passo della Futa, Passo della Poretta) und Parma/Borgo San Donnino (= Fidenza) (Passo della Cisa, der im Zuge der Via Francigena liegend der wichtigste war); weiter w. die Verbindungen der Lombardei mit dem Hafen Genua: Piacenza-Bobbio-Passo della Scoffera; Tortona-Gavi-Passo dei Giovi. Die Mehrzahl dieser Paßstraßensysteme führen in das Arnobecken mit Lucca und Pistoia-Florenz als Verkehrsknoten; weiter ö. Arezzo. Der Gebirgszug befand sich vorwiegend in der Hand bedeutender Adelsfamilien (z. B. Malaspina, Canossa, Alberti, Guidi), deren Treue die Herrscher sich durch Privilegien zu erhalten suchten. Feste Plätze, Arimannensiedlungen, Burgen säumten die Paßstraßen; Hospitäler und Klöster dienten den Rompilgern (z. B. S. Pellegrino in Alpe am Foce delle Radici; Berceto am La-Cisa, durch Bf. Moderamnus v. Rennes mit Förderung Kg. Liutprands gegr.). Klöster unterstützten wohl auch feste Plätze bei der Sicherung dieser Straßenzüge: So errichtete 884 Mgf. Adalbert I. das Kl. S. Caprasio in Aulla, wo er ein Kastell über dem Zugang zu La-Cisa- und Cerretopaß erbaut hatte.

Das Reich verfügte an den Pässen nicht über bedeutende Abteien, am ehesten im O mit Capolona und S. Sepolcro (Reichsabtei durch Heinrich II.) unterhalb des Mandriolibzw. Viamaggiopasses. Für die Karolingerzeit ist eine bes. Konzentration frk. Staatssiedlung um Parma und Lucca im Zusammenhang mit der Sicherung der La-Cisa-Straße erwiesen. Die Herrscher des 10. und 11.Jh. beherrschten Italien indirekt durch große Vasallen; der Überquerung des Apennin stand nicht das grundsätzl. Problem der Beherrschung der A. gegenüber. Erst als im Investiturstreit das Haus Canossa gegen den Ks. Partei ergriff, als während der Abwesenheit der Herrscher die Kommunen Macht und Selbständigkeit erwarben, war die Benutzung der A. dauerhaft gefährdet. So begann Friedrich Barbarossa mit dem Versuch unmittelbarer Beherrschung wenigstens der La-Cisa-Straße. Die Staufer bauten den zeitweise verpfändeten Reichsgutkomplex um Borgo S. Donnino aus und verliehen Sarzana und Pontremoli Reichsunmittelbarkeit; Versilia und Garfagnana wurden unter eigenem rector 1185 selbständig, Friedrich II. formte die Lunigiana zum Generalvikariat. Bis zum Verlust Parmas (1247) war die La-Cisa-Straße die sicherste Verbindung nach Rom und S-Italien. Die Kommunen wurden in dem Maße Herren der Paßstraßen, in dem sie die Landgemeinden im Contado abhängig machen, den Adel unterwerfen und einbürgern konnten. Nach dem Untergang der Staufer verlor die La-Cisa-Straße ihren Rang als Kaiserstraße. Doch hat noch Karl VIII. v. Frankreich für seinen Heerzug die La-Cisa-Straße benutzt und mußte sich den Rückzug in der blutigen Schlacht bei Fornovo erkämpfen. D. v. d. Nahmer

Lit.: EnclT III, 737ff. [Aufzählung der Pässe] - A. SCHULTE, Gesch. des ma. Handels und Verkehrs zw. W-Deutschland und Italien I, 1900 - L. SCHÜTTE, Der Apeninnenpaß des Monte Bardone und die dt. Ks., 1901 - F. SCHNEIDER, Die Reichsverwaltung in Toscana, 1914 [Nachdr. 1961, it. 1975] - DERS., Die Entstehung der Burg und Landgemeinde in Italien, 1924 - K. SCHROD, Reichsstraßen und Reichsverwaltung im Kgr. Italien, 1931 - F. CARLI, Storia del Commercio Italiano II, 1936 - E. HLAWITSCHKA, Franken, Alemannen, Bayern und Burgunder in Oberitalien (774–962), 1960 - C. BRÜHL, Fodrum, Gistum, servitium regis, 1968 - A. HAVERKAMP, Herrschaftsformen der Frühstaufer in Reichsitalien, 2 Bde, 1970/71.

Apfel, Apfelbaum (Malus sylvestris Mill./Rosaceae). Lat. und dt. Namen (Sgl. bzw. Pl.) wie: malum (Albertus Magnus, De veget. 6, 127–129), *sur ephela* (STEINMEYER-SIEVERS III, 489, 561), mala ma(n)ciana oder *holtz opffel*, poma und *appel* (Gart, Kap. 266 [325]) für die Frucht, malus, pomarius (Cap. de villis), *affaltar* (ahd.), *affoldera*, *affaldra* (Hildegard v. Bingen, Phys. III, 1) für den Baum; dabei erhielt pomum ('Baumfrucht' allg. bzw. 'Obst' [Pl.]) erst im MA die spezielle Bedeutung 'Apfel'. Der Apfelbaum wurde in Mittel- und N-Europa schon in der jüngeren Steinzeit kultiviert. Die Römer kannten bereits ca. 30 Apfelsorten, die sie nach N verbreiteten. Im Capitulare de villis (70, 74) sind neun verschiedene Kultursorten erwähnt. Deren Anbau, Veredelung und Pflege wurden bes. im Rahmen der Klosterwirtschaft vorangetrieben. Im gesamten MA spielte der A. unter allen Obstarten (→ Obstbau) die bedeutendste Rolle und diente v. a. zur Herstellung von Apfelmus und Apfelwein, in der gehobenen Kochkunst etwa auch zur Verfeinerung von Mehlspeisen, Eier-, Fleisch- und Fischgerichten. Med. wurden vornehml. die sauren Ä. in roher, gekochter oder gebratener Form u. a. bei Fieber, Erbrechen und Diarrhöe (Circa instans, ed. WÖLFEL, 77; Konrad v. Megenberg IV A, 26) angewandt. I. Müller (mit H. Kühnel)

Lit.: MARZELL III, 23–27 - M. HEYNE, Das dt. Nahrungswesen, 1901, 76–88, 354 - L. REINHARDT, Kulturgesch. der Nutzpflanzen I, 1911, 72–79 - K. und F. BERTSCH, Gesch. unserer Kulturpflanzen, 1949, 93–104 - H. HAJEK, Daz buch von guter spise (Texte des späten MA 8), 1958, passim.

Ikonographie und Volkskunde: Wohl aufgrund seines süßen Geschmackes und seiner der weibl. Brust ähnl. Form gilt der A. als Liebes- und Fruchtbarkeitssymbol (Attribut der Aphrodite; Zuwerfen von Ä. als Liebeszeichen) sowie, und nicht ohne Zusammenhang damit, als Sinnbild des Lebens: Die goldenen Äpfel der Hesperiden, Hochzeitsgeschenk der Gaia an Hera, oder die Ä. der Iðun, die den Asengöttern als Verjüngungsmittel dienen (→ Snorri). Das Apfelmotiv der Edda dürfte aus antiker Tradition stammen (Hesperidenäpfel, bibl. Lebensbaumsymbolik), da in Island Apfelbäume nicht wuchsen und in Norwegen nur in Klostergärten gediehen. Im Christentum wird der A. zum Symbol der Verlockung, des Sündenfalls und der Sünde. Vielleicht schon im 3.Jh. (S. Gennaro, Neapel, Katakombe), sicher belegt im 5.Jh., wird die paradies. »Frucht des Baumes« (Gen 3, 1–7) im Abendland zum A. (im Osten blieb sie, wie im Frühchristentum, Feige), vielleicht unter Rezeption der antiken Hesperidensymbolik. Inwieweit die Konkretion der verbotenen Paradiesesfrucht zum A. von der bei Osbern v. Gloucester (Derivationes 337, ed. MAI, 1836) überlieferten, sprachtheol. Etymologie: mālum (= A.) - malum (= Übel) begleitet oder bestimmt wurde, läßt sich nicht sehen. Sündenfallsymbol ist er in der Hand Evas, Adams oder im Maul der Paradiesschlange. Sinnbild der Verführung ist er in der Hand des »Fürsten der Welt« (Straßburg, Münster, südl. Westportal). Als Attribut Marias, der »neuen Eva«, ist er Sinnbild der Erlösung (11.Jh., Essener Münsterschatz) und darf hier, so er nicht anders (etwa mit Kreuz) ausgewiesen ist (Kölner Dombibl. 141, b. BEISSEL 158), nicht mit dem Reichsapfel (→ Reichsinsignien) verwechselt werden, zu dem er im SpätMA in der Hand des Jesuskindes (Symbol der Weltherrschaft) werden kann. Die Darreichung des Apfels durch Maria oder Anna (Hl. Sippe) an das Jesuskind wurde im SpätMA zu einem beliebten Motiv. Als Sinnbild der Überwindung der Erbsünde durch Christus oder Maria erscheint die Schlange mit A. im Maul zu Füßen des Kreuzes, Marias oder des Engl. Grußes (Veit Stoß, Nürnberg, St. Lorenz). In typologisierender Parallelisierung von Paradiesesbaum und Kreuz Christi kann der A. auch Christussymbol sein (Ambrosius, Sermo 5, 9). Vom Gedanken der Erbsünde (Röm 5, 12) her bestimmt ist auch die Todessymbolik des A.s (»Mors de la Pomme«, 1470), die allerdings erst im 16. Jh. weitere Verbreitung fand.

Rechtl. Bedeutung hat die »Apfelprobe« (schon Aelian, Varia historica XIII, 2): Um die Zurechnungs- bzw. Richtfähigkeit eines Kindes zu prüfen, wurden ihm ein Apfel und Geld zur Wahl geboten (15. Jh., Lübeck).

Heiligenattribute im MA: Hermann Joseph († 1230), der dem Bild des Jesuskindes einen Apfel reichte (Maria im Kapitol, Köln). Gelegentl. Nikolaus v. Myra, weil er drei Jungfrauen für ihre Aussteuer drei goldene Kugeln (Äpfel) ins Zimmer wirft. D. Harmening

Lit.: HWDA I, 510–522 – LCI I, 123f. – LMK I, 301f. – RDK I, 748–751 – S. BUGGE, Iduns Æbler, Arkiv för nordisk filologi 5, 1889 – ST. BEISSEL, Gesch. der Verehrung Marias in Dtl. während des MA, 1909 [Neudr. 1972] – P. E. SCHRAMM, Sphaira, Globus, Reichsapfel, 1958 – H. G. LEDER, Arbor Scientiae. Die Tradition vom paradies. Apfelbaum, Zs. für ntl. Wiss. und die Kunde der älteren Kirche 52, 1961, 156–189 – AURENHAMMER, 171–176 – W.-E. PEUCKERT, Hdwb. der Sage, 1963, 595–608 – E. GULDAN, Eva und Maria, 1966 – R. KLINCK, Die lat. Etymologie des MA, 1970, 136f. – P. SCHWARZ, Die neue Eva, 1973.

Apgitir Chrábaid (»Das Alphabet der Frömmigkeit«), air. Prosatraktat, der sich mit der rechten chr. Lebensführung befaßt. Er besteht aus Moralvorschriften sowie Aufzählungen von Tugenden und Lastern mit den entsprechenden Belohnungen und Strafen. Textaufbau und Stoffanordnung sind schemat. und ausgesprochen katechet. (Zusammenstellung verwandter Punkte zu Dreier- oder Vierergruppen, Frage- und Antwort-Form). Angesichts der frühen Entstehungszeit und sprachl.-stilist. Kriterien liegt die Vermutung lat. Vorbilder nahe. Doch handelt es sich keineswegs um eine sklav. Nachahmung einer lat. Vorlage: Die Prosa klingt natürl. und idiomat., und die reichl. Verwendung von Parallelismus und Alliteration stammt eindeutig aus air. mündl. Literaturtradition. Angesichts dessen ist die Klärung der Entstehungszeit des Textes von bes. Interesse für die Gesch. der frühen ir. Prosa. Einige Hss. nennen → Colmán moccu Béugnae († 611) als Verfasser, was heute von der Mehrzahl der Forscher für richtig gehalten wird. Daneben wurde aber auch die Meinung geäußert, es handle sich um ein zusammengesetztes Werk (Ergänzung der Homilie des Colmán im frühen 8. Jh. durch weitere Texte). In diesem Fall wäre der Traktat in seiner überlieferten Form eines der frühen lit. Erzeugnisse der Reformbewegung in der ir. Kirche des 8. Jh. P. Mac Cana

Ed.: V. HULL, Celtica 8, 1968, 44–89.

Aphraates → Afrahan

Aphrodisiaca (zu gr. τὰ ἀφροδίσια 'Liebesgenuß'), noch nicht in der Antike unter dieser Bezeichnung (dafür gr. τὸ φίλτρον, lat. amatorium), sind Mittel – äußerl. angewandt (Einreiben der Genitalien) oder innerlich (mit Speise und Trank) genommen – zur Anregung, Steigerung und Stärkung der Libido und der Potenz. Sie sind a) Teile des menschl. Körpers, meist aus dem Genitalbereich (Sperma, Menstrualblut, Vaginalsekret); b) tier. Ursprungs, z. B. Hoden, Nieren, Leber, Hirn von Stieren, Hirschen, Hengsten, Hähnen, dann → Cantharides (Span. Fliegen) und v. a. eiweißreiche Nahrung (Ei, Hummer, Krebse); c) pflanzl. Natur wie → Alraune (mag.), Liebstöckel (→ Amulett), Eichelschwamm (Phallus impudicus; Wolfram v. Eschenbach: Parzival 13, 643), Hauswurz (Sempervivum tectorum; Hildegard v. Bingen: Physica I, 42) und bes. die Gewürze wie → Anis, Fenchel, Senf, Thymian, Knoblauch und Zwiebel. W. F. Daems

Lit.: CH. HARBICH, Aphrodisiaca [Diss. München 1958].

Aphthartodoketen → Monophysiten

Apices (manchmal auch caracteres), bezifferte Rechensteine, die von → Gerbert und seinen Schülern für das Rechnen auf den frühma. → Abakus verwendet wurden. Sie trugen den westarab. Gobarziffern verwandte → Ziffern. Auf dem frühma. Kolumnenabakus wurde z. B. die Vier nicht durch vier unbezifferte Rechensteine dargestellt, sondern durch einen Apex, der die Ziffer 4 trug.

Lit.: → Abakus. E. Neuenschwander

Apodosis (gr. ἀπόδοσις) bedeutet bei Grammatikern, v. a. bei Apollonius Dyscolus (ed. SCHNEIDER 155, 26) und bei Dionysius Thrax (ed. HILGARD 14, 19) u. a. 'Nachsatz' (im Gegensatz zu → Protasis 'Vordersatz'). In diesem Sinne übernimmt die Musikterminologie neuerer Zeit den Ausdruck; er bezeichnet einen fest umrissenen Bestandteil einer melod. Periode. A. – sie setzt sich meist aus einem, selten aus mehreren Gliedern (incisa membri) zusammen – folgt in der → Monodie des MA dem melod. Höhepunkt und läuft stets in einer Schlußkadenz aus. Theoretiker ma. Musik (Instituta patrum de modo psallendi sive cantandi; ed. GS I 6 – Commemoratio brevis; ed. H. SCHMID, lin. 166ff. – Engelberti abbatis Admontensis de Musica; ed. GS II 338, 366, 367, 368, 369) kennen den Inhalt des Begriffs; sie umschreiben aber A. stets mit anderen Vokabeln (u. a. finis, distinctio finis, terminatio). D. v. Huebner

Q. und Lit.: J. LE BEUF, Traité hist. et pratique sur le Chant Ecclésiastique, 1741, 12 – ThGL I, 2, 1831–1856, 1414–1419, 1424 – A. HILGARD, Grammatici Graeci III, 1901 – R. SCHNEIDER, Grammatici Graeci II 3, 1910 – P. WAGNER, Einführung 3, 91, 270, 271 – HAW II 1, 2, 1950, 683–687 – F. MICHEL, Encyclopédie de la musique, 1–3, 1958–1961, passim – J. Y. HAMELINE, Le chant grégorien, 1961, passim – L. AGUSTONI, Gregorian. Choral, 1963, 118, 216, 230, 235.

Apogäum. Die Bahn der Sonne wurde im Altertum und MA als exzentr. Kreis um die Erde angenommen. Der Punkt des Exzenters, der am weitesten von der Erde entfernt ist, heißt A; analog für die Exzenter der Planeten. – Die genaue Bestimmung des A. der Sonne war ein wichtiges Anliegen der Astronomen. → Al-Battānī nahm für die Apogäen der Sonne und der fünf damals bekannten Planeten feste Lagen in bezug auf die Fixsterne an, aber → Ibn az-Zarqāla hat erkannt, daß das A. der Sonne sich in bezug auf die Fixsterne langsam vorwärts bewegt.

B. L. v. d. Waerden

Apographon → Exemplar

Apokalypse

A. Apokalypsenkommentare – B. Übersetzungen und volkssprachliche Bearbeitungen – C. Darstellungen in der bildenden Kunst

A. Apokalypsenkommentare

Die Apokalypse des Johannes wurde in den chr. Kirchen des Ostens und Westens verschieden behandelt. Im *Osten* fehlt sie in vielen Kanonverzeichnissen und Bibelhandschriften. Kommentare sind selten. Es gibt gr. Kommentare z. B. von → Ökumenius (um 500–550), → Andreas v. Cäsarea (um 563–614) und → Arethas v. Cäsarea (um 895). Dazu kommt der syr. Kommentar von Dionysius Bar Salibi († 1171), der auch Texte aus dem verlorenen Kommentar Hippolyts v. Rom enthält. Tiefere Einwirkungen der A. auf die ö. Theologie sind nicht sichtbar.

In der *lateinischen Kirche* kommt es dagegen zu Wechselwirkungen zw. der Auslegung der A. und dem gesamten Geschichtsverständnis. Die A. ist im MA eines der am meisten kommentierten bibl. Bücher. In diesem Bereich der Bibelauslegung entstehen auch die heftigsten Spannungen. Der erste lat. Kommentator, Victorinus v. Poetovio/Pettau († 304), übermittelt noch chiliast. Hoffnungen aus den ersten drei Jahrhunderten. Sein Kommentar ist dem MA hauptsächl. in einer von Hieronymus verbesserten Fassung bekannt. Viel einflußreicher ist der Kommentar des Donatisten → Tyconius († vor 400), der den Chiliasmus ablehnt und sich bemüht, vom Buchstaben zum Geist und von der Vielfalt der Bilder zur Einheit des Sinnes der A. zu gelangen. Er formuliert die *Rekapitulationsregel*, die besagt, daß die Visionen der A., v. a. die sieben Siegel, Posaunen und Zornschalen, mehrmals dasselbe rekapitulieren und also weder chronolog. noch auf verschiedene konkrete Ereignisse zu deuten sind. Somit ergibt sich eine überaus elast., oft im Allgemeinen verschwebende Auslegung. Sie wird von → Caesarius v. Arles († 542), → Primasius v. Hadrumetum († nach 552) und → Beatus v. Liébana (798) weitergegeben.

Die ma. Theologie bringt aus dem Überlieferten aber auch Neues hervor. → Beda († 735) formuliert einen meisterhaft knappen, → Ambrosius Autpertus († 784) einen weitläufigen, inhaltsreichen Kommentar. Der wohl von → Haimo (oder Remigius?) v. Auxerre im 9.Jh. verfaßte Kommentar hält sich v. a. an Ambrosius Autpertus. Sehr selbständig verfährt mit der Überlieferung Berengaudus, der wohl nicht dem 9., sondern dem 11. oder 12.Jh. zuzuweisen ist. Die in der Schule → Anselms v. Laon († 1117) ausgearbeitete Glossa besteht hauptsächl. aus Zitaten »Haimos« und Bedas. Von ihr und anderen im Umkreis der Schule v. Laon entstandenen Glossen führt eine Linie zu Martin v. León († 1203) und zur Normalauslegung der Schultheologie, die in den Kommentaren des Nikolaus v. Paris († 1180), → Petrus Cantor († 1197) und Stephan → Langton († 1228) vertreten wird und noch lange nachwirkt. → Bruno v. Segni († 1123) aktualisiert dagegen den überlieferten Stoff in der Sprache der erneuerten monast. Theologie. → Rupert v. Deutz († 1129) scheut sich nicht, über die Väter hinauszugehen, die Auslegung neu zu gliedern und ungewohnte Perspektiven aufzuzeigen. Bei → Richard v. St-Victor († 1173) werden die ersten fünf Visionen der A. auf die gegenwärtige Zeit und die letzten beiden Visionen auf die Ewigkeit transparent. Die Spiritualität der Zisterzienser spricht sich in den Predigten Gottfrieds v. Auxerre († nach 1188) aus. → Joachim v. Fiore († 1202) setzt sich von der gesamten Überlieferung ab. Er erwartet nach den Zeiten des Vaters und des Sohnes die Zeit des Hl. Geistes. Die sieben Teile der A. sind für ihn Weissagungen über die sieben Epochen der Kirchengeschichte, von denen die ersten fünf zur auslaufenden Zeit des Sohnes und die letzten beiden zur 1260 beginnenden Zeit des Hl. Geistes gehören. Diese geistl. »Utopie« fasziniert die Spiritualen des 13. und 14.Jh. → Alexander v. Bremen († 1271) deutet die A. im Gegensatz zur Rekapitulationsregel als chronolog. fortlaufende Weissagung der Welt- und Kirchengeschichte. Dieser Deutung, der sich → Petrus Aureoli († 1322) anschließt, verhilft → Nikolaus v. Lyra († 1349) kraft seines Ansehens zu lang anhaltendem Erfolg. → Petrus Johannis Olivi († 1298) folgt Joachim in vielem, lehnt jedoch dessen Verbindung von Trinitäts- und Geschichtstheologie ab. Unter Joachims Einfluß stehen auch → Arnald v. Villanova († 1312) und → Ubertino v. Casale († nach 1329).

Das 13., 14. und 15.Jh. bringt außerdem zahlreiche scholast. und kerygmat. Auslegungen hervor. Einflußreichster Vertreter der Joachim ablehnenden Dominikanerschule ist → Hugo v. St-Cher († 1263). Unter den übrigen Kommentatoren sind bekannte Theologen wie → Bernhard v. Trilia († 1292), Nikolaus v. Gorran († um 1295), → Matthäus v. Acquasparta († 1302), → Aegidius Romanus († 1316), → Vitalis de Furno († 1327), Richard → Rolle (1349), John →Wyclif († 1384), → Nikolaus v. Dinkelsbühl († 1433), → Bernardinus v. Siena († 1444), Heimericus van de Velde († 1460), → Dionysius der Kartäuser († 1471). Ein Überblick über verschiedene Richtungen in der hoch- und spätma. Auslegung der A. ist gegenwärtig nicht möglich, da der Inhalt der ungedruckten Kommentare noch kaum erforscht ist. → Geschichtsdenken.

H. Riedlinger

Lit. und Ed.: W. KAMLAH, A. und Geschichtstheologie, 1935 – A. WACHTEL, Die weltgesch. A.-Auslegung des Minoriten Alexander v. Bremen, FSt 24, 1937, 201-259, 305-363 – RBMA I-VII, 1949-61 [danach sind etwa 100 Komm., davon etwa 50 ungedruckte, bekannt, deren Verfasser mehr oder weniger sicher zu identifizieren sind; dazu kommen mehr als 120 meist ungedr. anonyme Komm.] – R. MANSELLI, La »Lectura super Apocalipsim« di Pietro di Giovanni Olivi, 1955 – Alexander Minorita, Expositio in Apocalypsim, ed. A. WACHTEL, 1955 – E. PASZTOR, Le polemiche sulla Lectura supra Apocalypsim di Olivi, Bol. Ist. Ital. Alto Medioevo 20, 1958, 365-424 – P. PRIGENT, Apocalypse 12. Hist. de l'exégèse, 1959, 3-54 – H. DE LUBAC, Exégèse médiévale I, 2, 1961, 437-558 – N. MARZAC, Richard Rolle de Hampole (1300-1349), 1968 [mit Ed. des A.-Komm.] – Goffredo di Auxerre, Super Apocalypsim, ed. F. GASTALDELLI, 1970 – F. GASTALDELLI, Ricerche su Goffredo d'Auxerre, 1970 – Arnaldus de Villanova, Expositio super Apocalipsim, hg. J. CARRERAS I ARTAU u.a., 1971 – G.A. BENRATH, Neuere Arbeiten zur ma. Schriftauslegung (Verkündigung und Forschg. 16), 1971, 25-55 – B. MCGINN, Apocalypticism in the MA, MSt 37, 1975, 252-286.

B. Übersetzungen und volkssprachliche Bearbeitungen
I. Deutsche Literatur – II. Romanische Literaturen – III. Englische Literatur.

I. DEUTSCHE LITERATUR: Zwar fußen bereits die Endzeit- und Jenseitsschilderungen verschiedener frühmhd. Dichtungen des 12.Jh. zumindest teilweise auf Gedankengut der johanneischen A., doch beginnt die eigtl. volkssprachliche Rezeption der A. in Deutschland erst mit einer rund 2600 Verse umfassenden Reimübersetzung, die um 1200 von einem wohl westfäl. Anonymus verfaßt wurde. Die inhaltl. getreue, poet. jedoch anspruchslose Dichtung erfreute sich in Niederdeutschland und im angrenzenden Thüringen einer gut 300 Jahre anhaltenden Beliebtheit, erfuhr dabei im 15.Jh. allerdings zweimal den gewandelten Formansprüchen Rechnung tragende Umarbeitungen. In der verbreiteteren dieser Umarbeitungen ist der Text auf nurmehr ein gutes Drittel der ursprgl. Länge komprimiert worden. – Für den Dt. Ritterorden verfaßte der Thüringer Heinrich v. Hesler vor 1312 eine monumentale Reimbearbeitung der A. von rund 23000 Versen. Ob der auch als Verfasser anderer geistl. Dichtungen hervorgetretene Dichter Priester oder ritterl. Laie war, ist umstritten; jedenfalls verfügte er über erstaunl. Kenntnisse der zeitgenöss. theol. Fachliteratur. Da er in seiner A.-Dichtung die Methode der isolierenden Interpretation verfolgt hat, stellt sein Werk keine geschlossene Deutung des johanneischen Textes dar, sondern eine weitschweifige Auslegung in heilsgeschichtl. Perspektive, kreisend um die Probleme von Sündenfall und Willensfreiheit, um das Erlösungswerk Christi, um die Kirche als Verwalterin der Heilsmittel und – natürlich – um die letzten Dinge. – Im Gefolge der spätma. Bibelverdeutschungen wurde auch die A. seit der Mitte des 14.Jh. mehrfach in dt. Prosa übertragen. Die Erforschung dieser dt. Prosa-A.n steckt noch ganz in den Anfängen. Stärkere Beachtung gefunden hat bisher nur eine im Gebiet des Dt. Ordens entstandene, sich durch überdurchschnittl. gewandten Stil auszeichnende Version, deren Verfasser die A.-Dichtung Heinrichs v. Hesler benutzt zu haben scheint. Eine freie Prosaparaphrase der A. liegt vor in einer bair.-österr. Hs. von 1565. H. Beckers

Lit.: Verf.-Lex.² I, 406-410 – H. VOLLMER, Neue Beitr. zur Gesch. der dt. Bibel im MA (Bibel und dt. Kultur VIII), 1938, 103-115.

II. ROMANISCHE LITERATUREN: Die A. des Johannes nimmt innerhalb der Bibelüberlieferung wegen ihrer eschatolog. Thematik und der ikonograph. Auswertung, zu der sie Anlaß gegeben hat, einen bes. Platz ein. Die ersten roman. Übersetzungen der Schrift – wie aller Bibelstoffe – sind in frz. Prosa erfolgt. Der Respekt vor dem lat. Vorbild bedingt, daß zunächst in Prosa übertragen wurde, da diese – mehr als eine Versfassung – eine Anlehnung an den erhaltenen Text ermöglichte. Der A., die sich ursprgl. als Werk voller Metaphern und Allegorien darstellt, werden allmählich erklärende Legenden und eine Übersetzung angefügt, die den Charakter eines Kommentars hat.

Im Unterschied zu anderen Schriften des NT, die wegen ihres dogmat. Charakters erst spät übersetzt wurden, zählt die A. zu den ältesten in Frz. übersetzten Texten. Die Hauptfassung könnte gleichzeitig mit der Übersetzung des Buches der Könige erfolgt sein (2. Hälfte des 12. Jh.), wenn man der Datierung der ältesten Zeugen Glauben schenkt (Hs. Karls V.). Wenn P. MEYER unter Berücksichtigung des verwendeten Wortschatzes ihre Entstehung nicht vor dem 13. Jh. annahm, so räumte er doch ein, daß dieser sich durch »eine bemerkenswerte Einfachheit« auszeichne. Diese Fassung bildete die Grundlage für alle bekannten Versübersetzungen. Die Mittelmäßigkeit des Textes (im Vergleich zur hervorragenden Qualität der Miniaturen) erklärt zweifellos, warum sie keinen Platz in den bibl. Kompilationen in Versen gefunden hat, die seit dem Ende des 12. Jh. auftraten. Nur Macé de la Charité nahm die A. in seine Bibel auf, welche die letzte dieser Art darstellte (Ende 13. Jh. – Anfang 14. Jh.); sie wurde im Auftrag von Étienne de Corbigni, Abt. v. Font-Morigni, angefertigt.

Neben den acht Prosaversionen zeugen drei Reimversionen, die unabhängig voneinander entstanden, von der Verbreitung der A. Sie wurden alle im 13. Jh., das eine bes. Vorliebe für die Bußthematik zeigte, geschaffen. Sieben Kopien bestätigen die Verbreitung der anglo-norm. Version, die anonym in England gegen Ende des 13. Jh. verfaßt wurde. Der Grad der Veränderung des Frz. wurde von P. MEYER (Romania 25, 1896, 174) als Kriterium der Datierung angeführt. Die Anlage des Stoffes erlaubt die Rückführung auf drei Handschriftenfamilien: Die beiden ersten zeigen einen gleichen Aufbau: Eine Reihe von Miniaturen füllt den oberen Teil jeder Seite; darunter erscheint der lat. Text mit einer Übersetzung. Was diese Handschriftenfamilien unterscheidet, ist der Tenor des Textes, der bei der einen Hs. vollständig, bei der anderen verkürzt ist. Diese zweite Hs. findet sich in gekürzter Form in den Abschriften der dritten Familie. Dagegen übernehmen sie den Prosakommentar des Vobildes, wie es sich uns in der Hs. Karls V. darstellt – auch hier fehlt der Prolog.

Eine zweite anglo-norm. Version, deren Entstehung zw. 1291 und 1302 anzusetzen ist, stammt von William Giffard, Kapellan der Abtei Shaftesbury. Sie lehnt sich sehr eng an das Prosavorbild an. Das wichtigste Charakteristikum dieser Fassung ist das Vorhandensein eines Kommentars in gereimten Versen, der sich stärker als der normale Prosatext dem lat. Kommentar des Haymon annähert und der im übrigen vom Geist der Zeit Zeugnis ablegt. Diese Version, die nur in einer einzigen Abschrift ohne Buchmalerei erhalten ist, fand eine gewisse Verbreitung.

Schließl. überliefert uns die Hs. »Kerr« als einzige eine dritte Version, die wahrscheinl. der 1. Hälfte des 13. Jh. angehört; das würde auch das hohe Alter der Hauptfassung bestätigen. Die Abschrift wurde auf dem Kontinent angefertigt, der Text dürfte aber anglo-norm. sein. Es handelt sich um eine gereimte Paraphrase eines stark verkürzten Textes. Während die beiden voraufgehenden Fassungen in Paarreimen (rimes plates suivies) abgefaßt sind, zeichnet sich diese durch eine stroph. Form und einen sorgfältigeren Versbau aus. Die Verbindung zw. der katal. Übersetzungstätigkeit und der Tradition der frz. Bibeldichtung zeigt sich in der Bible royale (in Prosa) des Jaume de Montjuich (2. Hälfte des 13. Jh.). Die A. belegt den Einfluß der »Bible française« des 13. Jh. Die Beziehungen zur Ikonographie werden durch die apokalypt. Figuren der reich ausgestatteten Hs. von Osuna (Bibl. Nat. Madrid, 15. Jh.) bezeugt. Über die Version der A. in der Reimbibel von Sevilla lassen sich ebensowenig sichere Aussagen treffen wie über die der gereimten bibl. Geschichte (»Biblia rimada e en romans«), die gemeinsam mit dem Psalter des Romeu Sabruguera († 1313) in einer Hs. des 14. oder 15. Jh. überliefert ist. R. van Deyck

Lit.: L. DELISLE–P. MEYER, L'Apocalypse en français au XIIIe siècle [éd.], 1901 – J. R. SMEETS, Les traductions, adaptations et paraphrases de la Bible en vers, GRLMA VI, 1, 1968, 48-57; VI, 2, 1970, 81-96 – G. DE POERCK–R. VAN DEYCK, La Bible et l'activité traductrice dans les pays romans avant 1300, ebd. VI, 1, 21-48; VI 2, 54-80.

III. ENGLISCHE LITERATUR: Im früh- und spätma. England wurden lat. Kommentare zur A. des Johannes v. a. von → Beda, Richard → Rolle und → Wycliff verfaßt (vgl. Abschnitt A). Alt- und frühme. Übersetzungen oder Bearbeitungen der A. sind dagegen nicht bekannt. Erst im 14. Jh. entstanden gleich drei me. Versionen dieses Werkes. Zwei Übersetzungen wurden von der auch in England weitverbreiteten afrz. (anglo-norm.) Apokalypsenversion mit Kommentar (aus dem 13. Jh., siehe oben unter II.) angefertigt, und zwar einerseits die etwas ältere me. Version A (vor 1370), andererseits die jüngere Version B, deren Verfasser außer auf die frz. Vorlage auch auf Version A sowie den lat. Bibeltext selbst zurückgriff. Die Übersetzer dieser beiden me. Versionen sind unbekannt (nicht Wycliff, wie noch RBMA Nr. 5120 angibt). Ferner wurde die A. im Rahmen der Wycliff-Bibel übersetzt (→ Bibelübersetzungen). Von der späteren Version der Wycliff-Bibel wiederum wurden möglicherweise sowohl die jüngeren Hss. der me. Version A als auch die me. Version B beeinflußt. H. Sauer

Bibliogr.: RENWICK-ORTON, 347 – Manual ME, 2, IV, Nr. 49, 52 – NCBEL I, 481 – Ed. (und Lit.): J. FORSHALL–F. MADDEN, The Holy Bible ... in the Earliest Engl. Versions, Made ... by John Wycliffe and his Followers, IV, 1850, 640-681 – E. FRIDNER, An Engl. Fourteenth Century Apocalypse Version with a Prose Commentary, Lund Stud. in Engl. 29, 1961 [= Version A] – W. SAUER, Die me. Übers. der A. mit Komm. (Version B) [Diss. Heidelberg 1971].

C. Darstellungen in der bildenden Kunst

Bilderzyklen zur A. haben sich aus frühchr. Zeit nicht erhalten, obwohl ihr Vorhandensein seit dem 5./6. Jh. anzunehmen ist. Bisher konnte nicht eindeutig geklärt werden, ob alle die zu mehreren Gruppen zusammenfaßbaren A.-Zyklen auf einen it. Archetypus dieser Zeit zurückzuführen sind oder ob nicht neue Bildredaktionen im 9. und 10. Jh. die Verschiedenartigkeit überkommener Bildfolgen begründen. Nur geringe Elemente einer zu rekonstruierenden it. Vorlage – und deshalb wohl von dieser Herleitung auszuschließen – finden sich im A.-Kommentar des → Beatus v. Liébana († 798), der in den etwa 20 erhaltenen Exemplaren des 10./12. Jh. einen Zyklus von fast 80 Illustrationen überliefert. Möglicherweise wurde sein Entstehen durch die zahlreichen Lesungen aus der A. in der mozarab. span. Liturgie begünstigt (Hauptwerke in:

New York, Pierpont Morgan Libr., Ms 644; Gerona, Kathedralschatz; Paris, Bibl. Nat., Ms. lat. 8878; London, Brit. Libr., Add. Ms. 1169).

Aus dem Anfang des 9. Jh. haben sich zwei Hss. in Trier (Stadtbibl., Cod. 31) und Cambrai (Bibl. munic., Ms. 386) erhalten, deren Bildzyklus (»gallischer Typus«) eine A.-Tradition vermutl. im westfrk. Gebiet (Tours?) widerspiegelt. Die jeweils einer Textseite gegenübergestellten 76 Illustrationen überliefern in der Trierer A. das Vorbild genauer, so daß die Cambraier Hs. als Kopie anzusehen ist.

Ein dritter, sicher it. Traditionsstrang zeigt sich in den A.n des 9. Jh. in Paris (Bibl. Nat., Ms. nouv. acq. lat. 1132) und Valenciennes (Bibl. munic., Ms. 99), in denen u. a. die Erwähnung eines »Otoldus« auf eine Entstehung im alem. Gebiet schließen läßt, die vielleicht jedoch ebenfalls nach N-Frankreich lokalisiert werden müssen. Dem gleichen Urtypus ist die Bamberger A. (Staatsbibl., Ms. Bibl. 140) verpflichtet, deren 50 Illustrationen zur Offb in der Expressivität des Reichenauer Künstlers noch ein Zeugnis der chiliast. Erwartung zur Jahrtausendwende darzustellen scheinen. Da in zeitgenöss. lit. Quellen eine Endzeiterwartung für das Jahr 1000 allerdings nur sporadisch nachzuweisen ist (→ Chiliasmus) und sich darüber hinaus der künstler. Stil auch in anderen Manuskripten der Reichenau als ein auf dieses Skriptorium begrenztes Phänomen zu erkennen gibt, dürfte der dem Thema der A. so adäquat erscheinende Miniaturenstil der Bamberger Hs. unabhängig vom Buchtypus und von hist. Fakten Erklärung finden. Dieser Gruppe sind it. Beispiele der *Monumentalmalerei* wie etwa der Zyklus in Castel Sant' Elia bei Nepi, um 1120-30, anzufügen, oder auch der Zyklus in der Vorhalle von Saint-Savin-sur-Gartempe (Vienne) um 1100. Schließl. stehen in der it. Tradition die ca. 90 bekannten A.-Manuskripte des 13.-15. Jh. aus engl. und nordfrz. Skriptorien, die sich aufgrund abweichender Bildredaktionen zu mehreren Gruppen der anglo-norm. Redaktion zusammenschließen. Die meist mit etwa 80 Miniaturen oder lavierten Federzeichnungen versehenen Hss., denen häufig ein mehr oder weniger umfassender Bildzyklus nach apokryphen Berichten zur Vita des Ev. Johannes vor- oder nachgestellt ist, verbinden auf jeder Seite die mit schwungvoller Eindringlichkeit gestalteten Bilder mit dem nachfolgenden Bibeltext und einem moral.-exeget. Kommentar des Berengaudus. (Hauptwerke sind: Paris, Bibl. Nat., Ms. fr. 403; Oxford, Bodleian Library, Ms. Auct. D. 4. 17; Cambridge, Trinity College, R. 16. 2. (950); Aachen, Slg. Ludwig (vormals Slg. Dyson Perrins, Ms. 10); Dublin, Trinity College, K. 4. 31). In derselben Bildtradition stehen die monumentalen Wandbehänge aus der Kathedrale von Angers (Angers, Musée des Tapisseries, um 1370-80), die im Auftrag des Hzg.s Ludwig I. v. Anjou von Jean de Bondol entworfen und von Nicolas Bataille ausgeführt wurden. Hiervon weitgehend unabhängig entsteht in der 1. Hälfte des 13. Jh. ein A.-Zyklus von 156 Szenen innerhalb der in ihrer umfangreichsten Redaktion weit über 5000 Bilder umfassenden → Bible moralisée, denen ebensoviele Darstellungen der moral. Auslegung entsprechen. Aufgrund des kleinen Formats der in Medaillons eingefügten Szenerien wird das Geschehen mit betonter Häufigkeit der Theophanien stark gekürzt und meist in symmetr. Kompositionen dargestellt (Bedeutende Manuskripte in: Wien, Österr. Nat. Bibl., Cod. Vind. 2554; Toledo, Kathedralschatz; Oxford, Bodleian Library, Bodl. 270b; Paris, Bibl. Nat., Lat. 11560; London, Brit. Libr., Harley Ms. 1526-27).

Im deutschsprachigen Gebiet erhielt die um 1242 bzw. 1248 entstandene »Expositio super Apocalypsim« des Franziskaners → Alexander v. Bremen bes. Bedeutung. Die mit einem umfangreichen Bildzyklus ausgestatteten Beispiele des 13.-14. Jh. (Dresden, Bibl., A 117; Breslau, Univ. Bibl., I Qu 19; Cambridge, Univ. Libr., Ms V 31; Prag, Metropolitankapitel, Cim. 5) illustrieren den Kommentar zur A., in dem eine geschichtstheol. Deutung der Offb in der Tradition des Joachim v. Fiore vorliegt. Das Exemplar in Prag enthält darüber hinaus, ähnlich dem Zyklus der Welislaw-Bibel (Prag, Univ. Bibl. XXIII, C124; um 1350), eine bebilderte Vita Antichristi, die etwa seit der Mitte des 15. Jh. in den Blockbüchern mit den Taten des Antichristen und den 15 Vorzeichen seines Kommens eine gewisse Ergänzung zur A. darstellte.

Verbindungen mit diesen Zyklen sind auf einem Altargemälde mit 45 Einzelbildern aus der Werkstatt des Meister Bertram (London, Victoria a. Alb. Mus.; um 1400) zu finden. Im ca. 1356-63 entstandenen, unvollständig erhaltenen Freskenzyklus auf Burg Karlstein in Böhmen werden die monumentalen Kompositionen in Bezug gesetzt mit dem Selbstverständnis des auftraggebenden Karl IV., indem Kaiser und Kaiserin mit der aufgrund ihres Amtes obliegenden Verpflichtung, das Kreuz Christi als Zeichen des Sieges zu wahren, in den aktiven Ablauf heilsgesch. Ereignisse einbezogen sind. In der Folgezeit haben sich umfangreiche Bilderzyklen v. a. in den *Blockbuch-A.n* erhalten, die, auf dem engl.-franz. Typus fußend, zunächst um 1430 in den Niederlanden mit lat. Text, seit 1450 in süddt. Exemplaren mit handgeschriebenem dt. Text entstanden. In ihnen kulminiert die Entwicklung der Beschriftung und Glossierung der meist in zwei Szenen quergeteilten Bilder, insofern Bibeltexte und kurze Erklärungen die leeren Bildflächen füllen.

Weniger die Blockbücher als vielmehr franko-fläm. Buchmalereien des 15. Jh. waren es, die auf die zusammenfassenden Kompositionen der zahlreichen, seit dem letzten Viertel des 15. Jh. geschaffenen *Holzschnittfolgen* eingewirkt haben. Hier müssen von großer Wirkung Mss. wie die fläm. A. in Paris (Bibl. Nat., Ms. néerl. 3) gewesen sein, in der die üblichen etwa 90 Miniaturen der anglo-norm. Redaktion in 23 Bildern zusammengefaßt sind. Dieser Tendenz, mehrere Szenen auf einer Bildseite zu vereinen, folgt insbes. jener Künstler, der den gesamten Stoff im virtuosen Zusammenfügen einzelner Bildelemente auf nur 9 Holzschnitten unterbrachte, die der 1478 oder 1479 bei Heinrich Quentell in Köln erschienenen Bibelübersetzung, der sog. Kölner Bibel, beigefügt wurden.

Diese Holzschnittfolge wurde mehrfach übernommen, u. a. von Anton Koburger in Nürnberg für seine obdt. Bibelübersetzung von 1483, durch die sie Albrecht Dürer bekanntgeworden sein wird. Dürers berühmte Folge von 15 Holzschnitten erschien 1498 mit dt. Übersetzung, 1511 mit lat. Bibeltext. Trotz benennbarer Einflüsse bedeutet seine Holzschnittfolge im freien Verfügen über die Szenenauswahl eine geniale bildl. Neuordnung des Stoffes von großer Eindringlichkeit, durchsetzt mit Anspielungen einer zeitgesch. Interpretation des Textes. Dürers Folge wird vorbildhaft für die von Lukas Cranach d. Ä. oder in seiner Werkstatt entworfenen Illustrierung von Luthers 1. Ausgabe des NT, dem Septembertestament von 1522, wenngleich bereits hier in den 21 Holzschnitten ein Wandlungsprozeß wieder hin zu einer verständlicheren Erweiterung der A-Zyklen erkennbar ist und zahlreiche Bildmotive in Anpassung an den neuen Wortlaut der Luther-Bibel verändert sind. Nachfolgende Holzschnittkünstler wie H. Holbein d. J., H. Schäufelein und G. Lemberger haben sich mehr oder weniger eng an diesen Zyklus angelehnt, andere wie der Monogrammist MS, E. Altdorfer und J. Ammann haben ihn auf 26 Bilder nochmals erweitert.

Bedingt durch die wiederholte Bestreitung der Kanonizität der A. in der Ostkirche bis ins hohe MA kennt die byz. Kunst umfangreichere Bilderzyklen zur Offb erst aus spät- bzw. postbyz. Zeit. Nach der endgültigen Aufnahme der A. in den Bibeltext im 14. Jh. entstehen in Miniatur- und Wandmalerei (z. B. → Athos, Kl. Dionysiou und Xenophontos, 16. Jh.) Bilderfolgen, die fast ausnahmslos unter abendländ. w. Einfluß stehen.

Neben den meist eng auf den Text bezogenen zykl. Bilderkreisen finden sich auf zahlreichen Werken der Monumental- und Kleinkunst bereits seit dem 4. Jh. *Einzelmotive* der A. dargestellt (→ Apokalyptische Motive). Erst seit karol. Zeit treten Weltgerichtsbilder in der byz. und abendländ. Kunst auf (A. in Trier, Stadtbibl., Cod. 31), im Monumentalen häufiger auf den Westwänden der Kirchen (Müstair, St. Johann, um 800; Sant'Angelo in Formis bei Capua, Ende 11. Jh.). Das Thema dominiert in den plast. Programmen der roman. und got. Portale und Fassaden, findet auch seinen Platz an Lettnern (Mainz) und einmaligen Lösungen wie dem Gerichtspfeiler des Straßburger Münsters (→ Bauplastik). Weiterverbreitet ist schließl. das Motiv des Apokalypt. Weibes, das seit dem 9. Jh. zunächst in der Buchmalerei, dann auch in der Monumentalmalerei als Ecclesia und später stärker auf Maria hin gedeutet wird (Civate, San Pietro al Monte, Ende 11. Jh.). J. M. Plotzek

Lit.: LCI I, 124-150 – RDK I, 751-781 – A. DE LABORDE, La Bible moralisée illustrée conservée à Oxford, Paris et Londres, 1911-27 – M. R. JAMES, The Apocalypse in Art (The Schweich Lectures of the British Academy 1927), 1931 – W. NEUSS, Die A. des hl. Johannes in der aspan. und achr. Bibelillustration, 1931 – M. HUGGLER, Der Bilderkreis in den Hss. der Alexander-A., Antonianum IX, 1934, Fasc. 1, 85-150; Fasc. 2, 269-308 – J. JOSHIKANA, L'Apocalypse de Saint-Savin, 1939 – L. H. HEYDENREICH, Der A.-Zyklus im Athosgebiet und seine Beziehung zur dt. Bibelillustration der Reformation, ZK VIII, 1939, 1-40 – G. BING, The Apocalypse Block-Books and their manuscript models, JWarburg V, 1942, 143-158 – A. FRIEDL, Mistr Karlštejnské Apokalypsy, 1950 – F. FREYHAN, Joachim and the Engl. Apocalypse, JWarburg XVIII, 1955, 211-244 – K. ARNDT, Dürers A. Versuche zur Interpretation, 1956 – H. AURENHAMMER, 3. Lfg., 1961, 176-207 – R. CHADRABA, Dürers A., 1964 – R. PLANCHENAULT, L'Apocalypse d'Angers, 1966 – G. HENDERSON, Stud. in Engl. Manuscript Illumination, JWarburg XXX, 1967, 104-137; XXXI, 1968, 103-147 – Y. CHRISTE, Les Grands Portails Romans, 1969 – W. SAUERLÄNDER, Got. Skulptur in Frankreich 1140-1270, 1970, 24-29 – R. LAUFNER – P. K. KLEIN, Trierer A. Kommentarbd. zur Faks.-Ausg., 1975 – P. HOEGGER, Die Fresken von S. Elia bei Nepi, 1975 – F. VAN DER MER, A. Die Visionen des Johannes in der europ. Kunst, 1978 – J. M. PLOTZEK, Bilder zur A.: Die Parler und der Schöne Stil 1350-1400. Europ. Kunst unter den Luxemburgern 3, 1978, 195-210 – L. DELISLE – P. MEYER, L'Apocalypse en français au XIIIe s., 1900-01.

Apokalyptische Motive wurden seit der Mitte des 4. Jh. fast ausschließlich in der Kunst des Westens als ergänzende Bilddetails in größeren, eine Theophanie Christi darstellenden oder auf sie hinweisenden Bildzusammenhängen verwendet und begegnen in dieser Funktion auch noch in der Kunst des MA nach dem Aufkommen von Bilderzyklen der → Apokalypse. Es ist bes. hervorzuheben, daß A.M. in der chr. Kunst zunächst nicht isoliert oder als Hauptmotiv eines ikonograph. Kontextes auftreten, sondern als begleitende und ergänzende Bildmotive. Diese Feststellung gilt sogar für das *apokalyptische Lamm* (→ Agnus Dei) auf dem → *Paradieshügel mit den vier* → *Paradiesflüssen*. Das Motiv findet sich als Begleitfries zu Hauptbildern der → Traditio legis oder des zeitlos herrschenden Christus seit der 2. Hälfte des 4. Jh. häufig in Darstellungen des Grabbereichs, im Bildschmuck von Kultbauten und in der Kleinkunst, und zwar in einer → Lämmerallegorie mit zwölf weiteren Lämmern und den → Stadtbildern von Bethlehem und Jerusalem. Röm. Beispiele für diesen begleitenden Fries erscheinen noch im 12. Jh.: Apsiden in S. Clemente, S. Maria in Trastevere, S. Peter (Zeichnung von Grimaldi). In den von Paulinus v. Nola beschriebenen Apsisbildern von Nola und Fundi (ep. 32, 10. 17; Anfang 5. Jh.) stand das Lamm auf dem Vierstromhügel im Kontext symbol. Darstellungen der → Dreifaltigkeit, in Fundi war es außerdem mit dem Richter des → Weltgerichts im Bild der Scheidung der Lämmer und Böcke (Mt 25, 31-46) gleichgesetzt, wie denn überhaupt Verbindungen von A. M. und Details der ntl. Weltgerichtsbeschreibungen in frühchr. Zeit häufig waren (CHRISTE, 1973). Bereits aus diesen Beispielen für den Kontext des apokalypt. Lammes wird deutlich, daß der Bildzusammenhang dieses A. M.s zunächst nicht etwa im Bereich der Theophanien der Offb liegt, und Gleiches gilt auch für die übrigen A. M. Eine geschlossene Darstellung mit dem apokalypt. Lamm als Zentrum zahlreicher A. M. findet sich erst im Mosaik der Apsisstirnwand von SS. Cosma e Damiano in Rom, einer wohl späteren Zufügung zum Apsismosaik des 6. Jh., in dem auch der soeben beschriebene Lämmerfries erscheint. Die Apsisstirnwand zeigt die *Anbetung des Lammes durch die 24 Ältesten* (zu diesen vgl. Offb 4, 4; 5, 8 ff.; weitere Denkmäler: IHM, 136); das Lamm ruht auf einem Gemmenthron (der in der Offb allerdings dem Anonymus und nicht dem Lamm zukommt), auf dessen Fußschemel die → *Buchrolle mit sieben Siegeln* liegt (Offb 5, 1 ff.). Dies Thronbild erscheint über einer Andeutung des *Gläsernen Meeres* (Offb 4, 6); es wird gerahmt von den *sieben Leuchtern* der Apokalypse (Offb 1, 12 ff.), von Erzengeln, den vier durch Bücher gleichzeitig als → Evangelistensymbole gekennzeichneten apokalypt. Wesen (s. u.) und den 24 Ältesten mit Kränzen, einem A. M., das im MA auch in Darstellungen des → Weltgerichts Eingang fand. – Ein weiteres wesentl. Merkmal der bildl. Verwendung von A. M.n ist der Umstand, daß diesen meist und bes. in der Frühzeit eine gewisse Mehrdeutigkeit zukommt. Z. B. ist das → Stadtbild des → *Himmlischen Jerusalem* (Offb 21, 9 ff.) auf den Stadttorsarkophagen des 4. Jh. nur vage angedeutet, im Apsismosaik in S. Pudenziana in Rom (frühes 5. Jh.) wird es im Bild der zeitgenöss. Stadt Jerusalem zur Darstellung gebracht; erst im → Triumphbogenmosaik in S. Prassede in Rom (9. Jh.) findet sich eine eindeutige Darstellung dieses A. M.s. Bes. klar kommt die Mehrdeutigkeit bei den *vier Lebenden Wesen* (Offb 4, 6 ff.) zum Ausdruck. In der Lit. schon seit Irenäus v. Lyon (2. Hälfte 2. Jh.) mit den → Evangelisten in Verbindung gebracht, wurden sie im Westen nur in einigen frühen Denkmälern ohne Schriftrollen oder Evangelienbücher dargestellt, bald jedoch regelmäßig mit Beigabe der Evangelien als → Evangelistensymbole charakterisiert. Z. B. bringen im Triumphbogenmosaik in S. Maria Maggiore in Rom die geflügelten Wesen Stier, Engel, Löwe und Adler Kränze zum Thron mit dem → Triumphkreuz Christi und seinen → Herrschaftszeichen, auf dessen Fußschemel die apokalypt. Buchrolle mit den sieben Siegeln liegt; im Kuppelmosaik des Mausoleums der Galla Placidia in Ravenna umgeben die vier Wesen das aus dem Osten als Zeichen der Parusie Christi aufsteigende Kreuz im Sternenhimmel. In der Folgezeit wird die Kennzeichnung der apokalypt. Wesen als Evangelistensymbole zur Regel, und in dieser

Form umgeben sie bis ins hohe MA z. B. die → Mandorla (seltener den → Clipeus) mit dem thronenden Christus der → *Maiestas Domini*. Dieses Bildschema geht auf ö. Vorbilder zurück, unter denen sich, wenn man von den *apokalyptischen Buchstaben* → Alpha und Omega absieht, die wenigen Beispiele von Interesse an A.M.n im Bereich der Ostkirche finden: Die vier Wesen des Thronwagens des Herrn z. B. in den Theophaniebildern der Apsisfresken des Apollonklosters in Bawit (Ägypten; IHM, 198 ff.) sind nicht als die Wesen Ezechiels mit je vier Gesichtern (→ Tetramorph) wiedergegeben (Ez 1, 4-28), sondern als die eingesichtigen Wesen der Apokalypse. Wie schon im Apsismosaik in Hosios David, Thessalonike (5./6.Jh.), tragen die vier Wesen auch in nachikonoklast. ö. Denkmälern Evangelienbücher; eine Erinnerung an die A. M. bildet die bisweilen beibehaltene Andeutung der Sechsflügeligkeit (z. B. Pantokrator-Höhle, Latmos, 9.Jh.). Auch in der frühesten Darstellung der *sieben Posaunenengel* (Offb 8, 2ff.) im Apsisbogen von S. Michele in Ravenna (6.Jh.; oder doch später?: CHRISTE, 1975) zeigt sich diese Mehrdeutigkeit: der Umstand, daß alle Engel in Gegensatz zum Text der Offb gleichzeitig die Posaune blasen, ist möglicherweise ein Hinweis auf die Weltgerichtsschilderung in Mt 24, 31. Das A.M. des *apokalyptischen Weibes* (mit ekklesiolog. und später meist mariolog. Interpretation) tritt in der bildenden Kunst erst im Anschluß an die apokalypt. Zyklen der Buchmalerei auf (→ Apokalypse), ebenso das *Schwert im Munde Christi* (Offb 1, 16) in Bildern des → Weltgerichts. J. Engemann

Lit.: LCI I, 124-142, 142-145 – RDK I, 751-781 – F. VAN DER MEER, Majestas Domini, 1938 – L. RÉAU, Iconographie de l'Art Chrét. 2, 1957, 685-724 – C. IHM, Die Programme der chr. Apsismalerei vom 4.Jh. bis zur Mitte des 8.Jh., 1960 – B. BRENK, Tradition und Neuerung in der chr. Kunst des 1. Jt., 1966 – Y. CHRISTE, La Vision de Matthieu (Matth. XXIV-XXV), 1973 – J. ENGEMANN, Zu den Apsis-Tituli des Paulinus v. Nola, JbAC 17, 1974, 21-46 – Y. CHRISTE, Nouvelle Interpretation des Mosaïques de Saint-Michel in Africisco à Ravenna; à propos d'Ap. VIII, 2-6, RACHr 51, 1975, 107-124 – J. ENGEMANN, Auf die Parusie Christi hinweisende Darstellungen in der frühchr. Kunst, JbAC 19, 1976, 139-156.

Apokatastasis (ἀποκατάστασις: ἀποκαθίστημι 'wiederherstellen'). Die Lehre von der »Wiederherstellung aller Dinge«, d.h. von der endl. Überführung der gesamten Schöpfung in den Zustand vollkommener Glückseligkeit, wurde von Origenes in die chr. Theologie eingebracht und zu einer Art universaler Heilserwartung entwickelt. In gewissem Umfang übernommen von → Gregor v. Nyssa, → Gregor v. Nazianz, → Euagrios Pontikos wie von den Antiochenern → Diodor und → Theodor v. Mopsuestia. 543 auf einer Synode von Konstantinopel und 553 durch das 5. ökumen. Konzil verworfen, blieb der Gedanke im Osten unterschwellig lebendig (bis in die Gegenwart) und fand Vertreter auch im Westen (Johannes Skotus Eriugena; Amalrich v. Bena; Brüder und Schwestern des freien Geistes). H. M. Biedermann

Lit.: L. ATZBERGER, Gesch. der Chr. Eschatologie, 1896 – J. A. FISCHER, Stud. zum Todesgedanken in der alten Kirche, 1956 [Lit.] – G. MÜLLER, Origenes und die A., ThZ 14, 1958, 174-190 – E. STAEHLIN, Die Wiederbringung aller Dinge (Basler Univ.reden 45, 1960) – G. MÜLLER, 'Ἀποκατάστασις Πάντων. A Bibliogr., 1969.

Apokaukos. 1. A., Alexios, einer der bedeutendsten byz. Politiker des 14.Jh., *Ende 13.Jh., † 11. Juni 1345. Aus niederer sozialer Schicht aus Bithynien stammend, hat sich A. vor 1320 bei mehreren Steuereinnehmern soweit emporgearbeitet, daß ihm die Verwaltung der staatl. Salinen überlassen wurde. Der reiche Emporkömmling spielte im Bürgerkrieg gegen Andronikos II. an der Seite von Andronikos III. und Johannes Kantakuzenos eine wichtige Rolle als Unterhändler und Geldgeber. Er wurde mit dem Titel Parakoimomenos (→ Beamtenwesen) bekleidet, fungierte zwt. als Flottenkommandant gegen die Türken und bekleidete eine in den Quellen leider undeutl. charakterisierte Stellung in der ksl. Finanzverwaltung. Bis zum Tode des Ks.s Andronikos III. 1341 stand A. im Schatten seines Rivalen Johannes Kantakuzenos, den er mit Hilfe des Patriarchen → Johannes Kalekas und einer Gruppe Vornehmer im Herbst 1341 aus der Hauptstadt verdrängen konnte. Neben der Regentin Anna v. Savoyen ist A. als Kommandant der ksl. Flotte mit dem Titel *Megas Dux* der eigtl. polit. Führer im Bürgerkrieg nach 1341. Da sich die Spannungen zur Oberschicht und Patriarchen verstärkten, suchte A. Rückhalt beim Volk von Konstantinopel. A. hat ohne Zweifel eine Usurpation der Kaisermacht geplant, wie u. a. zwei fehlgeschlagene Versuche zeigen, den legitimen Thronnachfolger Johannes V. Palaiologos in seine Gewalt zu bringen. Bei einer Gefängnisbesichtigung wurde der bes. bei der Oberschicht verhaßte A. ermordet. G. Weiß

Lit.: PLP, Fasz. I, Nr. 1180 [Lit.] – R. GUILLAND, Recherches sur les institutions Byzantines I-II, 1967 – G. WEISS, Joannes Kantakuzenos, 1969 – K.P. MATSCHKE, Fortschritt und Reaktion in Byzanz im 14.Jh., Konstantinopel in der Bürgerkriegsepoche, Berliner Byz. Arbeiten 42, 1971, 133-152 – LJ. MAKSIMOVIĆ, ZRVI 18, 1978, 165-186 (Die Regentschaft des Alexios Apokaukos und die gesellschaftl. Bewegungen in Konstantinopel [serbokroat.]).

2. A., Johannes, Metropolit v. Naupaktos (um 1200 bis 1228/29), *um 1150/60, † um 1233 als Mönch in Kozyle (sw. von Joannina). A.' Eltern sind unbekannt. Die kirchl. Laufbahn begann der gut gebildete A. als Diakon. Spätestens seit 1186 bis in den Beginn der Amtszeit des byz. Patriarchen → Johannes X. Kamateros arbeitete er in der Patriarchatskanzlei, wo er 1193 als Patriarchatsnotar bezeugt ist. Als Metropolit wurde A. neben D. Chomatenos und G. Bardanes zum führenden Exponenten der epirot. Kirche, die damals infolge der polit. Rivalität zw. Epiros und Nikaia den byz. Patriarchen in Nikaia die Anerkennung verweigerte. A.' Werk umfaßt zahlreiche hist. ergiebige Briefe und Synodalakten. G. Prinzing

Lit. und Ed.: M. WELLNHOFER, J. A. ..., 1913 – D. M. NICOL, The Despotate of Epiros, 1957 – BECK, Kirche, 708 – D. I. POLEMIS, The Doukai. A Contribution to Byzantine Prosopography, 1968, 101 – A. D. KARPOZILOS, The Ecclesiastical Controversy between the Kingdom of Nicaea and the Principality of Epiros (1217-1233), 1973 – H. BEE-SEFERLE, Aus dem Nachlaß v. N. A. BEES, BNJ 21, 1971-76 [mit Ed. bislang uned. Akten aus der Kanzlei des A.; Bibliogr.].

Apokrisiar (ἀποκρισιάριος: ἀποκρίνω, ἀπόκρισις – eigtl. 'Überbringer einer Antwort', dann 'Beauftragter, Bevollmächtigter').

[1] *Im Byz. Reich*: Die byz. Zeit kennt A.e mit zivilem und militär., v.a. diplomat. und kirchl. Charakter. Im zivilen Dienst ohne bes. Rang, spielen sie bes. seit → Anastasius I. eine Rolle in der Militärgerichtsbarkeit. Doch wurden sie erst von → Justinian eigtl. institutionalisiert durch mehrere Novellen (Cod. I 3, 24; Nov. VI 2, VI 3): hier kirchl. von Bedeutung v.a. bei der Durchsetzung der Residenzpflicht der Bf.e, die nur durch A.e ihre Angelegenheiten vertreten lassen sollten, sei es bei den höheren kirchl. Instanzen, sei es am ksl. Hof. Es gab A.e als ständige Vertreter – ihnen kommt die Bezeichnung im vollen Sinne zu – und als Sonderbeauftragte. Die wichtigsten unter ersteren waren die A.e der ö. Patriarchen – sie verschwanden mit der arab. Herrschaft in diesen Gebieten – und des röm. Bf.s in Konstantinopel, letztere in etwa vergleichbar den päpstl. Nuntien im MA; in der Regel waren sie Diakone, aber mit weitreichenden Vollmachten ausgestattet. Bedeutende A.e: → Anatolios, A. von Alexan-

dria in Konstantinopel; →Johannes Scholastikos, A. von Antiochia ebendort; beide wurden Patriarchen von Konstantinopel. Pelagius und Gregor, A.e Roms am byz. Kaiserhof, die zu Päpsten erhoben wurden (→ Pelagius I. 556–561; → Gregor I., d. Gr. 590–604). H. M. Biedermann
Lit.: DACL I, 2, 2537–2555 – RAC I, 501–504 [Lit.] – Beck, Kirche, 103 [Lit.].

[2] *Im lat. Westen:* Der lat. Westen hat den Begriff des *apocrisarius* als Lehnwort übernommen und ihn seit Hinkmar v. Reims wiederholt auf den obersten Hofgeistlichen oder auf den Kanzler angewandt. Hinkmar (De ordine palatii c. 13–16) suchte den obersten Kapellan mit dem apocrisarius zu identifizieren, um damit sein Amt in doppeltem Sinn zu erweitern: Er sollte als Haupt der Hofkapelle zugleich der ständige Vertreter des Papstes und der Repräsentant der Bf.e am Königshof sein. Doch sind diese Absichten nie verwirklicht worden. Entgegen den Nachrichten Hinkmars hat der oberste Kapellan im Westen nie den Titel eines apocrisarius geführt und nie entsprechende Funktionen ausgeübt. Auch die späteren Erwähnungen (Ordericus Vitalis, Honorius Augustodunensis u. a.) stellen nur gelehrte Umschreibungen für den Kanzler dar. J. Fleckenstein
Lit.: W. Lüders, Capella, AUF 2, 1909, 93 ff. – J. Fleckenstein, Die Hofkapelle der dt. Kg.e I (Schriften der MGH 16, 1), 1959, s.v. – H. Löwe, Hinkmar v. Reims und der Apocrisiar, Fschr. H. Heimpel, 3, 1972, 197ff.

Apokryphen
A. Literatur – B. Kunst
A. Literatur
I. Biblische Stoffe – II. Volkssprachen.

I. Biblische Stoffe: Unter dem Begriff A. werden solche Schriften gefaßt, die nicht zum Kanon der bibl. Bücher gehören, die sich aber gattungsmäßig und themat. z.T. eng an diese anschließen. Während in den frühchr. Jh. apokryphe Tendenzschriften oft zur Stütze häret. (gnost.) theol. Positionen eingesetzt wurden (v. a. bei Manichäern, spez. den span. Priscillianisten), gehören die dem MA überkommenen A. in den Bereich der Hagiographie und dienen damit vorwiegend der Erbauung und Unterhaltung.

Schon im 2. Jh. v. Chr. entstanden außerkanon. Bücher nach bibl. Mustern (z.B. Esdras III, 1. Teil des Buches Henoch), in chr. Zeit sind diese Schriften fortgesetzt und erweitert (z.B. Esdras IV, Macc. IV) bzw. nachgeahmt worden. Die weit überwiegende Zahl chr. A. orientiert sich jedoch am NT, dessen vier Gattungen (Evangelium, Apostelgeschichte, Briefe und Apokalypse) die wichtigsten lit. Modelle solcher meist sehr populären Schriftstellerei boten. Die Themen ergaben sich aus den für die Wißbegierde und Phantasie des Volkes unbefriedigenden Lücken, die das NT gelassen hatte (Lebensumstände der Jungfrau Maria, Jesu Jugend, Schicksal der einzelnen Apostel, Beschaffenheit der jenseitigen Welt usw.). Der unkontrollierbaren Wucherung apokrypher Schriften mußte schließl. von der Kirche Einhalt geboten werden. Im sog. »Decretum Gelasianum de libris recipiendis et non recipiendis« (wohl Anfang 6. Jh.) wurden zahlreiche Titel dieser Art offiziell verworfen (vgl. E. v. Dobschütz [ed.], 1912, 49–60).

Zum größten Teil waren die A. in den ersten nachchr. Jh. in gr., manche auch in aram. oder syr. Sprache geschrieben, ihre starke Verbreitung im W gegen Ende des 4. Jh. ist jedoch nur durch lat. Übersetzungen möglich gewesen. Einige wenige A. sind original lat. (z.B. der Briefwechsel Paulus–Seneca), andere sind (wie etwa die »Visio Pauli«) nur in ihrer lat. Version überliefert. (Die beste Übersicht aller erhaltenen Fassungen der A. bietet Stegmüller, RB I, 25–250.) Im folgenden werden nur die wichtigsten der lat. A. behandelt, die im MA bekannt waren bzw. nachweisl. gewirkt haben.

Aus dem AT sind, neben Esdras III und IV und Macc. III und IV, die z.T. sogar dem Kanon zugerechnet wurden, zu erwähnen: die in vielen Hss. erhaltene »Vita Adae et Evae« (Stegmüller Nr. 74, 2–10, vgl. W. Meyer [ed.], AAM, Philos.-philol. Cl. 14, 3, 1878, 185–250) und das in den Bereich der → Visionsliteratur gehörende Buch Henoch, von dem eine alte Version existiert haben muß (Stegmüller Nr. 78 bzw. 78, 16, ein Fragment ediert von James, Apocr. Anecdota I, 146–150).

Viel näher als die atl. standen dem MA die ntl. A. Das von Hieronymus ins Lat. übersetzte Hebräerevangelium aus dem 1. Jh. war zumindest bis ins 9. Jh. bei den Iren bekannt. Es wird in der hibernolat. Exegese mehrfach zitiert, und auch auf dem Festland finden sich bis ins 14. Jh. Spuren davon. Eine klare Unterscheidung dieses Hebräerevangeliums von dem sog. Nazaräerevangelium, das nach J. Gijsel (AnalBoll 94, 1976, 300f.) auch als Quelle des von James edierten Kindheitsevangelium (vgl. weiter unten) in Frage kommt, ist in der Forschung noch nicht erzielt (vgl. P. Vielhauer in Hennecke-Schneemelcher I, 89 und 98 ff.; B. Bischoff, Mlat. Studien I, 215 f.).

Von größter Bedeutung für die Lit. und v. a. für die bildende Kunst des MA ist der Komplex der apokryphen *Kindheitsevangelien*. Dessen Grundlage bildet das ursprgl. gr. Protevangelium des Jakobus (Ps.-Jakobus, Ende 2. Jh.), das seit dem 4. Jh. in lat. Übersetzung vorlag. Es schildert die Vorgeschichte und Geschichte der Geburt Christi und widmet sich bes. der Verherrlichung der Jungfrau Maria (von deren Eltern Joachim und Anna man hier zuerst lesen konnte). Von fünf lat. Fassungen sind Fragmente überliefert (vgl. E. de Strycker, AnalBoll 83, 1965, 365–410).

Viel weiter verbreitet war im MA eine mit dem Thomasevangelium (in dem v. a. die Wunder des Jesusknaben berichtet werden) kontaminierte Bearbeitung des Ps.-Jakobus, die heute als Ps.-Matthäus bezeichnet wird und in etwa 130 Hss. erhalten ist. Diese Sammlung volkstüml. Erzählungen mit Maria als zentraler Figur wurde vor der Mitte des 9. Jh. angelegt. Sie war u. a. Quelle für das Marienepos der → Hrotswith v. Gandersheim.

Ps.-Matthäus erfuhr, wahrscheinl. durch Paschasius Radbertus in der 1. Hälfte des 9. Jh., eine neue, kürzende und theol. klärende Bearbeitung (Josephs erste Ehe wird jetzt ausgespart) unter dem Titel »De nativitate Mariae«, die dann über das »Speculum Historiale« des → Vinzenz v. Beauvais in die → »Legenda aurea« eingegangen ist. Vielleicht ebenfalls in karol. Zeit wurde (im heut. SW-Deutschland?) eine Kompilation der Kindheit Jesu aus Ps.-Jakobus, Ps.-Matthäus, den kanon. Evangelien Mt und Lk und, vermutl., dem »Nazaräerevangelium« (s. oben) hergestellt, die in neuerdings fünf Hss. (vgl. J. Gijsel) aus dem 13. bis 15. Jh. bekannt ist (nach 2 Hss. hg. James, 1927).

Das »Evangelium Nicodemi« (»Gesta Pilati«) erzählt detailliert den Prozeß Jesu und, in einem später (wohl erst im 5. Jh.) beigefügten Teil, die Höllenfahrt (»Descensus Christi ad inferos«). Auch dieser Text hat stark auf die Legendenliteratur und die bildende Kunst des MA gewirkt.

Zu den apokryphen Berichten über den Tod und die Himmelfahrt Mariens (»Transitus Mariae«) vgl. Stegmüller Nr. 164, 3 ff., A. Wilmart, Anal. Reginensia (StT 59), 1933, 323–362 und B. Capelle, AnalBoll 67, 1949, 21–48; zu Ps.-Abgar vgl. das vorliegende Lexikon; zum Bartholomäusevangelium vgl. F. Scheidweiler–

W. SCHNEEMELCHER in HENNECKE-SCHNEEMELCHER I, 359-372.

Während die Evangelien eine genuine lit. Gattung des Urchristentums darstellen, gehören die apokryphen *Apostelgeschichten* in die Tradition des hellenist. Romans. Leben und Martyrium der einzelnen Apostel werden mit zunehmender Betonung des Wunderbaren geschildert.

Die »Actus Vercellenses« aus dem 3. oder 4. Jh. erzählen die Geschichte des *Petrus*, insbes. sein Wirken in Rom, seine Auseinandersetzung mit dem Magier Simon und sein Martyrium (vgl. C.H. TURNER, The Latin Acts of Peter, JTS 32, 1931, 119-133). Ähnliche Motive (etwa die Kämpfe des Petrus mit Simon Magus) finden sich in den sog. Ps.-Clementinen, einem in zwei verschiedenen Fassungen (»Homiliae« und »Recognitiones«) erhaltenen romanhaften Bericht über Petrus und die Bekehrung des (selbst erzählenden) Clemens v. Rom. Die »Recognitiones« sind nur in der lat. Übersetzung des Rufinus vollständig erhalten. Die Sammlung wird in das 4. Jh. datiert. Über die sehr schwer zu lösenden Fragen ihrer Entstehung vgl. ALTANER-STUIBER, 134 ff.; J. IRMSCHER in HENNECKE-SCHNEEMELCHER II, 373 ff.

Die vielfach bezeugten *Paulusakten* sind als Ganzes verloren, einen wichtigen Teil davon bilden die »Acta Pauli et Theclae«, die in mindestens vier lat. Fassungen nachzuweisen sind. Sowohl für Petrus wie für Paulus gibt es (angebl. von einem gewissen Linus episcopus stammende) aus den alten Akten hergestellte Martyrienberichte (vgl. W. SCHNEEMELCHER, A. DE SANTOS OTERO in HENNECKE-SCHNEEMELCHER II, 400-402), ferner existieren verschiedene Fassungen einer »Passio Sanctorum Apostolorum Petri et Pauli« (ebd. 402; BHL 6648).

Zu den lat. *Johannesakten* gehören die »Virtutes Johannis« der sog. Abdias-Sammlung (um 600). Die schon vor 200 entstandenen *Andreasakten* überlebten u.a. in der »Passio Sancti Andreae Apostoli« (zwei lat. Bearbeitungen, vgl. BHL 428 und 429) und, stark verändert (vgl. M. HORNSCHUH in HENNECKE-SCHNEEMELCHER II, 276-280), in Gregors v. Tours »Liber de miraculis beati Andreae Apostoli« (ed. M. BONNET, MGH SRM I, 2, 1885, 371-396, BHL 430). Die seltsamen und vielgelesenen »Acta Andreae et Matthiae apud anthropophagos« sind im gr. Original und ihren lat. Bearbeitungen herausgegeben von F. BLATT, 1930 (Beih. zur Zs. für die Ntl. Wiss., 12). Gr. und lat. Akten gibt es für *Matthäus* (ed. ATENOLFI) und *Bartholomäus* sowie eine lat. »Passio Simonis et Judae« (frühestens 6. Jh., BHL 7749).

Aus dem Genos des apokryphen *Briefes* sind v.a. zwei Beispiele zu erwähnen: Bereits Hieronymus (vir. ill. 12) kennt einen Briefwechsel zw. Seneca und Paulus, der, wie mehr als 300 Hss. beweisen, im MA weit verbreitet war (vgl. Alkuins Verse Nr. 80, 2; die ma. Zeugnisse zusammengestellt in der Ausgabe von C.W. BARLOW, 1938) und für die Reputation Senecas im chr. Abendland mitverantwortl. wurde (vgl. A. KURFESS in HENNECKE-SCHNEEMELCHER II, 84-89). Aus einer Würzburger Hs. des 8. Jh. hat D. DE BRUYNE, RevBén 37, 1925, 47-72, einen unter dem Namen des Paulusschülers Titus laufenden Brief veröffentlicht, der in barbar. Latein den Stand der Keuschheit preist und wohl im 5. Jh. in priscillianist. Kreisen Spaniens entstanden ist (vgl. A. DE SANTOS OTERO in HENNECKE-SCHNEEMELCHER II, 90-109, dort auch die erste vollständige dt. Übersetzung, 91-109).

Von großem Interesse für das MA sind die apokryphen → *Apokalypsen*, die ihrer Gattung nach auf das palästinens. Judentum zurückgehen. Die von Paulus II Cor. 12 bezeugte Entrückung ins Paradies war Anlaß für die Entstehung einer »Visio Pauli« (Mitte 3. Jh., aus Ägypten), die in mindestens 8 verschiedenen lat. Redaktionen (meist verkürzt) erhalten ist (maßgebl. die Ausgabe von JAMES, Apocr. anecdota I, 1-42; dazu vgl. T. SILVERSTEIN [ed.], Visio Sancti Pauli, 1935; DERS., The Vision of St. Paul. New Links and Patterns in the Western Tradition, AHDL 34, 1959, 199-248). In diesem dichterisch eindrucksvollen Werk gibt Christus dem Apostel den Auftrag, der sündigen Menschheit Buße zu predigen. In Begleitung eines Engels sieht Paulus u.a. die Feuerqualen der Verdammten und auch das Paradies. Bei Dante (Inferno 2, 28 ff.) ist die »Visio Pauli« ausdrücklich erwähnt.

In enger Anlehnung an die bibl. Apokalypse des Johannes beschreibt die Thomasapokalypse (vor dem 5. Jh., ursprgl. gr.) die Zeichen des drohenden Weltendes. Sie ist in zwei lat. Fassungen erhalten, deren kürzere und ältere BIHLMEYER ediert hat in RevBén 28, 1911, 272-276.

Das Motiv der Buße als Heilmittel für die Sünde beherrscht die paränet. Offenbarungen des sog. Hirten des Hermas (»Pastor Hermae«). Zwei lat. Übersetzungen (aus dem 2. bzw. 4. Jh.) sind die wichtigsten Überlieferungsträger des im gr. Original unvollständig erhaltenen Werks (vgl. STEGMÜLLER, Nr. 267; P. VIELHAUER in HENNECKE-SCHNEEMELCHER II, 444-454).

In den Umkreis der hier behandelten Apokalypsen gehören auch die »Oracula Sibyllina« (2. Jh. v. Chr. bis 3. Jh. n. Chr., gr.). Über Lactantius und Augustinus gelangten nur geringe Teile dieser Weissagungen in das MA, dem v.a. die polit. gedeutete Prophetie der Tiburtinischen Sibylle bedeutsam wurde. Vgl. dazu B. BISCHOFF, Die lat. Übersetzungen und Bearbeitungen aus den Oracula Sibyllina, Mlat. Studien I, 150-171. F. Rädle

Ed. [die wichtigsten Slg.]: C.v. TISCHENDORF, Evangelia apocrypha, 1876[1] [Neudr. 1966] – R. A. LIPSIUS-M. BONNET, Acta Apostolorum apocrypha I-III, 1891-1903 [Neudr. 1959] – M. R. JAMES, Apocrypha anecdota I-II (Texts and Studies II, 3; V, 1), 1893-97 [Neudr. 1967] – DERS., Latin Infancy Gospels, 1927 – A. DE SANTOS OTERO, Los Evangelios apocrifos, 1963[2].

Bibliogr. [mit weiteren Ed. und Übers.]: WETZER-WELTE I, 1048-1084 – RB I, 1940, 25-250 – E. HENNECKE, Hb. zu den Ntl. A., 1904, 5-9 – HENNECKE-SCHNEEMELCHER – ALTANER-STUIBER, 117-144 – A. DE SANTOS OTERO (s.o.), 11-16 – *Sonstige Lit.*: E. v. DOBSCHÜTZ, Das Decretum Gelasianum de libris recipiendis et non recipiendis, 1912, TU 38, 4 – A. SIEGMUND, Die Überlieferung der gr. chr. Lit. in der lat. Kirche, 1949 – B.M. METZGER, An Introduction to The Apocrypha, 1957 – G.T. ATENOLFI, I Testi medioevali degli Atti di S. Matteo l'Evangelista, 1958 – E. DE STRYCKER S.J., La forme la plus ancienne du Protévangile de Jacques, 1961 – DERS., Une ancienne version lat. du Protévangile de Jacques, AnalBoll 83, 1965, 365-410 – B. ALTANER, Augustinus und die ntl. A., Sibyllinen und Sextussprüche, Kl. patrist. Schr., 1967, 204-215 – A. MASSER, Bibel, A. und Legenden. Geburt und Kindheit Jesu in der religiösen Epik des dt. MA, 1969 – DERS., Bibel und Legendenepik des dt. MA, 1976 – J. GIJSEL, Les »Evangiles lat. de l'Enfance« de M.R. JAMES, AnalBoll 94, 1976, 289-302.

II. VOLKSSPRACHEN. [1] *Deutsche Literatur*: Im dt. Raum läßt sich die Verbreitung verschiedener apokrypher Schriften sowie ihr direkter oder mittelbarer Einfluß auf die frühe dt. Lit. (»Heliand«, »As. Genesis«, Otfrid v. Weißenburg, → »Muspilli«) und darstellende Kunst bereits für die Karolingerzeit nachweisen. Sind hier noch keine Übersetzungen zu erwarten, so kommt es doch auch in den folgenden Jh. kaum zu Übertragungen apokrypher Texte in die Volkssprache. Eine Ausnahme bildet nur das »Evangelium Nicodemi«, das wie ins Ags., Mndl. und Aschwed. so auch – wenngleich erst im späteren MA – mehrfach ins Dt. übersetzt wird; von diesen (nd., bair. und alem.) Übersetzungen sind insgesamt über 20 Hss. aus dem 14.-15. Jh. erhalten. Im übrigen werden die A. in lat. Hss. weitergereicht, die dann allerdings Grundlage mannigfacher lit. Darstellung und so auch – mit weitgehender Verdrängung theol. Aspekte unter gleichzeitiger Hervorhebung und Ausschmückung der rein narrativen Züge – die Quelle zahlreicher ma. dt. Dichtungen werden; auf diesem Weg erlangen sie eine außerordentl. Bedeutung für Kunst und Volksfrömmigkeit v. a. des späten und ausgehenden MA.

Von den atl. Apokryphen findet bes. die »Vita Adae et Evae« Interesse und deshalb verschiedentl. – teils als Einschub in andere Werke, teils als selbständige Dichtung – poet. Behandlung (→ Adam, Abschnitt III). Wohl in der Mitte des 12. Jh. ist auf md. Sprachboden eine nur trümmerhaft erhaltene poet. Bearbeitung der »Paulus-Apokalypse« vorgenommen worden. Von herausragender Wichtigkeit aber sind für Lit. und Kunst des dt. MA das »Ps.-Matthäusevangelium«, der »Transitus Mariae« des (Ps.-)→Melito v. Sardes sowie das »Evangelium Nicodemi«. Das »Ps.-Matthäusevangelium« wird in vollem Umfang erstmals in den 1172 verfaßten »Driu liet von der maget« des Augsburger Priesters Wernher behandelt, ist eine Generation später die Vorlage für die »Kindheit Jesu« des Niederösterreichers → Konrad v. Fußesbrunnen und wird in der einen oder anderen Weise bedeutsam, u. a. für die Gestaltung der großen → Marienleben des späteren MA, zu deren wichtigsten Quellenschriften auch der »Transitus Mariae« gehört. Um 1225 findet er durch den Schwaben Konrad v. Heimesfurt eine selbständige poet. Darstellung; andere Mariä-Himmelfahrt-Dichtungen folgen. Konrad v. Heimesfurt eröffnet auch die Reihe der dt. Nachdichtungen des »Evangelium Nicodemi«, von denen größere und überregionale Verbreitung jedoch nur die von Heinrich v. Hesler (um 1300) verfaßte findet. Wichtig ist zu Ausgang des MA der Einfluß des (im übrigen auf alle Arten der Passionsliteratur einwirkenden) »Evangelium Nicodemi« auf die großen Passions- und Osterspiele (→ Geistl. Drama). A. Masser

Lit. und Ed.: Die maßgebl. Ausg. sowie weiterführende Lit. bei: A. MASSER, Bibel- und Legendenepik des dt. MA, 1976 – Ferner: M. HAIBACH-REINISCH, Ein neuer »Transitus Mariae« des Ps.-Melito, 1962 (Bibl. Assumptionis BVM 5) – B. MURDOCH, Das dt. Adambuch und die Adamlegenden des MA (Dt. Lit. des späten MA, hg. W. HARMS-L. P. JOHNSON, 1975), 209–224 – DERS., Hans Folz and the Adam-Legends. Text and Stud., 1977 – A. MASSER, Dat ewangelium Nicodemi van deme lidende vnses heren Ihesu Christi. Textausg. zweier mnd. Fassungen, 1979 [Ed. der hd. Übers. des »Evangelium Nicodemi« ist in Vorbereitung].

[2] *Irische Literatur:* Im Irland des MA scheint man die apokryphen Schriften in recht freier Weise benutzt zu haben, und vielleicht ist der Schluß erlaubt, daß die außerkanon. bibl. Quellen sich hier großer Beliebtheit erfreuten und in hohem Ansehen standen. In beiden Punkten beweisen die Iren eine Einstellung, die im übrigen chr. Abendland nicht tragbar gewesen wäre. Eine bemerkenswerte Vertrautheit mit apokryphen Texten und Traditionen zeigt sich bereits in der Epoche vor den Wikinger-Einfällen, wenn man auch die Anhaltspunkte hierfür aus vielen verstreuten Quellen zusammenlesen muß. Es besteht Grund für die Annahme, daß die engen Verbindungen Irlands mit Spanien im 7. Jh. den Weg bezeichnen, auf dem zahlreiche apokryphe Texte ins Land gelangen konnten. Neben lat. Apokryphen treten seit dem 8. Jh. und durch das ganze MA hindurch ir. Übersetzungen auf. A. wurden genutzt als Fundgruben, aus denen schmückendes Beiwerk für andere Texte zu beziehen war; die mittelir. Predigtliteratur macht ausgiebig Gebrauch von ihnen. Und völlig neue ir. A., die auf einer Vermischung von einheim. und von apokryphen Legenden beruhen, finden sich bereits im 10. Jh. Dem ir. MA verdanken wir die Erhaltung sowohl von speziellen Fassungen apokrypher Schriften, die so nur in Irland überliefert sind, als auch von anderweitig überhaupt nicht bezeugten Texten. Zu nennen sind hier etwa eine ir. poet. Fassung des Kindheitsevangeliums des Thomas, die dem syr. Text näher steht als die erhaltenen gr. und lat. Fassungen; ein hervorragender Text über Enoch und Elias, »Dá brón flatha nime«, der sonst nirgends belegt ist; eine unbekannte Apokalypse des Philippus, »Tenga Bithnua« (9. Jh.?), bei der es sich womöglich um ein sehr frühes Apokryphon handelt. D. N. Dumville

Lit.: D. DUMVILLE, PRIA, 73 C, 1973, 299–338 – M. McNAMARA, The Apocrypha in the Irish Church, 1975.

[3] *Alt- und mittelenglische Literatur:* a) *Altenglische Literatur:* Während →Ælfric und →Wulfstan, die bedeutendsten ae. Homileten, apokryphes Material kaum benützten, und Ælfric sich sogar dezidiert gegen die Verwendung und Verbreitung apokrypher Schriften aussprach, z. B. am Anfang seiner ae. Homilie »Nativitas Sanctae Mariae Virginis« (ed. ASSMANN Nr. III, 5–9), hatten viele der anonymen ae. Autoren keine Bedenken, neben den kanon. Büchern der Bibel auch die ntl. A. zu verwenden. Von den in ae. Übersetzungen oder Bearbeitungen erhaltenen seien folgende hervorgehoben: (1) Kap. 1–12 des »Pseudo-Matthaei Evangelium« (mit einer der von Ælfric abgelehnten Versionen der Geburt und Kindheit Mariens) liegt in der ae. Homilie »De nativitate Sanctae Mariae« vor (ed. ASSMANN Nr. X). Material aus dem »Ps.-Matthaei-Evangelium« (Kap. 17–25) ist ferner in → Vercelli-Homilie Nr. 6 benützt. (2) Die ae. Übersetzung des »Evangelium Nicodemi« (= »Acta Pilati«, das im 2. Teil den Abstieg Christi in die Hölle schildert) ist in zwei Fassungen, einer längeren (ed. HULME 1898) und einer gekürzten (ed. HULME 1903–04), erhalten. Dichter. gestaltet wurde das Motiv der Höllenfahrt Christi sowohl in »The Harrowing of Hell« (unter dem Titel »The → Descent into Hell«, ed. ASPR III, 219–223) als auch im 2. Teil von → »Christ and Satan« (ed. ASPR I, 133–158). (3) In einer der Hss. folgt der ae. Prosaversion des »Evangelium Nicodemi« die ae. Bearbeitung der »Vindicta Salvatoris« mit der Legende von der hl. Veronika (ed. ASSMANN Nr. XVI; vgl. Nr. XVII). (4) Die Legende vom hl. Kreuz behandeln zwei ae. Prosatexte (ed. NAPIER; ed. MORRIS); eine poet. Bearbeitung der Kreuzauffindung bietet → Cynewulfs → »Elene«. (5) Die Legende von der Fahrt des hl. Andreas zu den Anthropophagen (nach den apokryphen »Acta Andreae et Matthiae apud anthropophagos«) existiert ebenfalls sowohl in einer ae. Prosa- (→ Blickling-Homilie Nr. 19) als auch in einer poet. Fassung (→ »Andreas«). (6) Von der »Visio Pauli«, vor der Ælfric ebenfalls warnte, ist eine ae. Übersetzung aus Hs. Junius 85 und 86 leider nur fragmentar. erhalten. Herangezogen wurden Teile der »Visio Pauli« ferner z. B. in Blickling-Homilien Nr. 4, Nr. 16 (Schluß) sowie der Homilie ed. TRISTRAM Nr. III. Großen Einfluß hatte die »Visio Pauli« auf die Entwicklung des Seele-Leib-Motivs, d. h. der Rede der Seele an ihren Leichnam, wovon es in Ae. sowohl Prosabearbeitungen als auch zwei dichter. Fassungen (→ »Soul and Body I« und »II«, ed. ASPR II, 54–59 und III, 174–178) gibt. (7) Auch die »Apokalypse des Thomas« mit ihrer Schilderung der Vorzeichen des jüngsten Gerichtes diente als Quellenmaterial für mehrere ae. Homilien, u. a. Vercelli-Homilie Nr. 15 und Blickling-Homilie Nr. 7. H. Sauer

b) *Mittelenglische Literatur:* Me. Übersetzungen der A. sind selten überliefert; als eine der wenigen sei erwähnt die Übertragung des »Evangelium Nicodemi« (1). Die Kataloge der ma. Klosterbibliotheken verzeichnen außer zahlreichen engl. Fassungen der »Legenda aurea«, die neben apokryphem Material auch viele andere Legenden enthielten, kaum Titel von me. Bearbeitungen der A. Allerdings wurden auch Übersetzungen der kanon. Bücher der Bibel von der Kirche nicht gutgeheißen.

Im übrigen lieferten die A. für me. Texte erbaulicher und unterhaltender, wohl auch oft volkstüml. Art reichhaltiges Material. Neben lat. und engl. Fassungen der »Legenda aurea« wurden lat. Hss. der A. und des aus ihnen schöpfenden »Speculum historiale« von Vinzenz v. Beauvais während des ganzen MA weitergereicht. Dieses Material ging in me. Legenden- und Predigtsammlungen ein, sowie in den aus N-England stammenden → »Cursor mundi« (2), der die Geschichte der Welt von der Schöpfung bis zum Jüngsten Gericht schildert. Für die ebenfalls aus dem Norden stammenden Dramenzyklen (3), die in einem direkten Zusammenhang mit dem »Cursor mundi« zu sehen sind, hatten die drei ntl. A., die von der Kindheit Jesu und Mariens erzählen - das »Protevangelium«, das »Pseudo-Matthaeus-Evangelium« und das »Evangelium de nativitate Mariae« - hervorragende Bedeutung. Das gleiche gilt für Einzelwerke wie die drei Verserzählungen über das Leben der hl. Anna (4) und erst recht für die vielen Vitae von Christus und Maria, von denen das noch im 15. Jh. entstandene »Life of Our Lady« von John Lydgate erwähnt sei (5). Zahlreich sind auch die Gedichte über das Jüngste Gericht, die, wie die entsprechenden Stellen der Dramen, zum Teil auf die »Apokalypse des Thomas« zurückzuführen sind. In den Streitgedichten zw. Leichnam und Seele mag man die Fortsetzung einer bereits im Ae. etablierten Tradition erblicken (6).   C. Scott Stokes

Bibliogr.: RENWICK-ORTON, 190, 222f., 247f., 264f., 374-376 - NCBEL I, 304, 326f., 482 - CAMERON, OE Texts, 118f. (Nr. B. 8.5; vgl. Nr. B. 3.3.5-6).

Ed.: Ae. Lit.: (1) und (3) B. ASSMANN, Ags. Homilien und Heiligenleben, BAP 3, 1889 [Neudr. 1964] - (2) W. H. HULME, The OE Version of the Gospel of Nicodemus, PMLA 13, 1898, 457-542 - DERS., The OE Gospel of Nicodemus, Modern Philol. I, 1903-04, 579-614 - S. J. CRAWFORD, The Gospel of Nicodemus, 1927 - (4) R. MORRIS, Legends of the Holy Rood, EETS 46 - A. S. NAPIER, Hist. of the Holy Rood-Tree, EETS 103 - (6) H. TRISTRAM, Vier ae. Predigten aus der heterodoxen Tradition [Diss. Freiburg 1970] - (7) M. FÖRSTER, A New Version of the Apocalypse of Thomas in OE, Anglia 73, 1955, 6-36 - M. DANDO, L'Apokalypse de Thomas, Cahiers d'Études Cathares, IIe sér. 73, 1977, 3-58 - Siehe ferner R. WILLARD, Two Apocrypha in OE Homilies, 1935 - M. MCGATCH, »Two Uses of Apocrypha in OE Homilies, Church Hist. 33, 1964, 379-391 - Me. Lit., *Ed.*: (1) W. H. HULME, The ME Harrowing of Hell and Gospel of Nicodemus, EETS E. S. 100 - B. LINDSTRÖM, A Late ME Version of the Gospel of Nicodemus, 1974 - (2) R. MORRIS, Cursor mundi, EETS 57, 99, 101 - (3) L. TOULMIN SMITH, The York Plays, 1885 - H. DEIMLING-J. B. MATTHEWS, The Chester Plays, EETS E. S. 62, 115 - R. M. LUMIANSKY, D. MILLS, The Chester Mystery Cycle, EETS SS 3 - G. ENGLAND-A. W. POLLARD, The Towneley Plays, EETS E. S. 71 - K. S. BLOCK, Ludus Coventriae or The Plaie called Corpus Christi, EETS E. S. 120 - (4) R. E. PARKER, The Life of St. Anne, EETS 174 - (5) J. A. LAURITIS, R. A. KLINEFELTER und V. F. GALLAGHER, Lydgate's Life of Our Lady, 1961 - (6) K. BÖDDEKER, Ae. Dichtungen des MS. Harl. 2253, 1878, 235-243.

Lit.: M. DEANESLY, The Lollard Bible, 1920 - R. WILLARD, The Address of the Soul to the Body, PMLA 50, 1935, 957-983 - M. R. JAMES, The Apocryphal New Testament, 1953 - H. SCHABRAM, Superbia, 1965, 113f. - M. MCGATCH, Eschatology in the Anonymous OE Homilies, Traditio 21, 1965, 117-165 - R. WOOLF, The Engl. Mystery Plays, 1972 - M. MCGATCH, Preaching and Theology in Anglo-Saxon England, 1977.

[4] *Skandinavische Literatur*: Die während des ganzen MA sehr geschätzten A. werden schon in der frühesten Phase der religiösen Lit. übersetzt und teilweise nord. Vorstellungen adaptiert. Aus dem westnord. Bereich sind seit der Mitte des 12. Jh. Übersetzungen der Apostelakten (zumeist nach der sog. Abdiasversion) überliefert, aus dem gleichen Jh. stammen die isländ. erhaltenen, ursprüngl. aber norw. »Visio Pauli« und »Descensus ad inferos«. Vollständig wird das »Nikodemusevangelium« im 14. Jh. in Schweden und im Spät- oder Nachmittelalter auf Island übertragen, wohl schon um 1300 die »Visio Pauli« in Dänemark. Bes. beliebt und für Dichtung und bildende Kunst bedeutsam waren apokryphe Geschichten über Maria. Das isländ. Homilienbuch verwendet um 1200 »De nativitate Mariae« und »Ps.-Matthäus«, die Maríusaga des 13. Jh., außerdem das »Trinubium Annae« und weitere Quellen. »Ps.-Matthäus« findet sich teilweise gekürzt in der dän. Sammlung »Hellige Kvinder« (um 1300?) und in einer schwed. Hs. des 15. Jh. Teile von ihm gehen in Erbauungs- und kirchl. Gebrauchsliteratur ein. Den »Transitus Mariae« geben Dänen und Schweden nach der Standardversion wieder, aus Island ist bisher nur die späte Übersetzung einer seltenen Version bekannt.

Charakterist. für Island sind Mehrfachübersetzungen und wiederholte Überarbeitungen, die gern verschiedene Quellen kombinieren; die Filiation der einzelnen Rezensionen und ihre Quellen sind oft noch nicht geklärt. Apokrypher Stoff wird seit dem 13. Jh. auch durch ma. Kompilationen und Enzyklopädien vermittelt. Die → »Legenda aurea« mit ihrer Wiedergabe von »De nativitate Mariae«, der Apostelviten usw. ist z. B. Grundlage des Fornsvensk legendarium (zw. 1276 und 1307). Birgitta verhilft apokryphen Themen zu zusätzl. Wirkung, v. a. im Bereich der spätma. Marien- und Annaverehrung. Von den A. des AT hat im wesentl. nur die »Vita Adae et Evae« über die Kreuzholzlegende nach Skandinavien gewirkt, aber z. B. auch die Esraoffenbarung auf → Gísli Súrsson zugeschriebene Strophen des 12. Jh. V. a. die isländ. → geistliche Dichtung des SpätMA benutzt reichlich apokryphe Quellen, in heim. Übersetzung, lat. oder auch in einer Kombination von beidem (→ Lilja; → Mariendichtung). Im ausgehenden MA vermitteln verstärkt dt. Bearbeitungen lat. Anregungen. So ist Bruder Philipps Marienleben die Hauptquelle des dän., später auch ins Island. übersetzten »Jesu Barndoms Bog« (1508), ein nd. Annenbüchlein um 1507 wird zweimal ins isländ. übertragen. V. a. auf Island lebte apokrypher Stoff bis weit in die Neuzeit fort.   H. Schottmann

Lit.: R. GEETE, Fornsvensk bibliografi, 1903 - F. PAASCHE, Esras aabenbaring og Ps.-Cyprianus i norrøn litteratur, Fskr. til FINNUR JÓNSSON, 1928, 199-205 - G. TURVILLE-PETRE, Origins of Icelandic Lit., 1953, 109-142 - T. GAD, Legenden i dansk middelalder, 1961 - O. WIDDING, H. BEKKER-NIELSEN, L. K. SHOOK, The Lives of the Saints in Old Norse Prose. A Handlist, MSt 25, 1963, 294-337 - M. TVEITANE, En norrøn versjon av Visio Pauli, Årbok for universitetet i Bergen, Humanistisk serie 1964, Nr. 3 - H. SCHOTTMANN, Die Jugendgesch. Marias in den drápur »Lilja«-Nachfolge, ASNSL 205, 1968, 81-101 - TH. CARLSSON, Norrön legendforskning, Scripta Islandica 23, 1972, 31-57 - JÓN HELGASON, Gyðinga saga i Trondheim, Bibl. Arnamagnæana 31, Opuscula V, 1975, 343-376.

[5] *Romanische Literaturen*: Der bedeutende Einfluß apokrypher Schriften auf die Lit. des roman. Sprachgebietes kommt in einer Vielfalt von geistl. Werken zum Ausdruck. Einige Werke, so z. B. das »Evangelium Nicodemi«, wurden für so wichtig befunden wie die Bibel, und man entnahm ihnen Material für ausführl. Dichtungen. Hinzu kam eine Anzahl von Werken, meist hebr. Ursprungs, die für weiteren legendären Stoff vieler bibl. Gestalten sorgten. Im ganzen waren die auf dem NT aufgebauten A. bedeutender als diejenigen, deren Grundlage das AT ist. Von den ntl. A. bilden sich dann auch Gattungen, die das Leben Christi, der Jungfrau Maria, der Apostel

und anderer Heiliger darstellen, da die kanon. Bücher nur geringe Auskunft darüber boten. Im roman. Sprachraum sind dann auch die atl. und ntl. A. in den folgenden Gattungen zum Ausdruck gekommen:

a) *Das Leben von Adam und Eva*, AT. Die Begebenheiten des anglonorm. »Jeu d' → Adam et Eve«, verfaßt zw. 1146 und 1174, werden auf chr. Verhältnisse gedeutet, d. h.: das AT zeigt bereits die Erlösung der Welt durch Christus an. Das Drama behandelt Eden und das Leben des ersten Menschenpaares im Paradies, Versuchung, Sündenfall und seine Folgen, die Strafe der Sünder, die Geschichte von Kain und Abel, und einen prophet. Teil, in dem Gestalten aus dem AT die Ankunft Christi voraussagen. Einige it. Dramen aus der Sammlung D'Ancona behandeln Abraham, Isaak, Tobias, Raphael und Esther.

b) *Das Leben Jesu*. Die dramat. Darstellung der Geburt und Kindheit Jesu, v. a. aber auch Einzelheiten wie Jesu Geburt in einer Felshöhle, die Geschichte der zwei Hebammen, die Tiere in der Krippe, das Baden des Kindes u. ä. beruhen fast ausschließl. auf dem »Protevangelium Jacobi« und dem »Evangelium Pseudo-Matthaei«. Die Mystères blühten v. a. im 15. Jh. auf, das hervorragendste Beispiel stammt von Arnoul → Gréban. Sein »Mystère de la Passion«, um 1450 in Paris aufgeführt, besteht aus über 34000 Versen. Zur gleichen Zeit entwickeln sich aus dem äußerst populären »Evangelium Nicodemi« dramat. Szenen, die die Höllenfahrt Christi darstellen. Dazu gehört die Befreiung der Patriarchen des AT aus der Hölle. Aus der it. Lit. ist die »Natività di Cristo« zu erwähnen: hier erscheint vier Schäfern namens Bobi di Farucchio, Nencio di Pucchio, Randello und Nancietto ein Engel während aufschlußreicher Gespräche über Käse, Wein und Brot. In Spanien erfreute sich »El auto de los reyes magos« großer Beliebtheit. In dem um 1150 entstandenen Schauspiel treten die Weisen im Stall einzeln auf, um mit ihren Geschenken den Knaben zu prüfen. Später ist im Herodes' Palast alle Skepsis verschwunden; laut verkünden sie, daß Christus geboren sei. Das »Libro dels tres reis d'Orient« (13. Jh.) ist eine poet. Abhandlung, bestehend aus 250 Versen, in denen die Anbetung der Hl. drei Kg.e und die Flucht nach Ägypten geschildert werden.

c) *Mariendichtung*. Auch für die Mariendichtung ist das »Protevangelium Jacobi« die wichtigste Quelle für spätere Dichtungen: Geburt Marias, Verlobung, Verkündigung, die Darstellung der Mutter des Erlösers. Der Marienkult ist v. a. im 13. Jh. beliebt, und so entstehen zahlreiche Priès à la Vierge, Saluts à la Vierge und Joies de Nostre Dame. → Huon le Roi de Cambrai kommentiert in 312 Verszeilen das »Ave Maria«. In »Li Regrès Nostre Dame« beschreibt Huon die Trauer Marias unter dem Kreuz. Eine »Nativité Nostre Dame« wird → Gautier de Coinci zugeschrieben. Im »L'Enfant donné au diable« findet ein Gerichtsverfahren statt: Jesus ist Richter, und Maria tritt erfolgreich als Rechtsanwalt auf. Die Liebe zur Jungfrau Maria natürlich und zart auszudrücken, ist dem it. Dichter der »Disputa al Tiempo« gut gelungen. Bes. geglückt ist die Szene vor dem Tempel, wo sich Joseph und Maria, den Knaben Jesus an der Seite, ihrer schweren Aufgabe bewußt werden.
W. Kroll

Q.: Bibl. de autores españoles, 71 Bde, 1846–80 - Sacre rappresentazioni dei secoli XIV e XVI, ed. A. D'Ancona, 3 Bde, 1872 - Jeu d'Adam, ed. W. Noomen, 1971.

[6] *Slavische Literaturen:* Fast alle A. der Südslaven wurden aus dem Gr. übersetzt. Von einem Dutzend dogmat. Schriften oder A., die der Sekte der → Bogomilen zugeschrieben werden, ist nur die »Interrogatio Johannis« faßbar, eine kathar. Version eines bogomil. (gr. oder bulg.) Originals, sowie die »Vision des Jesaja«, eine jüd.-chr. A. aus dem 2. Jh., die von den Bogomilen durchgreifend verändert wurde und von ihnen nach Italien zu den Patarenern gelangte. Umgekehrt sind für die Apokryphenliteratur repräsentative Werke wie »Das Buch der Geheimnisse des Enoch« und die »Apokalypse Abrahams« nur auf slav. erhalten, von den anderen wie der »Apokalypse des Baruch« sind slav. Fassungen bekannt, die zwei bis drei Jh. älter als die gr. sind.

Die ersten A. wurden in Mazedonien im 10. und 11. Jh. übersetzt. Zu nennen sind: »Vision des Jesaja« und die »Paralipomena des Jeremias«, die in der Folge in die Menäen (→ Liturgische Bücher) für den Monat Mai eingefügt wurden, ebenso das »Buch der Geheimnisse des Enoch« und das »Evangelium des Nicodemus«. Von der verbreitetsten slav. A., der »Vision des Paulus«, existiert eine mittelbulg. Version, die die älteste Fassung dieses Werkes, einen lat. Text aus dem 8. Jh. (»Visio S. Pauli«) bestätigt. Die »Legende Adams und Evas« (»Testament des Adam«; lat. »Vita Adae et Evae«) hat die volkstüml. Überlieferung im Balkangebiet stark beeinflußt. Allerdings entstammt des ikonograph. Thema des Vertrages zw. Adam und Satan, das gelegentl. auf diese A. zurückgeführt wird, liturg. Texten.

In Rußland und bes. in Novgorod wurde die »Chronik des Moses« (»Ishod Moiseev«) unmittelbar aus dem Hebr. für den Gebrauch der Sekte der »Judaisierenden« übertragen, während das große paränet. Werk »Die Testamente der zwölf Patriarchen« ebenso wie andere A., die in den »Kommentierten Paleja« (»Tolkovaja Paleja«) eingegliedert sind, gehäuft Texteinschübe enthalten, die gegen Juden und »Judaisierende« polemisieren. – Die meisten slav. A. zum AT wie zum NT wurden ihrerseits ins Rumän. übertragen.
E. Turdeanu

Lit.: A. I. Jacimirskij, Bibliografičeskij obzor apokrifov južnoslavjanskoj i russkoj pis'mennosti I, 1921 – J. Ivanov, Bogomilski knigi i legendi, 1925 [frz. Übers. 1976] – E. Turdeanu, Apocryphes bogomiles et apocryphes pseudo-bogomiles, RHR 138, 139, 1950 – A. Vaillant, Le livre des secrets d'Hénoch, 1952 – E. Turdeanu, La Vision de saint Paul, WSl I, 1956 – La Chronique de Moïse, RESl XLVI, 1967 – A. Vaillant, L'Evangile de Nicodème, 1968 – Textes vieux-slaves I, 1968 (La Vision d'Isaïe) – Biserka Grabar, Apokrifna djela apostolska u hrvatsko-glagoljskoj literaturi (Radovi staroslavenskog Instituta 6, 1967; 7, 1972) – D. Angelov, Bogomolstovoto v Bălgarija, 1969 – Biserka Grabar, Apokrifi u hrvatskoj srednjekovnoj književnosti, Croatica I, 1970 – E. Turdeanu, L'Apocalypse de Baruch, RESl XLVIII, 1969 – Les Testaments des XII Patriarches, JfSJ I, 1971 – L'Apocalypse d'Abraham, JfSJ III, 1973 – Le Testament d'Abraham, OSP, X, 1977.

B. Kunst

Aus den vielen atl. A. gelangt nur eine Szene in die chr. Ikonographie, die Zersägung des Jesaja (Quelle: Ascensio Jesajae; Goldglas, Oxford, Pusey House, 4. Jh.; Wandmalerei, Kap. des Durchzugs, El-Bagawat, 4./5. Jh.?; Par. gr. 510, 880/888; Vat. gr. 755, 10. Jh.; im Westen v. a. im 12.–14. Jh. häufig innerhalb von Illustrationszyklen in Psalterien und Bibeln).

Schon früh zeigt sich in der frühchr. und byz. Kunst der Einfluß v. a. solcher ntl. A.n, die Geschichten aus dem Leben Christi, Mariens und der Apostel erzählen, z. T. als Ausschmückungen kanon. Texte (Geburt Christi) oder als neue Fakten (Jugend Mariens). Sie erfuhren im W eine noch größere Verbreitung, als im 12./13. Jh. → Petrus Comestor (»Historia Scholastica«), → Vinzenz v. Beauvais (»Speculum historiale«) und → Jacobus de Voragine (»Legenda aurea«) Teile aus A. ihren Werken einfügten. So übten die A. mit der Zeit nur mehr einen mittelbaren Einfluß aus, durch Liturgien und Texte, vermischt mit lokalen Legenden, durch Tradierung von Motiven vorhandener Kunstwerke oder Anweisungsbücher (→ Malerbuch vom Berge Athos). Einige apokryphe Bildthemen: Motiv der Geburt Christi aus dem Protev. Jacobi bzw. Ev. Ps.-Matthaei (Höhle, Stern, zweifelnde Salome, anbetende Tiere u. a.) prägen im O seit dem 5./6. Jh. diese Szene, die der W in unterschiedl. enger Anlehnung übernimmt. – Reiche Quellen für Einzelheiten über die Flucht nach Ägypten finden sich im Ev. Pseudo-Matthaei und Ev. infantiae arabicum (sich neigende Palme, stürzende Götzenbilder, Heilung eines aussätzigen Mädchens, Räuber u. a.). – Im Gegensatz zur Jugendgeschichte Christi werden für die Illustrierung der Wundertaten und Passion u. a. ntl. Texte verwendet. Das Thema der Höllenfahrt Christi (Ev. Nicodemi) wirkt in der byz. Formulierung (Anastasis) des herabsteigenden Christus, der Adam die Rechte zur Erlösung reicht (z. B. Staurothek Fieschi-Morgan, New York, Metr. Mus., um 700), auf den W, wo seit dem 10./11. Jh. (z. B. Evangeliar, Brescia, Bibl. Quiriniana, Cod. mbr. 2⁰) Motive übernommen werden (Befreiung Adams, gebundener Satan, zerbrochene Türen, Erlöste). – Zyklen der Jugendgeschichte Mariens nach apokryphen Quellen (Protev. Jacobi, Ev. Pseudo-Matthaei, u. a.; Vorgeschichte Annas und Joachims, Geburt Mariens, Tempelgang, Stabwunder, Verkündigung am Brunnen und beim Spinnen, Fluchwasserprobe u. a.) sind in der altchr. und byz. Kunst seit dem 5. Jh. durch Einzelszenen bezeugt (Verkündigung an Anna, Elfenbeintafel, Leningrad, Eremitage, um 500; Maria am Brunnen, Mailänder Buchdeckel, um 480; Maria beim Spinnen der Purpurwolle, Ravenna, Pignatta-Sarkophag, Anfang 5. Jh., u. ä.; Fluchwasserprobe, Ravenna, Maximians-Kathedra, Mitte 6. Jh.; Salome in der Geburt Christi, ebd.) und seit dem 9. Jh. bekannt (Kizil Çukur, Kappadokien; Homilien des Jakobos v. Kokkinobaphu, 12. Jh., Vat. gr. 1162, Par. gr. 1208; Konstantinopel, Karye Camii, 1315–20; zahlreiche serb. Kirchen usw.). Häufiger sind in der mittel- und spätbyz. Kunst jedoch Einzelszenen wie Geburt (z. B. Daphni), Tempelgang (z. B. Menologion Basileios' II.), Verlobung (z. B. Kiev, Sophienkirche).

Erst mit dem Höhepunkt des Marienkults im 13. Jh. (Frankreich, Italien) bzw. im 14. Jh. (Deutschland) entstehen auch im W ausgedehnte Bilderzyklen (z. B. Marien- und Annenportale; Chartres, Glasfenster). – Die apokryphe Geschichte von Tod und Himmelfahrt Mariens (De transitu beatae Mariae virginis, u. a.) inspirierte byz. Meister zu dem Bild der Koimesis, das, losgelöst aus dem byz. Marienleben- bzw. Festtagszyklus, seit dem 11. Jh. mit weiteren apokryphen Szenen verbunden werden kann (Verkündigung des Todes, Palmzweiglegende, wunderbares Zusammentreffen der Apostel, Störung der Grabtragung, Himmelfahrt, u. a.). Im W finden sich schon früh zahlreiche Werke dieses byz. Typus, Zyklen dagegen seltener (Soissons, St. Quentin, Glasfenster, 13. Jh.). Im 13. Jh. tritt in der Buchmalerei der Tod zugunsten der Krönung Mariens zurück. – Den apokryphen Erzählungen vom Leben und Tod der Apostel sind neben den Attributen und porträtähnl. Zügen einige Märtyrerszenen entnommen, während andere Themen aus unterschiedl. Schriftgut, das sich z. T. mit A. verschmolzen hat, entstanden sind. Eine bes. Rolle spielt die Passion Petri und Pauli, die schon auf Sarkophagen vorkommt und in späteren Zyklen u. a. mit dem Auftreten der Apostel vor Nero und dem Flug und Sturz des Simon Magus (Acta Petri et Pauli) verbunden wird (Rom, St. Peter, rekonstr. Zyklen, um 681). Zur Vita Johannes des Täufers treten in der byz. Kunst seit dem 6. Jh. Szenen aus dem Protev.

Jacobi (Flucht Elisabeths mit dem Kind, Eulogia in Bobbio, Ende 6. Jh.; Ermordung des Zacharias, Deir Abu Hennis, 7. Jh.; beide Szenen später sehr häufig), in spätbyz. Zeit auch aus dem »Leben Johannes des Täufers« (ein Engel geleitet das Kind in die Wüste, bes. in Zyklen auf Ikonen seit dem 15. Jh.). G. Plotzek-Wederhake (mit K. Wessel)

Lit.: RDK I, 78 1 ff. – RByzK I, 209 ff. – LCI und RByzK s. u. jeweiligen Lemmata – V. FABRICIUS, Die Legende im Bild des ersten Jt. der Kirche, 1956.

Apollinaris

1. A., hl. (Fest: 23. Juli), Bf. v. Ravenna (um 200, nach der Legende des 6./7. Jh. Petrusschüler um 75 n. Chr.); sein Kult ist seit dem 5./6. Jh. bezeugt. Grab in S. Apollinare in Classe (geweiht 549), seit dem 9. Jh. Anspruch von S. Apollinare Nuovo, Begräbnisstätte des Hl. zu sein. Im Zuge der steigenden Bedeutung von Ravenna kommt der Kult früh nach Rom, Mailand und Dijon. Von Dijon breitete sich die Verehrung im Elsaß (Obermichelbach), in der Schweiz und bis nach Reims aus. Otto III. brachte nach Besuch in Ravenna den Kult nach Burtscheid bei Aachen. Dieses und die Abtei Siegburg, die vielleicht durch Anno Reliquien (von Dijon?) erhalten hatte, verbreiteten den Kult im Rheinland. Seit dem 14. Jh. ist wichtigster Kultort von A. die Siegburger Propstei Apollinarisberg bei Remagen. Die Translatio durch Ebf. Reinald v. Dassel ist eine durch den Zusammenfall von Apollinarisfest und Translationsfest der Drei Könige am 23. Juli angeregte Erfindung um 1450. Ende des 14. Jh. kam der größere Teil der Reliquien durch den Hzg. v. Jülich von Remagen nach Düsseldorf, ein anderer Teil in die Abtei Siegburg. M. Zender

Lit.: LCI I, 229–231 – E. WILL, S. Apollinaire de Ravenna, 1936.

2. A. (Apollinarios), Bf. v. Laodikeia, *um 310 im syr. Laodikeia als Sohn eines Presbyters, † nach 390. In den trinitar. Streitigkeiten trat er entschlossen für die Homousie des göttl. Logos ein. Als Ks. Julian den Christen verbot, Unterricht in den Klassikern zu erteilen, ersetzte A. gemeinsam mit seinem Vater die heidn. durch eigene chr. Dichtungen aus bibl. Stoffen. Um 362 wurde er wegen seines Eifers gegen die heidn. Restauration und für die nizaen. Orthodoxie Bf. seiner Vaterstadt. Mit A. nimmt der Monophysitismus zum ersten Mal greifbare Gestalt in der Dogmengeschichte an. Dessen kennzeichnende Formel von der »einen Natur des fleischgewordenen Logos« ist durch A. geprägt. Die häret. Christologie des *Apollinarismus* geht von der Voraussetzung aus, daß zwei vollkommene Wesen nicht eins werden können. In Christus habe sich die vollkommene göttl. Logos so mit einer unvollständigen Menschheit verbunden, daß er als Hegemonikon an die Stelle des menschl. Nous getreten sei. Diese Lehre ist seit 362 auf verschiedenen Synoden verurteilt worden, endgültig durch das Konzil v. Konstantinopel 381. A.' häret. Ansichten fanden Anhänger, die dafür sorgten, daß seine Schriften unter den Namen von orthodoxen Vätern abgeschrieben und verbreitet wurden. Daher sind von ihm – abgesehen von Fragmenten seiner Kommentare in Catenen – einige seiner häret. dogmat. Abhandlungen erhalten. Seine Dichtungen, seine antihäret. und apologet. Schriften (darunter umfangreiche Werke gegen Porphyrios und Ks. Julian) sind jedoch verloren. H. Kraft

Ed.: CPG – *Lit.:* LThK¹ I, 714 – H. LIETZMANN, A. v. L. und seine Schule, 1904.

3. A. Sidonius → Sidonius Apollinaris

Apollo Medicus, deontolog. Leitbild der Heilkunde im frühen und hohen MA. Apollon als myth. Gottheit über Leben und Tod, Herr der Natur wie der Kultur, Schützer der Gymnastik und der Musik, Gott auch der Mantik

(A. iatromantis), galt im archaischen Hellas bereits als Heilgott, als der Reinigende und Entsühnende, als Herr der Katharsis und der Diaita. Der Heilgott nimmt menschl. Gestalt an in Asklepios, von dem sich die Ärztedynastie der Asklepiaden, unter ihnen auch Hippokrates, herleitet. In der röm. Königszeit (Livius XL, 51) gilt Apollon als »Apollo Medicus« oder »Apollo Salutaris«. Mit dem 2.Jh. setzt eine lebhafte Auseinandersetzung ein zw. dem Asklepioskult und Christus Soter (salvator); seit dem 4.Jh. hat »Christus Medicus« den »Apollo Medicus« verdrängt. Apollo gilt fortan nur noch als allegor. Autorität, so bei Isidor v. Sevilla, wo er als »Auctor artis medicinae« (Etym. IV, 3) bezeichnet wird. Paracelsus berichtet noch vom »spiritus Apollinis« (XII, 189), während im Schrifttum des Humanismus, so bei Leonhart Fuchs (1531), Apollo nur noch metaphor. als »medicinae inventor« erwähnt wird. H. Schipperges

Lit.: RE II, s.v. Apollon, Asklepios – A. HARNACK, Medicin. aus der ältesten Kirchengesch., 1892 – E. UND L. EDELSTEIN, Asclepius, 1–2, 1945 – K. KERÉNYI, Der göttl. Arzt, 1948 – H.-J. FRINGS, Medizin und Arzt bei den gr. Kirchenvätern bis Chrysostomos [Diss. Bonn 1959] – H. SCHIPPERGES, Zur Tradition des »Christus Medicus« im frühen Christentum und in der älteren Heilkunde (Arzt und Christ, 1965), 12–20.

Apollonius von Tyrus
A. Inhaltsangabe – B. Verbreitung

A. Inhaltsangabe
A. v. Tyros löst als einziger das den Freiern der Tochter von Kg. Antiochus aufgegebene Brauträtsel und entdeckt damit das Inzestverhältnis des Königs mit seiner Tochter. Auf der Flucht vor dem wortbrüchigen Tyrannen gelangt A., nach einem Schiffbruch wunderbar errettet, an den Hof des Kg.s Archistrates v. Kyrene. Er heiratet dessen Tochter Archistratis. Auf der Rückreise nach Antiochia, wo A. den Thron des inzwischen verstorbenen Antiochus erben soll, wird seine nach der Geburt der Tarsia scheintote Frau im Meer bestattet, aber unversehrt am Strand bei Ephesus angetrieben und von einem Arzt wieder zum Leben erweckt. Sie weiht sich der Göttin Diana als Priesterin. A. übergibt sein Kind in Tarsus einer Amme, verzichtet auf die Königswürde und zieht als Kaufmann weiter. Beim Tod der Pflegemutter erfährt das Mädchen seine Herkunft. Seeräuber entführen Tarsia und verkaufen sie in Mytilene an einen Zuhälter, doch sie verteidigt standhaft ihre Unschuld. Im Glauben an die fälschl. verbreitete Kunde von ihrem Tod irrt A. 14 Jahre lang herum. Im Sturm verschlägt es ihn zufällig nach Mytilene, wo Tarsia ihre Geschichte vorsingt, ohne daß der Vater sein Kind sogleich erkennt. Dann kehren beide nach Tyros zurück. Unterwegs erkennt A., von einer Erscheinung geführt, auch seine treue Frau im Tempel wieder. Die Familie fährt nach Antiochia, nimmt dort das Kgr. in Besitz und herrscht zugleich gerecht über Tyros.

D. Briesemeister

B. Verbreitung
I. Der antike Roman – Lateinische Fassungen – II. Romanische Literaturen – III. Englische Literatur – IV. Deutsche Literatur – V. Skandinavische Literaturen – VI. Slavische Literaturen.

I. DER ANTIKE ROMAN – LATEINISCHE FASSUNGEN: Im 2./3.Jh. n. Chr. gestaltete ein unbekannter, vielleicht griech. Autor in der Tradition und mit Motiven des hellenist. Liebesromans die Geschichte von A., Kg. v. Tyrus, seiner Gemahlin Archistratis und ihrer Tochter Tarsia. Über zwei ein. lat. Bearbeitungen etwa des 5.Jh. ist der Roman im MA bekannt und überaus beliebt geworden (ca. 70 lat. Hss.). Eine Versbearbeitung in der Form eines Wechselgesanges (»Gesta Apollonii«; 10.Jh. oder etwas früher) ist unvollständig und behandelte vielleicht überhaupt nur den ersten Teil. Der Stoff liegt ferner vor im »Liber Floridus« des → Lambert v. St. Omer (1120), im »Pantheon« des → Gottfried v. Viterbo (zw. 1186 und 1191), in Nr. 97 der Carmina Burana und in den → Gesta Romanorum.

J. Gruber

Ed.: A. RIESE, 1893² (Rezension A und B) – J. RAITH, 1956 (engl. Hss.-Gruppe) – E. DÜMMLER, MGH Poetae Latini II 483–506 (Gesta A.) – *Übers.*: R. PETERS, 1904² – *Lit.*: KL. PAULY V, 1575 – EM I, 667–674 [Lit.] – E. KLEBS, Die Erzählung von A. aus Tyrus, 1899 – E. ROHDE, Der gr. Roman und seine Vorläufer, 1914³ [Neudr. 1974], 435–453 – R. MERKELBACH, Roman und Mysterium in der Antike, 1962, 161–171 – B. E. PERRY, The Ancient Romances 1967, 294–324 – W. CASANOVA, El libro de Apolonio. Cristianización de un tema clasico [Diss. Yale Univ. 1970].

II. ROMANISCHE LITERATUREN: Die erzähltechn. bedeutendste roman. Neugestaltung des mit Märchenmotiven durchsetzten Stoffes ist der aspan. »Libro de Apolonio« (1. Hälfte 13.Jh.) in gelehrter *cuaderna vía*. Die Prosafassung »La vida y hystoria del rey Apolonio« (Inkunabelausg. ca. 1488) greift auf die »Gesta Romanorum« zurück; John → Gowers »Confessio amantis« (vgl. Abschnitt III) liegt in kast. Übersetzung (15.Jh.) vor, die ptg. Übersetzung (1. Hälfte 15.Jh.) ist verschollen. Aus Frankreich sind außer Erwähnungen in afrz. und prov. Dichtungen ein afrz. Gedichtfragment (13.Jh.), u.a. eine pikard. Prosafassung (um 1300) sowie die chanson de geste Jourdains de Blaivies (Blaye) (spätes 13.Jh.) bemerkenswert, deren Handlungsgerüst mit der A.-Geschichte zusammenhängt. Populäre Prosabearbeitungen bleiben seit dem Erstdruck (Genf 1482) bis ins 16.Jh. (Gilles Corrozet, François de Belleforest) erfolgreich. It. Prosafassungen sind aus dem 14.Jh. bekannt. Antonio → Pucci (ca. 1310–88) liefert mit seiner gereimten »Istoria d'Apollonio di Tiro« (Venedig 1486) die Vorlage für eine neugr. Übersetzung (16.Jh.).

D. Briesemeister

Ed.: CH. B. LEWIS, Die afrz. Prosaversionen des A.romans [Diss. Breslau 1912] – M. ALVAR, El Libro de Apolonio, 1976 – Confysión del amante. Apolonio de Tyro. Two 15th-cent. prose romances, ed. A. D. DEYERMOND, 1973 – *Lit.*: EM (s. I) – GRLMA 4 – E. KLEBS, Die Erzählung von A. aus Tyrus, 1899 – M. DELBOUILLE, A. de Tyr et les débuts du roman français (Mélanges R. LEJEUNE, 2, 1969), 1171–1204 – I. LANA, Studi su Il Romanzo di Apollonio Re di Tiro, 1975 – J. ARTILES, El Libro de Apolonio, 1976.

III. ENGLISCHE LITERATUR: In England war der Stoff des A.-Romans von der späten ae. bis in die frühe neuengl. Zeit populär. Neben Hss. mit den lat. Versionen ist eine Reihe von volkssprachl. Bearbeitungen überliefert: Die im Rahmen einer Hs. mit ae. Homilien und Gesetzestexten nur fragmentar. erhaltene, im späten 10. oder frühen 11.Jh. entstandene spätwestsächs. Prosaversion des A.-Romans ist die älteste bekannte Übertragung in eine Volkssprache. Sie bietet eine recht flüssige Übersetzung nach einer (nicht erhaltenen) Version der lat. »Historia Apollonii«. Ebenfalls nur fragmentar. auf uns gekommen ist eine me. Versromanze aus der 2. Hälfte des 14.Jh., auch diese auf der »Historia Apollonii« fußend. Im ausgehenden 14.Jh. stellte → Gower seine Version des A. als umfangreiches Exemplum für die Inzest-Sünde an das Ende der »Confessio Amantis« (Buch VIII, 271–2008); er stützte sich teils auf → Gottfrieds v. Viterbo »Pantheon«, teils auf die »Historia Apollonii«. → Chaucer spielt in den »Canterbury Tales« (Einleitung zu »The Man of Law's Tale«) auf die A.-Geschichte an. Die me. Fassungen der → »Gesta Romanorum« (ed. MADDEN; ed. HERRTAGE) enthalten das Kapitel über A. nicht (Kap. 153). Dagegen entstanden noch mehrere Bearbeitungen des Stoffes im 16. und frühen 17.Jh. (z.B. Robert Copland, Laurence Twine); die bekannteste davon ist das unter dem Namen Shakespeares überlieferte Drama »Pericles, Prince of Tyre«, zu dessen Quellen Gowers Verserzählung gehört.

A. Eller/H. Sauer

Bibliogr.: RENWICK-ORTON, 248, 420 – NCBEL I, 335, 454, 690, 1553f., 2066 – ROBINSON, Nr. 225 – Manual ME I, I, 145 und 298f. (Nr. 95) – Ed.: J. RAITH, Die alt- und me. A.-Bruchstücke, 1956 – P. GOOLDEN, The OE A. of Tyre, 1958 – G. C. MACAULY, The Engl. Works of John Gower, EETS ES 81-82 – G. BULLOUGH, Narrative and Dramatic Sources of Shakespeare, Vol. VI, 1966, 349-548 – Lit.: F. MADDEN, The OE Versions of the Gesta Romanorum, Roxburghe Club 49, 1838, S. VII – S. J. HERRTAGE, Gesta Romanorum, EETS ES 33, 525 – L. HIBBARD, Medieval Romance in England, 1924 [Repr. 1963], 164-173 – S. B. GREENFIELD, A Critical Hist. of OE Lit., 1965, 62f. – C. L. WRENN, A Study of OE Lit., 1967, 253-256 – R. A. PECK [ed.], John Gower: Confessio Amantis, 1968, XXII-XXVI und 521 – G. SCHMITZ, The middel weie. Stil und Aufbauformen in John Gowers ›Confessio Amantis‹, 1974, 147-154 – K. MUIR, The Sources of Shakespeare's Plays, 1977, Nr. 33 (vgl. Nr. 1).

IV. DEUTSCHE LITERATUR: Die erste dt. Fassung des A. stammt von dem Wiener Arzt und Gelehrten Heinrich v. Neustadt (um 1300). In seiner Bearbeitung schwillt der Roman auf über 20000 Verse an. Es werden Stoffkomplexe aus den verschiedensten Quellen, insbes. aus den hochma. höf. Epen, eingebaut. – Sehr viel näher bei der lat. Vorlage bleibt die Übersetzung des Ulmer Stadtarztes und Humanisten Heinrich Steinhöwel von 1461. Ihre Basis bildet die A.-Fassung der »Gesta Romanorum«. Steinhöwel ändert und ergänzt jedoch nach Gottfried v. Viterbo. Überdies fügt er eigene moral. oder erklärende Bemerkungen hinzu. Die Übersetzung ist frei und gewandt. – Steinhöwels A. wird, nach zunächst hs. Verbreitung, 1471 in Augsburg als Volksbuch gedruckt. Es folgen zahlreiche Neudrucke bis zur Mitte des 17. Jh. – Abgesehen von diesen beiden Verdeutschungen ist eine md. Prosaversion des 15. Jh. zu erwähnen. Der Stoff wirkt auch noch in das 16. Jh. weiter (Hans Sachs, Michel Vogel).

W. Haug

Ed.: Heinrichs v. Neustadt A. von Tyrland ..., hg. S. SINGER (DTMA VII), 1906 – Griseldis, A. v. T., hg. C. SCHRÖDER (Mittheilungen der Dt. Ges. zur Erforschung vaterländ. Sprache und Alterthümer in Leipzig, 5. Bd., 2. H.), 1873 [Steinhöwel: Donaueschinger Hs. und md. Prosa] – Appollonius v. T., mit einem Nachw. v. H. Melzer (Dt. Volksbücher in Faksimiledr., hg. L. E. SCHMITT-R. NOLL-WIEMANN, Reihe A, Bd. 2), 1975 – Hans Sachs, hg. A. v. KELLER-E. GOETZE, 25. Bd. (Bibl. d. Litt. Ver. Stuttg. CCXXV), 1902, Nr. 3965 – Michel Vogels Vom König Apolonio: unediert, vgl. J. BOLTE, Der Nürnberger Meistersinger Hans Vogel, ASNSL 65, 1911, 300 – Lit.: R. W. PETTENGILL, The A. von Tyrland of Heinrich v. Neustadt: A Study of the Sources [Diss. masch. Harvard 1910] – DERS., Zu den Rätseln im A. des Heinrich v. Neustadt, JEGPh 12, 1913, 248-251 – DERS., The Source of an Episode in Heinrich's v. Neustadt A., JEGPh 13, 1914, 45-50 – A. BOCKHOFF-S. SINGER, Heinrichs v. Neustadt A. von Tyrland und seine Q. Ein Beitr. zur mhd. und byz. Literaturgesch., 1911 – W. SCHÜRENBERG, A. v. Tyrland. Fabulistik und Stilwille bei Heinrich v. Neustadt, 1934 – H. RUPPRICH, Die dt. Lit. vom späten MA bis zum Barock I (DE BOOR-NEWALD IV, 1, 1970), 573-575 [Steinhöwel] – P. HEITZ-F. RITTER, Versuch einer Zusammenstellung der dt. Volksbücher des 15. und 16. Jh. nebst deren späteren Ausg. und Lit., 1924 – MELZER, s. o. [mit Lit.].

V. SKANDINAVISCHE LITERATUREN: Aus spärl. und unsicheren Indizien geht hervor, daß der A.-Stoff im MA auch in Skandinavien bekannt gewesen muß: In der → »Thiðrekssaga«, einer nd. Sagenkompilation, die nur in einer im 13. Jh. entstandenen anorw. Übersetzung überliefert ist, wird in Kap. 245-253 ein »Jarl Apollonius af Tira« erwähnt. Seine dort geschilderten Abenteuer (Werbung um die Tochter des Frankenkönigs und ihre Entführung) haben aber nichts mit dem A.-Roman zu tun.

Nähere Kenntnis des Stoffes verrät dagegen eine in drei Rezensionen erhaltene adän. Ballade über »Kong Apollon af Tyre« (nach S. GRUNDTVIGS fragl. Datierung um 1300 entstanden). Sie umfaßt – in einer Verflechtung verschiedener Motive des A.-Romans – die vergebl. Werbung um die Tochter des Kaisers, Schiffbruch, Rettung und Entführung der Kaiserstochter.

Der vollständige A.-Roman erscheint dann erstmals in einem Anfang des 17. Jh. gedruckten dän. Volksbuch. Davon abhängig sind ein schwed. Volksbuch (Erstdruck um die Mitte des 17. Jh.) und hs. überlieferte Bearbeitungen in isländ. Sprache. Alle diese Texte gehen auf die Fassung des A.-Romans in den »Gesta Romanorum« zurück.

In Anlehnung an das dän. Volksbuch entstanden im 17. Jh. (und später) auf Island eine Reihe von → Rímur, die Episoden aus dem A.-Roman in gebundener Form behandeln.

H. Ehrhardt

Ed.: Þiðreks saga af Bern, 1-2, ed. G. JÓNSSON, 1954 – Danmarks Gamle Folkeviser, ed. S. GRUNDTVIG, 2. 1856, 464-469 – Danske Folkebøger fra 16. og 17. Aarh., ed. J. P. JACOBSEN u. a., III, 1917 – Lit.: S. SINGER, A. v. Tyrus. Unters. über das Fortleben des antiken Romans in späteren Zeiten, 1895, 31, 130 – E. KLEBS, Die Erzählung von A. aus Tyrus, 1899, 378-380 – S. SINGER, A. v. Tyrus (Aufsätze und Vortr., 1912), 79-103 – FINNUR SIGMUNDSSON, Rímnatal I-II, 1966, 36f. – J. DE VRIES, Altnord. Lit. Gesch. 2, 1967², 514f.

VI. SLAVISCHE LITERATUREN: Die wohl auf eine lat. Vorlage zurückgehende tschech. Fassung der A.-Erzählung liegt in 5. Hss. aus dem 15. Jh. und 9 Drucken aus dem 17. und 18. Jh. vor. Eine im 16. Jh. aus dem Tschech. übersetzte poln. Fassung wurde ihrerseits im 17. Jh. ins Russ. übersetzt.

R. Auty

Lit.: N. Å. NILSSON, Die A.-Erzählung in den slav. Lit., 1949.

Apologetik

I. Christentum – II. Judentum.

I. CHRISTENTUM: A., method. durchgeführte Glaubensrechtfertigung (ἀπολογία 'Verteidigung'; ἀπολογεῖσθαι 'verteidigen' bes. forensisch, Apg 25, 8; 26, 2). Infolge der Neuheit und Fremdheit des jüdisch-christl. Glaubens gegenüber der antik-heidn. Kultur, die sich im ganzen nicht zu rechtfertigen brauchte, war A. recht eigtl. Juden und Christen aufgegeben (RAC I, 536ff.). 1 Petr 3, 15 fordert »eine rationale Rechtfertigung bezügl. ihrer Hoffnung (im MA aufgrund sekundärer Lesarten: ihres Glaubens). Apologet. Züge begegnen bereits im Anfang der chr. Lit. (1 Kor 15, 5-8; Mt 28, 11-15; Lk 1, 4; Apg 14, 15-18; 17, 22-32). Als theol. Disziplin ist A. naturgemäß den aktuellen Fragestellungen ausgeliefert. U. a. wurde sie seit dem 19. Jh. in der protestant. Theologie aus philos. und theol. (Dialekt. Theologie) Gründen abgelehnt, wird heute jedoch wieder als notwendig anerkannt (K. ALAND, G. EBELING, W. JOEST, F. HAHN, W. PANNENBERG). In kath. Theologie heißt A. seit dem 19./20. Jh. Fundamentaltheologie, um die positiven Gründe für die Annahme des Glaubens hervorzuheben. Seit der Mitte des 20. Jh. steht sie in Diskussion, was Zielsetzung (apostior., transzendentaltheol., hermeneut.) und Erweiterung (im Sinne theol. Grundlagenwiss. (G. SÖHNGEN) angeht.

[1] Patristik: Der Begriff A. ist seit den Apologeten des 2. Jh. (u. a. Justin, 2 Apologien) üblich (HWP I, 446f.). Der Glaube wurde gegenüber der »Weisheit dieser Welt« als die wahre Philosophie betont (schon seit 1 Kor 1, 20-2, 10b). Tertullian († nach 220), die Philosophie verdammend (→ absurd), Minucius Felix, in dem Dialog »Octavius« ihr günstiger, markieren die Extreme der chr. Reflexion über Vernunft und Glaube. Tertullian wie Origenes († 253/254), »Contra Celsum«, und Eusebius v. Kaisareia († 339), »Praeparatio Evangelica« (AT) und »Demonstratio Evangelica« (NT), arbeiten mit Weissagung-Erfüllung. Philos. setzen sich mit dem Heidentum auseinander: Lactantius († 317), »Divinae institutiones«

(7 Bücher), und bes. Augustinus († 431), 22 Bücher über den Gottesstaat (»De civitate Dei«), veranlaßt durch die Plünderung Roms 410 (Alarich), die den Christen infolge ihrer Ablehnung der Staatsgötter angelastet wurde; das Werk ist geschichtsphilos. wichtig für das MA. Über das Verhältnis von Glauben und Wissen (ratio) handelt Aug. epist. 120 c. 1, wonach der Glaube Voraussetzung der Erkennens des Geoffenbarten ist; doch geht »quantalacumque ratio« dem Glauben voraus, nämlich die Einsicht, daß nur der Glaube die sachgemäße Grundlage für die Erkenntnis der göttl. Geheimnisse ist. Augustin liefert dem MA den Ansatz zu einem Wunderbegriff: De utilit. credendi 16: »Miraculum voco quicquid arduum aut insolitum supra spem vel facultatem mirantis adparet« – 'Ein Wunder nenne ich das, was in der Form in Erscheinung tritt, daß es in schwieriger und ungewohnter Weise den Erwartungs- und Erfahrungsbereich dessen, der sich darüber wundert, übersteigt' (A. KOLPING I, 306/310). Wie Origenes, contra Cels., betonte Augustin später das Gegenwartswunder der Kirche (De fide rerum quae non videntur 4, 7). Der Kampf gegen die »terrorist.« Donatisten rechtfertigt ihm der Anrufung der Staatsmacht (überzogene Exegese von Lk 14, 23), eine gefährl. Art von Glaubensverteidigung. Ein verständnisvolles Gespräch mit dem Islam: Johannes Damaszenus († ca. 750), Dialog eines Sarazenen mit einem Christen.

[2] *Mittelalter:* Nach dem Untergang des Heidentums (5.-7.Jh.) tritt A. der großkirchl. Christologie in den Vordergrund. Die Auseinandersetzung mit dem Judentum, die nach Gregor d. Gr. († 604) freundlich und verbindl., nicht schroff und hart zu führen ist, wurde fortgesetzt (ein ungleicher Kampf angesichts des gettoartigen Zustandes des ma. Judentums). Ihr ma. geistig anspruchsvoller Höhepunkt waren → Maimonides († 1204), »Dux neutrorum« (Führer der Unschlüssigen), einerseits und Albertus M., Thomas v. Aquin, M.Eckhart. Durch das germ. Element war ein empir. Zug in das abendländ. Denken gekommen (vgl. unterschiedl. Liturgieauffassung zw. Florus v. Lyon und Amalar v. Metz 8. Jh.!). Gott, den wir nicht sehen, d.h. nicht empir. erfassen, begann Problem zu werden (→ Anselm v. Canterbury, † 1109 und Otloh v. St.Emmeram, † nach 1070, im Anschluß an Ps 13, 1: »Der Tor spricht in seinem Herzen: Es gibt Gott nicht!«).

Die frühma. Diskussion über das Verhältnis von auctoritas und ratio bemühte sich keineswegs um Ausgleich zw. göttl. verbürgter Wahrheit und dem Erfahrungswissen (A. LANG). Die spirituelle Mönchstheologie (P. Damiani, † 1072, Lanfranc, † 1089) stand der Vernunftbegründung zugunsten »Gottes Weisheit im Mysterion« zurückhaltend gegenüber (damalige Unvollkommenheit der dialekt. Methode!). Gegenüber dem Islam (gleiche monotheist. Herkunft!) ging es um Weissagungserfüllung und Wundertätigkeit Christi, vertieft angesichts der pantheist. Aristoteles-Interpretation des → Avicenna († 1037) und → Averroës (gest. 1198). P. Abaelard († 1142) wirkte äußerst anregend durch seine Methode des Sic et non (A. KOLPING, Einl. 59 f.). Kirchl. Verbote ergingen im 13.Jh. (Gregor IX., DS 824; St. Tempier v. Paris 1270 und 1277, auch Thomas v. Aquin betroffen) gegenüber der aristotel. Philosophie. Begegnung mit dem arab. Aristotelismus führte in der Artistenfakultät Paris zur method. Scheidung zw. der natürl. Erkenntnis und dem durch göttl. Autorität (mittels menschl. auctoritates) garantierten Heilswissen: Die Gefahr der doppelten Wahrheit! → Boethius de Dacia (vgl. H. SCHRÖDTER, Boeth. v. Dac. und die Autonomie des Wissens, ThPh 47, 1972,

16-35). Bonaventura († 1274) hielt augustinisch eine von der Theologie unabhängige Philosophie für unzulässig (mit Konsequenzen für die A.: keine Summa contra Gentiles!).

Klärung brachten Albertus Magnus durch seine Aristoteles-Paraphrasen und Thomas v. Aquin durch die system. Verarbeitung der aristotel. Denkansätze. Dessen Summa c. Gentiles (1248/?64) wurde »eine Verteidigung des chr. Denkens im Ganzen gegenüber der gr.-arab. wissenschaftl. Konzeption vom Universum, die sich damals dem Abendland erschließt« (M.D. CHENU). Thomas legte den Grund zu der apologet. höchst bedeutsamen Trennung dessen, was natürlicherweise, also auch aufgrund der menschl. Vernunft kennbar ist, von dem, was wir nur aufgrund der Offenbarung wissen können: Weil die Mohammedaner die Hl. Schrift nicht anerkennen, ist es nötig, »ad naturalem rationem recurrere, cui omnes assentire coguntur quae tamen in rebus divinis deficiens est« – 'sich auf die natürl. Vernunft zu beziehen, der alle zustimmen müssen; in göttl. Dingen ist sie freilich unzureichend' (ScG I, 2). Doch führt er diese Ansätze noch nicht zu zwei dem Formalobjekt nach verschiedenen Disziplinen A. und Dogmatik durch, vielmehr beabsichtigt er, »veritatem quam fides catholica profitetur, pro nostro modulo manifestare, errores eliminando contrarios« – 'die Wahrheit, die der kath. Glaube bekennt, nach unserem Vermögen darzulegen und dabei entgegenstehende Irrtümer auszuschließen' (ScG I 2). Heute vorgeschlagene Form einer »hermeneutischen« Fundamentaltheologie knüpft u. a. hier an (K. RAHNER u. a.).

Schon im 12.Jh. hatte sich entgegen anfängl. Rationalismus die Überzeugung durchgesetzt, daß die Glaubenswahrheiten für den Menschenverstand (nicht in sich!) wesentl. uneinsichtig sind. Daher sah man als Aufgabe, den Glauben wenigstens im *Ganzen* zu sichern ›fidem piam atque veridicam et salutarem in universali stabilire«, → Wilhelm v. Auvergne, † 1249). Die Aufgabe der spekulativen Theologie und der A. werden nun geschieden von der Aufgabe der positiven Theologie und der A. (A. LANG). Die Reflexion über die Stufen des apologet. Beweisganges erfolgt (Philipp d. Kanzler † 1236) im Rahmen der aristotel. Wissenschaftstheorie (scientia = scientia conclusionum!): Die allen Wissenschaften vor- und übergeordneten Erkenntnisgrundlagen und Gesetze (principia communia, dignitates, antecedentia) sind in der Theologie die praeambula fidei i. w. S. (Thom. in Boeth. de Trin. 2, 3): die religiös-sittl. Grundwahrheiten wie Existenz Gottes, Unsterblichkeit der Seele, Verpflichtung des Sittengesetzes. Die Grundlagen, aus denen die Folgerungen (conclusiones) gezogen werden (principia propria), sind hierbei die Glaubensartikel. Die rationale Begründung der Credibilität des uneinsichtigen chr. Glaubens umfaßt die nähere Festlegung und Umgrenzung der antecedentia. Neben die Sicherung der natürlich erkennbaren ethischen und religiösen Grundwahrheiten (die praeambula fidei i. w. S., Thomas) treten durch Albertus Magnus als Voraussetzung die wichtigsten Stufen des fundamentaltheol. Beweisweges, von der »metaphysischen Begründung des absoluten Zeugniswertes der göttl. Offenbarung über den hist. Nachweis der Offenbarungstatsache bis zum Aufweis der konkreten Offenbarungsquellen« (A. LANG).

Das Wunder (A. KOLPING, LThK² X, 1261 ff.) wurde jetzt zum maßgebenden Kriterium des chr. Offenbarungsanspruches. In Abkehr vom weiter gefaßten Wunderbegriff Augustins (Alexander v. Hales! Vgl. A. LANG, Entfaltung 112, ebd. A. 11), der noch nicht so wesentl.

einen Unterschied des geschöpfl. Mitwirkens hinsichtl. der alltägl. und außerordentl. Wunder Gottes machte, wurde das Wunder jetzt ausschließl. von der Nichtbeteiligung der geschöpfl. Ursächlichkeit her (nulla mediante natura, →Wilhelm v. Auxerre) definiert (A. KOLPING). Im apologet. Sinn ist Wunder das, was prinzipiell Gott allein tun kann (Thomas v. Aquin). Zur Auseinandersetzung mit dem span. Mohammedanismus gründeten Dominikaner (Raimund v. Peñafort, † 1275 und Raimundus Lullus, † 1315) Missionsschulen. Das »Handbuch« der Islam-Auseinandersetzung, Raimund Martini († 1284), »Pugio fidei adversus Mauros et Judaeos«, ist ein Beispiel der militanten Glaubensverteidigung, die später in die Formen der Inquisition überging. Im 14.Jh. wurde die skept. Frage laut, ob Wunder feststellbar seien. »Der psycholog. Bedeutung der Wertmotive [war sich die intellektualist. Scholastik] nicht ausdrückl. bewußt« (A. LANG). Heinrich v. Oyta († 1396) hat schon Ansätze zu einer Systematik der apologet. Probleme, in der die äußeren Grundlagen des Glaubens (principia extrinseca fidei) von den inneren (Offenbarung, Schrift und Kirche) unterschieden werden.

Die platon. Betrachtungsweise durch Humanismus und Renaissance vermochte nicht nachhaltig die A. zu beeinflussen. Nikolaus v. Kues († 1464) bemühte sich seit dem Basler Konzil um Einheit der in O und W getrennten Christenheit (»De concordantia catholica«); im Dialog »De pace fidei« (1453), nach dem Fall Konstantinopels, weitete er den Blick auf die verschiedenen Religionen und Völker: In der von Petrus repräsentierten Kirche seien alle religiösen Anliegen erfüllt. Dem Islam (Cribratio Alchoran) suchte er das Verständnis der göttl. Mysterien zu öffnen (R. HAUBST).

Das Kirchenproblem rückte durch Wyclif († 1384) und Hus († 1415) im SpätMA in den Blick (Verteidigung der kirchl. Amtsträgerschaft). Johannes v. Ragusa (1431) im Anschluß an Augustins Spätwerk und Johannes Torquemada (1468) im Anschluß an die vier Eigenschaften der Kirche (Nizäno-Constantinopolit.) suchten die wahre Kirche zu begründen. Die Reformation, durch die die Einheit der ma. Christenheit zerbrach, ließ die Frage nach der wahren Kirche Christi zum Mittelpunkt der apologet. Bemühung werden. A. Kolping

Lit.: LThK² I, 723-731 – RAC I, 533-543 – RGG I, 477-495 – HWP I, 446f. – K.WERNER, Gesch. der apologet. und polem. Lit. der chr. Theologie, 5 Bde, 1861/67 [Repr. 1966] – A.LANG, Die Entfaltung des apologet. Problems in der Scholastik des MA, 1962 – DERS., Die theol. Prinzipienlehre der ma. Scholastik, 1964 – A.KOLPING, Fundamentaltheologie I, 1967, Einl. § 3 – H.STIRNIMANN, Erwägungen zur Fundamentaltheologie, FZThPh 91, 1977, 291-365 [Lit.].

II. JUDENTUM: In Auseinandersetzung mit der innerjüd., antirabbin. Bewegung der Karäer und mit dem theol. Anspruch des Islam und der (arab. schreibenden) Christen entstand die früheste jüd. A. des MA (David al-Muqammiṣ, 9.Jh.). Aus der spätantiken Polemik wirkten dabei zwei Topoi weiter: Der (wechselseitige!) Vorwurf des Aberglaubens und die Grundüberzeugung, daß die herrschenden Weltmächte ('Edom'/'Esau' = Christentum; 'Ismael' = Islam) als viertes Weltreich des Danielbuches über kurz oder lang von der Herrschaft Gottes bzw. Israels abgelöst werden. So v.a. in der religiösen Dichtung und in der Bibelexegese, wo zudem laufend die christolog.-allegor. AT-Auslegung der Kirche durch Hervorhebung des Wortsinns ad absurdum geführt wird. Zugleich wurde die Konfrontation mit der in Christentum und Islam bereits wirksamen Philosophie zum internen Problem. Dem Nachweis der Vereinbarkeit von Vernunft (und Wissenschaft) und überlieferter Religion dienten die meisten der erhaltenen religionsphilos. Werke (→ Saadja; → Maimonides); z.T. mit demonstrativer Bevorzugung der (eigenen) Offenbarungsreligion (Jehuda → Hallevi, »Das Buch Kuzari«), im SpätMA unter Abwehr des im Gefolge der Theologie des Maimonides wirksamen Averroismus (Chasdaj → Crescas; Isaak → Abravanel, → Averroës). Die gesonderte Auseinandersetzung mit dem Christentum (im W) begann im 12.Jh. als Reaktion auf eine durch Konvertiten und ein neues Missionsinteresse bewirkte Flut von Adversus-Judaeos-Schriften mit genauerer Kenntnis jüd. Quellen. Zur Festigung und kontroverstheol. Schulung der eigenen Glaubensbrüder entstanden apologet.-polem. Werke in hebr. Sprache, das erste von Jakob b. Reuben (»Die Kriege des Herrn«) von ca. 1170 in S-Frankreich. Die Betonung des Wortsinns bei der AT-Auslegung zur Abwehr der Behauptung, das »Gesetz des Mose« sei überholt und die prophet. Weissagungen seien in Christus erfüllt, eine gezielte NT-Kritik und die Benützung philos.-rationaler Argumente zur Kritik an den christlichen Hauptlehren (Trinität, Inkarnation) verliehen dem Judentum einen rationalist. Zug. Die Betonung der religionsgesetzl. Tradition als alleiniger Norm – ein takt. Rückzug auf »dogmatisch« irrelevante Überlieferungen – vergröberte den Eindruck der »Gesetzlichkeit«; »Rationalismus« und »Gesetzlichkeit« wurden daher in der Neuzeit feste Bestandteile der chr. Kritik am Judentum. Die jüd. A. gibt also nur begrenzten Aufschluß über die Inhalte der jüd. Religion selbst. Dies gilt v.a. für Aussagen im Zusammenhang mit den ma. Religionsdisputationen, in denen die jüd. Teilnehmer unter großen Risiken sich darauf beschränken mußten, die irrationalen Angriffsflächen des Gegners aufzudecken und die eigenen (→ Kabbala!) tunlichst auszuklammern. J. Maier

Quellen-Bibliogr.: J.ROSENTHAL, Sifrût ha-wikkûªḥ ha'anti-nôṣrît, 1960 – Quellensig., Lit.: BARON V, 82ff.; IX, 55ff., 97ff.– M. GOLDSTEIN, Jesus in the Jewish Tradition, 1950 – O.S. RANKIN, Jewish Religious Polemic, 1956 [Repr. 1970] – M.WAXMAN, A Hist. of Jewish Lit., 2, 526ff. – J.KATZ, Exclusiveness and Tolerance, 1961 – H.-J. SCHOEPS, The Jewish-Christian Argument, 1963 – K.H.RENGSTORF-S. v. KORTZFLEISCH, Kirche und Synagoge I, 1968, 307ff. – D. EISENSTEIN, Oṣr Wikuḥim, 1969² – MAIER, Religion, 398ff. [Bibliogr.].

Apophthegmata patrum (halb gr., halb lat. Titel), kann übersetzt werden mit 'Aussprüche' oder 'Sinnsprüche' der sog. »Väter«, berühmter Einsiedler und Mönche in der ägypt. Wüste im 4./5.Jh. Bes. auf Asketen aus Nitrien, Theben und der sket.Wüste gehen die A.p. zurück. Sammlungen solcher Sinnsprüche waren schon im heidn. Altertum beliebt. Als neues Element tritt jedoch der Geist des chr. Mönchtums hinzu, der inspiriert und den Logoi, Anekdoten und Parabeln der ägypt. Asketen Farbe gibt. Die uns erhaltenen Sammlungen wurden vermutl. erst mündlich, und zwar in kopt. Sprache, falls nicht z.T. auf Gr., überliefert. Bald aber fanden sie im Gr. eine geschriebene Festlegung in doppelter Weise: 1. alphabet. Sammlung nach den Namen der Asketen (von Antonios an bis 'Ὦϱ: Or); 2. Ordnung nach Tugenden und asket. Gesichtspunkten, wobei jedoch oft die alphabet. Reihung Spuren hinterlassen hat. Die erste Form ist noch in gr. Sprache erhalten. Das älteste Zeugnis der zweiten systemat. Anordnung hingegen ist in lat. Sprache noch vor der Mitte des 6.Jh. überliefert in der Übersetzung zweier röm. Kleriker (Pelagius und Iohannes) und eines Anonymus in 21 (+ 2) Kapiteln der »Adhortationes SS. Patrum ad profectum perfectionis monachorum« (auch als »Verba Seniorum« bekannt). Dazu kamen ebenfalls in lat. Sprache der kleine Anhang des Martinus Bracarensis (Dumiensis) »sententiae patrum aegyptiorum« in 42 Kapiteln mit ca. 147/48 (als 127 numeriert) A., noch kurz vor 550, und die Übersetzung von Paschasius Dumiensis »Liber geronticon de octo principalibus vitiis«, um 550, in 101 Kapiteln und mit 358 A. Auch andere Übersetzungen in alte Sprachen, Koptisch (-Sahidisch), Armenisch, Syrisch, sogar Arabisch, zeigen, welche Ausbreitung die A. p. fanden. Mehr noch, die A. p., oft von tiefem Inhalt und hohem geistl. Wert, wurden auch später (zw. 14./15.Jh.) in moderne germ. oder roman. Sprachen übertragen, wie es z.B. die ma. katal. Übersetzungen aus der Mitte des 14.Jh. zeigen. Schon von Benedikt v. Nursia gekannt und zitiert, blieb meist ihr Einfluß trotz der sehr großen Verbreitung gering. Columba Batlle

Ed.: gr.: J.B.COTELIER, Eccl. Gr. monumenta I, 1677, 338–712 – MPG 65, 71–440 – F.NAU, Hist. des solitaires égyptiens, ROC XII, 1907, 48–69, 171–189, 393–413; XIII, 1908, 47–66, 266–297; XIV, 1909, 357–379; XVII, 1912, 204–211, 294–301; XVIII, 1913, 137–146 – J.C.GUY, La collation des douze anachorètes, AnalBoll 76, 1958, 419–427 – DERS., Recherches sur la tradition gr. des ›A.P.‹, Sub. Hag. 36, 1962 – lat.: H.ROSWEYDUS, Vitae Patrum. De vita et verbis seniorum sive hist. eremiticae libri X, Antwerpen, 1628⁸ – MPL 73, 850–988, 993–1022, 1025–1059, 1060–1062; 74, 381–394 – C.W.BARLOW, Martini episc. Brac. opera omnia, 1950 – L.REGNAULT, Les sentences des pères du dèsert, 3 Bde, 1966–75 – J.G.FREIRE, A versão lat. por Pascásio de Dume dos A. P., 2 Bde. [Diss. Coimbra 1971], I: Text, 159–333 – C.M.BATLLE, ›Vetera nova‹. Vorläufige krit. Ausg. bei Rosweyde fehlender Vätersprüche, Fschr. B.BISCHOFF, 1971, 32–42 – A.WILMART, Le recueil lat. des Apophthegmes, RevBén 34, 1922, 185–198 – Lit.: W.BOUSSET, Apophthegmata (Stud. zur Gesch. des älteren Mönchtums), 1923 – C.M.BATLLE, Die ›Adhortationes SS. Patrum‹ (›Verba seniorum‹) im lat. MA, Beitr. z. Gesch. des alten Mönchtums H. 31, 1971.

Aportellados, Beamte des span. → Concejo, die ein städt. Amt, einen festgelegten portiello, innehatten und unter Beachtung der → Fueros Verwaltungsaufgaben und Anordnungen der Justiz durchführten. Für die Zeit ihrer Amtsausübung waren die A. in der Regel von Abgaben an den Concejo befreit. Zu den A. zählen der → Merino (→ Bayle); der → Almotacén; städt. Notar und Schreiber; die Gerichtsboten (Apparitores; Andadores); der Corredor del Concejo, der mit dem Verkauf der Waren aus städt. Eigentum betraut war; die Steuereinnehmer (Cogedores); der Portazguero (→ Portazgo); die Ausrufer (Pregoneros); → Sayon, → Portero, → Alguacil; die berittenen Waldhüter (Montaneros, Caballeros del Monte); die Wächter der Viehweiden (Deheseros) und Weinberge (Viñaderos). L.Vones

Lit.: L. G. DE VALDEAVELLANO, Curso de Hist. de las instituciones españolas, 1975⁴, 546.

Aposentador, mit der Vorbereitung des Ortes, durch den der König auf der Reise kam, beauftragter Beamter (Partida II, tit. 9, 1. 15). Im Palatium der chr. Kg.e Spaniens im HochMA wurde en als Posadero (Pausatarius) geführt; erst später bürgerte sich für Kastilien der Titel A. ein, während der entsprechende Amtsträger der Krone Aragón als Posader bezeichnet wurde. Unter den kath. Kg.en gab es mehrere Aposentadores de Corte, die auch für die Unterbringung kgl. Beamter auf offiziellen Reisen zuständig waren. Der A. war auch der »Quartiermeister«, der für die Unterbringung und Verproviantierung einer auf dem Marsch befindl. Truppeneinheit verantwortl. war und Zwischenfälle, die mit den lokalen Behörden oder der örtl. Bevölkerung auftreten konnten, zu regeln hatte. M.J.Peláez/L. Vones

Lit.: E.MAYER, Hist. de las Instituciones sociales y políticas de España y Port., 1925–26 – N.GUGLIELMI, Posada y Yantar. Contribución al estudio del léxico de las instituciones medievales, Hispania, 26, 1966, 5–40, 165–219 – R.GIBERT, Hist. Gen. derecho español, 1974, 228.

Apostasie
I. Moraltheologie – II. Kirchenrecht – III. Judentum – IV. Islam.

I. MORALTHEOLOGIE: A. (gr. ἀποστασία 'Abfall') ist im enggefaßten Sinn des theol. Begriffes der Abfall vom chr. Glauben, die Abwendung von Gott, dem höchsten Gut (Albertus M., S. th. II tr. 4 q. 18 m. 2 a.1., ed. BORGNET 32, 232). In heilsgesch. Betrachtung wird die A. an den gefallenen Engeln und am → Antichrist demonstriert, der die luziferische A. rekapituliert, diese wird als endzeitl. Phänomen im Zeitgeschehen gesucht und gefunden. – Thomas v. Aquin, S. th. II–II, 12, hat A. zusammen mit Häresie dem Unglauben zugeordnet und moraltheologisch analysiert. In ihrer extremen Gestalt ist A. nicht nur die äußerste Form des Unglaubens und also der Gottferne und des Unheils (ebd. a. 1 ad 2), sie ist immer auch eine spezif. Form des (geistigen) Stolzes und so spezif. Merkmal der Sünde (ebd. Iᵃ IIᵃᵉ q. 84 a. 2 ad 2). Zur scholast. Frage des Wiederauflebens (vergebener) Sünden aufgrund von A. vgl. LANDGRAF, Dogmengeschichte IV. 1, 229–235. Weil A. auch die Gehorsamspflicht gegenüber der Kirche verletzt, hielt Thomas ebd. II–II, 12 a. 2 eine Bestrafung des Apostaten für legitim. Dessen Untertanen können durch richterl. Spruch der Kirche von der Pflicht zur Treue und Gefolgschaft entbunden werden. In einer »geschlossenchristl.« Gesellschaft gilt A. als polit. Vergehen. Die Frage eines aus Überzeugung und Gewissensentscheid erfolgten Abfalls vom Glauben stellte sich für Thomas v. Aquin nicht. H.Kramer

II. KIRCHENRECHT: A. bezeichnet im weiteren kirchenrechtl. Sinne die eigenmächtige, strafbare Lösung aus einer unwiderrufl. Bindung, nämlich: apostasia perfidiae, Abfall vom Glauben (Cod. Theod. XVI 7; Cod. Iustin. I 7 l. 1; C. II qu. 7 c. 24; X 5, 9; in VIᵗᵒ 5, 2 c. 7), damals als qualifizierte Ketzerei oder Häresie geltend; apostasia a clericatu, Abfall vom geistl. Stand (X 5, 9 cc. 1, 3); apostasia a monachatu, Abfall vom Ordensstand (X 5, 9 cc. 5, 6). A. Scheuermann

Lit.: DDC I, 640–674 – HRG I, 194f. – P.HINSCHIUS, System des Kath. Kirchenrechts IV, 1888/1959, 742; V, 1893/1959, 158f., 686f. – PLÖCHL II, 1962², 297 – Sacramentum mundi I, 1967, 280–284.

III. JUDENTUM: In der Antike spielte im Judentum die A. eine vergleichsweise geringe Rolle, erst mit dem Aufkommen von Christentum und Islam kommt ihr eine größere Bedeutung zu. Von chr. Seite setzten schon früh Versuche ein, Juden zur Konversion zu veranlassen, wobei neben chr. Missionaren oft jüd. Apostaten gegen ihre frühere Religion auftraten und sie in theol. Disputationen angriffen. Die bessere soziale und rechtl. Stellung der Getauften war fast immer für den Glaubenswechsel maßgebend. Zwangsweise durchgeführte Konversionen größeren Ausmaßes fanden im 13.Jh. u.a. in S-Italien statt. In Spanien wurden im 15.Jh. zehntausende Juden zur Taufe gezwungen (Marranen), die sich vielfach weiterhin heiml. als Juden bekannten und nach der Vertreibung 1492 zu ihrem Glauben zurückkehrten; diese können nicht eigtl. als Apostaten gelten. Im Bereich des Islam kam es während der almohad. Herrschaft Mitte des 12.Jh. in Spanien und N-Afrika zu Zwangsübertritten in größerer Zahl.

Für das jüd. Religionsgesetz bleibt der Apostat zeit seines Lebens Jude, er wird als »Sünder und Gesetzesübertreter« (→ Maimonides) angesehen. Dem zum Judentum Übergetretenen (Proselyt) begegnet man mit einer grundsätzl. positiven Einstellung. P.Freimark

Q.: Hermannus quondam judaeus opusculum de conversione sua, ed. G.NIEMEYER, MGH (Q. zur Geistesgesch. des MA, IV. Bd., 1963) – Lit.: BARON, Ind. zu Bd. I–VIII, s.v. »converts and conversion«, 1960 – Y.BAER, A hist. of the Jews in Christian Spain, 2 Bde, 1966.

IV. ISLAM: A., arab. *ridda, irtidād;* der Apostat: *murtadd,* pl. *murtadda.* Abfall vom Islam wird im Koran an mehreren Stellen erwähnt und mit schweren *Strafen im Jenseits* bedroht. Allerdings ist auch die Möglichkeit der Umkehr, die die barmherzige Vergebung Allahs zur Folge hat, vorgesehen. *Weltliche* Strafen, durchweg die Todesstrafe, für A. begegnen erst in (angeblichen) Prophetenaussprüchen und finden von dort Eingang ins islam. Recht. Während sich die islam. Juristen über die Todesstrafe für männl. Apostaten einig sind, differieren ihre Meinungen über die Möglichkeit und die Modalitäten einer Rückkehr zum Islam mit Folge der Strafverschonung. Tendenziell ist eine Rückkehr anscheinend erwünscht. Bei weibl. Apostaten hält man Gefängnis in Verbindung mit Schlägen für ausreichend, um sie zur Umkehr zu veranlassen. Apostaten verlieren endgültig oder vorläufig (bis zur Rückkehr zum Islam) ihren Besitz; eheliche Bindungen von Apostaten gelten als aufgelöst.

Der Vorwurf der *ridda* wurde in der islam. Geschichte öfter zur Disqualifizierung religiös-polit. Gegner benutzt. So von den medinens. Muslimen nach dem Tode des Propheten gegenüber den noch nicht islamisierten oder steuerunwilligen Beduinen auf der Arab. Halbinsel (Zeit der ridda) oder von religiösen Minoritäten gegenüber der jeweiligen Majorität (z.B. von den Ḫāriǧiten). A. unter Zwang galt nicht als Vergehen. Umgekehrt wurde den unter dem Fātimiden Al-Ḥākim zwangsislamisierten Christen von Ḥākims Nachfolger die »A.« zum Christentum freigestellt. A. Noth

Lit.: HIs., 413 f., s.v. murtadda – S. M. ZWEMER, The Law of A. in Islam, 1925.

Apostel
A. Theologie – B. Ikonographie – C. Volkskunde
A. Theologie
I. Apostel – II. Apostolisch.

I. APOSTEL: [1] *Die Bedeutung der Apostel für die Kirche:* Die Kirche der nachapostol. Zeit weiß, daß sie mit Gott durch Christus verbunden ist, mit Christus durch die A., und mit diesen durch den Glauben, den sie von ihnen und ihren Nachfolgern, den Bischöfen (→ Bischof, Bischofsamt, theol.) empfangen hat. Dieses Wissen um die Bedeutung der A. beinhaltet im einzelnen:

1. Sie sind Fundamente der Kirche und ihre ersten Anfänge: »in ipsis ecclesiae tuae fundamenta constituens« (Sacr. Leon. FELTOE, 37, vgl. 39, 41, 44, 49, 157; Sacr. Veron., MOHLBERG II, 155; Sacr. Gregor. unter gallogerm. Einfluß des 7.Jh., MPL 78, 50; Hilarius, CSEL 22, 286; Johannes Chrys. MPG 56, 182; Augustinus, MPL 23, 554). Diese Auffassung der Kirchenväter findet im MA zahllose Nachfolger. Die A. sind die Säulen, die den Bau der Kirche tragen (LCI I, 154–155, 161; Innozenz III., MPL 217, 420–421); innerhalb des Leibes der Kirche sind sie der Knochenbau (Innozenz III., MPL 217, 420–421).

2. Die A. sind dies alles durch die Lehre, denn sie sind »praedicatores, doctores fidei«. Nur durch die Vereinigung mit ihnen wird man zum Christen: »Quicumque societatem cum deo habere desiderant, primo ecclesiae societati debent adunari, illamque fidem addiscere et eius sacramentis imbui quam apostoli ab ipsa praesente in carne Veritate perceperunt« – »Wer die Gemeinschaft mit Gott ersehnt, muß zunächst Gemeinschaft mit der Kirche haben, sich den ewigen Glauben aneignen und in seine Sakramente eingeführt werden, den die A. von der im Fleisch gegenwärtigen Wahrheit selbst empfangen haben« (Florus v. Lyon, MPL 119, 49D). Die Grundlagen des kirchl. Lebens werden den A.n zugeschrieben: Neues Testament; Apostol. Glaubensbekenntnis; Ambrosius, MPL 16, 1174; Rufinus, Com. in Symb. Apost.; die canones der A. (wiederaufgenommen bei → Rather v. Verona, → Petrus Damiani, → Balsamon), die ungeschriebenen Traditionen (vgl. Thomas v. Aquin, S. th. III q 25 3 ad 4), die hierarch. Strukturen der Kirche. Die pseudoapostol. Dekretalen (des → Isidor) schreiben den Märtyrerpäpsten und sogar Clemens, dem vermeintl. Verfasser eines Briefes an den Herrenbruder Jakobus d.J., die kirchl. Strukturen des 9.Jh. zu. – Kirchenprov., Patriarchate, Diöz. werden auf die A. zurückgeführt (vgl. Rupert v. Deutz, De div. off. I, 27). Seit einer Predigt des 6.Jh., die fälschl. Augustinus zugeschrieben wurde (Sermo 240, MPL 39, 2189–2190), ordnete man jeden der zwölf Sätze des Symbolum einem der A. zu – allerdings nicht immer den gleichen Text dem gleichen A.

3. Zur Erfüllung ihrer Mission sind die A. mit Gnaden und charismat. Fähigkeiten ausgestattet. Da sie die Lehre unmittelbar vom fleischgewordenen Wort empfangen haben, besitzen sie die Kenntnis aller Wahrheit, die zum Heil notwendig ist; am nächsten der Quelle und am Beginn des Christentums stehend, haben sie die höchste spirituelle Vollkommenheit erlangt; Thomas v. Aquin erkennt ihnen sogar den bleibenden Stand in der Gnade zu (Ver. q 24, 9; LEMONNYER).

4. Die Ikonographie wie das Breviarium Apostolorum (6.Jh.) und ebenso das Fest der Divisio Apostolorum bekräftigen zwei Dinge: Zum einen die Einheit der Apostelgemeinschaft, zum anderen die Zerstreuung der A. in alle Welt, um die Kirchen zu begründen; apostolus ist gleichbedeutend mit missus (Paschasius Radbertus, MPL 120, 409). Die Aufzählung, die am Ende von Isidors »De ortu et obitu Patrum« steht, drückt die beiden miteinander verbundenen Grundtatsachen treffend aus: »Hi fuerunt Christi discipuli, praedicatores fidei et doctores gentium, qui cum omnes unum sint, singuli tamen eorum propriis certisque locis in mundo ad praedicandum sortes proprias acceperunt« – »Diese waren die Jünger Jesu, die Prediger des Glaubens und Lehrer der Völker, die, obwohl alle eins sind, dennoch je für sich zur Verkündigung an ihrem jeweiligen Ort in der Welt ihr individuelles Schicksal erlitten.« (MPL 83, 154; vgl. Isidor, De eccl. Off. II, 3, 6, erneuert durch das Reformkonzil v. Aachen 816). Das Fest der »Divisio Apostolorum« ist seit dem 9.Jh. bezeugt; es wurde um die Julimitte gefeiert, vielfach am 15. Juli. Das Fest war verbreitet in Deutschland (bis etwa 1500) sowie in den skand. Ländern, sehr wenig jedoch in Italien, wenig auch in England und überhaupt nicht in Spanien und im Bereich der Ostkirche. Die A., zu einem Leib verschmolzen, sind in alle Welt zerstreut worden, »ut in unam universi fideles colligerentur fidem« – »um alle Gläubigen in einem Glauben zusammenzuführen«. Im 9.–11.Jh. werden in zahlreichen Kirchen Legenden erfunden, welche die angebl. Gründung durch einen der A. oder einen der 70 Jünger der A. zum Gegenstand haben.

5. Die A. und die hl. Stifter sind stets gegenwärtig und wirken auf die Kirchen ein, »in quibus et apostoli quotidie sedent« (Brief des Konzils v. Arles 314 an Silvester, CSEL 26, 207). Diese Vorstellung wird durch die Päpste Siricius, Coelestin und Leo wieder aufgenommen, ebenso in der Präfation des Sacr. Gregor. für das Peter-und-Paul-Fest: »per beatos apostolos tuos continua protectione custodias, ut iisdem rectoribus gubernetur...« – »durch deine hl. A. mögest du die Kirche ständig beschützen, damit sie durch dieselben Leiter gelenkt werde...« (ed. DESHUSSES, Nr. 591). Diese Präfation (Hochgebet der Messe), zweifellos vom hl. Gregor verfaßt, übernahm die Thematik und selbst die Terminologie vom Sacr. Leon. (Veronense, ed. MOHLBERG Nr. 316, 341). Es gibt eine ständige Gegen-

wärtigkeit der A. in der Kirche. Der Papst insbes. vertritt den hl. Petrus selbst (→ Papst, theol.; vgl. K.D. SCHMIDT, Papa ipse Petrus, ZKG 54, 1935, 267-275). So schreibt Stephan II. an Pippin: »Ego, apostolus Dei Petrus«, MGH Epp. 3, 501. Der dem Papst geleistete Lehenseid gilt dem Petrus (Gregor VII., Innozenz III.).

6. Das NT verlieh den A.n eine eschatolog. Rolle: Sie würden gemeinsam mit dem Herrn am Jüngsten Tag zu Gericht sitzen (Mt 19, 28; Lk 22, 30; Offb 20, 4) und nach der Offb werden die Grundsteine des → Himml. Jerusalem die Namen der A. tragen (Offb 21, 14). Die Thematik der Beteiligung der A. am Weltgericht scheint in der Literatur allerdings nicht sehr entwickelt und verbreitet gewesen zu sein. Das Thema des Himml. Jerusalem wird nicht in eschatolog. Weise behandelt, sondern in Hinblick auf die gegenwärtige Kirche aktualisiert, oft mit Bezug auf Ps 86, 1 (Vg), wo die »fundamenta in montibus sanctis« mit den »portae Sion« vereinigt sind; so bei Augustinus (in Ps. 81, 4; Sacr. Leon., ed. FELTOE 43 und 26; Rupert v. Deutz, in Apc. XII, MPL 169, 1197). Dieser Vers aus Ps 86 sagte viel aus; denn seit Augustinus bedeutete Jerusalem den Himmel, Sion die ird. Kirche: so waren die A. im Himmel Fundament, hier auf Erden jedoch Pforte. Der Afrikaner Primasius (6.Jh.) aktualisiert auch den Text der Offb (vgl. MPL 68, 924 C). Daher ist die Kirche der Tempel Gottes, oben, im Himmel, gegründet (Thomas v. A. in Eph c. 2 lect. 6), denn »in spiritualibus fundamentum est supremum« (Aug., in Ps 29, II, 10; Bonavent., Coll. Hex XXII, 4).

[2] *Verehrung der Apostel* (zu den Anfängen des Kultes vgl. DACL I/2, 26-31f.): Ein Apostelfest wurde in Rom in der Oktav von Peter und Paul gefeiert (MPL 54, 144; LCI I, 152; Feste der einzelnen A. vgl. unter deren Namen). Zahlreiche Gebete an die A. entstanden: Sanctissimi Apostoli (WILMART, Precum libelli 16); Domine J.C. qui dedisti potestatem (WILMART, Downside R. 48, 205); Deus propitius esto mihi peccatrici, 11.Jh. (J. LECLERCQ, Gregorianum 49, 1968, 134-154). In der ma. Lit. finden sich unzählige symbol. Namen und Anrufungen der A.: Sie sind coeli, nubes (Augustinus, in Ps 96), stellae, pedes (Augustinus, MPL 37, 1167), collum (Beda, MPL 91, 1133), oculi, ossa (= columnae: Athanasius, Augustinus). Für die Abbildung jedes A.s gab es Regeln (vgl. RevBén 42, 1930, 76; 56, 1947, 217; LCI I, 150-173).

[3] *Der Titel »Apostel«*: In frühchr. Zeit und im MA erfolgte eine Ausdehnung des Titels »Apostel« über die zwölf Jünger hinaus. Der apostolus schlechthin ist Paulus (»quia pluribus est apostolis notior et plus omnibus illis laboravit« – »weil er bekannter ist als viele A. und mehr als sie alle sich gemüht hat«; Augustinus, C. duas ep. Pelag. III, 3, 4). Andere als A. bezeichnete Persönlichkeiten sind: die 70 Jünger (Theodoretos, MPG 82, 330), die Sieben (Menologion des 12.Jh., MPG 39, 487, 490 Anm.); Timotheus und Titus, die Samariterin (Theophylaktos, MPG 123, 1241f.); Magdalena, die »apostola apostolorum« (Bernhard, Cant. Sermo 75, 8). Das Grab Konstantins, des »Apostelgleichen« der Ostkirche, ist von zwölf Kenotaphen umgeben und Theodoretos nennt ihn den »göttl. A.« (HE 1, 2). Die Missionare, die ein Land oder Volk christianisieren, werden als A. dieser Gegend bezeichnet, z.B. → Augustinus, der Bekehrer Englands (Vita: MPL 80, 66), ebenso wie Gregor d. Gr., der ihn ausgesandt hatte (Beda, Hist. eccl. 2, 1). Zahllose andere Missionare erhalten diesen Beinamen (Liste bei KLOSTERMANN, 95-98). Alle diese Persönlichkeiten wurden zum Gegenstand der Verehrung, ihr Grab und ihre Reliquien häufig auch zum Ziel von Wallfahrten.

II. APOSTOLISCH: Dieses Adjektiv hat viele Bedeutungen (KLOSTERMANN, 129f.). Das Suffix – ικος oder -icus, -ica (lat.) hat als Grundbedeutung 'zu etwas gehörig' (apostolicus = zu einem A. gehörig). Es wird v.a. auf folgende Institutionen, Personen und Begriffe bezogen: auf cathedrae, sedes oder ecclesiae; auf Bf.e; auf den Papst; auf die allesumfassende Kirche; auf die → Vita apostolica.

[1] Tertullian und Cyprian hatten Augustinus die Beziehung zu den »ecclesiae apostolicae« vermittelt (Ep. 43, 7; 52, 3; C. Litt. Pet. II, 118, 162; BATIFFOL, 164). In der Ostkirche bezeichnet Sozomenos diejenigen Bischofssitze als apostolisch, die dann von → Patriarchen eingenommen werden. Dieser Gebrauch ist im Westen seltener geworden, zumal im präzisen Sinn einer von einem A. oder einem Aposteljünger gegr. Kirche: zu erwähnen ist noch Pelagius II., Ep. Dilectionis vestrae 585/86 (Ep. 43, 713; MGH Epp II, 447). Doch ist im 5.-7. Jh. der Ausdruck für jeden Bischofssitz gebräuchlich (MAROT, 61f.; MACCARONE, 190f.). Desgleichen bezeichnet man die Bf.e als apostolici (viri), so im 4.Jh. Athanasius, Hilarius, Gregor v. Elvira, Karl d.Gr. 772 (MGH DD Karol., Nr. 66, 95); im 12.Jh. Rupert v. Deutz (MPL 170, 23). Doch seit dem 4.Jh. beginnt man in der Westkirche dazu über, die Bezeichnung sedes apostolica auf Rom zu beschränken. Der Ausdruck findet sich häufig bei Damasus (366-384), bei Leo (440-461); er ist auch außerhalb Roms in Gebrauch (BATIFFOL, 153-154), doch nicht im Orient, mit Ausnahme einer Stelle bei Athanasius (Hist. Arian. 35) und der Konzilien v. Ephesos und Chalkedon (BATIFFOL, 151-168; DVORNIK, 60f.). Im Westen wird der Terminus das ganze MA hindurch auf Rom angewandt (→ Rom).

[2] Wenn der Hl. Stuhl die sedes apostolica war, so war es naheliegend, seinen Inhaber (durch Umschreibung) als apostolicus zu bezeichnen – apostolicus pontifex oder pater (Gregor d.Gr.), Domnus apostolicus (Ordines Romani, Heiligenlitaneien). Diese Bezeichnung ist im Westen seit dem 5.Jh. üblich, manchmal verbunden mit einer Erklärung oder Rechtfertigung wie auf der Synode v. Reims 1049 oder bei Rupert v. Deutz (De div. off. I, 27). Es wird nicht erstaunen, daß dieser Gebrauch von 'apostolisch' im Osten sehr viel seltener ist; zu nennen ist jedoch Theodoros Studites (Ep II, 35 und 121, MPG 99, 1209 und 1397). Auch im Westen wird 'apostolicus' gleichwohl als Adjektiv in bezug auf alle Bf.e verwandt (MAROT, 68, 70).

[3] Dieser Titel kommt ihnen zu, weil sie Nachfolger der A. sind, eine Vorstellung, die es seit Irenäus und dem 3.Jh. gibt: »ubicumque fuerit episcopus … omnes apostolorum successores sunt« – »wo immer es einen Bischof gibt … handelt es sich um einen Nachfolger der A.« (Hieronymos, Ep. 146). In diesem Sinn wird oft Ps 44, 17 zitiert: »Pro patribus tuis nati sunt tibi filii, constitues eos principes super omnem terram« – »Anstelle der Väter sind dir Söhne geboren worden, du wirst sie zu Fürsten machen über die ganze Erde«. Die Bischofsweihe hat an einem Sonntag oder aber an einem Apostelfest stattzufinden. Der Anschauung, daß die Bf.e und bes. der Papst apostol. Stellung und Würde besitzen, entspricht der Titel »Apostolatus vester«, so die gall. Bf.e an Leo (MPL 54, 889, vgl. die Anm. 1409), häufig auch bei Nikolaus I. († 864), Hadrian II. († 872), Johannes VIII. († 882). Doch wird derselbe Titel seit dem 5.Jh. auch anderen Bf.en zuerkannt (MAROT, 70-75). In der Ostkirche wird die apostol. Nachfolge auf die Gemeinschaft der zwölf A. bezogen, wobei Petrus die hervorragende Gestalt ist, die stellvertretend für alle steht. Man schreibt den Metropolen, die zu Patriarchensitzen geworden sind, eine höhere »Apostolizität« zu (Theophanes, Chronographia, MPG 108,

520; Konzil v. Konstantinopel 869-70; vgl. DVORNIK, 269f.; CONGAR 378f.).

[4] Apostolica als Eigenschaft der Kirche findet sich nicht in dem Glaubensbekenntnis, das zur Liturgie der Taufe gehörte, dem sog. »Apostol. Glaubensbekenntnis« (Symbolum Apostolicum). Dies erklärt die Tatsache, daß das MA, die Reformatoren und auch die Theologen (Cajetan) und Katechismen der ersten Hälfte des 16.Jh. (und selbst noch Canisius) gar nicht oder nur selten von der apostol. Eigenschaft der Kirche sprechen (vgl. F.WIEGAND, DThC I, 1622; DACL II, 2599, 2602; M.RAMSAUER, ZKTH 73, 1951, 132). Der Terminus findet sich vor dem Konzil v. Nikaia im Brief Alexanders v. Alexandria an Alexander v. Thessalonike (Theodoretos, Hist. eccl. I, 3 = MPG 82, 891) und in c. 8 von Nikaia (COD, 9), schließlich in den Glaubensbekenntnissen des Epiphanius v. Salamis (Ancoratus cc. 118 und 119; DENZINGER 43, 45). HAHN (Bibliogr. der Symbole und Glaubensregeln der Alten Kirche, 1897³) gibt den Text einer großen Anzahl von Symbola aus der Ostkirche wieder, die dieses Attribut der Kirche enthalten, bzw. von Anathematismen westl. Synoden: Braga 563, c. 1; Lateran 649, cc. 17 und 18; 680; Gregor d. Gr. (MPL 77, 1329). Päpste, Synoden, Bf.e des HochMA bekennen, daß sie nichts als den überkommenen Glauben der A. verkünden (CONGAR, 128, Anm. 2). Gregor VII. verweist häufig auf die »sancta et apostolica ecclesia« (Reg. II, 12; IV, 5 und 6; V, 10; CASPAR, 144, 303, 304, 361, 362). Im 12.Jh. wird gegen die antihierarch. Sekten eine Argumentation entworfen, die sich auf den apostol. Charakter der Kirche stützt (HDG III, 3 c, 132f.). Die großen Scholastiker kommentieren die vierte Eigenschaft der Kirche: Thomas v. Aquin unter dem Begriff der firmitas (vgl. CONGAR); Jakob v. Viterbo erklärt 1301 in »De regimine christiano«, c. VI.: »Quod regnum ecclesie est apostolicum et quomodo« (ed. ARQUILLIÈRE, 1928, 138f.). Die A. sind »primitiae populi Christiani«, sie haben gepredigt »usque ad mundi terminos«, sie sind »ecclesie ordinatores, dispensatores, doctores, principes«, schließlich »fundamenta (secundaria)«. Der Typus der hierarch. gegliederten Struktur von Ämtern innerhalb der Kirche lehnt sich an dasjenige an, was von Christus eingesetzt wurde: Petrus und die A. = Papst und Bf.e; die 70 (bzw. 72) Apostel-Jünger (vgl. Lk 10, 1) = minores sacerdotes und curati. Diese Vorstellung ist dem gesamten MA eigen; sie hat eine große Rolle in den Auseinandersetzungen zw. Bettelorden und Weltgeistlichen gespielt (vgl. AHDL 28, 1961, 35-152). Johann v. Torquemada (Summa de Ecclesia I, cc. 18, 19) folgt weitgehend Jakob v. Viterbo und ebenso sein Zeitgenosse Johann v. Ragusa. Außer einer Anspielung auf Konziliaristen sowie auf die Hussiten findet sich in diesem Text keine Polemik. Es geht hier nicht um die Stellung der Bf.e, sondern um die des Papstes.

[5] Vita apostolica. Schon sehr früh wurde eine Kirche angestrebt, die apostol. nicht nur durch die Kontinuität des Organisationstyps und die Strukturen des Weiheamtes, sondern auch durch ihre Lebensform war. Das Pochen auf die vita apostolica war ursprgl. nur bei den Sekten verbreitet (Epiphanios, MPG 41, 1044); doch ist dieses Vorbild nachweisbar bei den Mönchen von Nitri, den Mönchen der sket.Wüste (Socrates, Hist. eccl. IV, 23; MPG 67, 512), den Mönchen vom Sinai, zu denen vielleicht Nilus v. Ancyra († wohl 427) gehörte, der vom ἀποστολικὸς βίος sprach (MPG 79, 384). Augustinus schrieb in seiner Schrift, die später die Augustinusregel genannt wurde: »apostolicam vitam optamus vivere« (MPL 32, 1450). So begann die Geschichte der → vita apostolica in ihrer ersten Ausprägung beim frühchr. Mönchtum; seit dem 9. und bes.

11.Jh. wurde sie im Westen von den Kanonikern übernommen, schließl. im 13.Jh. ging sie an die Bettelorden über, die nicht nur Apostel, sondern auch Wanderprediger waren. Der Wort- und Begriffsschatz der vita apostolica ist von unendlichem Reichtum: Ordo ecclesiae sub apostolis; Apostolicae vitae forma, normae; Perfectio quam apostoli observare studuerunt; Primitiva ecclesia; Vir apostolicus; etc. Seit dem 11.Jh. berufen sich zahlreiche religiöse Laienbewegungen von mehr oder minder antihierarchischem Charakter auf die vita apostolica, manchmal bezeichnen sich ihre Mitglieder als apostoli (Köln, 12.Jh.; Gerardo Segarelli, → Apostoliker) oder apostolici (zu Agen, Soissons, Périgueux).   Y. Congar

Lit.: MlatWb I, 762-767 – L. DEWAILLY, Envoyés du Père. Mission et apostolicité, 1960 – F. KLOSTERMANN, Das chr. Apostolat, 1962, 65-215 – Zu [A I, 2]: F.WIEGAND, Die Stellung des Apostol. Symbols im kirchl. Leben des MA, 1899; Das Apostol. Symbol im MA. Eine Skizze, 1904 – J. DE GHELLINCK, Patristique et MA. I: Recherches sur les origines du Symbole. 1949² – C.F. BÜHLER, The A. and the Creed, Speculum 28, 1953, 335-339 – J.N.D. KELLY, Early Christian Creeds, 1960 – H. DE LUBAC, La foi chrétienne. Essai sur la structure du Symbole des A., 1969 – Zu [A I, 3]: A. LEMONNYER, Les A. dans la synthèse théol. de S. Thomas: Mél. thomistes, 1923, 153-173 – Zu [A I, 4]: W. HUG, JLW 10, 1930, 162-168 und ThQ 113, 1932, 53-72 – J. LECLERCQ, Sacris erudiri 7, 1955, 219-228 – Ikonographie: A. KATZENELLENBOGEN, Gazette des Beaux-Arts, 35, 1949, 81-98 – Zu [A I, 5]: J. ZEILLER, Les légendes apostoliques (V. CARRIÈRE, Introd. aux études d'Hist. eccl. locale III, 1936), 31-40 – Zu [B]: M.WILKS, The Apostolicus and the Bishop of Rome, JTS, 1962, 290-317; 1963, 311-354 – J. GILLMANN, Some Reflections on Constantine's »Apostolic« consciousness, Stud. Patristica 4, 1962, 422-428 – H. MAROT, La collégialité et le vocabulaire épiscopal du V° au VII° s. (La Collégialité épiscopale, 1965, 59-98) – F. DVORNIK, The Idea of Apostolicity in Byzantium and the Legend of the Apostle Andrew, 1968 – Y. CONGAR, L'apostolicité de l'Église selon S. Thomas, RSPhT 44, 1960, 209-224 – L'Ecclésiologie du Haut MA, 1968 – M. MACCARONE, Apostolicità, Episcopato e Primato di Pietro, 1976.

B. Ikonographie

Im folgenden sollen die wichtigsten Bildprogramme angeführt werden, in denen die A. als Kollegium oder Vertreter des Kollegiums dargestellt wurden. Zur Ikonographie der einzelnen A. siehe unter deren Namen: entsprechend den Apostellisten Mt 10, 2-4; Mk 3, 16-19; Lk 6, 13-16; Apg 1, 13 → Andreas, → Bartolomäus, → Jakobus d. Ältere und d. Jüngere, → Johannes, → Judas Iskariot, → Matthäus, → Petrus, → Philippus, → Simon Zelotes, → Thomas, mit schwankender Überlieferung für → Judas und → Thaddäus; außerdem der für Judas Iskariot zugewählte → Matthias (Apg 1, 23-26) und nach seiner visionären Berufung (Apg 9, 15f.; Gal 1, 1) → Paulus.

Die Ikonographie der Mehrzahl von Darstellungen des Apostelkollegiums wurde bereits in frühchr. Zeit festgelegt.

Biblisch-»historische« Darstellungen: Die bildl. Darstellung ntl. Erzählungen seit dem 3.Jh. führte zur Darstellung von A.n. Sie wurden anfangs bartlos, dann zunehmend bärtig wiedergegeben, meist in Tunika und Pallium gekleidet, oft mit Buchrolle, Buch oder Kranz in Händen. Eine physiognom. Unterscheidung einzelner A. setzte nicht mit den ältesten erhaltenen Apostedarstellungen ein (so RByzK I, 235), sondern erst in der Mitte des 4.Jh. (DINKLER, SOTOMAYOR), und zwar mit den unterschiedl. Kopftypen von Petrus und Paulus; etwas später folgten Andreas mit wirrem Haar und Johannes als bartlos jugendl. A. unter sonst bärtigen. Weitergehende Typenbildungen gab es in der mittelbyz. Kunst. In frühchr. Zeit wurden bei vielen ntl. Szenen (z.B. → Wundertaten Christi) ein oder einige nicht näher differenzierte A. als Begleiter Christi und Zeugen des Geschehens beigegeben; handelt es sich um Geschehnisse, bei denen einzelne A. im ntl. Text hervorgehoben sind, so treten diese auch in der bildl. Darstellung stärker hervor, z. B. in der Berufung am See Genezareth, der Verleugnung durch Petrus, der → Verklärung Christi (bei letzterer auch als → Lämmerallegorie: Ravenna, S. Apollinare in Classe, Mitte 6. Jh.). Dies gilt auch für Szenen, in denen, dem ntl. Text entsprechend, alle A. wiedergegeben sind, z. B. Petrus wandelt auf dem Wasser (Mt 14, 28-32, bereits in Hauskirche in Dura Europos, vor 256), Judas beim Abendmahl (→ Mahldarstellungen), Petrus in Gethsemane und bei der Gefangennahme Christi (→ Passion), Thomas bei → Erscheinung des auferstandenen Christus. Bei der letztgenannten Szene und der → Himmelfahrt Christi sind meist trotz des Fehlens des Judas und noch nicht erfolgter Auslosung des Matthias zwölf A. dargestellt; bisweilen wird aus der typ. Darstellung deutlich, daß hier Paulus in anachronist. Vorwegnahme seiner Berufung anwesend gezeigt wird. Ein nur in der Ostkirche beheimatetes Bildmotiv »historischer« Art ist die Darstellung der A. in der →Apostelkommunion; während sich sonst im byz. Bereich keine wesentl., von der westl. Ikonographie abweichenden eigenen Bildthemen finden, allenfalls eine Hervorhebung der A. durch die Aufnahme der Himmelfahrts- und der Pfingstdarstellung (→ Pfingsten) in den Kuppeldekor mittelbyz. Kirchen.

Repräsentativ-allegorische Darstellungen: Parallel zu den biblisch-»historischen« Darstellungen wurden im 4. Jh. repräsentative Bilder des Apostelkollegiums entwickelt, die von einer Lehrszene Christi mit den A.n ihren Ausgang nahmen. In der Siebenzahl (Christus mit sechs A.) knüpfen sie an antike Darstellungen der Sieben Weisen an; die Bildfassung von Christus mit den zwölf A.n entwickelt sich in Malerei, Mosaik, Plastik und Kleinkunst rasch von einer Lehrversammlung zum zeitlos herrscherl. Repräsentationsbild. Diese Entwicklung im 4. Jh. wurde, wie Darstellungen der Katakombenmalerei erkennen lassen, auf denen die A. auf Einzelthronen sitzen, durch den Gedanken der Beisitzerschaft der A. beim →Weltgericht (Mt 19, 28) unterstützt. Zeitlose und auf die → Parusie und das Weltgericht bezogene Sinnkomponenten wurden in solchen Bildern miteinander verbunden (zur Mehrschichtigkeit z. B. im Apsismosaik Rom, S. Pudenziana, vgl. J. ENGEMANN, JbAC 17, 1974, 21-46). Der Umstand, daß Petrus und Paulus in diesen Bildern die Ehrenplätze neben Christus einnehmen oder vor je fünf A.n im Vordergrund sitzen, unterstreicht den über die Lehrversammlung hinausgehenden Gehalt. Seit der Mitte des 4. Jh. wird eine weitere Gruppe von Darstellungen greifbar, in denen die A. (meist wiederum in Zwölfzahl) in Anlehnung an die Herrscherakklamation dem → Triumphkreuz Christi, seinem → Thron oder ihm selbst huldigend acklamieren oder jeweils einen →Kranz darbringen. Diese Huldigung der A. schließt häufig als Mittelszene die Traditio Legis (→ Gesetzesübergabe) ein. Auf Säulensarkophagen ergaben sich in den Interkolumnien Gruppenbildungen der A., die im hohen MA in den disputierenden Apostelpaaren, z. B. auf Chorschranken, weiterleben. In Zusammenhang mit der Traditio Legis tritt häufig ein Fries auf, der die A. in einer → Lämmerallegorie zeigt (→Tauben als Apostelsymbole im Bild überliefert Paulinus v. Nola, ep. 31, 10, CSEL 29, 285f.; vgl. die Darstellungen Albenga, Baptisterium; Rom, S. Clemente, 12.Jh.). Seit dem 5. Jh. wird in der Apostelakklamation die spätantike vertikale →Akklamationsrichtung wirksam, ohne die zahlreiche ma. Anordnungen der A. unter dem herrschenden oder richtenden Christus unerklärlich wären. Bes. eng verband sich das repräsentative Bild der nach oben dem Herrn oder seinen Symbolen huldigenden A. mit einer biblisch-»historischen« Darstellung seit dem 6. Jh. in Bildern des östl. Typus der → Himmelfahrt Christi. Das Himmelfahrtsbild mit den zwölf A.n (oft mit Maria in der Mitte), die dem in einer → Mandorla von Engeln in die Höhe getragenen Christus nachblicken, wurde, wie z. B. zweizonige Apsisbilder von Kapellen in Bawit (Oberägypten) erkennen lassen (CH. IHM, Die Programme der chr. Apsismalerei ... 1960, Taf. 23-25), bald zu einem Theophaniebild ausgestaltet und, wie z. B. eine Miniatur der Farfabibel (Rom, Bibl. Vat. Reg. Lat. 5729) zeigt, zu einem Weltgerichtsbild entwickelt. Diese Kompositionsschemata wurden betont, weil sie die hochma. Aposteldarstellungen auch der monumentalen Kunst weitgehend beeinflußt haben und in ihnen, vielfältig variiert, weiterleben. In unzähligen Buch- und Wandmalereien, an Kirchenportalen, Altären, Tragaltären, Taufbecken, Lettnern, Kanzeln, Reliquiaren usw. stehen oder thronen die zwölf A. unter der → Maiestas Domini oder dem Weltenrichter, oder sie sind zu dessen Seiten dargestellt. Auch Verbindungen der A. mit der → Kreuzigung Christi in solchem Schema sind zu erwähnen, vgl. z. B. die Darstellungen auf dem sog. Apostelbalken (z. B. Halberstadt, Dom), der die →Triumphkreuzgruppe trägt.

Zwölfzahl der A.: Die Zwölfzahl mit ihrer bereits aus dem AT (u. a. zwölf Stämme Israels) übernommenen → Zahlensymbolik bleibt in allen Darstellungen des Apostelkollegiums trotz Zuwahl des Matthias (bildl. dargestellt im syr. Rabbula-Evangeliar aus dem Jahre 586, Florenz, Bibl. Laur., Plut. 1, 56, fol. 1a) und Visionsberufung des Paulus bindend; den Aposteldarstellungen beigegebene Namensbeischriften (z. B. Ravenna, Ebfl. Kapelle, Baptisterium der Orthodoxen, S. Vitale) lassen erkennen, daß auf Matthias zugunsten des Paulus verzichtet wurde. Darstellungen, in denen weitere A. wegen der beiden nichtapostol. → Evangelisten weggefallen sind, begegnen im Westen und Osten seit dem ausgehenden 4. Jh. (Beispiele RByzK I, 234f.). Ein Zusammenhang mit einer östl. Apostelliste (vgl. LCI I, 151) ist nicht sicher, zumal die Anbringung der Apostelnamen auf den »Henkeln« am Dachmonolithen des Theoderichgrabes in Ravenna zeitl. nicht fixiert ist (vgl. R. HEIDENREICH-H. JOHANNES, Das Grabmal Theoderichs zu Ravenna, 1971, 80f.). Aus demselben Grunde ist übrigens auch ein Rückgriff Theoderichs auf die Apostelsymbolik Konstantins (Begräbnis zw. 12 Stelen der A., Euseb., vit. Const. 4, 60; vgl. hierzu J. VOGT, RAC III, 1957, 370f.) nicht zu belegen.

Weitere ma. Darstellungstypen: Zyklen mit Szenen aus der Lehr- und Tauftätigkeit aller A. erscheinen seit dem 9. Jh. in der Kunst, ebenso auch Darstellungen der legendären Martyrien der Apostel (Beispiele LCI I, 169-172). Aus dem letztgenannten Gedankenkreis stammt die attributive Beigabe von Marterwerkzeugen bei Apostelbildern, die seit dem 13. Jh. häufiger wird (in Byzanz nicht üblich). In Zusammenhang mit der bes. Blüte der →Typologie seit dem 12. Jh. steht die seit dieser Zeit bes. häufige, seit dem 5. Jh. belegte (Mailand, S. Aquilino) Gegenüberstellung der atl. → Propheten und der A. Die Überlegenheit der A. kann in solchen Darstellungen durch formale Mittel zum Ausdruck gebracht sein (Größenverhältnisse der Bilder, Anordnung der A. an bedeutenderer Stelle des Kontexts, Aufwertung der A. unter richtungssymbol. Gesichtspunkten). Am deutlichsten wird die atl./ntl. Typologie verbildlicht, wenn Propheten die A. auf den Schultern tragen (z. B. Bamberg, Dom, Fürstenportal) oder auf den Konsolen unter Apostelstatuen dargestellt sind. Ein neuer, seit dem ausgehenden 13. Jh. zur Darstellung gebrachter Bildgedanke ist die lit. bereits in den pseudoaugust. Sermones 240f. (MPL 39, 2188-2190) belegte gemeinsame Abfassung des Glaubensbekenntnisses durch die A. vor ihrer Trennung. Auf diese Vorstellung geht zurück, daß häufig auf die Schriftrollen oder Bücher der A. die Artikel des Credo verteilt wurden (z. B. Berlin, Eilbertus-Tragaltar des Welfenschatzes). Das Bildmotiv der Apostelteilung oder des Abschieds beim Auseinandergehen der A. zur Mission nach dem Pfingstereignis wurde erst seit dem ausgehenden 15. und 16. Jh. zur Darstellung gebracht, der Missionsbefehl (Mt 28, 19 f.) dagegen schon im 10. Jh. (byz. Elfenbeintafel, Paris, Louvre). In den Bereich der → Architektursymbolik gehört neben den → Clipeus-Bildern der A. (mit Christusclipeus im Scheitel) in Laibungen tragender Bögen die Anbringung von Apostelbildern oder -statuen an den Säulen und Pfeilern von Kirchen (zur Apostelsymbolik von Säulen vgl. bereits Eusebius, vit. Const. 3, 38, Apostelsäulen mit Silbergefäßen in der Grabeskirche). Die Tradition der Apostelsäulen verband sich bereits in der Mitte des 13. Jh. (z. B. Paris, Sainte-Chapelle) mit der Symbolik der zwölf in der Liturgie der → Kirchweihe vorgesehenen Kreuze und Leuchter im Kircheninnern. Mittelbar wird Architektursymbolik auch in den Apostelfstellungen an Radleuchtern verbildlicht, die als Symbol der Himmelsstadt gestaltet sind: nach Offb 21, 14 stehen die Namen der zwölf A. auf den Grundsteinen des himmlischen Jerusalem. Gedanken der Zahlensymbolik führten nicht nur zur Anbringung von Apostelnamen auf frühchr. → Löffeln (eucharist. oder baptismale Verwendung abgelehnt: J. ENGEMANN, JbAC 15, 1972, 154–173), sondern auch zur ma. Bildverbindung von A. und Monaten, Tierkreiszeichen u. a. mehr. → Apostolos. J. Engemann

Lit.: RDK I, 811–829 – LCI I, 150–173 – RByzK I, 227–239 – E. DINKLER, Die ersten Petrusdarstellungen, MJbK 11, 1939, 1–80 – C. DAVIS-WEYER, Das Traditio-Legis-Bild und seine Nachfolge, MüJb 12, 1961, 7–45 – M. SOTOMAYOR, S. Pedro en la iconografía paleocristiana, 1962 – P. TESTINI, Osservazioni sull'iconografia del Cristo in trono fra gli Apostoli, RivIstNazArchStorArte 11–12, 1963, 230–300 – P. BLOCH, Nachwirkungen des Alten Bundes in der chr. Kunst, Monumenta Judaica, Hb., 1964¹, 735–781, bes. 750 f. – F. W. DEICHMANN, Ravenna 2, 1, 1974, 38. 203. 219.

C. Volkskunde

Für den Volksglauben war die Zwölfzahl der A. – die sich schon in den ntl. Schriften herausgebildet hatte – von bes. Bedeutung. In Zahlensymbol. Beziehung wurden seit dem hohen MA die 12 mit Kreuzen und Wandleuchter bezeichneten bei der Kirchweihe gesalbten Stellen der Kirchenwände auf die A. bezogen (A.-Kreuz, A.-Leuchter). Zwölf Kerzen, die die zwölf A. versinnbildlichen, wurden am Gründonnerstag entweder eine nach der anderen gelöscht oder aus der Kirche getragen, was darauf bezogen wurde, daß die A. den Herrn zu Beginn seines Leidens verlassen haben. In Domkirchen nahm der Bf. an den sog. A.n, zwölf alten (meist armen) Männern die Zeremonie der Fußwaschung vor. Im Deutschen wurde überwiegend das einheimische Wort *zwölfbote* (auch *botenbuch* für die Acta Apostolorum, Apostelgeschichte) gebraucht. Es konnte gelegentl. auch unterschieden werden zw. Zwölfbote und A.: »Paulus ist nicht ein zwelf bote / swie er von dem guoten gote / zv eime apostelen were erwelt« (Passional 155, 22–24).

Als Lostag galt der Aposteltag, 15. Juli (= divisio, dispersio Apostolorum, Apostelteilung). Verbreitet war das schon bei Caesarius v. Heisterbach bezeugte Apostellos: durch das Los (per sortes Apostolorum) wählte man sich einen bes. A. zur bevorzugten Verehrung. Dieser bes. Schutzpatron sollte schon das Neugeborene, bes. vor dem gefürchteten Tod vor der Taufe, bewahren: »So ain fraw pracht wil zu dem chind, so zeucht sy dem Kind ainen Zwelfpoten, so stirbt das chind ân tauff nicht« (GRIMM, Myth.).

Die dt. Lit. des MA setzt unterschiedl. Akzente bei der Zeichnung der A. Die Darstellung der A. im Heliand etwa beherrscht der Gefolgschaftsgedanke. Bei Otfrid und in der folgenden Zeit wird das Lehrer-Schüler-Verhältnis zw. Christus und den A.n und der Gedanke der apostol. Sukzession stärker betont. Wichtig ist überhaupt die Einordnung der A. in die kirchl. Tradition und Heiligenhierarchie: Patriarchen, Propheten, A., Märtyrer. Das Martyrium der A. wird v. a. in den Legendaren (Legenda aurea, Passional, Der Heiligen Leben) hervorgehoben. In die Legendare und dann in den davon abhängende orale Tradition sind auch die z. T. mit Märchen-Motiven versetzten Erzählungen der A. → Apokryphen eingegangen. An einzelnen A.n sind in der dt. Lit. des MA bes. Petrus und Paulus, daneben – außer Judas – Johannes und Thomas herausgestellt. In der Zeichnung der Petrusgestalt schlagen sich die Kontroversen über den Primat nieder. Daneben werden schon im 13. Jh. Vorstellungen volkstüml. Frömmigkeit deutlich, wenn etwa Petrus als 'Himmelspförtner' bezeichnet wird.

Apostellöffel (Löffel mit der Abbildung eines A.s am oberen Ende des Stils) zur Taufe zu schenken, war Brauch vom 15. bis ins 17. Jh. Gleichfalls schon im 15. Jh. finden sich auf rhein. Steinzeug unbemalte ellipt. Apostelreliefs; speziell Apostelkrüge werden die im 17. Jh. in Creußen hergestellten Krüge mit bunt emaillierten Apostelreliefs genannt. Vgl. a. Namen der einzelnen A. E. Wimmer

Lit.: EM I, 678–680 – HWDA I, 552–554 – RDK I, 829–833 – O. SCHLIESSKE, Die A. in der dt. Dichtung des MA, 1931.

Apostelakten → Acta Apostolorum Apocrypha
Apostelbrüder → Ambrosianer
Apostelkommunion. Die Darstellung der A., die Christus als Priester bei der Austeilung des Altarsakramentes zeigt, ist in Byzanz seit dem 6. Jh. in zwei Varianten bezeugt: 1. Christus ist zweimal dargestellt, wie er Brot und Wein darreicht, die zwölf Apostel sind in zwei Gruppen geteilt (Cod. Rossanensis, frühes 6. Jh.; Patenen von Stuma und Riha, 565/578); 2. Christus steht der Gruppe der elf Apostel (ohne Judas) gegenüber und reicht ihnen das Brot (Rabula-Cod., 586). Diese erste Form bleibt bis in die Neuzeit in den orth. Kirchen üblich, sie kommt in der Wand-, Buch- und Ikonenmalerei (selten) sowie auf liturg. Tüchern und Geräten vor, die zweite Form bleibt seltene Ausnahme. Die beiden Hss. unterscheiden sich durch das Fehlen allen Beiwerkes von den Patenen, auf denen ein Altar mit Ciborium und liturg. Gerät im Zentrum steht. Christus reicht Paulus (im Rossanensis Petrus) den Wein und Petrus bzw. einem jüngeren Apostel das Brot, das dieser auf über Kreuz gelegten Händen empfängt und dabei Christus die Hand küßt, entsprechend dem realen Vollzug der Kommunion. Im Rabula-Cod. hält Christus den Kelch im linken Arm und reicht Petrus das Brot (spätere Form der Laienkommunion).

Im byz. MA steht die A. oft im Apsis-Halbzylinder. Vier byz. Formen sind zu unterscheiden: 1. Christus steht hinter dem Altar und reicht Petrus das Brot, Paulus trinkt aus dem Kelch (Chludov- und Pantokratorpsalter); 2. er spricht zu den ehrfürchtig nahenden Aposteln (Sv. Sofija, Ohrid; Bristol-Psalter; liturg. Rolle in Jerusalem; Sv. Bogorodica, Studenica; Katholikon von Hilandar); 3. er reicht mit beiden Händen Brot dar (Aër in Hilandar); 4. Christus ist zweimal dargestellt und reicht links Petrus das Brot, rechts einem Apostel den Kelch (Sophienkirche, Kiev; Par. gr. 74 u. ö.). In den Monumentaldarstellungen stehen meist zwei Engel als Diakone neben Christus (Sv.

Sofija, Ohrid; Kiev u. a. m.). Dabei gibt es folgende Variationsmöglichkeiten: Vertauschung der Seiten (z. B. Ikone im Sinai-Kloster); statt des meist vorkommenden Paulus empfängt ein junger Apostel den Kelch (z. B. Arilje; Königskirche, Studenica; Epitaphios von Thessalonike, Athen); Christus steckt dem betenden Petrus das Brot in den Mund (z. B. Aër von Castell'Arquato); die Apostel werden beiderseits auf zwölf vermehrt (z. B. Hilandar); Aufteilung der A. seit dem 14. Jh. in zwei zentral komponierte Bilder (z. B. Peribleptos Mistra; Dalmatika Karls d. Gr., Rom; Aëres in Halberstadt und Castell'Arquato; Epitaphios von Thessalonike); Christus trägt ein Meßgewand (Sv. Nikita bei Čučer, Dečani); die Erzengel tragen den Loros (Sv. Jovan Kaneo Ohrid), sind verdoppelt (Königskirche Studenica) oder halten Leuchter (Sv. Nikita). Der Sinn bleibt immer gleich: Einsetzung des Altarsakramentes durch Christus. Im kath. W kommt die A. kaum vor (vgl. LCI). K. Wessel

Lit.: LCI I, 173-176 – RbyzK I, 239-245 – K. WESSEL, Abendmahl und A., 1964.

Apostelmartyrien. Mit Ausnahme von Johannes haben nach ostkirchl. Überlieferung alle Apostel das Martyrium erlitten (zu ihnen rechnen Paulus, Lukas und Markus, Thaddäus und Mathias fehlen immer, Jacobus Alphaei oft). Quellen sind die apokryphen Apg.n (ed. BONNET-LIPSIUS), die Menäen, Menologien und Synaxare (→ Liturg. Bücher). Ältestes byz. Bildzeugnis der A. ist die Miniatur fol. 32ᵛ des Par. gr. 510 (880/886), die in zwölf Bildfeldern den Tod der Apostel zeigt, einschließl. der Aufnahme Johannis in den Himmel. In ähnl. Zusammenstellung waren die A. auf der 1070 in Konstantinopel gefertigten, 1823 beschädigten Bronzetür von S. Paolo fuori le mura, Rom, dargestellt, in S. Marco, Venedig, ebenfalls (nach 1200), aber von je einer Szene aus dem Wirken der Apostel begleitet. In der Kirche von Mateić (1354) waren A. einem teilweise schlecht erhaltenen Zyklus apokrypher Apg.n eingefügt. In den illustrierten Menologien sind die A. jeweils an dem betreffenden Gedenktag wiedergegeben, in der Kirche von Dečani (nach 1348), der Kirche von Staro Nagoričino (1361/67) und in nachbyz. Zeit auch in den Narthices vieler Kirchen. Als A. werden dargestellt: Kreuzigung Petri kopfabwärts, Enthauptung Pauli, Kreuzigung des Andreas, Erstechung des Jacobus d. J. mit einem Messer, Erschlagen des Markus mit einem Beil, Begräbnis des Lukas (in Mateić Anbindung an zwei junge Bäume, um ihn zu zerreißen), Kreuzigung des Bartholomaeus (im Par. gr. 510 kopfabwärts), Kreuzigung des Philippus an einer Stadtmauer (Par. gr. 510) oder Aufhängung kopfabwärts (Menologion Basileios' II.), Begräbnis des Judas, Erstechen des Thomas mit Lanzen, Erschlagen des Jacobus Alphaei mit Keulen (Menologion Basileios' II.) oder seine Kreuzigung (späte Menologien). Im kath. Raum bestimmt die »Legenda Aurea« (→ Jacobus de Voragine) die Darstellung der A., wobei die Zersägung des Simon, das Sieden Johannis im Ölkessel und das Schinden des Bartholomaeus von der älteren byz. Ikonographie abweichen. K. Wessel

Ähnl. Zyklen erscheinen auch vereinzelt in der *westlichen* Kunst. Auf den Altarflügeln von Stephan Lochner (Städel zu Frankfurt um 1440) sind in 12 Bildern die A. einschließl. dem des Paulus dargestellt, so daß der Tod des Simon und des Judas Thaddäus auf einem Bild vereint ist.

Lit.: LCI I, 170-173. G. Binding

Apostelstempel → Bulle, päpstl.

Apostichon, gr. (τό) ἀπόστιχον scil. τροπάριον, bedeutet – ähnlich wie στίχος – 'Reihe, Zeile, Vers' und bezeichnet v. a. seit dem 6. Jh. in der byz. Liturgie ein Kurzlied, das den Festen des Kirchenjahres entsprechend wechselt. Sein Text entstammt – im Gegensatz zu → Sticheron – der Bibel; der ursprgl. Vortrag seiner Melodien ist kaum erforscht. Aposticha – sie gleichen → Antiphonen lat. Liturgien und sind wie sie meist mit Psalmengesang verbunden – stehen neben Stichera und → Troparia in liturg. Büchern (→ Tropologion und → Sticherarion) oriental. Kirchen. D. v. Huebner

Q.: Monumenta musicae byzantinae I, 1, 1935 – *Lit.:* DU CANGE II, 1688, 109, 1451 f. – E. A. SOPHOCLES, Greek Lex. of the Roman and Byz. periods, 1887, 233, 1012 – LThK² IX, 1070 – L. CLUGNET, Dict. grec-français des noms liturg., 1895, 153 ff. – E. G. PANTELÁKES, Troparion, MEE 23, 1933, 366 – A. RAES, Introductio in Liturgiam Orientalem, 1947, passim. – G. SCHIRO, Lineamenti storici sulla genesi e lo sviluppo del syntonom, Boll. della Badia Greca di Grottaferrata 3, 1949, 123-152, 195-224 – MLHG I, 861 f., s. v. Apostichos – R. SCHLÖTTERER, Die kirchenmusikal. Terminologie der gr. Kirchenväter [Diss. masch., München 1954] – E. WELLESZ, Die Musik der byz. Kirche (K. G. FELLERER, Das Musikwerk 15, 1959, passim) – DERS., A Hist. of Byz. Music and Hymnography, 1961², 171-197.

Apostoliker, häret. Bewegung, im 13. Jh. in Parma (Emilia-Romagna, Italien) im Umkreis von Gerardo Segarelli und im Gefolge der vielfältigen Strömungen, die das sog. »Joachimitische Jahr« (→ Joachim v. Fiore) begleiteten, entstanden. Die Anhänger dieser Sekte wurden außer Apostolici (ein Ausdruck, der schon im 3. Jh. verwendet worden war, um eine religiöse Bewegung in Asien zu bezeichnen) auch »Minimi«, »Pauperes Christi«, »Pseudo-Apostoli« und »Sgarmigliati« genannt. Gegen sie wurde offiziell erstmals 1286 mit der Bulle »Olim foelicis recordationis« von Honorius IV. eingeschritten, mit der man versuchte, die Bewegung in die von der Kirche anerkannten Kongregationen zu integrieren. Eine Bulle von Nikolaus IV. bekräftigte 1290 ihre Verurteilung. Nach dem Feuertod von Gerardo (18. Juli 1300) breitete sich die Bewegung auf große Teile von Mittel- und N-Italien aus; die A. ließen sich unter der Führung von Fra → Dolcino aus Novara in der Valsesia (Piemont) nieder, wo sie, nachdem Clemens V. 1307 zum Kreuzzug gegen sie aufgerufen hatte, eine vernichtende Niederlage erlitten. Die Geschichte dieser Sekte, die bis zu Segarellis Tod von generellen, keineswegs originellen Bestrebungen nach einem Leben in Einfachheit und evangel. Armut geleitet wurde, wandelt sich mit dem Erscheinen von Dolcino, der sich als Führer der Bewegung bezeichnete (eine Benennung, die von Segarelli stets abgelehnt wurde). Darüber hinaus erteilte Dolcino der Bewegung selbst Richtlinien und gab ihr Grundsätze, die sich von den ursprüngl. unterschieden, und schritt schließl. sogar zum Kampf, oder – besser gesagt – zum bewaffneten Widerstand, da in der Lehre der A. nicht von vornherein der Wille zu erkennen war, auch nach den Waffen zu greifen, um die herrschende Ordnung zu zerstören.

Im ersten seiner drei Briefe, in dem Dolcino den A.n ein echtes ideolog. Grundsatzprogramm vermittelt, betont er u. a., in Polemik gegen die Autorität der Röm. Kirche, daß das einzige Gebot, dem man folgen müsse, das Gesetz des Gewissens sei. Er unterteilt ferner die Weltgeschichte in vier Perioden: die der Propheten und Patriarchen, der Ankunft Christi, der Konstantin. Schenkung und zuletzt der apostol. Predigt, eine Periode, die bis zum Ende der Welt dauern werde. Eine ähnliche Einteilung wird auf die Geschichte der Kirche angewandt: Von Christus bis S. Silvester, von diesem bis S. Dominicus und S. Franciscus, dann die Periode, in sich die Bettelorden durchsetzten (gegen die der Häresiarch polemisiert, weil die A. zum Unterschied von jenen keine weltl. Güter besaßen), und schließl. das Werk von Gerardo Segarelli, das eine Rückkehr zur Reinheit des evangel. Lebens herbeiführen werde. Diesen Lehrmeinungen fügt Dolcino auch einige Prophezeiungen, die bald eintreffen würden, hinzu (die Machtergreifung eines Ks.s, der den ganzen verdorbenen Klerus vernichten solle, und das Kommen eines »papa sanctus«, der von Gott und nicht von den Kard. gewählt werde): Er veränderte sie allmählich, je nachdem er von den Ereignissen dazu gezwungen wurde. Im Licht dieser ideolog. Voraussetzungen der A. scheint die Anklage der Zügellosigkeit und sexuellen Ausschweifung, die man den Quellen der Gegenpartei entnehmen kann, nicht gerechtfertigt. Eine derartige Anklage, die in den Inquisitionsprozessen gegen die A. der Zeit von Segarelli aufscheint, verschwindet in der Epoche von Dolcino allmählich. Man darf also wohl annehmen, daß der Vorwurf der Unsittlichkeit in der ersten Zeit mehr ein Notbehelf gewesen war, der aus dem Mangel an sicher häret. erscheinenden Elementen resultierte. Denn die Themen der Predigten von Gerardo waren zu allgemein gewesen. Dagegen könnte dieser Vorwurf in der folgenden Periode durch die unvermeidl. Promiskuität, die sich während des Widerstandes in der Valsesia ergab, herbeigeführt worden sein. Mit der Festnahme und dem Todesurteil von Dolcino (1. Juni 1307) begann der Auflösungsprozeß der Bewegung, deren letzte Ausläufer in Italien anscheinend bis zum Ende des 14.Jh. auftraten, während Gruppen von A.n sich in verschiedenen anderen europ. Gebieten noch länger hielten. Ihre Identifizierung mit der it. Bewegung könnte jedoch ungerechtfertigt erscheinen. Dagegen lebt der Mythos von Dolcino seit Dante (Commedia, Inf. XXVIII, vv. 55–60) bis in unsere Tage durch die Jh. fort; der Mythos einer Persönlichkeit, die oft mißverstanden und zum Symbol anarchist. Ideale erhoben worden ist.

R. Orioli

Lit.: EncDant II, 535–537 – G.Miccoli, Note sulla fortuna di frà Dolcino, Annali della Scuola Normale Superiore di Pisa – Lettere e Filosofia Sez. II, 25, 1956, 245–259 – G.G.Merlo, Il problema di frà Dolcino negli ultimi vent'anni, Bollettino Storico-bibliografico subalpino 72, 1974, 701–708 – R. Orioli, L'eresia dolciniana, in: R. Orioli–L. Paolini, L'eresia a Bologna fra XIII e XIV secolo (Studi Storici a cura dell'Istituto Storico Italiano per il Medio Evo, 93–96), 1975.

Apostolische Kirchenordnung. Unter Benutzung der Didache (»Lehre der 12 Apostel« – älteste Kirchenordnung aus der Zeit um 100) ist wahrscheinl. in Ägypten zu Anfang des 4.Jh. die A.K. zusammengestellt worden; sie enthält außer dem Stoff der Didache v. a. Vorschriften über die Wahl der Ämter. Neben dem gr. Original sind viele Übersetzungen erhalten. H. Kraft

Ed.: Th.Schermann, Die allg. Kirchenordnung, 1914 – Lit.: LThK² VI, 239ff.

Apostolische Konstitutionen, umfangreiche Zusammenstellung aus älteren Kirchenordnungen, in der die Verhältnisse im ausgehenden 4.Jh. wiedergegeben werden. Sie bestehen aus acht Büchern. Buch 1–6 stellen eine modernisierte und erweiterte Fassung der Didaskalia dar. Buch 7 ist in seinem ersten Teil eine kommentierte Ausgabe der Didache; der zweite Teil enthält Gebetsformulare und Taufanweisungen. Buch 8 ist eine erweiterte Ausgabe der Kirchenordnung Hippolyts, dem als Schluß die 85 Apostolischen Canones angehängt sind. Diese Canones sind ein kirchl. Gesetzbuch, das hauptsächl. die Pflichten der Kleriker regelt. Canon 85 ist ein Verzeichnis der kanon. Bücher. H. Kraft

Ed.: F.X.Funk, Didascalia et Constitutiones Apostolorum, I.2, 1905 [Nachdr. 1962] – Lit.: LThK² I, 759 – E.Schwartz, Über die pseudoapostol. Kirchenordnungen, 1910 – Th.Schermann, Die allg. Kirchenordnung, 1914 – Frühchr. Liturgien, 1915 – Die kirchl. Überl., 1916.

Apostolischer Stuhl → Sedes apostolica

Apostolisches Glaubensbekenntnis → Symbolum

Apostolos, Teil des gr. NT, enthält die Apg und die Briefe (die Kanonizität der Offb ist lange umstritten, daher fehlt sie meist). In illuminierten Hss. des NT enthält er meist nur Autorenbilder (z.B. Cod. Ebnerianus, Oxford, Bodleiana), gelegentl. kommt er auch als Einzelband mit Autorenbildern vor (z.B. Ms. Canon Gr. 110 ebd.). Nur im Rockefeller-McCormick-NT (Chicago, Univ.Bibl.) sind 12 Miniaturen zur Apg erhalten (ursprgl. waren es wohl vier mehr). Reste von einem Zyklus der Apg finden sich in verschiedenen Zusammenhängen, so im A. im Robinson Trust, London (1107; eine Miniatur mit Bekehrung und Hinrichtung Pauli), in der Apg des 12.Jh. in der Bibl. Nat., Paris (Ms. gr. 102; eine Miniatur mit vier Szenen), in den Sacra Parallela ebd. (Ms. gr. 923; 9.Jh.; 17 Miniaturen), in den drei illustrierten Hss. des Kosmas Indicopleustes (Bekehrung Pauli, Steinigung des Stephanus), in einer Hs. der Homilien des Gregor v. Nazianz in der Bibl. Nat., Paris (880/886; Ms. gr. 510) und in Menologien (z.B. Vat. gr. 1613, Ende 10.Jh.). Aus diesen Bruchstücken sowie aus den betreffenden Mosaiken in der Cappella Palatina, Palermo (nach 1140; 12 Szenen) und im Dom von Monreale (nach 1180; 18 Szenen; beide Zyklen mit starken apokryphen Erweiterungen, in den kanon. Szenen aber mit den Miniaturen verwandt) und dem ausführl. Freskenzyklus in Dečani (nach 1348; 20 Szenen) läßt sich schließen, daß es (wohl mehrere leicht voneinander abweichende) Zyklen zur Apg gegeben hat, die in ihren Anfängen in das 6.Jh. zurückreichen (die Kosmas-Hss. kopieren mehr oder weniger getreu ein Original des 6.Jh., für das seine Apg-Szenen nicht geschaffen sein können). K. Wessel

Lit.: LCI I, 169–172 – O. Demus, The Mosaics of Norman Sicily, 1949, 294–299 – H.Buchthal, Some Representations from the Life of St. Paul in Byz. and Carol. Art, Tortulae 1966, 43–48 – H.L. Kessler, Paris gr. 102: A Rare Illustrated Acts of the Apostles, DOP 27, 1973, 211–216 – K.Weitzmann, The Selection of Texts for Cyclic Illustration in Byz. Manuscripts, Byz. Books and Bookmen. 1975, 76f.

Apostroph (ἀπόστροφος, apostrophos oder -us, f.), im Gr. halbkreisförmiges, nach links geöffnetes, hochgestelltes Zeichen (') zur Markierung der schon in der ältesten Überlieferung bezeugten Elision wortschließender Vokale vor vokal. Anlaut. In dieser Bedeutung ist der Begriff in die grammat. Lit. der lat. Spätantike und des MA eingegangen (vgl. ThLL; MlatWb; Hugo v. St. Victor, de gramm. X, 1 [ed. R.Baron], 123, 1464), das Zeichen selbst jedoch ist seit dem 16.Jh. in frz., it. und dt. Texten allmählich wieder zur Anwendung gekommen. Daneben ist der A. schon in spätgr. Schriftdenkmälern (z.B. Hieroklespapyrus, 3.Jh. n. Chr.) sowie in den lat. notae communes und notae iuris als allgemeineres Abkürzungszeichen verwendet und dem FrühMA tradiert worden, bes. für t' = tur, b' = bus, m' = mus, q' = que, p' = post. P. Ladner

Lit.: W.M.Lindsay, Notae latinae, 1915, bes. 372, 383 – L.Schiaparelli, ASI 73, 1915, 275ff. – W. Schubart, Gr. Palaeographie, 1925, 175 – E.Schwyzer, Gr. Grammatik I, 1953³, 402f. – Vgl. dazu auch CLA, passim.

Apotheke, Apotheker

I. Apotheca – II. Apothecarius – III. Apothekerordnungen und -eide – IV. Apothekertaxen – V. Apothekermaße und -gewichte.

I. Apotheca (-tec-), gr.-lat., von gr. ἀποθήκη, allgemein: (Waren-) Niederlage, Gewölbe(tugurium), Speicher, Behälter, Magazin, Vorratskammer; speziell: für Bücher und Handschriften, Reliquien, Wein, Kräuter und Gewürze sowie für Arzneien; mhd. *apothēke, apentek, aptēke*, auch *abdig;* it. *bottega,* span. *bodega,* frz. *boutique.*

Apotheke als *Medizinalanstalt* vor 1250 unter Bezeichnungen wie: armarium pigmentorum (St. Gallen 820), statio(-nes) (Tit. 46 der Constitutiones Frederici II, 1230/40; dort im Gegensatz zu apotheca als Lagerstätte), operatorium (Arles 1245 und Marseille 1230/60), stationes specialium (Venedig 1322); von der 2. Hälfte des 13. Jh. an Gebrauch des Terminus apotheca zunehmend im pharm. Sinne; daneben volkssprachl.: *kreme*, *schirn*, *cremyn* und *schragen* (Trier 1241, Mainz 1241–1331), *gaden(-m)*, auch camera (z. B. der Cristina apotecaria, Münster/W., nach 1318); der Gebrauch von taberna und officina (16. Jh.) ist offenbar humanist. Ursprungs.

Entstehungsort der *Apothekenidee* dürfte der arab. Raum (Bagdad) im Zusammenhang mit → Drogen-, Gewürz- und Spezereihandel, aber auch als Arzneidepot des Arztes gewesen sein. Es folgte Übernahme in die Valetudinarien und Xenodochien der Klöster des Abendlandes. Dort finden sich vom 9. Jh. an *Kloster- und Hospitalapotheken* vereinzelt institutionalisiert, z. B. im Klosterplan von St. Gallen, der neben dem Infirmarium (Krankenstube) der Mönche ein Gebäude für Arzt und A. vorsah; an dieses sollten sich die Behandlungsräume und ein Heilkräutergarten anschließen. In diesem Bereich verlief die Entwicklung das MA hindurch weitgehend eigenständig und kontinuierlich. Daneben bildeten sich unter dem Einfluß der Rezeption med.-pharm. Wissens aus den Übersetzerschulen von Salerno (11./12. Jh.) und Toledo (12./13. Jh.; → Übersetzung) sowie den Universitäten des 13. und 14. Jh. und dem sich stark ausweitenden Drogenhandel von der Levante mit Schwerpunkt Byzanz über Venedig nach Nürnberg/Augsburg in den Städten die Vorformen der heutigen *öffentlichen Apotheke* heraus. Dies kann ferner auch als Folge der Spezialisierungstendenzen im aufblühenden Handwerk des 12. bis 14. Jh. gesehen werden. Dabei werden regionaltyp. Unterschiede nicht nur zw. dem anglo-germ. und dem franko-roman. Raum, sondern auch in Mitteleuropa selbst erkennbar. Erstaunlich ist, daß die dt. Apothekerordnungen und -eide (s. u.) des 14. und 15. Jh. eine Reglementierung der Niederlassung kaum kennen, dagegen sehr wohl die it. So stammen die ersten bekannten Medizinal- und Apothekerordnungen ausnahmslos aus dem roman. Raum (Assisen Rogers II. 1141, Montpellier 1200, Konstitutionen Friedrichs II. 1230/40 [→ Liber Augustalis], Avignon 1242, Arles 1245, Marseille 1230/60, Venedig [Capitolare] 1258). Es ist die Frage, ob das Institut »Apotheke« im dt. Raum durch Regal bzw. Lehen gesichert war oder sich aus Zunft- und städt. Ordnungen herleitete.

In der älteren Fachliteratur ist die Verwirrung über den *Standort* der ersten A.n im deutschsprachigen Raum fast vollkommen. Bedingt durch die unkrit. Interpretation der Termini »apoteca – apotecarius« schien ihre Zahl schon im 12. und 13. Jh. relativ groß. Neuere Untersuchungen zeigten jedoch, daß sie vor 1300 mit einiger Sicherheit nur in wenigen Städten nachweisbar sind (z. B. Köln 1190, Trier 1241, Mainz 1275, Basel erst um 1400). Von ihnen ist die im 14. Jh. aufkommende *Ratsapotheke* norddt.-hansischer Prägung zu unterscheiden. Der anfänglich oft stadteigene (Groß-)Handelsbetrieb spezialisierte sich im SpätMA zu einer Medizinalanstalt.

Die Vergabe einer Apothekengerechtsamen vollzog sich hauptsächl. in der Form der Leihe. Da die Konstitutionen Friedrichs II. nur in beiden Sizilien Gültigkeit hatten, fehlt auf dt. Boden jegliche anschließende Gesetzgebung. Die frühen Ordnungen und Eide machen nicht einmal von einem Verbietungsrecht Gebrauch. Die Errichtung einer A. war damit anfänglich von einer obrigkeitl. Erlaubnis prinzipiell nicht abhängig; sie war in das normale Gewerbesystem der Städte eingegliedert. Die Niederlassungsfreiheit im Apothekenwesen wurde wie im Handwerk mit der Zeit dadurch eingeengt, daß die Berufsausübung einerseits von der Zunftzugehörigkeit und andererseits von der Ratsverfassung abhängig war.

Die Annahme, das sog. *Apothekenprivileg* (von lex privi = eine unmittelbar vom Landesherrn erteilte gesetzesgleiche Erlaubnis zum Betrieb einer A.) sei die älteste und am weitesten verbreitete Form des Apothekenbetriebsrechts gewesen, stimmt trotz seines frühen Vorkommens (Prenzlau 1304) nicht. Die Privilegiengewalt, die ursprgl. beim Ks. lag, wurde im Laufe des MA zugunsten der Territorialherren eingeschränkt. Als Ausfluß ihrer gesetzgebenden Gewalt konnte auch die Privilegiengewalt bei den Freien Städten liegen bzw. bei solchen, die die Landesherren ermächtigt hatten, Gewerbe- und Handelsprivilegien zu verleihen. Diese wurden auch ohne Zustimmung der Stände erteilt. Erst im Absolutismus konzentrierte sich die Privilegiengewalt fast ausschließl. wieder in der Hand des Landesherren, was für die A.n z. T. katastrophale Folgen hatte.

Die von 1300 an zu beobachtende starke Vermehrung der A.n dürfte gemeinsam mit dem Aufkommen erster dt. Apothekereide und -Ordnungen nicht zuletzt durch die großen Seuchenzüge des 14. und 15. Jh. zu erklären sein. In ihrem Gefolge wuchs offenbar auch das Bestreben, sich mit dem zunächst noch unbegreifbaren Phänomen sowohl auf religiöse als auch wissenschaftl. Weise auseinanderzusetzen. Ferner lassen sich nur so die häufiger werdenden gesetzl. Bestimmungen über Hygiene, → Arzneimittel, ärztl. Versorgung, Quarantäne und den »gerechten Preis« (Arznei- oder Apothekertaxen, s. u.) erklären.

Aussehen und Einrichtung der Apotheken des 13./14. Jh. ist bildl. wie lit. belegt. Anfänglich in Form der Gaden mit klappbarem Abgabetisch betrugen die Abmessungen oft nur 3,5 m², selten waren sie mit einem Kamin ausgestattet (so Mainz 1275 zur Herstellung von → Elektuarien). Hinweise auf A.n in Steinbauten werden um die Wende zum 15. Jh. häufiger, ebenso auf die Ausdehnung des Warenlagers (→ Materia medica), auf techn. Gerät und fachspezif. Lit. (→ Arzneibuchliteratur) sowie Betriebsordnung (s. Compendium aromatariorum des → Saladin v. Ascoli, um 1450).

II. APOTHECARIUS, mhd. *apotêker* (Schreibformen in Anlehnung an apotheca, s. o.), allgemein: 'Lagerhalter, -diener', 'Verwalter', auch 'Händler', im Sinne von mercator (mercennarius), und 'Beschließer', im Sinne von cellarius (cellararius), sowie 'Krämer', im Sinne von institor; speziell: 'Arzneihändler und -bereiter', im Sinne von pharmacopola, pharmacopoeus, aromatarius, confectionarius, herbarius, myropola, pistator (Drogenzerkleinerer, Venedig 1268), pigmentarius, rhizotomus, speciarius (specionarius), stationarius und seplasiarius (von Seplasia, Gasse der Salbenhändler in Capua); volkssprachl. dt. Bezeichnungen: *cremer*, *cruder*, *drager* (von tragea 'Pillenbüchse', Mainz 15. Jh.), *wurtzler*, *statzoner* (Basel 1423/26). - Apothecarius (apteker u. ä.) vom 14. Jh. an auch als Vorform für Familiennamen. Der Terminus kommt vom 13. Jh. an sich häufend vor; seine Einengung im pharm. Sinne ist von Mitte des 14. Jh. an bereits eindeutig; vereinzelt schon herald. Hinweise (→ Mörser im Siegel, Hildesheim 1318).

Die *Ausbildung* erfolgte zunächst handwerkl.-kaufmänn. im Magister-Discipulus-Verhältnis als Lehrling – Geselle (Knecht) – Meister. Das Eintrittsalter schwankte zw. 12 (Basel) und 14 bis 15 Jahren (Hildesheim, Luzern). Die Dauer der *Lehrzeit* bewegte sich entsprechend der jeweiligen Zunftordnung zw. drei bis vier (Basel, Köln,

Hildesheim, München, Wien) und sechs Jahren (Nürnberg, Überlingen, Worms). Der Nachweis von Lateinkenntnissen wurde in Regensburg schon 1397 gefordert, im allgemeinen jedoch erst unter humanist. Einfluß vom 16.Jh. an. Der Lehrzeit (mit oder ohne Prüfung) schloß sich eine zwei- bis vierjährige *Gesellenzeit,* die vielfach zur Wanderschaft genutzt wurde, an. Diese führte nicht selten nach Frankreich, Italien und England. Als »Paß« diente ein vom Rat ausgestelltes Lehrzeugnis. Nach dem mindestens einjährigen Arbeitsverhältnis jeweils Aushändigung eines Gesellenbriefes. Außer Lohn wurde stets freie Unterkunft und Verpflegung gewährt. Meist war ein Eid zu schwören, der sich auf Wohlverhalten und Rechtschaffenheit bezog. Die *Prüfung* des Gesellen fand nicht selten vor dem Rat durch einen Arzt (Physikus) statt. Er sollte in Basel (1309/21) »an kunst und an witze« sicher sein; in Regensburg hatte er zu schwören, daß er sein → Antidotarium kenne. Als prakt. Prüfungsgegenstand (»Meisterstück«) mußte eine komplizierte Arzneizubereitung abgeliefert werden (hierin möglicherweise frz. Einfluß, da dort Meisterstück üblich). In Deutschland fand die Einführung des *Meistertitels* für A. wahrscheinl. schon im 14.Jh. statt. Die Tatsache, daß z.B. in Köln und Basel diese Prüfungen später vor der med. Fakultät abzulegen waren, dürfte auf die Existenz der dortigen Universitäten zurückzuführen sein.

Neben dem Begriff 'apothecarius' Vorkommen von *apothecaria* 1. als Ehefrau des apothecarius, 2. als Sammelbegriff für Apothekerwaren (apot(h)ecaria seu aromataria), auch im Sinne von farmacia = potio medicata, bei → Albertus Magnus, »de animalibus«, 13.Jh.

Gemeinsames Merkmal in Städten, wo Patriziat und Zünfte am Stadtregiment beteiligt waren, ist die *Zunftzugehörigkeit* der A. Da es in den meisten ma. Städten nur einen A.r gab (Ausnahme: Basel 1460 mit fünf A.rn), schloß dieser sich verwandten Zunftgruppierungen an, z.B. Krämerzunft (Trier, Mainz, Speyer), Kaufleutezunft (Augsburg), Safranzunft (Basel; eine der vier Herrenzünfte). Im Gegensatz zu den ven. *speziali,* die zum Patriziat zählten (14.Jh.), gehörten die mitteleurop. A. nicht zu diesem. Daher ist häufig der Versuch zu beobachten, daß sie über ein Zunftmeisteramt in den Rat drängten und damit einen höheren sozialen Status erlangten, zumal die Krämerzunft nicht zu den vornehmen zählte. Vom Ende des 15.Jh. an wird das *Universitätsstudium* von apothecarii bzw. ihren Söhnen in med. Fakultäten nachweisbar.

III. APOTHEKERORDNUNGEN UND -EIDE: Die älteste umfassende Kodifizierung apothekerl. Rechtsnormen stellen nach augenblickl. Wissensstand die §§ 44 bis 47 der Constitutiones Frederici II (1230/40) dar. Erste lokale Ordnungen bzw. Eide sind im süddt. Raum für Basel (1309/21) und Nürnberg (1338/60) nachweisbar; im franko-roman. Bereich ca. hundert Jahre früher: Montpellier, landessprachl. Eid der »especiadors« (ca. 1200); Marseille, lat. Statuten (1230/60, u.a. »de apothecariis capitulum«); Avignon, lat. Statuten für »medici« und »speciatores« (1242); Arles, lat. Statuten, u.a. »de spiciatoribus« (1245); Venedig, lat. »Capitolare de spetialibus« (1258/1322). Eine Übergangsphase signalisieren die Ordnungen und Eide für Ärzte, Chirurgen und Apotheker der fläm. Stadt Ypern von 1292/1310 in ihrer Küre (städt. Statut). Auch die Ordnung der Med. Fakultät der Pariser Universität »Ordinationes facultatis medicinae Paris. de apothecariis« (um 1322) gehört in diesen Rahmen. Die Breslauer landessprachl. Medizinalordnung »Haec sunt statuta physicorum, apothecariorum et medicorum« (1335/60)

nimmt mit ihrer lat. Taxe eine Sonderstellung ein. In der Tradition der vorgenannten Ordnungen allgemein stehen die späteren Eide, Beschlüsse, Dienstbriefe, Pflichten, Bestallungen, Belehnungen, Freiungsbriefe, Gesetze, Instruktionen und Ordnungen für A.r. Ihr Inhalt ist im wesentl. durch folgende Kriterien bestimmt:

A. Persönl. und sachl. Trennung zw. Arzt- und Apothekerberuf
  1. Verbot einer Interessengemeinschaft
    a) keine »societas«
    b) freie Arzt- bzw. Apothekenwahl
  2. Verbot des Apothekenbesitzes für Ärzte
  3. Aufhebung des Selbstdispensierungsrechtes der Ärzte
  4. Verbot der Krankenbehandlung durch A.r
B. Behördl. Überwachung der A.n
  5. Einsetzung bestimmter Personen zur Beaufsichtigung der Arzneibereitung (Defektur)
  6. Einführung regelmäßiger Apothekenvisitationen
  7. Eidverpflichtung
  8. Forderung, gegen die Ordnung handelnde A.r bei den Behörden anzuzeigen
C. Verpflichtung der A.r zu gutem Geschäftsgebaren
  9. Einkauf von guten (und ausreichenden) Materialien
  10. Aussortierung veralteter Bestände
  11. ordnungsgemäße Durchführung der Arzneibereitung (Rezeptur);
    diese Bestimmung wird präzisiert:
    a) Rezeptieren nur nach mündl. oder schriftl. ärztl. Anweisung (→ Rezept) bzw. nach einem einheitl. Arzneibuch
    b) Rezeptieren nur unter der Aufsicht eines Arztes
    c) Verbot des → »quid pro quo« ohne Vorwissen des Arztes
  12. Deklaration der Arzneimittel
    a) Angabe ihrer Bezeichnung
    b) Angabe ihrer Zusammensetzung
    c) Angabe ihrer Preise
  13. ausdrückl. Bestimmung, nicht zum Schaden der Kranken zu handeln
  14. Nachtdienst
D. Behördl. Preisfestsetzung der Arzneimittel
  15. im allgemeinen: Forderung nach einem »gerechten Preis« (Preisnachlaß für Arme)
  16. Einrichtung einer amtl. Arzneitaxe
E. 17. Bestimmungen über die Errichtung von A.n Niederlassungsfreiheit – Lizenzierung/Konzessionierung – Beschränkung
F. Beruff. Voraussetzungen (Ausbildung)
  18. Berufskenntnisse, Kenntnisse in der lat. Sprache
  19. Examen
  20. Verpflichtung, Zeugnisse vorzulegen
G. 21. Regelung des Handels mit Giften, Betäubungsmitteln und Abortiva
H. 22. Regelung des Arzneimittelverkaufs außerhalb der Apotheke

IV. APOTHEKERTAXEN: Die Apotheker- und Arzneitaxen stellen – nach F.A. FLÜCKIGER – eine der wichtigsten pharmaziehist. Quellen dar, da sie über die Materia medica der einzelnen Epochen durch vollständige Auflistung des Corpus medicinalium informieren. Sie teilen sich in zwei Gruppen: Gesamt- und Auswahltaxen. Erstere nennen jedes Arzneimittel nach Namen und Zubereitungsform (meist alphabet.), letztere führen bestimmte Medikamente nach Zubereitungsform mit Einheitspreis und den davon abweichenden Ausnahmen auf.

Die Arzneitaxe stellt insgesamt ein Preisverzeichnis für apothekenübliche Arzneimittel dar. Sie ist vom 14. Jh. an nachweisbar und löst die scholast. Maxime vom »gerechten Preis« (Apothekereid Nürnberg 1338) mehr oder minder ab. Zu den ältesten dt. zählt die Taxe der »Breslauer Handschrift« von 1335 (s. o.). Als Vorläufer können u. a. die Preisliste für Gewürze von Lyon (1245) und die Liste eines engl. Haushalts der Bf.e Richard v. London und Thomas Button (1303/10) angesehen werden. Im deutschsprachigen Bereich folgen Taxen in Basel (1404), Wien (1443), Frankfurt/M. (1461), München (1488), Regensburg (1490), Eßlingen (1496) u. a. Nürnberg verfügte 1548 noch über keine verbindl. Taxe. Der Preis wurde frei kalkuliert, bei Überteuerung wich man auf billigere Konkurrenz aus. Bei eklatanten Preisüberschreitungen waren Strafen bis zu 5 Gulden üblich, ebenso die Nachtaxierung durch Visitatoren bzw. Vertrauensapotheker.

Die ältesten Taxen gehen auf Einzelpersonen zurück. Mit ihrem *Geltungsbereich* wuchs auch der Kreis der Personen, die die Preise – meist getrennt in → Simplicia und → Composita – festsetzten. Von Orts- bzw. Städtetaxen erfolgte der Übergang zu Territorial- bzw. Landes-, später Reichstaxen. Zw. den einzelnen Hoheitsgebieten fand daher nicht selten ein reger kommunikativer Austausch von Informationen statt. Dieser ist bes. im süddt. Raum zu beobachten.

Öffentl. ausgehängte Taxen, die mehr privatrechtl. Charakter besaßen, dienten nicht nur zur *Transparenz* auf dem Arzneimittelmarkt, sondern auch als indirektes *Werbemittel*. Daher führten sie neben der lat. Bezeichnungen auch die volksspracht. Benennung auf.

V. APOTHEKERMASSE UND -GEWICHTE: *Älteste Formen* für das Abwiegen von Arzneimitteln waren »eine Hand voll« (manipulus) und »was man mit drei Fingern fassen kann« (pugillus). Der Codex Sangallensis (9. Jh.) kennt Vergleichsmaße wie »pugna plena« (Faust voll), »manu plena« (Hand voll), »nuce plena« (Nußschale voll), »ovo pleno« (Ei voll) und »fasciculus« (Bündel).

Bei *starkwirkenden* Arzneimitteln rückte man bald vom Augenmaß ab und richtete sich nach dem *römisch-antiken Gewichtssystem*, das auch Galen, Plinius und wahrscheinl. Dioskurides benutzt hatten:
1 Pfund (libra) [ca. 327,5 g] zu 12 Unzen zu 8 Drachmen (od. Denare) zu 3 Skrupel (grammata) zu 2 Obuli.
Der Quadrans war ¼ Pfd., der Aureus entsprach $^1/_6$ Unze. Die Araber bedienten sich in ihren med.-pharm. Schriften eines etwas abweichenden Systems.

Mit dem *Wunsch nach richtigen Gewichten*, nach einem »sicheren Maßstab« bei der Herstellung von Arzneimitteln befaßt sich ausführl. das → Antidotarium Nicolai (13. Jh.) und legt einem Skrupel das Gewicht von 20 Weizenkörnern (grana) zugrunde. Auf diese Weise seien die Gewichtsstücke jederzeit überprüfbar. Es galt folgendes System:
1 Pfund (pondus, libra) zu 12 Unzen zu 9 Drachmen (bzw. zu 6 Exagien oder Solidi) zu 3 Skrupel zu 20 Gran.
Was das *Hohlmaße* anbelangt, verwendete die ma. Pharmazie neben Maßen wie Cochlear (Löffel; ca. 30 ml) und Calix (Becher) das Maß der Römer:
1 Congius (ca. 3 l) zu 6 Sextarien zu 2 Heminae zu 4 Acetabula zu 1 ½ Cyathi zu 4 Cochlearien.

Fast jede Stadt hatte im MA ihr eigenes Maß, die Verwirrung war enorm; selbst innerhalb der Städte gab es oft noch verschiedene Maße und Gewichte für die verschiedenen Handwerke. In den A.n bildeten sich allmählich *zwei Maß- und Gewichtsarten* heraus (z. B. Regensburg 15. Jh.): 1. ein Gemeines oder Stadtmaß bzw. Kramgewicht und 2. ein Apothekermaß und -gewicht; so war gekennzeichnet, was als Medikament angesehen werden konnte und was nicht als solches galt.

Als Gewichtseinheit der Heilberufe setzte sich schließl. das *Nürnberger Apothekergewicht* von 1555 (Apothekeroder Medizinalpfund; ca. 367 g) durch, das dem Namen nach in fast allen dt. Offizinen eingeführt, aber nicht in allen Ländern von gleicher Schwere war:
1 Pfund ($\mathcal{U}$) zu 12 Unzen ($\mathfrak{Z}$) zu 2 Lot (β) zu 4 Drachmen (3; Quintlein, Quentchen, Gulden) zu 3 Skrupel (∂) zu 2 Obuli (G) zu 10 Gran (gr).

Es wurde erst mit Einführung der Pharmacopoea Germanica 1872 durch das Dezimalgewicht des Dt. Reiches ersetzt. Zu den Verhältnissen in Byzanz → Pigmentarioi.

R. Schmitz

Lit.: *allgemein:* MlatWb I, s.v. apotheca, apothecarius – A. PHILLIPPE, Gesch. der A.r, übers. H. LUDWIG, 1858[2] [Neudr. 1966] – H. PETERS, Aus pharm. Vorzeit, 2 Bde, 1889 und 1891 [Neudr. 1972] – H. SCHELENZ, Gesch. der Pharmazie, 1904 [Nachdr. 1965] – J. BERENDES, Das Apothekenwesen, 1907 [Nachdr. 1967] – A. TSCHIRCH, Hb. der Pharmakogn. I, 3, 1933[2], 1153-1853 – A. ADLUNG-G. URDANG, Grdr. der dt. Pharmazie, 1935 - R. SCHMITZ. Mörser, Kolben und Phiolen, 1978[2] – G. E. DANN, Einf. in die Pharmaziegesch., 1975.

[I]: I. SCHWARZ, Gesch. des Wiener Apothekerwesens im MA, 1917 – A. SCHMIDT, Die Kölner A.n, 1930[2] - J. A. HÄFLIGER, Das Apothekenwesen Basels (VIGGPh), 1938 – R. SCHMITZ, Rhein. A.n des 13. und 14. Jh., Jb. für Gesch. und Kunst des Mittelrheins und seiner Nachbargebiete 6/7, 1954/55, 131-136 – K. GANZINGER, Zur Ikonographie der ma. A., Kunst in Medizin und Pharmazie (HMW-Jb. Wien), 1955, 12-19 – W. F. DAEMS, Die Termini apoteca und apotecarius im MA (VIGGPh NF 8), 1956, 39-52 – R. SCHMITZ, Zur Historiographie des Köln. Apothekenwesens, DAZ 98, 1958, 627-630 – P. SCHMITT, Das älteste dt. Apothekenprivileg, Der Dt. A. 11, 1959, 213-217 – R. SCHMITZ, Über den hochma. »apoteca-apotecarius«-Begriff im dt. Sprachgeb., PharmZ 104, 1959, 871 f. – DERS., Das Apothekenwesen von Stadt- und Kurtrier (QStGPh 1), 1960 – D. ARENDS-E. HICKEL-W. SCHNEIDER, Das Warenlager einer ma. A. (Ratsapotheke Lüneburg 1475), 1960 – R. SCHMITZ, Über die ma. Q. zur Gesch. von Pharmazie und Medizin, DAZ 100, 1960, 980-983 – H. DADDER, Das Apothekenwesen von Stadt und Erzstift Mainz (QStGPh 2), 1961 – R. SCHMITZ, Über dt. A.n des 13. Jh., Ein Beitr. zur Etymologie des apoteca-apotecarius-Begriffs, SudArch 45, 1961, 289-302 – DERS., Das 13. Jh. als der Beginn der wiss. und prakt. Pharmazie in Dtl., PharmZ 106, 1961, 1622-1625 – DERS., Die hochma. Rezeption antiken und arab. naturkundl. Wissens in ihrer Bedeutung für die Entwicklung der Pharmazie, DAZ 102, 1962, 923-926 – R. SCHNABEL, Pharmazie in Wissenschaft und Praxis, dargestellt an der Gesch. der Klosterapotheken Altbayerns, 1965 – R. SCHMITZ-P. RITTERSHAUSEN, Apotecae und apotecarii des 13. und 14. Jh. in Frankfurt/M., PharmZ 113, 1968, 895-900, 1143-1150-U. VIERKOTTEN, Zur Gesch. des Apothekenwesens von Stadt und Fürstbistum Münster i.W. [Diss. Marburg 1969] – I. DÜBBER, Zur Gesch. des Medizinal- und Apothekenwesens in Hessen [Diss. rer. nat. Marburg 1969] – C. HABRICH, Apothekengesch. Regensburgs, 1970 – H. HÖCKLIN, Die Ratsapotheke zu Hildesheim als Medizinalanstalt und stadteigener Handelsbetrieb, 1970 – P. RITTERSHAUSEN, Stud. zur Gesch. des älteren Apothekenwesens der Freien Reichsstadt Frankfurt [Diss. rer. nat. Marburg 1970] – R. SCHMITZ-U. VIERKOTTEN, Die Entstehung der A.n in Münster/W., PharmZ 117, 1972, 1111-1118 – G. GENSTHALER, Das frühe Medizinalwesen der Freien Reichsstadt Augsburg, 1973 – G. BAADER, Ma. Medizin in bayr. Kl., SudArch 57, 1973, 275-296 – R. SCHMITZ, Ma. Pharmazie als Quelle und Objekt der Wissenschaftsgesch., PharmZ 119, 1974, 1255-1262 – I. STOTZ, Zur Gesch. der A.n in den Freien Reichsstädten Speyer und Worms sowie der Stadt Frankenthal, [Diss. rer. nat. Marburg 1976] – P. DILG, Eine A. aus dem 9. Jh.? Über das Gedicht »De quadam medicinali domo« des Sedulius Scottus (Pharmazie und Geschichte, Fschr. G. KALLINICH 1978) 50-54 – R. SCHMITZ, Über das Apothekenwesen der Stadt und des Krs. Wetzlar, 1957.

[II]: (s.o. auch I): W. ZIMMERMANN, Der Familienname A.r, PharmZ 67, 1922, 403 – H. SAPPERT, Der A. als Zunfthandwerker, DAZ Geschichtsbeilage 7, 1955, 1-3 – A. E. SCHUBIGER, Der Safranhandel im MA und die Zünfte zu Safran in Basel, Zürich und Luzern (VIGGPh NF 10), 1957, 177-186 – R. SCHMITZ, Zur Entwicklungsgesch. und

Soziologie des dt. Apothekerstandes im Hoch- und SpätMA (VIGGPh NF 13), 1958, 157-165 – R. SCHMITZ-K. BARTELS-H. GOSSMANN, Nürnbergs A.r und A.n bis 1632, PharmZ 108, 1963, 1202-1212 – K. BARTELS-H. GOSSMANN, Apothekervereinigungen im dtspr. Raum, PharmZ 118, 1973, 120-126 – C. STOLL, Der A.r in der dt. Stadt des MA [Diss. rer. nat. Marburg 1975] – R. SCHMITZ, Konzeptionen und Strukturen der Pharmazie in der Neuzeit, PharmZ 120, 1975, 1469-1477, 1481 f. – G. W. SCHWARZ, Zur Entwicklung des Apothekerberufs und der Ausbildung des A.rs vom MA bis zur Gegenwart [Diss. rer. nat. Frankfurt/M. 1976].

[III] : A. CORRADI, Gli antichi statuti degli speziali, 1887 – J. A. HÄFLIGER, Basels ma. Apothekerverordnungen, PharmActHelv 1, 1926, 133 ff., 156 ff., 176 ff., 193 ff. – A. ADLUNG, Die ältesten dt. Apothekerverordnungen, 1931 – F. PRÉVET, Les Statuts et règlements des apothicaires, 1950 – W.-H. HEIN-K. SAPPERT, Die Medizinalverordnung Friedrichs II. (VIGGPh NF 12), 1957 – R. SCHMITZ-C. MERKELBACH, Über die Datierung des Basler Apothekereides, PharmZ 106, 1961, 1138-1140 – R. SCHMITZ-E. PHILIPP, Der Nürnberger Apothekereid, PharmZ 106, 1961, 1138-1140 – E. PHILIPP, Das Medizinal- und Apothekenrecht in Nürnberg (QStGPh 3), 1962 – K. BARTELS, Drogenhandel und apothekenrechtl. Bestimmungen zw. Venedig und Nürnberg (QStGPh 8), 1966 – R. SCHMITZ-K. BARTELS, Ven. Elemente in der dt., bes. nürnberg. Apotheken- und Medizinalgesetzgebung, AZ 63, 1967, 11-45 – R. SCHMITZ, Verbreitung der Pest und Entstehung der ersten Medizinalordnungen, PharmZ 112, 1967. 489-496 – K. BARTELS, Zusammenhänge in der mainfrk. Apothekengesetzgebung, PharmZ 112, 1967, 1423-1429 – DERS., Nürnberg als Vorort pharm. Gesetzgebung, PharmZ 113, 1968, 1999-2006 – G. KALLINICH-C. HABRICH, Eine Hs. der Regensburger Apothekerordnung von 1397, DAZ Beitr. zur Gesch. der Pharm. 21, 1969, 25-27 – L. DULIEU, La pharmacie à Montpellier, 1973 – H. CONRAD, TH. V. D. LIECK-BUYKEN und W. WAGNER, Die Konstitutionen Friedrichs II., 1973 – D. A. WITTOP KONING, De herkomst van de oudste Iperse keuren, Farmac. Tijdschr. voor Belgïe 52, 1975, Nr. 1 – K. BARTELS, Apothekengesetzgebung im 14. Jh. in Breslau und Brünn, PharmZ 120, 1975, 787-789 – U. SEIDEL, Rezept und A. [Diss. rer. nat. Marburg 1977].

[IV] : TSCHIRCH, Hb. d. Pharmakogn. I, 3, 1933², 1607-1637 – F. A. FLÜCKIGER, Dok. z. Gesch. d. Pharmazie, APharm 207, 1875, 422, 481; 208, 1876, 52 ff., 112 ff. – DERS., Die Frankfurter Drogenliste aus dem 15. Jh., APharm 201, 1872, 433 ff., 508 ff. – O. TUNMANN, Eine Zusammenstellung alter Arzneitaxen, PharmZen 48, 1907, 554-557, 571-576 – T. TUGENDHOLD, Ein Beitr. zu d. Art. ... v. Dr. Tunmann, PharmZen 49, 1908, 3-9 – A. V. LINGELSHEIM-K. PETERS, Über die bisher älteste Arzneitaxe Dtl.s und eine mit ihr verbundene Medizinalordnung, Apotheker-Ztg. 42, 1927, 838 f. – A. WANKMÜLLER, Zur Gesch. der Arzneitaxen im ausgehenden MA, Schweiz. Apotheker-Ztg. 88, 1950, 821-823 – W.-H. HEIN, Die Münchener Arzneitaxe von 1488, Pharmazie 6, 1951, 482-486 – DERS., Über einige Arzneitaxen des späten MA (VIGGPh NF 8), 1956, 99-110 – H. VESTER, W. SCHNEIDER und W.-H. HEIN, Arzneitaxen und Pharmakopöen, 1960.

[V] : R. KLIMPERT, Lex. der Münzen, Maße, Gewichte usw., 1896² [Nachdr. 1972] – F. MINAŘÍK, Über die Herkunft der Zwölftunze des alten Apothekergewichts, PharmMonatshefte 1924, 43-45 – L. WINKLER, Das Apothekergewicht, PharmMonatshefte 1924, 112 – C. F. LEHMANN-HAUPT und L. WINKLER, Die Herkunft des Apothekergewichtes, Klio 21, 1926, 44-62 – H.-J. V. ALBERTI, Maße und Gewichte, 1957 – K. M. C. ZEVENBOOM - D. A. WITTOP-KONING, Nederlandse gewichten, 1970² – D. GOLTZ, Ma. Pharmazie und Medizin (mit Nachdr. des Antipotarium Nicolai 1471), VIGGPh NF 44, 1976.

Apotheose. Die gr.-hellenist. Vorstellung der A. (gr. ἀποθέωσις) als 'Vergöttlichung' von Heroen und Ks.n war in der röm. Kaiserzeit starken Bedeutungsschwankungen unterworfen, so daß sie in bezug auf den verstorbenen und später auch den lebenden Kaiser oft lediglich als höchste Stufe der Triumphalsymbolik zu werten ist und schon früh von Privatleuten angeeignet werden konnte (»Privat-A.«, ENGEMANN, 13, 37f.), die sich sogar wie Ks. und Ks.n. von Adler und Pfau emporgetragen darstellen ließen (Grabaltar Vatikan. Mus.). Bei solcher Bedeutungsbreite von A. besteht zw. dem Urteil: »Für die christl. Ideenwelt konnte dieser Begriff nicht existieren« (SOMMER, 846) und der Bezeichnung der Details auf dem Sarkophag der Doña Sancha (s. u.) als »Symbolapparat der A.« (PANOFSKY, 66) kein Widerspruch: Es liegen unterschiedl. Definitionen von A. zugrunde. – Zusammenhang mit antiken A.-Darstellungen besteht zunächst beim ö. Darstellungstyp der → Himmelfahrt Christi, bei dem Christus im → Clipeus oder der → Mandorla von Engeln emporgetragen wird, später auch bei der Himmelfahrt Marias in der byz. Kunst, die demselben Schema folgt (vgl. auch → Majestas Domini, →Weltgericht); Aneignung durch gewöhnl. Sterbliche: Um 1100 wird die Seele der Doña Sancha auf ihrem Sarkophag in Jaca in Gestalt eines nackten Mädchens in einer Mandorla von Engeln getragen (PANOFSKY, 65 f., Abb. 235 f.). – Auch w. Himmelfahrtsbilder knüpfen im Engelgeleit an röm. Consecratio-Bilder und die Tür in S. Sabina in Rom (5. Jh.) an, auf der Christus von Engeln nach oben gezogen wird. Das Emportragen der Seele von Verstorbenen in (meist nackter) Menschengestalt durch Engel begegnet im 12. und 13. Jh. mehrfach (z. B. PANOFSKY, Abb. 237, 240 f., 243-245). Viel diskutiert ist die »A.«-Darstellung auf dem Kreuz in Borghorst. – Die Hand Gottes (vgl. A.-Münzen Konstantins I.), die sich dem zum Himmel hinaufschreitenden Christus entgegenstreckt, ergreift ihn oft am Unterarm, um das Emporziehen zu verdeutlichen (z. B. Elfenbein in München, Drogo-Sakramentar, Missale aus St. Gereon, Egbert-Codex: SCHRADE, Abb. 2, 13, 16 f.), eine entsprechende Darstellung findet sich schon um 330 auf dem Sarkophag der Flora in Zaragoza (M. SOTOMAYOR, Sarcóphagos rom.-crist. de España, 1975, Nr. 29).

J. Engemann

Lit.: KL. PAULY I, 458-460 - RDK I, 842-852 (SOMMER) – RAC III, 284-294 – H. SCHRADE, Zur Ikonographie der Himmelfahrt Christi, Vortr. Warburg 1928-29 (1930), 66-190 – L. KOEP, JbAC I, 1958, 94-104 – J. STRAUB, Die Himmelfahrt des Julianus Apostata: Gymnasium 69, 1962, 310-326 – TH. RENSING, Die Himmelfahrt Heinrichs II. auf dem Borghorster Kreuz, Westfalen 47, 1969, 111-118 – E. PANOFSKY, Grabplastik, 1964 – J. ENGEMANN, Unters. zur Sepulkralsymbolik der späteren röm. Kaiserzeit, 1973.

Apparatus → Königshof

Apparatus glossarum, Glossenapparat, ist eine Erläuterung einer Schrift (Kommentar) in Form von Anmerkungen zu deren Überschriften, Abschnitten, Sätzen und einzelnen Worten, die auf die Ränder der Buchseiten oder zw. die Zeilen geschrieben wurden (Glossen). Die Rechtswissenschaft hat A. zu den Teilen des → Corpus iuris civilis und des → Corpus iuris canonici sowie zu partikulären Rechtsquellen hervorgebracht. Sie waren die wichtigste Gattung jurist. Lit. und haben den → Glossatoren des röm. und des kanon. Rechts den Namen gegeben. Wie in den scholast. Vorlesungen so geschah die Auslegung auch in den A. - nach einer Einleitung in die Rechtsquelle als ganze (Exordium, Materia) - durch Einführung in die jeweilige Textabschnitte (Continuatio, → Summa, → Casus), durch Erklärung einzelner Worte und Sätze, durch Angabe von Parallelstellen (Allegatio similium et contrariorum), durch Hervorhebung und Auflösung von Widersprüchen (→ Quaestio legitima, decreti oder decretalis), durch Systematisierung von Begriffen und Rechtssätzen (→ Distinctio), durch Herausarbeitung von Gründen für die jurist. Beweisführung (→ Argumentum) und durch Entscheidung neuer Sachverhalte (→ Quaestio de facto).

Die ersten A. zu den Teilen des justinian. Corpus iuris entstanden mit dem Beginn des Rechtsunterrichts in → Bologna. Als ältester A. zum → Decretum Gratians gilt gegenwärtig der Apparat »Ordinaturus magister« (1180/82). Die Vorstellung, daß zunächst nur Einzelglossen geschrieben, die später zu A. zusammengestellt worden wären, ist unzutreffend, die konkrete Beschreibung der

älteren A. allerdings schwierig. Die früheren A. wurden von späteren Glossatoren bearbeitet oder zur Grundlage neuer A. gemacht. Am Ende der Entwicklung steht jeweils die → Glossa ordinaria, ein Standard-A., der den Hss. und Druckausgaben der verschiedenen Rechtsquellen bis zum Anfang des 17.Jh. regelmäßig hinzugefügt wurde (→ Accursius, → Johannes Teutonicus, → Bernardus de Botone, → Johannes Andreae). Als A., die vom Quellentext gelöst überliefert wurden, kann man die sog. Apparatsummen der frühen → Dekretistik auffassen. Sie nähern sich dem Literaturtyp des → Commentum. P. Weimar
Lit.: KUTTNER, 1–122, 322–385 – P.WEIMAR, Die legist. Lit. und die Methode des Rechtsunterrichts der Glossatorenzeit, Ius commune 2, 1969, 43–83 – COING, Hdb. I, 168–88, 370–78.

Appeal (appellum), engl. Gerichtsverfahren im MA zur Verfolgung von Verbrechen durch die Opfer selbst oder, bei Totschlag, dem wichtigsten Anwendungsfall, durch Angehörige der Opfer. Seine größte Bedeutung erlangte es wohl in der Zeit zw. der norm. Eroberung und den Reformen → Heinrichs II. Letztere stärkten die Rolle der Krone bei der Verbrechensverfolgung und sahen auch andere Verfahren vor, doch blieb das a. weiterhin von Bedeutung. Sollte es angewandt werden, mußte der Tatbestand der → Felonie erfüllt sein. Bei Totschlag ließ der Einsatz des gerichtl. → Zweikampfes das Verfahren als eine institutionalisierte Form der → Blutrache erscheinen. Unsicher war, welche Personen zur Verfolgung des Täters bei Totschlag berechtigt waren; allgemein war das Verhältnis von kgl. und privaten Befugnissen bei der Verfolgung von Straftaten problematisch. Das a. wegen Diebstahl (*a. of theft*) blieb lange erhalten, weil es dem Geschädigten im Vergleich zu anderen Verfahren bestimmte techn. Vorteile bot. Das a. wegen Verrat (*a. of treason*) spielt in der Geschichte des → impeachment eine Rolle. Obwohl die Bedeutung des a. im Lauf des 13.Jh. zurückging, wurde das Verfahren von der Krone auch weiterhin eingesetzt, bes. indem man eines Verbrechens beschuldigte Personen zur Einleitung des a. gegen mutmaßl. Mittäter veranlaßte; ihnen winkte im Fall eines Erfolges Strafminderung. Erst 1819 wurde das a. endgültig abgeschafft. Früher schon man an, die *action of* → *trespass* sei aus dem a. hervorgegangen. → Wergild, → Angelsächsisches Recht, → Englisches Recht, → impeachment. G. Hand
Lit.: W.HOLDSWORTH, Hist. of Engl. Law 2, 1903¹–1936⁴ [Neudr. 1966] – R.F.HUNNISETT, The Medieval Coroner, 1961 – N.D.HURNARD, The King's Pardon for Homicide before A.D. 1307, 1969 – J.BELLAMY, Crime and Public Order in England in the later MA, 1973 – R.C. VAN CAENEGEM, Public Prosecution of Crime in Twelfth-Century England (Church and Government in the MA, 1976), 41–76.

Appel → Appellation

Appel comme d'abus. In Frankreich seit 1448 in Zusammenhang mit der → Pragmat. Sanction v. Bourges (1438) gebräuchl., mit *ordonnance* v. Villers Cotteret 1539 gesetzl. geregelte Anrufung der Staatsgewalt wegen Mißbrauchs geistl. Amtsgewalt. Durch exzessive Ausweitung der ma. Theorie vom Kg. als Wahrer der Gerechtigkeit ein Mittel des Staatskirchentums zur Kontrolle der Kirche, zur Abwehr geistl. Übergriffe in den staatl. Bereich und zum Schutz bes. Gewohnheiten der frz. Kirche (→ Gallikanismus) gegen Ansprüche des Papstes. – Ein ähnl. Rechtsinstitut findet sich in Spanien, den Niederlanden und Deutschland. Er wurde nie formell aufgehoben, sondern wandelte sich in die Eröffnung des regulären Rechtsweges vor staatl. Gerichten, jedoch von Innozenz VIII., Gregor XIII. und späteren Päpsten verurteilt. R. A. Strigl
Lit.: DDC I, 818–827 – NCE I, 702 – E.RICHTER, Traité des appellations comme d'abus, Paris 1625 – Z. B. VAN ESPEN, De recursu ad principem, Ius eccl. univ. IX, Neapel 1766, 503–670 – CH.FÉVRET, Traité de l'abus, Paris 1778 – D. A. AFFRE, De l'a., 1845 – E. EICHMANN, Der recursus ab abusu nach dt. Recht, 1903 [Neudr. 1971] – R. GÉNESTAL, Les origines de l'a., 1951 – P. G. CARON, L'appello per abuso, 1954.

Appellants, fünf engl. Lords, die die Günstlinge → Richards II., während der Verschwörung von 1387–88 förmlich anklagten. Am 14. Nov. 1387 klagten → Thomas v. Woodstock und die Gf.en v. Arundel (→ FitzAlan) und Warwick (→ Beauchamp) gegen die Gf.en von Oxford (→ Vere) und Suffolk (→ Pole), Alexander → Neville, Ebf. v. York, den Bürgermeister v. London und den Oberrichter des Oberhofgerichts. Die förmliche Anklage (accusatio), eine als Gewohnheitsrecht bekannte Prozedur, warf den fünf Günstlingen Verrat vor, da sie dem König unweise Ratschläge gegeben und ihn zu ihrem eigenen Vorteil beeinflußt hätten. Die Gf.en v. Derby (→ Heinrich IV.) und Nottingham (→ Mowbray) schlossen sich im Dez. 1387 den drei ursprgl. A. an. Die A. besiegten die kgl. Streitkräfte, die vom Gf.en v. Oxford geführt wurden, am 20. Dez. an der Brücke von Radcot. Die Klage wurde im Februar 1388 vor dem *Merciless Parliament*, dem »unbarmherzigen Parlament«, verhandelt und die Angeklagten schuldig gesprochen. Oxford, Suffolk und Neville waren geflohen, die beiden Zurückgebliebenen und vier von Richards Rittern wurden hingerichtet. Die A. behielten bis zum 3. Mai 1389 Einfluß auf Richards Regierung. A.Tuck
Lit.: M.MCKISACK, The 14th Century, 1959 – A.GOODMAN, The Loyal Conspiracy, 1971 – A.TUCK, Richard II and the Engl. Nobility, 1973.

Appellatio, eigtl. 'Benennung'. In der terminist. Logik des MA in mehrfachem Sinne verwendet: 1. für die Denotation eines Terminus im Satze ausschließl. auf existierende Gegenstände, 2. für die Eigenschaft eines Prädikates, für etwas zu stehen, 3. im Sinne von → Connotatio, für das im Terminus oder Satz Implizierte, aber nicht direkt Denotierte. J.Pinborg
Lit.: → Logik

Appellation
I. Appellatio – II. Appel.

I. APPELLATIO, provocatio ist im gemeinen Zivil- und Strafprozeß die Berufung gegen das Urteil eines unteren Gerichts an ein höheres Gericht zur Prüfung der Richtigkeit der angefochtenen Entscheidung. Die A. war als Institut des justinian. Prozesses im Corpus iuris (D. 49, 1–13; C. 7, 62–70; Nov. 23; 49; 115 und 126) geregelt und wurde im kanon. Recht (v.a. X. 2, 28; VI. 2, 15; Clem. 2, 12) und in der ma. Rechtswissenschaft weiterentwickelt. – Die beschwerte Partei kann die A. mündlich oder binnen 10 Tagen schriftl. bei dem unteren Gericht einlegen und zwar nach Zivilrecht grundsätzl. nur gegen ein Endurteil, nach kanon. Recht auch gegen Zwischenurteile. Die A. hindert die Wirkung des angefochtenen Urteils. Der *iudex a quo (appellatur)* stellt ein Abgabeschreiben (*libellus dimissorius* oder *apostoli*, von gr. ἀπόστολος 'abgesandt') aus, das der Appellant mit den Akten binnen Frist dem *iudex ad quem* vorzulegen hat. Zur Begründung der A. können neue Tatsachen und Beweise vorgebracht werden. Gegen das Urteil des höheren Gerichts ist eine zweite A. zulässig. Die Langwierigkeit des gemeinen Prozesses wurde durch die Möglichkeit wiederholter A.en mitverursacht. → Zivilprozeß, röm.-kan. P. Weimar

II. APPEL ist im frz. Recht ein Verfahren, durch das ein Rechtsstreit von einer Partei vor ein zweites Gericht gezogen wird. Dies ist schon in frk. Zeit möglich, deren Gerichtsverfassung eine A. an das Gericht des Grafen und weiterhin an das Gericht des Königs begünstigt. Das hohe MA kennt zwei bes. Formen der A.: 1. Die A. wegen Rechtsverweigerung (*a. pour défaute de droit*) gibt dem

Vasallen die Möglichkeit, sich an den Oberlehnsherrn zu wenden, wenn der Lehnsherr es ablehnt, ein Urteil zu erlassen. 2. Die A. wegen Rechtsbeugung (*a. pour faux iugement*) gibt der unterlegenen Partei das Recht, den Richter wegen eines ungesetzl. Urteils selbst vor Gericht anzuklagen. Die A. im Sinne des gemeinen Prozesses (vgl. Abschnitt I) findet erst im 13.Jh. Eingang bei den weltl. Gerichten. Zahlreiche Eigenheiten des älteren Verfahrens bleiben auch weiterhin erhalten, doch läßt man nun die A. vom Grundherrn an den Lehnsherrn und später von den grundherrl. Gerichten an die Gerichte des Königs allgemein zu. In der Krondomäne wird die A. einheitl. geregelt und geht vom Gericht des → prévôt an das Gericht des → bailli und von dort an das → Parlament, das allmähl. zur höchsten Gerichtsinstanz wird. J.-L. Gazzaniga

Lit.: zu [I]: M. Kaser, Das röm. Zivilprozeßrecht, 1966 – A. Padoa-Schioppa, Ricerche sull'appello nel diritto intermedio, 2 Bde. 1967–70 – W. Litewski, Appeal in Corpus iuris canonici, ASD 14–17, 1974, 145–221 – *zu [II]*: Y. Bongert, Recherches sur les cours laïques du Xe au XIIIe s., 1958 – F. Lot–R. Fawtier, Hist. des institutions françaises au MA II, 1958, 289–506.

Appellationsprivilegien. Die → Goldene Bulle von 1356 gewährte dem Kg. von Böhmen (cap. 8) und den übrigen Kfs.en (cap. 11) das Privileg, daß aus ihren Territorien an kein anderes Gericht appelliert werden dürfe (privilegia de non appellando). Dabei konnte gegenüber dem böhm. Kg. nicht einmal der Ausnahmetatbestand der Rechtsverweigerung geltend gemacht werden.

Die Bedeutung dieser A. ist allerdings in mehrfacher Hinsicht streitig. Eine → Appellatio(n) im kanonist. Sinne der Berufung zu einer höheren Instanz gab es damals im weltl. Recht noch nicht. Gewiß bezeichnete man als Appellation oft auch den deutschen → Rechtszug nach → Urteilsschelte. Soweit dieser einst an den Kg. als obersten Richter gegangen war, war er aber im 14.Jh. wegen der Ineffektivität des → Reichshofgerichts längst zusammengebrochen. Es wird deshalb die Ansicht vertreten, die A. der Goldenen Bulle seien Ausdruck des böhm. Abwehrkampfes gegen einen Rechtszug an die auswärtigen städt. → Oberhöfe von Magdeburg und Nürnberg. Auf die übrigen Kfsm.er seien sie nur übertragen worden, ohne hier prakt. Bedeutung zu erlangen (J. Weitzel). Jedenfalls stehen sie zunächst ganz isoliert. Obwohl sich die territoriale Gerichtshoheit seit dem 13.Jh. immer mehr festigte, sind wirkliche A. weder vor noch nach der Goldenen Bulle eindeutig belegt. Erst seit 1450 beginnen sie vereinzelt aufzutauchen, da nun auch die Appellation im weltlichen Recht allmählich vordringt.

Völlig verändert wurde die Lage durch die Errichtung des → Reichskammergerichts 1495, das seine Kompetenz als Appellationsgericht entschieden durchzusetzen suchte. Die Geltung der A. der Goldenen Bulle war demgegenüber umstritten. Nur Sachsen und Brandenburg vermochten sie zu behaupten. Die rhein. Kfs.en und andere Reichsstände dagegen mußten sich um neue A. bemühen, die immer zahlreicher und mit wachsender Reichweite erteilt wurden. Damit ging die Chance einer Stabilisierung der Reichsgerichtsbarkeit wieder verloren, die sich aus der Rezeption des gelehrten Prozesses und seines Instanzenzuges zunächst ergeben hatte. K. Kroeschell

Lit.: HRG I, 200 – U. Eisenhardt, Die Rechtswirkungen der in der Goldenen Bulle genannten privilegia de non appellando, ZRGGerm-Abt 86, 1969, 75 – S. Bross, Unters. zu den Appellationsbestimmungen der Reichskammergerichtsordnung von 1495, 1972 – J. Weitzel, Der Kampf um die Appellation ans Reichskammergericht, 1976, bes. 87–137.

Appenwiler, Erhard v., Basler Chronist, † zw. dem 19. Juni 1471 und dem 17. Mai 1472, aus einem Dorf bei Colmar, erscheint seit 1429 in Basel, war 1439 bis zum Tod Kaplan am Basler Münster, 1443 Kämmerer der Bruderschaft zu St. Johann. Er verfaßte auf den leeren Blättern einer hs. sächs. Weltchronik eine lat. Chronik, die mit dem Jahre 1439 beginnt, als Papst Felix V. (→ Amadeus VIII. v. Savoyen) gewählt wurde und die → Armagnaken ins Elsaß einfielen. Die Chronik, die oft die Ereignisse eines Jahres durcheinander erzählt, ist wertvoll wegen der Fülle von Nachrichten zur Basler Geschichte. A. ist baslerisch gesinnt, von keiner geistigen Strömung berührt, mittelalterlich neugierig. L. Carlen

Ed.: Die Chronik E.s v. A. 1439–1471 mit ihren Forts. 1472–1474, hg. A. Bernoulli (Basler Chroniken IV), 1890, 249ff. – *Lit.*: HBLS I, 394 – P. Bloesch, Das Anniversarbuch des Basler Domstifts, 1975 – R. Feller–E. Bonjour, Geschichtsschreibung der Schweiz vom SpätMA zur Neuzeit I, 1962, 58f.

Appenzell, Ort und Kanton in der Ostschweiz. Der Name A. (erste Erwähnung 1071 als *Abbacella*) bezeichnet im MA: 1. den Wirtschaftshof der Abtei → St. Gallen und die Pfarrei, 2. das Amt oder »lendlin« A. (heute Halbkanton A.-Innerrhoden), 3. das durch Zusammenschluß der Gemeinden A., Hundwil, Urnäsch, Gais, Teufen, Speicher, Trogen und Herisau 1377–1401 entstandene Land A. In frk. Zeit siedelten sich Alemannen im Hinterland an (Leitnamen auf -wil), seit dem 11.Jh. Rodungsbauern in den übrigen Gebieten. Der größte Teil des Landes stand im HochMA unter der Herrschaft der Abtei St. Gallen, in den Randgebieten hatten das Bm. → Konstanz, die Herren v. Rorschach und freie Bauern Besitz. Nachdem die Klostervogtei 1167 ans Reich gelangt war, schufen Abt Ulrich VI. v. Sax und sein Bruder Heinrich eine neue Verwaltungsorganisation: Ammänner anstelle der Meier, Einteilung der Ämter A. und Trogen in Rhoden nach dem Vorbild der »rodariae« in der Gft. Blenio, Burg Clanx als Sitz des Vogtes. Ansätze zur genossenschaftl.-bäuerl. Freiheit sind schon im 13.Jh. festzustellen. In den *Appenzeller Kriegen* (1377/1429) erreichten die appenzell. Gemeinden durch Bündnisse mit dem → Schwäb. Städtebund (1377), mit der Stadt St. Gallen (1401) und mit → Schwyz (1403) sowie durch Siege bei Vögelinsegg (1403) und am Stoss (1405) die polit. Unabhängigkeit in einer eigenen Landsgemeindedemokratie, die 1411 als Zugewandter Ort zur → Eidgenossenschaft kam. Der von A. maßgebl. mitgegründete *Bund ob dem See* bestand nur 1405–08. Nach einem verbesserten Landrecht mit den Eidgenossen 1452 wurde A. 1513 als XIII. Ort der Eidgenossenschaft aufgenommen. Das Land A. erwarb 1460 als Untertanengebiet die Landvogtei Rheintal, mußte sie aber an die Eidgenossen abtreten, da sich A. im *Rorschacher Klosterbruch* 1490 gemeinsam mit der Stadt St. Gallen der geplanten Verlegung des Kl.s nach Rorschach durch Zerstörung des Neubaus widersetzt hatte. 1500 erhielt A. wieder Einsitz ins Kondominium.

R. Fischer

Q.: A.er UB I (bis 1513), 1913 – *Lit.*: R. Fischer–W. Schläpfer–F. Stark, A.er Gesch. I: Das ungeteilte Land, 1964 [Lit.] – F. Stark, 900 Jahre Kirche und Pfarrei St. Mauritius A., 1971.

Appetitus (appetitio), mlat. in weitem Sinne: 'Streben, Verlangen, Begierde, Lust, Trieb'. Die philos.-theol. Bedeutungen gehen auf Aristoteles (ὄρεξις, ὀρεκτικόν) und die Stoa (ὁρμή) zurück. Die von Aristoteles aus der stets betonten Einheit der *Orexis* entfaltete Vielheit: Begierde und Mut im »alogischen« und Wille im logoshaften Seelenteil wird v. a. seit Albertus Magnus in die Stufen des doppelten a. sensitivus (a. concupiscibilis und irascibilis) und des a. intellectivus = voluntas systematisiert. → Thomas v. Aquin betont mit antistoischer Tendenz, daß auch die a. sensitivi der Ordnung durch die Kardinaltugenden temperantia und fortitudo (→ Tugend) zugängl. sind. In einer erweiterten Bedeutung ist a. naturalis = desiderium naturale in den lat. Übersetzungen der arab. Aristoteliker und bei den lat. Denkern die Tendenz aller Seienden zu ihrer Vollendung. P. Engelhardt

Lit.: MlatWb I, 792–794 – A. GARDEIL, Appétit suivant la doctrine de saint Thomas d'Aquin, DThC I, 1692–1700 – S. PFÜRTNER, Triebleben und sittl. Vollendung. Eine moralpsycholog. Unters. nach Thomas v. Aquin (StFriburgensia NF 22), 1958, 45–62, 123–128.

Appiani, Familie, stammt aus der heute nicht mehr existierenden Ortschaft Appiano (Pisa), siedelte Anfang des 13. Jh. nach Pisa über. In dieser Zeit sind die ersten pisan. Bürger dieses Namens bezeugt, deren genealog. Zusammenhang mit unserer Familie jedoch nach dem gegenwärtigen Stand der Forschung nicht beweisbar ist. Unsere genealog. Rekonstruktion geht in der Tat nicht weiter zurück als bis in die Mitte des 13. Jh., als in Pisa ein magister *Guarnitus* de Appiano, sein Sohn *Iacopo,* Notar von Beruf, und später dessen Sohn *Benvenuto,* ebenfalls Notar, tätig waren. Letzterer wird 1303 als Capitaneus Artis notariorum gen. und war also, in Anbetracht der Bedeutung eines solchen Amtes, in seiner Gesellschaftsschicht eine sehr bekannte und einflußreiche Persönlichkeit. Aber erst mit Benvenutos Sohn Giovanni, gen. *Vanni,* der gleichfalls Notar war, erreichte die Familie Bedeutung und Anhängerschaft in der polit. tätigen Gesellschaftsschicht von Pisa. Mit Luchino Visconti, dem Signore v. Mailand verbündet, unterstützte Vanni die → Gambacorta bei der Machtergreifung in Pisa und erhielt von ihnen wichtige Aufgaben übertragen. Die Familie erlebte nach seinem Tod, der unter auch für die Gambacorta trag. Umständen erfolgte, kurze Zeit einen Niedergang, kam aber dank Vannis Sohn *Iacopo* zu neuer Blüte. Dieser war zuerst mit Pietro Gambacorta verbündet und befreundet, der dank seiner Unterstützung Signore v. Pisa geworden war, erhob sich aber später gegen ihn und ergriff nach dessen gewaltsamem Tod die Macht, die er später seinem Sohn *Gherardo* hinterließ. Da dieser nicht imstande war, sich in Pisa zu behaupten, verkaufte er die Stadt dem Hzg. v. Mailand und gründete für sich das Fsm. Piombino (1399). Die Politik der A. bei der Regierung des kleinen Staates, der an einem wichtigen Punkt der Tyrrhen. Verkehrsstraßen lag, aber auch äußerst schwach und verwundbar war, folgte etwa zwei Jh. lang der Tendenz, ein schwieriges Gleichgewicht unter Staaten zu suchen, die in verschiedener Weise ihrer Souveränität gefährl. werden konnten. So beugten sich die A. neuen Formen der Abhängigkeit, einer Art Protektorat von Florenz, Siena, Neapel und Spanien, ließen auch die vasall. Beziehungen mit dem Imperium wiederaufleben und verfolgten eine Heiratspolitik, deren Zweck es war, sich Schutz zu verschaffen. Das besänftigte die Ansprüche der mächtigen Nachbarn nicht, führte jedoch zu einer drückenden Lehensabhängigkeit von Spanien und dem Imperium und konnte am Ende Piombino der Familie nicht erhalten: Nach dem Tode von Iacopo VII. entzog ihr der Ks. das Fsm., um 1634 Niccolò Ludovisi damit zu belehnen. O. Banti

Lit.: L. CAPPELLETTI, Storia della città e stato di Piombino, 1897 – O. BANTI, Iacopo d'Appiano, 1971.

1. A., Emanuele, * um 1380 als Sohn von Jacopo I. und seiner dritten Gemahlin Polissena Pannocchieschi dei conti d'Elci, † 15. Febr. 1457. Er hätte seinem Neffen in der Signorie von Piombino folgen sollen, wurde aber durch dessen Schwester Caterina, die Gemahlin von Rinaldo Orsini, seines Erbfolgerechtes beraubt. Von nun an versuchte er bei verschiedenen Gelegenheiten, sein Recht mit Waffengewalt und mit der Hilfe Kg. Alfons' I. von Neapel, von dem er eine natürliche Tochter geheiratet hatte, durchzusetzen. Er gelangte erst nach dem Tod von Rinaldo Orsini (1450) und seiner Gemahlin (1451) dank eines Abkommens zw. dem Kg. und Florenz an sein Ziel. Außerdem mußte er sich einigen Bedingungen unterwerfen, die seine Macht noch mehr verringerten. Um die Genuesen zu besänftigen, deren Ziele durch seine Nachfolge in der Signorie vereitelt worden waren, verheiratete er 1454 seinen Sohn mit der Schwester des Dogen v. Genua. O. Banti

Lit.: DBI III, 620.

2. A., Gherardo, it. Staatsmann, * um 1360 als Sohn von *Iacopo I.,* † Mai 1405; war 1391 und 1392 *Anziano* der Kommune Pisa und nach dem Aufstieg seines Vaters zur Signorie Vicecomes *(Visconte)* des Ebf.s v. Pisa. Nach dem Tod seines älteren Bruders Vanni (1397) erhielt er das Amt des *Capitano del popolo,* das seinen Weg zur Nachfolge in der Signorie vorbereiten sollte, unterstützte den alten, schon sehr kranken Vater bei der Regierung von Pisa und vereitelte einen Versuch der Visconti, sich der Stadt zu bemächtigen. Nachdem er als Nachfolger Iacopos I. (Regierungsantritt am 1. Sept. 1398) vergebl. versucht hatte, sich mit Florenz, mit dem er im Krieg stand, ins Einvernehmen zu setzen, mußte er, vom Hzg. v. Mailand bedrängt, diesem gegen Bezahlung Pisa abtreten (13. Febr. 1399), wobei er für sich einen kleinen Staat behielt, zu dem Piombino und einige Burgen und Inseln, darunter Elba, gehörten. Kg. Wenzel ratifizierte diese Institution und verlieh dem A. den Grafentitel. Der neue Staat hatte von Anfang an mit Schwierigkeiten zu kämpfen, da er von genues. Streitkräften bedroht wurde, die der A. jedoch zurückschlagen konnte. Dann erwarb er als Sicherheitsmaßnahme einige Burgen, um die Grenzen militär. zu befestigen. Außerdem suchte er die Unterstützung der röm. Kurie, indem er Paola Colonna, die Schwester des späteren Papstes Martin V. heiratete, und der Kommunen Siena und Florenz, denen er sich mit Protektorats-Verträgen unterwarf. O. Banti

Lit.: DBI III, 621 f.

3. A., Iacopo I., * um 1322 in Pisa als Sohn des Giovanni, genannt Vanni, † 1. Sept. 1398; wie sein Vater und sein Großvater war er von Beruf Notar und bekleidete verschiedene öffentl. Ämter, darunter das eines *Anziano* (→ Anzianen) der Kommune v. Pisa (1354). Infolge des Bürgerkrieges, der die von den → Gambacorta errichtete Herrschaft stürzte, und dessen Opfer auch sein Vater war, flüchtete Iacopo I. 1355 an den Hof der Visconti, wo er blieb, solange die Gambacorta feindl. Faktion in Pisa die Oberhand hatte. 1368 in die Heimat zurückgekehrt, setzte er sein diplomat. Geschick, sein Ansehen und die Anhängerschaft, die er – auch im Andenken an seinen Vater – in Pisa hatte, für Pietro Gambacorta ein, der seit 1355 noch immer in Verbannung war, und förderte seine Rückkehr nach Pisa und kurz danach seine polit. Bestätigung als Signore der Stadt (21. Sept. 1370). Dafür erhielt er durch dessen Unterstützung das Amt des *Cancelliere degli Anziani* mit außerordentl. Machtbefugnissen. Auf diese Weise und durch vier aufeinanderfolgende Heiraten mit adeligen Damen wurde er der einflußreichste und reichste Bürger nach dem Gambacorta, dem er ungefähr 20 Jahre lang treu ergeben blieb. Aber als es ihm schien, daß dessen Politik die Stadt zugrunde richte, und auch noch Familienrivalitäten und -Feindseligkeiten hinzutraten, organisierte er einen Aufstand, in dessen Verlauf Pietro Gambacorta am 21. Okt. 1392 getötet und er

selbst Signore v. Pisa wurde. Er versuchte nun – erfolglos –, der Pisaner Politik eine neue Richtung zu geben. Er erreichte eher das Gegenteil, indem er in einen Krieg zw. Florenz und Mailand verwickelt wurde (1395–99), aus dem Pisa völlig erschöpft hervorging. O. Banti
Lit.: O. BANTI, I. d'A., 1971, 359.

4. A., Iacopo II., it. Staatsmann, † 17. Dez. 1441, Sohn des Gherardo und der Paola Colonna. Beim Tode des Vaters (1405) noch minderjährig, stand er deshalb unter der Vormundschaft der Mutter und eines Beauftragten, der jährl. von der Kommune Florenz, der ihn Gherardo sterbend empfohlen hatte, gesandt wurde. Dieser Umstand verstärkte die Kontrolle, die Florenz über den Staat Piombino ausübte. Auch das von Gherardo gewollte, bislang befristete Protektorats-Verhältnis unter Florenz wurde in ein »ewiges« umgewandelt (1419). Dagegen versuchte sich I. A. zu wehren und verbündete sich während des Krieges, den der Hzg. v. Mailand gegen Florenz führte, mit diesem (1431). Aber der für die Florentiner günstige Verlauf der Kriegsereignisse zwang ihn, sich mit ihnen auszusöhnen (1440). Eine von Iacopos Onkel *Emanuele* angeregte Invasion des → Baldaccio d'Anghiari brachte seinen Staat gerade zu dem Zeitpunkt in Gefahr, als ihn der Tod ereilte. O. Banti
Lit.: DBI III, 629.

5. A., Iacopo III., zweiter Sohn von Emanuele und einer natürl. Tochter von Alfons I. v. Neapel, † 8. März 1474, heiratete 1454 Battistina Campofregoso, um die wegen des Scheiterns ihrer Absichten auf Piombino enttäuschten Genuesen zu besänftigen. Von despot. und grausamem Charakter, zog er den Haß der Untertanen auf sich, so daß bald, nachdem er die Nachfolge seines Vaters angetreten hatte (1457), gegen ihn eine Verschwörung ausbrach. Später versuchten Gruppen polit. Flüchtlinge, unterstützt vom Hzg. v. Mailand, sich überraschend Piombinos zu bemächtigen und ihn seiner Macht zu berauben (1471). Er gründete seine Sicherheit auf die Unterstützung, die ihm Siena und Neapel gewährten; dies hinderte ihn jedoch nicht, die neapolitan. Garnison aus Castiglione della Pescaia zu verjagen, so daß er 1463 sogar in Piombino selbst eine neapolitan. Garnison dulden mußte, wenn er die Unterstützung des Kg.s nicht verlieren wollte. Dafür konnte er sich mit dem Wappen und Titel des Hauses Aragón schmücken. O. Banti
Lit.: DBI III, 620.

6. A., Iacopo IV., * um 1460 als Sohn des Iacopo III. und der Battistina Campofregoso, † April 1510. Als Nachfolger des Vaters (1474) erbte er seine Abhängigkeit vom Kg. v. Neapel, dessen Enkelin Vittoria Piccolomini Todeschini heiratete und in seinem Heer so gegen Florenz Dienst leistete. Er lag lange im Streit mit dem Papst wegen der Alaunminen von Montione. 1483 plante er die Besetzung von Korsika, gab jedoch bald das Unternehmen wieder auf. Gegen die span. Piraten, die Elba angriffen, suchte er die Unterstützung Ferdinands V. v. Aragón. Er war Kondottiere im Dienst von Siena und Florenz. Cesare Borgia entriß ihm 1501 seinen Staat, den er aber mit der Hilfe von Florenz wiedergewinnen konnte. Seine unsichere Stellung zw. Siena und Florenz veranlaßte ihn 1507, sich mit Ferdinand V., dann auch mit Ks. Maximilian, von dem er 1509 eine neue formelle Investitur erhielt, zu verbünden. O. Banti
Lit.: DBI III, 629–631.

Applègement, Antrag auf Einweisung oder Wiedereinweisung in den Besitz gegen Sicherheitsleistung *(plège)*, kann zur Hinterlegung der streitigen Sache bei einem Sequester führen, wenn der Gegner seinerseits Sicherheit anbietet *(contre applègement)*. Dieses Verfahren ist aus den Gewohnheitsrechten des w. Mittelfrankreich (v. a. Poitou, Anjou und Touraine) und einem Edikt von 1453 bekannt und kam am Ende des 18. Jh. außer Gebrauch.
M. Castaing-Sicard
Lit.: L. BOUCHEL, Bibl. ou trésor du droit français, 1671 – E. DE LAURIÈRE, Gloss. du droit français, 1704 – GUYOT, Rép. universel de jurisprudence, 1784 – Rec. Jean Bodin, XXIX. Les sûretés personnelles, IIème partie, 1971.

Apprecatio, in der Diplomatik Bezeichnung für die kurze Schlußformel der Urkunden, die, gleich dem → Chrismon bzw. der → Invocatio am Beginn der Urkunde, eine Anrufung des Namens Gottes um einen glückl. Abschluß der Willenserklärung ist. Die A. gehört nicht zum festen Bestand des Urkundenformulars und ist seit dem 14. Jh. ganz aus den Urkunden verschwunden. In der Regel lautet sie »feliciter (in domino, Christo)« oder »in dei nomine feliciter«, wozu seit der Karolingerzeit das Wort »amen« beigefügt wurde. Die in röm. Kaiserurkunden nicht überlieferte A. entwickelte sich aus den Datierungsformeln ost- und westgot. Königsurkunden, die neben dem Namen des regierenden Herrschers das aus dem Umkreis des Herrscherkultes stammende Wort »feliciter« enthalten. Dieses »feliciter« erweiterte sich – vermutl. unter dem Einfluß des kath. Klerus des Westgotenreiches – zu »in dei nomine« und löste sich allmählich aus der Datierung. A. Gawlik
Lit.: W. ERBEN, Die Kaiser- und Königsurk. des MA in Deutschland, Frankreich und Italien, 1907, 334 – A. DE BOÜARD, Manuel de diplomatique française et pontificale I, 1929, 318f. – P. CLASSEN, Kaiserreskript und Königsurk., ADipl 2, 1956, 56 – H. FICHTENAU, »Politische« Datierungen des frühen MA, MIÖG Ergbd. 24, 1973, 462ff.

Apprehensio (lat. 'Erfassung'). Als Anfang der menschl. Erkenntnis, die sich erst in einem Urteil über ihren jeweiligen Gegenstand vollendet, besteht die a. nach Thomas v. Aquin darin, daß der zu erkennende Gegenstand mit den Sinnen wahrgenommen, durch die Einbildungskraft vorgestellt und vom Verstand begriffen wird. Dietrich v. Freiberg zeigt auf, inwiefern sich der Verstand dadurch, daß er einen Gegenstand »intellektuell erfaßt«, von den anderen »apprehensiven Kräften« des Menschen unterscheidet. Wilhelm v. Ockham stellt den Akt der a. (actus apprehensivus), in dessen Vollzug der Verstand nicht nur den Inhalt eines einzelnen Begriffs, sondern auch den Inhalt einer aus mehreren Begriffen gebildeten Aussage erfassen kann, dem Urteilsakt (actus iudicativus) gegenüber, in dessen Vollzug der Verstand zu dem von ihm bereits erfaßten Inhalt einer Aussage Stellung nimmt, indem er ihn für wahr, für unwahr oder für zweifelhaft hält.
H. Weidemann
Q.: Thomas v. Aquin, Expos. Boeth. trin. 6, 2 (ed. B. DECKER [1955], 1965³, 215–218) – Dietrich v. Freiberg, De intellectu et intelligibili 3, 26 (ed. B. MOJSISCH, 1977, 199f.) – Wilhelm v. Ockham, In I Sent. Prol. 1 und 7 (ed. G. GÁL, S. BROWN, 1967, 16–21, 52, 57–60, 202f.) – *Lit.*: MlatWb I, 811 – HWP I, 459–461 – H. WEIDEMANN, Metaphysik und Sprache, 1975 – B. MOJSISCH, Die Theorie des Intellekts bei Dietrich v. Freiberg 1977.

Approbation, päpstliche → Königswahl

Appropriation ('Zueignung') meint jene theol. Redeweise, durch die den einzelnen Personen (Vater, Sohn, Geist) im dreieinigen Gott aufgrund ihrer Beziehungen zur Welt je einzelne Eigenschaften (Allmacht, Weisheit, Liebe) oder Tätigkeiten (Schöpfung, Erlösung, Vollendung) zugesprochen werden (attribuere – appropriare), die dem einen Gott wesens als ganzem eignen (proprium esse). Die Lehrmeinung Abaelards, der hier von einem proprium, nicht einer appropriatio sprach, wurde 1140 auf der Synode v. Sens verurteilt (DENZINGER-SCHÖN-

Metzer, 721). – Wenn von den einzelnen göttl. Personen aufgrund ihrer innertrinitar. Bezüge Aussagen gemacht werden (vom Vater das Ungezeugtsein, vom Sohn das Gezeugtsein, vom Geist das Gehauchtsein und Geschenktsein), spricht die Theologie seit dem MA von → Notionen (Kennzeichnungen: vgl. Thomas v. Aquin, STh I q. 39 a. 8; Bonaventura, Brevil. I c. 6). Die theol. Rede von A. und Notionen ist für das Gottesbild wie für die Frömmigkeit von Bedeutung.→ Trinität. J. Auer
Lit.: DThC I, 1708-1717.

Apremont, lothring. Adelsgeschlecht, das im 13.–14. Jh. seine Blütezeit erlebte. Die Herren v. A. (Schloß und Dorf in Woëvre, heute Dép. Meuse) waren Vasallen der Bf.e v. Metz und Verdun. Im 13. Jh. stiegen sie durch Heiraten und Lehnsverbindungen zum Rang von Gf.en auf. Eines der dynamischsten Mitglieder dieser Familie war Bf. *Johann I.*, der älteste Sohn von Gottfried (*Joffroi I.*) v. A. Zunächst Domherr in Verdun und Metz, wurde er vor dem kanon. erforderl. Alter zum Bf. v. Verdun gewählt (1218); 1224 gelangte er auf den Bischofssitz von Metz, den er bis zu seinem Tod (1238) innehatte. Er zeigte große polit. Fähigkeiten und verwaltete geschickt den Feudalbesitz der beiden Bm.er. Von hoher persönl. Frömmigkeit, förderte er großzügig die Mönchsorden. Sein Großneffe, *Johann II.*, Verduner Archidiakon, übernahm in einer schwierigen Situation, in der der frz. Kg. wie auch der dt. Kg. nach Einfluß auf das Bm. strebten, das Bischofsamt in Verdun (1297–1302). Nach ihm spielte Bf. *Heinrich* v. A. (1314–49), Sohn von *Joffroi III.* und Isabelle de Quiévrain, eine aktive Rolle in den Beziehungen zw. Verdun und Frankreich. Heinrich geriet in Auseinandersetzungen mit den Bürgern, bes. den führenden Geschlechtern der Stadt, und starb während der großen Pest; er hatte sich zuvor der breiten städt. Bevölkerung gegenüber großmütig und hilfsbereit gezeigt. M. Parisse
Lit.: DHGE III, 1062–1069 – Abbé Clouet, Hist. de Verdun et du pays verdunois II, III passim.

Après-la-lettre → Kupferstichtechnik

Apringius, Bf. v. Pace (Beja in Portugal), schrieb nach der Mitte des 6. Jh. einen »Tractatus in apocalypsin«, den → Beatus v. Liébana in seinem Kommentar benutzt hat. Direkt sind nur Fragmente erhalten, nämlich Kap. 1–5, 7 und 18, 6 bis Ende. Die Lücken sind der – einzigen bekannten – Hs. durch Auszüge aus dem Kommentar des Victorinus in der Rezension des Hieronymus geschlossen. H. Kraft
Ed.: M. Férotin, 1900 – A. C. Vega (Script. Hisp. Lat. 10–11), 1940 – *Lit.*: Repfont I, 383.

A priori / a posteriori (lat. 'vom Früheren/vom Späteren her'). Das Begriffspaar, mit dessen Hilfe Kant »empirische Erkenntnisse«, die »nur a posteriori, d. i. durch Erfahrung, möglich sind«, von »Erkenntnissen a priori« unterscheidet, die »schlechterdings von aller Erfahrung unabhängig stattfinden« (Kritik der reinen Vernunft, B 2 f.), hat in der ma. Wissenschaftstheorie eine Vorgeschichte, in der die Aristotel. Unterscheidung zwischen dem, was »von Natur aus« oder »an sich«, und dem, was »für uns« das »Frühere« (bzw. »eher Erkennbare«) ist (Anal. post. I 2, 71^{b}33–72^{a}4; Phys. I 1, 184^{a}16–23), eine wichtige Rolle spielt. Nach Thomas v. Aquin, der diese Unterscheidung aufgreift (Expos. Boeth. trin. 1, 3; 3, 1; 5, 1; 6, 1; ed. B. Decker [1955], 1965^2, 70, 110, 172, 206), findet sich in den »beweisenden Wissenschaften« insofern etwas »a priori Notwendiges«, als das, was sich in einem wissenschaftl. Beweis als Schlußfolgerung ergibt, mit Notwendigkeit »aus demjenigen Früheren (ex illo priori)« folgt, von dem aus der Beweis geführt wird (In Phys. II 15, 273 [5]).

Wilhelm v. Ockham nennt einen Beweis, dessen Prämissen, weil sie die Ursache des in der Konklusion gefolgerten Sachverhalts angeben, »schlechthin früher« sind als die Konklusion, eine »demonstratio a priori«. Ihr stellt er, wie nach ihm auch Albert v. Sachsen (Quaest. s. libros [anal.] post. I 9; ed. 1497, fol. 8rb), die »demonstratio a posteriori« gegenüber, in der nicht von einer uns bekannten Ursache aus (»propter quid«) bewiesen wird, daß ihretwegen die und die Wirkung erfolgt, sondern von einer uns bekannten Wirkung aus (»quia«), daß sie, weil sie erfolgt ist, die und die Ursache hat. H. Weidemann
Q.: Wilhelm v. Ockham, Summa Logicae III 2, cap. 12, 17, 19 f., 30 f.; ed. Ph. Boehner, G. Gál, S. Brown, 1974, 527, 533, 536–539, 561–563 – *Lit.*: HWP I, 462–467.

Apsis (gr. 'Krümmung, Wölbung'), im MA auch apsida, concha, exedra, tribuna, bema, presbyterion genannt. [1] *Westen*: Im ma. Sprachgebrauch bezeichnet A. Nebenräume, in der Regel aber einen halbrunden, oft gestelzten, mit einer Halbkuppel (Kalotte) überdeckten Raum, der einem übergeordneten Hauptraum ein- oder angebaut ist und sich zu diesem meist in voller Breite und Höhe öffnet; auch hufeisenförmiger (Graubünden 8./9. Jh., Langenfeld-Richrath Mitte 10. Jh., Paderborn-Ikenberg 11. Jh.) oder oblonger Grundriß (Couillet 9./10. Jh.); vereinzelt außen rechteckig (Graubünden 9./10. Jh., Nauborn 8. Jh., Uznach Anfang 9. Jh., Quedlinburg um 1020) oder polygonal (Byzanz, Spätromanik) ummantelt.

Vom röm. Profanbau (Kaiserpaläste, Kaiserfora, Thermen, Basiliken) wurde die A. in den karol. Profanbau als Thronnische (Aachen, Ingelheim) und in den frühchr. Kirchenbau (Rom, Ravenna) übernommen, zumeist im Osten, um einige Stufen erhöht, an Basilika oder Saalbau angefügt, bestimmt für die Sitze der Geistlichkeit, die Kathedra des Bf.s im Scheitel und die Subsellien der Presbyter zu ihren Seiten (Presbyterium). Die A. ist im Innern mit Malerei oder Mosaik geschmückt, im Äußeren nur selten gegliedert (Syrien).

In merow.-karol. Zeit schließt die halbrunde A. z. T. über → Krypten an → Saalkirchen, dreischiffige Basiliken (Regensburg 8. Jh., St. Blasien 1013/36), Zentralbauten (Slovakei, Mikulčice VI 9. Jh., Germigny-des-Prés 806) oder Annexräume (Steinbach 815/827, Sursee 9./10. Jh.) an; auch drei nebeneinander angeordnete A.n, deren mittlere z. T. größer ist, finden sich an Saalkirchen (→ Dreiapsidenanlagen), selten an Zentralbauten (Sta. Sofia in Benevent um 700); auch zwei A.n kommen vor (Isola Comacina 8. Jh., Reichenau-Mittelzell 816 geweiht, Mendrisio 8./9. Jh.); ebenso an Querhäusern, entweder eine A. in der Achse des Mittelschiffs (Fulda um 800, Seligenstadt 830) oder drei Apsiden in den Achsen der drei Schiffe (Spiez 1. Hälfte 11. Jh.) oder häufig drei Apsiden ohne Achsenbezug (Meusnes, Höchst 2. Viertel 9. Jh., Heiligenberg 3. Viertel 9. Jh., Beromünster 1036) oder mehrere Apsiden (San Mihiel de Cuxa 878, Ripoll 1020/32, Angoulême 1105/28, Pilgerkirchen 11. Jh. mit weiteren Apsiden am → Chorumgang einschließl. Cluny III); bei Westquerhäusern können auch kleinere Apsiden neben den Seitenschiffen ö. anschließen (Köln, Dom 9. Jh.).

Seit etwa 800 wird zw. Kirchenraum bzw. Querhaus ein Zwischenjoch eingefügt, das zumeist den Altar aufnimmt (Altarhaus → Chor) und die Ostpartie bereichert, zugleich der A. ihre beherrschende Eigenständigkeit nimmt (Centula 790/799, → St. Galler Plan um 820). Gleichzeitig tritt die A. im O und W der Kirchen auf (→ Doppelchor), z. T. auch ergänzt durch eine n. und s. Konche (→ Dreikonchenchor).

Der Außenbau war n. der Alpen zunächst einfach

kubisch und schmucklos (Steinbach 815/827) oder im Anschluß an die Spätantike mit gestuften Rundbogenblenden gegliedert (St. Johann in Müstair, Graubünden Ende 8. Jh., Gernrode ab 961). In spätotton.-sal. Zeit beginnt mit Mauereinnischungen (Hersfeld, Ostapsis 1038/40) eine reichere Gliederung, die schließl. mit Speyer (1080/1106) allgemein gültig wird, jedoch in den einzelnen Ländern und Gegenden in unterschiedl. Formen: Blendbogen auf Lisenen, Pilastern oder Säulen, in ein oder zwei Geschossen, darüber → Zwerggalerie, Rundbogenfries und profilierte Traufgesimse, mehr oder weniger reich dekoriert (Bamberg, Ostapsis Anfang 13. Jh.). Bedeutungswandel von der Thronnische an auch wahrnehmbaren → Martyrium, Hl. Grab (→ Heiliggrabkapelle), in dessen Mittelpunkt der Altar steht, der → Golgatha, Grab und Auferstehungsort ist; die A. erscheint als angeschnittener → Zentralbau. Gleichzeitig entsteht die A. mit polygonaler Ummantelung (Westlothringen, Burgund), eine Entwicklung, die in der Gotik durch Verschmelzung mit dem Chorquadrat die A. durch den → Chor verdrängt. G. Binding

Lit.: RDK I, 858–881 – G. BANDMANN, Zur Bedeutung der roman. A., Wallraf-Richartz-Jb. 15, 1953, 28–46 – W. WEYRES, Die ›Absides‹ des alten Domes zu Köln, Kölner Dombl. 20, 1961–62, 99–102.

[2] *Byzanz*: In frühbyz. Zeit ist die A. innen meist halbrund, Hufeisenform kommt v. a. in Kleinasien (z. B. Binbirkilisse) und Syrien (z. B. H. Sergios, Resafa) vor, gestelzte Apsiden sind in nahezu allen Regionen möglich; Inneingliederung durch Nischen findet sich vornehml. in Ägypten (Rotes und Weißes Kloster, Der Abu Hennis) und seltener in Mesopotamien (el-Adra, Hah) und Libyen (Leptis Magna). Rechteckige Apsiden kommen seit dem 6. Jh. vor (Syrien, Mesopotamien). Die A. kann frei aus dem Bau herausragen, wird aber häufig mit Nebenräumen beiderseits durch eine gerade Ostwand verborgen (Kleinasien, Syrien, Palästina, Mesopotamien, Ägypten, Nubien, N-Afrika); häufig ist bei solcher Gestaltung die A. mit wenigstens einem Nebenraum durch eine Tür verbunden. An den Halbzylinder der A. legt sich innen die mehrstufige Presbyterbank, bei Kirchen bfl. Nutzung mit dem zentralen Podest für die Kathedra (Synthronon). – Ursprgl. ragt die A. als Zylindersegment aus dem Bau heraus, gelegentl. durch Strebepfeiler verstärkt (z. B. Nikopolis, Basilika B, und Philippi, Basilika B). Seit dem 5. Jh. breitet sich von Konstantinopel her die äußere Ummantelung durch drei oder mehr Seiten eines Polygons aus (Studios-Basilika, Konstantinopel: drei Seiten eines Achtecks; Tomarza: fünf Seiten eines Achtecks; S. Apollinare in Classe: sieben Seiten eines Zwölfecks; S. Giovanni Evangelista, Ravenna: neun Seiten eines Achteckes; Basilica Eufrasiana, Poreč: sechs Seiten eines Zwölfecks; Messa, Lesbos: vier Seiten eines Achtecks). Stets hat die A. ein Fenster, polygonal ummantelte Apsiden haben häufig drei, seltener mehr Fenster. Zusätzl. Gliederung des Äußeren findet sich zuerst in Ravenna (Blendnischen: S. Giovanni Evangelista), Ecklisenen zuerst in Konstantinopel (z. B. H. Sophia). All diese Möglichkeiten werden in mittel- und spätbyz. Zeit weiter angewendet.

Die liturg. bedingten Nebenräume (→ Pastophorien; → Sakristei und → Martyrium) führen sehr häufig zum Nebeneinander dreier Apsiden. So kann eine halbrunde A. von zwei kleineren halbrunden Apsiden flankiert sein (Skripu), diese können aber auch bloße Wandnischen sein (Preslav, Kirche 3); eine polygonal ummantelte A. kann begleitet sein von zwei Apsiden gleicher Form (Atik Mustafa Paşa Camii, Konstantinopel) oder von zwei halbrunden (H. Sophia, Thessalonike), die wieder auch nur Wandnischen sein können (H. Stephanos, Kastoria). In der mittelbyz. und der serb. Architektur werden die Ostfenster der A. gerne als Bi- oder Triphora reich ausgestaltet. Eckpilaster, Eckstäbe, Blendnischen, Stabarkaturen, in Serbien und Rußland auch Rundbogenfriese, können die A. ebenso hervorheben wie reiche Ziegelornamentik oder, in Serbien, ornamentale Architekturplastik. Bes. reich kann die plast. Dekorierung der A. im Fsm. Vladimir-Suzdal' sein (Arkadenfriese in halber Höhe, Rundbogenfriese unter dem Traufgesims, Ornamentreliefs).

K. Wessel

Lit.: RbyzK I, 246–268 – CH. DELVOYE, Études d'architecture paléochrétienne et byz., Byzantion 32, 1962, 261–310, 489–547.

Apsisbild, -malerei, -mosaik. Als exponiertes Zentrum des liturg. Geschehens war die Apsis seit dem 4. Jh. das Blickziel der im basilikalen Kirchenraum versammelten Gemeinde. Die Ausschmückung ihrer *Stirn- und Rückwand* und v. a. ihrer *Wölbung* mit Mosaiken oder Fresken war darum wie bereits in der röm.-imperialen Kunst (Tetrarchenheiligtum Luxor) Schwerpunkt der Raumdekoration, soweit nicht das Vorhandensein einer Kuppel einen übergeordneten Bildort ins Spiel brachte. Die erhaltenen und durch Beschreibung überlieferten Denkmäler bezeugen zwar den einstigen Bestand nur äußerst lückenhaft. Sie lassen jedoch ganz bestimmte zeitlich und regional unterscheidbare Prinzipien einer programmat. Gestaltung des apsidalen Bildschmucks erkennen, der so zum Medium von Mitteilungen gemacht wurde über Christus, die Heilsgeschichte und das Reich Gottes. Die allmähl. Systematisierung eines ikonograph. Repertoires nach dem Muster der röm. Repräsentationskunst und bereichert durch charakterist. Züge der Glaubensverkündigung und der liturg. Praxis erlaubte präzise bildl. Aussagen, die trotz ihrer Vielschichtigkeit und Variationsbreite verstanden werden konnten. Bei der Analyse des heute bekannten Materials zeichnen sich acht *Themenkreise* ab, deren Ausprägung mit dem 6. Jh. im wesentl. abgeschlossen war: 1. der lehrende Christus und die Himmlische Kirche, 2. der kaiserliche Christus und das Himmlische Reich, 3. die »Liturgische Maiestas« (Christus auf dem Thronwagen bzw. im Clipeus zw. vieläugigen Cherubim und sechsflügligen Seraphim), 4. die Erscheinung des Herrn (mit Maria im Zentrum), 5. die Verklärung Christi, 6. das Kreuz und die Kreuzigung, 7. die Himmelfahrt Christi/die Urkirche, 8. der Titelheilige. Diese Themenkreise spiegeln verschiedene, z. T. bereits in vorchr. Zeit entwickelte Funktionsmöglichkeiten der apsidalen Bauform, denn das Wort »Apsis« bezeichnete in der Antike nicht nur Thronnische bzw. Gerichtstribunal, sondern auch die Erscheinungsnische von Mysterienheiligtümern, Funeralexedren, ferner den basilikalen → Triumphbogen, der, wie die röm. Porta Triumphalis, die Schwelle zw. Kampf und Friedensglück symbolisierte. Entsprechend gab es in den Apsiden der Kirchen Bildprogramme, die himml. Thron- und Triumphszenen zeigten und das als Garten charakterisierte glückl. Land im Goldenen Zeitalter, in das die Märtyrer und Hl. eingehen dürfen. Diese Thematik wurde in der Westkirche bzw. im Bereich der Kaiserstädte bevorzugt (z. B. Rom, S. Pudenziana, 5. Jh. Tribunalszene; Rom. S. Cosma e Damiano, 6. Jh.; Ravenna, S. Vitale, 6. Jh. Einführung der Titelheiligen ins Paradies). Die Ostkirche bevorzugte dagegen Programme, welche die Apsis als Erscheinungsnische deklarieren, indem sie eine hist. Theophanie (z. B. die Verklärung Christi in der Kirche des Katharinenklosters auf Sinai, 6. Jh., die Himmelfahrt Christi in Kapelle 17 des Apollonklosters in Bawit, 6.–7. Jh.) oder die auf prophet. Visionsberichten basierende »Liturgische

Maiestas« (z. B. Thessalonike, Hosios David und Bawit, Kapellen 26 und 51) oder einfach das Parusie(?)kreuz wiedergeben (bes. in Palästina, Syrien und Mesopotamien, während des Bilderstreits auch in der Irenenkirche zu Konstantinopel, ferner in Nikaia und Thessalonike). Darstellungen, die den Märtyrer/Heiligen in der Apsis seiner Grabkirche zeigten, hat es wahrscheinl. unterschiedslos im Westen und Osten gegeben. – Im weiteren Verlauf der Entwicklung wurde die Vielfalt der ikonograph. Möglichkeiten wieder reduziert. In Konstantinopel und seinem Einflußbereich forderten nach dem Ende des Bilderstreits (843) die neuen Dekorationsvorschriften, mit Rücksicht auf die dem Christusbild vorbehaltene Kuppel, für die Apsis ein Marienbild, das die Theotokos stehend oder thronend als Heilsvermittlerin präsentiert (bekannte Beispiele in den Sophienkirchen von Konstantinopel, Kiev, Thessalonike, Ohrid; vgl. Torcello und Murano). Für kuppellose Kirchen gab es die Deesis oder auch zweizonige Formen, die den Pantokrator in der Wölbung, Maria an der Rückwand der Konche darstellten (Cefalù, Monreale). In den Kirchen der gesamten orth. Welt blieb das Marienbild als Apsisthema bis in die Neuzeit absolut vorrangig. Doch gelangte daneben im Zuge von Mönchswanderungen und Klostergründungen die »Liturgische Maiestas« zu immer größerer Bedeutung und Verbreitung. Das gilt nicht nur für die byz. Provinz (Ägypten, Kappadokien, Apulien etc.), sondern auch und bes. für den lat. Westen. Die karol. Renovatio Imperii scheint zwar zur modifizierten Wiederaufnahme typ. röm. Herrlichkeitsbilder geführt zu haben (stehender Christus zw. Aposteln oder Engeln, Titelheiligen, Stiftern, Triclinium Leos III. im Lateran, S. Benedict in Mals, S. Johann in Müstair, wo in der rechten Nebenapsis zudem die Traditio Clavis an Petrus vorkommt; die Anbetung der 24 Ältesten im überlieferten Kuppelmosaik der Palastkirche in Aachen), doch blieben bewußte Nachahmungen frühchr. Programme, wie die von Papst Paschalis I. (817–824) in S. Prassede und S. Cecilia gestifteten »Kopien« des Apsismosaiks von S. Cosma e Damiano, wohl damals wie später auf Rom beschränkt. Dagegen erwies sich das in ägypt. Mönchskreisen entstandene Programm der »Liturgischen Maiestas« als fruchtbarster Anreger bei der Gestaltung roman. A., deren Hauptthema die Wiederkunft Christi zum Gericht war. Ihr Standardtypus, verkörpert etwa im Apsisfresko der Stiftskirche in Knechtsteden, Rheinland (2. Hälfte 12.Jh.), ist unter dem kunsthist. Begriff »Maiestas Domini« bekannt. Miniaturen und Elfenbeinreliefs bezeugen seine Existenz bereits in karol. und otton. Zeit. Er zeigt den bärtigen Christus auf Gemmenthron, Himmelsbogen oder Weltkugel sitzend, umgeben von einer Mandorla und den vier Wesen der Johannesapokalypse, die durch Beigabe von Büchern als Evangelistensymbole charakterisiert sind. Er war vom 11.–13.Jh. in Italien, Spanien, England und Skandinavien ebenso verbreitet wie in Frankreich, Deutschland und dem Alpengebiet. Eine Alternative zur »Maiestas Domini« bildete allein die ebenfalls mit Mandorla ausgestattete »Marienmaiestas«, die in einem Klima wachsender Marienverehrung zur Zeit der Kreuzzüge immer mehr an Boden gewann, wobei sich der Akzent von der Mutter und Trägerin des inkarnierten Logos auf Maria als Himmelskönigin verschob (vgl. das Apsisfresko im Dom von Aquileia aus dem Jahr 1031, ferner die Programme von Tahull; Montmorillon; Goslar, Neuwerk; Soest, St. Patroklus). Sie erreichte im Inthronisationsbild des Apsismosaiks in S. Maria in Trastevere (Mitte 12.Jh.) und im Krönungsbild des Apsismosaiks von Torriti in S. Maria Maggiore in Rom (Ende 13.Jh.) Höhepunkte. – Mit dem Wandel der Architektur in der Gotik, als die Apsis zum Chor wurde und ihre Kalotte wegen der Gewölberippen nicht länger Bildträger sein konnte, endete die Geschichte des A.es im Westen zu einer Zeit, als die neue Frömmigkeit der Bettelorden und Laienbruderschaften einen veränderten Bezug zum Altarbild auch liturg. vorbereitet hatte. Seine Erben waren die Bildprogramme der Chorglasfenster, die Triumphkreuzgruppen, v. a. aber die seit dem 13.Jh. aus Ikonen und Andachtsbildern in Italien (Umbrien, Toskana) neuentwickelten → Retabel. Sie gelangten von den Neben- und Privataltären auf den Hauptaltar und übernahmen dort die dem A. eigen gewesene Funktion. Ihr zentrales Thema ist in der Regel die mit Kind thronende Gottesmutter, das auch die späten Zeugnisse der Apsismalerei weitgehend bestimmt hat.

Vor allem in den frühen großen Basiliken, wie z.B. in S. Maria Maggiore in Rom, wo die hist. Vermittlung der zeitlosen Gottesherrschaft durch die Bilder an → Triumphbogen und Langhauswänden thematisiert war, dürfte die *Wandzone unterhalb der Apsiswölbung* nur Inkrustationsschmuck getragen haben. Sie wurde vermutl. zuerst in kleineren Kirchen, deren Bildschmuck auf Apsis bzw. Altarraum beschränkt blieb, als Bildträger genutzt. Als früheste Lösungen begegnen Bildfriese mit Anspielungen auf die Taufe, so in dem nicht mehr existierenden Oratorium am Monte della Giustizia in Rom, dessen Apsisfresko den lehrenden Christus zw. den zwölf Aposteln zeigte, nach unten ergänzt durch einen breiten Fries mit der Darstellung von Fischern und Fischen (Aquarium Christi). Der Taufsymbolismus bestimmte auch die Prozession der Lämmer zu den vier Strömen des Paradiesberges, die als Begleitfries großer Herrlichkeitsbilder der figuralen Dekoration der Halbzylinders den Weg bereiteten. – Mehr auf das liturg. Geschehen und teilweise explizit auf lokale Gegebenheiten bezogen sind die Darstellungen in den Kirchen Ravennas, die vielleicht Konstantinopeler Vorbilder spiegeln: Abel, Abraham/Isaak und Melchisedech verweisen in S. Apollinare in Classe auf das Opfer am Altar, ebenso das Offertorium von Patene und Kelch durch die Stifter Justinian und Theodora in S. Vitale; vgl. Bf. Petrus Chrysologus mit dem Angelus Domini bei der Epiklese zw. zwei ksl. Paaren in S. Giovanni Evangelista (überliefert) oder die Darstellung des Erzengels Michael axial hinter dem Altar der Basilica Eufrasiana in Parenzo. In Parenzo deuten im übrigen die Szenen der Verkündigung und der Heimsuchung sowie die Gestalten von Zacharias und Johannes d.T. auf die Inkarnation. – Auch im MA spielten Szenen aus der Kindheitsgeschichte Jesu bei der Dekoration der Apsisrückwand eine Rolle (bes. dann, wenn die Wände des Presbyteriums in die Dekoration mit einbezogen waren: Castelseprio; Canterbury, Gabrielskapelle bei der Kathedrale), meist jedoch pars pro toto vertreten durch Maria, die, umgeben von Propheten, Aposteln und Heiligen, dem Menschgewordenen präsentiert oder fürbittend auf ihn bezogen ist (Monreale, S. Silvestro in Tivoli, Cefalù). Generell waren es aber Engel (S. Angelo in Formis), Propheten, Könige, Apostel und Evangelisten sowie die Vertreter verschiedener Klassen von Heiligen (lokalbezogen), die in roman. Kirchen unterhalb der »Maiestas Domini« wiedergegeben wurden, teils als Glieder der Himmlischen Hierarchie, teils als Zeugen des Wirkens Gottes in der Kirche (Berzé-la-Ville, Reichenau-Niederzell). Die Auswahl der Bildthemen vollzog sich zwar in einem bestimmten Rahmen, doch war sie nicht durch festgelegte Dekorationsschemata eingeengt.   Ch. Belting-Ihm

Auch in *orthodoxen Kirchen* ist der Halbzylinder der Apsis Träger wichtiger Bildmotive. Unterhalb der Apsiswölbung steht häufig die → Apostelkommunion (Älteste Beispiele: Sophienkirche, Kiev, nach 1037; Sv. Sofija, Ohrid, um 1050), die in kleinen Kirchen meist fehlt. Darunter bzw. anstelle dieser Szene sind üblicherweise Kirchenväter und hl. Bf.e dargestellt (älteste Beispiele: Eustathios-Kapelle Göreme, 970/980; Panagia der Kupferschmiede, Thessalonike, nach 1028), zunächst frontal gereiht (Eustathios-Kapelle, Panagia der Kupferschmiede, Sophienkirche, Kiev), später in zwei antithet. Gruppen, mit offenen Schriftrollen in den Händen (z. B. Sv. Panteleimon, Nerezi, 1164; Sv. Djordje, Kurbinovo, 1191; Sv. Georgije Alt-Ladoga, um 1170), wobei ein Altar, auf dem meistens eine Patene mit dem darauf liegenden Christusknaben, mit einem Aer bedeckt (→ Melismos), steht, die Mitte bilden kann (Kurbinovo usw.). Johannes Chrysostomos und Basileios d. Gr. als die angebl. Autoren der beiden Hauptformen der byz. Liturgie fehlen fast nie, die übrigen Bf.e können wechseln. In der mittelbyz. Periode kommen statt der Hierarchen Propheten und Engel (Susum Bayrı, Kappadokien, 11.Jh.) bzw. zusätzl. Konstantin und Helena (Çavuşin, Kappadokien, 963/969), Styliten und Evangelisten (H. Barbara, Soğanlı, 1006 oder 1021), hl. Diakone (Sophienkirche, Kiev) u. a. m. vor. Die Reihe der ganzfigurigen Hierarchen kann auch durch darüber befindl. Medaillons oder einen Fries mit Bischofs-Büsten ergänzt sein (Panagia tu Araku Lagudera, Zypern, 1192; Staro Nagoričino, 1316/17). In spätbyz. Zeit können auch andere Szenen in den Halbzylinder rücken, so z. B. im Katholikon von Hilandar (frühes 14.Jh.) die Wahl des Matthias und die Aussendung der Apostel oder in der Uspenja Bogorodica des Kl.s Savina bei Hercegnovi (um 1450) Abendmahl, Apostelkommunion, Fußwaschung und Gefangennahme Christi (vielleicht it. Einflüsse).

Obwohl von byz. Mosaizisten gesetzt, folgen die erhaltenen Apsiden der norm. Dome des 12.Jh. nicht der orth. Thematik. In Cefalù sind in drei Zonen Maria orans zw. den Erzengeln sowie je sechs Apostel dargestellt, in Monreale in zwei Zonen, die sich seitl. der Apsis fortsetzen, die thronende Madonna zw. zwei Erzengeln und den Aposteln und darunter frontal stehende Heilige, zu denen auch einige östl. Kirchenväter gehören.

Die Dekoration des Halbzylinders der Apsis ist eindeutig auf das Geschehen am Altar bezogen: In der Apostelkommunion steht den Gläubigen das Urbild des Altarsakraments vor Augen; die Kirchenväter, hl. Bf.e und Diakone sind teils die Väter der Liturgie, teils die Vorbilder und Garanten der kirchl. Sakramentsfeier. K. Wessel

Lit.: RAC I, 571f. – RbyzK I, 268–287; 291–293, 674–698 – F. v. D. MEER, Maiestas Domini, Studi di Antichità cristiana 13, 1938 – E. PETERSON, La croce e la preghiera verso l'Oriente, EL 59, 1945, 58f. – A. GRABAR, Martyrium. Rech. sur le culte des reliques et l'art chrétien antique, II: Iconographie, 1946, passim – O. DEMUS, Byzantine Mosaic Decoration, 1953² – CH. IHM, Die Programme der chr. Apsismalerei vom 4.Jh. bis zur Mitte des 8.Jh., Forsch. zur Kunstgesch. und chr. Archäologie 4, 1960 – H. HAGER, Die Anfänge des it. Altarbildes, Röm. Forsch. der Bibl. Hertziana 17, 1962 – H. SCHRADE, Die roman. Malerei. Ihre Maiestas, 1963 – F. DINKLER, Das Apsismosaik von S. Apollinare in Classe, 1964 – O. DEMUS, Roman. Wandmalerei, 1968 – Y. CHRISTE, La vision de Matthieu (Matth XXIV–XXV), Bibl. des Cah. Arch. 10, 1973.

Apt (Apta). Das provenzalische Bm. A. liegt zw. dem Lubéron und der Vaucluse, beiderseits des Calavon-Tales. Hauptachse war die antike Straße von Italien nach Spanien über den Mt-Genèvre (→ Alpenpässe), die im MA als Pilgerstraße weiterhin benutzt wurde. Während das Gebiet im 9.–10.Jh. unter sarazen. Einfällen vergleichsweise wenig gelitten hatte, führten die Konflikte zw. den großen Adelsgeschlechtern zur Zersplitterung der Region. Bes. die Familien Castellane und Agoult-Simiane, die über ausgedehnten Allodialbesitz um den Bischofsort A. verfügten, vermochten dabei in der 2. Hälfte des 11.Jh. starken Einfluß auf das Bm. zu erlangen: Es befand sich in der Hand von Alfaut aus dem Geschlecht der Agoult-Simiane; ihm folgte sein Neffe Langier (1130–43).

Hinsichtl. der Besitzgeschichte des Bm.s lassen sich anhand des Kartulars die Bemühungen der Bf.e um Wiederherstellung ihres Patrimoniums verfolgen. So gelang es 991 Bf. Teuderich, ein Kapitel von zwölf Kanonikern mit vita communis zu errichten, das er mit eigenem Tafelgut ausstattete. Bedeutung für die Territorialentwicklung gewann auch die Gründung von Eigenklöstern und Prioraten, bes. die Stiftung der Abtei St. Eusebius in Saignon kurz vor 1004. Mit dieser monast. Bewegung gingen Kolonisation und Landesausbau Hand in Hand; um zentrale Siedlungen wurde das Siedelland planmäßig erschlossen und aufgeteilt.

Ab 1143/45 zeichnen sich Wandlungen im religiösen Leben ab: Ein Mönch aus St-Gilles wird Bf.; später erlangt der einheim. Dompropst diese Würde. P.-A. Février

Um die Mitte des 12.Jh. werden die Bf.e zu bedeutenden Territorialherren; Bf. Wilhelm (Guillaume I.) leistet 1162 dem Ks. den Lehnseid. Zu diesem Zeitpunkt werden den Bf.en Regalien verliehen; sie beanspruchen fürstl. Rang und Titel. Die civitas, in ungeteiltem gemeinsamen Besitz der Bf.e und des Hauses Agoult-Simiane, wurde durch Ks. Heinrich VI. 1193 der bfl. Herrschaft unterstellt, was einen langandauernden Konflikt mit dem Haus Simiane herbeiführte. Die Stadt, die am Anfang des 13.Jh. ein → Konsulat erlangte, ging 1252 in den Besitz des Gf.en der Provence, Karls v. Anjou, über und wurde der Sitz einer Viguerie. Die Familie Bot stellte nun mit Raymond (1273–1303), Hugues (1303–19) und Raymond II. (1319–30) drei aktive und bedeutende Bf.e; Raymond II. empfing 1324 den Leichnam des hl. Elzear v. Sabran. Die Avignoneser Päpste besetzten das Bischofsamt in A. mit Prälaten ihrer Kurie, die sich meist wenig um ihre Diöz. kümmerten; der aktivste dieser Bf.e war Konstantin v. Pergola (1412–30). – Reicher Quellenbestand hat sich im städt. Archiven erhalten: Kartular des Domkapitels (54 Urkunden vor 1000), über 500 Register der Notare zw. 1346 und 1500. R.-H. Bautier

Q. und Lit.: CHNE ALBANÈS, GChrNov I, 1890, 173f. – F. SAUVE, Obituaire de l'église cathédrale d'Apt, 1926 – A. ROUX, La cathédrale d'A. d'après les documents inédits, 1949 – DERS., A., quelques aspects de son hist., 1967 – Cart. de l'église d'A., hg. N. DIDIER–H. DUBLED–J. BARRUOL, 1967 – J. DE FONT-RÉAULX, Les sources de l'hist. d'A. (Provence hist. XVII, 1967), 120–127.

Apuleius im Mittelalter. A. v. Madaura, der Sophist und Platoniker des 2.Jh., genoß zu Lebzeiten hohen Ruhm und hat offenbar noch in den letzten Jh. des ausgehenden Altertums zu den wenigstens dem Namen nach bekanntesten Schriftstellern gehört. Zu dieser Berühmtheit hat zweifellos der Umstand beigetragen, daß A., der sich gegen die Anklage der Magie hatte verteidigen müssen, nun erst recht als Zauberer galt (bezeichnend dafür, daß sich von dem Zauberer A. – als einzigem röm. Schriftsteller neben dem ebenfalls zum Zauberer gewordenen Virgil – in den Zeuxippos-Thermen in Konstantinopel eine Statue befand: Anthol. Pal. II 303 ff.). Wieviel von seinen Werken tatsächl. noch gelesen wurde, ist eine andere Frage. Ein erhebl. Teil seiner Schriften ist jedenfalls schon in der Spätantike verlorengegangen. Ins MA gelangt sind überhaupt nur diejenigen Werke, die wir heute noch besitzen:

der Verwandlungsroman (»Metamorphoses«), die Blütenlese aus den Prunkreden (»Florida«) und die Verteidigungsrede in Sachen der Magie (»Apologia pro se de magia«), ferner die philos. Schriften »de Platone et eius dogmate« und de »deo Socratis«; dazu kommt einiges Unechte.

Auf die Metamorphosen nimmt für uns als letzter antiker Autor ausdrückl. Augustinus Bezug (civ. 18, 18: jedoch so, daß eine Verwechslung nicht ausgeschlossen scheint); dann verlieren sich für Jh. die Spuren unmittelbarer Kenntnis. Dem MA ist das Werk im Grunde fremd geblieben; seine Erhaltung wirkt wie zufällig: abseits vom Hauptstrom der Überlieferung röm. Lit., in einer einzigen, im späteren 11.Jh. in Montecassino hergestellten Hs., die wahrscheinl. auf den Restbestand einer spätantiken Privatbibliothek in der Nähe zurückgeht. Von kaum nennenswerten Spuren oberflächl. Bekanntschaft mit den (in ders. Hs. erhaltenen) »Florida« im Umkreis von Monte Cassino abgesehen, wurden die Metamorphosen erst, nachdem Boccaccio die Hs. entdeckt und entführt hatte (heute Florenz Laur. 68. 2), allmähl. wieder bekannt und ins Bewußtsein gerückt; im »Decamerone« finden sich (z.B. VII 2) die frühesten Zeugnisse lit. Wirkung des Romans, dessen nachmals hohe Wertschätzung in volkssprachl. Übersetzungen seit der it. des Agnolo Firenzuola von 1493 zum Ausdruck kommt. Dem eigtl. MA ist A. mehr der Philosoph und Platoniker gewesen. Äußerst spärl. und keineswegs sicher sind Hinweise auf direkte Kenntnis der Schrift »de Platone et eius dogmate«, die immerhin seit der Karolingerzeit zwar nie sehr häufig, aber doch da und dort vorhanden war; inwieweit sie die ma. Vorstellung von Platon und seiner Lehre tatsächl. bestimmt hat, wäre noch genauer zu prüfen. Etwas häufiger trifft man Hinweise auf die Schrift »de deo Socratis« an. Wichtiger freilich als ihre unmittelbare Kenntnis war der Umstand, daß sich Augustinus eingehend mit ihr und dem von ihm geschätzten A. auseinandergesetzt hatte (civ. 8, 14ff.); in dieser Brechung und mit den Korrekturen Augustins haben die Vorstellungen des A. für die ma. Dämonologie einige Bedeutung gewonnen. Bei einigen wenigen Autoren namentl. des 12.Jh. wie Johannes v. Salisbury, Petrus v. Blois, Giraldus Cambrensis ist auch unmittelbare Kenntnis zu erwägen. Von den frühzeitig unter den Namen des A. geratenen Schriften hat das Buch »Perihermeniae« (περὶ ἑρμηνείας) auf zweifachem Wege ins MA gewirkt. Cassiodor hatte aus ihm ein größeres Stück in seine Dialektik (Inst. II 3) eingerückt, auch auf A. ausdrückl. hingewiesen; mit den »Institutiones« sind die betreffenden Teile ins ma. Lehrgut eingegangen. Seit der Karolingerzeit war von dem Werk selbst in der einen und anderen Bibliothek ein Exemplar vorhanden; in der Entwicklung der Dialektik vor und nach der Jahrtausendwende bis in die scholast. werdende Wissenschaft des 12.Jh. hinein dürfte »Perihermeniae« eine nicht ganz unbedeutende Rolle gespielt haben; s. a. Pseudo-Apuleius.   F. Brunhölzl

Apulia (litauisch Apuolé), Burgberg der → Kuren am Zusammenfluß der Luoba und des Baches Brukis, etwa 8 km s. von Schoden (Skuodas) in Litauen. Nach Rimberts »Vita Anskarii« versuchte 853 der Schwedenkönig Olaf vergebl., die feste Burg zu erstürmen; in einem zweiten Angriff erzwang er aber die Anerkennung der schwed. Tributherrschaft durch die Kuren von A. (Vita Ansk. 30). 1253 wird A. in livländ. Urkunden als in »terra inculta« gelegen erwähnt, war also offensichtl. schon aufgegeben. Der Name taucht erst im 16.Jh. erneut für ein dort gelegenes litauisches Adelsdorf auf. – Der etwa 0,5 ha große Burgberg wurde als Friedhof benützt. 1845 vermutete S.DAUKANTAS die Identität von Rimberts A. mit diesem. Seit 1887 wurden hier Altsachen gesammelt, aber erst 1930-32 planmäßige Grabungen von E.VOLTERIS, N.NAGEVIČIUS und B.NERMAN durchgeführt, die vier aufeinanderfolgende Burganlagen des 1.-13.Jh. zutage förderten. Die Burg wurde mehrfach zerstört, ehe sie im 13.Jh. ganz aufgegeben wurde.   M. Hellmann

Lit.: S.DAUKANTAS, Būde senoves Lietuviu, kalnenu ir žemaciu, 1845, 246 – J. DÖRING. Die Unters. von A. bei Schoden, SB der kurländ. Ges. für Lit. und Kunst in Mitau, 1887, 32-40 – A.BIELENSTEIN, Rimberts A., Magazin der Lett. Literär. Ges. Riga 19, 1894, 1-31 – B.NERMAN, Swedish Viking Colonies on the Baltic, Eurasia Septentrionalis Antiqua 9, 1935, 361ff. – V.NAGEVIČIUS, Mūsu pajurio medžiagine kultura VIII-XIII amžiais, 1935 – J.PUZINAS, Naujasiu proistoriniu tyrinejimu duomenys, 1938 – Lietuvos TSR istorijos šaltiniai I, 1955, 21 – Lietuvos TSR istorija I, 35, 46f. – R. VOLKAITE-KULIKAUSKIENE, Lietuvos archeologiniai paminklai ir ju tyrinejimai, 1958.

Apulien, südit. Region, deren Name sich von dem osk. Stamm der Apuli herleitet, der seit dem Altertum seinen Sitz im Gebiet des Gargano hatte. Im MA spielte A. eine sehr bedeutende Rolle im Mittelmeerraum, weil seine geograph. Lage günstige Voraussetzungen für den Handelsverkehr zw. W und O bot, der sich vor der Einschiffung der Waren auf die Via Appia und Via Traiana abwickelte, und weil es eine Vermittlerposition bei der Begegnung verschiedener Rassen und Kulturen innehatte. A. umfaßte – mit einigen Grenzveränderungen – das Gebiet der augusteischen Regio II, d.h. Apulia mit der Capitanata und das antike Calabria, das dem Messapien der Griechen und dem heutigen Salento (Terra d'Otranto) entspricht. Im Unterschied zu den heut. Grenzen erstreckte es sich von der Mündung des Biferno zum Kap Leuca, wobei es im O von der Adria begrenzt wurde und der Flußlauf des Bradano es von Lucania trennte.

Im 5.Jh. gehörte es zum Amtsbereich des praefectus praetorio Italiae und wird als eine der 16 provinciae im »Laterculus Veronensis« und im »Laterculus« des Polemius Silvius verzeichnet. Nach Traditionen, Sprache, Kultur, Institutionen und Oberschicht lateinisch, nahm A. zw. dem 4. und 5.Jh. das Christentum an. In dieser Zeit entstanden die Diöz. Brindisi, Gallipoli, Lecce, Otranto, Tarent, Siponto, Bari, Canosa, Acerenza, Egnazia, Ordona, Venosa, Trani, Troia, Salpi, Aeclanum und Carmeia, die alle von Rom abhängig waren. Nach dem Untergang des weström. Reiches fielen unter Theoderich (493-526) die Heruler und Avaren, die von Dalmatien kamen, und die Vandalen aus Afrika in A. ein. Seit der Zeit Justinians (527-565) unter byz. Oberherrschaft, mußte A. die verheerenden Folgen des byz.-got. Krieges (535-553) und der Verwüstung durch Franken und Alemannen 554 tragen, wodurch Ackerbau und Handel schwere Rückschläge erlitten. Den folgenden Einfällen der Langobarden Ende des 6.Jh. suchten die Byzantiner – gemeinsam mit den Einheimischen in den verbliebenen municipia – vergeblich, Widerstand entgegenzusetzen. Die langob. Infiltration weitete sich unter → Arichis (594-640) aus, der A. eroberte und dem Hzm. Benevent angliederte, mit Ausnahme des Gargano und des antiken Calabria, die bis zum Tode des Constans († 668) byz. blieben. Dieser hatte A. für das Imperium zurückerobert, aber seine Herrschaft wurde von Romuald (671-687) gestürzt, der zusammen mit seinen Nachfolgern langob. Einrichtungen und Gebräuche in A. einführte. Zur Zeit der Vernichtung des Langobardenreiches durch die Franken (774) war A. Schauplatz der Kämpfe zw. Langobarden, Byzantinern und Arabern, Kämpfe, die durch Intrigen und ständig wechselnde Bündnisse gekennzeichnet waren. Desiderius (750-774) erbat die Intervention von Ks. Konstantin V. Kopronymos (741-775), um Liutprand, welcher sich in

Otranto verschanzt hatte, zu bezwingen; die Hzg.e Arichis II. (758-787) und Grimoald III. (788-806), die Vasallen Karls d. Gr. geworden waren, brachten das Gebiet bis zum Salento unter ihre Kontrolle. Als das Karolingerreich zerfiel und ein schweres polit. Schisma das Hzm. Benevent in eine Krise stürzte, griffen die Araber A. an: zuerst als Piraten, später als Verbündete der langob. Dissidenten. 838 besetzten sie Brindisi und errichteten Emirate in Bari (847-871) und Tarent (841-880) sowie Kolonien in Canosa, Ordona und Ascoli. Ludwig II. (855-875) versuchte vergebens, ihnen in zahlreichen Feldzügen Widerstand entgegenzusetzen. Erfolgreicher waren die Ks. des Ostens, Basileios I. (867-886), der das von dem Berber Sawdan (857-871) zerstörte Gallipoli wiederaufbauen ließ und mit Leuten aus Bithynien neu besiedelte, und Leon VI. (886-911), der von der Peloponnes viele freigelassene Sklaven nach A. schickte. Die Oberherrschaft von Byzanz wurde wiederhergestellt und bestand bis zum 11.Jh., wobei die Region jedoch infolge innerer Kämpfe und drückender arab. und slav. Einfälle einer gewissen Instabilität unterworfen war. Zur weiteren Zerrüttung des Landes trugen die Eroberungspläne Ottos I. bei, der zwar teilweise A. unterwarf, dem es aber ebensowenig wie Otto II. gelang, es den n. Reichsteilen dauerhaft anzugliedern. Gleichzeitig stellte die byz. Regierung, die ihre Macht durch die Erhebung Otrantos zum Metropolitansitz und die Errichtung des Katepanats von Italien mit der Hauptstadt Bari zu konsolidieren versuchte, den sächs. Herrschern sarazen. Söldner entgegen. Diese unternahmen seit 970 Raubzüge in A. In dieser Periode begannen die auf sich selbst gestellten Städte ihre Freiheiten zu betonen und verteidigten sich tatkräftig. Eine derartige Bewegung, die an die Entwicklung der autonomen Kommunen in N-Italien erinnert, wenn sie sich im Süden auch nie ausbilden konnte, gewann zu Beginn des 11.Jh. an Stärke und führte auch zu heftigen Aufständen unter dem des Melos und später des → Argyros in Bari. In einer solchen Krisensituation stellten sich norm. Abenteurer den aufständ. Adligen, den dt. Ks.n und den antibyz. Päpsten als Bundesgenossen in A. zur Verfügung. Rechtl. gesehen, unterstanden sie bald den langob. Fs.en, bald den dt. Ks.n; ihre Bündnispolitik war sehr wechselhaft, stets besaßen sie jedoch eine gewisse autonome polit. Bedeutung. Die Krise der byz. Oberherrschaft in A. (1010-70) fiel zusammen mit einer Periode relativer Prosperität, die dem Wiederaufleben des Handels in den Häfen und den engen Verbindungen der sozialen und polit. Strukturen in Stadt und Land sowie dem Zusammenhalt der führenden und untergeordneten Schichten zu verdanken ist. Beredte Zeugnisse für diese Blüte sind die sog. Höhlenkultur (»civiltà rupestre«) und die geistesgeschichtl. bedeutsamen Exultet-Rotuli. Auch die kirchl. Institutionen erlebten einen beachtl. Aufschwung: Die führenden Städte wurden zu Erzbistümern; der Benediktinerorden und das italo-gr. Mönchtum blühten in den bereits besetzten Klöstern wie den Neugründungen. Die ausgeprägte ethn. Vielschichtigkeit – in A. lebten nach eigenen Rechten und Gewohnheiten Normannen, Langobarden, Byzantiner, Slaven, Armenier, Araber und Juden (letztere waren schon seit dem 5.Jh. in Venosa, Tarent, Trani und Otranto sehr aktiv) – bot die Voraussetzungen für die Schaffung authent. Meisterwerke einheim. Kunst. – 1047 wurden die Normannen von Heinrich III., der Drogo den Herzogtitel verlieh, formell anerkannt. Gegen die Normannen formierte sich ein byz.-päpstl. Bündnis, das jedoch 1053 bei Civitate eine entscheidende Niederlage erlitt. Der gleichzeitige Tod von Leo IX. (1049-54) und Konstantin IX. (1042-54) und der Bruch zw. den Kirchen durch das Schisma des → Michael Kerullarios führten einen Umschwung der päpstl. Politik gegenüber Byzanz herbei, der sich zugunsten der Normannen auswirkte, v. a. nachdem Papst Nikolaus II. (1059-61) sich mit ihnen ausgesöhnt und → Robert Guiscard mit dem Hzm. Apulien und Kalabrien belehnt hatte. Die Eroberer sicherten ihre Herrschaftsgebiete in A., aus dem sich die byz. Verwaltung nach der Einnahme von Bari (1071) zurückgezogen hatte. A. erfuhr bald eine demograph. Expansion, der ein verstärktes Anwachsen der Bautätigkeit und ein beachtl. Aufschwung des Handels entsprachen. 1087 gelangten die Reliquien des hl. Nikolaus nach Bari, unter dessen Schutz sich Pilger und ins Hl. Land aufbrechende Kreuzfahrer stellten (wie schon seit Jh. unter die Protektion des Erzengels Michael am Monte Gargano). Die in Gft.en aufgegliederten Normannenherrschaften wurden unter Roger II. (1130-54) zu einem Kgr. mit der Hauptstadt Palermo vereinigt. In A. dauerten jedoch die Aufstände an, die durch den Gegensatz zw. dem Kg., der Parteigänger Anaklets II. war, und Innozenz II., der sich auf Lothar III. stützte, geschürt wurden. Unter Wilhelm I. (1154-66), gen. »der Böse« (weil er die gegen ihn rebellierenden Städte, die von Byzanz vergebens Hilfe erbeten hatten, hart unterdrückte), wurde A. von Tumulten erschüttert. Eine Periode der Prosperität erlebte es jedoch unter dem milden Herrscher Wilhelm II. (1166-89). Nach dessen Tod designierte die Feudalherren von A. Gf. → Tankred v. Lecce (1189-94), auf den sein Rivale, der Staufer Heinrich VI., folgte. Im Laufe des 13.Jh. war das Schicksal A.s mit dem der Staufer-Dynastie eng verknüpft. Brennpunkt von Intrigen während der Minderjährigkeit Friedrichs II., wurde A. der bevorzugte Aufenthaltsort des Ks.s. In der Tat schmückte er das Land mit Kastellen, bereicherte es mit neuen Städten, öffnete es den ven. und genues. Schiffen, richtete dort eine Münze und Jahrmärkte ein, machte A. zum Zentrum des »höfischen Lebens«, zum Schauplatz seiner Zerstreuungen und Jagden, erließ in Melfi seine Konstitutionen (→ Liber Augustalis) und stationierte in Lucera die Sarazenen als Kerntruppe seines Heeres. Die Propaganda der Bettelorden und Deutschordensritter, die in A. seine Pläne begünstigt hatten, wandte sich gegen ihn, als er, der »ungläubige Kreuzfahrer«, die Exkommunikation auf sich gezogen hatte. Viele Städte erhoben sich, aber Friedrich II. reagierte mit der Schleifung ihrer Mauern, mit Steuererhöhungen, Unterdrückung der Rebellen und Verbannung der papstfreundl. Prälaten. Nach seinem Tod, auf den bald der seines Sohnes Konrad IV. folgte (1254), unterwarf Manfred – von den Päpsten angefeindet und in ständigem Kampf mit ihnen – einen großen Teil von A., während das Salento ihm Widerstand leistete und die eigene Autonomie verteidigte. Polit. geteilt, aber noch immer ein Anziehungspunkt für die Kaufleute aus dem Kgr. und von auswärts, wurde A. der Kampfschauplatz, auf dem sich Manfred unter Mißachtung der Rechte seines Neffen Konradin als Kg. v. Sizilien und A. behauptete. Nach dem Fehlschlagen jedes Versuches, zu einer Einigung zu gelangen, stellte ihm Papst Clemens II. Karl v. Anjou entgegen (→ Anjou). Dieser zog nach Italien und besiegte Manfred bei Benevent, womit er die Katastrophe der Staufer besiegelte, die ihren trag. Epilog in Konradin fand, in dessen Namen sich einige Städte A.s erhoben hatten. Die Anjou teilten die Region wieder in drei Justiziarate ein (→ Justitiar) und errichteten das Fsm. → Tarent neu, wobei sie überall Mitglieder der frankoprovenzal. Oberschicht einsetzten. A. wurde Ziel oder Aufenthaltsort für Kaufleute aus Marseille, Katalonien und Aragón, die dort Handelshäuser *(Fondaci)* eröffneten und Stützpunkte für ihre Geschäfte und für Expansionen in den Balkanländern im Zeichen der Kreuzzüge errichteten. Die → Sizilian. Vesper fegte die frz. Oberherrschaft aus Sizilien hinweg und machte die Expansionspläne Karls I. im Osten zunichte, der sich u. a. auch in A. engagiert hatte; dort versuchten die ghibellin. Faktionen einen Aufstand und waren zum Bündnis mit den Aragonesen bereit, die während der Herrschaft Karls II. (1285-1309) einen energ. Vorstoß zur Eroberung des kontinentalen Mezzogiorno machten (→ Aragón). Nach dem Frieden v. Caltabellotta verschaffte Kg. Robert der Weise (1309-43) A. eine Atempause: Der Handel blühte auf, und neues kulturelles und religiöses Leben entwickelte sich. Aber die Krise, die während der Regierungszeit Johannas I. (1343-82) ganz Europa heimsuchte, traf auch die Region A. schwer: Das Land wurde von der Pest entvölkert, von Bankrotten geschwächt, vom Schisma und den in der Folge losbrechenden Kämpfen zerrissen, da Papst Urban VI. der mit dem Gegenpapst Clemens VII. verbündeten Königin Karl III. v. Durazzo entgegenstellte. Am Ausgang des 14. Jh. wurde A. (von Trani bis Otranto) zum Streitobjekt zw. den verschiedenen Linien des Hauses Anjou. Ladislaus v. Durazzo (1400-14) gewann mit Hilfe des Fs.en Orsini v. Tarent, dessen Lehen ein Staat im Staate wurde, die Oberhand über Ludwig II. v. Valois. Von neuem herrschte unter Johanna II. (1414-35) Anarchie in A.: Venedig beherrschte die Häfen, und die Condottieri Caldora spielten sich auf den Straßen als Herren auf. Während des siegreichen Eroberungszuges Alfons I. (1442-58) traten die Städte A.s größtenteils in der – vergeblichen – Hoffnung auf Steuererleichterungen auf seine Seite. Ihre Enttäuschung schlug rasch in eine Revolte um, die von G. A. Orsini, dem Fs.en v. Tarent, der ehrgeizige Herrschaftspläne hegte, angeführt wurde. Ferdinand I. (1458-94) gelang es jedoch, den Widerstand seines aufständ. Lehnsträgers mit der Hilfe zahlreicher Verbündeter zu brechen, die er für ihre Dienste mit Privilegien und Landvergaben belohnte: So wurde das wiedererrichtete Hzm. Bari Apanage der → Sforza von Mailand. Während unter dem osman. Druck Kolonien von Albanern nach A. einwanderten (→ Albanien), zerstörten die Türken 1480 Otranto und verbreiteten auf der Halbinsel, wo Robert Caracciolo v. Lecce Buße predigte, Panik. Am Ende der aragon. Herrschaft (1503), das durch die Verschwörung der → Barone herbeigeführt wurde, gelangte A. in den Sog der span. Vizekönigtums, wodurch es tiefgreifende Veränderungen erfuhr. P. De Leo

Q. und Lit.: IP IX, 143, 271, 406 – A. GUILLOU, Stud. on Byzantine Italy, 1970 – N. KAMP, Kirche und Monarchie im stauf. Kgr. Sizilien II, 1975 – P. BELLI D'ELIA, Alle sorgenti del romanico: Puglia XI sec., 1975 – P. F. PALUMBO, Medio evo meridionale: fonti e letteratura storica dalle invasioni alla fine del periodo aragonese, 1978.

Aqïnğï ('Streifzügler'), Angehöriger der von frühester Zeit bis in die 2. Hälfte des 17. Jh. bestehenden irregulären leichten Reiterei des Osman. Reiches, die für Verheerungs- und Beutezüge sowie zur takt. Abschirmung von Invasionsarmeen – vorwiegend in Europa – eingesetzt wurde. Den unbesoldeten (jedoch steuerbefreiten) A.s, die unter lokalen Führern kämpften, fiel der Hauptteil ihrer Beute zu. Die Truppenstärke wechselte (höchstens einige Zehntausend, 1630 nur noch 2000). E. Ambros

Lit.: EI² I, 340 [mit ausführl. Verweisen] – I. BELDICEANU-STEINHERR, En marge d'un acte concernant penğyek et les aqïnğï, REI 37, 1969, 21-47.

Aqkerman (rumän. Cetatea-Albă, byz. Aspro- bzw. Maurokastron, slav. Belogorod, in westl. Quellen Mauro-, Moncastrum usw.; heute Belgorod-Dnestrovski, UDSSR, Rep. Moldau), moldauische Handelsstadt am W-Ufer des Dnjestr-Ästuars. Im 14. Jh. genues. Kolonie, Ende des 14. Jh. bis 1484 moldauisch, dann zusammen mit Kilia von Bāyezīd II. als letzter nichtosman. Schwarzmeer-Hafen erobert. Die Einwohner wurden z. T. nach Konstantinopel deportiert. K. Kreiser

Lit.: G. I. BRATIANU, La mer noire. Des origines à la conquête ottomane, 1969 – N. BELDICEANU, La Moldavie ottomane à la fin du XVᵉ s. et au début du XVIᵉ s., REI 1969, 239-266 – DERS., Recherche sur la ville ottomane au XVᵉ s., 1973, 121-141.

Aq Qoyunlu, türk. Dynastie, die im 14./15. Jh. vorerst in Ostanatolien, später auch in Persien und dem Irak herrschte. Das Rückgrat ihres Staates, bes. des Heeres, bildeten in einer Föderation zusammengeschlossene große Türkmenenstämme, aus denen die Herrscherfamilie hervorgegangen war. Ursprüngl. saßen sie im n. Mesopotamien mit Hauptstadt Āmid (Diyarbakır). Als Emire von Āmid werden sie um 1340 in byz. Quellen erwähnt. Schon frühzeitig bemühten sich die Komnenen v. → Trapezunt um ein Bündnis mit ihnen, das seit 1352 durch Heiratspolitik zw. beiden Häusern, nicht immer erfolgreich, gefestigt wurde. Der eigtl. Gründer der Dynastie war Qara Yülük ʿOsmān (gest. 1435), sein Enkel → Uzun Ḥasan (1453-78) der bedeutendste Herrscher, unter dem das von den Aq Q. beherrschte Gebiet seine größte Ausdehnung und kulturelle Blüte fand. Er trug den Titel »Pādišāh« und verlegte die Hauptstadt weiter nach Osten, nach Tabrīz. Mit ihm treten die Aq Q. auf die weltpolit. Bühne und werden vom Papst und v. a. von den Venezianern als Bundesgenossen gegen die im Westen vordringenden Osmanen gesucht. Diese zeigten sich aber unter Meḥmed II. 1473 in der Entscheidungsschlacht bei Otlukbeli in Ostanatolien als die Stärkeren. Die den Aq Q. von den Venezianern versprochene Hilfe kam zu spät. Nach Uzun Ḥasans Tod zerfiel das Reich langsam durch die Thronkämpfe seiner Söhne. H. Sohrweide

Lit.: EI² I, 311f. – M. Ş. KEÇİK, Briefe und Urkk. aus der Kanzlei Uzun Ḥasans. Ein Beitr. zur Gesch. Ostanatoliens im 15. Jh., 1976 – J. E. WOODS, The Aqquyunlu-Clan, Confederation, Empire, 1976.

Aqsarāyī, Karīm ad-Dīn Maḥmūd b. Muḥammad. Das vierte Kapitel seines 1323 dem mongol. Statthalter Timurtaš b. Čoban gewidmeten pers. Geschichtswerks »Musāmarat al-aḫbār wa musāyarat al-aḫyār« ist die wichtigste Quelle für die Zeit der unmittelbaren Mongolenherrschaft in Anatolien; sie ergänzt → Ibn Bībī.
B. Flemming

Ed.: O. TURAN, 1944 – dt. Bearb.: FIKRET IŞILTAN, Die Seltschukengesch. des A., 1943 – türk. Übers.: M. N. GENCOSMAN, 1944.

Aq Šems ed-Dīn, Scheich des islam. Ordens Bayrāmiyye, wahrscheinl. 1389/90 in Syrien geb., kommt er schon als Kind nach Anatolien. Die Lehrtätigkeit (müderris) an der Medrese von Osmancık gibt er auf, um Jünger des Ḥāğğī Bayrām Velī zu werden. Darauf läßt er sich in Göynük nieder, wo Murād II. ihm Landgüter schenkt, und zwar, wie die Quellen bezeugen, als persönl. Besitz. Auch in Beypazarı besaß er Güter. Er starb 1459. – Seinen Ruhm verdankt er der Tatsache, daß er als Feldprediger (und Ratgeber Mehmeds II.) an der Belagerung v. Konstantinopel teilnahm; bei dieser Gelegenheit entdeckte er – durch göttl. Eingebung – das Grab des Abū Ayyūb al-Anṣārī, eines hl. Mannes, der im 7. Jh. bei der Belagerung durch die Araber vor den Mauern der Stadt gefallen war.
I. Beldiceanu-Steinherr

Lit.: EI² I, 322 – H. J. KISSLING, Aq Šems ed-Dīn, ein türk. Heiliger aus der Endzeit v. Byzanz, BZ 44, 1951, 322-333 – A. I. YURD, Fatih'in hocası Akşemseddin, 1972.

Aqua(e) (lat.; gr. ὕδωρ, got. *ahwa*, ahd. *aha*, mhd. *wazzer*), 'Wasser'. [1] *Grundelement:* Regen-, Quell-, Fluß-, Brunnen-, Teich- und Meerwasser (Antidotarien und Rezeptarien des 8.–11.Jh.). Hildegard v. Bingen (12.Jh.) verwendet »pura aqua« = *springbornen*. [2] *Wasserähnl. Flüssigkeit: physiolog.-med.:* Tränen, Harn u.a. (so 13.Jh. nach Constantinus Africanus); *botan.:* Saft (succus) von Pflanzen (Matthaeus Platearius [→ Archimatthaeus], 12.Jh.); *techn.:* destillierte Flüssigkeit, verflüssigtes Metall, auch Mineralsäuren (a. solutivae z.B. nach Geber, 8.Jh.; a. prima und a. secunda des Albertus Magnus [13.Jh.] = Salpetersäure und Königswasser); *alchem.:* Quecksilber (→ Turba philosophorum, 11.Jh.), Blei und Urin (Ps.-Gerhard v. Cremona, 12./13.Jh.), Schwefel (Geber); *pharm.:* weingeistige Pflanzenwässer (A. vitae compositae – bei Marcus Graecus, Albertus Magnus, Arnaldus v. Villanova, Thaddaeus Florentinus; alle 13./14.Jh.). Der mhd. didakt. Dichter Hugo v. Trimberg (13.Jh.). kennt »wazzer ûz rôsen und liljen gebrant«. Saladin v. Ascoli »Compendium aromatariorum« (1488) im Abschnitt über die nötigen Dinge der Materia medica insgesamt 46 »gebräuchliche Wässer«, auch aus Kräutern durch Abkochung hergestellt; vgl. H. Minner, »Thesaurus medicaminum« (1479), über 70 verstreute Angaben. Der »Hortus Sanitatis« (1485) widmet »Aqua = wasser« ein eigenes Kapitel. Wiener Arzneitaxen aus der Mitte des 15.Jh. nennen eine große Anzahl »Aque distillate«; unter den teureren z.B. »a. rosarum, a. rosarum camphorata, a. rosarum de allexandria, a. mayorane, a. roris marini«. Ausführl. werden destillierte Wässer in den beiden Destillierbüchern von Hieronymus Brunschwig (15./16.Jh.) behandelt. »Aqua« bedeutet darüber hinaus oft A. vitae (»recipe aquae vitae de vino meliore distillatae«; Trotula, 12.Jh.), A. ardens (Paulus v. Aegina, 7.Jh.; hier auch Terpentinöl aus Terpentin) = Weingeist (anima vitae). U. Schmitz

Lit.: MlatWb I, s.v. aqua – I. SCHWARZ, Gesch. des Wiener Apothekerwesens im MA, 1917, 142, 250 – U. SCHMITZ, Hans Minners »Thesaurus medicaminum« (Q. und Stud. zur Gesch. der Pharmazie 13, 1973).

Aqua ardens → Alkohol

Aqua regia → Alchemie

Aqua vitae → Alchemie, → Alkohol

Aquamanile, figürl. Gießgefäß zur Handwaschung sowohl in liturg. wie in profanem Gebrauch. Bis zum 11.Jh. ist unter diesem Namen nur das zum Auffangen des Wassers bestimmte Becken schriftl. bezeugt, das Gießgefäß erst seit dem 12.Jh., dieses dann ungeachtet seiner Formgebung und neben den häufiger benutzten Termini urceus, urceolus, auch vas manuale, manile. Im modernen Sprachgebrauch, seit dem 19.Jh., wurde die Beschränkung auf figürl. Gießgefäße üblich.

Schriftquellen weisen Tiergefäße für die liturg. Handwaschung des Priesters am Altar und als Bestandteil von Kirchenschätzen seit dem Beginn des 12.Jh. nach (Taube in St.Trond um 1100, Vogel Strauß in Bamberg 1128, Löwe, Drache und Greif in Mainz Mitte des 13.Jh.), seit dem 14.Jh. auch im profanen Gebrauchsschatz, wohl für die Reinigung an der Tafel (Fabeltiere, z.T. kombiniert mit menschl. Figuren im frz. kgl. Silberschatz 1353). Als Material wird meist Silber genannt, der erhaltene Bestand kennt dagegen nur Bronze- und Ton-A.ien. Auf kirchl. Besitz ist eine größere Anzahl von Bronzen zurückzuführen, die Ton-A.ien sind vorwiegend Funde von Hausgrundstücken und Burgen.

Die *Bronze-A.ien,* ein wesentl. Bestandteil und Höhepunkt der ma. Gießkunst, sind zeitlich zw. dem 12. und 16.Jh. einzuordnen, räumlich dominiert bereits in roman. Zeit Deutschland. Als Zentren gelten v.a. Lothringen und Niedersachsen, doch sind viele Probleme der Lokalisierung noch offen. Bevorzugte Form ist der Löwe, weit weniger zahlreich sind andere Tiere (Pferd, Hund, Hirsch), Fabeltiere (Drache, Greif, Einhorn, Kentaur), Reiter, menschl. Figuren, Köpfe und Büsten. Für den prakt. Gebrauch sind Eingußöffnung, Ausguß und zumeist auch ein Griff vorhanden. Gußtechnik war das Wachsausschmelzverfahren, als Material diente überwiegend Messing, seltener Kupfer-Zinn-Bronze; selten auch, und dann bes. in der Frühzeit, sind Vergoldung, Niello, Tauschierung und gefaßte Glasflüsse, in spätgot. Zeit stellenweise Bemalung. Reiche Sammlungen besitzen v.a. das Nationalmuseum Kopenhagen und das Germanische Nationalmuseum Nürnberg.

Die *Ton-A.ien,* in der Form schlichter als die Bronzen, erstrecken sich über denselben Zeitraum und weisen eine ähnliche Formenvielfalt auf, mit deutl. Schwerpunkt jedoch auf dem Pferd. Material, Glasur und Bemalung entsprechen den topograph. Unterschieden der ma. Keramik.

Gelegentl. vorkommende nur geringe Größe und zur Handhabung schlecht geeignete Form lassen vermuten, daß neben dem Gebrauchszweck des A. seine dekorative Wirkung und, wichtiger wohl noch, seine Symbolfunktion von Bedeutung waren. Die Ikonographie im Zusammenhang mit dem Reinigungsvorgang ist weitgehend noch ungeklärt. Die einzelnen Motive, aus der ma. Symbolik geläufig, jedoch vielfältig deutbar, sind bisher nicht exakt bestimmt. Über die zugehörigen Becken ist nichts bekannt.

Vorläufer der abendländ. sind neben wenigen nachweisbaren spätantik-oriental. v.a. islam. A.ien, die in vielfältiger Tiergestalt als Bronzegeräte im Iran (7.–9.Jh., 12.–13.Jh.), im fāṭimid. Ägypten und wohl auch in Spanien (11.–12.Jh.) vorkommen, als figürl. Keramik ebenfalls im Iran (12.–13.Jh.). Ihre direkte Einwirkung auf die Erzeugnisse w. Werkstätten, begünstigt bes. durch die Kontakte während der Kreuzzüge, ist anhand zahlreicher Details nachweisbar. U. Mende

Lit.: J. BRAUN, Das chr. Altargerät in seinem Sein und in seiner Entwicklung, 1932, 531–551 – O.v. FALKE-E. MEYER, Roman. Leuchter und Gefäße, Gießgefäße der Gotik, 1935 – K. ERDMANN, Islam Gießgefäße des 11. Jh., Pantheon 22, 1938, 251–254 – E. COCHE DE LA FERTÉ, Palma et Laurus, JbBM NF 3, 1961, 134–147 – E. CRUIKSHANK DODD, On the origins of medieval dinanderie, ArtBull 51, 1969, 220–232 – E. KASTEN, Tönerne figürl. Gießgefäße des MA in Mitteleuropa, Arbeits- und Forschungsber. zur sächs. Bodendenkmalpflege 20–21, 1976, 387–558 – Staufer I, 497–503 [P. BLOC].

Aquatinta → Kupferstich

Äquatorium, astronom. Rechengerät für schnelle, aber ungenaue Bestimmung von Planetenpositionen oder Mondphasen, aus Holz, Messing, Pergament oder Papier hergestellt. Runde Scheiben mit Gradeinteilung repräsentieren die exzentr. Kreise und Epizykel der Ptolemäischen Planetentheorien und Fäden die Sichtlinien. Das Ä. wurde im W 1260 von → Campanus v. Novara eingeführt, später von → Petrus de Dacia, → Johannes de Lineriis, → Chaucer u.a. weiterentwickelt. Im 15.Jh. entstanden viele neue Typen mit nur konzentr. Scheiben. O. Pedersen

Lit.: D.J. PRICE, The Equatorie of the Planetis, 1955 – E. ZINNER, Dt. und ndl. astronom. Instrumente des 11.–18. Jh., 1956, 1967² – O. PEDERSEN, Two medieval equatoria. Actes XIe Congr. Internat. Hist. Sci., 1965 (publ. 1968), 3, 68–72 – F.S. BENJAMIN-G.J. TOOMER, Campanus of Novara, 1971.

Aquila → Feldzeichen

Aquila, Serafino dell' → Serafino Aquilano

Aquileia
I. Spätantike Stadt – II. Patriarchat.

I. SPÄTANTIKE STADT: Die Stadt A. (im MA Aglei, Agleia, Aglar; heute Gemeinde in der Prov. Udine) wurde 181 v. Chr. gegen das Eindringen kelt. Stämme in das Gebiet zw. Alpen und Adria als röm. Kolonie gegr. (Liv. 40, 34, 2). Sie blüht dank ihrer strateg. und verkehrsmäßig günstigen Lage rasch auf und wird zum bedeutendsten nordit. Handelsplatz, bes. für Wein, Öl, Erz, Gold, Glas, Bernstein und Vieh. In den Machtkämpfen der späteren Kaiserzeit fällt A. eine gewisse Schlüsselrolle zu: Maximinus Thrax belagert 238 monatelang die Stadt, bis er ermordet wird (Herodian. 8, 2–5); Konstantin d. Gr. weilt zw. 307 und 326 mehrmals in A.; 361 Belagerung durch die Truppen Julians (Amm. 21, 11 f.); der Gegenkaiser → Magnus Maximus ergibt sich hier 388 den Truppen Theodosius' I. und wird hingerichtet (Oros. 7, 35, 4); 426 findet der Usurpator → Johannes in A. den Tod (Prokop. Vand. 1, 3). Nach Ausonius (ordo urb. nob. 9) ist das A. des 4. Jh. die viertgrößte Stadt Italiens. Thermen, Amphitheater, Theater, Hippodrom, Flußhafen mit Lagerhäusern bestimmten das Stadtbild und sind durch Ausgrabungen z. T. gesichert. Außerdem wurden bedeutende Mosaiken (unter dem ma. Dom) sowie mehrere frühchr. Kulträume (ebenfalls mit Mosaiken) freigelegt.

Nachdem das Gebiet von A. bereits 401 und 408 unter den Scharen Alarichs I. zu leiden hatte, wurde die Stadt nach 452 (Eroberung und Zerstörung durch Attila) weitgehend bedeutungslos. Die Bevölkerung flüchtete in die Lagunen und siedelte sich an dem alten Stapelplatz Gradus (→ Grado, Aquileia nova) an. J. Gruber

Inschr.: CIL V 725 ff. – *Lit.:* Aquileia nostra (seit 1930) – A. CALDERINI, A. romana, 1930 – H. KÄHLER, Die spätantiken Bauten unter dem Dom von A. und ihre Stellung innerhalb der Gesch. des frühchr. Kirchenbaues, 1957 – S. PANCIERA, Vita economica di A. in età romana, 1957 – G. BRUSIN–P. L. ZOVATTO Monumenti paleocristiani di A. e di Grado, 1957 – H. KÄHLER, Die Stiftermosaiken in der konstantin. Südkirche von A., 1962 – G. BRUSIN, A. e Grado, 1964 – K. GAMBER, Domus ecclesiae, 1968 – G. BOVINI, Le antichità cristiane di A., 1972 – S. TAVANO, A. cristiana, Antichità altoadriatiche 3, 1972 – W. H. SCHUMACHER, Hirt und »Guter Hirt«, RQ, 34. Suppl., 1977.

II. PATRIARCHAT: Als Bischofssitz seit der Synode v. Arles 314 nachweisbar, betrachtete die Kirche v. A. nach der vermutl. im 5. Jh. entstandenen Legende den hl. Markus und dessen Schüler Hermagoras als Gründer. Seit dem 5. Jh. geraten Venetien, Istrien, Westillyrien, Pannonia I und Savia, Noricum I und II und Raetia II unter ihre Metropolitangewalt. Der Patriarchentitel begegnet uns erstmals unter Papst Pelagius I. (556–561). Das älteste Zeugnis des bis 1596 verwendeten Ritus v. A. (ritus Patriarchinus oder Aquileiensis) datiert aus dem 7. Jh. Der → Dreikapitelstreit und der Langobardeneinfall von 568 führten zur Spaltung der polit. und kirchl. Einheit der Kirchenprovinz. Der nach Grado geflüchtete Patriarch *Paulinus I.* und seine Nachfolger standen bis 607, der von den langob. Suffraganen gewählte Metropolit und dessen Nachfolger bis kurz vor 700 gegen Rom. Das unierte byz. → Grado *(A. Nova)* und das zunächst noch schismat. *(Alt-)A.*, das anfangs in Cormons, dann in → Cividale seinen Sitz hatte, stritten mit wechselndem Erfolg um die Rechtmäßigkeit der Nachfolge, bis 1180 beide Patriarchate anerkannt wurden. Grund des Streites war die kirchl. Unabhängigkeit v. Venedigs, aber nicht minder die Rivalität zw. der Republik Venedig und dem Regnum Italicum.

Verlor A. das Bm. Säben (→ Brixen) 798 an den bayer. Kirchenverband, so gewann es dafür bis zu den friaul. Bm.ern noch die Metropolitangewalt über die istrischen. Als Grenze gegen die neue Metropole → Salzburg wurde von Karl d. Gr. 811 die Drau bestimmt (→ Kärnten). Als wichtiger Stützpunkt der Avaren- und Ungarnabwehr von den Karolingern, Ottonen und Saliern begünstigt und reich beschenkt, konnten die Patriarchen ein eigenes Territorium ausbauen und durch Immunität und Königsschutz sowie den Erwerb der Regalien in handelspolit. günstigster Lage ihre Herrschaft festigen. Partiarch *Poppo* (1019–42) erbaute die heutige Kathedrale.

Durch Entscheid des Königsgerichts von Verona 1027 von der Unterordnung unter Kärnten befreit, erlangte dann Patriarch *Sigehard* 1077 die Gft. mit hzgl. Befugnissen für ganz → Friaul, ebenso → Istrien und → Krain. Während die beiden letzteren in der Auseinandersetzung mit Venedig, Treviso und den eigenen Vögten, den Gf.en v. → Görz, bald verlorengingen und erst unter *Wolfger* (1204–18) wieder an den Patriarchen kamen, konnte sich dieser in Friaul behaupten. Schon lange vorher im Besitz des Münzrechtes, prägten die Patriarchen seit 1147 in Nachahmung der Friesacher Pfennige Silbermünzen (→ Aglier). Zur vollen Entfaltung kam die Landeshoheit unter *Berthold v. Andechs-Meranien* (1218–51), der 1238 seine Residenz nach Udine verlegte. Auf ihn folgte als erster Italiener nach Jahrhunderten *Gregor v. Montelongo* (1251–69).

Durch den Niedergang des Ksm.s seiner Hauptstütze beraubt, in seiner Einsetzung an das Papsttum gebunden, konnte sich der Patriarch gegenüber seinen Vasallen, Vögten und Nachbarn (bes. Venedig) nur mühsam behaupten. Diese bedrängte Lage und die Sedisvakanzen trugen dazu bei, dem Parlament des Patriarchen immer größeren Einfluß zu sichern. *Marquard v. Randeck* (1365–81), der 1366 ein Zivil- und Strafgesetzbuch (»Constitutiones patriae Foriiulii«) erließ, konnte seine Herrschaft nochmals festigen. Im Anschluß Krains an die Habsburger und in der Organisation der ven. Herrschaft in Istrien war aber der künftige Weg des »Patriarchenstaates« vorgezeichnet (→ Österreich, → Venedig). Ohne starke innere Macht, auf äußere Bündnisse angewiesen, war er seinen aufstrebenden Nachbarn nicht gewachsen. Es war bloß eine Frage der Zeit, wann er in der Markusrepublik im Süden und in den Territorialstaat der Habsburger im Norden aufging. Nach der Eroberung des ganzen weltl. Gebietes des Patriarchats durch die Venezianer 1418–20 verzichtete Patriarch *Ludovico Trevisan* (1439–65) mit Zustimmung des Papstes 1445 gegen ein Jahresgehalt auf die weltl. Herrschaft. Um die Streitigkeiten bei der Besetzung des Patriarchenstuhls zw. Venedig und den Habsburgern zu beenden, löste Papst Benedikt XIV. auf Drängen Maria Theresias 1751 das Patriarchat auf und errichtete an dessen Stelle 1752 zwei Ebm.er: Udine für das ven., Görz für das österr. Friaul. H. Schmidinger

Lit.: EnclT III, 799–808 – ECatt I, 1722–1726 – LThK[1] I, 780f. – EArteAnt I, 511–520 – IP VII/1, 1923, 8–71; 2, 1925, 1–72 – W. MEYER, Die Spaltung des Patriarchats A., 1898 – W. LENEL, Ven.-Istr. Stud., 1911 – F. LANZONI, Le diocesi d'Italia, 1927, 866–895 – R. EGGER, Der hl. Hermagoras, 1948 – P. S. LEICHT, Breve Storia del Friuli, 1952[2] – DERS., Parlamento Friulano I–II, 1917, 1956 – P. PASCHINI, Storia del Friuli I–III, 1953/54[2] – H. SCHMIDINGER, Patriarch und Landesherr, 1954 – H. FUHRMANN, Stud. zur Gesch. ma. Patriarchate, ZRGKanAbt 40, 1954, 43–61 – F. SENECA, La Fine del Patriarcato A., 1954 – J. FINK, Der Ursprung der ältesten Bauten auf dem Domplatz v. A., 1954 – L. VOELKL, RQ 50, 1955, 102–114 – J. SYDOW, A. nostra 28, 1957, 73–90 – G. C. MENIS, Storia del Friuli, 1978[4] – A. e l'alto Adriatico I–II, 1972 – S. KARWIESE, Jahresh. des Österr. Archäol. Inst. 51, 1976/77, 173–191 – H. SCHMIDINGER (Friaul lebt [Ausstellungskat.], 1978[2]), 71–88.

Aquilinus → Evreux

Aquin → Chanson de geste

Aquinas Thomas → Thomas v. Aquin

Aquitanien

I. Aquitanien in Spätantike und Frühmittelalter – II. Aquitanien unter der Herrschaft des Hauses Poitou – III. Herzogtum und Fürstentum in den englisch-französischen Auseinandersetzungen – IV. Die Institutionen des Hoch- und Spätmittelalters.

I. AQUITANIEN IN SPÄTANTIKE UND FRÜHMITTELALTER: Um 400 umfaßte A. die Provinzen Aquitanica I und II sowie Novempopulana. A. galt Salvian als reichster Teil Galliens. Die führende Schicht bildete der senator. Adel. In → Bordeaux bestand eine Hochschule, an der → Ausonius lehrte. Das kirchl. Leben war hochentwickelt; der hl. → Martin gründete um 360 in → Ligugé die erste Mönchsgemeinschaft Westeuropas. Bf. → Hilarius v. → Poitiers bekämpfte den → Arianismus. Durch Einfälle der → Vandalen, → Alanen und → Sueben wurde A. 407/410 schwer betroffen.

Die → Westgoten erhielten 418 die Aquitanica II und angrenzende Gebiete, darunter → Toulouse. Ihre Siedlung konzentrierte sich um Toulouse und an der mittleren Garonne; der Anteil der Germanen an der Gesamtbevölkerung war gering und dürfte unter 5% gelegen haben. Bis 475 brachten die Westgoten ganz A. unter ihre Herrschaft. Bevorzugte Residenz der Kg.e war Toulouse. Die röm. Gesellschaftsordnung bestand fort.

Nach dem Sieg → Chlodwigs über → Alarich II. wurde A. 507 fränkisch. Die Grenze zu Septimanien stabilisierte sich um 530 zw. Toulouse und Carcassonne. Fast alle Westgoten verließen das Land. Frk. Siedlung erreichte keinen nennenswerten Umfang. Der senator. Adel wurde zur wichtigsten Stütze der frk. Herrschaft. Bf.e und Gf.en entstammten meist der röm. Aristokratie, deren Grundbesitz weiterhin mit Hilfe von Sklaven und Kolonen bewirtschaftet wurde. Röm. Munizipalverfassung und röm. Steuerwesen bestanden noch im 7. Jh. Das röm. Recht blieb in der 506 auf der Grundlage des → Codex Theodosianus kodifizierten Form der Lex Romana Visigothorum (→ Leges) in Geltung. A. war ein bes. stark von röm. Kultur geprägter Teil des Frankenreiches. Das ungebrochene kirchl. Leben ermöglichte, im 6. Jh. Kleriker aus A. zur Reorganisation der rhein. Kirche, v.a. → Triers, heranzuziehen. Zur wirtschaftl. Stärkung erhielten Trier und weitere nord- und ostgall. Bm.er vom Kg. Besitzungen in A. Im 7. Jh. wirkten Missionare aus A. (→ Amandus, → Eligius, → Remaclus) im späteren nordfranz.-belg. Gebiet.

Bei den fränk. Reichsteilungen wurde A. nicht als Einheit behandelt, sondern jedes Teilreich erhielt einen Anteil an A., anfangs wohl deshalb, weil A. nicht hinreichend gesichert war, später wegen seiner wirtschaftl. Leistungsfähigkeit. Das Schwinden eines aquitan. Gemeinschaftsbewußtseins im 6. Jh. dürfte auch auf die Teilungen zurückgehen. Der Name A. verschwand fast vollständig aus den Quellen. Die Bildung eines Teilreiches in Mittel- und Süd-A. für Charibert II. (629–632) und die Entstehung eines Grenzdukates in Toulouse bildeten Ansatzpunkte für die Wiederentstehung A.s als polit. Einheit im letzten Viertel des 7. Jh., als dessen erster Hzg. Lupus (um 672) greifbar ist.

Um 580 drangen heidn. → Basken in das Gebiet zw. Pyrenäen und Garonne ein, das sich trotz militär. Anstrengungen der Franken als Vasconia (→ Gascogne) verselbständigte. Wohl als Folge der bask. Landnahme verschwanden die Bm.er Lescar, Oloron, Dax und Bazas. Intensive bask. Siedlung fand nur im Pyrenäenvorland statt, die übrige Gascogne blieb roman. Sprachgebiet.

Das Gebiet der Hzg.e von A., die sich wohl um 675 stark verselbständigten, dehnte sich vor 720 bis Poitiers, → Bourges und → Clermont aus. Auf der territorialen Grundlage des Hzm.s entstand eine neue gens, deren Angehörige in frk. Quellen bis 768 als Römer (Romani) bezeichnet werden. Hzg. Eudo wurde um 718 von Chilperich II. und dem Hausmeier Raganfred als princeps anerkannt. Eudo schlug 721 vor Toulouse die Araber zurück. Infolge des Erstarkens der frk. Macht unter den karol. → Hausmeiern begannen 735 Versuche, A. dem Frankenreich zu unterwerfen. Während der Feldzüge gegen Hzg. Hunald und seinen Nachfolger → Waifar wurde das Land von den Franken systemat. verwüstet, um durch Schädigung der Wirtschaft den Widerstand zu brechen. Ihren Höhepunkt erreichten die Kämpfe 760–768.

Kg. Pippin gelang 768 die Wiedereingliederung A.s ins Frankenreich. Der größte Teil der Gascogne blieb jedoch faktisch selbständig. Zur Sicherung der Herrschaft wurden frk. Bf.e, Äbte und Gf.en sowie Vasallen in A. angesiedelt. Die Bildung der Ebm.er → Bourges und → Bordeaux diente der Reorganisation kirchl. Lebens. Die Einrichtung eines Unterkönigreichs, des regnum A., als dessen erster Kg. 781 Ludwig der Fromme gesalbt wurde, entsprang sowohl dem Wunsch, den Autonomiebestrebungen der autochthonen Bevölkerung entgegenzukommen als auch der Notwendigkeit der Zusammenfassung der Kräfte für den Kampf gegen die Araber sowie einer wünschenswerten administrativen Dezentralisation. Dabei wurden Septimanien und Teile des späteren → Kataloniens mit A. vereinigt, das Pippin I. (814–838) regierte. Seit 840 steigerten sich die Einfälle der Normannen, die weit ins Land eindrangen und fast alle Städte plünderten. Bes. das Küstengebiet wurde teilweise entvölkert; Handel und Städtewesen, die in den ersten Jahrzehnten des 9. Jh. wiederaufgelebt waren, litten schwer. Der letztl. erfolglose Versuch Pippins II. (838–852/864), sich gegen Karl den Kahlen als Kg. v. A. zu behaupten, führte zum Bürgerkrieg, in dessen Verlauf A. in Anarchie versank. Das Unterkönigreich wurde 877 aufgehoben, doch entzog sich A. seit dem Tode Karls III. weitgehend der Herrschaft des westfrk. Königs. Gf. Ramnulf II. v. Poitiers scheint an eine Königskandidatur gedacht zu haben, starb aber 890. Am Ende des 9. Jh. waren die rivalisierenden Grafenfamilien v. Toulouse und von Poitiers die mächtigsten Herren in A., in dem nach dem Rückgang norm. Einfälle der Aufbau begann. D. Claude

II. AQUITANIEN UNTER DER HERRSCHAFT DES HAUSES POITOU: Im Kampf der beiden konkurrierenden Häuser Toulouse und Poitou behauptete sich um die Mitte des 10. Jh. das poitevin. Geschlecht, das auf Ramnulf II. zurückgeht. Es erlangte mit Wilhelm III. Werghaupt (Tête d'Etoupe, † 963) die hzl. Stellung. Wilhelm IV. Eisenarm (Fierabras, † 995) und Wilhelm V. d. Gr. (995–1030) legten sich den Titel totius Aquitaniae monarchus bei. Als Herrschaftsraum und Einflußgebiet betrachteten sie Poitou, Auvergne, Limousin, Saintonge, Angoumois und Périgord. Bei aller Selbständigkeit war den Fs.en v. Poitou ihre Unterstellung unter die Oberherrschaft der Kapetinger bewußt. Um die Mitte des 11. Jh. fiel die Erbfolge im Hzm. → Gascogne durch Heirat und nach Auseinandersetzung mit den Gf.en v. → Armagnac an das Haus Poitou, das unter Wilhelm VIII. (Guy Geoffroy, † 1086) beide Hzm.er vereinte (1032–58). Seine Nachfolger, Wilhelm IX. und Wilhelm X., die nun Herren von Poitiers wie von Bordeaux waren, hatten den ehrgeizigen Plan, ihre Macht auch auf die Gft. Toulouse auszudehnen. Nach dem Tod Wilhelms X. († 1137) heiratete dessen Erbin → Eleonore v. Aquitanien Kg. Ludwig VII. v. Frankreich; doch die Scheidung dieser Ehe und die zweite Heirat Eleonores mit Heinrich II. Plantagenêt (1152), der 1154 engl. Kg. wurde, leitete eine Personalunion A.s mit England ein, die drei Jahrhunderte dauern sollte (→ England, → Angevinisches Reich).

III. HERZOGTUM UND FÜRSTENTUM IN DEN ENGLISCH-FRANZÖSISCHEN AUSEINANDERSETZUNGEN: Die polit. und territoriale Geschichte des anglogascogn. A. war sehr bewegt, bedingt durch den permanenten Gegensatz zw. dem Haus Plantagenêt und den frz. Kg.en, die ihre Ansprüche auf A. nie aufgaben. Nach verheerenden Kriegen wurde Johann Ohneland in einem gegen ihn von Kg. Philipp II. August eröffneten Prozeß vor einem Lehnsgericht seiner Lehen für verlustig erklärt; Philipp August führte einen Feldzug gegen Poitou und Saintonge (1204). Nachdem England durch die Schlacht bei → Bouvines (1214) bereits den größten Teil seiner Festlandbesitzungen (bis auf die Gascogne u. → Guyenne) verloren hatte, besetzte Ludwig VIII. 1224 das Poitou mit La Rochelle. Ludwig d. Hl. gab im Vertrag v. Paris 1259 Heinrich III. alle aquitan. Lehen gegen Lehnseid zurück, der von engl. Kg. für A. lange nicht mehr geleistet worden war. Mit Philipp dem Schönen brach erneut der offene Konflikt aus; 1294–1303 wurde A. abermals von den Franzosen besetzt. Ein häufig angewandtes Instrument, um das Eingreifen des Kg.s v. Frankreich in A. zu legitimieren, waren die Appellationen aus A. bzw. der → Guyenne an das Parlament in Paris. Als die Frage der (engl.) Erbfolge in Frankreich den engl.-frz. Konflikt erneut aufflammen ließ, bildete A. einen der Hauptschauplätze des Krieges (→ Hundertjähriger Krieg). Gegen 1328 wurde das Hzm. auf die Gebiete um Bordeaux und Bayonne beschränkt. Nach dem Sieg v. Poitiers und dem Frieden v. → Brétigny (1360) erhob Eduard III. das gesamte, von ihm zurückeroberte Hzm. zum Fsm., das sein Sohn Eduard, der Schwarze Prinz, erhielt. Aber diese territoriale Neuschöpfung zerfiel bald unter den Schlägen Karls V. und seines Heerführers → Du Guesclin, die durch die gascogn. Barone ins Land gerufen worden waren (1368–72). Nach einer neuen Periode von Kämpfen erfolgte unter Karl VII. der Abschluß der Eroberung des Hzm.s: Bordeaux kapitulierte 1451, wurde jedoch noch einmal von den Engländern unter → Talbot besetzt, um 1453 nach der Schlacht v. Castillon endgültig von Frankreich erobert zu werden. Die Guyenne wurde der Krondomäne eingegliedert, mit Ausnahme der Jahre, in denen Charles de France, der Bruder Ludwigs XI., das Hzm. beherrschte (1469–92).

IV. DIE INSTITUTIONEN DES HOCH- UND SPÄTMITTELALTERS: Das hochma. Hzm. war stets ein Feudalstaat. Die Hzg.e besaßen einen bes. Gerichtshof für ihre poitevin. und gascogn. Vasallen. In der Periode des Angevin. Reiches wurden die engl. Kg.e durch den Seneschall der Gascogne, der in Bordeaux residierte, vertreten, ferner durch die Seneschälle der Landes, der Saintonge, des Périgord-Limousin-Quercy und des Agenais (soweit und solange diese Territorien angevin. waren). Die Finanzverwaltung unterstand dem *connétable* v. Bordeaux. Im 14. Jh. erhielt das Fsm. einen Appellationsgerichtshof und eine *chancellerie*; es wurde eine eigene Goldmünzenwährung geschaffen. Die Angehörigen der Verwaltung stammten in ihrer Mehrheit aus A. Die Administration litt häufig unter Finanzknappheit trotz des Landesausbaus (Gründung von → bastides) und des wirtschaftl. Reichtums A.s, der v. a. auf Weinbau und Weinhandel beruhte. – → Bordeaux, → Bourges, → Guyenne. Ch. Higounet

Lit.: *zu [I]*: C. PERROUD, Des origines du premier duché d'A., 1881 – L. AUZIAS, L'A. carolingienne (778–987), 1937 – E. EWIG, L'A. et les Pays Rhénans au haut MA, CCMéd 1, 1958, 37–54 – PH. WOLFF, L'A. et ses marges (BRAUNFELS, K. d. G. I), 269–306 – M. ROUCHE, L'Aquitaine, des Wisigoths aux Arabes (418–781). Essai sur le phénomène regional, 1979 – *zu [II–IV]*: J. BOUSSARD, Le gouvernement d'Henri II Plantagenêt, 1956 – LOT-FAWTIER, Hist. des institutions françaises. I: Institutions seigneuriales, 1957, 157–183 – Hist. de Bordeaux, hg. CH. HIGOUNET, II–III, 1963–65 – M. BERESFORD, New towns of the MAs. 1967 – Y. RENOUARD, Études d'hist. médiévale, 1968, I, 225–359 – W. KIENAST, Der Herzogstitel in Frankreich und Dtl., 1968, 162–254 – M. G. A. VALE, Engl. Gascony, 1399–1453, 1970 – Hist. de l'A., hg. CH. HIGOUNET, 1971 – J. P. TRABUT-CUSSAC, L'administration anglaise en Gascogne sous Henry III et Edouard I de 1254 à 1307, 1972 – CH. HIGOUNET, Paysages et villages neufs du MA 1975 – HEG I, 769ff. [K. F. WERNER].

Äquivokation (gr. ὁμονυμος, lat. aequivocus, dazu als Substantiv: aequivocatio). Die log. Konzeption namentl. Identität bei inhaltl. Differenz bildet sich zuerst an dem konkreten Substrat namensgleicher Personen aus (Homer, Il. 17, 720). Aristoteles bringt sie auf den Begriff (cat. 1, 1a1–3): 'Homonym wird genannt, was nur den Namen gemeinsam hat, sich aber in der Sachdefinition unterscheidet'. Die Begriffsgeschichte der Äquivokation beginnt als Sachkategorie. Zu einer Wortkategorie wandelt sie sich erst in der lat. Schulrhetorik (Quintilian, inst. 8, 2, 13: in iis [sc. verbis non familiaribus] quae homonyma vocantur, ut 'taurus' animal, sit an mons ..., 'bei diesen [den weniger geläufigen Worten], die man Homonyme nennt, so daß 'taurus' ein Tier sein mag oder ein Berg'). Obwohl der Quintilian zeitgenöss. Plinius d. Ä. (nat. hist. 29, 85) 'aeque vocare' im Sinne des Terminus Ä. verwendet, ist für Ä. als rhetorisch-philos. Terminus technicus Lehnübersetzung aus dem Gr. anzunehmen: homonymorum, quae aequivoca appellamus, 'der Homonyme, die wir Ä. nennen' (Augustinus, c. Iul. op. imp. 2, 51). Augustin übersetzt den Ausdruck aber nicht nur ins Lat., er definiert ihn auch wieder im Sinne des Aristoteles als Sachkategorie: ea quae una definitio potest includere, univoca nominantur, illis autem quae sub uno nomine necesse est definire diverse, aequivocis nomen est, 'Dinge, die unter eine Definition fallen, werden univok genannt, diejenigen aber, die trotz eines gemeinsamen Namens verschieden definiert werden müssen, werden äquivok genannt (dial. 9). Denn noch im 4. Jh. repräsentiert der Grammatiker Flavius Sosipater Charisius (art. gram. 2, 6) den rhetorisch-sprachkategorialen Strang der Begriffsgeschichte von Ä.: homonyma, quae una loquella plura significant, 'Homonyme, die in einem Ausdruck mehreres bezeichnen'. Boethius nimmt den seinskategorialen, aristotel.-augustin. Wortgebrauch auf, indem er cat. 1, 1a1–3 übersetzt: Aequivoca dicuntur quorum solum nomen commune est, secundum nomen vero substantiae ratio diversa, 'Äquivok werden genannt Dinge, die nur den Namen gemeinsam haben, sich jedoch nach der dem Namen entsprechenden Substanzbestimmung unterscheiden' (categ. 1, MPL 64, 163–67; vgl. MPL 64, 15). Er unterscheidet zw. zufälligen (casu) und beabsichtigten (consilio) Ä.en. Die beabsichtigten teilt er weiter ein in solche secundum similitudinem (homo pictus – homo verus), secundum propositionem (ut principium est in numero unitas, in lineis punctus, 'wie der Anfang bei den Zahlen die Einheit ist, bei den Linien jedoch der Punkt') und in eine dritte Klasse, die umfaßt quae ab uno descendunt und quae ad unum referuntur (a. a. O., 166). Der zweite und dritte Äquivokationsmodus des Boethius fällt bei Duns Scotus (Physic. 1. q. 7. n. 4) unter den Begriff der → Analogie (vgl. Physic. VII Exposit. text. 31). Der seinskategoriale und wortkategoriale Strang der Begriffsgeschichte von Ä. laufen bei Duns Scotus zusammen. Er führt die Unterscheidung aequivocans – aequivocatum ein (Super praedic. q. 5. n. 2), während bei Thomas v. A. noch das Verständnis von Ä.

als Sachkategorie vorherrscht (S.th. I. 13. 10 ad 4; 5. phys. 7a, nach der aristotel. Definition), anders allerdings 1. sent. 22. 1. 3. ad 2.: aequivocum enim dividitur secundum res significatas, univocum vero dividitur secundum differentias, sed analogum dividitur secundum diversos modos, 'ein äquivoker (Begriff) wird differenziert gemäß den bezeichneten Sachen, ein univoker gemäß den Unterschieden, ein analoger aber gemäß den verschiedenen Modi'. Wilhelm v. Ockham verwendet Ä. schließl. als reine Sprachkategorie (1. sent. 2. 9. 1). H.-J. Oesterle

Lit.: C. PRANTL, Gesch. der Logik im Abendlande, 1-4, 1855-70, 1927² - P. BOEHNER, Medieval Logic. An outline of its development from 1250 to c. 1400, 1952.

Ära (Pl. Ären; spätlat. aera für Posten, Kapitel, Zeitabschnitt) [1] *Allgemein:* jede von einem festen Termin (Epoche) an rechnende Jahreszählung. – Einschränkend versteht man darunter eine Jahreszählung, die von einem festen, sich nicht regelmäßig wiederholenden Zeitpunkt ausgeht und so eine zykl. Jahreszählung ausscheidet (Periode, → Indiktion, Olympiadenzählung, Konsularjahre). – Man unterscheidet polit. Ä. (Regentenjahre, Dynasten-, Stadtgründungs-, Freiheitsären) und sakrale Ä. (Tempelgründungs-, Welt-, chr. Ä., mohammed. Ä.). Weiter trennt man gelehrte Ä. (julian. Periode) von Ä. bürgerl. Gebrauchs. Ebenso spricht man je nach Verbreitung von Stadt-, Provinz- und Reichsären. – Die Ärenzählung setzt wie jede Jahreszählung ein geregeltes Jahr voraus. Sie ermöglicht die Bestimmung des zeitl. Abstandes eines Ereignisses vom Epochenjahr (relative Chronologie). Die Umrechnung in eine andere Zählweise bedarf synchronist. oder absoluter (etwa astronom.) Angaben.

[2] *Spanische Ära:* Sie wird in spätantiken und ma. Quellen schlechthin aera, era, hera genannt und begegnet zuerst im NW Spaniens, in Asturien und Kantabrien, später in Lusitanien auf (seit 362 chr.) Inschriften und reicht nach neueren Forschungen (VIVES), welche die Identität mit der »aera consulum« der astur.-kantabr. Ä. (AERA, -COS, -CONS) erweisen, bis 290 n. Chr. zurück (CIL 2, 2714). In Chroniken wird sie seit der 2. Hälfte des 5. Jh. (Hydatius) gelegentl., seit dem 6. Jh. häufig verwandt und ist seither in ganz Spanien verbreitet. Sie drang bis N-Afrika (Vandalen) und in das westgot. S-Frankreich vor. Auch von den arab. Eroberern und jüd. Einwanderern wurde sie verwandt. Sie herrschte, nur im NO (Barcelona) zeitweise von der chr. Zeitrechnung bedrängt, in Aragón bis 1349, in Kastilien bis 1383, in Portugal bis 1422. – Ihr Beginn ist der 1. Jan. 38 v. Chr. Umrechnung: Ära_chr. + 38 = Ära_span.; Ära_span. — 38 = Ära_chr. (Wichtig für Deutschland: Urkk. Alfons' v. Kastilien; vgl. RI 5, 1, 5489, 5490, 5491, 5502 u. a.) – Der Anlaß für den Beginn der span. Ä. ist ungewiß. Nach Ereignissen der röm. Verwaltung (MOMMSEN, HÜBNER) oder chr. Osterfestberechnungen (HELLER, KRUSCH), die man hierfür heranzog, die aber den frühen Beginn dieser Datierweise nicht berücksichtigen konnten, sieht man jetzt in ihr eine chr. Ä. (D'ORS), in der man Ende des 3. Jh. nachträgl. die Annahme des Imperatortitels durch Augustus als Zeitpunkt für die Geburt Christi ansah. W. Schlögl

Lit.: zu [1]: LAW, 3307-3324 – RE II, 1, 606-666 – BICKERMANN, Chronologie. Einl. in die Altertumswiss., hg. A. GERCKE-E. NORDEN, 3, 5, 1933, 31-36 – zu [III]: GROTEFEND, I, 181 – RÜHL, Chronologie des MA und der NZ, 1887, 205-208 – GINZEL 3, 175-178 – J. VIVES, Über Ursprung und Verbreitung der span. Ä., HJb 58, 1938, 97-108 – DERS., Nota sobre la Era Hispánica, Hispania Sacra 14, 1961, 473-475 – V. D'ORS, La Era Hispánica, Estudio de Navarra, Mundo Antiguo 1, 1962 [Lit.].

Araber

I. Historischer Überblick – II. Ausbreitung im 7. und 8. Jh. – III. Handel.

I. HISTORISCHER ÜBERBLICK: Die Gesch. der A. (in ma. lat. Quellen meist saraceni oder hagareni, seltener arabes) läßt sich in folgende vier Hauptepochen einteilen: 1. Das frühe Kalifat (632-692): Erste Phase der Expansion unter den »Rechtgeleiteten Kalifen« Abū Bakr (632-634), → ʿOmar (634-644) und → ʿUṯmān (644-656) mit der Eroberung Ägyptens, Syriens, des Irak und Persiens; der Erste Bürgerkrieg (656-661) zw. → ʿAlī ibn Abī Ṭālib und dem → Omayyaden Muʿāwiya endet mit dem Sieg des letzteren und begründet das Schisma zw. Sunniten, Schiiten und Ḫāriǧiten (→ Islām); der Zweite Bürgerkrieg (680 bis 692) bringt den endgültigen Sieg der Omayyaden und die Durchsetzung des dynast. Prinzips im → Kalifat. 2. Das Hochkalifat (692-945): Zentralist. Gesamtreich; Arabisierung der Verwaltung und des Münzwesens unter ʿAbdalmalik (685-705); zweite Phase der Expansion (711 Gibraltar, 716-717 Belagerung v. Konstantinopel); Beginn und erste Blüte von → Theologie, → Philosophie, Literatur (→ Arab. Sprache und Literatur) und Naturwissenschaften; der Dritte Bürgerkrieg zw. Omayyaden und → Abbasiden endet mit dem Sieg der letzteren und der Verlegung des Kalifensitzes von Syrien in den Irak (750; Gründung von → Bagdad 762/763); das omayyad. Spanien trennt sich vom Gesamtreich. 3. Die Auflösung der polit. Einheit (945-1258): Der bereits im 9. Jh. ständig wachsende Einfluß der meist nichtarab. → Wesire, → Emire, → Eunuchen und Sklavengarden endet 945 mit der Entmachtung des Kalifen durch die dailamit. Amīr-Dynastie der Būyiden; der Kalif behält nur nominell die Herrschergewalt bis zur Zerstörung Bagdads durch die Mongolen 1258; ebenfalls schon im 9. Jh. setzt der Zerfall des Reiches in zahlreiche mehr oder weniger unabhängige Einzelstaaten ein, von denen für die Gesch. des Mittelmeerraumes die folgenden die wichtigsten sind: in Spanien (→ al-Andalus) nach den Omayyaden (756-1014) mehrere als mulūk aṭ-ṭawāʾif (= Reyes de taifas; → Taifenreiche) bekannte Kleindynastien (bis 1090), anschließend die → Almoraviden (bis 1147), → Almohaden (bis 1232) und Naṣriden v. Granada (bis 1492), in Marokko (→ Berber) die Idrīsiden (788-985), → Almoraviden (1056-1147) und → Almohaden (1130-1269), in Tunesien (= Ifrīqiyā) die → Aġlabiden (800-909; 827 Beginn der Eroberung von → Sizilien), Fāṭimiden (901-972), Zīriden (972-1148), → Ḥammādiden (1007-1152) und Almohaden, in Ägypten und Syrien (→ Kreuzfahrer) die Ṭūlūniden (868-905), → Iḫšīdiden (935-969), → Fāṭimiden (969-1171) und → Ayyūbiden (1169-1250), in Nordsyrien bzw. Kleinasien die → Ḥamdāniden (929-1003), → Selǧūqen und → Zengiden (1127-1262). Der polit. Zerfall des Reiches unterbricht jedoch nicht die Weiterentwicklung der arab. Theologie, Philosophie, Lit. und Naturwissenschaften. 4. Die Epoche der Īlḫāne und Mamlūken (1258-1517): Die Zerstörung Bagdads durch die Mongolen 1258 beendet das abbasid. Kalifat und führt nun auch zur kulturellen Trennung der islam. Welt in eine östliche Sphäre, in der das Persische das Arabische als Literatursprache ablöst, und in eine westliche, wo die Sklavendynastie der → Mamlūken-Sultane (Ägypten und Syrien) die Macht übernimmt und 1260 ein weiteres Vordringen der Mongolen verhindern kann; im westl. N-Afrika begründen die berber. → Marīniden (Marokko 1195-1470) und die Ḥafṣiden (Tunesien 1228-1534) relativ stabile Dynastien; im arab. Geistesleben ist auf vielen Gebieten ein deutlicher Niedergang spürbar (eine der wenigen Ausnahmen → Ibn Ḫaldūn); die Ausbreitung der

→ Osmanen (Eroberung Ägyptens 1517) leitet die dunkelste Epoche der arab. Gesch. ein.

II. Ausbreitung im 7. und 8. Jh.: Arab. Stämme waren bereits im Altertum aufgrund noch wenig geklärter klimat. und wirtschaftl. Ursachen immer wieder aus der Arab. Halbinsel nach N in den Raum des Fruchtbaren Halbmonds vorgestoßen und waren dort teilweise seßhaft geworden und in der einheim. Bevölkerung aufgegangen. Im 6. Jh. bestand in der byz. Einflußsphäre im S und O Syriens das Phylarchat der chr.-arab. Dynastie der Ghassāniden als Schutzwall gegenüber den Überfällen der Beduinen; eine ähnliche Funktion erfüllten die chr.-arab. Laḫmiden von Ḥīra im mittleren Irak für die Sāsāniden Persiens.

In den letzten Jahren vor seinem Tod (632) war es → Mohammed gelungen, den größten Teil der s. der byz. bzw. sāsānid. Einflußsphäre lebenden Stämme der Arab. Halbinsel vertragl. in einer Pax Islamica mehr polit. als religiös lose zu einigen. Diese Einheit drohte jedoch nach seinem Tod sogleich wieder zu zerbrechen, da sich die meisten Stämme der ḥigāzischen Hegemonie zu entziehen suchten, was sich äußerlich in der Verweigerung der Almosensteuer (zakāt), aber auch im Auftreten von »Gegen«propheten kundtat. Der Antagonismus zw. den mit Mohammed nach Medina ausgewanderten Mekkanern (muhāǧirūn) und den Medinensern (anṣār) machte die Situation noch kritischer, zumal Mohammed keine Regelung hinsichtl. eines polit. Nachfolgers getroffen hatte. Allein die rasche Einigung der mekkan. Sippen auf den ältesten Schwiegervater des Propheten, Abū Bakr, als »Stellvertreter des Propheten« (→ Kalif), rettete die Einheit der islam. Urgemeinde und schuf die Voraussetzung für ein entschlossenes Vorgehen gegenüber den abgefallenen Stämmen, die dann innerhalb weniger Monate in den sog. Apostasie-Kriegen (ridda-Kriegen) wieder unterworfen werden konnten. Die führende Gestalt in diesen Auseinandersetzungen war der muslim. Feldherr Ḫālid b. al-Walīd.

Unmittelbar im Anschluß an die ridda-Kriege erfolgte die weitere Ausbreitung nach N, wobei praktisch alle Stämme beteiligt waren. Gegen Syrien hatte bereits Mohammed selbst 629 ein Heer ausgesandt, das jedoch bei Muʾta sö. des Toten Meeres von byz. und chr.-arab. Truppen vernichtet worden war. Im Herbst 633 rückten dann drei Armeen gegen Syrien vor, konnten aber trotz einiger siegreicher Gefechte noch keine Entscheidung herbeiführen. Erst das Eintreffen des Ḫālid b. al-Walīd mit Verstärkung aus dem Irak, wo er bereits al-Ḥīra eingenommen hatte, bereitete die Wende vor. Nach kleineren Gefechten v. Damaskus erlitten die byz. Truppen bei Aǧnadain sw. von Jerusalem Mitte 634 eine schwere Niederlage. Ein Jahr später ergab sich Damaskus nach längerer Belagerung; die Kapitulationsurkunde, in der den Bewohnern gegen regelmäßige Entrichtung der Kopfsteuer Sicherheit für Leben, Besitz und Kirchen garantiert wurde, hatte Modellcharakter für die weiteren Eroberungen. 636 erfochten die Muslime in der Schlacht am Yarmūk den entscheidenden Sieg gegen Theodoros, den Bruder des Ks.s Herakleios. Lediglich Jerusalem und Caesarea konnten sich noch einige Jahre halten (bis 638 bzw. 640), während im Norden Aleppo, Chalcis und Antiochia ohne bedeutsamen Widerstand genommen wurden. Syrien bildete fortan die Ausgangsbasis für regelmäßige Vorstöße nach Kleinasien; Armenien konnte zu einer, allerdings nie stabilen Anerkennung der arab. Oberhoheit gezwungen werden. Verwaltungsmäßig wurde Syrien entsprechend byz. Vorbild in vier Militärbezirke (ǧund pl. aǧnād) eingeteilt: Palästina, Jordanien, Damaskus und Ḥomṣ.

Eine ähnliche Bedeutung wie die Yarmūk-Schlacht für Syrien hatte die Schlacht von Qādisīya in der Nähe von Ḥīra für die Eroberung des Irak. Noch im gleichen Jahr 637 fiel Ktesiphon, womit die Eroberung des eigtl. Sāsānidenreiches eingeleitet wurde. Sie fand ihren Abschluß mit der Einnahme von Persepolis 649–650 und dem Tod des letzten Sāsānidenherrschers Yazdagird 651 in Ḫurāsān. Die beiden neugegründeten Städte Kūfa und Baṣra, die sich aus Heerlagern entwickelten, wurden die administrativen und auch kulturellen Zentren des arab. Reiches im Osten.

Die Eroberung der byz. Provinz Ägypten stand unter der Leitung des ʿAmr ibn al-Āṣ, der 639/640 in das Land einfiel, 641 Babylon einnahm und 642 den Übergabevertrag von Alexandria unterzeichnete. Im folgenden Jahr schuf er in der Nähe der ägypt. Festungsstadt Babylon das ständige Heerlager Fusṭāṭ (gr. Φοσσάτον), aus dem sich das arab. Verwaltungszentrum für Ägypten entwickelte. Von Alexandria aus erfolgte die Besetzung des Pentapolis im Westen. Auch wurden bereits Vorstöße bis nach Ifrīqiyā (röm. Prov. Africa) unternommen, doch noch keine dauerhafte Besetzung erzielt. Alexandria, das 645 nochmals an die Byzantiner fiel, schon wenige Monate später aber von den A.n zurückerobert wurde, entwickelte sich rasch zum Hauptstützpunkt einer arab. Flotte. Auch in Syrien befaßte sich der Omayyade Muʿāwiya, der damals dort noch als Statthalter fungierte, systematisch mit dem Aufbau einer eigenen Flotte, mit deren Hilfe er bereits 649 Zypern eroberte. 654 fiel Rhodos, und ein Jahr später gelang es der syr.-ägypt. Flotte in der ʿSchlacht der Mastenʾ (Dū ʾṣ-Ṣawārī) in der Nähe der lykischen Küste, die byz. Seeherrschaft im ö. Mittelmeer erstmals ernsthaft zu gefährden. Selbst Sizilien erlebte schon 652 einen ersten arab. Angriff.

Die wichtigsten Ursachen für die überraschend schnelle Eroberung des Fruchtbaren Halbmonds und Ägyptens während dieser ersten Expansionsphase sind folgende: a) Die aramäischen Bewohner Syriens und Mesopotamiens empfanden sich als Semiten den Arabern ethnisch und sprachl. näherstehend als ihren byz. bzw. sāsānid. Herren; b) in den Fruchtbaren Halbmond waren bereits in vorislam. Zeit arab. Stämme eingewandert, die, obwohl sie weitgehend christianisiert worden waren, aufgrund ihrer ethn. Verwandtschaft rasch für den Islam gewonnen werden konnten; c) die monophysit. Christen in Syrien und Ägypten befanden sich seit langem im Gegensatz zur byz. Staatskirche, und bes. die Kopten hatten mehrmals unter regelrechten Verfolgungen gelitten; d) die islam.-arab. Eroberer verlangten keine religiöse Konversion, sondern nur die polit. Unterwerfung, wobei den Andersgläubigen auch die Verwaltung und Gerichtsbarkeit weitgehend selbst überlassen blieb; e) die Höhe der in den Kapitulationsverträgen vereinbarten Steuern scheint zumindest anfangs vielfach geringer gewesen zu sein als zuvor unter byz. bzw. sāsānid. Herrschaft; f) den muslim. Eroberern war es nicht erlaubt, Land zur privaten Nutzung in Besitz zu nehmen (auch dies galt nur für die erste Zeit); g) dagegen mußte ein erheblicher Teil der mobilen Kriegsbeute an die Kämpfer verteilt werden, was für die meist nur oberflächl. islamisierten Stämme vielfach den entscheidenden Anreiz zur Fortführung der Expansion bedeutete und außerdem der schon vor Mohammed in den ständigen Stammeskriegen geübten Praxis entsprach; h) sämtl. Kämpfer (muqātila) waren mit ihren Familien in Heeres→Dīwān erfaßt und erhielten entsprechend ihrer Stammeszugehörigkeit und ihrem religiösen Verdienst jährl. Pensionen aus der Staatskasse.

Die Ermordung des Kalifen ʿUṯmān und der darauffolgende erste innerislam. Bürgerkrieg (656–661) zw. dem

Vetter und Schwiegersohn Mohammeds, → ʿAlī ibn Abī Ṭālib, einerseits und einer um ʿĀʾiša, die Lieblingsfrau des Propheten, gebildeten Gruppe sowie der omayyad. Sippe andererseits unterbrach die Expansion für einige Jahre und führte sogar zum Verlust einiger bereits eroberter Gebiete; so gewann Byzanz die Kontrolle über Armenien zurück, und in Syrien mußte sich Muʿāwiya in einem Friedensvertrag zu hohen jährl. Tributzahlungen an Constans II. verpflichten. Sogleich nach Beendigung des Bürgerkriegs und der Einigung des Reiches durch Muʿāwiya (661–680), den Begründer der Kalifendynastie der Omayyaden, wurde die Expansionsbewegung wieder aufgenommen. Von den beiden zu Beginn des 7. Jh. bestehenden Großmächten war das Sāsānidenreich bereits gefallen, weshalb Muʿāwiya sein Hauptaugenmerk nun auf die Eroberung von Byzanz richten konnte. 669 kam es unter Führung seines Sohnes Yazīd zu einer ersten kurzen Belagerung v. Konstantinopel. Von 674 bis 680 gelang es dann der arab. Flotte, einen festen Stützpunkt im Marmarameer einzurichten und von dort die Stadt wiederholt anzugreifen; allein der erste Einsatz des → Gr. Feuers scheint die Byzantiner schließl. vor der Kapitulation bewahrt zu haben. Gleichzeitig mit dieser Offensive erfolgten weitere Vorstöße in das w. N-Afrika, wo mit der Gründung von Qairawān (pers. Kārwān) 670 in Ifrīqiyā durch ʿUqba ibn Nāfiʿ die militär. Basis für den Kampf gegen die Berber und das byz. Karthago geschaffen wurde.

Ähnlich wie der erste, führte auch der zweite Bürgerkrieg (680–692) zu einer Unterbrechung der Expansion und zu beträchtl. Gebietsverlusten an den Grenzen; Ifrīqiyā, Zypern, Armenien und mehrere Städte an der palästinens. Küste fielen erneut an Byzanz, und auch Gebiete im Osten Persiens entzogen sich wieder der arab. Kontrolle. Erneut mußten die Omayyaden, denen für mehrere Jahre nur noch das von Pest, Hungersnot und Stammeskämpfen heimgesuchte Syrien als Herrschaftsraum geblieben war, gegen hohe Tributzahlungen mit Byzanz Frieden schließen (685 und 689/690), um für den Kampf gegen ihre innenpolit. Gegner im Irak und Ḥiǧāz die Hände frei zu haben. Erst nachdem es dem Kalifen ʿAbdalmalik (685–705) gelungen war, die administrative Einheit des Reiches wiederherzustellen, begann die zweite große Eroberungsphase, die unter seinem Sohn und Nachfolger Walīd (705–715) ihren Höhepunkt erreichte. Zugleich erfolgte im Innern eine systemat. Arabisierung des Reiches, indem man das Griechische und das Persische, die bislang als Verwaltungssprachen beibehalten worden waren, durch das Arabische ersetzte und erstmals ein einheitl. arab.-islam. Münzwesen schuf; die Errichtung des Felsendoms in Jerusalem (ab 692) und die Entfernung der chr. Wasserzeichen auf den nach Byzanz exportierten ägypt. Papyri zielten in die gleiche Richtung. In N-Afrika gelang es Ḥassān b. an-Nuʿmān, die Byzantiner endgültig aus den Küstenstädten einschließl. Karthago (698) zu vertreiben und den Widerstand der mit ihnen verbündeten Berber zu brechen, die darauf hin weitgehend den Islam annahmen und die arab. Eroberungsheere entscheidend verstärkten. Nachdem Mūsā b. Nuṣair, Ḥassāns Nachfolger als Statthalter der Provinz Ifrīqiyā, wenige Jahre später die Atlantikküste erreicht hatte, überquerte Ṭāriq, einer seiner berber. Feldherrn, 711 die später nach ihm benannte Straße von Gibraltar (ǧabal Ṭāriq) und leitete damit die rasche Eroberung Spaniens (→ al-Andalus) ein. Das arab. Ausgreifen über die Pyrenäen (ab 720/721 Eroberung von → Septimanien; 725 Angriff auf Autun; 732 Feldzug gegen → Aquitanien, durch den frk. Sieg bei → Poitiers zurückgeschlagen) führte dagegen zu keiner dauernden Erweiterung des arab. Herrschaftsbereiches.

An der syr.-byz. »Grenze« übernahmen die A. erneut die Offensive. Nachdem man die Byzantiner wieder von der palästinens. Küste vertrieben hatte, wurde 692 bei Sebastopolis ein Heer Justinians II. geschlagen, doch gelangen abgesehen von Armenien und einigen kilik. Städten keine bedeutenden dauerhaften Landgewinne mehr in diesem Raum. Auch die Belagerung von Konstantinopel 716/717 durch Maslama ibn ʿAbdalmalik blieb wiederum erfolglos. Es war dies der letzte arab. Angriff auf die Stadt; die regelmäßigen Sommer- und Winter-ǧazwas (< Razzia) gegen byz. Gebiet wurden allerdings bis in die Abbasidenzeit hinein beibehalten. Bedeutende neue Landgewinne wurden dagegen im Osten erzielt. Nachdem Ṭuḫāristān mit der Hauptstadt Balḫ (das antike Baktra) zurückerobert war, bildeten v. a. die beiden Städte Buḫārā und Samarqand die weiteren Ziele, die 706–709 bzw. 710–712 von den A.n unter Führung ihres Feldherrn Qutaiba eingenommen wurden und sich schon bald zu herausragenden Zentren islam. Gelehrsamkeit entwickelten. Von dort drangen in den folgenden Jahren arab. Heere über den Jaxartes bis nach Zentralasien und an die Grenzen Chinas vor. Im SO schließl. wurde 711 der Indus überschritten und die Islamisierung von Sind (Pakistan) begründet.

Damit hatte das arab. Reich seine größte Ausdehnung erreicht. Lediglich die Besetzung von Sizilien, die im Verlaufe des 9. Jh. von den in Qairawān herrschenden Aġlabiden durchgeführt wurde, kann bis zu einem gewissen Grade noch als »arabische« Eroberung bezeichnet werden. Der im 9./10. Jh. einsetzende Zerfall des Reiches in zahlreiche mehr oder weniger große polit. Einheiten, der Niedergang des Kalifats bei ständig wachsendem Einfluß iran., türk. und berber. Elemente und die neue Zusammensetzung der Heere aus nichtarab. Sklaven, Freigelassenen und Söldnern kennzeichnen das Ende der arab. Epoche in der islam. Geschichte. Die spätere Ausbreitung des Islam nach Indien, Kleinasien und in Teile SO-Europas war das Werk der muslim. Mongolen bzw. Türken (→ Osmanen) und nicht mehr der A. Die arab. Halbinsel einschließlich Syrien und Irak sowie Ägypten und das westl. N-Afrika blieben jedoch in kultureller und sprachl. Hinsicht arabisch; dagegen setzte sich etwa vom 11. Jh. an im Raum der Perser sische schrittweise als Literatursprache durch. G. Rotter

III. Handel: [1] *Frühmittelalter:* Das Auftreten der A. in der Weltgeschichte ist mit der Entstehung des Islam eng verbunden: Das Arabertum beruhte auf einer Weltreligion, einer Weltsprache und einem Weltreich, wichtigen Faktoren zur Förderung des Welthandels. Ungehindert verlief so der Handelsaustausch von Zentralasien bis zur Atlantikküste und zum Westsudan. Durch das Vordringen des Islam an die ostafrikan. Küste, die Ausdehnung der Handelstätigkeit auf Südostasien, China, Korea und sogar auf Japan wurde der arab. Handelsraum, dessen Zentrum → Bagdad (gegr. 762) wurde, ausgedehnt. In Bagdad als dem größten islam. Emporium konzentrierte sich der inner- und ostasiat. Handel in seinem Zug westwärts; hierhin wurden die Waren aus Arabien, Innerasien, China, Indonesien, Indien, Persien, Nord- und Osteuropa, Byzanz, Armenien und Afrika geführt, teils auf den uralten Karawanenstraßen, teils zu Schiff den Euphrat aufwärts. Die period. Wallfahrten nach Mekka und Medina bedeuteten eine Art Messe der gesamtislam. Welt.

Im FrühMA verkehrten während der langen Friedenszeiten mit Byzanz die arab. und byz. Handelsschiffe zw. Spanien, dem Maghrib, Sizilien und S-Italien, Ägypten, Syrien und Konstantinopel. Die Fahrt in das Schwarze Meer war den arab. Schiffen jedoch untersagt. Der Aufenthalt der arab. Kaufleute in Konstantinopel war auf drei Monate beschränkt. Auf dem Landweg war →Trapezunt der Hauptumschlagplatz der oriental. Kaufleute mit dem byz. Reich. Unter ihnen befanden sich zahlreiche Syrer, Iraker, Perser, Kaufleute aus Buchārā und anderen Märkten des islam. Bereiches. Dort trafen sie mit byz., russ. wie auch norm. und chazar. Kaufleuten zusammen. Auch die Küsten des Kasp. Meeres galten als Treffpunkt dieser Kaufleute. Durch arab. Quellen belegt, erstreckten sich die asiat.-nordeurop. Handelsstraßen im 9. und 10. Jh. bis Bagdad. Dorthin brachten die Kaufleute aus dem N ihre Waren (z. B. auf Kamelen aus Georgien); in Bagdad dienten ihnen slav. Eunuchen als Dolmetscher. Wolga und Don waren die wichtigsten Handelsstraßen nach Norden, v. a. nach dem Zentrum des →Wolgabulgaren-Reiches, dessen Bewohner teilweise arabisiert waren. Aus dem N importierten die Araber männl. und weibl. →Sklaven, Jagdvögel, Pelze und Pelzmützen (→Pelzhandel), →Leder, →Honig, Wachs, →Bernstein, →Metalle und Edelsteine. Islam. Kaufleute reisten die →Wolga hinauf, um die Güter des Nordens selbst gegen oriental. Waren zu tauschen bzw. einzuhandeln. Sie führten Wein, Früchte, Parfüm, Seidenstoffe, Leinen und Baumwolle, Waffen und Geräte, Metallspiegel und Schmuck, wie Glasperlen, Münzen und Kaurimuscheln (aus dem Ind. Ozean) ein. Die in N-Europa gefundenen Münzen aus dem islam. Osten stammten hauptsächl. aus dem 10. Jh. Bes. im schwed. →Birka, in →Haithabu/Schleswig, Jumne (→Wollin) in Pommern, auf →Bornholm und in →Visby auf →Gotland häufen sich die Funde arab. Silber- und Goldmünzen. Die Blütezeit der russ. Handelsstraßen dauerte vom 9. Jh. bis etwa Ende des 10. Jh., also bis zum Aufstieg der russ. Fsm.er einerseits, der Aufteilung Ḫorāsāns und Transoxaniens zw. den türk. Karaḫāniden im N und den Ghaznaviden im S des Oxus - also mit dem Verfall der Reiche der Wolgabulgaren, der →Chazaren und der Sāmāniden andererseits.

Am anderen Ende der islam. Welt lag das maur. Spanien (→al-Andalus), das Textilien, Keramik, Elfenbein- und Einlegearbeiten, Schmuckartikel und Waffen nicht nur nach dem chr. Spanien und nach Nordafrika exportierte, sondern auch nach dem islam. Orient. Seit der arab. Eroberung verbanden die Landwege Spanien mit dem islam. Westen und Osten, und seit dem 9. Jh. verbanden die andalus. Schiffe Spanien mit den →Balearen und bes. mit Marokko. Seit dem 9. Jh. war Almería der wichtigste Hafen für die span. Schiffe, die den Maghrib, Sizilien und den arab. Orient ansteuerten. In Almería legten auch die Schiffe aus Alexandria und aus den syr. Häfen an, um dort ihre Ladungen aus Ägypten, Irak oder Byzanz zu löschen.

Entlang der Küsten ihres Reiches am Mittelmeer errichteten die →Omayyaden einen »eisernen Vorhang«, der den Verkehr der chr. Welt mit Innerafrika und Innerasien unterband. Die →Abbasiden hielten an dieser Politik fest. Die A. dehnten dadurch die islam. Geschäftsverbindungen in Afrika und Asien immer weiter aus. Außerdem verwandelten sie allmähl. den Indischen Ozean in einen arab. Wirtschaftsraum. Im FrühMA erreichten die A. auf dem Wasserwege die chin. Küste, wo sie Handelsniederlassungen gründeten und wichtige Privilegien erwarben, die es ihnen im Laufe der Zeit ermöglichten, sich zum Hauptträger des chin. Außenhandels zu entwickeln.

Schon im FrühMA machten sich die it. Hafenstädte von der Vermittlung der Byzantiner unabhängig. So haben von den Seestädten an der Ostküste Italiens →Tarent, →Brindisi und →Trani und v. a. →Bari mit den A.n an der syr. Küste lebhaften Verkehr unterhalten. Auch die kampan. Seestädte – →Neapel, →Gaeta und bes. →Amalfi – sowie →Palermo besaßen wichtige Handelsverbindungen mit den A.n. Große Bedeutung hatte hierbei der Handel mit für die ma. Kirche bestimmten Gütern, die entweder in arab. Werkstätten hergestellt oder durch arab. Handel vermittelt wurden (v. a. kostbare Stoffe für liturg. Kleidung, →Teppiche, Juwelen, →Weihrauch usw.; vgl. auch →Textilienhandel).

Im Maghrib (→Afrika) waren Qairuwān (gegr. 670) und Siǧilmāsa (gegr. 757) die Hauptumschlagplätze. In Anlehnung an die importierten Luxusartikel aus dem islam. Osten stieg Qairuwān schon im FrühMA zu einem Hauptgeschäftszentrum des Maghrib empor. Für die hochgeschätzten Erzeugnisse ihres Herrschaftsgebietes erhielten die →Aġlabiden Gold aus dem Westsudan. Die Eroberung Siziliens garantierte die Stabilität der maritimen Verbindungen der arab. Mittelmeerküsten gegen die byz. Gefahr und förderte den arab. Handel. Dank der Seemacht der →Fāṭimiden herrschte Sicherheit der Verkehrsverbindungen. So blieben die Häfen Tunesiens, Tripolitaniens und der Cyrenaika Hauptumschlagplätze der Güter aus Andalusien und dem Orient. Die Verlegung des fāṭimid. Herrschersitzes nach →Kairo im 10. Jh. tat dem tunes. Außenhandel keinen Abbruch. Damals brachte der maritime Handel an der Küste Qairuwāns dem Zoll die hohe Summe von 80 000 Miṯqāl Gold jährlich ein. Bona (Bône, Anaba), eines der Hauptziele vieler andalus. Schiffe, kassierte 20 000 Miṯqāl jährlich. Im Zentralmaghrib entstanden im 9. Jh. neue Häfen: Oran und Tenes, von den Andalusiern, Algier von den →Ziriden geschaffen. Ihre Handelsbeziehungen zum maur. Spanien waren sehr eng. Bis zum 12. Jh. bestand die Hauptrolle des westl. Maghrib in seiner Vermittlung bei der Lieferung von Gold aus dem Sudan in den Mittelmeerraum – eine Rolle, die sich mit dem Aufkommen der →Almoraviden noch verstärkte.

[2] *Hochmittelalter*: Die Almoraviden, die in Andalusien und Marokko regierten, gründeten die Garnisonsstadt Marrākuš, die bald zum Mittelpunkt des Handels und des Handwerks (bes. Luxusgewerbe) im w. Maghrib wurde. Sie prägten den →Marabotino, jene begehrte Währung, die von den Christen schließlich nachgeahmt wurde. Damals ließ die maritime Aktivität der Andalusier die Häfen Ceuta und Tanger an der Atlantikküste aufblühen. Solche Entwicklung war nicht nur für Marokko von tiefgreifender Bedeutung, sondern auch für den gesamten Mittelmeerraum. Und während der ö. Maghrib unter den Schlägen der eingewanderten arab. Stämme der Banū Hilāl um die Mitte des 11. Jh. litt, festigte Marokko seine Handelsverbindungen. Die andalus. Schiffe überschritten Bona nicht mehr, und die Textilproduktion Tunesiens ging erheblich zurück. Syr. und byz., v. a. aber it. Stoffe füllten das Vakuum aus. Hier wie in →Ägypten erwies sich seit dem 12. Jh. gerade die it. Einfuhr als gefährl. Konkurrenz. Der Verlust der polit. Einheit im ö. Maghrib beeinträchtigte den Handel jedoch nicht. Im Gegenteil, die entstandenen Kleinstaaten wetteiferten um die Förderung des Handels: die Anwesenheit der Kaufleute der Campagnia in Tunis und Mahdiyya seit 1123 beweisen es. Mitte des 12. Jh. organisierten auch die Genuesen ihre Handelsgeschäfte in Tripolis und Tunis, ebenso waren die Pisaner vor 1157 in Tunis vertreten. →Venedig trieb schon seit dem 10. Jh. Handel mit dem ö. Maghrib (→Genua, →Pisa, →Venedig). All diese chr. Partner waren nicht nur an der lokalen Produktion interessiert, sondern mehr noch am Transsahara-Handel, v. a. sudanes. →Gold. Der mittlere Maghrib war durch unruhige Verhältnisse

für die abendländ. Partner zu unsicher geworden. Hier beeinträchtigten die chr. Angriffe den Handelsverkehr erheblich. Im w. Maghrib bewirkte das 11. Jh. dagegen eine tiefgreifende Wandlung: Marokko übernahm für lange Zeit den führenden Platz im Ost-West-Handelsverkehr. Nicht nur Italiener und Provenzalen, sondern auch Katalanen erweiterten im 12. Jh. ihre Geschäftsverbindungen mit dem w. Maghrib. Die katal. Söldner brachten dem chr. Spanien damals einen Teil des Goldes, das den Reichtum des Maghrib ausmachte. Die → Almohaden förderten die Beziehungen mit dem Abendland. Die Einheit des Maghrib und der gut funktionierende Karawanen-Verkehr (→ Karawane) mit dem Westsudan, mit Andalusien und dem arab. Orient ließen den Handel gedeihen und neue Goldmengen einfließen. Die Prägung guter Goldmünzen hielt an, und die stabile Währung deckte den Bedarf des Maghrib und Andalusiens. Die marokkan. Atlantikküste gewann an Bedeutung, bes. durch den Getreidehandel zw. Andalusien und dem w. Maghrib (→ Getreide, Getreidehandel). Dazu intensivierten die Abendländer ihre Handelsverbindungen mit den maghribin. Mittelmeerhäfen. Entscheidend war jedoch die Entstehung einer Produktion von Luxusartikeln im w. Maghrib dank der Hebung des Lebensstandards und der Einwanderung vieler andalus. Künstler und Handwerker. Marrākuš und Fes entwickelten sich zu Hauptzentren des Luxusgewerbes. Fes erbte den Ruf → Córdobas bei der Herstellung von Lederwaren; auch Textilien, Metallwaren, Keramik und Vasen sowie Papier guter Qualität wurden hier produziert (→ Leder, → Textilien, → Metall, → Papier). Das 13. Jh. brachte eine Wandlung: den Aufstieg des mittleren Maghrib. Dessen ungeachtet begünstigte die Rivalität unter den lokalen Herrschern nach dem Fall der Almohaden die Verbindung mit den Küsten des Abendlandes. Ein wichtiges Beispiel sind die Katalanen, von denen viele in Tunis und Bougie (Biǧāya) lebten: Die Kaufleute waren innerhalb der *fondachi (funduqs)*, die Söldner als Bestandteil der Ḥafṣiden-Garde organisiert. Enge Beziehungen zum Reich v. Tlemcen entstanden, wo sie in den Häfen und auch in Tlemcen selbst als Miliz lebten. Im w. und mittleren Maghrib intensivierten sich die Beziehungen. Der w. Maghrib versorgte Barcelona mit Getreide, das von den atlant. Häfen exportiert wurde. 1301 schlossen die Katalanen einen Vertrag mit Ifrīqiya, der zur Belebung des Verkehrs und zur Steigerung der Gewinne führte. Das Volumen des Handels mit dem Sultan v. Tlemcen stieg von 35 000 Dinaren etwa 1275-95 auf 100 000 Dinare i. J. 1320. Die abendländ. Partner, bes. die katal.-aragon. Herrscher machten lukrative Geschäfte mit den maghribin. Fs.en, v. a. durch die Vermietung katal. Schiffe an die letzteren (mindestens 250 Dinare monatl. pro Schiff). Auf der anderen Seite erhielten die Herrscher v. Tlemcen durch die Katalanen hohe Zolleinkünfte. In wenigen Monaten des Jahres 1309 zog die Staatskasse der → Meriniden 6000 Dinare ein. Die Einkünfte aus den it. Einfuhren, bes. aus denen der Genuesen und Venezianer, waren nicht geringer. Große Goldmengen flossen hierdurch nach Westeuropa: mindestens 70 kg Gold nach Aragón und 200 kg nach Genua. Dadurch wurde 1232 in Genua und Florenz die Prägung der fränk. Goldwährung ermöglicht. Mit Ägypten und Syrien entwickelte sich das Geschäft des Abendlandes aus tiefgreifenden Gründen ebenso lukrativ: zum einen wegen der einmaligen Geschäftslage Ägyptens, zum anderen wegen der Schwächung der abbasid. Zentralregierung und der damit eng verbundenen Unruhe und Unsicherheit im Irak, die zur Verlegung des Hauptgeschäfts vom Golf zum Roten Meer und nach Ägypten sowie zum Aufschwung der Fāṭimiden-Handelsflotte im Mittelmeer führte. Es kann kein Zufall sein, daß kurz nach der fāṭimid. Eroberung Ägyptens 200 bis 300 Kaufleute aus Byzanz und Amalfi ihre Handelsgeschäfte in Kairo abwickelten. In der 2. Hälfte des 11. Jh. wurden die Amalfitaner durch die Venezianer von den Orientmärkten verdrängt. Ihnen folgten die Pisaner und Genuesen. Trotz aller krieger. Auseinandersetzungen im Zeitalter der Kreuzzüge entwickelte sich der Handelsverkehr mit Ägypten während der langen Friedenszeiten. Anfang des 13. Jh. erreichte die Zahl der in Alexandrien weilenden »fränkischen« (d. h. abendländ.) Kaufleute 3000, die aus allen Handelsstädten zw. Barcelona und Ragusa in dieser Metropole zusammentrafen.

Während Ägypten das Betätigungsfeld der fränk. Kaufleute auf bestimmte Hafenstädte am Mittelmeer begrenzte, überschritten die abendländ. Kaufleute die Grenzen der Kreuzfahrerstaaten, um mit den oriental. Kaufleuten in → Damaskus und → Aleppo Handel zu treiben. Anfang des 13. Jh. waren die Beziehungen Venedigs mit Aleppo vertragl. festgelegt. Die ven. Kolonien erhielten die üblichen Privilegien: Sicherheit für Leben und Besitz, Aufhebung der kollektiven Verantwortung, günstige Steuersätze, Verzicht auf das Strandrecht sowie drei Fondachi: einen in Aleppo, einen zweiten, der die Handelsstraße zw. Laodicea und Aleppo beherrschte, den dritten an der Orontesbrücke auf dem Wege nach Aleppo. Weder die Pisaner noch die Genuesen und Provenzalen haben einen entsprechenden Platz in Syrien erringen können. Damaskus war neben Kairo und Bagdad Hauptumschlagplatz des arab. Orients und die Bezugsquelle für die fränk. Kaufleute in Syrien. Als Ausgangspunkt der syr. Mekkakarawanen war Damaskus ein Hauptsammelplatz, an dem die wertvollsten Güter aus Persien, Mesopotamien und Kleinasien ebenso wie aus Arabien und Ägypten und die Spezereien Indiens und des Fernen Ostens zusammenströmten. Außerdem wurden dort kostbare, mit Gold durchwirkte Seidenstoffe und Teppiche gefertigt. Hauptsitz der syr. Seidenwebereien war Tripolis, wo noch gegen Ende des 13. Jh. nicht weniger als 4000 Webstühle in Betrieb gewesen sein sollen. Zw. den syr. Häfen und Damaskus war der Verkehr mit dem chr. → Akkon am lebhaftesten. Dorthin begaben sich die fränk. Kaufleute selbst zum Ankauf ihrer Vorräte. Ebenso reisten die A. in die fränk. Gebiete. Eine häufig wiederholte Bestimmung in den Waffenstillstandsverträgen, die zw. den Franken und den islam. Fs.en Ägyptens und Syriens geschlossen wurden, besagt, daß jegliche Bedrohung des Lebens und Eigentums der Kaufleute im Lande des Vertragspartners auf syr. Boden einer Aufhebung des Waffenstillstands gleichkomme.

Von der syr. Küste wurden aus dem islam. und chr. Syrien Zitrusfrüchte, Feigen, Mandeln (→ Südfrüchte), → Wein, → Öl, → Zucker und → Seife ausgeführt. → Baumwolle und → Seide wurden roh und als fertige Gewebe, zum Teil kostbarster Art, exportiert. Die aus Kamelwolle gefertigten Gewänder, Teppiche, kunstvolle Gefäße aller Art aus den verschiedensten Stoffen sowie Glaswaren (→ Glas) aus Tyrus und Akkon bildeten wichtige Handelsexportartikel. Die hochgeschätzten damaszen. Schwerter (→ Waffen, Waffenherstellung), die kostbaren purpurgefärbten, golddurchwirkten Gewänder aus Tyrus und die Seidenstoffe aus Antiochia behielten ihren Platz im Tauschgeschäft vor und während der Kreuzzugsära. → Alaun wurde aus Aleppo und Edessa in die Lager der Franken geliefert. Noch gewinnbringender war der Vertrieb von Spezereien und verwandten, als Arzneimittel

(→ Drogenhandel) gebrauchten Stoffen: Ambra, Aloe, Aloeholz, Manna, Mastix, Gewürznelken, Kardamom, Muskatnüsse, Balsam, Weihrauch, Brasil- oder rotes Sandelholz. → Pfeffer bezogen die Franken v. a. aus Damaskus und Alexandria in großen Mengen (vgl. auch Gewürze, Gewürzhandel). Von Alexandria holten die Franken neben Alaun, Flachs, Indigo, Mumia, Zucker und Lebensmitteln die aus dem Fernen Osten eingeführten exot. Waren, v. a. Ambra, Ingwer, Benzoe, Kampfer, Moschus, Kostus, Zimt, Indigo und Lack. Korallen als Schmuckartikel, vom Maghrib importiert und in Alexandria verarbeitet, waren nicht nur im Mittelmeerraum begehrt, sondern fanden noch mehr Abnehmer in Afrika und im Orient bis zum Fernen Osten. Haupttauschgüter der Franken waren weiße Sklaven, → Waffen, Kriegsmaterialien wie Holz, Pech, Eisen und Kupfer sowie → Getreide und preiswerte Stoffe, unter denen it. (lombardische), später auch flandr. (aus Ypern) und engl. bes. Ruf genossen.

Die Franken prägten im Hl. Land eigene Währungen mit arab. Legenden, die erst in der 2. Hälfte des 13. Jh. durch christl. ersetzt wurden. In Teilen des südl. Europa war eine solche Prägung für eine gewisse Zeit geläufig. Auf der anderen Seite lehnte → Nūraddīn den Vorschlag ab, den Umlauf der fränk. Währung auf islam. Boden zu verbieten, da zahlreiche islam. Kaufleute zw. 10000 und 20000 jener Münzen besaßen. Je mächtiger sich Handel und Pilgerverkehr entfalteten, um so mehr wurde auch in Syrien, Ägypten und Nordafrika mit großen Kapitalen gearbeitet. Unter A.n und Franken wurde mit Kreditbriefen verschiedener Formen statt mit Bargeld gehandelt (→ Kredit).

Syr. und irak. Karawanen trafen in Lajazzo ein; arab. Handelsschiffe durften jedoch bis zum 13. Jh. den → Bosporus nicht passieren. Erst nach dem Abschluß des byz.-ägypt. Vertrages von 1281 erhielt Ägypten das Recht, jährlich zwei Schiffe in das Reich der → Goldenen Horde zu schicken, die von dort mit Sklaven beladen nach Ägypten zurückkehrten. Das große Sklavengeschäft mit Ägypten behielten jedoch immer noch die Genuesen.

Der Heilige Krieg am anderen Ende des Mittelmeeres hielt an. In Spanien hielt er Christen und Muslime jedoch nicht davon ab, Handel zu treiben und sogar in diesen Kampfgebieten die Geschäftsverbindungen fortzusetzen. Das maur. Sevilla stand im 12. Jh. (bis 1248) in lebhaftem Schiffsverkehr. Es war in erster Linie das Öl, das die Genuesen nach Sevilla zog. Auch die Pisaner erweiterten damals ihre Handelsbeziehungen mit Sevilla, Málaga und Almería. Mit dem maur. Fs.en v. Murcia, Valencia und Denia traten die Pisaner Mitte des 12. Jh. in ein festes Vertragsverhältnis. Etwa 16 Jahre danach wurde Pisa sogar ein Fondaco in Sevilla zugestanden. Endlich erhielten die Pisaner in Valencia wie in Denia je einen Fondaco. Sie erfreuten sich also in diesem Teilstaat genau der gleichen bevorzugten Stellung wie die Genuesen und besuchten ihn offenbar nicht minder häufig wie diese bis zur Eroberung Valencias durch die Christen (1238). Seide und Papier waren die wichtigen Exportartikel aus Valencia. Über Valencia kam auch kast. Alaun nach Genua.

Unter den prov.-languedozischen Städten muß → Montpellier bereits frühzeitig mit dem arab. Spanien Handelsbeziehungen angeknüpft haben, wie ein Vertrag mit den Genuesen aus der Mitte des 12. Jh. belegt, welcher zwar den Verzicht Montpelliers auf eigenen Seehandel vorsah, die Schiffahrt nach Spanien jedoch ausnahm. Die Genuesen versprachen, als Beschützer der Provence die Sicherheit der Kaufleute von Montpellier und ihrer Waren auf dieser Route zu gewährleisten. Das gleiche Zugeständnis machten die Genuesen auch Arles und St-Gilles. 1231 ließ sich Montpellier von Kg. Jacob I. ein Privileg ausstellen, wonach die Kaufleute der Stadt, selbst wenn sich der Kg. mit einem sarazen. Staat in Krieg befinde, das Recht haben sollten, sich zu Handelszwecken von diesen Sarazenen Schutzbriefe zu erwirken, vorausgesetzt, daß sich ihr Handel nicht auf verbotene Kriegswaren erstreckte (→ Embargo). Auch Marseiller Kontakte (→ Marseille) zum islam. Spanien sind durch verschiedene Verträge aus dem 13. Jh. beweisbar. Trotz häufiger Kämpfe mit dem arab. Spanien pflegten auch die Katalanen während der langen Friedenszeiten mit den islam. Nachbarn gute Handelsbeziehungen und festigten ihre geschäftl. Verbindungen mit Ägypten und Syrien. Sizilien kam gerade nach dem Verlust seiner afrikan. Besitzungen wieder zu besseren Beziehungen mit seinen südl. Nachbarn. Bald nach seinem diplomat. Erfolg gegenüber Ägypten von 1229 trat Friedrich II. mit den → Ḥafṣiden in ein freundschaftl. Verhältnis (→ Sizilien). Im Vertrag v. 1231 verpflichteten sich die Ks., das bisher von den chr. Piraten Geraubte zurückerstatten zu lassen. Auch sollte kein sarazen. Kaufmann, der des Handels wegen in das Kgr. Sizilien kam, irgendwie behindert werden. Bei dem Austausch der Produkte beider Länder spielte, wie schon früher, das Getreide eine bes. Rolle. Friedrich selbst war auf die Einfuhr von Pferden der edlen maghribin. Rasse bedacht. Er ließ ferner bekanntl. afrikan. Kamele und andere seltene und exot. Tiere einführen.

Im östl. Mittelmeerraum blühte der Handel der A. mit den Kreuzfahrerstaaten weiterhin. Damals gelang es weder den Kreuzfahrern noch der abendländ. Thalassokratie im Mittelmeer, die mediterranen arab. Länder zu zwingen, den Franken die Wege nach Innerafrika und in den Fernen Osten zu öffnen. Der Versuch der Kreuzfahrer, im 12. Jh. ins Rote Meer einzudringen, scheiterte. Die strateg. Bedeutung Ailas bewog → Saladin, diese Hafenstadt nach etwa 55 jähriger fränk. Herrschaft 1170 zurückzuerobern. Auch konnte er die Expedition → Rainalds v. Châtillon (1182) in das Gebiet des Roten Meeres vereiteln. Die gegen das Rote Meer gerichtete Expansion der Franken stellte in den Augen der A. die schlimmste Gefahr für den Islam dar. Denn die Kreuzfahrer bedrohten nicht nur die Heiligen Städte in Arabien, sondern mehr noch den ägypt. bzw. islam. Anspruch auf ein Monopol im Transithandel sowie die Stellung der Großkaufleute, der Kārimī.

Mit dem Sieg Ägyptens gegen die → Mongolen bei ʿAin Ǧālūt 1260 wurde der mongol. Vormarsch nach Afrika gestoppt. Jetzt wurde auch der mittlere Euphrat zur endgültigen Grenze zw. dem nichtarab. Orient und der arab. Welt. Hinsichtl. des Handelsverkehrs setzten die arab. Länder – mit Ägypten an der Spitze – ihre traditionelle Politik gegenüber dem Abendland fort. Ca. 1250-1350 hielten die Mongolen im Iran und → Rußland (auch nach der Annahme des Islam) die Land- und Seestraßen Asiens bis zur chin. Küste (→ China) den abendländ. Völkern offen. Dessenungeachtet konnten weder → Akkon noch → Kaffa, Tana oder Hurmuz die Handelsbeziehungen Alexandrias und Adens im Ost-West-Handel gefährden. Denn trotz der wiederholten Spannungen, die anläßlich eines neuen Kreuzzuges oder wegen der mongol. Angriffe immer wiederkehrten, nahmen Christen und A. ihre Kontakte bald wieder auf. Die Beendigung der fränk. Herrschaft in Syrien 1291 veranlaßte die Kurie von neuem, das kirchl. Verbot des Exports von Waffen, Eisen, Bauholz und Sklaven nach den arab. Ländern, v.a. Ägypten, mit Strenge durchzuführen. Es dauerte aber nicht lange, bis dieses Hemmnis für die fränk. Einfuhr seine Bedeutung verlor. Die Fondachi an der ägypt. Mittelmeerküste und in Syrien erfüllten weiterhin ihre Funktionen im Handelsaustausch zw. A.n und Franken. In Syrien drangen die fränk. Partner wieder bis zu den zwei binnenländ. Emporien, Damaskus und Aleppo, vor, wo sie ebenfalls Fondachi unterhielten. Beirut und Tripolis gewannen auf Kosten der in Verfall geratenen südl. Häfen Akkon, Tyrus, Jaffa u. a. an Bedeutung.

[3] *Spätmittelalter:* Mitte des 14. Jh. machte die Welt im Zeichen des »Schwarzen Todes« eine tiefgreifende Krise durch. Die Pest raffte ein Drittel, wenn nicht die Hälfte der Gesamtbevölkerung des Maghrib hin. In der Folge wanderten die Banū Ma'qil nach Südmarokko ein. Dieses wiederum sollte die Verlegung des Sahara-Handels nach dem Osten bewirken. Im 14. Jh. trat jedoch eine Wende in der Politik des westsudan. Großreiches Mali ein, welche die Intensivierung der Beziehungen zu Ägypten beinhaltete. Demzufolge erhielt Ägypten den großen Teil der Goldausfuhren aus dem Sudan. Trotzdem blieben der Maghrib und das arab. Andalusien ein unentbehrlicher Markt für den Westen, da im 15. Jh. die Osmanen mit der Verdrängung der chr. Handelsmächte aus dem Vorderen Orient begannen und Ägypten das staatl. Monopol des Transithandels einführte (→ Osman. Reich). Nach dem Vorbild Venedigs regelten Genua, Marseille, Barcelona und → Ragusa ihre Galeerenfahrten nach der Berberei. Ihre Schiffe brachten Stoffe, Eisen und Kurzwaren, Waffen, oriental. Gewürze und v. a. Getreide. 1455 wurden 75000 Zentner siz. Getreides nach Ifrīqiya (→ Afrika) verschifft, die gegen eine große Summe Goldes eingetauscht wurden. Auch blieb der Torso des arab. Herrschaftsgebietes in Spanien in wirtschaftl. Hinsicht mit den chr. Mächten (d. h. bes. mit Katalanen, Pisanern, Florentinern und Genuesen) eng verbunden. Am Ende des MA verwandelten die Genuesen → Málaga in einen bedeutenden Knotenpunkt der Handelsstraßen des Mittelmeerraumes. Seit dem 14. Jh. spielten die it. Kaufleute, in erster Linie die Genuesen, eine wichtige Rolle im Handel mit dem Reich v. Granada (→ Naṣriden). Sie exportierten die bekannte moreschische → Seide Málagas und Almerías nach dem chr. Spanien, von wo aus sie wiederum in großen Mengen nach Italien weiter exportiert wurde. Málaga wurde auch ein wichtiger Umschlagplatz für fläm. und engl. Tuche. Das Monopol der Obstausfuhr (→ Südfrüchte) des Reiches v. Granada lag in der Hand der genues. Kaufmannsdynastie → Spinola. Auch beschäftigten sich die Genuesen mit dem Export des → Zuckers aus Granada zu den Märkten des Mittelmeerraumes; von dort erreichte er sogar Flandern. Damals war die Zuckerproduktion Ägyptens und Syriens erheblich gesunken; sie verschwand vor 1400 von den europ. Märkten. Venedig, Träger des Handels mit levantin. Zucker, mußte daher Málaga-Zucker in großen Mengen importieren. Unter den genues. Einfuhren standen in erster Linie Lebensmittel, bes. Getreide, welches das Reich v. Granada dringend brauchte. Dank der Bemühungen der genues. Kaufleute wurde das Getreide aus dem Maghrib nach Almería eingeführt. Oriental. Gewürze, → Salz aus Cádiz, → Reis aus Valencia wurden nach Almería auch von den Genuesen verschifft. Außerdem brachten sie für den Bedarf des Naṣriden-Reiches das notwendige span. → Öl. Dank der Vermittlung der Genuesen erhielt Granada darüber hinaus Blei und Kupfer, Papier, → Leinen und Garn sowie oriental. → Baumwolle.

Anfang des 15. Jh. suchte → Timur Syrien heim, plünderte Aleppo (1400) und Damaskus (1401), schickte Streifzüge bis nach Beirut und Akkon und siedelte die vorzügl. damaszen. Handwerker in seine Hauptstadt Samarqand um, was zu einer langfristigen Lähmung des Exporthandwerks in Damaskus führte. Dies war insofern ein Vorteil für die abendländ. Kaufleute als ihre Manufakturgüter reichlicheren Absatz fanden.

Nach der osman. Eroberung Konstantinopels waren alle Handelswege nach Innerasien und Innerafrika in die Hände der arab. bzw. islam. Mächte gefallen. Noch vor Ende des 15. Jh. entdeckten jedoch die Portugiesen das Kap der Guten Hoffnung, wodurch sie den Weg zu den Ursprungsländern der oriental. Gewürze fanden. Damit gelang es dem Abendland, die A. als Vermittler im Welthandel zu überwinden. Die Osmanen, die im 16. Jh. die arab. Länder (ausgenommen Marokko) eroberten, die arab. Kaufleute und Fachkräfte Syriens und Ägyptens nach Istanbul abzogen und die Einfuhr der pers. Seide von Syrien in ihre Hauptstadt verlegten, beschränkten den Handelsverkehr der A. mit dem Abendland auf bestimmte Häfen der arab. Mittelmeerküste. Dabei hatte die Hohe Pforte den damaligen welthist. Umwälzungen nach den Entdeckungen nicht gebührend Rechnung getragen. Sie behielt das Rote Meer als islam. Gewässer unter ihrer Kontrolle, ohne dabei den arab. Handel im Süden zu fördern. Ebenso wurde für die Erschließung des Atlantik de facto nichts unternommen, weder allein noch in Gemeinschaft mit Marokko, dem einzigen unabhängigen arab. Land im Mittelmeerraum mit einer atlant. Küste. Der marokkan. Sultan Aḥmad al-Manṣūr versuchte vielmehr, durch Eroberung des Westsudans (1591 Vernichtung des Songhai-Reiches) Einfluß auf den Goldhandel des Sudan zu gewinnen, was auf die Dauer erfolglos blieb. Dessenungeachtet gelang es den A.n, sich im Vorderen Orient bis zum 17. Jh. als Träger des internationalen Transithandels zw. Ost und West zu behaupten. Dann büßten sie diese Rolle ein und ihre levantin. Erzeugnisse reichten nicht mehr aus, um eine positive Handelsbilanz zu schaffen.

[4] *Innerarabische Verhältnisse:* Der arab. Handel stützte sich auf Niederlassungen und Kolonien, die bis Indien, Zentralasien, Südostasien, China, Ostafrika und in den Westsudan reichten und ihre Handelstätigkeit auf der anderen Seite bis nach Byzanz, Rußland und zu den fränk. Mittelmeerhäfen ausweiteten; die wirtschaftl. Einheit war durch intensive Produktion und lebhaften Binnen- und Außenhandelsverkehr gekennzeichnet. Es bildeten sich verschiedene Arten von Handelsgesellschaften, und das Kreditwesen nahm einen großen Aufschwung. Banken und Geldwechsler erleichterten den Handel (→ Bankwesen). Dies ging so weit, daß die Kaufleute in manchen Häfen, v. a. in Baṣra, kein Bargeld brauchten, sondern sich mit Schecks und Wechseln begnügen konnten. Diese Aktivitäten sind seit der zweiten Hälfte des 9. Jh. greifbar. Hinweise finden sich v. a. in jurist. Traktaten über Rechtskniffe und Listen, die einige der Schwierigkeiten umgehen sollten, welche die Handels- und Banktätigkeit behinderten. Staatlicherseits wurden die Kaufleute unterstützt; ihrerseits trugen sie dazu bei, daß die Verwaltung verbessert wurde, damit sie ihre finanziellen Transaktionen leichter durchführen konnten. Doppelte Buchführung war den A.n nicht unbekannt (→ Buchhaltung). Die arab. Lit. liefert genug Beweise dafür, daß Emire und Gouverneure ihre Domänen und Geschäfte auf Gewinnbasis verwalteten. Sie trieben Handel in Waren und Währungen und erweiterten die Produktion ihrer handwerkl. Betriebe.

Mit dem Anstieg des Handelsvolumens blühten zahlreiche arab. Städte (→ Stadt, Städtewesen) auf. Mit der anhaltenden Produktionssteigerung stiegen Preise und Löhne sowie die Nachfrage nach Facharbeitern. Die Einwohnerzahl in den Städten stieg an. Die Tendenz der sozialen und wirtschaftl. Entwicklung im arab. Mittelmeerraum lief also der gleichzeitigen frühma. Entwicklung im Abendland zuwider. Auf jeden Fall war der wirtschaftl. Aufschwung und der Handelsaustausch nicht nur auf die engen arab. Verbindungen, sondern mehr noch auf das Einströmen der Edelmetalle – hauptsächl. von Wādī al-'Alāqī und dann vom Westsudan – in das arab. Gebiet zurückzuführen. Die hohe Qualität der Goldwährung rührte einmal von dem gesättigten Geldmarkt, zum anderen vom techn. Fortschritt her. Große Emissionen ausgezeichneter Gold- und Silberwährung hatten weitreichende Konsequenzen. Aus den großen Mengen der im Umlauf befindl. Währung ergab sich der niedrige Zinssatz; bis zur Zeit der Kreuzzüge bewegte sich der Zinssatz in der arab. Welt zwischen 4% und 10%, während er gleichzeitig im Abendland bis zu 20% anstieg. Nicht nur aus den angeführten Gründen, sondern mehr noch aufgrund von techn. Fortschritten im Bereich der Landwirtschaft, des Handwerks und des Handels, v. a. auf dem Gebiet der Textil-, Parfüm-, und Glasherstellung sowie der Goldschmiedekunst florierte die arab. Wirtschaft (vgl. dazu → Arbeit). Außerdem wurde die Versendung von Rohmaterialien und Gütern von einer Provinz zur anderen dank der Betriebsamkeit der A. erhebl. erleichtert. Darüber hinaus bildeten sich neue große handwerkl. Betriebe, z. B. Papierproduktion und Lüsterkeramik (eine altägypt. Erfindung). Die Blütezeit der Landwirtschaft in Spanien und auf Sizilien, die Einführung des Anbaus von Reis, Zuckerrohr, Baumwolle und Zitrusfrüchten sowie die Förderung von Handwerk und → Bergbau sind den A.n zu verdanken. Neben Textilien aus Wolle, Leinen und Baumwolle förderten die A. die Herstellung von Seidenstoffen – dank der Ausbreitung des Maulbeerbaums und der Seidenraupenzüchtung. Luxusartikel, Textilien, Gebrauchsartikel (v. a. Töpfe) sowie Getreide, Früchte (bes. Datteln) sowie auch Bücher bildeten die Hauptgüter des Binnenhandels zw. den arab. Städten und Ländern, der selten gestört wurde. Gewürze und wohlriechende Stoffe waren im arab. Orient in großer Menge vorhanden und wurden häufig verwendet. Der Reichtum arab. Fs.en (bes. an Edelmetall und Juwelen) übertraf den der abendländ. Höfe bei weitem.

Seit dem 11. Jh. setzte allmählich eine techn. Stagnation ein. Doch blühte weiterhin der Binnen- und Außenhandel dank der geogr. Zentrallage zw. Ost und West, dem gut organisierten Karawanensystem sowie der Erschließung von neuen Märkten im Schwarzen Kontinent, im indischozean. Gebiet und in China.

Die Handelsbilanz der arab. Länder war selten negativ, trotz mancher heftiger Krisen durch Übergriffe von Nomaden und Söldnern, kirchl. Handelsverbote, Rückgang der eigenen Textilproduktion zugunsten westeurop. Einfuhren, Verbreitung der fränk. Währungen (→ Dukaten und Fiorino dehnten sich im SpätMA bis in den Jemen aus) und nicht zuletzt durch die staatl. Monopolisierung des Gewürztransithandels in Ägypten und die seeräuber. Gefahr im Maghrib im 15. Jh. – Zur Organisation von Handwerk und Gewerbe: → Arbeit (in der islam. Welt); vgl. auch → Stadt, Städtewesen, → Bankwesen, → Islam.

S. Y. Labib

Bibliogr.: J. D. Pearson, Index Islamicus 1906–55, 1958 (mit regelmäßig erscheinenden Suppl.) – B. Lewis, The Muslim World (American Hist. Association, Guide to Historical Lit., 1961) – J. Sauvaget, Introduction to the Hist. of the Muslim East: A Bibliogr. Guide, rev. by C. Cahen, 1965 – Middle East and Islam. A Bibliographical Introduction, hg. D. Hopwood, D. Grimwood-Jones, 1972. – Lit.: [zu I und II]: EI[1], s. v. – EI[2], s. v. – LexArab, s. v. – J. Wellhausen, Prolegomena zur ältesten Geschichte des Islams (Skizzen und Vorarbeiten 6), 1899 – Ders., Das Arabische Reich und sein Sturz, 1902, 1960[2] – Th. Arnold, The Preaching of Islam, 1913[2] – L. Caetani, Chronographia Islamica (622–1517), 5 Bde, 1912–23 – A. Mez, Die Renaissance des Islam, 1922 – M. Amari, Storia dei musulmani di Sicilia, 3 Bde, 1933–39[2] – A. A. Vasiliev, Byzance et les Arabes, 3 Bde, 1935–68 – Ph. K. Hitti, Hist. of the Arabs, 1937, 1964[8] – G. Wiet, L'Egypte arabe de la conquête arabe à la conquête ottomane, 1937 – C. Brockelmann, Gesch. der islam. Völker und Staaten, 1939 – G. Marçais, La Berbérie musulmane et l'Orient au MA, 1946 – E. Lévi-Provençal, Hist. de l'Espagne Musulmane, 3 Bde., 1950[2], 1967 – B. Lewis, The Arabs in Hist., 1950, 1956[2] – F. M. Pareja, Islamologia, 1951 (it. und span.), 1957–63[2] (frz.) – B. Spuler, Gesch. der islam. Länder, 1952–59 – Ders., Iran in früh-islam. Zeit, 1952 – H. A. R. Gibb, Stud. on the Civilisation of Islam, 1962 – R. Levy, The social structure of Islam, 1962 – B. Lewis-P. M. Holt, Historians of the Middle East, 1962 – W. M. Watt, A Hist. of Muslim Spain, 1965, 1967[2] – C. E. Bosworth, The Islamic Dynasties, 1967 – The Cambridge Hist. of Islam, I: The Central Islamic Lands, 1970 – G. S. Hodgson, The Venture of Islam, 3 Bde, 1974 – N. Elisséeff, L'Orient musulman au MA, 622–1260, 1977. – zu [III]: F. Stüwe, Handelszüge der Araber, 1836 (1966) – J. E. Weppäus, Unters. über die Negerländer der Araber ..., 1842 – H. Prutz, Kulturgesch. der Kreuzzüge, 1883 – G. Jacob, Der Nord.-balt. Handel der A. im MA, 1887 – A. Mez, Die Renaissance des Islam, 1922 – G. Jacob, Arab. Berichte von Gesandten an germ. Fürstenhöfe aus dem 9. und 10. Jh., 1927 – E. Lévi-Provençal, L'Espagne musulmane au Xe s., 1932 – H. C. Kruger, Genoese Trade with North Africa in the 12th Century, Speculum 8, 1933 – C. E. Dubler, Über das Wirtschaftsleben auf der iber. Halbinsel vom 11. zum 13. Jh., 1943 – E. Lévi-Provençal, La civilisation arabe en Espagne, 1948 – Ch. A. Julien, Hist. de l'Afrique du Nord, 1956 – F. Melis, Malaga nel sistema economico del XIV e XV secolo (Economia e Storia III, 1956) – Ch. Courtois, Remarques sur le commerce maritime en Afrique au XIe s. (Mél. d'Hist. et d'Archéologie de l'Occident musulman, 1957) – J. Heers, Le Royaume de Grenade et la politique marchande de Gênes en Occident au XVe s., M-A, 1957 – Ders., Le Sahara et le commerce méditerranéen à la fin du MA, Annales de l'Inst. d'Études Orientales, 1958 – A. S. Atiya, Crusade, Commerce and Culture, 1962 [dt.: Ders., Kreuzfahrer und Kaufleute. Die Begegnung von Christentum und Islam, 1964] – S. Y. Labib, Handelsgesch. Ägyptens im SpätMA, 1965 – G. Airaldi, Genova e Spagna nel secolo XV, 1966 – F. Braudel, La Méditerranée et le monde méditerranéen à l'époque de Philippe II, 1966[2] [grundlegend für spät- und nachma. Verhältnisse] – Ch. E. Dufourcq, L'Espagne catalane et le Maghrib aux XIIIe et XIVe s., 1966 – S. A. Goitein, Medieval Tunisia, the hub of the Mediterranean, A Geniza Study (Stud. in Islamic Hist. and Institutions, 1966) – M. Rodinson, Islam et Capitalisme, 1966 – K. H. Allmendinger, Die Beziehungen zu der Kommune Pisa und Ägypten im hohen MA, 1967 – S. D. Goitein, A Mediterranean Society, 2 Bde, 1967–71 – Bedeutung und Rolle des Islam beim Übergang vom Altertum zum MA, hg. P. E. Hübinger (WdF 202), 1968 – E. W. Bovill, The Golden Trade of the Moors, 1968 – M. Brett, Ifriqiyah as a Market for Saharan Trade from the 10th to the 12th C., Journ. of African Hist. X, 1969 – Islam and the Trade of Asia, hg. D. S. Richards, 1970 – R. Devisse, Routes de commerce et échanges en Afrique occidentale en relation avec la Méditerranée, RHES 50, 1972 – S. Y. Labib, Medieval Islamic Maritime Policy in the Indian Ocean Area (Les Grandes Escales, RecJean Bodin 32, 1974) – E. Ashtor, Observations on the Venetian trade in the Levant (14th Cent.), The Journal of European economic hist. 5, 1976 – Ders., A Social and Economic Hist. of the Near East in the MA, 1976 – F. Melis, Mercaderes italianos en España, siglos XIV–XVI (Anales de la Universidad Hispalense, ser.: Ciencias económicas y empresariales 1), 1976 – Wirtschaftsgesch. des Vorderen Orients in islam. Zeit, hg. B. Spuler, I, 1977 [Teil 2 in Vorbereitung] – S. Y. Labib, Die ma. islam. Politik im Mittelmeerraum (Studi in memoria di F. Melis I, 1978) – A. Duri, Arab. Wirtschaftsgesch., 1979 [i. Dr.] (Bibl. des Morgenlandes) – Zum Levantehandel: W. Heyd, Hist. du commerce du Levant au MA, 2 Bde, 1885–86 [Neudr. 1936].

Arabi-mor (*Arrabi mór, Arraby moor*, Populärform von Rabbi maior), vom Kg. bestimmter Oberrabbiner v. Portugal, oberste jüd. Verwaltungs- und Gerichtsinstanz sowie oberster Repräsentant gegenüber der Krone, führte eigenes Siegel mit kgl. Wappen, ernannte für jede der sieben Provinzhauptstädte einen Provinzialrabbiner (*Ouvidor*) mit eigenem Siegel und bestätigte von Gemeinden gewählte Ortsrabbiner *(Arabis menores)*; jährl. direkte Kontrolle von Verwaltung und Rechtspflege aller jüd. Gemeinden mit letztinstanzl. Entscheidung innerhalb dreistufiger eigener jüd. Zivil- und Strafgerichtsbarkeit; 1278 erstmals erwähnt, 1402 Revision der Rabbinatsverfassung, 1497 Tod des letzten A., 1507 Aufhebung der Selbstverwaltung, die über einen längeren Zeitraum relative Prosperität und Rechtssicherheit gewährt hatte.

H. Dittmann

Lit.: EJud (engl.) III, 497f.; XIII, 919-921 – M. KAYSERLING, Gesch. der Juden in Portugal, 1867, 8-17 – J. MENDES DOS REMEDIOS, Os Judeus em Portugal I, 1895, 375-387, 428-430 – Grande Enciclopédia Portuguesa e Brasileira XXIV, 178 – J. DE SANTA ROSA DE VITERBO, Elucidário das palavras, termos e phrases I (Edição crítica por M. FIUZA), 1962, 546f.

Arabia. Von der arab. Halbinsel, in deren s. und sw. Küstengebiet zw. 300 und 650 das Reich der Sabäer bestand, kam nur der nw. Teil des nabatäischen Reiches seit 105 als Provincia A. dauernd unter röm. (Cass. Dio 68, 14, 5), später unter byz. Einfluß. Hauptstadt wurde Bostra, das als Kultur- und Handelszentrum bis in osman. Zeit von Bedeutung war und früh zu einem Mittelpunkt des syr.-arab. Christentums wurde. Um 358 wird der s. Teil selbständige Prov. Palaestina Salutaris, während A. selbst, durch syr. Gebiete vergrößert, als Grenzprovinz gegen nomad. Einfälle ausgebaut wird (Amm. 14, 8, 13). Diese Funktion erfüllt A. auch unter byz. Herrschaft bis zum Sieg der Araber 636.

J. Gruber

Lit.: RAC I, 575-585 – RE II, 344-362 – R.E. BRÜNNOW–A. V. DOMASZEWSKI, Die Provincia A., 3 Bde, 1904-09 – F. ALTHEIM–R. STIEHL, Die Araber in der Alten Welt, 5 Bde, 1964-69 – G.W. BOWERSOCK, Limes Arabicus, Harvard Stud. in Class. Philol. 80, 1976, 219-229 – A. NEGEV, The Nabateans and the Provincia A., Aufstieg und Niedergang der röm. Welt II 8, 520-686 – M.P. SPEIDEL, The Roman Army in A., ebd. II 8, 687-730 – H. V. WISSMANN, Die Gesch. des Sabäerreichs und der Feldzug des Aelius Gallus, ebd. II 9.1, 308-544 – D. GRAF, The Saracens and the Defense of the Arabian Frontier, Bull. of the Am. Schools of Oriental Research, 1978.

Arabische Sprache und Literatur
A. Arabische Sprache – B. Arabische Literatur

A. Arabische Sprache

Arabisch (A.) gehört mit Altsüdarabisch und Äthiopisch zur südsemit. Sprachengruppe. Vom 9. Jh. v. Chr. bis zum 5. Jh. n. Chr. ist es nur in Inschriften und Papyri, zumeist in Form von Eigennamen, belegt. Ende des 5. Jh. erscheint A. voll entwickelt in der Dichtung der zentral- und nordarab. Beduinen und bildet durch seinen überregionalen Charakter ein einigendes Element auf der arab. Halbinsel. Kennzeichen dieser poet. Koine sind ein reicher Wortschatz, ein erweiterungsfähiges Verbalsystem und eine gleichmäßige morpholog. Struktur, die Reimbildungen in fast unbegrenzter Zahl ermöglicht. Charakterist. ist ferner die Bewahrung der ursemit. Kasusflexion.

Mit den arab. Eroberungen des 7. und 8. Jh. und der folgenden Islamisierung verbreitet sich A., die Sprache des Koran, über den ganzen Vorderen Orient. In Syrien, Ägypten und N-Afrika kann es die Landessprachen verdrängen. In Persien bleibt es bis zum 10. Jh., in Spanien bis zum Ende der Reconquista die Sprache der Bildung, doch ist Zweisprachigkeit der nichtarab. Muslime die Regel. Die Geschichte des A.en bis zum 10. Jh. wird bestimmt durch den sozialen und kulturellen Wandel in der entstehenden islam. Zivilisation, an der Araber und unterworfene Völker gleichrangig Anteil haben. Als Sprache einer kosmopolit. städt. Gesellschaft und einer imperialen Verwaltung gewinnt A. an Ausdrucksfähigkeit und Präzision; sein Wortschatz erweitert sich z.T. durch Entlehnung, mehr noch durch Aktivierung der eigenen Substanz. Die Gefahr der Überfremdung und des Verfalls durch die große Zahl neuer Sprecher führte zu purist. Tendenzen in der arab. Philologie und Sprachwissenschaft, die im 8. Jh. aus der Beschäftigung mit dem Koran erwächst. Auf der Basis der vorislam. Poesie und des Koran schuf sie ein normatives System, das in seinen Grundzügen bis heute verbindlich ist. Diese grammat. und lexikal. fixierte Sprachstufe wird als Klass. Arabisch (*'Arabiyya*) bezeichnet und damit gegen die nachklass. Formen, das Mittelarab. und das moderne Hocharab., abgegrenzt. In erweitertem Sinne wird der Begriff Klass. A. für alle hist. Stufen der Hochsprache verwendet, im Gegensatz zu den lokal differenzierten Umgangssprachen der arab. Länder.

Seit Anfang des 10. Jh. wird das Klass. A. auch bei feierlichem Anlaß nicht mehr gesprochen. Es entwickelt sich zu einer Literatur- und Gelehrtensprache, deren Beherrschung ein hohes Maß an Schulung erfordert. Das Schrifttum der folgenden Jahrhunderte bewahrt in Poesie und Kunstprosa die klass. Norm. Daneben finden sich Werke, die in verschiedenem Grade mittelarab. Züge tragen (Aufgabe der Kasusflexion, Vulgarismen, syntakt. und stilist. Veränderungen), v.a. in der Volksliteratur. Vom 11. Jh. an wird A. im Osten der islam. Welt von Persisch als Bildungssprache abgelöst; auch im pers.-türk. Kulturkreis des SpätMA behält es jedoch seine Bedeutung für die Theologie. Der Einfluß des A.en auf den Wortschatz anderer Islamsprachen ist beträchtlich. Arab. Wörter in europ. Sprachen, sofern sie nicht über Spanien gewandert sind, haben daher oft eine pers. oder türk. Form.

Lit.: EI², s.v. ʿArabiyya – J. FÜCK, Arabiya, Unters. zur arab. Sprach- und Stilgesch., 1950 (AAL 45, 1) – A.G. CHEJNE, The Arabic Language. Its Role in Hist., 1969 – W. FISCHER, Grammatik des Klass. A., 1972.

B. Arabische Literatur
I. Grundprobleme – II. Vor- und Frühislam – III. Omayyadenzeit – IV. Frühe Abbasidenzeit – V. Spätzeit.

I. GRUNDPROBLEME: Die arab. Lit. beginnt mit der Beduinendichtung Zentral- und Nordarabiens, die seit Ende des 5. Jh. bezeugt ist. Die Periodisierung folgt den Epochengrenzen der islam. Geschichte; neuere Gliederungen nach Stilepochen erscheinen begründet, aber noch nicht ausgereift. Von den Kategorien der europ. Lit. findet nur die Lyrik eine Entsprechung, Epos und Drama fehlen. Epische und dramat. Elemente sind jedoch in verschiedenen Gattungen erkennbar, erstere u.a. in der Historiographie und im Volksroman, letztere in Dialogformen der Poesie oder im Wechsel von Prosa und Versen, der charakterist. Form der arab. Unterhaltungsliteratur.

Für die Gesch. der Poesie sind zwei Faktoren entscheidend: 1. die konstante Sprachstruktur des Klass. A. und damit verbunden die Erhaltung der altarab. quantitierenden Metrik; 2. die hohe Geltung der Beduinenpoesie als ästhet. Norm bis ins SpätMA. Beides hat die Entstehung neuer poet. Formen und die Erweiterung der Motive erschwert, wenn auch nicht ganz verhindert. Gegenüber der begrenzten Thematik der Poesie, in der die arab. Tradition dominiert, spiegelt die Prosa seit dem 8. Jh. die vielfältigen kulturellen Bestrebungen der islam. Gesellschaft. In ihr wird die iran. und hellenist. Überlieferung, die durch Verdrängung der Landessprachen abgebrochen schien, aufgenommen und produktiv verwandelt. Erst mit diesem Prozeß erhält die arab. Prosaliteratur ihren sprachl. und intellektuellen Rang.

II. VOR- UND FRÜHISLAM (6.–7. JH.): Die vorislam. Poesie wurde anfangs mündlich, später daneben schriftl. tradiert, aber erst im 8. Jh. in → Diwanen (Verssammlung eines Dichters) und Anthologien aufgezeichnet. Dennoch gilt die Überlieferung, gesichert durch die Institution des *Rāwī* (Überlieferer), im Ganzen als authentisch. Die wichtigste Gattung, die Qaside *(qaṣīda),* hat eine Länge von 60-100 Versen und ist in Metrum und Reim unveränderlich. Sie behandelt stets mehrere Themen, ursprgl. wohl eigene Gattungen, in der festen Folge: 1. *Nasīb* (Liebesklage), 2. Wüstenritt und Kamelbeschreibung, 3. ein aktuelles, oft polit. Thema aus dem Stammesleben (Preislied, Selbstpreis, Verspottung von Gegnern). Ebenso wie die → Trauerlieder *(marāṭī)* hatte die Qaside eine soziale Funktion. Sie ist Ausdruck des beduin. Ethos und der kollektiven Erfahrung, die mit einem begrenzten Repertoire an Motiven, aber großem Reichtum an sprachl. Mitteln gestaltet wird. Die berühmtesten Qasiden sind die sieben (oder zehn) *Muʿallaqāt* (wahrscheinl. Deutung: »Halsketten«).

Neben der Qaside steht als einzige bedeutende Sprachschöpfung der → Koran (ca. 610-632). Seine Form ist *Saǧʿ,* eine rhythm. Prosa, in der mehrere Sätze oder Satzglieder durch Reim verbunden sind. Sie wurde für Orakelsprüche und Reden verwendet, lebt weiter im islam. Predigtstil und erreicht in der abbas. Prosaära eine späte Blüte. Der Koran gilt in der islam. Dogmatik als unnachahmlich und steht außerhalb der lit. Entwicklung. Er hat jedoch die Literarästhetik des MA beeinflußt.

III. OMAYYADENZEIT (7.-8.Jh.): Der Islam bedeutet keinen Abbruch der lit. Kontinuität. In den Stammeskämpfen der Zeit und in der Hofdichtung behält die Qaside ihre Funktion. Aber die Vertiefung der Religiosität, die Lockerung der Stammesbindungen, Verstädterung, Luxus und kultureller Einfluß der eroberten Länder schaffen ein neues Lebensgefühl, das andere ästhet. Formen sucht. In den Pilgerstädten Mekka und Medina entsteht Ende des 7.Jh. das *Ġazal* (Liebesgedicht), das in Form und Inhalt an die Qaside anknüpft, unter dem Einfluß pers. Sänger und Musiker jedoch eigene, liedartige Züge entwickelt. Seine lebhaften Dialoge zeigen eine feine psycholog. Beobachtung (ʿUmar ibn Abī Rabīʿa). Neben dieser heiteren, sinnenfrohen Poesie findet sich ein Ġazal von stark emotionaler Tönung. Es drückt eine reine, unerfüllte Liebe zu einer einzigen Frau aus, die erst mit dem Tod der Liebenden endet. Nach zwei Dichtern des Stammes ʿUdra (von Heine in dem Gedicht »Der Asra« besungen) wird sie als ʿuḏrīt. Liebe bezeichnet und gilt als Vorstufe der höf. Liebesideals. Die Legenden, die sich um die Verse und ihre Dichter bilden und später zu den beliebtesten Erzählstoffen gehören, spielen alle im beduin. Milieu, doch ist auch dieses Ġazal vermutlich städt. Ursprungs. Mit der Ġazalpoesie beginnt die arab. Lyrik. Gegenüber der Dichtung des 6.Jh. zeigt sie zwei Veränderungen: Gestaltung individueller Erfahrungen und Introversion. Nicht nur die Außenwelt, auch der seelische Raum ist beschreibbar geworden.

IV. FRÜHE ABBASIDENZEIT (8.-11.Jh.): [1] *Äußere Faktoren:* Der Wechsel der Dynastie leitet die klass. Epoche der arab. Lit. ein. Auf der Grundlage polit. und wirtschaftl. Stabilität entfaltet sich im Irak, dem Sitz des Kalifats, eine blühende Kultur, die von einer reichen städt. Bourgeoisie getragen wird. Ihre Elemente sind die arab.-islam. Tradition, die erst jetzt systemat. gesammelt wird, die gr. Philosophie und Naturwissenschaft und die sassanid. Hofliteratur (Fürstenspiegel, Gnomik, hist. Berichte, Legenden), mit der neben iran. auch ind. Überlieferungen rezipiert werden (→ Kalīla wa-Dimna, der Kernzyklus von → Tausendundeine Nacht). Die Übersetzungen aus dem Syr. und dem Pehlewi haben zur Formung des arab. Prosastils beigetragen. Begünstigt wird die lit. Produktivität auf allen Gebieten durch Einführung der Papiermanufaktur Ende des 8.Jh.

Die polit. Auflösung des Kalifenreiches, die schon 756 mit der Gründung des Emirats von Córdoba beginnt, hat den kulturellen Austausch nicht verhindert. Indem mehrere rivalisierende Zentren die von Bagdad ausgehenden Strömungen aufnehmen, kommt es zu fruchtbaren Wechselwirkungen und oder zwar im Ganzen einheitl. lit. Entwicklung. Das schließt Sondererscheinungen nicht aus, wie sie z.B. in Spanien durch die Zweisprachigkeit der *Muwalladūn* (Muslime span. Herkunft) bedingt sind.

[2] *Poesie:* In der abbas. Dichtung zeigen sich ohne scharfe Trennung zwei Tendenzen: 1. die traditionelle Richtung der Hofpoesie, in der die Qaside die Panegyrik beherrscht (Abū Tammām, → al-Mutanabbī, → Ibn Hānī); 2. die moderne Richtung, die sich von der vorislam. Norm zu lösen sucht und nach sprachl. Glätte und stilist. Raffinement strebt (Abū Nuwās, Ibn al-Muʿtazz). Sie pflegt kurze Gattungen, die von den Motiven der Qaside ausgehen, aber städt. Züge einführen. Beliebt sind: *Ġazal,* oft damit verbunden → Trinklieder *(ḫamriyyāt),* Jagdlieder *(ṭardiyyāt;* → Jagdliteratur, -dichtung), Spottdichtung *(hiǧāʾ;* → Schmähdichtung), Beschreibung von Landschaft, Gärten und Blumen. Auch die neue poet. Richtung unterliegt bald der Konvention: Das Streben nach Abwandlung bekannter Motive und Bilder und nach Verfeinerung der rhetor. Mittel führt zu einer komplizierten Formkunst, die dem Concettostil des europ. Manierismus vergleichbar ist. Im Gegensatz dazu steht die frühe myst. Poesie, die in der einfachen Sprache des omayyad. Ġazal die Realität myst. Erlebens ausdrückt.

Die altarab. Regeln von Metrum und Reim bleiben für den Hauptstrom der Poesie verbindlich. Ansätze zu Strophenformen gibt es im Irak, aber nur in Spanien kann sich seit dem 10.Jh. eine Strophendichtung neben den klass. Formen durchsetzen. Die *Muwaššaḥa* (Gürtelgedicht) hat fünf-sieben Strophen und verfügt über mehrere syllab. Schemata; eine Eigenart mancher Gedichte ist die Verwendung des Klass. A. im Hauptteil und der span. Volkssprache in der *ḫarǧa* (Ausgang), einer Art Zueignung. Die Muwaššaḥa ist auf erot. und religiöse Themen im Geist der höf. Liebe beschränkt. Ihr Einfluß auf die → Troubadourdichtung ist umstritten.

[3] *Prosa:* Die arab. Prosalit. ist geprägt von dem Begriff *Adab,* einem humanist. Bildungskanon, der profanes Wissen, Ethik und gute Sitte einschließt. Zur Adab-Lit. gehören Traktate, Epistel, Sammlungen von Legenden, hist. Stoffen, → Sprichwörtern, ferner Enzyklopädien wie das umfangreiche Werk des → Ibn ʿAbdrabbihī, mit dem er die Lit. des Irak in Spanien einführt. Dem Ziel der Gattung, unterhaltsam zu belehren, entspricht der Wechsel von Abhandlung, Anekdote und Versen, beispielhaft in dem Traktat über die höf. Liebe »Das Halsband der Taube« des span. Theologen und Literaten → Ibn Ḥazm. Unter dem Einfluß des Adab gewinnt die Historiographie, anfangs religiös motiviert, eine neue Perspektive, die sich u.a. in der Verbindung von hist. und geogr. Interesse zeigt (al-Masʿūdī). Sie umfaßt Universal-, Lokal- und Stadtgeschichte, genealog. und biograph. Werke *(Ṭabaqāt),* Autobiographien.

Seit dem 10.Jh. wird die Klarheit und Eleganz der frühen Prosa durch Eindringen des *Saǧʿ* verdrängt. Es entsteht ein preziöser Kunststil voll gelehrter Anspielungen, die nur noch einer kleinen Bildungselite verständlich sind. Die Werke des → Abū l-ʿAlāʾ al-Maʿarrī, berühmt wegen ihrer gedankl. Tiefe und Originalität, bedurften schon zu seinen Lebzeiten der Kommentierung. Höhepunkt dieser Stiltendenz ist die Gattung der *Maqāma* (Sitzung); sie besteht in einer Reihe von Episoden um die Figur des gelehrten Bettlers, der durch Bildung, Geist und Wortwitz seine Zuhörer beschämt. Die Maqamen des Ḥarīrī, von Rückert kongenial übersetzt, verdanken ihren Ruhm der Gelehrsamkeit und hohen Sprachkunst des Autors, sind jedoch auch ein Spiegel der sozialen Wirklichkeit.

V. SPÄTZEIT (11.–15. Jh.): Mit der Renaissance des Pers. seit dem 10. Jh., dem Vorrücken der Türken, die Pers. als Literatursprache übernehmen, und dem Mongolensturm im 13. Jh. wird die arab. Lit. auf den Westen der islam. Welt beschränkt. In der Dichtung lebt die klass. Tradition fort, vom Inhalt her durchbrochen in der myst. Poesie, in der die konventionelle Metaphorik eine theosoph. Deutung erhält (Ibn ʿArabī, Ibn al-Fāriḍ). Eine formale Neuerung ist in Spanien das Zaǧal, ein Strophengedicht in der arab. Umgangssprache, das in Kontrast zur höf. Lyrik steht (→ Ibn Quzmān). Auch in der Prosa führt die wachsende Distanz zw. Hoch- und Umgangssprache zu nachklass. Stilzügen, v. a. in der volkstüml. Lit. Das gilt für die Gattung der Volksromane, die seit dem 12. Jh. beliebt werden und den europ. Ritterromanen vergleichbar sind ('Antar-Roman). Auch der Märchenzyklus → Tausendundeine Nacht, der erst im 15. Jh. endgültig redigiert wird, ist vom Mittelarab. beeinflußt.

Das islam. SpätMA wird oft als Epoche der Enzyklopädien und Kommentare, der Verwaltung des klass. Erbes ohne eigenen schöpfer. Beitrag angesehen. Es hat jedoch in der Historiographie der Mamlūkenzeit, in Geographie und → Reisebeschreibung (→ Ibn Baṭṭūṭa) bedeutende Leistungen aufzuweisen. Der Geschichtsphilosoph des 14. Jh. → Ibn Ḥaldūn und sein span. Zeitgenosse, der Historiker und Literat → Ibn al-Ḥaṭīb, sind Anlaß genug, die These von der Dekadenz des späten Islam in ihrer starren Form in Frage zu stellen. R. Jacobi

Lit.: BROCKELMANN, 2 Bde, 3 Suppl. – SEZGIN [bio-bibliogr. Werke] – A. GONZÁLEZ PALENCIA, Hist. de la literatura arábigo-española, 1945[2] – A. R. NYKL, Hispano-Arabic Poetry and Its Relations with the Old Provençal Troubadours, 1946 – R. BLACHÈRE, Hist. de la litt. arabe, 3 Bde, 1952–66 [nur bis 742] – H. A. R. GIBB–J. LANDAU, Arab. Lit.-Gesch., 1968 – J.-C. VADET, L'Ésprit courtois en Orient, 1968 – J. VERNET, Literatura árabe, 1968[2].

Arabismus
I. Definition – II. Übersetzerschulen – III. Rezeption.

I. DEFINITION: Unter A. versteht man die Rezeption und Assimilation gr.-arab. Bildungsgutes im europ. MA, bes. im Bereich naturwiss., med. und pharm. Literatur vom Ende des 11. Jh. an. Geprägt wurde dieser Begriff in polem. Weise in der neueren Historiographie, um damit die Vertreter der arabisierten Naturwissenschaft der Spätscholastik zu charakterisieren, deren Lehre vom Humanismus und der Renaissance an durch eine neue naturwiss. Naturauffassung überwunden wurde.

II. ÜBERSETZERSCHULEN: Dem europ. Abendland wurde seit dem Ende des 11. Jh. durch die Vermittlung arab. Autoren die gr. Naturwissenschaft in immer größerem Maße zugänglich; denn bis dahin beschränkte sich deren Kenntnis v. a. auf den Teil des Wissens, der in die → Artes Eingang gefunden hatte. Die im Gegensatz zum europ. FrühMA selbständige Weiterarbeit mit den Erkenntnissen der gr. Naturwissenschaft im islam. Kulturkreis führte dort vom 9. Jh. an zu einer Blüte der Naturwissenschaft, und zwar auch der Medizin, sowie in ihrem Rahmen der Pharmazie. Diese Werke wurden meist durch die Arbeit von Übersetzerschulen dem Abendland zugängl. gemacht. Die erste davon ist fast auf einen Mann beschränkt, nämlich auf → Constantinus Africanus, der von 1070–87 für die hochbedeutende Medizinschule von → Salerno die Bestandteile des ersten universitären Lehrbuchs der Medizin, der → Articella, und die großen praxisorientierten Kompendien der arab. Medizin, die Werke des → Haly Abbas ('Alī ibn al-ʿAbbās), → Isaac Judaeus (Isḥāq al-Isrāʾīlī) und → Ibn al-Ǧazzār dem Abendland zugängl. machte. Von ganz anderer Art war die Übersetzerschule von → Toledo. Von etwa 1135–1284 wirkte dort am Hof des Ebf.s v. Toledo ein Übersetzerkollektiv, das dem Abendland damals noch nicht bekannte Werke der arab. Naturkunde in einer an der Bibelübersetzung geschulten Wort-für-Wort-Übersetzungstechnik zugängl. machte; an Einzelübersetzern sind → Gerhard v. Cremona und → Marcus v. Toledo bes. hervorzuheben. Mit der Rezeption des → Aristoteles (1140–1254), bes. seiner Naturalia, über arab. Vermittlung geht in der Medizin zwar die Übersetzung von Werken der Praktiker → Rhazes (ar-Rāzī) und → Abulcasis (Abū l-Qāsim az-Zahrāwī) einher, doch der stärker philos.-enzyklopäd. orientierte → Avicenna (Ibn Sīnā) repräsentiert eigtl. die scholast. Tendenz dieser Übersetzerschule. Am Hof Ks. Friedrich II. schließlich ist eine allg. naturkundl. Übersetzerschule zu finden, als deren Haupt → Michael Scot(t)us gilt. Neben anderen kleineren Übersetzungszentren, wie z. B. in Toulouse, sind an verschiedenen Orten jüd. Übersetzer zu erwähnen, wie → Bonacossa v. Padua oder Abraham v. Tortosa, die um die Rezeption des → Averroës (Ibn Rušd) und der Simplicienkunde des Pseudo-Serapion (Pseudo-Ibn Sarābiyūn) Verdienste haben.

III. REZEPTION: Die Rezeption und Assimilation der arab. Wissenschaft und bes. der arab. Medizin findet nicht überall im Abendland in gleicher Weise statt. In Salerno folgt der Rezeptionsphase die Assimilationsphase unmittelbar nach; Umsetzung des neuen Wissens in die Praxis und frühscholast. Interpretation der Texte sind hier für Medizin und Pharmazie in gleicher Weise ein konstitutives Element. Auch an den nordit. Univ. hat – trotz aller hoch- und spätscholast. Kommentierung der Texte der arab. Autoritäten – die Medizin als angewandte Kunstfertigkeit vor der Heilkunde als theoret. Disziplin Vorrang; so ist dort neben der Rezeption der Enzyklopädie des Avicenna die Assimilation der Praktiker Abulcasis und Rhazes gleich wichtig. Anders ist die Situation an den Univ., an denen stets das wissenschaftstheoret. Interesse an Medizin als Heilkunde überwogen hatte: In Frankreich, in → Montpellier und ganz bes. in → Paris, ist die Rezeption des → Aristoteles und des Avicenna der bestimmende Faktor. Als Beispiel der Assimilation dieser Heilkunde zu einer von der scholast. Medizin geprägten Praxis sei hier → Petrus Hispanus angeführt, bei dem bereits ein neues anthropolog. Konzept zu überwiegen beginnt. In England spielen die Klöster eine für festländ. Verhältnisse ungewöhnl. führende Rolle in dieser Assimilationsbewegung. Spanien ist mit seiner langen arabist. Phase ebenso ein Sonderfall wie die Länder n. der Alpen, die sich noch im 16. Jh. in einem Spannungsfeld zw. arabist. Realität und humanist. Anspruch bes. in der Therapie befinden. Denn gerade in der Pharmazie war bei den zusammengesetzten Heilmitteln die Rezeption und Assimilation der arabist. Heilmittellehre die Voraussetzung für jede ärztl. Praxis. Vom → Antidotarium Nicolai über al-→ Kindī, Pseudo-→ Serapion, den »Colliget« des Averroës und das im »Canon« des Avicenna enthaltene Rezeptgut führt ein direkter Weg zu dem auf der Basis arabist. Pharmazie im Abendland verfaßten Pseudo-→ Mesue; diese assimilator. Rezeption arabist. Rezeptguts bestimmt noch auf weite Strecken die Therapie der frühen Neuzeit. G. Baader

Lit.: M. STEINSCHNEIDER, Die europ. Übers. aus dem Arab. bis Mitte des 17. Jh., SAW. PH 149/4, 1904; 151/1, 1905 – C. H. HASKINS, Stud. in the Hist. on mediaeval science, 1924 – I. OPELT, Zur Übersetzungstechnik des Gerhard v. Cremona, Glotta 38, 1960, 151–154 – H. SCHIPPERGES, Ideologie und Historiographie des A., SudArch Beih. 1, 1961 – DERS., Die Assimilation der Medizin durch das arab. MA. SudArch Beih. 3, 1964 – E. SEIDLER, Die Spätscholastik im Urteil der Medizingesch., SudArch 48, 1964, 299–322 – DERS., Die Heilkunde des ausgehenden MA in Paris. Stud. zur Struktur der spätscholast. Medizin, SudArch Beih. 8, 1967 – H. H. LAUER, Zur Beurteilung des A. in der Medizin des ma. England, SudArch 51, 1967, 326–348 – G. BAADER, Zur Anatomie in Paris im 13. und 14. Jh., MedJourn 3, 1968, 40–53 – H. SCHIPPERGES, Arab. Medizin im lat. MA, SAH. MN 1976, 2. Abh. – G. BAADER, Die Schule v. Salerno, MedJourn 13, 1978, 124–145 – DERS., Med. Reformdenken und A. im Dtl. des 16. Jh., SudArch 64, 1979 [im Dr.].

Arad, Stadt am Unterlauf des Flusses Mureş (Maros) im heut. Rumänien (Bezirk Arad). A.s Anfänge reichen bis zur Zeit um 900 zurück. Die urspgl. Siedlung lag 7 km ö. des heut. Stadtkerns am Nordufer des Mureş bei Vladimirescu (Glogovăţ), wo sich eine in den letzten Jahren archäolog. erforschte Erdbefestigung befindet. Diese lag an der Nordgrenze der Wojewodschaft des Glad, dessen aus Bulgaren, Pečenegen und Rumänen bestehendes Heer am Ende des 10. Jh. von den Magyaren besiegt wurde. In der Nähe sind die Ruinen eines großen Sakralbaus erhalten (50–57 m Durchmesser), sehr wahrscheinl. die Reste einer Martinskirche, die 1131–41 erwähnt wird und Sitz einer Propstei (prepositura) und eines Kapitels war. Sie war als locus credibilis (→ loca credibilia) im MA berühmt. A. war Station an der Mureş-Salzstraße des 10.–14. Jh., die von den transilvan. Salzbergwerken zur ung. Tiefebene führte. Der Komitat A. entstand im 12. Jh. (1214 erwähnt). Im 13. Jh., vielleicht nach dem Mongolensturm von 1241–42, wurde A. an seinen heut. Standort verlegt; es erscheint 1329 als civitas in den Quellen. R. POPA

Lit.: S. MÁRKI, Aradvármegye és Arad szabad királyi város története, 1892–95 – GY. GYÖRFFY, Az árpád-kori Magyarország történeti földrajza I, 1966¹, 170–172 – Ziridava. Studii şi cercetări (Muzeul Regional Arad), 1967 ff.

Aragón
A. Geschichte – B. Recht

A. Geschichte
I. Die Grafschaft Aragón – II. Das Königreich Aragón – III. Die Krone Aragón – IV. Kirchengeschichte und Verhältnis zum Papsttum.

I. DIE GRAFSCHAFT ARAGÓN: Im äußersten NW des heut. A. bildete sich zu Beginn des 9. Jh. eine vom Emirat v. → Córdoba unabhängige und eng mit dem karol. Reich verbundene Gft. unter dem einheim. Gf.en Aznar I. Galíndez (um 809–820). Bald führte der Einfluß der Araber des Ebrotals und der benachbarten Kgr.es → Navarra zu einem »Staatsstreich« von regionalem und antifrk. Charakter unter der Führung v. García Galíndez dem Bösen (um 820–844), der die Gft. um 820 von der frk. Vormundschaft befreite. Zu dieser Zeit umfaßte die Gft. die Täler von Hecho, Canfranc, Borau, Aisa und Araguás, zu denen bald die von Ansó und Acumuer hinzukommen sollten. Unter dem Gf.en Galindo I. Aznárez (um 844–867) zwangen die Kge. v. → Pamplona ihnen benachbarten A. ihren Schutz bzw. ihre Oberlehnsherrschaft auf, was die Heirat von Aznar II. Galíndez (um 867–893) mit Onneca Garcés v. Pamplona erklärt. Ein Sohn der beiden, Gf. Galindo II. Aznárez (893–922), bemühte sich um den Beistand der Muslime v. Huesca, des Gf.en García Sánchez v. → Gascogne und des Gf.en Bernhard Unifred v. → Ribagorza, aber er konnte sich dem navarres. Einfluß nicht entziehen und heiratete schließlich Sancha Garcés aus der kgl. Familie v. Pamplona. Es gelang ihm jedoch, ein eigenständiges Bm. für A. zu schaffen (922). Seine Tochter und Erbin Andregoto Galíndez (922–970) heiratete den Kg. v. → Pamplona, García Sánchez I. (925–970), wodurch die aragon. Gft. mit den Gebieten des navarres. Königshauses vereinigt wurde, obgleich das gräfl. A. seine polit. und administrative Einheit bewahrte und von einem Gf.en, der A. vom Hof v. Pamplona zu Lehen erhalten hatte, verwaltet wurde. Der Sohn von Andregoto und García Sánchez I., Sancho II. Garcés (970–994), Kg. v. Pamplona und (besitzender) Gf. v. A., vollendete die Besetzung eines großen Teils v. → Sobrarbe, die sein Vater zw. 943 und 948 begonnen hatte. Sancho III. Garcés (1000–1035), ein Enkel des Vorgenannten, herrschte über das gesamte aragon. Gebirgsland, nachdem er (zw. 1018 und 1025) das Gebiet von → Ribagorza einverleibt hatte.

II. DAS KGR. ARAGÓN: Sancho III. beteiligte seine Söhne an der Regierung; er übertrug dabei Ramiro die Angelegenheiten von A. und Gonzalo die v. Sobrarbe-Ribagorza; diese Infanten folgten ihrem Vater 1035 in ihren jeweiligen Gebieten nach. Der von Ramiro I. (1035–63) regierte Teil umfaßte hauptsächl. die alte Gft. A. Auf dieser territorialen Grundlage sollten Ramiro I. und sein Sohn Sancho Ramírez das Kgr. A. errichten. Ramiro I., der niemals den Königstitel führte, vermehrte seine Rechte durch die Eingliederung von Loarre, Samitier, Ruesta, Petilla, Sos, Sangüesa und, nach dem Tod seines Bruders Gonzalo (um 1045), des Gebiets von Sobrarbe-Ribagorza. Als Ramiro I. versuchte, Graus zu besetzen, wurde er 1063 von den Mauren getötet, die die Stadt mit Unterstützung kast. Truppen Ferdinands I. verteidigten. Wirtschafts- und Bevölkerungswachstum, höhere Steuereinnahmen sowie der Ausbau des Heerwesens und der Landesverfassung bildeten die Grundlagen, von denen aus Sancho Ramírez (1063–94), der bereits den Königstitel führte, und Peter I. (1094–1104) die Eroberung des Gebietsstreifens zw. den Vorpyrenäen und dem Ebrotal durchführten. Die maur. Front stützte sich auf Tudela, → Huesca, → Barbastro und Fraga-Lérida – ein großer Halbkreis, dessen Zentrum → Zaragoza war. Der aragon. Vormarsch richtete sich auf diese vier Stellungen. In annähernd einem Vierteljahrhundert wurde ein Gebiet von rund 9000 km² besetzt, das eine wirtschaftl. Ergänzung des Gebirgslandes darstellte und dessen Eroberung mit dem Aufschwung des Handels und des stadt. Lebens in den Zentren → Jaca, → Huesca und → Barbastro zusammenfiel. Ein wichtiger Faktor für den aragon. Machtgewinn dieser Jahre war die Eingliederung des n. des Ebro gelegenen Navarra durch Sancho Ramírez infolge der Ermordung des navarres. Herrschers Sancho IV. Garcés (1076). Die dritte große Phase der aragon. Eroberung, die Besetzung des Ebrotals, war das Werk von Alfons I. »el Batallador« (1104–34), der sich die Eingliederung v. → Lérida und → Zaragoza zum Endziel seiner Eroberungspolitik gesetzt hatte. Eine innere Krise des maur. Kgr.s Zaragoza (Tod von al-Mustain, 1100) ausnutzend, eroberte Alfons I. mit Unterstützung aragon., navarres., katal. und bearnes. Truppen → Zaragoza (18. Dez. 1118) sowie → Tudela, → Tarazona und mehrere Festungen in der Sierra del Moncayo (1119). Die spektakuläre Expansion endete mit der Niederlage vor Fraga (17. Juli 1134), der der rasche Tod Alfons I. folgte. Die Ortschaften und Städte des von Alfons I. eroberten Gebiets hatten sich auf Grund von Verträgen ergeben, die das Verbleiben muslim. Siedler im gesamten Ebrotal garantierten, wo der Ackerbau mittels Bewässerungsanlagen blühte. In den neuen Gebieten ließen sich auch frz. und katal. Siedler nieder; den Grenzorten wurden Privilegien gewährt, die die Entstehung einer örtl. → caballería begünstigten.

III. Die Krone Aragón: Alfons I. starb kinderlos, bestimmte aber, daß das Kgr. zu gleichen Teilen den Ritterorden der Ritter vom Hl. →Grab, der →Johanniter und der →Templer zufallen sollte. Dieses außergewöhnl. Testament rief eine innere Krise hervor, die die Navarresen nutzten, um sich von A. zu trennen, die Kastilier, um ins Ebrotal einzudringen, und die Araber, um einige verlorengegangene Positionen zurückzuerobern. Aber der Adel, der Klerus und die Gemeinden des Kgr.es beendeten diese Krise, indem sie einen der kirchl. Laufbahn bestimmten Bruder des Verstorbenen zum Kg. wählten, Ramiro II. »el Monje« (1134-37). Um die anstehenden Probleme zu lösen, begann Ramiro II. Verhandlungen mit Navarra und Kastilien; er heiratete Agnes v. Poitiers (1136) und bekam eine Tochter, →Petronilla. Der Kg. verlobte diese dem katal. Gf.en →Raimund Berengar IV. (→Barcelona, Gft.), der damit auch das Kgr. A. erhalten sollte (Barbastro 1137). Als polit. Motiv für diese Verbindung ist wohl die Tatsache anzusehen, daß sowohl die Aragonesen wie die Katalanen die kast. Vorherrschaft fürchteten und die Expansion beider in die gleiche Richtung ging. Das Resultat des Verlobungsvertrags war die Geburt eines neuen polit. Gebildes, der Krone Aragón. Sie bestand damals aus den aragon. Gebieten n. des Ebro und den katal. Gft.en. Der erste Herrscher der Krone A., Raimund Berengar IV. (1137-62), vereinbarte mit Alfons VII. den Rückzug der kast. Truppen aus dem Ebrotal (Vertrag v. →Carrión 1140) und die Aufteilung des muslim. Spanien, wobei →Valencia, Denia und →Murcia der katalano-aragon. Eroberung vorbehalten wurden (Vertrag v. →Tudellén 1151). Er selbst leitete die Eroberung v. →Tortosa (1148), →Lérida, Fraga und Mequinenza (1149), womit die künftigen Grenzen →Kataloniens festgelegt waren. Sein Sohn Alfons II. (1162-96) festigte die katalano-aragon. Herrschaft jenseits der Pyrenäen (→Provence, Millau, →Gévaudan, →Rouergue), verleibte der Krone das →Roussillon ein (1172) und schloß die Eroberungen A.s mit der Besetzung von Caspe und der Wiederbesiedlung von →Teruel (1170) ab, verzichtete aber in einem Abkommen mit Alfons VIII. v. Kastilien auf seine Anrechte auf Murcia (Vertrag v. →Cazorla 1179). Der dritte Gf.-Kg., Peter II. (1196-1213), heiratete Maria v. Montpellier (1204) und verband so diese frz. Herrschaft mit der Krone A. Mit seinem Tod bei →Muret (1213) endete die Expansionspolitik der Krone jenseits der Pyrenäen und es begann ein neuer Abschnitt: die große Expansion auf der Halbinsel und im Mittelmeerraum, die sein Sohn Jakob I. (1213-1276) eröffnen sollte.

Zu Beginn des 13. Jh. war die Wirtschaft im Bereich der Krone A. vorwiegend agrar., sie verfügte jedoch an der katal. Küste über eine Anzahl von urbanen Zentren (→Barcelona, →Perpignan, die Ortschaften der Maresme) mit deutl. kommerzieller und gewerbl. Ausrichtung. Bes. Bedeutung hatte die Textilproduktion. Die entwickeltere Wirtschaft Kataloniens und v. a. der Einfluß seines Handels erklären, daß die erste bedeutende Unternehmung des neuen Kg.s die Eroberung v. →Mallorca (1229) und Ibiza (1235) war, erste Etappe der mediterranen Expansion der Krone A. Die Eroberung des País Valenciano 1232-45 (→Valencia), das als selbständiges Kgr. galt, gleichberechtigt neben A. und Katalonien, gab der Krone ihren dritten Gliedstaat. Die Balearen wurden ausschließl. mit Katalanen besiedelt, das País Valenciano mit Katalanen und Aragonesen, wobei die ersteren in der Mehrheit waren. Hier ist der Grund für die sprachl. und ethn. Einheit der Katal. Lande (Países catalanes: Katalonien, Valencia, Balearen) bis heute zu suchen. 1265-66 nahm Jakob I. das gegen Alfons X. rebellierende Kgr. Murcia ein, besiedelte es neu mit Katalanen und trat es in Erfüllung des Vertrags v. Cazorla wieder an Kastilien ab. Während seiner Regierungszeit entwickelten sich feste Handelsbeziehungen zu den Sultanaten N-Afrikas (v. a. Marokko, Tlemcen, Tunis). Auf institutionellem Gebiet bildeten sich in dieser Zeit die →Cortes aus; die Gemeinden erwarben sich eine gewisse Autonomie. Bei seinem Tod teilte Jakob I. seine Kgr.e unter seine Söhne auf: Der älteste, Peter, bekam A., Katalonien und Valencia; der zweite, Jakob, erbte die Inseln Mallorca und Ibiza, die Gft.en →Roussillon und →Cerdaña und die Herrschaft Montpellier (→Mallorca, Kgr.). Peter III. »el Grande« (1276-85) schlug den Aufstand des katal. Adels nieder (1280) und verleibte in Wahrnehmung der Interessen seiner Frau, der Stauferin →Konstanze, →Sizilien der Krone A. ein (→Aragón, siz. Linie, →Siz. Vesper). Die Annexion Siziliens brachte ihn in Konflikt mit der frz. Monarchie und dem Papst, die die Ansprüche der →Anjou auf die Insel befürworteten. Um mit diesen Schwierigkeiten im Äußeren fertigwerden zu können, mußte Peter die innere Front stärken und die Unterstützung der Bevölkerung gewinnen: in A. bestätigte er die Privilegien des Adels, in Katalonien stärkte er die Macht der Gemeinden und der →Cortes, wodurch es zu einem echten System der Teilung der Regierungsgewalt zw. den Cortes und dem Kg. kam (Paktismus). All dies ermöglichte ihm eine expansive Politik: Der Umfang des heut. A. wurde mit der Einnahme v. Albarracín vorgeformt, die Expansion im Mittelmeer mit der Besatzung v. →Malta, Gozzo, Ischia, Djerba und der Kerkennainseln fortgesetzt. Eine frz. Invasion wurde zurückgeschlagen (1285; →Aragón, Kreuzzug gegen). Jakob II. v. Mallorca wurde wegen Unterstützung der frz. Invasoren sein Kgr. entzogen; es wurde der Krone A. eingegliedert (1285). Auf Peter III. folgte in A., Katalonien, Valencia und Mallorca sein Erstgeborener Alfons III. (1285-91) und in Sizilien sein anderer Sohn Jakob. Alfons verfolgte Jakob gegenüber eine Politik des Beistandes und des Schutzes, was ihm die Feindschaft der Anjou, Frankreichs und des Hl. Stuhls einbrachte, aber er wußte dieser Bedrohung mit den Mitteln der Diplomatie zu begegnen. Wie sein Vater konnte Alfons III. seine Außenpolitik nur durchhalten, indem er im Innern den Forderungen des Adels nachgab (Privilegien der Union 1287). Diesem Herrscher wird die Eroberung von Menorca (1287) verdankt und der Erwerb der nominellen Rechte auf Murcia, die ihm der kast. Thronprätendent Alfons de la Cerda gewährte, da ihn Alfons III. in seiner Rivalität zu Sancho IV. v. Kastilien unterstützte. Nach dem Tod von Kg. Alfons folgte ihm sein Bruder Jakob v. Sizilien als Jakob II. nach (1291-1327). Dessen 35 Regierungsjahre und die zehn seines zweitgeborenen Sohnes und Nachfolgers Alfons IV. des Gütigen bilden den Höhepunkt der mediterranen Hegemonie der Krone A. Jakob II. versuchte, die direkte Herrschaft über Sizilien und Mallorca zu bewahren, was ihm während einiger Jahre gelang, bis er im Vertrag v. Anagni (1295) auf Sizilien verzichten und das Kgr. Mallorca seinem Onkel Jakob zurückgeben mußte, der ihn allerdings als Lehnsherrn anerkannte. Die positive Seite des Vertrags bildete der Frieden mit der frz. Monarchie und das Zugeständnis des Papstes, →Sardinien und →Korsika der Krone A. abzutreten. Dies war ein Weg, die außenpolit. Probleme zu lösen, ohne dynast. Interessen zu verletzen, da die Sizilianer erwartungsgemäß den Vertrag ablehnten und einen Bruder von Jakob II., Friedrich I. (III.) v. Sizilien (Trinacria), 1296 zum Kg. wählten, der die Insel halten und seinen

Nachfolgern übergeben konnte. Nachdem die franko-angevin. Bedrohung gebannt war, unterstützte Kg. Jakob die Ansprüche seines Schützlings Alfons de la Cerda auf den kast. Thron und eroberte im Kampf gegen Ferdinand IV. v. Kastilien das Kgr. Murcia (1296 und 1300), von dem er die Gebiete von Alicante, Orihuela und Villena einbehielt. Im Mittelmeerraum wurden die wirtschaftl. Beziehungen zu N-Afrika von den Katalano-Aragonesen intensiviert; die Ansprüche auf → Sardinien wurden durch einen Eroberungsfeldzug unter der Führung des Infanten Alfons durchgesetzt (1323-24); eine Expedition katalano-aragon. Söldner (die → Almogávares) bemächtigte sich, fast völlig selbständig handelnd, der Hzm.er → Athen und → Neopatras (1311/1318) (→ Katalan. Kompagnie). Während dieser Regierungszeit wurde die Autorität der Monarchie in Katalonien durch die vollständige Eingliederung der Gft.en → Urgel und → Ampurias in den Besitz der kgl. Familie gestärkt, obwohl unter der Herrschaft Alfons IV. (1327-36) die ersten Anzeichen einer Wirtschaftskrise auftraten. Dessenungeachtet plante der Kg. noch einen Kreuzzug gegen → Granada, den er aber nicht ausführte, und erschöpfte sich in einem langen Seekrieg gegen → Genua, die Rivalin der Katalanen im w. Mittelmeer. Während die Pest mit ihren Begleiterscheinungen wütete, bemühte sich Peter IV. »el Ceremonioso«, Sohn und Nachfolger Alfons IV., die polit. Macht der Krone A. zu erhalten und noch zu vergrößern. Er gliederte das Kgr. Mallorca wieder ein (1343-44), kämpfte gegen Genua und die mit → Venedig verbündeten aufständ. Sarden, plante die Eheverbindung der Kgn. Maria v. Sizilien mit einem Mitglied seiner Familie und verband die Hzm.er Athen und Neopatras mit der Krone (1379). Diese ehrgeizige Außenpolitik, der sog. »reintegracionismo mediterráneo«, hatte auch ihre innenpolit. Konsequenzen, als der Adel von A. und Valencia versuchte, der Monarchie seinen Standpunkt aufzuzwingen und mit Waffengewalt unterworfen wurde (1348). Ein derartiger Erfolg hätte das Vorspiel für eine autoritäre Regierung sein können, hätten den Kg. nicht die enormen Kosten seiner Außenpolitik immer wieder gezwungen, mit den Ständen in den Cortes zu paktieren. Notwendig war die Hilfe der Cortes in dem langen und erschöpfenden Kampf mit Kastilien unter Peter I. (»Krieg der beiden Peter« 1356-69). Im Verlauf des Konfliktes drohte das militär. und wirtschaftl. Übergewicht Kastiliens die Krone A. zu erdrücken, aber mit diplomat. Geschick verstand es Peter IV., den kast.-aragon. Kampf in einen innerkast. Bürgerkrieg zu verwandeln, indem er Peter I. mit seinem Rivalen Heinrich v. Trastamara konfrontierte, der ihn schließlich vernichten sollte. Der Sohn von Peter IV., Johann I. (1387-96), erbte eine Gruppe erschöpfter Kgr.e, die sich in einer tiefen wirtschaftl. Krise befanden; vielleicht hielt er deshalb Frieden mit seinen Nachbarn und mit den traditionellen Feinden der Krone A. Einen Rückgang der katalano-aragon. Herrschaft im Mittelmeerraum konnte er nicht verhindern: Verlust von Athen (1388) und Neopatras (1390), Aufstand Sardiniens (1391). Sein Bruder und Nachfolger Martin I. »el Humano« (1396-1410) schickte den Erben der Krone, Martin d. J., Witwer der Kgn. Maria v. Sizilien, in den Kampf gegen die sard. Rebellen; der Erstgeborene siegte zwar, fand aber auf der Insel den Tod (1410). Dadurch blieb die Krone A., der damals Sizilien wieder dauerhaft einverleibt wurde, ohne Erben, und der Tod Martins I. eröffnete eine Periode des Kampfes und der polit. Diskussion über seine Nachfolge. Die aragon. Cortes setzten angesichts der Unentschlossenheit der katal. Ständeversammlung im Kompromiß v. → Caspe den von ihnen favorisierten kast. Kandidaten Ferdinand v. Antequera durch, der sich der Unterstützung durch Papst Benedikt XIII. erfreute und zudem die Mittel hatte, um Stimmen und Gefolgsleute kaufen zu können. Ferdinand I. (1412-16), der erste Kg. der Krone A. aus dem Hause → Trastamara, schlug eine Erhebung seines unterlegenen katal. Rivalen → Jakob v. Urgel nieder (1413) und festigte die katalano-aragon. Macht auf Sizilien und Sardinien (1414). Wegen seines Anspruchs, weitgehend ohne die Cortes zu regieren, geriet er in Konflikt mit den Forderungen des katal. Adels und Patriziats (1414). Auch sein Erstgeborener Alfons V. der Großmütige (1416-58, als Kg. v. Sizilien Alfons I.) hatte Schwierigkeiten mit den Cortes v. Katalonien und übertrug sehr bald die Regierung dieses Gebietes seiner Frau Maria als Statthalterin, ab 1452 → Galceran de Requesens und 1454 seinem Bruder Johann v. Navarra. Während eines großen Teils seiner Regierungszeit wurden auch Valencia und Aragón von seinem Bruder Johann, Mitkönig v. Navarra, regiert (seit 1425). Alfons mischte sich oft in die inneren Angelegenheiten Kastiliens ein, wo seine Brüder die Adelspartei anführten, die der autoritären Politik des Günstlings Alvaro de Luna feindlich gegenüberstand. Aber v. a. widmete er seine Anstrengungen einem unzeitgemäßen Hegemoniestreben, das die Mittel seines Reiches erschöpfte: Er griff Korsika an (1420), führte einen Seekrieg gegen Genua (ab 1454), zerstörte den Hafen v. → Marseille (1423) und erreichte im Krieg gegen fast alle it. Staaten die Eingliederung → Neapels (1442). Im östl. Mittelmeer schadete seine Agressivität gegen die Türken und gegen Ägypten dem katal. Handel. Innerhalb Kataloniens gab er vor, die Forderungen der → Remensas (unfreie Bauern) gegen die Landbesitzer zu unterstützen, während er gleichzeitig auf Mallorca mit Härte gegen den Aufstand der → Forans (Bauern) vorging. In → Barcelona, wo die Parteien der → Biga und → Busca im Kampf um die Macht lagen, entschied er sich für die volksnähere Busca. Auf dem Höhepunkt der wirtschaftl., sozialen und polit. Krise kamen der Hochadel und das Patriziat, die jahrhundertelang Katalonien gemeinsam mit dem Kg. regiert hatten, zu der Überzeugung, daß die Wurzel des Übels in der Dynastie zu suchen war, die durch den Kompromiß v. → Caspe an die Macht gelangt war, das Regierungssystem des Paktismus nicht respektierte, sich mit kast. Beratern umgab und den Herrschaftsschwerpunkt verlagert hatte. Nachfolger Alfons V. waren in Neapel sein unehel. Sohn Ferrante und für die Krone A. sein Bruder Johann II. (1458-79). Dieser hatte sich während seiner Statthalterschaft die Feindschaft der katal. Oberschicht zugezogen, da er die Remensa- und Buscafreundl. Politik seines Bruders unterstützt hatte. Zudem hatte ihn seine Politik der Einmischung in die Angelegenheiten Navarras und sogar Kastiliens davon abgehalten, sich um die eigtl. Belange der Krone zu kümmern. Das Beharren auf dieser Politik und seine autoritäre Haltung gegenüber den katal. Cortes erklären, warum sich Johann II. in Katalonien einer Erhebung gegenübersah, aus der sich ein zehnjähriger Bürgerkrieg entwickeln sollte (1462-72), in dessen Verlauf sich der wirtschaftl. Verfall der Krone A. vollendete und sich gleichzeitig das Zentrum des Handels von Barcelona nach Valencia verlagerte. Der Konflikt endete mit einem Kompromiß, bei dem sich die Monarchie verpflichtete, das traditionelle Regierungssystem in Katalonien zu respektieren. Während des Kampfes verheiratete Johann II. seinen Erben Ferdinand mit der Prinzessin Isabella v. Kastilien (1469), und sowohl diese wie auch ihr Gatte wurden 1475 zu Kg.en v. Kastilien ausgerufen. Kurz darauf ermöglichte es der Tod Johanns

II. seinem Nachfolger Ferdinand II. dem Katholischen (1479-1516), die Krone A. der Krone v. Kastilien an die Seite zu stellen (→ Kath. Kg.e). Der neue Kg. bestätigte den Paktismus (1481), regelte das Remensa-Problem (1486), gliederte die Gft.en Roussillon und Cerdaña, die sein Vater eingebüßt hatte, wieder der Krone ein (1493), eroberte Neapel (1504) und erweiterte die Krone A. um Oran, Bougie und Tripolis. Mit Karl I. (V.) (1516-56) aus dem Haus Habsburg löste sich die Krone A. prakt. auf, da jedes Kgr. direkt dem Souverän unterstand, wenn auch unter den span. Habsburgern (»Austrias«) ein Oberster Rat v. A. (Concejo Supremo de A.) mit Vertretern von A., Katalonien, Mallorca und Sardinien weiterbestand.
J.M. Salrach Marés

IV. KIRCHENGESCHICHTE UND VERHÄLTNIS ZUM PAPSTTUM: Der Aufbau einer kirchl. Organisation in der Gft. und dem Kgr. A. vollzog sich bis zur Mitte des 11. Jh. ohne nachweisbaren Kontakt zur röm. Kirche. Mittelpunkte des geistigen und kulturellen Lebens bildeten neben den Bm.ern → Sásave-Aragón, dessen Sitz sich im Lauf der Zeit nach → Jaca und schließlich → Huesca verlagerte, und → Roda-Ribagorza, dem gemäß den nachtrgl. konstruierten Traditionen des 12. Jh. die Nachfolge der unter maur. Herrschaft stehenden Diöz. → Lérida zugeschrieben wurde (es wurde 1099/1100 nach → Barbastro verlegt und 1149/50 nach der Rückeroberung Léridas dort wiedererrichtet), die Klöster S. Pedro de → Siresa und S. Juan de la → Peña. Der endgültige Anschluß an Rom wurde in den Jahren 1068-71 hergestellt. In Beantwortung einer Legation des Kard.s → Hugo Candidus (1065-68), die die ersten Kontakte mit dem Papsttum geknüpft hatte, kommendierte sich Kg. Sancho Ramírez I. 1068 anläßlich eines Romaufenthalts dem Papst und gab sein Reich aus polit. Erwägungen gegen Zahlung eines Tributs in den päpstl. Schutz, was 1088/89 durch ein erneutes Zinsversprechen an Urban II. bestätigt wurde. Bereits 1071 war dieser staatsrechtl.-polit. Bindung an den Hl. Stuhl wieder auf Vermittlung des Hugo Candidus durch die Übernahme des Röm. anstelle des → Mozarab. Ritus die Einheit auf kirchl.-liturg. Gebiet gefolgt, die bis 1092 vollendet wurde. Von diesem Zeitpunkt an ging die kirchl. Reorganisation A.s unter einer oftmals erzwungenen Berücksichtigung der kurialen Vorstellungen vor sich, deren Ziel die Mitte des 12. Jh. erreichte Wiederherstellung der Kirchenprovinz → Tarragona unter Einschluß der alten aragon. Bm.er Huesca und Lérida sowie der 1119/20 zurückeroberten Sitze von → Tarazona und → Zaragoza war - eine Zielsetzung, die auch dem neu entstehenden aragon.-katal. Staatsgebilde den notwendigen hist.-polit. Bezugsrahmen liefern sollte. Parallel dazu erkannte die Kurie nach dem Tod Alfons I. und dem Zwischenspiel Ramiros II. mit der Herrschaft → Raimund Berengars IV. auf der Grundlage des Erbverzichts der 1134 durch den »Batallador« bedachten Ritterorden die Nachfolge des Grafenhauses v. → Barcelona im Kgr. an (→ Abschnitt III) und leitete so die Sicherung der Oberlehnsherrschaft über die Krone A. ein. Abgesehen von den inneren Schwierigkeiten, die die gegenseitigen Lehnsabhängigkeiten von Kgtm. und Landeskirche mit sich brachten, da der Kg. v. A. Lehnsmann des Ebf.s v. Tarragona für das gleichnamige Territorium war, Bf.e und Äbte aber Lehnsträger kgl. Besitzungen, entwickelte sich das Verhältnis der Krone zum Papsttum durchaus positiv und erreichte unter Peter II. einen Höhepunkt. 1204 ließ sich dieser in Rom von Innozenz III. eigenhändig krönen, leistete dem Papst einen Treu- und Gehorsamseid und trug dem hl. Petrus sein Kgr. als zinspflichtiges Lehen bzw. Eigentum auf, wodurch die bislang lockere Abhängigkeit endgültig in eine lehnsrechtl. verbindl. Form gebracht wurde. Dieser Akt und der 1213 vom Papst ausgestellte Schutzbrief regelten die rechtl. Beziehungen zw. Krone und Kurie für das SpätMA und dienten Martin IV. zur Grundlage, als er 1283 Peter III. wegen seiner Politik in → Sizilien für abgesetzt erklärte, die Kronreiche mit dem Interdikt belegte und 1284 Karl v. Valois übereignete, ohne daß dieser jedoch seinen Anspruch verwirklichen konnte. Die Wiederanerkennung von Peters Sohn Jakob II. durch Bonifatius VIII. 1295 mit der daraus folgenden Belehnung mit → Sardinien und → Korsika stellte das Lehnsverhältnis wieder her und beendete die unsichere Lage der aragon. Kirche in den Fragen der Bistumsbesetzungen und Abgaben an den Staat. Beherrschte während des 14. Jh. das Problem eines aragon. Landeskardinals, deren bedeutendster Nikolaus → Rosell und Pedro de Luna waren, die Verhandlungen zw. Kgtm. und Kurie, so führte zur Zeit des Großen → Abendländ. Schismas das Pontifikat → Benedikts XIII. (Pedros de Luna) zu einem starken Engagement der Krone bei den Lösungsversuchen und seit 1416 zur Teilnahme von Vertretern aus dem Bereich der Krone A. am Konzil v. → Konstanz. Mit der Anerkennung der Wahl Martins V. normalisierten sich die Beziehungen zur Kurie zwar wieder, doch sollte sich die Politik Alfons V. im Kgr. → Neapel bis in die Zeit des Konzils v. → Basel als eine schwere Belastung für das beiderseitige Verhältnis erweisen. L. Vones

Q.: Fueros y observancias del reyno de A., Zaragoza 1667 - Colección de documentos inéditos del Archivo general de la Corona de A., hg. P. DE BOFARULL Y MASCARÓ u.a., 41 Bde, 1847-1910 - Cortes de los antiguos reinos de A. y de Valencia y principado de Cataluña, 1896-1919 - Colección de documentos para el estudio de la Hist. de A., dir. por E. IBARRA, 1904ff. - A. RUBIÓ I LLUCH, Documents per l'història de la cultura catalana mig-eval, 2 Bde, 1908-21 - Acta Aragonensia, hg. H. FINKE, 3 Bde, 1908-22; Nachtr. und Ergänzungen..., SFGG. GAKGS 4, 1933, 355-536 - M. ARIGITA, Colección de documentos inéditos para la hist. de Navarra, 1909 - Colección diplomática de Jaime I, el Conquistador, hg. A. HUICI MIRANDA, 3 Bde, 1916-23; überarb. und erw. v. M. D. CABANES PECOURT, Documentos de Jaime I de A., bisher 2 Bde, 1976 - Gesta Comitum Barcinonensium, ed. L. BARRAU DIHIGO-J. MASSÓ TORRENTS, 1925 - Papsturkk. in Spanien. Vorarb. zur Hispania Pontificia. I: Katalanien, hg. P. KEHR, 2 Bde, 1926; II: Navarra und A., hg. P. KEHR, 2 Bde, 1928 - Documenta selecta mutuas civitatis Arago-Cathalauniae et ecclesiae relationes illustrantia, hg. J. VINCKE, 1936 - Documenta regni Majoricarum, hg. J. VICH Y SALOM-J. MUNTANER Y BUJOSA, 1945 - Liber Feudorum Maior, ed. F. MIQUEL ROSELL, 2 Bde, 1945-47 - J. M. LACARRA [Hg.], Documentos para el estudio de la reconquista y repoblación del Valle del Ebro, Estudios de Edad Media de la Corona de A. 2, 1945; 3, 1947-48; 5, 1952 - A. RUBIÓ I LLUCH, Diplomatari de l'orient català (1391-1409), 1947 - F. MIQUEL ROSELL, Reg. de letras pontificias del Archivo de la Corona de A., 1948 - Bernat Desclot, Crònica, ed. M. COLL I ALENTORN, 5 Bde, 1949-51 - Colección diplomática de Pedro I de A. y Navarra, ed. A. UBIETO ARTETA. 1951 - A. LÓPEZ DE MENESES [Hg.], Documentos culturales de Pedro el Ceremonioso, 1952 - Pere III, Epistolari, ed. R. GUBERN, 1955 - Crònica dels reys d'Aragó e comtes de Barcelona (Crònica general de Pere III), ed. A. J. SOBERANAS LLEÓ, 1961 - Crónica de S. Juan de la Peña, ed. A. UBIETO ARTETA, 1961 [lat.]; ed. T. XIMÉNEZ DE EMBRUN, 1876 [aragon.] - Cartulario de San Juan de la Peña. ed. A. UBIETO ARTETA. 2 Bde, 1962-63 - A. DURÁN GUDIOL [Hg.], Colección diplomática de la catedral de Huesca, 2 Bde, 1965-69 - C. SÁNCHEZ-CUTILLAS, Lletres closes de Pere el Ceriminiós endreçades al Consell de Valencia, 1967 - R. GALLOFRE GUINOVART, Documentos del reinado de Alfonso III de A., 1968 - F. SOLDEVILA [Hg.], Les Quatre Grans Cròniques, 1971 - Libre dels Feyts del Rey En Jacme, ed. M. DE RIQUER, 1972 [Faks.-Ausg.] - J. TRENCHS-R. SÁINZ DE LA MAZA, Documentos pontificios sobre Cerdeña de la época de Alfonso el Benigno (1327-1336). 1974.

Lit.: allg.: Estudios de Edad Media de la Corona de A., 1945ff. [als EEMCA zit.] - Vgl. auch die Lit. zu einzelnen Herrschern - [zu I]: E. IBARRA, La reconquista de los estados pirenaicos hasta la muerte de don Sancho el Mayor (1034), Hispania. Revista española de Hist. 6,

1942, 3 ff. - J. M. LACARRA, Orígenes del Condado de A., 1945 - DERS., Estudios de Alta Edad Media Española, 1971 - DERS., A. en el pasado, 1972 - A. DURÁN GUDIOL, De la marca superior de Al-Andalus al Reino de A. Sobrarbe y Ribagorza, 1975 - *[zu II]*: J. M. LACARRA, Alfonso »el Batallador« y las paces de Támara. Cuestiones cronológicas (1124-1127), EEMCA 3, 1947-48, 461-73 - J. PÉREZ DE URBEL, Sancho el Mayor de Navarra, 1950 - E. BAGUÉ, La sociedad en Cataluña, A. y Navarra en los primeros siglos medievales (Historia social y económica de España y América, hg. J. VICENS VIVES, I, 1957), 373-431 - A. UBIETO ARTETA, Estudios en torno a la division del Reino por Sancho el Mayor de Navarra, Príncipe de Viana 21, 1960, 5-56, 163-236 - J. M. RAMOS Y LOSCERTALES, El reino de A. bajo la dinastía pamplonesa, 1961 - J. M. LACARRA, »Honores« et »tenencias« en A. (XIe s.) (Les structures sociales de l'Aquitaine, du Languedoc et de l'Espagne au premier âge féodal. Colloques internat. du Centre Nat. de la Recherche Scientifique, Toulouse 28-31 Mars 1968, 1969), 143-186 - *[zu III]*: J. ZURITA, Anales de la Corona de A., Zaragoza 1610-21 (Nachdr. 7 Bde. 1967-76) - F. E. MARTIN, La politique hors d'Espagne d'Alphonse II, roi d'A. (1162-1196), marquis de Provence, 1902 - L. KLÜPFEL, Verwaltungsgesch. des Kgr.s A. zu Ende des 13. Jh., 1915 - P. E. SCHRAMM, Die Krönung im katal.-aragones. Kgr. (Homenatge a ANTONIO RUBIÓ I LLUCH III, 1936), 577-598 - I. DE ASSO, Hist. de la economía política de A., 1947 - A. UBIETO ARTETA, Homenaje de A. à Castilla por el Condado de Navarra, EEMCA 3, 1947-48, 7-28 - R. MENÉNDEZ PIDAL El Imperio hispánico y los Cinco Reinos, 1950 - A. MASIÁ DE ROS, La Corona de A. y los estados del norte de Africa, 1951 - J. REGLÀ CAMPISTOL, Francia, la Corona de A. y la frontera pirenaica, 2 Bde. 1951 - E. BENITO RUANO, Los infantes de A., 1952 - J. VICENS VIVES, Juan II de A. (1398-1479), 1953 - V. SALAVERT Y ROCA, Cerdeña y la expansión mediterránea de la Corona de A., 2 Bde, 1956 - A. UBIETO ARTETA, Navarra-A. y la idea imperial de Alfonso VII de Castilla, EEMCA 6, 1956, 41-82 - O. ENGELS, Abhängigkeit und Unabhängigkeit der Span. Mark, SFGG.GAKGS 17, 1961, 10-56 - DERS., Der Vertrag v. Corbeil, SFGG.GAKGS 19, 1962, 114-146 - J. E. MARTÍNEZ FERRANDO, Estado actual de los estudios sobre la repoblación en los territorios de la Corona de A. (siglos XII a XIV) (VII Congreso de Hist. de la Corona de A. I, 1962), 143-184 - J. LALINDE ABADÍA, La gobernación general de la Corona de A., 1963 - J. VINCKE, Los familiares de la Corona aragonesa alrededor del ano 1300, Anuario de Estudios Medievales I, 1964, 333-351 - A. GARCÍA GALLO, La sucesión del trono en la Corona de Aragón, AHDE 36, 1966, 5-187 - CH.-E. DUFOURCQ, L'Espagne catalane et le Maghrib aux XIIIe et XIVe s., 1966 - J. L. SCHNEIDMAN, The Rise of the Aragonese-Catalan Empire, 1200-1350, 2 Bde, 1970 - H. SCHADEK, Die Familiaren der sizil. und aragones. Kg.e im 12. und 13. Jh., SFGG.GAKGS 26, 1971, 202-348 - M. DEL TREPPO, I mercanti catalani e l'espansione della Corona de A. nel secolo XV, 1973 - A. J. FOREY, The Templars in the Corona de A., 1973 - S. SOBREQUES VIDAL-J. SOBREQUES CALLICÓ, La guerra civil catalana del segle XV, 2 Bde, 1973 - B. SCHWENK, Gastungsrecht und Gastungspflicht in den Ländern der aragon. Krone während des späten MA, SFGG.GAKGS 28, 1975, 229-334 - L. GONZÁLES ANTON, Las Uniones Aragonesas y las Cortes del Reino (1283-1301), 2 Bde, 1975 - J. N. HILLGARTH, The Span. Kingdoms, 1250-1516, 2 Bde, 1976-78 - O. ENGELS, El rey Jaime I de A. y la política intern. del siglo XIII (X Congr. de Hist. de la Corona de A. Ponencias, 1979, 213-240) - A. en la Edad Media I: Estudios de Economía y Sociedad en la Baja Edad Media, 1977 - *[zu IV]*: P. KEHR, Das Papsttum und die Kgr.e Navarra und A. bis zur Mitte des XII. Jh., AAB 1928, Nr. 4 - DERS., Wie und wann wurde das Reich A. ein Lehen der röm. Kirche?, SPA.PH 1928, Nr. 18 - J. VINCKE, Staat und Kirche in Katalonien und A. während des MA, SFGG.SKKA 1, 1931 - J. RAMACKERS, Analekten zur Gesch. des Reformpapsttums und den Cluniazensern, QFIAB 23, 1931-32, 22-52 - K. JORDAN, Das Eindringen des Lehnswesens in das Rechtsleben der röm. Kurie, AU 12, 1931, 13-110 [Nachdr. 1971] - C. ERDMANN, Die Entstehung des Kreuzzugsgedankens, 1935 [Nachdr. 1965], 347-362 - K. A. FINK, Martin V. und A., 1938 - J. M. LACARRA, La restauración eclesiástica en las tierras conquistadas por Alfonso »el Batallador«, RevPort 4, 1947, 263-286 - A. UBIETO ARTETA, La introducción del rito romano en A. y Navarra, Hispania Sacra I, 1948, 299-324 - K. VERHEIN, Lehen und Feudalemphyteuse [Diss. masch. Hamburg 1951] - A. DURÁN GUDIOL, La iglesia en A. durante el siglo XI, EEMCA 4, 1951, 7-68 - A. UBIETO ARTETA, Las diócesis navarroaragonesas durante los siglos IX y X, Pirineos 10, 1954, 179-199 [Nachdr. in: DERS., Trabajos de investigación I, 1972, 31-51] - B. LLORCA, Derechos de la Santa Sede sobre España. El pensamiento de Grego-

rio VII (Sacerdozio e regno da Gregorio VII a Bonifacio VIII, 1954), 79-105 - J. M. POU Y MARTÍ, Conflictos entre el Pontificado y los reyes de Aragón en el siglo XIII, ebd. 139-160 - A. FÁBREGA GRAU, Actitud de Pedro III el Grande ante la propia deposición fulminada por Martín IV, ebd. 161-180 - D. EMEIS, Peter IV., Johann I. und Martin v. A. und ihre Kard.e, SFGG.GAKGS 17, 1961, 72-233 - A. DURÁN GUDIOL, La iglesia de A. durante los reinados de Sancho Ramírez y Pedro I (1062?-1104). 1962 - J. GOÑI GAZTAMBIDE, Los españoles en el Concilio de Constanza, 1966 - W. KÜCHLER, Alfons V. und das Basler Konzil, SFGG.GAKGS 23, 1967, 131-146 - V. A. ÁLVAREZ PALENZUELA, Extinción del Cisma de Occidente. La legislación del Cardenal Pedro de Foix en A. (1425-1430), 1977.

B. Recht
I. Grafschaft Aragón - II. Krone Aragón.

I. GRAFSCHAFT ARAGÓN: Als kleines Pyrenäental, in dem verstreute Hirtengruppen eine von äußeren Einflüssen weitgehend abgeschlossene Gesellschaft bildeten, besaß die urprgl. Gft. A. die »Convenientia« (958). Der Handelsverkehr (Zoll v. Jaca) und die Eingliederung der Gft. →Ribagorza förderten die Ausbreitung des westgot. →»Liber Judiciorum«. Das Fuero v. Jaca (1064) besitzt stark archaische Rechtselemente (gerichtl. Zweikampf, Besitz von Jahr und Tag), doch führten die späteren Fassungen dieses Fuero, das späteren aragon. Freiheitsprivilegien zum Vorbild diente, sowie private Kompilationen (z. B. der Urteile Peters I. oder der Gewohnheitsrechte v. Jaca, das zum Zentrum der jurist. Entwicklung wurde) zahlreiche Elemente des Liber ein (was aus der mozarab. Tradition des Liber bzw. aus seiner Verehrung als des allgemeinen Gesetzbuches der Hispania zu erklären ist). Der »Codex v. Huesca« (Vidal de Canellas 1247) enthält zahlreiche Elemente römischrechtl. Provenienz (Zurückdrängung der Gottesurteile, Verjährung) und bereitet die Aufnahme des Justinianischen Codex vor, der aus Katalonien eindringt. J. Bastier

II. KRONE ARAGÓN: Die Krone A. weist ebensoviele Rechtsordnungen auf wie Länder (Aragón, Katalonien, Mallorca, Valencia, Sizilien, Sardinien und Neapel). Gewohnheits- und volksrechtl. Elemente bestimmen das Rechtssystem des Kgr.es A., das unter ausdrückl. Zurückweisung der Grundsätze des gemeinen Rechts in der Sammlung der »Fueros de Aragón« seinen Ausdruck findet. Sie wurden 1247 von Jakob I. auf den Cortes von Huesca verkündet. Jacob II., Peter IV., Johann I. und Martin I. fügten vier weitere Bücher hinzu. Die *fueros* oder Grundsatzverfügungen, von Kg. und Ständen gemeinsam erlassen, werden durch *actos de corte* verwaltungsrechtl. Inhalts sowie durch *observancias,* d. h. aus der Rechtspraxis abgeleitete oder gelehrte Erläuterungen, die Anwendung der fueros betreffend, ergänzt. Diese wurden 1437 kodifiziert.

Das Rechtssystem des Prinzipats v. Katalonien, das nach einer Abkehr von westgot. und röm. Recht im 13. Jh. eine Rezeption des röm. Rechts seit 1408 tolerierte, setzte sich zusammen aus den *usatges,* den *constitutions* oder von Kg. und Cortes gemeinsam getroffenen Verfügungen, den *actes de cort,* bzw. von den Cortes bestätigten Erlassen des Fs.en und den *capitols de cort* oder vom Fs.en sanktionierten Petitionen der Cortes. 1413 entstand daraus eine Gesetzessammlung. Die autochthone valencian. Rechtsordnung, die sich von den »Costumes« v. Valencia (ca. 1240) herleitet, ist romanist. Tendenz und besteht aus *furs* oder Verfügungen von Kg. und Cortes und actes de cort, an deren Ausarbeitung nicht die Vertreter aller Stände (*brazos*) beteiligt waren.

Die mallorquin. Rechtsordnung basiert auf der »Carta de franqueza«, die Jakob I. 1230 Mallorca gewährte und den ihr folgenden Urkunden und Privilegien für Ibiza, Formentera und Menorca. Ergänzt wird sie auf gewohnheitsrechtl. Basis durch Gebräuche *(usos)* und Privilegien, die Gegenstand privater Sammlungen auf Initiative lokaler Behörden sind; dazu kommen Verfügungen der Vertreter des Kg.s, die sie entweder allein oder gemeinsam mit den Vertretern der Insel Mallorca erlassen haben, sowie die Rezeption des katal. Strafrechts und 1299 des Gemeinrechts. Die Gesetzgebung der Kg.e erfolgte außer in A. auch in Form von Pragmatiken.

Die it. Gebiete behielten ihre früheren Rechtsordnungen bei, die aber unter den aragon. Herrschern verschiedene Entwicklungen erfuhren. → Cortes.   J. Lalinde Abadía

Q. *und Lit.*: R. CHABÁS, Génesis del Derecho foral de Valencia, 1902 – G. M. BROCÀ, Hist. del Derecho de Cataluña, 1918 – A. BONILLA Y SAN MARTÍN, El Derecho aragonés en el siglo XII (Actas y Memorias del II Congreso de Hist. de la Corona de A. I, 1922) – J. M. RAMOS LOSCERTALES, Textos para el estudio del derecho aragonés en la Edad Media, AHDE I, 1924, 397ff.; 2, 1925, 491–523; 3, 1926, 397–416; 5, 1928, 389–411 – DERS., Fuero de Jaca, 1927 – M. SERRANO Y SANZ, AHDE 5, 1928, 254–265 – A. PONS, Constitucions e Ordinacions del Regne de Mallorca (s. XIII–XV), I, 1932 – J. M. FONT RÍUS, El desarrollo general del Derecho en los territorios de la Corona de A. (siglos XII–XIV) (VII Congreso de Hist. de la Corona de A., 1962), 289–326 – M. MOLHO, El Fuero de Jaca, 1964 [krit. Ed.] – J. LALINDE ABADÍA, El sistema normativo valenciano, AHDE 42, 1972, 307–330 – DERS., AHDE 42, 1972, 643–656 – COING, Hdb. I, 294–300, 432–434, 681–696 – Societas, a rev. of social hist. (Oshkosh, Wisc.) III, 1973, 115–128 – J. LALINDE ABADÍA, Los Fueros de A., 1976 – A. GUALLART DE VIALA, El derecho penal histórico de A., 1977 – S. SOBREQUÈS I VIDAL, Hist. de la producció del Decret català fins al Decret de Nova Planta, 1978.

Aragón, sizilianische Linie (Aragona di Sicilia). Die Anfänge der siz. Linie des Hauses A. (→ Aragón, Abschnitt III; zum Haus A. vgl. auch → Barcelona, Gf.en v.) liegen in den Ereignissen der → Siz. Vesper (1282), durch die Peter III. v. A. zum Herrscher über die Insel berufen wurde, die sich gegen die → Anjou erhoben hatte. Die Nachfolge Peters III. (1282–85) auf dem Thron trat Jakob II. (1285–95) an, der nach seiner Erhebung zum Kg. v. A. (1291) im Zusammenhang mit dem Vertrag v. Anagni die Insel an den Papst zurückgab. Gegen diese Entscheidung wehrten sich die Sizilianer, indem sie als eigenen Kg. den Infanten Friedrich (den späteren Kg. Friedrich III.) einsetzten. Dieser andere Sohn von Peter III., der ungefähr fünf Jahre lang das Inselkönigreich für seinen Bruder Jakob regiert hatte, zeigte sich der Lage gewachsen, hielt der antisizilianischen Koalition stand und erreichte im Vertrag v. Caltabellotta (1302) seine Anerkennung als Kg. v. Trinacria auf Lebenszeit. Friedrich wurde der Vertreter des Ghibellinentums und kontrollierte die schwierige innere Lage des Kgr.es bis zu seinem Tod (1337). Die Krise brach gleich danach aus, da die Macht der Barone des Kgr.es die der Krone überstieg. Peter II. (1337–77), den sein Vater Friedrich 1321 zum Mitregenten erhoben hatte und der Elisabeth v. Kärnten heiratete, versuchte der eigenen Schwäche dadurch abzuhelfen., daß er dem jüngeren Bruder Johann, Hzg. v. Athen und Neopatras (1340–47), die Regentschaft anvertraute. Aber der Versuch des Hzg.s, die kgl. Macht und die Finanzen des Reiches wiederherzustellen und die Flotte aufzurüsten, endete mit Johanns Tod an der Pest. Nach seinem Ableben gerieten die Söhne von Peter II., Ludwig (1342–55) und Friedrich IV. (1355–77), in die Gewalt einer der beiden Faktionen der Barone, der sog. lat. oder der sog. katal., die sich um die Macht stritten, die Aktionen Johannas I. v. Neapel unterstützten und den wirtschaftl. und kulturellen Niedergang des Kgr.es verursachten. Trotzdem gelang es schließlich Friedrich IV., der zuerst Konstanze v. A. und später Antonia del Balzo (des Baux) heiratete, den Gehorsam der Barone zu erreichen, der Krone ein gewisses Ansehen wiederzugeben und 1372 einen Frieden mit Neapel zu erreichen, der nach beinahe hundertjährigem Kampf die friedliche Existenz des Inselkönigreichs und – unter teilweiser Aufhebung des bestehenden Sal. Gesetzes – seiner Tochter Maria (1377–1402) die Nachfolge sicherte. Unter dem Schutz der mächtigen Familie Alagona, deren Vertreter Artale eine Außenpolitik der Annäherung an die Visconti betrieb, um das Kgr. dem bestimmenden Einfluß des Kg.s v. A., Peters IV. »el Ceremonioso« zu entziehen, trat Maria 1377 die Nachfolge des Vaters an. Aber die Eifersucht der anderen großen Barone und das rechtzeitige Eingreifen des Kg.s v. A. ließen die geplante Heirat zw. der Kgn. v. Sizilien und Giangaleazzo Visconti scheitern: einerseits zerstörte nämlich die aragones. Flotte in Porto Pisano die Schiffe, die den Visconti nach Sizilien hätten bringen sollen, andererseits wurde Maria selbst im Auftrag von Peter IV. entführt und nach Katalonien gebracht, wo sie Martin, dem Sohn des gleichnamigen Hzg.s v. Montblanc, zur Gemahlin gegeben wurde. Ungefähr fünfzehn Jahre lang wurde das Inselkönigreich von vier Vertretern der Barone geleitet: von Artale v. Alagona, Manfredi Chiaramonte, Guglielmo Peralta und Francesco Ventimiglia, die im Namen der abwesenden Kgn. gemeinschaftl. regierten. Aber die kluge Politik von Martin d. Ä., die die Einheit der siz. Barone untergrub, behielt schließlich die Oberhand über die Gegner und sicherte dem Sohn den Besitz der Insel. Von 1392 bis 1409 konnte Martin d. J. das Ansehen der Krone wiederherstellen, einige Gegner – wie die Chiaramonte – vernichten und andere – wie die Alagona – zum Exil zwingen. Gleichzeitig stärkte er die Städte der Insel und schuf eine ihm treue kirchl. Hierarchie, die es ihm, obwohl er der avign. Oboedienz anhing, erlaubte, über Untertanen, die dem röm. Papst treu ergeben waren, zu herrschen. Er war stets von seinem Vater abhängig, der Kg. v. A. geworden war, und heiratete in zweiter Ehe Bianca v. Navarra. Er starb in Sardinien, während er für den Kg. v. A. einen Feldzug zur Unterwerfung der sardin. Rebellen führte. Ihm folgte – nur für ein Jahr – sein Vater Martin auf den Thron; nach dessen Tod (1410) verlor das siz. Kgr. durch den Kompromiß von Caspe das Recht auf einen eigenen König. Ferdinand I. sandte nämlich Giovanni di Pennafiel als Vizekönig in das von einem Bürgerkrieg erschütterte Sizilien. Seit diesem Zeitpunkt blieb das Kgr. mit der Krone A. verbunden.   F. Giunta

Q.: PERE TOMICH, Històries e conquestes dels Reys d'Aragó e comptes de Barcelona, 1886 – G. LA MANTIA, Codice diplomatico dei re aragonesi di Sicilia, 2 Bde, 1917–56 – *Lit.*: A. DE STEFANO, Federico III d'Aragona re di Sicilia, 1938 – F. GIUNTA, Aragonesi e Catalani nel Mediterraneo, 2 Bde, 1953–59 – S. RUNCIMAN, The Sicilian Vespers, 1958 – R. MOSCATI, Per una storia della Sicilia nell' età dei Martini, 1954 – F. GIUNTA, Sicilia angioino-aragonese, 1961 – A. BOSCOLO. La politica italiana di Martino il Vecchio re d'Aragona, 1962 – V. D'ALESSANDRO, Politica e società nella Sicilia aragonese, 1963 – S. TRAMONTANA, Michele da Piazza e il potere baronale in Sicilia, 1963 – J. N. HILLGARTH, The Spanish Kingdoms (1250–1516), 2 Bde, 1976–78.

Aragón, Kreuzzug v. Bei dem 1285 gegen → Aragón durchgeführten frz. Feldzug handelte Kg. Philipp III. v. Frankreich v. a. als Werkzeug seines ehrgeizigen Onkels Karl v. Anjou, der im März/April 1282 durch den Aufstand der → Sizilian. Vesper die Herrschaft über → Sizilien an seinen aragon. Konkurrenten Peter III. verloren hatte. Aufgrund der Entscheidung Papst Martins IV., über den Kg. v. Aragón die Exkommunikation und Absetzung zu verhängen, führten die Franzosen diesen Krieg als Kreuzzug.

Im Mai/Juni 1285 begann der sorgfältig vorbereitete Angriff auf Katalonien. Nach Durchqueren des Roussillon

(Plünderung von Elne), das zu den Territorien Kg. Jaimes II. v. → Mallorca gehörte, der sich gegen seine aragon. Verwandten mit Frankreich verbündet hatte, umging das frz. Heer die aragon. Verteidigungslinie und stand am 26. Juni vor Gerona. Doch leistete die Stadt noch monatelangen Widerstand; ihre Kapitulation am 7. Sept. kam zu spät, um von den Franzosen noch genutzt werden zu können: Am 4. Sept. hatte der Admiral Roger de Lauria die frz. Flotte, die dem »Kreuzheer« Ersatz bringen sollte, bei Palamos vernichtet. Das frz. Heer, durch Seuchen und die Überfälle der → Almogávares geschwächt, mußte den Rückzug antreten. Philipp III. starb am 5. Okt. 1285 in Perpignan; sein Gegner Peter III. folgte ihm am 10. Nov. ins Grab. Philipp IV. der Schöne, Sohn der Isabella v. Aragón, der ersten Gemahlin Philipps III., der stets seine Opposition zur Aragón-Politik seines Vaters bekundet hatte, verzichtete auf die Weiterführung des Kampfes. Dem Ende der Kriegshandlungen folgten lange Verhandlungen zw. dem Papst, Frankreich, Aragón, Mallorca und Sizilien (Waffenstillstand von Paris 26. Juli 1286, Verträge von: Cefalù, Oloron Juli 1287, Canfranc 4. Okt. 1288, Tarascon Febr. 1291, schließlich Frieden v. Anagni 7. Juni 1295). Endete der »Kreuzzug« gegen Aragón auch in einer Katastrophe, so zeigt die Durchführung eines derartigen Feldzuges gerade in seinem expansiven Charakter die Stärkung der frz. Monarchie am Ende des 13. Jh. Y. Dossat

Lit.: CH.-V. LANGLOIS, Le règne de Philippe III le Hardi, 1887 – A. LECOY DE LA MARCHE, Les relations politiques de la France avec le royaume de Majorque I, 1892 – W. KIENAST, Der Kreuzkrieg Philipps des Schönen v. Frankreich gegen Aragon, HVj 28, 1934, 673-698 – R. FAWTIER, L'Europe occidentale de 1270 à 1380..., 1940 (Hist. générale, hg. G. GLOTZ VI, 1) – J. R. STRAYER, The Crusade against Aragon, Speculum 28, 1953, 102-113 – E. G. LEONARD, Les Angevins de Naples, 1954 – M. Purcell, Papal Crusading Policy, 1244-1291, 1975.

Aramäische Sprache (Aramäisch), nordwest-semit. Sprache, deren früheste Zeugnisse bis in das 2. Jt. v. Chr. zurückgehen. Alt-A., Reichs-A. und Biblisch-A. (Gen 31, 47; Jer 10,11; Esr 4,8–6,18; 7,22–26 und Dan 2,4–7,28) sind im 1. Jt. v. Chr. im vorderasiat. Raum stark verbreitet, v. a. Reichs-A. als lingua franca und Kanzleisprache. In der Folgezeit kommt es zu einer Teilung in West- und Ostaramäisch. Zum Westaramäischen zählen das Nabatäische, das Palmyrenische, das Jüd.-Palästinensische (Galiläische) A. (1.–5. Jh.), das Samaritanische und das Chr.-Palästinensische A. In Syrien haben sich Sprachreste dieses Zweigs bis heute erhalten. Ostaramäische Sprachen sind das Syrische mit einer reichhaltigen Lit. vom 3.–14. Jh., das Babylonische A. (4.–6. Jh.) und das Mandäische. Auch von diesem Zweig sind gegenwärtig noch Reste in der Osttürkei, im Irak und in der UdSSR vertreten.

Im Judentum war A. jahrhundertelang neben dem → Hebr. nicht nur Umgangssprache, sondern auch Schriftsprache, in der ältere Überlieferungen tradiert wurden und maßgebl. religiöse Werke abgefaßt sind. Hierzu gehören die Targume (Übersetzungen von Büchern der hebr. → Bibel), die a. abgefaßten Midraschim (exeget. Lehrvorträge; → Midrasch), beide Gemarot im palästinens. und babylon. Talmud (Kommentare und Diskussionsbeiträge zur Mischna aus den Gelehrtenschulen) und Werke der Gaonen (religionsgesetzl. Responsen und Sammlungen in Babylonien). Der → Zohar, das Hauptwerk der ma. → Kabbala, ist in einem künstl. A. abgefaßt (13. Jh.)., ihm folgen andere Schriften der jüd. Mystik. Schon im Hebr. der → Mischna läßt sich in morpholog. und v. a. in lexikograph. Hinsicht ein starker Einfluß des A. nachweisen. In vielen Werken der ma. → jüd. Lit. werden A. und Hebr. nebeneinander verwendet. Die Affinität beider Sprachen zeigt sich auch darin, daß schon die frühen Lexika a. und hebr. Wortgut sammeln und zusammenstellen. Wie das Hebr. ist auch das A. von der (chr.) Hebraistik rezipiert und bearbeitet worden, nachdem es im Anschluß an das Konzil v. Vienne 1311/12 als Chaldäisch an den Univ. Paris, Oxford, Bologna und Salamanca Aufnahme in den Lehrkanon gefunden hatte.

P. Freimark

Lit.: G. DALMAN, Aramäisch-neuhebr. Hwb. zu Targum, Talmud und Midrasch, 1922² [Nachdr. 1967] – F. ROSENTHAL, Die aramaist. Forsch. seit Th. Nöldeke's Veröff., 1939 – Thesaurus Talmudis. Concordantia Verborum quae in Talmude Babilonico reperiuntur, bearb. CH. J. KASOWSKI u. a., 1954 ff. [bis jetzt 39 Bde ersch.] – An Introduction to the Comparative Grammar of the Semitic Languages, hg. S. MOSCATI, 1969² – F. ROSENTHAL, A Grammar of Biblical Aramaic, 1974⁴.

Aranda, Francés de, OCart, * 1346 Teruel, † 11. Nov. 1438 Kartause v. Portaceli (Valencia); A. entstammte einer bedeutenden aragon. Familie, wurde am Hof Kg. Peters IV. v. Aragón erzogen, dort *Condestable* des Infanten Martin und Ratgeber Kg. Johanns I. v. Aragón. Als Erzieher des erstgeborenen Infanten Ferdinand wurde A. 1389 bei dessen Tod in der Burg Morella eingekerkert und erhielt erst bei der Thronbesteigung seines früheren Schützlings Martins I. v. Aragón und Sizilien (1396) die Freiheit wieder. Er stieg zum Vertrauten der Kgn. Maria de Luna auf, zog sich aber am 31. Jan. 1398 als Donat in die Kartause Portaceli zurück, deren Leiter Bonifaz → Ferrer war. 1404 verließ A. auf Anordnung Papst Benedikt XIII. die Kartause und wurde Berater der Kurie in Avignon. Bei den Verhandlungen um den Kompromiß v. → Caspe repräsentierte A. 1412 Aragón, stimmte zugunsten → Ferdinands I. v. Antequera und war sodann bei dessen Unterredung mit Benedikt XIII. in Morella über die Lösung des → Abendländ. Schismas zugegen. Seine Wirksamkeit für Benedikt XIII. gegenüber den Vertretern des Konzils v. → Konstanz erstreckte sich bis zum Januar 1418, als er dessen Partei verließ, ihn aufforderte, sich Papst Martin V. zu beugen, und endgültig nach Portaceli zurückkehrte.

L. Vones

Q. und Lit.: DHEE I, 77 – DHGE III, 1420 – J. MARIANO ORTIZ DE VALENCIA, Compendio de la Vida de d. Francisco Fernández Pérez de Aranda, Madrid 1777 – L. LE VASSEUR, Ephemerides Ordinis Cartusiensis IV, 1890–93, 119–121 – V. M. DOREAU, Les Ephémérides de l'Ordre des Chartreux IV, 1897–99, 143–159 – S. PUIG Y PUIG, Pedro de Luna, 1920 (bes. Apénd. doc. nr. 82, 83 [86], 97–99, 101, 138–142, 206) – Acta Concilii Constanciensis III, hg. H. FINKE, 1926, 396–403, 583–606; IV, 1928, 170 f. – L. SUÁREZ FERNÁNDEZ, Castilla, el cisma y la crisis conciliar (1378–1440), 1960, 69 ff.

Arator, Dichter, * vermutl. in den 80er Jahren des 5. Jh. in Ligurien, stammte aus angesehener Familie, in Mailand unter Obhut des als Dichter bedeutenden Ennodius aufgewachsen, wurde Rechtsanwalt und diente dann dem Gotenhof in Ravenna (Comes domesticorum, Comes privatorum); danach begab er sich in den Dienst der röm. Kirche und empfing (unter Papst Vigilius) die Weihe zum Subdiakon. Er ist Verfasser eines den Stoff der Apg in zwei Büchern von 1076 und 1250 Hexametern behandelnden Epos »De actibus apostolorum«, das sich durch klass. Wortschatz und gesuchte Sinndeutungen (Zahlensymbolik) auszeichnet. Das Werk wurde 544 in der Kirche S. Petri ad Vincula in Rom öffentl. unter großem Beifall verlesen; die biograph. Nachrichten reichen nicht weit darüber hinaus. Mit dem Epos werden drei Widmungsbriefe in Distichen überliefert (u. a. an Papst Vigilius). A. wurde wie Sedulius und Prudentius einer der klass. Epiker für das MA.

H. Kraft

Bibliogr.: CPL, 1504 f. – *Ed.*: MPL, 68 – CSEL, 72 – *Lit.*: BARDENHEWER, 5, 246–248 – MANITIUS I, 162–167 – SCHANZ-HOSIUS IV, 2, 391–394 – J. H. WASZINK, VC 8, 1954, 87–92 – BRUNHÖLZL I, 46 ff.

Arbalétriers de France, maître des (Meister der kgl. Armbrustschützen), im frz. SpätMA kgl. Beamter; erstes Auftreten unter Ludwig IX. als *chef des arbalétriers de l'Hôtel* (1234). Seine Funktion erweiterte sich unter Philipp IV., der den Trägern des Amtes Kommandogewalt verlieh. 1318 übertrug Philipp V. dem M. d. A. die Aufgabe, die Musterung des Fußvolkes durchzuführen. Begünstigt durch den frz.-engl. Konflikt, wuchsen Rang und Prestige des Amtes erheblich: Der M. d. A. behauptete innerhalb der Hierarchie einen Platz vor dem Garde de l'→ Oriflamme und dem → Amiral (1387); er hatte richterl. Gewalt, Anteil an der Kriegsbeute und das Recht zur persönl. Requirierung *(droit de prise)*. Seine Bedeutung nahm ab, als die Armbrust zugunsten der Feuerwaffen und des Bogens an Wichtigkeit verlor (→ Kriegsführung; → Armbrust). Etwa seit 1450 bestand das Amt nur noch als Ehrentitel; es erlosch gegen 1523. Ph. Contamine
Lit.: P. ANSELME, Hist. généalogique VIII, 1–123 – PH. CONTAMINE, Guerre, État et société à la fin du MA, 1972.

Arbanasi, kleine Siedlung ungefähr 4 km nö. v. Tŭrnovo (N-Bulgarien), entstand wahrscheinl. während der 1. Hälfte des 13. Jh. nach der Heirat des bulg. Zaren Ivan Asen II. mit Irene, Tochter des Despoten v. Epiros und Ks.s v. Thessalonike Theodoros Komnenos, um 1237, als sich dort Auswanderer aus Epiros ansiedelten. A. erlebte seine Blütezeit im 15.–17. Jh. Bemerkenswerte Wohnhausarchitektur und Kirchengebäude. I. Dujčev
Lit.: K. JIREČEK, Cesty po Bulharsku, 1888, 177 ff. – J. GEORGIEV, Selo Arbanasi. Period. spisanje XV, 64, 1904, 86 ff. – ZLATARSKI, Istorija III, 1940, 406 ff., 419 ff.

Arbedo, Schlacht v. Hzg. Filippo Maria Visconti v. Mailand hatte sich im April 1422 der kurz zuvor an Uri gekommenen Festung → Bellinzona bemächtigt. Der Versuch der eidgenöss. Kontingente, Bellinzona zurückzuerobern, schlug fehl. Die Schweizer zogen sich nach Arbedo, dem Nachbarort von Bellinzona, zurück. Beim Warten auf Verstärkung begann sich das Heer aufzulösen. Der mailänd. Feldherr Francesco da Bussone, gen. → Carmagnola, nützte die Situation aus und überfiel die unvorbereiteten, wegen eines Raubzuges in die Umgebung zahlenmäßig geschwächten Schweizer (30. Juni 1422). Reiterei und Bogenschützen fügten den mit Spießen und Hellebarden bewaffneten Schweizern große Verluste zu. Die geschlagenen Eidgenossen traten den Rückzug an und überließen alle bisherigen Eroberungen den Mailändern. Trotz dieses Mißerfolges trug der Heroismus der Eidgenossen zum Ansehen der Schweizer Fußtruppen in Oberitalien bei. M. L. Boscardin
Lit.: TH. V. LIEBENAU, La Battaglia di Arbedo, Boll. Storico della Svizzera Italiana, 1886.

Arbeit
A. West- und Mitteleuropa – B. Byzanz – C. Judentum – D. Islamische Welt

A. West- und Mitteleuropa
I. Spätantike Grundlagen – II. Theologische Vorstellungen – III. Arbeit und Arbeitsteilung im sozialen und wirtschaftlichen Wandel – IV. Arbeit im Recht des Mittelalters.

I. SPÄTANTIKE GRUNDLAGEN: Die spätantike Vorstellung von Sinn und Zweck der A. war im Wesen von den antiken Idealen bestimmt, die freilich eine Reihe deutlicher Modifikationen erfahren hatten und nicht zuletzt durch eine allgemeine Verschlechterung der äußeren Lebensbedingungen mitbestimmt waren. Eine bereits bei Vergil deutlich faßbare Ethisierung körperlicher Tätigkeit (labor) findet in der chr. Auslegung der Frage bei Paulus eine Entsprechung. Dazu kommt, daß in der Kaiserzeit das Schwinden der Produktionskräfte bes. in der Westhälfte des Reiches nicht nur neue soziale Kriterien für die die manuelle A. leistenden unteren Schichten mit sich bringt, die sich im 3. und 4. Jh. immer mehr verfestigen, sondern die Notwendigkeit, trotz allem die bestehenden polit. und zivilisationsbedingten Zustände aufrechtzuerhalten, führt zu staatl. Dirigismus, gesetzl. fundiertem Arbeitszwang (Collegia, Kolonat) und zu einer Lähmung der privatwirtschaftl. Initiativen. Im polit. Gefüge des spätantiken Staates erhalten untere wie obere Schichten damit zwangsläufig ihren Platz als Steuerträger oder Produzent. Die in den folgenden Jh. gleichbleibenden äußeren Bedingungen haben darüber hinaus zweifellos auch das w. Mönchsideal mitbestimmt. → Bauerntum, → Collegia, → Kolonat, → Sklaverei. G. Wirth
Lit.: KL. PAULY I, 490–494 – RAC I, 585–590 – A. C. BOAK, Manpower Shortage and the Fall of the Empire in the W., 1955 – G. KEHNSCHERPER, Die Stellung der Bibel und der alten chr. Kirche zur Sklaverei, 1957 – F. HEICHELHEIM, An Ancient Economic Hist., 3 Bde, 1958–70 (bes. 3) – E. M. SCHTAJERMAN, Die Krise der Sklavenhalterordnung im W des Röm. Reiches, 1964 – N. BROCKMEYER, Arbeitsorganisation und ökonom. Denken in der Gutswirtschaft des röm. Reiches [Diss. Bochum 1968] – W. HELD, Die Vertiefung der allg. Krise im W des röm. Reiches, 1974.

II. THEOLOGISCHE VORSTELLUNGEN: Da die Deutung der menschl. A. durch die ma. Theologie auf der frühchr. Orthopraxie und deren Lit. beruht, ist es notwendig, die Aussagen dieser Lit. als Grundlage für die Deutung in der ma. Theologie heranzuziehen. Die Einstellung der frühchr. Gemeinden zur Arbeit, speziell zur körperlichen, die nach antik-oriental. Auffassung weitgehend mit Mühsal und Plackerei identisch war, wurde durch verschiedene theol. Interpretamente geprägt:
1. Durch den aus der israelit. Überlieferung stammenden und im AT belegten Glauben, daß Gott die Arbeit seiner Frommen segne. Während sich aber nach einigen alttestamentar. Zeugnissen dieser Segen auch in der Vermehrung der materiellen Güter ausdrückte, fand eine derartige Vorstellung keinen Eingang in das frühchr. Schrifttum: einmal, weil die als nahe bevorstehend erwartete Wiederkunft Jesu das Ansammeln materieller Güter, etwa für die Zeit der Not, überflüssig erscheinen ließ, dann aber auch deshalb, weil nach der jesuan. Verkündigung dieses Ansammeln die Gefahr mit sich brachte, in der Lebensvorsorge mehr auf die eigene Kraft als auf Gott zu vertrauen. Gott gilt zwar im frühchr. Schrifttum als Belohner der menschl. Arbeit und deren Mühen, aber diese Belohnung bildet einen Teil des eschatolog. Endgerichtes in der Form der Teilhabe am Reiche Gottes.
Auf dieser Grundlage betont das apostol. Schrifttum v. a. die Pflicht zur Arbeit, um dadurch den Lebensunterhalt zu gewährleisten und der Gemeinde nicht zur Last zu fallen. Gleichzeitig wird die Arbeit gegen den Müßiggang abgesetzt; zunächst noch in der Absicht, jene Gemeindemitglieder zu ermahnen, die wegen der Parusieerwartung keiner geregelten Arbeit nachgingen, dann in zunehmendem Maße aus asket.-sittl. Motiven, weil Müßiggang zur Unordnung in der Lebenshaltung führe und damit dem Ansehen der Gemeinde schade.
2. Ein zweites theol. Interpretament für die Arbeit bildete das Motiv der Nächstenliebe. Die durch A. erworbenen materiellen Güter sollten deren Besitzer in die Lage versetzen, notleidenden Gemeindemitgliedern zu helfen. Während sich aber in der alttestamentar. Lit. dieses Motiv mit der Vorstellung verknüpfte, daß Gott den Helfer der Notleidenden segne und ihm viele Sünden vergebe, liegt der Akzent in der frühchr. Interpretation auf der Intention der Bruderliebe, für die das Helfen in materieller Not ein Zeichen war. Diese Form der Nächstenliebe bestand auch darin, daß die Gemeinde – wie die Apostol. Konstitutio-

nen ausdrücklich betonen – dem zugezogenen Mitglied A. verschaffen solle.

Diese theol. Motivationen für die A. wurden von der ma. Theologie übernommen, weiterentwickelt und teilweise umgewandelt. So trat an die Stelle der mehr und mehr zurücktretenden Parusieerwartung die Vorstellung von der menschl. A. als einem Schöpfungsauftrag Gottes, der in der Ebenbildlichkeit des Menschen zu Gott und dessen schöpfer. Tun gründet. Da Gott nach der scholast. Theologie potenzlose Aktualität (actus purissimus) ist, gleicht sich der Mensch Gott an, indem er sein Leben durch Betätigung aktualisiert. Nimmt man die in der ma. Theologie weit verbreitete Ansicht hinzu, daß Gott jeden Menschen in einen Stand berufen habe, der seinen Anlagen und Fähigkeiten entspricht, so bekommt die Berufsarbeit den Charakter eines officiums vor Gott.

Andererseits wird nun die antike Vorstellung von der A. als labor improbus und deren Mißlingen als Folge der erbsündl. Belastung des Menschen gedeutet. Dadurch erhält die mit der A. verbundene Mühsal den Charakter der Strafe und der Buße. In diesem Zusammenhange wird auch die stärkere Betonung der moral.-asket. Komponente in der Arbeitsmotivation durch die ma. Theologie verständlich. Im Mittelpunkt steht zwar das traditionelle Motiv, daß die A. auf die Beschaffung der zum Leben notwendigen materiellen Güter ausgerichtet sei. Aber ebenso breiten Raum nimmt die Vorstellung von der A. als remedium gegen den Müßiggang und die Unordnung der menschl. Triebe ein; wobei freilich berücksichtigt werden muß, daß sich die klass. Äußerungen der ma. Theologie über die A., wie z.B. bei Thomas v. Aquin, im Traktat über das Leben der Ordensleute finden. Von da her wird dann auch verständlich, daß die frühchr. Motivation der A. um der Nächstenliebe willen im Gegensatz zur Betonung dieses Motives bei den gr. und lat. Kirchenvätern an Bedeutung verliert. A. Hertz

Lit.: S.M. KILLEEN, The Philosophy of Labor according to Thomas Aquinas, 1939 – H. HOLZAPFEL, Die sittl. Wertung der körperl. A. im chr. Altertum, 1941 – W. BIENERT, Die A. nach der Lehre der Bibel, 1954 – M.D. CHENU, Die A. und der göttl. Kosmos. Versuch einer Theologie der A., übers. und eingel. von K. SCHMITT 1956.

III. Arbeit und Arbeitsteilung im sozialen und wirtschaftlichen Wandel:

[1] Im Bereich der A. erfuhr der ma. Westen eine der größten Regressionen, die die Menschheitsgeschichte überhaupt kennt; zugleich vollzog sich aber im Verlauf des MA auch einer der entscheidensten Aufschwünge.

Das frühe MA ist durch einen Rückgang der Produktion gekennzeichnet, wofür v.a. folgende Momente charakterist. sind: der Niedergang der Städte (→ Stadt, Städtewesen) und der städt. Gewerbe, das weitgehende Verschwinden überlokaler und überregionaler Handelsbeziehungen, der Rückgang der agrar. genutzten Fläche und der Verfall der Agrartechniken. Die Ursachen für diesen Tiefstand liegen u.a. im Bevölkerungsrückgang, in den Invasionen während der Völkerwanderungszeit und des frühen MA und in der Vernichtung des freien Bauerntums. Einzige erkennbare Fortschritte sind während dieser Periode lediglich die allmähl. Verbreitung der Wassermühle (→ Mühlen) und die Einführung neuer Techniken der → Metallbearbeitung zur Waffen- und Schmuckherstellung durch die sog. Barbarenvölker. Die durch das Christentum verbreitete Auffassung von der A. als einer für die Sünden der Menschheit von Gott verhängten Buße (Gen 3, 17–19) und das Vorherrschen des Agrarsektors tragen zur Verachtung der Handarbeit in der frühma. Gesellschaft bei. Nur → Schmied und Goldschmied (→ Goldschmiedekunst) besitzen ein gewisses soziales Ansehen (wie z.B. beim hl. → Eligius).

Der wirtschaftl. Neubeginn im Zeichen der karol. Renaissance macht sich auf dem Gebiet der A. durch Ansätze zu → Kolonisation und Landesausbau bemerkbar, die z.B. durch Grundbesitzurkunden mit dem Recht und der Verpflichtung zur Kultivierung (ad meliorandum) bezeugt sind. Ebenso entwickelt sich das Handwerk in den Kl. (vgl. z.B. die Statuten des Abtes → Adalhard v. Corbie von 822) und großen Grundherrschaften, insbes. den königlichen (vgl. das → »Capitulare de villis« Karls d. Gr. um 795). Parallel hierzu vollzog sich eine Wiederaufnahme des → Fernhandels, die durch häufigere Erwähnung von Kaufleuten (mercatores), Jahrmärkten und Märkten (fora, mercatus) deutlich wird und sich auch an Zeugnissen wie dem Testament des ven. Dogen Giustiniano Partecipazio (829), das seine finanziellen Operationen beleuchtet, oder dem Vertrag Lothars I. mit den Venezianern (840) ablesen läßt. Auch die Arbeit im Dienste künstler. und intellektueller Ziele und Aufgaben entwickelt sich – z.B. durch den sich verbreitenden Bau steinerner Kirchen (→ Baukunst) und das Abschreiben und die Illumination von Hss. (→ Buchmalerei, → Skriptorium). Die Konzeption der → artes mechanicae (der »mechan. Künste« nach dem Vorbild der »freien Künste«, der → artes liberales) bildet sich seit dem 9.Jh. aus, und die Darstellung von Feld- und Handwerksarbeiten, am häufigsten in den Zyklen der → Monatsbilder anzutreffen, gewinnt innerhalb der ikonograph. Thematik an Raum (→ Arbeitsdarstellungen). Dennoch lastet das Stigma sozialer Verachtung auch weiterhin auf Arbeit und Arbeitenden. Hierzu trägt die Tatsache bei, daß nach wie vor die Landarbeit von unfreien Knechten auf dem herrschaftl. Eigenland oder von Hintersassen geleistet wird, die durch Frondienste an der Ausbeutung des Eigenlandes mitwirken (→ Grundherrschaft).

Der Zeitraum, der sich etwa von der Mitte des 10. bis zur Mitte des 13.Jh. erstreckt, ist als Periode einer ungeheuren Bevölkerungsexpansion, eines wirtschaftl. Aufschwungs und tiefgreifender Veränderungen im Bereich der A. ohne Beispiel. Zwei überaus auffällige und bemerkenswerte Phänomene machen die grundlegende Umwälzung im hohen MA deutlich: die große Rodungs- und Siedeltätigkeit (→ Kolonisation und Landesausbau) und die Wiedergeburt der Städte (→ Stadt, Städtewesen). Der Aufstieg der Städte ist dabei allerdings eher als Neubeginn zu charakterisieren, da die ma. Stadt gegenüber der antiken völlig eigene Züge trägt. Die ma. Stadt ist – im Gegensatz zum Typus der antiken Stadt – in erster Linie ein wirtschaftl. Zentrum. Dabei spielt die Herausbildung des städt. Handwerks für die urbane Entwicklung eine zumindest ebenso große Rolle wie die des Handels: die Vorstädte. Siedlungen, die neben den alten Siedlungskernen entstehen, sind v.a. Agglomerationen von Handwerkern und Kaufleuten (z.B. die Rheinvorstadt in Köln). Der ungeheure Aufschwung, den städt. Arbeit und städt. Handelsverkehr im Oberitalien des HochMA erfahren, wird durch eine Quelle des frühen 11.Jh. illustriert: die »Honorantiae civitatis Papie« (→ Pavia, Honorantiae...).

Neben Ober- und Mittelitalien ist es v.a. das nordwestl. Europa, insbes. → Flandern, wo sich Handwerk und Handel stark entfalten. Das textilverarbeitende Gewerbe steht hier im Vordergrund, die Gerberei erlebt einen Aufschwung, die Baukunst blüht (Errichtung von Kirchen, Burgen, Brücken, Stadtmauern usw.). In den Städten entwickelt sich eine immer differenziertere Arbeitsteilung; die Gewerbe organisieren sich in Gilden und Zünften (frühe Beispiele sind: die Weber in Mainz 1099, die Fischhändler in Worms 1106, die Schuhmacher in Würzburg 1128, die Gerber in Rouen am Anfang des 12. Jh., die engl. *craftgilds* unter Kg. Heinrich I. usw.).

Im Agrarsektor erlaubt die Einführung der neuen Kummetanspannung den zunehmenden Einsatz von → Pferden in der Landwirtschaft, die neben den → Ochsen Verbreitung finden. Die Verwendung des unsymmetr. Beetpfluges auf Rädern mit Streichbrett (→ Ackergeräte), das Vordringen von eisernen Arbeitsgeräten und die Einbürgerung der → Dreifelderwirtschaft erweitern die agrar. genutzte Fläche und steigern die Erträge. Zahlreiche Bauern befreien sich – vollständig oder teilweise – von Frondiensten und Leibeigenschaft durch Zinszahlungen in Naturalien oder Geld (→ Bauer, Bauerntum, → Grundherrschaft). Erfindungen und Neuerungen, die v. a. in das 12./13. Jh. fallen, verwandeln die Arbeit. Zu erwähnen sind die Windmühle (→ Mühlen), die Nockenwelle, die eine gewerbl. Nutzung der Wassermühle gestattet, die Neuerungen in der Textilproduktion, im Eisengewerbe und bei der Glasherstellung usw. (→ Textilien, Textilverarbeitung, → Eisen, Eisengewerbe, → Glas, Glasherstellung). Eine technolog. Lit. entsteht, für die der Traktat »De diversis artibus« des Mönches → Theophilus (frühes 12. Jh., häufig gleichgesetzt mit → Roger v. Helmarshausen) ein frühes Beispiel bildet (→ Kunst, Kunstlehre, → Agronomie, → Landwirtschaftliches Schrifttum, → artes mechanicae).

Der Kaufmann und der Universitätsgelehrte, neue Typen in der Gesellschaft, erlangen gerade deswegen soziale Anerkennung, weil sie als Arbeitende betrachtet werden; die Scholastik wertet die Arbeit zunehmend auf.

Geldwirtschaft und → Lohnarbeit verbreiten sich (vgl. auch Lohntarife); die große Schar der Handarbeiter und Handlanger bildet jedoch eine Masse, die permanent von sozialem Elend bedroht ist (→ Armut, → Pauperismus), da sie durch Auftrag- und Arbeitgeber ausgebeutet wird und außerhalb der Sicherungen und Einkommensgarantien der Zünfte und Gilden steht. Eine erste Welle von → Streiks bricht in der zweiten Hälfte des 13. Jh. aus (der erste überlieferte 1245 in Douai; vgl. auch → Klassenkampf, → Revolte).

Das späte MA, das etwa den Zeitraum zw. der Mitte des 13. Jh. bis zum Ende des 15. Jh. umfaßt, ist eine Krisenepoche (→ Agrarkrise), zugleich aber auch eine Zeit der Reorganisation und Erneuerung der Arbeit. Die krisenhafte Verknappung der Arbeitskraft, die u. a. eine Folge des Schwarzen Todes von 1348 (→ Epidemien) ist, führt nicht, wie man erwarten könnte, zu einem »Goldenen Zeitalter« der Lohnarbeiter, da die Fürsten – wie auch städtische Obrigkeiten – einen Anstieg der Reallöhne verhindern, indem sie den größten Teil der neuen Fiskallasten auf die Arbeiter abwälzen (→ Aides, → Gabelle, → Akzise, → Finanzverwaltung, → Steuer, Steuerwesen). Gegen die Härte der Fiskalität und ihre Folgen richten sich teilweise die → Revolten städt. Lohnarbeiter im SpätMA, deren schwerste der → Ciompi-Aufstand in Florenz 1378–82 ist. Manchmal sind die städt. Aufständischen mit den Bauern verbündet (Aufstand in Seeflandern 1323–28, engl. Bauernaufstand 1381, der eine Fernwirkung des »Statute of labourers« von 1351 darstellt; → Bauernaufstände).

Die Zünfte schließen sich im SpätMA nach unten ab und verweigern Gesellen und Lehrlingen den Aufstieg, wodurch sich der Kreis der Arbeitslosen, Vagabunden und Kriminellen vergrößert (→ Armut, → Pauperismus). Die großen traditionellen Zentren der Textilverarbeitung (→ Textilien, Textilverarbeitung) geraten in eine Krise, in dem Maße, wie sich in anderen Städten in Flandern, Brabant, den nördl. Niederlanden, Westfalen usw. neue Formen des Tuchwesens verbreiten (in der frz. und belg. Forschung gewöhnlich als *nouvelle draperie* bezeichnet). Bergbau, Hüttenwesen und Metallbearbeitung, bes. soweit sie mit der Entwicklung der Feuerwaffen verbunden sind, erfahren große Fortschritte. Der Kohleabbau setzt ein, Hochöfen entstehen. Die ersten → Ingenieure der → Renaissance beginnen ihr Wirken; mit der Erfindung des → Buchdrucks setzt die Revolution des geistigen und kulturellen Lebens ein. Seit dem 14. Jh. verbreiten sich mechan. → Uhren, die u. a. die Aufgabe haben, die Arbeitszeit zu messen und einzugrenzen. Mit dem neuen Zeitbegriff vertieft sich die Kluft zw. den Handarbeitern und allen übrigen Arbeitenden. → Zeit, → Zeitrechnung, → Zeitbegriff; ferner: → Frühkapitalismus, → Gesellschaft, → Unterschichten, → Zunft. J. Le Goff

[2] Das frühe MA hat von der gr.-röm. Antike die Vorstellung übernommen, daß die Handarbeit Personen vorbehalten sei, die eine inferiore Stellung gegenüber den Freien, die allein das volle Bürgerrecht besitzen, einnehmen. Es sind dies die → Sklaven, im Krieg gefangengenommen oder durch Handel erworben. Für Aristoteles sind sie beseelte Werkzeuge, die die unbeseelten Werkzeuge in Gang zu setzen haben. Der Römer Varro unterscheidet in seiner berühmten Definition (De re rustica I, 17, 1) jedoch die halbstummen Werkzeuge (d. h. die Ochsen) und die stummen Werkzeuge (d. h. die Karren) vom »instrumentum genus vocale in quo sunt servi«; er war der Ansicht, man müsse den Sklaven die Gründung einer Familie zubilligen. Diese neue Mentalität begünstigte – in der Antike – die Entstehung des → Kolonats und im frühen MA diejenige des servus casatus, des Vorfahren des ma. Hörigen bzw. *serf*. Nun wird die Handarbeit von sozialen Gruppen verrichtet, die durchaus unterschiedl. Status besitzen. Die Zahl der Sklaven verringert sich; die der Unfreien oder Halbfreien nimmt zu; aber neben der Unfreiheit in ihren Abstufungen erhält sich in den mediterranen Gebieten Europas die Sklaverei im eigtl. Sinne weit über das Ende des MA hinaus. Diese hat Thomas v. Aquin im Auge, wenn er in engem Anschluß an Aristoteles schreibt: »Servus est sicut instrumentum animatum, ut Philosophus (d. i. Aristoteles) dicit« (S. th. III, 18, 1, 2). Im mittleren und nördl. Europa verschwindet die Sklaverei vor dem Ende des MA; im östl. Europa am Beginn der NZ.

Die Teilung der Gesellschaft in Freie, die sich den gehobenen Aufgaben, d. h. den religiös-kulturellen, militär. und polit. Tätigkeiten, widmen, und in Halbfreie bzw. Unfreie, die sich mit der Ausführung der Handarbeiten zu beschäftigen haben, ist dem gesamten ma. Denken gegenwärtig. Diese Zweiteilung wurde jedoch zunehmend durch eine differenziertere Gliederung ersetzt. Vom Erbe einer archaisch-barbar. Gesellschaft ausgehend, die von der Verachtung der manuellen Arbeit durch den Krieger gekennzeichnet ist (vgl. Tacitus, Germania XIV) sowie einer bibl. Tradition, nach der der Mensch zur Arbeit verdammt ist (Gen III, 17), wird das frühe MA jedoch auch von den widersprüchl. erscheinenden Aussagen des NT beeinflußt, das in der Bergpredigt zum einen lehrt, sich ohne ird. Vorsorge ganz der göttl. Vorsehung anzuvertrauen (Mt VI, 25; Lk XII, 27), wohingegen Paulus (2 Thess III, 10) verkündet: »Si quis non vult operare non manducet« (»So jemand nicht will arbeiten, der soll auch nicht essen«). Der Laienadel folgt germ.-barbar. Tradition, die Kirche der Bergpredigt. Die ersteren werden zu Kriegsleuten (bellatores), die zweiten zu Betenden (oratores). Die Arbeit, in erster Linie die Feldarbeit, ist den laboratores auferlegt. Auf diese Weise entsteht eine soziale tripartitio (vgl. zu dieser → Adalbero, Bf. v. Laon).

Aus den beiden ersten sozialen Kategorien entstehen allmähl. die ordines bzw. Stände Klerus und Adel, die bereits im 12. Jh. im Entstehen begriffen sind und während des gesamten *Ancien Régime* die soziale Führungsrolle einnehmen werden. Das innere Gefüge dieser beiden Stände wandelt sich und wird komplizierter; eine weitaus stärkere Wandlung machen jedoch die laboratores durch, da eine immer ausgedehntere Aufgliederung der Arbeitsvorgänge in einzelne Tätigkeitsbereiche erfolgt. Schon in den Volksrechten war für spezialisierte Handwerker ein höheres Wergeld als für gewöhnl. Feldarbeiter festgesetzt. Mit dem Entstehen bzw. Wiederaufleben des Städtewesens wurden die Gewerbe ständig weiter in einzelne Zweige aufgeteilt. Aus dieser erweiterten Arbeitsteilung heraus entstehen Zünfte und Gilden, die sich häufig der polit. Macht innerhalb des städt. Gemeinwesens bemächtigen können. In der dreigeteilten Gesellschaft *(société tri-partie)* schickt sich das städt. → Bürgertum, dessen Entstehung eng mit der verstärkten Arbeitsteilung verknüpft ist, an, den *tiers état*, den Dritten Stand, zu konstituieren. In jeder Zunft ist der Arbeitsverlauf unter die verschiedenen Stufen der Arbeitenden aufgeteilt (Meister, Gesellen, Lehrlinge). Bauern und Landarbeiter bleiben jedoch von derartigen Regelungen ausgeschlossen und sind im allgemeinen auch nicht an der polit. Repräsentation im Rahmen der → Stände beteiligt, die, vom MA überkommen, auch in der NZ fortbesteht. → Sklaverei, → Grundherrschaft, → Städtewesen, → Zunft.   C. Verlinden

Lit.: TRE III, 634f. [Lit.] – P. BOISSONNADE, Le travail dans l'Europe chrétienne au MA, V–XVe s., 1930 – C. VERLINDEN, L'esclavage dans l'Europe médiévale I, 1955; II, 1977 – Hist. générale du travail, hg. L. H. PARIAS, 3 Bde, ca. 1961-64 [mit Beitr. v. PH. WOLFF] – L. WHITE JR., Technology and social change, 1962 – J. HEERS, Le travail au MA, 1965 – J. LE GOFF, Le travail dans la France médiévale (La France et les Français, hg. M. FRANÇOIS, 1972), 296-347 – F. VAN DER VEN, Sozialgesch. der A., 2 Bde, 1972.

IV. ARBEIT IM RECHT DES MITTELALTERS: Die Regelung des Arbeitslebens gehört zu den Kernbereichen jeder Rechtsordnung. Auch die ma. Quellen enthalten eine Fülle arbeitsrechtl. Bestimmungen. Man unterscheidet »freie« und »unfreie« Arbeitsverhältnisse. Letztere beruhen nicht auf Vertrag, sondern auf familienrechtl. Verhältnissen, genossenschaftl. Zusammenschlüssen, persönl. Unfreiheit oder sachenrechtl. Abhängigkeit. Bes. im Bereich der → Grundherrschaft spielten »unfreie« Arbeitsverhältnisse der dem Grundherrn zu Hand- und Spanndiensten verpflichteten Grundholden eine große Rolle; dort blieben sie bis zur Bauernbefreiung und zur Grundentlastung im 18./19. Jh. erhalten.

»Freie« Arbeitsverhältnisse, die auf vertragl. Vereinbarung beruhten (was keineswegs persönl. standesrechtl. Freiheit des Arbeitnehmers zur Voraussetzung hatte), kamen spätestens seit dem 8./9. Jh. vor. Seit dem 12. Jh. treten uns aus den Quellen zahlreiche Gruppen freier Lohnarbeiter entgegen: Dienstboten, Tagelöhner, Handlungsgehilfen, Bergleute, Seeleute, Handwerksgesellen, städt. und landesherrl. Bedienstete usw. Obzwar aus heterogenen Elementen zusammengesetzt, bildeten die Angehörigen dieser und vieler anderer Berufsgruppen eine zahlenmäßig nicht unbedeutende Schicht abhängiger Arbeitnehmer, für welche die Bezeichnung Lohnarbeiterschaft durchaus am Platze ist (→ Lohnarbeit). Diese Feststellung darf freilich nicht zu der Annahme verleiten, daß es ein einheitl., für alle Arbeitnehmer gleichermaßen (wenn auch nur subsidiär) geltendes Arbeitsrecht gegeben hätte; die ma. Rechtsbildung knüpft ganz im Gegenteil an die verschiedenen, durch die Art der zu verrichtenden Tätigkeit individuell charakterisierten Arbeitsverhältnisse an. Daran haben weder die Rezeption des gemeinen Rechts noch die großen Gesetzgebungswerke des 18./19. Jh. etwas geändert; die Ausformung und systemat. Durchdringung arbeitsrechtl. Vorschriften sowie die Verselbständigung des Arbeitsrechts als eines Sonderrechts der abhängigen Arbeitnehmer ist erst eine der großen Leistungen der Rechtskultur unseres Jahrhunderts.

Hat somit jede eingehendere geschichtl. Betrachtung arbeitsrechtl. Verhältnisse bei den Sonderrechten der einzelnen Berufsgruppen anzusetzen, so lassen sich doch einige allen Sonderrechten gemeinsame Grundzüge feststellen. Zunächst: Allen Arbeitsverhältnissen ist wesentl. eine starke Betonung der gegenseitigen Treuepflicht, die jeden der beiden Vertragspartner verpflichtete, die Interessen und den Vorteil des anderen zu wahren und zu vertreten. In dieser Gestaltung des Arbeitsverhältnisses unterschied sich das ma. Recht grundlegend vom röm.-gemeinen Recht, das bei seiner individualist. Einstellung im Arbeitsvertrag nichts anderes sehen konnte als ein auf den Austausch der »Ware« Arbeit gegen Lohn gerichtetes zweiseitiges Geschäft. Ferner: Das ma. Recht hat nicht nur die schutzwürdigen Interessen der Vertragspartner, sondern auch die Bedeutung im Auge gehabt, die jedem Arbeitsverhältnis für das gesamte Wirtschafts- und Sozialleben zukam. Daraus erklärt sich die starke öffentl.-rechtl. Beeinflussung, der das Arbeitsverhältnis unterlag. Nicht nur die Frage, wer Vertragspartner sein konnte, sondern auch die sachliche Gestaltung der beiderseitigen Beziehungen (Art und Höhe der Entlohnung, Arbeitszeit, Vertragsdauer) waren weitgehend der Parteienautonomie entzogen und durch Vorschriften zwingenden Charakters geregelt. Starke öffentl.-rechtl. Züge trug v. a. das Recht der Vertragsverletzungen, und nicht zuletzt spiegelt sich im Eid, der vielen Arbeitnehmern bei Arbeitsantritt abgefordert wurde, das wirtschaftspolizeiliche Interesse der Obrigkeit an einem geordneten Arbeitsbetrieb. Schließlich: Der soziale Gehalt all dieser Bestimmungen ist – gemessen an dem allgemeinen Sozialbild jener Zeit – keineswegs gering zu veranschlagen. Gewiß, es fehlte an ausgesprochenen Arbeiterschutzgesetzen, und viele Normen tragen eher dem Interesse des Arbeitgebers als dem des abhängigen Lohnarbeiters Rechnung; aber das an der Idee des pretium justum (→ Preis, gerechter) orientierte Wirtschaftsdenken, die dem Arbeitsvertrag immanente Treuepflicht beider Partner sowie der starke personenrechtl. Einschlag, der den meisten Arbeitsverhältnissen eigen war, standen einer Entwertung und Entseelung der Lohnarbeit entgegen – wie sie dann unter dem Einfluß des Wirtschaftsliberalismus und der Lehre von der Vertragsfreiheit um die Mitte des 19. Jh. einsetzte.   W. Ogris

Q. und Lit.: HRG I, 206–211 – E. MOLITOR, Zur Gesch. des Arbeitsvertrags, Zs. für das ges. Handelsrecht 87, 1924 – W. EBEL, Gewerbl. Arbeitsvertragsrecht im dt. MA, 1934 – H. HON-FIRNBERG, Lohnarbeiter und freie Lohnarbeit im MA und zu Beginn der Neuzeit (Veröff. des Seminars für Wirtschafts- und Kulturgesch. an der Univ. Wien II), 1935 – E. SCHMIEDER, Gesch. des Arbeitsrechts im dt. MA I, 1939 – H. PLANITZ–TH. BUYKEN, Bibliogr. zur dt. Rechtsgesch., 1952, bes. 705 f. – W. EBEL, Q. zur Gesch. des dt. Arbeitsrechts (Quellenslg. zur Kulturgesch. 16), 1964 – W. OGRIS, Gesch. des Arbeitsrechts vom MA bis in das 19. Jh., Recht der Arbeit, 20. Jg., 1967, H. 8/9, 286-297.

B. Byzanz

Innerhalb der sozialen Beziehungen bildeten sich in Byzanz – ebenso wie andernorts – Vorstellungen von Arbeit und Lohn, von Gewinn und Profit, aber auch von Erholung heraus; diese Vorstellungen waren nicht frei von

Widersprüchen: Der Mensch ist von Gott geschaffen, um zu arbeiten; die Arbeit allein ist die Quelle von Wohlergehen und Reichtum. Um den Kranz zu empfangen, muß der Athlet in der Arena den Sieg davontragen, und durch seine Tapferkeit im Kampf erringt der Soldat das Anrecht auf seinen Beuteanteil. Diese Lehren und Aussagen des NT wurden durch die Kirchenväter des 4.Jh. weitergebildet und wirkten dann unverändert während der gesamten byz. Epoche fort: Es ist die Pflicht des Arbeitgebers, sofort nach beendigter Arbeit den Lohn auszuzahlen, auch wenn die Arbeit von einem Armen ausgeführt wurde, der Arbeiter von einem Verwandten geschickt wurde oder es sich bei ihm um einen im Lande Fremden handelte. Auf dieser Verpflichtung besteht auch der Gesetzgeber (Johannes Damaskenos, 8.Jh.) im Anschluß an das 3. Buch Mose: »Es soll des Tagelöhners Lohn nicht bei dir bleiben bis an den Morgen« (Lev XIX, 3). Tatsächl. gibt es stets Verworfene, die Arme oder Wehrlose für sich arbeiten lassen, ohne ihnen Lohn oder Nahrung zu geben. Als Regel gilt das Wort des Apostels Paulus: »Dem aber, der mit Werken umgeht, wird der Lohn nicht aus Gnade zugerechnet, sondern aus Pflicht« (Röm IV, 4). Die einzige Form der Arbeit, die in Betracht kommt, ist die Lohnarbeit. Die Fronarbeit wird stillschweigend verworfen, was der Vorstellungswelt der byz. Agrargesellschaft entspricht. Die Einkünfte aus der Ausbeutung des Bodens wie Pacht- oder Mietzins werden als gerecht angesehen, wenn sie in den Grenzen bleiben, die das Gesetz ihnen vorschreibt, nicht aber der Profit, der aus der Ausbeutung der Arbeit anderer gezogen wird, und ebensowenig der Spekulationsgewinn. »Ein Kaufmann kann sich schwer hüten vor Unrecht und ein Krämer vor Sünden« (Sir XXVI, 29). Das ergibt sich aus den Gefahren und Verlockungen, die seinem Gewerbe immanent sind: Er kann mit Gewichten und Maßen betrügen; er wird sich Dürre- und Hungerperioden zu nutze machen, indem er Getreidespekulation betreibt; er wird sich beim Kauf von Waren der Münzverschlechterung zu seinem Vorteil bedienen, da er auf diesem Gebiet Meister ist. Der Wucher ist streng verboten, wenn auch der Geldhandel im 9.Jh. legitimiert wird. Wer sich jedoch auf die Unsicherheiten der Darlehensgeschäfte einläßt, findet keine soziale Achtung. Die Moral der byz. Gesellschaft, die nur den Handel mit den Überschüssen des Handwerks (wobei der Handwerker Mitglied seiner Zunft ist) und der Landwirtschaft (wobei der Bauer wiederum Angehöriger der Dorfgemeinde ist) anerkennt, lehnt den Wiederverkauf und jeden im großen betriebenen Handel ab, der mit dem Ziel, Profit zu machen, betrieben wird. Im 12.Jh. führte die Bevölkerung von Konstantinopel bei der Verwaltung Klage darüber, daß die Fischkleinhändler, die Fische für 1 Bronzefollis das Dutzend bei den Fischern kauften, diese mit Gewinn weiterverkauften, indem sie 1 Bronzefollis für zehn Fische verlangten. Ein ähnl. Verhalten wurde den Obsthändlern vorgeworfen, wobei ein Literat jedoch die Meinung vertrat, daß das Volk den Preis für die Mühe der Verkäufer vernachlässige, die auf ihrem Rücken die Ware zum Markte getragen hätten. Die Aufschläge für Aufwendungen wurden gleichwohl anerkannt: So wurde z.B. den Reedern, die am Anfang des 9.Jh. dem Staat Geld liehen, ein Zinssatz von 16,66% zugestanden. Eine solche Gewinnspanne wurde im folgenden Jh. u.a. auch den Gewürzhändlern der Hauptstadt eingeräumt. Jeder Versuch, den ein Handwerker unternahm, seinen Profit zu erhöhen, wurde streng bestraft. Ein Handelsschiff, das der Frau des Ks.s Theophilos gehörte, ließ die empörte Basileus verbrennen. So waren die Verhältnisse noch in der ersten Hälfte des 9.Jh. In späterer Zeit gingen die Kaufleute zu rücksichtsloserer Bereicherung über, und viele Aristokraten machten Vermögen mit quasi »unwürdigen« und nicht standesgemäßen Mitteln. Die trennende und antiökonom. Haltung der byz. Gesellschaft gegenüber Arbeit und Lohn zeigt sich an den kirchl. Institutionen: Die monast. Regeln schrieben dem Mönch stets die Arbeit innerhalb des Wirtschaftsorganismus seiner koinobit. Gemeinschaft als notwendig für sein Seelenheil vor; trotz der ksl. Gesetze zog das byz. Mönchtum dem jedoch die persönl., gleichsam »asoziale« Askese vor. Das war wiederum voll grundsätzl. Widersprüche: Am Ende des Byz. Reiches waren die Klöster Eigentümer von zwei Dritteln des Bodens. Hiervon müßte eine Untersuchung der A. in der byz. Welt ausgehen – eine Forschungsarbeit, die noch zu leisten ist. A. Guillou

Lit.: A. GUILLOU, La Civilisation byzantine, 1974.

C. Judentum

Die aus → Bibel und Apokryphen ableitbare Wertschätzung der (körperl.) A., die sich in talmud. Zeit – bei vereinzeltem (aristokrat.) Widerspruch – fortgesetzt und ausgestaltet findet, bleibt für das Judentum des MA bestimmend. A. ist nicht als Folge von Sünde minderbewertet; einen Beruf (Unabhängigkeit, Schutz vor Müßiggang) zu haben, ist positives bibl. Gebot, Handarbeit somit keineswegs zu verachten, obwohl manches → Handwerk mehr, manches weniger angesehen war. Insgesamt relativiert sich die hohe Einschätzung der A. durch eine höhere des → Tora-Studiums, das aber nie (alleinige) Existenzgrundlage, sondern immer mit A. verbunden sein soll (Bezahlung ist dann Ausfallentschädigung für entgangenes Einkommen aus A.). Südl. einer (gedachten) Pyrenäen-Balkan-Linie, im Mittelmeerraum und im islam. Bereich, konnten die Juden mit den ererbten Berufen (→ Judentum, Berufsstruktur) auch weitgehend ihre Einstellung zur A. beibehalten. Doch die nördl. dieser Linie immer massivere – christliche – Abdrängung (die freilich nicht ausschließl. religiös, sondern auch sozial-polit. zu sehen ist) aus fast allen Handwerken, wirkte sich zusammen mit einer ungewöhnlich hohen Einschätzung von Bildung und Wissen (in wechselseitiger Bedingung) in steigender Wertschätzung von nicht-manueller Tätigkeit und in zunehmender Geringschätzung von Handwerkstätigkeit aus, was sich erst mit den Ideologien der Neuzeit – zum Teil – wieder änderte. J. Wachten

Lit.: EJud (engl.) X, 1320–1330 – TRE III, 618–622 – S. KALISCHER, Die Wertschätzung der A. in Bibel und Talmud (Fschr. H. COHEN, 1912), 579–608 – S. FEDERBUSH, The Jewish Concept of Labor, 1956.

D. Islamische Welt

Die Organisation der A. in der traditionellen islam. Welt (wobei gegenwärtige Transformationen unberücksichtigt bleiben) resultiert aus der Verbindung von dem Islam eigenen Momenten mit den Traditionen der Völker, die zumeist alten Kulturen angehörten und sich zunehmend dem Islam erschlossen. Im Unterschied zu bestimmten Tendenzen in der östl. Christenheit hat der Islam im großen und ganzen den Wert der Arbeit anerkannt: Vorausgesetzt, daß sich der Gläubige bestimmten Regeln und Verboten unterwirft, ist es seine Pflicht, sich der Mittel, die Gott ihm verliehen hat, zu bedienen, um den Unterhalt seiner Familie und der Gemeinschaft, in der er lebt, zu sichern. Die Formen des Asketismus, welche die Versorgung irgendeines Gläubigen – und sei er selbst ein Heiliger – der A. der Gesamtgemeinschaft aufbürden, sind (zumindest in der islam. Frühzeit) Gegenstand ernsthafter Kritik gewesen. Wenn das Streben nach »Wissenschaft« eine so hohe Wertung erfuhr, wie es im Islam geschah, dann wurde dabei vorausgesetzt, daß die Wissenschaft ohne den Blick auf einen materiellen Ertrag betrieben wurde, d. h. daß derjenige, der sich ihr widmete, bereits über Einkünfte verfügen mußte, deren Grundlage in seinem Vermögen, ebenso aber auch in seiner A. im Bereich der Produktion oder des Handels liegen konnte.

Die traditionelle islam. Gesellschaft ist fakt. gegliedert: in die polit.-militär. Aristokratie, die Gruppe der Geistlichen und Rechtsgelehrten sowie die Beamten, weiterhin die Handwerker, Handel- und Gewerbetreibenden, schließlich – außerhalb der Städte und fast außerhalb der gesellschaftl. Gliederung – die Bauern und – zumindest in Teilen der islam. Welt – die Hirtennomaden (→ Bauerntum, → Nomaden). Diese beiden letzten Gruppen sind hier ebensowenig zu behandeln wie die drei erstgenannten; im Folgenden sei nur auf die A. im eigtl. Sinne eingegangen: d. h. die »manuellen« Tätigkeiten im städt. Bereich.

Die techn. Bedingungen der A. in der islam. Welt sind zu wenig erforscht, um hier detailliert dargestellt werden zu können. Im großen und ganzen ererbte die muslim. Welt die in der Antike gemachten Erfindungen und Techniken, die im islam. MA weiter verbreitet und z. T. vervollkommnet wurden und im Rahmen der damaligen Möglichkeiten eine große Bedeutung erlangten. Den antiken Errungenschaften wurden etliche neue hinzugefügt, z. B. das → Papier, ursprgl. eine chin. Erfindung, die bis zur Übernahme durch die Araber auf China beschränkt blieb. Die Bedeutung des Papiers für das intellektuelle Leben wie für den Bereich der Verwaltung war beträchtlich. Es ersetzte den → Papyrus, der vorher überall vorherrschend gewesen war und sich übrigens in islam. Zeit von seinem Herkunftsland Ägypten nach Sizilien verbreitet hatte. Andere Fortschritte wurden auf den Gebieten des → Hüttenwesens, der → Keramik, der Glasproduktion (→ Glas und Glasherstellung) und der Textilverarbeitung (→ Textilien) erzielt. Der erreichte techn. Stand darf allerdings nicht über zwei Grundtatsachen hinwegtäuschen:

1. Es ist die Ausnahme, wenn die Produktion quantitativ die Bedürfnisse der Gesellschaft, innerhalb derer produziert wird, überschreitet; es geht daher auch nie in erster Linie darum, die A. und die Beschäftigung von Arbeitskräften im »nationalen« Maßstab durch Entwicklung des Exports zu sichern, sondern vielmehr, die Bedürfnisse der Konsumenten zu befriedigen – wenn nötig, durch Import. – 2. Die menschl. Arbeitskraft ist absolut vorherrschend; ledigl. in der Landwirtschaft und Bewässerung wird sie durch tier. Arbeit ergänzt. Die Wassermühle, verbreiteter als die Windmühle (→ Mühlen), ist außer für das Mahlen von Getreide auch für das Pressen von Öl und Zuckerrohr in Gebrauch.

Insgesamt war die Technik eine empir. Angelegenheit des Handwerkers und nicht der Gegenstand wissenschaftl. Forschungen wie in der Moderne. Naturwissenschaft (zu dieser Zeit sehr abstrakt) und Technik gingen getrennte Wege, und da nur die Gelehrten schreiben konnten, wurden techn. Dinge kaum der Gegenstand schriftl. Abhandlungen; sie waren Werkstattgeheimnisse, die man nur innerhalb des Berufsstandes weitergab. Grosso modo war die A. eine individuelle: Jeder Arbeiter stellte für sich das gesamte Produkt oder doch einen bedeutenden, in sich abgeschlossenen Teil davon her; eine organ. Verbindung der getrennten Produktionsgänge, die zur Fertigung eines Produktes beitrugen, gab es prakt. nicht. In den großen Zentren und innerhalb der wichtigen Produktionszweige konnte man zwar eine bedeutende Anzahl von Handwerkern in gemeinsamen Werkstätten zusammenfassen; es handelte sich jedoch nur um ein einfaches Nebeneinander individueller Tätigkeiten mit individuellen Werkzeugen. Dabei gab es in den Großstädten der islam. Welt eine extreme Verästelung der einzelnen Gewerbe, v. a. auf dem Lebensmittel- und Textilsektor. Die Textilgewerbe umfaßten eine Abfolge in der Fabrikation: Spinnerei (oft von Frauen ausgeübt), Weberei (meist Männersache), Färberei, Wäscherei; die eigtl. Herstellung der Gewänder war wiederum differenziert. Im allgemeinen existierte kaum eine Scheidung zw. Produktion und Handel; der Hersteller vertrieb sein Produkt persönl. im Rahmen des lokalen Handels. Dennoch gab es Kategorien von Waren, die der Produzent nicht selbst vertreiben konnte und von denen Exportgewerbe, die einen mehr oder weniger weiten Radius hatten, lebten. Diese Warengattungen bildeten das eigtl. Betätigungsfeld des Großhandels. Zur Kategorie dieser Waren zählten bes. Luxustextilien. Infolgedessen war in diesem Fall der Produzent in mehr oder weniger starker Abhängigkeit vom Großkaufmann, der eine Vorform des Kapitalismus darstellt. Der große soziale Einschnitt besteht also nicht zw. Handel und Produktion, sondern zw. Handwerker und kleinem Händler einerseits, dem Großkaufmann andererseits. Letzterer beschäftigt sich auch mit Vorliebe mit allerlei finanziellen Operationen, die wir als → Bankwesen bezeichnen würden – außer dem Geldwechseln, das die Domäne der Wechsler bleibt, die dafür fakt. keinen Zugang zu den übrigen Bankgeschäften haben.

Der kleine Handwerker ist in der Regel Einzelunternehmer. Die Assoziationsverträge zw. Kapital und Produktion, die wir häufig in der Sphäre der Großkaufleute antreffen, begegnen in der Welt der kleinen Handwerker kaum. Der Handwerker beschäftigt normalerweise eine kleine Zahl von Lehrlingen und einige Sklaven, sofern A.en, die keine bes. Kenntnisse erfordern, auszuführen sind; er hat auch oft einige Gehilfen. Im Fall derjenigen Mühlenbesitzer, die nicht selbst die Mühle bedienen und sie ledigl. als Spekulationsobjekt besitzen, besteht ein Verhältnis, das stärker der modernen Beziehung zw. Kapital und → Lohnarbeit ähnelt; doch bleibt dies ein Phänomen von sehr begrenzter Bedeutung.

Von großer Wichtigkeit ist die unfreie A. Es ist allgemein bekannt, wie verbreitet die → Sklaverei in der islam. Welt bis in die jüngere Vergangenheit war. Wenn auch der Islam in der Theorie nicht die Sklaverei begünstigte, verbot er sie andererseits doch nicht (ebensowenig wie das frühe Christentum), und die Existenz kulturell unterlegener Völker am Rande der islam. Welt, bei denen man sich durch Razzien oder Handel Sklaven verschaffen konnte, ermöglichte, stets auf Sklaven und ihre Arbeitsleistung zu zählen. Dabei ist bemerkenswert, daß diese Verhältnisse parallel zur Entwicklung sowohl einer militär.-feudalen Aristokratie als auch einer handeltreibenden Bourgeoisie bestehen bleiben; von einer Abfolge Sklavenhaltergesellschaft-Feudalismus-Kapitalismus kann hier also keine Rede sein. Dabei ist ein mögliches Mißverständnis auszuschließen: Zwar kommt es im 9. Jh. im unteren Irak, wo schwarze Sklaven auf den großen Domänen die Landarbeiten ausführen, zu Revolten, die mit antiken Sklavenaufständen wie dem des Spartacus vergleichbar sind. Doch stellt die dortige Situation eine Ausnahme dar: Im allgemeinen wird die Landarbeit von Bauern verrichtet, die nicht den Status von Sklaven haben. Die Sklaven treten auf dem flachen Land ledigl. in Erscheinung, um die Zinsen und Abgaben für ihren Herrn einzutreiben, oder aber sie arbeiten in der Mühle, an der Ölpresse oder Kelter. Im wesentl. ist der Sklave in der islam. Welt jedoch eine Erscheinung der Städte: als Hausklave, der dabei auch, wie es sich von Fall zu Fall ergeben mag, im Handwerk, manchmal auch im Handel Verwendung findet.

Eines der meistdiskutierten und bedeutendsten Probleme ist die Organisation der Gewerbe. Man kennt den traditionellen Typ der islam. Stadt (→ Stadt, Städtewesen) mit ihren vielfältigen Gewerbezweigen, die sich auf die einzelnen Marktstraßen (sūqs) verteilen; begünstigt durch eine Nachlässigkeit der Terminologie und eine unzureichende Abgrenzung der Epochen und Kulturen hat man von einer berufsständ. Organisation gesprochen und diese mit dem Zunftwesen des Westens, wie es bes. ausgeprägt in Italien und Flandern aufscheint, gleichgesetzt. Hier muß differenziert werden. Es gab stets eine bestimmte gewerbl. Organisation; entscheidend ist jedoch, ob sie staatlich-etatistischen Ursprung und Charakter wie in hellenist. Staaten, im spätröm. und byz. Reich besitzt oder ob sie durch eine bestimmte Autonomie und eigenständige genossenschaftl. Elemente gekennzeichnet ist. Es gibt kaum einen Zweifel, daß in der islam. Welt des MA das System des spätröm. Reiches, wenn auch mit einigen Modifikationen, weitergeführt wird. Der Staat registriert die Mitglieder der einzelnen Gewerbezweige, erläßt Verordnungen für sie, erhebt von ihnen Natural- oder Geldabgaben, verpachtet ihnen Werkstätten. Mit dieser Gewerbeaufsicht ist v. a. ein bestimmter Beamter, der muḥtasib, beauftragt (er hat sich der →ḥisba anzunehmen); ihm unterstehen in den großen Gewerbezentren bes. Inspektoren für die einzelnen Handwerker. Diese können selber Gewerbetreibende sein; der muḥtasib jedoch ist in der Regel Rechtsgelehrter; oftmals wird er später qāḍī (Kadi); in jedem Fall wird er vom Staat ernannt. Seine bes. Aufgabe ist es, über die Einhaltung des Gesetzes zu wachen, ja sogar, die »wirtschaftl. Moral« zu gewährleisten, d. h. auf einwandfreie Qualität der Waren und angemessene Preise zu achten. Die Handbücher, die zu seinem Gebrauch bes. am Ende des MA verfaßt werden, sind wertvolle Quellen für die Kenntnis der Techniken in den verschiedenen Gewerbezweigen, die der Jurisdiktion des muḥtasib unterstehen.

Die Annahme, es hätte in der Wirtschaft der islam. Welt echte genossenschaftl. Strukturen gegeben, ist oft dadurch begünstigt worden, daß man die Gewerbe zu den sog. futuwwa-Bünden in Beziehung setzte (→ futuwwa). Es handelt sich um korporative Verbände, die in ihrer Mehrheit tatsächl. von Arbeitenden gebildet wurden, deren Struktur jedoch nicht berufsständ. und gewerbemäßig geprägt war. Die einzelnen Gruppen, in die sie gegliedert waren, konstituierten sich nicht auf der Grundlage von Berufen. Wichtige soziale Funktion der futuwwa-Bünde war die gegenseitige Hilfe auf gemeinschaftl. Basis; sie übten jedoch keine Kontrolle über die Gewerbe aus. Will man sie mit Traditionen des chr. Europa vergleichen, so sind es eher die Arbeitervereine, denen die futuwwa nahestehen. Die futuwwa-Bünde spielen häufig eine große Rolle im öffentl. Leben und bei Unruhen; die Gewerbe erscheinen bei Störungen der öffentl. Ordnung jedoch nur im Zusammenhang mit Maßnahmen, die sie speziell betreffen; bei solchen Anlässen ist jedoch nie von den futuwwa die Rede. Zumindest gilt dies für das klass. islam. MA. Am Ende des MA entwickelte die futuwwa, bes. im iran.-türk. Raum, Formen mit berufsständ.-korporativem Charakter; das Osman. Reich verbreitete diese Organisationsformen in seinen gesamten Territorien. In modernen Zeiten sind darum die Anleitungen für futuwwa oft eine Art Merkbuch für Gewerbe und Handwerk. Das ist jedoch die Frucht einer späten Entwicklung, die man nicht auf das islam. MA rückprojizieren darf.

In der klass. islam. Gesellschaft lebten Juden, Christen, Zoroastrier im Iran usw. ohne strenge Trennung von den Muslimen. Folglich gab es auch keine Berufe, die das Monopol einer Glaubensgemeinschaft gewesen wären. Es gab allerdings einzelne Gewerbe, die schlecht angesehen waren, z. B. die Färberei, weil sie mit üblem Geruch verbunden war; es war daher für Mitglieder angesehener Familien unangemessen, ihre Tochter einem Färber zu verheiraten. Andere Gewerbe, die etwa mit dem Weinhandel und der Verarbeitung von Schweinefleisch in Verbindung standen, waren den Muslimen untersagt und konnten darum nur von Nichtmuslimen ausgeübt werden. Ebenso scheint die Färberei und die Glasproduktion dort, wo Juden lebten, von diesen ausgeübt worden zu sein (→ Judentum, Berufsstruktur).

Preise und Löhne (mit Ausnahme der Preise für Grundnahrungsmittel in Not- und Krisenzeiten) waren frei und unreglementiert; allerdings mit der Einschränkung, daß die Makler, die eine bedeutende Rolle im Wirtschaftsleben spielten, in der Praxis für einen Ausgleich sorgten.

Die Preise und Löhne differierten erhebl. nach Ländern und Zeiten; sie waren in den großen Zentren weitaus höher als anderswo. Das monatl. Grundeinkommen eines ungelernten Arbeiters scheint in Bagdad ungefähr 2 Golddenare betragen zu haben, etwa die Hälfte in Ägypten oder in Zentralasien. Es war schwierig, damit eine Familie auch nur auf kümmerliche Weise durchzubringen, doch waren in den meisten Familien stets mehrere Mitglieder auf der Suche nach Verdienstmöglichkeiten; ebenso arbeiteten bei den Handwerkern mehrere Familienmitglieder und erhöhten so Absatz und Einkommen.

Neben der individuellen Produktion gab es verschiedene Formen staatl. organisierter A., die an vielen Orten bestand, bes. aber in Ägypten, das zu allen Zeiten ein Hort des Etatismus gewesen war. Es handelte sich in der Regel um große Werkstätten, die spezialisierte Arbeiter derjenigen Gewerbezweige vereinigten, die sich der Staat vorbehalten hatte: Münzstätten (→ Münzwesen), Waffenschmieden (→ Waffen, Waffenherstellung), Werften und Arsenale der Kriegsmarine (→ Werft, → Flotte), Werkstätten zur Herstellung von → Papyrus und → Papier. Häufig gehörte hierzu auch die Produktion von Luxustextilien, die dem Fürsten, seinen hohen Beamten und Höflingen vorbehalten waren oder die der Herrscher für ausländ. Würdenträger als fürstl. Geschenk vorgesehen hatte (→ Textilien). Privater Handel mit diesen Gütern war verboten, wie er ebenso auch für Eisen, das für die Waffenproduktion bestimmt war, und für das der Kriegsmarine vorbehaltene Bauholz untersagt war (→ Monopole, → Manufaktur, staatl.). Der Begriff Dāraṣ-ṣināʿa, der diese Staatswerkstätten bezeichnet, hat sich als 'Arsenal' über Italien in den europ. Sprachen eingebürgert (→ Arsenal). Die Textilwerkstätten wurden nach ihrer bedeutendsten Produktion als ṭirāz bezeichnet. Es gab sie in allen großen Zentren.

Die Vorstellung vom »Mittelalter« umfaßt in der islam. Welt nicht den gleichen Zeitraum wie bei den europ. Völkern. In gewissem Maß mußte daher hier das bes. reiche Quellenmaterial aus osman. Zeit herangezogen werden: v. a. die Darstellung der Gewerbe im Istanbul des 17. Jh., deren Leben bereits etwas stärker zünftlerisch-korporativen Charakter tragen. Sie unterliegen dabei auch dem Gegenstoß der europ. Entwicklung zur Zeit des beginnenden Kapitalismus. Insgesamt erscheint die Organisation der Arbeit in den islam. Ländern als Zeuge einer Aktivität, die von Europa erst später erreicht wurde, jedoch zugleich mehr wohl als diese in der Tradition der spätantiken Mittelmeerwelt verharrte, der die islam. Welt auch geogr. nachfolgt. C. Cahen

Lit.: EI[1], s.v. Ṭirāz – EI[2], s.v. ʿAbd, Akhi, Futuwwa, Hisba – A. Mez, Die Renaissance des Islams, 1922 – R. Brunschvig, Métiers vils en Islam, Studia Islamica 16, 1962, 11–60 – S.D. Goitein, A Mediterranean Society I, 1967, Kap. 2 – E. Ashtor, Hist. des Prix et Salaires dans l'Orient Médiéval, 1969 – The Islamic City, hg. A. Hourani–S.M. Stern, 1969 (bes. die Beitr. von C. Cahen und S.M. Stern) – H. Müller, Sklaven (HO, I. Abt., VI 6, T. 1, 1977), 53–83 – F. Taeschner, Zünfte und Bruderschaften als Gesellschaftsformen im Islam. Texte zur Gesch. der Futuwwa, 1979 (Bibl. des Morgenlandes).

Arbeitsbilder

I. Westen – II. Byzanz.

I. Westen: Bei den ma. A.n handelt es sich zumeist um einfache und dabei sehr anschaul. Abbildungen von Werkzeugen und ihrer Handhabung und auch von techn. Vorgängen, über die schriftl. Überlieferungen keine Auskunft geben. Im allgemeinen kann man davon ausgehen, daß die Darstellungen die zeitgenöss. Arbeitsweise wiedergeben. A. als Selbstzweck kennt das MA nicht, sondern sie sind Illustrationen zur Bibel oder zu Psaltern und Monatsbildern in Stundenbüchern, Heiligenlegenden, Historienbüchern, Urbaren u.a., die jeweils entsprechend der ma. Zeitauffassung aktualisiert werden, aber auch nach Vorlagen kopiert sein können, was wegen der damals geringen und langsamen techn. Entwicklung unerheblich ist. Bei der Interpretation des Dargestellten müssen ferner Entstehungsort, Anlaß und künstler. Vermögen berücksichtigt werden, dazu ikonograph. Umdeutungen und die übliche Disproportion bes. bei den Werkzeugen und Bauten. Im 12./13. Jh. kam es im Abendland in Landwirtschaft und Handwerk zu einer Reihe techn. und organisator. Veränderungen und Verbesserungen, die eine Stufe erreichten, die bis ins spätere 15. Jh. weitgehend unverändert blieb; nur auf dem Gebiet der Mechanik und Chemie wurden grundlegende Erfindungen des 12./13. Jh. weiterentwickelt.

Der Bericht in der Genesis über die Arbeit des ersten Menschenpaares wurde zum Ursprung der chr. A.; die charakterist. Arbeitsteilung der Geschlechter ist von Anfang an gesichert, wie die auf altchr. Sarkophagen häufige Szene der »Arbeitszuweisung« zeigt: Christus reicht Adam die Garbe (Feldarbeit) und Eva das Lamm (Haus- und Stallarbeit); gelegentl. Abweichungen sind möglich: auf einer Elfenbeinplatte des auf byz. Vorbilder zurückgehenden Altarvorsatzes von Salerno hacken Adam und Eva, ebenso auf einem Fassadenrelief in Modena; auf byz. Elfenbeinkästchen schmiedet Adam, Eva zieht den Blasebalg (Kasten in Cleveland, 10. Jh.). Sehr bald hat sich aber für Eva das Spinnen durchgesetzt (Mosaik im Dom zu Monreale, Ende 12. Jh.), wie es das Malerbuch vom Berge Athos vorschreibt; Adam hackend oder später auch grabend bleibt das übliche Programm, von dem nur selten abgewichen wird; hinzu kommen kann das Kornmähen (Kasten von Cleveland) und das Heimtragen der Garben (Elfenbeinkasten Mus. Darmstadt, 10./11. Jh.); Adam als Pflüger ist eine byz. Erfindung (Elfenbeinkasten, Köln Kunstgewerbemuseum, 10./11. Jh.: Adam pflügt mit einem Ochsengespann), die von der it. Kunst übernommen wird, schon die Renaissance vorbereitend, und die auch zum Norden vorgedrungen ist (Wandmalerei des Tiroler Schlosses Lichtenberg um 1400). Wie sein Vater ist auch Kain in der byz. Kunst mit dem Ochsengespann pflügend dargestellt (Saray-Oktateuch, Anf. 12. Jh.; Fresko Klosterkirche Dečani, nach der Mitte 14. Jh.).

Das zweite, recht umfangreiche Arbeitsthema der Genesis ist der Bau der Arche Noah, das dritte häufig und reich illustrierte der Turmbau zu → Babel. Ferner finden sich dort A. zu Noahs Städtebau, Weinlese, Josephs Kornspeicher; in den anderen Geschichtsbüchern des AT erscheinen A. zu Ziegelstreichen der Juden, Ruths Ährenlese, Bau- und Wiederherstellung des Tempels. Das NT bietet A. zum Fischfang Petri und zu den Gleichnissen Jesu. Das Thema »Heilige Familie bei der Arbeit« kommt in der zweiten Hälfte des 15. Jh. auf und erfährt erst um 1500 vielfältige Ausformung. Auch beginnt erst Anfang des 15. Jh. die Darstellung der Heiligen und Schutzpatrone der Zünfte mit den ihnen zugeschriebenen Beschäftigungen. Weitere Quellen von A.n sind Historienbücher und der Sachsenspiegel (Ill. Hs. in Heidelberg, Dresden, Wolfenbüttel, Oldenburg, 14. Jh.) sowie Urbare (Vieil Rentier de Messire Jehan de Pamele-Audenarde um 1275).

Handwerk und Gewerbe waren nicht wie die Arbeit des Landmannes in die göttl. Weltordnung, in den Kreislauf des Jahres eingebunden; wenn auch das scholast. System durch Einbeziehung der Künste, nicht nur der sog. freien, eine Brücke schlug, dargestellt wurden sie vornehml. auf ihren frommen Stiftungen, bes. auf Glasfenstern frz. Kathedralen (Chartres, Bourges) und Kapitellen. Am Dogenpalast in Venedig zeigt ein achtseitiges Kapitell (Anfang 14. Jh.) eine große Gewerbeschau: Notar, Schmied, Steinmetz, Goldschmied, Schuhflicker, Zimmermann, Kornmesser und Landmann. Ebenfalls in Venedig wurden zu Anfang des 13. Jh. in der Bogeneinfassung der Nische über dem Hauptportal von S. Marco die 14 Arti (Gewerbe) dargestellt: Schiffbau, Wein- und Brotverkauf, Fleischerei, Milch- und Käseverkauf, Baustelle, Schusterwerkstatt, Baderstube, Küferei, Schreiberei, Zimmerei, Schmiede und Fischfang. Ergänzende Angaben bieten die Monatsdarstellungen (→ Jahresdarstellungen), vornehml. für die Landwirtschaft und den Weinbau, aber auch für das Schlachten, Backen und Baumfällen als ebenfalls an den Jahreslauf gebundene naturnahe Tätigkeiten, so schon in einem Kalenderblatt aus Fulda (letztes Drittel 10. Jh., Berlin, Staatsbibl. Ms. theol. lat. fol. 192), am Radovan-Portal der Kathedrale von Trogir (um 1240), dann bes. an den got. Kathedralen Frankreichs (Amiens, Chartres, Paris, Rampillon, Reims, Rouen, St-Denis, Semur, Senlis und Lausanne, Ende 12./13. Jh.), aber auch an der Pfalz in Gelnhausen (um 1170), ferner im Stundenbuch des Duc de Berry (1411/16) und in der Wandmalerei (Trient, Bischofspalast, Adlerturm, nach 1400) u. a. In der zweiten Hälfte des 15. Jh. kommen immer mehr und detailreichere A. auf, die vielfältige Angaben zu Tätigkeiten und Werkzeugen enthalten, hier aber unberücksichtigt bleiben müssen, weil im letzten Viertel des 15. Jh. die ma. Auffassung vom A. durch bürgerl. Interessen abgewandelt und weiterentwickelt wird: Beginn der gedruckten Bibeln und Bücher mit Holzschnittillustrationen, Brüderbücher (Hausbuch der Mendelschen Zwölfbrüderschaft zu Nürnberg, 1426–1549, Faks. München 1965; Reiner Musterbuch, Anfang 13. Jh., Faks. Graz 1979; Luttrell Psalter, 15. Jh., MS des British Museum London).

Folgende Gewerbe, Handwerke und Tätigkeiten mit ihren Werkzeugen sind bildl. aus dem abendländ. MA überliefert:

Landarbeit: Hacke mit breitem Blatt, got. Hacke mit vorn spitz zulaufendem Blatt, zweizinkige Karst, Rothacke, eisenbeschlagener Holzspaten, Hakenpflug, Beetpflug mit gebogener Achse und großer hölzerner Abwälzplatte, Rahmenpflug, seit dem 11. Jh. Rahmenegge (Teppich v. Bayeux 1066/82), linnenes oder geflochtenes

Sätuch oder Korb, Sichel zum Getreidemähen, auch mit gezähnter Schneide, seit 15.Jh. Getreidesense mit Rost zum Ablegen des Getreides, Heusense, hölzerner Rechen und Heugabel; das zu Garben gebundene und zunächst aufgehockte Getreide wird in Scheunen oder Schober (Feime) gefahren und auf gedeckten Tennen mit Dreschflegeln aus Halter und Schläger gedroschen, mit Kornschaufel, Besen oder Sieb geworfelt und dann durch Sieb von Sand und Unkraut gesäubert, in Säcke gefüllt und zum Schüttboden oder seit dem 13.Jh. zu oberschlächtigen, häufig wassergetriebenen Mühlen getragen; Kornmesser mit der Holzschaufel ein Getreidemaß füllend. Ferner Melken von Kühen, Butter- und Käsebereitung, beim Verkauf wird Milch mit der Kelle aus einem Faß in Krüge geschöpft, Käsestücke werden gewogen. Rübenernte, Ölpresse, Schafschur.

Weinbau: dreieckige Hacke, zweizinkiger Jäthaken, eisenbeschlagener Holzspaten und Schaufel, Winzermesser, Traubenlese, in Körben und Kiepen (Hotten) zu Wagen und Kelter tragen, die seit dem 14.Jh. detailreich als Schraubenpresse dargestellt ist, Mostern mit Füßen und Mosterkolben in einer Kufe oder einem Faß stehend, Lagern des Weines in Fässern und Abzapfen in Krüge.

Fischfang → Fischfang.

Fleischer: Beil und Messer, Betäuben, Kopfabhacken, Ausnehmen und Zerteilen, auch der Verkaufstisch (Glasfenster der Kathedrale von Bourges).

Bäcker: Mehlmahlen mit Handmühle (Burg Karlstein um 1360), Mehlsieben durch ein Haarsieb, Backen, Brote wiegen, in Körben tragen und auf einem Schemel verkaufen (Hauptportal von San Marco in Venedig, Anfang 13.Jh.).

Flachs- und Wollverarbeitung: Flachs brechen und rotten, mit einem hölzernen Klopfer aus den nach dem Brechen übriggebliebenen Flachs- und Hanffasern Flachsflocken riffeln, Auskrempeln bzw. Hecheln der Fasern mit einem hölzernen, mit Eisennägeln versehenen Kamm, Spinnen mit Spinnrocken und Spindel oder in Strähnen zusammenwinden. Der Rockenstock steckt im Gürtel, steht auf einem festen Fuß oder wird in der Achsel oder zw. den Knien festgehalten. Schon im frühen MA wird neben dem Plättchenwebstuhl auch der Vertikalwebstuhl dargestellt (Utrecht-Psalter, erstes Drittel 9.Jh.), der horizontale Webstuhl mit einem Fach zum Durchwerfen des Schiffchens erst seit dem 14.Jh. (Haus der Kunkel in Konstanz, Anfang 14.Jh.). Ferner wie Garn hergestellt und auf der Garnwinde aufgewickelt wird, Wolle gewaschen, gekämmt und gesponnen und wie auf vier Nadeln verteilt ein Gewand gestrickt (Buxtehuder Altar des Meisters Bertram um 1400) und in einem Bottich gewalkt wird. Das frisch gewebte Tuch reinigten Reifer mit einem Noppeneisen von Knoten, es wurde gewaschen und gewalkt, zum Verfilzen diente der Wollbogen, die Hechler hechelten das Gewirr mit Bürsten und die Tuchscherer schnitten mit einer großen Schere in die Wolleschlingen, schließlich wurde es gefärbt.

Lederverarbeitung: Schuhmacher mit eiserner Ahle, Kneip zum Schneiden des Leders, Meißel mit verschieden breiter Schneide, Hammer, hölzerne Leisten, Knieriemen, Schusterschemel und Schüssel zum Einweichen der Lederstücke. Von dem Schuhmacher unterschieden sind die Schuhflicker, die auch eine eigene Zunft bildeten. Lohgerber mit halbmondförmigem Messer und Schabebank. Auf einem Glasfenster der Kathedrale zu Bourges verkauft der Kürschner kostbare Mäntel und Hermeline, bearbeitet Felle und dreht Riemen zusammen.

Holzverarbeitung: Neben dem Zimmermann (→ Baubetrieb) tritt der Schreiner in den Darstellungen zurück: am Hauptportal von S. Marco in Venedig (Anfang 13.Jh.) sind zwei Männer mit der Möbelherstellung beschäftigt, auf der Presbyteriumswand der Kirche in Slavětín n. Ohří/Westböhmen (zweite Hälfte 14.Jh.) beginnt ein Handwerker mit dem Hobel in der Hand einen mit Keilen in einer Hobelbank befestigten Gegenstand zu bearbeiten. Der Drechsler an der Drehbank, die er mit dem Fuße tritt (Bible moralisée um 1400). Der Küfer beim Zusammenschlagen der Reifen eines Fasses (Hauptportal von S. Marco in Venedig Anfang 13.Jh.; Glasfenster der Kathedrale von Bourges). Zusammen mit den Schiffsbauern ist am Hauptportal von S. Marco in Venedig der Korbmacher abgebildet.

Schmiede: zwei, auch vier, Arbeiter schlagen mit Hämmern auf ein mit der Zange auf den Amboß gehaltenes Eisenstück, daneben die Esse mit Blasebalg, darin Schmelztiegel. Die Waffenschmiede entsprechend, dazu Steigbügel feilen, Schild bemalen, Blech mit Dengelhammer treiben, Schwert auf einem Schleifstein über einem Wasserbecken schleifen, Schwert polieren. Auf einem Glasfenster der Kathedrale von Chartres beschlägt ein Hufschmied ein in einem Notstall eingespanntes und von zwei Knechten gehaltenes Pferd. Der Goldschmied ist auf einem Kapitell des Dogenpalastes in Venedig (erstes Viertel 14.Jh.) sitzend am Amboß dargestellt, wie er eine Schale treibt, und im 15.Jh. mit reichhaltigen Einzelangaben in einem Kupferstich des Meisters der Liebesgärten im Kupferstichkabinett Amsterdam und in einem Kupferstich des Monogrammisten CS im Kupferstichkabinett Dresden.

Töpfer mit vorgebundener Schürze, Schemel vor sich, den Rand eines Kugeltopfes formend (n. Querschiff der Kathedrale v. Reims um 1250).

Baubetrieb am häufigsten und vielfältigsten in allen seinen Phasen, Tätigkeiten und Werkzeugen wiedergegeben, allein über 300 Abbildungen nördl. der Alpen, → Baubetrieb.

Schiffsbau → Schiffsbau

Bergbau auf den Glasfenstern des Freiburger Münsters (Mitte 14.Jh.) und im Kuttenberger Graduale (Ende 15.Jh.) → Bergbau.

Schließlich *Baderstube* (Hauptportal von S. Marco in Venedig, erstes Viertel 13.Jh.), *Gastwirt* (Glasfenster der Kathedrale v. Le Mans), das Bild einer *Alchemistenküche* an einem Kapitell des Rektorenpalastes in Dubrovnik (nach 1435) und eine detaillierte Wiedergabe einer *Klosterapotheke* (Historia sive Providentia Virginis Mariae ex Cantico Canticorum, 1465 gedruckt) mit Arzneibüchern und verschiedenen Gefäßen auf den Regalbrettern sowie Stampfen und Sieben von Arznei und Gewürzen. – Vgl. a. Stände. G. Binding

Lit.: E. Mummenhoff, Der Handwerker in der dt. Vergangenheit (15.–18.Jh.), 1901 – A. Warburg, Arbeitende Bauern auf burg. Teppichen, AZ NF 18, 1906, 41–47 – A. Schramm, Der Bilderschmuck der Frühdrucke, 23 Bde, 1922–43 – P. Brandt, Schaffende Arbeit und bildende Kunst, 2 Bde, 1927–28 – O. Keseleff, Die Monatsdarstellungen der frz. Plastik des 12.Jh.s, 1934 – F. Graus, Soukenictví v době předhusitské (Die Tuchmacherei in der vorhussit. Zeit), Sborník pro hospodářské a sociální dějiny I, 1946 – C. Gravenkamp, Monatsbilder und Tierkreiszeichen an Kathedralen Frankreichs, 1949 – J. Siegmund-Schultze, Die Entwicklungen der Monatsdarstellungen von ihrer Entstehung bis zum Beginn der roman. Epoche [Diss. masch. Berlin 1952] – H. Winkelmann, Der Bergbau in der Kunst, 1958 – B. Gille, Recherches sur les instruments du labour au MA, BEC 120, 1962, 5–38 (Paris 1963) – Z. Podwińska, Technika uprawy roli w Polsce średniowiecznej (Die landwirtschaftl. Technik des MA in Polen), 1962 – V. Husa, Der Mensch und seine Arbeit, 1967, 1971 [Lit.] – R. Delort, Life in the MA, 1974 [frz. Ausg. 1972] – S. Epperlein, Der Bauer im

Bild des MA, 1975 – E. Englisch-G. Jaritz, Das tägl. Leben im spätma. Niederösterreich, 1976 [Lit.] – H. Bashir-Hecht, Die Fassade des Dogenpalastes in Venedig. Der ornamentale und plast. Schmuck, 1977 – G. Binding-N. Nussbaum, Der ma. Baubetrieb n. der Alpen in zeitgenöss. Darstellungen, 1978 [mit Katal. und Lit.].

II. Byzanz: Aus frühbyz. Zeit sind einige profane A. bekannt, seit mittelbyz. Zeit finden sie sich vorwiegend in kirchl. Bilderzyklen (Oktateuchen, Homilien, Fresken, Mosaiken und vereinzelt in Hss. anderer kirchl. Zwecke) sowie in Hss. profaner Werke, vornehml. medizinischer A. aus der Landwirtschaft überwiegen, beginnend mit den idyll. Szenen in den Mosaiken des Kaiserpalastes in Konstantinopel (6. oder 8. Jh.), darunter Ziegenmelken, Eseltränken u.a. Kalendermosaiken der frühbyz. Zeit zeigen meist keine A., sondern nur Jünglinge als Symbole bestimmter Feldarbeiten: Zum Juni (Falkner-Villa Argos, 5. Jh.) oder Juli (Tegea-Episkopi, 4. Jh.) mit Sichel und Garbe, zum August mit Melone (Argos, Tegea), zum September mit einer Schale Äpfel (Tegea) oder Trauben (Argos), zum Oktober mit Weinkaraffe und Trinkschale (Argos, Tegea), zum November mit Hacke und Hakenpflug (Argos). In mittelbyz. Zeit finden sich folgende A. aus der Landwirtschaft: Pflügen (in den Homilien des Joh. Chrysostomos von Christus gesegnet, z. B. Paris, Bibl. Nat., Ms. gr. 533, 11. Jh.), als Pflug dient stets der Haken (vgl. o. Sp. 83, Fig. 2,3), auch noch in spätbyz. Zeit (Vatopedi-Oktateuch, 13. Jh., Fresko Dečani); Umgraben (häufig bei Adam nach dem Sündenfall, aber auch sonst, z. B. im Ms. gr. 394, Rom, Bibl. Vat., 11. Jh., neben dem Pflügen, und in einer Kanontafel im Cod. gr. 540, Venedig. Bibl. Marz., als Monatsbild November), entweder mit Spaten oder zweizinkigem Karst; Säen (Vat. gr. 394; als Monatsbild Dezember in den Kanontafeln des Evangeliars in Melbourne, um 1100, des Marz. gr. 540 und des Evangeliars von Vani, um 1200); Mähen, stets mit Sicheln (Smyrna-Oktateuch, 12. Jh.; Hss. in Melbourne, Vani und Venedig als Monatsbild Juni, ebenso Typikon Vatopedi, 1346); Ährenraufen (Smyrna-Oktateuch); Kornfegen (Monatsbild August im Marz. gr. 540); Bewachen eines Weinberges (Par. gr. 533); Traubenschneiden (Vat. gr. 394; Typikon von 1364); Umgraben des Weinberges und Beschneiden der Rebstöcke (Evangeliar, 11. Jh., Paris, Bibl. Nat., Ms. gr. 74); Heimtragen der Trauben (Monatsbild Sept. in den Hss. Venedig und Melbourne); Beschneiden von Bäumen (Par. gr. 533; Typikon von 1346); Roden von Büschen und Bäumen zur Gewinnung von Ackerland (Smyrna-Oktateuch); Schafschur, Ziegenhüten, Rinderhüten, Angeln, Ausfahrt zum Fischfang (Par. gr. 533). Hinzugerechnet werden können das Vermessen von Ackerland und das Setzen von Grenzsteinen (Smyrna-Oktateuch), ebenso Suppekochen, Ölpressen im Kessel, Kleiderwaschen (Smyrna-Oktateuch) und Schlachten eines Stieres (Konstantinopel, Chora-Kirche, Narthex, Mosaik um 1320). Weniger häufig sind A. aus dem Bauwesen (→ Baubetrieb). Sehr häufig wird das Spinnen gezeigt (immer mit dem Rocken), da es seit dem 5. Jh. zum Bild der Verkündigung an Maria gehört; das Weben erfolgt am Vertikalwebstuhl (z. B. Paris, Bibl. Nat., Ms. gr. 134, 14. Jh.). Aus dem Kunsthandwerk finden sich das Polieren einer Marmorplatte und das Gravieren von Ornamenten an der Bundeslade (z. B. Smyrna-Oktateuch), aus der Malerei das Kopieren der Mandragora nach der Natur (Wien, Nat. Bibl., Dioskurides-Hs., um 512), das Kopieren einer Ikone durch einen Mönch (Paris, Bibl. Nat., Ms. gr. 923) und Lukas als Maler der Madonna (Patmos, Joh.-Kloster, Ms. gr. 330, 1427). Aus dem Bereich der Medizin bringt ein Sammelband med. Texte (Florenz. Bibl. Laur. Cod. Plut. 84, 7, 10. Jh.) zahlreiche Bilder vom Einrenken von Gliedmaßen, eine, stark got. beeinflußte, Hs. des Rezeptbuches des Nikolaos Myrepsos (Paris, Bibl. Nat., Ms. gr. 2243, 1339) einen Arzt, ein Uringlas betrachtend, mit Assistent und Patienten sowie einen Apotheker mit Gehilfen, der ein Medikament anrührt, und Medikamentenregal, und ein Sammelband des 14./15. Jh. (Paris, Bibl. Nat., Ms. gr. 36) einen Arzt beim Rezeptieren sowie eine Hs. der Pferdeheilkunde des Hierokles (Paris, Bibl. Nat., Ms. gr. 2244, 14. Jh.) viele Roßkuren.
K. Wessel

Arbeitskräfte → Arbeit, → Lohnarbeit
Arbeitsteilung → Arbeit

Arbeo (gelegentl. lat. Heres oder griech. Cyrinus), Bf. v. Freising seit 764/765, Angehöriger der bayer. Adelsfamilie der → Huosi, * vermutl. in der Gegend von Mais bei Meran, † 4. Mai 783, ⌐ Freising, Dom. A. wurde Bf. Erembert v. Freising, den er seinen nutritor nannte, übergeben und nach längerer Ausbildung in Oberitalien in die Freisinger Geistlichkeit aufgenommen. Er verfaßte und schrieb als archipresbyter und Notar der bfl. Kanzlei ab 754 in Freising Urkunden und Traditionsnotizen. 763 wurde er Abt des Kl. → Scharnitz und 764/765 Bf. darauf übertrug er die Reliquien des hl. → Korbinian aus Mais bei Meran nach Freising. Auf Grund zahlreicher Schenkungen konnte er Besitz und Rechte des Bm.s ausdehnen und den bfl. Einfluß erweitern. A. vereinigte um 770 Kl. Scharnitz mit Kl. Schlehdorf und nahm an den bayer. Synoden in Dingolfing (ca. 770) und vermutl. auch in Neuching (ca. 772) teil. Die für ihn angenommene Absetzung durch Hzg. Tassilo wegen Parteinahme für Karl d. Gr. bleibt fraglich. A. hob die Bedeutung der Freisinger Schreibschule; aus seiner Domschule gingen mit → Arn v. Salzburg und Leidrat v. → Lyon bedeutende Persönlichkeiten hervor. A. baute die Dombibliothek erstmals systemat. aus. Nach G. Baesecke wurde unter seiner Leitung der → Abrogans ins Ahd. übertragen, was trotz offener Fragen glaubhaft ist. A. wurde von dem ir. Bf. Virgil v. Salzburg beeinflußt, so u. a. zur Abfassung der »Vita Corbiniani«, außer der er auch die »Vita Haimhrammi« (→ Emmeram) verfaßte. Der Versuch, die »Vita SS. Marini et Anniani« A. zuzuschreiben oder deren Grundlagen auf ihn zurückzuführen, überzeugt nicht. Herkunft und Bildungswelt A.s, zu denen das Vorbild des ir. Stils von Bf. → Virgil v. Salzburg noch hinzukam, spiegeln die Strömungen in der bayer. Kultur der späten Agilolfingerzeit wider.
I. Eberl

Q. und Lit.: LThK² I, 820f. – NDB I, 333f. – Verf.-Lex.² I, 414ff. [Lit.] – Th. Bitterauf, Traditionen des Hochstifts Freising I (Q. und Erörterungen zur bayer. und dt. Gesch. NF 4), 1905 – G. Baesecke, Bf. A. v. Freising, PBB (Halle) 68, 1945/46, 75–134 – H. Löwe, A. v. Freising, RhVjbll 15/16, 1950–51, 87–120 – A. Kanoldt, Stud. zum Formular der ältesten Freisinger Schenkungsurkunden 743–782 [Diss. masch. Würzburg 1950] – G. Baesecke, Vor- und Frühgesch. des dt. Schrifttums II, 2, 1953, 101–136, 201–203 – J. Sturm, Bf. A.s v. Freising bayer. Verwandte, ZBLG 19, 1956, 568–572 – J. A. Fischer, Bf. A. als Begründer des geistigen Freising, Frigisinga 39, 1956, Nr. 10 und 12 – K. Gamber, Das Sakramentar des Bf.s A. v. Freising, Münchner theol. Zs. 9, 1958, 46–58 – G. Diepolder, Die Herkunft der Aribonen, ZBLG 27, 1964, 74–119 – F. Prinz, A. v. Freising und die Agilolfinger, ZBLG 29, 1966, 580–590 – Spindler I, 431f. – W. Störmer, Adelsgruppen im früh- und hochma. Bayern, 1972 – Ders., Früher Adel II, 1973 – Brunhölzl I, 236–239.

Arbitrium liberum → Willensfreiheit

Arbogast, comes Treverorum, regierte in den 70er Jahren des 5. Jh. die Stadt Trier. Er war frk. Herkunft und mit dem gleichnamigen magister militum vom Ende des 4. Jh. verwandt; der Name seines Vaters Arigius, vielleicht identisch mit dem inschriftl. bezeugten Trierer Arigius, zeigt indes die Romanisierung seiner Familie an. A. war im Gegensatz zu seinem Vorfahren gleichen Namens Christ, für seine Zeit gut gebildet und stand im Briefwechsel mit gall. Bischöfen. → Sidonius Apollinaris, an den sich A. mit theol. Fragen gewandt hat, rühmt ihn wegen seines von Barbarismen freien Lateins in dürftiger Zeit; → Auspicius v. Toul preist Trier ob eines solchen Lenkers glücklich und hält A. für geeignet, ein Bischofsamt zu übernehmen. Wahrscheinl. ist der Ende 5. Jh. bezeugte Bf. Arbogast v. Chartres mit ihm identisch. – Die Mitte des 5. Jh. fortgeschrittene Germanisierung der Belgica I legt die Annahme nahe, daß A. seine Herrschaft auf frk. Truppen stützte; er ist jedoch weder als frk. Gaufürst noch als Untergebener eines germ. Kg.s anzusehen, sondern kann als ein dem Senatorenadel nahestehender Frankoromane gelten. Als einer der letzten Exponenten der spätröm. Provinzverwaltung, die sich nach Verlust der iura Latina am Limes (Sid. Apoll.) verselbständigt hatte, bestimmte er – offenkundig im Einvernehmen mit dem Trierer Bf. → Iamblichus – die Geschicke der seit Beginn des 5. Jh. mehrfach gegen die Franken verteidigten Stadt Trier, bevor sie um 475 in ein frk. Königreich einbezogen wurde. Th. Zotz

Q. und Lit.: Hoops² I, 388 f. – Epistula Auspici, ed. K. Strecker, MGH PP 4, 2, 614–617 [verbesserte Ausg.] – Gesch. des Trierer Landes, hg. R. Laufner, I, 1964 – E. Ewig, Trier im Merowingerreich, 1954, 56 ff.

Arbolayre → Kräuterbücher

Arbor cognationis, A. consanguinitatis → Verwandtschaft

Arbor porphyriana, porphyrischer Baum (κλῖμαξ), Bezeichnung für die bildl. Darstellung der innerhalb der aristotel. Kategorien antreffbaren Verhältnisse der Über- und Unterordnung von Gattungen und Arten (→ Art – Gattung), wie sie in der »Isagoge« des → Porphyrius (II, 2a 5 ff.), der offensichtl. durch Platons 'Begriffsleiter' der 'Angelfischerkunst' im »Sophistes« (220–227 d, bes. 222 b und c) angeregt wurde, paradigmat. für die Kategorie der Substanz dargelegt sind. Die schon in der arab. Logik, etwa bei → Avicenna (Logica fol. 8 ra) nachweisbare und in der ma. Logik seit → Petrus Hispanus übliche Bezeichnung ist sicher nicht ohne Einfluß der 'descriptio' des → Boethius (In Porph. Comm. III, MPL 64, c. 103 c/d) entstanden. Das dadurch bezeichnete Schema dient ursprüngl. einer log. Verdeutlichung der wechselseitigen Verflechtung der Prädikabilien genus, species und differentia. Es beschreibt die in jeder Kategorie notwendigen Begriffe einer obersten, generellsten Gattung (genus generalissimum) und einer untersten, speziellsten, nur von Individuen aussagbaren Art (species specialissima), zw. denen in ab- bzw. aufsteigender Reihenfolge Begriffe verschiedener, fortschreitend geringerer bzw. größerer Allgemeinheit liegen, die sowohl Gattungs- wie Artcharakter besitzen. Boethius (a. a. O.) hatte diese Begriffe, ohne zwar die Metapher 'arbor' zu verwenden, dergestalt angeordnet, daß sie – übereinander geschrieben – als 'Stamm', die auf sie bezogenen spezif. Differenzen als 'Blätter', die dadurch bestimmten Individuen entsprechend als 'Wurzeln' eines Baumes gedeutet werden konnten.

Jeder Gattungsbegriff zeigt sich so als divisibel durch bestimmte Differenzen (differentia specifica), jeder Artbegriff als konstituiert durch seine übergeordnete Gattung (genus proximum) und die jeweilige Differenz (s. Fig. 10).

Das Schema, in dem platon. Dialektik und aristotel. Definitionslehre eine eigentüml. Verbindung eingehen, wie aber auch seine metaphor. Deutung gehören in die meta-phys. Tradition des Neuplatonismus. Es ist Ausdruck eines philos. Synkretismus und gewinnt bes. Bedeutung, sowohl speziell, im → Universalienstreit des MA, wie allgemein, als Grundlage der wiss. Klassifikation. H. M. Baumgartner

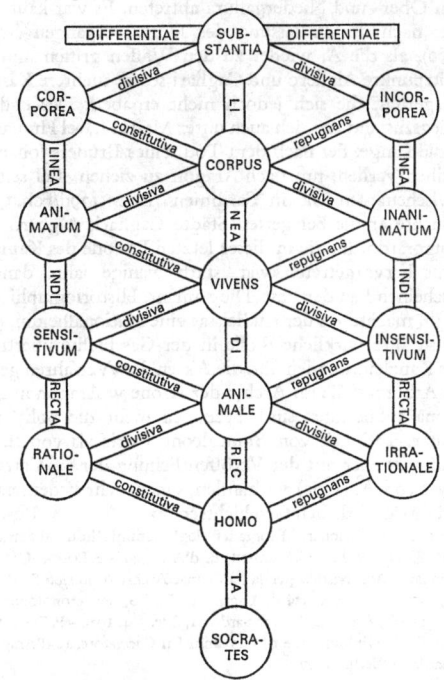

Fig. 10: Arbor porphyriana

Lit.: HWP I, 493 f. (s. v. A. p.) – C. Prantl, Gesch. der Logik im Abendlande 1–4, 1855–70 [Nachdr. 1955], 2, 345 Anm. 132; 3, 46 Anm. 168 – J. E. Heyde, Die Unlogik der sog. Begriffspyramide (Philos. als Beziehungswiss., Fschr. J. Schaaf, Einundzwanzigster Beitrag, 1973, II, 32 ff.).

Arborea, sard. Adelsfamilie, hatte den Judikat → Arborea inne.

1. A., Eleonora, Tochter des Iudex Mariano IV. und der Katalanin Timbora di Roccaberti, † ca. 1402; ⚭ mit dem Genuesen Brancaleone Doria, Gf. v. Monteleone und Signore der Gebiete Anglona, Nurra, Nulauro, Nurcara und Caputabbas, die einst zu dem Judikat Logudoro gehörten. Ihre erste urkundl. Erwähnung, als junges Mädchen, trägt das Datum 2. Juni 1355, so daß sie, als sie 1383 den Thron von A. bestieg, mehr als 30 Jahre alt war. Dem Bruder Ugone III., der in einem Aufruhr von sard. Vornehmen getötet worden war, folgte sie zunächst auf den Thron als Regentin für ihren minderjährigen Sohn Federico, und dann, nach dessen Tod, 1387, für den zweiten Sohn Mariano (V.), wobei sie sich »contra morem Italiae« *Juighissa de Arbaree* nannte. Um den dreißigjährigen Krieg gegen die Aragonesen zu beenden, sandte sie im Frühling des Jahres 1383 ihren Mann Brancaleone nach Monzón zu Peter IV., »el Ceremonioso«, aber kurz danach setzte sie sich unvorsichtigerweise in Oristano fest und nahm den Kampf wieder auf. Sie eroberte fast die ganze Insel, mit Ausnahme von Cagliari und Alghero. Deshalb nahm der aragones. Kg. zur Vergeltung Brancaleone fest und ließ ihn nach Cagliari überführen. Nachdem ein Versuch, ihrem Mann im Januar 1386 zur Flucht zu verhelfen, gescheitert war, sah sich E. im Sept. des gleichen Jahres gezwungen, um Frieden zu bitten. Die Friedensverhandlungen wurden jedoch wegen des Todes von Peter IV. (5. Jan. 1387 in Barcelona) unterbrochen. Sie wurden danach mit Johann I. wieder aufgenommen und am 24. Jan. 1388 beendet. Für die Entlassung von Brancaleone aus der Gefangenschaft mußte E. dem Aragonesen Sassari, Iglesias, Osilo, Sanluri, das Kastell Bonvehi und alle Schlösser von Ober- und Niedergallura abtreten. Es war kaum ein Jahr nach der Entlassung des Doria vergangen (1. Jan. 1390), als die A. wieder zu den Waffen griffen und die Stützpunkte Alghero und Cagliari sowie mehrere Kastelle belagerten, die sich jedoch nicht ergaben. Der endem. Kriegszustand zog sich auch unter Martin I., »el Humano«, in die Länge, der nach dem Tod seines Bruders Johann I. Sizilien verließ, um nach Aragón zu ziehen. Bei seinem Zwischenaufenthalt in Sardinien (Dez. 1396/Feb. 1397) besuchte er die belagerten Städte Cagliari, Alghero und Longosardo. E., die in dieser letzten Periode des Kampfes nicht hervorgetreten war, starb wenige Jahre danach, anscheinend an der Pest. Die romant. Historiographie des 19. Jh. machte aus der »Iudicissa« eine Nationalheldin, wobei sie ihre wirkliche Rolle in der Geschichte übertrieb. Die Kanzleiurkunden und die Akten der »Verfahren gegen die Arborea«, die im Archiv der Krone v. Aragón in Barcelona aufbewahrt sind, bezeugen mehr die polit. und militär. Tätigkeit von Brancaleone Doria als von E. Ihr Ruhm ist eher mit der Veröffentlichung der → »Carta de logu« von A. (1392) verbunden, einem sehr bedeutenden und fortschrittlichen Geschichtscodex. A. Boscolo

Lit.: P. TOLA, Dizionario Biografico degli uomini illustri di Sardegna II, 1838, 53, s.v. E. – C. BELLIENI, E. d'A., 1929 – F. LODDO CANEPA, Dizionario Archivistico per la Sardegna, Archivio Storico Sardo 17, 1929, 306–310, s.v. Carta de Logu – D. SCANO, Ser. cronologica dei giudici sardi, Archivio Storico Sardo 21, fasc. 3–4, 1939 – F.C. CASULA, Carte Reali Diplomatiche di Giovanni I il Cacciatore, re d'Aragona, riguardanti l'Italia, 1977.

2. A., Mariano IV., Sohn von 4 und einer nicht näher identifizierten Benedetta, † 1376 an der Pest, Porträt im »Polyptychon v. Ottana« (vermutl. von Pietro Orimina). M. war einer der größten Iudices, die in Arborea herrschten. Nach der Besetzung Sardiniens durch die Aragonesen i. J. 1323 schickte ihn sein Vater, Lehensträger der iber. Krone, nach Katalonien an den Hof von Alfons »el Benigno« und später von Peter »el Ceremonioso«. In Barcelona heiratete er um 1333 Timbora di Roccaberti; zu diesem Anlaß wurde ihm vom Kg. das cingulum militare verliehen. Am 11. Sept. 1339 wurde er zum Gf.en v. Goceano und Signore v. Marmilla ernannt. 1346 folgte er seinem Bruder Pietro auf den Thron von Arborea und unterstützte Peter IV. im Kampf gegen die sard. Doria, die jedoch 1347 in der Schlacht v. *Aidu de turdu* siegten. Mindestens bis 1351 kämpfte er an der Seite der Aragonesen, aber 1353 lehnte er sich selbst gegen die Krone auf, die die Souveränität des kleinen sard. Staates zu unterdrücken versuchte und sich in den harten Zwist zw. dem Iudex und seinem jüngeren Bruder Giovanni einmengte. So begann ein blutiger Krieg, in dem die Katalano-Aragonesen mehrfach zum Verlassen der Insel gezwungen schienen. Um die belagerten Städte Alghero und Cagliari zu retten, kam Peter IV. nach Sardinien, wo er 1355 den Frieden v. Sanluri unterzeichnete. 1357 begannen jedoch die Feindseligkeiten von neuem, und in der Tat, abgesehen von kurzen Waffenstillstandsperioden bis zum Tod des Iudex dauerten. M. hatte einen prächtigen Hof und verfügte über eine Reihe von Juristen, die mit der »Carta de logu de Gociani« und dem »Codice rurale« die berühmtere → »Carta de logu« von Eleonora vorbereiteten. F.C. Casula

Lit.: E. BESTA, Fonti: legislazione e scienza giuridica, 1923–25, 743 ff., Storia del diritto ital. pubbl. sotto la direz. di P. DEL GIUDICE–R. CARTA RASPI, M. IV d'Arborea, 1934 – P. S. LEICHT, Storia del diritto italiano: Le fonti, 1956⁴, 183 – F.C. CASULA, Per una più completa genealogia degli Arborea all'epoca di Pietro il Cerimonioso, Studi Sardi 20, 1966 – F. BOLOGNA, I pittori alla corte angioina di Napoli, 1266–1414, 1969, 252–254 – G. MELONI, Genova e Aragona al tempo di Pietro il Cerimonioso, 2 Bde, 1974–76 – F.C. CASULA, Scrittura e cultura nell' Arborea al tempo della »Carta de logu«, Atti delle relazioni di studio sulla »Carta de logu«, Oristano 19 febbraio–22 aprile 1976 [im Dr.].

3. A., Mariano V., jüngerer Sohn von Brancaleone Doria und A. 1, † 1407, erreichte nicht die Bedeutung seiner Eltern. Nach dem Tod seines Bruders Federico 1387 war er der designierte Erbe des Thrones des Judikats; in der Praxis wurde er jedoch auch nach Erreichen der Volljährigkeit von seiner Mutter, die sich »Juighissa de Arbaree« nannte, bei der Regierung des Staates vertreten. In den Kampfhandlungen gegen die Aragonesen, mit denen der Judikat seit 1353 im Krieg lag, stand er seinem Vater zur Seite. Nach Eleonoras Tod (1402–04 ?) wurde er nominell Iudex, während sein Vater als Regent den Krieg weiterführte, der nunmehr die Kämpfenden zermürbte. Nach Meinung der Aragonesen starb M. von der Hand Brancaleones selbst. A. Boscolo

Lit.: A. BOSCOLO, La politica italiana di Martino il Vecchio, re d'Aragona, 1962 – F.C. CASULA, Per una più completa genealogia degli Arborea all'epoca di Pietro il Cerimonioso, Studi Sardi 20, 1968 – M.M. COSTA PARETAS, La familia dels Jutges d'Arborea, Studi Sardi 21, 1971.

4. A., Ugone II., Judex seit 1321, Geburtsjahr unbekannt, † 5. April 1335, ⌐ Oristano, Kathedrale. Sohn des Mariano III. und der Padulesa de Serra, wahrscheinl. einer Konkubine des Judex; deswegen forderte die Kommune Pisa, die mehr als die Hälfte von Sardinien beherrschte, von U. als Entgelt für die Anerkennung seiner Thronrechte die Summe von 10.000 Goldflorin. U. ist eine Schlüsselfigur in der Geschichte Sardiniens, insofern er 1323 die Besetzung der Insel durch die katal.-aragones. Truppen Jakobs II. begünstigte, der 26 Jahre vorher von Papst Bonifatius VIII. mit dem »regnum« belehnt worden war. U. wurde seinerseits Lehensträger der Krone v. Aragón und nahm aktiv an der Seite des Infanten Alfons (des späteren Alfons III.) an der Vertreibung der Pisaner von der Insel teil. Auch späterhin ging er eine enge Verbindung mit den Aragonesen ein und unterstützte sie bei der Unterdrückung der Revolten, die sich bereits gegen die neue Herrschaft und das neue Feudalregime erhoben. Er verfolgte eine sehr geschickte Heiratspolitik, durch die er acht seiner zehn Kinder (sieben legitime, drei uneheliche) mit hochangesehenen span. Familien verband. Von ihnen stammten später die Gf.en v. Rida, v. Cardona und v. Priego ab, sowie die großen Familien Vilamarin und Medinaceli. F. C. Casula

Lit.: P. TOLA, Diz. biogr. degli uomini illustri di Sardegna III, 1838, 271 – DERS., Cod. Diplomat. Sardiniae I, 1869, doc. XLVIII, 701 – D. SCANO, Ser. cronologica dei giudici di Arborea, Arch. Storico Sardo 21, 1939, 3–4, 80 – F.C. CASULA, Per una più completa genealogia degli Arborea all'epoca di Pietro IV il Cerimonioso, Studi Sardi 20, 1966/67 – M.M. COSTA PARETAS, La familia dels jutges d'Arborea, Studi Sardi 21, 1968 – F.C. CASULA, Carte Reali Diplomatiche di Alfonso III il Benigno, re d'Aragona, riguardanti l'Italia, 1970 – A. BOSCOLO, Documenti sull'economia e sulla Società in Sardegna all'epoca di Alfonso il Benigno, 1973.

5. A., Ugone III., Sohn von A. 2 und Beatrice (besser bekannt unter dem Namen Timbora) dei Cabrera-Roccaberti, * 1337, † 1383. Am 14. März 1355 wurde er für mündig erklärt, in einem Moment des unruhigen Friedens zw. dem Judikat Arborea und den Aragonesen, die seit 1353 versuchten, mit Waffengewalt die Souveränität des kleinen Staates aufzuheben und ganz Sardinien unter ihre Oberherrschaft zu bringen, das sie seit 1323 besetzt hatten. Seit seiner Jugend kämpfte er an der Seite des Vaters und trug dazu bei, 1386 den Angriff Pietros de Luna auf Oristano abzuwehren. Die Urkunden des Archivs der Krone Aragón in Barcelona bezeichnen ihn als tüchtigen Feldherrn. Er war auch – ohne viel Erfolg – Kommandant einer kleinen sard. Flotte. 1375 bestieg er den Thron und suchte sofort danach (Feb. 1377 und Aug. 1378) ein Bündnis mit Ludwig v. Anjou mittels einer Eheschließung seiner Tochter Benedetta (von einer unbekannten Mutter) und dessen neugeborenem Sohn Ludwig, dem späteren Kg. v. Neapel. Nach dem Scheitern dieses polit. Heiratsbündnisses führte U. den Befreiungskrieg gegen die Aragonesen allein weiter, besetzte die Region Quirra und griff auf die ganze Insel aus, ohne jedoch die Schlüsselstellungen Cagliari und Alghero einnehmen zu können. Papst Urban VI., der gegen Peter IV., »el Ceremonioso«, erzürnt war, äußerte die Absicht, U. zum Kg. v. Sardinien zu erheben. Aber am 3. März 1383 (wie ziemlich sicher feststeht) wurde der schon kranke Judex, vielleicht wegen seiner despot. Haltung oder, wahrscheinlicher, wegen seiner streng egalitären Gesetzgebung – deren Spuren in der »Carta de logu« von Arborea erhalten sind – auf barbar. Weise zusammen mit seiner Tochter Benedetta in einer Verschwörung der Vornehmen von Oristano ermordet und in einen Brunnen geworfen. A. Boscolo

Lit.: R. CARTA RASPI, U. III d'A. e le due ambasciate di Luigi I d'Anjou, 1936 – PUTZULU, L'assassinio di U. III d'A. e la pretesa congiura aragonese, Anuario de Estudios Medievales 2, 1965.

Arborea, Judikat. Wie die Judikate Cagliari, Logudoro und Gallura bildete sich auch A. – in der Weiterentwicklung byz. Institutionen – nach den 710 begonnenen arab. Einfällen. Gegen Ende des 9. Jh. erwarb der Judikat Souveränität und Unabhängigkeit von Byzanz und wies Züge auf, die zw. der *Grecìa* von Cagliari und der *Romània* von Logudoro lagen (Kanzleiausdrücke, sard. Sprache). 1131 verbündete er sich unter *Comita* mit der Kommune Genua, aber nach dem Tode des Iudex *Barisone* (1184), der von Friedrich Barbarossa am 10. Aug. 1166 in Pavia zum Kg. v. Sardinien gekrönt worden war, dessen Pläne, Sardinien zu einigen, jedoch kläglich scheiterten, schloß er eine Allianz mit → Pisa und übernahm Bildung und Kanzleiformen der Toskana. Durch die Heirat von *Ispella*, Tochter von Barisone, mit dem Katalanen *Ugone v. Bas*, nannten sich die Iudices von A. ab 1192 *visconti di Bas*. 1250 fiel der Judikat an den Toskaner *Guglielmo di Capraia*; 1265 erhielt ihn der legitime Erbe *Mariano II*. zurück. 1323 begünstigte *Ugone II*. die katalano-aragones. Eroberung von Sardinien und wurde Lehensträger der Krone Aragón. Sein Sohn und Nachfolger *Mariano IV*. erhob sich gegen den Herrscher von Barcelona, Peter IV. »el Ceremonioso«. Die Revolte, die Züge eines nationalen Befreiungskampfes annahm, setzte sich unter den Iudices *Ugone III., Eleonora, Mariano IV*. und *Wilhelm v. Narbonne* bis 1410 fort, als der geschlagene Judikat von den Aragonesen zu einer Markgrafschaft gemacht wurde. Verwaltungsmäßig war A. in 13 *curatorie* eingeteilt. Diese Verwaltungseinheiten wurden von Gruppen von Ortschaften *(ville)* gebildet, die von einem *maiore* regiert wurden und von einem Hauptort, Sitz des *curatore* mit einem *corona* genannten Gericht, abhängig waren. Die wichtigsten Rechtsfälle oder die der letzten Instanz kamen direkt vor den Iudex-Souverän. Die bedeutenderen polit. Beschlüsse wurden von der *corona de logu* ratifiziert, einer Vollversammlung, die aus den Repräsentanten *(sindaci)* aller ville gebildet war. A. hatte einen Kodex von Gesetzen, die → »carta de logu«, der 1392 von der Iudicissa Eleonora erlassen worden war, und dessen Anwendung 1421 von den Aragonesen auf die ganze Insel ausgedehnt wurde. F. C. Casula

Lit.: E. BESTA, La Sardegna medioevale, 2 Bde, 1908/09 – A. SOLMI, Studi storici sulle istituzioni della Sardegna nel Medioevo, 1917 – F. C. CASULA, Sulle origini delle Cancellerie giudicali sarde, Studi di Paleografia e Diplomatica, 1974 – A. BOSCOLO, La Sardegna bizantina e altogiudicale, 1978.

Arborist → Kräuterbücher

Arbroath, Declaration of, traditionelle Bezeichnung für eine diplomat. Note, datiert am 6. April 1320 in der Abtei A. und im Namen von 45 Baronen v. → Schottland an Papst Johannes XXII. gesandt. Sie bezeichnet eine wichtige Phase in den Unabhängigkeitskriegen *(Wars of Independence)* gegen England. Stilist. brillant und polit. scharfsinnig artikulieren ihre Verf. einen starken Wunsch nach nationaler Freiheit und suchen die päpstl. Unterstützung, um die engl. Angriffe auf Schottland zu beenden. Es handelt sich bei der D. of A. z.T. um Propaganda Roberts I.; sie folgt der europ. Tradition, daß Adlige gemeinsam Briefe zur polit. Unterstützung von Monarchen herausgaben. Dabei gibt es keinen Beweis, daß sich die Barone anläßl. der Versendung der D. of A. trafen; doch war die Abtei A. Sitz des kgl. Kanzleigerichts.

G. G. Simpson

Lit.: J. FERGUSSON, The D. of A., 1970 – A. A. M. DUNCAN, The Making of the D. of A. (The Study of Med. Records, ed. D. A. BULLOUGH-R. L. STOREY, 1971), 174–188 – G. G. SIMPSON, The D. of A. revitalised, SHR 56, 1977, 11–33.

Arc, Jeanne d' → Jeanne d'Arc

Arcadius (Flavius A.), Sohn Theodosius' I., * um 377, † 1. Mai 408, ⚭ 395 Eudoxia, Tochter des frk. Magister militum Bauto, fünf Kinder, u. a. Pulcheria (* 399) und Theodosius (II.; * 401). – Durch den Christen Arsenios und den heidn. Rhetor → Themistios erzogen, wurde A. am 19. Jan. 383 sechsjährig zum Augustus ausgerufen. Als Theodosius 394 gegen den Usurpator → Eugenios zu Felde zog, wurde A. zum Regenten der Osthälfte des Reiches bestimmt. Während Rufinus († 27. Nov. 395), → Eutropius († 399), dazu später seine Gemahlin → Eudoxia († 6. Okt. 404) und → Anthemius (seit 405) de facto die Regierungsgewalt ausübten, blieb A. weitgehend von diesen abhängig und untätig. Die Plünderungszüge → Alarichs I. in Griechenland, die auch durch das Eingreifen → Stilichos nicht verhindert wurden, konnten durch Ernennung Alarichs zum Magister militum per Illyricum beendet werden, während Eutropius selbst die Hunnen aus Kleinasien vertrieb. Die Spannungen mit Westrom verstärkten sich durch die Ausdehnung des ostr̈om. Interessengebiets auf das von → Gildo beherrschte N-Afrika (397). Der Ausbruch einer antigerm. Bewegung (Appell des Synesios in der Rede περὶ βασιλείας 399) führte zu einem Massaker an den Goten (400), die zeitweilig unter Gainas Konstantinopel beherrschten. Die dadurch eingetretene Schwächung des oströme. Heeres zeigte sich in der Unfähigkeit zur Abwehr plündernder Barbaren in Libyen und Kleinasien, bildete aber gleichzeitig den Ausgangspunkt für eine grundlegende Heeresreform durch Anthemius. Die Religionspolitik unter A. ist einerseits bestimmt durch rigorose Gesetze gegen Heiden und Häretiker, andererseits durch den Streit zw. Alexandria und Konstantinopel um den Primat in der Ostkirche, den → Johannes Chrysostomos ztw. zugunsten Konstantinopels entscheiden konnte, bis er wegen Spannungen mit Eudoxia 404 abgesetzt und verbannt wurde. Dadurch wurde die ksl. Autorität über die Kirche gestärkt. Obwohl A. als einer der schwächsten oström. Ks. anzusehen ist, war die Erbmonarchie doch so weit gefestigt, daß die Herrschaft nach seinem Tode ohne Schwierigkeiten auf seinen Sohn Theodosius (II.) übergehen konnte. G. Wirth/J. Gruber

Lit.: Kl. Pauly I, 497f. - RE II, 1137-1153 - A. Güldenpenning, Gesch. des oström. Reiches unter den Ks. A. und Theodosius II., 1885 - O. Seeck, Gesch. des Untergangs der antiken Welt V, 1920² [Neudr. 1966], 263 ff. - E. Stein, Gesch. des spätröm. Reiches I, 1928, 225 ff. - J.B. Bury, Hist. of the Later Roman Empire I, 1928 - E. Demougeot, De l'unité à la division de l'empire Romain, 1951.

Arcanum ('Das Geheime'). Im MA als Geheimnis der Natur, aber auch als geheimzuhaltendes (Mysterien) Wissen (Geheimrezept u.a. für Farben; Arkansprache der → Alchemie) angesehen, wird es v.a. durch → Paracelsus ein fester Terminus der Arzneimitteltheorie: Arcana sind für ihn die vom weisen Arzt und Philosoph zu erkennenden virtutes (Heilkräfte), die in der neuplaton. Emanationslehre von der himml. Welt der »forma« der materiellen Welt, den Heilpflanzen und Heilmineralien u.a. eingegeben werden und die in diesen sich durch die »Signatur« auszudrücken vermögen. - Als Arcana bezeichnet Paracelsus aber auch einzelne zusammengesetzte, v.a. chemische Heilmittel, so daß in der Folgezeit Arkantherapie zur Geheimmitteltherapie wurde. Therapie mit Arzneien ohne oder mit unzureichender Kennzeichnung der Zusammensetzung war aus Gewinnstreben bis ins 19. Jh. ein gesundheitspolit. Problem. G. Jüttner

Lit.: Zedler, Universallex., Halle, Leipzig 1732, 1181-1185 - H. Biedermann, Handlex. der mag. Künste, 1968.

Archambaud → Bourbon
Arche → Noah
Archenfield (walis. Erging), walis. Landschaft im W des Flusses Wye; der engl. wie walis. Name ist von der röm. Station Ariconium, die drei Meilen östl. des Wye bei Weston under Penyard liegt, abgeleitet. A. wurde um die Mitte des 11. Jh. mit Herefordshire verbunden, wahrscheinl. infolge der Niederlage des walis. Kg.s → Gruffydd ap Llywelyn 1062. A. wurde 1130 dem Jurisdiktionsbereich des Bm.s Llandaf entzogen und Hereford eingegliedert. Das Gebiet wird im »Domesday Book« (fos 179, 181) als kgl. Territorium behandelt; sein walis. Charakter ist dabei eindeutig. Die Anglisierung kam verhältnismäßig spät; noch heute sind die Namen zahlreicher kleinerer Orte walisisch. P.H. Sawyer

Lit.: B.G. Charles, The Welsh, their Language and Placenames in Archenfield and Oswestry (Angles and Britons) (O'Donnell Lectures), 1963, 85-110.

Archers, Bogenschützen mit kurzen Bogen, deren Sehnen zur Brust hin gezogen wurden, spielten bereits in der ags. und anglo-norm. Kriegsführung eine Rolle; Armbrustschützen treten ebenfalls auf (→ Armbrust, → Armbrustmacher). Der wichtigste engl. Beitrag zum ma. Kriegswesen kam mit der allgemeinen Einführung des Langbogens (bis zu 2 m) als geeignetste Waffe für nichtritterl. Truppen und mit einem entsprechenden Wechsel der Taktik (1300/30). In den Feldzügen gegen Schottland waren die A. beritten, um flüchtige Feinde aufzuspüren. Kurz bevor der Kampf begann, bildeten die Truppen halbmondartige Formationen mit Flügeln von abgestiegenen A., die ein Zentrum von Schwerbewaffneten, ebenfalls zu Fuß, schützten. Bei Dupplin Moor (1332) und Halidon Hill (1333) vervollkommnet, wurde diese Taktik bei allen großen engl. Siegen des → Hundertjährigen Krieges (→ Crécy, → Agincourt/Azincourt) angewandt. Das normale Verhältnis von A. zu Schwerbewaffneten war 3:1. Engl. A. wurden auch von kontinentalen Herrschern erfolgreich verwendet (z.B. 1385 bei → Aljubarrota). Der traditionelle Langbogen, eine einfache und billige Waffe, aus Ulme oder Eibe gefertigt, konnte in der Hand von geübten Schützen eine Panzerrüstung aus über 200 m Entfernung durchbohren, wobei es möglich war, sechs bis zwölf Pfeile in der Minute abzuschießen. Die A. wurden erst durch die Handfeuerwaffe im späten 16. Jh. abgelöst. M. Jones

Lit.: R. Hardy, Longbow. A social and military hist., 1976.

Archiac, Simon d', Ebf. v. Vienne, † 14. Mai 1323, Sohn von Aymar, Seigneur v. Archiac, und Marguerite de Rochechouart. S. d' A. war seit 1303 Domherr in Bourges, seit 1317 Dekan des Kapitels von Saintes. Der Kg. v. Frankreich Philipp V. verwandte ihn in verschiedenen Angelegenheiten bei der Kurie in Avignon, wo ihn sich Papst Johannes XXII. als Capellanus verpflichtete u. im Sept. 1319 zum Ebf. v. Vienne ernannte. Er wurde am 19. Dez. 1320 Kardinal. R. Cazelles

Lit.: DHGE III, 1547f.

Archicancellarius → Erzkanzler
Archicantor → Cantor
Archicapellanus → Hofkapelle
Archidecanus (ἀρχι - et decanus) bezeichnet im Sinne von maior decanus ursprgl. 'Oberdekan, erster Dekan, Landdekan, Erzdekan oder Erzdechant' (Domdekan, → Domkapitel) den Vorsteher eines Erzdekanates, eines größeren oder älteren, aus mehreren Pfarreien sich zusammensetzenden Sprengels einer Diözese. Seit dem 9. Jh. ist A. Titel eines → Archipresbyters, dessen Amtspflichten über Aufsichtsfunktionen hinauswachsen. A. ist wie → Decanus (Dekan) eine Instanz zw. Bf. und Pfarrer. Viele Aufgaben des A. übernimmt später der → Archidiakon. Heute ist A. (»Erzdechant«) meist Ehrentitel verdienter Priester. D. v. Huebner

Lit.: MlatWb I, 883 - ThLL II, 454 - J.B. Sägmüller, Die Entwicklung des Archipresbyterates und Dekanates bis zum Ende des Karolingerreiches, 1898 - P. Imbart de la Tour, Les paroisses rurales dans l'ancienne France du IVᵉ-XIᵉ s., 1900 - A. Heintz, Die Anfänge des Landdekanates im kirchl. Verfassungsgesch. des Ebm.s Trier, TThS 3, 1951 - A. Szentirmai, Das Recht der Erzdechanten in Ungarn während des MA, ZRGKanAbt 43, 1957 - Plöchl II, 1962², 147f., 150f.; III, 1970², 307f.

Archidiakon, Bezeichnung des ersten im Diakonskollegium. Früheste Erwähnung des Titels um 365 bei Optatus v. Mileve (I 16): Ein A. Caecilianus wurde 311 Bf. v. Karthago. Zu hohem Ansehen kam der A. zum einen, weil man unter Berufung auf die Apg (6,3; 21,8) ohne Rücksicht auf die Größe der Städte an der Siebenzahl der Diakone festhielt (Syn. Neocaesarea 314: Dist. 93 c. 12), während »die reichlich vorhandenen Presbyter zurücktraten« (Hieronymus nach 385: Ep. 146,2), zum anderen weil die Diakone »den eifrigsten von ihnen auswählten und zum A. erhoben« (ebd. 1). So erschien der A. bes. geeignet, zunächst als Beauftragter, dann als ständiger Gehilfe dem Bf. bei der Leitung des Bm.s, insbes. bei der Vermögensverwaltung und Beaufsichtigung des Klerus, beizustehen. In Ep. 112 Leos d. Gr. werden die A.e als »ecclesiasticis negotiis praepositi« bezeichnet. Innozenz III. nennt den A. »das Auge des Bischofs« (X 1.23.7).

Die Hinwendung der Bf.e zu Aufgaben der Politik und fürstl. Hofhaltung ließ dem A. freien Raum, um auf dem Wege der Gewohnheit sich bfl. Rechte anzueignen und z.T. ihre iurisdictio delegata zu einer iurisdictio ordinaria zu entwickeln. Drei Faktoren wirkten vom 9. Jh. ab zur Formung des Archidiakonats jüngerer Ordnung mit: 1. die Verselbständigung des archidiakonalen Visitationsrechts; 2. die Einteilung der Bm.er in Archidiakonatsbereiche, die kaum der alten Gaueinteilung folgten, sondern durch kirchenpolit. und örtl. Verhältnisse bedingt waren; 3. die Aufnahme des A.s in Dom- und Stiftskapitel als erster (= Propst) oder dritter (nach Propst und Dekan) Dignitär, so daß die Ernennung zum A. teils auf der Mitwirkung, teils auf der freien Wahl des mit dem Bf.

rivalisierenden → Kapitels beruhte. Je nach den über das allgemeine Recht hinausgehenden partikulären Statuten und Gewohnheiten gewann der A. das Investitionsrecht, die Übertragung der cura animarum, Vermögensverwaltung, disziplinäre, freiwillige und → Send-Gerichtsbarkeit und damit reiche Einnahmen. Bevor der Höhepunkt dieser Entwicklung im 13. Jh. erreicht war, begannen die Bf.e auf Konzilien und Synoden die Macht der A.e einzuschränken. Can. 4 des ersten Laterankonzils (1123) forderte für die Vergabe eines Seelsorgeamtes oder einer Kirchenpfründe die Zustimmung des Bf.s sowie das Verbleiben der Seelsorge und der Verwaltung kirchl. Güter in der Gewalt des Bf.s. Can. 4 des III. Lateranense (1179) verbot größeren Aufwand bei Visitationen (Höchstzahl der Pferde: 5–7) und das Einziehen von Abgaben bei Klerikern. Weitere Einschränkungen beschlossen die Synoden v. Tours (1239), Lüttich (1287), Mainz (1310) u.a. Das Konzil v. Trient stellte 1563 die Visitation unter bfl. Kontrolle (sess. 24 de ref. can. 3) und brachte das kirchl. Prozeßwesen, insbes. die Ehe- und Strafgerichtsbarkeit wieder in die Hand des Bf.s (ebd. can. 20). Die dominierenden Komponenten im Kampf gegen den A. wurden die Einrichtung des Offizials für die Rechtsprechung und die des Generalvikars für die Verwaltung des Bm.s, v.a. aber die Einschärfung der Residenzpflicht auf dem Konzil von Trient (sess. 23 de ref. can. 1). Die Durchführung der erwähnten Konzils- und Synodalbeschlüsse führten prakt. bis zum 18. Jh. zur Ausschaltung der A.e. In Kolonisationsgebieten entstanden Archidiakonate erst mit Einrichtung des Pfarrsystems, z.B. in Schlesien vor 1227. Hier erreichte der A. niemals die Machtfülle seiner Kollegen im Westen. B. Panzram

Lit.: DDC I, 948–1003 – PLÖCHL II, 1962², 148ff. – F. GESCHER, Der köln. Dekanat und Archidiakonat in ihrer Entstehung und weiteren Entwicklung, Kirchenrechtl. Abh. 95, 1919 – B. PANZRAM, Die schles. Archidiakonate und Archipresbyterate bis zur Mitte des 14. Jh., 1937 – S. PORTELA PAZOS, Decanología de la S.A.M. iglesia catedral de Santiago de Compostela. 1944 – A. FRANZEN, Die Kölner Archidiakonate in vor- und nachtridentin. Zeit, Reformationsgesch. Texte und Stud. 78–79, 1953 – A. BRUNS, Der Archidiakonat Nörten, 1967 – R. REINHARDT, Das Archidiakonat auf dem Konzil v. Trient, ZRGKanAbt 61, 1975, 84–100.

Archimandrit (etym. abgeleitet von ἄρχειν und μάνδρα, 'Vorsteher einer Schafhürde', dann eines Kl.s als 'geistlicher Schafhürde'), war seit dem 4. Jh. der Titel der Oberen eines Kl.s in Mesopotamien, im Patriarchat von Antiochia und später auch von Konstantinopel. Im 6. Jh., als sich der Titel → Hegumenos für die Klosteroberen durchsetzte, bezeichnet A. eine höhere Rangstufe, ähnlich der des Klosterexarchen, d.h. des Vorstehers oder Visitators mehrerer Kl. bzw. Klosterverbände. Im 11.–12. Jh. wurden die Vorsteher der Mönchskolonien A. genannt, wie z.B. am Olymp oder Athos, und im bes. der Obere des Kl.s S. Salvatore in Messina (1129), der an der Spitze von 46 Kl. in Sizilien und Kalabrien stand. Neben diesen A. mit ausgedehnterer Jurisdiktion wurden die Oberen größerer oder bedeutender Kl. A. genannt, z.B. S. Maria di Rossano und die Kl. Jur'ev in Novgorod (1226), Pečerskij in Kiev (1174). Der Titel lebt in Rußland sowie in der unierten ruthen.-ukrain. Kirche weiter (Basilianerkongregation). Jedoch ist im eigtl. Sinne nur der Obere von S. Maria di Grottaferrata, der auch Exarch mit exemtem Territorium ist (Abbas nullius), ein A. Andere A.-Titel werden ehrenhalber verliehen. J. Řezáč

Lit.: DACL I, 2 2739–2761 – DIP I, 789–790 – P. DE MEESTER, De monachico statu iuxta disciplinam byz. 1942, 197ff. – J. ŘEZÁČ, De monachismo secundum recentiorem legislationem russicam, 1952, 73, 85f., 91.

Archimatthaeus (Matthaeus de Platea, Matteo vescovo), wirkte um die Mitte des 12. Jh. an der Schule von → Salerno und zählt zu den frühen Meistern von Hochsalerno; vermutl. einer der Autoren der »quattuor magistri«. Unter seinem Namen laufen: »Practica Archimathaei«, eine Sammlung von 45 Krankheitsfällen mit Behandlungsanweisungen (ed. DE RENZI, Coll. Sal. V, 350–376); – »Liber de instructione medici«, als Vorläufer der deontolog. Schrift »De adventu medici ad aegrotum« (ed. DE RENZI, Coll. Sal. II, 74–80) oder »De cautelis medicorum« (ed. DE RENZI, Coll Sal. V, 333–349); – »Liber de modo medendi«, therapeut. Anweisungen, auch dem Magister → Copho zugeschrieben (ed. DE RENZI, Coll. Sal. IV, 415 bis 418); – »Flebotomia Archimathaei«, ein Aderlaßtraktat in Anlehnung an pseudohippokrat. Aderlaßschriften (ed. ERCHENBRECHER [1919], 18–25). H. Schipperges

Lit.: CH. DAREMBERG, Glossulae quatuor magistrorum, 1854 – S. DE RENZI, Collectio Salernitana, 5 Bde. 1852–59 – P. GIACOSO, Magistri Salernitani nondum editi, 1901 – H. ERCHENBRECHER, Der Salernitaner Arzt A. und ein bis heute unbekannter Aderlasstraktat unter seinem Namen (Cod. Berol. lat 4° Nr. 375) [Diss. Leipzig 1919] – F. PASCARELLA, Cofone Ars Medendi, 1959.

Archimedes, gr. Mathematiker und Physiker, * um 285 v. Chr. in Syrakus, † 212 ebd. In der Antike sind die Schriften des A. außerhalb von Alexandria wohl nur indirekt durch Zitate bei Heron, Theon v. Alexandria und Pappos bekannt gewesen; hier verfaßte auch Eutokios v. Askalon (5.–6. Jh.) Kommentare zu »De sphaera et cylindro«, »Dimensio circuli« und »De planorum aequilibriis«. Eine (Teil-)Ausgabe der Schriften ist aber nicht vor Isidoros v. Milet und Anthemios v. Tralles nachweisbar. Erst in Konstantinopel wurden in der Folgezeit mehrere Neuausgaben gemacht, die umfassendste (ohne »De fluitantibus corporibus«, »Ad Eratosthenem methodus«, »Stomachion«, »Bovium problema« aber mit »De quadratura parabolae«, die Eutokios nicht kannte) von Leon aus Thessalien (9. Jh.), von der ein Exemplar über Sizilien 1266 in die päpstl. Bibl. kam (verschollen nach 1564), von dem alle Renaissance-Hss. stammen. Eine weitere enthielt »De planorum aequilibriis«, »De quadratura parabolae« und »De fluitantibus corporibus« (im frühen 14. Jh. verschollen). Beide lagen 1269 der lat. Übersetzung (ohne »Arenarius«) von → Wilhelm v. Moerbeke zugrunde, die von Witelo und in der Mitte des 14. Jh. in Paris (Johannes de Muris, Nikolaus Oresme, Heinrich v. Langenstein) benutzt wurde. Eine dritte byz. Ausgabe ist durch einen 1906 wiederentdeckten Palimpsest des 10. Jh. (»De sphaera et cylindro«, »Ad Eratosthenem methodus«, »De fluitantibus corporibus« und Teile von »Dimensio circuli«, »De spiralibus«, »De planorum aequilibriis« und »Stomachion«) bekannt. Seit dem 9. Jh. lassen sich auch arab. Übersetzungen von »De sphaera et cylindro«, »Dimensio circuli«, »De fluitantibus corporibus« (»De quadratura parabolae«?) nachweisen (teils mehrfach redigiert: Isḥāq ibn Ḥunain, Ṯābit ibn Qurra, Naṣīraddīn aṭ-Ṭūsī) sowie von nicht gr. erhaltenen Schriften (»Liber assumptorum«, »Über Wasseruhren, Berührende Kreise, Siebenteilung des Kreises« u.a., vermutl. nur teilweise von Schriften des A. ausgehende oder Fälschungen), die großen Einfluß auf die arab. Mathematik und (Hydro)statik ausübten. – Aus dem Arab. wurde im 12. Jh. die »Kreismessung« von Plato v. Tivoli (?) und Gerhard v. Cremona ins Lat. übersetzt, durch letzteren auch die »Verba filiorum« der Banū Mūsā, die archimed. Gedanken enthalten. Sie wurden im 13. Jh. ebenso wie die vermutl. auf einem hellenist. archimedisierenden Werk basierende Schrift »De curvis superficiebus (Archimenidis)« des Johannes de Tinemue (?) viel benutzt, als auch weitere Fälschungen entstanden (»Circuliquadratura«, »De ponderibus Archimenidis sive de insidentibus in humidum« u.a.). Daneben prägten andere durch A. beeinflußte arab. Schriften die Statik des 13. und 14.Jh. in Europa. Um 1450 übersetzte im Auftrag Papst Nikolaus V. Jakob v. Cremona die Leon-Ausgabe erneut (vollständig) ins Lat. Nikolaus v. Kues erhielt davon eine Abschrift, und Regiomontanus brachte 1468 eine weitere nach Deutschland (Vorlage für die gr.-lat. Ausgabe Basel 1544). Eine weitere lat. Übersetzung von Federigo Commandino erschien in Bologna 1558. Seit Beginn des 16.Jh. waren auch bereits einzelne Schriften aus der Übertragung Wilhelms v. Moerbeke und in it. Übersetzung (N. Tartaglia) gedruckt worden. Die intensive Rezeption der archimed. Schriften trug dann mit zur Entstehung neuzeitl. Mathematik (Axiomatik, Exhaustion, Infinitesimalbetrachtungen u. a.) und Physik (Statik, Hydrostatik) im ausgehenden 16. und 17.Jh. bei. F. Krafft

Lit.: DSB I, 213–231 – M. Clagett, A. in the MA, 3 Bde, 1964–78 – Sezgin V, 121–136 [ausführl. Bibliogr.] – Y. Dold-Samplonius, Book of Assumptions by Aqāṭūn [Diss. Amsterdam 1977].

Archinotarius → Notar

Archipoeta
I. Leben – II. Werk.

I. Leben: Mit A. sind sieben Gedichte in der Göttinger Hs. überschrieben. In den Texten selbst spricht der Verfasser von sich nur als poeta oder vates; unsicher ist, ob vates vatum (II 59) eine Glossierung von archipoeta bezweckt. Wahrscheinl. hat sich der Name aus seiner engen Beziehung zum archicancellarius und archiepiscopus → Rainald v. Dassel ergeben. Soweit datierbar, fallen die Gedichte in die Zeit, als Rainald zum Ebf. gewählt (Electus Coloniae c. IV 26 und ö.), aber noch nicht geweiht war: 1159/65. Der Verfasser bezeichnet sich als iuvenis, dürfte also um 1125/35 geboren sein. (Daher läßt sich keine Verbindung herstellen zu jenem vagierenden Kleriker Nicolaus, der 1219 in Bonn auffiel, und → Heinrich v. Avranches (um 1230), von denen bezeugt ist, daß sie archipoeta gen. wurden.) Die Heimat des A. läßt sich nicht sicher bestimmen. Indem er, in Italien dichtend (III 14), Rainald ebenso wie sich selbst als transmontanos bezeichnet, könnte er frz. oder burg. wie auch dt. Abstammung (IV 18 ortus e militibus = aus Ministerialengeschlecht?) gewesen sein. Jedenfalls erweist er sich in seiner Bildung als durch »beste frz. Schule« (Fickermann) geprägt. Über das triviale Grundwissen hinaus verfügte er über theol. Kenntnisse (carm. I); ein Medizinstudium in Salerno mußte er wegen Erkrankung abbrechen (carm. VI – 1162?).

Oftmals scheint er – nicht anders als umherziehende Unterhaltungskünstler (leccatores/mimi: IV 23/25), von denen er sich als scolaris (IV 18) selbstbewußt distanziert – durch materielle Not gezwungen gewesen zu sein, v. a. von geistl. Herren Essen und Kleidung als Lohn für seine Dichtungen zu erbetteln. Besser versorgt war er, als Rainald ihn als Panegyriker und Propagandisten stauf. Politik zu schätzen wußte, und die möglichen Lokalisierungen seiner Gedichte bezeugen, daß er sowohl in Oberitalien (VII, IX, X) und Burgund (II) wie auch in Köln (V) in Rainalds Umgebung auftrat. Von 1165 an verliert sich seine Spur. Sollte er auch nicht mehr als die 10 verbürgten Gedichte verfaßt haben, erweist er sich doch als eine der ausgeprägtesten lit. Persönlichkeiten des HochMA; formale Virtuosität und unkonventionellen Gebrauch eines nicht unbeträchtl. Bildungswissens verbindet er mit Leidenschaft und Witz, um vitalen Bedürfnissen und ideeller Begeisterung gleichermaßen intensiven Ausdruck zu verleihen.

II. Werk: *Überlieferung*: Die Hs. Göttingen UB philol. 170 (12.Jh.) überliefert carm· I–VII vollständig und bricht nach Strophe 1 von VIII ab; mit der folgenden Lage gingen vermutl. weitere Gedichte des A. verloren. – In Bruxelles B.R. 2071 (13.Jh.) stehen carm. IX und X, danach von VII Strophe 1–5. – Der Cod. Buranus (München StB clm. 4660; 13.Jh.) enthält X als CB 191 und vier Strophen von IV als CB 220. In weiteren 30 Hss. findet sich X ('Confessio') meistens verkürzt oder verändert; für I kommen zwei Hss. 14.Jh. und für IX eine 15.Jh. hinzu (vgl. GTÜ II 113f.).

Formen: Zwei metr. Texten (III und IV: caesur- bzw. endgereimte Hexameter) stehen acht akzentrhythm. gegenüber, davon vier (IV, V, IX, X) in Vagantenstrophen. Diese wie auch die Strophen in anderen Langzeilenformen, v. a. die Reimtiraden in II weisen auf frz. Vorbilder hin. – Der Reim ist durchweg zweisilbig rein. – In der Strophenzahl der Gedichte wie auch in der inhaltl. Gliederung in Strophengruppen ist Zahlensymbolik intendiert.

Funktion und Inhalt der Gedichte: Alle Texte sind zum Vortrag bestimmt; eine zugehörige »melodia musica« ist in VII erwähnt. Mittelpunkt des Publikums ist, außer in I und IX, der Gönner Rainald, der auch im »Kaiserhymnus« (IX) sowohl als »Wegbereiter« Friedrichs I. wie als Wohltäter des Dichters gerühmt wird. Während er in IX im Auftrag Rainalds eine tendenziöse Verherrlichung der Erfolge Barbarossas in Oberitalien (1162/63) darbrachte, gehören alle übrigen Texte eindeutig zum Typ des Heischegedichts: geistreich witzige Unterhaltung, die gern das Mittel der Parodie ergreift (Predigt: I, Beichte: II, X, Liturgisches: IX) und Schmeicheleien nicht scheuen darf (IV, V, VII), mündet ein in Bitten um Geld, Essen, Wein und warme Kleidung (Mantelmotiv I, IV, VII). Die berühmte »Vagantenbeichte« (X) sowie carm. II machen kein Hehl aus seiner Neigung zu erot. Abenteuern. Aus Wein und Würfelspiel gewonnene Daseinsfreude wird in Beziehung zur dichter. Produktivität gesetzt. D. Schaller

Ed. mit Komm. und Bibliogr.: Die Gedichte des A., krit. bearb. H. Watenphul, hg. H. Krefeld, 1958; dazu viele Korrekturen in den Rez. von N. Fickermann, PBB 82, 1960, 173–184 – D. Schaller, Gnomon 32, 1960, 656–660 – W. Bulst, ADA 72, 1961, 145–159 – Carm. X verbessert hg. B. Bischoff, Carmina Burana I 3, 1970, 6–22; ebda. 77f. carm. IV 20.17.18.19 (vgl. Schaller MJb 12, 1975, 110) – Übers.: K. Langosch, Die Lieder des A., 1965 – Lit. [ab 1959] : K. Langosch, Profile des lat. MA, 1965, 295–327 – P. Klopsch, Der A., in: Der altsprachl. Unterricht XII 4, 1969, 31–47 – H. Naumann, War der A. ein Vagant?, ebda. 88–92 – Komposition: K. Langosch, MJb 4, 1967, 155–160 und Misc. Mediaevalia 7, 1970, 134–145, 149f. – Lit. Adaptation, Topik: W. Heckenbach, MJb 4, 1967, 145–154 – O. Zwierlein, MJb 7, 1972, 102–121 und 9, 1973, 313 – A. Betten, MJb 11, 1976, 143–150 – Interpret. einzelner Gedichte: R. ten Kate, Mnemosyne IV 15, 1962, 275f. (VII) – R. Stark, CM 23, 1962, 218–224 (III) – P. Klopsch, MJb 4, 1967, 161–167 (IX, X, VII) – D. Kuijper, MJb 7, 1972, 125–126 (IX, X) – F. Wagner, MJb 10, 1975, 100–105.

Archipresbyter
I. Stadtarchipresbyter – II. Landarchipresbyter – III. Kapitelarchipresbyter – IV. Titularchipresbyter.

I. Stadtarchipresbyter: Die Bezeichnung A. ist erstmals um 411 nachgewiesen (Brief des Hl. Hieronymus an Rusticus, c. 15, MPL 22, 1080), die Funktion aber wahrscheinl. älter. Der A., ursprgl. wohl der weiheältste Priester, später vom Bf. ernannt, war der Stellvertreter des Bf.s in dessen sakralen Funktionen (Meßfeier und Sakramentenspendung). Versuche, dem A. anstelle des → Archidiakons auch die Stellvertretung des Bf.s in der Verwaltung und Gerichtsbarkeit zu übertragen, gingen über Einzelerscheinungen nicht hinaus.

II. Landarchipresbyter: In Zusammenhang mit der Ausbreitung des ländl. Seelsorgesystems wurde der Klerus an den Taufkirchen als Presbyterium organisiert, an dessen Spitze ein A. trat (2. Konzil v. Tours, 576). Er hatte die Aufsicht über die Kleriker einer Großpfarrei. Bei der Vermehrung der Pfarreien und Ausbildung von Verbandssprengeln in der karol. Zeit wurde die Bezeichnung A. auf den Vorsteher dieser Sprengel übertragen. Titel und Funktion dieses A. jüngerer Ordnung sind synonym zu → Dekan.

III. KAPITELARCHIPRESBYTER: Seit dem 10. Jh. wurde der Stadtarchipresbyter in die Kapitelorganisation einbezogen, wobei der Umfang seiner Befugnisse lokal verschieden umschrieben wurde (2. Dignität, Vorsteher des Kapitels, Pfarrer). Ähnliches gilt für die A. in Kollegiatkapiteln.

IV. TITULARARCHIPRESBYTER: Die Bezeichnung A. findet sich auch als Ehrentitel für (meist städt.) Pfarrer oder Kirchenrektoren. Die A. der röm. Hauptbasiliken hatten auch gewisse Jurisdiktionsrechte. C. G. Fürst

Lit.: DDC I, 1004–1026 – J. FAURE, L'archiprêtre, des origines au droit décrétalien, 1911 – FEINE, passim – PLÖCHL I–III, passim.

Architekt, in antiken und ma. Quellen »architector« oder »architectus«, bei den Griechen und Römern in der Regel die Bezeichnung für den berufsmäßigen, sozial hochgestellten, planenden Entwerfer eines Bauwerks. Im 10. Jh. Ausweitung des Begriffs auf den ausführenden Meister-Handwerker, dessen bes. Stellung durch seine planerische Tätigkeit aber anerkannt bleibt (→ Baubetrieb). Schon im FrühMA häufig durch »artifex«, »operarius« oder »caementarius« ersetzt, wird A. im MA schließlich in der Mehrzahl der Quellen nicht mehr vom Maurer unterschieden. Vereinzelt Auslegung von »architectus« als Dachdecker (volksetymol. abgeleitet von lat. »tectum«). Zudem konnten Kleriker als A.en genannt werden, die, mit theoret. Kenntnissen ausgestattet, an der Planung des Baus und seinem Programm beteiligt waren (Wilhelm v. Hirsau, Benno v. Osnabrück). Ein als A. bezeichnete geistl. oder weltl. Herr im Zusammenhang mit »fecit« oder »construxit« weist meist nur auf den Stifter oder Bauherrn hin; häufig zurückzuführen auf ein Paulus-Zitat (Paulus bezeichnet sich als »sapiens architectus«, I. Kor III, 10) und auf die Vorstellung von Christus als Erbauer der Kirche. Eine Neubelebung des alten Sinns von A. als übergeordnetem Schöpfer erfolgt in der I. Renaissance im Zuge der Aufwertung der künstler. Einzelpersönlichkeit und durch das Wiederentdecken und Übersetzen antiker Schriften wie Vitruv, De architectura, 1485.

G. Binding

Lit.: M. S. BRIGGS, The Architect in Hist., 1927 – N. PEVSNER, Zur Gesch. des Architektenberufes, Krit. Ber. z. kunstgesch. Lit. 4, 1930–31, 97–122 – DERS., The Term »Architect« in the MA, Speculum 17, 1942, 549–562 – M. WARNKE, Bau und Überbau, 1976.

Architektur, das aus dem Gr. ('Erzkünstler, Baumeister') stammende Wort ist bei uns aus dem Lat. entlehnt und durch Vitruvs Werk »De architectura« in karol. Zeit und dann wieder in der Renaissance eingeführt und bezeichnet die Kunst des Bauens. → Baukunst. G. Binding

Architekturbemalung → Farbigkeit der Architektur

Architekturdarstellung ist die Abbildung von Bauwerken, Bauteilen oder Innenräumen als Planzeichnung (→ Architekturzeichnung, → Arculf) oder in Form eines dreidimensionalen Modells (→ Architekturmodell) oder in sonstigen Darstellungen der Malerei und Graphik. Zumeist nicht ein bestimmtes Bauwerk oder Teile von ihm werden in den A.en auf Miniaturen oder Reliefs des MA abgebildet, wenn auch vereinzelt Anlehnungen an ein bestimmtes Bauwerk erfolgt sind. Das mit den Monatsbildern der Livres d'heures (→ Stundenbuch) in Chantilly (vor 1416) beginnende, bes. in den Niederlanden im Laufe des 15. Jh. voll ausgebildete Architekturbild gibt ein bestimmtes Bauwerk in möglichst getreuer, perspektiv. Ansicht wieder. G. Binding

Lit.: RDK I, 905–918, s. v. Architekturbild [mit Lit.] – W. ÜBERWASSER, Dt. A. um das Jahr 1000, Fschr. H. JANTZEN, 1951, 45–85 – W. PRINZ, Die umgekehrte Perspektive der A. des MA, Fschr. E. REDSLOB, 1954, 253–262 – F. W. KRAHE, Die Architektur des frühen MA im Vergleich mit den bildl. Darstellungen [Diss. masch. Berlin 1956] – M. GEBHARDT, A. en auf Gemälden und Graphiken Augsburger Maler im Zeitabschnitt von 1490–1540 [Diss. masch. Würzburg 1956] – E. MITSCH, Die Architekturen in der ndl. Malerei des 15. Jh. [Diss. masch. Wien 1958] – P. LAMPL, Schemes of architectural representation in early medieval art, Marsyas 9, 1961, 6–13 – R. W. SCHELLER, A survey of medieval model books, 1963 – E. BILLIG, Spätantike A. en I, 1977.

Architekturmodell, plast.-dreidimensionale Darstellung eines Bauwerks in Holz, Stein, Gips, Wachs oder auch in verkleinertem Maßstab oder von Baudetails in natürl. Größe; in der Regel Entwurfsmodelle zur Veranschaulichung eines geplanten, seltener Abbilder eines fertiggestellten Bauwerks. A. sind aus der Antike und dem MA nur lit. überliefert: Wachsmodell für die Klosterkirche St-Germain in Auxerre 9. Jh.; Elfenbeinmodell im Besitz Einhards; Teilmodelle von der Hand Wilhelms v. Sens vor 1180; Arnolfo di Cambios Modell für den Florentiner Dom und weitere Modelle von 1356, 1367, 1379, 1382; Kathedrale von Bologna 1390 und 1406. Erhaltene Modelle stammen erst aus der Renaissance, die von einer techn.-konstruktiven und math.-stereometr. Gesamtplanung ausgeht. Die Votiv- und Stiftermodelle sind nur symbol. Formen von Architekturen, zumeist als Attribute ohne realen Modellcharakter (→ Stifterbildnis). G. Binding

Lit.: RDK I, 918–940.

Architekturplastik → Bauplastik

Architektursymbolik. Das Bauwerk ist als Haus für den Menschen Schutz vor Witterung wie vor Dämonen, als Grab Schutz des Toten im Übergang zur Ewigkeit, als Gotteshaus ein würdiger und zum Verweilen der Gottheit auf der Erde geeigneter Ort. Von Anfang an wurde mit ird. Materialien unter größten techn. Schwierigkeiten (nord. Megalithgräber, griech. Tholoi, ägypt. Pyramiden) ein Bauwerk mit ird. Funktionen an ird. Orten errichtet, aber immer transzendierte diese Architektur; sie war »Bedeutungsträger« (G. BANDMANN), Abbild oder Symbol für das »Andere«, dem sie geweiht war.

Nach → Vitruv war der Baukunst die »firmitas« zugeordnet, die Festigkeit, die bald nicht nur als materielles Faktum, sondern als Symbol wirken sollte, und durch die Ortsbindung gegeben war. Hierfür wurden vielfach die Astrologie und die Astronomie eingesetzt. Der Brauch der noch heute üblichen Grundsteinlegung resultiert aus dieser Vorstellung der Sicherung und Festigkeit, die Schutz und Ordnung garantiert (Kirchweih-Liturgie).

Ein weiteres Grundanliegen des Bauens ist das Erinnern an etwas und das Fordern von Aufmerksamkeit für etwas, nicht nur im Sinne des Denkmals im 19. Jh., sondern ein Bewußtsein, das sich durch alle Zeiten findet und in die Bedeutung bzw. in das Symbolische einmündet. »Wenn man sagt, das Kunstwerk habe eine Bedeutung, so meint man damit einen Hinweis auf etwas, das über die materielle und formale Organisation des Kunstwerkes hinausgeht, eine Einordnung in einen größeren Sinnzusammenhang. Der Bereich des Künstlerischen wird überschritten, indem man das Kunstwerk als Gleichnis, als Vertretung, als stoffliche Emanation eines Anderen auffaßt. Dieser Hinweis ist immer dann gegeben, wenn das Kunstwerk etwas abbildet oder darstellt«, an etwas erinnert. »Die

Fähigkeit zur Hindeutung und bannenden Veranschaulichung hat das Kunstwerk, insofern es bezeichnet und mit bestimmten formalen Zügen oder auch nur Inschriften ausgestattet ist, die den Kontakt herstellen« (G. BANDMANN, 1951). Der abbildende Sinn ist nicht nur untrennbar mit der anschaul. Gestalt des Gebäudes verbunden, sondern hat auch formbildende Kraft, entsprechend der Symbolik, die aber auch nachträgl. der Form unterlegt sein kann. Eine architekt. Symboldeutung post factum ist für Eusebius und andere Autoren des 4. und 5.Jh. als Regel anzusehen. Im 6.Jh. scheint sich, nach einer syr. Soughîtâ auf die Kathedrale von Edessa, der frühesten detaillierten chr. architektursymbol. Quelle, ein Umschwung in Richtung auf eine Beeinflussung von Architekturformen durch Symbolgedanken feststellen zu lassen (DUPONT-SOMMER, GRABAR).

Die dem MA eigene bewußt traditionalist. Haltung bekommt einen tieferen Sinn, wenn die Bedeutung der Formen bekannt ist, die den Anlaß ihrer Rezeption oder Ablehnung gegeben hat. Im MA ist der Bauherr wichtiger als der Baumeister, er wird namentl. überliefert und als constructor oder aedificator bezeichnet. Es war erstes Anliegen des Bauherrn, sinnfällig und eindrucksvoll die Bedeutung des Bauwerks durch die Hand des Baumeisters gestalten zu lassen. Man kann beobachten, daß das MA sich dabei überlieferter Gestaltung (→ Antikenrezeption) bediente, wenn sie damals in Zusammenhängen verwendet wurde, die man zu erneuern beabsichtigte, oder wenn diesen rezipierten Formen seit ihren Anfängen eine inhaltl. Bedeutung zukam, die sie bei ähnlichen Darstellungsabsichten empfahl. Eben dieser Inhalt erzwang die Anwendung bestimmter Typen oder Formen, wobei die Tradition die Wahl und v. a. die Schöpfung von neuen Typen einschränkte, aber das bes. Verhältnis des MA zur Form und die latent wirksamen künstler., örtl. und zeitl. Kräfte die Variationsmöglichkeiten innerhalb der Typen vergrößerten, so daß manchmal trotz lit. überlieferter Rezeptionsabsicht und gewollter Inhaltskopie die formale Übereinstimmung nur in wenigen Punkten zu beobachten ist (Germigny-des-Près 800/806 durch den Kanzler Karls d. Gr. und Bf. v. Orléans, Theodulf, gebaut »Basilica instar eius quae Aquis est constituta«).

Das Wiedererkennen der Symbolik in der Form durch den Betrachter stellt eine hohe Leistung des Intellekts dar, da der übergeordnete Begriff – die Idee – von der Sache im Betrachter vorhanden sein muß, um die bildl. Erscheinung bestimmen und einordnen zu können. So kann nicht nur Abbild und Vorbild und daran gebundene Bedeutung dargestellt werden, sondern man kann im Bauwerk ein veranschaulichendes und hinweisendes Instrument sehen für etwas Nicht-Gegenständliches, für eine Gesamtvorstellung einer nicht dinggebundenen Ordnung, so der chr. Heilsvorstellung, der transzendenten ecclesia oder des göttl. Kosmos. »Es ist für das MA bezeichnend und deutet die dingliche Mächtigkeit der symbolischen Formen an, daß sie nicht nur Anweisungen für den Menschen sind, sondern auch angesehen ihre Daseinsberechtigung haben, daß sie gleichsam Trabanten des Heiligen sind und nicht etwa didaktischen Absichten ihre Entstehung verdanken« (G. BANDMANN, 1951), so z.B. hoch am Turm einer Kathedrale aufgestellte Figuren, hochgelegene Darstellungen an Kapitellen, Schlußsteine usw. Ordnungsprinzipien (→ Proportionen, Zahlenverhältnisse entsprechend der Harmonielehre) sind im Bau immanent wirksam, aber nach Fertigstellung nur noch teilweise erkennbar. In der Ansicht der → Scholastik, daß das Wahre sich im Schönen offenbare, sieht → Bernhard v. Clairvaux eine Gefahr: »Magis mirantur pulchra quam sacra«. Erst in dieser Stufe der Existenzweise der Baukunst wird das Bauwerk auf das Auge des Menschen bezogen und nimmt auf dessen bes. physiolog. Beschaffenheit Rücksicht (Perspektive, Untersicht, Maßstab), verbunden ist damit eine »Schrumpfung des Sinngehaltes« (H. LÜTZELER, 1934); bis dahin waren die Möglichkeiten der Kunstauffassung sowohl im spätantik-formalen wie im archaisch-mag. Sinn gegeben, entsprechend dem symbol. Grundcharakter ma. Äußerung (z. B. → Berengar Mitte 11.Jh. über das Abendmahl).

Die Stützen der Kirche personifizieren die Apostel und Propheten, die das Gebäude, die Stadt Gottes, tragen; seit → Eusebius (hist. eccl. 10,4) in schriftl. Quellen immer wieder so gedeutet. Da für die Christen das Bauwerk ein Gleichnis für die aus lebendigen Gliedern bestehende ecclesia ist, nehmen auch die Säulen entsprechende Bedeutung an. Christus wird im Schlußstein erkannt, der das Bauwerk krönt und zusammenhält. Die Gemeinde ist in diesen Gebäuden nicht Gast, sondern Glied der dadurch symbolisierten ecclesia. Die Gottesstadt reicht als Wirklichkeit in diese Welt hinein, und die Gläubigen sind ihre Bürger. Das → Himmlische Jerusalem stellt nicht einen hist. Endzustand dar, sondern die höchste Stufe der Gegenwart (Kirchweihhymnus »Urbs beata Hierusalem«). »Durch die Teilhabe am Himmlischen Jerusalem steht die Kathedrale für die eschatologisch-anagogische Dimension der Heilsgeschichte für die Verheißung der Zukunft im Himmel« (F. OHLY, 1972). Das Kirchengebäude ist nicht nur als Abbild, sondern als Wirklichkeit des Himml. Jerusalem gedacht, indem die Einzelglieder das als religiöse Wirklichkeit gegebene Sakrament und die Reliquien symbol. überhöhen und zur Anschauung bringen. Diese Deutung erfolgt zunächst nicht durch die formale Durchbildung der Glieder, sondern wie bei dem Schlußstein durch die Lage, und bei den Stützen durch die Zahl. Abt → Suger v. St-Denis, der Initiator der ersten got. Kirche (1144 Chorweihe), bringt zu Anfang seines Büchleins »De consecratione ecclesiae Sancti Dionysii« zum Ausdruck, daß das große Unternehmen vom Erbauer eine bes. innere Disposition, einen begnadeten Zustand erfordert. Die myst. Vision der Harmonie kann für den Künstler erst zum Vorbild werden, wenn sie von seiner Seele Besitz ergriffen hat und die ordnende Macht seiner Kräfte und seines Willens geworden ist. Mit den Worten aus dem Brief des Paulus an die Epheser (2,19ff.) formt er das Bild von Christus als Eckstein, »der eine Wand mit der anderen verbindet; auf ihm wächst der ganze Bau – sei er geistiger oder materieller Natur – zu einem heiligen Tempel in dem Herrn, in welchem auch ihr lernt, miterbaut zu werden zu einer Behausung Gottes im Geist, durch uns selbst in geistlicher Weise, je höher und trefflicher wir uns um die Errichtung des materiellen Bauwerks bemühen«.

Die Wahl von je zwölf Stützen für Umgang und Chor von St-Denis ist angeregt vom bibl. Bild (Eph 2,20) »Erbaut auf den Fundamenten der Apostel und Propheten«, hier in der Zahl begründet, später durch Anbringen von Figuren an den Stützen (Kölner Domchor). Symbol und symbol. gedeutete religiöse Realität werden durch den Einschluß von Reliquien in die Säulen miteinander verbunden realisiert (Magdeburger Dom 955, St. Michael um 1020 und St. Godehard um 1160 in Hildesheim). Die Vorstellung nach dem vierten Responsorium am ersten Novembersonntag »Auf Deine Mauern, Jerusalem, habe ich Wächter gesetzt«, wird am Außenbau got. Kathedralen durch Engel in den Fialen (Reims) verdeutlicht. Die

Deutung der Länge und Breite der Kirche als Weltzeit und als Weltraum ist schon bei den Kirchenvätern angelegt und im hohen MA geläufig (F. OHLY, 1972). Die Darstellungsform des Himml. Jerusalem wandelt sich; in der Romanik als Himmelsburg mit der Übernahme des Stadttores als türmebewehrter Westbau, in der Gotik reich skulpiert als »porta coeli«: »Was im Ganzen ist, zeigt hier die goldene Pforte. Durch die Materie schwingt sich der Geist, der schwache, zur Wahrheit und entwindet dem Irdischen sich, umstrahlt von dem Lichte« (Inschrift am Tor der Abtei von St-Denis; Suger, Liber de rebus in administratione sua gestis, cap. 27, MPL 186, 1228f.). Aber auch andere Bauteile können abbildende, symbol. Aufgaben übernehmen: Querschiff als Thronsaal, →Doppelchor als Abbild des Gottesreiches, das von Kaiser und Papst repräsentiert wird, die → Apsis als Martyrium, →Kuppel als Bild des Himmels, →Chorscheitelrotunden als Anastasis-Kopie, Quellen und Brunnen in Kirchen als fontes vitae →Golgatha. »Das Kirchengebäude wäre ein dinghaft architektonischer Körper mit Gliedern von nach heilsgeschichtlicher Herkunft verschiedenartiger Substanz, welcher Ansatzpunkte für seine Auslegung nach allen Dimensionen einer spirituellen Signifikanz hin böte. Als ein Zeitenraum die Arche, die Stiftshütte, den Tempel, die Kirche und das Himmlische Jerusalem in sich verbindend, wäre sie ein architektonisches, nur durch seine in biblischen Stufen ausgeprägten Formen sprechendes Bild der Heilsgeschichte.« (F. OHLY, 1972). Die kirchl. A. wirkt auf den profanen Bereich ein, bes. auf die Herrschaftssymbolik (Pfalz, Thron). G. Binding

In Byzanz gilt die Kirche (bes. die Kreuzkuppelkirche) als »Himmel auf Erden«, in dem der »himmlische Gott« wohnt (Hist. eccl., übers. von Anastasius Bibliothecarius 869/870), »ein anderer Himmel auf der Erde«, der »jungfräuliche Tempel auf Erden«(Photios), eine Anspielung auf Maria als »Tempel des Logos«. Die weitere symbol. Deutung des Kirchengebäudes ergibt sich aus dem → Bildprogramm. K. Wessel

Lit.: J.SAUER, Symbolik des Kirchengebäudes und seiner Ausstattung in der Auffassung des MA, 1924² [Repr. 1964] - G. HAUPT, Die Farbensymbolik in der sakralen Kunst des abendländ. MA [Diss. Leipzig 1941] - R. KRAUTHEIMER, Introduction to an Iconography of Mediaeval Architecture, JWarburg 5, 1942, 1ff. - A. DUPONT-SOMMER, A. GRABAR, CahArch 2, 1947, 29-67 - G. BANDMANN, Ma. Architektur als Bedeutungsträger, 1951 - DERS., Ikonologie der Architektur, Jb. für Ästhetik und allg. Kunstwiss., 1951, 67-109 [Repr. 1969] - O. V. SIMSON, The Gothic Cathedral, 1962² [dt. 1968] - M. GEBAROWICZ, Symbolism in Architecture, its Concept and Function, Sarnatia Artistica, 1968 - G.BANDMANN, Bemerkungen zu einer Ikonologie des Materials, Städel-Jb. 2, 1969, 75-100 - DERS., Die vorgot. Kirche als Himmelsstadt. FMASt 6, 1972, 67-93 - F. OHLY, Die Kathedrale als Zeitenraum, ebda. 94-158 - H. KELLER, Reliquien in Architekturteilen beigesetzt, Beitr. zur Kunst des MA (Festschr. H.WENTZEL, 1975), 105-114 - A. REINLE, Zeichensprache der Architektur, 1976 - H. BAUER, Kunsthistorik, 1976, 40-43 - B. MAURMANN-BRONDER, Die Himmelsrichtungen im Weltbild des MA (MMS 33, 1976).

Architekturtheorie ist die Absicht, die jeweils aktuellen Aufgaben der Architektur normativ zu erfassen und durch Anweisungen verwirklichen zu helfen, mehr didakt. als programmat.-ästhet., zurückgehend auf → Vitruv, dessen Wirkung jedoch in der von Steinmetz-Baumeistern getragenen Gotik aussetzt; die auf Vitruv gegründete A. wird von ma. Bauherren geistl. Standes um die Zahlensymbolik erweitert; daraus ergibt sich die → Proportion und die Bemessung durch Quadratur und Triangulatur als Grundfiguren »geometricis et aritmeticis instrumentis« (Abt Suger). Für das SpätMA sind die Veröffentlichungen von M. Roriczer, Von der Fialengerechtigkeit 1486, H. Schmuttermayer, Fialenbüchlein 1486 und L. Lacher, Unterweisung 1516 wichtige Quellen (→ Bauhüttenbuch) über Bemühungen auf dem Gebiet der A., die aber weitgehend konstruktiv bedingt sind. Die A. ist im MA der → Architektursymbolik untergeordnet. G. Binding

Lit.: RDK I, 959-992 - K.F.WIENINGER, Grundlagen der A. [Diss. Wien 1951] - P. BOOZ, Der Baumeister der Gotik, 1956 - G. BINDING, N. NUSSBAUM u. a., Ma. Baubetrieb in zeitgenöss. Darstellungen n. der Alpen, 1978.

Architekturzeichnung, zeichnerische, meist geometr. konstruierte Darstellung architekton. Objekte; Darstellungsmittel und Darstellungsform werden durch den Zweck bestimmt, ein architekton. Werk in seiner dreidimensionalen Gestaltung in geometr. Plandarstellung möglichst eindeutig festzulegen und anschaulich zu machen. Es ist eine Zeichnung, die in den gewählten Darstellungsmitteln von Werkzeichnungen ausgeht, die aber nicht wie diese nur zeichner. Hilfsmittel der Bauplanung ist, sondern auch Bauaufnahme, Rißkopie, Studienmaterial oder Beleg für ein Werkverzeichnis sein kann.

In der modernen kunstgesch. Lit. bezeichnet als Riß oder Bauriß, in lat. Quellen des MA designamentum, in deutschsprachigen riß oder visierung, bei → Villard de Honnecourt montée oder droite montée für Aufrisse und Ansichten sowie esligement für Grundrisse. Visierung ist die über das MA hinaus gebräuchl. Bezeichnung für werkvorbereitende Zeichnungen aller Art (Architektur, Goldschmiede-, Schreiner- und Bildhauerarbeiten), die auch den Verträgen zugrunde gelegt werden, also eine rechtl. verbindl. Werkzeichnung. Das einfachste zeichner. Hilfsmittel der Bauplanung ist die Zeichnung im Maßstab 1:1, die als Versatzplan für Bögen, als Schablone für Profile, Pfeilergrundrisse und wiederholte Bauformen die Einheitlichkeit des Baues gewährleistet. Die zweckmäßigste Werkzeichnung ermöglicht eine Übertragung in den Originalmaßstab, für die geometr. Hilfskonstruktionen wichtig sind (zur Frage der Maßstäblichkeit vgl. K. HECHT). Schon für die Darstellung einer Bogenform, erst recht für reichere geometr. Figuren, ist eine Hilfskonstruktion notwendig, welche die Zirkelstichpunkte der Bogenschläge bestimmt. Diese Konstruktion ist der Werkzeichnung und dem Riß im Maßstab 1:1 gemeinsam. Bei Werkzeichnungen ist sie häufig als Blindrillen-Vorzeichnung (mittels eines spitzen Metallstiftes) erhalten, deren Bedeutung darin liegt, daß sie die Darstellung geometr. Figuren mit den einfachen Hilfsmitteln Richtscheit und Zirkel schrittweise nachvollziehbar macht. Werkzeichnungen sind grundsätzlich, A.en in der Regel konstruiert. Die A.en wurden nicht allein von Steinmetz-Baumeistern gefertigt, sondern auch von Buchmalern und Goldschmieden. Die A.en sind auf Pergament, im späteren MA auch auf Papier gezeichnet, auch auf grundierte Holztafeln oder Fußböden und Mauerflächen (Trier, Aachen).

Bei Aufrissen besteht die Vorzeichnung vorwiegend aus Symmetrieachsen und waagerechten Höhenlinien, bei Grundrissen legt sie Fluchtlinien fest. Häufig werden Bauformen schrittweise aus einfachen Grundfiguren, Kreis und Quadrat, entwickelt, wobei der Quadratur bes. Wichtigkeit zukommt (→ Proportion). Die Tuscheausführung löst die schrittweise vorbereitete Form aus der Vorzeichnung heraus. Die Durchführung der Zeichnung erfolgt meist mit Feder und Tusche, dazu graph. Mittel wie verschiedenfarbige Tinten, Schraffuren mit Feder oder Pinsel, Lavierung mit Tusche oder Farben.

Bei Aufrissen über polygonalem Grundriß muß der Zeichner für die Darstellung der zur Zeichenfläche nicht parallelen Teile ein Verkürzungsverfahren beherrschen. Die Zeichnungen in Villard de Honnecourts →Bauhüttenbuch zeigen bereits die für den ma. Riß verbindl. Verkürzungsverfahren: Halbierung der Breite, Reduktion der Zahl von Bauteilen wie Fenster und Arkaden, Verkleinerung der Form, Halbierung der Form.

Zeichnungen für ägypt. und röm. Bauten sind nachweisbar, jedoch für Bauten des frühen MA wohl nicht, denn nur an einem erhaltenen Beispiel, dem St. Galler Klosterplan von 820/830, wäre die Frage zu klären; dieser ist aber mehr ein Lage- und Konzeptionsplan. Erst aus der Gotik sind A.en aus den Niederlanden, England, Frankreich, Italien, Spanien und bes. Deutschland (Wien, Straßburg, Ulm) erhalten, beginnend mit dem Grundriß der Trierer Liebfrauenkirche vor 1235, dem Bauhüttenbuch des →Villard de Honnecourt 1235/45, den Reimser Palimpsesten 1240/60 und den Straßburger Rissen A um 1255/65 und A_1 um 1285/90. »Die Thesen R. BRANNERS, A.en seien erst im Laufe des 13. Jh. als Planungsmittel erprobt und anschließend allgemein verwandt worden und dieses sei auf eine Veränderung der baukünstlerischen, stilistischen Absichten sowie auf bautechnische Entwicklungen zurückzuführen, sind überzeugend. Sie erklären nicht nur den lückenhaften Bestand im 13. Jh. und das ständige Zunehmen in der folgenden Zeit; sie machen auch auf die grundsätzliche Bedeutung der A. aufmerksam, da allein ihr Vorhandensein schon als baukünstlerisch und bautechnisch bedeutsame Tatsache verstanden werden kann« (P. PAUSE). Zu Anfang des 16. Jh. wird eine neue Auffassung der *visierung* greifbar; eine Verbindung von Innenraumdarstellung und Werkzeichnung oder »Schaubildriß« verrät neue künstler. Absichten (z. B. Augsburger Zeichnung der Annakapelle).

Sammler got. A.en war die →Bauhütte selbst; der Bauplan war die wichtigste Urkunde für ein Bauvorhaben. Auch die Plansammlungen der Baumeister waren von großer Bedeutung; sie sind Mustersammlung, Beleg der eigenen Leistungen, dienen der Unterrichtung von Schülern und enthalten Darstellungen von vorbildl. Bauwerken, die auf Reisen und während der Ausbildung kennengelernt wurden, oder von denen man sich Zeichnungen beschaffen konnte (→Bauhüttenbuch des Villard de Honnecourt). Heute befinden sich größere Bestände in Frankfurt, Köln, London, München, Nürnberg, Straßburg, Ulm und Wien. Im 19. Jh. wiederaufgefundene A.en dienten zur Vollendung got. Kathedralen wie in Köln und Ulm. G. Binding

Lit.: RDK I, 992–1013 – H. EICHLER, Ein ma. Grdr. der Liebfrauenkirche in Trier, Beitr. zur Kunst des MA, 1950, 171–174 – R. BRANNER, Villard de Honnecourt, Reims and the origin of gothic architectural drawings, Gazette des Beaux-Arts, VI. Per., 61, 105, 1963 – K. HECHT, Maß und Zahl in der got. Baukunst, Abh. der Braunschweig. Wiss. Ges. 21, 1969, 215–326; 22, 1970, 105–263; 23, 1971/72, 25–236 – P. PAUSE, Got. A.en in Dtl. [Diss. Bonn 1973; Lit.] – W. MÜLLER, Techn. Bauzeichnungen der deutschen Spätgotik, Technikgesch. 40, 1973, 281–300.

Architrav

Architrav (gr., lat.), auch Epistyl, waagerechter, den Oberbau tragender Hauptbalken, zumeist auf Säulen ruhend, kann mit Faszien (zwei oder drei übereinanderliegende Stufen) gegliedert sein. Im frühen MA allgemein zugunsten des →Bogens aufgegeben, nur bei betonter →Antikenrezeption noch vorhanden (Lorsch, Aachen, Quedlinburg) oder als Reduktionsform im Kämpferblock (Aachen, Speyer); in Oberitalien oder bei Portikusanlagen (St-Gilles b. Arles) und in Portal-Rahmungen durch →Aedicula (Avignon, Pavia) wiedergegeben.

Lit.: RDK I, 1014–1018. G. Binding

Archiv

I. Spätantike und Byzanz – II. Kirchliche Archive – III. Archive weltlicher Herrscher – IV. Städtische Archive – V. Organisation der Archive.

I. SPÄTANTIKE UND BYZANZ: Obgleich als Bezeichnung mehr im gr. Reichsteil geläufig ($\dot{\alpha}\varrho\chi\varepsilon\tilde{\iota}o\nu$, urprgl. 'Amtsgebäude', lat. archium, archivum), fehlte es auch im übrigen spätantiken Imperium nicht an A.en: Einrichtungen, die alles das bei einer Behörde oder Geschäftsführung erwachsene amtl. bzw. private Schriftgut, das dauerhaft erhalten bleiben soll, planmäßig bewahren. Schon seit 449 v. Chr. wurden in Rom die jeweils wichtigsten staatl. Dokumente zusammen mit der Staatskasse im Aerarium populi Romani aufgehoben, z. T. dort erst in rechtsgültige Fassung gebracht. Dieses Hauptarchiv befand sich zunächst im Saturntempel, seit 78 v. Chr. in einem teilweise noch vorhandenen Zweckbau, auch Tabularium genannt – mit einem in der Kaiserzeit üblichen Begriff für »Registratur«, in der jede Behörde ihr Verwaltungsschriftgut (tabulae publicae, v. a. Register) bei sich archivierte, soweit es nicht ans Aerarium abzuliefern war oder wie früher ins Hausarchiv (tablinum) von Amtsträgern gelangte, aus den Dienststellen (scrinia) der reisenden Kaiserhöfe seit Diokletian verschwand oder durch Katastrophen unterging. Die Fundzeugnisse wie Nachrichten aus Kaiserzeit und Spätantike lassen ein ausgeprägtes, bis in unterste Dienststellen von Zivil- und Militärverwaltung ausgedehntes (z. B. Archive von Dura Europos, Abinnaeuspapyri) System von Archivierungspraxis erkennen. Ressorttrennung, Kompetenzhierarchie u. Amtshilfe setzt das voraus. Die byz. Verwaltung behielt die Form der Behördenrepositur bei, ohne ein neues zentrales A. zu schaffen. Selbst die ksl. Kanzlei scheint zu keiner Zeit ein gemeinsames A. für ihre einzelnen Ressorts gehabt zu haben.

Im Westen ist in Städten, die auch unter neuer Herrschaft weiter ihre gesta municipalia führten, mit A.en überkommener Art zu rechnen (wie auch jedenfalls im Ostgotenreich in Italien).

II. KIRCHLICHE ARCHIVE: Nach dem Muster der ksl. A.e hatte sich bereits seit dem 3. Jh. ein wohlorganisiertes kirchl. Kanzlei- und Archivwesen ausgebildet. Ein Kirchenarchiv (zuerst als scrinium unter Julius I. um 350 belegt, dann außerdem häufig als chartophylacium, archivum bezeichnet) enthielt aber in der Regel auch Bücher und andere Schätze. Das päpstl. A. ist seit dem 4. Jh. im Lateran zu vermuten (die Annahme eines von Damasus I. gestifteten Archivgebäudes bei S. Lorenzo in Damaso beruht auf einem Lesefehler), seit dem 7. Jh. dort bezeugt. Bes. bedeutungsvolle Schriftstücke wurden im FrühMA in der Krypta der Peterskirche in der confessio verwahrt. Ende des 11. Jh. diente ein Turm beim Titusbogen, das cartularium iuxta Palladium, als A. für Papyrusurkunden. Zunächst der Kanzlei verbunden, dem →primicerius notariorum und seit dem 8. Jh. dem →bibliothecarius, später dem Kanzler unterstellt, wurden A. und Bibl. am Ende des 12. Jh. dem Kämmerer und damit dem Schatz zugewiesen. Ein Teil der Bestände reiste mit den Päpsten, zurückgelassene gingen in vermeintl. sicheren Depots verloren. Manches, so auch die noch erhaltenen päpstl. Register, ließen sich die Päpste im 14. Jh. nach Avignon nachkommen. Was sich an Archivalien nach dem Schisma von 1378 in Rom anfand, vereinigte Martin V. im Papstpalast bei SS. Apostoli, soweit es nicht in der Engelsburg lagerte. Dieses A. blieb als Auslesearchiv auch bestehen, als Sixtus IV. im Neubau der vatikan. Bibliothek um 1475 für die Archivalien die bibliotheca secreta einrichtete. Langsam wurden die noch in Frankreich verstreuten Bestände nach Rom geholt. Einzelne Abteilungen der päpstl. Verwaltung behielten ihre Altregistraturen als A.e.

Die übrigen kirchl. A.e hüteten im MA v. a. die empfangenen Urkunden, meistens in einem bes. geschützten

Teil der Kirche (Kapelle, Krypta, Sakristei, Turm, Keller; daher oft: sacrarium, sanctuarium), selten in eigenem Gebäude. Die Akten blieben zur Hand der Bearbeiter.

III. Archive weltlicher Herrscher: Neues weltl. Archivwesen bildete sich im MA erst allmählich, entsprechend dem langsamen Eindringen der Schriftlichkeit in Verwaltung und Geschäftsleben. Wenn Herrschaften überhaupt Schriftgut aufhoben, bestand es zunächst aus Urkunden und wurde – häufig bis ins 15. Jh. – als Schatz behandelt, begleitete den Besitzer oder war einem Kloster, einer Burg(kapelle), einer Stadt anvertraut. Das Pfalzarchiv der Karolinger (archiv[i]um oder armarium sacri palatii), dem Kanzler unterstellt und Verwaltungszwecken dienend, wurde nicht Vorbild. Dagegen ist byz. Tradition für das A. der norm. Kg.e in Palermo (scrinia regia) anzunehmen, woran die ihnen nachfolgenden Staufer mit Hofarchiv (archivum curiae) und Provinzialarchiven anknüpften, die schließlich von den Aragonesen in Sizilien und den Anjou in Neapel weitergeführt und ausgestaltet wurden. Die Anjou organisierten zudem das Archivwesen in ihren übrigen Territorien in gleicher Weise. In das 12. Jh. reicht auch das Regium publicum archivum in Barcelona als »Kronarchiv« Aragóns für sämtl. Zentralbehörden zurück. Ein Verlust des kgl. Schatzes und mit ihm aller Archivalien führte in Frankreich um 1200 zur Gründung des *Trésor des chartes* (bald in die Ste-Chapelle überführt), der zugleich der kgl. Kanzlei als A. diente. *Conseil, Chambre des comptes* und *Parlement* archivierten ihre Bestände selbst. Am engl. Hof blieb die *Treasury of the Receipt* in Westminster das Depot für wertvolle Stücke. Aber für die Masse der Archivalien, aus konsequenter Registerführung erwachsend *(Rolls)*, setzte sich seit dem 13. Jh. die Form des Behördenarchivs durch, z. T. sogar auf der Ebene der einzelnen Abteilungen und Gerichtshöfe. So verfügte die *Chancery* im SpätMA über A.e in der Londoner Tower und in der Rolls Chapel unter der Aufsicht eines *Keeper*, später *Master of the Rolls*, gehörten zum → Exchequer neben dem A. im Chapterhouse von Westminster Abbey mehrere weitere A.e und führte der *Controller* der → *Wardrobe* mindestens zeitweise ein A. für den unmittelbaren Gebrauch von Chamber und Wardrobe (→ Amt, Abschnitt VI). In Schottland unterstanden die verstreuten A.e der verschiedenen zentralen Institutionen der einheitl. Leitung des Lord Clerk Register, während die dän. Kg.e und der Reichsrat ihr Archivgut auf verschiedene sichere Orte verteilten und gemeinsam beaufsichtigten. In Polen kamen seit dem 14. Jh. alle wichtigen Eingänge in das Kronarchiv in der Schatzkammer der Krakauer Burg, die Register und übrigen Akten in die »Krommetryarchive« auf der Burg und für Litauen in Wilna. In Rußland zog die Kanzlei des Fs.en v. Moskau seit dem 14. Jh. die Bestände der erworbenen Fsm.er zu einem Zentralarchiv zusammen. – Die Urkunden und Akten der Reichskanzlei galten erst seit dem 15. Jh. als Reichsgut; bis dahin brachen alle Ansätze zu einem Reichsarchiv jeweils mit Dynastie- oder gar Kanzlerwechsel ab. Einzig für die Akten des Reichshofgerichtes ist eine gewisse kontinuierl. Aufbewahrung anzunehmen. Eigene, für Reichssachen zuständige A.e gab es erst vom 16. Jh. an, nachdem die Errichtung eines Reichsarchivs Thema der Reformverhandlungen Ende des 15. Jh. gewesen war. – Die meisten größeren Fs.en und großen Herren, darunter die Reichsfürsten, ließen im SpätMA wenigstens ihre Urkundenschätze nach kirchl. Muster von ihren Kanzleien oder Kammern in geordnete »Schatzarchive« umwandeln. Selten wurden (wie in Savoyen) schon Akten systemat. archiviert.

IV. Städtische Archive: Auch das Archivwesen der ma. Städte begann mit der Sicherung der rechtl. Beweismittel in einer Kiste, die bei einem Notar, Ratsmitglied, in einem Kl., streng kontrolliert vom Rat deponiert war. Später wurden die oft schnell wachsenden Bestände in einem Stadttor, der Stadtkirche (vgl. die hansestädt. Tresekammern), im Rathaus oder in einem Zweckbau untergebracht, meist in der Nähe des Schatzes und in der Kompetenz des Kämmerers, seltener des Stadtschreibers. Die zahlreichen Verwaltungsakten blieben in der Regel bei der bearbeitenden Stelle, gelegentl. im Privatbesitz des Amtsinhabers. Dort kamen sie u. U. zu dessen Geschäftspapieren, wenn es sich um einen der Kaufleute handelte, die (wie →Datini, † 1410) im MA schon Hausarchive pflegten. Institutionen wie Universitäten oder Zünfte begannen gleichfalls A.e zu bilden. Umgekehrt richteten einige it. Städte seit dem 14. Jh. A.e für die → Notariatsimbreviaturen ein.

V. Organisation der Archive: Die Art der Aufbewahrung richtete sich nach der Beschaffenheit der Archivalien und nach deren Wert. In der Spätantike sorgte Archivpersonal für die Ordnung der → Wachstafeln und → Papyrusrollen, die chronol. und nach Amtsperioden in Kästen (scrinia) abgelegt wurden. Im MA erscheinen »Archivare« (scriniarius, tabularius, archivarius, thesaurarius) nur in Verwaltungen mit großer Schriftlichkeit. Das ma. Archivgut ruhte und reiste gefaltet oder gerollt, die Siegel oft bes. umhüllt, in häufig kunstvollen Schreinen (scrinia), Kisten (cistae), »Brieflanden« oder Fässern, hing in Säcken oder wurde in Körben, Kapseln (capsae) und Schränken (armaria) untergebracht, möglichst feuersicher und mehrfach hinter Schloß und Riegel. Darin lagerten die Urkunden, wenn die Ordnung nicht gestört wurde, so wie sie in → Kopialbüchern, später auch summar. in Repertorien oder Inventaren verzeichnet wurden: chronol., nach Ausstellern, Betreffen, Gebieten bzw. einem aus solchen Möglichkeiten gemischten Prinzip. Dorsualvermerke, mindestens über das Ausstellungsjahr, oft schon mit Signatur (aus Buchstaben-, Zahlen-, Farb-, Bildsystemen; nach Behältern und deren Platz) und Regest, weisen auf Ordnungsarbeiten. Die Auswahl für die Aufbewahrung oder Verzeichnung wurde im allgemeinen durch rechtl.-geschäftl. Nutzen bestimmt, wenn man nicht alles aufhob. Versuche, Übersicht in die Akten der Kanzleien und »Behörden« zu bringen, sofern sie sich nicht wie bei Amtsbuchserien von selbst ergab, sind seit dem 14. Jh. zu beobachten (z. B. Päpste, Burgund, Savoyen, Lübeck). – In dem Maß, in dem die spätantiken A.e als Verwaltungsinstrumente aufgefaßt wurden, waren sie öffentl. bzw. begründetem Interesse zugänglich. Die als Schatz gehüteten ma. Empfängerarchive (oft arc[h]a genannt und im Sinne von secretum gedeutet) blieben Fremden verschlossen: zu leicht konnte mit dem Privileg das Recht selbst gestohlen sein. Für Kanzleimaterial, also auch → Kopialbücher, scheint diese Strenge nicht gegolten zu haben. → Akten, → Amtsbücher, → Kanzlei, → Register, → Urkunde.

K. Colberg

Bibliogr.: DW 9, 18 – *Lit.*: Kl. Pauly I, 514–517; V, 485 – RE II, 1, 553 ff.; II A, 1 893–904; IV A, 2, 1962–1969 – RAC I, 614–631 – Bresslau, passim – E. Casanova, Archivistica, 1928² – W. Holtzmann, Das engl. Archivwesen in Vergangenheit und Gegenwart. I: Die älteren Bestände, AZ 39, 1930, 1–30 – K. A. Fink, Das Vatikan. Archiv, 1951² – G. Cencetti, Tabularium principis (Studi in onore C. Manaresi, 1935), 131–166 – A. Brenneke, Archivkunde, ein Beitr. zur Theorie und Gesch. des europ. Archivwesens, hg. W. Leesch, 1953 [Neudr. 1970] [Lit.] – L. Wenger, Die Q. des röm. Rechts, 1953 (DÖAW 2) – J. Hemmerle, Entwicklung und Aufbau des Archivwesens in der UdSSR, AZ 50/51, 1955, 117–122 – H. Schieckel,

Pertinenz und Provenienz in den alten Ordnungssystemen mitteldt. Stifts- und Klosterarchive (Archivar und Historiker = Schriftenreihe der staatl. Archivverwaltung 7, 1956), 89–106 – W. GOLDINGER, Gesch. des österr. Archivwesens, 1957 (Mitt. des Österr. Staatsarchivs, Erg.-bd. 5) – Archivum 12, 1962; 13, 1963; 18, 1968, 99–156 – Das Bl. Archivwesens am Oberrhein, AZ 63, 1967, 46–143 – H. APPELT, Die Reichsarchive in den frühstauf. Burgunderdiplomen (Fschr. H. LENTZE, 1969), 1–11 – H.O. MEISNER, Archivalienkunde vom 16.Jh. bis 1918, 1969 – P. RÜCK, Die Ordnung der hzgl. savoy. A.e unter Amadeus VIII. (1398-1451), AZ 67, 1971, 11–101 – H. FICHTENAU, A.e der Karolingerzeit, Mitt. des Österr. Staatsarchivs 25, 1972, 15–24 – E. POSNER, A.es in the Ancient World, 1972 [Lit.] – E. FRANZ, Einf. in die Archivkunde, 1974 – J. PAPRITZ, Archivwiss., 4 Bde, 1976.

Archivolte (it.), profilierte oder dekorierte Stirnseite eines → Bogens; bei ma. Stufenportalen Fortsetzung der Gewändegliederung, oft mit Skulpturen. In Italien und Frankreich entwickelt sich in der Romanik eine vor die Mauerflucht vortretende Rahmenleiste, wie schon in Speyer, Querhaus, Bau II 1080–1106, jeweils als Rückgriff auf die Antike. Die ornamentale und figürl. Ausgestaltung setzt ebenfalls in Oberitalien und Frankreich ein und greift in der zweiten Hälfte des 12.Jh. auf den dt. Raum über; reiche Entwicklung mit freiplast. Figuren unter Baldachinen in der Gotik. G. Binding

Lit.: RDK I, 1018–1025 – R. HUBER-R. RIETH, Bogen und Arkaden, Glossarium Artis 3, 1973.

Archon (ἄρχων). Dieser Terminus wird die ganze byz. Epoche hindurch in verschiedenster Bedeutung angewandt, wodurch eine genauere Definition erschwert wird. Im allgemeinen, wenn nicht näher präzisiert, verstand man darunter eine Person bzw. Gruppe, die sich durch ihre Stellung gesellschaftl. auszeichnete: Hohe weltl. und kirchl. Würdenträger, Landmagnaten, hohe Beamte und Offiziere in der Hauptstadt und Prov., Angehörige der Oberschicht in den Städten, etc. Archonten im engeren Sinne waren Leiter bestimmter militär., ziviler, gerichtl. und kirchl. Büros, Verwalter von Gebieten (Archontien) oder Städten sowie von der ksl. Verwaltung abhängige Oberhäupter fremder Stämme auf byz. Boden. Den Titel A. trugen auch Herrscher fremder Völker und Stämme in Rußland und im Kaukasusgebiet, in SO-Europa, sowie einige Herrschaftsträger in Italien (z.B. in Amalfi, → Gaeta, → Sardinien), an die sich der Ks. (9./10. Jh.) mit Schreiben in Form von »Befehlen« wandte, um dadurch deren ideelle Abhängigkeit zu unterstreichen. J. Ferluga

Lit.: G. SCHLUMBERGER, Sigillographie de l'empire byzantin, 1884 – H. AHRWEILER, Byzance et la mer, 1966 – J. DARROUZÈS, Recherches sur les »ὀφφίκια« de l'église byzantine, 1970 – J. FERLUGA, Byzantium on the Balkans, 1976.

Arcipreste de Hita → Ruiz, Juan
Arcipreste de Talavera → Martínez, Alfonso
Arcis-sur-Aube, Stadt in Frankreich, Champagne (Dép. Aube). Als Hauptort eines pagus der civitas von Augustobona/Troyes (Arciacensis Campania bei Fredegar) war A. Grafen unterstellt, die seit dem Ende des 10. Jh. ihren Sitz in Ramerupt hatten. 1126 fiel A. durch Erbschaft an das Geschlecht Montréal und Ramerupt an die Gft. Brienne. A. war Sitz eines Archidiakonates der Diöz. Troyes und eines vom Kl. Marmoutier abhängigen Priorates. M. Bur

Lit.: M. CHAUME, Les origines du duché de Bourgogne, II: Géographie hist., fasc. 3, 1931, 1225 – A. ROSEROT, Dict. de la Champagne méridionale, 1942.

Arculf, gall. Bf., besuchte um 674 oder 685 das Hl. Land und Jerusalem; er hielt sich dort etwa neun Monate auf. Auf der Rückreise verschlug es ihn an die Westküste, wo er im Kl. → Iona auf der Hebrideninsel Icolmhill gastfreundl. Aufnahme fand. Dort berichtete er dem Abt → Adamnanus (679–704) von seiner Reise und zeich-

nete die Grundrisse einiger von ihm besuchten Kirchen auf Wachstäfelchen. Adamnanus schrieb diesen Bericht auf (»De locis sanctis libri tres«) und gab ihm Umzeichnungen von A.s Wachstafelgrundrissen bei, u.a. von der Grabeskirche (Paris, Bibl. Nat. Ms. lat. 13048, Anfang 9.Jh.; Bern, Burger-Bibl. Cod. 582, fol. 8, St. Gallen, 3. Drittel 9. Jh.). Die an Kg. Aldfrith v. Northumbria übergebene Schrift war weit verbreitet; sie ist bedeutsam für karol.-otton. → Heilig-Grab-Kapellen (W. ERDMANN).
G. Binding

Q.: MPL 88, 725–816 – CSEL 39, 1898, 221–297 – D. MEEHAN, Script. Lat. Hiberniae III, 1958, 1–32, 42–50 – *Lit.*: ECatt I, 269 – LThK² I, 134f. – P. MICKLEY, A., eines Pilgers Reise nach dem hl. Lande, 1917 (Das Land der Bibel II, 2) – W. ERDMANN–A. ZETTLER, Zur Archäologie des Konstanzer Münsterhügels, Schr. des Vereins für Gesch. des Bodensees und seiner Umgebung 95, 1977, 19–134.

Arcy. 1. A., Hugues d', † 18. Febr. 1352, kgl. Ratgeber. A., mit Sicherheit Neffe Hugues d'A., des Bf.s v. Autun († 1298), war nach einem Rechtsstudium Beamter Philipps VI., wurde 1338 Domdekan v. Beauvais, 1341 Bf. v. Laon und wenige Wochen vor seinem Tod Ebf. v. Reims. Er trat 1334 in die kgl. Chambre des → Enquêtes ein, wurde Mitglied des → Parlaments, führte den Vorsitz der → Chambre des Comptes und gehörte dem Geheimen Rat an, wo er eine sehr aktive Rolle spielte.
R. Cazelles

Lit.: DBF III, 426–429 – R. CAZELLES, La société politique et la crise de la royauté.

2. A., Jean d', † 10. Febr. 1363, Bruder von 1, nacheinander Abt v. Ferrieres, Vézelay und Corbier, starb im Ruf großer Frömmigkeit. R. Cazelles

Ardagger, ehem. Kollegiatstift in Niederösterreich (Bez. Amstetten). Ks. Heinrich III. schenkte 1049 den Landstrich um A. dem Hochstift → Freising zur Errichtung eines Kollegiatstiftes. Die Weihe der Kirche erfolgte am 4. Sept. 1063 in Anwesenheit der Ebf.e Anno v. Köln, Siegfried v. Mainz, Adalbert v. Bremen und anderer Bf.e. Nachrichten aus den ersten 150 Jahren des Stiftes, zu dem von Anfang an die Pfarren A. und Kollmitzberg, seit der Mitte des 12. Jh. Stephanshart und Zeillern gehörten, sind spärlich. 1147 weilte Konrad III. auf dem Kreuzzug einige Tage in A. Die roman. Krypta, der Chor und Teile des Langhauses gehen auf Propst Heinrich (1225–36) zurück. In den Wirren nach dem Aussterben der Babenberger verwüsteten bayer. Truppen 1250 das Stift, wobei u.a. der ältere Urkundenbestand und die Bibl. vernichtet wurden. Aus dem Jahre 1356 sind Kapitelstatuten überliefert. Zu Unrecht hat man in A. zu Beginn des 14.Jh. ein blühendes Skriptorium vermutet; auch sonst wurden nie Hss. eigens für das Stift hergestellt. Nach der Aufhebung von A. 1784 kam ein Teil der Bibl. in das Benediktinerstift Seitenstetten (42 Codices, fast ausschließlich aus dem 14. und 15.Jh.). W. Maleczek

Lit.: G. E. FRIESS, Gesch. des einstigen Collegiat-Stiftes A., AÖG 46, 1871, 419–561 – H. GLANINGER, Gesch. des ehem. Collegiatstiftes A. [Diss. masch. Wien 1948] – H. CERNY, Beitr. zur Gesch. der Wissenschaftspflege in den Stiften Seitenstetten und A. [Diss. masch. Wien 1966].

Ardagh chalice → Irische Kunst
Ardarich → Gepiden
Arden. Der Teil des Midland forest, der in Warwickshire lag, wurde als Forest of A. bezeichnet. Er erstreckte sich von Yardley im N etwa 12 Meilen s. bis Henley in A. und 16 Meilen w. bis Weston in A. Der Name, erstmals 1088 erwähnt, ist anscheinend mit dem der Ardennen identisch. Zahlreiche Siedlungen in den umliegenden Gebieten hatten Nutzungsrechte am Forest of A.; es handelte sich um Regelungen, die wahrscheinl. sehr alt, möglicher-

weise vorangelsächsisch waren. Der Forest of A. wurde nie zu einem kgl. Forst gemacht, doch hatte er bes. Recht *(law of A.)*, das von den kgl. Gerichten anerkannt wurde.
P. H. Sawyer

Lit.: W. J. FORD, Some settlement patterns in the Central region of the Warwickshire Avon (P. H. SAWYER, Medieval Settlement: continuity and change, 1976), 274-294.

Ardengheschi, gräfl. Familie aus dem Gebiet von → Siena, stammte vielleicht von den Gf.en v. Siena ab und ist seit der Mitte des 11. Jh. mit Gf. Raginerius (f. Ardingi) belegt. Z. T. auf Kosten der Kathedrale errichteten sich die A. ein weiträumiges Herrschaftsgebiet in den Tälern des Ombrone, der Merse und der Orcia, bes. in der Zone sw. des Contado von Siena in Richtung Roselle-Grosseto (»Ardenghesca«). Hier bildeten Ende des 12./Anfang des 13. Jh. Civitella Marittima, Pari und Fornoli die Sitze von drei Zweigen der Familie, die sich nach diesen Burgen nannten, nachdem die weniger peripher gelegene Burg Orgia, die für die Familie Mitte des 12. Jh. namengebend gewesen war, unter die Kontrolle der Kommune Siena gekommen war. Nördl. von Civitella befand sich auch das Hauskloster S. Lorenzo al Lanzo (Badia Ardenghesca, Diöz. Roselle-Grosseto), das vielleicht zu Beginn des 11. Jh. gegründet worden war und von den A. mit reichen Schenkungen ausgestattet wurde, ebenso wie u. a. die Abtei S. Antimo, die Augustiner-Eremiten-Klöster S. Leonardo al Lago und Montespecchio sowie die Kathedrale v. Siena. Sehr früh von den territorialen Expansionsbestrebungen der Kommune Siena betroffen, die sich zuerst auf die weniger peripher gelegenen Machtzentren richteten, verkauften bzw. schenkten ihr die A. 1157-68 die Burg Orgia und mußten 1179 Beschränkungen des Rechtes, Befestigungen zu errichten, auf sich nehmen, die 1185 und 1186 von zwei ksl. Diplomen und von einem Urteil der Hofrichter bestätigt wurden. 1202 willigten sie ein, daß alle ihre Burgen und Dörfer sowie ihr Hauskloster fiskal. der Kommune Siena unterstellt wurden. Sie mußten 1213-64 noch umfassendere Unterwerfungsbedingungen annehmen. Zw. dem Ende des 13. und der Mitte des 14. Jh. gingen die Güter der A. und ihrer *Badia*, die 1440 aufgehoben wurde, z. T. auch in die Hand der Bonsignori, Malavolti und Tolomei über.
L. Fasola

Lit.: E. REPETTI, Diz. geografico fisico storico della Toscana. Appendice, 1846 [Neudr. 1969], 68-71 - W. KURZE, Adel und Kl. im frühma. Tuszien, QFIAB 52, 1972, 94f., 100f., 112 - P. CAMMAROSANO, La famiglia dei Berardenghi, 1974 [Reg. s.v. Ardenghesca, A.] - I. castelli del Senese, 1970, II, passim.

Ardennengrafschaft. Der pagus Arduennensis, im N und W durch das Condroz, im S und O durch die Gft.en Yvois (→ Arlon) und Methingove (→ Luxemburg) begrenzt, scheint im 9. Jh. die Dekanate → Stablo (Stavelot), Bastogne (Bastenaken) und Graide umfaßt zu haben. Eine Teilung in zwei Gft.en erfolgte entweder bereits vor dem Vertrag v. → Meersen (870) oder aber als Folge dieses Vertrages, der als Teilungslinie für Lotharingien den Flußlauf der Ourthe vorsah. Die Aufteilung des pagus war jedoch nicht dauerhaft: Im 10. Jh. wurden die beiden Gft.en erneut vereinigt und bildeten nun gemeinsam die Gft. Ardenne bzw. Bastogne. Der Träger der Grafenwürde, der bereits die Vogteirechte über die Abtei Stablo innehatte, besaß auch ztw. (zumindest gilt dies für 927 bis 965) die kleine benachbarte Gft. → Arlon. Die ersten Inhaber der A. und der Vogtei über Stablo waren Angehörige einer Familie, die als »Ardennergrafen« bezeichnet werden. Die Familie stammte von Wigericus und → Kunigunde ab. Anscheinend ging die Gft., nachdem sie der 943 erwähnte Giselbert (ein Sohn des Wigericus und Bruder von Gozelin, Bf. Adalbero v. Metz und Hzg. Friedrich v. Oberlothringen) innegehabt hatte, an dessen Neffen Rainer über, der ein Sohn von Gozelin war und Ebf. Adalbero v. Reims, Gf. Gottfried v. Verdun und Gf. Heinrich v. Arlon zu Brüdern hatte. Dann fiel die Gft. an Rainers Sohn → Gozelo, den Bruder des Bf.s → Adalbero v. Laon.

Die Gft. Ardenne/Bastogne fand 1028 zum letzten Mal Erwähnung. Kurz danach wurde infolge der Ehescheidung der Tochter des letzten Komitatsinhabers die Gft. dem Königsgut eingegliedert und bald danach aufgeteilt.

Der ö. Teil mit Ouren und Clervaux (Clerf) fiel an Bezelin v. Ham, Vogt v. → Prüm und Stammvater der Gf.en v. → Vianden. Der übrige Territorialbesitz mit den Königshöfen Amberloup, Ortho und Chérain wurde durch Heinrich III. dem Hzg. Friedrich v. Niederlothringen zu Lehen gegeben. Um die Burg Laroche (La-Roche-en-Ardenne), die zum fiscus von Ortho gehörte, bildete sich eine neue Gft., die eng an die Gft. Ardenne anknüpfte, ihre Rechtsinstitutionen (mallus/Dinggericht) sowie die Münzstätte in Bastogne übernahm und deren Inhaber auch die Vogtei v. Stablo behielt. Nach Hzg. Friedrichs Tod fiel die Gft. Laroche infolge der Heirat der Witwe des Hzg.s mit Gf. Albrecht III. an das Haus Namur. Albrecht übergab sie seinem zweiten Sohn Heinrich als Apanage. Als Reichslehen und erbenloser Nachlaß ging sie gegen 1153 erneut in Königsbesitz über, aus dem sie Gf. Heinrich der Blinde v. Namur und Luxemburg zu Lehen erhielt.
M. Bur

Lit.: L. VANDERKINDERE, La formation territoriale des principautés belges au MA II, 1902, 229-230 - P. BONENFANT, Le duché de Lothier et le marquisat de Flandre à la fin du XIᵉ s. (Atlas hist. de la Belgique III, 1932), 12 - H. RENN, Das erste Luxemburger Grafenhaus (963-1136), Rhein. Archiv 39, 1941, 28-51 - H. HARDENBERG, Les divisions politiques des Ardennes et des pays d'Outremeuse avant 1200, Mél. F. ROUSSEAU, 1958, 357-376 - M. PARISSE, Orval et les comtes d'Ardenne (Aureavallis. Mél. hist. réunis à l'occasion du IXᵉ centenaire de l'abbaye d'Orval, 1975), 55-64 [Karte, genealog. Taf.].

Ardents, bal des → Bal des ardents

Arderne, John (Arden), bedeutender engl. Chirurg, * 1307, † nach 1377. Nach Studium in Montpellier (?) zunächst Feldarzt im Gefolge Henry Plantagenêts, des 1. Hzg.s v. Lancaster: A.s insgesamt ca. 60 Schriften, lat. und engl., meist hervorragend illustriert, enthalten viele Hinweise auf diese Feldzüge und bedeutende Persönlichkeiten, denen er dabei begegnete. Um 1348 nach England zurückgekehrt, ließ er sich zunächst in Newark, Nottingham nieder, ab 1370 in London: dort »Master in the Fellowship of Surgeons«. Von den Werken sind bes. beachtenswert die »Practica de Fistula in Ano« (1376), wo er die Operationsmethoden des Abulcasis (→ Abū l'-Qāsim az-Zahrāwī) für die Praxis modifiziert, sowie »De Cura Oculi« (1377) und »De Arte Phisicali et de Cirurgia«. A.s Werke zitieren oft Zeitgenossen wie → Bernard de Gordon, → Guy de Chauliac und → Heinrich v. Mondeville.
H. H. Lauer

Ed.: Viele Mss., Fragmente, »Opera omnia« wohl in B. L. Ms Sloane 2002 ff., 1-180 - D'ACRY POWER, Treatises of Fistula in Ano... by J. A., EETS, 1910 - O. WIESSELGREN, Utländska medeltida handskrifter utgivna i ljustryck. I: J. A., De arte phisicali et de cirurgia, 1929 - Lit.: DNB II, 76 f. - D'ACRY POWER, The Lesser Writings of J. A., 1913 - SARTON III, 1700-1704 [Schlüsselbibliogr.] - G. N. WEISS, J. A., Father of Engl. Surgery. J. Int. College of Surgeons 25, 1956, 247-261 [Schlüsselbibliogr.] - C. H. TALBOT-E. A. HAMMOND, The Medical Practitioners in Med. England..., 1965, 111-112.

Ardfinnan, Stadt in Irland (County Tipperary). Der Ortsname weist auf den hl. Fínán Lobar (der 'Aussätzige') hin, der hier der Überlieferung nach im 7. Jh. ein Kl. gründete. 1185 errichtete der spätere Kg. Johann Ohneland in A. eine Burg, die zum Ausgangspunkt für eine städt. Siedlung wurde. Zu Beginn des 14. Jh. war die Stadt in der Lage, 40 Schillinge als → Subsidiengeld aufzubringen, das 1300 von John Wogan für Edward I. gefordert worden war. A. Cosgrove

Lit.: G. Orpen, Ireland under the Normans II, 97 f. – A. Gwynn–R. N. Hadcock, Medieval Religious Houses: Ireland, 1970, 29.

Ardo von Aniane, Benediktinermönch (783–843), verfaßte, wohl 821 oder 822, als magister in Aniane eine hist. sehr wertvolle Lebensbeschreibung des karol. Reformabts → Benedikt v. Aniane (BHL 1096), in der v. a. Benedikts frühes Wirken in seiner septiman. Heimat und seine Verdienste um → Aniane genau und fromm beschrieben sind. Die sprachl. Bildung des Autors ist ziemlich mangelhaft. In der späteren Anianenser Lokaltradition erhielt A., wahrscheinl. auf Grund einer Verwechslung mit dem Abt → Smaragdus von St-Mihiel, den Beinamen Smaragdus. Das hat dazu geführt, daß man A. die Autorschaft für einige Werke des Abtes Smaragdus zuschreiben wollte. Wohl wegen seiner Nähe zu Benedikt und wegen seiner unverdienten Teilhabe am Ruhm Smaragds genoß A. in Aniane noch lange nach seinem Tod als Gelehrter und sogar als Heiliger hohes Ansehen.
F. Rädle

Ed.: MGH SS 15, 1, ed. Waitz, 198–220 – MPL 103, 351A–384C (nach Mabillon) – Cart. des Abbayes d'Aniane et de Gellone, ed. Cassan-Meynial, 1900, 1–38 – Wichtige Teile mit Komm. in: CCM I, ed. C. Hallinger, 1963, 307–317 – Lit.: Repfont II, 386 – Watten-bach-Levison III, 338–340 – F. Rädle, Stud. zu Smaragd v. St-Mihiel 1974, 79–96.

Ardrahan, Stadt in Irland (County Galway). A. war früh Sitz eines Kl.s. Nachdem es zunächst dem gäl.-ir. Lord Ó hEidin (O'Heyne) gehört hatte, wurde es 1235 Maurice FitzGerald übertragen. Die um 1250 errichtete Burg wurde der Ausgangspunkt für die Entwicklung einer kleinen, blühenden Stadt. A. Cosgrove

Lit.: G. Orpen, Ireland under the Normans III, 206 f. – A. Gwynn–R. N. Hadcock, Medieval Religious Houses: Ireland, 1970, 373.

Ardres (Arda, Ardea), Gft. und Stadt in N-Frankreich, heut. Dép. Pas-de-Calais (Arr. St-Omer). Im 10. Jh. war A. wahrscheinl. befestigter Stützpunkt der Herren v. Selnesse. Spätestens gegen 1046 wurde eine Burg errichtet, möglicherweise aufgrund von Usurpation oder durch fremde Invasoren. Die Herren v. A. gründeten zw. 1069 und 1073 ein Stift. Dabei blieb die Vorherrschaft der benachbarten Gf.en v. → Guines bis zu Balduin II. erhalten, der seit 1139 den Grafentitel führte und ein benediktin. Priorat, das der Abtei Capelle unterstand, gründete. Die Stadt scheint ein Schöffenamt besessen zu haben; sie erhielt jedoch erst 1272 ein kommunales Privileg. 1284 wurden Kastellanei und Gft. durch Arnulf III. dem Gf.en v. → Artois überlassen, zu dessen Territorium sie fortan zählten. – Die Gesch. der Gf.en und Herren v. A., verfaßt von → Lambert v. Ardres, ist eine bedeutende Quelle für die Gesch. N-Frankreichs und seines Adels. R. Fossier

Q.: Lambert v. Ardres, MGH SS XXV, 1859 – Lit.: J. Lestocquoy, Hist. des territoires ayant formé le dép. du Pas de Calais, 1946 – G. Coolen, Arnould Ier d'A. et son chapitre, Bull. Soc. Ant. Morinie, 1967.

Ard-rí → Irland, Irisches Recht

Arduin v. Ivrea, Kg. v. Italien seit 1002, † 1015 in Fruttuaria. * ca. 955 als Sohn des Dado, der anscheinend Gf. v. Pombia war. Um 990 trat A. die Nachfolge des Mgf.en Konrad Kuno (Corrado Cono) aus dem Geschlecht der Anskarier in der Mgft. Ivrea an, entweder infolge uns unbekannter Verwandtschaftsbeziehungen mit dieser Familie oder als einer der homines novi, die im 10. Jh. von Amtsträgern eines kleineren Gebietes zu Mgf.en aufsteigen. Im Rahmen seiner Politik, sich als Mgf. auf einheim. Nutznießer von Kirchengut zu stützen, stieß A. mit ihren Gegnern, den Bf.en zusammen; seine Hauptgegner dabei waren Petrus v. Vercelli, den er 997 töten ließ, und Varmundus v. Ivrea, der ihn zweimal exkommunizierte. Schließlich wurde A. bei der röm. Synode von 999 im Beisein von Silvester II. und Otto III. und auf Initiative des Bf.s v. Vercelli, Leo, wegen Bischofsmordes verurteilt, seine Güter und die seiner Anhänger wurden zu Gunsten der Kirche von Vercelli eingezogen, die Mgft. Ivrea ging auf A.s gleichnamigen Sohn über und erlitt durch die umfassenden ksl. Konzessionen an die Kirchen von Ivrea, Vercelli und Novara beträchtl. Einbußen. Nach dem Tode Ottos III. zum Kg. gewählt (in Anlehnung an das Vorbild des Anskariers Berengar II.), betrieb A. anfangs eine Art Kompromißpolitik: er stellte einen seiner Anhänger dem Erzkanzler Ottos als Kanzler zur Seite, machte Konzessionen an die Bischofskirchen im Stil Ottos III. und gab daneben kleinere Immunitäten in die Hand von Laien. Aber die Bf.e und Mgf.en in NO- und Mittelitalien wandten sich mit ihrer Opposition gegen A. an den dt. Kg. Heinrich II., der bei seinem ersten Italienzug das Heer von A. zerstreute und danach in Pavia zum Kg. gewählt wurde. Bei seinem zweiten Italienzug wies er Ende 1013 die bedingte Kapitulation A.s zurück. Nach einem letzten Widerstandsversuch, der durch die Anhänger Heinrichs in N-Italien zunichtegemacht wurde, verzichtete A. endgültig auf seine Thronansprüche und starb bald darauf. Mit seinem Ableben löste sich die Mgft. auf, Ivrea blieb der Sitz der Söhne von A., die sich nun mit den Mgf.en v. Turin verbündeten. L. Fasola

Lit.: G. Sergi, Movimento signorile e affermazione ecclesiastica nel contesto distrettuale di Pombia e Novara fra X e XI secolo, StM, R. III, 16, 1975, 153–206 – Ders., Il declino del potere marchionale anscarico e il viassetto circoscrizionale del Piemonte settentrionale, Boll. storico bibliografico subalpino 73, 1975, 441–492.

Are, Gf.en v., 1087 mit Theoderich v. A., Gf. im Zülpich-Eifelgau, Vogt v. Prüm, aus dem Hause → Limburg zuerst bezeugt. Allodialbesitz lag im ndl. Limburg und in der Eifel, wo 992 Otto III. den Vorfahren einen Wildbann schenkte. Hauskloster war → Steinfeld. Durch Heirat und Erbteilung entstehen seit ca. 1140 die Linien A.-Hochstaden und A.-Nürburg, um 1200 weiter aufspalteten (Wickrath, Neuenahr). Söhne der Familie sind Bf.e v. Münster (1152–68), Lüttich (1192), Utrecht (1198 bis 1211). → Konrad v. (A.-)Hochstaden ist 1238–61 Ebf. v. Köln. 1246 stirbt die Linie Hochstaden aus. Die Nebenlinien haben nur noch geringe Bedeutung. G. Droege

Lit.: U. Bader, Die Gf.en v. A., 1979.

Arelat, das »regnum Arelatense«, entstand aus der Vereinigung des bosonidischen Erbes in der → Provence mit dem Kgr. der Rudolfinger (regnum Jurense, »Hochburgund«) um die Mitte des 10. Jh. Das Königreich A. war insgesamt ein wenig homogenes Gebilde. – 1032/33, nach dem Tode König Rudolfs III. von Burgund, wurde das A. von Ks. Konrad II. erworben. Es bildete mit den Kgr.en Deutschland und Italien die tria regna, die dem Inhaber des Imperiums zugeordnet waren. Ohne zu Deutschland zu gehören, wurde es als »terre d'Empire« begriffen: Die Bezeichnung »Empire« für das linksrhon. Gebiet lebte im Volksmund bis ins 19. Jh. fort. Zu bedeutendem polit. Einfluß in diesem Raum aber gelangten die dt. Herrscher in der Folgezeit kaum. Erst Ks. Friedrich I. entschloß sich zu einer aktiveren Burgundpolitik; zahlreiche Aufenthalte des Ks.s in Burgund – 1170 führte ihn ein Zug bis nach Givors s. von Lyon –, seine Heirat mit Beatrix v. Burgund 1156, der Reichstag von Besançon 1157, schließlich seine Krönung zum burg. Kg. in Arles 1178 dokumentierten den Willen Friedrichs I., die Position des Reiches auch im S des A. zu stärken. Die Pläne seiner Nachfolger, v. a. Heinrichs VI. und Friedrichs II., dem engl. Kg. Richard Löwenherz bzw. Wilhelm v. Les Baux das A. als Lehnskönigtum zu übertragen, der Versuch, durch die Einrichtung eines Vikariats v. a. den s. Teil des A., dem im Rahmen der dt. Italienpolitik eine Schlüsselstellung zufiel, der Kontrolle des Reiches zu unterwerfen und gegen die konkurrierenden Ansprüche Frankreichs, Aragóns und Karls v. Anjou zu schützen, sind trotz vorübergehender Erfolge letztlich gescheitert. Die Heirat Ludwigs IX. v. Frankreich mit Margarethe, der Tochter Gf. Raimund Berengars V. v. der Provence, des bis dahin zuverlässigsten Bundesgenossen der stauf. Politik im s. A. (1234) und die Verbindung, die Karl v. Anjou, der jüngste Bruder des frz. Kg.s, 1246 mit Beatrix, der jüngsten Tochter und Erbin desselben Grafen, einging (→ Anjou), führten zu einer entscheidenden Schwächung der Stellung des Reiches im A. Auch Rudolf v. Habsburg hat dem wachsenden frz. Druck auf die Westgrenze des Reiches nachgeben müssen und die Reichsinteressen im A. nicht mehr ernsthaft verteidigt; 1280 übertrug er Karl v. Anjou die Provence als Reichslehen; später sollte sein Enkel, dem eine Tochter Rudolfs versprochen war, das A. erhalten. Die in Verbindung mit dem Abdankungsplan Ks. Ludwigs des Bayern 1333 in Aussicht gestellte Verpfändung des A. an Frankreich war symptomat. für das Ausscheiden der Reichsgewalt aus dem polit. Kräftespiel an der SW-Grenze des Reiches. Unter Karl IV. schien sich die Reichspolitik noch einmal auf die Durchsetzung der Reichshoheit im A. zu besinnen. Als einziger Herrscher seit Ks. Friedrich I. ließ sich Karl IV. 1365 in Arles zum burg. Kg. krönen. Die neuerliche Einbeziehung des A. in die Reichspolitik wurde ganz wesentl. von außenpolit. und dynast. Erwägungen bestimmt; bereits 1378 ernannte Karl IV. den frz. Thronfolger zum Reichsvikar im A., das damit endgültig an Frankreich verloren ging. → Burgund, Kgr. H. Bitsch

Lit.: P. FOURNIER, Le royaume d'Arles et de Vienne (1138–1378), 1891 – R. POUPARDIN, Le royaume de Bourgogne (888–1038), 1907 – A. HOFMEISTER, Dtl. und Burgund im früheren MA, 1914 [Neudr. 1963] – R. GRIESER, Das A. in der europ. Politik von der Mitte des 10. bis zum Ausgange des 14.Jh., 1925 – W. KIENAST, Dtl. und Frankreich in der Kaiserzeit (900–1270), 1943, 1974–75².

Arenga (Pl. Arengen; 'Ansprache, Rede'), den Kontext von Urkunden einleitende Formel, ähnlich dem Proömium des antiken Kunstbriefes. Fast immer handelt es sich um Aussagen allgemeinerer Art, oft »loci communes« aus den Gebieten von Religion und Moral, Sitte und Recht, auch in Nähe zu Sprichwörtern. Im Gegensatz zum byz. Prooimion wird die Wiederholung von Arengeninhalten nur selten gemieden, und auch die Form der Aussage kann gleich bleiben. Eine Vorliebe für bestimmte A.en kann als Kriterium für eine Zuschreibung des Urkundendiktats an einzelne Verfasser oder an eine »Kanzlei« dienen. Personalgesch. Gesichtspunkte waren lange Zeit fast die einzigen, unter denen man A.en zu betrachten pflegte. Diese bieten aber auch Aussagen über Denkinhalte und Mentalität jener Gruppen, die mit der Urkunde aktiv (als »Kanzlei«) und passiv (als Zeugen und Zuhörer bei der Verlesung bzw. Übersetzung) in Berührung kamen. A.en ermöglichen eine – wenn auch bescheidene – Beeinflussung der »öffentl. Meinung«, sei es in religiösem Sinn *(Predigtarengen)*, sei es als »monarch. Propaganda« *(Herrschaftsarengen, Tugendarengen)*. Rhetor. Kunstmittel wurden häufig gebraucht, trotzdem ist die Diktion vielfach schlicht, ähnlich der Sakralsprache. Dazu paßt die mehrfach bezeugte Verlesung im liturg. Rahmen.

Bibel und Liturgie werden häufig zitiert; wohl unter Vermittlung der Kirchenväter ist auch antikes Gedankengut eingeflossen, etwa wenn man die Flüchtigkeit der Erscheinungen beklagt und als Gegenmittel die (schriftl.) memoria empfiehlt. Sehr häufig sind geistl. *Lohnarengen*, für Schenkungen an den Klerus beliebt, oft verbunden mit dem Gedanken an eine Tilgung begangener Sünden. Königs- und Fürstenurkunde handeln gern über das gottgegebene Wesen der Obrigkeit, über Aufgaben der Herrschaft und innere Voraussetzungen zu deren Erfüllung. Ähnlich bieten Papst- und Bischofsurkunden Aussagen über officium und cura (pastoralis). Im SpätMA hat u.a. die Massenausfertigung von Urkunden einfachere, arengenlose Formen begünstigt, wie es sie übrigens seit jeher gegeben hat. → Urkunde. H. Fichtenau

Lit.: H. FICHTENAU, A. Spätantike und MA im Spiegel von Urkundenformeln, 1957 (MIÖG Ergbd. 18) – W. ZÖLLNER, Die A. in den Urkk. der Bf.e v. Halberstadt von den Anfängen bis zur Mitte des 13.Jh. [Diss. masch. Halle 1959]; Auszug: Wiss. Zs. der M. Luther-Univ. Halle-Wittenberg 13, 1964, 207–213 – K.-H. ULLRICH, Die Einleitungsformeln in den Urkk. des Mainzer Ebf.s Heinrich I. (1142–1153) [Diss. Marburg 1961] – A. KURCZ, A. und Narratio ung. Urkk. des 13.Jh., MIÖG 70, 1962, 323–354 – W. ZÖLLNER, Arengeninitien von Bischofsurkk. des 9.–14.Jh. aus den Kirchenprov. Mainz und Magdeburg, Wiss. Zs. der M.-Luther-Univ. Halle-Wittenberg 13, 1964, 311–334 – K.A. FINK, A.en spätma. Papsturkk. (Mél. TISSERANT 4, 1964) [StT 234], 205–227 – I. REIFFENSTEIN, Deutschsprachige A. des 13.Jh. (Festschr. M. SPINDLER, 1969), 177–192 – N. DAMSHOLT, Kingship in the A.s of Danish Royal Diplomas 1140–1223, Mediaeval Scandinavia 3, 1970, 66–108 – W. GREBE, Die Urkundenarengen des Kölner Ebf.s Arnold v. Wied (1151–1156), AHVN 173, 1971, 205–209 – R. MARSINA, Die A.en in ung. Urkk. bis zum Jahre 1235, Folia diplomatica 1, 1971, 215–225 – L. SUBITKOVÁ-VAVŘINOVÁ, Les préambules dans les actes d'André III (1290–1301), Folia diplomatica 2, 1976, 87–102 – H. FICHTENAU, Monarch. Propaganda in Urkk. (H. FICHTENAU, Beitr. zur Mediävistik 2, 1977), 18–36.

Arenós, Familie, leitet ihren Namen von der auf einem ihrer Lehen im Gebiet von Valencia gelegenen Burg Arenós ab. Stammvater des Geschlechts, das im 13. und 14. Jh. in der Politik der katal.-aragon. Konföderation eine bedeutende Rolle spielte, war *Eiximèn Peres de Tarassona*. Von aragon. Herkunft (sein Bruder *Pere Peres* war → Justicia de Aragón), nahm er seit 1233 an den Zügen gegen das Kgr. Valencia teil. Tarassona war im 12.Jh. ein geläufiger Beiname im südfrz. Toulouse. Eiximèn Peres de Tarassona nahm den Namen »de Arenós« an, als ihm Jakob I. v. Aragón 1242 die gleichnamige Baronie übertrug. In der Tat brachte ihm seine Gemahlin Alda Fernández, Tochter des ehem. maur. Herrschers v. Valencia, Abū Sa'īd, den Ort Arenós als Mitgift mit in die Ehe. Zunächst → rebostor des Kg.s in Aragón, blieb Eiximèn Peres d'A. von 1240–42 während einer Abwesenheit Jakobs I. als sein Statthalter in Valencia zurück. Er förderte die Orden der → Templer, der → Chorherrn vom Hl. Grab, der → Franziskaner und → Mercedarier. 1266 starb er bei der Eroberung von → Murcia, an der auch sein Sohn *Blai Eiximenis* d'A. teilnahm.

Eiximèn Peres d'A., Enkel des Stammvaters des Geschlechtes, war kgl. Ratgeber und zeichnete sich in den Eroberungszügen gegen Murcia und → Almería aus, wobei er 1309 den Tod fand. Er war einer der Großen, die im Sept. 1300 als Zeugen in der Dotationsurkunde Jakobs II. für die Univ. Lérida auftraten.

Mitglieder der Familie beteiligten sich an den Eroberungen der katal.-aragon. Krone: *Gonçal Eiximenis* d'A. nahm 1326 an der Besetzung → Sardiniens teil. 1359 ist er als Statthalter der Hzm.er → Athen und → Neopatras bezeugt. Zusammen mit seinem Coseñor *Gonçal Dies* d'A. zog er im Dienst Peters IV. v. Aragón gegen Jakob III.

v. Mallorca. Gonçal Dies fiel 1347 im Kampf gegen die valencian. Unionisten. Seine Tochter *Violant* d'A. brachte Alfons v. Aragón, Hzg. v. Gandia, 1352 als Mitgift die Baronie v. Arenós mit. *Domènec Gil* d'A., Kapellan und → Almosenier Peters IV., übersetzte und schrieb in den Jahren 1339 bis 1342 verschiedene Bücher in Katalanisch und »lingua gallicana« (vgl. Archivo de la Corona de Aragón, reg. 1300, fol 115v; und reg. 1305, fol. 208v). *Eiximèn Peres* d'A. war persönl. Kämmerer Johanns I. v. Aragón und 1387 in dessen Namen Statthalter von Sardinien.
I. Ollich i Castanyer

Q.: Jaume I, el Conqueridor, Crònica o Llibre dels Fets, ed. F. SOLDEVILA, Les quatre Grans Cròniques, 1971 – Pere el Cerimoniós, Crònica, ed. F. SOLDEVILA, a. a. O. – *Lit.*: J. ZURITA, Anales de la corona de Aragón, 7 Bde, Zaragoza 1610–1621 [Ndr. 1967–1976] – J. CARUANA GÓMEZ DE BARREDA, Dos relaciones inéditas sobre sucesos de la Unión, Estudios de Edad Media de la Corona de Aragón 3, 1947–48, 483–497 – K. M. SETTON, Catalan Domination of Athens (1311–1388), 1948 – R. I. BURNS, The Crusader Kingdom of Valencia, 2 Bde, 1967.

Arenós, Ferran Eiximenis d' (gr. Namensform: Φαρέντζας Τζυμῆς), wahrscheinl. Sohn des Eiximèn Peres d'A. A. war einer der Anführer der → Almogávares bei der Expedition des Jahres 1303 in den ö. Mittelmeerraum unter dem Befehl des → Roger de Flor. Die Truppe stellte sich in den Dienst des Ks.s Andronikos II. Palaiologos v. Byzanz. Für einige Zeit (1303/04) trennte sich A. wegen Streitigkeiten mit Roger de Flor von ihr, um im Dienst des Hzg.s v. Athen, Guy II. de la Roche, zu kämpfen. Zwei Jahre später aber, nach der Ermordung des Roger de Flor, schloß er sich ihr wieder an, eilte den in Gallipoli liegenden katal. Truppen zu Hilfe und eroberte das Kastell von Máditos. Er kämpfte an der Seite Berengars d'→ Entença und setzte sich im Juli 1307 nach dessen Ermordung durch die Anhänger des Bernat de → Rocafort nach Konstantinopel ab, wo er den Titel eines Megas dux erhielt und die ksl. Prinzessin Theodora heiratete. Sein weiteres Schicksal liegt im dunkeln, doch scheint er vor 1321 gestorben zu sein oder Byzanz verlassen zu haben, da Theodora zu diesem Zeitpunkt mit dem Titel einer μεγάλη δούκισσα als Gattin eines anderen auftaucht.
I. Ollich i Castanyer

Q.: Nicophori Gregorae Byzantina Historia I, ed. L. SCHOPEN, 1829 – Libro de los Fechos et Conquistas del Principado de la Morea, ed. A. MOREL-FATIO, 1885 – Ramon Muntaner Crònica, ed. F. SOLDEVILA, Les Quatre Grans Cròniques, 1971 – DÖLGER, Reg. 2306, 2534 – *Lit.*: E. DADE, Versuche zur Wiedererrichtung der lat. Herrschaft in Konstantinopel im Rahmen der abendländ. Politik (1261–1310), 1938 – R. GUILLAND, Le Drongaire de la flotte, le Grand Drongaire de la flotte, le Duc de la flotte, le Mégaduc (Recherches sur les institutions byzantines I, 1967), 535–562 – R. SABLONIER, Krieg und Kriegertum in der Cronica des Ramon Muntaner, 1971 – A. LAIOU, Constantinople and the Latins. The Foreign Policy of Andronicus II (1282–1328), 1972.

Arensburg (estn. Kuresaare), Burg und Stadt am Südufer der Insel Ösel (Estland). An der Stelle einer Estenburg errichtete 1205 Kg. Waldemar II. v. Dänemark eine hölzerne Befestigung, die, nachdem sie von den Öseler Esten verbrannt worden war, 1222 erneuert und 1227 an Bf. Albert I. v. Riga (→ Albert 7) abgetreten und 1234 dem neu errichteten Bm. → Ösel-Wiek einverleibt wurde. Die steinerne Bischofsburg mit Kirche, die besterhaltene ma. Anlage in den balt. Ländern, wird 1381/84 in den Quellen erstmals genannt und wurde vermutlich von Bf. Hermann III. von Osenbrugge (1338–62) errichtet, Ende des 15./Anfang des 16. Jh. weiter verstärkt. Sie war neben → Hapsal Residenz des Bf.s v. Ösel-Wiek.   M. Hellmann

Lit.: K. v. LÖWIS OF MENAR, Burgenlexikon für Alt-Livland, 1922 [mit älterer Lit.] – A. TUULSE, Die Burgen in Estland und Lettland, 1942 – DERS., Borgar i västerlandet. Ursprung och typutveckling under medeltiden, 1952.

Arenys (Arens), **Peter v.,** OP, Chronist, * 10. Dez. 1349 Arenys de Mar oder Arenys de Munt, † 1419/1420 Barcelona. Mit 13 Jahren trat er in die katal. Dominikanerprovinz ein und legte 1363 die Profeß ab. Nach einer vielseitigen Ausbildung in den Konventen von Barcelona, Mallorca, Lérida und Valencia (1364–71), Vorlesungen über Logik in Tarragona und Valencia (1372–73) und einem Theologiestudium in Barcelona, Toulouse und Paris (1374–78) lehrte P. v. A. in Tarragona (1378), Barcelona (1380, 1394), Lérida (1383) und am Kolleg S. Paolo der Univ. Bologna (1386). 1384 und erneut 1394 wurde er zum Generalprediger des Dominikanerordens ernannt, erwarb den Mag. theol. (Perpignan 1391), arbeitete mit der Inquisition zusammen (1398) und wurde Provinzial für das Hl. Land (1407). Dieses Amt legte er schließlich nieder und zog sich bis zu seinem Tod in den Konvent v. Barcelona zurück. Dort verfaßte er zw. Sept. 1415 und April 1416 eine Chronik über seine Lebenszeit, die wertvolle Nachrichten über die kirchenpolit. Haltung des Vinzenz → Ferrer, die inneren Zustände in Katalonien während des → Abendländ. Schismas und die Regierungstätigkeit Papst Benedikt XIII. enthält.   L. Vones

Hs.: Barcelona, Biblioteca Universitaria de Catalunya, Sign. 15, 2, 23; ant. 8, 2, 45 – *Ed.*: Chronicon, ed. B.-M. REICHERT, Monumenta Ordinis Fratrum Praedicatorum hist. VII, 1, 1904, 51–92 [mit Einl.] – Chronicon, ed. J. HINOJOSA MONTALVO, 1975 [mit Einl.] – *Lit.*: DHEE I, 85 – DHGE III, 1645 – H. DENIFLE, Der Chronist fr. Petrus de Arenijs und Papa Luna, ALKGMA 3, 1887, 645–650 – A. COLELL COSTA, Escritores dominicos del Principado de Cataluña, 1965, 31 – L. ROBLES, Escritores dominicos de la Corona de Aragón (siglos XIII–XV), 1972, 230.

Arethas, * um 850 in Patrai (Patras), † angeblich 944, neben Photios einer der hervorragendsten Vertreter chr. Humanismus in Byzanz. 886 begegnet er uns in Konstantinopel als Laie, 895 als Diakon und 902 als Metropolit (Protothronos) im kappadok. Kaisareia. An der Kirchenpolitik seiner Zeit nahm er regen Anteil, doch stellte seine widersprüchl. Stellungnahme zum kanon. Streit über die vierte Ehe Ks. Leons VI. (886–912) seine Integrität in Frage. Die byz. Theologie verdankt A. die Überlieferung der frühchr. Apologeten und eine Reihe von Studien auf fast allen ihren Gebieten, die Klass. Philologie und Philosophie wertvolle Hss. ihrer wichtigsten Autoren. Seine theol. Abhandlungen umfassen: Exegese und Scholien, darunter der wertvolle Kommentar zur Apokalypse; Dogmatik und Polemik, kanonisches Recht, Homiletik, Briefe und Epigramme.   E. Konstantinou

Ed.: L. G. WESTERINK, Arethae Archiepiscopi Caesariensis, Scripta minora. Accedunt Nicetae Paphlagonis Epistulae, 2 Bde, 1968–72 – *Lit.*: BECK, Kirche, 591–594.

Arezzo
I. Geschichte der Stadt – II. Universität.

I. GESCHICHTE DER STADT: A., it. Stadt etrusk. Ursprungs an der Via Cassia, seit dem 4. Jh. Bischofssitz. Die Kathedrale ist dem Hl. Donatus, einem einheim. Bf. und Märtyrer, geweiht. Die ma. Diöz. umfaßte außer der heut. Prov. A. auch die Scialenga, den Ostteil der jetzigen Prov. Siena. In langob. Zeit war A. Hauptort eines Gastaldats, in das die Scialenga nicht inbegriffen war. In karol. und nachkarol. Zeit war es Sitz eines Gf.en, dessen Gebiet dem ehem. langob. Gastaldat entsprach und dem Mgf.en v. Toskana untergeordnet war. Im 11. Jh. trat die Gft. A. unter die weltl. Gerichtsbarkeit des Bf.s, der den Grafentitel führte, wurde aber unter den Signorien aufgesplittert, die aus den Grundherrschaften des Domkapitels, der Abtei SS. Fiora e Lucilla, dem Eremus → Camaldoli und einiger Familien ritterl. Tradition hervorgegangen waren. In diesen Auflösungsprozeß des Komitats schaltete sich auch die Kommune v. A. ein, für die seit 1098 eine Konsularbehörde bezeugt ist. Im 12. und 13. Jh. übernahm die

Kommune an Stelle des Bf.s die polit. Kontrolle über fast das ganze Komitat. Im Inneren jedoch wurde die Stadt von heftigen Kämpfen der Adelsverbände untereianander sowie von Auseinandersetzungen zw. Adel und Volk erschüttert. G. Tabacco

Die Blütezeit der Stadt lag vielleicht in der Mitte des 13. Jh., sie traf mit den ersten Jahren der Signorie des Bf.s Guglielmino degli Ubertini zusammen. A. war damals Sitz einer bedeutenden Rechtsschule (vgl. Abschnitt II) und beherrschte – unmittelbar bzw. durch seinen Bf. – den *Contado*. Die Politik des Ubertini führte schließlich die Stadt, gegen die sich Florenz, Perugia sowie (nach Manfreds Tod und der Schlacht v. Colle Valdelsa) auch Siena verbündet hatten, in eine Reihe von Niederlagen. Deren Höhepunkt war die Schlacht v. Campaldino (1289), in der der Bf. selbst ums Leben kam. Danach scheint das Leben der Stadt gewissermaßen in sich zusammenzusinken; was die polit. Macht und wirtschaftl. und soziale Entwicklung betrifft, wurde A. von nun an eindeutig von anderen toskan. Städten, wie auch vom benachbarten Perugia übertroffen, während sich kleinere Zentren, wie Cortona, von seiner Abhängigkeit befreiten. Der Grund für diese Entwicklung war wohl das Fehlen einer bedeutenden Kaufmannsschicht. Die regierende Schicht wurde überwiegend von den wichtigsten Magnatenfamilien gebildet, die Häuser in der Stadt und Burgen im Contado besaßen und miteinander ständig in Streit lagen. Es gab v. a. zwei feindl. Parteien (»Secchi« und »Verdi«), von denen die ersteren die Oberhand gewannen. Dies verdankten sie in erster Linie ihrem Oberhaupt, dem Bf. Guido → Tarlati, der im ganzen ersten Viertel des 14. Jh. einer der Protagonisten des polit. Lebens der Toskana war. Er wurde 1321 zum Signore v. A. ausgerufen. Auf dem Sterbebett hinterließ er seine Würde seinem Bruder Pier Saccone. Während der Signorie des Bf.s Guido erfreute sich die Stadt eines erneuten Aufschwungs, und wurde mit einem neuen Mauergürtel versehen. Die inneren Kämpfe führten jedoch zu einem raschen Abstieg der Stadt: 1337 wurde sie von Pier Saccone an Florenz verkauft; von da an war sie mehrmals Opfer der Söldnerkompanien, die in großer Zahl durch das Gebiet zogen. 1380 ergab sie sich Karl v. Durazzo; 1384 verkaufte Enguerrand de Coucy sie erneut an die Florentiner. Seit diesem Zeitpunkt stand A. trotz mehrerer Aufstandsversuche (1408, 1431 u. a.) im Schatten von Florenz. Die → Medici behandelten die Stadt allerdings mit einer gewissen Rücksicht: Lorenzo il Magnifico z. B. trat mehrfach für ihre Belange ein. Dennoch war der Niedergang der Stadt unaufhaltsam: Die Gründe dafür lagen in der allgemeinen ökonom.-sozialen Krise und in ihrer wirtschaftl. Rückständigkeit sowie in den vielen Epidemien, die die Stadt heimsuchten, so daß ihre Einwohnerzahl am Ende des 15. Jh. kaum 5000 betrug. F. Cardini

II. UNIVERSITÄT: Durch die Abwanderung von Bologneser Studenten unter der Führung des bekannten Juristen Roffredus v. Benevent 1212 entstanden, wurde die Rechtsschule von A. um 1250 zur eigtl. → Universität, wie ihre Statuten von 1255 zeigen. Neben Recht wurden auch die → artes und Medizin gelehrt. Die Blüte war von kurzer Dauer. Belebungsversuche im 14. und 15. Jh. blieben erfolglos. J. Verger

Q. *und Lit.*: U. PASQUI, Documenti per la storia della città di A., 4 Bde, 1899-1937 - G. TABACCO, Espansione monastica ed egemonia vescovile nel territorio aretino, Misc. Meersseman, 1970 - DERS., A., Siena, Chiusi, Atti del 5° Congresso internaz. di studi sull'alto medioevo, 1970 - DERS., Nobiltà e potere ad A. in età comunale, StM 15, 1974.

Arfon, walis. *cantref* ('das Land gegenüber von Môn'), zum nordwalis. Festland gehörig und gegenüber von Môn (Anglesey) gelegen, dabei bis nach Snowdonia ausgedehnt. Der cantref A., als dessen wahrscheinl. Zentrum → Caernarvon anzusehen ist, war seit dem frühen 6. Jh. integraler Bestandteil des nordwalis. Kgr.es → Gwynedd. Durch den Fluß Gwyrfai in die beiden *commotes* Uwch ('oberhalb') Gwyrfai und Is ('unterhalb') Gwyrfai geteilt, waren seine beiden wichtigsten Kirchen St. Deiniol in → Bangor und St. Beuno in Celynnog Fawr. D. P. Kirby

Lit.: J. E. LLOYD, A hist. of Wales I, 233-235 - M. RICHARDS, WHR 2, 1964, 9-18 (12).

Argentan, Vicomté. Die Burg A. in der Normandie (heute Dép. Orne) ist seit 1101 bezeugt. Hzg. → Robert Kurzhose ebenso wie später Heinrich I. v. England übergaben sie an Robert v. → Bellême. Dieser übte als Vicomte die Herrschaft aus und hatte dafür dem Hzg. der Normandie Rechenschaft abzulegen. 1119 war die Burg im Besitz Heinrichs I., der sie befestigte. 1135 erhielt seine Tochter → Mathilde, die von ihrem Vetter → Stephan v. Blois aus England und der Normandie vertrieben worden war, die Burgen A., Exmes und Domfront von Guigan Algazon, der Vicomte dieser drei Plätze gewesen war. 1172-84 wird die Vicomté in den Rechnungen des norm. → Échiquier erwähnt. Der *prévôt,* der neben dem vicomte tätig war, hatte für sein Amt eine Pacht von 700 livres zu leisten. J. Boussard

Lit.: J. CHARTROU, L'Anjou de 1109 à 1151, 1928 - J. BOUSSARD, Le gouvernement d'Henri II, 1956.

Argenterie du roi (Argentaria), eines der wichtigsten Ämter des → Hôtel du roi de France. Sie verfügte über eine eigene Kasse; ihre Aufgabe war es, den Kg. und seine Familie wie auch bestimmte *officiers* mit allem Bedarf an Kleidung und Möbeln zu versorgen, ebenso auch für die Reisen und auswärtigen Aufenthalte von Kg. und Hof Sorge zu tragen. Außer der Besorgung von Wäsche, Kleidung, Pelzen, Handschuhen, Schuhen, Goldschmiedearbeiten, Juwelen, Tafelgeschirr, Möbeln und Tapisserien, Truhen, Koffern, Sätteln und Zaumzeug befaßte sich die A. mit der Verteilung von Kleidern usw. an diejenigen, die darauf Anspruch hatten, und mit der Vergabe von Geschenken an fremde Fs.en und an familiares des Königshauses.

Unter Philipp dem Schönen löste sich die A. aus der → Chambre heraus (vgl. auch → chambellan); sie wurde 1315 förmlich konstituiert. An ihrer Spitze stand der *Argentier* (Argentarius), der manchmal noch weitere Funktionen der Finanzverwaltung innehatte; ihm assistierten seit 1378 ein *contrôleur de l'A.* sowie mehrere *clercs,* die für das Rechnungswesen zuständig waren, und einige *valets de l'A.,* die bestimmte Handwerker (Schneider usw.) beaufsichtigten. Häufig hatte der Argentier nach seinem Ausscheiden aus dem Amt andere wichtige Funktionen wie *trésorier de France, général des Finances, receveur des aides* inne. Der berühmteste Argentier war → Jacques Coeur (1438-51). Die Kasse der A. erhielt ihre Finanzmittel aus dem Schatz *(Trésor)* sowie aus außerordentl. Steuern (→ aides; z. B. *aides pour la guerre).* Bes. Rechnungen waren für die Abhaltung höf. Feste und Zeremonien zu führen. Die Verwahrung der Kleinodien und der Tapisserien wurde gegen Ende der Herrschaft Karls V. bes. Beamten in den einzelnen Residenzen (Louvre, Vincennes, Tournelles usw.) anvertraut, die bald der A., bald dem Amt der *Coffres du roi,* das schließlich auch der A. eingegliedert wurde, unterstanden. – 1393 bildete sich die A. der Kgn. *(A. de la reine)* heraus, die entsprechende Aufgaben hatte und alle Einkäufe für die Kgn. und vielleicht auch für die minderjährigen Mitglieder der kgl. Familie tätigte. – Zahlreiche Rechnungen der A. du roi und der A. de la reine sind erhalten geblieben; sie bilden eine wichtige Quelle für die Gesch. des Hofes, der Mode und der Preise.

Vergleichbare Institutionen wurden in den territorialen Fsm.ern errichtet. In der Provence entstand unter dem »roi René« (1434–80) eine A., die von der → Chambre aux deniers getrennt war; sie hatte für die Einkäufe von Möbeln und Ausstattung und die Arbeiten an kgl. Bauten zu sorgen. Die Kgn. besaß ebenfalls ihre eigene A., deren Rechnungen für 1451–81 erhalten sind. – In der Bretagne war die A. für das Rechnungswesen des hzgl. Hauses zuständig, während die A. im eigtl. Sinne durch den *garde-robier* versehen wurde, der den Schatz verwaltete und für die Verwahrung der Pretiosen zuständig war.

R.-H. Bautier

Q. und Lit.: L. Douët d'Arcq, Recueil des comptes de l'A. des rois de France, 1851 (Soc. hist. Fr.) – Ders., Nouveau recueil des comptes de l'A..., 1874 – A. Lecoy de la Marche, Le roi René..., 1876 – Abbé Arnaud d'Agnel, Les comptes du roi René, Paris, 3 Bde, 1908–10 – P. Henwood [Diss. masch. École des Chartes, 1978].

Argenteuil, benedikt. Frauenkloster an der Seine, nw. Paris (Dép. Seine-et-Oise), ☿ Notre-Dame. Es wurde wahrscheinl. zw. 650 und 675 von dem Neustrier Ermenricus und seiner Gattin Mumana gegr.; die Abtei → St-Denis scheint vor dem 12. Jh. keine Jurisdiktion über A. ausgeübt zu haben. A. erlebte im frühen und hohen MA mehrfach Verfall und Usurpationen durch Laien trotz der Wiederherstellungsversuche durch Theodrada, Tochter Karls d. Gr., und Adelheid, die Gemahlin Hugos Capet. Erst → Suger v. St-Denis führte 1129 eine Änderung herbei: Er vertrieb die Nonnen, unterstellte A. als Priorat seiner Abtei St-Denis und führte eine strenge monast. Regel ein. Suger ordnete auch die Verwaltung des Klostergutes neu, das außer den Grundherrschaften A. und Sartrouville Güter in der Gegend von Noisy-le-Sec, Versailles sowie dem Wald v. Yveline, Dreux, Melun und Senlis umfaßte. Das Kl. wurde durch den Hundertjährigen Krieg geschwächt; Güterschwund und Sittenverfall setzten bis zur Reform durch die Mauriner (1646) fort.

Auf Drängen → Abaelards war Héloise Priorin in A., bevor sie sich ins Kl. Le Paraclet zurückzog. – Das Kl. bewahrte den Hl. Rock v. A., ein Leinengewand aus dem 1. oder 2. Jh., das für das ungenähte Kleid Christi gehalten wurde. 1156 durch Hugo v. Amiens erwähnt, wurde es seit dem 15. Jh. Ziel einer bedeutenden Wallfahrt (→ Heiliger Rock). L. Fossier

Lit.: DHGE IV, 22–39 – Abbé Lebeuf ,Hist. du diocèse de Paris II, éd. Fechoz, 1883, 2–10.

Argenteuil, Schlacht v. Bei A.-sur-Armançon (Frankreich, Dép. Yonne, Arr. Tonnerre) schlug Hzg. Richard v. Burgund am 28. Dez. 898 ein Normannenheer, das zuvor die Kl. Bèze, St-Florentin und St-Vivent geplündert hatte. Mit diesem von den Zeitgenossen gefeierten Erfolg beginnt, mit neuen takt. Mitteln, die erfolgreiche Bewältigung des Normannenproblems, die 911 mit dem Sieg bei Chartres, an dem ebenfalls Hzg. Richard beteiligt war, ihren Höhepunkt erreichte. K. F. Werner

Lit.: A. Eckel, Charles le Simple, 1899, 65f.

Argentum → Silber

Argentum vivum → Quecksilber

Argeș, Siedlung in den Süd-Karpaten am gleichnamigen Fluß (heut. rumän. Stadt Curtea de Argeș). Im 13. Jh. in der Umgebung von A. frühe Herrschaftsbildungen unter valach. Wojewoden, die seit Basarab I. (ca. 1310–52) ihre Hofhaltung nach A. verlegen (Bau der Fürstenkirche). 1359 nimmt der erste valach. Bf. seinen Sitz in A. Zwar übersiedeln Wojewode und Bf. um 1400 nach → Tirgoviște, doch spielt A. – u. a. seit 1396 als Hort der Reliquien der hl. Philothea (Landespatronin) – weiterhin eine bes. Rolle. Am Fluß A. versuchte 1394 (oder 1395) Mircea einen osman. Einfall unter Bāyezīd I. abzuwehren, wurde aber nach mehrtägigem Kampf (Schlacht v. »Rovine«) geschlagen. → Valachei. H. Göckenjan

Lit.: Curtea Domneasca din A., Bul. Com. Mon. Ist. X–XVI, 1923 – O. Tafrali, Monuments byzantins de Curtea de A., 1931.

Argos → Peloponnes

Argument(um)

I. Logik: Argumentum, in weitem Sinne jede Begründung einer Konklusion, in engerem Sinne die Struktur der Begründung im Gegensatz zu 'argumentatio', der explizit formulierten Begründung. Man unterschied im MA je nach dem Grad der Gewißheit des A.s, *demonstrative, dialektische* und *sophistische Argumenta*. Demonstrative A.a sind zwingend (also sowohl wahr als gültig), während dialekt. A.a nur wahrscheinl. und sophist. A.a falsch sind. Demonstrative A.a holen ihre Bestätigung aus wahren und evidenten Prinzipien, dialekt. A.a aus gewissen allgemein akzeptierten Regeln oder Theoremen (→ Scholast. Methode). Ein Sonderfall ist das auf den Hörer speziell eingerichtete dialekt. oder sophist. A. (A. ad aliquem oder seltener mit der jetzt üblichen Bezeichnung: A. ad hominem). – Im Gegensatz zu A., das immer etwas Neues erschließen lassen muß, bezeichnet 'consequentia' den formal gültigen Schluß (wo zu der Wahrheit oder Neuheit der Konklusion nicht Stellung genommen wird). Allmählich bahnt sich die Erkenntnis an, daß sich von den consequentiae her eine bessere Systematik der A.a aufstellen läßt. Diese Entwicklung kulminiert im 14. Jh. Vgl. auch Schlußmodi. J. Pinborg

Lit.: → Logik.

II. Recht: Die gelehrten Juristen des MA verstanden unter A. im Anschluß an die Definition Ciceros (Top. 2,8) dasjenige, worauf die Sicherheit eines Beweises beruht, den Beweisgrund. Die Legisten dachten dabei nicht nur an Prämissen von Syllogismen (argumenta artificialia, a. disputatoria), sondern – im Gegensatz zu den Kanonisten – auch an prozessuale Beweismittel wie Zeugen und Urkunden (a. a ratione naturali). Außer den in der Dialektik allgemein anerkannten A.en (loci communes, τόποι) bedienten sich die Juristen speziell rechtl. a. artificialia. Diese fanden sie entweder im Corpus iuris als Rechtsregeln formuliert vor, oder sie entwickelten sie neu durch Auslegung (→ Apparatus glossarum, → Lectura). Daraus entstanden zw. 1180 und 1220 mehrere A.sammlungen (→ Brocardica). Kataloge in der Dialektik allgemein anerkannter A.e mit Belegstellen aus dem Corpus iuris stellten seit dem Ende des 13. Jh. → Dinus de Rossonis, → Baldus de Ubaldis (Comm. ad C. 1, 3, 15) und andere zusammen. Die humanist. Juristen setzten diese Tradition fort.

Peter Weimar

Q.: De »Modis arguendi« scripta rariora, ed. S. Caprioli, Studi senesi 75, 1963, 30–56 (Dinus), 107–190 (Rainerius de Forlivio), 230–234 (Johannes Andreae/Jacobus de Arena), 234–250 (anonym) und 77, 1965, 355–414 (Johannes Baptista de Caccialupis) – Lit.: P. Weimar, Argumenta brocardica, SG 14, 1967, 89–124 – G. Otte, Dialektik und Jurisprudenz, 1971 – M. Bellomo,·Loci logicales e forme del pensiero giuridico in alcuni testi dei secoli XIII e XIV, RSDI 47, 1974, 5–17 – N. Horn, Argumentum ab Auctoritate in der legist. Argumentationstheorie (Fschr. F. Wieacker, 1978), 261–272.

Argyroi, angesehenes byz. Adelsgeschlecht aus der kleinasiat. Prov. Charsianon. Ihm entstammten Generäle, Statthalter und Diplomaten: Leo, der erste in den Quellen erwähnte A. (9. Jh.), übte nur das Amt eines Turmarchen aus (→ Thema); seine Nachkommen im 9. und 10. Jh. (Eustathios, Leon, Marianos und Romanos) waren schon

Provinzgouverneure und Oberbefehlshaber der Armee. Ihren Höhepunkt erreichten die A. mit → Romanos, der nach einer brillanten Beamtenkarriere 1028-43 Ks. war. Die weibl. Mitglieder der A. trugen durch ihre Heiraten mit byz. adligen Geschlechtern und mit fremden Herrschern zum Glanz der Familie bei. Nach dem 11./12. Jh. verliert das Geschlecht an Bedeutung, obwohl der Familienname während der spätbyz. und der türk. Periode bis in die Neuzeit erhalten blieb. Die südit. Argyroi → des 11. Jh. entstammen wahrscheinl. nicht der byz. Familie; es handelt sich eher um einen Vornamen als um ein Patronym (→ Argyros). J. Ferluga

Lit.: PLP I, s.v. – F.-F. VANNIER, Familles byzantines. Les A. (IXe–XIIe s.), 1975.

Argyrokastro (alban. Gjinokastër), alban. Stadt, wird zum ersten Mal bei Kantakuzenos 1336 unter den noch byz. beherrschten Städten erwähnt. 1373 war A. Sitz des alban. Fs.en Gjin Zenebishi, zunächst eines Lehnsmannes des Fs.en v. Arta, Gjin Bua Shpata, nach dessen Tod (1400) unabhängig. Nach der osman. Eroberung von 1419 – z. Zt. der Abfassung des 'Defter-i Sancak-i Arvanid' (1431) – begegnet A. als Hauptstadt des vilayet-i Aryurikasri und wird auch als vilayet-i Zenebis gen. A. umfaßte nur 163 Häuser. Nach einem gescheiterten alban. Aufstand 1431 bis 1433 wurde A. zum wichtigen Stützpunkt der Osmanen. 1492 versammelte Bāyezīd II. hier seine Truppen gegen den Aufstand an der Himaraküste. A. Ducellier

Argyropulos, Johannes, byz. Gelehrter, * um 1415 in Konstantinopel, † 26. Juni 1487 in Rom. A. ist v. a. durch seine Lehrtätigkeit am Museion in Konstantinopel (1448 -52/53), am Studio in Florenz (1457-71 und 1477-81) und in Rom (1471-77 und 1481-87) bekannt, wo er Unterricht in gr. Lit. und Philosophie (v.a. die aristotel. Philosophie) erteilte; dort zählte Reuchlin zu seinen Schülern. A. kann als einer der Begründer der gr. Philologie in Italien gelten. Die Mehrzahl seiner Schriften besteht aus lat. Übersetzungen von Werken des Aristoteles. Eine Schrift über den Ausgang des hl. Geistes und eine Erklärung des Dekrets des Florentiner Konzils zeigen ihn als Anhänger der Union. Chr. Böhme

Lit.: DBI, s.v. – Catholicisme, s.v. – NCE, s.v. – G. CAMMELLI, Giovanni Argiropulo, 1941 [Werkverz.] – Repfont II, s.v. – V. BROWN, Giovanni Argiropulo on the Agent Intellect (Essays in Honour of A. CH. PEGIS, ed. J. R. O'DONNELL), 1974, 100-175.

Argyros, * ca. Anfang 11. Jh. in Bari, † wohl 1068. Sohn des Meles oder Ismael, eines einflußreichen Bürgers, der 1009/11 und 1017/18 Anführer der aufständ. Langobarden Süditaliens gegen die Byzantiner war. 1011 wurde A. nach Konstantinopel deportiert, wo er gr. erzogen wurde. Sein Vater floh 1018 zu Ks. Heinrich II., der ihm den Titel dux Apuliae verlieh. 1029 kehrte A. nach Bari zurück. 1042 wählten ihn Langobarden und Normannen zum princeps et dux Italiae, damit er die Byzantiner aus → Apulien vertreibe, aber schon wenig später ging er auf die byz. Seite über. Seit 1045/46 wieder in Konstantinopel, wo er, sein Sohn und sein Schwiegersohn in ksl. Diensten standen. 1051/58 Gouverneur der byz. Themen in Süditalien mit dem Titel *doux Italias, Kalabrias, Sikelias kai Paphlagonias*. Er scheiterte in seinen Bestrebungen, die Normannen aus Süditalien zu vertreiben und das Schisma zw. der röm. und byz. Kirche zu verhindern. V. v. Falkenhausen

Lit.: DBI IV, 127-129, s.v. Argiro – V. v. FALKENHAUSEN, Unters. über die byz. Herrschaft in Süditalien vom 9.-11. Jh. (Schr. zur Geistesgesch. des ö. Europa I, 1967), 58-61, 93-94, 187-190.

Ari enn fróði (Ari der Geschichtsgelehrte) oder Ari Þorgilsson, isländ. Geschichtsschreiber und Priester, * 1067/68 am Breiðafjord, † 1148 auf Island. Er erwarb bei seinem Pflegevater Hallr Þórarinsson und bei Teitr Ísleifsson in Haukadalr eine umfassende Bildung und verfaßte mit seiner nach 1122 entstandenen →»Íslendingabók« eine Geschichte Islands bis ca. 1120, deren erhaltene zweite Fassung mit dem Titel »Libellus Islandorum« das erste Geschichtswerk in an. Sprache ist. Durch die Einführung eines chronolog. Systems, die sorgfältige Prüfung der Quellen und die Objektivität der Darstellung wurde A. zum Vorbild der nachfolgenden skand. → Geschichtsschreibung, bes. → Snorri Sturluson spricht in der Vorrede zur → Heimskringla von A. mit Hochachtung. R. Volz

Lit.: B.M. ÓLSEN, Om Are frode, ANOH 8, 1893, 207-352 – A. HEUSLER, Are's »Íslendingabók« und »Libellus Islandorum«, ANF 23, 1907, 319-337 – F. JÓNSSON, Den oldnorske og oldislandske litteraturs historie, 1923², 2, 343-370 – E. ARNÓRSSON, Ari fróði, 1942 – S. ELLEHØJ, Studier over den ældste norrøne historieskrivning, 1965 (Bibl. Arnamagnæana 26).

Ariald, hl., * um 1010 bei Como, † 28. Juni 1066 am Lago Maggiore. A. stammte aus niederem Adel, studierte in Mailand, danach wahrscheinl. in Frankreich und Spanien. 1057 begann er, als Diakon in Mailand gegen den moral. Niedergang des Klerus zu predigen und griff Ebf. Wido an, den er der in Mailand üblichen Simonie sowie Verstöße gegen den Priesterzölibat und das Gebot der apostol. Armut bezichtigte. A. gilt zusammen mit dem Kleriker Landulf Cotta als einer der Initiatoren der Reformbewegung → Pataria, deren Ziele Anklang im Volk, bei aufstrebenden Bürgern und Angehörigen des Adels fand, und in deren Namen es zu blutigen Unruhen kam. Es gelang A., i. J. 1057 in Rom päpstl. Unterstützung für seine Anklagen gegen die Mailänder Kirche zu finden, so daß sich Ebf. Wido 1059 vor dem päpstl. Legaten → Petrus Damiani zur Einhaltung des Zölibats und Abkehr von Simonie verpflichten mußte. 1066 kam es erneut zu schweren Unruhen in Mailand, in deren Verlauf A. die Stadt verlassen mußte, auf der Flucht von Schergen Widos verhaftet und ermordet wurde. Sein Kult wurde 1904 bestätigt. Ch. Schroth-Köhler

Lit.: DBI IV, 135-139 – C. VIOLANTE, La pataria milanese e la Riforma ecclesiastica I, 1955 – G. MICCOLI, Per la storia della pataria milanese, BISI 70, 1958 – C. VIOLANTE, I movimenti patarini e la Riforma ecclesiastica (Annuario dell'Univ. Cattolica del S. Cuore Milano, 1958).

Ariano, Assisen v. → Assisen v. Ariano

Aribert II., Ebf. v. Mailand seit 1018, * 970/980, † 1045, ▭ in dem von ihm vor 1023 gegr. Kl. S. Dionigi (sein jetziges Grab im Dom). Seine Familie hatte Besitztümer in Intimiano und im Gebiet von Bergamo. Spätestens seit 998 war er Subdiakon der Mailänder Kirche und seit 1007 Custos der Pfarrkirche von Galliano in der Nähe von Intimiano. V. a. in der ersten Hälfte seiner Amtszeit als Ebf. betrieb er eine bfl. Reformpolitik: Er befürwortete die Beschlüsse des Konzils v. Pavia gegen den Konkubinat des Klerus (1022), förderte die Gründung von Kanonien, band die Klöster enger an das Ebm. und vertrat episkopalist. Ideen, deren Ausdruck u.a. die Translation bzw. Auffindung der Reliquien von drei Mailänder Bf.en war. Als Metropolit erhielt er von Konrad II. das Recht, den Bf. v. Lodi zu investieren, was er mit Waffengewalt wahrnahm. In der Diöz. Asti (Alba?) unterdrückte er die Häresie von → Mon(te)forte. Die guten Beziehungen mit Heinrich II. und Konrad II., die die Voraussetzung von A.s Wahl und Handlungsweise darstellen, gipfelten 1034 in seiner Teilnahme an der Eroberung des Kgr.s Burgund. Bald danach war es ihm unmöglich, in Mailand den Aufstand der → Valvassoren niederzuwerfen und sich vor dem Ks. von den gegen ihn erhobenen Anschuldigungen reinzuwaschen. Während die Gegnerschaft des Ks.s die Eintracht in der Stadt wiederherstellte, belagerte Konrad 1037 Mailand und erreichte vom Papst A.s Absetzung und Exkommunikation. A. bot daraufhin Odo v. Champagne die ital. Königskrone an. Nachdem die Spannung mit dem Kaisertum durch Odos Tod, den Abzug sowie das Ableben von Konrad II. und durch die Aussöhnung A.s mit Heinrich III. (1040) beigelegt war, kam es zu neuen internen Konflikten in Mailand: 1042 vertrieben die Cives die Capitanei und Valvassoren zusammen mit dem alten Ebf., der erst dann in die Stadt zurückkehrte, als dort wieder Frieden herrschte, jedoch kurz danach starb. Vgl. auch Constitutio de feudis. L. Fasola

Lit.: H. E. J. COWDREY, Archbishop A. II of Milan, History 51, Nr. 171, 1966, 1–15 – C. VIOLANTE, L'arcivescovo A. II (1018–1045) e il monastero di S. Ambrogio di Milano, Contributi dell'Istituto di Storia Medioevale (Univ. Catt. del S. Cuore), II, 1972, 608–623 – DERS., Le origini del monastero di S. Dionigi di Milano. Studi storici in onore di O. BERTOLINI, 1972, 735–809.

Aribo

1. A., Gf. → Aribonen

2. A., Ebf. v. Mainz (seit 1021), * um 990, † 6. April 1031 in Como, ⌐ Mainz, Dom. A. verwandt mit Ks. Heinrich II.; Sohn des Pfgf.en Aribo v. Bayern und der Adela, Schwester der Kunigunde und Vetter des Ebf.s → Pilgrim v. Köln. Als Sproß der bayer. Sippe der → Aribonen wurde A. wahrscheinl. in Salzburg ausgebildet, wo er 1020 als Diakon begegnet. Ks. Heinrich II. holte ihn um diese Zeit in die Hofkapelle. Dort wirkte er als Verwandter des Herrschers zusammen mit seinem Vetter Pilgrim, ehe dieser im Juni 1021 das Ebm. Köln erhielt. Im Sept. 1021 wurde dann A. das Ebm. Mainz übertragen. Als Ebf. versuchte er seine Prärogativen sowohl gegenüber seinen Suffraganen als auch dem Papst auszubauen. Zäh, doch erfolglos, stritt er bis 1030 mit Bf. → Godehard v. Hildesheim um Kl. → Gandersheim. Er gründete die Abtei → Hasungen; noch in seine Salzburger Zeit fällt die Errichtung des Nonnenklosters → Göß. Im Streit um die Rechtmäßigkeit der Ehe Graf Ottos v. Hammerstein verbot er jede Appellation an die röm. Kurie (→ Hammersteiner Ehe). Den auf das Reich übergreifenden Reformbewegungen stand er nicht so nahe wie → Pilgrim. Seine bereits unter Heinrich II. starke reichspolit. Position wurde unter Konrad II. zunächst weiter gefestigt. A. trug maßgebl. zur Wahl des Saliers 1024 bei. Er krönte ihn am 8. Sept. 1024 in Mainz, lehnte jedoch die Salbung der Kgn. Gisela wegen der Anfechtbarkeit der Ehe infolge zu naher Verwandtschaft ab. In Rivalität um das Krönungsrecht nutzte Pilgrim diese Konstellation und salbte Gisela wenig später. Ungeachtet dieser Ereignisse war die Beziehung zum Herrscher eng. A. erhielt zu seinem Erzkappellanat und dem Erzkanzleramt für Deutschland 1025 noch das für Italien. Zeichen des Zusammenwirkens waren zwei Jahre später die Teilnahme am Romzug Konrads II. und an der Lateransynode. Zur Entfremdung trugen dann Differenzen zw. A. und dem im Gandersheimer Streit sowie der Reichskirchenpolitik dezidiert. Zwar behielt A. alle Ämter, sein Einfluß ging jedoch zurück, derjenige Pilgrims stieg. Die Impulsivität und gelegentl. auch Schroffheit seines Verhaltens haben gewiß zu diesem Wandel beigetragen. A. starb auf der Rückreise von einer Pilgerfahrt nach Rom in Como. In Mainz hatte er sich intensiv für den Wiederaufbau des 1009 abgebrannten Domes eingesetzt. Die Mainzer Domschule erfreute sich seiner besonderen Förderung, an ihr wirkte → Ekkehard IV. von St. Gallen. A. Gerlich

Q.: J. F. BÖHMER–C. WILL, Reg. der Ebf.e v. Mainz I, 1877, XLVI–L und 150–164 – M. STIMMING, Mainzer UB I, 1932, 167–173, Nr. 266–277 – *Lit.*: NDB I, 351 [Lit.] – R MÜLLER, Ebf. A. v. Mainz, 1881 – N. BISCHOFF, Über die Chronologie der Ksn. Gisela und über die Verweigerung ihrer Krönung durch A. v. M., MIÖG 58, 1950 – HAUCK III, passim – J. FLECKENSTEIN, Die Hofkapelle der dt. Kg.e 2, 1966, 161 ff., 169 ff., 223 ff.

3. A. (Ar(i)bon, Arbeo, Arpeo, Arepo, Arbio, Arpio), wohl Benediktinermönch des 11. Jh., ist als Theoretiker des Instrumentenbaues (Monochord, Glocken, Orgelpfeifen) und der Musik bedeutsam. Herkunft, Leben und Wirken sind mangels sicherer Quellen kontrovers: Manche Autoren (MENDEL, REISSMANN, FÉTIS) halten die Niederlande, andere (KORNMÜLLER, EITNER, VIVELL, RIEMANN) Frankreich oder (WAGNER, URSPRUNG, BRONARSKI) Bayern für A.s Heimat. FELLERER – auf MEICHELBECK basierend – verbindet A.s Geburt mit Freising, SMITS VAN WAESBERGHE, einer Notiz aus dem Traktat Engelberts v. Admont (GERBERT II, 289) folgend, mit Orléans oder Lüttich. Von diesen Versionen distanzieren sich KREPS und RAWSKI; sie betrachten auch A.s Beinamen »scholasticus« (bei Engelbert op. cit.) als ungenügend belegt. A. verfaßte seine bemerkenswerte Schrift »De Musica« inmitten des Investitur- und Universalienstreits; sie entstand zw. 1068 (Wilhelm tritt sein Amt als Abt v. Hirsau an – dies vermerkt A.) und 1078 (Bf. Ellenhard v. Freising stirbt – zu Lebzeiten widmet ihm A. sein Werk).

Der Traktat setzt sich aus zwei Teilen – einer Musiklehre (GERBERT II, 197–215) und einem krit. Kommentar (ebd. 215–230) zu → Guidos v. Arezzo 15. Kap. des »Micrologus« (ebd. 15) – zusammen. Seine Musiklehre – sie behandelt durcheinander: Tonsystem (beruhend auf ma. Tetrachord-Basis), Praxis, Notation, Akustik, Ethik und Ästhetik – stützt A. im wesentl. auf Platon (MGG 10, 1336), Boethius (De institutione musica, ed. G. FRIEDLEIN, 1867), Oddo (GERBERT I, 251 ff.), Hermannus Contractus (GERBERT II, 124 ff.) und Eberhard (GERBERT II, 279 ff.) sowie auf neopythagoreische, neuplaton. und islam. Philosopheme, v. a. des al-Fārābī. Aber selbstbewußt unterscheidet A. seine Darstellung der Tonarten (→ Abb.) – er nennt sie, weil rascher zu überschauen, caprea (flink wie ein 'Reh') – von Otkers (GERBERT I, 348) und Wilhelms (GERBERT II, 164) gewöhnl. → Quadripartita figura. A. beschreibt auch deutlicher als vor ihm etwa Aurelian (GERBERT I, 34) und Hermannus Contractus (vgl. J. WOLF, Hb. der Notationskunde I, 1913, 143 f.) fest umrissene Intervalle und hält dabei substantielle Kriterien roman. und germ. Choraldialekts auseinander, nämlich Schritte (spissae sc. neumae) und Sprünge (saltatrices sc. neumae). Als rhythmisierende Zeichen gebraucht A. die sog. → Romanusbuchstaben c, m, t (celeritas, mediocritas, tarditas), die er wohl aus älteren Antiphonaren kennt. Obschon auf prakt.-naturwissenschaftl. Gebiete erfahren und angesehen (zum Berechnen von Orgelpfeifen erfand er u. a. die nach ihm benannte Aribunculina fistularum mensura), wirkt A. auf Theorie und Geistesbildung nachdrücklicher. Theol. geprägt, führt A. neben Allegorie und Symbolik chr. Mystik in die Musiktheorie ein. Mit ihrer Hilfe versucht A. letzte metaphys. Wahrheiten zu ergründen. Sein Urteil über den ethischen und ästhet. Wert geistl. Musik bleibt über das MA hinaus signifikant.

D. v. Huebner

Ed.: M. GERBERT, Scriptores ecclesiastici de musica II, 1784, 197–230 – MPL 150, 1307–1346 – J. SMITS VAN WAESBERGHE, Aribonis de Musica. Corpus Scriptorum de Musica 2, 1951 – *Q.*: Anonymus Mellicensis saec. XII, cap. 106 (MPL 213, 982) – *Lit.*: EITNER I, 191 – GROVE's Dict. of Music and Musicians I, 1954⁵, 199 – La Grande Encyclopédie III, 896 – LThK² I, 850 – MGG I, 610–612 – NDB I, 351 ff. – POTTHAST I, 105 (Anonymus Mellicensis) – H. RIEMANN, Hb. der Musikgesch. I, 2, 1919, 176 – Verf.-Lex.² I. 430–433 – WAGNER, Einführung 2, 367 ff. – B. PEZ, Bibliotheca Benedictino-Mauriana. 1715 – J. A. FABRICIUS, Bibliotheca ecclesiastica I, 1718. 141 – C. MEICHELBECK, Historia Frisingensis I, 1724, 62 – J. A. FABRICIUS, Bibliotheca latina mediae et infimae aetatis I, 2, 1858, 127 – R. CEILIER–A. BAUZON, Hist. générale des auteurs sacrés et ecclésiastiques 13, 1863, 129 – H. MENDEL–A. F. W. REISSMANN, Musical. Conversationslex. I, 1870, 285 – FÉTIS, Hist. IV, 547 – P. U. KORNMÜLLER, Die alten Musiktheoretiker, Kirchenmusikal. Jb. 2, 1887, 18–21 – FÉTIS, Biographie I, 132 – C. VIVELL, Rev. du Chant Grégorien 19, 1910, 19 – DERS., Ein anonymer Komm. zum Micrologus des Guido d'Arezzo, SMGB 35, 1914, 56–80 – DERS., SÖAW 185/5, 1917 – O. URSPRUNG, Freisings ma. Musikgesch., Festgabe zum 1200-jähr. Jubiläum des hl. Korbinian, 1924, 244–278 – K. G. FELLERER, Beitr. zur Musikgesch. Freisings von den ältesten chr. Zeiten bis zur Auflösung des Hofes 1803, 1926, 24–43 – L. BRONARSKI, Die Quadripartita figura in der ma. Musiktheorie, Fschr. P. WAGNER, 1926, 27 ff. – H. RIEMANN, Gesch. der Musiktheorie im 9. bis 19. Jh., 1928², 58, 160 – J. SMITS VAN WAESBERGHE, Muziekgeschiedenis der Middeleeuwen I, 1936–39, 23–107 – J. KREPS, Aribon de Liège, une Légende, Rev. Belge de Musicologie 2, 1948, 138–143 – J. SMITS VAN WAESBERGHE, Some Music Treatises and their Interrelation. A School of Liège, Musica Disciplina 3, 1949, 25–31, 95–118 – JAMS 9, 1956, 214–217 – J. SMITS VAN WAESBERGHE, Musicologia medii aevi 1, 1957, 99–173 – CHEVALIER, Répertoire des sources hist. du MA – Bio-Bibliogr. I, 311 – J. SMITS VAN WAESBERGHE, The Theory of Music from the Carolingian Era up to 1400, I (RISM III, 1, 1961), 27, 31 et passim – C. H. RAWSKI, Notes on A. Scholasticus. Natalicia Musicologica, 1962, 19–29.

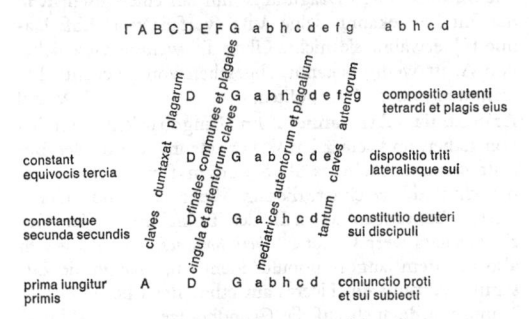

Fig. 11: Caprea (Clm 14965a fol. 31ʳ)

Aribonen, führende Adelssippe, die im bayerisch-österr. Raum von der 2. Hälfte des 9. Jh. bis weit ins 11. Jh. wichtige Amtspositionen besetzte und früh ein starkes Geschlechtsbewußtsein entwickelte. Herkunft vermutl. sowohl aus dem Freisinger als auch aus dem Mainzer Raum. Der große Sprung dieser Sippe ins Ostland, mit dem ihre entscheidende Profilierung verbunden war, geschieht, als Ar(i)bo, Gf. des Freisinger Raumes und Mitakteur in Oberschwaben, nach der Katastrophe des bayer. Heeres und dem Tod der Grenzgrafen Wilhelm und Engilschalk 871 die Donaugrafschaften und den Traungau verwaltete und sich als marchio bezeichnete. Er ist ein Prototyp des aristokrat. Grenzpioniers, der mit rücksichtsloser Gewalt seine Position auszubauen suchte und langjährige Sippenkriege mit den Nachkommen seiner Amtsvorgänger führte. Er überlebte 907 die Katastrophe von → Preßburg. Dieser Arbo ist als »Spitzenahn« in das Bewußtsein der A. eingegangen.

Offensichtl. konnten die A. nach den Ungarnkämpfen im 6. Donauraum nicht mehr Fuß fassen. Dagegen übernahmen sie im 10. Jh. zunächst in den Alpen (Inn- und Zillertal) neue Funktionen. Am Hofe Ebf. Odalberts v. Salzburg hatten sie eine zentrale Stellung, dessen Verwandter Hartwig, kgl. Beauftragter in Kärnten und Pfgf. in Bayern, seine Tochter in die Aribonenfamilie verheiratete. Aribo, Schwiegersohn Hartwigs, rückte in die Amtspositionen seines Schwiegervaters ein. Als Pfgf. gründete er sein Hauskloster Seeon (Chiemgau) und stattete es mit den Reliquien des hl. Lambert v. Lüttich aus, den seine Sippe schon vor fast 200 Jahren verehrt hatte. Seine Gattin gründete zusammen mit ihrem Sohn Aribo (später Ebf. v. Mainz) auf A.-Gut das Kl. → Göß (Steiermark). Bei den Kindern des Pfgf.en Aribo I. wird die ganze Breite der Familienbeziehungen sowie Besitz- und Amtspositionen sichtbar, bes. im Kärntner Raum und dessen Paß- und Bergbaugebieten. Als → Aribo 1021 Ebf. v. Mainz und gleichzeitig kgl. Erzkapellan des Reiches, 1025 Erzkanzler für Italien wurde, standen die »pfalzgräflichen A.« auf der Höhe ihrer Macht, die sie im engen Anschluß an die Sachsenkaiser gewonnen hatten. Das Paktieren Pfgf. Aribos II. und seines Bruders mit dem gegen den Ks. rebellierenden Bayernherzog 1053 bedeutete den Sturz der Familie aus der großen Politik. Die A. verloren die Pfalzgrafenwürde, ihre Reichslehen und einen Teil ihrer Eigengüter in Kärnten und Bayern. Im Reformzeitalter gründete die letzte Generation der A. neue Klöster im karantan. Bereich: → Millstatt, Moggio a. d. Fella auf dem Wege Villach-Aquileia und Eberndorf im Jauntal. – 1104 starben die pfalzgräfl. A. aus; die »Freisinger Linie« war schon vorher zerfallen. W. Störmer

Lit.: J. EGGER, Das Aribonenhaus, AÖG 83, 1897, 385–525 – M. MITTERAUER, Karol. Mgf.en im SO, 1963 – G. DIEPOLDER, Die Herkunft der A., ZBLG 27. 1964, 74–119 – H. DOPSCH, Die A. [Staatsprüfungsarbeit masch., Inst. für Österr. Gesch.-Forsch. Wien 1968] – W. STÖRMER, Früher Adel, 1973.

Arichis. **1. A. I.,** Hzg. des um 570 gegr. langob. Hzm.s → Benevent 591–641. A. kann als der eigtl. Schöpfer dieses Hzm.s gelten, das unter ihm im wesentl. seine endgültige Ausdehnung gewann. A., Verwandter der langob. Hzg.e v. Friaul und dort aufgewachsen, verdankte seine Einsetzung Kg. → Agilulf, der so den Einfluß des langob. Kgtm.s in S-Italien intensivieren wollte. Doch löste sich A. rasch vom Norden und betrieb eine weitgehend selbständige Außenpolitik. Zu Beginn seiner Regierung gelang es ihm, auf Kosten Ostroms seine Herrschaft in Campanien (Capua, Venafro), Lukanien und Bruttium (Crotone) zu erweitern; ein Angriff auf Neapel schlug fehl. Nach 626 folgte der Erwerb des wichtigen Seehafens Salerno. Die Schlußphase war durch Friede mit Pavia und Konstantinopel gekennzeichnet. Die Regelung der Nachfolge 641 spiegelt den unabhängigen Status Benevents. Die innenpolit. Stabilisierung des Hzm.s – gewiß Einrichtung einer geordneten Verwaltung mit dem Hzg. an der Spitze und Regelung des Verhältnisses zu den Römern – ist wegen der schlechten Quellenlage kaum sicher zu beurteilen. Papst Gregor I. bemühte sich um Einvernehmen mit A.; nach Exzessen der Eroberungszeit ließen die arian.-chr. und heidn. Langobarden S-Italiens die kath. Kirchen unbehelligt. H. H. Kaminsky

Lit.: DBI IV, 68–71.

2. A. II., Hzg. 758–774, princeps 774–787 v. Benevent. * ca. 734, † 26. Aug. 787 in Salerno. A., vermutl. Mitglied der seit 591 in Benevent herrschenden Herzogsfamilie, wurde von Kg. Desiderius eingesetzt, dessen Tochter Adelperga er bald ehelichte. Die Herzogszeit verrät in der Außenpolitik keine klare Linie; einzig erkennbares Movens war die Vergrößerung und Festigung seiner Herrschaft gegenüber Pavia, dem Papst, Neapel und Byzanz. Nach der Eroberung des langob. Kgr.s durch die Franken nahm A. den Titel princeps an und ließ sich krönen. Die neue Würde verstand A. als ein Quasi-Kgtm. und als Fortsetzung des Paveser Kgtm.s, zugleich als Manifestation seiner Unabhängigkeit. In der Darstellung seines Herrschertums folgte A. – schon vor 774 – weitgehend byz. Vorbildern. Auf dem Hintergrund der frk.-byz. Einvernahme nach 780 betrieb A. eine vorsichtige Politik gegenüber Karl d. Gr. und Papst Hadrian I.; nur gegen Neapel wagte er krieger. Aktionen. Auf Betreiben des

Papstes unternahm der frk. Kg. 787 einen Kriegszug gegen A., obwohl dieser Gehorsam zugesichert hatte. Karl erzwang die Anerkennung seiner Oberhoheit, symbolisiert durch Tribut und Geiselnahme, und der Restitutionsansprüche des Papstes. Das Zerbrechen des frk.-byz. Paktes eröffnete A. neuen polit. Spielraum. Hadrian behauptete zu wissen, A. habe Byzanz seine Unterwerfung angeboten, und berichtete Karl, kurz nach A.' Tod seien byz. Gesandte eingetroffen, die A. zum Patrikios proklamieren sollten. A.' Herrschaft bildete auch in kultureller Hinsicht den Höhepunkt der beneventan. Geschichte. Sein Hof war glanzvolle Pflegestätte der Künste und Bildung. Von A.' Bauten seien die Palastkirche S. Sofia in Benevent und der Palast in Salerno erwähnt. Als princeps novellierte A. den → Edictus Rothari. H. H. Kaminsky

Lit.: DBI IV, 71–78 – H. Belting, DOP 16, 1962, 141–194 – O. Bertolini (Braunfels, KdG I), 1965, 609–671 – H. H. Kaminsky, Neufunde zur Diplomatik der benevent. charta des 8. Jh., ADipl 19, 1973, 1–28 – Ders., Zum Sinngehalt des Princeps-Titels A.'s II. v. Benevent, FMASt 8. 1974, 81–92.

Arienti, Giovanni Sabadino degli, it. Autor, * um 1450 in Bologna, † 1510 ebd. Als Sekretär des Andrea → Bentivoglio war er der polit. und lit. Korrespondent der → Este und → Gonzaga. A. ist v. a. durch eine Sammlung von 61 Novellen, gen. »Le Porrettane« (»Facetiarum Poretanarum opus« nach dem Dedikationsbrief), bekannt. Sie trägt ihren Namen nach dem Schauplatz der Rahmenhandlung, dem Badeort Porretta im bolognes. Apennin, wo A. eine Gesellschaft vornehmer Damen und Herren versammelt, die sich der Reihe nach während des Sommers 1475 an fünf »Tagen« Novellen erzählen, in denen sich hist., lit. und volkstüml. Stoffe mischen. Trotz des unleugbaren Einflusses von → Boccaccios »Decameron« stehen A.s Novellen → Sacchetti näher als Boccaccio. Obwohl ein »regionaler«, d. h. nichttoskan. Autor, brilliert A. häufig in der direkten Rede; wo er sich allerdings der periodenreichen Stil Boccaccios nähert, fehlt es seiner Sprache an Geschmeidigkeit. Sein Stil ist hybrid, stark mit Latinismen und Elementen des Dialektes durchsetzt – Ausdruck einer Haltung des Überganges, die zw. der Dichtung des MA und derjenigen des Humanismus zögert; ein unverbundenes Nebeneinander verschiedener Stilarten herrscht vor. Dies alles mag das wenig günstige Urteil der Kritik gegenüber dem Werk erklären, das dennoch einen der interessantesten Zyklen von Prosanovellen im Quattrocento darstellt. V. a. sind A.s »Porrettane« ein kostbares Zeugnis des polit. und kulturellen Lebens der Epoche. Ercole d'Este gewidmet, wurden die »Porrettane« 1483 in Bologna veröffentlicht.

Unter A.s weiteren Werken verdient bes. »Gynevera de le clare donne« (1490–92), das zur Hofliteratur gezählt werden kann, genannt zu werden. In 33 Biographien führt uns der Autor eine Galerie berühmter Damen vor, die zumeist der Aristokratie des zeitgenöss. Oberitalien angehören, was den hist. Wert des biograph. Werkes ausmacht. Stilist. sind diese Biographien ein Loblied auf die »geschlechtsspezifischen« Tugenden nach stereotypem Muster; sie sind unmittelbar von Boccaccios »De claris mulieribus« inspiriert. – Weitere Werke A.s sind: »De civica salute« (1468), das die friedl. polit. Verhältnisse der Epoche widerspiegelt; »Torneo«, in dem er einen Turniersieg, den Giovanni Bentivoglio 1470 errang, feiert; »De Hymeneo«, verfaßt anläßl. der Heirat des Annibale Bentivoglio mit Lucrezia d'Este 1487; »Trattato della Pudicizia« (1487). Ferner ist zu nennen: eine »Vita di Andrea Bentivoglio« (1491–92); eine »Descrizione del Giardino della Viola« (1501); eine »Vita di Anna Sforza« (1497–98) und ein »Elogio di Isabella di Castiglia« (1493). Sein religiöses Interesse spiegelt »De triumphis ducalis religionis«, das Ercole d'Este gewidmet ist, wider, ebenso die »Lettera consolatoria« an Nicolo Lardi zum Tod der Tochter (1501). R. Blomme

Ed.: Porrettane, ed. G. Gambarin, 1914 – Gynevera de le clare donne, ed. C. Ricci–A. Bacchi della Lega, 1887 – Lit.: DLI I, 112 f. – U. Dallari, Della vita e degli scritti di S. degli A., Atti e Mem. della Dep. di storia patria per le prov. di Romagna III, IV, 1888, 178–218.

Arigo → Schlüsselfelder, Heinrich

Arilje, urspgl. Moravica, ma. Siedlung in W-Serbien, wurde 1219 Sitz eines Bf.s der autokephalen Kirche Serbiens (seit dem 14. Jh. als Metropolie bezeugt) und Hauptort von Moravien. Nach 1290 gründete Stefan Dragutin (damals Herrscher über den Banat Mačva) die Kirche des hl. Achilleios v. Larissa (Sv. Ahilije, daher der neue Ortsname Arilje), einen Bau der → Raška-Schule, den er 1296 ausmalen ließ, vielleicht von Künstlern aus Thessalonike. Zu den Fresken gehören u. a. das Stifterbild (Dragutin mit Gattin Katelina und → Milutin) sowie Bildnisse der → Nemanjiden und von serb. Ebf.en und Bf.en v. Moravica. Die Stiftung durch Dragutin ist nur aus einer Inschrift in der Kirche bekannt, seine Vita (verfaßt von Ebf. Danilo II.) erwähnt sie nicht. Über die weitere Geschichte von A. ist wenig bekannt, abgesehen von gelegentl. Erwähnung seiner Metropoliten. K. Wessel

Arimannia, Arimannen. Im Langobardenkönigreich von Italien und seiner karol. Fortsetzung wurde der Begriff *arimanni* meistens als Synonym für *exercitales* gebraucht und bezeichnete die zum Wehrdienst und anderen öffentl. Leistungen wie z. B. der Teilnahme an den Gerichtsplacita verpflichteten *liberi homines*. Die A. waren also mit dem langob. populus identisch, solange die Zusammensetzung des Heeres auf ethn. Basis beruhte. Der Name wurde auch auf die Grundbesitzer röm. Abkunft ausgedehnt, als im Lauf des 8. Jh. die Zugehörigkeit zum Heer und die von den Freien zu stellende Bewaffnung nach der wirtschaftl. Lage des einzelnen bemessen wurde. Aber die Erforschung der langob. Gesetzgebung des 8. Jh. und die Namensforschung beweisen, daß der größte Teil der A. noch immer aus Langobarden gebildet war. Dies erklärt sich, wenn man einräumt, daß die vorhergegangenen Ereignisse in der Klasse der Grundbesitzer die Römer zur Minderheit gemacht hatten. Da die Langobarden andererseits als herrschendes Volk für die Freien schlechthin galten, wurden die Wörter *arimanni* und *arimannae* manchmal bis zum Anfang des 10. Jh. verwendet, um vollfreie oder nach langob. Brauch freigelassene Männer und Frauen zu kennzeichnen. Aber die Grundbedeutung blieb die von liberi homines, die mit dem regnum durch die Leistungen, die sie der öffentl. Gewalt schuldeten und den dafür erhaltenen Schutz verbunden waren. Als im nachkarol. Italien die Ordnung des Kgr.s in Krise geriet, wurde das Wort arimanni seltener: es blieb für jene Gruppen von Freien erhalten, die an gewissen Stellen in enger Verbindung mit der öffentl. Gewalt standen, wie die das Reich oft den mächtigen geistl. Institutionen unterstellte. In einigen Gebieten bezeichnete schließlich dieser Name eine von gewohnheitsmäßigen Verpflichtungen eingeschränkte Freiheit, so daß es im 13. Jh. manchmal zu Freilassungsakten aus dem arimann. Stand kam, als ob er halbfrei wäre. Vom Ende des 10. Jh. an kam das Wort *arimannia* auf, um sowohl die Gesamtheit von Rechten und Pflichten, die auf den arimann. Gruppen lasteten, zu bezeichnen, als auch die zumeist unbebauten Landflächen, die zum Großteil aus Gewohnheiten der Langobardenzeit herrührten, als sie für die Bedürfnisse der verschiedenen Gruppen des liber et exercitalis populus bestimmt waren. Nach einer seit F. SCHNEIDER weit verbreiteten Theorie würden hingegen die späteren arimanniae eine Staatskolonisation in langob. Zeit bezeugen, die von der normalen Landnahme eines Herrschervolkes zu unterscheiden war. G. Tabacco

Lit.: F. SCHNEIDER, Die Entstehung von Burg und Landgemeinde in Italien, 1924 – G. BOGNETTI, L'età longobarda, 4 Bde, 1966-68 – G. TABACCO, I liberi del re nell'Italia carolingia e postcarolingia, 1966 – A. CAVANNA, Fara, sala, arimannia nella storia di un vico longobardo, 1967 – O. BERTOLINI, Ordinamenti militari e strutture sociali dei Longobardi in Italia, Sett. cent. it. 15, 1968 – G. TABACCO, Dai possessori dell' età carolingia agli esercitali dell'età longobarda, StM 10, 1, 1969 – J. JARNUT, Beobachtungen zu den langob. arimanni und exercitales, ZRGGermAbt 88, 1971 – DERS., Prosopograph. und sozialgesch. Stud. zum Langobardenreich in Italien, 1972 – G. TABACCO, Der Zusammenhang von Macht und Besitz im frk. und langob. Reich, Saeculum 24, 1973.

Aripert. 1. A. I., Kg. der Langobarden (653–661). Vater: Hzg. Gundoald v. Asti. Söhne: Kg.e Perctarit und Godepert. – A. war der erste männl. Vertreter der älteren »bayerischen« Dynastie (→ Agilolfinger), die sich von der Kgn. Theudelinde herleitete. Im Gegensatz zur arian. und römerfeindl. Politik seiner Vorgänger, bes. Kg. Rotharis, verfolgte A. als Katholik eine – wenngleich in der jüngeren Überlieferung vielleicht übertrieben dargestellte – entgegengesetzte Linie. In seiner Residenz Pavia, wo unter seiner Herrschaft der letzte arian. Bf. Anastasius konvertierte, baute er die erste kath. Kirche S. Salvatore vor den Mauern. Über seine auswärtigen Beziehungen ist nichts bekannt, doch scheint A. in keine militär. Auseinandersetzungen verwickelt worden zu sein. Bei seinem Tode war seine Herrschaft so sehr gefestigt, daß seine beiden noch recht jungen Söhne die Königsherrschaft ungefochten übernehmen konnten. Aus seiner Regierungszeit haben sich weder Königs- noch Privaturkunden erhalten. H. Zielinski

Q.: Pauli diaconi Hist. Langob. IV, cap. 48, 51, ed. G. WAITZ, MGH SRG (in us. schol.), 172, 174 – Carmen de Synodo Ticinensi, ed. L. BETHMANN, MGH SRL IV, 190 – *Lit.*: DBI IV, 194f. – GARTMAN, Gesch. Italiens II, 1, 244f. – K. F. WERNER, Bedeutende Adelsfamilien... (BRAUNFELS, KdG I), 107f. – R. SCHNEIDER, Königswahl und Königserhebung im FrühMA, 1972, 41f., 210.

2. A. II., Kg. der Langobarden seit 701, † 712, ▭ in der von Aripert I. zu Pavia gegr. Salvatorkirche. A. stammte aus der älteren »bayerischen« Dynastie; er war der Sohn des Hzg.s Raginpert v. Turin, eines Vetters von Kg. Cunincpert, der 701 aus den Thronstreitigkeiten nach Cunincperts Tod für wenige Monate als Sieger hervorgegangen war. Nach dem plötzl. Tod seines Vaters gelang es A., der bereits zuvor Mitkönig geworden war, seine gefährdete Herrschaft mit skrupellosen Mitteln zu festigen. → Ansprand, dem Erzieher des von A. ermordeten unmündigen Sohnes Cunincperts, Liutpert, gelang die Flucht an den bayer. Herzogshof. 712 wurde A. von Ansprand mit bayer. Hilfe besiegt und ertrank auf der Flucht im Ticino. Zu den Franken scheint A. gute Beziehungen unterhalten zu haben; der röm. Kirche restituierte er Besitzungen an der ligur. Küste. Auch mit dem oström. Ksm. wahrte A. den Frieden. Paulus Diaconus schildert ihn als klugen und gerechten Herrscher. H. Zielinski

Q.: Pauli diaconi Hist. Langob. VI, cap. 19-35, ed. G. WAITZ, MGH SRG (in us. schol.), 220-228 – LP, Vita Joh. VII. cap. 3, 385f. – CDL I, n. 14; III, n. 8 – *Lit.*: DBI IV, 195f. – HARTMANN, Gesch. Italiens II 2, 75f., 123f. – SPINDLER, I, 120 – R. SCHNEIDER, Königswahl und Königserhebung im FrühMA, 1972, 50-52 – J. JARNUT, Beitr. zu den frk.-bayer.-langob. Beziehungen, ZBLG 39, 1976, 345f.

Aristainetos, gr. Epistolograph, vereinigte im 5./6. Jh. Motive aus Komödie, Liebesdichtung, Roman, Anekdote, Epigramm, teilweise in wörtl. Übernahme, zu Briefen novellist. Charakters. Quellen sind Homer, Platon, Lukian, Philostrat, Alkiphron u. a. In der Charakterschilderung (Ethopoiie) ist der Einfluß der Rhetorik deutlich. Die zwei Bücher sind nur in einer Hs. (Cod. Vindobonensis phil. gr. 310 aus dem Besitz des Johannes Sambucus) überliefert. J. Gruber

Ed.: O. MAZAL, 1971 [Lit.]. – *Übers.*: A. LESKY (BAW 1951) – *Lit.*: W. G. ARNOTT, Imitation, variation, exploitation. A study in A., Greek, Roman and Byz. Stud. 14, 1973, 197–211.

Aristenos, Alexios, großer byz. Kanonist des 12. Jh. Als Diakon bekleidete er die Würden eines *Hieromnemon, Nomophylax, Orphanotrophos* und schließlich eines *Megas Oikonomos* der großen Kirche Christi. Seine Anwesenheit bei einer Synode von 1166 ist belegt. – Im Auftrag des Ks.s Joannes II. Komnenos (1118–43) verfaßte er einen Kommentar zur Kanonensynopsis, die Symeon dem Metaphrasten zugeschrieben wurde, aber in Wirklichkeit die Synopsis des Stephanos v. Ephesos (6.–7. Jh.) wiedergibt. Die Bedeutung dieser Schrift zeigt auch ihre Übersetzung ins Slavische und Rumänische. E. Konstantinou

Ed.: G. A. RHALLES-M. POTLES, Σύνταγμα τῶν θείων καὶ ἱερῶν κανόνων II-IV (1852–59) – MPG 137. 138 – *Lit.*: BECK, Kirche, 657

Aristokratie → Adel

Aristoteles

A. Philosophie und Theologie – B. Naturwissenschaftliche Schriften – C. Übersetzungen, Rezeption in den volkssprachlichen Literaturen – D. Ikonographie

A. Philosophie und Theologie

I. Byzanz – II. Islam – III. Judentum – IV. Lateinisches Mittelalter.

Die Wirkung des A. auf das MA, sowohl in der islam. als auch in der chr. Welt, im Orient und v. a. im Abendland, ist kaum zu überschätzen.

I. BYZANZ: Obwohl in der byz. Welt die patrist. Periode vom Neuplatonismus beherrscht wurde, ist ein ausgeprägter aristotel. Einfluß auf das Werk des → Johannes Damascenus († um 749) feststellbar. Sein Hauptwerk »Quelle der Erkenntnis« (Πηγὴ γνώσεως) enthält in der Einleitung ein Résumé der aristotel. Logik und Metaphysik, wobei jedoch der neuplaton. Einfluß ebenso erkennbar ist. Im dritten Teil dieses Werkes macht Johannes Anleihen bei der Psychologie und Ethik des Stagiriten, doch dürfte seine Quelle dabei wahrscheinl. die Abhandlung »Über die Natur des Menschen« (Περὶ φύσεως ἀνθρώπου) des Nemesius (um 400) gewesen sein. Ein Interesse für die Logik des A. ist auch bei → Photios und dessen Schüler Arethas im 9. Jh. vorhanden, aber eine wirkl. Renaissance des Aristotelismus fand erst im 11. Jh. statt. Vertreter dieser Erneuerung waren → Johannes Italos, der mehrere Schriften des 'Organon' kommentiert hat, bes. aber Michael v. Ephesus und Eustratus v. Nikaia (um 1050–1120). Wir verdanken ihnen Kommentare zu verschiedenen Schriften des A., bes. zur 'Nikomachischen Ethik'; letztere sind im 13. Jh. von → Robert Grosseteste ins Lat. übertragen worden. Anfang des 14. Jh. sind darüber hinaus ein Abriß der gesamten aristotel. Philosophie von Georgios → Pachymeres zu nennen sowie verschiedene Kommentare des Mönches Sophonias und des Theodoros Metochites. F. Van Steenberghen

II. ISLAM: Der islam. Philosophie ist A. weithin als »der Philosoph« überhaupt bekannt; »der erste Lehrer« gilt als Schöpfer eines geschlossenen philos. Systems, als Autorität in so gut wie allen Bereichen der hellenist. Wissenschaften und als Vermittler eines auch für die islam. Theologie relevanten log.-propädeut. Instrumentariums. Die biograph.-doxograph. Lit. beansprucht A. auch als philosophiegeschichtl. Instanz und als Muster philos. Lebensführung. – Auf der Grundlage des Lehrkanons des alexandrin.-neuplaton. Aristotelismus hat die gr.-syr.-arab. Übersetzungstätigkeit fast das gesamte aristotel. Corpus dem Islam zugänglich gemacht; hinzu kommen zahlreiche pseudepigraph. – paränet., polit., okkulte – Schriften, deren gr. Vorlagen als verloren betrachtet werden müssen, und die umfangreiche Kommentarliteratur von → Alexander v. Aphrodisias, Themistios und der Ammonios-Schule (→ Johannes Philoponos u. a.). Die kommentierende Aneignung dieses Stoffes im Islam hält sich eng an ihre gr. Vorbilder und verläuft der in mehrere Stadien gegliederten Übersetzungsarbeit parallel. Beide Prozesse finden einen ersten Abschluß im Werk des großen muslim. Schülers der chr. Philosophie in Bagdad, al- → Fārābī (gest. 950, vgl. bes. seine Abhandlungen »Über die Philosophie des Aristoteles«, »Die Übereinstimmung zwischen den Ansichten des Platon und des Aristoteles«), dessen Integration von Elementen der neuplaton. Metaphysik und der platon. polit. Theorie in ein System des Aristotelismus für die ganze islam. Geisteswelt bestimmend geblieben ist. Während Ibn Sīnā (→ Avicenna, 980–1037) das Gleichgewicht noch mehr zugunsten neuplaton. Gedanken verschiebt (Unkörperlichkeit der Seele, Prophetie als höchste Form menschl. Verstandestätigkeit, der Kosmos als Emanation der Hypostasen), hält Ibn Rušd (→ Averroës, 1126–98) die Tradition der umfangreichen Kommentierung der A.-Schriften im Stil des alexandrin. Exegese aufrecht und bemüht sich in seinem gegen al- → Ġazzālī (gest. 1111) gerichteten Werk »Die Inkohärenz der Inkohärenz« um die Beantwortung aller für das islam. Dogma entscheidenden Fragen mithilfe seiner von der Verteidigung des Aristotelismus geprägten Philosophie. Seine Kommentare, im Arab. zum großen Teil verloren, stellen ein Bindeglied zum jüd. und lat. Aristotelismus des MA dar. – Das aristotel. Organon, von dem zuerst die Kategorien, die Hermeneutik und die Erste Analytik (samt der Isagoge des → Porphyrios) übersetzt wurden, hat wie in der chr.-dogmat. Auseinandersetzung (seit dem 5. Jh.) so auch im frühen Islam die Begrifflichkeit der dogmat. und häresiolog. Diskussionen geprägt (Lehre von der Autonomie des Intellekts, syllogist. Methoden in theol. Jurisprudenz und Grammatik, Einfluß auf die Dogmatik des muʿtazilitischen Kalām [→ Theologie, islam.]). – Für viele islam. Enzyklopädien, Curricula, Handbücher wissenschaftl. Terminologie sind die von den Aristoteleskommentatoren gebildeten komplementären Begriffe »logisch, theoretisch, praktisch« und die Binneneinteilung dieser Bereiche, speziell der Kanon der propädeut. Fächer, bestimmend gewesen.

H. H. Biesterfeldt

Lit.: EI² I, s.v. Arisṭūṭālīs – M. Steinschneider, Die arab. Übers. aus dem Gr., 1889–96 [Nachdr. 1960] – M. Meyerhof, Von Alexandrien nach Bagdad, SPA. PH 23, 1930, 389–429 – R. Walzer, Arab. Aristotelesübers. in Istanbul, Gnomon 10, 1934, 277–280 (vgl. Ders., Greek into Arabic, 1963², 137–141 [dort auch weitere Aufsätze zum Thema]) – F. E. Peters, A. Arabus, 1968 (Verz. der arab. A.-Übers., vgl. dazu Rez. H. Daiber, Gnomon 42, 1970, 538–547) – Ders., Aristotle and the Arabs, 1968 – H. J. Drossaart Lulofs, A. Arabus, A. in der neueren Forsch., Hg. P. Moraux, 1968, 400–420 – S. M. Stern, Aristotle on the World State, 1968 – I. Madkour, L'Organon d'Aristote dans le monde arabe, 1969² – H. Gätje, Stud. zur Überlieferung der aristotel. Psychologie im Islam, 1971 – R. Walzer, L'éveil de la philosophie islamique, 1971.

Um monotheist. Denkern genügen zu können, für die die Metaphysik der A. zu unvollkommen schien, wurde aristotel. und plotin. Metaphysik durch einen syr. Bearbeiter in einer Schrift mit dem Namen »Theologie des A.« verbunden, einer Paraphrase der Enneaden 4–6 des Plotin. Durch diese Schrift, die um 840 ins Arab. übersetzt wurde, konnte man A., dem sie allgemein zugeschrieben wurde, Hauptlehren der plotin. Metaphysik unterstellen. Ebenfalls unter dem Namen des A. wurden Bearbeitungen und Auszüge aus der Στοιχείωσις θεολογική des Proklos seit dem 9. Jh. in arab. Übersetzung verbreitet. Der bekannteste dieser Texte ist der sog. »Liber de causis«, der im 12. Jh. in Spanien ins Lat. übersetzt wurde. Dieser monotheist. ausgerichtete Text verhalf, A. kreationist. Lehren zuzuschreiben, die bei ihm selbst nicht aufzufinden sind. G. Endres

Ed.: Engl. Übers. der arab. Plotintexte (Theologia Aristotelis etc.) in: Plotini Opera, ed. P. Henry et H. R. Schwyzer – O. Bardenhewer, Die ps.-aristotel. Schrift über das reine Gute, 1882 (arab. lat. und dt.) – A. Pattin, Le »liber de causis«, TFil 28, 1966, 90–203 – Lit.: J. van Ess, Jüngere orientalist. Lit. zur neuplaton. Überlieferung im Bereich des Islam (Parusia, Festg. für J. Hirschberger, 1965, 333–350) – G. Endres, Proclus Arabus, Beiruter Texte und Stud. 10, 1973.

III. Judentum: Der Aristotelismus spielt in der ma. jüd. Philosophie, die bis ins 12. Jh. grundlegend neuplaton. (→ Neuplatonismus) orientiert bleibt, zunächst eine untergeordnete Rolle. Immerhin gibt es bereits bei → Saadja Gaon, der durch den muʿtazilitischen Kalām (→ Theologie, islam.) beeinflußt ist, eine fragmentar. Kenntnis aristotel. Lehren und erlangt bei dem Neuplatoniker Salomo ibn → Gabirol der Hylemorphismus systembestimmende Bedeutung. Im jüd. Avicennismus (→ Avicenna), ansatzweise bereits bei → Abraham ibn Ezra, endgültig bei → Abraham ben David (ibn Daud) wird der neuplaton. Rahmen gesprengt. Dies zeigt sich u. a. im Zurücktreten des Emanationsgedankens, in der stärkeren Herausarbeitung des Begriffs des ersten (unbewegten) Bewegers sowie in »der ontologischen Auffassung von der Konstitution der individuellen Dinge und der damit gegebenen Auffassung vom Prozeß des Werdens als eines Übergangs von der Potentialität zur Aktualität« (Arfa, 63). Doch bleiben selbst bei → Maimonides, dem wichtigsten Repräsentanten des (voraverroistischen) jüd. Aristotelismus eine Reihe zentraler neuplaton. Positionen besetzt (Gott als erste universale Ursache, negative Theologie usw.).

Die maimonid. Synthese hat eine bedeutsame Wirkungsgeschichte gehabt, und zwar über die jüd. Gruppengrenzen hinaus auch in der lat. → Scholastik. Innerjüdisch ist es bald nach Bekanntwerden der philos. Schriften des Autors (bes. seines »Führers der Verwirrten«) zu heftigen Auseinandersetzungen um sein Denken gekommen, das in traditionalist. Sicht als Bedrohung der (heils-)geschichtl. orientierten jüd. Offenbarungsreligion erscheinen mußte. Die Kontroverse stand indes frühzeitig im Zeichen einer (von S-Frankreich und Spanien ausgehenden) weiterreichenden Averroës-Rezeption (→ Averroes) vor allem setzt die Aristoteles-Kritik des Ḥasday → Crescas, auch wo sie sich ausdrücklich auf Maimonides bezieht, den jüd. Averroismus voraus.

H. Greive

Lit.: EJud (engl.) III, 445–449 [Lit.] – M. Steinschneider, Die Metaphysik des A. in jüd. Bearbeitung, Jubelschrift L. Zunz, 1884, 1–35 – Ders., Übers., 42–275 – S. Horovitz, Die Stellung des A. bei den Juden des MA, 1911 – E. I. J. Rosenthal, Avicennas Influence on Jewish Thought, Avicenna: Scientist and Philosopher, hg. G. M. Wickens, 1952, 66–83 (vgl. Ders., Studia Semitica I, 1971, 290–307) – M. Arfa, Abraham ibn Daud and the Beginnings of Medieval Jewish Aristotelianism, 1954 – Sh. Pines, A Tenth Century Philosophical Correspondence, PAAJR 24, 1955, 103–136.

IV. Lateinisches Mittelalter: In der westl.-lat. Patristik ist A. wie im Orient zunächst nur mit den log. Schriften »Peri hermeneias« und »Kategoriai« (übers. und kommentiert durch C. Marius Victorinus) bekannt. Die intensive Beschäftigung mit A. beginnt mit → Boethius (480–525), der als Römer seine Bildung in Athen und vielleicht auch in Alexandria erhalten hatte. Mit der Übersetzung der Werke der beiden großen gr. Philosophen wollte er die Harmonie von Platonismus und Aristotelismus als im Grunde gegeben aufweisen. Jedoch wurde nur ein Teil des Organon übersetzt und erklärt. Das MA kannte die Übersetzungen der »Isagoge« des → Porphyrios, der »Categoriae« (vel Praedicamenta) und »De interpretatione« des A. durch Boethius als »ars vetus« oder »logica vetus«. Die im 12. Jh. erfolgten Übersetzungen der anderen Teile des Organon (der Analytik I und II, der Topik und Elenchik) wurden als »ars nova« oder »logica nova« bezeichnet. Das Werk des Boethius vermittelte dem lat. MA die Kenntnis der gr. Philosophie bes. der aristotel. Logik. Da diese in der intellektuellen Bildung der Völker in der Zeit nach der Völkerwanderung eine überragende Rolle spielte, wird Boethius zu Recht als Erzieher des Abendlandes bezeichnet. Die Ausbildung der scholast. Methode wurde durch seine Arbeiten zur Logik vorbereitet, die Kontroverse über das Universalien-Problem wurde ebenso v. a. durch seinen Kommentar zur »Isagoge« des Porphyrios bestimmt.

In der *Karolingischen Renaissance* beginnt die aristotel. Logik jene Rolle für Bildung und Wissenschaft zu spielen, die sie für mehr als 4 Jahrhunderte (bis zum 13. Jh. und darüber hinaus) behält. Dialektik = Logik, die philos. Disziplin der → artes liberales, wurde nach der »ars vetus« des Boethius gelehrt; die »sieben freien Künste« waren die einzigen nicht-theol. Wissenschaften, die (von den Kapitularien von 778 sanktioniert), in den Schulen unterrichtet werden durften. Die Arbeiten zur Logik nahmen im 12. und 13. Jh. (durch die neuen Übersetzungen der »logica nova«) zu. In den Auseinandersetzungen um das Wesen der Erkenntnis wächst der Einfluß des A. Mit → Abaelard (1079–1142) setzt sich der gemäßigte Realismus des A. gegenüber dem Platonismus in der Frühscholastik durch. Die scholast. Methode erreicht in seinen Werken, bes. in »Sic et Non« einen ersten Höhepunkt, sie wird richtungweisend für die deduktiven Wissenschaften, für die Entwicklung der spekulativen Theologie und auch für die Ausbildung der europ. Sprachen.

Durch eine Mitte des 12. Jh. einsetzende (und bis ins 13. Jh. währende) Übersetzertätigkeit (vgl. v. a. Abschnitt C I.), durch die die Schriften des A. erst von Arab. ins Lat., später dann vom Gr. ins Lat. übertragen wurden, wird der aristotel. Theorie der Logik und Erkenntnis (und später im 13. Jh. der Physik und Metaphysik) der Weg zu den Schulen bereitet, der dann im folgenden Jh. in die Geschichte der Universitäten einmündet. Zwar sind die meisten Schriften des A. bereits zu Beginn des 13. Jh. bekannt, ihre Wirkungsgeschichte (samt der sie begleitenden gr. und arab. Kommentarwerke) gelangt erst im Lauf des 13. Jh. zur vollen Tragweite. Die unsicheren Auslegungsversuche der naturphilos. Schriften des A., die theol. Vorbehalte und die kirchl. Lehrverbote (→ Aristotelesverbote) verzögerten das Eindringen des A., v. a. an der Univ. Paris. Am 19. März 1255 schrieb die Artistenfakultät in Paris ihren Studenten Vorlesungen über alle bekannten Abhandlungen des A. vor. Zu diesem Zeitpunkt waren alle Disziplinen der »Artes« faktisch zur »facultas« (zum Lehr- und Prüfungsinhalt) der Philosophie geworden. Auch in den theol. Fakultäten ist seit 1220–25 ein Eindringen der Philosophie des A. zu verzeichnen. Diese hat sich bis zum Ende des MA (und in manchen Schulen weit darüber hinaus) zu einer mächtigen Grundlage des scholast. Lehrsystems entwickelt. Die Wurzeln für die Renaissance der Philosophie des A. sind in der chr. Welt des 13. Jh. zu suchen.

Von einer »reinen« (authent.) Philosophie des A. kann jedoch im lat. MA nicht gesprochen werden (ebensowenig wie bei den Arabern oder im Judentum). Im Zusammenhang mit der sie rezipierenden Zeit und deren geistesgeschichtl. Hintergründen ist die Philosophie des A. im MA durch vielfältige religiös-theol. und philos. Einflüsse, v. a. denen des Neuplatonismus, bestimmt. Vor 1250 ist der lat. Aristotelismus sehr eklektisch und v. a. von → Avicenna bestimmt. Den dominierenden Einfluß des A. überformen verschiedene Nebenströme: Avicenna, dessen Paraphrasen schwierige Texte des A. interpretieren; Avicebron (Salomo ibn → Gabirol), ein im MA hochgeschätzter jüd. Neuplatoniker, → Proklos, → Averroës (seit ca. 1230). Bei den Theologen verbindet sich der Aristotelismus mit der theol. Tradition, die von Augustinus und Ps.-Dionysius samt deren Traditionsträgern im 12. Jh. herrührt. Seit 1250 verzweigt sich der Aristotelismus in viele Auslegungsstränge: → Bonaventuras augustin. geprägter Aristotelismus, des → Albertus Magnus neuplaton. (durch Proklos, Ps.-Dionysius und Avicenna) bestimmter Aristotelismus. Bei → Thomas v. Aquin ist er so tief neu durchdacht und zu eigen gemacht, daß man nicht mehr von Aristotelismus sprechen kann, sondern von Thomismus reden muß. Mit → Siger v. Brabant wird der Aristotelismus heterodox, denn er akzeptiert Thesen, die mit der chr. Lehre unvereinbar sind. Diese verschiedenen Formen der aristotel. Philosophie führen zu den großen Lehrauseinandersetzungen des 13. Jh. Auch die Kontroverse um 1270 zwischen Thomas von Aquin und dem größeren Teil der Pariser Theologen ist weniger eine Auseinandersetzung zw. Aristotelismus und Augustinismus, wie F. Ehrle meinte, als vielmehr eine solche zw. einer eklekt. Auffassung des A., wie sie → Alexander v. Hales und → Wilhelm v. Auvergne vertraten, und einer, den aristotel. Gedanken von seiner Wurzel her neu fassenden, wenngleich chr. Interpretation des Thomas. Und so ist auch die Kontroverse zw. Thomas und Siger v. Brabant letztlich die zw. einer chr. und einer profan-heidnischen Auslegung des A.

Nach dem 13. Jh. behauptet sich die Philosophie des A. in einer hinsichtl. der chr. Glaubenslehren gemäßigt orthodoxen Form in der Artistenfakultät. Während sich der Thomismus als offizielle Lehre an den Schulen der Dominikaner konstituierte und auch darüber hinaus Anhänger fand, erfolgte als Reaktion darauf der Neo-Augustinismus. Aber dessen definitive Gestaltung im Skotismus bedeutet eine Rückkehr zum Aristotelismus. Eine averroist. Interpretation des A. durch → Johannes v. Jandun in Paris wurde von → Thaddäus (Taddeo) v. Parma und Angelo d'Arezzo in Italien eingeführt und behauptet sich dort trotz der ständigen Konflikte mit dem Platonismus und einer an Alexander v. Aphrodisias orientierten Auslegung des A. (vor allem in der Psychologie) über die Renaissance hinaus.

Seit dem 14. Jh. wird der Schul-Aristotelismus mehr und mehr in Frage gestellt, da er gegenüber einer v. a. von Paris und Oxford ausgehenden neuen Physik überkommene Positionen festhielt und sich so den Vorwurf der Servilität gegenüber der Philosophie des A. gefallen lassen mußte (zu diesem Vorwurf vgl. M. Schneid, A. in der Scholastik, 1875). An verschiedenen Universitäten und kirchl. Hochschulen wurde die aristotel. Philosophie aber auch in der Neuzeit noch gelehrt. F. Van Steenberghen

Lit.: RAC I, 657–667 – Hb. theol. Grundbegriffe I, 1962, 91–101 – P. Mandonnet, Siger de Brabant et l'averrosme latin au XIIIe s., 2 Bde (Les Philosophes Belges 6–7), 1908–11[2] – Grabmann, Scholastik – G. Ritter, Stud. zur Spätscholastik, 2 Bde, 1921–22 – F. Ehrle, Der Sentenzenkomm. des Petrus v. Candia, des Pisaner Papstes

Alexander V., 1925 – C. MICHALSKI, Le criticisme et le scepticisme dans la philosophie du XIVe s., 1925 – GRABMANN, Geistesleben – F. VAN STEENBERGHEN, Siger de Brabant d'après ses oeuvres inédites, 2 Bde (Les Philosophes Belges 12–13), 1931–42 – GRABMANN, Theologie – M. DE WULF, Hist. de la philosophie médiévale II, III, 1936^6, 1947^6 – M. GRABMANN, I Papi del Duecento e l'Aristotelismo. I divieti ecclesiastici di Aristotele sotto Innocenzo III. e Gregorio IX, Misc. Hist. Pontificiae V, 1941 – L. MINIO-PALUELLO, Note sull' Aristotele latino medievale, RFN 39, 1947, 1–17; 42, 1950, 222–237; 43, 1951, 97–124; 44, 1952, 389–411, 485–495; 46, 1954, 211–231 – J. DE GHELLINCK, Le mouvement théol. du XIIe s., 1948^2 – E. GILSON, La philosophie au MA, 1948 – A. MAIER, Stud. zur Naturphilosophie der Spätscholastik, 5 Bde, 1949–58 – F. ÜBERWEG–B. GEYER, Die patrist. und scholast. Philosophie, 1956^{13} – M. D. CHENU, La théologie au 12e s., 1957 – F. VAN STEENBERGHEN, Die Philosophie im 13. Jh., 1977 – DERS., Maitre Siger de Brabant, 1977 – R. HISSETTE, Enquête sur les 219 articles condamnés à Paris le 7 mars 1277, 1977.

B. Naturwissenschaftliche Schriften

I. Zoologie, Botanik – II. Medizin – III. Mechanik – IV. Astronomie.

I. ZOOLOGIE, BOTANIK: Die Rezeption der naturwiss. Schriften des A. seit dem 12. Jh. (vgl. L. MINIO-PALUELLO) wurde nur insoweit von den widerstreitenden Richtungen der Interpretation (Averroismus, Avicennismus, Neo-Augustinismus) beeinflußt, als Fragen des Weltbildes und der Seelenlehre berührt werden. Für die Beliebtheit der biolog. Werke des A., die u.a. dem hohen Standard seiner Beobachtungen und Erkenntnisse verdankt wird, zeugt die kaum überschaubare Anzahl der erhaltenen lat. Mss. der Originalwerke (s. Aristoteles Latinus, Codices), der von namhaften Gelehrten stammenden oder anonymen Bearbeitungen und Kommentare, der Quaestionen- und Zitatensammlungen (z. B. Auctoritates, ed. J. HAMESSE) und der verschiedenen Indexwerke (Concordantiae, Tabulae; Typologie und Auswahl bei GRABMANN, Methoden). Die Aneignung des aristotel. Gedankenguts erfolgte aber nicht kritiklos. Irrtümer und Schwierigkeiten bei A. und seinen arab. Übersetzern und Kommentatoren wurden von Männern wie Albertus Magnus und Ks. Friedrich II. bemerkt und in scholast. Weise diskutiert (GRABMANN, Geistesleben 2, 63–102).

[1] *Übersetzungen aus dem Arabischen:* a) »Historia animalium« (Tierkunde, 10 B.), von → Michael Scot(t)us († 1235) zusammen mit »De generatione animalium« und »De partibus animalium« um 1210 in Toledo übersetzt (Ausgabe dieser Schrift »De animalibus« in 19 B. ist im Corpus des Aristoteles Latinus vorgesehen). Die arab. Fassung (Kitāb al-Ḥayawān) von Yaḥyā ibn al-Biṭrīq (gest. um 840) wird von J. N. MATTOCK ediert werden (s. ULLMANN, Nat. 8–9). Das von Avicenna (Ibn Sīnā) für seine Enzyklopädie Kitāb aš-Šifā' angefertigte Kompendium der Tierkunde (19 Kap.) ist arab. in 3 Hss. und in der zw. 1227 und 1232 für Ks. Friedrich II. in Palermo entstandenen lat. Übersetzung des Michael Scot(t)us erhalten (Druck 1508). Es wurde u.a. von Albertus Magnus benutzt (ULLMANN, Nat. 26–27, vgl. SEZGIN III, 350–51).

b) »De generatione animalium« (5 B.) als Bestandteil von »De animalibus« ist ungedruckt, aber arab. ediert (Ausgabe s. ULLMANN, Nat. 9). Der Kommentar dazu von Averroës (Ibn Rušd) ist nur hebr. erhalten (s. ULLMANN, Nat. 29).

c) »De partibus animalium« (4 B.) ist lat. und arab. ungedruckt, ebenso der nur hebr. erhaltene Kommentar von Averroës (s. ULLMANN, Nat. 29).

d) »De plantis« (2 B.), das ps.-aristotel. Pflanzenbuch des Nicolaus Damascenus (1. Jh. v. Chr.), ist gr. verloren. Die arab. Übersetzung von Isḥāq ibn Ḥunain wurde von → Tābit ibn Qurra überarbeitet (Ausgaben s. R. WALZER). In lat. Übertragung von → Alfredus Anglicus (de Sareshel)

hat das dürftige Werk (ed. MEYER) stark gewirkt (u.a. auf Albertus Magnus, s. ULLMANN, Nat. 71–73, vgl. SEZGIN IV, 312–313).

e) »Parva naturalia«. Die unter diesem Titel zusammengefaßten kleinen Schriften waren den Arabern bekannt. Averroës brachte sie in Kompendienform (Ausgabe der lat. Übersetzung s. R. WALZER).

[2] *Übersetzungen aus dem Griechischen:* a) »De animalibus« u.a. (21 B.), von → Wilhelm v. Moerbeke (1215–86) auf Anregung von Thomas v. Aquin übertragen (beendet 1260). Zu den 19 B. (s.o.) kamen noch zwei Schriften zur tier. Fortbewegung hinzu (»De progressu« = »De incessu«; »De causa motus animalium« = »De motu«). Kritisch ediert wurden nur B. 1 der Tierkunde (RUDBERG) und »De generatione animalium« (DROSSAART LULOFS).

b) »Parva naturalia«. Die verschiedenen Schriften, wohl ebenfalls von Wilhelm v. Moerbeke übersetzt, sind für die Bände XIII–XVI des »Aristoteles Latinus« vorgesehen.

Wirkung: Die quantitative und qualitative Auswirkung der Kenntnis von den biolog. Werken des A. kann auch nach den Vorarbeiten von GRABMANN, WINGATE u.a. wegen der ungenügenden Erforschung des meist nur hs. vorliegenden Materials nur abgeschätzt werden. Die Werke und Bearbeitungen wurden in den Enzyklopädien, in vielfältigen Fachprosaschriften, in Exempeln und Predigten verwertet und haben das Interesse an Fragen der belebten Natur geweckt, bis in der Renaissance eine selbständige botan. und zoolog. Wissenschaft einsetzte.

Chr. Hünemörder

Ed.: Abbreviatio (Compendium) Avicennae de animalibus. In: Auicenne perhypatetici philosophi...opera, 1508 [Neudr. 1961] (f. 291–64r) – H. J. DROSSAART LULOFS [Hg.], Aristoteles De generatione animalium. Translatio Guillelmi de Moerbeka, 1966 (Union Académique Internat.: Aristoteles Latinus, XVII, 2, V) – J. HAMESSE [Hg.], Les »Auctoritates Aristotelis«. Un florilège médiéval. Étude hist. et éd. critique, 1974 – E. H. F. MEYER [Hg.], Nicolai Damasceni de plantis libri duo Aristoteli vulgo adscripti. Ex Isaaci ben Honain versione Arabica latine vertit Alfredus, 1841 – G. RUDBERG, Textstud. zur Tiergesch. des A., 1908 [X–XXVI Ed.] – Aristoteles Latinus. Codices descripsit G. LACOMBE, pars I, 1939; pars posterior, ed. L. MINIO-PALUELLO, 1955; Supplementa altera, ed. L. MINIO-PALUELLO, 1961 – Lit.: EI^2 I, 630b–633a (R. WALZER) – M. GRABMANN, Methoden und Hilfsmittel des Aristotelesstudiums im MA, SBA, PPH 1939, 5 – L. MINIO-PALUELLO, Opuscula. The Lat. Aristotle, 1972 [31 Aufsätze] – S. D. WINGATE, The Mediaeval Lat. Versions of the Aristotelian Scientific Corpus, with Special Reference to the Biological Works, 1931 [Neudr. o. J.].

II. MEDIZIN: Aufgrund der Handschriftenanalysen des 12. und 13. Jh. kann nicht mehr bezweifelt werden, daß die Aufnahme der Medizin, die im frühen MA »medicina«, später als »physica« einen eher volksheilkundl. Charakter getragen hatte, in die scholast. Wissenschaftsklassifikation und später als eigene »facultas« in das »studium generale« in erster Linie dem »neuen Aristoteles« zu verdanken ist, wie er seit der Mitte des 12. Jh. aus arab. Quellen, oft unter Vermittlung des Hebr., dem Abendlande bekanntgeworden war. Während die Einflüsse des Aristotelismus auf das frühe Ma – mit Ausnahme der klass. Rezeption bei → Constantinus Africanus – nahezu ohne Bedeutung für die Medizin geblieben sind, kann man seit der zw. 1135 und 1150 einsetzenden Übersetzertätigkeit aus dem Arab. an der Schule v. → Toledo von einem immer ausschließlicher dominierenden Nachwirken des A. sprechen. Es muß hierbei auffallen, daß bereits mit den in erster Schicht übersetzten Schriften das gesamte System der Wissenschaften auch in den Gesichtskreis der Medizin getreten ist. Diese Wissenschaftssystematik begegnet uns am klarsten in dem von → Dominicus Gundissalinus übersetzten Prolog des Avicenna zum »Liber sextus naturalium«. Auf dieser Basis wurden in der zweiten Übersetzerphase des Kreises um → Gerhard v. Cremona die wichtigsten Schriften zur gr.-arab. Diätetik (so die »Epistula Aristotelis ad Alexandrum«) und Heilmittellehre (die teilweise als Pseudo-Aristotelica tradiert wurden) ins Lat. übertragen.

Es sind demnach zwei Aspekte, die den »neuen Aristoteles« für das med. Denken des hohen MA fruchtbar werden ließen: einmal die theoret. Zuordnung der vielfach noch rein empir. verstandenen und gehandhabten Heilkunst in das Klassifikationsschema der Wissenschaften, zum anderen die naturphilos. Begründung der »medicina« in ihrer biolog. Fundierung wie auch in der ärztl. Praxis. Als Beispiel für die Ausmaße der A.-Rezeption in der Medizin sei auf die »Opera Medica« des → Petrus Hispanus hingewiesen (Cod. Matrit. 1877; s. XIII./XIV.), in denen auf dem Hintergrund der aristotel. Naturphilosophie der Entwurf einer eigenständigen scholast. »Summa medicinae« vorgelegt wird. Zusammenfassend darf betont werden, daß es in erster Linie die Rezeption des über arab. Quellen bekanntgewordenen »neuen Aristoteles« gewesen ist, die nicht nur das wissenschaftl. Rüstzeug für die zugeführten Materialien auf den Gebieten der Diätetik, Arzneimittellehre und Chirurgie geliefert hat, sondern auch der Medizin an den jungen Universitäten – so in Paris oder Oxford – die Möglichkeit gab, sich zu einer der maßgebenden Fakultäten im »studium generale« zu profilieren.

H. Schipperges

Lit.: V. Rose, Ptolomaeus und die Schule v. Toledo, Hermes 8, 1874, 327-349 – Ch. H. Haskins, The Renaissance in the Twelfth Century, 1927 – H. Schipperges, Die Assimilation der arab. Medizin durch das lat. MA, SudArch Beih. 3, 1964 – Ders., Arab. Medizin im lat. MA, 1976.

III. Mechanik: Die Tradition der aristotel. Frühschrift »Problemata mechanika« ($Προβλήματα$ $μηχανικά$) verläuft im MA weitgehend unbekannt, wenn auch mit mehr Spuren als in der Antike selbst. Überraschend ist die Namensnennung in Friedrich II. »De arte venandi« (Vat. Pal. lat. 1071, 13 c, fol. 23ᵛ f): »... quod dicit Aristoteles in libro de ingeniis levandi pondera dicens quod magis facit levari pondus maius circulus«. Das kann nur durch eine frühe lat. Übersetzung erklärt werden, wenn sich eine solche auch bisher ebensowenig wie eine arab. Hs. nachweisen ließ, während eine Beschäftigung mit der Schrift in Byzanz über die bloße Tradierung hinaus durch die redaktionelle Bearbeitung im Parisinus 2115 bezeugt wird. Bekanntschaft mit Inhalt und dynam. Denkweise der Problemata mechanika im 13. Jh. setzen auch die Schriften aus dem Umkreis von → Jordanus Saxo (gen. Nemorarius) und der »Liber de motu« → Gerhards v. Brüssel voraus, während der »Liber karastonis« von → Tābit ibn Qurra, der nur das Element synchroner Verschiebungen aus der aristotel. Vorform des neuzeitl. Prinzips der virtuellen Verschiebungen übernimmt, auf einer hellenist. Schrift beruht, in der es nachgewirkt hat (Philon v. Byzanz?). Durch die in einer Lizenz für die Ausfuhr von Büchern aus Bologna vom 18. Aug. 1413 gen. Schrift »Reportorium super mechanica Aristotelis« ist hier dann eine Rezeption im frühen 15. Jh. erwiesen, die vielleicht auf einer neuen Übersetzung beruht, auf die ein »Liber mechanicorum« in der Paduaner Bücherliste von 1401 hinweisen könnte. Aus dieser Tradition entstehen die Paraphrasen, Kommentare bzw. lat.-it. Übersetzungen von N. Tartaglia (1546 u. ö.), A. Piccolomini (1565, 1582), G. U. del Monte (1577, 1581), G. Moleti (Paduaner Vorlesung 1581–83), H. Monantheuil (gr.-lat. 1599), die 1594 ff. zu G. Galileis Weiterbildung der dynam. Betrachtungsweise und des Prinzips der virtuellen Verrückungen im direkten Anschluß an die Problemata mechanika führten, die neben der an Archimedes orientierten Statik den Beginn neuzeitl. Mechanik darstellt.

F. Krafft

Lit.: M. Clagett, The Science of mechanics in the MA, 1959 – E. A. Moody–M. Clagett, The medieval Science of weights, 1960² – F. Krafft, Dynam. und stat. Betrachtungsweise in der antiken Mechanik, 1970.

IV. Astronomie: Auf die Astronomie und Kosmologie des MA hat A. neben der in seiner Physik begründeten Geozentrik und dem Dualismus ird.-himml. Materie, die auch Bestandteil der Astronomie des Ptolemaios gewesen sind, insbes. durch zwei Theoreme prägend eingewirkt: Die physikal. begründete Annahme der Konzentrizität aller Äthersphären, aus deren zusammenwirkenden Bewegungen die scheinbaren Ungleichheiten (Anomalien) der Planetenbewegungen resultieren sollten, und die Unterscheidung der Aufgaben und Methoden des Physikers und Mathematikers (Astronomen in unserem Sinne). Diese ermöglichte es späteren, die math.-kinemat. Theorien der Astronomen als bloße Hypothesen zur 'Rettung der Phänomene' (apparentes salvare), Modelle zur numer. Berechnung der Planetenörter, aufzufassen, der eine die Realität wiedergebende physikal. Kosmologie auf der Grundlage der aristotel. Ätherphysik mit konzentr. Sphären gegenüberstehe. So begründet sich auch die Kritik an den math. Theorien und insbes. an der Ausgleichsbewegung des Ptolemaios in den A.-Kommentaren zu »De caelo« und zur Metaphysik seit Sosigenes über Alexander v. Aphrodisias, Proklos, Simplikios und ihre arab. und lat. Übersetzer, dann insbes. seit Ibn al-Haiṯam und Averroës bzw. Thomas v. Aquin. Die Folge waren wiederholte Versuche, einerseits des A. System homozentr. Sphären, die allein der Realität entsprächen, den neuen Erkenntnissen der math. Astronomie im Anschluß an Ptolemaios anzupassen (al-Biṭrūǧī [Alpetragius] um 1185, 1217 lat. Übers. durch Michael Scotus; 1259 hebr. Übers. als Vorlage für die lat. Fassung von 1528, gedr. Venedig 1531; G. Fracastoro 1535, 1538; G. B. Amico, 1536, 1537, 1540) oder andererseits – unter Berufung auf die A.-Kommentatoren – doch wenigstens gegen Ptolemaios nur gleichförmige Kreisbewegungen von Sphären zuzulassen (Ibn aš-Šāṭir, Naṣīraddīn aṭ-Ṭūsī, Nicolaus Oresme u. a.). Aus dieser zweigleisigen Tradition heraus erklärt sich auch das Entstehen des heliostat. Planetensystems des Nikolaus Kopernicus (um 1510).

F. Krafft

Lit.: H. A. Wolfson, The problem of the souls of the spheres from the Byz. commentaries on A. through the Arabs and St. Thomas to Kepler, DOP 10, 1961, 67–93 – E. S. Kennedy, Late medieval planetary theory, Isis 57, 1966, 365–378 – N. Swerdlow, Aristotelian planetary theory in the Renaissance, JHA 3, 1972, 36–48 – F. Krafft, Die Tat des Copernicus. Humanismus und Technik 17, 1973, 79–106 – F. Krafft, Physikal. Realität oder math. Hypothese? PhilNat 14, 1973, 243–275.

C. Übersetzungen, Rezeption in den volkssprachlichen Literaturen

I. Romania – II. Englische Literatur – III. Deutsche Literatur.

I. Romania: Die europ. Wirkungsgeschichte des A. geht mit der ständigen Erweiterung des Corpus der bekannten Schriften seit dem HochMA von roman. Ländern – Spanien, Frankreich und Italien – aus. Nach ersten lat. Übertragungsversuchen aufgrund arab. Vorlagen im norm. Italien (Ende 11. Jh.) setzt die A.-Rezeption durch Vermittlung von Arabern und Juden sowohl in Spanien als auch in Südfrankreich seit dem 12. Jh. voll ein. Die Werke des »Philosophen« sowie ihre Erklärungen (Averroës hieß schlechthin der »Kommentator«) werden z. T. sogar mehrfach und unabhängig voneinander aus dem Arab. ins Lat. übersetzt. Zumal unter der Förderung durch Ebf. Raimundo (1126–52) wird →Toledo bis in die Zeit Kg. Alfons' X. (1252–84) zu einem der bedeutendsten Umschlagplätze oriental. Wissenschaft und Philosophie. Manchen lat. Übersetzungen liegen nicht mehr erhaltene altspan. Rohfassungen zugrunde als Zwischenstufe bei der Zusammenarbeit arab., jüd. und chr. Gelehrter aus verschiedenen Ländern. Viele A.-Hss. enthalten auch, parallel oder interlinear, die gr.-lat. zusammen mit der arab.-lat. Übersetzung. Der in Toledo tätige Lombarde → Gerhard v. Cremona (1114–87) ist mit seinem umfangreichen Übersetzungswerk die überragende Gestalt. Beträchtl. Einfluß geht von →Dominicus Gundissalinus († um 1181) mit seinen A.-Übersetzungen und Erläuterungen aus. → Hermannus Alemannus, Bf. v. Astorga († 1272), übersetzt z. B. in Toledo die Poetik des A. mit dem Kommentar des Averroës (gedr. 1481) sowie die »Summa Alexandrinorum«, ein Kompendium der Nikomach. Ethik. Im Gelehrtenkreis um Ks. Friedrich II. beeinflußt → Michael Scot(t)us (ca. 1175–ca. 1234) durch Übersetzungen von »De animalibus« (vor 1220 in Toledo entstanden) und anderer zoolog. Schriften des A. mit arab. Kommentar die naturkundl. Interessen am siz. Hof. Jüd. Gelehrte in Spanien und der Provence übertragen nicht nur A. (Rhetorik, Poetik, Politik, Ethik), sondern auch arab. A.-Kommentare ins Hebr., die dann wiederum in lat. Übersetzung erschienen. Umgekehrt übertrug der span.-jüd. Arzt Meir Alguadez ben Salomo um 1400 die Nikomach. Ethik aus dem Lat. Die A.-Kenntnis wächst durch direkte Übersetzungen aus dem Gr.; schon vor 1200 werden so u. a. die Physik (translatio vetus), »De anima« und Teile der Metaphysik (Jakob v. Venetien) bekannt. → Henricus Aristippus aus Catania († 1162) übersetzt die »Meteorika«. Zu den großen Übersetzern des 13. Jh. gehört neben →Wilhelm v. Moerbeke (Metaphysik um 1270, »De animalibus«, Poetik) u. a. → Bartholomäus v. Messina, der, von Kg. Manfred gefördert, mit Nikolaus v. Sizilien die »Magna Moralia« sowie eine Reihe ps.-aristotel. Werke nach gr. Vorlagen ins Lat. überträgt. Unter den unechten Werken des A. ist das → Secretum secretorum in roman. Übersetzungen verbreitet. Auch der »Liber de pomo«, vielleicht von Kg. Manfred selbst ins Lat. übersetzt, war in Spanien schon Ende des 12. Jh. bekannt. Einen für die europ. Bildungsgeschichte und Logik nach der Wiederentdeckung der beiden »Analytica« und »Topica« (Logica nova) grundlegenden Beitrag liefern die »Summulae logicales« des Portugiesen Petrus Hispanus († 1277), die (in Spanien sogar bis in das 16. Jh. hinein) die Grundlage des Logikunterrichts an den Universitäten bildeten. In Portugal selbst erscheinen A.-Hss. erst spät, immerhin soll Thomas Scotus (1. Hälfte 14. Jh.) in Lissabon gelehrt haben, A. sei mehr wert als Christus und Moses. Der katal. Dominikaner → Vinzenz Ferrer († 1419) hingegen sollte Plato und A. später in einer Predigt in die Hölle verbannen. →Juan Gil de Zamora (13. Jh.) beansprucht für A. sogar span. Abkunft. Der »Libro de Alexandre« stellt A. als scholast. Lehrmeister dar. Die katal. und kast. Spruchliteratur (z. B. Bonium ,→ Bocados de oro nach Mubaššir b. Fātik (um 1053), auch in lat., prov. und frz. Fassung) enthält mit A. zusammenhängende Beispiele, Anekdoten und Sentenzen. Die allegor. Miniatur in einer Llull-Hs. zeigt das Heer des A. und seines Kommentators Averroës im Angriff auf den Turm der Falschheit, den auch Ramon Llulls († 1315) Waffenträger bestürmen. Das Pferd des A. heißt ratiocinatio, das des Averroës ymaginacio. Die Nikomach. Ethik wird über Buch II des »Tresor« von Brunetto → Latini in kast. und katal. Version schon im 13. Jh. bekannt. Der Traktat »Regiment de la cosa publica« des katal. Bf.s Francesc → Eiximenis OFM († 1409) greift u. a. auf die »Politica« zurück. Kast. Übersetzungen der Nikomach. Ethik liegen vor aus der Bibliothek des →Marqués de Santillana (zusammen mit De animalibus, Oeconomica), in Ms. Ottob. lat. 2054 der Vaticana (nach der lat. Fassung des Leonardo → Bruni, dessen Fehde mit dem Bf. v. Burgos → Alfons (Alonso) v. Cartagena (1384–1456) um die Prinzipien der lat. A.-Übersetzung in humanist. Kreisen weites Aufsehen erregte). Die 1509 gedruckte Ethik-Übersetzung des Prinzen Carlos de Viana (1421–61), der die schlechte frühere Übersetzung von Diego de Belmonte verbessern will, beruht ebenso wie die des Bachiller de la Torre (Sevilla 1493) auf Brunis lat. Textvorlage. Die katal. Fassung (Barcelona, Bibl. de Catalunya, ms. 296) hängt weder mit der des Príncipe de Viana zusammen noch verwendet die Paraphrase Brunis Version. Ende des 15. Jh. erscheinen in Spanien mehrere Kommentare im Druck, z. B. von Pedro Martínez de Osma († 1480) zur Metaphysik, der ins Span. übersetzt worden sein soll, Pedro de Castrovol OFM und Joan Ferrer.

Frankreich wird durch die Ausstrahlungskraft der Pariser Univ. sowie durch die Streitigkeiten zw. Theologen und Artistenfakultät in der A.-Rezeption des 13. Jh. zum führenden Land. Für die volkstüml. Verbreitung der A.-Legende gibt es Belege sowohl in der Kathedralskulptur als auch in der Lit. (Verserzählung Lai d'Aristote des Normannen → Henri d'Andeli, 13. Jh.). Der Florentiner Brunetto Latini (um 1220–94), ein Freund Dantes, schrieb um 1262/68 in Paris auf frz. das Sammelwerk »Li livres dou tresor« (Druck Lyon 1491), das häufig abgeschrieben, übersetzt (auch it. Rückübersetzung) und versifiziert wurde. Mathieu le Vilain übertrug 1290 die »Meteorica«. Aus dem frühen 14. Jh. stammt von Pierre de Paris u. a. eine frz. Übersetzung der »Politica«. → Nikolaus Oresme († 1382) überträgt in kgl. Auftrag ab 1370 die »Politica«, »Oeconomica« (gedr. Paris 1489) sowie »De caelo et mundo« (»Livre du ciel et du monde«). Die späthellenist. »Problemata« übersetzt der Arzt Evrart de Conty († 1405) für Jean de Berry. Laurent de Premierfaict (Anfang 15. Jh.) bringt die häufig kommentierte Ökonomik nach Brunis lat. Übersetzung ins Frz. Um die Wende um 16. Jh. ist der Humanist Jacques → Lefèvre d'Étaples (ca. 1450–1536) mit seinen Übersetzungen, Paraphrasen und Kommentaren (seit 1494 Ed. lat.) A.-Übersetzungen) wichtig für die Bemühungen, A. mit der chr. Lehre in Einklang zu bringen, nachdem Metaphysik und Theologie im Verlauf der Schulfehden des 14. und 15. Jh. immer stärker auseinanderstreben und in Frankreich Johannes → Gerson, → Nicolas de Clamanges und Pierre d' → Ailly die antidialekt. Bewegung gestärkt hatten.

Unübersehbar ist der Einfluß des A. im *it. Geistesleben* seit dem Aufschwung der Scholastik und des Humanismus. Für Dante, der ihn nach der Bibel am häufigsten zitiert, ist A. der »Fürst des Geistes und Meister aller, die da wissen« (Inf IV, 131). Petrarca stellt A. Plato gegenüber; dieser Vergleich zw. beiden Philosophen bleibt bis in das 16. Jh. eines der großen Themen im oft erregten Disput der Humanisten und Theologen. Unter den Universitäten ist Padua die Hochburg aristotel. Studien. Der Streit um die reine Lehre des A. fördert die Übersetzungstätigkeit. In Florenz arbeitet Leonardo → Bruni Aretino (1369–1444) an neuen, für den Bürgerhumanismus der Stadt wichtigen lat. Übersetzungen (Nikomachische Ethik 1417, Ökonomik 1420, Politik 1435). In Rom gehen die Griechen → Georgios Trapezuntios († 1484) und Theodor v. Gaza († 1473) im Auftrag von Nikolaus V. nach gr. Originaltexten an lat. Übersetzungen. Hier zeigt auch der spätere Kard. → Bessarion (1403-72), der eine hervorragende lat. Metaphysikübersetzung lieferte, die auf tieferen Übereinstimmungen beruhende Möglichkeit der Versöhnung zw. Plato und A. auf, um eine neue chr. Apologetik zu entfalten. Der Venezianer Ermolao → Barbaro (1453-93) wollte als Philologe mit einer eigenen, nur teilweise verwirklichten lat. Gesamtübersetzung A. von ma. Mißverständnissen befreien und v. a. Philosophie und Beredsamkeit miteinander versöhnen. Giorgio Vallas lat. Übersetzung der Poetik (Venedig 1498) eröffnet die literaturtheoret. Auseinandersetzung mit diesem für die Renaissancedichtung grundlegenden Text im 16.Jh. Der heterodoxe Neoaristotelismus des Pietro Pomponazzi (1462-1525) führt mit der philos.-theol. Polemik um das zentrale Problem der Unsterblichkeit ebenfalls in das 16.Jh. hinüber. D. Briesemeister

Lit.: W. HERTZ, A. in afrz. Romanen, 1905 – E. GARIN, Le traduzioni umanistiche di Aristotele nel secolo XV, Atti Accademia Fiorentina di Scienze Morali, La Colombaria, 16, 1951, 68-88 – F. LÓPEZ ESTRADA, Sobre la difusión del Tesoro de B. Latini en España, SFGG 16, 1960, 137-152 – P. O. KRISTELLER, La tradizione aristotelica nel Rinascimento, 1962 – M. BROCKER, A. als Alexanders Lehrer in der Legende [Diss. Bonn 1966] – F. RICO, Aristoteles Hispanus, En torno a Gil de Zamora, Petrarca y Juan de Mena, IMU 10, 1967, 143-160 – M.-TH. D'ALVERNY, Les traductions d'Aristote et ses commentateurs, Revue de Synthèse 89, 1968, 125-144 – A.POPPI, Introduzione all' aristotelismo padovano, 1970 – E.F. RICE JR., Humanist Aristotelianism in France. J. Lefèvre d'Étaples and his circle, in Humanism in France at the end of the MA and in the early Renaissance, 1970, 132-149 – A.R.R. PAGDEN, The diffusion of Aristotle's moral philosophy in Spain, Traditio 31, 1975, 287-313 – J. VERNET, La cultura hispanoárabe en Oriente y Occidente, 1978 – A.E. BERNSTEIN, Aristotle and the French Monarchy, Viator 9, 1978.

II. ENGLISCHE LITERATUR: Für das englischsprachige Schrifttum des MA ist A. der Philosoph schlechthin, dem man die Autorschaft für allerlei moral. Sentenzen (etwa »Aristotle's ABC«, vgl. Index of ME English Verse, Nr. 471, 3793, 4155) und v.a. für die »Secreta secretorum« zuschrieb. So enthalten auch beispielsweise die »Dicts and Sayings of the Philosophers« (→ Dicta philosophorum) nichts echt Aristotelisches, sondern nur Anekdotenhaftes, wie etwa den sog. Brief des Alexander an Aristoteles (→ Alexander d. Gr., B I [2]; → Alexanders Brief an Aristoteles) u. ä.

Zahlreiche Hinweise auf echte aristotel. Schriften (»De somno et vigilia«, »De anima« etc.) finden sich dagegen in John Trevisas engl. Übersetzung der Schrift »De proprietate rerum« von → Bartholomaeus Anglicus. Mit den Werken des A. war sicherlich John →Wyclif vertraut – dessen philos. Position allerdings als augustin. zu charakterisieren ist –, doch sind die ihm und seiner »Schule« zugeschriebenen englischsprachigen Werke eher erbaulichen denn philos.-theol. Charakters, so daß hier von einem aristotel. Einfluß nicht die Rede sein kann.

Eine Vertrautheit mit aristotel. Gedankengut ist v. a. in denjenigen engl. Werken zu suchen, deren Struktur eine theoretisierend-reflektierende Komponente aufweist. In William → Langlands »Piers Plowman« wird A. wiederholt erwähnt, doch scheint Langland die aristotel. Schriften nicht direkt gekannt zu haben; in Text B Passus XII, V. 266-7, wird A.' »Logik« als Autorität für die Beschreibung der Lerche genannt, die jedoch tatsächl. in der »Historia animalium« beschrieben wird. Unsicher ist, ob Geoffrey → Chaucer die aristotel. Schriften kannte; während W.C. CURRY eine solche Bekanntschaft nicht annimmt, vermutet J.A.W. BENNETT, daß Chaucer zumindest über die Aristotelesrezeption der Oxforder Univ. mit der aristotel. Philosophie bekannt geworden war. John → Gower zeigt aristotel. Gedankengut v.a. in seiner »Divisio philosophiae«, der Aufteilung des Wissens zum Beginn des siebten Buches der »Confessio Amantis«. Die hier gegebene Gliederung entspricht in den Grundzügen dem sog. aristotel. Typus; doch dürften die unmittelbaren Quellen nicht in den aristotel. Schriften, sondern eher in den »Divisiones« und Enzyklopädien des MA – Brunetto → Latinis »Livre du Trésor« kommt hier bes. in Betracht – zu suchen sein. – Die Bekanntschaft mit der aristotel. Philosophie bleibt in der englischsprachigen Lit. des MA oberflächlich, eine intensive Auseinandersetzung mit ihr ist dort nicht zu finden. K. Reichl

Bibliogr.: C. BROWN-R. H. ROBBINS, The Index of ME Verse, 1943; Suppl. by R. H. ROBBINS-J.L. CUTLER, 1965 – Ed.: C.F. BÜHLER, The Dicts and Sayings of the Philosophers, EETS OS, 211 – M.C. SEYMOUR et al., On the Properties of Things, 2 Bde, 1975 – M.A. MANZALAOUI, Secretum Secretorum, EETS OS, 276 – Lit.: W. ERZGRÄBER, William Langlands »Piers Plowman«, 1957 – W.C. CURRY, Chaucer and the Ma. Sciences, rev. and enl. ed., 1960 – J. A. ROBSON, Wyclif and the Oxford Schools, 1961 – J. H. FISHER, John Gower: Moral Philosopher and Friend of Chaucer, 1964 – J.A.W. BENNETT, Chaucer at Oxford and Cambridge, 1974.

III. DEUTSCHE LITERATUR: Der Einfluß des A. auf die dt. und v.a. die deutschsprachige Lit. des MA ist weitgehend unerforscht, weshalb nur eine Skizze möglich ist: Sieht man von der folgenlos gebliebenen Übersetzungsleistung des → Notker Labeo († 1022) und den lat. A.-Kommentaren des →Albertus Magnus († 1280) ab, die eine chr. Interpretation des A. einleiten, so ist die A.-Rezeption des dt. MA insgesamt als dürftig (Übers.) bzw. oberflächlich (Erwähnungen des A., A.-Zitate) zu bezeichnen. – Erst im 15.Jh. werden einige Werke (»Politik«, »Oeconomica« [Ps. A.]) in z.T. freier Bearbeitung ins Dt. übersetzt, doch bleibt die hs. Überlieferung sehr schmal; »erfolgreich« waren nur die Übersetzungen der ps.-aristotel. → »Secreta secretorum« (zuerst 1282 durch Hiltgart v. Hürnheim). – Erwähnungen des A. werden gegen Ende des MA immer häufiger und deuten auf ein vermehrtes Interesse hin, dokumentieren vom Inhaltlichen her aber nur, daß A. zur bedeutenden Autorität in fast jeder Frage geworden ist. Immer wieder erscheint er als der natürlich meister, den man als vollendeten Beherrscher der Sieben freien Künste rühmt (so → Heinrich v. Mügeln) und dessen Urteil in pädag., ethischen, log. und naturwissenschaftl. Fragen hoch geschätzt wird. Damit einher geht ein gesteigertes Interesse an Person und Schicksal des A.: Man kennt ihn als Erzieher und Ratgeber Alexanders (→ Alexander d. Gr.), konstatiert mit Vergnügen, daß auch er der List eines Weibes erlegen sei (»A. und Phyllis«), erklärt ihn zum Magier (→Wartburgkrieg) und fragt, ob nicht auch er ein Christ vor dem Christentum gewesen sei. – Ähnlich zwiespältig ist die Beschäftigung mit dem Werk des A. zu beurteilen: Zitate – die oft unecht sind – erscheinen in der mhd. Lit. zwar immer häufiger, doch sind es im wesentl. immer wieder dieselben Dicta, Sprüche und Lehren, die obendrein oft Florilegien entnommen werden: Wiederholt begegnet die Lehre von der tabula rasa, das Zitat vom Tod des Leibes als schrecklichstem aller Dinge oder die, auch selbständig übersetzten, Lehren des A. an Alexander. – Detaillierte Kenntnis des A. oder krit. Auseinandersetzung mit ihm blieb so äußerst selten: Abgesehen von den fast ausschließl. lat. schreibenden A.-Kommentatoren wie Thomas und Theoderich v. Erfurt, Marsilius v. Inghen, Albert v. Sachsen oder Johannes Wenck scheinen lediglich Denker vom Format eines Meister → Eckhart über eine tiefergehende Kenntnis des »Opus Aristotelicum« verfügt zu haben. V. Honemann

Lit.: Verf.-Lex.² I, 436-450 – F.WURMS, Stud. zu den dt. und den lat. Prosafassungen des ps.-aristotel. »Secretum secretorum« [Diss. Hamburg 1970] – F.J.Worstbrock, Dt. Antikerezeption 1450-1550, T. I, 1976 (Veröff. zur Humanismusforsch. 1), 5, 24f.

D. Ikonographie

In der abendländ. Kunst wurde A. als Repräsentant der artes liberales und v. a. als warnendes exemplum des amor carnalis dargestellt. In die Reihe der → Sieben Weisen, wo er meist die Dialektik vertritt, ist er am frühesten am Westportal v. Chartres (1145-55) und auf dem Fußboden des Mittelschiffs von St. Ludgeri, Helmstedt (um 1150) eingefügt, ferner in Hss.-Illustrationen (z. B. Predigthandschrift aus Aldersbach, München, Bayer. Staatsbibl. clm 2599, Anfang 13.Jh.), in der Kathedralikonographie (Plastik in Clermont-Ferrand, 13.Jh.; Fenster des Straßburger Münsters, 14.Jh.; Fresko in dem Cappellone degli Spagnuoli, Florenz, S. Maria Novella, um 1355; Siena, Dom, Fußboden, Ende 14.Jh.) und in der it. Cassoni-Malerei (vgl. Schubring Nr. 32, 274, 339). Als Lehrer im Kreis seiner Schüler zeigen ihn illuminierte Hss. seiner Werke (z. B. Erfurt, Wiss. Bibl. Cod. Ampl. 2º. 31, 2.H. 13.Jh.), als einen der vier Schiedsrichter im kanon. Prozeßverfahren die Bilder-Hss. und -drucke der dt. Übersetzung von Jacobus de Teramo »Belial« (z. B. Berlin, Staatsbibl. Ms. germ. fol. 657, 1445; München, Bayer. Staatsbibl. cgm 48, 1461; Dr. Augsburg, G. Zainer, 1472).

Weit häufiger jedoch ist die Geschichte von A. und Campaspe/Phyllis ikonograph. belegt: außer Illustrationen der Alexander-Passage der →Weltchronik-Hss. (z. B. München, Bayer. Staatsbibl. cgm 7377, um 1400) Graphik des 15.-16.Jh. (z. B. Augsburger Meister von 1477, Berlin, Kupferstichkabinett; Hans Baldung Grien, 1503, Paris, Louvre) sowie mehr als 90 Bildzeugnisse des von der teils gekrönten, teils peitschenschwingenden Phyllis gerittenen, meist als bärtiger Alter dargestellten A. Die frühesten finden sich auf Kathedralplastiken (z. B. Rouen, Portal de la Calende, Ende 13.Jh.; Auxerre, Mittelportalsockel der Westfassade, Anfang 14.Jh.; Caen, St. Pierre, Kapitell, 14.Jh.; Lyon, Fassade, 14.Jh.) und kirchl. Fresken (z. B. Reichenau-Mittelzell, 14.Jh.; Colle di Val d'Elsa, Bischofshof, 14.Jh.). Als exemplum des amor carnalis, z. T. in bewußt korrespondierender Opposition zur caritas celestis (Kapitell in Bamberg, Karmelitenkreuzgang, 1377-99: gerittener A. und Christus mit der sponsa). Bald wird die Szene im Profanbereich, an öffentl.-repräsentativen Gebäuden (z. B. San Gimignano, Palazzo Pubblico, Fresken der Sieneser Schule, Mitte 14.Jh.), v. a. Rathäusern (z. B. Köln, Hansasaal, Fresko, um 1360; Lübeck, Rathaus, Portalkämpfer, 14.Jh.) und auf höf. (Luxus-)Gebrauchsgegenständen (z. B. elfenbeinerner Messergriff, 1. Hälfte 14.Jh., London, Victoria & Albert Mus., Elfenbeinkamm, Ende 14.Jh., Wien, ehem. Slg. Figdor; Minnekästchen, Ende 14.Jh., Frankfurt a. M., Mus. für Kunsthandwerk) tradiert.

Die Szene ist nicht nur in Einzeldarstellungen, sondern häufiger noch innerhalb typolog. Minneexempel-Reihen überliefert; überaus häufig z. B. in Misericordien und Chorgestühlwangen Ende des 13.Jh. bis ins 15.Jh. (z. B. Amiens, Chichester, Doordrecht, Exeter, Magdeburg, Rouen). Das A.-Kapitell in Caen korrespondiert mit Vergil-, Lanzelot-, Gawan- und Simson-Kapitellen. Auf Fresken (z. B. Konstanz, Haus zur Kunkel, um 1300, zerstört), Textilien (z. B. Freiburg, Augustinermuseum, Wappenteppich aus Adelshausen, um 1330; Regensburg, Mus. der Stadt, Medaillonteppich, um 1370; Basel, Hist. Mus., Rücklaken, 1470/80) und it. Cassoni mit Trionfi d'amore, 15.Jh. (vgl. Schubring Nr. 53, 54, 198, 199, 201, 202, 697) ist A. in die Reihe von Minnelisten und Weibermacht-Darstellungen eingeordnet. Eine Serie von acht Elfenbeinkästchen aus einer Pariser Werkstatt, 1.Hälfte 14.Jh. (Baltimore, The Walters Art Gallery; Birmingham, Barber Institute; Florenz, Bargello; Krakau, Domschatzkammer; London, Brit. Mus., Victoria & Albert Mus.; New York, Metropol. Mus.) bringt die noch um die Darstellung des A. als Lehrer → Alexanders ergänzte Szene zusammen mit Minneburg-Erstürmung und gefährl. Minneabenteuern.

N. H. Ott

Lit.: RDK I, 1027-1040 [Lit.] – LCI I, 182f.; III, 269f. [Lit.] – P. Schubring, Cassoni. Truhen und Truhenbilder der it. Frührenaissance, 1915, Nr. 32, 53, 54, 198, 199, 201, 202, 213-216, 274, 275, 339, 340, 697, 778. 779 – R. Koechlin, Les ivoires gothiques français, 3 Bde, 1924 [Nachdr. 1968], Nr. 1138, 1150, 1281-1287, 1297 – B. Kurth, Die dt. Bildteppiche des MA, 3 Bde, 1926, 101, 102f., Taf. 69b – H. Kohlhaussen, Die Minne in der dt. Kunst des MA, ZDVKW 9, 1942, 145-172 – R. Di Cesare, Misc. del Centro di Studi Mediev. Pubblicazioni dell'Univ. Catt. del S. Cuore, Milano, NS 58, 1956, 181-247 – W. Stammler, Der Philosoph als Liebhaber (Ders., Wort und Bild. Stud. zu den Wechselbeziehungen zw. Schrifttum und Bildkunst in MA, 1962), 12-44 – F. Maurer, Der Topos von den »Minnesklaven«. Zur Gesch. einer themat. Gemeinschaft zw. bildender Kunst und Dichtung im MA (Dichtung und Sprache des MA, 1963 [Bibl. Germanica 10]), 224-248 – D.J.A.Ross, Illustrated Me. Alexander-Books in Germany and the Netherlands, 1971 (Publ. of the Modern Humanities Research Association 3), 23f., 46, 64-66, 78, 138; Abb. 7, 63, 200, 360-362.

Aristotelesverbote. Die kirchl. A. im MA waren durch Struktur, Verfassung und Entwicklung der ma. Universität bedingt. Träger der Wissenschaft waren weithin → Kleriker. Das akadem. Lehramt war an die kirchl. Lehre gebunden. a) Die (ins Lat. übersetzten) naturphilos. Schriften des Aristoteles und deren arab. und jüd. Kommentare enthielten heterodoxe Aussagen, die in der Auslegung durch die Philosophen (der Artistenfakultät) in Widerspruch zu Glaubenswahrheiten gerieten. Das heterodoxe Seinsverständnis des → David v. Dinant und Amalrich von Bena (→ Amalrikaner) wurde kirchlicherseits verurteilt. Gleichzeitig verbot 1210 die Pariser Synode unter dem Vorsitz des Ebf.s v. Sens, des (früheren Magisters) Peter v. Corbeil, durch Androhung der Exkommunikation, »daß zu Paris weder die naturphilos. Schriften des Aristoteles noch die Kommentare öffentlich oder privat gelesen werden dürften« (Grabmann). Dieses erste A. bekräftigten die von Kard. → Robert Courcon (im Auftrag von Innozenz III.) 1215 der Univ. → Paris gegebenen Statuten; es wurde wiederholt angemahnt: 1231 (auch für die 1229 neugegr. Univ. → Toulouse, die den aus Paris abwandernden Magistern und Studenten die Lektüre der naturphilos. Schriften des Aristoteles in Aussicht gestellt hatte), 1245 und 1263. Forschung und Lehre wurden dadurch auf Logik, Grammatik (Dialektik) und Ethik eingegrenzt. Nach dem Ausweis eines Studienführers der → artes liberales dauerte diese Situation bis in die vierziger Jahre des 13.Jh. (Van Steenberghen). In der Bulle »Parens scientiarum« vom 13. April 1231 stellte Gregor IX. eine Revision des kirchl. Verbotes in Aussicht und bestellte am 23. April unter der Leitung des Magisters → Wilhelm v. Auxerre eine Kommission zur Prüfung der naturphilos. Schriften des Aristoteles. Die Arbeit der Kommission war aber längst überfällig – sofern sie überhaupt in Angriff genommen wurde –, da zu diesem Zeitpunkt die inkriminierten Schriften des Aristoteles breites Interesse (auch bei den Theologen) gefunden hatten. Die Ordnung der ags. Studentenschaft der Pariser Artistenfakultät legalisierte zuerst 1252 das Studium der naturphilos. Schriften des A. Am 15. März 1255 wurde dieses für die ganze Fakultät vorgeschrieben.

b) Die intensive Beschäftigung mit einer vom chr. Glauben unabhängigen Naturphilosophie bot einerseits (Albertus Magnus, Thomas v. Aquin u. a.) die Chance einer die aristotel. Naturphilosophie von Grund auf neu fassenden chr. Interpretation, zum anderen setzte sie die Artisten in die Lage, unabhängig von der kirchl.-theol. Glaubenswahrheit den Anspruch der ratio geltend zu machen. Ein Milieu des philos. Rationalismus und des szientifischen Autonomiestrebens verbreitete sich in der Artistenfakultät, welche die sachl. Diskussion über die chr. Unterscheidungslehren sehr erschwerten. Diese Auseinandersetzung spitzte sich Ende der sechziger Jahre des 13. Jh. zu, als in der Artistenfakultät Parolen laut wurden, wie diese, die der Pariser Bf. Stephan → Tempier am 10. Dez. 1270 und wiederum am 7. März 1277 verurteilte: Die Philosophen sind die einzigen Weisen und Wissenden! Die Religion gründet auf Fabeln und die Theologie auf Mythen! Die »lex christiana« (das chr. Glaubensbekenntnis) hindert Forschung und Lehre! (Chartularium Universitatis Parisiensis I, 552–553, nr. 152, 153, 154, 175). Das 2. Verurteilungsdekret, das auf Intervention Papst Johannes' XXI. zustande kam und von den Magistern und Theologen der Universität (darunter auch Heinrich v. Gent) erarbeitet wurde, enthielt 219 (inkriminierte) Sätze, die nicht nur die heterodoxe Auslegung des A. betrafen, wie sie → Siger v. Brabant und seine Anhänger vertraten, sondern auch den chr. Aristotelismus des Thomas v. Aquin. Soweit die Pariser Artikel Thomas betrafen, wurden sie von Bf. Stephan v. Bourret am 14. Febr. 1325 widerrufen (Chart. Univ. Par. II, 280 f., nr. 838). Zu den weiteren kirchl. und theol. Auseinandersetzungen über die averroist. Auslegung des Aristoteles vgl. → Averroës. L. Hödl

Lit.: M. GRABMANN. I Papi del Duecento e l'Aristotelismo. I divieti ecclesiastici di Aristotele sotto Innocenzo III. e Gregorio IX., Misc. Hist. Pontificiae V, 1941 – F. VAN STEENBERGHEN, La philosophie au XIIIe s., 1966 [dt. 1977] – Z. KUKSEWICZ, De Siger de Brabant à Jacques de Plaisance, 1968.

Arithmetik → Mathematik

Arithmos → Heer, Heerwesen

Arius, Arianismus, Arianer. [1] Arius (Areios), Presbyter in Alexandria, † 336, vertrat als Schüler des Märtyrers Lukian v. Antiochia seine heimische Trinitätslehre und geriet dadurch zur alexandrin. Theologie in Gegensatz. A. wurde von Bf. Alexander und einem in Alexandria abgehaltenen Konzil verurteilt, fand jedoch außerhalb Ägyptens Unterstützung, v. a. bei Eusebius v. Nikomedeia und Eusebius v. Kaisareia. Da die Polemik immer heftiger wurde, berief Konstantin 325 in → Nikaia (Kleinasien) ein ökumen. Konzil ein, das A., seine Lehre und seine Anhänger verurteilte. A. wurde exkommuniziert, erhielt aber Gelegenheit, sich durch Annahme des gerade beschlossenen Glaubens zu rehabilitieren. Jedoch gelang es → Athanasios, dem Nachfolger Alexanders, die Restitution des A. in Alexandria bis zu dessen Tod hinauszuschieben.

Die Erklärung des Konzils, Christus sei homoousios (gleichen Wesens) mit dem Vater, barg den Keim zu weiteren Konflikten in sich, die nach A.' Tod ausbrachen, da die Definition auch bedeuten konnte, daß Christus keine eigene Wesenheit besitze, sondern eine δύναμις, eine tätige Eigenschaft, des Vaters sei. Die Anhänger des A. nützten die Unzufriedenheit aus, die diese Definition im Orient erregt hatte, milderten die radikalen Seiten seiner Lehre beträchtl. und vermochten so mit der Unterstützung Konstantins und unter der tüchtigen Führung des Eusebius v. Nikomedeia die Oberhand über die Gegner im Orient zu gewinnen, deren Hauptvertreter zw. 327 und 335 ihres Amtes enthoben und verbannt wurden (Eustathios v. Antiochia, Athanasios v. Alexandria, Marcellus v. Ankyra). Nach dem Tode Konstantins 337 und der Teilung des Kaiserreiches zw. Constantius (Orient) und Constans (Okzident) setzte die östl. Kirche ihre Politik gegen das Konzil v. Nikaia fort, während die westl. Kirche unter der Führung des Papstes Iulius I. es verteidigte. Nachdem 350 Constantius Alleinherrscher geworden war, wurde die westl. Kirche gezwungen, sich der östl. anzugleichen. Diese ihrerseits teilte sich in verschiedene Parteien: Radikale Arianer, gemäßigte Arianer und Antiarianer. Constantius ordnete in den Konzilen von Rimini und Seleukia (359), die in Konstantinopel 360 bestätigt wurden, eine Formel gemäßigt arian. Prägung an. Nach seinem Tod (361) reagierten jedoch die Antiarianer: Während die westl. Kirche unter der Führung des Hilarius und später des Ambrosius das nikaische Credo bestätigte, teilte sich die östl. Kirche in Philonikaianer (Athanasius) und Antinikaianer. Nach vielen wirren Polemiken wurde eine neue Kompromißformel zw. Ost- und Westantiarianern gefunden, die sich auf die von Basilios v. Kaisareia, Gregorios v. Nazianz und Gregorios v. Nyssa ausgearbeitete Lehre gründete. Von Theodosius unterstützt, wurde diese 381 im 2. ökumen. Konzil v. Konstantinopel anerkannt, das den Arianismus sowohl in seiner gemäßigten als auch in der radikalen Form verurteilte. Inzwischen hatte der Arianismus durch → Ulfila, der von dem Arianer Eusebios v. Nikomedeia die Taufe erhalten hatte, unter den Goten viele Anhänger gefunden und breitete sich später unter fast allen germ. Stämmen aus, so daß die Kontroverse im Westen zur Zeit der Völkerwanderung erneut aufflammte. Das Bedürfnis der dünnen germ. Oberschicht nach religiöser Unterscheidung von dem Katholizismus der unterworfenen Römer hielt diesen Arianismus über seine Zeit hinaus am Leben.

[2] *A.' Lehre* gründet sich auf die entscheidende Behauptung, daß es einen einzigen, höchsten und wahren Gott, den Vater gebe. Ihm gegenüber wird Christus, den die Tradition als echten Sohn Gottes und teilhaftig des Wesens und der Gottheit des Vaters ansah, zum ersten und höchsten aller Geschöpfe, das unmittelbar von Gott geschaffen ist, während alle anderen vom Sohn durch Gottes Willen geschaffen wurden. Die Lehre des A. wurde in zwei Punkten zusammengefaßt: 1. Der Sohn hat begonnen zu existieren und ist nicht zusammen mit dem Vater ewig. 2. Der Sohn wurde aus dem Nichts geschaffen. A. selbst und später seine Anhänger milderten in der Folge die zweite Behauptung, gaben aber nie zu, der Sohn sei wirklich aus der Substanz des Vaters gezeugt, wie ihre Gegner behaupteten. Für sie ist der Sohn nicht nur in der Person, sondern auch in der Natur und Wesenheit vom Vater verschieden, also auch was Würde und Ehre betrifft, und er ist ihm deutlich untergeordnet. Später, etwa ab 350, während sich die gemäßigten Arianer darauf beschränkten, den Sohn allgemein als dem Vater ähnlich (homoios) zu definieren, bezeichneten die radikalen Arianer (angeführt von Aëtios und Eunomios) ihn in seiner Wesenheit als unähnlich (anomoios) dem Vater und als ein vollkommenes Geschöpf, direkt vom Vater geschaffen, und seinerseits der Schöpfer aller anderen Geschöpfe. Das erste von ihnen ist der Hl. Geist. Während somit die Katholiken lehrten, es gebe eine Trinität (Hypostase) von drei Personen, die verschieden, aber derselben Wesenheit und Würde teilhaftig seien, behaupteten die radikalen Arianer die Existenz einer in drei Stufen gegliederten Trinität: An der Spitze der Vater, der einzige wahre Gott, unter ihm sein Sohn, ein kleinerer Gott, vom Vater in der Wesenheit verschieden, unter dem Sohn der Hl. Geist, das höchste aller Geschöpfe, die vom Sohn durch den Willen des Vaters geschaffen wurden, und dem die Arianer nicht die Gotteswürde zuerkannten. Gerade diese

radikale Form des Arianismus ist in einigen lat. Schriften dargestellt., die zw. Ende des 4. und Anfang des 5. Jh. verfaßt wurden (»Fragmenta Arriana« von Bobbio, »Sermo Arrianorum«, »Dissertatio Maximini contra Ambrosium«, »Opus imperfectum in Mathaeum«) und sich als Werke von Anhängern Ulfilas erweisen. Es war daher die radikale Form des Arianismus, die sich unter den germ. Stämmen verbreitete. Der bekannteste von Ulfilas Anhängern ist Maximinus, von dem auch zahlreiche Sermones erhalten sind. Dank diesen und anderen anonymen Werken exeget. Charakters (»Tractatus in Lucam«, Opus imp. in Mt. etc.) kann man erkennen, daß der Gegensatz zw. Arianern und Katholiken tief war, sich aber nur auf die Doktrin beschränkte: exeget. Prinzipien und Liturgie waren beiden gemeinsam. Wir wissen nur von einigen extremen Gruppen von Ost-Arianern, daß sie die Taufformel verändert hatten und nicht im Namen der Trinität, sondern im Namen des Todes Christi tauften. M. Simonetti

Q.: H. G. Opitz, Athanasius 3, 1, Urkk. 1. 6. 30 – Lit.: J. Gummerus, Die homöusian. Partei bis zum Tode des Konstantius, 1900 – P. Meinhold, Pneumatomachoi, PW 41, 1066–1101 – M. Albertz, Zur Gesch. der jung-arian. Kirchengemeinschaft, Theol. Stud. und Kritiken, 1909, 205–278 – G. Bardy, Recherches sur S. Lucien d'Antioche, 1936 – E. Schwartz, Zur Gesch. des Athanasius (Ges. Schr. III), 1959 – M. Simonetti, Arianesimo latino, StM 1967, 663–744 – M. Meslin, Les Ariens d'Occident, 1967 – E. Boularand, L'hérésie d'A. et la foi de Nicée, 2 Bde, 1972–73 – M. Simonetti, La crisi ariana nel IV secolo, 1975 – F. Dinsen, Homousios [Diss. Kiel 1976].

[3] *Arianer* oder Arrianer, wie sie in den Quellen genannt werden, ist im MA ein anderer Name für die → Katharer, die in S-Frankreich als Leugner der Gottheit Christi auftraten. Diese Bezeichnung setzte sich anscheinend in der 2. Hälfte des 12. und zu Beginn des 13. Jh. für die erste Welle der Häretiker durch, die von der Balkanhalbinsel ihren Ausgang nahm und sich in S-Frankreich und im übrigen Europa verbreitete. R. Manselli

Lit.: R. Manselli, Una designazione dell'eresia catara: »Arriana heresis«, Studi sulle eresie del sec. XII, 1975², 237–246.

Ariwald (Arioaldus), langob. Kg., † wahrscheinl. 636, Hzg. v. Turin, ⚭ Gundeperga, Tochter des Kg.s Agilulf, nach dessen Tod (615/616) er sich an die Spitze der arian. Opposition gegen die it.-kath. orientierte Regierung der Witwe Theudelinde und des jungen Kg.s Adalwald setzte. Die Sorge um den wachsenden Einfluß der röm. Kirche und der Byzantiner auf das langob. Reich bewog die Opposition, sich i. J. 625 gegen Adalwald zu erheben und nach dessen Sturz A. zum Kg. zu erheben (626). Über seine zehn Regierungsjahre ist wenig bekannt, da A. keine Autorität gegenüber den langob. Hzg.en erringen konnte, seine Stellung sogar so schwach war, daß er die Verteidigung der NO-Grenze gegen die Avaren den Hzg.en v. Friaul überlassen mußte. Allein innere Unruhen bei den Avaren bewahrten das zerstrittene Langobardenreich vor entscheidenden Niederlagen. In der religiösen Frage bemühte sich A., einen Mittelweg zu gehen und keine definitiven Positionen zu beziehen, um das Gleichgewicht der verschiedenen Kräfte zu erhalten. Ch. Schroth-Köhler

Lit.: DBI IV, 161–163 – Th. Hodgkin, Italy and her Invaders VI, 1916 – Hartmann, Gesch. Italiens II, 1 – G. P. Bognetti, Il gastaldato longobardo e i giudicati di Adalvaldo, e Pertarito nella lite fra Parma e Piacenza (Studi di storia e diritto in onore di A. Solmi II, 1941) – Ders., S. Maria »foris portas« di Castelseprio e la storia religiosa dei Longobardi (G. P. Bognetti, G. Chierici, A. de Capitani d'Arzago, Santa Maria di Castelseprio, 1948).

Arkade (lat., it., frz.), Bogen auf Pfeilern oder Säulen oder eine Reihe von Bogen (Arkaden; auch Arkatur, jedoch ungebräuchl.), grundlegendes Gestaltungselement des MA für die → Basilika, in der sie das hohe Mittelschiff von den niedrigeren Seitenschiffen scheidet, ohne die Räume zu trennen. Die A. öffnet auch gedeckte Gänge (Vorhalle, Atrium, Kreuzgang, Laube). Als Blendarkade dient sie der Wandgliederung. In karol. Zeit werden zunächst Säulenarkaden in der Basilika bevorzugt (Hersfeld, St. Gallen, Höchst), aber auch Pfeilerarkaden (Steinbach, Seligenstadt); der Stützenwechsel kommt wohl erst in otton. Zeit auf (St. Michael in Hildesheim), gleichzeitig eine Rhythmisierung durch zwei A.n übergreifende Blendbogen, Überfangbogen (Echternach, Gernrode). In sal. Zeit greifen die A.n auch in den Obergaden (Mainz, Worms) und umfassen die Fenster (Speyer, Bau I, Langhaus 1040/50), dazwischen rückgestufte Mauerfüllung. In der Gotik werden die A.n spitzbogig, reicher profiliert und ruhen auf verschieden geformten → Pfeilern. G. Binding

Lit.: RDK I, 1040–1050 – H. Sedlmayr, Spätantike Wandsysteme, 1958 – R. Huber–R. Rieth, Bogen und A.n, Glossarium Artis 3, 1973 [Lit.].

Arkebuse (frz. *arquebuse*, it. *arcobugio*, engl. *hackbut*) geht mit großer Wahrscheinlichkeit auf das ndl. Wort für → Hakenbüchse, *haakbus*, zurück und bezeichnet im 15. Jh. eine schwere, roh geschäftete Handfeuerwaffe, die von einem einzelnen Mann (Arkebusier) bedient werden konnte. Im 16. und 17. Jh. verstand man unter A. eine vornehml. von der Reiterei geführte kurze Handfeuerwaffe mit Radschloß (Radschloßarkebuse). – Der Begriff 'arkebusieren' bezeichnete die standrechtl. Erschießung. E. Gabriel

Lit.: M. Thierbach, Die gesch. Entwicklung der Handfeuerwaffen, 1886 – M. Jähns, Gesch. der Kriegswiss., 1889.

Arkeley. Mit diesem Wort, dessen Herkunft nicht eindeutig geklärt ist, wurde im dt. Sprachraum schon vor der Verwendung von Feuerwaffen das im Belagerungskrieg verwendete Schieß- und Wurfzeug (→ Antwerk) bezeichnet; ab dem 15. Jh. hat sich A. (man findet nun aber auch schon den Begriff *Artolarey*) zunächst immer mehr als Bezeichnung für die → Steinbüchsen und schließlich für alle schweren Feuerwaffen durchgesetzt. Erst im 17. Jh. wurde A. durch das aus dem Frz. stammende Wort → Artillerie ersetzt. E. Gabriel

Lit.: M. Jähns, Entwicklungsgesch. der alten Trutzwaffen, 1899 – B. Rathgen, Das Geschütz im MA, 1928.

Arklow (ir. Inbhear Mór), Fischerstädtchen in der Gft. Wicklow (Irland). Nach Tírechán landete der hl. Patrick dort, als er zu seiner Mission nach Irland kam. Das Martyrologium von Tallaght nennt Indbir Doile bei A. für den am 13. Sept. verzeichneten hl. Dagan (ca. 600). Vor 1204 erhielten Zisterzienser aus Furness Land in A., zogen aber bald nach Abington weiter. Von 1264–1559 hatten die Dominikaner ein Haus in A. J. Hennig

Lit.: S. McArt (Saint Patrick, 1958), 70 – A. Gwynn–R. N. Hadcock, Medieval religious houses, Ireland, 1970, 126f., 221.

Arkona

I. Archäologie – II. Geschichte.

I. Archäologie: An der Steilküste im N der Insel → Rügen gelegener slav. Burgwall, zugleich Handelsplatz (Importfunde), Kultburg und bes. im 11.–12. Jh. zentraler Ort der Ranen mit einflußreicher Priesterschaft des Svantevit. Abschnittswall vor jetzt dreieckigem Sporn. Schuchardt glaubte Fundamente eines Viersäulentempels mit Basis für das Svantevitbild (nach Saxo) gefunden zu haben. Als Folge lebhafte Diskussion und Vergleich mit → Alt-Uppsala. Neue Grabungen erwiesen die Unhaltbarkeit dieser Deutung. Der Tempelbereich ist wohl schon ins Meer abgestürzt. Burgwall im 9.–10. Jh. zweiteilig, später nach Zerstörungen umgebaut, Erhöhung des Walles. H. Hinz

II. Geschichte: Die urbs principalis der Ranen, A.,

wurde nach dem Niedergang → Rethras gegen Ende des 11.Jh. zum Haupttheiligtum der Slaven zw. Elbe und Oder (→ Polytheist. Religionen). Die Tempelburg scheint nur den Tempel des Svantevit und die Priesterschaft beherbergt zu haben. Svantevit genoß nicht nur bei Ranen, sondern auch bei anderen slav. Völkern Anerkennung. Den Orakeln seines Oberpriesters wurde allgemein Bedeutung beigemessen. Rügens Einwohner zahlten eine jährl. Abgabe an den Tempel, der auch Anteil an der Kriegsbeute der Ranen hatte, Marktabgaben von den die Siedlung vor der Burg (noch heute Puttgarten, a. 1335 Pudgarde) besuchenden Kaufleuten und Fischern einzog sowie Abgaben und Geschenke von anderen slav. Stämmen erhielt. Der Tempel hatte Landbesitz. Die polit. Stellung des Svantevitpriesters war vermutl. bedeutend. Er führte Verhandlungen mit feindl. Mächten; die dän. Gesandtschaft, die 1164 um ranische Hilfe nachsuchte, war aber offensichtl. an die Volksversammlung von A. gerichtet, als deren Wortführer der Fs. der Ranen auftrat (→ Rügen). A. wurde im 12.Jh. zweimal von den Dänen erobert (1136, 1168). Schon bei der ersten Übergabe gelobten die Arkonenses oppidani den Übertritt zum Christentum, ohne ihn zu vollziehen. Die Dänen vernichteten 1168 die Kultstätte, auf der eine Kirche errichtet wurde.

L. Dralle

Q.: Helmold, Cronica Slavorum, hg. B.SCHMEIDLER, MGH SRG (in us. schol.), 1937 – Saxo, Gesta Danorum, hg. J. OLRIK, u.a., 2 Bde, 1931–32 – *Lit.*: *[zu I]*: C.SCHUCHARDT, A., Rethra, Vineta, 1926 – TH. PALM, Wend. Kultstätten, 1937 – J. HERRMANN, A. auf Rügen, Zs. für Archäologie 8, 1974, 177ff. – *[zu II]*: W.BRÜSKE, Unters. zur Gesch. des Lutizenbundes, 1955 – Słow Star Słow I, 47ff. – K. ZERNACK, Die burgstädt. Volksversammlungen bei den Ost- und Westslaven, 1967.

Arkosolium → Grab

Arles

I. Stadt und Grafschaft – II. Bistum und Metropole.

I. STADT UND GRAFSCHAFT: A. (Arelas, Arelate, civ. Arelatensium; heute zum Dép. Bouches-du-Rhône) liegt auf dem linken Ufer der unteren Rhône auf einem Felssporn (ca. 25 m über NN) über den Salzsümpfen und den erst im 19.Jh. trockengelegten Teichen des Rhônedeltas. Von den kelt. Salluviern vielleicht an der Stelle einer urspgl. gr. Siedlung gegründet, von den Römern bereits am Ende des 2.Jh. v.Chr. als Stützpunkt benützt (Anlage der Fossae Marianae durch Marius als Verbindung zum Meer), wurde A. 46 v.Chr. durch Caesar zur röm. Kolonie (Colonia Iulia Paterna Arelate Sextanorum) erhoben. In dem als Handelsstadt rasch aufblühenden A. residierten seit Konstantin d. Gr. mehrere spätröm. Ks. Ihr Palatium, vermutl. der »Palais de la Trouille«, diente bis ins 13.Jh. als Residenz. Noch Friedrich Barbarossa hat wahrscheinl. anläßlich seiner Krönung zum burg. Kg. in A. 1178 in diesem Palast gewohnt. Durch die Verlegung der Präfektur von Trier nach A. wurde die Stadt seit 395 zur Hauptstadt der vier westl. Diöz. Britanniae, Galliae, Septem provinciae und Hispaniae. Das Stadtgebiet wurde auf das rechte Rhôneufer ausgedehnt (vorstädt. Schiffersiedlung, seit dem HochMA Trinquetaille gen.), so daß Ausonius (ordo urb. nob. 10, 1f.) von »duplex Arelate... Gallula Roma« sprechen konnte. Die Sarkophag-Werkstätten sind Ausdruck des kulturellen Ranges der Stadt. Von den Westgoten seit 425 mehrfach bedroht, wurde A. 476 von ihnen endgültig unter Kg. → Eurich besetzt. Um 536 trat der Ostgotenkg. Theodahat die Provence und damit auch A. an die Franken ab. Viele antike Großbauten der Stadt überdauerten mehr oder weniger zweckentfremdet den Untergang des weström. Reiches, so das Forum, das im HochMA von Rittern bewohnte Amphitheater, das Theater und der Circus, in dem noch ein frk. Kg. nach 536 Spiele gab. Die spätantike Mauer (ca. 1675 m Umfang und ca. 17,5 ha Flächeninhalt) umfaßte das Zentrum der schachbrettartigen Kolonieanlage und den östl., höher gelegenen Teil der Civitas. In der SO-Ecke der Mauer lag die Stephanskathedrale, die im 5.Jh. an die Stelle der heutigen Kathedrale (♂ St-Trophim, → Trophimus) verlegt wurde. Unweit der alten Kathedrale errichtete → Caesarius v. A. nach 508 ein Monasterium. Die über einem Märtyrergrab errichtete Basilika (♂ St-Genès) wird Mittelpunkt des ausgedehnten Gräberfeldes der Alyscamps (Elysii campi). Die Bischofsnekropole mit der um 1168 begonnenen Nachfolgekirche St-Honorat ist im MA ein begehrter Begräbnisplatz, zu dem die Toten in Fässern rhôneabwärts transportiert wurden.

Unter den Merowingern gehörte A. meist zum neustroburg. Teilreich. In A. residierte der Praefectus (oder rector) Provinciae, bis 592 die 561 in Marseille eingerichtete austras. Präfektur A. den Vorrang nahm. Der Hafen von A. war bis zum 8.Jh. Umschlagplatz für Luxuswaren aus dem Orient und aus Italien. An den Handel der Byzantiner (Amalfitaner) erinnern noch die 921 erwähnten Hafengebühren der »Griechen«. Erst durch die Sarazeneneinfälle (737/738), die Feldzüge Karl Martells sowie die Verlagerung der Handels- und Wirtschaftszentren rückte A. an die Peripherie des Karolingerreiches. Karl Martell setzte an Stelle des Patricius vermutlich Gf.en in der Provence ein (→ Provence). Bezeugt sind solche seit 780, für A. spätestens seit Ludwig d. Frommen. Gf. Hugo v. A. (909–947) beteiligte während seiner Abwesenheit in Italien seinen Bruder Boso an der Herrschaft über die Gft. Der comitatus Arelatensis umfaßte nur die der gfl. Pfalz v. A. zugeordneten Besitzungen und Rechte in und um A. sowie in der Diöz. Avignon. Die Macht des vielleicht 948 von Kg. Konrad eingesetzten Mgf.en Boso II. erstreckte sich darüber hinaus auf das gesamte Gebiet der Kirchenprovinzen A., Aix und Embrun und der Diöz. Die. Am Ende des 11.Jh. starb die Familie Wilhelm des Befreiers, des Sohnes Bosos II. aus, welche die Gft. in Samtherrschaft verwaltet hatte. Aus ihrem Erbe erhielten die Gf.en v. → Barcelona das gesamte Gebiet zw. Rhône, Durance und Alpen, damit auch A. (Vertrag v. 1125). Schon vor 843/844 hatten sich die Gf.en v. A. durch einen vicarius Arelatensis vertreten lassen, doch residierten sie noch im 10.Jh. anläßl. der zwei placita generalia in der Stadt. In den Grenzgebieten der Gft. wurden seit Mitte des 9.Jh. vicecomites eingesetzt. Im Grafengericht zu A. fungierten die vassi dominici (10.Jh.) oder vasses urbis Arelatensis (1060) und die → boni homines oder iudices als Umstand.

Im 11./12.Jh. war A. der wichtigste Umschlagplatz des unteren Rhônetales für Salz, Vieh, Wein, Getreide, Olivenöl, Tuche und, seit dem 12.Jh., Vermellan (ein Purpurfärbstoff). An den über A. laufenden Fernhandel mit flandr. Tuchen, südfrz. Metallen und Rohmaterialien beteiligten sich jedoch nur wenige Bewohner von A. Zur Zeit des hochma. Wirtschaftsaufschwungs wuchs A. über die spätantiken Mauern hinaus. Westl. der Civitas entstand seit dem 10.Jh. der Bourg Vieux. Hier, unweit der Brücke über die Rhône, hatte das Geschlecht der Porcelet seine Burg. Zusammen mit den Herren v. Les → Baux besaß es die Herrschaft über den Burgus vetus. Im N der Civitas bildete sich Mitte des 12.Jh. der Burgus novus. Die suburbanen Siedlungen wurden im HochMA befestigt, das zw. Bourg Vieux und der Civitas gelegene Gebiet, das Medianum (Méjan), wahrscheinl. schon im 11.Jh., der Bourg Neuf Anfang des 13.Jh., der Bourg Vieux in der 2.Hälfte des 13.Jh. Über den Umfang der ma. Mauer hinaus (ca. 2800 m; Flächeninhalt ca. 41 ha) hat sich A. bis zur Neuzeit nicht mehr erweitert. Außerhalb der Mauer blieb der auf dem rechten Rhôneufer gelegene Faubourg, der sich Mitte des 12. Jh. um die Burg Trinquetaille der Herren v. Les Baux entwickelte.

Die Ebf.e hatten seit dem Ausgang des 9. Jh. Anteil an der Stadtherrschaft, denn Boso hatte dem Ebf. Rostagnus wohl für seine Unterstützung bei der Königserhebung in Mantaille (879) die Hafenrechte, Zoll, Münze und Judenschutz in A. übertragen (D. Ludwigs des Blinden von 921). Ebf. Manasses (ca. 914–962), der Bruder des Gf.en Boso II. v. A., besaß die Hälfte der Fiskalgüter bei A. Im 11. Jh. fielen die kirchl. und gfl. Rechte und Güter den stadtsässigen domini maiores, den vassi civitatis oder milites zu. Das Aussterben des ersten Grafenhauses und die gregorian. Reform wirkten sich zugunsten der Rittergeschlechter aus: Nicht nur Fiskal-, sondern auch Gerichtsrechte gingen z. B. an die Les Baux über. Im 12. Jh. schufen die Konsulatsverfassung (→ Konsulat), die → Regalienpolitik der stauf. Ks. und die Rekuperationspolitik der Gf.en v. Provence einen grundlegenden Wandel. 1131 wurde vermutlich mit Billigung und Unterstützung des Ebf.s das Konsulat geschaffen. Es war zunächst auf milites beschränkt und für civitas und burgi getrennt. Schließlich bestand es aus zwölf Konsuln, je vier aus der civitas (Ritter), vier aus dem Burgus Vetus und je zwei aus dem Burgus Novus und dem mercatus (Carta consulatus, Mitte 12. Jh.; Statuta, 2. Hälfte 12./1. Hälfte 13. Jh.). Es stützte die Stadtherrschaft des Ebf.s, daß ihm die Regalien in A. und dem Ebm. übertragen wurden und Friedrich I. ihn zu seinem Stellvertreter erklärte. Bis zu seinem Ausgleich mit Gf. Raimund Berengar (1162) hatte Friedrich I. die Herren v. Les Baux unterstützt und ihnen das Münzrecht in der Provence, d. h. in A., Aix und Trinquetaille verbrieft (1145, 1160). Durch den Umschwung von 1162 erhielten die Gf.en die Civitas A. als Reichslehen. Zwei Jahre später bestätigte Friedrich I. Ebf. Raimund III. und der Kirche von A. (sie heißt dort: caput Provinciae et principalem sedem imperii) die volle Gerichtsbarkeit über die Stadt, das Recht, die Konsuln zu ernennen und die Hälfte aller einzeln aufgeführten Regalien. Ein vermutlich zu Anfang des Pontifikates des Ebf.s Raimund III. (1163–82) zw. diesem und dem Gf.en geschlossener Vertrag teilte die Stadt in zwei Herrschaftsgebiete. Die Grenze durchlief die Civitas von W nach O, der südl. Teil mit Einschluß des Judenmarktes unterstand dem Ebf., der nördl. dem Grafen.

Anfang des 13. Jh. stand die Konsulatsherrschaft auf ihrem Höhepunkt. 1211 wurden die bisher getrennten Konsulate von Civitas und Bourg Vieux vereinigt. 1220 führten Unruhen zur Einsetzung eines Podestà, unter dem der Bannmeilenbezirk um A. zu einem städt. Territorium ausgebaut wurde. Die Übergriffe der Schwureinung (confratria Baiulorum) führten um 1235/36 zum Eingreifen Friedrichs II., der 1237 für A. einen ksl. Vikar und Podestà ernannte. 1239 machte ein Vertrag zw. Gf. Raimund Berengar V. und dem Ebf. der Freiheit der Stadtgemeinde ein Ende. A. wurde nun von einem gfl. Vikar in Verbindung mit den »co-seigneurs« verwaltet. Ein erneuter Aufstand der Stadt (1247/48) schlug fehl. Der Vertrag des Ebf.s mit Karl v. Anjou (1250), der 1246 die Gft. Provence durch Vermählung mit Beatrix, der Erbin des Hauses Barcelona, erhalten hatte, besiegelte 1251 die völlige Unterwerfung der Stadtgemeinde. Die Interessen der von einem gfl. Vikar verwalteten Stadt vertraten bis zur Mitte des 14. Jh. ad hoc gewählte syndici (→ Syndicus, Syndic), dann jährlich wechselnde, durch Wahl, Los oder Kooptation bestimmte syndici verschiedener Anzahl (sechs, vier, drei); im 15. Jh. z. B. je einer aus der Gruppe der Ritter, der Bürger und der probi homines. A. war Ende des 13. Jh. mit mehr als 2000 Feuerstellen die größte prov. Stadt. Bis Mitte des 14. Jh. blieb die Einwohnerzahl auf diesem hohen Niveau, dann sank sie um ca. 50% ab (Anfang 15. Jh.).

II. BISTUM UND METROPOLE: Das Bm. A. ist um die Mitte des 3. Jh. entstanden. Der quellenmäßig nicht sicher faßbare hl. Bf. und Märtyrer → Trophimus v. A., der als erster Apostel Galliens und seit Caesarius v. A. als Apostelschüler galt, wurde zum Patron der Kirche von A., auf den sich u. a. ihr Primatsanspruch gründete. Das Grab des Hl. wurde bes. seit dem HochMA zum Pilgerziel (Station auf dem Weg nach → Santiago de Compostela). Erster sicher bezeugter Bf. v. A. war Marcianus (ca. 254). Die civitas A. gehörte zur provincia Viennensis. Aus der dadurch bedingten Unterordnung unter → Vienne ergaben sich Schwierigkeiten, als um 400 A. zur Hauptstadt wurde. Schon 417 hatte Papst Zosimus die Schwerpunktverlagerung anerkannt und dem Bf. Patroclus (412–426) die Metropolitangewalt über die Prov. Viennensis, Narbonensis I und II und die beiden Alpenprovinzen sowie das Formatenrecht und die Überwachung der kirchl. Verhältnisse in ganz Gallien übertragen und damit die Grundlagen für den Primat bzw. Vikariat v. A. gelegt. Bf. Hilarius (429–449), der wie Honoratus (426–428/429), Caesarius (502–542) und Virgilius (588–601) aus dem Kl. → Lérins stammte, versuchte seine Primatialgewalt über ganz Gallien auszudehnen, doch erkannte ihm Leo d. Gr. 445 die angemaßten Primatialrechte ab. Den Streit um die Metropolitanrechte entschied er 450, indem er die Bm.er Valence, Tarentaise, Genf und Grenoble dem Bf. v. Vienne, die übrigen Bm.er des Viennensis dem Bf. v. A. unterstellte. 513 bestätigte Papst Symmachus diese Teilung, gleichzeitig verlieh er Caesarius das → Pallium, zeitweise auch den Vikariat für Spanien. Caesarius erhielt dadurch die Vollmachten eines apostol. Vikars in Gallien: »Rom amtierte gleichsam in Arles« (H. v. SCHUBERT). Förmliche Vikariatsverleihungen an Bf.e v. A. sind zw. 545 (Auxanius) und 595 (Virgilius) bezeugt. Nur noch das Pallium erhielt anscheinend Bf. Florianus (613). Gregor d. Gr. beschritt sowohl für die Verwaltung der päpstl. Güter in der Provence, die bisher dem Bf. v. A. als päpstl. Vikar anvertraut war, als auch in der Frage der Palliumsverleihung neue Wege. Trotz des Vikariats für ganz Gallien blieb die Synodaltätigkeit der Bf.e v. A. auf das Teilreich beschränkt, dem A. jeweils angehörte.

794 wurde der erneut zw. A. und Vienne ausgebrochene Streit im Sinne der Teilung des 5. Jh. entschieden, doch dabei die Prov. Narbonensis II und Alpes Maritimae mit Aix und Embrun abgespalten. Als Metropole wird A. erstmals wieder 811 genannt. Ebf. Rotlandus (852–869) bemühte sich um Erneuerung des Vikariatsrechts. Doch verlieh erst Johann VIII. anläßl. seines Aufenthaltes in A. (878 Mai) seinem Nachfolger Rostagnus (Rostang; 871–904) das Pallium und den Vikariat. In der 2. Hälfte des 10. Jh. stellten die Ebf.e die durch die Sarazeneneinfälle erschütterte Ordnung in der östl. Provence wieder her und unterstützten die Gründungen von Kapiteln und Klöstern. Die Bf.e der Prov. A. verloren zur gleichen Zeit die unmittelbare Bindung an das Kgtm.; sie leisteten nunmehr den Gf.en v. A. und dem Ebf. den Treueid. Über die Stellung von A. heißt es Ende des 10. Jh. zutreffend: Arelas caput est et esse debet istius Gallie. Eine Schlüsselrolle spielte Ebf. Raimbaldus (1030–1065/67) bei der Verbreitung der Treuga Dei 1041 in S-Frankreich bzw. in der Lombardei (→ Gottesfrieden). Sein Bemühen um die

kirchl. Reformen setzte sein Nachfolger Aic(h)ardus (ca. 1067-1080/95), der aus dem Geschlecht der vicecomites v. Marseille stammte, nicht fort. Der von Hugo v. Die 1080 eingesetzte Reformbf. Gibelinus konnte sich erst 1095/96 in A. durchsetzen. Die gregorian. Reform hatte Anfang des 12. Jh. in der gesamten Prov. A. dazu geführt, daß die Bischofssitze endgültig den traditionell mit ihnen versorgten Angehörigen der gfl., vicomtalen und burgherrl. Familien entzogen und nunmehr meist mit Regularkanonikern oder mit Mönchen besetzt wurden, die größtenteils nicht den alten Herrengeschlechtern entstammten bzw. von auswärts kamen. Sie versuchten, die Besitz- und Herrschaftsrechte der Bischofskirchen amtsrechtl. und nicht familienrechtl. zu begründen. In ihrer Rekuperationspolitik wurden sie durch die Regalienpolitik der stauf. Ks. unterstützt. Doch führten beide schließlich zu einer Überspannung der herrschaftl.-weltl. Stellung der Bf.e und zu einer Entfremdung des niederen Adels und einiger Teile der Bauern- und Stadtbevölkerung. Das gab der häret. Bewegung der → Albigenser auch in der Prov. A. Auftrieb. Gegen sie richteten sich die Bestimmungen der Synoden von 1205, 1211, 1234, 1236 und 1246. R. Kaiser

Seit Mitte des 13. Jh. und bes. nach der Verlegung des Papstsitzes nach Avignon (→ Kurie, röm. in Avignon) spielte A. eine bedeutende Rolle in der Politik der Kurie wie in der des Kgr.es Sizilien-Neapel-Provence. Der Bischofssitz wurde mehr als jeder andere mit einflußreichen Mitgliedern der Kurie besetzt, von denen sich die meisten wenig in A. aufhielten. Unter den Ebf.en dieser Epoche sind als historisch bedeutende Persönlichkeiten u. a. zu nennen: Bertrand de → Saint-Martin (1266-73), Rostang de Capra (1286-1303), Pierre de → Ferrières (1304-07), Arnaud de → Falguières (1308-10), der schließlich sein Bm. durch seinen Bruder Gaillard de → Falguières administrieren ließ, Étienne und Guillaume de → La Garde (1351-60, 1361-74), Pierre de → Cros (1374-88), der beim Ausbruch des → Abendländischen Schismas eine entscheidende Rolle spielte und sich trotz der Absetzung durch Urban VI. in seiner Diöz. zu behaupten vermochte. Sein Nachfolger war François de → Conzié (1388-90). Nach Jean de → Rochechouart (1390-98) ließ Benedikt XIII. den Bischofssitz vakant (1390-98); er wurde durch Administratoren verwaltet.

Im 14./15. Jh. versuchten die Ebf.e v. A. zusammen mit denen von Aix und Embrun auf mehreren Synoden (so 1325, 1337, 1365, 1453) die kirchl. Disziplin zu festigen.

Das 15. Jh. sah auf dem Bischofssitz von A. so bedeutende Prälaten wie Jean de → Brogny (1410-23) und Louis → Aleman (seit 1432), der wegen seines aktiven Auftretens auf dem Konzil v. → Basel, wo er als entschiedener Anhänger des → Konziliarismus den Gegenpapst Felix V. unterstützte, von Eugen IV. 1440 seiner Würden (und damit auch des Bm.s A.) enthoben wurde. Zehn Jahre lang verwalteten verschiedene Würdenträger das Bm., bis Louis Aleman 1449 seine Wiedereinsetzung erlangte. Um das Grab des Bf.s († 1450 in Salon, 1527 seliggesprochen) entfaltete sich eine Volkswallfahrt, die im ganzen Rhônetal Verbreitung fand. Als Ebf.e des späten 15. Jh. sind zu nennen: Pierre de → Foix (d. Ä.) (1450-62), Philippe de → Lévis de Quélus (1463-75) und sein Bruder Eustache de → Lévis (1476-89), der Karl VIII. bei seinem Einzug in die Provence empfing. Nicola Cibo, ein Vetter Innozenz' VIII., der die Bischofswürde 1489-99 innehatte, ließ das Bm. seit 1493 durch den späteren Kard. Hippolyto d'Este verwalten.

1475 wurde auf Kosten der Provinz A. die Kirchenprovinz → Avignon mit den Suffraganen Vaison, Carpentras und Cavaillon geschaffen. A. unterstanden damit nur noch die beiden Enklaven St-Paul-Trois-Châteaux und Orange sowie Marseille und Toulon (→ Arelat, → Burgund, → Provence). Aufgrund des Konkordates von 1516 erhielt der frz. Kg. das Nominationsrecht für Arles. R.-H. Bautier

Lit.: LAW, 289 – RE II, 1, 633-635 – GChrNov III – P. FOURNIER, Le royaume d'A. et de Vienne (1138-1378), 1891 – F. KIENER, Verfassungsgesch. der Provence seit der Ostgotenherrschaft bis zur Errichtung der Konsulate, 1900 – R. POUPARDIN, Le royaume de Provence sous les Carolingiens (855-933?), 1901 – DERS., Le royaume de Bourgogne (888-1038), 1907 – G. DE MANTEYER, La Provence du Ier au XIIe s., 1908 – L. A. CONSTANS, A. antique, 1921 – R. BUCHNER, Die Provence in merow. Zeit, 1933 – F. BENOÎT, A. (Les Bouches-du-Rhône. Encyclopédie départementale XIV, 1935), 561-633 – DERS., Sarcophages paléochrétiens d'A. et de Marseille, 1954 – E. ENGELMANN, Zur städt. Volksbewegung in Südfrankreich. Kommunefreiheit und Gesellschaft. A. 1200-1250, 1959 – P.-A. FÉVRIER, Le dévelopment urbain en Provence de l'époque romaine à la fin du XIVe s., 1964 – G. LANGGAERTNER, Die Gallienpolitik der Päpste im 5. und 6. Jh. Eine Stud. über den apostol. Vikariat v. A., 1964 – L. STOUFF, Trois dénombrements de la population arlésienne aux XIIIe, XIVe et XVe s., Bull. philol. et hist. 1962 (1965) 275-292 – BRÜHL, Palatium I, 234-244 – J.-P. POLY, La Provence et la société féodale (879-1166), 1976.

Arles, Synode v. (314) → Donatisten

Arles-sur-Tech, ö Ste-Marie, ehem. Benediktinerabtei in S-Frankreich, Cerdagne (Dép. Pyrénées-Orientales). Im letzten Viertel des 8. Jh. gegr., lag sie ursprgl. in der Nähe gallo-röm. Thermen bei den heut. Ort Amélies-les-Bains (ca. 4 km von heut. Standort entfernt). Ludwig d. Fr. verlieh dem Kl. 820 Immunität und das Recht der freien Abtwahl; eine Bestätigung dieser Privilegien erfolgte 844 und 869 durch Karl den Kahlen. Die Abtei wurde, wohl infolge der norm. Zerstörung 858, bald darauf an den heut. Standort verlegt.

Durch eine (möglicherweise allerdings verfälschte) Urkunde Sergius' IV. von 1011 (JL 3977) erhielt A. Exemtion. Am Ende des 11. Jh. wurde das Kl. an → Moissac angeschlossen. Im 12. Jh. erfolgte eine Ummauerung. In dieser Zeit verfügte A. über bescheidenen weltl. Besitz. V. a. als Folge der zahlreichen Kriege, unter denen das Gebiet zu leiden hatte, verfiel das Kl. allmählich (1592 mit St-André-de-Sorède uniert). Der letzte Regularabt von A. starb 1722. E. Magnou-Nortier

Q.: F. MONSALVATJE Y FOSSAS, Noticias históricas VII. Monasterio de Santa Maria de A., 1896 – Catalunya Carolingia II. Els diplomes carolingis a Catalunya, hg. R. D'ABADAL, I, 1926-50, 20-39 – Lit.: DHGE IV, 243-246 – P. PONSICH, Les origines de l'abbaye A., Études Roussillonaises 4, 1954-55, 69-99 – DERS., L'abbaye Ste-Marie d'A. (Congr. archéol. de France, CXIIe session. Le Roussillon, 1955), 347-377 – J. J. BAUER, Rechtsverhältnisse der katal. Kl. von der Mitte des 10. Jh. bis zur Einführung der Kirchenreform (SFGG. GAKGS 22, 1965), bes. 33 ff. – DERS., Rechtsverhältnisse der katal. Kl. in ihren Klosterverbänden (9.-12. Jh.) (ebd. 23, 1967), bes. 17 ff. – O. ENGELS, Schutzgedanke und Landesherrschaft im ö. Pyrenäenraum, 1970 – E. MAGNOU-NORTIER, La société laïque et l'Église dans la province ecclésiastique de Narbonne, 1974.

Arlon

I. Stadt und Territorium – II. Grafenhaus.

I. STADT UND TERRITORIUM: Arlon (ndl. Aarlen, dt. Arel) im heut. Belgien (Prov. Luxemburg), in röm. Zeit *Orolaunum,* vicus in günstiger Verkehrslage (Kreuzung der Straßen Reims-Trier, Metz-Tongern) und Vorort eines pagus der Treverer. – Die Siedlung, 870 wieder erwähnt, war um 1000 Hauptort des *Pagus Arrelensis* sowie der gleichnamigen Gft. und späteren Mgft. (vgl Abschnitt II), die, Lehen des Ebm. s. Trier, nach Größe und Bedeutung nicht mit anderen Mgft.en des Reiches vergleichbar, mit ihren Ausläufern bis zur unteren Sauer und zur Mosel reichte. Die Burg A. erhob sich mitten im verfallenden oppidum. A. wurde von Heinrich IV. v. Luxemburg 1172 belagert. Infolge der Heiratsverbindung Walrams III. v. Limburg († 1226) mit Ermesinde v. Luxemburg fielen Ort und Mgft. A. im 13. Jh. an → Luxemburg. – In der Stadt A. sind für 1251 Zoll und städt. Halle erwähnt. Ohne im Besitz eines Freiheitsbriefs zu sein, verwaltete sich die Stadt selbst: Richter und Oligarchie der sieben Schöffen bildeten das Stadtregiment (1268 bezeugt). Doch setzten die vier Zünfte durch, daß alle zwei Jahre der Richter aus der Bürgerschaft gewählt wurde. Die Ringmauer, vor 1309 errichtet, bezog das 1291 gegr. Karmeliter-Kl. ein. Die Pfarrkirche (vor 500 gegr.) blieb extra muros (zerstört 1558). Das Schloß, Wohnsitz der → Elisabeth v. Görlitz und Tagungsort der Landstände 1411 und 1436, wurde 1443 durch Hzg. Philipp den Guten besetzt.

R. Petit (mit H.-W. Herrmann)

II. GRAFENHAUS: Die Gf.en bzw. Mgf.en v. A. werden von einer Linie der → Konradiner abgeleitet. Erster Namensträger ist der 1052 belegte Gf. Walram, der mit Adelheid, einer Tochter Hzg. Dietrichs I. v. Oberlothringen verheiratet war. Sein Sohn (?) Udo Walram vermählte sich mit Judith, der Tochter Hzg. Friedrichs v. → Niederlothringen, erbaute auf von seinem Schwiegervater lehenrührigem Gut die Burg Limburg und wurde Stammvater der Hzg. e v. → Limburg, die sich im 12. Jh. nach A. nannten. H.-W. Herrmann

Lit.: KL. PAULY IV, 347 – WURTH-PAQUET, État des seigneuries et bien fiefs dépendants du marquisat d'A, dressé en février 1480, Annales de la Société pour la Conservation des Monuments Hist. et des oeuvres d'Art dans la Province de Luxembourg, 1852, 210–216 – J. SCHOOS, Le développement politique et territorial du pays de Luxembourg dans la première moitié du XIIIe s., 1950 – A. BERTRANG, Hist. d'A., 1953² – E. BOSHOF, Das Erzstift Trier und seine Stellung zu Kgr. und Papsttum im ausgehenden 10. Jh., 1972, 40 – W. MOHR, Gesch. des Hzm.s Lothringen II, 1976, 12f.

Arma Christi, Leidens- oder Passionswerkzeuge, als Symbol der Leiden Christi dargestellte Gegenstände, die mit der → Passion Christi (Gefangennahme, Verurteilung, Kreuzigung) zusammenhängen: z. B. Kreuz, Titulus, Dornenkrone, Lanze, Stab mit Essigschwamm, Martersäule, Geißel, Rute, Fesseln, vier bzw. drei Nägel, Hammer, Leiter, Zange, drei Würfel, Purpurrock, Silberlinge des Judas, Kanne für die Handwaschung des Pilatus, Schweißtuch der Veronika. Die A. erscheinen zumeist in Themenkreisen, die die Wiederkunft Christi, die Parusie und das → Weltgericht behandeln. Früheste gesicherte Darstellung im Utrecht-Psalter, fol. 12r, 1. Hälfte 9. Jh. Ursprgl. Triumph- und Majestätszeichen des erhöhten Christus; im 12./13. Jh. veränderte sich die Auffassung zu Zeichen der Passion. Im 14. Jh. werden Darstellungen der isolierten A. als Andachtsbilder häufig. Umgeben sie den leidenden Christus als Schmerzensmann, dann demonstrieren sie die Universalität des Leidens. Als Illustration der Gregorsmesse gelangen die A. in den Zusammenhang der Feier der Eucharistie. G. Binding

Lit.: LCl I, 183–187 – R. BERLINER, Arma Christi, MüJb 6, 1955, 33–152.

Armagh (ir. Ard-Macha), Grafschaftshauptstadt in Nordirland, Sitz eines röm.-kath. und eines anglikan. Ebf.s, die ihren Anspruch vom hl. → Patrick ableiten. Daß Patrick in A. eine Kirche gegründet hat, kann als sicher angenommen werden, obgleich er in seinen »Confessiones« A. nicht erwähnt; im 7. Jh. wurde die Gründungsgeschichte von Muirchu und der Primatanspruch von A. über die ir. Kirche von Tirechan, den Patricksbiographen, dargelegt. (Auf dem Festland kommt der Name A. erstmalig Ende des 9. Jh. in dem auf Patrick bezügl. ir. Satz in der Vita des hl. Fintan v. Rheinau vor.) Die Kirche von A. wurde schon vor 500 wie andere ir. monastisch (Liste der Abt-Bf.e bis 1200 vgl. Proc. R. Ir. Academy 35 C, 1919, 316–362). Ein Brief des (späteren Papstes) Johannes (IV.) an die Geistlichkeit im Nordteil Irlands erwähnt Tomianus, Bf. v. A. 623–661. A. war das Zentrum der paruchia Patricii, einer sich über ganz Irland erstreckenden Klostergemeinschaft. Mindestens seit dem 8. Jh. erhob A. eine Steuer von anderen ir. Kl., welche u. a. zum Unterhalt einer Schule diente, die neben geistiger und geistl. auch künstler. Bildung vermittelte (vgl. den reich illustrierten Liber Ardmachanus, 11. Jh.; →»Book of Armagh«). A. hatte viel durch Feuersbrünste sowie unter Überfällen von Dänen und Normannen zu leiden, erhielt aber Unterstützung durch die Hochkönige, insbes. 1106 durch → Brian Bóru. Der hl. Bf. → Cellach (Celsus) beseitigte 1110 die Beherrschung des Sitzes durch Laien. Neben A. wurden 1138 → Cashel und 1152 → Dublin und Tuam Ebm. er. Papst Lucius III. beschränkte 1183 den Primat v. A. und legte damit den Grund für lang dauernde Zwistigkeiten zw. Dublin und A. Armagh hatte eine der ältesten Steinkirchen in Irland. Um 1270 wurde die Kathedrale erbaut. Seit Ende des 13. Jh. waren nur Anglo-Normannen Ebf.e.

Klöster: Ein culdeisches Priorat in A. ist zuerst 921 bezeugt. Die Culdeer waren in der alten Konventsgemeinschaft für Gottesdienstgestaltung, Unterhalt der kirchl. Gebäude und Fürsorge für Arme und Kranke verantwortl.; ihre Tradition dauerte bis zur Reformation. Anfang des 12. Jh. wurde die Abtei St. Peter und Paul gegründet; unter dem hl. Ebf. → Malachias übernahm sie die Augustinerchorherrenregel und schloß sich als erstes ir. Kl. der Kongregation v. → Arrouaise an. Dies taten auch die zwei Frauenklöster in A., die ihren Ursprung ebenfalls auf Patrick zurückführten. Seit 1260 gab es in A. ein Franziskanerkloster. Alle diese Kl. wurden im 16. Jh. gewaltsam aufgehoben. J. Hennig

Lit.: J. F. KENNEY, The sources for the early hist. of Ireland I, 1929, 319 ff. – J. HENNIG (Seanchas Ardmacha, 1962), 76–86 – L. BIELER (AAWW, 1965), 207–223 – A. GWYNN–R. N. HADCOCK, Medieval religious houses, Ireland, 1970, 29, 59, 157, 242, 312.

Armagnac, Gft. in SW-Frankreich (heute Dép. Gers), deren Gebiet im 14./15. Jh. durch Erwerbungen zahlreicher weiterer Gft.en und Herrschaften erweitert wurde, so daß ein bedeutendes Fürstentum entstand.

Am Anfang dieser territorialen Entwicklung stand die Abtrennung des ursprgl. Grafschaftsgebietes von der Gft. → Fezensac (960/965) zugunsten eines jüngeren Sohnes Bernhard. Die erste Burg war Aignan; darauf wurde Nogaro, das um 1060 durch den Ebf. v. Auch, Austindus, gegr. wurde, zum Marktort. Bernhard II., gen. Tumapaler, beanspruchte 1040 als Enkel der Brisca die Nachfolge im Hzm. → Gascogne, um die er bis etwa 1062/65 Krieg führte, bis er schließlich von Wilhelm VII. v. → Poitou besiegt wurde. Um 1140 vereinigte Gf. Geraldus (auch: Giraldus; Géraud III.) erneut Armagnac und Fezensac; die beiden Gft. en umfaßten nun den gesamten n. Teil des Bm.s Auch. Die Erbfolge Gérauds IV. (1219) führte zu mehreren Konflikten, schließlich vermochte Géraud V. Armagnac und Fezensac zu behaupten, trennte jedoch die vicomté Fezensaguet als Apanage für seinen jüngeren Sohn Gaston ab (1285). Die Frage der Lehnsabhängigkeit dieser ersten Gf.en ist weitgehend ungeklärt. Am Ende des 11. Jh. und im 12. Jh. scheinen sie den Ebf. v. → Aquitanien unterstanden zu haben. Die Art des Lehnsverhältnisses, die Bernard III. und seine Nachfolger an die Ebf.e v. Auch band, ist dabei unsicher. Géraud IV. huldigte 1215 Simon v. → Montfort, Gf. v. → Toulouse (→ Albigenser). → Alfons v. Poitiers versuchte mehrfach, Géraud V., der zur anglo-gascognischen Sache zurückgekehrt war, seiner Lehnshoheit zu unterstellen.

Die Heirat Bernards VI. mit Cäcilie, der Erbin Heinrichs II., Gf.en v. → Rodez, brachte 1304 diese Gft. an das Haus Armagnac. Damit begann ein steiler Aufstieg der Dynastie. Während des ganzen 14./15. Jh. strebten die Gf.en mit allen Mitteln – Heiratspolitik, Kauf, aber auch Raub und gewaltsamer Eroberung – nach Ausweitung ihres Kerngebietes. Die wichtigsten Erwerbungen waren: Brulhois (1304), Rivière (1306), Lomagne und Auvillar (1325), Gaure (1354), Quatre-Vallées (1398), Pardiac (1403), L'Isle-Jourdain und Gimois (1421) im S der Garonne; Quatre-Châtellenies du Rouergue (1374), ferner mehrere vicomtés und Herrschaften in der Haute-Auvergne und im Rouergue sowie einige Herrschaften im Agenais, Quercy und Albigeois im N der Garonne. Durch diese expansive Politik verdoppelte sich der ursprgl. Umfang der Gft.en; allerdings stand dieses »Staatsgebilde« durch seine Zersplitterung auf schwachen Füßen. Um ihre Politik abzusichern, stützten sich die Gf.en v. A. im allgemeinen auf das frz. Königtum. Wenn sich Johann I. auch genötigt sah, dem »Schwarzen Prinzen« als vom engl. Kg. in → Aquitanien eingesetzten Fs.en 1364 den Lehnseid zu leisten, so war er doch 1368 der erste »appelant« an das Parlament v. Paris (→ Hundertjähriger Krieg). Bes. Bernhard VII. (1391-1418), durch seine Heirat mit Bonne v. Berry und die Ehe seiner Tochter Bonne mit Charles d' Orléans eng dem frz. Königshaus verbunden, wurde zum Führer der Armagnacs und erhielt das Amt des *connétable de France* (→Armagnacs et Bourguignons). Im S. rivalisierte indessen das Haus A. mit den Gf.en v. → Foix-Béarn um den Besitz der Gft.en Bigorre und Comminges. Johann I. wurde von Gaston Phoebus (Gaston Fébus) in der Schlacht v. Launac (1362) vernichtend geschlagen, und die Gf.en v. Béarn trugen am Ende den Sieg davon.

Seit dem 13./14. Jh. zeichneten sich Ansätze zu einer Verwaltungsorganisation ab, die von der Person des Gf.en und seiner unmittelbaren Hofhaltung gelöst ist. Es begegnen ein ständiger Rat *(Conseil permanent)*, ein Seneschall (1259), der in der Lectoure oder Auch residiert, später auch Seneschälle für Rodez und Aure, schließlich die drei Stände *(Trois États)* v. A. und eine Reihe von Richtern und → *bayles* mit lokalen Befugnissen.

1455 ergab sich für Kg. Karl VII. die Gelegenheit, gegen Gf. Johann V. in der Gascogne einzugreifen, mit dem Ziel, die Selbständigkeit des Gf.en v. A. zu beseitigen. Der Gf. hatte sich durch eine Reihe von Maßnahmen ins Unrecht gesetzt: so hatte er gegen die Einverleibung des Gft. Comminges in Kronbesitz protestiert und sich Übergriffe gegen den neuen, vom Papst ernannten Ebf. v. Auch zuschulden kommen lassen. Darüber hinaus erregte seine inzestuöse Verbindung mit seiner Schwester Isabella einen Skandal. Im Mai 1455 marschierte eine kgl. Armee in die Territorien des Gf.en ein und belagerte Lectoure; Johann V. floh nach Katalonien. In einem Strafprozeß vor dem Pariser Parlament wurde der Gf. wegen Majestätsverletzung, Blutschande, Rebellion und Ungehorsam geächtet., seine Güter konfisziert (1460). Nach dem Tod Karls VII. gelang es Johann V., bei Ludwig XI. wieder Gnade zu finden. Doch begannen bald neue Konflikte: Unter dem Vorwurf des Verrats zugunsten des Kg.s v. England wurde eine weitere Strafexpedition eingeleitet; bei der Belagerung von Lectoure fand Johann V. den Tod (1473). Die Ländereien des Gf.en wurden unter den Getreuen des Kg.s aufgeteilt. Der jüngere Sohn Johanns V., Karl, erreichte nach mehreren in der Bastille verbrachten Jahren die Restitution in den Familienbesitz (1484). Als letzter männl. Vertreter des Geschlechts hinterließ er bei seinem Tod (1497) ein unentwirrbares Knäuel von Erbansprüchen. Das Erlöschen der seit mehreren Jahrhunderten bestehenden Grafendynastie war ein Sinnbild für den unwiderruflichen Sieg der kgl. frz. Zentralgewalt. Die Gft. A. ging 1525 an das Haus → Albret über und wurde durch Heinrich IV. mit der Krone vereinigt.   Ch. Higounet

Lit.: DOM BRUGÈLES, Chroniques eccl. du dioc. d'Auch, 1746, 519-533 – J. J. MONLEZUN, Hist. de la Gascogne II, 1846-50 – Hist. de Languedoc XII, 300-302 – J. DE JAURGAIN, La Vasconie. Étude hist. et critique II, 1902, 29-36, 143-155 – CH. SAMARAN, La maison d'A. au XVe s. et les dernières luttes de la féodalité dans le Midi de la France, 1907 – DERS., Les institutions féodales de la Gascogne au MA (F. LOT, R. FAWTIER, Hist. des inst. françaises au MA, 1957), I, 185-207.

Armagnacs et Bourguignons, Parteien im Frankreich des frühen 15. Jh., benannt nach ihren Führern: die A. nach Gf. Bernhard VII. v. Armagnac, der mit dem Haus Orléans verschwägert war (daher auch häufige Bezeichnung der A. als *Parti d'Orléans*); die B. nach den Hzg.en v. Burgund. Die Spaltung in zwei sich erbittert bekämpfende Lager wurzelte in der Rivalität von Mitgliedern der kgl. Familie nach dem Tod Kg. Karls V. Schon während der Minderjährigkeit Karls VI., für den seine Onkel die Regentschaft führten (1380-88), zeigten sich starke Gegensätze, die sich nach dem Ausbruch der Geisteskrankheit des Kg.s (1392) noch verschärften, bes. als der jüngere Bruder des Kg.s, Ludwig, Hzg. v. Orléans, die polit. Bühne betrat. Ludwig benötigte hohe Geldsummen für seine aufwendige Lebensweise, die ihn bald unbeliebt machen sollte. Demgegenüber sah sich sein Onkel, Hzg. Philipp der Kühne v. Burgund, nicht in der Lage, seine Territorien zu regieren, ohne über die dortigen Fiskaleinnahmen der Krone zu verfügen. Die beiden Hzg.e gerieten in Gegensatz durch ihr Bestreben, sich eine dominierende Stellung im *Conseil royal* zu verschaffen, die Kontrolle über die Finanzen des Kgr.es an sich zu ziehen und bestimmenden Einfluß auf die frz. Außenpolitik und Diplomatie zu erlangen. Ein anderer Onkel des Kg.s, Johann v. Berry, schwankte zw. beiden Lagern und spielte ztw. die Rolle des Vermittlers.

Unterstützt durch Kgn. Isabella, errangen der Orléans und seine Parteigänger zunächst die Macht; sie vermochten, bes. nach dem Tod Philipps des Kühnen (1404), die B. von polit. Einfluß fernzuhalten. Angesichts der Verschwendungssucht Ludwigs v. Orléans verstand es Philipps Sohn, Hzg. Johann »Ohnefurcht«, jedoch, als Vorkämpfer von Verwaltungs- und Finanzreformen aufzutreten. Er gewann die Sympathien reformfreundlicher Kreise im Parlament und an der Pariser Universität, die im übrigen auch Gegner der Parteinahme Ludwigs v. Orléans für Papst Benedikt XIII. während des großen → Abendländischen Schismas waren. Die Ermordung Ludwigs v. Orléans am 23. Nov. 1407 durch Anhänger Johanns trieb den Parteienkampf auf einen ersten Höhepunkt; dieses Attentat, das vom Pariser Theologen Jean → Petit als Tyrannenmord öffentl. gerechtfertigt wurde (→Widerstandsrecht, → Johannes Gerson), vermochte bei den nüchtern denkenden Parisern zunächst noch keine Unruhen oder Revolten zugunsten der B. auszulösen. 1413 jedoch gewannen die B. die Oberhand: Paris, das sich ihnen angeschlossen hatte, erhielt seine städt. Freiheiten zurück, die es nach dem Aufstand der Maillotins (1382) verloren hatte; die Generalstände des n. Frankreich *(États généraux de Langue d'Oil)* wurden berufen, um das Kgr. zu reformieren (→ Stände). Unter dem Einfluß dieser Reformbewegung wurde im Namen des Kg.s eine umfassende Gesetzgebung zur Neuordnung des Verwaltungs- und Gerichtswesens eingeleitet (sog. → »Ordonnance cabochienne«, 26./27. Mai 1413).

Gleichzeitig griffen in Paris soziale Unruhen und Demagogie um sich: Wirkl. oder vermeintl. Anhänger der Orléans wurden ermordet, eingekerkert oder verjagt; bewaffnete Haufen, v.a. aus Mitgliedern der Fleischerzunft, verübten Ausschreitungen; unter ihnen war der Abdecker → Caboche. Hauptsächl. dieser Terror führte dazu, daß die Gemäßigten (u.a. auch die einflußreichen Universitätskreise) von den B. abrückten und sich der Partei der Orléans, die außerhalb von Paris ihre Kräfte reorganisierte, näherten. Sie hatte in Gf. Bernhard VII. v. Armagnac (1391 bis 1418), dem Schwiegervater Hzg. Karls v. Orléans, einen neuen Führer gefunden, der über eine gefürchtete Truppe von Söldnern, zumeist aus seiner Heimat, gebot. (Armagnacs blieb als Bezeichnung der frz. Söldnerheere verbreitet; → Armagnaken, → Söldnerwesen.) Im Aug. 1413 gelang es den A., Paris wieder einzunehmen; sie übten nun ihrerseits Terror an ihren Gegnern; die von den Generalständen begonnenen Reformen, die in Wahrheit vorwiegend eine kluge Rückkehr zu den alten Verwaltungs- und Gerichtspraktiken gewesen waren, wurden als »cabochiennes« geschmäht und aufgehoben.

1415 landeten die Engländer an der Seinemündung und schlugen das frz. Heer bei Azincourt vernichtend. Begünstigt durch die allgemeine polit. Krise und durch Unruhen der Pariser Bevölkerung, die unter dem hohen Steuerdruck der armagnachischen Herrschaft litt, konnten die Truppen des Burgunders 1418 durch Verrat wieder in die Hauptstadt eindringen. Diesem Machtwechsel folgten neue Massaker, Verfolgungen und Verbannungen. Nachdem sich die aus Paris entflohenen A. unter Führung des Dauphins Karl (des späteren Karl VII.) nach → Bourges zurückgezogen hatten, von wo aus sie eine Wiederherstellung der kgl. Macht betrieben, führte Johann Verhandlungen mit dem Dauphin über ein mögl. gemeinsames Vorgehen; vielleicht wollte er auf diese Weise von seiner einseitigen Bindung an England loskommen. Er wurde am 10. Sept. 1419 auf der Brücke von Montereau bei einer Zusammenkunft mit dem Dauphin von dessen Begleitern ermordet. Sein Nachfolger, Hzg. Philipp der Gute, schloß sich nun vollständig den Engländern an, öffnete ihnen die Tore von Paris und brachte den Vertrag v. → Troyes zustande (Mai 1420), durch den Heinrich V. v. England zum Schwiegersohn und Erben Kg. Karls VI. wurde. Noch 15 Jahre lang behandelte das engl.-burg. Frankreich Karl VII., den »roi de Bourges«, und seine Anhänger als »Armagnacs«. Doch schwand die frz. Anhängerschaft der B., sobald sich herausstellte, daß Philipp der Gute keine Reform des Kgr.es anstrebte, sondern nur seine burg.-niederländ. Staatsinteressen verfolgte. Dabei muß der Aufstieg des Hauses Burgund als eine der bedeutendsten Konsequenzen der Parteikämpfe zw. A. und B. angesehen werden.

Nach dem Vertrag v. → Arras (1435) gab es »Armagnacs« und »Bourguignons« als frz. Parteien nicht mehr; jetzt standen nur noch Franzosen unmittelbar den Engländern gegenüber. → Frankreich, → Burgund, → Paris, → Hundertjähriger Krieg.
J. Favier

Lit.: J. Calmette-E. Déprez, La France et l'Angleterre en conflit, 1937 (Hist. générale, dir. G. Glotz - Hist. du MA VII, 1) - J. d'Avout, La querelle des A. et des B., Hist. d'une crise d'autorité, 1943 - J. Favier, Paris au XVe s., 1974 - A. Leguai, La guerre de cent ans, 1974.

Armagnaken, bes. seit dem Frieden v. → Arras 1435 freigewordene Söldnerkompanien im Dienste des frz. Kgtm.s (→ Hundertjähriger Krieg). Aus verschiedenen Ländern stammend, vorwiegend beritten und mit beachtl., auf Waffenbrüderschaft und Kompetenz des Kapitäns beruhendem Integrationsstand. Allgemein *écorcheurs* (Schinder) oder *routiers* genannt. Der Name A., auf die frz. Partei der Armagnacs (→ Armagnacs et Bourguignons) übertragen, hat sich für Schinder dort erhalten, wo die ursprgl. Parteibezeichnung wenig geläufig war, oft mundartl. verfärbt und verballhornt (lothring.-wallon.: *Arminacs, Herminaux, Erminaques*: elsäss.: *Armenjeken, Arme Gecken*; schweiz.: *Schnaggen*). Die Armagnakenzüge entstanden aus der Notwendigkeit für die frz. Führung, jederzeit über kurzfristig einsetzbares Kriegsvolk zu verfügen, ohne daß eine regelmäßige Besoldung dieser Truppen gewährleistet werden konnte. Die A. wurden daher vorübergehend auch an fremde Kriegsparteien (lothring. Erbfolgestreit, Alter Zürichkrieg) abgegeben oder in benachbarte Gebiete abgeschoben, wo sie für ihren Unterhalt selber sorgten, bei der Verrohung der Truppe mit furchtbaren Folgen für die Bevölkerung. Die seit 1439 einsetzenden Versuche unter Karl VII., sie durch Heeresreformen (Ordonnances) unter Kontrolle zu bekommen, scheiterten am Widerstand des großen Herren (→ Praguerie). 1444 sollten die A. unter Führung des Dauphins gegen die Schweizer vorgehen (Alter → Zürichkrieg). Doch führte die Schlacht von St. Jakob an der Birs vor Basel (26. Aug. 1444) zum Abbruch der Unternehmung (Friede v. Ensisheim, 28. Okt. 1444). Mit der Ordonnance Karls VII. von 1445 fand das Treiben der A. ein Ende. Zahlenmäßig dürften die A. erhebl. überschätzt worden sein (Lot, 173; Vergleichsmaterial bei Contamine).
G.P. Marchal

Lit.: J. Burckhardt, Über die Lage Frankreichs z. Zt. des Armagnakenzuges 1444 (Ders., Gesamtausg. 14, 1933), 42-56 - A. Tuetey, Les Écorcheurs sous Charles VII, Épisodes de l'hist. militaire de la France au XVe s. d'après des documents inédits, 2 Bde, 1874 - X. Mossmann, Matériaux pour servir à l'hist. de l'invasion des A. en Alsace, Rev. d'Alsace NS 4, 1875, 145-192 - J. de la Poix de Fréminville, Les Écorcheurs en Bourgogne 1435-1445. Études sur les compagnies franches au XVe s., 1888 - H. Witte, Die A. im Elsaß 1439-1445. Beitr. zur Landes- und Volkskunde v. Elsaß-Lothringen 3, 1892 - M. Moeder, Mulhouse pendant la guerre de A., Rev. d'Alsace 72, 1925, 545-570 - Gedenkbuch zur Fünfhundertjahrfeier der Schlacht bei St. Jakob an der Birs, hg. Hist. Antiquar. Ges. zu Basel, 1944 [mit Lit.] - F. Lot, L'art militaire et les armées au MA II, 1946, 62-77 - Ph. Contamine, Guerre, État et société à la fin du MA. Étude sur les armées des rois de France, 1337-1494, 1972 [Lit.] - Hb. der Schweizer Gesch. I, 1972, 299-301 [Lit.] - H. Berger, Der Alte Zürichkrieg im Rahmen der europ. Politik [Diss. Zürich 1978].

Armarium, Schrank zur Aufnahme verschiedener Gerätschaften, seit dem 12. Jh. zur Aufnahme des Allerheiligsten, von Reliquien, hl. Geräten (Schrank v. Halberstadt) und Paramenten zumeist als Wandschrank oder Nische in die n. Chormauer eingelassen und mit Gitter oder Holztüren verschlossen, bes. aus dem 14./15. Jh. erhalten. Vom Bücherschrank (Mausoleum der Galla Placidia, Ravenna, Laurentius-Mosaik, 5. Jh., Cod. Amiatinus, Bibl Laurenziana, Fol. 5 A, 8. Jh.) ist die Bezeichnung auch auf Bibliothek (→ Kloster) und Archiv sowie auf die Sakristei übergegangen.
G. Binding

Lit.: LThK² I, 867 - RDK I, 1051f. - K. Weitzmann, Die Malerei des Halberstädter Schrankes und ihre Beziehung zum Osten. Mit einem Anh. v. R. Kroos, ZK 41, H. 3/4, 1978, 258-282.

Armatura alla Romana, aus dem 16. Jh. (der Rüstkammer Karls V.) überlieferte Bezeichnung für einen Prunkharnisch, der die spätantike Rüstung mit Muskelpanzer und Epauletten oder mit Schuppenküraß nachahmte. Solche Rüstungen kamen in Italien aus der byz. Überlieferung und lassen sich das ganze MA hindurch nachweisen. Die bekannteste Darstellung ist wohl Donatellos St. Georg vom Or Sanmichele in Florenz. In Frankreich taucht die A. bildl. nach dem 4. Kreuzzug auf (Chartres, Nordportal; Reims, Innenwand; ebenso in Deutschland (Fresken von St. Gereon in Köln u. a.). Bes. phantast. gestaltet erscheint die A. auf Bildwerken des 15. Jh., z. B. bei Jan van Eyck und Verrocchio. Sicherlich hat es Prunkrüstungen dieser Art aus Eisen, Leder, Samt und vergoldetem Messing tatsächl. gegeben, jedoch ist vieles an den bildl. Wiedergaben der A. unrealisierbare künstler. Phantasie. O. Gamber

Lit.: VALENCIA DE DON JUAN, Catalogo... de la Real Armeria de Madrid, 1898, 64ff.

Armbrust

I. Geschichte – II. Einteilung – III. Konstruktion – IV. Zubehör.

I. GESCHICHTE: Am Beginn des FrühMA wurde der gr. *gastraphetes* nicht mehr erwähnt. Nur die röm. A. ist im Kriegsbuch des Flavius Vegetius Renatus und in den Steinreliefs von Puy und Solignac dreimal dokumentiert. Sie wurde zunächst als arcubalista, manubalista oder balista bezeichnet. Landessprachl. Bezeichnungen wie *arbaleste*, *arbalète*, *armbrost*, *armbrust*, *armst*, *armborst*, *crossbow* und *balestra* folgten. Beide auf den erwähnten Steinreliefs dargestellten Armbrustsäulen enden sogleich hinter dem Zapfenschloß, sind also ohne Kolben. Wahrscheinl. besaßen beide Waffen Hornbogen, Bolzenrinnen und Zapfenschloß. Abzugstangen sind jedoch nicht erkennbar. Bis zum Ende des FrühMA fehlt jeder weitere Bericht über die A. Erst am Ende des 10. Jh. erwähnt sie → Richer v. Reims in seinen »Historiae« mehrmals. Zur gleichen Zeit ergänzt Haimo v. Auxerre mit seiner Darstellung zweier Armbrustschützen in einer Bibelminiatur (Ms. lat. 12. 302, fol. 1, Bibl. Nat. Paris) gleichsam Richers Berichte. An den von Haimo gezeichneten A.n haben sich Hornbogen, Bolzenrinne und Zapfenschloß, wenn man sie mit der röm. A. vergleicht, wenig verändert. Nußschloß und Abzugstangen sind jedoch neu hinzugekommen, und die Säulen sind jetzt, ähnlich wie in einer Darstellung aus der »Biblia Sancti Petri Rodensis« um 1130 (Ms. lat. 6, 3. Bd., fol. 144 v, Bibl. Nat. Paris), etwas länger gehalten, enden also nicht unmittelbar hinter dem Schloß. Eine weitere Längenzunahme der Säule läßt sich aus den zahlreichen Darstellungen von Armbrustschützen im »Carmen de bello Siculo« des → Petrus de Ebulo um 1197 (Ms. 120, Stadtbibl. Bern) erkennen. Ihre Waffen tragen vorwiegend den einfachen großen Holzbogen, die Bolzen sind lang wie Pfeile. In der »Alexias« hat → Anna Komnene jene A., die sie durch den 1. Kreuzzug kennenlernte, geschildert. Beim Spannen hielt der vorgebeugt stehende Schütze den Bogen, wie es für die *primitive Armbrust* kennzeichnend ist, mit den Füßen am Boden fest und zog die Bogensehne mit den Händen ins Schloß. Bolzenrinne und kurzer Bolzen werden eigens erwähnt. In den ersten Jahrzehnten des 13. Jh. erlebte die A. eine sprunghafte Weiterentwicklung. Wurde die primitive A. noch mit Armzug gespannt, so wurde jetzt die Spannkraft des weit kräftigeren Beines dafür herangezogen (arcubalista ad unum pedem, arcubalista ad duos pedes). Dazu wurden einerseits der Steigbügel und ein eigener Spanngürtel mit Haken notwendig, andererseits war ein weit kräftigerer Bogen erforderlich, um die Kraft des Beines in die erwünschte bessere Schußleistung umsetzen zu können. Nur der neu konstruierte, schwer und plump wirkende Hornschichtbogen konnte dieser Aufgabe nachkommen. Der schlanke Hornbogen der primitiven A. war im Aussehen (Reflexform) und vermutl. auch im Aufbau dem als Handbogen verwendeten Hornbogen noch sehr ähnlich. Die Wandlung zum groben Hornbogen ist auf den Miniaturen des 13. Jh. gut erkennbar, und der ihm stets aufsitzende neue Steigbügel überragt die jetzt viel feiner wirkende Armbrustsäule. Da diese noch länger wurde, lag die Nuß bereits am Ende des vorderen Drittels der Säule.

1239 wird die neue A. in einem Mandat Friedrichs II. erwähnt; 1250, während des Kreuzzuges Ludwigs d. Hl., traten die Schützen allgemein *in den Bügel*. Nunmehr war die *Einfußarmbrust* die übliche Kriegs- und Jagdwaffe, die schwere *Zweifußarmbrust* (durch Strecken beider Beine zu spannen) wurde als *Wallarmbrust* an der Mauer und auf Schiffen eingesetzt und war als schwere Fernwaffe Nachfolger des antiken *gastraphetes*. Die neue A. war dem Kurzbogen überlegen und bald Anlaß zur Einführung des stärkeren Langbogens, der bei Crécy und Azincourt von den Engländern erfolgreich eingesetzt wurde (→ archers). Das trug zur Verbreitung der schweren Windarmbrust bei; schließlich beendete die Feuerwaffe im 15. Jh. das Wechselspiel. Am Beginn des 13. Jh. unterschieden sich bereits Jagdbolzen und Kriegsbolzen, bei Jagd- und Kriegsarmbrüsten wurde der Unterschied erst ab 1400 deutlich. Die Kriegsarmbrust war oft etwas schwerer, die Jagdwaffe schöner und aufwendiger ausgeführt. Der Forderung nach immer stärkeren Waffen entsprachen im 14. Jh. bessere Spannhilfen. Dazu wurden Hakenrollen für Seil und Riemen, Wippe und Geißfuß und schließlich die Winden entwickelt und eingeführt. Mit Beginn des 15. Jh. waren diese Vorbedingungen erfüllt, und der Stahlbogen konnte bes. in Westeuropa immer häufiger den Hornbogen ersetzen. Folgt man ALM, so lassen sich auf Grund der Konstruktionsmerkmale (→ Abschnitt III) von diesem Zeitpunkt an eine westeurop. und eine mitteleurop. A.-Form unterscheiden. Letztlich war auch die immer kräftiger werdende Kriegswaffe ab der Mitte des 14. Jh. der Feuerwaffe unterlegen und wurde am Ende des MA abgelegt. Die Jagdarmbrust wurde, anderen Erfordernissen folgend, weiterverwendet, aber nicht mehr verstärkt. Bes. bei der mitteleurop. A. wurde im 15. Jh. der Säulenteil hinter dem Schloß wieder deutlich kürzer, die Nuß lag fast in der Säulenmitte, die ganze Waffe wurde kleiner und kompakter, war aber eher schwerer. Reichte der Spannzug der Einfußarmbrust noch bis 1500 Newton (N), so war er jetzt auf ca. 5000 N angewachsen und wurde meist mittels Winden erzeugt. Nach diesem Höhepunkt in ihrer Entwicklung wird auch die Jagdwaffe bald zur Scheibenwaffe gewandelt und leichter. Schießübungen mit der A. werden schon bei Richer (10. Jh.) erwähnt; 1279 berichtet in Deutschland die »Schöppenchronik« von einem Vogelschießen. In vielen Städten gab es zur Verteidigung ein an der Scheibe übendes Schützenkorps (→ Schützen).

II. EINTEILUNG: Aus der benötigten Schußleistung und dem dazu erforderlichen Bogengewicht (die A. hatte etwa doppeltes Bogengewicht) hatten sich vier Größenklassen entwickelt. Die *Rüstung* oder *Wallarmbrust* mit einem Bogengewicht von etwa 6 kg, die *halbe Rüstung*, die *Armbrust* schlechthin, mit einem Bogengewicht von ca. 3 kg, die *Viertelrüstung* oder der *Schnepper* – meist Scheibenwaffe – mit einem Bogengewicht um 1 kg und die *Kleinschnepper*, denen im MA nur der Balestrino zugehörte, mit noch geringerem Bogengewicht. Werden außerdem die erwähnten Einteilungsprinzipien von ALM beachtet, dann lassen sich die erhaltenen A.e zugleich nach Größe und Konstruktion klassifizieren und eindeutig bezeichnen (z. B. mitteleurop. halbe Rüstung).

III. KONSTRUKTION: Die *westeuropäische Armbrust* hat eine etwas längere Säule und weiterhin die alte Bolzenrinne. Der Bewegungsraum der zugehörigen Seilwinde erlaubt eine Verstärkung der Säule nur an der Unterseite, die anderen Seiten sind gerade. Da Nußschloß und Nuß viel vom tragenden Säulenquerschnitt nehmen, sind immer verstärkende Schloßplatten eingesetzt. Der Stahlbogen wird zusammen mit dem Steigbügel von zwei Bogeneisen unverrückbar in einen Ausschnitt des vorderen Säulenendes (Schwungöffnung mit Bogenlager) gezogen und dort festgehalten. Die Zugkraft dafür kommt von zwei gegeneinanderstehend eingeschlagenen Stahlkeilen. Beim Visieren lag der Daumen in der Daumengrube, und das rechte Auge blickte über das letzte Daumengelenk und die obere Kante des rhombischen Bolzeneisens. Die Seilwinde, auch als *englische Winde* bezeichnet, hatte in einfachster Form keine Seilrollen, sondern bestand nur aus Haspel, Seilen und Haken. Für kräftigere Waffen trugen die Winden bis zu sechs Rollen an Hülse und Flasche angebracht. Winden wurden nur zum Spannen angesetzt, sonst hingen sie am Taillengürtel des Schützen.

Die *mitteleuropäische Armbrust* besaß keine Bogeneisen, ihr Horn- oder Stahlbogen wurde auch weiterhin mit Hanf in die Säule eingebunden. Das stets verbeinte Bolzenlager trug nur nahe der Nuß einen Rinnenrest, die übrige Bolzenrinne fehlte, falls man nicht in der Zahnstange einen zweiten Rest erblickt. Verstärkende Schloßplatten fehlten und waren nicht nötig, da die Säule im Schloßbereich zu einer verstärkenden *Kröpfung* weit ausschwingen konnte, ohne dadurch die nur von oben an der Sehne ansetzende Zahnstangenwinde oder eine leichtere Spannhilfe zu behindern. Die Seitenflächen der Säule waren daher stark gewölbt, oben und unten war sie jedoch gerade. An die Stelle des Steigbügels trat bald der Aufhängering. Am Ende des 15. Jh. wurde der Säulenfuß gern zur *Backe* abgeflacht, das Nußschloß war manchmal bereits zweiachsig. Die zugehörige Zahnstangenwinde oder *deutsche Winde* trug am Kastenboden des liegenden Radkastens eine Hanfschlaufe, den Windfaden oder Bausch. Mit ihm fand die Winde am Windknebel der Säule Halt. Der Kurbeldrehung und dem Zwang dreier Zahnräder folgend, wurde mit einem Übersetzungsverhältnis von 1:100-150 die Zahnstange durch den Radkasten gezogen. Ihre meist zweifingrige Krappe nahm dabei die Sehne mit. Am Ende des MA wurde auch an der westeurop. Waffe eine *spanische Version* der deutschen Winde verwendet. Ihr bes. Kennzeichen ist der stehende Radkasten. Zeigt der Bogen auf einer Miniatur des frühen MA Reflexform, so ist er wahrscheinl. ein Hornbogen, ist er jedoch einfach durchgebogen, so dürfte es sich um einen Holzbogen handeln. Im SpätMA war der (billigere) Holzbogen nur noch an Scheibenwaffen zu finden. Der erwähnte voluminöse Hornschichtbogen wurde für alle übrigen Zwecke vorgezogen. Sein aus vielen Streifen zusammengesetzter Hornkern wird von einem mächtigen Sehnenmantel umschlossen. Jeder Bogenarm trägt zwei Sehnenlager; das innere war für die Arbeitssehne, das äußere für die zum Besehnen nötige Hilfssehne bestimmt. Die got. Sehne, aus 80-100 Hanf- oder Flachsfäden gefertigt, wurde mit ihrer vollen Stärke im Lager um das Bogenende geführt und mit einem bes. Knoten wieder am Hauptstrang befestigt. Neben dieser *ungeteilten Sehnenschlinge* trug bes. der Stahlbogen häufig die *geteilte Sehnenschlinge*. Die Sehne lag dann so im Lager, daß je eine Hälfte des Stranges an einer Seite des Bogendaumens zog und sich ein Knoten erübrigte. Für die Hilfssehne hatte der Stahlbogen kein eigenes Lager, sie wurde mittels Spannbügel angesetzt.

Im MA wurde nur das einfache, ältere Zapfenschloß und das jüngere, aufwendiger herzustellende Nußschloß verwendet. Beim Zapfenschloß schob die Abzugstange mittels des Schloßzapfens die Bogensehne aus der Spannkerbe der Säule. Beim Nußschloß war die Spannkerbe zum Nußbrunnen, in dem die Nuß drehbar lag, ausgeweitet. Diese Beinwalze hatte oben die Sehnenkerbe und unten die Abzugsraste für die Abzugstange eingeschnitten und häufig eine Mittelbohrung für den Nußfaden. Durch Drücken der Stange wurde die Nuß frei, konnte, sich drehend, dem Zug der Sehne nachgeben und sie mit dem vorliegenden Bolzen entlassen. Die größte Schußweite einer Halbrüstung lag bei 330 m, die Rüstung erreichte über 400 m. Der gezielte Schuß wurde mit einer Halbrüstung aus einer Entfernung von 30-80 m abgegeben. Ungezielt, meistens am Beginn eines Kampfes, konnte der Bolzen auch über größere Entfernungen noch wirksam geschossen werden. Unter den Sonderkonstruktionen sind bes. zu nennen: 1. die *Legarmbrust* (auch *Selbstschuß*), eine als Schießfalle für Raubwild bestimmte, fest im Boden verankerte A. Der in Schußrichtung liegende Köder wurde durch eine Auslöseschnur mit ihrem Schloß verbunden. Im 13. Jh. wurden Bolzen geschossen, im 15. Jh. der *Mad*, ein schwerer Bolzen, dessen übergroßes sichelartiges Eisen das Tier kaum verfehlte. – 2. der *Balestrino*, eine Faustfernwaffe, nach Aufgabe und Größe der Pistole vergleichbar. Er konnte unter dem Gewand verborgen mitgeführt und oft unbemerkt abgeschossen werden. Deswegen war diese heimtückische Waffe unter Androhung schwerster Strafen verboten. In Italien war der Balestrino seit dem 15. Jh. verbreitet, in anderen Ländern dagegen kaum bekannt. Die nach westeurop. Art hergestellte Kleinwaffe hatte als charakterist. techn. Besonderheit einen in der Längsrichtung mittels

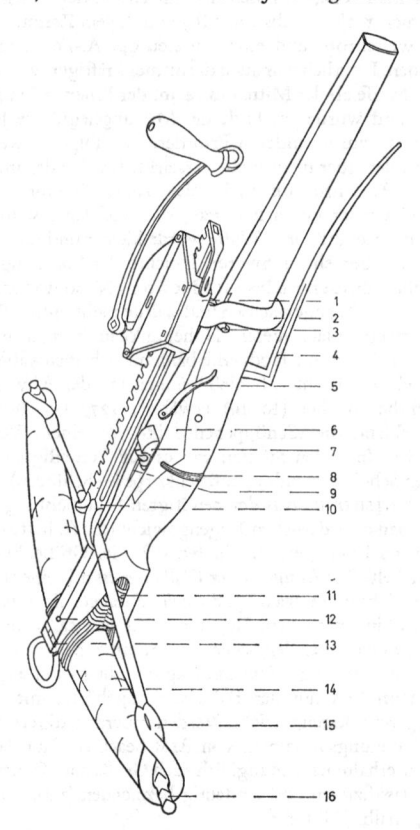

Fig. 12: Armbrust

Mitteleuropäische Armbrust mit Zahnstangenwinde, Spannstellung. 1 Radkasten – 2 Windfaden, Bausch – 3 Windknebel – 4 Abzugstange – 5 Bolzenklemmer, ausgeschwenkt – 6 Horneinlage – 7 Nuß – 8 Nußfaden – 9 Bolzenlager, Rinnenrest – 10 Zahnstange mit Krappe – 11 Einbindung, Einbund – 12 Gabelniete – 13 Bolzenauflage – 14 Hornschichtbogen – 15 Sehnenknoten (ungeteilte Schlinge) – 16 Hilfssehnenlager

einer Schraubenspindel bewegten Schloßkasten. Wurde die kräftige Flügelschraube am Säulenfuß gedreht, so ergriffen die aus dem Schloßkasten ragenden Nußfinger die Sehne und zogen sie von der Ruhestellung zur Spannstellung. Da die Spannkraft zw. 1000 und 1500 N lag, war die Wirkung des Kleinbolzens, bes. eines vergifteten, nicht unbedeutend.

IV. ZUBEHÖR: Hier sind neben Spannhilfen auch Bolzen und Köcher einzuordnen. Die ältesten tragbaren Spannhilfen des MA waren Handhaken, Spanngürtel und Steigbügel, dann folgten Seilrollen- und Riemenrollenspanner. Da ihre Spannhaken in einer Rolle enden, wurde die Spannkraft des Schützen verdoppelt. Erst gegen Ende des 14. Jh. kommen die Hebelspanner *Geißfuß* und *Wippe* sowie die ortsfesten Spannhilfen *Spannbock* und *Ziehbank* in Verwendung. Auch die, verglichen mit der Zahnwinde, billigere *Wippe* vermochte noch mittels des etwa 1 m langen Druckstabes die Halbrüstung zu spannen. Dazu wurde ihr Haken in den Ring oder Steigbügel eingehängt und die Sehnenkerben des Stemmholzes auf die entspannte Sehne gesetzt. Legte der Schütze sein Gewicht auf den Druckstab, dann schob das Stemmholz die Sehne ins Schloß. Der etwas schwächere *Geißfuß* hingegen zog die Sehne mittels seiner zweifingrigen Krappe ins Schloß. Dabei glitt die Gabel am Geißfußknebel der A. (ähnlich dem Windknebel) abwärts und erzeugte so ein sich änderndes Übersetzungsverhältnis, das sich der beim Spannen zunehmenden Sehnenspannung sehr gut anpaßte (zu den Winden → Abschnitt III). Der ortsfeste *Spannbock* wurde bei der Belagerung verwendet, um eine größere Zahl von Armbrüsten wiederholt zu spannen. Die mehr tischartige *Ziehbank* (Spannbank) spannte mit ihrer mächtigen Schraubenspindel, über eine Hilfssehne wirkend, den Bogen und ermöglichte es, am gespannten Bogen die Arbeitssehne (nach etwa 200 Schuß) zu wechseln. Unter den Kriegsbolzen war das *rhombische Bolzeneisen* in Europa weit verbreitet und wurde auch zur Jagd benutzt. Das Eisen des *Harnischbolzens* vermochte mit dem auf einem längeren Hals sitzenden kleineren scharfen Kopf Schutzkleidung leichter zu durchdringen. Unter den Jagdbolzen fand das *blattförmige Eisen* die größte Verbreitung. *Gabelbolzen* und *bärtige Bolzen* sollten dem Tier stark blutende Wunden zufügen. Der stumpfe *Kolbenbolzen* (Prellbolzen) bewirkte dagegen bei der Vogel- und Kleintierjagd den sofortigen Schocktod des getroffenen Tieres. Seltener erhaltene Typen sind *Brandbolzen* und *Heulbolzen* (Bremse). Die meisten Bolzeneisen wurden auf den Bolzenschaft oder *Zain* mittels Tülle aufgeschoben, seltener waren die Eisen zu einem Dorn (Angel) ausgeschmiedet, der in den Zain eingeschlagen wurde. Die rohen Kriegsbolzen hatten fast immer zwei *Federn* aus Holz oder Leder; Jagdbolzen oft drei Vogelfedern. Durch Schrägstellung der Federn wurde der *Drall* erzeugt. Köcher für die A. waren selten, Bolzenköcher benutzte jeder Schütze. Im Hoch- und SpätMA waren taschenartige *Weichköcher* und die charakterist., mit Fell oder Haut überzogenen *Hartköcher*, die sog. Rauchköcher oder Pergamentköcher in Verwendung. Meistens war ihr Holzkörper mit Wildschwein- oder Dachsfell überzogen und der Köcherhals innen und außen mit Leder bedeckt. In den Köcher gehörten zwölf Bolzen, deren Spitzen aufwärts wiesen. Er wurde am Gürtel, aber auch mit Schulterriemen getragen. → Armbrustmacher. E. Harmuth

Lit.: SIR R. PAYNE-GALLWEY, The Crossbow, 1903 – J. ALM, Europeiska armborst, Vaabenhistoriske Aarbøger 5b, 1947 – E. HARMUTH, Die Armbrust, 1975.

Armbrustmacher (Armbruster, auch Bogner; nd. *Armborsterer*; lat. balistarius, seltener balistifex; afrz. *arbalestier*; skand. *vaerkmester*) werden trotz der weiten Verbreitung der →Armbrust als Kriegswaffe von den Kreuzzügen bis weit ins 16. Jh. sowie als Jagd- und Sportwaffe in der Lit. fast gar nicht erwähnt. In den Quellen ist es oft schwierig, sie von den Armbrustschützen zu unterscheiden, weil im Lat. und in den roman. Sprachen jeweils dasselbe Wort beide bezeichnet. Allerdings waren wohl auch in der Sache die Unterschiede oft verschwommen. Viele A. traten als »Stadtarmbruster« mit der Verpflichtung zur regelmäßigen Lieferung von Armbrüsten und zur Teilnahme an eventuellen Kriegszügen in die Dienste einer Stadt oder, zweifellos mit ähnl. Verpflichtungen, in die Dienste eines Fs.en, wie etwa die 2–10 A., die der engl. Kg. Johann Ohneland beschäftigte. Venedig verpflichtet 1290 die Eigner bewaffneter Schiffe, ständig einen A. zur Wartung und Justierung (und doch wohl im Gefecht zur Bedienung) der Schiffsarmbrüste an Bord zu haben. Von den Pariser A.n heißt es ausdrücklich: »Le mestier est pour servir chevaliers ... et pour garnir chatiaus«.

Die größte Zahl ma. Armbruster beschäftigte, wie die Produktionszahlen zeigen, der Dt. Orden in Preußen. BENNINGHOVEN errechnete aus den Ämterbüchern, daß der Orden um 1404 neben den ausgegebenen Armbrüsten noch über 4496 Reservewaffen verfügte. Die meisten Armbrüste kamen aus den 16 Schnitzhäusern des Ordens. Jedes Haus leitete ein Ordensritter als Schnitzmeister. Ihm unterstanden die Armbruster und Helfer. Für die schmucklosen Hornbogenwaffen lagen rund eine Million Bolzen bereit.

Daneben gibt es selbständige A., die nur mit der Herstellung beschäftigt sind. Im SpätMA dürften die meisten Städte im Dt. Reich A. gehabt haben, wobei es sich jedoch in Kleinstädten nur mit einem A. oft wiederum um »Stadtarmbruster« handelt. Auch in Skandinavien, v. a. in Schweden, lassen sich A. in vielen Städten nachweisen. In Italien findet man A. in Großstädten wie Genua und Venedig, in Mittel- und Kleinstädten wie z.B. Bologna oder Viterbo sind sie jedoch nicht bezeugt. Die zahlreichen bürgerl. Armbrustschützengilden in N-Frankreich und den Niederlanden sind ohne A. kaum denkbar. In England gibt es Gilden der *bowyers* (Bogenmacher); evtl. befinden sich darin auch A., wie in Paris, wo A. und *archiers* (Bogenmacher) zu einem Gewerbe vereinigt sind. Jedoch ist England im SpätMA überwiegend ein Land des Langbogens (→Archers). Frankreich importiert auch Armbrüste aus Katalonien und Deutschland.

Fast in allen Städten ist die Zahl der gleichzeitig dort ansässigen A. klein, auch im Vergleich zu anderen Waffengewerben. Dem entspricht die geringe Zahl nachweisbarer A.-Zünfte. So arbeiten 1449 in Straßburg drei A., in Basel ebenfalls drei, in Mainz und Frankfurt nur je einer, 1460 in Stockholm sieben, 1421 in Paris 21, von denen aber etwa die Hälfte noch ein zweites Gewerbe ausübt. In Genua sind 1440 sieben A. steuerpflichtig. Das Lübecker A.-Amt, wohl das größte in Deutschland, begrenzt 1425 die Zahl der Meister auf sechzehn.

Die dt. und ven. Zunftordnungen stellen sehr detaillierte Anforderungen an die Qualität der Produkte und die berufl. Qualifikation von Meistern und Gesellen, denn – so die Hamburger Ordnung – »dar licht lif unde sund (Leben und Gesundheit) an ener guden armbrost«. Die A.-Meister müssen ihr Zeichen auf ihre Produkte setzen. Die Hamburger A. sollen sogar 1 Jahr Garantie auf den Bogen geben. Die Straßburger A. kämpfen gegen die Garantiewünsche ihrer Kunden. Abgenutzte Armbrüste dürfen nicht repariert und für neu verkauft werden (was offenbar leicht möglich war), außer in Venedig, wo solche Waffen aber bes. gekennzeichnet sein müssen. Überraschend ist dagegen, daß in Hamburg und Straßburg Gesellen auf eigene Rechnung arbeiten dürfen. Hamburger und Straßburger A. dürfen ihre Waffen selbst verkaufen, die lübischen A. dagegen nicht; die ven. A. wohl nur im eigenen Haus.

A. in fsl. oder städt. Diensten werden anscheinend sehr gut besoldet; die erwähnten A. des engl. Kg.s beziehen z. B. doppelt so hohe Gehälter wie Steinmetzmeister. Zuverlässige Aussagen zur Einkommenslage selbständiger A. sind kaum möglich. Einerseits deutet die Bewaffnungspflicht der Bürger vieler Städte auf gute Verdienstchancen, andererseits sind z. B. 1421 die meisten Pariser A. den unteren Einkommensschichten zuzurechnen.

Vielleicht mehr als andere ma. Handwerker wandern die A., veranlaßt durch wechselnde Soldverträge, die Bemühungen mancher Fs.en um anspruchsvollere Waffentechniken oder auch Exportverbote für Armbrüste (so in Venedig im 13./14. Jh.). So sind mehrere der A., die Johann Ohneland beschäftigt, wohl Franzosen oder Italiener (etwa Ricard le arbalestrier oder Petrus Januensis). Ein Deutscher ist 1455 *maistre carnequinier* (*cranequin* 'Armbrustwinde') des frz. Kg.s.

Wie sich die im Laufe des 15./16. Jh. erfolgte Umstellung vom Horn- und Holzbogen zum Stahlbogen und die damit verbundenen techn. anspruchsvolleren Windemechanismen auf den Berufsstand der A. ausgewirkt hat, kann nicht eindeutig beantwortet werden. Daß die Umstellung ganz Europa erfaßte, erscheint zweifelsfrei. In Frankreich werden schon im 15. Jh. nur noch *arbalestes d'acier* erwähnt; in Skandinavien kommt seit dem Ende des 15. Jh. fast nur noch die Berufsbezeichnung *stålbuesmed* (Stahlbogenschmied) vor. Die Einführung der Handfeuerwaffe dürfte sich für die A. nur allmählich ausgewirkt haben, da Armbrüste als Jagd- und Sportwaffen bis ins 18. Jh. begehrt blieben. H. P. Baum

Q. und Lit.: KL I, 246 f. – J. ALM, Europeiska armborst, Vaabenhistoriske aarbøger 5b, 1947 – F. BENNINGHOVEN, VuF 19, 1976, I, 593-599.

Arme Seelen [1] *Volksglauben:* Die dem MA geläufigen Vorstellungen über den sühnenden und läuternden Zwischenaufenthalt der Abgeschiedenen im → Fegfeuer wurden aufgrund von Auffassungen der vorausgehenden Patristik wesentl. durch Papst Gregor I., v. a. durch dessen Dial. lib. IV, geprägt und gefördert. Die theol. Erörterungen über das Jenseits und die Ausbildung der kirchl. Lehre über das Fegfeuer mit den Definitionen auf den Konzilien zu Lyon (1274) und Florenz (1439) wurden begleitet von einer Vielzahl von mirakelhaften Berichten über den Zustand und die Manifestationen der A.S. Die Meinungen über die Lage des Aufenthaltsortes der A.S. divergieren, gemeinhin wird er, wie in des →Jacobus de Voragine »Legenda aurea« (Abschnitt zum Allerseelenfest), in die Nähe der Hölle lokalisiert. In der Visionsliteratur schildert zuerst Beda Venerabilis (Hist. eccl. V, 12) die Leiden der A.S. im Tal der Hitze und Kälte. Weit verbreitet waren die Ansichten über ein läuterndes Verweilen im Feuer. Bei Gregor vorbereitet sind auch die Anschauungen über ein Abgelten der Bußzeit durch die A.S. im Diesseits sowie eine Abstufung der Strafe bzw. eine der Art der Sünde entsprechende Sühne, die sich dann in der seit dem 11. Jh. gehäuft auftretenden Exemplifikationen zu Situationen der A.S. konkretisieren, z. B. bei →Caesarius v. Heisterbach, und in den Visionen der Mystik, z. B. bei →Mechthild v. Magdeburg. Im gleichen Überlieferungsbereich, so auch in der Visio Tungdali (1149; → Visionsliteratur), wurde die Züchtigung der A.S. durch Dämonen ausgemalt, die jedoch von Theologen, so auch von Thomas v. Aquin (Appendix de purgatorio a. 2) abgelehnt wird.

Hilfe gewähren den A.S. v. a. Messen, Gebete, Almosen, Fasten und die Gewinnung von →Ablässen (z. B. Legenda aurea). Der Entwicklung der Anschauungen über die A.S. war die Einbeziehung des Totengedenkens in die eucharist. Feier (oblationes pro defunctis; Tertullian, De cor. mil. 3) vorausgegangen. Bes. galten Folgen von kontinuierl. gelesenen sieben oder dreißig Messen (sog. gregorian. Septenar, gregorian. Tricenar) als hilfreich. Erzählungen über Erleichterungen, die Verstorbenen (auch vermeintl. Verstorbenen, Gregor, Dial. IV, 57) durch Messen zuteil wurden, sowie über die Präsenz der A.S. beim Gottesdienst bestätigen dessen Nutzen für die Abgeschiedenen. Die u. a. durch Offenbarung der Mystiker beglaubigte Erfahrung, daß die A.S. ihren Aufenthaltsort verlassen können, um Unterstützung zu erbitten, wird durch Jacob v. Jüterbog (De animabus exutis a corporibus) behandelt. Auf die Bitten der Verstorbenen um Anteilnahme ist in den Viten des Abtes Odilo v. Cluny auch die Einrichtung des →Allerseelenfestes zurückgeführt. Die Zuwendung von Suffragien, die durch ein umfassendes Verbrüderungswesen (seit Ende 7. Jh. Gebetsverbrüderungen von Klöstern und Klerikern, später spezielle Bruderschaften) institutionalisiert sein kann, erleichtern und verkürzen die Pein, ein Motiv, das sich zur zeitweiligen Ruhe der A.S. (Sonntagsruhe im Anschluß an altjüd. Traditionen) verdichtet. Ebenso wird der Nutzen des Totendienstes anschaulich in Darstellungen, auf denen Engel die A.S. trösten und sie erlösen sowie in der Rückwirkung auf die Diesseitigen durch Exempel von dankbaren A.S. B. Deneke

Lit.: Hb. d. Sage, 3. Lfg., 1963, 628-641 – LCI II, 16-20 – LThK² III, 979-982 – RDK I, 1084-1087 – J. BAUTZ, Das Fegfeuer, 1883 – A. FRANZ, Die Messe im dt. MA, 1902 [Neudr. 1963] – M. LANDAU, Hölle und Fegfeuer in Volksglaube, Dichtung und Kirchenlehre, 1909 – PH. M. HALM, Ikonograph. Stud. zum A.-S.-Kultus, MüJb 12, 1922, 1-24 – K. J. MERK, Die meßliturg. Totenehrung in der röm. Kirche, T. 1, 1926 – A. STUIBER, Refrigerium interim. Die Vorstellungen vom Zwischenzustand und die frühchr. Grabeskunst, Theophaneia 11, 1957 – E. BAUER, Die A.S. und Fegfeuervorstellungen der adt. Mystik [Diss. masch. Würzburg 1960].

[2] *Theologie:* Die Vorstellungen des Volksglaubens und der Frömmigkeit von den A.S. unterliegen ihrer Gesetzlichkeit, die durch die volkskundl. und frömmigkeitsgeschichtl. Lit. (einschließl. der Predigten) noch unzulängl. erhellt sind. Die begriffl. Durcharbeitung in der scholast. Theologie geschah in den ma. Schulen. In bibl.-theol. Sicht sind die »animae pauperum« (nicht: A.S.) das Leben der Armen und Elenden, die Gott aus aller Not, auch aus der Todesnot errettet (so in Ps 74 (73) 19 oder in Ps 116 (114: Totenvesper). Die vielfältigen eindrucksvollen Bilder für die strafende und läuternde Gerechtigkeit Gottes sind teils bibl. (atl.), teils volkskundl. Herkunft. Die scholast. Theologie von den Letzten Dingen hat diese Vorstellungen über die A.S. begrifflich-krit. erhellt: a) durch die philos. Erkenntnis, daß die »animae separatae« zwar nicht mehr leibhaftes, geschichtl. Subjekt seien, wohl aber »subsistentes« mit der Fähigkeit zu erkennen und zu erleiden (gegen die Vorstellung von den in Christus »ruhenden Seelen der Verstorbenen«, vgl. Papst →Johannes XXII.), wobei die postmortale Subsistenz der Seelen weder ein »tempus meriti« noch einen »locus acquirendi gratiam« (Thomas v. Aquin), keinerlei Möglichkeit des Verdienstes und Gnadenlebens kennt; jenseits von Zeit und Ort empfangen sie ihr Heils- und Unheilsgeschick. – b) durch die Erkenntnis der Bußtheologie (→ Buße) vom dreifachen »reatus poenae«: der ewigkeitl. Gerichtsverfallenheit der → Hölle, der heilszeitl. Sündenstrafe in der Buße und der »zwischenzeitlichen Läuterung« der Seelen für die eschatolog. Gottesschau, wobei im Stande und in der

Situation der Läuterung und d. h. auch am Ort der Läuterung, »in purgatorio« (im Fegfeuer) die Fürbitte der Kirche und der einzelnen Gläubigen (durch das Meß-Opfer, das Gebet und den →Ablaß) das Heilsgeschick mitträgt. – c) durch die Erkenntnis der myst. Theologie von der reinigenden und läuternden Kraft des Leides und inwendigen, seel. Schmerzes (vgl. → Reue) – »quanto plus patitur, tanto purior efficitur«! – wobei dem MA jedenfalls der Gedanke nicht unbekannt war, daß dieser Schmerz nicht zeitlich extensiv, sondern intensiv betrachtet werden muß und also auch »in raptu« im Aufschwung und Überschwang des Hinscheidens geschehen kann. L. Hödl
Lit.: → Fegfeuer.

Arme-Seelen-Bruderschaft, eine Vereinigung von Priestern und Laien mit dem Zweck, den im Reinigungsort (Fegfeuer) leidenden »Armen Seelen« durch die Feier des Meßopfers, Fürbittgebet und gute Werke zur Abkürzung ihrer Leiden und baldigen Anschauung Gottes zu verhelfen. Sie hat ihre Wurzel im liturg. Gebet für die Verstorbenen, in den Gebetsverbrüderungen, den Meßstiftungen zum Seelenheil und Almosenstiftungen. Um 1450 wurde die älteste Bruderschaft (seit 1579 Erzbruderschaft) Unserer lieben Frau auf dem dt. Gottesacker bei St. Peter in Rom (Campo Santo Teutonico) gegr. Dort befand sich seit dem 8. Jh. eine frk. Niederlassung (→ Schola Francorum) mit einem Hospital und Friedhof für Pilger und Fremdlinge. Die A.-S.-B. entstand auf Veranlassung der dt. Angehörigen des Apostol. Palastes und auf Rat des Augustinereremiten und Beichtvaters von St. Peter, Johannes Golderer, seit 1451 Weihbischof v. Bamberg. Eine feste Form erhielt sie durch eigene Satzungen vom 29. Dez. 1454, die 1461 durch Pius II. bestätigt wurden. Die B. widmete sich bes. den Gottesdiensten für die Verstorbenen, der Pflege kranker und der Beerdigung verstorbener Mitglieder. Ähnliche Bruderschaften schlossen sich ihr an. Das Archiv ist eine wertvolle Quelle für die Gesch. der Deutschen in Rom. J. E. Gugumus
Lit.: E. David, Vorgesch. und Gesch. des Priesterkollegiums am Campo Santo, RQ 35, 1927 – A. Schmidt, Das Archiv des Campo Santo Teutonico nebst gesch. Einl., RQ 31 Suppl., 1967.

Armee→ Heer, Heerwesen

Armelausa, ein Halbkreis geschnittener loser Umhang (Mantel), auf der rechten Schulter zusammengefaßt und auf der rechten Seite offen gelassen. Urprgl. ein byz. Gewand, das von den Kreuzrittern im 12. Jh. nach Europa gebracht und von der europ. Ritterschaft getragen wurde. – Im 14. und 15. Jh. in fast allen europ. Ländern von den Richtern als Robe übernommen, wie sie uns aus Hss. mit Darstellungen von Rechtsfindung und auf Grabsteinen überliefert ist. J. Harris
Lit.: W. N. Hargreaves-Mawdsley, A hist. of legal dress in Europe, 1963, 47 ff., 117, 131.

Armenbibel → Biblia pauperum

Armengandus Blasii (Armengaudus Blasii, Ermengaud Blezin v. Montpellier), Kleriker der Diöz. v. Maguelone, um 1310 Leibarzt Philipp des Schönen v. Frankreich. Übersetzte 1284 mit Hilfe des Juden Jakob ben Machir (→ Prophatius) das Lehrgedicht des → Avicenna, das als »Cantica Avicennae« vielfach dem »Canon medicinae« angeschlossen ist; eingearbeitet sind die Kommentare des → Averroës. Weitere Übersetzungen: »Liber de regimine egrorum et sanorum« (um 1294) und »Tractatus de medicinis contra venena« (1305) des Rabbi Moyses (→ Maimonides). H. Schipperges
Lit.: K. Sudhoff, Kurzes Hb. der Gesch. der Medizin, 1922 – H. Schipperges, Das Lehrgedicht des Avicenna, Neue Zs. ärztl. Fortbildung 47, 1958, 674 f. – L. Dulieu, La médecine à Montpellier, 1975.

Armenien
I. Geschichte Armeniens – II. Das armenische Königreich in Kilikien.
I. Geschichte Armeniens: Während A. westl. des Euphrat (Armenia minor, »Kleinarmenien«) spätestens seit Vespasian dem Röm. Reich fest eingegliedert war, spielte Armenien östl. des Euphrat (Armenia maior, »Großarmenien«) die Rolle eines Pufferstaates zw. Rom und dem Partherreich, der sich in wechselnden Abhängigkeitsverhältnissen zu seinen mächtigen Nachbarn befand. Nach dem Sieg des Ks.s Galerius über den Schahanschah Narses und dem Vertrag v. Nisibis zw. dem Röm. Reich und dem Iran (298) wurde unter röm. Oberherrschaft die lokale Dynastie der *Arschakiden* in Groß-A. wiedereingesetzt. In der Folgezeit bildeten sich quasi-feudale Strukturen mit einer erblichen Monarchie und relativ selbständigen Fs.en (Nachararen) heraus. Um 314 wurde das Christentum als Staatsreligion angenommen. Am Anfang des 5. Jh. schuf Maschtotz die armen. Schrift; es entstand eine umfangreiche Lit. in armen. Sprache mit Übersetzungen aus dem Gr. und Syr. (→ Armenische Sprache und Literatur).

387 wurde A. zw. dem Röm. Reich und dem Iran geteilt, und 428 die Dynastie der Arschakiden endgültig beseitigt. 450–451 und 481–484 fanden Aufstände gegen den Iran statt, durch welche die Armenier eine größere Unabhängigkeit erlangten und Einflüsse des Zoroastrismus zurückgedrängt wurden. Am Anfang des 6. Jh. trennte sich die armen. Kirche von der gr.-orth.; die Armenier erkannten die Beschlüsse des 4. ökumen. Konzils v. → Chalkedon (451) nicht an. 591 erfolgte eine neue Teilung Armeniens; die Grenze zw. dem Oström. Reich und dem Iran wurde weiter nach Osten verlegt. Byzanz formte und verwandelte nun Staat, Verwaltung und Gesellschaft A.s, um das Land näher dem Reich anzuschließen. Um den lokalen Adel enger an den Hof zu binden, verlieh Byzanz ihm Ehrentitel, die das Vasallenverhältnis zum Ks. unterstreichen sollten. Die armen. Kirche sah sich gezwungen, gegen die Kirche des Reiches Widerstand zu leisten. Im 6. oder 7. Jh. entstand in A. die häret. Sekte der → Paulikianer, die mit Militanz gegen die religiösen und sozialen Verhältnisse kämpfte und sich in Byzanz, später auch in Bulgarien verbreitete.

Um die Mitte des 7. Jh. begannen die arab. Einfälle nach A. Die arab. Herrschaft war anfangs nicht drückend; mit den Städten wurden Verträge geschlossen. A. wurde zu einem Teil der arab. Provinz Arminia, zu der auch Georgien und Aserbaidschan gehörten. Die ethn. Struktur Transkaukasiens veränderte sich; es wurden einige Emirate gegründet. Araber siedelten sich v. a. in den Städten an. Im 8. Jh. entwickelte sich jedoch die arab. Tributforderungen zu einer allgemeinen Bedrückung; es begannen antiarabische Aufstände. Als Vergeltung wurden große Teile des armen. Adels ausgerottet. Da sich die arab. Herren insgesamt jedoch wenig für die inneren Angelegenheiten der einzelnen Fsm.er interessierten, wurden die erblichen Rechte der Nachararen nicht angetastet. Während der gesamten Periode der arab. Oberherrschaft waren – neben dem Statthalter des Kalifen – stets Vertreter des einheim. Adels an der Verwaltung beteiligt. Diese Adligen waren eine Art Vermittler zw. dem Kalifat und der armen. Bevölkerung. Offiziell gab es immer einen »Fs.en v. A.« oder (im 9. Jh.) einen »Fs. en der Fs. en v. A.«. Genet. stammte diese Institution aus vorarabischer Zeit.

Am Ende des 8. Jh. veränderte sich die Lage: Nach der Niederwerfung des Aufstandes von 774–775 wurden die *Mamikonean*, eines der größten Adelsgeschlechter in A., vollständig vernichtet. Das ermöglichte den *Bagratuni*, den alten Rivalen der Mamikonean, deren Platz einzunehmen.

Die Bagratuni dehnten ihre Macht aus; einzelne Mitglieder spielten auch eine wichtige Rolle in der arab. Verwaltung A.s. Doch unternahmen die Araber um die Mitte des 9. Jh. eine Strafexpedition gegen A., der auch Angehörige der Bagratuni zum Opfer fielen. In dieser Zeit bildeten sich die sozialen, ökonom., materiellen und geistigen Voraussetzungen für die spätere Befreiung A.s von der arab. Herrschaft heraus.

886 wurde Aschot Bagratuni, »Fs. der Fs.en v. A.«, als König v. »Großarmenien« bestätigt. Er wurde von den Arabern eingesetzt; doch auch Byzanz gab seine Zustimmung. 908 trennte sich das Kgr. Vaspurakan unter den Artsruni von »Großarmenien« ab. Außerdem entstanden weitere Kgr.e: Siunik, Vanand, Parisos und Lori. Am mächtigsten war das Fsm. Taron (unter den Bagratuni) und das armen.-georg. Fsm. Taykh (georg. Tao, unter dem georg. Zweig der Bagratuni). Bereits in der 1. Hälfte des 10. Jh. erlangten die armen. Staaten volle Unabhängigkeit vom Kalifat und stellten die Tributzahlungen ein. Um die Mitte des 9. Jh. wandte sich Byzanz erneut den armen. Angelegenheiten zu. Der Patriarch → Photios führte einen regen Briefwechsel mit den Armeniern, um sie für die byz. Reichskirche zurückzugewinnen. Trotz der starken Position der Chalkedonier in A. scheiterte dieser Versuch. Zur gleichen Zeit wurden erneut byz. Titel an Armenier verliehen. Die armen. Kg.e bis zu Aschot III. (953–977) galten offiziell als »Söhne« der byz. Ks. Nach byz. Überlieferung war jeweils einer der armen. Kg.e nämlich »Fs. der Fs.en v. A.«, (ἄρχων τῶν ἀρχόντων) und genoß Vorrang vor den übrigen Kg.en und Fs.en (ἄρχοντες). Die polit. Dezentralisation A.s und das unmittelbare Vasallenverhältnis der armen. Kg.e zum Basileus erleichterten den Anschluß an Byzanz, dem sich die einzelnen Staaten nacheinander unterwerfen mußten (Taron 966, Vaspurakan 1021, »Großarmenien« mit Ani [1045] und Vanand [1064]). Offiziell vollzog sich dieser Anschluß freiwillig – durch testamentar. Bestimmung oder Schenkung der Fs.en zugunsten des Ks.s. Die militär. Macht des Reiches ermöglichte jedoch tatsächl. diesen Herrschaftswechsel.

Der Anschluß der armen. Fsm.er an das Byz. Reich führte zur Eingliederung des Landes in die byz. Verwaltung mit ihrer Themenorganisation; als Gouverneure wirkten sowohl Fremde als auch einheim. Adlige. Eine Reihe lokaler Sonderrechte wurde beibehalten.

Um die Mitte des 11. Jh. begann die Eroberung A.s durch die Seldschuken, die von schweren Verwüstungen begleitet war. Die Schlacht bei → Mantzikert (1071) beendete die byz. Herrschaft über A. In der nachfolgenden seldschuk. Periode begann eine umfangreiche armen. Wanderbewegung nach W und SW, die später zur Bildung armen. Fsm.er und schließlich des Kgr.es in Kleinasien (Kilikien) führte (→ Abschnitt II).   K. N. Yuzbashyan

Lit.: EI², s.v. Árminiya – S. Der Nersessian, Armenia and the Byzantine Empire, 1945 – R. Grousset, Hist. de l'Arménie des origines à 1071, 1947 [Neudr. 1973] – C. Toumanoff, Stud. in Christian Caucasian Hist., 1963 – N. Adontz, Armenia in the Period of Justinian, 1970 – K. N. Yuzbashyan, Droit arménien (Introduction bibliographique à l'hist. du droit et à l'ethnologie juridique, 1972) – S. Der Nersessian, Études byz. et arméniennes, Byz. and Armenian Stud., 2 Bde, 1973.

II. Das armenische Königreich in Kilikien: Ansatzpunkt für die armen. Staatsbildung des 11.–14. Jh. in Kilikien mit der Hauptstadt Sis war die Auswanderung zahlreicher Armenier in dieses Gebiet, die im 11. Jh. unter türk.-seldschuk. Druck erfolgte. In Kilikien erlangten bald die konkurrierenden Familien der *Hethumiden* und der *Rupeniden* die Vorherrschaft. Das Bestreben der Rupeniden, sich zu Herren der kilik. Ebene zu machen, brachte sie in Konflikt mit den Byzantinern, den Hethumiden und den Lateinern im Fsm. → Antiochia. Unter der Regierung von Thoros I. (1100–29), Leo I. (1129–37), Thoros II. (1148–68), Mleh (1170–75) und Rupen III. (1175–87) war die armen. Herrschaft Schwankungen unterworfen, mit dem Regierungsantritt von Rupens Bruder → Leo II. (1187–1219) erreichte sie ihre Festigung und ihren Höhepunkt. Am 6. Jan. 1198 wurde Leo mit einer vom Ks. des Westens, Heinrich VI., gesandten Krone gekrönt. Kilikien kam unter starken westl. Einfluß, der bes. den Adel und die Kirche erfaßte. Die großen Grundherren, die Nacharare, nahmen westl. Adelstitel an und standen in feudalen Bindungen zu den Kg.en. Schon im 13. Jh. existierten zwei Rechtssysteme nebeneinander: Die unteren Gerichtshöfe praktizierten immer noch das armen. Recht, die Beziehungen des Kg.s mit seinen Vasallen aber wurden zunehmend nach den Rechtsbräuchen des lat. Ostens geregelt. Lat. Einfluß auf dieser Ebene wurde von den Armeniern noch am ehesten akzeptiert, doch waren die Auswirkungen im kirchl. Bereich weit weniger glücklich. Leo wurde die Königskrone unter der Bedingung verliehen, daß die armen. Kirche sich Rom unterstellte. Diese Forderung konnte nie verwirklicht werden; sie führte zu ständigen Konflikten; Philipp v. Antiochia, der Gemahl von Leos Tochter Isabella, wurde nach Kg. Leos Tod das erste Opfer des armen.-lat. Gegensatzes (1224 ermordet). Isabella sah sich danach genötigt, mit dem Hethumiden Hethum I. (1226–69) eine Ehe einzugehen. Hethum wählte die Politik eines engen Zusammengehens mit den Mongolen. Seit den 1260er Jahren aber, als sich die Macht der Mongolen im kleinasiat. Raum verringerte, sah sich das armen. Kilikien mit den Heeren aus dem mamluk. Ägypten konfrontiert. Die Mamluken bekämpften die Armenier wegen ihrer Bündnisse mit Lateinern und Mongolen; außerdem war Ägypten bestrebt, die Kontrolle über die kleinasiat. Handelsstraßen, die sich in Kilikien vereinigten, zu erlangen. Die Regierungen Leos III. (1269–89), Hethums II. (1289–92, 1294–96, 1299–1305), Leos IV. (1305–07), Oschins (1308–20) und Leos V. (1320–41) waren durch Invasionen der Mamluken und innere Unruhen geprägt. Nach der Ermordung Leos V., der keine direkten Erben hatte, ging der Thron an Guido v. → Lusignan aus dem zypr. Königshaus über. Der Lusignan, der den Namen Konstantin angenommen hatte, verwickelte sich in religiöse Streitigkeiten; 1344 wurde er ermordet. Der Adel wählte nun wieder Armenier als Kg.e: Konstantin IV. (1344–63) und Konstantin V. (1365–73). 1374 wurde erneut ein Lusignan zum Kg. erhoben, Leo VI.; seine kurze Regierung begann und endete mit der ägypt. Belagerung der Hauptstadt Sis. Mit der Kapitulation von Sis (13. April 1375) hörte das armen. Kgr. von Kilikien auf zu bestehen.

J. Riley-Smith

Bibliogr.: H. E. Mayer, Bibliogr. zur Gesch. der Kreuzzüge, 1960 – Ders., HZ, Sonderh. 3, 1969 – Lit.: S. Der Nersessian, The Kingdom of Cilician Armenia (K. M. Setton, A Hist. of the Crusades II, 1969²), 630–659 – T. S. R. Boase, The Cilician Kingdom of Armenia, 1978.

Armenische Kunst. Von a. K. kann man erst seit der Christianisierung sprechen, ihre Vorstufen sind nicht bekannt. Zu der Kunst der von einer armen. Dynastie beherrschten Kommagene bestehen ebenso wenig engere Beziehungen wie zur röm. und zur parthischen. Die a. K. steht vor Anfang an als ein Fertiges, Eigenes vor uns.

[1] *Architektur:* Wichtigste Zeugnisse bis ins HochMA sind die kirchl. Bauten, die sich durch ihre → Bautechnik deutlich von denen der Nachbarländer abheben. Am Anfang stehen Saalkirchen (z. B. Garni) oder Pfeilerbasiliken mit (oft hufeisenförmiger) Apsis, ohne Lichtgaden, mit

Querbögen ohne tragende Funktion und manchmal seitl. Portiken (Ereruk, Aschtarak). Seit dem 5. Jh. kann diesen Bautypen eine → Kuppel hinzugefügt werden (Ptghini, Sergios-Kirche in Tekor, Odzun, Bagaran, Mren usw.). Daneben entsteht schon im 5. Jh. der überkuppelte Tetrakonchos (Kathedrale von Edschmiatzin, 480; Bagaran, 631), schlichter in Mastara (7. Jh.). Stärker kompliziert wird der Tetrakonchos durch Anfügung von vier zweigeschossigen Eckräumen und Einpassung in ein äußeres Rechteck (Avan, 590/609), wobei die vier Konchen im Außenbau durch hohe, schmale Dreiecksnischen betont werden können (Vaghascharpat, Rhipsime-Kirche, 618). Der Tetrakonchos wird in Zvart'notz (641-661) zum Kern eines Rundbaues, der als neues dekoratives Element an der Außenhaut Blendbögen über gedoppelten Säulchen verwendet. Vereinzelt finden sich auch Oktakonche (Irind und Egivard), zw. 661 und 685). Auch Kuppelbasiliken können durch seitl. Konchen erweitert werden (T'alin, Kathedrale, 7. Jh.). Das Äußere dieser Bauten ist recht schlicht, vor dem 7. Jh. finden sich nur ornamentierte Bögen, die seitl. horizontal abknicken, über den Fenstern, seit dem 7. Jh. die Blendbögen über gedoppelten Säulchen (auch in T'alin), die Betonung des Hauptportals durch eine rahmende Arkade (Marien-Kirche T'alin, Zibini, Avan usw.), Aedikulen vor den seitl. Eingängen (Ereruk), Hufeisenbogen-Friese als Kranzgesims (Mastara) und reicher ornamentierte Fensterrahmungen (Ereruk, Zibini). Eine das Maß der im frühbyz. O üblichen Formen erhebl. übertreffende → Bauplastik, auch figürl. Reliefs, kennzeichnet die Frühphase. – Nach der Unterbrechung durch die Araberkämpfe lebt der Kirchenbau im 9. Jh. in den traditionellen Formen wieder auf: Aghthamar (Typ Mastara, 915-921), Chrirakavan (Kuppelbasilika, nach 890), Apostelkirche in Kars (Tetrakonchos, 930-937), Gregor-Kirche in Ani (Hexakonchos, 10. Jh.), und erreicht eine Hochblüte in den Bauten des Trdat v. Ani (auch Leiter der Wiederherstellung der H. Sophia, Konstantinopel, 994 vollendet); er nimmt traditionelle Schemata wieder auf: Kathedrale in Ani (Kreuzkuppelkirche, 989-1001), Gregor-Kirche des Gagik (Typ Zvart'notz, 1001-1010), belebt aber ihre Außenhaut durch die in Zvart'notz entwickelten Schmuckelemente und löst im Inneren die Stützen zu Bündelpfeilern auf. Seinem Beispiel folgten Bauten wie die Erlöser-Kirche von Ani (1036), die Sergios-Kirche in Chtskonk (1027) u. a. In seiner Nachfolge verschwinden die polykonchen Bauten, die Kreuzkuppelkirche wird nahezu zum Normaltyp, daneben tritt der Kuppelsaal (z. B. Gregor-Kirche des Tigran Honenc' in Ani, 1215). In der, stets befestigten, Klosterarchitektur (Hauptkirche, kleinere Kirchen, Refektorien, manchmal Bibliotheken, Glockenturm usw.) entsteht als neue Bauform der Žamatun (auch: Gavit), eine Vorhalle zur Hauptkirche, mit eigenartiger, wohl aus der omayyad. Kunst stammender Wölbung: sich durchkreuzende Spitzbogen auf gedrungenen Pfeilern, häufig kombiniert mit Stalaktitnischen, tragen die Wölbung, die von einer Laterne gekrönt wird (z. B. Goschavank', 1200-1203). Auch der Zangatun (Glockenturm) ist eine neue Bauform in den Klöstern, ein zweigeschossiger massiver Bau mit einer offenen polygonen Baldachinform als krönendem Abschluß (z. B. Haghbat, 1245). Formal eng verwandt sind die im 13. Jh. aufkommenden zweigeschossigen Kirchen, die z. T. als Grabkirchen dienten (z. B. Eghvard, 1321). Als bes. Kuppelform wird die aus übereinandergesetzten Reihen von Stalaktitnischen gebildete unechte Kuppel aus der islam. Architektur übernommen (z. B. Gheghard, Žamatun der Hauptkirche, vor 1225, und ältere Felsenkirche, 13. Jh.). Die erhaltenen Klosterbibliotheken (Matanadaran) sind ein- (Sanahin, 1063; Haghbat, 13. Jh.) oder zweigeschossig (Goshavank, 1291), in der Baugestalt gleichen sie dem Žamatun; in Goshavank ist das Obergeschoß kreuzförmig, die Kuppel des Untergeschosses öffnet sich ins Obergeschoß. Auch das Refektorium (Seghanatun) kann vom Žamatun abgeleitet werden, indem zwei Räume dieses Typs zu einem vereinigt werden (z. B. Goshavank).

Von der Profanarchitektur ist vergleichsweise wenig erhalten oder erschließbar, aus der Frühzeit die Paläste des Katholikos in Dvin (5. Jh.: längsrechteckiger Saal mit drei Stützenreihen und Nebenräumen) und in Zvart'notz (644/652: großes Ensemble von gewölbten Prunksälen, Sälen mit Säulenreihen, Apsidenräumen, Portiken usw.) sowie als Typus des Wohnbaues der *Erdik* (quadrat. Raum mit vier Stützen, die eine Laterne trugen; daraus wird der Žamatun als monumentalisierte Bauform abgeleitet). Im 10. Jh. entstand der Königspalast in Ani, ein großer Komplex verschiedenartigster Räume, darunter ein Kuppelsaal und eine Kuppelhalle in Gestalt eines großen Erdik Aus dem 13. und 14. Jh. kennen wir zahlreiche Gasthäuser in der Form basilikaler Säle (z. B. Selim, 1332; Artik, 13./14. Jh.) sowie die Paläste von Bf.en, Handelsherren usw. (z. B. Palast des Sarkis in Ani, 12./13. Jh., und des Paron ebd., 13. Jh., dreistöckig mit gewölbtem Kellergeschoß). Als bedeutendste Stadtbefestigung sind die Mauern von Ani (ab 989) zu nennen. Festungsanlagen sind an vielen strateg. wichtigen Stellen erhalten.

[2] *Plastik und Malerei*: Am Anfang der Plastik stehen die pfeilerartigen Grabmonumente des 4.-7. Jh. wie z. B. in T'alin (mit Reliefbildern mit Oranten, einem Heiligen, einem Engel) und Haric (Sockel mit Daniel, Stele mit Christus), Ardvi (Relieffelder mit Kreuz und Szenen) und Odzun (zwei Obelisken mit Relieffeldern in einem Dreipfeilermonument frei zw. die Pfeiler gestellt). Im 10. Jh. treten die *Chatsch'kars* an die Stelle der Stelen, hochrechteckige Steine, oft mit vorkragendem Gesims, meist auf Sockeln stehend, manchmal in den gewachsenen Fels gemeißelt. Ihr zentrales Schmuckmotiv ist ein Kreuz, oft aus gespaltenen Palmetten wachsend, stets ornamentiert. Der Rahmen und der Reliefgrund überziehen sich im Laufe der Entwicklung immer stärker mit geometr. Ornamentik oft ungemein feiner Arbeit; starke Einflüsse der islam. Kunst sind spürbar. Figürl. Darstellungen kommen nur selten vor, vgl. z. B. einen Chatsch'kar in Hagbat (1291) mit der Kreuzigung und der Maiestas Domini, einen von der Hand des Malers und Bildhauers Mamik in Amaghu-Noravank (1308) mit der Deesis im oberen Querfeld und einen undatierten mit der Kreuzigung am Sevan-See u. a. m. Was sonst an Skulpturen erhalten ist, gehört zur → Bauplastik. – An Wandmalerei ist so wenig erhalten, daß weder ein Bild ihrer Entwicklung gegeben noch die Frage der Einflüsse geklärt werden können. Sehr bedeutend, wenn auch in sich nicht einheitlich, ist die → Buchmalerei.

[3[*Armenien und die Romanik*: J. STRZYGOWSKI hat in seinem 1910 erschienenen Werk »Die Baukunst der Armenier und Europa«, gestützt auf sehr fragwürdige Rassentheorien und ungenaue, z. T. willkürl. Datierungen, eine führende Rolle der a. K. in der gesamten Entwicklung der frühchr. Baukunst und entscheidende Bedeutung für die roman. Architektur des Abendlandes behauptet. Obwohl seine Fehler von Fachleuten frühzeitig korrigiert wurden, hat P. FRANKL diese Vorstellung 1926 aufgenommen: »Die romanische Baukunst ist im einzelnen stark durchsetzt mit Formen armenischer Herkunft« (Die frühma.

und roman. Baukunst). Neuerdings hat E. NEUBAUER versucht, Parallelerscheinungen in der a. K. und der Romanik mit dem zeitl. Primat der a. K. und der Vermittlung durch Byzanz zu erklären (Armen. Baukunst vom 4. bis 14. Jh., 1970). All diesen Thesen gegenüber muß betont werden, daß ihnen hist. Bedenken entgegenstehen. Die Frage der Vermittlung ist ungeklärt, denn Byzanz fällt aus, da die byz. Kunst nur ganz geringe, noch dazu spät auftretende Einflüsse der a. K. zeigt, aber nicht solche, wie man sie in der Romanik zu erkennen meint; außerdem bestand keine Kirchengemeinschaft, haben sich die Armenier in byz. Diensten rasch assimiliert, und war die Zeit der byz. Herrschaft über Armenien (1020–65) zu kurz und kampferfüllt für regeren kulturellen Austausch. Die Wege der Kreuzfahrer führten nicht durch Armenien, gemeinchristl. Pilgerstätten gab es dort nicht. So bleibt unbeantwortbar, wie die vermuteten armen. Anregungen, die durchweg nur Einzelheiten, in keinem Fall Bautypen und Raumkonzeptionen betreffen, aus Transkaukasien in den W gekommen sein könnten, und es liegt näher, an Parallelentwicklungen als an Einflüsse zu denken. K. Wessel
Lit.: RbyzK I, 306-335 – S. DER NERSESSIAN, L'art arménien, 1977.

Armenische Sprache und Literatur

[1] *Die armenische Sprache* gehört als eigenständiger Zweig zur indoeurop. Sprachfamilie. Der Lautbestand hat sich durch eine Lautverschiebung dem der südkaukas. Sprachen angenähert. Der armen. Wortschatz nahm zahlreiche Fremdwörter, meist aus dem Iran., weniger aus dem Syr. und Gr., später auch aus dem Arab. und Frz. auf. Das Armen. kennt wie die südkaukas. Sprachen kein grammatikal. Geschlecht. Eindeutig idg. sind die Deklination des Nomens in sieben Kasus, die Konjugation des Verbums mit stark vereinfachtem Tempussystem und die Syntax. Das »Altarmenische« wurde seit Erfindung der armen. Schrift durch → Maschtotz (= Mesrop) um 404 als Literatursprache verwendet und bis Ende des 19. Jh. als Gelehrtensprache gebraucht. Eine w. Dialektgruppe trennte sich durch eine Lautverschiebung als »Westarmenisch« vom »Ostarmenischen«, das den alten Lautbestand bewahrte. Zur westarmen. Gruppe gehört auch das »Mittelarmenische« oder »Kilikisch-Armenische«, das im kleinarmen. Reich von Kilikien (1080–1375) und in späteren Werken der armen. Lit. Verwendung fand.
Lit.: Neues Wb. der armen. Sprache (Thesaurus linguae Armenae, armen.), I, 1836; II, 1837 – M. BEDROSSIAN, New Dict. Armenian-Engl., 1879 [Nachdr. 1973] – H. HÜBSCHMANN, Armen. Grammatik I, Etymologie, 1897 [Nachdr. 1972] – J. KARST, Hist. Grammatik des Kilik.-Armen., 1901 [Nachdr. 1970] – A. MEILLET, Altarmen. Elementarbuch, 1913 – DERS., Esquisse d'une grammaire comparée de l'Arménien classique, 1936 [Nachdr. 1971] – H. JENSEN, Altarmen. Grammatik, 1959 – DERS., Altarmen. Chrestomathie, 1964 – R. GODEL, An Introduction to the Study of Classical Armenian, 1975.

[2] *Die armenische Literatur* beginnt unmittelbar nach der Erfindung der armen. Schrift durch → Maschtotz um 404 und erreicht bereits in den ersten 50 Jahren ihren Höhepunkt, ihr »Goldenes Zeitalter«. Am Beginn steht eine intensive, von Staat und Kirche, bes. von Katholikos Sahak († 438) geförderte, planmäßige Übersetzungstätigkeit, an der sich neben dem Schrifterfinder Maschtotz († 440) zahlreiche, gut ausgebildete Übersetzer beteiligten. Aus dem Syr. wurden u.a. Teile der Bibel und Werke von Afrahat († nach 346) und → Ephraem dem Syrer († 373) übersetzt, aus dem Gr. die Bibel in der endgültigen Fassung, liturg. Bücher und Werke bedeutender Theologen des 4. und 5. Jh., aber auch philos. Schriften. Gleichzeitig entstanden als Originalwerke die Schrift »Wider die Sekten« von Eznik v. Kołb (um 440) und das »Leben des hl. Maschtotz« von seinem Schüler Koriun (um 442). Um die Mitte des 5. Jh. setzt – bedingt durch das Aussterben der ersten Übersetzergeneration und die verlustreichen Religionskriege gegen die Perser – ein gewisser Verfall der altarmen. Literatursprache ein, so daß man die Zeit von etwa 450–570 als »Silbernes Zeitalter« bezeichnet. In das 5. Jh. gehören die Geschichtswerke des Phaustos v. Byzanz (wahrscheinl. aus einem gr. Original des 4. Jh. übersetzt), des → Agathangelos über die Bekehrung Armeniens durch Gregor den Erleuchter, des → Łazar v. Pharpi und des Ełische Vardapet über die Religionskriege gegen die Perser. Die Übersetzungen vorwiegend philos. und grammatikal. Werke durch die sog. »hellenophile Schule« (etwa 570–610) zeigen sklav. Angleichung an die gr. Vorlage. Die christolog. Streitigkeiten des 6. und 7. Jh. spiegeln sich im vorwiegend dogmat.-polem. Schrifttum des Verthanes Kherthoł († um 617) und Johannes v. Mayragom wider. Bedeutend als Historiker des 7. Jh. ist Sebeos, als Mathematiker Ananias v. Schirak († um 670), als Philosoph und Verfasser vieler philosoph. Schriften David »der Unbesiegte« († um 730). Das Gebiet der Dogmatik und des Kirchenrechts pflegt Johannes v. Odzun († 729), die Schicksale Armeniens unter der Araberherrschaft beschreibt der Historiker Łewond († um 790). In das 9. Jh. ist nach neueren Forschungen Moses v. Choren zu setzen, dessen berühmtes Geschichtswerk lange als Werk des 5. Jh. galt. Die Zeit des polit. Wiedererstarkens Armeniens unter den Bagratiden (886–1045) belebte die lit. Tätigkeit, bes. die Geschichtsschreibung: Thomas der Artsrunier (um 910) verfaßte eine Geschichte seines Geschlechts, Johannes v. Draschanaskert († um 931) beschrieb die Regierung der ersten drei Bagratidenkönige. Uchtanes († 987) die Trennung der georg. Kirche von der armen., Moses v. Daschuran (um 915) die Geschichte der kaukas. Albanier, Stephanos v. Taraun (um 1004) das Verhältnis der Armenier zu Byzanz und den Arabern, Aristakes von Lastivert (um 1071) schließlich den Untergang der bagratid. Herrschaft. Von Grigor v. Narek († 1010) stammt die bis heute hochgeschätzte und unter den Armeniern weit verbreitete Gebetssammlung »Buch der Klage«, ausgezeichnet durch sprachl. Schönheit und gedankl. Tiefe. Der vielseitig gebildete Grigor Magistros (um 1050) hinterließ neben Übersetzungen aus dem Gr. interessante Briefe und umfängl. Reimdichtungen. Nach dem Ende der Bagratidenherrschaft (1045) zogen viele Armenier nach Kilikien, wo von 1080–1375 ein kleinarmen. Reich bestand, das in lebhaftem Kontakt nicht nur zu Byzanz, sondern auch zu den Kreuzfahrern stand. Hier treten neben Geistlichkeit und Mönchen auch Laien in größerer Zahl als Schriftsteller hervor, und neben das Altarmen. tritt nun das zum Westarmen. gehörige »Kilikisch-Armenische« als Sprache einer auch dem Inhalt nach mehr volkstüml. Literatur. Die überragende Gestalt dieser Epoche ist Nerses Schnorhali († 1173), Verfasser umfangreicher Dichtungen, kirchl. Hymnen, Reden und Briefe. Nerses v. Lambron († 1198) hinterließ neben Originalwerken Übersetzungen aus dem Syr., Gr. und Lat. Die Chroniken des Matthäos v. Urha (= Edessa; um 1136), Samuel v. Ani (um 1180) und Mechithar v. Ani (um 1187) sind von Bedeutung auch für die Geschichte der Kreuzzüge. Die Geschichte der Mongolen wird berücksichtigt in den Werken von Vardan dem Historiker († um 1271), Kirakos v. Gandzak (um 1271) und bes. bei Grigor v. Akner (um 1271). Vornehml. mit dem kilik. Reich befassen sich die Annalen von Sembat dem Feldherrn († 1276) und Kg. Hethum II. († 1307), mit der Landschaft Siunik das Werk des Stephanos Orbelean (um 1300). Stark volkssprachl. gefärbt sind

die med. Werke von Mechithar v. Her (um 1184) und Amirdovlath aus Amasia († 1497), die Rechtsbücher von Mechithar Gosch († 1213, Autorschaft neuerdings bestritten) und Sembat dem Feldherrn († 1276) sowie die Fabelsammlungen von Mechithar Gosch († 1213) und Vardan (Aygektzi) aus Maratha († nach 1220). In die Zeit des kilik. Reiches fällt das Wirken der Mönchgemeinschaft der Unitoren, die für eine Union der armen. Kirche mit Rom eintraten und viele liturg. Bücher und theol. Werke aus dem Lat. übersetzten. Die Zerstörung des kilik. Reiches durch die Mamluken (1375) und die folgenden Verwüstungen durch die Mongolen unter Timur Lenk († 1405) trafen das armen. Volk schwer. Unter den wenigen Schriftstellern in dieser Zeit des allgemeinen Niederganges sind zu nennen der Theologe Grigor von Tathew († 1411), ein erbitterter Gegner der Unitoren, und der Historiker Thomas v. Metsoph († 1447), der von den Schrecken der Mongolenzeit berichtet. Einen gewissen Aufschwung nahm ledigl. eine volksnahe, weltl. Dichtung in der mittelarmen. Umgangssprache. Die bedeutendsten dieser »Aschulen« genannten Dichter sind Frik (um 1300), Mekrtitsch Nałasch († nach 1469), Johannes v. Thulkuran († 1535), Grigoris v. Ałthamar († um 1590) und v. a. Nahapet Khutschak († um 1583). Themen ihrer Dichtungen sind Heimweh, Klage über die Mühen d. Lebens, aber auch Freude, Frühling und v. a. die Liebe, oft unter dem Bild von Rose und Nachtigall. J. Aßfalg

Lit.: M. Abełean, Gesch. der alten Lit. der Armenier (armen.), 2 Bde, 1944–46 [Nachdr. 1955–59] – H. Thorossian, Hist. de la litt. arménienne, 1951 – HO I, 7 – M. A. van den Oudenrijn, Linguae Haicanae Scriptores, 1960 [Unitoren] – M. Abegjan, Istorija drevnearmjanskoj iteratury, 1975 – A. S. Anasjan, Armjanskaja bibliologija I, 1959; II, 1976 ff.

Armenschulen → Schulwesen
Armeria → Rüstkammer
Armes Prydein ('Die Prophezeiung von Britannien'), walis. Gedicht von 199 Zeilen gereimter syllab. Verse. Es gehört zur Gattung polit. Prophezeiungen in Versform, die eine überaus bedeutende Rolle in der walis. Dichtung spielten. Es ist im Book of Taliesin, einer Hs. des späten 13. oder frühen 14. Jh. überliefert, doch geht seine Entstehung möglicherweise auf die Zeit um 930 zurück.

Der Verfasser weissagt die Union der Waliser, Iren, Dubliner Wikinger, der Leute von Cornwall und von Strathclyde gegen die engl. Herrschaft. Die Prophezeiung bezieht sich auf die Untergebenen eines »Großen Königs« (*mechteyrn*) und auf den unerträglichen Stolz und die Herrschsucht der Sachsen, die verarmt und landlos nach Britannien gekommen seien, jetzt aber vorhätten, die Briten auszurotten und sich ihr Land anzueignen. Nach der Weissagung werden die Waliser und ihre Bundesnossen unter dem Banner des hl. → David den Engländern an den Ufern des Grenzflusses Wye eine Schlacht liefern und ihnen eine so schwere Niederlage bereiten, daß sie die Küsten der Briten verlassen müssen.

Der »Große König« des Gedichtes wurde mit → Æthelstan identifiziert, der 925 den Thron bestieg und den Anspruch auf die Herrschaft über alle Briten erhob. Zw. 927 und 930 hatte er die walis. Fs.en in → Hereford versammelt, wo er ihnen die Unterwerfung und die Zusage eines drückenden Jahrestributes abnötigte. Diese Ereignisse bilden anscheinend den Hintergrund für die Entstehung von »Armes Prydein«. P. Mac Cana

Ed.: Sir I. Williams–R. Bromwich, A.P., 1972 [mit Übers. und Komm.].

Armet, in der waffenhist. Lit. übliches frz. Wort nach it. *elmetto*, dt. *helmlin*, d. h. 'kleiner Helm'. Der A. entstand Ende des 14. Jh. aus der → Beckenhaube durch Anfügen eines Kinnstückes, welches an der rechten Seite zu öffnen war, um das Aufsetzen des Helmes zu ermöglichen. Ein an zwei Drehbolzen aufschlagbares einfaches Visier mit Sehschlitzen verschloß den Gesichtsausschnitt. Derartige Frühformen des A. sind bei Chalkis auf Euböa in größerer Zahl gefunden worden (Athen, Hist. Museum). Gegen 1410 gab es visierlose A.s mit zwei in Kinnmitte verschließbaren Klappen, welche enger an den Hals angepaßt waren, also ein sog. zweiteiliges → Kinnreff besaßen. An den Unterrändern des Kinnreffs hingen zwei Ringelpanzer-Streifen als Halsschutz. Zw. 1420 und 1440 entwickelten sich die zwei regionalen Spielarten des A. In W-Europa und Deutschland blieb man beim spitzen Scheitelstück und versah den Helm mit einem Rundvisier (Konrad Witz, Basler Heilspiegelaltar). In Italien wurde der Scheitel rund, der A. erhielt eine Stirnverstärkung, ein halbes absteckbares Kantenvisier, das mit dem Unterrand des Sehschlitzes endete, und eine Stielscheibe als Nackenschutz. Zusätzl. wurde der A. durch einen vorgeschnallten → Bart verstärkt. In ein Loch am Scheitel konnte die Stange für die hohe it. Helmzierde eingesetzt werden (Paolo Uccello, Reiterschlachten, Florenz, London, Paris). Um 1490/1500 wurden die bisher hohen und schmalen it. A.s breit und gerundet, die Absteckscharniere verdeckt. In Deutschland entstand in dieser Zeit aus dem A. einerseits der *Geschlossene Helm*, dessen Randwulst drehbar auf den Abschlußwulst des → Harnischkragens paßte, andererseits aus einer Kombination von A. und → Schaller der *Deutsche Visierhelm* mit einteiligem, um die Visierachse aufschlagbarem Kinnreff und aus mehreren Reifen beweglich zusammengesetztem Nackenschirm. O. Gamber

Lit.: O. Trapp, Die Churburger Rüstkammer, 1929, Nr. 18, 20, 57 – O. Gamber, Harnischstudien VI, JKS 51, 1955, Abb. 81, 82 – ffoulkes, Italian Armour from Chalkis, Archaeologia 62, 1911, 338 ff.

Armilla (lat.), Armband oder -spange aus verziertem Gold, Silber oder vergoldetem Kupfer. Die A. des MA stammt in erster Linie von der altgerm. *Bauge* (von ahd. *biogan* 'biegen') ab, von der es seit der Mitte des 1. Jt. neben Funden auch Schriftzeugnisse gibt. Daneben dürfte eine Tradition aus der röm.-byz. Welt wirksam geworden sein, wo A.e, paarweise getragen, als militär. Ehrenzeichen dienten und selbst der Ks. sich mit ihnen schmückte. Im frühen MA wurden A.e meist paarweise und um den Oberarm von vornehmen Personen getragen. A.e gehörten zum Königsschmuck der Karolinger. Im otton. Krönungsordo von ca. 960 werden sie zu den → Herrschaftszeichen gezählt. Auf zahlreichen otton. Miniaturen sind die Herrscher mit A.e dargestellt. Seit dem 11. Jh. wurden A.e, mit Ausnahme von Kg.en, fast ausschließlich von Frauen getragen. Erhalten haben sich nur wenige und z. T. unvollständig. Vier Goldbleche in Veszprém und drei Glieder der Krone des Oswaldreliquiars im Hildesheimer Domschatz (zwei davon um 1000) werden als Fragmente von A.e angesehen. Zwei offenbar zusammengehörige, jeweils aus einem gebogenen, mit Email verzierten Kupferblech bestehende A.e, die mit Bändern um den Oberarm befestigt wurden, befinden sich in Paris und Nürnberg (ehem. Slg. Hirsch) (12. Jh.). Ein ähnliches Paar, das sich bis 1796 bei den Reichskleinodien befand, ist durch eine Abbildung und eine Beschreibung bekannt (12. Jh.). W. Arenhövel

Lit.: P. E. Schramm, Herrschaftszeichen und Staatssymbolik, Beitr. zu ihrer Gesch. vom 3. bis zum 16. Jh., II (MGH Schr. 13/II, 1955), 538 ff. – E. Kovács, Les fragments d'une armilla byz. a Veszprém, ActaHist.-Hung 12, 1966, 347 ff. – Staufer I, Nr. 540–541.

Armillarsphäre (sphaera materialis), astronom. Gerät mit

Ringen aus Metall oder Holz (Durchmesser meist 10-20 cm), welche die verschiedenen Kreise der Himmelskugel (mit der Erde im Zentrum) darstellen. Ursprgl. ein didakt. Instrument, im SpätMA vergrößert und als Meßinstrument verwendet. O. Pedersen

Lit.: D. J. DE SOLLA PRICE, A collection of armillary spheres and other scientific instruments, Annals of Science 10², 1954, 172–187 – E. ZINNER, Dt. und ndl. astronom. Instrumente des 11.-18.Jh., 1956, 1967² – F. MADDISON, Ma. Scientific Instruments and the development of navigational instruments in the 15th an 16th cent., Revista de Univ. de Coimbra 24, 1969, 115–172.

Armledererhebung (Armleder = lederner Armschutz, der im SpätMA v. a. zur Bewaffnung der Stadtbürger gehörte). Die A. war eine in den Jahren 1336–38 insbes. in Franken und im Elsaß v. a. von bäuerl. und städt. Unterschichten getragene Aufstandsbewegung. Die Bezeichnung rührt von dem »rex Armleder« gen. Anführer der Bewegung her, die von Röttingen a. d. Tauber am 29. Juli 1336 ihren Ausgang nahm und v. a. kleinere Städte Frankens (Tauberbischofsheim, Mergentheim, Iphofen, Kitzingen) – z. T. im Gegensatz zum städt. Patriziat – ergriff und ein Blutbad unter den Judengemeinden anrichtete. Unter Mithilfe der Würzburger Stadtbevölkerung wurden die Scharen Armleders bei Ochsenfurt geschlagen und ihr Anführer Armleder, der bereits 1332 wegen Straßenraubs des Wertheimer Territoriums verwiesene Ritter Arnold v. Uissigheim, am 14. Nov. 1336 in Kitzingen hingerichtet (□ in Uissigheim b. Külsheim, dort zeitgenöss. Grabmal erhalten). Im Sommer 1337 griff die A. über Franken bis nach Hessen (Friedberg) und dem Mittelrhein aus und fand 1338 im Elsaß (Colmar) ihren Höhepunkt und Abschluß. K. Arnold

Lit.: S. HOYER, Die A. – ein Bauernaufstand 1336/1339, ZfG 13, 1965, 74–89 – K. ARNOLD, Die A. in Franken, Mainfrk. Jb. 26, 1974, 35–62.

Armleuchter → Beleuchtung

Armreif → Schmuck

Armreliquiar (lat. brachium, fälschl. auch brachiale), Behältnis in Gestalt eines – gelegentlich auf einem Sockel – aufrechtstehenden Unterarmes mit Hand zur Aufbewahrung und Schaustellung von Arm- oder Handreliquien eines Hl. Erste Erwähnung eines »brachium« im 11. Jh., doch könnte auch die bereits in Quellen des 9. und 10. Jh. genannte, mit Gold und Steinen geschmückte »manus« einem A. entsprochen haben. Mit der wachsenden Reliquienverehrung breitete sich der Typus dieses Reliquiars aus und erreichte im 14.–15. Jh. seine Blütezeit; letzte und vereinzelte Beispiele stammen dann aus der ersten Hälfte des 18. Jh. A.e gliedern sich im allgemeinen in einen Obergewand-, einen Untergewandärmel und die Hand; daneben kommen auch glattwandige, nur durch umlaufende Bänder geschmückte A.e vor. Sie bestehen üblicherweise aus einem Holzkern, der mit Silber-, Gold- oder Kupferblech verkleidet und mit Schmucksteinen, Email, Filigran und getriebenen oder gravierten ornamentalen oder figürlichen Darstellungen verziert ist; aus Metall gegossene Hände finden sich erst an jüngeren Beispielen. Seit dem 15. Jh. kommen A.e auch, die ganz aus Metall oder nur aus Holz bestehen. Die Reliquien sind häufig durch architekton. gebildete Öffnungen, die oft durch Gitter oder Kristalle geschützt sind, sichtbar. Die Hand trägt mitunter das Attribut des Hl. Beliebt war es im MA die Finger der Hand durch Ringe zu schmücken. Als ältestes erhaltenes A. gilt das des hl. Blasius in Braunschweig (3. Viertel 11. Jh.). Überblick über die verschiedenen Formen geben die neun A.e des Welfenschatzes im Kunstgewerbemuseum Berlin-Charlottenburg. Weiterhin wird außerdem jedes Reliquiar mit einer Armreliquie als A. bezeichnet. → Reliquiar. W. Arenhövel

Lit.: RDK I, 1106–1112 – J. BRAUN, Die Reliquiare des chr. Kultes und ihre Entwicklung, 1940, 61–63, 388–411 – D. KÖTZSCHE, Der Welfenschatz im Berliner Kunstgewerbemuseum, Bilderhefte der Staatl. Museen, Preuß. Kulturbesitz Berlin, H. 20/21, 1973 (Kat. Nr. 9, 19–22, 32–35).

Armschiene, metallener Unterarmschutz, der auch den Ellbogen deckt. Diese gr. Erfindung wurde von den Römern nicht übernommen, erst in der Spätantike tauchte die A. in Europa für kurze Zeit wieder auf, vermittelt durch pers. Reitertruppen in röm. Diensten und Steppenvölker, die sie von den Griechen her kannten. In dem schwed. Grab Valsgärde 8 aus dem 7. Jh. lag eine aus eisernen Längsschienen zusammengesetzte A. von genau jener Art, wie sie auch der hunn. Reiter auf einem Goldgefäß des Schatzes von Nagyszentmiklós (Wien, Kunsthist. Museum) trägt. Während im HochMA wurde im Orient daraus die bekannte A. aus langem Ellbogenstück und kurzer mehrteiliger Manschette, kombiniert mit einem Fäustling, die bis in die Neuzeit von pers., ind. und türk. Reitern getragen wurde. Da der linke Arm ohnehin durch den Schild geschützt war, benützte man oft nur eine rechte A. Auch in Byzanz war die A. durch das ganze MA hindurch bekannt. O. Gamber

Lit.: O. GAMBER, Grdr. einer Gesch. der Schutzwaffen des Altertums, JKS 62, 1966, 58, 69.

Armut und Armenfürsorge
A. Begrifflichkeit – B. Armenfürsorge
A. Begrifflichkeit
I. Soziologie – II. Theologie.

I. SOZIOLOGIE: A. (paupertas), das universalhist. Phänomen des Mangels an notwendigem Lebensunterhalt von Menschen und menschl. Gruppen, deren gemeinsames Merkmal erniedrigende Abhängigkeit ist. Man hat stets mit ihr Entbehrung, Bedürftigkeit, Schmerz und Not assoziiert, die bis zur Lebensbedrohung reichen können.

Die Ursachen von A. wurden und werden in verschiedenen Bereichen gesucht. Es ist charakterist. sowohl für Kulturen, Völker und Epochen als auch für soziale Gruppen und Schichten, ob man A. als von Gott zur Strafe geschickt, vom polit. System bedingt, im wirtschaftl. Wettkampf entstanden oder durch ethn., moral., religiöse, patholog., schicksalsbedingte Umstände hervorgerufen glaubt. Ebenso typ. sind die konkreten Formen, in denen A. auftritt. Ursachen, Formen und Verhalten gegenüber der A. werden nicht nur von den materiellen Voraussetzungen determiniert, sondern auch durch die jeweilige Rolle und die Funktionen, die A. in einem Netz sozialer Beziehungen hat. Einem großen Teil der Bedürftigkeit wurde in den Familien oder anderen kleinen Gruppen, in denen die Menschen lebten, begegnet. Darüber gibt es so gut wie keine Nachrichten. Diese A. trat nicht öffentlich oder sichtbar in Erscheinung.

A. hat sozial integrative Funktion, insofern sich große Gruppen gemeinsam von ihr distanzieren; dies geschieht dadurch, daß 1. A. mit Attributen des Horrors ausgestattet wird und so als Abschreckung dient, 2. A. als vorübergehender Zustand betrachtet wird, dem man abhelfen kann und soll und 3. bestimmte Formen potentieller Bedürftigkeit schuldhaftem Verhalten zugeschrieben werden; diese Formen werden sozial geächtet und die damit verbundene reale Not nicht wahrgenommen. Die Definition und die institutionelle Regelung von Paupertas sind ein Instrument, solche Individuen und Gruppen ins Gemeinwesen einzugliedern, die einzelne Normen nicht anerkennen und sich einem Herrschaftsbereich beliebig entziehen können. Dies galt zuallererst für Fremde allgemein und für Pilger, die aus religiösen Gründen bestimmte Ansprüche auf Versorgung stellten, ebenso für Andersgläubige und Häretiker, außerdem für Menschen, die unfähig oder unwillig sind, in sozial anerkannter Form für ihren Lebensunterhalt zu sorgen, für Personen mit verminderter Urteilskraft wie Geisteskranke und Kinder, für Leute mit geächteten Beschäftigungen wie Scharfrichter, Prostituierte, professionelle Verleiher etc. – Die Bedeutung dieser Funktion der A. kann daran abgelesen werden, daß seit dem FrühMA der Schutz der Armen und Fremden eine Aufgabe von Ks.n und Kg.en und die wichtigste weltl. Verpflichtung der Kirche war.

Eine kulturgesch. neue Integrationsmöglichkeit schuf das Christentum durch die Idealisierung der A. und der → Barmherzigkeit (vgl. Abschnitt A. II). Barmherzigkeit als Armenpflege wurde nun eine ständige Aufgabe der Besitzenden. Während im AT A. und Not phänomenolog. realist. beschrieben wurden, erhält A. im NT eine Funktion im Heilsprozeß. Durch die versprochene Erhöhung der Armen in einem anderen Leben erfuhr A. auch im Diesseits eine neue Bewertung. Den Übergang zu jener neuen, seligmachenden A. sollte der Wille vollziehen: Freiwillig ertragene oder gar auf sich genommene A. galt als Möglichkeit der Läuterung, während die unfreiwillige, aus der Zwangslage entstandene, eine erhöhte Gefahr für die Seele darstellte. Unfreiwillige A. wurde häufig kurzerhand mit Verbrechen, Unmoral, Unglauben und Dummheit gleichgesetzt. – Andererseits konnte freiwillige A. zum Beruf werden. War dies seit dem 4. Jh. eine ausschließlich kirchl. Domäne, so beanspruchten doch seit dem 11./12. Jh. auch Laien das Recht, ein Leben in A. zu führen, ohne sich gleichzeitig geistl. Regeln und kirchl. Kontrolle zu unterwerfen. In der Koppelung mit dem Keuschheits- und Gehorsamsgebot pflegte das → Mönchtum ein ganz bes. Armutsideal, das v.a. in den neuen Orden der → Zisterzienser und → Prämonstratenser gesteigerte Bedeutung erhielt und das sich nach ihrem Vorbild auch die Ritterorden zu eigen machten (pauperes Christi). Rasch und für lange Zeit ging dieser idealisierten A. der Zusammenhang mit der realen Bedürftigkeit verloren. Erst Franziskus v. Assisi forderte von den Mitgliedern der → Bettelorden, für ihren Lebensunterhalt selbst zu sorgen, sei es durch Arbeit, sei es durch Betteln. Dies trug dazu bei, daß das Prinzip der durch Arbeit erbrachten Leistung, auf den die ma. Städte aufgebaut waren, allmählich allgemeine Anerkennung fand. Darin wurde die einer adelsorientierten Ständeordnung entsprechende Auffassung, wie sie von Thomas v. Aquin (S. th. 2, 1 q 105 a 2 ad 6) formuliert wurde, daß arm sei, wer von seiner Arbeit Lohn leben müsse, überwunden. Dies ist eine Voraussetzung dafür, daß die ökonom. Schwachen aus ihrer Ver- und Mißachtung gelöst wurden; vollzogen ist der Wandel allerdings erst dann, wenn Arbeit auch den Bußcharakter verloren hat. Ein anderer Schritt besteht darin, A. nicht mehr nur als individuelles Schicksal, sondern als soziales Problem zu betrachten (Eximenis). In dem Maße, in dem die Idealisierung der A. zugunsten ihrer Anschauung als gesellschaftl. Phänomen zurücktritt, setzt sich die Erkenntnis durch, daß Not und Elend der von A. Betroffenen das Gemeinwesen *(cosa publica, bien comun)* gefährden. Hier entstand ein neues Motiv zu helfen und Vorsorge zu treffen. – Die Entwicklung der A. und Arbeitsethik vollzog sich im chr. Abendland unterschiedl. rasch. Konkrete Hinweise auf diese neue, pragmat. Auffassung finden sich auf der Iber. Halbinsel bereits im 14. Jh.

Nach den substantialen Merkmalen der A. zu fragen hat wenig Sinn, da häufig der ganze Dritte Stand als »pauper« (→ pauperes) abgewertet wurde. Dazu gehörte der verstümmelte Invalide ohne Arbeitschance ebenso wie der erfolgreiche Handelsherr und der Patrizier. Die reale Lage der Armen wird aber unter einem anderen Gesichtspunkt Gegenstand hist. Forschung. Hier beschäftigt man sich mit Lebensstandard, Möglichkeiten der Selbsthilfe, Grund und Ausmaß der Pauperisierung und zeitl. Erstreckung der Bedürftigkeit. Die Geschichte der so verstandenen A. ist identisch mit der Geschichte ihrer Wahrnehmung, Definition und religiösen und sozialen Bewertung. In der spärl. Überlieferung wird die konstante Vernachlässigung des Problems deutlich. Ausdruck einfacher Verhältnisse waren die rechtl. Lage, die Verdienstmöglichkeiten, die Angewiesenheit auf andere und der Bedürftigkeitsgrad. Diesbezügl. Quellen sagen relativ wenig über die materielle Situation. Eine gewisse Ausnahme bilden die Fürsorgequellen, die sich allerdings in erster Linie mit Wohltätigkeit und weniger mit den Betroffenen befassen.

Lit.: Vgl. Abschnitt B. I. U. Lindgren

II. THEOLOGIE: Schon seit der chr. Antike wird A. im Sinne von freiwilligem Verzicht auf Eigentum und Genuß materieller Güter als religiöse Berufung verstanden. Dabei verbindet sich die ntl. Tradition der Reich Gottes-Verheißung für die Armen mit der vom Hellenismus her bekannten Suche nach einer asket. Existenz, die sich absetzt von brutaler Ausbeutung und dekadentem Reichtum. Die gemeinschaftl. Sicherung des Lebensunterhaltes, wie sie das konventionelle Mönchtum gerade des MA kennzeichnet, ermöglicht dem einzelnen völlige Eigentumslosigkeit und – je nach Brauch und persönl. Interesse – die asket. Einschränkung der materiellen Bedürfnisse. Solche monast.-asket. A. wurde schon von Kirchenvätern (bes. Basilius, Hieronymus, Augustinus) als ausgezeichnete chr. Lebensform theol. begründet, und sie findet infolge des bestimmenden religiös-kulturellen Engagements in der sozialen und kirchl. Entwicklung des MA ihren anerkannten Platz.

Bis heute umstritten ist dagegen, inwieweit im Neuaufbruch des HochMA auch die real Armen, d.h. die religiös und sozial abgewerteten Schichten der abhängig Arbeitenden und der durch soziale Veränderung bzw. durch Arbeitsunfähigkeit, Arbeitslosigkeit und mangelnde Fürsorge Verelendeten sich mit den selig gepriesenen Armen des NT identifizieren können und so in der ma. Kirche und Gesellschaft Mitsprache beanspruchen. Doch es scheint, daß – ohne exakte Abgrenzung der Armen nach unten und oben – solcher Anspruch bereits von der klösterl. und klerikalen Reformbewegung des 11. Jh., die sich der ökonom. und polit. Feudalherrschaft über das kirchl. Leben entgegenstellt, akzeptiert wird (laikale Parteigänger der Klosterreform, des Reformpapsttums → Konversen, → Pataria, Einbeziehung von Laien in Reformgründungen wie → Zisterzienser, → Kartäuser, freilich nur um die bes. klösterl.-klerikalen Interessen durchzusetzen. Das Interesse der real Armen an der Anerkennung ihrer Würde und Mitsprache in der Christenheit wird erst von charismat. Gestalten und Gruppen der Armutsbewegung des 11. und 12. Jh. artikuliert, die nicht nur aus dem sozialen Gefüge ausbrechen (Wanderpredigt, Leben von Almosen, Mitspracherecht von Frauen), sondern sich auch in die Kirche der Zeit nur schwer einordnen lassen (allenfalls durch spätere Einbindung in monast. Tradition wie → Robert v. Abrissel, Norbert v. Xanten, nicht dagegen → Heinrich v. Lausanne, → Arnold v. Brescia). Die Infiltration der Armutsbewegung durch häret. Strömungen, v.a. durch den Dualismus der → Katharer, der die bestehende Wirklichkeit als radikal böse ablehnt und damit die geltende Ordnung von Kirche und Gesellschaft überhaupt verwirft, verschärft die Situation noch. Denn auch Gruppen, die sich ausdrückl. gegen die häret. Überfremdung wehren und durch ihr Armwerden nur der kirchl. und gesellschaftl. Erneuerung dienen wollen (Predigtgenossenschaft des Waldes [→Waldenser], Arbeitergenossenschaften der →Humiliaten), werden verdächtigt und am Ende nicht mehr kirchl. anerkannt.

Durch das charismat. Gespür, mit dem →Franziskus v. Assisi seine Armutspraxis an der Grundrichtung des armen Lebens Jesu und seiner Jünger orientiert, und durch die bedingungslose Loyalität, mit der er sich und seine Gemeinschaft dem Papsttum unterwirft, erhält die ma. Armutsbewegung neuen und noch größeren Auftrieb, die nicht nur zu neuen Formen des Ordenslebens führt (apostol. tätige →Bettelorden, besitzlose Frauenklöster, sondern zugleich weite Kreise des chr. Volkes erfaßt (in sog. Dritten Orden). Daß sich damit die ma. Armutsbewegung in der Kirche etabliert, nimmt ihr allerdings einiges an krit. Schärfe, die ihr als Solidarität von real Armen und real arm gewordenen Reichen gegenüber der feudalen sowie der entstehenden bürgerl. Standesgesellschaft zukommt. Andererseits geraten die Bettelorden dadurch in Konkurrenz zum etablierten Vorrecht des Weltklerus auf Seelsorge und theol. Lehre. In Auseinandersetzung mit diesen Problemen entsteht eine spezif. Armutstheologie (bei →Thomas v. Aquin, v. a. bei →Bonaventura), die in erster Linie von franziskan. Theologen weitergeführt wird. Hier wird die völlige Eigentumslosigkeit und größtmögl. Bedürfnislosigkeit des einzelnen und der Gemeinschaft als entscheidender Weg der Nachfolge Jesu und damit als die exemplar. Form von Offenheit für Gott, Brüderlichkeit und Apostolat und schließlich als Kennzeichen einer der Vollendung nahen Heilsepoche verstanden (so bei Petrus Johannis →Olivi). Eine so verstandene Armut wird freilich auch von der Mehrheit des Franziskanerordens gegen Ende des 13.Jh. nicht mehr realisiert; und als Johannes XXII. 1323 die Auffassung von der völligen Eigentumslosigkeit Jesu und seiner Jünger verurteilt, gerät die christolog. Grundlage der franziskan. Armutsdoktrin ins Wanken. Die gegen diese Verurteilung protestierenden Franziskaner (v. a. Wilhelm v. Ockham) entwickeln aber nun aus ihrem Armutskonzept eine scharfe Kritik der dem Reichtum und der Macht verfallenen Kirche, mit der sie für die aufbegehrenden laikalen Kräfte Partei ergreifen und die im →Konziliarismus und in den Reformbewegungen des 14. und 15.Jh. (Wyclif, Hus) und schließlich in der Reformation weiterwirkt. Begleitet wird diese Entwicklung von Reformen der Bettelorden selbst, die sich erneut an der anfängl. Armut orientieren und damit in ihrem Leben und in ihrer pastoralen Arbeit dem armen Volk nahe bleiben.
J. Schlageter

Armutsstreit →Bettelorden

Lit.: F.Ehrle, Petrus Johannis Olivi, sein Leben und seine Schr., ALKGMA III, 1887, 409-552 – F.Glaser, Die franziskan. Bewegung, 1903 – A.Ott, Thomas v. Aquin und das Mendikantentum, 1908 – M.Bierbaum, Bettelorden und Weltgeistlichkeit an der Univ. Paris, FSt 2. Beih., 1920 – A.Borst, Die Katharer, Schr. der MGH 12, 1953 – R.Manselli, Studi sulle eresie del secolo XII, 1953 – E.Werner, Die gesellschaftl. Grundlagen der Klosterreform im 11.Jh., 1953 – Ders., Pauperes Christi, 1956 – M.D.Lambert, Franciscan Poverty, 1961 – H.Grundmann, Religiöse Bewegungen im MA, 1961² – Ders., Ketzergesch. des MA (Die Kirche in ihrer Gesch., hg. K.D.Schmidt-E.Wolf, 2 G 1, 1963) – K.Esser, Anfänge und ursprgl. Zielsetzungen des Ordens der Minderbrüder, Studia et documenta francisc. IV, 1966 – K.V.Selge, Die ersten Waldenser, 2 Bde, 1967 – Vaudois Languedociens et Pauvres Catholiques, Cahiers de Fanjeaux 2, 1967 – J.Miethke, Ockhams Weg zur Sozialphilosophie, 1969 – Povertà e richezza nella spiritualità dei secoli XI e XII, Atti del VIII. Convegno storico internaz. dell' Accademia Tudertina 1967, 1969 – T.Manteuffel, Naissance d' une hérésie, 1970 (poln.: Narodziny Herezji, 1963) – H.F.Schalück, A. und Heil, VGI NF 14, 1971 – D.Flood [Hg.], Poverty in the MA, Franziskan. Forsch. 27, 1975 – J.Schlageter, Wurde die Armutsauffassung des Franziskus v. Assisi von der offiziellen Kirche schließlich abgelehnt?, FSt 60, 1978, 97-119 – L.Schottroff-W.Stegemann, Jesus v. Nazareth – Hoffnung der Armen, 1978.

B. Armenfürsorge

I. Kirchliche Armenpflege – II. Medizinische Armenpflege – III. Armenfürsorge im Judentum – IV. Sonderformen in Skandinavien.

I. Kirchliche Armenpflege: (spätma. Wortbildung, im Sinne von Armenverwaltung) Ausübung der Nächstenliebe, die die chr. Kirche auf Grund der in Mt 25,36 enthaltenen Aufforderung zu tätiger Barmherzigkeit von Anfang an zu ihrer wichtigsten weltl. Aufgabe machte. Obwohl sie diesen Bereich nie so ausschließlich beansprucht wie die Seelsorge, war sie doch lange Zeit die einzige Verwalterin von Fürsorge und Armutsauffassung, weil darin kein Staat zuvor eine Verpflichtung erblickt hatte, die Kirche also in ein organisator.-polit. Vakuum stieß; mit dem Zusammenbruch des Imperium Romanum und der Verdünnung der Staatlichkeit im frühen und hohen MA blieb ihr diese Stellung erhalten, bis durch Laisierung des Armutsideals und Erstarken bürgerl. Selbstbewußtseins partnerschaftl. auch weltl. neben die kirchl. Armenpflege trat, sie ergänzte und teilweise ersetzte. Prinzipielle, dem Fürsorgemittel oder der Bedürftigkeitsart immanente Unterschiede hat es zw. kirchl. und weltl. Institutionen nicht gegeben; Säkularisationstendenzen der Verwaltung entsprachen lokalen oder polit. Entwicklungen. Häufig wurden kirchl. Organe, bes. Orden und Bruderschaften, die ersten Helfer an neu entstehenden Gefahrenpunkten; so verschiedene Hospitalorden am Pilgerziel Palästina (→Hospitaliter), Orden v. →Altopascio an Bergpässen und Flußübergängen, →Antoniterorden für Ergasterie, Heilig-Geist-Orden (→Heiliger Geist, Kongregation) für Rompilger, →Elendsbruderschaften für Begräbnis von Fremden, →Kalandsbruderschaften des Weltklerus etc. – Im ganzen chr. Abendland hatte die organisierte →Barmherzigkeit dadurch begonnen, daß man sich der durch Fremdheit entstehenden Bedürftigkeit, die in erster Linie ein Obdach und das Recht auf Nahrung benötigte, zuwendete. Während im oström. Reich, wo die antike Stadtkultur permanierte, die Fürsorge schon seit 6./7.Jh. mit sich differenzierenden Anstalten den spezif. städt. Bedürfnissen der ortsansässigen Bevölkerung entgegenkam, wurde die Armenpflege im w. Abendland zunächst bei und von den Kl.n ausgeübt, obwohl die primäre Verantwortung schon früh den Bf.en auferlegt worden war. Aber erst als die kirchl.-polit. Rolle der Abteien zugunsten der Bischofssitze in den Hintergrund trat und gleichzeitig die Bedeutung der Städte wieder wuchs, wurden die obdachgewährenden Anstalten (Hospital, Xenodochium) in die Städte verlegt und zusätzl. Institutionen (beginnend mit Matricula und Elemosyna) kreiert, um den Einheimischen zu helfen. Allmählich wurde die Erkenntnis der Notfälle von Obdachlosigkeit und Hunger ausgedehnt auf Tod, Verwaisung, Schwangerschaft, Altersschwäche, Konversion, Reue, Invalidität, Krankheit, Verlust der Vernunft, ökonom. Schwierigkeiten, Rechtlosigkeit. Entsprechend vermehrte man die Fürsorgemittel von Herberge und Speisung auf Begräbnis, Kleidung und Erziehung, Pflege, Unterweisung und phys. Schutz, Rehabilitation, Medizin, billige Darlehen, Rechtshilfe und Effektivität durch berufl. Qualifikation der Verwalter. Der Empfängerkreis wurde durch Würdigkeit, bemessen an Arbeitsunfähigkeit, bestimmt (erstmalig durch Karl d. Gr., seit dem 14.Jh. in den Bettelordnungen ständig wiederkehrend). Aus ad hoc guten Werken wurden Hilfe-

Betriebe, deren Aussehen auf den ersten Blick wenig mit A. zu tun zu haben scheint. Häufig bestand die Gefahr, ihrem ursprgl. Zweck entfremdet zu werden und sich als religiöse Gemeinschaft ausschließlich geistl. Zielen zuzuwenden. Mit der Erweiterung der Fürsorgemittel ging einher die Interessierung breiterer Bevölkerungsteile als Nutznießer, die auch zur Bezahlung der empfangenen Leistungen bereit waren (Pfründneranstalten für alte Leute). Damit ist der Wandel vom Prinzip der individuellen Barmherzigkeit (Almosen) zum öffentl. Dienst beendet.
U. Lindgren

Lit.: E.M. LEONARD, The Earley Hist. of Engl. Poor Relief, 1900 – L. LALLEMAND, Hist. de la Charité, 1902–08 – E. TROELTSCH, Die Soziallehren der chr. Kirchen und Gruppen, 1922 – F. MEFFERT, Caritas und Krankenwesen bis zum Ausgang des MA, 1927 – S. REICKE, Das dt. Spital und sein Recht im MA, 1932 – H. GRUNDMANN, Religiöse Bewegungen im MA, 1935 – B. TIERNEY, Medieval Poor Law, a Sketch of Canonical Theory and its Application in England, 1959 – F. GRAUS, Au bas MA. Pauvres des villes et pauvres des campagnes, Annales 16, 1961 – Atti del primo congresso europeo di storia ospitaliera, 6–12 Giugno 1960, Reggio Emilia 1962 – D. JETTER, Gesch. des Hospitals, I: W-Dtl. von den Anfängen bis 1850, 1966 – E. MASCHKE, Die Unterschichten der ma. Städte Dtl. (E. MASCHKE-J. SYDOW [Hg.], Gesellschaftl. Unterschichten in den südwestdt. Städten, 1967 – D. CONSTANTELOS, Byzantine Philantropy and Social Welfare, 1968 – A Pobresa e a assistência na Peninsula Ibérica durant a idade média. Actas das I^{as} jornadas luso-espanholas de História medieval, Lisboa, 25–30 de setembro de 1972, 1973 – K. BOSL, Das Problem der A. in der hochma. Ges., Sonderber. der Phil.-hist. Klasse, Österr. Akademie der Wiss. 294, 1974 – M. MOLLAT, Études sur l'hist. de la pauvreté (Moyen Age – XVIe s.), 1974 – E. BOSHOF, Unters. zur Armenfürsorge im frk. Reich des 9. Jh., AK 58, 1976 – U. LINDGREN, Europas Armut. Probleme, Methoden, Ergebnisse, Saeculum Jahrbuch 28, 1977 – M. MOLLAT, Les pauvres au MA, 1978.

II. MEDIZINISCHE ARMENPFLEGE: Aufgrund von Mt 25, 36 wurde Krankheit im Christentum als eine Form der A. betrachtet, die einerseits der tätigen Barmherzigkeit anempfohlen war, andererseits die Seele des Betroffenen bevorzugt läutern konnte, wenn sie mit Geduld ertragen wurde. Dieser Gedanke, der auch Judentum und Islam nicht fremd war, behinderte den Einsatz von Medizin. Parallel dazu bestand aber immer auch die Auffassung, daß jeder Mensch die Verpflichtung habe, seinen Körper gesund und kräftig zu erhalten, um die Gebote Gottes erfüllen zu können. Diese Idee ist die Voraussetzung dafür, Krankheit nicht nur als individuell-religiöses, sondern auch als soziales Problem zu empfinden, dem aus der Gemeinschaft heraus abgeholfen werden muß. Einfachen Leuten mit bescheidenem finanziellen Rückhalt standen dafür v. a. die Mittel der Volksheilkunde zur Verfügung. Während seit dem 5. Jh. jüd. Gemeinden darauf Wert legten, daß ein Mitglied ein heilkundiger Gelehrter war, wurde im chr. Bereich die hellenist. Medizin von einigen Kl. gepflegt und war möglicherw. auch den Armen zugänglich. Die Städte verpflichteten, um ihren Bürgern die ständige Verfügbarkeit von med. Hilfe zu sichern, seit dem 14. Jh. Ärzte und Barbiere mittels eines festen Gehaltes zur befristeten Residenz; seit dem 15. Jh. wurden diese Stadtärzte darüber hinaus verpflichtet, sich gegen ein vernünftiges Honorar konsultieren zu lassen, Arme und abschreckende Kranke nicht abzuweisen, die Hospitäler (in der Regel gegen Bezahlung) zu besuchen und die städt. Verwaltung bei Hygienemaßnahmen zu beraten. Sie dienten damit der Hebung des allgemeinen Gesundheitsniveaus. Armenärzte, die zahlungsunfähige Bedürftige umsonst behandeln mußten, gab es auf der Iber. Halbinsel seit dem 14. Jh. ebenso wie festangestellte Hospitalärzte. Ein bedeutsamer Indikator für das zivilisator. und kulturelle Niveau einer Gesellschaft ist es, welche Bereiche zur med. Armenpflege gezählt werden. So begann im späten MA die Einbeziehung von Narrheit (→ Geisteskrankheiten), Alter und sozial geächteten Hautkrankheiten (→ Aussatz, Syphilis; → Geschlechtskrankheiten) sowie die Ausklammerung der normalen Schwangerschaft. Das Ausmaß der med. Armenpflege war entscheidend bestimmt von der jeweiligen Arztdichte, aber auch von der Prosperität der Gesellschaft und ihrer polit.-sozialen Mentalität.
U. Lindgren

Lit.: F. MEFFERT, Caritas und Krankenwesen bis zum Ausgang des MA, 1927 – L. OLSCHKI, The Wise Men of the East Oriental Traditions (W. J. FISCHEL, Semitic and Oriental Stud. presented to W. POPPER, 1951) – E. E. HUME, Medical Work of the Knights Hospitallers of Saint John of Jerusalem, 1940 – S. HAMARNEH, Development of Hospitals in Islam, JHM 17, 1962 – E. BAY, Islam. Krankenhäuser im MA unter bes. Berücksichtigung der Psychiatrie, 1967 – C. PROBST, Der Dt. Orden und sein Medizinalwesen in Preußen, 1967 – L. GARCIA BALLESTER, Hist. social de la medicina en la España de los siglos XIII al XVI, I, 1976.

III. ARMENFÜRSORGE IM JUDENTUM: Wohltätigkeit (ṣedāqāh, 'Gerechtigkeit') wurde im Judentum traditionell hoch bewertet (vgl. Tob 12,9), nicht aber A. als Zustand. Als Vorzug erscheint sie nur im Gegensatz zum mißbrauchten Reichtum und im Sinne religiöser Demutsbezeichnungen. Besitz darf (da Basis der sozialen Leistungskraft der Gemeinschaft) nicht freigebig verschleudert werden, verpflichtet im Sinne des im Erwählungsglauben verankerten Solidaritätsbewußtseins und auf Grund religionsgesetzl. und lokaler Ordnungen zur individuellen wie kommunalen Fürsorge. Spendenfonds, Armenkassen, Mahlzeitbons (Pletten), organisierte Krankenfürsorge (Biqqûr ḥôlîm), Begräbnisvereine (Ḥäbrā' qaddîšā'), Mitgiftsammlungen für arme oder verwaiste Mädchen, Fürsorge für familiär unversorgte Notleidende, Kranke und Reisende sowie Loskauf Gefangener spielten eine große Rolle im Gemeindeleben. Im SpätMA wurde A. infolge der unsicheren Lage und der Zunahme der nichtprivilegierten jüd. Schichten ein ernstes Problem. Details über das Armenwesen wurden (für den Orient) v. a. aus der Kairoer → Genisa bekannt.
J. Maier

Lit.: EJud (engl.) V, 338–454, s.v. Charity – S. W. BARON, The Jewish Community II, 1942, 290ff. – J. R. MARCUS, Communal Sick-care in the German Ghetto, 1947 – I. ABRAHAMS, Jewish Life in the MA, 1964², 324ff. – M. GIL, Documents of the Pious Foundations from the Cairo Geniza, 1976.

IV. SONDERFORMEN IN SKANDINAVIEN: Die Versorgung der Armen (aber auch der Alten, der Minderjährigen, der Kranken) lag in allen skand. Ländern grundsätzl. bei der → Familie, wobei die Verwandten je nach ihrer Stellung innerhalb der Erbfolge versorgungspflichtig waren.

Neben dieser privaten Armenversorgung hat sich – vermutl. schon in vorchr. Zeit – allein auf Island, ansatzweise auch in Norwegen, ein öffentl., genossenschaftl. organisiertes System der Armenfürsorge entwickelt, das so umfassend ausgebaut war, daß ohne weiteres auch die kirchl. Armenfürsorge (→ Zehnt) darin aufgehen konnte.

[1] *Island:* Die in den Rechtsbüchern des freistaatl. Island (→ »Grágás«, bes. »Ómaga bálkr« und »Um hreppa scil«) niedergelegten Bestimmungen über die private und öffentl. Versorgung der Armen *(framfærsla* und *manneldi)* besagen, daß derjenige, der nicht mehr oder noch nicht für seinen Unterhalt aufkommen kann *(ómagi,* pl. *ómagar,* 'der Unvermögende', auch der 'Unmündige'), entweder von seinen Verwandten gemäß der Erbfolgeordnung *(nánastar niðar)* versorgt wird oder, wenn diese nicht dazu in der Lage sind oder nicht zu ermitteln sein sollten, von gemeindeähnl., regional begrenzten Armenpflegschaftsverbänden (→ *hreppr,* pl. *hreppar*), denen mindestens 20

steuerpflichtige Vollbauernstellen angehören mußten. Die Versorgungslasten wurden gleichmäßig auf alle Versorgungspflichtigen verteilt. Eine ungeregelte Bettelei (→ Bettlerwesen) war verboten.

Im Rahmen dieses lückenlosen Versorgungssystems hatte der Hrepp die Aufgabe, den gesetzl. Wohnsitz (heimili) und die nächsten erbberechtigten Verwandten des Verarmten festzustellen. Befanden sich beide außerhalb des Hrepp, in dem sich der ómagi zum Zeitpunkt seiner Verarmung aufhielt, so wurde er in den betreffenden Hrepp zur weiteren Versorgung überführt. Bis zu seiner Überführung in den anderen Hrepp bzw. bis zum Beginn einer dauernden privaten Alimentierung wurde der ómagi vom Hrepp unterhalten.

Der nächste erbberechtigte Verwandte hatte nun das Recht, die Versorgungslasten für den ómagi mit anderen, gleich versorgungspflichtigen Mitgliedern der Familie zu teilen (ómagar skipti), meist in der Weise, daß der ómagi unter den verschiedenen Versorgern rundgeführt wurde (för). Waren diese gesetzl. Versorger des ómagi ihrerseits bedürftige Leute, die aber noch keiner öffentl. Versorgung zugewiesen waren (þurfamenn), so wurden sie aus Mitteln des Hrepp, die bes. aus dem Armenzehnt (þurfamannatíund) bestanden, unterstützt. Erst wenn auch diese Hilfsmaßnahmen für eine Alimentierung des ómagi nicht ausreichten oder wenn keine versorgungspflichtigen Personen zu ermitteln waren, traten die in dem entsprechenden Hrepp ansässigen Vollbauern als Primärversorger ein. Jeder von ihnen hatte gemäß der Höhe seines schuldenfreien Vermögens Anteil an der Versorgung des ómagi (hlútr í ómagi). Die Versorgung konnte daher so geregelt werden, daß der ómagi entweder an einem Hof – bei anteilsmäßiger Unterstützung durch die übrigen Vollbauern – verpflegt wurde, oder, wenn das nicht möglich war, daß der ómagi unter den Bauern des Hrepp herumgeführt wurde, wobei sich die Aufenthaltsdauer an den einzelnen versorgungspflichtigen Höfen nach dem Anteil des Vollbauern am ómagi richtete. Diese geregelte Versorgung hat wohl wenig gemein mit einer lizensierten Bettelfahrt, obwohl beide, der ómagi und der lizensierte Bettler, mit göngumaðr oder fórumaðr bezeichnet wurden. In chr. Zeit konnten Versorgungsstellen für Arme in Form von Stiftungen für das eigene Seelenheil (→ Schenkung) eingerichtet werden (kristbú).

Das in den isländ. Rechtsbüchern eingehend geregelte Versorgungssystem zielt darauf ab, allen Verarmten eine Versorgung zuzuweisen und die Versorgungslasten anteilsmäßig auf die abgabenpflichtigen Bauern zu verteilen. Dieses genossenschaftl. Prinzip in der isländ. Armenfürsorge berechtigte allerdings auch die versorgungspflichtigen Personen, im Rahmen des Hrepp (aber auch des Viertels, fjórðungr, und des ganzen Landes) Maßnahmen zu ergreifen, die die gänzliche Verarmung bedürftiger Leute verhindern sollten. Die diesbezügl. Kompetenzen des Hrepp gingen vom Heiratsverbot für Personen, deren Grundvermögen unter einem festgesetzten Minimalwert lag, bis zur gegenseitigen, ebenfalls genau geregelten Unterstützungspflicht bei Brandschäden (→ Brandversicherung) und Viehseuchen.

Es ist wahrscheinl., daß die Hrepp-Organisation und damit auch die öffentl. Armenfürsorge bereits in vorchristl. Zeit auf Island entstanden ist, denn gerade die Tatsache, daß der Armenzehnt – durchaus unkanonisch – von weltl. Seite innerhalb des Hrepp verwaltet und verteilt wurde, spricht dafür, daß die lange Zeit mangelhaft organisierte isländ. Kirche auf das bereits vollausgebildete Hrepp-System zurückgreifen konnte.

Die Ausführlichkeit der Bestimmungen über die Armenfürsorge und die weitreichenden Kompetenzen des Hrepp lassen erkennen, daß die Neusiedlergesellschaft auf Island ein vordringliches Interesse daran hatte, die Wirtschaftskraft der Bauern und auch den gesellschaftl. Frieden nicht durch wohnsitzlose und verarmte, auf Bettelei angewiesene Personen zu gefährden. Ob bei der isländ. Armenfürsorge die genossenschaftl. Verteilung der Lasten oder der chr. Caritas-Gedanke im Vordergrund standen, ist kaum mit letzter Sicherheit zu klären.

[2] *Norwegen*: Auch in Norwegen war zunächst die Familie für die Versorgung ihrer verarmten Mitglieder verantwortlich. Nach Gulaþingslög 118 (NgL I) gingen zwei Drittel der Kinder eines Verarmten an die Familie des Mannes und ein Drittel an die Familie der Frau. Dabei war jeder erbberechtigte Verwandte unterhaltspflichtig, der wenigstens vier Mark schuldenfreies Vermögen pro Kind aufzuweisen hatte (forlagseyrir). Wenn ein Versorger die Unterhaltskosten nicht mehr aufbringen konnte, wurde der Arme (fátækr) so lange in der Familie weitergeleitet, bis eine neue Versorgungsstelle gefunden war. Hatte der Arme niemanden, der den forlagseyrir bezahlen konnte, so war jeder vermögende Bauer verpflichtet, ihn über Nacht zu beherbergen, zu verpflegen und ihn am folgenden Tage zum nächsten Hof zu befördern (fátækra manna flutning, vgl. NgL II, S. 140f.). Verbände, die – wie die Hreppar auf Island – für die Armenversorgung zuständig waren, gab es in Norwegen nicht. Die Weiterbeförderung der Armen bezog sich auf das ganze Land. Eine gesetzl. geregelte Beherbergungspflicht, wie das fátækra manna flutning, hat sich in Norwegen wohl erst in chr. Zeit entwickelt.

[3] *Dänemark und Schweden:* In den Rechtsbüchern Dänemarks (vgl. K. v. SEE, Das Jütsche Recht, 1960, 172f.) und Schweden (bes. VgL I Jb 3; VgL II Jb 5; ÖgL Äb 11, Db 17; UL Jb 21) ist eine Versorgungsart überliefert, die wohl in erster Linie Alte und Kranke umfaßte (→ Familie), die aber auch zur Armenfürsorge zu rechnen ist, weil Alte und Kranke – nach altskand. Rechtsvorstellungen – als arm und auch als unmündig angesehen wurden (vgl. z.B. Egils saga, K. 85). Der Hilfsbedürftige, der in den dän. Quellen als flætføring (flæt, 'Diele', auch 'Haus' und 'Hausstand'), im schwed. Ostgötenrecht als 'Gabknecht' (gæfþræl, vgl. D. STRAUCH, Das Ostgötenrecht, 1971, 251) bezeichnet wird, begab sich danach in die Obhut entweder seiner Erben oder auch eines Nichtverwandten (flætføræ sik), wenn die Erben die Versorgung nicht übernehmen konnten oder wollten. Der Besitz des flætføring fiel dem Versorger zu. Mit diesem unwiderrufl. Begebungsakt bekam der Hilfsbedürftige den Status eines Unfreien. Wenn der flætføring von seinen Erben versorgt wurde, konnte er durch Rundführung anteilsmäßig von ihnen verköstigt werden. Aber auch eine Einzelversorgung war möglich. Unklar bleiben die vermögensrechtl. Regelungen bei einer Versorgung des flætføring durch eine nichtverwandte Person.
H. Ehrhardt

Q.: Grágás, hg. V. FINSEN, 1852, 2.T., 1–28, 171–180 – Sweriges Gamla Lagar, hg. COLLIN-SCHLYTER, 3 Bde, 1827ff. – Norges Gamle Love, hg. KAYSER-MUNCH, 2 Bde, 1846ff. – Danmarks Gamle Landskabslove, hg. BRØNDUM-NIELSEN & JØRGENSEN, 2, 1933 – Lit.: K. MAURER, Island, 1874, 278–322 – K. v. AMIRA, Nordgerm. Obligationenrecht 2, 1895, 907ff. – K. MAURER, Vorlesungen über An. Rechtsgesch. IV, [Neudr. 1966], 467ff. – A. SCHULTZE, Die Rechtslage des alternden Bauer nach den an. Rechten, ZRG Germ Abt 51, 1931, 258–317 – J. JOHANNESSON, Islands historie i mellomalderen, 1969, 67ff. – HANS KUHN, Kleine Schr. II, 1971, 532–542 – DERS., Das Alte Island 1978, 117–120.

Armzeug, Armschutz (mhd. *brazel*, nach frz. *brassard*). A.e aus Horn werden in den Abrechnungen des Turniers von Windsor 1278 genannt. Wahrscheinl. waren es über den Panzerärmeln befestigte einfache Schienen. Auf westeurop. Darstellungen des frühen 14. Jh. erscheinen schmale Armschienen aus Metall oder Leder und dazu ein Ellbogenbuckel samt Rundscheibe zur Deckung der Armbeuge. Um 1325-50 befand sich das A. im Stadium verschiedener techn. Versuche. Die Unterarmschiene wurde zur Armröhre umgestaltet, die Oberarmschiene oft stark verbreitert und an den Gelenken rundbogig ausgeschnitten. Die damals mod. weiten Halbärmel des Panzerhemdes verbargen entweder den Oberteil des A.es, oder Oberarmschiene und Ellbogenteil wurden außen an den Ärmeln befestigt, während die Armröhren unter ihnen hervorsahen. Bei einer anderen Art des A.es, die es von ca. 1335-70 gab, lag der Panzerärmel eng an und die Unterarmröhre deckte wie eine gr. → Armschiene auch den Ellbogen, dabei die Oberarmschiene übergreifend. Alle diese A.e waren meistens nicht aus Metall hergestellt, sondern aus gesottenem und gepreßtem Leder, oftmals verstärkt durch Spangen und Nietköpfe aus Messing. Um 1350 entwickelte man in Mailand eiserne A.e, deren Teile durch oberhalb und unterhalb des Ellbogenbuckels angenietete Schienchen bewegl. miteinander verbunden waren. Die Unterarmröhren ließen sich in Nietschlitzen verdrehen und bekamen aufgenietete Brechleisten als Hiebfänger. Anstelle der Rundscheibe über der Armbeuge erhielten diese A.e kleine *Muscheln*. Letztere wurden bis 1450 immer größer, erhielten rechts eine Verstärkung der oberen Hälfte, links eine aufgesteckte große *Armschiftung*. Im Gegensatz zur techn. besseren Lösung in Italien blieben Deutschland und z. T. auch W-Europa beim alten additiven System. Im 15. Jh. entstand daraus ein dreiteiliges A. aus Oberarmröhre, rautenförmiger Armkachel und Unterarmröhre, die untereinander durch Riemen und Nesteln verbunden waren. O. Gamber

Lit.: V. GAY, Glossaire Archéologique, 1887 - O. GAMBER, Harnischstudien V, VI, JKS 50, 51, 1953, 1955.

Arn (Arno, Aquila), Abt von St-Amand und erster Ebf. v. → Salzburg, * bald nach 740 in der Diöz. Freising, † 24. Jan. 821, aus bayer. Hochadel stammend, erzogen im Kl. St. Zeno zu Isen, bezeugt 765 als Diakon und 776 als Presbyter in Freising, um 778 im frk. Kl. St-Amand zu Elnon nicht als Mönch, sondern ohne Profeß nach Art der Kanoniker, 782 dort Abt. Durch Verbindung zur frk. Kirche hatte er Beziehungen zum gelehrten Hofkreis um Karl d. Gr. und war mit Alkuin befreundet. 785 durch Vermittlung Karls zum Bf. v. Salzburg erhoben, stand er vielleicht schon in seiner Frühzeit in Bayern in Verbindung mit Hzg. Tassilo III. und dessen Kanzlei, für den er sich 787 in Rom ohne Erfolg als Vermittler einsetzte; seit 798 war er Ebf. und Metropolit der neugeschaffenen Salzburger Metropole. Er geleitete als Vertrauter Karls und kgl. Missus für Bayern 799 Leo III. nach Rom zurück, verweilte dort während Karls Kaiserkrönung, ist 811 unter den Unterzeichnern von Karls Testament und hatte auch Verbindung zu Karls Nachfolger Ludwig d. Fr. - A. spielte eine bedeutende Rolle als Kanzler und Kirchenpolitiker für Karl in Bayern, begründete für die Mönche von Salzburg die Schule und Bibliothek von St. Peter, wohin er Schüler Alkuins (→Wizo) berief, hatte wohl schreibkundige Mönche aus St-Amand im Gefolge bei seiner Übersiedlung nach Salzburg und ließ dort mehr als 150 Bücher herstellen (darunter die Salzburger Formelsammlung; Aufzählung der noch erhaltenen Hss. aus diesem Bestand im Ma. Bibliothekskat., ... IV, 10f.). Er veranlaßte die Sammlung der Briefe Alkuins (erhalten in der Hs. Wien 795, vgl. CLA 10, Nr. 1490) und regte diesen zu einer Anzahl kleinerer Dichtungen an (BRUNHÖLZL I, 366). Um 790 ließ er ein Güterverzeichnis des Salzburger Kirchenbesitzes durch einen Diakon Benedikt anlegen (»Notitia Arnonis«, vgl. LHOTSKY, 151 und DOPSCH, 176), ebenso in den »Breves Notitiae« die Frühgeschichte Salzburgs einschließlich der Donationen (vgl. DOPSCH, 176) und gab den Anstoß zur Salzburger Geschichtsschreibung. Erhalten sind von ihm zwei Briefe (hg. MGH Epp. 4, 109 Nr. 66 und 497f. Nr. 3; vgl. BISCHOFF, 19, DOPSCH, 180). Neben seinen kirchenpolit. Verdiensten war er somit maßgebl. beteiligt an der Verpflanzung der Geisteswie auch der Schriftkultur von St-Amand nach Salzburg.
S. Krämer

Lit.: NDB I, 355f. - LThK² I, 887 - CLA 10, VIII bis XVIII - Ma. Bibliothekskat. Österreichs IV, hg. Österr. Akad. Wiss., bearb. G. MÖSER-MERSKY, M. MIHALIUK, 1966, IV, 10 - LHOTSKY, Quellenkunde, 150ff. - G. DEMMELBAUER, Arno, der erste Ebf. v. Salzburg, 798-821 [Diss. masch. Wien 1950] - R. MOLDENHAUER, Arno v. Salzburg (785-821) [Diss. masch. Berlin FU 1956] - H. BACHMANN, Stud. zur Entstehung der in der Notitia Arnonis gen. Kirchen Tirols, MIÖG 81, 1971, 241-303; 82, 1974, 30-84 - BRUNHÖLZL I, 366 u.ö. - H. HAUPT, Sprachl. und hist. Unters. der Notitia Arnonis und der Breves Notitia [Institutsarbeit für das Inst. für Österr. Gesch.-Forsch., masch. Wien 1974] - B. BISCHOFF, Salzburger Formelbücher und Briefe aus Tassilon. und Karol. Zeit, SBA. PPH H. 4, 1973, 19 u.ö. - H. DOPSCH, Arn und Karl d. Gr. Salzburgs Erhebung zum Ebm. (Gesch. Salzburgs. Stadt und Land, I: Vorgesch.-Altertum-MA, hg. H. DOPSCH, 1979), 163-181, 257-267.

Arnald (s.a. Arnold)
1. A. Mir de Tost, Adliger der span. Gft. Urgel, Eroberer und Herr des Tales Ager, 1030/33 ⚭ Arsenda, † Ende 1071, ⌂ S. Pedro de Ager. Betrieb wohl im Einvernehmen, aber ohne Auftrag seines Gf.en eine Reconquista, die 1034 und 1047 nach vorübergehendem Rückschlag v. a. im Tal Ager vollen Erfolg hatte. Um als ursprgl. Herr v. Tost von seinem Gf.en unabhängig zu werden und in eine grafengleiche Stellung aufzusteigen, richtete er im Kastell Ager die Kirche S. Pedro ein und unterstellte ihr 1036 und ab 1048 alle Kirchen und Kastelle des Tales Ager (bis auf Santalñia) als Allod sowie die Kirchengruppen von S. Sadurnín de Llord und S. Miguel de Montmagastre. Schon 1059/60, bevor S. Pedro nach den gescheiterten Verhandlungen mit Cluny von 1066 mit Kanonikern besiedelt werden konnte, erwirkte A. von Nikolaus II. für diese Kirche die Exemtion vom Bf. v. Urgel und für sich das Ernennungsrecht des Abtes. Damit war A. Herr des weitverzweigten Seniorates Ager über das Chorherrenstift, das rechtl. wiederum im päpstl. Schutz verankert war. Laut Testament A.s durfte das Stift niemand über sich anerkennen als den Papst und die Familie A.s. Aber Vizegraf Pons Gerald v. Cabrera, Gatte von A.s Erbtochter Letgarda, mußte 1074 in einem Schiedsurteil die Lehnsabhängigkeit vom Gf.en v. Urgel anerkennen.
O. Engels

Lit.: J. MIRET Y SANS, Investigación histórica sobre el Vizcondado de Castellbó, con datos inéditos de los condes de Urgel y de los vizcondes de Ager, 1900 - P. SANAHUJA, Arnau Mir de Tost, caudillo de la Reconquista en tierras de Lérida, Ilerda I, 1943, 11-27, 155-169; 2, 1944, 7-21, 53-147; 4, 1946, 23-55 - DERS., Hist. de la villa de Ager, 1961 - J.J. BAUER, St Peter zu Ager, GAKGS 19, 1962, 99-113 - O. ENGELS, Schutzgedanke und Landesherrschaft im ö. Pyrenäenraum, 1970, 215-221.

2. A. v. Villanova
I. Leben und Theologische Werke. – II. Medizinische und pharmazeutische Leistung. – III. Alchemie.

A. (Arnau, Arnaldo), Arzt und Laientheologe, * in Aragón, † 6. Sept. 1311 bei einem Schiffbruch vor Genua.

I. LEBEN, THEOLOGISCHE WERKE: Studierte früh Arab., bei den Dominikanern Lat. und die Humaniora, in Montpellier Theologie und Medizin (von 1260 an). A. erhielt die Tonsur in der Diöz. Valencia, doch keine Weihen. Er heiratete in Montpellier die Kaufmannstochter Agnes Blasi, studierte wahrscheinl. auch in Neapel Medizin und ließ sich 1276 in Valencia nieder. Die rasche Verbreitung seines med. Rufs führte dazu, daß er der Leibarzt verschiedener Herrscher, darunter Peters III. und Jakobs II. v. Aragón wurde. Neben der Medizin – er hatte seit 1291 einen Lehrstuhl in Montpellier – widmete er sich auch der Theologie. Der Einfluß der Dominikanerschule, unter dem er ursprgl. stand, wurde dann durch die Franziskaner abgelöst, zu deren Spiritualismus und eschatolog. Erwartungen er deutl. hinneigte (»Expositio super Apocalipsim«, »Tractatus de tempore adventus Antichristi«). Dadurch geriet er 1300 in Konflikt mit der Univ. Paris und ging nach Rom, wo er Bonifatius VIII. behandelte, der ihn protegierte, obwohl er seine Ideen nicht teilte. Von Benedikt XII. in Perugia eingekerkert, konnte er schließlich nach Montpellier zurückkehren, wurde aber dann zum geachteten Ratgeber Friedrichs III. (II.) v. Aragón, des Kg.s v. Sizilien erhoben. (»Allocutio christiani ... ad inclitum dominum tercium Fredericum...«.) Auch von Papst Clemens V. geschätzt, spielte er eine bedeutende Vermittlerrolle im polit. und religiösen Leben seiner Zeit. Überzeugt, daß das Kommen des Antichrist nahe sei, strebte er, ähnl. wie die Spiritualen, eine Reform der Kirche und eine Erneuerung des religiösen Lebens des Klerus und der Orden an, damit die Gläubigen besser auf den Weg zum ewigen Heil geleitet würden. Deshalb wandte er sich an die Päpste und Herrscher und verkündete eine lange Zeit schwerer Prüfungen für alle. R. Manselli (mit H. Wolter)

A.s geistl. Werke in katal. Sprache zählen zu den Bedeutendsten, das die geistl. katal. Literatur des 13./14. Jh. besitzt: Die »Confessió de Barcelona« (1305), eine kurze Zusammenfassung der eschatolog. Ideen und der religiösen Reformbestrebungen des Verfassers; die »Lliçó de Narbona« (1305/08), eine Mahnung an die Spiritualen und Begharden von Narbonne mit polem.-satir. Passagen; der bedeutende »Raonament d'Avinyó« (1310), die Wiedergabe einer Rede vor Clemens V. über die Kirchenreform im spiritualen Sinne, die Einflüsse des Gedankenguts von → Raimundus Lullus zeigt, und die an Kg. Friedrich III. (II.) v. Sizilien gerichtete »Informació espiritual« (1310). Neuerdings wurde auch eine kleine Schrift mit dem lat. Titel »Alia informatio Beguinorum« entdeckt, die auch in einer neapolit. Übersetzung vorliegt. Columba Batlle

II. MEDIZINISCHE UND PHARMAZEUTISCHE LEISTUNG: Auch für die Geschichte der Medizin ist A.s Werk von großer Bedeutung. Die fälschl. Zuschreibung von Werken wie des »Breviarium practicae« oder des Kommentars zum »Regimen Salernitanum« sowie sein weitverbreiteter Ruf als Alchimist haben seine wirkl. wissenschaftl. Bedeutung verzerrt. A. v.V. war ein glühender Anhänger des an den europ. Univ. vorherrschenden Galenismus und widmete dessen didakt. Darstellung viele Werke, in denen die strenge theoret. Grundlage immer auf die Praxis ausgerichtet ist: Kommentare zu Texten von Hippokrates und Galen, Aphorismensammlungen, Abhandlungen zur Therapeutik, Schriften zur med. Lehre, die in seinem »Speculum medicinae« gipfeln, und klin. Monographien. A. tadelte jede »Untersuchung, die nicht bei der ärztl. Tätigkeit hilfreich ist«, wußte die Anliegen des Arztes und des Philosophen zu trennen (daher seine Angriffe auf → Averroës) und bemühte sich, seine Lehren knapp und klar darzustellen. Für Jakob II. v. Aragón schrieb er ein »Regimen sanitatis«, das in zahlreichen Kopien in ganz Europa verbreitet wurde, genauso wie »Parabolae medicationis« und seine Fassung der Schrift des → Avicenna, »De viribus cordis«. Berühmt war bes. seine Therapie gegen Nierensteine, bei der er anscheinend bereits die wichtige Rolle von Mineralwässern erkannte. Durch Übersetzungen und Bearbeitungen von Werken antiker und islam. Mediziner kommt A. durchaus eine Rolle in der Rezeption antiken Wissens in arab. Tradierung zu. Auch die Ausweitung der Medizin in Montpellier (päpstl. Bulle 8.9.1309) auf ein Unterrichtscorpus von insgesamt fünfzehn ursprgl. antiken und arab. Werken in lat. Neufassung ist von ihm beeinflußt. Acht Ausg. des med. Gesamtwerkes von A. v.V. im Laufe des 16.Jh. belegen seinen andauernden Ruhm. In der *Pharmazie* beschäftigte er sich mit Aquavita und wies dessen Bedeutung nach. J.A.Paniagua (mit R. Manselli u. G. Jüttner)

III. ALCHEMIE: Das Nebeneinander von Rationalismus und Mystizismus bei A. zeigt ein magisch-oneiromant. (Traumdeutung) und astrologisch-prophet., im einzelnen in der Zuschreibung nicht gesichertes Opus, welches im 15. und 16.Jh. große Verbreitung fand und ihm sogar den Ruf eines Magiers eingetragen hat. Das ihm nach neueren Untersuchungen (PANIAGUA 1959) gänzlich abzusprechende alchemist. Corpus hat ihn in der gen. Zeit bes. bekannt gemacht. A. galt lange als Mitinitiator europ. Alchemie und noch zu Beginn des 19. Jh. und später versuchte man seine Autorschaft, etwa für die weit verbreiteten Werke wie den »Rosarius philosophorum«, das »Perfectum magisterium (Flos florum)« und u.a. für die »Semita semitae« nachzuweisen (u.a. DIEPGEN 1910/11). Dies galt auch für weitere offenbar fiktiv A.s fsl. und päpstl. Gönnern und Patienten zugeeignete alchem. Traktate. Doch war die Unterschiebung des größten Teils der ca. 30 A. zugeschriebenen alchem. Traktate schon früher unbestritten. Gerade die enge Beziehung A.s zur Theologie und damit die mögl. Apologie alchem. Tätigkeit mag zu den Pseudoepigraphen Anlaß gegeben haben. Mit alchem. Theorie hat er sich möglicherweise doch befaßt: Authent. Stellungnahmen gegen die Alchemie wie im »Liber de vinis« sind in dieser Zeit auch gelegentl. durch äußere Notwendigkeit erfolgt oder als lit. Topos eingesetzt. G. Jüttner

Bibliogr.: DSB I, 289–291 – Repfont II, 395f. – P. DIEPGEN, A. und die Alchemie, SudArch 3, 1910, 369–396 (= W. ARTELT u.a., Medizin und Kultur. Ges. Aufsätze v. P. DIEPGEN, 1938, 127–150) [Zu den Edd. und zur hs. Tradition des alchem. (Pseudo) Arnald-Corpus] – THORNDIKE II, 1923⁶, 841–861; III, 52–84 – M.C. DIAZ Y DIAZ, Index Scriptorum Latinorum medii aevi Hispanorum II, 1959, 238ff. – *Ed.*: A. de V. opera, 1504, 1585 [med. Werke] – Aphorismi de gradibus, ed. M.Mc. VAUGH, 1976 – J. CARRERAS–M. BATLLORI, 2 Bde, 1947 (katal. Werke) – J. PERARNAU, L'»Alia informatio Beguinorum«, Studia, Textus, Subsidia II, 1978, 5ff. – *Lit.*: Diccion. de Historia Eclesiastica de España 4, 2757f. – P. DIEPGEN, A. v.V. als Politiker und Laientheologe, 1909 – R. VERRIER, Études sur Arnaud de Villeneuve, 2 Bde, 1947–49 – E. WICKERSHEIMER, Autor du Régime de Salerne I–III. In: Comptes de la medicine, 1952, 1954, 225–34, Atti del XIVᵉ Congr. internaz. di Storia della Medicina, 1954, II, 1960, 1072–1084 – M. BATLLORI, Orientaciones bibliogr. para el studio de A. de V., Pensamiento 10, 1954, 311–323 – J.A. PANIAGUA, Estudios y notas sobre A. de V., 1959 – R. MANSELLI, A. da V. e i papi del suo tempo, SR 7, 1959, 146–161 – J. PAYEN, Flos florum et Semita semitae..., RHSC 12, 1959, 288ff. – J.A. PANIAGUA, Notes en torno a los escritos de alquimia atribuidos a Arnau de Vilanova, Arch. Iberoameric. Hist. Med. Anthr. Medica 11, 1959, 406–419 – M. DE RIQUER, Història de la literatura catalana del s. XII fins ara, I, 1964, 362–372 – J.A. PANIAGUA, El maestro A. de V. médico, 1969 – E. PLOSS, H. ROOSEN-RUNGE, H. SCHIPPERGES, H. BUNTZ, Alchimia, 1970, 141–144 – J. PERARNAU, Revista Catalana de Theologia I/2, 1976.

Arnaldus. 1. A. Amalrici (Arnaud Amalric, Arnaud Amaury, Arnaud de Cîteaux), SOCist, * um 1150, † 26. Sept. 1225 in Fontfroide, ⊏ Cîteaux, päpstl. Legat, seit

1212 Ebf. v. Narbonne. A. wurde 1198 Abt v. Grandselve, 1201 Abt v. Cîteaux. Seit 1203 bekämpfte er als päpstl. Legat die →Albigenser; 1207 predigte er gemeinsam mit elf weiteren Zisterzienseräbten gegen die südfrz. Häresien. Er trat bei Papst Innozenz III. und Kg. Philipp August schon frühzeitig für ein krieger. Vorgehen gegen die Ketzer und ihren angebl. Beschützer, Gf. →Raimund VI. v. Toulouse, ein. 1209 vertraute Innozenz dem Legaten die Leitung des Albigenserkreuzzugs an. Auch nach der Einsetzung Simons v. →Montfort als militär. Oberbefehlshaber spielte A. weiterhin eine wichtige Rolle. Im März 1212 wurde ihm anstelle des bisherigen, wegen Säumigkeit abgesetzten Ebf.s das Ebm. Narbonne übertragen. Als Ebf. geriet er rasch in scharfen Gegensatz zu Simon v. Montfort, der nach der Eroberung der Gft. →Toulouse die Ausdehnung seiner Herrschaft auf die Provence erstrebte und sich mit frz. Hilfe 1215 als Hzg. v. Narbonne proklamieren ließ. Durch den Konflikt mit Simon um den Besitz von Stadt, Ebm. und Vicomté Narbonne wandelte sich A.s polit. Haltung: Er spielte nun zunehmend die Rolle des verletzten okzitan. Patrioten; 1215 verteidigte er sogar den der Ketzerei beschuldigten Gf.en Raimund auf dem 4. →Laterankonzil gegen Simon v. Montfort. Als sich Simon 1216 der Stadt Narbonne gewaltsam zu bemächtigen suchte, exkommunizierte ihn A. Gegen die darauffolgende Besetzung ebfl. Burgen durch Simon appellierte der Ebf. im Sept. 1216 an Innozenz III., doch vermochte er sich nicht dauerhaft gegen die vom frz. Königshaus unterstützten Montforts zu behaupten. – Als Legat in Spanien förderte A. das Bündnis Kastiliens und Navarras gegen die Mauren, das 1212 zur Schlacht v. Las →Navas de Tolosa führte, an der A. teilnahm. →Albigenser, →Reconquista. Y. Dossat

Q.: Pierre des Vaux-de-Cernay, Hystoria Albigensis I, hg. P. GUÉBIN-E. LYON, 1926, passim – *Lit.*: DHGE I, 1610f., 1656-1658, 1660-1664, 1668-1670, 1674, 1677, 1689; IV, 420 – LThK² I, 888 – Cahiers de Fanjeaux 7, 421-424 – P. BELPERRON, La croisade contre les Albigeois, 1209-1243, 1943.

2. A. (Arnau) Roger von Pallars, * 1390/1400, † 1461, katal. Prälat und Diplomat, Sohn Gf. Hug(e) Rogers II. v. Pallars (1369-1416) und Bruder Gf. Roger Bernhards v. Pallars (1416-24). 1420 ist er als Archidiakon v. Ampurias bezeugt sowie als Doktor der Rechte und Kanzler Alfons V. v. Aragón in Italien. Kanoniker zu Lérida und Valencia, war er 1436-61 Bf. v. Urgel und führte von 1457 an den Titel eines Patriarchen v. Alexandria. In den Jahren 1435-36 wurde ihm der Bischofsstuhl von Urgel von Kard. Peter v. Foix streitig gemacht, was zu Feindseligkeiten zw. den Gf.en v. Pallars und Foix führte. Er spielte eine führende Rolle bei den katal. Cortes von 1446 bis 1448, war Gesandter Alfons V. in Rom (1455), vermittelte in den Streitigkeiten zw. →Ferdinand v. Neapel und Fs. →Karl v. Viana (1458) und trug später zum Abschluß einer Übereinkunft zw. Johann II. v. Aragón und Karl bei (1460). Kurz darauf starb er bei der Gefangennahme Karls v. Viana. A. Pladevall

Lit.: Diccionari Biogr. Alberti I, 1966, 160 – Gran Enciclopedia Catalana II, 1978, 224 – J. VILLANUEVA, Viaje literario a las Iglesias de España XI, 1850, 130-132 – S. SOBREQUES I VIDAL, Els Barons de Catalunya, 1957, 205f.

3. A. (Arnaud), Gf. →Carcassonne

Arnaut

1. A. Catalan →Troubadours, Troubadourdichtung

2. A. Daniel, Troubadour, genaue Lebensdaten unbekannt. Einige Fakten ergeben sich aus seinen Dichtungen: 1195 war er schon als Dichter bekannt und galt bereits damals als »dunkel«. Er wurde anscheinend in Ribeirac (frz. Ribérac) geboren, studierte Philosophie und war als Spielmann tätig; möglicherweise stand er mit dem Troubadour →Bertran de Born in Beziehung. Die 18 von ihm erhaltenen Dichtungen stellen ihn an die Spitze des »trobar ric«, das von Raimbaut d'Aurenga (d'Orange) eingeführt worden war. A. D. übertrifft durch seine Wortgewalt und die Neuartigkeit seiner Sprache seine Vorgänger. Die Harmonisierung zw. Wort und Melodie beschäftigt ihn ganz bes.; er liebt es, an seinem Werk zu feilen und es zu verbessern. V. a. zwingt sich der Troubadour zum Gebrauch der *rima cara*, d.h. des schwierig zu findenden Reims mit auslaadender Sonorität, der Alliteration etc. Die Sorgfalt bei der Wahl des Reims und die Festlegung auf den Gebrauch der Einsilber sind Zwänge, die der Troubadour sich aus freiem Willen auferlegt – ohne jeden Zweifel mit der Absicht, seine Gedanken in schwierige Bahnen zu lenken, wofür große Erfindungsgabe und große sprachl. Meisterschaft notwendig sind. A. D., der Schöpfer der →*Sestine*, war in zu seiner Zeit bekannter und sehr geschätzter Dichter (vgl. Dante, Purg. XXVI) und wird während des 14. und 15. Jh. recht häufig zitiert. C. Alvar

Ed. und Lit.: G. TOJA, A.D.: Canzoni, 1960 – M. DE RIQUER, Los trovadores, 1975.

3. A. Guillem de Marsan, gascogn. Troubadour (urkundl. belegt 1170), Sohn von Guillem II. de Marsan; er war Consenior v. Marsan und Herr v. Roquefort und v. Montgaillard, Gebiete, die den Gf.en v. Poitiers unterstanden. In der prov. Lit. ist er wenig bekannt, da von ihm nur ein Werk erhalten ist (»Ensenhamen de l'Escudier«), welches nur einmal vollständig veröffentlicht wurde (BARTSCH). Das »Ensenhamen« ist ein einem unbekannten Ritter gewidmetes Lehrgedicht, es besteht aus 629 Sechssilbern mit Vollreimen und einem *bioc* (→Vers- und Strophenbau). In diesem Werk gibt der Autor Ratschläge, wie man sich bei Hof benehmen soll, um die Liebe der Dame zu gewinnen. Das »Ensenhamen« ist interessant hinsichtl. der Kenntnis der Sitten des ausgehenden 12. Jh., es unterrichtet über die lit. Vorlieben der Troubadours und all derer, die als höfisch gelten wollen: in diesem Werk werden erwähnt Paris und Helena, Tristan, Aeneas, Ignaure, Yvain, Apollonius v. Tyrus, Artus etc. Untersucht man diese Personen genauer, so läßt sich bei dem Autor eine prov. lit. Bildung der Zeit vor 1170-80 erkennen, da Chrétien v. Troyes ihm völlig unbekannt ist. Die Dichtung kann als das erste höfische »Ensenhamen« der prov. Lit. angesehen werden. C. Alvar

Ed. und Lit.: K. BARTSCH, Prov. Lesebuch, 1855, 132ff. – R. LEJEUNE, La date de l'ensenhamen d'A.G. de M., Studia Medievalia 12, 1939, 160-171 – F. PIROT, Recherches sur les connaissances litt. des troubadours, 1972.

4. A. de Maruelh, Troubadour, lebte um 1195. Offensichtl. stammte er aus der Ortschaft mit dem frz. Namen Mareuil-sur-Belle im Dép. Dordogne. Zu seiner Zeit genoß er ein gewisses Ansehen als Troubadour. Nach seiner prov. »Vida« war er von einfacher Herkunft und gab seinen geistl. Stand auf, um sich die Welt anzusehen und sich der Dichtung zu widmen. Es sind von ihm 25 Kanzonen sicherer Zuordnung erhalten sowie fünf Liebesbriefe in Versen *(salut)* und ein didakt. Ensenhamen, in dem er Regeln des Benehmens in feiner Gesellschaft gibt. Petrarca kannte ihn und imitierte ihn in einigen seiner Werke. Er behandelt feinsinnig, aber ohne eigene Neuerungen die allgemeinen Themen der höf. Liebe und pflegt seine Ideen in weit ausgreifenden Versen auszudrücken. In den saluts zeigt er größeren Einfallsreichtum und Witz als in den Kanzonen. C. Alvar

Ed. und Lit.: R. C. JOHNSTON, Les poésies lyriques du troub. A. de M., 1935 [1973] - M. DE RIQUER, Los trovadores, 1975.

5. A. Vidal → Troubadours, Troubadourdichtung

Arnegundis (Arnegunde, Aregunde), 2. Frau Kg. Chlotachars I. (511-561) und Mutter Kg. Chilperichs I. (561-584), † um 565/570 etwa 45jährig. Ihr Grab, kenntl. an einem goldenen Fingerring mit der Umschrift »Arnegundis«, wurde 1959 in der merow. Grablege der Basilika v. St-Denis bei Paris aufgefunden. Es enthielt reiche Beigaben an Schmuck, der für die Frühdatierung des germ. Tierstiles II von Bedeutung ist, und Bestandteile der Kleidung. H. Ament

Q.: Greg. Tur., Hist. Franc., MGH SRM I, IV, 3 - *Lit.*: A. FRANCE-LANORD-M. FLEURY, Das Grab der Arnegundis in St-Denis, Germania 40, 1962, 341-359 - A. GAUERT, Der Ring der Kgn. Arnegundis aus St-Denis (Fschr. H. HEIMPEL, 3, 1972), 328-347.

Arnemuiden, Stadt auf Walcheren (Niederlande), erbaut an der Stelle eines 1338 abgegangenen Städtchens. A. spielte seit dem 14. Jh. die Rolle eines Vorhafens von → Middelburg, es besaß durch Handelsbeziehungen mit Frankreich und dem Ostseeraum, bes. als Absatzmarkt für engl. Tuche, Bedeutung. Nach der Lockerung der Middelburger Stapelrechte (1445) wurde A. wegen der großen Sicherheit seiner Reede ein beliebter Überwinterungshafen und Umschlagplatz der hans. Kaufleute auf ihrem Weg nach Südeuropa, den Niederlanden und England. W. Prevenier

Lit.: Z. W. SNELLER, Walcheren in de 15e eeuw, 1916.

Arnika (Arnica montana L./Compositae). Da in der mediterranen Flora fehlend, wird die A. in der antiken Lit. nicht erwähnt. Unter diesem (ungeklärten) Namen und als allg. gebräuchl. Heilmittel erscheint sie vielmehr erst im 18. Jh. Es ist daher fraglich, ob sich die mlat. Bezeichnungen *arinca, arcinca, artinca* (STEINMEYER-SIEVERS III, 107, 535, 549) sowie *arnich* bei → Matthaeus Silvaticus (14. Jh.) auf diese Pflanze beziehen, die wohl erstmals von K. Gesner (1561) als Alisma alpinum/Caltha alpina näher beschrieben worden ist. Landessprachig hingegen scheint die A. als *wolfesgelegena* bereits bei → Hildegard v. Bingen (Phys. I, 156) belegt, die sie jedoch nur als starkes Aphrodisiacum anführt (Aconitum?). In der Form *Wolferley, Wohlverleih* wurde der Name teils mit 'Wolf' in Verbindung gebracht, teils volksetymolog. im Sinn von 'Wohl verleihen' bzw. 'Wohl für Leid' oder 'Wohl für allerlei' gedeutet. W. F. Daems

Lit.: MARZELL I 399-408 - DERS., Heilpflanzen, 290-294 - P. DUQUENOIS, Une plante médicinale encore mystérieuse: l'Arnica montana L., Pharmaceutisch Weekblad 106, 1971, 190-197.

Arno, Fluß in der Toscana, entspringt am Mte. Falterona im Apennin, mündet bei Pisa in das Ligur. Meer. Seine hydrograph. Schwankungen prägten tiefgreifend die umliegende Landschaft, bes. durch die Entstehung von Sümpfen an seinem Unterlauf zw. Altopascio und Focette sowie im Mündungsgebiet. Man mußte daher mehrfach verschiedene techn. Mittel einsetzen, um der durch den Fluß entstandenen Schwierigkeiten Herr zu werden. So erwies es sich z. B. wegen des wachsenden Zustroms an Pilgern und Kaufleuten als notwendig, in den Sümpfen des A. in der Ebene von Lucca bereits ab dem 11. Jh. ein System von Fähren zu errichten, das von den Brüdern des Hospizes von → Altopascio betrieben wurde. Einen wesentl. Faktor stellte der A. für den Niedergang von Pisa als Seemacht dar, infolge der fortschreitenden Versandung des Hafens und der dadurch zunehmenden Entfernung der Stadt vom Meer. Umfassende Kanalisationen und Flußregulierungen wurden erst nach dem Ende des MA, in größerem Ausmaß im Lauf des 18. Jh., in Angriff genommen. R. Manselli

Lit.: E. REPETTI, Diz., storico, geografico e fisico della Toscana, 1833-45, I, s. v.

Arno v. Reichersberg, * um 1100 in Polling (Oberbayern), † am 30. Jan. 1175 in Reichersberg (Innviertel), wählte wie seine fünf Brüder (darunter → Gerho(c)h v. Reichersberg) den geistl. Stand und trat 1124 mit Gerho(c)h in das Chorherrenstift → Rottenbuch ein. Als Gerho(c)h 1132 als Propst nach → Reichersberg berufen wurde, folgte ihm A. zunächst als Dekan, nach Gerho(c)hs Tod (1169) als Propst. - Sein lit. Schaffen, in dem die enge Zusammenarbeit v. a. mit Gerho(c)h ihren Niederschlag findet, ist geprägt durch den aktiven Kampf mit der Reform des Klerus und den Dogmenstreit mit Folmar v. Triefenstein über die Christus als Menschensohn zukommende Verehrung. Im »Scutum canonicorum« (1146/47) verteidigt A. die Lebensform der Regularkanoniker und deren Recht zum Studium. Zur selben Zeit (zw. 1145 und 1150) redigierte A. 35 von Gerho(c)h gehaltene Predigten, denen er einen Traktat über das Predigtamt vorausschickte. Innerhalb des folgenden Jahrzehnts entstand das »Hexaemeron« in fünf Büchern, in dem die sechs Schöpfungstage und der Sabbat auf die sieben Geistesgaben bezogen werden; Quellen sind v. a. die »Clavis physicae« des Honorius Augustodunensis und die Werke Ruperts v. Deutz. Sein letztes großes Werk, der »Apologeticus contra Folmarum« (zw. 1163-65), befaßt sich mit der Frage der Einheit der beiden Naturen Christi und verteidigt die Auffassung der Reichersberger Schule gegen Petrus Lombardus, Gilbert de la Porrée und Folmar v. Triefenstein geschlossener und systematischer als Gerho(c)h. Quellen sind die Werke von Johannes Damascenus, Bernhard v. Clairvaux und Rupert v. Deutz. Unter A.s Beteiligung entstand schließlich Gerho(c)hs Werk »De investigatione Antichristi«; ungewiß ist die Verfasserschaft bei den Glossen zum Pauluskommentar Gilberts de la Porrée und zu dessen Kommentar der »opuscula sacra« des Boethius, ferner bei einem fragmentar. erhaltenen Traktat über das Konzil v. Konstantinopel i. J. 1166. R. Kurz

Ed.: Scutum canonicorum, MPL 194, 1489-1528 (vgl. MPL 188, 1093-1118, dort fälschl. Anselm v. Havelberg zugeschrieben) - Hexaemeron, Ms. Klosterneuburg 336 - Hymnus, ed. H. PFEIFFER-B. ČERNIK, Catalogus codicum manuscriptorum, qui in bibliotheca... Claustroburgi asservantur II 97 f. - Apologeticus contra Folmarum, MPL 194, 1529-1538 (unvollständig) and ed. C. WEICHERT, 1888 (Briefanh. MPL 194, 1481 ff., 1485 ff.) - [Fragment über das Konzil v. Konstantinopel 1166, ed. P. CLASSEN, BZ 48, 1955, 364-368 - Gloss. zu Gilberts Boethius-Traktaten, ed. P. CLASSEN, MIÖG 67, 1959, 273-277] - *Lit.*: Verf.-Lex.[1] I, 458-461 - WATTENBACH-SCHMALE, 201 - J. BACH, Dogmengesch. des MA, 1873-75, I, 443 ff.; II, 582 ff. - H. WEISWEILER, Rüdiger v. Klosterneuburg an der Seite seiner Brüder Gerhoch und A. v. Reichersberg im christolog. Streit um die Verherrlichung des Gottessohnes, Scholastik 14, 1939, 22-49 - E. M. BUYTAERT, The Apologeticus of A. of Reichersberg, FStud 11/3-4, 1951, 1-47 - P. CLASSEN, Gerhoch v. Reichersberg, 1960, 248 ff., 309 ff., 445 ff. (vgl. Register) - DERS., Aus der Werkstatt Gerhochs v. Reichersberg, DA 23, 1967, 80 ff. - I. PERI, Das Hexaemeron A.s v. Reichersberg, Jb. des Stiftes Klosterneuburg, NF 10, 1976, 9-115 - DERS., Die Konzeption des Heilsgeschehens und die Frage nach dem Ursprung des Bösen im Hexaemeron A.s v. Reichersberg, Misc. Mediaevalia 11, 1977, 104-112.

Arnobius der Jüngere (zur Unterscheidung von dem Apologeten des 3. Jh., A. v. Sicca), wahrscheinl. Asket, lebte um die Mitte des 5. Jh. in Rom, wohin er vermutl. aus Africa vor den Vandalen geflüchtet war; weitere Lebensumstände sind unbekannt. Er verfaßte einen durch allegor. Exegese die messian. Weissagungen herausarbeitenden Psalmenkommentar, farblose Scholien zu einzelnen Evangelienperikopen (»Expositiunculae in Euangelium«) und eine antimonophysit. Disputation in 2 Büchern (»Conflictus cum Serapione«), die die Übereinstimmung von Damasus, Augustinus und Cyrill v. Alexandria erweisen will. Zugewiesen wird ihm der »Liber ad Gregoriam«, eine Trost- und Erbauungsschrift für eine durch Ehestreit bedrückte Römerin. Da er durchweg eine semipelagian. Gnadenlehre vertritt und einem gewandter Schreiber ist, wird ihm von vielen auch der »Liber praedestinatus« zugeschrieben, eine raffinierte Streitschrift gegen Augustins Gnadenlehre, die sie unter Fiktion einer »praedestinatianischen« Häresie bekämpft; doch kommt dafür eher Iulian v. Aeclanum als Verfasser in Frage. H. Kraft

Ed.: MPL 53 (für Exp. Euang. z. T. CSEL 31; für den Liber ad Greg. G. MORIN, Études I, 1913, 383-439) – *Lit.*: CPL 239-243 – BARDENHEWER 4, 603-606 – SCHANZ-HOSIUS 4, 2, 533-536 – G. MORIN, Anecdota Maredsolana 3, 3, 1903, 129-151 – H. v. SCHUBERT, Der sog. Praedestinatus, TU 24, 4, 1903.

Arnold (s.a Arnolf, Arnulf)

1. **A.**, Gf. → Dachau
2. **A.**, Gf. → Guines
3. **A. II.**, *Mgf. der Karantanenmark*, Sohn des gleichnamigen Gf.en aus dem Rotagau aus der Familie der Wels-Lambacher (→ Lambach, Gf.en v.), die zusammen mit den Formbachern und vielleicht auch mit den → Andechsern von den Rapotonen abstammen. Erstmals erwähnt wird er 1025 zusammen mit seiner Gattin Regilla, vermutl. einer Tochter Gf. Gottfrieds v. Verdun, anläßl. der Schenkung von Besitz zw. Donau und March durch Konrad II. (MGH DDK II 33). 1035 erhielt er nach dem Sturz → Adalberos v. Eppenstein die Karantanenmark an der Mur mit den vermutl. damit verbundenen obersteir. Gft.en – vielleicht zusammen mit seinem Sohn Gottfried, der 1042 zuerst als Mgf. auftritt und durch einen Ungarnsieg bei Pitten die Mark bis an die Lafnitz und Piesting ausdehnte. Nach 1043 ist A. nicht mehr als Mgf. nachweisbar; vermutl. kehrte er nach der Ermordung seiner Gattin und seiner Söhne Gottfried und Arnold 1050 auf die Stammburg Lambach (in Oberösterreich) zurück. Dort gründete er das Kanonikerstift → Lambach, das sein letzter überlebender Sohn, Bf. → Adalbero v. Würzburg (1045-90), nach A.s Tod in ein Benediktinerkloster umwandelte. Der Rest der Güter fiel an den mit A.s Enkelin Mathilde verheirateten Gf.en Ekbert v. → Formbach; die → Otakare traten die Nachfolge in der Karantanenmark an. → Steiermark. L. Auer

Lit.: Genealog. Hb. zur bair.-österr. Gesch., hg. v. O. DUNGERN, 1931, 37-51 – C. PLANK, Die Regensburger Gft. im Unterinntal und die Rapotonen, Veröff. des Museums Ferdinandeum 31, 1951, 561-565 – Genealog. Taf. zur mitteleurop. Gesch., hg. W. WEGENER, 1962-69, 136-147 – H. MITSCHA–MÄRHEIM, Gf. Rapoto v. Ernstbrunn, seine Sippe und seine Beziehung zu den Babenbergern, Unsere Heimat 46, 1975, 156-160.

4. **A.**, Gf. → Kleve
5. **A.**, Gf. → Lambach
6. **A.**, Gf. → Loos
7. **A.**, Gf. → Nassau
8. **A.**, Bf. → Halberstadt

9. **A. I.**, *Ebf. v. Köln* 1137-1151, † 3. April 1151 Köln, ▭ ebd., St. Andreas. Aus nicht näher bekannter rhein. Adelsfamilie, seit 1124 als Propst v. St. Andreas nachweisbar; wohl Dez. 1137 zum Ebf. gewählt, nahm er am 7. März 1138 in Koblenz an der Wahl Konrads III. teil. Am 3. April 1138 geweiht; bis 1147 wiederholt, aber unregelmäßig am Königshof bezeugt. Nach einem schweren Aufstand der Kölner Bürger 1138 scheint sein Pontifikat zunächst im wesentl. ruhig verlaufen zu sein. 1143 fand ein Häretikergericht statt. 1146 gewährte er der am Vorabend des 2. Kreuzzugs (an dem A. nicht teilnahm) bedrohten Kölner Judengemeinde Schutz in der Wolkenburg. A. nahm am 30. Nov. 1147 in Trier am Empfang Papst Eugens III., nicht aber am Konzil in Reims teil und wurde dort am 21. März 1148 vom Papst aus nicht ganz geklärten Gründen suspendiert; in einem (von → Wibald v. Corvey formulierten) Brief Konrads III. an den Papst wird A. 1149 als et senio et assidua egritudine confectus bezeichnet (MGH DD K III 216). In Köln bildete sich gegen den offenbar regierungsunfähig gewordenen Ebf. eine Opposition, an der sich u. a. der Dompropst und spätere Ebf. Arnold v. Wied (→ Arnold 10.) beteiligte. A. bemühte sich im Frühjahr 1150 in Rom vergebl. um eine Aufhebung der Suspension. Bei Zeitgenossen und Nachwelt hat er unter dem Eindruck der erlahmenden Amtsführung seiner letzten Jahre eine sehr negative Beurteilung gefunden. Heinz Wolter

Q.: R. KNIPPING, Die Reg. der Ebf.e v. Köln im MA II, 1901, 55-84 – *Lit.*: W. GREBE, Ebf. Arnold I. v. Köln in der Reichs- und Territorialpolitik. JbKGV 42, 1968, 1-80; 43, 1971, 1-76 – F. W. OEDIGER, Gesch. des Ebm.s Köln I, 1972², 143-145.

10. **A. II.**, *Ebf. v. Köln* 1151-1156; * um 1098 als Sohn des Gf.en Meffried v. Wied, † 14. Mai 1156 Xanten, ▭ Schwarzrheindorf. Seit 1122 als Propst v. St. Georg in Limburg a. d. Lahn, seit 1127 als Dompropst in Köln bezeugt, April 1138 von Konrad III. zum Kanzler und Propst v. St. Servatius in Maastricht berufen. In der Kanzlei befaßte er sich zunächst mit lothring. und it. Angelegenheiten und begleitete 1147 Konrad III. auf den 2. Kreuzzug. Im Mai 1149 aus Byzanz zurückgekehrt, schloß er sich in Köln den Gegnern des suspendierten Ebf.s Arnold I. (→ Arnold 9.) an. Nach dessen Tod (3. April 1151) wurde er zum Ebf. gewählt, empfing am 25. April den Kg. mit Gefolge (darunter den Bf. Otto v. Freising) zur Altarweihe in der von ihm erbauten Schwarzrheindorfer Doppelkirche und erhielt Ende April in Köln vom Kg. den lothr. Dukat. A. nutzte seine hzgl. Rechte zur Wiederherstellung des Landfriedens in Westfalen, auch gegen Widerstände im Adel, zog entfremdetes Kölner Bischofsgut ein und erwirkte von Papst Eugen III., der ihn am 6. Jan. 1152 in Segni weihte, eine Bestätigung seiner ebfl. Privilegien. Er trat für die Königswahl Friedrichs I. ein, den er am 9. März 1152 in Aachen krönte. A. ist häufig am Hof Barbarossas nachweisbar (u. a. unterzeichnete er 1153 den Konstanzer Vertrag und nahm 1154/55 am Italienzug teil), doch blieb er stets auf Ausgleich mit dem Papst bedacht. In seiner Diöz. förderte er die Kl. der Siegburger Reform (St. Pantaleon in → Köln, → Siegburg). Otto v. Freising rühmt ihn als »Erneuerer seiner Kirche«. Heinz Wolter

Q.: R. KNIPPING, Die Reg. der Ebf.e v. Köln im MA II, 1901, 85-102 – F. HAUSMANN, Reichskanzlei und Hofkapelle (MGH Schr. 14), 1956, 98-122 – J. KUNISCH, Konrad III., A. v. Wied und der Kapellenbau von Schwarzrheindorf, 1966 – F. W. OEDIGER, Gesch. des Ebm.s Köln I, 1972², 146-148 – H. WOLTER, A. v. W., Kanzler Konrads III. und Ebf. v. Köln, 1973.

11. **A. v. Selenhofen**, *Ebf. v. Mainz* seit 1153, * zw. 1095 und 1100 (?), † 24. Juni 1160, ▭ St. Maria ad gradus, Mainz, aus Mainzer Ministerialenfamilie. Nach Studien in Mainz war A. seit 1128 Kleriker des Domstiftes und Archipresbyter; sein Verhältnis zum antistaufisch gesinnten Ebf. Adalbert I. ist unklar. Er stieg auf unter Kg. Konrad III., der ihn sofort nach seiner Königserhebung im März 1138 zum Leiter der Hofkapelle und Propst des Aachener Marienstiftes ernannte. Weitere Pfründen besaß er in Aschaffenburg und Mainz. Er unterstützte die Politik der Ebf.e → Adalbert II., Markolf und → Heinrich I. und unterhielt gute Beziehungen zu den Staufern, war jedoch selten am Hof, nahm auch nicht am Kreuzzug Konrads III. teil. Dennoch wurde er im Herbst 1151 zum

Reichskanzler ernannt. Als solcher erlebte er den Regierungswechsel vom Febr./März 1152 und gewann das Vertrauen Kg. Friedrichs I. Nach dessen Zerwürfnis mit Heinrich I. von Mainz erhob der Kg. mit Zustimmung der päpstl. Legaten, die ihn nach dem 14. Juni 1153 in Mainz weihten, A. zum Ebf. Im Klerus sowie in der Ministerialität erwuchs ihm eine unversöhnl. Opposition. Die Streitigkeiten lockten die Nachbarmächte zu Interventionen. Friedrich I. konnte erst 1155 eingreifen. Das Verhältnis zw. Ks. und Ebf. wurde infolge der A. von Papst Hadrian IV. gewährten Privilegierungen fortan von einem gewissen Mißtrauen belastet. Ab 1157 war A. nicht mehr unbedingter Stauferanhänger. Am zweiten Italienzug des Ks.s mußte A. teilnehmen. Damals flammte in Mainz erneut die Rebellion auf. A. erhielt von Friedrich I. rechtl. Rückhalt. Die Mainzer stützten sich in der Abwehr seiner Steuerforderungen für die Rüstungen des Ks.s auf Privilegien aus der Zeit Adalberts I. Der Ebf. konnte der Lage nicht Herr werden. Am 24. Juni 1160 wurde A. in der Abtei St. Jakob von Mainzern unter Führung der Meingote zusammen mit seinem Bruder Dudo ermordet. Möglicherweise starben damals auch andere Angehörige des Ebf.s, der als Reichspolitiker wenig Eigenprägung besaß, in dessen Handeln hartes Zugreifen und unentschlossenes Zuwarten unvermittelt einander ablösten.

A. Gerlich

Q.: Vita Arnoldi archiepiscopi Moguntini (JAFFÉ, BRG 3), 604–675 – Christiani liber de calamitate ecclesiae Moguntinae, MGH SS 25, 236–248 – P. ACHT, Mainzer UB II, 1, 1968, Nr. 196–261 – Lit.: NDB I, 378 [Lit.] – F. HAUSMANN, Reichskanzlei und Hofkapelle unter Heinrich V. und Konrad III. (MGH Schr. 14), 1956, 122–134 – L. FALCK, Mainz im frühen und hohen MA (Gesch. der Stadt Mainz, hg. A. BRÜCK–L. FALCK II, 1972), bes. 150–154 – W. SCHÖNTAG, Unters. zur Gesch. des Ebm.s Mainz unter den Ebf.en A. und Christian I. (Q. und Forsch. zur hess. Gesch. 22), 1973.

12. A., Ebf. → Ravenna

13. A. I., Ebf. v. Trier seit Ende 1169, † 25. Mai 1183, aus rhein. Adel, mit Gf. Heinrich III. v. Kessel und → Hildegard v. Bingen verwandt, Propst v. St. Andreas in Köln und Kanoniker in Aachen; gewählt unter ksl. Einfluß. Häufige Hofaufenthalte bis 1181; 1174/75 und 1177 in Italien, 1179 beim 3. Lateranense. A. förderte bes. die Abtei Himmerod. Seine Territorialpolitik galt dem Mosel-Saar-Raum, dann auch dem Mittelrhein. A.s Urkunden sind z. T. unediert. Eine ihm gewidmete Vita betont einseitig seine Freigebigkeit und Güte. H.-J. Krüger

Lit.: WATTENBACH-SCHMALE I, 349f. – H. BÜTTNER, RhVjbll 33, 1969, 47–59 – F. PAULY, Aus der Gesch. des Bm.s Trier 2, 1969, 86–89 – K. GANZER, ZRGKanAbt 58, 1972, 166–197 – H.-J. KRÜGER, Archiv für mittelrhein. Kirchengesch. 24, 1972, 67–73 – DERS., Jb. für westdt. Landesgesch. 2, 1976, 159–177.

14. A. II., Ebf. v. Trier seit 1242, † 5. Nov. 1259 in Montabaur, ▭ Trier, Dom; Sohn Brunos v. Isenburg und Theodoras v. Wied, Domkanoniker in Mainz und Trier, vermutl. 1212 Domcellerar, 1217 Archidiakon und 1228 Domprost in Trier, zudem Propst und Archidiakon v. St. Marien in Erfurt (1236–42). Bei erstmaligem Wahlausschluß des übrigen Klerus und der Laien berief ihn die Mehrheit des Domkapitels zum Nachfolger seines verstorbenen Onkels → Dietrich II. v. Wied. Der von Kg. Konrad IV. anerkannte Gegenkandidat Propst Rudolf v. St. Paulin verzichtete bald darauf gegen Entschädigung, aber erst Rudolfs Tod beendete die Kriegswirren und sicherte A.s Anerkennung. Die Bischofsweihe empfing er im Juni 1245. Reichspolit. bezog A. zunächst an der Seite der Ebf.e v. Köln und Mainz Front gegen die Staufer und gehörte zu den Wählern der Gegenkönige Heinrich Raspe (1246) und Wilhelm v. Holland (1247). Nach dessen Tod spaltete er aus territorialpolit. Gründen die rhein. Kurfürstengruppe und betrieb 1257 in Frankfurt die vom frz. Kg. unterstützte Wahl Alfons X. v. Kastilien zum röm. Kg. gegen Richard v. Cornwall. Seine Bistumspolitik war von Kämpfen gegen den Adel, dem Ausbau des Städte- und Burgenwesens (1254 Beitritt zum → Rhein. Städtebund), dem erfolglosen Ausgriff auf die Reichsabtei → Prüm sowie von Konflikten mit der Geistlichkeit bestimmt.

H.-J. Krüger

Q.: WATTENBACH-SCHMALE I, 349ff. – Lit.: DHGE I, 577f. – NDB I, 378 – P. NEU, RhVjbll 26, 1961, 255ff. – F. P. SONNTAG, Das Kollegiatstift St. Marien zu Erfurt, 1962, 111f. – A. GERLICH, Rhein. Kfs.en und dt. Kgtm. im Interregnum (Fschr. J. BÄRMANN, Gesch. Landeskunde III, 2, 1967), 44ff. – F. PAULY, Aus der Gesch. des Bm.s Trier II, 1969, 96ff. – F.-J. HEYEN, Archiv für mittelrhein. Kirchengesch. 21, 1969, 28ff. – DERS., Die Grabkirchen der Bf.e v. Trier (Fschr. H. HEIMPEL III, 1972), 594ff. – K. GANZER, ZRGKanAbt 58, 1972, 166ff.

15. A. (Priester Arnold). In zwei frühmhd. Gedichten nennt der Verfasser sich Arnold. Beider Identität kann zwar nicht sicher bewiesen werden; möglicherweise handelt es sich aber um den praepositus Arnold (1163) des Prämonstratenserklosters Schäftlarn. Die »Legende von der hl. Juliana« (628 Verse) bearbeitet eine lat. Vorlage. Das Gedicht »Von der Siebenzahl« (»Loblied auf den Hl. Geist«; 995 Verse) geht von den sieben Gaben des Hl. Geistes aus und reiht anschließend eine Reihe von Septenaren aneinander (die Bitten des Vaterunser, Siebenzahlen im Makrokosmos und Mikrokosmos usw.), die alle den Hl. Geist symbolisieren, um dann schließlich in einem siebenstrophigen Hymnus zu gipfeln. Eine bestimmte Quelle ist nicht bekannt.

P. Ganz

Ed.: F. MAURER, Die religiösen Dichtungen des 11. und 12. Jh. III, 1970, 5–85 [Bibliogr.] – Lit.: zur »Juliana«: K.-E. GEITH, Priester A.s Legende von der hl. Juliana [Diss. Freiburg 1965] – DERS., Die Edition der Juliana-Legende des Priesters A. (Probleme altgermanist. Ed., 1968), 72–80 – zur »Siebenzahl«: W. MOHR, Vorstud. zum Aufbau von Priester A. »Loblied auf den Hl. Geist« (»Siebenzahl«) (Fschr. F. MAURER, 1963), 320–351 – B. TILLMANNS, Die sieben Gaben des Hl. Geistes in der dt. Lit. des MA [Diss. masch. Kiel 1963], 75–78.

16. A., Propst v. Aachen, leitender Hofkaplan Heinrichs V., 1112–22 bezeugt. A. begegnet vom 26. März 1112 an als (untitulierter) Stellvertreter des Ebf.s → Adalbert I. v. Mainz in der Leitung der Reichskanzlei, dann erstmals 30. Nov. 1112, wieder 1116 (mit dem Ks. in Italien) und 1122, letztmals 11. Nov., als Leiter der Hofkapelle (capellarius, capellanarius) und Propst des Aachener Marienstiftes. Der »Codex Udalrici« enthält einen kurzen undatierten Brief A.s an einen Propst E. (JAFFÉ, BRG 5, 391 n. 218); daneben werden ihm nach dem Diktat vier Briefe Heinrichs V. von 1116–17 zugeschrieben. Er hatte ein hohes und gewiß einflußreiches Amt inne, aber über die Erwähnungen in Urkunden und Briefen hinaus ist nichts über ihn bekannt. Daß er mit dem 1111–22 feststellbaren Notar »Adalbert B« und/oder mit dem Bf. Arnold II. v. Speyer (1123–26) personengleich gewesen sei, ist nur eine vage Möglichkeit.

Th. Schieffer

Lit.: F. HAUSMANN, Reichskanzlei und Hofkapelle unter Heinrich V. und Konrad III., 1956, 73, 80–83 – E. MEUTHEN, Die Aachener Pröpste, Zs. des Aachener Gesch.-Vereins 78, 1967, 27f.

17. A. v. Bamberg, Propst des Säkularkanonikatsstiftes St. Jakob in Bamberg. † 23. Jan. 1321/39. Studium in Bologna, Leibarzt des bayer. Pfgf.en Rudolf (1294 bis 1317), des Bruders von Ks. Ludwig dem Bayern. A. verfaßte um 1317 in Malausanne bei Avignon auf Wunsch von Augustinus Gazotti, Reformbischof v. Agram, ein »Regimen sanitatis«, von dem neun Hss. bekannt sind. Obwohl der Traktat gemäß der salernitan. Tradition unter Berücksichtigung der galen. Humoralpathologie die *res naturales* und *res non naturales* behandelt, weicht er vom üblichen, starren Schema ab. Der theoret. Aspekt tritt zugunsten des prakt., zugleich auf den Auftraggeber zugeschnittenen, zurück. Im Vordergrund steht die Ernährungslehre *(cibus et potus)*, wobei einheim., d. h. dt. und frz. Speisen, Obst- und Pflanzensorten bzw. Tierarten unter Verwendung ihrer in der lat. Lit. unbekannten Namen eingeführt werden. A. verfaßte auch einen mehr auf die Theorie bezogenen »Liber de simplici medicina« unter Zugrundelegung der arab. Botanik und → materia medica, von dem zwei Hss. bekannt sind.   K. Figala

Lit.: K. FIGALA, Mainfrk. Zeitgenossen »Ortolfs von Baierland« [Diss. München 1969] - G. KALLINICH-K. FIGALA, Das »Regimen sanitatis« des A. v. Bamberg, SudArch 56, 1972, 44–60.

18. A., Abt v. Berge seit 1119, seit 1134 zugleich Abt v. Nienburg, † 1166. A. war der bedeutendste sächs. Geschichtsschreiber des 12. Jh., wenn ihm zu Recht drei anonyme Werke (»Nienburger Annalen«, die Chronik des Annalista Saxo, die »Gesta archiepiscoporum Magdeburgensium«) zugewiesen worden sind. Daraus wäre dann auch zu folgern, daß er aus der Diöz. Halberstadt stammte, 1136/37 am Italienzug Lothars III. teilnahm und auch sonst oft in der Nähe dieses Ks.s weilte.

Die verlorenen, aber eindeutig erschließbaren »Nienburger Annalen«, 1134 begonnen und bis 1139 reichend, bilden den Grundstock der »Annales Magdeburgenses«; bis 1131 aus anderen Quellen kompiliert, sind sie ab 1132 selbständig. Dieselben Quellen wurden erneut in der Chronik des sog. Annalista Saxo benutzt, die vielleicht schon 1139, vielleicht aber auch erst 1144/45 begonnen wurde und eine außerordentl. materialreiche sächs. Geschichte der Jahre 741–1139 darstellt (MGH SS 6, 553–777). – Um 1142 entstand der von 938 bis 1142 reichende, wahrscheinl. von A. verfaßte 1. Teil der »Gesta archiepiscoporum Magdeburgensium« (MGH SS 14, 376–484).

Allen drei Werken gemeinsam ist die gleichartige, aber jeweils selbständige Verwertung derselben Quellen, das Interesse für med. und genealog. Sachverhalte, ein einheitl., betont sächs. Standpunkt und die Sympathie für Lothar III. und die Welfen bei entschiedener Ablehnung der Salier und Staufer, die zur Beendigung des Berichts in allen drei Werken mit dem Tod Lothars geführt zu haben scheint. Der Wert der Werke beruht, abgesehen von den zeitgenöss. Partien, v. a. in der Benutzung verlorener Quellen.   F.-J. Schmale

Lit.: R. SIEBERT, Unters. über die Nienburger Annalistik und die Autorschaft des Ann. Saxo [Diss. Rostock 1896] - E. KESSEL, Die Magdeburger Geschichtsschreibung bis zum Ausgang des 12. Jh., SaAn 7, 1931, 109–184 - R. SIEBERT, Über die Nienburger Jahrbücher und die Verfasserschaft des Ann. Saxo, 1935 - B. SCHMEIDLER, Die wahre Zusammensetzung der Gesta archiep. Magd. bis 1142, SaAn 14, 1938, 40–81 - DERS., Abt A. v. Kl. Berge und Reichskloster Nienburg (1119–1166) und die Nienburg-Magdeburg. Geschichtsschreibung des 12. Jh., ebd. 15, 1939, 116–130 - K.-U. JÄSCHKE, Die älteste Halberstädter Bischofschronik, Mitteldt. Forsch. 62/I, 1970 - WATTENBACH-SCHMALE, I, 1976, 12–22 [Lit.].

19. A. v. Brescia, * in Brescia, Geburtsjahr unbekannt, † 1154, war Kanoniker und anscheinend Propst von S. Pietro in Ripa in seiner Heimatstadt. Hier spielte er eine Rolle bei der schweren Auseinandersetzung zw. dem Bf. Manfredi und den Einwohnern von Brescia, die von ihrem Klerus einen frommeren Lebenswandel und stärkere pastorale Aktivität forderten, wobei sie damit in Zusammenhang mit einer anderen, weitere Kreise erfassenden Bewegung des religiösen Lebens in Italien standen, die unter dem Begriff →Pataria bekannt ist. A. unterstützte die Reformbestrebungen dieser Gruppen, wurde deshalb bei Innozenz II. angeklagt und mußte fliehen. Es ist bezeichnend, daß er nach Paris ging, um dort →Abaelard zu hören. Er wurde sein begeisterter Anhänger, so daß er von →Bernhard v. Clairvaux in die Polemik gegen Abaelard miteinbezogen wurde. Als Abaelard die gerade entstehende Pariser Univ. verlassen hatte, setzte A. das Werk seines Meisters als Lehrer fort, offenbar in größter Armut, so daß er und seine Schüler von Tür zu Tür gehen und um Almosen betteln mußten, wie Johannes v. Salisbury sehr anschaulich bezeugt. Leider ist uns über Art und Formen dieser Lehrtätigkeit nichts Genaues bekannt, weil sich kein schriftl. Zeugnis davon oder eine Nachricht bei anderen Autoren darüber erhalten hat. Durch die andauernde Opposition von Bernhard v. Clairvaux wurde A. gezwungen, nach Zürich zu fliehen, wo er Asyl fand. Dem Kard. Guido di Castello gelang es schließlich, A. mit der Kirche zu versöhnen. So begab sich A. nach Rom, gerade in einer Zeit, wo die Ewige Stadt eine der dramatischsten Phasen ihrer Geschichte erlebte: die sog. renovatio senatus 1144 (→Rom). In das sehr komplexe Phänomen dieser Aufstandsbewegung des Volkes, an der er teilnahm, trug A. seine glühende Forderung nach einer Reform des Papsttums hinein. Vom Geist des Evangeliums tief durchdrungen, konnte er die weltl. Herrschaft des Papstes über die Stadt, wie sie sich im Laufe der Jahrhunderte de facto, wenn nicht de iure entwickelt hatte, nicht akzeptieren. 1154 wurde A. in der Folge einer Annäherung zw. Hadrian IV. und Friedrich Barbarossa gefangengenommen und getötet. Die näheren Umstände seines Todes sind ungewiß: Die eindrucksvolle Schilderung, die der anonyme bergamask. Verfasser des »Carmen de gestis Frederici« (Ed. J. SCHMALE-OTT, MGH SRG) von A.s Tod gibt, ist aus vielen Gründen von nur zweifelhafter hist. Glaubwürdigkeit. Die Ideen, die A. vertreten hatte, präzise zu fassen, ist ebenfalls schwierig, da die vereinzelten Zeugnisse über ihn bei verschiedenen Schriftstellern auftreten, die von ganz unterschiedl. hist. Positionen und Blickwinkeln aus berichten (z. B. Walter Map, Johannes v. Salisbury, Otto v. Freising). A.s Lehre stellt eine Ausprägung des »Evangelismus« des 12. Jh. dar, die Einzelheiten seiner Religiosität sind jedoch schwer faßbar: Die Anschuldigungen, er nehme keinen eindeutig orthodoxen Standpunkt hinsichtl. Eucharistie, Taufe, Ehe und Buße ein, scheinen eher allgemeine Vorwürfe, die gegen die evangelist. Prediger erhoben wurden, widerzuspiegeln, als sich auf spezifisch A. eigene Lehren zu beziehen. Jedenfalls muß A. anscheinend die lebhafte Stellungnahme gegen die Verweltlichung des Klerus und einen Mißbrauch der kirchl. Autorität zugeschrieben werden, die später für den Evangelismus der »pauperes Lombardi« kennzeichnend ist, nach dem wenigen zu schließen, das wir von seinen Schülern, den →Arnoldisten, wissen.   R. Manselli

Lit.: DBI IV, 247–250 - A. FRUGONI, Arnaldo da Brescia nelle fonti del secolo XII, 1954 - HALLER III, passim.

20. A. v. Dorstadt (gen. Barbavaria). A. entstammt einer Adelsfamilie des Harzraumes (Dorstadt, Krs. Goslar) und ist mehrfach Zeuge bei Heinrich dem Löwen. In dessen Gefolge war er evtl. schon 1154, sicher 1158 in Italien. Friedrich I. erhob ihn für 1162–64 nach dem Sieg über Mailand zum Podestà v. Piacenza. 1167 erhielt er das Reichskastell Annone (bei Asti) zu erblichem Lehen (STUMPF-BRENTANO, 4080). Nach der Niederlage vor Rom 1167 wird A. nach Dorstadt zurückgekehrt sein; gelegentl. ist er Zeuge in Urkunden des Kaisers, Heinrichs des Löwen und des Bf.s →Adelog v. Hildesheim, der ihm und seiner Gemahlin Bia 1174 das Recht der Bestattung in der Cäcilienkirche zu Dorstadt verlieh, die seine Vorfahren gegründet hatten (UB Hildesheim 367). 1187 war er in einen Zehntstreit mit Steterburg verwickelt, 1189 bestätigte Bf.

Adelog die Stiftung des Hl.-Kreuz-Kl. zu Dorstadt durch A. und seinen Bruder Heinrich. D. v. d. Nahmer

Q. und Lit.: UB des Hochstifts Hildesheim I, hg. Jänicke, 1896 [Repr. 1965] – Ann. Steterburgenses MGH SS 16 – I. Grote-Schauen, A. v. D. und das castrum Nonum, Zs. des hist. Vereins für Niedersachsen 1864, 34–42 – J. Ficker, Italien II, §§ 296 und 304 – F. Güterbock, Alla vigilia della lega lombarda, ASI 95 (1 und 2), 1937 – A. Haverkamp, Herrschaftsformen der Frühstaufen in Reichsitalien, 1970–71.

21. A. v. Harff, rhein. Edelmann, * 1471, † 1505, unternahm 1496–98 eine abenteuerliche Orientreise, die ihn von Köln aus nach Rom, Ägypten, zum Sinai, ins Hl. Land, nach Syrien, Kleinasien, Bulgarien, Ungarn, Oberitalien, S-Frankreich, N-Spanien und quer durch Frankreich zurück nach Köln führte. Obwohl A. v. H. alle drei chr. Hauptwallfahrtsorte (Rom, Jerusalem, Santiago) besuchte, war er doch weniger Pilger als vielmehr Weltreisender. Wie sein ausführlicher, dem Hzg. Wilhelm IV. v. Jülich-Berg gewidmeter Reisebericht zeigt, besaß er eine ungewöhnlich vielseitige, an geogr., völkerkundl., sprach- und kulturgesch. Einzelheiten interessierte Beobachtungsgabe; im Reichtum diesbezügl. Informationen besteht dann auch der Hauptwert seines Berichtes. Rein fiktiv, d. h. aus → Marco Polo, → Mandeville und anderer Reiseliteratur kompiliert, ist allerdings der Abschnitt über eine angeblich von Kairo aus unternommene Fahrt nach Arabien, Indien, Äthiopien und zu den Nilquellen.
H. Beckers

Ed.: Die Pilgerfahrt A.s v. H., hg. E. v. Groote, 1860 – The Pilgrimage of A. v. H....., translated and ed. M. Letts, 1946 – *Lit.*: Verf.-Lex.² I, 471 f. – V. Honemann, Zur Überlieferung des Reiseberichts A.s v. H., ZDA 107, 1978, 165–178.

22. A. v. Lübeck, Geschichtsschreiber, † 27. Juni (1211/14), nach Schulausbildung in Braunschweig seit 1177 Abt des Johannisklosters in Lübeck. Im Prolog seiner »Chronica« bezeichnet A. sein Werk als Fortsetzung der, wie er irrtüml. meinte, unvollendeten »Chronica Slavorum« des →Helmold v. Bosau. Innerhalb der sieben Bücher des Werkes sind bes. die ersten beiden, in denen Person und Politik →Heinrichs des Löwen im Mittelpunkt stehen, von hohem Wert.

Das Werk beginnt (nach einer Schilderung der friedl. Verhältnisse im Sachsen Heinrichs des Löwen) mit der Darstellung der Pilgerfahrt des Hzg.s ins Hl. Land, die mit einer Vertrautheit beschrieben ist, als sei A. Augenzeuge gewesen. Sehr ausführlich schildert A. die Vorgänge um die Absetzung des Herzogs. In den Büchern III–VII nimmt das dt.-dän. Verhältnis breiten Raum ein, was dem gestiegenen Einfluß →Dänemarks auf den N des Reichs in der Periode nach Heinrichs Sturz entspricht. Die Ereignisse des 3. und 4. Kreuzzuges einschließl. der Kreuzzugsvorbereitungen werden ebenfalls ausführl. behandelt; hinzu treten Betrachtungen asket. Inhalts. Die Italienpolitik der Staufer und der Orient, für den A. großes Interesse zeigt, werden in zwei eingeschobenen Berichten behandelt, dem des Kanzlers →Konrad v. Hildesheim über S-Italien und dem des Vicedominus Burchardus über Ägypten und Babylonien.

In seinem Urteil ist A. insgesamt nicht konsequent, was teilweise mit der kommentarlosen Benutzung von Vorlagen unterschiedl. polit. Haltung zusammenhängen mag. Doch sind Verehrung für Heinrich den Löwen und das Welfenhaus sowie eine gegen Friedrich Barbarossa gerichtete Einstellung erkennbar. Von hohem Rang als Quelle für die Verhältnisse in seiner civitas →Lübeck und die zeitgenöss. Geschichte des Ostseeraumes, kann A.s Chronik für die allgemeine Reichsgeschichte und ihm ferner liegende Gebiete und Zeiten nicht die gleiche Glaubwürdigkeit beanspruchen.

A. stützte sich überwiegend auf mündl. Berichte, Briefe und urkundl. Material. Der Sprachstil ist einfach, klar und bes. von der Bibel geprägt; Verse der lat. Schulautoren sind überall eingestreut.

Nach Beendigung der bis 1209 reichenden Chronik übersetzte A. nach 1210 den »Gregorius« des →Hartmann v. Aue für den Welfen Hzg. Wilhelm v. Lüneburg als »Gesta Gregorii peccatoris« ins Lat. (über mögl. Zusammenhänge der Themenwahl mit Traditionen des Welfenhauses vgl. Mertens, 105 ff.; s. a. →Gregorius). Der Versbau ist sehr unregelmäßig; meistens ist eine Nachahmung von Hartmanns vierhebigem Reimpaar intendiert. A. schuf keine getreue Übersetzung, vielmehr deutete er die Geschichte durch die lat. Begrifflichkeit theologisch um.
M. Wesche

Ed.: J. M. Lappenberg, MGH SS 21, 100–250, MGH 1868 [Neuausg. der Chronik in Vorbereitung] – G. v. Buchwald, Arnoldi Lubecensis Gregorius peccator. 1886 – *Lit.*: Verf.-Lex.² I, s. v. – J. Mey, Zur Kritik A.s v. L. [Diss. Leipzig 1912] – W. Ohnesorge, Zur neuesten Forschung über A. v. L. Ein Beitr. zur hist. Geographie Niedersachsens, Zs. Niedersachsen 77, 1912 – H.-J. Freytag, Der Nordosten des Reiches nach dem Sturz Heinrichs des Löwen, DA 25, 1969, 470–530 – P. F. Ganz, Dienstmann und Abt. Gregorius Peccator bei Hartmann v. Aue und A. v. L. Krit. Bewahrung. Fs. W. Schröder, 1974, 250–275 – Wattenbach-Schmale I, 437–441 – V. Mertens, Gregorius Eremita. Eine Lebensform des Adels bei Hartmann v. Aue in ihrer Problematik und ihrer Wandlung in der Rezeption, MTU 67, 1978, 105–108.

23. A. v. St. Emmeram (Regensburg), aus vornehmem bayer. Geschlecht, Propst des Klosters, erste Hälfte des 11. Jh. Wie →Otloh wendete er sich nach der Beschäftigung mit antiker Lit. dem chr. Schrifttum zu. Weil er sich für eine Überarbeitung der »Vita s. Haimhrammi« Arbeos einsetzte, mußte er 1024 das Kloster für einige Zeit verlassen. Er ging nach Magdeburg und konnte dort den Domscholastikus Meginfrid zu einer Neufassung bewegen. Erst nach seiner Rückkehr nach Regensburg erhielt er 1030 Meginfrids Neubearbeitung, die er selbst durch ein weiteres Buch »De miraculis s. Emmerami« und einen »Dialogus de memoria s. Emmerami« ergänzte. Beide Schriften enthalten wertvolle kulturhist. Nachrichten über die frühe Geschichte Regensburgs. Anläßl. einer Reise nach Ungarn verfaßte A. Antiphonen und Responsorien, mit denen ein älteres Offizium zum Feste des hl. Emmeram erneuert wurde. Auch eine Homilie über die acht Seligkeiten ist zu nennen. Sprachl. Eigentümlichkeiten mit einem gräzisierenden Element bei Wortbildungen sind in seinen Schriften auffällig. →Emmeram
E. Heyse

Ed.: MPL 141, 989–1094 – MGH SS IV, ed. Waitz, 1841, 545–574 (Auszüge) – AA SS Sept. VI, 512–515 – *Lit.*: NDB I, 380 f. – B. Bischoff, Lit. und künstler. Leben in St. Emmeram, SMGB 51, 1933, 102–142 (= Stud. II, 77–115) – Manitius II, 306–313 – Verf.-Lex.² I, 464 ff.

24. A. v. Sachsen verfaßte um 1225 eine im wesentl. naturkundliche (Teil 5 Ethik nach Cicero und Ps. Seneca) und lit. anspruchslose Enzyklopädie »De finibus (Konjektur floribus) rerum naturalium«. Eigengut des Verfassers sind die Prologe zu jedem der fünf Teile (Prol. 1 mit Hinweis auf einen noch nicht aufgefundenen »sermo de libris philosophorum« von A.; Prol. 2 bezeichnet die Behandlung der Tiere als Erholung für Körper und Geist nach dem Teil 1 De coelo et mundo). Teil 3 De virtute universali enthält Magisch-Abergläubisches. Teil 4 De virtutibus lapidum behandelt die Kräfte der Edelsteine und ist anonym mehrfach gesondert überliefert. A. begründet die Kompilation aus vielen Schriften, u. a. dem lat. Corpus Aristotelicum, mit dem allgemeinen geistigen Nutzen. Er war deshalb wohl ein im Bildungswesen tätiger Kleriker. Der Beiname Saxo (A. war wohl Niedersachse) findet sich in der Erfurter und der Lüneburger Hs., in der Oxforder Hs. (guter Text) und im Katalog des Erfurter Universitätskollegs erscheint statt dessen Lucas. Die angenommene Beziehung zu Kl. Loccum (seit dem 12. Jh. oft Luc[c]a) wird heute bestritten. Der Spätansatz (nach Bartholomaeus Anglicus) durch THORNDIKE überzeugt nicht. Benutzung der Kompilation bei Albertus Magnus und Vinzenz v. Beauvais (»Speculum naturale«, danach im »Hortus sanitatis« des 15. Jh. zitiert) ist nachweisbar. Die Pflanzen-, Tier- und Mineralnamen in den jeweils mit Quellenangabe versehenen aneinandergereihten Zitaten sind vielfach (durch Übernahme aus dem Arab.) entstellt, aber durch Vergleich mit anderen Enzyklopädien fast immer identifizierbar.   Ch. Hünemörder

Ed.: E. STANGE, Die Enzyklopädie des Arnoldus Saxo, zum ersten Mal... hg., 1905-07 (Progr. Kgl. Gymn. Erfurt [veraltet. Neuere Textfunde vgl. Verf.-Lex.² I, 485-488 mit großen Teilen der Kompilation legen eine Neuausg. nahe]) – *Lit.:* Verf.-Lex.² I, 485-488 – E. STANGE, Arnoldus Saxo, der älteste encyclopädist des dreizehnten jh. [Diss. Halle 1885; Quellenuntersuchung] – THORNDIKE II, 430-432 – CH. LOHR, Medieval Latin Aristotle Commentaries Traditio 23, 1967, 369 f.

Arnoldisten, Bezeichnung für die Anhänger des → Arnold v. Brescia, die erstmals im Veroneser Verdammungsdekret der Häretiker vom 4. Dez. 1184 erscheint. In Wirklichkeit sind uns ihre Ideen unbekannt, abgesehen von dem Wenigen, das aus einer der Fassungen der sog. Manifestatio heresis catharorum »quam fecit Bonaccursus« hervorgeht: Es handelt sich dabei eigtl. nur um eine Ablehnung der päpstl. Autorität, wenn sie Häretiker ohne einen regulären Prozeß verurteilt, ferner um eine Ablehnung der Sakramente der Kirche wegen der Unwürdigkeit der Kleriker (pro malitia clericorum); außerdem wird der kirchl. Autorität das Recht bestritten, das Predigen zu verbieten. – Man darf diese A. nicht mit den sog. filii Arnaldi verwechseln, einer beleidigenden Bezeichnung, die anscheinend in vielen Fällen dem Ausdruck »Bettler« gleichkam.   R. Manselli

Lit.: A. FRUGONI, La fortuna di Arnaldo da Brescia, Annali della Scuola Normale Superiore di Pisa, lett., 2 ser. 24, 1955, 145-160 – DERS., Una nota arnaldiana e una nota sublacense, BISI 67, 1955, 289-291.

Arnolfini, Familie a : → Lucca, die im 14. und 15. Jh. auf wirtschaftl. und polit. Gebiet große Bedeutung gewann. Die Tradition, welche die A. auf einen Guiduccio zurückführt, der angebl. von Friedrich I. zum Pfgf. erhoben worden war und nach einigen aus Lothringen, nach anderen aus Umbrien stammte, findet keine urkundl. Belege. Die Familie ist erstmals in der Mitte des 12. Jh. bezeugt, als die A., die in Lucca im Viertel S. Donato ihren Wohnsitz hatten, als Grundbesitzer im Contado genannt werden. Ihre hohe soziale Stellung geht auch aus der Zugehörigkeit eines *Filippo* A. (1312-20) zum Domkapitel hervor. Zwei Mitglieder der Familie sind unter den Bürgern von Lucca, die Kg. Johann v. Böhmen und seinem Sohn Karl (IV.) den Treueid leisteten. Der Stand eines dieser beiden, *Ranuccio*, wird als »mercator« angegeben »nuper reversus de partibus Francie« (1. Sept. 1333). Auf die zwei Söhne eines *Giannino*, der seit 1371 Mitglied des Kollegiums der → Anzianen und später → Gonfaloniere war, gehen die Hauptlinien der Familie zurück. *Niccolò di Giannino*, den eine Urkunde aus dem Jahre 1397 als »pannarius« bezeichnet, war 1400 Gonfaloniere und später Ratgeber des Signore v. Lucca, Paolo → Guinigi. Der Bruder von Niccolò, *Arrigo*, war mit einer Guinigi, Antonia di Michele, verheiratet; aus ihrer Ehe stammte Giovanni → A., der bekannteste Exponent der Familie, der allerdings sein ganzes Leben fern von Lucca tätig war. Im Lauf des 15. Jh. nahmen Besitz und polit. Ansehen der A. beständig zu, wie auch ihre Heiratsverbindungen mit den größten Familien der Stadt bezeugen. Das Anwachsen ihres Reichtums verdankten die A. auch ihrer fortgesetzten Handelstätigkeit und ihren Bankgeschäften in der Heimat und im Ausland: Niccolò betrieb 1422 Geschäfte in Paris, seine beiden Söhne *Battista* und *Bartolomeo* waren um die Mitte des Jahrhunderts in Frankreich und England tätig, in Brügge sind außer Giovanni A. dessen Bruder *Michele* und später *Giovanni di Niccolò* bezeugt. In dem Rechtsgelehrten *Lazzaro di Bartolomeo di Niccolò* fand in den letzten Jahren des 15. Jh. die Tradition der Familie, führende Verwaltungsämter im lucches. Staatswesen zu bekleiden, neuerlich Bestätigung, wodurch die Zugehörigkeit der A. zum Adel von Lucca auch in späteren Zeiten einwandfrei feststand.   M. Luzzati

Q. und Lit.: G. V. BARONI, Notizie geneal. d. fam. lucch., XVIII, Bibl. St. di Lucca, 1102, 258 ff. – L. MIROT-E. LAZZARESCHI, Un mercante di Lucca in Fiandra, Boll. St. Lucch. XII, 1940, 81-105 – Inventario del R. Archivio di Stato in Lucca V, 1946, 3-6.

Arnolfini, Giovanni, * gegen Ende des 14. Jh. als Sohn des lucches. Kaufmanns Arrigo di Giannino, † 1472, übersiedelte schon früh nach Flandern, wo er in kurzer Zeit durch Handel mit Tapisserien und erfolgreiche Finanzspekulationen zu Reichtum kam. Am burg. Hof sehr geschätzt, errang er eine hervorragende Stellung unter den lucches. Kaufleuten in Brügge und konnte mehrfach sowohl seinen Mitbürgern bei internationalen Handelsgeschäften ausgezeichnete Dienste leisten als auch der Republik Lucca selbst, die 1454 vergebl. seine Rückkehr in die Heimat betrieb, wobei sie ihn als äußerst geschickten Kaufmann bezeichnete. Dank der Unterstützungen, die er seit 1455 dem späteren Kg. Ludwig XI v. Frankreich zukommen ließ, wurde er 1461 zum obersten Berater und Verwalter der Finanzen in der Normandie ernannt und wurde 1464 zum Untertan der frz. Krone erklärt. Er übte auch am trz. Hof beträchtl. Einfluß aus; als jedoch die Feindseligkeiten zw. dem Kg. v. Frankreich und dem Hzg. v. Burgund ausbrachen, zog er es 1465 vor, nach Brügge zurückzukehren, wo er bis zu seinem Tode lebte. Sein riesiges Vermögen wurde von den Großneffen, Nachkommen seines Bruders Michele, geerbt. Er hatte schon vor 1434 seine Landsmännin Giovanna di Guglielmo Cenami geheiratet; beide sind auf dem berühmten Gemälde von Jan van Eyck (National Gallery, London) dargestellt.   M. Luzzati

Lit.: DBI IV, 264 f. – G. V. BARONI, Notizie geneal. d. fam. lucch., ms. sec. XVIII, Bibl. St. di Lucca, n. 1102, cc. 258 ff.

Arnolfo di Cambio, Bildhauer, später auch Architekt, * um 1240/45 in Colle Val d'Elsa, † 1302/10 in Florenz. Schüler des Nicola → Pisano, 1265 in dessen Vertrag zur Domkanzel in Siena als Mitarbeiter genannt, spätestens ab 1276 bis gegen 1296 in Rom, im Dienste Karls v. Anjou, dann Dombaumeister in Florenz.

Die *Skulpturen* A.s zeigen ein enges Verhältnis zur Antike und freie Verarbeitung frz.-got. Einflüsse. Hauptwerke: 1264-66 Mitarbeit an der Arca di San Domenico in Bologna, 1265-68 an der Domkanzel in Siena; 1277/81 Brunnen in Perugia, Fragmente in der Galleria Nazionale dell'Umbria daselbst; 1282 Grabmal des frz. Kard.s Wilhelm de Braye in S. Domenico in Orvieto; in Rom Altarciborien von S. Paolo fuori le mura 1284 und S. Cecilia in Trastevere 1293, Anbetungsgruppe des Oratoriums Praesepis in S. Maria Maggiore 1284/96, Grabmal für Papst Bonifatius VIII. u. a.; zugeschrieben die Ehrenstatue für Karl v. Anjou auf dem Kapitol und die einst für frühchr. gehaltene Bronzefigur des thronenden Petrus in St. Peter.

In Florenz die Figuren der Domfassade 1296 ff., jetzt im Museo dell'Opera del Duomo und in Berlin, Staatl. Sammlungen. *Bauten:* Zeitgenöss. bezeugt nur die erste Phase des Dombaus; Westpartie gegen 1296 ff., die Gestalt von A.s Plan ist unbekannt und umstritten. Erstmals von Vasari zugeschrieben und stilist. wahrscheinl. Chor der Badia und S. Croce 1295 ff., desgleichen der Palazzo Vecchio 1299 ff. A. Reinle

Lit.: H. KELLER, Der Bildhauer A. und seine Werkstatt, JPKS LV, 1934, 205-228; LVI, 1935, 22-43 – V. MARIANI, A., 1943 – A. M. ROMANINI, A., 1969. – O. v. SIMSON, Das MA II, PKG 1972, 351-354 (C. GNUDI) – B. SCHARIOTH, A. und Giotto [Diss. Bochum 1976].

Arnpeck, Veit, bayer. Geschichtsschreiber, * 1435/40 wohl Freising, † Ende 1495. 1453 Scholar in Amberg, 1454-57 Studium in Wien mit Abschluß als Baccalaureus. Als Kleriker Inhaber verschiedener Pfründen, um 1465 in Amberg, 1468, 1487 und 1492 in Landshut sowie 1491 in Freising (St. Andreas). A. verfaßte in den Jahren 1493-95 seine vier Werke »Chronica Baioariorum« (Bayer. Staatsbibl. Clm 2230), die davon abhängige, aber veränderte dt. »Bayerische Chronik« (ebd., Cgm 2817 und 2818), »Chronicon Austriacum« (ebd., Clm 2230 und 1213) und »Liber de gestis episcoporum Frisingensium«. Die Zuweisung eines nicht erhalten gebliebenen »Libellus de fundationibus monasteriorum in Bavaria« ist umstritten (LEIDINGER-STABER). A. beschließt die Reihe der spätma. bayer. Landeschronisten (→ Andreas v. Regensburg, Hans → Ebran v. Wildenberg, Ulrich → Fuetrer). Geprägt von der ma. Kompilationstechnik und dem Fehlen wissenschaftl. Quellenkritik, erreicht er doch eine umfassende Zusammenschau regionaler und überregionaler Quellen, überwiegend ma. Chronistik und Annalistik und in zweiter Linie Viten, Legenden, Passiones u. ä. Die »Chronica« gilt als die »wichtigste bayer. Landesgeschichte des Mittelalters« (LEIDINGER), die dt. Ausgabe sprachgewaltig, als ein hervorragendes Denkmal bayer. Mundart. Der Wert des »Chronicons« bleibt gering. Dagegen ist die Freisinger Bischofsgeschichte bis zu K. MEICHELBECKS »Historia Frisingensis« (1720/1729) das einzige einschlägige Werk von größerer Bedeutung gewesen. W. Liebhart

Ed.: Veit Arnpeck, Sämtl. Chroniken, hg. G. LEIDINGER, 1915 – Lit.: ADB I, 596-597 – LThK² I, 898 – NDB I, 393 – Verf.-Lex.² I, 140-142 – SPINDLER II, 761-763 – K. F. JOETZE, V. Arnpekh, ein Vorläufer Aventins, Verhandlungen des Hist. Vereins für Niederbayern 29, 1893, 45-128 – S. RIEZLER, Gesch. Baierns III, 1889, 896-899 – G. LEIDINGER, Über die Schr. des bayer. Chronisten V. A., 1893 – DERS., V. A.s Chronik der Bayern, SBA. PPH 5, 1936 – J. STABER, V.A. und die Gründungsgesch. von Weihenstephan, SMBG 66, 1955, 51-57 – W. JAROSCHKA, Unbekannte Ulrichs- und Maximiliansüberlieferungen bei bayer. und österr. Historiographen, MIÖG 65, 1957, 98-105.

Arnsberg, Gf.en v., westfäl. Adelsgeschlecht (Stammburg in Arnsberg an der Ruhr). Als erster wird 1082 ein Gf. Konrad v. A. erwähnt, der wohl aus dem Haus der Gf.en v. → Werl stammt. Unter seinen Söhnen wird der Besitz weiter aufgeteilt (Rietberg, Vogtei über das Bm. Paderborn), bis 1139 das Haus ausstirbt und die Gf.en v. Cuyck A. übernehmen. Die Gf.en v. A. stehen im HochMA meist auf ksl. Seite. Ihr Besitz ist stets vom Ebm. Köln bedroht; 1167 werden sie lehnsabhängig, 1368 müssen sie die Gft. an Kurköln verkaufen. G. Droege

Lit.: P. LEIDINGER, Unters. zur Gesch. der Gf.en v. Werl, 1965 – J. BOCKEMÜHL, Der Grabstein des Grafen Adolf v. Berg... und seine Bedeutung für die Genealogie des Herrscherhauses (Jahresgabe des Altenberger Dom-Vereins 1970).

Arnstadt, Stadt in Thüringen. 704 schenkte der vir illuster Heden dem Bf. Willibrord v. Utrecht seinen Hof Arnestati sowie Besitzungen in Mühlberg und Monhore (wohl Großmonra). Diese drei Orte sind die frühesten in der urkundl. Überlieferung Thüringens. Aus Willibrords Besitz kam die villa A. an das Kl. Echternach. 954 versöhnte sich in A. Otto I. mit seinem Sohn Liudolf. Damals befand sich der Ort vermutl. bereits im Besitz der Abtei → Hersfeld. Seit der Mitte des 11. Jh. Münzstätte, 1220 als civitas bezeichnet, wurde A. 1266 Hersfelder Recht verliehen. Vögte waren die Gf.en v. (Schwarzburg-) Käfernburg (Burg 3 km sö. A.), die sich in der Stadt durch Untervögte vertreten ließen (→ Schwarzburg, Gf.en v.). Den Gf.en gelang es 1332, die Stadt durch Kauf vollständig zu erwerben. Um 1415 wurde das städt. Gewohnheitsrecht aufgezeichnet, Ende 15. Jh. ergänzt, 1544 durch neue Statuten abgelöst. Eine Geschoßliste v. 1457 ist auf einer Wachstafel überliefert. Waidanbau (A. gehörte zu den 5 thür. Waidstädten) ist erstmals iv. 1491 und 1498 zu belegen. W. Leist

Q.: UB der Stadt A. 704-1495, hg. C. A. H. BURKHARDT, 1883 (Thür. Geschichtsquellen, NF 1) – Lit.: Hist. Stätten Dtl. 9, 18-26 [Lit.] – J. BÜHRING, Gesch. der Stadt A., 1904.

Arnstein, Burg und Gf.en v. Die große Burganlage bei Harkerode (Mansfelder Gebirgskrs., Krs. Hettstedt) ist um 1135 in der Form eines roman. Kastells (70 × 200 m) von den edelfreien Herren v. Arnstedt (aus der Sippe der schwäb. Herren v. Steußlingen) auf einem Bergrücken errichtet worden, der bereits in thür.-merow. Zeit mit einem Ringwallsystem (Schalksburg: 190 × 420 m) befestigt worden war. Ende des 13. Jh. ging die fast uneinnehmbare Feste an die mit den Arnsteinern verschwägerten Gf.en v. Falkenstein, Mitte des 14. Jh. an die Gf.en v. Regenstein, 1387 an die Mansfelder Gf.en über; Verfall im 18. Jh. Die Gründerfamilie (1107: Judith v. Arnstedt), mit Ebf. → Anno II. v. Köln, Ebf. Werner v. Magdeburg und Bf. → Burchard II. v. Halberstadt, später auch mit den → Askaniern verwandtschaftl. verbunden, bildete im 12. Jh. mehrere Seitenlinien aus und schuf sich zw. 1080 und 1180 am Nordharz auf der Basis von Kirchenlehen, Vogtei-, Rodungs-, Bergbau-, Münz- und partiellen Gerichtsrechten eine typische »Allodialgrafschaft«. Von A. aus wurden sodann seit dem späten 12. Jh. später abgeschichtete Filialherrschaften um Barby, Zerbst, Lindau und Lindow-Ruppin begründet. Die Stammlinie erlosch um 1292/96 mit dem Eintreten dreier Brüder in den Dt. Orden, während die (reichsunmittelbaren) Linien A.-Ruppin 1524, A.-Barby 1659 ausstarben. G. Heinrich

Lit.: H. WOLF, Burg A. [Dipl.-Arb. Halle 1957] – G. HEINRICH, Die Gf.en v. A., 1961, 9-60, 245ff. – FR. STOLBERG, Befestigungsanlagen im und am Harz..., 1968, 25-27.

Arnswalde, Vertrag v. Am 1. April 1269 schlossen die brandenburg.-askan. Mgf.en Johann II., → Otto IV. und Konrad mit dem mit seinem Bruder Wartislaw zerstrittenen Hzg. Mestwin v. Pommerellen in dem an der Straße Küstrin-Danzig gelegenen neumärk. Burgort Arnswalde einen Vertrag, durch den sie lehnsherrschaftl. Rechte im westl. Pommerellen (mit Burg Schwetz) sowie als unmittelbare (Pfand-)Herrschaft das Land Belgard gewannen. Die Gegenleistung bei diesem für die Expansionspolitik der Mgf.en typischen Vertragsgeschäft bestand in der vorzufinanzierenden Verheiratung der Tochter Mestwins, Katharina, mit Fs. Pribislaw II. v. Parchim-Richenberg sowie in sonstigen Alimentierungen des infolge seiner wirren Politik notleidend gewordenen Pommerellen-Herzogs. Aus askan. Sicht bedeutet der Vertrag einen ersten wesentl. Schritt auf dem Wege zur Küste der mittleren Ostsee (→ Danzig, Gotland) unter Umgehung der hinterpommerschen und Camminer Territorien. Obwohl sie 1272 das im Vorjahr besetzte Danzig wieder verloren, überließ ihnen Mestwin 1273 die Lande Stolp und Schlawe als Lehen, so daß die Brandenburger bald darauf

(1277–1317) durch etwa 35 km Ostseeküste zum unmittelbaren Anlieger des Mare Balticum wurden. → Brandenburg, Mark. G. Heinrich

Q. und Lit.: H. KRABBO–G. WINTER, Reg. der Mgf.en v. Brandenburg aus askan. Hause, 1910-55, Nr. 969 – P. v. NIESSEN, Gesch. der Neumark, 1905, 563f. – W. GRÜNBERG, Der Ausgang der pommerell. Selbständigkeit, 1915, 17 ff.

Arnt, Beeldesnider, in der Lit. meist *A. von Zwolle*, Bildhauer, ab 1460 in Kalkar bezeugt, 1484 nach Zwolle übergesiedelt, daselbst † 1492. Erhaltene, urkundl. belegte Arbeiten: Grabchristus 1487 und Teile des 1490 begonnenen Hochaltars in Kalkar. Zugeschrieben: Minoriten-Chorgestühl in Kleve 1474, Kartäuseraltar im Musée de Cluny, Paris, und Georgsaltar in Kalkar, beide um 1483, sowie zahlreiche Einzelplastiken. Seine elegant bewegten, zuweilen preziösen Figuren leiten sich von → Rogier van der Weyden und der Utrechter Kunst ab. A. Reinle

Lit.: H. MEURER, Das Klever Chorgestühl und A. Beeldesnider, 1970 (Die Kunstdenkmäler des Rheinlandes Beih. 15) – Herbst des MA. Kat. Kunsthalle Köln 1970, 92–96 [H. MEURER].

Arnulf (s. a. Arnald[us], Arnold, Arnolfo, Arnaut)
1. A. »von Kärnten«, *ostfrk. Kg.*, Ks., * um 850, † 8. Dez. 899 vermutl. Regensburg, ▭ ebd. St. Emmeram, außerehel. Sohn des Kg.s Karlmann und der Liutwind, offenbar einer Luitpoldingerin; ⚭ Uta (Ota); Söhne: Ludwig das Kind; Zwentibold, Ratold (beide außerehelich).

Wie sein Vater Karlmann ist auch A. durch die polit. und militär. »Schule« als Befehlshaber in den sö. Marken gegangen. Nach der Enthebung unsicherer Grenzgrafen in Karantanien setzte Kg. Karlmann nach 876 seinen außerehel. Sohn A. dort als Amtsträger ein. A. versuchte rasch seinen Machtbereich zumindest auf Unterpannonien auszudehnen; seine Versuche, auch die Grenzgrafschaften im (nördl.) Donauraum unter seine Kontrolle zu bringen, scheiterten dagegen. A. versuchte nicht, nach dem Tode seines Vaters (880) zur Macht zu kommen. Er lernte früh, polit. abzuwarten. 882 befehligte er den bayer. Heerbann gegen die Normannen. Anschließend baute er sich mit Hilfe mächtiger Parteigänger im SO eine offenbar unabhängige Stellung aus. 885 schloß er eigenmächtig Frieden mit den Mährern.

Als der kranke Ks. Karl III. polit. immer schwächer wurde, griff A. rasch zu, verband sich 887 mit dem abgesetzten Erzkanzler Liutward zum Sturze Karls. Entscheidend war aber die Mehrheit der Großen des ostfrk. Reiches, die auf den Reichsversammlungen von Tribur und Frankfurt vom Ks. abfielen und zu A., dem illegitimen, aber doch letzten aktiven Karolinger, überliefen, der mit einem bayer. und slav. Heeresaufgebot gegen Karl eilte. In Forchheim erfolgte dann die förmliche Wahl und Huldigung durch die Großen.

A. hat sich kurz nach dem »Staatsstreich« und seiner Wahl nach seinem Kernland Bayern zurückgezogen, offensichtl., um seine Herrschaft von dieser alten Machtbasis aus zu festigen. Von dieser Situation her erklärt sich, daß er nicht sofort Huldigungsgebote an alle Teile des frk. Gesamtreichs sandte, daß er nicht eingriff bei der Entstehung von Kleinkönigreichen außerhalb seines ostfrk. Reichsteils und daß er 888 die von westfrk. Bf.en und Großen angebotene Königswahl ablehnte, ja sogar noch 890 die päpstl. Einladung nach Italien. 888 machte er aber bereits seine Oberhoheit in Lothringien und Oberitalien geltend. Die neuen Herrscher (mit Ausnahme Widos v. Spoleto) suchten freilich bei ihm die Anerkennung ihrer Herrschaft, so daß A. seine Oberhoheit in lehensrechtl. Form durchsetzen konnte.

A., der sich im Osten eine fast kgl. Stellung aufgebaut hatte, lernte in der großen Wilhelminerfehde wohl zum ersten Mal die polit. Taktik des vorsichtigen und geschickten Verhaltens gegenüber den mächtigen Großen. In seiner bayer. Königslandschaft wählte er v. a. zwei – offenbar mit ihm verwandte – Personen zu seinen Favoriten: Luitpold und Sigihard. Deren Familien konnten in der Folgezeit Bayerns Geschichte entscheidend prägen. V. a. Luitpold rückte jeweils in die wichtigen Positionen abgesetzter, weil konspirierender Grenzgrafen ein. In ähnlicher Weise favorisierte A. in Ostfranken die → Konradiner und schwächte die → Babenberger. Trotz der realist. und sehr dynam. Politik A.s kam den Großen des Reiches auf den Reichsversammlungen entscheidende Bedeutung zu, v. a. in der Nachfolgefrage des Königsamts. Das zeigt sich schon bei seiner Wahl, aber noch mehr bei der seines Nachfolgers. Als A.s Gattin Uta ihm noch keinen Thronfolger geboren hatte, legte der König 889 der Reichsversammlung in Forchheim die Bitte vor, seine beiden außerehel. Söhne → Zwentibold und Ratold als seine Nachfolger anzuerkennen. Erst nach langem Ringen ließen sich die Großen auf einen Kompromiß ein. Gerade hier und bei der Apanagierung von A.s Söhnen wird deutlich, daß die Großen ihren Mitregierungsanspruch in voller Stärke zum Ausdruck bringen und geradezu korporativ dem Kg. gleichberechtigt gegenübertraten. Am Ende der Regierung A.s hatte die Reichsversammlung sogar die Möglichkeit, über Mitglieder der kgl. Familie Recht zu sprechen, wie der Prozeß gegen die Kgn. Uta 899 beweist.

A. konnte sich seit der Synode v. → Frankfurt 888 stark auf die Bischofskirchen stützen. Die Synode v. → Tribur von 895 betonte bes. die sakrale Stellung des Kg.s Freilich widersetzten sich die bayer. Bf.e, als A. seinen Kanzler und ehemaligen Bf. v. Neutra, Wiching, auf den Passauer Bischofsstuhl setzte.

Allein ein Drittel der Urkunden A.s wurden in → Regensburg ausgestellt, wo sich A. eine neue Pfalz erbauen ließ und mindestens vier Reichsversammlungen abhielt. Zahlreiche Herrschaftsaufenthalte A.s sind hier bezeugt (jährl., darunter 4 Winteraufenthalte und fünf Osterfeste). In dieser Wahl des Kernlandes spiegelte sich nicht nur seine eigene Vergangenheit, sondern auch die Betonung der Tradition Ludwigs d. Dt. und die Priorität der SO-Politik, aber auch das feine Gespür A.s für polit. Realitäten.

Neben den machtpolit. Gegebenheiten im Innern seines Reiches hatte A. v. a. mit schon »traditionellen« äußeren Gegnern und Gefahren zu rechnen: Normannen und Slaven. Bereits 891 siegte er glänzend über die eingedrungenen Normannen bei Löwen an der Dyle (heut. Belgien). Durch seine ganze Regierungszeit zieht sich eine aktive Ostpolitik, bes. gegen das erstarkte Großmährische Reich Svatopluks (→ Mähren). Erst nach Svatopluks Tod 894 erkannten dessen Söhne die Oberhoheit A.s wieder an. Auch die Böhmen, Sorben und Abodriten akzeptierten seine Oberherrschaft.

Als die Ungarngefahr drohte, verlieh A. dem slav. dux Brazlav die Amtsherrschaft über Unterpannonien, um eine solide Grenzwacht gegen den neuen Feind zu schaffen, den er 892 wohl noch verkannt hatte; denn beim Feldzug gegen Svatopluk hatte er selbst die Ungarn zu Hilfe gerufen, die mit ihm gegen den Mährer kämpften.

Den durch Adelskämpfe und Normanneneinfälle geschüttelten Westen suchte A. durch Praktiken, die schon sein Vater und Großvater im Südosten angewandt hatten, zu festigen. Nach Beseitigung des lothring. Großen, Gf. Megingaud († 892), erhielt A.s Sohn Zwentibold dessen Lehen und Ämter; 895 konnte Zwentibold schließlich –

nach anfängl. Widerstand der Großen – zum Kg. v. Lotharingien gekrönt werden, was einer neuen Reichsteilung nahekam. Zwentibold fügte sich freilich letztlich der Autorität seines Vaters.

Erst 894 folgte A. dem Hilferuf des von Ks. Wido bedrängten Papstes nach Italien, der ihm die it. Königskrone einbrachte. Erst 896 konnte A. in einem zweiten Zug Rom erobern und die Kaiserkrone erlangen. Während der Verfolgung der Widonen schwer erkrankt, mußte er auf seine universalen Ziele verzichten und nach Bayern zurückkehren, wo er sich nicht mehr erholte.

A.s Regierungszeit ist geprägt durch den Zerfall des frk. Gesamtreiches und die Entstehung eines kräftigen ostfrk. Sonderbewußtseins, das schließlich zur Entstehung des dt. Reiches führte. W. Störmer

Q. und Lit.: K. Reindel, Die bayer. Luitpoldinger 893–989, 1953, s. v. – Dümmler² III – G. Tellenbach, Kgtm. und Stämme in der Werdezeit des Reichs, 1939 – H. Appelt, A. v. Kärnten und die Karolingerreich (Kärnten in europ. Schau, 1960) – Die Entstehung des dt. Reiches, hg. H. Kämpf (WdF I, 1963) [Beitr. v. E. Klebel, W. Schlesinger, G. Tellenbach, M. Linzel] – H. Keller, Zum Sturz Karls III., DA 22, 1966 – E. Hlawitschka, Lotharingien und das Reich an der Schwelle der dt. Gesch., 1968 – P. Schmid, Regensburg, Stadt der Kg.e und die bayer. Hzg.e im MA, 1977.

2. A., *Hzg. v. Bayern*, † 14. Juli 937 in Regensburg (?), folgte seinem in der Ungarnschlacht vor Preßburg 907 erschlagenen Vater Mgf. Luitpold mit Zustimmung der bayer. Großen nach und nahm schon früh den Herzogstitel an. Die Vernichtung des bayer. Heerbannes 907 und die folgenden Ungarneinfälle erzwangen zunächst den Neuaufbau eines Heeres. Um seine Vasallen mit Besitz auszustatten, zog der Hzg. Ländereien von Kirchen und Klöstern ein. Bereits 909 und 910 errang er erste Siege über die ung. Reiterheere, die er dann 913 am Inn entscheidend schlug. Er setzte den Abschluß eines Vertrages durch, infolgedessen Bayern im Gegensatz zu den anderen Hzm.ern auf Jahrzehnte vor weiteren Einfällen nahezu verschont blieb.

Gegenüber dem Kgtm. verfolgte A. eine eigenständige Politik. Diese zwang bereits Ludwig das Kind, den Schwerpunkt seiner Herrschaft aus Bayern in die Rhein-Main-Lande zu verlagern. Trotz Verwandtschaft erhob A. nach dessen Tod 911 keinen Anspruch auf Nachfolge und beteiligte sich an der Wahl Konrads I. Auch ihm gegenüber suchte er eine Politik der Abgrenzung, die dieser jedoch nicht hinnahm. Konrad I. heiratete 913 die aus Schwaben stammende Mutter A.s, Kunigunde, um so die beiden Hzm.er enger an das Ostfrk. Reich zu binden. Als A. 914 in innerschwäb. Auseinandersetzungen für seine Onkel → Erchanger und → Berthold Partei ergriff, während der Kg. die Gegenseite begünstigte, fiel Konrad I. in Bayern ein und vertrieb den Hzg., der bei den Ungarn Zuflucht suchte. Nachdem er 916 zurückgekehrt war, verjagte ihn der Kg. abermals nach Ungarn und setzte seinen Bruder → Eberhard als Statthalter in Bayern ein. Weiterhin verbündete er sich mit dem Episkopat, der auf der Synode v. → Hohenaltheim (916) die aufstrebenden Stammesgewalten energisch vor weiterem Widerstand gegen das Kgtm. warnte. Dennoch verdrängte A. bereits 917 den kgl. Statthalter; bei einem erneuten Angriff gegen A. erlitt Konrad I. eine tödliche Verwundung. Bei Konrads Tod beherrschte A. sein bayer. Hzm. unangefochten.

An der Erhebung Heinrichs I. zum Nachfolger in Fritzlar nahm A. nicht teil. Vielmehr wurde er wohl selber in Bayern zum König ausgerufen (Annales Iuvavenses maximi, MGH SS XXX, 2, 742). Es ist umstritten, ob dieser mit Überlieferungsproblemen belastete Eintrag ein Gegenkönigtum gegen Heinrich I. oder aber ein an das spätkarol. Regnum Bavariae anknüpfendes bayer. Sonderkönigtum bezeichnet. Heinrich I. setzte aber die Anerkennung seiner Herrschaft auch in Bayern durch. Die wechselhaften Kämpfe 919–921 wurden durch den Regensburger Vertrag abgeschlossen, in dem A. eine lose Oberhoheit Heinrichs I. anerkannte und damit Bayern dem ostfrk. Kgtm. Heinrichs I. unterordnete, dafür freie Hand bei der Gestaltung der Innen- und Außenpolitik zugestanden erhielt. In der Folgezeit ernannte er die Bf.e seines Hzm.s und versammelte diese zu eigenen Landessynoden. 922 führte er sein Heer gegen die → Böhmen, um deren herkömml. Abhängigkeit v. Bayern zu erneuern. Weiterhin hat A. Münzen prägen und Urkunden ausstellen lassen, die die Form der Königsurkunde übernahmen, die bayer. Gf.en befehligt, seinen Sohn Eberhard zum Nachfolger designiert. Ein Feldzug nach Italien 933–934 sollte Eberhard die ihm angetragene langob. Königskrone einbringen. Diese selbstbewußte Ausübung des Herzogsamtes hat Heinrich I., der seit 921 mit A. in Frieden lebte, anerkannt. 936 heiratete schließlich der Königssohn Heinrich die Tochter des Hzg.s, Judith. Bei der Krönung Ottos I. 936, wenige Monate vor seinem Tod in Aachen, übte A. das Amt des Marschalls aus. – Sein Lebenswerk, die Begründung des jüngeren Stammeshzm.s in Bayern nach dem Zerfall des karol. Reiches, konnte von seinen Söhnen nicht weitergeführt werden, da ihnen Otto I. bereits 938 die Herrschaft entriß. Wegen der Säkularisationen und des Königsplanes ist das Bild Hzg. A.s in späteren Jahrhunderten sehr verdunkelt worden. A. Schmid

Lit.: K. Reindel, Die bayer. Luitpoldinger 893–989, Slg. und Erl. der Quellen, 1953 – F. Tyroller, Zu den Säkularisationen des Hzg.s A., Stud. und Mitt. 65, 1953–54, 303–312 – K. Reindel, Ein neues Gedicht zum Tode Hzg. A.s v. Bayern, ZBLG 20, 1957, 153–160 – K. Bosl, Das jüngere bayer. Stammeshzm. der Luitpoldinger (Ders., Zur Gesch. der Bayern, 1965) – W. Kienast, Der Herzogstitel in Frankreich und Dtl. (9.–12. Jh.), 1968 – E. Müller-Mertens, Regnum Teutonicum. Aufkommen und Verbreitung der dt. Reichs- und Königsauffassung, 1970 – K. Reindel, Hzg. A. und das Regnum Bavariae (H. Kämpf, Die Entstehg. des dt. Reiches. Dtl. um 900, 1956, 1971³) – A. Schmid, Das Bild des Bayernhzs.s A. (907–937) in der dt. Geschichtsschreibung von seinen Zeitgenossen bis zu W. v. Giesebrecht, 1976 – Ders., Die Herrschergabe in St. Emmeram..., DA 32, 1976, 333–369 – H.-W. Goetz, »Dux« und »ducatus«. Begriffs- und verfassungsgesch. Unters. zur Entstehung des sog. »jüngeren« Stammesherzogtums an der Wende vom 9. zum 10. Jh. [Diss. Bochum 1977].

3. A., *Pfgf. v. Bayern*, † 22. Juli 954 vor Regensburg, Sohn Hzg. Arnulfs, beteiligte sich 937–938 am Kampf seines Bruders Hzg. Eberhard gegen Kg. Otto I., der die Sonderrechte, die ihr Vater ausgeübt hatte, nicht weiter zugestand. In zwei Feldzügen bezwang der Kg. 938 die Luitpoldinger, lediglich A. konnte nicht unterworfen werden. Dennoch ernannte ihn Otto I. zum Pfgf.en in Bayern. Weiterhin betraute ihn dessen Bruder Heinrich 953 mit seiner Stellvertretung als Hzg. v. Bayern, als er den bayer. Heerbann zum Kampf gegen den aufständ. Schwabenhzg. → Liudolf nach Mainz führte. Diese Gelegenheit nutzte der Pfgf., um die Verdrängung seiner Familie durch die Ottonen aus dem Herzogsamt anzufechten, und schloß sich Liudolf an. Er verwüstete 953 Augsburg, die Stadt des wirkungsvollsten Helfers Kg. Ottos I., Bf. → Udalrich, und belagerte diesen im Winter 953–954 in der Festung Schwabmünchen. Die Wende gelang Otto I. vor Regensburg, wo er seine Gegner einschloß und aushungerte. Bei einem Ausfallversuch wurde A. getötet. Otto I. konnte den liudolfisch-luitpolding. Aufstand 955 niederwerfen. A. Schmid

Lit.: JDG O. I – P. Wittmann, Die Pfgf.en v. Bayern, 1877 – S. Riezler, Gesch. Baierns I, 1927² – M. Lintzel, Der Ursprung der dt. Pfgft.en, ZRGGermAbt 49, 1929, 233–263 – K. Reindel, Die bayer.

Luitpoldinger 893-989. Slg. und Erl. der Quellen, 1953 - H. NAUMANN, Rätsel des letzten Aufstandes gegen Otto I. 953-954 (H. ZIMMERMANN, Otto d. Gr., 1976) - G. WOLF, Über die Hintergründe der Erhebung Liudolfs v. Schwaben (ebd.).

4. A. I. der Große, *Gf. v. Flandern* seit 918, * um 900, † 27. März 965, erbte 918 als Sohn Balduins II., Gf. v. Flandern, und der Elftrude, Tochter Alfreds d. Gr., Kg. v. England, den nördl. Teil der Gft. Gegen den in → Ostrevant vordringenden → Heribert II. v. Vermandois eroberte A. 930 und 931 die Festungen Douai und Mortagne, während er sich nach dem Tod des Gf.en Adalhelm (932) des → Artois und der befestigten Abtei St-Vaast in → Arras bemächtigte. Nach dem Tod seines Bruders Adalulf (933) gliederte er im W das Gebiet um Thérouanne und Boulogne seiner Gft. ein. Durch die Eroberung von Montreuil an der Mündung der Canche (948) kam der größte Teil der Gft. → Ponthieu in seine Hände, wodurch Flandern unmittelbar an die → Normandie grenzte. Wenig später zog er auch die Herrschaft über → Amiens an sich, so daß sich seine Macht von der Schelde bis über die Somme ausdehnte. Die Sicherung seiner Ostgrenze hatte A. inzwischen durch eine systemat. Ehepolitik erreicht, indem er alle seine Töchter mit lothr. oder dt. Fs.en verheiratete. Nach dem frühen Tod seines einzigen Sohnes Balduin III. († 1. Jan. 962) erhoben sich die Söhne seines verstorbenen Bruders Adalulf gegen ihren Onkel. A. blieb keine andere Lösung, die Gft. zu retten, als sie bis zur Volljährigkeit seines Enkel Arnulfs II. dem Kg. v. Frankreich, Lothar, zu übergeben. Lothar verpflichtete sich, Arnulf II. als Nachfolger von A. in Flandern anzuerkennen und erhielt dafür selbst die Gebiete, die A. während seiner Herrschaft erobert hatte (Ostrevant, Artois, Ponthieu und Amiens). Als Laienabt der großen Abteien seiner Gft. führte A. mit Hilfe → Gerhards v. Brogne, der sie regulierten Äbten unterstellte, eine Klosterreform durch. → Flandern. A. Verhulst

Lit.: F. L. GANSHOF, La Flandre sous les premiers comtes, 1944 - A. HODÜM, De kloosterhervorming van A. den Grote in Vlaanderen (Collationes Brugenses, 1945), 134-147. 341-357 - J. DHONDT (Alg. Geschiedenis der Nederlanden II, 1950), 66-72 - K. F. WERNER (HEG I), 743. 747. 767 f.

5. A., *Gf. v. Flandern* → Flandern

6. A., *Bf. v. Lisieux* seit 1141, * vor 1109, † wahrscheinl. 1182 in Paris. A., einer der einflußreichsten Prälaten im → Angevinischen Reich, entstammte wohl einer adligen Familie. Sein Onkel, Bf. Johann v. Sées, erhob ihn 1124 zum Archidiakon; einer seiner Neffen, Hugo v. Nonant, wurde 1188 Bf. v. Lichfield. A. begann seine Studien an der Kathedralschule von Sées und setzte sie in Chartres, in Italien und vielleicht auch in Paris fort. Auf dem Konzil v. Pisa (1136) verteidigte er die Rechte Kg. → Stephans v. Blois auf den engl. Thron gegen dessen Cousine → Mathilde, die Tochter Heinrichs I. und Witwe Ks. Heinrich V. Nachdem A. 1141 Bf. v. Lisieux geworden war, bekämpfte er → Gottfried Plantagenet, Mathildes Gatten, der sich der Bischofsstadt bemächtigt hatte, sich aber schließlich – auf Betreiben Bernhards v. Clairvaux und Petrus' Venerabilis – mit A. aussöhnte. Der Bf. nahm am 2. Kreuzzug teil; bei seiner Rückkehr 1149 versuchte er – auf Rat Sugers v. St-Denis –, Ausgleich und Versöhnung zw. dem Kg. v. Frankreich und Gottfried, der inzwischen Hzg. der Normandie geworden war, herbeizuführen. Zur Zeit der Thronbesteigung Heinrichs II., des Sohnes von Gottfried und Mathilde, war er möglicherweise für eine kurze Periode → Justitiar der Normandie. Er erklärte sich für Alexander III. auf dessen umstrittener Wahl 1159 und nahm 1163 am Konzil v. → Tours teil. Seit 1164 betätigte sich A. als Vermittler im Konflikt zw. Heinrich II. und Thomas → Becket und bemühte sich um einen Kompromiß.

Neben seiner polit. Tätigkeit beschäftigte er sich auch aktiv mit den Verhältnissen in seinem Bm. und in der Diöz. Sées; er versuchte, für Kanoniker, Mönche und Weltgeistliche Regeln einzuführen.

1143-81 ließ er die Kathedrale von Lisieux im got. Stil neu errichten, wobei er Architekten der Ile-de-France heranzog.

Nach der Ermordung Thomas Beckets (1170) war er bestrebt, Heinrich II. von einer Mitschuld reinzuwaschen. Trotz seiner Treue zum Kg., die er auch während des Aufstandes von 1173 bewies, fiel er in der Folgezeit in Ungnade und zog sich 1178 in das Pariser Kl. St. Viktor zurück, wo er auch starb. A. hinterließ mehrere Predigten, einen Traktat über das Schisma, poetische Werke und eine bes. wertvolle Briefsammlung. J. Boussard

Lit.: DBF III, s. v. Arnoul - DHGB IV, s. v. - F. BARLOW, The letters of Arnulf of Lisieux, 1939.

7. A. II., *Ebf. v. Mailand* seit 998, † 1018, ▭ in Mailand, Kl. S. Vittore (von ihm im Rahmen einer Klosterpolitik gegründet, die auch in der starken benediktin. Komponente in der Spiritualität seines Sakramentars zum Ausdruck kommt). A. war Mitglied der Capitanei-Familie de Arsago und Bruder des Bf.s v. Brescia, Landulf († 1003), und des Großvaters mütterlicherseits, des → Anselm v. Besate. Als Ebf. verteidigte er die Rechte und das Ansehen der Mailänder Kirche auch in polit. Hinsicht. Obwohl man ihm unter Otto III. in einem 998 unter ksl. Vorsitz abgehaltenen Konzil das »nomen papae« aberkannt hatte (Vorrang über die anderen Metropoliten? Mißbrauch der päpstl. Vorrechte z. B. in Bezug auf das Pallium?), wurde er kurz vor des Ks.s plötzl. Tod als dessen Brautwerber nach Konstantinopel entsandt. Gegenüber → Arduin, der in seiner Abwesenheit erhoben worden war, verhielt er sich 1002-04 reserviert; vielleicht stellte er der arduin. Münzprägung von Pavia eine eigene entgegen. Dann erklärte er sich für Heinrich II., den er selbst in Pavia (1004) krönte, wobei es zu einem blutigen Aufstand kam. Möglicherweise zog er aus Konfiskationen, die die Anhänger Arduins betrafen, Nutzen, um dem Ebm. und der Kirche von Mailand Güter und Rechte im Blenio- und Levantinatal, im Seprio, in der Gegend des Lago Maggiore und in der Ossola zu verschaffen. Als Heinrich II. einen Bf. von Asti wählte und der Papst diesen weihte, ohne die Rechte des Mailänder Metropoliten zu beachten, bot A. erfolgreich seine Suffragane und ein Heer von Vasallen auf, um Asti zu belagern (1007), und erreichte die Amtsenthebung des neuen Bf.s. A. trat in der Folgezeit polit. nicht mehr hervor, scheint aber stets auf Seiten Heinrichs gestanden zu haben (Teilnahme am Straßburger Hoftag im Herbst 1016). L. Fasola

Lit.: DBI IV, 277-281 - D. H. TURNER, The Prayer-Book of Archbishop A. II of Milan, RevBén 70, 1960, 360-392 - O. MURARI, Denari milanesi dell'inizio del sec. XI dell'imperatore Enrico II o dell'arcivescovo A. II? Rivista italiana di numismatica e scienze affini 73, 1971, 161-174.

8. A., hl., *Bf. v. Metz*, † 18. Juli ca. 640. Einem frk., zw. Metz und Verdun begüterten Adelsgeschlecht entstammend – die Eltern sind jedoch unbekannt –, wuchs A. im Umkreis des austr. Königshofes auf und wurde vom Hausmeier Gundulf dem Gefolge Kg. Theudeberts II. (595 bis 612) zugewiesen. Er wurde domesticus, wobei er gleich sechs Amtssprengeln vorstand, und consiliarius regis. Als Gegner Kg. Theuderichs II. und der Kgn. Brunichilde verhalf er nach dem Tode Theudeberts II. zusammen mit Pippin d. Ä. als Anführer der austr. Adelsopposition dem Neustrierkönig Chlothar II. zur Herrschaft auch in Austrien und Burgund (613). Von der Härte der Auseinandersetzungen abgestoßen, wollte er damals mit seinem Freunde Romarich ins Kl. Lérins eintreten. Doch wurde er 614 zum Bf. v. Metz gewählt. Sein Vertrauensverhältnis zu Chlothar II. konnte er bewahren, so daß er nach der Einsetzung Dagoberts I. zum Unterkönig in Austrien (623) zu dessen Vormund bestellt wurde. Als solcher begleitete er Dagobert nach Thüringen; 624 war er mit dem Hausmeier Pippin d. Ä. an der Niederwerfung des Aufstandes des Agilolfingers Chrodoald beteiligt; auch vermittelte er 625/626 einen Ausgleich zw. Dagobert und seinem Vater Chlothar II.; 626 und 627 ist A. als Teilnehmer an den Synoden v. Reims und Clichy bezeugt. Trotz kgl. Bleibebitten legte A. 629 sein Bischofsamt nieder und zog sich zu einem Einsiedlerleben (mit Kranken- und Leprosenpflege) in die Waldeinsamkeit der Südvogesen bei Remiremont zurück, wo er auch verstarb. Sein Leichnam wurde später von seinem Metzer Nachfolger Goericus-Abbo in die Apostelkirche (= St. Arnulf) in Metz überführt. Die liturg. Verehrung A.s beginnt im ausgehenden 8. Jh. Von A.s beiden Söhnen wurde Chlodulf sein dritter Nachfolger auf dem Metzer Bischofsstuhl und → Ansegisel das genealog. Bindeglied zu den späteren → Karolingern. → Arnulfinger.

E. Hlawitschka

Q. und Lit.: Vita s. Arnulfi, MGH SRM II, 1888, 432–446; ebd. 426 ff. weitere Quellenhinweise – J. Depoin, Grandes figures monacales des temps mérovingiens: St-Arnoul de Metz, RevMab 1921, 245–258; ebd. 1922, 13–25 – E. Hlawitschka, Die Vorfahren Karls d. Gr. (Braunfels, KdG I), 51 ff., 56 ff., 73 – O. G. Oexle, Die Karolinger und die Stadt des hl. A. (Frühma. Stud. I, 1967), 250 ff., 361 f.

9. A., Bf. v. Orléans, * um 940, † 1003, aus einem Adelshaus im Orléanais, seit 972 Bf. Neben Gf. → Burchard v. Vendôme war er der führende Berater von Hzg., dann Kg. Hugo Capet, den er 981 an den Hof Ks. Ottos II. nach Italien begleitete. Auf der Synode von St-Basle-de-Verzy 991 trug er namens des Kronepiskopats wirkungsvoll die Anklage gegen den verräterischen Ebf. → Arnulf v. Reims vor und wies dabei die röm. Ansprüche, diese Frage vor den Papst zu ziehen, zurück. Die päpstl. Rechte wurden in St-Basle von Abt → Abbo v. Fleury verfochten, der auch auf lokaler Ebene in erbittertem Streit mit A. und dessen gleichnamigen Neffen, Herrn v. Yèvre-le-Chatel, lebte, und den Bf. zeitweilig aus der Gunst von Hugos Nachfolger Robert II. verdrängte. A., Autor einer verlorenen Schrift »De cartilagine«, ist zusammen mit Bf. → Adalbero v. Laon der wichtigste Verfechter der polit. Interessen des Episkopats im Kampf gegen den wachsenden Einfluß des cluniazens. Mönchtums. K. F. Werner

Q.: Vgl. Arnulf, Ebf. v. Reims – Lit.: DBF II, 949–951 – DHGE IV, 616 f. – Ch. Pfister, Études sur le règne de Robert le Pieux, 1885 – F. Lot, Les derniers Carolingiens, 1891 – Ders., Études sur le règne de Hugues Capet, 1903 – K. F. Werner (Fschr. W. Bulst, 1960), 89–93.

10. A., Ebf. v. Reims, * vor 967 (um 960), † 5. (od. 11. ?) März 1021, aus unehel. Verbindung Kg. Lothars v. Westfranken und einer Schwester eines Gf.en Robert. A., Kleriker der Reimser Kirche und seit 977/979 notarius/cancellarius in der kgl. Kanzlei seines Vaters verriet 988, nach der im Jahr zuvor erfolgten Erhebung Hugo Capets zum Kg., die wichtige Bischofsstadt und Festung Laon an seinen Onkel, den karol. Thronprätendenten → Karl v. Niederlothringen. Nach dem Tod von Ebf. → Adalbero v. Reims (Jan. 989) bot A. Kg. Hugo an, Karl zu verlassen, wenn er das Ebm. erhielte. Im Wunsch, seine Gegner zu spalten, begünstigte Kg. Hugo die Wahl A.s, der ihm feierlicher Sicherheitseide leisten mußte. Dennoch lieferte A. noch im gleichen Jahr und unter Vortäuschung eigenen Widerstands Reims an Hzg. Karl aus. Am 29./30. März 991 fiel dieser mit A. und der Stadt Laon, jetzt durch Verrat von Bf. → Adalbero v. Laon, in die Hände Hugos, der am 17./18. Juni 991 A. auf der Synode v. St-Basle-de-Verzy durch den Kronepiskopat absetzen ließ und → Gerbert v. Aurillac zum Ebf. erhob. Das auf der Synode heftig angegriffene und bei der Entscheidung übergangene Papsttum reagierte 995 mit dem Interdikt über Gerbert und erzwang 997 die Haftentlassung, schließlich die Wiedereinsetzung A.s, der in der Folge ein ihn ausdrücklich anerkennendes Schreiben des inzwischen Papst gewordenen Gerbert (Silvester II.) erhielt, 1017 in Compiègne den Sohn Roberts II., Hugo, zum Kg. weihte und 1019 als Erzkanzler bezeugt ist. K. F. Werner

Q.: Richer, Historiarum libri IV, ed. R. Latouche, 1930–37 – Akten v. St-Basle, MGH SS III, 658 ff. – Lit.: DBF III, 951 ff. – Ch. Pfister, Études sur le règne de Robert le Pieux, 1885 – F. Lot, Les derniers Carolingiens, 1891, 242 ff., 411 f. – Ders., Études sur le règne de Hugues Capet, 1903 – A. Dumas, L'Église de Reims au temps des luttes entre Carolingiens et Robertiens, 888–1027, RHEF 30, 1944 – HEG I, 753–757 [K. F. Werner] – Weitere Lit. → Gerbert.

11. A. von Löwen (Arnulphus de Lovanio), Zisterzienser, † 1250, seit 1240 Abt des Kl.s Villers-en-Brabant, resignierte 1248. Als Abt zeichnete sich A. durch bes. verinnerlichte Haltung im Sinne der urspgl. Ideale seines Ordens aus. Sehr unsicher ist seine Mitwirkung an »Cronica Villariensis monasterii« (MGH SS XXV, 195 ff.), gut bezeugt eine (verschollene) Versifizierung der »Summa de casibus« (d. h. über die Beicht) des Raimund v. Peñafort. Sein Zyklus von Rhythmen auf den Gekreuzigten (de quolibet membro Christi patientis), lange Zeit Bernhard v. Clairvaux zugeschrieben, ist ein hervorragendes Beispiel der meditativen geistl. Lyrik des späten MA; für die Beliebtheit zeugen verhältnismäßig frühe Zusatzstrophen fremder Herkunft, von denen zwei ('Summi regis cor aveto' und 'Salve caput cruentatum',) Paul Gerhardt zu Nachschöpfungen angeregt haben (»O Herz des Königs aller Welt« und »O Haupt voll Blut und Wunden«).

F. Brunhölzl

Ed.: G. M. Dreves–Cl. Blume, Ein Jt. lat. Hymnendichtung I, 1909, 323 ff. – Lit.: DHGE 611 f. – F. J. Raby, A hist. of christian latin poetry, 440 f. – Szöverffy, Annalen II, 232 f.

12. A. v. Mailand, Chronist, * Ende des 10./Anfang des 11. Jh., Nachkomme des Mailänder Ebf.s Arnulf I. (970–974) und vielleicht Angehöriger einer Capitanei-Familie. † nach 1077, dem Abschlußjahr seines Werkes; im gleichen Jahr hatte er in Rom zusammen mit anderen Gesandten eine Aussöhnung zw. Mailand und Papst Gregor VII. zustandegebracht. Es steht nicht fest, ob er Kleriker oder Laie war. In ihm vereinigten sich kanonist. Bildung, Kenntnis der Mailänder Kirchenarchive und enge Bindung an die ambrosian. Kirche mit dem Bewußtsein, daß Mailand dabei war, eine Schlüsselstellung im ital. Kgr. einzunehmen. Etwa 1072 begann er die »Gesta archiepiscoporum Mediolanensium« (besser »Liber gestorum recentium«) in drei Büchern, die die Jahre 925–1072 umfassen, eine Streitschrift gegen die → Pataria und die Kirchenreform und gleichzeitig eine Geschichte Italiens und des ital. Kgr.s. Nach seinem Gesandtschaftsauftrag schloß er seinem Werk zwei Bücher an (1072–77), in denen er nun die röm. Suprematie anerkannte. L. Fasola

Ed.: MGH SS VIII, 1848, 6–31 – Lit.: Wattenbach-Holtzmann-Schmale III, 1971, 918–919 – O. Capitani, Storiografia e riforma della Chiesa in Italia (La storiografia altomedievale, 1970), II, 557–639 – H. D. Kahl, Der Chronist A. v. M. und das Problem der it. Königsweihen des 11. Jh. (Hist. Forsch. für W. Schlesinger, 1974), 420–437.

13. A. v. Orléans, Magister in Orléans, verfaßte in der zweiten Hälfte des 12. Jh. einen sehr umfangreichen und verhältnismäßig eigenständigen Kommentar zu Lucans »Pharsalia« (»Glosule super Lucanum«), daneben auch »Allegoriae super Ovidii Metamorphosin« sowie Erklärungen

– die allerdings noch nicht veröffentlicht sind – zu Ovids weiteren Werken. Vielleicht ist ihm überdies ein Horaz-Kommentar zuzuweisen (Bibl. Nat. Paris 8241). Seine heftige Fehde mit → Matthaeus v. Vendôme läßt vermuten, daß er auch selbst gedichtet hat. E. Heyse

Ed.: B. M. MARTI, Arnulfi Aurelianensis Glosule super Lucanum, 1958 (Papers and Monographs of the American Academy in Rome, vol. XVIII) – F. GHISALBERTI, Arnolfo d'Orléans – un cultore di Ovidio nel secolo XII, Memorie del R. Istituto Lombardo di Scienze e Lettere, XXIV, 1932, 157-234 – *Lit.*: B. ROY, Arnulf of Orléans and the Latin ›comedy‹, Speculum 49, 1974, 258-266.

14. A. v. S. Gillen, Magister, Musikschriftsteller aus St-Ghislain (Hennegau) aus dem 15. Jh. Erhalten ist nur ein kurzer »Tractatulus de differentiis et generibus cantorum«, in dem er die Sänger nach ihren Fähigkeiten beurteilt und in vier Klassen teilt: die Unverständig-Ungebildeten; die Laien mit Naturanlagen; die Verständigen ohne schöne Stimme und endlich diejenigen, die Kenntnisse und schöne Stimme zugleich besitzen. H. Leuchtmann

Q.: M. GERBERT, Scriptores ecclesiastici de musica sacra potissimum III, 1784 [Neudr. 1963], 316-318 – *Lit.*: J. N. FORKEL, Allg. Litteratur der Musik, 1792, 116 – DERS., Allg. Gesch. der Musik II, 1801, 738 – C. F. BECKER, Systemat.-chronol. Darstellung der musikal. Litteratur, 1836, 73 – F.-J. FÉTIS, Biographie, 1860²ff. – EITNER, 1900ff. – H. RIEMANN, Gesch. der Musiktheorie im IX.-XIX. Jh., 1921², 211 f. – O. KOLLER, Aus dem Archiv des Benediktinerstiftes St. Paul im Lavantthal in Kärnten, Monatsh. für Musikgesch. 22, 1890, 42 – H. ABERT, Die Musikanschauung des MA und ihre Grundlagen, 1905 [Neudr. 1964], 144 f.

Arnulfinger. Als »Arnulfinger« werden die Nachkommen Bf. Arnulfs v. Metz bezeichnet, die gleichzeitig Vorfahren der → Karolinger (bis auf Karl Martell) waren. Metz war Zentrum der Verehrung des hl. Arnulf seit dem 8. Jh. Hier sind auch die ersten Versuche einer genealog. Darstellung der karol. Hauses, zunächst verknüpft mit der Bistumsgeschichte. Der hl. Arnulf v. Metz wurde zum »Spitzenahn« der Karolinger, nachdem sie die Königsherrschaft erlangt hatten. Doch schon Karl Martells Sohn Hieronymus schrieb die Heiligenvita seines Metzer Ahnen ab. Die Rolle der frühen A. bleibt in der offiziösen Geschichtsschreibung des 9. Jh. und damit im Selbst- und Herkunftsbewußtsein der Karolinger nicht immer gleich stark.

De facto wurde die Macht der A.-Familie vornehml. begründet durch das folgenschwere Zusammengehen der beiden Führer des austras. Adels, Bf. Arnulfs v. Metz und Pippins d. Ä., dessen Tochter → Begga mit Arnulfs Sohn → Ansegisel verheiratet wurde. Arnulf und Pippin d. Ä. waren die Führer des austras. Adels und die Spitzen der austras. Adelsverschwörung gegen Kgn. Brunichild, später Berater Kg. Dagoberts.

Wie Arnulf wurde Ansegisel Domesticus, sein anderer Sohn → Chlodulf Bf. v. Metz. Nach dem mißglückten Staatsstreich des (pippinidischen) Hausmeiers → Grimoald (661) gingen Macht, Erbe und polit. Ziele auf den Sohn Ansegisels und Beggas, Pippin den Mittleren, über, der sich zunächst die führende Stellung in Austrasien erkämpfen mußte. Der Sieg über den neustr. Hausmeier → Ebroin in der Schlacht bei Tertry 667 hatte die Machtübernahme Pippins und der A. im gesamtmerow. Reich zur Folge. Pippins Söhnen wurden entscheidende Ämter übertragen: → Grimoald III. wurde um 700 Hausmeier Neustriens, → Drogo dux in der Champagne. Nach deren und Pippins Tod Krise der arnulfing. Machtpolitik, bis → Karl Martell, Sohn Pippins aus einer Friedelehe, sich rigoros durchsetzte. Er gilt als Neugründer des »Hauses« (nach ihm nun »karolingisch« genannt). Die Besitzungen der A. im engeren Sinne lagen um Metz und Verdun,

während die einheiratenden Pippiniden vornehml. in den Ardennen, im Hasbengau und in Toxandrien lagen. Später spielt der Besitz der A.-Pippiniden im Raume Trier, Echternach und Eifel eine bedeutende Rolle. W. Störmer

Lit.: H. E. BONNELL, Die Anfänge des karol. Hauses, 1866 – H. EWIG, Die frk. Teilreiche im 7. Jh., Trierer Zs. 22, 1953 – R. SPRANDEL, Der merow. Adel und die Gebiete ö. des Rheins, 1957 – E. HLAWITSCHKA, Zur landschaftl. Herkunft der Karolinger, RhVjbll 27, 1962 – DERS., Die Vorfahren Karls d. Gr. (BRAUNFELS, KdG I, 1965) – J. HEIDRICH, Titulatur und Urkk. der arnulfing. Hausmeier, ADipl 11/12, 1965-66 – O. G. OEXLE, Die Karolinger und die Stadt des hl. Arnulf (Frühma. Stud. I, 1967).

Arnustus → Ernst

Aromata → Gewürze

Aronstab (Arum maculatum L./Araceae). Neben a(a)ron, iarus oder barba aaron (Gart, Kap. 16) begegnen als Synonyme u. a. dracontea/serpentaria minor bzw. *drachen-/slangwurz,* die jedoch auch mediterrane Arazeen bezeichneten. Entstanden aus gr. *aron* über lat. arum wurde der dt. Name mit dem blühenden Stab des Hohenpriesters Aaron (Num 17, 23) in Verbindung gebracht. Hingegen spielen die volkstüml. Bezeichnungen *ruthe* (STEINMEYER-SIEVERS III, 524) oder *pfaffenpint* auf die penis-ähnl. Form des Blütenkolbens an. Wurzel und Blätter des in den südl. und westl. Deutschland vorkommenden A.s fanden hauptsächl. gegen Pest, Gicht und Melancholie (Hildegard v. Bingen, Phys. I, 49), als schleimlösendes Mittel bei Brust-, Lungen- und Magenleiden, ferner in der Schönheitspflege Anwendung. P. Dilg

Lit.: MARZELL I, 443-454 – DERS., Der A. (Arum maculatum L.) im Wandel der Zeiten, ZVK NF 6, 1934, 36-50.

Árpád, Gfs. der Ungarn, führende Gestalt der ung. Landnahme, * 845/55, † nach 907. In dem nach chazar. Muster entstandenen Doppelfürstentum erbte Á. als Sohn des → Almos nach der durch die → Petschenegen 893 erlittenen ersten Niederlage die Würde des Heerfürsten *(gyula);* gleichzeitig wurde das Erbe des Sakralfürsten *(kündü)* Levedi auf Kursan (Kussan, Kusal) übertragen. Die Ungarn griffen 894 auf Wunsch des byz. Ks.s Leo VI. Bulgarien an; auf Ersuchen des mähr. Gfs.en Svatopluk wandten sie sich gegen Pannonien. Während dieser Kämpfe vertrieben die mit den Bulgaren verbündeten Petschenegen die sieben ung. Stämme aus ihren Wohnsitzen zw. Donau und Dnjepr (895). Auf Veranlassung Arnulfs v. Kärnten griff Á. Italien an, besetzte nach dessen Tod Pannonien (900) und fiel in Mähren ein (902), wodurch der Zerfall Großmährens (→ Mähren) beschleunigt wurde. Als Kursan 904 bei einem Festmahl von den Bayern ermordet wurde, riß Á. die Alleinherrschaft an sich. 907 vernichtete er bei → Preßburg das angreifende bayer. Heer; damit sicherte er den Ungarn das Karpatenbecken. Seine Nachkommen, die → Arpaden, herrschten bis 1301 in Ungarn. → Ungarn. G. Györffy

Q.: A magyar honfoglalás kútföi, hg. G. PAULER-S. SZILÁGYI, 1900 – A magyarok elödeiröl és a honfoglalásról, hg. G. GYÖRFFY, 1958, 1976 [Bibliogr.] – Glossar ö. Europa I, 144-151, 1977 [Lit.] – *Lit.*: G. GYÖRFFY, The original Landtaking of the Hungarnias, 1975 – DERS., Legenda és valóság Árpád személye körül, Kortárs, 21, 1977, 103-113.

Árpaden. Die Nachkommen des ung. Gfs.en → Árpád herrschten 400 Jahre in Ungarn, bis 1000 als Gfs.en, 1000 bis 1301 als Kg.e. In der Nachfolge Árpáds wurde der → Seniorat durch die Primogenitur ersetzt, was 997-1163 zu Thronkämpfen führte. Nach Árpád folgte wahrscheinl. sein Neffe, dux Szabolcs, nach ihm sein Enkel Fajsz (Fales, Falitzi). Während ihrer Regierung führten sie beinahe fünfzig Streifzüge aus, durch welche sie die Lombardei (905-950), Sachsen (924-932), Byzanz und Bulgarien (934-957) zu Tributleistungen zwangen. Während der Regierung Ottos I. wurden sie aus dem Reich verdrängt; um 950 bekehrten sich zwei ung. Fs.en in Byzanz zum Christentum und riefen einen gr. Bf. nach Ungarn. Nach der Niederlage auf dem → Lechfeld knüpfte Fs. Taksony (Toxun, 955-970), Sohn von Zolta, Enkel von Árpád, friedl. Beziehungen zu den Nachbarländern an; seine Politik wurde von seinem Sohn Géza (Geysa, 970 bis 997) weitergeführt, der unter dem Druck → Heinrichs II. des Zänkers Ostarrichi (→ Österreich) räumte und sich mit den Ks.n Otto I. und II. versöhnte (972), einen lat. Bf. nach Ungarn rief und das Christentum mit Gewalt einführte. Sein Sohn → Stephan I. d. Hl. (Waik) heiratete 996 Gisela, Tochter des Bayernherzogs Heinrich II., was den Einfluß bayer. Kleriker und Adliger auf Ungarn begünstigte. Stephan besiegte die aufständ. ung. Großen, und als erster König des nun christianisierten Ungarn (1. Jan. 1000-15. Aug. 1038) baute er das System von Komitaten um 50 Burgen aus, errichtete Pfalzen (curtes) mit Hofdomänen und eine Kirchenorganisation mit zehn Bistümern. Er führte die Münzprägung, die Besteuerung des Gemeinvolkes und das lat. Schriftwesen ein. 1018 eröffnete er den Pilgerweg nach Jerusalem über Ungarn, verlegte seinen Sitz von → Gran (Esztergom) nach → Stuhlweißenburg (Székesfehérvár). Da sein einziger Sohn, Emmerich d. Hl., 1031 starb, sein Vetter, der A.-Herzog Vasul, geblendet und dessen Söhne verbannt wurden, kämpften seine Neffen weibl. Linie, Peter Orseolo aus Venedig (1038-41, 1044-46) und Samuel Aba (1041-44) um die Herrschaft. Der von Kg. Heinrich III. unterstützte Peter wurde durch die heimgekehrten Söhne des Vasul, → Andreas (I.) und → Bela (I.), verjagt, von denen die späteren arpad. Kg.e abstammen: Andreas I. (1046-63) schlug den ersten Heidenaufstand nieder und warf den Angriff Heinrichs III. zurück (1051), schloß mit ihm Frieden und brachte eine Ehe zw. der Kaisertochter Judith und seinem Sohn Salomon (1063-73) zustande. Gegen die Krönung Salomons erhoben sich mit Erfolg der im Ducatus des Landes regierende Onkel Béla I. (1061-63) und dessen Sohn, Géza I. (1074-77), während Ladislaus I. d. Hl. der Herrschaft Salomons in → Preßburg (Pozsony, heute Bratislava) ein Ende machte. Das ung. Kgtm. erhielt während der Regierung Ladislaus I. (1077-95) und Kolomans des Buchkundigen (1095-1116) jene weltl. und kirchl. Struktur, die es bis zur Mitte des 12. Jh.s hatte Ladislaus und Koloman besetzten das Küstengebiet von Alt-Kroatien, Dalmatien und die moesischen (bosnischen) Gebiete s. der Save. Ladislaus kämpfte mit Erfolg gegen die nomad. → Petschenegen und → Kumanen; Koloman hingegen vernichtete zwar die ersten plündernden Kreuzfahrer, sicherte aber den Durchzug der Kreuzritter (1096). Im Gegensatz zw. dem Papsttum und dem Kaisertum standen die arpad. Kg.e zumeist auf der Seite der Reformpäpste. Zur Unterstützung des Zölibats organisierte Ladislaus Domkapitel, gründete die Bm.er v. → Großwardein (Várad) und Agram (→ Zagreb), vereinte das gr. Bm. Bács mit dem lat. Ebm. → Kalocsa; Koloman stiftete das Bm. Neutra (Nytria, heute → Nitra). Auf Synoden regelten die Stellung der Kirche. Ladislaus festigte durch strenge Strafgesetze die aufgelösten Eigentumsverhältnisse; Koloman förderte die Organisation des Kgtm.s. Seinen aufständ. Bruder Almos ließ er samt dessen Sohn Béla blenden, um die Regierung seines eigenen Sohnes, Stephan II. (1116-31) zu sichern. Der Jüngling, der auf unsinnige Kriege einließ (1116 Böhmen, 1123 Rußland, 1127-29 Byzanz), bestimmte auf seinem Sterbebett seinen Vetter Béla den Blinden (1131-41) zu seinem Nachfolger. An seiner Statt regierten seine Frau, die Serbin Ilona, und sein Schwager, Ban Belos, die die Anhänger Kolomans bei einem Reichstag niedermetzeln ließen, die außenpolit. Stellung des Landes jedoch mit kräftiger Regierung zu sichern verstanden. Béla II. nahm den Titel eines Kg.s v. → Bosnien an. Unter Géza II. (1141-62), dem Sohn von Béla dem Blinden, gewann Ungarn jene Großmachtstellung, die es ein Jahrhundert lang einnahm. Géza kämpfte mit Erfolg im Interesse seines Schwagers Izjaslav, Gfs. v. Kiev (1148-52), und gegen seinen Verwandten Manuel Komnenos, Ks. v. Byzanz (1152-56), der Ungarn angriff; während seiner Regierung wurde die Organisation der 72 Komitate ausgebaut: Zu dieser Zeit wurden in → Siebenbürgen und in der Zips die ersten sächs. Kolonien gegründet (→ Kolonisation und Landesausbau); die Johanniter und die Kreuzherren der Stephaniter fanden Eingang in Ungarn. Sein Sohn Stephan III. (1162-72) kämpfte während seiner ganzen Regierung gegen Manuel, der für kurze Zeit den älteren Thronprätendenten, Ladislaus II. (1162-63) und Stephan IV. (1163), zum Thron verhalf. Letzten Endes gelangte Béla III., den Manuel in Byzanz erzogen und zuerst zu seinem Nachfolger bestimmt hatte, auf den ung. Thron (1172-96): Er schloß → Dalmatien und → Kroatien wieder an Ungarn an, reformierte die kgl. Kanzlei, regelte das Finanzwesen des Landes und stiftete mit seiner zweiten Frau, Margarethe Capet, Zisterzienserklöster in Ungarn. Von seinen Söhnen heirateten Emmerich (1196-1204) Konstanze v. Aragón und Andreas II. (1205-35) Gertrud v. Meranien. Unter ihnen wuchs der westeurop. Einfluß in Ungarn; das Gefolge der Kgn. erhielt große Landschenkungen; die Auflösung der kgl. Burg- und Hoforganisation begann; die Städte entwickelten sich durch neue Kolonisten; die zumeist unbewohnte Gebirgslandschaft der Karpaten wurde besiedelt. Andreas II. stärkte seine außenpolit. Position, seine Innenpolitik wurde jedoch von Kämpfen zw. dem Hoch- und Kleinadel und der Kirche gelähmt; das Ergebnis war die »Goldene Bulle« (1222), die ung. Magna Charta, und ihre Revision (1231). Die Regierung seines Sohnes, Béla IV. (1235-70) wurde durch den Mongoleneinfall (1241/42) und den Wiederaufbau des verwüsteten Landes beeinflußt. In der veröden ung. Tiefebene siedelte er ums. → Kumanen an, seinen Sohn Stephan V. verheiratete er mit der kuman. Prinzessin Elisabeth, übergab ihnen mit dem Titel des »Rex iunior« die ö. Hälfte des Landes, was zu Kämpfen zw. Vater und Sohn führte. Er unterstützte die Entwicklung der Städte und den Burgenbau der Großen. Die Folge war die Stärkung feudaler Gruppen. Nach der kurzen Regierung seines Sohnes Stephan V. (1270-72) regierte der junge Ladislaus IV. (1272-90) unter dem Einfluß seiner kuman. Mutter und deren Umgebung, was ihn mit der Kirche und der Mehrheit der Oligarchie in Konflikt brachte und zu inneren Kämpfen führte. Nach seinem gewaltsamen Tode wurde ein nach Italien verschlagener Nachkomme der A., Andreas III., auf den Thron berufen (1290-1301). Mit seinem Tod (14. Jan. 1301) erlosch der Mannesstamm der A.; seine einzige Tochter Elisabeth starb im Dominikanerinnenkl. zu Töss (Schweiz) am 6. Mai 1338. Nach einem zehnjährigen Ringen um die Macht bestieg mit Karl-Robert Anjou eine neue Dynastie den ung. Thron. → Ungarn, → Anjou. G. Györffy

Lit.: M. WERTNER, Az Árpádok családi története, 1892 (Biogr. Genealogie) - G. PAULER, A magyar nemzet története az árpádházi királyok alatt, 2 Bde, 1899 - Árpád és az Árpádok, hg. D. CSÁNKI, 1907 - HÓMAN, I.

Arquemination → Farce
Arques → Wilhelm, Gf. v. Arques

Arra (auch: Arrha, Arrhes), 'Angeld', im röm. und gemeinen Recht eine Sache oder eine Geldsumme, die geleistet wird, um den Abschluß oder die Erfüllung eines Vertrages zu sichern.

[1] Im ältesten *frz. Recht,* das den Rechtsvorstellungen der Frankenzeit folgt, werden die Parteien durch die A. zur Erfüllung der Vereinbarungen verpflichtet. Seit dem 13.Jh. erhält die A. wieder die aus dem röm. Recht übernommene Funktion als Rücktrittsklausel oder Reugeld: Wer die Verpflichtung bricht, verliert die A., wenn er sie gegeben hat; er hat den doppelten Wert zu erstatten, wenn er sie empfangen hat. Bei geschlossenen Verträgen dient sie als Beweis, Anzahlung oder Sicherheit bis zur vollständigen Erfüllung. Sie war bes. gebräuchlich bei Kauf, Miete und Verlöbnis. M. Sicard

[2] In *Kastilien* sind die *Arras* (plural.) eine obligator. Schenkung des Bräutigams an seine Braut anläßl. einer geplanten Eheschließung und unter Berücksichtigung der Mitgift und ihres persönl. Besitzes. Die A. – von den germ. Stämmen aus dem byz. Recht rezipiert (arr(h)a < lat. arr(h)abo < griech. ἀρραβών) und in die Volksrechte eingegangen (Lex Visigoth. III, 1, 3–4; 13. Lex Baiuv. 17, 3) – wurden in Spanien von den Westgoten eingeführt, verloren aber im Recht Kastiliens ihre ursprüngl. Bedeutung eines Pfandes. Sie wurden zum ersten Mal im »Fuero Juzgo« (lib. III, tit. I 1.3) definiert als Güter, die der Bräutigam der Braut für ihren standesgemäßen Unterhalt im Falle seines Todes übergab. Die einzelnen Gemeinderechte (»Fuero de Cuenca«, »Fuero Viejo«, »Fuero Real«) veränderten sehr stark die Höhe der A. ($^1/_3$–$^1/_{10}$ des Besitzes des Ehemannes). Es konnte gegenwärtiger oder zukünftiger Besitz übereignet werden; er mußte der Frau selbst übertragen werden, wenn sie älter als 20 Jahre war. Er konnte nur bei Ehebruch oder wenn die Ehefrau in unehrenhafter Absicht den Haushalt verließ, an den Mann zurückfallen.
M. J. Peláez

Lit.: allg. und zu [1]: P. MEREA, Estudos de direito hispânico medieval I, 1952, 40ff., 139ff. – M. TALAMANCA, L'a. della compravendita in diritto greco e in diritto romano, 1953 – P. OURLIAC-J. DE MALAFOSSE, Hist. du droit privé. Les obligations, 1957 – M. KASER, Das röm. Privatrecht I, 1971², 547f.; II, 1975¹, 387f. – P. TIMBAL, Les obligations contractuelles d'après la jurisprudence du Parlement, 1973 – zu [2]: A. OTERO VARELA, Las Arras en el Derecho español medieval, AHDE 25, 1955, 189–210.

Arrabbiati, ironischer Name, der einer der Parteien in Florenz zur Zeit des → Savonarola (1494–98) beigelegt wurde, als es außer den A. (auch »Disperati« gen.) die »Piagnoni« oder »Frateschi«, die »Bianchi«, die »Palleschi« oder »Bigi« und die »Compagnacci« gab. Die ideolog.-polit. Grundlagen der Partei der A. oder »Disperati« (im Hinblick auf ihre soziale Lage auch »Ottimati« gen.), können auf die aristokrat. Tendenzen der sog. Oligarchie zurückgeführt werden, die Florenz ab 1382 und ab 1433 unter der polit. Führung der → Álbizzi regiert hatte. Später hatte der aristokrat. Republikanismus bei der Berührung mit dem Ideengut des Humanismus antityrann. Ideen (→ Tyrannus – rex iustus) aufgenommen; in diesem geistigen Klima war der Plan gereift, Lorenzo de Medici zu beseitigen (1478; → Pazzi, Verschwörung der). Während Savonarola nach der Vertreibung des Piero de Medici aus Florenz (1494) die Leitung der Stadtrepublik immer mehr in seine Hände nahm, organisierte sich die Partei der A. aus den Reihen der mit dem polit.-konstitutionellen Programm des Mönchs, das als zu demokrat. angesehen wurde, Unzufriedenen. Männer wie Filippo dei Corbizzi, *Gonfaloniere di Giustizia* i. J. 1495, identifizierten sich mit dieser Partei, die weder die Demokratie nach Savonarolas Programm noch die Rückkehr der Medici wünschte, sondern die Feindschaft zw. den »Piagnoni«, Savonarolas Anhängern, und den »Palleschi«, den Anhängern der Medici, auszunützen bestrebt war; gleichzeitig verfolgten die A. den Plan, den Einfluß ihrer Geschlechter bei den ausländ. Mächten (insbes. beim Papst), die interessiert waren, Savonarolas Einfluß zu unterbinden, geltend zu machen. Mit der Partei der A. waren in zweideutiger Weise die Compagnacci verbunden, die unter dem Mantel epikureischer Ausschweifungen (was im sittenstrengen Florenz des Savonarola an sich schon eine Provokation darstellte) eine äußerst heftige Aggressivität verbargen. A. und Compagnacci, die 1498 die Republik regierten, waren die Haupturheber des Untergangs von Girolamo Savonarola und der Verfolgung seiner treuesten Anhänger. F. Cardini

Lit.: G. SCHNITZER, Savonarola, 2 Bde, 1931 – R. RIDOLFI, Vita di Girolamo Savonarola. 1974⁵ – N. RUBINSTEIN, Il governo di Firenze sotto i Medici (1434–1494), v. Epilogo.

Arrabloy. 1. A., Jean d', frz. Beamter, † 1329, stammte aus einem seigneurialen Geschlecht des Gatinais (Dép. Loiret), wichtiger Helfer Philipps des Schönen. A. war 1287 châtelain v. Beaucaire, 1290–94 Seneschall v. Périgord und Quercy, 1294–96 v. Carcassonne, 1296–1302 v. Beaucaire und Nîmes, 1302–14 nochmals Seneschall v. Périgord und Quercy, 1316–17 Enquêteur-réformateur des Kgr.es, 1320–22 Maître des requêtes de l'Hôtel, 1322–29 Maître de l'Hôtel du roi; † 1329. – Nicht zu verwechseln mit seinem Sohn *Jean d. J.,* der 1315–20 ebenfalls Seneschall v. Périgord und 1321–22 (sowie 1332) v. Beaucaire war. – Sein anderer Sohn *Guillaume* wurde von Philipp V. 1317 zum *clerc et familier du roi* ernannt. R.-H. Bautier

2. A., Pierre d', Staatsmann im Dienst des frz. Kg.s und der Kurie, Sohn von 1, † 1. (oder 4.) März 1331, ▭ Kirche v. Arrabloy (von ihm gestiftet). Seit 1308 Archidiakon v. Bourbon innerhalb der Diöz. Bourges; zu dieser Zeit als Auditor in der Bretagne tätig. 1309 trat er ins Parlament ein und entfaltete in der *Chambre des Enquêtes* eine rege Tätigkeit. 1311 zum Advokaten des Kg.s ernannt, wurde er Kanzler Philipps, des jungen Sohnes des Kg.s, den durch den Erhalt einer Apanage Gf. v. Poitiers wurde. Als Philipp 1316 Regent und dann (als Philipp V.) Kg. wurde, übernahm A. anstelle seines Vetters Étienne de → Mornay den Vorsitz der *chancellerie royale.* Er bekleidete dieses Amt bis Dez. 1316; zu diesem Zeitpunkt erhob ihn Johannes XXII. zum Kardinalpriester v. S. Susanna. Am 29. März begab er sich erneut zur Kurie nach Avignon. Von da an war er an vielen bedeutenden polit. Ereignissen der Epoche beteiligt. Er häufte zahlreiche Pfründen an, wurde am 19.Dez. 1327 Kardinalbf. v. Porto und 1328 Kämmerer des Kardinalkollegiums. Einige seiner theol. Werke sind erhalten. R.-H. Bautier

Lit.: H. STEIN, Recherches sur quelques fonctionnaires royaux originaires du Gatinais, 1919 – Vgl. künftig: R. FAWTIER, R.-H. BAUTIER, F. MAILLARD [in Vorber. befindl. Werk über die kgl. Beamten unter Philipp dem Schönen].

Arragel, Mose → Bibelübersetzung

Arras
I. Geschichte von Stadt und Bistum – II. Geschichte der Abtei St-Vaast.

I. GESCHICHTE VON STADT UND BISTUM: Das im heut. Dép. Pas-de-Calais gelegene Arras (gallo-röm.: Nemetocenna, Nemetacum, Atrebatum) war in der Antike der Vorort der Atrebates. Die Stadt verfügte nach dem hl. Hieronymus über Tuchgewerbe. Sie wurde zw. 174 und 378 mehrfach geplündert. Es ist fraglich, ob das Christentum bereits vor dem 6.Jh. in A. Eingang fand (um 405 vermutl. Martyrium des Diogenes); zw. 496 und 535 ist dagegen die Einsetzung des hl. → Vedastus als Bf. weitgehend gesichert. Der chr. Einfluß wurde durch einen seiner Nachfolger, den hl. Adalbert (Aubert), verstärkt, der um 666 jenseits des Crinchon gegenüber der civitas eine Einsiedelei gründete, die vor 680 in eine Abtei umgewandelt wurde (an einem Ort, der Nobiliacum genannt wurde, vermutl. der Name einer früheren villa). Trotz dieser Gründung hatte die geringe Bedeutung der chr. Gemeinde zur Folge, daß der Bischofssitz für das gesamte Gebiet nach → Cambrai verlegt wurde. Seit 1030 hielt sich jedoch der Bf. v. Cambrai regelmäßig in A. auf. Das erklärt, abgesehen von der Frage aller gegen das Imperium gerichteten Maßnahmen, die erneute Begründung eines Bischofssitzes in A. 1094 (erster Bf.: Lambert v. Guines; vgl. a. → Alvisus). Doch erfolgte der tatsächliche Aufbau der Diözesanorganisation erst gegen 1160. Das Bm. A. umfaßte wegen der Ausdehnung der Nachbardiözesen von Thérouanne und Cambrai nur zwei Archidiakonate. Die zunehmende Bedeutung der Abtei St. Vedastus (St-Vaast; → Abschnitt II) inmitten der entstehenden Stadt gegenüber der bescheidenen »civitas« grenzte die Stellung der Bfe. erheblich ein.

Die Stadt selbst hatte sich bereits im Umkreis der Abtei St-Vaast entwickelt, deren Laienabtswürde im 9./10. Jh. häufig in der Hand des Gf.en von A. war. 880 und 883 wurde die Stadt von Normannen geplündert, was zur Befestigung des burgus, der sich um die Abtei entwickelte, führte. Aus dieser Zeit stammt wohl auch eine erste Burg, die den Vogt der Abtei beherbergte (später den Gf.en v. Flandern, dann die Herren v. Béthune). Die städt. Geschichte beginnt erst mit der Besetzung durch Arnulf I. v. Flandern (932). Dieses Ereignis leitet die Blütezeit der Stadt, die »fläm. Periode«, ein, die bis 1190 dauerte. Sie brachte A. die städt. Freiheiten (eine Kommune wird zwar erst für 1180 bezeugt und 1194 bestätigt, doch muß bereits vorher die Existenz von zwölf jährl. wechselnden Schöffen und eines bedeutenden Bannbezirkes angenommen werden). A. entwickelte sich zu einem Handelszentrum (bezeugt durch die Zollregister von 1024 und 1036) mit bedeutender Münzstätte. Die Handelsprivilegien seiner Kaufleute reichten bis nach Italien, bes. für → Tuchgewerbe und -handel. Um 1200 nahm A., das etwa 20 bis 30000 Einwohner zählte, eine Spitzenstellung im Produktions- und Handelsbereich für den gesamten n. Teil des frz. Kgr.s an. Seine Bankiers (Crépin, Huquedieu, Louchard usw.) zählten sowohl die Großen als auch den König zu ihren Schuldnern. Diesem Wohlstand entsprach der polit. Status der Stadt allerdings nicht. So kam die Stadt 1190 unter die Herrschaft v. Kg. Philipp August als Teil der von ihm verwalteten Mitgift seiner Gattin Isabella v. Hennegau; nach 1237 war das Schicksal von A. eng mit dem des → Artois verbunden.

Im 14. Jh. beeinträchtigte die angespannte wirtschaftl. Situation der fläm. Provinzen den Wohlstand von A. Die wirtschaftl. Schwierigkeiten fanden ihren Niederschlag in antifiskalen städt. Unruhen (1346, 1355). Auch engl. Übergriffe sind zu verzeichnen (Knolles). Nachdem A. 1414 an Burgund übergegangen war, diente es oft den burg. Hzg.en als Residenz (→ Arras, Frieden v. 1435). Die Stadt leistete Ludwig XI. so erbitterten Widerstand, daß er 1477 ihre Einwohner – mindestens für drei Jahre – vertreiben ließ und die Stadt als *Franchise* bezeichnete. 1482 fiel A. an das Haus Habsburg. → Artois.

II. Geschichte der Abtei St-Vaast: Gegen 534 zog sich der hl. → Vedastus, Bf. v. A., als Eremit an einen Ort mit dem Namen Nobiliacum am rechten Ufer des Crinchon zurück. Hier ließ um 666 der hl. Adalbert (Aubert) eine Zelle errichten, wo die Reliquien des Hl. verehrt wurden. 680 oder 691 übertrug Theuderich III. einen Teil des fiscus dem neuen Kloster. Im 8. und 9. Jh. erfolgte eine Ausdehnung des Grundbesitzes der Abtei entlang der Scarpe. Ein Markt wurde errichtet, auf dem Tuche von hoher Qualität gehandelt wurden (u. a. bis ins Rheinland bezeugte Pallien), die man wahrscheinl. in den Klosterwerkstätten herstellte. Das Kloster hatte in seiner Kirche 14 Altäre und besaß zwei weitere Kirchen (St-Pierre und Notre-Dame), deren Pfarrdienste von Kanonikern wahrgenommen wurden.

880 und 883 wurde die Abtei von Normannen geplündert; deshalb wurde sie 887 befestigt und in ihrer Nachbarschaft ein castrum errichtet, das um 900 in der Hand des Gf.en als Laienabt v. St-Vaast war. Die Abtei erlangte ein Zollrecht von großer Ausdehnung (30 km im Umkreis). Die Macht des Gf.en v. → Flandern in diesem Gebiet wurde nach 932 spürbar: u. a. durch die Übergabe des Amtes des → Laienabtes an die Gf.en v. Flandern und der Ämter des Kastellans und des Vogtes an den Herren v. → Béthune. Dieser Zeit entstammt einer Entwicklung einer Siedlung um das Kl., die, der alten civitas (→ Abschnitt I) gegenüber lag.

Die Blütezeit der Abtei fällt in die Jahre 1005–1180. Am Anfang dieser Periode wurde das Kl. durch seinen Abt Richard v. St-Vanne (1009–20) reformiert; es entstanden neue Bauten. Gegen 1050 umfaßte der Temporalbesitz des Kl.s 43 villae von Beauvais bis Cambrai, die in 14 *prévôtés* gegliedert waren. Der Zollbereich bildet die wichtigste Zone, aus der im 11.–12. Jh. ländl. Bevölkerung in die Stadt A. einwanderte. Nach dem Verzeichnis der inner- und außerstädt. Güter der Stadt, das um 1160 von Wiman (Guiman) angelegt wurde, war d. Klosterbesitz zentralisiert; es sind zahlreiche Zeugnisse über die Verwaltung und Nutzung von Meierhöfen überliefert sowie über Gerichtsentscheide, denen die Eigenleute und Vasallen des Kl.s unterworfen waren. Im Skriptorium der Abtei entstand eine große Zahl von Hss. mit Buchmalerei.

Die Ausbildung städt. Freiheiten in A. nach 1180 und 1194 verringerte den Einfluß der Abtei auf die Stadt. Zahlreiche Bürger v. A. stammten aus Familien von Amtleuten des Kl.s oder wurden dort Mönche. Doch finanzielle Schwierigkeiten hinderten den Konvent, sich am Kreditgeschäft und Warenhandel, auf denen der Wohlstand von A. im 13. Jh. beruhte, zu beteiligen. 1252 wurde der Bau einer neuen Kirche begonnen, er wurde 1295 unterbrochen und erst 1475 vollendet. Trotz aller Versuche zur Sanierung des weltl. Besitzes (Rechnungen seit 1283 überliefert) verschuldete sich das Kl. zunehmend. Während es im 9. Jh. zweifellos mehr als 150 Mönche beherbergte, zählte es im 15. Jh. kaum noch 20. R. Fossier

Lit.: RE XVI, 2, 2381 f. – A. de Cardevacque, L'abbaye de Saint-Vaast. 3 Bde, 1875–78 – F. L. Ganshof, Les homines de generali placito de l'abbaye de Saint-Vaast, Revue du nord, 1922, 119 – G. Bigwood, Les financiers d'Arras..., RBPH 1924–25 – Hist. de Pays-Bas français, 1974 – J. Lestocquoy, Les étapes du développement urbain d'A., RBPH 1944, 163 – A. Dérolez, La cité des Atrébates, Revue du nord 11, 1958, 505 – A. C. F. Koch, De la justice domaniale à la justice urbaine..., Revue du nord, 1958, 289 – H. Sproemberg, Die Gründung des Bm.s. A. i. J. 1094, Standen in Landen 24, 1962, 1–50, erneut in: Ders., MA und demokrat. Geschichtsschreibung, 1971, bes. 152 – R. Berger, Le nécrologe de la confrérie des Jongleurs et Bourgeois d'A. [mit Einl.], 1963 – J. Lestocquoy, Études d'hist. urbaine... Arras au MA, 1966 – J. Becquet, Abbayes et prieurés...: Arras, 1970–74 – Ders., Abbayes et prieurés de l'Ancienne France XIV: Diocèse d'A., 1975, 282.

Arras, Frieden v. (1435). Aufgabe des Kongresses, der unter der Leitung des von Papst Eugen IV. entsandten Kard.s → Albergati am 5. März 1435 in der Abtei St-

Vaast zu → Arras zusammentrat, sollte es sein, den → »Hundertjährigen Krieg« zu beenden. Neben dem schon mehrfach um Vermittlung bemühten Albergati erschien in der flandr., jetzt zum burg. Staat Philipps des Guten gehörigen Kongreßstadt Kard. Hugo (v. Lusignan-Zypern; → Lusignan) als Verteter des mit Papst Eugen zerstrittenen Konzils v. → Basel. Die burg. Delegation wurde vom Kanzler Nicolas → Rolin geführt. Der minderjährige Heinrich VI. v. England (1422–61) und seine Onkel, die Hzg.e → Johann v. Bedford und → Humphrey v. Gloucester, wurden neben zahlreichen anderen geistl. und weltl. Würdenträgern durch Kard. → Kemp, Ebf. v. York, und den später eintreffenden Kanzler Heinrich v. → Beaufort, Kard. und Bf. v. Winchester, vertreten. Die Leitung der großen frz. Gesandtschaft hatte Hzg. → Karl v. Bourbon und der Auvergne. Auch Verteter der Stadt und der Univ. Paris waren anwesend. Kg. Karl VII. hatte zwar dank der → Jeanne d'Arc 1429 in Reims die Krönung empfangen, sich aber nicht Paris' bemächtigt, so daß Heinrich VI. dort hatte gekrönt werden können. Unzweifelhaft wollte Philipp der Gute, dessen flandr. Tuchmacher jetzt weniger als noch vor einigen Jahrzehnten von England abhingen, einen Ausgleich mit Frankreich. Die Engländer forderten für Heinrich VI. die Ehe mit einer Tochter Karls VII. und nur einen Waffenstillstand, während die Franzosen den Verzicht Heinrichs VI. (v. Lancaster) auf den Titel »Kg. v. Frankreich« verlangten, auf die Rückgabe aller besetzten Festungen und Städte, der Lehennahme bestimmter Herrschaften vom frz. Kg. und einem vollständigen Frieden beharrten. Da die Engländer von ihren Forderungen nicht abrückten, wollten die Franzosen den größten Teil der Normandie England überlassen. Aber auch weitere Verhandlungen ermöglichten es Albergati nicht, den ersterbehnten allgemeinen Frieden herbeizuführen. Die Engländer gaben u. a. wohl deshalb nicht nach, weil sie darauf rechneten, daß Philipp der Gute zu seinem Eid (1420), ohne Zustimmung des engl. Kg.s keinen Frieden mit den Franzosen zu schließen, stehen werde; sie verließen Arras am 6. Sept., nachdem sie im Falle eines Sonderfriedens mit Krieg gegen Burgund und seinen Handel gedroht hatten.

Die Beauftragten der Kurie zerstreuten mit hist. und urist. Argumenten die Bedenken Philipps gegen den Bruch des Vertrages v. → Troyes 1420, den der Hzg. v. a. wegen der Ermordung seines Vaters → Johann Ohnefurcht (1419) beschworen hatte (→ Armagnacs et Bourguignons). Der vom Kanzler Rolin entworfene Friedensvertrag zw. Burgund und Frankreich (21. Sept. 1435) sicherte deshalb Philipp ausführl. Genugtuung für den Mord zu. Frankreich überließ dem Hzg. u. a. die Gft.en Mâcon und Auxerre, Péronne, Montdidier, St-Quentin, Corbie, Amiens, Abbeville, Boulogne. Im Falle eines engl. Angriffes auf Burgund versprach Karl VII. Hilfe. Damit war die burg. Nebenlinie der Valois mit dem Königshaus ausgesöhnt, England aber seiner traditionellen Stütze in Flandern – und den übrigen burg. Herrschaften – beraubt. Ks. Siegmund war an der Lösung des Problems nicht beteiligt. – Die Zusammensetzung der Delegationen aus hervorragenden Fachleuten, genaue Gesandteninstruktionen, Protokolle und andere diplomat. Schriftstücke zeigen, daß der Kongreß von A. neben anderen derartigen Versammlungen dieser Jahrzehnte (Konstanz, Florenz, Basel, Luck) einen wichtigen Schritt zur Ausbildung einer intenationalen Diplomatie und Vertragstechnik darstellt (→ Diplomatie und Gesandtschaftswesen). H. Patze

Q.: Les grands traités de la Guerre de Cent Ans, publ. E. Cosneau,

1889, 116–151 – *Lit.:* Fr. Schneider, Der Europ. Friedenskongreß v. Arras (1435) und die Friedenspolitik Papst Eugens IV. und des Basler Konzils, 1919 [mit Quellenanhang] – J. G. Dickinson, The Congress of Arras 1435. A Study in Medieval Diplomacy, 1955 [mit Quellenanhang].

Arras → Arra

Array, Commissions of, Vollmacht zur Truppenaushebung Durch die C. of A. wurde eine Persönlichkeit (gewöhnl. ein Mitglied der lokalen Führungsschicht) ermächtigt, eine bestimmte Anzahl von Leuten für die Infanterie sowie für die → archers (berittene Bogenschützen) zu rekrutieren. Die C. of A. entsprachen den Verpflichtungen des Statuts v. Winchester (1275); sie fanden erstmals 1282 Anwendung. Nach Kritik an dieser Institution verfügte ein Statut von 1352, daß die Erteilung der Vollmacht von der Zustimmung des Parlaments abhängig sein solle. 1404 wurden die Aushebungsverfahren durch Beschluß festgelegt; dieses System blieb erhalten, wobei das Schwergewicht zunehmend bei der städt. Truppenaushebung lag. → Heerwesen. M. C. Prestwich

Lit.: Parliamentary Writs, RC I, 1827 – M. R. Powicke, Military Obligation in Medieval England, 1962.

Arremedilho (ptg.). Dem in einem Schenkungsdokument (1193) belegten mlat. arremedillum (vgl. Du Cange, Ableitung von *reimitari) wurde im ptg. Wb. »Elucidário« (1798) des Fr. Joaquim de Santa Rosa de Viterbo die Bedeutung 'lustiges Zwischenspiel', 'Farce' gegeben. Darauf beruhte in der Folge die irrige Annahme, das a. sei eine schon im 12. Jh. vorkommende typ. ptg. dramat. Form. Dafür gibt es jedoch keine Zeugnisse. Es handelt sich vielmehr um die etwa bei dem Troubadour Guiraut Riquier (1274), in den → Siete Partidas und in den Cantigas (Nr. 293) des kast. Kg.s → Alfons X. erwähnte parodist. Abwandlung (prov. *contrafazament*) von Texten bzw. um improvisierte (panto-)mimische oder dialogisierende (vielleicht von Musik begleitete) Nachäffung von Personen (kast. *remedijo, remedamiento,* galic. *remedillo*), die von Spaßmachern und Spielleuten *(jograr remedador)* dargestellt wurde. D. Briesemeister

Lit.: R. Menéndez Pidal, Poesía juglaresca y orígenes de las literaturas románicas, 1957⁶, 22f. – L. Stegagno Picchio, Ricerche sul teatro portoghese, 1969, 35–62 – A. L. F. Rebello, Dicionário do teatro português, o. J., s. v.

Arrest (mlat. arrestum, arrestatio, dt. *kummer, komer, besatz, besetzung, verbietung* u. ä.) bezeichnet nach ma. Sprachgebrauch das Festhalten einer Person oder Sache zum Zwecke der Befriedigung oder Sicherung einer Forderung des Gläubigers (Arrestant) gegen seinen Schuldner (Arrestat). Man unterscheidet Personal- und Sacharrest. Er richtet sich meist gegen Person und/oder Vermögen des nicht der örtl. Gerichtsbarkeit unterworfenen Fremden oder dessen Gerichtsgenossen (Fremden- oder Repressalienarrest), ferner gegen den flüchtigen, nicht zahlungsfähigen oder leistungsverweigernden Schuldner. Der Begriff selber ist keine lat., sondern vermutlich eine frz. Sprachschöpfung des 13. Jh. Der Sache nach ist der A. aber bereits seit dem frühen MA bekannt. Teils wird seine Herkunft aus dem ma. → Gästerecht der Städte (Kisch), teils aus dem ma. Strafrecht im Sinne einer Reaktion gegen das Verbrechen der Flucht als Erfüllungsverweigerung (Planitz) und teils aus der exekutivischen Pfändung (O. v. Gierke) hergeleitet. Sicher ist, daß A., → Pfändung und schließlich auch der → Konkurs entwicklungsgesch. eng miteinander verbunden sind. Im Rechtsverkehr der ma. Städte hat sich der A. v. a. als Sicherungsmittel ausgebildet. In dieser Form ist er in die Reichsgesetzgebung, d. h. in die Reichskammergerichtsordnungen des 16. und 17. Jh. eingegangen. Noch im Ge-

genwartsrecht ist der persönl. oder dingl. A. eine zivilprozessuale Maßnahme zur Sicherung der Zwangsvollstreckung (vgl. §§ 916ff. ZPO). W. Sellert
Lit.: A. Bopp, Arrestprozeß (J. Weiske, Rechtslex. I, 1839), 450ff. – H. K. Briegleb, Vermischte Abh. I, 1868, 1ff. – A. Wach, Der it. Arrestprocess, 1868 – G. Kisch, Der dt. Arrestprozeß, 1914 – H. Planitz, Grundlagen des dt. Arrestprozesses, 1914 – W. Brunner, Der Arrestprozeß im ma. Rechte der dt. Schweiz [Diss. Halle 1933] – H. Mahnke, Das Arrestverfahren in den Lübecker Ratsurteilen [Diss. Kiel 1969] – H. Planitz, K. A. Eckhardt, Dt. Rechtsgesch., 1971³, 233 [Lit.].

Arrêt de règlement, im frz. Recht die Anordnung einer allg. Regelung durch ein oberstes Gericht (*cour souveraine*, → Parlament), das insoweit kraft kgl. Ermächtigung an der gesetzgebenden Gewalt beteiligt war. Die a.s galten im Bezirk des Gerichts, das sie erlassen hatte, soweit nicht der Gesetzgeber eine Regelung getroffen hatte. Gesetzl. oder gewohnheitsrechtl. Bestimmungen vermochten sie nicht abzuändern; sie sollten nur Lücken im Gesetz schließen. In den Parlamenten wurden sie in bes. feierlicher Form, *en robes rouges*, verkündet. H. Gilles
Lit.: Coing, Hdb. II, 2, 1976, 220–222, 227 [Lit.].

Arrhes → Arra

Arrière-ban (wahrscheinl. volksetymolog. von afrz. *herban*, frk. *heriban*) bezeichnet in Frankreich den Befehl bzw. die Banngewalt zur Einberufung in das Heer sowie auch die auf diese Weise aufgestellten Truppen, schließlich auch die Abgabe, mit der man sich vom a. loskaufen konnte. Von größerer und allgemeinerer Bedeutung als das Lehensaufgebot (*service d'ost, host*) diente der a. den frz. Kg.en seit 1302 häufig zum Aufbieten Adliger und Nichtadliger. Nach 1420 nahm seine Bedeutung ab; unter der Bezeichnung *ban* und a. umfaßte er fakt. nur noch die militär. Verpflichtungen der Lehensträger. Ph. Contamine
Lit.: Ph. Contamine, Guerre, État et société à la fin du MA, 1972.

Arrivage ['Anlanden'] (lat. *arripaticum, arribagium*), Abgabe auf Schiffe, die Waren entluden, wie auch auf die Waren selbst; → Hafenzölle. R.-H. Bautier

Arrouaise
I. Abtei – II. Kongregation.

I. Abtei: (Arida Gamantia, Arroasia, Truncus Berengarii), Abtei der Regularkanoniker in der Diöz. Arras (Dép. Pas-de-Calais, Arr. Arras), zw. Bapaume und Péronne, an der Grenze der Gft.en Flandern und Vermandois; ☧: Nikolaus; Trinität (in den Anfängen); gegr. 1090 von Heldemar (aus Tournai) und dem Schwaben → Kuno, ehem. Kaplänen von Wilhelm dem Eroberer. Sie standen nacheinander an der Spitze des ersten Konvents, für den Bf. Lambert v. Arras als Grundlage der Lebensordnung die Augustinusregel festlegte (1106). Kuno begab sich zum Konzil v. Troyes, um dort ein Privileg für seine Gründung zu erlangen. Papst Paschalis II. betraute ihn mit verschiedenen Aufgaben und ernannte ihn 1111 zum Kardinalbischof v. Praeneste–Palestrina und zum Legaten. Aus dem Hl. Land schickte Kuno einen Reliquienschatz nach A. Angeregt von Kuno und Bernhard v. Clairvaux, reformierte der Abt Gervasius (1121–47) das Kl. um 1135 (oder 1121) mit sehr strengen »Konstitutionen«, die von → Cîteaux beeinflußt waren (vollständiges Schweigegebot, völlige Enthaltsamkeit vom Fleischgenuß, bes. Liturgie, Konversen, die sich körperl. Arbeit widmen sollten). Von Innozenz II. 1139 anerkannt, wurde die Reform grundlegend für die Kongregation von A. (vgl. Abschnitt II). Abt Gautier (1180–93) stellte das Kartular der Abtei zusammen und fügte ihm ein Vorwort zur Geschichte des Ordens bei. Dieser wurde 1233 von Gregor IX. reformiert; 1258 wurden die Konversen in gesonderten Häusern untergebracht. Im 14. und 15. Jh. setzte ein Niedergang ein; das letzte Generalkapitel wurde 1471 abgehalten. 1475 wurde die Abtei während des Krieges zw. Ludwig XI. und Karl dem Kühnen niedergebrannt. R.-H. Bautier

II. Die Kongregation von Arrouaise: [1] *Hist. Entwicklung*: Der Westen der Erzdiöz. Reims, die Gft. Flandern, bildete die Ausgangsbasis dieser dem »ordo novus« zuzurechnenden kanonikalen Bewegung. Begünstigt von den Reformbestrebungen der Bf.e v. Arras und Thérouanne, schlossen sich dort in den Jahren 1123–47 nicht weniger als 19 Stifte A. an, sei es durch Übernahme der Consuetudines oder nach einer Neugründung und Besiedlung mit Kanonikern aus A. selbst oder einem der Tochterstifte. Die bedeutendsten waren: Hénin-Liétard (1123), Ruisseauville (ca. 1125), Notre-Dame de Boulogne (1129) und St-Nicolas-des-Prés bei Tournai (1139). Die Übertragung an A. erfolgte häufig durch Angehörige des niederen Adels. Außerhalb des Reimser Einflußbereichs führte die Rivalität konkurrierender Reformverbände zu Konflikten, so im burg.-lothring. Raum mit → Cîteaux, in der Normandie mit St-Victor zu → Paris. Erste Kontakte zu England verdankte A. den persönl. Beziehungen des Abtes Gervasius zu den Gf.en v. Boulogne. Von 1133 (Missenden) bis 1178 (Lesnes) wurden zehn Abteien A. angegliedert. Bedingt durch polit. Differenzen zw. England und Frankreich lösten sie sich aber faktisch im 13. Jh. von der Kongregation, der sie nominell noch bis 1521 zugehörten. Der schott. Bf. Aethelulf führte die Consuetudines von A. in seinem Kathedralkapitel in Carlisle (1138) ein, um eine Reorganisation der kelt. Kirchenstruktur im röm. Sinn zu erreichen. Tuam und → Armagh im N Irlands wurden durch Bf. Malachias aus ähnlichen Motiven nach den Gebräuchen von A. reguliert. Ebf. Laurent O'Toole v. Dublin setzte sein Werk im S fort. Die breite Streuung der ir. Kapitel, Abteien und Priorate (Milis nennt an die 80) läßt sich nur schwer dokumentar. belegen, zudem unterhielten sie keine Kontakte zu A. Anders verlief die Entwicklung in Polen, das Sandstift in → Breslau (1138) und → Sagan in Schlesien (Anfang des 13. Jh.) lösten sich erst mit dem Verfall des Ordens von A., das Sandstift 1440, Sagan 1525.

[2] *Innere Organisation*: Sie schloß sich eng an das Vorbild von Cîteaux und Prémontré an: Filiationsprinzip, Generalkapitel, Visitationen und die Einrichtung der Definitoren wurden übernommen. Große Bedeutung gewann von Anfang an das Generalkapitel (1129/32 erstmals belegt), dem alle wichtigen Entscheidungen über Regelobservanz, Liturgie und Organisation des Verbandes zustanden, wie es auch oberstes Appellationsorgan in Streitfällen innerhalb eines Konvents oder zw. zwei Abteien war. Die Teilnahme war für die Äbte aller affiliierten Stifte verpflichtend, ab dem 13. Jh. erschienen aber nur noch Vertreter aus dem flandr.-frz. Raum, seltener aus Sagan und Breslau. Die zentrale Stellung des Abtes von A. bildete sich erst seit Ende des 12. Jh. aus (1186). Er hatte das Recht zur Visitation der einzelnen Stifte, zur Konvokation der Äbte und zur Bestätigung der Abtswahlen. Die jährl. Visitationen sicherten ursprgl. eine Aufsicht über die innere Lebensordnung der Stifte, seit der Reform von 1233 war auch eine Kontrolle der wirtschaftl. Verwaltung damit verbunden. Ab 1186 traten die Äbte als Definitoren an die Seite des Abtes v. A. Jährl. neu vom Generalkapitel bestimmt, übernahmen sie im Laufe des 13. Jh. dessen wichtigste Aufgaben. Da man kontinuierl. Reformmaßnahmen versäumte, verfiel der Verband im 15. Jh., spätere Wiederbelebungsversuche scheiterten. U. Vones-Liebenstein
Q.: Fundatio mon. Arroasie (MGH SS XV, 2, 1119–1124) – Constitutiones canonicorum regularium ordinis Arroasiensis, ed. L. Milis, 1970 (CChr CM XX) – Lit.: GChr III, 433–438 – DHGE IV, 728–731 – Gosse, Hist. de l'abbaye et de l'ancienne congrégation... d'A., 1786

[Nachdr. 1972] – L. MILIS, L'ordre des chanoines réguliers d'A. Son hist. et son organisation, de la fondation de l'abbaye-mère (vers 1090) à la fin des chapitres annuels (1471), 1969 [Lit.] – M. PARISSE, Les chanoines réguliers en Lorraine, fondations, expansion (XIe–XIIe s.), Annales de l'Est, 5ᵉ sér., 20, 1968, 347–388.

Ars → Artes liberales, → Artes mechanicae, → Kunst

Ars amatoria → Art d'aimer, → Chrétien de Troyes

Ars antiqua. [1] auch ars vetus, um 1320 als Gegenbegriff zu → ars nova in Frankreich aufkommende Bezeichnung für die ältere mehrstimmige Musik, v. a. für die Notation und deren Prinzipien: musikal. Funktion und graph. Wiedergabe der Noten, Pausen und Mensurordnungen stehen im Zentrum der durch die Termini a.a. (ars vetus) und ars nova bezeichneten theoret. Erörterungen; [2] davon hergeleitet Epochenbegriff der modernen Musikwissenschaft für die überwiegend nordfrz. mehrstimmige Musik und Musiktheorie bis rund 1320, manchmal unter Einbeziehung der → Notre-Dame-Epoche – so z. B. H. RIEMANN –, jedoch meistens – so auch hier – beschränkt auf die Zeit ab rund 1230, d.h. die Epoche der frühen → Mensuralnotation. – Während in dem um 1320 entstandenen Traktat »Ars nova« von → Philipp v. Vitry eine Darstellung auch der alten Lehre zwar wahrscheinl. mit enthalten war, jedoch nicht überliefert ist, wird in einer Kurzfassung dieses Traktats (Paris, Bibl. Nat., lat. 7378A) auch diese erörtert. Hier wie bei manchen weiteren Theoretikern des 14. Jh. wird das Neue nicht in polem. Gegenüberstellung, sondern in nahtloser Fortführung des Alten demonstriert, was auch der tatsächl. Entwicklung entspricht. Hingegen ist der konservative → Jacobus v. Lüttich im VII. Buch seines »Speculum musicae« (1321/30) um eine Verteidigung von Lehre und Praxis der »antiqui« sowie um den Nachweis bemüht, daß diese die angebl. Neuerungen der »moderni« der Sache nach schon längst praktiziert haben. Er beruft sich dabei auf → Franco v. Köln (Verfasser der »Ars cantus mensurabilis«, 1260/80), Magister → Lambertus (»Quidam Aristoteles«, Verfasser eines Traktats um 1275) und → Petrus de Cruce, dem Jacobus die Komposition zweier in der Hs. Montpellier überlieferter Motetten sowie die Unterteilung der Brevis perfecta in mehr als drei Semibreves zuschreibt – eine wichtige Neuerung über Franco hinaus, die auch von anderen Theoretikern Petrus zuerkannt wird und die in den gen. Motetten tatsächl. erscheint. Neben den von Jacobus erwähnten Lehren von Franco und Lambertus haben als die wichtigsten musiktheoret. Schriften des 13. Jh. zu gelten: vor Franco die anonyme »Discantus positio vulgaris« (um 1225), die Abhandlung des (älteren) → Johannes de Garlandia (um 1240) und der Anonymus VII bei COUSSEMAKER I (vor 1250); nach Franco oder mit diesem gleichzeitig der engl. → Anonymus IV bei COUSSEMAKER I (1270/80, mit wichtigen Informationen über die Tätigkeit der Notre-Dame-Schule), der Mensuraltraktat aus St. Emmeram (1279, ed. SOWA) sowie die Abhandlung des Walter Odington (Ende 13. oder Anfang 14. Jh., wichtig für die z. T. andersartigen Verhältnisse in England). Während in den vorfrancon. Lehren die Verwurzelung der Mensuralnotation in der für die Notre-Dame-Epoche geltenden → Modalnotation noch deutlich sichtbar ist, zeigt sich in der hist. zentralen Abhandlung Francos die endgültige Ablösung und die Konsolidierung eines neuen Notationssystems, dessen Grundprinzipien trotz aller späteren Modifikationen noch über das MA hinaus gültig blieben. – Für die musikal. Entwicklung im 13. Jh. ist kennzeichnend, daß das im Mittelpunkt der Notre-Dame-Musik stehende → Organum abstirbt bzw. erstarrend v. a. in peripheren Gebieten (z. B. Deutschland) weiterlebt. Nach wie vor unter Führung von Paris ist allbeherrschend nunmehr die → Motette. Aus dem Organum hervorgegangen und ursprgl. an die Liturgie gebunden, erfährt diese eine wachsende Verweltlichung und Autonomisierung; sie wird zunehmend außerhalb der Kirche gepflegt. Neben schlichten Sätzen mit einheitl. geistl. Text und einheitl. Faktur der Oberstimmen (conductusartige Motette) entsteht die mehrtextige und die mehrsprachige Doppel- und Tripelmotette: in den Oberstimmen können nunmehr gleichzeitig zwei oder sogar drei verschiedene geistl. lat. oder aber auch weltl. volkssprachl. oder lat. und volkssprachl. Texte zusammen erklingen. Oberstimmen und ihre Texte können auch ausgetauscht oder nachträgl. ergänzt werden. Die Tenores werden nicht mehr ausschließl. aus der Liturgie, sondern auch aus der weltl. vokalen Einstimmigkeit und der instrumentalen Tanzmusik entlehnt oder ad hoc neu geschaffen. Die so sich zeigende Wandlungs- und Paraphrasierungsfähigkeit der Musik erschwert für diese Zeit eine triftige Einordnung in Gattungen – wie Motette, → Conductus und weltl. Liedsatz – und macht eine eindeutige Sonderung von geistlich und weltlich unmöglich. – Dem Boden der einstimmigen volkssprachl. Liedkunst entwuchsen die dreistimmigen → Rondeaux von Jehannot de → L'Escurel und bes. → Adam de la Halle, von dem auch Motetten erhalten sind. – Die wichtigsten Musikhss., überwiegend Motetten enthaltend, sind: Montpellier, Faculté de Médecine Ms. H 196; Bamberg, Staatsbibl. Ms. lit. 115; Turin, Bibl. Reale, vari 42; Burgos, Monasterio de Las Huelgas, Stiftsbibl. Die → Roman de Fauvel-Hs. Paris, Bibl. Nat. ms. frç. 146, repräsentiert den Übergang zur ars nova. Wichtigste Quelle für die engl. Musik sind die Worcester-Fragmente (in Worcester, Oxford und London). R. Bockholdt

Ed.: Y. ROKSETH, Polyphonies du XIIIᵉ s., 4 Bde, 1935–39 [Hs. Montpellier] – P. AUBRY, Cent motets du XIIIᵉ s., 3 Bde, 1908 [Hs. Bamberg] – L. A. DITTMER, The Worcester Fragments = Musicological Stud. and Documents II, 1957 – COUSSEMAKER, bes. Bd. I [Musiktheorie] – *Lit.:* G. ADLER, Hb. der Musikgesch. 1, 1930² [Nachdr. 1961/75] – MGG I, 1949–51 – J. HANDSCHIN, Musikgesch. im Überblick, 1964¹ – F. RECKOW, Überlieferung und Theorie der Mensuralmusik (K. G. FELLERER [Hg.], Gesch. der kath. Kirchenmusik 1, 1972).

Ars combinatoria (ars magna, ars Lulliana) → Raimundus Lullus

Ars coniecturalis → Nikolaus v. Kues

Ars dictaminis, Ars dictandi

I. Begriff – II. Inhalt – III. Geschichte – IV. Würdigung.

I. BEGRIFF: Ars dictaminis, Ars dictandi, wörtl. die Kunst des Textes bzw. die Kunst des Verfassens (von Texten), sind die seit dem 12. Jh. begegnenden mlat. Bezeichnungen für die Lehre von den Regeln eines guten Prosastils, insbes. von der stilist. einwandfreien Abfassung von Briefen und Urkunden. Der Begriff dictamen ist in der A. d. also stark verengt, denn im sonstigen Sprachgebrauch des MA umfaßt er ja neben der Kunstprosa auch die metr. und rhythm. Dichtung. – Die A. d. ist seit dem Anfang des 12. Jh. sich verselbständigender Zweig der Rhetorik, aus der sich im hohen MA auch andere Teilgebiete wie die Ars arengandi, die → Ars notariae, die Ars poetica, die → Ars praedicandi, die → Ars punctandi, die → Colores rhetorici und die Cursusregeln (→ Cursus) herauslösten. Die A. d. hat eine bis jetzt noch nicht übersehbare Zahl von Traktaten hervorgebracht; in Gestalt von Stillehren und Briefstellern ist sie noch heute lebendig.

II. INHALT: Eine ma. A. d. besteht normalerweise aus einem theoret. Teil und einem Anhang von Brief- und Urkundenmustern. Der theoret. Teil kann etwa folgenden Inhalt haben: Vorspann in Gestalt eines Widmungs- oder

Werbebriefes oder eines allgemein gehaltenen Vorworts, bisweilen auch in Gedichtform. – Einteilung des Stoffes, Definitionen und Erklärungen wichtiger Begriffe, die verschiedenen Stilarten. – Allgemeine Regeln für den Prosastil: Gliederung des Textes, grammat. und stilist. Fehler, Colores rhetorici, Sentenzen, schmückende Beiwörter, rhythm. Kadenzen (Cursus), distinctiones (coma, colon, periodus) und Zeichensetzung, grammat. Aufbau von Texten. – Lehre vom Brief: Die verschiedenen Arten des Briefes, seine Teile; Regeln und Beispiele für deren Gestaltung, darunter bes. wichtig die Grußformeln (salutationes). – Lehre von der Urkunde: Die verschiedenen Arten von Urkunden, die Teile der Urkunde und Regeln für deren Abfassung; ferner Bemerkungen zu Schrift, Siegel, Notariatssigneten und Unterschriften.

III. GESCHICHTE: Regeln für den guten Prosastil hat es schon in der Grammatik und Rhetorik der Antike und des frühen MA gegeben, und als Briefmuster konnten die verschiedensten Sammlungen (etwa Cassiodors oder Gregors I.) dienen. Neu an der A. d. ist, daß ihre Traktate die Stilregeln für Briefe und Urkunden systemat. zusammenfassen und die Theorie durch Mustertexte veranschaulichen. Die A. d. in diesem Sinne ist entstanden am Anfang des 12. Jh. in Oberitalien. Hier, in den aufblühenden Städten mit ihrer verbreiteten Schriftlichkeit in Recht, Verwaltung und Wirtschaft, benötigte man schon früh Unterweisung in der Kunst, Briefe und Urkunden zu verfassen. Hier waren auch die Voraussetzungen bes. günstig: Latein als gesprochene Sprache, weltl. Schulen, ein selbstbewußtes, vielfach des Lesens und Schreibens kundiges Bürgertum und die Anfänge laikaler wissenschaftl. und lit. Bildung. Nicht zufällig entstammt die älteste A. d., die »Praecepta dictaminum« (zw. 1111 und 1115) des → Adalbertus Samaritanus, dem Rhetorikunterricht an einer laikalen Schule Bolognas und nicht zufällig polemisiert die auf die prakt. Bedürfnisse gerichtete Verfasser gegen → Alberich v. Montecassino, den Vertreter einer älteren, kirchl.-klass., mehr theoretisierenden Tradition der Rhetorik. – Der neuen Wissenschaft war ein durchschlagender Erfolg beschieden. Aus der Schule Adalberts gingen bald weitere Traktate hervor, v.a. die der sog. Aurea-Gemma-Gruppe (zw. 1126 und 1136); zugleich erwuchs ihm in seinem Landsmann → Hugo v. Bologna, der an der Domschule lehrte, ein ernster Konkurrent, der zwar manches von Adalbert übernahm, aber stärker auf die ältere Rhetorik (Cicero, Auctor ad Herennium, Alberich v. Montecassino) zurückgriff und auch eigene Wege ging. An Hugos »Rationes dictandi prosaice« (zw. 1119 und 1124) knüpften verschiedene Bologneser und oberit. Autoren an: sein Schüler → Henricus Francigena, der in Pavia lehrte (»Aurea gemma«, zw. 1119 und 1124), die viel benutzten »Rationes dictandi« eines Anonymus aus dem Raum Bologna (zw. 1138 und 1143), in denen erstmals die salutatio als Bestandteil des Briefes erscheint, die »Praecepta prosaici dictaminis secundum Tullium« (um 1140), die »Introductiones prosaici dictaminis« des → Bernardus Bononiensis (um 1145) und die »Flores dictandi« des → Albertus Astensis. Der letzte Vertreter dieser älteren oberit. Schule scheint → Guido v. Bologna (»Ars dictandi«, um 1160) gewesen zu sein. – Schon um die Mitte des 12. Jh. wurde die A. d. auch in Frankreich und Deutschland bekannt. Zunächst schrieb man nur Traktate it. Autoren ab, dann ersetzte man die in den Musterbriefen vorkommenden Eigennamen durch einheim. Namen, bald kam es aber auch zu selbständiger Verarbeitung und zu weitgehend neuen Schöpfungen. In Frankreich entwickelten sich bedeutende Zentren der A. d. in Tours und Orléans. In Tours scheint der Dichter und Philosoph → Bernardus Silvestris eine A. d. verfaßt zu haben. In Orléans wirkte → Bernardus de Magduno (Meung-sur-Loire), dessen »Summa dictaminis« (um 1180) weite Verbreitung fand. Die frz. A. d. unterschied sich von der oberit. v. a. durch stärkere Betonung grammat. und lit. Gesichtspunkte und durch die höhere Wertschätzung der antiken Klassiker. Die Schule v. Orléans pflegte einen prunkvoll-überladenen Sprachstil, der im 13. Jh. in der Briefliteratur auch Italiens und Deutschlands vielfach nachgeahmt wurde. – Im dt. Raum (Viktring) begegnet bereits um 1160 der »Liber dictaminum« eines → Baldwin, der oberit. Vorlagen nicht nur übernimmt, sondern auch selbständig verarbeitet. Baldwin bleibt jedoch ein Einzelfall. In der 2. Hälfte des 12. Jh. schreibt man in Deutschland zwar weiterhin it. und frz. Traktate ab und verfaßt die verschiedensten Sammlungen von Musterbriefen, eine A. d. im strengen Sinne findet sich aber erst wieder 1193/94 in Gestalt des »Libellus dictaminum et privilegiorum« eines namentl. nicht bekannten Halberstädter Geistlichen. – Um 1200 beginnt eine neue Blütezeit der A. d., die wiederum von Bologna ausgeht. Dort lehrte (mit Unterbrechungen) von etwa 1195–1235 der originelle, geistvoll-skurrile → Boncompagnus aus Signa bei Florenz. Seine zahlreichen Werke behandeln fast alle Teilgebiete der A. d. und der Rhetorik. Er bekämpfte die Schule von Orléans und empfahl einen schlichten und klaren Sprachstil. Weit größeren Erfolg hatten allerdings die Traktate und v. a. die lebensnahen, z. T. (»Gemma purpurea« und »Parlamenta et epistole«) bereits in der it. Volkssprache abgefaßten Briefmustersammlungen seines Rivalen → Guido Faba, der seit 1210 in Bologna wirkte. Da Guido seine Arbeiten von allem grammat., jurist. und philos. Beiwerk freihielt, hat man ihn den eigtl. Begründer der Bologneser A. d. genannt. Von weiteren Lehrern der A. d. in Bologna verdienen Erwähnung die Grammatiker → Bene v. Florenz (lehrt 1218 bis ca. 1240), → Bonus v. Lucca und → Thomasinus Armannini (um 1250), ferner, am Ausgang des Jh., der Niederlothringer → Jacobus v. Dinant und → Matheus de Libris. Die »Notule super arte dictaminis« und die Musterbriefe des Toskaners → Minus de Colle sind beachtenswert als frühe Zeugnisse der munizipalen A. d. in Italien. Der Lehrer Dantes, der florent. Kanzler Brunetto → Latini, verfaßte eine Art A. d. (»Rettorica«, nach 1260) und einen Briefsteller »Sommetta« (um 1275) in der it. Volkssprache. – Mit dem Reichtum Italiens kann sich Deutschland nicht messen, doch entstehen im 13. Jh. auch hier eigenständige und bedeutende Werke wie die auf Vorlesungen des Bf. Gernand v. Brandenburg beruhende sächsische »Summa prosarum dictaminis« (um 1230) und → Ludolfs v. Hildesheim »Summa dictaminum« (um 1250). Aus beiden Werken hat der wichtige »Formularius de modo prosandi« des oberösterr. Zisterzienserklosters Baumgartenberg geschöpft. Auch sonst scheint dieser Orden die A. d. gepflegt zu haben, wie die »Summa dictaminis prosaici« des → Gutolf v. Heiligenkreuz (um 1295), die »Notabilia de dictamine« aus dem Kl. Aldersbach (um 1300) und die »Summula dictaminis« des → Bernold v. Kaisersheim (1312) zeigen. Ein Weltgeistlicher, der Zürcher Kantor → Konrad v. Mure, schrieb 1275/76 seine »Summa de arte prosandi«, doch scheint diese von großer Gelehrsamkeit zeugende Kompilation wenig verbreitet gewesen zu sein. – In Frankreich ist Orléans weiterhin das Zentrum der Stilkunst. Bald nach 1200 entsteht dort die anonyme »Ars dictandi Aurelianensis«. Um die Mitte des 13. Jh. lehrt in Orléans der Magister → Poncius Provincialis, dessen »Summa dictaminis« und dessen Musterbriefsammlung oft abgeschrieben wurden. – England scheint im hohen MA wenig zur A. d. beigetragen zu haben. Die erste A. d. auf engl. Boden verfaßte zw. 1181 und 1185 der Franzose → Petrus v. Blois (Blesensis), der damals im Dienst der Ebf. e v. Canterbury stand. Und die »Summa de arte dictandi« des durch seine »Poetria nova« bekannten Normannen Gaufridus oder → Galfridus de Vino Salvo (Geoffroy de Vinsauf) ist bezeichnenderweise in Bologna geschrieben worden (zw. 1188 und 1190). Erst um 1270 begegnet wieder eine A. d. eines Engländers, die »Ars epistolaris ornatus« des Gaufridus Anglicus (Geoffroy de Eversley), Kg. Alfons X. v. Kastilien gewidmet und vielleicht für den Rhetorikunterricht in Salamanca bestimmt. – Die Iber. Halbinsel selbst ist vertreten durch die »Summa dictaminis« des → Dominicus Dominici von Viseu (Visentinus), das »Dictaminis epithalamium« des Johannes Egidii Zamorensis (→ Juan Gil de Zamora) (beide um 1280) sowie das »Breve compendium artis rhetorice« des Martinus Cordubensis (1. Hälfte des 14. Jh.). Die Geschichte der A. d. wäre unvollständig, wenn man nicht auch eine Institution, nämlich die päpstl. Kurie, miteinbezöge. Nirgendwo im Abendland wurde die lat. Brief- und Urkundensprache so sorgsam gepflegt wie dort, und die Erzeugnisse der päpstl. Kanzlei galten jahrhundertelang als vorbildlich. Die Regeln des guten Stils vermittelte man an der Kurie freilich mehr durch die verschiedensten Briefsammlungen und Formularbehelfe als durch Lehrbücher. Albertus de Morra (Gregor VIII.), der 1178–87 Kanzler der röm. Kirche war, und einer seiner Notare, der frz. Zisterzienser → Transmundus Claraevallensis, verfaßten für die päpstl. Kanzleibeamten je eine Abhandlung über die Cursusregeln. Eine kuriale A. d. hat aber erst der Kard. → Thomas v. Capua in den zwanziger Jahren des 13. Jh. geschrieben; sie faßte die älteren Lehren klar und elegant zusammen und wurde wohl auch deshalb oft kopiert. Ein weiteres Werk dieser Art scheint an der Kurie aber nicht mehr entstanden zu sein; man begnügte sich mit der Herstellung großer Brief- und Formularsammlungen, die den Kanzleibeamten die nötigen Stilmuster bieten mochten. Die Entwicklung der A. d. im 14. und 15. Jh. ist noch kaum erforscht. Nur wenige Texte sind bisher veröffentlicht; die meisten Autoren sind für uns bloße Namen, die Abhängigkeitsverhältnisse sind noch nicht zu überschauen. Im allgemeinen scheint man sich damit begnügt zu haben, die im 13. Jh. ausgebildeten Theorien mit kleinen Änderungen zu übernehmen und nur die Musterbeispiele der eigenen Zeit anzupassen. Das spätere MA hat v. a. gezehrt von den weitverbreiteten Werken des → Laurentius v. Aquileia (um 1300) und dessen Schülers → Johannes Bondi v. Aquileia. Von deren it. Zeitgenossen wären bes. → Johannes de Bonandrea und → Johannes de Virgilio zu nennen. – In Deutschland finden wir im 14. Jh. → Otto v. Lüneburg (um 1300), den Westfalen → Simon de Dudinghe (um 1340) und den Dresdner Nicolaus Dybinus (um 1370). Im 15. Jh. haben für uns ein gewisses Profil die »Candela rhetoricae« eines Anonymus aus Iglau und das um 1480 entstandene, in zahlreichen Frühdrucken verbreitete Sammelwerk »Formulare und Deutsch Rhetorica«. Veröffentlicht ist auch die eine lat. Vorlage benutzende und überarbeitete dt. »Ars epistolandi« des Friedrich v. Nürnberg (um 1450–60). – Eine späte Blüte erlebt die A. d. im 14. und 15. Jh. in England, wo John de Briggis, Thomas Sampson, Thomas Merke, Richard Kendale und John Blakeney als Verfasser von Abhandlungen zur A. d. hervortreten; sie fußen teilweise immer noch auf den Werken der it. und frz. Schulen. – Kennzeichnend für das spätere MA ist das Eindringen der Volkssprachen in die A. d. Zunächst entstehen sprachl. gemischte Traktate (theoret. Teil lat., Musterteil in der Volkssprache), später auch ganz in der Volkssprache abgefaßte Werke. Diese Entwicklung beginnt in Italien schon um 1230, in anderen Ländern dagegen erst im 14. und 15. Jh. – Noch kaum untersucht ist die Geschichte der A. d. im Zeitalter des Humanismus. Gewiß hatten die Autoren der ma. A. d. in ihrem ausgeprägten Selbstbewußtsein, in ihrer Lebensweise und ihrer lit. Tätigkeit manches gemeinsam mit den Humanisten des 15. und 16. Jh. Aber die humanist. Abhandlungen über Rhetorik und Briefkunst – der Begriff »A. d.« ist verschwunden – erinnern meist nur noch im formalen Aufbau an ihre ma. Vorgänger. Sie greifen stilist. und inhaltl. mehr denn je auf die antiken Autoren zurück und raten zu einer schlichten, ungekünstelten Sprache. Die Colores rhetorici und der Cursus spielen eine wesentl. geringere Rolle als im hohen MA. Als Beispiel einer gedruckten humanist. A. d. sei genannt des Laurentius → Valla »De conficiendis epistolis libellus« (wohl 1444).

IV. WÜRDIGUNG: Die A. d. ist von der Mediävistik lange vernachlässigt worden. Im 19. Jh. hat man sie fast nur als Quelle für die Rechtsgeschichte geschätzt; erst neuerdings erkennt man ihren Wert für die Erforschung weiterer Bereiche des ma. Lebens. Zunächst ist die A. d. mit ihren Brief- und Urkundenmustern eine noch längst nicht ausgeschöpfte Quelle für die polit. Geschichte, wobei es freilich sorgsam zu scheiden gilt zw. ganz oder wenigstens im Kern echten Dokumenten und reinen Fiktionen oder Stilübungen, die für die Stimmung der Zeit aber auch aussagekräftig sein können. Zum andern liefert die A. d. wichtiges Material für die Schul- und Bildungsgeschichte, die Sozialgeschichte und die Geschichte der geistl. und weltl. Kanzleien. Die Lehrer der A. d. und ihre Schüler bekleideten ja nicht selten einflußreiche Ämter als Notare oder Sekretäre von Fürsten und Städten. Nicht zuletzt aber sind die Texte der A. d. auch eine Quelle für die Geschichte der lat. und volkssprachl. Lit. des MA. H. M. Schaller

Bibliogr.: J. J. MURPHY, Medieval Rhetoric. A select bibliogr., 1971, 55–69 – Lit.: L. ROCKINGER, Ueber formelbücher vom dreizehnten bis zum sechzehnten jahrhundert als rechtsgesch. quellen, 1855 – DERS., Über die Ars dictandi und die Summae dictaminum in Italien, vorzugsweise in der Lombardei, vom Ausgange des eilften bis in die zweite Hälfte des dreizehnten Jh., SBA 1861, 1, 98–151 – DERS., Ueber Briefsteller und Formelbücher in Dtl. während des MA. 1861 – DERS., Briefsteller und formelbücher des eilften bis vierzehnten jahrhunderts, Q. und Erörterungen zur bayr. und dt. Gesch. 9, 1–2, 1863–64 – A. BÜTOW, Die Entwicklung der ma. Briefsteller bis zur Mitte des 12. Jh. mit bes. Berücksichtigung der Theorieen der ars dictandi [Diss. Greifswald 1908] – A. GAUDENZI, Sulla cronologia delle opere dei dettatori bolognesi da Boncompagno a Bene di Lucca, BISI 14, 1895, 85–174 – CH. H. HASKINS, Stud. in mediaeval culture, 1929, 170–192 (The early artes dictandi in Italy) – BRESSLAU II, 247–264 – N. DENHOLM-YOUNG, The Cursus in England (Oxford essays in medieval hist., presented to H. E. SALTER, 1934, 68–103, überarbeitet in: Collected papers of N. DENHOLM-YOUNG, 1969, 42–73) – H. WIERUSZOWSKI, A. d. in the time of Dante, Mediaevalia et Humanistica 1, 1943, 95–108 – J. DE GHELLINCK, L'essor de la littérature lat. au XIIe s., 2, 1946, 54–68 – H. WIERUSZOWSKI, Arezzo as a center of learning and letters in the thirteenth century, Traditio 9, 1953, 321–391 – F.-J. SCHMALE, Die Bologneser Schule der A. d., DA 13, 1957, 16–34 – G. VECCHI, Il magistero delle »artes« latine a Bologna nel medioevo, 1958 – H. M. SCHALLER, Die Kanzlei Ks. Friedrichs II. Ihr Personal und ihr Sprachstil, ADipl 4, 1958, bes. 266–289 – F. QUADLBAUER, Die antike Theorie der genera dicendi im lat. MA, SÖAW 241, 2, 1962, 57–169 – F.-J. SCHMALE, Zu den Anfängen bürgerl. Kultur im MA, RQ 58, 1963, 149–161 – J. J. MURPHY, Rhetoric in fourteenth-century Oxford, MAe 34, 1965, 1–11 – A. GERLO, The Opus de conscribendis epistolis of Erasmus and the tradition of the Ars epistolica (Classical influence on European culture A. D. 500–1500, 1971), 103–114 – CH. FAULHABER, Lat. rhetorical theory in thirteenth and fourteenth century Castile, 1972 – DERS., Retóricas clásicas y medievales en bibliotecas castellanas, Ábaco 4, 1973, 151–300 – J. J. MURPHY, Rhetoric in the MA, 1974, 194–268 – P. O. KRISTELLER, Humanismus und Renaissance, 2 Bde, 1974–76 – G. CONSTABLE, The structure of medieval society according to the dictatores of the twelfth century (Law, church and society. Essays in honor of St. Kuttner, 1977), 253-267 – H.-J. Beyer, Die Frühphase der »Ars dictandi«. StM 3. ser, 18, 2, 1977, 19-43 – V. Licitra, Il mito di Alberico di Montecassino iniziatore dell'»Ars dictaminis«, StM 3, ser. 18, 2, 1977, 609-627 – W. D. Pratt, The early »ars dictaminis« as response to a changing society, Viator 9, 1978, 133-155 – D. Schaller, Baldwin v. Viktring, DA 35, 1979.

Ars medicinae. Trotz der hohen Selbsteinschätzung hippokrat. Medizin, die sich als τέχνη begreift und damit zw. Wissenschaft und Handwerk stellt, hat die Medizin im Kanon röm. Schulausbildung keinen Platz gefunden. Eingereiht unter die Eigenkünste (artes mechanicae), ist es ihr nie gelungen, unter die →artes liberales Aufnahme zu finden. Die Folge ist, daß sie an den frühma. Kloster- bzw. Domschulen sich nur am Rande behauptet, im Unterricht von Mann zu Mann weitergegeben wird, daß sie nach salernit. Auffassung sich in einen theor. und einen prakt. Flügel gliedert (medicina theorica et practica) (s. Fig. 13) und entsprechend seit dem 13. Jh. in drei Berufszweige zerfällt, von denen der des Wundarztes (chirurgicus) wie der des Apothekers dem Handwerklichen der Eigenkünste verhaftet bleibt, während nur dem Akademikerarzt (physicus) der Aufstieg in den Bereich der drei oberen Fakultäten gelingt. Aber auch hier im Bereich der scientiae contemplativae muß sich die Medizin von Petrarca den Vorwurf gefallen lassen, »ars mechanica« zu sein, nicht anders als Handwerk und Ackerbau, und selbst hier beim Fakultätenstreit *(disputa delle arti)* gerät sie in Spannungsfeld zw. intellectus speculativus und activus, wird sie der physica unterstellt und hinsichtl. ihrer Dignität nach teleolog. (ratio finis) und methodolog. Gesichtspunkten (modus considerandi) sowie vom Forschungsgegenstand (res considerata) her abqualifiziert, gegenüber den politica herabgesetzt und damit der Rechtswissenschaft nachgeordnet. Die standespolit. Auseinandersetzungen zw. den med. Berufszweigen nehmen im SpätMA polem. Formen an (Hans Suff [Siff], Hch. Pflaundorfer, Jörg Radendorfer), der fahrende (Wund-)Arzt bietet seine Leistung als »kunst« *(konste)*, nicht als Wissenschaft feil, und die »quaestio, utrum tutius sit ut homo medicis practicis quam theoricis se in cura committat«, wird selbst vom außenstehenden Theologen zugunsten der Praktiker (experti medici) entschieden, deren Empirie (experimentum) im Gegensatz zur Theorie (scientia) den sicheren Heilerfolg gewährleiste. G. Keil

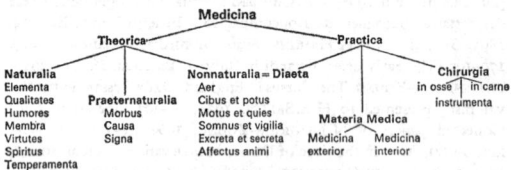

Fig. 13: Übersichtsschema der med.-theoret. Strukturierung

Lit.: E. Garin [Hg.], La disputa delle arti nel Quattrocento, 1947 – A. Buck, Zum Methodenstreit zw. Humanismus und Naturwissenschaft in der Renaissance, SB Ges. Beförderung ges. Naturwiss. Marburg 81, 1959, 1-16 – G. Baader, Die Anfänge der med. Ausbildung im Abendland bis 1100, Sett. cent. it. 19, 1972, 669-742 – R. Peitz, »Decem quaestiones de medicorum statu«. Ein spätma. Dekalog zur ärztl. Standeskunde, 1977.

Ars meliduna → Logik

Ars moriendi
A. Frömmigkeitsgeschichte – B. Literatur – C. Kunst

A. Frömmigkeitsgeschichte
Schon das frühe MA pflegte die Betrachtung, die um das Ende des ird. Lebens kreist, doch war sie vornehml. monast., klerikal und adlig geformt. Im SpätMA verlagerte sich das Ursprungsfeld der a. m. und gewann zudem an Breite, als das Bürgertum zum Träger nicht nur des wirtschaftl., sondern auch des geistigen Lebens wurde, als unter dem Einfluß der →Bettelorden mit deren volkstüml. Gottesdiensten und Volksandachten zur Kindheit des Herrn (Krippe) und seinem Leiden (Passionsspiele) sich die Volksfrömmigkeit von der objektiven Liturgie zum subjektiven Privatgebet wandelte und unter dem Einfluß von Humanismus und Renaissance mehr Gewicht auf das Eigenleben des Einzelnen als auf die objektiven Formungen und Bindungen des MA, auch im religiösen Leben, gelegt wurde (→Devotio moderna).

Wenn mit dem beginnenden 15. Jh. eine wahre Flut der Sterbebüchlein einsetzt und die a. m. den Rang einer eigenen Literaturgattung erreicht, so sind das erschütternde Erlebnis der Pestseuchen und die allgemeine Unsicherheit des Lebens als Hauptgründe dafür anzusehen, die es mit sich brachten, daß der Tod geradezu alle Lebensäußerungen beherrschte. Deshalb predigten die Franziskaner und Dominikaner seit Ende des 14. Jh. zu gewissen Zeiten über den Tod und die Letzten Dinge, wie ja auch die asket. und spirituelle Theologie dieser Orden (Bonaventura, Meister Eckhart, Johannes v. Dambach, Johannes Tauler, und v. a. Heinrich Seuses »Büchlein der Weisheit« und »Horologium Sapientiae« II/2) die Glaubenspraxis des chr. Sterbens vorbereitet haben. Kirchengeschichtl. bedeutsam für die a. m. wie auch für die übrigen Werke der Devotio moderna ist die Tatsache, daß deren Verfasser zum großen Teil den Reformkonzilien von Konstanz und Basel nahestanden und Verdienste um die Reform der Kl. (z. B. Melker Reform) hatten (Johannes Gerson, Nikolaus v. Dinkelsbühl, Johannes Nider, Johannes v. Kastl, Bernhard v. Waging u. a.).

Die a. m. hatte den Sterbenden auf einen guten Tod vorzubereiten; sie war ursprgl. als pastorale Handreichung für die Priester gedacht, was sie am Kranken- und Sterbebett zu tun und zu sagen hätten. Erst als die Zahl der Priester in den Pestzeiten nicht ausreichte, übertrug man die Texte der a. m. in die Volkssprache (vgl. Abschnitt II, III und IV), damit sich die Laien mit ihnen vertraut machen und so ihren Nächsten in der letzten Not wirksam beistehen konnten. Sind die lat. Texte mehr auf das pastorale Moment abgestimmt, so heben die Übersetzungen und Bearbeitungen mehr das asket. hervor; viele sind katechet. Unterweisungen für die Vorbereitung auf einen guten, chr. Tod. R. Rudolf

B. Literatur
I. Mittellateinische und deutschsprachige Literatur – II. Romanische Literaturen – III. Mittelenglische Literatur – IV. Mittelniederländische Literatur.

I. Mittellateinische und deutschsprachige Literatur: Der näheren Vorbereitung auf den Tod dient die erste eigtl. a. m., die Anselm v. Canterbury zugeschriebene »Admonitio morienti et de peccatis suis nimis formidanti« mit einer Reihe von Fragen an Mönche und Laien. Den Hauptanstoß für eine neuen Literaturgattung gab →Johannes Gerson († 1429) mit seinem »Opus tripartitum«, dessen 3. Teil »De arte moriendi« entweder ganz oder teilweise seine Wanderung durch die meisten späteren Sterbebüchlein gemacht hat. Die vier Teile umfassen: Exhortationes, 2. Interrogationes (nach Anselm), 3. Orationes und 4. Observationes, Anweisungen für den Sterbehelfer. Auf Gerson beruft sich auch die »Bilder-Ars«. Sie bestand ursprgl. aus 24 Blättern, wovon 11 auf die Bilder, 11 auf den Text und 2 auf die Vorrede kommen. Sie handelt von den 5 Anfechtungen von Seiten des Teufels in der Todesstunde, denen die 5 guten Einsprechungen der Engel gegenüberstehen.

Auf Gerson und die Bilder-Ars fußt das »Speculum artis bene moriendi«, das aus Wiener Universitätskreisen stammt und möglicherweise von Nikolaus v. Dinkelsbühl herrührt. Da die Wiener Univ. zu Beginn des 15. Jh. geistiger Mittelpunkt des ganzen süddt. Raumes war, finden wir das »Speculum« in einer Unzahl von Hss. über das ganze dt. Sprachgebiet verteilt. Auch haben viele Verfasser späterer Sterbebüchlein aus dem »Speculum« geschöpft, so daß man mit Recht von einer »Wiener Schule« der a. m. sprechen kann. Dazu zählen z.B. das »Directorium moriendi« von Johann Nider v. Isny; der »Modus disponendi se ad mortem« eines anonymen Kartäusers; die »Kunst des heilsamen Sterbens« des Wiener Burgpfarrers Thomas Peuntner († 1439), der »Tractatus de morte« von Bernhard v. Waging und der »Tractatus per modum sermonis de securo moriendi« von Wolfgang Kydrer; beide Tegernseer Professen studierten in Wien; dazu kommt noch eine Reihe weniger wichtiger anonymer Sterbebüchlein in dt. und lat. Sprache.

Außerhalb der Wiener Schule stehen z.B. der »Tractatus de bono ordine moriendi« des Prager Domherrn Johannes v. Mies und Jakobs v. Jüterbog »De arte moriendi«. Schließlich finden wir Teile der a. m. auch in den Erbauungsbüchern, so im »Hortulus animae«, im Lübecker Beicht- und Gebetbuch von 1458, in der »Himmelsstraße« des Propstes des Wiener Dorotheenklosters Stephan v. Landskrona u. v. a. Das Streben mancher Autoren nach Vollständigkeit ließ ihre Werke an Umfang anschwellen, während deren Brauchbarkeit in ebendemselben Verhältnis sank. R. Rudolf

Lit.: J. SCHREIBER, Manuel de l'amateur de la gravure sur bois et sur métal en XVe s., 1902, 253–314 – H. TH. MUSPER, Die ›a.m.‹ und der Meister ES, Gutenberg-Jb. 25, 1950, 57–66 – R. RUDOLF, A. m., 1957 – I. REIFFENSTEIN–FR. V. SPECHTLER, Deutschsprachige Sterbebüchlein des 15. Jh., Germanist. Stud. 15, 1969, 107–125.

II. ROMANISCHE LITERATUREN: Die Erbauungsliteratur in den roman. Ländern entwickelt die Todesdidaktik seit dem späten 13. Jh. zunächst im Rahmen der Moralkompendien und theol. Betrachtung über die Letzten Dinge. Der Ausdruck scientia oder doctrina moriendi (nach Heinrich Seuse, »Horologium sapientiae« um 1334, II, 2, De scientia utilissima homini mortali quae est scire mori) war Ende 14. Jh. in Frankreich und Italien geläufig. Die als Vorlage für ähnliche Specula wichtige »Somme le roi« (GRLM Bd. 6,2, Nr. 2386) von Laurent de Bois OP (1279) wird in über 100 Hss. überliefert; Traktat 4 dieser auch in prov., it., span. und katal. Fassungen bekannten »Imitatio Christi des 13. Jh.« lehrt, »comment on apprent a bien mourir«. Weite Verbreitung (u.a. 3 katal. Versionen, frz. Übersetzung) fand das im 13. Jh. in Italien entstandene ps.-augustin. »Speculum peccatorum« (MPL 40, 983–992), das gelegentl. zusammen mit der A.m. gedruckt wurde. Für die Festigung der a. m. bildet → Johannes Gerson (»La science de bien mourir ou medecine de l'ame«, ca. 1402/04; »Opus tripartitum de praeceptis decalogi, de confessione et de arte moriendi«, 1408) die wichtigste Vorstufe. Frz. Kirchensynoden bestimmten den über Teilnehmer am Konstanzer Konzil schnell verbreiteten Text zur Unterweisung von Priestern und Laien. Gerson kommentierte eine seiner Quellen, das Bernhard v. Clairvaux oder Johannes de Garlandia zugeschriebene Lehrgedicht »Floretus« mit einem Abschnitt De praeparatione ad mortem (zahlreiche Inkunabeldrucke, Fassung GW 4003). Die »Imitatio Christi« (I, 23 De meditatione mortis), in frz., it., kast., katal. und ptg. Übersetzungen sowohl in Hss. als auch im Druck überaus verbreitet, wurde Gerson zugeschrieben und hieß in Spanien Gerçoncito.

Unter den einflußreichen, mit der a.m. zusammenhängenden ma. Schriften zur Todesbetrachtung (Innozenz III., De contemptu mundi; die sog. Hieronymus-Vita, Totentänze, Vado mori und Memento mori; viele roman. Fassungen) ist das »Cordiale seu Liber quattuor novissimorum« hervorzuheben, das zw. 1470 und 1500 in über 70 Ausgaben erschien, darunter 2 frz., katal. und span. Übersetzungen (GW 7468–7541). Es ist nicht zu verwechseln mit dem ebenfalls wichtigen Werk »De quattuor hominis novissimis« von → Dionysius dem Kartäuser.

Das ältere der beiden berühmtesten Sterbebüchlein des 15. Jh. (Inc. Quamvis secundum philosophum) wurde wahrscheinl. zw. 1408/14 von einem frz. Geistlichen verfaßt. Dieser kürzere Text liegt zusammen mit einem Confessionale in 7 frz., 2 katal. und 1 span. Inkunabelausgaben vor (GW 2584–90; 2591–92, 2593). Pariser Drucke, welche eine freie frz. Bearbeitung der A. m. bieten, enthalten Zugaben wie »Ars bene vivendi«, »Aiguillon de crainte divine pour bien mourir«, »Antichrist«, »Les joies du paradis«. Die hs. Verbreitung dieser a.m. scheint im roman. Bereich weniger groß zu sein als die des umfangreicheren »Speculum artis bene moriendi« (Inc. Cum de praesentis exilii miseria mortis transitus). Es liegt in 20 lat. Ausgaben (Pariser Drucke wiederholt mit Beigaben wie Bruno der Kartäuser »De meditatione mortis carmen«, »Speculum peccatoris«, Bernhard v. Clairvaux, »De contemptu mundi carmen«, 13 it. Drucken (GW 2618–2630) sowie je einer frz. und span. Übersetzung (GW 2617 und 2633) vor. Während in Portugal vor 1500 keine a.m. nachweisbar zu sein scheint, gibt das »Speculum artis bene moriendi« in Kastilien und v. a. in Katalonien die Grundlage für verschiedene selbständige, teilweise auch erweiterte Fassungen (z.B. Barcelona, Archivo de la Corona de Aragón, ms. 159 (Ripoll), f. 50^r–78^v; Escorial d-IV-19, f. 44^r–58^r; Montserrat ms. 1112, f. 17^r–31^r). Verschiedene kast. Versionen enthalten z. B. BN Madrid, ms. 6485, f. 1^r–12^r; Escorial h-III-8, f. 132^r–148^v; Madrid, Palacio Real, ms. 795, f. 1^v–26^v nach der katal. Vorlage ACA, ms. 159). Bartolomeo de' Maraschis »Libro de la preparatione a la morte« (o. O. u. J., um 1464/71, Ex. in BN Paris) wurde von Rodrigo Fernández de Santaella, eins Hofkaplan Isabellas der Katholischen, ins Span. übersetzt mit dem Titel »Arte de bien morir« (o. O. u. J., Ex. BN Paris). Girolamo → Savonarolas »Predica dell'arte del ben morire« erschien in Florenz 1496 (?). Im frühen 16. Jh. wird die a.m. durch Jean Raulin OSB (Doctrinale mortis, 1518) und v. a. durch die Wirkung von → Erasmus' »Praeparatio ad mortem« erneuert. Sie prägt weiterhin die Volksfrömmigkeit im kath. Europa über das Barock hinaus.

D. Briesemeister

Lit.: A. FÀBREGA I GRAU, Els primitius textes catalans de l'Art de ben morir, AST 28, 1956, 79–104 – A. TENENTI, Il senso della morte e l'amore della vita nel Rinascimento (Francia e Italia), 1957 – G. A. BRUNELLI, Le Mirouer des Pecheurs. Ed. del volgarizzamento francese di un'A. m. et bene vivendi già attribuita a J. Gerson, Misc. del Centro di Studi Medievali 2, 1958, 167–207 – DERS., Le traité ›La science de bien mourir ou médecine de l'âme‹ de J. Gerson, M-A 70, 1964, 265–284 – C. CANTARELLAS, La version española del A. m., Traza y Baza. Cuadernos hispanos de simbología, arte y literatura 2, 1973.

III. MITTELENGLISCHE LITERATUR: Die außerordentl. weit verbreitete lat. »ars moriendi« wurde u.a. als »The Crafte of Dying« oder (in → Caxtons Druckfassung) als »The Arte and Crafte to Know Well to Dye« ins Me. übersetzt. Die me. Prosatexte sind nicht unmittelbar nach Johannes Gerson übersetzt, doch ist sein »Opus« eine ihrer Hauptquellen. Die übrigen Quellen (patrist. und liturg. Texte, Erbauungsliteratur) zeigen oft einen starken dominikan. Einschlag.

Zwei (nach anderer Meinung drei) me. Rezensionen lassen sich unterscheiden. Die längere von ihnen ist in die Drucke von Caxton (1490 und 1491), Pynson (um 1495) und Wynkyn de Worde (1497) eingegangen. Sie umfaßt sechs Kapitel: Das erste preist ein Leben in Entsagung und ständiger Todesbereitschaft. Das zweite beschreibt die Versuchungen, die den Sterbenden bedrängen; insbes. soll er zu Unglauben, Ungeduld, Hoffart und Habsucht verleitet werden. Das dritte enthält die »Befragungen« *(interrogacions)* des Sterbenden; seine Antworten kommen ihm als Akte des Glaubens, der Hoffnung und der Liebe zugute. Das vierte empfiehlt ihm einige kurze »Anrufungen« *(obsecracions)*. Die Schlußkapitel beraten die am Sterbebett Versammelten, welche Gebete für den Toten zu sprechen sind.

Die me. »artes moriendi« sind in mindestens 15 Hss. überliefert; davon bieten die meisten die kürzere Fassung. Die gedruckten engl. Ausgaben des 16. Jh. gehen ausschließlich auf einen französischen Text zurück, der 1493 von Antoine Vérard in Paris gedruckt wurde. M.Jennings

Bibliogr.: NCBEL I, 504t. – P.S.Joliffe, A Check-List of ME Prose Writings of Spiritual Guidance, 1974, L 4 – Q.: C.Horstman, Yorkshire Writers, 1896, 2, 406ff. [längere Fassg.] – F.M.M.Comper, The Book of the Craft of Dying, 1917, 1ff. [längere Fassg.] – J.R.Lumby, EETS 43, 1ff. [kürzere Fassg.] – R.Girvan, STS 3s, 11, 166ff. [kürzere Fassg.] – Lit.: M.C.O'Connor, The Art of Dying Well, 1942 – M.C.Pecheux, Aspects of the Treatment of Death, 1951.

IV. MITTELNIEDERLÄNDISCHE LITERATUR: Auch im Mndl. liegen einige artes m. *(Sterfboeken)* vor. »Dat sterfboeck« (Delft und Zwolle, 1488) und die »Const om wel te leeren sterven« (Antwerpen, 1492) sind nicht in modernen Ausgaben zugänglich. Eine Übersetzung von Johannes Gersons »Opus tripartitum« wurde 1482 zu Delft gedruckt; sie enthält ein »Boec vanden gheboden Gods; vander biechten; ende van conste te sterven«. Die »Volmaecte clargie ende rechte conste om wel te connen leven ende salich te sterven« (Hasselt, um 1488) ist dem Traktat »Des conincs summe« (Übersetzung der »Somme le roi«) entnommen. W.P. Gerritsen

Lit.: D.C.Tinbergen, Des conincs summe, 1900, 160-165.

C. Kunst

In der Illustration zur a.m. sind in fünf Bildpaaren die Versuchungen der Teufel den Ermahnungen der Engel gegenübergestellt. Vor dem Bett eines Kranken erscheinen genrehafte Szenen, Personen und Gegenstände, die die Bemühungen von Himmel und Hölle verdeutlichen sollen. Das Schlußbild zeigt die selige Sterbestunde.

Die Darstellungen: 1. Der Unglauben (Selbstmörder, Flagellantin, götzenanbetendes Königspaar, weltl. Gelehrte) – Glaubensstärke (Dreifaltigkeit, Maria, Moses, Hl.)

2. Verzweiflung über sündiges Leben (Mord, Geiz, Hurerei, unterlassene Werke der Barmherzigkeit) – Hoffnung auf Vergebung (Petri Verrat, Sauls Bekehrung, Maria Magdalena, der gute Schächer)

3. Ungeduld (umgeworfener Tisch, Fußtritt, Ärger über falsches Mitleid der Freunde) – Geduld (Gottvater mit Pfeil und Geißel, Schmerzensmann, Märtyrer)

4. Hochmut (himml. Kronen, beanspruchter Platz neben Gott und den Hl.) – Demut (Höllenrachen, der die Stolzen verschlingt, Eremit Antonius)

5. Sorge um Vergängliches (Hängen an Familie, Freunden, Besitz) – Absage vom Weltl. (Zurücklassen der Freunde, Christus am Kreuz läßt Maria und Jünger zurück, die alles aufgegeben haben, um ihm zu folgen)

6. Sterbestunde (Engel empfängt Seele des Verstorbenen, Hl. umstehen das Kreuz Christi, Teufel fliehen).

Nur selten ist das Thema in der Monumentalmalerei zu finden (z.B. Solna, Schweden). Wesentl. häufiger wurde es dagegen in Kupferstichen und Holzschnitten dargestellt. Um 1450 entstand die Kupferstichfolge des Meisters E.S. (Nachstiche von Israhel v. Meckenem), nach der 3 Kopien gefertigt wurden, vom Meister mit dem Blumenrahmen, vom Meister des Dutuitschen Ölbergs (Kopie nach voriger), und vom Monogrammisten MZ (erhalten in Neuaufl. des 17.Jh.). Etwa in die gleiche Zeit sind die großformatigeren Holzschnitte eines ndl. Blockbuchs (London, Brit. Mus.), die zusätzl. mit Spruchbändern ausgestattet sind, zu datieren. Es ist fraglich, welche der beiden Zyklen als Erstausgabe der a.m. anzusehen ist. Nach der Ausgabe des Blockbuchs entstanden bis zum Ende des 15.Jh. v.a. in Deutschland, Frankreich und den Niederlanden, doch auch in Spanien, Italien und England zahlreiche Kopien und Nachahmungen in Form von Blockbüchern und typograph. Ausgaben. → Tod. G. Plotzek-Wederhake

Lit.: RDK I, 1121ff. [Lit.] – LCI I, 188f. [Lit.].

Ars musica bezeichnet im MA die Musik als Bestandteil des Wissens- und Bildungssystems der sieben → artes liberales. Zusammen mit Arithmetik, Geometrie und Astronomie bildete die a. m. das → Quadrivium, in dem sie meist an letzter Stelle, zuweilen auch vor der Astronomie und ausnahmsweise an erster Stelle genannt wird. Bei Hrabanus Maurus heißt es: »Sine musica nulla disciplina potest esse perfecta«. – Der spätantik-ma. Begriff ars bedeutet weder Kunst noch Wissenschaft im heutigen Sinne, sondern beinhaltet Lehre, Wissen und Fertigkeit zugleich; Kunst ist ars nur in der Bedeutung, wie sie spät noch im Werktitel »Kunst der Fuge« von J.S.Bach (1750) erscheint. Musica steht in a.m. im urprgl. Sinne adjektivisch (vgl. $\mu o \upsilon \sigma \iota \kappa \acute{\eta}$ $\tau \acute{\epsilon} \chi \nu \eta$); daneben erscheint das Wort im MA häufig auch als substantivisch. Bezeichnungsfragment für Musik und Musik als solches auch personifiziert und bildl. dargestellt (→ Sieben freie Künste). Musica bezeichnet nicht das ohnehin erst seit dem hohen MA greifbar werdende komponierte und notierte Musikstück (in der Regel: cantus oder cantilena), sondern ist, wie einerseits die Nähe von a.m. zu den anderen quadrivialen Fächern und andererseits die trotz des gesch. Wandels der Musik von der Spätantike bis zum Ausgang des MA ununterbrochene Verwendung des Terminus a.m. zeigt, weit umfassender. Die Begriffsbestimmungen fußen auf den Schriften von → Martianus Capella, → Augustinus, → Boethius, → Cassiodorus und → Isidor v. Sevilla und lassen zwei verschiedene Bedeutungsbereiche erkennen, die sich durchkreuzen können: entweder wird das Zahlenmäßig-Rationale (z.B. Cassiodor: »m. est disciplina, quae de numeris loquitur«), oder es wird, bes. im späteren MA, die klangl. Erscheinung und die Ausübung (z.B. Augustin: »m. est scientia vel ars vel peritia bene modulandi«) hervorgehoben. Auch Sprache und Dichtkunst (so Augustin) sowie Tanz (Roger Bacon) können mit zur m. gezählt werden. Unter den zahlreichen Klassifikationen ist die älteste und häufigste die Einteilung der Musik in *m. mundana* (Harmonie des Weltalls), *m. humana* (H. des Menschen) und *m. instrumentalis* (Vokal- und Instrumentalmusik als empir. Realität). Als weitere Einteilungen begegnen: *m. harmonica* (m. mundana und m. humana umfassend), *rhythmica* (= Musikübung) *et metrica* (= Sprache); *m. naturalis* (= m. harmonica) *et artificialis*; *m. speculativa vel theorica* gegenüber *m. activa vel practica*; im späten MA: *m. choralis vel plana* (Einstimmigkeit) gegenüber *m. figuralis vel mensuralis* (Mehrstimmigkeit). → Musik. R. Bockholdt

Lit.: MGG I – Riemann[12] (Sachteil), 1967, s.v. A.m. und Musica [dort weitere Lit.] – P.Wagner, Univ. und Musikwiss., 1921 – G. Pietzsch, Die Klassifikation der Musik von Boetius bis Ugolino v.

Orvieto, 1929 – DERS., Die Musik im Erziehungs- und Bildungsideal des ausgehenden Altertums und frühen MA, 1932 – K. G. FELLERER, Die Musica in den Artes Liberales (J. KOCH, Artes Liberales von der antiken Bildung zur Wiss. des MA, 1959) – J. SMITS VAN WAESBERGHE, Musikerziehung. Lehre und Theorie der Musik im MA (Musikgesch. in Bildern, hg. H. BESSELER und W. BACHMANN, III/3, 1969).

Ars notariae, Notariatskunst, ist die Kunst der Beurkundung von Rechtsakten, die in Bologna im 13. Jh. aufblühte und Theorie und Praxis des Notariats in Europa geprägt hat. Sie umfaßte die Beurkundung von Verträgen und letztwilligen Verfügungen, von Anzeigen und Klagen sowie die Beurkundung zivil- und strafprozessualer Vorgänge und von Rechtsakten der polit. Organe.

Form und Inhalt der Urkunden waren im früheren MA durch eine bis in die Spätantike zurückreichende Überlieferung bestimmt (→ Formularsammlungen). Im 12. Jh. wurde die Urkundenlehre ein Gegenstand der → ars dictandi. Als die prakt. Bedeutung der gelehrten Rechte zunahm, bedurften die Notare aber einer besseren jurist. Ausbildung. Die Bologneser Notare schlossen sich am Anfang des 13. Jh. zu einer Zunft (societas tabellionum) zusammen, die die Unterweisung des Nachwuchses organisierte; zum Lehrplan der Notariatsschule gehörte auch eine Vorlesung über die Institutionen Justinians. Die angehenden Notare mußten sich einer Prüfung unterziehen, bevor sie in die Zunft aufgenommen und zur Ausübung des Berufs zugelassen wurden. Infolge dieser Entwicklung, deren Führer der Notar Rainerius Perusinus war, sonderte sich die a. n. von der ars dictandi ab. Der Name a. n. – »notaria« ist in dieser Verbindung Substantiv –, der zum ersten Mal 1221 in der Matrikel der Bologneser Notare auftaucht, sollte als standespolit. Schlagwort wohl die wissenschaftl. (ars) Eigenständigkeit des Notariats betonen. Seit 1244 führten die Lehrer der Notariatskunst in Anlehnung an den doctor-Titel der Rechtslehrer die Bezeichnung doctor artis notariae. Seit dem 14. Jh. finden sich Lehrer der a. n. in den Artistenfakultäten der Univ. (studia generalia), v. a. in Bologna (1306), Perugia (1313), Modena (1328), Padua (1341), Florenz (1359) und Pavia (1365).

Mit der Verselbständigung der a. n. entstand eine eigene Notariatsliteratur in Gestalt von Formularbüchern mit jurist. Erklärungen, die sich sowohl von den schlichten Formularsammlungen der Notare und Kanzleien als auch von den Schriften der Briefsteller deutlich unterscheiden. Wohl sind die einschlägigen Monographien des → Boncompagnus (»Oliva«, »Cedrus« und »Myrrha«, alle um 1200) noch der ars dictandi zuzurechnen, aber schon das irrig unter dem Namen des → Irnerius edierte »Formularium tabellionum« (1200/05) enthält jurist. Erklärungen.

Eine theoret. Einleitung in die notaria findet sich zum ersten Mal in dem »Liber formularius« des → Rainerius Perusinus (um 1214). In seiner »Ars notarie« (1226-33, unvollendet) hat derselbe Autor die Theorie der Notariatskunst voll zur Entfaltung gebracht. → Salathiel, ein Schüler des Rechtslehrers → Odofredus, unternahm es, die a. n. in seinem gleichnamigen Werk (1. Fassung: 1242, 2. Fassung: 1254) als ein Teilgebiet des Zivilrechts darzustellen; theoret. Ausführungen stehen daher ganz im Vordergrund. Er verfaßte außerdem eine »Summula de libellis formandis«, die schon in den Hss. meist seinem berühmten Lehrer zugeschrieben wurde. Salathiels Werke wurden durch die seit etwa 1255 erscheinenden, v. a. prakt. ausgerichteten Schriften des Vorstehers der Zunft, → Rolandinus Passagerii, verdrängt. Die Schriften des Rolandinus wurden als »Summa totius artis notarie« oder »Summa Rolandina bzw. Orlandina« von Spanien bis Polen zum wichtigsten Handbuch der a. n. Sie wurden von Petrus de Unzola († 1312) und Petrus de Boateriis († nach 1321) kommentiert, im 16. Jh. auf dt. bearbeitet und bis zum Anfang des 17. Jh. immer wieder gedruckt.

Neben den Werken der drei Klassiker der a. n. erscheinen andere Arbeiten als zweitrangig: Schon um 1235 schrieben Bencivenne da Norcia in seiner umbr. Heimat und Bertrand du Pont in Avignon. Ein wichtiges Werk ist aber die anonyme »Summa notarie« aus den J. 1240-43, die wahrscheinl. nicht in Arezzo, sondern von einem Aretiner in Bologna verfaßt wurde. Zu nennen sind ferner: die Summe des Zacharias v. Bologna (1271), die »Summa notarie« über Beurkundungen im Prozeß, die der Notar Johannes v. Bologna 1289 (?) zur Unterweisung englischer Kleriker-Notare schrieb und die große Verbreitung erlangte, und eine »Summa notarii« aus Belluno (1299). Die in der Lit. beschriebenen oder edierten Formularien aus Padua (1223), Florenz (1220-42), Verona (1246-53) und Pisa (um 1271) sowie die Formularien des 13. bis 15. Jh. aus dem südfrz. *pays de droit écrit* und aus Spanien sind schlichte Formularsammlungen ohne jurist. Erklärungen, in denen sich Einflüsse der a. n. kaum nachweisen lassen.

Mit einem Teilgebiet der a. n., dem Entwerfen von Klageformularen, befaßten sich bald auch die Rechtslehrer, nämlich in den Libellwerken (→ Libellus), die auch für Notare bestimmt waren. Der Rechtslehrer → Martinus de Fano hat sogar ein umfassendes Formularbuch im Sinne der a. n. geschrieben (1232). Guilelmus → Duranti übernahm große Teile der »Summa Rolandina« in sein »Speculum iudiciale« (1289-91). Aus diesem schöpfte der Verfasser des »Tractatus notariatus«, der nach 1450 in Deutschland zusammengestellt oder bearbeitet wurde. Auch die Formularbücher der → ars dictandi nahmen die Lehren der a. n. auf und trugen zu deren Verbreitung bei. Über ungenügende Rechtskenntnisse der Notare hat es aber trotz des großen Erfolges der a. n. auch in späteren Zeiten noch Klagen gegeben.   P. Weimar

Ed.: Wernerii Formularium tabellionum, ed. G. PALMIERI, BIMAE I, 1914, 9-45 – Rainerii de Perusio Ars notaria, ed. A. GAUDENZI, BIMAE II, 1892, 25-67 [d. i. der Liber formularius; 6 Notariatsinstrumente des Verf. ebd., 69-73] – M. ROBERTI, Un formulario inedito di un notaio padovano del 1223, Memorie del R. Istituto veneto di scienze, lettere ed arti, XXVII, 6, 1906 – Das Formularium des Martinus de Fano, ed. WAHRMUND, I, 8, 1907 – Die Ars notariae des Rainerius Perusinus, ed. WAHRMUND, III, 2, 1917 – Bencivenne, Ars notarie, ed. G. BRONZINO, 1965 – Summa notariae annis MCCXL-MCCXLIII Aretii composita, ed. C. CICOGNARI, BIMAE III, 1901, 281-332 [Anfang irrtüml. weggelassen] – Formularium Florentinum artis notarie, ed. G. MASI, 1943 – Salatiele, Ars notarie, ed. G. ORLANDELLI, 2 Bde, 1961 – Odofredus (richtig: Salathiel), Summa de libellis formandis, Tractatus universi iuris, III, 2, Venedig 1584, Bll. 79v-89v – Summa totius artis notariae Rolandini Rodulphini (Passagerii), Venedig 1546 [Neudr. 1977; mit den Komm.] – Rolandini Passagerii Apparatus super summa notariae qui Aurora nuncupatur cum addit. Petri de Unzola, Vicenza 1485 [Neudr. Madrid 1950 mit Übers. ins Span., 2 Bde] – Johannes v. Bologna, Summa notarii, ed. L. ROCKINGER, Briefsteller und formelbücher des 11.-14. Jahrhunderts, II, 1864 [Neudr. 1961], 593-712 – Summa notarie Belluni composita, ed. A. PALMIERI, BIMAE III, 1901, 352-367 – Tractatus notariatus, Liber plurimorum tractatuum, Speyer 1475 u. ö. – Summa Rolandina..., von A. Perneder... verteutscht, Ingolstadt 1544 – *Lit.*: R. STINTZING, Gesch. der populären Lit. des röm.-kanon. Rechts in Dtl., 1867 [Neudr. 1959], 293-334 – M. A. v. BETHMANN-HOLLWEG, Der Civilprozeß des gemeinen Rechts in gesch. Entwicklung VI, 1874 [Neudr. 1959], 159-197 – E. BESTA, Un formulario notarile veronese del sec. XIII, AIVSL, LXIV, 2, 1905, 1161-1178 – A. ANSELMI, Le scuole di notariato in Italia, 1926 – R. AUBENAS, Note sur quelques formulaires notariaux et styles de procédure civile et crim., tirés des archives de Provence et du Comtat Venaissin, M-A 41, 1931, 195-200 – DERS., Documents notariés provençaux du XIIIe s., Annales Fac. droit d'Aix, NS 25, 1935, 7-93 – F. SEVILLANO COLOM, Un nuevo formulario medieval inédito, AHDE 19, 1948-49, 584-589 [zum Pisaner Formularium] – R. NÚÑEZ LAGOS,

El documento medieval y Rolandino. Notas de historia, 1951 – S. STELLING-MICHAUD, L'Univ. de Bologne et la pénétration des droits romain et canonique en Suisse, 1955, 179–202 – H. COING, Röm. Recht in Dtl., IRMAE V, 6, 1964, §§ 7, 58 und 78 – G. ORLANDELLI, Appunti sulla scuola bolognese di notariato nel sec. XIII, Studi e memorie per la stroia dell'Univ. di Bologna, NS II, 1961, 3–54 – DERS., Genesi dell'»ars notariae« nel sec. XIII, StM, ser. 3, VI, 2, 1965, 329–366 – DERS., »Studio« e scuola di notariato, Atti del Convegno intern. di studi accursiani I, 1968, 71–95 – DERS., »Ars notariae« e critica del testo, La critica del testo I, 1971, 551–566 – DERS., Irnerio e la teoria dei quattro istrumenti, Atti Accademia Bologna, Cl. scienze mor., Rendiconti, LXI, 1972–73, 112–124 – R. FERRARE, La Summa di maestro Zaccaria dal ms. lat. 4595 della Bibl. Naz. di Parigi, ebd., LXIII, 1974–75, 189–255 [mit Ed. des Prooemiums und der ersten zwei Titel] – G. GIORDANENGO, Bertrand du Pont, notaire d'Avignon, et son formulaire, Annales Univ. des sc. sociales de Toulouse 24, 1976, 317–327 – J. BONO Y HUERTA, Hist. del Derecho notarial español I, 1, 1979, 208–228.

Ars nova. [1] Titel einer um 1320 entstandenen Schrift von → Philipp v. Vitry, ebenso wie »Ars novae musicae« (Titel einer Abhandlung v. → Johannes de Muris, 1321), in der Musiktheorie des 14. Jh. vielfach verwendete Bezeichnung für ein neues Notationssystem, das eine Weiterentwicklung der → ars antiqua darstellt und für die mehrstimmige Musik des späten MA – am spätesten in Italien – verbindlich wurde; [2] Epochenbegriff der modernen Musikwissenschaft für die frz. Musik des 14. Jh. etwa bis zum Tod → Guillaume de Machauts (1377); für die it. Musik dieser Zeit hat sich die Bezeichnung a. n. allg. nicht durchgesetzt, da der Begriff in Italien aufgetreten und hier auch keine ars antiqua vorausgegangen war. – Zu den notationstechn. Neuerungen der a. n. gehören die Einführung von Mensurzeichen, die Anerkennung und Gleichberechtigung zweizeitiger Mensuren, die genaue graph. Bezeichnung der kleineren Notenwerte Minima und Semiminima sowie die Verwendung roter Noten (→ color) zur Kennzeichnung bestimmter rhythm. Veränderungen. Von größter Tragweite war die zuerst von Johannes de Muris dargestellte »gradus«-Lehre, d. h. die Auffassung der Notenwertverhältnisse als prinzipiell gleichartig auf allen Stufen des Notenwertesystems. – Die Neuerungen in musikal. Theorie und Praxis stießen auch auf Ablehnung, so bei → Jacobus v. Lüttich (→ ars antiqua) und von kirchl. Seite, in der Constitutio »Docta sanctorum« des avignones. Papstes Johannes XXII. (1324/25), der die »novellae scholae discipuli« vor Unmäßigkeit in der Wahl ihrer Mittel warnt, für die Kirchenmusik bei Strafandrohung Bindung an die liturg. Melodien und an die Kirchentonarten fordert und kompositor. Kompliziertheit sowie die überhandnehmende Verwendung volkssprachl. Texte verbietet. – Der Schwerpunkt der musikal. Ereignisse lag im 14. Jh. nicht im kirchl., sondern im weltl. Bereich. Nach wie vor zentral ist die → Motette. Wenngleich meist auf liturg. Tenores aufgebaut, wird sie außerhalb der Kirche gepflegt; ihre frz. oder – wieder zunehmend – lat. Texte beziehen sich häufig auf polit. oder gesellschaftl. Gegebenheiten; die bedeutendsten Komponisten, Philipp v. Vitry und Guillaume de Machaut, dichten ihre Texte selbst. Kompositor. Hauptproblem ist die Bildung struktureller Einheit; als wichtigstes Mittel, diese zu erzielen, dient die zuerst von Philipp v. Vitry konsequent angewendete → Isorhythmie. Gleichrangig tritt neben die Motette in → Ballade, → Rondeau und → Virelai die mehrstimmige weltl. Liedkunst bes. bei Guillaume de Machaut. In der Kirchenmusik ist das wichtigste Ereignis die zunehmende Vertonung der Texte des → Ordinarium missae und deren Zusammenstellung zu geschlossenen Zyklen (Messen im späteren Wortsinn), von denen aus dem 14. Jh. bisher sechs bekannt sind, darunter die Messe v. Tournai und, als bedeutendste, die von vornherein als Einheit konzipierte vierstimmige Messe von Guillaume de Machaut. – Die wichtigsten musikal. Quellen der a. n. sind: als früheste die Musikeinlagen des → Roman de Fauvel, ferner die Hs. Ivrea (Bibl. Capitolare, Hauptquelle für Philipp v. Vitry) und die Machaut-Hss. Die Musik der »frz. Spätzeit« (BESSELER) nach dem Tode v. G. de Machaut ist nicht mehr der a. n. zuzurechnen. R. Bockholdt

Ed.: Philippi de Vitriaco Ars nova, ed. G. REANEY, A. GILLES, J. MAILLARD, Corpus scriptorum de musica VIII, 1964 – M. GERBERT, Scriptores ecclesiastici de musica..., III, 1784 [Johannes de Muris] – L. SCHRADE [Hg.], Polyphonic Music of the 14th Century, 4 Bde, 1956–58 – F. LUDWIG–H. BESSELER [Hg.], G. de Machaut, Musikal. Werke, 4 Bde, [Neudr. 1954] – *Lit.*: MGG I – L. SCHRADE (Les Colloques de Wégimont II. 1955) – G. REANEY (The Pelican Hist. of Music I, 1960) – W. APEL, Die Notation der polyphonen Musik, 1970 – M. L. MARTINEZ-GÖLLNER, Ars Nova (K. G. FELLERER [Hg.], Gesch. der kath. Kirchenmusik I, 1972).

Ars poetica, Ars versificatoria
A. Das Erbe der Antike – B. Zu einer mittelalterlichen Poetik – C. Die artes versificatoriae des 12. und 13. Jahrhunderts

A. Das Erbe der Antike
Das lat. MA kannte weder den Begriff einer Poetik noch hat es eine solche hervorgebracht; die hochma. Traktate, welche FARAL 1924 unter dem Titel »Les arts poétiques du XIIe et du XIIIe siècle« vereint hat, sind eigtl. artes versificatoriae und 'documents sur la technique littéraire du moyen âge'. Poesie war famula grammaticae (und der Rhetorik), und so ist dem MA mit der Epist. II 3 des Horaz (liber De arte poetica seit Quintilian VIII 3,60), der Ratio dicendi des Auctor ad Herennium, dem Corpus der rhetor. Schriften Ciceros und Quintilian auch eine Fülle von poetolog. Reflexionen überkommen. Die Poetik des Aristoteles (περὶ ποιητικῆς) freilich fand im MA keine unmittelbare Resonanz; die Übersetzung Wilhelms v. Moerbeke († vor 1286), in nur zwei Hss. überliefert, wurde erstmals 1953 (Aristoteles latinus, Bd. 33) gedruckt; erst nachdem G. Valla, ohne Kenntnis des Vorgängers, sie ein zweitesmal ins Lat. übersetzt hatte (Venedig 1498) und ihr die Ed. pr. des gr. Textes gefolgt war (Venedig 1508), konnte sie die europ. Poetik-Diskussion der nächsten Jh. bis 1750 bestimmen. Eine a. p. gleich der des Horaz mit den Begriffspaaren: aut prodesse (monere, utile) aut delectare (dulce), natura (ingenium) und ars hat das MA nicht geschrieben; dem Geist nach am ehesten noch vergleichbar mögen sein die ersten 58 Vv. De apto genere scribendi (Kap. I des »Liber decem capitulorum«, ed. W. BULST, 1947) des Bf. Marbod v. Rennes († 1123), der in einer Retractatio von seinen Iuvenilia als dem Alter nicht mehr geziemend Abschied nimmt (mit der Konvenienz-Idee des aptum und proprium). Was poetolog. von Interesse ist, findet sich in Prologen, Epilogen oder Exkursen und eher beiläufig und indirekt ausgesprochen; wichtig geworden und gar nicht überschätzt werden kann die prinzipielle, weil hist. notwendige Entscheidung der (gr. und) lat. Kirchenväter zugunsten eines Kontinuum der lit. Kultur der (Spät-)Antike.

B. Zu einer mittelalterlichen Poetik
I. Sermo piscatorius und die Lügen der Dichter – II. Spiritus sanctus supra grammaticam – III. Versus und rhythmus, Reim, res (materia) und metrum

I. SERMO PISCATORIUS UND DIE LÜGEN DER DICHTER: Das über Dichtung verhängte Verdikt des Fiktiven und letztl. Verlogenen ist immer latent vorhanden geblieben; die Prosa der galiläischen Fischersprache (der bibl. Evangelien) hat die Prärogative der Wahrheit. Daß chr. Dichtungen entstanden, ist a priori nicht selbstverständlich; der Weg führte von rigoroser Ablehnung jeglicher

Beschäftigung mit antiker gr.-röm. Lit. über mögliches Verstehen mit chr. Vorstellungen nicht vereinbarer (und obszöner) Mythen mittels der schon früh an Homer und von Philo an den Vätergeschichten geübten Allegorese (Interpretation von Dtn XXI 10ff.) bis zur eigenen poet. Produktion nach Konstantin mit Evangelienepos und Hymnik. Unbeschadet dieser Idee einer zufußgehenden, ungeschminkten Prosa und einer durch den Kothurn erhöhten, geschminkten Versdichtung war aber auch tradiert, daß gebundene Dichtung hist. älter und, als von den Göttern oder den Musen und nun dem heiligen Geist inspiriert und legitimiert, einen höheren Rang als Prosa einnehme. Grammatik und Rhetorik (und Metrik) hatte man sowieso nur aus den Epen und Carmina der nichtchr. Dichter lernen können und schließlich die eigene Poesie des Psalters, der prophet. Bücher und Cantica des AT (und NT) entdeckt. In Buch XIV seiner »Genealogia deorum gentilium« (ed. V. ROMANO 2, 1951, 679–785) gibt Boccaccio († 1375) eine Summe der gegen Poesie seit alters vorgebrachten Bedenken und verteidigt sie gegen die Gebildeten unter ihren Verächtern.

II. SPIRITUS SANCTUS SUPRA GRAMMATICAM: Der Satz von Papst Gregor I. († 604; Praef. Moralia in Job, ed. R. GILLET, SC 32, 1952, 122), daß er Grammatik, Rhetorik und Stilistik vorsätzl. nicht beachte, weil er die Worte der himml. Verheißung von den Regeln eines Donat nicht einengen lassen wolle (quia indignum vehementer existimo, ut verba caelestis oraculi restringam sub regulis Donati), ist nur verständl. auf dem Hintergrund der anekdot. Sentenz (BÜCHMANN), daß selbst ein Caesar nicht über der Grammatik stehe (Caesar non supra grammaticos). Epochen und Renaissancen sprachl. Korrektheit in grammaticis (und der des Stils) haben Texte gereinigt und dem postulierten Ideal eines stilus und der Grammatica selbst unterworfen, wogegen der Vorsatz einer rusticitas und Inkorrektheit des Stils als einer die Restriktionen der Grammatik und Rhetorik überschreitenden, spirituell begründeten Erfahrung das Sprachdenken des MA und der Neuzeit untergründig geformt hat (→ Soloezismus: dei dialectus).

III. VERSUS UND RHYTHMUS, REIM, RES (MATERIA) UND METRUM: Der gelegentl. höchst komplizierte Bau rhythm. Dichtungen kann nicht vergessen machen, daß das Verfassen von Metren als schwieriger galt: als Salomon III. die St. Galler Klosterschüler im Scherz sich auslösen läßt, vermögen sie es in den ihrem Alter entsprechenden Schwierigkeitsgraden: die Kleinen wie sie es gerade können (wohl prosaisch), die Größeren rhythmisch, die übrigen, weil fortgeschritten, metrisch. Die Wahl metr. (vornehml. hexametrischer und distichischer) Dichtungen begründen drei Vorzüge: sie erfreuen Herz und Sinn (delectatio), fassen vieles bündig zusammen (brevitas) und bewahren es, aufgrund des inneren ordo metrorum, der Erinnerung (memoria firmior). Gegen versus Leonini (und die Arten der gereimten → Hexameter überhaupt) als 'klingelnde, unfruchtbare Hübschheiten' wendet sich in einem höchst interessanten Abschnitt → Matthäus v. Vendôme und behandelt sie, darin anders als etwa → Eberhardus Alemannus (v. Bremen), erst gar nicht (FARAL 166f., 362); vgl. auch Marbod, De apto genere scribendi V. 16ff., wobei jeweils Horaz, a. p. 322 auf gereimte Hexameter bezogen ist. Ebenso nach Horaz, a.p. 73ff. wird die Wahl des Metrums für einen jeweiligen Gegenstand (wie historisierendes Epos, Klagelied, Herrscherlob usw.) diskutiert, indem etymologisierende Erklärungen des Metrums und solche des 'ersten Erfinders' gegeben werden.

C. Die artes versificatoriae des 12. und 13. Jh.

Die im 12. und 13. Jh. kodifizierten 'arts poétiques' (FARAL) wenden die in den Rhetoriken überlieferten Regeln auf die Verskunst an. Sie sind fast alle in Frankreich, im Umkreis der Schulen von Tours, Orléans und Paris, nach 1175 entstanden und setzen die Blütezeit der lat. Dichtung N-Frankreichs, eines Hilarius v. Angers, → Marbod v. Rennes († 1123), →Baldericus (Baudri) v. Bourgeuil († 1130), →Hildebert v. Lavardin († 1134), → Hugo v. Orléans usw. voraus (die Wirkung der verlorenen Liebesdichtungen → Abaelards muß bedeutend gewesen sein); den Versen der namhaften Verfasser folgt die Masse unbedeutenderer und der Adespota. Die wichtigsten Traktate schrieben: 1. Matthäus v. Vendome (Matthaeus Vindocinensis): »Ars versificatoria«, Orléans um 1175 (FARAL 109–193). 2. Geoffroi v. Vinsauf (→ Galfridus de Vino salvo): »Poetria nova« (in 2116 Hexametern), um 1210 und Papst Innozenz III. gewidmet (FARAL 197–262); ihm zugeschrieben werden auch das »Documentum de modo et arte dictandi et versificandi« sowie die »Summa de coloribus rhetoricis« (FARAL 265–320 und 321–327). 3. → Gervarius v. Melkley (Gervasius de Saltu lacteo): »Ars poetica«, um 1215 (hg. H.-J. GRÄBENER 1965). 4. → Eberhard (Eberhardus Alemannus, Bremen?): »Laborintus«, wohl vor 1250 (FARAL 337–377); 1006 Verse, davon 476 Distichen und ein Anhang zur Rhythmik. 5. → Johannes de Garlandia: »De arte prosaica, metrica et rithmica«, um 1250 (hg. MARI 1902).

Die artes versificatoriae, ungleich an Umfang, Form und Aufbau, bieten Schemata verschiedener Herkunft und Bedeutung, die weder in der Theorie noch in der Praxis des Versemachens immer rein zu scheiden sind: die fünf (oder sechs) Teile der rhetor. inventio (und dispositio): exordium, narratio (petitio), probatio, refutatio und peroratio (FARAL 198ff., MARI 911ff.); Figuren- und Tropenstil in der Lehre vom doppelten Redeschmuck (ornatus facilis, ornatus difficilis; FARAL 220ff., 284ff., 321ff.); die sog. Rota Vergilii des Johannes de Garlandia (MARI 900, s. FARAL 86ff.):

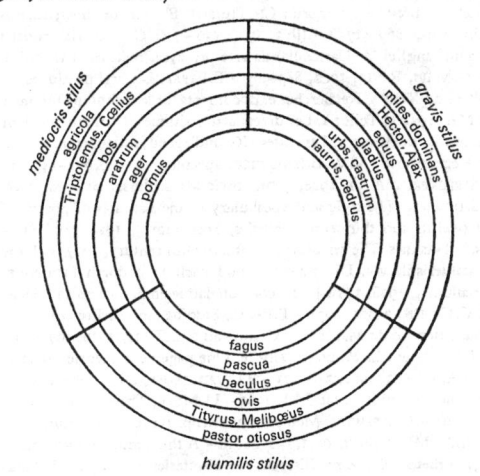

Fig. 14: Rota Vergilii

die anhand der aufeinanderfolgenden Werke Vergils drei Stilhöhen (stilus humilis, mediocris, gravis) mit Nennung der je zugehörigen Teile: persona, nomen, animal, instrumentum, locus und arbor versinnbildlicht und im folgenden mit richtigen weil den jeweiligen stilus nicht verlassenden und vitiösen weil stilmischenden Beispielen belegt. Die Rota Vergilii spiegelt kulturgeschichtl. Stufen wider und konvergiert mit der Theorie der drei genera personarum (curiales, civiles, rurales; → Stände). Den größten Einfluß scheinen die Artes versificatoriae gehabt zu haben durch die zahlreichen Muster von descriptiones von zu lobenden oder zu tadelnden Personen verschiedenen Standes: eines papa, caesar, in vielen Künsten erfahrenen Ulixes, des Parasiten Davus, der Matrone Marcia und schönen Frau Helena; von Jahreszeiten, Lustorten usw. (FARAL 120 ff.); hier ist auch die Wirkung der artes auf die volkssprachl. Literaturen seit dem 12. Jh. greifbar. An den lit. Großformen von Poetae docti wie → Chrétien de Troyes, → Gottfried v. Straßburg und → Chaucer ist sie nachgewiesen; in welchem Ausmaß die Techniken den Bau jeglicher versifizierter Dichtung bestimmt haben, bleibt noch im Einzelnen zu untersuchen (vgl. nur die Carmina des → Serlo v. Wilton (ed. J. ÖBERG, 1965), rhetor. Versanthologien und die sog. lat. »Verskomödien« aus dem Frankreich des 12. und 13. Jh.). Die Kunst, Verse zu machen, mußte erlernt werden, und die »Poetiken« des 12. und 13. Jh. lehrten sie. Freilich »the best poetry of this period had already been written before the critics came to show how it should be done« (HASKINS, 150).

R. Düchting

Ed. und Lit.: [zu A]: LAW 2385-2388 - M. FUHRMANN, Einf. in die antike Dichtungstheorie, 1973 - Aristoteles Latinus 33, 1953, 1968² (Wilhelm v. Moerbeke; mit Expositio media Averrois sive Poetria Hermanno Alemanno interprete) - K. BORINSKI, Die Antike in Poetik und Kunsttheorie I, 1914 - B. WEINBERG, A hist. of lit. criticism in the Italian renaissance I, 1961, 349 ff. - A. BUCK, Julius Caesar Scaliger und die literarästhet. Tradition, 1964 (Die humanist. Tradition in der Romania, 1968, 209-227) - J. STIGLMAYER, Kirchenväter und Klassizismus, StML Ergh. 114, 1913 [Materialslg.] - H. HAGENDAHL, Latin fathers and the classics, 1958 - [zu B I und II]: NORDEN, passim – CURTIUS, passim - E. AUERBACH, Literatursprache und Publikum in der lat. Spätantike und im MA, 1958 - G. BÜCHMANN, Geflügelte Worte, 1964²¹, 654 f. - I. TAÙ, Il Contra oblocutores et detractatores poetarum di Francesco da Fiano, Arch. It. per la storia della pietà 4, 1965, 253-350. bes. 257 ff. - [zu B III]: Ekkeharti (IV.) Casus sancti Galli, ed. G. MEYER v. KNONAU, 1877, 104 ff. [Anekdote um Salomo III.]; vgl. B. BISCHOFF, Ein Brief Julians v. Toledo über Rhythmen, metr. Dichtung und Prosa, 1959 (Ma. Stud. I, 1966, 288-298) - Zu delectatio, brevitas, memoria: CH. THUROT, Extraits de divers manuscrits latins, 1869, 417 f. – MJb 3, 1966, 130 - [Zu C]: Poetria magistri Johannis anglici (de Garlandia) de arte prosayca, metrica et rithmica, ed. G. MARI, RF 13, 1902, 883-965 - E. FARAL, Les arts poétiques du XII° et du XIII° s. Recherches et documents sur la technique littéraire du MA, 1924 (3 Teile: 1. Les divers arts poétiques, leurs auteurs, leur hist., 2: La doctrine, 3: Les textes.) [Grundlegend; mitzubenutzen sind die Rezensionen von W. B. SEDGWICK, Speculum 2, 1927, 331-343 und K. STRECKER, NA 47, 1928, 700 f. sowie als Schlüssel zu FARAL: W. B. SEDGWICK, The style and vocabulary of the Lat. arts of poetry of the twelfth and thirteenth centuries, Speculum 3, 1928, 349-381] – CH. H. HASKINS, The renaissance of the twelfth century, 1927 [vgl. die Charakteristik von Dichtung vor und nach 1100 durch SEDGWICK, Speculum 3, 1928, 349 ff.] - La comédie latine en France au 12° siècle, ed. G. COHEN, 2 Bde, 1931 - E. FARAL, Sidoine Apollinaire et la technique littéraire du MA, Misc. G. Mercati 2, StT 122, 1946, 567-580 – A. T. LAUGESEN, La Roue de Virgile. Une page de la théorie littéraire du MA, CM 23, 1962, 248-273 - F. QUADLBAUER, Die antike Theorie der genera dicendi im lat. MA, 1962 - U. MÖLK, Trobar clus - trobar leu, 1968 - U. KREWITT, Metapher und trop. Rede in der Auffassung des MA, MJb Beih. 7, 1971, bes. 280 ff. - A thirteenth-century anthology of rhetorical poems. Glasgow Ms. Hunterian V. 8. 14, hg. B HARBERT, 1975 – Commedie latine del XII e XIII secolo, ed. F. BERTINI, I, 1976 ff.

Ars punctandi, die Lehre von der → Interpunktion, die im MA meist Bestandteil der → Grammatik oder der → Ars dictaminis, bisweilen auch Gegenstand eigener Abhandlungen war.
H. M. Schaller

Ars vitraria → Glas, Glasherstellung

Arsen (arsenum, Scherbenkobalt, Fliegenstein). Häufiger als das gediegene Metall wurden verschiedene Verbindungen in der Antike und im MA unter den Namen Arsenik (arsenicum, gr. arrenikon und arsenikon – gedeutet aus *arsenikos* 'männlich', aber auch aus mittelpers. *zarnik* 'goldfarbig') genutzt: arsenicum album, Hüttenrauch, Hittrach, Hidri, da es bei der Erzverhüttung anfiel (As_2O_3), arsenicum citrinum, Auripigment, Operment (As_2S_3); arsenicum rubrum, Realgar, Sandarach (As_4S_4). Sie wurden als Farbstoffe, als Pharmaka (bei Hautkrankheiten, Geschwüren), in geringster Dosis auch als Stärkungsmittel innerlich, sowie zur Haarentfernung (etwa auch in der Gerberei) und als Ungeziefermittel (Mäusepulver) verwendet. Die Giftwirkung wurde von Aristoteles (Hist. animal. VIII), später u. a. von Rhazes und Avicenna beschrieben. Seit dem 15. Jh. finden sich in Apothekerordnungen verschärfte Abgabebestimmungen, da der Mißbrauch zu Giftmorden nicht selten war. Gewöhnung an As_2O_3 und kurzfristige Leistungssteigerung von Tier und Mensch sind schon früh bekannt. In der → Alchemie bewirken Arsenverbindungen oft Metallverfälschungen (deshalb »Auripigment«) und Farberscheinungen.
H. Buntz

Lit.: GMELIN, Hb. d. anorgan. Chemie, XVII, 1952⁸ - E. O. v. LIPPMANN, Entstehung und Ausbreitung der Alchemie, 1919 – L. LEWIN, Die Gifte in der Weltgesch., 1920 – D. GOLTZ, Stud. zur Gesch. der Mineralnamen. SudArch Beih. 14, 1972 – H. LÜSCHEN, Die Namen der Steine, 1968.

Arsenal (Herleitung vermutlich über das Ven. aus dem arab *dār as-sinā'a*, 'Haus der Arbeit'), Ort für den Schiffbau, der in allen bedeutenden Häfen vorhanden war. Seine Geräumigkeit hing von der Größe der Schiffe ab. Im A. wurden gewöhnlich die größeren Schiffe auf Stapel gelegt, wobei sich in Italien die Baumethoden und Bautechniken der Römer fortsetzten: Die Räume des A.s, die unter Umständen überdacht sein konnten, waren im Mauerwerk ausgeführt, in jedem baute man ein Schiff, indem man das nötige Material dazu heranführte. Kleinere und bautechnisch einfachere Schiffe konnten dagegen an offenen Stränden gebaut werden, die jedoch den Stapellauf ermöglichen mußten. Bis heute ist das A. der Stadt Amalfi in einem außerordentl. guten Erhaltungszustand bewahrt geblieben und zeigt noch das Aussehen des 12. Jh. Infolge des Untergangs dieser Stadt als Seemacht entwickelten sich hingegen entsprechend den techn. Anforderungen der Schiffahrt die A.e von Pisa, von Genua und von Venedig, dessen Geschichte wir am besten kennen. Sein Bau wurde 1104 vom Dogen Ordelaffo Falier begonnen, später wurde es allmählich erweitert und durch Verteidigungsanlagen verstärkt, bis man es 1337 fast völlig neu erbaute. Wir besitzen eine eindrucksvolle und prägnante Schilderung dieses A.s in voller Tätigkeit von Dante Alighieri (Inf. XXI, 7-15), aus der die damalige Doppelfunktion des A.s hervorgeht, als Stätte für den Bau neuer Schiffe und gleichzeitig (mit einer organ. Verteilung der Aufgaben) für die Reparatur der auf See beschädigten zu dienen. Für Pisa und Genua haben wir Zeugnisse, daß diese beiden Städte bereits im 12. Jh. über A.e verfügten, obwohl für Genua gilt, daß kleinere Schiffe, wie schon vorher gesagt, außerhalb der A.e entlang der ligur. Küste gebaut wurden. Abgesehen von den weniger bedeutenden A.en, wie z. B. demjenigen in Ancona, sind die im Kgr. Sizilien zuerst von den Herrschern eingerichteten A.e hervorzuheben; dabei wurden die in Palermo und Messina von den Arabern angelegten Schiffswerften weiterbenutzt.

Der Staufer Friedrich II. führte diese Tradition fort und reorganisierte seine Kriegsflotte; seine A.e waren direkt dem → admiratus unterstellt. Außerdem errichtete er in

S-Italien, in Neapel, Brindisi und kleineren Orten weitere A.e. An einigen Stellen wurden die A.e von den sog. magistri portuleni befehligt.

Die auf der Basis von it. Belegen beschriebene Anlage von A.en findet ihre Entsprechung in den Mittelmeerhäfen und an den Küsten Frankreichs sowie denen der Iber. Halbinsel; allerdings ist ihre Datierung anscheinend später anzusetzen: wir wissen mit Sicherheit, daß es A.e in Capelas (in der Nähe von Narbonne) und in Marseille gab. Auch die beiden fast das ganze 12.Jh. hindurch bedeutendsten Seemächte im Mittelmeerraum, das byz. Kaiserreich und das arab. Kalifat mit seinen verschiedenen späteren polit. Aufsplitterungen, verfügten über A.e. Man kann sogar präzisieren, daß die Araber dort, wo sie wie z.B. in Ägypten, die Herrschaft der Byzantiner ablösten, deren A.e weiterbenutzten und ihre Anzahl noch vermehrten. Unter den neu errichteten Werften ist v.a. das A. von Tunis zu erwähnen (erbaut nach 698); andere A.e wurden in den neueroberten Gebieten z.B. in Spanien errichtet (Almería, Alcazad do sal und zuletzt Tortosa). Sie gewinnen immer mehr an Bedeutung, je hochbordiger die Schiffe wurden (dies gilt sowohl für solche christlicher wie arab. Provenienz), je mehr sich ihre Ausmaße vergrößerten, um für den Transport größerer Lasten geeignet zu sein, und je höhere techn. Anforderungen ihr Bau stellte. Natürlich gab es seit dem 12./13.Jh. auch in den Häfen und an den Küsten des Atlantiks sowohl auf der Iber. Halbinsel wie in Frankreich und England A.e, deren Bedeutung gegen Ende des MA immer mehr zunahm. Das A. diente außerdem als Aufbewahrungsort für die gesamte Ausrüstung der Schiffe, wie z.B. Segel, Taue usw. Selbstverständlich verfügten die A.e auch über die notwendigen Maschinen für die Trockenlegung der reparaturbedürftigen und für den Stapellauf der neu gebauten Schiffe (vgl. auch Arbeit, → Schiffbau, →Werft).

R. Manselli

Lit.: C. MANFRONI, Storia della marina italiana, 2 Bde, 1899-1902 - M. LOMBARD, Arsénaux et bois de marine dans la Méditerranée musulmane (VII-XI s.) (Le Navire et l'Économie Maritime du MA au XVIII⁰ s., principalement en Méditerranée, Travaux du 2ᵉ colloque internat. d'hist. maritime. 1957, hg. M.MOLLAT, 1958) [= Bibl. gén. d'École pratique des Htes-Études] - E.EICKHOFF, Seekrieg und Seepolitik zw. Islam und Abendland. 1966 [Mittelmeerraum] - M. MOLLAT, Deux études relatives aux constructions navales à Barcelone et à Palma de Majorque au XIVᵉ s. (Études d'hist. maritime, 1977).

Arsenij v. Konev → Mönchtum

Arsenios. 1. A. d. Gr., der »Römer«, † um 445 (nach anderen 430) in Troe. A. stammte aus röm. Senatorengeschlecht, lebte einige Jahrzehnte am Hof Theodosios' d. Gr. (nach der Legende als Erzieher seiner Söhne), bis er um 395 als Anachoret in die Sket. Wüste ging. Er gewann hohes Ansehen als Mönch und als geistl. Vater, auch über die Mönchskreise hinaus. Aussprüche sind erhalten in den → Apophthegmata patrum, für zwei Schriften unter seinem Namen ist die Autorschaft nicht sicher zu erweisen.
H. M. Biedermann

Lit.: DHGE I, 745-747 - W. BOUSSET, Apophthegmata, 1923, 63 f. - BARDENHEWER, IV, 94 f. - B. MILLER, Weisung der Väter, 1965, 25-40.

2. A., *Patriarch v. Konstantinopel* Nov. 1254-Febr./März 1260 oder Mai/Juni 1261, * um 1200, † 30. Sept. 1273. Aus der nicht häufig belegten Beamtenfamilie der Autoreianoi stammend, war A. Mönch und Vorsteher des Kl.s Oxeia bei Konstantinopel, dann Mönch am See Apollonias (Bithynien). Ks. Theodoros II. Laskaris setzte seine Wahl zum Patriarchen gegen den Widerstand eines Teils des hohen Klerus durch. Das Verhältnis des mit normaler Bildung (*ἐγκύκλιος παιδεία*) ausgestatteten, sittenstrengen Patriarchen, der sich v. a. der Betreuung der sozial Schwachen annahm, zu Theodoros gestaltete sich sehr gut. Den polit. Wünschen des Ks.s kam A. weitgehend nach. Nach dem frühen Tod des Ks.s (1258) wurde er zum Beschützer des unmündigen Thronnachfolgers Johannes (IV.) Laskaris. Dem mit List und Bestechung des hohen Klerus arbeitenden → Michael Palaiologos waren die Person und die Machtmittel des A. jedoch nicht gewachsen. Michael setzte 1260 seine Krönung zum Mitkaiser durch und zwang A., der passiven Widerstand leistete, zum Rücktritt. Nach dem frühen Tod des Nachfolgers im Patriarchat berief Michael A. mit Rücksicht auf dessen Anhänger und überredete A. im Sept. 1261, nach der Wiedereroberung Konstantinopels, einer erneuten Krönung in der Hagia Sophia ohne Erwähnung des legitimen Thronnachfolgers zuzustimmen. Als Michael den jungen Laskariden im Dez. 1261 blenden ließ, exkommunizierte A. den Palaiologen. Da es dem Ks. zwei Jahre lang nicht gelang, sich von der Exkommunikation zu lösen, wurde A. unter oberflächl. Gründen 1264 abgesetzt. Die Wahl des Beichtvaters Michaels, →Joseph, zum Patriarchen führte zum langdauernden Schisma der →Arseniten. Keines der A. zugeschriebenen Werke, auch nicht das sog. Testament, ist A. sicher zuzuweisen.
G. Weiß

Q. und Lit.: GRUMEL-LAURENT, Reg. Nr. 1329-1347, 1353-1374 [Lit.] - DThC I, 1992 f. - LThK² I, 906 - PLP I, Nr. 1694 [Lit.] - S. EUSTRATIADES, Hellenika I, 1928, 90-94 - I. SYKUTRES, Hellenika I, 1929, 267-332; 3, 1930, 15-44; 5, 1922, 107-126 - V. LAURENT, L' excommunication du patriarche Joseph Iᵉʳ par son prédécesseur Arsène, BZ 30, 1929/30, 489-496 - BECK, Kirche, 702 f.

Arseniten. Die Partei der Arseniten entstand aus Anhängern des Patriarchen → Arsenios, der 1264 von Ks. Michael VIII. Palaiologos abgesetzt wurde. Bis zur offiziellen Aussöhnung mit Ks. (→ Andronikos II.) und Patriarchen (Niphon) am 14. Okt. 1310 (Überführung der Gebeine des Arsenios in die Hagia Sophia) vereinigte die Partei der A. Mitglieder des Kaiserhauses (die Schwester Ks. Michaels VIII., ihren Sohn Johannes Tarchaneiotes), Mitglieder des hohen Klerus (v. a. Manuel v. Thessalonike, Andronikos v. Sardes, Makarios v. Pisidien) und hauptsächl. Mönche, von denen nur wenige Gruppen wie der Kreis um Hyakinthos und einige Zentren (z.B. das Pantepoptukloster in Konstantinopel, die Mönchssiedlungen des kleinasiat. Galesiosberges, das Moselekloster bei Konstantinopel) namentl. bekannt sind. Vieles spricht dafür, daß diese Gruppen zahlenmäßig nicht stark waren, aber dagegen umso aktiver mit Drohungen gegen unentschiedene Laien vorgingen. Urspgl. kanonist. Fragestellungen (rechtmäßige Einsetzung des Patriarchen) vermischten sich bald mit kirchenpolit. Fragen. Verwirrenderweise bekämpften die A. ebenso die Kirchenunion mit der westl. Kirche (2. Konzil v. → Lyon) wie deren Gegner, die sog. Josephiten. Da sich in Kleinasien die Gegner der Palaiologen mit den A. verbanden (offensichtl. Unterstützung zweier Revolten 1295, 1305) wurde aus der ursprgl. schismat. kirchl. Partei eine gefährl. polit. Strömung, die das ohnehin bedrohte Byz. Reich am Ende des 13.Jh. weiter schwächte.
G. Weiß

Lit.: I.E. TROITSKIJ, Arsenij i Arsenity [Nachdr. 1973 nach Aufs. 1867-72; ausführl., aber veraltet] - I. SYKUTRES, Περὶ τὸ σχίδμα τῶν Ἀρσενιατῶν, Hellenika 2, 1929, 267-332; 3, 1930, 15-44; 5, 1932, 107-126 - V. LAURENT, Les grandes crises religieuses à Byzance. La fin du schisme Arsenite, Académie Roumaine. Bull. de la Section Hist. 26, 2, 1945, 225-313 - S. SALAVILLE, Deux documents inédits sur les dissensions religieuses. Byz. entre 1275 et 1310, RevByz 5, 1947, 116-136 - A. E. LAIOU, Constantinople and the Latins. The Foreign Policy of Andronicus II, 1282-1328, 1972 - HKG III, 2, 589-592.

Arsenius, Bf. v. Orte, † März 868, wahrscheinl. aus röm. Familie, war offenbar vor seiner geistl. Laufbahn verheiratet; → Anastasius Bibliothecarius bezeichnet ihn als seinen Verwandten (avunculus, MGH Epp. VII 401), war aber nicht sein Sohn, wie Hinkmar in Ann. Bert. ad a. 868 annimmt. A. tritt erstmals in Erscheinung beim gescheiterten Versuch des Anastasius, nach dem Tod Leos IV. (855) mit ksl. Unterstützung Papst zu werden. Unter Nikolaus I. (858–867) besaß er als Apokrisiar und zugleich als Vertrauensmann Ks. Ludwigs II. großen Einfluß und übernahm 865 eine bedeutende Legation ins Frankenreich, die bes. der Friedensvermittlung zw. den Teilkönigen und dem Ehestreit Lothars II. galt. Bald nach dem Pontifikatsbeginn Hadrians II. (867–872) kam es in Rom zu einem Skandal, als A.' Sohn Eleutherius die Tochter des Papstes entführte (und später ermordete); A. fand auf der Reise (Flucht?) zu Ks. Ludwig einen plötzl. Tod. Ein abgewogenes Urteil über seine Persönlichkeit läßt die polem. Darstellung unserer Quellen kaum zu.   R. Schieffer

Lit.: DBI IV, 339-342 – E. PERELS, Papst Nikolaus I. und Anastasius Bibliothecarius, 1920 – H. GROTZ, Erbe wider Willen, 1970 – H. LÖWE, Hinkmar v. Reims und der Apokrisiar (Fschr. H. HEIMPEL 3, 1972), 197ff. – J. DEVISSE, Hincmar, Archévêque de Reims, 1975, 76.

Art – Gattung. Beide Begriffe werden bei Platon und bei Aristoteles verwandt. Als A. = εἶδος (lat. species) bezeichnet Platon die an sich seiende Idee, an der die Einzeldinge partizipieren. Darin ist die Dualität des metaphys. und log. A.-Begriff angelegt: A. ist sowohl konstitutives Prinzip wie auch Wesensbegriff von Seiendem. Die aristotel. Trennung zw. Wesen und allgemeinem Begriff führt zwar zu einer stärkeren Unterscheidung von Logik und Metaphysik, dennoch bleibt im MA fast ausschließlich die Beziehung des A.-Begriffes auf den Wesensbegriff (quod-quid-erat-esse) erhalten, da im A.-Begriff das gesamte Wesen (quiditas) eines Seienden definiert sein soll. Der Begriff der G. = γένος (lat. genus) findet sich bei Platon in der Lehre der fünf höchsten G.en; diese sind Seiendes, Ruhe und Bewegung, Einheit und Verschiedenheit. Unter ihnen wird die gesamte Wirklichkeit zusammengefaßt. Aristoteles macht G. zum log. Begriff: Genus autem est quod de pluribus et differentibus specie in eo quod quid est praedicatur (Topik 102a 31f., Translatio Boethii) = 'G. ist dasjenige, das von mehrerem, der Art nach Verschiedenem in dem, was das Was ist, prädiziert wird'. Damit ist der log.-metaphys. Charakter des G.s-Begriffes festgelegt, wie er, v. a. durch die Isagoge des Porphyrius, für das MA maßgebend wird. Die Zuordnung von A. und G. zueinander wird in der → Arbor porphyriana vorgenommen. Hier spielen neuplaton. Gedanken insofern eine Rolle, als nach der obersten G. und der untersten A. gefragt wird. Auf jeder Stufe der Arbor wird das formale Schema der Definition angewandt, nach der die A. durch Genus proximum (= nächsthöhere G.) und Differentia specifica (= artbildender Unterschied) festgelegt ist. (Im ganzen MA ist das übliche Beispiel folgende Definition: Homo est animal rationale = 'Der Mensch ist ein vernunftbegabtes Sinnenwesen'. Dabei ist 'homo' die A., 'animal' die G. und 'rationale' der artbildende Unterschied. An Stelle des Unterschiedes kann eine andere Wesenseigenschaft [proprium] der A. angegeben werden, beim Menschen z.B. die 'risibilitas' = 'die Fähigkeit des Lachens'; allerdings liegt dann nach Auffassung des MA keine Definition im strengen Sinne vor.) Auf diese Weise wird eine Stufung der allgemeinsten G., der Substanz, bis zu den untersten A.en, z.B. der A. 'Mensch', aufgestellt, die eine weitere, über die A. hinausgehender Abstufung in der Individuation erhält. Dieses Schema des Verhältnisses von G. und A. wird, obwohl im Prinzip immer gleich, im späten MA sehr stark differen-

ziert. An die Problematik von G. und A. knüpfen nicht nur sämtl. Schulprobleme der ma. Logik an, sondern auch Fragen ontolog.-metaphys. Art, die das Verhältnis der allgemeinen Begriffe zur Realität, die in nur Individuen aufgefunden werden, betreffen. Damit hängen diese Probleme mittelbar mit dem → Universalienstreit zusammen. – Die biolog. Begriffe von A. und G. scheinen während des MA über Aristoteles und Theophrast hinaus kaum entwickelt worden zu sein. Zusätzl. Einflüsse stammen aus der Genesis und von Augustinus; nach beiden Quellen wird die Metamorphose von A.en bestritten und statt dessen eine Konstanz von A. und G. angenommen. In den → Bestiarien, z. B. dem → »Physiologus«, wird lediglich eine Hilfswissenschaft der Theologie gesehen.   M. Bauer

Q. und Lit.: Boethius ,Commentaria in Porphyrium, MPL 64, 71–158; weiterhin seine Komm. zu den log. Schr. des Aristoteles, ebd. – HWP, s.v. 'A.' und 'Gattung'.

Art d'aimer ist als Analyse des Phänomens der Liebe nach Ovids Vorbild eine Komponente der höf. Lyrik und Prosa des MA, als theoret. Abhandlung ist sie das Grundthema vieler Werke, angefangen von den *débats*, insbes. denen, in welchen man über die Überlegenheit des Klerikers oder des Ritters in der Liebe disputiert, bis zu den zahlreichen Traktaten, die im 13. Jh. im Rahmen einer reichen didak. Produktion ausgearbeitet wurden, unter denen wir wenigstens »Puissance d'Amours« von → Richard de Fournival erwähnen. Unter den direkten Übersetzungen aus Ovid steht als erste in chronol. Reihenfolge fast sicher das – uns nicht erhaltene – Werk, das Chrétien de Troyes in dem Prolog des »Cligès« für sich beansprucht. Die anderen, jene des Maître Elie (Ende 12.–Anfang 13. Jh.), die »Art d'Amours« des Jakes d'Amiens (13. Jh.), die »Clef d' Amors« (Ende 13. Jh.), die »Art d'aimer« des Guiart (13. Jh.) in Versen, und die »Art d'Amour« in Prosa (13. Jh.) sind eher Umarbeitungen als Übersetzungen. In der Rhetorik erfahren und bewogen von didakt. Absichten, passen die Autoren – obwohl sie ziemlich getreu der Struktur des Originals folgen – Ovids Lehren sehr frei der eigenen Kultur und der ihres Publikums an. Sie übernehmen höf. Motive, die nunmehr auch in die bürgerl. Kultur eingegangen sind, und Anregungen und Beiträge von mehr oder weniger zeitgenöss. Autoren: nämlich Jakes von → Andreas Capellanus und von → Richard de Fournival, der Verfasser der »Clef« vom → Rosenroman, Guiart von einem kurzen Epos zu Ehren der Jungfrau, während der Autor der Prosaversion einen detaillierten Kommentar, den er aus weit verstreuten Quellen schöpft, einfügt. Neben die Strömung, die von Ovid ausgeht, Reflex seiner immensen Beliebtheit im 12. und 13. Jh., tritt eine Richtung, die im Traktat »De Amore« des Andreas Capellanus und seinen Übersetzungen in die Volkssprachen ihr Hauptwerk hat. → Andreas Capellanus, → Ovid im MA.
A. M. Finoli

Lit.: R. BOSSUAT, Manuel Bibliogr. de la Littérature du MA, 1951, 1955, 1961, 257–262, 64, 71–72 – C. SEGRE, Le forme e le tradizioni didattiche, GRLMA VI, 1, 58–145 – Artes amandi. Da Maitre Elie ad Andrea Cappelano, ed. A.M. FINOLI, 1969 [mit Einl.] – L'Art d'Amours, Traduction et commentaire de l'»Ars amatoria« d'Ovide, éd. B. ROY, 1974.

Art de chevalerie → Vegetius

Arta, Hauptstadt v. → Epiros (W-Griechenland), n. des Golfes v. A., erbaut über den antiken Ambrakia, auf dessen Mauerresten im MA die mächtige Festung errichtet wurde. Das älteste Quellenzeugnis über die ma. Stadt findet sich in der Vita (13. Jh.) des hl. Barbaros (9. Jh.). Im 13. Jh. erlebte A. seine Blütezeit: seit 1206 war es Hauptstadt des byz. Staates Epiros. A. gelangte 1346 in die Hand der Serben, wurde seit 1358 von alban. Fs.en regiert und war von 1418 an Hauptstadt des von der it. Familie Tocchi beherrschten Staates bis zur Eroberung durch die Türken 1449. In A. und Umgebung sind aus mittel- und spätbyz. Zeit bedeutende Sakralbauten in verschiedenartigen Bautypen vertreten. In der Paregoretissa, dem hervorragendsten byz. Bau des 13. Jh. in A., wurde die plast. Ausschmückkung der Kirche durch die Bildhauer nach westl. Vorbild gestaltet. D. Nagorni

Lit.: RByzK II, 208–334 – RE I, 2, 1805–1807 – A.K. ORLANDOS, ’Ἀρχεῖον τῶν Βυζ. Μνημείων τῆς Ἑλλάδος 2, 1936, 151–166, 181–199 [über Kastell und städt. Bauten in A.] – D. A. ZAKYTHINOS, EEBS 21, 1951, 191 ff. – A. PHILIPPSON–E. KIRSTEN, Die gr. Landschaften II. 1, 1956, 118–121, 128 f., 228, 233 f. – OSTROGORSKY, Geschichte³, 357, 370, 419.

Artabasdos, byz. Gegenkaiser, 742–743, stammte aus Armenien. Stratege des Themas Armeniakon, verhalf er 717 Leon III. (717–741) zur Kaiserwürde und erhielt dessen Tochter Anna zur Frau. Er wurde mit dem Titel eines Kuropalates ausgezeichnet und zum Komes des Themas Opsikion ernannt. Zunächst bilderfeindl., wechselte er nach dem Tode Leons III. die Front und schloß sich der bilderfreundl. Partei an. Gestützt auf die Ikonodulen der Hauptstadt sowie auf große Teile der kleinasiat. Armee, revoltierte A. im Juni 742 (Überfall bei Krassos) gegen seinen Schwager, den bilderfeindl. Ks. Konstantin V. (741 bis 775). Danach ließ er sich in Konstantinopel zum Ks. krönen (Juli 742). Seinen Sohn Nikephoros erhob er zum Mitkaiser. Er vermochte seine Herrschaft jedoch nicht zu stabilisieren. Nach Niederlagen bei Sardes (Mai 743) und Modrina (Aug. 743) ging A.' Herrschaft am 2. Nov. 743 zu Ende. Er und seine Söhne wurden geblendet. Damit war zunächst der Versuch gescheitert, den → Bilderstreit im Sinne der orth. Partei zu entscheiden. A. Katsanakis

Q.: Theophanis chronographia, hg. C. DE BOOR, I, 1883 [Nachdr. 1963], 413–421 – Lit.: A. LOMBARD, Constantin V, Empereur des Romains, 1902 – OSTROGORSKY, Geschichte³, 129–139 – W. E. KAEGI jr., The Byzantine Armies and Iconoclasm, Byzslav 27, 1966, 48–70 – S. GERO, Byzantine Iconoclasm during the Reign of Leo III., 1973.

Artaldus → Lyon

Arte mayor, span. Strophenform, bes. bei den Hofdichtern des 14. und 15. Jh. beliebt, bestehend aus acht elf- oder zwölfsilbigen Versen, mit einer Reimstellung von ABBAACCA. Der A. m.-Vers beruht auf einem rhythmischen Formsystem und benutzt vier Hebungen; eine Zäsur trennt den Vers in zwei Hemistichien. Die Silbenzahl einzelner Verse ändert sich oft innerhalb der Strophen. A. m. ist dem → Alexandriner der frz. Dichtung verwandt und löst zum Ende des 14. Jh. allmählich die → »cuaderna vía« in der span. Lit. ab. Die »versos de arte mayor« wurden zuerst durch → Álvarez de Villasandino (1350?–1428?) bekannt; so z. B.:

» Los trobadores/que estavan callando (5+6)
abran sus bocas/e canten loando (5+6)
las altas proezas/del gentil infante.« (6+6)

Unter dem Einfluß von Lucan und Dante kommt A. m. zu neuer Blüte in → Juan de Menas »Laberinto de Fortuna« (1489). Theoret. behandelt wird die A. m. zum ersten Mal von Juan del → Encina (1469–1529) in seinem Werk »Arte de la Poesía Castellana«. W. Kroll

Lit.: R. FOULCHÉ-DELBOSC, Étude sur le Laberinto, Revista Hispánica Moderna IX, 1902 – DERS., Juan de Mena y el »Arte Mayor«, 1903.

Arte menor (real), allg. Ausdruck für span. Versarten, die, im Unterschied zum Vers der → »arte mayor«, aus zwei, drei, vier, fünf, sechs, sieben oder acht Silben bestehen und eine bzw. zwei rhythmische Hebungen aufweisen. W. Kroll

Artephius, alchemist. Autor, wahrscheinl. arab. Ursprungs, vielleicht mit dem Dichter al-Ṭuġrā'ī (gest. 1121) identisch. Als seine Hauptwerke gelten »Liber secretus« und »Clavis maioris sapientiae«, doch wurde letzteres auch dem → Alphidius zugeschrieben. H. Buntz

Lit.: Theatr. chem. IV, 198–213; V, 766–786 – FERGUSON I, 51 – SARTON II, 219 – ULLMANN, Nat., 229–231.

Arteriengeist → Spiritus arteriarum

Artes dictandi → Ars dictaminis

Artes incertae, auch artes magicae, artes prohibitae, mhd. *verboten künste*, bilden in der scholast. Wissenschaftslehre neben den → artes liberales und den → artes mechanicae die dritte Artesreihe. Es handelt sich um einen Systematisierungsversuch der verbreiteten mant. und mag. Vorstellungen und Praktiken, die auf antike und oriental., z. T. durch die Araber vermittelte Vorbilder sowie auf einheim. Überlieferungen zurückgehen und auf einzelnen Gebieten eine eigene Lit. hervorgebracht haben. Sie wurden zwar von der Kirche als Aberglaube verfolgt und waren z. T. auch nach weltl. Recht verboten, doch wurde ihren komplexeren Formen trotz rational begründeter Vorbehalte die Anerkennung als Wissenschaften bzw. »Künste« nicht durchweg versagt. Als Ordnungsprinzip wurde ein antikes Viererschema verwendet, das die element. Divinationskünste *geomantia, hydromantia, aeromantia, pyromantia* umfaßte, bereits von Varro benutzt und über Isidor v. Sevilla (Etym. lib. VIII, 9; MPL 83, 312) dem MA überliefert wurde, wo es z. B. im »Decretum« des Ivo v. Chartres und noch bei Paracelsus (Ed. SUDHOFF XII, 77 ff.) erscheint. Seit dem 12. Jh. ist daneben ein um die Künste *nigramantia* und *chiromantia* erweitertes Sechserschema zu fassen, das auch im »Speculum astronomiae« des Ps.-Albertus Magnus (13. Jh.) und im »Ackermann aus Böhmen« (um 1400; → Johannes v. Saaz) auftaucht. Im 15. Jh. ist schließlich bei Jacques le Grand, Nikolaus v. Kues und Hans Hartlieb ein Siebenerschema analog der Zahl der artes liberales und artes mechanicae sowie der sieben Hauptsünden nachzuweisen, das noch die *spatulamantia* (Wahrsagung aus dem Schulterblatt) einbezieht. W. Schmitt

Lit.: K. BURDACH (Der Ackermann aus Böhmen, hg. A. BERNT–K. BURDACH, 1917) – THORNDIKE I–III – W. SCHMITT, Magie und Mantik bei Hans Hartlieb, 1966 – G. EIS, Ma. Fachlit., 1967² – W. SCHMITT, Zur Lit. der Geheimwiss. im späten MA (Fachprosaforsch. Acht Vortr. zur ma. Arteslit., hg. G. KEIL–P. ASSION, 1974).

Artes liberales

I. Begriff – II. Geschichte – III. Bedeutung für die scholastische Philosophie und Theologie – IV. Bedeutung für die Medizin.

I. BEGRIFF: Das System der septem A.l. ('Sieben freie Künste', oft nur: Artes, auch: septem liberales disciplinae u. a.) enthielt und ordnete im MA den Lehrstoff und zugleich den Gang der höheren Bildung. Er umfaßte in der Regel Grammatik, Rhetorik, Dialektik, Arithmetik, Geometrie, Musik und Astronomie. Er schloß sich an den → Elementarunterricht an und war seinerseits z. T. Grundlage weiterer Studien (s. u.). Innerhalb des Systems werden zwei Gruppen unterschieden, die 'redenden' Künste des Trivium (des 'Dreiwegs', der unteren Stufe, vgl. 'trivial'): Grammatik, Rhetorik, Dialektik, und die der 'rechnenden Künste' des Quadrivium oder Quadruvium (zuerst belegt bei Boethius inst. arithm. 725: Arithmetik, Geometrie, Musik, Astronomie [Isidor etym. 3; in anderer Reihenfolge bei Martianus Capella: Geometrie, Arithmetik, Astronomie, harmonia; Cassiodor: Arithmetik, Musik, Geometrie, Astronomie). 'Freie' Künste hießen die A. l. ursprgl. als eines freien Mannes würdige Künste (später z. T. anders gedeutet, z. B. Cassiodor inst. 2 praef 4, Hugo v. St. Viktor didasc. 2.20) im Gegensatz zu den artes illiberales oder sordidae (Cicero de off. 1.150) oder

→ Artes mechanicae. In Einteilungen der Philosophie (in Logik, Ethik, Physik) erscheinen die A. l. verteilt auf Logik (Rhetorik, Dialektik oder Trivium) und Physik (Quadrivium). Eine andere Tradition nennt zur Physik zusätzl. Astrologie (sonst gewöhnl. im MA dasselbe wie Astronomie), Medizin, Mechanik (verbreitet bes. in Irland; aber auch bei Hrabanus Maurus de universo 15,1, de cleric. instit. 3.25). Ihre Quelle ist wahrscheinl. Isidor diff. 2.39 (vgl. BISCHOFF, 286).

II. GESCHICHTE: Die A. l. sind aus der von den Sophisten entwickelten ἐγκύκλιος παιδεία (vgl. Quintilian 1.10.1) hervorgegangen. Aristoteles spricht von ἐλευθέριαι ἐπιστῆμαι (pol. 8.2). Die erste Gesamtdarstellung des Stoffes gab Varro in seinen (verlorenen) Disziplinen (mit Medizin und Architektur neun Fächer). Augustinus plante ein entsprechendes Werk für die Bedürfnisse der Christen (nur Grammatik und ein Teil der Musik ausgeführt, von den anderen Disziplinen nur die Grundzüge, vgl. retract. 1.5.6). Außer der Musik ist fast alles verloren, doch hat das Projekt dazu beigetragen, das heidn.-antike Lehrsystem für Christen annehmbar zu machen (zur reservierteren Haltung in späteren Jahren ep. 101.1; civ. dei 6.2: 'liberalis' durch 'saecularis' zu ersetzen). Die Frage nach der Vereinbarkeit der weltl. Bildung mit dem Christentum wurde noch in der Antike zugunsten der ἐγκύκλιος παιδεία entschieden (Clemens v. Alexandria, Origenes, Gregor v. Nyssa, Augustinus de doctr. christ. 2.60/3] mit oft wiederholten Argumenten, vgl. RAC II, 357–359; V, 391f.), wenn auch nicht ohne Gegenstimmen (RAC II, 357f.), die auch im MA nicht ganz verstummen (→ Otloh, → Petrus Damiani).

Mit den durch → Boethius (meist nach gr. Autoren) verfaßten und kommentierten Lehrschriften – einem Teil eines viel umfassenderen Programms – erhielt das MA bis zum 12.Jh. grundlegende Texte zum Quadrivium und zur Dialektik (Aristoteles). Die erste erhaltene Darstellung aller sieben A. l. ist im Werk des → Martianus Capella (Buch 3–9) gegeben. Abrißartige Überblicke bieten → Cassiodor im (oft gesondert überlieferten) 2. Buch seiner Institutiones (zu seiner Einstellung zu den A. l. vgl. praef., mit Hinweis auf die 7 Säulen der Weisheit nach Prov. 9.1) und weitgehend im Anschluß an Cassiodor aber mit viel breiterer Wirkung → Isidor v. Sevilla im 1.–3. Buch der Etymologiae. In den zwei Jh. vor der karol. Erneuerung kann von einer Pflege aller sieben A. l. kaum die Rede sein. Nur die elementarste, die → Grammatik, wird, bes. bei den Iren, Angelsachsen und in Italien weiterhin betrieben, daneben aus prakt. Gründen ein kleiner Teilbereich der Astronomie (für die kirchl. Festrechnung, → Komputistik; eine astronom. Schrift hat → Gregor v. Tours verfaßt) und der Arithmetik (→ Beda Venerabilis). Die A. l. als geschlossenes Bildungsprogramm leben erst wieder im Rahmen der kulturellen Erneuerung unter Karl d. Gr. auf. Maßgebl. Anteil hat → Alkuin (geradezu programmat. seine »Disputatio de vera philosophia«: die A. l. sind sieben Stufen, die zur wahren Weisheit führen, vgl. BRUNHÖLZL, 270f.). Alkuin selbst hat für die Künste des Trivium Lehrdialoge verfaßt, in denen er wohl weniger den Lehrstoff als didakt. Vorbilder bieten wollte (BRUNHÖLZL, 273f.). Über seinen Unterricht in Arithmetik und Astronomie vgl. de rhet. 1.

Danach und schon bei den Schülern Alkuins lassen sich zwei Tendenzen feststellen, die sich freilich häufig durchdringen. 1. Die A. l. sind vorwiegend als – freilich unerläßliches – Werkzeug für das Studium und die Erklärung der Bibel und der kirchl. Lit. gesehen. 2. Sie werden um ihrer selbst, ihres Bildungswertes willen hochgeschätzt.

In diesem Fall wird das mit der Grammatik verbundene Studium der klass. Dichtung und Lit. (→ Auctores) bes. intensiv betrieben. Die erste Auffassung, die gewöhnl. von den Vätern vertreten wird (doch finden sich auch bei Augustin und Cassiodor beide nebeneinander), überwiegt z. B. bei → Hrabanus Maurus de inst. cleric. (3, 16–25, einer Erörterung der A. l., z. T. mit hohem Lob). Die andere, die eher die Alkuins war, spricht z. B. aus dem Wirken der Schule v. Auxerre (→ Heiric, → Remigius) mit ihren nachhaltigen Auctores-Studien. Das stärkere Hervortreten des Quadriviums im 9.Jh. hängt mit der Einführung des Martianus Capella in den Unterricht zusammen, an der → Johannes Scotus und die von ihm beeinflußten Schulen (→ Laon, → Auxerre) den größten Anteil haben (vgl. B. BISCHOFF, Ma. Stud. I [1966], 203). In den Dom- und Klosterschulen des 10. und frühen 11.Jh. (z.B. Reims) wurde durch das vertiefte Auctores-Studium (das dann im 12.Jh. in Orléans und Chartres Zentren hat) der Aufschwung der Lit. im 12.Jh. angebahnt. Durch → Abbo v. Fleury, → Hermann v. Reichenau, → Fulbert v. Chartres und bes. → Gerbert v. Aurillac werden die Studien der Dialektik und des Quadriviums weiter gehoben. (Nachrichten über den Schulbetrieb dieser Zeit bieten → Walther v. Speyer und → Richer v. Reims, Historien 3, 45ff.) Das hohe Niveau der Artes-Studien am Anfang des 12.Jh. wird bezeugt durch das Heptateuchon des → Thierry v. Chartres, eine große Sammlung von 45 grundlegenden Texten zu allen sieben A. l. Es enthält u.a. die neue Übersetzung (aus dem Arab.) der Elemente des Euklid (→ Adelard v. Bath) und des Planispherium des Ptolomaeus (→ Hermannus de Carinthia). Dagegen bilden im Didascalicon → Hugos v. St. Viktor, einer erkenntnistheoret. begründeten Einführung in das Studium, die A. l. nur noch Teile eines viel umfassenderen Gefüges.

Die Übersetzungsbewegung (→ Übersetzung) des 12.Jh. leitet eine Wende im Studium der Artes ein. Zu allen Disziplinen treten neue gr. und arab. Werke in den Gesichtskreis – dafür fehlen um 1215 die Auctores im Lehrgang der Artes in Paris (Chartularium Universitatis Parisiensis, ed. H. DENIFLE-E. CHATELAIN [1889–97] Nr. 20; zur Verdrängung der Auctores vgl. → Henri d'Andeli, La Bataille des sept Arts). Durch die Kenntnis des ganzen Aristoteles wird das Gesicht der Wissenschaften verändert. Die Dialektik durchdringt als Methode die anderen Fächer und verdrängt sie z. T. (so die Rhetorik weitgehend, doch nicht in den südlichen, v.a. auf jurist. [z. B. Bologna] oder med. [Salerno, Montpellier] Studien ausgerichteten Hochschulen, wo sie zur Förderung einer geschliffenen Sprache gepflegt wird; in der → Ars dictaminis fand sie eine auf zeitgemäße prakt. Anwendung gerichtete neue Form).

Die Grammatik wird unter dem Einfluß der Dialektik – beginnend mit → Wilhelm v. Conches und → Petrus Helie – zur log. Wissenschaft (→ Sprachlogik). Sie entwickelt ihre Theorien weiterhin auf der Grundlage des Priscian, dem im 13.Jh. teilweise das Doctrinale des → Alexander v. Villa-Dei und der Grecismus des → Eberhard v. Béthune an die Seite treten. Die Grammatik des → Roger Bacon leitet dann über zu der Gruppe der → Modisten, die mit ihrer Lehre von den → modi significandi die Grammatik des späten MA prägen (z.B. → Martinus de Dacia). Das Quadrivium wurde auch im SpätMA, als die Naturwissenschaften sich ausweiteten, durch Artisten vertreten.

An den nach Pariser Muster organisierten Universitäten des MA (nicht z. B. in Bologna) bilden die Lehrer und Studenten der Artes eine der vier Fakultäten. Die Artistenfakultät bietet die Grundausbildung für das Studium an den höheren Fakultäten (der theol., jurist., med.). Sie hatte aber das Übergewicht in der Verwaltung und Leitung der Univ. und stellte den Rektor. →Universität, →Mathematik, →Astronomie. – Zur Ikonographie →Sieben freie Künste. G. Bernt

Lit.: G. MEYER, Die sieben freien Künste im MA, 1886 – L. J. PAETOW, The Arts Course at Mediaeval Universities with Special Reference to Grammar and Rhetoric, 1909 (The Univ. of Illinois Stud. 3, H. 7) – DERS., The Battle of the Seven Arts, 1914 (Mem. of the Univ. of California 4, H. 1) – StM NS 1, 1928, 4–36 [Bezeichnung ›Trivium‹ und ›Quadrivium‹] – J. M. FLETCHER, The Teaching of Arts in Oxford 1400–1520 (Paedagogica Historica VII, 1967), 417–454 – G. LEFF, Paris and Oxford Univ. in the 13th and 14th Centuries, bes. 119–177 – P. GLORIEUX, La faculté des arts et ses maîtres aux XIIIe s., 1971 (Étud. de philos. médiévale 59, 13–46) [über A. l. allg.] – F. GRANT, Physical Science in the MA, 1971, 21f. [Quadrivium] – P. ASSION, Adt. Fachlit., 1973 (Grundlagen der Germanistik 15), 60–81.

III. BEDEUTUNG FÜR DIE SCHOLASTISCHE PHILOSOPHIE UND THEOLOGIE: Die A. l. und Philosophie und Theologie standen in ihrer ganzen Geschichte, bes. aber im MA in unlösbarer, teils angespannter, teils harmonischer, fruchtbarer Beziehung.

a) Das artes-Wissen war einerseits *Voraussetzung* der Philosophie und Theologie, zum anderen aber ein *Bestandteil* der Philosophie, die von ihrem Wesen her das Ganze und Umgreifende menschl. Erkennens verantwortet. Einheit und Ganzheit des Wissens waren und sind eine zentrale philos. Idee. Die enzyklopäd. Darstellungen der Philosophie und Theologie des MA bemühen sich, die Einheit des artes-Wissens und der philos.-theol. Erkenntnis darzustellen. →Hugo v. St.-Viktor ordnet im »Didascalicon« (ed. CH. H. BUTTIMER, 1939, MPL 176, 739–838) das gesamte profane Wissen der Glaubenswissenschaft zu. In den philos. Systementwürfen des 13. Jh. wurde das artes-Studium voll in die Philosophie eingegliedert und zusammen mit den neuen Studieninhalten der Naturphilosophie und Metaphysik neu gegliedert. In »De divisione philosophiae« des Dominicus Gundissalinus (ed. L. BAUR, BGPhMA 4, 2–3, 1903) sind die VII artes Bauelemente eines an der aristotel. Einteilung der Wissenschaften orientierten Systems. Ebenso werden sie auch nach einem philos. Systemgedanken neu klassifiziert: in einem anonymen, zw. 1230 und 1240 abgefaßten Studien- und Examensführer der Artistenfakultät in Paris, in →Robert Kilwardbys »De ortu et divisione philosophiae« (um 1250 verfaßt), im »Speculum doctrinale« des Vinzenz v. Beauvais (nach 1256 veröffentlicht), in den Schriften des →Nikolaus v. Paris, →Johannes de Dacia, →Aegidius Romanus u. a. (vgl. F. VAN STEENBERGHEN, Die Philosophie im 13. Jh., 117–149). Entsprechend der philos. Überformung des artes-Wissens dominieren im Trivium Logik und Dialektik und im Quadrivium die Mathematik.

b) Die Integrierung und philos. Überformung der artes-Disziplinen im MA hob das artes-Wissen in die philos. Erkenntnis auf. Die spekulative Mathematik, die das Quadrivial-Wissen umfaßte, war ein integraler Bestand der Philosophie an der Pariser Artistenfakultät. Thomas v. Aquin, Robert Grosseteste und Roger Bacon sahen darin den Zugang zur Naturwissenschaft und Naturphilosophie. Im 14. Jh. erlangten Methode und Probleme der Mathematik in der Philosophie und Theologie eine dominierende Bedeutung (z. B. in der Diskussion über Zeit und Ewigkeit, Raum und Unendlichkeit; vgl. J. E. MURDOCH, in: Arts libéraux [s. Lit.], 215–249).

c) Die scholast. *Dialektik*, die als wiss. Methode in den Kommentaren zur »logica nova« (→ Logik) philos. entfaltet wurde, ist *Lehr- und Denkform*. Die Argumentation in Quaestio und Disputatio ist die »Außenseite« des scholast. Denkens, das bewußt mit dem definitiven Urteil zurückhält, die Einwände und Bedenken zum Wort kommen läßt und alle möglichen, gegensätzl. Lösungen ausdiskutiert, um gerade so zu einer allseits gesicherten Erkenntnis zu kommen. Peter →Abaelard brachte die Dialektik, die er als omnium magistra rationum preist (Theologia »Scholarium«, MPL 178, 979 C), voll und ganz in der Theologie zur Geltung. In vielen anderen Schulen wurde diese »Lehrform« Mode, die nicht nur von den Antidialektikern scharf gerügt, sondern auch von →Johannes v. Salisbury (Entheticus de dogmate philosophorum 110–114, ed J. A. GILES, V. 242). In diesen sprachlog. und dialekt. Übungen und Untersuchungen ging es um die log. streng-konsequente Ausdrucksweise, auch in der Theologie (in den Aussagen über den drei-einen Gott oder über den menschgewordenen Gott). Ohne die Grenzen zw. philosoph. und theol. Aussage zu verwischen, hat auch Thomas v. Aquin den Wissenschaftsbegriff der aristotel. Analytik II im Sinne des urteilbildenden, beweisführenden und schlußfolgernden Denkens streng durchgeführt.

Auf der Grundlage dieses Wissenschaftsbegriffes wurden im 13. Jh. (zunächst unsicher und tastend, dann aber selbständig und eigenmächtig) in der Artistenfakultät alle Schriften des Aristoteles erklärt und diskutiert. Die artes wiesen den Weg; die Sache selbst führte weiter (→Aristoteles). L. Hödl

Lit.: F. VAN STEENBERGHEN, La Philosophie au XIIIe s., 1966 (Philos. médiév. IX), dt. Übers. R. WAGNER, Die Philosophie im 13. Jh., hg. M. A. ROESLE, 1977, 513–553 [Lit.] – J. KOCH, A. l. Von der antiken Bildung zur Wiss. des MA, 1959 (Stud. und Texte... Geistesgesch. des MA V) – Arts libéraux et philosophie au MA. Actes du IVe congrès internat. de philos. médiévale (27. VIII.–2. IX. 1967), Montréal–Paris 1969 (mit 1249 Seiten die umfangreichste und intensivste Untersuchung).

IV. BEDEUTUNG FÜR DIE MEDIZIN: Das Lehrsystem der sieben freien Künste bildete auch für die Medizin des frühen MA das Gerüst theoret. Grundlegung und ärztl. Ausbildung. Die freien Künste erscheinen erstmals systemat. in »De nuptiis Philologiae et Mercurii« des Martianus Capella und wurden bereits von Cassiodorus und Hrabanus Maurus auf die Theorie und Praxis der Heilkunde angewandt. Einige Autoren der karol. Zeit, so Alkuin, Dungal, Theodulf v. Orléans, versuchten überdies, die A. l. um eine »ars octava« zu erweitern und die Medizin eigenständig zu machen. Eine erste systemat. Zuordnung innerhalb des Systems der sieben freien Künste erfährt die Heilkunde bei Isidor v. Sevilla. Das vierte Buch der»Etymologiae« trägt den Titel »De Medicina« und befaßt sich mit den beiden traditionellen Säulen der Heilkunst, dem Gesundheitsschutz (tuitio corporis) und der Krankenheilung (restauratio salutis). Vom gebildeten Arzt wird erwartet, daß er in allen sieben freien Künsten (disciplinae liberales) zu Hause ist, in Grammatik, Rhetorik und Dialektik gleicherweise wie im Quadrivium (hier bes. in der »Musica« als einer makro-mikrokosm. Proportionskunde). Die Medizin wird daher von Isidor nicht als bes. Disziplin im Artes-System verstanden, sondern als Integration aller A. l. Die Medizin trägt – nach Isidor – zu Recht den Namen einer »zweiten Philosophie« (secunda philosophia).

Am Schrifttum der älteren Salernitaner Schule läßt sich bereits deutlich verfolgen, daß auch die frühma. Heilkunst keineswegs rein pragmat. orientiert, sondern um ein theoret. Konzept und ein dementsprechendes Ausbildungsprogramm bemüht war, das seine Wurzel vornehml. im Quadrivium fand, ohne die Trivialdisziplinen zu vernachlässigen. Bis zum Ausgang des 11. Jh. entsprach das

System der sieben freien Künste in seinem ebenso elementaren wie enzyklopäd. Charakter dem Bildungsideal auch der Medizin in Praxis wie Theorie. Erst mit der Bereicherung des Wissensstoffes im 12. Jh. und der Einführung neuartiger Erkenntnismethoden wird der Rahmen der A. l. gesprengt. Mit dem 12. Jh. treten zudem die A. l. in Konkurrenz zu den → Artes mechanicae (so bei Hugo v. St. Victor, wo die »medicina« zw. »venatio« und »theatrica« rangiert), um seit dem 13. Jh. durch das über die gr.-arab. Rezeption vermittelte aristotel. Bildungskonzept vollends abgelöst zu werden. H. Schipperges

Q. und Lit.: Isidor v. Sevilla, Etymologiarum sive originum libri XX, ed. W. M. LINDSAY, 1911 – Martianus Capella, De nuptiis Philologiae et Mercurii, ed. A. DICK, 1925 – L. C. MACKINNEY, Early Medieval Medicine, 1937 – P. O. KRISTELLER, Stud. in Renaissance Thought and Letters, 1956 – A. BECCARIA, I codici di medicina del periodo presalernitano, 1956 – H. SCHIPPERGES, Arab. Medizin im lat. MA, 1976.

Artes mechanicae. Seit Cassiodor und Isidor von Sevilla wird im frühen MA die im lat. Sprachgebrauch weitgehend verlorene Bedeutung von mechanikē technē für ars m(echanica) übernommen, als prakt. und theoret. Ingenieurstätigkeit, verbunden mit der Vorstellung, daß dadurch die Natur überlistet und Wunderwerke vollbracht würden. Mechanica zählt im Anschluß an Varro (hier = architectura) neben dem Quadrivium (→ Artes liberales), astrologia und medicina zu den sieben Fächern der physica (Isidor, Aldhelm, Hrabanus Maurus, Ermenich von Ellwangen u. a.), doch wird ihr Inhalt in Ermangelung mathemat. Lehrbücher häufig auf den prakt. Teil (fabricatio) beschränkt; die Begründung der Nützlichkeit der Geometrie auch für die mechanici bleibt lit. Übernahme. Seit dem 9. Jh. ist a. m. 'Kunstfertigkeit', das kunstvolle und technisch-raffinierte Handwerk; so verschwindet nach dem 9. Jh. die mechanica aus den auf Isidor zurückgehenden Wissenschaftseinteilungen: an deren Stelle treten neben die Gruppe der sechs anderen, höheren artes als zweite Gruppe artes minores, später auch artes leviores genannt, die rein körperl. Tätigkeiten (Handwerke) umfassen. Für diese wird in Analogie zu den sieben artes liberales der Allgemein- und Seelenbildung von →Johannes Scottus Eriugena 859 im Kommentar zu → Martianus Capella (verbreitet insbes. durch den Kommentar → Remigius v. Auxerre) die Bezeichnung »septem artes m.« (»die in der Seele« »non naturaliter insunt sed quadam excogitatione humana«) erfunden und architectura (Baukunst) als Beispiel genannt [Annotationes in Marcianum, 170, 14; ed. C. E. LUTZ, 1939, 86 ff.]; doch setzt sich diese Bezeichnung erst seit dem 12./13. Jh. durch, als a. m. auch in der Urkundensprache die gegenüber dem Handel niedriger eingeschätzten und sozial minderwertigeren handwerkl.-techn. Erwerbstätigkeiten bezeichnen.

Zu Beginn des 12. Jh. spricht → Honorius Augustodunensis die m. als einen der zehn Wissensbereiche (civitates) an, sie lehre »omnes artes, quae manibus fiunt« (De animae exitio; MPL 172, col. 1245 B), setze zwar die vor ihr rangierenden sieben artes liberales und Medizin voraus, stehe aber auch unter ihnen, gefolgt nur von der Ökonomik. Eine ähnl. Stellung erhält die m. in der für die Folgezeit maßgebl. Einteilung im »Didascalicon« → Hugos v. St.-Victor (um 1130). Sie wird hier zwar bewußt Wissenschaft (scientia) statt Kunst (ars) genannt, weil sie neben der Praxis der von Gelehrten behandelten Theorie (ratio) bedürfe (z. T. nur als Forderung erhoben) und die anderen Wissenschaften vorraussetze, doch als »uneigentliche« (adulterina), dem prakt. Nutzen dienende. Sie nach logica, ethica und theorica die vierte der principales scientiae, doch als solche für des Menschen Dasein notwendig. Hugos Versuch der Aufwertung wird gestützt durch die Einbeziehung aller menschl. Werk-Tätigkeiten, die analog zu den scientiae liberales auf sieben Gruppen verteilt und analog zu Trivium und Quadrivium in einen nach außen und einen nach innen gewendeten Bereich unterteilt werden: 1. lanificium (Verarbeitung flexibler organ. Stoffe), 2. armatura (techn. Handwerk: bildende Künste, Waffenbau, Baugewerbe), 3. navigatio (Handel zu Wasser und Land); 4. agricultura (Garten- und Landwirtschaft), 5. venatio (Lebensmittelgewerbe aller Art), 6. medicina, 7. theatrica (Ritterspiele).

Bei →Dominicus Gundissalinus (um 1150) werden zwar unter die a. m. (artes fabriles) wieder nur alle Werk-Tätigkeiten zusammengefaßt, die natürl. organ. und anorgan. Stoffe verarbeiten, neu ist hier allerdings, daß diese artes erstmals wieder als Anwendungsbereiche der Geometrie aufgefaßt werden, im Anschluß an die über arab. Gelehrte (bes. → al-Fārābī) wieder zugängl. hellenist. Auffassung von den mechanikai technai als angewandter Mathematik. Wahrscheinl. beruht hierauf bei ihm auch das Fehlen jegl. Abwertung gegenüber den Freien Künsten. Üblich blieb jedoch bis zum Ausgang des 13. Jh. trotz des Aufwertungsversuchs bei Hugo die pejorative Einschätzung, meist graduell unterschieden für die dem menschl. Dasein notwendigen und die nur der Bequemlichkeit und dem Vergnügen dienenden Künste. Die m. wird dabei z. T. zusammen mit der Logik zu den prakt. Disziplinen gezählt (Gottfried von St-Victor u. a.) oder als selbständiges Gebiet außerhalb der philosophia angeordnet (→ Bernardus Silvestris u. a.), betont wird jedoch ihr dienender, unfreier (servilis) und unechter, nachahmender (adulter) Charakter, gelegentl. mit Bezug auf die falsche Etymologie mechanicus/m(o)echus 'Ehebrecher' (adulter) – erstmals Ende des 9. Jh. in einem Glossar (Scholia Graecarum Glossarum, ed. M. L. W. LAISTNER, Notes on Greek from a lecturer of the 9th century monastery teacher, Bull. of the John Rylands Library 7, 1923, 19). Sie dienten nicht wie die echten Wissenschaften der Weisheit, Gottes- und Selbsterkenntnis, sondern der Wirkung in äußerer Materie (Albertus Magnus, Thomas v. Aquin) oder Erwerbszwecken (Engelbert v. Admont). Auch in den Wissenschaftseinteilungen im Gefolge Hugos werden die Gebiete der m. seit dem Anfang des 13. Jh. im Anschluß an die wieder auflebende antike Tradition bewußt und fast ausschließl. wieder artes genannt; sie seien neben der Anwendung von Regeln die Sammlung (collectio) und Lehre dieser Regeln, nicht rationale Erkenntnis. Ihre allzu künstl.-schemat. Aufteilung wird – oft unter Beibehaltung der Siebenzahl, meist jedoch die Schauspielkunst durch den Teil einer der anderen und die selbständige medicina durch die chirurgia ersetzend – sachlich differenziert, aber über das 13. hinaus bis ins 15. Jh. beibehalten.

Albertus Magnus, Thomas v. Aquin und ihre Schüler lehnen sich demgegenüber stärker an den wieder bekannt gewordenen Aristoteles und seine Unterscheidung von actio (Handeln) und factio (Machen) an und bezeichnen die a. m. als scientiae factivae, operativae, die Anwendungsbereiche der Geometrie darstellten; im Gegensatz zu Aristoteles und den hellenist. Mechanikern, die damit die techn. Mechanik meinten, werden von ihnen als Beispiele allerdings nur handwerkl. a. m. im Sinne des 12./13. Jh. herangezogen – bes. bei Thomas verbunden mit der entsprechenden sozialen Abwertung als artes serviles und Handwerke. Im Anschluß daran verbindet etwa Raimundus Lullus in der »arbor scientiae« eine wertende Rangfolge auch wieder mit den sozialen Ständen: milites, burgenses, mercatores als handelnd, populus als fabrizierend (artes m.; Arbor imperialis, ed. Lyon 1515, f. 60b); und dieses bleibt bis ins ausgehende 16. Jh. die übliche Einordnung und Bewertung.

Mechanicus ist der Handwerker, a. m. das (kunstvolle) Handwerk, das »bloß mechanisch« vorgeht, obgleich die bereits von Hugo von St. Viktor erhobene und von Albertus Magnus bekräftigte Forderung nach theoret. Fundierung durch Gelehrte allmähl. Früchte trug – anfangs durch die Übertragung (teils arab. Übersetzungen) hellenist. math. und mechan. Schriften und entsprechender arab. Werke, dann auch zunehmend durch selbständige Bearbeitungen: Theophilus, Roger Bacon, Villard de Honnecourt, Jordanus Saxo (gen. Nemorarius), Vincenz v. Beauvais, Guido da Vigevano, Fibonacci usw. Die mechan. Technik selber, im HochMA in den Klöstern zur Entlastung der Arbeitskraft zugunsten geistiger Besinnung entwickelt, fand Eingang in das städt. Gewerbe, und im 16. Jh. wurden, ausgehend vom it. Späthumanismus, bewußt zum Ausweis der Wissenschaftlichkeit die prakt. Ingenieurtätigkeiten mit den theoret. Schriften der Antike verknüpft (Leonardo da Vinci, N. Tartiglia, G. U. del Monte, G. Galilei). Schon die Renaissancekünstler hatten die soziale Aufwertung ihrer a. m. durch die Forderung und Durchführung einer Verwissenschaftung in Form einer Anlehnung an die artes liberales durch Mathematisierung erstrebt und erreicht (L.B. Alberti, Leonardo, Michelangelo, A. Dürer u. a.). Eine Aufwertung der techn. Mechanik als angewandter Mathematik war schließl. auch mit dem Wiederauffinden der »Problemata mechanika« des →Aristoteles um 1400 verbunden. Die darin und in anderen mechan. Schriften der Antike enthaltene Vorstellung, daß mittels dieser Mechanik (Maschinen) die Natur überlistet und naturwidrige Vorgänge ausgeführt würden, wurde erst im ausgehenden 16. Jh. von Galilei widerlegt. Es ist zu unterscheiden zw. der sog. techn. Mechanik (artes mechanicae) und der heutigen theoret. Mechanik (Statik, Dynamik...). Die theoret. Mechanik wurde im MA ebenfalls gepflegt und basierte bereits damals auf math. Theorien (vgl. die Schriften von Jordanus Saxo, gen. Nemorarius zur Statik und die Texte zur Kinematik im MA). Aus der Aufwertung derjenigen ma. a. m., die schon in der Antike zur mechanikē technē gehört hatten, wird dann auch das Bestreben des ausgehenden 16. Jh. verständlich, nicht mehr jedes gewöhnl. Handwerk mechanisch zu nennen, sondern nur die techn. Künste, in denen theoret. (math.) Wissen und handwerkl. Geschicklichkeit zusammenfallen (vgl. Gregorius Tolosanus: »Syntaxis artis mirabilis«, Köln 1602, XXIV 2). F. Krafft

Lit.: E.W. TAYLER, Nature and art in renaissance literature, 1964 – P. STERNAGEL, Die a.m. im MA. Begriffs- und Bedeutungsgesch. bis zum Ende des 13. Jh., 1966 [zahlreiche Belegstellen] – Weiteres → Aristoteles (Mechanik).

Artes poeticae → Ars poetica

Artes praedicandi, ma. Anleitungen für die →Predigt, die in mündl. Vortrag überzeugen und erbauen will, stehen sachl. an sich der antiken Rhetorik näher als die artes dictandi und versificatoriae, die sich mit schriftl. Sprachprodukten befassen. So übernahm auch Augustinus in sein Bild des chr. Redners (De doctr. Christ. IV – weitgehend exzerpiert von →Hrabanus Maurus in De inst. cler. III) detaillierte Stilpraecepta aus Cicero. Doch die wenigen übrigen Predigtlehren bis ins 12. Jh. (→ Gregors d. Gr. Cura pastoralis, → Guiberts v. Nogent »Quo ordine sermo fieri debeat«, → Alanus' ab I. »De arte praedicatoria«) geben, in erster Linie auf den Stoff (materia) gerichtet, nur recht allg. Ratschläge für die Predigt, deren herrschender Typ seit den → Kirchenvätern die Homilie (Erklärung und moral. Auswertung eines Abschnitts aus der Hl. Schrift in freier Gedankenfolge) war.

Gegenüber dieser 'alten' Art entwickelt sich um 1200 (angelegt schon in Alanus' Predigtmustern, voll ausgebildet in den Pariser Universitätspredigten von 1230/31) der 'moderne', scholast.-dialekt., themat. sermo, der ein kurzes Schrift-(Väter-)Zitat (→ thema), syllogist. argumentierend, in systemat. Aufbau behandelt. Dementsprechend verlangt die seit dem Beginn des 13. Jh. aufkommende 'moderne' Form der a. p. nach der Nennung des Themas u. a. ein Prothema (antethema) mit Gebet (oratio, invocare), dann eine Wiederaufnahme (→ introductio) und Aufgliederung (divisio) des Themas mit subdivisiones und erweiternder Ausführung (dilatatio) unter Verwendung von beweiskräftigen 'Autoritäten' (auctoritates, confirmatio), Vergleichen (comparatio, similitudo) und → Exempla und gestattet bes. für die einzelnen divisio-Glieder → Klauseln (cadentiae) und → Figuren-Schmuck; in Details differiert hier der (auf bautechn. einfachere) Pariser vom (in dieser Hinsicht subtileren) Oxforder modus. Über 300 'moderne' a. p. sind aus den drei Jh. bis zur Reformation, in denen die themat. Predigt das Feld beherrschte, erhalten, viele anonym, nur etwas über 20 veröffentlicht (vgl. aus der Zeit bis 1250 Alexander v. Ashby, → Thomas v. Salisbury, → Richard v. Thetford, aus dem 14. Jh. die Spitzenwerke der gesamten Gattung von → Robert v. Basevorn und → Thomas Waleys): noch ein weites Feld für die Forschung. – Neben den a. p. standen weitere Predigthilfen zur Verfügung, z. B. Sammlungen von Musterpredigten (z. B. das »Speculum ecclesiae« des → Honorius Augustodunensis, das auch einige 'technische' Bemerkungen enthält) und einschlägigen Materialien (z. B. Bibellexika wie die Distinctiones dictionum theologicalium des → Alanus ab Insulis und Exempla-Schatztruhen wie die »Legenda aurea« des → Jacobus de Voragine). F. Quadlbauer

Lit.: H. CAPLAN, Mediaeval A. p., A Hand-list, 1934 (Suppl. 1936) – TH. M. CHARLAND, A. p., 1936 – H. CAPLAN, Of Eloquence, ed. E. KING–H. NORTH, 1970, 105 ff. – J. J. MURPHY, Medieval Rhetoric, A Select Bibliogr., 1971 – W. ZILTENER, Zur bildungsgesch. Eigenart der höf. Dichtung, 1972, 43 ff. – J. J. MURPHY, Rhetoric in the MA, 1974.

Artes septem → Artes liberales

Artevelde. 1. A., Jakob (Jacobs) van, Genter Politiker, * ca. 1290, † am 17. Juli 1345 in Gent; Mitglied des Genter Patriziats, dessen Interessen zu Beginn des → Hundertjährigen Kriegs durch die frankreichfreundl. Politik des Gf.en Ludwig v. Nevers bes. geschädigt wurden. Am 12. Aug. 1336 reagierte der engl. Kg. auf dessen Beschlagnahme von Waren engl. Kaufleute durch den Gf.en mit einem Handelsembargo für Wolle, dem wichtigsten Rohstoff des fläm. Tuchgewerbes. In diesem Zusammenhang wurde A. am 3. Jan. 1338 zum Leiter der revolutionären Obrigkeit ernannt, die neben dem herkömmlichen Stadtregiment aufzutreten begann. A. führte seine wirtschaftl. Wiederaufbaupolitik in engem Einvernehmen mit den anderen fläm. Städten und auch mit Brabant, Holland und Geldern. Bereits März 1338 gelang es ihm, die Wolleinfuhr erneut zu sichern. In den Monaten Juni-Juli erreichte A., daß sowohl der frz. als auch der engl. Kg. die Neutralität Flanderns anerkannten, ein Zustand, den A. bis Dez. 1338 aufrechterhalten konnte. Die Legalität der Herrschaft A.s schien durch die Tatsache gegeben zu sein, daß Ludwig v. Nevers bis Dez. 1339 in Flandern tätig blieb, um A. von einer Koalition mit England abzuhalten. Am 3. Dez. 1339 veranlaßte A. den Gf.en, gegen dessen Willen ein monetäres und polit. Abkommen mit Brabant zu schließen, das als Vorstufe zu einem Vertrag mit England dienen sollte. Ludwig konnte und wollte sich dem nicht anschließen und flüchtete nach Frankreich. A. schloß das Bündnis mit England erst, nachdem Eduard III. am 26. Jan. 1340 in Gent von den fläm. Städten als Kg. v. Frankreich anerkannt worden war. In den fünf darauffolgenden Jahren schwand A.s Ansehen allmählich. Seine Landespolitik bedeutete eine Vorherrschaft der drei großen Städte Gent, Brügge und Ypern auf Kosten der kleinen Städte und ländl. Gebiete, deren Tuchgewerbe behindert und unterdrückt wurde. In Gent selbst hatte A. stets nach einem Gleichgewicht zw. den sozialen Gruppen gestrebt. Der Griff der Weber von Gent nach der Alleinherrschaft (2. Mai 1345) zwang ihn abzutreten; ein Weberaufstand führte zu seiner Ermordung. → Gent, → Flandern. W. Prevenier

Lit.: H.S. LUCAS, The Low Countries and the Hundred Years' War, 1929 – H. VAN WERVEKE, Jacques van A., 1942 – P. ROGGHÉ, Vlaanderen en het zevenjarig beleid van Jacob van A., 1949.

2. A., Philipp (Filips) van, Genter Politiker, Sohn von 1, * 18. Juli 1340, † 27. Nov. 1382. Nach dem Tod seines Vaters entkam A. nach England, wo er als Mitglied der englandfreundl. fläm. Partei eine sichere Zuflucht fand. 1360 kehrte er nach Gent zurück und lebte dort als angesehener und wohlhabender Bürger. Neben dem Tuchgeschäft betrieb er wie viele Genter Patrizier auch Weinhandel und war Grundbesitzer. Seine polit. Karriere, die der antigräfl. Tradition seiner Familie entsprach, war von kurzer Dauer und verlief dramatisch: A. war im zweiten großen fläm. Aufstand gegen die gfl. Landesherrschaft 1379–85 – wie schon sein Vater im vorhergehenden Aufstand (1338–45) – führender Vertreter der Autonomiebewegung, die mit Unterstützung Englands eine Herrschaft der drei großen fläm. Städte Gent, Brügge und Ypern über die Gft. errichten wollte. Am 24. Jan. 1382 wurde A. von der radikalen »Partei« zum Führer ernannt und zum Oberhaupt von Gent erhoben. Darüber hinaus errang er durch krieger. Unternehmungen gegen Brabant und Lüttich bald eine führende Stellung im ganzen Land, v. a. als Leiter eines erfolgreichen Feldzuges gegen die grafenfreundl. Partei auf dem Beverhoutsveld bei Brügge (3. Mai 1382). Seine »nationale« Rolle fand durch seine Ernennung zum →Ruward v. Flandern offizielle Anerkennung. Dieses Amt bekleidete er als Vertreter des engl. Kg.s Richard II., den er als Kg. v. Frankreich und damit als Oberlehnsherrn von Flandern anerkannt hatte. Er wurde bei →West-Rozebeke von verbündeten Streitkräften des Gf.en und Frankreichs geschlagen und fand in der Schlacht den Tod. → Gent, → Flandern. W. Prevenier

Lit.: F. QUICKE, Les Pays-Bas à la veille de l'unification bourguignonne, 1947.

Arthur.

1. A. I., Gf. der Bretagne, posthumer Sohn des Gf.en Geoffroy (Godfredus), des dritten Sohnes Kg. Heinrichs II. v. England, und der Constance, Erbin der Bretagne, * 1187, genauer Zeitpunkt des Todes unbekannt. A. empfing die Erbschaft seines Vaters. Kg. Richard bestimmte ihn 1191 zu seinem Erben, enterbte ihn jedoch später zugunsten Johanns »Ohneland«. A. beanspruchte weiterhin das Erbe Richards, da sein Vater älter als Johann war. Während der Kriege zw. Johann und Kg. Philipp August v. Frankreich stellte sich A. in den Dienst des frz. Kg.s. Ein Teil der Barone v. Anjou und Maine erkannte ihn an, er leistete Philipp August den Lehnseid und führte Krieg gegen seinen Onkel. Ein erstes Mal bereits von Guillaume des Roches, Seneschall v. Anjou, an Johann ausgeliefert, vermochte er zu fliehen. Er wurde vom frz. Kg. im Vertrag von Goulet (1200) preisgegeben, der ihn später allerdings erneut als Parteigänger und Werkzeug benutzte. 1202 wurde er von seinem Onkel gefangengenommen, als er seine Großmutter, Eleonore v. Aquitanien, belagerte. Er wurde anschließend vielleicht von Johann ermordet. – Sein Schicksal gab Anlaß zur Entstehung von Sagen. J. Boussard

Lit.: DBF, s. v. – CH. PETIT-DUTAILLIS, Le déshéritement de Jean sans Terre et le meurtre d'Arthur de Bretagne, RH 1924–25 – J. BOUSSARD, Le comté d'Anjou sous Henri Plantegenêt et ses fils, 1938 – E. R. LABANDE, Pour une image véridique d'Aliénor d'Aquitaine, Bull. de la Soc. des Ant. de l'Ouest, 1952.

2. A. II., Hzg. der Bretagne 1305–1312, * 1262 als Sohn Johanns II., des Gf.en und Hzg.s der Bretagne, und der Beatrice v. England, † 1312, ⚭ 1. 1275 Maria v. Limoges (Kinder: Johann III. und Guy de Penthièvre, Vater v. Johanna v. Penthièvre), ⚭ 2. 1294 Yolande v. Dreux, Erbin v. Montfort-l'Amaury (Sohn: Johann v. Montfort). Diese beiden Ehen hatten verhängnisvolle Folgen für die Bretagne. A. verfolgte die Politik seines Vaters und erreichte 1309 vom Papst die Reduzierung der finanziellen Privilegien der bret. Geistlichkeit bezügl. Heirat und Erbfolge. Um die geistl. Herrschaft über → St-Malo, die zw. Bf. und Domkapitel geteilt war, abzuschütteln, begünstigte er 1308 die Gründung eines kommunalen Schwurverbandes, mußte aber angesichts der Intervention Kg. Philipps des Schönen nachgeben. Der Kg. dehnte seinen Einfluß auf das Hzm. mit Hilfe bret. Kleriker in seiner Kanzlei geschickt aus und zögerte nicht, seine Bevollmächtigten Maßnahmen gegen die Templer durchführen zu lassen, deren Orden 1312 auf dem Konzil v. → Vienne unterdrückt worden war. J. Charpy

Lit.: → Bretagne.

3. A. III., Hzg. der Bretagne 1457–58, Gf. v. Richemont, frz. Heerführer und Staatsmann, bekannt unter dem Namen »Connétable de Richemont«; * 24. Aug. 1393 auf Schloß Suscinio, † 26. Dez. 1458, ⌑ Nantes, Kartause (von ihm gegr.); Sohn Johanns IV. und der Johanna v. Navarra, ⚭ 1. Margarete v. Burgund, 2. Johanna v. Albret, 3. Katharina v. Luxemburg; keine legitimen Kinder. – Von 1415 (Schlacht bei Azincourt) bis 1422 in engl. Gefangenschaft, trat er danach wie viele Bretonen in frz. Dienste; Kg. Karl VII., an einem Bündnis mit A.s Bruder Johann V. interessiert, ernannte ihn 1425 zum Connétable. Ehrgeizig und energisch, erlangte er bald großen Einfluß am Hof von Bourges: Trotz Rivalität zu → La Trémoille und ztw. Exils war er an der Einnahme von Beaugency durch →Jeanne d'Arc und am Sieg v. Patay beteiligt. Nach der Ermordung La Trémoilles durch einen Gefolgsmann A.s wurde der Connétable zum beherrschenden Ratgeber Karls VII. 1435 gelang ihm im Vertrag v. →Arras der Ausgleich zw. Burgund und Frankreich. Am 13. April 1436 hielt er seinen feierl. Einzug in das zurückeroberte Paris. Er verteidigte 1440 die kgl. Sache gegen die Führer der → Praguerie und nutzte den Waffenstillstand mit den Engländern, um die kgl. Armee zu reorganisieren (Schaffung der *compagnies d'ordonnances* und der *Francs Archers*; →Heerwesen, frz.). Nach dem Wiederausbrechen der offenen Feindseligkeiten mit England (nach der Ermordung Gilles de Bretagne, des Bruders des bret. Hzg.s Franz I. 1446, engl. Einnahme v. Fougères 1449) machten sich der Connétable und seine bret. Streitkräfte mit Unterstützung von → Dunois, den der Kg. gesandt hatte, zu Herren der Halbinsel Cotentin und eroberten Fougères zurück. Als neue engl. Truppen in Cherbourg landeten, kam A. dem Gf.en v. Clermont zu Hilfe und besiegte das engl. Heer am 15. April 1450 bei Formigny nahe Bayeux. Durch diesen Sieg eroberte A. dem frz. Kg. die Normandie zurück, in der er zum Gouverneur eingesetzt wurde; dieser Erfolg bildete eine der entscheidensten Etappen des Hundertjährigen Krieges.

Da weder Hzg. Franz I. noch sein Bruder Peter II. Söhne hinterließen, trat A. am 22. Sept. 1457 die Nachfolge als Hzg. der Bretagne an. Wie seine Vorgänger verteidigte er die Sonderstellung des Hzm.s. Er leistete dem Kg. nur den einfachen Lehnseid und blieb Connétable. Auch widersetzte er sich der Forderung Karls VII., am Prozeß gegen seinen in Aufstände gegen den Kg. verwickelten Neffen, Hzg. Johann II. v. →Alençon, teilzunehmen und erlangte dessen Begnadigung. Mit gleicher Energie stellte er sich den Kräften in der Bretagne entgegen, die nach Unabhängigkeit von seiner Autorität strebten (so der Bf. v. Nantes). Er hinterließ das Hzm. seinem Neffen François d'Etampes (→ Franz II.). J. Charpy

Lit.: J. P. GAUTIER, Lettres inédites du connétable A. de Richemont... aux conseillers et habitants de la ville de Lyon, Rev. du Lyonnais 19, 1859, 322-343 – G. DU FRESNE DE BEAUCOURT, Lettres du connétable de Richemont, Rev. d'hist. nobiliaire I, 1882, 453-475 – A. DE LA BORDERIE, A. de Bretagne, comte de Richemont, connétable. Actes inédits, Rev. de Bretagne 9, 1885, 5-17 – E. COSNEAU, Le connétable de Richemont, A. de Bretagne, 1393-1458, 1887 – L. TREBUCHET, Un compagnon de Jeanne d'Arc: A. III comte de Richemont..., 1896.

4. A., *Prince of Wales*, *19. Sept. 1486, †2. April 1502, ∞ 14. Nov. 1501 Katharina, Infantin v. Spanien, ältester Sohn Heinrichs VII. und Elisabeths, der Tochter Eduards IV. Seine Geburt wurde als Symbol der Einheit Englands unter dem Haus →Tudor nach dem Ende der →Rosenkriege gefeiert. A. erhielt eine sorgfältige Ausbildung durch den Oxforder Humanisten John Rede und den Dichter Bernard André. Am 29. Nov. 1489 zum Prince of Wales, Earl of Chester und Knight of the Garter erhoben, wurde 1490 für ihn ein eigener Rat und Hofhalt in Ludlow errichtet, von dem aus Wales und die Marken verwaltet werden sollten. Bereits 1488 wurden Heiratsverhandlungen mit Ferdinand und Isabella aufgenommen. Die Verheiratung A.s mit der Infantin Katharina war Teil des Vertrages v. → Medina del Campo (1491), es folgte die Eheschließung per procuram, schließlich 1501 die Hochzeitsfeier, die A. nur um fünf Monate überlebte.
A. Cameron

Lit.: S. ANGLO, Spectacle, Pageantry and Early Tudor Policy, 1969 – S. B. CHRIMES, Henry VII, 1972.

Arthur → Artus, Artussage, Artusromane
Arti maggiori, Arti minori → Zünfte
Articella. In Frühdrucken findet sich seit etwa 1476 eine Zusammenstellung med. Werke salernitan. Provenienz, die seit 1483 den Titel »Artisella Hippocratis« (sic!) führt. Es handelt sich dabei um die Übersetzungen des → Constantinus Africanus, der »Isagoge in artem parvam Galeni« des →Johannitius (Ḥunain ibn Isḥāq), der hippokrat. Aphorismen mit dem Kommentar Galens dazu in der Übersetzung des Johannitius, des Prognostikon des Hippokrates mit dem Kommentar Galens dazu in der Übersetzung des Johannitius, des hippokrat. »Regimen acutorum morborum« mit dem Kommentar Galens dazu in der Übersetzung des Johannitius und der (Mikro) →»Tegni Galieni« in der Übersetzung des Johannitius mit dem Kommentar des Ibn Riḍwān, sowie anonyme Übersetzungen aus dem Gr. ins Lat. der Pulsschrift des → Philaretus und der Urinschrift des → Theophilos. In dieser Zusammenstellung finden sich diese Schriften, in deren Zentrum der arab. Eingangsliteratur in das klass. med. Schrifttum der Griechen steht, bereits in Hss. seit der Mitte des 12. Jh.; die Tatsache, daß solche Hss. bzw. Texte, die in ihnen enthalten sind, ebenfalls seit der Mitte des 12. Jh. von salernitan. Magistri wie → Maurus, Musandinus und Bartholomaeus kommentiert wurden, zeigt, daß mit dieser Textgruppe das erste universitäre Lehrbuch der Medizin vorliegt. Diese sog. A.-Hss. reichen zeitl. bis zum 15. Jh. und haben damit eine direkte Kontinuität zur Tradition der Frühdrucke. Die zeitl. wie räuml. Verbreitung der A. korrespondiert mit der Tatsache, daß dieses Lehrbuch das Grundgerüst der med. Ausbildung nicht nur in → Salerno, sondern auch an den europ. Univ. des SpätMA bildete. Die Studienpläne von Bologna und Paris – um nur zwei Beispiele zu nennen – bezeugen dies. G. Baader

Ed. pr.: Padua bei Nicolaus Petri um 1476 – *Lit.*: GW 2678-2683 – C. MALAGOLA, Statute delle università e dei colleghi dello studio Bolognese, 1888 – H. A. DIELS, Die Hss. der antiken Ärzte I, AAB. PH 1905/III, 5-7, 8f. 14-16, 61-63 – DERS., Die Hss. der antiken Ärzte II, AAB. PH 1906/I, 83f., 103f. – DERS., I. Nachtrag zu den Katalogen der griechischen Ärzte, AAB. PH 1907/II, 25, 30, 63, 68 – KLEBS 116, 1-6 – E. SEIDLER, Die Heilkunde des ausgehenden MA in Paris, Stud. zur Struktur der spätscholast. Medizin, SudArch Beih. 8, 1967, 44-49 – G. BAADER, Hs. und Inkunabel in der Überlieferung der med. Lit. (E. SCHMAUDERER [Hg.], Buch und Wiss., Technikgesch. in Einzeldarstellungen 17, 1969), 22-28 – P. O. KRISTELLER, Nuove fonti per la medicina salernitana del secolo XII, Ras. storica Salernitana 18, 1975, 61-75 – DERS., Bartholomaeus, Musandinus and Maurus of Salerno and other early commentators of the »A.« with a tentative list of texts and manuscripts, IMU 19, 1976, 57-87.

Articles, Committee of the, Ausschuß des schott. → Parlaments. In den 60er Jahren des 14. Jh. führten die komplexen polit. und finanziellen Probleme, mit denen David II. konfrontiert war, im schott. Parlament zu einer schnellen Entwicklung von Delegationen und Ausschüssen. *Points* (Leitlinien zu den Verhandlungsgegenständen), die von der Regierung vorbereitet waren, wurden vor das Parlament gebracht, welches die Diskussion gelegentl. einem großen Ausschuß, der aus Prälaten und Lords, nicht aber aus bürgerl. Abgeordneten bestand, übertrug. Anscheinend wurden die vom Ausschuß vorgeschlagenen Verordnungen vom Parlament oder bei einem Treffen aller seiner Ausschüsse überprüft. Lücken in den Aufzeichnungen verhindern ein klares Bild dieser Entwicklung. Es gab aber offensichtl. unter Jakob I. (1424-37) in der Volkssprache abgefaßte Gesetze, die oft mit Gruppen verwandter Beschlüsse verbunden waren, was vermuten läßt, daß der Ausschuß nun Entwürfe von Beschlüssen oder *articles* von der Regierung oder anderer Seite erhielt. Ab 1425 wurden seine Vorschläge anscheinend vom Parlament förmlich genehmigt und damit zum Beschluß erhoben. Das ursprgl. Parlamentsregister von 1466 ist erhalten; es zeigt gelegentl. Textänderungen, die wahrscheinl. vom Parlament vor der endgültigen Annahme gemacht wurden. Der Ausschuß war ein nützl. Instrument zur Ausübung bestimmter legislativer Tätigkeiten; polit. (v. a. außenpolit.) Angelegenheiten und Steuerfragen wurden wahrscheinl. vor dem Plenum diskutiert, wenn das C. of the A. auch vielleicht Vorentwürfe für Gesetze lieferte. Seit 1466 (wahrscheinl. aber schon seit 1424) waren immer Mitglieder aller drei Stände beteiligt, doch schwankte die Anzahl 1466-88 zw. neun und sechzehn; danach war sie im allgemeinen höher als zwanzig.
A. A. M. Duncan

Q.: Acts of the Parliaments of Scotland 1, 1843; 2, 1814; 12, 1875 – Lit.: R. S. RAIT, The Parliaments of Scotland, 1924.

Articuli super Cartas, eine Reihe von Zugeständnissen, die Eduard I. 1300 machte. Sie sahen die Aufrechterhaltung der → Magna Charta und der »Forest Charter« vor. Weitere Artikel ordneten die Beschränkungen von *prises* an, engten das *Privy Seal* (→ Privy Seal Office) und die Jurisdiktion des → Exchequer ein. Sie betrafen ferner die Sheriffwahl und die Einrichtung von Feingehaltsstempeln für Silberplatten. Eine Klausel, welche die kgl. Rechte wahren sollte, hielt das Ausmaß dieser Zugeständnisse zunächst in Grenzen, doch wurden diese im Statut v. Stamford (1309) bekräftigt. M.C.Prestwich

Lit.: EHD III, 496–501 – H. ROTHWELL, Edward I and the struggle for the Charters, 1297–1305 (Stud. in Medieval Hist. presented to F. M. POWICKE, 1948), 319–332.

Artificalis → Ordo

Artige, Kongregation v. Zwei venezian. Pilger, Marcus und sein Neffe Sebastian, ließen sich um 1100 in der Nähe des Heiligtums St. Léonard-de-Noblat im Limousin (heut. Dép. Hte-Vienne) nieder. Ihre Schüler, Kleriker und Laien, die sich um den einheimischen Prior Johannes zusammenfanden, ließen sich 1158 von Papst Hadrian IV. als kanon. Regel die Augustinusregel bestätigen und außerdem den Besitz von einem Dutzend Kapellen, die fast sämtlich in der Diöz. Limoges verstreut lagen, zusichern. Nach der Verlegung des Hauptsitzes des Ordens an einen anderen, eine Meile entfernten Ort (1174/80) und einer Änderung ihrer Statuten durch die Dominikaner (1241/51) ließ sich die Kongregation v. A. 1256 erneut die Unabhängigkeit für etwa 30 ihrer Ordenshäuser von Papst Alexander IV. bestätigen. Die von dem aus dem Limousin stammenden Papst Clemens VI. 1359 gewährte Exemtion verhinderte nicht, daß diese Häuser als Kommenden vergeben wurden und der Hauptsitz des Ordens 1682 zum Unterhalt des Jesuitenkollegs von Limoges bestimmt wurde. Diese Tatsache hat jedoch die Archive gerettet. Es läßt sich in A. eine Lebensform wiedererkennen, die mit derjenigen der benachbarten Kongregation v. Grandmont (→ Grammontenser) vergleichbar ist, aber doch als gemäßigter gelten kann.

Die Kongregation von A. hatte verschiedene Einkünfte, auch Zehntleistungen; sie hielt an der Autorität der Kleriker über die Laien fest. Aber im Gegensatz zu den Regularkanonikern des Limousin, z. B. denen von Aureil, richteten die Brüder v. A. stets außerhalb des Pfarrsystems ihre kleinen Klöster ein, die mit einer Kapelle ausgestattet waren. J. Becquet

Lit.: J. BECQUET, L'Ordre de l'A., Bull. Soc. Archéol. Hist. Limousin 97, 1970, 83–142.

Artikelsbrief → Söldnerwesen

Artillerie. Mit diesem Wort, über dessen Herkunft es die verschiedensten Deutungsversuche gibt, wurden in Frankreich bereits im 13. Jh. jene Kriegsmaschinen (→ Antwerk) bezeichnet, mit denen Geschosse gegen einen Feind geschleudert werden konnten (zur kgl. frz. A. → Artillerie de France, maître de l'). Ab dem 14. Jh. zählten dann auch die Feuerwaffen zur *artillerie*, und erst als im 16. Jh. das mechan. Schieß- und Wurfzeug von den wesentl. wirkungsvolleren Büchsen verdrängt wurde und als Kampfmittel völlig verschwand, war der Name A. auf das eigtl. Geschützwesen beschränkt. – Im 17. Jh. wurde der Name A. auch im dt. Sprachgebrauch für die bis zu diesem Zeitpunkt als → Arkeley oder Artolarey bezeichnete Gesamtheit aller Feuerwaffen, zu deren Bedienung mehr als ein Mann nötig war, übernommen. E. Gabriel

Lit.: B. RATHGEN, Das Geschütz im MA, 1928 – W. HASSENSTEIN, Das Feuerwerkbuch v. 1420, 1941.

Artillerie de France, maître de l', Dienstgrad bzw. Amt, dessen wachsende Bedeutung den Aufschwung der → Artillerie in den Kriegen des ausgehenden MA, bes. nach Verbreitung der Feuerwaffen, widerspiegelt. Im 13. Jh. waren die m. d. a. noch bloße Handwerker, die im Louvre als Bogner und → Armbrustmacher tätig waren. Sie gewannen im Hundertjährigen Krieg an Bedeutung, nannten sich nun *Garde* und *Gouverneur de l'artillerie du roi, souverain maître de l'artillerie du roi*, seit 1378 *maître*

général und *visiteur de l'artillerie du roi*. Von dieser Zeit an wurde das Amt Knappen vorbehalten. Seit 1440 entwickelte sich unter dem Einfluß der Brüder Bureau sehr rasch die Artillerie mittels Pulver. Indessen blieb Gaspard Bureau, der das Amt 1444–69 innehatte, *officier comptable* (→ officier); erst nach ihm wurden militär. und finanzielle Funktionen getrennt: Louis XI. ernannte einen *receveur général* (Obereinnehmer) der Artillerie und übertrug die militär. Aufgaben einem Adeligen von Geburt, Hélion de Groing. 1479 hieß der Titel *maître, visiteur et général réformateur de l'artillerie de France*. Unter Gaspard Bureau stiegen die jährl. Gehälter von 600 l. t. auf 1.500 l. t. Seit Ende des 15. Jh. besaß der m. d. a. richterl. Gewalt über die Kanoniere, Geschützgießer und Salpetersieder des Königreichs (*bailliage de l'artillerie*). Ph. Contamine

Lit.: P. ANSELME, Hist. généalogique VIII, 126–194 – PH. CONTAMINE, Guerre, État et société à la fin du MA, 1972.

Artista erscheint sehr früh (1231) in Universitätsakten zur Bezeichnung der Mitglieder der facultas artium, insbes. der magistri artium. Die Artistenfakultät bereitete für die höheren Fakultäten vor, doch gewannen im 13. Jh. die wichtigsten Artistenfakultäten eine eigtl. Autonomie in intellektueller und institutioneller Hinsicht und wurden bedeutende Zentren lit. und philos. Bildung. Der Begriff a. – im Unterschied zu grammaticus – wurde oft einschränkend gebraucht für diejenigen, welche die eigtl. ars, die Logik, lernten oder lehrten. Über die Logik hinaus war es die Totalität der aristotel. und arab. Philosophie, welche die artistae, die sich gerne auch als philosophi bezeichneten, zu erforschen trachteten, insbes. in Paris in der zweiten Hälfte des 13. Jh. Damit ergab sich ein intellektuelles und soziales Milieu bes. Art: Jung, weniger direkt mit der Kirche verbunden als die Mitglieder der oberen Fakultäten, offener gegenüber rein intellektueller Forschung, beanspruchten sie eine eigtl. auf der Vernunft gegr. Autonomie der Philosophie. Nach 1260 führte der Erfolg dieser (oft als averroistisch [→ Averroës] bezeichneten) Bewegung mit → Siger v. Brabant zu zwei aufeinanderfolgenden kirchl. Verurteilungen (1270; 1277; → Aristotelesverbote). Diese setzten in Paris der Entwicklung eines autonomen philos. Unterrichts ein Ende. Er fand in der Folge einen neuen Schwerpunkt in der Artistenfakultät von → Padua. Das Ende des MA brachte den Niedergang der Artistenfakultäten, die auf ihre Rolle eines propädeut. Unterrichts der Logik zurückfielen oder sich bestenfalls den durch den → Humanismus zu Ehren gekommenen lit. Disziplinen (Grammatik, Rhetorik, Dichtung) widmeten. → Artes liberales, → facultas, → Universität. J. Verger

Artistenfakultät → Universität

Artois, Gft. (zu d. heut. frz. Dép. Nord und Pas-de-Calais). Es ist zu unterscheiden zw. a) den frk. Gf.en, die in Arras, dem Hauptort des pagus Atrebatensis, amtierten, b) dem Territorium, das nach der Expansion der Gf.en v. → Flandern in diesem Raum entstand und c) der 1226 errichteten → Apanage für einen Sohn Kg. Ludwigs VIII., die den Namen »Gft. Artois« erhielt und damit vollends zum Regionalbegriff wurde.

Gf.en im erstgenannten Sinn waren im 9./10. Jh. Odelricus (um 853–877), Ecfrid (Effroi), der → Unruochinger Rudolf (Raoul, † 892) und, nach kurzem Zwischenspiel Balduins v. Flandern, von 899–932 die Gf.en Altmar (Adalmar) und Adalhelm (Alléaume). Nach dem Tod des letzteren (932) fällt A. an den Gf.en Arnulf I. v. Flandern. Kurze Zeit schon einmal Mitgift einer flandr. Grafentochter für die Kapetinger (die Ehe der Susanne mit Robert II. wurde bald geschieden), wurde das A. als integraler Bestandteil des flandr. Prinzipates in seine inzwischen weiter gefaßten Territorien (mit Lens, Béthune, Lillers, Aire, Thérouanne im N, Bapaume, Avesnes-le-Comte und für kurze Zeit auch Doullens im S mit Oberhoheit über Guines, Boulogne und St-Pol) durch den Gf.en v. Flandern, Philipp v. Elsaß, zur Mitgift für seine Nichte → Elisabeth (Isabella) v. Hennegau bestimmt, als diese 1180 Kg. Philipp II. August heiratete. Bei der Geburt ihres Sohnes Ludwig verwaltete der Kg. die Territorien; er mußte sich für kurze Zeit mit der Abtrennung von Lillers, Aire und St-Omer abfinden, die Balduin IX. im Vertrag v. Péronne 1200 übergeben wurden, dessen Bestimmungen 1212 durch den dem Gf.en v. Flandern, → Ferrand de Portugal, aufgezwungenen Vertrag v. Lens aufgehoben wurden. Anderseits sollten Lens, Hesdin und Bapaume 1226-52 das Witwengut der Kgn. Blanca (Blanche de Castille) bilden; 1226 wurde im A. eine Apanage für den zweiten Sohn Ludwigs VIII., Robert, geschaffen. Dieses Territorium wurde im Juni 1237 zur »Gft. Artois«; die erweiterte Gft. umfaßte die Mitgift der Isabella v. Hennegau bis auf Doullens und Bapaume, die wieder der kgl. Domäne eingegliedert wurden; dafür kam Béthune 1312 durch den Vertrag v. Pontoise an die Gft. Artois.

Das Haus A. besaß die Apanage von 1237–1362; seine Verwaltung war überaus straff, ja kleinlich (Rechnungen von *baillis* sind in großer Zahl überliefert). Die Gf.en unterstützten allgemein die Sache der Kapetinger: Robert I. fiel 1250 bei Mansurah (→ Kreuzzug, 6.), Robert II. 1302 bei → Kortrijk; die Tochter Roberts II., Mahaut (1302–29), Gemahlin Ottos IV. v. Burgund, warf 1314 die Adelsaufstände im A. nieder, wobei sie sich mit der Kirche (→ Thierry de Hérisson) und dem Kg. verband. Philipp VI. half ihr als Gegenleistung, ihren Neffen → Robert v. Artois in Schach zu halten, der unter Berufung auf die fehlende (ständ.) Repräsentation Ansprüche geltend machte (1309, 1318, 1329). 1332 geächtet, wurde Robert zum aktiven Agenten der engl. Politik in den Niederlanden (→ Flandern, → Gent, → Hundertjähriger Krieg).

Die Ehen der Mahaut, später diejenigen ihrer Enkelin Johanna II. (mit Hzg. Odo v. Burgund) bereiteten die Entstehung eines Doppelfürstentums vor. Nach dem Tod → Philipps v. Rouvre, der 1361 kinderlos an der Pest starb, wurde das A. → Ludwig v. Maele, dem Gf.en v. Flandern, zuerkannt. Die 1369 geschlossene Ehe seiner Erbtochter Margarethe mit dem neuen Hzg. v. Burgund, Philipp dem Kühnen, dem Bruder Karls V., stellte das große Fsm. A. wieder her, wobei die flandr. Territorien hinzukamen. Wenn man von der Abtrennung absieht, die die Schaffung eines engl. Territoriums um → Calais (1347) beinhaltete, so bewahrte die Gft. A. nach ihrer Eingliederung in den Verband der burg. Staaten (→ Burgund) die Grenzen des 13. Jh. Beim Tod Johanns v. Berry (1416) wurde die Gft. Boulogne, die an diesen Fürsten gefallen war und bis dahin in Lehnsabhängigkeit gestanden hatte, dem A. wieder angegliedert; ebenso kamen 1435 Hesdin und Bapaume, die faktisch schon seit 1421 von den Burgundern besetzt waren, an das A. (→ Arras, Vertrag v.). Dafür verblieb 1482 bei der Regelung der Erbfolge Karls des Kühnen das Boulonnais bei Ludwig XI., während das eigtl. A., an das Haus Habsburg fiel. R. Fossier

Lit.: J. DHONDT, Recherches sur l'hist. du Boulonnais et de l'A. aux IXe et Xe s., M-A, 1946 – J. LESTOCQUOY, Hist. des territoires ayant formé le dép. du Pas de Calais, 1946 – F.-L. GANSHOF, La Flandre sous les premiers comtes, 1949³ – Hist. des Pays-bas français, hg. L. TRENARD, 1972.

Artoldus (Artaud), Ebf. v. Reims, * um 900, † 30. Sept. 961. Aus champagn. Adelshaus mit dem »Leitnamen« Manasses, der sich bei den Gf.en v. Arcis/Ramerupt und ihrem Verwandten, dem späteren Ebf. Manasses v. Reims, wiederfindet, wurde A., bis dahin Mönch in St-Remi de → Reims, 932, nach der Eroberung von Reims durch Kg. Rudolf gegen Heribert II. v. Vermandois, zum Ebf. erhoben, dies gegen Hugo, den Sohn Heriberts, der 926 im Alter von fünf Jahren auf Betreiben seines Vaters Ebf. geworden war. 936 weihte A. den Karolinger Ludwig IV. zum Kg., der ihn zum Erzkanzler erhob und ihm 940 die Gft. Reims für seine Kirche schenkte. Im gleichen Jahr beantwortete der »Königsmacher« Hugo d. Gr., dux Francorum, die auf A., das Ebm. Reims und Hzg. Hugo den Schwarzen v. Burgund gestützte, in seinen Augen zu selbständige Politik des Kg.s mit der erneuten Parteinahme für Heribert II., der Eroberung von Reims und Wiedereinsetzung Ebf. Hugos. A. mußte verzichten und erhielt die Abteien St-Basle und Avenay. 946 konnte Ludwig IV., gestützt auf das Heer Ottos d. Gr., Reims wieder einnehmen. Der wiedereingesetzte A. wurde auf mehreren Synoden, abschließend in Ingelheim 948, als Ebf. bestätigt und hat 954 Ludwigs Sohn Lothar zum Kg. geweiht.

K. F. Werner

Q.: Flodoard, Hist. Remensis ecclesiae, MGH SS XIII – DERS., Annales, ed. PH. LAUER, 1905 – *Lit.*: DBF III, 1129f. – A. DUMAS, RHEF 30, 1944 – H. ZIMMERMANN, Otton. Stud. I: Frankreich und Reims in der Politik der Ottonenzeit, MIÖG Ergbd. 20, 1962–63 –HEG I, 742–749 [K. F. WERNER] – M. BUR, La formation du comté de Champagne, 1977.

Artus (Arthur), Artussage, Artusromane

I. Ursprünge – II. Artus in der französischen Literatur – III. Mittelhochdeutsche Literatur – IV. Mittelniederländische Literatur – V. Mittelenglische Literatur – VI. Ikonographie.

I. URSPRÜNGE: Artus, Artussage und Artusromane sind insofern untrennbar, als die Gestalt des Kg.s A. hist. nicht nachweisbar ist, und die Artussage fast ausschließl. auf den Artusromanen fußt. Bis in die neueste Zeit glaubte die Literaturforschung die Ursprünge der Artusepik in kelt. Sagen suchen zu müssen, die in Form von lyr.-epischen Liedern oder mündl. Überlieferung den Verfassern der entsprechenden frz. Romane und Novellen (*Lais*) nach der Mitte des 12. Jh. bekanntgeworden wären. In der Tat versichert die Dichterin, die sich → Marie de France nennt, daß über den Inhalt ihrer Verserzählungen (Lais) die »Bretuns lais« gedichtet hätten, während → Chrétien de Troyes, der erste und bedeutendste Verfasser von Artusromanen sich über seine Quellen ausschweigt. Einige Gelehrte (W. FOERSTER, H. ZIMMER, W. GOLTHER, G. GRÖBER, W. SUCHIER) schoben die Vermittlerrolle den Bretonen des frz. Festlandes zu, während andere sie den Kelten und über sie den Normannen Englands zuwiesen (so G. PARIS, J. LOT, E. WINDISCH). Die Vertreter eines inselkelt., d. h. v. a. walis. Ursprungs der → »matière de Bretagne« (breton. Stoffe), stützten sich v. a. auf die Erzählungen in walis. Sprache (zum Teil *mabinogion* genannt), die uns in Hss. überliefert sind, welche jünger als die afrz. Artusromane sind, aber deren Ursprung laut ihnen viel älter sein muß. Der These von G. PARIS hatten sich eine ganze Reihe v. a. dt. und engl. Forscher (EDENS, ZENKER, BROWN, GRENIER, WESTON, WILLIAMS, GRIFFITH, LOOMIS u. a.) angeschlossen, während FOERSTER, GOLTHER, BRUGGER, SMIZNOW und v. a. der Keltist THURNEYSEN eine Abhängigkeit der Mabinogion von den afrz. Artusromanen annahmen und den vom reichen Schatz der kelt. Sagen Irlands so grundverschiedenen Charakter der walis. Erzählungen geltend machten. Da erschien die monumentale Studie von E. FARAL, La légende arthurienne, die die Artussage fast ausschließl. auf dem Werk von → Galfred v.

Monmouth, hauptsächl. auf seiner »Historia regum Britanniae« fußen läßt, einem phantasievollen Geschichtswerk, das der Autor, der sich selber als »Brito« bezeichnet, zw. dem 26. Dez. 1135 und dem Juli 1138 dem Kg. Stephan I. v. England und dem Hzg. Robert v. Gloucester, die sich nachher verfeindeten, widmete, nachdem er es kurz vorher (1129–38) Robert v. Gloucester und Galeran de Meulan gewidmet hatte. Es ist wohl kein Zufall, wenn der Kelte Galfred diese Verherrlichung des britann. Volkes und des sagenhaften Kg.s A. Robert v. Gloucester, dem unehel. Sohn Kg. Heinrichs I. v. England und einer walis. Prinzessin, widmet. In seinem Werk, namentl. in den Prophezeiungen des Zauberers Merlin, erscheinen die norm. Kg.e Englands klar als die Rächer der von den Angelsachsen besiegten Briten, wodurch dem von Galfred verherrlichten Kg. A. eine eminente polit. Bedeutung zufällt, als Sieger nicht nur über die Angelsachsen, sondern in der »Historia regum Britanniae« auch über die Römer und als Eroberer Skandinaviens und Galliens.

Bei Galfred v. Monmouth und seinen unmittelbaren Nachfolgern, die sein Werk ohne wesentl. Änderung in frz. Achtsilber übersetzen, wie Geffrei → Gaimar in seiner »Estoire des Engleis« und →Wace in seinem »Roman de Brut«, repräsentiert A. den brit. Nationalhelden, der die ags. Eindringlinge siegreich bekämpft. Dazu kommt in einem älteren Text, den »Annales Cambriae«, des 10. Jh. die Erwähnung seines Todes in einer Schlacht des Jahres 537, ferner in drei Heiligenleben (um das Jahr 1100) drei kurze Erzählungen, in denen A. eine absolut episodenhafte Rolle als gewalttätiger Tyrann spielt, der vom hl. Cadoc und vom hl. Paternus gedemütigt wird und für St. Carantoc einen Drachen tötet. Die ältesten hist. Quellen erwähnen A. nicht.

Im »De Excidio et conquestu Britanniae« des → Gildas, das um das Jahr 545 entstanden sein muß, gibt der Verfasser nach einem raschen Bericht über Britannien seit der röm. Eroberung, eine längere Darstellung der sächs. Invasion und der langen Kämpfe, die ihr folgten, bis zum Sieg am Mons Badonis (um 500), der den Briten unter ihrem Führer → Ambrosius Aurelianus zufiel. → Beda Venerabilis, der seine »Historia ecclesiastica gentis Anglorum« um 731 abschloß, kennt A. ebensowenig wie Gildas. A. erscheint zum ersten Mal in der anonymen »Historia Britonum«, wahrscheinl. in der ältesten Fassung (vor 802, Hs. von Århus no 98 Z, geschrieben im 9./10. Jh.). Im Kapitel 56 (Arthuriana) wird erzählt, wie Arthur als dux bellorum zusammen mit den brit. Kg.en zu jenen Zeiten die Sachsen bekämpfte und in der achten Schlacht beim Castellum Guinnion das Bild der hl. Jungfrau auf der Schulter trug und so durch Gottes Gnade einen glänzenden Sieg erlangte. In der zwölften Schlacht am Mons Badonis erschlug er allein 900 Feinde. Der Name, lat. Herkunft (Arcturus), erscheint im 7. Jh. dreimal und bezieht sich auf schott. Personen (der vierte Arthur in den walis. Genealogien als Kg. v. Südwales ist eine spätere Erfindung). Die Ersetzung des Ambrosius Aurelianus durch A. (Arthur) findet sich auch in den »Annales Cambriae« (10. Jh.), wo A. in derselben Schlacht das Kreuz Christi (statt dem Bild der Jungfrau) während drei Tagen und drei Nächten auf den Schultern trägt und dann in der Schlacht bei Camlaun zusammen mit Medraut fällt, der sowohl bei Galfred v. Monmouth als auch in den Artusromanen eine wichtige Rolle als Neffe und Gegner von A. spielen wird. Die 3. Fassung der »Historia Britonum« (Cod. Harleianus 3859 und Hs. des Vatikan) enthält auch ein Kapitel über die Wunder Britanniens (VII, Mirabilia Britanniae), wovon sich zwei auf den Krieger A. beziehen; es sind walis. Legenden, von denen eine auch im malinogi Kulhwch und Olwen erscheint.

Zum ersten Mal erscheint A. als jener »laut den Fabeln der Briten berühmte König Arthur« (famosus secundum fabulas Britannorum rex Arthurus) in den »Miracula Sanctae Mariae Laudunensis« (II, 15) des Hermann v. Tournai, die aber nach 1135 verfaßt sein müssen, also vor Galfreds v. Monmouth »Historia regum Britanniae«, wo die Sage des Kg.s A. und seines Hofes zum ersten Male in all ihrem Glanz erscheint, der über ganz Europa auf Jahrhunderte hinaus erstrahlen sollte. Wir würden diese ideale Herrschergestalt und die berühmte Tafelrunde seiner Ritter vergebl. sowohl in der Geschichtsschreibung als im Charlemagne der frz. Heldenepik suchen. Wie der →Alexander des fast gleichzeitig entstehenden frz. Alexanderromans ist A. nicht Ks., sondern Kg. Die imperiale Tradition wird verlassen und symbol. überwunden durch den zweifachen Sieg des Kg.s A. über die Römer. Die Idee des Kampfes für die »Christenheit«, die die frz. »Chansons de geste« beherrscht hatte und mit der Idee des Reiches eng verbunden war als Schwert des chr. Glaubens, ist ebenfalls stark geschwächt. Dies ist um so erstaunlicher, als der »dux bellorum Arthur« der »Historia Britonum« ausdrückl. als Anführer der chr. Briten gegen die heidn. Sachsen auftrat, ein Zug, den Galfred v. Monmouth treu bewahrt, noch verstärkt und natürlich erscheinen läßt, indem das Bild Marias auf dem Schild von Kg. A. erscheint. Aber damit ist seine Rolle als Glaubensstreiter bei Galfred bald erschöpft, um, wie im Alexanderroman, einem im Grunde ganz profanen Kgtm. Platz zu machen. Kaum hat er die heidn. Sachsen besiegt, so wird er ohne Bedenken die chr. Irländer angreifen und später, nach dem heidn. Schottland, auch Island und Skandinavien sowie das chr., imperiale röm. Gallien.

Wir fühlen den Geist einer neuen Zeit, wo die großen Feudalherren, wie die Hzg.e der Normandie, die eben England erobert hatten, sich auflehnen gegen die zentrale Gewalt als Erbin des röm. Reiches und Verteidigerin der Christenheit. Nach der Eroberung Galliens verteilt Kg. A. die Prov. an seine Getreuen, unter bes. Erwähnung der Regionen, die zur Zeit Galfreds dem Kg. v. England gehörten, wie die Normandie, die A. Beduer, seinem Mundschenken, verleiht, oder von Heinrichs Schwiegersohn, Geoffroi Plantagenet, regiert wurden, wie das Anjou, das A. seinem Seneschall Kai überträgt, zwei Persönlichkeiten, die bereits den »Tyrannen« A. in der Vita des hl. Cadoc begleiteten und die in den Artusromanen eine Rolle spielen werden. Die zweite Phase der Revolte gegen die Zentralgewalt wird durch Rom selbst hervorgerufen. An den großen Festlichkeiten von A.' Königskrönung in Carlion (Urbs Legionum) erscheinen auch die 12 Pairs Galliens (Pares Galliarum), eine klare Erinnerung an die zwölf Pairs von Charlemagne aus der »Chanson de Roland« – geführt von Gerin v. Chartres (Gerinus Karnotensis). Sie bringen eine Botschaft von Rom und fordern die Unterwerfung des brit. Rebellen. Doch nach dem zweiten Sieg von A. marschiert der Kg. nicht nach Rom. Er wird durch den Verrat seines Neffen Modred überrascht, der während A.' Abwesenheit auf dem Festland sich des Kgr.s und der Kgn. Guennuera (Ganhumare, frz. Guenievre) bemächtigt. A. kehrt eiligst zurück, besiegt den Verräter in drei blutigen Schlachten, wird aber in der letzten, bei Kamblan, nachdem er Modred getötet hat, tödlich verwundet auf die Insel Avalon entführt, um seine Wunden zu heilen.

In seiner 1148 veröffentlichten »Vita Merlini« läßt Galfred v. Monmouth den Magier Thelgesin erzählen, wie er und seine Genossen, geführt von Berinthus, den Kg. A.

nach der geheimnisvollen Insel der Früchte (Insula pomorum), die glückliche genannt (quae Fortunata vocatur), bringen, wo alle Pflanzen und Früchte ohne Pflege gedeihen. Die Insel wird von neun Schwestern beherrscht, deren älteste, Morgan, wie Daedalus durch die Lüfte fliegen kann, die Kunst der Verwandlung und der Heilung kennt und ihren Mitschwestern die Kunst der Prophezeiung lehrt. Sie verspricht A. zu heilen, wenn er auf der Insel bleibt und sich pflegen läßt (zur Identifikation der Insel Avalon mit Glastonbury und zur Auffindung des angebl. Grabes und der Überreste von A. am Ende des 12. Jh. vgl. FARAL o. c.).

Damit wird das märchenhafte Element lebendig, das die ganze zukünftige Artussage beherrscht und den Glauben der Briten an eine Wiederkunft des Kg.s A. aufkommen läßt, was schon in den »Miracula Sanctae Mariae Laudunensis« von Hermann v. Tournai (geschrieben nach 1135) für 1113 bezeugt wird. Wenn die Idealgestalt des Herrschers, die Galfred v. Monmouth, vom dux bellorum der »Historia Britonum« und vielleicht von einigen walis. Legenden ausgehend, schafft, noch einige Züge des idealen chr. Herrschers der imperialen Tradition der »Chanson de geste« trägt, so unterscheidet sie sich davon durch andere vollständig. A. ist nicht nur der Verteidiger der Christenheit, sondern, wie der Alexander des Alexanderromans und wie die anglonorm. Kg.e, der Eroberer. Denn, wie sie liebt er den Luxus, die Pracht und ist v. a. wie Alexander freigebig. Er ehrt das Wissen und die Wissenschaften, er liebt die Feste, den Gesang, die Ritterspiele. Nichts Ähnliches bei den Ks.n Karl und Ludwig der Chansons de geste!

Schließlich ist absolut neu, daß an seinem Hofe die Frau, v. a. die Kgn. und ihre Damen, eine Rolle spielt, die im Bild des Idealherrschers der vorigen Jahrhunderte nicht vorkommt, wohl aber in der hist. Wirklichkeit, nicht nur am anglonorm. Königshof, sondern am Hof des Kg.s v. Frankreich und den Höfen seiner Vasallen. A.' reiche Hauptstadt Carlion, wo der Hof sich versammelt, ist mit kgl. Palästen geschmückt, deren goldene Dächer an das antike Rom erinnern. Außer den Männer- und Frauenklöstern enthält sie ein »Gymnasium« mit 200 »Philosophen«, die in Astronomie und anderen Wissenschaften bewandert sind und aus den Sternen die Zukunft des Reichs wahrsagen. Die Pracht der Kleider, die Bedienung bei Tisch durch den Seneschall Kai mit 1000 Pagen, die in Hermelin gekleidet sind, durch den Mundschenken Beduer mit weiteren zobelgeschmückten 1000 Pagen, die gleichfarbig gekleideten Ritter, die Turniere vor der Stadt in Gegenwart der Frauen auf den Stadtmauern, die gymnischen und Kriegsspiele, die Tischspiele usw., alles ist klar inspiriert vom Leben am anglonorm. Hof des ersten Drittels des 12. Jh. Aber was am meisten auffällt, ist wiederum die große Rolle der Frau im Vergleich mit der Geschichtsschreibung der früheren Jh. Galfred v. Monmouth hat schon zahlreiche Frauengestalten geschaffen und Liebesgeschichten aus den Zeiten vor A. erzählt. Um der Geburt von Artus die nötige Bedeutung zu geben, läßt er seinen Vater Uther Pendragon die Rolle Jupiters bei Alkmene spielen, indem er ihn, mit Hilfe des Zauberers Merlin, ins Schloß Tintagel eindringen und die Liebe der schönen Ingern genießen läßt in Gestalt ihres Gatten Gorlois, des Hzg.s v. Cornwall. Die oft so verhängnisvolle Rolle von A.' Gattin Guennuera (Guenievre) in den frz. Artusromanen ist vorgebildet in ihrer ehebrecher. Liebe zu A.' Neffen Modred während des Kg.s Abwesenheit, Galfred liefert auch schon klar die Basis für die Auffassung der Liebe im höf. Roman, in dem die Ritter ihre Heldentaten nicht mehr für die Christenheit oder für ihren kgl. oder ksl. Herrscher begehen, sondern für die Dame ihres Herzens, deren Farben sie in den Turnieren tragen.

Was nun in der Artussage und v. a. in den Artusromanen auffällt, ist, daß A. selber keine bes. Rolle als Held spielt, sondern, wie Karl d. Gr. in den meisten Chansons de geste, mit seinem Hofe nur den idealen Hintergrund bildet für die Heldentaten seiner Ritter, die die Ehre der hehren Tafelrunde verteidigen gegen brutale Herausforderer, zur Verteidigung bedrängter Frauen oder gar die gefahrvollen Abenteuer selber suchen; zum Ruhm des Hofes, dessen Tafelrunde übrigens erst bei Galfreds frz. Übersetzer Wace in seinem »Roman de Brut« oder → »Geste des Bretuns« erwähnt wird, den der Verfasser 1155 abschloß und, laut → Layamon, seinem engl. Übersetzer, der Kgn. Alienor (→ Eleonore v. Aquitanien), der Gattin Heinrichs II. v. England, gewidmet hätte.

Dieser neue Charakter des Artushofes in den höf. Romanen der zweiten Hälfte des 12. und in den folgenden Jh. erlaubte die Einführung neuer Helden und neuer Sagenkreise in die Artusrunde, wie v. a. Percevals (→ Parzival), Gauvains (→ Gawain), → Lancelots und vieler anderer Helden, die Galfred v. Monmouth meist gar nicht kennt, was die Gegner FARALS veranlaßte, an die »Historia regum Britanniae« als alleinige Quelle der Artussage und der Artusromane berechtigte Zweifel anzulegen und v. a. an die größtenteils verlorene kelt. Sagenwelt wieder anzuknüpfen. Die Neubelebung der kelt. Ursprungstheorien und ihre Stützung durch neue Argumente ist v. a. das Verdienst von R. S. LOOMIS und von J. MARX.

Für die einzelnen *Artusromane* sei auf die sie betreffenden Artikel verwiesen, die unter dem Namen des entsprechenden Autors oder, wenn dieser unbekannt ist, unter ihrem Titel oder unter dem Namen des Haupthelden figurieren.

II. ARTUS IN DER FRANZÖSISCHEN LITERATUR: Der Schöpfer des eigtl. Artusromans ist → Chrétien de Troyes (2. Hälfte des 12. Jh.), der gleich Fortsetzer und Nachahmer fand, zuerst in der typ. Versform von paargereimten Achtsilbern, später in Prosa. Von den verschiedenen Lais spielt z. B. »Lanval« der → Marie de France (ca. 1170) am Artushof, von Chrétiens Romanen »Erec et Enide«, »Le chevalier au Lion« (Yvrain), »Cligès«, »Le roman de la charrette« (Lancelot) und »Le conte du Graal« (Perceval).

Ein typ. Artusroman ist »Le bel inconnu (Li beaus desconens)« von → Renaut de Beaujeu (Ende 12. oder Anfang 13. Jh.), desgleichen »La vengeance Raguidel« sowie »Meraugis de Portlesguez« von → Raoul de Houdenc (Beginn des 13. Jh.). Um Gauvain, den Neffen des Kg.s A., den vollkommenen Ritter und Lieblingshelden Chrétiens (der übrigens schon vor Galfred v. Monmouth in den »Gesta regum Anglorum« von → Wilhelm v. Malmesbury [nach 1135] in den Kämpfen der Briten gegen den Sachsenführer Hengist erscheint) – kreisen verschiedene Romane, wie etwa der kurze Roman »La mule sans frein« oder »La damoisele à la mule« von → Païen de Maisieres (Ende 12. Jh.), der anonyme bedeutende Roman »L'atre perilleux« (13. Jh.), von dem auch der »Escanor« von → Girart d'Amiens herkommt, dann der »Beaudous« von → Robert de Blois, der laiartige »Chevalier à l'epée«, »Rigomer«, »Gauvain et Humbart« (alle aus dem 13. Jh.).

Artusromane aus dem 13. Jh. sind ebenfalls der »Chevalier au papegan« und »Claris et Laris« und ganz auf der Linie von Chrétien de Troyes »Yder«, → »Durmart le Gallois«, »Meriadauc« oder »Le chevalier aux deux epées«, »Amadas et Ydoine«, »Fergus« von → Guillaume le Clerc und »Cristal et Clarie« u. a. m. Ein typ. Artusroman ist der in Aragón okzitan. verfaßte Roman → »Jaufre« (ca. 1230). In Prosa verfaßt ist der »Livre d'Artus«. Im großen Prosazyklus »Graal-Lancelot«, der sog. »Vulgata Version of Arthurian Romances« (7 Bde, ed. H.O. SOMMER, 1909–13) verschmelzen in neuer geistig-myst. Sicht Artus- und Gralsage. Die Geschichte des Kg. A. selber darin geht auf den bruchstückartig erhaltenen Roman »Merlin« von → Robert de Boron (Ende des 12.Jh.) zurück, der anscheinend von Chrétien de Troyes unabhängig ist, und dem wir in seiner »Estoire del Graal« die chr. Umdeutung der Gralsage und die Vorgeschichte des hl. Gefäßes in der Legende von Joseph v. Arimathia verdanken.

Den Schluß der »Vulgata Version of Arthurian Romances« bildet der Tod des Kg. A. (Mort Artu), den der engl. Dichter Thomas → Malory im 15.Jh. zu einem berühmten Kunstwerk gestalten sollte.

Von Frankreich aus hatte sich der Artusroman und damit die Artussage schon seit dem 12.Jh. über ganz Europa verbreitet und Nachahmung gefunden, v.a. in England und Deutschland, aber auch in Italien, Portugal und Spanien, den Niederlanden, Wales, Irland, Skandinavien und in die hebr. und jidd. Literatur.   R.R.Bezzola

Bibliogr.: J.J.PARRY–M. SCHLAUCH, A Bibliogr. of Arthurian Critical Lit. for the Years 1930–35, prepared for the Modern Language Association of America, 1939 – J.J.PARRY, A Bibliogr. of Critical Arthurian Lit. for the year 1948, MLQ, 1949, jährl. Forts. (1954, XVI ed. J.J. PARRY–P.A.BROWN, 1955–62; XXII–XXIV ed. P.A.BROWN, von 1963 an ed. P.A.BROWN u.a. im Bull. Bibliogr. de la Soc. Internat. Arthurienne) – Arthurian Literature, Choyd Library Service, Catal. of the Collection of Arthurian Lit., 1974 (200 Na.) – *Ed. und Lit.*: EM I, 1976 (s.v. Artustradition) – F. LOT, Études sur la provenance du cycle arthurien, Romania XXIV–XXV, 1895–96, XXVIII, 1899 – W.L. JONES, King Arthur in history and legend, 1912 – F.LOT, Étude sur le Lancelot en prose, 1918, 1954² (Bibl. Éc. Htes. Études) – A. TILLER, Les Romans de chevalerie en prose, Revue du XVIe s. VI, 1919 – J.D. BRUCE, The Evolution of Arthurian Romance from the Beginnings down to the year 1300, 2 Bde, 1923, 1928² – R.S. LOOMIS, Celtic myth and Arthurian romance, 1927 – E.G. GARDNER, Notes on the Matière de Bretagne in Italy, 1929 (PBA, XV) – P.RAJNA, Per le origini e la storia primitiva del ciclo brettone, StM III, 1930 – R.S.LOOMIS, The Arthurian Legend before 1139, RR XXXII, 1941 – E.FARAL, La légende arthurienne. Études et documents, 3 Bde (Bibl. Éc. Htes. Etudes, fasc. 255–57), 1929 – J.MARX, La légende arthurienne et le graal, 1952 – P. BOHIGAS BALAGUER, La novela de Brietanha (Liçoes de Literatura Portuguesa, Epoca Medieval), 1952 – R.BROMWICH, The character of the early Welsh tradition, Stud. in Early History, 1954 – J.FOURQUET, Le Rapport entre l'Oeuvre et la Source chez Chrétien de Troyes et le Problème des Sources Bretonnes, RP 9, 1955–56 – M. DILLON, Les Sources irlandaises des romans arthuriens, Lettres romanes IX, 1955 – E. KÖHLER, Ideal und Wirklichkeit in der höf. Epik. Stud. zur Form der frühen A.- und Graldichtung, Beih. ZRPh 97, 1956 – H. SAUVAGE, The Garvain Poet, 1956 – C.MINIS, Frz.-dt. Literaturbeziehungen im MA. II Artusepik, RJ VII, 1956 – M. BINDSCHEDLER, Die Dichtung um Kg. Artus und seine Ritter, DVjs 31, 1957 – W. SCHIRMER, Die frühen Darstellungen des Artusstoffes, 1958 – R.S. LOOMIS [Hg.], Arthurian Lit. in the MA. A collaborative history, 1959 – M.HANOSET, Des origines de la Matière de Bretagne, Marche Romane X, 1960 – R.S.LOOMIS, The development of Arthurian Romance, 1963 – TH.JONES, The early evolution of the Legend of Arthur, MSt VIII, 1964 – R.BROMWICH, The celtic Inheritance of Me. Lit., MLQ XIX, 1965/66 – J.MARX, Nouvelles recherches sur la litt. arthurienne, 1965 – F.BOGDANOW, The Romance of the Grail. A Study of the Structure and Genesis of a Thirteenth-Century Arthurian Prose Romance, 1966 – B. SAKLATVALA, Arthur Roman Britain's last Champion, 1967 – P. GALLAIS, Bleheri, La cour de Poitiers et la diffusion des récits arthur. sur le Continent, 1967 – The vulgate version of the Arthur. romances, ed. H.O. SOMMER, 1909ff. – M.HALEY, L' adaption des romans courtois en Allemagne au XIIe et XIIIe s., 1968 – J.MARX, Monde Brittonique et Matière de Bretagne, ECelt X, 1968 – C.LEVIANT, King A.: a Hebrew Arthurian Romance of 1279, 1969 – G.B.WEST, An Index of Proper Names in French Arthurian Vers Romances, 1969 – M.DONOVAN, The Breton Lay, 1969 – G.W. GOETINCK, Chrétiens Welsh inheritance, 1969 – J. PARDO, Les Romans de la Table Ronde, illustr. de J. Gradassi, 5 Bde, 1969 – K.WAIS (Hg.), Der arthur. Roman, 1970 – E.Vinaver, The Rise of Romance, 1971 – L. Alcook, Arthur's Britain, hist. and archaeology, 1971, 1973 – S. GERIDA, Sulle »Fonti« della Tavola Rotonda (Umanità e Storia, Scritti in onore di A. ATTISANI), 1971 – R.BARKER, The Figure of Arthur, 1972 – L.THORPE, Le roman de Silence, a Thirteenth Arthurian Romance by Heldris de Cornwälle, 1972 (Erstausg.) – W.D. LANGE, Kelt.-roman. Literaturbeziehungen im MA, GRLMA I, 1972 – J. FRAPPIER, Amour courtois et Table Ronde 1973 – C.P.HARNAT, Irish Arthurian Lit., DissAb XXXIV, 1973/74 – R. BARBER, The Figure of Arthur in Legend and History, 1974 – R.BROMWICH, Concepts of Arthur, Stud. Celtica X–XI, 1975–76 – D. DAUBE, King Arthur's Round Table (Monogr. z. Gesch. des MA II) 1975 – E. JENKINS, The Mystery of King Arthur, 1975 – B. L. JONES, Arthur y Cymry, The Welsh Arthur, 1975 – H. NIKKEL, Wer waren Kg. A.' Ritter? Über die geschichtl. Grundlage der Arthussage in Waffen- und Kostümkunde, ZHW 3, 1975 – F. HERZEN, Arthur in Wales, 2 Bde, 1975 – G.B.WEST, French Arthurian Prose Romances. An Index of Proper Names, 1977 – Weitere Lit. in Bull. Bibliogr. de la Soc. Arthurienne, 1949ff., erscheint jährl.

III. MITTELHOCHDEUTSCHE LITERATUR: Das früheste Zeugnis für die Rezeption frz. lit. Artustraditionen im dt. Sprachraum repräsentiert die Episode von der Sensenfalle, die → Eilhart v. Oberge in seinem »Tristrant« überliefert. Er folgt darin mit Sicherheit einer frz. Vorlage, der »Estoire«, deren Entstehung noch vor Chrétiens »Erec« anzusetzen ist. Die typ. Rollenentwürfe, die den Artushelden Gauvain und Keu in dieser Episode zugewiesen werden, entsprechen schon weitgehend den Verhaltensmustern, die beide Figuren in Chrétiens Romanen charakterisieren. Gegenüber diesem ersten Rekurs auf das Personal der Artuswelt, wird die Gattungstradition des dt. Artusromans um 1180 mit dem »Erec« → Hartmanns v. Aue eröffnet. Als Quelle nennt Hartmann selbst den Roman des → Chrétien de Troyes, doch weisen einzelne Abweichungen möglicherweise auch auf die Verarbeitung anderer Vorlagen oder zumindest mündl. Traditionen niederrhein. Ursprungs. Das epische Strukturkonzept, das für das neue Genus bestimmend wird, ist bereits in diesem Werk mit modellhafter Klarheit verwirklicht: Der Handlungsaufbau erscheint nach dem Prinzip des doppelten Kursus organisiert, wobei zwei Aventiuresequenzen konsequent aufeinander bezogen und miteinander verbunden werden, die den Doppelweg des Helden konstituieren. Der demonstrative Aufstieg zu Ritterehre und Minneheil, den der Held auf seinem ersten Weg erreicht, wird durch eine Krise widerrufen, die den Selbstverlust des Helden bewirkt und einen zweiten Weg notwendig macht. Unter der Voraussetzung einer neuen Selbstbestimmung wird die verlorene Balance der Lebensorientierung in der Schlußerfüllung zurückgewonnen zu dauerhafter Harmonie, bestätigt von der Gesellschaft wie von Gott. Der themat. Sinn dieser Weg-Ziel-Konzeption ist der Handlungsstruktur weithin implizit, wird »nicht raisonierend ausgesprochen, sondern ganz ins Handlungsgewebe eingeformt« (H. KUHN). In seinem Handeln bleibt der ritterl. Protagonist der Artusgemeinschaft als normativer Instanz verpflichtet: Aufbruch vom Artushof und Rückkehr nach siegreich bestandener Aventiure signalisieren den Grad der Werteverwirklichung durch den Helden, die Notwendigkeit seiner Erprobung wie auch die Bestätigung seiner exemplar. Idealität. Hartmanns »Iwein« (um 1200), wieder nach frz. Vorbild, dem »Yvain« der Chrétien, in kongenialem Verständnis geschaffen, repräsentiert noch einmal den neuen dominanten Strukturtyp des höf. Artus-Aventiureromans, wenn auch mit charakterist. Komplexität der verpflichtenden Wertzentren. Neben den Artushof tritt gleichrangig Laudines Brunnenbereich, die Herrschaftssphäre der Minneherrin. Die dialekt. Spannung zw. den Ansprüchen, denen sich der Held in seinem Handeln entsprechen muß, erscheint dadurch gegenüber dem »Erec« entscheidend gesteigert. Hartmann hat die konzeptionelle Erweiterung voll erfaßt, ohne selbst den »Cligès« und den »Lancelot« als Voraussetzungen einer solchen Lösung adaptiert zu haben. Dieser konsequente Ausbau des Chrétienschen Strukturmodells erreicht seinen Höhepunkt im »Parzival« (1200–10) → Wolframs v. Eschenbach, dessen hs. Verbreitung und lit. Wirkung alle anderen dt. Artusromane weit übertrifft. Chrétien mußte seinen »Perceval« unvollendet hinterlassen, Wolfram hat die monumentale Werkkonzeption zu grandioser Entfaltung gebracht. Aventiurewelt, Artuswelt und Gralswelt sind die drei programmat. Bereiche, in die die *Queste* des Ritters führt. Artus- und Gralhandlung treten zueinander in Konkurrenz, das Werk wird streckenweise zum Doppelroman, da nach Parzivals Versagen auf der Gralsburg Gawan als idealer Artusritter das Handlungsgeschehen bestimmt. Wenn die Parzivalhandlung wieder einsetzt, so mit dem Ziel, den Helden über die Artus-Idealität hinauszuführen zur erneuten Berufung zum Gral. Das Strukturmodell des Artusromans wird vom religiösen Gralschema durchkreuzt und durch die Aufnahme der Gahmuret-Vorgeschichte und der Feirefiz-Handlung zu einer Gesamtkonzeption erweitert, die auf den Deutungsanspruch eines quasi heilsgeschichtl. Horizonts abzielt. Die genealog. Perspektive, die Wolfram in eigener Regie gegenüber der Version Chrétiens für das Personal seines Werks entwirft, bindet die märchenhafte Artuswelt zurück in eine pseudo-hist. Kontinuität, die bis zu den Urvätern der Artus- und der Gralsippe, Titurel und Mazadan, zurückverfolgt wird. Die Sonderbedingungen, die für Wolframs »Titurel«-Fragmente zu berücksichtigen sind, werden in anderem Zusammenhang dargestellt (→ »Titurel«). Der »Lanzelet« (1195/1200) des → Ulrich v. Zatzikhoven, die erste dt. Bearbeitung des Lancelot-Stoffs, weicht stark von Chrétiens »Chevalier de la Charrete« ab, spiegelt aber gerade darin die Auseinandersetzung seiner (verlorenen) frz. Quelle mit dem Romantypus Chrétiens und seiner Version des Stoffs. Die charakterist. Zweiteilung des Wegschemas erscheint hier nicht durch die Krise des Helden motiviert: Der erste Teil entwirft immer noch eine Aventiuresequenz, wenn auch nur als variierende Wiederholung und Steigerung ein und derselben Grundsituation, aber die vorbildhafte Stellung, die der Held am Ende dieses Wegs erreicht, wird im zweiten Teil nur noch durch eine Reihe weiterer, gefährlicher Bewährungsproben in ihrem Anspruch bestätigt. Der komplexe Strukturtyp des Artusromans ist »auf eine einfachere ästhetische Position zurückgenommen« (W. HAUG). Die Bezüge zw. Lancelot-Stoff und Tristan-Versionen, auch die Verbindung der Tristansage mit Artus und seinen Rittern werden an anderer Stelle diskutiert (→ Tristan).

Die Entwicklung des dt. nachklass. Artusromans wird im wesentl. von zwei konträren Tendenzen bestimmt, von der Fortsetzung der Tradition des rein diesseitigen Artusideals und von der Ausweitung der religiös-myth. Gralsthematik.

Die Gattungskontinuität des höf. Minne-Aventiure-Romans setzen → Wirnts v. Gravenberg »Wigalois« (1210/15) und »Diu Crône« (1215/40) → Heinrichs v. dem Türlin in direktem Rekurs auf die vorangegangene Werkreihe und den durch sie gesetzten Erwartungshorizont fort, wie die vielen Personen- und Handlungszitate bezeugen. Wirnt orientiert sich streng am Chrétien-Hartmannschen Romantyp. Wenn seinen Helden Wigalois dennoch keine Krise auf dem Weg zur vollkommenen Idealität eines Artusritters gefährdet, so v.a. deshalb, weil von Anfang an nur noch demonstriert wird, wie der Protagonist sich Stufe für Stufe einem idealen Verhaltensentwurf annähert, den zu erreichen er schicksalhaft vorherbestimmt erscheint.

Dieser Verhaltensentwurf selbst steht nicht mehr zur Diskussion, er ist zur verpflichtenden lit. Norm erstarrt. Die sinntragende Spannung des Strukturschemas erscheint weithin reduziert, da ein komplexes Gefüge von Vorausdeutungen immer schon das Ergebnis der Aventiuren, den Kampferfolg des Helden, programmat. vorwegnimmt. Diese Überformung des Helden im Sinne einer stat. Idealität wird im Gawein-Roman »Diu Crône« schon zum Darstellungsproblem: In der Gattungsgeschichte des Artusromans hat sich mit der Gestalt Gaweins ein so fest umrissener Rollenentwurf verbunden, daß der Protagonist seine Identität nicht erst im Vorgang der Romanhandlung gewinnen muß, sondern nur seine eigene präformierte Geschichte einlöst, die dem Roman vorangeht. So bestätigen die Aventiurereihen einerseits den *pris*, der Gawein als Musterritter seit jeher anhaftet, andererseits binden sie die idealtyp. Figur in einen biogr. Zusammenhang zurück.

Der »Daniel vom blühenden Tal« (1220–30?) des → Strickers und die drei Romane (1250–1280) des → Pleiers, »Der Garel vom blühenden Tal«, »Meleranz« und »Tandareis und Floribel«, repräsentieren Motiv-Kompilationen, die das Stoffangebot v.a. der dt. Artusromantradition ausschöpfen. Dabei operiert bes. der Stricker eigenwillig mit den obligaten Strukturelementen des Doppelwegschemas, verändert ihren Stellenwert und ihre Bedeutungsfunktion in der programmat. Absicht, die Gattungstradition zu *erniuwen*. Er entfaltet für seinen Helden ein neuartiges Handlungsmodell der *list*, durch das situationsspezif. Normenerkenntnis und Normenanwendung in einem Rahmen demonstriert werden, der schon die fiktive Artuswelt sprengt, da ein solches Verhaltensmuster auf eine allgemeine Praktikabilität abzielt. Der »Garel« des Pleiers ist als Gegenmodell zum »Daniel« konzipiert: Die Thematik des *list*-Handelns wird getilgt und statt dessen der hochhöf. Verhaltensmuster des Artusrittertums rehabilitiert. In dieser lit. Kontroverse spiegelt sich noch einmal die hist. Wirksamkeit der Gattungstradition und ihrer Regelkonstanten.

In »Tandareis und Floribel« rezipiert der Pleier einen Motivkomplex, der seit dem »Willehalm von Orlens« des → Rudolf v. Ems konstitutiv für die Sondergattung der dt. Minneromane geworden ist: die geheime Minnebindung eines jungen Paares vor der ritterl. Bewährung des Helden und seiner Legitimation durch die Schwertleite. Das Thema einer *verborgenlichen trûtschaft* an Kg. A.' Hof ist ebenso charakterist. für die späten Versuche, das Motivrepertoire der Artusromane auszuweiten, wie die Einbeziehung von Feengeschichten im → »Wigamur« (Mitte 13. Jh.) eines unbekannten Verfassers und im »Gauriel von Muntabel« (2. Hälfte 13. Jh.) des → Konrad v. Stoffeln. Gegenüber den nachklass. Beispielen des arthur. Romans, die noch auf die Zentralfigur eines Helden bezogen erscheinen – wenn auch A. und sein Hof immer häufiger als handelnde Instanzen in Erscheinung treten (»Diu Crône«, »Daniel« des Strickers, »Tandareis und Floribel« des Pleiers usw.) – tendieren der »Jüngere Titurel« (um 1220) → Albrechts (v. Scharfenberg?) und der »Prosa-Lanzelot« zum Entwurf zykl. 'Summen', und führen die religiöse Gralsthematik in diesem Gesamtkonzept fort. Albrechts Werk greift auf Wolframs »Parzival« und die beiden Bruchstücke des »Titurel« zurück, um die vorgezeichneten Handlungslinien zu einer umfassenden Genealogie des Gralsgeschlechts auszubauen. In gleichrangigen Erzählkomplexen werden die Geschichten der mit dem Gral verbundenen Ritter dem religiösen Bezugsrahmen der Heilsgeschichte eingefügt. Tschionatulander und Sigune erhalten in diesem Zusammenhang den exponiertesten Platz zugewiesen als höf. Musterpaar von makelloser Vorbildlichkeit. Die Chrétiensche Konzeption vom Weg des Helden wird hier von einem Reihenschema abgelöst, das v. a. die Funktion hat, Beispiele einer demonstrativ erfüllten ritterl.-chr. Existenz unter dem Anspruch einer höf. Tugendlehre vorzuführen. Albrecht sieht sein Werk durch die Absicht legitimiert, Wolframs Dichtungen durch die Explikation ihres potentiellen Lehrgehalts einem breiten Publikum verständlich zu machen. Der »Nüwe Parzefal« (1331/36) von → Claus Wisse und → Philip Colin dagegen ist im wesentl. nur eine Auffüllung von Wolframs »Parzival« mit dem disparaten Material der frz. Fortsetzungen, die Chrétiens »Perceval« nach sich gezogen hat. Der große frz. Lancelot-Graal-Zyklus (1215/30) bildet die Grundlage für den dt. → Prosa-Lanzelot, der wohl schon wenige Jahre später entstand. Dabei dürfte die frz. Version über mndl. und ripuar. Vermittlung rezipiert worden sein, eine direkte Übertragung des ganzen Romans aus dem Afrz. wird heute ausgeschlossen. Dieser rasche Wechsel von der arthur. Versepik zur Prosa ist erstaunlich, der Anstoß dazu scheint von der frz. Geschichtsschreibung ausgegangen zu sein, die zur gleichen Zeit nach polemischen Kontroversen der Prosa den Vorzug gibt. Der Prosaredaktor hat alle Ausprägungen des Lancelot-Stoffs gesammelt und nach dem Prinzip der optimalen Handlungsvollständigkeit zusammengefügt und ergänzt. Seine Arbeit beschränkt sich nicht auf glättende Eingriffe, um Widersprüche und Bruchstellen im neu entworfenen Handlungsgefüge zu korrigieren, vielmehr werden die verschiedenartigen Werkteile auf ein neues Strukturkonzept hin überarbeitet. Das führt zu tiefgreifenden Umgestaltungen: die Verknüpfungstechnik orientiert sich an der Gesamtorganisation des Zyklus, nicht an der vorgegebenen Strukturierung der adaptierten Versionen des Stoffs. Der Prosaroman findet seine eigene ästhet. Konzeption gegenüber dem Angebot der Gattungstradition, auch gegenüber dem Chrétienschen Strukturtyp des Romans.

Ulrich → Füetrer hat in seinem »Buch der Abenteuer« (1473/78) wie auch im »Lantzilet« und in seinem früheren Versuch eines »Prosa-Lantzelet« noch einmal die wichtigsten Stofftraditionen des A.-Romans zusammengefaßt. Das »Buch der Abenteuer«, vermutl. für einen exklusiven Adressatenkreis am Hofe des Bayernherzogs Albrechts IV. verfaßt, zielt auf eine Totalität des Überlieferten, wie sie dem Gebrauchsinteresse des Publikums zur Zeit der »Ritterrenaissance« des 15.Jh. entsprach. Die Muster höf. Idealverhaltens, die das Werk entwirft, werden als hist. verbürgte Leistungen gesetzt, die sich in den kompilierten Epen dokumentieren. Das Publikum kann sich solcher Muster jetzt schon spieler. als Mittel der Selbststilisierung bedienen, da die Repräsentation der Vollzugsformen einer höf. Lebensführung zur wichtigsten Aufgabe dieser Lit. geworden ist. So wird auch Albrecht IV. vom Autor unmittelbar zu den Gral- und Artusrittern in Beziehung gesetzt. Dieser höchst stilisierte, spieler. Umgang mit der Gattungstradition kennzeichnet das Ende der Kontinuität des dt. Artusromans im MA. W. Walliczek

Bibliogr.: E. NEUBUHR, Bibliogr. zu Hartmann v. Aue, 1977 – U. PRETZEL-W. BACHOFER, Bibliogr. zu Wolfram v. Eschenbach, 1968² – J. BUMKE, Die Wolfram v. Eschenbach-Forsch. seit 1945. Bericht und Bibliogr., 1970 – Lit.: L. LERNER, Stud. zur Komposition des höf. Romans im 13.Jh., 1936 (Forsch. zur dt. Sprache und Dichtung 7) – H. FISCHER, Strickerstudien, [Diss. masch. München 1953] – H. EMMEL, Formprobleme des Artusromans und der Graldichtung, 1951 – A. TRENDELENBURG, Aufbau und Funktion der Motive im Lanzelet Ulrichs v. Zatzikhoven im Vergleich mit den dt. Artusromanen um 1200 [Diss. masch. Tübingen 1953] – H. DE BOOR, Der Daniel des Stricker und der Garel des Pleier, PBB (Tübingen) 79, 1957, 67–84 – H. FISCHER, Neue Forsch. zur dt. Dichtung des SpätMA (1230–1500), DVjs 31, 1957, 303–345 – P. TILVIS, Prosa-Lancelot-Stud. I–II, AASF, Ser. B, Tom. 110, 1957 – U. RUBERG, Die Suche im Prosa-Lancelot, ZDA 92, 1963, 122–157 – DERS., Raum und Zeit im Prosa-Lancelot, 1965 – W. HARMS, Die Anagnorisis-Szenen des ma. Romans und Ulrich Füetrers Buch der Abenteuer, ZDA 95, 1966, 301–318 – H. BRODE, Unters. zum Sprach- und Werkstil des ›Jüngeren Titurel‹ v. Albrecht v. Scharfenberg [Diss. Freiburg i.B. 1966] – K. RUH, Höf. Epik der dt. MA, I. Von den Anfängen bis zu H. v. Aue, 1967, 1977² (Grundl. der Germanistik, 7) – J. BUMKE, Die rom.-dt. Literaturbeziehungen im MA, 1967 – H. H. STEINHOFF, Zur Entstehungsgesch. des dt. Prosa-Lancelot (Probleme ma. Überlieferung und Textkritik, Oxforder Colloquium 1966, 1968), 81–95. – H. KUHN, Erec (DERS., Dichtung und Welt im MA, 1969²), 133–150 – DERS., Parzival. Ein Versuch über Mythos, Glaube und Dichtung im MA (ebd. 151–180) – H. FROMM (Doppelweg, Werk-Typ-Situation. Stud. zu poetolog. Bedingungen in der älteren dt. Lit., 1969), 64–79 – D. HOMBERGER, Gawein. Unters. zur mhd. Artusepik [Diss. Bochum 1969] – W. HARMS, Homo viator in bivio, 1970 – R. VOSS, Der Prosa-Lancelot. Eine strukturanalyt. und strukturvergl. Studie a. d. Grundlage des dt. Textes, 1970 (Dt. Stud. 12) – H. P. KRAMER, Erzählerbemn. und Erzählerkomm. in Chrétiens und Hartmanns Erec und Iwein, 1971 (GAG 35) – M. CURSCHMANN, Das Abenteuer des Erzählens. Über den Erzähler in Wolframs »Parzival«, DVjs 45, 1971, 627–667 – K. O. BROGSITTER, Artusepik, 1979³ – H. RAGOTZKY, Stud. zur Wolfram-Rezeption, 1971 (Stud. zur Poetik und Gesch. der Lit. 20) – H. A. HILGERS, Zur Gesch. der Wigalois-Philologie. Überlegungen zu einigen Problemen der Textkritik am Beispiel v. Wirnts Wigalois, Euphorion 65, 1971, 245–273 – W. HAUG, Die Symbolstruktur des höf. Epos und ihre Auflösung bei Wolfram v. Eschenbach, DVjs 45, 1971, 668–705 – W. MOHR, Iweins Wahnsinn, ZDA 100, 1971, 73–94 – G. SCHWEIKLE, Zum ›Iwein‹ Hartmanns v. Aue. Strukturale Korrespondenzen und Oppositionen (Fschr. K. HAMBURGER, 1971), 1–21 – CH. ORTMANN, Die Selbstaussagen im ›Parzival‹, 1972 (Stud. zur Poetik und Gesch. der Lit. 23) – W. HAUG, Aventiure in Gottfrieds v. Straßburg Tristan (Fschr. H. EGGERS, 1972), 88–125 – B. KRATZ, Die Crone Heinrichs v. d. Türlin und die Enfances Gawein, GRM 53, NF 22, 1972, 351–356 – J. SCHRÖDER, Zu Darstellung und Funktion der Schauplätze in den Artusromanen Hartmanns v. Aue, 1972 (GAG 61) – P. TILVIS, Ist der mhd. Prosa-Lancelot II (P. II) direkt aus dem Afrz. übersetzt? NM 73, 1972, 629–641 – H. KUHN, Tristan, Nibelungenlied, Artusstruktur, 1973 (SBA. PPH 1973, H. 5) – B. KRATZ, Zur Kompositionstechnik Heinrichs von dem Türlin, Amsterdamer Beitr. z. ält. German. 5, 1973, 141–153 – G. KAISER, Textauslegung und gesellschaftl. Selbstdeutung. Aspekte einer sozialgesch. Interpret. v. Hartmanns Artusepen, 1973, 1979² – J. HEINZLE, Über den Aufbau des Wigalois, Euphorion 67, 1973, 261–271 – CH. RISCHER, Lit. Rezeption und kulturelles Selbstverständnis in der dt. Lit. der »Ritterrenaissance« des 15.Jh., 1973 (Stud. zur Poetik und Gesch. der Lit. 29) – P. KERN, Rezeption und Genese des Artusromans. Überlegungen zu Strickers ›Daniel vom blühenden Tal‹, ZDPh 93, 1974, Sonderh. 18–42 – W. M. MOELLEKEN, Minne und Ehe in Strickers Daniel vom blühenden Tal. Strukturanalyt. Ergebnisse, ZDPh 93, 1974, Sonderh. 42–50 – W. HARMS, Zu Ulrich Füetrers Auffassung vom Erzählen und von der Historie, ZDPh 93, 1974, Sonderh. 185–197 – V. SCHUPP, Krit. Anmerkungen zur Rezeption des dt. Artusromans anhand v. Hartmanns ›Iwein‹, FMA St 9, 1975, 405–442 – H. DE BOOR, Fortuna in der mhd. Dichtung, insbes. in der Crône Heinrich von dem Türlin (Fschr. F. OHLY, Bd II, 1975), 311–328 – G. KAISER, Der Wigalois des Wirnt v. Grâvenberc. Zur Bedeutung des Territorialisierungsprozesses für die »höfisch-ritterl.« Lit. des 13.Jh., Euphorion 69, 1975, 410–443 – K. RUH, Der Lanzelet Ulrichs v. Zatzikhoven. Modell oder Kompilation? Dt. Lit. des späten MA (Hamburger Colloquium 1973, 1975), 47–55 – H. SCHÜPPERT, Minneszenen und Struktur in Lanzelet Ulrichs v. Zatzikhoven (Würzbg. Prosastud. II, 1975), 123–138 – U. PETERS, Artusroman und Fürstenhof. Darstellung und Kritik neuerer sozialgeschichtl. Untersuchungen zu Hartmanns ›Erec‹, Euphorion 69, 1975, 175–196 – D. HIRSCHBERG, Unters. zur Erzählstruktur v. Wolframs ›Parzival‹. Die Funktion von erz. Szene und Station für den doppelten Kursus, 1976 (GAG 139) – P. WAPNEWSKI, Hartmann v. Aue, 1976⁶ – CHR. CORMEAU, ›Wigalois‹ und »Diu Crône«. Zwei Kapitel zur Gattungsgesch. des nachklass. Aventiure-romans 1977 (MTU 57) – H. H. STEINHOFF, Artusritter und Gralsheld: Zur Bewertung des höf. Rittertums im Prosa-Lancelot, (H. SCHOLLER (Hg.), The Epic in Medieval Society. Aesthetic and Moral Values, 1977, 271–289 – H. RAGOTZKY, Das Handlungsmodell der list und die Thematisierung der Bedeutung v. guot. Zum Problem einer sozialgeschichtl. orientierten Interpretation v. Strickers ›Daniel v. blühenden Tal‹ u. d. ›Pfaffen Amis‹, Lit.-Publikum-hist. Kontext, 1977 (Beitr. z. ält. dt. Literaturgesch. 1), 183–203 – V. MERTENS, Laudine. Soz. Problematik im ›Iwein‹ Hartmanns v. Aue, 1978, (Beih. zur ZDPh 3) – W. HAUG, »Das Land, von welchem niemand wiederkehrt«. Mythos, Fiktion und Wahrheit in Chrétiens ›Chevalier de la Charrete‹, im ›Lanzelet‹ Ulrichs v. Zatzikhoven und im ›Lancelot‹-Prosaroman, 1978 (Unters. z. dt. Lit.gesch. 21).

IV. MITTELNIEDERLÄNDISCHE LITERATUR: Auf das Bestehen einer sehr frühen Artusdichtung in den Niederlanden weisen einige urkundl. belegte Personennamen hin (Vuuanus 1114, Uuuanus 1123, Iwain 1122, Iuuain 1144 usw.; Vualauuaynus 1118, Walewainus 1146, 1148; alle in Flandern) sowie eine Stelle in Lambert von Omers 1120 vollendetem »Liber Floridus«. Die hs. Überlieferung der mndl. A. setzt erst am Ende des 13. Jh. ein; die ältesten Texte, bruchstückhaft und nicht genau zu datieren, stammen jedoch vermutl. aus dem späten 12. oder frühen 13. Jh. Zu diesen werden die Fragmente einer nfrk. Tristandichtung (Cod. Vind. Ser. Nova 3968) gerechnet, der gleichfalls bruchstückhafte »Perchevael«, eine mndl., auch mfrk. belegte Übersetzung von → Chrétiens »Perceval«, und die Bruchstücke der »Wrake van Ragisel«, einer amplifizierenden Bearbeitung der afrz. »Vengeance Raguidel«. Vollständig erhalten sind nur der wahrscheinl. ursprgl. »Roman van Walewein« von Penninc und Pieter Vostaert und der nach dem Afrz. bearbeitete »Ferguut«. »Walewein«, von einigen Literarhistorikern noch dem späten 12. Jh. zugerechnet, ist das Hauptwerk der mndl. nichtzyklischen A. Dieser von Vostaert vollendete, 11 197 Verse zählende Roman von Penninc zeigt eine auffallend regelmäßige Struktur, der der Märchentyp AARNE-THOMPSON 550 (Grimms »Der goldne Vogel«) zugrunde liegt. Walewein erfüllt eine Reihe ineinandergreifender Aufgaben, »a quest for one marvellous thing leading to the quest for another« (W. P. KER), um ein schwebendes Schachspiel an Artus' Hof zurückzubringen. Während der Suche hilft ihm ein sprechender Fuchs, Roges, der seine menschl. Gestalt wiedergewinnt, als Walewein die Aufgaben vollbracht hat. Märchenmotive wie dieses sind vermischt mit traditionellem Erzählgut aus der *matière de Bretagne*. Der »Ferguut« ist teilweise eine freie Übersetzung, teilweise eine Umarbeitung des »Fergus«: der mndl. Dichter scheint die *conjointure* verändert zu haben, um den *sen* besser ans Licht zu bringen. Sieben weitere Versromane, deren Dichter sich mehr oder weniger bei Chrétien de Troyes und seiner Schule anschließen, datieren zwar wahrscheinl. alle aus dem 13. Jh., sind aber vollständig, wenn auch meist in gekürzter und überarbeiteter Form, nur als Einschübe in der sog. »Lancelot-Compilatie« (siehe unten) erhalten. Der afrz. »Roman de Lancelot en prose« wurde mehrmals ins Mndl. übersetzt. Zwei Rotterdamer Bruchstücke bezeugen eine Prosa-Übersetzung des Lancelotromans; von einer noch unedierten freien Bearbeitung in Versen, → »Lantsloot vander Haghedochte«, sind 34 Bruchstücke mit insgesamt 5819 Versen aus einer in der Gft. Holland hergestellten Hs. erhalten. Für eine dritte Bearbeitung, in die »Lancelot-Compilatie«, siehe unten. Aus religiösen Werken (Prolog zum 2. Buch des → Leven van Sinte Lutgart, Prolog zum → Van den Levene Ons Heren) geht hervor, daß in der 2. Hälfte des 13. Jh. in geistl. Kreisen die Beliebtheit der A. als moral. gefährl. betrachtet wurde. Auch → Jacob van Maerlant erhebt in seinem späteren Werk große Einwände gegen die A. Am Anfang seiner dichter. Tätigkeit in den sechziger Jahren stehen u. a. die »Historie vanden Grale« und »Merlijns boec« und der märchenhafte »Roman van Torec«. Aus den zwei erstgenannten Werken, Versbearbei-

tungen der afrz. Prosaromane »Joseph d'Arimathie« und »Merlin«, geht eine krit. Wertung von Robert de Borrons Behandlung dieses Stoffes hervor. In seinem »Spiegel historiael« (1283–88) spricht er verächtl. über »die boerde vanden Grale« und verwirft, was er früher, auf die Gewähr frz. Quellen hin, geschrieben hatte. Statt dessen bietet er eine großenteils auf → Galfredus von Monmouth beruhende Darstellung der Geschichte von Artus' Reich und von Merlin. Das Werk Lodewijcs van Veltham wird zwar gewöhnl. der Schule Maerlants zugerechnet, atmet jedoch einen ganz anderen, der Ritterwelt und seiner idealen Ausprägung in der A. viel mehr zugeneigten Geist. Das zeigt sich in seiner 1316 vollendeten Fortsetzung von Maerlants »Spiegel historiael«, in der er u. a. eine glutvolle Beschreibung gibt von einer von dem engl. Kg. Eduard I. abgehaltenen *tavelronde*, einem Festspiel, bei dem die Teilnehmer die Rollen von Artusrittern spielten (Sp. hist. V, 2. B., Kap. 15–20). I. J. 1326 beendete Veltham eine Versbearbeitung der »Suite vulgate du Merlin«, das »Boec van Coninc Artur«, das eine Fortsetzung von Maerlants obengenannter »Historie vanden Grale« und »Merlijns boec« darstellt. Es gibt Hinweise, daß dieses dreiteilige Werk ein viel größeres zyklisches Romanwerk eröffnete, von dem, von einem kleinen Bruchstück abgesehen, nur der etwa 87 000 Verse zählende Schlußteil in der Haager Hs. K. B. 129 A 10, der »Lancelot-Compilatie«, erhalten ist. Dieser aus den ersten Jahrzehnten des 14. Jh. datierende Codex trägt die Besitzernotiz »heren Lodewijcs van Veltheim«; es ist möglich, daß diesem auch die Zusammenstellung der Kompilation zuzuschreiben ist und vielleicht sogar die Bearbeitung einiger, so nicht aller Texte. Die Haager Hs., Schlußband eines einst mehrbändigen Codex, enthält Versbearbeitungen des letzten Drittels des »Roman de Lancelot en prose« (des sog. Agravain-Teils), von »La Queste del Saint Graal« und von »La Mort le Roi Artu«; zw. diesen drei Hauptteilen sind andere Artustexte eingefügt. Teile einer mndl. Bearbeitung von Chrétiens »Perceval« und die erste Abteilung der ersten anonymen Fortsetzung dieses Werkes sowie der »Roman van Moriaen« sind zw. »Lancelot« und »Queste« inkorporiert; zw. »Queste« und »Mort Artu« befinden sich: eine gekürzte Fassung der »Wrake von Ragisel«, eine ebenfalls gekürzte Fassung des »Roman vanden Riddere metter Mouwen«, der »Roman van Walewein ende Keye«, die kurze Erzählung von »Lanceloet en het Hert met de Witte Voet« und der »Torec« Maerlants. Der Kompilator hat offenbar danach gestrebt, die Texte in einem großen kompositor. Verband zu vereinigen, zu welchem Zwecke er sich nicht selten einschneidende Eingriffe in die ihm vorliegenden Texte erlaubte. Eine etwas spätere Hand hat große Teile der Hs. mittels eines Systems von marginalen Zeichen von Anweisungen für den mündl. Vortrag versehen. Die Entschlüsselung der Absichten und der Arbeitsweise des Kompilators der Haager Hs. 129 A 10 gehört zu den Hauptproblemen der mndl. A. Weitere Probleme sind: das Verhältnis der mndl. Romane zu ihren afrz. Quellen, eine Erklärung für die Verwendung von Versen anstelle von Prosa und die etwaigen Beziehungen zw. der mndl. und der dt. A., auf die TILVIS hingewiesen hat. Die Blütezeit der mndl. A. ist in der 2. Hälfte des 14. Jh. vorüber; neue Romane werden, soweit aus der mangelhaften Überlieferung hervorgeht, nach 1350 nicht mehr geschrieben. Im Gegensatz zu der mndl. → Karlsepik wird die A., mit Ausnahme eines Prosa-Textes über Merlin, der um 1540 als Volksbuch erscheint, auch nicht in frühen Drucken verbreitet.   W. P. Gerritsen

Q. und Lit.: Übersicht: H. SPARNAAY, The Dutch Romances (Arthurian Lit. in the MA, hg. R. S. LOOMIS, 1959), 443–461 [nicht ohne Fehler] –

G. KNUVELDER, Handb. tot de gesch. d. Ned. letterk. I, 1970⁵, 121–150 – *Bibliogr.*: Seit 1948 Bull.Bibl. Soc. Int. Arthurienne – *Arthur. Personennamen:* J. LINDEMANS, Versl. en Meded. Kon. Vlaamsche Acad. 1941, 507–521 – *Liber Floridus:* R. DEROLEZ in Festschr. RUDOLF STAMM, 1969, 240–247 – *Niedeṛfrk. Tristan:* G. DE SMET–M. GYSSELING, Stud. Germ. Gandens. 9, 1967, 197–234 – *Perchevael:* F. VAN VEERDEGEM, Bull. Acad. Roy. de Belgique, 3ème Sér., T. 20, 1890, 637–688 – N. DE PAUW, Middelned. ged. en fragm. 2, 1903, 79–87 – J. TE WINKEL, TNTL 13, 1894, 24–41 – L. ZATOČIL, Germanist. Stud. und Texte I, Opera Univ. Purk. Brunensis, Fac. Philos. 131, 1968, 247–280 – M. DRAAK, Ntg 62, 1969, 175–176 – *Wrake van Ragisel:* W. P. GERRITSEN, Die Wrake van Ragisel, 1963 – *Walewein:* Penninc en Pieter Vostaert, De jeeste van Wal. en het schaakbord, hg. G.A. VAN ES, 1957 [Neudr. Bd. I, 1976] – M. DRAAK, Onderzoekingen over de Roman v. Wal., 1936 [Neudr. mit zusätzl. Kap. 1975] – *Ferguut:* Ferguut, hg. E. ROMBAUTS, N. DE PAEPE, M.J.M. DE HAAN, 1977 – *Rotterdamer Bruchstücke:* J. NOTERMANS–W. DE VREESE, Tijdschr. v. Taal en Letteren 19, 1931, 221–251 – *Lantsloot:* F. MEUSER, Lantsloot van der Haghedochte [Diss. masch. Marburg 1939] – W.P. GERRITSEN, Bibliogr. Bull. Internat. Arthurian Society 27, 1975, 167–169 – *Maerlant:* Torec hg. J. TE WINKEL, 1875 – K. HEEROMA, Maerlants Torec als ›sleutelroman‹, Med. Kon. Ned. Akad. v. Wet., Afd. Letterk., NR 36, Nr. 5, 1973 – J. HOGENHOUT, De geschiedenis van Torec en Mirande [Diss. Leiden 1976] – Jacob van Maerlants Merlijn, hg. J. VAN VLOTEN, 1882 – J. TE WINKEL, TNTL I, 1881, 305–363 – *Veltheem:* R. S. LOOMIS, Speculum 28, 1953, 114–125 – *Lancelot-Comp.*: Roman van Lancelot, hg. W.J.A. JONCKBLOET, 1846–49 – M. DRAAK, De Mndl. vertalingen van de Proza-Lancelot, Med. Kon. Ned. Akad. v. Wet., Afd. Letterk., NR 17, Nr. 8, 1954 [Neudr. 1977] – DIES., The Workshop behind The Hague K.B. 129 A 10 (Neerlandica Manuscripta, Essays presented to G.I. LIEFTINCK, 3, 1976, 18–37 – W.P. GERRITSEN, Corrections and Indications for Oral Delivery in the Middle Dutch Lancelot Manuscript, ibidem, 38–59 – *Weitere inkorp. Romane:* Moriaen, hg. H. PAARDEKOOPER, VAN BUUREN, M. GYSSELING, 1971 – M. DRAAK, Ntg 65, 1972, 220–224 – D.A. WELLS, Studia Neerlandica 7, 1971–73, 243–281 – Roman van den Riddere metter Mouwen, hg. B.M. VAN DER STEMPEL, 1913 – Lanceloet en het Hert met de Witte Voet, hg. M. DRAAK, 1976⁵ – *Beziehungen zur dt. Artusepik:* P. TILVIS, Prosa-Lancelot-Studien, I–II, Ann. Acad. Scient. Fennicae, ser. B, 110, 1957 – DERS., NM 3, 1972, 629–641 – Lancelot, hg. R. KLUGE, 1948–74 – *Prosa-Merlijn:* M. KRONENBERG, TNTL 48, 1929, 18–34.

V. MITTELENGLISCHE LITERATUR: Die me. Arthuriana bilden ein umfangreiches Corpus von Prosawerken, gereimten und alliterierenden (→ Alliteration) Romanzen sowie Balladen, die ab der zweiten Hälfte des 13.Jh. geschrieben wurden, und auf einer Reihe von Quellen beruhen: kelt. Legenden, → Galfred (Geoffrey) v. Monmouths einflußreichen »Historia Regum Britanniae« und »Vita Merlini«, Waces → »Brut« und den afrz. Romanzen von → Robert de Boron, → Chrétien de Troyes und dem Zyklus der Vulgata-Version. Der folgende Überblick schließt den alliterierenden → »Morte Arthure«, die → Gawain-Romanzen und → Malory aus, weil diese lit. bedeutendsten Werke an anderer Stelle besprochen werden. Das gesamte Leben Arthurs wird nacherzählt, in »Layamons Brut«, einer meisterhaften alliterierenden Version, die ca. 1200 geschrieben wurde; in ›Arthur‹, einem mittelmäßigen Gedicht von 642 Zeilen, und in der »Legend of King Arthur« in Balladenform. Merlin und die Jugend Arthurs bilden die Themen von »Arthour and Merlin«, der frühesten me. Versromanze über Merlin, einem Werk von gewissem lit. Wert; sowie Lovelichs »Merlin« und dem »Prosa-Merlin«, beides Fassungen aus dem 15.Jh. nach dem Vulgata-Merlin. Der stroph. »Morte-Arthur« (ca. 1400), der schott. »Lancelot of the Laik« und zwei unvollständige Balladen im Percy Folio Ms., »Sir Lancelot du Lake« und »King Arthur's Death«, handeln von Lancelot und den letzten Jahren Arthurs. Das einzige Werk dieser Gruppe von hohem lit. Rang ist der stroph. »Morte Arthur«, der Malorys Schilderung von der Auflösung der Tafelrunde stark beeinflußte. Perceval, Held von Chrétiens »Conte du Graal« und des »Perlesvaus« erscheint nur in »Sir Perceval of Galles«, das von seiner Kindheit erzählt, ohne den hl. Gral überhaupt zu erwähnen. Außer Malorys Gralsschilderung entstammen die einzigen anderen engl. Gralserzählungen der Vulgate-Estoire: der alliterierende »Joseph of Arimathie« (ca. 1350), eine fragmentar., homilet. Romanze, und Lovelichs temperamentlose »History of the Holy Grail« (ca. 1450), ein passendes Begleitstück für seinen »Merlin«. Die Geschichte von Tristram kommt außer bei Malory nur im »Sir Tristrem« aus dem späten 13.Jh. vor, die Thomas d'Angleterres Version der Romanze folgt. »Arthur of Little Britain«, übersetzt von Lord Berners (ca. 1555 gedr.) nach einer beliebten frz. Romanze des 14.Jh., zeigt das fortbestehende Interesse für arthur. Abenteuer im England des 16.Jh. 1590–96 erschien Edmund Spencers »Faerie Queene«, eine große allegor. Dichtung, die den Artusstoff benutzt, um Kgn. Elisabeth und ihre Welt zu feiern. In der engl. Romantik erlebt die Artussage eine Wiedergeburt in William Morris' »Defense of Guenevere« (1858), in Tennysons »Idylls of the King« (1859–85) und in Swinburnes »Tale of Balen« (1890). V.M. Lagorio (mit R.R. Bezzola)

Bibliogr.: Manual ME, I, 1967, 38 ff., 224 ff. – NCBEL I, 389 ff. – MATTHEWS, 56 ff.

Q.: F.J. FURNIVALL, EETS 2 [Arthur] – E. KÖLBING, Arthour and Merlin, 1890 – E.A. KOCK, EETS ES 93, 112, OS 185 [Lovelich's Merlin] – H.B. WHEATLEY, EETS 10, 21, 36, 112 [Prose Merlin] – J.D. BRUCE, EETS ES 88 [Morte Arthur] – W.W. SKEAT, EETS 6 [Lancelot] – J. CAMPION–F. HOLTHAUSEN, Syr Percyvale of Galles, 1913 – W.W. SKEAT, EETS 44 [Joseph] – F.J. FURNIVALL, EETS ES 20, 24, 28, 30, 95 [Holy Grail] – G.P. MCNEILL, STS 8 [Tristrem] – O.D. MACRAE-GIBSON, EETS 268 [Of Arthour and of Merlin] – *Lit.*: J.D. BRUCE, Evolution of Arthurian Romance, 1923, 2 Bde, 1928² – E.K. CHAMBERS, Arthur of Britain, 1927, 1965² (Suppl. Bibliogr. von B.F. ROBERTS) – M.J.C. REID, Arthurian Legend, 1938 – R.S. LOOMIS – Arthurian Tradition and Chrétien de Troyes, 1949 – J.S.P. TATLOCK, Legendary Hist. of Britain, 1950 – R.W. ACKERMAN, An Index of the Arthurian Names in ME, 1952 [Nachdr. 1967] – M.C. STARR, King Arthur Today. The Arthurian Legend in Engl. and American Lit., 1901–53, 1954 – R.S. LOOMIS [Hg.], Arthurian Lit. in the MA, 1959 – K.H. GÖLLER, Kg. Arthur in den schott. Chroniken, Anglia 80, 1962 – R.S. LOOMIS, Development of Arthurian Romance, 1963 – E.R. HARVIES, The Legend of King Arthur: A list of books (1156) in the Flintshire County Library, 1963 – K.H. GÖLLER, Kg. Arthur in der engl. Lit. des späten MA, Palaestra 238, 1963 – CH. MOORMAN, King Arthur and the Engl. Nat. Character, Folklore Quarterly XXII, 1968 – D. MEHL, The ME Romances of the 13th and 14th Centuries, 1969 – O.D.R. OWEN, Arthurian Romance. Seven Essays, 1970 – A.L. KELLOGG, Chaucer, Langland, Arthur. Essays in ME Lit., 1972 – J.D. MERRIMAN, The Flower of Kings, A Study of the Arthurian Legend in England between 1485 and 1835, 1973 – A. OSTMANN, Die Bedeutung der Arthurtradition für die engl. Gesellschaft des 12. und 13.Jh. [Diss. Berlin 1975] – F. ALEXANDER, Late medieval Scottish attitudes to the figure of King Arthur, Anglia 93, 1975.

VI. IKONOGRAPHIE: A. ist lange, bevor er unter die → Neun guten Helden eingereiht wird und früher, als er in lit. Zeugnissen erscheint, ikonograph. belegt. Der A. der Bildzeugnisse ist im Gegensatz zum inaktiven Helden der Epen stets als Kämpfer dargestellt: Auf der Archivolte der Porta della Pescheria (Modena, Dom, Dat. umstritten, wohl um 1120/30) streiten ›Artus de Bretania‹ und andere Ritter gegen Burmaltus sowie Carrado, um die gefangene Winlogee (Ginover) zu befreien. Singulär ist auch der A. auf dem Fußbodenmosaik der Kathedrale v. Otranto, Apulien (1165/66); die Identität der Figur in dieser rätselhaften Szene ist durch die Inschrift »Rex Arturus« gesichert: A. kämpft, auf einem gehörnten Ziegenbock reitend (Ziegenbock als Verkörperung der luxuria?), gegen das Katzenungeheuer Capalu. Diese tragische, auf A. übertragene Version der kymrisch-bret. Sage vom Katzenkampf ist wohl nur im Zusammenhang des gesamten

Mosaikprogramms (Nachbarschaft zur Kain-Abel-Darstellung) zu interpretieren.

Unsicher ist die von STIENNON-LEJEUNE auf A. bezogene Deutung des (aus dem Bildtyp des löwenüberwindenden Simson abgeleiteten) Basreliefs an der Torre Ghirlandaia (Modena, Dom, 1169/79), selbst wenn man in der korrespondierenden weibl. Figur Ginover erkennen will. Träfe die Zuordnung zu, so würde die hier hergestellte typolog. Verbindung von A. mit → David und → Roland als vorbildhafte *preux* auf die späteren Neun-Helden-Reihen vorausweisen. In eine typolog. Reihe von Minnesklaven (→ Minne) war A. (mit Ginover) in den zerstörten Medaillonfresken im Konstanzer »Haus zur Kunkel« (um 1300) gestellt. Die »table ronde« in Winchester (um 1480?) ist ein wohl zu A.-Festen benutzter Tisch mit dem Bildnis des Kg.s und Inschriften der Namen von 24 A.-Helden.

Im Rahmen zykl. Bilddarstellungen von Epen des A.-Stoffkreises erscheint A., meist in der Tafelrunde, sowohl auf Wandgemälden (»Iwein« in Schmalkalden, Hessenhof, 1. Hälfte 13.Jh.; »Garel« Schloß Runkelstein bei Bozen, um 1400) als auch in Hss.-Illustrationen (z.B. Tafelrunde als Eingangsminiatur des »Wigalois«, Leiden, Bibl. der Rijksuniv. Ltk. 537, 1372; Tafelrunde mit Vision des Gral, »Lancelot du Lac«, Paris, Bibl. Nat. ms. fr. 116, 15.Jh.). Noch die Druckgraphik des 16.Jh. (»Ehebrecherbrücke«, Georg Pencz, 1530, Jost Ammann, 1568) kennt die A.-Figur. → Artusbruderschaften. N.H. Ott

Lit.: RDK I, 1127-1132 [Lit.] – LCI I, 189f. [Lit.] – R.S. LOOMIS, The Modena Sculpture and Arthurian Romance, StM NS 9, 1936, 1-17 – R.S. LOOMIS, King A. and the Antipodes, MP 38, 1940-41, 289-304 – A. KNOEPFLI, Kunstgesch. des Bodenseeraumes I, 1961, 129f. – J. STIENNON-R. LEJEUNE, La légende arthurienne dans la sculpture de la cathédrale de Modène, CCMéd 6, 1963, 281-296 – R. LEJEUNE, La légende du Roi Arthur dans l'iconographie religieuse médiévale, Archaeologia Jan./Febr. 1967, H. 14, 51-55 – C. SETTIS-FRUGONI, Per una lettura del mosaico pavimentale della cattedrale di Otranto, BISI 80, 1968, 213-256 – DIES., Il mosaico di Otranto: modelli culturali e scelte iconografiche, BISI 82, 1970, 243-270 – G. GIANFREDA, Il mosaico pavimentale della Basilica Cattedrale di Otranto, 1975⁴ – W. HAUG, Artussage und Heilsgeschichte. Zum Programm des Fußbodenmosaiks von Otranto, DVjs 49, 1975, 577-606 – H. BIRKHAN, Rex Arturus in der Kathedrale v. Otranto (Festg. O. HÖFLER, 1976 [Philologica Germanica 3], 62-66) – W. HAUG, Das Mosaik v. Otranto. Darstellung, Deutung und Bilddokumentation, 1977 [Lit.].

Artusbruderschaften, gesellige Zusammenschlüsse, die sich seit dem 12.Jh. in England und Flandern bildeten, um in der Weise des sagenhaften Kg. Artus und seines Hofstaates ritterl. Lebensformen und Minnedienst zu pflegen (→ Artus, Arthur). Nach diesem Vorbild richteten sich seit dem 13.Jh. die Vereinigungen der vorübergehend anwesenden und seßhaften Fernhändler in den dt. Städten des Ostseeraumes. Solche Vereinigungen (Gilden, Hansen, der gemeine Kaufmann u. ä.) waren seit der Frühzeit des nordeurop. Handels an vielen Orten entstanden. In Preußen, wo sie sich an den Kämpfen gegen die Heiden beteiligten, wählten sie häufig das Georgspatrozinium (Riga 1262, Thorn 1311/12). In Elbing war die Georgenbrüderschaft 1319/20 im Besitz eines Artushofes; 1327 wird sie nach diesem als Artusbruderschaft bezeichnet. Weitere Artushöfe gab es alsdann in Stralsund, Thorn, Danzig, Braunsberg, Marienburg, Königsberg und Riga. Vom Danziger Artushof sind die Statuten erhalten, die (um 1390) das gesellige Leben der Fernkaufleute regelten. → Bruderschaften. E. Pitz

Von den Vereinsgebäuden der A., den *Artushöfen* (auch Junkerhöfen), blieben nur wenige erhalten: der größte und vornehmste in Danzig, Neubau 1370/87 mit großer Halle im Erdgeschoß, nach Brand 1476/81 Erweiterung zu dreischiffiger Halle, einer der schönsten Räume der norddeutschen Spätgotik, Giebel 1552 und 1610 verändert; Thorn 1385 (1802 abgebr.); Riga 1334, Giebel 1619/25 umgebaut. G. Binding

Lit.: HRG I, 235-237 [Lit.] – RDK I, 1132-34 [Lit.].

Arundel, engl. Grafenwürde *(earldom)*, auch als earldom v. Sussex bzw. Chichester bezeichnet. Früheste Träger des honor A. waren die Gf.en v. → Shrewsbury (1067 bis 1102); der erste eigtl. Titelinhaber war jedoch Wilhelm v. Aubigny († 1176), der das earldom durch Heirat mit Adeliza (Alix), der Witwe Heinrichs I., erhielt und seit 1141 den Titel führte, als er das earldom v. → Lincoln verlor. Zumeist loyal gegenüber → Stephan v. Blois, diente er → Heinrich II. in durchaus unzuverlässiger Weise. Nachdem die Ländereien in kgl. Hand gewesen waren, folgte 1190 sein Sohn, der aber bereits 1193 starb. Wilhelm (III.) v. Aubigny unterstützte Kg. Johann, bis er sich 1216 für kurze Zeit Ludwig (VIII.) v. Frankreich zuwandte. Ihm folgten seine Söhne Wilhelm (1221-24) und Hugh (1224-43), die keine männl. Erben hinterließen. Am Ende des 12.Jh. schuldete der Gf. den Dienst von über 170 Rittern aus seinen Baronien Arundel (Sussex) und Old Buckenham (Norfolk). 1291 wurde der Titel für die Familie → Fitz-Alan wiederaufgenommen. 1433 wurde der Anspruch auf die Grafenwürde mit dem Besitzrecht des Schlosses Arundel verknüpft, was jedoch keine hist. Berechtigung hat. M.C. Prestwich

Lit.: Peerage I, 230-239 – J.H. ROUND, Geoffrey de Mandeville, 1892, 316-325 – I.J. SANDERS, Engl. Baronies, 1960, 1-2.

Arundel, Thomas, engl. Staatsmann, * 1353, † 19. Febr. 1414, Bf. v. Ely seit 1374, Ebf. v. York seit 1388, 1397 und seit 1399 erneut Ebf. v. Canterbury, 1398-99 Titularbf. v. St. Andrews, 1386-89, 1391-96, 1407-09, 1412-13 Kanzler *(chancellor)* v. England. Jüngster Sohn v. Richard, Gf. v. A. († 1376; vgl. → FitzAlan), der für seine Erhebung zum Bf. v. Ely sorgte. Th. A. verließ Oxford und wirkte tatkräftig in seiner Diözese. Durch seinen Bruder wurde er in die polit. Krise von 1386-88 verwickelt (→ Appellants, → Richard II.). Richard II. ließ ihn verbannen. Seine führende Rolle beim Sturz des Kg.s 1399 sicherte ihm jedoch die Rückkehr nach Canterbury. Die Verbindung mit → Heinrich IV. wurde durch die Tatsache, daß beide gemeinsam zur Zielscheibe von Kritik wurden, noch gefestigt. Während des Aufstiegs von Prinz Heinrich (Heinrich V.) übernahm Th. A. bis zu dessen Thronbesteigung nochmals das Kanzleramt.

Als Ebf. zeigte sich Th. A. wachsam gegenüber dem → Abendländ. Schisma und den öffentl. kritisierten Mißständen in der engl. Kirche. Obwohl er keinen Kompromiß mit den → Lollarden duldete, griff er nur in maßvoller Weise ein. Seine Haltung gegenüber der Univ. → Oxford war unnachgiebiger; ihre Duldsamkeit gegenüber den Irrlehren hielt er für unverantwortlich, ja, für verdächtig. Th. A. war ein entschiedener Anhänger der zeitgenöss. Orthodoxie und der bestehenden Kirche; es wäre jedoch ungerechtfertigt, ihn als starren Reaktionär zu bezeichnen. R.G. Davies

Lit.: M.E. ASTON, Thomas A., 1967 – R.G. DAVIES, Thomas A. as Archbishop of Canterbury, JEcH 14, 1973, 9-21.

Arundel-Sammlung. Eine Sammlung rhythm. lat. Gedichte der 2. Hälfte des 12.Jh. in der Hs. London, BL Arundel 384 (engl. Schrift, 2. Hälfte des 14.Jh.); aus der Bibl. des Thomas Howard, Earl of Arundel, † 1646. Ihren Inhalt bilden drei Gruppen von Gedichten. 1-16 und 28 sind Liebeslieder, 17-23 geistl. Lieder aus dem Weihnachtsfestkreis, 24-27 moral.-satir. Gedichte (27 ein Panegyricus). – In den – z.T. sehr freien – Liebesliedern ist durch die ganz ungezwungen wirkende Durchdringung

mit antikischen Elementen, bes. Mythologie, eine eigene, sehr hochstehende poet. Wirkung erzielt, die bei allem klass. Kolorit ganz dem 12. Jh. zugehört. – Gemeinsam ist den Gedichten die geschliffene Form. Neben einfachen und komplizierteren Strophenliedern (mit und ohne Refrain) finden sich Sequenzen, die, bes. bei den Liebesliedern, mit ihrem raschen Wechsel drängender, verhaltener und schließlich ausschwingender Rhythmen, ihrem geschmeidigen Sprachfluß, innerhalb der weltl. Sequenzendichtung einen Höhepunkt an Virtuosität darstellen. Die Liebeslieder (einschließl. 28) und die überaus scharfe Invektive gegen den Bf. Manasses v. Orléans (Nr. 25) sind Gedichte des → Petrus v. Blois (Nr. 12 und 25 stehen in der ihm zuzuschreibenden Slg. Vatic. lat. 4389). Wenn die übrigen Gedichte, wie es für die meisten wahrscheinl. ist, ebenfalls von ein und demselben Dichter stammen, so ist ihr Verfasser → Walther v. Chatillon (Nr. 24, *Licet eger cum egrotis* = CB 41 ist sicher von ihm).
G. Bernt

Ed.: W. Meyer, AGG, Philol.-hist. Kl., NF 11, 2, 1908 – B. Bischoff, ZRPh 50, 1930, 76–97 [Nr. 12 und 25] – Carmina Burana, ed. A. Hilka, O. Schumann, B. Bischoff, 1930–1970 [Nr. 4 (= CB 67), Nr. 8 (= CB 83), Nr. 10 (= CB 72), Nr. 14 (= CB 108)] – *Lit.*: R. W. Lenzen, Überlieferungsgesch. und Verfasseruntersuch. zur lat. Liebesdichtung Frankreichs im HochMA [Diss. Bonn 1973], bes. 7–67 – P. Dronke, MSt 38, 1968, 192 ff., bes. 219.

Arwystli, walis. → cantreff (Bezeichnung vom Personennamen Arwystl abgeleitet). Im Quellgebiet des Severn, an die Ostseite der Plynlymon Mountains angrenzend, bildete A. ursprgl. einen Teil des ausgedehnten Gebietes von Powys, das sich durch ganz NO-Wales erstreckte: Der cantreff war durch eine Waldzone in die beiden *commotes* von Uwch Coed ('oberhalb des Waldes') und Is Coed ('unterhalb des Waldes') geteilt. Möglicherweise wurde A. in das Kgr. → Gwynedd eingegliedert. Die wichtigsten Kirchen waren Llandinam und Llangurig. D. P. Kirby

Lit.: J. E. Lloyd, A Hist. of Wales I, 1912, 249–50.

Arzachel → Ibn az-Zarqāla

Arzillières, Jean, Bf. v. Toul, † 1320 in Avignon, stammte aus der Champagne; Archidiakon v. Toul, 1309 von den Kanonikern gewählt, um den Einfluß des Papsttums von Avignon auszuschalten. A. wurde 1310 anerkannt, 1313 geweiht. Er verhielt sich sehr geschickt in den innerlothring. Konflikten und zeigte sich gegenüber den Bürgern von Toul sehr konziliant. M. Parisse

Arzneibücher
I. Worterklärung – II. Begriffsdefinition – III. Literatur.

I. Worterklärung: Als Lehnübersetzung von mlat. »liber medicinalis« (Beccaria, 469; Wickersheimer, 197) läßt sich der Terminus *arzenîbuoch* seit dem Frühmhd. nachweisen (11. Jh.; Nebenformen *arzinbuoch, arzetbuoch*); er bezeichnet 'heilkundliche Kompendien umfassender Indikation', die sich gattungsmäßig aus (Kurz)traktaten und Rezepten zusammensetzen, wobei die Rezepte nicht selten zu Serien oder Rezeptgruppen zusammengefaßt erscheinen und nach der Heilanzeige oder Arzneiform gereiht sind – beispielsweise in der anatom. Folge »vom Scheitel bis zur Sohle«. Als mundartl. Variante begegnet im Nd. *arstedie*[bôk] (sächs.) sowie als Analog-Bildung *boec van medicine* (niederfrk., um 1300); als fremdsprachige Synonyme sind *laecebōc* (ags.), *lǣcebōc* (me.), *läkebog* (schwed.), *lægebog* (dän.), und *médecinaire* (afrz.) belegt; den landessprachigen Bezeichnungen entsprechen im Mlat. außer dem »liber medicinalis« noch »medicina«, »practica« und »compendium«.

II. Begriffsdefinition: Eine gattungsgeschichtl. Abgrenzung ergibt sich einerseits gegenüber den → Kräuter-, → Tier- und → Steinbüchern (Herbarien, Bestiarien, Lapidarien) wie gegenüber diätet., anatom., humoralpatholog. und diagnost. Traktaten; die Grenzziehung ist aber auch gegenüber ähnlich aufgebauten Texten therapeut. Zielsetzung möglich, wenn deren Heilanzeige wie bei der »Chirurgie« (»Wundarznei«), der Spezialabhandlung (→ Pesttraktat; → Aderlaßbüchlein) oder dem → Konsilium eingeschränkt bzw. auf individuelle Bedürfnisse eines Patienten ausgerichtet ist. Dagegen lassen sich die A. schlecht gegen Rezeptare und Antidotare abgrenzen, was zur modernen Metonymie des Terminus geführt hat: Der deutschsprachige Apotheker versteht im semant. Einengung unter *Arzneibuch* die 'Pharmakopöe'.

III. Literatur: A. kennt sowohl die ma. Human- wie die → Veterinärmedizin. Sie hat die Gattung nicht selbst entwickelt, sondern steht in einer Tradition, die in der Spätantike wurzelt und ihre Analogien in frühen Hochkulturen hat. Auf Grund mlat. Vorbilder setzt die *Arzneibuch-Überlieferung in den Landessprachen* seit dem 10. Jh. ein, am frühesten in England. Das umfangreichste ae. A. ist das »Læceboc«, nach dem Auftraggeber (oder Kompilator?) auch »Bald's Leechbook« (frühes 10. Jh.). Es ist aus vorsalernitan. Kompendien (Corpora) übersetzt und geht über den Aurelius-Aesculapius-Komplex sowie Ps.-Petroncellus auf Alexander v. Tralles, Cassius Felix, Oreibasios und Caelius Aurelianus zurück; Endquellen sind Galen, Philagrios, Antyllos und Soran. Mit dem hundert Jahre jüngeren »Peri didaxeon« zeigt das »Læceboc« Quellengemeinschaft (→ Ps.-Petroncellus). In den spätestens im 10. Jh. kompilierten »Lacnunga« ist das heidn. Element bes. stark ausgeprägt; u. a. sind ae. → Zaubersprüche eingestreut, und neben der gräkoroman. Überlieferung begegnen auch Textabschnitte kelt. bzw. dt. Ursprungs. – Nach dem Einfall der Normannen bricht die Laeceboc-Tradition ab; die me. A. werden erst im 14. Jh. greifbar, nehmen salernitan. sowie jüngere Einflüsse auf und bieten ausgangs des MA eine Vielzahl von Texten. – Die deutschsprachige Tradition beginnt um 1100 mit obdt. Quellen (»Arzenîbuoch Ipocratis« [alem.]; »Innsbrucker Arzneibuch«), schließt im 12. Jh. den thür. → »Bartholomäus« an, läßt ab 13. Jh. – auf Grund Salernitaner Quellen – → Ortolfs »arzenîbuoch« sowie das umfangreiche »Deutsche salernitanische Arzneibuch« folgen und bringt im 14. Jh. – abhängig teils von nachsalernitan. Quellen (»Thesaurus pauperum«) – die »Düdesche arstedîe«, den »Liber Avicenne«, das »Elsässische«, das »Speyrer«, das »Utrechter«, das »Kasseler«, das »Nürnberger Arzneibuch« und andere therapeut. Kompendien, deren Masse gegen Ende des MA stark anschwillt und sich in zahlreichen Kompilaten niedergeschlagen hat (»Niederdt. 'Bartholomäus'«, »Schüpfheimer Kodex«, »Berchtholds Arzneibuch«; »Kleines mnd. Arzneibuch«, »Stockholmer Arzneibuch«): sie laufen nicht selten unter dem Namen des Zusammenstellers (Albrecht van Borgunnien, Kunsberg van Valkene, Johan van Seghen, Arnold Doneldey, Jan Yperman, Guoteline van Eßlingen, Erhart Hesel, Anton Trutmann) und wurden an der Schwelle zur Neuzeit in riesigen Sammelwerken zusammengefaßt bzw. zu Hausarzneibüchern umgestaltet. – Im Altnordischen setzt die Arzneibuchüberlieferung mit → Henrik Harpestræng ein († 1244), dessen (unechtem?) »Lægebog« zahlreiche spätere Kompilate folgen, die teilweise dt. Einfluß verraten und in dän. (dano)schwed. und isländ. Sprache auf uns gekommen sind. – Die Überlieferung in kelt. und roman. Sprachen dürfte ähnlich gestaltet sein, wenn sich auch wegen des Forschungsrückstands keine genauere Aussage machen läßt: Immerhin ist auffällig, daß das »Répertoire des plus anciens texts en prose française« (1964) bis ins 13.Jh. hinein kein einziges therapeut. Denkmal nennt.

A. sind praxisbezogen und wurden von Praktikern – Mönchs-, Wund- und Laienärzten – benutzt; in den ärztl. Alltag geben sie vielfach Einblick, sei es, daß sie die Verflechtung von Medizin und Pharmazie erhellen, sei es, daß sie das Arzt-Patient-Verhältnis freilegen und die Selbstmedikation des Kranken erkennen lassen. → Byz. Medizin.

G. Keil

Q. und Q.-Kommentare: [1] englische: O. COCKAYNE [Hg.], Leechdoms, wortcunning and starcraft of early England, 3 Bde, 1864–66 [Neudr. 1965] – F. HEINRICH [Hg.] Ein me. Medizinbuch [Diss. Münster 1895], 1896 – G. HENSLOW, Medical works of the fourteenth century, 1899 – G. LEONARDI (Bibl. der ags. Prosa VI, 1905) – H. SCHÖFFLER, Beitr. zur me. Medizinlit., 1919 – G. MÜLLER [Hg.], Aus me. Medizintexten, 1929 (Kölner angl. Arb. 10) [Neudr. 1966] – W. R. DAWSON [Hg.], A leechbook or collection of medical recipes of the fifteenth century, 1934 – M. S. OGDEN, [Hg.] The »Liber de diversis medicinis«, EETS 207, 1938 [Neudr. 1969] – R. H. ROBBINS, Medical manuscripts in ME, Speculum 45, 1970, 393–415 – [2] deutsche: F. PFEIFFER [Hg.], Zwei dt. A. aus dem 12. und 13.Jh., SAW phil.-hist. Kl. 71, 1872 – A. BIRLINGER, Aus einem elsaesz. Arzneibuche des XIV. Jh., Alemannia 10, 1882 – J.H. GALLÉ [Hg.], Das Utrechter mnd. Arzneibuch, Jb. Ver.nd. Sprachforsch. 15, 1889 – W. L. DE VREESE [Hg.], Mnl. geneeskundige recepten & tractaten, zegeningen en tooverformules, I, 1894 – C. KÜLZ-E. KÜLZ-TROSSE, Das Breslauer A., 1908 – F. WILIEKE, Das A. des Arnoldus Doneldey, 1912 – CH. FERCKEL, Zum Breslauer A., Mitt. Gesch. Med. Naturw. 13, 1914 – F. WILHELM, Denkmäler dt. Prosa des 11. und 12. Jh., 2 Bde, 1914–18 (Münchener Texte 8) [Neudr. 1960] – CH. GRAETER, Ein Leipziger dt. Bartholomaeus [Diss. Leipzig 1917] – S. NORRBOM [Hg.], Das Gothaer mnd. A. und seine Sippe, 1921 – A. ELVERT, Sprache u. Q. des Wolfenbüttler Heilkräuter- und Arzneibuches [Diss. masch., Hamburg 1923] – E. WINDLER [Hg.], Das Bremer mnd. A. des Arnoldus Doneldey (Nd. Denkm. 7), 1932 – W. L. WARDALE [Hg.], Albrecht van Borgunniens treatise in medicine (St. Andrews univ. publ. 37), 1936 – G. EIS [Hg.], Meister Albrants Roßarzneibuch im dt. Osten, Schr. Dt. wiss. Ges. Reichenberg 9, 1939 – W. F. DAEMS [Hg.], Een Medicijnboeck, inholdende van voele diverske remedien, Pharm. weekbl. 79, 1942 – A. SCHMID [Hg.], Conrad Türsts iatromathemat. Gesundheitsbüchlein für den Berner Schultheißen Rudolf v. Erlach, Berner Beitr. Gesch. Med. Naturw. 7, 1947 – W. L. WARDALE, A Low German-Latin miscellany of the early fourteenth century, Nd. Mitt. 8, 1952 – DERS., The »Excerpta Ipocratis vnde Bartholomei« of Göttingen MS. hist. nat. 51, Nd. Mitt. 10 1954 – L. SIMMET [Hg.], Veit Hündlers Roßarzneibuch [Diss. München 1955] – J. FOLLAN [Hg.], Ortolf v. Bayerlant's treatise on medicine [Diss. Edinburgh 1956] – W. PERINO, Die Pferdearzneibücher des ausgehenden MA und der beginnenden Neuzeit [Diss. München 1957] – D. LUDVIK, Unters. zur spätma. dt. Fachprosa (Pferdebücher) [Habilschr. Laibach 1959] – G. KEIL, Das A. Ortolfs v. Baierland, SudArch 43, 1959; 53, 1969 – G. EIS, Meister Albrants Roßarzneibuch, 1961 – O. BEDERKE [Hg.], »Liber de cura equorum« [Diss. Hannover 1961]; dazu G. KEIL, Germanistik 5, 1964 – J. FOLLAN [Hg.], Das Arzneibuch Ortolfs v. Baierland, VIGGPharm NF 23, 1963 – H. ALSTERMARK, »Ayn Buck van Arzeney«. Stud. zu der Hs. X 114 der kgl. Bibl. in Stockholm [Germ. Lizentiatsabh. Stockholm 1964] – W. L. BRAEKMAN, De Mnl. recepten in W. de Vreeses uitgave, VMKATL 1965 – L. J. VAN DE WIELE [Hg.], De »Liber magistri Avicenne« en de »Herbarijs«, 2 Bde, 1965 – A. LINDGREN [Hg.], Ein Stockholmer mnd. A. aus der zweiten Hälfte des 15. Jh., 1967 (Acta universitatis Stockholmiensis, Stockh. germ. Forsch. 5) – W. F. DAEMS [Hg.], Boec van medicinen in Dietsche, Janus Beih. 7, 1967 – W. L. BRAEKMAN [Hg.], Mnl. geneeskundige recepten, 1970 – I. LJUNGQVIST [Hg.], Das mnd. A. des Codex Guelferbytanus 1213 Helmstediensis [Germ. Lizentiatsabh. Stockholm 1971] – L. ELAUT [Hg.], De Medicina van Johan [lies: Jan] Yperman, 1972 – J. TELLE, Petrus Hispanus in der altdt. Medizinlit. [Diss. Heidelberg 1972] – G. KEIL, Randnotizen zum »Stockholmer A.«, StN 44, 1972 – B.D. HAAGE [Hg.], Das A. des Erhart Hesel, GAG 88, 1973 – G. MELLBOURN, Ein Hamburger Fragm. der Düdeschen Arstedie, Germanist. Streifzüge, Fschr. G. KORLÉN, 1974 – W. L. BRAEKMAN [Hg.], Medische en technische Mnl. recepten, 1975 – R. SUTTERER [Hg.], Anton Trutmanns »Arzneibuch.« [Diss. Bonn 1976] – K. WÄCKERLIN-SWIAGENIN, Der »Schüpfheimer Codex«, ein Medizinal(!)buch aus dem zweiten Viertel des 15. Jh., Veröff. Schweiz. Ges. Gesch. Med. Naturw. 30, 1976 – [3] nordische: CH. MOLBECH [Hg.], Henrik Harpestrengs danske Laegebog, 1826 – G. E. KLEMMING [Hg.], Läke- och örte-böcker från Sveriges medeltid, 1883–86 – M. KRISTENSEN [Hg.], Harpestraeng: Gamle danske Urtebøger, Stenbøger og Kogebøger, 1908–20 – P. HAUBERG [Hg.], En middelalderlig dansk Laegebog, 1927 – H. LARSEN [Hg.], An Old Icelandic medical miscellany, 1931 – [4] keltische: J. WILLIAMS AB ITHEL [Hg.], The physicians of Myddvai, Meddygon Myddfai«, The Welsh MSS. soc. 6, 1861 – [5] französische: P. MEYER, Récettes médicales en français, Bull. soc. anc. textes franç. 32, 1906: Romania 44, 1915–17 – A. GOLDBERG–H. SAYE, An ind. to mediaeval French medical receipts, BHM I, 1933 – J. HAUST [Hg.], Médicinaire liégeoise du XIIIe s. et médicinaire namurois du XVe, Acad. Royale de Langue et Litt. françaises de Belgique, textes anciens 4, 1941 – P. RUELLE [Hg.], L'ornement des dames (Ornatus mulierum). Texte anglo-normand du XIIIe s. Le plus ancien recueil en français des recettes médicales, 1967 – [6] italienische: G. GIANNINI [Hg.], Una curiosa raccolta di segreti e di pratiche superstiziose fatta da un popolano fiorentino del secolo XIV, 1898 – A. STUSSI [Hg.], Zibaldone da Canal. Manoscritto mercantile del sec. XIV, 1967 – [7] okzitanische: CL. BRUNEL, Recettes médicales, alchimiques et astrologiques du XVe s. en langue vulgaire des Pyrénées (Bibl. méridion. 30), 1957 – DERS., Recettes pharmaceutiques d'Avignon en ancien provençal, Romania (Paris) 87, 1966, 505–542 – Lit.: W. BONSER, The medical background of Anglo-Saxon England, Publ. Wellc. hist. med. libr., NF 3, 1963 – CH. H. TALBOT, Medicine in medieval England, Oldbourne hist. science libr. 6, 1967 – R. JANSEN–SIEBEN, Middelnederlandse vakliteratuur, Fachprosaforsch., 1974 – W. HIRTH, Popularisierungstendenzen in der ma. Fachlit., Med. Journ 15, 1980.

Arzneidrogen → Droge, → Simplicia

Arzneiformen

I. Begriffsbestimmung und Allgemeines – II. Versuch einer Einteilung – III. Die einzelnen Arzneiformen.

I. BEGRIFFSBESTIMMUNG UND ALLGEMEINES: Mineral., pflanzl., tier. und – im MA auch – menschl. Rohstoffe, denen man eine arzneil. Wirkung im oder am menschl. Körper zuschrieb, müssen – mit ganz wenigen Ausnahmen (wie Algenstiele, um Fisteln zu dilatieren) – in eine Form gebracht werden, die man A. nennt, jedoch oft eher oder gleichzeitig Anwendungsformen sind. Auch heute (BÜCHI) gibt es für A. keine eindeutige Definition. HUNNIUS hat unter dem Stichwort A. – ohne Definition – Arzneizubereitungen und Anwendungsformen zusammengefaßt. Im MA wurden Arzneimittel a) frisch, zerkleinert, als Brei in Umschlägen direkt angewandt, oder gekocht, extrahiert, destilliert usw. weiter in flüssige oder weiche Vehikel aufgenommen – b) getrocknet, zerkleinert, pulverisiert, als solche angewandt oder zu gepreßten Aufbewahrungsformen verarbeitet und dann erst – in die Vehikel aufgenommen – weiter zu Heilmitteln geformt.

Für die Gesch. der A. im MA, bes. derjenigen im Antidotarium Nicolai, s. GOLTZ; für die A. der islam. Medizin, s. ULLMANN. Die wenig differenzierten A. der »Kapitularien«, Eide und Medizinalverordnungen (Arles, Marseille, Montpellier, Venedig u.a.) wurden von SEIDEL erfaßt.

II. VERSUCH EINER EINTEILUNG: Die umfangreiche Materia medica im »Boec van Medicinen« (UB Utrecht, Hs. 1328, s. XIV ex., ff. 72–127; s. DAEMS) und in H. Minners »Thesaurus medicaminum« (1479; s. U. SCHMITZ) ermöglicht folgende Einteilung der A. – 1. trockene – a) externe: Species, Sacculus, Pulvis, – b) interne: Pilula, Confectio, Trochiscus; 2. flüssige – a) externe: Aqua destillata, Emulsio, Decoctum, Balneum medicinale, Klysma, Gargarisma, Oleum – b) interne: Acetum, Oleum, Potio cocta, Sirupus; 3. weiche – a) externe: Cerotum, Emplastrum, Kataplasma, Linimentum, Suppositorium, Unguentum – b) interne: Electuarium; 4. dampfförm.: Fomentatio, Fumigatio, Inhalatio.

III. DIE EINZELNEN ARZNEIFORMEN: *Akopon* (acupum, acopus; zu κόπτειν 'schlagen', ἄ-κοπος 'Zerschlagenheit verhindernd', 'frisch'), eine Art Salbe mit Konsistenz zw. Emplastrum und Cerotum, nur frühma. *Apozema* (apozima, apothima; zu ζεῖν 'sieden'), Absud, Dekokt von zerkleinerten oder pulverisierten Drogen in Honigwasser (s. Hydromel). *Cerotum* (lat. cera Wachs, arab. *qīrūṭī*), Wachssalbe, aus Wachs, Ölen und Drogen zubereitet. *Collyrium* (gr. κολλύριον 'teigähnl. Masse', zu κολλύρα 'längl. grobes Brot', arab. *kuḥl*) ein aus hauptsächl. mineral. Arzneistoffen, in → Trochiscus-Form aufbewahrtes Augenmittel (GOLTZ, 205). *Conditum* (zu condire 'einlegen', arab. *safūf*), zunächst jede Zubereitung, später bes. in Zucker eingemachte Früchte. *Confectio* (zu conficere 'herstellen', 'machen'), zunächst jede Zubereitung, später allg. wie Elektuarien zubereitete A. *Conserva* (zu conservare 'bewahren'), mit Honig und/oder Zucker konservierte Arznei. Dropax, Pechpflaster, in Form von Magdaleonen (s. d.) aufbewahrte, Akopon-ähnl., aus Harzen, Schwefel und Kalk zubereitete A. *Electuarium* (gr. ἐκλεικτόν 'das, was aufgeleckt [λείχειν 'lecken'] wird', arab. *ǧawāriš*n, *ma'ǧūn*, mhd. *latwârje* [LEXER], *latwerge*, mnfr. *latuarie*), Leckmittel, in Honig – später in Zuckersirup – verarbeitete z. T. mitgekochte, z. T. nach dem Kochen zugesetzte Drogen zu einer A. mit einer dickflüssigen bis nahezu festen Konsistenz (GOLTZ, 161–170). *Elixir*, erst nach dem MA arzneil. *Embrocatio* (embrocha; gr. ἐμβροχή 'Kompresse', zu βρέχειν 'naß machen', arab. *naṭūl*), feuchte Bähung. *Emplastrum* (gr. ἔμπλαττρον 'das Eingeknetete', zu πλάσσειν 'kneten', 'formen', arab. *ḍimāda*),Pflaster, meist aus Ölen, Fetten und mineral. Subst., hauptsächl. Bleiglätte, mit Terpentinharz (u. a.) klebrig gemachte A., die nur aufgelegt wird (GOLTZ, 184–188). *Enema* (zu ἐν-ιέναι 'hindurchlassen'), Darmspülung (s. Klysma). *Epithema* (ἐπίθεμα 'Umschlag', zu τιθέναι 'setzen', arab. *ḍimāda*), frühma. eine Einreibung mit Kräutersäften oder Salbung mit Säften oder Ölen, spätma. kaum vom Kataplasma (s. d.) zu unterscheiden. *Fomentum* (fovere 'erwärmen'), nasser Wickel, feuchtwarmer Umschlag, etwa wie Embrocatio (s. d.). *Fumigatio* (fumigare 'rauchen'), Räucherung; pulverisierte Drogen wurden auf glühende Kohlen gestreut. *Gargarisma* (zu γαργαρίζειν 'gurgeln'), flüssige A. zum Gurgeln. *Hydromel* (ydromel), Mischung von Honig mit Wasser, meist als Ingredienz weiterer Zubereitungen. *Insufflatio* (zu insufflare 'einblasen'), fein pulverisierte mineral. oder pflanzl. Drogen, in die Nase geblasen (»Boec van Medicinen«, 83v). *Kataplasma* (zu gr. πλάσσειν 'kneten', 'formen', arab. *ṭilā*), Breiumschlag; pulverisierte Drogen wurden mit Flüssigkeit auf dem Feuer zu einem Brei eingedickt, auf ein Tuch geschichtet und meist warm aufgelegt. *Klysma* (zu κλύζειν 'durchspülen', arab. *ḥuqna*), Darmspülung, Einlauf, meist ex tempore aus Pflanzensäften, Öl und Honig durch Kochen, Durchseihen (Kolieren) usw. hergestellt. *Klysterion*, s. Klysma. *Lexivium* (zu lix 'Asche', lixivius 'ausgelaugt'), A. auf Basis von Aschenlauge. *Linimentum* (zu linere 'schmieren'), stark viskose, aber streichbare Mischung von Drogenextrakten. *Lo(o)ch* (arab. *la'ūq*), wäßrige Drogenauszüge mit Honig (Zucker), Walrat oder Butter zu einer Emulsion verarbeitet (U. SCHMITZ, 440). *Magdaleon* (hebr. *migdal* 'runder Turm'), runde, halbfeste, stangenförmige Drogenmasse, mehr als Aufbewahrungsform zur weiteren Verarbeitung gedacht. *Mellicratum* (gr. μελίκρατον; lat. mel 'Honig'; gr. κρᾶσις 'Mischung'), ein Mittel aus Honig und Wasser (s. Hydromel) oder Mehl mit Wein gekocht (U. SCHMITZ, 441). *Morsulus* (Dim. zu morsus 'Biß'), wie ein Electuarium von schneidbarer Konsistenz, als Aufbewahrungs- und Applikationsform. Tritt erst an der Übergangszeit vom SpätMA zur Neuzeit auf. *Oleum* (über gr. ἐλαία 'Ölbaum'; arab. *duhn*), meist kaltgepreßtes, fettes Öl oder Kolatur von mit fettem Öl gekochten (bzw. digerierten) frischen oder getrockneten Drogen; auch Ölextrakte aromat. Drogen. *Oximel* (zu ὀξύς 'sauer' + lat. mel 'Honig'), mit Honig und Essig oder sauren Pflanzensäften zubereitetes Mittel. *Pastillus* (lat. 'Bällchen aus Mehl'), ident. mit dem Trochiscus (s. d.). *Pilula* (Diminutiv zu pila 'Ball'; gr. καταπότιον, arab. *ḥabb*, mnfr. *cloetken* »Boec van Medicinen«, 119v), mit der Hand aus meist pulverisierten Arzneistoffen mit Honig geformte, etwa erbsengroße, kugelförmige A. (GOLTZ, 171–174). *Potus* (lat.; gr. ποτόν 'Trank', zu πίνειν 'trinken'), jede Arznei in Trankform. *Ptisanum* (gr. πτισάνη [zu πτίσσειν 'stampfen'] 'gestampfte Gerstengrütze'), Gerstenwasser, später allg. Arzneitrank. *Pulvis* (lat.; gr. ξήριον 'Streupulver', arab. *ḍarūr*), pulverisierte Drogen, nach Applikationsart differenziert (P. adspersus, P. dentifricius, P. insufflatus, usw.). *Ro(o)b* (arab. *rubb*), ausgepreßter, eingedickter, gelierender Pflanzen-(Frucht)saft. *Sacculus* (Diminutiv zu saccus 'Sack'), gemischte Kräuter in Leinensäckchen (»Boec van Medicinen«, 83v). *Sief* (arab. *šiyāf*), ident. mit Collyrium (s. d.). *Sinapismos* (sinapisma, lat. sinapi(s) 'Senf'), hyperämisierendes, blasenziehendes Pflaster aus Senf und/oder anderen pulverisierten Drogen hergestellt. *Sirupus* (arab. *šarāb* 'Getränk', gr. πότημα, lat. potio), im MA nicht S. simplex, sondern immer durch Kochen von einer oder mehreren Drogen in Zucker oder Honig mit Wasser, Klären mit Eiweiß und Kolieren erhaltene A. *Suppositorium* (supponere 'unterlegen', gr. πεσσός 'Riegel', 'Mutterzäpfchen'; dazu lat. pessarium, arab. *ḥamūl*, *fatila* 'gedrehtes Zäpfchen', *farzaǧa* 'Seifenzäpfchen', mhd. *zepfelin*, mnfr. pil(l)e [»Boec van Medicinen«, 109v] und *pillekijn* [a. a. O., 117r] 'Kinderzäpfchen', mndl. zetpil), Fettauszüge von Drogen, in Wolle oder Baumwolle aufgenommen, zur vaginalen oder analen Einlage geformt, bei Anwendung mit Seife, Talg u. ä. leicht einführbar gemacht. Der Zeitpunkt der Trennung in Vaginalzäpfchen (Pessar) und Analzäpfchen (Suppositorium) ist unbekannt (GOLTZ, 208–210). Zur Gesch.: s. DIEPGEN, *Trochiscus* (gr. τροχίσκος, Diminutiv zu τροχός 'Rad', 'Scheibe', arab. *qurṣ*), meist eingedickter Drogenextrakt oder feuchte Drogenmasse zu runder Pastille getrocknet, die eher als Aufbewahrungsform aufzufassen ist, welche später in einer Flüssigkeit aufgeschwemmt wurde, zu externem Gebrauch. *Unguentum* (zu unguere, 'salben', 'einreiben'; gr. χρῖσμα, arab. *marham*), aus Öl oder Fett und Wachs (auch Ochsengalle als Emulgator) und pulverisierten oder extrahierten Drogen zubereitete, auf die Haut anwendbare, weit gefaßte A., mit Konsistenz von flüssigem Fett bis etwa zu der des Pflasters. W. F. Daems

Lit.: P. DIEPGEN, Das Analzäpfchen in der Gesch. der Therapie, 1953 – J. BÜCHI, Grundlage der Arzneimittelforsch. und der synthet. Arzneimittel, 1960, 289, 305 – W. F. DAEMS, »Boec van Medicinen in Dietsche«, Een mnl. compilatie van med.-farm. lit., Janus, Suppl. 7, 1967, 230–240 – ULLMANN, Medizin, 295–299 – U. SCHMITZ, Hans Minners »Thesaurus medicaminum« (QStGPh 13), 1974 [mhd. Bearbeitung] – C. HUNNIUS, Pharm. Wb., 1975⁵ – D. GOLTZ, Ma. Pharmazie und Medizin. Dargestellt an Gesch. und Inhalt des Antidotarium Nicolai, VIGGPh NF 44, 1977, 159–211 – U. SEIDEL, Rezept und Apotheke. Zur Gesch. der Arzneiverordnung vom 13. bis zum 16. Jh. [Diss. Marburg 1977].

Arzneimittel → Materia medica

Arzneimittelhandel → Drogen, Drogenhandel

Arzneimittelverfälschung, das Versetzen von Simplicia (pflanzl., tier. Drogen sowie Mineralien) und Composita (zusammengesetzte Arzneimittel) mit »streckenden« Zusätzen oder ihr gänzl. Ersatz durch ähnlich wirkende, ähnlich aussehende, schmeckende, riechende, meistens minderwertige, Stoffe bzw. andersartige Substanzen (infolge Unkenntnis, Identifizierungs- und Nomenklaturschwierigkeit, Nachlässigkeit, Liefernotlage, Profitgier). Weitverbreiteter Übelstand mit folgenden gebräuchl. Termini: adulteratio, sophisticatio, permutatio, quid pro quo, antiballomena, succedanea, Substitution.

Mit der antiken Materia-medica-Lit. (u. a. Dioskurides, Plinius, Galen) übernahmen arab. und lat. MA nicht nur den entsprechenden Arzneimittelschatz, sondern auch die vielschichtige Problematik der A. Komplexe Rezepturen (Theriak, Mithridat) mit zahlreichen »exotischen« Ingredienzien und meist teuren Ausgangsstoffen trugen dazu bei, daß Drogenbedarf und -handel beträchtl. Ausmaße annahmen. Lange Transportwege aus Indien und dem Orient mit etlichen Umlade- bzw. Umschlagplätzen boten reichlich Gelegenheit, die kostbare Ware schon vor Ankunft am Bestimmungsort zu strecken oder bis zur Unkenntlichkeit zu verfälschen. Schutz vor derartigen Praktiken konnten nur Echtheitsbestimmungen auf der Basis organolept. wie einfachster physikal. und chem. Analyseverfahren kaum geben. – Unzureichende Kontrollmöglichkeiten und mangelhafte Übersetzungen der antiken Arzneibuchliteratur mit Identifizierungs- und Nomenklaturschwierigkeiten ließen schon bald Synonymenlisten und Drogenersatztafeln entstehen – oft unter Berufung auf eine fälschl. Galen zugeschriebene Zusammenstellung gegeneinander austauschbarer Arzneistoffe (»peri antemballomenon biblion«, περὶ ἀντεμβαλλομένων βιβλίων) – ohne die eine Zubereitung tradierter Rezepturen oft unausführbar gewesen wäre und die zudem in zahlreichen Theorien, Qualitäten- und Gradlehre ihre »wissenschaftliche« Untermauerung fanden. Dennoch blieb die fachgerechte und vorschriftsmäßige Anfertigung und Abgabe von Heilmitteln angesichts des noch ungelösten Problems von Beschaffung und Lagerung einwandfreier und wirksamer Drogen zu angemessenem Preis schwierig und zunächst dem Gewissen des einzelnen Arzneibereiters überlassen. Erst nach der offiziellen Trennung von Arzt und Apotheker durch die Constitutiones novae Friedrichs II. konnte sich mit dem Erstarken eines neuen Berufsstandes und der Entstehung zunft- oder gildeähnlicher Organisationen auch ein Pflichtenkatalog für Apotheker herausbilden, der – unter ethischen Gesichtspunkten zusammengestellt – u. a. Verfälschung und willkürl. Quidproquo strengstens untersagte. Außerhalb dieses berufsständ. Reglements hatten schon früh städt. und regionale Obrigkeiten versucht, durch eine entsprechende Medizinalgesetzgebung die sachgemäße Herstellung und Abgabe einwandfreier Pharmaka zu erreichen. Ordnungen aus Montpellier (1180), Arles (1245) oder etwa Venedig (1258) belegen, daß die Arzneibereitung strengen Kontrollen unterworfen war und der Austausch bestimmter Inhaltsstoffe nur nach Rückfrage bei maßgebl. Stellen möglich war. Zunehmende staatl. Reglementierung – ein dichtes Netz von Apothekereiden, -dienstbriefen und -ordnungen, auch im dt. Sprachraum – führte schließlich zu verbindl. überregionalen Regelungen, etwa den Reichspolizeiordnungen des 16. Jh., die – unter starker Vereinheitlichung – die Herstellung von Heilmitteln nur noch nach den Vorschriften anerkannter Arzneibücher zuließen. Überwachung durch beamtete Beauftragte anordneten und die Nichtbeachtung mit strengen Strafen ahndeten. P.-H. Berges

Lit.: A. Dietrich, Zum Drogenhandel im islam. Ägypten, 1954 – P.-H. Berges, Quid pro quo – Zur Gesch. der Arzneimittelsubstitution [Diss. Marburg 1975; ausführl. Bibliogr.].

Arzneipflanzen → Simplicia

Arzt

I. Der Arzt im frühen Mittelalter – II. Der universitär gebildete Arzt des hohen und späten Mittelalters – III. Chirurgen – IV. Ärztinnen – V. Das Bild des Arztes in der mittelalterlichen Literatur – VI. Der mittelalterliche Arzt in der bildlichen Darstellung.

I. Der Arzt im frühen Mittelalter: Die Stellung des A.es (medicus) im frühen MA ist von zwei Faktoren bestimmt, vom antiken und bes. dem röm. Erbe und von den Vorstellungen des Christentums. Trotz der hohen gesellschaftl. Stellung wiss. ausgebildeter gr. Ärzte in Rom, v. a. im Umkreis des Kaiserhofs, wie der Galens, darf die Tatsache nicht übersehen werden, daß das soziale Ansehen des in der Nachfolge des Sklavenarztes stehenden A.es im röm. Imperium die eines den unteren sozialen Klassen zugehörenden Handwerkers war; diese Situation wurde in der Zeit des Niedergangs des röm. Reiches im 5. und 6. Jh. und in den Germanenreichen prinzipiell nicht anders. Wohl lebte die Institution des kaiserzeitl. *archiater* – das dt. Wort A. ist davon abgeleitet – als Bezeichnung für den A. an Königshöfen und Bischofssitzen, bes. im Raum um Ravenna und Südgallien vom 6. Jh. an weiter; der am Hof Karl d. Gr. bezeugte »Ordo medicorum« gehört in denselben Zusammenhang. Doch sind gut geschulte Ä.e wie der in Konstantinopel ausgebildete Archiater Reovalis am Bischofssitz in Poitiers die Ausnahme; vielmehr wissen wir von der sozialen Herkunft Marileifs, des Hofarztes des Merowingerkönigs Chilperich I., daß sein Vater als Leibeigener Mühlwerke betrieben hatte und seine Brüder in kgl. Küchen und Bäckereien dienten. Ebenso wie die Archiatrie ist das Vorhandensein jüd. Ärzte ein Erbe der Antike; sie sind – trotz kirchl. Verbots – im ganzen MA zu finden, bes. als Hof- und Leibärzte. Folgenreicher für die Bedeutung des A.es im MA wird für die Folgezeit das neue chr. Gedankengut; die Vorstellung vom → Christus medicus, die bereits im NT angelegt ist, wird das Kernstück der Soteriologie des Christentums, die sich in bewußtem Gegensatz zu Asklepios als Soter entwickelt. Der Gedanke von Caritas und Diakonie, die Vorschrift der → Regula Benedicti 36 mit der Sorge um die kranken Mitbrüder und die Aufnahme der Medizin, deren Zugehörigkeit zu den Artes in der Antike nicht unbestritten war, in den Leseplan Cassiodors in Vivarium (Inst. 1, 31, 1), ebnen den Weg für einen neuen Standort ärztl. Tätigkeit, nämlich im Kloster. Umfang wie Charakter dieser → Klostermedizin werden ebenso wie durch die frühma. Hss. durch den 820 in der Reichenau kopierten sog. → St. Galler Klosterplan deutlich. In diesem Plan eines Idealklosters ist neben einem Raum für die kranken Brüder entsprechend der Regula Benedicti außerhalb der Klausur ein Ärztehaus, ein Raum für → Aderlaß und zur Verabreichung von Abführmitteln, ein Raum für schwerkranke Laien und ein Heilkräutergärtlein konzipiert. Die auch noch in dieser Zeit nicht unmittelbar zu den Artes gehörige Medizin wurde in einem in antiker Tradition stehenden Individualunterricht am Rande von Kloster- und Kathedralschule von Arzt zu Arzt weitergegeben. Ihre Inhalte waren die damals bekannten geringen Reste der antiken Medizin, oft byz. Provenienz, angereichert um Volksmedizinisches. Was die ärztl. → Deontologie betraf, so hatten hier die chr. Vorstellungen vom Seelenarzt und von der unentgeltl. Behandlung antike Vorbilder weitgehend modifiziert; bes. das bereits bei den Vätern formulierte Idealbild des A.es des Körpers, der zugleich Seelenarzt sein soll, hat das ganze MA hindurch das Arzt-Patienten-Verhältnis bestimmt.

II. Der universitär gebildete Arzt des hohen und späten Mittelalters: Mit der Rezeption des gr.-arab.

med. Bildungsgutes im →Arabismus von Ende des 11. Jh. an ist eine strukturelle Neugliederung des ärztl. Standes verbunden. Der dem Klerikerstand angehörige A. des 11. Jh. im Umkreis der Kathedralschule von →Salerno, wo bereits eine hochstehendere frühma. Medizin als anderswo zu finden gewesen war, wird dort weitgehend durch Laienärzte abgelöst, die gelehrtes Wissen- und Erkennenwollen zu einer neuen Gemeinschaftsbildung universitärer Art zusammenführte. Die dort entwickelten Strukturen der Ausbildung, die Trennung von A. und →Apotheker, eine staatl. Approbation und Ansätze einer institutionalisierten Gesundheitsversorgung, wie sie in Weiterführung der Vorschriften Rogers II. von 1140 aus der Medizinalordnung Friedrichs II. von 1231–40 hervorgehen, haben einen neuen Ärztetyp zur Voraussetzung, der auf dem Boden der neuen arabo-gr. Medizin ausgebildet war. Er ist es auch, der die it. Univ. des 13. und 14. Jh. bestimmt. Stärker klerikal gebunden blieben die Ä.e an den frz. Univ. Als Gegenpol zu →Salerno hatte sich in Frankreich im 12. Jh. →Montpellier herausgebildet, und seit der ersten Hälfte des 13. Jh. ist in Paris Medizin als eigene Fakultät nachweisbar. An diesen streng hierarchisch gegliederten hoch- und spätscholast. Univ. steht die Einreihung der Medizin als Heilkunde im Vordergrund des Interesses. Die Klerikalisierung des Gelehrtenstandes und auch der Universitätsmediziner im 14. Jh. in Paris, die bisweilen durchbrochen wurde, die Forderung des Zölibats für die Magistri regentes der Medizin in Paris bis 1452 sind äußere Zeichen dieser Entwicklung. Die Bedeutung dieser stärker theoret. Ausrichtung des ärztl. Standes wird dadurch deutlich, daß sich nicht nur die Leibärzte der frz. Kg.e fast ausschließl. aus den Reihen der Fakultät rekrutierten, sondern daß diese Schulmediziner seit 1220 das Privileg der ausschließl. Ausübung med. Praxis hatten. Dieser neue, v.a. wissenschaftstheoret. orientierte Ärztetyp wird für die Länder n. der Alpen deshalb von solcher Bedeutung, weil sich die dort neugegr. Univ. an den Statuten von Paris orientierten. Dieser magister bzw. doctor medicinae oder – wie er in Paris 1213 heißt – physicus ist der Schulmediziner des späten MA im eigtl. Sinne; auch die in dt. Städten seit 1281 bezeugten besoldeten Stadtärzte sind ihm zuzurechnen.

III. CHIRURGEN: Von Chirurgen, die von den Ä.en differenziert sind und zu den niederen Berufen gezählt werden, ist bereits in den Leges Visigothorum 11, 1, 1–3, 4 die Rede; sie müssen eine Kaution stellen, die bei Mißerfolg der Operation verfällt. Vom 12. Jh. an sind v.a. in Italien gleichzeitig mit dem Auftreten des Schulmediziners in →Salerno, Chirurgengilden, wie z.B. in Parma, nachzuweisen; einer ihrer Magistri ist der Begründer der fortschrittl. it. Chirurgie des 12. Jh., →Roger Frugardi aus Parma. In Salerno Ende des 12. und im 13. Jh. und in Bologna vom 13. Jh. an ist die Ausbildung der Chirurgen universitär; die Blüte der nordit. Chirurgie des SpätMA ist das Ergebnis dieser Entwicklung. Infolge des klerikalen Charakters der frz. Univ. hatte das durch die 4. Lateransynode v. 1215 ausgesprochene Verbot für Kleriker, Chirurgie zu treiben, eine tiefgreifende Wirkung. Die Chirurgen, die seit 1258 in Paris als Angehörige eines *métier* bezeugt sind, formieren sich bald in einer fakultätsähnl. Institution, die auch Prüfungen abnimmt und deren Angehörige in der Schulmedizin vergleichbares Ausbildungssystem und Selbstverständnis besitzen; in ihr – bes. nach der Vereinigung mit der 1360 entstandenen »confrerie en l'eglise S. Cosme et Damien«– wird die fortschrittl. nordit. Chirurgie von →Heinrich v. Mondeville und seinen Nachfolgern rezipiert. Diese quasi-universitären Chirurgen hatten auch die Aufgabe der Ausbildung der niederen Wundärzte, der Barbierchirurgen. Da nur diese den Schulmedizinern in Paris für chirurg. Hilfsdienste zu Gebote standen, ist das 14. und 15. Jh. von Auseinandersetzungen zw. Fakultät und den *maîtres du métier de chirurgie* erfüllt. Diese wenig gebildeten, des Lat. nicht mächtigen Wundärzte, Barbiere, Bartscherer und Bader, die seit dem 12. Jh. in Zünften zusammengeschlossen sind, bestimmen das Bild des Chirurgen n. der Alpen; die Notwendigkeit einer landessprachigen chirurg. Lit. – von Jan →Yperman über Jan →Bertrand, →Ortolf v. Baierland und den dt. →Lanfranchi-Übersetzungen zu →Hieronymus Brunschwig und →Heinrich v. Pfolspeundt – sind das beste Zeugnis für diesen Zustand; aus dem Kreis dieser nichtakadem. gebildeten Wundärzte rekrutieren sich auch die seit dem Ende des 13. Jh. bezeugten Stadtwundärzte der dt. Städte.

IV. ÄRZTINNEN: Ä. im Sinne der Schulmedizin sind im ganzen MA kaum bezeugt. Dem widerspricht auch nicht die Tatsache, daß bereits im 12. Jh. →Hildegard v. Bingen, die Äbtissin von Rupertsberg, heilkundig wirkte; erst im SpätMA (14. und 15. Jh.) sind nicht nur in Italien bisweilen Ärztinnen, auch jüd. Herkunft, bezeugt. Wie in der Antike wird seit dem frühen MA zw. Hebammen, die einen hohen Rang hatten, und Ärztinnen nicht unterschieden. Eine chr. Ärztin Restituta (511) zeigt diesen Zustand ebenso wie die Mulieres Salernitanae und unter ihnen bes. die sog. →Trotula, deren Tätigkeit auf →Geburtshilfe, auch operativer Art, beschränkt war. Bereits 1258 sind jedoch unter den Chirurgen in Paris auch Frauen bezeugt. Unter dem nichtautorisierten Heilpersonal muß die Zahl oft tüchtiger Frauen groß gewesen sein; das zeigt der Prozeß gegen die Heilpraktikerin Jaqueline Félicie 1322 in Paris, der großer prakt. Erfolg bescheinigt wird.

V. DAS BILD DES ARZTES IN DER MITTELALTERLICHEN LITERATUR: In der ma. Dichtung ist der A. meist nur eine Randfigur. Neben dem Lob des Wundarztes im Nibelungenlied (255, 1–3) ist bei →Hartmann v. Aue (»Der arme Heinrich« 369–377) und im »Reinhart Fuchs« (1875–1889) (→Renart) die Kenntnis der Schule von Salerno als Ausbildungsstätte berühmter Ärzte erkennbar. Im »Reinhart Fuchs« ist bereits Kritik am Schulmediziner denkbar, nicht anders als in →Chaucers »Canterbury Tales«, dort wohl im Hinblick auf John of Gaddesden. Doch erst im SpätMA und im Humanismus, bei →Petrarca, in →Boccaccios »Decamerone«, in Sebastian Brants »Narrenschiff«, bei Thomas Murner, bei Hans →Folz und in frühen Totentänzen kann man von einer Arztsatire sprechen, in der der A. wegen seiner Unkenntnis und Geldgier oft unter die Diebe und Mörder eingereiht wird. G. Baader

Lit.: RAC I, s.v. – J.H.BAAS, Die gesch. Entwicklung des ärztl. Standes und der medicin. Wiss., 1896 – A. FISCHER, Gesch. des dt. Gesundheitswesens I, 1933 – H. REINHARDT, Der St. Galler Klosterplan (= 92. Neujahrsbl., hg. Hist. Verein des Kantons St.Gallen 42), 1952 – L. C. MAC KINNEY, Medical ethics and etiquette in the early MA, BHM 26, 1952, 1–31 – W.-H. HEIN–K. SAPPERT, Die Medizinalordnung Friedrichs II. Eine pharmaziehist. Stud., VIGGPharm, NF 12, 1957 – H. J. FRINGS, Medizin und A. bei den gr. Kirchenvätern bis Chrysostomos [Diss. Bonn 1959] – J. DUFT [Hg.], Stud. zum St. Galler Klosterplan (Mitt. zur vaterländ. Gesch., hg. vom Hist. Verein des Kantons St.Gallen 42), 1962 – P. DIEPGEN, Frau und Frauenheilkunde in der Kultur des MA, 1963 – H. GRUNDMANN, Vom Ursprung der Univ. im MA, 1964[2] – F. BRUNHÖLZL, Der Bildungsauftrag der Hofschule (BRAUNFELS, KdG 2, 28–41) – E. SEIDLER, Die Heilkunde des ausgehenden MA in Paris. Stud. zur Struktur der spätscholast. Medizin, SudArch Beih. 8, 1967 – G. WOLF-HEIDEGGER, Über das Bild des A.es in der Lit., Basler Universitätsreden 56, 1967 – G. BAADER, Spezialärzte in der Spätantike, MedJourn 2, 1967, 231–238 – DERS., Die Anfänge der med. Ausbildung im Abendland bis 1100, Sett. cent. it. 19, 1971, 669–718, 725–742 – P. LAIN ENTRALGO [Hg.], Hist. universal de la medicina III, 1972 –

J. DUFT, Notker der A. Klostermedizin und Mönchsarzt im frühma. St. Gallen, 1972 – H. SCHIPPERGES, Die Benediktiner in der Medizin des frühen MA, Erfurter theol. Stud. 7, 1974 – G. KEIL, Gestalt, Wandel und Zersetzung. Roger-Urtext und Roger-Glosse vom 12. bis ins 16. Jh. (Der Komm. in der Renaissance [DFG. Komm. für Humanismusforsch., Mitt. I], 1975), 209–224 – W. WIEDEMANN, Unters. zu dem frühma. med. Briefbuch des Codex Bruxellensis 3701-15 [Diss. FU Berlin 1976] – H. SCHIPPERGES, Antike und MA (H. SCHIPPERGES, E. SEIDLER, P. U. UNSCHULD [Hg.], Krankheit, Heilkunst, Heilung, Veröff. des Inst. für hist. Anthropologie 1, 1978), 229–269 – G. BAADER, Die Schule v. Salerno, MedJourn 13, 1978, 124–145 – G. KEIL, Gesellschaft, Wirtschaft und ärztl. Stand im späten MA, MedJourn 14, 1979 [im Dr.] – R. WINAU, Vom Bild des A.es in der Lit., Westfäl. Landesmuseum für Kunst- und Kulturgesch. Münster: Portrait 2 – Der A., 1979, 49–61 – G. BAADER, Gesellschaft, Wirtschaft und ärztl. Stand im frühen und hohen MA, MedJourn 14, 1979 [im Dr.].

VI. DER MITTELALTERLICHE ARZT IN DER BILDLICHEN DARSTELLUNG: Entstehung des A.-Bildes in Italien, Verbreitung in der Malerei und Plastik ausgehend vom Lehr- und Anatomiebild der Buchillustration (18 Abbildungen in der »Anathomia« des Guido da Vigevano, 1345). Randentwicklung zum A.-Gruppenbild. Infolge fehlender Medizinallegorie erlangen typ. Requisiten die Stellung von ärztl. Wahrzeichen: für den Schulmediziner in Deutschland v. a. das (häufig in der Pose des Beschauens gehaltene) Uringlas, dazu das ma. Gelehrtengewand (bodenlange → Schaube, Birett). Bloße Wundärzte sind hingegen an der speziell ihnen zukommenden prakt. Ausübung von med. Tätigkeiten (Manesse-Hs., Anfang 14. Jh.) bzw. an Requisiten wie Salbgefäß, Spatel u. dgl. kenntlich (Hausbuch der Mendelschen Zwölfbrüderstiftung, um 1430). Gelegentl. und schon sehr früh auch Abbildungen von → Badern. In der Volksfrömmigkeit erlangen zahlreiche Märtyrer-Patrone Bedeutung (Wunderheilungen!), allen voran die im SpätMA als typ. Ärzte dargestellten und sich zu ärztl. Schutzpatronen entwickelnden Hl. → Kosmas und Damian.   H. Hundsbichler

Lit.: RDK I, 1135–1139 – LCI VII, 344–352 – O. ROSENTHAL, Wunderheilungen und ärztl. Schutzpatrone in der bildenden Kunst, 1925 – E. KÖNIGER, Aus der Gesch. der Heilkunst, 1958 – L. C. MACKINNEY, A thirteenth-century Medical Case Hist. in Miniatures, Speculum 35, 1960, 251–259 – H. KÜHNEL, Ma. Heilkunde in Wien, 1965 – R. HERRLINGER, Hist. of medical Illustration, 1970.

Ärztinnen → Arzt

'Aṣabīya, arab. Begriff, in seiner ursprgl. Bedeutung etwa mit »Verwandtschaftsgeist innerhalb eines Stammes« wiederzugeben. Unter Ausweitung auf andere soziale Gruppen hat der Geschichtsphilosoph → Ibn Ḫaldūn (1332–1406) seine Hauptthese entwickelt, wonach die a. als die treibende Kraft im Ablauf aller hist. Prozesse anzusehen ist.   G. Rotter

Lit.: F. GABRIELI, Il concetto della 'aṣabiyyah nel pensiero storico di Ibn Ḫaldūn, Atti della R. Accad. delle scienze di Torino 65, 1930, 473 ff. – H. A. R. GIBB, The Islamic Background of Ibn Khaldūn's political Theory. BSOAS 7, 1933, 23 ff.

Asad ibn al-Furāt, geb. 759, gest. 828, gelehrter → Ḥadīṯ-Kenner und Jurist, studierte bei → Mālik ibn Anas und Schülern des Abū Ḥanīfa, 818 von Ziyādat Allāh (817 bis 838) zum Kadi von Kairuan ernannt. Gegner der berühmten Saḥnūn (→ Islam. Recht), dessen »Mudawwana« seine »Asadiyya« ausstach. Den → Aġlabiden unbequem geworden, wurde er zum Kommandeur des Expeditionskorps ernannt, das 827 das byz. Sizilien angriff. A. erlag vor Syrakus (?) Wunden oder einer Seuche.   H.-R. Singer

Bibliogr.: 'IYĀḌ, al-Madārik (Tarāǧim aġlabiyya), 52–70 – Lit.: EI² I, 684 – SEZGIN I, 467 – M. TALBI, L'émirat aġlab., 183 Anm. 1.

Asbest (Alumen plumosum) → Alaun

Aschaffenburg, Stadt am Main (Bayern, Reg.-Bez. Unterfranken). Die ursprgl. alem. Ansiedlung wird beim → Geographus Ravennas erwähnt. Anfang des 8. Jh. lag sie möglicherweise am Rand des thür. Hzm.s, dann gelangte sie auf nicht mehr erkennbarem Weg über die Karolinger und Liudolfinger im letzten Viertel des 10. Jh. an das Mainzer Erzstift. Das Stift St. Peter und Alexander wurde um 950 von den Liudolfingern gegr., bildete einen einen Topographie nachhaltig bestimmenden Siedlungskern und kam mit anderem Besitz von Hzg. Otto v. Bayern und Schwaben durch Schenkung über Ks. Otto II. an Ebf. Willigis v. Mainz († 1011). Hier wie im Spessart wurde das Erzstift Nutznießer dieser Übertragungen. Eine 986 fertiggestellte Mainbrücke sowie die Anlage eines Marktes förderten vom 11. Jh. an die Aufsiedlung, deren Wachstum mehrere Erweiterungen des Mauerberinges erkennen lassen. Unter Ebf. Willigis wurden ein Archidiakonat eingerichtet und die Stiftsschule neu geordnet; sein Nachfolger Adalbert I. († 1137) schuf ein Jahrhundert später das Viztumamt und leitete die Territorialisierung des Erzstiftes mit A. als Hauptort ein. Gegen die Gf.en v. → Rieneck als Vögte setzten sich die Ebf.e bis 1271 durch, nicht zuletzt mit Hilfe der dem Stiftspropst zugeordneten und einen eigenen Verband bildenden Ministerialen. Seit der Mitte des 13. Jh. war A. bevorzugte Residenz der Ebf.e. Eine bescheidene Stadtrechtsentwicklung trat vor 1200 ein; ihre Organe waren Schultheiß und Schöffen, erst 1331 werden Bürgermeister erwähnt. Seit der Mitte des 14. Jh. war A. Mitglied des Neunstädtebundes im Mainzer Oberstift. Die von den Ebf.en hingenommene Ausformung kommunaler Administration wurde infolge der Verwicklung der Stadt in den Bauernkrieg 1525 scharf abgebrochen, A. blieb bis zum Ende des Kurstaates 1803 landsässig.   A. Gerlich

Lit.: K. CRAMER, Landeshoheit und Wildbann im Spessart. Aschaffenburger Jb. I, 1952, 51–123 – K. DINKLAGE, Burg und Stadt A., ebd. 4. I, 1957, 49–73 – G. CHRIST, A. (HAB Franken I, 12, 1963) – SPINDLER III [Lit.].

Asche (lat. cinis), der Rückstand von verbrannten organ. Stoffen, enthält u. a. je nach der Art des verbrannten Stoffes verschiedenartige alkal. Salze, die durch Auslaugen gewonnen werden können. Als Rohstoff für die Herstellung von → Glas und → Seife war im MA v. a. die Kaliumkarbonat enthaltende Holzasche (→ Pottasche) eine wichtige Handelsware. Holzasche wurde in bes. großen Mengen aus dem Hinterland der preuß. und livländ. Hansestädte in die westeurop. Tuchproduktionsgebiete exportiert, wo A. in Form von Seifenlauge für die Fertigstellung von Tuch benötigt wurde (→ Bleiche, → Färberei). Als Färbemittel spielte Waidasche (→ Waid) eine Rolle, als Düngemittel die A., die auf abgebrannten Feldern zurückblieb. Wegen der reinigenden Wirkung wurde A. auch als Heilmittel genutzt. Vgl. auch → Textilien, Textilherstellung.   I. M. Peters

Lit.: J. H. ZEDLER, Großes Universal-Lex. aller Wiss. und Künste II, 1732, 1809 f.; VII, 1734, 1491 ff.; XXVIII, 1741, 1913 ff. – A Hist. of Technology, hg. CH. SINGER u. a., II, 1957.

Ascher b. Jehiel, gen. Ascheri oder Rosch, ca. 1250–1327, Talmudist aus dem Umkreis des aschken. → Ḥasidismus; lebte in Deutschland (Worms) und Spanien (Toledo). A. verband in seinen Werken die Tradition dt. Talmud-Gelehrsamkeit (→ Talmud) mit span. → Halacha. Hauptwerk: »Pisqê (Hilkôt) ha-Ro''š«, ein Halacha-Kompendium nach dem Vorbild → Alfasis, Erstdruck Venedig 1520. Ferner schrieb er über 1000 Responsen, Kommentare zu Mischnatraktaten (→ Mischna), Tosafot und ein ethisches Werk (»Hanhāgôt ha-Ro''š«).   P. Schäfer

Lit.: A. FREIMANN, R. b. J. Sein Leben und Wirken, Jb. der Jüd.-Lit. Ges. 12, 1918, 237–317.

Aschersleben, Stadt am östl. Harzrand, entstand an der Kreuzung der Straßen Braunschweig-Quedlinburg-Halle und Magdeburg-Erfurt. Die Gf.en v. Ballenstedt nannten sich nach der an der Eine, außerhalb der späteren Stadt gelegenen (1455 abgebrochenen) Burg → Askanier (A., lat. Ascania). Wohl östl. vor der Burg bei einer abgebrochenen Nikolaikirche lag die erste Siedlung, zu der vielleicht auch Zippelmarkt und Judendorf (1364 »vor der Stadt«) gehörten. Den nächsten, sich östl. anschließenden Siedlungsabschnitt bildet der Kirchhof um die Archidiakonatskirche St. Stephan (9.Jh.?), an dem das älteste Rathaus gelegen haben soll. Ende 12./Anfang 13.Jh. wurde nördl. an diesen Komplex der jüngste Stadtteil um den Markt angelegt. 1322 wurden alle Siedlungsteile mit einer – später erweiterten – Mauer umschlossen. Die Askanier, die 1252–1315 eine eigene Linie A. bildeten, mußten A. 1263 von den Bf.en v. Halberstadt zu Lehen nehmen. 1266 erhielt A. Halberstädter Recht. H. Patze

Lit.: Hist. Stätten Dtl. XI, 23 ff. – E. STRASSBURGER, Gesch. der Stadt A., 1905 – W. WINTERFELD, Schrifttum über A., 1941.

Aschkenaz → Juden

Asclepius, ein nur in lat. Übersetzung erhaltener Dialog, gehört zu den sog. Hermetischen Schriften, die im 2. und 3. Jh. nach Chr. entstanden sind und von denen ein Corpus aus 18 griech. Einzeltraktaten überliefert ist. Es handelt sich um Werke von durchaus heterogenen philos.-religiösen Inhalten, die in einer begeisterten, oft gebetsartigen und hymn. Sprache vorgetragen werden. Gesprächspartner sind meist der als göttl. Weisheitsverkünder auftretende Hermes Trismegistos und ein Schüler, bisweilen auch Tat, der Sohn des Hermes.

Das griech. Original der vielleicht um 300 verfaßten A. (Asclepius ist der Name des zu unterweisenden Schülers) hat sich nur in Fragmenten erhalten, viele davon bei Lactantius. Die, übrigens sehr freie, lat. Übersetzung lag schon Augustinus vor, der sie in »De civ. Dei« zitiert. Sie gelangte offenbar in nur einer Hs. ins MA und wurde unter den philos. Werken des Apuleius tradiert. Ihre Verbreitung seit dem 12.Jh. (vgl. die Testimonien bei NOCK, 266ff.) hängt mit dem durch das Apuleius-Corpus mitvermittelten Aufschwung des Platonismus in dieser Zeit zusammen. Mit einer Ausnahme (Cod. Bruxellensis, Anfang 11.Jh.) stammen die wichtigsten Hss. alle aus dem 12. und 13.Jh.

Der unbekannte, offensichtl. heidn. Übersetzer des A. hat, nach spezif. Elementen seiner Sprache zu schließen (vgl. MAHÉ), vermutl. in Afrika (oder Ägypten) gelebt. Der Dialog stellt eine Kompilation dar, deren Einheit nur schwer zu erkennen ist. Es verbindet sich darin platon. und stoische Philosophie mit Weissagungen ägypt. und jüd.-sibyllin. Art. Erörtert werden philos. Fragen nach Schöpfer und Universum, Unsterblichkeit, Ursprung des Bösen, Kult der Götter usw. Einen stark myst.-religiösen Zug erhält das Werk durch die eingebauten Prophetien (cap. 12 und v. a. 24–26, die »ägyptische Apokalypse«) und die Dankgebete (32 und 41). → Hermes Trismegistos, Hermetisches Schrifttum. F. Rädle

Ed.: W. SCOTT, Hermetica I, 1924, 286–377 [mit engl. Übers.] – A.D. NOCK–A.J. FESTUGIÈRE, Corpus Hermeticum II, 1960², 259–401 [mit frz. Übers.] – Lit.: W. SCOTT, Hermetica III, 1926, Notes on the Latin Asclepius, 1–300, und Hermetica IV, 1926, 394–434 (Addenda von A. S. FERGUSON) – A.D. NOCK [ed.], 259–295 – A.J. FESTUGIÈRE, Hermétisme et mystique païenne, 1967 – P. SINISCALCO, Ermete Trismegisto, profeta pagano della rivelazione cristiana. La fortuna di un passo ermetico (Asclepius 8) nell' interpretazione di scrittori cristiani, Atti della Accad. delle Scienze di Torino 101, 1966–67, 83–113 – GONZÁLEZ BLANCO, A., Misticismo y escatología en el Corpus Hermeticum, Cuadernos de Filología clásica 5, 1973, 313–360 – J.P. MAHÉ, Remarques d'un platiniste sur l'Asclépius copte de Nag Hammadi, Rev. des Sciences Religieuses 48, 1974, 136–155.

Ascoli Piceno, alte Hauptstadt der Picener (antiker Name Asculum) in der heut. it. Region Marche, wurde 286 v. Chr. von den Römern erobert. Das Christentum drang wohl im 4.Jh. ein, doch erst für das Jahr 451 ist ein Bf. Lucentius belegt. A. wurde 544 von den Goten unter Totila besetzt und später von den Langobarden dem Dukat v. Spoleto eingegliedert. Nachdem die Stadt in der Folge in die Herrschaft der Bf.e übergegangen war, wurde sie 1185 freie Kommune und nahm an den Auseinandersetzungen zw. Papst und Kaisertum teil, in deren Verlauf sie 1242 von Friedrich II. zerstört wurde. Von 1256 bis 1504 trug sie lange und harte Kämpfe um den Besitz eines Landungsplatzes an der Mündung des Flusses Tronto mit der Stadt Fermo aus. Im 14. und 15.Jh. erhoben sich über die freie Kommune verschiedene Signorien (Galeotto Malatesta, die Tibaldeschi, Blasco Gomez, der Hzg. v. Atri usw.). Sie waren jedoch alle von kurzer Dauer, bis A. 1502 endgültig unter die päpstl. Oberheit kam (→ Kirchenstaat). Unter den kleinen it. Städten war A. eine der ersten die eine Druckerei besaß. S. Polica

Lit.: S. ANDREANTONELLI, Historiae Ascolanae libri IV, Padua 1673 – E. LUZI, Compendio di Storia Ascolana, 1889 – AAVV, Asculum, I, 1975.

Asega, fries. Rechtswort, das in Hunsigoer, Emsigoer, Fivelgoer, Rüstringer und Westerlauwerschen Texten, v. a. den 17 → Küren und 24 → Landrechten, des Hoch-, und in geringerem Umfang auch des SpätMA auftritt (→ Friesland). Sprachl. ist es nicht als *as-age* (Auge des Asen, so KROGMANN) oder mit *a-sega* (immer-Seher, so SIEBS), sondern als *a-sega* (Recht-sager) zu erklären. Seine Bedeutung ist umstritten. Gegen die frühere Ansicht, daß es den fries. Ausdruck für den gemeingerm. Gesetzessprecher darstelle, spricht v. a. die erst jetzt erkannte Tatsache, daß die parallelen adt. Bezeichnungen *eosago*, *esago* Glied-für-Gliedübersetzungen zu lat. legislator und iuridicus sind, denen keine einheim. Realität entspricht. Weiter enthält die lat. Lex Frisionum (→ Leges) keine Figur, die sich bestimmt mit dem a. identifizieren läßt (anders GERBENZON). Vielleicht ist der fries. a., der neben dem Grafen und dem Schultheißen auftritt und eher Urteils- als Gesetzessprecher ist, daher überhaupt erst in nachkarol. Zeit entstanden. Für die Bildung des Wortes scheint ein kirchl. Einfluß nicht ausgeschlossen. G. Köbler

Lit.: HRG I, 239 – K. v. RICHTHOFEN, Afries. Wb., 1840 – PH. HECK, Die afries. Gerichtsverfassung, 1894 – P. GERBENZON, Der afries. a., der as. eosago und der ahd. esago, TRG 41, 1973, 75–91 – G. KÖBLER, Zu Alter und Herkunft des fries. a., TRG 41, 1973, 93–99.

Asen. Die an. Mythologie unterscheidet zwei Göttergeschlechter: die A. (an. *œsir*, sg. *áss*) und die → Wanen. Die A. stehen vorwiegend mit krieger. Funktionen, die Wanen mit Fruchtbarkeitskult in Verbindung. Zur Gruppe der A. zählen zuvorderst → Oðinn, seine Söhne → Thor und → Balder mit ihren Nachkommen, ferner → Heimdall, → Loki und einige andere. Am engsten sind Odin und Thor mit dem Namen der A. verbunden. In dem Eddagedicht »Skírnismál« ist einer von ihnen der *ása-bragr* 'bester der A.'. Auch sonst bleibt offen, wer von beiden gemeint ist: so, wenn in einer Fluchstrophe von → Egill Skallagrímsson neben Freyr und Njǫrd der *landǫss* 'Landase' oder in einer Eidesformel neben denselben Göttern »der allmächtige A.« (*hinn almátki áss*) angerufen und ein andermal »bei dem A.« (*æsi*) geschworen wird (→ Eid). Die a-Rune heißt germ. **ansuz*, und damit ist wahrscheinl. Odin gemeint (→ Runenschrift). Thor wird *Ása-þórr* 'Asenthor' genannt, im Zorn entwickelt er *ásmegin* 'Asenkraft'. Der Name Þórmóðr wird einmal wegen des Stabreims durch Ásmóðr ersetzt. Daraus darf man schließen, daß in an. Personennamen mit dem Erstglied Ás- im allgemeinen Thor gemeint ist (DE VRIES, 150).

In einem weiteren Sinn wird A. als Synonym für Götter gebraucht, sowohl in der → Edda als auch in der → Snorra Edda. Ebenso bedeutet ásynja 'Asin' einfach 'weibl. Gottheit'. Nach Beendigung des Krieges zw. A. und Wanen sind die namentl. bekannten wanischen Gottheiten durch Vergeiselung mit der Asenfamilie verbunden. So leben alle Götter in Ásgarð 'Asenhof', wohin die Brücke Bilrǫst oder Ásbrú 'Asenbrücke' führt. Sie bleiben durch das Essen der Äpfel → Iðuns jung, werden in der gleichen Weise durch die Chaosungeheuer bedroht und finden in den → Ragnarǫk ihren Untergang. In einem hymn. Gebet werden A. und Asinnen zugleich mit der Erde angerufen (»Edda«, »Sigrdrífumál« 4). In einigen jüngeren Texten wird die Zahl der A. mit zwölf angegeben, manchmal auch mit 12+1 (Odin) (vgl. SIJMONS-GERING, Edda Kommentar I, 1927, 390f.; → Zahlensymbolik). Es werden variierende Namenlisten überliefert, die zw. A. und Wanen nicht unterscheiden.

Ob das Wort A. auch ursprgl. eine Allgemeinbezeichnung der Götter war, aus der die Wanen erst später herausgelöst wurden, oder der Name einer Untergruppe, der später weitergegriffen hat, läßt sich nicht entscheiden. Wenn in → Njáls saga cap. 123 ein in einem Berg hausender Unhold Svínfells-áss genannt wird und im ags. Zauberspruch der Hexenschuß ēsa gescot 'Asenschuß' heißt, so spiegelt sich darin wohl ein chr. Abwertung der heidn. Götter. Die Etymologie des Wortes bleibt dunkel, weil es mehrere plausible Anknüpfungen gibt. Man kann u. a. an altind. ásura- anschließen ('wer das ásu, das Leben, die numinose Lebenskraft, wesenhaft in sich hat'), doch gibt auch Verbindung mit germ. *ans- 'Balken, Pfahl' guten Sinn, da Pfahlgötter bei den Germanen früh bezeugt sind (vgl. auch die u. a. in der → Landnámabók erwähnten, mit Götterbildern verzierten Hochsitzpfeiler, ǫndvegissúlur, die den Ehrenplatz in der Halle des Hauses flankierten). Das Wort ist gemeingerm. und früh belegt im Namen der Göttin Vih-ansa (wahrscheinl. 'Kampfgöttin') auf einer Weiheinschrift aus Tongern (vgl. S. GUTENBRUNNER, Die germ. Götternamen der antiken Inschriften, 1936, 101f.) und mit zieml. Sicherheit auf der Schnalle von Vimose um 200 n. Chr.: a(n)sau wija 'dem Asen (Wodan?) weihe ich' (W. KRAUSE, Runeninschr. im älteren Futhark, 1966, Nr. 24). Häufig begegnet es in Personennamen wie got. Ansemundus, ags. Ōsred, ahd. Anshram, westnord. Ásúlfr. Da Einzelgötter nur in skand. Eigennamen häufig sind, liegt hier, ähnlich wie in den Zusammensetzungen mit Guð- und Alb-, wahrscheinl. die Gruppenbezeichnung zugrunde (G. SCHRAMM, Namenschatz und Dichtersprache, 1957, 103f.). Nach → Jordanes (Getica XIII, 78) haben die Goten ihre Vorfahren nicht als gewöhnliche Menschen, sondern als »semideos (Halbgötter) id est Ansis« angesehen. Dies will nicht besagen, daß die A. ursprgl. halb vergöttlichte Vorfahren gewesen seien oder daß es neben ihnen noch andere höhere Wesen gegeben habe. Die Wortgleichung setzt voraus, daß die heidn. Götter im Sinne des Euhemerismus als vergöttlichte Menschen mit besonderen Fähigkeiten, als Halbgötter, aufgefaßt wurden.

Eine euhemerist. Auffassung der A. begegnet auch bei isländ. Gelehrten (→ Snorri Sturluson) und → Saxo Grammaticus. Aufgrund etymolog. Klitterung wird die Urheimat der A. nach Asien verlegt (Ásíamenn, æsir váru kallaðir, Snorra Edda, Prol. k. V). Dies ermöglichte genealog. Anknüpfungen an den Stoff der ma. → Troiadichtung und der Bibel, gelegentl. auch Gleichsetzung von germ. mit antiken Gestalten, so in späteren Zusätzen der »Snorra Edda«. Die Fabel von der Einwanderung der A. aus Asien ist weder als Argument für die asiat. Urheimat der Germanen oder der Nordleute noch als Argument für das Eindringen des Asenkultes aus dem Süden oder Südosten zu gebrauchen. Ihr später, schriftgelehrter Ursprung ist evident. Umso aussagekräftiger ist sie für das Selbstverständnis der skand. Gelehrten des MA, die die Vergangenheit ihres Volkes nach kontinentalem Vorbild mit den ruhmreichen Gestalten der klass. Sagenwelt und mit der chr. Heilsgeschichte in Verbindung bringen wollten. → Polytheistische Religionen. O. Gschwantler

Lit.: HOOPS² I, 457f. – KL I, 274f. – J. DE VRIES, Altgerm. Religionsgesch. II, 1957², 9f. u. ö.

Asen. 1. A. I. (mit Beinamen Belgun), bulg. Zar 1187–96, † 1196, entstammte einer vornehmen bulg.-kuman. Familie, deren Großgrundbesitz im heut. Tŭrnovo-Gebiet lag. Mit seinem älteren Bruder → Theodor-Petros organisierte A. im Sommer 1185 den großen antibyz. Aufstand, unterstützt von den verwandten Kumanen aus den Gebieten n. der Donau. Seit 1187 trug er den Zarentitel, hatte die Herrschergewalt inne und kämpfte erfolgreich gegen byz. Angriffe. Nach Streifzügen gegen Serdika (Sredec, heute Sofia) und Philippopel (Plovdiv) unternahm er im Sommer 1195 einen Feldzug bis Serrhes sowie 1196 einen weiteren Zug an den Unterlauf des Struma (Strymon). 1196 von seinem Verwandten Ivanko ermordet, hinterließ er zwei minderjährige Söhne, Ivan (II.) Asen, den späteren Zaren, und Alexander. → Bulgarien. I. Dujčev

Lit.: P. MUTAFČIEV, Proizchodŭt na Asenevci. Makedonski pregled IV, Hf. 4, 1928, 1ff. – ZLATARSKI, Istorija II, 410ff.; III, 1940, 1ff. – I. DUJ-ČEV, Proučvanija vŭrchu bŭlgarskoto srednovekovie, SbornBAN XLI, 1, 1945, 44ff. – MORAVCSIK, Byzturc II, 73, § 1.

2. A., Andronikos, 2. Sohn (mit 9 Geschwistern) des 1280 nach Konstantinopel geflohenen Bulgarenzaren → Ivan III. Asen und seiner Gemahlin Eirene Palaiologina, einer Tochter Michaels VIII. A. ist einer der wichtigsten Vertreter dieses byz. Zweiges der Familie Asen. Polit. erlangte er erstmals als Gouverneur des byz. Teils der Morea Bedeutung (ca. 1316–21), wo es ihm im Kampf mit den Franken und wohl auch den Katalanen gelang, die byz. Stellung weiter auszubauen. In seiner weiteren Biographie spiegelt sich die wechselnde Kooperation A.s mit den an den innerbyz. Machtkämpfen beteiligten Gruppen, bes. mit der des Johannes (VI.) Kantakuzenos, dessen Schwiegervater er seit ca. 1320 war. G. Prinzing

Lit.: PLP, s.v. Asanes – E. TRAPP, Beitr. zur Genealogie der Asanen in Byzanz, JÖB 25, 1976, 163–177 – D. A. ZAKYTHENOS, Le despotat grec de Morée, 2 Bde, 1975².

Asenarius (Asnar, Lupus, Asnerius) → Gascogne

Aseniden (bulg. Asěn), vornehme bulg.-byz. Familie seit Ende des 13. Jh. Um den Bürgerkrieg in Bulgarien nach dem Aufstand des Bauernführers → Ivajlo zu Gunsten Konstantinopels auszunutzen, unternahm Ks. Michael VIII. Palaiologos eine militär. und polit. Intervention. 1278 verheiratete er Ivan (den späteren Ivan III. Asen), den Neffen des Zaren → Ivan II. Asen und Sohn Mitzos, mit seiner Tochter Eirene, proklamierte ihn als Herrscher der Bulgaren und schickte ihn, vom byz. Heer begleitet, nach Tŭrnovo. Das Unternehmen mißlang: Der unfähige Prätendent kehrte zur Unzufriedenheit des Ks.s 1280 nach Konstantinopel zurück. Ks. Andronikos II. verlieh ihm als Gemahl seiner Schwester 1283 die Würde eines Despoten. So wurde die Familie der A. in die Reihe der hohen byz. Aristokratie eingegliedert. Völlig »byzantinisiert«, obwohl den Familiennamen Asen (weibl. Asenina) behaltend, knüpfte sie bald verwandtschaftl. Beziehungen mit anderen vornehmen Familien des Reiches an (Kantakuzenoi, Dukas,

Komnenen u.a.). So heiratete Johannes (VI.) Kantakuzenos, schon als Megas papias, Eirene Asenina Palaiologa († vor 1379), die Tochter von Andronikos Pal. Asen und Nichte von Ivan III. Asen, die mit ihm 1347/54 Ksn. wurde. Es sind mehrere Mitglieder der Familie bekannt, die im 14./15.Jh. hohe Würden bekleideten und erstrangige Ämter der zivilen und militär. Hierarchie innehatten, z.B. Andronikos Pal. As. wurde Megas primikerios, Isaakios Pal. As. Panhypersebastos, Anna Komnena Dukaina Pal. As. Megale primikerissa usw. Sogar während der ersten Jh. der türk. Herrschaft kommen Personen mit dem Namen Asen (Asan) vor, ohne daß jedoch die Verbindung mit der Familie genau festgestellt werden kann.
I.Dujčev

Lit.: F.I. USPENSKIJ, Bolgarskie Asênevici na vizantijskoi službe v XIII-XV vv., IRAIK XIII, 1908, 1–16 – ZLATARSKI, Potekloto na Petra i Asênja, vodačite na vŭstanieto v 1185 g. Spisanie na BAN, XLV, 22, 1933, 7–48 – DERS., Istorija II, 1934, 426ff.; III, 1940, 552ff. – A.TH. PAPADOPULOS, Versuch einer Genealogie der Palaiologen 1259–1453 [Diss. München 1938], Ind. – MORAVCSIK, Byzturc II, 73ff. [über den Namen] – I.DUJČEV, Medioevo bizantino-slavo II, 1968, 263–274 – D.M.NICOL, The Byz. Family of Kantakuzenos (Cantacuzenos) ca. 1100–1460, 1968, 246–249 [Ind. s.v. Asen, Asenina] – D.I.POLEMIS, The Dukai. A Contribution to Byzantine Prosopography, 1968, 104f. – E.TRAPP, Beitr. zur Genealogie der Asanen, JÖB 25, 1976, 163–177 – PLP, s.v. Asanes

Ashburnham-Pentateuch, Hs. (Paris, Bibl. Nat., Nouv. acq. lat. 2334), besitzt zum Vulgatatext des Pentateuch (ohne Deut) 18 (ursprgl. wahrscheinl. 69) ganz- und halbseitige Miniaturen von großer Erzählfreude. Sie schildern z.T. nur eine Begebenheit (z.B. Sintflut) oder aber eine oftmals ineinander verschachtelte, umfangreichere Szenenfolge auf dreifarbigem Streifengrund (z.B. vom Erdenleben Adams und Evas bis zur Tötung Abels, Brautwerbung des Knechtes Isaaks um Rebecca), wobei sich der Künstler bes. gern bei Schilderungen des tägl. Lebens (Landwirtschaft, Bauarbeit, Geburt, Begräbnis u.a.) aufhält und sich möglicherweise an der Flora und Fauna seiner Umgebung orientiert (Dattelpalmen, Kamele u.a.), wenn nicht die von ihm benutzte – vielleicht jüd. – Vorlage bereits diese südländ. Motive gezeigt hat. Für den Hintergrund sind kräftige Farben verwendet, während die vielfältige Architektur meist in Weiß wiedergegeben ist.

Die geogr. Lage der Werkstatt, der diese Hs. zugewiesen werden kann, ist umstritten. Verschiedentl. zeigen sich Einflüsse aus dem sö. Mittelmeer (z.B. Wandmalereien von Palmyra und in der Synagoge von Dura Europos; Verbindungen zur kopt. Kunst; nordafrikan. Umwelt mit Darstellungen von Negern u.a.). Spanien oder N-Afrika, zuweilen auch Oberitalien werden als Entstehungsort für den Pentateuch vermutet, der i.a. ins 7.Jh. datiert wird und ein bedeutendes Zeugnis der frühen Bibelillustration darstellt.

Der Büchersammler Libri stahl die Hs. im Jahre 1843 aus der Stadtbibliothek in Tours, wo sie schon seit Anfang des 9.Jh. lag, und verkaufte sie an Lord Ashburnham. Durch die erfolgreichen Bemühungen von L. DELISLE konnte sie später von der Pariser Nationalbibliothek erworben werden.
G. Plotzek-Wederhake

Lit.: O. v. GEBHARDT, The Miniatures of the A.-P., 1883 – W.NEUSS, Die katal. Bibelillustration um die Wende des ersten Jt. und die altspan. Buchmalerei, 1922 – C.NORDENFALK (Das Frühe MA, 1957) – J.GUTMANN, The Illustrated Jewish Manuscript in Antiquity, Gesta 5, 1966, 39ff. – B.NARKISS, Towards a Further Study of the A.P., CahArch 19, 1969, 45ff. – K.WEITZMANN, Spätantike und frühchr. Buchmalerei, 1977, 118ff [Lit.].

Ashby. 1. A., Alexander → Essebi, Prior de
2. A. George, *1390, †1475, me. Dichter, lebte in Harefield, Middlesex und bekleidete vierzig Jahre lang das Amt eines kgl. Sekretärs *(clerk to the signet)*. Er verfaßte drei lange Gedichte. Das eine handelt von seinem Aufenthalt im Schuldgefängnis 1463. Die anderen beiden sind Edward, Prince of Wales (1471 ermordet), zugeeignet: ein konservativ gehaltener Fürstenspiegel, in dem → Gower, → Lydgate und → Chaucer als die »ersten Dichter dieser Nation« (»primier poetes of this nacion«) gepriesen werden und eine Übersetzung der »Dicta Philosophorum«, einer Spruchsammlung in der »Stans-puer-Tradition«.
R.H. Robbins

Ed.: M. BATESON, EETS ES 76 – Lit.: DNB II, 164ff. – NCBEL I, 648.

Ashingdon → Assandun

Asic, sächs. Gf. (v. Merseburg?), † Sommer 936. Führte in Kooperation mit einem thür. Verband ein sächs. Heer zur Unterstützung eines im Aufstand der → Böhmen (nach dem Tod Kg. Heinrichs I.) treu gebliebenen Fs.en gegen Hzg. → Boleslaw I. Beide Heere wurden getrennt vernichtet, A. fiel; Böhmen blieb 14 Jahre unabhängig. Im Heer befand sich eine von Kg. Heinrich aus begnadigten Verbrechern gebildete Merseburger »Sondereinheit«. Name und Feldherrnamt weisen A. als Verwandten bedeutender Familien aus (»Esikonen«, vgl. auch → Askanier und Bf. → Azecho v. Worms).
K.F. Werner

Q.: Widukind, Rerum gestarum Saxonicarum libri III, MGH SRG, hg. P. HIRSCH, 1935, 68f. – Lit.: JDG O. I – R. SCHÖLKOPF, Die sächs. Gf.en, 919–1024, 1957 – R. WENSKUS, Sächs. Stammesadel und frk. Reichsadel, 1976.

Asinari, Familie aus → Asti, ab 1195 belegt, teilte sich in fünf Linien: A. d'Asti, A. di Costigliole e S. Marzano, A. di Spigno, A. di Casasco, A. di Camerano. Sie besaß zahlreiche Güter, bes. im Gebiet von Asti. Die Familie spielte eine bedeutende Rolle in der Verwaltung der Kommune und in der Außenpolitik, wodurch viele ihrer Mitglieder schon seit Beginn des 15.Jh. eine intensive Förderung ihrer Tätigkeit als Bankiers und Geldverleiher in den zahlreichen Leihanstalten *(casane)* Savoyens erfuhren. Prokaiserlich eingestellt, eröffnete sie unter *Raimondo A.* gemeinsam mit den Guttuari, nach der Mitte des 13.Jh. eine Reihe von Kämpfen gegen die Solari. Nachdem Asti an das Haus Savoyen gekommen war, erkannten die A. deren Signorie an. Sie unterstützten Karl V. gegen Frankreich und erhielten dabei verschiedene Privilegien.
G. Gullino

Lit.: N. GABIANI, Li Nobili Asinari Astensi, signori di Costigliole, S. Marzano, Cartosio, Spigno, Camerano, Casasco e Virle, 1855 – A.M. NADA PATRONE, Le Casane astigiane in Savoia, Deputazione Subalpina di Storia, Patria, 1959.

'Āšiq Paša, türk. Mystiker, geb. 1271/72 Kirşehir, gest. 1332/33 ebd., Enkel eines bedeutenden religiösen Führers, Urgroßvater von → 'Āšiq-Paša-zāde. Über A.s Leben sind nur jene sporad. Angaben gesichert, die er selbst macht. So ergibt sich aus seinem Werk, daß er einflußreich, gelehrt in den Wissenschaften und sprachenkundig war: außer pers. Vorreden und arab. Zitaten finden sich griech., arm. und – noch unerforschte – hebräische Stellen. den Hauptteil jedoch schrieb er auf Türkisch, zu einer Zeit, als dies noch nicht Literatursprache war. Sein Lehrgedicht »Ġarībnāme« (Buch des Pilgers) umfaßt 11000 Doppelverse, unterteilt in 10 Kap. *(bāb)* von je zehn Erzählungen *(dāstān)*. Die Dichtung ist ausgeglichen, ohne myst. Überschwang, der Ton volkstüml., die Parabeln sind Natur und Alltag entnommen, z.B.: »Ein Buch voller Lehren ist diese Welt; glücklich jener, der es liest.« Ein kürzeres »Faqrnāme« (Buch der Armut) und mehrere Hymnen werden A. zugeschrieben. Das Gesamtwerk spiegelt die kulturell vielschichtige Welt Anatoliens zur Zeit → 'Osmāns und → Orḫāns.
J. Buri-Gütermann

Lit.: İA, s.v. – EI² s.v. [Lit.] – E. Rossi, Studi su manoscritti del Ġarībnāme, Rivista degli Studi Orientali 24, 1949, 108 ff. – M. Kaplan, Âsık Paşa ve birlik fikri, TMec, 18, 1976, 149 ff.

ʿĀšiq Paša-zāde, Derviš Aḥmed ʿĀšiqī, frühosman. Geschichtsschreiber, geb. 1400, gest. nach 1484. Als Urenkel des türk. myst. Dichters → ʿĀšiq Paša war ein Nachkomme von berühmten Gottesmännern. In seiner Jugend nahm er an den Feldzügen der osman. Herrscher Murād II. und Mehmed II. teil. Im Alter ließ er in Istanbul eine kleine Moschee erbauen, zu Ehren des ʿĀšiq Paša, in deren Nähe sich sein Grab befinden soll. Seine Chronik »Tevāriḫ-i Āl-i ʿOsmān« (Geschichte des Hauses ʿOsmān) ist eine wichtige Quelle zur frühosman. Geschichte. In altosman. Sprache und volkstüml. Stil geschrieben, beruht sie auf mündl. Überlieferung und eigenen Erfahrungen sowie auf einer Hs., die der Autor, nach eigenen Angaben, in seiner Jugend gelesen hatte. Zweimal redigiert ist die Chronik in mehreren Hss. erhalten, von denen jede, bes. am Schluß, Varianten oder Zusätze des jeweiligen Schreibers enthält.

R. P. Lindner

Ed.: ʿAlī Bey, 1332/1914 – Giese, 1929 – *Lit.*: EI² – V. I. Ménage, A study of the early Ottoman histories [Diss. London 1961] – *Übers.*: R. Kreutel, Vom Hirtenzelt zur Hohen Pforte, 1959.

Askanier, Geschlecht. Die A. gehören zu jenen Geschlechtern der spätfrk. und frühdt. »Reichsaristokratie«, die im 9. oder eher noch im späteren 10. Jh., aus dem alemannisch-frk. Raum kommend, im östl. Sachsen burgsässig geworden sind. Die Bezeichnung A. für das vornehmlich im am Nordosthare gelegenen (Nord-)Schwabengau begüterten und noch im frühen 13. Jh. in »schwäbischen« Rechtsbezügen (Sachsenspiegel-Vorrede) lebenden Dynasten entwickelte sich seit dem frühen 13. Jh. aus der Latinisierung des Namens ihres Burgsitzes Aschersleben (Ascharia) sowie späterhin als mythologisierende Antikisierung aus dem Namen Ascanius (Sohn des Aeneas). Die »Alte Burg« in Ballenstedt war namensspendender Stammsitz im 11. und 12. Jh.; das dortige Kollegiatstift (1043) diente bis 1170/1212 als Grablege. Erst → Albrecht der Bär und seine Nachkommen gingen dazu über (1134 ff.), sich nach den jüngeren Burgen Aschersleben, Anhalt bzw. nach ihren neuen Herrschaftsbereichen zu nennen. Der erste erschließbare A. dürfte ein Adalbert (um 1000) gewesen sein, vermählt mit einer Tochter Mgf. Hodos (I.), Vater des um 1030/34 urkundl. erwähnten Gf. Esico v. Ballenstedt. Eine ungewöhnlich erfolgreiche Heiratspolitik verschaffte den frühen A.n in vier aufeinander folgenden Generationen größere Anteile vom Erbe der Ostmarkgrafen, der Kaiser-Schwägerin Mathilde v. Schwaben († 1031/32), der Gfn. v. Weimar-Orlamünde (s. u.) und der Billunger, abgerundet durch systemat. angeeignete Vogteien, Kirchen-Lehen und Rodungsgewinne. Spätestens seit Gf. Esico († 1059/60) war die Sippe der Ballenstedter mit den entscheidenden Familien Sachsens und des Reiches verschwägert und konnte auf Verwandtschaft zu Liudolfingern und Karolingern verweisen (Heinrich III., 1043: »comes Hesicho nostre consanguinitate coniunctus«). Ihre reichsfürstl. Beziehungen, die starke ökonom. Potenz (»Otto der Reiche«, † 1123) im von hzgl. Gewalt faktisch weitgehend freien ostfäl. Raum und die strateg. günstige Lage ihrer Besitzungen im Hinblick auf die zur Besiedlung anstehenden Slavenmarken erklären zusammengenommen erst die Staunen erregenden Erfolge v. a. Albrechts des Bären in Teilen der Nordmark und ihren Randzonen. In Real- und Ideal-Konkurrenz zu Lothar v. Süpplingenburg, dessen bzgl. Stellung Gf. Otto 1112 vergeblich zu übernehmen trachtete, betrieben die A. bereits zu Beginn des 12. Jh. Besitzpolitik vom Rhein (Pfalzgrafenschaft) bis zur mittleren Elbe und erreichten im sächs. Kräftefeld den ersten Höhepunkt ihrer Machtentfaltung. Ottos Sohn → Albrecht der Bär († 1170), der Stammvater aller späteren A., ist zwar ebenfalls im Streit um die sächs. Herzogswürde an Lothars Enkel Heinrich (dem Löwen) gescheitert, vermochte sich jedoch mit Unterstützung oder Duldung der Kg.e Lothar III., Konrad III. und Friedrich I. sowie der Bf.e v. → Magdeburg, → Havelberg und → Brandenburg von der Markgrafen-Position (seit 1134) her in der »Nordmark« eine so starke Stellung und weiträumige Ansprüche zu sichern, daß damit das weitere Schicksal der A. vorgezeichnet war. Der engere Einflußraum der A. um 1170 reichte – wenngleich durch andere Rechtsträger vielfach unterbrochen – von Salzwedel und Lenzen über Wolmirstedt und Seehausen/Magdeburg bis zum Nordharz, vom Havelland über Zauche und Fläming bis in die Gegend von Köthen und Wittenberg. Albrechts Söhne bauten das Erbe im mitteldt. Osten, sodann zw. Elbe und Oder, aber auch in den ostsächs. askan.-welf. Durchdringungsgebieten konsequent aus, die Schwäche der Reichsgewalt nutzend.

Die einzelnen Linien: [1] Der älteste Sohn Albrechts, Otto I. († 1184), hatte schon als Mitregent seines Vaters den Kernbereich des Erbes, die Mgft. → Brandenburg übernommen; sie wurde von seinen Nachkommen mittels originärer und sekundärer Siedlung und anderer Herrschaftsbildungsmethoden innerhalb eines Jahrhunderts zu einer relativ dichten, stellenweise bereits flächenhaft geschlossenen »Landesherrschaft« bei sich lockernder Bindung an das Reich ausgebaut. Bes. die Mgf.en Albrecht II. († 1220), Johann I. († 1266) und Otto III. († 1267) mit zusammen 15 Kindern, Otto IV. »mit dem Pfeil« († 1308) und auch der letzte kinderlose, verschwenderische Fs. Woldemar († 1319) haben Brandenburg – zw. dem Helmstedter Lappwald und der hinterpommerschen Küste (Stolp) – zur umworbenen und gefürchteten polit. Kraft in Nordostdeutschland werden lassen, im SW und NW flankiert von anderen askan. Herrschaften. Um 1300/10 ist noch einmal ein Höhepunkt gesamtaskan. Machtentfaltung erreicht worden. Indes sind die brandenburg. A., um 1290 19 männl. Angehörige zählend, Anfang des 14. Jh. biolog. zusammengebrochen, ohne daß sich Ursachen genauer bezeichnen ließen. Dieses schnelle Verlöschen mit seinen Folgen (Wittelsbacher- und Luxemburgerherrschaft in der Mark) traf alle anderen askan. Linien, weil der Verlust der Mitte der askan. Markengebietsherrschaft im 14. Jh. nicht mehr anderweitig aufzuwiegen war. Ansätze zur neuerlichen Kumulation askan. Herrschaftsteile, wie sie sich an der Bündnispolitik der Wittenberger und anhalt. A. mehrfach ablesen lassen, sind letztlich erfolglos geblieben.

[2] Die von dem 2. Sohn Albrechts des Bären, Hermann († 1176), gestiftete Linie der jüngeren Gf.en von Weimar-Orlamünde knüpfte an Besitzrechte an, die die Gf.en Siegfried I. († 1113) und Siegfried II. († 1124) aus dem Erbe der älteren Orlamünder Gf.en in der Zeit der Fürstenverschwörung gegen Kg. Heinrich V. um 1113/15 an sich gebracht hatten. Mit dem Gf.en Wilhelm († 1140) erlosch diese auf Adalbert v. Ballenstedt († um 1080) zurückgehende askan. Nebenlinie. Albrecht der Bär übergab das Erbe seinem Sohn, dessen Nachkommen, bei rasch zunehmender Entfremdung gegenüber den anderen A., sich mit der Osterländischen (Orlamünder) Linie bis 1486, mit der Thüringischen (Weimarer) Linie bis 1373 behaupteten, obschon beide Häuser bereits im → Grafenkrieg (1342–46) den Wettinern unterlegen und in deren Abhängigkeit geraten waren.

[3] Bernhard (1140-1212), der 7. und jüngste Sohn Albrechts, erhielt unverhofft eine Chance zum Aufbau einer zweiten askan. Landesherrschaft in Nordostdeutschland, als ihm 1180 nach dem Sturz Heinrichs des Löwen der sächs. Herzogstitel und welf. Reichslehen entlang der Unterelbe bei *Lauenburg* zugesprochen wurden; er sowie sein jüngerer Sohn Albrecht I. (1212-61) vermochten vorwiegend an der mittleren Elbe im Umkreis von Belzig, →Wittenberg, Burg Aken (1227) und Wiesenburg ein an brandenburg., anhalt. und wettin. Bereiche grenzendes Herrschaftsgebiet auszubilden. Doch hat die Erbteilung (1261f.) der Enkel Johann († 1285, mit *Lauenburg*) und Albrecht († 1298, mit *Wittenberg*) diesen askan. Zweig entscheidend geschwächt (→ Sachsen-Wittenberg und Sachsen-Lauenburg). Immerhin erhielt Hzg. (Titel vor 1298) Rudolf I., Sohn Albrechts II. und einer Tochter Kg. Rudolfs v. Habsburg, 1290 von seinem Großvater die dem Reich heimgefallene Grafschaft Brehna (ö. von Halle). Dazu kamen magdeburg. und sonstige Lehen zw. Gommern und Schweinitz (an der Schwarzen Elster). Die bis 1356 gemeinsam, wenngleich nicht einträchtig geführte Kurstimme wurde durch die →Goldene Bulle endgültig den Wittenberger Hzg.en zugeteilt, als Dank für vielfache Parteinahme. Der Abbau askan. Positionen setzte sich nach den Verlusten in Brandenburg und Thüringen 1422/23 fort, als nach dem Tod des letzten Wittenberger Hzg.s → Albrecht III. weder die Lauenburger Linie noch die askan. Vorfahren aufweisenden frk.-brandenburg. Hohenzollern, vielmehr die →Wettiner Kur-Wittenberg erlangten. Die Hzg.e in Sachsen-Lauenburg bewahrten zwar die reichsunmittelbaren Rechte und, wie die anderen Linien, das konsequent eingehaltene reichsfürstliche Konnubium, stellten zudem Bf.e für Verden, Lübeck, Bremen, Hildesheim und Minden, blieben jedoch bis in die Neuzeit hinein Duodezpotentaten, bewegungslos eingezwängt von nicht mehr verschiebbaren Herrschaftsteilen der →Welfen, Schauenburger (→ Holstein), der Schweriner Hzg.e (→ Mecklenburg) sowie von geistl. Besitzungen. Ihr Aussterben (1689) nutzten die Welfen sogleich, um Lauenburg (etwa 500 Jahre nach dem Verlust) wieder mit Kur-Hannover zu vereinigen.

[4] Am längsten, bis in das 20. Jh., bewahrten die A. an der westl. Mittelelbe und am Nordostharz das Erbe Albrechts des Bären. Mit dem Namen der Burg »Anhalt« (bei Harzgerode, Kr. Ballenstedt), die von der Mitte des 11.Jh. bis ca. 1315 von den A. bewohnt wurde, gaben sie dem Fsm. (1807ff. Hzm.) und dem Raum beiderseits der mittleren Elbe und unteren Saale die bis in die Gegenwart fortwirkende Landesbezeichnung. Die noch heute existierenden »Anhaltiner« (einschließlich der Nachkommen aus morganat. Ehen) sind sämtlich Nachkommen des Hzg.s Bernhard († 1212), dessen ältester Sohn Heinrich I. (ca. 1170-1251/52) wohl der bedeutendste Herrscher dieses A.-Zweiges gewesen ist. Ihm gelang es, über wertvolle altaskan. Stammgüter (im sö. Nordthüringgau und Schwabengau, in den Gauen Serimunt-Wörbzig und Niccici) hinaus seit der Teilung 1212 im Umkreis von Ballenstedt, Aschersleben, Bernburg, Nienburg/S., Köthen, Dessau, Coswig und Gernrode (Vogtei) Landesherrschaft in Gebieten auszubilden, die sich durch überwiegend gute Böden, Bergbau und einige ertragreiche überregionale Verkehrswege auszeichneten (rund 280 Flecken und Dörfer, 22 Städte). Heinrichs Söhne stifteten eigene askan. Linien, so daß sich im SpätMA drei, seit 1315 zwei anhalt. Gft.en gleichberechtigt und selbständig gegenüber standen: Heinrich II. († 1266, zu Aschersleben, bis 1315); Bernhard I. († 1286/87, zu Bernburg, bis 1468); Siegfried I. († n. 1298, zu Cöthen, Dessau, seit 1307/19 Zerbst, Stammvater der späteren Fs.en bis 1918). Die Realteilung von 1253 sowie spätere Abschichtungen und hausinterne Streitfälle nahmen den Anhaltinern jede Chance, unter den mittelelb. und nordostdt. Landesherrschaften eine anspruchsvollere, d.h. militär. fundierte Rolle zu spielen. Weder 1319/20 noch 1422/23 und noch weniger 1689 (s.o.) glückte es den anhalt. Fs.en, das Erbe einer anderen askan. Linien anzutreten, obwohl während des 14.Jh. noch Ansätze einer gesamtaskan. Heiratspolitik zu beobachten sind. Vgl. weiterhin → Anhalt.   G. Heinrich

Q. und Lit.: Eine Gesamtübersicht fehlt. – [zu Brandenburg]: H.-J. SCHRECKENBACH, Bibliogr. zur Gesch. der Mark Brandenburg, T. 1, 1970, Nr. 288-384, 3387-3497 — H. KRABBO-G. WINTER, Reg. der Mgf.en v. Brandenburg aus askan. Hause, Lfg. 1-12, 1910-55 [mit Stammtaf.] – A. HOFMEISTER, Die Ahnentaf. der Mgf.en v. Brandenburg als Geschichtsquelle, FBPrG 33, 1921, 1-87, 409-412 – F.A. VOSSBERG, Die Siegel der Mark Brandenburg, Lfg. 1, 2., 1868, 7ff., 28ff. [Abb.] – E. KITTEL, Brandenburg. Siegel und Wappen..., 1937, 14ff. – J. SCHULTZE, Die Mark Brandenburg 1, 1961 – H.K. SCHULZE, Adelsherrschaft und Landesherrschaft, 1963 – E. SCHMIDT, Die Mark Brandenburg unter den A. (1134-1320), 1973 – Hist. Stätten Dtl., X: Berlin und Brandenburg, hg. G. HEINRICH, 1973 – DERS., Die Mark Brandenburg 1257-1319, 1977 (Hist. Handatlas v. Brandenburg und Berlin, Lfg. 56) - [zu Orlamünde]: C. CHL. FRHR. V. REITZENSTEIN, Reg. der Gf.en v. Orlamünde, 1871 – O. POSSE, Die Siegel des Adels der Wettiner Lande bis 1500, 5, 1917, 12 – H. PATZE, Polit. Gesch.... (Gesch. Thüringens, 2, 1, 1974), 155ff. – [zu Sachsen-Wittenberg und Sachsen-Lauenburg]: H. LORECK, Bernhard I., der A., Hzg. v. Sachsen (1180-1212), Zs. des Harz-Vereines 26, 1893, 207-301 – G. v. HIRSCHFELD, Gesch. der sächs.-askan. Kurfürsten... (1180-1422), VjsHSG 12, 1884 – Germania sacra, Bm. Brandenburg II, 1941, 372ff. – C.W. BÖTTIGER, Gesch. von Sachsen, bearb. H. FLATHE, 1867² - Hist. Stätten Dtl., XI: Prov. Sachsen-Anhalt, hg. B. SCHWINEKÖPER, 1975, LIVff. – O. v. HEINEMANN, Gesch. Braunschweigs und Hannovers, 1. 2., 1884 – P. HASSE-V. PAULS, Schleswig Holstein-Lauenburg. Urkk. und Reg., 1-5 (bis 1375), 1886-1932 – R. SCHMIDT, Die Bau- und Kunstdenkmäler des askan. Fürstenhauses im ehem. Hzm. Lauenburg, 1899 – F. SCHULZE, Das Hzm. Sachsen-Lauenburg und die lübische Territorialpolitik, 1957 – W.-D. MOHRMANN, Lauenburg oder Wittenberg?, 1975 [dazu: H.G. KRAUSE, BDLG 112, 1976, 650-654] – [zu Anhalt]: Cod. dipl. Anhaltinus, T. 1-6, 1867-83 – W.H. STRUCK, Nachtr., AZ 61, 1964, 90ff. – H. WÄSCHKE, Die A. in Anhalt, 1904 – E. v. FRANKENBERG-LUDWIGSDORF, Anhalter Fürstenbildnisse, 2 Bde, 1894-96 – H. PEPER, Die Aschersleb. Linie der A., Heinrich II., Otto I., Otto II. (1233-1315), 1912 – J. WÜTSCHKE, Territorialentwicklung Anhalts (Mitteldt. Heimatatlas², hg. O. SCHLÜTER-O. AUGUST, 1959, Bl. 20) – A. SCHROEDER, Grundzüge der Territorialentwicklung der anhalt. Lande..., Anhalt. Geschichtsbl. 2, 1926, 5-92 – Weitere Lit. → Anhalt.

'Askar, ǧaiš → Heerwesen

Askese
A. Christliche Askese – B. Judentum – C. Islam
A. Christliche Askese
I. Grundbegriffe und Forschungsstand – II. Ursprung und Weiterentwicklung im christlichen Osten – III. Entwicklung und Konstanten im Westen.

I. GRUNDBEGRIFFE UND FORSCHUNGSSTAND: Das Wort Askese ist abgeleitet von gr. ἀσκεῖν ('sich üben' in körperl. oder geistigem Sinne, z.B. sportl. oder militär., sodann, im Denken der Stoa, im geduldigen und ausdauernden Ertragen und in den Tugenden). Der Ausdruck erscheint selten in der Bibel (KITTEL, I, 492-94). Seit dem 2.Jh. dringt er in die chr. gr. Lit. ein. In der frühchr. lat. Lit. ist die Übernahme des Terminus nicht häufig; doch fehlt es nicht an Entsprechungen. In der altkirchl. Tradition dient der Terminus zur Bezeichnung der eschatolog. Tendenz des Christentums (→ Eschatologie), er beinhaltet den spirituellen Kampf gegen die Dämonen und die Sünde. Im 2. bis 3.Jh. wurde diese Vorstellung bes. auf jene »virgines Christi« und jene »continentes« bezogen, die freiwillig den »Zölibat für das Reich des Herrn« auf sich nahmen. Seit dem 4. Jh. fügte das Mönchtum die Idee der Weltflucht hinzu. Der einzige Text in der spätantiken chr. Lit., in dem der Begriff selbst erscheint, ist allerdings das Itinerar der Pilgerin → Aetheria-Egeria gegen Ende des 4. Jh.; dort heißt es: »Monachi autem plurimi commanent ibi vere sancti, et quos hic ascetes vocant«. (Viele Mönche leben dort, wahrhaft hl. Männer, die man hier Asketen nennt; Itinerarium 10,9 11, c., 175,51). Dieser monast. Asketismus umfaßt zwei eng miteinander verbundene Aspekte: zum einen Verzicht auf ehel. Bindung und auf die → »Welt« schlechthin mit freier Entscheidung für die → »Nachfolge Christi«; zum anderen Versenkung in das Gebet, die zur Vereinigung mit Gott und zum spirituellen Frieden führen soll. Gegen Ende des MA tendierte man teilweise dazu, diese traditionelle Freiheit kontrollierend zu reglementieren. Dieser Formalismus rief die Kritik und den Protest Luthers hervor, der eine Unterscheidung zw. den Geboten und dem, was man ihnen hinzugefügt hatte, ablehnte. Die Aufklärung verwarf die A. ganz. Die Romantik neigte dazu, ihr exzessive Formen zuzubilligen. Seit dem Ende des 19. Jh. führten manche Historiker die chr. A. auf gnost. Einflüsse und Weisheitslehren hellenist. oder oriental. Provenienz zurück (→ Gnosis) und warfen ihr ein dualist., Materie und Fleisch feindl. gegenüberstehendes Weltbild vor. Tatsächl. kann die A. nur durch eine persönl. Bindung an Christus gerechtfertigt werden; sie ist das, was man heute »Spiritualität« nennt, d. h. das Leben nach dem Hl. Geist in Lebensformen, welche – für die Mönche – deren bes. Berufung entsprechen.

II. Ursprung und Weiterentwicklung im Christlichen Osten: Seit den ältesten Zeugnissen wie der Vita des → Antonius Eremita, im 4. Jh. von → Athanasius verfaßt, ist die Berufung durch Christus der Ausgangspunkt der A. Die Antwort auf den Ruf des Herrn ist eine freie Entscheidung, die den Verzicht (ἀπόταξις, Begriff aus der Taufliturgie) beinhaltet. Dieser manifestiert sich durch eine Distanzierung von der sündigen Welt: Man entfernt sich von ihr durch den Rückzug in die Einsamkeit, sei es als isolierter Einzelner (→ Eremit; → Anachoreten), sei es in der Gemeinschaft mit anderen (→ Koinobiten). In der Einsamkeit beginnt der dynam. Prozeß der spirituellen Entwicklung, dessen erstes Ziel es sein muß, die Kontrolle über sich selbst zu gewinnen. Durch die Läuterung des Willens und der Gedanken besiegt man die spontanen Antriebe der verschiedenen Instinkte, die, (eigene, menschl.) Imagination (die man in bestimmtem Maße zu beherrschen lernt) sowie die feindl. Kräfte, die der Welt, welche von der Gewalt des Bösen beherrscht wird, entstammen. Diese Anstrengung, die darauf abzielt, dem »Herzen« Frieden zu geben, kann nur durch die Kraft des Hl. Geistes erfolgreich sein. Sie führt zu einer Wiederversöhnung des Menschen mit Gott und – durch die Gnade Gottes – mit dem eigenen Ich, mit allen anderen Geschöpfen, für die die Tiere oft das Symbol bilden, und bes. mit allen Menschen. Diese Vereinigung mit Gott und mit allen und allem hat Eifer, glühende Leidenschaft, tiefste Versenkung, höchste Freude zur Folge; sie ist → Liebe. Dieses »Absterben« (→ Absterben in der späteren Mystik) führt zu einer eschatolog. Teilnahme an der Auferstehung Christi und manifestiert sich in einer bestimmten Freiheit von (irdischen) Leidenschaften (ἀπάθεια, → Apatheia). Diese mönch. A. nimmt manchmal ungewöhnl. spektakuläre Erscheinungsformen an, so bei den → Styliten; gewöhnl. aber wird der in Demut verrichtete Dienst an den Brüdern derartigen individuellen Höchstleistungen vorgezogen. Die A. erfordert die Hilfe eines »geistl. Vaters«, der aus Erfahrung die Weisheit besitzt, die »Kunst der Künste«,

nämlich: die Geister zu unterscheiden (διάκρισις – discretio). Ihm eröffnet man seine Gedanken (λογισμοί) und er lehrt, an ihre Stelle das Denken an Gott in beständigem Gebet zu setzen. In der Folgezeit drangen, möglicherweise durch über den Islam vermittelten Austausch mit Indien, gewisse asket. Praktiken wie die Ausbildung einer bestimmten Atemtechnik ein. Diese begleitet die Wiederholung des Gebetes: »Herr Jesus, habe Erbarmen mit mir Sünder.« Die Hesychia ist die tiefe Ruhe, die daraus hervorgeht. Die A. enthält also stets jene beiden Elemente, die Euagrius Ponticus im 4. Jh. als »praktisch« und »gnostisch« unterscheidet, Begriffe, die → Cassian als »aktiv« (Tugendstreben) und »kontemplativ« (theoria) übersetzt (→ Vita activa – vita contemplativa).

III. Entwicklung und Konstanten im Westen: Seit dem 4. Jh. verbreitet sich die östl. A. im Mönchtum des Westens durch Übersetzungen von Texten und persönl. Beziehungen. Sie verliert nichts von ihrem Gehalt, erhält jedoch eigene Züge durch unterschiedl. Formen der Ausübung und zeichnet sich durch ein anderes, allerdings entsprechendes Vokabular aus: 1. die allgemeinste Bezeichnung ist → disciplina; vom lat. Verb 'discere' abgeleitet, betont dieser Begriff die fügsame und gehorsame Haltung des discipulus, der sich in die ethischen Werte einweisen läßt. Zunächst dem militär. Bereich, der Schule, dem Familienleben zugehörig, dringt der Begriff »disciplina« in die Bibelübersetzungen ein, ebenso in die Liturgie sowie in die → Regula Benedicti und in die übrigen Zeugnisse des Mönchtums. Der disciplina entspricht die eruditio, durch welche man aufhört, incultus ('verwildert', unwissend, ungebildet) oder rudis ('rauh') zu sein. Als Fügsamkeit in Demut, die sich gegenüber Christus, gegenüber dem geistl. Vater, dem Abt und im Klosterleben ganz allgemein zeigt, hat der Mönch stets diese disciplina claustralis, wie sie → Petrus v. Celle im 12. Jh. (MPL 202, 1077–1146) und andere Autoren beschreiben, zu üben. Diese Lebensweise verlangt höchsten Eifer und Einsatz, wofür das Wort studium (z. B. in Verbindung mit pietas) steht. Die disciplina konstituiert einen »ordo«, der die Treue zu den »Observanzen« beinhaltet. Sie lehrt, bestimmte Züchtigungen zu ertragen, die auferlegt oder aber freiwillig praktiziert werden wie die → Geißelung, die manchmal als disciplina bezeichnet wird.

2. Die Praktiken der A. werden auch durch die Vokabeln exercitium bzw. exercitia bezeichnet, Begriffe, die ebenfalls dem militär. Sprachgebrauch entstammen. Hierunter wird zum einen das körperl. exercitium verstanden, d. h. die Bereitschaft, sein »Kreuz« zu tragen, das mit der Verwirklichung der Tugenden und aller Arbeit, bes. der manuellen, verbunden ist; zum anderen das geistl. exercitium, das in allen relig. Übungen, die zu dem → Gebet hinführen, besteht: lectio der hl. Schriften; meditatio, die sie dem Gedächtnis einprägen; oratio, die Reaktion des Geistes im Angesicht Gottes; contemplatio, die in der Vereinigung mit Gott – wie in einem »Sabbat« – ruht als eine → vacatio, ein religiöses otium.

Wenn diese Bemühungen unablässig (assiduus, quotidiens) geübt werden, ermöglichen sie eine Fortdauer dieser kontemplativen Haltung und gestatten, daß der Asket die caritas (ordinata caritas), den Antrieb zur Weisheit (sapientia), die »wahre Philosophie« erlangt. In bestimmten Fällen vermag die kontemplative Gebet zu einer Art des Verlassens des eigenen Selbst (excessus, extasis) zu führen, zu einer Erfahrung (experimentum), die selten und von kurzer Dauer ist: der Vereinigung mit Gott.

Von der 2. Hälfte des 12. Jh. an wird das Gebet manchmal »methodisch«, doch bleiben Voraussetzung und Grundhaltung im Mönchtum die gleichen. → Mönchtum, → Mystik, → Fasten, Fastengebot, → Zölibat; Askese der Laien → Vollkommenheit, christliche.   J. Leclercq

Lit.: DIP 1, 906-924 – DSAM (bes. s.v. Disciplina) III, 1291-1302; (s.v. Exercises spirituels) IV, 2, 1902-1908 – J. LECLERCQ, Études sur le vocabulaire monastique du MA, 1961, StAns 48 – DERS., Otia monastica, 1963 (ibid. 51) – DERS., Spiritualitas, StM 3, 1962, 279-296 – G. TURBESSI, Ascetismo e monachesimo pro-benedettino, 1961 – P. NAGEL, Die Motivierung der A. in der alten Kirche und der Ursprung des Mönchtums, TU 1966 – B. LOHSE, A. und Mönchtum in der Antike und in der alten Kirche, 1969 – K. S. FRANK, A. und Mönchtum in der alten Kirche, 1975 (Quellentexte und Bibliogr. 371-375).

B. Judentum

Die von der Bibel her bestimmte monist. Schöpfungstheologie hat, in Abwehr der Gnosis verstärkt, eine negative Welt- und Leibbewertung und so eine mortificatio carnis im Grundsatz verhindert. Die prakt. Tora-Frömmigkeit trägt gleichwohl in Form und Funktion asket. Züge, zumal man im »Exil« normale Lebensfreude als situationswidrig empfand, ganz profiliert im Gefolge der zahlreichen, meist akut-messian. gefärbten Bußbewegungen (»Trauernde um Zion« und frühe → Karäer im Orient; im Europa zur Zeit der Kreuzzüge und im 15./16. Jh.). Gleichzeitig wirkten aristotel. und neuplaton. Vorstellungen ein. Die aristotel. Mittelwegsethik entsprach zwar der rabbin., verschärfte sie jedoch infolge der skept. Einschätzung der Sinne für den Erkenntnisprozeß. Neuplaton. Seelenlehre und Weltbewertung haben auch die Volksfrömmigkeit asket. gefärbt. Bezeichnend ist, daß die asket. Tendenzen in der Mystik (aschkenas. → Ḥasidismus; → Kabbala) mit absoluter Tora- und Traditionstreue Hand in Hand gingen.   J. Maier

Lit.: EJud (engl.) III, 682f. – G. VAJDA, La théologie ascétique de Bahya ibn Paquda, 1949 – DERS., Le rôle et la signification de l'ascéticisme dans la religion juive, Archives de sociologie des religions 9/18, 1964, 35-43 – J. MAIER, Gesch. der jüd. Religion, 1972, 588 s.v. – A. TOAFF, Note sui rapporti tra movimenti mistico-ascetici del giudaismo e del cristianesimo nel medioevo, Annuario di studi ebraici 169/172, 1972, 33-46.

C. Islam

Die übliche Bezeichnung für Asketismus ist *zuhd*, 'Verzicht' (auf diesseitige Interessen zugunsten jenseitiger Belange); dazu gehört *zāhid*, 'Asket'. – Als Denk- und Lebensform hat sich das muslim. Asketentum in frommen Kreisen der *tābi'ūn* (2. muslim. Generation), v. a. in Baṣra und Kūfa ausgebildet. Über seine Anfänge sind wir nur durch Sammlungen verstreuter Äußerungen orientiert. Sie ergeben folgende Hauptmotive: Furcht vor dem jenseitigen Schicksal, Polarisierung der Furcht auf Gott, Todesbewußtsein, düstere Gemütsverfassung, Verachtung für die Welt und Abkehr von diesseitigen Freuden, Armut, Sündenbewußtsein, Skrupelhaftigkeit, exzessive gottesdienstl. Übungen. Ausnahmsweise begegnet auch der Zölibat; so bei 'Āmir b. 'Abdqais (Baṣra, gest. 680).

Von der Persönlichkeit der älteren muslim. Asketen vermitteln die Quellen zumeist ein unscharfes Bild. Eine Ausnahme macht wiederum 'Āmir b. 'Abdqais. Noch wesentl. schärfer konturiert erscheint die Person Ḥasan al-Baṣrīs (gest. 728). Er ist der erste Vertreter des muslim. Asketentums, von dem sich Schriften erhalten haben.

Ḥasan's Wirken eröffnete dem muslim. Asketentum neue Möglichkeiten. Seine Sprachkunst gab manchem asket. Gedanken eine Formulierung, die wegen ihrer Ausdruckskraft auch in anderen Kreisen Anklang fand. Damit wurde eine Entwicklung eingeleitet, die der Behandlung des asket. Gedankenguts einen festen Platz in der arab. Schönen Lit. sicherte. Zum andern verlagerte Ḥasan das Interesse von den äußeren Erscheinungsformen der A. auf die innere Haltung, die sich dann allenfalls in jenen Formen kundtun mochte. Er wies damit den Asketismus in eine Richtung, die ihn im Verlauf der nächsten hundert Jahre in der → Mystik aufgehen ließ.

Die Mystik entkleidete die asket. Praktiken ihrer eigenwertigen Bedeutung und wies ihnen die Funktion eines Propädeutikums zu. Das bange Fragen nach dem Schicksal im Jenseits wich dem Wunsch eines möglichst lauteren Verhältnisses zu Gott. Die Erkenntnis, daß der fromme Ruf des Asketen auch ein irdisches Vergnügen sei, führte dabei folgerichtig zum Postulat des »Verzichts auf den Verzicht«.

Die Wurzeln der asket. Hauptmotive lassen sich unschwer im Koran, v. a. in den Suren der älteren mekkan. Zeit nachweisen. Vielfach zitieren die Asketen selbst die entsprechenden Koran-Verse. Neu ist die Verabsolutierung einzelner koranischer Gedanken, neu sind v. a. die rigorosen Konsequenzen, die man daraus ziehen wollte, z. B. das Gebot des Nichterwerbs aus Skrupelhaftigkeit oder einem exzessiven Gottesdienst zuliebe. Dergleichen lag nicht auf der Linie der allgemeinen islam. Entwicklung. Entsprechende Kritik blieb nicht aus. Durch die Verinnerlichung des zuhd-Begriffs bot sich ein Weg zur Lösung an.

Der Hinweis auf den Koran gibt freilich keine Antwort auf die Frage nach den eigentl. Kräften, die das muslim. Asketentum ins Leben riefen und formten. ANDRAE hat auf eine Reihe phänomenolog. Berührungspunkte zw. den Motiven des muslim. Asketentums und denen des chr. Mönchtums aufmerksam gemacht (Zuhd und Mönchtum). Eine Abhängigkeit des muslim. Asketentums vom chr. ist jedoch philolog. nicht nachweisbar. Von Begegnungen zw. den Begründern des muslim. Asketentums und chr. Mönchen ist in den Quellen äußerst selten die Rede. → Mystik.   B. Reinert

Q.: Ǧāḥiẓ, al-Bayān wat-tabyīn, K. az-zuhd, ed. HĀRŪN, 3, 1949, 125-202 – Ibn Qutaiba, 'Uyūn al-aḫbār, K. az-zuhd, 2, 1928 – Ibn Sa'd, Ṭabaqāt, ed. SACHAU, 1905-40, 261-375 – Abū Nu'aim, Ḥilyat al-auliyā', 1932-38, 10 Bde – Ibn al-Ǧauzī, Ṣifat aṣ-ṣafwa, Haiderabad 1355-56, 1936-37, 4 Bde – 'Abdallāh b. al-Mubārak, K. az-zuhd warraqā'iq, ed. A'ZAMĪ, 1966 – Ibn al-Ǧauzī, K. al-quṣṣāṣ wal-muḏakkirīn, ed. SWARTZ, Beirut 1971 – Abū Ṭālib al-Makkī, Qūt al-qulūb, 1932, 4 Bde – *Lit.:* EI². s.v. Bakkā' – Encyclopaedia of religion and ethics, s.v. Ascetism – I. GOLDZIHER, Arab. Synonymik der Askese, Islam 8, 1918, 204-213 – T. ANDRAE, Zuhd und Mönchtum, Le Monde Oriental 25, 1931, 296-327 – H. RITTER, Ḥasan al-Baṣri, Islam 21, 1933, 1-83 – L. MASSIGNON, Essai sur les origines du lexique technique de la mystique musulmane, 1954² – J. VAN ESS, Die Gedankenwelt des Ḥārit al-Muḥāsibī, 1961 – B. REINERT, Die Lehre vom tawakkul in der klass. Sufik, 1968.

Askol'd und Dir, Herren von → Kiev und über den Stamm der → Poljanen, wahrscheinl. skand. Abkunft (A. = Hǫskuldr; D. = Dýri?). Die aruss. Quellen nennen beide stets zusammen, dabei A. immer an erster Stelle. Es wird aber auch vermutet, daß sie nicht gleichzeitig, sondern nacheinander geherrscht haben und nur die aruss. Tradition sie als gemeinsam regierende Herrscher von Kiev verband. Die → »Povest' vremennych let« bezeichnet sie zu 862 als »Bojaren« → Rjuriks, die sich selbständig machten, den Dnepr hinabfuhren und sich in Kiev, dem einstigen Herrschaftssitz Kijs und seiner Brüder, niederließen. Möglich ist aber auch, daß sie von Rjurik unabhängig und auf anderem Wege in die Rus' gelangt sind. Eine jüngere Fassung der aruss. Chronik nennt sie die Anführer eines Überraschungsangriffs auf Byzanz, dessen korrektes Datum (18. Juli 860) in den gr. Quellen verzeichnet ist (in den aruss. Chroniken fälschl. 866). Ablauf und Ausgang dieses militär. Unternehmens sind unklar. Symeon Logothetes und den aruss. Chroniken zufolge vernichtete ein Sturm den größten Teil der belagernden Flotte. Im Zuge der byz. → Mission sind A. und D. vielleicht zum Christentum bekehrt worden. Späte Nachrichten sprechen von Kämpfen A.s gegen die Bulgaren (an der Donau?), Pečenegen und die ostslav. Stämme der Poločanen, Uličen und Drevljanen. Der arab. Schriftsteller Mas'ūdī (um 890–957) nennt D. den Beherrscher großer Städte und volkreicher Länder bei den Slaven. Nach einer in manchem widersprüchl. und legendenhaft ausgeschmückten Mitteilung der »Povest' vremennych let« wurde die Herrschaft von A. und D. im Jahre 882 durch den aus der Umgebung Rjuriks stammenden Oleg († 912) beseitigt. Die 1. Novgoroder Chronik schreibt die Initiative zu ihrer Ermordung dem späteren Kiever Fs.en → Igor' († 944) zu. Sie wurden an verschiedenen Stellen im Stadtgebiet Kievs begraben. Über dem Grab des A. wurde angeblich eine Kirche des hl. Nikolaus, über dem des D. eine Kirche der hl. Irene errichtet. Vgl. auch → Waräger. H. Rüß

Lit.: A. VASILIEV, The Russian Attack on Constantinople, 1946 – M. DE TAUBE, Rome et la Russie avant l'invasion des Tatars (IXe–XIIIe s.), I: Le prince Askol'd, l'origine de l'état de Kiev et la première conversion des Russes (856–882), 1947 – A. N. SACHAROV, »Diplomatičeskoe priznanie« Drevnej Rusi (860 g.), VI, 1976, 33–64 – W. K. HANAK, Some Conflicting Aspects of Byzantine and Varangian Political and Religious Thought in Early Kievan Russia, Byzslav 37, 1976, 46–55.

Aspalatos → Split

Aspar, Flavius Ardabur, * ca. 400, † 471, Arianer, Sohn des Alanen Ardabur, mit dem er 424/425 den Usurpator → Johannes besiegte; kämpfte gegen → Aëtius und 431 bis 434 in Afrika gegen die Vandalen; Konsul Westroms 434; 441 Feldzug gegen die Perser, 447–450 erfolgloser Krieg gegen die Hunnen. A. war wesentl. beteiligt an den Thronerhebungen → Markians und → Leons I., jedoch mißlang sein Versuch, mit Hilfe seiner got. Armee den Thron für seine Familie zu gewinnen, da Leon sich gegen ihn auf die Isaurier (→ Zenon) stützte. 471 wurde A. auf Befehl Leons ermordet. R.-J. Lilie

Lit.: KL. PAULY, I 521 – RE II, 1, 607–610 – OSTROGORSKY, Geschichte³, 51–53 – L. R. SCOTT, Aspar and the Burden of Barbarian Heritage, Byz. Studies/Études byz. 3/2, 1976, 59–69.

Asparuch (Isperich in der altbulg. Fürstenliste; Name wahrscheinl. mitteliranisch), Begründer des bulg. Reiches, † um 701, dritter Sohn des Chagans → Kubrat. Nach dem Tod des Vaters um 642 verließ A. wegen des Vordringens der → Chazaren die Wohnsitze der Bulgaren in Südrußland und führte sein Volk (mehrere Zehntausend) westwärts entlang der Nordküste des Schwarzen Meeres. 670/675 erreichte A. die Donaumündung, von wo aus er Streifzüge s. der Donau in byz. Gebiet unternahm. Die Gegenoffensive Ks. Konstantins IV. im Frühjahr 681 scheiterte. A. überquerte mit seinen Scharen die Donau, ließ sich in Scythia Minor und Moesia Inferior nieder, wo er das bulg. Reich (mit der Hauptstadt → Pliska) begründete, das in einem Vertrag Mitte Sept. 681 von Byzanz anerkannt wurde. Nach der Überlieferung starb A. im Kampf gegen die Chazaren. → Bulgarien. I. Dujčev

Lit.: ZLATARSKI, Istorija I, 1, 1918, 114 ff. – MORAVCSIK, Byzturc II, 75 f. – I. DUJČEV, Slavia Orthodoxa III [Nachdr. 1970], 353 ff. – DERS., Bŭlgarsko srednovekovie, 1972, 122 ff.

Aspekte → Tierkreis
Asper → Währung
Asphalt → Pech
Aspis und Basilisk, in Psalm 91,13 zusammen mit Löwe und Drachen genannte Tiere, die von den Kirchenvätern und im → Physiologus als Symbol der Sünde (Aspis = Schlange) und des Todes (Basilisk = Hahn mit Schlangenschwanz) gedeutet werden. Gesicherte Darstellungen zu Füßen Christi in frühchr. und karol. Zeit; in roman. Kunst seltener, während Drache und Löwe sich behaupten. G. Binding

Lit.: LCI I, 191–193, 251–253 – RDK I, 1147–1152, 1488–1492.

Aspremont, chanson d' → Chanson de geste
Aspron → Währung
Assandun (Æscenedun), Schlacht bei. In dieser 1016 bei Ashingdon oder Ashdon in Essex ausgetragenen Schlacht fiel die Entscheidung zw. Knut d. Gr., dem Führer des dän. Heeres, und dem engl. Kg. Edmund Ironside. Edmund überraschte die Dänen bei A., doch leitete Eadric Streona, *ealdorman* v. Mercien, eine Flucht der Engländer ein, bei der die meisten engl. Adligen getötet wurden. Nach diesem dän. Sieg wurde Knut durch den bei Deerhust abgeschlossenen Vertrag Kg. im nördl. und östl. England, während Edmund Kg. v. Wessex blieb. 1020 stiftete Knut zum Gedenken an seinen Sieg eine Kirche in A. N. P. Brooks

Lit.: C. HART, The Site of A., Hist. Stud. I, 1968, 1–12 – STENTON³, 391–393.

Assassinen, in der westl. Literatur gebräuchl. Bezeichnung für eine von der ismā'īlitischen Šī'a (→ Islam) abgespaltene Sekte. Ihr Gründer, Ḥasan b. aṣ-Ṣabbāḥ (geb. um 1050), brach mit den Fāṭimiden und war somit nicht nur mit den Sunniten, sondern auch mit den Hauptrichtungen der Šī'a verfeindet. 1090 sicherte er sich Alamūt im Elburs-Gebirge als relig. und polit. Zentrum. Von dieser Hochburg aus erweiterte die Sekte ihren Einfluß, vergrößerte ihren Landbesitz in Persien und sandte Missionare nach Indien. Um 1140 etablierte sie sich im Anṣāriyya-Gebirge in Syrien. Ihren größten Einfluß erlangten die A. unter ihrem Großmeister Rašīdaddīn Sinān (gen. »Der Alte vom Berge«, 1163–93). Die Stärke der A. lag im Besitz verteidigungsfähiger Stützpunkte und im bedingungslosen Gehorsam ihrer Anhänger. Ihre Schwäche bestand in den verhältnismäßig geringen Mitteln und ihrer begrenzten Anziehungskraft auf die islam. Gesellschaft. Ihr Dogma beruhte auf direkter Übertragung göttl. Autorität. Einzelheiten religiöser Vorstellungen und Praktiken sind unbekannt, da den Anhängern in Zeiten der Gefahr die Verheimlichung ihres Glaubens gestattet wurde. Wieweit der Genuß von → Haschisch, der sich möglicherweise in der Bezeichnung A. (von ḥaššāšūn 'Haschischraucher') ausdrückt, bei den A. tatsächl. eine Rolle spielte, ist ungeklärt.

Die Kriegführung der A. war weitgehend auf den Kampf um feste Plätze ausgerichtet. Durch handstreichartige Überfälle brachten sie Stützpunkte in ihre Gewalt, in denen sie sich dann mit viel Geschick behaupteten. Ob sie selber Burgen errichtet haben, ist nicht ganz sicher. Erfolge verzeichneten sie auch im Kleinkrieg, dank dem sie ztw. ganze Landstriche beherrschten.

Ihre Politik war durch wechselndes Paktieren mit Kreuzfahrerstaaten, Ritterorden und dem Ayyūbiden → Saladin gekennzeichnet. Ein wichtiges Instrument der A. war der organisierte Mord an polit. und religiösen Gegnern, ausgeführt durch fanatisierte Elitegruppen (fidā'iyyūn; vgl. frz. *assassin*, it. *assassino*, 'Mörder'). So hätten zwei assassin. Mordanschläge auf Saladin bei Gelingen zu unabsehbaren hist. Konsequenzen führen können.

Als größte Leistung der A. muß zweifellos ihr Überleben in einer feindl. Umwelt gewertet werden. Ihre Machtstellung wurde in Persien durch die Mongolen, die 1256 Alamūt eroberten, im Westen 1270 durch Baibars gebrochen. Reste der Gemeinde haben sich als friedl. Bauern und Hirten in Syrien bis heute erhalten.

M. C. Lyons (mit W. Meyer)

Lit.: LexArab, 193f. – M.G.S.Hodgson, The Order of Assassins, 1955 – B.Lewis, The Assassins, 1967.

Assel, sächs. Burg, Gf.en v. Die möglicherweise in der Zeit Kg. Heinrichs I. ausgebaute Asselburg (Gemeinde Burgdorf, Niedersachsen, Krs. Wolfenbüttel; heute wüst) war Stammsitz der genealog. nicht sicher einzuordnenden Dynasten v. A. (Ebf. Heinrich v. Magdeburg, † 1007), im 12.Jh. der Gf.en v. Winzenburg-A. Nach deren Aussterben (1170/78) fiel die Herrschaft z. T. an Hildesheim, überwiegend jedoch an Heinrich den Löwen und dessen Erben. Die Funktion der Burg A. ging seit dem späten 12.Jh. auf die wohl ebenfalls zur Herrschaft A. gehörige Burg (Salzgitter-)Lichtenberg (seit 1180) über. Auf der Asselburg (ad civitatem Hesleburg, Thietmar IV, 2) trafen sich 984 die ostsächs. Parteigänger Kg. Ottos III. und Gegner Hzg. → Heinrichs des Zänkers und bereiteten unter Führung Hzg. → Bernhards I. v. Sachsen und Bernwards (des späteren Bf.s v. Hildesheim) den Widerstand gegen den Bayern vor. G.Heinrich

Lit.: R. v. Uslar-Gleichen, Gesch. der Gf.en v. Winzenburg, 1895 – H.Kleinau, Geschichtl. Ortsverz. des Landes Braunschweig, 1967, 31f. – W. Petke, Die Herrschaft der Gf.en v. Wöltingerode-Wohldenberg..., 1971, 321ff. – S. Zillmann, Die welf. Territorialpolitik im 13.Jh., 1975, 55f.

Asselin (Ascelinus) → Adalbero v. Laon

Assembly of Ladies, The Flower and the Leaf, zwei früher mit → Chaucer in Verbindung gebrachte me. Gedichte; sie stammen aber weder von diesem noch sind sie Werke einer Frau, wie ebenfalls gelegentl. angenommen wurde. Beide Texte spiegeln Leben und Sitte am kgl. Hof des späten 15.Jh. »A. of L.« ist ein allegor. Liebesgedicht (108 Strophen in *rhyme royal*), das von unglückl. liebenden Frauen handelt. In »The F. and the L.« (85 Strophen) werden treue und leichtfertige Liebhaber verglichen. → Chaucer-Nachfolge, engl. S.M.Brown

Bibliogr.: Manuel ME 4, XI 1973, 1094ff., 1302ff. (Nr. 49, 50) – NCBEL I, 652 – Renwick-Orton, 343 – Q.:W.W.Skeat, The Works of Geoffrey Chaucer, Suppl. 7, 380ff.– D.A.Pearsall, The Floure and the Leafe and The A. of L., 1962.

Asser, Bf. v. Sherborne, Verfasser von »De Rebus Gestis Alfredi«. Mönch und Bf. aus St. David's Dyfed, besuchte er → Alfred d. Gr. erstmals 883/886, vielleicht um zu erreichen, daß Alfred St. David's vor örtl. Kleinkönigen schützte. Nach anfängl. Widerstreben ließ sich A. dazu bewegen, sich Alfreds gelehrtem Hofkreis ständig anzuschließen (887). Ihm wurde das Münster v. Exeter mit seiner paruchia übertragen, später erhielt er das Bm. Sherborne (um 892). Nach eigenen Angaben lehrte er Alfred das Lesen; seine Hilfe wird in Alfreds praefatio zur ae. Übers. der »Cura Pastoralis« bestätigt; Wilhelm v. Malmesbury (Gesta Reg. II, 122) vermutet, daß A. auch bei der Boethius-Übersetzung des Kg.s mitgewirkt habe. Die Echtheit seiner Biographie Alfreds ist in ihren wesentl. Bestandteilen erwiesen. Sie besitzt bestimmte lit. Eigentümlichkeiten: Ihr Wortschatz ist nicht nur walis., sondern auch frk. beeinflußt. Anscheinend zitiert A. → Einhard, doch steht das Werk offenbar in mancher Hinsicht → Thegan näher, einschließl. der Tatsache, daß es zu Lebzeiten seines Helden geschrieben wurde und unvollendet blieb (893). Im Unterschied zu Einhards Werk erlangte dasjenige A.s keine große Verbreitung; es war zwar im 10.Jh. in Northumbria, im 11.Jh. in Exeter bekannt, ebenso auch bei einigen Autoren des 12.Jh., doch blieb es nur in einer Handschrift erhalten, die 1731 zerstört wurde.
C.P.Wormald

Ed.: W.Stevenson, Suppl. D.Whitelock, 1959² – *Übers.:* D.Whitelock (EHD I, 1955), 264–267 – *Lit.:* Repfont II, 412f. – M.Schütt, Lit. form of Asser's Vita Alfredi, EHR 72, 1957, 209–220 – D.Whitelock, Genuine A., 1967 – D.Kirby, A. and his Life of King Alfred, Studia Celtica 7, 1972, 12–35.

Assereto, Biagio, * um 1385 in Genua, † 25.April 1456, Notar und Kanzler der Republik, war abwechselnd in diplomat. Missionen und als Kommandant von Galeeren tätig. Von dem damaligen Signore der Stadt, Filippo Maria Visconti, wurde er an die Spitze der Flotte gestellt, die am 5. Aug. 1435 in den Gewässern von Ponza Alfons v. Aragón schlug und ihn und andere führende Persönlichkeiten gefangennahm. Zum Zeichen des Dankes übergab ihm der Hzg. das Lehen Serravalle mit Namen und Wappen der Visconti; aber wegen des Verdachts der Parteinahme für den Visconti wurde er aus Genua verbannt. Er trat in den Dienst des Hzg.s, schlug 1448 bei Casalmaggiore die Venezianer und wurde 1450 während der → Ambrosianischen Republik *Podestà* von Mailand. Als Francesco Sforza zur Macht kam, zog sich B.A. nach Serravalle zurück, wo er mit berühmten Humanisten der Zeit Kontakte aufnahm und mit anderen Verbannten Pläne schmiedete, um Genua wieder in den Machtbereich Mailands zurückzubringen. G.Petti Balbi

Lit.: G.Balbi, Uomini d'arme e di cultura nel Quattrocento genovese: B.A., Atti della Società Ligure, di st. patr. 2, 1961, 97–206 – A.Agosto, Gli elenchi originali dei prigionieri della battaglia di Ponza, ebd. 12, 1972, 403–446.

Assiette diocésaine, im Languedoc Bezeichnung für die Aufteilung der Steuern, die durch die *États provinciaux* (→ États) bewilligt worden waren. Die Verteilung der Steuerlast erfolgte im Rahmen der *diocèses civils*, in welche die Provinz eingeteilt war. → taille.

Assignation. Assignatio, assignare hat in der ma. Urkundensprache zunächst einen sehr weiten Bedeutungsrahmen, der bishin zu donare, conferre usw. (vgl. MlatWb, s.v.) reicht, gewinnt aber im Laufe des HochMA mehr und mehr eine spezielle Bedeutung: die Abtretung einer einmaligen oder wiederkehrenden Einnahme an Dritte. So wird A. bei der fsl. Finanzverwaltung (vgl. Richard v. Ely, Dialogus de Scaccario II, 6; 1177–79), danach aber auch im bürgerl., bes. kaufmänn. Bereich bei der Begleichung einer Schuld durch Übertragung eines Zahlungsanspruchs gebraucht. Wie engl. Kaufleute sich der A. im 15.Jh. bedienten, geht u. a. aus den → Cely Papers hervor. Rechtsfragen sind vom Postglossator → Bartolus erörtert. Die A. befreite den Schuldner nicht endgültig. – Bes. die westeurop. Geschichtswissenschaft verwendet den Begriff A. als Terminus technicus auch dann, wenn er in der Quelle nicht gebraucht wird – so bei den vielen spätma. nichtlat. Quellen. Eine ausführliche Erörterung findet sich bei J.Favier, wo A. von Transfert, bes. dem → Wechsel abgehoben wird. Ph.Wolff (380) möchte den Begriff eingeschränkt wissen auf die Übertragung einer zukünftigen Einnahme. Eher ist R. de Roover (86f.) zu folgen, der die Nichtbeteiligung von Banken für wesentl. hält und die bes. Ausbreitung der A. in Antwerpen, wo es keine Bank gab, hervorhebt. Deswegen ist auch die A. z.B. von der *polizza*, dem Bankscheck im spätma. Genua, zu unterscheiden. – Es gibt ausgesprochene A.-Briefe (eine Reproduktion aus Toulouse 1386 bei Ph.-Wolff, 376). Ein indirekter Niederschlag von A.en findet sich in den Eintragungen von Fürsten- und Kaufleute-Rechnungen, so in den frz. Königsrechnungen z.B. 1293 (RHF Doc. Fin. III. 1, 2, 482 usw.). Die Auszahlung von A.en erfolgte oft gegen Quittungen, die auch zahlreich erhalten sind (vgl. z.B. aus dem Hochstift Würzburg MonBoica 46). In England sind es vielfach Gerichtsprotokolle, die von einer A. berichten (vgl. auch assignment). In England und den Niederlanden zählt man zu den A.en die Übertragung von Schuldscheinen zusammen mit einer Vollmacht (Willebrief, *Attorney*) oder mit einer Order-Klausel. Hier scheint auch die vollkommene Entlastung dessen, der den Schuldschein abgab, gerichtl. vertretbar gewesen zu sein. Das moderne Inhaberpapier bereitete sich vor. Im hans. Raum kennt man die Weitergabe von A.-Briefen, die Assignation der Assignation. Zw. dem norw. und engl. Kg. sind 1293 einmal kreuzweise A.en bezeugt: Der engl. Kg. assignierte schott. Einkünfte an einen Empfänger, dem vom norw. Kg. Einnahmen assigniert waren, die letzterem vom engl. zustanden (Dipl. Norv. I, Nr. 382f.). Im Bereich der päpstl. Finanzen gab es die A. eines Gläubigers auf die Schulden, die er beim Assignatar in Kürze haben würde. Hier sind auch die Prioritäts-A.en bezeugt, die die Auszahlung aller früheren und sonstigen bei demselben Schuldner blockieren sollten. Die Übung, A.en zurückzurufen, führte zu der Ausbildung von nichtrückrufbaren A.en. – Bei der schwerfällig sich entwickelnden spätma. Geldwirtschaft hatte die A. die dreifache Funktion der Vermeidung von Geldtransporten, des Kredits, des bargeldlosen Zahlungsmittels. R. Sprandel

Lit.: M. Neumann, Gesch. des Wechsels im Hansagebiete bis zum 17. Jh., Zs. für Handelsrecht 7, Beilageheft, 1864 – R. de Roover, L'Évolution de la lettre de Change (XIVe-XVIIIe s.), 1953, 86f., 98, 208 – Ph. Wolff, Commerces et marchands de Toulouse (vers 1350-vers 1450), 1954, 377-381 – J. Favier, Les finances pontificales à l'époque du Grand Schisme d'occident 1378-1409, 1966, 399-450 – M. M. Postan, Medieval trade and finance, 1973, 40-54 – R. Sprandel, Das ma. Zahlungssystem nach hans.-nord. Quellen des 13.-15. Jh., 1975, 43-46.

Assignment, Verfahren in England, die Forderungen kgl. Gläubiger zu befriedigen, indem man ihnen Steuereinnahmen zuwies, bevor sie den Schatzmeister (→ Exchequer) erreichten. Diese Verfahrensweise begann im späten 13. Jh. und verbreitete sich in den folgenden beiden Jahrhunderten rasch. Sie erfolgte durch Schriftstücke oder – in zunehmenden Maße – durch →Kerbhölzer, die *tallies* (→Kerbholz). Der Gläubiger erhielt beim Schatzmeister ein Kerbholz, in welches die Summe, die man ihm schuldete, eingekerbt war; dieses übergab er einem bestimmten Steuereinnehmer (z. B. einem Beamten der Krone oder einem Zollinspektor), der in seiner Gegend ansässig war. Die tally diente dem Steuereinnehmer als Quittung für die Summe, die er ihrem Besitzer auszahlte. Das System ermöglichte so dem Gläubiger, die Bezahlung an der Quelle sicherzustellen, ersparte die Kosten, die mit dem Transport des Geldes zum Schatzmeister verbunden waren und erlaubte dem Schatzmeister, bei Geldknappheit auf Steuern vorzugreifen, indem er das Kerbholz als Schuldschein benutzte. Im 15. Jh. gab der Schatzmeister ztw. mehr Kerbhölzer aus, als Steuereinnahmen ausstanden. Die betroffenen Gläubiger mußten ihre Kerbhölzer dann entweder an den Schatzmeister zurückgeben oder sie mit Verlust verkaufen. Der Begriff »Assignment« wurde auf diese Weise mit nachlässigem Finanzgebaren und geringer finanzieller Zuverlässigkeit der Regierung in Verbindung gebracht.
→ Assignation. G. L. Harriss

Lit.: A. Steel, The Receipt of the Exchequer, 1953.

Assimilation dient als ein Sammelbegriff für die Übernahme und Einverleibung des med. gr.-arab. Bildungsgutes durch das abendländ. MA. Zu unterscheiden ist von der Rezeption im engeren Sinne, wie sie durch die frühen Übersetzer in → Salerno oder → Toledo inauguriert wurde, die eigtl. Assimilationsbewegung, die in mehreren Phasen und charakterist. Schwerpunkten vor sich ging. Im Zuge der frühen Rezeption, die von Monte Cassino aus an die südit. Schulzentren geleitet wurde, entwickelte sich im Verlauf des 12. Jh. v. a. die Schule von →Salerno zu einer »Civitas Hippocratica«, einer höchst lebendigen scholast. Gelehrtenrepublik, die denn auch als Muster einer sich korporierenden Univ. angesprochen wurde. Initiator dieser frühen Assimilationsbewegung ist → Constantinus Africanus (ca. 1015-87), ein nordafrikan. Drogenhändler, der als Laienbruder zu Monte Cassino erstmalig nach einem pragmat. gehaltenen Programm arab. Texte übersetzte und der Schule von Salerno zur Verfügung stellte. Constantinus geht – nach seinen gr.-arab. Vorbildern – vom enzyklopäd. Charakter der Medizin aus, zumal auch die Heilkunde sich auseinanderzusetzen hat mit Logik, Physik und Ethik; ihre Gegenstände sind neben der Naturkunde (res naturales) und einer Lebenskunde (res non naturales) immer auch die Verhaltensregeln (moralia).

Mit dieser ersten durchgreifenden Rezeptionsbewegung stehen am Ausgang des 11. Jh. bereits den europ. Schulen die wichtigsten Texte der prakt. Heilkunst zur Verfügung: in erster Linie Galen und Hippokrates nach arab. Kompendien des 'Alī ibn al-'Abbās und des →Isaac Iudaeus, ferner die klass. Harn- und Fiebertraktate sowie die wichtigsten Stoffgebiete der Arzneimittellehre. Die Übersetzungen sind offensichtl. unter didakt. Kriterien erfolgt, und sie lassen noch keine Einordnung der Medizin in eine wissenschaftstheoret. Gesamtkonzeption erkennen. Eine zweite Phase umgreifender Rezeption und ausreifender A. muß auch in der Medizin unter dem Zeichen des »neuen Aristoteles« gesehen werden. Das Zentrum dieser Assimilationsbewegung ist →Toledo, wo sich zw. 1130 und 1150 eine Übersetzerschule bildete, die sich offensichtl. die volle Übernahme der peripatet. Enzyklopädie nach arab. Quellen zur Aufgabe gemacht hatte. Neben den »Logica«, den »Mathematica« und den »Metaphysica« geben v. a. die aristotel. »Naturalia« in der Fassung des →Avicenna der Heilkunde ihren wissenschaftstheoret. Impuls. Medizin wird hier definiert als »scientia conservandi sanitatem et curandi infirmitatem«; ihr »genus« ist Physiologie (Lehre vom Gesunden), ihre »materia« sind Pathologie und Therapie; bes. »species« sind die drei biolog. Dispositionen: »sanitas, aegritudo, neutralitas«. Daß die entspr. Heilkunst der Klosterärzte zu einer »facultas« im »studium generale« wurde und so aus einer Volksarzneikunde zu akadem. Rang und Würden kam, und dies – unter systemat. Abbau der traditionellen »Artes liberales« – innerhalb eines knappen Jh., das verdankt sie in erster Linie dieser produktiven Phase der Rezeption und A. der gr.-arab. Heilkunde in Toledo. Mit der Rezeption und A. des gr.-arab. Bildungsgutes repräsentiert sich die scholast. Medizin als ein in Theorie wie Praxis ausgewogenes Bildungs- und Handlungssystem, wie es in zahlreichen Modifikationen eines »Arbor divisionis medicinae« seinen Ausdruck fand (vgl. → ars medicinae, Fig. 13).

In diesem klass. »Corpus Toletanum« finden wir am Ausgang des 12. Jh. neben den traditionellen Einführungsschriften in die Medizin in erster Linie den »Canon Avicennae«, der für Jh. das Lehrbuch der Scholastik blieb, ferner den mehr pragmat. gehaltenen »Liber ad Almansorem« des →Rhazes, schließlich die »Chirurgia« des Abulcasis sowie große Teile der erweiterten →»Materia medica« nach Dioskurides. Das Haupt dieser dritten Rezeptionswelle bildete →Gerhard v. Cremona (1114-87), unter dessen Leitung auf der Basis eines wissenschaftstheoret. Gebäudes der Heilkunde die spezialisierten Materialien des gr.-arab. Heilwissens systemat. in das akadem. Lehrgebäude der abendländ. Medizin eingebaut wurden. Bei aller Rezeptivität der frühen Übersetzerschulen kann die wachsende Kreativität nicht übersehen werden, wie sie nicht nur in den tragenden Persönlichkeiten des 12. und 13. Jh., sondern auch in repräsentativen Schulbildungen des hohen MA zum Ausdruck kommt. Von den Bildungszentren in Chartres, Oxford oder Paris sind abermals Übersetzerimpulse ausgegangen, die sich vorwiegend auf die Peripherie des mediterranen Kulturraumes in Spanien und Italien richteten. Neben einer imitativen Rezeptionsphase der frühen Initiatoren (Constantinus, Adelardus, Gundissalinus) lassen sich somit produktive Inkubationsperioden (wie in Salerno, Chartres, S-Italien) erkennen, die fruchtbar werden in der krit.-synthet. Assimilationsepoche unter der Ägide weitschauender Realisatoren (Gerhard v. Cremona, → Wilhelm v. Conches, Michael Scotus). Als Repräsentant dieser ausgereiften A. mag Petrus Hispanus (ca. 1215–77), nachmals Papst → Johannes XXI., genannt werden, dessen Schrifttum am ehesten eine »Summa medicinae« nahelegt. Seine »Naturalia« baut Petrus Hispanus auf Logik und Dialektik auf, um mit umfangreichen Kommentaren zu Hippokrates und Isaac Iudaeus eigenständige Beiträge zu den therapeut. Grunddisziplinen, zu Diaeta, Materia Medica und Chirurgia, zu liefern. Späte Ausläufer der Assimilationsbewegung sind noch im 16. und 17. Jh. zu erkennen, so in den prolongierten Rezeptionsphasen im span. Raum, aber auch in den verfehlten Integrationsbemühungen der Spätscholastik, die schließlich zu einem schwerwiegenden Verlust des Gleichgewichtes von »Theorica« und »Practica« geführt haben, wobei es gerade in der Medizin unter den methodolog. Innovationen zu einer einschneidenden Reduktion auf einzelne Fachbereiche (Morphologie, Physiologie, Pathologie) oder therapeut. Richtungen (Iatrophysik, Chemiatrie, Pharmazie) gekommen ist.

H. Schipperges

Lit.: Isagoge Iohannitii, 1507 – Ch. H. Haskins, The Renaissance of the 12th Century, 1927 – H. Schipperges, Die A. der arab. Medizin durch das lat. MA, 1964 – Ders., Arab. Medizin im lat. MA, 1976.

Assise sur la ligece. Von Kg. → Amalrich v. Jerusalem (1163–74) in seinen ersten Regierungsjahren erlassenes Gesetz, das vorgeblich dazu dienen sollte, Aftervasallen vor Willkürakten ihrer Herren zu schützen. Alle Aftervasallen hatten dem Kg. einen »ligischen Lehnseid« *(hommage lige, homagium ligium)* zu leisten. Der Kg. konnte auch von den Leuten eines direkten Lehnsträgers den Treueid fordern. Die a. schuf eine unmittelbare Verbindung zw. Kg. und Aftervasallen, die nun, als *pairs* der direkten Lehnsträger, den Sitzungen der *Haute Cour* beiwohnen konnten. Es wurde die Auffassung vertreten, daß jedoch, auch der Kg. stillschweigend auf sein Recht verzichtete, Vasallen ohne formelles Gerichtsverfahren ihrer Lehen zu entsetzen. Sicher ist, daß seit 1198 die a. von manchen Rechtsgelehrten als Rechtfertigung für Widerstand gegen Willkürakte des Kg.s angesehen wurde. → Assisen v. Jerusalem, → Jerusalem, Kgr., → Lehnswesen, → Feudalismus.

J. Riley-Smith

Lit.: M. Grandclaude, Liste d'Assises remontant au premier royaume de Jérusalem (1099–1181) (Mél. P. Fournier, 1929), 339 – J. Richard, Pairie d'Orient latin. Les quatre baronnies des royaumes de Jérusalem et de Chypre, RHDFE, Ser. 4, 28, 1950, 76f. – J. Prawer, La noblesse et le régime féodal du royaume latin de Jérusalem, M-A 65, 1959, 64–73 – Ders., Hist. du royaume latin de Jérusalem I, 1969–70, 486f. – J. Riley-Smith, The A. and the Commune of Acre, Traditio 27, 1971, 179–204 – Ders., The Feudal Nobility and the Kingdom of Jerusalem, 1973, 143–184.

Assisen v. Ariano, Bezeichnung einer Gruppe von 44, z. T. mehrteiligen Gesetzen Kg. Rogers II. v. Sizilien, die 1856 von J. Merkel aus Vat. lat. 8782 veröffentlicht worden sind. – Die Hs. enthält keine Zuschreibung, die spätere Überlieferung in Cod. 498x in Montecassino trägt die Überschrift »Assise regum regni Siciliae«. Aus der Chronistik wissen wir, daß Roger II. auf einem Hoftag in Ariano 1140 auch Gesetze verkündet hat, deren Text man bei Brandileone, Caspar und Niese in der Fassung des Vat. lat. 8782 sieht. Nur Ménager bezweifelt, daß wir den authent. Text von Rogers II. Gesetzgebung besitzen. Da 39 Gesetze aus den Ass. Vat. in den Konstitutionen v. Melfi, v. a. im 3. Buch, aufgenommen sind, ist es jedoch wahrscheinl., daß wir im Vat. lat. die authent. Fassung besitzen. Im Cod. Cass. finden sich Novellen Rogers II. nach 1140 (Ass. Cass. 33, 35, 36, 39) und Vorschriften Wilhelms I. oder Wilhelms II. (Ass. Cass. 34, 37, 38 – Giardina will Ass. Cass. 37 allerdings Roger II. zuschreiben), aus Ass. Vat. fehlen 16, 22 und 36. Z. T. sind die Ass. Cass. gegenüber den Ass. Vat. im Text verkürzt, bes. um die rhetor. Teile.

Für die systemat. Anlage der Sammlung spricht, daß Ass. Vat. 1 als Einführungsvorschrift die Weitergeltung geltenden Rechts vorsieht, soweit es nicht im Widerspruch zu den neuen Gesetzen steht. Die A. enthalten Bestimmungen zum Kirchenrecht (Ass. Vat. 2–16), zum öffentl. Recht (Ass. Vat. 17–26, darunter Majestätsverbrechen, Lehnsrecht und Fälschungsdelikte), Eherecht (Ass. Vat. 27–33), Strafrecht (Ass. Vat. 34, 35, 37–43, darunter Totschlagsdelikte und Brandstiftung). Die erste bekannte Vorschrift über eine staatl. Zulassungsprüfung für Ärzte ist in Ass. Vat. 36 enthalten. Strafen für ungerechte Richter regelt Ass. Vat. 44. Als Quellen sind röm., byz., kanon., langob. und norm. Recht nachgewiesen worden, wobei die Bewertung in der Lit. schwankt. Die Besonderheit der A. liegt in der Verbindung dieser Quellen. Teilweise sind die Texte aus Urkundenformularen entstanden, über die Verfasserfrage ist bislang trotz Niese keine Klarheit zu gewinnen.

H. Enzensberger

Ed.: J. Merkel, Commentatio qua iuris Siculi sive assisarum regum regni Siciliae fragmenta ex codd. mss. proponuntur, 1856 – F. Brandileone, Il diritto romano nelle leggi normanne e sveve, 1884, 94–138 – G. M. Monti, Lo stato normanno-svevo, 1945, 114ff. – *Lit.*: Coing, Hdb. I, 697f. – E. Caspar, Roger II. (1101–1154) und die Gründung der norm.-sic. Monarchie, 1904, 237–275 – H. Niese, Die Gesetzgebung der norm. Dynastie im Regnum Siciliae, 1910, 37–100 – M. Hofmann, Die Stellung des Kg.s nach den A., 1915 – R. Trifone, Il diritto romano comune e diritti particolari nell'Italia meridionale, IRMAE V 2d, 1962, 9–12 – C. Giardina, Osservazioni sulle leggi normanne del regno di Sicilia, Arch. stor. pugliese 16, 1963, 65–83 – L. R. Ménager, La législation sud-italienne sous la domination normande. Sett. cent. it. 16, 1969, 439–496 – C. U. Schminck, Crimen laesae maiestatis, 1970 – H. Dilcher, Die siz. Gesetzgebung Ks. Friedrichs II., 1975, 13–16.

Assisen v. Jerusalem, mißverständl. Bezeichnung für die Sammlung von Abhandlungen über Gewohnheitsrecht und Prozeßwesen des Kgr.es → Jerusalem und → Zyperns. Die Abhandlungen lassen sich in zwei Gruppen einteilen: die *coutumes* der *haute cour* und diejenigen der *cour des bourgeois*. Erstere umfaßt die feudale Rechtsprechung, wie sie von der Krone ausgeübt wurde, und die Blutgerichtsbarkeit gegenüber den Lehnsleuten. Die zweite Gruppe hat die Handelsgerichtsbarkeit und das Recht, das die europ. Nichtadligen besaßen, zum Gegenstand. In jedem Falle handelt es sich bei diesen Werken um private Kompilationen in frz. Sprache.

Von den A. der haute cour ist die älteste der anonyme »Livre au Roi« (1198–1205). Die anderen entstanden später im 13. Jh. Die wichtigsten verfaßten der zypr. Ritter → Philipp v. Novara (Mitte 13. Jh.) und → Johann v. Ibelin,

Gf. v. Jaffa, der in den 60er Jahren des 13. Jh. schrieb. Andere Kompilationen stammen von einem Ritter namens Geoffroy Le Tor und von Jakob († 1276), dem Sohn Johanns v. Ibelin. Diesen vier Abhandlungen aus der Mitte des 13. Jh. ist eine gegen die Gewalt der Krone gerichtete Tendenz gemeinsam.

Der »Livre des Assises de la Cour des bourgeois« ist ein anderes anonymes Werk aus dieser Zeit. Er befaßte sich hauptsächl. mit der Verfahrensweise des Gerichtshofes von Akkon; sein Vorbild war ein provenzal., im röm. Recht wurzelnder codex. Ein zweiter Traktat über die Rechtsprechung an der cour des bourgeois, »Abrégé de la cour des bourgeois«, ist ein zypr. Werk des 14. Jh. Nach dem Zusammenbruch der Kreuzfahrerstaaten auf dem syr. Festland wurden die Traktate aus Jerusalem auf Zypern weiterhin abgeschrieben; der Traktat des Johann v. Ibelin erlangte 1369 offiziellen Rang an den dortigen Gerichtshöfen. Johanns Werk wie auch die »Assises de la cour des bourgeois« sind auch in gr. und it. Übersetzungen überliefert. Erhalten blieb ferner ein kurzer Traktat aus Antiochia (1. Hälfte 13. Jh.), der ausschließl. in einer arm. Übersetzung überliefert ist. P. W. Edbury

Q.: E. H. Kausler, Les Livres des Assises et des usages du réaume de Jérusalem I, 1839 – Comte Beugnot, RHC Lois I, II – L. M. Alishan, Les Assises d'Antioche, 1876 – Lit.: M. Grandclaude, Étude critique sur les livres de A. de J., 1923 – Ders., Classement sommaire des manuscrits des principaux livres de A. de J., RHDFE ser. 4, 5, 1926 – J. Prawer, Étude préliminaire sur les sources et la composition du »Livre des Assises« des Bourgeois, RHDFE ser. 4, 32, 1954 – J. Riley-Smith, The Feudal Nobility and the Kingdom of Jerusalem, 1174–1277, 1973, Kap. 6 – P. Edbury, The Disputed Regency of the Kingdom of Jerusalem, 1264/66 and 1268, Camden Misc. 27, 1979.

Assisi, Stadt in Umbrien (Italien), Gründung in typ. Hanglage. Das röm. Municipium Asisium (Baureste erhalten) besaß nach legendärer Überlieferung seit der Mitte des 3. Jh. Bf.e, die Rom unmittelbar unterstellt waren. Als erster gilt S. Rufinus (Märtyrer, Stadtpatron). Das Bm. gehört zu den kleinsten Diöz. Umbriens; es umfaßte außer der Stadt selbst nur zehn Pfarreien und vor Auftreten des Franziskus nur drei wenig bedeutende Konvente (am wichtigsten S. Benedetto/Monte Subasio). Reich begütert war im Raum die Abtei Sassovivo (Bm. Foligno, urkundl. Überlieferung. Aus der Frühzeit ist wenig bekannt: Verheerung durch Totila, dann zum langob. Dukat Spoleto gehörig. Entwicklung umstritten; wurde ztw. angenommen, die 1260 durch eine neue Mauer umschlossene Stadt hätte sich aus drei rechtl. unterschiedl. Siedlungskernen gebildet (Fortini), so glaubt man heute an einheitl. Entstehung (zuletzt Nicolini). Generationenlang Konkurrenzkampf mit Perugia. 1172/73 unterwarf Ebf. Christian v. Mainz als Reichslegat A. und Umland. 1177 erstes Auftreten im Itinerar Barbarossas: Konrad v. Urslingen wird zum »comes Assisi« erhoben (erster Beleg für eine Gft. A.). Bei der anschließenden stauf. Neuordnung des Dukats Spoleto zu einer starken Festung ausgebaut, wurde diese Burg von den Bürgern Anfang 1198 zerstört. 1210 Zeugnisse für die Existenz einer autonomen Kommune (Pactum zw. städt. Oberschicht und *popolo minuto*). Im Zug der Rekuperationen Innozenz' III. wurde A. Teil des Kirchenstaates; auf den Resten der Stauferburg erbaute Mitte des 14. Jh. → Albornoz die bestehende Rocca. Zw. verschiedenen Signoren und den örtl. Adelshäusern der Fiumi und Nepis umstritten, kam A. unter Pius II. endgültig unter kuriale Verwaltung. Die wirtschaftl. Bedeutung v. a. agrarischer Natur. Bevölkerungszahl Ende des 15. Jh. etwa 4000 Personen, 1961 ca. 5300.

In S. Rufino empfingen sowohl Friedrich II. wie Franziskus die Taufe. Durch diesen wurde A. religiöser Zentralort und Wallfahrtszentrum. Hier entstand der Minoritenorden mit seinen verschiedenen Zweigen. Bei der Grabeskirche auf dem früheren Schindanger (Franziskus' Tod 1226, Baubeginn 1228) das Hauptkloster der franziskan. Konventualen, bei S. Chiara (Tod der Clara Sciffi 1255, Baubeginn 1257) das der Klarissen, bei S. Maria degli Angeli (in der Ebene unterhalb A. über der biogr. wie ordensgeschichtl. wichtigen Portiuncula-Kapelle und dem Raum, in dem Franziskus starb) das der franziskan. Observanten. Die Kapuziner haben ihren Konvent nahe der Grabeskirche. → Franziskus, → Franziskaner. W. Goez

Lit.: Erschließung der Q. zur Stadtgesch. noch lückenhaft- verdienstvoll der Cod. diplomaticus in A. Fortini, Nova Vita di San Francesco 3, 1926, 1959. Eine moderne, wiss. Ansprüchen genügende Stadtgesch. fehlt. Vgl. A. Fortini, A. nel medio evo, 1940 – A. al tempo di San Francesco, atti del V convegno internazionale di studi francescani 1977, 1978 [wertvolles Material] – Vgl. auch die reiche Lit. über Franziskus und das Franziskanertum.

Assist → Ikone, Ikonenmalerei

Assonanz
I. Romanische Literaturen – II. Deutsche Literatur.

I. Romanische Literaturen: A. (lat. *assonare* 'anklingen'; span. auch *rima asonante* bzw. *vocálica*) bezeichnet im Gegensatz zur »Konsonanz« beim vollen Reim den phonet. Gleichklang lediglich der letzten haupttonigen Vokale in Wörtern am Ende von Verszeilen. Die Mitlaute der Endsilbe(n) sind verschieden. In den roman. Literaturen ist die A. das älteste Mittel der Versbindung. Reim und A. wurden innerhalb eines Gedichts in der frühen stroph. Poesie Spaniens häufig noch vermischt. Die A. herrscht vor in den afrz. Chansons de geste. Der Vollreim verdrängt etwa um die Wende zum 13. Jh. die A. außer in der weniger streng geregelten Volksdichtung. In den span. Kunstromanzen ersetzt der Reim die A. im späten 15. Jh. D. Briesemeister

II. Deutsche Literatur: Die A., auch (vokalischer) Halbreim genannt, hebt sich als Bindungsmittel ma. dt. Verse von dem sog. »reinen« Reim ab, der seit Heinrich v. Veldeke (2. Hälfte 12. Jh.) bewußt in der mhd. Literatur eingesetzt wurde, was Rudolf v. Ems als Beginn »rehter rime« gepriesen hat. Der Anklang bzw. die volle Übereinstimmung der Haupttonvokale der Wörter am Versende (ahd. genügte auch A. der Nebensilbenvokale) dominiert in frühmhd. Zeit (1050–1170) und wurde mit Aufkommen des neuen Formideals erst allmählich beseitigt. Im Anfang des dt. Minnesangs gibt es noch viele »unreine« Reime, vereinzelt auch bei Friedrich v. Hausen und Heinrich v. Veldeke selbst. Die großen höf. Epiker haben die A. mit unterschiedl. Konsequenz vermieden: Wolfram v. Eschenbach reimt in begrenztem Umfang differierende Vokalquantitäten (a/â, e/ê, o/ô, u/û) sowie bisweilen Monophthong und Diphthong (u/uo), Gottfrieds v. Straßburg Klangsensibilität begnügte sich nirgends mit bloßen Vokalanklängen. Die Tendenzen zu einer mundartübergreifenden Literatursprache um 1200 haben zur Eliminierung der A. beigetragen. U. Schulze

Lit.: [zu II]: O. Paul–I. Glier, Dt. Metrik, 1974⁹.

Āstarābādī ʿAzīz b. Ardašīr, pers. Hofdichter und Chronist des gelehrten türk. Kleinfürsten Sultan Aḥmed v. Sivas, gen. Qāḍī Burhāneddīn, der 1381–98 in Zentralanatolien regierte. Kurz vor dessen Tod im Juli 1398 beendete A. sein pers. Werk »Bazm u razm«, in dem er auftragsgemäß krieger. und friedl. Ereignisse aus der Zeit und dem Leben des Sultans schildert. Das in kunstvollem rhetorischen Stil verfaßte Werk ist eine wichtige Quelle für die Stadtgesch. Zentralanatoliens und die Beziehungen zw. seßhafter und nomad. Bevölkerung.

H. Sohrweide

Lit.: H. H. GIESECKE, Das Werk des ʿAzīz ibn Ardašīr Astarābādī, 1940.

Astarac, Gft. in SW-Frankreich (heute Dép. Gers), um 920 aus dem Hzm. → Gascogne zugunsten eines jüngeren Herzogssohnes, Arnaldus (Arnaud Garsie), ausgegliedert; seine ursprgl. Hauptburgen waren Mont d'Astarac und Simorre. Im 11. Jh. lösten sich aus dem A. noch die Gft. Pardiac und die *vicomté* Magnoac. Castelnau-Barbarens (12. Jh.) und die → Bastide Mirande (1288) waren im Hoch- und SpätMA die Grafenresidenzen. Anscheinend wurde zur Vermeidung weiterer Teilungen ein System eines ungeteilten → parage praktiziert. Centulus I. (Centulle), der bei Las → Navas de Tolosa (1212) und → Muret (1213) kämpfte, leistete 1230 dem Gf. en v. → Toulouse den Lehnseid. Im 14.–15. Jh. vermochten die Gf. en, wenn sie auch im Konflikt zw. den Häusern → Armagnac und → Foix-Béarn Partei ergriffen, nicht offen gegen das frz. Kgtm. aufzutreten. Johann IV. († 1511) war der letzte Gf. v. A. in direkter Linie; doch blieb die Gft. bis zur Frz. Revolution im Besitz jüngerer bzw. angeheirateter Linien.

Ch. Higounet

Lit.: DOM BRUGÈLES, Chroniques eccl. du dioc. d'Auch, 1746, 534–548 – J. J. MONLEZUN, Hist. de la Gascogne II, 1846–50 – J. DE JAURGAIN, La Vasconie, 2 Bde, 1898–1902, II, 156–173 – CH. SAMARAN, Les institutions féodales de la Gascogne au MA (F. LOT-R. FAWTIER, Hist. des institutions françaises au MA, 1957), I, 185–207.

Astenois, pagus und Archidiakonat der Diöz. Châlons-sur-Marne (heute Dép. Marne). Das A. war auch Gft., deren Inhaber vor 1052 durch Heirat Gf. (als Vasall des Bf.s) v. → Toul wurde, das zum Imperium gehörte. Da sich im 12. Jh. unabhängige Herrschaften herausbildeten (Possesse, Ste-Menehould, Vanault-le-Châtel), verblieb dem Gf. en v. A. nur das Territorium, das zur Burg Dampierre gehörte, dem Name bald auch auf die Gft. überging. 1153 ermöglichte ein Todesfall Friedrich Barbarossa, die Gft. Toul dem Hzg. v. → Lothringen zu übertragen, während Dampierre an einen Vetter des Verstorbenen fiel. Im 13. Jh. verarmten die Gf. en v. Dampierre, verloren ihren Titel und gerieten unter die Herrschaft der Gf. en der → Champagne.

M. Bur

Lit.: M. BUR, Vestiges d'habitat seigneurial fortifié du bas-pays argonnais, 1972 [Genealogien; dort auch Hinweise auf ältere Arbeiten] – DERS., La formation du comté de Champagne, 1977.

Asteriscus, eigtl. »Sternchen«, hier: Kunstwort für sternförmige Figuren in Apotheken-Darstellungen des SpätMA. Der von Dreiecken umgebene runde Mittelschild trägt meist herald. Bilder. Ursprung, Material und Zweck der Asterisci sind umstritten. Der Meinung, daß in ihnen Symbole der »Berufsauszeichnung« vorliegen, wird die These gegenübergestellt, es könne sich um werbewirksame Gütezeichen für bes. wertvolle Medikamente handeln. Erhaltene Exemplare sind nicht bekannt.

W.-D. Müller-Jahncke

Lit.: MlatWb, 1101 – DU CANGE I, 445 – E. MOSCH, Asteriscus, BGPharm 16, 1964, 17 – DERS., BGPharm 17, 1965, 29 – D. A. WITTOP KONING, ebd., 3–4 – H. ZIMMERMANN, Arzneimittelwerbung in Dtl. vom Beginn des 16. bis Ende des 18. Jh. [Diss. Marburg 1968], 116 f. – U. SEIDEL, Rezept und Apotheke [Diss. Marburg 1977], 111.

Asteriskos → Gerät, liturgisches

Asterius. 1. **A.** (Asterios), Bf. v. Amasea (Pontus) (330/335–420/425), verf. Homilien, von denen 14 erhalten sind; Fragmente von weiteren Reden hat Photius (Bibl., 271) mitgeteilt. Die 11. Rede beschreibt ein Bild der Märtyrerin Euphemia und wurde als Zeugnis der Bilderverehrung auf dem 2. Konzil v. Nikaia 787 zweimal vollständig zitiert.

H. Kraft

Ed. und Lit.: Hom. 1–14 MPG 40, 164–477 – C. DATEMA, A of A. Hom 1–14, 1970 – CPG 2, 3260–3265 – Repfont II, 414 f. – BARDENHEWER 3, 228–230 – M. SCHMID, Beitr. zur Lebensgesch., 1911 – M. BAUER, Asterios, Bf. v. A., 1911 – A. BRETZ, Stud. und Texte z. A. v. A., TU 40, I, 1914, 107–121.

2. A. (Asterios), Schüler des Märtyrers → Lucianus, v. Antiochia, gehörte zu den führenden Theologen des älteren Arianismus. Über ihn unterrichten uns überwiegend seine Gegner Athanasius und (mittelbar) → Markellos v. Ankyra; der Arianer Philstorgios behauptet freilich, er habe Lukians Lehre entstellt. Als alter Mann nahm er am antiochen. Konzil 341 teil. Von seinen Schriften bezeugt Athanasius ein arian. Syntagmation. Hieronymus (vir. ill. 94) kannte ihn als fruchtbaren Exegeten, der unter der Herrschaft des Constantius – mithin in hohem Alter – Erläuterungen zum Römerbrief, den Evangelien, den Psalmen und vieles andere, verfaßt habe.

H. Kraft

Lit.: CPG 2815–19 – BARDENHEWER 3, 122 f. – G. BARDY, Recherches sur Saint Lucien d'Antioche, 1936 – M. RICHARD, Asterii Sophistae commentariorum etc. Symobolae Osloenses, Supp, 16, 1956.

Ästhetik, ästhetisch. Das Wort Ä. meint im heut. Wortgebrauch jenen Teil der Philosophie, der Kunst und Kunstwerke aus alter und neuer Zeit und in der ganzen Welt als ä. e Phänomene und die sie begleitenden Theorien als ä. e Theorien begreift. In diesem Wortgebrauch ist bis auf den Namen vergessen, daß die Ä. noch eine junge Wissenschaft ist, die sich allererst durch A. G. BAUMGARTEN (* 1714, † 1762) als philos. Disziplin etabliert hat. Das bedeutet: Kunst war und ist nicht immer und überall ä. e Kunst; sie war es auch nicht im MA; es gibt also keine Ä. im MA. Was demgegenüber die Kunst im MA war, muß aus anderen Kategorien begriffen werden als solchen der Ä. Die Entstehung der ä. en Kunst steht im Zusammenhang des neuzeitl. Naturverhältnisses und ergibt sich aus dem Funktionswandel der »Theorie« in der Neuzeit. Maßgeblich für die vorneuzeitl. »Theorie« in der Nachfolge des Aristoteles ist die Betrachtung der Welt und Natur als ganzer, die das Göttliche in kontemplativer Abgeschiedenheit zum Erscheinen bringt. Deshalb kann auch Bernhard v. Clairvaux erklären, der »Betrachter« (contemplator) werde nicht irgendwo, sondern im Tempel angetroffen (Tract. de Jesu 29, III 867 C). Unter dem Einfluß v. a. Augustins wurde die noch sinnenhaltige »Theorie« des Aristoteles schon bald entsinnlicht und die Lust am Schauen als sündhafte Neugier verworfen. Deshalb kann sich Bernhard v. Clairvaux in einem Brief an Abt Wilhelm darüber beklagen, man betrachte in den Klöstern jetzt lieber die Fabelwesen an den Kapitellen der Kathedralen, als daß man über Gottes Wort nachdenke (Epist. ad Guillelm. Abbat., cap. XII). Die Entsinnlichung der »Theorie« hat aber zur Folge, daß sich diese neuzeitlich auf Wissenschaft beschränkt und deshalb die Natur als ganze nicht mehr in ihren Begriffen aussagen kann: die Wahrheit der Wissenschaft und die Wahrheit des Augenscheins treten auseinander. Deshalb wird umgekehrt eine »Theorie« notwendig, die diesen Verlust an Wirklichkeit kompensiert, das ist die Ä. und mit ihr die ä. e Kunst: »Wo die ganze Natur, die als Himmel und Erde zu unserem Dasein gehört, nicht mehr als diese im Begriff der Wissenschaft ausgesagt werden kann, bringt der empfindende Sinn ä. und poetisch das Bild und das Wort hervor, in denen sie sich in ihrer Zugehörigkeit zu unserem Dasein darstellen und ihre Wahrheit geltend machen kann« (J. RITTER). Dieses langwierige Auseinandertreten von metaphys. und ä. Wahrheit, das A. G. BAUMGARTEN abschließend reflektiert, beginnt aber schon im MA. Bernhards »Kritik läßt erkennen, daß auch religiöse Kunst nie ganz davor gefeit ist, ein ä.es Verhalten auszulösen, das die vom Dogma verordnete Bedeutung überschreitet ... Daß ä.e Neugier mehr als pure Schaulust ..., nämlich ein neues Sehen in entdeckender Funktion zu sein vermag« (H. R. JAUSS), folgt aus dieser Kritik allerdings nur mittelbar. Unmittelbar deutlich aber wird das problemat. Miteinander und Gegeneinander von metaphys. und ä.er Wahrheit in der Auseinandersetzung → Petrarcas mit seiner Entdeckung der Landschaft als freier Natur anläßlich seiner Besteigung des Mont Ventoux (J. RITTER). Vgl. auch → Kunsttheorien im MA. P. Probst

Lit.: A. G. BAUMGARTEN, Aesthetica, 1750 [Nachdr. 1961] – HWP, 555–580 [J. RITTER] – J. RITTER, Subjektivität. Sechs Aufsätze, 1974 – H. R. JAUSS, Ä. Erfahrung und lit. Hermeneutik I, 1977.

Asti, Stadt in Piemont (Italien). Die alte ligur. Siedlung am Zusammenfluß von Borbore und Tanaro wurde von den Römern erobert und erhielt unter dem Namen Hasta den Status einer Kolonie. 451 ist die Stadt als Bischofssitz bezeugt, mit dem Bf. Pastor an der Spitze. Bei der langob. Invasion unter den ersten eroberten Städten, wurde A. zum Sitz eines Dukats erhoben; Authari ernannte dort Gundoald, den Bruder der Theudelinde und Vater des späteren Kg.s Aribert zum Hzg. Während der frk. Herrschaft wurde A. Mittelpunkt einer Gft., über die nach einer ersten Zeit alem. Prävalenz (Gf. Iricus) Exponenten der frk.-sal. Stammes (Suppo, Odolrich, Aubert und Obert) herrschten. In der Mitte des 10. Jh., als die gfl. Verwaltung geschwunden war, erreichte der Bf. Bruning, der 938 von Hugo und Lothar das Kastell auf dem die Stadt beherrschenden Hügel erhalten hatte, de facto die Vorherrschaft, die ihm 962 von Otto I. bestätigt wurde. Während sich im folgenden Jh. im Contado ein starkes Netz von Kastellen bildete, in denen die bfl. Vasallen saßen, erweiterten die Bewohner der Stadt ihren Handel, wobei sie aus den Rechten, die die Ks. den Bf.en im Hinblick auf freien Warenaustausch eingeräumt hatten, Nutzen zogen. Die v. a. aus Kaufleuten bestehende Führungsschicht nutzte die Auseinandersetzung zw. dem Bf. und der Gfn. v. Turin, Adelheid, die alte Rechte auf den Komitat geltend machen wollte, aus, um sich als neue, bürgerl. Macht mit eigener, erstmals 1095 bezeugter, Magistratur zu formieren. Im Lauf von fünfzig Jahren gelang es der neuen Institution, nicht ohne Konflikte, bei der Verwaltung des Stadtgebietes völlig an die Stelle des Bf.s zu treten. Dies wurde 1159 von Barbarossa, nach anfängl. Streit mit der Gemeinde, in dessen Verlauf der Ks. die Stadt niederbrennen ließ, anerkannt. Vor 1200 kam es zu einem harten Zusammenstoß mit dem Mgf.en v. Monferrato, auf dessen Seite ein großer Teil der bfl. Klientel stand. Obwohl die Stadtrepublik A. von feindl. Signorien umgeben war und im Streit mit den Nachbargemeinden Alba und → Alessandria lag, die argwöhnisch auf die territoriale Ausbreitung von A. blickten, konnte die Stadt trotzdem im Lauf des 13. Jh. ihre Macht vergrößern, wobei sie auch die Unterwerfungsversuche Thomas' v. Savoyen (1257) und Karls v. Anjou (1275) zurückwies. Es fehlte aber im Innern der Kommune nicht an Gegensätzen zw. den Verbänden der Magnatenfamilien, deren Basis die Vereinigung von Grundbesitz und Handels- und Bankiersgeschäften auf internationalem Niveau bildete, während der populus, der zuerst quartierweise in societates gegliedert war, seinen Aufstieg begann, den er Ende des Jh. mit der Bestätigung eines capitaneus populi an der Seite des potestas communis, der schon seit 1190 die älteren Konsuln ersetzt hatte, erreichte. Zu Beginn des 14. Jh. wurden die Gegensätze zw. den Magnaten, die sich um die Solaro und die De Castello geschart hatten, bes. akut. Auf die Seite der ersteren trat der Verband des populus, der nach der Vertreibung der Gegner eine strenge, gegen die Magnaten gerichtete Gesetzgebung ausarbeitete, die schließl. seine Verbündeten selbst in Sorge setzte. 1312 verlor die Stadtrepublik ihre Unabhängigkeit und unterwarf sich Robert v. Anjou; danach gelangte sie in die Hände des Mgf.en v. Monferrato und der Visconti: mit der Heirat zw. Valentina, der Tochter von Giangaleazzo, und Hzg. Ludwig v. Orléans wurden 1387 A. und sein Gebiet in die Herrschaft der Orléans integriert. R. Bordone

Lit.: L. VERGANO, Storia di A., 1951–57 – A. GORIA, Osservazioni a proposito di una recente storia di A., Bollettino storico-bibliogr. subalpino 57, 1959, 411–426 – R. BORDONE, Società e potere in A. e nel suo comitato fino al declino dell'autorità regia, ebd. 73, 1975, 357–439 – DERS., Paesaggio, possesso e incastellamento nel territorio di A. fra X e XI secolo, ebd. 74, 1976, 457–525 – DERS., La città e il suo »districtus« dall'egemonia vescovile alla formazione del comune di A., ebd. 75, 1977, 535–625.

Astigis → Écija

Astorga
I. Bistum – II. Klöster.

I. BISTUM: A. (Asturica Augusta, Asturicensis), ☉ S. Toribio, Kirchenprov. → Braga (-Lugo), seit 1394 → Santiago de Compostela. Der vor dem 3. Jh. gegr. Bischofssitz umfaßte ursprgl. neben der Stadt und der Kernlandschaft El Bierzo große Gebiete der später errichteten Bm.er → León, → Palencia, → Zamora, → Orense und → Oviedo. Ende des 4. bis Mitte des 5. Jh. galt A. als eines der Zentren der → Priscillianisten, schloß sich jedoch dann enger an die lusitan. Metropole → Mérida an und geriet schließlich in Abhängigkeit von der galiz. Metropole Braga (-Lugo). Die maur. Invasion führte dazu, daß Bm. und Stadt verlassen und erst 854 durch Ordoño I. wiedererrichtet und wiederbesiedelt wurden. Obwohl Bf. Salomon 946 zusammen mit Ramiro II. v. León die Synode von Irago abgehalten und Bf. → Sampiro (1034–41) als Notar und Maiordomus am Hof Alfons V. von León eine wichtige Rolle gespielt hatte, konnte A. eine frühere Bedeutung als Bm. nicht mehr zurückgewinnen. Die Weihe einer ersten Kathedrale fand vor dem 20. Dez. 1069 durch Bf. Pedro Núñez statt, die Weihe einer zweiten roman. Kathedrale im 13. Jh. und ein zweites Mal am 12. Jan. 1433 und die Grundsteinlegung für den Ausbau einer dritten Kathedrale am 16. Aug. 1471. Alfons VI. stellte in den Jahren 1084–87 Privilegien aus, die den Besitz- und Rechtsstand der Diöz. und den Status der Kathedralkleriker festigten. Die innere Organisation des Kapitels wurde 1228 durch den Kardinallegaten Jean Halgrin, 1287 auf Veranlassung Honorius IV. und 1419 durch Martin V. endgültig geregelt. Nachdem A. im Lauf des 12. Jh. wichtige Teile seines Diözesangebiets (Zamora, Braganza) verloren hatte, wurde es als Suffragan selbst ein Zankapfel zw. den Ebm.ern Braga und Santiago de Compostela. Der Streit wurde erst 1394 durch Benedikt XIII. zugunsten von Santiago entschieden. Die von ihm aufgrund eines Beschlusses seines Vorgängers Clemens VII. getroffene vorläufige Regelung setzte sich trotz verschiedener Abänderungsversuche fakt. durch. L. Vones

Lit.: DHEE I, 148–151 [A. QUINTANA PRIETO] – DHGE IV, 1199–1226 [A. LAMBERT] – H. FLÓREZ, España Sagrada XVI, 1762 – P. RODRÍGUEZ LÓPEZ, Episcopologio Asturicense, 2 Bde, 1906–10 – D. MANSILLA, Disputas diocesanas entre Toledo, Braga y Compostela en los siglos XII al XV, Anthologica Annua 3, 1955, 89–143 – DERS., Orígenes de la organización metropolitana en la iglesia española, Hispania Sacra 12, 1959, 255–291 – A. QUINTANA PRIETO, Registro de Documentos Pontificios de la diócesis de Astorga (1139-1413), Anthologica Annua 40, 1963 – Ders., El obispado de A. en el siglo IX. Restauración y episcopologio, Hispania Sacra 18, 1965, 159-202 – A. Palomeque Torres, Episcopologio de las Sedes del Reino de León, 1966 – A. Quintana Prieto, El obispado de A. en los siglos IX y X, 1968 – Ders., El obispado de Astorga en el siglo XI, 1977 – R. A. Fletcher, The Episcopate in the Kingdom of León in the 12th C., 1978 – J. Sánchez Herrero, Las diócesis del Reino de León (s. XIV y XV), 1978 – L. A. García Moreno, Prosopografía del reino visigodo de Toledo, 1974, 154-156 – G. Kampers, Personengesch. Stud. zum Westgotenreich in Spanien, SFGG SKKA 17, 1979.

II. Klöster: Von den westgot. Klöstern der Stadt Astorga ist keines in den zeitgenöss. Quellen bezeugt. Erst später wird behauptet, daß San Dictino im 5. Jh. von dem Bf. gleichen Namens gegr. wurde, einem ehemaligen Priscillianer, und daß auch San Martín de Fuera aus derselben Zeit stammt. Nach der Wiedererrichtung der Diöz. 853 durch den Bf. Indisclo nahm dieser von San Martín Besitz. Bis zum 10. Jh. sind jedoch keine weiteren Kl. in der Bischofsstadt erwähnt. In diesem 10. Jh. ist ein Dutzend belegt, alle in der Nähe der Kathedrale gelegen (in dem an sie angrenzenden Kl. Sta. Marta wurden gewöhnlich die Bf.e beerdigt); sie unterstützten wahrscheinl. die Kathedralkirche bei den liturg. Aufgaben, was keinen westgot. oder mozarab. Einfluß vermuten läßt. Das Kapitel selbst lebte monastisch: 1039 bezeichnet es der Bf. Sampiro als »Collegio monachorum«, und an anderen Stellen als »Aula sanctae Mariae regulae sedis«. Sehr zahlreich sind die Doppelklöster: San Dictino, von Bf. Fortis um 920 wiedererrichtet und vielleicht bis zur zweiten Hälfte des 11. Jh. bfl. Residenz; im 11. Jh. und im beginnenden 12. Jh. überwiegen in ihm die Äbtissinnen; SS. Acisclo, Victoria und Román, von 904 bis ins 12. Jh. ein Doppelkloster, nach den Namen der beiden cordobesischen Märtyrer ein mozarab. Kl., dessen Abt Armentario um 970 gegen die Mauren kämpfte und aus dem Krieg Sklaven mit ins Kl. brachte; SS. Cristóbal, Julián und Basilisa, Doppelkloster seit dem 10. Jh. bis 1139; San Pedro de Dentro, im 11. Jh., oft von Äbtissinnen geleitet. Es gab auch Frauenklöster: San Salvador, El Moral. Andere Kl.: Santo Tomé, San Isidoro, San Martín de Dentro. Im Rechtsverkehr galten die Kl. als Patrimonialgüter. Vielleicht übernahmen sie im 11. Jh. die Regula Benedicti. A. Linage

Lit.: DHEE I, 148-151 [A. Quintana Prieto]; III, 1519-1521 [A. Quintana Prieto]: San Acislo, San Cristóbal, S. Dictino, San Isidoro, San Martín, San Miguel, San Pedro, San Salvador, Sancti Spiritus (Eremitage, 2 km entfernt), Santa Marta, Santo Tomás – DHGE IV, 1199-1226 [A. Lambert] – A. Linage, Los orígenes del monacato benedictino en la Península Ibérica III, 1973, 69-72 – A. Quintana Prieto, Los monasterios astorganos de San Dictino, Archivos leoneses 29, 1975, 209-309.

Astorgio di Durfort, it. Söldnerführer, † nach 1352 (richtiger Name Hector, daraus Estorre, Astorre und A.), sein Geburtsdatum ist völlig unbekannt, gesichert ist jedoch seine Herkunft aus dem Limousin. In einem nicht sicher bekannten Jahr erhielt er die Ritterwürde, erlangte jedoch erst nach seinem Eintritt in den Kreis des päpstl. Adels infolge seiner Heirat mit einer Nichte von Papst Clemens VI. Bekanntheit. Der Papst ernannte ihn um 1347 zum rector provinciae Romandiolae pro Romana Ecclesia, um den Aufstand der örtl. Signori (der → Pepoli v. Bologna, der → Manfredi v. Faenza und der → Ordelaffi v. Forlì) niederzuwerfen und die apostol. Autorität in der Romagna wiederherzustellen. Obwohl sich A. sofort großen Schwierigkeiten gegenübersah, erreichte er anfangs – mit buntgemischten, aber zahlreichen Söldnertruppen – Erfolge gegen Giovanni Manfredi (1349). Es gelang ihm jedoch nicht, seine Hauptabsicht, Bologna mit Waffengewalt einzunehmen, zu verwirklichen. So versuchte er es mit einer List: die Entführung von Giovanni Pepoli brachte ihm ein beträchtl. Lösegeld von der reichen Familie der Bologneser Signori und Bankiers ein, das notwendig war, um die spärl. Mittel, mit denen seine Söldnerscharen versehen waren, aufzubessern. A. konnte auf diese Weise Bologna angreifen. Die Pepoli kamen ihm jedoch zuvor und verkauften ihre Stadt an Giovanni Visconti. A. versuchte nun, der Vorherrschaft der Visconti mit großangelegten diplomat. und militär. Initiativen Widerstand zu bieten, aber seine Söldnertruppen lösten sich auf, und in kurzer Zeit verflogen so die Möglichkeiten sich eine feste Herrschaft in der Romagna zu errichten. A. begab sich daher im März 1351 nach Avignon, um sein Mandat an den Papst zurückzugeben, aber dieser bestätigte ihn in seinem Amt als Rektor bis mindestens zum 4. Mai 1352. Jedoch schon zu Beginn des folgenden Jahres erscheint er nicht mehr in dieser Funktion. Weil sich von diesem Moment an jede Spur von ihm verliert, kann man mit gutem Grund annehmen, daß er kurz darauf starb. A. Vasina

Lit.: A. Theiner, Cod. dipl. dominii temporalis S. Sedis II, 1862, n. 186 ff. – A. Sorbelli, La signoria di Giovanni Visconti di Bologna e le sue relazioni con la Toscana, 1901, 2 ff. – G. Mollat, Les papes d'Avignon (1305-1378), 1949, 205 ff. – A. Vasina, I Romagnoli fra autonomie cittadine e accentramento papale nell'età di Dante, 1965, 344 f.

Astrachan', Stadt am Wolgadelta, erstmals erwähnt im 13. Jh. unter den Siedlungen des Reiches der → Goldenen Horde als *Aštarchan (Adžitarchan)*, ursprgl. am W-Ufer der Wolga 12 km vom heut. A. entfernt gelegen. Infolge seiner günstigen Lage am Schnittpunkt euras. Transithandelswege (Karawanenroute Zentralasien – Rus' – Mitteleuropa, Fluß- bzw. Seeroute Wolga – Kasp. Meer – Persien) gewann die Siedlung bald Bedeutung als Umschlagplatz für den Fernhandel in der Tradition der ehem. chazar. Hauptstadt → Itil. Auf Grund seiner wirtschaftl. Potenz wurde A. um 1459/60 Hauptstadt eines der Nachfolgestaaten der Goldenen Horde. Das Tatarenkhanat v. A. war jedoch wegen seiner Schlüsselstellung im Transithandel ständigen Pressionen seiner mächtigen Nachbarn ausgesetzt – zunächst der Großen Horde, dann der Noḡai-Tataren und des Krim-Khanats. Deshalb suchten seine Herrscher in der 1. Hälfte des 16. Jh. Anlehnung beim Gfsm. Moskau (1533 Bündnisvertrag). 1554, nach der Eroberung Kazan's, zwang Zar Ivan IV. das Khanat A. zu einem Feldzug in vasallit. Abhängigkeit; ein zweiter Feldzug (1556) führte zur Eroberung und Eingliederung A.s in das Moskauer Reich. C. Goehrke

Lit.: V. E. Fil'gus, A. Kratkij istorič. očerk (A. Kurze hist. Skizze), 1958.

Astralgeister. Die ma. Vorstellung von A.n findet sich in allgemeinerer Form im Glauben, daß die Sterne der Ort seien, an dem die Seelen der Verstorbenen weilen; im Zodiakus erblickte man die 12 Engel des Paradieses, während die sieben Planeten mit den sieben Erzengeln in Beziehung gesetzt wurden (Clem. Alex. protr. 66 [150, 204], 24a). All dies geht auf mytholog. Überzeugungen zurück, die dem antiken Gestirns- und Heroenkult zugrundelagen. Während die Lehre von einer Bewegung der Gestirne durch Geister sich erstmals bei Alkmaion (Aristot. De an. I, 2, 405 a, 29), später bei Plato findet, der die Planeten noch als Götter bezeichnet (Plat. Tim. 40 d/e), trennte Aristoteles, der uns die Lehre des Alkmaion über die Ähnlichkeit der menschl. Seele mit den A.n, die in ewiger Bewegung sich befänden, überliefert, die mytholog. Vorstellung der A. von dem ontolog. Begriff entsprechender Wesenheiten als Sphärenbewegern (Aristot. met. 1072b, 34–36). Diese Idee beherrschte dann seit der Aristoteles-Rezeption im 12. Jh. in einer chr. Form das wissenschaftl. Denken des MA, dem die Lehre von den A.n zunächst über den Chalkidius-Kommentar zum platon. Timäus vermittelt wurde (Timaeus a Calcidio translatus commentarioque instructus [ed. KLIBANSKY], 34. 8–53. 6). Dementsprechend findet sich bereits bei Augustinus die Überzeugung, daß es Engel seien, die als vermittelnde Ursachen die Gestirne bewegen. Der Grundgedanke dabei ist, daß diese himml. Intelligenzen kraft ihrer Einsicht in den Kosmos, die eine innere Tätigkeit (actio immanens) darstellt, die Bewegung als äußeren Vorgang (actio transiens) ermöglichen, und zwar – in platon. Deutung – in Form einer Teilhabe, – in aristotel. Deutung – in Form einer finalen Kausalität (Adelard v. Bath, Opera omnia, hg. Isaac, Lyon 1515, fol. 10 v und Moses Maimonides, Doct. perpl. II, 4 [FRIEDLÄNDER 156]). In diesem Sinne heißt es bei Robert Grosseteste, daß es einen »motus circularis« der kosm. Kugelschalen gäbe, »a virtute motiva intellectiva, quae in sese aspectum corporaliter reverberans ipsas sphaeras corporales circulat revolutione« – 'von einer, der Einsicht fähigen, bewegenden Kraft, die in sich selbst ihren Anblick auf körperhafte Weise zurückwerfend die körperlichen Kugelschalen im Umschwung kreisförmig schafft'. (Grosseteste, Tract. de luce, hg. BAUR, 1912, 57, 36ff.). Bereits bei Thomas v. Aquin, der sich im allgemeinen in dieser Hinsicht den Auffassungen der Fachgelehrten seiner Zeit anschließt (S. th. I, 110, 3 ad 2), tritt die Finalursächlichkeit, die ursprgl. bei Aristoteles die Hauptrolle spielte, zurück zugunsten einer wirkursächl. Betrachtung, indem er die Gestirnsbewegung durch bestimmte Engel unter Benützung natürl. Kräfte mit der Verflüssigung des Eisens durch den Schmied vergleicht, der sich dazu des Feuers bedient (S. th. 115, 4, ad 1; 117, 4 ad 1). Da es sich bei der Schmiedekunst um eine der sog. → Artes mechanicae handelt, leitet dieser Vergleich über bestimmte Zwischenstufen zu einer späteren mechan. Erklärung der Gestirnsbewegung über (Kepler, Epitomae Astronomiae IV, 3, hg. CASPAR 1953, 332–333). Die von Thomas nahegelegte Unterscheidung einer causa remota – bei ihm noch die Engel – und einer causa proxima – bei ihm schon eine natürl. Kraft – benutzten die Pariser Terministen im 14. Jh., um vorwiegend nach dem Wesen jener natürl. Kraft zu fragen. Als solche bestimmt Johannes Buridan im Anschluß an Philoponos den Impetus, den Gott im Anfang den kosm. Kugelschalen als eine 'vis insita' mitgeteilt habe, während er hinsichtl. der causa remota zu bedenken gibt, daß in der Bibel jeglicher Hinweis auf eine Bewegung der Gestirne durch Engel fehle und das denkökonom. Gründen die Annahme eines einmaligen Bewegungsimpulses durch den Schöpfer Gott zur Erklärung ausreiche (Buridani quaestiones subtilissimae super octo Physicorum libros Aristotelis, c. 12 fol. 120). Daneben behauptet sich jedoch im SpätMA mit wachsender Aristoteles-Kritik bei gleichzeitiger Wiedererstarkung des Platonismus eine naturmyst. Auffassung von A.n, die bes. bei Paracelsus nicht einmal deutlich zum Vorschein tritt. Es heißt bei ihm »nun ist das Gestirn der Geist, der da formiert und an sich zeucht und imprimiert und ist der Zimmermann der Imagination« (Paracelsus, Fragm. librorum philosophiae, ed. HUSER, IX, 306). Das Gestirn ist das Unsichtbare, Unwägbare und Unmeßbare, was auf den Leib des Menschen wirkt, so daß aus ihm auch Gesundheit und Krankheit kommen. Durch die A. steht der Mensch somit in Verbindung mit dem Makrokosmos.

Lit.: HWP I, 581f. H. M. Nobis

Astrarium. Der Ausdruck A. findet sich erstmals bei Giovanni De' Dondi (* 1318), einem Schüler von Pietro d'Abano (→ Petrus v. Abano) und Freund von Petrarca, in seinem Traktat über die Konstruktion einer astronom. Uhr zur Angabe der Festtage und des Planetenlaufs (Cod. Ambr. C 139 inf.). Der Herstellung einer solchen Kunstuhr lag die geistige Idee zugrunde, daß das Universum als Uhrwerk angesehen werden könne (N. v. Oresme, Le livre du ciel et du monde 71 a [ed. MENUT–DE NOMY], 236), eine Vorstellung, die ihren Ausdruck in der ma. Metapher für die Welt als 'machina mundi' fand ([Johannes de] Sacrobosco, Sphaera, Köln 1601, p. 6), während die menschl. Technik gemeinhin als Nachahmung der göttl. Schöpfertätigkeit (imitatio Dei) galt (Hugo v. St-Viktor, Eruditiones didascalicae, MPL 176). Das prakt. Bedürfnis, solche Kunstwerke herzustellen, entsprang zunächst rein liturg.-religiösen, später auch astrolog. und ökonom. Interessen, so daß die dafür notwendigen, vergleichsweise hohen Geldmittel den Konstrukteuren von Potentaten und Ratsherren freigebig zur Verfügung gestellt wurden (Trithemius, Chronica Hirsaugiensis I. 234). Dementsprechend finden sich A.ien als Planetenuhren bereits in der Antike (Cicero, rep. I, 22; Vitruv IX, 9. 1), während sie im MA bis zum Ende des 13. Jh. sowohl im islam. als auch im chr. Bereich nur in einer auf die Darstellung der Bewegung von Sonne und Mond reduzierten Form auftreten. Als solche genügten sie den liturg. Bedürfnissen für die Fest- und Gebetsstundenordnung auch vollauf. Um 1202 läßt sich ein A. dieser Art an der großen Moschee zu Damaskus nachweisen (Sitzungsber. der Phys.-Med. Societät Erlangen 37, 1905, 255), und eine Miniatur in einer arab. Hs. zu Gotha (Cod. Goth. 1348) gibt uns eine Vorstellung von diesem A. wie auch von demjenigen, das Sultan Saladin 1332 an Ks. Friedrich II. sandte (Trithemius l.c.). Aus dem chr. Bereich haben wir eine Nachricht im jüngeren »Titurel«, die auf ein A. des 13. Jh. in S-Frankreich hinweist, das ebenfalls nur die Bewegungen von Sonne und Mond anzeigte (Cod. Pal. Germ. 383). Das früheste Beispiel eines A.s, an dem die ökonom. Bedeutung der A.en sichtbar wird, stammt aus dem Anfang des 14. Jh. und wurde von Richard v. Wallingford, dem Abt von St. Alban in Hastingshire, verfertigt. Es handelt sich nicht nur um eine Planetenuhr, wie diejenige von Dondi es war, sondern an ihr ließen sich auch die Gezeiten des Meeres ablesen (Gesta Abbatum Monasterii Sancti Albani a Thoma Walsingham regnante Ricardo secundo eiusdem ecclesiae precentore compilata [ed. RILEY], 282). In unmittelbarer Tradition mit den arab. A.en stand wohl die astronom. Uhr von 1352 am Münster zu Straßburg, da nach der Überlieferung ihr Erbauer, Jean Bournave, bei den Arabern sein Handwerk erlernt haben soll. Sie ist gleichzeitig ein Beispiel, an dem der Bezug dieser spätma. A.en zur Astrologie bzw. Astromedizin deutlich erkennbar wird: An ihr war ein Zeiger für die vom Sternenlauf abhängige Aderlaßstelle des menschl. Körpers vorhanden (Dasypodius, descriptio horologii, Straßburg 1578). Um die gleiche Zeit wurden A.en in fast allen bedeutenden Haupt- und Handelsstädten Europas gebaut: 1353 in Genua, 1354 in Florenz, 1356 in Nürnberg, 1358 in Regensburg. Das bereits 1344 in Padua verfertigte A. regte 120 Jahre später Regiomontanus an, ein ähnliches Kunstwerk herzustellen. Er erwähnt es 1464 in seiner Vorlesung, die er in Padua hielt und bemerkt in einer Verlagsanzeige, daß in seiner Werkstatt »ein Astrarium im Entstehen sei« (Staatsbibl. München Rar. 320, 210). Im 16. Jh. verfaßte der Tübinger Mathematiker Philipp Immser eine Arbeit über die Herstellung eines 'Astrarium turbinatum' (Cod.

Par. Reg. 7417; ZINNER, Verzeichnis der Astron. Hss. etc., 1925, Nr. 5134). H. M. Nobis
Lit.: U. FORTI [Hg.], Storia della tecnica II, 1974.

Astrolabium (lat. astrolabium planisphaerium, arab. *aṣṭurlāb*), astronom. Instrument, das nach HARTNER und NEUGEBAUER eine gr. Erfindung darstellt, bei Arabern und Persern sehr beliebt war. Es wurde auch im Westen bis zum Anfang des 18. Jh. viel gebraucht. Der auffallendste Teil des flachen, kreisrunden Instruments ist eine durchbrochene, drehbare Metallscheibe, die »Spinne«. Wesentl. Teile der Spinne sind ein exzentrischer Kreis, der die Ekliptik darstellt, und 20 bis 30 »Spitzen«, die die Namen von Fixsternen tragen. Die Spinne ist eine »stereographische Projektion« der Himmelskugel, d. h. eine Zentralprojektion vom Südpol aus auf die Äquatorebene. Die tägliche Drehung des Fixsternhimmels kann imitiert werden, indem man die Spinne in dem sie umfassenden Ring dreht. Hinter der Spinne ist eine auswechselbare Scheibe sichtbar, auf der Kreise eingeritzt sind: der Horizont mit den dazu parallelen Kreisen, rechtwinklig geschnitten von den Vertikalkreisen. Diese Kreise sind ebenfalls in stereograph. Projektion dargestellt. Die Rückseite ist v. a. ein Beobachtungsinstrument. Um die Höhe eines Sternes zu bestimmen, wird das A. senkrecht aufgehängt und der Stern durch ein auf der drehbaren Alhidade montiertes Diopter anvisiert. Viele Aufgaben lassen sich mit dem A. lösen. Hat man z. B. die Höhe eines Sternes oder der Sonne beobachtet, so kann man die Spinne so weit drehen, bis die Spitze, die den Stern darstellt, oder der Sonnenort auf dem richtigen Parallelkreis zum Horizont liegt. Aus dem Drehwinkel kann man die Zeit des Tages oder der Nacht bestimmen. B. L. van der Waerden

Lit.: W. HARTNER, The Principle and Use of the Astrolabe, 1939 (abgedruckt in: Oriens-Occidens, 1968) – O. NEUGEBAUER, The Early Hist. of the Astrolabe, Isis 40, 1949, 240ff. – Guardare il firmamento della Specola Cidnea, 1962 – M. DESTOMBES, Un astrolabe carolingien..., AIHS 58-59, 1962, 3ff. – E. POULLE, Remarques sur deux astrolabes du MA, Physis, 9, 1967, 161-164 – E. ZINNER, Dt. und ndl. astronom. Instrumente des 11.–18. Jh., 1967[2] – S. L. GIBBS, J. A. HENDERSON, DEREK DE SOLLA PRICE, A computerized checklist of astrolabes, 1973 – S. EISNER, Building Chaucer's astrolabe, J. of the Brit. Astronomical Association 86, 1976, 18-29, 125-132, 219-227 – R. T. GUNTHER, The Astrolabes of the World, 1976[2] – H. MICHEL, Traité de l'Astrolabe, 1976[2].

Astrologie

I. Ursprünge – II. Astrologie in Byzanz – III. Der kulturelle Hintergrund der Astrologie in Spätantike und Frühmittelalter – IV. Einflußreiche astrologische Schriften – V. Die Übersetzung arabischer Werke in Spanien – VI. Eine Verschmelzung der Kulturen – VII. Apologetiker – VIII. Astrologie im Spätmittelalter – IX. Astrologie im Judentum.

I. URSPRÜNGE: Die meisten Gebildeten im MA glaubten in einem bestimmten Grad an A., d. h. sie glaubten, daß die Himmelskörper Einfluß auf die irdischen Ereignisse ausübten. Den Ursprung der A. führten sie, spätantiken Autoren folgend, entweder auf die »Chaldäer« oder die »Ägypter« zurück. Sie beabsichtigten damit entsprechend ma. Denken den Ursprung ihrer Wissenschaft so früh wie möglich zu datieren; dabei unterschieden sie jedoch deutlich zw. A. und Astronomie im modernen Sinne.

Aus Keilschrifttexten wissen wir heute, daß wichtige Grundbegriffe der Horoskopie in der Tat aus Babylon stammen, so u. a. die Zuordnung von Göttern zu den → Planeten, der → Tierkreis mit seinen zwölf Zeichen. Auch die ältesten erhaltenen → Horoskope (für die Jahre –409, –287, –262, ...) wurden in Babylon angefertigt; nur dort hatte man damals schon die Möglichkeit, Planetenpositionen numerisch zu berechnen. Mit der Eroberung Mesopotamiens durch Alexander d. Gr. verbreitete sich die A. allmählich im hellenist. Raum: Die »Chaldäer« von Babylon machten für Alexander und seine Nachfolger astrolog. Voraussagen. Berossos, ein Priester des Bel, siedelte um 280 v. Chr. von Babylon nach Ionien über und gründete auf Kos eine astrolog. Schule. Um dieselbe Zeit wurden die astron. und astrol. Lehren der »Chaldäer« in einem (nicht erhaltenen) Werk in griech. Sprache zusammengefaßt, von dem uns Geminus zwei größere Abschnitte überlieferte (VAN DER WAERDEN).

Im 2. Jh. v. Chr. entstand in Ägypten eine ebenfalls verlorene griech. astrolog. Schrift, die man dem myth. Kg. Nechepso und seinem Priester Petosiris zuschrieb. Dieser Traktat erlangte in der röm. Welt große Verbreitung wie auch andere Schriften, die dem Gott Thot (Tôt), dem → Hermes Trismegistos der Griechen, und Alhandreus (Alchandri) zugeschrieben wurden. Um 100 n. Chr. verfaßte auch → Dorotheos v. Sidon ein Lehrgedicht zur A. Alle obigen Schriften erlangten zwar später große Bedeutung, blieben jedoch im griech. Originaltext nur bruchstückweise erhalten.

Die älteste erhaltene Gesamtdarstellung der hellenist. A. ist die »Tetrabiblos« des Ptolemaios (Mitte 2. Jh. n. Chr.). Zweifellos war sie nicht das im MA am weitesten verbreitete Werk über A., aber die Lehren, die sie enthielt, bildeten, wenn auch später oft verändert, den eigtl. Kern der späteren astrolog. Technik. Das Werk beginnt mit einer Verteidigung der A. Der Autor gibt zwar vor, von der Annahme auszugehen, daß die Einflüsse der Himmelskörper rein phys. sind, aber letzten Endes bietet er doch nur eine Kodifikation von ungerechtfertigten abergläub. Vorstellungen, die er von seinen Vorgängern übernommen hat. Das 2. Buch handelt von den kosm. Einflüssen auf die Völker und das Wetter, das 3. und 4. Buch von den aus Horoskopen erschlossenen Einflüssen auf das Menschenleben. Die interrogationes und electiones werden jedoch noch nicht behandelt. Im 4. Jh. n. Chr. schrieben auch Paulus von Alexandria und Hephaistion von Theben über die A.

In der oben geschilderten Weise fanden östl. Ideen allmählich in der gesamten gr.-hellenist. Welt Verbreitung; sie traten einerseits in didakt. Traktaten wie der »Tetrabiblos« des → Ptolemaios auf, und ihr Einfluß reichte andererseits hin bis zu volkstüml. religiösen Praktiken. Überall modifizierten die Griechen und Römer jedoch die übernommenen Ideen, und zwar bes. indem sie die astrolog. Vorstellungen mit der einflußreichen geometr. Planetentheorie verknüpften. Die Bestrebungen der Astrologen wurden in positiver Weise, wenn auch unbeabsichtigt, durch die Lehren Platons und der Pythagoreer von der Göttlichkeit der Gestirne unterstützt. In der Spätantike konnte der Astrologe sich als Interpret des Willens der Himmelsgötter betrachten. Mit der Verbreitung des Christentums verschwand diese Vorstellung als theol. Lehrsatz zwar nach und nach (als lit. Element wurde sie im ganzen MA gern herangezogen), aber die A. überlebte als eine Form der Weissagung, die astron. Fachkenntnisse voraussetzte. J. D. North/B. L. van der Waerden

II. ASTROLOGIE IN BYZANZ: Die byz. A. ist die direkte Fortsetzung der spätgriechischen. Zur Berechnung von Planetenpositionen wurden griech. Tafeln benutzt, bes. die »Handlichen Tafeln« des Ptolemaios mit den Kommentaren von Pappos, → Theon v. Alexandria und Stephanos v. Alexandria. Sie wurden durch Spezialtafeln für die Breite von Byzanz ergänzt. Im 14. Jh. benutzte man auch arab. Tafeln (→ Tafeln, astronomische – → Astronomie). Für die astrolog. Deutung war v. a. die »Tetrabiblos« des Ptolemaios maßgebend, daneben wurden aber auch »Hermes Trismegistos«, Dorotheos v. Sidon, Paulus v. Alexandria, Hephaistion v. Theben und andere griech. Autoren zitiert. Später schöpfte man auch aus arab. und pers. Quellen.

Die im großen »Catalogus codicum astrologorum Graecorum« (12 Bde, 1898-1953) besprochenen und teilweise reproduzierten Hss. stammen größtenteils aus Byzanz. Die Masse der Hss. zeugt von der unentwegten Aktivität der byz. Astrologen.   B. L. van der Waerden

III. Der kulturelle Hintergrund der Astrologie in Spätantike und Frühmittelalter: Bereits in der Spätantike waren die sog. chaldaei und mathematici, d. h. diejenigen, die Horoskope stellten, sehr zahlreich, wenn wir von den häufigen Angriffen ausgehen, denen sie von seiten der Magistrate und der Satiriker ausgesetzt waren. Auch im 4. Jh. waren Edikte gegen Astrologen in Kraft, in einer Zeit, in der zu den bisherigen polit. Argumenten von den chr. Ks.n religiöse Vorbehalte angebracht wurden. Constantius erklärte 357 das Wahrsagen zu einem Kapitalverbrechen, und diese Strafandrohung wurde 373 und 409 wiederholt (Cod. Theod. 9. 16. 4, 8, 12). Erst mit Palchos, Eutokios und Rhetorius (alle aus dem späten 5. Jh.) gelangen wir jedoch zu einer Periode, in der die astrolog. Praxis stark unterdrückt wurde, bis sie im 8. Jh. ihre Wiedergeburt erlebte (Cumont, Astrol. rom. 53-54).

Die antike Tradition der astrolog. Wahrsagung hatte einen starken Einfluß auf die med. Praxis im gesamten MA (→ Astrologische Medizin) und wurde z. B. in der didakt. Dichtung durch den Stoiker Marcus Manilius verkörpert, der unter Augustus und Tiberius schrieb. Seine »Astronomica« hatte erhebl. Einfluß auf das MA, bes. vor dem Eindringen der islam. astrolog. Werke im 12. Jh.; auf berufsmäßige Astrologen hatte er allerdings geringeren Einfluß. Folgenreich für die Haltung des ma. Christentums gegenüber der A. war v. a. Augustinus' »De civitate Dei«, in dem sich der Kirchenvater gegen alle diejenigen wandte, »die genethliaci genannt werden wegen ihrer Betrachtung der Geburtstage und die jetzt beim Volke auch mathematici heißen«. Er warf ihnen vor, den freien menschl. Willen zu unterjochen, indem sie den Charakter und das Schicksal der Menschen aus den Gestirnen weissagten. Wenn sich die Vorhersagen bewahrheiteten, so wäre das dem Glück oder den Dämonen zuzuschreiben (De civ. Dei, V. 7). Augustinus hatte selbst einst an die A. und an die Wirksamkeit von Opfern, die den »Dämonen« dargebracht wurden, geglaubt. Er trat auch später noch für die Prädestination und das göttl. Vorherwissen ein. Sein Dilemma war eines, mit dem sich das ma. Christentum stets konfrontiert sah. Augustinus' Hauptstütze gegen die A. war das alte Argument von den Zwillingen, die – wie Jakob und Esau – unter gleichen himml. Einflüssen geboren waren, aber dennoch gegensätzl. Charaktere und Schicksale hatten. (Dieses Argument wurde schon von Cicero, Favorinus und Sextus Empiricus benutzt.) Augustinus wies auch darauf hin, daß die astrolog. Lehre von den *electiones,* welche die Wahl eines geeigneten Augenblicks für eine bestimmte Handlung umfaßte, unvereinbar war mit dem Glauben an die Determination des Lebens von der Geburt an. Besaß Augustinus auch kaum nähere astrolog. Kenntnisse, so wurden seine einfachen und wenig selbständigen Argumente im MA dennoch stets aufs neue wiederholt. Augustinus hielt die Astronomie zwar an sich für unbedenklich, jedoch für gefährlich in Verbindung mit der A. (De doctrina Christiana, II. 29).

Trotz dieser Warnungen trugen zahlreiche chr. Schriftsteller, deren Werke im MA häufig gelesen wurden, zur Begründung einer christianisierten A. bei. Ein Wegbereiter für diese war → Origenes (3. Jh.), welcher glaubte, daß die A. vom Fatalismus gereinigt werden könne. Das astrolog. Werk »Mathesis« des → Firmicus Maternus (geschrieben 334/337) war, obwohl es von geringer techn. Kenntnis zeugt, wie dasjenige des Origenes bereits von Augustinus benutzt worden, obgleich es sich in diesem Fall um eine Schrift handelte, die noch vor dem Übertritt seines Verfassers zum Christentum entstanden war. Firmicus, der bes. im 12. Jh. gelesen wurde, meinte, daß der Mensch durch das Gebet den Einflüssen der Gestirne widerstehen könne (Kroll-Skutsch I, 280, I, 18). Ein anderer chr. Astrologe und enger Zeitgenosse des Augustinus war → Synesios v. Kyrene (406/411), ein Freund und Schüler der Hypatia. Synesios beeinflußte den ma. Westen zwar nicht, jedoch Byzanz.

IV. Einflussreiche astrologische Schriften: Ein anderer einflußreicher, allerdings heidn. Autor war der Neuplatoniker → Macrobius, Verfasser eines Kommentars zu Ciceros »Somnium Scipionis«. Macrobius' Werk war im Westen weit verbreitet und wurde im 12. Jh. von →Abaelard und im 13. Jh. von → Thomas v. Aquin hoch gepriesen. Macrobius betrachtete die Sterne als Zeichen künftiger Ereignisse, aber nicht als ihre Ursache. Er war in der Lage, dieses Problem auf allgemein philos. Ebene abzuhandeln, aber bei der Erklärung der astrolog. Termini zeigen seine Bemerkungen eine auffällige Unkenntnis.

Die Schriften des → Martianus Capella aus dem 5. Jh. waren vom chr. Standpunkt weniger empfehlenswert, jedoch weitaus populärer. Sie enthielten viel an elementarer Astronomie und nur wenig an astrolog. Technik, dafür einige einflußreiche Gedanken über die unterschiedl. Ordnungen geistiger Wesen und ihrer Ansiedlung im Kosmos. Dieses Werk trug zweifellos zu einer ma. Weltsicht bei, in der die A. einen festen Platz einnahm.

Ptolemaios' »Tetrabiblos« selbst fand im Westen erst seit dem späteren MA weitere Verbreitung, wenn auch seine quasi-wissenschaftl. Haltung im ma. Denken Spuren hinterließ, sogar bei Augustinus, wo der A. als einer »Naturwissenschaft« zahlreiche Konzessionen gemacht werden. So verschiedenartige ma. Autoren wie Thomas v. Aquin und Dante billigen der A. diese Stellung zu. Wir haben gute Gründe anzunehmen, daß selbst patrist. Verdammungsurteile über die A. späteren Generationen Informationen überlieferten. Dasselbe gilt für den Enzyklopädisten → Isidor v. Sevilla (7. Jh.), der sich in seinen Werken »Etymologiae« und »De natura rerum« gegen die »astrologia superstitiosa« wendet und dennoch Informationen über astrolog. Medizin überliefert, wobei Isidor durchaus eine Billigung dieser Methoden andeutet (z. B. Etymol. 4. 13. 4). Er glaubt auch, daß → Kometen Anzeichen für Umwälzungen, Kriege und Epidemien sind (De nat. rer., 26. 13). Hierin bildet Isidor eine Quelle für → Beda Venerabilis und → Hrabanus Maurus. Einflüsse Isidors sind auch bei → Ivo v. Chartres, → Gratian, → Alkuin, → Johannes v. Salisbury und → Hugo v. St-Victor klar zu erkennen.

Isidor war eine sehr unergiebige Quelle für alle, die sich mit alter A. vertraut machen wollten; die Werke von Firmicus, Chalcidius und Macrobius, die z. B. von der Schule v. → Chartres eifrig studiert wurden, waren kaum inhaltsreicher. In den frühen Jahren des 12. Jh. setzt jedoch eine neue Entwicklung ein: Eine zunehmende Zahl »wissenschaftl.« Traktate findet ihren Weg vom islam. Spanien in das nördl. Europa. In Chartres schreibt Johannes v. Salisbury noch in der Tradition Isidors und der Kirchenväter, doch die Werke des unmittelbar nachfolgenden Wilhelms v. Conches (um 1154) sind bereits von islam. astrolog. Einflüssen durchdrungen. Bald erfahren die abendländ. Schulen, daß Werke arab. und hebr. Sprache eine Fülle astrolog. Kenntnisse bieten, die weit über die alten lat. Quellen hinausgehen. Das ist der Beginn eines neuen Zeitalters, in dem die A. in das Curriculum der → Universitäten eintritt und der Astrologe an den Höfen der Fürsten und Prälaten eine bedeutende Rolle zu spielen beginnt.

V. DIE ÜBERSETZUNG ARABISCHER WERKE IN SPANIEN: Unter der byz. Herrschaft hatte die polit. und religiöse Uneinigkeit zw. Konstantinopel und den oriental. Völkern zu einer allmählichen Schwächung der gr. Kultur und Sprache geführt; diese Schwächung aber war verbunden mit einem Bestreben, die alexandrin. Kultur zu erhalten. Übersetzungen wurden angefertigt, gewöhnlich zuerst ins Syr. von syr. Nestorianern oder Monophysiten (6. Jh.) und ins Pahlavi, später v. a. ins Arabische. Die Erben der alexandrin. Wissenschaft waren die Araber, bes. in Bagdad, wo die gr. Tradition mit Elementen aus Persien, Indien und anderen Ländern verschmolzen wurde. Durch die Wissenschaftsförderung der abbasid. Kalifen erlebten A. und Astronomie eine gemeinsame Blüte. Von diesem Zentrum aus verbreitete sich die Kenntnis dieser Wissenschaften in der gesamten arab. sprechenden Welt. In Spanien, das sich vom 8. bis zum 11. Jh. unter islam. Herrschaft befand, berührte sich die arab. Welt mit dem chr. Europa. Auch Sizilien und S-Italien waren für diese Kontakte von einiger Bedeutung.

Die ersten Übersetzungen von Bedeutung wurden in Spanien am Ende des 10. Jh. angefertigt (MILLÁS-VALLICROSA). Im folgenden Jahrhundert wurde die Astronomie in origineller Weise weiterentwickelt, häufig von Juden oder Arabern, ihre Arbeiten wurden jedoch meist rasch ins Kast. oder Lat. übersetzt. Es kann kaum ein Zweifel bestehen, daß die A. der Beweggrund für diese Bestrebungen war. Frühe Übersetzungen, z. B. aus dem Kl. → Ripoll, verbreiteten sich schnell in ganz Europa, die Übersetzungstätigkeit erreichte wohl vom Ende des 11. Jh. bis zum Beginn des 12. Jh. ihren Höhepunkt, u. a. durch den Einfluß des bekehrten Juden → Petrus Alfonsi. Petrus war stolz auf seinen astron. und astrolog. Sachverstand und kritisierte diejenigen, die sich auf Macrobius stützten (THORNDIKE II, 71). Er soll der Arzt Heinrichs I. v. England gewesen sein. Auf jeden Fall hat er → Walcher v. Malvern beeinflußt, der eine der astron. Arbeiten des Petrus Alfonsi übersetzt und bearbeitet hat (etwa 1120). Ein anderer zeitgenöss. Spanier war → Abraham bar Ḥiyya aus Barcelona, der mit → Plato v. Tivoli in der Zeit von 1134-45 bei vielen Übersetzungen zusammenarbeitete. Einige seiner astrolog. Übersetzungen enthalten die sog. »Almansoris Iudicia« des in Persien geborenen Arztes Muḥammad ibn Zakarīyā' ar-Rāzī. Diese Arbeit war im MA weit verbreitet und wurde oft abgeschrieben (erst im 17. Jh. gedruckt).

Die besten span. Übersetzungen wurden im 12. Jh. von einer Gruppe angefertigt, die in → Toledo im Dienst der chr. Bf.e stand. Der rätselhafte → Johannes Hispanus schloß in seine Übersetzung sehr einflußreiche astrolog. Werke v. → Māšā'allāh, → Abū Maʿšar und → al-Qabīṣī ein. Der bedeutendste dieser Übersetzer aus Toledo im 12. Jh., → Gerhard v. Cremona, fertigte Übersetzungen von fünf astrolog. Werken entweder selbst an oder überwachte ihre Erstellung. Hierbei handelt es sich jedoch nur um einen kleinen Teil der 87 Übersetzungen, die man ihm zuschreibt. Im folgenden Jahrhundert entstanden in Toledo weitere Übersetzungen, jetzt jedoch ins Kast., unter dem Patronat mehrerer aufeinanderfolgender Könige. Ptolemaios' »Tetrabiblos« wurde zu dieser Zeit von Aegidius de Tebaldis aus dem Kast. ins Lat. weiterübersetzt. Astronomie und A. übertrafen jetzt alle anderen wissenschaftl. Bereiche an Wichtigkeit. Astrolog. Werke enthielten der »Libro de las cruces« und der »Libro del atazir«, der von Rabi Zag kompiliert wurde.

Der hervorragendste Beitrag dieser neuen toledan. Gruppe zur A. waren jedoch die Tablas Alfonsíes, die in den Jahren 1263-72 auf Befehl von → Alfons X. zusammengestellt wurden. Diese Tafeln wurden, nachdem sie fünfzig Jahre später (um 1320) nach Paris und Oxford gelangt waren, in ganz Europa verbreitet und bis ins 16. Jh. für astrolog. Berechnungen benützt.

VI. EINE VERSCHMELZUNG DER KULTUREN: Am Beispiel eines der populärsten der neu übersetzten Autoren, des Bagdader Astronomen Abū Maʿšar, können wir uns eine Vorstellung der ungewöhnl. kulturellen Komplexität der neuen Situation machen. Sein »Kitāb al-mudḫal« (»Introductorium magnum«), entstanden 849/850 und in Spanien zweimal übersetzt (1133, 1140), enthält v. a. aristotel. Gedankengut mit neuplaton. Elementen (→ Aristoteles, → Neuplatonismus). Zahlreiche Leser dürften ihre erste Bekanntschaft mit aristotel. Ideen (bes. mit »De caelo« und »Physica«) dieser scheinbar so bedeutungslosen Quelle verdanken (LEMAY). Abū Maʿšars eigene Quellen waren die Schriften der Bewohner von Ḥarrān, die sich zu astrolog. Zwecken Aristoteles' physikal. Ideen der Übermittlung von Bewegungen zw. den Himmelssphären zu eigen gemacht hatten (PINGREE, 34). Abū Maʿšar unterstützte die A. jedoch auch mit einem eigenen Argument, indem er alle Aussagen über die Natur – einschließl. der astrolog. Wahrheit – auf eine reine und göttl. Quelle zurückführte. Seine unkrit. Schriften verbinden pers., ind. und gr. Elemente; und die ma. europ. Autoren, die seine Werke so bereitwillig ausschrieben, waren ebenso wenig wie er darum besorgt, dem Gemisch an Gedanken und Vorstellungen, welches das Ergebnis derartiger Kompilationen war, kritisch zu begegnen. Eine bei Abū Maʿšar bes. beliebte Lehre bestand darin, Aufstieg und Niedergang polit. oder religiöser Schicksale mit den sog. »Großen → Konjunktionen« von Saturn und Jupiter in Verbindung zu bringen. Westl. Autoren bedienten sich gern dieser Vorstellung zur Erklärung vergangener Ereignisse (z. B. der Geburt Christi oder des Aufstiegs des Islams) oder gegenwärtiger Vorkommnisse (wie dem Aufstieg und Niedergang religiöser Sekten; vgl. NORTH, Astrology). Noch zur Zeit Keplers war diese Vorstellung ein Bestandteil des astrolog. Dogmas; sie diente zur Erklärung der Reformation wie auch anderer zeitgenöss. religiöser Ereignisse und Episoden. Eine andere, stets wiederkehrende Vorstellung im Zusammenhang mit den Großen Konjunktionen war die Vorhersage des Weltuntergangs (so in Chaucers »Canterbury Tales«; vgl. dort »The Miller's Tale«).

Um die schnelle Verbreitung der neu entdeckten astrolog. Ideen in Europa zu illustrieren, ist es lehrreich, die Wanderungen → Adelards v. Bath (1120/40) zu verfolgen, der von England nach Frankreich, Italien, Sizilien (wo er Arab. lernte), Syrien und vielleicht auch Palästina und Spanien zog. Er übersetzte Abū Maʿšars »Ysagoga minor« (LEMAY, 355) und ein astrolog. Werk des Ṯābit ibn Qurra. Adelard stand offenbar dem engl. Hof nahe und war wohl mit Petrus Alfonsi bekannt (obwohl ihre genaue Verbindung schwer zu bestimmen ist) (MILLÁS-VALLICROSA, 105-108). Sein »De eodem et diverso« zeigt, daß er bestimmte Beziehungen zu → Chartres hatte. Dort studierte sein Zeitgenosse → Petrus Venerabilis, Abt v. Cluny. Er hatte sicherlich Spanien bereist, wo er → Hermann v. Carinthia, ebenfalls aus Chartres, traf, der der zweite Übersetzer von Abū Ma'šars »Introductorium magnum« war.

VII. APOLOGETIKER: Die Mobilität der Gelehrten und der Austausch zw. den großen wissenschaftl. Zentren begünstigten die Verbreitung der neuen Ideen, die einmal entdeckt, für mehrere Jahrhunderte kaum noch Veränderungen erfuhren. Daß die mit Aristoteles und dadurch mit dem kirchl. Dogma in Einklang gebracht werden konnten, war ein Faktor für eine gewisse Anerkennung; und es wurden zahlreiche Anstrengungen unternommen, um die Kirche mit der A. zu versöhnen. Erste Zeichen für eine Tolerierung der A. durch die Kirche, die der span. Übersetzungstätigkeit folgten, finden sich innerhalb enzyklopäd. Werke: → Alanus ab Insulis nahm Elemente der A. in seinem »Anticlaudianus« auf, während → Alexander Neckam, → Vinzenz v. Beauvais und → Bartholomaeus Anglicus in Prosawerken nachfolgten. Bei vielen Gelehrten existierte eine stillschweigende Tolerierung von Vinzenz' Ansicht, daß die Gestirne in Wahrheit nur die materiellen Elemente lenkten und dadurch Gewalt über die anima vegetabilis der Pflanzen (→ Pflanzenseele) und die anima sensibilis der Tiere (→ Tierseele, → Seele) gewinnen könnten, so daß allein diese von der Materie abhängig würden (Speculum naturale, 4.34; WEDEL, 65). Vinzenz führte zur Unterstützung seiner Auffassung → Albertus Magnus an. Dagegen wurde für die menschl. Seele keine direkte Abhängigkeit von der Materie angenommen, sondern nur secundum quod; daher kann die Seele zwar geneigt sein, nicht aber gezwungen werden, in einer bestimmten Weise zu handeln. Auf diese Weise war die Anerkennung der →Willensfreiheit gewährleistet, und die Kirche änderte allmählich ihre ablehnende Haltung gegenüber der A.

→ Thomas v. Aquin folgte Albertus' Vorbild und vertrat die Ansicht, daß der Astrologe bei seinen Voraussagen nur deshalb häufig Erfolge erziele, weil nur wenige Menschen in der Lage seien, ihren Trieben (→ appetitus) zu widerstehen (S. th. I. 1.115.4). Die gleiche Toleranz gegenüber dem Glauben an einen starken astrolog. Einfluß, verbunden mit einer Hochschätzung des wissenschaftl. Wertes der A., findet sich in → Thomas Bradwardines »De causa Dei« (HAHN). Thomas v. Aquin verwarf astrolog.-magische Praktiken und →Nekromantie mit ihrem Gebrauch von Zauberbildern (imagines) und Amuletten, doch lehnte er sie aus religiösen Gründen ab; und keineswegs, weil er von ihrer Unwirksamkeit überzeugt war (S. th. II. 2.96.2). Wenn → Roger Bacon und später Cajetan diese Gegenstände diskutieren, so geht es stets um spezielle Fragestellungen der astrolog. Doktrin, etwa ob Inschriften oder Intervention von Dämonen notwendig sind, um die Zauberbilder wirken zu lassen; die astrolog. Lehre wird jedoch keineswegs in ihrer Gesamtheit abgelehnt. Die Edikte Étienne → Tempiers, Bf.s v. Paris, von 1277 bekämpfen die averroistische Leugnung der Willensfreiheit (→ Averroës) und die Anrufung von Dämonen, aber nicht die A. schlechthin (DENIFLE-CHÂTELAIN I, 543). Anscheinend wurde auch der Astrologe → Cecco d'Ascoli, Magister in Bologna, 1327 verbrannt, weil er mit seinen häret. Lehren teufl. Geistern und dem Determinismus den Weg geebnet habe, nicht aber wegen seiner Beschäftigung mit der A. als solcher.

VIII. ASTROLOGIE IM SPÄTMITTELALTER: Die A. verbreitete sich nun mit großer Schnelligkeit von den bedeutendsten europ. Bildungszentren aus, entwickelte aber unterschiedl. Formen: vom theatral. it. Stil, wie er durch Cecco und Guido Bonatti verkörpert wurde (Dante verbannt Guido mit Michael Scottus in den achten Kreis des In- ferno) bis hin zum trockeneren math. Stil, der für die A. in Paris und Oxford kennzeichnend war. → Petrarcas berühmter Angriff auf die A. in seinem Brief an → Boccaccio von 1363 war eine feine Satire auf Scharlatane und Schwindler mit einem rhetor. Zusatz, der in augustin. Tradition steht; er verrät jedoch wenig Kenntnis von den Ergebnissen der besten wissenschaftl. A. seiner Zeit, derjenigen nämlich, die aus arab. Quellen schöpfte. Boccaccio gab bekanntlich seinen Glauben an den Einfluß der Gestirne nicht auf, und manche der angebl. so aufgeklärten Humanisten (wie → Poggio, Bernardo Tasso und → Pontano) taten es ihm hierin gleich. Die kosmolog. Struktur, die → Dante seiner »Divina Commedia« gibt, ist zwar nicht offen astrolog. geprägt, doch trug sie zur weiteren Ausbildung eines lit. Stils bei, der astrolog. Vorstellungen einschloß. Das wohl komplizierteste Beispiel für ein Werk, dessen Handlungsaufbau wie Metaphorik von der A. ausgeht, ist wohl das von Geoffrey → Chaucer, der zahlreiche Nachahmer wie → Gower und → Lydgate fand (NORTH, Kal.). Nicht alle astrolog. Metaphorik des 14.Jh. kann jedoch auf die neuentdeckte arab. Lit. zurückgeführt werden.

Das schnelle Anwachsen des Ansehens der A. im 14.Jh. führte dazu, daß sie nicht nur in die Lit., sondern auch in Baukunst, Buchmalerei und andere Bildende Künste starken Eingang fand. Viele Leute hielten damals – und dasselbe gilt auch noch im 17.Jh. – ein → Horoskop in einem Kirchenfenster oder auf einem Grabstein nicht für unangemessen. Die großen astron. Uhren (→ Uhr), die sich seit dem 14.Jh. an Kathedralen wie St.Albans, Wells oder Straßburg befanden, waren voll von astrolog. Bildwerk. Die erste dieser Uhren baute → Richard v. Wallingford, der beste engl. Astronom des MA; sie enthielt ein Rad der → Fortuna.

Es wäre falsch zu glauben, daß die Astronomie nur der A. wegen erlernt worden wäre, doch war diese zweifellos eine verbreitete Rechtfertigung für ihr Studium. Wie die astron. Tafeln, die seit dem 14.Jh. in großer Zahl kopiert wurden, fand auch das hochkomplizierte Instrument des Richard v. Wallingford, gen. »Albion«, für astrolog. Berechnungen Verwendung, und Richard selbst schrieb zumindest ein astrolog. Werk, das »Exafrenon«. Ein weiteres Werk, das möglicherweise von ihm stammt, war einer Kgn. gewidmet, was uns an die Verbindung zahlreicher Astronomen mit kgl. oder fsl. Gönnern erinnert – z.B. Geoffroi de Meaux (Gaufredus de Meldis) mit Karl V. v. Frankreich, John Somer mit Johanna, Prinzessin v. Wales, Nicholas v. Lynn mit Johann v. Gaunt, John Holbrook mit Heinrich VI v. England, Johannes de Muris mit Philipp III. v. Navarra. Viele wie Geoffroi de Meaux waren Ärzte, die offensichtl. astrolog. Medizin praktizierten: John Somerset war Arzt Humphreys, Hzg.s v. Gloucester; Lewis v. Caerleon diente in dieser Eigenschaft mehreren Mitgliedern der engl. Königsfamilie; Gulielmo Parrono war Arzt Heinrichs VII. v. England. Die meisten von ihnen waren angesehene, ja gute Astronomen. Daß ebenso auch weniger seriöse Abenteurer an die Fürstenhöfe strömten, ist aus den Listen des → Simon de Phares ersichtlich (THORNDIKE III, Kap. 34).

Bei seinem Angriff auf die A., einem Angriff höchst rationaler und origineller Art, scheint es → Nikolaus v. Oresme v.a. darum gegangen zu sein, leichtgläubigen Fs.en die Augen zu öffnen, damit sie nicht auf die leeren Versprechungen der Astrologen hereinfielen (THORNDIKE III, Kap. 25, 28; PRUCKNER).

Die Polemik des Nikolaus v. Oresme war das Werk eines fähigen math. Geistes. Er wandte ein, daß in Anbetracht der Tatsache, daß die Planetenbewegungen inkommensurabel sind, strikte Wiederholungen der Konfigurationen der Planeten unmöglich sind und daher eine der Hauptannahmen der Astrologen wegfalle. Trotz dieser Argumentation basierten die meisten Einwände gegen die A. auch weiterhin auf der Behauptung ihrer spirituellen Gefährlichkeit. Keiner der Einwände erzielte dabei nachhaltige Wirkungen. Im Zusammenhang mit den umfassenden naturwissenschaftl. Bestrebungen der Universitäten setzte sich das Interesse an A. vielmehr während des ganzen 15. Jh. unvermindert fort, wie sich aus den überlieferten Hss. schließen läßt.

Im 16. Jh. erfolgte auf der höheren akadem. Ebene eine allmähl. Abschwächung der Popularität der A., doch war diese Entwicklung anscheinend weder durch eine rationale Kritik im Sinne des Nikolaus v. Oresme noch durch kopernikan. Einflüsse (wie oft behauptet worden ist) bedingt. Der Schüler des Kopernikus, Georg Joachim (Rheticus), war ein überzeugter Anhänger der traditionellen A. und wurde durch des → Pico della Mirandola »Disputationes adversus astrologos« irritiert, wobei er meinte, daß Pico seine Schrift nie verfaßt hätte, wenn er ein astron. System von der Zuverlässigkeit des kopernikan. kennengelernt hätte. Rheticus schuf schließlich eine neue Art von A., die die heliozentr. Astronomie mitberücksichtigte. Hierin folgten ihm viele Astrologen (NORTH, Richard v. Wallingford). Die Kirche der Gegenreformation, der von protest. Seite, weithin zu Unrecht, eine Begünstigung astrolog. Praktiken vorgeworfen wurde, nahm nach den Beschlüssen des Tridentinums und den päpstl. Bullen von 1586 und 1631 einen festen Standpunkt gegen die Geheimwissenschaften ein, wobei es die Inquisition allerdings vermied, gegen Astrologen, die ihre Künste lediglich in Haushalt, Privatleben und Medizin anwendeten, vorzugehen.

Trotz zahlreicher Angriffe blieb die A. am Ende des MA im wesentl. unangefochten. Sie verlor ihren Status als Gegenstand ernsthafter intellektueller Forschungen erst allmählich seit dem 17. Jh., als aus den vereinten Bemühungen von Astronomie und Naturphilosophie, eine intellektuell befriedigendere Kosmologie hervorging. Zu den Methoden und Techniken der A. und zu speziellen Fragen → Horoskop, → Astrolog. Medizin, → Planeten, → Tierkreis usw.

J. D. North

IX. ASTROLOGIE IM JUDENTUM: Obwohl im bibl. Schrifttum (→ Bibel) eher diskreditiert (vgl. Jer 10, 2 und Jes 47, 13), scheinen im Frühjudentum und bes. im Judentum der talmud. Zeit astrolog. Vorstellungen und Überzeugungen Allgemeingut weiter Kreise geworden zu sein, wobei man sich – zumindest in der Bildungsschicht – der Spannung zw. der traditionellen Gottesvorstellung (Gott als Herr der Geschichte) und astrolog. Konzeptionen durchaus bewußt war. Zur systemat. Ausbildung kam jedoch die A. im Judentum erst in islam. Zeit. Ihre bedeutendsten Vertreter sind hier → Māšā'allāh (im Osten) sowie → Abraham bar Ḥiyya und → Abraham ibn Ezra (im Westen), alle drei auch Astronomen von Rang (→ Astronomie). Von Māšā'allāh, der arab. schrieb, ist in hebr. und lat. Übersetzung u. a. ein »Buch der Befragungen« überliefert. Abraham bar Ḥiyya »Megillat ha-megallāh« ('Rolle des Enthüllers') enthält eine astrolog. Berechnung des Eintritts der messian. Zeit. Abraham ibn Ezra hat ein ganzes Corpus astrolog. Schriften hinterlassen, das der Traktat »Rē'šīt ḥokmāh« ('Anfang der Weisheit') anführt. Es ist sowohl ins Frz. als auch ins Lat. übersetzt worden und wird im hebr. wie im lat. Schrifttum (wo der Autor Avenezra oder Avenare, auch – wie Abraham bar Ḥiyya – Abraham Judaeus heißt) häufig zitiert. Der Glaube an den Einfluß und die Macht der Gestirne war im ma. Judentum weit verbreitet, und zwar in Gruppen unterschiedlichster Orientierung: sowohl im Bereich der → Mystik, einschließlich der → Kabbala (Buch → Jezira, → Zohar) wie auch in eher gemäßigten orthodoxen Kreisen (→ Saadja Gaon, Abraham ben David aus Posquières [12. Jh.]) und erst recht im Umkreis des Rationalismus oder Intellektualismus – die A. stellt hier alles andere als Obskurantismus, vielmehr den ernsten Versuch rationaler, d. h. die Kausalzusammenhänge bloßlegender Welterklärung dar (Abraham ibn Ezra, → Gersonides). Indes war → Maimonides ihr Gegner; doch ist sein Brief an die südfrz. Gemeinden, in dem er die A. einer durchgreifenden Kritik unterzieht, ohne größeren Einfluß geblieben.

H. Greive

Q. und Lit.: [allgemein und zu I]: F. BOLL, W. GUNDEL, G. BEZOLD, Sternglaube u. Sterndeutg., 1917 [1974] – DSB, passim – Encyclopaed. of religion and ethics, s. v. Astrology – RE II, 2, 1802–1828 – THORNDIKE, passim – E. RIESS, Nechepsonis et Petosiridis fragmenta magica, Philologus, Suppl. 6, 1891–93, 325–394 – A. BOUCHÉ-LECLERCQ, L'A. grecque, 1899 [Nachdr. 1963] – F. CUMONT, Astrology and religion among the Greeks and Romans, 1912 [Nachdr. 1960] – DERS., Astrologues romains et byzantins, MAH 37, 1918/19, 33–54 – W. GUNDEL, Dekane und Dekansternbilder, Stud. Bibl. Warburg, 1936 – DERS., Neue astrolog. Texte des Hermes Trismegistos, 1936 [Nachdr. 1978] – Ptolemy, Tetrabiblos, Loeb Class. Library, 1940 – C. NALLINO, Astrologia (presso i Musulmani) (Raccolta di Scritti 5, 1944), 1–44 – A.-J. FESTUGIÈRE, La révélation d'Hermès Trismégiste I: L'astrologie et les sciences occultes, 1950 – A. SACHS, Babylonian Horoscopes, J. Cuneiform Stud. 6, 1952, 49–75 – O. NEUGEBAUER, The Chronology of Vettius Valens' Anthologiae, Harvard Theol. Review 47, 1954, 65–67 – W. GUNDEL, Sternglaube, Sternreligion und Sternorakel. Aus der Gesch. d. A., 1933 (1959) – O. NEUGEBAUER-H. B. VAN HOESEN, Greek horoscopes, 1959 – W. KOCH-W. KNAPPICH, Horoskop und Himmelshäuser, 2 Bde, 1959, 1960 [Taf., Fig.] – J. M. MILLÁS VALLICROSA, Nuevos Estudios, 1960 – W. GUNDEL-H. G. GUNDEL, Astrologumena. Die astrolog. Lit. in der Antike und ihre Gesch., SudArch Beih. 6, 1966 – W. HARTNER, Oriens-Occidens, 1968 – B. L. VAN DER WAERDEN, Die »Ägypter« und die »Chaldäer«, SAH 1972/5 – Dorotheos of Sidon, Carmen astrologicum, ed. D. PINGREE, 1976 – [zu II]: F. CUMONT, L'astrologue Palchos, Rev. de l'instruction publ. en Belgique 40, 1897, 1–12 – DERS., Astrologues romains et byz., MAH 37, 1918/19, 33–54 – A. DELATTE-P. STROOBANT, L'horoscope de Pamprépios, professeur et homme politique de Byzance, Bull. de la classe des lettres… de l'Acad. Royale de Belgique (5) 9, 1923, 56–76 – R. GUILLARD, Essai sur Nicéphore Grégoras, 1926 – P. TANNERY-E. STEPHANOU, Quadrivium de Georges Pachymeres, StT 94, 1940 – H. G. BECK, Theodoros Metochites, 1952 – B. L. VAN DER WAERDEN, Die Handl. Taf. des Ptolemaios, Osiris 13, 1958, 54–78 – D. PINGREE, Gregory Chioniades and Palaeologan Astronomy, DOP 1964, 135–160 – DERS., The astrological school of John Abramius, DOP 1971, 189–215 – J. MOGENET, Les scolies astronomiques du Vat gr. 1291, Bull. de l'Inst. hist. belge de Rome, 1969, 69–91 – L. G. WESTERINK, Ein astrolog. Kolleg aus d. J. 564, BZ 64, 1971, 6–21 – [zu III–VIII]: H. DENIFLE-CHÂTELAIN, Chartularium Universitatis Parisiensis, 1889–97 – S. HAHN, Bradwardinus und seine Lehre, 1905 – Julii Firmici Materni Matheseos Libri VIII, ed. W. KROLL-F. SKUTSCH, 1907–13 – T. O. WEDEL, The medieval attitude toward astrology, 1920 [Nachdr. 1968] – H. PRUCKNER, Stud. zu den astrolog. Schriften des Heinrich v. Langenstein, 1933 – A. VAN DE VYVER, Les plus anciennes traductions latines médiévales (X–XIe s.) de Traités d'Astronomie et d'Astrologie, Osiris 1, 1936, 658–691 – G. K. BAUER, Sternkunde und Sterndeutung der Deutschen im 9.–14. Jh., Germ. Stud. 186, 1937 [Nachdr. 1967] – F. J. CARMODY, Arabic Astronomical and astrol. sciences in Latin translation. A critical bibliogr., 1956 – R. LEMAY, Abu Ma'shar and Latin Aristotelianism in the 12th cent., 1962 – J. M. MILLÁS VALLICROSA, Translations of Oriental scientific works (The Evolution of Science, hg. G. S. MÉTRAUX-F. CROUZET, 1963) – P. MCGURK, Catalogue of astrological and mythological illuminated mss. of the Latin MA, 4: Astrological mss. in Italian libraries (other than Rome), Warburg Inst., Univ. London, 1966 – M.-TH. D'ALVERNY, Astrologues et théologiens au XIIe s. (Mél. M. D. CHENU, 31–50), 1967 – J. D. NORTH, Kalenderes enlumyned ben they, RES 1969 [1970] – ULLMANN, Nat., bes. 271–358 – J. D. NORTH, Astrology and the fortunes of churches (Proc. Ecclesiastical Hist. Congr. held in Oxford, 1974) – DERS., Richard of Wallingford, 1976 – *[zu IX]* : EJud (engl.) III, 788–795 – L. LÖW, Die A. bei den Juden (Ges. Schr. II, 1890), 115–131 – STEINSCHNEIDER, Übers., 525–531, 599–603 – BARON VIII, 175–184.

Astrologische Medizin. Die A. M. beruht auf Einheit und Entsprechung von Makrokosmos und Mikrokosmos. Dieses Weltbild lag den verschiedenen ma. Kulturen des Mittelmeerraumes – der arabischen, hebräischen und christlichen – zugrunde. Bis zum 15. Jh. bleibt die A. M. mit der →Astronomie, der →Astrologie im engeren Sinne, der ma. Heilkunde, aber auch einer spezif. Vorbedeutungs- und Wunderkalenderliteratur verbunden. Ihre krit. Situation muß demnach im Zusammenhang mit jener Entwicklung betrachtet werden, welche die Astronomie selbst wie auch die ma. Medizin seit dem 12./13. Jh. erlebt hat. Beide Disziplinen werden von einer Fülle neuer Entdeckungen und der Bestätigung neuer Tatsachen überwältigt. – Die Hauptbegriffe, die dazu dienen, den Makrokosmos mit dem Mikrokosmos in Verbindung zu setzen, finden sich in der Lehre von den Elementen, den Körpersäften, den natürl. Fähigkeiten und den Qualitäten, aus denen jeder irdische oder himml. Körper besteht. Eine wichtige Rolle spielen sowohl der Glaube, daß die himml. Körper mittels der Astronomie von unseren Sinnen betrachtet werden konnten, als auch die Überzeugung, die Elemente des Makrokosmos übten auf die Vitalkräfte der kleinen Welt einen Einfluß aus. Der Glaube an die Wirksamkeit solcher Einflüsse auf Zeugung und Geburt des Menschen brachte die A. M. nicht zuletzt auch mit den kirchl. Autoritäten in Widerspruch. Um die Mitte des 13. Jh. verfügte der europ. Arzt über ein geschlossenes Corpus an Astrologie antiker, fernöstl., arab. und hebr. Provenienz, wie es als Folge der verschiedenen Rezeptions- und Assimilationsprozesse in den antiken und oriental. Naturwissenschaften entstanden war (→ Astrologie, →Astronomie). Dieses komplizierte, in sich recht widerspruchsvolle Corpus unterlag einem durchgehenden Verarbeitungsprozeß, in welchem die Überlieferung hippokrat. Schriften, die Rolle der Prognose im Verhältnis zu den Epidemien und der sog. »kritischen Tagen« wie auch die individuellen Horoskope und persönl. Schicksalsdeutungen zusammenkamen. Es gab im späten MA kaum einen Arzt oder Chirurgen, der sich nicht bei Ätiologie, Diagnose, Prognose und Therapeutik konkreter astrolog. Kriterien bediente. Während des 14./15. Jh. erfährt die A. M. zudem eine regionale und institutionelle Ausweitung; sie wird – nicht ohne Widerspruch – in die med. Fakultäten eingeführt. L. García Ballester
Lit.: CH. A. MERCIER, Astrology in Medicine, 1914 – THORNDIKE, passim – W. GUNDEL-H. G. GUNDEL, Astrologumena, 1966, SudArch, Beih. 6.

Astronomie
I. Spätgriechische und byzantinische Astronomie – II. Indische Astronomie – III. Persische Astronomie – IV. Arabische Astronomie – V. Astronomie im Judentum – VI. Astronomie im Abendland.

I. SPÄTGRIECHISCHE UND BYZANTINISCHE ASTRONOMIE: Das für das MA maßgebende →Weltbild war dasjenige, das →Ptolemaios im »Almagest« und in den »Hypothesen der Planeten« erklärt hat. Die kugelförmige Erde ruht in der Mitte. Um diese lagern sich die Planetensphären, die man sich als kristallene Kugelschalen vorstellt, in der Reihenfolge: Mond Merkur Venus Sonne Mars Jupiter Saturn. Ganz außen dreht sich die »achte Sphäre«, die Fixsternsphäre, die in ihrer tägl. Bewegung alle inneren Sphären mitnimmt. Nach der Lehre von den »Hypothesen« schließen die Planetensphären sich lückenlos aneinander an. Die »Hypothesen« sind nur arab. erhalten.

Dazu kommen bei Ptolemaios Annahmen über die Kreisbewegung der Planeten (→ Planetenbewegung). Jeder Planet bewegt sich zw. der äußeren und der inneren Grenzfläche seiner Sphäre auf einem kleinen Kreis, einem Epizykel, dessen Mittelpunkt auf einem größeren, exzentrischen Kreis um die Erde herumläuft. Die Bewegung des Epizykelmittelpunktes auf dem Exzenter ist aber nicht gleichmäßig, sondern so, daß sie, von einem außerhalb des Mittelpunktes gelegenen »Ausgleichspunkt« (punctum equans) aus gesehen, gleichmäßig erscheint. Die Bewegungen des Mondes und des Planeten Merkur sind noch komplizierter. Auf Grund dieser Hypothesen kann man nach Ptolemaios die Planetenpositionen für jeden beliebigen Augenblick berechnen.

In der Zeit nach Ptolemaios diente die A. v. a. der →Astrologie. Die Werke des Ptolemaios, bes. der Almagest und die »Handlichen Tafeln«, wurden in Alexandria und Byzanz studiert, ergänzt und kommentiert. Erhalten sind die Kommentare zum Almagest von Pappos und von →Theon v. Alexandria sowie eine anonyme Einführung (Prolegomena) zum Almagest mit Beobachtungen von →Heliodoros aus den Jahren 498 und 509. Theon hat auch einen kleinen und einen großen Kommentar zu den Handlichen Tafeln geschrieben. Diese Tafeln wurden von den byz. Astrologen viel benutzt: die in ihnen enthaltene Königsliste wurde bis in die spätbyz. Zeit fortgesetzt. Stephanos v. Alexandria, der unter dem Ks. Heraklios (610–641) nach Byzanz kam, schrieb einen Kommentar zu den Handlichen Tafeln (H. USENER, Kleine Schr. III, 294–317).

Eine byz. Tafel für die Eintrittszeiten der Sonne in die Zeichen des Tierkreises (ed. F. BOLL, SBA 1899, 77) beruht auf der Sonnentheorie von Hipparchos und Ptolemaios. Eine Hs. des Almagest (Vaticanus Gr. 1594) stammt aus dem Besitz Ks. Leons des Philosophen (886–912). 1158 schenkte Manuel I. Komnenos dem norm. Fs.en Wilhelm I. eine Almagesthandschrift (Marcianus 314, geschrieben im 10. Jh.). Eutokios, Johannes Tzetzes, →Theodoros Metochites, Nikolaos Kabasilas und →Isaak Argyros schrieben Kommentare zu den Schriften des Ptolemaios. G. Akropolites beobachtete am 3. Juni 1239 eine Sonnenfinsternis. Sein Lehrer Nikephoros Blemmydes, der Autor einer »Epitome physica«, beobachtete am 18. Mai 1258 eine Mondfinsternis. Nikephoros Gregoras schrieb über Finsternisse und über das →Astrolabium.

Im 14. Jh. wurden auch arab. und pers. astronom. Schriften in Byzanz bekannt. →Theodoros Meliteniotes schrieb um 1350 »Astronomikē tribiblos«, nach KRUMBACHER »das umfangreichste und gelehrteste Werk der byz. Zeit«.

II. INDISCHE ASTRONOMIE: G. THIBAUT unterscheidet drei Phasen der ind. A.: die vedische, die mittlere und die dritte Periode. Die vedische Kosmologie ist sehr primitiv. Die A. der mittleren Periode ist stark von der babylon. A. beeinflußt (V. D. WAERDEN, Science). In der dritten Periode treten Epizykel und trigonometr. Rechnungen auf: Die A. dieser Periode beruht auf der gr. A. aus der Zeit vor Ptolemaios.

Die frühe pers. und arab. A. wurde von zwei Autoren am Anfang der dritten Periode stark beeinflußt: Āryabhaṭa (um 500) und Brahmagupta (um 630).

Āryabhaṭa hat zwei astronom. Systeme aufgestellt, die sich nur in Einzelheiten unterscheiden. Das erste, das »Mitternachtsystem«, das von der Annahme einer Konjunktion aller Planeten in der Nacht zum Freitag, 18. Februar, 3102 v. Chr. ausgeht, ist in seinen Grundzügen aus der Abhandlung »Khaṇḍakhādyaka« von Brahmagupta bekannt. In dieser Abhandlung gibt Brahmagupta Rechenvorschriften, die, wie er sagt, dieselben Planetenpositionen liefern wie das Mitternachtsystem. Den Arabern war diese Abhandlung unter dem Namen »Arkand« bekannt. Das zweite, verbesserte System hat Āryabhaṭa selbst in seinem Hauptwerk »Āryabhaṭīya« beschrieben. In diesem System findet die Konjunktion des Jahres 3102 sechs Stunden später statt, beim Sonnenaufgang am Freitagmorgen. Die Kalendermacher der Tamilen in Südindien haben dieses System mit kleinen Korrekturen bis in das 19. Jh. zur Vorausberechnung von Mond- und Sonnenfinsternissen verwendet. – Āryabhaṭa nahm eine Achsendrehung der Erde an.

Brahmagupta's Hauptwerk »Brāhma-sphuṭa-siddhānta« (geschrieben 628) beruht auf der Annahme einer kosmischen Periode von 4320 Millionen Jahren. Das Werk war den Arabern unter dem Namen »Sindhind« bekannt.

Alle späteren astronom. Systeme der Inder sind nach BILLARD als Modifikationen der Systeme von Āryabhaṭa und Brahmagupta zu verstehen. Durch Korrekturglieder hat man die älteren Systeme jeweils den Beobachtungen angepaßt.

III. PERSISCHE ASTRONOMIE: Unter dem Sassanidenherrscher Šāpūr I. (241-272) wurden griech. astronom. und astrolog. Werke ins Mittelpersische übersetzt, darunter (nach einem Bericht im Dēnkart) der Almagest des Ptolemaios. Um 450 haben die Perser nach → Ibn Yūnus das → Apogäum der Sonne beobachtet. Wie al-Bīrūnī uns mitteilt, rief → Ḫosrau Anūširwān i. J. 556 die Astronomen des Perserreiches zusammen und gab ihnen den Auftrag, die »Tafeln des Šāh« zu verbessern. Man stand vor der Wahl, die neuen Tafeln nach der Berechnungsweise des Ptolemaios oder nach dem Arkand, d. h. nach dem Mitternachtsystem des Āryabhaṭa, zu berechnen. Man entschied sich für den Arkand. In der Tat stimmen die »Tafeln des Šāh« in vielen Punkten mit dem Mitternachtsystem überein. Unter Yazdagird III. (632-642) wurden die Tafeln erneut verbessert. Sie wurden ins Arab. übersetzt und von den Astronomen und Astrologen in der Frühzeit der arab. A. viel benutzt.

IV. ARABISCHE ASTRONOMIE: Unter den islam. Mathematikern und Astronomen findet man von Anfang an neben Arabern auch Perser, Juden, Sabier wie → Ṯābit ibn Qurra und al-Battānī, Chwarezmier und andere. Es ist aber üblich, nur von »arabischer Astronomie« zu sprechen. Die folgende Übersicht beruht hauptsächl. auf den Monographien von SUTER, KENNEDY und SEZGIN. Die Geschichte der arab. Sternnamen ist kompliziert und liegt trotz der grundlegenden Arbeiten von P. KUNITZSCH noch teilweise im dunklen (→ Sternbilder). Wir beschränken uns daher auf die Planeten-Astronomie, die wegen ihrer Wichtigkeit für die Astrologie von den islam. Fs.en sehr gefördert wurde.

Die Planetenastronomie begann unter dem Kalifen al-Manṣūr (754-775) in Bagdad und erreichte unter al-Ma'mūn (813-833) ihre erste Blüte. Ind., pers. und griech. astron. Werke wurden übersetzt und kommentiert. Beobachtungen wurden gemacht und Tafeln hergestellt.

Nach einer Vermutung von PINGREE (JAOS 93) wurde bereits 735 ein Tafelwerk namens »Zīğ al-Arkand« verfaßt, das auf dem Khaṇḍakhādyaka von Brahmagupta beruhte. Etwas später erfolgte die Übersetzung der »Tafeln des Šāh« aus dem Mittelpersischen. Ein Inder überbrachte dem Kalifen al-Manṣūr einen »Siddhānta«, d. h. ein ind. Handbuch der A. Man nimmt allgemein an, daß es sich um den »Brāhma-sphuṭa-siddhānta« von Brahmagupta handelte. Noch vor 770 wurde das Werk übersetzt. Auf Grund dieses Handbuches, das »Sindhind« genannt wurde, wurden mehrere Tafelwerke hergestellt, das erste wahrscheinl. von al-Fazārī, ein anderes von Ya'qūb ibn Ṭāriq, der dabei war, als der Inder den Siddhānta überreichte. Die Tafeln von → al-Ḫwārizmī (KENNEDY, Tables Nr. 21 und § 6) verwenden pers., ind. und gr. Methoden.

→ Ḥabaš al-Ḥāsib, »der Rechner«, der zw. 825 und 870 drei Tafelwerke verfaßt hat, erwähnt als existierende Tafelwerke den »Sindhind«, den »Arkand« und die »Tafeln des Šāh«, erklärt aber dann, der Almagest sei allen diesen überlegen. Vom Almagest gab es eine »alte Übersetzung« von al-Ḥasan ibn Qurais. Nachher kamen bessere Übersetzungen von al-Ḥaǧǧāǧ und Isḥāq ibn Ḥunain. Die letztere wurde von → Ṯābit ibn Qurra verbessert.

Unter al-Ma'mūn erhielt eine Kommission unter der Leitung von Yaḥyā ibn abī Manṣūr den Auftrag, neue Beobachtungen anzustellen und bessere Tafeln zu berechnen. Die Beobachtungen wurden, wie → al-Bīrūnī uns mitteilt, zunächst um 830 in Bagdad angestellt, in einem Observatorium beim Tore Šammāsiya. Nach → Ibn Yūnus wurden nur die Sonne und der Mond beobachtet. Um diese Zeit wurde auch eine → Erdmessung veranstaltet.

Für die Bestimmung des Apogäums der Sonne entwickelten die Astronomen in Bagdad die »Methode der vier fuṣūl«, die genauer ist als die von Hipparchos benutzte, bei Ptolemaios beschriebene Methode. Hipparchos hatte zwei Äquinoktien und ein Solstitium beobachtet. Die Araber beobachteten die Augenblicke, in denen die Sonne die Längen 45°, 135°, 225° und 315° erreicht, und berechneten daraus Apogäum und Exzentrizität der Sonnenbahn (vgl. HARTNER-SCHRAMM).

Nach dem Tode Yaḥyās wurden die astronom. Beobachtungen in Damaskus fortgesetzt. Auf Grund dieser Beobachtungen und der Theorie des Almagest wurden »erprobte Tafeln« (al-zīğ al-mumtaḥan, tabulae probatae) zusammengestellt. Die älteren Tafeln dieser Art, die Ma'mūnischen oder Šammāsiya-Tafeln beruhten auf den Beobachtungen am Tore Šammāsiya (KENNEDY, Tables Nr. 51 und § 5). Die späteren, verbesserten Damaskus-Tafeln wurden von → Ḥabaš berechnet (KENNEDY, Tables Nr. 15 und 16, § 7 und § 8).

Im 9. Jh. wirkte auch → al-Farġānī (Alfraganus), der einen Auszug aus dem Almagest schrieb. Das Werk wurde in mehrere Sprachen übersetzt und bildete für → Dante eine wichtige Quelle.

→ Ṯābit ibn Qurra (826-901) war ein bedeutender Mathematiker und Astronom und ein vorzügl. Kenner der gr. Mathematik. In seinem Buch »Über die Bewegung der achten Sphäre« entwickelte er eine neue Theorie der → Präzession der Äquinoktien.

Der nächste bedeutende Astronom war → al-Battānī (Albategnius), der in Raqqa am oberen Euphrat Beobachtungen anstellte und ein großes »Opus astronomicum« schrieb, in dem die Theorie des Ptolemaios in einigen Punkten verbessert wurde. Jedes Kapitel dieses Werkes besteht aus einem theoret. Teil (meist eine vereinfachte Darstellung der Theorie des Ptolemaios) und einer Gebrauchsanweisung zu den beigefügten Tafeln.

In der Folge wurden vielerorts Observatorien (→ Observatorium) gebaut und mit immer besseren Instrumenten Beobachtungen angestellt. Die trigonometr. Rechenmethoden des Ptolemaios wurden verbessert (→ Trigonometrie). Auf Grund der neuen Beobachtungen und Rechenmethoden wurden immer genauere Tafeln hergestellt. Hervorragende Tafelwerke sind: der Zīğ al-Ḥākimī (Hakemitische Tafeln) von → Ibn Yūnus (um 990), der Mas'ūdische Kanon von al-Bīrūnī (um 1030) und der Zīğ as-Sanǧarī von → al-Ḫāzinī (um 1120), der auch in Byzanz benutzt wurde.

Die Frage der Bewegung der Erde wurde vom 9. Jh. an immer wieder diskutiert. Man wußte, daß Āryabhaṭa eine Achsendrehung der Erde angenommen hatte, aber die heliozentr. Hypothese des Aristarchos v. Samos kannte man anscheinend nicht. Die Argumente für und gegen die Erdbewegung wurden von → al-Bīrūnī in der Schrift »Über die Ruhe oder Bewegung der Erde« und von → Ibn al-Haiṯam (Alhazen) in dessen Almagestkommentar diskutiert. Beide Forscher haben schließlich (wie Ptolemaios) die Erde als ruhend angenommen.

Der große Naturforscher Ibn al-Haiṯam (um 1010) hat in seiner Schrift »Über die Zweifel an Ptolemaios« darauf hingewiesen, daß bei Ptolemaios das Prinzip der gleichmäßigen Kreisbewegung mehrmals verletzt wird. Das wurde als Mangel empfunden. → Naṣīraddīn aṭ-Ṯūsī, der um 1270 in Marāġa im Iran wirkte, hat es unternommen, durch Einführung von weiteren Epizyklen die gleichmäßige Kreisbewegung zu retten. Seine Modelle für die Bewegung des Mondes und der Planeten beruhen auf einem Lemma, das auch von Kopernikus benutzt wurde. Es besagt: Wenn ein Kreis in einem doppelt so großen Kreis abrollt, so durchläuft jeder Punkt des kleineren Kreises einen Durchmesser des großen Kreises in oszillierender Bewegung. Naṣīrs Schüler Quṭbaddīn v. Šīrāz und der berühmte Astronom → Ibn aš-Šāṭir v. Damaskus (um 1350) haben weitere Planetentheorien aufgestellt, in denen nur gleichmäßige Kreisbewegungen vorkommen. Die geometr. Konstruktionen von Kopernikus weisen eine auffallende Ähnlichkeit mit denen von Naṣīraddīn und Ibn aš-Šāṭir auf.

Die īlḫānischen Tafeln von aṭ-Ṯūsī wurden vom Pers. ins Arab. übersetzt und viel benutzt. Einen Teil der Tafeln hat John Greaves (Gravius) ins Lat. übersetzt. → Al-Kāšī (gest. 1429), der Leiter des Observatoriums von → Uluġ Beg in Samarqand, lobte die Tafeln, verbesserte jedoch ihre Fehler in seinem Tafelwerk Zīǧ-i Ḫāqānī (KENNEDY, Tables Nr. 12 und § 15). Nach al-Kāšīs Tod vollendeten die Astronomen in Samarqand sein Werk und brachten die berühmten Tafeln von Uluġ Beg (KENNEDY, Tables Nr. 12 und § 16) heraus, die in viele Sprachen übersetzt wurden. Sie enthielten eine Fixsterntafel, die genauer war als alle ihre Vorgänger. B. L. van der Waerden

V. ASTRONOMIE IM JUDENTUM: Soweit im vorma. Judentum astronom. Kenntnisse verbreitet waren, standen sie v. a. im Dienst der Berechnung des → Festkalenders. Am Aufschwung der A. im ma. Islam haben dann jedoch Juden – nun auch in zunehmendem Maße zu astrolog. Zwecken (→ Astrologie) – regen Anteil genommen. Namhafte jüd. Astronomen des MA sind → Māšā'allāh, dessen hebr. Name unbekannt ist, → Abraham bar Ḥiyya und → Abraham ibn Ezra, beide von zentraler Bedeutung für die Vermittlung astronom. und astrolog. Kenntnisse an das lat. MA, sowie Isaak ben Josef Israeli, dessen 1310 verfaßtes Handbuch »Yᵉsôd 'ôlām« ('Fundament der Welt') weite Verbreitung gefunden hat. Den eigenständigsten jüd. Beitrag zur A. des MA hat indes Levi ben Gerson (→ Gersonides) geleistet. Der (umfangreiche) erste Teil des fünften Buches seines Werkes »Milḥāmôt 'ᵃdonāy« ('Die Kämpfe Gottes'), in welchem er seine astronom. Forschungen mitteilt und der auch unter dem Titel »Sefär hat-tᵉkûnāh ('Buch der Astronomie')« bekannt ist, wurde bereits zu seinen Lebzeiten (nämlich 1342) teilweise, im 15. Jh. vollständig ins Lat. übersetzt. Die Schrift enthält eine Reihe von Korrekturen astronom. Messungen, auch Ausführungen zu dem von Gersonides entwickelten → »Jakobstab« zur Messung von Sehwinkeln.

Eine große Zahl von Juden war an Übersetzungen arab. Werke (teilweise über das Hebr.) ins Lat. beteiligt; darunter bes. → Jakob (ben Abbamari ben Simson) Anatoli und Jakob ben Machir ibn Tibbon (13./14. Jh.). H. Greive

VI. ASTRONOMIE IM ABENDLAND: Das Weltbild der Griechen wurde im frühen MA durch Kompendien wie »De natura rerum« von → Isidor v. Sevilla und »De natura rerum« von → Beda venerabilis bekannt. In der Mitte dachte man sich die kugelförmige (nicht flache!) Erde, darum herum die Sphären der Planeten und der Fixsterne, darüber die Sphäre des bibl. »Wassers über dem Himmel«.

Die arab. A. erreichte das Abendland zuerst auf dem Weg über Spanien. Um 980 dürfte → Gerbert v. Aurillac nach Spanien gereist sein und dort von der arab. Mathematik und Astronomie erfahren haben. Eine Abhandlung über das Astrolabium wird ihm zugeschrieben. Er war auch der erste, der die ind.-arab. Ziffern in Westeuropa bekannt machte.

Um 1000, unter dem Kalifat v. Córdoba, brachte Maslama → al-Maǧrīṭī eine Neubearbeitung der Tafeln von → al-Ḫwārizmī heraus. Dieses Tafelwerk wurde sehr populär: → Adelard v. Bath hat es ins Lat. übersetzt.

Ibn as-Samḥ, ein Schüler von Maslama, schrieb eine Abhandlung über das Astrolabium. Er berechnete auch astronom. Tafeln und schrieb 1025 eine Abhandlung über das Äquatorium.

Al-Ġayyānī, aus Jaén in Andalusien, vervollständigte und vereinfachte die Tafeln von al-Ḫwārizmī. Seine Tafeln, die »Tabulae Jahen«, wurden von → Gerhard v. Cremona ins Lat. übersetzt. Al-Ġayyānī beobachtete am 1. Juli 1079 in Jaén eine totale Sonnenfinsternis und schrieb eine Abhandlung darüber, die ebenfalls von Gerhard übersetzt wurde.

Mittels des Astrolabiums bestimmte → Walcher v. Malvern die Zeit einer Mondfinsternis, die er 1092 in Italien beobachtete. Derselbe Walcher berechnete eine Vollmondtafel für die 76-jährige Periode 1036–1112.

Der gelehrte → Qāḍī Ṣā'id aus Córdoba hat in seinem Buch »Über die Verbesserung der Bewegungen der Gestirne und die Irrtümer der Astronomen« auf die Fehler aufmerksam gemacht, die Maslama in den Tafeln des Ḫwārizmī stehen gelassen hatte. Er war ein eifriger Beobachter, der Muslime und Juden zu seinen Beobachtungen heranzog. Sein begabtester Mitarbeiter war → al-Zarqālī, ein Graveur in Toledo. Dieser verfertigte ein vielbewundertes Instrument, eine Variante des Astrolabiums, die Ṣafīḥa (wörtlich Scheibe, lat. Saphaea Arzachelis). Zunächst unter der Leitung des Qāḍī Ṣā'id, später selbständig, stellte er Beobachtungen an. Aus der Zusammenarbeit der beiden Männer gingen um 1070 astronom. Tafeln hervor, die berühmten »Toledanischen Tafeln«, die teils auf den Tafeln von al-Ḫwārizmī beruhten, in den wichtigsten Teilen aber auf denen von al-Battānī. Die toledan. Tafeln wurden von Gerhard v. Cremona übersetzt und im ganzen Abendland viel benutzt, bis sie durch die noch besseren und bequemeren Alfonsinischen Tafeln verdrängt wurden. Auf Grund der toledan. Tafeln wurden allerorts weitere Tafeln und Almanache berechnet, z. B. Tafeln für die Meridiane von Barcelona, Marseille und Toulouse, ein »Almanaque perpetuo« von Profatius Judaeus (→ Jakob b. Maḥir b. Tibbon), ein Almanach für 1292 von → Wilhelm v. St-Cloud usw. (→ Tafeln, astronomische). → Al-Biṭrūǧī von Córdoba (Alpetragius) stellte ein astronom. System auf, in dem nur konzentr. rotierende Sphären vorkamen, nach dem Vorbild der »homozentrischen Sphären« von Eudoxos, Kallippos und Aristoteles.

Im 12. Jh. fing man an, arab. astronom. Abhandlungen

ins Lat. zu übersetzen. So wurden die »Elemente der Astronomie« von al-Farġānī zweimal übersetzt, einmal 1137 von → Johannes v. Sevilla und später von Gerhard v. Cremona. Jener Johannes übersetzte auch den theoret. Textteil des Opus astronomicum von al-Battānī und schrieb über die Differenzen zw. astronom. Theorien.

Der wichtigste, aber auch schwerste Schritt war die Übersetzung des Almagest. Am meisten benutzt wurde die Übersetzung des Gerhard v. Cremona (1175).

Nach 1230 wurde A. ein Unterrichtsfach an den Universitäten. Die Schriften von → Johannes de Sacrobosco (John of Holywood), der seit 1230 in Paris lehrte, insbes. sein »Tractatus de sphaera«, finden sich in vielen Manuskriptsammlungen zusammen mit Schriften von → Robert Grosseteste und anderen. In einer anonymen Schrift »Theorica planetarum« wurden die Grundbegriffe der Planetentheorie nach dem Almagest erklärt (vgl. PEDERSEN, Corpus).

Ein anderes Werk mit dem gleichen Titel »Theorica planetarum« wurde 1250 von → Campanus v. Novara geschrieben. Der Hauptinhalt ist eine Beschreibung des Äquatoriums. Derselbe Campanus schrieb weitere astronom. Abhandlungen und berechnete Tafeln für den Meridian v. Novara.

Um 1250 sammelte der kast. Kg. → Alfons X. der Weise ein Kollegium von arab., jüd. und chr. Gelehrten um sich, die dann die vorwiegend auf arab. Werken beruhenden → »Libros del Saber de Astronomía« und die »Alfonsinischen Tafeln« produzierten. Der kast. Text dieser Tafeln ist verloren, aber zw. 1320 und 1350 erschienen in Paris, Oxford und London mehrere Tafelwerke, die alle auf den Alfonsinischen Tafeln beruhten. – Der Leiter der Pariser Schule war Johannes de Lineriis. Unter seinen Schülern sind Johannes de Muris und Johannes de Saxonia hervorzuheben. → Joh. de Lineriis brachte zw. 1320 und 1327 drei ganz verschiedene Tafelwerke heraus, von denen wenigstens die letzten beiden auf den Alfonsin. Tafeln beruhen. Er schrieb eine Abhandlung über die Planetenbewegung, eine über die Saphaea Arzachelis und zwei über das Äquatorium. – → Johannes de Muris stellte in der Zeit von 1318 bis 1344 zahlreiche astronom. Beobachtungen an. 1321 schrieb er eine »Expositio tabularum Alfonsii«, 1339 brachte er eine neue Fassung der Alfonsin. Tafeln heraus. – → Johannes de Saxonia, Schüler des Johannes de Lineriis, verfaßte 1327 eine Neufassung der Alfonsin. Tafeln, die 1483 gedruckt wurde. – An der Univ. Wien lehrte → Johannes v. Gmunden 1416-1425 Mathematik und Astronomie. Er berechnete Tafeln und schrieb über die Planetentheorie und über astronom. Instrumente. Ebenfalls in Wien lehrte → Georg v. Peuerbach, der zusammen mit seinem Schüler → Regiomontanus (Johannes Müller von Königsberg) Finsternisse, Kometen und Sonnenhöhen beobachtete. In seiner Schrift »Theorica novae planetarum« (1454) verbesserte G. v. Peuerbach die alte anonyme »Theorica planetarum«. Nach G. v. Peuerbachs Tod (1461) ging Regiomontanus mit dem Kardinal → Bessarion nach Italien, lernte Gr. und studierte Ptolemaios im Urtext. Von 1471 bis 1475 war Regiomontanus in Nürnberg tätig. Mit seinem Schüler Bernhard Walter stellte er Beobachtungen an, die nach seinem Tod (1476) von Walter fortgesetzt wurden. In seinem Haus in Nürnberg hatte Regiomontanus eine Druckkerpresse. Er druckte die Theoricae novae seines Lehrers G. v. Peuerbach sowie seine eigenen »Ephemeriden« und andere Werke. Aus der »Epitome in Almagestum« von G. v. Peuerbach und Regiomontanus, einer Neubearbeitung des Almagest, die nach dem Tod von Regiomontanus in Venedig gedruckt wurde, schöpft Kopernikus, der um 1500 als Student in Bologna die Epitome studierte, wichtige Anregungen. B. L. v. d. Waerden

Lit.: zu [I]: KRUMBACHER, passim – F. BOLL, Beitr. zur Überlieferungsgesch. der gr. Astrologie und A., SBA.PPH 1899, 77–140 – A. ROME, Les commentaires de Pappus et de Théon d'Alexandre sur l'Almageste, 3 Bde, StT 1931-43 – B. L. v. D. WAERDEN, Eine byz. Sonnentafel, SBA. Math.-nat. 1954, 159–168 – O. NEUGEBAUER, Stud. in Byzantine Astronomical Terminology, Transact. American Philos. Soc. 50, 1960, T. 2 – D. PINGREE, Gregory Choniades and Palaeologan Astronomy, DOP 18, 1964, 135–160 – B. GOLDSTEIN, The Arabic Version of Ptolemy's Planetary Hypotheses, Transact. American Philos. Soc. NS 57, 1967, T. 4 – O. PEDERSEN, A Survey of the Almagest, 1974 – O. NEUGEBAUER, A Hist. of Ancient Mathematical Astronomy, 3 Bde, 1975 [Bibliogr.] – J. MOGENET, L'influence de l'a. arabe à Byzance du IXe au XIVe s. (Univ. Catholique de Louvain, Centre d'Hist. des Sciences et des Techniques, Colloques d'hist. des sciences, 1976), 45–55 – Lit.: zu [II]: DSB 15, 533–633 [D. PINGREE] – G. THIBAUT, A., Astrologie und Mathematik (Gdr. der Indo-Arischen Philologie und Altertumskunde III, H. 9, 1899) – W. E. CLARK, The Āryabhaṭīya of Āryabhaṭa, 1930 – P. C. SENGUPTA, The Khandakhadyaka of Brahmagupta, 1934 – B. L. v. D. WAERDEN, Tamil Astronomie, Centaurus 4, 1956, 221–234 – R. BILLARD, L'a. indienne, 1971 – B. L. v. D. WAERDEN, Science Awakening II, 1974 – Lit.: zu [III]: E. S. KENNEDY, The Sasanian Astronomical Handbook Zīj-i Shāh, JAOS 78, 246 ff. – D. PINGREE, Astronomy and Astrology in India and Iran, Isis 54, 1963, 229–246 – J. J. BURCKHARDT-B. L. v. D. WAERDEN, Das astronom. System der pers. Tafeln I, Centaurus 13, 1968, 1–28 – Lit.: zu [IV]: EI², s. v. 'Ilm-al-hay'a – C. NALLINO, Al-Battānī sive Albatenii. Opus astronomicum, 3 Bde, 1899-1907 – H. SUTER, Die Mathematiker und Astronomen der Araber und ihre Werke, Abh. zur Gesch. der math. Wiss. 10, 1900 – E. B. KNOBEL, Ulugh Beg's Catalogue of Stars, 1917 – Storia dell'astronomia presso gli Arabi nel Medio Evo (C. NALLINO, Raccolti di Scritti V, 1944), 88–329 – E. S. KENNEDY, A Survey of Islamic Astronomical Tables, Trans. Amer. Philos. Soc. 46, 1956, 121–177 – A. SAYILI, The Observatory in Islam, 1960 – P. KUNITZSCH, Unters. zur Sternnomenklatur der Araber, 1961 – O. NEUGEBAUER, Thābit ben Qurra »On the Solar Year« and »On the Motion of the Eighth Sphere«, Proceedings American Philos. Soc. 106, 1962, 264–299 – W. HARTNER–M. SCHRAMM, Al-Bīrūnī and the Theory of the Solar Apogee (Scientific Change, hg. A. C. CROMBIE, 1963) – E. S. KENNEDY, Late Med. Planetary Theory, Isis 57, 1966, 365–378 – W. HARTNER, Naṣīr al-Dīn al Ṭūsī's Lunar Theory, Physis 11, 1969, 287–304 – E. S. KENNEDY, Al-Bīrūnī's Masudic Canon, Quarterly J. Amer. Univ. Beirut 24, 1971, 59–81 – P. KUNITZSCH, Der Almagest in arab.-lat. Überlieferung, 1974 – W. HARTNER Ptolemy, Azarquiel, Ibn al-Shāṭir and Copernicus on Mercury, A Study of Parameters, AIHS 24, 1974, 5–25 – D. KING, On the Astronomical tables of the Islamic MA (Colloquia Copernicana 3, 1975), 37–56 – R. MERCIER, Stud. in the Med. Conception of Precession, AIHS 26, 1976, 197–220; 27, 1977, 33–71 – W. HARTNER, The Role of Observations in Ancient and Med. Astronomy, JHA 8, 1977, 1–11 – SEZGIN VI – Lit.: zu [V]: EJud III, 591-607 – EJud (engl.) III, 795–807 – STEINSCHNEIDER, Übers., 502–649 – Lit.: zu [VI]: J. B. J. DELAMBRE, Hist. de l'a. du MA, 1819 [Nachdr. 1965] – M. RICO Y SINOBAS, Libros del Saber de Astronomía del rey Alfonso X, 5 Bde, 1863-67 – DUHEM – E. ZINNER, Verz. der astronom. Hss. des dt. Kulturgebietes, 1925 – DERS., Leben und Wirken des Johannes Müller v. Königsberg, 1938 – L. THORNDIKE, The sphere of Sacrobosco and its commentators, 1949 – J. M. MILLÁS VALLICROSA, Estudios sobre Azarquiel, 1950 – F. J. CARMODY, Arabic Astronomical and Astrological Sciences in Latin Translation. A critical bibliogr., 1956 – E. ZINNER, Dt. und ndl. astronom. Instrumente des 11.-18. Jh., 1956, 1967² – O. NEUGEBAUER, The Astronomical Tables of al-Khwārizmī, Hist.-Filos. Skrifter Danske Vidensk. Selsk. 4, Nr. 2, 1962 – THORNDIKE-KIBRE – E. POULLE, Activité astronomique à Cracovie au XVe s. Actes XIe Congr. Internat. Hist. Sci., 1965 (publ. 1968), 3, 45–50 – DERS., A. théorique et a. pratique au MA (Conférence donnée au Palais de la Découverte, 1967) – F. S. MASCIA, L'astronomia nella Divina commedia, 1968 – G. I. TOOMER, A Survey of the Toledan Tables, Osiris 15, 1968 – F. S. BENJAMIN–G. I. TOOMER, Campanus of Novara and Medieval Planetary Theory, 1971 – Oriente e Occidente nel Medioevo: Filosofia e scienze, 1971 [mit Beitr. u. a. von W. HARTNER, E. S. KENNEDY, W. PETRI] – E. GRANT, Physical Science in the MA, 1971, 1977 [Bibliogr.] – R. R. NEWTON, Medieval chronicles and the rotation of the earth, 1972 – B. R. GOLDSTEIN, Theory and observation in medieval astronomy, Isis, 1972, 63, 39–47 – O. PEDERSEN-

M. PIHL, Early Physics and Astronomy, 1974 [Bibliogr.] – E. GRANT, A Source Book in Medieval Science, 1974 – O. PEDERSEN, The Corpus Astronomicum and the Traditions of Medieval Astronomy (Colloquia Copernicana III, 1975), 57–96 – Avant, avec, après Copernic, 1975 [mit Beitr. u.a. von M. TH. D'ALVERNY, E. POULLE] – R. LEMAY, The teaching of astronomy in medieval universities, principally at Paris in the 14th century, Manuscripta, 1976, 20, 197–217 – J. D. NORTH, The Alfonsine Tables in England (Fschr. W. HARTNER, 1977).

Astronomus, ein wegen seiner astronom. Kenntnisse so benannter Geistlicher der Hofkapelle in der ersten Hälfte des 9. Jh., Biograph Ks. Ludwigs des Frommen. Eigenen Angaben zufolge hielt er sich seit 814 am Hofe des Ks.s auf. Einige Jahre nach dem Tode Ludwigs ist des A. »Vita Hludowici imperatoris« verfaßt oder doch abgeschlossen worden. Ein ihr vorausgeschickter Prolog enthält Äußerungen über die Geschichtsschreibung im allgemeinen – hier wie auch sonst ist Einhards »Vita Caroli Magni« zu erkennen – und Andeutungen über benützte Quellen. Darnach wäre der A. für den Teil bis 814 einem nicht näher bekannten Adhemar verpflichtet, für die folgende Zeit (bis 829) dienen wohl die Reichsannalen als Hauptquelle, während der Rest – chronol. sehr locker – nach eigenen Aufzeichnungen gearbeitet worden ist. Diese einzige vollständige Biographie Ludwigs des Frommen genießt als geschichtl. Quelle mehr Wertschätzung als das Werk des → Thegan. Vom lit. Standpunkt aus ist das Urteil nicht so eindeutig zu fällen, da die Sprache zuweilen überladen wirkt. Dem hagiograph. Element ist auf Kosten der biograph. Zielsetzung zu großes Gewicht gegeben worden (vgl. hierzu H. SIEMES). E. Heyse

Ed.: MGH SS II, ed. PERTZ, 1829, 607–648 – AusgQ V, ed. RAU, 1956, 255–381 – Lit.: MANITIUS I, 655ff. – BRUNHÖLZL I, 395f. – WATTENBACH-LEVISON III, 335–338 – H. SIEMES, Beitr. zum lit. Bild Ks. Ludwigs des Frommen in der Karolingerzeit [Diss. Freiburg 1966].

Asturien, Kgr. von (718–910). Die Kernzelle des Kgr.es ist in den Ausläufern der Picos de Europa anzusiedeln. Hier suchten auf der Flucht vor dem muslim. Vormarsch einige Mitglieder der hispano-got. Aristokratie unter der Führung eines gewissen Pelayo Zuflucht: In dieser unwirtl. Gegend lebten die Asturer, ein erst unlängst christianisiertes Volk, das wie seine Nachbarn, die Kantabrer und die Basken (→ Basken, Baskische Provinzen), den wirtschaftl., sozialen und kulturellen Neuerungen unter der Römern, dann der Westgoten sehr ablehnend gegenüberstand. Pelayo gelang es 718, eine Einigung zw. seiner Gruppe und einigen Bergstämmen zu erreichen, die ihn als ihren Anführer anerkannten und ihre Feindseligkeit nun nicht gegen die Neuankömmlinge, sondern gegen die Muslime richteten. Möglicherweise bewirkte das kleine Scharmützel von → Covadonga (722), daß sich das Ansehen des fremden *Caudillo* unter den Asturern festigte, wozu auch das geringe Interesse beitrug, das die Walis von Córdoba diesem so weit von den Zentren von al-Andalus entfernten Widerstandsherd beimaßen. Alfons I. eröffnete das, was man als die zweite Epoche des astur. Kgr.es bezeichnen könnte (739–757). Diesem Monarchen gelang es, die tatsächl. Kontrolle über die begrenzten, im Norden der Kantabrischen Kordillere gelegenen Gebiete vom Eo bis zum Anso zu erringen, und er siedelte in diese dünn bevölkerte Zone die Mehrheit der chr. Gemeinden um, die sich in der nördl. Meseta befanden. Diese Einwanderer aus dem Süden verbreiteten unter den eingeborenen Gebirgsbewohnern die in dem untergegangenen hispano-got. Staat herrschende Lebensweise. Die dritte Phase (791–842) wird geprägt von der Ausbildung der ideolog. Grundlagen, die den Kampf gegen den Islam rechtfertigen, und fällt mit der Regierungszeit von Alfons II. zusammen, der – ermutigt von einigen wenigen aus Meseta stammenden Klerikern und Adligen, welche in der astur. Monarchie die legitime Nachfolgerin der westgot. sahen – die entstehenden politischen und kirchlichen Strukturen des Kgr.es nach den hispano-got. Vorbildern reorganisierte. Von dem Augenblick an, in dem der Hof von Oviedo diese hypothet. Verbindung mit dem Hof von Toledo übernahm, erhielt der Kampf gegen das Emirat das polit.-religiöse Ziel, das ihm bis dahin gefehlt hatte; aus einem bloßen Aufstand gegen eine fremde Macht verwandelte er sich in die große Unternehmung, das Gebiet der Halbinsel aus den Händen des Islams zurückzugewinnen, um die verlorengegangene Einheit der westgot. Hispania wiederherzustellen. Die → Reconquista hatte begonnen. Zw. 850 und 911 lief die vierte und letzte Phase der polit. Entwicklung des astur. Staates ab. Während dieser Zeit verdoppelte das Königreich unter der Herrschaft von Ordoño I. und Alfons III. seine territoriale Ausdehnung auf Kosten des zur selben Zeit von starken Unruhen erschütterten al-Andalus, verlegte es seine Südgrenze von den südl. kantabrischen Gebirgshängen bis an die Flüsse Duero und Mondego und schuf die Grundlagen für die Wiederbesiedlung der zw. diesen beiden Linien gelegenen Gebiete. Die Hauptstadt wurde von → Oviedo nach → Léon verlegt. A. Riera Melis

Q.: Asturias Monumental, ed. C. M. VIGIL, 2 Bde, 1887 – Crónica de Alfonso III, ed. Z. GARCÍA VILLADA, 1918 – M. GÓMEZ MORENO, Las primeras crónicas de la Reconquista: el ciclo de Alfonso III, BRAH 100, 1932, 562–628 – Diplomática española del período astur (718–910), ed. A. C. FLORIANO, 2 Bde, 1949–51 – Colección de fuentes para la historia de Asturias, ed. A. C. FLORIANO, 1949–50 – Colección de Asturias, ed. G. M. DE JOVELLANOS, 4 Bde, 1947–52 – Lit.: L. BARRAU DIHIGO, Recherches sur l'histoire politique du royaume asturien (718–910), RHi 52, 1921, 1–360 – Estudios sobre la Monarquía Asturiana, 1949 – C. SÁNCHEZ-ALBORNOZ, Estudios sobre las instituciones medievales españolas, 1965 – DERS., Despoblación y repoblación del valle del Duero, 1966 – DERS., Investigaciones sobre historiografía hispana medieval (Siglos VIII al XII), 1967 – DERS., Investigaciones y documentos sobre las instituciones hispanas, 1970 – DERS., Miscelánea de estudios históricos, 1970 – DERS., Orígenes de la nación española. Estudios críticos sobre la historia del reino de Asturias II, 1974; III, 1975 – DERS., Viejos y nuevos estudios sobre las Instituciones Medievales Españolas, 2 Bde, 1976[2] – A. BARBERO–M. VIGIL, La formación del feudalismo en la Península Ibérica, 1978.

Asturische Kunst. Die ersten entscheidenden Bauten a. K. wurden von Alfons II. (793–842) in der von ihm gegr. Hauptstadt Oviedo errichtet. Erhalten haben sich die Palastkirche von S. Julián de los Prados (816–842, gen. Santullano), die (wieder aufgebaute) Cámara Santa und die Stirnwand der Apsis der Kirche von S. Tirso. Im Gegensatz zu den aus großen Quadern ohne Mörtel errichteten Bauten der 2. Hälfte des 7. Jh. bestehen die Mauern aus kleinen, mit Mörtel verbundenen unregelmäßigen Quadern, die durch schmale Strebepfeiler verstärkt werden, statt des Hufeisenbogens finden wir den Rundbogen, der im 7. Jh. übliche Kämpfer bleibt unbekannt. Die aus Stuck gegossenen Fenstergitter der Basilika von Santullano ähneln anderen aus Rom und dem chr. Osten, die Kapitelle sind wiederverwendet. Die Kirche besitzt ein Querschiff, welches das Mittelschiff in der Höhe um 2 m überragt, die seitl. Abschlußmauern liegen in der Flucht der Seitenschiffe. Von einem an das Querschiff im Norden ansetzenden Raum gelangte man über eine steile Holztreppe zu einer höher gelegenen Tür, die in das Querschiff führte, wo die hölzerne Tribüne des Kg.s vor kurzem nachgewiesen werden konnte. Eine Tribüne im nördl. Querschiff hatte auch die, allerdings weit spätere, Cappella Palatina in Palermo. Im Osten schließen an das Querschiff drei rechteckige, relativ niedrige tonnengewölbte Apsiden an. Die Dreizahl läßt sich in Spanien im 7. Jh. nicht nachweisen, doch ist die relativ niedrige rechteckige Apsis seit der 2. Hälfte des 7. Jh. dort üblich. Sie wurde wohl auf Grund liturg. Vorschriften des 4. Nationalen Konzils v. Toledo (633), nach denen nur der Bf. und ein Diakon die Apsis betreten durften, entwickelt. Die über der Hauptapsis befindl. Kammer diente wohl allein dazu, durch Wiederholung der Schiffshöhe dem Bau ausgewogene Proportionen zu geben. Bemerkenswert die Malereien, die in zwei, z. T. drei Zonen übereinander verschiedene Architekturen zeigen, wobei figürl. Darstellungen fehlen. Die Malereien sind im Stil klass. Vorbildern näher als die früheren im Baptisterium der Orthodoxen in Ravenna, in S. Georg in Saloniki oder der Geburtskirche in Bethlehem. Das Fehlen figürl. Darstellungen hängt vielleicht mit den bilderfeindl. Tendenzen der Kunst des chr. Ostens zusammen, doch ist das Thema wohl der Palastarchitektur eigen; Hinweise gibt es allerdings nur aus röm. Zeit. Das Obergeschoß der Cámara Santa war, wie Ausgrabungen erwiesen haben, vom kgl. Palast aus zugänglich und diente als Schatzkammer, das Untergeschoß wurde als Grablege für verehrte Hl. benutzt. Der Typus der Cámara Santa ähnelt Mausoleen frühchr. Zeit, etwa dem in Marusinac oder einem neuerdings in Chur untersuchten Bau.

Der Zeit Kg. Ramiros (842–850) sind nach den Quellen der Palast von Sta. Maria de Naranco und die Kirche von S. Miguel de Lillo (Liño) zuzuweisen, die Kapelle von Sta. Cristina de Lena gehört aus stilist. Gründen in die gleiche Zeit. Die Bauten sind vollständig mit Tonnen gewölbt, die durch Gurte unterteilt und mit Leergerüsten in einzelnen Abschnitten errichtet wurden. Die Gurte und darunter stehenden Säulen werden im Außenbau durch Strebepfeiler abgestützt. Der Palast von Naranco war keine Königshalle, sondern ein Belvedere mit Balkons auf beiden Seiten des langgestreckten oberen Festsaales, mit einem Eingang in der Mitte, zu dem gegenseitig laufende Treppen hinaufführten. Das kellerartige Untergeschoß ist ebenfalls dreigeteilt, der mittlere fensterlose Raum mit umlaufender Bank. Der eine der Seitenräume ist nur von außen zugänglich, der andere besaß ein großes Wasserbassin; die Leitungsrohre wurden bei Grabungen gefunden. Neu ist auch der in Asturien in Santullano, hier und in Valdediós nachweisbare Blockaltar, mit einer Mensa, die an einer Ecke mit einem Abflußkanal versehen ist. Da der von Kg. Ramiro 848 geweihte Altar erst nach Umwandlung des Baues in eine Kirche auf einem der Balkons aufgestellt wurde, sonst aber kein Raum für ihn zu finden ist, fragt man sich, ob er nicht erst nach Umwandlung des Palastes in eine Kirche hierher gebracht worden sein könnte. Im Gegensatz zu den Bauten Alfons II. sind die der Mitte des Jh. reich mit Reliefs versehen: kubische Kapitelle und hohe Basen mit figürl. Darstellungen provinziellen Typs, aber auch gegenständige Vierfüßer, die an orientalische Vorbilder erinnern, v. a. Rundscheiben, wie sie häufig in Palastbauten nachgewiesen werden können, mit Vögeln und Vierfüßern, die v. a. auf oriental. Stoffen vorkommen. Gleiche Motive finden sich in der wohl auch für den Kg. errichteten Kapelle von Sta. Cristina de Lena. Von S. Miguel de Lillo, mit einem 11 m hohen, mit einer Tonne eingedeckten Mittelschiff und Quertonnen im ersten Joch der Seitenschiffe steht nur der Westteil noch aufrecht. Über dem Eingang befand sich die kgl. Tribüne, vor der ein Vorhang heruntergelassen werden konnte. Über den Säulen des Mittelschiffs sitzen Kämpferkapitelle östl. Typs, und auf den Basen sind die Evangelisten und ihre Symbole dargestellt, wie wir sie von gleichzeitigen Hss. des Frankenreichs kennen. Für die Fensterverschlußplatten mit einer unteren Säulenstellung und darüber kreisförmigen durchbrochenen Scheiben gibt es in Venedig und der Kapelle des Hl. Elisäus in Fažana in Istrien (6. Jh.) genaue Analogien. Am Eingang finden sich auf Pilastern Darstellungen von Konsuln und darunter Zirkusszenen, die auf Konsulardiptychen zurückgehen. Ähnliche Darstellungen in Malerei, hier den Ks. bei Zirkusspielen, kennen wir aus den zur Tribüne führenden Treppenschächten der 1037 von Jaroslav dem Weisen erbauten Kathedrale v. Kiev. Bei der Dekoration der Kirche greift man eklekt. auf Vorbilder ganz verschiedener Art zurück.

Die 893 von Alfons III. (866–910) errichtete Palastkirche von S. Salvador de Valdediós hatte durchgehende Tonnengewölbe im Mittelschiff und den Seitenschiffen, im Westen eine Tribüne über dem Eingang, sowie drei kleine Apsiden, über denen sich Kammern befinden, die mittlere mit einem dreiteiligen Fenster, während die seitl. nicht zugänglich waren. Der an die Südwand anschließende, aus Quadern errichtete gewölbte Portikus mit Säulen bzw. Kapitellen als Unterlage der Gurtbogen wurde wohl noch während des Baues geplant. Neben kubischen Kapitellen kommen in der Kirche zum ersten Mal solche mit mozarab. Ornamenten vor. Auf dem Dach saßen Zinnen und Kugeln, wie wir sie aus der Moschee von Córdoba kennen. H. Schlunk

Lit.: H. SCHLUNK, Arte Asturiano. Ars Hispaniae II, 1947, 327–416 – DERS., La decoración de los monumentos ramirenses. Boletín del Instituto de Estudios Asturianos 2, 1948, H. 5, 55–94 – H. SCHLUNK–A. MAGIN BERENGUER, La Pintura mural asturiana, 1957 – J. M. PITA ANDRADE, Arte asturiano, 1963 – J. MANZANARES, Arte pre-románico asturiano, 1964² – A. BONET CORREA, Arte pre-románico asturiano, 1967 – E. KUBACH–V. H. ELBERN, Das ma. Imperium. Kunst der Welt, 1968, 10–13 – H. SCHLUNK, Entwicklungsläufe der Skulptur auf der Iber. Halbinsel vom 8.–11. Jh. Kolloquium über spätantike und frühma. Skulptur III, 1972, 1974, 121–138.

al-Asṭurlābī ('Alī ibn 'Īsā al-Asṭurlābī), berühmter Verfertiger von → Astrolabien, beobachtete i. J. 843 in Bagdad das Frühlingsäquinoktium. Sein Werk »Über die Kenntnis der Wissenschaft vom Astrolabium« wurde von L. CHEIKHO unter dem Titel »L'astrolabe et la manière de s'en servir« (1913, Mašriq 16, 29–46) ediert. A. schrieb auch über den Gebrauch der Mondtafel und gegen die Astrologie. B. L. van der Waerden

Lit.: H. SUTER, Gesch. der math. Wiss., 1. Theil, 1873, 127 – DERS., Die Mathematiker und Astronomen der Araber, 1900, 13 – 'Alī ibn 'Īsā, Das Astrolab und sein Gebrauch, übers. C. SCHOY, Isis 9, 1927, 239–254 – SEZGIN, Gesch. des arab. Schrifttums, Astronomie [in Vb].

Astwerk, spätgot. Ornament aus laublosen Ästen, Vorformen im 14. Jh. (Chorgestühle), reif ausgebildet und verbreitet um 1500, zunächst als Wurzel Jesse und Dornenkrone, dann an Konsolen, Baldachinen (Schwäb. Gmünd, Heiligkreuzkirche), Taufsteinen (Worms, Dom 1480/90) und Kanzeln (Regensburg, Dom 1482), von daher auch in der Goldschmiedekunst. G. Binding

Lit.: RDK I, 1166–1170 – E.-H. LEMPER, Das A. [Diss. masch. Leipzig 1950] – W. PAATZ, Das Aufkommen des Astwerkdachins in der dt. spätgot. Skulptur ..., (Fschr. C. WEHMER, 1963), 355–367 – M. BRAUN-REICHENBACHER, Das Ast- und Laubwerk, 1966².

Asyl

I. Kirchliches Recht – II. Weltliches Recht.

I. KIRCHLICHES RECHT: Das schon in der röm. Kaiserzeit – wenn auch mit Einschränkungen – bestätigte kirchl. Asylrecht erlangte in den Kirchen des Ostens und v. a. des Westens große Bedeutung. Trotz Eindämmungsversuchen gegen die schon (zu) sehr erstarkte und z. T. mit Mißbräuchen verbundene Institution in der Karolingerzeit (z. B. Kapitulare v. Heristal 779 mit einer ersten Aufzählung von casus excepti) erfuhr das Asylrecht vom 11. Jh. an in Verbindung mit der → Gottesfriedensbewegung (Treuga Dei) immensen Aufschwung. Kaum ein (Provinzial-)Konzil des

11. und 12. Jh. versäumte die Wiederholung von Vorschriften, wonach Kirchen und eine Vielzahl kirchl. privilegierter Orte und Gebäude allen sich dort befindl. Personen A. gewährten (perpetua sint in pace). Durch das 2. Lateranense (1139, c. 15) erlangten diese Bestimmungen gemeinrechtl. Geltung, ihre Verletzung wurde mit Exkommunikation bedroht. Über verschiedene Rechtssammlungen gelangten viele dieser canones in das Dekret Gratians (v. a. C. 17 q. 4), wodurch das Asylrecht weiter gefestigt wurde. Detailvorschriften, wie etwa über die örtl. Reichweite (60 bzw. 40 und 30 Schritte, vgl. C. 17 q. 4 c. 6), aber auch Fragen wie die des Schutzes für Häretiker oder der Begründung des Asylrechts durch göttl. oder menschl. Recht boten Anlaß zu eingehender Behandlung in den Rechtsschulen.

Schon mit Innozenz III. (X 3.49.6) und Gregor IX. (X 3.49.10) hatte sich durch Aufstellen von casus excepti, wodurch bestimmte Verbrecher vom A.-Schutz ausgenommen wurden, der Rückgang des Asylrechts abgezeichnet. Die Erweiterung dieser Ausnahme-Listen durch spätere Päpste (z. B. Gregor XIV. Cum alias, 1591, weiter vermehrt im 18. Jh.) und bes. auch die wachsenden Differenzen zw. staatl. und kirchl. Gerichtsbarkeit entzogen dem Asylrecht immer mehr Bedeutung, wenn es auch theoret. noch lange in Geltung blieb. H. Zapp

II. Weltliches Recht: [1] Das Recht, einem Straftäter an einem hl. Ort vorübergehend Schutz vor Rache oder vor der Verfolgung des Gerichts zu gewähren, war in der röm. Kaiserzeit zunächst den Tempeln vorbehalten. Seit dem 5. Jh. sprach man auch den Kirchen das Recht des A.s für unbewaffnete Flüchtlinge zu, wobei allerdings einige schwere Verbrechen als asylunwürdig ausgenommen waren (vgl. CTh. 9,45; N. 37). Die Bf.e beanspruchten auf Grund ihrer Herrschaft über die neuen A.e ein Interzessionsrecht, das darauf abzielte, den Geflüchteten der weltl. Strafe zu entziehen (Idee der misericordia) und ihn statt dessen der kirchl. Bußdisziplin zu unterwerfen. – In den germ. Nachfolgestaaten finden wir eine ähnl. Auffassung vom A. vor. Inwieweit das durch die Kirche vermittelte Recht der Spätantike durch eigene germ. Vorstellungen von einem A. beeinflußt worden ist, läßt sich nicht entscheiden, da Quellen erst aus dem HochMA erhalten sind, einer Zeit, in der sich die kirchl. Friedenslehre in ganz Europa voll verbreitet hatte. Wenn in nordgerm. Rechten (z. B. Grágás II, 52) der ins A. Geflüchtete als heilagr (heilig, sicher) bezeichnet wird, so mag die altertüml. Terminologie an den heidnisch-germ. Kult anknüpfen; es ist jedoch zu bedenken, daß sich bereits in den frühma. Volksrechten röm. und kirchl. Anschauungen vom A. durchgesetzt hatten. – Auffallend ist, daß in der karol. Zeit das Recht des A.s abgeschwächt wurde: Konzilienbeschlüsse und Kapitularien unterschieden zw. verurteiltem und noch nicht verurteiltem Missetäter. Nur zugunsten des letzteren wurde der Schutz des A.s anerkannt, doch zugleich wurde einschränkend angeordnet, daß der Flüchtling grundsätzl. nur für kurze Zeit und in der Regel ohne Nahrung beherbergt werden darf. Die Flucht ins A. führte auch nicht mehr zur Befreiung von Strafe, sondern konnte nur die Todesstrafe ausschließen oder die verwirkte Strafe mildern. Der Bruch des A.s war mit strengen Strafen bedroht. – Als Ort des A.s (Freistatt, Freiung, → Immunität) kommen nicht nur die Kirche und ihr Vorhof (Atrium, Friedhof), sondern im hohen und späten MA auch Kl., Stifte, Spitäler und die Häuser der geistl. Ritterorden in Betracht. Durch Privilegien und Gewohnheitsrechte wurde das A. auf weitere Örtlichkeiten ausgedehnt (Pfarrhäuser, Häuser von Richtern und Schöffen, Sitze von Gesandtschaften und Nuntiaturen). Fast immer wird der Schutz des A.s zeitl. eingeschränkt. Häufig finden sich Fristen von drei Tagen, von sechs Wochen und drei Tagen oder von Jahr und Tag. Zweck des A.s war es, den Flüchtling vor dem unmittelbaren Zugriff der Verfolger zu schützen. Im A. konnte er hoffen, unbemerkt zu fliehen. Das A. gab ihm jedenfalls die Möglichkeit, Sühneverhandlungen einzuleiten oder von dem ordentl. Gericht eine milde Strafe zu erbitten. Die Ausuferung der A.e und die damit verbundenen Mißbräuche konnten durch Weistümer und Stadtrechte des SpätMA nur mühsam eingeschränkt werden. Die Konflikte, die sich aus den unklaren Grundlagen und den unscharfen Grenzen des Asylrechts ergaben (insbes. zw. einzelnen Staatswesen und zw. der Kirche und weltl. Machthabern), waren sehr zahlreich (z. B. Auseinandersetzungen um das Asylrecht kirchl. Institutionen in den Städten). Erst der absolute Staat hat generelle Verbote des A.s erlassen. Reste des alten A.s haben sich bis in das 19. Jh. erhalten.

H.-J. Becker

[2] In den westeuropäischen Monarchien, die sich bereits seit dem HochMA (unter starkem Einfluß des kanonischen Rechtes) konsolidiert hatten, beanspruchte die Zentralgewalt frühzeitig das Recht zu bestimmen, für wen Asylrecht galt. Sie nutzte dabei die Einschränkungen, die von päpstl. Seite am Asylrecht vorgenommen wurden, erfolgreich aus.

Am Ende des MA hatte es die Staatsgewalt erreicht, alle Delinquenten vom A. auszuschließen bis auf jene, die erst in den Schutz einer Kirche zurückkehren durften, nachdem ein weltl. Gericht festgestellt hatte, daß sie zu recht in A. beanspruchten. P.-C. Timbal

Lit.: DDC I, 1084–1104 [ältere Lit.] – DHGE IV, 1035–1047 – Hoops² I, 460–463 – HRG I, 243–246 – Grimm, RA 2, 532–540 – A. Störmann, Die städt. Gravamina gegen den Klerus, 1916 – R. His, Das Strafrecht den dt. MA 1, 1920 [Nachdr. 1964], 405–409 – Brunner, DRG 2, 791–794 – P. Timbal Duclaux de Martin, Le droit d'asile (Einl. von G. Le Bras), 1939 – G. Ferrari Dalle Spade, Immunità Eccl. nel Dir. Rom. Imperiale (Atti del R. Inst. Veneto 99 II), 1939 – H. Mittermaier, Die gesch. Entwicklung des A.rechts und die Grundl. der Asylgewährung in Bayern [Diss. München 1950] – O. Kimminich, Die Gesch. des Asylrechts (Bewährungsprobe für ein Grundrecht, 1978), 19–65 – E. J. Jonkers, Enkele opmerkingen over de concilies in Gallië en het asylrecht in de vijfde en zesde eeuw (Nederlands Archief voor Kerkgeschiedenes, N. S. 47), 1965-66.

At de Mons → Troubadour, Troubadourdichtung

Atabeg, türk. Titel (*ata* 'Vater'; *beg* 'Fürst') der Prinzenerzieher unter den → Seldschuken. In den Teilreichen wurden die atabegs erbliche de-facto-Herrscher. Das bekannteste Beispiel sind die → Zengiden v. Mosul (1127-1222). Auch die Ayyūbiden kannten das Amt; unter den → Mamlūken bezeichnete der Titel *atabeg al-'asākir* (a. des Heeres) den Vizekönig, der gewöhnl. auch die Anwartschaft auf den Thron hatte. Die Osmanen kannten weder das Amt noch den Titel. H. Busse

Lit.: EI², s.v. Atabak.

Atelier → Bauhütte

Ath (ndl. Aat), Stadt im → Hennegau (Hainaut; heut. Belgien), Typus der Minderstadt der zweiten Urbanisierungswelle (→ Stadt, Städtewesen). Die »Neustadt« (*ville neuve*) wurde vom Gf.en des Hennegau, Balduin IV.), gegründet, der in gleicher Weise auch an anderen Orten tätig war. Sie lag an der Grenze zu Flandern auf dem Gebiet einer gegen 1150 gekauften Seigneurie, am Zusammenfluß zweier Flüsse, die von da an die schiffbare Dendre (Dender) bilden. Durch die Gründung sollten die benachbarten Fs.en in Schach gehalten werden und der einheim. Adel überwacht werden; daher wurde A. mit einem *donjon* ausgestattet, den seit 1185 eine Mauer umgab. Der burgus selbst wurde wahrscheinl. erst Mitte des 14. Jh. befestigt;

er entwickelte sich schnell zum Zentrum der Region. Dank dieser Siedeltätigkeit und der Gewährung von Privilegien wuchs die Bevölkerung rasch. Sie umfaßte gegen 1300 die beachtl. Zahl von mehr als 2000 Einwohnern. A. war lokales Verwaltungszentrum, besaß von Anfang an einen Markt und von einem unbekannten Zeitpunkt an einen Jahrmarkt, dessen Abhaltung 1450 bestätigt wurde. Seit dem 14. Jh. verfügte A. über Tuchgewerbe; die beiden wichtigsten Handwerkszweige, Weber und Walker, wurden 1328 in einer Zunft zusammengeschlossen. L. Genicot

Lit.: L. VERRIEST, Nouvelles Études d'hist. urbaine, Annales du Cercle royal d'hist. et d'archéologie d'A. et de sa région 32, 1947-48 – Vgl. weitere Beitr. in dieser Zs.

Áth Cliath → Dublin

Athalarich (Athalaricus), ostgot. Kg., * 516, † 534, Sohn der Amalasuntha und des Westgoten Eutharich († wohl 522). A. hatte als Nachfolger → Theoderichs († 526) bis zu seinem frühen Tod die Herrschaft inne, wobei seine Mutter → Amalasuntha für ihn die Regentschaft ausübte. Die Periode der nominellen Herrschaft des A. ist durch Entgegenkommen gegenüber der röm. Oberschicht und Bevölkerung sowie dem kath. Klerus gekennzeichnet, womit verstärkt an bereits unter Theoderich vorhandene Tendenzen angeknüpft wurde. Diese polit. Orientierung kam auch in der rhetor.-philos. Erziehung des A. zum Ausdruck; sie rief den Widerstand des got. Adels hervor, dessen Opposition Amalasuntha ihrerseits durch Geheimverhandlungen mit Justinian, die eine Übergabe des Ostgotenreiches an Byzanz zum Ziel hatten, bekämpfte. A. suchte sich in seinen letzten Lebensjahren, wohl unter dem Einfluß got. Großer, von der Bevormundung durch seine Mutter zu lösen; eine bedeutende Rolle hat er in den Auseinandersetzungen der beginnenden Krise des Ostgotenreiches nicht gespielt. U. Mattejiet

Lit.: RE II, 2, 1926-1928 – JONES, LRE, 274 f. – weitere Lit. → Amalasuntha.

Athanagild, westgot. Kg. 555-567. Aus vornehmem Geschlecht stammend, gehörte A. zu einer wohl mit der kath. Kirche verbundenen Verschwörergruppe gegen → Agila und wurde nach Abfall von diesem (wohl 551; vgl. Isid. Goth. 46 ff., MGH AA XI, 286) von Byzanz gefördert. Nach Hilfsvertrag und Landung des → Liberius (522), die Byzanz Territorialgewinne in Spanien brachte, wurde A. bei der Ermordung Agilas 555 zum Kg. ausgerufen (offizielle Herrschaftsdatierung auf 551). Er wandte sich aber jetzt gegen die als Bedrohung empfundenen Bundesgenossen, deren Machtbereich nach jahrelangen, im einzelnen unklaren Auseinandersetzungen und Kämpfen (Eroberung Sevillas, vergebl. Angriffe auf Córdoba; vgl. Chron. Caesaraug. a. 568, MGH AA XI, 223) zuletzt, wohl 565, vertragl. abgegrenzt wurde. Ein Übertritt A.s zum kath. Glauben ist nicht zu beweisen. Doch gelang 566 die Verheiratung seiner Töchter → Brunichild mit Sigibert v. Austrasien und Galsvintha mit dessen Bruder → Chilperich v. Soissons (Greg. Tur. Franc. 4, 27f.). Nach seinem Tode leitete seine Gattin Goisvintha in einem fünfmonatigen Interregnum den Staat und heiratete später → Leovigild. G. Wirth

Lit.: F. DAHN, Die Kg.e der Germanen V, 1870, 124 – P. GOUBERT, Byzance et l' Espagne visigothique, EByz 2, 1944, 5-78 – STEIN, Bas-Empire, 560 – K. F. STROHEKER, Germanentum und Völkerwanderung, 1965, 135 – E. A. THOMPSON, The Goths in Spain, 1969 – D. CLAUDE, Gesch. der Westgoten, 1970.

Athanarich, Führer der Westgoten bis 375 n. Chr., † 21. Jan. 381. Als Sohn eines ztw. im Dienst Konstantins d. Gr. stehenden Lokalherrschers mit gewisser Hausmacht versehen, bekleidete A. unter dem Titel eines iudex ein die einzelnen westgot. Stammesteile koordinierendes Amt und scheint in einer Christenverfolgung vor 346 (→ Ulfila) Konflikte mit Constantius II. heraufbeschworen zu haben. Die Teilnahme got. Truppen am Aufstand des → Prokopios 365 führte zu Krieg (bis 369), westgot. Niederlage und durch einen auf der Donau zw. A. und Valens erneut geschlossenen Vertrag zu einer engen Bindung an Rom. In einer zweiten Christenverfolgung (369-372) isoliert und seinem zum arian. Glauben übergetretenen und von Rom unterstützten Gegenspieler → Fritigern unterlegen, war A. 375 nicht in der Lage, nach Mißerfolgen gegen die hunn. Invasion an Dnjestr und Sereth den Zerfall der Westgoten aufzuhalten. Er setzte sich mit Anhängern in das sw. Karpathengebiet ab, während die Masse des Volkes unter Fritigern im Imperium aufgenommen wurde. Doch gelang es Theodosius I., ihn nach Zerfall seiner Anhängerschaft nach Konstantinopel zu bringen, wo A. zwei Wochen nach Ankunft und ehrenvollem Empfang starb. G. Wirth

Lit.: HOOPS I², 463 f. – RE II, 1934 f. – RE IX A, 519 f. – F. DAHN, Die Kg.e der Germanen V, 1870 – SCHMIDT I – E. A. THOMPSON, The Visigoths in the Time of Ulfilas, 1966 – D. CLAUDE, Gesch. der Westgoten, 1970 – E. CHRYSOS, Τὸ Βυζάντιον καὶ οἱ Γοτθοί, 1972 – H. WOLFRAM, Got. Stud., I: Das Richtertum A.s, MIÖG 83, 1975, 1-32.

Athanasios (Athanasius)

1. A. d. Gr., hl. und Kirchenlehrer, Bf. v. Alexandria seit 8. Juni 328, * um 295 in Alexandria, † 2. Mai 373; Abstammung und Bildung waren gr. Sehr früh kam er in Kontakt zu den asket. Kreisen der Thebais (→ Mönchtum). Um 318 wurde er zum Diakon geweiht, womit er seine steile Karriere begann. 325 nahm er am Konzil v. → Nikaia teil, wo er gegen → Arius hervortrat, (→ Arianismus). Damit wird der Anfang des wechselvollen und dramat. Lebens des gebildeten, sendungsbewußten und zuweilen skrupellosen A., der über charismat. Fähigkeiten verfügte, signalisiert. Sein Widerstand gegen die von Ks. Konstantin geforderte Wiedereinsetzung des nach seiner Verurteilung in Nikaia konziliierten Arius brachte ihm nach der Verurteilung durch eine Synode seiner Gegner, die über beträchtl. polit. und religiösen Einfluß im oström. Reich verfügten, ein erstes Exil im Westen ein. Nach Konstantins Tod zurückgekehrt, wurde er abermals durch gegner. Synoden für abgesetzt erklärt und begab sich wieder in den Westen, wo ihm abendländ. Synoden seine Rechtgläubigkeit bescheinigten. Die Unterstützung des röm. Bf.s Julius I., die er gewann, sicherte ihm zugleich die des im Westen regierenden Constans, der nun seinen im Osten regierenden Bruder Constantius nötigte, der Rückkehr des A. zuzustimmen. Nachdem Constantius Gesamtherrscher geworden war, wurde A. abermals durch verschiedene Synoden für abgesetzt erklärt und entzog sich dem drohenden Zugriff des Staates durch die Flucht zu den ägypt. Mönchen. Unter Julian konnte er mit den anderen von Constantius vertriebenen Bf.en zurückkehren, wurde aber bald von neuem vertrieben, da er nun die Einigung aller antiarian. Parteien betrieb. Dies führte dazu, daß ihn nach Julians Tod der arian. gesinnte Ks. Valens noch ein fünftes Mal vertrieb. Insgesamt verbrachte er 17 Jahre seiner Amtszeit im Exil (Trier, Rom – Oberitalien – Illyrien, ägypt. Wüste, Thebais, Alexandrien). Konsequent wie seine Kirchenpolitik ist auch seine antiarian. Theologie, und das zeigt sich in der Mehrzahl seiner Schriften. Abgesehen von zwei Apologien gegen das Heidentum, die er, sollten sie echt sein, in frühester Jugend geschrieben haben müßte, finden wir darunter v. a. Zeugnisse kirchl. Publizistik, zumeist geschickt aufgemachte antiarian.

Dokumentationen. Wichtig ist daneben sein Werben für das Mönchtum, v. a. durch seine »Vita Antonii«. Kirchenpolit. und seelsorgerl.-asket. Tendenzen zeichnen sich in seinen zahlreichen Briefen ab. Dazu kommen die Festbriefe, bei denen er in herkömml. Weise die Mitteilung des Osterdatums mit aktuellen theol. Nachrichten verband. Die zahlreichen exeget. Werke sind nur in Fragmenten überliefert. A. Katsanakis

Ed.: MPG 25-28 [sämtl. Werke] - BARDENHEWER III, 44-79 - G. MÜLLER, Lexicon Athanasianum, 1944-52 - CPG II, 2090-2309 - Übers.: BKV[1] II, 1913/17 - Lit.: DHGE IV, 1313-1340 - LThK[2] I, 976-981 - RAC I, 860-866 - RE II, 2, 1935-38 - E. SCHWARTZ, Zur Gesch. des A. [Ges. Schr. III], 1959 - DERS., Zur Kirchengesch. des 4. Jh. [Ges. Schr. IV], 1960 - ALTANER, 241-249 - H. NORDBERG, A. and the Emperor, 1963 - D. RITSCHL, A., Versuch einer Interpretation, 1964 - E. BOULARAND, L'hérésie d'Arius et la »foi« de Nicée, 1972 - HKG II, 1, 3-93 - Politique et Théologie chez A. d'Alexandrien, hg. CH. KANNENGIESSER, 1974.

2. A., Bf. v. Anazarba (Anazarbos u. ähnl.) in Kilikien war, wie Philostorgius (h. e. 3, 15) behauptet, Schüler des Märtyrers Lukian v. Antiochien. Als solcher wurde er von → Arius in den Anfangszeiten des arian. Streits in Anspruch genommen und trat auch in einem heftigen Brief bei → Alexander v. Alexandria für die auf der alexandrin. Synode verurteilten Arianer ein. In dem von → Athanasius v. Alexandria mitgeteilten Fragment (De synodis 17, 4 = OPITZ, Athanasius 3, Urk. 11; vgl. De synodis 36, 5) sucht er aus Lk 15,4 zu beweisen, daß der Sohn Gottes vom Vater geschaffen sei. Am Konzil v. Nikaia nahm er nicht teil, trat aber hernach noch insofern für den → Arianismus (→ Arius) ein, als er den Aëtios unterstützte, der sich bei den Syllukianisten Unterricht (so Philostorgios l. c.) und wohl auch Unterhalt zusammenbettelte. H. Kraft

Lit.: H. BOEHMER-ROMUNDT, Der litterar. Nachlaß des Wulfila und seiner Schule, Zs. wiss. Theol. 46, 1903, 233-269 - D. DE BRUYNE, Deux lettres inconnues de Theognius l'évêque arien de Nicée, Zs. ntl. Wiss. 27, 1928, 106-110.

3. A. I., Patriarch v. Konstantinopel 1289-93 und 1303-10, stammte aus Adrianopel, eifriger Vertreter der strengen asket. Richtung. Mit drast. Maßnahmen versuchte er, die Kirche zu reorganisieren und vom Einfluß des Staates zu befreien. Bei seinem Bemühen, Bf.e und Mönche, die sich entgegen kanon. Recht in Konstantinopel aufhielten, in ihre Residenzen zurückzuweisen, stieß er auf harte Opposition, die seine zweimalige Absetzung zur Folge hatte. A. hinterließ keine bedeutenden theol. Abhandlungen, aber die Reihe seiner 126 Briefe bildet eine wichtige Quelle für die Kirchen- und Kulturgesch. seiner Zeit. E. Konstantinou

Ed.: MPG 142, 471-528 - Gennadios v. Heliupolis, ed. ARABADJOGLU, Ὀρθοδοξία 27, 1952, 113-120; 173-179; 195-198; 28, 1953, 145-150 - Gennadios, 1952 - Gennadios, EEBS 22, 1952, 227-232 - Lit.: BECK, Kirche, 692 - N.B. TOMADAKIS, Σύλλαβος βυζαντινῶν μελετῶν καὶ κειμένων, 1961, 485.

4. A. Athonites, Mönch und Klostergründer auf dem Berg → Athos, * 920/930 in Trapezunt, † um 1000. Nach dem Studium in Konstantinopel trat er in das Kl. auf dem Berg Kyminas/Bithynien ein unter Abt Michael Maleinos, dem Neffen des späteren Ks.s Nikephoros Phokas, zu dem er ebenfalls in freundschaftl. Beziehung trat. Später verließ A. Kyminas und zog zum Athos, wo er 961 ein Großkloster (Große Laura) gründete, das zu einem der bedeutendsten Athosklöster wurde. Unter dem Schutz des Ks.s konnte A., dank seiner genialen organisator. Fähigkeit, gegen die klösterl. Tradition des Athos mit ihrer Bevorzugung des Eremitenlebens seine Gründung zum Erfolg führen.

In der Führung der Mönche hielt sich A. an bewährte Traditionen des byz. Mönchtums. → Theodoros Studites († 826) war die maßgebende Autorität; auch Einflüsse der → Regula Benedicti sind nachweisbar. Die schriftl. Festlegung der Klosterordnung geschah bald nach der Gründung, etwa um 965: Hypotyposis, Diatyposis und eine Art liturg. Direktorium. K. S. Frank

Q.: PH. MEYER, Die Haupturkk. für die Gesch. der Athosklöster, 1894, 102-140 - Lit.: DIP I, 960 - J. LEROY, Athanase l'Athonite et la Règle de s. Benoît, Rev. d'Ascétique et de mystique 29, 1953, 108-122 - BECK, Kirche, 1959, passim - Le Millenaire du Mont Athos I, 1963, passim.

Athankip (Áth An Chip), Burg am Shannon bei Carrick (Irland, Gft. Leitrim), genaue Lage unbekannt. 1270 fand dort eine Schlacht zw. dem Heer des Kg.s v. → Connacht, Áed Ó Conchobair (O'Connor), und den Anglonormannen unter Walter de Burgh, Earl v. Ulster, statt. Obwohl Walter de Burgh O'Connors Bundesgenossen, Toirdelbach Ó Briain (O'Brien) v. → Munster, im Einzelkampf tötete, wurde das anglo-norm. Heer geschlagen und erlitt schwere Verluste. Diese Niederlage war ein schwerer Rückschlag für das anglo-norm. Vordringen in Connacht. A. Cosgrove

Lit.: Annals of Loch Cé, ed. W.M. HENNESSY, 1871, I, 463-467 - ORPEN, Ireland under the Normans III [Neudr 1968], 247-249.

Athaulf, Kg. der Westgoten seit 410, † 415. Aus Pannonien 409 von seinem Schwager → Alarich I. nach Italien gerufen, von → Attalus zum Comes domesticorum equitum ernannt, versuchte A. als Nachfolger Alarichs nicht mehr die Überfahrt von S-Italien nach Afrika, sondern wandte sich unter Plünderung der Westküste Italiens nach Gallien, wo er auf Anraten des Attalus mit dem Usurpator → Iovinus Kontakt suchte. Streitigkeiten mit diesem boten dem gall. Präfekten Dardanus die Möglichkeit, A. zeitweilig auf die Seite des → Honorius zu ziehen und ihn zum Zug gegen Iovinus zu veranlassen, den er in Valence gefangennahm und an Dardanus auslieferte (413). Von den neuen Wohnsitzen im w. Aquitanien aus suchten die Westgoten Zugang zum Mittelmeer, nachdem von Honorius zugesagte Getreidelieferungen ausblieben (Eroberung von Narbonne 413). Mit → Galla Placidia, die seit 408 in westgot. Gefangenschaft war, vermählte sich A. im Jan. 414 in Narbonne nach röm. Ritus und dokumentierte dadurch, daß er fortan gewillt war, mit der Kraft seines Volkes das röm. Imperium zu stärken (Oros. 7, 43). Dennoch gab es mit Honorius keinen Frieden. Dessen Feldherr Constantius verbreitete die Westgoten aus S-Frankreich; sie zogen nach Spanien, wo A. 415 in Barcelona aus Blutrache ermordet wurde. J. Gruber

Lit.: HOOPS[1] I, 464f. - KL. PAULY I, 1544 - RE II, 1939ff. - SCHMIDT I, 452ff. - D. CLAUDE, Gesch. der Westgoten, 1970, 19-21.

Athelney (Somerset, England), 'die Insel der aeþelingas' (→ aeþeling). Der Name weist wahrscheinl. auf Königsbesitz hin. Erstmals erwähnt wurde A. zu 878 in der Ags. Chronik anläßl. der Errichtung eines burh (→ Befestigungsanlagen) zur Abwehr der Dänen durch Kg. Alfred d. Gr. Alfred gründete in der Folgezeit ein Kl., das nach seiner Wiedererrichtung um 960 bis zur Säkularisierung 1539 bestand. Bei seiner Aufhebung zählte es neben dem Abt acht Mönche; Teile eines Kartulars sind in Abschriften erhalten. D. A. Bullough

Lit.: D. KNOWLES-R. N. HADCOCK, Medieval Religious Houses, 1953, 52, 59.

Athen

I. Stadtgeschichte in spätantiker und byzantinischer Zeit – II. Das Herzogtum Athen.

I. STADTGESCHICHTE IN SPÄTANTIKER UND BYZANTINISCHER ZEIT: [1] Die Blüte A.s im 2. Jh. (Hadrian, Herodes Atticus) endete in den Wirren des 3. Jh. (Verwüstung durch die Heruler 267). Aus den Trümmern wurde die »valerianische« Mauer um die Akropolis und ein kleines Gebiet n. davon erbaut. 396 eroberte → Alarich I. die Stadt. Seit Konstantin d. Gr. war A. erneut ein Zentrum altüberkommener, heidn. Bildung (Universität). Ein Gymnasion auf der Agora (kurz nach 400) und Bauten am Südfuß der Akropolis dienten dem Lehrbetrieb. Der athen. → Platonismus erlebte mit → Proklos (411–485) einen letzten Höhepunkt. Im 5./6.Jh. siegte das Christentum auch in A.: Umwandlung der Tempel in Kirchen (Hephaisteion, Erechtheion, Parthenon), Wegführung der Kunstschätze (Athena Parthenos) nach Konstantinopel, Schließung der Schulen A.s (Akademie, Lykeion, Stoa) durch Justinian (529). Der themistokleische Mauerring wird in dieser Zeit nochmals erneuert. J. v. Ungern-Sternberg

[2] Seit der Reichsteilung (395) gehörten Hellas und die Peloponnes als Präfektur bzw. Themen zum Byz. Reich. Provinzialisierung und Christianisierung bewirkten das kulturelle Absinken A.s. Die Stadt verfiel in Geschichtslosigkeit. Ihre Rolle beim Aufstand (727) des Themas Hellas gegen den Ikonoklasten Leon III. ist unbekannt. A. litt unter der Willkürherrschaft der eigenen Archonten und der Steuerlast des Staates, nahm jedoch als Hort der Orthodoxie an keiner Erhebung (Bulgaren, Slaven) gegen einen orth. byz. Herrscher teil. Die einzigen authent. Berichte über Zustand und Verfall der Stadt sind uns in den Briefen des Michael → Choniates, Metropolit v. Athen (1175–1204) überliefert. Erst als Hzm. erfuhr A. die neue, eigene Geschichte eines frk. Feudalstaates, die bis zur türk. Eroberung (1456) gleichzeitig eine Trennung von Konstantinopel bedeutete. A. Jacobs

Lit.: F. GREGOROVIUS, Gesch. der Stadt A. im MA, 1889² – H. A. THOMPSON, Athenian Twilight: A. D. 267–600, Journ. of Rom. Stud. 49, 1959, 61–72 – E. KIRSTEN-W. KRAIKER, Griechenlandkunde, 1967⁵ – J. TRAVLOS, Bildlex. zur Topographie des antiken A., 1971 – K. M. SETTON, Athens in the MA, 1975.

II. DAS HERZOGTUM ATHEN: In der Feudalordnung des Lat. Ksr.s von Konstantinopel bildete A. den Mittelpunkt einer Baronie, später eines Hzm.s, das der Reihe nach von der burg. Familie de la Roche (1204–1311), von den Katalanen (1311–86) und von den florent. Acciaiuoli (1388 bis 1456) regiert wurde. Nachdem Otto de la Roche im Herbst 1204 mit dem Titel dominus Athenarum, in der gr. Volkssprache mit *megas kyris* wiedergegeben, Vasall des Kgr.s von Thessalonike geworden war, erhielt er Attika zum Lehen, dem in der Folge Böotien, Megaris und Lokris hinzugefügt wurden, und im Fsm. Achaia Argos und Nauplia. Der Enkel Guido I. (1225–63) erhielt nach der »Chronique de Morée« (244–253) im Verlauf seiner Frankreichreise, die er zur Beilegung des Konflikts mit dem Fs.en v. Achaia (1259–60) unternommen hatte, vom Ludwig d. Hl. den Titel eines Hzg.s v. A. Trotz dieses Titels, der zum ersten Mal auf den Münzen von Wilhelm I. (1280–87) erscheint, residierte der hzgl. Hof mit Vorliebe in Theben bis zur Eroberung der Stadt durch die navarres. Kompagnie 1379. Die → Almogávares der großen → Katal. Kompagnie schlugen am 15. März 1311 in der Schlacht am Kephissos in Böotien den Hzg. Gualtier (Walter) I. v. Brienne und seine 700 lat. Ritter vernichtend und bemächtigten sich des Hzgm.s A., wo sie sich an die Stelle der alten feudalen frz. Familien setzten. Auf der Suche nach internationalen polit. Verbindungen erreichten sie vom Kg. Friedrich II. v. Trinacria die Einsetzung seines zweiten Sohnes Manfred als Hzg. v. A. (1312–17). Unter dem Generalstatthalter Alfonso Fadrique (1317–ca. 1330) festigte die Katal. Kompagnie ihre Stellung in Zentralgriechenland mit der Eroberung des Hzm.s v. Neopatras und der Eroberung einiger thessal. Städte. Die Personalunion der katal. Hzm.er A. und Neopatras zuerst unter der Krone v. Trinacria (1355–1377) und dann der Krone Aragón (1379–87) schwächte die polit. und militär. Stellung der Katalanen gegenüber den Venezianern in Negroponte (Euböa) und den Türken. Von der Schwächung des Hzm.s zog der Herr v. Korinth, Neri(o) Acciaiuoli, Gewinn, der am 2. Mai 1388 A. okkupierte (→ Acciaiuoli, Raineri). Nach dem Tod von Nerio I. (1394), der die ganze Stadt der Kirche S. Maria (dem ehem. Parthenon) hinterlassen hatte, ergab sich A. den Venezianern in Negroponte, doch nahm Antonio I. Acciaiuoli 1402–03 das Hzm. erneut in Besitz. Seine Familie vermochte sich als Vasall der Pforte zu halten, bis am 4. Juni 1456 die direkte türk. Okkupation erfolgte. A. Carile

Lit.: W. MILLER, Essays on the Latin Orient, 1921 [Neudr. 1964], 110–160 – DERS., The Latins in the Levant, 1908 [Neudr. 1964] – K. M. SETTON, Catalan Domination of Athens 1311–1388, 1948 – J. LONGNON, L'empire latin de Constantinople et la Principauté de Morée, 1949 – R.-J. LOENERTZ, Athènes et Néopatras. Reg. et documents pour servir à l'hist. ecclésiastique des duchés catalans (1311–1395), Archivum Fratrum Praedicatorum 28, 1958, 5–91 – K. M. SETTON, The Latins in Greece and the Aegean from the 4th Crusade to the End of the MA, (CCMH IV, 1, 1966), 389–429 – A. BON, La Morée franque, 1205–1430, 1969 – A. E. LAIOU, Constantinople and the Latins, 1972 – E. K. STASINOPOULOS, Ἱστορία τῶν Ἀθηνῶν. 1973 – D. JACOBY, Catalans, Turcs et Vénitiens en Romanie (1305–1332), Studi Medivali 15, 1974, 217–261 – K. M. SETTON, The Catalans in Greece, The Catalans and Florentine in Greece (A Hist. of the Crusades III, hg. H. W. HAZARD, 1975), 167–277 – R. J. LOENERTZ, Les Ghisi, dynastes vénitiens dans l'archipel (1207–1390), 1975 – K. M. SETTON, The Papacy and the Levant (1204–1571), I: The 13th and 14th Centuries, 1976, passim.

Athenais–Eudokia → Theodosius II.

Athenry (Baile Átha an Rí), Stadt in Irland (County Galway). Die Stadt war eines der Hauptzentren des anglonorm. Einflusses in → Connacht; sie wurde als → borough während des gesamten MA regulär zum Parlament geladen. Seine Entstehung verdankt A. wahrscheinl. Meiler de Bermingham, der hier 1241 ein Dominikanerkloster gründete. In einer Schlacht, die am 10. Aug. 1316 außerhalb von A. stattfand, wurde das Heer des Feidlimid Ó Conchobair (O'Connor), der die Königsherrschaft in Connacht beanspruchte, von anglo-norm. Truppen unter William Liath de Burgh geschlagen. Diese Niederlage setzte den Versuchen, die Eroberer zu vertreiben, ein Ende.
A. Cosgrove

Q. und Lit.: G. ORPEN, Ireland under the Normans II [Neudr. 1968], 212; IV, 1968, 182 – A. GWYNN-R. N. HADCOCK, Medieval religious houses: Ireland, 1970, 221 f. – Annals of Loch Cé, ed. W. M. HENNESSY, 1871, I, 584–589 – H. G. RICHARDSON-G. O. SAYLES, Irish Parliament in the MA, 1952, passim.

Äther. Der Begriff des Ä.s geht auf zwei verschiedenartige mytholog. Vorstellungen zurück, die jedoch letztl. ineinander übergehen. In den mytholog. Kosmo- und Theogonien der Griechen bedeutet Ä. (αἰθήρ) eine göttl. Personifikation der reinen Himmelsluft (Empedokles fragm. 53, DIELS I, 332, 12 ff.). Hierauf scheint Aristoteles, der sich gegen eine Identifikation von Ä. mit Feuer – wie sie Anaxagoras vornimmt – wehrt, in de coelo anzuspielen (Aristot. coel. I, 3. 270b, 1 ff.), während er in seiner Meteorologie dem Ä. doch wiederum gleichwohl eine gewisse Feuernatur nicht abzusprechen scheint (Meteor. I 3. 339b, 21–25), und zwar unbeschadet der in de coelo ausgesprochenen Meinung über dessen spezif. Bewegungsform (coel. I, 2. 269b, 5–8). Wiederholt wird die Lehre von Aristoteles, in der mit ihr wahrscheinl. zurückgehenden, jedoch in der jetzigen Form wohl erst in der Stoa redaktionell abgeschlossenen Schrift 'de mundo' vertreten (mund. 2. 292a, 8–10), wo noch einmal betont wird, daß er die οὐσία von Himmel und Gestirnen ist, jedoch so benannt wird, weil er ewig in einer Kreisbahn läuft, nicht weil er wegen seiner Feuernatur leuchtet. Im Anschluß daran identifiziert Galen den Begriff Ä. mit dem oberen Teil des Himmels, dem sog. caelum serenum, oberhalb der Luft und den Wolken (Galen, Comm. in Hippocratem). Der Äther ist gleichsam das allgemeine Gefäß von feinster Artung für die Gestirne, das gleichzeitig durch seinen Umgriff die sublunare bzw. elementare Welt umschließt.

Die andere Vorstellung vom Ä. geht auf die orphische Mythologie zurück, in der der Ä. mit der Weltseele identifiziert wird (Orpheus, fragm. 12, DIELS I, 11.10). Die Stoiker bestimmten ihn im Anschluß an Heraklit (Heraklit, DIELS, 22a, 11) als Feuerhauch, aus welchem sich die himml. Kugelschalen bildeten (Diog. Laert. VII, 1). Er ist die reine Form des Pneumas (Cic. nat. deor. VII, 137), und Proklos bestimmt ihn als Lichtstoff, der alles durchdringt.

Im MA wurde in diesem Sinne der Ä. als universales, konstitutives Prinzip der Naturkörper angesehen, aus dem man je nach seiner größeren oder geringeren Potenz ihre Kräfte abzuleiten versuchte (Castelli, Bartholomaei, Lexicon medicum, Patavii 1762, t. 1, p. 29). Die Vorstellung, daß es sich dabei nicht nur um ein metaphys. Prinzip handele, sondern um einen hauchdünnen und vollkommenen flüssigen Stoff, der den Naturkörpern beigemischt sei, geht offenbar auf die Identifikation des Ä.s mit jenen oberen Wassern zurück, von denen in Gen. I, 3 die Rede ist, und von denen man glaubte, daß sie in unendlicher Ferne von uns, gleichsam als äußerste Grenze des Kosmos diesen gürten und zusammenhalten (vgl. Chauvinius, Lexicon philosophicum, 1713, 29). In diesem Sinne kann der Ä. in den Naturkörpern als ihre äußerste Grenze gegen das Nichts angesehen werden. Für Paracelsus ist Ä. begriffl. gleichbedeutend mit Gestirn »Was nun nit leiblich ist, das ist ein Gestirn, astrum oder sydus oder Äther« (Paracelsus, Fragm. astronomicum, ed. HUSER X, 480). Der Ä. ist bei ihm der nicht intelligente Geist der Materie und durchwaltet die Ebene des Elementarischen, die Mineralien, Pflanzen und Tiere (DERS., Astronomia magna vel philosophia sagax l.c. 1–397). In ähnlicher Weise betrachten auch die Renaissancephilosophen den Ä. als spiritus mundi und bezeichnen ihn, wie z. B. Agrippa v. Nettesheim, als Samengrund der Dinge. H. M. Nobis

Lit.: M. LA ROSA, Der Ä., Gesch. der Hypothese, 1912 – W. KÖNIG, Die Lebensgeschichte des Ä.s, 1912.

Athies (Attegia) am Omignoon, merow. Pfalz (N-Frankreich, Dép. Somme, arr. Péronne). Ausgrabungen haben eine große gallo-röm. Villa des 2. Jh. im S des Flusses und ein Castrum des 3. Jh. im N ergeben. Auf dem Gelände des letzteren wurde eine merow. kgl. Villa errichtet, in der Kg. Chlothar I. seine spätere Gemahlin, die thür. Geisel → Radegundis, erziehen ließ (531). Der merow. → Fiscus v. A., als palatium bezeichnet, lag in der Nähe von → Tertry, wo der Hausmeier Pippin 687 die Neustrier schlug. – Im 12. Jh. war A. Zentrum einer Herrschaft; 1143 nennt sich ein Jean d'A. Kastellan des Gf.en v. → Vermandois; in A. befand sich ein Priorat von St-Thierry d'Hor. Trotz ihres Waidhandels erlebte die Stadt im 13. Jh. ihren Niedergang; die Herren v. A. gerieten in Abhängigkeit von des sires v. → Nesle. R. Fossier

Lit.: R. FOSSIER, La terre et les hommes en Picardie, 1968.

Athis und Prophilias. [1] *Altfranzösisch*: Verserzählung vom Ende des 12. Jh., nach dem zweiten Teil auch »L'estoire d'Athènes« gen.; frz. Text von einem sonst unbekannten Verfasser Alexandre, den man lange für A. de Bernay (auch gen. A. de Paris) hielt, durch dessen Alexander-Roman der → Alexandriner zum bevorzugten frz. Vers wurde (ca. 18 500 Verse. Ausg. A. HILKA, 1911 und 1916, Ges. für roman. Lit., 29, 40).

Der erste Teil erzählt die Geschichte zweier Freunde, wie sie auch schon in oriental. Quellen, in der »Disciplina clericalis« des → Petrus Alfonsi, dann später bei Boccaccio (Dec. X, 8) und in Thomas Hardys »Gésippe ou les deux amis« vorkommt: Der junge Römer P. wird nach Athen gesandt, um sich in Künsten und Wissenschaften umzutun und sich Weltläufigkeit anzueignen. Er trifft in der Familie des A. ein, mit dessen Vater bereits sein Vater eine herzl. Freundschaft geschlossen hatte. Zw. den beiden jungen Männern entwickelt sich ebenfalls eine tiefe Freundschaft, die auf gemeinsamen Studien und gleichen Interessen basiert. Sie gipfelt darin, daß A., nachdem er durch viele Bitten den Grund für eine plötzl. Erkrankung seines Freundes erfahren hat, ihm von der Hochzeitsnacht an seine Braut überläßt, worüber sie allerdings erst unterrichtet wird, als P. nach Rom zu seinem schwerkranken Vater zurückgerufen wird: die drei jungen Leute lassen von den Venuspriestern die (nie vollzogene) Ehe zw. A. und Cardiones auflösen und die zw. P. und ihr legalisieren. Das junge Paar wird in Rom von dem inzwischen wieder genesenen Vater prunkvoll und herzl. aufgenommen, A. hingegen wird von seinen Eltern verstoßen und gelangt schließlich, abgezehrt und zerlumpt, nach Rom. Er sieht seinen Freund und dessen Gemahlin ausreiten, weil sie ihn aber nicht grüßen, verbirgt er sich verzweifelt in einer Höhle. Dorthin kommen kurze Zeit später drei junge Männer, zw. denen ein Streit ausbricht, bei dem einer getötet wird. A. läßt sich bei der Leiche finden und gibt sich als Mörder aus. Da er – röm. Brauch gemäß, wie der Dichter erklärt – drei Tage öffentl. ausgestellt wird, sieht ihn P., erkennt ihn und nimmt den Mord auf sich. Diese Freundestreue wird angemessen belohnt, denn jemand belauscht die beiden wahren Mörder, die jetzt der gerechten Strafe zugeführt werden, während die Freunde glücklich heimkehren.

Der zweite Teil, die »Estoire«, gibt dem Dichter Gelegenheit zur Schilderung von Massenszenen und Einzelkämpfen, von Nachkommen berühmter Männer, und zur Beschreibung prunkvoller Gewänder und Paläste. Nach kurzer Zeit fällt A. in eine schwere Krankheit, und sein Freund P. ist weit davon entfernt, diese etwa für eine Nachwirkung der erlittenen Entbehrungen und Anstrengungen zu halten. Er erfährt dann auch, daß A. sich in seine Schwester Gayete verliebt hat, und da auch sie dem Freunde ihres Bruders zugetan ist und die Eltern nichts gegen ihn einzuwenden haben, wäre alles in bester Ordnung – wenn nicht Gayete schon früher dem Kg. v. Sizilien, Bilas, versprochen worden wäre. Und dieser sucht sich nun auch gerade diesen Zeitpunkt aus, um seine Braut heimzuführen. Da er weder moral. noch Vernunftgründen (v. a. Geschenken) zugänglich ist, bleibt nur der Kampf, in dem viele ihrer Freunde fallen. Die Protagonisten lassen die Toten nach Rom bringen, zusammen mit der Beute, die die Trauer derer vermindern soll, die einen Sohn oder Bruder verloren haben. Unsere Helden aber entkommen nach Athen, wo sie von der Familie des A. jetzt alle herzl. empfangen werden. Der Sohn des Hzg.s Theseus v. Athen verliebt sich in Gayete, und um ihre Aufmerksamkeit zu gewinnen, erklärt er dem Hzg. v. Korinth (einem Nachkommen des Ajax) den Krieg; Cardiones gestattet ihm, ihre Farben zu tragen. Wieder also Krieg, bei dem sich Bilas mit den Korinthern verbündet. Der Herzogssohn wird tödlich verwundet, und Cardiones, die ihn schon für tot hält, stirbt (offenbar, weil Ro-

lands Verlobte Alda auch gestorben war). Der Herzogssohn hat aber noch Zeit, zu bestimmen, daß seine Schwester jetzt dem P. vermählt wird, da er am Tode der Cardiones schuld sei; Bilas gewinnt die Hand der Schwester des A. und kehrt mit ihr in sein Königsreich zurück – und eine Weile, nämlich solange Bilas lebt, herrscht in Athen, und damit für A. und P., Glück und Frieden.   R. Falke
Bibliogr. und Lit. (außer den oben gen. Ausg.): U. TIGNER HOLMES JR., A hist. of Old French Lit., 1962 – C. LUTTRELL, The Creation of the First Arthurian Romance, 1974, 38-46.

[2] *Mittelhochdeutsch:* Fragmente von drei Hss. (insges. rund 1550 Verse) einer frühmhd. Bearbeitung des afrz. »Li Romanz d'Athis et Prophilias« sind erhalten. Wahrscheinl. hat der unbekannte Dichter um 1200 gearbeitet. Seine Sprache ist md. (hessisch?). Er beherrschte die frz. Sprache und hatte auch Latein gelernt. Die Vorlage scheint er mit großer Freiheit behandelt zu haben. In seinem Stil verbinden sich moderne rhetor. Technik mit älteren formelhaften Elementen, und seine Schilderung des antiken Roms vermischt die zeitgenöss. Wirklichkeit mit einem gelegentl. geradezu antik anmutenden Lebensgefühl. Die Bruchstücke lassen ahnen, wie bedeutend das Werk gewesen sein muß.   P. Ganz
Bibliogr.: Verf.-Lex.² I, 511-514 – *Ed.:* C. V. KRAUS, Mhd. Übungsbuch, 1926², 63-82, 276-279 – *Lit.:* R. MERTZ, Die dt. Bruchstücke von A. und P. in ihrem Verhältnis zum afrz. Roman [Diss. Straßburg, 1914] – H. HORNUNG, Die Frgm. von A. und P., AGB 10, 1969, 679-684 – H. FRANZ, Das Bild Griechenlands in den mhd. epischen Erzählungen vor 1250, 1970, 26, 49f., 59f., 334f., 376f. – H. WALDNER, Die Sprache von »A. und P.« [Diss. Jena 1970].

Athis-sur-Orge, Vertrag v., geschlossen am 23. Juni 1305 zw. Kg. Philipp IV. dem Schönen und dem neuen Gf.en v. → Flandern, Ludwig v. Nevers, Sohn des Gf.en Robert v. Béthune, um die Auseinandersetzungen zw. Flandern und der frz. Kgtm. zu beenden. Der in einer für die frz. Seite günstigen Situation (frz. Sieg bei Mons-en-Pévèle 18. Aug. 1304) geschlossene Vertrag sah folgende Bedingungen vor: Zahlung einer Jahresrente von 20.000 livres an den Kg. und Aufbringung von 400.000 livres durch das Land im Zeitraum von vier Jahren, die Entschädigung aller derjenigen, die wegen ihrer Parteinahme für den Kg. Pressionen ausgesetzt gewesen waren, die Aushebung von 500 Bewaffneten, die dem Kg. an allen Orten (d.h. auch außerhalb der Gft.) Kriegsdienste zu leisten hatten, auf Kosten des Landes, die Zerstörung der Befestigungen in Gent, Brügge, Ypern, Lille und Douai, die Bußwallfahrt von 3000 Bürgern von Brügge, die Leistung des Treueeides durch alle Landesbewohner im Alter von mehr als 14 Jahren und das Versprechen, dem Kg. bei Strafe des Interdikts gegen alle Feinde, ggf. selbst gegen den Grafen, beizustehen. Falls der Gf. seinen Eid verletzte, sollte seine Gft. der Konfiskation verfallen. Die Übergabe der Kastellaneien Lille, Douai und Béthune und der Burgen Cassel und Kortrjik sollte die Einhaltung des Vertrages gewährleisten.

Neue Verhandlungen modifizierten die Ausführung des Vertrages, der 1309 in Paris ratifiziert wurde und schließlich durch jede der Städte, die der Annahme der drückenden Vertragsbestimmungen zunächst widerstrebt hatten, nacheinander beschworen wurde. Die Durchführung des Vertrages machte von 1312 an neue militär. Aktionen notwendig, denen wieder Aufstände und erneute Abkommen (bes. der Vertrag v. Pontoise, 11. Juli 1312) folgten. In diesen wurde die Jahresrente von 20000 livres durch die Abtretung der Kastellaneien Lille, Douai und Béthune (an dessen Stelle später Orchies trat) abgelöst, welche den sog. »transport de Flandre« bildeten und damit zum territorialen Ausgangspunkt für das frz. Flandern, einem der Grundpfeiler der franko-fläm. Politik des 14. Jh., wurden.   R.-H. Bautier
Lit.: F. FUNCK-BRENTANO, Philippe le Bel en Flandre, 1897 – J. FAVIER, Philippe le Bel, 1978.

Athos. [1] *Geschichte:* Gebirgige Halbinsel an der NW-Küste des Ägäischen Meeres, wird als Zentrum des byz. Mönchtums seit 1046 offiziell »῎Αγιον ῎Ορος« (Hl. Berg) genannt und ist bis heute Mittelpunkt des orth. monast. Lebens. Das Datum der ersten Eremitensiedlungen bleibt unbestimmt. Seit Mitte des 9. Jh. finden wir Eremiten in zunehmender Zahl. 963 gründete der Grieche → Athanasios (Athonites) mit Hilfe des Ks.s Nikephoros II. Phokas (963-969) an der SO-Küste der Halbinsel als erstes Kloster die »Große Lavra«. Es folgten mehrere Klostergründungen unter dem Schutz des Ks.s, der ihnen außerordentl. Privilegien verlieh. 972 erhielt A. das erste → Typikon (Tragos) von Ks. Johannes I. Tzimiskes (969-976), 1406 das letzte von Manuel II. Palaiologos (1391-1425). Seit dem Jahre 1312 hatte das ökumen. Patriarchat das Recht, Typika über den A. zu erlassen. Andronikos II. Palaiologos (1282-1328) leitete eine neue Blütezeit des Athos ein, die fast 100 Jahre lang dauerte. Aber nicht nur die byz. Kaiser, sondern auch das serb. Herrscherhaus und ganz bes. Stephan Dušan (1331-55) förderte die Athosklöster, bes. das serb. Chilandar und das bulg. Zographou. In den Kl. lebten nicht nur Griechen, sondern auch Albaner (Kasp. Meer), Amalfitaner (aus S-Italien), Armenier, Bulgaren, Iberer (Georgier), Russen und Serben. Trotz der Einfälle von Lateinern (seit 1204), Katalanen (1307-09) und der osman. Herrschaft seit 1430 verlor A. keineswegs seine Bedeutung. Im Gegenteil: Im 14. und 15. Jh. erlebt die Bewegung des → Hesychasmus ihre größte Blütezeit; es folgte ein kurzer Niedergang und dann nach Reformen ein neuer Aufschwung. Bis zum 16. Jh. haben die Mönche auf dem A. drei Lebensformen praktiziert: Die ersten Mönche waren → Anachoreten; Athanasios, Athonites führte mit der Gründung des Lavra-Kl. das → Koinobitentum ein, das im ausgehenden 14. Jh. ztw. durch die → Idiorhythmie abgelöst wurde. Wohl in der Zeit der Vorherrschaft der Idiorhythmie blühten die Kellia auf, meist von drei Vollmönchen bewohnte Häuser mit Kapelle; drei Rhasophoren (Mönche ohne das 2. Gelübde) können hinzukommen.

Frauen und weibl. Tieren war der Zutritt stets untersagt. In seiner langen Geschichte war der A. auch ein bedeutender Faktor des geistigen und kulturellen Lebens der byz. Welt; er besaß eine große Ausstrahlung auf die von Byzanz missionierten Völker.   A. A. Fourlas

[2] *Kunstgeschichte:* Mit dem Bau der Megiste Lavra (begonnen um 1000) schuf der Architekt Daniel einen Kirchentypus, der in mehr oder weniger abgewandelter Form für die Klosterkirchen des A. verbindl. wurde: den trikonchalen Kuppelbau mit die Kuppel tragenden Pfeilern, vier Eckräumen, von denen die östl. als → Pastophorien dienen und kleine Apsiden erhalten; die O-Apsis ist polygonal ummantelt, die N- und S-Apsis (choroi) sind außen wie innen halbrund; die urspgl. Narthices sind später durch eine Liti ersetzt, neben der beiderseits kleine Nebenkirchen (Parekklesien) in Kreuzkuppel-Form liegen. Dieser Bautyp wird auch in den → Meteora-Klöstern und in der → Morava-Schule übernommen.   K. Wessel

Nur wenige der A.-Klöster besitzen Mosaike und Wandmalereien aus ma. Zeit. Hervorzuheben sind die Reste des musiv. Schmucks an der Tür zum Exonarthex von Vatopedi vom Ende des 11. Jh. und die umfangreichen

Freskenmalereien in Protaton, Vatopedi und Chilandar aus dem 14. Jh., die außer dem Zyklus der großen Feste auch Darstellungen aus dem öffentl. Leben Jesu, der Passion, des verklärten Christus, dem Marienleben u. a. umfassen. Wegen der häufigen Übermalungen in späteren Jh. ist noch zweifelhaft, ob das Protaton vom Meister Manuel Panselinos oder der Zyklus von Chilandar (hier z. T. die ursprgl. Malerei freigelegt) durch Michael und Eutychios, Hofmaler des serb. Kg.s Milutin (1282-1321), gemalt worden sind; für Chilandar wird heute die Urheberschaft dieser Meister ziemlich allgemein angenommen. Die reichen Bibliotheken der A.-Klöster enthalten noch heute eine große Anzahl illuminierter Hss., die oftmals von Stiftern und neu eintretenden Mönchen von außerhalb dorthin gelangten. Offenbar sind Bilderhss. in den A.-Klöstern selbst erst im 14. Jh. entstanden (vgl. den → Čin von Chilandar und das → Malerbuch vom Berge Athos). J. M. Plotzek

Lit. [zu I]: Le Millenaire du Mont Athos 963-1963, 2 Bde, 1963-64 [Bibliogr.] – I. P. MAMALAKES, Τὸ Ἅγιον Ὄρος (Ἄθως) διὰ μέσου τῶν αἰώνων, 1971 – E. AMAND DE MENDIETA, Mount A. The Garden of the Panaghia, 1972 – DERS., L'art au Mont Athos 1977 – [zu 2]: RByzK 411-419 – H. BROCKHAUS, Die Kunst in den Athosklöstern, 1924² – K. WEITZMANN, Aus den Bibl. des A. Illustrierte Hss. aus mittel- und spätbyz. Zeit, 1963 – S. M. PELEKANIDIS u. a., The Treasures of Mount A., 2 Bde, 1974-75 [wird fortges.] – P. HUBER, A. Leben, Glaube, Kunst, 1969, 1978².

Athy (Áth Í), Stadt in Irland am Fluß Barrow (County Kildare). Die Stadt war Sitz eines frühen anglo-norm. Herrenhofes, der in der Folgezeit an die Earls v. → Kildare überging. Die ma. Siedlung lag am Rande des von den Engländern beherrschten Gebietes und war öfter Angriffen der »ir. Feinde« ausgesetzt, bes. von seiten der O'Mores v. Laoighis (→ Loígis). Ihre Niederlage gegen John → Talbot 1417 führte zum Wiederaufbau der Brücke über den Barrow und zur Errichtung neuer Befestigungen. Um 1430 wurde A. als »größte Festung und Schlüssel des ganzen Gebietes« bezeichnet. Es lag noch immer an der »Grenze zu den ir. Feinden«, als Heinrich VIII. ihm 1515 ein Stadtprivileg verlieh. A. Cosgrove

Q. und Lit.: A. J. OTWAY-RUTHVEN, A Hist. of Medieval Ireland, 1968, 349, 352-353 – Rotulorum Patentium et Clausorum Cancellerie Hibernie Calendarium, 251b, Nr. 23 – The Red Book of the Earls of Kildare, ed. G. MACNIOCAILL, Nr. 197, 182-185.

Atlant, im MA nicht verwendeter, heute geläufiger Begriff für Tragfiguren, v. a. in der roman. und got. Bauplastik, seltener Kleinplastik, Buch- und Wandmalerei. Abzuleiten vom antiken Motiv des den Himmel tragenden Atlas, aber auch von Karyatiden und Viktorien. Bekleidet, drapiert oder nackt stützen A.en stehend, kniend, kauernd oder sitzend, mit Kopf, Schulter oder Händen alle erdenkl. Gliederungen an Fassaden (Hirsau, Turm; Spoleto, Dom; Assisi, Dom), in Räumen (Fidenza, Apsis), Portalen (Piacenza, Beaulieu), Lettnern (Modena), Kanzeln (Salerno, Ferrara), Kathedren (Parma, Bari), Taufbecken (Bremen), Tumben (Palermo, Dom), Leuchtern (Anagni, Havelberg), Pulten (Freudenstadt) und Kultgeräten (Cappenberg, Barbarossakopf). Zunächst wirken sie als organ. und dekorativer Ausdruck stat. Kräfte, doch wäre im einzelnen Fall meist eine weitere Aussage zu ergründen, um so mehr als ganz verschiedenartige sakrale und profane Gestalten als A.en eingesetzt wurden. Das kosmolog. Element des A.en-Motivs lebt weiter in Darstellungen des karol. Utrechter Psalters, im Träger der Himmelsallegorie am Dom in Tuscania (hier etrusk. Spolie), in den A.en unter der Rose des Doms v. Assisi, in der otton. Miniatur der Terra unter Christus im Lebensbaum in Clm. 4454, in den Paradiesflüssen daselbst und am Taufbecken in Hildesheim, in der Stützfigur des Astronomen Aratus am Regensburger Astrolabium. Der Christus tragende A. der Opferszene von Kain und Abel am Dom zu Modena wird in der Beischrift als leidender sündiger Mensch gedeutet. Adam erscheint als A. unter dem Gekreuzigten (Seckau) und an Türgewänden (Piacenza, S. Antonino; Lodi, Dom). Engels-A.en haben sich aus Viktorien entwickelt, wie Gewölbeprogramme (Ravenna, S. Vitale; Anagni, Krypta) zeigen. Sie kommen selten an Stützenschäften (Lund, Seraph auf Löwe; Padua, S. Giustina, Lukassarkophag), häufiger an Kapitellen (Chur, Kathedrale) vor. Eine reiche Gruppe bilden A. en als Riesen oder Gnomen, Gefangene, Lasterhafte etc. dämon., lehrhaften oder humorist. Charakters v. a. an Portalen (Oloron, Gekettete; Lodi, Geiziger), Lettnern und Kapitellen, auch in Wandmalereien (Riesen in Müstair, roman. Schicht; Tramin). Viktorienähnlich trägt im Evangeliar Ottos III. Lukas eine visionäre Glorie. Alle vier Evangelisten bilden als A.en die Stütze des Lesepultes von Freudenstadt. Die Kanzelput von Salerno hingegen wird von zwei Akolythen getragen. Mit dem A.en-Motiv verwandt sind Propheten, welche Apostel tragen, wie am Domportal zu Bamberg. Schließlich haben sich viele Baumeister und Bildhauer aus Devotion, ohne Namensnennung, an ihren Werken als A.en dargestellt, so noch Giovanni Pisano an der Domkanzel in Pisa, Adam Kraft am Sakramentshäuschen in St. Lorenz, Nürnberg. Atlantenreihen, die sicher ein Programm bilden, wie in Sens, Nevers und Mailly-le-Château, sind bis jetzt ungedeutet. A. Reinle

Lit.: RDK I, 1179/1194 – LCI I, 195-197 – R. SALVINI, Wiligelmo, 1956, 84, 110 – H. v. EINEM, Das Stützengeschoß der Pisaner Domkanzel, 1962 – H. SCHADE, Dämonen und Monstren, 1962, 53f. – K. GERSTENBERG, Die dt. Baumeisterbildnisse des MA, 1965 – W. SAUERLÄNDER, Von Sens bis Straßburg, 1966, 25, 102ff.

Atlantische Inseln. Von den subtrop. und trop. A. I. (→ Färöer, Island, Grönland; Antillen → Kolumbus) waren die Archipele der *Madeira-Gruppe*, der *Kanarischen Inseln* und der *Azoren* teilweise bereits im Altertum (Phöniziern bzw. Karthagern, Griechen bzw. Kretern, Römern) und danach zum Teil auch Normannen und Arabern mehr oder weniger bekannt (z. B. »ein Begriff« (z. B. die Kanaren als »Insulae Fortunatae«). Während des MA haben v. a. Italiener (insbes. Genuesen) als die erfahrensten europ. Seefahrer schon im ausgehenden 13. und im Verlauf des 14. Jh. die Verbindung des Mittelmeerraumes zu diesem Teil des Atlant. Ozeans aufrechterhalten und Teile seiner Archipele ihrer Naturprodukte wegen angelaufen: z. B. die »Canarischen«, d. h. die »Hunde-Inseln« wegen Farbstoffen, Fellen, Talg u. a.; die »Ilha da Madeira«, it. »Isola de lo Legname«, also »Holz-Insel«, ihrer Hölzer wegen; auch im Zusammenhang mit fernen Zielen dürften sie besucht worden sein – die Spur der einer Umfahrung Afrikas geltenden genues. → Vivaldi-Expedition von 1291 verliert sich in ihrem Raum. Die atlant. Archipele tauchen auch bereits in verschiedener Form und Ausdehnung seit der Mitte des 14. Jh. in der it. und in der mit ihr zusammenhängenden katal. Kartographie auf (z. B. im Mediceischen Seeatlas 1351 oder auf der Dulcert-Karte 1339, welche u. a. die genues. Unternehmungen des 1. Drittels des 14. Jh. und im bes. die Kanaren-Unternehmung des Genuesen Lancelotto Malocelli von 1312 festhält). Selbst Petrarca nimmt auf solche genues. Unternehmungen Bezug. Wegen der Ferne Genuas und der Schutzbedürftigkeit der Italiener in jenem atlant. Raum bildeten sich ähnlich wie in Spanien ptg.-it. Konsortien aus, die mit it. Geldbeteiligung und Bereitstellung it. Fachkenntnisse bis tief in das 15. Jh. für den Gang der Entdeckungsgeschichte der Monarchien der Pyrenäenhalbinsel anregend und auch in deren Kolonialgeschichte wirksam waren. Eine solche gemeinsame Expedition war z. B. 1341 die (auch von Boccaccio erwähnte) unter dem Kommando des Genuesen Niccoloso da Recco und des Florentiners Angiolino del Tegghia dei Corbizzi stehende, auch von Kastiliern »und anderen Spaniern« mitgemachte Fahrt nach den Kanar. Inseln. Sie und eine ähnliche, bereits um das Jahr 1335 erfolgte Unternehmung sollten im Auftrag Kg. Alfons IV. Portugals Ansprüche in diesem Teil des Atlant. Ozeans befestigen. Mit beiden Anlässen war auch schon eine erste Wahrnehmung der Azoren verbunden, die in it. Karten der Folgezeit auftauchen.

Daneben traten ab 1342 in zunehmendem Maß auch katal. Handelsfahrten zu den Kanaren; mit einem Urenkel Kg. Alfons X. (des Weisen) v. Kastilien, Don Luis de La Cerda, tritt zum erstenmal ein von Kg. Peter IV. v. Aragón vorübergehend unterstützter, die Eifersucht Genuas, Kastiliens (Alfons XI.) und Portugals (Alfons IV.) erregender Spanier als Landesfürst der Kanaren (»Princeps Fortuniae«) auf; er empfing die Inseln sogar vom Hl. Stuhl (Clemens VI.) als erbl. Kirchenlehen mit allen Souveränitätsrechten (1344). Sein Scheitern ließ (ebenso wie das Scheitern des von ihm eingesetzten Roberto v. Bracamonte als Lehensträger Kg. Heinrichs III. v. Kastilien) die Rolle des Kanar. Archipels als Zankapfel zw. den iber. Mächten deutlich werden. Nach dem für die Geschichte der Kanaren nachhaltigen Intermezzo des abermals als kast. Lehen vergebenen kanar.-norm. Kreuzritterstaates unter Roberts frz. Vetter Jean de → Béthencourt und unter Gadifer de la Salle, begann 1477 durch einen Kaufvertrag des span. Königspaares Ferdinand V. und Isabella mit dem letzten kanar. Dynastenpaar die konsequente, durch die 1469 geschlossene Verbindung der Häuser v. Kastilien und Aragón in ihrer Wirksamkeit erhöhte span. Annexionspolitik, die mit der endgültigen Ausschaltung ptg. Ambitionen, mit forcierter Franziskanermission und mit der Niederwerfung des Widerstands der Ureinwohner (Guanchen) bis etwa 1496 einen zunächst kast., dann span. Kronbesitz schuf, der in jeder Hinsicht als Exerzierboden für die nachmaligen span. Kolonisationsmethoden in der Neuen Welt diente. Portugal, das sich in dem den Kast. Erbfolgekrieg 1479 beendenden Friedensvertrag von Alcaçovas mit dieser Besitzregelung abgefunden hatte, war nunmehr in seinen weiteren Initiativen auf den inneren Ausbau der ihm verbliebenen und für alle Zukunft garantierten übrigen atlant. Inselgruppen verwiesen, die im Zuge der weltweiten ptg. Entdeckungsfahrten noch eine zusätzl. Aufgabe als Stützpunkte erhielten.

Die den Italienern spätestens bereits um 1345 wieder bekanntgewordene *Madeira-Gruppe* wurde seitens der Portugiesen spätestens in den Jahren 1423 (Porto Santo) und 1424/25 (Hauptinsel Madeira), nach Azurara v. a. schon 1418/19 wiederentdeckt und gleich in den Jahren danach auf Grund einer Ermächtigung Kg. Johanns I. kolonisiert. Jene ersten Pioniere waren neben Kapitänen und Unternehmern auch Männer aus der Umgebung Prinz → Heinrichs des Seefahrers: João Gonçalves Zarco, Tristão Vaz Teixeira, Francisco Alcoforado, Gonçalo Aires Ferreira, dazu der Italiener Bartolomeo de Perestrello aus Perugia, der 1446-58 sogar Gouverneur auf Porto Santo war und als Schwiegervater des Kolumbus großen Einfluß auf dessen Pläne gewann. 1433, also unter Kg. Eduard I., kam Madeira dann als Lehen direkt an Prinz Heinrich den Seefahrer, der es durch eine systemat. Agrarpolitik (Zucker-, Weizen-, Weinanbau) und durch eine rationale Exportpolitik zum ersten Schauplatz ptg. Kolonialtätigkeit in Übersee machte.

Ähnlich verhielt es sich mit den *Azoren* (den »Açores«, d. h. »Habichts-Inseln«). Der wahrscheinl. schon im Zusammenhang mit der erwähnten Kanarexpedition von 1341 gesichtete und u. a. auf dem Mediceischen Seeatlas von 1351 abgebildete Archipel wurde (wie auch eine Karte Gabriel de Valsecas aus Mallorca 1439 bezeugt) i. J. 1427 durch Diogo de Silves wiederentdeckt, mit seinem größeren Teil ab 1431/32 des näheren durch Frei Gonçalo Velho Cabral für Portugal erforscht und seit der Erteilung einer kgl. Kolonisationserlaubnis an den Prinzen Heinrich (1439) durch Besiedelung, Getreideanbau und Schafzucht wirtschaftl. erschlossen. Die Entdeckung der westlichsten Inseln erfolgte 1452 oder kurz davor durch Diogo de Teive. Die Eingliederung in die ptg. Kolonisation war für alle Inseln bis 1457/58 abgeschlossen. Um ihre weitere, zu hoher Blüte führende Entwicklung machten sich neben den Portugiesen v. a. Flamen verdient, die in großer Zahl einwanderten, seit Kg. Alfons V. 1466 Fayal und Pico auf Lebenszeit an seine Tante, die Hzgn. Isabella v. Burgund (die Mutter Karls des Kühnen) abgetreten hatte. Die Azoren hießen deshalb auch lange Zeit »Flämische« oder »Flandrische Inseln« (»Ilhas Flamengas«). Auch Iren und aus Spanien vertriebene Moriskos wirkten am Aufbau mit.

Gleichfalls in die Ära Prinz Heinrichs fiel (als Folge der Erreichung des »Grünen Vorgebirges« durch Dinis → Dias 1444) auch noch die 1456 erfolgte Entdeckung der ö. *Kap-Verde'schen Inseln* durch den Venezianer Alvise → Ca'Da Mosto und den ihn begleitenden Genuesen Antoniotto Usodimare, sowie ihre erste nähere Erkundung und koloniale Erschließung durch den ebenfalls im Dienste Prinz Heinrichs wirkenden, von Diogo Gomes begleiteten Genuesen → Antonio da Noli 1458 ff., den ersten Gouverneur des neuen Archipels (der von Kg. Alfons V. 1460 seinem Bruder Don Fernando als Domäne übertragen wurde). Die w. Kap-Verden wurden kurz nach Heinrichs Tod (1460) von Diogo Afonso dazuentdeckt, von Gefolgsleuten Don Fernandos als Siedlungskolonien erschlossen und zur Basisstation der weiteren atlant. (d. h. sowohl afrikan. wie brasilian.) maritimen Unternehmungen Portugals ausgebaut. In der it. Kartographie erschienen die Kap-Verden schon bei Andrea Bianco 1448. Charakterist. für die Entwicklung der ptg. Atlantik-Inseln ist das später auch in Südamerika angewandte System der Übertragung der Kolonisation an finanzstarke, mit weitgehenden grundherrschaftl. Sonderrechten ausgestattete Unternehmer.

Als letzte Inselgruppe wurden die *Inseln des Golfs von Guinea* entdeckt (und schon bald - z. B. auf der Soligo-Karte 1486 - kartograph. festgehalten) - als ein Nebenergebnis der hartnäckigen Suche der ptg. Expeditionen nach einem um Afrika führenden Seeweg nach Indien: und zwar Príncipe, São Tomé und AnoBom vermutl. 1471/72, und die innerste, Fernão do Pó (ursprgl. »Ilha Formosa«) in der Biafra-Bay, wohl durch den Kapitän gleichen Namens, in den Jahren 1472/73, also gerade knapp vor dem ersten Vordringen auf die s. Halbkugel (1473/74).

G. Hamann

Lit.: Th. Fischer, Slg. ma. Welt- und Seekarten it. Ursprungs, 1886 - J. Cortesao, Os descobrimentos Portugueses, 2 Bde, o. J., vgl. I - A. Baiao, H. Cidade, M. Murias, História da Expansão Portuguesa no Mundo, 3 Bde, 1937, vgl. I - R. Hennig, Terrae Incognitae, 4 Bde, 1944-56, vgl. IV - F. Pérez Embid, Los descubrimientos en el Atlántico y la rivalidad castellano-portuguesa hasta el tratado de Tordesillas, 1948 - D. Peres, História dos Descobrimentos Portugueses, 1960 - R. Konetzke, Überseeische Entdeckungen und Eroberungen (Propyläen-Weltgeschichte VI 1964) - L. Bagrow-R. A. Skelton, Meister der Kartographie, 1963 - G. Hamann, Der Eintritt der Südl. Hemisphäre in die europ. Gesch., SAW. PH 260, 1968 – P. CHAUNU, L'Expansion Européenne du XIIIe au XVe s., 1969.

Atlas (arab. 'glatt, zart'), eine im Gegensatz zu Leinen- und Köperbindung auf der Grundlage eines Rapports von mindestens fünf Kett- bzw. Schußfäden beruhende Gewebebindung, deren Bindungspunkte sich nicht berühren. Aus China importierte A.-Stoffe führten zur Übernahme der A.-Bindung durch it. Webereien. Seit dem 14. Jh. wurde A. v. a. als Grund bei Lampas und Samt verwendet. → Seide. E. Vavra

Lit.: RDK I, 1194ff. – B. MARKOWSKY, Europ. Seidengewebe des 13.–18. Jh., Kunstgewerbemuseum der Stadt Köln, 1976.

Atlilieder der Edda. Nach Atli (→ Attila) sind zwei eddische Heldenlieder benannt (→ Edda), »Atlakviða in grœnlenzka« (Akv.) und »Atlamál in grœnlenzko« (Am.). Die Bezeichnung »grönländisch« könnte allenfalls für Am. zutreffen. Beide Lieder erzählen – wie auch das → Nibelungenlied – von dem Untergang der Burgunden am Hofe Atlis. Aber während in den nord. Ländern Gudrun, die der mhd. Kriemhilt entspricht, den Tod ihrer Brüder an Atli rächt, nimmt Kriemhilt Rache an Hagen für die Ermordung Sigfrids und opfert dabei rücksichtslos ihre Brüder, die den Mord gebilligt oder mindestens geduldet haben. (Zu den geschichtl. Ereignissen des 5. Jh., die den Liedfabeln zugrunde liegen → Burgunder.)

Akv. und Am. kennen beide die hinterlistige Einladung der Brüder an Atlis Hof durch einen Boten, die versteckte Warnung ihrer Schwester, die sie nicht beachten, ihre grausame Ermordung durch Atli und Gudruns gnadenlose Rache, die ihre jungen Söhne schlachtet und Atli zur Speise vorsetzt und schließlich ihn selbst tötet. Bei aller stoffl. Gemeinsamkeit unterscheiden sich die beiden Gedichte sehr. Die Akv. ist ein Gedicht von 176 Langzeilen (→ Langzeile), meist im → Málaháttr mit Füllungen im Halbvers bis zu acht Silben, gelegentl. aber auch im schlankeren → Fornyrðislag. Die Am. sind mit 382 Langzeilen im Málaháttr mehr als doppelt so lang wie die Akv. und damit das umfangreichste Heldenlied der Edda, das sich bereits epischer Ausformung nähert. Kennzeichnend für die Akv. ist der häufige Gebrauch von prunkvollen Adjektiven und skald. Kenningen (→ Kenning), meist Komposita mit konkretem, anschaulichem Gehalt, wie z. B. *mélgreypr* 'gebißumschließend', vom Pferd gesagt, oder *rógþorn* 'Streitdorn' (= Schwert). Die Am. zeigen weitgehend eine prosaische Umgangssprache wie in den isländ. Familiensagas, wofür u. a. Litotes sowie verhüllende und knappe Ausdrucksweise kennzeichnend sind.

Die handelnden Personen der Akv. sind von kgl. Geblüt, die dem Gebot der Ehre und der Rachepflicht unbedingt folgen und im Tod über ihre Gegner triumphieren. Streit der Völker wird zum Kampf einzelner, die zur selben Familie gehören. Handlung wird kaum erzählt, Tat und heroische Haltung wird durch Rede offenbar. Die Am. spielen dagegen in bäuerlicher, kleinräumlicher Umgebung. Der Nibelungenhort und damit Atlis Hortgier sind verschwunden. Sein Haß gegen die Gjukinge und seine Grausamkeit treiben das Geschehen an, dabei ist er nach Gudruns Worten ein Mann kleiner Art, der nicht einmal seine Prozesse gut durchführen kann, und das ist wichtig für isländ. Bauern. Aufschwellung um das Doppelte erreichen die Am. durch Vermehrung der Personen, breitere Ausgestaltung und Einfügung neuer Szenen, durch Ausweitung der Dialoge in psychol. Absicht.

Die Handlung der Akv. geht in drei Akten vor sich, die alle mit »Atli« (Str. 1, 14, 32) beginnen. Jeder Erzählteil bringt zuerst für den Hörer Ungewißheit, die aber zu einer immer größeren Gewißheit bis zum Höhepunkt des dramat. Geschehens wird. Im ersten Akt ist dies Gunnars Entscheidung zur Fahrt, im zweiten seine Hortverweigerung und im dritten Gudruns Bekanntgabe der Kinderschlachtung und der kannibal. Mahlzeit Atlis. Gunnar plant von vornherein seinen und Högnis Tod ein, kommt so zu seinem Triumph über Atlis Goldgier und weiß sicher, daß seine Schwester ihre Brüder rächen wird. Im Tode bewahren die Gjukingegeschwister furchtlos ihre Ehre, so wie sie und der Dichter sie verstehen. Der Dichter verrät nicht, ob er etwas von der Heirat Gudruns mit Sigurd weiß. Die Gnitaheide, wo Sigurd den Hort gewann, wird zwar als goldreich erwähnt, aber Gunnars Nibelungenhort (*hodd Niflunga*) stammt nicht von dort (6, 5–8). So entsteht für Gudrun kein Konflikt wie im Nibelungenlied für Kriemhilt. Am. kennen Sigurd als Gatten Gudruns, mit dem sie und ihre Brüder auf Wikingerfahrt gingen. Aber durch wen Sigurd starb, wird nicht erwähnt. Diesen Konflikt wollte sich der Dichter ersparen. Ihm kam es darauf an, das Verhältnis zw. Gudrun und Atli als das einer zerbrochenen Ehe zu verstehen.

Die Akv. in ihrer jetzigen Gestalt dürfte auf die Umdichtung eines wohl altniederdt. Liedes zurückgehen, die gegen Ende des 9. Jh. im Norden entstand. Trotz einiger Verderbnisse und schwer deutbarer Stellen kann sie uns den Eindruck eines Heldenlieds der frühen Wikingerzeit vermitteln. Die Am., die eine entwickelte, aber wohl noch vorliterar. Sagakunst voraussetzen, dürften im 12. Jh. entstanden sein. H. M. Heinrichs

Ed.: Edda. Die Lieder des Cod. Regius nebst verwandten Denkmälern, ed. G. NECKEL, I: Text, 4. umgearb. Aufl. von HANS KUHN, 1962, 240–263 – The Poetic Edda, 1: Heroic Poems, ed. U. DRONKE, 1969, 1–141 [mit Übers., Einl., Komm. und Lit. zu Dichtung und Sage bis 1968] – *Übers.:* Sammlung Thule I, 44–52, 73–88 – *Bibliogr.:* Bibliogr. of Old Norse Icelandic Stud., 1969ff., zuletzt 1975 [1978] – *Lit.:* C.L. GOTTZMANN, Das alte Atlilied. Unters. der Gestaltungsprinzipien seiner Handlungsstruktur, 1973.

Atomismus → Philosophie

Atomistik. Die A. (Leukippos, Demokritos, Epikuros, Lucretius) geht von der Existenz der (unbegrenzten) Leere neben der Materie aus. Letztere bestehe aus 'nicht teilbaren' ($\mathring{\alpha}\tau o\mu\alpha$) unveränderl., qualitativ nicht unterschiedenen Teilchen in unendl. Anzahl, die sich regellos bewegen (sie sind aktives und passives Prinzip zugleich). Diese Atome sollen unendl. Formenvielfalt aufweisen und allein durch unterschiedl. Größe, Lage, Anordnung und ihren Bewegungszustand die Erscheinungen bewirken. Es gäbe somit kein übermaterielles ordnendes, bewirkendes oder formendes Prinzip (keinen Gott). Letzteres, insbes. in der Form des wegen seiner Ethik bekämpften Epikureismus, war der entscheidende Grund für die häufige Ablehnung einer A. durch das chr. und islam. MA seit der frühen Patristik – im Anschluß an den Traktat $\Pi\varepsilon\rho\grave{\iota}\ \varphi\acute{\upsilon}\sigma\varepsilon\omega\varsigma$ (Peri physeos) des Dionysios v. Alexandria (3. Jh.), den ausführlichsten (krit.-polem.) Bericht des MA, der durch Aufnahme langer Passagen in die »Praeparatio evangelica« des → Eusebios bekannt blieb. Ausführl. argumentierten vom chr. Standpunkt auch noch → Lactantius, unter Einbezug von Zitaten aus Lucretius (→ Lukrez im MA), dessen Werk dann im MA bis zur Wiederauffindung 1417 verschollen war (aus Zitaten seit dem 12. Jh. wieder bekannt) und Augustinus (Ep. 118 und 3) im Anschluß an Cicero gegen die Atomvorstellung.

Über kurze Erwähnungen der verworfenen A. bei Isidorus v. Sevilla (Etymol. 13, 2; 8, 6) und Beda Venerabilis (De ratione temporum) bleibt auch der Begriff 'Atom' (individuum, insecabile: in corpore, in tempore [it. attimo 'Augenblick'], in numero [Eins], in littera [Buchstabe,

Laut]) bekannt, ohne daß damit allerdings eine physikal. Theorie verbunden war.

Als physikal. Theorie wurde die A. im lat. MA erst wieder aus der Kritik des → Aristoteles bekannt, nachdem dessen Schriften und die gr. und arab. Kommentare im 12.Jh. ins Lat. übersetzt worden waren. Damit wurde auch die Frage des Kontinuumproblems (math. Atomismus) wieder aktuell, wobei ganz verschiedene Meinungen vertreten wurden (vgl. Thomas Bradwardines »Tractatus de continuo«). Während z.B. Walter Catton und Henry Harclay die Auffassung hatten, daß ein Kontinuum aus Indivisibeln zusammengesetzt werden könne (MURDOCH), benutzten andere die Argumente der aristotel. Kontinuumtheorie und die aristotel. 'Widerlegung' eines → Vakuum (ergänzt durch die scholast. Theorie des »horror vacui«) gegen die A. Die Theorie des »horror vacui« wurde erst seit dem ausgehenden 16.Jh. ernsthaft kritisiert, die Existenz einer (innerweltl. neben der außerweltl.) 'Leere' postuliert und dann auch experimentell nachgewiesen. Parallel hierzu verlief eine erste Beschäftigung mit der Atomtheorie des Demokritos (und Epikuros), die durch P. Gassendi schließlich eine chr. Umformung erfuhr und damit allgemein diskutabel wurde. Zwischenzeitl. hatte der von Aristoteles – wahrscheinl. nur für organ. Stoffe – in krit. Auseinandersetzung mit der unendl. Teilbarkeit der Stoffe nach Anaxagoras eingeführte Begriff des 'kleinsten Teilchens (homogenen gemischten Stoffes)' (ἐλάχιστα, minima naturalia) in den Kommentaren seit → Averroës eine Weiterbildung erfahren, die die bei Aristoteles nur qualitative Grenze der (potentiellen) Teilbarkeit durch die quantitative, aktuale Grenze ergänzte (Averroës), wonach die »minima naturalia« als erste Einheiten beseelten *und* unbeseelten Stoffes (sogar der Elemente) → real existieren. Von den Nominalisten (→ Johannes Buridanus, Albert v. Sachsen u.a.) und Averroisten wurde die Teilbarkeitsgrenze auch auf eine Minimalmenge als Voraussetzung für die Beständigkeit (der homogenen Mischung) ausgedehnt, von Agostino Nifo (1473–1546) schließlich auch für die Wirksamkeit. Solche qualitativen »minima naturalia« – gelegentlich auch »atoma« genannt – wurden dann fälschlich mit den qualitativ gleichen Atomen des Demokritos gleichgesetzt (Daniel Sennert u.a.), sie beinhalteten aber allein die Möglichkeit einer Theorie der chem. Verbindung (mixtio), bei der die heterogenen Ausgangsstoffe in der homogenen Mischung potentiell oder aktuell (als »actus primus« oder »secundus«) erhalten bleiben und zurückgewonnen werden können.

Es war schließlich die Verknüpfung dieser spätma. Weiterbildung einer aristotel. Theorie (nach Eliminierung des Formbegriffs) mit der demokrit. Atomtheorie (diskrete Teilchen in der Leere), welche die A. im Laufe des 17.Jh. Bestandteil moderner Chemie (und Physik) hat werden lassen, die mit den qualitätslosen Atomen der A. auch nichts hätte anfangen können. F. Krafft

Lit.: K. LASSWITZ, Gesch. der A. vom MA bis Newton I, 1890 [Neudr. 1963] – A.G.M. VAN MELSEN, Van atomos naar atoom, 1949 (dt.: Atom gestern und heute, 1957) – J. MURDOCH, Naissance et développement de l'atomisme au bas MA (La science de la nature: Théories et pratiques [Cah. d'études médiévales 2], 1974), 11–32 – A. STÜCKELBERGER [Hg.], Antike A. Texte zur antiken Atomlehre und zu ihrer Wiederaufnahme in der Neuzeit, 1979.

Atramentum → Tinte

Atre périlleux → L'atre périlleux

Atrium. [1] *Westen*: A. ist ein auf allen Seiten durch Säulengänge (Peristyl, auch zweigeschossig) und teilweise auch durch Bauten umgrenzter, nicht überdeckter Hof vor dem zumeist im Westen gelegenen Haupteingang der Kirche, der im Namen und der Anlage auf einen Bauteil des röm. Hauses zurückgeht. In der Mitte liegt häufig der Kantharus (Brunnen; Lorsch, Aachen, Schaffhausen, Seligenstadt, Osnabrück; Vorbild Alt-St. Peter in Rom). So beschreibt schon Eusebius (Hist. eccl. X 4, 37ff.) in der vor Paulinus gehaltenen Festrede zur Vollendung der Basilika in Tyrus das A. als ungedeckten Hof mit vierseitigem Säulengang, w. Vorhalle (Alt-St. Peter in Rom, St. Gereon in Köln) und Reinigungsbrunnen. Der Vorhof wird auch Paradies (seit 6.Jh.), Galilaea (bei Cluniazensern auch eine gedeckte Vorkirche) und bisweilen Vestibulum (Vorhof) oder Quadriporticus (von vier Säulen umgeben) genannt. Die Bezeichnung Paradies leitet sich aus der liturg. Verwendung her (Bestattungen, Asylrecht; Gregor v. Tours 6.Jh., Hist Franc. VII, 29; Dekret Karls d. Gr.). Das A. dient für rituelle Waschungen vor Eintritt in die Hauptkirche, Taufen, Aufenthalt der Büßer, Sammelort für Prozessionen, Begräbnisstätte sowie als Überleitung vom öffentl. Raum zum heiligen Bezirk. Das A. kommt als Triportikus (Hagia Sophia in Konstantinopel 532/537, Pfalzkapelle Aachen Ende 8.Jh.) oder als Quadriportikus (Alt-St. Peter in Rom 4./5.Jh., St. Gereon in Köln Ende 4.Jh., S. Lorenzo in Mailand 2. Viertel 5.Jh.) vor, auch als Vorhof mit einem westl., den Erzengeln geweihten Turmpaar (Lorsch 774 geweiht, Hirsau 11.Jh.) oder mit einer Taufkapelle (Fulda um 800, Essen 1060/70, Cuxa 11.Jh.). Eine Ausnahme bildet das rund um die Westapsis gelegte A. mit Eingängen in die Flügel eines w. Querhauses (St. Galler Klosterplan um 800/820, Kölner Dom Ende 8.Jh.). Das A. verbindet als Zwischenhof auch das ö. Querhaus mit einer ö. vorgelagerten Kirche (Dom zu Mainz nach 975, Dom und St. Mariengraden in Köln um 1075). Im 8.–11.Jh., bes. im dt. Raum, ist das A. ausschließlich mit drei Säulengängen versehen, wie es Hrabanus Maurus (De universo XIV, 20) beschreibt: Atrium magna aedes est, sive amplior et spatiosa domus et dictum est atrium, quod addantur ei tres portius extrinsecus. Das A. findet sich bes. auf ehemals antikem Boden in Italien, Gallien und im Rheinland; in Bayern fehlt es; vereinzelt wird das A. in der Spätromanik wiederaufgenommen (Maria Laach um 1220). G. Binding

Lit.: RDK I, 1197–1206 – L. JOUTZ, Der ma. Kirchenvorhof in Dtl. [Diss. Berlin 1936] – P.C. CLAUSSEN, Chartres-Stud., 1975 (Forsch. zur Kunstgesch. und Chr. Archäologie 9).

[2] *Byz. Kunst*: Nach dem 6.Jh. werden im byz. Kirchenbau kaum mehr neu angelegt. Nur aus lit. Quellen belegt sind solche bei der Theotokos-Kirche beim Pharos in Konstantinopel, die Michael III. 864 bauen ließ, sowie bei der Nea Basileios' I. (um 880), in beiden Fällen wohl durch die Funktion des A. bei ksl. Prozessionen bzw. der ksl. Beteiligung an Festgottesdiensten bedingt. Um ihre Residenzkirchen dem byz. Vorbild anzupassen, haben die bulg. Herrscher diese ebenfalls mit einem A. ausgestattet: ebfl. Basilika von Pliska (bald nach der Christianisierung, ungewöhnl. langes A., nur mit seitl. Portiken, w. Eingangshalle), »Goldene Kirche« von Preslav (Zeit Zar Symeons, zweigeschossiges A.). K. Wessel

Lit.: RbyzK I, 425. – CH. STRUBE, Die w. Eingangsseite der Kirchen von Konstantinopel in justinian. Zeit, 1973, 62ff., 158ff.

Attache des barques → Hafen, Hafenzölle

Attaingnant, Pierre [Ataignant, Atignan, Atigant, Atteignant, Attingant, Attygnan, Attigens], Pariser Notendrucker, Musikverleger und Musikalienhändler, * um 1494 wahrscheinl. in Douai, † 1552 in Paris. Seine Druckausgaben sind nachweisbar von 1525 bis 1550. Seine Witwe führte die Firma nachweisl. bis 1573 weiter. A.s Verdienste liegen auf typograph. wie verleger. Gebiet. Er praktizierte als erster Pariser Drucker P. Haultins Neuerung (1525), im sog. Typendruck die musikal. Notationszeichen und die zugehörigen Notenlinien in einem einzigen Arbeitsgang zu drucken (im Gegensatz zum älteren Doppeldruckverfahren); seine erste Ausgabe nach diesem Verfahren ist der »Cinquiesme livre de danceries a quatre parties« von April 1528. Als Verleger machte A. sich verdient durch die Veröffentlichung von Werken der bedeutendsten Komponisten der Zeit (Josquin, de La Rue, Mouton, Gombert, Janequin, Claudin de Sermisy, Richafort, Arcadelt, Willaert, Créquillon, Clemens non Papa) wie auch von fast anderthalb hundert kleineren und kleinen Meistern. Neben Tanzsammlungen und Tabularien sind uns mehr als 30 Messen, 300 Motetten, Magnificat, Psalmen und Passionen und an die 2000 frz. Chansons in seinen schönen Druckausgaben erhalten, die heute zu einem Teil in wissenschaftl. Editionen zugänglich sind, so bes. in der Reihe der »Publications de la Soc. Franç. de Musicologie«. H. Leuchtmann

Ed.: Zu A.s Druckausgaben vgl. MGG, GROVE und RISM B I Ind. 1 (Recueils imprimés XVIe–XVIIe s., Liste chronologique), 1960 – Lit.: Außer den gen. Lexika EITNER, FÉTIS, RIEMANN 1957-72[12]. – Fournier le jeune, Traité hist. et crit. sur l'origine et les progrès des caractères en fonte pour l'impression de la musique, 1765 – H. RIEMANN, Notenschrift und Notendruck, Festschr. zur 50jähr. Jubelfeier der Fa. C. G. RÖDER, 1896 – H. EXPERT, Bibliogr. thématique. Trente et une chansons musicales, A. 1529, 1528-1530 (Les Maîtres musiciens de la Renaissance franç., 1900) – A. RENOUARD, Documents sur les imprimeurs, libraires ayant exercé à Paris de 1450-1600, 1901 – J. WOLF, Hb. der Notationskunde II, 1919 – D. B. UPDIKE, Printing types, their hist., form and use, 1922 – M. CAUCHIE, Les deux plus anciens recueils de chansons polyphoniques imprimées en France, Revue de musicologie 1923/24 – Y. RIHOUËT [= ROKSETH], Note biograph. sur A., Revue de musicologie 1923/24 – L. DE LA LAURENCIE-G. THIBAUT, Einl... Komm. und Quellenstudie, (Treize livres de Motets parus chez A. P. en 1534-35, hg. A. SMIJERS, 3 Bde, 1934-38) – G. GUÉGAN, Hist. de l'impression de la musique. La typographie musicale en France (Arts et métiers graphiques No. 39, 1939) – FR. LESURE, P. A., Musica Disciplina III, 1949 – D. HEARTZ, La chronologie des recueils imprimés par P. A., Revue de musicologie XLIII-XLIV, 1959 – DERS., A New A. Book and the Beginnings of French Music Printing, JAMS XIV, 1961 – PH. RENOUARD, Imprimeurs et libraires parisiens du XVIe s... d'après les manuscrits I, 1964 – D. HEARTZ, P. A., Royal Printer of Music, 1969.

Attaleiates, Michael, byz. Geschichtsschreiber und Rechtsgelehrter, * 1028(?) in Konstantinopel, † 1085(?) ebd. A. studierte in Konstantinopel Jura und wirkte danach ebd. als Anwalt, wobei er sich ein großes Vermögen v.a. durch Spekulationen erwarb. Schließlich wurde er in die ksl. Justizverwaltung übernommen und fungierte unter Konstantinos X. Dukas (1059-67) als Richter am Hippodrom, unter Romanos IV. Diogenes (1068-71) als Leiter des Kriegsgerichtes und später unter Nikephoros III. Botaneiates (1078-81) als → Patrikios, Proedros und → Magistros. 1073/74 schrieb er im Auftrag Ks. Michaels VII. Dukas (1071-78) ein Rechtskompendium (πόνημα νομικὸν ἤτοι σύνοψις πραγματική). 1077 stiftete er ein Armenhaus und Kl. in Rhaidestos, wofür er auch eine Stiftungsurkunde und ein Typikon erließ. 1079 schrieb er sein dem Ks. Nikephoros III. Botaneiates gewidmetes Geschichtswerk (Ἱστορία), das die Zeit von 1034 bis 1079/80 umfaßt und eine der zuverlässigsten Geschichtsquellen des 11. Jh. darstellt. Er schildert die Ereignisse auf Grund seiner eigenen Erfahrungen und Erlebnisse und erforscht die kausalen Zusammenhänge. Seine Sprache stellt weitgehend eine Nachahmung antiken Stils dar. A. A. Fourlas

Ed.: L. SGOUTAS, Θέμις 8, 1861, 51-155 – I. BEKKER, CSHB, 1853, MM 5, 293-327 – Lit.: BECK, Kirche, 590 – KARAGIANNOPOULOS, 305 f. – HUNGER, Profane Lit. I, 382-389; II, 465.

Attalus (Priscus A.), weström. Ks. 409/410 und 414/415, * um 350, † nach 416. Heidn. Senator und Freund des → Symmachus (epist. 7, 15-25), 408 Comes sacrarum largitionum, 409 Praefectus urbi, wurde A. im Kampf gegen → Honorius von → Alarich I. im Dez. 409 zum Genks. gemacht. Obwohl jetzt arian. verhalf A. doch der schon 408 während der ersten Belagerung durch Alarich angebahnten heidn. Reaktion in Rom nochmals zur Geltung (Sozom. 9, 8f.; Oros. 7, 42, 8). Da A. Alarichs Plänen (Eroberung Afrikas) nicht gefügig war, wurde er im Juli 410 abgesetzt. Von → Athaulf erneut zum Ks. ausgerufen (Epithalamium auf die Hochzeit des Athaulf mit Galla Placidia im Jan. 414), geriet A. in die Hände von Honorius' Feldherrn Constantius, wurde 416 in Rom im Triumph mitgeführt und dann nach Lipari verbannt.

J. v. Ungern-Sternberg

Lit.: KL. PAULY I, 1545 – RE II, 2177-2179 – F. GREGOROVIUS, Gesch. der Stadt Rom im MA I, 1903[8], 1953[8] [Neudr. 1978] – O. SEECK, Gesch. des Untergangs der antiken Welt V, VI, 1920 [Neudr. 1966] – SCHMIDT I, 445ff., 456ff. – F. HEINZBERGER, Heidn. und chr. Reaktion auf die Krisen des weström. Reiches in den Jahren 395-410 n. Chr. [Diss. Bonn 1976].

Attigny (Attiniacus), frk. Königspfalz (heut. Dép. Ardennes, arr. Vouziers), als merow. → Fiskus 682 bezeugt, ging offenbar schon früh in die Verfügung der karol. Hausmeier über und war durch ihre Lage vor der Gabelung der Römerstraßen Reims-Köln und Reims-Mainz bevorzugter Ort für Treffen bzw. Entscheidungen, die den Ober- bzw. Niederrheingebieten und Sachsen galten, entsprechend der Rolle von → Ponthion für Burgund und Italien. In diesen Zusammenhang gehört die Taufe → Widukinds in A. (785). Aus einer Reihe von Synoden bzw. Reichstagen sowie Herrscherzusammenkünften in A. ragen heraus der 762 von Teilen des frk. Klerus geschlossene Gebetsbund von A. und die öffentl. Buße Ks. Ludwigs d. Fr. in A. 822. Bis zur Mitte des 10. Jh. ist A. hinter → Compiègne und → Quierzy die westfrk. Pfalz mit der größten Zahl bezeugter Herrscheraufenthalte (52). Kg. Karl III. der Einfältige, gründete 916 für die von ihm selbst aus Ostfranken heimgeführten Reliquien der hl. Walburgis eine Kapelle; nach seinem Sturz (923) verlieh ihm der westfrk. Kg. Rudolf 928 Attigny. – Karls Witwe Otgiva (Eadgifu) besaß sie noch, ehe sie von ihrem Sohn, Kg. Ludwig IV., wieder zum Fiskus eingezogen wurde. 940 hielt sich Otto d. Gr. in A. auf, wo ihm seine Verbündeten, Hugo d. Gr., Hzg. v. Francien, und Heribert II. v. Vermandois huldigten. Als Antwort auf den Angriff Kg. Lothars auf die Aachener Pfalz ließ Otto II. 978 auf seinem Rachefeldzug die Pfalzen A. und Compiègne zerstören. Der Fiskus A. kam als Mitgift der Tochter Philipps I., Konstanze, an den Grafen Hugo v. Troyes, der ihn der Reimser Kirche zudachte, 1102 Ste-Vaubourg den Zisterziensern von Molesme schenken wollte, endlich aber doch an Reims gehen lassen mußte; A. war von nun an eine Kastellanei des Bm. Reims. K. F. Werner

Lit.: DACL 13, 1937, 560f. – C. P. H. MARTIN-MARVILLE, Mém. Soc. Antiqu. de Picardie, 23, 1873, 438ff. – G. DUMAS, Les Capitales des rois ... carolingiens ... dans l'Aisne, l'Oise et la Champagne, Mém. Fédération des Soc. savantes de l'Aisne, 13, 1967 – I. HEIDRICH, ADipl 11/12, 1965/66, 153ff. – P. R. MCCAEON, Le concile d'A. [870], M-A 76, 1970, 401-425 – K. SCHMID-O. G. OEXLE, Voraussetzungen und Wirkungen des Gebetsbundes von A., Francia 2, 1974, 71-122 – E. EWIG, Spätantikes u. frk. Gallien I, 1976, 292ff., 529ff. – M. BUR, La formation du comté de Champagne, 1977.

Attika, niedriges Geschoß (A.-Geschoß) oder Aufmauerung über dem Kranzgesims (Bezeichnung aus dem 17. Jh.). Von antiken Bauten in die roman. Baukunst der Toscana (Baptisterium in Florenz 1. Viertel 12. Jh.) über-

nommen (Protorenaissance). In der Spätgotik als waagerechter Gebäudeabschluß und zum Verdecken des Daches, häufig mit Zinnenkranz, in Flandern und am Niederrhein (Tuchhalle in Nieuport, Gürzenich in Köln 1441/47), in Salzburg und im Inn-Salzach-Gebiet, in Sachsen und Böhmen. G. Binding
Lit.: RDK I, 1206-1212.

Attikos, Patriarch v. Konstantinopel 406 bis 425, * in Sebaste (Armenien), † 10. Okt. 425. In seiner Jugend Mönch, Bewunderer des Eustathius, dann geistl. Laufbahn in Konstantinopel. Die alten Historiker heben Klugheit, geschickten Umgang und Frömmigkeit des A. hervor. Als Kirchenpolitiker bewies er ebenso Härte (Gegnerschaft zu → Johannes Chrysostomus und Ausweitung der Rechte des Stuhles von Konstantinopel) wie Augenmaß (Versöhnung mit Rom). Theol. trat er wenig hervor. Nur einige Briefe und Fragmente sind erhalten. Die Konzilien v. Ephesus (431) und Chalkedon (451) unterstreichen seine Rechtgläubigkeit. In der gr. Kirche gilt er als Heiliger.
J. Speigl

Lit.: AASS Jan. I, 473-483; Aug. I, 32-37 – DHGE V, 161-166 – LThK² I, 1016f. – M. GEERARD-A. VAN ROEY, Corona Gratiarum (Instrumenta Patristica 10, 1975), 69-81.

Attila, Herrscher des hunn. Großreiches 434-453. Als Sohn Mundzucs, Neffe des → Rua, vollendete A. zusammen mit seinem Bruder Bleda, nach dessen Ermordung um 444 allein, die von Rua begonnene polit. Einigung. Das Reich umfaßte ein Gefüge hunn., iran. und germ. Stämme vom Kaukasus bis zum Rhein (Priscus Frgm. 8 M.; Iordan. Get. 24, 126. 50, 261. 53, 273) in Form einer rigoros zusammengehaltenen Föderation. Damit verbunden scheint eine gezielte Seßhaftmachung bisher nomad. Gruppen (die Residenz A.s in der Theißebene ist aus den Gesandtschaftsberichten der zu Priscus von 448 bekannt). A.s Verhältnis zu Byzanz wie zu Rom ist vornehmlich von der Absicht bestimmt, materielle Mittel für diesen Prozeß zu gewinnen. Kriege (bes. 434, 441/445, 447/448) dienen offenkundig dazu, sich Beute und Tribut zu verschaffen (434: 350 Pfd. Gold, 448: 6000 Pfd. Gold), Handelsmärkte zu kontrollieren und günstige diplomat. Positionen einzunehmen (A. als röm. Magister militum). Die Behauptung, A. sei lediglich ein Räuber und seine Kriege Plünderungszüge, ist eine Rekapitulation zweifellos berechtigter Lamentationen unserer Quellenautoren, wird aber seiner Rolle und Zielsetzung nicht gerecht. Polit. oder materielle Zerstörung des Imperiums kann nicht beabsichtigt gewesen sein; ihm war zweifellos klar, daß nur in Anlehnung an das Imperium dauerhafte Sicherung und Ausbau seiner Herrschaft denkbar waren. Gesandtschaften an seinen Hof sind zahlreich (→ Orestes, → Priscus). Nach guten Beziehungen zu → Aëtius (428 Abtretung von Teilen Pannoniens an die Hunnen) veranlaßten die Aufkündigung der Tribute durch → Marcianus 450 und ein heiml. Heiratsangebot der Augusta Iusta Grata → Honoria (Schwester Valentinians III.), auf das A. mit der Forderung reagierte, sie ihm mitsamt einem Teil des Westreiches zu übergeben, eine Offensive nach dem Westen und die Gewinnung neuer Interessengebiete. Verschiedene Versuche, Westgoten und Vandalen auf seine Seite zu ziehen, schlugen fehl. Nach Zerstörung von Metz und Belagerung von Orléans durch die Hunnen, gelang Aëtius der entscheidende Sieg auf den → Katalaun. Feldern (Aug. 451) mit Hilfe einer röm.-westgot.-burg.-frk. Koaliton. Obwohl A. bei seinem Einfall in Italien 452 Aquileia, Mailand, Verona, Vicenza und Bergamo eroberte, konnte Aëtius die Bedrohung Roms abwenden; auch die erfolgreiche Gesandtschaft → Leos I. zu A. wird hist. sein, wobei die Konzessionen an den Papst sicher als Politicum zu verstehen sind. Bereits 453 starb A. bei seiner Hochzeit mit der Gotin Ildico am Blutsturz. Seine Absichten wurden nicht weiter verfolgt; die Machtkoalition zerfiel schnell. Die Konzeption eines Großstaates barbar. Stämme über weite Räume zeigt, wie A. sich einerseits röm. Imperiumspolitik zum Vorbild nahm, andererseits das Hunnenreich als Vorläufer ma. Steppenreiche anzusehen ist. Über letztere hinaus weist indes die in Ansätzen erkennbare Zivilisierungsabsicht durch bewußte Anlehnung an den Mittelmeerraum und das damit allein zu verbindende Ziel der Stabilisierung in allen Bereichen. → Hunnen. Zur Gestalt A.s in Sage und lit. Überlieferung des MA → Atlilieder, → Attila (Epos), → Etzel, → Nibelungenlied. G. Wirth

Lit.: HOOPS² I, 467-473 – Kl. PAULY I, 725 – RE II, 2241-2247 – E. TROPLONG, La diplomatie d'A., Revue d'hist. diplomatique 22, 1908, 540-566 – O. SEECK, Gesch. des Untergangs der antiken Welt VI, 1920 [Neudr. 1966] – SCHMIDT I, passim – E. A. THOMPSON, A Hist. of A. and the Huns, 1948 – F. ALTHEIM, A. und die Hunnen, 1951 – J. WERNER, Beitr. zur Archäologie des A.-Reiches, AAM 1956 – ALTHEIM-STIEHL, passim – C. D. GORDON, The Age of A., 1966 – G. WIRTH, A. und Byzanz, BZ 60, 1967, 41-69 – O. MAENCHEN-HELFEN, The World of the Huns, 1973.

Attila, franco-it. Epos in 37 535 Alexandrinern, 1358 von Niccolò da Càsola zu Ehren der Familie → Este verfaßt, an deren Hofe in Ferrara er lebte. Seine Absicht war, ein Heldenepos nach dem Vorbild der frz. → chansons de geste zu schaffen, die in Italien sehr verbreitet waren; Niccolòs Werk ist jedoch eine originelle Schöpfung, weil es nicht mehr die »matière de France« verarbeitet, sondern den Stoff Italien betreffenden Ereignissen entnimmt: dem Einfall der von Attila angeführten Hunnen, gegen die tapfere Krieger, die als Stammväter großer Familien - v. a. wie Acarino - der Este dargestellt werden, Widerstand zu leisten versuchten. In dichter Folge werden Kämpfe, Kriege, Blutbäder und Zerstörungen venet. Städte wie Aquileia, Torcello und Altino beschrieben. Als Quellen benützt der Verfasser lat. Chroniken und in Norditalien verbreitete Sagen. In sein Werk sind jedoch auch Episoden mit ritterl. und abenteuerl. Taten in der Art der Heldenromane hineinverflochten, sowie Liebesgeschichten wie die zw. Acarino und der heidn. Prinzessin Gardena v. Damaskus, die sich seinetwegen zum Christentum bekehrt; auch mag. Elemente fehlen nicht. Dies alles bildet den reizvollsten und bedeutendsten Teil des Epos, das über die Historizität hinausgeht und an die Tradition der Ritterepen anknüpft. Der »Attila« gehört zu der → franco-it. Lit., die in Italien während des 13. und 14. Jh. blühte und deren problematischstes Element die Sprache ist. Niccolò erweist sich als gebildeter Mann, der schon von seinem Vater, dem Notar Giovanni da Càsola, einem guten Kenner der frz. Lit., ins Studium eingeführt worden war. Wie andere franco-it. Autoren verwendete er eine Sprache, die aus einem sehr gebrochenen, mit ven. und it. Ausdrücken vermischten Frz. bestand, vermutl. nicht aus Unkenntnis der Sprache, mit der er ziemlich vertraut sein mußte, sondern in der Absicht, sein Werk seinem Publikum leichter zugänglich zu machen und vielleicht auch, um witzige Effekte zu erzielen. C. Cremonesi

Ed.: Niccolò da Càsola, La guerra d'Attila, Testo, introduzione, note e glossario di G. STENDARDO, 2 Bde, 1941 (Ist. di Filologia Romanza dell'Univ. di Roma. Studi e Testi). – *Lit.*: G. BERTONI, A., poema franco-it. di Niccolò da Càsola, Collectanea Friburgiensia, NS, IX, 1907 – P. RAJNA, L'A. di Niccolò da Càsola, Romania 36, 1908, 80-110.

Atto. 1. **A.,** Bf. v. Pistoia, † 21. Juni 1153, ⌑ Kathedrale v. Pistoia. Im Gegensatz zu einer späteren Überlieferung, die ihn als Spanier bezeichnet, wurde er vermutl. zw. 1070

und 1080 in der Toskana geboren. Er war Mönch im Kl. → Vallombrosa, zu dessen Abt er 1124 erhoben wurde. 1133 wurde er zum Bf. v. Pistoia gewählt. Er war ein heiligmäßiger Mann, außergewöhnl. gebildet, tatkräftig und wohltätig und zeigte große Stärke in den Auseinandersetzungen, die er mit Pistoia und Prato zur Verteidigung der Rechte seines Bischofssitzes führte. Es gelang ihm, ein Stück vom Haupt des hl. Jacobus von Compostela nach Pistoia bringen zu lassen, das bis heute in der Kathedrale verehrt wird. S. Ferrali

Lit.: C. BRACCIOLINI, Vita del Beato A., Firenze 1620 – Acta SS. Maii, Venezia 1741, 194–203 – A.M. ROSATI, Memorie dei vescovi di Pistoia, Pistoia 1766 – G. BRESCHI, Vita di S. A., 1855 – IP III, 90–138, passim – E. LUCCHESI, I monaci vallombrosani a Pistoia e Prato, 1941, 367–372 – S. FERRALI, Vita di S. A. monaco vallombrosano e vescovo di Pistoia, 1953.

2. A. II. v. Vercelli, † vor 964 (960/961?). Langob. Herkunft (Tessin), hoch gebildet. Wohl dem Mailänder Domkapitel entstammend, war er seit 924 Bf. v. Vercelli und Vertrauter Kg. Hugos, aber wohl nicht Erzkanzler. Nach 945 trat A. zu Mgf. Berengar v. Ivrea über, wahrte aber krit. Distanz. Wichtig ist v. a. seine Schrift »De pressuris ecclesiasticis« (nach 943), eine Kritik an den Übergriffen der Laien auf die Kirche. Trotz der teilweisen Identität der Kritik darf A.s Einfluß auf die kirchl. Reformbewegung nicht überschätzt werden. Seine an Theodulf v. Orléans orientierte Kanonessammlung (»Capitulare«) sollte die Mißstände unter seinen Klerikern beseitigen helfen, bes. Simonie und Nikolaitismus. A.s Verfasserschaft des »Polipticum quod appellatur Perpendiculum«, einer in zwei Fassungen überlieferten Analyse des Problems der Herrschaft, scheint heute gesichert. Kulturgesch. aufschlußreich sind A.s Predigten und Briefe, während seine »Expositio in epistolas s. Pauli« ohne Bedeutung ist.

Th. Kölzer (mit G. Müller)

Ed.: MPL 134 – G. GOETZ, AAL 37/2, 1922 (Polipticum) – J. BAUER, De press. eccl., 1975 – Lit.: DBI IV, 567f. – S. F. WEMPLE, A. of V. Church, State, and Society in the Tenth Century [Diss. Columbia 1967] – DIES., The Canonical Resources of A. of V., Traditio 26, 1970, 335–350 – J. BAUER, Die Schrift »De pressuris eccl.« des Bf. A. von V. [Diss. Tübingen 1975].

Atto Cardinalis → Kanones-Sammlungen

Attribut → Heiligenattribute, → Herrschaftszeichen; → Substanz-Akzidenz

Attritio, scholast. Bildwort seit Ende des 12. Jh.: 'anfängliche Zerknirschung' gegenüber dem bereits früher gebrauchten → contritio: '(vollendete) Zerknirschung', bezeichnet die zur Rechtfertigung nicht ausreichende (später »unvollkommene«) Reue. Verschiedenartige Theorien versuchen, der a. eine anfängl. Bedeutung im Rechtfertigungsvorgang bei der Erwachsenentaufe und beim Bußsakrament zuzuweisen: wie wird aus dem attritus ein contritus? Im Gegensatz zu Thomas v. Aquin genügt die a. bei Heinrich v. Gent, Duns Scotus und einigen Nominalisten für die durch die sakramentale Absolution zustandekommende Sündenvergebung. Luther bekämpfte diese »von den Papisten erdichtete a.«. Dagegen verteidigte das Konzil v. Trient die a. als anfängl. »Geschenk Gottes« (DENZINGER-SCHÖNMETZER, 1678). P. Engelhardt

Lit.: LThK² l, 1019–1021 – B. POSCHMANN, Buße und letzte Ölung, HDG IV, 3, 87–108 – LANDGRAF, Dogmengesch. III, 2.

Atuyer, Gft. (Burgund). Seinen Namen erhielt der pagus A. von dem frk. Volk der Chattuarii, von dem ein Teil wahrscheinl. dort angesiedelt wurde. Der pagus Attoariorum, seit 658 erwähnt, umschloß das SW der civitas v. → Langres und bezog dabei um 770 → Dijon mit ein. Er gelangte zunächst unter die Oberherrschaft der ersten Hzg.e v. Burgund, dann unter die Hoheit der Bf.e v. Langres und der Gf.en v. Burgund. Nach der Teilung im 10. Jh. in die Gft.en Fouvent und Beaumont-s.-Vingeanne verschwindet der Name A. aus der Überlieferung.

J. Richard

Lit.: M. CHAUME, Origines du duché de Bourgogne, Géogr. Hist. III, 1931.

Atzmann (Atzlmännlein). [1] *Volkskunde:* Heutige Form eines Koboldnamens und Magieterminus für sog. Rachepuppen (imagines cereae) der Bildzauberdelikte des hohen und späten MA. Im 13. Jh. wettert Berthold v. Regensburg in einer Sakramentspredigt über abergläub. Frevel: »pfî, czoubaerinne, dînes atzemanns« (ed. PFEIFFER I, 1862, 298, 21–27). In einem Tiroler Passionsspiel des 15. Jh. klagt eine Verdammte: »so macht ich aus im [dem Liebhaber] ain aczen und polt« (WACKERNELL, Passionsspiele, 273). In Joh. Hartliebs »Buch aller verbotenen Kunst« von 1456 (ed. Dora Ulm, 1914) heißt im 79. Kap.: »Man vindt ettliche zaubrerin, die machent pild und atzmann von wachs und andern dingen«. – Die etymolog. Ableitung aus einer Grundbedeutung *ätzen* ('auszehren', 'ausdörren') schwingt lediglich als assoziative Denkmöglichkeit beim Gebrauch des Namens mit. Er ist wie verwandte Dämonenbezeichnungen aus dem Diminutiv zu Adolf gebildet, vgl. Heinzelmann zu Heinrich. Die magietheoret. Zusammenhänge ihres Gebrauchs → Bildzauber. Der dämon. Koboldname dieser Hilfsfigürchen des Fernzaubers ist auch für zwerghafte Konsolträgergestalten bekannt und wohl von daher auf die Pultträgerstatuen in Kirchen (s. u.) übergegangen. W. Brückner

Lit.: HRG 2. Lfg., 428–430, s. v. Bildzauber – W. STAMMLER, A. (Wort und Bild, 1962), 130–135 [zuvor Fschr. H. HEPDING, 1938, 193–198] – W. BRÜCKNER, Überlegungen zur Magietheorie (Magie und Religion, 1978), 404–419.

[2] *Liturgie:* A. (Adtsmannus), vorwiegend rhein. (auch frk. und thür.) Sonderform eines liturg. Vorlesepultes, bei dem die Stütze als aufrechtstehender Diakon ausgebildet ist, der vor seiner Brust eine Buchauflage hält. Solche Trägerfiguren – vgl. theriomorph als Adler des Johannes-Symbols, anthropomorph auch als Evangelisten (Freudenstadt, Mitte 12. Jh.) oder Engel – sind theol. vermutl. Ausdruck ma. Symbolik, ästhetisch monumentalplast. Schmuckfreude (vgl. antike Karyatiden), im Fall des Diakon-A.s wohl zugleich hergeleitet vom liturg. Gestus, daß im Amt ein → Diakon dem zelebrierenden Bf. oder Priester ein Buch vor der Brust (oder höher, oben an die Stirn angelehnt) entgegenhält. Beispiele des 13.–16. Jh. in Naumburg, Straßburg, Fritzlar, Limburg a. d. Lahn, Frankfurt a. M., Würzburg u. ö. Etymologie des Namens A. unklar. Vgl. auch → Lesepult. J. H. Emminghaus

Lit.: RDK I, 1220–1223.

Aubade → Tagelied

Aubain (albinus, wohl von alibi natus, 'Fremder') ist im frz. Recht derjenige, der dem Herrn, in dessen Land er sich aufhält, nicht persönl. untertan ist. Wenn er sich nicht binnen → Jahr und Tag unterwirft, wird seine Rechtsstellung der eines Unfreien (*serf*) angenähert. Er verliert insbes. die aktive und passive Erbfähigkeit. Fortschreitend behält sich der Kg. das Recht vor, die Fremden aufzunehmen, und nimmt das droit d'→ aubaine als Regal in Anspruch. → Fremder, → Gast, Gastrecht, → Wildfangrecht. D. Anex-Cabanis

Lit.: L'Étranger, 37–150 (RecJean Bodin X) [Beitr. v. W. ONCLIN, M. BOULET-SAUTEL, P. OURLIAC, P. C. TIMBAL, R. VII LERS].

Aubaine, droit d' (ius albinagii, sog. Fremdlingsrecht). Kraft des d. kann der Herr den Nachlaß eines Fremden (→ Aubain) in Frankreich als herrenloses Gut einziehen. Seit dem 13. Jh. wird das d. nicht mehr ausgeübt, wenn Kinder vorhanden sind, ja selbst dann nicht, wenn ein anderer Erbe auftritt, der nach der coutume einer privilegierten Stadt als erbberechtigt gilt. Den Erben wird sogar eine Frist zur Geltendmachung ihrer Rechte gewährt.

Zunehmend nimmt der Kg. das d. wahr, wenn der Herr seine Ausübung vernachlässigt. Diese Rechtswahrung durch den Kg. wird allmählich als zwingend angesehen trotz des zunächst erfolgreichen Widerstandes der Herren (Ordonnances von 1315 zugunsten des Adels der Normandie, Burgunds und der Champagne). Die Aufzeichnung der coutumes bestätigt den Sieg des kgl. Anspruchs. Der Kg. gewährt jedoch in immer größerem Umfang kollektive Befreiung vom d. → Lettre de marque.

D. Anex-Cabanis

Auberée, afrz. *fablel* (670 V.), durch Sprache und Stil auf ca. 1200 datiert, vielleicht einem Jehans zuzuschreiben (nur eine Hs. bietet im V. 670 diesen Namen), der mit → Jean Renart (vgl. R. Lejeune, L'œuvre de J. Renart, 1935, 341 – 344; J. Charlier, RP 1, 1947–48, 243–250) identifiziert werden könnte und jedenfalls franco-picard. Herkunft ist. Handlungsschauplatz ist Compiègne (V. 6). Die Wertschätzung dieser kurzen Erzählung geht schon aus der Zahl der Hss., die sie überliefern, hervor (acht, zwei davon unvollständig), die größer ist als die aller anderen Fabliaux. Eine neuerliche krit. Untersuchung der Handschriftenüberlieferung ist notwendig (vgl. Ebeling, 77–127).

A. erzählt, wie es einem reichen jungen Bürger gelingt, der Geliebte eines Mädchens zu werden, das er wegen des Widerstandes des eigenen Vaters nicht heiraten konnte, und das die Gattin eines Witwers wurde; die Intrige wird durch A., eine alte, erfahrene Kupplerin, ins Werk gesetzt, die zuerst die Frau und dann deren Ehemann überlistet.

Im Rahmen der jahrhundertealten Erzähltradition über die Listen der Frauen und bes. über die Figur der Kupplerin nimmt A. ein wohlbekanntes Motiv auf (der Gegenstand, hier ein Mantel, der die Schuld der Frau zu beweisen scheint, wenn sie unschuldig ist, aber sie schuldlos erscheinen läßt, wenn sie Ehebruch begangen hat) und entwickelt es in einem Meisterwerk von Lebendigkeit und Natürlichkeit weiter, das mit äußerster erzählerischer Disziplin dargestellt und bei weitem eleganter ist als der analoge, aber ältere → »Richeut«.

A. Várvaro

Lit. und Ed.: G. Ebeling, A., 1895 – J. Bédier, Les fabliaux, 1964⁶, 352-356; 443-446 – H. Christmann, Zwei afrz. Fablels, 1974².

Aubergenville, Jean d', fälschl. »de la Cour« gen., Siegelbewahrer v. Frankreich (1236–56), † 1. Juni 1256. ⌐ N.-D. d'Evreux. Mit dem Bürgermeister v. Meulan verwandt, Onkel und Schwager v. Mundschenken (buticularii) des Kg.s; Dekan v. St. Martin-de-Tours (1236), Electus v. Noyon (1243), aber nicht geweiht, Bf. v. Evreux (1244–56), Rat der Kgn. Blanca v. Kastilien, des Kg.s Ludwig IX. und der Päpste Gregor IX. und Alexander IV., verteidigte die Franziskaner gegen die Univ. Paris und befand sich mit Eudes Rigaud, Ebf. v. Rouen, und der Abtei St-Taurin-v. Evreux in Konflikt.

M. Baudot

Lit.: DBF III, 149 – DHGE V, 217 – G. Bourbon, Note sur la découverte de la sépulture de Jean II d'A., Bull archéol. 1884, 484 – J. Adhémar, Les tombeaux de la Collection Gaignières, Gazette des Beaux-Arts, 1974, fig. 253.

Auberoche, Schlacht bei (Frankreich, Dép. Dordogne, Arr. Périgueux), fand am 21. Okt. 1345 zw. dem anglogascogn. Heer unter → Heinrich v. Grosmont, Gf. v. Derby, und frz. Truppen unter Bertrand de l'Isle-Jourdain und anderen frz. Herren statt. Der Gf. v. Derby errang den unangefochtenen Sieg.

Ph. Contamine

Lit.: K. Fowler, The King's Lieutenant, Henry of Grosmont, first Duke of Lancaster, 1310-1361, 1969.

Aubert, Familie aus dem Limousin, verdankte ihren Aufstieg v. a. der Protektion des frz. Kg.s, der mehrere ihrer Mitglieder als Ratgeber heranzog (v. a. Étienne, den späteren Papst Innozenz VI., und seinen gleichnamigen Neffen), der Förderung durch Clemens VI., der selbst aus dem Limousin stammte, sowie der Tatsache, daß Étienne A. 1352 als Nachfolger Clemens' zum Papst gewählt wurde (→ Innozenz VI.).

Lit.: DHGE V, s. v. – B. Guillemain, La cour pontificale d'Avignon 1309-1376, 1966.

1. A., Arnaud, * in Monts bei Pompadour (Dép. Corrèze), † 11. Juni 1371 in Boulbon (Dép. Bouches-du-Rhône), ⌐ Villeneuve, Kartause. Bruder von 2, päpstl. Kaplan, Electus v. Agde, seit 1354 Bf. v. Carcassonne, von 1357 bis zu seinem Tod Ebf. v. Auch. Er ließ seine Kathedrale, die Befestigungen und das Schloß Bassoues neu errichten. Seit 1361 päpstl. Kämmerer, zeichnete er sich durch außergewöhnl. Aktivität aus. 1362 war er Administrator des Bm.s Avignon, doch nahm ihn auch weiterhin die Kirche v. Auch ganz in Anspruch. Als integrer und strenger Prälat befahl er (wohl im Juli 1364) unter Androhung der Exkommunikation den an der »röm. Kurie« (in Avignon) weilenden Pfarrern, innerhalb eines Monats in ihre Pfarreien zurückzukehren. Ferner verfaßte er ein Kompendium der Rechte des Hl. Stuhles. Er wurde zum Generalvikar von Anglic Grimoard ernannt, als dieser zum Kard. erhoben wurde (16. Sept. 1366). A. begleitete Urban V. 1367–70 nach Italien, wo der Prälat das Bündnis mit Florenz aushandelte. Seine Synodalstatuten sind erhalten.

Lit.: W.-H. Bliss-J.-A. Twemlow, Calendar of entries in the papal registers relating to Great Britain and Ireland, Papal letters 4, 1902 – Lettres comm. d'Urbain V [werden fortges.] – Lettres secr. et cur. de Grégoire XI relatives à la France – A. Artonne, L. Guizard, O. Pontal, Rép. des statuts synodaux, 1963 – J. Gardelles, Bassoues (Congrès archéol. France, 128ᵉ sess., 1970) – D. Williman, Records of the papal right of spoil (1316-1412), 1974.

2. A., Audoin (gen. »Der Kardinal v. Maguelonne«), * in Monts (Dép. Corrèze), † 9. Mai 1363, ⌐ Villeneuve, Kartause. Durch seinen Vater Gui Neffe des späteren Innozenz VI., dem er in Limoges in Kanonikat und Präbende nachfolgte (1338). A. wurde zum Sendboten von Kard.en (nämlich seines Onkels und Annibale Ceccanos) am frz. Hof sowie Clemens' VI. für die engl. Angelegenheiten (1346–47). Er war Bf. v. Paris (1349), Auxerre (1350), Maguelonne (30. Jan. 1353), schließlich Kard. v. S. Giovanni e Paolo (15. Febr. 1353), später Bf. v. Ostia (Juli 1361). A. stiftete ein Hospital in Avignon und machte Schenkungen an das Kolleg v. Maguelonne an der Univ. Toulouse (Testament 3. Mai 1363) sowie an die von Innozenz VI. gegr. Kartause in Villeneuve.

Lit.: P. Pansier, Les palais cardinalices d'Avignon aux XIVᵉ et XVᵉ s., 1-2, 1926-1930 – C.-E. Smith, The Univ. of Toulouse in the MA, 1958 – J. Glenisson-G. Mollat, L'administration des états de l'Église au XIVᵉ s. Gil Albornoz und Androin de La Roche (1353-1367), 1964 – J. de Font-Reaulx, Les card. d'Avignon, leurs armoiries et leurs sceaux, Annuaire de la Société des amis du Palais des Papes 49, 1972 – Lettres closes, patentes et cur. de Clément VI se rapportant à la France – Lettres secr. et cur. d'Innocent VI, Nr. 2423 – Lettres comm. d'Urbain V.

3. A., Étienne, † 14. Jan. 1380, ⌐ Clermont, St-Allyre. Benediktiner, Abt v. St-Allyre in Clermont (vor 1342), wurde von Urban V. sehr geschätzt, der ihn zu seinem Nachfolger als Abt v. St-Victor in → Marseille berief (8. April 1364) und ihn dann mit dem Titel eines Generaleinnehmers der päpstl. Einkünfte nach Italien sandte. Sein Bruder, der Kämmerer Arnaud A., bewog Philippe Cabassole dazu, den Papst nach Italien zu begleiten und betraute É. A. im Febr. 1368 mit dem Rektorat des Comtat Venaissin. 1379 präsidierte der Abt in St-Victor einem Generalkapitel.

Lit.: DBF IV, s.v. – D.Williman, op. cit. – Lettres comm. d'Urbain V, Nr. 10882, 12629, 14767–14769 – J.Glenisson–G.Mollat, op.cit.

4. A., Étienne (gen. »Der Kardinal v. Carcassonne«), † 29. Sept. 1369 in Viterbo an der Pest. Über Gautier, Sire des Monts-de-Beyssac, war É. A. der Neffe von Innozenz VI. Er war Kleriker und Ratgeber des Kg.s, apost. Notar, Bf. v. Carcassonne (10. März 1361) und Kard. v. S. Maria in Aquiro (17. Sept. 1361). Seine »Klientel« war zahlreich. Begleiter Urbans V. in Italien, Kardinalpriester v. S. Lorenzo in Lucina (22. Sept. 1368).
Lit.: P.Pansier, op. cit. – Lettres comm. d'Urbain V.

5. A., Hugues, † 11. März 1379, ⌑ Albi, Kathedrale, mit 17 Jahren Archidiakon v. Noyon mit der Erlaubnis, seine Studien fortzuführen (1353), apost. Notar (10. April 1354), vom 28. Nov. 1354 bis zu seinem Tod Bf. v. Albi. Sein Episkopat war durch Kämpfe mit den Konsuln v. Albi und den Herren v. Lescure gekennzeichnet. 1374 war er interimist. *lieutenant général* des Kg.s im Languedoc.
M. Hayez

Lit.: DBF IV, s.v. – DHGE I, 1569f. – Lettres secr. et cur. d'Innocent VI – J.Favier, Les finances pontificales à l'époque du grand schisme d'Occident, 1966 – D.Williman, Records of the papal right of spoil (1316–1412), 1974.

Aubery le Bourguignon → Chanson de geste

Aubigny, bedeutende Adelsfamilie des → Angevin. Reiches. Sie stammt von Wilhelm v. A. ab, einem norm. Herren aus der Gegend von Coutances, der vor 1084 lebte und die Schwester Grimoalds v. Le Plessis (Grimoult du Plessis) heiratete. Er hatte zwei Söhne: Roger, von dem die Gf.en v. Arundel abstammen, und Nigellus (Néel), auf den die Linie der A. v. Cainhoe zurückgeht. Der Sohn Rogers, Wilhelm II., war buticularius (→Mundschenk) Heinrichs I. und einer seiner bedeutendsten Ratgeber. Wilhelm III. († 1179), der Sohn Wilhelms II., heiratete 1138 Adelheid (Adeliza, Alis) v. Löwen/Brabant (Louvain), die Witwe Kg. Heinrichs I. v. England, erlangte mit ihr die Herrschaft → Arundel und war kurze Zeit Gf. v. Lincoln. Er verhielt sich stets loyal gegenüber Heinrich II., der ihn als Gesandten und Heerführer verwandte.

Rogers jüngerer Sohn Nigellus (Néel) erhielt 1106 die konfiszierten Güter Roberts v. Estouteville. Er war ein treuer Anhänger Heinrichs I. und heiratete Mathilde von L'Aigle, wodurch ihm die Güter ihres ersten Gatten, Roberts v. Montbray, zufielen. 1118 verstieß er seine Gattin, um Gondreda, die Tochter Richards v. Gournay, zu heiraten; später ehelichte er Edith, die Tochter Wilhelms v. Varenne, Gf. v. → Surrey. Aus seiner ersten Verbindung hatte er einen Sohn, Roger, der der Begründer der Familie → Mowbray (Montbray) ist. Die A. sind ein Musterfall des in der Normandie wie in England begüterten und einflußreichen Adels.
J. Boussard

Lit.: Peerage – D.E.Greenway, Charters of the honour of Mowbray, 1972.

Aubrac (Albrac, Alobractum), Hospital (Frankreich, heut. Dép. Aveyron), gegr. Anfang 12. Jh. für die Armen und die Pilger nach → Conques, erhielt 1172 vom Bf. v. Rodez eine Regel. Die Insassen bestanden aus Klerikern und Laien beiderlei Geschlechts und sollten Keuschheit und Verzicht auf Eigentum wahren, im Gehorsam gegen den Meister, einen »dom« gen. Priester. Die Päpste begabten alsbald das Ordensinstitut, das einen jährl. Zins an Rom zahlte, und seine Besitztümer, die sich über Rouergue hinaus in die Diöz. Clermont, Nîmes und Mende über mehrere Priorate, Präceptorien, Kirchen und verschiedene Grundherrschaften erstreckten, mit ihrem Schutz. Von Clemens IV. (1267) wurden die Religiosen von A. den Augustiner-Chorherren gleichgestellt und konnten ihrerseits in den Kirchen ihres Patronats den Pfarrdienst versehen; zu Anfang des 14. Jh. zählten sie ungefähr 120 Mitglieder, als sie der Annexion durch die Templer und Johanniter entgingen; nach einer Reorganisation 1419 blieben 20 Priester für den Dienst im Mutterhaus, 20 Priester für die Niederlassungen, 20 Kleriker oder Laienbrüder, davon vier Ritter, und zehn Schwestern. 1449 befreite Papst Nikolaus V. das Hospital vollständig von der bfl. Gerichtsbarkeit. Kurz nach der Verleihung dieses Privilegs wurde A. als Kommende vergeben. In den Bergen der Auvergne, 1400 m hoch, auf einem abgelegenen Plateau gelegen, leistete das Hospital dieselben Dienste wie der Gr. St. Bernhard oder S. Michele della Chiusa.
J. Becquet

Lit.: J.-L.Rigal-P.-A.Verlaguet, Documents sur l'ancien hôpital d'A., 2 Bde, Archiv Hist. du Rouergue 4, 1913–17; 11, 1934 – B.Deltour, A. Son ancien hôpital, ses montagnes, sa flore..., 1932.

Aubriot, Hugues, der bemerkenswerteste Prévôt v. Paris. Er entstammte einer reichen und sehr angesehenen Familie aus Dijon, ⚭ Marguerite de Pommard, Erbin eines mächtigen burg. Geschlechts. 1359 *bailli* v. Dijon, half A. dem ersten burg. Hzg. aus dem Haus Valois, Philipp dem Kühnen, seine Autorität zu festigen; dieser empfahl ihn seinem Bruder, Karl V. Große Energie zeigte A. auch als Prévôt v. Paris (3. Sept. 1367 bis 17. Mai 1381): Als Vertreter des Kg.s in der Hauptstadt reformierte er das → Châtelet, veranlaßte bedeutende Straßenbaumaßnahmen, ließ die Stadt befestigen (Bau der Bastille) und stärkte dort die kgl. Gewalt, indem er mit harter Hand Schöffen und Klerus kontrollierte. Durch seinen Charakter, v. a. seine kompromißlose Ergebenheit dem Kg. gegenüber, machte er sich zahlreiche Feinde. Der Tod des Kg.s ermöglichte diesen, ihn zu stürzen: eine Gelegenheit ergab sich durch das brutale Einschreiten von A.s Schergen beim Begräbnis Karls V. Er wurde exkommuniziert, seines Amtes enthoben und gefangengesetzt; am 1. März 1382 befreiten ihn die → Maillotins, und er suchte Zuflucht bei Clemens VII.; einige Jahre später starb er im Exil.
J.-M. Roger

Lit.: DBF I, 241–244 – J.Richard, L'affaire des Bourgeoise, Annales de Bourgogne 105, 1955, 7–32.

Aubusson, Vicomté im Limousin mit den wichtigsten Orten Aubusson, Felletin, Le-Monteil-au-Vicomte, La Borne (heut. Dép. Creuse), eines der ältesten Lehen im Limousin, hervorgegangen aus einer Teilung, die der vicecomes v. Limoges Hildegarius (884/943) vorgenommen hatte. Als erster vicecomes ist Rainaldus (936/943) bezeugt. Das A. blieb relativ unabhängig, bis Kg. Ludwig VIII. 1226 Rainaud VI. befahl, Hugues X. v. Lusignan, Gf. der → Marche, den Lehnseid zu leisten; dessen Enkel Hugues XII. kaufte die Vicomté 1262.
J.-L. Lemaitre

Lit.: C.Perathon, Hist. d'A., 1886 – M.Dayras, Nouvelle Hist d'A. I, 1970.

Aubusson

1. A., Hugues d', kgl. Ratgeber, Bf. v. Tulle, * nach 1412, † Sept. 1454, ⌑ Tulle, Kathedrale. Sohn des Renaud d'A., Herr v. Monteil-le-Vicomte, von mütterl. Seite Vetter des Papstes Innozenz VI. und der »limousin.« Kard.e an der Kurie v. Avignon. Doctor der Univ. Orléans, 1433 Prior v. St-Martin-de-Tulle, erhielt er am 25. Juli 1451 als Nachfolger von Jean de Cluys († 1444) das Amt des Bf.s v. Tulle, nachdem Karl VII. die Ernennung von Pierre de Combron abgelehnt hatte. A. hat sein Bischofsamt jedoch nicht ausgeübt. – Als Ratgeber betraute ihn der Kg. mit der Mission, den Legaten Nikolaus' V., Kard. Guillaume d' → Estouteville, von der Aus-

übung der Jurisdiktion im Kgr. und seinen Bemühungen für einen Frieden zw. Frankreich und England abzuhalten.
J.-L. Lemaitre
Lit.: DBF IV, 309 - DHGE V, 269.

2. A., Louis d', Bruder von 1, * 1412/23, † vor dem 24. Sept. 1471, ▭ Tulle, Kathedrale. Benediktinermönch, Prior v. Villedieu, später von Mortagne, Generalvikar (1449), später Bf. v. Alet (2. Dez. 1454), nach dem Tod seines Bruders zum Bf. v. Tulle gewählt, am 2. Mai 1455 im Amt bestätigt. Er reorganisierte die Verwaltung des Priorates Rocamadour.
J.-L. Lemaitre
Lit.: DBF IV, 306f. - DHGE V, 270.

3. A., Pierre d', Großmeister der Johanniter, * 1423 in Monteil-le-Vicomte (Creuse), † 1503, Sohn des Renaud d'Aubusson, Bruder von Hugues und Louis d'Aubusson, ab 1457 Kommandeur des Hôpital de Salins (Jura), 1471 bailli der »Zunge von Auvergne«, nacheinander Großprior der Auvergne, Oberintendant der Befestigungen von Rhodos, 1476 zum Großmeister gewählt. Während A.s Regierung begann Sultan Mohammed II. eine große Flottenexpedition gegen Rhodos, das vom 23. Mai bis zum 27. Juli 1480 belagert wurde. Von A. befestigt und mit einer wirksamen Artillerie ausgestattet, vermochte die Stadt der »großen Belagerung« standzuhalten, um so mehr, als A. sich vor dem Feldzug der Neutralität von Ägypten und Tunesien versichert hatte. Über die Belagerung verfaßte A. den Bericht »De servata urbe praesidioque suo et insigni contra Turcos victoria« (ed. S. Paoli, Codice diplomatico del sacro ordine gerosolimitano II, 1737).

1482 suchte Prinz Djem, der Bruder und unglückliche Rivale von Bāyezīd II., Zuflucht auf Rhodos. Aber A. verhandelte mit dem Sultan und hielt Djem gegen die jährliche Zahlung von 45 000 Dukaten gefangen. Anschließend schickte er ihn in das Limousin unter der Bewachung seines Neffen Gui de Blanchefort, Großprior der Auvergne, der ihn in Bourganeuf gefangen hielt (1482-87). Geheime Vereinbarungen mit Innozenz VIII. (1486) führten dazu, daß dem Papst die Geisel übergeben wurde, A. sollte dafür die Orden v. Hl. Grab, v. Hl. Lazarus, Bethlehem und Montmorillon eingliedern und wurde Kard. v. S. Adriano. Der Austausch fand im März 1489 statt und die versprochenen Bullen wurden ausgefertigt. - Sein Bruder Guichard, electus v. Cahors, war 1476-97 Bf. v. Carcassonne.
G. Bresc
Lit.: LThK² I, s.v. - L. THUASNE, Djem-Sultan... Étude sur la question d'Orient, 1892.

Aucassin et Nicolette, afrz. →chantefable, anonymes Meisterwerk vom Ende des 12. Jh. oder dem Anfang des 13. Jh. Es erzählt die Geschichte eines idyll. Liebesverhältnisses: Wir erfahren, wie die Protagonisten, ein adliger junger Mann und ein Sklavenmädchen, voneinander getrennt werden und erst nach vielerlei Anfechtungen und Widrigkeiten endlich heiraten können.

Der Verfasser war offensichtl. weniger um den Handlungsaufbau des alten Stoffes als um die Originalität der Ausführung besorgt. Sein Hauptziel war zu unterhalten; sein Vers ist häufig ironisch und parodist. (bes. gegenüber der höf. Liebe); sein Sinn für mutwilligen Humor ist das hervorstechendste Merkmal. Wenn eine bestimmte Aussage intendiert ist, so zielt die Dichtung vielleicht auf die Konfrontation zweier Generationen ab, ein Konflikt, der zugunsten der Jugend gelöst wird. - Unser Autor, wahrscheinl. ein berufsmäßiger »Spielmann« (*minstrel*) picard. Herkunft, kannte die zeitgenöss. Lit. gut. Themat. Analogien gibt es zu: →»Beuve de Hanstone«, »Floire et Blancheflor« (→Floris-Dichtung), »Piramus et Tisbé« (→Pyramus und Thisbe), →»Yvain«. Dabei wurden einige Entlehnungen so vollständig eingeschmolzen und umgeformt, daß A. et N. einen durchweg originalen Charakter trägt.

Die Form ist ebenfalls einheitlich: 41 Abschnitte, alternierend in Prosa und Vers - jeweils zum gesprochenen bzw. gesungenen Vortrag bestimmt, wie es durch die Hinweise: »or se cante«, »or dient et content et fabloient« sowie durch Beigabe von Neumen angezeigt wird. Die einzige erhaltene Hs. (Bibl. Nat., f. fr. 2168) stammt aus dem späten 13. Jh. 21 Abschnitte des Gedichtes, welche am Beginn und Ende der Handlung stehen, bestehen aus siebensilbigen assonierenden Laissen mit einem viersilbigen weibl. Schlußvers, der nicht assoniert.

Welche Ausführung der Autor auch immer bevorzugt haben mag, die chantefable zeigt sich für die dramat. Darstellung durch einen oder mehrere Schauspieler prädestiniert. Für diese einzigartige Mischung von Poesie, Prosa, Musik und Humor ist kein Prototyp bekannt. Es scheint, daß der Verfasser sich seine eigene Form schuf, indem er die volkstüml. Liedform mit dem in der lat. Lit. üblichen Wechsel von Vers und Prosa (→Prosimetrum) verband. Es wurde in der Wissenschaft lange Zeit erfolglos versucht, diese unvergleichbare chantefable in das Korsett traditioneller Gattungen wie *roman, conte, fabliau, nouvelle, récit* zu zwängen. Sowenig A. et N. überlieferte Vorgänger hat, sowenig sind uns Nachfolger bekannt. Eine Ausnahme bilden einige themat. Imitationen in einer Fortsetzung des →»Huon de Bordeaux« aus dem 14. Jh., genannt »Clarisse et Florent«.

Voll von pulsierendem Leben, Heiterkeit, Ironie, zartem Humor, ist A. et N. in drei »Akte« geteilt: enttäuschte Liebe, Flucht, Abenteuer und Rückkehr. Die Handlung wird durch eine Reihe von treffenden und anrührenden Bildern vorangetrieben: so A.s Vertiefung in Gedanken an seine Geliebte selbst inmitten der Schlacht; die Flucht der Heldin aus ihrem Kerker; die Wiederbegegnung im Turm; die Abenteuer des Paares, welche beide - einzeln wie gemeinsam - im Wald erleben; Trennung und endliche Wiederfindung der Liebenden. Bes. fesselnd ist A.s Vorstellung von Himmel und Hölle; ebenso das Kgr. Torelore, in dem Männer die alte Sitte der *couvade* (Männerkindbett) pflegen und Frauen die Kriege ausfechten - mit Käselaiben, Eiern und faulen Äpfeln. Beide Bilder zeigen eine »verkehrte Welt«. Sie bilden einen Kontrast zur ernsthaften Schilderung der Treue der Liebenden, der Schönheit der Heldin, der Güte des Wächters und zu echtem Naturgefühl.
H. F. Williams

Ed.: F. BOURDILLON, 1896 - H. SUCHIER, 1878, 1932¹⁰ - M. ROQUES, 1925, 1955⁵ (CFMA) - J. DUFOURNET, 1973 - *Übers.*: G. MICHAUT, 1901 - W. HERZ (Spielmannsbuch), 1865, 1912⁴ - *Lit.*: EM I, 959-963 [Lit.] - G. FRANK, The Medieval French Drama, 1954, 237-242 - A. MICHA, En relisant A. et N., M-A 65, 1959 279-292 - F. MCKEAN, Torelore and courtoisie, RN 3, 1962, 64-68 - J. MARTIN, Love's Fools..., 1972, 23-36 - V. ROSSMANN, Perspectives of Irony..., 1973, 96-106 - R. BAADER, Ein Beispiel mündl. Dichtung. A. et N., Fabula 15, 1974, 1-26 - CH. MÉLA, Blancheflor et le saint homme, 1979, 47-73.

Auch, Stadt und Bm., später Ebm. in SW-Frankreich (heute im Dép. Gers); in vorröm. Zeit Elimberris, in der röm. Novempopulania Hauptort der civitas der Ausci. Die ma. Stadtentwicklung war bescheiden. Trotz der Gründung eines gfl. burgus (zw. 1068 und 1097) blieb die Stadt in ihrer Ausdehnung auf den Bereich um die Kathedrale Ste-Marie, den Bischofspalast (um 1100) und die Grafenburg beschränkt. Die Stadtherrschaft war zw. dem Ebf. und den Gf.en v. Fezensac und Armagnac geteilt, die 1270 ein paréage (Kondominium) schlossen. Schon vor 1205 besaß die Stadt ein Konsulat.

Der hl. Orens (Orentius) ist der erste Name, der um 400

in A. auf das Christentum hinweist; der erste bekannte Bf. war Nicetus (506). Nach der Aufgabe des Metropolitansitzes Eauze (und dem Schweigen der Quellen während zweier Jahrhunderte) ging das Ebm. auf A. über; Bf. Airardus hatte als erster die ebfl. Würde inne (879). Das Bm. umfaßte im 12. Jh. zehn Archidiakonate, die Temporalien des Ebf.s waren sehr bedeutend. Vertreter der Kirchenreform des 11. Jh. war der hl. Bf. Austindus (1042–68). Seine Nachfolger, die dem gascogn. Adel entstammten, hatten trotz häufiger Konflikte mit dem Priorat St-Orens insgesamt eine glückliche Hand. Streitbare Prälaten des 13. Jh. waren Garsie de Lort und Amanieu de Grésignac (1226–42), der Gründer des Ordens vom Hl. Jakob des Glaubens und Friedens (Ordre de St-Jacques de la Foi et de la Paix). Die Beziehungen zw. Domkapitel, Ebf.en und Gf.en waren im 14.–15. Jh. durch starke Gegensätze gekennzeichnet; das → Abendländ. Schisma spaltete das Bistum. Eine ruhigere Periode setzte gegen Ende des 15. Jh. ein, als auch der Wiederaufbau der Kathedrale begann (1489).   Ch. Higounet

Q. und Lit.: DHGE III, 276–282 – GChr I, 973–1001 – Dom Brugèles, Chroniques éccl. du diocèse d'A., 1756 – P. Lafforgue, Hist. de la ville d'A., depuis les Romains jusqu'en 1789, 2 Bde, 1851 – Duchesne, FE II, 89 – A. Breuils, St. Austinde, archevêque d'A. et la Gascogne au XIe s., 1895 – Lacave Laplagne Barris, Cart. de l'Église métropolitaine Ste-Marie d'A., 1899 – J. Duffour, Livre rouge du chapitre de l'église d'A., 2 Bde, 1907–08 – A. Clergeac, Chronologie des archevêques... de l'ancienne province eccl. d'A. (1300–1801), 1912.

Auchinleck-Handschrift. Um 1330–40 stellten sechs Schreiber in enger Zusammenarbeit in einem Londoner Scriptorium diese wichtige me. Anthologie von Heiligenleben und Romanzen her. Von den ursprgl. 56 Texten sind 44 erhalten; einzelne verstreute Blätter tauchen immer noch auf. Möglicherweise benutzte Chaucer die in dieser Hs. überlieferten bret. Lais (z. B. »Sir Orfeo«) als Vorbilder für seine »Franklin's Tale«.   R. H. Robbins

Lit.: E. Kölbing, Vier Romanzen-Hss., EStn 7, 1884, 178 ff. – L. H. Loomis, Chaucer and the Breton Lays of the Auchinleck Ms., Stud. in Philology 38, 1941, 14 ff. – L. H. Loomis, The Auchinleck Ms. and a Possible London Bookshop, PMLA 57, 1942, 595 ff. – G. V. Smithers, Two Newly-Discovered Fragments, MAe 18, 1949, 1 ff. – A. J. Bliss, Notes on the Auchinleck Ms., Speculum 26, 1951, 652 ff. – Manual ME I, 1967, 89 ff., 262 ff. – G. Guddat-Figge, Catalogue of Ms. Containing ME Romances, 1976, 121–126.

Auctarium affligemense → Sigebert v. Gembloux

Auctores (seit 12./13. Jh. auch: actores), Urheber aller Art, Verfasser, Autoren von bes. Ansehen und Beweiskraft (beeinflußt durch 'authenticus', vgl. ALMA 3, 81–86), dann Textbücher, die dem Unterricht zugrundegelegt und vom »lector« (in der Vorlesung) erklärt werden (Grabmann, Scholastik 2, 421).

Speziell: Autoren und Texte (bes. poetische), die den Gegenstand des Literaturstudiums (im Rahmen der Grammatik) bilden (→ Artes liberales, → Schullektüre). Das Studium der A. erreicht nach einem Aufschwung im 9. Jh. seinen Höhepunkt an den Kathedralschulen des 11./12. Jh. (z. B. Laon, Beauvais, bes. Orléans). Nach dem Vordringen der Dialektik wird es im 13. Jh. unter dem bestimmenden Einfluß der Pariser Universität an vielen Orten zurückgedrängt. Die Breite eines Literaturprogramms, wie es z. B. aus dem »Registrum multorum auctorum« des → Hugo v. Trimberg (1280) zu sprechen scheint, ist vielleicht eher ein rückwärtsgewandter Versuch der Bewahrung; das tatsächl. Gelehrte dürften im 13. Jh. eher durch die verbreiteten Textzusammenstellungen der auctores sex (Disticha Catonis, Ecloga Theoduli, Avian, Maximian, Claudian, Statius) und im 14. und 15. Jh. der auctores octo (Dist. Cat., Ecl. Theod., → Facetus, De → contemptu mundi [Walther 2521], Liber parabolarum [→ Alanus ab Insulis], Tobias des → Matthäus v. Vendome, »Äsop« [Walther 19812, → Gualterus Anglicus], → Floretus [Walther 11943]) repräsentiert sein.

Charakteristisch ist, daß vom 13. Jahrhundert an ma. Texte die antiken verdrängen, dadurch erst entstehen eigtl. die Verhältnisse, gegen die sich der Humanismus stellt. Eine gewisse Verselbständigung des Literaturunterrichts spricht aus der Bezeichnung 'auctorista' (seit 12. Jh.) für den Literaturkenner (MlatWb I, 1173. 57) oder -lehrer (Denifle, Die Univ. des MA 1, 475 Anm.). Die schulmäßige Erklärung der A., die aus dem 9. Jh. durch zahlreiche → Kommentare bezeugt ist (→ Heiric und → Remigius v. Auxerre, → Johannes Scottus, → Sedulius Scottus u. a.), nimmt im 11. Jh. gelegentl. Züge aus dem zeitgenöss. Alltag auf (vgl. Scholia in Horatium IV, ed. Botschuyver 1942; B. Bischoff [Classical Influences on European Cultures A. D. 500–1500, ed. R. R. Bolgar, 1971, 83–94]). Vom 12. Jh. an breitet sich allegorisierende, moralisierende, die Autoren z. T. verchristlichende (Statius, Ovid, Vergil, vgl. B. Bischoff, Ma. Stud. 1, 1966, 144–150) Erklärung aus (→ Moralisatio, → Integumentum). – Fast in allen Jh. des MA entstehen, ausgehend von chr. antiken Schriftstellerverzeichnissen (Hieronymus de viris illustribus) und Einführungen zu den einzelnen Texten (→ Accessus), literaturgeschichtl. Werke, u. a. der »Dialogus super Auctores« des → Konrad v. Hirsau (1. Hälfte 12. Jh.), vgl. P. Lehmann, Erforschung des MA 1, 1941 [Nachdr. 1959], 82–113. – Kenntnis der A., die aus Zitaten und Anspielungen spricht, stammt oft aus zweiter Hand (u. a. aus → Florilegien).   G. Bernt

Lit.: MlatWb I, 1167–1171, 1173.57 – Grabmann, Scholastik 2, 59 bis 64 – Curtius, 58–67, 459–461 – G. Glauche, Schullektüre im MA, 1970, Münchener Beitr. zur Mediävistik und Renaissance-Forsch. 5 – N. Orme, Engl. Schools in the MA, 1973, 102–106.

Auctoritas, maßgebl. Ansehen, Autorität, als Beleg zitierter (maßgeblicher) Text u. a. (vgl. MlatWb I, 1173–1182 und Lit. bei P. G. Schmid [s. Bibl.] 76, Anm. 7). – In der lat. Dichtung treten seit der 2. Hälfte des 12. Jh. rhythm. Strophen, meist Vagantenstrophen, »mit A.« auf. Die A. ist hier ein Zitat aus einem der → Auctores (gelegentl. auch aus der Bibel), das als letzte Zeile der Strophe schließt (»Zitatgedicht«). Das Zitat hebt sich in der Regel durch seine metr. Form (meist Hexameter oder Pentameter) von den vorausgehenden rhythm. Zeilen ab, mit denen es durch den Reim verbunden ist.   G. Bernt

Lit.: P. G. Schmid, AuA 20, 1974, 74–87 [Geschichte und Nachwirkung].

Auctoritas und ratio → Scholastik

Audacht (edocht), air. 'feierl. Eröffnung, Willenserklärung, Testament'. Der Begriff bezeichnet im air. Recht eine förml. Erklärung, gewöhnl. in feierl. Form, die für Ereignisse nach dem Tod ihres Urhebers gelten soll. Durch einen a. können Güterschenkungen post obitum veranlaßt werden, er kann die Nachfolge in einer Abtei festlegen oder Vorschriften festhalten, die nach dem Tod eines Lehrers beachtet werden sollen. Ein a. muß nicht unbedingt vor dem Tod seines Urhebers ausgesprochen werden, ebensowenig bedarf er der Schriftform. Für Erben oder Nachfolger ist seine Beachtung anscheinend bindend.   T. Charles-Edwards

Lit.: F. Kelly, Audacht Moraind, 1976, 22.

Audefroi le Bastart, trouvère aus dem Artois, dessen lit. Tätigkeit in die 1. Hälfte des 13. Jh. fällt. Seine Erwähnung als Bastard nach den Rubriken der Hss. gestattet zweifellos, in ihm den illegitimen Sproß einer angesehenen Familie entweder des Adels oder des wohlhabenden Bürgertums zu sehen. Trotz aller gegenteiligen Auffassungen gibt es keinen sicheren Anhaltspunkt, ihn einer bestimmten Familie aus Arras zuzuordnen, weder dem Adelsgeschlecht A. noch der großen Bürgerfamilie Louchart, bei der der Vorname A. gern verwandt wurde. A. ist daher auch nicht mit einem derjenigen Träger des Namens A., an die sich einige trouvères aus Arras wie Adam de la Halle, Baude Fastoul und Gilbert de Berneville wenden, zu identifizieren; es handelt sich bei diesen Nennungen in mehreren Fällen tatsächl. um den Bf. A. Louchart. Versuche zur Datierung der lit. Tätigkeit dieses trouvère lassen sich lediglich auf drei gesicherte Anhaltspunkte gründen: Die erste Strophe seiner chanson X wird im »Roman de la Violette« des Gerbert de Montreuil, der heute auf 1230-31 datiert wird, zitiert. Die → envois der chansons IV und VII wenden sich an einen Herrn v. Nesles, der envoi der chanson V an einen Herrn v. Harnes. Unter Berücksichtigung der durch die »Violette« vermittelten Zeitangabe sieht PETERSEN-DYGGVE im ersten dieser Adressaten Johann II., Herrn v. Nesles (ca. 1202-41), im zweiten Michael III. v. Harnes (* um 1180, † 1231).

Das Werk A.s umfaßt zehn chansons d'amour, fünf → chansons de toile und eine erzählende chanson mit Refrain, die schwer zu klassifizieren ist; sie ähnelt → pastourelles, in denen sich der Dichter zum Vertrauten der Liebesverhältnisse eines Schäfers macht – mit dem Unterschied, daß hier der Schäfer durch einen Ritter ersetzt wird. Die fünf chansons de toile werden allgemein als späte Imitationen anonymer Dichtungen dieser Gattung angesehen, deren Alter als weitaus höher angenommen wurde; man glaubte, bei A. Zeichen eines Verfalls des Genres, der v. a. durch Weitschweifigkeit gekennzeichnet sei, feststellen zu können. Zutreffender ist die Bemerkung, daß sie von einer Ästhetik geprägt werden, die sich von derjenigen der anonymen chansons de toile stark unterscheidet, aber der Ästhetik der narrativen Literatur derselben Zeit entspricht.

M. Zink

Ed. und Lit.: J. BRAKELMANN, Leben und Werke des A. Eine literarhist. und sprachl. Unters. [Diss. Jena, 1913] – A. CULLMANN, Die Lieder und Romanzen A. Krit. Ausg. nach allen Hss., 1914 – H. PETERSEN-DYGGVE, Les seigneurs de Neele et de Harnes, destinataires d'A., AASF, 1942, 198-241 – M. ZINK, Belle. Essai sur les chansons de toile, suivi d'une édition et d'une traduction, Essais sur le MA I, 1978 – Vgl. auch Lit. zu → chanson de toile.

Audelay, John, ein Priester für Seelenmessen, der später (ca. 1426), als er blind, taub und krank war, in der Abtei Hagmond, Shropshire, lebte. Um seine Gemeinde zu erbauen, schrieb er 55 religiöse und didakt. Gedichte, die nur von geringem lit. oder theol. Interesse sind. 26 dieser Gedichte sind in der Hs. (Douce 302) als »caroles« rubriziert und waren zum Gebrauch an Weihnachten bestimmt.

R. H. Robbins

Lit.: DNB I, 275ff. – NCBEL I, 683 – Q.: J. E. WÜLFING, Der Dichter J. A. und sein Werk, Anglia 18, 1896, 175ff. – E. K. WHITING, EETS 184 – R. L. GREENE, A Selection of Engl. Carols, 1962, 48ff. – R. L. GREENE, The Early Engl. Carols, 1977².

Audenarde → Oudenaarde

Audiences des Comtes et Ducs de Savoie (Audientien der Gf.en bzw. Hzg.e v. Savoyen). Savoyen hat Züge karol. Institutionen bewahrt, bes. im Hinblick auf das Gericht (*plaid*, placitum) des Gf.en. Diese Gerichtsinstitution ist beim heut. Forschungsstand nur für das Aostatal näher bekannt, wo sie den Namen *audiences générales* (audientia generalis) erhält. Diese a., die sich an die Stelle des gewöhnl. Gerichte setzten, wurden von Gf.en spätestens seit 1222 in recht unterschiedl. Häufigkeit abgehalten. Sie befaßten sich in erster Instanz mit allen feudalen Prozessen, sowohl ziviler wie strafrechtl. Natur, darunter auch mit den Verfahren gegen große Vasallen und Beamte (*officiers*). Der Gf. scheint auch in seinen anderen Herrschaftsgebieten und *bailliages* vergleichbare Gerichtstage abgehalten zu haben, die manchmal andere Bezeichnungen trugen (*Parlement* in Bresse und Bugey). In seinem Bemühen um die Justiz und ihre Vereinheitlichung richtete → Amadeus VIII. die *audience suprême* ein, die mindestens von 1419 an bestand. Sie stellte einen obersten Appellationsgerichtshof für das gesamte Hzm. dar und stand selbst über den hzl. Räten (*conseils*). Jeder Untertan konnte damit vor dem Fs.en seine Klage gegen jeden anderen vortragen. Diese Einrichtung scheint ihren Begründer jedoch kaum überlebt zu haben.

B. Demotz

Q. und Lit.: Statuts de Savoie [zahlreiche Ed.] – Arch. dép. Côte d'Or B 547, doc. 9, affaires générales de Bresse – A. LANGE, Le Udienze dei conti et duchi di Savoia nel Valle d'Aosta, 1337-1351, 1956 – A. PERRET, Principaux organes de gouvernement savoyard 1189-1323, Bull. philol. et hist. I, 1960-61, 345-360 – Vgl. auch Lit. zu → Aosta, → Aostatal.

Audiencia real → Kastilien

Audiencier → Kanzlei

Audientia litterarum contradictarum (Audientia publica), eine zuerst unter Papst Innozenz III. (1198-1216) belegte und offensichtl. mit dessen Kanzleireform zusammenhängende Institution der röm. Kurie mit gerichtl. Funktionen und solchen bei der Ausstellung von Urkunden, die dem Vizekanzler unterstand. In der Audientia publica wurden alle für die Öffentlichkeit bestimmten Angelegenheiten der Kurie bekannt gemacht: Verkündigung päpstl. Konstitutionen, Erlasse, gerichtl. Ladungen, aber auch Verlesung bestimmter Papsturkunden durch Lektoren, gegen die betroffene Parteien bzw. deren Vertreter (Prokuratoren) gewöhnl. vor der Bullierung Einspruch erheben konnten. Über diesen Einspruch wurde anschließend in der A. l. c. unter Vorsitz des Auditor l. c. verhandelt, der sowohl der Kanzlei angehörte als auch ordentl. Richter der Kurie war. Dabei konnte der Einspruch verworfen und die Urkunde zur Bullierung freigegeben werden oder dem Einspruch stattgegeben und die Urkunde kassiert werden; daneben konnte die Urkunde freigegeben werden nach Ausstellung einer zusätzl., den Inhalt der Papsturkunde auf Grund der Vereinbarungen zw. den Parteien modifizierenden Urkunde des A. l. c. (cautio oder littera conventionalis). Eng verbunden mit der Audientia waren die Prokuratoren, deren Beglaubigung der Auditor überprüfte und die seiner Gerichtsbarkeit unterstanden. Im 14. Jh. fließen die Begriffe Audientia publica und Audientia litterarum contradictarum zusammen. Bedeuteten beide im 13. Jh. noch abstrakt die Abhaltung von Sitzungen (»öffentl. Audienz«; »Audienz über Urkunden, gegen die Widerspruch eingelegt wurde«), so erhielt die A. l. c. im Papstpalast von Avignon einen eigenen Raum (benachbart der → Audientia sacri palatii) und wurde damit im engeren Sinn »Behörde«. Die Urkunden, die routinemäßig durch die A. gingen, sind in Formelbüchern (Formularium audientie l. c.) aufgezeichnet, die im 13. Jh. noch keine feste Redaktion aufweisen; eine solche erhielten sie erst unter Bonifaz VIII. Es sind in der Regel solche Urkunden, die nicht vor dem Papst verlesen und von ihm unmittelbar genehmigt wurden; doch konnten auch letztere und nicht im Formelbuch aufgezeichnete Urkunden durch die A. gehen, wenn der Papst es wünschte. Bei den Routinesachen handelt es sich meist um einfache Delegationsreskripte (Überweisung von Prozessen an delegierte Richter, weshalb deren Auswahl ein häufiger Streitpunkt in der A. war) u. ä. Justizbriefe sowie um einfache Gnadensachen (Bestätigung von Freiheiten, Benefizien, Gütern und Rechten, Aufnahme in den päpstl. Schutz, Schutz von Kreuzfahrern und Rompilgern u.ä.). Seit der unter Johannes XXII. deutlichen Teilung der Kanzlei in eine Abteilung für Justizsachen und eine für Gnadensachen ist die erstere und der dort vornehmlich tätige Korrektor eng mit der A. l. c. verbunden; er wird im 16./17. Jh. unter Zurückdrängung des Auditor l. c. der wichtigere Beamte der A. Gegen Ende des MA und in der NZ (bes. nach dem Konzil v. Trient) ging die Bedeutung der A. (jetzt meist »officium contradictarum«, »Ufficio delle Contradette«) zurück, ihr Urkundenwesen verfiel, da ihre Kompetenz durch andere Behörden wie die Breven-Sekretarie und die Justizsignatur bzw. durch Verlagerung der Jurisdiktion in die Diözesen stark beschnitten wurde. Die A. hörte erst im 19. Jh. endgültig auf zu existieren. → Kurie, röm.

P. Herde

Q. und Lit.: DDC I, 1387 ff. – J. TEIGE, Beitr. zur Gesch. der A. l. c., 1897 – J. FÖRSTEMANN, Novae constitutiones audientiae contradictarum in curia Romana promulgatae A.D. 1375, 1897 – BRESSLAU I, 281 ff. – P. HERDE, Beitr. zum päpstl. Kanzlei- und Urkundenwesen im 13. Jh., 1967², 213 ff. – DERS., Ein Formelbuch Gerhards v. Parma mit Urkunden des Auditor l. c. aus dem Jahre 1277, ADipl 13, 1967, 225 ff. – DERS., A. l. c., 2 Bde, 1970 – DERS., Zur A. l. c. und zur »Reskripttechnik«, AZ 69, 1973, 54 ff. – DERS., Die ›Registra contradictarum‹ (1575–1799) des Vatikan. Archivs, Misc. BATTELLI II [im Dr.].

Audientia sacri palatii (auch »Rota« gen.). [1] *Zuständigkeit:* Gerichtshof der päpstl. Kurie, entstanden im Laufe des 13. Jh. Nicht alle Rechtsstreitigkeiten, die beim Hl. Stuhl anhängig waren, gingen an die A. s. p.: Bei wichtigen Prozessen wurde der Papst persönl. als Richter tätig, oder er beauftragte Kard. e mit der Entscheidung oder mit deren Vorbereitung. Ein weiterer gewichtger Anteil der Prozesse wurde nach auswärts an delegierte Richter abgegeben, die jeweils für den betreffenden Fall ausgewählt und eingesetzt wurden (→ Audientia litterarum contradictarum). Übrig blieben Prozesse von nicht höchster Wichtigkeit, bei denen dennoch der Papst oder die Parteien Wert darauf legten, die Angelegenheit direkt an der Kurie entscheiden zu lassen – so vor allem Streitigkeiten wegen päpstl. Benefizienverleihungen (→ gratia).

[2] *Geschichte:* Bereits zu Ende des 12. Jh. war die Geschäftsbelastung der Kurie durch Rechtssachen so groß geworden, daß außer Kard. e auch andere an der Kurie weilende Personen fallweise als → Auditoren eingesetzt werden mußten. Dies wurde allmählich zur festen Institution. Unter Innozenz IV. (1243–54) waren bereits ständige Auditoren tätig (auditores generales). Gemäß althergebrachten Regeln des röm.-kanon. Prozeßrechts mußten die Auditoren vor jeder Entscheidung den Rat anderer Rechtskundiger einholen. Es ergab sich aus der Natur der Sache, daß sie sich zu diesem Zweck v. a. an die eigenen Kollegen wandten, denn diese waren in Kurienprozessen die Erfahrensten. So entstand eine Beratungsrunde der ständigen Auditoren, die allmählich zur Institution wurde und eigenständige Verfahrensgewohnheiten entwickelte. Johannes XXII. festigte die gewachsene Institution durch seine Constitutio »Ratio iuris« (1331), die ausdrückl. eine Pflicht zu gemeinsamer Beratung statuiert. Spätestens seit dieser Zeit unterstanden die Auditoren dem Vizekanzler. Während des Aufenthaltes der Kurie in Avignon beriet die A. s. p. in einem dem Tagungsort der Audientia litterarum contradictarum benachbarten Raum in der Rundung unter dem ö. Kreuzjoch der großen Audienzhalle, deren Fußboden radförmig eingelegt ist (in rotundo ambitu Rotae). Von daher bürgerte sich zunächst für die Beratungsrunde und später für das Gericht insgesamt der Name »Rota« ein, den es noch heute trägt. Aufzeichnungen der Auditoren über die Beratungen in Rota sind eine aufschlußreiche Quelle der Rechtsgeschichte. Einen amtl. Namen des Gerichts gab es im MA nicht. Statt dessen benutzte man die generelle Bezeichnung »Sacrum palatium apostolicum«. Die Richter nannten sich »Sacri palatii apostolici causarum auditores«. Die Zahl der Auditoren schwankte. Sixtus IV. begrenzte sie 1472 auf zwölf. Unter Johannes XXII. gab es Auditoren 1., 2. und 3. Grades, zuständig für Prozesse in 1., 2. und 3. Instanz. Bereits unter Clemens VI. (1342–52) war diese Einteilung wieder aufgegeben.

[3] *Verfahren:* Ein Prozeß vor der ma. Rota begann damit, daß auf Antrag einer Partei der Vizekanzler einen Auditor einsetzte (commissio). Dies geschah durch einen Vermerk auf der Klagschrift oder Appellationsschrift, z. B. »Audiat magister Nicolaus et iustitiam faciat«. Anschließend prozessierten die Parteien vor dem benannten Auditor. Waren Zeugen auswärts zu vernehmen, so betraute der Auditor zumeist Prälaten der betreffenden Diözese damit (commissio in partibus). Der Auditor hatte bei allen anfallenden unklaren Rechtsfragen seine Kollegen um Rat zu bitten (unter Johannes XXII.: die Kollegen seines Grades), zumindest aber vor jeder zu verkündenden Entscheidung. Geschah dies im förml. Verfahren, so konnten die Parteien und ihre Bevollmächtigten anwesend sein und hatten Gelegenheit, ihre Argumente zur Rechtsfrage unmittelbar der versammelten Beratungsrunde vorzutragen. Anschließend gaben die Mitauditoren mündlich oder schriftlich ihre Gutachten ab, eventuell folgte noch eine zweite Beratung. Die Entscheidung verkündete dann der befaßte Auditor allein. Die Vollstreckung des Endurteils oblag der Kanzlei. Sie ernannte einen geeigneten Vollstreckungsbeauftragten. Das Verfahren bei der A. s. p. verlief oft sehr schleppend, v. a. deshalb, weil die Parteien sowohl gegen das Endurteil wie auch schon vorher gegen jede beliebige Zwischenentscheidung durch drei Instanzen appellieren konnten, so z. B. gegen einen Beweisbeschluß. Die Entscheidung über die Appellation und bei Zwischenentscheidungen, eventuell auch die Fortführung der Hauptsache wurde dann einem anderen Auditor übertragen. Ein geschickter Advokat konnte durch häufiges Appellieren den Streit vor immer neue Auditoren bringen und das Endurteil lange verzögern. Dies und die angebl. Bestechlichkeit der Richter waren ständig wiederkehrende Punkte in → Gravamina gegen die Kurie. →Kurie, röm.

G. Dolezalek

Lit.: DDC VII, 742–777 – COING, Hdb. I, 847–856 [Lit.] – F. E. SCHNEIDER, Die Röm. Rota. Nach geltendem Recht auf gesch. Grundlage I, 1914 – B. SCHIMMELPFENNIG, Zur Glossierung kanonist. Texte an der Kurie in Avignon, BMCL 2, 1972, 33 ff. – G. DOLEZALEK, Die hs. Verbreitung von Rechtsprechungssammlungen der Rota, ZRGKanAbt 58, 1972, 1–106 – R. PUZA, Res iudicata: Rechtskraft und fehlerhaftes Urteil in den Decisionen der römischen Rota, 1973 – K. W. NÖRR, Ein Kap. aus der Gesch. der Rechtsprechung: Die Rota Romana, Ius Commune 5, 1975, 192–209 – G. DOLEZALEK, Bernardus de Bosqueto, seine Quaestiones motae in Rota (1360–1365) und ihr Anteil in den Decisiones Antiquae, ZRGKanAbt 62, 1976, 106–172 – DERS., Ein Brief des Rotarichters Geraldus de Podio Fulconis an Ks. Karl IV. (Fschr. A. ERLER, 1976), 197–207 – DERS., Ein Rechtsgutachten aus dem vierzehnten Jh., erstattet durch vier Rotarichter, SG 19, 1976, Mélanges G. FRANSEN I, 161–174.

Audigier, heroisch-kom. Kurzepos in 517 Versen, fast alle Zehnsilber, die in 44 durch Assonanz gekennzeichnete Laissen aufgeteilt sind. Es stellt eine Art von Parodie der → Chansons de geste dar. Die Datierung dieses Textes ist unsicher, er ist gewiß nicht früher als Ende des 12. Jh., wahrscheinlicher 1. Viertel des 13. Jh. anzusetzen. Erwähnungen des Titelhelden A., dessen Name in elf verschiedenen Werken zw. dem 12. und 15. Jh. auch in der Form Audegier, Audengier, Adangier aufgeführt wird, bezeugen die Verbreitung dieses Stoffes vor dem Jahr 1173. Das Vorhandensein von vier Alexandrinern im Text und die Zitierung von weiteren zwölf Alexandrinern bei dem Verfasser der »Règles de la seconde rhétorique« am Anfang des 15. Jh. lassen vermuten, daß eine Fassung in Alexandrinern existiert haben könnte, die älter ist als die auf uns gekommene in Zehnsilbern. Das stark skatolog. Kurzepos beginnt mit der Beschreibung des Turgibus, des Sohnes von Poitruce und Herrn von Cocuce, von dem einige törichte Taten sowie seine Ehe mit Rainberge, der A. entstammt, und schließlich sein Tod geschildert werden. Von A. werden Geburt, Taufe und Kindheit dargestellt und berichtet, wie er von den Stiefbrüdern Raier und Avisant als Ritter ausgerüstet wird und von ihnen auch das lächerliche Pferd Audigon erhält. Nun beginnen die Abenteuer A.s, der sich mit der schmutzigen alten Grimberge de Valgrifier und ihren drei Töchtern schlägt, von denen er mehrmals besiegt und auf schimpfl. Weise gedemütigt wird. Bei der Heimkehr wird er als Sieger empfangen. Nachdem die Mutter ihn gefeiert hat, läßt sie ihn Troncecrevace (der Name enthält skatolog. Anspielungen) heiraten. Die Erzählung schließt mit der Beschreibung des Hochzeitsfestes. G. Busetto

Ed. und Lit.: E. FARAL, Le manuscrit 19152 du fond français de la Bibl. Nat., 1934 (»A.« fol. 65v–69v) – O. JODOGNE, A. et la Chanson de geste, avec une éd. nouvelle du poème, M-A 66, 1960, 495-526.

Auditeur au Châtelet. Am → Châtelet, dem Gericht des → Prévôt v. Paris, sind seit 1250 Auditoren bezeugt, wobei die einen für Fälle der zivilen, die anderen für solche der Kriminalgerichtsbarkeit zuständig waren. Sie saßen auf den unteren Bänken des Châtelets und richteten die weniger wichtigen Fälle. Die Parteien konnten ein *amendement* (Abänderung) der Entscheidungen beim Prévôt beantragen. Als Berufsjuristen waren die a.s auch wichtige Beamte des Châtelet: Oft wurden a.s vom Prévôt als → lieutenants verwandt, und mehrere a.s beendeten ihre Karriere als kgl. → baillis. J.-M. Roger

Auditoire de droit écrit, Appellationsgerichtshof am → Parlament v. Paris. Durch die Eingliederung des Languedoc 1271 hatten sich die Appellationen an die Curia regis aus dem Süden, die schon unter Ludwig d. Hl. häufig gewesen waren, vermehrt. Die Ordonnance von 1278 über das Parlament, die eine ältere Regelung bestätigte, verwies diese Fälle aus den → pays de droit écrit, den südfrz. Gebieten mit → röm. Recht, nicht an die *Grand Chambre,* sondern an Auditoren. Sie erhielten eine *Chambre du Palais,* das »Auditoire de droit écrit«. Dennoch entsandte der Kg. bis 1291, um häufige Reisen von Seneschällen und Prozeßparteien zu vermeiden, jährlich *commissaires,* die an Ort und Stelle den Prozeß entschieden. 1303 wurden jährliche Sitzungen des Parlaments von Toulouse beschlossen, doch zogen es die Bewohner des Südens vor, nach Paris zu appellieren; das A. blieb erhalten, obwohl die für die Angelegenheiten des Languedoc zuständige Abteilung der *Chambre des Requêtes* 1319 abgeschafft wurde. Das A. bestand noch 1343 unter dem Vorsitz von Simon de Bucy. P. Ourliac

Q.: CH. V. LANGLOIS, Textes relatifs à l'hist. du Parlement depuis les origines jusqu'en 1314. 1888, 97, 156, 166 – P. GUILHIERMOZ, Enquêtes et procés, 1892, 157 – *Lit.:* C. CHÉNON, Le droit romain à la Curia regis (Mél. FITTING, 1907 [Neudr. 1969]).

Auditor, Beauftragter, der Rechtsstreitigkeiten zur Entscheidung vorbereitet, indem er die Beteiligten anhört und Beweise erhebt. Der A. ist also ein delegierter Richter. Sein Auftrag kann sich auf einen Einzelfall beziehen, kann aber auch eine generell umschriebene Vielzahl von Prozessen umfassen. Je nach Auftrag legt der A. nach Erledigung seiner Aufgabe die Akten dem Auftraggeber zur Entscheidung vor, oder der A. selbst hat das Urteil zu fällen. Das Wort A. setzte sich als terminus technicus im kirchl. Bereich im 13. Jh. durch und verdrängte andere wie »cognitor«, »executor« etc. (vgl. z. B. X 1. 29. 27. 2). In der Folge verwandten auch weltl. Staaten den Titel A. für bestimmte Richter, so z. B. Kastilien (Oidor de la Audiencia real), Sizilien, Piemont (Uditore di guerra etc.). Wichtigste A.en an der Kurie waren diejenigen der → Audientia sacri palatii (Rota), der → Audientia litterarum contradictarum, der Audientia Camerae apostolicae und die A. en der Kardinäle. Die Bezeichnung A. lebt heute noch fort für die Richter der Rota und beauftragte Richter an Diözesangerichten. G. Dolezalek

Lit.: DDCI, 1399-1411 – LThK² I, 1026.

Auditorium, Versammlungs- und Unterrichtsraum, Sprechzimmer in Klöstern, Gerichtshalle (cf. Mlat Wb I, 1198 ff.). Die Bedeutung von »Hörsaal«, »Klassenzimmer« scheint zuerst im klösterl. Schulbetrieb der Cluniazenser und Zisterzienser gebraucht zu sein. Später wurde das Wort neben → *scholae* verwendet, um universitäre Schulen zu bezeichnen. Jeder Lehrer hatte seinen eigenen Hörsaal, ursprünglich ein Zimmer seines Hauses oder einen Saal, den er anmietete. Die Schulen der gleichen Fakultät fanden sich oft in der gleichen Straße (z. B. die rue du Fouarre für die Artistenschule in Paris). Die Ausstattung dieser Hörsäle bestand aus einer erhöhten Lehrkanzel für den Lehrer und Bänken oder einfachen Strohbündeln für die Studenten. Vom 14. Jh. an vermehren sich A.a, welche nicht mehr durch die Lehrer selbst, sondern durch die → Nationes, die → Fakultäten oder die → Universität gemietet, gekauft oder errichtet werden. Jedem Lehrer wurde ein bestimmtes A. meist gratis und auf Dauer zugeteilt. Lehrstuhl und Auditorium wurden damit praktisch gleichbedeutend und vom abtretenden Lehrer seinem Nachfolger übergeben. In dem Maße, in dem sie ihren eigenen Unterricht ausbauten, wurden auch die Kollegien mit Auditorien ausgestattet (→ Universität). J. Verger

Auditors of Causes and Complaints (in Schottland). Bei den zahlreichen Funktionen, die der kgl. Rat *(council)* in → Schottland bis zum 14. Jh. innehatte, bedeutete es während der Tagung des → Parlaments eine unerträgl. Belastung für ihn, sich mit Gesuchen um Rechtsprechung zu befassen. 1341 delegierte das Parlament daher Fälle, die vor seiner Auflösung nicht entschieden worden waren, an zwei A.; in den 60er Jahren des 14. Jh. wurde ein Gremium von Richtern (bzw. mehrere Gremien) für die Tagungsdauer des Parlaments mit richterl. Aufgaben betraut. Dies scheint auch weiterhin die übliche Praxis gewesen zu sein, da die A. nach dem Wiedereinsetzen der *records* (1466) als feste Institution erscheinen. Der Rat erteilte jedoch bald einem bes. Gericht, *Session* gen., richterl. Kompetenzen; da die Mitglieder dieser Institution seit dem frühen 16. Jh. von seiten des Parlaments als »auditors« bezeichnet wurden, verlor das ältere Gremium der A. of C. and C. seine besondere Stellung. – A. und Session hatten keine Befugnis, über Eigentums-, Lehens- und Erbschaftsfragen zu verhandeln, doch beinhaltete die verbreitete Klage über »spoliation« (Beraubung, Plünderung) oft eine verkappte Auseinandersetzung über Landbesitz. A. A. M. Duncan

Q.: Acts of the Lords Auditors of Causes and Complaints, 1839 – *Lit.:* R. S. RAIT, The Parliaments of Scotland, 1924 – Stair Society, An Introduction to Scottish Legal History, 1958, cap. 23.

Audoenus (Dado; frz. Ouen), hl., Referendarius Dagoberts I., dann Bf. v. Rouen, † 24. Aug. 684. * im Gebiet von Soissons (nach seinem zweiten Biographen BHL 751, erstes Drittel des 9. Jh. in Sancy), gehörte er zu einer bedeutenden Adelsgruppe, die eng mit dem Hof von Neustrien und mit dem kolumban. Mönchtum verbunden war. A. wurde mit seinen beiden Brüdern Ado und Rado am Hof Chlothars II. und Dagoberts I. erzogen, wo er im Mittelpunkt weitgespannter Beziehungen stand, die das ganze frk. Reich überzogen und die ihn zu einer polit. Persönlichkeit ersten Ranges machten, auch wenn ihn seine Vita Ia (BHL 750, c. 700) vornehml. als Bf. darstellt. Insbes. umgab ihn ein bedeutender Kreis von befreundeten und verbündeten Äbten (u. a. → Agilus v. Rebais und Filibertus v. Jumièges) und Bf.en (→ Desiderius v. Cahors, Chrodobertus v. Tours, bes. → Eligius v. Noyon). 610/611 wurde er von → Columban selbst geweiht. Vor und nach seinem Amtsantritt auf dem Bischofssitz von Rouen (Wahl 640, Weihe 13. Mai 641) förderte er maßgebl. die Ausbreitung des Mönchtums: U. a. gründete er 635 Kl. → Rebais, für das er von Kg. Dagobert eine berühmte Immunitätsurkunde erhielt, und 648 Kl. Fontenelle, das er → Wandregisilus anvertraute. 640/641 soll A. eine Missionsreise nach Spanien und 675/676 eine Pilgerfahrt nach Rom gemacht haben. Als Politiker war er Ratgeber der Pariser Kg.e und Anhänger der neustr. Hausmeier Erchinoald, → Ebroin und → Waratto. A. war der letzte, der dem Aufstieg der Pippiniden noch wirkungsvollen Widerstand entgegengesetzt hat. 684 konnte er einen letzten Waffenstillstand mit Pippin dem Mittleren aushandeln; auf seiner Rückreise von Köln starb er vor Erschöpfung in der Königspfalz Clichy (heute St-Ouen bei Paris). Sein Leichnam wurde nach Rouen gebracht und in St-Pierre beigesetzt. Die erste Elevatio seiner Reliquien fand bereits 688 durch seinen Nachfolger, Bf. → Ansbertus, statt. Die Reliquien wurden wegen der Normanneneinfälle 841 aus Rouen geflüchtet und erst 918 wieder zurückgeholt; 1562 wurden sie von den Protestanten, 1793 während der Revolution aufgelöst und verstreut. J. C. Poulin

Lit.: E. VACANDARD, Vie de s. Ouen, év. de Rouen, 1902 – H. PLATELLE, Audoeno, Bibl. SS. 2, 1962, 586.

Audofleda (Audefleda), † nach 526, Tochter des merow. Kg.s Childerich I. und Schwester Kg. Chlodwigs (482–511), ⚭ 493 Theoderich d. Gr. (in 2. Ehe?). Diese Ehe gehört in Theoderichs kompliziertes, auf Eheschlüsse und Verwandtschaftsbande gegründetes, zunächst gegen Ostrom gedachtes System zur Erhaltung der germ. Völkerwanderungsstaaten unter ostgot. Führung. A. wurde offenbar Arianerin. Einziges Kind dieser Ehe war → Amalasuntha (Amalaswintha), die nach Theoderichs Tod (526) bis 535 die Geschicke Italiens leitete. E. Hlawitschka

Lit.: DBF IV, 342f. – W. ENSSLIN, Theoderich d. Gr., 1947, 87 u. ö. – N. WAGNER, Zu einigen Personennamen aus Q. zur got. Gesch. (3. Audefleda/Augofleda) (Würzburger Prosastud. II, Fschr. K. RUH, 1975), 31ff.

Audomarus (frz. Omer), hl., Bf. v. → Thérouanne (Tarvanna, Teruana; heut. Arr. des Dép. Pas-de-Calais), † 1. Nov., vielleicht um 670, ▭ in der Kirche Ste-Marie zu Sithiu, die er hatte errichten lassen. – A., der mit größter Wahrscheinlichkeit aus Orval bei Coutances (heut. Dép. Manche) stammte, trat unter Abt Eustasius († 629) in das Kl. → Luxeuil ein. Er gehörte damit zur Reihe bedeutender Bf.e, die ihre Ausbildung in dem berühmten burg. Kl. erhielten; zu diesen zählten außer A. bes. Chagnoaldus v. Laon, Ragnacharius v. Basel und Acharius v. Noyon-Tournai. Zweifellos war es derselbe Acharius, welcher bereits seit 627 Bf. war, der Kg. Dagobert I. empfahl, A. den neuen Bischofssitz Thérouanne im pagus Morinorum zu übertragen. Der Hl. traf hier kurz vor 639 (Todesjahr Dagoberts) ein, zu einem Zeitpunkt, da die Bewohner des Gebietes in ihrer Mehrzahl wohl noch heidnisch waren. A. entfaltete eine rege Bekehrungstätigkeit, unterstützt von Missionaren aus der späteren Normandie: Mummolenus, Ebertramnus und Bertinus, denen der Bf. die Errichtung eines Kl.s in der villa Sithiu (an der Aa) genehmigte, die ihm Adroald, ein neubekehrter reicher Grundbesitzer, übertragen hatte. Bertinus war der erste Abt dieser monast. Gemeinschaft, aus der später die berühmte Abtei St-Bertin erwuchs, die Wiege der Stadt → St-Omer. Bereits erblindet, unterzeichnete A. 663 eine Schenkungsurkunde, die dem Kl. Sithiu eine sehr weitgehende Freiheit gewährte, wobei die Güter des Kl.s der Verfügung des Bf.s v. Thérouanne und die Mönche selbst seiner disziplinar. und jurisdiktionellen Gewalt entzogen wurden. A. intervenierte außerdem noch in zwei anderen Urkunden von 664 und 667. – Das Fest A.', das seit der Karolingerzeit in allen Martyrologien verzeichnet ist, wurde kurz nach 800 vom 1. Nov. auf den 9. Sept. verlegt. Seine Vita (MGH SRM V, 753–764) datiert erst vom Beginn des 9. Jh. und schildert bes. wunderbare Ereignisse. M. van Uytfanghe

Lit.: H. VAN WERVEKE, Het bisdom Terwaan, 1924, 18–23 – E. DE MOREAU, Hist. de l'Église en Belgique. I: La formation de la Belgique chrétienne des origines au milieu du Xe s., 1945², 63–64, 155–156, 167 – Vies des Saints IX, 193–195 – G. COOLEN, St-Colomban et St-Omer, Mél. colombaniens, 1951, 361–375 – DERS., St-Omer et St-Bertin, Bull. trimestriel de la Soc. académique des Antiquaires de la Morinie 22, fasc. 413, 1972, 1–30 – E. EWIG, Das Privileg des Bf.s A. v. Thérouanne von 663 und die Anfänge der Abtei Sithiu (Fschr. M. ZENDER, 1972), 1019–1046.

Audradus v. Sens (A. Modicus), Mönch und Presbyter in St-Martin v. Tours, von der Provinzialsynode von Sens 847/848 zum → Chorbischof gewählt. 849 reiste A. nach Rom, wo er Papst Leo IV. eine Hs. seiner gesammelten Werke überreichte, die in der Archivbibliothek von St. Peter deponiert wurde. Nach seiner Rückkehr wurde er im Zuge von Maßnahmen gegen die Chorbischöfe von der Pariser Synode vom Nov. 849 abgesetzt. A. behauptete, in Verbindung mit dem Jenseits zu stehen und himml. Anweisungen zu erhalten. Dem mit → Hinkmar v. Reims befreundeten Visionär dienten seine Offenbarungen und Prophezeiungen als Waffen in kirchenpolit. Kämpfen (z. B. gegen die Laienäbte). 853 rechtfertigte er sich vor Karl dem Kahlen. – A.' unvollständig erhaltenes Werk, das er selbst in 13 Büchern zusammenstellte, erweist ihn als gewandten Stilisten. Es enthält Gedichte dogmat., heilsgeschichtl. und hagiograph. Inhalts, darunter den »Liber de fonte vitae«, in dem das Ostergeheimnis gedeutet wird, und die Offenbarungen in Prosa (Buch 12; nur Fragmente überliefert). J. Prelog

Ed.: Gedichte: MGH PP III, hg. L. TRAUBE, 1896, 67–121, 739–745, 748 – Liber revelationum: L. TRAUBE, O Roma nobilis, AAM I. Cl. XIX 2, 1891, 378–389 – Lit.: DBF IV, 444–447 – A. WILMART, Le Lectionnaire de Saint-Père, Speculum I, 1926, 269–278 – W. MOHR, A. v. Sens, Prophet und Kirchenpolitiker (um 850), ALMA 29, 1959, 239–267.

Audrehem, Arnoul d', frz. Heerführer des → Hundertjährigen Krieges, † 1371, entstammte dem niederen Adel aus der Gegend von Ardres. A. begann seine militär. Laufbahn 1335 in Schottland und setzte sie in Frankreich fort, bes. unter → Johann dem Guten, der ihn sehr schätzte. Er war militär. Ratgeber des → Connétables Karl v. Spanien. Nachdem er Maréchal de France geworden war, übte er 1351 mehrere hohe militär. Funktionen aus und förderte Bertrand du Guesclin. 1355 warf er mit äußerster Härte einen Aufruhr in Arras nieder und nahm 1356 an der überraschenden Verhaftung → Karls des Bösen in Rouen teil. Mehrmals wurde A. gefangengenommen: 1347 bei Calais, 1351 bei Taillebourg, 1356 bei Poitiers.

Er mußte drei Jahre in England bleiben, konnte jedoch zurückkehren, ohne sein → Lösegeld bezahlt zu haben. In der Folgezeit war es seine Aufgabe, die Grandes Compagnies aus Frankreich hinauszuführen, damit diese – entsprechend dem Bündnis Frankreichs mit → Heinrich v. Trastamara – gegen → Peter I. und seine engl. Verbündeten in den kast. Thronstreit eingreifen konnten (→ Kastilien, → Hundertjähriger Krieg). An den Kämpfen auf dem span. Kriegsschauplatz war A. beteiligt; 1367 geriet er bei der Niederlage von → Nájera (Navarette) – ebenso wie Du Guesclin – in Gefangenschaft; er starb einige Jahre später.
R. Cazelles

Lit.: E. MOLINIER, Étude sur la vie d'A. d'A., 1883.

Auelgau, Gf.en des (A. zuerst 722/723 bezeugt, auf dem rechten Rheinufer beiderseits der Sieg). Das heut. Siegerland war vielleicht im 9./10.Jh. mit dem A. unter einem Gf. Helmrich verbunden. Im 10.Jh. stellten zunächst die → Konradiner die Gf.en des A.s (948 Hermann, 966 Eberhard). Ihre Nachfolger waren 970 ein Gf. Gottfried, danach die → Ezzonen (996 Pfgf. Hermann, 1015 Ezzo). Ob Ezzos Sohn Otto Gf. im A. war, ist fraglich; sein Neffe, Pfgf. Heinrich, kämpfte mit Ebf. → Anno II. v. Köln um → Siegburg und wurde verdrängt. Die Familienzugehörigkeit des folgenden Gf.en Hermann (1068) ist unbestimmt. Die Ezzonen haben den Ausbau der rechtsrhein. Besitzungen des Cassiusstiftes(→ Bonn, St. Cassius) im A. gefördert. Ebf. Anno dagegen übertrug Siegburg die Dekanie in diesem Gebiet. Der dadurch verursachte Gegensatz spielte noch in der folgenden Territorialentwicklung eine Rolle, als die seit 1139 im A. bezeugten Gf.en v. → Sayn als Lehnsgrafen des Pfgf.en und Vögte des Bonner Stifts gegen die Siegburger Vögte, die Gf.en v. → Berg, um 1180 die Burg Blankenberg bauten.
G. Droege

Lit.: H. GENSICKE, Landesgesch. des Westerwaldes, 1958.

Auerhahn → Wildhühner

Auerochse. [1] Über den A. (urus) werden in der biolog. Lit. des MA nur die wenigen antiken Angaben (Plinius 8, 38; 11, 126; Solinus 20, 5, z.T. durch Isidor v. Sevilla [12, 1, 34]) über Größe und Wildheit sowie die den Germanen Trinkgefäße liefernden Hörner wiederholt. Die (interpolierte) Ersterwähnung bei Caesar (Bell. Gall. 6, 28, 1–6) wird von Vinzenz v. Beauvais (19, 115) nach → Helinand (B. 26) zitiert. Für Thomas v. Cantimpré (4, 107) ist der tapfere »urus« Sinnbild des ruhmsüchtigen Helden (»Arturus« = König Artus) bzw. des Märtyrers oder Heiligen. Albertus Magnus (22, 146) verwechselt ihn mit dem Wisent.
Ch. Hünemörder

Q.: Albertus Magnus, De animalibus, ed. H. STADLER, II, 1920, BGPh MA 16 – Isidorus Hispalensis, Etymologiae, ed. W. M. LINDSAY, 2, 1911 – Solinus, Collectanea rerum memorabilium, ed. TH. MOMMSEN, 1895² [Neudr. 1958] – Thomas Cantimpratensis, Liber de natura rerum, T. 1: Text, ed. H. BOESE, 1973 – Vincentius Bellovacensis, Speculum naturale, 1624 [Neudr. 1964].

[2] Die *Jagd* auf die Wildrinder hatte in frühma. Zeit erhebl. Bedeutung. Der A. scheint häufiger als der Wisent gewesen zu sein. Beide wurden zum Schwarzwild gezählt. Betrieben wurde die Angriffsjagd, bei der die Jäger das Wild auf der Lanze auflaufen ließen, sobald es von Scharen doggenartiger Jagdhunde gestellt oder gepackt worden war, und der Fang in Fallgruben. Die schriftl. Überlieferung aus merow. und karol. Zeit legt Zeugnis davon ab, mit welcher Passion selbst Kg.e und Ks. der Auerochsenjagd huldigten.
S. Schwenk

Q.: Lex Baiuv. Tit. 20, 7 – Gregor v. Tours X, 10, MGH SRM I, ed. B. KRUSCH–W. LEVISON – Ann. Mett. zu 803, MGH SRG us. schol., ed. B. DE SIMON – *Lit.:* WEYD, Un procès de chasse sous les Mérovingiens, Rev. des eaux et forêts, 1904, 198 ff.

Auferstehung Christi
A. Theologie – B. Ikonographie
A. Theologie
I. Zur Systematik – II. Inhalt – III. Weitere Quellen.

I. ZUR SYSTEMATIK: Theol. Aussagen über die A. C. wurden in der ma. Theologie zwar nicht in dem Sinn systembildend wie die Inkarnationslehre für die Christologie oder die Satisfaktionslehre für die Soteriologie, aber es wäre voreilig, von solchen Beobachtungen her schon auf eine Vernachlässigung des Themas zu schließen. Von einer umfassenderen Systematik her gesehen wird die A. C. unter dem Aspekt der Theologie der Mysterien des Lebens Jesu behandelt. Dieser gegenüber steht die christolog. Problemstellung im eigentl. Sinn, die Frage nach der Konstitution der Person Jesu. Charakterist. für die ma. Theologie bleibt aber, daß beide Aspekte nirgendwo vollständig voneinander gelöst sind, auch nicht in der Summa Theologiae des Thomas, wo die nz. Trennung in je eigene Traktate erst im Zug einer Weiterbildung ihren Ausgangspunkt hat. Umgekehrt gilt aber bereits für die ma. systemat. Bearbeitungen eine method. Differenzierung. Während Christologie im eigtl. Sinn eher einer dialekt. Methode zuneigt, bleibt die Theologie der Mysterien des Lebens Jesu weitaus stärker biblisch-patristisch-spirituell ausgerichtet. Das gilt auch für die Theologie der A. C. Man wird somit zum Verständnis auch ein Augenmerk auf Bibelkatenen, Predigten u. ä. werfen müssen.

Ein Beispiel für eine frühe systemat. Behandlung der A. C. bietet das im Stil eines Katechismus geschriebene, weit verbreitete dogmat. Kompendium für die einfache Seelsorgerausbildung des → Honorius Augustodunensis, das sog. »Elucidarium«. Dagegen fehlt in den Sentenzen des → Petrus Lombardus, der im 3. Buch im übrigen die Mysterien des Lebens Jesu mit der Gedankenführung seiner Christologie verwebt und z. B. das triduum mortis ausführlich bespricht, eine explizite Behandlung der A. C. Spätere Kommentatoren dieses Grundtextes für den theol.-wissenschaftl. Lehrbetrieb, wie etwa Thomas, bringen dennoch das Thema der A. C. ausdrücklich mit ein (dist. 21). Einen anderen Ort für die systemat. Einordnung hat → Wilhelm v. Auxerre in der »Summa aurea« gewiesen, wo er die Probleme der A. C. im Zusammenhang der Eschatologie mitbehandelt.

II. INHALT: [1] *eschatologisch:* Inhaltlich wird das Verständnis der A. C. zunächst gerade durch eine eschatolog. Komponente bestimmt. Die A. C. wird deutlich gegen andere in der Bibel berichtete Auferweckungen abgehoben, die ihr gegenüber als nicht endgültige (oder erst von ihr abhängige) Ereignisse erklärt werden (vgl. Thomas S.th. 3, 53, 3 ad 3). Jesus ist im vollen geschichtstheol. Sinn des Wortes »Erstling der Entschlafenen«, der mit seiner Auferstehung im Sinne von Röm 6,9 in das »Ewige Leben« eingetreten ist. Damit hat die A. Vollendungscharakter für Jesus selbst, mit ihr ist nach dem Verständnis ma. Theologie die A. aller bereits eingeleitet. So hat sie auch für die gegenwärtige Zeit eine vollendende Bedeutung für Inhalt und Zustandekommen des Glaubens, die man vielleicht treffend mit dem hier auch für andere sprechenden Thomas als »Konfirmieren« des Glaubens bezeichnen könnte (vgl. S.th. 3, 53, 2). Das unterscheidet diese Betrachtungsweise gegenüber nz. und heutigen Versuchen, die Christologie überhaupt von der A. C. her zu begründen, verbindet jedoch immerhin durch die Einsicht, daß die A. C. für den Glauben an Jesus als Christus konstitutiv bleibt.

In der »Summa contra gentiles«, der Schrift des Thomas, in der er mit nichtchr. Philosophen diskutiert, braucht deshalb die A. C. keinen glaubensbegründenden Stellenwert einzunehmen, ohne daß auf ihren eschatolog. bedeutsamen Gehalt verzichtet wird (vgl. 1.4 c. 79).

[2] *anthropologisch:* Zu beachten ist die anthropolog. Qualifizierung des Begriffs der A. Wenn sie letzten Endes zwar die Ganzvollendung des Menschen im Auge hat, liegt jedoch der Akzent bei der Betrachtung des Ereignisses auf dem, was mit dem Leib geschieht. Wie für die A. allgemein gilt auch bei der A. C., daß sie scholast. zunächst innerhalb des eschatolog. Ansatzes einer unzerstörbaren Seele gedacht wird. A. ist zunächst Wiedergewährung des Lebens an den »Teil«, dessen Rückgabe an die Seele eben die Vollendung des Menschen als solchen gewährt. Bei Christus blieb der tote Leib noch dazu in bes. Weise auf die A. hingeordnet, sofern bei der Trennung von der Seele im Tod doch die hypostat. Vereinigung auch des Leichnams mit der Person des Logos erhalten blieb.

Obwohl das Ziel, Vollendung des Menschen als in Leib und Seele Einem, im Bereich des Menschen »Natürlichen« liegt, geht die Lehrentwicklung nach kurzem Schwanken (Petrus v. Capua) dahin, das Geschehen der A. innerlich von der Heilsordnung her qualifiziert sein zu lassen. Nicht Kräfte der Natur bewirken sie, sondern Gott. Soweit gilt das auch für die A. C. (Insofern denkt auch die wiss. ma. Theologie stärker nach dem Modell »Auferweckung«, wenn auch aus trinitätstheol. Gründen die ganze Trinität letztbewirkende Kraft bleibt.)

[3] *soteriologisch:* Die Zuordnung der Totenerweckung zum Heilsgeschehen nötigt aber dazu, über das Verhältnis der A. C. zur allgemeinen A. nachzudenken. Grundsätzlich lautet die Antwort schon früh (z. B. Hugo v. St. Viktor zu Röm 4,25), die A. C. sei »causa« der A. aller. Diese Kausalität wird aber in einen größeren soteriolog. Kontext hineingenommen. Seine Spannungsbreite könnte an der scholast. Behandlung von Röm 4,25 deutlich gemacht werden: Jesus, um unserer Übertretung willen geopfert, wird zu unserer Rechtfertigung auferweckt. Darin wird die A. C. auch Ursache der gnadenhaft-geistl. A. aller anderen.

In diesen Zusammenhang spielt auch die Verdienstlehre. Die A. C. war kein »verdienstliches« Werk; sie gehörte nicht mehr zum Weg Jesu, wo die Gesch. eines unter ird. Bedingungen lebenden Menschen neue Heilsbedingungen schuf. Dennoch sieht die scholast. Soteriologie die Beziehung von Weg und Erhöhung Jesu in anderer Weise unter dem Aspekt des Verdienstes. Während die Frühscholastik sich meist Verdienste Jesu für sich selbst kaum vorstellen kann und die Erlösung aller als hinter seiner Verdienste betrachtet, betont die Hochscholastik dann beides: Jesus »verdient« seine eigene Glorie wie auch Gnade und Vollendung der übrigen.

Wenn der A. C. als solcher keine Verdienstursächlichkeit zukommt, bleibt sie doch heilswirksam, nicht nur als göttl. Tat, sondern aufgrund dessen, was mit der menschl. Natur Christi geschah. Die Begrifflichkeit der »causa exemplaris«, die zur Erläuterung dient, ist nicht bis ins letzte ausgearbeitet. Der »zeichenhafte« Beginn in Christus muß zusammen mit seiner Stellung als Haupt aller Menschen und der Gnadengemeinschaft der Erlösten in ihm gelesen werden. Eine größere Deutlichkeit erreicht Thomas, wenn er die Heilsbedeutung der A. C. mit Hilfe seiner soteriolog. Grundidee von einer »instrumentalen« Heilskraft des Menschseins Christi aufgrund der personalen Zugehörigkeit zum Logos herausarbeitet.

III. WEITERE QUELLEN: Der größere Rahmen einer christolog. Gnadenlehre weist darauf hin, daß sich die Theologie der A. C. nicht auf die Texte beschränkt, die explizit die A. behandeln. Der erhöhte Mensch Jesus ist viel öfter im Mittelpunkt von Theologie und Spiritualität, als es explizit gesagt wird. Eine wichtige Ergänzung ist deshalb aus den Viten Jesu (→ Ludolf v. Sachsen), Erklärungen der Osterliturgie (→ Rupert v. Deutz), Predigten, Darstellungen der bildenden Kunst (vgl. Abschnitt B), Brauchtum und Lit. (→ Osterspiele) zu gewinnen.

W. Breuning

Lit.: B. DREHER, Die Osterpredigt von der Reformation bis zur Gegenwart (Unters. zur Theologie der Seelsorge III, 1950). 19–35 – F. HOLTZ, La valeur sotériologique de la résurrection du Christ selon S. Thomas, Ephemerides theologicae Lovanienses 29, 1953, 609–645 – LANDGRAF, Dogmengeschichte II, 2, 170–253 – Th. v. Aquin, Des Menschensohnes Leiden und Erhöhung, komm. von A. HOFFMANN, 1965 (Die Dt. Thomasausg. 28) – N. CROTTY, The redemptive role of Christ's resurrection, The Thomist 25, 1962, 54–106 – A. KOLPING, Vera et perfecta resurrectio. Thomas v. Aquin und der Glaube an die Auferstehung Christi, FZThPh 15, 1968, 345–366 – A. GRILLMEIER, Gesch. Überblick über die Mysterien Jesu im allg. – M. LÖHRER-J. FEINER [Hg.], Mysterium Salutis III, 2, 1969, 3–22 [weitere Lit.] – W. BREUNING, Gemeinschaft mit Gott in Jesu Tod und Auferweckung, 1971, 149–155 (Der Christ in der Welt. Eine Enzyklop. V.R., 9 a/b) – H. J. WEBER, Die Lehre von der Auferstehung der Toten in den Hauptwerken der scholast. Theologie, Freiburger Theol. Stud. 91, 1973, 80–82, 268–299 [Lit.] – A. MANTE [Hg.], Ein ndt. Gebetbuch aus der zweiten Hälfte des XIV. Jh., Lunder Germ. Forsch. 33, 1974 [Beispiel für die Bedeutung in der Spiritualität] – I. BACKES, Die Christologie, Soteriologie und Mariologie des Ulrich v. Straßburg. Ein Beitr. zur Geistesgesch. des 13. Jh., II: Gesch. Komm., Trierer Theol. Stud. 29, 1975, 116–121.

B. Ikonographie

Die frühchr. Kunst hat den Vorgang der A. – vielleicht in Abhängigkeit von den Evangelien, die nur die Tatsache mitteilen – nicht bildhaft wiedergegeben, vielmehr in symbol. Darstellungen (Kreuz mit bekrönendem Christusmonogramm im Lorbeerkranz auf röm. und gallo-röm. Sarkophagen des 4.–5. Jh.) erfaßt, dann auch mit anderen sinnverwandten Szenen, wie den → Frauen am Grabe, der → Höllenfahrt Christi (Anastasis, Christus in der Vorhölle), den → Erscheinungen Christi und seiner → Himmelfahrt, darauf hingewiesen (Elfenbeintaf. München, Bayer. Nat. Mus., 4. Jh.; Rabula-Evangeliar, Florenz, Bibl. Laur., Cod. Plut. I, 56, 586). Die ältesten erhaltenen Darstellungen des A.-Ereignisses finden sich in frühma. byz. und abendländ. Psalterhss., in denen verschiedene, auf die A. bezogene Psalmenstellen mit unterschiedl. Bildtypen (Christus steht in oder neben dem Grabbau oder vor dem verschlossenen Grab, Christus schreitet aus dem Grabbau, Christus liegt im Sarkophag innerhalb eines Grabbaus), in den byz. Psalterien häufig als Randillustration, geschmückt sind (Chludov-Ps., Moskau, Hist. Mus., gr. 169, 9. Jh.; Stuttgart, Württ. Landesbibl., Bibl. fol. 23, um 820/830; Utrecht, Universitätsbibl., Ms. 38, um 830). Außerhalb der → Psalterillustrationen treten gegen Ende des 10. Jh. und im frühen 11. Jh. mehrfach A.-Darstellungen auf (Bibel aus Ripoll, Rom, Bibl. Vat., Cod. lat. 5729; Evangeliar Heinrichs II. München, Bayer. Staatsbibl., Clm. 4454, Anfang 11. Jh.) und werden, v. a. in Deutschland, seit dem 12. Jh. in verschiedenen Bildtypen häufiger. So erscheint Christus im wahrscheinl. köln. Evangelistar (Paris, Bibl. Nat., Ms. lat. 17325, um 1140) aufrecht im Sarkophag stehend und nach oben schauend, oder er steht auf dem Sarkophag (Glasmalerei in der Kathedrale v. Bourges, Anfang 13. Jh.) bzw. vor dem altarähnlichen Sarkophag (Passionsaltar von Meister Bertram, Hannover, Niedersächs. Landesgalerie, 1394). Bereits in roman. Zeit wird der A.-Vorgang stärker betont und erhält durch den meist nach vorn aufgestoßenen Sarkophagdeckel und in den unterschiedl. auf das Mysterium reagierenden Wächtern eine dramat. Akzentuierung.

Bei dem auch für die Gotik gültigen Bildtypus entsteigt Christus in Profilstellung oder in strenger Frontalität, oftmals mit dem den sakramentalen Charakter hervorhebenden Segensgestus und dem Kreuzstab als Siegeszeichen (Albinusschrein, Köln, St. Pantaleon, 1186; Hamiltonbibel, Berlin, Staatl. Museen, Stift. Preuß. Kulturbes. Kupferstichkab., Hs. 78 E 4, um 1350), dem Sarg, wobei sowohl ein Schweben wie auch ein realist. Emporschreiten bzw. Herausklettern angedeutet sein kann. Ein gegen Ende des 13. Jh. auftretender und später häufiger Typus betont die Erscheinung des Auferstandenen im Motiv des auf dem Sarkophag thronenden Christus (Glasmalerei im Kreuzgang von Kl. Wienhausen, 1. Hälfte 14. Jh.; Wurzacher Altar des Hans Multscher, Berlin, Staatl. Museen, Stift. Preuß. Kulturbes., Gemäldegalerie, 1437). Im 14. Jh. wird in Italien ein der → Himmelfahrt Christi nahestehender Typ entwickelt, der den Erlöser nach vollendeter A. über dem Grab emporschwebend darstellt. Der in solcher Weise erhöhte Christus (Wandbild des Andrea da Firenze in der Span. Kapelle von Sta. Maria Novella, Florenz, 1366) ist für die A.-Bilder der Renaissance und des Barock von grundlegender Bedeutung. J. M. Plotzek

Lit.: RDK I, 1230–1240 – LCI I, 201–218 – O. Schönewolf, Die Darstellung der A. C., 1909 – H. Schrade, Ikonographie der chr. Kunst. Die Sinngehalte und Gestaltungsformen, I: Die A. C., 1932 – W. Braunfels, Die A., 1951 – Aurenhammer I, 232–249 – G. Schiller, Ikonographie der chr. Kunst 3 (Die A. und Erhöhung C., 1971), 18–140.

Auferstehung der Toten → Eschatologie
Auferstehungschristus → Andachtsbild

Aufgebot, kirchl., bezeichnet die öffentl. kirchl. Verkündigung einer bevorstehenden Eheschließung oder Weihespendung mit der Aufforderung an die Gläubigen, etwaige Hindernisse anzuzeigen. Das kirchl. Eheaufgebot (publicatio, denuntiatio matrimonii, auch bannum nuptiale) wurde partikularrechtl. schon früh vorgeschrieben (z. B. Kapitularien, zahlreiche, v. a. frk. Synoden), um eventuelle Ehehindernisse, insbes. die der Verwandtschaft, aufzudecken und den Klandestinehen entgegenzutreten. Auf diese teilkirchl. Gesetzgebung nahm Innozenz III. wiederholt Bezug (X 4. 1. 27, 4. 18. 6); 1215 wurde das A. durch c. 51 des vierten Laterankonzils (COD 258, vgl. X 4.3.3) zu einer gemeinrechtl. Verpflichtung. Pfarr- wie Regularkleriker und Gläubige hatten danach bei Nichtbeachtung dieser Vorschrift, aber auch bei Falschanzeige, mit → Suspension bzw. schweren Strafen zu rechnen. Dennoch wurde das A. nie allgemein durchgeführt, mußte daher sehr oft auf Synoden – z. T. mit Ausdehnung auf viermalige Vornahme – erneut festgelegt werden. Das Tridentinum (sess. 24 de ref. matr. c. 1 Tametsi; Weiheaufgebot: sess. 23 de ref. c. 5) brachte die Entwicklung des A. zum Abschluß. Für die Eheschließung verlangte es die Verkündigung während der Meßfeier an drei aufeinanderfolgenden Sonn- bzw. Festtagen durch den zuständigen Pfarrer. → Ehe. H. Zapp

Lit.: DDC II, 90–96 – H. Woigeck, A. der Ehe in seiner gesch. Entwickl., 1914 – A. Knecht, Hb. des kath. Eherechts, 1928, 170ff. – Plöchl II, 1962², 308ff.

Aufgebot
I. Allgemein – II. Städtisches Aufgebot.

I. Allgemein: Aufgebot, Einberufung in den Kriegsdienst. Seit dem FrühMA konzentrierte sich die Waffenfähigkeit auf bestimmte soziale Gruppen der Oberschicht, die durch ihre ökonom. Mobilität für den Kriegsdienst geeignet waren (→ Kriegführung, → Wehrverfassung). Bäuerlichen Untertanen blieb allenfalls das passive Waffenrecht erhalten. An der Nordsee (Dithmarschen, Friesland) und im Alpenraum (Schweiz, Tirol, Bayern) vermochten die Bauern dank ihrer besseren Rechtsstellung die Wehrhaftigkeit zu behaupten. In den verschiedenartigen Formen des Krieges (z. B. Reichskrieg, Kreuzzug, landesherrlicher Krieg, Fehde) entwickelten sich differenzierte Dienstverpflichtungen, v. a. im Bereich des Lehnsaufgebotes, wo sich Vasallen seit der spätkarol. Zeit räuml. und zeitl. Einschränkungen zu sichern wußten, was die Schlagkraft von Lehnsaufgeboten im 13. Jh. schließl. so senkte, daß die Anwerbung von Söldnern unumgänglich wurde. Ein vollständiges A. aller Waffenfähigen war ohnehin unmöglich, teils wegen der anderweitigen Aufgaben der adligen Oberschicht, teils wegen der Gefährdung, der eine Landschaft beim Auszug aller Waffenfähigen ausgesetzt gewesen wäre. Die Einberufung selbst wurde durch Boten angezeigt, die mündl. oder schriftl. den → Heerbann verkündeten. Für lokale Alarmierungen bediente man sich akust. und optischer Signale (Horn, Glocke, Feuer). Innerhalb einer Region erfolgte das A. über persönl. Bindungen (Verwandtschaft, Freundes- und Bekanntenkreis), die eidl. bekräftigt sein konnten. Eine Stellvertretung war möglich. Eine strikte Handhabung des A.es ließ sich kaum je verwirklichen, obwohl auf Fernbleiben Bußen oder sogar Entzug des Lehens standen. Bußen hatten mitunter den Charakter von Ablösungssummen. Die Zahl der Aufgebotenen richtete sich nach der Bevölkerungsdichte. Im A. konnten auch Bewaffnung und Ausrüstung vorgeschrieben werden (Pferd, Harnisch, Bogen, Begleiter etc.). Im allgemeinen folgte der Vasall dem Lehnsaufgebot, wenn eigene Interessen auf dem Spiel standen oder wenn eine Weigerung schwere Konsequenzen nach sich gezogen hätte. Die Durchführung von Sanktionen hing von den tatsächlichen Machtverhältnissen ab. Im Territorialstaat des ausgehenden MA konnte es auch das bäuerliche A. geben, doch beschränkte sich dieses auf Landsturmfunktionen (Landesdefension). Unter Maximilian I. wurde im Rahmen der neuen Reichskriegsverfassung (Matrikel v. Worms 1521) ein Reichsaufgebot vorgesehen. Dessen Wirkung blieb freilich unter den Erwartungen. – Zu A. als Bezeichnung für die Gesamtheit der Aufgebotenen vgl. → Kriegführung. → Arrière-ban, → Heerbann, → Heer, Heeresverfassung.

Lit.: vgl. →Kriegführung. W. Meyer

II. Städtisches Aufgebot: Nach Ausbildung der städt. Verfassung konnte der Stadtherr, Inhaber der Vogtei über die Bürgerschaft, also der Kg. oder ein Landesfürst, die Bürger zum Kriegsdienst aufbieten, doch ging mancherorts das A. auf den Stadtrat (1189 Hamburg) über oder erlitt Einschränkungen (1237 Wien, Auszug nur für die Dauer eines Tages). Das A. erfaßte oft nicht nur die Bürger, sondern die männl. Einwohner über den Rat, der je nach der wirtschaftl. Lage der Wehrpflichtigen Ausrüstung und Dienstleistung differenzierte. Die Grundausrüstung bestand aus Harnisch, dazu Blechhaube und Blechhandschuhe, sowie Spieß, Schwert oder Armbrust, und erfuhr Erweiterungen für die Oberschicht, die zum Reiterdienst herangezogen zu werden pflegte. Aushebebezirke waren nach Stadttorabschnitten gebildete Viertel (frz. *quartiers*, it. *quartieri*, z. T. *warden* (London) oder *Wachten* (Wien, Regensburg, Rothenburg) genannt oder auch als *Kirchspiele* (»Sondergemeinden«, Köln) oder *Grafschaften* (Aachen, it. *comtado*) bezeichnet. Nach dem polit. Sieg der Handwerkerschaft trat mancherorts die Gliederung des A.s nach Zünften ein oder durchdrang die ältere Ordnung. Dann übernahmen z. T. die Zunftmeister die Aufsichtsfunktion, die für die Stadtviertel die Viertelsmeister (Wacheherren, Hutemeister, Burmeister) wahrgenommen und durch nachgeordnete Organe (Gassenhauptleute,

Rottenmeister, Fähnleinführer) ausgeübt hatten. Den Verfall dieser Organisation beleuchtete das schon im 13. Jh. zu beobachtende, seit der 2. Hälfte des 14. Jh. allgemein verbreitete städt. Söldnertum (→ Söldner), das mit der Verpflichtung von → Ausbürgern (*Pfahlbürgern,* Straßburg: *Gleveherrn*) und mit der Anwerbung von Bediensteten (Torhütern, Türmern) Einzug halten konnte. Diese Entwicklung wurde durch die Abhaltung von Schützenfesten und die Förderung von Schützengesellschaften (Bruderschaften) nicht aufgehalten (→ Schützen). Noch im 15. Jh. mochte das Patriziat von Reichsstädten am Romzug des Kaisers teilgenommen haben, doch die Wormser Matrikel von 1521 sah für die Reichsstädte Söldneraufgebote oder die Leistung einer Ersatzsteuer (Römermonat) vor.
G. Pfeiffer

Lit.: H. Planitz-Th. Buyken, Bibliogr. zur dt. Rechtsgesch., 1952, Nr. 13719–13759 [ältere Lit.] – J. Schultze, Die Stadtviertel, BDLG 92, 1956, 18–39 – U. March, Die Wehrverfassung d. Gft. Holstein, ZSHG 96, 1971, 1–174.

Auflassung, Begriff der Rechtsgermanistik aus dem Recht der Liegenschaftsübertragung. Er knüpft an den sächs. Quellenausdruck *uplaten, uplatinge* (lat. resignatio) an, der insbes. seit der Rechtsbücherzeit (13. Jh., etwa Sachsenspiegel LdR 1, 9, 5) aufgetaucht ist. Die rechtshist. Bewertung der A. im Schrifttum ist wesentl. geprägt durch die Vorstellung der Kontinuität zu frühma. und frk. Formen der Liegenschaftsübertragung. Betrachtet man unabhängig davon die Zeugnisse seit dem 13. Jh., v. a. unter Berücksichtigung der Einzelforschung zu dem analogen mhd. Ausdruck *ufgabe* (lat. ebenfalls resignatio) und seiner Funktion, dann ist A. der dispositive Akt bei der Liegenschaftsübertragung, von dem einerseits die meist vertragl. Festlegung des Inhalts und der Konditionen der Transaktion (z. B. Kauf), andererseits deutlich der in der Regel nachfolgende Rechtsverzicht (*verzihung,* lat. renuntiatio) zu unterscheiden sind. Wenn dennoch im Schrifttum immer wieder A. und Verzicht (also resignatio und renuntiatio) gleichgesetzt werden, der A. gleichsam ein mehr »negativer« Charakter beigemessen wird, dann deswegen, weil man hier einen entwicklungsgeschichtl. Zusammenhang mit dem frühma.-frk. »se exitum dicere«, dem Stabwurf (exfestucatio, werpitio; frz.: *déguerpissement*) als symbol., ebenfalls dem Sinn nach »negativen« Räumungsakt sieht. Daneben gab es im FrühMA einen ebenso feierlichen positiven Übertragungsakt, der zusammen mit der exfestucatio die investitura, später die sog. symbol. Investitur bildete, sowie die sala als vorangehende Übereinkunft. Funktionell richtiger ist es deshalb, in der A. die neue Bezeichnung für die Gesamtinvestitura zu sehen, während die Herkunft und Bedeutung des Verzichts (renuntiatio) letztl. noch ungeklärt, möglicherweise durch die romanisierte Urkundenpraxis bedingt ist (Mayer-Edenhauser). Was wirklich im Laufe des HochMA umgebildet worden und bis in die Neuzeit hinein zu beobachten ist, sind neben der Bezeichnung die Äußerlichkeiten des dispositiven Akts. Der alte Symbolismus der investitura wurde abgelöst durch neuere, der Beweiserleichterung dienende Formen der A. Die A. wurde – v. a. im sächs. Bereich – vor Gericht vollzogen, daneben traten neuere Arten der Beurkundung (Schreinskarten, s. a.: → Schreinswesen, -karten, → Amandellerie, → Grundbuch) in den Städten. Der dispositiven Funktion der A. entspricht es schließlich, daß in den Quellen auch andere grundstücksbezogene dispositive Akte, etwa der Beispruch der Erben oder die Rückgabe des Lehns, als A. bezeichnet wurden.
K. O. Scherner

Lit.: DtRechtswb I, 867, 872, 891 – HRG I, 251–253 – O. Stobbe, Zur A. des dt. Rechts, Jb. für die Dogmatik des heut. röm. und dt. Privatrechts 12, 1873 – R. Sohm, Zur Gesch. der A. (Festg. H. Thöl, 1879) – A. Heusler, Institutionen des Dt. Privatrechts 2, 1886 – K. Beyerle, Grundeigentumsverhältnisse und Bürgerrecht im ma. Konstanz I, 1, 1900 – E. S. Dyckerhoff, Die Entwicklung der gerichtl. Eigentumsübertragung an Grundstücken in der Reichsstadt Dortmund, 1909 – R. Hübner, Grundzüge des dt. Privatrechts, 1930⁵ – Schröder-Künssberg, bes. 786ff. – Th. Mayer-Edenhauser, Das Recht der Liegenschaftsübereignung in Freiburg im Breisgau, 1937 – H. Planitz, Grundzüge des dt. Privatrechts, 1949³ – P. Voser, Die altdt. Liegenschaftsübereignung von den Anfängen bis zum Beginn der Rechtsbücherzeit [Diss. Zürich 1952] – H. Conrad, Dt. Rechtsgesch. I, 1962 – P. Ourliac-J. de Malafosse, Hist. du Droit privé 2, 1971² – G. Köbler, Verzicht und Renuntiation, ZRG GermAbt. 85, 1968.

Aufruhr. Bis in die jüngste Zeit (in der Bundesrepublik Deutschland bis 1970) kennzeichnet die Strafgesetzgebung A. als Zusammenrottung, die auf gewalttätigen Widerstand gegen die Träger öffentl. Ordnung oder Nötigung zu einer Diensthandlung zielt. Bei der Strafzumessung können der Ort des Geschehens, die Anzahl der Teilnehmer, der Grad der Beteiligung u. U. ebenso berücksichtigt werden wie Absicht und Dauer oder der angerichtete Schaden. Zum Auflauf sind die Grenzen fließend, da dieser nicht grundsätzl. gegen eine Ordnung gerichtet ist, andererseits aber häufig als Begleiterscheinung oder Vorläufer von A. auftritt. Unklar ist auch, wieweit Unterschiede zum Aufstand gemacht werden, der allgemein eine gewaltsame Änderung der sozialen oder polit. Zustände anstrebt. Umstritten ist schließlich in der Staatstheorie die Beantwortung der Frage, ob irgendeine Übertretung zu A. und den verwandten Widerstandsformen berechtigt: Revolutionstheoret. Ansätze legitimieren ein solches Vorgehen z. T. dem Erfolg des A.s entsprechend. Das be-, im Verständnis der Weltordnung begründete ma. → Naturrecht billigt nach herrschender Lehre nicht nur dem Lehnsmann ein → Widerstandsrecht gegen rechtswidriges Verhalten des Herrn, ja des Königs zu (→ Revolte). Die Heidelberger Bilderhs. des Sachsenspiegels (Landrecht III 78 § 1 f.) illustriert dies durch die Darstellung eines Mannes, der, das blanke Schwert über die Schulter gelehnt, dem König die Krone abnimmt. Ähnliche Zeichen der Legitimation des Protestes gegen unberechtigte Maßnahmen der städt. Führung begegnen auch bei innerstädt. Auseinandersetzungen, für die häufig synonym, manchmal auch nach ihrer jeweiligen Gefährlichkeit unterschiedl. gewichtet, in Mitteleuropa etwa folgende Begriffe verwandt werden: discordia, dissensio, rumor, seditio, tumultus, *upror, aufrure, uppstot, upzat, uplop, murmuringe, samenung, schelinge, schicht, twidracht.* Trotz oft tendenziöser Bezeichnungen in der Historiographie lassen Verlauf und Form solcher auch als → Bürgerkämpfe charakterisierten Auseinandersetzungen die Aussage zu, daß häufig ein gemeindl. Verband, eine Schwureinung das im genossenschaftl. Verständnis begründete Recht zum Widerstand wahrnimmt. Als es in der sog. Augsburger Zunftrevolution 1368 den dortigen Handwerkern gelingt, die Gewalt der alten Geschlechter zu beschneiden, veranlaßt dies den Chronisten, eine neue Stadtgeschichte zu beginnen. Im Kern lautet der erste Satz dieses Textes: »do kom ain groz folk gewappent uff den Pernlaich«. Auf dem Augsburger Markt versammelte sich das Stadtvolk in Waffen, ohne durch die Stadtführung aufgeboten zu sein. Dabei führten die Handwerker 24 Banner mit, um ihre gegenüber dem Rat unabhängige Verfassungsposition zu betonen. Ohne daß die Geschlechter auch nur den Versuch einer gewaltsamen Abwehr wagten, händigten sie ihnen das Stadtbuch, die städt. Privilegien, Siegel und Schlüssel zu Stadttoren und Sturmglocke aus. Diese Herrschaftsübernahme gipfelte in einem Eid aller Bürger, der *rich und arm* in einer gemeinsamen Zunft zusammenschloß. In Bremen kommt es 1365 zu offenem A., als der Rat in Übereinstimmung mit der Kaufmannschaft eine bes. Steuer ausschreibt. Träger der Auseinandersetzung ist dort die *Grande Cumpanie*, ein Bündnis innerhalb der Gesamtgemeinde, das der Chronist als »sammelinge iegen den radt« benennt. Die sich durch einen gemeinsamen Eid konstituierende Versammlung tritt anderenorts vor den Toren der Stadt zusammen. Sie ist Ausgangspunkt für die Verhandlungen mit der Stadtführung, zu denen nicht selten ein Bürgerausschuß eingesetzt wird. Aus der Versammlung entsteht in Bremen ein Protestzug, der seine Legitimität dadurch nachweist, daß er ohne Erlaubnis des Rates eine Flagge mit dem Stadtwappen ergreift, um sofort auch Strafvollzug zu üben. Entsprechend endet der bezeichnenderweise *bannerenlop* genannte Zug mit dem Sturm auf die Häuser einzelner Ratsmitglieder, in Braunschweig neun Jahre später mit der Hinrichtung von Ratsherren. In Lübeck fordern die gemeindl. Vertreter zu Beginn des 15.Jh. den Rat auf, ihnen vier »Banner effte Venlien« zu übergeben, da sie die Stadt in Viertel geteilt hätten, um Auflauf zu verhindern. Damit ging auch dort die Gewalt in der Stadt auf die Aufrührer über, der alte Rat verlor seine Funktion, das Exil war die notwendige Folge. Mit den Zeichen der Gewalt war auch der neu gewählte Rat legitimiert. Diesem erkennbaren Recht auf Widerstand gegen die Stadtführung stehen zur selben Zeit die Versuche gegenüber, die Gefahr von A. in den Städten zu begrenzen. Bereits 1315 versichern sich Magdeburg und Halberstadt des gegenseitigen Beistandes, wenn in den Städten Auflauf oder Zwietracht entstünde. Schon bald setzen die Städte solche Auseinandersetzungen den Bedrohungen durch Landesherren gleich. Falls es zu einem Zusammengehen außer- und innerstädt. Gegner kommt, ist der Tatbestand des Verrates an den Grundregeln des gemeindl. Zusammenlebens erfüllt. Im hans. Raum beendet 1418, zwei Jahre nach Restituierung der alten Lübecker Ratsherrschaft, eine neue Redaktion der gemeinhansischen Statuten diese Entwicklung. Danach wird genau festgelegt, wie sich die einzelne Stadt, die Nachbarstädte und der gesamte Städtebund zu verhalten haben, wenn es in einer der Gliedstädte zu »uplop, sorchlike vorgadderinge edder vorbintnisse« kommt. Das genossenschaftl. Verhältnis von Stadtführung und Gemeinde – Grundlage des städt. → Friedens – hatte in der Verfassungswirklichkeit eine deutliche Änderung erfahren, indem das Recht zum Protest gegen Entscheidungen des Rates unter Strafe gestellt wurde.

Begonnen hat erst der Versuch, die in jüngster Zeit bes. für Mitteleuropa gut aufgearbeiteten innerstädt. Kämpfe des SpätMA auch mit ähnlichen Konflikten in Süd- und Westeuropa sowie mit nachma. Auseinandersetzungen zu vergleichen. → Revolte, → Widerstandsrecht. W. Ehbrecht

Lit.: Städt. Volksbewegungen im 14.Jahrhundert, hg. E. ENGELMANN, 1960 – K. CZOK, Städt. Volksbewegungen im dt. SpätMA [Habil. masch. Leipzig 1963] – Ongles bleus, Jacques et Ciompi. Les révolutions populaires en Europe aux XIVe et XVe s., hg. M. MOLLAT-PH. WOLFF, 1970 – Revolte und Revolution in Europa, hg. P. BLICKLE, HZ Beih. 4, 1975 – W. EHBRECHT, Hanse und spätma. Bürgerkämpfe in Niedersachsen und Westfalen, NdsJb. 58, 1976 – Städt. Führungsgruppen und Gemeinde in der werdenden Neuzeit, hg. DERS., 1979.

Aufsage → Absage

Aufstand → Revolte, → Aufruhr

Aufwurf → Brechrand

Auge. [1] *Literatur:* Das Lichtvolle der A.n betonen lit. Augenbeschreibungen. Aus der Antike übernommene und von Poetiken empfohlene Vergleiche mit Edelsteinen oder Gestirnen sind wie die Metaphern Sterne, Sonne und Mond noch in der Barockliteratur beliebt. In Darstellungen des Kosmosmenschen (Herrad v. Landsberg, Hortus Deliciarum) verweisen die A.n auf Sonne und Mond; diese wiederum sind die A.n der Welt, der Mond ist das A. der Nacht. Feurige A.n kennzeichnen Ungeheuer und Teufel; oft drücken sie Zorn oder auch Liebe aus. Das A. vermittelt zw. Seele und Außenwelt als Spiegel der Welt und Spiegel der Seele. Spiegel ist Metapher für Auge. Die A.n sind Fenster oder Tore, durch die die Liebe oder die Sünde in den Menschen eindringen. Die Entstehung der Liebe aus dem Blick, auch dies ein antiker Gedanke (die »quinque lineae amoris« sind dem MA aus dem Terenzkommentar des Donatus bekannt), gestaltet die Lit. immer wieder. Die Formel »ubi amor ibi oculus« oder die Gleichsetzung von videre und diligere (oculus amoris) kennzeichnen die wichtige Rolle des A.s in der Liebe, in der es sich als Räuber, Führer (lat. Sprichwort: »oculi in amore duces«), Verräter, Bote erweist. Biblisches (Hohes Ld. 4, 9) und antikes Gedankengut vereinigt sich in der Metaphorik von der Verwundung durch die Augen. Sie senden Geschosse aus, was später die Emblematik (Vaenius) konkret darstellt, oder sind Stricke, die gefangennehmen. Das A. verführt den Menschen zur Sünde. Reuetränen steigen dann vom Herzen auf und regnen aus den Augen. Bei Gotteslästerungen kann das A. herausspringen (Annolied). Berichte von Augenblendungen als Strafe sind häufig. Wegen ihrer exponierten Lage gelten die A.n als Wächter, Späher des Herzens, Richter, zuverlässige Zeugen. Die A.n verraten Gesinnung und Stimmungen des Menschen: animus in »oculis habitat« (lat. Sprichwort). Das A. ermöglicht Erkenntnis. Die »unio mystica« zw. der liebenden Seele und Gott vollzieht sich im Blick (St. Trudperter Hohenlied, Meister Eckhart). Seit Philo v. Alexandrien bis Valentin Weigel werden gemäß dem platon. Prinzip, daß Gleiches nur durch Gleiches erkannt werden kann, drei Erkenntnisweisen unterschieden: Die A.n des Körpers sehen nur Körperhaftes, die des Geistes (oculus rationis) nur Geistiges, die der contemplatio sind befähigt zur Gottesschau. Das Spektrum der geistigen A.n ist breit: Oculus considerationis, oculus animi, oculus speculationis, oculus discretionis z.B. sehen nur geistige Zusammenhänge. Das reine innere A. als oculus spiritualis, oculus rationis, oculus contemplationis, oculus intellectus, oculus intelligentiae, oculus mentis, oculus cordis, oculus animae vermag darüber hinaus Gott zu sehen. Die meisten dieser Metaphern, die zunächst in der geistl. volkssprachigen Lit. rezipiert werden, sind antiken Ursprungs, bezogen auf chr. Sehobjekte; Neubildungen wie oculus fidei entspringen chr. Frömmigkeit. Die Metapher 'Auge des Herzens', schon im Ahd. belegt, wird seit dem Ende des 12.Jh. auch in weltl. Kontext gebraucht. 'Auge der Seele' ist in myst. Schriften das Verbindungsorgan zu Gott. Von den zwei A.n der Seele wendet sich das innere Gott, das äußere der Welt zu (Meister Eckhart); das linke A. der Seele schaut in die Zeit, das rechte in die Ewigkeit (Angelus Silesius). Die Allegorese deutet das A. als geistiges oder affektives Organ oder Vermögen oder auch als Priester, Apostel, Propheten. Viele A.n verweisen auf die Fülle an Erkenntnis, auf Voraussicht; die Zweizahl der A.n wird bezogen auf Adam und Eva, Petrus und Judas, die vita contemplativa und die vita activa, das A. des Verstandes und des Begehrens, die in wahrer Liebe zusammenwirken sollen. – Von Gottes A. spricht man nur – diese Auffassung setzt sich seit Hieronymus gegen die Anthropomorphiten durch –, um auszusagen, daß Gott alles sieht. Man könne sogar sagen, Gott sei ganz A., da er alles sieht, oder ganz Hand, da er alles wirkt. Gott sieht in die Herzen; sein Sehen ist nicht durch Raum und Zeit begrenzt. Seinen Blick kennzeichnen Lichtfülle und wirkende Barmherzigkeit.

[2] *Ikonographie*: Das Auge Gottes ist z. B. in Maiestas Domini-Darstellungen gerade auf den Betrachter gerichtet. Als isoliertes Organ, Gottes Providenz symbolisierend (A. im Dreieck), erscheint es erst im Barock. Darstellungen Christi am Kreuz mit offenen A.n mögen auf den »Physiologus« zurückzuführen sein, der den mit offenen A.n schlafenden Löwen auf Christus deutet, dessen Gottheit während des leibl. Todesschlafs am Kreuz wachte. Die Ikonenmotive 'Christus, das grimme Auge' und 'Das nichtschlafende Auge' sind seit dem 14. Jh. bzw. seit etwa 1500 bekannt. – Die sieben A.n auf dem Stein (Zach. 3,9; 4,10) deuten auf die sieben Gaben des hl. Geistes. Die vielen A.n auf den Flügeln oder Leibern der vier als Evangelistensymbole gedeuteten Lebewesen (Ez 1,18; Offb 4,6), die vielen A.n des Tetramorph, der Räder, Seraphim und Cherubim (Ez 10,12 ff.) kann man als Fülle an Klarheit und Erkenntnis deuten. Für die Cherubim betonen sie deren Wächterfunktion in Darstellungen der Paradiesespforte. – Einzelne A.n auf Votivbildern sind seit dem frühen Christentum als Dank für Blindenheilungen nachzuweisen. A.n als Attribute erhalten seit dem 15. Jh. die Hl. Leodegar und Erhard, Bf.e von Autun bzw. Regensburg (7. Jh.), im it. Raum die hl. Lucia (meistens zwei A.n auf einer Schale), im elsäss. Raum die hl. Odilia (meistens zwei A.n auf einem Buch). – Augenbinden tragen in der ma. Kunst die Nacht, der Unglaube und die Synagoge zum Zeichen ihrer geistigen Blindheit, seit dem 15. Jh. auch die Justitia. Im Passionsfenster der Kathedrale von Chartres schießt der Teufel der Synagoge einen Pfeil ins Auge. Die Augenblendungen der Sedechias (2 Kön 25,7), Samsons (Ri 16,21) und der Christen durch den Antichrist (Herrad v. Landsberg, Hortus deliciarum, pl. 63) werden gestaltet; herausspringende A.n als Strafe Gottes zeigt z. B. der Albani-Psalter. Blindenheilungen, erkennbar an der an das A. geführten Hand, sind Gegenstand schon der frühchr. Kunst in den Katakombenmalerei und auf Sarkophagen. Die Legende, daß Longinus durch das Blut aus Christi Seitenwunde seine Sehkraft wieder erhielt, ist oft dargestellt. → Böser Blick.

G. Schleusener-Eichholz

Lit.: *[zu I]*: RAC I, 965 ff. – W. Deonna, Le symbolisme de l'œil, 1965 – G. Schleusener-Eichholz, Das A. im MA., 2 Bde [Diss. Münster], 1979 – *[zu II]*: LCI I, 222–224 – RDK I, 1242 f. – E. Vansteenberghe, Autour de la docte ignorance. Une controverse sur la théologie mystique au XVe s., 1915, 37 ff. – M. Winkler, Das nichtschlafende A., Hochland 47, 1954/55, 294–296 – A. Grillmeier, Der Logos am Kreuz. Zur christolog. Symbolik der älteren Kreuzigungsdarstellung, 1956 – W. Seiferth, Synagoge und Kirche im MA, 1964 – Handbuch der Ikonenkunst, hg. Slaw. Inst. München [Text: B. Rothermund] 1966[2] – O. Demus, Roman. Wandmalerei, 1968 – L. Kretzenbacher, Das Nichtschlafende A. (Ders.), Bilder und Legenden, 1971), 43–48 – G. Zarnecki, Art of the Medieval World, New York 1975 – W. Jaeger, Die Heilung des Blinden in der Kunst, 1976[2] – G. Schleusener-Eichholz, s. o.

Augenblick (instans, nunc) tritt in verschiedenen Bedeutungszusammenhängen auf. In der bibl.-chr. Überlieferung dominiert das qualitative Zeitverständnis (καιρός statt χρόνος). Der (gegenwärtige) A., das konkrete jeweilige Jetzt, ist Entscheidungs- und Erfüllungszeit. Es ist der von Gott bestimmte A., die von ihm gesetzte Situation; sie ist der qualitativ bestimmte und zu bestimmende Zeitpunkt des Heils- und Urteilsgeschehens in Entscheidung, Gericht, Erfüllung (νῦν, καιρός, σήμερον, ὥρα ἡμέρα). – In der Zeit-Ewigkeit-Spekulation wird seit Parmenides (Diels Fr. 8) das absolute Sein als ewiges Jetzt gedacht. Im chr. Denken erscheint die Wirklichkeit Gottes als »nunc aeternum praesens« (Augustinus De trin. XV, 23; vgl. Conf. XI, 11), das als »ewiges Heute« im A. der Gegenwart aufleuchten kann (Conf. I 6, 10). So vermag der A. qualitativ die ganze Herrlichkeit des Menschen zu enthalten (vgl. dazu Thomas v. Aquin über die Erfahrbarkeit der Ewigkeit: s. th. I 10, 2 ad 1; Augustinus, Conf. IX, 10). Boethius definiert das »nunc permanens« (De trin. IV) bzw. »nunc stans« (De cons. philos. V) der Ewigkeit als die Fülle der sich ihrer selbst mächtigen Gegenwart (interminabilis vitae tota simul et perfecta possessio, De cons. phil. V, 6) zum Unterschied vom »nunc currens« bzw. »nunc fluens« der Zeit (vgl. Thomas s. th. I 10, 1). – In der Zeitanalyse gilt der A. (instans, synonym mit nunc; vgl. dazu Thomas In I Cor. 15, 8; s. th. I 46, 1 ad 7) sowohl als der Grenzpunkt zw. Vergangenheit und Zukunft, der das Vorher vom Nachher im Ablauf unterscheidet (Grenzaugenblick), wie auch als die je ident. Gegenwart, welche die Kontinuität der Zeit ausmacht (Einheitsaugenblick). Ist »Zeit« die gezählte Zahl, so ist »Augenblick« die zählende Einheit. Der A. ist unteilbar und erstreckungslos; er mißt die Zeit; er bleibt immer derselbe; er trennt Vergangenheit und Zukunft; er ist ein Akzidenz der Zeit, aber kein Teil von ihr. Die paradoxe Struktur des A.s wird auch darin sichtbar, daß er einerseits flüchtig und unfaßbar ist, anderseits aber das einzig Wirkliche. In der spätscholast. Diskussion diente die Realität des A.s zur Begründung der außerseel. Realität der Zeit (z. B. Heinrich v. Gent, Quodlib. II q. 11): Das »instans indivisibile praesens« trägt das Zeitkontinuum und gibt ihm seine Realität. → Zeit. M. Seckler

Lit.: A. Maier, Die Subjektivierung der Zeit in der scholast. Philosophie (Philosophia naturalis 1, 1951), 361–396 – E. Lampey, Das Zeitproblem nach den Bekenntnissen Augustins, 1960 – J. M. Dubois, Le temps et l'instant selon Aristote, 1967 [Lit.] – H. Meyer, Das Corollarium de Tempore des Simplikios und die Aporien des Aristoteles zur Zeit, 1969 [Lit.] – W. Wieland, Kontinuum und Engelzeit bei Thomas v. Aquino (Einheit und Vielheit, Fschr. C. F. v. Weizsäcker, 1973), 77–90.

Augenglas → Brille

Augenheilkunde. Das augenärztl. Wissen der Griechen ist von den byz. Kompilatoren der Medizin zusammengefaßt worden, am zuverlässigsten von Paulus v. Aigina (7. Jh.). Vom 9. Jh. an haben es die Gelehrten arab. Sprache übernommen und weiterentwickelt. Neben der Darstellung der A. innerhalb der Gesamtmedizin, z. B. im »Canon« von → Avicenna (Buch 3, Fann 3), entstehen Sonderschriften, manche von spezialisierten Augenärzten verfaßt, einige davon mit sehr schemat., nicht auf eigener Anschauung beruhenden anatom. Abbildungen.

Der Physiker Ibn al-Haiṯam (Alhazen, 965–1038) begründete die *physiologische Optik*, d. h. »die Verbindung von anatom. und physikal. Betrachtung bei der Frage nach dem Aufbau des Auges« (Schramm); er nahm an, daß die ungebrochen ins Auge einfallenden Strahlen auf der Vorderfläche der Augenlinse ein aufrechtes Bild der Objekte entwerfen, das durch Glaskörper und Sehnerv dem im Bereich der Sehnervenkreuzung im Hirn lokalisierten Wahrnehmungsvermögen übermittelt wird. Seine »Große Optik«, 1270/78 von → Witelo (Vitellio) ins Lat. übertragen, bildete die Grundlage für die Studien Johannes Keplers, der 1604 den Abbildungsvorgang im Auge richtig erklärte.

→ Rhazes beschrieb um 900 die *Lichtreaktion der Pupille* (Verengung bei stärkerer Beleuchtung), und ʿAmmār ibn ʿAlī al-Mauṣilī machte um 1000 deren Nachweis zum

Kriterium dafür, daß ein vom *grauen Star* befallenes Auge mit Aussicht auf Erfolg operiert werden könne. Der Star (in Wirklichkeit die getrübte Augenlinse) wurde wie in der Antike als vor der Linse sitzende Trübung aufgefaßt. Er wurde in der arab. Lit. als »Wasser« bezeichnet, woraus der Übersetzer → Constantinus Africanus († 1087) »cataracta«, Wasserfall, machte. – In der Kenntnis sowie der medikamentösen und chirurg. Behandlung mancher Augenkrankheiten haben die Araber die Griechen übertroffen.

Die abendländ. A. beginnt mit dem »Liber de oculis« des Constantinus Africanus, einer Übertragung des Lehrbuches von Ḥunain ibn Isḥāq (9.Jh.). Im 12.Jh. verfaßte → Benvenuto Grapheo seine »Practica oculorum«, in die neben arab. Quellen die prakt. Erfahrungen des Verfassers Eingang gefunden haben. Im späten MA fällt die A. in die Kompetenz der handwerkl. ausgebildeten → Wundärzte. Seit 1300 werden in Venedig → Brillen mit Konvexlinsen (Leseglasern) hergestellt. H. M. Koelbing

Lit.: J. HIRSCHBERG, Gesch. d. A., 9 Bde, 1899-1918 – (Hb. ges. A., 2. Aufl., 12-15) – M. MEYERHOF, The hist. of trachoma treatment in Antiquity and during the Arabic MA, SA aus Bull. Ophthalm. Soc. Egypt 29, 1936 – E. ROSEN, The invention of eyeglasses, JHM 11, 1956, 13-46, 183-218 – M. SCHRAMM, Zur Entwicklung der physiolog. Optik in der arab. Lit., SudArch 43, 1959, 289-316 – H. M. KOELBING, Renaissance der A., 1967 – M. ULLMANN, Die Medizin im Islam, 1970 (HO, 1. Abt., ErgBd. VI) – D. HAEFELI-TILL, Der »Liber de oculis« des Constantinus Africanus. Übers. und Komm. [Diss. Zürich 1977] (= Zürcher medizingesch. Abh., NR 121) – D. C. LINDBERG, Theories of vision from al-Kindi to Kepler, 1976.

Augenkosmetik → Kosmetik

Augentrost (Euphrasia officinalis L./Scrophulariaceae). Als älteste Namensformen für den in der antiken Lit. nicht genannten A. begegnen im Abendland: eufraria, eufragia, (eu)frasi(n)a, frasi(c)a sowie – aus dem Arab. entlehnt – *herba ad(h)il*, im ausgehenden MA noch herba regia und ophthalmica, mit denen im landessprachigen Bereich *ougentrost* (Minner 171), augendroist (Gart, Kap. 160), ferner *klaeroge* (mnfrk.), *ougenklår* (frühnhd.), *ocularia* und *luminella* (altit.), *lichtchen*, *loicht(g)e*, *lichtkrut* u. ä. konkurrieren. Eine sich schon im SpätMA anbahnende Verwechslung mit fragaria (Erdbeere) führte zu wuchernder Wundkraut-Synonymik, die sich in Fehlzuweisungen wie wuntkrüt, wuntwurz oder selpheile niedergeschlagen hat. Med. fand der A. vorwiegend in der Augenheilkunde, bes. zur Bekämpfung der Alterssichtigkeit, Anwendung.
W. F. Daems

Lit.: MARZELL II, 389-402 – DERS., Heilpflanzen, 237-239 – W. F. DAEMS, Bijdrage tot de geschiedenis van Euphrasia, SH 4, 1962, 52-63.

Augsburg
I. Augsburg in der Spätantike – II. Bistum und Stadt im Früh- und Hochmittelalter – III. Stadt und Bistum im Spätmittelalter – IV. Klöster und Stifte – V. Der Buchdruck in Augsburg.

I. AUGSBURG IN DER SPÄTANTIKE: Nach der Verlegung des Legionskommandos von Oberhausen nach Windisch (zw. 14 und 16) wurde auf der Landspitze zw. Lech und Wertach Augusta Vindelicum gegr., nachmals Sitz des Procurators der Prov. Raetia, unter Hadrian zum Municipium erhoben. Im Schnittpunkt der Verkehrswege vom Reschen- und Fernpaß zu Donau, Rhein und Rhône sowie nach Kempten und Salzburg erlebt A. im 2.Jh. dank Tuchhandel und Gewerbe eine Blütezeit, die sich in Inschriften und Grabdenkmälern niederschlägt, während die Spuren antiker Bauwerke gering sind. Nach dem Alamanneneinfall des 3.Jh. wurde von A. aus als dem Sitz der Militär- und Zivilverwaltung die Prov. Raetia Secunda reorganisiert. Im 5.Jh. besetzten die Alamannen endgültig die Prov., östl. des Lechs folgten ihnen die Bayern. Die spätantike Siedlung blieb wohl auf das Gebiet um den Dom beschränkt, überstand aber als Gemeinwesen die Völkerwanderungszeit. J. Gruber

II. BISTUM UND STADT IM FRÜH- UND HOCHMITTELALTER: Quellenbelege für ein frühchr. Bm. A. gibt es nicht. Die Bf.e, angefangen von Zosimus/Dionysius (4.Jh.) bis Marcianus (7./8.Jh.), sind legendär. Da A. in röm. Zeit Verwaltungssitz der Prov. Raetia secunda war, scheint es wahrscheinl. auch Bischofssitz gewesen zu sein. Dieses spätantike rät. Bm. dürfte in nord-südl. Richtung von der Donau bis zur Lechquelle, in west-östl. Richtung von der Iller mindestens bis zum Lech gereicht haben. Metropolitansitz dieses Bm.s war wohl zunächst Mailand (bis 539) und dann Aquileia. Die Augsburger Liturgie folgt aquilegiensisch-mailänd. Tradition.

Ob das Bm. A. die Völkerwanderungszeit überdauerte, ist unsicher. Die Kontinuität des Christentums, v. a. dokumentiert durch die Verehrung der hl. Märtyrerin → Afra, scheint durch den Reisebericht des Venantius Fortunatus (MGH AA IV, 1, 368) und neuere Grabungsergebnisse (J. WERNER) gesichert. Für die Annahme, daß die gegen Ende des 6.Jh. in Säben (→ Brixen) auftretenden episcopi secundae Raetiae die Nachfolger der spätröm. A.er Oberhirten waren (HEUBERGER, Rätien I, 323 f.), konnten keine stichhaltigen Belege beigebracht werden. Eine Neu- oder Wiederbegründung des Bm.s im späten 6. oder beginnenden 7.Jh. unter frk. Schutz ist möglich, aber nicht nachweisbar. Quellenmäßig gesichert ist erst Bf. → Wicterp (ca. 738; † vor 772), der sich aber merkwürdigerweise hauptsächl. in Epfach am Lech (Abodiacum) aufhielt, wo er Erbgut besessen haben soll (dort auch ⌐). Während seines Episkopats wurden Dom und St. Afra von Kg. Pippin mit Landschenkungen bedacht, die später Karl d. Gr. bestätigte und noch ergänzte. Ein Bericht des A.er Bischofskatalogs zu Wicterp (MGH SS XIII, 278 f.) läßt erkennen, daß der A.er Oberhirte zugleich Abt v. St. Afra war und die Kanoniker des Stifts mit dem Domklerus identisch waren. Diese Personalunion wurde erst 1012/13 beendet, als das Kanonikerstift St. Afra aufgelöst wurde und an dessen Stelle ein Benediktinerkloster trat. Bf. Tozzos (772?-778?) Nachfolger, der hl. Sintpert (778?-807?), veranlaßte wohl den Zusammenschluß der Domkanoniker zur → vita communis, ließ über dem Afragrab eine neue Kirche bauen und den A.er Dom (⚭ St. Maria) errichten, der erste Bau einer A.er Bischofskirche, der an der heutigen Stelle entstand. Unter seinem Episkopat dürfte sich das Bm. A. endgültig im bayer. Bereich östl. des Lech festgesetzt haben: 801/807 vereinigte Sintpert mit Zustimmung Papst Leos III. und Karls d. Gr. das Bm. Neuburg-Staffelsee, dessen Sitz wohl eher Neuburg an der Donau (ZOEPFL u. a.) als Neuburg im Staffelsee (BAUERREISS) war, mit dem Bm. A. Unter Sintperts zweitem Nachfolger, Nidker (816?-830?), ist die Zugehörigkeit des A.er Sprengels zur Mainzer Kirchenprovinz gesichert (VOLKERT-ZOEPFL, Reg.Nr. 30). Bf. Witgar (861?-887) war 858-860 Kanzler Ludwigs des Dt. und 878/879 Erzkapellan Karls III. des Dicken. Witgars Nachfolger, → Adalbero (Adalpero, 887-909), war Erzieher Ludwigs des Kindes. Obwohl beide zuletzt genannten Bf.e großen Einfluß auf die Regierungsgeschäfte der jeweiligen ostfrk. Herrscher hatten, blieb ihr Bischofssitz als Ort der kgl.en Herrschaftsübung in frk. Zeit doch recht unbedeutend. G. Kreuzer

Mit dem Ende der Karolinger und den gleichzeitig einsetzenden Ungarneinfällen erlitt die Entwicklung A.s einen schweren Rückschlag. 910 wurde der schwäb.-frk.

Heerbann unter Kg. Ludwig dem Kind bei A. von den Ungarn geschlagen, die auch 913 und 926 die Umgebung der Stadt verwüsteten. Erst der Ungarnsieg Ottos I. auf dem Lechfeld (10. Aug. 955) setzte diesen Bedrohungen ein Ende.

Die beherrschende Persönlichkeit dieser Zeit war Bf. → Udalrich (Ulrich, hl., 923–973), der die Domstadt mit einer Mauer umgab und entscheidend zu ihrer Verteidigung gegen die Ungarn beitrug. Nach dem Sieg erhielt er vom Kg. die gfl. Gerichtsbarkeit, das Münz- und vermutl. auch das Marktrecht. Er errichtete das Hl. Kreuzspital und ein Frauenstift bei der Stephanskirche (vgl. Abschnitt IV).

Seit den Ottonen wurde A. zum wichtigsten Sammelplatz zu den Italienfahrten (zuerst 951 oder 961) und zum bevorzugten Ort kgl. Hoftage. Durch Bf.e wie Udalrich oder → Brun (1006–29) bestand eine enge Beziehung zum Kgtm.; einen ersten Höhepunkt bedeutete in dieser Hinsicht die Herrschaft Heinrichs IV., der sich sechzehnmal in A. aufhielt.

In der 1. Hälfte des 11. Jh. entwickelte sich s. der Stadt zw. Dom und dem 1019 von Heinrich II. gegründeten Moritzstift (»am Perlach«) eine Kaufmannssiedlung. Sie unterstand Präfekten, später Burggrafen als Vertretern des Bf.s. Die bfl. Stadtherrschaft erreichte unter den Saliern ihren Höhepunkt, der mit der Weihe des roman. Domes 1065 sichtbaren Ausdruck fand.

Im Investiturstreit kam es 1077 zu einer Doppelbesetzung des Bischofsstuhles. Gegen den vom Klerus gewählten Propst von St. Moritz, Wigolt, erhob Heinrich IV. seinen Kaplan Siegfried zum Bf. (1077–96). Nach zwei erfolglosen Belagerungen 1080 und 1081 gelang es der gregorian.-welf. Partei, A. 1084 und 1088 zu erobern. Erst die Aussöhnung des Ks.s mit den Welfen 1095 brachte für einige Zeit Ruhe.

Die Jahre des Kirchenstreits bewirkten einen Aufschwung städt. Freiheiten und einen zunehmenden Einfluß der Bürgerschaft. Die steigende Bedeutung der Stadt spiegelt sich auch in der Bezeichnung als »metropolis Sueviae« bei Ekkehard v. Aura wider (zu 1107, MGH SS VI, 241). Dagegen kam es unter dem auch sonst umstrittenen Bf. → Hermann (1096–1133) zu einem Rückschlag, als Kg. Lothar von Süpplingenburg 1132 Dom- und Bürgerstadt nach einem Streit zw. seinen Truppen und den Bürgern zerstörte.

Die Herrschaft Friedrich Barbarossas, der sich zehnmal in A. aufhielt, führte die Stadt zu neuer Blüte. 1156 stellte er in einer der ältesten Aufzeichnungen dieser Art in Deutschland Bf. Konrad (1152–57) eine Stadtrechtsurkunde aus (MGH D F. I. 147), die dessen Stellung als Stadtherr bestätigte, seiner Macht aber doch Grenzen setzte; gleichzeitig trat die Bürgermeinde als eigene Rechtsgemeinschaft hervor. 1168 ließ sich Friedrich I. auch die Hochstiftsvogtei und die Blutgerichtsbarkeit in der Stadt übertragen; seine engen Beziehungen zu A. beweisen auch die hier abgehaltenen Feiern (Verlobung Heinrichs VI., Teilnahme an der Weihe der Ulrichskirche 1187). Auch die Hochzeit Philipps v. Schwaben mit der byz. Kaisertochter Irene fand zu Pfingsten 1197 bei A. statt.

Die zweite Hälfte des 12. Jh. brachte auch ein räuml. Zusammenwachsen der drei Siedlungskerne von Dom- und Bürgerstadt sowie des Klosterbezirks von St. Ulrich und Afra, die bis spätestens 1200 von einer gemeinsamen Stadtmauer umschlossen wurden.   L. Auer

III. STADT UND BISTUM IM SPÄTMITTELALTER: Unter Ks. Friedrich II. blieb A. ein stauf. Hauptplatz; dessen städte-freundlicher Sohn Kg. Heinrich (VII.) suchte als A.er Hochvogt auch Eigenmacht zu bilden, doch bewahrte der Ks. auch nach dem Sturz Heinrichs der Stadt seine Gunst. Seit 1237 findet sich ein eigenes Stadtsiegel der cives Augustenses. Als Papst Innozenz IV. nach dem Ks. 1247 auch Bf. Siboto v. A. absetzte, verteidigte Hzg. Ludwig (II.) v. Bayern die stauf. Sache in A. gegen den neuen Bischof Gf. Hartmann v. → Dillingen (1248–86). Dieser mußte den Bürgern Stadttore und Ungelderhebungen überlassen. 1257 treten consules der Stadtgemeinde urkundl. auf, 1260 ein Rathaus, 1266 ein magister civium. Konradin verpfändete 1268 die Stadtvogtei an Hzg. Ludwig. Dessen Versuch, das Staufererbe in A. anzutreten, scheiterte 1270 an einem Abwehrbündnis von Bf. und Stadt. Bf. Hartmann verpfändete dieser 1272 sein Münzrecht, brachte aber die Stadtvogtei an sich. Als Kg. Rudolf 1275 zum Reichstag nach A. kam, baten Bürgersprecher ihn um Genehmigung einer erweiterten Stadtrechtsaufzeichnung, die von ihm 1276 als deutschsprachiges Stadtrechtsbuch verliehen wurde (ed. MEYER, 1872). Es setzte einen Rat der »besten unde witzegsten« an die Spitze der Stadtverwaltung und einen Vogt mit Ratsherrn als hohes Stadtgericht ein. Kg. Rudolf vereinigte die zurückgenommene Stadtvogtei mit angrenzender Straßvogtei und Hochstiftsvogtei zur Reichslandvogtei A. Als höchste Vertreter der Stadt selbst erscheinen seit 1291 zwei Pfleger. Ein Putsch des mächtigen Kaufmannsgeschlechts Stolzhirsch zur Aufrichtung einer Alleinbürgermeister-Herrschaft nach Art einer it. Signorie scheiterte 1303.

Im deutschen Thronstreit seit 1313 ergriff die Stadt gegen den Bf. die Partei des Bayernherzogs Ludwig IV. Dieser erhielt von der Stadt Notaufnahme und Geldhilfe und machte sie mit Urkunde von 1316 endgültig zur unveräußerlichen Reichsstadt. Das Domkapitel verschloß sich A.er Bürgersöhnen, doch standen die Bf.e auch nach 1324 gemeinsam mit der Stadt auf seiten des Ks.s im Kampf gegen die Päpste und in Landfriedenseinungen. Ludwig d. Bayer erhob ferner 1323 die Benediktinerabtei St. Ulrich und Afra zum Reichsstift. Die befestigte Stadt, die im S das Kloster einschloß, dehnte sich durch Vorstädte im N und O aus. Mit wachsender Abgabenbelastung der Handwerker mußten die Ratsgeschlechter die Bildung von (seit 1324 belegbaren) Zünften dulden und 1340 Vertreter der »Gemeinde« zur Rechnungsprüfung mit zulassen. Karl IV. ersetzte Ks. Ludwigs Bf. in A. durch Bf. → Marquart v. Randegg (1348–65), erhob ihn zum Generalkapitän für Reichsitalien und unterstützte ihn gegen die Stadt, was diese zu starker Anspannung ihrer Wehrkraft veranlaßte. Ein Fehdeaufgebot des Handwerkerfußvolks führte 1368 zur »Zunftrevolution« unter Anführung der Weber, die dank Baumwolleinfuhr aus Venedig und lebhafter Ausfuhr von → Barchent wichtigstes Gewerbe für A.s Eigenhandel waren. Die neue Zunftverfassung A.s brachte die Mehrheit der 17 Zünfte im Rat und deren Stellung von einem der zwei Bürgermeister. Den Geschlechtern wurde weitere Ratsmitgliedschaft und dann auch die Bildung einer eigenen Patriziergesellschaft zugestanden. 1379 trat die Stadt dem → Schwäb. Städtebund bei und nahm 1387–89 gegen Bayern und den Bf. am großen → Städtekrieg teil. Die Niederlage brachte ihren polit. Aufstieg langfristig zum Stillstand.

Die Macht der Reichsstadt wuchs nun vor allem mit ihrer führenden Rolle in der Entfaltung des »oberdeutschen Frühkapitalismus«. 1439 vertrieb sie die Judengemeinde (→ Judenfeindschaft, Judenverfolgungen). Dauernde Handelsgesellschaften mit Heranziehung fremden Anlagekapitals ermöglichten größere Darlehens- und Verlagsgeschäfte. Als um die Jahrhundertmitte der Metallbergbau in → Sachsen und → Tirol sich stark hob, traten A.er Handelshäuser sofort als Geldgeber auf, v. a. an Hzg. Sigmund v. Tirol. Das Patriziat nahm an diesem Montanhandel rührig teil. Eine demokrat. Bewegung des Zunftbürgermeisters Schwarz gegen die Patrizier endete 1478 nach Eingreifen des Landvogts mit seiner Hinrichtung; die bestehende Zunftverfassung blieb freilich bis 1548 unangetastet. Während die Stadt 1488 zusammen mit dem Bf. dem → Schwäb. Bunde beitrat, wurde die 1367 nach A. zugewanderte Familie Fugger führender Tiroler Hofbankier. 1494 bildete sie eine Handelsgesellschaft und leitete mit der Pacht von Kupfer- und Silberbergwerken in der ung. → Slowakei ihren steilen Erfolgsweg ins Zeitalter des »goldenen A.« ein (→ Bergbau, → Frühkapitalismus, → Fugger, → Welser).

Die Stadt A. hatte um 1500 etwa 18 000 Einwohner und ein ungewöhnl. kleines Eigenterritorium; es war ihr nicht gelungen, Bf. und Domkapitel aus der Stadtmitte um den Dom zu verdrängen. Anderseits geriet gerade das habsburg. Kaiserhaus in wachsende Abhängigkeit von A.er Geld. Trotz Zunftverfassung verstärkte sich der Einfluß des Patriziats als Stadtoberschicht im 15.Jh. durch Bildung einer zweithöchsten Standesgruppe »Mehrer der Gesellschaft« aus reichen Kaufleuten und Rentnern, die meist als Ehegatten auf der patriz. Geschlechterstube verkehrten. Das Amt des Zunftbürgermeisters wurde 1368-1548 zu 70% von den wohlhabenden Fernhandelszünften besetzt, 94mal von den Kaufleuten, 32mal von den Salzfertigern, nur je 14mal von Kramern und Webern, obwohl die Weberzunft die weitaus mitgliederstärkste Zunft war. Im Steuerbuch von 1475 gehörte ihr schon jeder $^1/_9$ der erfaßten Personen an. Nach F. BLENDINGER zählten von letzteren materiell 1,8% zur Oberschicht, gut 1,6% zur oberen Mittelschicht, 3,5% zur eigtl. Mittelschicht, 27,1% zur unteren Mittelschicht und 65,9% zur Unterschicht (davon 60,2% »Habnit-Handwerker«). Innerstädt. Spannungen lagen v. a. seitens der armen Weberschaft vor und verbanden sich, ohne daß die A.er Geistlichkeit Sonderanlaß zur Kritik bot, mit Erwartungen von kirchl. Reformen. W. Zorn

IV. KLÖSTER UND STIFTE: Wie die Stadtgeschichte überhaupt, so liegen auch die Anfänge von kirchl. Stiftern und Kl. in A. infolge des Fehlens einer schriftl. Überlieferung im dunkeln. In der Spätantike sind jedoch Spuren eines frühen Christentums einwandfrei festzustellen; vielleicht residierte hier der Bf. der Provinz Raetia Secunda (vgl. – auch zum folgenden – Abschnitt II). Ein wichtiges Denkmal aus dieser Zeit stellt die archäolog. erschlossene frühchr. Doppelbasilika unter der St. Galluskapelle dar. Die in der diokletian. Christenverfolgung wohl um 304 getötete chr. Märtyrerin → Afra wurde im röm. Friedhof bei der heutigen St.-Ulrich- und Afra-Basilika bestattet. Während der Regierung Bischof Udalrichs (923-973) wurde 969 bei der im Norden außerhalb der Mauer liegenden Kirche St. Stephan ein adliges Frauenstift errichtet. Gleichfalls vor den Mauern der Stadt entstand ein Spital Hl. Kreuz.

Das beim Grab der hl. Afra (vermutl. in der St. Godehardkapelle) schon um 800 bestehende Kloster, das bis 1006 Grabstätte der A.er Bf.e war, ging 1012 endgültig an die Benediktiner über. Es erlangte zu Beginn des 14.Jh. als »Reichsgotteshaus« St. Ulrich und Afra die Reichsfreiheit. Im Jahre 1019 begründete Ks. Heinrich II. auf halbem Wege zw. Dom und Afrakloster ein Kanonikerstift St. Moritz. Kurz vor 1067 wurde das Kollegiatstift St. Peter, 1071 das Kollegiatstift St. Gertrud errichtet. Im 12.Jahrhundert wurden nördl. und westl. der Domstadt die Augustinerchorherrenstifte St. Georg (1135) und Hl. Kreuz (1159/67) gegr.; letzteres war noch bis 1251 mit dem gleichnamigen Spital verbunden. In der Oberstadt entstand nach 1245 das Dominikanerkl. St. Magdalena bei der Tempelherren-Wohnung (bis 1313) und 1246/51 (1230?) das Dominikanerinnenkl. St. Katharina. 1261 wurde aus Leitau bei Schwabmünchen ein zweites Dominikanerinnenkloster in die südöstl. Stadt verlegt (St. Margareth), das 1540 mit dem Hl.-Geist-Spital vereinigt wurde. Die 1235 entstandenen »Schwestern der willigen Armut« bei St. Ursula schlossen sich 1394 dem Dominikanerorden an. In der Unterstadt wurden 1243/65 das Barfüßerkl. (Barfüßer = Franziskaner) sowie die Franziskanerinnenkl. Maria Stern, St. Martin und St. Clara an der Horbruck als Beginenhäuser zwischen 1258 und 1279 gegründet; letztere beide lösten sich in der Reformationszeit auf. A. wurde damit zur ältesten Niederlassung des Franziskanerordens in Deutschland (1221); Bruder → David v. Augsburg († 1272) gilt als einer der berühmtesten franziskan. Volksprediger. Von 1262 bis ins späte 15.Jh. bestand ein Benediktinerinnenkloster St. Nikolaus unter der Jurisdiktion des Abtes v. St. Ulrich und Afra. Die Reihe der Klostergründungen ging mit der Errichtung des in der westl. Oberstadt gelegenen Karmeliterkl. St. Anna zu Ende, in das um 1270 die Saceiten aufgingen. P. Fried

V. DER BUCHDRUCK IN AUGSBURG: Der Buchdruck (B.) konnte in A. an die hochtentwickelte Schreibkultur organ. anschließen. Die Einführung des B.s wurde durch Bf. Kard. → Peter v. Schaumberg gefördert. Der A.er Erstdrucker, Günther → Zainer (aus Reutlingen), hatte den B. in Straßburg erlernt. 1. Druck: »Meditationes vitae Christi« des Pseudo-Bonaventura vom 12. März 1468. Mit dem zweibändigen deutschsprachigen, mit Holzschnitten geschmückten »Heiligenleben« von 1471/72 und der Verwendung von Holzschnittinitialen (»Maiblümchenalphabet« u. a.) hat Zainer den Charakter des A.er B.s bestimmt. Er druckte auch zweimal die deutschsprachige, mit figürl. Holzschnittinitialen geschmückte Bibel (um 1474 und 1477). Johann Schüssler, der 1470/72 als Drucker tätig war, verkaufte seine Pressen an das Reichskloster St. Ulrich und Afra; Abt Melchior v. Stamhaim († 30. Jan. 1474) ließ etwa zehn Werke, darunter die »Historia Friderici Imperatoris«, verfaßt von → Burchard v. Ursberg, drucken. Reiche Produktion entfalteten: Hans → Bämler (seit 1472, † um 1503), der sich auch als Autor betätigte; Anton Sorg (seit 1475, † 1493) mit zwei Bibeln (1477, 1480), den Reiseberichten → Marco Polos und → Bernhards v. Breidenbach, → Ulrich v. Richentals Geschichte des Konzils v. Konstanz (das »älteste Wappenbuch«) u. v. a.; Johann → Schönsperger d. Ä. (1481-1523), der als rücksichtsloser Nachdrucker (so der lat. u. der dt. Ausgabe der »Weltchronik« H. Schedels) berüchtigt wurde, sich jedoch Verdienste durch Überlieferung zahlreicher dt. Schriften erwarb und im 16.Jh. als Hofbuchdrucker → Maximilians I. (seit 1508) dessen berühmtes »Gebetbuch« (1513) ein Exemplar mit Randzeichnungen von A. Dürer, L. Cranach u. a. geschmückt) und »Theuerdank« (Erstdruck 1517 in Nürnberg, 2. Druck 1519 in Augsburg, mit Holzschnitten von H. Burgkmair, H. Scheufelin) druckte. Erhard → Ratdolt, der 1476-86 in Venedig gewirkt hatte, druckte seit 1486 in seiner Vaterstadt A. († 1527/28) bes. prachtvolle Liturgica (z.T. mit mehrfarbigen Holzschnitten ausgestattet; die Holzschnitte von H. Burgkmair, Jörg Breu, vielleicht auch von Ludwig

Schongauer u. a.) u. astron. Werke (von Joh. → Regiomontanus, Joh. Angeli, Albumasar [→ Abū Maʿšar], Hyginus), die »Chronica Hungarorum« des Joh. → Thuróczy (1488) und das älteste Schriftmusterblatt (1486, mit 14 verschiedenen Schriften).

Daneben betätigte sich im 15. Jh. in A. eine Anzahl weniger bedeutender Drucker: Jodocus Pflanzmann, Notar und Procurator am geistl. Gericht (um 1475 die 3. oder 4. Dt. Bibel); Johannes Wienner (zw. 1475 und 1479 nachweisbar) druckte des Fl. Vegetius Renatus »Von der Ritterschaft«; Ludwig Hohenwang (1475/77, später in Basel tätig): »Goldener Esel« des Pseudo-Lucian; Johannes Blaubirer (1481-86); Johann Keller (1478-82); Ambrosius Keller (um 1479); Hermann Kaestlin (1479-85); Christman Heyny (1481/82); Anna Rügerin (1484 gen., wohl nur Verlegerin); Johann Schobser (1485-98; übersiedelte 1499 nach München, wo er bis 1530 erfolgreich tätig war); Peter Berger (1486-89); Johann Schaur (1491-1500; war seit 1482 als Prototypograph Münchens tätig); Christoph Schnaitter (1493/94); Lucas Zeissenmair (Zeisselmair, 1494-1502, danach im Kl. Wessobrunn tätig; druckte in A. auch eine Schrift des → Savonarola) und Johann Froschauer (um 1493-1520; druckte ebenfalls zwei Schriften Savonarolas). - Erst dem frühen 16. Jh. gehören an: Hans Otmar (seit 1502), druckte Predigten des Johannes → Geiler v. Kaisersberg (m. Holzschnitten von Hans Burgkmair); ihm folgte sein Sohn Silvan Otmar. Johann Miller war seit 1514, Sigmund Grimm und Marx Wirsung waren erst seit 1517 tätig. F Geldner

Q.: Die Chroniken der Stadt A., hg. Bayer. Akademie der Wissenschaften, Bd. 1-3, 5, 6, 9, 1865-1929 – CH. MEYER, Das Stadtbuch von A., 1872 – DERS., UB der Stadt A., 2 Bde, 1874 – F. ZOEPFL-W. VOLKERT, Die Reg. der Bf.e und des Dompakitels von A., Bd. 1, Lfg. 1-3, 1955-74 – F. BLENDINGER-W. ZORN, Augsburg. Gesch. in Bilddokumenten, 1976 – Lit.: [allgemein und zu I–III]: Hist. Stätten Dtl. VII, 44-53 [A. RADNOTI-W. ZORN] – Augusta 955-1955. Forsch. und Stud. zur Kultur- und Wirtschaftsgesch. A.s, hg. H. RINN, 1955 - F. ZOEPFL, Gesch. des Bm.s A. und seiner Bf.e, 2 Bde, 1955-69 – K. SCHNITH, Die A.er Chronik des Burkhard Zink, 1958 – K. REINDEL, Die Bistumsorganisation im Alpen-Donau-Raum in der Spätantike und im FrühMA, MIÖG 72, 1964, 277-310 – W. GROOS, Beitr. zur Topographie von Alt-A., 21. Ber. der Naturforsch. Ges. Augsburg, 1967, Nr. 150 – DERS., Zur A.er Stadtentwicklung, ZBLG 34, 1971, 817-830 – R. KIESSLING, Bürgerl. Gesellschaft und Kirche in A. im 14. und 15. Jh., 1971 [reiche Lit.] - F. BLENDINGER, Versuch einer Bestimmung der Mittelschicht in der Reichsstadt A. vom Ende des 14. bis zum Anfang des 18. Jh. (Städt. Mittelschichten, hg. E. MASCHKE-J. SYDOW, 1972) – W. ZORN, A. Gesch. einer dt. Stadt, 1972² - W. GROOS, Beitr. zur Frühgesch. A.s 300-1300, 28. Ber. der Naturforsch. Ges. A.s, 1973, Nr. 150 – D. SCHRÖDER, Stadt A. (HAB, T. Schwaben, H. 10) – R. SCHIEFFER, Die Entstehung von Dompakiteln in Deutschland, BHF 43, 1976, 166-169 - Die Ausgrabungen in St. Ulrich und Afra in A. 1961-68, hg. J. WERNER, 2 Bde, 1977 (Münchener Beitr. zur Vor- und Frühgesch. 23) [u.a. Beitr. von F. PRINZ, A. im Frankenreich, 375-398] – P. FRIED, Bf. Simpert und das Bm. Neuburg-Staffelsee, Jb. des Vereins für A.er Bistumsgesch. 12, 1978, 181-185 – DERS., Zur Entstehung und Frühgesch. der alamann.-baier. Stammesgrenze am Lech (Bayer.-schwäb. Landesgesch. an der Univ. A., 1975-77. Vortr., Aufsätze, Ber., hg. P. FRIED, 1979). 57-61 – K. BOSL, Hist. Probleme einer europ. Stadt: A., Francia 6, 1978, 1-19 – [zur Liturgie des Bm.s A.]: J. A. HOEYNCK, Gesch. der Liturgie des Bm.s A., 1889 – A. A. KING, Liturgies of the Past, 1959, 1-51 – [zu IV]: E. SCHOTT, Beitr. zu Gesch. des Carmeliterkl.s und der Kirche St. Anna in A., Zs. des Hist. Vereins für Schwaben und Neuburg, 5ff., 1878ff. – M. HARTIG, Das Benediktiner-Reichsstift St. Ulrich und Afra in A., 1923 – M. HÖRMANN, Die Augustiner-Chorherren in A. im M., 1923 – P. SIEMER, Gesch. des Dominikanerkl.s St. Magdalena in A. 1225-1806, 1936 – K. HAUPT, Ehemalige franziskan. Niederlassung in A. (Bavaria Franciscana antiqua V, 1961) (= Kl. Maria Stern IV, 1960) – Ad Sanctum Stephanum 969-1969, hg. von der Abtei St. Stephan, 1969 – R. BAUERREISS, Stud. zu den frühesten Gotteshäusern der Stadt A., SMBO 81, 1970, 250-254 – [zu V]:

G.W. ZAPF, A.s Buchdruckergesch. nebst den Jahrbüchern derselben, T. I, 2, 1786-91 – U. v. Richenthal, Conciliumbuch, Augsburg. A. Sorg, 1483 [mit Nachw. v. E. VOULLIEME], 1923 – A. SCHRAMM, G. Zainer. Werden und Wirken, 1924, 363-391 – C. WEHMER, H. Schönsperger, Altmeister der Druckkunst, 1940, 61-80 – DERS., Ne Italo cedere videamur. A.er Drucker u. Schreiber um 1500 (Augusta 955-1955, Forsch. und Stud. zur Kultur- und Wirtschaftsgesch. A.s, 1955), 145-172 - H.H. SCHMID, A.er Einzelformschnitt und Buchillustration im 15. Jh., AGB I, 1958 274-322 und Stud. zur dt. Kunstgesch., 315 – J. BENZING, Die Buchdrucker des 16. und 17. Jh. im dt. Sprachgebiet, 1963, 12ff. – GELDNER I, 132-159 – 1473-1973 – H. Burgkmair, Das graph. Werk, 1973 – P. GEISSLER, E. Ratdolt, Lebensbilder aus dem Bayer. Schwaben 9, 97-153.

Augurellus, Johannes Aurelius (Augurello/Augurelli, Giovanni Aurelio), Dichter, Philologe, Alchemist, * ca. 1456 Rimini, † ca. 1524 Treviso. Um 1474 Aufenthalt in Florenz, der A. die Bekanntschaft mit Marsilio Ficino und Angelo Poliziano brachte, dann in Padua, Venedig und Treviso. A. gab der Petrarca-Rezeption neue Anstöße und beinflußte die petrarkist. Position seines mutmaßl. Schülers Pietro Bembo, an dessen sprach- und dichtungsgeschichtl. bedeutsamer Schrift »Prose della volgar lingua« A. 1512 mitgewirkt hat. Philolog.-lit. Tätigkeit verband A. mit alchemist. Interessen.

Sein dichter. Werk umfaßt eine an Ovid geschulte lat. Elegie für Giuliano de' Medici (1475), volkssprachl. Poesie in der Manier Petrarcas und lat. Carmina und Sermones in der Horaz-Nachfolge. Manche Poemata wurden in J. Gruters Sammlung it. Dichter (1608) und die »Carmina illustrium poetarum italorum« (1719) übernommen.

Anhaltendes Ansehen und europ. Ruhm verdankte A. hauptsächl. der gemeinsam mit dem »Geronticon« erschienenen »Chrysopoeia« (1515). Das hexametr. Gedicht bietet unter Verwendung klass.-mythologn. Elemente alchemist. Lehrgut und zählte in der frühen NZ zu den Standardschriften der Alchemisten. Es fand Aufnahme in Sammelwerken von G. Gratarolus (1561), N. Albineus (1653), J.J. Manget (1702) und in anderen wichtigen Sammlungen (»Theatrum chemicum«; »Opuscula quaedam chemica«, 1614). F. Habert übersetzte es ins Frz. (16. Jh.); (Ps.-) Valentin Weigel schuf eine 1716 gedruckte und in das »Hermetische Museum« (1783) übernommene dt. Prosaübersetzung. Die schnurrige »Historia«, Papst Leo X. habe die Dedikation der »Chrysopoeia« mit einem leeren Geldbeutel und dem Bemerken entgolten, ein transmutationskundiger Verfasser bedürfe nichts als eines Beutels für arte alchemica gewonnenes Gold, gehörte zum populären Erzählgut des Barock. J. Telle

Ed.: Carminum liber, Verona 1491 – Jambicus liber II; Sermonum liber II; Carminum liber II; Libellus iambicus super additus, Venedig 1505 – Chrysopoeiae libri III et Geronticon liber primus, Venedig 1515 (Basel 1518, Straßburg 1565, Antwerpen 1582 u.ö.) – Le Rime, ed. G. COMPAGNONI, Treviso, 1765 – Carmina nondum vulgata, ed. C. ZOLLIO, Rimini, 1818 - Lit.: DBI IV, 578-581 – Diz. enciclop. lett. it. I, 208 – Grande diz. enciclop. UTET. ll, 1968, 343 – J. FERGUSON I, 55f., s.v. Augurello – G. PAVANELLO, Un maestro del Quattrocento: Giovanni Aurelio Augurello. 1905 [mit Textausg.] – R.M. RUGGIERI, Letterati poeti e pittori intorno alla giostra di Giuliano de' Medici, Rinascimento 10, 1959, 165-196 – DERS., L'umanesimo cavalleresco italiano da Dante al Pulci, 1962, 163-198 – A.-M. SCHMIDT, La poésie scientifique en France au XVIe siècle, 1938, 1970³, 320-328 – R. WEISS, Giovanni Aurelio Augurello, Girolamo Avogadro, and Isabella d'Este, Italian Stud. 17, 1962, 1-11 – C. D'YGÉ [Hg.], Anthologie de la poésie hermétique, 1948 [68-76: frz. »Chrysopoeia«-Auszug] – G. ROELLENBLECK, Das ep. Lehrgedicht Italiens im 15. und 16. Jh. Ein Beitr. zur Literaturgesch. des Humanismus und der Renaissance, 1975, 123-127, 244f.

Augustales → Herrscherkult

Augustalis (lat. 'Der Kaiserliche'), seit 1231 von Ks. Friedrich II. in Messina und Brindisi geprägte Goldmünze (Gewicht 5,2–5,3 g, Durchmesser 19–21 mm) mit dem lorbeergeschmückten Brustbild des Ks.s auf der Vorderseite und einem Adler auf der Rückseite (Legenden + FRIDERICVS / IMP ROM CESAR AVG). Das Bildnis der Vorderseite ist Münzporträts röm. Ks. nachempfunden; der Adler ist von augusteischen Vorbildern entlehnt. Nach mehreren Jahrhunderten reiner Silberwährung stellt die Einführung des A. als stattl. Goldmünze einen Wendepunkt in der ma. Münzgeschichte dar. Den Anstoß zur Goldprägung gab der Umlauf arab. und byz. Goldmünzen in Sizilien und Süditalien. Augustalen sind hauptsächl. in Italien und Sizilien umgelaufen, doch sind auch aus SW-Deutschland zwei Einzelfunde belegt. Die Prägung, die auch Halbaugustalen umfaßte (Gewicht 2,65–2,67 g), dürfte auch noch nach dem Tod Friedrichs II. (1250) fortgesetzt worden sein, bis 1252 durch die Einführung des → Guldens in Florenz neue Verhältnisse geschaffen wurden. P. Berghaus

Lit.: H. KOWALSKI, Die Augustalen Ks. Friedrichs II., Schweizer. Numismat. Rundschau 55, 1976, 77–128 – Staufer I, 671–673.

Augustiner-Chorfrauen, regulierte Kanonissen seit dem 11. Jh., zuerst oft »conversae« in Doppelklöstern der Augustiner-Chorherren (Regularkanoniker), seit 1123/27 in fast unabhängigen Stiften. Kennzeichen: kanonikale Liturgie und Kleidung, Besitzverzicht nach Augustins Predigten 355/356 (Institutiones Aquisgranenses c. 112/3; MGH Conc. 2, 1, 385–394). Usprgl. befolgten die Kanonissen durchweg die Aachener Institutio sanctimonialium von 816, im 11. Jh. ztw. auch die volle Armut (so etwa um 1016 im Marienmünster, Worms). Andere Gemeinschaften waren eher eremitischen Ursprungs (z. B. die der Herkula in Bernried, Judith in St-Gilles, Bm. Lüttich um 1080), andere seit 1100 mehr zönobitisch ausgerichtet. Die A. übernahmen ca. 1104/23, z. B. in Klosterrath, die damals Augustinus zugeschriebene Frauenregel (Praeceptum, Epistola longior). Bf.e, Augustiner-Chorherren (Marbach, Springiersbach, Prémontré) und Dominikaner förderten sie. 1245 inkorporierte der Predigerorden in Straßburg fünf, vor 1300 allein die Provinz Teutonia 65 Frauenstifte, dazu ca. vierzig Reuerinnenklöster. Nach hochma. Blüte zerfielen v. a. die unabhängigen Stifte. Erst → Windesheim brachte im 15. Jh. eine Wende. Im Bm. Münster übernahmen zw. 1458 und 1479 acht Schwesternhäuser die Augustinusregel. J. Siegwart

Lit.: CH. DEREINE, Les Chanoines réguliers au diocèse de Liège avant St-Norbert, 1952 – F. PAULY, Springiersbach, 1962, 19–38 (Trierer theol. Studien 13) – J. SIEGWART, Die Chorherren- und Chorfrauengemeinschaften in der deutschsprachigen Schweiz vom 6. Jh. bis 1160, SF NF 30, 1962, 108–125, 321–323 – N. BACKMUND, Die Chorherrenorden und ihre Stifte in Bayern, 1966 – L. VERHEIJEN, La règle de st. Augustin, 2 Bde, 1967 – F. PAULY, Aus der Gesch. des Bm.s Trier, 1968, 151–167 – W. KOHL, Das Bm. Münster. I: Die Schwesternhäuser nach der Augustinerregel; III: Das Damenstift Freckenhorst, 1968–75 (GS NF 3 und 10) – S. WEINFURTER, Salzburger Bistumsreform und Bischofspolitik im 12. Jh., 1975, 290–292 (Kölner Hist. Abh. 24).

Augustiner-Chorherren. Die rigorist. Tendenzen der Reformatoren des 11. Jh., die auch Gemeinschaften von Stiftsinsassen erfaßten, indem sie durch die Verpflichtung zur Armut und die Annahme einer bes. asket. Disziplin eine Annäherung der Vita canonica an die Vita monastica herbeizuführen suchten, fielen zusammen mit der Wiederentdeckung des Ideals eines Lebens in der Gemeinschaft, das der hl. Augustinus in seinen Schriften aufgezeigt hatte. Die Kanonikergemeinschaften bekannten sich häufig zu einem Leben »secundum beati Augustini regulam«, wobei sich einige auf eine allgemein von Augustinus inspirierte Geisteshaltung, andere auf die sog. Regel des hl. Augustinus in den Schriften »Regula ad servos dei« und »Ordo monasterii« beriefen. Die erste Erwähnung einer »Regula Augustini« erscheint bei → Bonizo v. Sutri. Die Stelle bezieht sich auf → Arialds Versuch, die Vita canonica 1057 in Mailand zu verwirklichen. Weitere frühe Bezeugungen finden sich in den Gründungs- oder Restaurationsurkunden der Kanonien in → Reims (1067), → Soissons und → Senlis (1076) und zw. 1087 und 1100 in zahlreichen Urkunden in Spanien, Frankreich und Deutschland. Auf welchen Text der »Regula Augustini« sich diese Kanonikergemeinschaften beriefen – eine Sammlung von Augustinus zugeschriebenen »auctoritates« oder den ersten Teil der »Institutio canonicorum Aquisgranensis« oder auf die »Regula ad servos dei« – muß jeweils auf der Grundlage der erhaltenen Regeltradition entschieden werden. Jedenfalls scheint bei den Kanoniegründungen des 11. Jh. ein asket. Ideal von sehr gemäßigter Ausprägung vorzuherrschen, das mit den strengen Normen, die der »Ordo monasterii« vorsieht, unvereinbar ist. Auf diese Schrift berief sich jedoch in den ersten Jahrzehnten des 12. Jh. die strenge Richtung der Reformbewegung der Regularkanoniker, bes. unter dem Einfluß der kanon. Gemeinschaften eremit. Ursprungs und der raschen Ausbreitung der Prämonstratenser. Die ideale Lebensführung bedeutete für diese Gemeinschaften Streben nach Armut (nicht nur des einzelnen Mitglieds, sondern der gesamten Kommunität) und starke Betonung der manuellen Arbeit als asket. Übung und materieller Existenzgrundlage. (Der äußere Ausdruck für diese Haltung war das Tragen einfacher Kleidung aus billigen Stoffen.) Bes. Wert wurde auf die individuelle »scala meritorum« gelegt, d. h. das vertiefte geistliche Leben nach den Grundsätzen der eigenen »professio«, um würdig zum Aufstieg in der Ordenshierarchie und zu den Verwaltungsämtern innerhalb der Gemeinschaft zu werden. Neben den Prämonstratenser-Gründungen müssen die Kanonikerstifte Hérival, St-Jean-des-Vignes in Soissons, St-Josse-au-Bois, → Springiersbach etc. auf diesen Ideenhintergrund zurückgeführt werden.

In der Historiographie werden als A. in unpräziser Ausdrucksweise die Mitglieder jener Gemeinschaften verstanden, die generell durch das von Augustinus aufgezeigte Ideal einer Vita canonica inspiriert wurden; im bes. aber die Migleder jener Gemeinschaften, die durch immer strengere Formen der Askese einen anscheinend autonomen Typus religiösen Lebens in einer der vielen Ausdrucksformen der vita monastica – gleichsam ein Kapitel der Geschichte des abendländ. Mönchtums – verwirklichten. Vgl. auch → Kanoniker, → Regularkanoniker, → Augustinusregel. C. D. Fonseca

Lit.: CH. DEREINE, Vie commune, Règle de Saint-Augustin et Chanoines réguliers, RHE 41, 1946, 365–406 – DERS., L'élaboration du Statut canonique des Chanoines réguliers spécialement sous Urban II, RHE 46, 1951, 342–378 – La vita comune del Clero nei secoli XI e XII, 1962 – C. D. FONSECA. Le canoniche regolari riformate dell'Italia nord-occidentale (Monasteri in Alta Italia dopo le invasioni saracene e magiare, 1965), 336–382 – DERS., Medioevo canonicale, 1970 – DERS., La povertà nelle sillogi canonicali del' XII secolo (La povertà del secolo XII e Francesco d'Assisi, 1975), 151–177 – K. BOSL, Augustiner Chorherren (Regularkanoniker). Seelsorge und Gesellschaftsbewegung im 12. Jh. (Erweiterung eines Referates beim Mendola-Paß-Symposion der Univ. Mailand 1977) [erscheint demnächst].

Augustiner-Eremiten. Der Ordo Fratrum Eremitarum S. Augustini (OESA), seit 1969 Ordo Fratrum S. Augustini (OSA), kam 1256 auf Betreiben Alexanders IV. und Kard. Riccardo → Annibaldis durch die Union der Johannboniten, Brettiner, → Wilhelmiten, Katholischen Armen der Lombardei (→ Pauperes catholici) sowie der 1244 aus der Vereinigung verschiedener Eremitorien hervorgegangenen A.-E. der Toskana als dritter der vier großen → Betteloden zustande. Er nahm die Augustinerregel an, organisierte sich nach dem Vorbild des Dominikanerordens mit periodischer Wahl eines Generalpriors und seiner Bestätigung durch den Papst und stellte seit der Mitte des 13. Jahrhunderts seine 1290 in Regensburg bestätigten, seither wiederholt veränderten Konstituionen auf. Trotz des Rücktrittes der Wilhelmiten (1266) kam es bis 1295 zur Errichtung von zehn Provinzen in Italien, jeweils einer in Deutschland, Ungarn, Frankreich, England, Spanien und in der Provence, denen bis 1465 vierzehn weitere folgten. Seit 1387 Entstehung zahlreicher Kongregationen von Observanten, unter ihnen ist bes. die für Luther und die Reformation wichtige sächs.-thüringische Reformkongregation (1419-1560) zu nennen. Heute zählt der OSA vierundzwanzig Provinzen.

Bald nach der Union setzte der Aufbau des Studiensystems zur Vorbereitung der Ordensmitglieder auf die Seelsorge und andere Formen des Apostolates ein. Unter → Aegidius Romanus, seit 1285 Magister in Paris, erfolgte die Grundlegung einer augustinisch geprägten Ordensdoktrin auf thomistischer Basis mit starker Betonung der Ekklesiologie, seit dem 14. Jh. auch der Mariologie. Zu ihren bedeutendsten Vertretern zählten: → Aegidius Romanus, → Augustinus von Ancona, → Wilhelm von Cremona, → Gregor von Rimini, → Augustinus Favaroni, → Jakob von Viterbo. Große Nähe zum Frühhumanismus ist bei Dionysius von Borgo S. Sepolcro, → Bartholomaeus von Urbino, Luigi → Marsigli und Andrea → Biglia zu beobachten. Nach der Reform setzten stark apolog. Tendenzen ein. In der Seelsorge ist nachdrückliches Engagement für Predigt und Predigerbildung u. a. bei Simon von Cascia, Thomas von Todi und Juan von Sahagun festzustellen. Eine intensive missionarische Tätigkeit beginnt erst im Zeitalter der überseeischen Entdeckungen. Die Spiritualität der A.-E. ist geprägt durch die Spannung zw. vita contemplativa und vita activa sowie die bes. von den Ordenshistorikern (→ Heinrich von Friemar, Jordanus von Sachsen, Petrus Olmi von Bergamo, Ambrosius Coriolanus, Thomas Herrera, L. Torelli u. a.) in Konkurrenz zu den Augustiner-Chorherren behauptete Gründung des Ordens durch Augustinus. Seit dem 13. Jh. stehen einzelne Frauenklöster mit Augustinerregel und Konstitution nach Art der A.-E. unter der geistlichen Leitung von Ordensmitgliedern, ihre Zahl belief sich 1394 angeblich auf fünfhundert Häuser. Seit dem 16. Jh. Kongregationsbildung dieser Augustinerinnen, zu ihren bedeutendsten Vertreterinnen gehören S. → Clara von Montefalco, S. → Rita von Cascia und B. Magdalena Albrici. Ein dritter Orden ist seit dem 13. Jh. bezeugt. K. Elm

Bibliogr.: ZUMKELLER, Manuskripte – J. RODRIGUEZ, Bibliografia missional agustiniana, 1958 – GINDELE – Lit.: Gesamtdarstellungen: B. WILD, Die Augustiner, 1968 – B. RANO, The Order of Saint Augustine, 1975 – D. GUITTÉREZ, Hist. de la Orden de San Agustín, 1971 – Anfänge: K. ELM, It. Eremitengemeinschaften des 12. und 13. Jh. (L'eremitismo in Occidente, 1965) – B. v. LUIJK, Gli Eremiti Neri nel Dugento, 1968 – Ausbreitung: DERS., Le monde augustinien du XIIIe au XIXe s., 1972 – Studium: E. YPMA, La formation des professeurs chez les érémites de Saint Augustin, 1956 – ZUMKELLER, Augustinerschule – R. ARBESMANN, Der Augustinereremitenorden und der Beginn der humanist. Bewegung, 1968 – Spiritualität: Sanctus Augustinus. Vitae spiritualis Magister, 1959.

Augustiner-Kirchenbau. Im Kirchenbau haben die A.-Chorherren keine ausgeprägte Sonderform geschaffen, im 12. Jh. unter hirsauischem Einfluß, sonst in örtl. Bautradition. Auch den A.-Eremiten fehlt ein festes Bauschema; es werden einfache Bauformen bevorzugt. Im 14./15. Jh schwanken die Kirchentypen zw. Saalbau, zwei- und dreischiffigen Basiliken und Hallenkirchen mit einfachster Ausstattung wie bei den → Bettelordenskirchen. → Prämonstratenser. G. Binding

Lit.: RDK I, 1252-1268 [Lit.] – G. GÜNTHER, Kl. Dalheim. Ein Beitr. zur Ordensbauweise der Augustinerchorherren [Diss. Hannover 1971].

Augustinerschule. Man versteht darunter die philos.-theol. Schule, die sich im Orden der → Augustiner-Eremiten (entstanden 1244 bzw. 1256 aus dem Zusammenschluß einer Reihe it. Eremitenverbände auf der Grundlage der Augustinusregel) seit dem Ende des 13. Jh. entwickelte und zahlreiche selbständige Denker umfaßte. Im Anschluß an → Aegidius Romanus, den ersten Pariser Magister des Ordens, entfaltete sie eine in vielen grundlegenden Fragen einheitl. Lehrrichtung. Zu ihren bedeutenderen Vertretern am Ausgang des 13. und im 14. Jh. zählten die Pariser Magistri → Jakob von Viterbo, → Alexander de Sant' Elpidio, → Augustinus y. Ancona, → Heinrich v. Friemar d. Ä., → Hermann v. Schildesche, → Thomas v. Straßburg, → Gregor v. Rimini, Alfons → Vargas Toletanus, → Hugolin v. Orvieto und → Johannes v. Basel sowie die Oxforder Magistri → Galfridus Hardeby und → Johannes Klenkok und der Bologneser Magister → Augustinus Favaroni. Führende Köpfe der Schule im 15. und beginnenden 16. Jh. waren die Deutschen → Johannes Zachariä, → Johannes v. Dorsten, → Johannes v. Paltz – übrigens alle drei Erfurter Universitätslehrer – und → Johannes v. Staupitz, der Mitbegründer der Universität Wittenberg, ferner die Italiener → Paulus v. Venedig und → Aegidius v. Viterbo sowie der Spanier → Jakob Pérez von Valencia. Trotz Lehrdifferenzen in Einzelpunkten fühlten sie sich als Vertreter einer einheitl. Lehrrichtung (»doctores scholae nostrae« oder »via Augustiniensium«). Die Schule erlebte neue Blütezeiten während des Tridentinums und in der sog. »Jüngeren Augustinerschule« des 17. und 18. Jh.

Die meisten ma. Vertreter der Schule zeigen mit Aegidius Romanus eine gewisse Hochschätzung für den Aristotelismus des → Thomas v. Aquin. Gemeinsam ist ihrer Lehre aber v. a. ein einheitl. augustin. Grundzug, am stärksten ausgeprägt bei Gregor v. Rimini. Bei ihm begegnet man auch zuerst, zumal in den erkenntnistheoret. Fragen, dem Einfluß → Wilhelms v. Ockham und der Auseinandersetzung mit dessen Denken. Doch wurde die gemäßigte »via moderna«, die Gregor im Augustinerorden und darüber hinaus maßgebend mitgeformt hat, anscheinend nicht als Bruch mit der vorausgehenden Ordenstradition betrachtet. Als einigendes Band empfand man offensichtl. das gemeinsame Bemühen, eine an Augustinus ausgerichtete Theologie vorzutragen. Diese augustin. Ausrichtung ist, wenn auch in unterschiedl. Stärke, bei den meisten Ordenslehrern zu finden. Im Sinn des augustin. Primats der caritas erblicken sie in dieser das eigtl. Ziel der Theologie. Dementsprechend ist Theologie für sie eine »affektive« Wissenschaft, sofern sie den Menschen der Wahrheit Gottes in Liebe verbinde. Von Augustinus bestimmt ist auch ihre Auffassung von den Folgen des Sündenfalls. Eine tiefgehende Verwundung der menschl. Natur wirkt sich nach ihnen in der Macht der Konkupiszenz, in der Verdunkelung des Verstandes und in der Schwäche des Willens aus, wobei sie aber dessen Freiheit nicht in Frage stellen. Deshalb lehren manche von ihnen die Notwendigkeit der helfenden Gnade zu jedem wahrhaft guten Werk. Der Primat der gratia im Sinn Augustins kommt auch zum Ausdruck, wenn nicht wenige von ihnen gewisse Tendenzen der zeitgenöss. Theologie als »Pelagianismus« bekämpfen, das Ungeschuldete der ersten Rechtfertigung und die Verankerung aller menschl. Verdienste in Gottes Freigebigkeit hervorheben, die Mängel der menschl. Werke betonen, den Wert rein natürl. Tugenden stark relativieren oder ganz leugnen und der heidn. Philosophie mit erhebl. Reserven begegnen. Bei alledem stehen sie auf dem Boden der kath. Glaubenslehre und haben keineswegs, wie A. V. MÜLLER für Augustinus Favaroni, Hugolin v. Orvieto, Jakob Pérez und → Simon v. Cascia behauptete, entscheidende Sätze Martin Luthers in der Rechtfertigungslehre vorweggenommen. – Bekannt wurde die A. auch durch ihr Eintreten für Papsttum und Kirche in den Auseinandersetzungen mit Philipp dem Schönen und Ludwig dem Bayern. Dabei haben einige ihrer Vertreter die extreme Lehre von der Oberhoheit des Papstes auch in weltl. Dingen, vor dem Hintergrund des alten Ideals der augustin. »Civitas Dei« auf Erden, theolog. zu begründen gesucht.

Bezeichnend für viele Theologen der Schule ist ihre Hochschätzung der theol. Quellen, die sich u. a. in einer für die damalige Zeit erstaunl. Akribie der Zitationstechnik kundtat. Nicht wenig zur Väterkenntnis im SpätMA trug → Bartholomaeus v. Urbino († 1350) bei, indem er die umfassenden Florilegien »Milleloquium S. Augustini« und »Milleloquium S. Ambrosii« schuf. Wie er, standen auch → Dionysius v. Borgo S. Sepolcro († 1342), Johannes Coci († 1364), → Bonaventura de Peraga v. Padua († 1389) und andere Augustiner-Theologen jener Zeit der humanist. Bewegung nahe und gehörten zum Freundeskreis → Petrarcas. – Für die Bibellesung im Volk und die Berechtigung von Bibelübersetzungen in die Landessprachen setzten sich der Osnabrücker Lesemeister → Gottschalk Hollen († 1481) und die Erfurter Professoren Johannes v. Dorsten und Johannes v. Paltz mit Eifer ein. A. Zumkeller

Lit.: D. GUTIÉRREZ, Ermites de Saint Augustin, DSAM IV, 983–1018 – TRAPP, 146–274 – ZUMKELLER, Augustinerschule [mit weiterer Lit.] – R. ARBESMANN, Der Augustiner-Eremitenorden und der Beginn der humanist. Bewegung, 1965 – TEEUWEN, 145–146.

Augustiner-Tertiaren → Tertiaren

Augustinus

1. A., hl. Kirchenlehrer, lat. Kirchenvater

I. Leben – II. Werke – III. Fortwirken im Mittelalter – IV. Ikonographie.

I. LEBEN: * 13. Nov. 354 in Thagaste, Numidia proconsularis, (heute Souk-Aras, nahe Bône, dem antiken Hippo Regius), † 28. Aug. 430 in Hippo Regius. Seine Geburt fällt in eine Zeit, da die Mehrzahl der Bf.e in den afrikan. Prov. des röm. Reiches Donatisten waren und soziale Unruhen, die ihrerseits auch der kirchl. Häresie Auftrieb gaben, das Land erschütterten. Sein Vater Patricius war Gemeinderat (curialis) des Ortes und Heide († 371 als Christ), Monnica, die Mutter, eine überzeugte Christin. Sie gewann großen Einfluß auf die innere Entwicklung ihres Sohnes durch die Eindrücke chr. Lebens, die sie dem jungen A. vermittelte (Conf. I, 11, 17). Nach der Elementarschule (ludus litterarius) in Thagaste besuchte A. die Grammatiker-Schule in Madaura (Conf. II, 3, 5). Dem Griech. widmete er sich dort ohne große Begeisterung, brachte es aber trotzdem zu lektürefähigen Kenntnissen (C. Iul. I, 26), anders als im Hebr., das ihm stets fremd geblieben ist (wohl aber war er des Punischen mächtig). In A.' Bildung dominiert so das lat. Element. Die schon früh bemerkte außerordentl. Begabung des Sohnes weckte in den Eltern Hoffnungen auf eine glänzende Karriere. Ehe jedoch die Mittel zum Studium an der Hochschule in Karthago verfügbar waren, kehrte A. 370 aus Madaura nach Thagaste zurück und verbrachte dort sein 16. Lebensjahr, das er im 2. Buch der »Confessiones« in dunklen Farben schildert. 371 ging er zum Studium der Rhetorik nach Karthago, wo er fachlich auch reüssierte, dabei aber in die 'trügerischen Untiefen' (ima infida, Conf. III, 3, 5) des student. Lebens geriet. Aus einem Konkubinat ging ein Sohn, Adeodatus († 389), hervor. Zum Wendepunkt wurde 373 die Begegnung mit Ciceros »Hortensius«: ille vero liber mutavit affectum meum et ad te ipsum, domine, mutavit preces meas et vota et desideria mea fecit alia (Conf. III, 4, 7; 'Dies Buch war es, das meinen Sinn umwandelte, auf dich, Herr, selbst meine Bitten lenkte und meinen Wünschen und Verlangen neuen Inhalt gab' [THIMME]). Ciceros Bemerkung über den propädeut. Charakter der Wissenschaften für die Philosophie führt A. zur Lektüre Varros (»Disciplinae«), der Enzyklopädie des Celsus und Aristoteles' Kategorienschrift. Der rationalist. Optimismus des jungen A., durch reine Vernunfteinsicht zum wesentl. Wissen gelangen zu können, macht ihn der manichäischen Propaganda zugänglich (De util. cred. I, 2). Neun Jahre, von 373 bis 382, war A. Manichäer, wenn auch nur als 'Hörer'. Die Gelübde der 'Erwählten' hat er nicht abgelegt. 375 wurde A. Lehrer der Grammatik in Thagaste, kehrte aber schon 376 nach Karthago zurück, wo er in einem Dichterwettstreit aus der Hand des Proconsul Vindicianus die corona agonistica empfing (380?) und um dieselbe Zeit seine Erstlingsschrift »De pulchro et apto« verfaßte. Eine Disputation mit dem berühmten Manichäerbischof Faustus v. Mileve 382 in Karthago, in der sich dieser als wissenschaftl. ungebildeter Rhetoriker erwies, ließ A. vom Manichäismus innerlich Abstand nehmen, ohne gleich auch nach außen den Bruch zu vollziehen. Der Ernüchterung folgte die Wendung zur akadem. Skepsis. Es waren aber immer noch manichäische Freunde, die ihn bei seiner Übersiedlung nach Rom 383 unterstützten. Sie vermittelten Beziehungen zum praefectus urbi Symmachus, durch dessen Fürsprache A. eine Stelle als Lehrer der Rhetorik in Mailand erhielt, wo er seit Herbst 384 tätig ist. In Mailand hörte A. Predigten des Ambrosius, und es zeigte sich ihm ein Weg, die manichäische Bibelkritik zu überwinden: die allegor. Exegese. Die Erfahrung, daß der kath. Glaube nicht unvernünftig ist, die kath. Lehre von der Immaterialität Gottes sogar mit der Theologie der Neuplatoniker (Plotin, Porphyrius), deren Werke A. in der Übersetzung des Marius Victorinus in Mailand kennenlernte und mit Begeisterung studierte, gegen die Manichäer übereinstimmte, bereitete der endgültigen Bekehrung zum Christentum den Weg, dessen äußeres Geschehen als die Gartenszene von Mailand (Sept. 386) berühmt geworden ist (Conf. VIII, 12, 29). In der Forschung ist in vielfachen Abwandlungen kontrovers diskutiert worden, ob es eine Bekehrung zum Christentum – so die herkömml. Meinung – oder zum Neuplatonismus gewesen ist (GOUDRON) oder ob A. nicht schon in Ambrosius' Theologie eine Synthese von Neuplatonismus und Christentum kennengelernt hatte, so daß jene Kontroverse gegenstandslos würde (COURCELIE). Heute neigt man, verbunden mit der Ablehnung allzu großer Skepsis hinsichtl. der fakt. Verläßlichkeit der »Confessiones«, wie sie zu Anfang des Jh. v. a. HARNACK, BECKER und THIMME vertreten hatten, wieder mehr zur Annahme einer genuin chr. Bekehrung A.s (ADAM, BROWN). Nach dem Bekehrungserlebnis legte A. sein Mailänder Lehramt nieder und zog sich mit seiner Mutter, die ihm nach Mailand gefolgt war, sowie einigen Schülern und Freunden auf das Landgut Cassiciacum seines Freundes Verecundus zurück (386/387). Ostern 387 empfing er von Ambrosius die Taufe. Die Rückreise nach Afrika wurde durch den Tod Monnicas 387 in Ostia unterbrochen. Kurz davor datiert die berühmte Vision von Ostia (Conf. IX, 10). Über Karthago kehrte A. nach Thagaste zurück, wo er fortan in einer philos.-asket. Gemeinschaft von Freunden dem Ideal der vita contemplativa leben wollte. 391 wurde er anläßl. eines Besuchs in Hippo Regius gegen seinen Willen zum Presbyter ordiniert und widmete sich in den folgenden Jahren bis etwa 400 v.a. dem Kampf gegen den Manichäismus. 395 wurde er Koadjutor, 396 Nachfolger des Valerius als Bf. v. Hippo Regius. In der Auseinandersetzung mit dem Donatismus sicherte er der kath. Kirche das Übergewicht durch sein überlegenes Auftreten während des Religionsgesprächs in Karthago 411. Im folgenden Jahr begann innerhalb der kath. Kirche die pelagian. Kontroverse, in deren Verlauf A. im lit. Kampf mit Julian von Eclanum zu den klass. Formulierungen seiner Gnadenlehre gelangte. Der pelagian. Streit war noch nicht abgeschlossen, als A. in Hippo Regius starb, während die Vandalen unter Geiserich die Stadt belagerten. H.-J. Oesterle

Lit.: A. HARNACK, Augustins Konfessionen, 1888 – GOURDON, Essai sur la conversion de S. Augustin, 1900 – W. THIMME, Augustins geistige Entwicklung in den ersten Jahren nach seiner »Bekehrung«, 1908 – H. BECKER, Augustin. Stud. zu seiner geistigen Entwicklung, 1908 – K. ADAM, Die geistige Entwicklung des hl. Augustinus, 1931 – P. COURCELLE, Recherches sur les confessions de S. Augustin, 1950 – P. BROWN, Augustine of Hippo, 1967.

II. WERKE: A. beginnt seine theol. Lebensarbeit nach seiner endgültigen Hinwendung zum Christentum (Mailand, Aug. 386) bezeichnenderweise mit einer Absage an den philos. Skeptizismus in seiner Schrift »Contra Academicos« (386). Nur in objektiv gegründetem Wissen erfülle sich das menschl. Streben nach Glückseligkeit, nicht im – letztlich aporetischen – bloßen Fragen nach der Wahrheit. Die Möglichkeit, von der mit Gott selber ident. Wahrheit sicher zu wissen, bedeute zugleich, daß das menschl. Streben nach Glück schon in diesem Leben an sein Ziel gelangen kann (»De beata vita«, 386). Hierüber urteilt A. in seinen »Retractationes« (426/427) später bedeutend skeptischer. In »De ordine« (386) greift er zum erstenmal das Theodizee-Problem auf. Neuplaton. definiert A. hier das Böse nicht als ein Sein, sondern gerade als dessen Mangel. »De libero arbitrio« (388) setzt diese Fragestellung fort und zeigt, daß die Ursache des Bösen der freie Wille des Menschen ist. Dieses Werk erfuhr in den »Retractationes« freilich die einschneidendste Kritik. Die »Soliloquiorum libri duo« (386/387) handeln in Form eines Dialogs mit der eigenen Ratio von dem Verhältnis der Seele zu Gott und ihrer darin gründenden Unsterblichkeit. Eine Fortsetzung bildet »De immortalitate animae« (387) mit der Frage nach der Bedeutung des Irrtums für die Integrität der Seele. Im selben Jahr begann A. (vollendet 388/389) als Teil einer geplanten, aber nicht ausgeführten Enzyklopädie der Freien Künste (»Disciplinarum liber«) das Buch »De musica« (387) mit wichtigen Erörterungen über Erkenntnislehre und Sinnesphysiologie. »De animae quantitate« (388) enthält eine Lehre von den Stufen des myst. Aufstiegs. Über das Wesen des Wissens handelt »De magistro« (389). Wie Platon im »Menon« führt A. das Erkennen auf einen der Seele immanenten Bezug zur transzendenten Wahrheit zurück; dessen Aktualisierung kann durch die Unterweisung eines Lehrers nur angeregt, nie aber ersetzt werden. Wie Erkenntnis des Wahren den Menschen das Provisorium des Glaubens auf Autorität überwinden läßt, davon handelt »De vera religione« (389/391), der erste Versuch des A., das Wesen des Christentums in einem Gesamtentwurf darzustellen. Die Hinwendung zum ewigen Sein der Wahrheit annulliert das an sich wesenlose Böse. 392 beginnt A. sein großes Kommentarwerk, die »Enarrationes in Psalmos I–XXXII«, die nur teilweise als Predigten vorgetragen wurden. Sie bieten keine wörtl. Exegese, sondern arbeiten mit dem Mittel allegorisierender Auslegung und sind als solche exemplarisch für den Stil der forens. Rhetorik des A. Nicht nur exeget. bedeutsam ist dagegen »De Genesi ad litteram« (begonnen 401), wo A. im Rahmen eines Kommentars zu den ersten drei Kapiteln der Genesis die Lehre von den rationes seminales (→ Vernunftkeime) entwickelt und in ausführl. Exkursen Fragen der Psychologie, Anthropologie, Astrologie und Angelologie behandelt. Mit den Grundsätzen lit. Hermeneutik befaßt sich A. theoret. in »De doctrina christiana« (396, vollendet 426). Buch 1 und 2 enthalten Erörterungen über wissenschaftl. Propädeutik zum Bibelstudium. Buch 3 behandelt Regeln der Textauslegung. Buch 4 ist eine homilet. Systematik, die – vermittelt v.a. durch Hrabanus Maurus – sich im MA großer Beliebtheit erfreute und 1465 als erstes der Werke des A. unter dem Titel »De arte praedicandi« im Druck erschien. A. versucht darin eine Integration von heidn. Schulrhetorik und chr. Botschaft. Lit. und forens. Eloquenz darf nicht Selbstzweck sein wollen, sondern muß sich in den Dienst chr. Protreptik stellen. Andererseits gewinnt sie als paganes Traditionselement auf diese Weise ein Feld legitimen Wirkens innerhalb der Kirche. Sein wohl bekanntestes Werk, die »Confessiones«, schrieb A. zw. 397 und 401. Bedeutsam als – neuerdings wieder mit größerer Zuversicht ausgeschöpfte – Quelle zur Biographie des A. und singulär in ihrer literargeschichtl. Stellung sowohl zur Antike (Moment der subjektiven Innerlichkeit), wie auch zur autobiograph. Lit. nach A. (Moment des dialog. Bezugs zur Transzendenz), enthalten sie zugleich verstreut tiefe Einsichten rein philos. Natur, man denke an die Bestimmung der Zeit als distentio animi (Conf. XI, 26 'Ausdehnung des Geistes'). A.' systemat. Hauptwerk »De trinitate« entstand zw. 399 und 419. Er unternimmt es darin, das trinitar. Wesen Gottes an den Spuren der Trinität (vestigia trinitatis) in der Schöpfung zu illustrieren. Ihre vollkommenste Ausprägung findet die trinitar. Analogie von göttl. und geschöpfl. Sein in der menschl. Seele. Memoria, intellectus, voluntas oder mens, notitia, amor sind die als Ternare auftretenden Seelenvermögen, in denen A. den Similitudo-Charakter des Menschen nach Gen 1, 26 realisiert findet. Trinität ist eine Norm der Schöpfung schlechthin und begründet als solche – mit einem nicht-augustin. Terminus zu reden – die analogia entis. Da die Seinsanalogie aber am reinsten in den vestigia trinitatis des Geistes sich abzeichnet, ist in ihnen zugleich die Einheit von Theologie (Interpretation der Trinität als Offenbarungstatsache) und Philosophie (Nachweis trinitar. Strukturen in rationalem Erkennen) begründet. Sein umfangreichstes Werk »De civitate Dei« (413–427) schrieb A. in apologet. Absicht gegen den nach der Eroberung Roms durch die Westgoten 410 erhobenen Vorwurf, das Christentum sei, weil es die alten Götter verdrängte, verantwortlich für den Untergang des röm. Staates. Dem hält A. eine umfangreiche Beweisführung für die Ohnmacht der Götter in ird. Dingen (B. 1–5) und auch im Blick auf das ewige Heil (B. 6–10) entgegen. Geschichtsmächtig ist nur der Gott der Christen, und die Geschichte bewegt sich auf die Offenbarung seines Reiches zu. A. unterscheidet zw. dem Weltstaat (civitas diaboli), der nicht mit einem konkreten Staatswesen identisch ist, sondern als Gemeinschaft (corpus) der Wertsetzung (nämlich hier zugunsten des amor sui im Gegensatz zum amor Dei) besteht, und dem natürl. Staat, für den die Nachkommen Adams und Evas vor dem Sündenfall bestimmt waren. Dem Weltstaat gegenüber steht die civitas Dei, der Gottesstaat, der im Prinzip auch als Gesinnungsgemeinschaft begriffen wird, den A. aber doch gelegentl.

mit der institutionellen Kirche identifiziert (vgl. De civ. 13, 16, 1; En. in ps. 98, 4).   H. J. Oesterle

Lit.: C. Andresen, [Hg.], Bibliographia Augustiniana, 1973² [Ed., Übers., Komm.]. – Zur Chronologie der Schriften des A. vgl. ebd., 254–263 – P. Brown, Augustine of Hippo, 1967, chron. Taf. A, 16; B, 74; C, 184; D, 282–84; E, 378.

III. Fortwirken im Mittelalter: Augustinus' Einfluß auf das MA ist gewaltig, aber nicht unbegrenzt. Der Kirchenvater steht in einer allerdings nie bedrohenden Konkurrenz mit → Boethius und Ps. → Dionysius Areopagita. Man nennt A.' Einfluß *Augustinismus*. Dieser tritt in den verschiedenen ma. Epochen in verschiedener Intensität auf. Seit Beginn und namentl. seit der Mitte des 13. Jh. wird durch das Bekanntwerden der gesamten Philosophie des aristotel. Schrifttums A. an die zweite Stelle gerückt. Albertus Magnus und v. a. Thomas v. Aquin verwenden die Philosophie des Aristoteles als Instrument für die Interpretation der Theologie bzw. des Glaubens und verleihen darüber hinaus der Philosophie einen ihr bis dahin nicht zugesprochenen Eigenwert. Dies schließt in sich, daß die menschl. Vernunft sich mehr und mehr emanzipiert. In der vorausgehenden Zeit war eine derartige Position der Philosophie unbekannt. Es gab allerdings auch keine systemat. entwickelte Theologie. Man hat mit Recht das geistige Bemühen bis zum Eintritt der aristotel. Philosophie als »Weisheit« bezeichnet. Die durch Thomas eingeleitete neue Art, Theologie und Philosophie zu treiben, wurde von den in der Mehrzahl dem Franziskanerorden angehörenden konservativen Vertretern des Bisherigen z. T. sehr heftig bekämpft und geradezu als Glaubensgefahr verurteilt, z. T. von den eigenen Ordensgenossen des Aquinaten. Erst die Heiligsprechung des Thomas (1323) ließ die Kritik an ihm verstummen. Während die Theologie und die in ihr investierten philos. Elemente vor dem Ausbruch des Streites mehr eine allgemeine augustin. Orientierung hatten, wurde seit etwa 1270 eine Summe von bestimmten, auf A. zurückweisenden Thesen als »Augustinismus« bezeichnet. Man verwendet die Charakterisierung »Augustinismus« auch für manche bes. scharf ausgeprägten Thesen. A.' bei ma. Denkern, z. B. für die Prädestinationslehre → Gottschalks (9. Jh.), der Augustiner-Eremiten, des Thomas → Bradwardine († 1349) und → Wyclifs.

Der Einfluß A.' bzw. des Aristoteles darf nicht exklusiv verstanden werden. Es gibt keinen ma. Autor, der nur von A. oder nur von Aristoteles geprägt wäre. Es handelt sich immer um eine vorherrschende Tendenz. So ist z. B. Thomas v. Aquin, der wichtigste chr. Aristoteliker, in entscheidenden Momenten seines Denkens durch A. bestimmt (z. B. Ideenlehre, Trinitätslehre).

A.' Fortwirkung bezieht sich auf die Philosophie (Metaphysik, Psychologie, Erkenntnislehre), die Theologie (bes. Gnadenlehre, Trinitätslehre, Christologie, Eschatologie), das Erziehungs- und Bildungswesen, die Staatslehre, das Geschichtsbewußtsein; man kann sagen: auf die gesamte Kultur. Die augustin. Gedanken werden nicht einfach übernommen, sondern schöpferisch weitergebildet oder auch in charakterist. Weise abgewandelt.

A. ist einer der wesentl. Vermittler fast aller bedeutenden lat. schreibenden vorchr. Schriftsteller (Cicero, Vergil, Ovid usw.); so wird zugleich die Berechtigung ihrer Verwendung verbürgt. Es ergab sich eine Synthese von Heidentum und Christentum. In der Philosophie war es Platon (Timaios), v. a. aber der Neuplatonismus, und zwar in der ihm von Plotin und Porphyrius gegebenen Gestalt, der durch A. bestimmende Macht gewann.

Dabei darf man allerdings nicht übersehen, daß der von A. überlieferte Neuplatonismus im Laufe der Zeit durch arab. und jüd. Philosophen und Theologen interpretiert und mit zahlreichen aristotel. Ideen vermischt wurde. Mit Recht wurde darauf hingewiesen, daß im MA ein zweifacher Neuplatonismus wirksam war, der augustin. und der »areopagitische«. Der Hauptunterschied liegt darin, daß der erste Gott als das absolute Sein, der zweite als die absolute Einheit interpretierte, zwei Thesen, aus denen sich zahlreiche Konsequenzen ergaben. Vielfach finden sich Versuche, zw. diesen beiden Gestalten des Neuplatonismus eine Synthese herzustellen, z. B. bei → Johannes Scottus Eriugena, in der Schule v. → Chartres und bei Meister → Eckhart.

Von grundlegendem Gewicht war A.' Verständnis vom Verhältnis der Autorität zur Vernunft bzw. des Glaubens zum Wissen. Er übergab dem MA den Satz: credo ut intelligam, intelligo ut credam – 'ich glaube, um zu erkennen und erkenne, um zu glauben'. Das Erkennen ist die Grundlage des Glaubens. Zugleich aber ist der Glaube die Grundlage für das wahre, nämlich für das heilshafte Wissen. Der Glaube vermittelt jene Läuterung des Geistes, welche die notwendige Voraussetzung für das durch keine anderen Interessen abgelenkte Streben nach Erkenntnis ist. Die augustin. Devise ist im MA allgemein anerkannt und durchgeführt worden, von einigen hyperkonservativen Antidialektikern abgesehen, prinzipiell auch von → Abaelard, in einer bes. Abwandlung von → Anselm v. Canterbury und auch von dem großen franziskan. Theologen → Johannes Duns Scotus, wenngleich dieser der Erkenntnis ein breiteres Feld einräumte als A. und umgekehrt den Glauben auf eine schmalere Basis einengte.

Innerhalb des Rahmens von Autorität und Vernunft sind es eine Reihe von maßgebl. Einzelproblemen, die man in bes. Sinne, nämlich auch nach dem Vordringen der aristotel. Philosophie als augustin. Erbgut bezeichnen muß. Es ist auf philos. Gebiet die Weise der Wahrheitserkenntnis, das Verständnis der Seelenvermögen, das Problem der rationes seminales (→ Vernunftkeime), auf theol. Gebiet die Erkenntnis Gottes, das Verständnis der Trinität, der Schöpfungsakt, die Geschichtstheologie. Hierüber sollen nur ein paar Andeutungen gemacht werden. Was die Erkenntnis der Wahrheit betrifft, so hat A. das Selbstbewußtsein und die Ichhaftigkeit (Personalität) entdeckt, Gebiete, in denen er allerdings auf die ma. Denker nur wenig Einfluß ausübte. Es gehört jedoch zum Grundbestand der Theologie und Mystik → Bonaventuras (um den repräsentativsten Vertreter des »Augustinismus« im engeren Sinn zu nennen), daß der Mensch in sich selbst eintreten muß, um die Vereinigung mit Gott zu finden. Sein »Pilgerbuch des Geistes zu Gott« ist geradezu ein Spiegel augustin. Ideen. Geschichtswirksam erwies sich jedoch A.' Lehre von der Erkenntnis der Wahrheit aufgrund göttl. Erleuchtung. Der Mensch findet die Wahrheit nicht auf dem Wege der Sinneserkenntnis und der Abstraktion, sondern der Berührung mit der ewigen Wahrheit Gottes, ihrer Einstrahlung in den menschl. Geist (Lichtmetaphysik). Gerade in dieser Theorie waren jedoch auch arab.-jüd. Einflüsse wirksam. Die Grundkraft des Geistes ist für A. der Wille bzw. die Liebe. Gerade diese Vorstellung ist charakteristisch für den ma. Augustinismus. Sie bestimmt u. a. die Interpretation der »Gottesschau«, die in dieser Sicht nicht als intellektueller, sondern als willentl. bzw. als affektiver Vorgang verstanden wird.

Im theol. Bereich ist Bonaventura ebenso wie A. davon überzeugt, daß der Mensch in sich allgemeine, ewige Wahrheiten vorfindet, die er nicht schaffen kann, die für ihn vielmehr die Norm des Denkens und Handelns sind. In metaphys. Denkbewegung steigt er von solchen Wahrheiten ebenso wie A. zur Wahrheit selbst auf, zu Gott. Bes. Gewicht legt Bonaventura (mehr als Thomas) auf die göttl. Ideen, auch hierin ein getreuer Schüler A.'. – Auffallend ist, daß sowohl die frühscholast. als auch die franziskan. Theologen bis Bonaventura einschließlich im Gegensatz zu A. überzeugt sind, die Wirklichkeit des dreipersonalen göttlichen Lebens, des chr. Zentralgeheimnisses, mit den Mitteln natürlicher, aus verschiedenen Bereichen des Neuplatonismus kommender Vernunftgründe aufzeigen zu können, und den kirchl. betonten Geheimnischarakter der Trinität nur in deren Inhaltlichkeit sehen. Erst Thomas v. Aquin hat, nach dem gewaltigen Zwischenspiel Anselms v. Canterbury, die psycholog.-metaphys. Interpretation der Trinitätslehre, ebenso wie die augustin. Relationstheorie, übernommen und in der Theologie heimisch gemacht. Was die geschichtstheol. Sicht betrifft, so sind A. und Bonaventura einer Meinung, daß im letzten Sinne kein Philosoph, sondern Christus der »Lehrer« ist und daß keine Philosophie, sondern nur Christus, und zwar der mit der Kirche auf geheimnisvolle Weise verbundene Christus zum Heile führt. Die Äußerungen der beiden Denker klingen in dieser Problematik äußerst scharf. Andere Verwandtschaften sind in den genannten impliziert. → Geschichtsdenken. M. Schmaus

Lit.[-Auswahl] : M. GRABMANN, Scholastik – DERS., Geistesleben II – F. VAN STEENBERGHEN, Siger de Brabant II, 1942 – M. GRABMANN, Die theol. Erkenntnis- und Einleitungslehre des hl. Thomas v. Aquin aufgrund seiner Schrift »In Boethium de Trinitate«, 1948 – W. BEIERWALTES [Hg.], Platonismus in der Philosophie des MA, 1969 [Früher gedruckte Beiträge verschiedener Forscher] – F. VAN STEENBERGHEN, La bibl. du philosophie médiév., 1974 – M. SCHMAUS, Bonaventura und Thomas v. Aquin (J. RATZINGER [Hg.], Aktualität der Scholastik?, 1975), 53–77.

IV. IKONOGRAPHIE: Dargestellt wird A. als Bf., vereinzelt auch als Mönch der Augustiner-Eremiten. Seine Attribute sind ein oft pfeildurchbohrtes flammendes Herz (Symbol göttl. Liebe), Kirchen- oder Stadtmodell (Hinweis auf die civitas dei) sowie die allgemeinen Attribute der Kirchenväter wie Buch, Kreuz, Schreibfeder, Taube. Als älteste Einzeldarstellung gilt ein Fresko des 6. Jh. in der alten Lateransbibliothek im Typ des spätantiken Autorenporträts, das auch weiterhin auftritt, daneben als stehender oder thronender Bf. (Mosaiken im Dom zu Cefalù, Palermo und Monreale 12. Jh.; Fresko der Abtei Nonnberg/Salzburg Mitte des 12. Jh., Glasfenster der Oberkirche von S. Francesco in Assisi), häufiger erst seit dem 14. Jh., bes. in Italien, dann auch als Ordensstifter; zumeist aber in der Gruppe der Kirchenväter; zykl. Darstellungen seit dem 14. Jh. (Glasmalerei in der Augustinerkirche zu Erfurt um 1325, Wandbilder des Benozzo Gozzoli in S. Gimignano 1465). G. Binding

Lit.: LCI V, 177–190 [Lit.].

2. A. (Augustine), hl., Missionar, † am 27. Mai 605 (?), ▭ nach Errichtung der Kathedrale v. Canterbury in der dortigen Nordkapelle, deren Hauptaltar dem hl. Gregor geweiht ist. Prior des Kl.s St. Andreas in Rom, wurde A. 595 oder im Frühjahr 596 von Gregor d. Gr. mit ungefähr 40 Begleitern nach England entsandt, um dessen Bewohner zu bekehren. Nachdem er auf dem Seeweg das südl. Gallien erreicht hatte, traten Hindernisse bei der Weiterreise auf, die A. zur Rückkehr nach Rom veranlaßten, wo er um eine Verstärkung seiner Befugnisse gegenüber seinen Begleitern und bei der Leitung der Mission bat. Gregor erhob ihn im Juni 596 zum Abt und wies die Bf.e des nördl. Gallien an, ihn vor seiner Überfahrt nach Britannien zum Bf. zu weihen. A.' Missionstätigkeit begann mit Erfolg, wie der Brief Gregors an den Patriarchen v. Alexandrien, Eulogius, von 598 bezeugt (MGH Epp. Greg. I, VII, 29; →Æthelbert 1). A. wandte sich in der Folgezeit an den Papst, um verstärkte Hilfe zu erhalten; 601 sandte ihm Gregor eine weitere Gruppe von Missionaren. Er erhielt überdies mehrere Briefe des Papstes. Über A.' Verhandlungen mit Vertretern der gallikan. und kelt. Kirchen, über die A. bei seinem Aufbruch von Rom wohl kaum Näheres wußte, ist wenig Sicheres überliefert. Schwierigkeiten auf den Gebieten der Jurisdiktion, der Liturgie und des Ritus sind aufgrund von →Bedas Bericht zu erkennen, mehr noch durch den »Libellus Responsionum«, der die Antworten Gregors an A. aus dem Jahre 601 enthält. Obwohl A. in der Überlieferung als erster Ebf. v. →Canterbury galt, hatte Gregor ihn tatsächl. zum Bf. v. →London bestimmt (MGH Epp. Greg. I, XI, 39). Charakter und Fähigkeiten A.' sind von späteren Historikern gelegentl. verkleinert worden; für diese Auffassung gibt es jedoch keine überzeugenden Gründe. – Die einzige verläßl. Quelle für A.' Wirken ist die Korrespondenz Gregors (vgl. MGH Epp. Greg. I). Bedas »Historia ecclesiastica« spiegelt Traditionen der Kirche v. Canterbury wider, wie sie mehr als ein Jahrhundert später lebendig waren. P. Meyvaert

Lit.: J. GODFREY, The Church in Anglo-Saxon England, 1962, Kap. V – P. H. BLAIR, The World of Bede, 1970 – J. W. LAMB, The archbishopric of Canterbury from its foundation to the Norman Conquest, 1971 – STENTON³, 102–113 – H. MAYR-HARTING, The Coming of Christianity to Anglo-Saxon England, 1972 [repr. 1977], bes. Kap. 3–4.

3. A. v. Ancona (seit dem 16. Jh. auch Triumphus genannt), Augustinertheologe. * um 1270 zu Ancona. † 2. April 1328 in Neapel. Nach seiner Sentenzenlesung in Paris (um 1303) wurde er dort um 1313 Magister, seit 1322 Ratgeber Kg. Roberts v. Neapel. Von seinem sehr umfangreichen (nur hs. überlieferten) philos. und theol. Schrifttum wurden die Schriftkommentare sehr geschätzt. In seiner Theologie erweist er sich als treuer, aber selbständiger Schüler des → Aegidius Romanus. Einfluß gewann er durch seine zahlreichen kirchenpolit. Traktate, darunter seine »Summa de potestate ecclesiastica« von 1320 (gedr. Augsburg 1473 u. ö.), in der er u. a. die potestas directa des Papstes in weltl. Dingen verteidigte. A. Zumkeller

Lit.: TRE I, s. v. – Repfont II, 422ff. – DBI I, 476ff. – TEEUWEN [v. a. 163 f.] – GINDELE, 173–176 – B. MINISTERI, De Augustini de Ancona vita et operibus, AnalAug 22, 1951/52, 7–56, 148–262 – ZUMKELLER, Augustinerschule, 201 f. – DERS., Handschriften, 67–81, 570 f.

4. A. (Favaroni) v. Rom, Augustinertheologe, * um 1360 in Rom, † 1443 zu Prato (Mittelitalien). 1388/89 hielt er in Bologna seine Sentenzenlesung und wurde dort 1392 Magister. Als Ordensgeneral (1419–31) setzte er sich eifrig für die Reformbestrebungen im Orden ein. Seit dem 13. Juli 1431 wirkte er als Ebf. v. Nazareth (Apulien) und als Administrator des Bm.s Cesena.

Von seinem reichen theol. Nachlaß, der Kommentare zu Aristoteles, zu den Sentenzen, zu den Paulinen und der Apokalypse umfaßt, sind erst in neuester Zeit einige Traktate im Druck erschienen. Aus seinem Apokalypsekommentar wurden 1435 vom Baseler Konzil fünf christolog. und zwei ekklesiolog. Sätze – unbeschadet seiner eigenen Frömmigkeit und Rechtgläubigkeit – verurteilt. Auch sonst ist in seiner theol. Lehre eine Neigung zu extremen Positionen festzustellen. In seiner Erbsünden- und Rechtfertigungslehre ist er ein typ. Vertreter der → Augustinerschule. A. Zumkeller

Ed.: Gedr. Traktate: De sacramento unitatis Christi et Ecclesiae, ed. A. PIOLANTI, Città del Vaticano 1971 – De sacerdotio Christi et sacerdotio electorum, ed. G. DIAZ, La Ciudad de Dios 173, 1960, 584–637 – Commentarius in Epistulam ad Philippenses, ed. G. DIAZ, La Ciudad de Dios 189, 1976, 353–492 – *Lit.:* TRE I, s. v. [Lit.] – TEEUWEN, 189 f. – GINDELE, 170 f. – ZUMKELLER, Augustinerschule 237–240.

5. A. Hibernicus, offenbar Ire, der sich im Widmungsbrief einer 655 verfaßten Schrift in drei Büchern »De mirabilibus sacrae scripturae« 'Augustinus' nennt, wodurch dieses Werk anfänglich wohl (jedenfalls schon nicht mehr von Thomas v. Aquin) dem Kirchenvater zugeschrieben wurde. 'Irischer' A. wird er genannt, weil in auffälliger Weise bei dieser Darstellung der Wundertaten im Pentateuch, in den Büchern der Propheten und im Neuen Testament auf Irland eingegangen wird. So findet sich bei den Erläuterungen über die Sintflut die älteste Aufzählung der in Irland wild lebenden Tiere, und bei der Erörterung der Frage nach der Entstehung der Inseln wird keine weitere außer Irland namentlich erwähnt. Im übrigen sind die Darlegungen von der Vorstellung geprägt, daß Wunder nicht eigtl. zum Schöpfungswerk gehörten, sondern die Herrschaft Gottes in der Zeit sichtbar werden ließen. Eine allegor. oder moral. Deutung wunderbarer Geschehnisse lehnt der Verfasser zwar nicht ab, fühlt sich aber der hist. Erklärung mehr verpflichtet. Auch geht er bisweilen bemerkenswert rationalist. vor. Gute Belesenheit in der patrist. Lit. muß ihm bestätigt werden, ist aber im einzelnen noch nicht genau nachgewiesen worden. In Sprache und Stil hält er sich von ir. Gepflogenheiten fern. Eine verkürzte Fassung des Werkes ist ebenfalls in Umlauf gewesen. E. Heyse

Ed.: MPL 35, 2149–2200 – *Lit.*: B. BISCHOFF, Wendepunkte in der Geschichte der lat. Exegese im FrühMA, Sacris Erudiri 6, 1954, 189–279 [Stud. I, 268 Nr. 38] – P. GROSJEAN, Sur quelques exégètes irlandais du VIIe s., Sacris Erudiri 7, 1955, 67–98, bes. 71 – BRUNHÖLZL I, 196 f.

Augustinusregel (auch »Praeceptum« gen.), deren »rezipierter« Text (MPL 31, c. 1377–1384) mit »Ante omnia« beginnt, deren Originaltext aber tatsächl. anfing mit: »Haec sunt quae ut obseruetis praecipimus in monasterio constituti«. Das »Praeceptum« existiert auch in einer an Frauen gerichteten Form, der »Regularis Informatio«, welcher der Brief CCXI Augustinus', die »Obiurgatio«, vorangeht. Erasmus und Bellarmin meinten, daß die »Regularis Informatio« den ursprgl. Text der Regel wiedergibt. Demnach wäre das »Praeceptum« eine den Verhältnissen in männl. Gemeinschaften angepaßte Version. Diese Theorie wurde zur »traditionellen Auffassung« über den Ursprung dieser Regel. Neuere Untersuchungen haben jedoch das Gegenteil ergeben. Nach ihnen stellt das »Praeceptum« die Regel dar, die Augustinus seiner ersten monast. Gründung für Männer ohne pastoralen Auftrag in Hippo gab, als er sie ungefähr 397 verließ, um fortan in seiner zweiten Gründung, dem »monasterium clericorum«, zu leben. Sein Brief CCXI, der an sich auflehnende Religiosen gerichtet war, muß von diesen gemeinsam mit einer Fassung des »Praeceptum«, die im Hinblick auf Verhältnisse in weibl. Gemeinschaften verändert worden war, aufbewahrt worden sein.

Die Spiritualität, der das »Praeceptum« Ausdruck verleiht, ist diejenige der anima una (Apg 4, 32), die nach Augustinus die anima unica Christi (oder anders gesprochen: der Kirche) ist. L. Verheijen

Ed. und Lit.: L. VERHEIJEN, La Règle de saint Augustin, 2 Bde 1967; dazu ergänzend künftig: DERS. (Aufstieg und Niedergang der Röm. Welt III).

Augustodunum → Autun

Augustus
I. Antike – II. Mittelalter.

I. ANTIKE: Seit der Verleihung des Titels 'Augustus' an Octavian am 16. Jan. 27 v. Chr. bildete dieser den Hauptbestandteil der röm. Kaisertitulatur; seine genaue Herkunft ist weder etymolog. noch hist. ganz geklärt. Ihm entspricht der Titel 'Augusta' (seit Livia für Gattinnen der Ks., doch bereits im 1. Jh. auch für andere Frauen des Kaiserhauses verwendet). Der A.-Titel kommt dem regierenden Herrscher zu (im Gegensatz zum → Caesar mit delegierter Macht), Kollegialität in der A.-Würde findet sich ab Mark Aurel und Commodus. Früh sich herauskristallisierende Polarität zw. Wahl- und Erbmonarchie löst sich in den aufeinander folgenden Epochen stets zum Dynastischen hin (Heirat, Adoption), was auch durch die Verschiebung der Ernennungsgremien (Senat–Heer) nicht beeinträchtigt wird. Zusammen mit dem allmählichen Übergang des formal republikan. angelegten Prinzipats zur Monarchie, ausgedrückt schon unter Caligula durch den dominus-Begriff, prägt sich eine aus bereits gr. Vorstellungen stammende Herrscherethik (als Gegensatz zum Tyrannenbild) mit einem festen Postulatenkatalog aus; Hand in Hand damit vertieft sich die Vorstellung von der Göttlichkeit des Ks.s über mögliche Beziehungen zu seinem divinisierten Vorgänger hinaus. Sie wird seit der 2. Hälfte des 3. Jh. abgelöst durch die von Sendungsauftrag und Gottesgnadentum, ohne daß sich dadurch der mystisch-religiöse Hintergrund des Ksm.s veränderte. Mit geringen Modifikationen wird diese Vorstellung auch vom Christentum übernommen und sanktioniert. Gleiches gilt für das seit Diokletian gültige Herrscherzeremoniell. G. Wirth

Lit.: RE XXII, 2002–2296 – RE Suppl. IV, 806–853 – O. TREITINGER, Die oström. Kaiser- und Reichsidee nach ihrer Gestaltung im höf. Zeremoniell, 1938 – J. STRAUB, Vom Herrscherideal in der Spätantike, 1939 – W. ENSSLIN, Gottkaiser und Ks. von Gottes Gnaden, SBA PPH 1943, H. 6 – W. HARTKE, Röm. Kinderkaiser, 1951 – TH. MOMMSEN, Röm. Staatsrecht II, 1952⁴. 764 ff. – H. ERKELL, A., Felicitas, Fortuna, 1952 – J. BÉRANGER, Recherches sur l'aspect idéologique du principat, 1953 – A. ALFÖLDI, Die monarch. Repräsentation im röm. Kaiserreiche, 1970 – Le culte des souverains dans l' empire romain, Entretiens Fondation Hardt XIX, 1973.

II. MITTELALTER: Der Titel Augustus bildete den konstitutiven Teil des röm. Kaisernamens, der bis ins 7. Jh. von jedem Kaiser geführt wurde. Die polit. Theorie der diokletian. Tetrarchie entwickelte daraus den Titel für den oder die Hauptkaiser. Schließlich kommt A. als einziger Titel in allen spätantiken ksl. Schreiben, auf Münzen und in jeder Art von Fremdbezeichnung vor, so daß A. mit Recht als *der* Kaisertitel der Spätantike gelten kann (RÖSCH). Seit Beginn der Kaiserzeit heißt A. σεβαστός, unter Diokletian und Konstantin d. Gr. entsteht die Form *semper Augustus*, die den Ewigkeitsanspruch der ksl. Herrschaft verkündet. Noch im 4. Jh. tritt dafür die Übersetzung ἀεὶ σεβαστὸς αὔγουστος auf: Neben der Bedeutung 'Kaiser' klang immer noch der ursprgl. Sinn von 'erhaben' oder 'heilig' mit (RÖSCH). In der berühmten Novelle des Jahres 629 führte Herakleios I. erstmals den Basileus-Titel in den offiziellen Sprachgebrauch der Reichskanzlei ein (→ Basileus). Dadurch wurde der Augustus-Titel zwar weitgehend zurückgedrängt, jedoch nicht völlig abgeschafft. Abgesehen davon, daß die Gemahlin vornehmlich des regierenden Hauptkaisers in mittelbyz., ja sogar noch in spätbyz. Zeit *Augusta* hieß, überlebte der alte Kaisername im lat. Westen und nicht zuletzt in Reichsitalien. Bes. Dankbarkeit hatte offenbar dazu geführt, daß eine Inschrift den Ostgotenkönig Theoderich d. Gr. Augustus nennt. Auch wurde der Frankenkönig Chlodwig I. 508 »wie ein (regulärer) Konsul oder der Augustus (mit Akklamationen – *voces*) gerufen« (K. HAUCK). Des weiteren hatte dessen Enkel Theudebert I. nach seinen Erfolgen in Italien eigene Goldmünzen prägen lassen, deren Legende die Victoria Augustorum verkündete. A. blieb aber der lat. Kaisertitel par excellence und leitete in der Verbindung *Serenissimus augustus* den berühmten Kaisertitel Karls d. Gr. ein (erstmals überliefert 801). A. hatte früh schon die Tendenz, an das Ende der Cognomina zu treten, und wurde zunächst noch vor, in der Spätantike jedoch nach den Triumphaltiteln angeordnet. In der Datierung nach Kaiserjahren erfolgte die Inversion der Titelelemente, so daß A. an den Anfang trat. Der Kaisertitel Karls d. Gr. übernahm daher formal die Titulatur der in Reichsitalien üblichen Datierungen nach Kaiserjahren. Bis ins 10. Jh. blieb A. ausschließl. mit dem Kaisertitel verbunden und wurde auch dann gebraucht, wenn ein Mitkaiser – wie etwa Lothar I. – noch nicht den Imperator-Titel führen durfte. Erstmalig 931 wird ein Königstitel belegt (Kg. Rudolf v. Westfranken), den auch der Hoheitstitel A. schmückt. Titelexperimente der westfrk.-frz. Kg.e reichen bis in die 2. Hälfte des 12. Jh. und brechen dann ab, »wahrscheinlich deshalb, weil der Augustus-Titel sich nunmehr als Reservat des Kaisers durchgesetzt hat« (STENGEL). Der augustale Titel westfrk. Kg.e des 10. Jh. ist Ausdruck einer großkönigl. Stellung über mehrere Regna. Bes. die Abtei Cluny legte Wert auf einen augustalen Kg., der ihr Privilegien verlieh.

Es sei bemerkt, daß sowohl die brit.-ags. Kaisertitel wie die der iber. Halbinsel niemals A. verwenden. Der Beiname »Augustus« Kg. Philipps II. von Frankreich ist nicht Teil seines Königstitels. Die Entwicklung im Reich verlief abweichend. Nach ersten Versuchen mit dem Titel *rex Romanorum Augustus* unter Heinrich IV. (1062, 1064 und 1078), Heinrich V. (1108) und Lothar III. (1132) wurde diese Titelform unter Konrad III. und Friedrich I. vor dessen Kaiserkrönung ziemlich allgemein gebraucht und entwickelte sich schließlich unter Heinrich VI. zum normalen Titel, der – analog zum Kaisertitel – um den alten Zusatz *semper* erweitert wurde. Im Reich sind die Titelformen *rex Augustus* und *rex Romanorum* nahe verwandt und gehen ineinander über. Bereits Isidor v. Sevilla hatte A. nicht mehr als Hoheitstitel verstanden, sondern von der Funktion der »Ländermehrung«, *augere terras*, hergeleitet. Diese »Etymologie« blieb für das MA bestimmend, so daß *semper Augustus* sowohl im Kaiser – wie im Königstitel mit *zu allen(t) zeiten merer des reichs* übersetzt wird.

H. Wolfram

Lit.: M. BUCKLISCH, »Augustus« als Titel und Name bis zum Ende des MA (Diss. masch. Münster 1957) – E. STENGEL, Abh. und Unters. zur Gesch. des Kaisergedankens im MA, 1965 – K. HAUCK, Von einer spätantiken Randkultur zum karol. Europa, FMASt 1, 1967, 30ff. – H. WOLFRAM, Intitulatio I. und II. (MIÖG, Ergbd. 21, 1967; 24, 1973) – G. RÖSCH, Onoma Basileias (Byzantina Vindobonensia 10, 1978).

Augustus (Ikonographie). A., röm. Ks. (princeps), 31 v. Chr. – 14 n. Chr., fand durch Lk 2, 1 (Gebot der Volkszählung) Eingang in die Darstellung der Weihnachtsgeschichte. Von den kgl. Reitern auf den vier Tieren, die nach Dan. 7 die vier Weltreiche des Altertums versinnbildlichen, wird der Reiter mit dem zehnfach gekrönten Löwen als A. gedeutet. Die häufige Darstellung des A. und der Sibylle von Tibur gründet sich auf eine byz. Legende: Auf die Frage, wer größer sei als er und nach ihm regieren werde, wies die Sibylle auf die Erscheinung der Madonna in der Mittagssonne hin; in der Regel kniet im Vordergrund A., neben ihm steht die Sibylle und weist auf die Himmelserscheinung. – In dem wohl in Köln um 1000 entstandenen Lotharkreuz des Aachener Münsterschatzes ist ein Kameo mit dem Bildnis des A. verwendet. → Antikenrezeption, → Neun gute Helden. G. Binding

Lit.: LCI I, 225-227 – RDK I, 1268-1276.

Aukštaiten, Hochlitauen (von litauisch *aukštas* 'hoch'), Kerngebiet der → Litauer zw. den Mittelläufen der Memel (litauisch Nemunas, poln. Niemen) und deren ö. Nebenflüssen Nėris (polni. Wlja) und Nevežys (poln. Niewiaža). Der Name (Austechia, Ousteten, Austeyten, Austeten, Austenten terra, terra superior, aber auch Ousteten populus) ist seit dem Ende des 13. Jh. belegt und bezeichnet sowohl das Land als auch die Bevölkerung, wird aber auch als Synonym für → Litauen, Litauer gebraucht. Er wurde wohl von den → Schemaiten für ihre ö. Nachbarn gebraucht (»Samoyte vero Lythwaniam appellant Aukstote, quod est terra superior respectu terre Samoytarum«; Gf. Witowt v. Litauen 1420 an Ks. Siegmund [Cod. epistolaris Vitoldi, ed. A. PROCHASKA, 1882, Nr. 861, 467 = Monumenta Medii Aevi Historica res gestas Poloniae illustrantia VI]). A. umfaßte die vier »Länder« (provinciae, terrae) Nalsen, Litauen im engeren Sinne (Lettovia, 1260), in dem die Burg des → Mindowe, Kernavė am Nėris und wohl auch Traken (litauisch Trakai) lagen, Dewilto mit den Burgen Wilkomir (litauisch Ukmergė) und →Wilna (litauisch Vilnius) und Opiten (Upite), das an → Semgallen grenzte. Von den Nachbarn trennten A. breite Grenzsäume. M. Hellmann

Lit.: Lietuviu Enciklopedija I, 1953, 428 – H. ŁOWMIAŃSKI, Studja nad poczutkami społeczeństwa i państwa litewskiego, 2 Bde, 1931 – H. MORTENSEN, Landschaft und Besiedlung Litauens in frühgesch. Zeit (BL I), 330-349.

Aula bezeichnet in der Antike den atriumartigen Hof bzw. die Hofhalle, im frühchr. Abendland einen großen kirchl. Raum, seit merow. Zeit zumeist einen profanen Saalbau bzw. die Abtswohnung (St. Galler Klosterplan), jeweils gleichbedeutend mit palatium, seit karol. Zeit vornehml. profane Anlagen mit einem Saal im Obergeschoß, in → Pfalzen die aula regia mit dem Saal des Reiches (Aachen, Ingelheim, Frankfurt, Goslar). Als Bauform ist die karol. *aula regia* ein querrechteckiger, zumeist ost-west-gestreckter Bau mit Untergeschoß und einem über ein Solarium (wohl teilweise hölzerner über Außentreppen erreichbarer Vorbau) zugängl. Obergeschoß, dessen Decke oder offener Dachstuhl von einer Mittelstützenreihe getragen wird. Der Thron steht auf der dem Eingang gegenüberliegenden Langseite, in Aachen vor einer Exedra. Der quergerichtete Saal wird auch in otton.-sal. (Paderborn, Bamberg) und stauf. → Pfalzen (Gelnhausen, Wimpfen) beibehalten und in den → Palas auf Burgen übernommen (Wildenburg, Münzenberg). G. Binding

Lit.: RDK I, 1277-1279 [Lit.] – L. HUGOT, Die Pfalz Karls d. Gr. in Aachen (Karl d. Gr. III, 1965), 534-572 – G. BINDING, Burg und Stift Elten am Niederrhein, Rhein Ausgr. 8, 1970, bes. 97-100 – DERS., Die karol. Königshalle (Die Reichsabtei Lorsch 2, hg. F. KNÖPP, 1977), 273-297.

Aula Regia. [1] *Begriffsbestimmung:* Polit. Versammlung des Westgotenreiches, die sich nach SÁNCHEZ-ALBORNOZ vom germ. Senatus herleitet, den sie von den ersten Jahren des 7. Jh. an ersetzte, nachdem eine Wende der kgl. Politik den Verfall und Untergang einiger traditioneller Adelsgruppen bewirkt hatte. Gemäß der Tradition der spätröm. Kaiserzeit bildete zunächst das Palatium oder der Königshof den Kern der A. Ihre Mitglieder genossen Privilegien, ihre Familien betreffend, und darüber hinaus in Strafsachen und bei Prozessen. Sie mußten dem Herrscher einen Treueid leisten.

[2] *Struktur:* Angehörige der A. waren nach byz. Vorbild neben den Hofbeamten (Kämmerer = comes cubicularium, Truchseß = comes scanciarum, Marschall = comes stabuli) und den Leitern der Zentralverwaltung (Kanzler = comes notariorum, Schatzmeister = comes thesaurorum, Verwalter der Krongüter = comes patrimonii), die zum officium palatinum zählten: 1. magnates, die am Hof lebten; 2. comites und duces, Vertreter der Zentralgewalt in der Verwaltung der Provinzen; 3. comi-

tes mit richterl. Funktionen innerhalb der Städte (comites civitatum); 4. Führer der einzelnen Heeresabteilungen (comites exercitus); 5. Mitglieder, die vom Kg. direkt benannt wurden; 6. proceres, die den Herrscher in rechtl. oder polit. Angelegenheiten berieten; 7. einige gardingi oder Angehörige des niederen Adels.

[3] *Funktionen:* Vornehmlich beratenden Charakters stellte die A. nie eine dauernde und einheitl. Versammlung dar, sicherte sich aber ein Mitspracherecht bei der Königswahl und beriet den Kg. bei der Gesetzgebung, in der Justizverwaltung und Außenpolitik. Nachfolger der A. ist das Palatium der asturisch-leones. Kg.e im FrühMA, dessen Wiedererrichtung in Oviedo Alfons II., »el Casto«, zu verdanken ist.

[4] *Beziehungen:* Die A. stand in Verbindung zu den Konzilien v. Toledo, die gesetzgeber. Gewalt hatten und Regierungsfunktionen ausübten. Seit dem Toletanum IV (633) nahmen die wechselseitigen Beziehungen eine bes. Form an wegen wichtiger Beschlüsse, die von einigen magnates der A. getroffen wurden. M. J. Peláez

Lit.: M. TORRES, El Estado visigótico, AHDE 3, 1926, 307-475 – C. SÁNCHEZ-ALBORNOZ, El A. R. y las Asambleas políticas de los Godos, CHE 5, 1946, 5–110 – P. MERÊA, Sobre a organização judicial visigótica e postvisigótica (Ders., Estudos do direito visigótico), 1948, 286-297 – R. D'ABADAL I DE VINYALS, Dels visigots als catalans I, 1968, 62–67 – E. A. THOMPSON, The Goths in Spain, 1969 – L. GARCÍA DE VALDEAVELLANO, Curso de Historia de las Instituciones españolas, 1975⁴, 196ff. – C. SÁNCHEZ-ALBORNOZ, El »palatium regis« asturleonés, CHE 59-60, 1976, 5–104 – M. AVILÉS-S. MADRAZO-S. PALACIOS, La España visigoda, 1973, 108ff. – J. M. LACARRA–O. ENGELS, HEG I, 440ff. – J. ORLANDIS, La España visigoda, 1977, 214-216.

Auld Alliance (Old Alliance), Bezeichnung für das Bündnis zw. → Schottland und → Frankreich im SpätMA. Als Beginn der A. A. gilt gelegentl. die Beteiligung des schott. Kg.s Wilhelm I. an einer vom frz. Kg. geführten Koalition (1173). Doch erst seit 1295 wurde die frz.-schott. Allianz zu einem festen Bestandteil europ. Diplomatie. Ihr Abschluß war Ausdruck der Loslösung des Kg.s v. Schottland, Johann (John → Balliol), von seinem Oberlehensherren, Eduard I. v. England; das Bündnis leitete die Periode der engl.-schott. Auseinandersetzungen ein, die bis in das 16. Jh. reichten (→ Unabhängigkeitskrieg, schott.; → England).

Der Vertrag von 1295, der eine offensive und defensive Allianz gegen England darstellte, wurde mit ähnlichen Bedingungen 1326, 1371, 1391, 1428, 1448, 1484, 1492, 1512, 1522, 1548 und 1558 erneuert. Im 15. Jh. waren schott. Söldnertruppen an der Vertreibung der Engländer aus Frankreich beteiligt; ebenso nahmen in Schottland um die Mitte des 16. Jh. frz. Truppen am Kampf gegen die engl. Invasoren teil. Mit dem Vertrag v. Edinburgh (1560) kam die A. A. fakt. zu ihrem Ende. R. Nicholson

Lit.: R. NICHOLSON, The Franco-Scottish and Franco-Norwegian Treaties of 1295, SHR 38, 1959 – The Edinburgh Hist. of Scotland, 2, 3, 1974, 1965 [R. NICHOLSON, G. DONALDSON], passim.

Aulen, Johannes, dt. Komponist des 15. Jh., von dem nur eine dreistimmige Messe erhalten ist, diese jedoch in den fünf Haupthandschriften der Zeit. Ihre Faktur läßt auf eine Chanson-Vorlage schließen, die indes noch nicht eruiert werden konnte. Ihre Bedeutung liegt darin, daß es sich offenbar um ein wichtiges Werk handelt (nach BESSELER um 1470 anzusetzen), das noch vor der sog. »ersten deutschen Komponistengeneration« des Adam v. Fulda entstand. Ob der in den Hss. nur als »Aulen« bezeichnete Komponist identisch ist mit dem »Johannes Aulen«, dessen Josquin-verhaftete vierstimmige Motette »Salve virgo virginum« der Petrucci-Druck von 1505 überliefert, ist in der Musikwissenschaft umstritten. H. Leuchtmann

Q.: Hss. München mus. 3154, Berlin 40021, Leipzig 1494, Breslau Mf 2016, Regensburg B 216-219 – Motetti libro quarto, Petrucci Venedig 1505 (RISM 1505⁵) – Ed.: A., Missa zu 3 Stimmen, hg. H. BIRTNER, Das Chorwerk 31, 1934, 1954² – Lit.: H. J. MOSER, Gesch. der dt. Musik I, 1920, 1930⁶ – K. DÈZES, Der Mensuralkodex des Benediktinerklosters Sancti Emmerami zu Regensburg, Zs. für Musikwiss. 10, 1926/27, 65ff. – F. FELDMANN, Der Codex Mf 2016 des Musik. Instituts bei der Univ. Breslau, 2 Bde, 1932 – W. EHMANN, Adam v. Fulda als Vertreter der ersten dt. Komponistengeneration, 1936 – E. REESER, Een isomelische mis uit den tijd van Dufay, TVer 16, 1946 – H. BESSELER, Das Lochamer Liederbuch aus Nürnberg, MfM 1, 1948 – J. DANISKAS, Een bijdrage tot de geschiedenis der parodie-techniek, TVer 17, 1948 – H. BESSELER, Bourdon und Fauxbourdon, 1950, 1974² [Kap. XII].

Aulnay (auch Aunay; Aunedonacum nach der Tabula Peutingeriana), Ort in W-Frankreich (Dép. Charente-Maritime). Die im Poitou an der Grenze zur Saintonge an der Straße von Poitiers (im pagus Briosensis, Brioux-sur-Bouronne) nach Saintes liegende Siedlung wurde durch die Gf.en v. → Poitiers am Anfang des 10. Jh. zum Sitz einer (bald erblichen) *vicomté* erhoben, wohl aus strateg. Gründen. Sie dürfte ursprgl. A. und Melle umfaßt haben. Um 1020 wurden die vicomtés A. und Melle durch Wilhelm d. Gr. an den Gf.en v. Angoulême, Wilhelm (Guillaume Taillefer) abgetreten, doch um 1030 zurückgegeben. Kirchl. unterstand A. bis 1119/22 der Abtei St-Cyprien in → Poitiers; danach wurde es an das Domkapitel v. Poitiers abgetreten, das dort um die Mitte des 12. Jh. die bedeutende roman. Kirche St-Pierre errichten ließ, eine berühmte Station am Pilgerweg nach → Santiago de Compostela. J.-C. Poulin

Lit.: A. RICHARD, Hist. des comtes de Poitou, I, 1903 – R. DE LA COSTE-MESSELIÈRE, Note pour servir à l'hist. de Melle, Soc. antiq. de l'Ouest, 1957 – M. GARAUD, Les châtelains de Poitou et l'avènement du régime féodal, XIᵉ et XIIᵉ s., 1967 – R. CROZET, A.-de-Saintonge, 1972.

Aumale

I. Die Grafschaft Aumale – II. Die englische Grafenwürde nach 1204.

I. DIE GRAFSCHAFT AUMALE: A., Stadt und Gft. im Grenzgebiet der → Normandie zu → Ponthieu (heute Dép. Seine-Maritime). Die Gft. A. existierte im Unterschied zu den Gft.en Hiesmois, Ivry und → Mortain anscheinend in älterer Zeit noch nicht; vielleicht wurde sie von Wilhelm dem Eroberer geschaffen. Im 9. Jh. war A. lediglich eine Herrschaft, die dem Ebf. v. Rouen gehörte. 966 errichtete Warinfrid (Guérinfroy) dort eine Burg. Sein Enkel Engrand de Pontieu (Ingrannus, Enguerrand) heiratete Alis, die Schwester Wilhelm des Eroberers, von der er eine Tochter, gleichfalls Alis gen., hatte, die sich 1063 mit ihrem Vetter Odo v. Champagne vermählte. Beider Sohn Stephan, Gf. v. A., übergab die Burg Wilhelm dem Roten. Als 1091 zw. Wilhelm und Robert Kurzhose Frieden geschlossen wurde, kam die Burg und Gtt. wieder unter die Oberhoheit Roberts. 1096 verband sich Stephan jedoch erneut mit Wilhelm, später, 1103-04, mit Heinrich I. v. England [Henri Beauclerc], von dem er 1118 abfiel, um die Partei von Wilhelm (Guillaume) Clito zu ergreifen; eine erneute Rebellion versuchte er 1126-27. 1138 schloß sich sein Sohn, Wilhelm v. A. († 1178), Kg. → Stephan v. Blois an und wurde von ihm zum Gf.en v. York erhoben. Er war ein treuer Anhänger Heinrichs II. 1173 mußte er seine Gft. gegen den Gf.en v. Flandern verteidigen. Wilhelms Tochter und Erbin, Hawise (Hadwig), brachte die Gft. in ihre Ehe mit Wilhelm v. Mandeville, Gf. v. Essex, ein. Nach dessen Tod heiratete sie Guillaume des Forts (Forz). Der Sohn aus dieser Ehe, Guillaume († 1241), wurde Gf. v. A. Nach der Eroberung der Normandie durch Philipp II. August ging die Gft. 1204 an Renaud de Dammartin über, danach an den frz. Königssohn Philippe Hurepel, der die Tochter Renauds geheiratet hatte, 1260 schließlich an ihre Nichte, die Kgn. v. Kastilien und

León. 1342 war die Gft. im Besitz der Familie d'Harcourt. 1419 wurde sie von Kg. Heinrich V. v. England an seinen Bruder Thomas, Hzg. v. Clarence, übergeben. Nach der Vertreibung der Engländer brachte sie Marie, Tochter Johanns VIII. v. Harcourt, in die Ehe mit Antoine de Vaudémont et de Guise ein. J. Boussard

II. DIE ENGLISCHE GRAFENWÜRDE NACH 1204: Nach dem Verlust der Gft. A. in der Normandie (1204) verblieb den Trägern des Grafentitels, der Familie Des Forts (de Forz) ihr bedeutender engl. Besitz (Holderness in Yorkshire), dem um die Mitte des 12. Jh. Skipton (Yorkshire) und Cockermouth (Cumberland) hinzugefügt wurden. Gf. Guillaume (William) de Forz (1214–41), einer der 25 adligen Urheber der → Magna Charta, schwankte zw. der Parteinahme für Johann und dessen Gegnern. 1219–20 unternahm er eine erfolglose Rebellion. Nach dem Tod der Aveline de Forz (1274) wurde der Besitz von Eduard I. erworben; die Krone kaufte ihn von einem Adligen, der unrechtmäßig Anspruch darauf erhoben und dabei zunächst die kgl. Unterstützung gefunden hatte. Die Ländereien, die die Mitgift bildeten, kamen 1293 nach dem Tode der Isabelle de Forz in kgl. Hand. Die Verwaltung der Länder ist gut belegt, da Holderness durch seine Wollproduktion bedeutend war. – Zum Hzg. v. A. (1397) → Edward v. York. M. C. Prestwich

Lit.: Peerage I, 354–357 – E. SEMICHON, Hist. de la ville d'A., 1862 – W. FARRER, Early Yorkshire Charters, Yorkshire Archaeological Society III, 1916, 87 [Genealogie] – N. DENHOLM-YOUNG, Seignorial Administration in England, 1937 [Neudr. 1963] – J. BOUSSARD, Le gouvernement d'Henri II Plantegenêt, 1956 – J. DAOUST, A. Un millénaire d'hist., Études normandes 23, 1974.

Aumônerie (elemosinaria). [1] *Am frz. Königshof:* Die elemosinaria, deren Aufgabe es war, → Almosen an die Armen zu verteilen (→ Armut), war seit dem 11./12. Jh. eines der Ämter in Kl., Stiften und sonstigen geistl. Institutionen (→ elemosinaria). Kg. Philipp II. August v. Frankreich richtete nach dem Vorbild des engl. Kg.s Heinrich II., der in seinen letzten Regierungsjahren eine A. geschaffen hatte, bei der Rückkehr vom Kreuzzug eine kgl. A. ein, deren Funktionen von denen der Kleriker der → Chapelle, die den Gottesdienst zu versehen hatten, und denen des *confesseur du roi* (→ Beichtvater des Kg.s) getrennt waren. In der 2. Hälfte des 13. Jh. und bes. am Anfang des 14. Jh. entwickelte sich die A. zu einem wichtigen Amt des → Hôtel du roi. An ihrer Spitze stand der *aumônier* (elemosinarius, Almosenier), dem ein *sous-aumônier* und ein *clerc de l'A.*, der für die Rechnungslegung zuständig war, zur Seite standen, ferner mehrere Gehilfen (*valets de l'A.*), die bes. für die Vergabe von Almosen an Kranke, die zur Heilung der → Skrofeln durch den Kg. kamen, zuständig waren. Der Almosenier verteilte die gewöhnl. Almosen des Kg.s an die Klöster, Einsiedeleien, Spitäler und Siechenhäuser, die in einem Verzeichnis aufgeführt waren, das unter Philipp August angelegt und unter Ludwig d. Hl. in seine endgültige Form gebracht worden war. Er verteilte ferner die gelegentl. und ständigen Almosen, die in den Testamenten und Stiftungen der Prinzen vorgesehen waren sowie die milden Gaben, die der Kg. täglich Konventen, Kirchen, Leprosorien, kinderreichen Frauen und sonstigen Bedürftigen zukommen ließ. Daneben war er auch für die Ausführung von Gelübden und Wallfahrten des Kg.s zuständig. In der Kanzlei unterstand der A. die Bewilligung bzw. Bestätigung von Privilegien, um die geistl. Institutionen nachgesucht hatten; sie entschied auch über Befreiungen der Kl., Stifte usw. von bestimmten Steuerlasten. Ihre Verantwortlichkeit wurde zunehmend auf das Netz der Spitäler, Hospize und Siechenhäuser der kgl. Domäne, später des gesamten Kgr.es ausgedehnt. Die A. kontrollierte diese Einrichtungen und bestimmte oder bestätigte die Spitalmeister. Sie hatte das Recht, Kranken dort Eingang zu verschaffen oder ihnen die Gewährung von Pfründen zu erwirken. Unter Franz I. nahm das Amt den Namen *Grande A. de France* an. – Die frz. Fs.en schufen an ihren Höfen entsprechende Aumônerien. R. H. Bautier

[2] *An der päpstl. Kurie in Avignon* (→ Kurie, röm. in Avignon) teilte sich das Amt des Almoseniers seit Johannes XXII. allmähl. in das Amt des eng mit dem Papst verbundenen elemosinarius secretus, der für die privaten Almosen des Papstes zuständig war, und in das der Panhota (it. *Pignotta*), die seit Benedikt XII. täglich eine festgelegte Zahl von Bedürftigen zu versorgen hatte und außerdem den päpstl. Haushalt mit Schwarzbrot versah.
B. Schimmelpfennig

Lit.: P. PANSIER, L'A. de la Pignotte, Annuaire Soc. des amis du Palais des Papes, 1934 – B. GUILLEMAIN, La cour pontificale d'Avignon, 1962, 409–475 – B. SCHIMMELPFENNIG, Die Organisation der päpstl. Kapelle in Avignon, 1971, bes. 95f. (QFIAB 50) – R.-H. BAUTIER, Les aumônes du roi aux maladreries, maisons – Dieu et pauvres établissements du royaume (Actes du 95e Congr. nat. des siciétés savantes, Nantes 1972: Assistance et assistés).

Aunacharius (Aunarius, frz. Aunaire), Bf. v. Auxerre, hl., † 25. Sept. (605/vor 614), ▭ St-Germain d'Auxerre. A. stammt aus einer führenden Familie v. Orléans; sein Bruder Austrenus wird 587 Bf. dieser Stadt, seine Schwester, die hl. Austregildis oder auch (cognomento) Aga/Agia (Verehrung am 9. Okt. und 1. Sept.) ist die Mutter des hl. Bf. → Lupus v. Sens, dem seine relativ gute Vita kgl. Abkunft zuschreibt (wohl mütterlicherseits!; MGH SRM IV, 179). In seiner Jugend war A. am Hofe Kg. Gunthrams (561–592), bevor er ohne Wissen der Eltern am Grabe des hl. Martin in Tours in den geistl. Stand übertrat, worauf er von Bf. Syagrius v. Autun für ein Kirchenamt vorbereitet wurde. An einem 31. Juli (Martyrolog. Hieron.) nach 561/vor 573 (vielleicht 567, einem Sonntag) wurde er zum Bf. der Kirche v. Auxerre geweiht, die er nach Aussage seiner beiden Biographen 43/44 Jahre regiert hat. A. ist als Teilnehmer der Konzilien v. Paris (573) und Mâcon (581/583 und 585) bezeugt, 589 war er zusammen mit anderen Bf.en mit dem Skandal der Königstöchter im Kl. Ste-Croix (Poitiers) beschäftigt (Gregor v. Tours, Hist. Franc. IX, 41), wobei er am 11. Nov. 589 in Tours mit Bf. Gregor zusammentraf. 585/592 hielt A. in Auxerre eine Diözesansynode ab, deren ausführl., von Kg. Gunthram bestätigte Bestimmungen v. a. liturg. und disziplinar. Natur (z. B. Einführung regelmäßiger Synoden) eine gut organisierte bfl. Kirchenherrschaft bezeugen, die sich auch über die Kl. der Diöz. ausdehnt. Dem entspricht seine »Institutio de rogationibus et vigiliis« (585/592), eine sich über die gesamte Diöz. erstreckende liturg. Gebetsorganisation. Von 580 und 586 (?) sind zwei Briefe des Papstes Pelagius II. an A. erhalten (MGH Epp. Karol. I, 448f.), von denen der erste mit der Bitte um Intervention des A. bei »seinen Kg.en« (gegen die Langobarden) einen polit. Einfluß des Bf.s voraussetzt. Erwähnt wird ebenfalls eine Reliquiensendung, die A. sowie ein Kg. (Gunthram?) angefordert hatten und die wohl zur Ausstattung zahlreicher Neugründungen von Kirchen (in Auxerre?) dienten. Von seinen Bemühungen um den Heiligenkult seiner Diöz. zeugen sein Brief an den presbyter Stephanus mit dem Auftrag, eine metrische Vita seines Vorgängers → Germanus und eine prosaische Biographie des Bf.s → Amator zu verfassen (MGH Epp. Karol. I, 446f.; Antwortschreiben ebenda 447f.; die metrische Vita ist nicht erhalten), v. a.

aber die zu seiner Zeit erfolgte Zusammenstellung eines ausführl. Heiligenkalenders v. Auxerre, der im → Martyrolog. Hieron. erhalten ist. Quellen zu seinem Leben sind v. a. eine Vita in den »Gesta pontificum Autissiodorensium«, 19 (BHL 806, v. J. 875) und eine andere Vita (BHL 805), die möglicherweise mit dem »Libellus de vita ipsius« identisch ist, der in den Gesta genannt wird.

M. Heinzelmann

Lit.: AASS Sept. VII, 1760, 86–111 – L. DUCHESNE, FE 2, 1910², 430 bis 446 – Vies des Saints IX, 1950, 518–520 – H. ATSMA, Kl. in Gallien [Diss. masch. Mannheim 1971], 111–131, bes. 254–295.

Aunis, ehemalige Provinz an der frz. Atlantikküste (heut. Dép. Charente-Maritime) an der Mündung der Küstenflüsse Charente und Sèvre niortaise. Das A. umfaßte seit dem 10. Jh. kultivierte Marsch- und Sumpfgebiete sowie (im weiteren Sinne) die Inseln Ré, Aix und Oléron. Seine Wirtschaft beruhte v. a. auf der Produktion von Salz, Waid und Wein sowie auf dem Seehandel. Durch die Grenzlage zw. den Gebieten der frz. und der engl. Krone in West-Frankreich besaß die Landschaft, bes. im SpätMA große strateg. Bedeutung. Der pagus Alnensis leitet seinen Namen zweifellos von dem Personennamen Alio her, der für die wichtigste Herrschaft des Gebietes Châtelaillon (Castrum Allionis) namengebend wurde. Kirchl. größtenteils zum Bm. → Saintes gehörig, unterstand das A. der Oberhoheit der Gf.en v. → Poitiers; die bedeutendsten Adelsgeschlechter waren Aigrefeuille, Châtelaillon, Marans, Mauzé, Rochefort, Surgères; einige Lehen waren im Besitz der Häuser Mauléon und der Gf.en v. → Angoulême. Isembert, Herr v. Châtelaillon, trat um die Mitte des 11. Jh. die Insel Aix an Cluny ab; sein Sohn Eble (Ebulus) gewann sie jedoch zurück und bemächtigte sich Olérons; exkommuniziert (erstmals 1086), sah er sich gezwungen, die Insel wieder preiszugeben (1096). Sein Sohn Isambert, Herr v. Châtelaillon, Ré und Oléron, verlor nach mehr als einjähriger Belagerung durch den Gf.en v. Poitiers sein gesamtes Herrschaftsgebiet bis auf Ré (1131). Der Gf. v. Poitiers gründete in A. gemeinsam mit Bernhard v. Clairvaux die Abtei La Grâce-Dieu (1136). Eble (Ebulus) v. Mauléon und Geoffroy (Goffredus) v. Rochefort, Verwandte Isamberts, erlangten in der Folgezeit einen Teil der Besitzungen zurück. Durch die Heirat Kg. Heinrichs II. v. England mit Eleonore v. Poitou fiel das A. mit den übrigen südwestfrz. Gebieten an England (→ Angevin. Reich).

Die Stadt → La Rochelle, zu Beginn des 12. Jh. gegr., entwickelte sich in kurzer Zeit zum Knotenpunkt zw. England, Normandie und Bretagne einerseits und den südwestfrz. Besitzungen der engl. Krone andererseits und verlieh dem A. eine beherrschende strateg. und wirtschaftl. Bedeutung innerhalb des Angevin. Reichs, die sich bereits in den Auseinandersetzungen zw. dem engl. Kg. Heinrich II., dem das A. als Basis diente, und seinem aufständ. Sohn Richard Löwenherz, der sich auf die Barone der benachbarten → Saintonge stützte, bemerkbar machte. Bei der frz. Eroberung des Angevin. Reiches (1204) besetzte Kg. Philipp II. August zwar das Poitou und die Saintonge, nicht aber La Rochelle. Der engl. Kg. Johann Ohneland landete dort 1206; ebenso war die Hafenstadt der Ausgangspunkt seiner großen Offensive i. J. 1214 (→ Johann Ohneland, → Philipp II. August). Der frz. Kg. Ludwig VIII. besetzte 1224 das A., dessen Besitz jedoch durch ständige Angriffe der engl. Flotte von Ré und Oléron aus gefährdet war. Im Vertrag v. Clisson (1230) wurde das A. Hugo v. Lusignan, Gf. der Marche (⚭ Isabella v. Angoulême, Witwe von Johann Ohneland) übertragen – als Pfand für die im Vertrag v. Vendôme (März 1227) vorgesehene Heirat zw. dem Erben Hugos und Isabellas v. Angoulême mit der Schwester Kg. Ludwigs IX. d. Hl., Isabella. Obwohl die geplante Ehe nicht zustande kam, bemächtigte sich Ludwig 1243 (Schlacht bei Taillebourg) des A., dessen Abtretung nach seiner Auffassung auf unrechtmäßige Weise erfolgt war. Hugo vermochte sich trotz der Aufbietung einer Liga, an der sich u. a. die Kg.e v. England, Navarra und Aragón sowie der Gf. v. Toulouse beteiligten, nicht zu behaupten.

Nun wurde das A. (Magnum feodum Alnisie, »Terre« oder »Grand fief d. A.«) Bestandteil der → Apanage → Alfons' v. Poitiers, des Bruders Ludwigs IX.; es bildete eine der *prévôtés* der *sénéchaussée* → Saintonge. Im frz.-engl. Vertrag v. Paris (1259) gab der engl. Kg. Heinrich III. alle Ansprüche auf Poitou, A. und Ré preis, behielt aber Oléron (Apanage Eduards [I.]); die Besitzverhältnisse in der Saintonge südl. der Charente sollten dagegen erst nach Alfons' Tod geregelt werden. Doch legte Kg. Philipp III. nach Alfons' Ableben (1271) sogleich die Hand auf A. und Saintonge. Im Vertrag v. Paris (Aug. 1286) mußte der engl. Kg. Eduard I. gegen eine Rente von 3000 l. auf alle Rechte am A. Verzicht leisten. Das A. wurde wie das Poitou zur Apanage Philipps, Gf.en v. Poitiers, seit 1316 Kg. (Philipp V.). 1317 erhob Johannes XXII. die Benediktinerabtei Maillezais zum Bm., dessen Diözesangebiet von Saintes abgetrennt wurde (1648 nach La Rochelle verlegt).

Alle krieger. Auseinandersetzungen zw. England und Frankreich (z. B. Plünderungszüge der anglo-gascogn. »Bâtards« 1327–30) fanden ihre Entsprechung in Feindseligkeiten zw. den Seeleuten des anglo-gascogn. Bereiches und denen von La Rochelle. Im Verlauf des → Hundertjährigen Krieges war das A. heftig umkämpft (so ab 1346). Infolge des Vertrags v. → Brétigny (1360) gingen A. und Saintonge an Eduard III. über – trotz des Widerstandes von La Rochelle, wo Eduard, Hzg. v. Guyenne, der »Schwarze Prinz«, jedoch 1362 seinen Einzug hielt. Die Kampfhandlungen begannen 1370 erneut mit einem Gefecht zw. den frz.-kast. und den engl. Flotten; das A. erhob sich gegen die Engländer. Nach dem Sieg des frz. Heerführers → Du Guesclin bei Chiré (1372) wurde das A. zurückerobert und die Insel Oléron der Krondomäne einverleibt. 1373 wurde eine eigene Regierung für das A. mit Sitz in La Rochelle errichtet, der die Kastellaneien Benon und Rochefort und das *bailliage* Marennes unterstanden (in der Folgezeit mehrfach mit der *sénéchaussée* Saintonge verbunden). 1388 erfolgte eine engl. Landung und 1462 ein erneuter engl. Eroberungsversuch. 1463 wurde das »Grand fief d'A.« der Königinmutter Marie v. Anjou als Witwengut übertragen. Auch nach der Errichtung des Parlements v. → Bordeaux (1463), dem die Saintonge unterstellt wurde, blieben das A. und die Gebiete zw. Sèvre und Charente dem Parlement v. Paris zugeordnet. Karl (Charles de France), Bruder Kg. Ludwigs XI., hielt, zum Hzg. der Guyenne ernannt, 1468 seinen Einzug in La Rochelle. Nach der Empörung Karls gegen seinen kgl. Bruder eroberte Ludwig XI. jedoch das A. und gliederte La Rochelle erneut der Krondomäne ein. → St-Jean-d'Angély.

R.-H. Bautier

Q. und Lit.: vgl. allgemein: Archive hist. de Saintonge et Aunis, 49 Bde, 1874–1935 (abgekürzt: AHSA) – ABBÉ J. LAFERRIÈRE, Diocèses de La Rochelle et de Saintes. L'art en Saintonge et en A., 8 Bde, 1879–82 – G. MUSSET, Gloss. des patois et des parlers de l'A. et de la daintonge, 5 Bde, 1929–48 – Q.: P. MARCHEGAY, Notices et pièces hist. sur l'Anjou, l'A. et La Saintonge, 1872 – A. BARDONNET, Le terrier du Grand fief d'A. Texte français de 1246, Mém. Soc. Antiquaires Ouest 38, 1874–75, 55–296 – L. DE RICHEMOND, Doc. hist. inédits sur le dép. de la Charente-Maritime d'après les mss. originaux appartenant au duc de La

Trémoille, 1874 – Doc. originaux et inédits sur l'A., Chron. charentaise, 1876–77 – Doc. inédits sur la Saintonge et l'A. du XIIe au XVIIIe s., AHSA 5, 1878 - P. GUÉRIN, Doc. inédits relatifs à l'hist. de la Saintonge et de l'A., extraits des registres du Trésor des chartes, 1301–1321, AHSA 12, 1884, 11–245 – Cart. de l'abbaye de la Grâce-Notre-Dame, AHSA 11, 1887 – G. MUSSET, Cart. de l'abbaye royale de St.Jean-d'Angély, 2 Bde, 1901–03 – Lit.: GChr, II, 1362ff. – L. E. ARCÈRE, Hist. de la ville de La Rochelle et du pays d'A., 2 Bde, 1741–42, 1757² – D. MASSIOU, Hist. politique, religieuse et civile de la Saintonge et de l'A., 6 Bde, 1838–40 – J.L., Les quatre premières baronnies de la province d'A., Bull. Soc. Arch. Hist. Saintonge et A., 1, 1876 – G. MUSSET, La formation du pays d'A., Association française pour l' avancement des sciences, 10, 1882–83, 43–51 – L. BRUHAT, Le monachisme en Saintonge et A. (XIe–XIIIe s.). Étude administrative et économique, 1907 – D. BEAUNIER–J. M. BESSE, Abbayes et prieurés de l'ancienne France, Bd III, Prov. ecclés. d'Auch et de Bordeaux, 1910 (§ V, Dioc. de la Rochelle, 148–171) [Lit.] – P. BOISSONADE, La renaissance et l'essor de la vie et du commerce maritime en Poitou, A. et Saintonge du Xe au XVe s., RHES, 1924 – F. DE VAUX DE FOLETIER, Hist. d'A. et de Saintonge, 1929 – E. TROCMÉ–M. DELAFOSSE, Le commerce rochelais de la fin du XVe s. au début du XVIIe, 1952 – M. DELAFOSSE, La Rochelle ville océane, 1953 – J. TALBERT–R. CROZET, Petite hist. du Poitou, Angoumois, et Saintonge, I [o.J.] – J. M. DEVEAU, Hist. de l'A. et de la Saintonge, 1974.

Auraicept na nÉces, air. Traktat über die Sprache. Er behandelt die Klassifikation der Buchstaben im Ir. und Lat., genera und andere Unterscheidungen, Alphabete (einschl. → Ogam) etc. mit verbalen und nominalen Paradigmen aus dem Air. Der Traktat wird (möglicherweise zu Recht) → Cenn Fáelad († 679) zugeschrieben. Der überlieferte Text ist in neuerem Ir. stark glossiert, wobei lat. Grammatiker zitiert werden. A. Ahlqvist
Ed.: G. CALDER, 1917 [beruht auf sieben von elf heute bekannten, voneinander unabhängigen Hss.] – Lit.: R. THURNEYSEN, Zs. für celt. Philol. 17, 1928, 277–303; 19, 1932, 128 – A. G. VAN HAMEL, Mededeelingen der K. Nederlandse Akademie van wetenschappen. Afdeling Letterkunde 9, 1946, 295–339 – A. AHLQVIST, Ériu 25, 1974, 181–186.

Aure, Tal und Seigneurie am Nordhang der Pyrenäen, im Bm. Comminges. Die Gf.en v. A. sind seit Ende des 10. Jh. bezeugt; ihre Herkunft ist ungeklärt. Sie wurden gezwungen, den Gf.en v. Bigorre im 1082 den Lehenseid zu leisten. Die mit ihnen verwandten Herren v. Labarthe traten um 1235 im A. ihre Nachfolge an, brachen mit den Gf.en v. Bigorre und unterstellten sich 1372 den Gf.en v. → Armagnac. 1398 ging die Seigneurie dann durch die Schenkung Jeans de Labarthe gemeinsam mit Magnoac, Barousse und Labarthe, die zusammen mit ihm die Quatre-Vallées bildeten, an Bernard VII. v. Armagnac über.
Die Gf.en v. Armagnac errichteten für das A. eine *sénéchaussée*. Jean V. übergab das Tal seiner Schwester Isabelle (1462–75). Danach wurde das Land in den Konflikt zw. den frz. Kg.en und dem Haus Armagnac hineingezogen, mehrfach konfisziert und 1607 schließlich endgültig mit der Krone vereinigt. Ch. Higounet
Lit.: J. DE JAURGAIN, La Vasconie II, 1902, 391–411 – CH. SAMARAN, La maison d'Armagnac au XVe s., 1907 – H. MOREL, Jean de Labarthe et la maison d'Armagnac. Un épisode de la concentration féodale au XIVe s., AM 61, 1948–49, 275–311.

Aurea-Gemma-Gruppe, Bezeichnung für drei anonyme Traktate (mit Briefmustern) zur → Ars dictaminis, die wohl zw. 1126 und 1136 in Bologna entstanden sind: die A. G. Berolina, Oxoniensis und Willehelmi. Die Traktate gehen auf eine verlorene Vorlage zurück, die z. T. abhängig war von den Praecepta dictaminum des → Adalbertus Samaritanus; sie haben v.a. die Lehre vom Brief und von den Grußformeln ausgebaut. H. M. Schaller
Lit.: H.-J. BEYER, Die »A.G.«. Ihr Verhältnis zu den frühen Artes dictandi [Diss. Bochum 1973].

Aureil, Regularkanoniker-Kongregation. 1080/85 gestattete das Domkapitel von Limoges dem jungen norm. Pilger Gaucher de Meulan († 1140), sich als Eremit in A. niederzulassen (heute Dép. Haute-Vienne, Frankreich); er hielt sich bald darauf eine Zeitlang in → St-Ruf auf. Diese Gründung muß ein Annex des Doms mit Regularverfassung gewesen sein, an dem der Prior Gaucher und seine Nachfolger ihre Präbende hatten. Die seelsorgerl. Fähigkeiten und das lange Leben Gauchers erlaubten es, die kleine Kongregation um die Gründung von Frauenklöstern, um Patronate über alte Kirchen oder neue Kapellen, durch die Wiedererrichtung von Eremitagen und die Annahme von Landschenkungen usw. im Limousin und sogar im südl. Berry auszuweiten. Die Kanoniker v. A. betreuten mit bfl. Genehmigung und mit gelegentl. Hilfe von seiten der Laien mehrere dieser Kultstätten, aber Gauchers Tod hatte die Auflösung oder Emanzipation der Frauenklöster zur Folge, mit Ausnahme des dem Hauptstift am nächsten gelegenen. Im 13. Jh. zählte das Hauptstift außer Oblaten und Novizen ein Dutzend Stiftsherren, zu denen während des jährl. Generalkapitels die klaustrierten Kanoniker zur Rechnungslegung kamen. Die Kongregation ging in den Wirren des ausgehenden MA zugrunde. A. wurde Anfang des 17. Jh. den Jesuiten von Limoges übergeben; dadurch blieben seine Archive erhalten. J. Becquet
Lit.: J. BECQUET, Les chanoines réguliers de Lesterps, Bénévent et A. en Limousin aux XIe et XIIe s., BullSocHistArchéol Limousin 99, 1977, 80–135 [Karte].

Aurelianus

1. A., Metropolit v. → Arles, hl., * 523, † 16. Juni 551, ▭ Lyon (St-Nizier). Wohl auf Grund der bes. Stellung seines Vaters, des Bf.s v. Lyon und ehem. Patrizius Sacerdos († 552) bei Kg. Childebert I., wurde A. zw. dem 22. Mai 545 (JAFFÉ, 915) und dem 23. Aug. 546 (JAFFÉ, 918, 919) Bf. v. Arles; 546 (JAFFÉ, 918) erhielt er durch die Fürsprache Childeberts von Rom die Ernennung zum päpstl. Vikar für Gallien mit dem Auftrag, die frk.-oström. Beziehungen zu überwachen. 549 Anfrage bei Papst Vigilius nach dessen Entscheidung im → Dreikapitelstreit; ein Brief des Papstes vom 29. April 550 (JAFFÉ, 925) an A. enthält die (ausweichende) Antwort mit der Bitte, Kg. Childebert zu einer Intervention zugunsten der röm. Kirche bei dem got. Kg. (Totila) zu veranlassen, der Rom besetzt hatte. In Arles gründete A. das Nonnenkl. Ste-Marie und (zusammen mit Kg. Childebert und Kgn. Ultrogota) das Mönchskl. St-Pierre, für die er jeweils eine Regel verfaßte (MPL LXVIII, 385ff.), die sich sachl. an die seines Vorgängers → Caesarius anschlossen; für St-Pierre erhielt er päpstl. Privilegien (vgl. JAFFÉ, 928). Aus der kurzen Zeit austras. Herrschaft über Arles datiert sein Schreiben an Kg. Theudebert I. († 548) in der Tradition antik-chr. Fürstenspiegel (MGH Epp. Karol. I, 124–126); 549 nahm er am Reichskonzil Childeberts I. in Orléans teil. Die Epitaphien des A. und seines Vaters mit wichtigen Aufschlüssen bezügl. ihrer Personen sind durch einen *Procès-verbal* des Jahres 1308 erhalten. M. Heinzelmann
Lit.: Catholicisme I, 1070 – LThK¹ I, 1107 – M. C. GUIGUE, Procès-verbal de 1308..., Bull. de la Soc. nat. des antiq. de France 1876, 145 bis 158 – L. UEDING, Gesch. der Klostergründungen der frühen Merowingerzeit, 1935 (Hist. Stud. 261), 54ff., 64–67, 75–79 – F. PRINZ, Frühes Mönchtum im Frankenreich, 1965, passim – M. HEINZELMANN, Bischofsherrschaft in Gallien, 1976, 130–152 (Beih. der Francia 5).

2. A. v. Lyon → Lyon

3. A. OSB, Mönch des Kl. St-Jean zu Réomé (Diöz. Langres), schrieb Mitte des 9. Jh. eine »musica disciplina« in 20 Kapiteln. Der zeitl. Ansatz ergibt sich aus der Widmung des Traktates an seinen 843 urkundl. Abt Bernhard (AASSOSB 4, 2, 251), einen Enkel Karls d. Gr., den er als Archicantor und zukünftigen Ebf. bezeichnet. Die Schrift gliedert sich deutlich in zwei Teile: Kap. I–VII geben nach einem teils der Bibel, teils der antiken Sagenwelt entnommenen Abriß über Entstehung und Nutzen der Musik eine größtenteils wörtlich aus Boethius, Cassiodor und Isidor v. Sevilla entlehnte allgemeine Musiklehre, Kap. VIII-XX die älteste bekannte ausführl. Lehre von den Kirchentonarten. So auch der an der Nahtstelle beider Teile stehende Anfang des Kap. VIII ebenfalls von A. und nicht von Alkuin stammt (die Zuweisung dieses zahlreich alleinstehend überlieferten Anfangsteiles an Alkuin stützt sich auf eine einzige spätere Hs.), wäre A. überhaupt der erste, von dem wir die Achtzahl der Kirchentöne und deren Gliederung in authent. und plagale Tonarten erfahren, was von ihm außerdem eingehend erklärt und begründet wird. Den umfangreichsten Teil des Traktates bildet die Beschreibung der einzelnen Kirchentonarten mit ihren jeweiligen Besonderheiten, wozu A. zahlreiche liturg. Gesänge als Beispiele zitiert. Wiederum erstmalig erfahren wir dabei von den sog. Differenzen, die er jedoch auch noch mit anderen Namen belegt (varietates, divisiones u. a.), wie denn überhaupt eine Terminologie der Musik dieser Art bei A. offenbar noch nicht ausgeprägt ist; die musikal. Erscheinungen werden von A. vielmehr mit allgemein sprachl. Mitteln zu erfassen versucht. Auch die Noannoeane-Formeln zur Kennzeichnung der verschiedenen Tonarten werden bei A. erstmalig erwähnt, bei dem auch noch manche andere erst- oder einmalige Hinweise zu finden sind. A. steht somit grundlegend am Anfang einer über die Tradierung antiken Gutes hinausgehenden Musiktheorie des MA. H. Schmid

Ed.: M. GERBERT, Scriptores ecclesiastici de musica sacra I, 28-63 – L. GUSHEE, Aureliani Reomensis Musica disciplina (CSM 21), 1975 – Praefatio und Epilogus (ohne den eigtl. Traktat), ed. E. DÜMMLER, MGH Epp. Karol. VI, 128-131 – Lit.: MGG I, 858f. [dort die ältere, meist überholte Lit.] – MANITIUS I, 444-446 – G. PIFTZNER, Die Klassifikation der Musik von Boetius bis Ugolino v. Orvieto, 1929, 23-24, 58-63 – J. HANDSCHIN, eine alte Neumenschrift, Acta musicologica XXII, 1950 – E. L. WAELTNER, Die »Musica disciplina« des A. R., Ber. über den VII. Intern. Musikwiss. Kongr. Köln, 1958, 287 – DERS., Die Methode terminolog. Unters. frühma. Musiktraktate (Fschr. W. BULST, 1960), 48-60 – J. P. PONTE, A. R. »Musica disciplina« (3 Bde: Ed., engl. Übers. und Komm. [Diss. Waltham/Mass. 1961; die Übers. gedr. als The Discipline of Music (Translations III), 1968]) – L. A. GUSHEE, The »Musica disciplina« of A. of Réomé (2 Bde: Ed. und Komm.) [Diss. Yale Univ. New Haven 1963].

Aurelius, Bf. v. Karthago (391/392-429/430) und Primas von Africa, gab Aurelius Augustinus beständig Rückhalt, bes. bei seinem Kampf gegen den Donatismus. Von seinen kirchenpolit. Bemühungen haben sich einige Briefe und Aktennotizen erhalten. H. Kraft

Ed. und Lit.: CPL 393-396, Briefslg. Augustins Nr. 128 und 129, Collectio Avellana Nr. 36 (CSEL 35, 82) – BARDENHEWER IV, 425f. – SCHANZ-HOSIUS IV, 2, 470f.

Aurembiaix, Gfn. v. → Urgel, † vor dem 29. Sept. 1231, ▭ mit ihrer Mutter Elvira im Zisterzienserinnenkloster S. Hilario bei Lérida. Ihr Erbanspruch auf die Gft. Urgel seit dem Tode des Vaters Ermengol VIII. (1208) wurde durch Vizegf. Gerald v. Cabrera bestritten (→ Cabrera). Die Mutter verheiratete sie 1209 mit dem noch unmündigen Königssohn Jakob; der Heiratsvertrag sah die Überführung der Gft. Urgel in die Krone Aragón vor. Die äußere Sicherheit seiner Kronländer zwang Jakob I. jedoch, 1222 die kast. Königstochter Eleonore zu heiraten, so daß A. den Gf.en Alvaro v. Valladolid aus dem kastil.-galiz. Haus → Castro ehelichte (in zu naher Verwandtschaft, welche die Auflösung der Ehe zur rechten Zeit ermöglichte) und Urgel dem Cabrera zusprach. Als Jakob I. wegen der bevorstehenden Eroberung → Mallorcas 1228 seine Ehe mit Eleonore wegen zu naher Verwandtschaft anullierte, erneuerte A. als Witwe Alvaros ihren Heiratsvertrag (fälschl. Konkubinatsvertrag) mit dem Kg., der offenbar den Zweck hatte, die Cabrera entmachten zu können und die Inkorporation Urgels in die Krone Aragón abzusichern, da sie am 11. Juli 1229 den Infanten Peter v. Portugal heiratete, der auf der Flucht vor seinem Bruder König Alfons II. ein Gegner auch Kastiliens gewesen sein dürfte. Peter verzichtete nach 1231 auf die Gft. Urgel und erhielt dafür von Jakob I. die Insel Menorca zu Lehen. O. Engels

Lit.: D. MONFAR Y SORS, Hist. de los condes de Urgel I, 1853, 438 bis 518 – F. SOLDEVILA, Recerques i Comentaris I, 1930, 202-215 – S. SOBREQUÉS I VIDAL, Els barons de Catalunya, 1957, 74f. – F. SOLDEVILA, Jaume I el Conqueridor, 1969², 109-115 – O. ENGELS, El rey Jaime I de Aragón y la política internacional del siglo XIII (X Congreso de Hist. de la Corona de Aragón, 1976/9).

Aureole (aureola) → Lichtsymbolik, → Mandorla, → Nimbus

Aureus (lat. 'Der Goldene'), röm. Goldmünze. Im MA Bezeichnung allgemein für Goldmünzen vor der Einführung von → Augustalis und → Gulden im 13. Jh. Der A. begegnet v. a. in Rechtsurkunden und Strafandrohungen des 12. und 13. Jh. als aureus, nummus aureus, denarius aureus oder aureus bisantus. Tatsächl. dürften vor der Mitte des 13. Jh. nördl. der Alpen kaum Goldmünzen vorhanden gewesen sein. Die in den Urkunden genannten aurei sind vielmehr als imaginäre Wertangaben zu verstehen, die im Bedarfsfall mit Silbermünzen abgegolten wurden. P. Berghaus

Lit.: Wb. der Münzkunde, 1930, 49-51 – K. KENNEPOHL, Goldzahlungen in Westfalen im 11. bis 13. Jh., HB Num 3, 1949, 15-20.

Aurichalcum → Messing

Aurifrisium, im MA Terminus für Besatzstreifen unterschiedl. Breite, die vorwiegend zur Verzierung liturg. Paramente dienten. Nannte man ursprgl. nur meist aus dem O oder aus Sizilien (Palermo) importierte Goldborten A., so verstand man vom 13. Jh. an unter dem Begriff A. auch reine Seidenbänder oder mit Edelsteinen, Perlen und dgl. bestickte Borten. Im HochMA wurden A. u. a. in den Zentren der it. Seidenweberei hergestellt; in Deutschland waren es die sog. »Kölner Borten«. Im SpätMA dominierten mit figürl. Darstellungen bestickte A. E. Vavra

Lit.: Du CANGE I, 487f. – V. GAY, Glossaire II, 181f. – RDK I, 1280ff.; II, 104ff. – E. SCHEYER, Die Kölner Bortenweberei des MA, o. J. [1922] – G. SANGIORGIO, Tessuti figurati Fiorentini. Contributi allo studio dell'arte tessile, o. J. [1926].

Aurillac (Auriliacum), Benediktinerabtei in der Auvergne (heut. Dép. Cantal), ⚭ Peter und Clemens, später Geraldus. A. wurde 894-896 von → Geraldus (Géraud), einem großen Adligen, auf dem Gebiet seiner Eigenherrschaft gegr. Im 11. und 12. Jh. berühmt durch die Verehrung seines hl. Gründers, die zahlreiche Pilger anzog, und bes. durch seine Schule, aus der u. a. → Gerbert v. A. hervorging. Um die Mitte des 10. Jh., im Zeitalter → Odos, in den Bannkreis → Clunys geraten, besaß es von dieser Zeit an Exemtion und erfreute sich der Förderung durch den Hl. Stuhl. – Die Stadt entwickelte sich um das Kl. Der Abt nahm den Titel eines Gf.en v. A. an. A. verfügte über sehr zahlreiche Priorate im ganzen Zentralfrankreich. 1561 wurde die Abtei säkularisiert und in ein Kollegiatstift umgewandelt. – Die Klosterkirche (⚭ 972) wurde später neu errichtet und durch Urban II. 1096 bei seinem Aufenthalt in Frankreich nach dem Konzil v. Clermont abermals geweiht. 1569 wurde sie von Protestanten zerstört. L. Bouyssou

Q. und Lit.: G. M. F. BOUANGE, St-Géraud d'A. et son illustre abbaye, 2 Bde, 1881 – M. DURLIAT-P. LEBOUTEUX, L'église St-Géraud d'A., Bull. archéol. du Comité des Travaux hist. et scientifiques, 1972, 23 bis 49 – La chronique des premiers abbés d'A., übers. L. BOUYSSOU, Rev. de la Haute-Auvergne, 1972, 3, 322-328.

Aurispa (Piciuneri[o]), Giovanni, italien. Humanist, * 1376 in Neti (Noto, Sizilien), † 1459 Ferrara, verbrachte einen Teil seiner Jugendzeit in Neapel, wo er seine erste Ausbildung empfing. Im Dienst von Kaufleuten zog er in den Orient; nach der Rückkehr ließ er sich 1414 in Savona nieder. Dank eines Stipendiums konnte er sich dem Jusstudium an der Univ. Bologna widmen. Reisen führten ihn wiederholt nach Florenz und Pisa. 1419/20 gehörte er dem Gefolge Papst Martins V. in Florenz und Rom an, wo er Lorenzo Valla in den Anfangsgründen des Griechischen unterrichtete. 1421 reiste er wieder in den Orient und sodann mit einer Botschaft Gian Francesco Gonzagas an den byz. Ks. Manuel Palaiologos nach Konstantinopel. Der Nachfolger von Manuel, Johannes Palaiologos, ernannte ihn zum Sekretär. Diese Stellung ermöglichte es ihm, die verschiedensten Höfe Europas kennenzulernen. Die ihm am meisten zusagende Stadt war jedoch Florenz (vgl. Carteggio, 25f.), wo er 1425 zum Griechischprofessor am Studio ernannt wurde. Aber seine Lehrtätigkeit war nicht erfolgreich. So zog er nach Ferrara, wo er dank der Empfehlung → Guarinos den Posten des Erziehers des Meliaduce, eines der Söhne des Marchese Niccolo III. d'Este erhielt. In Ferrara blieb er mehrere Jahre. 1433 begleitete er seinen Schüler zum Konzil nach Basel, weitere Reisen führten ihn nach Mainz und Köln. Überall – wie schon während seines Aufenthalts im Orient – nutzte er die Gelegenheit, gr. und lat. Codices zu kaufen – und oft auch zu verkaufen. Die letzten Jahre seines Lebens verbrachte er abwechselnd in Rom, Neapel und Ferrara. Er konnte sich rühmen, 13 Päpste gesehen zu haben.

Die Schriften, die A. hinterlassen hat, verraten eine gute Kenntnis des Lat. und Gr. Er hat lat. Epigramme geschrieben, Übersetzungen aus dem Gr. und Lat. (v. a. aus Lukian und Plutarch) angefertigt, den Traktat Buonaccorsos da Montemagno »De nobilitate« in die Volgare übertragen und, in der Art Lukians, einen satir. Dialog zw. Virtus und Merkur unter dem Titel »De conquistu virtutis« veröffentlicht.

Gegen 100 Briefe an bedeutende Humanisten seiner Zeit, v. a. an Traversari, Filelfo und an Panormita sind erhalten. Sie sind von antiquar. Interesse, aber nie durch die glanzvolle Diktion, wie sie Poggio auszeichnet, geprägt. Von großer Bedeutung ist jedoch die Auffindung von Cod. mit antiken Texten, die auf A. zurückgeht: 1413 die »Ilias« in 2 Cod. (Cod. Marc. 453 und 454), eine Odyssee-Handschrift, eine Sammelhs. mit Werken von Sophokles und Euripides (Laur. Conv. soppr. 71), außerdem von Werken des Phokylides, Thukydides, Aristoteles, Theophrast, Cassius Dio, der Anthologia Palatina und Planuda, des Diogenes Laertios, Apollonios Rhodios, Kallimachos. Von seiner zweiten Orientreise (1421/29) brachte A. über 200 Codices mit; manche derselben – wie z. B. eine Handschrift der homerischen Hymnen, die καθαρμοί des Empedokles – sind verloren gegangen. Doch beschränkte er sich nicht auf das Griechische; unter den zahlreichen von ihm erworbenen oder kopierten lat. Autoren befinden sich Neuentdeckungen, z. B. von Plinius »Panegyricus ad Traianum« und Donats Terenzkommentar. F. Schalk

Ed.: Il carteggio di G. A., ed. R. SABBADINI (Fonti per la Storia d'Italia, 70, 1931) – Lit.: Repfont II, 425 f. – DBI IV, 593–595 – R. SABBADINI, Le scoperte dei codici latini e greci ne' secoli XI e XV, 1905 und 1911 – B. WYSS, Ein Ineditum Graecum G. A.s, Mus. Helveticum 22, 1965, 1–37 – A. FRANCESCHINI, G. A. e la sua biblioteca. Notizie e documenti, Medioevo e Umanesimo 25, 1976.

Aurora consurgens, Schrift des spirituell-myst. betonten Flügels der Alchemieliteratur, die auch die Titel »De alchimia«, »Liber trinitatis« und »Aurea hora« führt. Sie entstand vermutl. im 14. Jh.; ihre lat. Überlieferung setzt im 15. Jh. ein, gelangte ohne Wiedergabe der qualitativ hochstehenden Illustrationen 1625 in Druck und umfaßt einen 1572 u. ö. gedruckten »Aurora«-Kommentar. Bekannt ist eine tschech. Übersetzung (16. Jh.); die deutschsprachige Überlieferung ist unerforscht.

Mutmaßl. war der Verfasser ein Geistlicher. Der spätma. Zuschreibung an Thomas v. Aquin (1225-74) mangelt Stichhaltigkeit; die an sie angeknüpfte Hypothese, der Aquinate habe die »Aurora« auf dem Totenbett »in raptu mentis« diktiert (v. FRANZ), entbehrt der Beweiskraft. – Das Lehrgut wird in Form einer Zitatenkompilation geboten, die auf der Vulgata und zum geringeren Teil auf alchem. Fachschriften fußt; stoff- und verfahrenskundl. detaillierte Abschnitte fehlen. Ihre Eigenart verdankt die »Aurora« einer engen Verquickung chr. Glaubenslehren mit alchemist. Gedankengut. Alchemie gilt als »scientia Dei«, »sacramentum in sanctuarium« und »res divina«. In verdeckter Rede (Parabolik, Decknamen) wird die alchem. Begriffstrias corpus/anima/spiritus mit der Hl. Trinität parallelisiert; stoffl.-chem. Reinigungsprozesse beim »opus divinum« erscheinen als Analogon religiös-myst. Läuterungsvorgänge und menschl. Strebens nach »sanctitas«.

Die »Aurora« ist ein bedeutendes Zeugnis alchem. Religiosität, das als eine in abnorm-deliriösen Absenzen verfaßte und ein »psychisches Drama« zu erkennen gebende Beschreibung eines »unbewußten Inhalts« und »numinosen Erlebnisses« gedeutet wurde (v. FRANZ). Wenn nicht unzutreffend, so ist diese in engster Anlehnung an C. G. JUNGS tiefenpsycholog. Position erfolgte Deutung unangemessen einseitig. J. Telle

Lit.: O. ZACHAR [Hg.], Jitřní záře (A. c.). Leydenský rukopis Bavora ml. Rodovského z Hustířan z roku 1585, 1909 [1911] – C. G. JUNG, Psychologie und Alchemie (Ges. Werke 12), 1972 – M. L. v. FRANZ, A. c. Ein dem Thomas v. Aquin zugeschriebenes Dokument der alchem. Gegensatzproblematik (C. G. JUNG, Mysterium Coniunctionis. Ges. Werke 14/III), 1973 [Mit lat. Text und nhd. Übersetzung] – Bildreproduktionen: G. Fr. Hartlaub, Symbole der Wandlung. Eine frühe Bilderhs. der Alchemie, Die BASF 9, 1959, 123-128 [Wiedergabe von neun Bildern] – E. E. PLOSS [u. a.], Alchimia. Ideologie und Technologie, 1970 – J. VAN LENNEP, Art & alchimie. Étude de l'iconographie hermétique et de ses influences, 1971² – S. KLOSSOWSKI DE ROLA, Alchemie. Die geheime Kunst, 1974.

Aurum → Gold

Aurum potabile (Trinkbares → Gold). In den Vorstellungen der → Alchemie wird als Ziel des alchem. Prozesses u. a. die Gewinnung des A. p. angesehen. An das Gold, hier v. a. an das dem → Elixier Vitae gleichgesetzte A. p. knüpften sich hohe therapeut. Erwartungen: Das Gold als edelstes Metall war der Sonne und damit den Lebensfunktionen zugeordnet. Man hielt es – wohl aufgrund der Farbe – für eine dem Blut verwandte Substanz, deren Heilkraft im Blute (als Allheilmittel, → Panacee) unmittelbar wirke. In der heut. Homöopathie wird auch noch feinstverteiltes Blattgold in geringster Dosierung gegen Depression verabreicht. – Lösl. Goldverbindungen sind in der Herztherapie noch gebräuchlich. Als »Lebenselixier« sind mit Blattgold versehene alkohol. Getränke u. a. mit der Bezeichnung »Goldwasser« bis heute in Gebrauch. G. Jüttner

Lit.: H. BRUNSCHWEIG, Liber de arte distillandi de compositis, 1512, I, fol. 134ʳ–137ʳ – J. H. ZEDLER, Universallex., 1735, XI, 107f. – HWDA III, 918–920 – E. DARMSTÄDTER, Zur Gesch. des A. p., Chemiker-Ztg. 48, 653–655; 678–680.

Ausbürger, auf dem Land wohnende, aber das Bürgerrecht einer Stadt erwerbende Personen unterschiedl. Rechtsstellung, auch »Pfa(h)lbürger« genannt; Etymologie von »pal« umstritten (→ Pfahlbürger). Seit 1221 (in Straßburg, vgl. E. SCHRADER ZRGGermAbt. 68. 1951,

375) belegt, seit 1231 reichsgesetzlich (wirkungslos) bekämpft, da sich die oft hörigen A. ihren Pflichten gegenüber Landes- und Grundherren entzogen, die Macht der Städte sich durch die A. nach außen entfaltete. Vielfach bestand Residenzpflicht der A. während der Wintermonate und Besitz steuerpflichtiger städt. Immobilien. Es wurden Hörige, Freie, Adlige, Geistl., Weltl. zu A.n; Hochadlige wurden zum militär. Schutz der Stadt u. ihrer reisenden Kaufleute als A. verpflichtet: Ab 1263 sind A.verträge der Stadt Köln bezeugt. In den Niederlanden waren A. ebenso verbreitet *(buitenpoorter, bourgeois forain)*, in Frankreich als *bourgeois royal forain* (→ bourgeois) seit Mitte d. 13. Jh., nur von kgl. Städten. Die A. sind nicht zu verwechseln mit Muntleuten; zu ihnen zählen weder Stadtbürger, die infolge zwischenstädt. Abmachungen Bürgerrecht mehrerer Städte besitzen noch Bewohner der Stadtdörfer des Ostens noch die von den it. Kommunen zwecks Erlangung der Herrschaft im *contado* in die Stadt gezwungenen Adligen, ebensowenig die Bewohner der *tiera altkast*. Städte. E. Ennen

Lit.: F. LOT–R. FAWTIER, Hist. des institutions françaises au MA. II, 1958 – H. J. DOMSTA, Die Kölner A. Unters. zur Politik und Verfassung der Stadt Köln von der Mitte des 13. bis zur Mitte des 16. Jh., 1973 (Rhein. Archiv 84) [umfassende Lit., auch für die Niederlande].

Auscúlta fíli, analog zum Beginn der Benediktinerregel formulierte Anfangsworte einer Bulle Papst → Bonifaz' VIII. (5. 12. 1301), die die zweite Phase des Kampfes zw. dem Papst und Kg. Philipp IV. v. Frankreich einleitete (Attentat von Anagni, →»Unam sanctam«). Im Text betonte Bonifaz die Unterstellung der Kg.e unter den Papst und beschuldigte Philipp u. a., die Kirche unterdrückt und das frz. Volk betrogen zu haben. Deshalb zitierte er die frz. Prälaten peremptor. zum 1. 11. 1302 nach Rom, um dort gemeinsam die Kirchenpolitik des Kg.s zu verurteilen und Kirche und Herrschaft in Frankreich zu reformieren. Die Bulle wurde im Beisein des Kg.s verbrannt, in einer von Pierre → Flotte verkürzten und überspitzten Fassung (»Deum time«) veröffentlicht und am 10. 4. 1302 von einer Ständeversammlung, zu der erstmals auch Städte geladen waren, zurückgewiesen. Unter Druck des Kg.s ließ Papst → Clemens V., den größten Teil des Wortlauts im Papstregister tilgen. H. Wolter

Ed.: Les registres de Boniface VIII, ed. G. DIGARD, Nr. 4424; vgl. auch Nr. 4425–31 – *Lit.:* DBI XII, 146–170; bes. 159f. – R. HOLTZMANN, Philipp der Schöne v. Frankreich und die Bulle »Auscúlta fíli«, DZG NF. 2, 1897/98, 16–38 – J. RIVIÈRE, Le problème de l'église et de l'état au temps de Philippe le Bel, 1926, 74–76 – G. DIGARD, Philippe le Bel et le St-Siège de 1285 à 1304, II, 1936, 82–104.

Auscultator. Die auscultatio ist der Vergleich eines Textes mit einer Vorlage durch zwei Personen, wobei einer vorliest und der andere vergleicht (uno legente et alio audiente). In der päpstl. → Kanzlei die Überprüfung einer Urkunde durch zwei bes. Bedienstete, die auscultatores; sie stammen stets aus der Reihe der päpstl. → Skriptoren. Für die Einzelheiten im 13., bes. im 14. Jh. tappt die Forschung noch weitgehend im dunkeln. Im 13. Jh. üben die A.en wohl eine Tätigkeit ähnlich der des → Korrektors aus: sie vergleichen Konzept und Reinschrift; ihr Kanzleivermerk ist ein a (= ascultata) in der rechten oberen Ecke der Urkunde. Im 15. Jh. sind sie der Gratialabteilung der Kanzlei zugeordnet und vergleichen nur noch Original mit Original, wobei der zugrundeliegende Text bereits die → Judikatur bestanden haben muß. (Der Vergleich mit dem Konzept ist ganz auf die → Abbreviatoren übergegangen.) Der Vermerk lautet am rechten oberen Rand der Urkunde: Auscultata cum originali per me N. N. et concordat, oder eine kürzere Formulierung. Th. Frenz

Lit.: M. TANGL, Die päpstl. Kanzleiordnungen von 1200–1500, 1894, bes. 417, § 61 – L. SCHMITZ-KALLENBERG, Practica cancellariae apostolicae saeculi XV. exeuntis, 1904, 31, 55 – BRESSLAU, I, 308f. – P. HERDE, Beitr. zum päpstl. Kanzlei- und Urkundenwesen im 13. Jh., 1967², 195f. – B. SCHWARZ, Die Organisation kurialer Schreiberkollegien von ihrer Entstehung bis zur Mitte des 15. Jh., 1972.

Ausführung Christi → Andachtsbild

Ausgießung des Hl. Geistes → Pfingsten

Auslasser, Veit (Vitus), aus Vomp bei Schwaz (Tirol), Benediktinerpater im Kl. St. Sebastian in Ebersberg bei München, verfaßte ein mit 198 aquarellierten Pflanzenbildern illustriertes Kräuterbuch (CLM 5905), datiert 1479, das auf eigenständiger Beobachtung und origineller Kenntnis der Flora des bayer. Alpenvorlandes basiert und sich durch eine Fülle mlat. und dt. Pflanzennamen auszeichnet. Dieser Herbarius ist nur ein Teil (83ʳ–198ᵛ) des CLM 5905, der noch andere med. Texte enthält: 1. Macer Floridus »de viribus herbarum«, 2. Arnald v. Villanova »Epistola de arbore quercino«, 3. Med. Rezepte, deren Abschrift bzw. Kompilation wohl ebenfalls auf A. zurückgeht. I. Müller

Lit.: Verf.-Lex.² I, 551f. – H. FISCHER, Vitus A., der erste dt. Florist und sein Kräuterbuch v. J. 1479, Ber. der dt. botan. Ges. 42, 1924, 156–163 – DERS., Vitus A., der erste bayr. Botaniker und die Beziehungen seines Herbarius v. 1479 zu den Anfängen der bayr. Botanik, Ber. der bayer. botan. Ges. 18, 1925, 1–31 [Abdruck der Pflanzensynonyme und -beschreibungen] – DERS., Ma. Pflanzenkunde, 1929, 56–59, 121f.

Ausonius, Decimus Magnus, Röm. Rhetor und Dichter, * um 310, † nach 393. Nach Studien in seiner Geburtsstadt Burdigala (Bordeaux) und in Tolosa (Toulouse) war A. in seiner Heimatstadt 30 Jahre lang als Lehrer für Grammatik, später auch für Rhetorik tätig. Um 365 wurde er vom Ks. Valentinian I. als Lehrer des Prinzen Gratianus nach Trier geholt. 368/369 nahm er am Alamannenfeldzug teil. Seine Berufung in höchste Staatsämter ist auch ein Zeichen für die Hochschätzung der rhetor. Bildung in dieser Zeit: Comes (370), Quaestor sacri palatii (375/78), dann unter Ks. Gratianus (375–383) Praefectus Galliarum (378) und Consul (379 – Die Dankrede für das Konsulat ist als einzige seiner Reden erhalten). Mitglieder der Familie des A. waren gleichzeitig in anderen wichtigen Ämtern tätig. Nach der Ermordung des Gratianus zog sich A. auf seine Güter bei Bordeaux zurück und widmete sich ganz der lit. Tätigkeit.

Während aus der Zeit vor 365 nur einige Gelegenheitsgedichte bekannt sind, entsteht in Trier ein Teil seiner Hauptwerke: »Cento Nuptialis« (aus Vergilversen); Gedicht auf das Alamannenmädchen Bissula (Frgm.); »Mosella«. Darin werden der Nutzen und die landschaftl. Schönheit des Flusses idealisiert geschildert und das Umland der ksl. Residenz Trier entgegen der tatsächl. Gefährdung als eine Welt des Friedens gepriesen. Die gleichzeitige Korrespondenz mit bedeutenden Zeitgenossen wie Sextus → Petronius Probus und Q. Aurelius → Symmachus ist teilweise erhalten. Nach der Rückkehr in die Heimat entstanden u. a.: »Parentalia«, poet. Ahnenbilder; »Commemoratio professorum Burdigalensium«, die einen Einblick in das Leben einer röm. Hochschule des 4. Jh. gewährt; »Ordo urbium nobilium«, ein Lobpreis auf die 20 bedeutendsten Städte des Reiches, gleichzeitig ein Panegyricus auf Gallien; »Caesares«, Memorierverse über die röm. Kaiser. Daneben stehen mannigfache Gelegenheistgedichte in verschiedenen Versmaßen, auch Übersetzungen aus dem gr. → Anthologia sowie eine Mischform von Lat. und Gr. (epist. VIII p. 232 P.) als Vorläufer der → Maccaron. Poesie. Ein herzliches Lehrer-Schüler-Verhältnis zeigt uns der Briefwechsel mit → Paulinus v. Nola. Obwohl bei A. selbst gelegentl. chr. Thematik aufscheint

(Versus paschales, Ostergebet für Valentinian I.; Morgengebet; Oratio versibus rhopalicis, d. h. in Versen, die mit einem einsilbigen Wort beginnen, während das folgende immer um eine Silbe zunimmt, so daß sich die Form einer Keule ergibt), versucht er doch Paulinus von seiner Weltflucht abzuhalten. Trotz seines hohen Ranges in der Reichsverwaltung nimmt A. in seinen Werken von den tiefgreifenden geistigen und polit. Umwälzungen der Zeit wenig Notiz. Objekt seiner lit. Tätigkeit ist die alltägl. Umwelt oder tradiertes Bildungsgut, das er raffiniert und artistisch gestaltet, wobei auch rein formale Spielereien nicht fehlen. Sprache und Stil zeigen Vertrautheit mit der gesamten röm. Lit.; Neubildungen sind zahlreich. Die erhaltenen Werke sind in vier Sammlungen verschiedenen Umfangs und nicht vollständig geklärter Abhängigkeit überliefert. Im MA sind sie wenig bekannt (MANITIUS I, 307); Anfang des 14. Jh. beginnen die Humanisten, sich mit ihnen zu beschäftigen. Nicht so sehr wegen seines dichter. Wertes, sondern als kulturgesch. Quelle ersten Ranges ist das Oeuvre des A. für die Spätantike von bes. Bedeutung. J. Gruber

Ed.: MGH AA V 2, 1883 [Neudr. 1961] – R. PEIPER, 1886 [Neudr. 1976] – H. G. E. WHITE, 1919/21 [mit engl. Übers.] – M. JASINSKI, 1936 [mit frz. Übers.] – A. PASTORINO, 1971 [mit it. Übers.] – S. PRETE, 1978 – Mosella: C. HOSIUS, 1926³ – W. JOHN, 1932 – A. DI MAPSILI, 1957 – E. DI LORENZO, 1968 – CH.-M. TERNES, 1972 – Oratio vers. rhop.: J. MARTIN, Bull. Assoc. Guil. Budé, 1971, 369–382; 1972, 503–512 – Übers.: Mosella: H. BESSER, 1936² – Lit.: CPL 1387–1422 – HOOPS² I, 504f. – KL. PAULY I, 774–776 – RE II, 2526–2580 – SCHANZ-HOSIUS IV 1, 21–43 – BARDENHEWER III, 436–440 – R. ÉTIENNE, Bordeaux antique, 1962 – F. PASCHOUD, Roma aeterna, 1967, 23–32 – R. BECK, Die »Tres Galliae« und das »Imperium« im 4. Jh. [Diss. Zürich 1969] – R. WEISS, A. in the Fourteenth Century (R. R. BOLGAR [Hg.], Classical Influence on European Culture A. D. 500–1500, 1971), 67–72 – H. TRÄNKLE, Mus. Helv. 31, 1974, 155–168 (Mosella) – ALTANER-STUIBER 1978⁸, 406f. 634f. – RAC I, 1020–1023 – K. F. STROHEKER, Der Senator. Adel im spätantiken Gallien, 1948 [Neudr. 1970], 150–152.

Auspicius v. Toul, als Bf. (v. Toul) bezeugt in einem von A. LOYEN 471 datierten Brief seines Freundes → Sidonius Apollinaris (IV, 17) an den comes Treverorum Arbogastes, worin der schon bejahrte A. als einer der vortrefflichsten Theologen Galliens empfohlen wird. Im Codex Vat. Pal. 869 (9. Jh.) ist des A. einziges erhaltenes Werk, ein metrischer Brief an Arbogastes, überliefert. In diesem nach dem Brief des Sidonius verfaßten Gedicht schließt sich an den Lobpreis des berühmten (frk.) Geschlechts und der Tugenden des Empfängers, dem A. in Toul begegnet war, eine Warnung vor Geiz und Habsucht und eine Ermunterung zum Übertritt in den geistl. Stand und zur Vorbereitung auf das Bischofsamt. Die 41 Strophen zu je 4 Achtsilbern mit steigendem Versschluß bieten ein einzigartiges Zeugnis für die Entwicklung der rhythm. Dichtung im 5. Jh.
J. Prelog

Ed.: MGH PP IV, 2, hg. K. STRECKER, 614–617 – Q.: Sidoine Apollinaire, hg. A. LOYEN, II, 1970, 149–150 (IV, 17); III, 1970, 63–64 (VII, 11 [10]) – Lit.: W. BRANDES, Des A. v. T. rhythm. Epistel an Arbogastes v. Trier, 1905 – W. MEYER, Die rhythm. Jamben des A. (Ges. Abh. zur mlat. Rythmik 3, 1936), 1–41 – P. KLOPSCH, Einf. in die mlat. Verslehre, 1972, 13–16.

Ausrufer → Büttel

Aussatz

I. Pathologie – II. Ausbreitung – III. Ätiologische Deutung – IV. Therapie – V. Rechts- und Sozialgeschichte – VI. Diagnostik – VII. Literarischer, volkskundlicher und ikonographischer Niederschlag – VIII. Terminologie.

I. PATHOLOGIE: Hervorgerufen durch Mykobakterium leprae, einen nahen Verwandten des Schwindsucht-Erregers (→ Schwindsucht), zeigt der A. eine ausgesprochene Formenvielfalt, die resistenzbedingt ist und zur Unterscheidung mehrerer Verlaufsvarianten zwingt. Bei hoher Resistenz des Erkrankten erlischt die Infektion entweder symptomlos ($> 98\%$), oder es kommt zu rezidivierendem Befall von Haut und Nervengewebe, der sich in de- bzw. hyperpigmentierten, zuweilen geröteten, lichenoiden und stets analget. Hautflecken (Lepra tuberkuloides [tuberosa], T-Form) äußert und – bevorzugt an Nacken und Gliedern – zur knotigen Auftreibung der Nervenstränge führt (Lepra nervosa, [indeterminierte] I-Form). Gegenüber diesen geschlossenen Formen verursacht niedrige Resistenz verbunden mit verzögerter oder ausbleibender Immunantwort die Symptomatik der offenen Form (Lepra mixta), die mit knotigen Infiltraten und braunroten Flecken – bevorzugt im Gesicht – beginnt (Lepra lepromatosa, L-Form), Geschwüre der Schleimhaut im Nasen-Rachen-Raum folgen läßt (Rhinopharyngitis mutilans) und durch Einbruch der Erreger in die Blutbahn den Befall innerer Organe mit Fieberreaktionen nach sich zieht. Das Verschmelzen der Knoten im Gesicht ergibt die Facies leontina; Kehlkopfveränderungen bedingen die rauhe Stimme des Aussätzigen. Sowohl offene wie geschlossene Verlaufsformen können zur Verstümmelung (Lepra mutilans) und Erblindung des Patienten führen.

Übertragen wird der A. durch Tröpfchen- oder Schmutzinfektion; die Eintrittspforte liegt bevorzugt im Nasen-Rachen-Raum, seltener im Bereich von Läsionen der äußeren Haut. Die geringe Virulenz des intrazellulär lebenden Erregers läßt lange Inkubationszeiten (Jahre bis Jahrzehnte) sowie eine sehr langsame Entwicklung der Krankheit zu.

II. AUSBREITUNG: Bei endemischer Durchseuchung war die ma. Bevölkerung nur zu einem geringen Teil infiziert. Die Ausbreitung erfolgte während der Antike von Arabien und Palästina aus (Lepra Araborum; Lepra Judaeorum); Südengland scheint aufgrund osteoarchäol. Kriterien schon im 4. Jh. erfaßt worden zu sein; nach Norwegen wurde der A., wie onomatolog. Befunde zeigen, von England her eingeschleppt, und zwar vor 1066. Für den westfrk. Raum ist die Lepra seit dem 4. Jh. bezeugt (Arel 347); die ältesten Leprosorien im mitteleurop. Raum (Metz, Verdun, Maastricht, [St. Gallen: nach 720, Echternach: 992]) stammen aus dem 7. Jh., Köln, Gent, Brüssel und Passau folgen im 12., Aachen zu Beginn des 13. Jh.; im Bm. Würzburg wurden bis 1300 sieben »Aussätzigenhäuser« erbaut. Entsprechende Einrichtungen im nord-, mittel- und ostdt. Raum greifen wir ab dem 13. Jh., doch dürfte hier das Feldsiechentum der »domus leprosorum« vorausgegangen sein.

III. ÄTIOLOGISCHE DEUTUNG: Das Bild des ma. Kranken (→ Krankheit) ist doppelgesichtig, und diese Doppelgesichtigkeit gilt insbes. für den Leprösen: Der Aussätzige ist zunächst Träger einer Krankheit, die von der Schulmedizin als kalt und trocken eingestuft (→ Humoralpathologie) und unterschiedl. Ursachen zur Last gelegt wurde (verdorbene Luft, verdorbener Wein, finniges Schweinefleisch usf.); er trägt darüber hinaus seine Krankheit aber auch als Folge der Sünde und als äußeres Zeichen eines unchristl. Lebenswandels. Seine schuldhafte Verstrickung wurde noch verstärkt durch eine Fehldeutung des Infektionsmechanismus, die den A. zwar als ansteckend gelten ließ, die genitale Übertragung aber in den Vordergrund stellte und dabei außerehel. Beischlaf anschuldigte. Diese Fehldeutung hat mit ausgehendem 15. Jh. die Verwechslung der Lepra mit der Frambösie begünstigt (→ Syphilis).

IV. THERAPIE: Obwohl der A. empirisch als unheilbar galt, verordnete die Schulmedizin äußerl. wie innerl. anzuwendende Arzneimittel, die sich gegen die äußeren Erscheinungen richteten oder die Reinigung des Blutes vom schwarzgalligen Krankheitsstoff zum Ziele hatten (»wenne siu reinegent daz bluot und heilent die riuden«, Ortolf 137f.). Eine wirksame Eindämmung der Infektionsgefahr ergab sich indessen durch die aus der Antike übernommene Sequestrierung der Kranken, die sich freilich nur zögend durchsetzte. G. Keil

V. RECHTS- UND SOZIALGESCHICHTE: [1] Die Regelung der Verhältnisse der Aussätzigen fiel als Krankenrecht primär in die Ordnungskompetenz der Kirche. Dabei zeichnen sich v. a. drei Komplexe ab: Existenzsicherung, Absonderung und Eherecht der Kranken. Schon das Konzil v. Orléans (549) empfahl den Bf.en, die A. mit Nahrung und Kleidung zu versorgen. Nach dem Konzil v. Lyon (583) sollte darüber hinaus auswärtiges Betteln verboten werden. 789 wird den Leprösen im Bereich frk. Pfalzen untersagt, »ut se intermisceant alio populo« (MGH Cap. I, 64), was sich v. a. auf das Betteln an Wegkreuzungen und auf Plätzen bezogen haben mag (MGH Cap. II, 298) und erst allmählich durch strengere Aussetzungsbestimmungen des langob. Rechts ergänzt wurde. Eine völlige Absonderung gegenüber der gesunden Bevölkerung sprach das 3. Laterankonzil (1179) aus: »leprosi cum sanis habitare non possunt«; gleichzeitig wurden den Aussätzigen eigene Kirchen, Kirchhöfe und Gottesdienste zugestanden. Die Entscheidung über die Erkrankung am A. war Sendsache und oblag dem Archidiakon. Für Unterbringung und Unterhalt des Leprösen hatte die Pfarrgemeinde (bzw. der Landdechant oder das Archidiakonat) aufzukommen, der er weiter angehörte; von ihr oder einem anderen Sprengel wurde er liturgisch und sakramental (Letzte Ölung) versorgt. Die Abscheidung fand nach einem bes. Ritual statt. In Frankreich und Westdeutschland wurde das Totenamt über den Aussätzigen gelesen, nach seinem Ableben die Messe für Märtyrer.

Im Bereich des Eherechts bedurfte das Schicksal der Lebensgemeinschaft bei Erkrankung eines Ehegatten der Klarstellung. Während noch die frk. Synode v. Compiègne (757) eine Eheauflösung und Wiederverheiratung für den gesunden Teil bei Einverständnis des erkrankten zuließ, bestand der spätere Kanonistik seit dem → Decretum Gratiani (1140) kompromißlos auf der Unauflöslichkeit. Die Dekretalen enthalten einen eigenen Titel »De coniugio leprosorum«. Nach herrschender Lehre hatte der kranke Ehegatte einen Anspruch auf ehel. Beiwohnung. Häufig ging der gesunde Ehegefährte mit ins Spital; ja, es wurde mit Zustimmung der Pflegschaft bereits asylierten Leprösen die nachträgl. Heirat erlaubt. – Im Sondersiechenhaus geborene Kinder erhielten das Bürgerrecht der benachbarten Stadt, auch wenn ihre Eltern von anderen Gemeinden her asyliert waren. Ein Verlöbnis konnte durch den Krankheitsfall gelöst werden.

Von den germ. → Leges regelt das langobard. Edictum Rothari (643) das Rechtsverhältnis der Aussätzigen, die aus dem Hause gewiesen und als gleichsam Tote behandelt wurden (c. 176). Nach den dt. Rechtsbüchern des 13. Jh. ist der Aussätzige lehens- und erbunfähig, wovon allerdings landschaftl. Ausnahmen gemacht werden. Auch die nord. Rechtsbücher »Frostuþingslǫg« und »Gulaþingslǫg« befreien bei A. von der Heerfolge. Das dt. Reichsverfassungsrecht erklärte den »meselsuchtegen man« für unfähig zur Königswahl (Ssp. Ldr. III, 54). Wurde dennoch ein A. zum Kg. gewählt, war die Wahl ungültig (Schwsp. Ldr., LASSBERG 122). Ein nachträgl. erkrankter Kg. war jedoch nicht mehr absetzbar, sondern sollte nach der Sachsenspiegelglosse durch einen »Mithelfer« vertreten werden. C. Schott-Volm

[2] Für einzelne Aussätzige wurde ein »Meierhof« (cabane, maisonette, hiuselin) gebaut, dessen Ausstattung bis zur Wasserversorgung und zum Hühnerbestand geregelt war und dessen Entfernung von den übrigen Ansiedlungen festen Bestimmungen unterlag.

Die in einem Leprosorium (Sondersiechenhaus, Gutleuthof) zusammengefaßten Kranken bildeten »eine Art religiöser Genossenschaft, die zwar nicht als Orden, aber als Bruderschaft betrachtet werden kann«. Sie gelobten Gütergemeinschaft, wählten aus ihrer Mitte einen Leprosenmeister, lebten nach einer Leprosenordnung, die in der Regel Gleichheit von Verpflegung und Kleidung (graues Gewand mit Umhang oder Kapuze; Wintermantel mit Hut oder Fellmütze) vorschrieb, sprachen in festgelegten Zeitabständen über interne Angelegenheiten Recht, gewährten Neuankömmlingen eine Art Noviziat und konnten unter Einschaltung der geistl. Aufsicht ungebärdige Mitglieder aus ihrer Gemeinschaft ausschließen. – Im Zuge spätma. Kommunalisierung ging die Verwaltung der Leprosorien an nichtaussätzige Pfleger (provisores) über, die vom Rat bestellt wurden und den zunehmenden Einfluß der Städte auf die Sondersiechenhäuser zum Ausdruck bringen. Trotzdem blieb der Charakter einer geistl. Körperschaft für Leprosorien bis ins 16. Jh. erhalten, wie auch die kirchl. Gerichtsbarkeit gewahrt blieb. – Die Forderung des dritten Laterankonzils, den Leprosorien eigene Kapellen und Begräbnisstätten einzurichten sowie einen Geistlichen zu stellen, wurde schon im 13. Jh. weithin erfüllt.

Seit dem FrühMA besaß der Aussätzige das Bettelrecht, das ihm durchweg gewährt, aber oft durch zeitl. und topograph. Auflagen eingeschränkt wurde. In Frankreich suchte eine Ordonnance Philipps V. (31. Juli 1321) das Almosenbetteln der Aussätzigen zu regeln. Bettelumzüge der Leprösen sind ebenso belegt wie weiträumige Bettelfahrten einzelner Aussätziger. Zur Vermeidung der Ansteckungsgefahr waren die Siechen gehalten, kennzeichnende Kleidung zu tragen und mit akust. Signalen zu warnen (Horn, Glocke, Klapper). Durch das Einrichten von Leprosorien an Hauptverkehrswegen wurde ihnen das Betteln erleichtert.

Erheblich zum Unterhalt der Aussätzigen trug das Almosenwesen bei, das bei der Gabenverteilung die Leprösen gegenüber den Armen bevorzugte (vgl. auch → Aumônerie). Hoch- und spätma. Leprosorien gelangten durch Schenkungen sowie Stiftungen oft zu beachtl. Wohlstand. Wesentliches für die Leprosenhilfe hat die »mensa sancti spiritus« (tavel van den heiligen geest) geleistet: Diese von der Heilig-Geist-Bruderschaft getragene offene Armenfürsorge ist in Flandern seit dem 12. Jh. belegt und erfuhr durch das geschlossene Aussätzigenhilfswerk der → Lazariten vereinzelt Unterstützung.

Der Rückgang der Lepra im (Hoch- und) SpätMA führte zu einer Liberalisierung des Aussätzigenrechts, die schon im Sachsenspiegel (Ldr. I, 4) sich abzuzeichnen beginnt und allmählich eine Zersetzung der tradierten Lebensformen mit sich brachte: Dem Leprösen blieb die Verfügung über seinen Besitz, was dem Prinzip der Entgeltlichkeit in den Sondersiechenhäusern Vorschub leistete und die Umstellung der Anstalten auf das Pfründensystem erleichterte: Spätma. Leproserien erhoben von den Aufzunehmenden Pfrundtaxen, die entweder fest waren oder sich nach dem Vermögen bzw. der Ortszugehörigkeit des Aufnahmeheischenden richteten. Folge war, daß Nichtleprose sich in Leprosorien einkauften und daß die Anstalten gesunde Bedienstete dangen: Das begann mit der Einstellung eines »Offermanns« (Küsters), der die

Sakristei versorgte und bei der Krankenpflege half, das ging weiter über den »Schellenknecht«, der als Gesunder mit der Klapper auszog, um Almosen einzusammeln, und das endete beim Gesinde eines Großbetriebs: Die Kölner Leproserie Melaten, größtes Sondersiechenhaus Deutschlands, beherbergte um 1300 an die 100 Insassen, von denen allenfalls ein Viertel siech war. Sie unterhielt eine Wäscherei, lieh Gelder aus, besaß das Braurecht und betrieb eine stark besuchte Schankwirtschaft; darüber hinaus erbrachte sie weitere Dienstleistungen.

VI. DIAGNOSTIK: Der ma. Lepraerkennung bereitete die Formenvielfalt des A.es erhebliche Schwierigkeiten. Eine differentialdiagnostische Abgrenzung war insbesondere gegenüber ähnl. Hauterkrankungen erschwert (Schuppenflechte [»Lepra Graecorum«], Pemphigus, Mykosis fungoides, Pellagra [»Lepra asturica« bzw. »lombardica«]; Frambösie [»Lepra nova«, → Syphilis]), was nicht selten zu Fehldiagnosen führte und sich in der Entlassung geheilter »Aussätziger« niederschlug (Löwen, Roermond). – Die *Lepraschau* (Sondersiechenschau, examen leprosorum) wurde von den Synodalschöffen des zuständigen Sendgerichts meist aussätzigen *schauwern* (probatores) – in der Regel Leprosenmeistern – übertragen; eine Anzeigepflicht bestand für die zuständigen Pfarrer, denen bei Unterlassung des Meldens aussatzverdächtiger Kranker die Exkommunizierung drohte. – Der Lepraverdächtige war binnen einer festgesetzten Frist (sechs Wochen) der Untersuchungsstelle vorzuführen; das Urteil lautete: »mundus«, 'zweifelhaft' oder »immundus et leprosus«; unklare Fälle wurden nach spätestens anderthalb Jahren (gelegentl. mehrfach) zur erneuten Untersuchung vorgeladen; über den Befund fertigte die gutachtende Stelle seit dem SpätMA einen Lepraschaubrief aus (der nicht mit dem Siechenbrief zu verwechseln ist, wie ihn siegelführende Leprosorien den Aussätzigen für Bettelfahrten aushändigten). – Vom 13.Jh. an ging die Lepraschau an geschworene Wundärzte oder Stadtärzte (physici) über; gegen Ende des MA wurden auch Medizinalkollegien und med. Fakultäten mit der Sondersiechenschau betraut, doch blieb in einzelnen Diöz. (Konstanz) bis in die Neuzeit die Aussätzigenbegutachtung Aufgabe der Leprosenmeister.

Das ma. examen leprosorum gilt als zuverlässig; es stützte sich stets auf mehrere Symptome und war in der Lage, die wenigen Aussätzigen (etwa 10 %) aus der Schar der Lepraverdächtigen auszugrenzen. Nachdem im 12.Jh. die Sensibilitätsstörungen als Leitsymptom (signum expertissimum) entdeckt waren, befaßten sich → Arnald v. Villanova (»Libellus de signis leprosorum«) sowie → Bernard de Gordon (»Lilium medicinae« I, 22f.) mit der Lepradiagnostik und wiesen um 1300 den spätma. Befunderhebung den Weg: Die spätma. Aussätzigenuntersuchung folgt einem Regulativ, das sich in lat. wie landessprachigen Diagnoseschemata spiegelt; sie kennt drei Verlaufsstadien, unterscheidet – entsprechend den 'angesengten' Kardinalsäften – vier Verlaufsformen (Abulkasim, »Lib. theor. necnon pract.« 31, 2) und differenziert zwischen »sicheren« und »unsicheren« Aussatzzeichen. An besonderen Verfahren verfügt sie über: 1. die *Nasenprobe* mit dem Kloben, die den Naseneingang spreizt, in die Nasengänge leuchtet und auf Geschwürsbildung sowie Kontrakturen achtet; 2. die *Nadelprobe* zur Sensibilitätsprüfung als wichtigstes Verfahren der Früherkennung; 3. die *Singprobe* zum Feststellen der Kehlkopfveränderung; 4. die *Daumenballenprobe* zur Prüfung des Muskelschwunds; 5. die *Seihprobe*, die diagnost. → Aderlaß voraussetzt und im Seih-Rückstand des Blutes nach den erdigen Bestandteilen der Krankheitsmaterie fahndet.

Überhaupt spielte die → Blutschau in der Lepradiagnostik eine bedeutende Rolle. G. Keil

VII. LITERARISCHER, VOLKSKUNDLICHER UND IKONOGRAPHISCHER NIEDERSCHLAG: Obwohl die Lepra demograph. kaum greifbar wird und neben den großen Seuchen von → Pest und »Syphilis« eine vergleichbar bescheidene Rolle spielte, ging von ihrer Schicksalhaftigkeit eine starke Faszination aus, die sich in unterschiedl. Bereichen niederschlug.

[1] Der *literarische Niederschlag* ist vielgestaltig; er spiegelt den Zeichenkatalog der Lepraschau (Konrad v. Würzburg, »Engelhard« 5150–5171), kennt die Wunderheilung (Hartmann v. Aue, »Armer Heinrich«) und liebt es, Oberschichtphänomene antithetisch mit den Lebensbedingungen der Leprösen zu kontrastieren (Béroul, »Le Roman de Tristan«; Robert Henryson, »Testament of Cresseid«).

[2] Verwandt mit den lit. Reflexen ist der *volkskundliche Niederschlag*, der wie die Dichtung die Wunderheilung durch das Blut Unschuldiger (Kinder, Jungfrauen) kennt und im übrigen vom abscheuerweckenden Antlitz des Leprösen ausgeht, das durch seinen → »Bösen Blick« Unheil überträgt sowie → Brunnen vergiftet. Interessant ist die aussatzbezogene Benennungsmotivation bei Pflanzennamen, beispielsweise bei engl. »Lazarus bell« und »dead man's bell« für die gesprenkelten Blüten der Schachblume (Fritillaria meleagris L.).

[3] *Ikonographischer Niederschlag*: Von den bildl. Darstellungen des Aussatzes erscheint die neutestamentl. *Heilung der Aussätzigen* (Mt 8, 1–4; Mk 1, 40–45; Lk 5, 12–14) bereits auf einigen röm. Katakombenmalereien des 3./4.Jh. sowie Gold- und Elfenbeinarbeiten des 6./9.Jh. Seit dem Ende des 10.Jh. wird dieses Motiv ein Bestandteil der Bilderzyklen von dem Leben und den Wundern Christi (Reichenau- St. Georgskirche/Oberzell, Goldbach, Egbertcodex in Trier, Evangeliar Ottos III. in München, Echternacher Goldenes Evangeliar, Perikopenbuch Heinrichs II. in Bremen, Hildesheimer Bernwardsäule, Fresko in S. Angelo in Formis). Christus hat die Rechte im Rede-Segens-Gestus dem Aussätzigen entgegengehoben, ohne ihn – wie bei der Blindenheilung – zu berühren. Auch in der byz. Buch- und Wandmalerei dargestellt (Par. gr. 510 um 880; Kachrije Djami nach 1300; Metropolis in Mistra 14./15.Jh.). Die Heilung der zehn Aussätzigen, von denen nur ein Samariter Christus dankt (Lk 17, 11–19), erscheint als Parallelthema in der westl. und byz. Buchmalerei bes. des 10./12.Jh. Bei der Darstellung des Aussätzigen werden Besonderheiten der Kleidung ebenso erfaßt wie die Warn-Werkzeuge Horn, Glocke und Klapper; an Krankheitssymptomen sind bes. die Verstümmelung von Hand und Fuß aufgefallen, die nares contractae finden sich gelegentlich angedeutet, ebenso wie die facies leon(t)ina. Aufgrund der lichenoiden Hautveränderungen entwickelte sich ein ikonograph. Standard-Typ: die (rot)gesprenkelte Gestalt des Leprösen (z. B. Egbertcodex, Perikopenbuch des Stiftes Nonnberg/Salzburg, Perikopenbuch Heinrichs II., Bremen).

In der roman. Malerei kann man noch differenzierter auf vielen Darstellungen Hiobs, der an Aussatz gelitten haben soll, die typische Wiedergabe der Lepra durch kleine oder große Fleckenraster der freiliegenden Hautteile erkennen. Im 14. und 15.Jh. gewinnt der Aussätzige auf den spätgot. Tafelbildern dann zunehmend an Realistik. Im Zusammenhang mit Darstellungen des hl. Martin, des Schutzpatrons der Leprakranken, und der hl. Elisabeth ist häufig diese Krankheit in beachtlicher morphol. Breite dargestellt worden. Auch zeigen die dem Aussätzigen beigegebenen Attribute wie Krücken, Prothesen oder

Verbände eine ungewöhnl. reiche Variation, die heute noch ein plast. Bild von der damaligen Schwere der Lepraerkrankung geben und teilweise Einblicke in Leprosorien vermitteln (z.B. Konrad Witz: hl. Martin mit einem Leprosen, Basel; St. Martin und Leproser, Xantener Dom; Schule des Hausbuchmeisters: hl. Elisabeth, Köln; hl. Elisabeth, Deutschordenskirche Frankfurt am Main, Sachsenhausen). Die nahezu photograph. getreue Realistik, die der Leprakranke in der spätgot. Kunst gewinnt, verliert in der 2. Hälfte des 16. Jh. an Gewicht, indem die individuellen Krankheitsmerkmale in den Hintergrund und die typisierenden Kennzeichen wieder in den Vordergrund treten. A.-H. Murken/G. Binding/G. Keil

VIII. TERMINOLOGIE: Die ma. Aussatzbezeichnungen, wie sie in der Schulmedizin herrschen, sind teils antik vorgebildet (»lepra«, »elephantia[sis]«), teils aus dem Arab. übernommen (»tyria«) und beziehen sich auf Veränderungen der Haut (»morphea alba« und »nigra«) bzw. auf die Folgen der lepra mutilans (»leonina«). Ihnen gegenüber steht als jüngere Schicht eine Reihe von Krankheitsnamen, die landessprachigen Ursprungs sind und durch weitgespannte Benennungsmotivationen das Erscheinungsbild des A.es sowie das rechtl.-soziale Umfeld des Leprösen beschreiben. Beispielhaft erfaßt sind sie für den altdt. Bereich, in dem – wie in den übrigen germ. Sprachen – mehrere Benennungen miteinander konkurrieren, da eine gemeingerm. Bezeichnung wegen des späten Auftretens der Lepra fehlt.

Lediglich auf die *Krankheit* weist das aus dem Afrz. entnommene *malade* [< 'male habitum'], das – über das Nfrk. entlehnt – seit dem 13. Jh. auch im Hd. begegnet und zahlreiche Ableitungen erfuhr (*malât* [adj. und stark mask.], *malêter*, *malâterie*, *malâzîe*, *malâz(ic)*, *malâzheit*, *malâtsuht*, *malâtschaft*). Im Gegensatz zu 'malade' kommt entlehntes 'leprosus' nur selten vor (*leproserîe*), wenn man vom Niederschlag in den Toponymen absieht (»Rosstraße«, »Rosmühle«). – Vom Ags. aufs Norweg. übergegriffen haben Termini, die den A. als »große« bzw. »schlimme Krankheit« bezeichnen (*seó miccle códu*, *seó mycle adl*; *radesyge*), wie auch das ags. *likþrowere* im Anorw. und Aisl. als *likþrar* wiederkehrt.

Als Armer und Erbarmungswürdiger ist der Lepröse durch Termini gekennzeichnet, die von 'miser' über mlat. 'misellus' abgeleitet sind und im Afrz. sowie Me. mit dem Morphem *mesel*, im Dt. mit dem Wortstamm *misel* begegnen. Die Wortsippe ist ausgesprochen umfangreich, setzt bereits in ahd. Zeit ein (10./11. Jh.), bietet 'misel' isoliert in adj. sowie subst. Verwendung und umfaßt eine Vielzahl von Ableitungen sowie Zusammensetzungen (ahd. *miseloht*, *miselsuht*, *miselsuhtig*; mhd. zusätzl. *miselsuchte* [schw. mask.], *miselsühticheit*, *miselsiech*, *miselpîn*, *miselec*, *miselinc*, *miselglîch*, *miselvar*, dazu – unter Einkreuzung von mnd. *masele* bzw. *maser* – noch *maselsuht*, *maselsühtic* und *masersuht*). – Weniger gebräuchlich waren Benennungen wie »arme Leute«, »geplagte Leute«; auf die Doppelgesichtigkeit der Leprösen, die kirchlich als »de vrais martyrs« galten, heben Bezeichnungen ab wie »guoter man« und »guote liute«, die in zahlreichen Zusammensetzungen belegt sind (Gutleuthaus, Gutleuthäusel, Gutleuthof, Gutleutäcker, Gutleutmeister, Gutleutkind).

Am ergiebigsten waren Benennungen, die auf die Absonderung (Sequestrierung) der Leprösen hinweisen und sehr früh in den Landessprachen begegnen: Ahd. *ûzsâzeo* tritt seit dem 8. Jh. auf; der Terminus lebt in mhd. *ûzse[t]ze* weiter, von dem sich *ûzsetzic* ableitet, das im SpätMA die scheinbare Rückbildung *ûzsaz* an die Seite gestellt bekommt. Zur selben Sippe gehören *ûzsetzel*, *ûzsetzlic*, *ûzsetzigi*, *ûzsetzicheit* und das starke Fem. *ûzsetze*. – Als Konkurrenten treten *ûzmerkic*, *ûzsiech*, *sundersiech*, *vêltsiech* bzw. *ackersiec* auf, die jedoch erst im SpätMA begegnen, landschaftl. begrenzt blieben und entweder gleichbedeutend mit *ûzsetzic* gebraucht wurden oder den nicht asylierten Leprösen bezeichneten; von ihnen sind weniger zahlreiche Ableitungen belegt (*ûzmerkinc*, *ûzgemerkt*, *ûzmerkicheit*; *ûzsiechenhûs*; *sundersiehtuom*, *sundersühtige* [stark fem.]; *veltsieche* [stark fem.], *veltsiehtac*, *veltsuht*; vgl. auch frühnhd. *landsiech*).

Auf die *Asylierung* der Leprösen in Sondersiechenhäusern weist mnd. *spitâlesch*, dem als Rückbildung der *spit(t)âl* zur Seite steht; auf den Schutzheiligen der Leprösen, den Bettler Lazarus (Lk 16, 20), deuten mnfrk. *laser(s[ch])*, *lazerich*, *laserheit*, *laserpîne*, *lasersocht* und *laserschap*, die teilweise auch im Hd. sowie Sächs. begegnen und bis ins Afrz. ausstrahlten (*mal ladre*); die Benennung ging von der St.-Lazarus-Gilde zu Rumpst in Brabant aus. – Ähnl. Fernwirkung erzielte das nordnd. *spitâlesch* (*spettêlsch*), das über die Ableitung *spitêlsheit* ins Dän. Eingang fand (*spedalskhed*) und auch im Schwed. begegnet. Dabei überrascht die pejorative Metonymie, die *spetälsk* in schwed. Mundarten durchmachte, wo es – wie auch das schweiz. *feltsiech* – als Schimpfwort gebraucht wird. G. Keil

Lit.: *allgemein*: J. Y. SIMPSON, Antiquarian notices of leprosy and leper hospitals in Scotland and England, Edinburgh med. surg. J. 56, 1841, 301–330; 57 [1842], 121–156, 394–429 – M.-L. GUILLOUARD, Études sur la condition des lépreux au MA, 1865 – L.W. FAGERLUND, Finlands Leprosorier, I, 1886; II, Finska Vetenskaps-Societetens Bidr. 62, 1903, 101–155 – G. KURTH, La lèpre en occident avant les croisades, 1899 [Nachdr. 1907] – G.H.A. HANSEN–H.P. LIE, Die Gesch. der Lepra in Norwegen (II. int. wiss. Lepra-Konf., Mitt. Verh. I, 1909), 52–78 – H.C. DE SOUZA ARAUJO, Lepra. Survey made in 40 countries (1924–27), 1929 – W. FROHN, Der A. im Rheinland (Arbeiten zur Kenntnis der Geschichte der Medizin im Rheinland und in Westfalen 11), 1933 – O. SCHLOTTERER, Die Gesch. der Lepra und Pocken in Europa [Diss. München 1966] – H.M. KOELBING, M. SCHÄR-SEND, A. STETTLER-SCHÄR, H. TRÜMPY, Beiträge zur Gesch. der Lepra (Zürcher med.gesch. Abh., N.F. 93), 1972 – A. MOUNIER-KUHN, Brève hist. de lèpre en France, Lyon méd. 227 (1), 1972, 63–65 – P. RICHARDS, The medieval leper and his northern heirs, 1977 – *regional*: E. L. EHLERS, Danske St. Jørgensgaarde i MA, Bibl. Laeger I, 1898, 243–288, 331–371, 639–644 – J. ASEN, Das Leprosenhaus Melaten bei Köln [Diss. Bonn 1908] – A. MITTERWIESER, Zur Gesch. des Wöllriederhofes und der übrigen Leprosen- und Sondersiechenhäuser Würzburgs, Arch. hist. Ver. Unterfranken 52, 1910, 77–98 – G. N. A. KETTING, Bijdrage tot de geschiedenis van de Lepra in Nederland, 1922 – E. PITON, La lèpre en Hesbaye, Bull. Soc. Art Hist. Dioc. Liège 32, 1946, 13–53 – V. MØLLER-CHRISTENSEN, Bogen om Aebelholt Kloster, 1953 – W. STEINHILBER, Die Lepra und das städt. Leprosorium im alten Heilbronn, Veröff. hist. Ver. Heilbronn 21, 1954, 74–112 – W. MUMMENHOFF, Die Aachener Leproserie Melaten, Zs. des Aachener Gesch.ver. 66/67, 1954/55, 12–34 – G. H. KLÖVEKORN, Der A. in Köln, 1966 – E. SCHMITZ-CLIEVER, Das ma. Leprosorium Melaten bei Aachen in der Diöz. Lüttich (1230–1550), Clio medica 7, 1972, 13–34 – A. G. HOMBLÉ, »Besiecte Liede« in het middeleeuwse Vlaanderen, Oostvlaamse Zanten 48, 1973, 2/3 – *zu [I]*: G. STICKER, A. oder Lepra, Hb. d. Tropenkrankheiten III, 1914 – V. KLINGMÜLLER, Die Lepra (Hb. der Haut- und Geschlechtskrankheiten, hg. J. JADASSOHN X, 2, 1930) – V. MØLLER-CHRISTENSEN, Bone changes in leprosy, 1961 – DERS., Evidence of tuberculosis, leprosy, and syphilis in antiquity and the MA (Verh. XIX int. Kongr. Gesch. Med., 1966), 229–237 – DERS.–D.L. WEIS, An unusual case of tuberculosis in a medieval leper, Dan. med. Bull. 18, 1971, 11–14 – G. KLINGMÜLLER, Pathologie und Klinik der Lepra (Hb. der Haut- und Geschlechtskrankheiten, Ergänzungswerk IV, I B, 1970), 1–331 – E. SCHMITZ-CLIEVER, Zur Osteoarchäologie der ma. Lepra. Ergebnis einer Probegrabung in Melaten bei Aachen, MedJourn 6, 1971, 249–263 – *zu [II]*: P. RICHTER, Beitr. zur Gesch. des A.es, SudArch 4, 1911, 323–352 – K. SUDHOFF, Die Krankheiten »bennu« und »sibtu« der babylon.-assyr. Rechtsurkunden, ebd., 353–369 – F. GRÖN, Remarks on the earliest medical conditions in Norway and

Iceland with special reference to British influence (Science, medicine and history, hg. E.A.UNDERWOOD, 1953), 143-153 - S.JARCHO, Lazar Houses and the dissemination of leprosy, MedHist 15, 1971, 401 - *zu [III]*: H.CARLOWITZ, Der Lepraabschnitt aus Bernhard v. Gordons »Lilium medicinae« in ma. dt. Übersetzung [Diss. Leipzig 1913] - K.SUDHOFF, Einige Dokumente zur Gesch. der Lepraprophylaxe in Süditalien in der 2. Hälfte des 13. Jh., SudArch 8, 1915, 424-429 - D.GOLTZ, Ma. Pharmazie und Medizin VIGGPharm. N.F. 44, 1976, 129f. - *zu [IV]*: R.VIRCHOW, Zur Gesch. d. A.es und der Spitäler, bes. in Deutschland, Virchows Arch. path. Anat. 18, 1860, 138-162, 273-329; 19, 1860, 43-93; 20, 1861, 166-198 - F.MEFFERT, Caritas und Volksepidemien (Schr. zur Caritasswiss. I, 1925), 9-149 - D.JETTER, Gesch. des Hospitals I, SudArch, Beih. 5, 1966, 38-43 - CH.PROBST, Das Hospitalwesen im hohen und späten MA und die geistl. und gesellschaftl. Stellung des Kranken, SudArch 50, 1966, 246-258 - *zu [V]*: HOOPS I, 144-146 - HOOPS I², 505-508 - E.VIGNAT, Les Lépreux et les chevaliers de St-Lazaire de Jerusalem et de N.-D. Du Mont Carmel, 1884 - S.REICKE, Das dt. Spital und sein Recht im MA (Kirchenrechtl. Abh. 111-114), 1932 [Neudr. 1970], I, 310-326; II, 233-286 [grundlegend] - J.SYDOW, Kanonist. Fragen zur Gesch. des Spitals in Südwestdeutschland, HJb 83, 1964, 54-68 - F.MERZBACHER, Die Leprosen im alten kanon. Recht, ZRGKanAbt 53, 1967, 27-45 - M.CANDILLE, Pour un précis des institutions charitables, Soc. franç. d'hist. des Hôpitaux 30, 1974 - J.L.GOGLIN, Les misérables dans l'Occident médiéval, 1976, 184ff. - *zu [VI]*: K.SUDHOFF, Lepraschaubriefe aus dem 15. Jh., SudArch 4, 1910, 370-378 [Forts.: SudArch 5, 1911, 154-156, 434-435; 6, 1912, 392-393] - DERS., Was geschah mit den ... als »leprafrei« Erklärten und ... wieder Entlassenen von behördl. und ärztl. Seite? SudArch 6, 1912, 149-154 - DERS., Dokumente zur Ausübung der Lepraschau in Frankfurt a.M. im 15. Jh., Lepra Bibl. int. 13, 1913, 141-170 - A.PAWELETZ, Lepradiagnostik im MA und Anweisungen zur Lepraschau [Diss. Leipzig 1915] [grundlegend] - R.HERRLINGER, Die Nürnberger Leprösenschau im 16.Jh., Ärztl. Praxis 34, 1951, 12 - J.G.ANDRESEN, Stud. in the mediaeval diagnosis of leprosy in Denmark [Diss. København 1969] - M.L.PORTMANN, Der Schaffhauser Stadtarzt Johann Cosmas Holzach (1518-95) und seine Schrift »Prob des Ußsatzes«, Gesnerus 28, 1971, 147-153 [fußt weitgehend auf A.STETTLER-SCHÄR, Die Leprologie des MA, Basel 1970?, masch.] - R.SUTTERLIN, Anton Trutmanns Arzneibuch, Teil I: Text [Diss. Bonn 1976, m.elsäss. Lepraschau-Text des 15.Jh.] - F.LENHARDT, Stud. zur ma. Blutschau (Würzb. med. hist. Forsch., 22), 1980 - *zu [VII]*: K.GRÖN, Lepra in Literatur und Kunst, Hb. der Haut- und Geschlechtskrankheiten, hg. J.JADASSOHN, X, 2, 1930), 806ff. - W.FROHN, Lepradarstellungen in der Kunst des Rheinlandes, Neue Dt. Forsch. Abt. Gesch. Med. Naturwiss. 1, 1936 - P.REMY, La lèpre, thème littéraire au MA, M-A 52, 1946, 195-242 - G.EIS, Der Seuchenspruch des Armen Heinrich, Forsch. und Fortschritte dt. Wiss. 25, 1949, 10-12 - DERS., Salernitanisches und Unsalernitanisches im »Armen Heinrich« Hartmanns v. Aue, Forsch. und Fortschr. dt. Wiss. 31, 1957, 77-81 - H.SCHADEWALDT, L.BINET, CH.MAILLANT, J.VEITH, Kunst und Medizin, 1967 - G.KEIL, über: Konrad v. Würzburg, Engelhard, hg. P.GEREKE-I.REIFFENSTEIN, Leuv. bijdr. 57, 1968, bijbl. 127-129 - G.WAGNER-W.J.MÜLLER, Dermatologie in der Kunst, 1970 [Ikonograph. Standard-Typ 20-23] - O.K.SKINSNES-R.M.ELVOVE, Leprosy in society, V: »Leprosy« in occidental literatur, Int. J. Leprosy 38, 1970, 294-307 - D.L.WEIS-V.MØLLER-CHRISTENSEN, Leprosy, echinococcosis and amulets: a study of a medieval Danish inhumation, MedHist 15, 1971, 260-267 - S.N.BRODY, The disease of the soul. Leprosy in medieval lit., 1974 - V.MERTENS, Noch einmal: das Heu im »Armen Heinrich« (E 73/B 143), ZDA 104, 1975, 293-306 [ausgezeichnete Zusammenfassung], Mitt. Verhandl. int. wiss. Leprakonferenz, 1897, II, 135 - P.RICHTER, Über die spezielle Dermatologie des 'Ali Ibn-al-'Abbas aus dem 10.Jh. unserer Zeitrechnung, Arch. Dermat. Syphilis 113, 1912, 849-864 [Übers. und Kommentar von Kap. (13, 17 und) 18 des 'Liber regius'] - P.G.UNNA, Ein typ. Fall von »Papierwissenschaft«. Lepra Bibl. int. 13, 1913, 218-236 - C.ELGOOD, On the significance of al-Baraṣ and al-Bahaq, J. asiat. Soc. Bengal. N.F. 27, 1931, 177-187 - E.SCHMITZ-CLIEVER, Die medizinhist. Deutung des Namens 'Rosstraße' in Aachen (Fschr. G.EIS, hg. G.KEIL u.a., 1968, 385-393) [dazu: H.P.SCHWAKE, ZRPh 85, 1969, 603-604] - H.M.KOELBING-A.STETTLER-SCHÄR, »Lepra« und »Elephantiasis«. Zur Kenntnis der Lepra im Altertum, Verh. schweiz. naturforsch. Ges. 1970, 193 - M.ÅSDAHL HOLMBERG, Die dt. Synonymik für 'aussätzig' und 'Aussatz', Niederdt. Mitt. 26, 1970, 25-71 [grundlegend].

Aussteuer → dotalicium

Auster → Weichtiere

Austerfield, Synode v., in der Nähe von Bawtry (Yorkshire) 702 abgehaltene, im wesentl. gescheiterte Synode der engl. Kirche. Sie wurde von Ebf. Berthwald geleitet und auf Veranlassung Papst Sergius' I. einberufen, um die Streitigkeiten Bf.s → Wilfrith v. York mit der Kirche und dem Kg. v. Northumbrien zu schlichten. Wie → Aeddi (Eddius) Stephanus bezeugt, versuchte die Synode, Wilfrith auf sein Kl. Ripon zu beschränken und ihm sein Bm. und seine sonstigen Besitzungen zu entziehen. Nicht gewillt, seine bfl. Stellung aufzugeben, wandte sich Wilfrith wie schon vorher, an den Papst. N.P.Brooks

Q.: Eddius Stephanus, The Life of Bishop Wilfrid, ed. B.COLGRAVE, 1927, 92-98.

Austregisel, hl. → Bourges

Austremonius (Stremonius), hl. (Fest 1. Nov.), Verbreiter des Christentums in der Auvergne um 300, gilt als erster Bf. von Clermont. Trotz falscher chronolog. Angaben liefert Gregor v. Tours die einzigen gesicherten hist. Auskünfte zu A.: Er gründete die Kirche von Clermont, starb als einfacher Bekenner (Hist. Franc. I-30) und wurde in Issoire (Puy-de-Dôme) begraben, wo seine Verehrung Mitte des 6.Jh. durch den Diakon Cautinus (Gloria conf. 29) gefördert wurde. Eine erste (verlorene) Biographie von Bf. Praejectus v. Clermont († 676) betrachtete ihn bereits als Märtyrer (Erwähnung in BHL 6916, nr. 9, Ende 7.Jh.); ebenso vier weitere Viten, verfaßt in Mozac (bei Riom) v. der Mitte des 9. und dem Anfang des 11.Jh. (BHL 844, 845, 848 und 850). In diesen späten Versionen wurde A. auf Grund einer falschen Chronologie nach und nach bis ins apostol. Zeitalter zurückdatiert und fiel als Opfer der Juden, aufgebracht durch den Glaubenswechsel einer der ihren. Eine erste Translation von Issoire nach Volvic am Ende des 7.Jh. wurde später dem Bf. Avitus II. v. Clermont (676-691) zugeschrieben; eine zweite, von Volvic nach Mozac, fand wahrscheinl. nicht 761/767 (Pippin d. Jüngere), sondern eher 862/863 statt, wobei Pippin II. v. Aquitanien die Reliquien auf den eigenen Schultern trug. Eine Rekognition von 1197 (BHL 856) nimmt zum erstenmal Bezug auf den widerrechtl. Anspruch der Mönche von Issoire, seit dem 8.Jh. den Kopf, später den ganzen Leib des Hl. zu besitzen; die Reliquien des A. werden noch heute in Mozac in einem hölzernen, im 16.Jh. bemalten Reliquienschrein aufbewahrt. Die alten Martyrologien erwähnen ihn nicht, seine Verehrung außerhalb der Auvergne ist nur schwach verbreitet.

J.-C. Poulin

Lit.: L.LEVILLAIN, Recueil des Actes de Pépin I et II d'Aquitaine, 1926, 227-242 - Vies des Saints XI, 1954, 35-40.

Austrien, in der merow. Geschichte Bezeichnung des ö. Reichsteils. Zusammen mit → Neustrien und → Burgund bildete A., dessen Name zuerst bei Gregor v. Tours in der 2. Hälfte des 6.Jh. belegt ist, die Trias des → Frankenreichs; sie folgte auf die nach dem Tode Chlodwigs 511 und Chlothars 561 vollzogene Vierteilung in die regna von Reims, Soissons, Paris und Orléans. Zu A. gehörten das Rhein-Maas-Mosel-Gebiet mit der Champagne und der Hauptresidenz in Reims, dann schon seit Sigibert I. (561-575) Metz, ferner Gebietsanteile in Aquitanien und der Provence und die Herrschaft über die rechtsrhein. Stämme. - Die Entwicklung A.s vom Reichsteil zum Teilreich im 7.Jh. ist von Konflikten zw. dem Kgtm. und der austr. Aristokratie geprägt. Deren Aufstieg haben die Kämpfe Sigiberts und Chilperichs um das Erbe ihres Bruders Charibert († 567), v.a. aber die Zeit der vormundschaftl. Regierung für den minderjährigen Childebert II. gefördert. Zwar versuchten die Witwe Sigiberts, Brunichild, und der burg. Kg. Guntram den Einfluß des Adels einzudämmen und die Zentralgewalt durch die Erbfolge A.s in Burgund zu festigen (Vertrag v. → Andelot), aber der Bruderzwist im austr.-burg. Königshaus und das Zusammenwirken burg.-frk. Großer, des austr. → Hausmeiers Pippin und des späteren Bf.s → Arnulf v. Metz, mit dem neustr. Kg. Chlothar II. haben den austr. Adel so gestärkt, daß Chlothar 623 seinen Sohn Dagobert als Unterkönig in A. und dieser nach Übernahme der Gesamtherrschaft 629 den unmündigen Sigibert unter adliger Regentschaft einsetzen mußte. Auf Betreiben die neustroburg. Adels, der ein Übergewicht A.s fürchtete, hat Dagobert zur Erbfolgeordnung der Abgrenzung der nunmehr zwei, nach Fredegar an Größe und Einwohnerzahl gleichen regna verfestigt. Der Versuch Neustroburgunds, seinerseits Vormacht zu werden, und die wachsende Bedeutung der Hausmeier (→ Grimoald in A., → Ebroin in Neustrien) kennzeichnen die wechselhafte Lage A.s in der 2. Hälfte des 7. Jh. Erst der Sieg des austr. Hausmeiers Pippin bei → Tertry 687 über die Neustrier führte zur Vereinigung des frk. Reiches unter austr. Vorherrschaft. Entsprechend der polit. Entwicklung wurden im 8. Jh. die alten Teilreichsnamen allmählich zugunsten des Gemeinschaftsnamens → Francia in den Hintergrund gedrängt. In karol. Zeit bezeichnete A. wie der spätere Begriff Francia orientalis das ö. Außenland des frk. Siedlungsraumes, das ursprgl. thüring. Mainfranken mit dem Zentrum Würzburg. Hieran grenzte w. des Rheins die Francia (media) als neues Kerngebiet des Reiches an. Zum ducatus Austrasiorum zählten ferner das Swalafeld um Eichstätt, der bayer. Nordgau und Hessen. – In langob. Quellen des 8. Jh. erscheinen die Namen A. und Neustrien für die Provinzen Venetien und Ligurien; vermutl. handelt es sich um die Übernahme frk. Nomenklatur in rein geogr. Bedeutung. Th. Zotz

Lit.: HOOPS² I, 512f. – E. EWIG, Volkstum und Volksbewußtsein im Frankenreich, Sett. cent. it. V, 2, 1958, 587–648 – DERS., Beobachtungen zur polit.-geogr. Terminologie des frk. Großreiches und der Teilreiche des 9. Jh. (Festg. für M. BRAUBACH, 1964), 99–140 – J. DIENEMANN, Der Kult des hl. Kilian im 8. und 9. Jh. (Q. und Forsch. zur Gesch. des Bm.s Würzburg 10, 1955), 171–185 – M. LUGGE, Gallia und Francia im MA (BHF 15, 1960) – K. BOSL, Franken um 800, 1969².

Auszeichnungsschriften, Schriften, die zur Hervorhebung bestimmter Wörter (Zitate, Lemmata, Fremdwörter usw.) innerhalb eines zusammenhängenden Textes oder bes. Teile des Textes (Titel, Überschriften, Anfangszeilen, Kolophone, Kolumnentitel, Rubriken usw.) dienen. Obwohl die A. eine wichtige Rolle bei der Datierung und Lokalisierung der Hss. spielen, hat man bisher kaum begonnen, sie systemat. zu erforschen.

Die früheste Art der Hervorhebung findet sich bereits im 3. Jh. und war während des ganzen MA in Gebrauch: Sie bestand einfach in einer Veränderung der Schriftgröße, d. h., in der Verwendung größerer, manchmal auch (z. B. für Kolumnentitel) kleinerer Schrift. Von der Textschrift abweichende Schriften in sonst gebräuchl. Form wurden als A. seit dem 5. Jh. benutzt. Sie konnten feierlicher oder bescheidener sein als die Textschrift; in der Regel waren sie ältere Schriftarten (Kapitalis für Unziale, Kapitalis oder Unziale für Halbunziale). Schon seit dem 6. Jh. erfuhren die als A. verwendeten Majuskeln Veränderungen, und seit dem 7. Jh. gibt es eigene Auszeichnungskapitalis z. B. in → Luxeuil und → Lindisfarne. Die Karolingerzeit erlebte eine Läuterung der Alphabete durch die Wiederbelebung röm. Vorbilder. Eine strenge Schrifthierarchie, die von Capitalis quadrata und rustica an der Spitze über Unziale und Halbunziale bis zur Minuskel am unteren Ende reichte, wird nur in bestimmten Skriptorien (Tours) und zu Zeiten eingehalten. Schließl. entwickelten sich A., die sich aus verschiedenen Kombinationen von Elementen der Kapitalis und der Unziale – oft in veränderter Form – zusammensetzten ('Gemischte Majuskeln'). Im späten MA zeigen die Hss. in got. Kursive oder in Hybriden (Bastarda) häufig Auszeichnung in Textura und lassen dadurch eine neue Rangordnung der Schriften erkennen. Die Capitalis quadrata wurde im 15. Jh. – abermals – nach dem Vorbild antiker röm. Inschriften wiederbelebt.

Während des gesamten MA wurden statt der A. Hervorhebungen auch durch unter oder über der Zeile liegende Striche vorgenommen. Außerdem wurden oft andersfarbige Tinten benutzt, daneben begegnen Einzüge oder andere Veränderungen des Abstandes. Im früheren MA wurden Zitate und Lemmata häufig durch Anführungszeichen am linken Rand gekennzeichnet. J. J. John

Lit.: E. A. LOWE, The »Script of Luxeuil«: A Title Vindicated, RevBén 63, 1953, 132ff. [Neudr.: Palaeographical Papers 2, 1972, 389ff.] – B. L. ULLMAN, The Origin and Development of Humanistic Script, 1960, 54ff. – P. McGURK, Citation Marks in Early Latin Mss., Scriptorium 15, 1961, 3ff. – O. MAZAL, Buchkunst der Gotik, 1975, 30f. – B. BISCHOFF, Paläographie des röm. Altertums und des abendländ. MA, 1979, 77–79, 92, 100–102, 127, 134, 148, 162, 179, 244, 259.

Authari, Kg. der → Langobarden (seit 584), † 5. Sept. 590 Vater: Kg. Cleph; ⚭ Theudelinde, Tochter Hzg. Garibalds v. Bayern. – Die wenigen Regierungsjahre A.s führten zu einer Konsolidierung des nach dem Tode Kg. Clephs 574 vom Zerfall bedrohten langob. Kgr.es. Umstritten ist, ob A., wie Paulus Diaconus berichtet, nach einem zehnjährigen Interregnum, in dem die Hzg.e das Land unter sich aufteilten, zum Kg. erhoben wurde (HARTMANN, R. SCHNEIDER), oder ob die Hzg.e nur als vormundschaftl. Regenten während der Minderjährigkeit A.s fungierten (MOR, BRÜHL). Konsequent verfolgte A. eine Politik der Einheit Italiens im Kampf gegen das Papsttum, Ostrom und die Franken, die wiederholt in N-Italien einfielen. Die Übernahme des flavischen Königstitels schon 584 ist programmat. zu verstehen. Die Heirat A.s mit der bayer. Prinzessin Theudelinde (wohl 589), einer (kath.) Enkelin des langob. Kg.s Wacho aus dem Geschlecht der Lethinger, trug zur Festigung seiner Herrschaft bei und war eine Grundlage für die spätere Katholisierung der Langobarden. Die langob. Landnahme wurde unter A. in organisator. Hinsicht abgeschlossen, die materielle Basis des Kgtm.s gesichert. Bei seinem plötzl. Tod, der Vergiftungsgerüchte aufkommen ließ, war A. noch kinderlos. Die Sage nahm sich frühzeitig seiner Person an (columna Authari, Paul. diac. III, 23). H. Zielinski

Q.: Pauli diac. Hist. Langob. III, ed. G. WAITZ, MGH SRG (in us. schol.), 109–141 – Fredeg. Chron. IV, 45, ed. B. KRUSCH, MGH SRM II, 143 – Greg. Turon. Hist. IX, 25; X, 3, ed. B. KRUSCH, MGH SRM I/I, 381–382, 410–412 – Lit.: DBI IV, 600–606 – SPINDLER I, 106f. – HARTMANN, Gesch. Italiens II, 1, 63–79 – F. SCHNEIDER, Die Reichsverwaltung in Toscana, 1914, 154–165 – C. G. MOR, La successione al trono... (Studi in onore di F. CAMMEO II, 1933), 177–200, bes. 190f. – G. P. BOGNETTI, S. Maria »foris portas« di Castelseprio e la storia religiosa dei Longobardi (G. P. BOGNETTI–G. CHIERICI–A. DE CAPITANI D'ARZAGO, Santa Maria di Castelseprio, 1948), bes. 13–100 – BRÜHL, Fodrum, 364 – WOLFRAM, Intitulatio I, 65–76 – R. SCHNEIDER, Königswahl und Königserhebung im FrühMA, 1972, 24–29.

Authenticae → Corpus iuris civilis
Authenticum → Corpus iuris civilis
Autignac, Guillaume d', Archidiakon, Jan. 1204 – Juli 1216 Bf. v. Maguelonne, dann v. Montpellier. A. gehörte dem kleinen Adel der Diöz. an, deren Leitung ihm anvertraut wurde. Es gelang ihm, der kathar. Häresie erfolgreich entgegenzutreten (→ Albigenser, → Katharer), seine

Bischofsstadt Montpellier blieb orthodox. Während des Albigenserkrieges war A. ein enger Parteigänger Simons v. → Montfort, auf dem Konzil v. Lavaur (1213) trat er als scharfer Gegner Raimunds VII. und der Stadt Toulouse hervor. Er vernachlässigte keineswegs seinen Temporalbesitz; Papst Innozenz III. gab ihm 1215 die Gft. Mauguio, die er Raimund VI. entzogen hatte, zu Lehen (1223 eroberte sie Raimund VII. zurück). Das Ende des Episkopates G.s d'A. war von finanziellen Schwierigkeiten begleitet. Y. Dossat

Lit.: DBF IV. 742f. - F. FABRÈGE, Hist. de Maguelone I, 1894, 361 ff.

Autine, Burg und Gebiet der Letten → Lettenland

Auto-da-fé → Inquisition

Auto de los Reyes Magos, einziger, nur unvollständig erhaltener dramat. Text in kast. Sprache vor 1400 (147 polymetrische Verse). Er ist nur in einer Hs. (um 1200) überliefert und wahrscheinl. seit 1150 für das Epiphanie-Offizium der Kathedrale von Toledo bestimmt. Der Titel ist modern. Der anonyme Verfasser scheint aus Aragón oder Navarra, wenn nicht sogar aus der Gascogne zu stammen und folgte sicher frz. Tradition. Die Handlung basiert auf Mt 2, 1-9 und entwickelt sich in fünf Szenen: Monologe der drei Könige, ihr Zusammentreffen, ihr Besuch bei Herodes, dessen Monolog, und schließlich seine Beratung mit den Weisen des Hofes. Die sehr einfache Technik weist einen starken Sinn für dramat. Rhythmus auf sowie für einen bewegten Ablauf der Handlung und bringt eine einfache, aber genaue Zeichnung der Charaktere. Das Hauptthema ist das Problem der Feststellung der Wahrheit. A. Várvaro

Ed.: R. MENÉNDEZ PIDAL, RABM 3, 1904, 453-462 - Lit.: B. W. WARDROPPER, The dramatic texture of the A., MLN 70, 1955, 46-50 - J. COROMINAS, Nueva Rev. Filol. Hisp. 12, 1958, 75 - R. LAPESA, De la edad media a nuestros días, 1967, 37-47 - D. W. FOSTER, Figural Interpretation and the A., RR 57, 1967, 3-11.

Auto sacramental, dramat. Dichtung bibl. oder allegor. Charakters in kast. Sprache. Das Wort »auto« wurde nicht bereits für das frühe sog. → »Auto de los Reyes Magos« gebraucht, sondern ist erst um 1300 mit Sicherheit belegt. Dieses lit. Genus, das in der span. Renaissance- und Barocklit. seine Blütezeit erleben sollte, ist in der Lit. des MA nur mit wenigen Beispielen vertreten: Abgesehen von dem oben angeführten Text findet sich nur die spätma. »Representación del nacimiento de Nuestro Señor« des Gómez Manrique. Im übrigen ist in Kastilien das liturg. Drama in lat. Sprache ebenso spärlich belegt wie die volkssprachl. Texte. Aus dem späten 11. Jh. ist ein Osterspiel »Quem quaeritis« im Benediktinerkloster S. Domingo de Silos bezeugt (außerhalb Kastiliens haben wir einen analogen Text in Compostela, ein »officium pastorum« in Coimbra, Portugal, und einige andere Reste in Zaragoza und Huesca, Aragón). In den → Siete partidas (I. VI. XXXVI) spricht Alfons X. von »representaciones ... así como de la nascencia de nuestro señor Iesu Cristo ... e otrosí de su aparecimiento como le vinieron los tres reyes adorar, et de la resureción« (»Spiele ... wie das von der Geburt unseres Herrn Jesu Christi ... ebenso wie das von seiner Epiphanie, als die drei Könige kamen, ihn anzubeten, und von seiner Auferstehung«); er bezeichnet sie dort als »den Religiosen erlaubt«. Wir wissen jedoch nicht, in welcher Sprache diese Dramen verfaßt waren und wie häufig sie aufgeführt wurden. Diesem Mangel an Nachrichten entspricht wahrscheinl. eine nur begrenzte Verbreitung des A., die vielleicht auf das nur geringe Interesse zurückzuführen ist, das der im ma. Spanien bes. bedeutende Orden der Cluniazenser für das liturg. Drama aufbrachte. Die »Representación« des Gómez Manrique (2. Hälfte des 15. Jh.), verfaßt für die Nonnen des Konvents Calabazanos, besitzt nur geringe dramat. Kraft: Sie entwickelt das »Officium pastorum« in einer Reihe verhältnismäßig unverbunden nebeneinandergestellter Szenen, einige davon sind farcenhaft, andere bringen eine zarte Schilderung der Mutterliebe, in manchen wird die Geburt Christi in engen Zusammenhang mit der Vollendung des Erlösungswerkes in der Passion gestellt. Texte wie dieser und das ältere A. aus Toledo (die im übrigen von einander ganz unabhängig sind) können nicht als echte Vorläufer für das religiöse Theater des 16. Jh. auf der iber. Halbinsel betrachtet werden. → Geistliches Drama. A. Várvaro

Ed.: G. MANRIQUE (R. FOULCHÉ-DELBOSC, Cancionero castellano del siglo XV, II, 1915) - Lit.: A. A. PARKER, MLR 30, 1935, 170-182 - G. CIROT, Bull. Hisp. 45, 1943, 55-62 - R. B. DONOVAN, The liturgical drama in medieval Spain, 1958 - F. LÁZARO CARRETER, Teatro medieval, 1965[2] - H. SIEBER, Hisp. Rev. 33, 1965, 118-135 - N. D. SHERGOLD, A hist. of the Span. stage from medieval times to the end of the seventeenth century, 1967 - H. LÓPEZ MORALES, Tradición y creación en los orígenes del teatro castellano, 1968 - J. FORRADELLAS FIGUERAS, Para los orígenes del teatro español, Bull. Hisp. 72, 1970, 328-330.

Autobiographie
I. Einleitung – II. Mittellateinische Literatur – III. Romanische Literaturen – IV. Deutsche Literatur – V. Islamisch-arabische Literatur.

I. EINLEITUNG: Die A. ist kein genau zu umreißender Texttyp mit präziser Gattungsdefinition. Die erst im 18. Jh. auftauchenden Termini 'Selbstbiographie' und 'Autobiographie' zeigen die späte reflektierende Erfassung der Schriften, in denen von Merkmalen mit unterschiedl. Konsequenz repräsentiert ist: Gestaltung des Lebenszusammenhangs, Wechselwirkung zwischen Ich und Außenwelt, retrospektive Wertung individueller Erfahrungen, Entwicklung der Persönlichkeit, Totalität des Individuums.

Konstitutiv für Schriften mit autobiograph. Charakter erscheint die Ansiedlung in einem Grenzbereich zwischen Historiographie (direkter Realitätsbezug) und Dichtung (mit fiktionalem Grundstoff). Das wirkliche Leben wird durch eine bestimmte Auswahl, Organisation, Bewertung literar. perspektiviert und stilisiert. U. Schulze

II. MITTELLATEINISCHE LITERATUR: Die A. ist eine im lat. MA vergleichsweise wenig gepflegte Art lit. Darstellung gewesen. Es ist zu unterscheiden zwischen beiläufigen Selbstzeugnissen und eigtl. A. Selbstzeugnisse, die beiläufig, d. h. nicht in Form einer selbständigen Schrift geäußert werden, kommen wohl zu allen Zeiten vor; sie brauchen weder von Vorbildern abhängig zu sein, noch sind sie auf bestimmte Werke beschränkt. → Bedas knapper und eindrucksvoll charakterisierender Rückblick auf das eigene Leben mit beigefügtem Schriftenverzeichnis steht am Ende seiner »Hist. ecclesiastica gentis Anglorum«; → Hermanus Contractus fügt knappste autobiograph. Notizen gelegentlich in seine Weltchronik ein; → Notker Balbulus berichtet zum Zwecke sachlicher Erklärung in einem Widmungsbrief aus seinem Leben. Zuweilen hat man die Beichten der A. zugerechnet; sie sind zumeist eher allgemein als persönlich gehaltene Sündenbekenntnisse und haben in der Regel, von Ausnahmen abgesehen, mit Autobiographie nichts zu tun (zur Confessio des hl. Patrick → Patrick). Das eindrucksvollste Werk autobiograph. Charakters aus der chr. Spätantike, von dem das MA Kenntnis hatte, sind → Augustinus' »Confessiones«; ihre Nachwirkung ist an vielen Orten beobachtet worden, doch ist ihr Einfluß gerade auf die Entwicklung der A. wahrscheinl. geringer gewesen, als anzunehmen wäre; die »Retractationes« Augustins haben vereinzelt direkt Nachahmung gefunden, doch nicht zu eigentlicher autobiogr. Darstellung geführt. Allem Anschein nach ist die A. im lat. MA – man spricht wohl besser von Autobiographien – überhaupt nicht aus lit. Tradition erwachsen, vielmehr sind die einzelnen Werke vornehmlich als Ausdruck und Abbild der langsamen, aber keineswegs kontinuierl. Entwicklung und Entfaltung der Persönlichkeit zu verstehen. Dies schließt im einzelnen lit. Anregungen und Einflüsse keineswegs aus; aber diese sind nicht so stark gewesen, daß es zu mehr oder minder bestimmten Formen der A. gekommen wäre. Die einzelnen autobiograph. Darstellungen lassen wohl bestimmte Arten und Richtungen erkennen, doch steht im Grunde jedes Werk für sich. Stark autobiograph. Züge tragen die Schriften des innerlich zerrissenen → Rather v. Verona in otton. Zeit; im Schrifttum → Otlohs v. St. Emmeram (11.Jh.) spielen religiöse Erfahrungen eines Ringenden und visionäre Erlebnisse eine wichtige Rolle; ein Memoirenwerk großen Stils, das sich zu einem inhaltsreichen Zeitgemälde erweitert, verfaßt → Guibert v. Nogent (Mitte 12.Jh.); persönlichstes Erleben prägt → Abaelards »Hist. calamitatum«; einen Rechenschaftsbericht über seine Verwaltung bietet Abt → Markward v. Fulda (12. Jh.), ähnlich, jedoch auf höherer Stufe und mit bes. wertvollen Berichten über die Kathedrale, die Kunstschätze von St-Denis u. a. schreibt → Suger v. St-Denis (12.Jh.); ruhmredig und eitel berichtet → Giraldus Cambrensis de rebus a se gestis, abgeklärt und in früh erworbener Reife, schon an die Nachfolger denkend, hält → Karl IV. Rückschau auf seine ersten Regierungsjahre. F. Brunhölzl

III. ROMANISCHE LITERATUREN: [1] *Französische Literatur:* In Frankreich ist nach dem Lebensbericht des Abtes Guibert v. Nogent die »Hist. calamitatum« des → Abaelard (afrz. Übers. von → Jean de Meung) das erste überragende Zeugnis in der Gesch. der europ. selbstbiograph. Lit. In der Dichtung des 13.Jh. spricht → Rutebeuf, ein Jongleur niederer Herkunft, erstmals mit gewisser Freiheit von sich selbst. Der adlige Jean de → Joinville schildert in der Chronik (1305/09) des Kg.s → Ludwig IX. das Lebensbild des Hl.en mit memoirenartiger Selbstdarstellung (für die Anfänge der → Memoiren: → Philipp v. Novara). Aus dem international verbreiteten geistl. Schrifttum sei für die mystische Selbsterfahrung nur auf die Übers. (1389) von Heinrich → Seuses »Horologium sapientiae aeternae« sowie auf die von dem Humanisten Jacques Lefèvre d'Etaples zw. 1499 und 1514 veranstalteten Ausgaben von Werken des Raimundus Lullus, der → Hildegard v. Bingen, → Elisabeth v. Schönau und → Mechthild v. Magdeburg verwiesen. In der dichterischen Sprache des 14.Jh. spielt das Ich eine wachsende Rolle, z. B. bei Eustache → Deschamps. → Guillaume de Machaut teilt im Voir dit (ca. 1364) biogr. Umstände für die Entstehung eigener Gedichte mit. Das lyrische Ich (Coeur, Penser und Moy) bei Charles d'Orléans kann schwerlich autobiogr. gedeutet werden, ebensowenig wie persönl. Passagen im Respit de la mort von Jean → LeFèvre eigtl. biogr. zu verstehen sind. → Christine de Pisan nimmt in der Avision (ca. 1405) deutlich Bezug auf eigene Erinnerung. Starke persönl. Elemente schwingen in der Lyrik von François → Villon mit. Vgl. auch → Memoiren, Philippe de → Commynes.

[2] *Spanische Literatur:* In Spanien wird der Infant Juan → Manuel von einem ausgeprägten Sprach- und Selbstbewußtsein getragen (»Libro de las armas« als »autobiograph. Fragment«), das behandelte Fragen in Beziehung setzt zu sich oder der Familie und das Werk als Ergebnis eigener Erfahrung empfiehlt. Der »Libro de buen amor« (1330/43) des Archipresbyters Juan → Ruiz ist eine durch fingierten autobiograph. Erzählrahmen zusammengehaltene, komplexe Folge von Exempla und Gedichten, die bes. eindrucksvoll die vielgestaltigen Funktionsweisen des sprechenden Ich vorführt. Vorbilder sind bei jüd.-span. Dichtern sowie in der arab. Lit. (→ Ibn Ḥazm) gesucht worden, obwohl das Werk durchaus in ma. europ. Tradition (Ps.-Ovid »De vetula«, vorgeblich autobiograph. Predigtexempla) steht. Die Lebensbeichte im »Rimado de palaçio« des kast. Kanzlers → Pero López de Ayala folgt katechet. Vorlagen. Ein für ihre Zeit erstaunliches selbstbiographisches Zeugnis hinterließ Leonor López de Córdoba (1363-1412). Der Roman »El siervo libre de amor« des galicischen Geistlichen → Juan Rodríguez del Padrón hat ebenso wie die davon angeregte »Sátira de felice e infelice vida« des Kondestabels Dom → Pedro de Portugal autobiograph. Hintergründe. Pedros moralphilosoph., prosimetrischer Traktat »Tragedia de la insigne Reina Doña Isabel« (ca. 1457) ist als »innere Biographie« der Versuch, sich selbst über schmerzliche Schicksalsschläge zu trösten. Die spirituelle Selbsterfahrung belegt die Nonne Teresa de Cartagena in ihrer »Arboleda de los enfermos« (ca. 1470).

[3] *Katalanische Literatur:* Die katal. Lit. hat bedeutende autobiogr. Denkmäler aufzuweisen. Im Werk von Ramon Llull (→ Raimundus Lullus) finden sich nicht wenige persönliche Einschübe, z.B. im »Libre de contemplació en Déu« (ca. 1272). Allerdings kann der Roman »Blanquerna« nicht als idealisierte Autobiographie gedeutet werden. In den Gedichten »Cant de Ramon« (ca. 1299) und »Lo desconhort« (1295/1305), einem Streitgespräch, fließen Rechenschaft, Bekenntnis und Selbstverteidigung zusammen. Das Beispiel herrscherlicher Selbstdarstellung gibt in der Geschichtsschreibung der »Libre dels Feyts« von Kg. → Jakob I. (Jaume lo Conqueridor). Im »Viatge al Purgatori« (ca. 1398) des Ramon de Perellós vermischen sich persönl. Erlebnisse und Beobachtungen auf einer Reise mit Legende und religiöser Phantastik (→ Visionsliteratur). Der zum Islam übergetretene mallorquin. Franziskaner → Anselm Turmeda verfaßt 1420 unter arab. Pseudonym eine handschriftl. und in Drucken weit verbreitete arab. Kontroversschrift wider die Christen (»Tuḥfa«) mit zwei autobiograph. Kapiteln. Apologetisch sind die philosoph. Dialoge »Apologia« (ca. 1395 unter dem Eindruck von Petrarcas »Secretum« entstanden) und »Lo somni« des Arztes Bernat → Metge. Der Valencianer Dichter Arias → March zergliedert mit großem Ernst eigene Seelenzustände und Erlebnisse in seinen Cants. Jaume Roigs († 1478) Versroman »Spill« (1455/61) weist mit einer kulturhist. aufschlußreichen Lebensgeschichte des in Ichform erzählenden Protagonisten auf den span. Schelmenroman voraus.

[4] *Italienische Literatur und Frühhumanismus:* In Italien haben → Dantes bekannteste Werke autobiograph. Hintergrund. Die »Vita nova« (1293/1300), die sich als Ausschnitt aus einem »libro de la mia memoria« gibt und → Beatrice als »donna della mia mente« vorstellt, nennt H. FRIEDRICH die »Biographie der Innerlichkeit«. Im Convivio erörtert Dante u. a. die Frage, ob es statthaft sei, über sich selbst zu sprechen. Die »Divina Commedia« stellt poetisch den Aufstieg des Dichters zu Gott und den Weg der sündigen Seele zum Heil dar. → Boccaccios elegischer Roman »Fiammetta« (ca. 1343), in dem Fiammetta den Freundinnen von ihrer gescheiterten Liebe erzählt, ist im Zusammenhang mit Boccaccios unglücklichem Verhältnis zu Maria d'Aquino als lit. Rache gedeutet worden. → Petrarca stellt in seinem Werk vorbildlich für das europ. Geistesleben die Auslotung der eigenen Innerlichkeit und die Selbstaussage als Triebkräfte eines neuen huma-

nist. Lebensgefühls in den Vordergrund. Vor allem die von Petrarca seit 1349 vorbereitete Sammlung von Briefen teilten diese Selbstanalyse der »animi mei status« mit, z. B. der berühmte Brief vom 26. April 1336 über das Gipfelerlebnis bei der Besteigung des Mont Ventoux. Die Rückschau auf den Werdegang bis zur Dichterkrönung (1341) in »De studiorum suorum successibus ad posteritatem epistola« (ca. 1370) läßt das Leben selbst als schwieriges Kunstwerk erscheinen. »Ad me ipsum« spricht das Leiden unter dem Zwiespalt zwischen religiös-sittl. Anspruch und menschl. Versagen aus. In der Dialogdichtung »De secreto conflictu curarum mearum« (Erstfassung 1342/43) verhören → Augustinus und die Wahrheit Petrarca richtend über sein Leben (→ Laura). In der Historiographie mit zahlreichen chronikal. Familienaufzeichnungen (z. B. des Florentiners Buonaccorso di Neri Pitti mit Selbstdarstellung) und Künstlertagebüchern seit dem späten 14. Jh. sind die »Commentarii rerum memorabilium« des Enea Silvio Piccolomini (→ Pius II.) autobiograph. bis 1463 in die Zeit seines Pontifikats aufschlußreich. Leonardo → Bruni stellt sich mit den »Commentarii rerum suo tempore gestarum« in den erlebten Zusammenhang der Zeitgeschichte. In der religiösen Lit. ist der nachträgl. redigierte Bericht der hl. Tertiarin → Angela v. Foligno (1248–1309) über ihre Offenbarungen als Beschreibung myst. Icherfahrung von hoher Bedeutung. D. Briesemeister

IV. DEUTSCHE LITERATUR: In der dt. Literatur des MA zeichnen sich zwei autobiograph. Varianten ab: 1. die Beschreibung religiöser Erfahrungen als Seelengeschichte, 2. die Beschreibung weltlicher Erfahrungen als Lebensgeschichte. Die religiös orientierten Darstellungen stehen in indirekter Tradition zu spätantiken Vorbildern, insbes. zu → Augustinus' »Confessiones«, dem Prototyp der Seelen- und Bekehrungsgeschichte. In der Mystik bildete die Bekehrung allerdings nicht den Abschluß, sondern den Ausgangspunkt der seel. Erlebnisse. Die persönl. Gottesbeziehung der Mystiker hat die psycholog. differenzierte Erfassung der Seele eines individuellen Ich intensiviert. Die mystischen Erfahrungsberichte (das äußere Leben wird kaum mit einbezogen) zielten auf Erbauung und Imitatio seelischer Versenkung.

→ Mechthild v. Magdeburg (1207–82) schrieb die erste myst. Selbstbiog. in dt. Sprache. Das 1250 verfaßte »Fließende Licht der Gottheit« (nur in einer etwa 100 Jahre jüngeren hd. Prosaversion → Heinrichs v. Nördlingen und lat. Übertragungen tradiert) enthält die Geschichte der liebenden Seele und ihrer Vereinigung mit dem göttl. Geliebten, prophet. Schau des Weltendes und sittenkritische Zeitbezüge. Die Vorstellungen sind aus dem Bildreservoir des → Hohen Liedes gespeist und durch die Sprache des höfischen Minnesangs geprägt. Margarete → Ebner (1291–1351), Dominikanerin des Kl. s Medingen b. Donauwörth, hat ihre ekstat. Erlebnisse und asket. Übungen als »Offenbarungen« aufgezeichnet und abschnittsweise an Heinrich v. Nördlingen, mit dem sie in intensivem Briefwechsel stand, übersandt. Die im Austausch mit dem verehrten geistl. Berater fixierte Jesus-Minne-Geschichte zeugt von starker emotionaler und erotischer Erschütterung. Eine sehr ähnliche mystische Selbstbiographie schrieb die Engelthaler Nonne Adelheid → Langmann († 1375) mit ihren »Visionen«.

Der »Seuse«, die Vita des Mystikers → Heinrich Seuse (1295–1366), erscheint aufgrund von Genese, Struktur und Stil als exzeptionelle Form der A. Nach etwa 30jähriger Schreibpause hat Heinrich Seuse die von der Dominikanerin Elsbeth Stagl aus dem Kl. Töß bei Winterthur gesammelten Aufzeichnungen und Briefe selbst redigiert und erweitert. Zu der 1882 von F. VETTER in Gang gesetzten Diskussion über entsprechende Angaben des Prologs hat J. SCHWIETERING 1960 gewichtige Argumente für die Autorschaft Seuses beigebracht. Die nicht in Ich-Form gehaltene Darstellung beschreibt Stationen einer inneren Entwicklung, orientiert an der Legende und am höf. Roman. Episodenhafte Teile fügen sich zu einem Sinnganzen, ohne in genauer chronologischer Ordnung zu stehen. Der 1. biograph. Teil enthält Schilderungen von Entrückungen, Visionen, Leid und Leidüberwindung, z. T. in realist. Bildern und mit Bezug auf höf. Lebensform, z. B. die Erhebung vom Knappen zum Ritter. Der Übergang ist markiert durch die Wendungen von anfangs selbstgewählten zu auferlegten Kämpfen im Dienst von Bedrängten. Der 2. lehrhafte Teil bringt religiöse Anweisungen für die geistl. Tochter Elsbeth. Seuse stilisiert sich insgesamt als geistl. Kämpfer und Minneritter in einer metaphernreichen Sprache, die sich in verschiedenen Tonlagen bewegt. Die dargelegte Auffassung von Gott und Welt sowie die beschriebene geist. Vervollkommnung machen die Vita zu einem Lehrbuch myst. Frömmigkeit. Ein Zeichen seiner Wirkung geben die Schriften des Straßburger Kaufmanns Rulman → Merswin (1307–82), unter dessen umfangreichem schriftsteller. Nachlaß sich auch Autobiographica fanden: das »Buch von den neun Felsen«, die Beschreibung einer geistlichen Frömmigkeitsentwicklung, und das »Buch von vier anfangenden Jahren« über die Zeit nach der Bekehrung.

Eigenständig neben den rel. stehen die weltl. Selbstdarstellungen. Als erste deutschsprachige A. gilt → Ulrichs v. Lichtenstein »Frauendienst« von 1255. Der polit. bedeutende steir. Ministeriale hat sich als höf. Minneritter stilisiert und seine ca. 60 Lieder mit einer Quasi-Lebensgeschichte umkleidet bzw. in ein selbstbiograph. Maere nachträglich eine Liedersammlung eingefügt. Minnesängerische Tätigkeit wird als Lebensgestaltung vorgeführt, wobei nur wenige hist. Fakten einbezogen werden. Durch Kenntnis der hist. Person Ulrichs enthüllt sich das biograph. Ich als literar. Rolle analog zum Sänger-Ich des Minnesangs; Rollenübernahme aus dem Artusroman führt zu Turnierauftritten in Gestalt von Frau Venus und Kg. Artus. Literatur wird von Ulrich in reale Bezüge transponiert und dann wiederum zur Biographie literarisiert. Sicher greift eine Deutung des Maskenspiels als bloß selbstbespiegelndes Nachleben literar. Vorbilder zu kurz. Ein »aristokrat. Ideologieentwurf«, der gegen die sozioökonomische und kulturelle Entwicklung in der Steiermark ein rückwärtsgewandtes Standesethos zur Wirklichkeitsbewältigung propagiert, erscheint als mögliche politische Funktionsbestimmung (THUM).

→ Oswald von Wolkenstein (ca. 1378–1445), der aus Südtirol stammende, weitgereiste, welterfahrene und schließl. in seiner Heimat verstorbene Lyriker hat zahlreiche reale Lebensmomente in seine Lieder hineingenommen. Der selbstdarsteller. Gestus gipfelt in dem autobiograph. siebenstrophigen Lied des 38jährigen »Es fuegt sich do ich was vor zehen jaren alt, ich wolt besehen, wie die welt wär gestalt« mit der markanten Selbstnennung »ich Wolkenstein« (VII, 11). Trotz Einsatz bei den Jugendjahren folgt kein chronolog. Lebensbericht, sondern resumierende, selbstironisierende, von lit. Tradition angeregte Präsentation seiner Welt- und Liebeserfahrung: Aufbruch aus der Heimat, Bedrängnisse, Reisekataloge, Entwicklung von Fähigkeiten, superlativische Liebesfreuden und relativierte Eheperspektive, selbstbewußte Einschätzung der eigenen Werke und hoffnungsvoller Aufblick zu Gott im Gedanken an den Tod. Oswald zieht Bilanz und entwirft ein erfahrungsgesättigtes und zugleich literar. gebrochenes Selbstbildnis.

Johannes v. Soest (1448-1506), Musiker, Arzt und Dichter, schrieb die erste dt., nicht rollenmäßig stilisierte A. (J.v. Soest, Selbstbiographie, hg. J.C. V. FISCHARD, Frankfurter Archiv für alte dt. Lit. und Gesch. 1, 1811, 84ff.). Sie stellt in Versform das Leben des hauptberufl. Musikers dar von seiner Geburt in Unna i. W. bis zu seiner letzten Lebenszeit als Stadtarzt in Frankfurt a. M. Den Höhepunkt seiner Berufsentwicklung bildete die Leitung der Hofkapelle Pfalzgraf Friedrich I. in Heidelberg. Der im Dienst Kg. Friedrich III. stehende Christoph v. Thein (1453-1520) beschrieb sein Leben wesentl. im Blick auf seine Tätigkeit als Hauptmann in Triest und Fiume sowie als Landverweser in Krain. Zweiteilig erscheint die A. Ludwigs v. Diesbach (1452-1527) durch die Schilderung des abenteuerl. Lebens als Knappe des frz. Kg.s Ludwig XI. einerseits und der Grundherrentätigkeit in der Schweiz andererseits (Ludwig v. Diesbach, ... Chronik und Selbstbiographie, Schweiz. Geschichtsforscher 8, 1830, 161ff.).

Autobiograph. Züge besitzen die kulturhistorisch beachtenswerten Aufzeichnungen der Frankfurter Patrizier Bernhard (1446-82) und Job (1469-1502) Rorbach. Die »Stirps Rorbach« und der »Liber gestorum« verbinden Zeit- und Familiengeschichte aus der Position der Beteiligten (B. und J.Rorbach, hg. F. FRONING [Frankfurter Chroniken und annalist. Aufzeichnungen des MA, Q. zur Frankfurter Geschichte I, 1884]; Stirps und Tagebuch, hg. STEITZ, Arch. für Frankfurter Gesch. und Kunst, NF 2, 204ff., NF 3, 48ff.]). Ausschnitthaft betrachtet eigene Erlebnisse der Nürnberger Patrizier Nikolas Muffel (1410 bis 1469) in einem »Gedenkbuch« und einer »Beschreibung der Stadt Rom« (N. Muffel, Beschreibung ..., hg. W. VOGT, 1876; Gedenkbuch, hg. K. v. HEGEL [Dt. Städtechroniken 11]). Diese autobiograph. Reflexe liegen auf der Grenze zur Reisebeschreibung, die von Georg v. Ehingen (1428-1508) in seinen »Raisen nach Ritterschaft« repräsentiert wird, ein Zeugnis des rückwärts-orientierten Versuchs der Neubelebung des Ritterwesens am Innsbrucker Hof der Hzgn. Eleonore v. Österreich (1433-80). Unter dem Aspekt idealisierten Rittertums beschreibt Georg seinen Zug von Böhmen über Venedig nach Rhodos sowie nach Palästina. Weniger abenteuerlich, mehr im Dienste diplomat. Ausbildung erscheint die Reise von 1456-59 an westeurop. Höfe, in der Georg allerdings auch als Kämpfer gegen die Mauren in Südspanien auftritt (G. v. Ehingen, hg. E. PFEIFFER, 1842).

Autobiograph. Interessen zeichnen sich bei den dt. Kg.en → Karl IV. (vgl. auch Abschnitt II), → Friedrich III. und → Maximilian I. ab. Maximilians I. (1459-1519) lat. A. (1492 diktiert) blieb Konzept. Sie ging teilweise in seine dt. autobiograph. Werke ein: »Freydal« (unvollendet), »Teuerdank« und »Weisskunig«, die nach Diktaten und Konzepten des Ks.s von Marx Treitzsaurwein formuliert und von Maximilian redigiert wurden. In ihnen sind Leben und Taten des Ks.s mit allegor. verschlüsseltem Personal dargestellt: im Versepos »Teuerdank« die Brautwerbung als Folge von Ritterabenteuern, im Prosaroman »Weisskunig« Hochzeit der Eltern, Jugendgeschichte und Kriegstaten. Die als Ritterroman allegor. kostümierte Historiographie vermag den überkommenen Verhaltenskodex der lit. Vorbilder allerdings nicht mit der hist. Situation gemäßen Normen zu füllen. Maximilian stilisiert sich zum lit. Helden in der traditionellen Vers- und der modernen Prosaform als Gedächtniswert für die Nachwelt und als Repräsentanten der an hist. Vorbildern orientierten ksl.Existenz für das gebildete Lesepublikum seiner Zeit.

Während in Italien die Renaissance-A. unter dem Einfluß antiker Vorbilder die Fähigkeit zu differenzierter Ich-Analyse ausbildete, blieben in Deutschland die im 15. und 16.Jh. zunehmenden selbstdarstellerischen Aufzeichnungen stärker auf die Um- und Außenwelt als auf die Persönlichkeit und ihre Entwicklung ausgerichtet. Diese Berichte dienten neben einem Interesse an der sich darstellenden Person der Information über Menschen und Welt jenseits des begrenzten eigenen Lebenshorizonts. U. Schulze

V. ISLAMISCH-ARABISCHE LITERATUR: Die A. in der islam.-arab. Lit. des MA ist als Literaturform sui generis seltener, in der Form beiläufig gegebener autobiograph. Berichte und Notizen dagegen überall und vielfältig anzutreffen. In einer Gemeinschaft, deren Alltag von der Religion mit ihren Geboten und Verboten bestimmt ist, verstehen sich viele dieser Selbstzeugnisse vordergründig apologetisch; denn der Raum für eine Darstellung der persönl. Entwicklung und für das Aufzeigen des eigenen Ichs wird – ausgenommen in der Mystik – als begrenzt betrachtet. Eigenerlebnisse erscheinen in der Reflexion paradigmat. und parānetisch; sie sind daher gegenüber dem Mitmenschen mitteilenswert. Was darüber hinausgeht, wird als Verletzung der Persönlichkeitssphäre empfunden. Diskretion ist Kennzeichen von Charakter und Würde. Hingegen sind in der Poesie individuellem Erleben kaum Grenzen gezogen, jedoch ist der biograph. Aussagewert indifferent und beschränkt. → Gazzālī, → Usāma ibn Munqid. R. Sellheim

Ed.: vgl. die Artikel zu einzelnen Autoren und Werken – *Lit.*: *allgemein und zu [II]*: I.AICHINGER, Selbstbiographie, Reallexikon der dt. Literaturgesch. III², 1977, 801-819 [Lit.] – A. REIN, Über die Entwicklung der Selbstbiographie im ausgehenden MA, AK 14, 1917, 193ff. – G. MISCH, Gesch. der A., 4 Bde, 1949-1969 [umfassendste Darstellung] – P. LEHMANN, Autobiographies in the MA, TRHS, 5th ser. 3, 1953, 41-52 – M. SILZ, Die A. als Kunstwerk [Diss. Kiel 1963] – J. IJSEWIJN, Humanistic autobiography (Studia humanitatis. Fschr. E.GRASSI, 1973), 209-219 – E.B. VITZ, Type et individu dans l'a. médiévale. Étude d'»Hist. calamitatum«, Poétique 6, 1975, 426-445 – *zu [III]* (vgl. auch die Lit. zu einzelnen Autoren und Werken): L. SPITZER, Roman. Literaturstud., 1959, 100-112 – PH. LEJEUNE, L'a. en France, 1971 – T.C. PRICE ZIMMERMANN, Confession and autobiography in the early Renaissance (Renaissance Studies H. BARON, 1971), 119-140 – P. ZUMTHOR, Autobiography in the MA, Genre 6, 1, 1973, 29-48 (vgl. a. Langue, texte, énigme, 1974, 165-180) – DERS., Discours autobiographique et langue poétique au MA (Du linguistique au textuel, hg. CH. GRIVEL-A. KIBÉDI VARGE, 1974), 20-32 – G.B. GYBBON-MONYPENNY, Autobiography in the »Libro de buen amor« in the light of some literary comparisons, BHS 34, 1957, 63-78 – F. RICO, Sobre el origen de la autobiografía en el »Libro de buen amor«, Annuar. estud. mediev. 4, 1967, 301-325 – A. REY, Juan Ruiz, don Melón de la Huerta y el yo poético medieval, BHS 56, 1979, 103-116 – M. SEIDLMAYER, Wege und Wandlungen des Humanismus. 1965, 125-173 [zu Petrarca] – E.H. KANTOROWICZ, An a. of Guido Faba, Med. and Ren. Stud. 1,1941/43, 253-280 – K.J. WEINTRAUB, The value of the individual..., 1978 – *zu [IV]*: H. NEUMANN, Beitr. zur Textgesch. des Fließenden Lichts der Gottheit und zur Lebensgesch. Mechthilds v. Magdeburg, 1954 – H. KUNISCH, Margarete Ebner oder Das gottgelobte Herz (Kl. Schriften 1968), 157-163 – A. WALZ, Gottesfreunde um Margarete Ebner, HJb 72, 1952, 253-265 – WILMS, Das Tugendstreben der Mystikerinnen, 1927, 181ff. (Dominikan. Geistesleben II) – J. SCHWIETERING, Zur Autorschaft von Seuses Vita (Mystik und höf. Dichtung im HochMA, 1960), 107-122 – M. GRABMANN, Dt. Frauenmystik d. MA (DERS., Ma. Geistesleben I, 1926), 469-488 – FR.-W. WENTZLAFF-EGGEBERT, Dt. Mystik zw. MA und Neuzeit, 1947² – B. THUM, Ulrichs v. Liechtenstein »Frauendienst«. Höf. Ethos und soziale Realität, 1968 – U. PETERS, Frauendienst. Unters. zu Ulrich v. Lichtenstein und zum Wirklichkeitsgehalt der Minnedichtung, 1971 [Lit.] – I. REIFFENSTEIN, Rollenspiel und Rollenentlarvung im Frauendienst Ulrichs v. Lichtenstein (Fschr. A. SCHMIDT, 1976), 107-120 – A. WOLF, Komik und Parodie als Möglichkeiten dichter. Selbstdarstellung im MA. Zu Ulrichs v. Lichtenstein »Frauendienst«, Amsterdamer Beitr. zur älteren Germanistik 10, 1976, 74-101 – M. ZIPS, Frauendienst als ritterl. Weltbewältigung. Zu Ulrich v. Lichtenstein (Festg. O. HÖFLER, 1976), 742–789 – R. HAUSNER, Ulrichs v. Lichtenstein »Frauendienst« – eine steir.-österr. Adaption des Artusromans (Österr. Lit. zur Zeit der Babenberger, 1977), 50–67 – I. GLIER, Diener zweier Herrinnen. Zu Ulrichs v. Lichtenstein »Frauendienst« (The epic in medieval society, 1977), 290–306 – H. EMMEL, Die Selbstdarstellung Oswalds v. Wolkenstein (Gestaltung – Umgestaltung, 1957), 39–45 – A. SCHWOB, Oswald v. Wolkenstein. Eine Biographie, 1977² [Lit.] – Verf.-Lex. II, s. v. Johannes v. Soest – E. PAFF, Johann v. Soest, Allg. konservative Monatsschrift 44, 1887, 147ff., 247ff. – J. WOLF, Eine Selbstbiographie aus dem Anfang des 16. Jh., MVGDB 2, 1863, 67–73 [zu Christoph v. Thein] – A. WOLF, Die Selbstbiographie Christophs v. Thein 1453–1516, AÖG 53, 1875, 103–123 – Verf.-Lex. III, s. v. Rorbach – ADB 22, s. v. Muffel, N. – Verf.-Lex. III und V, s. v. Muffel, N. – NDB IV, s. v. Georg v. Ehingen – J. STROBEL, Stud. über die lit. Tätigkeit Ks. Maximilians I., 1913 – G. MISCH, Die Stilisierung des eigenen Lebens in dem Ruhmeswerk Ks. Maximilians ., NGG, Phil.-hist.-Kl., 1930, 435–459 – H. O. BURGER, »Der Weisskunig«. Die Selbststilisierung des 'letzten Ritters' (Dasein heißt eine Rolle spielen. Stud. zur dt. Literaturgesch., 1963), 15–55 – *zu [V]*: F. ROSENTHAL, Die arab. A. (Studia Arabica I, 1937), 1–40 (AnalOrientalia 14) – G. MISCH, Gesch. der A., 3,2,2, 1962, 905–1076 – G. E. V. GRUNEBAUM, Der Islam im MA, 1963, bes. Kap. 7 u. 8 – R. SELLHEIM, Gedanken zur A. im islam. MA, ZDMG, Suppl. 3, 1, 1977, 607–612.

Autograph. Das MA kennt verschiedene Formen eigenhändig geschriebener Schriftstücke, so die Unterschrift des Adressaten in Briefen als Grußformel (bene valeas etc.). Autograph. Unterfertigungen von Urkunden mit Namen sind in der Merowingerzeit verbreitet, autograph. Unterschriften von Schreiber, Auftraggeber und Zeugen erscheinen in den älteren it. Notariatsurkunden, nördl. der Alpen in den Privaturkunden z. T. sehr selten. Vielleicht früheste Laienunterschrift vom Cid, 1076. A.e sind die originalen archival. Aufzeichnungen, v.a. die Urkunden, deren Schreiber im hohen und späten MA unbekannt sind; von anonymen Schreibern sind zumeist auch die Hss. vor 1300. Wichtig sind die autograph. Autorexemplare lit. Werke, entweder vollständig vom Verfasser geschrieben oder in dessen Auftrag (z. B. Diktat) hergestellt und von ihm korrigiert und glossiert. Es ist kein einziger antiker Schriftsteller autograph. überliefert, dagegen sind ma. Werke relativ oft seit dem 6. Jh. autograph. erhalten, obwohl auch im MA die Abschrift die Regel ist. A. Bruckner

Lit.: MANITIUS [Reg.] – P. LEHMANN (Erforsch. des MA I, 1959), 359ff. – G. PASQUALE, Storia della tradizione e critica del testo, 1962² – BRUNHÖLZL I.

Autokephalie (von αὐτός 'selbst' und κεφαλή 'Kopf') bedeutet im Sprachgebrauch des oriental. Kirchenrechtes eine mehr oder weniger große Selbständigkeit der kirchl. Verwaltung. Der Begriff wird in zweifacher Hinsicht gebraucht: zum einen in bezug auf bes. Bf.e, zum anderen in bezug auf bestimmte Kirchen.

[1] *Autokephale Erzbischöfe* heißen innerhalb des Patriarchats v. →Konstantinopel diejenigen Bf.e, welche keinem Metropoliten unterstehen, sondern zur unmittelbaren Jurisdiktion des Patriarchen gehören. Ihre Entstehung scheint aus den Ehrenmetropoliten in der Zeit zw. Chalkedon und dem VI. ökum. Konzil hervorgegangen zu sein. Die Sonderstellung solcher Ebm.er zw. Metropolen und einfachen Bm.ern wird zuerst von der sog. Notiz des Ps. Epiphanios bezeugt; um 650 nennt sie 34 autokephale Erzbistümer. Unter Ks. Leon VI. (886–912) scheint ihre Zahl auf 50 festgesetzt worden zu sein. Im Laufe der folgenden Jahrhunderte wurde sie immer kleiner, da die Ernennung von Metropoliten ohne Provinz häufiger wurde. Analog zu dieser Institution erscheint im Patriarchat v. Antiocheia die Stellung der autokephalen Metropoliten, die offenbar ohne Suffragane waren. Zur Zeit des Patriarchen Anastasios I. (Ende 6. Jh.) waren es vermutlich vier; später stieg ihre Zahl auf acht an.

[2] *Autokephale Kirchen* werden diejenigen Kirchen des chr. Ostens genannt, deren Bf.e unabhängig von Vorgesetzten waren und als solche eine eigene Verwaltung besaßen. In dieser Bedeutung findet sich der Terminus zuerst in der Kirchengeschichte des →Theodoros Anagnostes (6. Jh.). Die eigtl. Übernahme der A. in den kirchenrechtl. Sprachgebrauch ist auf den Kanonisten Theodoros →Balsamon (12. Jh.) zurückzuführen. Zu den autokephalen Kirchen gehörten in erster Linie die vier alten Patriarchate (→Konstantinopel, →Alexandria, →Antiocheia, →Jerusalem), wobei man die bes. Stellung der pers. Kirche nicht vergessen sollte, die 424 ihre volle Unabhängigkeit von der oström. Kirche beschloß, das erste ausgeprägte Beispiel einer autokephalen Kirche. Auch der Kirche von →Zypern wurde im 5. Jh. die A. zuerkannt (431 und 488). Damit wurde sie den Jurisdiktionsansprüchen des Patriarchen v. Antiocheia entzogen. Ähnlich war kurze Zeit im W die Stellung →Ravennas innerhalb des röm. Patriarchats, als Ks. Konstans II. 666 diese Kirche für autokephal erklärte. Auf dem →Trullanum (692) erlangte auch das Katholikat von Georgien die A. Die Entwicklung von Teilkirchen zu autokephalen Kirchen setzte insbes. bei den slav. Völkern ein, in Zusammenhang mit der Entstehung von chr. unabhängigen Staaten. 927 wurde das bulg. Patriarchat, das Symeon noch vor seinem Tod errichtet zu haben scheint, von der Mutterkirche Konstantinopel anerkannt, 971 aber vom Kaiser Johannes Tzimiskes abgeschafft. →Samuel knüpfte an die bulg. staatl. und kirchl. Tradition an und belebte es damit aufs neue für sein Zarenreich mit Sitz in Ochrid; kurz nach 1018 aber wurde es von Basileios II. zu einem autokephalen Ebm., das dem Willen des Kaisers unterstellt war, degradiert. Nach den großen Erfolgen Asens II. wurde 1235 das bulg. Patriarchat v. Turnovo sowohl von den nikäischen als auch von den oriental. Patriarchen bestätigt. 1219 wurde auch die Kirche Serbiens vom ökumen. Patriarchen zu →Nikaia für autokephal erklärt, während die russ. Kirche ihre volle Selbständigkeit erst nach 1453 erreichte (→Kiev, →Moskau). L. Perrone

Lit.: *[zu I]*: BECK, Kirche, passim – E. CHRYSOS, Zur Entstehung der Institution der autokephalen Ebm.er, BZ 62, 1969, 263–286 – *[zu II]*: L. STAN, Über die Autokephalie [rumän.], Ortodoxia 8, 1956, 369–396 – I. DUJČEV, Il Patriarcato bulgaro del sec. X, OrChrAn 181, 1968, 201–221 – F. HEILER, Die Ostkirchen, 1971.

Autokratie, byzantinische. In der Mittelmeerwelt entwickelten sich autokrat. Herrschaftsformen in den vorhellenistischen oriental. Staaten und ihren Nachfolgestaaten der hellenist. Epoche, während im klass. Griechenland und im republikan. Rom die Vorstellung herrschte, daß das Volk die Hauptquelle der Souveränität sei (→Volkssouveränität, →Staat, Staatslehre). Die polit. Theorie des röm. Kaiserreiches (→Kaiser) beruhte auf beiden Grundideen, wobei zunehmend die Anschauung eines göttl. Herrschers dominierte, dessen Entscheidungen als die wichtigste Rechtsquelle betrachtet wurden. Trotzdem begründeten die röm. Ks. ihre Macht lange auf der Anhäufung einstiger höchster republikan. Funktionen in ihren Händen (→Princeps). Die wichtigste davon war das Oberkommando über das Heer (imperium, daher der Herrschertitel Imperator Caesar Augustus, →Imperator). Ein wesentlicher Wandel in der Herrschaftsideologie, der sich im Laufe des 2. und 3. Jh. bereits andeutete, erreichte mit →Diokletian (284–305) einen ersten Höhepunkt. Die gen. Titulatur blieb zwar unverändert bis zur Hellenisierung im 7. Jh. (→Basileus), aber die radikale Veränderung zeigte sich darin, daß der Ks. nicht mehr princeps (der Erste im Staat und Senat), sondern dominus ('Herr') war. Infolge dieser Ablösung des röm. Prinzipats durch den Dominat wurde die A. in den röm. Staat eingeführt, in welchem nur der Herrscher als absolut freie Person gelten konnte. Von seinen Untertanen, selbst wenn diese höchste staatl. Funktionen innehatten, blieb er grundsätzl. abgehoben. Der Zugang zum Ks. und sein Erscheinen in der Öffentlichkeit wurden stark eingeschränkt. Alle Bürger ohne Rücksicht auf ihre soziale Stellung schuldeten dem Herrscher sklav. Gehorsam, daher die Bezeichnung δοῦλοι (Sklaven, Unfreie) für die ksl. Untertanen, und der schon vorher nicht völlig unbekannte Brauch, vor ihm auf die Knie zu fallen und gleichzeitig seinen Rocksaum oder seine Schuhe zu küssen (προσκύνησις, → proskynēsis, adoratio), fand Verbreitung. Dies läßt erkennen, daß dem Ks. auch theoretisch eine Wesensform (sacer) wie auch die Institutionen der Göttlichkeit zuerkannt wurden. Mit der Einführung des Christentums als Staatsreligion erhielt diese Auffassung von der Stellung des Kaisers, wenn auch unter erhebl. Veränderungen, eine neue starke theologische Untermauerung. Man ging davon aus, daß Gott das Kaisertum zum Rahmen der Kirche erwählt hatte, Christus es geweiht und so zum Instrument der Verkündigung seines Willens auf Erden gemacht hatte. Unter diesen neuen Bedingungen konnte der Kaiser nicht länger Gott sein, wodurch aber seine Stellung ideolog. nicht geschwächt wurde. Er wurde zur Emanation des alleinigen Gottes, sein Stellvertreter auf Erden und Christus' Mitherrscher, den Aposteln gleich (ἰσαπόστολος, isapostolos). Die heilige Person des Herrschers (ἅγιος, hagios) genoß religiöse Verehrung; die Herrscherikonographie erreichte ungeahnte Ausmaße, während sein Alltagsleben einer religiösen Zeremonie ähnlich gestaltet wurde. Diese Auffassung machte den Ks. zum Deuter und Vollstrecker göttl. Willens und dadurch zum lebenden Gesetz (νόμος ἔμψυχος). Nicht nur, daß er als Gesetzgeber betrachtet wurde, sein Wille allein wurde als Gesetz angesehen, sogar wenn es nicht in der angemessenen Form ausgedrückt wurde. Dadurch entwickelte sich der Ks. auch formal zum wichtigsten konstitutionellen Faktor im Staate, weit wichtiger als alle übrigen – Senat, Heer und Volk. Als Nachfolger der röm. Verhältnisse blieben aber auch weiter Elemente bestehen, die die unbegrenzte Macht dieser A. milderte. Noch immer war die Anschauung von der Souveränität der »Römer« (Ῥωμαῖοι, → Romaîoi) lebendig, was in dem Recht der genannten konstitutionellen Träger auf die Kaiserwahl sichtbar wurde. Auf der anderen Seite war das moral. Recht zum Widerstand gegen einen schlechten Ks. kein Recht des Volkes auf Revolution, als Teil seiner Souveränität (→ Widerstandsrecht), sondern seine Ausübung ein Beweis der Strafe Gottes. Als Vertreter Gottes auf Erden war der Ks. im Grunde ein Erwählter der göttl. Gnade, und ein Sturz seiner Herrschaft, ungeachtet auf welche Weise er sich vollzog, bedeutete, daß ihn Gottes Ungnade getroffen hatte. Damit lassen sich die A. in der röm.-chr. Ideologie und ihre letzten Grenzen umreißen. Obwohl Quelle der Gesetze, muß sich der Ks. an bestimmte moral. und gesetzl. Normen halten (φιλανθρωπία philantropia, im Gegensatz zur ἀπανθρωπία, apanthropia). Das → Recht, ausgedrückt in Gesetzen und gesehen als Kraft, die die Beziehungen zw. den Menschen in Einklang bringt, steht über dem herrscherl. Alleinwillen. Der Ks. kann die Gesetze ändern, aber er darf sie nicht brechen. Indem er die Gesetze verändert, formuliert er neue, gleichsam als eine Verbesserung der alten Gesetze. Das bedingt, daß die moral. Eigenschaften der chr. Herrscher, aber nicht der Mechanismus der Realisierung von Macht selbst, für die Zeitgenossen

die Garantie einer guten Regierung darstellten. Vom Kaiser wurde persönl. Vollkommenheit erwartet, wobei man seiner Gottesfürchtigkeit herausragende Bedeutung beimaß, obwohl das Alltagsleben diese Auffassung mit unterschiedl. und veränderl. Inhalt füllte. Ein äußerer Ausdruck der Bindung des Kaisers an Gott ist die Zeremonie der → Krönung des Kaisers durch den Patriarchen der Hauptstadt, die seit dem 5.Jh. allmähl. an Bedeutung gewann. Zu den zahlreichen kaiserlichen Epitheta gesellte sich das des »von Gott gekrönt« (θεοστεφής oder θεοστεπτός, theostefēs oder theosteptos) hinzu. Dadurch wird das Prinzip der Wählbarkeit des Ks.s weder angetastet noch die Kirche als Institution ein eigener konstitutioneller Faktor, da die traditionellen weltl. Wahlkörperschaften als Überbringer des göttl. Willens betrachtet werden (→ Wahl). Daher kann sich, zumindest in der frühbyz. Periode (bis zum 7.Jh.), die kirchl. Krönung nicht als Akt von gleichem Rang wie die Wahl konstituieren. Diese Übereinstimmung des altröm. Prinzips der Kaiserwahl und der chr. Auffassungen bedingt, daß die ksl. Würde bis zum Ende der byz. Epoche wählbar bleibt, obwohl die Bedeutung der kirchl. Krönung später um ein Vielfaches wächst. Theoretisch kann jeder Kaiser werden. Die Entscheidung darüber liegt bei Heer sowie Senat und Volk; sie legitimiert sich durch die Akklamation des neugewählten Kaisers und die Krönung. Das bedeutet, daß die Thronerhebung sich aus drei wesentlichen, aber nicht unbedingt auch chronolog. miteinander verbundenen Handlungen zusammensetzt: der Wahl (ἐκλογή, eklogē), der Proklamation (ἀναγόρευσις, anagoreusis und der Krönung (στέψις, stepsis). Ohne sie gibt es keine legitime Herrschaft, und als unausweichliche Voraussetzung können auch die zahlreichen Usurpatoren sie nicht umgehen.

Aber auch bei völlig legitimem Herrschaftsantritt ist nur eine geringe Zahl der Kaiser durch wirkl. Wahl an die Macht gelangt. Schon die röm. Ks. strebten danach, auf die Wahl ihrer Nachfolger Einfluß zu nehmen. Der zum künftigen Ks. Erwählte wurde adoptiert und zum Mitkaiser ernannt, wodurch der Wunsch des Ks.s über die Person des Nachfolgers die Entscheidung der Wahlträger präjudizierte. Seit der Zeit der Einführung des Dominats wirkt diese Praxis immer mehr gegen die Wählbarkeit der ksl. Stellung. Häufiger werden nun die Söhne der Ks. zu Mitkaisern ernannt, so daß sich bis zum 9.Jh. schließl. die Auffassung herausbildet, daß der Kaiserthron für die Mitglieder der gerade regierenden Familie bestimmt ist und zwar bevorzugt für den ältesten Sohn des Ks.s. So entwickeln sich dynast. Ideen und herrschende Dynastien, obwohl in Byzanz nie das Recht der Thronfolge nach dem Prinzip der Primogenitur bestand. Im 11.Jh. wurde das Gefühl der dynast. Legitimität sogar so stark, daß auch weibl. Mitglieder des herrschenden Geschlechts allein regieren konnten. Der Mitherrscher-Nachfolger des Kaisers hatte außer in einer kurzen Periode der frühbyz. Gesch. keine Prärogative der Souveränität, was sich bes. in spätbyz. Zeit im Unterschied der Titel zeigte: Der herrschende Kaiser ist Basileus (βασιλεύς) und Autokrator (αὐτοκράτωρ) (»Kaiser und Selbstherrscher«), der Mitkaiser nur Basileus. In derselben Epoche veränderte sich die fakt. Stellung des Ks.s stark, obwohl die Herrschaftsideologie unverändert blieb. In der Epoche des entwickelten Feudalismus prägte sich eine herrschende Klasse aus, die durch ihre materiellen Quellen unabhängig war, woraus ein System der Familienclans resultierte, in denen die Kaiserfamilie einen herausragenden, im Vergleich mit anderen Familien des Hochadels nicht grundsätzl. verschiedenen Platz einnahm. Unter diesen Bedingungen entstand eine neue Dimension der A: Auf der einen Seite befand sich nicht mehr das gesamte polit. Leben des Landes im Bereich der ksl. Macht, es bestanden sogar halbsouveräne Fsm.er; auf der anderen Seite wurde alles, über das sich die Herrschaft des Ks.s unmittelbar erstreckte, einschl. der zentralen staatl. Institutionen, als sein Privateigentum betrachtet. Lj. Maksimović

Lit.: Kl. Pauly IV, 1135-1139 [Lit.] – RE XXII, 1998-2296 – RE Suppl. IV, 803-853 – L. Bréhier, L'origine des titres impériaux à Byzance. Βασιλεύς et δεσπότης, BZ 15, 1906, 161-178 – G. Ostrogorsky, Das Mitkaisertum im ma. Byzanz (E. Kornemann, Doppelprinzipat und Reichsteilung im Imperium Romanum, 1930), 166-178 – Ders., Avtokrator i Samodržac, Glas Srpske kraljevske akademije 164, 1935, 95-187 – A. Grabar, L'Empereur dans l'art byzantin, 1936 (Nachdr. 1979) – A. Steinwenter, Νόμος ἔμψυχος. Zur Gesch. einer polit. Theorie, AAWW 83/1946/250-268 – F. Taeger, Charisma, 2 Bde, 1957, 1960 – CMH, IV, 2, 1-18 [Lit.] – O. Treitinger, Die oström. Ks. und Reichsidee nach ihrer Gestaltung im höf. Zeremoniell, 1928 [Nachdr. 1969²] – E. Christophilopoulou, Ἐκλογή, ἀναγόρευσις καὶ στέψις τοῦ βυζαντινοῦ αὐτοκράτορος, 1956 – F. Dvornik, Early Christian and Byzantine Political Philosophy. Origins and Background, I-II, 1966 – Das Byz. Herrscherbild, hg. H. Hunger, Darmstadt 1975 [Lit.].

Autokrator → Kaiser, → Autokratie

Automat. Die bereits in der Antike auftretenden Versuche zur Nachahmung von Leben und Natur durch A.en sind auch während des gesamten MA zu verfolgen. Schilderungen bes. kunstvoller A.en überliefern Berichte aus dem byz. und islam. Bereich. In Byzanz war z. B. der Kaiserthron mit singenden Vögeln auf dem Weltenbaum und brüllenden Löwen berühmt (Schilderungen bei Konstantinos Porphyrogennetos und Liutprand v. Cremona). Gut dokumentiert sind v. a. die Konstruktionen des → al-Ǧazarī aus dem beginnenden 13. Jh. Im W finden sich in den Romanen des 11. und 12. Jh. zahlreiche, meist phantast. Beschreibungen, die oft den Nachrichten aus Byzanz und dem Orient entsprechen bzw. von diesen übernommen werden. Ausbreitung und vermehrte Umsetzung in die Realität erfahren A.en ab dem 13. Jh. mit dem Aufkommen der Räderuhren (→ Uhr), die häufig mit mechan. Figurenwerken ausgestattet werden (vgl. z. B. den erhaltenen Hahn der Straßburger Münsteruhr, 1354). Automatische Figuren vermitteln Skizzen des → Villard d' Honnecourt (Adlerlesepult, um 1235) und des → Giovanni da Fontana (um 1420); dem → Regiomontanus wird die angebl. Konstruktion eines künstl. Adlers und einer eisernen Fliege zugeschrieben. Höhepunkte der Automatenkunst werden jedoch erst in nachma. Zeit erreicht. G. Jaritz

Lit.: RDK I, 1306-1309 – A. Chapuis-E. Gélis, Le monde des automates, 2 Bde, 1928 – F. M. Feldhaus, Die Technik der Vorzeit, der gesch. Zeit und der Naturvölker 1965², 46-56 – M. Sherwood, Magic and Mechanics in Medieval Fiction, StP 44, 1947, 567-592 – E. Maingot, Les automates, 1959 – D. J. de Solla Price, Automata and the Origins of Mechanism and Mechanistic Philosophy, Technology and Culture V, 1, 1964, 9-23 – S. A. Bedini, The Role of Automata in the Hist. of Technology, ebd. 24-42 – K. Maurice, Von Uhren und A.en, 1968 – Ders., Die dt. Räderuhr, 2 Bde, 1976.

Autonomie

1. A. (im christlichen Denken) → Ethik

2. A. (im jüdischen Denken). Das in → Tora, → Mischna und → Talmud niedergelegte bibl.-rabbin. Religionsgesetz des → Judentums ist, sofern es auf Offenbarung beruht und so dem Menschen (von außen) gegeben ist, heteronom. Doch ist es deswegen in der Sicht dessen, der sich ihm unterstellt, kein fremdes Gesicht, sondern gerade als theonomes, d. h. als Gesetz Gottes, der als Schöpfer der Welt und des Menschen allein das Recht und das zureichende Wissen zur Gesetzgebung hat, das wahrhaft eigene – seine Annahme somit vernünftig. Natürlich hat diese Sehweise moderne Fragestellungen zur Voraussetzung. Doch sind spätestens in der ma. Auseinandersetzung zwischen Philosophie und Offenbarung Vorformen des seit der Aufklärung gestellten Autonomie-Heteronomie-Problems greifbar. Der Diskussionsrahmen ist vielfach die Frage nach den (vernünftigen) Gründen der Gebote (*Ṭa'amê hammiṣwôt*). So hat bereits → Saadja Gaon (882-942) die grundsätzl. Übereinstimmung von Vernunft und Offenbarung auch und gerade auf dem Gebiete der Sittlichkeit postuliert, und zwar gegen die kalamische (→ Theologie, islamische) Konzeption von der Begründung der Unterscheidung zwischen Gut und Böse im (reinen) Willensentscheid Gottes. Weiter als Saadja, dem es lediglich darum zu tun war, die Offenbarung mit den Forderungen der als eigenständige Instanz in den Blick getretenen Vernunft in Einklang zu bringen, gingen in Richtung auf eine durchgreifend rationale Begründung der Ethik die – die rabbinische Auslegung des biblischen Gesetzes ablehnenden – karäischen (→ Karäer) Theologen und Philosophen Yūsuf (Josef) al-Baṣīr (11. Jh.) und dessen Schüler Josua ben Jehuda. Im 12. Jh. berief sich auch die nichtkaräische, an der rabbin. (sog. mündl.) Überlieferung orientierte Judenheit in wachsendem Maße auf die Vernunft als Quelle sittl. Erkenntnis, und zwar im Rahmen einer umfassenderen Rezeption aristotel. Gedankenguts (→ Aristoteles, A. III). Dies tritt im Ansatze bereits bei Abraham (ben Meir) ibn Ezra zutage, auch bei Abraham ben David (ibn Daud), vor allem jedoch bei Mose ben Maimon (→ Maimonides), der nicht mehr schlicht auf die Übereinstimmung von Vernunft und Offenbarung im Sinne einer Harmonisierung (wie etwa Saadja), sondern auf eine Synthese abzielt, in der Vernünftigkeit und Offenbartsein letztlich zusammenfallen. (Indes behält → Mose – zur Begründung des Vorzugs der biblischen Offenbarung gegenüber den Traditionen anderer Religionen – eine Sonderstellung.) Diese Konzeption ist vom jüdischen Averroismus (→ Averroës) bes. Spaniens und Südfrankreichs (→ Gersonides) aufgegriffen, aber nicht Gemeingut des Judentums, auch nicht der jüd. Bildungsschichten geworden, so bedeutend Maimonides' Einfluß sonst immer gewesen sein mag. Durchweg herrschte vielmehr die der Auffassung Saadjas verwandte Sicht der Dinge vor. H. Greive

Lit.: M. Lazarus, Die Ethik des Judentums I und II, 1898/1911 – H. Cohen, A. und Freiheit (Fschr. D. Kaufmann, hg. M. Brann-F. Rosenthal, 1900), 675-682 – F. Perles, Die A. der Sittlichkeit im jüd. Schrifttum (Judaica. Fschr. H. Cohen I, 1912), 102-108 – H. Cohen, Die Religion der Vernunft aus den Quellen des Judentums, 1919 – I. Heinemann, La loi dans la pensée juive, 1962 – G. Vajda, Le »kalam« dans la pensée religieuse juive du MA, RHR 183, 1973, 143-160.

3. A. (städtische und gemeindliche) → Stadt, Städtewesen, → Reichsstadt, → Kommune, → Selbstverwaltung

Autorenbild → Bildnis

Autun

I. Bistum – II. Grafschaft – III. Stadt – IV. Klöster.

I. Bistum: Das Bm. A. (Augustodunum), das aus der röm. Provinz Gallia Lugdunensis I hervorging, ist erstmals mit Bf. Rheticius (313) bezeugt und entspricht der civitas Aeduensium. Es wurde vielleicht von den Bm.ern Chalon und → Mâcon sowie, vor 505, von → Nevers abgetrennt. Im 9. Jh. wurde A. in vier Archidiakonate aufgeteilt (→ Avallon, → Beaune, → Flavigny und das »Große Archidiakonat«). Aus Friedhofsbasiliken (→ Basilikakloster) wie St-Etienne und St-Pierre de l'Étrier, die über den Gräbern von Heiligen, Märtyrern (Symphorian) oder Bf.en (Cassian) errichtet wurden, und aus den Stiftungen der Kgn. → Brunichild, der Bf. → Syagrius zur Seite stand, entwickelten sich Kl. in A. (→ Abschnitt IV); außerhalb der Stadt wurden weitere monast. Institutionen von Eremiten (→ Réomé, Cervon) oder von reichen Stiftern (Wideradus in Flavigny) ins Leben gerufen. Der hl. Leodegarius v. A. (Léger), der 678 hingerichtet wurde, gilt als Begründer der ersten Ansätze zu einem umfangreicheren Besitz, der dem Domkapitel zugute kam. Das Kapitel hatte im 9.–12. Jh. die vita communis.

Seit dem 10. Jh. besaßen die Bf.e eine starke feudale Machtstellung, deren Ausgangspunkt die bfl. Burgen (Lucenay, Thoisy, Issy, Touillon) bildeten; sie verfügten über zahlreiche Lehnsleute. Dabei gerieten sie in Gegensatz zu den großen Abteien → Vézelay und Flavigny. Durch die Bf.e wurden die cluniazens. Bewegung (→ Cluny) und die neuen Orden gefördert (so die Zisterzienser in → Fontenay und Reigny, die Regularkanoniker in St-Germain-des-Bois). Mit dem Pallium ausgestattet und im Besitz des Regalienrechts des Ebm.s Lyon, waren die Bf.e v. A. doch genötigt, die Autorität der Hzg.e v. → Burgund anzuerkennen, die seit dem 13. Jh. zahlreiche ihrer Günstlinge zum Bischofsamt verhalfen (wie Jean → Rolin, Sohn des Kanzlers Philipps des Guten).

Die Kathedrale (☧ St. Nazarus und Celsus) barg die Reliquien des hl. Lazarus des Auferstandenen, gestiftet von Bf. Gerardus (968–976). 1146 wurden sie in die großartige roman. Basilika St-Lazare übertragen. 1195 wurde St-Lazare wegen seiner bedeutenden Wallfahrt zur zweiten Kathedrale erhoben. Im 14. Jh. begann die Wiedererrichtung von St-Nazaire, die nicht beendet wurde. Jean Rolin mußte Chor und Turmhelm von St-Lazare, die 1469 durch Blitzschlag zerstört worden waren, wiederaufbauen lassen.

II. GRAFSCHAFT: Die civitas v. A., 472 von Gf. Attalus verwaltet, wurde bald auf den pagus Augstodunensis reduziert, d. h. auf das Gebiet des späteren »Großen Archidiakonates« im Süden der Diöz., aber ein weites Gebiet, das bis zum Allier reichte. Pippin der Kurze machte seinen Verwandten Theuderich 755 zum Gf.en, dessen Nachkommen (Bernhard v. Septimanien) in der Grafengewalt mit anderen Großen wie Guérin (Warinus), Onfroi (Hunfridus) und → Robert dem Tapferen abwechselten. 879 trat Theuderich IV. die Gft. an → Boso v. Vienne ab, an dessen Stelle sein Bruder → Richard »le Justicier« trat, der den Karolingern treu geblieben war. Die Gft. blieb Kernstück des Hzm. Burgund (→ Hugo der Schwarze scheint sie an Gilbert v. Vergy, 942–956, abgetreten zu haben).

Der Süden der Gft., von aquitan. Expansion bedroht (die Region v. → Moulins wurde an das Bourbonnais angeschlossen), wurde in große Feudalherrschaften (Semur-en-Brionnais, Bourbon-Lancy) zergliedert, die vicecomites v. A. errichteten ihre Herrschaft in Charolles. Einer von ihnen, Lambert, wurde Gf. v. → Chalon und vereinigt das → Charollais mit der Gft. Chalon, welche die Hzg.e erst 1237 zurückgewannen.

III. STADT: Die Stadt A., gegr. und befestigt unter Augustus, erlebt (im 4. Jh.?) eine Reduktion auf die befestigte Oberstadt. Der letzte Burgunderkönig Godomar wird hier 532–534 von den Franken belagert und gefangengenommen. Auf den erneuten Ausbau unter dem hl. Leodegarius (Léger) folgt die Plünderung der Stadt durch die Sarazenen 731 (oder 725?). Im 12. Jh. gründen die Hzg.e eine Unterstadt, Marchaux, die einen eigenen Mauergürtel erhält. Das freie Feld (»champ«) zw. beiden Städten dient zur Abhaltung großer Viehmärkte.

Der Hzg. ist der eigtl. Stadtherr, doch besitzt auch der Bf. weitgehende Rechte. Wichtigster hzgl. Amtsträger ist der vicarius (vierg), dessen Gerichtsbezirk als viérie bezeichnet wird. Ein bailliage v. A. ist für 1327 bezeugt.

Nach dem Scheitern eines ersten Versuches zur Erringung städt. Freiheiten (um 1440) erhält A. erst 1477 eine städt. Verwaltung und das Recht, den vierg zu wählen. Dies weist auf die fortschreitende Herausbildung eines städt. Bürgertums in A. hin, reichgeworden im Dienst des Bf.s und des Hzg.s wie auch bes. durch wirtschaftl. Tätigkeit (A. ist ein Kreuzungspunkt bedeutender Verkehrswege, seine Messen setzen diejenigen des gallo-röm. Bibracte fort). Der glänzendste Vertreter des Bürgertums von A. ist im 15. Jh. der Kanzler Nicolas → Rolin. Die Stadt ist außerdem in der Epoche der Romanik wie in der Blütezeit des burg. Staates, dem 15. Jh., ein künstler. Zentrum von hoher Bedeutung.

IV. KLÖSTER: [1] *St-Symphorien*. Das Kl., das über dem Grab des hl. Symphorian durch den Priester Euphron gegen 421 gegr. wurde und dem der hl. Germanus v. Paris (St-Germain) als Abt vorstand, diente zweifellos als Bildungsstätte junger Kleriker wie etwa des Bf.s Ansbertus (†696). Es war in karol. Zeit mit Kanonikern besetzt, und die Gf.en hatten bis zur Mitte des 10. Jh. die Laienabtswürde inne. Ein Herr v. Glenne, Vogt der Abtei, versuchte vergeblich, in St-Symphorien die Regula Benedicti einzuführen, indem er die Abtei → Fleury unterstellte (1077).

[2] *St-Martin*. Das Kl. St-Martin wurde 589 durch Kgn. Brunichild (dort ⌐) und Bf. Syagrius gegr. Gregor d. Gr. nahm es unter seinen Schutz. Das Kl. blühte auf, einer seiner Äbte war der hl. Medericus (Merry). Von den Arabern verwüstet, wurde es durch Badilo (Badilon), der 870 Abt wurde, erneuert. Die Mönche von → St-Savin-sur-Gartempe führten die consuetudines → Benedikts v. Aniane ein. Von St-Martin gelangten sie nach Cluny über das Zwischenglied Gigny, wo Berno, früherer Mönch aus St-Martin d'A., 886 die Abtwürde erhalten hatte; er wurde 909 of the 1. Abt v. Cluny.

In der Folgezeit verfiel das Kl.; der Reformabt Hugo wurde 1099 von den Mönchen vergiftet. Im 15. Jh. versuchte Jean Petitjean (1433–62), Ansätze zu einer Reform zu verwirklichen; er scheiterte damit ebenso wie der Kard. Rolin, der St-Martin als Kommendatarabt vorstand.

[3] Das *Xenodochium*, von Brunichild gegr., wurde anscheinend eine Abtei von Kanonissen umgewandelt, *St-Andoche*, wo die Bf.e Modoin und Jonas 858 die Regula Benedicti einführten. – *St-Jean-le-Grand*, ein anderes Nonnenkloster, scheint ebenfalls auf Brunichild zurückzugehen.

J. Richard

Lit.: *[zu I–III]*: DHGE V, 869–926 – KL. PAULY I, 743 – LAW, 406 – RE II, 4, 2368 – M. CHAUME, Origines du duché de Bourgogne. Géogr. Hist. III, 1931 – DERS., Les comtes d'Autun, Mém. Soc. éduenne, 1936 – J. BERTHOLLET, L'évêché d'A., 1947 – J. RICHARD, Aux origines du Charollais, Annales de Bourgogne, 1963 – D. GRIVOT, A., 1967 – *[zu IV]*: A. DÉLÉAGE, Recueil des actes de St-Symphorien d'A., 1936 – J.-G. BULLIOT, Essai hist. sur St-Martin d'A., 2 Bde, 1849 – E. VERGNOLLE, L'ancienne abbaye St-Jean-le-Grand, BullMon 135, 1977, 85–107.

Autunois → Autun

Auvergne

I. Geschichte – II. Recht.

I. GESCHICHTE: [1] *Früh- und HochMA*: Die frz. Gft. und Region A. ging aus der gallo-röm. civitas Arvernorum hervor, aus der sich auch die Diöz. v. → Clermont entwickelte. Die A. gehörte nacheinander zum Reich der Westgoten (475), zum frk. Reich Chlodwigs (506), zum regnum Austrien (seit 561) und schließlich zum Hzm. → Aquitanien (zu Beginn des 8. Jh.). Die Gf.en, die die A. regierten, stammten im 6. Jh. hauptsächl. aus der lokalen Aristokratie. Von Pippin erobert (761, 767) und von Karl d. Gr. dem regnum Aquitanien einverleibt, gehörte die A.

zu den aquitan. Gebieten, deren Gf.en und Adel lange Zeit → Pippin II. (seit 838 Kg. v. Aquitanien) gegen → Karl den Kahlen unterstützten. Sie zählte dann zu den Gft.en, die → Bernhard Plantapilosa († 886), später Wilhelm I. der Fromme, Hzg. v. Aquitanien († 918), und Wilhelm II. († 926) in ihrer Hand vereinigten. Den Grafentitel führten dann ztw. die Gf.en v. → Toulouse, ztw. die Gf.en v. → Poitiers; diese Situation begünstigte seit 955-958 den Aufstieg der vicecomites v. Clermont, die schließlich den Grafentitel annahmen.

Im 11. Jh. wurde die Gewalt der Gf.en der A., die vorübergehend auch die Gft.en → Gevaudan und → Rodez beherrschten, durch die Herausbildung mächtiger Herrschaften zugunsten des Bf.s v. Clermont und der polit. Kräfte am Rande der Region eingeschränkt. Am Ende des Jahrhunderts intervenierten mehrfach die frz. Kg.e unter dem Vorwand, die geistl. Institutionen zu schützen; die Gf.en sahen sich als Vasallen des Hzm.s → Aquitanien in den Konflikt zw. Kapetingern und Plantagenet verstrickt (→ Frankreich, → England). Die Aufteilung der Gft. zw. Wilhelm VII. d. J., der den Grafentitel behielt, und Wilhelm VIII. d. Ä. (→ Dauphiné d'Auvergne) begünstigte die Politik der Kapetinger: Es gelang Philipp II. August, die A. 1189 aus dem Verband der aquitan. Territorien herauszulösen und 1210-11 den größten Teil der Besitzungen des Gf.en Gui II. (mit Riom) zu erobern, dem nur ein kleines Gebiet um Vic-le-Comte verblieb, während die Stadt → Clermont an den Bf. kam. G. Fournier

[2] *Die kgl. Auvergne:* 1248 übergab Ludwig d. Hl. die kgl. A. *(La terre d'A.)* seinem Bruder → Alfons v. Poitiers als → Apanage. Wie die übrigen Besitzungen Alfons' fiel auch die A. bei seinem Tod 1271 wieder an die kgl. Domäne. Der Kg. behielt die minuziöse, von Alfons geschaffene Verwaltung bei. Die A. wurde zum bailliage erklärt (→ bailli) und von kgl. Beamten verwaltet. 1360 wurde sie von Kg. Johann dem Guten zum Hzm. erhoben, das → Johann v. Berry erhielt. Einmal in den Händen der → Berry, später der → Bourbon, gelangte die A. erst unter Franz I. 1527 wieder in Kronbesitz zurück. J.-L. Gazzaniga

[3] *Die Grafschaft A.:* Das Grafenhaus vermochte im 12. Jh. das ihm verbliebene Gebiet (Vic-le-Comte) um Combraille (1249), Livradois (gegen 1250) und Montgâcon (1279) zu vergrößern; u. a. führte die Heirat Wilhelms X. mit Alix v. Brabant (1218) dazu, daß beider Sohn, Robert V., und seine Nachfolger seit 1260 die Gft. → Boulogne ihren auvergnat. Besitzungen anschließen konnten. Im 14. Jh. setzte jedoch ein Niedergang ein, den auch große Erfolge der Familie nicht zu verdecken mochten (Heirat der Gfn. Johanna [Jeanne] mit dem künftigen Hzg. v. Burgund 1338, später mit Kg. Johann dem Guten 1346; hohes Ansehen des Gf.en Johann [Jean Ier, 1361-87] bei Kg. und aktive Rolle bei der Verteidigung der A.; glänzende kirchl. Laufbahn des Kard. Gui de Boulogne, † 1373). Johann (Jean II), gen. »Le Mauvais Ménager«, geriet in Schulden und mußte Teile seiner Gft. verkaufen. Was verblieb, kam 1389 durch Heirat an → Johann v. Berry und wurde dadurch vorübergehend mit dem Hzm. A. (vgl. Abschnitt 2) vereint. Nach dem Tod des Hzg.s (1416) löste die Politik seiner Witwe einen Konflikt zw. Georges de → La Trémouille und Bertrand de La Tour aus: Die Gft. blieb schließlich den La Tour (1445), aber der Hzg. v. Burgund konnte nun die Hand auf die Gft. Boulogne legen (1422). 1609 wurde die Gft., nachdem sie im Besitz von Katherina Medici (1524-89) gewesen war, endgültig mit der Krone vereinigt. G. Fournier

Lit.: E. BALUZE, Hist. généalogique de la maison d'A., 2 Bde, 1708 – B. DE FOURNOUX LA CHAZE, Le Comté d'A. de 1213 à 1437 (Diss. masch., Éc. des Chartes, Paris, 1946), 63-71 – A. BOSSUAT, L'A. (F. LOT-R. FAWTIER, Hist. des institutions françaises au MA I, 1957), 101-122 – Hist. d'A., hg. A. G. MANRY, 1974.

II. RECHT: Es wird allgemein angenommen, daß das röm. Recht in der A. weitgehend Eingang fand und daß es während des gesamten FrühMA das allgemeine Recht darstellte. Der erste Text, der dies belegt, die »Formulae Arvernenses«, werden in die Mitte des 8. Jh. datiert. In der Folgezeit verband sich dieses Recht mit verschiedenen lokalen *coutumes* (Gewohnheitsrechten), die von den meisten Städten beansprucht wurden; entsprechende Urkunden und Privilegien sind in großer Zahl erhalten; die A. bildete in dieser Hinsicht ein Musterbeispiel für rechtl. Vielfalt und Zersplitterung.

Das erste allgemeine Werk über das Recht der Provinz A. stammt von Jean Masuer († 1450), Advokat in Riom. Seine »Practica Forensis«, als Werk für den Prozeßgebrauch konzipiert und vom »Style de la Chambre des Enquêtes« wie vom »Style des Commissaires du Parlement« angeregt, verzeichnet die auf den coutumes beruhende Rechtsprechung und gibt dadurch einen sehr guten Überblick über das Recht der A. und des Bourbonnais am Ende des MA. Die offizielle Redaktion der *Coutume d'A.* geht auf die Initiative von Antoine Duprat zurück; sie wurde erst am Beginn des 16. Jh. wirksam (1510). J.-L. Gazzaniga

Lit.: E. MASSÉ, La coutume d'A. [Thèse droit, Toulouse 1913].

Auvergne, Gui d'

1. A., Gui d', Kard. → Boulogne, Gui de

2. A., Gui d', auch »Gui de Clermont« gen., Ebf. v. Vienne seit 1266, † Febr. 1278, Sohn Gf. Wilhelms IX. v. Auvergne und Boulogne und der Adelaide v. Brabant; zunächst Probst der Kirche v. Lille und Archidiakon der Morinie im Bm. → Thérouanne, wurde im 1266 zum Ebf. v. Vienne gewählt; da er jedoch noch nicht die Weihe zum Subdiakon erhalten hatte, wurde seine Wahl erst Ende 1267 von Clemens IV. bestätigt. Er verlieh seinem Kapitel neue Statuten (1268), schlichtete einen Konflikt zw. der Kirche v. Lyon und den Bürgern der Stadt (1269), nahm am Konzil v. Lyon teil (1274), intervenierte in einem Rechtsstreit zw. dem Grafenhaus v. Savoyen und dem Kg. v. Frankreich und stand selbst in Auseinandersetzungen mit der Stadt Romans. R.-H. Bautier

Lit.: GChr XVI, 97-98 – DBF IV, 159.

3. A., Gui d', gelegentl. auch »Gui de Boulogne« gen., seit 1301 Bf. v. Tournai, seit 1326 Bf. v. Cambrai, Sohn Gf. Roberts V. v. Auvergne und Boulogne und der Eléonore de Buffle. Als Bf. v. → Tournai unterstützte er die Politik Philipps IV. gegenüber → Flandern und verhängte das Interdikt über die Gf.en v. Flandern. Für die Nachteile, die er während des flandr. Aufstandes erlitten hatte, erlangte er vom Gf.en einen hohen Schadenersatz (Vertrag v. → Athis-sur-Orge). Philipp V. verlieh ihm eine bedeutende Anzahl von Herrschaften, wodurch die Temporalien des Bm.s, die an die Stadt Tournai oder an das Kgtm. übergegangen bzw. von diesen usurpiert worden waren, wiederhergestellt wurden. Beim Aufstand der Flamen gegen Gf. Ludwig v. Nevers und Kg. Karl IV. (1325) sprach er wiederum das Interdikt über Flandern aus. Er ließ den got. Chor der Kathedrale v. Tournai errichten. – 1326 auf den Bischofssitz v. Cambrai versetzt, geriet er in Auseinandersetzungen mit der Stadt und konnte erst kurz vor seinem Tode sein Bm. in Besitz nehmen (1336). R.-H. Bautier

Lit.: GChr III, 223 – DESTOMBES, Hist. de l'église de Cambrai II, 1891 – J. WARICHEZ, Les nominations épiscopales du dioc. de Tournai, Collationes Tornacenses, 1923-24.

Auxentius. 1. A. v. Durostorum, Bf. v. Durostorum, (Silistria im heut. Bulgarien), Schüler des Gotenbischofs → Ulfila, schrieb nach dessen Tod 383 den panegyr. Brief »De fide, vita et obitu Vulfilae«. H. Kraft

Ed.: F. KAUFFMANN, Aus der Schule des Wulfila, 1899 – H. GIESECKE, Die Ostgermanen und der Arianismus, 1939 – MPL, Suppl. I, 1958–59, 703–707 [A. HAMANN] – *Lit.:* SCHANZ-HOSIUS 4, 1, 313 f. – Repfont II, 426.

2. A. von Mailand, † 374, aus Kappadokien stammender Vorgänger des → Ambrosius, war Arianer und wurde als solcher 355 unter Constantius zum Bf. v. Mailand erhoben. Unter Valentinian versuchten die sich vereinigenden Vertreter der späteren Orthodoxie die Arianer von ihren Sitzen zu verdrängen. Zu diesem Zweck hatte → Hilarius v. Poitiers 364 in Mailand eine Synode gegen den Bf. zustandegebracht, der sich aber durch Abgabe eines unanstößigen Glaubensbekenntnisses schützte; weil sich Hilarius nicht damit zufrieden geben wollte, sandte ihn der Ks. als Störenfried in seine Heimat zurück. Auch die Verurteilung des A. auf einer mit ksl. Billigung unter Damasus 372 zusammengetretenen röm. Synode blieb ohne Folgen. Hilarius versuchte, nach dem Mißerfolg der Mailänder Synode die it. Bf.e schriftl. davon zu überzeugen, daß A. Arianer sei; er berichtet den Hergang und untersucht krit. das von diesem abgegebene Glaubensbekenntnis, das er seiner Streitschrift beigibt. Da er dem Ks. jedoch, nicht zu Unrecht, als Störer des Kirchenfriedens erschien, erreichte er nichts. A. blieb unangefochten bis zu seinem Tod (374) auf seinem Sitz; danach brachen die Streitigkeiten aus, die zur Erhebung des Ambrosius führten. H. Kraft

Ed.: MPL 10, 609–618 – *Lit.:* SCHANZ-HOSIUS 4, 1, 293 – LIETZMANN, Gesch. d. a. K. 4, passim.

Auxerre

I. Bistum – II. Grafschaft – III. Stadt.

I. BISTUM: A. (gallo-röm. Autessiodurum, Autissiodurum), Stadt an der Yonne in Burgund (heute Dép. Yonne), begegnet als Bischofssitz seit dem 4. Jh.; der hl. → Amator (388–418) ist der vierte bekannte Bf. Sein Nachfolger → Germanus (Saint Germain, 418–448) machte aus A. eine Basis für die Missionierung von Irland. Bf. → Aunacharius organisierte die Basiliken und suburbane Kl., deren bedeutendstes St-Germain war; ihm unterstanden 37 ländl. Pfarreien. Ihre Zahl vergrößerte sich auf 200; 1249 mußte ein zweites Archidiakonat eingerichtet werden. Aufgrund der Tatsache, daß das Bm. → Nevers wie A. zur Lugdunensis IV (mit Vorort Sens) gehörte, wurde geschlossen, daß diese Diöz. nach ihrer Herauslösung aus dem Bm. Autun im 5. Jh. in das Bm. A. inkorporiert worden sei. Am Anfang des 8. Jh. gelang dem streitbaren Bf. Savaricus (Savary) die Errichtung einer prinzipat-ähnlichen Machtstellung, die von Pippin III. zerschlagen wurde. Der Kirchenbesitz fiel an sechs bayer. Große, deren Familien auch Bf.e v. A. stellten. Die Wiederherstellung der Temporalien ging langsam vonstatten. Im 9. Jh. ist die Schule von A. bedeutend. Bf. Gerannus (Géran, 909–914) zeichnete sich in der Normannenabwehr aus. Wie die »Gesta pontificum Autissiodorensium« überliefern, erweiterten seine Nachfolger den Grundbesitz der Kirche von A.; ihr Werk wurde gekrönt durch den Episkopat Hugos I., der dem Hause → Donzy angehörte und zugleich mit der Bischofswürde das Amt des Gf.en v. Chalon innehatte. Hugo unterwarf die Herrschaften der Puisaye (zw. Loire und Yonne) seinen bfl. Gewalt, er führte den → Gottesfrieden ein und ließ die Kathedrale wiedererrichten (im 13. Jh. erneuert). Seine Nachfolger förderten cluniazens. (→ La Charité) und zisterziens. Gründungen (Pontigny) und kämpften gegen die Häretiker v. La Charité. Hugo v. Noyers († 1206) beanspruchte die Stellung des → *chief sires* in seiner Diöz. und behauptete, keiner weltl. Gewalt unterstellt zu sein; er hielt den Gf.en in Schach.

II. GRAFSCHAFT: Der pagus Autissiodorensis besaß die gleiche Beständigkeit wie die civitas. Von den frühesten Gf.en war Eunius Mummolus bekannt, den Kg. Guntram zum Patricius erhob. 843 übergab Karl der Kahle die Gft. seinem Onkel, dem → Welfen Konrad, dessen gleichnamiger Sohn den Platz an Robert den Tapferen (865–867) abtreten mußte. 888 fiel A. an → Richard Justitiarius über, und die Gft. wurde ein wichtiges Element des ersten burg. Hzm.s (→ Burgund); Kg. Rudolf residierte in A. Hugo d. Gr. ergriff von der Gft. Besitz und verlieh sie seinen Söhnen, den späteren burg. Hzg.en Otto und Odo-Heinrich. Beim Tode des letzteren (1002) bemächtigte sich Gf. Landricus (Landry) v. Nevers der Gft. A. im Einverständnis mit → Otto-Wilhelm (ein Enkel Kg. Berengars II.), der Gf. v. → Mâcon war und gegen Kg. Robert II. nach der burg. Herzogswürde strebte. Landricus vertrieb Bf. Hugo I., einen Anhänger Roberts II., und vermochte das Bm., das er selbst verwaltete, siegreich zu behaupten. 1006 gab Robert seine Tochter dem Sohn des Landricus, Ragenoldus, zur Frau und überließ ihm die Gft. Dennoch scheint der Bf. Rechte über A. und die Oberhoheit über fast den gesamten westl. Teil der Gft., wo die Gf.en selten erscheinen, behalten zu haben.

Es gelang dem Grafenhaus, trotz einer vermutl. Besetzung der Gft. durch Hzg. Robert I., die jedoch auf wenige Jahre beschränkt blieb, Auxerre, Nevers und Tonnerre zu vereinigen, wodurch Wilhelm I. und Wilhelm II. zu großen Lehnsleuten des Kg.s aufstiegen. Seit 1181 wurden durch Heirat nacheinander Peter (Pierre) v. Courtenay, Hervé de Donzy, Guy de Forez und Odo (Eudes) v. Burgund Gf.en v. A. Die Vereinigung der drei Gft.en endete 1267, und Alix, die Tochter von Odo, brachte A. in die Ehe mit Johann (Jean) v. Chalon-Rochefort ein. Ludwig (Louis) v. Chalon verkaufte 1371 die Gft. an den Kg. v. Frankreich. Doch schlug sich 1417 die Stadt auf die Seite der Bourguignons (→ Armagnacs et Bourguignons). → Philipp der Gute ließ sich den Besitz 1424 durch den Hzg. v. Bedford bestätigen, 1435 erneut durch Kg. Karl VII.

Es gelang dem Kg., den territorialen Bereich der Gft. und der kgl. Ämter, die in A. errichtet worden waren, *bailliage* und *élection*, zu verkleinern, bes. durch die Schaffung der élection Gien. Philipp der Gute seinerseits übergab die Gft. seinem Vetter Jean de Clamecy, Gf. v. Étampes (1437–65). Letzterer, von Karl dem Kühnen seiner Besitzungen beraubt, versuchte, sich gewaltsam A.s zu bemächtigen (1470), später trat er seine Besitzrechte an Ludwig XI. ab, der die Gft. 1477 besetzte, ohne sie jedoch vom gleichzeitig rekuperierten Hzm. Burgund abzutrennen.

III. STADT: Die frühma. Stadt lag auf einer Erhebung, die gegen Ende des 3. Jh. befestigt worden war, im N der antiken Stadt. Ein neuer Mauergürtel wurde im 12. Jh. errichtet. 1188 erhielten die Einwohner ein städt. Privileg von Gf. Peter, eine erneute Privilegierung erfolgte 1194. Gfn. Mahaut verlieh A. 1223 kommunale Verfassung (→ Kommune). Die Stadt, 1359 durch engl. Truppen geplündert, besaß lebhaften Marktverkehr und war ein Zentrum des Weinbaus. Sie war mit Paris durch eine blühende Flußschiffahrt verbunden; im 13. Jh. wurde die Schiffbarkeit der Yonne verbessert. J. Richard

1412 fand in A. ein informeller Fürstenkongreß statt, bei dem – unter dem Schutz Karls VI. – am 22. Aug. 1412 ein

Friede zw. Johann, Hzg. v. Burgund, und Karl, Hzg. v. Orléans, geschlossen wurde, der den Rivalitäten beider Fs.en ein Ende setzen und jede engl. Intervention ausschließen sollte. Ph. Contamine

Lit.: A. CHALLE, Hist. de l'Auxerrois, 1878 – M. QUANTIN, Cartulaire de l'Yonne II [Einführung] – M. CHAUME, Origines du duché de Bourgogne, Géogr. hist. III, 1931 – R. LOUIS, Autessiodurum christianum, 1952 – F. LEHOUX, Jean de France, duc de Berri III, 1968, 274–281 – H. ATSMA, Klöster in Gallien [Diss. Mannheim 1971], 103–304 – C. R. BRÜHL, Palatium I, 122–129 – Y. SASSIER, Recherches sur le pouvoir comtal en Auxerrois, X–XIII° s. [Thèse Paris 1978].

Auxilia palatina, Auxiliartruppen → Heer, -wesen

Auxilius, hl., † 459, empfing die niederen Weihen von Amatorex, Bf. v. →Auxerre, wurde 439 nach Irland gesandt, um →Patrick zu helfen, dort von Patrick zum Bf. geweiht. Er verfaßte mit ihm den »Synodus Patricii« gen. Brief an die Geistlichkeit Irlands und unterstützte Patrick in dem Primatanspruch für →Armagh. Prakt. alle diese in verschiedenen ir. Quellen überlieferten Mitteilungen sind umstritten. – Der Name A. lebt in dem Ortsnamen Cell-Usailli (Kilashee, County Kildare) fort. J. Hennig

Lit.: G. MCGRATH, Bibliotheca Sanctorum II, 1962, 624f. [Bibliogr.] – Vgl. darüber hinaus: The Martyrology of Tallaght, 1931, 25, 71, 100 – L. BIELER, The life and legend of St. Patrick, 1949 – R. P. C. HANSON, St. Patrick, 1968.

Auxois, Gft. in Frankreich, Hzm. Burgund. Der pagus Alsensis umfaßte den nördl. Teil der civitas →Autun. Sein Vorort war zunächst Alesia, dann Semur (heute Dép. Côte-d'Or). Dem A. entsprach kirchl. das Archidiakonat →Flavigny. Die Gf.en des A., Vasallen der Hzg.e v. →Burgund, mußten diesen im 11. Jh. Semur abtreten. Ein Zweig des Herzogsgeschlechts begründete im 12. Jh. eine eigene, Grignon gen. Gft., deren Teile nach Rückkauf im 13. Jh. Bestandteile der hzgl. Domäne wurden. J. Richard

Lit.: M. CHAUME, Origines du duché de Bourgogne, II, Géogr. hist. 3, 1931 – J. RICHARD, Ducs de Bourgogne, 1954.

Auxonne, Stadt und Gft. in Frankreich, Hzm. Burgund (heute Dép. Côte-d'Or). Die Stadt A. an der Saône, eine Neugründung des 12. Jh., war im Besitz einer jüngeren Linie der Gf.en v. →Burgund, deren letzter Vertreter, Étienne, den Titel eines Gf.en v. A. führte. Sein Sohn, Jean de Chalon, verkaufte die Stadt 1237 an Hzg. Hugo IV. v. Burgund. Da A. zum Imperium gehörte, kam es nicht unter die Souveränität der Kg.e v. Frankreich. Die Hzg.e unterhielten hier eine Münzstätte und machten A. zum Zentrum eines Gerichts- und Fiskalbezirks, der seit dem 15. Jh. als Gft. A. bezeichnet wurde. J. Richard

Lit.: P. CAMP, Hist. d'A. au MA, 1960.

Ava, erste namentlich bekannte Autorin deutschsprachiger Gedichte. Sie lebte wohl im ersten Viertel des 12. Jh. in Österreich, wenn sie zu Recht mit einer Ava inclusa identifiziert wird, deren Tod die Annalen des Kl. Melk a. d. Donau und andere Chroniken zum Jahre 1127 notieren. Die Überlieferung von A.s Gedichten in der Vorauer Hs. (V) – außerdem in einem bair. geschriebenen Görlitzer Codex des 14. Jh. – stützt die Identifikation mit der Klausnerin. A. nennt sich im Epilog des »Jüngsten Gerichts« (nur in V) als Mutter zweier Söhne, die sie bei der Abfassung des Werkes theol. berieten.

In fünf epischen Gedichten behandelt A. heilsgeschichtl. Themen. Quellenkrit. Untersuchungen (KIENAST) haben die überlieferungstechn. und stilist. Gründe für *einen* Autor des fünfteiligen Opus ergänzt. Sowohl der heilsgeschichtl. Bogen von der Ankündigung des Erlösers durch den Täufer bis zum Jüngsten Tag wie dessen Ausfüllung und Detailanordnung beruhen auf der Perikopenfolge des Kirchenjahres; vielleicht benutzte A. ein bestimmtes Lektionar (MASSER). Reflexe lat. theol. Quellen sind eher durch volkssprachl. Predigten als durch direkte Rezeption vermittelt. Die Kenntnis auch dt. Texte (St. Trudperter Hohelied, Altdeutsche Genesis, Fünfzehn Vorzeichen des Jüngsten Gerichts), die zur eigenen Gestaltung der Heilsgeschichte angeregt haben mögen, ergibt sich aus Formulierungsanklängen und der Verwertung bei nicht biblisch ausgewiesenen Inhalten. Formal sind die Gedichte in der ältesten Überlieferung (Hs. V) als Reimpaarverse gestaltet, die ein vierhebiges Grundschema frei ausfüllen und häufig mit Assonanz schließen. Hs. G bietet eine in Metrik und Reim geglättete, dem 14. Jh. gemäße Fassung. F. MAURERS Interpretation der Ava-Verse als Langzeilen (Begründung mit syntakt. Argumenten, Reimbrechung und Initialgliederung der Hss.) hält einer krit. Prüfung nicht stand.

Der »Johannes« (446 Verse) bringt unter dem Signum des Zerbrechens des alten Gesetzes die Geschichte des Täufers abgetrennt von der des Erlösers. »Das Leben Jesu« (2268 Verse), beginnend mit einer Art Marienhymnus, fortführend mit dem Geburtsbericht, wichtigen Lebensstationen und ausgewählten Wundertaten ist heilsgeschichtl. akzentuiert, aber episch ausgestaltet. Die Legende vom Kreuzesholz klingt an; die Höllenfahrt- und Auferstehungsdarstellung zeigen die Möglichkeit, daß A. eine Osterfeier kannte. Nach einem freien Pfingstbericht, dem Auszug der 12 Apostel in die Welt und einer Charakterisierung des Werkes der 4 Evangelisten schließt das Gedicht mit der Begründung des Bischofsamtes Petri.

»Die sieben Gaben des heiligen Geistes« (150 Verse) zeigen Gottes Wirken in Leib und Seele des einzelnen, der predigthaft als *wir* apostrophiert wird. Der *geist der forhte*, *spiritus timoris*, umschließt als Garant eines gottgerechten menschl. Verhaltens die geschilderten Gaben, deren Siebenzahl durch Ausfaltung der Wirkungen weit überschritten wird. Geschickte Einbeziehung lat. Termini weist auf Lateinkundigkeit der Verfasserin bzw. eines Redaktors.

»Der Antichrist« (118 Verse) entwirft zunächst die Endzeitsituation mit Not, Tod und polit. Wirren unter gegenwartsbezogenen Aspekten: Kampf der Reiche gegeneinander, Aufteilung der Herrschaftsgebiete und Einschränkung der Existenzgrundlage. Empfohlen wird das Gebet zum Herrn als Mittel, das ewige Leben zu erlangen. Die folgende Schilderung des dreieinhalbjährigen Wirkens des →Antichrist macht nicht einmal die Hälfte des Gedichts aus.

Das »Jüngste Gericht« (406 Verse) verbindet die Darstellung der künftigen Ereignisse (Schreckenszeichen der letzten 15 Tage, Erscheinen Christi zum Gericht, Verdammungsurteil und Errettung der Gotteskinder) durchgehend mit Ermahnungen und konkreten Hinweisen für die richtige Lebensweise, die letztendlich auf die Seite der Gerechten führt. In den Schreckensbildern der Höllenqualen wie in den Freudenvorstellungen des ewigen Lebens werden die Rezipienten des Textes als potentiell Betroffene (*wir*) antizipiert. Neben unverkennbarer Erzählfreudigkeit richtet A. ihr Werk deutlich auf den paränet. Zweck aus. Ihre Forderungen wirken nirgends rigide weltabgewandt, sie enthalten allgemeine bibl. Lebensregeln und realitätsbezogene Allusionen, sie rechnen mit der Schwäche des Menschen, dessen reuevolles Bewußtsein schließlich über seine Rettung entscheidet. Eine welterfahrene, von der religiösen Laienbewegung geprägte Frau gibt in dt. Gedichten einem ratsuchenden Laienpublikum geistl. Lebensorientierung. U. Schulze

Ed.: Vorauer Hs. Faks., 115va–125ra – J. DIEMER, Dt. Gedichte des 11. und 12. Jh., 1849, 229–292 – H. HOFFMANN, Fundgruben für Gesch.

der dt. Sprache und Lit. I, 1830, 127-204 - P.PIPER, ZDPh 19, 1887, 129-196, 275-318 - F.MAURER, Die religiösen Dichtungen des 11. und 12.Jh. nach ihren Formen bespr. und hg., II, 1965, 381-513 - DERS., Die Dichtungen der Frau A., 1966 (ATB 66) - *Lit.:* Verf.-Lex.² I, 560-565 - H. DE BOOR, Frühmhd. Stud., 1926, 151-182 - R. KIENAST, A.-Stud., I-III, ZDA 74, 1937, 1-36, 277-308; 77, 1940, 85-104 - R.WOELFERT, Wandel der religiösen Epik zw. 1100 und 1200 dargestellt an Frau A.s 'L.J.' und der Kindheit Jesu des Konrad v. Fussesbrunnen [Diss. Tübingen 1963] - G.WESENICK, Frühmhd. Dichtungen des 12.Jh. aus der Wachau: Frau A.s Gedichte [Diss. Tübingen 1963] - M.WEHRLI, Sacra poesis. Bibelepik als europ. Tradition (Fschr. F.MAURER, 1963), 262-283 - F.MAURER, Die religiösen Dichtungen I, 27-30; II, 371-380 - E. GREINEMANN OSB, Die Gedichte der Frau A. Unters. zur Quellenfrage [Diss. Freiburg i.Br. 1967] - A.MASSER, Bibel, Apokryphen und Legenden. Geburt und Kindheit Jesu in der religiösen Epik des dt. MA, 1969.

Avallon, Stadt und Gft. in Frankreich, Burgund (heute Dép. Yonne). Das castrum A., gallo-röm. Herkunft, war Vorort des pagus Avalensis (im Rahmen der civitas → Autun) und Grafensitz. Die Burg, die Kg. Rudolf 931 dem Gf.en → Giselbert (Gilbert de Vergy) entzog, fiel wohl 1002 an Landry (→ Landricus), Gf. v. → Nevers, der Erbgüter innerhalb des pagus besaß (Metz, Montceau). Kg. Robert II. nahm A. 1005 nach einer Belagerung ein, doch blieben die Güter Landrys auch weiterhin mit der Gft. Nevers verbunden, während das Gebiet v. Château-Chinon (südl. von Avallon) unabhängig blieb; Robert II. und seine Nachfolger in Burgund, die kapeting Hzg.e, behielten nur den nördl. Teil mit A. selbst. Die Kastellanei A. war nun Teil der hzgl. Domäne, außer in den Jahren 1272-88, in denen sie Huguenin, dem Sohn Hugos IV. v. Burgund, gehörte.

Die Stadt erhielt 1200 ein Stadtprivileg entsprechend dem von → Vézelay. 1432 wurde sie von den Armagnacs besetzt, 1433 von den Burgundern zurückerobert (→ Armagnacs et Bourguignons). Die Kollegiatkirche Notre-Dame besaß Reliquien des hl. Lazarus, die 1482 den Gegenstand eines berühmten Prozesses mit dem Domkapitel v. Autun bildeten. J.RICHARD

Lit.: P. TARTAT, Hist. de L'Avallonnais, 1958.

Avant-la-lettre → Kupferstich

Avaren

I. Geschichte - II. Archäologisches Fundmaterial, chronologische und ethnische Fragen.

I. GESCHICHTE: In Bezug auf die Frühgeschichte der A. können vier Hauptfragen nicht sicher beantwortet werden: Hängen einige Namen in älteren Quellen (*Abaris* bei Herodot, *Aparnoi* bei Strabon, *Abarimon* bei Plinius d. Ä. usw.) mit dem Avarentum zusammen? Wo (in Sibirien? Turkestan? Dagestan? usw.) fand jener Krieg um 463 zw. A. und Sabiren statt, der die letzteren ins Kaukasusgebiet trieb? Kam der Name *Awar* den europ. A. ureigens zu oder wurde er erst während der Westwanderung unterschoben (hießen die Pseudo-A. ursprünglich *War-Chunni*)? Sind die Vorfahren der pannon. A. in den chin. Quellen mit den Jou-Jan der Mongolei oder mit dem Hua (= ? War) -Volk des Hephthalitenreichs (oder mit beiden) zu verbinden? Nach Ansicht der meisten Fachleute war die Sprache der Donau-A. altaisch; die einen zählen sie dem türk., die anderen dem mongol. Sprachzweig zu. Die in der Steppe bzw. im Karpatenbecken dem Avarentum nacheinander (567/568, 580/590, 670/680) sich anschließenden Nomadenstämme (Kutriguren, Tarniach, Onoguren usw.) sprachen ein bulg.-türk. Idiom.

Nachdem die → Türken das Joch der Jou-Jan abschüttelten und ein eigenes Nomadenreich gründeten (552), blieb ein Teil der A. unter türk. Herrschaft im O (vgl. Apar in den Orchoninschriften). 20.000 Krieger flohen aber samt ihren Sippen vor der türk. Oberhoheit gen Westen. Sie fanden bei den → Alanen ztw. Zuflucht und schickten von dort ihre erste Gesandtschaft nach Konstantinopel (558). Justinian gewann die Neuankömmlinge durch Geschenke für sich als Schutz gegen die Steppenvölker. Diese (Sabiren, Onoguren, Utiguren, Kutriguren, usw.) huldigten den durchziehenden A., und viele slav. Anten verfielen der Sklaverei (→ Slaven). Bereits um 562 gelangte Khagan Bajan zur unteren Donau. Er überfiel zweimal die fränk. Grenzgebiete an der Elbe, dann verband er sich mit dem langob. König Alboin zur Vernichtung des Gepidenstaats (→ Gepiden, → Langobarden). Er nahm zuerst (567) Gepidien (Siebenbürgen-Theißgegend) und nach dem Auszug der Langobarden (568) auch → Pannonien in Besitz. Nach der Landnahme führten die A. ihre ersten Angriffe gegen die byz. Balkanprovinzen, bis ihnen Ostrom das zw. 565-574 entzogene Jahrgeld wieder gewährte. Bajans letzte Waffentat war die Einnahme → Sirmiums (582), das er als die einstige Hauptstadt der von ihm unterworfenen Gepiden seit 568 für sich forderte. Bajans ältester Sohn setzte die Streifzüge in Richtung auf Byzanz, Thessalonike und Dalmatien fort, obwohl inzwischen das Jahrgeld für Friedenszeiten auf 100.000 Goldstücks erhöht worden war und die Türken ihren 'entlaufenen' Untertanen, den A., nachsetzten, um 584/585 für kurze Zeit fast bis zur Donau vorzudringen. In der Gefolgschaft der A. überfluteten die Slaven nicht nur den Nordbalkan, sondern für zwei Jahrhunderte auch den Westpeloponnes. Erst nach dem erfolgreichen Abschluß des aufreibenden pers. Krieges (572-592) konnte Ks. Maurikios größere Heere an die Balkanfront werfen, wo nun die Byzantiner mehrfach zur Offensive übergingen. Aber die dem blutigen Sturz des Maurikios (602) und des Phokas (610) folgenden Wirren lieferten das Reich immer neuen Invasionen und ständig höheren Geldforderungen aus. Gegen den gemeinsamen Feind Byzanz waren die sich in Italien ausbreitenden Langobarden in den Jahren 590-600 die natürlichen Verbündeten der A. Erst um 610 führten die Nomaden auch gegen das langob. Friaul einen Plünderungszug, nachdem sie ihre Herrschaft über die karantan. Slaven den → Bayern gegenüber behaupteten (595/596) (→ Karantanen, → Kärnten). Als Bajans jüngerer Sohn um 610 Khagan wurde, erstreckte sich die Machtsphäre der A. von den bayer.-frk. Grenzen bis zu dem durch die Türken geräumten Kubangebiet, vom Balkan bis Thüringen. Aber die von ihren Gebietern grausam ausgebeuteten Slaven wurden der avar. Knechtschaft überdrüssig. 623 schüttelten die Karantanen (Wenden) unter → Samos Führung, dessen Macht sich bis zur Elbe (→ Derwan) erstreckte, das Avarenjoch ab, nach der mißglückten Belagerung von Konstantinopel (626) fielen die Balkanslaven vom Khagan ab (die neu einwandernden → Kroaten und → Serben schlossen sich dem Ks. Herakleios an), 631 flohen 9.000 bulg. Familien nach blutigem Bürgerkrieg aus dem Avarenland zu den Bayern, um 635 sagte sich Kuvrat, der Herrscher Großbulgariens im Steppengebiet, vom Khagan los; aus dem Land der → Duleben verschwanden die A. spurlos, die Nachfahren der durch die A. massenhaft verschleppten byz. Kriegsgefangenen flüchteten ins Reich zurück, und um 680 entriß → Asparuch, der Begründer Donaubulgariens, die Slaven am Istros dem Khaganat (→ Bulgaren, Bulgarien).

Damit schob sich dieser neue Staat zw. das Avarenland und Byzanz. Die byz. Quellen verstummen für ein Jahrhundert (680-780), und die westl. Autoren sprechen nur spärlich von den Avaren. Am Vorabend dieser Zeitspanne führte Kuvrats vierter Sohn aus dem zerfallenen Großbulgarien onogurische Nomaden ins A.land. Avarisch-bayer. Kämpfe tobten um die Enns-Grenze, wo der Bischofssitz → Lauriacum (Lorch) zerstört wurde. In den 740-er Jahren schüttelten die nach Samos Tod (658) wieder dem Khaganat unterstellten Karantanen mit bayer. Hilfe das A.joch ab.

Die A. unterhielten mit mehreren Langobardenkönigen (Agilulf, Grimoald, Perctarit, Liutprand) freundschaftl. Beziehungen, boten den vor Karl dem Großen geflohenen Langobarden Zuflucht und unterstützten den Bayernherzog → Tassilo III., den die Franken absetzten (788). Mit seiner Absetzung übernahm Karl den Grenzschutz im O. 791 ging er zum Angriff über und führte selbst ein frk. Heer donauabwärts gegen die A., die ihm aber im wegelosen Land auswichen, so daß der Feldzug erfolglos blieb. Karl ordnete deshalb für den weiteren Kampf gründliche Vorbereitungen an, zu denen der Bau der → Fossa Carolina zw. Altmühl und Rezat (793) – zur Verbindung von Rhein, Main und Donau – gehörte. 795/796 fogten dann die entscheidenden Angriffe durch den Mgf.en Erich v. Friaul bzw. Kg. Pippin v. Italien, die mit der Eroberung des zentralen Lagers (*hring* oder *campus*) den gewaltigen → Avarenschatz erbeuteten und den Avarenstaat zerschlugen, dessen Kräfte bereits durch den Streit der rivalisierenden Großwürdenträger lahmgelegt war. Die nach wenigen Aufständen endgültig pazifizierten Avarenüberreste wurden von Salzburg und Aquileia aus christianisiert, hatten noch 822 eine eigene Herrschaftsorganisation innerhalb des Frankenreichs und lebten in der Ostmark mindestens bis zu den 870-er Jahren als zinsbare Landbevölkerung. Einen Teil der ö. der Donau wohnenden A. unterwarf Krum um 805 dem Bulgarenstaat. Avar. Überreste werden zuletzt um 950 in Dalmatien erwähnt.

Im Mittel-Donaubecken gingen die Nomaden langsam zu einem ortsfesteren Hirten- bzw. Bauernleben über. Aber die späteren ö. Einwanderer erneuerten immer wieder den Nomadencharakter des Avarenlandes, wo die typ. Ränge der Steppenvölker (Türken, Protobulgaren, Chazaren) in Gebrauch blieben (Khagan, Tudun, Jugurus, Tarkhan, Kapkan, Katun). Die ausbeutbaren Bauern und Handwerker (Kriegsgefangene, röm. Restbevölkerung, Gepiden, Slaven) nahmen aber mit dem Schrumpfen der Avarenmacht immer mehr ab. Einige Hinweise auf das Geistesleben der A. scheinen von einer schamanist. Ideenwelt zu zeugen.

S. Szádeczky-Kardoss

Bibliogr.: A. KOLLAUTZ, Bibliogr. der hist. und archäolog. Veröff. zur Awarenzeit Mitteleuropas und des Fernen Ostens, KM XXXVIII, 1965 – Q.: S. SZÁDECZKY-KARDOSS, Ein Versuch zur Slg. und chronol. Anordnung der gr. Q. der Awarengesch. nebst einer Auswahl von anderssprachigen Q., 1972 – Lit.: *[allg. und zu I]*: HOOPS² I, 527–535 [Lit.] – E. ZÖLLNER, Awar. Namensgut in Bayern und Österreich, MIÖG 58, 1950, 244–266 – MORAVCSIK, Byzturc – J. DEÉR, Karl d. Gr. und der Untergang des Awarenreiches (W. BRAUNFELS, KdG) – SPINDLER I, 91f., 111–113 [K. Reindel] – A. KOLLAUTZ-H. MIYAKAWA, Gesch. und Kultur eines völkerwanderungszeitl. Nomadenvolkes. Die Jou-Jan der Mongolei und die A. in Mitteleuropa, 2 Bde, 1970 – A. AVENARIUS, Die A. in Europa, 1974 – T. OLAJOS, La chronologie de la dynastie avare de Baian, RevByz 34, 1976 – Glossar ö. Europa, A, 187ff.; B I, 10ff.

II. ARCHÄOLOGISCHES FUNDMATERIAL, CHRONOLOGISCHE UND ETHNISCHE FRAGEN: Bei der Untersuchung des archäolog. Fundmaterials der europ. A. stützt sich die Forschung allgemein auf zwei Daten der avar. Gesch.: 567 (Inbesitznahme des Karpatenbeckens) und 796/829 (Ende der Avarenherrschaft). Die Forschungen konzentrieren sich auf das Gebiet des Mittel-Donaubeckens bzw. auf das Karpatenbecken. Jede größere geogr. Einheit hat ihre eigene Problematik hinsichtl. des archäolog. Materials; chronol. stehen die Fragen im Zusammenhang mit einzelnen Momenten der avarenzeitl. polit. Gesch., die ethn. Fragen hängen mit siedlungsgesch. Eigenheiten zusammen. Das eine Ziel der Forschung ist nämlich die zw. A. und der autochthonen Bevölkerung entstandenen Verbindungen und deren Veränderungen durch das Fundmaterial abzuwägen. Andererseits soll die ethn. Zusammensetzung der erobernden A. und aller Völker, die sich ihnen anschlossen, bestimmt bzw. die ethn. Beziehungen der neueren avarenzeitl. Siedlungswellen klargestellt werden.

Die archäolog. Periodisierung beruht auf der komplexen Prüfung der einzelnen Fundtypen und Rituserscheinungen, und die Benennung der einzelnen chronol. Gruppen stützt sich auf die Typenveränderungen des Nomadengürtels, und zwar auf die Technik, die Ziermuster und die Anordnung der zahlreichen Metallbeschläge auf den Ledergürteln. 1. Frühavar. oder »gepreßte Gruppe« von 567 bis zur Mitte, z.T. bis zum letzten Drittel des 7.Jh. 2. Mittelavar. oder »mittlere Blechgruppe« um die Mitte des 7.Jh., etwa im 2. Drittel, die obere Zeitgrenze ist unbestimmt. 3. Spätavar. Gruppe, auch »Greifen- und Rankengruppe« oder »gegossene Gruppe« gen., von den Jahren um 670–680, die obere Zeitgrenze ist unbestimmt, vereinzelt hinüberreichend bis ins 9.Jh. Die Bezeichnung »Keszthely-Kultur« benutzt die neuere Forschung nur für eine gewisse lokale Gruppe des spätavar. Fundmaterials. Die Hauptschwierigkeit der chronol. Forschungen ist, daß nur ein kleiner Bruchteil der avar. Gräberfelder (mehr als 1000 Fundorte) vollkommen freigelegt wurde.

Im Auftreten der einzelnen chronol. Gruppen im Verbreitungsgebiet der Funde avar. Charakters zeigen sich gewisse Phasenverschiebungen. Die Forschung erklärt das mit der Staffelung der avar. Besetzung bzw. mit gewissen Momenten der avar. Gesch. (z.B. Samo-Aufstand; → Samo). Der Verbreitungskern der ersten chronol. Gruppe ist die große ung. Tiefebene und Pannonien. Die ausgedehnteste Verbreitung erreicht das avarenzeitl. Fundmaterial in der Spätperiode.

Die ethn. bedingte Problematik der drei chronol. Gruppen ändert sich je nach Phasen und Gebieten. In Verbindung mit dem Auftreten der frühavar. Gruppe ergibt sich die Frage über die ethn. Zusammensetzung der »ersten avar. Welle«. Die Auswahl und Bestimmung der zur innerasiat. Schicht gehörenden Fundtypen und gewisser Grabriten ist z.T. bereits erfolgt. Ungelöst und umstritten aber ist die Bestimmung des Nachlasses der zum Anschluß gezwungenen nomad. Reitervölker wie z.B. der »Kuturgur-bulg.«. Zur Bestimmung des Fundgutes der mitsamt der ersten avar. Welle auftretenden ostslav. Gruppen sind die ersten Schritte getan. Die andere Seite der ethn. Fragen des frühen Fundmaterials bildet die Aussonderung der Funde der im Karpatenbecken ansässigen Bevölkerung (→ Langobarden, → Gepiden, romanisierte Elemente); aus dem Nachlaß dieser nach der sog. avar. Landnahme teilweise weiterlebenden Völker ergibt sich die meistumstrittene Frage der avar. archäolog. Forschung. Das Grundproblem der mittel- und spätavar. Gruppe ist, inwiefern diese chronol. Gruppen an je eine neue Völkerwelle zu binden sind, und ob sie zu der ethn. Bestimmung der etwaigen neuen Völkerwellen genügende Anhaltspunkte geben. Obzwar die neuere Geschichtsforschung bulg. Ansiedlungen nach Pannonien anläßlich der Auflösung des onugur-bulg. Reiches glaubhaft macht, ist von diesem Standpunkt her die eingehende Auswertung der mittelavar. Fundgruppe noch nicht erfolgt. Heute erklärt man das Auftreten der »Greifen- und Rankengruppe«

nicht mehr mit einer Modeveränderung oder mit einer inneren Entwicklung, aber die Meinungen sind nur darin einig, daß von den Funden einer neuen Volkswelle die Rede sein kann. Den innerasiat. Beziehungen dieses Fundmaterials ist leichter zu folgen, als denen, die in die Richtung des europ. Urals, nach dem Kama-Gebiet weisen. Die Möglichkeit einer »ersten ung. Landnahme« ist als Arbeitshypothese zu betrachten, andrerseits bindet der Terminus »avar.-slav. Gräberfeld« das Fundmaterial unrichtig an bloß zwei ethn. Faktoren.   A. Cs. Sós

Lit.: [zu II]: I. KOVRIG, Contribution aux problèmes de l'occupation de la Hongrie par les avars, AArchHung 6, 1955 – GY. LÁSZLÓ. Études archéologiques sur l'hist. de la société des avars, ArchHung 34, 1955 – D. CSALLÁNY, Archäolog. Denkmäler der Awarenzeit in Mitteleuropa, 1956 – I. KOVRIG, Das awarenzeitl. Gräberfeld von Alattyán, ArchHung. 40, 1963 – Á. Cs. Sós, Bemerkungen zur Frage des archäolog. Nachlasses der awarenzeitl. Slawen in Ungarn, SlAnt 10, 1963 – GY. LÁSZLÓ, Les problèmes soulevés par le groupe à la ceinture ornamentée de griffon et de rinceaux de l'époque avare finissant, AArchHung 17, 1965 – J. WERNER, Zum Stand der Forsch. über die archäolog. Hinterlassenschaft der Awaren, ŠtZv 16, 1966 – I. BÓNA, Abriß der Siedlungsgesch. Ungarns in 5-7. Jh., ArchRoz 20, 1968 – Á. SALAMON, Über die ethn. und hist. Beziehungen des Gräberfeldes von Környe (VI. Jh.), AArchHung 21, 1969 – A. Cs. Sós, Zur Problematik der Awarenzeit in der neueren ung. archäolog. Forsch. (BeIKSA. II, 1970) – I. BÓNA, Ein Vierteljh. der Völkerwanderungszeitforsch. in Ungarn (1945-1969), AArchHung 23, 1971 – J. DEKÁN, Herkunft und Ethnizität der gegossenen Bronzeindustrie des VIII. Jh, SlovArch 20, 1972.

Avarenschatz. Beim Sieg Karls d. Gr. über die → Avaren 791 bzw. 795/796 fiel den Franken ungeheure Beute zu. Einigen Quellen zufolge beanspruchte der Transport 15 vierspännige Ochsenwagen; Einhards Karlsvita feiert den neuen Reichtum, der vom Herrscher freigebig an Große, Papst und Kirchen weitergegeben wurde. Bestand und Charakter des A.es sind nur vage zu bestimmen. Neben Kostbarkeiten von der Art des Nomadenschatzes von Nagyszentmiklós dürfte er v.a. gemünztes Gold umfaßt haben: Im 6.-7. Jh erhielten die avar. Khagane vom byz. Ks. jährl. Zahlungen von 80-120.000 Solidi. – Als erhaltene Cimelie aus dem A. wird oft die »Kanne Karls d. Gr.« in St-Maurice d'Agaune angesehen. Kg. Offa v. Mercien erhielt aus dem A. Schwert, Gürtel und Seidengewänder. Im Zusammenhang mit dem A. ist die Einrichtung einer Schatzkammer im Aachener Palast zu sehen.   V. H. Elbern

Q.: Ann. Regni Franc. sub a. 795/796 – Einhard Vita Karoli Magni cap. 13, MGH SRG, ed. G. H. PERTZ; MGH SRG, ed. O. HOLDER-EGGER – Lit.: A. ALFÖLDI, Die Goldkanne von St-Maurice d'Agaune, ZAK X, 1948, 1 ff. – J. DEÉR, Karl d. Gr. und der Untergang des Avarenreiches (BRAUNFELS, KdG, bes. 786ff.). – G. DE FRANCOVICH, La Brocca d'Oro etc. (Arte in Europa, 1966), 133 ff.

Avaugour, Henri d', * ca. 1374, † 13. Okt. 1446 im Kl. Noirlac (Fragment seines Grabsteins im Museum v. Bourges), frz. Prälat und Staatsmann. A., der mutmaßwahrscheinl. Bruder des Guillaume d'A., chambellan des Dauphin und Verwandter von Jean d'A., Bf. v. St-Brienc (1320) und Dol (1328-40) war, studierte an der Univ. Angers und war Kanoniker zunächst an der Kirche v. Le Mans, dann in St-Jean-Baptiste und schließl. St-Maurice d'Angers (1413), seit 1421 Ebf. v. Bourges. Er wurde von Karl VII. zum Konzil v. → Basel gesandt (1433) und war am Abschluß der → Pragmatique Sanction v. Bourges (1438) beteiligt. Er reformierte die Mißstände in seiner Diöz. und bekräftigte, gestützt auf den Kg., den Primat seines Ebm.s über die aquitan. Bm.er. Durch Krankheit geschwächt, zog er sich im Aug. 1446 in die Zisterzienserabtei Noirlac zurück, wo er verstarb.   J.-M. Jenn

Q. [ungedr.]: Arch. dep. Cher, 8 G, 150*, 8 G, 356 – Lit.: DBF IV, 829 – G. DUFRESNE DE BEAUCOURT, Hist. de Charles VII, 1882.

Ave verum corpus → Geistliche Dichtung

Avempace, eigtl. Abū Bakr Muḥammad ibn Yaḥyā mit dem Beinamen Ibn aṣ-Ṣā'iġ ('der Sohn des Juweliers'), bekannter unter dem Namen Ibn Bāǧǧa, woraus sich sein lat. Name 'Avempace' entwickelte; arab. Philosoph, geb. Ende des 11. Jh. in Zaragoza, gest. 1138. 1118 kam er nach Sevilla, später lebte er in Granada und N-Afrika; der erste almoravid. Kalif schätzte ihn sehr.

Unter seinen Werken sind folgende bes. zu nennen: 1. »Risālat al-wadāʿ« ('Der Abschiedsbrief'), lat. unter dem Titel »Epistula Expeditionis« bekannt; 2. »Kitāb ittiṣāl al-ʿaql bil-insān« ('Buch von der Verbindung des Intellekts mit dem Menschen'); 3. als wichtigstes Werk: »Tadbīr al-mutawaḥḥid« ('Die Herrschaft des Einsamen'), in welchem A. als echter Schüler des → Fārābī die Auffassung vertritt, daß der »Weise« versuchen soll, sein Glück in dieser Welt zu finden, indem er sich mit dem aktiven Intellekt (intellectus agens) verbindet. Die Lebensweise des »Einsamen« soll dem Regierungssystem eines idealen Staates entsprechen.   G. C. Anawati

Ed. und Lit.: EI², s. v. Ibn Bādjdja [mit Bibl. bis 1962] – Ibn Bājjah, Opera metaphysica, ed. M. FAKHRY, Beirut 1968 – Ibn Bājjah, Paraphrase of Aristotele's Physics, ed. M. FAKHRY, Beirut 1973 – Tadbīr al-mutawaḥḥid, ed. MAʿN ZIYĀDA, Beirut 1978 – G. ZAINATY, La morale d'Avempace, Paris 1979 – M. CHEMLI, La philosophie morale d'Ibn Bajja à travers le Tadbir al-mutawahhid, 1969 – A. ALTMANN (H. A. WOLFSON Jubilee Volume, 1965), 47-87.

Avenagium (zu avena 'Hafer'), von den Pächtern zum Unterhalt der Pferde des Grundherrn erhobene Abgabe, ursprgl. als Hafer, manchmal jedoch in eine Geldabgabe umgewandelt. Das A. begegnet bes. im NW Frankreichs.   R.-H. Bautier

Avencebrol → Gabirol, Salomo ibn

Avenches (Aventicum), Stadt in der Schweiz (Canton de Vaud), auf einem Bergzug über der Broye vor deren Einmündung in den Murtensee gelegen, in röm. Zeit Vorort der civitas Helvetiorum. Eine rund 5,6 km lange und ca. 6,5 m hohe Stadtmauer mit 73 Türmen umschloß den gallo-röm. Tempel, die Schola, Theater und Amphitheater sowie die Thermenanlage. Bei den Alamanneneinfällen um 260 stark zerstört, wurde A. im Ringmauerbezirk wesentl. kleiner wiederaufgebaut. Grabfunde bezeugen, daß das Christentum in konstantin. Zeit in A. Eingang gefunden hatte. Als Bm. wird A. erst im 6. Jh. bezeugt, doch dürfte die Gründung bereits im 4. Jh. erfolgt sein. Sicher als Bf.e von A. sind bezeugt Salutaris 517, Grammatius 535 sowie → Marius 574-594.

Unter Bf. Marius erlebte A. eine zweite, wenn auch kurze Blütezeit. Unter ihm wurde die Bischofskirche, die auf den Fundamenten des gallo-röm. Tempels errichtet worden war, umgebaut. Mit dem Umbau dürfte auch ein Patroziniumswechsel verbunden gewesen sein, denn St. Symphorianus, dem die Bischofskirche geweiht wurde, wird in → Autun, der Heimat des Marius, verehrt. Wirtschaftl. Grundlage der Bischofskirche bildete die curtis A., eine Schenkung der merow. Kg.e. St. Martin, vermutl. zw. Amphitheater und Theater gelegen, war die erste Pfarrkirche von A. Eine zweite Kirche, St. Thecla, stand außerhalb der röm. Mauer in Donatyre.

Mit der stärkeren Zuwanderung der noch heidn. Alamannen dürfte die Verlegung des Bischofssitzes von A. nach → Lausanne um 580 in Verbindung gebracht werden. Das Bestehen eines Münzateliers zu Beginn des 7. Jh. in A. zeigt aber, daß die Stadt nicht völlig ihre Bedeutung verloren hatte. Im 12. Jh. erfolgte durch den Bf. v. Lausanne ein planmäßiger Neuaufbau von A., dessen Mittelpunkt die neuerrichtete Pfarrkirche St. Magdalena wurde.   K. Stock

Lit.: H. BÜTTNER, Zur frühen Gesch. des Bm.s Octodurum-Sitten und des Bm.s A.-Lausanne, Zs. für Schweizer. Kirchengesch. 53, 1959, 241 ff. (abgedr. in: Ders., Frühma. Christentum und frk. Staat, 1961, 155 ff.) - E. Virieux, Aventicum, 1961 - R. Degen, Zu einem frühchristl. Grab aus Aventicum (Fschr. E. Vogt, 1966), 253 ff. - H. Büttner-I. Müller, Frühes Christentum im schweizer. Alpenraum, 1967, 14 ff., 92 ff. - R. Moosbrugger-Leu, Die Schweiz zur Merowingerzeit. Die archäol. Hinterlassenschaft der Romanen, Burgunder und Alamannen, Bd. B., 1971, 40, 54 ff.

Avendeath → Johannes Hispanus

Aventure (âventiure)
I. Altfranzösisch - II. Mittelhochdeutsch.

I. Altfranzösisch: *aventure (avanture)* wird hergeleitet aus vulgärlat. aventura, dem substantivierten Partizip der Zukunft von advenire, 'was geschehen soll'. Daneben hat offenbar der semant. Bereich von lat. evenire-eventus ('Ende, Ziel, Ereignis, Zufall') auf den Gebrauch des Wortes eingewirkt. In den ältesten Belegen, dem → »Alexiuslied« und den Chansons de geste des 12. Jh., verweist der Begriff in der Bedeutung »Schicksal«, »Geschick«, »Zufall«, »unerwartetes Ereignis« auf das von menschl. Wollen unbeeinflußbare, unbegreifl. Walten einer jenseitigen Macht. In dieser Grundbedeutung lebt der Begriff weiter, auch als die ideale Deutung ritterl. Existenz im Artusroman den a.-Begriff entscheidend umprägt. Hier erscheint, programmat. erstmals in → Chrétiens »Erec« (um 1165), die a. als Strukturelement und damit als Teil eines höheren Sinnzusammenhangs. Sie ist nicht mehr willkürl. Geschick, das dem Helden zustößt, sondern eine von ihm aus eigenem Antrieb gesuchte und durch wunderbare Fügung für ihn allein bestimmte gefahrvolle Bewährungsprobe, in der er durch ethisch motivierte ritterl. Waffentat seine Defizienz überwindet und stufenweise zum Garant einer sinnerfüllten Ordnung aufsteigt. I. Kasten

Lit.: E. Eberwein, Zur Deutung ma. Existenz, 1933 (Kölner Romanist. Arbeiten 7) - R. R. Bezzola, Le sens de l'aventure et de l'amour (Chrétien de Troyes), 1947 - R. Loccatelli, L'avventura nei romanzi di Chrétien de Troyes e nei suoi imitatori (Acme, Annali della Facoltà di Filosofia e Lettere dell'Università Statale di Milano 4, 1951), 3–22 - E. Köhler, Ideal und Wirklichkeit in der höf. Epik, 1957; 1970[2] (Beih. z. ZRPh, 97), 66–88 - G. S. Burgess, Contribution à l'étude du vocabulaire pré-courtois, 1970, 44 ff.

II. Mittelhochdeutsch: *âventiure*, bald nach 1150 aus afrz. *aventure* entlehnt, bezeichnet entsprechend »Zufall«, »Geschick« (»Graf Rudolf«), »zufällige ritterl. Begegnung, Waffentat« (Eilhart von Oberge, »Tristrant«) und in einer durch die Benutzung afrz. literar. Modelle angeregten mhd. Sonderbedeutung »literar. Vorlage« (»Herzog Ernst«). Die Chrétiensche Umprägung wird von → Hartmann v. Aue im »Erec« übernommen, daneben bleiben die älteren Bedeutungen bestehen; Verwendungsbereich ist die weltl. (vornehml. arthurische) Epik. Im »Iwein« v. 527–537 steht als Figurenrede) eine (ironische?) Definition von â.: als Ritterkampf mit dem Beweisziel militär. Überlegenheit. In → Wolframs v. Eschenbach »Parzival« ist der Gebrauch vielfältig aufgefächert: von »Kampf« über »Gefahr«, »Schicksal« bis zu »göttl. Vorsehung«, »Heil«, einerseits und »Neuigkeit«, »Erzählung«, »literar. Quelle« andererseits, wobei der Charakter als Strukturelement im Sinne Chrétiens über die Bedeutung »(eigene) Erzählung« in der Personifikation als »Fruo Aventiure« erscheint (v. 433, 1 ff.). Darin folgen Wolfram → Rudolf v. Ems und Albrecht im »Jüngeren → Titurel«. A. als »Teil einer Erzählung« ist Schreiberterminus u.a. in späteren Hss. des »Nibelungenlieds« und wurde in die Ausgaben übernommen. Spätere Wortformen wie *affenteuer, ebenteuer, abenteuer* sind wohl vom Bestreben einer Anlehnung an dt. Wörter bestimmt. Die Literaturwissenschaft benutzt den Begriff A. in der Prägung Chrétiens und Hartmanns als Symbolelement einer ethischen, soziolog.

(Köhler, Kaiser), strukturalen (u.a. Haug, Ruh) oder psycholog. (Welz, auch Bertau) Interpretation der Artusepik. V. Mertens

Lit.: J. Grimm, Frau Aventiure klopft an Beneckes Thür (Kl. Schriften I, 1879[2]), 83–112 - H. Palander (Suolahti), Der frz. Einfluß auf die dt. Sprache im 12. Jh., Mémoires de la Société néo-philologique de Helsingfors, 3, 1902, 106 - E. Köhler (s. Lit. zu Abschnitt I) - K. Ruh, Höf. Epik des dt. MA, I: Von den Anfängen bis zu Hartmann v. Aue (Grundlagen der Germanistik), 1967, 1977[2] - W. Haug, Die Symbolstruktur des höf. Epos und Ablösung bei Wolfram v. Eschenbach, DVjs 45, 1971, 668–705 - H. Oettli, The concept of 'aventiure' in Hartmann and Wolfram [Diss. Cambridge 1971] - K. Bertau, Dt. Lit. im europ. MA, 2 Bde, 1972/73 - D. Welz, The Spirit of Adventure in Middle High German Romances of the Arthurian Cycle (Hartmann v. Aue and Gottfried v. Straßburg), English Studies in Africa 16, 1973, 77–86 - D. H. Green, The concept aventiure in Parzival (D. H. Green-L. P. Johnson, Approaches to Wolfram v. Eschenbach) (Mikrokosmos 5, 1978), 83–161 - G. Kaiser, Textauslegung und gesellschaftl. Selbstdeutung. Aspekte einer sozialgesch. Interpretation von Hartmanns Artusepen, 1978[2].

Avenzoar (Abū Marwān ʿAbd al-Malik ibn abī l-ʿAlāʾ Zuhr; lat. auch Abhomeron), geb. zw. 1091 und 1094 in Sevilla, gest. 1162 in Sevilla. Arzt, Staatsmann und Universalgelehrter. Ibn Zuhr, Sohn des ebenfalls berühmten und schriftstellerisch tätigen Arztes Abū l-ʿAlā Zuhr ibn ʿAbd al-Malik, war wohl das bedeutendste Mitglied einer Ärztefamilie, die über sechs Generationen hinweg Heilkunde im hispano-arab. Raum ausübte. Er diente zunächst den → Almoraviden-Fürsten, dann den → Almohaden. Unter dem Kalifen ʿAbd al Muʾmīn (1130–63) brachte er es bis zum Wesir. Ibn Rušd (→ Averroës), sein Freund und Bewunderer, hielt ihn für den »größten Arzt seit Galen«. Von Ibn Zuhr sind von manchen nur Titel med. Schriften bekannt, die nur teilweise in arab. Hss. erhalten sind. Von Bedeutung für die abendländ. Medizin war sein Hauptwerk der »Kitāb at-Taisīr fī l-mudāwāt wa-t-tadbīr« (Wegbereitung zur Therapie und Diätetik). Er sollte als spezieller Teil eine Ergänzung zum mehr allgemein gehaltenen »Kulliyāt« seines Freundes Averroes bilden. Der »Teisir« (lat. auch Alteisir, liber theicrisi, theiscir o. ä.) wurde schon bald ins Hebr. übersetzt: Es existieren wenigstens zwei anonyme hebr. Übertragungen, von denen eine bereits vor 1260 in Italien bekannt war. Die lat. Druckausgaben des Werkes (Venedig 1490, 1496, 1497, 1514, 1530, Lyon 1531 (zwei), Venedig 1454?) gehen offenbar nicht direkt auf arab. Texte zurück, sondern beziehen sich auf hebr. Traditionen. H. H. Lauer

Bibliogr.: Brockelmann I, 642; Suppl. I, 890 - DSB XIV, 637 f. - Sarton II, 230–234 - Steinschneider, Übers., 778–852 - Ullmann, 162–163 [Schlüsselbibliogr.] - *Ed.*: Zu den frühen gedruckten Ed. vgl.: L. Choulant, Hb. der Bücherkunde für die ältere Medizin..., 1841, 375 f. - A. C. Klebs, Incunabula Scientifica et Medica, Osiris 4, 1938, 1–359 [Nachdr. Hildesheim 1963], 66 f. - *Lit.*: DSB XIV, 637 f. (s. v. Ibn Zuhr) - EI II, 457b–458b (s. v. Ibn Zuhr) - EI[2] III, 976–979 (s. v. Ibn Zuhr) - Ibn Ḫallikān, Ibn Khallikan's Biographical Dict. Transl. from the Arabic by W. MacGuckin de Slane, 1842–1871, III, 134–138 - Ibn Abī Uṣaibiʿa, ʿUyun al-anbāʾ fī ṭabaqāt al-aṭibbāʾ, Übers. H. Jahier-A. Noureddine, Sources d'information sur les classes des médecins. XIIIe Chapitre: Médecins de l'Occident Musulman, publ., traduit et annoté (Publications de la fac. mixte de médecine et de pharmacie d'Alger IV), 1377/1958, 86–129 - F. Wüstenfeld, Gesch. der Arab. Aerzte und Naturforscher, 1840, 88–92 - L. Leclerc, Hist. de la médecine arabe I, 1867, 82–95 - E. Gurlt, Gesch. der Chirurgie und ihrer Ausübung I, 1898, 659 f. - M. Neuburger, Gesch. der Medizin II, 1911, 185–187, 220 f. - G. Colin, A., sa vie et ses oeuvres, Publications de la fac. des lettres d'Alger, Bull. de Correspondance africaine 44, 1911 - D. Campbell, Arabian Medicine, 1926, I, 90–92 - Sarton II, 230–234 - H. P. J. Rénaud, Trois Études d'hist. de la médecine arabe en occident, 1931 - J. Théodoridès, La Parasitologie et la Zoologie dans l'oeuvre d'Avenzoar, RHSc 8, 1955, 137–145 - M. Meyerhof, Science and Medicine (The Legacy of Islam, ed. Sir Th. Arnold-A. Guillaume),

1960⁸, 339f. – A.Hirsch [ed.], Biograph. Lex. der hervorragenden Ärzte aller Zeiten und Völker I³, 1962, 177f., 255 – A.Mieli, La science arabe et son rôle dans l'évolution scientifique mondiale, 1966², 188–215.

Averbode, Prämonstratenserabtei in Brabant, gegr. gegen 1135 von Arnulf II., Gf. v. Loon. Trotz der sehr reichen Archive (zahlreiche Urkunden; Zinsbücher und Rechnungen seit dem Ende des 14.Jh.) ist wenig über die ma. Gesch. des Kl. bekannt in Ermangelung ernstzunehmender Arbeiten über seine Gründung (der Fälschung verdächtige Urkunden), seine Wirtschaftspolitik (Pachthöfe, Viehzucht und Rodungen), seinen polit. Status (Vogtwesen; die Grenze zw. Brabant und Lüttich durchschnitt das Kloster selbst) und sein Pfarrwesen (A. erwarb im 13. und 14.Jh. nahezu 40 ländl. Pfarrkirchen, in denen Kanoniker die cura animarum ausübten oder überwachten). G.Despy

Lit.: P.Lefèvre, AnalPraem 43, 1967, 330–339; 47, 1971, 262–272; 52, 1976, 38–43 – J.Baerten, Het graafschap Loon, 1969 – M.Koyen (Monasticon belge IV, 1969⁹), 621–655.

Averroes, Averroismus
I. Averroes. Leben, Werke und Lehre – II. Lateinischer Averroismus – III. Averroismus im Judentum – IV. Medizin.

I. Averroes. Leben, Werke und Lehre: Averroes, Abū l-Walīd Muḥammad Ibn Rušd (der Name wurde über das Hebr. und Lat. im Westen zu Averroes), arab. Philosoph, geb. 1126 in Córdoba, gest. 1192 ebd.

[1] *Leben*: A. stammte aus einer bedeutenden Juristenfamilie. Seit seiner Jugend erwarb er umfassende Kenntnisse in den islam. Wissenschaften seiner Zeit; er studierte islam. Theologie und Rechtswissenschaft *(fiqh)* von Grund auf und hatte darüber hinaus lit.-poet., math., med. und bes. philosoph. Interessen.

Der Philosoph Ibn Ṭufail (→ Abubacer) führte ihn am Hof des almohad. Herrschers Abū Ya'qūb Yūsuf ein, der ihn beauftragte, das gesamte Werk des Aristoteles zu kommentieren, um damit dem Leser den Zugang zum Verständnis zu ermöglichen. Yūsuf ernannte A. 1196 zum Richter in Sevilla. 1171 kehrte er nach Córdoba zurück. 1182 trat er als Leibarzt des Herrschers an die Stelle von Ibn Ṭufail. Er wurde zum Vertrauten von Yūsufs Sohn, fiel jedoch infolge einer Hofintrige, welche die reaktionäre Partei gegen die Philosophen ins Werk gesetzt hatte, in Ungnade. Seine Bücher wurden verbrannt und A. selbst nach Lucena verbannt. Er kam jedoch bald wieder zu Ansehen und starb in Córdoba.

[2] *Werke*: A. hinterließ als unermüdlicher Arbeiter ein gewaltiges Werk. Seine Schriften lassen sich in zwei große Gruppen einteilen: 1. Die Kommentare zu Aristoteles und Platon; 2. Die originalen Werke.

Bes. die *Aristoteles-Kommentare* nahmen den größten Teil seines Gelehrtenlebens in Anspruch. Diese Kommentare sind folgendermaßen zu gliedern:

a) Der kleine Kommentar, im lat. Westen »Epitome« oder »Summa« gen., in dem A. von Anfang bis Ende selbst spricht und die Lehre des Aristoteles zusammenfaßt;

b) Der mittlere Kommentar, gen. »talḫīṣ«, der sich Abschnitt für Abschnitt an den Text anschließt und nur die ersten Worte des kommentierten Textes bringt;

c) Der große Kommentar, gen. »tafsīr«, in welchem jeder Abschnitt des Textes in seiner Gesamtheit wiedergegeben und vollständig erklärt wird.

Diese Schriften wurden zum größten Teil übersetzt, sehr früh ins Hebr., später ins Lat., und fanden in der westl. Welt eine große Leserschaft. Doch ging die Hälfte dieser Kommentare in ihrer arab. Originalfassung verloren. Von 38 Kommentaren des A. zu Aristoteles sind nur 28 im arab. Originaltext erhalten, von den 28 sind neun lediglich in hebr. Schrift überliefert, während 36 in hebr. Übers. erhalten blieben. Von Platons Werken kommentierte A. den »Staat« (zu seinen med. Schriften vgl. Abschnitt IV.).

A.' *originale Werke* umfassen u. a.: 1. »Tahāfut at-tahāfut« ('Die Inkohärenz der Inkohärenz'), in dem er Punkt für Punkt die Argumente, die al-Ġazzālī in seinem Buch »Die Inkohärenz der Philosophen« gegen die Philosophie ins Feld geführt hatte, zurückweist. 2. »Kašf manehiğ al-adilla« (Darlegung der die religiösen Dogmen betreffenden Methoden). 3. »Faṣl al-maqāl« (Endgültiger Traktat über die Harmonie von Religion und Philosophie).

[3] *Lehre*: Als überzeugter Philosoph von sehr ausgeprägt intellektueller, ja rationalist. Haltung, betrachtete A. Aristoteles als Inkarnation der Vernunft; von dieser Voraussetzung gehen seine Thesen im wesentl. aus. A. ist sicher der aristotelischste der arab. Philosophen des MA. Er betrachtet das Universale und die Kausalität als Fundament der sicheren philosoph. und naturwissenschaftl. Erkenntnis. Gott übt eine transzendierende Kausalität aus. Er ist der erste Beweger, er erschafft unmittelbar die Vielfalt der Wesen und nicht – wie nach der avicennischen Vorstellung – durch dazwischentretende selbständige Intelligenzen. Doch kennt Gott nur das Universale, eine Auffassung, die den ausdrückl. Feststellungen des Koran widerspricht. Desgleichen hat Gott die Welt ewig geschaffen, schon die erste Materie selbst war ewig. Seine Interpretation des Koran-Textes beruht auf der Unterscheidung der drei Kategorien des Geistes: demonstrativ, d. h. nur apodikt. Argument zugänglich; dialektisch: der Geist der Theologen; schließl. rhetorisch: der Geist des Volkes.

Bes. seine Theorie des Intellektes hat tiefste Wirkungen ausgeübt, v. a. im Westen, wo seine Schüler das, was man den lat. Averroismus genannt hat, prägten. Nicht nur der aktive Intellekt ist getrennt und einzig, sondern auch der passive Intellekt hat keinen persönl. Charakter: Er ist eine ausschließl. körperliche Tätigkeit, intelligible Formen aufzunehmen; er vergeht mit dem Körper. Vgl. auch → Aristoteles. G.C.Anawati

Lit.: EI², s. v. Ibn Rushd – EFil, 1957, s. v. Averroes, averroismo – Die Epitome der Parva naturalia des A., hg. H.Gätje, I, 1961 – Averroes' Three Short Commentaries on Aristotle's »Topics« (»Rhetoric« and »Poetics«, ed. und übers. C.E.Butterworth, 1977).

II. Lateinischer Averroismus: Die Wirkungsgesch. des A. in der ma. Philosophie des 13.–15. 16.Jh. wird unter dem umstrittenen Stichwort des lat. Averroismus beschrieben. In Verkennung der vielfältigen philosoph. Strömungen im 13.Jh. (→ Aristoteles) identifizierte E.Renan den lat. Averroismus mit den diversen heterodoxen Lehrmeinungen, die in der 2. Hälfte des 13.Jh. an der Univ. Paris aufkamen und verurteilt wurden; er sah in → Siger v. Brabant den Hauptvertreter des lat. Averroismus im 13.Jh. Für P.Mandonnet ist der Averroismus einfach der heterodoxe Aristotelismus mit seinen bekannten Thesen von der Einzigkeit des Intellekts, der Weltewigkeit und der strengen Determination des Weltgeschehens (»Nezessitarismus«). F. Van Steenberghen unterscheidet diesen heterodoxen Aristotelismus vom Averroismus, der sich die philos. Lehren des A. in ihrer Gesamtheit zu eigen machte und erst im 14.Jh. anzutreffen ist. Diese Definition des »totalen Averroismus« ist zu eng und wird der epochalen Wirkungsgeschichte des A. im MA nicht voll gerecht.

[1] Seit etwa 1230 wurde durch die Übersetzertätigkeit des → Michael Scotus († 1235) neben dem aristotel. Schrifttum auch das große Kommentarwerk des A. (s. Abschnitt I) in der lat. Geisteswelt bekannt. Die ersten

Zitate daraus begegnen bei →Wilhelm v. Auvergne und →Philipp dem Kanzler. Seit c. 1240 gilt A. bei den Lateinern schlechthin als der »Commentator« des »Philosophus« (= Aristoteles). Vor 1250 begegnen ihm die lat. Gelehrten ohne Mißtrauen. So vergewisserte sich →Albertus Magnus in seinem 1254-57 geschriebenen Kommentar zur aristotel. Schrift »De anima« immer wieder der Lehrübereinstimmung mit A. und stellt (lib. III tr. 3 c. 11, ed. Colon. VII. 1 221) fest: »nos autem in paucis dissentimus ab Averroe« ('Nur in wenigem weichen wir von A. ab'!). Zw. 1260 und 1270 bahnt sich ein Wandel, ja ein Bruch an, und zwar in der Auseinandersetzung um das Verständnis des A. über die Einheit und Einzigkeit des intellectus materialis (possibilis). Albertus korrigierte diese These und wies sie in seinem (um 1267 geschriebenen) Traktat »De unitate untellectus (contra Averroem)« zurück. Die beiden Mendikantentheologen →Johannes Peckham und →Robert Kilwardby polemisierten gegen den Irrlehrer A. und spitzten das Problem (unkritisch!) monopsychistisch zu. Thomas v. Aquin deckte 1270 in seiner Schrift »De unitate intellectus contra Averroistas« das eigtl. und tiefgreifende Problem auf. Wenn die Aussage 'hic homo intelligit' (der konkrete Mensch erkennt) nicht bis in die letzten metaphys. Konsequenzen gilt, dann stehen Grundwahrheiten der Psychologie und der Moralphilosophie in Frage. Die anima-Lehre ist ein Prüfstein der Philosophie. Diese Konsequenzen der averroist. Unterscheidungslehren wurde nicht mit einem spruchreif. 1270 und 1277 wurden durch den Pariser Bf. (und ehemaligen Magister) Stephan →Tempier auch (aber nicht nur) die averroist. Lehren verurteilt, darunter die Theorien von der Ewigkeit der Welt, der Einzigkeit des Intellekts und der universalen Determination des Weltgeschehens. Aegidius Romanus stellte sie mit den Irrlehren der anderen heidn. Philosophen zusammen dar: »De erroribus philosophorum« (1270). Neben zwei anderen Magistern der Artistenfakultät wurde auch →Siger v. Brabant 1276 vom Lehramt entfernt. Er hatte bis 1270 die averroistisch-aristotel. Unterscheidungslehren sehr ungeschützt vorgetragen; nach 1270 modifizierte er allerdings seine Position. Glaube und Wissen traten in eine unverhohlene Spannung. Die Lehre von der »doppelten Wahrheit«, die im Prolog zum Verurteilungsdekret von 1277 als theol. Konsequenz (!) den Pariser Artisten zum Vorwurf gemacht wurde, hängt mit deren Methode zusammen, ohne Acht auf die Vereinbarkeit von Glaubenserkenntnis und philos. Beweiswissen Thesen mit der Autorität des Aristoteles und A. zu begründen, die im offenkundigen Widerspruch zur chr. Wahrheit standen. Die Verurteilungen von Lehren und die Maßregelung von Lehrenden konnten nur bewirken, daß in der Artistenfakultät die Texte und Themen der aristotelisch-averroist. Schriften intensiver und sorgfältiger gelesen, die Fragen der Psychologie und Ethik differenzierter untersucht und die Unterscheidungslehren modifizierter vorgestellt wurden. Ferrandus Hispanus, Aegidius v. Orléans und andere anonyme Philosophen der Artistenfakultät in Paris verteidigten die Aristotelesauslegung des A. und begründeten sie von den Texten her (gegen den harmonisierenden Aristotelismus des Thomas v. Aquin). →Raimundus Lullus, der A. nicht von den Quellen her kannte, schrieb 1310 eine Widerlegung seiner Irrlehren (»Liber reprobationis aliquorum errorum Averrois«, ed. B.CHMIELOWSKA, Med. Phil. Polon. 18, 1973, 3-34.), in denen er ein System erkannte, das auf den beiden Grundideen der universalen Determination und des umfassenden, naturalen Wissens des Menschen gründete.

Weiterhin waren auch die Averroisten an der Pariser Universität in der 1. Hälfte des 14.Jh. bemüht, zu zeigen, daß die averroist. Auslegung der aristotel. Philosophie die authentische sei; ein sachl. Widerspruch zu den chr. Wahrheiten wurde jedenfalls von ihnen nicht beabsichtigt. Er wurde teils zu harmonisieren versucht, teils blieb er offen und ungeschützt stehen. Jenen Weg der harmonisierenden Auslegung des A. vertraten Johannes v. Göttingen († 1340) und Antonius v. Parma (c. 1310-23), diesen Weg der radikalen averroist. Interpretation wählten →Marsilius v. Padua († 1342) und →Johannes von Jandun († 1328). Die angesehenen engl. Magister der Theologie in Paris →Thomas Wilton (1312-22) und →Walter Burleigh († nach 1343) ließen in philos. Hinsicht die radikalen Thesen des A. gelten und trennten so die beiden Ordnungen der philos. Beweisführung und der chr. Glaubenswahrheit. Die Interpretation und Diskussion der averroist. Metaphysik (und Psychologie) des Intellekts und der Erkenntnis durch die Pariser Averroisten machten beträchtl. Fortschritte, indem sie zu klären versuchten, daß und wie der eine Intellekt inneres Wirkprinzip der Erkenntnis, Formkraft des komplexen (Erkenntnis-)Aktes und Konstitutiv des Subjektes sein kann.

[2] Der Averroismus in Italien führte die Tradition der Pariser Averroisten selbständig fort. In der Schule von *Bologna* lehrten: Gentilis de Cingulo und dessen Schüler Angelus de Aretio (c. 1325), Thaddaeus Pauli de Ramponibus de Parma (c. 1321), Matthaeus Maei de Eugubio (c. 1327), Cambiolus Bononiensis (c. 1333), Urbanus de Bononia O.Serv. (c. 1334), Anselmus Guittus de Cunis (c. 1335), →Jacobus de Placentia (1341) u.a. In *Padua* unterrichteten: →Petrus de Abano (c. 1305), Blasius Pelacanus de Parma (1388), Paulus Nicolettus Venetus O.E.S.A. (1408), (dessen Schüler und Nachfolger) Caietanus de Thienis (1417), Nicolettus Vernias Theatinus (1458) und Petrus Pomponatius (1488), dessen averroist. Lehren kirchlicherseits auf dem 5. Laterankonzil 1513 verurteilt wurden. An den genannten it. Schulen wurden die vielfältigen Lehren des A. in der Psychologie des Intellekts, der Naturphilosophie (Unendlichkeitsproblem), der Moralphilosophie, der Rechts- und Staatsphilosophie diskutiert, und zwar in der Überzeugung, daß die Aristoteles-Interpretation des A. zutreffend und sachlich richtig sei. Zu den Schriften der o.gen. Averroisten vgl. das Repertorium Aristotelicum von CH.LOHR, Traditio 23, 1967, 313-423; 24, 1968, 149-245; 26, 1970, 135-216; 27, 1971, 251-351; 28, 1972, 281-396; 29, 1973, 93-197. Zu den Themen vgl.: L'Averroismo in Italia. Convegno internaz. (Roma, 18.-20. April 1977), 1979.

[3] Außer diesen berühmten Schulen der Averroisten weist die Universitätsgesch. anderwärts Namen von Anhängern des A. aus, z.B. Magister →Theoderich v. Erfurt.
L. Hödl

Lit.: *zu [1]*: zu den lat. Übersetzungen der Schriften des A. vgl. Corpus Commentariorum Averrois in Aristotelem (hg. von der Mediaeval Academy of America), 1931ff. [dazu R.HOFFMANN, Bull. Phil. Med. (S.I.E.P.M) 20, 1978, 58-64] – G.DARMS, A. In Aristotelis librum II (a) Metaphysicorum commentarius, 1966 (Thomist. Stud. 11) – B.BÜRKE, Das 9. Buch des lat. großen Metaphysik-Komm. von A., 1969 – R.PONZALLI, Averrois in librum V metaphysicorum Aristotelis commentarius, 1971 – *zu [2]*: zur Gesch. des lat. Averroismus: E.RENAN, A. et l'averroisme. Essai hist., 1882[4] – P.MANDONNET, Siger de Brabant et l'averroisme latin au XIIIe s. Étude critique et documents inéd., 1899 [Neudr. 1976] – DHGE V, 1032-1092 – ECatt I, 524-530 – A.FOREST, F.VAN STEENBERGHEN, M. DE GANDILLAC, Le mouvement doctrinal du 11e au 14e s. (Hist. de l'Eglise 13), 1956, 283-348; 438-448 – N.NARDI, Saggi sull'Aristotelismo padovano dal secolo XIV-XVI, 1958 – J.H.RANDALL (jr.), The School of Padua and the Emergence of

Modern science, 1961 – F. VAN STEENBERGHEN, La philosophie au XIIIe s. (Philosophes médiévaux IX), 1966, übers. v. R. WAGNER (hg. v. M. A. ROESLE, Die Philosophie im 13. Jh., 1977) – Z. KUKSEWICZ, De Siger de Brabant à Jacques de Plaisance. La théorie de l'intellect chez les Averroistes latins des XIIIe et XIVe s., 1968 – A. POPPI, Introduzione all'Aristotelismo padovano, 1970 – HWP I, 734f. – L'Averroismo in Italia. Convegno internazionale (Roma, 18–20 aprile 1977), 1979 (Atti dei convegni lincei 40). – *zu [3]*: zu den einzelnen Autoren u. Stichworte, ferner: S. MACCLINTOCK, Heresy and epithet: an approach to the problem of Latin Averroisme, The Review of Metaphysics 8, 1954–55, 176–199; 342–356; 526–545 – L. HÖDL, Über die averroist. Wende der lat. Philosophie des MA im 13. Jh., RTh 39, 1972, 171–204.

III. AVERROISMUS IM JUDENTUM: Die Averroes-Rezeption setzte im Judentum (vorweg Spaniens und Südfrankreichs) etwa gleichzeitig mit der Verbreitung der philos. Schriften des → Maimonides ein, der einen Teil seiner Werke noch zu Gesicht bekommen u. in seinem Brief an seinen Übersetzer Samuel ibn Tibbon zur Lektüre empfohlen hatte. Angesichts des aufkommenden myst. Traditionalismus (→ Kabbala) innerhalb der jüd. Orthodoxie gewann bes. in den gehobenen Schichten der im Vergleich zum älteren Avicennismus, auch zur Position des Maimonides konsequentere aristotel. (→ Aristoteles) Rationalismus oder Intellektualismus des A. rasch an Gewicht. Die Rezeption war umfassend. Fast alle wichtigen Werke des A. wurden ins Hebr. übersetzt; sie fanden im Judentum mehr Interesse als im → Islam. Die hebr. Übersetzungen sind überlieferungsgeschichtl. von größter Bedeutung, da die Schriften des A. großenteils im arab. Original nicht erhalten sind.

Die Hauptrepräsentanten des ma. jüd. Averroismus sind Isaak Albalag (Ende 13. Jh.), Mose Narboni (Anfang 14. Jh.), Levi ben Gerson oder → Gersonides und Elija Delmedigo (um 1460–1497). Der Versuch der Neubestimmung des Verhältnisses von Philosophie und Offenbarung – von dessen Problematik nunmehr ein bis dahin nicht gekanntes Bewußtsein vorhanden ist – führt bei Isaak Albalag in die Nähe dessen, was in der lat. Scholastik polemisch als die Lehre von der »doppelten Wahrheit« bezeichnet wird: daß sich (scheinbar) widersprechende philos. Sätze und Offenbarungslehren nebeneinander festgehalten werden können und müssen (VAJDA, Isaak Albalag, 264). Mose Narboni, Gersonides und Elija Delmedigo, der für → Pico della Mirandola averroist. Schriften aus dem Hebr. ins Lat. übersetzt hat, vertreten einen eher gemäßigten Averroismus. In der vulgarisierten Form einer mehr prakt. als theoret. ausgerichteten Religionsauffassung, die das Bes. jüd.-traditioneller Religiosität zugunsten des mit anderen Religionen (insbes. Christentum und Islam) Gemeinsamen zurückstellte, ist der »Averroismus« im span. Judentum bis zum 15. Jh. eine Bewegung von erhebl. Brisanz geblieben. Gegen diesen averroist. »Zeitgeist«, für den Sinn und Ziel der (positiven) Gesetze der jüd. Tradition nichts als intellektuelle Erkenntnis war (BAER, II 138), scheint auch die Aristoteleskritik des Ḥasday → Crescas gerichtet gewesen zu sein.

Nach der Vertreibung der Juden aus Spanien im Jahre 1492 gewannen verständlicherweise irrationalist.-myst. Tendenzen partikularist. Prägung die Oberhand, so daß der Averroismus keine nennenswerte Rolle mehr spielte. H. Greive

Lit.: EJud III, 1929, 766–775 – G. VAJDA, A propos de l'averroisme juif, Sefarad 12, 1952, 3–21 – DERS., Isaak Albalag, 1960 – CH. TOUATI, Vérité philosophique et vérité prophétique chez Isaak Albalag, REJ 121, 1962, 35–47 – Y. BAER, A History of the Jews in Christian Spain II, 1971, 253–259.

IV. MEDIZIN: Die philos. Bedeutung des A. für das Abendland war sicher größer als seine med. Immerhin wurde sein zw. 1153 und 1169 entstandenes heilkundl. Hauptwerk »Kitāb al-kullīyāt« unter dem Titel »Colliget« schon 1255 in Padua durch den Juden → Bonacossa ins Latein. übersetzt (→ Arabismus) und 1482 in Venedig gedruckt. Das Werk, in sieben Teile gegliedert, stützt sich zwar weitgehend auf → Galen, greift diesen aber auch sehr kritisch an, wenn es gilt, Aristoteles zu verteidigen. Ursprgl. wollte A. diese Schrift zusammen mit dem »Taisīr« seines Freundes → Avenzoar zu einem großen med. Lehrbuch vereinigen und damit eine Alternative zum »Qānūn« des → Avicenna bieten. Die lat. Drucke bringen demnach beide Werke meist gemeinsam. Es sind auch zwei hebr. Fassungen bekannt, von denen eine dem Salomo b. Abraham b. David (Dāwūd) zugeschrieben wird. Bekannt im Westen wurde auch sein krit. Kommentar zur »Urǧūza« des → Avicenna: »Šarḥ urǧūzat Ibn Sīnā fī ṭ-ṭibb« (hebr. Fassungen durch Mose b. Tibbon 1260, Salomo b. Aiyūb b. Joseph v. Granada, lat. durch → Armengandus Blasii Monspeliensis 1280 oder 1284, gedruckt 1484 in Venedig). Eine weitere, revidierte lat. Übersetzung wurde durch Andrea Alpago v. Belluno erstellt, der auch eine dritte ausl. Schrift des A., die »Maqāla fī t-tiryāq« (Abhandlung über den Theriak) neu herausgab, einen Text, der schon von → Arnald v. Villanova zitiert wird. H. H. Lauer

Lit.: DSB XII, 1975, 1–9 [Schlüsselbibliogr.] – STEINSCHNEIDER, Übers., 671–677 – SARTON II, 1, 355–361 [Schlüsselbibliogr. bis 1931] – BROKKELMANN I, 604–606; Suppl. I, 833–836 – ULLMANN, Medizin, 166–167; 338 [Schlüsselbibliogr.].

Aversa, Stadt in S-Italien (Prov. Caserta). An der Stelle des 1022 bezeugten Casale ad s. Paulum ad Averze in der Nähe des zerstörten antiken Atella gründete der seit 1017 in Unteritalien auftretende Normanne → Rainulf Drengot auf Grund einer Verleihung des Hzg.s Sergius IV. v. Neapel 1030 das befestigte Kastell Aversa als Sitz einer Neapel gegen das Fsm. Capua abschirmenden Gft., die sich über die fruchtbare Ebene der Liburia erstreckte. Dank des Zuzugs weiterer Normannen aus N-Frankreich gelang es Rainulf († 1045) und seinen Nachfolgern, A. zu einem planmäßig angelegten, ummauerten städt. Siedlungszentrum auszubauen, das auch Bewohner der Liburia aufnahm und sich zum Sitz eines ansehnl. niederen norm. Baronats entwickelte. Rainulf löste die Gft. vom Hzm. Neapel, indem er sich 1033/34 mit Fs. Pandulf IV. v. Capua, dann mit Fs. Waimar V. v. Salerno († 1052) verband, der ihm 1038 die Belehnung durch Ks. Konrad II. vermittelte und auch seine Nachfolger einsetzte. Die erneute Belehnung des Gf.en Rainulf II. Trincanotte (1046–48) durch Ks. Heinrich II. im Febr. 1047 wahrte noch Rechte der Fs.en v. Salerno. Gf. → Richard I. Quarrel (1050–78) eroberte 1058 das Fsm. → Capua und gewann damit dessen polit. Legitimation und Tradition. Obwohl A. damit seinen Rang als Herrschaftsmittelpunkt an Capua verlor, blieb die um 1053 durch Papst Leo IX. zum Bistumssitz erhobene Stadt der Hauptort norm. Siedlung in der → Terra di Lavoro. Die von den norm. Fs.en v. Capua angestrebte und von Calixt II. sanktionierte Exemtion des Bm.s A., das 1207 einen Teil der Diöz. Cuma aufnahm, wurde von den Päpsten am Ende des 12. Jh. zugunsten des Ebf.s v. Neapel aufgegeben. Das von Gf. Richard I. gegr. Kl. S. Lorenzo in A. nahm mit seinen zahlreichen, nach dem Vorbild von Cluny zusammengeschlossenen Obödienzen in Apulien und in der Basilicata einen großen Anteil an der kirchl. Reform Unteritaliens. Geistiger Mittelpunkt war im 11. und 12. Jh. die Schule der Domkirche S. Paolo, deren Ansehen → Alfanus v. Salerno († 1085) zum Vergleich mit Athen beflügelte.

Wegen des Widerstandes gegen die norm. Reichsgründung ließ Kg. Roger II. 1135 die Mauern von A. schleifen und Teile der Stadt zerstören, ordnete aber selbst den raschen Wiederaufbau an, bei dem das herrschaftl. Kastell an den Rand der Stadt verlegt wurde. Seit dem Ende des Fsm.s Capua (1156) war A. kgl. Stadt. Im 14. und 15. Jh. residierten die Kg.e v. Neapel wiederholt in A., wo 1345 → Andreas v. Ungarn, der erste Gemahl der Kgn. Johanna I. (1343–82), ermordet wurde. Unter Einbeziehung der Casali des städt. Territoriums besaß die Stadt A., die als Nahmarkt der Liburia eine wirtschaftl. Funktion bewahrte, 1268/69 670, 1532 3644 Feuerstellen. N. Kamp

Q. und Lit.: A. GALLO, Codice diplom. normanno di A., 1926 – M. INGUAÑEZ, Diplomi inediti dei principi normanni di Capua, conti di Aversa, 1926 (Misc. Cassinese III) – IP 8, 1935, 278–294 – A. GALLO, A. normanna, 1938 – P. DELOGU, L'evoluzione politica dei Normanni d'Italia fra poteri locali e potestà universali (Atti del congresso internaz. di studi sulla Sicilia normanna, 4–8 dicembre 1972), 1973, 58–60, 65 – 77 – L. BUISSON, Formen norm. Staatsbildung (VuF 5, 1960), 156 – 161 – N. KAMP, Kirche und Monarchie im stauf. Kgr. Sizilien I, 1, 1973, 338–358 (MMS 10/I, 1).

Avesnes, Haus, nach der Stadt Avesnes (heute Frankreich, Dép. Nord) benanntes Adelsgeschlecht. Von *pairs* des Hennegau stieg das Geschlecht durch die Heirat Burchards v. A. mit → Margarete, der Schwester der flandr. Gfn. Johanna, 1212, zu territorialfürstl. Stellung auf. Die Ehe wurde 1215 durch Papst Innozenz III. für ungültig erklärt. Margarete verheiratete sich 1223 in zweiter Ehe mit Wilhelm v. → Dampierre. Beiden Ehen entstammte eine Anzahl Kinder, was nach Johannas Tod (1244) und der Nachfolge Margaretes in → Flandern und → Hennegau zu einem jahrelangen Erbstreit zw. Wilhelm v. Dampierre und dem Sohn Burchards, → Johann v. Avesnes (Jean d'A.), führte. Ludwig IX., Kg. v. Frankreich, als Schiedsrichter angerufen, sprach Flandern dem Haus v. → Dampierre und Hennegau dem Haus A. zu (Juli 1246). Die A. fanden sich mit dieser Regelung jedoch nicht ab und beanspruchten auch Reichsflandern und das Waasland (zw. Gent und Antwerpen). Das »Dit de Péronne« (Sept. 1256) bestätigte jedoch den Vergleich von 1246. Inzwischen verlegten sich die A. auf → Holland-Seeland. Johann v. A. heiratete 1246 Aleid (Alix), die Schwester → Wilhelms II., des Gf. en v. Holland und dt. Königs. Daraus ergab sich 1299 (nach dem Tode Johanns I. v. Holland) eine Personalunion Hennegaus mit Holland, Seeland und W-Friesland. Das Haus A. regierte dort bis 1354, als die Herrschaft über Wilhelm V. (2. Sohn der Margarete v. A. und Ks. Ludwigs des Bayern) auf die → Wittelsbacher überging.
W. Prevenier

Lit.: C. DUVIVIER, La querelle des d'Avesnes et des Dampierre jusqu'à la mort de Jean d'Avesnes (1257), 2 Bde, 1894 – H. VAN WERVEKE, Avesnes en Dampierre (Alg. Geschied. der Nederlanden II, 1950), 306f.

Avesnes, Burchard v. → Burchard v. Avesnes
Avesnes, Jean d' → Johann v. Avesnes
Aveu et dénombrement, Lehnsbrief mit Aufzählung, heißt die notarielle Urkunde, in der im MA ein Vasall, v.a. in Frankreich, anerkennt, daß er dem Lehnsherrn Mannschaft (homagium, hommage, → Kommendation) und Treueid (fides, foi, → Treue) geleistet hat, und die Lehen einzeln aufzählt, die er empfangen hat. Das Rechtsinstitut hat seinen Ursprung in dem seit Anfang des 12. Jh. in Frankreich und England verbreiteten Brauch, nach Leistung des Treueides Rechte und Pflichten des Lehnsherrn und des Vasallen schriftl. festzustellen. Seit dem 13. Jh. legt man in diesen Ländern dem Vasallen die Verpflichtung auf, innerhalb von 40 Tagen nach Leistung des Treueides den Lehnsbrief auszustellen; der Lehnsherr kann das Lehen einstweilen in Besitz nehmen und die Nutzungen zurückbehalten. Er kann den Lehnsbrief rügen; damit wird der Vasall verpflichtet, binnen 40 Tagen eine berichtigte Aufzählung vorzulegen. Die Urkunde ist für den Vasallen verbindlich – solange er minderjährig ist, kann er den Lehnsbrief nicht ausstellen –, aber sie ist deklaratorisch, denn die darin aufgeführten Verpflichtungen entstehen einzig durch die Eidesleistung. O. Guillot

Lit.: F. OLIVIER MARTIN, Hist. de la coutume de la prévôté et vicomté de Paris, 1922 – F.L. GANSHOF, Qu'est-ce que la féodalité?, 1968⁴ [dt. Übers. auf Grund der 3. Aufl. 1957: Was ist das Lehnswesen? 1977⁵].

Aveugles, les trois de Compiègne, eines der berühmtesten und schönsten *fabliaux* des 13. Jh., die Geschichte von den Streichen, die ein Kleriker zuerst drei Blinden, die miteinander betteln, dann einem Wirt spielt. Den Blinden bietet er mit lauter Stimme eine Goldmünze an: Jeder von den dreien glaubt, daß einer seiner Kameraden das reiche Almosen aufgehoben habe. Sie feiern es in einem Wirtshaus. Beim Zahlen wird der Betrug entdeckt: eine der bemerkenswertesten Stellen des Werkes wegen der suggestiven Kraft der Beschreibung des Gemütszustandes der drei Blinden, die voll Zorn und Angst sind und sich jeder von seinen Kameraden betrogen fühlen. Die Wut des Wirtes wird von dem Kleriker besänftigt, der ihn glauben läßt, der Priester werde nach der Messe alles zahlen. Der Wirt schenkt ihm Glauben. Der Kleriker begibt sich jedoch zum Priester und warnt ihn, daß ein Besessener nach der Messe von ihm Geld verlangen werde. Als der Wirt nun kommt, läßt ihn der Priester streng fesseln und sorgt dafür, ihm die bösen Geister auszutreiben, statt ihm sein Geld zu geben. Der Verfasser dieses fabliau nennt sich selbst am Anfang des Werkes: Courtebarbe, sicherlich ein fahrender Sänger, wie man aus dem Namen entnehmen kann. Ihm wurde vor kurzem aufgrund stilist. Kriterien die Autorschaft eines weiteren fabliau zugeschrieben: »Le chevalier à la robe vermeille«. → Fabliaux. G. Busetto

Ed.: G. GOUGENHEIM, L. t. a. de C., fabliau du XIII siècle, 1932 (CFMA 72) – Lit.: P. TOLDO, Rileggendo le »Mille e una notte« (Misc. A. GRAF, 1903, 491–505) – H. RAUHE, Über das Fabel Des T. A. de C. und verwandte Erzählungen [Diss. Königsberg 1914] – L. LINDGREN, Courtebarbe, auteur du T. a. de C., est-il aussi l'auteur du fabliau du Chevalier à la robe vermeille? (Mél. T. NURMELA, 1967), 91–102.

Avianus, Fabeldichter des 4./5. Jh., verfaßte eine Slg. von 42 Fabeln überwiegend nach Babrios (um 100 n. Chr.) in eleg. Distichen und widmete sie einem Theodosius, der wohl mit → Macrobius ident. ist. Auch Stil und Klauseltechnik weisen in diese Zeit. Das ursprgl. Ziel der Fabel, Satire, Polemik und Sozialkritik (Phaedrus), tritt zurück hinter der Absicht, einen beliebten Stoff in ansprechender Form darzubieten. Damit stellt sich A. in die Reihe spätantiker Bearbeiter gr. Texte wie → Avienus, → Flavianus, → Nicomachus. Im ganzen MA als Schulbuch geschätzt, wurde die Slg. des A. wiederholt bearbeitet (poeta Astensis, → novus A., → Alexander Neckam, Apologi Aviani, Antiavianus). So nimmt A. eine wichtige Mittelstellung zw. antiker und ma. Fabelliteratur ein. J. Gruber

Ed.: W. FROEHNER, 1862 – E. BAEHRENS, Poetae Latini minores V, 1883, 31–70 – R. ELLIS, 1887 [Neudr. 1966] – J.W. DUFF–A.M. DUFF, Minor Latin Poets, 1954³, 669–749 (mit engl. Übers.) – A. GUAGLIONE, 1958 – Übers.: O. RABENLECHNER, 1883 – L. MADER, BAW 1951, 321–332 [Auswahl] – H.C. SCHNUR, Fabeln der Antike, 1978, 322–341 [Auswahl] – Lit.: KL. PAULY I, 787 – L. HERVIEUX, Les fabulistes latins III, 1894 [Neudr. 1970] – MANITIUS III, 773–776 – J. KÜPPERS, Die Fabeln A.s, 1977.

Avicenna
I. Leben und Werk – II. Philosophie – III. Medizinische Bedeutung – IV. Musiktheoretisches Schrifttum.

I. LEBEN UND WERK: A. (span.-lat. für Abū ʿAlī al-Ḥusain ibn ʿAbdallāh Ibn Sīnā), geb. 973/980 in Afšāna bei Buḫārā, gest. 1037 in Hamadān, universaler Gelehrter, einflußreichster Philosoph und Arzt des islam. Ostens im

MA. Nach umfassender Ausbildung in den Wissenschaften der islam.-arab. und der hellenist. Tradition gelangte er durch ärztl. Kunst zu frühem Ansehen und wirkte im Laufe seines bewegten Lebens an den iran. Fürstenhöfen von Transoxanien und Iran, zuletzt (um 1023–37) bei dem Būyiden ʿAlāʾ 'addaula in Isfahan. In den über 100 authent. Schriften (neben ebensovielen Spuria hs. erhalten, nur z. T. gedruckt) behandelte er in arab. (für seine iran. Gönner als erster islam. Gelehrter auch in pers.) Sprache die gesamten Wissenschaften des griech., von den Arabern seit dem 8. Jh. durch Übersetzung und Bearbeitung überlieferten Erbes in Form von monograph. Handbüchern, Abhandlungen, Episteln und Kontroversen (so mit → al-Bīrūnī) sowie in enzyklopäd. Systematik (v. a. im »Kitāb aš-Šifāʾ« ›B. der Heilung‹, gegliedert in Anlehnung an die alexandrin.-aristotel. Wissenschaftseinteilung: 1. Philosoph. Propädeutik und Logik, 2. Physik, Psychologie, Biologie, 3. Mathematik, Astronomie, Musik, 4. Metaphysik; pers. Kompendium: »Dānišnāma« ʿB. des Wissens' für ʿAlāʾ 'addaula).

II. PHILOSOPHIE: A.s Philosophie fußt auf der neuplaton. Aristoteleserklärung nach der Lehrüberlieferung der Schulen v. Athen und Alexandria und deren arab. Fortsetzern (welche Plotin- und Proklosbearbeitungen als »Theologie des Aristoteles« lasen); z. T. in polem. Auseinandersetzung mit den chr.-arab. Aristotelikern von Baggad entwickelt, ist sie in ihrer Metaphysik und in ihrer philos. Interpretation der islam. Religion, v. a. → Fārābī (gest. 950) verpflichtet. Von bes. Bedeutung ist A.s Lösung der Antinomie zw. der absoluten Einheit und Transzendenz Gottes und seiner Immanenz in den vielfältigen Formen der Schöpfung. In seiner Lehre vom Ziel und Zweck des Menschen – die Verähnlichung mit dem Einen und Guten in Weisheit und Gerechtigkeit verleiht der individuellen Seele Unsterblichkeit durch Gotteserkenntnis – verbindet sich die platon. Religion des Geistes mit der religiösen Erfahrung der islam. → Mystik (Ṣūfismus). Auch darum hat die Philosophie des »magister princeps« (aš-Šaiḫ ar-Raʾīs) in der myst. Theorie (Emanationismus, »Illuminationismus«) des šīʿitischen →Islams nachhaltige Wirkung entfaltet. – Zum jüd. Avicennismus → Aristoteles (Abschnitt III). G. Endreß

Biogr.: P. KRAUS, Klin. Wochenschr. 11, 1932, 1880–84 – R. SELLHEIM, Oriens 11, 1958, 231–239 – W. E. GOHLMANN, The life of Ibn Sina, ed. and transl., 1974 – Bibliogr.: BROCKELMANN I, 589–599; Suppl. I, 812–828 – G. C. ANAWATI, BSIEPh 10–12, 1968–70, 343–349 – TOTOK II, 264–272 – Hss.: G. C. ANAWATI, Muʾallafāt Ibn Sīnā (Essai de bibliogr. avicennienne), 1950 – O. ERGIN, İbni Sina bibliografyası, 1956² – Y. MAHDAWĪ, Fihrist-i nusḫah-i muṣannafāt-i Ibn-i Sīnā, 1954 – Edd. (Übers.), Lit.: EI² I, s. v. Ibn Sīnā – Encyclop. of Philosophy I, 226 – M. HORTEN [Übers.], Die Metaphysik A.s, 1907 [Nachdr. 1960] – G. C. ANAWATI [Übers.], La métaphysique du Shifāʾ, Livres I à V, 1978 – L. GARDET, La pensée religieuse d'A., EPhM 41, 1951 – A.-M. GOICHON, La distinction de l'essence et de l'existence d'après Ibn Sīnā, 1937 – DIES., La philosophie d'A. et son influence en Europe médiév., 1951² – DIES. [Übers.], Ibn Sīnā, Livre des directives et remarques, Beyrouth, Paris, 1951 – DIES. [Übers.], Le récit de Ḥayy ibn Yaqẓān, 1959 – P. MOREWEDGE [Übers.], The Metaphysica of A. ... in the Dānish Nāma-i ʿalāʾī, 1973 – S. PINES, AHDL 27, 1952, 5–37 – FAZLUR RAHMAN [Übers.], A.'s psychology, 1952.

III. MEDIZINISCHE BEDEUTUNG: Als Arzt begründete A., der insgesamt etwa 40 med. Werke schrieb, seinen Ruhm auch im Abendland v. a. durch seinen Traktat »Qānūn fī ṭ-ṭibb« (›Satzung‹ bzw. 'Kanon der Medizin') und durch sein med. Lehrgedicht »Urǧūza fī ṭ-ṭibb«, das in 1326 Versen den Stoff des Qānūn zusammenfaßt. Der Qānūn ist in fünf große Bücher eingeteilt: Buch I behandelt die allgemeinen Grundsätze der Krankheitslehre, Buch II enthält eine Aufzählung und Beschreibung der → Simplicia, Buch III zählt »a capite ad calcem« verschiedene spezielle Erkrankungen auf, Buch IV ist den allgemeinen Krankheiten, wie Fiebern, Vergiftungen etc., gewidmet. Buch V schließlich beschreibt die → Composita. Der Qānūn ebenso wie die Urǧūza stützen sich inhaltlich bes. auf → Galen, → Rhazes und Haly Abbas. Nicht zuletzt wegen ihrer philos. begründeten straffen Kompilation der Stoffe waren diese Schriften im MA sehr beliebt, beschleunigten aber auch den zunehmenden Erstarrungsprozeß der spätma.-universitären Schulmedizin (→ Arabismus). Schon im islam. Kulturkreis waren sie Gegenstand zahlreicher, z. T. krit. Kommentare und Glossen (→ Averroës, Ibn an-Nafīs u. a.). Diese Tradition setzte sich ins Abendland fort, nachdem → Gerhard v. Cremona die oben gen. Texte gegen Ende des 12. Jh. in → Toledo erstmals ins Lat. übersetzt hatte. Als »Canon medicinae« bzw. »Cantica« wurden sie in zahlreichen lat., hebr. und landessprachl. Fassungen überliefert und kommentiert. Für die Bedeutung des Canon spricht auch die Zahl der gedruckten Ausgaben: Bis zur Mitte des 17. Jh., seit 1527 in der nach arab. Originaltexten redigierten Fassung des Andrea Alpago v. Belluno, erschienen allein 36 gedruckte Editionen. H. H. Lauer

Lit.: DSB XV, 498–501 [Schlüsselbibliogr.] – SARTON I, 709–713 – ULLMANN, Medizin, 152–156 [Schlüsselbibliogr.].

IV. MUSIKTHEORETISCHES SCHRIFTTUM: Neben seinem Wirken als Gelehrter v. a. auf den Gebieten der Medizin und Philosophie dient A. auch der Musik in Theorie und Praxis. Sein musikal. Werdegang – wahrscheinl. war A. Autodidakt – bleibt indes dunkel. Wohl als Lautenist verkehrt er zuweilen im Kreise befreundeter Sänger und Instrumentalisten. Seine musiktheoret. Schriften basieren vorwiegend auf arab.-islam. Philosophemen und auch auf gr. Theoremen: 1. K. aš-Šifāʾ »Buch der Heilung« enthält ein Kapitel über Musik und behandelt Klang, Intervall, Tongeschlecht und Tonart, Tonsystem und Mutation, Rhythmus und Komposition. 2. An-Naǧāt »Rettung« erörtert umfassend die Musiktheorie. 3. Risāla fī'n-nafs »De anima« und 4. Taqāsīm al-ḥikma wal-ʿulūm »Einteilungen der Weisheitslehre und der Wissenschaften« unterrichten uns über den heilenden und pädagog. Effekt der Musik. 5. Madḫal ilā ṣināʿat al-mūsīqī »Einführung in die Kunst der Musik« ist verschollen, ihr Inhalt einzig aus Notizen des Qifṭī (gest. 1248) bekannt. – A.s Traktate wirken nachdrückl. auf die ma. Musiktheorie v. a. der islam. Welt des Ostens (s. a. al-Fārābī). D. v. Huebner

Ed.: [1] Kitāb aš-Šifāʾ, Teheran 1895/96 – R. D'ERLANGER, La musique arabe 2, Paris 1935, 103–310 – H. G. FARMER, Stud. in Oriental Musical Instruments (ʿūd), Glasgow 1939, 43–57 – [2] Ibn Sinas Musiklehre, 1931 – Tisʿ rasāʾil fīʾl-ḥikma, Istanbul 1935 – Maǧmūʿ rasāʾil aš-šaiḫ ar-raʾīs, Haidarabad 1935 – [3] A. Alpago, Compendium de Anima, Venedig 1546 – ZDMG 1878 [Hg. anonym] – E. A. VAN DYCK (A Compendium of the Soul, 1906) – Maǧmūʿ rasāʾil, Istanbul 1892 – Lit.: MGG I, 895–896 – GROVE's Dict. of Music and Musicians 4, 1954, 437–438 – C. DE VAUX, Avicenne, 1900 – H. G. FARMER, Hist. of Arabian Music, 1929, 218–219 – Sources of Arabian Music, 1940, 41–42 – Ancient and Oriental music, New Oxford Hist. of music I, 1969, 442–471 [E. WELLESZ] – A. S. ÜNVER, Ibni Sina hayatı ve eserleri hakkında çalışmalar. Études sur la vie et les oeuvres d'Avicenne, 1955 – H. NASR, Three Muslim sages, 1964 – S. M. AFNAN, El pensamiento de Avicena, 1965 – B. S. GULISACHWILI, Ibn Sina und die reine Stimmung. Beitr. zur Musikwiss. 9, 1967, 272–283.

Avienus, Rufius Festus, lat. Dichter der 2. Hälfte des 4. Jh. Er stammte aus vornehmer Familie und war auch polit. tätig (CIL VI, 537). Sein lit. Wirken gilt der Bewahrung gr. Erbes. So übersetzt er in einer oft gekünstelten Sprache das 124 n. Chr. entstandene und auch als Schulbuch viel gelesene Werk des Periegeten Dionysios v. Alexandria (»Descriptio orbis«) und (mit erklärenden

Erweiterungen) die »Phainomena« des Aratos v. Soloi (3.Jh. v. Chr.). Die »Ora maritima« geben eine Küstenbeschreibung vom »Tartessischen« bis zum Schwarzen Meer. In den erhaltenen 713 iamb. Senaren wird die Küste von Gibraltar bis Marseille beschrieben, wobei auch alte Nachrichten über Nord- und Ostsee (Pytheas v. Massilia?) auf das Mittelmeer übertragen werden. Daraus ergeben sich zahlreiche Interpretationsprobleme. J. Gruber

Ed.: A. HOLDER, 1887 [Neudr. 1965] – Ora m.: V. PISANUS, 1488 (Erstdruck und einziger Textzeuge) – A. SCHULTEN, 1922, 1955² – A. BERTHELOT, 1934 – D. STICHTENOTH, 1968 [mit dt. Übers.] – *Lit.*: KL. PAULY I, 788 f. – RE II, 2386–2391 – J. MATTHEWS, Historia 16, 1967, 484–493.

Avignon

I. Geschichte der Stadt und der Seigneurie – II. Geschichte des Bistums und Erzbistums – III. Provinzialsynoden von 1060 und 1080 – IV. Papstpalast – V. Universität

I. GESCHICHTE DER STADT UND DER SEIGNEURIE: Durch die Lage am Zusammenfluß von Rhône und Durance begünstigt, war der Ort seit dem Neolithikum bewohnt, in der Antike zunächst Handelsniederlassung v. Marseille, dann gallo-röm. Stadt, deren Bedeutung durch neuere Ausgrabungen aufgezeigt wurde. Nacheinander wurde A. von Burgundern, Ostgoten und Franken besetzt, 737 und 739 durch Karl Martell von den Arabern zurückerobert. A. gehörte zu den Reichen Lothars I. und Ludwigs III. (des Blinden) und wurde im 11. Jh. dem Imperium angegliedert. Damit begann für A. eine erneute Ausdehnungsphase. Die Stadt, die gemeinsamer Besitz der Gf.en der → Provence, v. → Forcalquier und v. → Toulouse war, wurde von einer städt. Aristokratie mit dem Bf. an der Spitze regiert; am Anfang des 12. Jh. erlangte A. kommunale Rechte. Das Stadtgebiet dehnte sich aus, und A. erhielt eine doppelte Stadtmauer; die Rhônebrücke St-Bénézet wurde errichtet. Als A. jedoch während der Albigenserkriege (→ Albigenser) Partei für den Gf.en v. → Toulouse ergriff, mußte sich die Stadt 1226 Ludwig VIII. ergeben. Nachdem der Wiederaufbau stattgefunden hatte, und A. ein Bündnis mit → Arles und → Marseille eingegangen war, verlor die Stadt ihre Unabhängigkeit und ihren Status als Kommune (1251). Ihre Blütezeit erlebte A. im 14. Jh. mit der Übersiedlung der Päpste (1309), die hier insofern einen günstigen Ort für ihre Residenz vorfanden, als der Gf. der Provence, seit 1290 der alleinige Besitzer der Stadt, ein treuer Vasall der Kirche war. Clemens VI. kaufte 1348 die Stadt von der Kgn. Johanna, der Gfn. der Provence. Die Verlagerung der Kurie (→ Kurie, röm. in Avignon) nach A. hatte einen starken Bevölkerungszuwachs der Stadt zur Folge, in welcher kuriale Beamte, familiae der Kardinäle, Kleriker, die um Pfründen bettelten, Bankiers und it. Kaufleute, Künstler, Handwerker und Tagelöhner zusammenströmten. Die Kirchen wurden wieder aufgebaut, die Kardinäle errichteten sich Paläste (*livrées*). Da das Stadtgebiet für die Unterbringung nicht ausreichte, entstanden außerhalb der zerstörten Stadtmauern Siedlungen (*bourgs*), die die Stadtfläche verdreifachten. Die Pest (1348), der Einfall d. »Grandes Compagnies« unter Innozenz VI., der den Bau neuer Wälle erforderte, v. a. aber die Rückkehr Urbans V. (1367), dann Gregors XI. (1376) nach Rom, leiteten trotz der Rückkehr Clemens' VII. (1379, → Abendländisches Schisma) den Niedergang der Stadt ein. Nach einer Belagerung und der Flucht Benedikts XIII. (1403) verwaltete der Kämmerer François de → Conzié die Stadt bis 1431. Trotz seiner Sympathien für das Konzil v. → Basel mußte A., nicht ohne Widerstand, einen päpstl. Legaten akzeptieren, den Kard. → Pierre de Foix (1433–65), der fast über den ganzen Süden Frankreichs die hohe Gerichtsbarkeit ausübte. Der Kard. Giuliano della Rovere, für den das Bm. A. zum Ebm. erhoben wurde, war sein Nachfolger (ab 1476), bis er 1503 zum Papst (Julius II.) gewählt wurde. Die Stadt verlor ihre polit. Bedeutung, blieb aber im 15. Jh. ein wichtiges künstler. und wirtschaftl. Zentrum.

II. GESCHICHTE DES BISTUMS UND ERZBISTUMS: Das Bm. war Suffraganbistum v. Arles, seit 1475 Ebm. Am Ende der Römerzeit entsprach es der civitas Avennicorum. Es lag im MA z. T. in der Gft. → Comtat-Venaissin, z. T. im S der Durance in der → Provence, z. T. auf dem Westufer der Rhône im → Languedoc. Über seine Gesch. ist bis zum Ende des 9. Jh. wenig bekannt; die Christianisierung erfolgte anscheinend recht spät, und der hl. Rufus (Ruf[f]), der in der Überlieferung als erster Bf. gilt, war zweifellos nur ein einfacher Priester, um den sich am Ende des 3. oder am Anfang des 4. Jh. die erste chr. Gemeinde gruppierte. Der erste quellenmäßig faßbare Bf., Nectarius (Nectaire), nahm zw. 439 und 455 an zahlreichen Synoden teil. Nach der arab. Invasion erholte sich das Bm. allmählich, v. a. seit der Regierung von → Boso (879–887); der Bf. erlangte Besitz in und außerhalb der Bischofsstadt. Bes. bedeutend für die Güterentwicklung waren die Schenkungen Ludwigs des Blinden am Anfang des 10. Jh., welche die Einrichtung einer mensa episcopalis ermöglichten. Das Domkapitel ist bezeugt; es wurde 1038 durch Bf. Benedikt (Benoît) reorganisiert und mit Schenkungen bedacht. Es umfaßte 12–18 Kanoniker, die nach der Augustinusregel lebten. In seiner Blütezeit, dem 12. Jh., lag es oft im Streit mit dem Bf. und widersetzte sich der Entstehung weiterer regulierter Gemeinschaften. Bereits im 10. Jh. war auf dem westl. Rhôneufer die Abtei St-André-lès-Avignon entstanden; ebenso hatten zwei andere Kl., → Montmajour und St-Victor in → Marseille, die benachbarten Bm.ern unterstanden, zahlreiche Kirchen im Bm. A. erhalten. 1060 und 1080 fanden in A. zwei bedeutende Reformsynoden statt (→ Avignon, Abschnitt III).

Um die Mitte des 12. Jh. erlangte Bf. Geoffroi (Gottfried, 1143–68) von Papst Hadrian IV. und von Friedrich Barbarossa die Bestätigung großer Besitztümer für seine Kirche. Das 13. Jh. stand im Zeichen der Bekämpfung der → Albigenser. Bei der Zurückdrängung der Häresie spielte die Niederlassung von Bettelorden eine wichtige Rolle; A. hatte sich mit der Schutzherrschaft eines Prälaten aus Bologna, Zoen Tencarari (1240–61) abzufinden, welcher mehrfach päpstl. Legat war und im Laufe seines langen und bedeutenden Episkopates zahlreiche religiöse Gründungen ins Leben rief. Jacques Duèze, Bf. v. 1310–1313, führte, als er Papst (Johannes XXII.) geworden war, die dauernde Verlegung der Papstresidenz nach A. durch (→ Kurie, röm. in Avignon). Während ihrer Residenz in A. ließen die Päpste öfter den Bischofssitz vakant, insgesamt mehr als 40 Jahre; die Einkünfte des Bm.s flossen der Camera apostolica zu, und die Administration lag in den Händen von Generalvikaren. Im 15. Jh. ging der lange Episkopat des Bretonen Alain de Coëtivy (1437–74; 1448 zum Kard. erhoben, zumeist Aufenthalt an der Kurie) der Erhebung des Bm.s zum Ebm. voraus, welche 1475 durch Sixtus IV. zugunsten seines Neffen Giuliano della Rovere erfolgte.

III. PROVINZIALSYNODEN VON 1060 UND 1080: Die Synoden traten unter dem Vorsitz der Legaten der Päpste Nikolaus II. und Gregor VII., von → Hugo, Abt v. Cluny, und → Hugo II. Sie zusammen mit dem Ziel, gegen die → Simonie vorzugehen, indem sie Bf.e für Bischofssitze nominierten, die durch den Tod ihrer Inhaber vakant geworden waren oder die von Usurpatoren in Besitz genommen worden waren. 1060 wurde Gérard Chevrier (Gerhard), Propst in Oulx, an die Spitze des Bm.s Sisteron gestellt, das seit 17 Jahren vakant gewesen war und sich tatsächl. in der Gewalt Raimbauds (Rimbalds), des Herrn der Stadt, befunden hatte. 1080 wurde Gibelin (Gibelinus) zum Ebf. v. Arles gewählt an Stelle von Aichardus (→ Arles, Ebm.), dem Anhänger Ks. Heinrichs IV., der den Metropolitansitz okkupiert hatte. Lantelmus wurde Ebf. v. → Embrun; Hugo v. Châteauneuf und Didier, Abt. v. Jumièges, erhielten die Bm.er → Grenoble und Cavaillon.

IV. PAPSTPALAST: Der erste avignones. Papst Clemens V. nahm sein Quartier bei den Dominikanern; sein Nachfolger Johannes XXII. (1316-34), der 1310-13 Bf. v. A. gewesen war, machte den Bischofspalast zu seiner Residenz. Er ließ ihn ausschmücken und vergrößern und die angrenzende Kirche St-Étienne als Privatkapelle angliedern. Benedikt XII. (1334-42) begann angesichts der Unmöglichkeit einer baldigen Rückkehr nach Rom an dieser Stelle mit dem Bau eines großen befestigten Wohnsitzes für die päpstl. Kurie und ihre Behörden. Der Architekt Pierre Poisson errichtete ihm ein Bauwerk von strengem Charakter (Palais vieux); die Gebäude wurden um einen Kreuzgang gruppiert und enthielten im S den Gästeflügel (auch »Konklaveflügel« gen.); im O das Konsistorium und den großen Trakt mit den Türmen Tour du Pape, St-Jean und Trouillas; im W den für die familiares bestimmten Trakt, im N die auf das Doppelte vergrößerte Kapelle und die Tour de la Campane. Der prachtliebende Clemens VI. (1342-52) fügte im S den neuen Palast (Palais neuf) an, dessen Gestaltung besser d. glanzvollen Hofleben an der avignones. Kurie entsprach. Sein Baumeister war Jean de Louvres aus der Ile-de-France; mit der Dekoration wurde der Maler Matteo Giovanetti aus Viterbo beauftragt (vgl. → Avignon, Schule v.). Die wichtigsten Gebäudeteile des Palastes sind: die Tour de la Garde-Robe, in welcher sich ein Papstzimmer befindet, das nach der Ikonographie seiner bedeutenden Wandmalereien (u. a. Jagd- und Fischfangszenen) als »Chambre du Cerf« bezeichnet wird; der große Audienzsaal, der das päpstl. Gericht (→ Audientia sacri palatii, auch »Rota« gen.) beherbergte, rechtwinklig dazu der Saal der → Audientia litterarum contradictarum; die neue und größere päpstl. Kapelle mit Spitzbögen (oberhalb der Audientien); der Flügel der Großdignitare. Innozenz VI. (1352-62) vollendete den Bau durch Errichtung der Tour St-Laurent und der Tour de la Gâche und ließ eine Brücke zw. den päpstl. Privaträumen und der Sakristei der Papstkapelle errichten. Während des → Abendländ. Schismas wurde der Palast durch zwei Belagerungen (1398-99, 1410-11) und einen Brand (1413) schwer beschädigt. Die Restaurierungsarbeiten (seit Ende des 19. Jh.) sind noch nicht abgeschlossen. A.-M. Hayez

V. UNIVERSITÄT: Gegr. 1303 durch → Bonifaz VIII. auf der Basis von Schulen des röm. und kanon. Rechtes, die seit dem 13. Jh. belegt sind, erlebte die Univ. A. einen starken Aufschwung dank der päpstl. Kurie und zählte am Ende des 14. Jh. über 1500 Studenten. Die bedeutendsten Fakultäten waren die juristischen. Ihre → Doctores beherrschten die Univ. Im 15. Jh. wurde eine theol. Fakultät errichtet (1413); außerdem erfolgten gegen Ende des 15. Jh. partielle Reformen, die in den Erlaß eines neuen Statuts einmündeten (1503). Insgesamt sank die Univ. auf ein sehr viel tieferes Niveau herab und hatte nur noch regionale Bedeutung. Dem → Humanismus öffnete sie sich erst im 16. Jh. J. Verger

Q. und Lit.: allgemein und zu [I]: R.-H. BAUTIER-J. SORNAY, Les sources de l'hist. économique et sociale du MA. I. Provence, Comtat Venaissin, 1968; I, S. LXXX–LXXXIII [Lit.], 59–99; 2, 735–743, 1039–1044, 1289–1306, 1397–1419; 3, Index s. v. Avignon, 1588 f. [grundlegend] – DHGE V, 1121–1153 – L.-H. LABANDE, A. au XIIIe s.: l'évêque Zoen Tencarari et les Avignonnais, 1908 – DERS., A. au XVe s.: légations de Charles de Bourbon et du card. Julien de la Rovère, 1920 – F. BARON, Le card. Pierre de Foix le Vieux et ses légations (1386–1464), 1922 – R. BRUN, A. aux temps des papes. Les monuments, les artistes; la société, 1928 – P. PANSIER, Hist. de la langue provencale à A., du XIIe au XIX^{e}s., 5 Bde, 1924–32 – DERS., Les Palais cardinalices d'A. aux XIVe et XV^{e}s., 3 Bde, 1926–32 – G. MOLLAT, Les Papes d'A. (1305–78), 1949^9 – Y. RENOUARD, La Papauté à A., 1954 – J. GIRARD, Évocation du vieil A., 1958 – B. GUILLEMAIN, La cour pontificale d'A., 1309–76, 1962 – PH. DOLLINGER–PH. WOLF, Bibliogr. d'hist. des villes de France, 1967, 655–661 – S. GAGNIÈRE, A. de la préhist. à la papauté, 1970 – A.-M. HAYEZ, Les terriers d'A. Source de la topographie urbaine [in Vorber.] – zu [II]: Q.: G. DE MANTEYER, Chartes du pays d'A., 439–1040, 1914 – GChrNov VII – E. CLOUZOT, Pouillés des provinces d'Aix, d'Arles et d'Embrun, 1923, 165–193 – Lit.: DHGE V, 1142–1153 – E. DUPRAT, Les origines de l'église d'A. (Mém. Acad. Vaucluse, XXVII, 1908; XXVIII, 1909) – E. BARATIER, Hist. de la Provence, 1969, 5–217 – J. P. POLY, La Provence et la Société féodale, 879–1166, 1976 – zu [III]: Q.: MANSI XIX, 925–926; XX, 553–554 – Lit.: GChrNov VII, 143, 160 – N. DIDIER, Les églises de Sisteron et de Forcalquier du XI^{e}s. à la Révolution, 1954, 17–29 – B. BLIGNY, L'Église et les ordres religieux dans le royaume de Bourgogne aux XIe et XII^{e}s., 1960, 44, 49, 60, 70 – J. P. POLY, La Provence et la Société féodale, 879–1166, 1976, 260, 263 – zu [IV]: Q.: F. EHRLE, De hist. palatii Romanorum pontificum Avenionensis, 1890 – K. H. SCHÄFER, Die Ausgaben der apostol. Kammer, 1911–37, passim – R. ANDRÉ-MICHEL, Le Palais des Papes d'A. Documents inédits, Annales d'A. et du Comtat Venaissin, 5, 1917, 1–124; 6, 1918, 3–47 – Lit.: R. Colombe, Au Palais des Papes. Recherches critiques et archéologiques (Mém. Acad. Vaucluse 1910–42), passim – L.-H. LABANDE, Le Palais des Papes et les monuments d'A. au XIV^{e}s., 2 Bde, 1925 – S. GAGNIÈRE, Le Palais des Papes d'A., 1965 – E. BARATIER, G. DUBY, E. HILDESHEIMER, Atlas hist. Provence, Comtat... (Atlas Belfram, dir. R.-H. BAUTIER), 1969, 100–102 [Lit.], Plan 324 – F. ENAUD, Les fresques du Palais des Papes à A. (Les Monuments historiques de la France, NS 17, 2/3), 1971, 1–139 – Reclams Kunstführer, Frankreich IV, 1975^2, 137–156 – vgl. auch die Lit. zu → Kurie, röm. (in Avignon) – zu [V]: S. GUENÉE, Bibliogr. de l'hist. des Univ. françaises II, 1978, 40–61 [Bibliogr.] – R. CAILLET, L'université d'A. et sa faculté des Droits (1303–1503), 1907 – J. VERGER, Le rôle social de l'université d'A. au XVe siècle (Bibl. d'Humanisme et Renaissance, 33, 1971), 491–504 – J. VERGER, Les comptes de l'université d'A. (1430–1512) (Les Universités à la fin du MA, hg. J. PAQUET–J. IJSEWIN, 1978), 190–209.

Avignon, Papsttum → Kurie, römische (in Avignon)

Avignon, St-Ruf (St. Rufus und Andreas), Chorherrenstift und Kongregation → St-Ruf

Avignon, Schule v. Mit der Wahl Avignons zur päpstl. Residenz (→ Avignon, Papstpalast, → Kurie, röm. in Avignon) stellte sich für eine große Zahl von Malern die Aufgabe, in dieser Stadt v. a. den Papstpalast sowie die Kathedrale Notre-Dame-des-Doms künstler. auszugestalten. Unter Johannes XXII. erhielt zunächst Pierre Dupuy, Minoritenbruder aus Toulouse, die Leitung der Dekoration übertragen. Von seinen vorwiegend mit frz. Künstlern ausgeführten Wandmalereien ist nichts erhalten. Benedikt XII. ruft Italiener, u. a. Docho und Paolo da Siena, zur Mitarbeit hinzu. 1339 kommt Simone → Martini nach A., arbeitet dort an Tafelbildern, Miniaturen auf Pergament und an den Wandmalereien in der Vorhalle der Kathedrale, die nur noch in den Vorzeichnungen sichtbar sind. Eine Vermischung frz. und it. Elemente vollzieht sich seitdem, unabhängig von ähnl. Entwicklungen in Paris und N-Frankreich, in mannigfaltiger Weise. Noch vor dem Tod Simones überträgt Clemens VI. 1343 die Leitung der Palastdekoration Matteo Giovanetti da Viterbo, dem Prior von S. Martino, der den Wünschen seines Auftraggebers offensichtl. stark entgegenkommt. Er setzt die glückl.-idyll. Landschaften, die der Papst noch als Bf. v. Arras auf den Teppichen seiner Heimat kennengelernt hatte, in die Technik der Wandmalerei um. Paradies. Gärten mit vornehmen Gesellschaften, Jagd- und Fischereiszenen schmücken die »Garde-Robe«, das Arbeitszimmer in jenem von Jean de Louvres 1342-43 errichteten Turm, in dessen Untergeschoß sich die Badestuben, im Obergeschoß die Kapelle des hl. Martin befanden. Stärker als zuvor verschmilzt hier it. Formengut mit frz. Sentiment unter der Aufsicht Matteos, von dessen Werkstatt mit zahlreichen Italienern wie Pietro da Viterbo, Riccone und Giovanni d'Arezzo, mit Franzosen wie Robin de Romans, Engländern und Katalanen der wesentl. Teile der Palastdekoration bis 1368 ausgeführt wurden. Ihnen sind vermutl. ebenfalls die Malereien im Audienzsaal und in der Kapelle St. Martial sowie in der 1358 geweihten Kapelle der beiden Johannes in der Kartause von Villeneuve-les-Avignons zuzuschreiben, vielleicht auch diejenigen im »Hause der Königin Johanna« in Sorgues. Mit dem Beginn des Großen Schismas 1378 hört die Arbeit dieser großen Werkstatt auf. J. M. Plotzek

Lit.: M. LACLOTTE, L'École d'A., 1960 – E. CASTELNUOVO, Un pittore italiano alla corte di Avignone: Matteo Giovanetti, 1962.

Ávila, Bm.
Die Gründung dieses Suffraganbistums von → Mérida schon im 1. Jh. durch S. Secundus, einen der sieben Apostelschüler, ist offensichtl. legendarisch. Gesichert ist dagegen die Weihe → Priscillians zum Bf. von Á. um 380, so daß die Entstehung des Bm.s spätestens für das ausgehende 4. Jh. anzunehmen ist, zumal dessen weitere Existenz durch die Unterschriften seiner Bf.e in den westgot. Konzilsakten zw. 589 und 693 bezeugt wird. Vor der Reconquista → Toledos (1085) war an eine Wiederbesiedlung des schon früher den Mauren entrissenen Landes von Burgos aus und folglich auch an eine Wiedererrichtung des Bm.s nicht zu denken, was nicht ausschließt, daß sich im 8., 9. und 10. Jh. einige Bf.e, die im Kgr. Asturien lebten, nach Á. benannten. Von Á. aus wurde im 12. Jh. → Plasencia besiedelt; mit dem daraus abgeleiteten Anspruch, das eigene Bm. auf Plasencia ausdehnen zu können, drang Á. nicht durch. Von Calixt II. wurde Á. 1124 der neuen Kirchenprovinz → Santiago de Compostela zugewiesen. Unter den Bf.en sind bes. zu nennen Pedro Instancio, der Alfons VIII. in der Schlacht von Las → Navas de Tolosa begleitete (1212); Sancho Dávila († 1356), dem man den 1170 begonnenen Bau des Querschiffs der Kathedrale verdankt und der 1354 aus Schwäche unzulässigerweise die Annulierung der Ehe Peters des Grausamen mit Blanca v. Bourbon genehmigte; der gelehrte Theologe Alfons von Madrigal 'el Tostado' (der »Dunkle«, 1455) und der hervorragendste von allen, Hernando v. Talavera (1485-92), der »ideale Bischof« der span. Renaissance. Q. Aldea

Lit.: DHEE I, 156-162 [T. SOBRINO; Lit.] – L. ARIZ, Hist. de las grandezas de Á., Alcalá de Henares, 1607 – E. FLÓREZ, España Sagrada XIV – E. BALLESTEROS, Estudio hist. de Á. y su Provincia, 1896 – L. A. GARCÍA MORENO, Prosopografía del reino visigodo de Toledo, 1974 – Q. ALDEA, Hernando de Talavera, su testamento y su biblioteca (Homenaje a FR. JUSTO PÉREZ DE URBEL I, 1976), 513-574 – G. KAMPERS, Personengesch. Stud. zum Westgotenreich in Spanien (SFGG SKKA 17, 1979).

Avis, Haus v.,
zweites ptg. Königshaus (1385-1580), unter dessen Herrschaft die große maritime und koloniale Expansion stattfand. Der Name stammt von seinem Begründer Johann I., Großmeister des → Avis-Ordens, letzter direkter Nachfolger in männlicher Linie des Hauses Burgund. Es ist eine erste Konsolidierungs-Periode zu unterscheiden (1385-1438), die den Regierungszeiten von Johann I. (1385-1433) und von Eduard (Duarte) (1433-38) entspricht. Ersterer schloß nach seinem Sieg von → Aljubarrota über Johann I. v. Kastilien den Vertrag von Windsor mit England, welches der wichtigste Verbündete der neuen Dynastie wurde. Die zweite Periode ist die des Höhepunkts und der Expansion (1438-1557): in ihr sind die Regierungszeiten von Alfons V. dem Afrikaner, Johann II. und Manuel I. dem Glücklichen die wichtigsten. Unter ersterem wird der Tatendrang des Adels durch eine Reihe von Operationen in Afrika kanalisiert, wobei man bis zum Golf von Guinea vorstieß, während gleichzeitig mit dem Abschluß des Vertrages von Alcáçovas-Toledo der Einflußbereich gegenüber Kastilien abgegrenzt wurde. Unter Manuel I. (1495-1525) stieß man nach Indien und Brasilien vor. Nach der Regierung Johanns III. und dem trag. Tod des Kg.s Sebastian in Kasr el-Kebir (1578) ging die ptg. Krone auf Philip II. v. Spanien über. S. Claramunt

Lit.: F. LOPES, Crónica do rei don João, Lisboa 1643 [wichtigste Quelle für die Anfänge des Hauses A.] – J. V. SERRÃO, A Historiografia Portuguesa I, LX, 1972.

Avis (Évora), Orden v. S. Benito de,
ptg. Ritterorden. Die ptg. Geschichtsschreibung war sich seit dem 17. Jh. über seinen Ursprung und seine Beziehungen zum Orden v. → Calatrava uneinig. Seine Gründung durch den ersten König, Alfonso Enriquez, und die myth. Figur des Johann Cirita ist falsch. Nach der Rückeroberung der Stadt Évora von den Mauren i. J. 1166 entstand dort eine Bruderschaft von Rittern, der die 1176 die Regula S. Benedicti und die Bulle »Quoties a nobis« (1187) von Gregor VIII. und drei Bullen von Innozenz III. (1199; »Religiosam vitam eligentibus«, 1201; und 1214) voraussetzen, daß ihr Besitz und ihre Mitglieder dem Orden von Calatrava angehörten. Es scheint, als ob die Milicia von Évora sich, um ihre Anerkennung durch den Papst zu erlangen, zum Filialorden von Calatrava erklärte, dessen Regel übernahm, sich dessen Visitationen unterwarf (es gab sie 1238, 1342 und 1346) bei gegenseitiger Teilnahme an den Wahlen ihrer Großmeister. Aber die Existenz eines eigenen Großmeisters implizierte eine gewisse Unabhängigkeit des Ordens, der wie Calatrava mit der Zisterzienser-Abtei von Morimond verbunden war. 1211 schenkte ihm Alfons II. das Gebiet von Avis, worauf der Orden 1223/24 seinen Sitz in die dort erbaute Burg verlegte und seinen Namen änderte. 1250 erhielt er die Burg von Albufeira, s. Vorposten in der Algarve; er nahm auch mit den Kastiliern an der Einnahme Sevillas teil. Nachdem in diesem Jh. die ptg. Reconquista zum Abschluß kam, stellte der Orden seine militär. Aktivität ein: Als 1385 sein Großmeister Johann I. den Thron bestieg und das Haus → Avis begründete, wurde der neue Großmeister ohne die Beteiligung von Calatrava gewählt und um 1438 scheint Eugen IV. den Avis-Orden von dem von Calatrava unabhängig gemacht zu haben. Seit Johann I. war der Großmeister immer ein Prinz und Julius III. verleibte 1541 das Amt der Krone ein. Dem Orden gehörten 21 Ritter und Kapläne an, die nach Klosterregeln bis zur Exklaustration i. J. 1835 lebten. A. Linage

Lit.: D. PERES, D. João I, 1917 – R. DE AZEVEDO, As Origens da Ordem de Évora ou da Avis, Historia I, 1932, 233-241 – C. DA SILVA TAROUCA, As Origens da Ordem dos Cavaleiros de Évora (A cidade de Évora 5, 1947), 25-39 – A. JAVIERRE MUR, La Orden de Calatrava en Portugal, BRAH 130, 1952, 323-376 – M. DE OLIVEIRA, A. Milícia de Évora e a Ordem de Calatrava, Lusitania Sacra I, 1956, 51-64 – M. COCHERIL, Calatrava y las órdenes militares portuguesas, 1959 – M. COCHERIL, Études sur le monachisme en Espagne et au Portugal, 1966, 387ff., 423ff. – R. DE AZEVEDO, Primórdios da ordem militar de Évora, Boletim cultural da junta distrital de Évora 8, 1967, 43-62 – D. W. LOMAX, Las órdenes militares en la Península Ibérica durante la Edad Media, Rep. de hist. de las ciencias eclesiásticas en España 6, 1976, 65-66.

Avitus

1. A., Eparchius, weström. Ks. 455-456, * zw. 395 und 400, † Herbst 465. Aus senator. Geschlecht der Auvergne, hochgebildet, Erzieher am Hofe des Westgotenkg.s. → Theoderich I., 439 Praefectus praetorio Galliarum; 451 gewann er die Westgoten als Unterstützung gegen die Hunnen. Unter → Maximus Petronius Magister militum, wurde er als dessen Nachfolger am 9. Juli 455 zum Ks. erhoben, fand aber nicht die Anerkennung Ostroms. Während er sich selbst in Italien aufhielt, beauftragte er den Westgotenkönig → Theoderich II., in Spanien die Sueben zu bekämpfen. Die Westgoten besetzten daraufhin einen Großteil des Landes. Der Konsulatsantritt des A. am 1. Jan. 456 wurde von seinem Schwiegersohn → Sidonius Apollinaris in einem Panegyrikus gefeiert (carm. 6f.). Da die Sicherung der durch die Vandalen gestörten Getreidezufuhr aus Afrika mißlang, ergab sich eine Mißstimmung gegen den Ks., die → Ricimer und → Maiorianus zu seinem Sturz nützten.   J. Gruber

Lit.: Kl. Pauly I, 789f. – RE II, 2395 – 2397 – O. Seeck, Gesch. des Untergangs der antiken Welt VI, 1920 [Neudr. 1966], 327–337 – Schmidt I², 308f., 480ff. – K. F. Stroheker, Der senator. Adel im spätantiken Gallien, 1948 [Neudr. 1970], 152–154.

2. A., Alcimus Ecdicius, *Bf. v. Vienne*, * ca. 460, † 518, entstammte dem galloröm. senator. Adel der Auvergne; er war mit Ks. → Avitus und → Sidonius Apollinaris verwandt. Um 490 erlangte er die Bischofswürde in der Metropole Vienne, dem neben Lyon wichtigsten Vorort der kath. Kirche im arian. Burgunderreich. A. pflegte engen Kontakt mit dem burg. Königshaus. Dabei blieben seine Bemühungen, Kg. Gundobad vom Arianismus abzubringen, zwar erfolglos, aber der Thronerbe Sigismund trat unter seinem Einfluß Anfang des 6. Jh. zum kath. Glauben über. Nach dem Regierungswechsel 516 trug A. zur weiteren Festigung der kath. Kirche bei: Unter seiner Leitung fand 517 das 1. burg. Konzil in Epao statt. – Die 86 erhaltenen Briefe zeigen A. in Gedankenaustausch mit geistl. und weltl. Großen Galliens, Italiens und des Ostens, darunter dem frk. Kg. Chlodwig, dem er zu seiner Taufe ein Glückwunschschreiben sandte. Aus der theol. Thematik sind die Stellungnahme gegen den Arianismus – ausführlicher in den bruchstückhaft überlieferten »Dialogi cum Gundobado rege« – und die Schriften gegen die eutychian. und pelagian. Häresie zu nennen. Sein kirchenpolit. Engagement drückt sich im Einsatz für die Autorität des Papstes im Laurentian. Schisma und für die Beendigung des west-östl. Schismas aus. – Von den 34 bekannten Homilien sind drei ganz erhalten; sie beschreiben Bittprozessionen und die Kirchweihe in St. Maurice d'Agaune. – Lit. berühmt wurde A. durch das bibl. Epos »De spiritalis historiae gestis«. In fünf Büchern schildert A. die Schöpfung, den Sündenfall und Gottes Richterspruch (Thema des verlorenen Paradieses) und fügt aus dem AT die Episoden Sintflut und Durchzug durch das Rote Meer hinzu. Als 6. Buch zählen die Ausgaben das themat. selbständige Gedicht »De virginitate«, das A. seiner Schwester, der Nonne Fuscina, gewidmet hat. – A. war eine herausragende Persönlichkeit in der Reihe der galloröm. Senatoren, die um die Vermittlung der spätantiken Tradition an die Germanenreiche bemüht waren. Dabei ist sein Hauptverdienst, die Katholisierung der Burgunder, in Verbindung mit seiner Auffassung zu sehen, daß eher die in Rom zentrierte kath. Kirche den Fortbestand der alten Einheit sichern könne als die polit. Institutionen des Imperium Romanum, dessen Ende in Gallien A. miterlebte. Sein lit. Schaffen ist von dem Nebeneinander spätröm. Rhetorik und dem Bestreben, einen den Geboten chr. Wahrhaftigkeit entsprechenden schlichten Stil zu pflegen, geprägt.   Th. Zotz

Ed.: MPL 59 und Suppl. 3 – MGH AA 6, 2, 1883 [R. Peiper] [vgl. dazu J. Havet, BEC 46, 1885, 233–250] – U. Chevalier, 1890 – *Lit.*: DW, 162/118–127 – Schanz-Hosius IV, 2, 380–389 – Altaner-Stuiber, 475 [Lit.] – K. F. Stroheker, Der senator. Adel im spätantiken Gallien, 1948, 100ff., 154f. – S. Costanza, Avitiana, I: I Modelli epici del »De spiritalis historiae gestis«, 1968.

3. A. v. Bracara (Braga in Portugal), Presbyter, übersetzte bei seinem Aufenthalt in Palästina den Bericht des Presbyters Lucianus von Kaphar Gamala bei Jerusalem über die Auffindung der Reliquien des Protomärtyrers Stephanos (Dez. 415) ins Lat. und gab ihn samt einem Schreiben an den Bf. Palchonius v. Bracara seinem gerade die Heimreise antretenden Landsmann Orosius mit, der auch einen Teil der Reliquien in den Westen mitnahm.   H. Kraft

Ed.: MPL 41, 805-818 – E. Vanderlinden, Revelatio s. Stephani, Revbyz 4, 1946, 178–217 – *Lit.*: Repfont II, 430f. – Altaner-Stuiber, 72 – Bardenhewer 4, 532f. – Schanz-Hosius 4, 2, 484ff.

Aviz, Haus, Orden → Avis

Avlona (Valona, alban. Vlonë), alban. Stadt, im HochMA byz. Hafenplatz an der Straße v. Otranto, an einer Nebenstrecke der Via Egnatia gelegen. 1081 und 1107 bemächtigten sich die Normannen A.s. Nach 1204 gehörte es zu Epirus, nach 1270 zum Kgr. Neapel. Zw. 1284 und 1345 wurde A. wieder byz. beherrscht, war anschließend Hauptstadt eines slav. Despotates und wurde 1417 von einem osman. Heer erobert. Seit dem 11. Jh. besuchten ven. Kaufleute A.; der Aufschwung der Stadt vollzog sich jedoch bes. seit dem 14. Jh. infolge der Entwicklung des Handels mit Ragusa. Seinen Höhepunkt erlebte A. nach 1417 als Standort einer großen Handelsflotte, die für den wirtschaftl. Austausch zw. dem Osman. Reich und seinen Nachbarn sorgte.   A. Ducellier

Lit.: K. Jireček, Valona im MA, Illyr.-Alban. Forsch., 1916 – A. Ducellier, Recherches sur la côte alban. au MA, 1979.

'Avnī → Meḥmed II.

Avocat du roi, zu den *gens du roi* zählender kgl. Amtsträger, dessen Aufgabe es war, dafür zu sorgen, daß bei der Ausübung der Justiz die Rechte des Kg.s gewahrt wurden (vgl. auch procureur du roi). Die beiden avocats du roi am Parlement v. Paris (→ Parlament), ein Kleriker und ein Laie, auch als *avocat civil* und *avocat criminel* oder *fiscal* bezeichnet, waren dem Procureur général unterstellt: Sie bildeten seinen Rat, wurden zu Fragen des öffentl. Rechtes konsultiert, nahmen an Sitzungen teil, die zur Wahl bestimmter kgl. Beamter (*officiers*) stattfanden oder aber der Information des Kg.s über wichtige polit. Probleme dienen sollten. Die a.s ergriffen anstelle des Procureur général das Wort und plädierten an seiner statt. Sie waren bei allen Audienzen anwesend und griffen in jeden Prozeß ein, wenn das Interesse des Kg.s und der öffentl. Gewalt es erforderten. Eine gleiche Rolle spielten die a.s, die bei den übrigen Pariser Gerichtshöfen (→ Châtelet, → Chambre des Comptes, Cours du Trésor, des → Aides, des Monnaies, → Eaux et Forêts, → Requêtes de l'Hôtel) und bei den kirchl. Gerichten tätig waren. In der Provinz assistierten a.s seit dem 14. Jh. in bailliages und sénéchaussées (→ bailli, → Seneschall). Die im 15. Jh. neugeschaffenen Parlements verfügten ebenso über gens du roi.

Bis zum Ende des 14. Jh. durften die a.s auch andere Parteien als den Kg. vertreten, ohne selbstverständlich gegen diesen aufzutreten; sie konnten *pensionnaires* von Lehnsfürsten bzw. Prinzen und von geistl. städt. Institutionen sein. Bis etwa 1440 wurden sie gewählt; am Ende des Jahrhunderts waren sie jedoch auf allen Ebenen der Gerichtsbarkeit zu Beamten (officiers) geworden, die ausschließl. im Dienst des Kg.s standen. Den besten und fähigsten Juristen wurde die Funktion von a.s am Parlement übertragen (z. B. Jean le Coq). Manche a.s beendeten ihre Laufbahn als Prälaten oder *chanceliers de France* (z. B. Pierre de → La Forêt, Guillaume de → Dormans).

F. Autrand

Lit.: E. LEFÈVRE, Les a. depuis les origines jusqu'à la Révolution, 1912 – E. MAUGIS, Hist. du Parlement de Paris, 3 Bde, 1913-16 – M. BOULET, Questiones Johannis Galli, 1944 – F. LOT-R. FAWTIER, Hist. des institutions françaises au MA, II: Institutions royales, 1958 – B. GUENÉE, Tribunaux et gens de justice dans le bailliage de Senlis à la fin du MA, 1963.

Avranches
I. Bistum – II. Grafschaft.

I. BISTUM: Das Bm. A. (Frankreich, Normandie, heute Dép. Manche), die kleinste der Diöz. innerhalb der Kirchenprovinz → Rouen, entspricht der civitas Abrincatum (zwei Archidiakonate: A. und Val-de-Mortain). Das Bm. ist vielleicht nach der Metropole Rouen und nach → Bayeux das älteste (Entstehung Ende des 4. Jh.?) und ranghöchste seiner Provinz. Der erste Bf., Leontius, ist hypothetisch. Als erster sicher bezeugter Bf. kann Nepus, der 511 beim Konzil v. Orléans anwesend ist, gelten. Die Bf.s-Namen sind bis ins 3. Viertel des 6. Jh. gallorömisch; die Bischofsliste ist allerdings recht lückenhaft: für das 5. Jh. kein sicher bezeugter Name, ebensowenig für die Jahre 725-840 und 862-990; was zeigt, daß die Bistumsorganisation nicht nur während des Normannensturms in N-Gallien teilweise darniederlag. Unter den Bf.en sind hervorzuheben: der hl. Paternus (Pair, † 564; vgl. Vita Paterni des → Venantius Fortunatus vor 594, BHL 6477); Leodovaldus, der kurz nach 576 die Reliquien des hl. → Martin v. Tours nach A. brachte (Greg. Tur., Virt. Mart. II, 36); Autbertus, der Gründer der Abtei → Mont-St-Michel (um 706/708); Johannes v. Bayeux (1061-1069), Verfasser eines »Liber de officiis ecclesiasticis«; → Achard v. St-Victor (1160-71), ein bekannter Theologe; Jean de St-Avit (1391-1442), maßvoller Richter der → Jeanne d'Arc.

Die erste Bischofskirche war St. Gervasius in suburbio; die Kathedrale, ♂ St. Andreas, wurde erst 1121 geweiht (Anfang des 19. Jh. abgebrochen). Die Kathedralschule, seit 1028 bedeutend, erlebte ihren glanzvollen Aufstieg unter → Lanfranc (1040-42). Die Absolution Heinrichs II. nach dem Mord an Thomas Becket erfolgte 1172 in A.

Reich begütert im 11. Jh. (u. a. 1066 Übertragung der Baronie St-Philibert-sur-Risle südl. der Seinemündung), erlebte das Bm. im Laufe des MA einen fortschreitenden Güterschwund, der v. a. durch die Konkurrenz der zahlreichen Abteien wie La Lucerne, → St-Sever und Mont-St-Michel (dessen Bibliothek 1790 nach A. übertragen wurde) bedingt war. Das Bm. wurde während der Frz. Revolution aufgelöst und der Diöz. v. Coutances einverleibt.

II. GRAFSCHAFT: Die Gft. ging aus der covotas Abrincatum (Lugdunensis II) hervor. Der spätere frk. pagus gehörte ztw. zu Neustrien, ztw. zu Austrien. Die Region, als Grenzgebiet zur → Bretagne von strateg. Bedeutung, wurde 867 von Karl dem Kahlen dem Bretonenherzog → Salomon übergeben. Erst in den Jahren um 960, zur Zeit Richards I., kam A. unter die tatsächl. Herrschaft der Gf.en v. Rouen (→ Normandie). Um 1015 erscheinen die Gf.en v. A.-Mortain, die mit den Hzg.en der → Normandie verschwägert sind. Gegen 1055/56 wird die Region v. A. von der Gft. Mortain abgetrennt, zur *vicomté* erhoben und der Familie der Goz übergeben (wahrscheinl. auch unter dem Namen der Herren v. Creully bekannt, die seit 1071 Gf.en v. → Chester sind). 1142 wird die vicomté von Geoffroy (Goffredus) v. Anjou (→ Angers, Anjou) erobert. Ab 1204, nach der Eroberung der Normandie durch Philipp II. August, wird sie durch den frz. Kg. verpachtet und hört auf, erblich zu sein. Unter Ludwig d. Hl. geht sie aus dem bailliage Bayeux in das bailliage Cotentin über. Im → Hundertjährigen Krieg wird dieser Teil der Nieder-Normandie heftig umkämpft; angefeuert durch das Beispiel des Mont-St-Michel, kommt es schließl. zum Widerstand gegen die engl. Herrschaft. A. wird zw. 1418 und 1439 achtmal belagert. 1449 erfolgt die endgültige Vereinigung mit der frz. Krone.

J.-C. Poulin

Lit.: [zu I]: Catholicisme I, 1142-1143 – B. JACQUELINE, Les origines du diocèse de Coutances et A., Revue du dép. de la Manche 11, 1969, 282-291 – DERS., La réconciliation d'Henri II Plantagenet, à A., après le meurtre de Thomas Becket (1172), Amis du Mont-Saint-Michel 78 1973, 11-14 – [zu II]: DHGE V, 1241-1245 – M. DELALONDE, L'Avranchin au temps de Guillaume (1028-1087), Études normandes, 59-60, 1966, 89-93 – R. JOUET, La résistance à l'occupation anglaise en Basse-Normandie (1418-1450), 1969 – L. MUSSET, Les Goz, vicomtes d'A., Revue de l'Avranchin 49, 1972, 306-308.

Avranchin → Avranches

Awaren → Avaren

Awdańce (Sgl. Awdaniec), eines der mächtigsten und ältesten Adelsgeschlechter in Polen. Der Name (Geschlechterruf) ist von altnord. auda, audr ('Gut, Schatz') abgeleitet. Der Vorname Skarbimir (poln. skarb 'Schatz') ist Leitname. Die ersten urkundl. Nachrichten über die Familie begegnen bereits in der 2. Hälfte des 11. Jh. Um 1070 gründete sie das Benediktinerkl. in → Lubiń (Großpolen), wo sich ihre ältesten Güter befanden. In den folgenden Jahrhunderten vergrößerten die A. ihren Grundbesitz in Großpolen, Schlesien, Kleinpolen, Łęczyca und Sieradz, in Kujawien und – seit der 2. Hälfte des 15. Jh. – auch in Ruthenien. Während der Herrschaft Bolesławs III. Krzywousty (1102-38) erlangten die A. hohes Ansehen und hatten führende Ämter im poln. Staat inne (Wojwode, Kanzler). Nach dem Aufstand des Wojwoden Skarbimir 1117 verlor die Familie jedoch ihren polit. Einfluß, ohne ihn je wiederzuerlangen.

H. Chłopocka

Lit.: SłowStarSłow I, 61f. [H. CHŁOPOCKA, T. LEHR-SPŁAWIŃSKI] – W. SEMKOWICZ, Ród Awdańców w wiekach średnich, Roczn. Poznańskiego Tow. Przyjaciół Nauk 44-46, 1917-20 – M. RUDNICKI, Ekskurs o Awdańcach, SlOcc 17, 1938, 269-283 – Z. WOJCIECHOWSKI, Pogranicze plemienne śląsko-wielkopolskie, PrzgZach 1952, H. 5/6, 279-298.

Axholme (Lincolnshire). Nach der Schlacht von → Evesham besetzten einige der »Enterbten« (→ Disinherited) unter Führung des jüngeren Simon de Montfort die Insel A. in den Niederungen des unteren Trent. Im Dez. 1265 zwang sie Eduard (I.), Sohn → Heinrichs III., sich zu unterwerfen, und Simon erklärte sich bereit, vor dem Kg. zu erscheinen und seinem Urteilsspruch entgegenzunehmen. Man verlangte von ihm die Auslieferung → Kenilworths und den Verzicht auf das Gebiet, wofür er eine Rente von 500 Mark im Jahr erhalten solle. Als Kenilworth es ablehnte, sich zu ergeben, wurde Simon in London in Haft genommen, doch entfloh er 1266 aus England.

C. H. Knowles

Lit.: F. M. POWICKE, Henry III and the Lord Edward, 1947.

Axiom
I. Frühscholastik und Scholastik – II. Nominalismus – III. Angewandte Axiomatik.

I. FRÜHSCHOLASTIK UND SCHOLASTIK: Im MA wurde die aristotel. Bestimmung des Begriffs A. ($\dot{\alpha}\xi\iota\omega\mu\alpha$) weithin rezipiert. Danach ist A. ein Satz, der zuerst, unvermittelt, von sich aus einsichtig und im Unterschied zu den sog. »Setzungen« (d.h. Existenzsetzungen und Definitionen) unbezweifelbar, d.h. notwendig wahr ist. Diese Lehre wird bes. durch Boethius und die Boethiusrenaissance im 12.Jh. derart differenziert, daß die Unterscheidung des Euklid zw. Postulaten, Suppositionen und A.en rezipiert wird, wobei unter A. nach Proklos (In Eucl. 179,3) all das zu verstehen ist, »was von selbst der Erkenntnis evident und unseren unbelehrten Begriffen leicht erreichbar ist«. Nach Boethius, der diese Bestimmung dem MA vermittelt, ist der von ihm geprägte Ausdruck für A. »communis animi conceptio« als eine »Aussage« zu verstehen, »die jeder, der sie hört, billigt«. Allerdings sind die von jedermann anerkannten Sätze, wie der, daß Gleiches vom Gleichen abgezogen, Gleiches ergibt, von den nur Fachgelehrten einsichtigen Axiomen (z.B. »Was unkörperlich ist, ist nicht an einem Ort«) zu unterscheiden. Während jene nämlich ganz unvermittelt und »natürlich« als wahr erkannt werden, beruhen diese – so hat → Gilbert v. Poitiers die boethian. Unterscheidung erklärt – auf sog. dialekt. »loci«, die wegen ihrer Allgemeinheit von allen Menschen »natürlich« erkannt werden können. Nach der Definition des Boethius umfaßt der Begriff A. also sowohl die indemonstrablen, durch sich bekannten Sätze, die auch »Maximen« heißen, als auch die ebenfalls »Maximen« im Sinne der Topik genannten Sätze (loci), die zwar vom Hörer sofort gebilligt werden, bei näherem Nachfragen aber auch noch durch »höhere Sätze« bewiesen werden können. Ganz im Sinne des Boethius erklärt deswegen Gilbert, daß in der Axiomdefinition sowohl die »communes loci« der Rhetoren als auch die Maximen der Dialektiker, die Theoremata der Geometer, die A.e der Musiker und die allgemeinen Sätze der Ethiker eingeschlossen wären. Trotz dieses mehrdeutigen Sinnes von »A.« kann der Unterschied zu den Postulaten und Suppositionen nach → Robert Grosseteste eindeutig dahingehend bestimmt werden, daß es zur Erkenntnis des A.s nicht eines äußeren erklärenden »Begriffs« oder Syllogismus bedarf, wie bei den beiden anderen Prinzipien, sondern nur dessen, was »der Anblick des Geistes ist« (In Arist. Post. An. I, 9, f. 10 va).

II. NOMINALISMUS: Das Problem des axiomat. Charakters von Sätzen wurde dann bes. virulent im Nominalismus, und zwar im Zusammenhang mit der Frage nach dem Wesen der sog. propositio per se nota. Während noch → Johannes Duns Scotus und → Petrus Aureoli sowohl die aufgrund sinnlicher Erfahrung sich unmittelbar ergebenden (z.B. »der Schnee ist weiß«) als auch die aus einem sog. »imperceptibilis syllogismus« resultierenden Sätze (z.B. »das Ganze ist größer als jeder seiner Teile«) als »allgemeine Konzeptionen des Geistes«, also als A.e verstanden, unterscheidet → Wilhelm v. Ockham scharf zw. den »durch sich bekannten Prinzipien« und anderen indemonstrablen, unvermittelten Sätzen, die nur aufgrund von Erfahrung bekannt sind. Ein Satz ist danach nur dann als A. oder propositio per se nota anzusehen, wenn jede Art der Erkenntnis der in ihm als Bestandteile enthaltenen Begriffe »zusammen mit der bloßen Bildung des Satzes genügt, eine evidente Erkenntnis jenes Satzes« hervorzurufen. Da aber die »letzte Auflösung« (ultimata resolutio) einer beweisbaren Konklusion nicht immer bei solchen A.en, sondern doch auch nur durch Erfahrung erkannten Prinzipien (z.B. »die Wärme ist warmmachend« oder »die Schwere neigt nach unten«) endet, muß man auch die Erfahrungsprinzipien, die im Gegensatz zu den A.en wesentl. in Zweifel gezogen werden können, als erste, nicht mehr weiter auflösbare, obgleich nicht schlechthin evidente Grundsätze betrachten. Diese im → Nominalismus anscheinend weitverbreitete Lehre (vgl. Pierre d'Ailly, Gabriel Biel), die später auch Johannes a Sancto Thoma rezipiert, scheint die seit Kant geläufige Unterscheidung von apriorischer und aposteriorischer Erkenntnis vorzubereiten.

III. ANGEWANDTE AXIOMATIK: Aristoteles muß zwar als der Schöpfer der ersten Charakteristik einer strengen Wissenschaft im abendländ. Sinne angesehen werden, er hat aber selbst nie eine bestimmte Wissenschaft axiomatisiert. Die Elemente Euklids stellen den ersten Versuch dar, Mathematik als strenge Wissenschaft zu konzipieren. Während Galen noch die Axiomatisierung nur der Logik verlangte, postulierten die Boethiusinterpreten des 12.Jh. die Universalisierung der math.-deduktiven Methode. So kommt es, daß die Axiomatisierung auch auf die Theologie angewandt wird. → Alanus ab Insulis hat in seinen »Regulae« oder »Maximae theologicae« versucht, von obersten allgemeinen Sätzen her das ganze System von Glaubenseinsichten deduktiv abzuleiten. Ganz streng nach der euklidischen Methode werden auch in dem vielleicht von Alanus stammenden Werk »Ars catholicae fidei« Definitionen, Postulate und A.e vorangestellt, aus denen die chr. Hauptlehren syllogist. deduziert werden. Während in diesem Werk jedoch Glaubens- und Vernunftwahrheiten nicht streng unterschieden werden, versteht Thomas v. Aquin zum ersten Mal die articuli fidei als A.e der Glaubenswissenschaft. Schließlich sei erwähnt, daß die Theoremata-Literatur des 14.Jh. (vgl. Aegidius Romanus, Johannes Duns Scotus u.a.) die axiomatisierte Form der Metaphysik, insofern sie strenge Wissenschaft ist, darstellt.

Th. Kobusch

Lit.: HWPh I, 741ff., s. v. – C. BALIC, Die Bemerkungen zur Verwendung math. Beweise und zu den Theoremata bei den scholast. Schriftstellern, WuW 3, 1936, 204–211 – P. RUCKER, Mathematik und Philosophie, PhJG 53, 1940, 17–29, 234–245 – M.D. CHENU, Une Théologie axiomatique au XIIe s., Citeaux in de Nederlanden 9, 1958, 137–142 – H. SCHOLZ, Die Axiomatik der Alten (Mathesis Universalis, hg. H. HERMES, F. KAMBARTEL, J. RITTER, 1961), 27–44.

Axiopolis (Hinog), Stadt im heut. Rumänien, Dobrudscha (Bez. Constanţa, heut. Name: Cernavoda), nahe der Mündung des Axios (heute Cernavoda) in die Donau, röm.-byz. Festung (4.–6. Jh.), die eine röm. und eine ältere geto-dakische Siedlung überlagert, südl. davon eine byz. Festung (10.–12.Jh.) auf einem Plateau auf dem rechten Donauufer vor der Insel Hinog, ca. 3 km. südl. der Stadt Cernavoda. Die archäolog. Ausgrabungen durch TOCILESCU und POLONIC (1898–99) haben drei Festungsmauern identifiziert und das Nord- und Südtor der byz. Festung ermittelt. Vor dem Nordtor der röm.-byz. Burg befand sich eine basilica extramurana mit Kapelle und paläochörigem chr. Friedhof (dort zwei Inschriften, u.a. Grabinschrift des comes Gibastes [wohl comes foederatorum] für seine Tochter Anthusa, 5.–6.Jh., ferner Funde von Skulpturen, Fragmenten, Keramik, spätröm. und byz. Münzen). – Südl. der Festung beginnt der bis Tomi (Constanţa) reichende, unter Trajan errichtete Wall.

I. Barnea

Lit.: RE II, 4, s.v. Axiopolis, Axios, 2628f., 2630 – G. TOCILESCU, Fouilles d'A. (Fschr. O. HIRSCHFELD, 1903), 354–359 – R. NETZHAMMER, Aus Rumänien I, 1909, 275, 284–294 – DERS., Die chr. Altertümer der Dobrudscha, 1918, 113–128 – I. BARNEA, Studii şi Cercetări de Istorie Veche XI, 1960, 1, 69–80 – E. POPESCU, Inscripţiile greceşti şi latine din secolele IV–XIII descoperite în România, 1976, 203–210.

Axungia, adeps, pinguedo, sebum, tier. Fett schlechthin, nicht etwa nur das der Bauchhöhle (Eingeweidefett), insbes. aber Fett vom Schwein: axungus porcinus, assungia porcina (Antidotarium Nicolai); landesspr.: 1. Eingeweidefett, mhd. *smer, schmer, smerw* (Petrus v. Ulm), mnfrk. *smeer (swinensmeer), smere, smaer (swinensmare)*, in den chirurg. Schriften des Yperman bzw. Scellinck jedoch auch gleichbedeutend mit Eingeweidehaut (omentum); 2. für ausgelassenes Tierfett geringerer Konsistenz, mnd. *smaltz*, mnfrk. *smalt (swìnsmalt), smolt, smout (swinensmout)*; 3. nur Bauchfett, mnd. *swinesvlome* (Stockh. mnd. Arzneibücher). Mit *unslit (unslicht*, vielfach *unschlitt*, auch *inschlitt)* ist tier. Eingeweidefett von höherer Konsistenz und geringerer Viskosität als *smer* und *smaltz* gemeint.

W. F. Daems

Lit.: G. KEIL, Die »Cirurgia« Peters v. Ulm, Forsch. zur Gesch. der Stadt Ulm II, 1961, 464f., 479.

Ayala, Pero López de → López de Ayala

Ayas (it. Lajazzo), Stadt in Kilikien (heute Yumurtalik, O-Türkei), Haupthafen des armen. Kgr.es in Kilikien (→ Armenien). A. erlebte seinen Aufstieg im 13. Jh. als Endpunkt der großen Gewürzstraßen aus China und Indien infolge der Vorherrschaft der → Mongolen in Zentralasien und ihrer Begünstigung des chr. Handels. Nach der Vernichtung der lat. Staaten in Syrien (1291) blieb A. als einziger Mittelmeerhafen des levantin. Festlandes in chr. Händen. Diese Tatsache förderte ebenso wie die päpstl. Verbote und Einschränkungen des Handels mit Muslimen (→ Embargo) das weitere Wachstum von A. Der Hafen wurde von westeurop. Kaufleuten stark besucht, die dort Handel trieben oder wie Marco Polo die Stadt auf ihrem Weg in den Osten durchreisten. In den Jahren 1266, 1275 und 1322 erlebte die Hafenstadt Plünderungen durch die → Mamlūken, denen seit 1337 die dauernde Besetzung folgte. Damit scheint die wirtschaftl. Blüte von A. ihr Ende gefunden zu haben. P. W. Edbury

Lit.: P. W. HEYD, Hist. du commerce du Levant au MA II, 73–92 – H. HELLENKEMPER, Burgen der Kreuzritterzeit in der Gft. Edessa und im Kgr. Jerusalem, 1976, 154-164 – A. T. LUTTRELL, The Hospitallers' Interventions in Cicilian Armenia: 1291-1375 (The Cicilian Kingdom of Armenia, hg. T. S. R. BOASE, 1978), 133-144.

Ayasoluk → Selçuk

Aydīn Oğullarī (»Aydīn-Söhne«), türk. Fsm. in Lydien (1300-90/1403), das sein Entstehen dem türk. Vorstoß über die seldschuk.-byz. Grenzmark hinaus verdankt. Mehmed Beg (1308-34), Sohn des Aydīn, eroberte nach Abzug der Katalanen (→ Katal. Kompagnie) Ayasoluğ (Ephesus) und machte 1308 Birgi (Pyrgion) zu seiner Hauptstadt. Seine Titulatur weist ihn als »Emir (später Sultan) der Glaubensstreiter, der Grenzmarken und der Küstenlande« aus. Flotte und Seeherrschaft baute sein Sohn Umur Beg aus, ein Seeheld, der den »Kreuzzug« Humberts II. v. Vienne gegen sich mobilisierte und der im Kampf mit den vereinten Lateinern vor Smyrna fiel (1348). Sein Bruder Ḫīẓr verhandelte mit Papst Clemens VI. Der jüngste Sohn 'Īsā regierte friedl. in Ayasoluğ. Als bald nach 1390 der Osmane Bāyezīd I. das Fsm. seinem Staat einverleibte, suchten 'Īsās Söhne Zuflucht bei Timur, der 1402 das chr. gebliebene Smyrna eroberte und das Fsm. wieder einem Aydīn-Oğlu gab. Umur II. mußte die Herrschaft aber schon 1403 dem »Izmir Oğlu« Günayd überlassen, der, in den osman. Bruderkampf verwickelt, Izmir 1416 vorübergehend und 1425 endgültig verlor. Die A., eifrige Muslime und ehrgeizige Förderer arab., pers. und türk. Lit., verwendeten die den chr. Gegnern abgenommenen Schätze auch für religiöse Bauten (Große Moscheen in Birgi 1312 und Ayasoluğ 1375). Die Taten Umur Begs dichtete Enverī 1465 nach. B. Flemming

Lit.: I. MÉLIKOFF-SAYAR, Le Destān d'Umur Pacha, 1953 – P. LEMERLE, L'Émirat d'Aydin, 1957.

Ayenbite of Inwyt ('Reue des Gewissens'): wörtl., aber oft ungenaue Prosa-Übersetzung Frère Lorens' »Somme le Roi« (1279) in den kent. Dialekt des Me., die Dan Michel v. Northgate, ein Mönch der Abt. St. Augustine, Canterbury, anfertigte. Die Abhandlung, die für ungebildete Laien bestimmt war, enthält Abschnitte über die Zehn Gebote, die zwölf Artikel des chr. Glaubens, die sieben Todsünden, das Vaterunser, die Tugenden und verschiedene andere dogmat. Themen. Sie ist nur in einer einzigen Hs. (Arundel 57) erhalten, die eigenhändig von Dan Michel geschrieben und am 27. Okt. 1340 abgeschlossen wurde. R. E. Lewis

Q.: MORRIS, EETS 23 (revd. P. O. GRADON) – Lit.: J. E. WELLS, A Manual of the Writings in ME, 1050-1400, 1916ff., 345, 817, 1826 – RENWICK-ORTON, 290 – NCBEL I, 502 – P. S. JOLLIFFE, Check-List of ME Prose Writings of Spiritual Guidance, 1974, A 1 a.

Aymon

1. **A.**, *Gf. v. Savoyen* 1329-43, * 1291, † 1343, ∞ Yolande v. → Montferrat. Durch diese Heirat festigte er seine Autorität im nördl. Piemont. Seit dem Beginn seiner Regierung vollendete er das Werk seines Vaters Amadeus V., Institutionen für seine Territorien zu schaffen: Er richtete das Amt des Kanzlers *(chancelier)* ein und organisierte den Rat *(Conseil Résident)* in → Chambéry in definitiver Weise. Er trat bei allen richterl. Angelegenheiten als höchster Schlichter auf und zögerte nicht, zahlreiche Freiheitsprivilegien zu verleihen. Allmählich erreichte er einen Frieden mit der → Dauphiné, der endgültig 1337 geschlossen wurde; durch Verhandlungen erlangte er den Lehnseid des Mgf.en v. → Saluzzo. Genötigt, sich im Hundertjährigen Krieg zw. der engl. und der frz. Sache zu entscheiden, wählte er die Parteinahme für Philipp VI., den er durch Entsendung von Truppen unterstützte. – Mit A.s Regierung endete im wesentl. eine Periode der savoy. Gesch., die durch Kriege mit der Dauphiné, gute Beziehungen zu England, Prosperität und städt. Freiheiten gekennzeichnet war. B. Demotz

Q. [ungedr.]: Protocoles des notaires-secrétaires des Comtes de Savoie; Comptes des trésoriers généraux de Savoie (Originale im Archivio di Stato, Torino; Mikrofilme in den Archives dép., Chambéry) – Lit.: R. MARIOTTE-LÖBER, Ville et Seigneurie. Les chartes de franchises des Comtes de Savoie fin XIIe-1343, 1973 – B. DEMOTZ, La politique internat. du Comté de Savoie durant deux siècles d'expansion (début XIIIème - début XVème), Les Cah. d'Hist. 19, 1974 – S. GUICHENON, Hist. généalogique de la Royale Maison de Savoie, 1976.

2. **A.**, *Bf. v. Mâcon* seit ca. 1220, † 19. Okt. 1242 in der Abtei Hauterive; vorher cantor am Domkapitel v. Lyon, gegen 1220 Bf. v. Mâcon nach der resignatio von Ponce de Thoire. Als Bf. sah sich A. genötigt, das Kapitel St-Vincent in Mâcon wieder seiner Gewalt zu unterwerfen (1223 Erhalt neuer Statuten). A.s Pontifikat war durch einen schweren Konflikt mit Gf. Girard v. Mâcon gekennzeichnet, dem der Bf. die Oberhoheit über die Burg Solutré streitig machte. Der teilweise gewaltsam ausgetragene Streit, in dessen Verlauf der Bf. gefangengesetzt, der Gf. exkommuniziert und Mâcon durch den Bf. befestigt wurde, ging auch unter Jean de Braine, dem Schwiegersohn und Nachfolger Girards, weiter. 1238 begünstigte der Bf. den Kauf der Gft. Mâcon durch Kg. Ludwig IX., der den Bf. zwar von einem örtl. Mitbewerber befreite, dafür jedoch das ganze Mâconnais in die unmittelbare Abhängigkeit von der Krone überführte. A. starb auf der Rückreise von einem Aufenthalt am Königshof. J.-Y. Mariotte

Lit.: GChr IV, 1077-1080 – COMTE DE LA ROCHETTE, Hist. des évêques de Mâcon, 1867, 217-236.

Ayr → Schottland

Ayuntamiento (Regimiento), Versammlung der Personen, die die Leitung des Bürgerrates in den kast. Gemeinden des späten MA hatten. In der ersten Zeit bezeichnet dieses Wort nur den Vorgang der Versammlung dieser Personen. Das A. ist das höchste repräsentative Organ der Leitung einer Gemeinde. → Stadt, → Concejo, → Regidores. C. Sáez

Ayyūbiden, islam. Dynastie, vorwiegend im 12./13. Jh. in → Ägypten, Syrien/Palästina und Teilen Mesopotamiens von Bedeutung. Abkommen des Kurden Ayyūb (gest. 1183), der ebenso wie weitere Mitglieder seiner Familie in militär. Diensten der → Zengiden, der türkischstämmigen Herrscher von Mesopotamien und Syrien, stand. Im Zusammenhang mit den Plänen des → Nūraddīn Zangī, auch Ägypten unter seine Kontrolle zu bringen, wurde Ayyūbs Bruder Šīrkūh ins Nilland entsandt; in seiner Begleitung befand sich Ayyūbs Sohn Salāḥaddīn (→ Saladin). Letzterer, der nach dem Tode Šīrkūhs (1169) die Herrschaft in Ägypten übernehmen konnte, ist der Begründer der A.-Dynastie, die die bis dahin dort herrschenden → Fāṭimiden ablöste.

Saladin, vom 'abbāsid. Kalifen als Herrscher über Ägypten legitimiert, vermochte seine Macht nach N über Syrien und Mesopotamien, nach S bis zum Jemen hin auszudehnen. Damit waren die geogr. Grenzen auch für den Aktionsradius seiner Nachfolger festgelegt. Saladins Sieg über die Kreuzfahrer bei → Ḥaṭṭīn (1187), der für diese den Verlust Jerusalems und des größten Teiles ihrer Besitzungen in Syrien/Palästina zur Folge hatte und den dritten → Kreuzzug auslöste, ließ ihn in Europa negativ, in der islam. Welt positiv als Protagonist für die Belange des Islams erscheinen. Im Grunde ging es bei seinen Kämpfen in Syrien, die sich auch gegen Muslime richteten, um die Wiederherstellung der uralten geogr.-polit. Einheit von Ägypten und Syrien.

Entsprechend tribalist. Tradition und damit verbundener patriarchal. Herrschaftsauffassung wurde das Reich nach Saladins Tod (1193) unter Angehörige der Familie Ayyūbs aufgeteilt. Neue Zentren der A.-Herrschaft entstanden neben Kairo u. a. in → Damaskus, → Aleppo und Diyārbakr. Eine Art Suprematie eines der A. über die ihm verwandten anderen Teilherrscher konnte sich nur ztw. durchsetzen, wobei die jeweiligen Machthaber in Kairo und Damaskus miteinander konkurrierten. Als bedeutendste A.-»Könige« (al-malik, 'König', ist der gängigste Titel der A.) nach Saladin sind al-'Ādil (1200–18), al-Kāmil (1218–38), al-Mu'aẓẓam (1218–27) und aṣ-Ṣāliḥ Ayyūb (1232–49) zu nennen.

Der Aufstieg der A.-Dynastie bedeutet in der islam. Geschichte insofern einen wichtigen Einschnitt, als dadurch ein zentrales islam. Gebiet endgültig für den sunnitischen Islam zurückgewonnen werden konnte, nachdem es ca. 200 Jahre lang unter den Fāṭimiden schiitisch gewesen war; auch die Unterordnung unter die 'abbāsid. Kalifen in Bagdad wurde durch die A. wiederhergestellt. Die Verwaltung erhielt unter den A. entsprechend ihrer Herkunft einen ausgeprägt militär. Charakter; das Erstarken von Truppenkontingenten, so auch der → Mamlūken ('Kriegssklaven'), bewirkte 1250 das Ende der A.-Herrschaft in Ägypten, während die n. Teilreiche der A. fast ausschließlich Opfer des Mongolensturms wurden. Kulturelles Zentrum war zeitweilig Damaskus (bes. unter Mu'aẓẓam); eine hochentwickelte Historiographie sei als Beispiel genannt.

Ausgleich und Verhandlungen anstelle krieger. Auseinandersetzungen kennzeichnen trotz Angriffen auf Ägypten das Verhältnis der A. zu Europa. Verträge mit den it. Seehandelsmetropolen und ein fast freundschaftl. Verhältnis zu den Staufern (al-Kāmil – Friedrich II.) sind charakterist. für die Politik der A., die z. T. von den Mamlūken fortgesetzt wurde. A. Noth

Lit.: EI², s.v. Ayyūbids [C. CAHEN] – H. L. GOTTSCHALK, Al-Malik al-Kāmil v. Egypten und seine Zeit, 1958 – H. A. R. GIBB, A Hist. of the Crusades II, hg. K. M. SETTON, 1962, 693ff.

'Azab (arab. 'ledig'), Bezeichnung verschiedenartiger Kombattanten früher türk. Dynastien, sodann der Osmanen (bis 19. Jh.). Die frühesten 'azab, Marinesoldaten der → Aydın Oğulları im 13. Jh., waren vermutlich Junggesellen. Seit dem 14. Jh. nannte man 'azab die nach Bedarf rekrutierten leichten Bogenschützen, die dem Feind vor Artillerie und → Janitscharen entgegengestellt wurden. Seit Mitte des 14. Jh. wurden 'azab als besoldete osman. Festungsbesatzung, seit dem 16. Jh. gelegentl. für Brücken- und Wegebau und als Sappeure eingesetzt. Es finden sich auch osman. besoldete 'azab als Marinesoldaten. E. Ambros

Lit.: EI² I, 807 [Lit.].

Azarias, unvollständig erhaltenes ae. Gedicht (191 Zeilen), entstanden vielleicht im letzten Drittel des 9. Jh., überliefert im → Exeter-Buch. »A.« ist eine ausgedehnte lyr. Paraphrase des Gesanges des Azarias und des Gesanges der drei Jünglinge im Feuerofen (bibl. Vorbild: Daniel 3.24–90). V. a. der erste Teil des »A.« (1–72) zeigt deutl. Übereinstimmung mit dem ae. → »Daniel« (Zeilen 278–361); das Verhältnis der beiden Werke zueinander ist jedoch nicht geklärt. A. Eller

Bibliogr.: RENWICK-ORTON, 177 – NCBEL I, 239 – *Q.:* F. A. BLACKBURN, Exodus and Daniel, 1907 – ASPR III, 88–94 – R. T. FARRELL, Daniel and A., 1974 – *Lit.:* W. SCHMIDT, Die ae. Dichtungen Daniel und A., Bonner Beitr. zur Anglistik 23, 1907 – A. JONES, Daniel and A. as Evidence for the Oral Formulaic Character of OE Poetry, MAe 35, 1966, 95ff. – R. T. FARRELL, Some Remarks on the Exeter Book A., MAe 41, 1972, 1ff.

Azario, Pietro, it. Geschichtsschreiber, * 1312 in Novara, † vermutl. nach dem 16. Jan. 1367, aus einer ghibellin. eingestellten Familie von Kaufleuten, Bankiers und Notaren, die aus dem Contado Camodegia stammte. Vermutl. vollendete er seine jurist. Ausbildung in Mailand oder in Novara. 1347 stand er im Dienst der → Visconti in Borgomanero und war nach 1350 Notar ihrer Söldnertruppen, die in Bologna stationiert waren (De Statu Canapicii liber, ed. A. COTTA, Venezia 1697, 35, 89–90, 177, 63). Von dort aus nahm er 1351 bis 1354 an den Feldzügen der Visconti in der Toskana und gegen Modena teil, danach kehrte er nach Mailand zurück. Nach dem Tod seiner Frau, Franceschina De Fossato, die er um 1347 geheiratet hatte, und zweier Söhne, begann er in Tortona seinen »Liber gestorum in Lombardia«, den er 1362 fertigstellte, aber in den Jahren 1363–64 revidierte und ergänzte. Im »Liber gestorum« stellt A. v. a. die Mailand in den Jahren 1250 bis 1364 betreffenden Ereignisse dar, während er im »De Statu« die Zwistigkeiten unter den Herren des Canavese im 14. Jh. behandelt. Die Erzählweise ist immer sehr subjektiv gefärbt und weist oft moralisierende Tendenz auf, verfällt jedoch nie in Schmeichelei gegenüber den Visconti. F. Panero

Ed. und Lit.: Rerum Italicarum Scriptores², XVI, 4, ed. F. COGNASSO – DBI, s. v. A.

Azay-le-Rideau, Vertrag v. Der in A. an der Indre in der Touraine (heut. Dép. Indre-et-Loire) am 4. Juli 1189 geschlossene Vertrag beendete den Krieg zw. Kg. Heinrich II., Kg. v. England, und Philipp II. August v. Frankreich, der mit Heinrichs aufständ. Sohn, Richard Löwenherz, verbündet war. Der vollständig besiegte Kg. v. England mußte alle seine Besitzungen in der Auvergne und im Berry, Issoudun, Graçay und Châteauroux an Philipp August abtreten, eine Entschädigung zahlen, seine Eroberungen Richard, dem die Barone als Erben des Kg.s den Lehnseid leisten mußten, überlassen, und dessen Heirat mit Alix, der Schwester von Philipp August, zustimmen. Der gemeinsame Aufbruch zum Kreuzzug (→ Kreuzzug, 3.) wurde in Vézelay Mittfasten 1190 festgesetzt. Zwei Tage nach dem Vertrag starb Heinrich II. J. Boussard

Lit.: A. LUCHAIRE, Hist. de France, hg. E. LAVISSE, III, 1901, 98–101 – A. LONGNON, La formation de l'unité française, 1922 – J. BOUSSARD, Le gouvernement d'Henri II Plantegenêt, 1956, 580f.

Azecho (Hazecho), Bf. v. Worms, geweiht 5. Dez. 1025, † wohl Worms 17. Jan. 1044. Unbekannter Herkunft, von Konrad II. mit Klerus und Volk von Worms, aber ohne Fühlungnahme mit dem darüber sehr ungehaltenen Metropoliten → Aribo v. Mainz zum Nachfolger des Bf.s → Burchard bestimmt; nur beiläufig auf Synoden (Seligenstadt 1026, Frankfurt 1027) und am Kaiserhof (1027, 1036, 1038) bezeugt, bei der Ksn. Gisela, dem Thronfolger Heinrich III. und dessen erster Gemahlin Gunhild gut gelitten, aber nicht in erkennbarer Weise polit. hervorgetreten; auch nur wenig Diplome überliefert (MGH D K. II. 50. 51. 204, keine Heinrichs III.). Die im wesentl. zu seiner Zeit erwachsene, erst später abgeschlossene Ältere Wormser Briefsammlung (darunter acht Briefe von ihm, 15 an ihn), als Quelle und Bildungsdokument bedeutsam, gibt Einblicke in die Domschule, aber auch in Alltag und Zeitgeschehen. → Brief, Briefsammlung. Th. Schieffer

Q.: Die Ältere Wormser Briefsammlung, bearb. W. BULST (MGH Epp. DK III, 1949) – Lit.: NDB I, s. v. – JDG K II, 2 Bde, 1879–84 [Neudr. 1967], passim.

Azelin, Bf. v. Hildesheim → Hildesheim

Azincourt → Agincourt

Azo. 1. A. (Adso) → Adso v. Montier-en-Der

2. A., Doctor legum, * in Bologna, † 1220 ebd. Er studierte Zivilrecht in → Bologna unter → Johannes Bassianus und lehrte dort spätestens seit 1190. Unter seinen Schülern waren die Legisten → Accursius, → Bernardus Dorna, → Jacobus Balduini, → Martinus de Fano und → Roffredus de Epiphaniis, der Feudist → Jacobus de Ardizone und die Kanonisten → Goffredus de Trano und → Johannes Teutonicus. A. war als Berater und Gutachter in öffentl. und privaten Rechtsangelegenheiten auch prakt. tätig. Seine Hauptwerke sind zum allergrößten Teil ungedruckte → Apparatus glossarum zu allen Teilen des Corpus iuris, die wichtigste Quelle der Glossa ordinaria, und → Summae codicis, institutionum und digestorum, die in 2. Fassung zum Standard-Handbuch des gemeinen Zivilrechts wurden (ca. 35 Ausgaben 1481–1610). A. schrieb ferner ein → Commentum zum Digesten-Titel »De diversis regulis iuris« und → Distinctiones, beides ungedruckt, sowie → Brocardica und → Quaestiones. A.s Codex-Vorlesung hat sein Schüler Alexander de Sancto Aegidio mitgeschrieben und ausgearbeitet (sog. Codex-Kommentar des Azo). P. Weimar

Ed.: Summa Azonis, Pavia 1506 [Neudr. 1966 = CGIC 2] – Brocardica aurea, Neapel 1568 [Neudr. 1967 = CGIC 3] – Azonis ad singulas leges XII librorum Codicis Justinianei commentarius, Paris 1577 [Neudr. 1966 = CGIC 3], 1–717 – Die Quaestiones des Azo, hg. E. LANDSBERG, 1888 – S. CAPRIOLI u. a. [Hg.], Reliquie preaccursiane, I: Duecentesche glosse dello strato azzoniano alle Istituzioni, 1978 – Lit.: DBI IV, 774–781 – SAVIGNY V, 1–44 – COING, Hdb. I – P. WEIMAR, Quelques remarques sur les Summae Digestorum d'Azon, RHDFE, Ser. 4, Bd. 51, 1973, 720–721.

Azogue (von arab. *al-sūq*, 'Markt') in Kastilien und León maurisch beeinflußte Bezeichnung für den tägl. Markt, um ihn vom Jahrmarkt *(feria)* oder Wochenmarkt zu unterscheiden. Obwohl die Existenz dieses Markttypus schon im 10. Jh. zu beobachten ist (León, Burgos), gehören die ältesten urkundl. Belege für den A. erst dem 12. Jh. an. A. wurde ein Stadtviertel oder Platz genannt, mit feststehenden Verkaufsständen oder Buden. Er unterstand entweder der Gerichtsbarkeit des Kg.s, der Stadtgemeinde oder eines Territorialherrn. M. Sánchez Martínez

Lit.: L. GARCÍA DE VALDEAVELLANO, El mercado. Apuntes para su estudio en León y Castilla durante la Edad Media, 1931 [verb. und erg. Aufl. 1974].

Azulejos (arab. *az-zulaiǧ* 'kleines Steinchen'), mehrfarbige, gemusterte Keramikfliesen, die die Mauren im 14. Jh. in Spanien einführten. Zentren der Herstellung waren Sevilla und Málaga. Die meist geometr. Muster wurden entweder in den Ton geritzt *(cuerda seca)* oder eingedrückt *(de cuenca)*, wobei die entstehenden Furchen bzw. Kanten das Ineinanderlaufen der Farben verhinderten. Beeinflußt durch die Arbeiten des Italieners F. Niculoso (z. B. Alcázar, Sevilla, 1504), wurden im Laufe des 16. Jh. Renaissanceornamente aufgenommen. Talavera de la Reina übernahm die Vormachtstellung in der Fliesenproduktion, als hier v. a. Flamen die neue it. Art des Auftrags der Farben, bei dem sie trotz glatter Oberfläche nicht verliefen, anwandten (Pisanos). Beispiele für A. finden sich u. a. in der Casa de Pilatos, Sevilla, der Kirche Nuestra Señora del Prado, Talavera sowie im Museum Boymans-van Beuningen, Rotterdam. G. Plotzek-Wederhake

Lit.: A. BERENDSEN u. a., Fliesen. Eine Gesch. der Wand- und Bodenfliesen, 1964 [Lit.].

Azurara, Gomes Eanes de (de Zurara, da Zurara, dazurara, de Azurara), ptg. Chronist, * zw. 1405 und 1420 in Santarem (?), † 1473/74. Kgl. Bibliothekar und Archivar *(Guarda-Mor das Escrituras)* während der Regierungszeit Alfons' V. v. Portugal; seit 1451 kgl. Chronist. 1467 Aufenthalt in Alcácer Ceguer (N-Afrika) zur Vorbereitung der Chronik Duarte de Meneses, des Befehlshabers von Alcácer. Die v. a. auf den Erzählungen der Schiffskapitäne aufbauende »Cronica da Guiné« verfaßte er, um »über die Taten des Infanten Heinrich« zu berichten; sie gilt als die erste und wichtigste Quelle der ptg. Entdeckungen von 1420 bis 1448. Zwei Ideen beherrschen die Chroniken A.s: Verherrlichung der ritterl. Ehre und Verbreitung des Glaubens als Motiv → Heinrichs des Seefahrers für die Entdeckungsfahrten. A. Duchâteau

Ed.: Chronica do Descobrimento e Conquista de Guiné, ed. M. F. DE SANTAREM, 1841 – Crónica dos Feitos de Guiné, ed. A. J. DIAS DINIS, 1949 – Chronique de Guinée, ed. L. BOURDON (Mém. de l'Inst. Français d'Afrique Noire, 60), 1960 – Crónica da Tomada de Ceuta por El Rei Dom João I, ed. F. M. ESTEVES PEREIRA, 1915 – Chronica do Conde Dom Pedro de Meneses, 1792 – Chronica do Conde Dom Duarte de Meneses, 1793 – Lit.: A. J. DIAS DINIS, Vida e Obras de Gomes Eanes de Zurara, 2 Bde, 1949.

Azyma (ἄζυμα, das 'Ungesäuerte'). [1] Die (schon in der Septuaginta so bezeichneten) ohne Sauerteig gebackenen Brotfladen des atl. Kultes: vorgeschrieben als Opfergabe (Ex 29, 23 u. ö.) sowie als Speise für das Passah (Ex 12) und das anschließende siebentägige Fest der Ungesäuerten Brote (das urspr. Fest der Gersternernte war). – Die allegor. Deutung der A., die bes. bei Philon entfaltet ist (vgl. auch 1 Kor 5, 6–8), wird bei den gr. Vätern seit Justin (2. Jh.) gegen judenchr. Kultrelikte umgemünzt (»Weg vom alten Aion der A. zum neuen Sauerteig eines rein chr. Gottesdienstes!«). – [2.] A. bei der Eucharistiefeier sind in den ersten 4 Jahrhunderten nur durch gr. Polemik gegen judaisierende Sekten bezeugt, doch deutet die arm. Praxis der A. seit dem 6. Jh. auf ältere, weitläufige Wurzeln hin. Im lat. Liturgiegebiet führt gesteigerte Ehrfurcht im 9. Jh. zur Bevorzugung der A. (seit dem 12. Jh. in Hostienform; → Hostie). – Erst die byz. A.-Ablehnung des 11.–12. Jh. entstammt Pseudo-Athanasios (MPG 26,

1328): A. seien kein Brot, Jesus habe *vor* Anbruch des jüd. Passah sein Abendmahl gefeiert, die Schrift sage: »er nahm Brot«, nur gesäuertes Brot entspreche Christi menschl. Natur mit Leib und Nous (gegen → Apollinaris!). – Vom Trullanum (692) wird der armenische A.-Brauch jedoch nicht beanstandet, ebensowenig der lat. durch → Photios. – Der Streit um die A. wird 1053 durch ein Rundschreiben des mit → Michael Kerullarios befreundeten → Leon v. Ochrid entfacht und prägt, verschärft durch → Humbert v. Silva Candida und Niketas Stethatos, das Schisma von 1054 und jahrhundertelang die zwischenkirchl. Kontroversen. H.-J. Schulz

Lit.: RAC I, 1056–1062 – DACL I, 3254–3260 – J. M. HANSSENS, De missa rituum orientalium I, 1930, 121–217 – A. MICHEL, Humbert und Kerullarios, II, 1930 – BECK, Kirche 318f. u. ö.

Azzo

1. A. II. v. Este, Sohn des Otbertiners → Albert Azzo I., * um 1000, † 1097, Mgf. im östl. Ligurien, Gf. v. Mailand, Helfer Ks. Konrads II. und Heinrichs III., ∞ um 1035 mit Welfs II. Tochter Kuniza, Vater Welfs IV. A., der die Familiengüter im östl. Oberitalien zum Herrschaftsmittelpunkt machte, nahm 1074 an der röm. Fastensynode teil, zählte jedoch erst nach 1080 zur päpstl. Partei; in Canossa war er 1077 einer der Bürgen Heinrichs IV. Aus der 2. Ehe A.s mit einer Tochter des Gf.en v. Maine stammen Hugo, der zeitweilig als Gf. in Le Mans auftrat und eine Tochter Roberts Guiscard heiratete, und Fulco, der Stammvater der → Este. H. Keller

Lit.: DBI I, 753–758, s. v. Alberto Azzo – K. SCHMID, Welf. Selbstverständnis (Adel und Kirche. Fschr. G. TELLENBACH, 1968), 412 – H. SCHWARZMAIER, Lucca und das Reich bis zum Ende des 11. Jh., 1972, 247 ff.

2. A., Gf. v. Maine → Este, → Maine

3. A. VIII., Signore v. Ferrara, † 29. Jan. 1308, stammte aus der Ehe, die Obizzo II. d' → Este 1263, kurz bevor er erster Signore v. Ferrara wurde, mit Giacoma Fieschi geschlossen hatte. Er förderte die Pläne seines Vaters, eine dynast. Herrschaft zu errichten (die 1289 zum Erwerb von Modena und 1290 von Reggio Emilia geführt hatten) v. a. durch eine geschickte Heiratspolitik: 1282 vermählte er sich in erster Ehe mit Giovanna Orsini, 1305 mit Beatrice, der Tochter Karls II. v. Anjou, des Kg.s v. Neapel. Wie man auch aus den Anspielungen in Dantes Commedia (Purg. V 77–78) schließen kann, war A. anscheinend in seinen familiären Beziehungen unzuverlässig und im polit. Kampf gewalttätig. Nach dem Tod seines Vaters (1293) ging das Erbe der Macht nach dem Erstgeburtsrecht an ihn über. Es zeigte sich aber bald, daß er der Aufgabe, sein Erbe sowohl gegen seine Brüder Aldobrandino und Francesco als auch gegen die Untertanen und die benachbarten Machthaber zu verteidigen, nicht gewachsen war. A. verlor so infolge der feindl. Haltung der Carraresi, der Signori v. Padua, wichtige Stellungen im Polesine (1294/95). Beim Versuch, das Gebiet von Bologna zu annektieren, führte er mit einer Liga von Kardinälen aus der Romagna und Modena ein Einkreisungsmanöver durch, das 1299 fehlschlug. Auch sein Versuch, Signore v. Parma zu werden (1295), scheiterte. Diese Mißerfolge wirkten sich negativ auf seine Herrschaft in Modena und Reggio Emilia aus, von wo seine Anhänger 1306 vertrieben wurden. Infolge einer fehlgeschlagenen krieger. Operation in Ostiglia (1307) war sein Gesundheitszustand schon sehr schlecht, als er die Bäder von Abano zur Kur aufsuchte. Er starb dort. In seinem Testament setzte er seinen Enkel Folco (von seinem natürl. Sohn Fresco) zum Nachfolger ein.
A. Vasina

Lit.: L. CHIAPPINI, Gli Estensi, 1967, 56–59.

B

Baar, Landgrafschaft zw. Schwarzwald und Schwäb. Alb (zum Namen 'Baar' im Frühmittelalter → Gau, -bezeichnungen). Mit dem Titel eines Lgf.en in der B. tritt erstmals der Edelfreie Konrad v. Wartenberg am 21. Febr. 1264 auf (F. H. Archiv Sigmaringen DS Beuron R. 75 Nr. 98), dessen Familie die Landgrafenwürde bis 1302 innehat. Von 1304 bzw. 1307 bis heute ist die Würde eines Lgf.en in der B. ausschließl. mit dem gfl. bzw. fsl. Hause Fürstenberg verbunden. Von einer »Lgft. B.« ist dagegen in den Quellen erst seit dem Beginn des 15. Jh. die Rede (Fürstenberg. UB III, Nr. 11 zum 6. April 1403). Daneben tritt erstmals um 1500 auch die Bezeichnung »Lgft. Fürstenberg« auf (ebd. IV, Nr. 309 zum 20. Aug. 1500), deren Grenzen genau beschrieben werden. Dürfte den hauptsächlichen Inhalt eines Landgrafenamtes in der B. zunächst die Innehabung des seit dem Ende des 14. Jh. belegten Landgerichts (in der B.) gebildet haben, so war dieses Amt allmählich zur Grundlage der fürstenberg. Territorialbildung geworden. H. Maurer

Lit.: K. S. BADER, Die Lgft. B...., Schr. des Vereins für Gesch. der B. XXV, 1960, 9–38 – G. LEIBER, Das Landgericht der B., 1964 – V. SCHÄFER, Die Gf.en v. Sulz [Diss. Tübingen 1969].

Babel, Turmbau. Nach 1. Mos. 11, 1–9, baute das Volk Noahs in Babel einen Turm, der bis zum Himmel reichen sollte, an dessen Fertigstellung es aber von Gott durch die Verwirrung seiner Sprache und die folgende Zerstreuung in alle Welt gehindert wurde. Entsprechende Bildthemen sind seit dem 6. Jh. die Zerstörung (Cottongenesis, 6. Jh.; Oktateuch vat. gr. 747, 11. Jh.) und seit dem 11. Jh. der Turmbau (Salerno, Elfenbeinantependium, Ende 11. Jh.; St-Savin-sur-Gartempe, Wandmalerei, Anfang 12. Jh.; Monreale und Venedig, Mosaiken, 12. Jh.; → Hortus deliciarum 1181/85). Bisweilen treten Gottvater und Nimrod, der legendäre Bauherr des Turmes und in ma. Deutung ein Prototyp des Teufels, als Antagonisten auf. Lag das Interesse der Darstellungen zunächst bei dem Arbeitsprozeß der Handwerker, womit sie zu einer wichtigen Quelle zur Kunde des ma. → Baubetriebes werden, so ist v. a. mit dem Aufkommen der Weltchroniken eine stärkere Beschäftigung mit der architekton. Erscheinung des Babylon. Turms zu bemerken: quadrat., runder oder polygonaler Turm in mehreren Geschossen, auch gestuft, zunächst frontal, ab 14. Jh. auch perspektiv., in der frz. Buchmalerei seit dem Ende des 14. Jh. mit spiralig umlaufender Treppe oder Rampe (Augustin, De civ. Dei, Paris, Bibl. nat. ms fr. 23; Bedford-Stundenbuch London, Kgl. Bibl. Add. MS. 18850, 1420/30). Der Babylon. Turmbau wurde zum Zeichen der Hybris des Menschen und zum Sinnbild des Scheiterns einer materiellen Erfahrbarkeit Gottes. G. Binding/D. Kocks

Lit.: LCI I, 236–238 [Lit.] – G. BINDING–N. NUSSBAUM, Ma. Baubetrieb nördl. der Alpen in zeitgenöss. Darstellungen, 1978 [Lit.].

Babenberger, ältere, bedeutendes Adelsgeschlecht, das im 9./10. Jh. Gf.en in Ostfranken (bes. im Grabfeld) und wohl auch Bf.e v. Würzburg stellte. Namengebend wurde die Burg Babenberg erstmals Mitte des 11. Jh. bei Hermann v. Reichenau (MGH SS V 111) erwähnt; deshalb spricht man nach dem Leitnamen des Geschlechts häufig auch von den »Popponen«. *Poppo II.* ist 880–892 als Sorbenmarkgraf bezeugt, sein Bruder *Heinrich* († 886) zeichnete sich als Heerführer Ludwigs d. J. und Karls III., bes. gegen die Normannen, aus. In der sog. B. Fehde (897–906) unterlagen die Söhne Heinrichs, *Adalbert, Adalhard* und *Heinrich*, den schon vom Kg. Arnulf unterstützten → Konradinern beim Kampf um die Vorherrschaft in Franken. Die Söhne Poppos II., *Adalbert* und *Poppo III.*, waren in die Auseinandersetzung offenbar nicht verwickelt; Poppo amtete bis Mitte des 10. Jh. als Gf. im Volk-, Grab- und Tullifeld. Umstritten war und ist die Versippung der B. mit älteren und jüngeren Geschlechtern. Zu ihren Aszendenten zählten vielleicht die Rupertiner, die Verwandtschaft mit den → Liudolfingern und den → Hennebergern (ab 1037) wird jetzt allgemein angenommen. Die Filiation der österr. → B. (jüng.) von den ä.n B.n, die Otto v. Freising (Chron. VI 15) überliefert, und das genealog. Verhältnis zu den Gf.en v. → Schweinfurt konnte dagegen noch nicht eindeutig geklärt werden.   M. Borgolte

Lit.: F. GELDNER, Neue Beitr. zur Gesch. der »alten B.«, 1971 – K. LINDNER, Unters. zur Frühgesch. des Bm.s Würzburg, 1972, 236–239 – H. K. SCHULZE, Die Grafschaftsverfassung der Karolingerzeit in den Gebieten ö. des Rheins, 1973 – K. LECHNER, Die B., 1976, 40–45 – R. WENSKUS, Sächs. Stammesadel und frk. Reichsadel, 1976, 248–300 – Die Klostergemeinschaft v. Fulda, hg. K. SCHMID, II, 1, 1978, Gf.komment. Nrn. 8, 15, 17, 37, 41, 66, Bf.komment. 63, 65.

Babenberger, jüngere, Adelsgeschlecht und Fürstenhaus, dessen Herkunft nicht eindeutig geklärt ist. → Otto v. Freising, selbst Angehöriger des Geschlechts, leitete es von den ostfrk. Popponen, den sog. älteren B.n (→ Babenberger, ältere) her (Chron. VI 15). Dafür sprechen neben Besitzungen im Grabfeld die Namen der zweiten Generation (Heinrich, Adalbert, Poppo). Hingegen weist der Leitname Liutpold auf das bayer. Herzogsgeschlecht des 10. Jh.; doch ist eine zweifelsfreie Einordnung in dessen Genealogie bis jetzt nicht gelungen.

Im Zuge der Neuordnung Bayerns durch Ks. Otto II. nach den Aufständen Hzg. Heinrich des Zänkers wird 976 ein »marchio Liutpaldus« als erster B. urkundl. erwähnt (MGH DD II., 133). Die bayer. Mark erstreckte sich damals beiderseits der Donau etwa zw. Enns und Tulln. Sitz des Mgf.en war → Melk. Doch vermochten die B. schon 991 die Mark bis an den Ostrand des Wienerwaldes auszudehnen und erreichten bald nach 1000 im O die Leithagrenze. Trotz kgl. Schenkungen waren die B. landsässigen Geschlechtern (Sighardingern, → Ebersbergern; Wels-Lambachern [→ Lambacher]) lange besitzmäßig unterlegen. Ks. Heinrich II. förderte die B.: 1012 erhielt *Ernst*, ein Sohn Liutpolds I., das Hzm. Schwaben, 1016 wurde sein Bruder *Poppo* Ebf. v. Trier. Die Salier brachten den B.n nicht so viel Vertrauen entgegen. Bei der Errichtung kleiner Marken gegen Böhmen und Ungarn unter Ks. Heinrich III. wurden sie zunächst übergangen. Erst Mgf. → *Ernst* († 1075) gelangte in den Besitz dieser sal. Marken. Waren die B. bis dahin verläßliche Stützen der röm.-dt. Kg.e gewesen, so wandte sich Mgf. *Leopold II.* unter dem Einfluß der gregorian. Bf.s → Altmann v. Passau von Kg. Heinrich IV. ab, was beinahe zum Verlust der Mark für die B. geführt hätte (⚔ bei Mailberg 1082). Einen Aufschwung nahm die babenberg. Herrschaft unter *Leopold III.*, der durch die Vermählung mit der Salierin Agnes, der Witwe des stauf. Hzg.s Friedrich v. Schwaben, zu den führenden Reichsfürsten zählte, sein Augenmerk aber v. a. auf den Ausbau der babenberg. Stellung in der Mark richtete. Seine zielstrebige Politik schuf die Voraussetzungen für die spätere Landeshoheit (Erwähnung eines »ius illius terrae«). Die Söhne Leopolds III. wurden in die stauf.-welf. Auseinandersetzungen verwickelt, wobei ihnen als Verwandten der Staufer wichtige Positionen anvertraut wurden: so v. a. das Hzm. → Bayern. Doch konnten sich die B. dort gegen die welf. Partei nur mit Mühe behaupten, so daß Ks. Friedrich I. Bayern an die Welfen zurückgab und die B. durch die Erhebung der Mark zum Hzm. 1156 entschädigte (→ Privilegium minus). Folgenreich war die Verlegung der babenberg. Residenz nach → Wien unter dem ersten Hzg. → *Heinrich II. Jasomirgott*. Der bedeutendste Landgewinn der B. war die Erwerbung des Hzm.s → Steiermark durch Hzg. → *Leopold V.* 1192 (→ Georgenberger Vertrag 1186). Als Blütezeit babenberg. Herrschaft kann die Zeit → *Leopolds VI.* angesehen werden, der – gleich ausgezeichnet als Ritter und als Diplomat – seine Länder auf eine beachtl. polit., kulturelle und wirtschaftl. Höhe führte. Die letzten Jahre des babenberg. Österreich waren von inneren Unruhen und wechselvollem polit. Geschehen gekennzeichnet (Ministerialenaufstand, Ächtung Hzg. → *Friedrichs II.*: Österreich Reichsland, Plan eines Kgtm.s Österreich). Mit dem Tod *Friedrichs II.* in einer siegreichen Schlacht gegen die Ungarn 1246 erloschen die B. im Mannesstamm. Die Nebenlinie der Hzg.e v. Mödling war schon 1236 ausgestorben. Das Erbe der B. traten nach den Wirren des Interregnums die → Habsburger an. Die Bedeutung der B. für Österreich kann kaum überschätzt werden. Sie haben es verstanden, aus einem in viele Gewaltbereiche zersplitterten Grenzland ein geschlossenes Herrschaftsgebiet im SO des Reiches zu machen. → Österreich.   G. Scheibelreiter

Q.: UB zur Gesch. der B. in Österreich, bearb. H. FICHTENAU–E. ZÖLLNER, 1950ff. – Lit.: G. JURITSCH, Gesch. der B. und ihrer Länder, 1894 – H. DIENST, B.-Studien, 1966 – B.-Forsch., Jb. für Landeskunde v. NÖ, NF 42, 1976 – Katalog 1000 Jahre B. in Österreich, 1976 – K. LECHNER, Die B., 1976 – Die babenberg. Österreich, hg. E. ZÖLLNER, 1978 – ZÖLLNER, 1979⁶, 61–78, 91–110.

Babonen, auch Pabonen gen., bedeutendes altbayer. Adelsgeschlecht im Donauraum um Regensburg, seit dem endenden 10. Jh. faßbar. Ihre Herkunft ist weitgehend ungeklärt. Ks. Otto II. übertrug vor 985 das kurz vorher geschaffene Amt des Burggf.en v. → Regensburg dem Gf.en Papo, der die Gft. im westl. Donaugau innehatte. Diese Gft. sowie die Regensburger Burggft. blieb den B. bis zu ihrem Aussterben 1196. Sie hatten mit letzterer eines der wichtigsten Reichsämter in Bayern erbl. inne u. waren damit führende Amtsträger im Kerngebiet Bayerns, und zwar in einer Zeit starken kgl. Einflusses. Der Aufstieg in engem Kontakt mit den Liudolfingern wird indirekt sichtbar; Verwandtschaft mit ihnen ist nicht ausgeschlossen (vgl. die frühen Personennamen der B.: Liudolf, Heinrich, Otto). Die stetige Übernahme der Burggft. läßt auch für die Salier- und Stauferzeit kontinuierl. Parteinahme für das Kgtm. erschließen. Früh dringen die B. in den Bayer. Wald vor, wo sie den Stammsitz Stefling am Regen errichten (= spätere Lgft.). Wann sie die Herrschaft im Raum Riedenburg/Altmühl gewannen, wo ihre zweite bedeutende Burg lag, ist nicht bekannt. Der erste B., der sich nach Riedenburg nennt, ist 1112 Otto, Mitstifter des Schottenklosters St. Jakob zu Regensburg. Er gründet 1143 auch das Zisterzienserkl. Walderbach am Regen als Hauskl. der B. Seine Söhne teilten das Erbe und schufen zwei Linien: a) burggfl. Linie, b) landgfl. Linie, die die Grafschaftsrechte im Gebiet des Regens und die Vogtei über das Kl. Prüll b. Regensburg innehatte. Die burggfl. Linie erhielt neben den Rechten in Regensburg die Vogtei über die Regensburger Kl. St.Emmeram und Prüfening, ferner die gfl. Rechte an der Donau um Regensburg und an der unteren Altmühl (Riedenburg). Dort gründeten 1155 die Gf.en Heinrich und Otto v. Riedenburg das Kl. Altmühlmünster. Beide Linien starben in den letzten Jahrzehnten des 12.Jh. aus und wurden weitgehend von den →Wittelsbachern beerbt. W. Störmer

Q. und Lit.: M.MAYER, Gesch. der Burggf.en v. Regensburg [Diss. München 1883] – DERS., Reg. zur Gesch. der Burggf.en v. Regensburg, Verh. des Hist. Vereins von Oberpfalz und Regensburg 43, 1889 – F. TYROLLER, Genealogie des altbayer. Adels im HochMA (W.WEGENER, Genealog. Taf. zur mitteleurop. Gesch., 1962–69), 165 ff. – P. SCHMID, Regensburg, Stadt der Kg.e und der bayer. Hzg.e im MA, 1977.

Bac, droit de → Fähre, Fährrecht

Baccalarius. Das mlat. Wort b., wahrscheinl. kelt. Ursprungs, taucht im 9.Jh. auf und kennzeichnet in Bedeutungen wie Knecht, Untergebener, Lehrling, einen niederen Status in Heer, Kirche, Landbau (DU CANGE I, 523 ff., Trésor de la Langue Française III, 1189 ff., MlatWb I, 1303). Seine Verwendung im Hochschulwesen ist erst 1231 (Parens Scientiarum) belegt. Doch muß es schon vorher im Gebrauch gewesen sein; denn der Tatbestand, den es bezeichnet, die Hilfsrolle fortgeschrittener Studenten, die unter der Aufsicht des Magisters jüngere Schüler unterrichten und sich gleichzeitig weiterbilden, ist in → Bologna wie in → Paris seit der 1.Hälfte des 12.Jh. belegt. Zw. 1250 und 1275 wird b. zu einem festen institutionellen Begriff. Man wurde b. nach einem bestimmten, nach Fakultäten unterschiedlich langen Studium, nachdem man vor einem aus Magistern zusammengesetzten Prüfungsausschuß mit Erfolg ein Vorexamen (responsiones) abgelegt und in einer Disputation die Fähigkeit der Schlußfolgerung (determinatio) erwiesen hatte. Der b. war danach berechtigt, selbständig bestimmte Texte zu »lesen«, meistens in kursor. Weise (cursorie, extraordinarie) und mit wörtl. Kommentierung. Er nahm auch aktiv an Disputationen teil, sei es als respondens oder als opponens, und konnte schließlich für ein Lizentiat kandidieren. Dieser Übergang von einem bloßen Status zu einem eigtl. Universitätsgrad findet sich weniger in den Universitäten des Südens als in Paris und v.a. in Oxford, wo die Prüfungen der determinationes große Bedeutung hatten und wo der Titel b. durch den Kanzler verliehen wurde, während er sonst im wesentl. eine Beförderung im Rahmen der Klasse eines Magisters ohne Beteiligung der Aufsichtsbehörden blieb. In den theol. Fakultäten wurden sogar verschiedene Grade des b. unterschieden: Nach einem Studium (audire) von sieben oder acht Jahren erhielt der Student als b. cursor oder biblicus das Recht, über die Bibel zu lesen. Dann durfte er nach einem weiteren Examen (disputatio tentativa) als b. sententiarius über die Libri Sententiarum des Petrus Lombardus lesen. Nach dieser Lehrtätigkeit blieb er eine gewisse Zeit b. formatus mit der einzigen Verpflichtung, sich an Disputationen zu beteiligen, bis er sich um ein Lizentiat in Theologie bewerben konnte. – Das Wort baccalaureus ist eine späte Verballhornung von b., pseudoetymolog. mit baca laurei und damit mit der Krönung durch den Lorbeer in Verbindung gebracht (vgl. De commendacione cleri, ed. THORNDIKE, cap. IV). J. Verger

Lit.: G. LEFF, Paris and Oxford Univ. in the 13th and 14th Centuries, 1968, 147–167.

Bacchan(al)ia, lat. scil. festa, gr. τὰ Βακχεύματα und τὰ Βακχανάλια von Βακχειος und Βάκχος, lat. Bacchus (seit Aischylos und Herodot – v.a. bei den Naxiern – Beiname des Dionysos), bezeichneten in der Antike geheime nächtl. Riten zu Ehren des Bacchus; sie waren ursprgl. einzig Frauen vorbehalten. Dabei begleiteten lärmende Musik (Becken und Handpauken) und rasende Tänze – einst auf drei Tage i.J. beschränkt – die Zusammenkünfte. In den germ. Provinzen der röm. Imperiums gab es ähnliche Phänomene; sie verband ein Volksglaube, der ermöglichen sollte, den Winter sakral auszutreiben und ebenso den Frühling anzulocken in Form von Tanz und Umherschweifen.

Das Christentum tolerierte diesen Brauch alljährl. von Weihnachten (Epiphanie) bis zum Beginn des vierzigtägigen Fastens (Quadragesima). Für die Zeit des Entbehrens suchten viele sich im voraus schadlos zu halten; Reiche begannen damit an Epiphanie, der Mittelstand begnügte sich mit der Woche vor Quadragesima (sog. unsinnige oder taube Woche), und die Ärmeren beschränkten sich auf wenige Tage. Dabei bedeuteten im Volksbrauch die drei (ohnehin liturgiefreien) Donnerstage vor Quinquagesima ein Ansteigen des Vergnügens. Die Kirche begrenzte die Dauer dieser Festlichkeiten für alle – nach und nach mehr oder weniger wirksam – auf acht bis drei Tage vor Quadragesima. Höhepunkt wurde seit 1091 allmählich der Dienstag nach dem Sonntag Quinquagesima, der »Irchtag – aller Narren Kirchtag«. Das MA bezeichnete den Usus zunächst als B., seit 1200 auch als → Fastnacht, -sbräuche.

Gebräuche der ma. B. – von Elementen- und Berührungskult (Umtanzen des Fastnachtsfeuers; Schlagen weibl. Wesen mit Riemen und Ruten), von Kultschmuck, -lärm und -spielen (→ Fastnachtsspiele), von Schmausereien und Trinkgelagen begleitet – stammen aus antiken B., Luperkalien und Saturnalien sowie aus germ. Kulten.

Seit das Konzil v. Benevent 1091 – es verschwindet die öffentl. → Buße – das vierzigtägige Fasten am Aschermittwoch mit Auflegen geweihter Asche auf Häupter der Laien und Geistlichen beginnen läßt und dafür an allen Sonntagen der Quadragesima die Gläubigen vom Fasten entbindet, unterscheidet das MA ältere und jüngere B.; die älteren enden Samstag vor Sonntag Invocavit – nach ambrosian. Ritus in der Kirchenprovinz Mailand auch in der NZ –, die jüngeren am Dienstag vor Aschermittwoch. Der Klerus hat eigene B. → Klerikerfeste; → Fastnacht, -sbräuche, → Fasten, -zeiten. D. v. Huebner

Lit.: ThGL II, 63–64 – E.A. SOPHOCLES, Greek Lex. of the Roman and Byzantine periods, 1887, 295 – K.LATTE, Hesychii Alexandrini Lex. I, 1953, 309 – H.FRISK, Gr. etymolog. Wb. I, 1960, 212 – LAMPE, 282 – P.CHANTRAINE, Dict. étymologique de la Langue Grecque – Hist. et Mots, 1968, 159 – DU CANGE II, 179–180 – ThLL II, 1659–1668 – FORCELLINI I, 421 – MlatWb II, 2, 296 – KLUGE, 186 – S.BATTAGLIA Grande Diz. della lingua italiana II, 1962, 787 – RE II, 2721–2722 – KL. PAULY I, 799 – DACL II, 27–31, 2175–2176 – HWDA II, 1246–1263 – ECatt II, 644–645; VII, 1690–1700 – LThK² IV, 39; VI, 1218 – P. PALAZZINI, Diz. dei Concili I, 1963, 158, 293–295 – O.A. ERICH-R. BEITL, Wb. der dt. Volkskunde, 1974³, 198–205 – L. ALLATIUS, De dominicis et hebdomadibus Graecorum, 1648, cap. 10 – D. MARCI, Hierolexikon, 1672, 129 – F.A. ZACCARIA, Onomasticon rituale selectum ad usum cum cleri tum studiosae ecclesiasticarum antiquitatum juventutis, 1787 – H. GROTEFEND, Zeitrechnung des Dt. MA und der NZ I, 1891, 14, 55–57 – Archiv für Religionswiss. 17, 1914, 139–158 – E. FEHRLE, Dt. Feste und Volksbräuche, 1927² – H. MOSER, Die alten Bezeichnungen der Fastnacht, Obdt. Zs. für Volkskunde 16, 1942, 147–165 – G. GUGITZ, Das Jahr und seine Feste I, 1949, 15–92 – A. THIERBACH, Die Benennung der Kirchenfeste in den roman. Sprachen, 1951, 40–50 – K. KERÉNYI, Die Herkunft der Dionysos-Religion, 1956 – M.J. VERMASEREN, Études préliminaires aux religions orientales dans l'Empire romain 64, 1977, 1–99.

Bacchanten → Vaganten

Bacharach, Kurfürstentag. Nachdem Papst Clemens VI. im März 1344 in Avignon mit Kg. Johann v. Böhmen und seinem Sohn Karl über eine Ersetzung Ks. Ludwig des Bayern verhandelt hatte, erlegte der Papst dem Wittelsbacher noch schwerere Sühnebedingungen als bisher auf. Diese machte Ludwig den Kurfürsten, anderen Fs.en und einigen Städten bekannt und lud Anfang Sept. 1344 zu einem Reichstag nach Frankfurt a. M. Zunächst verhandelten die Kurfürsten Anfang Aug. in Köln über eine Liste von »Bedenken«, die »in der Umgebung Balduins von Trier« (STENGEL) verfaßt worden waren. Diese waren in B. am Mittelrhein, das als Verhandlungsort gesichert ist, Gegenstand von Verhandlungen zw. dem Ks. und den Kurfürsten. Die Fs.en stellten zwar die Vergehen des Ks.s gegen die Kirche nicht in Frage, teilten aber die Bedenken, die sich durch die Annahme der päpstl. Forderungen als Präzedenzfall für künftige Kg.e ergeben könnten; sie bekräftigten damit ihre im Weistum von → Rhens formulierte Haltung. In B. erschienen auch Kg. Johann und Karl, doch konnten die Fs.en keinen Ausgleich mehr zw. ihnen und dem Ks. herbeiführen. H. Patze

Q.: E. E. STENGEL, Nova Alamanniae, I–II, 1921–30 – Heinrich Taube v. Selbach. Chronica, hg. H. BRESSLAU, MGH SRG NS I, 1922 – Die Chronik Johanns v. Winterthur, hg. F. BAETHGEN, ebd. III, 1924 – Die Chronik des Mathias v. Neuenburg, hg. A. HOFMEISTER, ebd. IV, 1924 – Lit.: E. E. STENGEL, Avignon und Rhens, 1930 – H. O. SCHWÖBEL, Der diplomat. Kampf zw. Ludwig dem Bayern und der röm. Kurie im Rahmen des kanon. Absolutionsprozesses 1330–1346, 1968.

Bachčisaraj → Bāghče Sarai

Bachelors, Community of (communitas bacheleriae Angliae), Terminus, welcher die Ritter und niederen Landbesitzer in den Haushalten der Barone bezeichnet. Die C. of B. richtete im Okt. 1259 ein Protestschreiben an Eduard (I.), den Sohn Heinrichs III., und an Mitglieder des kgl. Council, das aufgrund der Provisions of → Oxford errichtet worden war. Es wurde angeklagt, daß die Barone im Widerspruch zu ihrem Versprechen nichts für das Wohl des Kgr.es täten, obwohl der Kg. alles durchgeführt habe, was sie ihm auferlegt und abverlangt hätten, sondern einzig zu ihrem Vorteil und zum Schaden des Kg.s handelten. Solange diese Situation nicht bereinigt sei, müßten die versprochenen Reformen mit anderen Mitteln herbeigeführt werden. Eduard ermahnte daraufhin die Barone, sich an ihre Eide zu halten; falls dies nicht geschehe, drohte er an, die C. of B. zu unterstützen. Die Provisions of → Westminster, die bald darauf erlassen wurden (nachdem ihnen allerdings mehrmonatige Diskussionen des kgl. Council voraufgegangen waren), trugen in sehr großem Umfang den Forderungen der B. Rechnung. Die Provisions sahen Änderungen des Gesetzes zugunsten der B. vor und schufen ein Instrumentarium zum jurist. Vorgehen bei Beschwerden gegen Amtsträger. C. H. Knowles

Lit.: T. F. TOUT, The Communitas Bacheleriae Angliae, EHR 17 1902, 89–95 – B. WILKINSON, Constitutional Hist. of Medieval England I, 1948, 141–144.

Bachmuta-Kosaken → Kosaken
Bachstelze → Vögel
Bacinet → Beckenhaube
Bäcker (lat. pistor, fornarius; obdt. *Beck*; it. auch *panettiere*; frz. ztw. *talemelier*) hat es im MA in allen Städten und vielen Dörfern gegeben, obwohl das Backen von Brot zu den Aufgaben und Rechten jedes Haushalts gehörte.

Es gab im wesentl. drei Betriebsformen: zum einen die – vermutl. ursprünglichere – Lohn(Haus-, Bau-)bäckerei, die durch das gesamte MA erhalten blieb. Dabei lieferte entweder der Kunde fertigen Teig, der vom B., meist gegen Naturalentlohnung (eine Anzahl Brote), in seinem Backhaus verbacken wurde, oder die B. waren verpflichtet, im Haus von Kunden, die eigene Backöfen besaßen, zu festgelegten Geldtarifen Teig zu mengen und zu verbacken. In vielen Städten gab es sog. Hausbäcker – ärmer und weniger angesehen als die übrigen B. –, die sich auf diese Art der Gewerbeausübung beschränkten. Bei der Lohnbäckerei standen Größe und Qualität des Brots wohl im Belieben des Kunden; er konnte jedoch nur eine begrenzte Menge auf einmal backen lassen und durfte das Brot nicht verkaufen.

Das Backen für den freien Marktverkauf – die zweite, seit dem HochMA wohl wichtigste Betriebsform – blieb den Mitgliedern der Bäckerzünfte vorbehalten. Außer ihnen durften nur Gastwirte und Krämer, und auch diese nicht überall, in minimalem Umfang Brot weiterverkaufen. Die Bäckerzünfte zählten meist zu den alten, mitgliederstarken, wohlhabenden und vornehmeren, mancherorts auch ratsberechtigten Zünften (→ Zunft, -wesen), obwohl es Gegenbeispiele gibt, so in Florenz. Die Lehrzeit betrug meist drei Jahre; zur Ausbildung gehörte vielfach auch der Erwerb von Kenntnissen im Mühlenbetrieb (→ Mühle). Die Spezialisierung in Grob-, Weiß- (oder Fein-), Kuchen- und Pastetenbäcker, wozu in Italien noch die verschiedenen Nudelhersteller kamen, erfolgte nach Ausweis der Zunftordnungen erst am Ende des MA. Im SpätMA kann auch erst für jeden selbständigen B. der Besitz eines eigenen Backhauses angenommen werden (vgl. auch → Heizung). In Italien konnten Männer und Frauen sich als B. selbständig machen, in Deutschland normalerweise nur Männer. Vorschriften über die Gesellenzahl fehlen in den meisten Bäckerordnungen. Viele Ordnungen schreiben die Zahl der Backtage pro Woche vor; überall bestand Backverbot an Sonntagen und hohen Festtagen.

Da die B. für die Nahrungsmittelversorgung der Städte wichtig waren, unterlagen Geschäftsgebaren, Qualität, Gewicht und Preis ihrer Erzeugnisse strengen Kontrollen. Überall gab es Geschworene, z.B. »Brotherrn«, die zur regelmäßigen Kontrolle des Brots verpflichtet waren. Überprüft wurden der Wassergehalt, die Reinheit des verwendeten Mehls (wogegen anscheinend häufig verstoßen wurde) und ob das Brot genügend ausgebacken war. Bes. wichtig war das korrekte Brotgewicht. Ganz allgemein lag näml. der Brotpreis fest, dagegen wurde das Brotgewicht im Regelfall jährl. nach der Getreideernte, im Bedarfsfall auch öfter, dem Getreidepreis angepaßt. Bei steigendem Getreidepreis sank das Brotgewicht und umgekehrt. Genaue Tabellen über Getreidepreise und dazugehörige Brotgewichte sind z.B. aus London, Paris, Straßburg, Frankfurt a. M., Köln überliefert. Untergewichtiges Brot wurde zerschnitten, eingezogen und üblicherweise an die Armen verteilt. Wiederholte Unterschreitungen des vorgeschriebenen Brotgewichts waren mit hohen Strafen, z. B. Berufsverbot auf ein Jahr, bedroht. In allen Städten waren nur Brote bestimmter Preisklassen zulässig (z. B. »Pfennigbrot«). Die B. hatten dafür zu sorgen, daß tägl. ausreichende Brotmengen am Markt waren. Der Getreideeinkauf der B. wurde vielerorts genau reguliert; der Verkauf unverbackenen Getreides war ihnen meist untersagt. Auch die Brotausfuhr war in vielen Städten verboten. Überall mußten die B. ihre Brote unverwechselbar kennzeichnen.

Die Backwaren wurden entweder im Haus des B.s verkauft oder an bes. Marktständen, den Brotbänken oder -schrangen; normalerweise hatte jeder B. einen Stand. In vielen Städten, z.B. Paris, Frankfurt a. M., Nürnberg waren die Stände in eigenen Markthallen konzentriert.

Wohl im Interesse der Hygiene mußten die Nürnberger B. ihr Brot auf Tüchern auslegen; in Florenz durften im gleichen Interesse Kunden das ausliegende Brot nicht mit der Hand betasten, sondern nur mit einem am Stand bereitgelegten Stab. Neben ihren Backwaren boten die B. auch Mehl und Grieß zum Verkauf an. Einige Bäckerordnungen zeigen, daß viele Kunden nicht tägl. zahlten, sondern anschreiben ließen.

Ein dauerndes Ärgernis für die städt. B., das die Zunftordnungen in ganz Europa beschäftigte, waren die B. vom städt. Umland und aus anderen Städten. Die Zahl der Verkaufstage dieser unliebsamen Konkurrenten wurde eingeschränkt – in Paris z. B. durften die B. aus der *banlieue* nur samstags verkaufen; ihnen wurden bes. (meist schlechter gelegene) Stände oder Plätze für ihre Brotkarren angewiesen. Interessant ist dabei, daß offenbar ganz regelmäßig z. B. Hagenauer Brot in Straßburg, Buxtehuder Brot in Hamburg angeboten wurde.

Die beim Getreidemahlen anfallende Kleie wurde von den meisten B.n für die Schweinemast verwendet (→ Schwein, Schweinezucht). Zahlreiche Verordnungen aus ganz Europa befassen sich mit der Reglementierung der für die B. einträglichen, für ihre Umwelt aber lästigen Schweinehaltung.

Als dritte Betriebsform neben den bisher genannten gab es die Bäckereien, die Großhaushalten wie → Spitälern, → Stiften, → Kl., weltl. Hofhaltungen angeschlossen waren. Die dort arbeitenden B. wurden obdt. *Pfister*, nd. *Pister* genannt; im früheren MA dürfte es sich meist um Eigenleute der betreffenden Institutionen gehandelt haben; im späteren MA findet man sie als Angestellte mit festem Jahresgehalt oder, häufiger, als Pächter. Unklar bleibt, ob sie gleichzeitig Mitglieder städt. Bäckerzünfte waren.

Die P(f)ister waren zunächst einmal zur Versorgung der jeweiligen Institution mit verschiedenen Backwaren verpflichtet; dabei war oft die jährl. für jede einzelne Pfründe oder Almisse zu backende Menge festgelegt. Sie unterlagen ganz ähnlichen Qualitäts- und Gewichtsvorschriften und -prüfungen wie städt. B. Zu häufigen Streitigkeiten mit städt. Behörden und B.n führte der Umstand, daß die P(f)ister einerseits Getreide oder Mehl frei von städt. Abgaben und → Steuern kaufen konnten bzw. von den Pfründnern geliefert erhielten, andererseits aber häufig Überschüsse bei den gelieferten Rohstoffen oder den produzierten Backwaren erzielten, die sie frei verkaufen konnten. Die steuerzahlenden städt. B. empfanden ihre Konkurrenz beim Verkauf von Backwaren als unlauter; wenn sie unverbackenes Getreide oder Mehl an städt. B. verkauften, warfen die Stadträte ihnen und den Käufern Steuerhinterziehung vor. Streitigkeiten dieser Art konnten zu größeren polit. Auseinandersetzungen führen; dauerhafte Lösungen wurden im MA selten gefunden. → Gebäck, → Brot. H.-P. Baum

Q.: vgl.: »Handwerker« – *Lit.*: A.S.C. Ross, The Assize of bread, EconHR 2nd. ser., 9, 1956/57 – F. Göttmann, Die Frankfurter Bäckerzunft im späten MA (Stud. zur Frankfurter Gesch., H. 10, 1975) [nennt den Großteil der älteren Lit.].

Backnang, Herren v., eine dem Verwandtschaftskreis der Hessonen zugehörige Familie des 11. Jh., in deren Händen 1007 und 1057 der Komitat im Sülchgau bezeugt ist. Die Benennung nach B. geht auf die Eheverbindung mit Gisela v. B., vermutl. einer Verwandten der im Murrgau fungierenden Gf. en v. Calw, zurück (»Hesso et filius eius Hesso de Baccananc« 1067). Nach dem Übergang von B. in den Besitz der Mgf. en v. Zähringen begegnen die Herren v. Sülchen-Wolfsölden als Verwandte und Besitznachfolger dieser hesson. Linie. Th. Zotz

Lit.: A. Klemm, Die Verwandtschaft der Herren v. B., ZGO 51, NF 12 1897, 512–528 – H.-J. Wollasch, Die Anfänge des Kl. St. Georgen im Schwarzwald, 1964, 27–30 – Der Landkreis Tübingen I, 1967, 202–204 (Die dt. Landkreise. Die Stadt- und Landkreise in Baden-Württemberg 15).

Backofen, -haus → Heizung

Backoffen, Hans, Bildhauer, * um 1460/70 in Sulzbach (wohl Sulzbach bei Aschaffenburg), † 1519 in Mainz, wo er seit 1509 tätig war, privilegierter Meister in ebfl. Dienst, für seine Steintransporte vom Wasserzoll befreit. Ein Hauptmeister der barocken Strömung und der Auseinandersetzung mit Renaissanceformen in der spätgot. Plastik, durch Werkstatt und Schüler breit wirkend. Erhalten sind v. a. monumentale Steinplastiken, eine Reihe von Kreuzigungsgruppen (Frankfurt, St. Peter und Dom; Wimpfen; Mainz, St. Ignaz von B. testamentar. gestiftet) und Bischofsgräbern in Mainz, am berühmtesten das Epitaph des Ebf.s → Uriel v. Gemmingen († 1514). A. Reinle

Lit.: P. Kautzsch, Der Mainzer Bildhauer H. B. und seine Schule, 1911 – J. Braune-Plathner, H. B., 1934 – J. Bernhardt, Der Mainzer Bildhauer H. B., o. J. – PKG 8, 1970, 240 – P. Reindl, Loy Hering, 1977, 143–144.

Bačkovo, Kl. am Čaja-Fluß in S-Bulgarien (unweit von Philippopolis/Plovdiv), in der Nähe der ehem. Festung (Kastron) Petritzos, bei dem heut. gleichnamigen Dorf. Das Kl. (♂ Dormitio Virginis) wurde 1083 von dem byz. Großdomestikos des Westens (der Balkangebiete), Gregorios Pakurianos (* um 1020, † 1086), einem Aristokraten georg. Ursprungs, mit der Absicht gegr., die im Gebiet um B. ansässige häret. Bevölkerung (→ Paulikianer) zu missionieren. Der Stifter stützte sich auf verschiedene Schenkungsurkunden Ks. Alexios I. Komnenos (vgl. Dölger, Reg. Nr. 1092–1104). Das Grabmal des Stifters und seines um 1070 gestorbenen Bruders Apasios wurde in der Nähe errichtet. Das anläßl. der Stiftung von Gregorios Pakurianos in gr., georg. und arm. Sprache (auf Arm. verlorengegangen) verfaßte → Typikon enthält in 36 Kapiteln ein Verzeichnis der Besitzungen und der Immunitäten des Kl., eine Regelung der vita communis und der Klosterverwaltung, endl. eine Aufzeichnung der das Kl. betreffenden ksl. Urkunden. Obwohl Gregorios Pakurianos ein hoher byz. Würdenträger war, verbot er den Byzantinern trotz des gemeinsamen Glaubens den Eintritt in das Kl. als Priester oder Mönche. Der verhältnismäßig große Konvent (50 Mönche) bewahrte als Koinobion die georg. ethn. Zusammensetzung fast bis zum Ende des MA. Dank der direkten Beziehungen zum Kaukasus-Gebiet und zum Iviron-Kl. auf dem → Athos entstand hier ein wichtiges Zentrum der byz.-georg. Lit. und Kunst. 1189 besuchte auf Befehl Friedrich Barbarossas einer seiner Feldherren (Heinrich v. Kalden) das Kl. und führte den Abt, der »ex Hibernia« (d. h. Georgien) stammte, vor den Ks. Der georg. Maler Johannes Iviropulos war im Kl. Ende des 11. und Anfang des 12. Jh. tätig (Wandmalereien im Grabmal). Etwa zur selben Zeit lebte der berühmte georg. Philosoph, Schriftsteller und Übersetzer Johannes Petritziotes, ein Schüler von Michael → Psellos und des »Häretikers« → Johannes Italos, als Mönch im Kl. Im Kl. bestand eine Priesterschule. Während der bulg. Herrschaft wurde im Grabmal der Brüder das Bildnis des Zaren Johannes Alexander (1331–71) gemalt (um 1344/45). In späterer Zeit lebten im Kl. gr. Mönche; es bildete sich hier ein Zentrum der spätbyz. Kultur in einer bulg. ethn. Umgebung. I. Dujčev

Lit.: L. Petit, Typicon de Grégoire Pacurianos pour le monastère de Pétritzos (Bačkovo) en Bulgarie (Priloženie 1 k Viz. Vremennik 11), 1904 – J. Ivanov, Asenovata krepost i Bačkovskija monastir, Izvestija na bulg. archeolog. družestvo 2, 1911, 190-230 - A. GRABAR, La peinture religieuse en Bulgarie, 1928, 55-86 - M. TARCHNIŠVILI, Typicon Gregorii Pacuriani, Corpus Scriptorum Christianorum Orientalium 143/144, 1954 - MORAVCSIK, Byztürc I, 551 f. - S. KAUCHTSCHVILI, Georgica V, 1963 - Fontes graeci hist. bulgaricae VII, 1968, 39-66 - V. A. ARUTJUNOVA-FIDANJAN, Tipik Grigorija Pakuriana, 1976 - P. LEMERLE, Cinq études sur le XIe s. byzantin, 1977 - E. BAKALOVA, Bačkovskata kostnica, 1977.

Backsteinbau. Backsteine (lat. later) sind ein künstl. hergestelltes Material zum Mauerbau (→ Dach, -deckung, -stuhl) aus luftgetrocknetem und gebranntem (»gebackenem«) Lehm oder Ton. Der im Gelände gestochene Ton wird in großen Gruben eingesumpft oder in Hügeln aufgeschichtet, um zumindest einen Winter durchzufrieren; dann wird er zerkleinert und unter Zusatz von Wasser durchgeknetet; der Tonkuchen wird mit der Hand in Holzformen gedrückt und mit einem Brett abgestrichen, seltener aus größeren Platten herausgeschnitten. Der ausgeformte Rohling muß einen Sommer lang an der Luft trocknen und kann in Brennöfen gestapelt auf hohe Temperatur gebracht werden; nach langsamer Abkühlung steht eine beschränkte Anzahl Backsteine zur Verfügung (nach etwa 1½ Jahren Vorbereitungszeit). Sie haben ein Seitenverhältnis von 25-36 : 10-18 : 6-10 cm. Anfangs im wilden Verband mit Mörtel und Steinbruch-Mörtel-Hinterfüllung vermauert; der wilde Verband zeigt überwiegend Läufersteine (parallel zur Mauer), die jeweils in den Schichten nach vier bis sechs Steinen durch Binder (senkrecht zur Mauerflucht liegend) unterbrochen werden. Erst im 13. Jh. finden sich regelmäßige Verbände, vornehmlich der gotische Verband (Wechsel von Bindern und Läufern). Profil-Formsteine müssen in entsprechenden Formen vorbereitet werden. Bei sehr hoher Brenntemperatur sintern die Backsteine zu Klinkern. Auch können sie farbig glasiert oder mit aufgepreßten Flachreliefs als Bauzier verwandt werden (Baukeramik).

In Europa verwandten zuerst die Etrusker den gebrannten Backstein, dann u. a. die Römer, zumeist jedoch verputzt oder mit Hausteinen verkleidet. Seit der frühchr. Zeit entwickelte sich der B. in Byzanz und in dem von Byzanz (→ Ziegelbau) beeinflußten Ravenna (frühester erhaltener Bau: Mausoleum d. → Galla Placidia), oft auch im Wechsel mit Werksteinen. Auf dieser Grundlage wurde im 10./11. Jh. der B. in der Lombardei angewandt (Mailand, S. Ambrogio um 1128; Pavia, S. Lazaro; Verona, S. Lorenzo), bereits mit Trapez- und Würfelkapitellen aus Backstein, und von Byzanz beeinflußt im Balkanraum, in Georgien und im Bereich der Kiever Rus'. Zuvor wurde B. nur vereinzelt verwendet: karol. Bauten bes. durch Einhard (Steinbach 815-827; Seligenstadt 830/834), vereinzelt im 11. Jh. (Augsburg, Trier, Quedlinburg).

Die arbeitstechnisch bedingte langjährige Vorratsproduktion oder forcierte Arbeitskonzentration bedarf einer hohen Arbeitsorganisation. Diese war in der röm. Kaiserzeit gegeben, bes. durch den Einsatz der Legionen, deren Stempel in vielen Backsteinen eingedrückt sind; bei der frühma. Naturalwirtschaft und dem feudalen Gesellschaftssystem war sie unüblich. Erst mit dem Aufkommen der Geldwirtschaft und der damit verbundenen Entwicklung der Städte, mit der handwerkl. Spezialisierung und der nunmehr möglichen Vorratsproduktion ist durch die soziolog. und wirtschaftl. Faktoren im 12. Jh. die Voraussetzung geschaffen, den B. um 1150 in N-Europa einzuführen. Nach der Mitte des 12. Jh. breitet sich der B., möglicherweise z. T. unter lombard. Einfluß, als beherrschende Bautechnik rasch in den natursteinarmen mittel- und nordeurop. Küstenländern aus und setzt sich gegen Ende des 12. Jh. auch im Profanbau allgemein durch: Niederlande (Brügge), Skandinavien (Danewerk; St. Marien zu Bergen auf Rügen 1193; Sorö), Litauen und N-Deutschland (Schleswig-Holstein, Brandenburg, Mecklenburg, Pommern, Ordensland Preußen) mit Ausläufern nach Obersachsen, Schlesien, Posen und Krakau, aber auch in Bayern (Augsburg, Thierhaupten, Freising, Moosburg). Der B. erfordert vom Material her eine baukünstlerisch andere Behandlung als der Haustein und steht mit seiner flächenbetonenden Architektur im Gegensatz zur bildhauerisch gestalteten Art der frz. Kathedralen. Die vom Material erzwungene Reduktion komplizierter Steinprofile werden durch charakterist. Dekorationsformen ersetzt: die lübische Kante (statt der Kante ein von Stegen begleiteter Wulst), Rundbogenfriese, auch als sich überkreuzende Doppelbögen (Kreuzbogenfries), das deutsche Band (Sägeschnitt: übereckgelegte Steine, deren vordere Kanten in der Mauerfläche liegen), opus spicatum (Fischgrätmuster) zur Belebung der Mauerfläche. Mit der norddt. Backsteingotik prägt sich, ausgehend von der Lübecker Marienkirche, innerhalb der Gotik ein Sonderstil aus – als Basilika (Lübeck, Wismar, Rostock, Stralsund, Riga, Schwerin, Doberan, Dargun), Hallenkirche (Lübeck, Rostock, Stralsund, Greifswald), dreiapsidiale Halle (Lübeck, Prenzlau, Anklam) oder Hallenumgangschor. Ebenso entstanden im B. bedeutende Klosterbauten und Burgen, bes. des Deutschen Ordens (Marienburg, Marienwerder), Rathäuser (Lübeck, Stralsund, Danzig, Tangermünde), Bürgerhäuser (Danzig, Rostock, Wismar, Stralsund) und Stadttore (Jüterbog, Tangermünde). Ab 1350 entfaltet sich ein reicher Schmuck, bes. an den Staffelgiebeln (Prenzlau, Neubrandenburg, Greifswald, Thorn, Marienburg, St. Katharinen in Brandenburg): Fialen, glasierte Steine, komplizierte Profile an Portalen, Fenstern und Vorlagen, dekoratives Steingitterwerk; die Blenden werden häufig weiß verputzt und auch bemalt.

Weitere Gebiete des B.s in der Gotik sind Bayern mit seinen weiträumigen Hallenkirchen (Landshut, St. Martin ab 1389; München, Frauenkirche ab 1468), der Niederrhein (Kleve, Kalkar) und die Niederlande (Damme, Mechelen, Delft, Leiden, Haarlem), bes. mit ihren Profanbauten (Xanten, Kalkar, Goch, Brügge). Auch in Italien (Treviso, S. Nicolò ab 1230, auch bei Zisterzienserkirchen in der zweiten Hälfte 12./13. Jh.) und S-Frankreich (Albi, Kathedrale 1282-1332; Larogne d'Olmes im Languedoc um 1300; Toulouse, Jacobinerkirche um 1260-1304) tritt der B. auf, jedoch in recht unterschiedl. Gestaltung: in Frankreich massig komprimiert, in Italien in reliefhafter, zartgebrochener Flächeneinheit. G. Binding

Lit.: RDK I, 1340-1372 [Lit.] - M. D. OZINGA, De Gothische kerkelijke bouwkunst, 1954 - P. SCHLOPSNIES, Das Backsteinportale Nordwestmecklenburgs, Wiss. Zs. der TH Dresden 6, 1956/57, 443-464 - E. SCHLEICH, Die St. Peterskirche in München [Diss. München 1957] - E. G. NEUMANN, Die Backsteintechnik in Niedersachsen während des MA, Lüneburger Bll. 10, 1959, 21-44 - J. HOLLESTELLE, De Steenbakkerij in de Nederlanden tot omstreeks 1560 [Diss. Utrecht 1961] - M. ARSZYŃSKI, Technika i organizacja budownictwa ceglanego w Prusach w końcu XIV i w pierwszej połowie XV wieku, Studia z Dziejow Rzemiosła i Presmysłu 9, 1970, 7-139 [engl. Resumée] - N. ZASKE, Got. Backsteinkirchen N-Dtl. zw. Elbe und Oder, 1970² [Lit.] - E. REUSCHE, Polychromes Sichtmauerwerk byz. und von Byzanz beeinflußter Bauten Südosteuropas [Diss. Köln 1971] - G. BINDING, Das Aufkommen von Backstein und Ziegel in Dtl., Gebrannte Erde, Beilage Dez. 1973 [Lit.] - F. ARENS, Der Saalhof zu Frankfurt und die Burg zu Babenhausen, Mainzer Zs. 71/72, 1976/77, 1-56 - R. SCHNYDER, Die Baukeramik und der ma. Backsteinbau des Zisterzienserklosters St. Urban, 1958 - K. HILLENBRAND, Verzierte Backsteine aus dem MA und aus späterer Zeit, Der Museumsfreund 1964, 69-72 - K. HAUKE, Das Bürgerhaus in Mecklenburg und Pommern, 1975 (Das dt. Bürgerhaus 12) - A. KAMPHAUSEN, Backsteingotik, 1978.

Backwerk → Gebäck
Bacó, Francesc → Franciscus de Bacona
Bacon. 1. B. → Franciscus de Bachona
  2. **B.** → John Bacon OCarm
  3. **B.** → Robert Bacon OP
  4. **B.** → Roger Bacon OFM
Baculum → Stab
Baculus, knorrige hölzerne Keule, eine urtüml. Schlagwaffe von geringer Wirksamkeit gegen die schwere ma. Panzerung, daher als Kommandoabzeichen verwendet, z. B. des Bf.s Odo v. Bayeux in der Schlacht v. Hastings 1066, dargestellt auf dem Teppich v. Bayeux. Der B. wurde im MA vom → Streitkolben verdrängt, kam aber vereinzelt vor, so noch als Kommandostab Ehzg. Ferdinands v. Österreich beim Türkenfeldzug von 1556 (Original in Wien, Waffensammlung, Inv. A 767). O. Gamber
Lit.: W. Boeheim, Hb. der Waffenkunde, 1890, 357f.

Bad
A. Spätantike – B. Mittelalter
A. Spätantike
Die in hellenist. Zeit üblichen Badearten des Heißluftbades und des feuchten Schwitzbades wurden von den Römern übernommen. Raumgestaltung (Gewölbebau) und Klimatechnik (schon in Griechenland bekannte Unterflurheizung, Tubulierung der Wände durch Hohlziegel) ermöglichen die Errichtung umfangreicher öffentl. Baukomplexe, die neben den eigtl. Baderäumen wie Heiß- (caldarium), Lau- (tepidarium) und Kaltbad (frigidarium) auch Massageräume, Schwimmbecken, Sportplätze, Bibliotheken, Lese- und Vortragssäle umfassen und somit ein der Gesundheit und der Bildung dienendes urbanes Kommunikationszentrum darstellen. Die in allen Teilen des röm. Imperiums errichteten Anlagen bilden ein Element einer einheitl. Reichskultur. Bevölkerungsschwund und Zerstörungen führen in der Spätantike vom 5. Jh. an zu einem raschen Verfall des Badewesens. So werden etwa in Trier die Barbara-Thermen nur bis zum Ende des 4. Jh. genützt, die am Ende des 3. Jh. begonnenen Kaiserthermen bleiben unvollendet und werden unter Valentinian I. zweckentfremdet und umgebaut. In Rom werden als letzte große Thermenanlage (Gesamtfläche 356 × 316 m) die Diokletiansthermen 305 eingeweiht. Sie verfallen, als 536 durch die Goten die Wasserzufuhr abgeschnitten wird und das besiedelte Stadtgebiet sich auf die Quartiere am Tiber beschränkt. J. Gruber
Lit.: LAW 3060–3064 – Kl. Pauly V, 741–743 – D. Krencker–E. Krüger, Die Trierer Kaiserthermen, 1929 – F. Kretschmer, Entwicklungsgesch. des antiken B.es, 1961 – E. Brödner, Zur Entwicklungsgesch. des B.es, Antike Welt 8, 1977, H. 4, 45–56; 9, 1978, H. 1, 47–57.

B. Mittelalter
I. Allgemein – II. Sonderformen in NO-Europa, Altrußland und Skandinavien – III. Judentum – IV. Islamischer Bereich.

I. Allgemein: Das B. läßt sich sowohl in der Ausformung des Dampf- bzw. Schwitzbades als auch des Wannenbades während des gesamten MA nachweisen. Die hochstehende Badekultur der Spätantike (vgl. Abschnitt A) setzt sich allerdings nur in beschränktem Maße fort. Übernahmen lassen sich v. a. im byz. Raum und von dort ausstrahlend in arab.-islam. Bereichen (vgl. Abschnitt IV) und deren Einflußsphären sowie z. T. in den Oberschichten O-Europas erkennen. Auch die überlieferten frühen Klosterbäder sind als Bindeglied zw. spätantiker und ma. Badekultur anzusehen. Der St. Galler Klosterplan von 820/830 sieht Baderäume für Mönche, Schüler, Kranke und Diener des Abtes vor. Die ältesten Quellen zum Badewesen der Germanen bieten nur keine Belege für eigene Badegebäude. Erst die Lex Baiuvariorum des 8. Jh. nennt den balnearius neben pistoria und coquina als selbständigen Kleinbau der Hofanlage. Die in der Lex Alemannorum genannte stuba läßt sich dagegen weder auf Grund des Begriffes noch nach dem Textzusammenhang eindeutig als Baderaum identifizieren. Bekannteste Quelle für das frühe slav. Dampfbad ist der – häufig fälschlich dem Ibrahim ibn Ja'qub zugeschriebene – Bericht des arab. Geographen al-Mas'ūdī aus der ersten Hälfte des 10. Jh. Ähnliche Mitteilungen finden sich in der Schilderung des Ibn Rosteh aus dem gleichen Zeitraum sowie in jener der um 1100 entstandenen Andreas-Legende der Nestor-Chronik. NO- und O-Europa, Skandinavien sowie die O-Alpen und ihr Vorland sind als älteste bestehende Tradierungsgebiete des ma. Dampfbades in der Form privater ländl. Haus- oder Hofbadestuben zu erschließen; eine Verbindung zu spätantiken Ausformungen ist nicht zu erkennen (vgl. Abschnitt III) Eine rasche und allgemeine Verbreitung des Badewesens erfolgt ab dem 12. Jh. in Einklang mit der Entwicklung der Stadtkultur. Als öffentl., gewerbl. betriebene Institution in der Stadt erhält die Badestube im SpätMA größte Bedeutung. Grund für diese Ausbreitung ist wohl das Vorbild bestehender Privatbadestuben der geistl. und adligen Oberschicht sowie jenes der Hofbadestube. Der Einfluß des Kreuzzüge und der expandierenden Handelsbeziehungen ist ebenfalls anzuerkennen. Die Übertragung öffentl. Badestuben auf das Land (v. a. in Oberdeutschland, Österreich und der Schweiz) erfolgt nach städt. Vorbild. Ab der Wende vom 15. zum 16. Jh. setzt ein allgemeiner Niedergang ein, für den u. a. moral. Gründe, auftretender Holzmangel und darauf zurückzuführende Preissteigerungen, die wachsende Beliebtheit von Badereisen zu naturwarmen Quellen, ärztl. Bedenken gegen übermäßigen Besuch sowie die Ansteckungsgefahr durch das Aufkommen der Syphilis verantwortlich sind.

Der Standort öffentl. Badestuben wird durch mehrere Faktoren bestimmt; Feuersgefahr, großer Wasserbedarf und leichte Erreichbarkeit spielen dabei die entscheidende Rolle. Die Kenntnis von Aussehen und Ausgestaltung des ma. B.es stützt sich v. a. auf das Bild, auf Ordnungen, Reisebeschreibungen und lit. Quellen. Hervorzuheben sind bes. Schilderungen in der mhd. Dichtung, wie z. B. im »Wälschen Gast« (1216), im »Schwank vom blôzen keiser« des Herrand v. Wildon (um 1260) und im sog. Seifried Helbling (Ende 13. Jh.). Die bildl. Darstellung setzt hauptsächl. ab dem 14. Jh. ein. Dabei steht allerdings meist das Badeleben an sich und dessen erot. Seite im Mittelpunkt, während Bau und Ausstattung des B.es zurücktreten. Zwei Abbildungen in der Göttinger Bellifortis-Hs. (→ Kyeser, Conrad) vermitteln dagegen recht klar zeitgenöss. Überlegungen zur Verbesserung von Heizanlagen und Dampfzufuhr im B. des SpätMA. Die überlieferten Angaben und Beschreibungen von Badestuben lassen das Dampfbad als vorherrschende Form erkennen, das Wannenbad tritt zwar sowohl im privaten als auch im öffentl. Bereich allein oder in Verbindung mit dem Dampfbad auf, spielt jedoch die untergeordnetere Rolle. Besser eingerichtete Badestuben besaßen ohne Zweifel einen Raum zum Ablegen der Kleidung und mitunter auch einen Ruheraum. Die eigtl. Badestube beherbergt Ofen, Steine, die zur Dampferzeugung mit Wasser übergossen werden, gestufte Bänke, Wannen bzw. Kufen für das Wasserbad sowie verschiedene andere Wassergefäße.

Die in der Forschung oft angenommene ursprgl. Bedeutung »Dampfbad« des Begriffes »Stube« ist kaum aufrechtzuerhalten. Vielmehr ist »Stube« als Baderaum nur eine unter mehreren Spezifizierungen der Wortbedeutung. Im ndt. Bereich bezeichnet mlat. stupa, nd. *stove* die Badestube, während in Ober- und Mitteldeutschland »Stube«

Wohnraum bedeutet und der Baderaum als *badstube*(mlat. stuba balnei u. ä.; estuarium) auftritt. Dem entspricht der Begriff *badstofa* für die Badestube in Skandinavien. In den slav. Sprachen wird die Badestube mit Wörtern slav. Stammes bezeichnet. In England ist ab dem 14. Jh. *stove, stew* sowohl als Bade- wie auch als Wohnraumbenennung überliefert. Im Frz. findet sich ab dem 13. Jh. *estuve* als Bezeichnung des Dampfbades. → Badewesen, → Taufe.   G. Jaritz

Lit.: RDK I, 1371–1381 [Lit.] – G. ZAPPERT, Über das Badewesen ma. und späterer Zeit, AKÖG 21, 1859, 1–166 – A. MARTIN, Dt. Badewesen in vergangenen Tagen, 1906 [Lit.] – J. ZELLINGER, B. und Bäder in der altchr. Kirche, 1928 – S. DARIER, La Balnéation au MA [Diss. Paris 1938] – W. GAIL, Die Rechtsverfassung der öffentl. Badestuben vom 12. bis 17. Jh. [Diss. Bonn 1940] – L. CARLSSON, Om bad och badstugor i äldre tid, Rig 30, 1947, 113–141 – H. BIEHN, Alte Badegemächer, 1964 – A. T. LUCAS, Washing and Bathing in Ancient Ireland, J. of the Royal Soc. of Antiquaries of Ireland 95, 1965, 65–114 – N. ÓLAFSDÓTTIR, Baðstofan og böð að fornu, Árbók hins íslenzka fornleifafélags, 1973, 62–86 – J. HÄHNEL, Stube. Wort- und sachgesch. Beitr. zur hist. Hausforsch., 1975 – G. REINEKING-VON BOCK, Bäder, Duft und Seife. Kulturgesch. der Hygiene. Kat. Köln, 1976 [Lit.] – H. HUNGER, Zum Badewesen in byz. Kl., Veröff. des Inst. für ma. Realienkunde 3, 1980 [im Druck].

II. SONDERFORMEN IN NO-EUROPA, ALTRUSSLAND UND SKANDINAVIEN: [1] Die Siedlungsgebiete der balt. Völker und Stämme scheinen nach Ausweis der sprachl. Zeugnisse das Zentrum der Ausbildung der Schwitzbadstube gewesen zu sein, die sich von hier aus zu den *ostseefinn.* Stämmen (Liven, Esten, Finnen) und nach Altrußland und Skandinavien ausbreitete; das Wort für dieses früh nachweisbare gesonderte kleine Gebäude aus Balken mit fester Decke aus Rundhölzern oder gespaltenen Bohlen und einem Stangenfußboden, der die Möglichkeit des Wasserabflusses bot, aber auch gelegentl. als halb in die Erde eingetiefte und der Wärmehaltung wegen auch über der Balkendecke mit Erde zugeschüttete Hütte (z. B. in Estland), lett. *pirts,* lit. *pirtis,* wurde als Lehnwort von Esten und Finnen (*pirtti*) und Skandinaviern (schwed. *pörte*) übernommen. Sowohl Heinrich v. Lettland (II, 8, XIX, 3, für den Beginn des 13. Jh. und die Liven und Letten) als auch Peter v. Dusburg (Chronicon terrae Prussiae 14. Jh. für die Prußen) erwähnen die Badstuben, auch als Zufluchtsort, da in Wäldern und an Flußläufen bzw. Seen in Schutzlage angelegt. Mit der Badstube als Ort böser Geister, die es durch ehrfürchtige Stille und Opfer, z. B. den ersten Wasserguß auf den erhitzten Ofen zu beschwören gilt, ist viel volkstüml. Brauchtum verbunden; sie ist als Ort, den die schwangere Frau zur Geburt oder kurz nach der Geburt unter bes. Beachtung von Riten und Formeln aufsucht (lett. *pirtižas* 'Gang zur Badstube', *pirtis vārdi* Badstuben»worte«) von allerlei Zauber umgeben, der einzelnen bäuerl. Familie und Sippe vorbehalten. Später in den Städten anzutreffende Gemeinschaftsbäder sind eine Erscheinung der Zeit nach der dt. Eroberung.

[2] In *Altrußland,* wo die Badstube (aruss. *banja*) in der sog. Nestorchronik (11. Jh.) belegt ist, deutet schon das Wort auf andere Herkunft; ob es mit vulgärlat. *baneum* (lat. *balneum*) zusammenhängt oder mit dem Wort *banka* ('Büchse', aber auch 'Schröpfkopf', poln. *bania* 'bauchiges Gefäß'), ist umstritten. Da die ersten Bäder von den Mönchen des Kiever Höhlenklosters und anderer Kl. gebaut wurden, liegt es nahe, sie von daher abzuleiten. Als die Ostslaven in die ursprgl. von Balten besiedelten mittel- und nordruss. Gebiete vordrangen, übernahmen sie dort die Schwitzbadstube als Gebäude, nicht aber das dafür verwendete Wort. Die in Moskau (im Zarjad'e) ausgegrabene Badstube, die beim großen Brand von 1468 zugrunde ging, wies in Ausmaßen (ca. 4 × 4 m), Aufbau und Ausstattung (großer Lehmofen in der Mitte, Stangenfußboden, hölzerne Kannen, Zuber und Schöpfkellen, hölzerne Abflußrohre für das Badewasser) alle Kennzeichen der balt. Badehäuser auf.   M. Hellmann

Lit.: VASMER, Wb., 51 f. – P. SKARDŽIUS, Pirties žodžio sąvoka ir kilmė (Gimtasai Kraštas 1934, nr. 2) – P. KUNDZINŠ, Die alte lett. Baukunst (Die Letten, 1930), 447 ff. – A. BIELENSTEIN, Die Holzbauten und Holzgeräte der Letten, I–II, 1907, 1918 – V. SVIPAS, Ūkininko pirtis, 1934 – H. J. VIBERJUURI, Finn. Sauna, 1943 – I. TALVE, Bastu och torkhus i Nordeuropa, 1960 – Z. LIGERS, Die Volkskultur der Letten, 1942, 359 ff.

[3] In *Skandinavien* läßt sich bereits vor der Entstehung der Städte eine ausgebildete Badekultur beobachten, die aber nicht von Anfang an bodenständig war, sondern sich allem Anschein nach erst unter dem Einfluß balt. und finnougrischer Badeformen entwickelte. Eine Übernahme kann frühestens nach der Expansion der Schweden in Richtung Finnland und Baltikum und im Verlaufe der wikingerzeitl. Ostfahrten der Waräger erfolgt sein. Aus den skand. Landschaftsrechten des 12. und 13. Jh. und der isländ. Sagaliteratur des 13. Jh. geht indessen mit Sicherheit hervor, daß das Baden im 12./13. Jh. – zumindest in wohlhabenden bäuerlichen Verhältnissen – weit verbreitet gewesen sein mußte.

Die wichtigste Art des Badens war das Dampfbaden in eigens dafür eingerichteten Badehäusern (awestnord. *baðhús, baðstofa* (auch Bezeichnung für die beheizte Wohnstube ohne Badegelegenheit), *laugarhús*; aschwed. *badstufva*; finn. *sauna*), die in der Regel Bestandteile eines Bauernhofes waren, oft aber wegen der Feuergefahr abseits der Wohn- und Wirtschaftsgebäude angelegt wurden. Man badete, indem man zu einem Ofen aufgeschichtete Steine erhitzte und sie in Abständen mit Wasser übergoß. Hitze und Dampf führten zu Schweißausbrüchen, die durch Peitschen mit einem Quast aus Zweigen noch gefördert wurden. Anschließend kühlte man sich mit kaltem Wasser ab. Auch das Baden in Wannen (isl. *baðkúfr, kerbað*) wurde praktiziert.

Auf Island spielten Badehäuser wohl nur eine geringe Rolle. Bes. eifrig wurden dagegen die warmen vulkan. Quellen (*laug,* pl. *laugar*) zum Baden benutzt. Eine Badeanlage aus dem 13. Jh. in Reykholt (»Snorralaug«) ist noch heute in brauchbarem Zustand: Es handelt sich um ein offenes, kreisrundes, mit einer Steinmauer eingefaßtes Becken für sechs bis acht Personen. Zuleitungen von warmem und kaltem Wasser ermöglichten die Regulierung der Wassertemperatur. Die große Anzahl von isländ. Ortsnamen mit *laug* zeigt, daß viele solcher Bäder in Gebrauch gewesen sein müssen. Auch der in den Sagas oft belegte Terminus *laugaferð* ('Gang zum Bad') deutet in diese Richtung. Da solche Bäder gewöhnl. von Bewohnern mehrerer Höfe benutzt wurden, war das Baden eine wichtige Form der Geselligkeit auf Island.

In Dänemark sind Badeeinrichtungen und die Entstehung eines öffentl. Badewesens in erster Linie mit der städt. Kultur verbunden. Aus Dänemark und Schweden ist in diesem Zusammenhang die Institution des sog. »Seelenbades« *(själabad)* überliefert. Den Armen der Stadt wurden hierbei – oft in Form testamentar. Verfügungen – von Privatleuten eine Anzahl Bäder pro Jahr als mildtätiges Werk gestiftet.

Nach dem allgemeinen Verschwinden der Bäder in Stadt und Land seit 1500 haben sich die Badehäuser nur in Finnland bis heute kontinuierlich erhalten.   H. Ehrhardt

Lit.: KL I, 295–298, 384–390 – HOOPS² I, 579–589.

III. JUDENTUM: Im Judentum geht das rituelle (Tauch-) Bad *(miqwäh)* auf die Vorschriften in Lev 15 und Num 19 sowie deren Interpretation im rabbin. Schrifttum zurück.

Vorgeschrieben ist fließendes oder in Senkungen gesammeltes (Regen)Wasser. Die Funktionen des B.es haben sich im MA weitgehend auf die kult. Reinigung der Frau nach Menstruation und Wochenbett eingeengt; auch wurden (neue) Gefäße vor der Benutzung untergetaucht. → Baukunst, jüdische.
P. Freimark

Lit.: O. Doppelfeld, Die Ausgrabungen im Kölner Judenviertel (Die Juden in Köln, hg. Z. Asaria, 1959), 92–106 – O. Böcher, Die Alte Synagoge zu Worms 1960 – G. Stein, Die Juden und ihre Kultbauten am Oberrhein bis 1349, ZGO 117, NF 78, 1969 (Oberrhein. Stud. I, 1970), 333–355.

IV. Islamischer Bereich: Im islam. Bereich ist das öffentl. B. (arab. ḥammām, türk. hamam) bis in die Neuzeit hinein ein unentbehrl. Element der städt. Zivilisation. Bei der Expansion des arab.-islam. Reiches in den östl. Mittelmeerraum (ab 634) wird die Institution des B.es (wie überhaupt die materielle Kultur Syriens, Mesopotamiens, Ägyptens) unreflektiert übernommen und trotz Widerstandes seitens geistl. Autoritäten voll in die sich herausbildende islam. Kultur (rituelle Waschungen) integriert. Textzeugnisse sprechen sowohl von der Weiterverwendung antiker Thermen wie von der Neuerrichtung öffentl. und privater Bäder. Archäolog. Befunde (die omayyad. Palastbäder von Quṣair ʿAmra, Ḫirbet al-Mafǧar in Jordanien, von Qaṣr al-Ḥair in der syr. Wüste) belegen das Interesse der Oberschicht. Im MA werden in jeder Periode der Ruhe und des Wohlstandes einer islam. Stadt neue Bäder gebaut. – Die antike Viergliederung des B.es besteht in weiten Teilen der islam. Welt lange Jahrhunderte weiter, wobei die äußere, nicht geheizte Abteilung dem frigidarium (und apodyterium) und die dreigliedrige, stufenweise stärker beheizte innere Abteilung der Folge tepidarium-caldarium-sudatorium entspricht. Die in Grund- und Aufriß sich ausdrückende Dreigliederung des inneren Bades weicht durch Reduktion oder Wegfall des tepidariums später einer Zweigliederung, in Ägypten im 12./13. Jh., in Kleinasien im 14. Jh. belegbar. Schließlich wird auch das sudatorium in seinen Ausmaßen und seiner architekton. Gestaltung reduziert auf ein Seitengelaß des caldariums; mannigfaltige kleinere Umbauten passen die älteren Bäder den jeweiligen Moden an. Die äußere Abteilung (arab. maslaḫ 'apodyterium'), in der Regel ein großer hoher Kuppelraum mit Apsiden, dient als Umkleideraum (bisweilen stehen vornehmeren Badegästen gesonderte Kabinen zur Verfügung), ist jedoch v.a. der Platz für die Ruhe und die gesellige Unterhaltung nach dem Baden. Statt einer piscina (noch im frigidarium des Palastbades von Ḫirbet al-Mafǧar) findet sich im maslaḫ nur ein mehr oder minder großes Wasserbecken mit Springbrunnen, in N-Afrika oft nur ein Springbrunnen, dessen Name (fisqīya) jedoch noch auf die Abstammung von der piscina hinweist. Im caldarium und sudatorium befindet sich jeweils ein Tauchbecken von regional sehr unterschiedl. Größe (in Syrien selten mehr als 1 × 2 m, in Ägypten oft groß, 2,5 × 2,5 m und größer). Die omayyad. Palastbäder weisen Hypokaustenheizung des inneren Bades und tubuliere Wände auf. Für Heizung/Isolierung mit tubulae oder tegulae mammatae finden sich keine jüngeren Belege; die Hypokaustenheizung von sudatorium und caldarium bleibt bewahrt in N-Afrika und in Kleinasien, im syr. Raum ist sie auf 50–80 cm breite Heizkanäle reduziert, durch die der heiße Rauch von der hauptsächl. der Heißwasserbereitung dienenden Feuerung unter dem Fußboden der inneren Badräume zum Schornstein geleitet wird. In Ägypten sind schon in den ältesten beschriebenen Bädern keine Hypokausten belegbar; die Heizung des sudatoriums erfolgt hier im wesentl. durch das angrenzende Heißwasserreservoir und die vertieft liegenden Tauchbecken. Der Erfordernis der islam. Reinheitsvorschriften und -anschauungen nach fließendem Wasser nachkommend, finden sich im B. zahlreiche Zapfstellen für kaltes und warmes Wasser; die tönernen Leitungen vom Kalt- bzw. Heißwasserreservoir her liegen unter Putz bzw. Wandvertäfelung. – Als Heizmaterial dient im MA Dung und anderer brennbarer Abfall, seltener (Kleinasien) Holz. Das Baden selbst ist nach Ausweis der Texte (Miniaturen seit ca. 1400) im wesentl. gleichgeblieben: Der Badegast legt im maslaḫ seine Kleider ab, schlingt sich ein Tuch um die Hüften, begibt sich, im tepidarium und caldarium jeweils etwas verweilend, ins sudatorium, wartet dort, auf dem Boden oder einer unmittelbar über dem Heizkanal liegenden erhöhten Steinbank hockend, bis der Schweiß ausbricht, läßt sich vom Badeknecht mit einem groben Waschhandschuh abreiben, massieren, abseifen und abspülen und begibt sich zurück ins maslaḫ, wo er eingehüllt in Tücher, die mehrfach gegen trockene ausgetauscht werden, ausruht, bis die Körpertemperatur wieder normal ist. Das Untertauchen im Becken hat mehr rituellen als hygien. Charakter (vorgeschrieben bei der »großen« Unreinheit, die eintritt u.a. durch Geschlechtsverkehr, → Menstruation; → Unreinheit; → Sexualität, Sexuallehre). Im öffentl. B. ist die Trennung der Geschlechter strengstens eingehalten; gewöhnlich ist die Zeit vom Mittags- bis Sonnenuntergangsgebet den Frauen reserviert (durch ein Tuch über die Eingangstür angezeigt), doch gibt es im MA auch – bes. in Kleinasien – reine Frauenbäder (als Hälfte eines Doppelbades), während die Bäder in den Basarvierteln oft reine Männerbäder sind. Große Bedeutung kommt dem B. zu als Ort der Geselligkeit; nach dem Bad werden zu Erfrischungen Neuigkeiten ausgetauscht, unterhaltende Geschichten erzählt u. ä. Bes. für die Frauen, die oft im B. mit mitgebrachten Speisen, Getränken, Früchten kleine Feste veranstalten (für das MA gut belegt), bleibt das B. auch nach dem Aufkommen des Kaffeehauses eine unentbehrliche, wenn nicht die einzige Möglichkeit zu gesellschaftl. Kontakt. Hochzeitsfeiern im Bad, bes. der Frauen mit der Braut, sind für das MA oft bezeugt. In der Regel von privater Hand erbaut (Badbau ist religiös verdienstl.), werden die Bäder sehr oft in fromme Stiftungen (waqf) eingebracht und dadurch unveräußerlich; die Besoldung des Personals vieler Moscheen oder Madrasen, die Gewährung von Stipendien u. ä. erfolgt im MA aus den Stiftungseinkünften, unter denen Erträge aus der Verpachtung eines B.es und der an der Straßenfront angebauten Kaufgewölbe stets einen bedeutenden Anteil ausmachen.
H. Grotzfeld

Lit.: El², s.v. Ḥammām – H. Grotzfeld, Das B. im arab.-islam. MA, 1970.

Badajoz (Badalioco, Badallocio, Badallos; Bistumsname: Pacensis), Stadt und Bm. in der span. Region Extremadura. Der Ursprung des Bischofssitzes ist umstritten. Gemäß einer Hypothese wird der Bischofssitz der Pax Augusta (eigtl. Pax Iulia), der spätestens seit der Westgotenzeit existiert hat, mit B. identifiziert. Eine andere Hypothese identifiziert Pax Augusta mit dem heut. Beja, dessen Bischofssitz erst nach der Reconquista nach B. transferiert worden sei; da aber seit dem 10. Jh. schon mehrere Bischöfe in B. nachweisbar sind, soll der Bischofssitz B. im 9. Jh. durch Translation von Mérida nach B. entstanden sein. In der Westgotenzeit spielte die Stadt B. noch keineswegs die Rolle, die ihr im 9. Jh. unter maur. Seite zuwuchs. Im 11. Jh. war B. der Sitz eines Taifenreiches unter der Herrschaft der Familie Banū-al Aftās-Aftásidas, bis es gegen Ende des Jh. von den Almoraviden vernichtet wurde. Von chr.

Seite eroberte Alfons IX. von León die Stadt 1230. Obwohl schon 1149 ein »episcopus Pacensis« in der Stadt León nachweisbar ist, der den Sitz des 1160 zurückeroberten Beja nicht für sich beanspruchte, wurde der Bischofssitz B. erst 1255 wiederhergestellt. Der Name B. figurierte zwar bis zu den Kath. Königen im Titel der kast. Kg.e, einige Bedeutung aber erlangte B. erst wieder im 16.Jh. durch Zuwendungen der aus B. nach Lateinamerika ausgewanderten Kolonisatoren. F. Fernández Serrano

Lit.: DHEE I, 170–177 [P. Rubio] – J. Solano de Figueroa, Hist. eclesiástica de la Ciudad y Obispado de B., 7 Bde, 1668 [Druck 1929-35] – M. R. Martínez, Hist. del reino de B., 1904 – M. Terrón Albarrán, El solar de los Aftásidas, 1971.

Badajoz, Übereinkunft von, 16. Febr. 1267 geschlossen zw. Alfons X. v. Kastilien und Alfons III. v. Portugal, der auf seine Rechte über die zw. den Flüssen Guadiana und Guadalquivir gelegenen Territorien und insbes. auf die Gebiete um Arôche und Aracena verzichtete. Alfons X. stimmte Gebietsteilungen nördl. v. Elvas zu und gab seinerseits endgültig alle Ansprüche auf das Reich von Algarve auf. Die durch die Übereinkunft von B. ermöglichte Grenzziehung zw. Portugal und León sollte sich in der Folgezeit bis auf die später erfolgte Eingliederung der Mark Ribacoa als definitiv erweisen. L. Vones

Q. und Lit.: Dicionário de História de Portugal, hg. J. Serrão, I, 271 – A. Huarte y Echenique, Boletín de la Real Academia de la Historia 107, 1935, 802–804 – R. de Acevedo, Fronteiras entre Portugal e Leão em Riba-Coa antes do Tratado de Alcannices (1297), 1935 – A. Ballesteros y Beretta, Itinerario de Alfonso X, rey de Castilla, Boletín de la Real Academia de la Historia 109, 1936, 444f. – Crónica dos Sete Primeiros Reis de Portugal, hg. C. da Silva Tarouca, I-III, 1952-54 – A. Ballesteros, Alfonso X el Sabio, 1963.

Badbury Rings → Mons Badonicus

Baden, Mgf.en v., Mgft. Über die Anfänge der Mgf.en v. B., deren Gesch. aus dynast. Interesse an der bis 1918 regierenden Familie der Großherzöge v. B. stets intensiv bearbeitet wurde, sind neuere genealog. Forschungen vorgelegt worden. Mgf. Hermann († 1074 als Mönch in Cluny) war der Sohn des Hzg.s Berthold I. v. Zähringen. Man vermutet in ihm – über seine Mutter Richwara – einen Enkel Hzg. Hermanns IV. v. Schwaben und damit einen nahen Verwandten des sal. Königshauses. Damit wird auch erklärt, weshalb ihm als mutmaßl. ältestem Sohn des Zähringers dessen Grafschaftsrechte im Breisgau und der Name Hermann (anstatt des zähring. Leitnamens Berthold) zukam, der von sechs oder – wie Wunder annimmt – sieben Mgf.en in unmittelbarer Folge geführt wurde. Der Markgrafentitel, bis 1803 in der Familie weitergeführt, leitete sich von der Mark → Verona ab, in die Mgf. Hermann I. unter Kg. Heinrich IV. eingesetzt wurde. Nach der Burg B. (oberhalb der Stadt Baden-Baden) nennt sich erstmals 1112 Hermanns gleichnamiger Sohn. Während der älteste Mgf. auch nach der zähring. Burg Limburg (Teck) benannt wird und, offenbar als Erbe der Gf.en v. → Calw, Güter im Nordschwarzwald erwarb, hat sein Sohn durch seine Gemahlin Judith die Besitzungen um Backnang erworben, wo er das Augustiner-Chorherrenstift St. Pancratius errichtete (päpstl. Bestätigung 1116), das zur Grablege der »Hermanne« wurde. Hermanns III. Gemahlin Bertha gilt nach neueren Forschungen als Tochter Kg. Konrads III., brachte die Mgf.en also in nahe Verwandtschaft zu den Staufern, deren Parteigänger und Helfer sie in den Auseinandersetzungen des 12. und 13. Jh. wurden. Ihre territorialen Bemühungen konzentrierten sich v.a. im Raum zw. → Backnang und → Stuttgart; neben den markgräfl. Städten Besigheim und Backnang ist, wie man heute weiß, auch Stuttgart von ihnen um 1220 zur Stadt erhoben worden. Mit den Stauferstädten → Pforzheim, das Mgf. Hermann V. 1219 ererbt hat, und den gleichzeitig erworbenen Städten Durlach und Ettlingen, zu denen noch die Pfandschaften über die Städte Lauffen, Sinsheim und Eppingen kamen, gelang den Mgf.en der Ausbau ihres Herrschaftsbereichs im Gebiet ihrer späteren Residenzen (Karlsruhe-Durlach) und ihrer Burg B., die, zusammen mit der gleichnamigen Stadt, immer mehr zum Mittelpunkt der Mgft. wurde. Mgf. Rudolf und seine Mutter Irmengard gründeten dort 1245 das Zisterzienserinnenkloster Lichtental, seitdem die Grablege der Familie.

Auf den zähring. Besitzungen Hachberg und Sausenberg im Breisgau spaltete sich 1190 eine eigene Linie der Mgf.en v. Hachberg ab; Hachberg wurde 1415 durch Mgf. Bernhard I. zurückgekauft, Sausenberg (mit Rötteln b. Lörrach) fiel 1503 an die bad. Hauptlinie zurück. Diese hatte durch einen Parteiwechsel zu den Staufergegnern aus dem Ende der Staufer weiteren Gewinn ziehen können – der zusammen mit Kg. Konradin 1268 in Neapel hingerichtete Friedrich v. B., Hzg. v. Österreich, ist der Sohn Mgf. Hermanns VI. und der Babenbergerin Gertrud v. Österreich, deren Erbe er für sich beanspruchte.

Zu den Grafschaftsrechten im Uf- und Pfinzgau, der stauf. Burg Mühlburg (heute Stadtteil von Karlsruhe) kamen umfangreiche Besitzungen des elsäss. Kl. → Weißenburg am Westrand des Nordschwarzwaldes sowie die Vogteirechte über die Kl. Gottesau (heute in Karlsruhe) und Herrenalb, die in diesem Raum zu einer Besitzkonzentration führten, während die Mgf.en um Stuttgart im 14. Jh. den Gf.en v. Wirtemberg weichen mußten. Trotz zahlreicher Teilungen der Herrschaft gelang Mgf. Bernhard I. (1372–1431) durch straffe Verwaltungsorganisation und Finanzpolitik die Schaffung eines fsl. Territorialstaats, dem freilich durch die habsburg. Herrschaftsgebiete in → Breisgau und → Ortenau wie durch die Territorialpolitik der → Kurpfalz und der wirtemberg. Gf.en seine Grenzen gewiesen wurden. V. a. den letzteren gegenüber bildeten sich im SpätMA Grenzen heraus, die bis 1803 bzw. bis in die unmittelbare Gegenwart Bestand hatten. Nach einer weiteren Konsolidierung unter Mgf. Christoph (1475-1527) kam es nach seinem Tod zu einer Landesteilung (1535), die in ihrem Hauptergebnis, der Bildung der Mgf.en Baden-Durlach mit Hachberg-Sausenberg (protestantisch) und Baden-Baden (katholisch) die nz. Gesch. des Landes bis zur Wiedervereinigung 1771 bestimmte. H. Schwarzmaier

Bibliogr.: F. Lautenschlager, Bibliogr. der bad. Gesch. I, 2, 1930, 1–12; IV (bearb. W. Schulz), 1961, 84–87; VII, 1976, 65ff. – Lit.: J. D. Schoepflin, Historia Zaringo-Badensis, 7 Bde, 1763–66 – E. Heyck, Gesch. der Hzg.e v. Zähringen, 1891 – R. Fester, Mgf. Bernhard I. und die Anfänge des bad. Territorialstaats, 1896 – Regesten der Mgf.en v. B. und Hachberg, I (bearb. R. Fester), 1892; II (bearb. H. Witte), 1901/02 [nur 1 Lfg.]; III (bearb. H. Witte), 1907; das ganze Werk mit Lücken bis 1453 – F. Wielandt, Mgf. Christoph I. v. B. 1475-1515 und das bad. Territorium, ZGO 85, 1933, 527–611 – R. Merkel, Stud. zur Territorialgesch. der Mgf.en v. B. in der Zeit vom Interregnum bis zum Tode Mgf. Bernhards I. (1250–1431) [Diss. masch. Freiburg i. Br. 1953] – E. Tritscheller, Die Mgf.en v. B. im 11., 12. und 13. Jh. [Diss. masch. Freiburg i. Br. 1954] – A. M. Renner, Mgf. Bernhard II. v. B., 1958 – G. Haselier, Die Mgf.en v. B. und ihre Städte, ZGO 107, 1959, 263–290 – H. Decker-Hauff, Gesch. der Stadt Stuttgart I, 1966 – Ders., ZGO 115, 1967, 205–211 – B. Sütterlin, Gesch. B.s I, 1967 – J. Fischer, Territoriale Entwicklung B.s (HABW, Karte VI, 1 1974) – B. Theil, Das älteste Lehnbuch der Mgf.en v. B. (1381), 1974 – K. Krimm, B. und Habsburg um die Mitte des 15. Jh., 1976 – G. Wunder, Zur Gesch. der älteren Mgf.en v. B. (Württemberg. Franken 1978), 13–19 [unter Bezug auf Forsch. von H. Decker-Hauff].

Badenoch, Wolf of (Alexander Stewart), † 1406, ⌐ Dunkeld, Kathedrale; vierter Sohn Roberts II., Kg. v. Schottland, und einer der Nutznießer seiner Thronbesteigung 1371, nach welcher seiner sehr zahlreichen Familie freigebig Grundbesitz und Titel zugesprochen wurden. W. of B. wurde 1372 zum → Justitiar des Nordens und 1382 zum Earl of Buchan erhoben. Sein Streit mit dem Bf. v. Moray gipfelte in der Brandschatzung der Kathedrale v. Elgin (1390). Dieses aufsehenerregende Ereignis und die Gesetzlosigkeit der Gefolgsleute des W. of B. hat der zeitgenöss. Chronist v. Moray anschaulich geschildert; die dort dargestellten rechtlosen Verhältnisse können jedoch nicht, wie zu Unrecht angenommen wurde, für das gesamte Kgr. Geltung beanspruchen. J. Wormald

Lit.: E. BALFOUR-MELVILLE, James I, 1936 – R. NICHOLSON, Scotland: The Later Middle Ages, 1974 – Scottish Soc. in the 15th Century, hg. J. BROWN.

Bader (lat. balneator, mlat. stup(h)arius, nd. *badstover*, frz. *étuveur*). [1] *Sozial- und Wirtschaftsgeschichte*: Als hauptberufl., selbständige Gewerbetreibende hat es B. seit dem HochMA wohl in allen Städten und in den bekannten Heilbädern gegeben. In den Städten waren sie recht zahlreich: Wien hatte im SpätMA 29, Paris 26 Badestuben. Es ist ungewiß, ob auch die zahlreichen dörfl. Badestuben von hauptberufl. B.n geführt wurden.

Die B. boten in ihren, anscheinend oft recht komfortabel mit Ruhebetten ausgestatteten Badestuben Schwitz- und Wannenbäder an; das Haarschneiden, Bartscheren, Aderlassen und die Wundbehandlung wurde ihnen auf Betreiben der → Barbiere, die dieselben Tätigkeiten ausübten, zumindest im späteren MA nur (noch) in ihren eigenen Badestuben gestattet. Viele Badestuben sind wohl gleichzeitig Bordelle gewesen. Die Nähe zu Kuppelei und → Prostitution dürfte ein Hauptgrund dafür gewesen sein, daß die B. und ihre Angestellten weithin als »unehrlich« galten. Mancherorts waren die B. auch Leichenschauer und -wäscher.

Vermutl. wegen ihrer »Unehrlichkeit« waren die B. vielfach nicht organisiert; jedoch gab es in manchen Städten Bruderschaften, in anderen (z. B. Lübeck, Hamburg) auch Ämter (= Zünfte). Die meisten Bruderschafts- oder Zunftordnungen der B. geben mehr Auskunft über ihr geselliges Leben als ihren Beruf. Einige berufs- oder standesbezogene Bestimmungen finden sich jedoch häufig: Männer und Frauen können B. werden; B. sollen Bürger werden, bevor sie sich selbständig niederlassen. Badestube und Wasser sind sauberzuhalten. Die Zahl der Badetage je Woche wird festgelegt; an Sonntagen und hohen Festtagen werden die Stuben nirgends geheizt. Männer und Frauen dürfen nur zu getrennten Zeiten oder an verschiedenen Tagen baden. Aussätzige und Vaganten haben nach der Pariser Ordnung keinen Zutritt zu den Badestuben. Vielerorts müssen Juden und Christen in verschiedenen Stuben baden. Die Ordnungen deuten an, daß die Fluktuation der Arbeitskräfte groß war. Das Baderhandwerk war offensichtl. kein wirklicher Lehrberuf. Viele B. und viele ihrer Angestellten dürften berufl. Gescheiterte gewesen sein. Vielleicht deshalb spielen Ehrlichkeit und guter Ruf des B.s und seiner Knechte und Mägde eine wichtige Rolle in den Ordnungen. Wie problematisch die Aufrechterhaltung dieses Anspruchs war, zeigen die weitverbreiteten Anordnungen über die Beschränkung des Glücksspiels in den Badestuben oder z. B. die Kölner Bestimmung, daß die B. nach 11 Uhr keine Trinkgelage in ihren Stuben halten und niemand dort übernachten lassen sollen, oder die Straßburger Verordnung, daß die Bademägde keine Dirnen sein sollen. Trotzdem dürfte das negative Bild des B.s in der Volksmeinung und Lit. des 15.-18. Jh. nicht auf alle B. zugetroffen haben. H.-P. Baum

[2] *Heilkunde*: Der ma. B. gehört zu den Heilhilfspersonen. Therapeut. wurde er auf mehreren Gebieten tätig: Den Blutentzug besorgte er durch → Aderlaß, Naß-Schröpfen und das Setzen von Egeln, die Hautdurchblutung regte er durch Reiben, Massieren (mhd. *ríben*) sowie Trockenschröpfen an, Verstopfungen beseitigte er durch → Klistiere, Haut und Gelenkkrankheiten suchte er durch Schweißbäder (Dunstbäder) zu beeinflussen, für zahlreiche andere Erkrankungen hielt er Drogen bereit, die entweder im Dunstbad als Aerosol oder im Wannenbad verabfolgt wurden. Zur örtl. Behandlung bereitete er Teilbäder. In der Krampfaderbehandlung bei Unterschenkelgeschwüren (*alte schäden*) sind neben Harzen und Kräuterabsuden Alaun, Schwefel und Kochsalz als Badezusatz belegt. Aus Brunnenstein oder mineral. Zusätzen ließ sich das sog. *wiltbat* (*natiurlichez bat*) herstellen. – Diagnost. ist der ma. Bader v. a. auf dem Gebiet der → Blutschau tätig geworden. → Barbier, → Bad. G. Keil

Q.: J. PETERS, Das 'Buch von alten Schäden', I [Diss. Bonn 1973] – vgl. auch Handwerker – *Lit.*: M. HÖFLER, Volksmedizin und Aberglaube in Oberbayerns Gegenwart und Vergangenheit, 1888, 43–60 – M. HEYNE, Fünf Bücher dt. Hausaltertümer III, 1903, 35–61 – K. BAAS, Gesundheitspflege im ma. Freiburg im Breisgau, Alemannia 33, 1905, 127–132 – A. MARTIN, Dt. Badewesen in vergangenen Tagen, 1906 – G. WAGNER, Das Gewerbe der B. und Barbiere im dt. MA [Diss. Freiburg i. Br. 1918] – W. GAIL, Die Rechtsverfassung der öffentl. Badestuben vom 12.–17. Jh. [Diss. masch. Berlin 1940] – R. SCHAUB, Das Badewesen im MA [Diss. Frankfurt 1949] – F. MARTENS, Eine kulturhist. Unters. über die Stellung der Kirche zum Bäderwesen im MA [Diss. Düsseldorf 1951] – W. DANCKERT, Unehrl. Leute. Die verfemten Berufe, 1963 – I. ROHLAND, Das 'Buch von alten Schäden', II [Diss. Würzburg 1980].

Badewesen. Das ma. B. hat seine Wurzeln sowohl in der Spätantike als auch im germ.-slav. Kulturkreis. In der röm. Antike waren sowohl das Kalt-, Warm- wie auch das Schwitzbad neben dem Bad in warmen Quellen und Trinkkuren sehr verbreitet gewesen und wurden med. angewandt, wenn auch bisweilen vor Warmwasserbehandlung gewarnt wird (Celsus 3, 22, 10). Kaltwasserkuren fanden sich v. a. im Rahmen der Hydrotherapie im ärztl. Spezialistentum der Spätantike. Diese Sitte allgemeiner Körperhygiene und ärztl. Diätetik hat sich auch nach dem Sieg des Christentums behauptet, obzwar sie von asket. Anachoreten des Ostens abgelehnt wurde; sie wurde auch bisweilen im Westen eingeschränkt. Nach Augustinus (ep. 211, 13) sollen Gesunde einmal im Monat, Kranke nach Anordnung des Arztes baden. Benedikt (reg. 36, 8) gestattet dies im mönch. Bereich Kranken so oft es nötig ist, Gesunden und bes. Jüngeren nur in geringem Maße. Wilhelm v. Hirsau begrenzt das Bad auf zweimal im Jahr, nämlich vor dem Weihnachts- und Pfingstfest. Generell dient das → Bad nach humoralpatholog. Vorstellung der Entleerung von überschüssigen, schädl. Körpersäften, das Warmbad bes. nach dem Grundsatz Contraria contrariis der Beseitigung von kalter Materie, die das Gehirn verstopft. Es ist eine Wohltat, die man nicht nur dem Gast, sondern auch Armen und Kranken zu erweisen hat; Badestiftungen, das sog. *Seelbad*, sind Ausdruck dieser Geisteshaltung. Auch im MA überwiegt ebenso wie in der Antike das warme Bad; doch diente das kalte Bad nicht nur der Askese, sondern es wurden kalte Bäder oder Übergießungen bisweilen gegen Podagra und Lähmungen verwendet; bes. Quellwasser (→ Taufe), das ebenso wie in der Antike in seiner Heilkraft unbestritten war, galt als gesundheitsfördernd und wundertätig. Dieser oft mit Hl. in Verbindung gebrachte Jungbrunnen geht auf die heidn. Vorstellung des Maienbades zur Walpurgisnacht bzw. des Johannisbades zur Sommersonnenwende zurück, wenn ersteres auch häufig ein warmes Wannenbad war. Diese warmen Wannenbäder, mit Rosen- oder Kräuterzusatz, sind im MA nicht nur Teil der allgemeinen Körperhygiene, sondern sie werden auch therapeut. verwendet, nicht nur bei Lähmungen. →Arnald v. Villanova empfiehlt alten Leuten viermal im Jahr Kräuterbäder, Johannes de St. Amando will jede Therapie mit Bädern einleiten und schließen. Die eigtl. med. Badeliteratur setzt erst Ende des 12. Jh. mit → Petrus' de Ebulo Gedicht »De balneis Puteolanis« (Über die Bäder von Puteoli [Pozzuoli] und Baiae) ein; er unterscheidet dort drei Arten von Bädern, neben den Wasserbädern feuchte Dampfbäder und heiße, trockene Heißluftbäder in Badestuben; diese Dampfbäder, die oft auch Kräuterbäder sind, werden ebenso wie die Wasserbäder therapeut. verwendet, z. B. gegen Elephantiasis, Schüttellähmung oder Frauenleiden. Bes. gelten sie jedoch als Vorbeugungs- und Heilmittel gegen den →Aussatz. Das Bad in den Badestuben, in denen auch geschröpft und zur Ader gelassen wurde (→ Bader), war jedoch immer mehr zu einer Form der Geselligkeit geworden; → Poggio Bracciolini gibt von diesem Treiben in Baden im Aargau 1417 ein gutes Bild. Nicht nur von der moral. Seite, auch von der ärztlichen wurden diese Badestuben des SpätMA jedoch immer mehr krit. betrachtet; so versuchte → Petrus v. Tussignano in seiner Darstellung der Bäder von Bormio (1336; »Liber de balneis Burmi«) die bisherigen Badegewohnheiten zu korrigieren. In seinen zwölf Baderegeln, die bald normativen Charakter erhielten, wird u. a. wie in Gesundheitsversen in der Nachfolge des »Regimen sanitatis Salernitanum« das Essen während des Badens ebenso verboten wie der allzu lange Aufenthalt im Bad; bes. letzterer führte zum therm. Badeausschlag, dessen Eintreten oft zum eigtl. Kriterium für den Erfolg der Badekur gemacht worden war. It. Ärzte hatten schon von Anfang an weniger als ihre Kollegen nördl. der Alpen medikamentöse Dampfbäder verordnet; der Verfasser der Schrift »De omnibus mundi balneis«, Giovanni Michele → Savonarola, bezeichnet sie folgerichtig auch als Sitte, die v. a. jenseits der Alpen üblich ist. Gymnast. Übungen werden von den it. Ärzten als diätet. Maßnahmen oft anstelle der Dampfbäder verordnet. Ihre Beschäftigung mit den Mineralquellen seit Petrus de Ebulo, wenn auch diese anfangs als Schwitzbäder benutzt wurden, trug bald auch nördl. der Alpen Früchte, wie die reiche dt. balneolog. Lit. im 16. Jh. beweist. → Hygiene.　G. Baader

Lit.: RAC I, 1134–1143 – A. SCHULT, Das höf. Leben zur Zeit der Minnesänger, 1889² – F. MEFFERT, Caritas und Krankenwesen bis zum Ausgang des MA, 1927 – R. H. FOERSTER, Das Leben in der Gotik, 1969 – J. PROBST, Die Balneologie des 16. Jh. im Spiegel der dt. Badeschriften, 1971 (Münstersche Beitr. zur Gesch. und Theorie der Medizin 4) – H. F. und H. ROSENFELD, Dt. Kultur im SpätMA 1250–1500, 1978 (Hb. der Kulturgesch. I, 4) – G. ZAPPERT, Über das B. ma. und späterer Zeit, AKÖG 21, 1859, 1–166 – A. MARTIN, Dt. B. in vergangenen Tagen, 1906 [Lit.].

Badge, Bilddevise. Seit dem 14. Jh. erscheinen neben den Wappen Abzeichen, die v. a. als dekorative Motive verwendet werden, jedoch nur selten mit dem Wappenbild des Geschlechts übereinstimmen. Am bekanntesten sind die weiße Rose für York und die rote für Lancaster (→ Rosenkriege), Kleeblatt für Irland, Distel für Schottland, Feuerstahl für Burgund und die Säulen des Herkules Ks. Karls V. Oft werden sie von einer Wortdevise begleitet.　H.-E. Korn

Lit.: O. NEUBECKER, Heraldik, 1977, 206ff. – D. L. GALBREATH–L. JEQUIER, Lehrbuch der Heraldik, 1978, 211ff.

Badoer, ven. Familie. Die alten Listen und Genealogien der ven. Familien lassen die B. einhellig auf die Particiaco oder → Partecipazio, eines der ältesten Dogengeschlechter von Venedig, zurückgehen. Allerdings ist die hist. Glaubwürdigkeit der ven. Quellen über die Anfänge der Patriziergeschlechter nicht gesichert und bedarf noch eingehender Forschungen. Die B. sind erstmals seit dem frühen 12. Jh. urkundl. belegt; seit der 1. Hälfte des 13. Jh. treten die Mitglieder der Familie in großer Zahl als Träger von. öffentl. Ämtern in Erscheinung und entfalten eine starke Aktivität als Geldverleiher, Kaufleute und Grundbesitzer. In den Jahrhunderten des großen Aufschwungs und danach des polit. und wirtschaftl. Niederganges der Republik teilten die B. die Parteinahmen und wechselhaften Geschicke jenes engen Kreises von Familien des hohen Adels, zu dem sie gehörten. Sie schienen immer in den höchsten Rängen des polit. Lebens der Stadt auf und erlebten niemals einen Niedergang, nicht einmal 1310, als einige ihrer Mitglieder zu den Protagonisten der Verschwörung Querini-Tiepolo in der Folge der »Serrata del Maggior Consiglio« zählten. *Sebastiano* (1425–98) und *Andrea* (1545 bis 1575) waren Träger bedeutender diplomat. Missionen. *Alvise* spielte eine wichtige Rolle im Kampf gegen die Türken (1537) und war Gesandter an den Höfen von Karl V. und Süleymān. Nachkommen der Familie B. sind bis in unsere Zeit belegt.　M. Romanello

Q. und Lit.: M. BARBARO, Genealogie nobili venete, Venezia, Bibl. Marciana, mss. ital., cl. VII, n. 955, ff. 26–39 und Venezia, Museo Correr, cod. Cicogna 2458 bis e ter, f. 28ff. – A. CAPELLARI, Il Campidoglio Veneto, Venezia, Bibl. Marciana, mss. ital., cl. VII, I. 15, ff. 60–73 – E. A. CICOGNA, Bibliografia veneziana, 1847 – R. BRATTI, I codici nobiliari del Museo Correr di Venezia, 1908 [hs. Überlieferung der Genealogie von Familien] – R. CESSI, Origo civitatum Italie seu Venetiarum (Chronicon Altinate e Chronicon Gradense) a c.d. R. Cessi, 1933 – DERS., Le origini del patriziato veneziano (Le origini del ducato veneziano, 1951, 323ff.) – G. CRACCO, Società e Stato nel Medio Evo veneziano, 1967.

B., Sebastiano, it. Staatsmann, * 1425/27 in Venedig, † 1498. ⚭ 1448 mit einer Giustinian. Sein Leben lang stellte S. B. seine hervorragende humanist. Bildung und seine Aktivität in den Dienst der Republik, v. a. war er als Gesandter tätig. Seine vermutl. bedeutendste diplomat. Mission war der Versuch, Kg. Mathias Corvinus zu bewegen (1474), den Kampf gegen die Türken mitzutragen und somit die ven. Aktionen im Mittelmeer zu unterstützen. Zwei Jahre danach, nachdem er seine Mission erfolgreich beendet hatte, wurde er Podestà in Bergamo und in Brescia und 1479 Gesandter in Rom. 1483 wurde er wieder mit einem diplomat. Auftrag zu Ks. Friedrich III. gesandt, um die Haltung Venedigs gegenüber Papst Sixtus IV. zu verteidigen, der die Republik mit dem Interdikt bedrohte. 1492 kehrte er als Führer der Delegation nach Rom zurück, die Alexander VI. die Gehorsamserklärung der Republik überbringen sollte. Es ist uns die ganze Reihe der Depeschen aus den Jahren 1494 und 1495 von seiner letzten Gesandtschaft zu Ludovico il Moro erhalten geblieben, ein lebendiger Beweis für seine erfahrene, manchmal sogar geniale, diplomat. Gewandtheit.　M. Romanello

Q. und Lit.: Arch. di Stato, Venezia, Arbori dei Patritii veneti, misc. cod, I, f. 74 – DBI V, 124–126.

Badorfer Keramik (B., heut. Stadt Brühl s. Köln), Bezeichnung für eine Drehscheibenware des 8.–10. Jh., produziert an den qualitätvollen Tonlagern am Vorgebirgsfuß w. Köln und Bonn, aber auch anderorts nachgeahmt. Kennzeichen sind hellgelber Ton, nicht sehr harter Brand und leichte Riefung der Wandung. Grundformen sind der Kugeltopf – mit sog. Linsen- oder Wackelboden –, z. T. mit Henkeln und Ausgußtülle (Kanne) und das eiförmige große Vorratsgefäß. Typ. Verzierungen sind vielzeilige feine (8. Jh.) bzw. größere Rechteckrollstempelornamente (9. Jh.) sowie rote Bemalung (8.–9. Jh.), Tonleisten auf den

Vorratsgefäßen (Reliefbandamphoren; → Reliefbandkeramik) mit vielfältigen Stempelmustern (9.-11.Jh.). Eine späte Art (10.Jh.) rollstempelverzierter, aber grauer Keramik wird neben der frühen Pingsdorfer Ware hergestellt (→ Pingsdorfer Keramik). Mit der Badorfer Ware setzt ein massiver Export ein, der den Niederrhein (→ Dorestad) u. Westfalen überzieht u. Schl.-Holst. (→ Haithabu), Schweden (→ Birka) sowie S-Norwegen erreicht. Die Menge der in den Handelsplätzen (Dorestad) ausgegrabenen Keramikreste und die Batterien von Töpferöfen in allen Vorgebirgsorten belegen den Umfang dieser Keramikproduktion. H. Steuer

Lit.: Hoops² I, 593-597 – H. Hinz, Die karol. Keramik in Mitteleuropa (Braunfels, KdG III, 1965), 267-287 – U. Lobbedey, Unters. ma. Keramik, 1968, 68-73 – W. Janssen–Barbara Follmann, 2000 Jahre Keramik im Rheinland, 1972 [Lit.] – W. A. van Es–W. J. H. Verwers, Céramique peinte d'époque, carolingienne, trouvée à Dorestad, BerROB 25, 1975, 133-164.

Baduila → Totila

Baena. 1. B., Juan Alfonso de, * 1406, † 1454, span. Hofdichter, gab 1445/54 eine Sammlung von 576 altspan. Gedichten heraus, die als »Cancionero de Baena« bekannt wurde. In B.s Anthologie sind 54 Dichter Kastiliens vertreten, die während der Regierung Johanns I. (1379/90) und am Anfang des 15.Jh. wirkten. Die besten Gedichte dieser *trovadores* stammen von Alfonso →Álvarez de Villasandino. Dabei kommen B.s spitze Zunge und satir. Betrachtungen nicht zu kurz, obwohl er auch oft eitel und streitsüchtig, unterwürfig und bettelnd erscheint. B.s »Cancionero« vertritt das künstler. Schaffen eines halben Jh. der *escuela trovadoresca* und ist daher v. a. für die Entwicklungsgeschichte der altspan. Lyrik von großer Bedeutung. B. beginnt die Sammlung kurz vor Doña Marias Tod (18.Mai 1445); diese erste Gemahlin Johanns II. wird in der Zueignung erwähnt. Gedicht Nr. 530 erwähnt den Tod von Ruy Díaz de Mendoza, kgl. *majordomo* (1453); der Dichter schließt sein Werk noch vor dem Tode Johanns II. am 21.Aug. 1454 ab. W. Kroll

Ed.: El cancionero de Juan Alfonso de Baena (s. XV), Ahora por primera vez dado á luz, con notas y comentarios, 1851.

2. B., Lope de, span. Sänger, Instrumentalist und Komponist um 1500. 1478 als Sänger und Instrumentalist am Hofe Kg. Ferdinands des Katholischen v. Aragón genannt, 1493 als Vihuela-Spieler am Hofe der Kgn. Isabella v. Kastilien, gehört er 1498 als einer von drei Organisten zu ihrem Hofstaat und dient 1505 als Sänger und Organist in der kgl. Kapelle. Die Zeitgenossen rühmten sein Spiel und seine Kompositionen, von denen neun erhalten sind. H. Leuchtmann

Q.: ms. 454 Biblioteca Central, Barcelona – Ed.: im Cancionero musical, hg. F. Barbieri, 1890; Neuausg. H. Anglès, Monumentos de la Música Española V, X (= La Música en la Corte de los Reyes Católicos II, III), 1947 – Lit.: E. vander Straeten, La Musique aux Pays Bas avant le XIXe s., VII, 107, 1885 – Diccionario de la música Labor, 1954 – Riemann, s. v. – Grove's Dictionary of Music and Musicians, s. v. – J. Rubió–J. Romeu Figueras, Monumentos de la Música Española XIV (= La Música en la Corte de los Reyes Católicos IV), 1956.

Baerze, Jacques de, Bildschnitzer in Termonde (Dendermonde) bei Gent, lieferte 1392 im Auftrag von Hzg. Philipp dem Kühnen für Kartäuserkloster und Grablege Champmol bei Dijon zwei Flügelaltäre, jetzt im Museum Dijon. 1396 sind Altarlieferungen an den Hof in Paris bezeugt. B.s Werke sind wichtige frühe Beispiele für den später auch Deutschland erfassenden Export ndl. Altäre. Stilist. traditionell, sind die Altäre in Champmol-Dijon durch kleinfigurige Gruppen und gleichmäßige Statuenreihen in reichem Architekturrahmen gekennzeichnet. A. Reinle

Lit.: D. Roggen, De twee retabels van de Baerze te Dijon, Gentsche Bijdragen I, 1934, 101-106 – W. Paatz, Verflechtungen in der Kunst der Spätgotik zw. 1360 und 1530, 1967, 38f. – Die Parler und der Schöne Stil 1350-1400 [Kat. Köln 1978, 1], 56-58.

Báetán mac Cairill, Kg. der → Ulaid (Dál Fiatach) 572 bis 581. Er beanspruchte die Oberherrschaft über die →Dálriada von Irland und Schottland sowie über die Isle of → Man. Zwei Feldzüge der Ulaid gegen Man (577 und 578) richteten sich möglicherweise direkt gegen →Áedán mac Gabráin, Kg. v. Dálriada. Die Genealogien von Ulster behaupten, daß B. die Unterwerfung Áedáns mac Gabráin in Ross na Ríg (bei Larne, County Antrim) empfangen habe und daß er »Kg. v. Irland« gewesen sei. Ist auch die Angabe, daß B. das Gebiet von → Munster bis hin nach Emly (County Tipperary) verwüstet habe, wahrscheinl. stark übertrieben, so dürfte B. doch der mächtigste Kg. im Irland seiner Zeit gewesen sein. Die Streitigkeiten um die Nachfolge in der Königswürde der → Uí Néill und das wachsende Verlangen nach Befreiung von der traditionellen Abhängigkeit gegenüber dem Oberkönig der Provinz bei den Dálriada führten zum Abkommen von → Druim Cett (County Derry) i. J. 575, das offensichtl. ein Bündnis der Uí Néill und der Dálriada gegen B. beinhaltete. Dieses Bündnis erzielte jedoch keine unmittelbaren Erfolge; nur der Tod B.s (581) ermöglichte es den Dálriada, ihre frühere Machtstellung wiederzugewinnen. D. Ó Cróinín

Lit.: M. O. Anderson, Kings and kingship in early Scotland, 1973, 145-149 – F. J. Byrne, Irish kings and high-kings, 1973, 109-111 – J. Bannerman, Stud. in the hist. of Dalriada, 1974, 2ff., 84, 97, 105 – HEG I, 457 [F. J. Byrne].

Baetica, nach dem Fluß Baetis (→ Guadalquivir) benannte südspan. röm. Prov. zw. Guadiana, Sierra Morena, Atlantik und Mittelmeer, der nur ungefähr das heut. Andalusien (→Al-Andalus) entspricht. Das durch phönik., kelt., gr. und karthag. Einflüsse geprägte Gebiet wurde seit 197 v. Chr. als Hispania ulterior schrittweise romanisiert, wobei die einheim. Turdetani für die röm. Kultur bes. empfängl. waren. Urbane Zentren waren die Provinzhauptstadt Corduba (Córdoba), Gades (Cádiz), Malaca (Málaga), Astigis (Écija), Hispalis (Sevilla), Italica. Die wirtschaftl. Bedeutung der Prov. beruhte auf Landwirtschaft (Wein, Öl, Viehzucht), Fischprodukten und Bergbau (Blei, Kupfer, Silber, Gold). Seit der Mitte des 2.Jh. breitete sich das Christentum in der B. aus, die im 5.Jh. ganz christianisiert erscheint. Das 1. span. Konzil fand ca. 305 in Iliberis (Granada) statt. → Hosius v. Córdoba und → Gregor v. Iliberis waren die bedeutendsten Vertreter der frühchr. Kirche in der B. Die Prov. war ferner Schauplatz des luciferian. Schismas (→ Lucifer, Bf. v. Cagliari) wie des → Priscillianismus.

Die 409 in Spanien eingedrungenen Vandalen ließen sich in der B. nieder, wo sie 418 von den Westgoten besiegt wurden. Nach dem Abzug der Vandalen 429 nach N-Afrika gelangte die B. nochmals kurz unter röm. Herrschaft, wurde aber bereits 440 von den Sueben besetzt. Die Prov., die in den Kämpfen des 5. Jh. schwer zu leiden hatte, ging damit endgültig dem Imperium verloren. In der 2. Hälfte des 5.Jh. nahmen die Westgoten das Gebiet der B. in Besitz. Eine vorübergehende Besetzung des südl. Teiles durch Byzanz (552-582) hatte keine Folgen. 711 kam die B. unter arab. Herrschaft. → Liberius, → Leovigild. J. Gruber

Lit.: R. Thouvenot, Essai sur la prov. romaine. de Bétique, 1940 – A. Schulten, Iber. Landeskunde, 1957 – E. H. Thompson, The Goths in Spain, 1969 – A. Tovar, Iber. Landeskunde II, 1: Baetica, 1974.

Bagatellgerichte → Gerichtsbarkeit

Bagaudes (häufig, aber unsicher, von kelt. *baga* 'Kampf' abgeleitet ['die Kämpfer']). Als B. treten erstmals die aufständ. Bauern und Hirten Galliens in Erscheinung, die der von Diokletian zum Mitherrscher ernannte Maximianus 285/286 besiegte. Über ihre Führer Amandus und Aelianus ist weiter nichts bekannt. B. begegnen wieder 407/408 in den Alpen, v. a. aber 435-445 unter ihrem Führer Tibatto in der gall. Landschaft Aremorica, später auch in N-Spanien, wo sie 454 von den Westgoten im Bündnis mit Rom niedergeworfen werden (letzte Erwähnung). Nach dem Bericht Salvians (Gub. Dei 5, 21-27) beherrschten sie um 440 große Gebiete, in die sich viele (auch honesti et nobiles) vor dem Steuerdruck des röm. Staates flüchteten. Das Bagaudentum ist eine Reaktion auf den spätantiken Zwangsstaat, der die bäuerl. Bevölkerung bes. belastete. Es zeigt die innere Entfremdung weiter Schichten gegenüber dem Imperium Romanum. Seine Bedeutung ist aber häufig überschätzt worden, da zw. den einzelnen Bagaudenbewegungen keine Kontinuität besteht.

J. v. Ungern-Sternberg

Lit.: Kl. Pauly I, 805 – LAW, 427 – RE Suppl. XI, 346-354 – F. Vittinghoff, Der Übergang von der »Antike« zum »Mittelalter« und die Problematik des modernen Revolutionsbegriffes, Gesch. in Wiss. und Unterricht 9, 1958, 457-474 – B. Czúth, Die Quellen der Gesch. der Bagauden (Acta ant. et archaeol. 9), 1965 – W. Held, Die Vertiefung der allg. Krise im W des röm. Reiches, 1974, 127ff. [mit Kritik zu lesen] – D. Lassandro, Rivolte contadine e opinione pubblica in Gallia alla fine del III s. d. C., Contributi dell' Istituto per la Storia antiqua V, Rom 1978, 204-216.

Bagdad (arab. *Baġdād*) mit dem Beinamen *Madīnat as-Salām* ('Stadt des Friedens') wurde als Residenz und Hauptstadt des Kalifenreiches vom zweiten →'Abbāsiden al-Manṣūr in einer Tigris-Schleife ca. 25 km nördl. v. Ktesiphon am Schnittpunkt alter Handelsstraßen 762 gegr. und in Form einer Rundstadt, deren Mittelpunkt Palast und Moschee bildeten, prächtig ausgebaut. Seine erste hohe kulturelle und ökonom. Blüte erlebte B., um ein Vielfaches über das ursprgl. Areal hinausgewachsen, unter →Hārūn ar-Rašīd und al-Ma'mūn (→Abbāsiden). Die Metropole war Sitz vielfältiger Gelehrsamkeit, auch gr.-arab. Übersetzerschulen, und Hauptumschlagplatz westöstl. Handels. Eine heterogene Bevölkerung, gekennzeichnet durch z.T. erhebl. religiös-polit., sprachl. und soziale Unterschiede, hat die Stadt ständig in Spannung gehalten. Aber unruhigen Zeiten mit Militärrevolten und Aufständen folgten im schnellen Wechsel Jahrzehnte neuer Entfaltung. Eine wohlorganisierte Verwaltung und Planung sowie Stiftungen, z. B. für das Markt-, Post- und Transportwesen, für die Wasserversorgung, Bäder oder die Regulierung des Tigris und seiner Kanäle, für Krankenhäuser, Hochschulen und Bibliotheken, sind reich bezeugt. Mit der Besetzung durch die →Mongolen und dem Ende des Bagdader Kalifats (1258) sank B. zur Provinzstadt herab; nachfolgende türk. und turkmen. Dynastien, Plünderungen durch →Timur (1393, 1401), die Safaviden und schließlich die Herrschaft der →Osmanen, die B. seit 1534 besaßen, haben die einstige Weltstadt bis in die Neuzeit hinein verfallen und erheblich schrumpfen lassen.

R. Sellheim

Bibliogr.: G. Awad–A. al-Alouchi, A Bibliogr. of B., 1962 – Lit.: EI² I, s. v. Baġhdād – G. Le Strange, B. during the Abbasid Caliphate, 1924² – J. Lassner, The Topography of B. in the Early MA, 1970 – H. K. N. Al-Genabi, Der Suq (Bazar) von B., 1976.

Bâgé, Haus, dessen Territorium zw. dem linken Ufer der Saône und dem Suran lag und den größten Teil der →Bresse umfaßte. Die Familie nannte sich nach der kleinen Burg Bâgé-le-Châtel, doch entwickelte sich allmählich Bourg-en-Bresse zur wichtigsten Stadt ihrer Herrschaft. – 972 besaß ein Hugo Güter in Bâgé, andere Personen dieses Namens werden für das 10.-11. Jh. in späterer Überlieferung genannt, doch bleibt ihre genealog. Zuordnung unklar. Um 1160 gab Renaud (Rainald) v. B. an, daß er seine Burgen von niemand zu Lehen habe, wandte sich jedoch, mit Versprechen des Lehnseides, an Kg. Ludwig VII. v. Frankreich, seinen »consanguineus«, zur Befreiung seines Sohnes Ulric (Ulricus), der Gefangener des Gf.en v. →Mâcon war, des Vetters der Ksn. Beatrix v. Burgund und fidelis Friedrich Barbarossas. 1228 erlangte Renaud v. B. durch Heirat die Herrschaft Châtillon-sur-Chalaronne, doch begab er sich nach einem ruinösen Krieg gegen den Bf. v. →Mâcon ins Hl. Land, wo er 1250 starb. Seine Kinder wurden der Vormundschaft Philipps v. Savoyen, Ebf.s v. Lyon, unterstellt. Der ältere, Guy († 1255), hinterließ eine Tochter, Sybille. Philipp v. Savoyen regelte die Probleme der Erbfolge; dabei sicherte er sich Bourg und Châtillon und verheiratete 1272 die Erbtochter Sybille mit seinem Neffen →Amadeus (V.), seit 1285 Gf. v. Savoyen. Gfn. Sybille starb 1294, offenbar ohne größeren Einfluß auf die savoyische Politik ausgeübt zu haben. Die Bresse blieb von da an (bis 1601) im Besitz des Hauses → Savoyen.

Die Rechnungen der Kastellaneien der Herrschaft Bâgé sind seit 1273 erhalten. Philipp, 5. Sohn des Hzg.s Ludwig v. Savoyen, erhielt 1460 die »terre de B.« als →Apanage; er führte seitdem den Titel eines Herren v. B. bzw. v. Bresse, dann den eines Gf.en v. Bresse; er hinterließ B. 1496 seinem Großneffen, Hzg. Karl II.

J.-Y. Mariotte

Lit.: S. Guichenon, Hist. de Bresse et de Bugey, Lyon 1650 – Ders., Histoire généalogique de la Royale Maison de Savoye, Lyon 1660. [Neudruck 1976].

Bagellardi, Paolo, * in Fiume, † 1492 in Venedig, lehrte praktische (1444-1472) und theoretische Medizin in Padua. 1472 erschien seine Schrift »De egritudinibus et remediis infantium«. Er begründete damit die Pädiatrie als med. Spezialdisziplin, indem er antikes und arab. Wissen an eigener klin. Erfahrung prüfte. Die Schrift war bis ins 16. Jh. weit verbreitet.

R. Amberg

Lit.: E. Apert, Arch. méd. d'enfants 15, 1912, 26-37 – K. Sudhoff, Erstlinge der pädiatr. Lit., 1925 [Faks.].

Bāghče Sarai (türk. 'Gartenschloß', russ. Namensform Bachčisaraj), 1504-1783 Hauptstadt des Chanats der Krim, in einem engen Tal bei Čufut Qal'e gelegen. Die Stadt war von sunnit. Krimtataren, daneben Armeniern sowie Karäern und rabbin. Juden bevölkert, die Ende des 18. Jh. abwanderten. Die Residenz der Krimchane (im 18. Jh. nach russ. Zerstörung erneuert) ist als Museum erhalten.

B. Spuler

Lit.: EI¹, 1893 f. [B. Spuler] – V. D. Smirnov, Krymskoe chanstvo..., 2 Bde, 1887, 1889 – D. Seydamet, Krym, 1930.

Bagler (anorw. *baglar* oder *beglingar*, von *bǫgull* aus lat. baculus 'Bischofsstab'), Partei zur Zeit der norw. Bürgerkriege (ca. 1130-ca. 1227, →Norwegen), deren Name bereits auf eine enge Verbindung mit der hohen Geistlichkeit hinweist. Die B. sammelten sich 1196 unter der Führung des Bf.s v. Oslo, Nikulás Árnason (1188-1225), und des landflüchtigen Ebf.s Erik v. Nidaros in Dänemark zum Kampf gegen Kg. → Sverri Sigurðarson († 1202) und seine Anhänger (→Birkebeiner). Die B. wurden von der alten Lehnmänneraristokratie (→Lendermenn), wie sie sich in der Zeit →Magnús Erlingssons (1156-84) ausgebildet hatte, getragen. Das Haupteinflußgebiet der B. lag in Ost-Norwegen. Nach der Versöhnung zw. der Kirche und Kg. Sverris Nachfolger, Hákon Sverrisson (1202-04), wurde auch die Verbindung der B. mit der hohen Geistlichkeit unterbrochen. 1208 kam ein Vergleich zwischen B.n und Birkebeinern zustande, und 1217 unterstützten die B. den Thronfolgekandidaten der Birkebeiner (→ Hákon Hákonarson). Als Gegenleistung wurden den Führern der B. wichtige polit. und kirchl. Ämter zugestanden. Damit verschwanden die B. als eigenständige Parteigruppierung.

S. Bagge

Lit.: KLNM I, 299–304 – K. Helle, Norge blir en stat, 1974².

Baglioni, perusin. Familie sehr alten Ursprungs; eine nicht durch Schriftzeugnisse bestätigte Tradition möchte ihn nach Deutschland verlegen und der Familie verwandtschaftl. Beziehungen zu Konrad III. beilegen. Die erste schriftl. Erwähnung der B. findet sich im »Liber exbannitorum Communis Perusii« vom Jahre 1259, in dem ein »Dominus Baglionus domini Guidonis Oddonis« genannt wird. Seit dieser Zeit lassen sich die Schicksale der Familie mit einer gewissen Kontinuität verfolgen. Sie stand in den inneren Kämpfen Perugias meist auf Seiten des *popolo minuto*, der sog. »Beccherini«, gegen das reiche Bürgertum, die »Raspanti«. Die B. bekleideten häufig bedeutende Ämter und fungierten als Friedensvermittler zw. der Kommune und den angrenzenden Gebieten sowie als Gesandte bei der Kurie und bei verschiedenen anderen Regierungen. Sie spielten eine bedeutende Rolle als Söldnerführer; auf ihren großen Ruhm als Kriegsherren und ihre Verbindungen zu den bedeutendsten Geschlechtern gründete sich ihre starke Vormachtstellung, die bisweilen Züge einer Tyrannis annahm. Das erste Mitglied der Familie, das die Signoria über Perugia innehatte, war *Pandolfo*. Nach sechzehnjährigem Regiment der Popolanen, das von Biordo Michelotti begründet worden war, und nach dem kurzen Zwischenspiel der Herrschaft von Gian Galeazzo Visconti und der Unterwerfung Perugias unter Kg. Ladislaus v. Neapel, zog 1416 *Malatesta* B. an der Seite des Condottiere Braccio → Fortebracci da Montone in Perugia ein und installierte dort von neuem die Herrschaft der B., die rasch immer mehr erstarkte. Sie bildete mit Spello, Bettona, Bevagna, Cannara und anderen angrenzenden Gebieten den sog. Staat der B. Unter → Braccio, dem Sohn von Malatesta, erreichte die Familie ihren größten Glanz und genoß eine Periode relativer Ruhe sowohl was außerpolit. Auseinandersetzungen wie familiäre Rivalitäten betrifft. Aber der Haß und Neid zw. den verschiedenen Zweigen der Familie, die nur scheinbar vergessen waren, kamen in furchtbarer Weise in dem Blutbad in der Nacht des 14. Juli 1500 zum Ausbruch. *Giampaolo*, der mit ganz wenigen anderen dem Gemetzel entkommen war, nahm die Regierung der Stadt wieder auf. Seine Nachkommen setzten die militär. Tradition der Familie fort, erlangten durch ihre Tüchtigkeit Ruhm, erregten aber viele Zweifel hinsichtl. ihrer Loyalität. Die Signoria der B. über Perugia stand offenbar immer im Schatten der starken Präsenz der Kirche. Sie wurde 1540 von Papst Paul III. vollkommen aufgehoben. Die Familie starb Mitte des 17. Jh. mit *Malatesta*, dem Bf. v. Pesaro und später v. Assisi, aus.

O. Marinelli

Lit.: L. de Baglion, Pérouse et les Baglioni, 1909 – B. Astur, I Baglioni, 1964.

1. B., Braccio, it. Condottiere und Staatsmann, * ca. 1419, † 1479. Neffe mütterlicherseits des Söldnerführers Braccio → Fortebracci da Montone, daher von einigen Historikern Braccio II. genannt, Nachfolger seines Vaters Malatesta in der Signoria von Spello und anderen angrenzenden Gebieten. B. kämpfte an der Seite von Niccolò → Piccinino und stand im Dienst der Kirche. Er nahm aktiv am polit. Leben von Perugia teil und bekleidete dort wichtige Ämter und Würden. Er verstärkte die Position seines Hauses, indem er durch seine zweite Heirat mit Anastasia Sforza in verwandtschaftl. Beziehungen zu einer der bedeutendsten Dynastenfamilien Italiens trat. Weiter knüpfte er sehr enge Beziehungen mit Florenz an. Auch sein großzügiges Mäzenatentum ist hervorzuheben. Er förderte das »Studio« und berief 1471 die Drucker Petrus Petri v. Köln und Johannes v. Bamberg (Sohn des Nikolaus) nach Perugia, auf welche die ersten perusin. Inkunabeln zurückgehen.

O. Marinelli

Lit.: DBI V, 207–212 – L. de Baglion, Pérouse et les Baglioni, 1909, 60–79 – B. Astur, I Baglioni, 1964, 53–69.

2. B., Giampaolo, it. Condottiere, * ca. 1470 Perugia, † 11. Juni 1520 in Rom. Der Blutnacht vom 14./15. Juli 1500 entronnen (→ Baglioni, Familie), machte er sich zusammen mit seinem Vater *Rodolfo* und seinem Vetter *Adriano* zum Herrn über Perugia. Adriano hatte die effektive Herrschaft über die Stadt inne, während sich G. der Kriegsführung widmete. Bereits 1493 stand er im Dienst von Florenz. Als Signore v. Perugia trat er in den Dienst von Papst Alexander VI. und kämpfte an der Seite von Cesare → Borgia. Dabei richtete sich seine Aktivität auch stets gegen die aus Perugia verbannten Mitglieder der Faktion der Oddi. Als er erkannte, daß sich die ehrgeizigen Pläne des Valentino auch gegen Perugia richteten, versuchte er mit allen Mitteln, ihm den Weg zu versperren, wurde aber gezwungen, die Stadt zu verlassen. Erst 1506 kehrte er unter ziemlich demütigenden Bedingungen durch die Intervention des Hzg.s v. Urbino, Guidobaldo da → Montefeltro, nach Perugia zurück; Er mußte auf jegliche Machtstellung verzichten, während die päpstl. Streitkräfte alle Festungen in Perugia besetzten. Von Julius II. erhielt er die Erlaubnis, in den Sold Venedigs zu treten, aber Leo X. befahl ihm, wieder in den Dienst der Kirche zurückzukehren. Wie bereits einmal gegenüber den Florentinern und den Franzosen nahm G. nun eine zweideutige Haltung ein. Es kam der Verdacht eines geheimen Einverständnisses zw. ihm und Francesco Maria → della Rovere auf. Dies veranlaßte Leo X., ihn unter der Zusicherung freien Geleites nach Rom zu rufen. Dort ließ er ihn trotzdem in der Engelsburg gefangensetzen. Nach einigen Monaten wurde Giampaolo B. enthauptet.

O. Marinelli

Lit.: DBI V, 217–220 – B. Astur, I Baglioni, 1964, 145 ff.

3. B., Pandolfo, * ca. 1343, † 1393. Seine Lebenszeit fiel in die Periode der heftigsten Kämpfe zw. den Faktionen der Adelsfamilien und der Popolanen, in Perugia als »Beccherini« und »Raspanti« bezeichnet. Er mußte mehrals in die Verbannung gehen. Mit seinem Vater *Oddo* und seinem Bruder *Giovanni* erstmals 1368 aus Perugia vertrieben, durfte P. für kurze Zeit wieder zurückkehren, wurde jedoch nach dem Aufstand gegen den päpstl. Gouverneur der Stadt, Gerard Dupuis (1375), neuerlich verbannt. 1384 nach Perugia zurückgekehrt, erhielt er wieder die polit. Rechte und bekleidete zunehmend wichtigere Ämter im Stadtregiment. Er erhielt anscheinend von Bonifatius IX. Spello zu Lehen, konnte seine Machtstellung verstärken und führte 1389 die Faktion des Adels zur absoluten Herrschaft über die Stadt. Bald kam es jedoch zu Spaltungen, die zu Unruhen und bewaffneten Auseinandersetzungen führten, während die Verbannten, die sich um Biordo Michelotti geschart hatten, wiederholte Angriffe gegen das Territorium der Kommune richteten. Durch die Intervention von Bonifatius IX. wurden äußerst schwierige Verhandlungen eingeleitet. Der im Mai 1393 in Deruta geschlossene Friede sollte nur zwei Monate dauern. Am 30. Juli des gleichen Jahres erhoben sich die »Raspanti«, die Adelsfaktion wurde vertrieben und P. trotz heftigen Widerstandes getötet.

O. Marinelli

Lit.: DBI V, 237–239 – B. Astur, I Baglioni, 1964, 35–38.

Bagueny, Pedro (Fray Bagueny) OP, * wahrscheinl. 1337, † 20. März 1405 in Gerona. B. legte 1352 die Gelübde im Kl. v. Gerona ab, studierte 1355-57 Logik in Castelló de Ampurias und Tarragona, 1358-63 Philosophie und Theologie in Barcelona. 1365 lehrte er Philosophie in Mallorca, war 1369 Lektor für Theologie in Tarragona und vervollständigte 1370 seine Studien in Montpellier. 1371-73 war er Lektor für Theologie in Gerona und 1376 in Lérida. Während des Exils des Inquisitors N. → Eymerich vertrat er diesen im Amt und wurde seines Lehrstuhls enthoben. 1380-87 lehrte er Theologie in Paris und erwarb die Lizentiatur. 1388 war er Magister, Visitator und Prior des Kl. Gerona, 1392 Regens des Studium generale von Barcelona, 1393 wieder Lektor in Gerona, 1398 Elektor des General-Magisters und Definitor für seine Provinz. 1399 wurde er nach dem Tod von N. Eymerich dessen Nachfolger als Generalinquisitor für das gesamte Gebiet der Krone Aragón bis zu seinem Tode.
L. Batlle

Lit.: DHEE I, 178 – FRAY JOSÉ M.ª COLL OP, El Maestro Gerundense Fray Pedro Bagueny OP, Anales del Instituto de Estudios Gerundenses, 5, 1950, 59-72.

Bâhîr, »Sefär hab-Bāhîr« ('Buch des Glanzes'), auch »Midrasch Rabbi Neḥunya ben haq-Qana«. Wichtiges Frühwerk der → Kabbala; taucht Ende des 12.Jh. in S-Frankreich auf. Ältestes Zeugnis der Lehre von den mit verschiedenen symbol. Namen belegten 10 Sefirot als göttl. Attributen, Kräften oder Manifestationen, die zusammen den hl. Baum bzw. den oberen Menschen bilden. Die Fragen nach dem Autor oder Redaktor, der Entstehungszeit und z.T. auch den Quellen der Schrift, die bedeutenden Einfluß auf die weitere Entwicklung der Kabbala gehabt hat, sind ungeklärt. H. Greive

Lit.: G. SCHOLEM, Das Buch Bahir, 1923 [Übers.] – EJud (engl.) IV, 96-101.

Baḥja ibn Paquda, span.-jüd., neuplat. Theologe und hebr. Dichter des 11.Jh., beeinflußt von islam. Mystik, verfaßte das arab. (bald ins Hebr. übersetzte) »Buch der Herzenspflichten«, eine ethisch akzentuierte Behandlung der wichtigsten religiösen Themen; Erfüllung der »Herzenspflichten« als notwendige Bedingung für rechte Erfüllung der »äußeren« Pflichten fordernd. J. Maier

Ed.: A. S. YAHUDA, Al-Hidāja 'ilā farā' id al-qulūb, 1921 [arab.] – M. MANSOOR, The Book of Direction to the Duties of the Heart, 1973 [engl.] – Lit.: G. VAJDA, La théologie ascétique de Bahya ibn Paquda, 1947.

Bahre, Bahrtuch (Grabtuch, pannus funeralis). Die B., auf der der Tote in der Kirche aufgebahrt und zu Grabe getragen wurde, war zumeist ein schlichtes Gestell aus zwei langen Tragbalken, zw. die ein Brett eingespannt war, und vier Pfosten als Füßen; vgl. zwei Szenen der Sebalduslegende auf Nürnberger Wirkteppich um 1420 (B. KURTH, Die dt. Bildteppiche des MA 3, 1926, Taf. 248). Das Gestell konnte so einfach sein, weil es bei Totenmesse und Begräbnis vom Bahrtuch überdeckt wurde. Das Inventar von St. Paul, London (1295), enthält mehr als 60, das der Prager Kathedrale (1387) 15 Bahrtücher. Es werden rote, blaue, gelbe, grüne, weiße, in der Spätzeit häufiger schwarze genannt, neben wollenen v. a. seidene – auch gemusterte – und samtene. Es ist dabei öfters die Erscheinung zu beobachten, daß Bahrtücher an Arme verschenkt wurden.

1466 gibt es im Inventar von St. Lorenz, Nürnberg, ein goldenes »Leichtuch«, und drei gewirkte Grabteppiche. 1451 in St. Sebald, Nürnberg, einen Grabteppich mit dem Jüngsten Gericht, 1479 Stiftung von einem Bahrtuch mit einem Kruzifix; nachreformator. Inventare (1566, 1585) verzeichnen sicher noch spätma. Grabteppiche, u. a. mit Geburt, Passion und Auferstehung Christi oder mit dem Hl. Sebastian. Solche gewirkten Grabteppiche, von denen einer mit Jüngstem Gericht (um 1450), zwei mit Kreuzigung Christi (um 1460-65) erhalten sind, scheinen auf den nürnberg.-fränk. Bereich beschränkt gewesen zu sein (L. v. WILCKENS, Die textilen Schätze der Lorenzkirche. 500 Jahre Hallenchor St. Lorenz, Nürnberger Forschungen 20, 1977, 156 – Die Teppiche der Sebalduskirche. 600 Jahre Hallenchor St. Sebald, 1979, 139f.). Ein aus der Danziger Marienkirche erhaltenes Bahrtuch der St. Georgsbruderschaft (Ende 15.Jh.) teilen Kreuzbalken aus Silberborten mit den Evangelistensymbolen an den Enden in vier Kompartimente, in die jeweils zwei Wappen haltende Engel gestickt sind. Auch einige in der Buchmalerei wiedergegebene Bahrtücher bestimmt ein großes aufgelegtes Kreuz. Bei den zwei Bahrtüchern Heinrichs VII. v. England (1504, Oxford und Cambridge) liegt auf gemustertem Goldbrokat ein Kreuz aus rotem Samt mit den applizierten kgl. Wappen (H. TAIT, The Hearse-Cloth of Henry VII..., JWarburg 19, 1956, 294-298). An das blaue Bahrtuch auf dem Bildteppich mit dem Begräbnis des Hl. Anatolius von Salins (1501-06, Paris, Louvre) sind augenscheinl. die bfl. Wappenschilde mit langen Nadeln angesteckt.
L. v. Wilckens

Lit.: RDK I, 1381-1386 – R. E. GIESEY, The Royal Funeral Ceremony in Renaissance France, 1960, 10, 108, 115, 199, Abb. 3, 5-9 (Travaux d'humanisme et Renaissance 37).

Bahrprobe (Bahrgericht, ius feretri, ius cruentationis), ma. Verfahren zur Ermittlung des Mörders oder Totschlägers. Auf der Grundlage der Vorstellung vom lebenden Leichnam ist es unter der Herrschaft der Blutrache der Tote selbst, der den Mörder verklagt: »vox sanguinis fratris tui clamat ad me de terra« (Gen 1. 4. 10). In dem verbreiteten Motiv des blutenden oder singenden Knochens ist dieser noch ein ungesuchtes Zeichen, das auf den Täter weist; bewußt eingesetzt, führt es zur B. Ist in der »Klage mit dem toten Mann« nach H. BRUNNERS Deutung der Tote ursprgl. der Kläger, so ist er in der B. auch Beweisführer. Im 13.Jh. erscheint die B. in lit. Quellen (Nibelungenlied A 984ff., Hartmann, »Iwein«, 1355ff.), seit dem 14.Jh. auch in Rechtsquellen, von denen Art. 273 des Rechtsbuchs Ruprechts v. Freising am ausführlichsten ist. Danach muß der Beschuldigte dreimal um den Leichnam herumgehen und einen Reinigungseid schwören; rühren sich die Wunden, so ist er überführt. Hier steht die B. den Gottesurteilen nahe und wird, noch später, zum Inquisitionsmittel. Aus den folgenden Jahrhunderten liegen zahlreiche weitere Belege vor, bereits aus dem 14.Jh. aber auch schon Verbote. Doch ist der Glaube an die B. bis ins 19.Jh. nachweisbar. H. Holzhauer

Lit.: GRIMM, RA II, 593-596 – HWDA III, 1046-1059 [umfassende Lit.] – HRG I, 273f.

Bai'a (Mubāya'a), arab. Terminus, der ursprgl. jede durch Handschlag (vgl. manumissio) geschlossene Vereinbarung bezeichnete, im speziellen Sinn aber schon zur Zeit Mohammeds für den Akt der Huldigung gegenüber der staatl. Autorität verwendet wurde. Nach Einführung des Erbfolgeprinzips unter den → Omayyaden forderte der Kalif noch zu seinen Lebzeiten auch bereits die Huldigung für seinen designierten Nachfolger. G. Rotter

Lit.: EI² I, 1113f. – E. TYAN, Institutions du droit public musulman, 2 Bde, 1954, 1957.

Baia (lat. Moldavia, Civitas Moldaviae, dt. Molde), erste Hauptstadt des moldauischen Fsm.s, am Fluß Molde gelegen. Wahrscheinl. im 13.Jh. gegr., wird B. 1345 erstmals in einem franziskan. Provinciale erwähnt. Seit dem 14.Jh.

entwickelte sich B. durch seine Lage am Handelsweg, der die Moldau mit Nordsiebenbürgen verband, zu einem wichtigen Umschlagplatz. Große Bedeutung hatte auch das Bergwerk. Seit seiner Gründung war B. der Wohnsitz einer zahlreichen dt. bzw. sächs. Gemeinde. Die Stadtverwaltung bestand aus einem Schultheiß *(şoltuz)* und mehreren Bürgern *(pirgari)*. Während der Regierung des moldauischen Fs.en Alexander (→ Alexander 6) wurde B. zum Bischofssitz erhoben und dem Ebm. →Lemberg unterstellt. Die Ruinen der Kathedrale (⚭ Petrus und Paulus) sind erhalten. Der erste Bf., Johann v. Ryza, spielte eine wichtige Rolle bei der Bekämpfung der →Hussiten in der Moldau. Während des großen Feldzuges von Matthias Corvinus gegen die Moldau (1467) erlitt die Stadt, in der die entscheidende Schlacht des Krieges stattfand, großen Schaden.

S. Papacostea

Lit.: C. AUNER, Episcopia de Baia (Moldaviensis), Revista catolică I, 1915, 89-127.

Baibars, mamlūk. Sultan v. Ägypten, 1260-77, geb. um 1229, gest. 1277, türk. Herkunft, wurde als Mamlūke von dem ayyūbid. Sultan aṣ-Ṣāliḥ gekauft. Er brachte es unter den Baḥriyya→ Mamlūken zu großem Ruhm, nahm an der Belagerung von →Damiette (1249-50) teil und war, wie es heißt, nach dem Tode aṣ-Ṣāliḥ's in die Ermordung seines Sohnes und Nachfolgers Tūrān Šāh verstrickt. In der folgenden Periode vollzog sich die Errichtung der Mamlūkenherrschaft in Ägypten und die Expansion der Mongolen nach Syrien. Die Baḥriyya waren zwar für einige Zeit von den Machtkämpfen in Ägypten ausgeschaltet, doch gelang es B., nach seiner Mitwirkung beim Sieg über die Mongolen bei ʿAin Ǧālūt, den Platz des siegreichen Sultans Quṭuz, an dessen Ermordung er sich beteiligt hatte, einzunehmen.

Ägypten, das nach dem Fall des Irak Menschen, Geld und Handel anzog, bot dem Herrscher eine ausgezeichnete Operationsbasis. Er leitete Maßnahmen der Wirtschaftsförderung ein, benutzte das System der erbl. Lehen, um sich eine loyale Anhängerschaft zu schaffen und sicherte seine Position in Syrien, indem er die letzten Überbleibsel ayyūbid. Macht zerschlug. Zu religiösen Sanktionen trat die Erneuerung des ʿabbāsid. → Kalifates. Seine Schwäche lag im Fehlen einer → ʿaṣabiyya, die hinter ihm stand. Ebenso war am Beginn seiner Herrschaft unklar, ob er ein dynast. Herrscher oder lediglich ein primus inter pares gegenüber seinen Emiren war. Infolgedessen regierte er defensiv, autokratisch und hielt seine Entscheidungen geheim. Seine Außenpolitik war durch einen vorsichtigen Expansionismus gekennzeichnet. Innere Konflikte bei den Mongolen kamen ihm bei dieser Politik zustatten, er wagte jedoch keinen offenen Angriff gegen sie. Die Kreuzfahrerstaaten vermochte er ernsthaft zu schwächen, indem er ihren Verteidigungsgürtel zerstörte und 1268 → Antiochia sowie eine Reihe von Küstenstädten eroberte. Er vernichtete die Macht der syr. →Assassinen und plünderte das armen. Kilikien (→ Armenien II); doch hütete er sich aus Furcht, von zwei feindl. Gruppen eingeschlossen zu werden, davor, bei seiner Expansionspolitik zu weit vorzustoßen. Die krieger. Erfolge wurden durch Maßnahmen des Wiederaufbaues u. der Organisierung des Post- u. Kurierwesens konsolidiert; außerdem veranlaßte der Sultan Baibars die Errichtung bedeutender Sakralbauten (Moschee und Madrasa in Kairo). Seine starke Persönlichkeit, unbestrittene militär. Erfolge und eine strenge Verwaltung trugen entscheidend zur Ausbildung der Mamlūkenherrschaft bei; B. selbst wurde später in dem Ritterroman »Sīrat al-Malik aẓ-Ẓāhir« als ägypt. Volksheld gefeiert. →Mamlūken.

M. C. Lyons

Lit.: EI, s. v. Baybars – LexArab, 215-217 – M. SURŪR, aẓ-Ẓāhir Baybars, 1939 – A.-A. KHOWAITER, B. the First, 1978.

Baienfahrt, Baienflotte. An der frz. Atlantikküste wurde überall ein grobes, billiges Seesalz hergestellt. Zentren des Vertriebes waren die Bai von Bourgneuf (südl. der Loire-Mündung) und die Kleinstadt Brouage (bei La Rochelle). Die zw. England und der Gascogne seit 1152 aufblühende Schiffahrt führte dieses als Baisalz bezeichnete Seesalz im 13. Jh. auf den nordeurop. Märkten ein; selbst im Ostseeraum erwies es sich gegenüber dem dt. Salz (→ Lüneburg) als konkurrenzfähig. Der Ausbruch des Hundertjährigen Krieges 1337 stürzte die Schiffahrt im Kanal in schwere Gefahren; die nordeurop. Nachfrage nach Baisalz begann jedoch mit der Herstellung stabiler polit. Verhältnisse im Hzm. → Bretagne i. J. 1364 rasch zu wachsen, da die Hzg.e seither den Handel durch Privilegien und Geleitschutz sicherten. In der hans. Baienfahrt entwickelte sich in den Jahren nach 1370 eine gewisse Routine. Während des Herbstes schlossen die Kaufleute die Lieferkontrakte für das nächste Jahr ab. Die von ihnen beauftragten Faktoren und Schiffer versammelten sich danach im Zwijn vor Brügge, um im Winter gemeinsam zur Bai zu fahren und das dort erworbene Salz rechtzeitig zum folgenden Sommer in die Ostsee zu bringen. Die heimkehrende Flotte blieb bis zur Ankunft in den Häfen der Niederlande zusammen. Die hans. Schiffe fuhren von hier aus gemeinsam durch den Sund v. a. nach Danzig, Riga und Reval. Durch Angriffe der Seeräuber auf die Baienflotte gingen im Sund 1428 90, 1449 110 (darunter 60 ndl.) Schiffe verloren. Die Holländer hatten sich zunächst an der Baienflotte beteiligt. Im 15. Jh. begannen sie, eigene Konvois einzurichten. Der Handel mit Baisalz trug erheblich zum Aufstieg der holl. Schiffahrt und zu ihrem den Hansen unerwünschten Eindringen in die Ostsee bei. Ein Geschäftsbrief des Handlungshauses Veckinchusen in Riga vom Sommer 1458 meldet, daß die Baienflotte des Jahres wohlbehalten eingetroffen sei, daß aber Gewinne aus dem Salzverkauf nur zu erwarten wären, wenn keine holl. Salzflotte mehr eintreffen und die Preise drücken werde. → Salzgewinnung, Salzhandel, → Hanse.

E. Pitz

Lit.: A. AGATS, Der hans. Baienhandel, 1904 – O. HELD, Die Hanse und Frankreich von der Mitte des 15. Jh. bis zum Regierungsantritt Karls VIII., HGBll, 1912 – A. R. BRIDBURY, England and the salt trade in the later MA, 1955.

Baiern → Bayern

Baigneux, Gontier de, frz. Prälat und Staatsmann, † 19. Juli 1385, ▭ Le Mans, Kathedrale, Kapelle Notre-Dame (Grabmal 1562 zerstört). B. stammte vielleicht aus dem Gâtinais; er war zweifellos mit Gilles de B. verwandt, der das Amt eines Notars und Sekretärs des Kg.s zur gleichen Zeit wie er bekleidete, sowie mit Simon de B., *examinateur* am → Châtelet in Paris, später *vicomte* v. Rouen. – Gontier de B. ist 1348 als *procureur* der Kinder von Guillaume Roger (Bruder Clemens VI.) in Frankreich bezeugt. Mindestens seit 1358 übte er die Funktionen eines Notars und Sekretärs des Regenten des Kgr.es, des späteren Kg.s Karl V., aus. Er war in verschiedenen Missionen für Karl, für seinen Bruder Johann (damals Gf. v. Poitiers) und später auch für Ludwig v. Anjou tätig; mehrfach hielt er sich an der päpstl. Kurie in Avignon auf. Inhaber zahlreicher kleinerer kirchl. Pfründen, erhielt er von Urban V. am 25. Okt. 1367 das Bm. Le Mans, dessen Kathedrale er ausschmücken ließ. Clemens VII. übertrug ihm am 8. Febr. 1385 das Ebm. Sens.

P. Gasnault

Q.: U. BERLIÈRE, Suppliques de Clément VI, Nr. 1374 – DERS., Suppliques d'Innocent VI, Nr. 1274, 1357, 1738 – Lettres comm. d'Urbain V, Nr. 19989, 20560, 20661, 20894, 20895 – Lettres secrètes et curiales d'Urbain V se rapportant à la France, Nr. 157 – L. DELISLE, Mandements et actes divers de Charles V, 1874, passim – *Lit.*: DBF, 1198f. – DHGE, 215f. – R. Delachenal, Hist. de Charles V, III–IV, 1927–29.

Bail (frz.; lat. ballia, ballium), → Leihe, → Pacht; → Munt. Der im MA sehr geläufige Begriff bezeichnet eine Reihe verschiedenartiger Rechtsverhältnisse, bei denen eine Person, die einer anderen eine Sache, ein Vermögen oder einen Titel zur Ausübung eines Rechts übertragen hat *(bailler)*, auf Grund dieser Leihe *(bail)*, Rechte an der übertragenen Sache oder gegen den Empfänger zustehen. Man kann hier nur einen kurzen Abriß der extremen Vielfalt der verschiedenen Leihe- und Pachtformen des MA geben. In Grundstücksangelegenheiten verschaffen zwei Haupttypen dem Inhaber *(tenancier)* ein dingl. Recht: die Zinsleihe *(b. à cens,* la censive; lat. contractus censuarius) und die Rentenleihe *(b. à rente)*. Bei der Zinsleihe behält sich der Bewilligende *(bailleur, seigneur censier)* an dem Land, das er, mit ewigem Zins belastet, übertragen hat, ein Obereigentum *(domaine éminent;* lat. dominium directum) vor, das die grundherrl. Gerichtsbarkeit einschließt. Bei der Rentenleihe, die seit dem 13. Jh. von der Zinsleihe unterschieden wird, behält sich der Bewilligende nur das Recht vor, eine im Prinzip ewige Rente zu beziehen, die auf dem übertragenen Grundstück liegt. Andere Leiheformen, wie z. B. die *b. à ferme, b. à complant* und *b. à convenant,* verschaffen dem Inhaber kein dingl. Recht am Grundstück.

Mit Hilfe des B. setzen Grundherren und Kg. einige ihrer Amtsträger ein, wie z. B. die → prévôts: Der Amtsinhaber zahlt das Entgelt für die Verleihung, die ihm die Ausübung des Amtes für eine Reihe von Jahren eröffnet. Seine Vergütung besteht aus einem Teil der Einnahmen, die ihm bei seiner Amtstätigkeit zufließen. Nach Ablauf der Frist gibt er sein Amt dem Grundherrn oder Kg. zurück, wenn er nicht die Weiterführung des Vertrages erreicht.

Im Familienrecht werden durch b. oder garde eine minderjährige Waise und ihr Vermögen bis zur Volljährigkeit unter den Schutz eines Vormunds *(baillistre, gardien;* lat. bajulus, procurator, custos; dt. Muntwalt, Vormund, → Vormundschaft) gestellt. Bei der v. a. norm. *garde seigneuriale* ist dies der Lehnsherr, bei der weiter verbreiteten *garde noble* oder *bourgeoise* ein Verwandter. → Garde, → balia. O. Guillot

Lit.: A. Esmein, Cours élémentaire d'hist. du droit français, 1925[15] – P. Ourliac–J. de Malafosse, Droit romain et ancien droit, Les Biens, 1961 – F. L. Ganshof, Qu'est-ce que la féodalité?, 1968[4] [dt. Übers. auf Grund der 3. Aufl. 1957: Was ist das Lehnswesen?, 1977[5]].

Bailiff, im ma. England verbreiteter, nicht genau definierbarer rechtl. Terminus, mit dem seit dem 11. Jh. ein Freier bezeichnet wurde, der den Landbesitz eines anderen zu verwalten hatte. Der Titel legte weder Rechtsstatus noch Verpflichtungen seines Trägers fest; er konnte sowohl einen lokalen Amtsträger der kgl. Verwaltung als auch den Aufseher innerhalb einer sonstigen Grundherrschaft bezeichnen. Die Größenordnungen der von einem b. verwalteten Grundbesitzeinheit schwankten: Der b. konnte einem einzelnen Gut *(manor),* einem nichtprivilegierten burgus *(burgh),* einer Hundertschaft *(hundred)* oder auch einem ausgedehnten und weitverstreuten Besitztum vorstehen. In Traktaten des 13. Jh. werden folgende Aufgaben des b. bes. betont: die Rechnunglegung für seinen Amtsbezirk gegenüber seinem Herrn; die Aufgabe, auf die Leistung der feudalen Dienste und Abgaben zu achten; die Tätigkeit im Gericht des Herrn, in welchem der b. als öffentl. Ankläger, Exekutivorgan, häufig aber auch als Vorsitzender fungierte. Aus diesen Aufgaben erwuchsen dem b. Befugnisse der Friedenswahrung einschließlich der Festnahme und Inhaftierung von Personen. Trotz der zunehmenden Bestrebungen von seiten des Kgtm.s, durch gesetzgeber. Maßnahmen diese Rechte der b.s einzuschränken und zu kontrollieren, vermochten diese während des späteren MA ihre Machtstellung weithin zu behaupten. Die Möglichkeiten zu Willkür und Machtmißbrauch ließen den b. in der Vorstellung der ma. Bevölkerung zu einer wenig populären Gestalt werden. → bailli. A. Cameron

Lit.: H. Cam, Stud. in the Hundred Rolls, 1921 – H. S. Bennett, Life on an Engl. Manor, 1937 – N. Denholm Young, Seigneural Administration in England, 1937 – T. F. T. Plucknett, The Mediaeval B., 1954.

Bailleul (fläm. Belle), Stadt im frz. Flandern (Dép. Nord, Arr. Dunkerque), einst Teil der Gft. Flandern, kirchl. dem Bm. Thérouanne zugehörig, Zentrum einer Kastellanei oder Burggrafschaft, die zuletzt 1187 bestand. Die Burggrafen von B. waren im 12.–13. Jh. zugleich Burggrafen von Ypern. Ende des 13. Jh. verkauften sie die Burggrafschaft v. B. dem fläm. Grafen Gui v. Dampierre. Im 13. Jh. Zentrum der Tuchproduktion; Tuche aus B. wurden bis nach Spanien exportiert. Mitglied der Hanse der XVII Städte, war B. während der 1. Hälfte des 13. Jh. der fläm. sog. »Hanse von London« (→ Hanse, fläm.) angeschlossen, aus der sie aber vor Anfang des 14. Jh. verschwand. Im 14. und 15. Jh. hört man nichts mehr von B.s Tuchindustrie, die erst im 16. Jh. wieder erscheint, dann aber nur von lokaler Bedeutung war. E. Vanneufville

Q. und Lit.: I. de Coussemaker, Étude sur les privilèges, lois et coutumes de la ville de B., Documents inédits relatifs à la ville de B. en France, 3 Bde, 1877 – J. Ficheroulle, B., pages de l'hist. locale, 1909 – Éphémérides de l'arrondissement d'Hazebrouck depuis le XIIe s. jusqu'à la fin du XIXe, 1910, s.v. – Hist. des Pays-Bas Français, hg. L. Trenard, 1972 – E. Vanneufville, Hist. de B. en Flandre, 1978 – Ders., Geschiedenis van Belle in Frans-Vlaanderen, 1978.

Bailli, bailliage
I. Enstehung – II. Stellung – III. Aufgaben – IV. Die bailliages im Spätmittelalter.

I. Entstehung: B. (ballivus) ist schon um 1150 ein in Frankreich recht gebräuchl. Ausdruck, der in noch unscharfer Weise den Bevollmächtigten eines Grundherrn bezeichnet. Der Begriff beginnt eine spezif. Bedeutung anzunehmen, als Heinrich II. Plantagenêt i. J. 1170 B.s in seine Festlandlehen schickt, die als Wanderbeamte die Aufgabe haben, in Gruppen zu mehreren in seinem Namen Untersuchungen durchzuführen. – Seit 1173 sind in Paris ballivi domini regis in Parisiaca urbe belegt. Um 1190 führt Philipp II. August die Institution in der Mitte und dem Norden des Kgr.s, wo seine wichtigsten Besitzungen liegen, allgemein ein. Sein Plan ist groß angelegt: Bis dahin war der Kg. gegenüber dem Adel nur durch den → Seneschall vertreten worden, da sich der Adel weigerte, mit den örtl. Vertretern des Kg.s in der Krondomäne, den → prévôts, zu verhandeln; seit 1191 läßt der Kg. *das grand office* des Seneschalls unbesetzt, kurz nachdem er in die Krondomäne jene b.s enquêteurs entsandt hat, die den prévôts übergeordnet sind und die Aufgabe haben, an Ort und Stelle mit der nichtadligen Bevölkerung und auch mit dem Adel zu verhandeln. Für den Kg. bedeutet dies einen wichtigen Schritt zur Durchsetzung seiner Souveränität.

Ludwig der Heilige formt die Institution unter Beibehaltung ihrer Zweckbestimmung im Laufe der Zeit um: Jeder B. wird sein ordentl. örtl. Vertreter, dessen Amtsbezirk zunächst aus mehreren Gerichtsbezirken besteht und später als *bailliage* definiert wird. Dies gilt für die meisten Gebiete des Gewohnheitsrechts *(pays de coutume),* ausgenommen insbes. Bretagne, Poitou und Limousin, im Unterschied zum übrigen Kgr., wo die örtl. Vertretung des Kg.s in der Krondomäne Seneschällen anvertraut ist. Seit der 2. Hälfte des 13. Jh. findet man in den pays de coutume neben den B.s des Kg.s *(b.s royaux)* auch B.s der Grundherren *(b.s seigneuriaux)* mit entsprechenden Aufgaben.

II. STELLUNG: Der B. wird vom Kg. (oder Grundherrn) ernannt als sein ordentl. Vertreter in einem bestimmten Gebiet. Der Kg. beruft die B.s entweder in seiner Domäne aus der Bürgerschaft, v. a. dem Kreis der *maires* (Vorsteher) der Städte, unter den prévôts oder aus dem Kleinadel oder außerhalb der Domäne unter den Amtleuten der Grundherren. Sie werden dem Kg. von den anderen B.s vorgeschlagen, denen diese Personen durch ihre Teilnahme an den Gerichtstagen bekannt sind. Der B. leistet zwei Eide, dem Kg. persönl. bei seiner Ernennung und auf dem ersten Gerichtstag bei der Einsetzung in sein Amt. Im 13. Jh. versetzt der Kg. seine B.s oft von einem bailliage in ein anderes oder überträgt ihnen sogar andere Ämter, was die Ähnlichkeit der verschiedenen Ämter beweist. So ist z. B. → Philippe de Rémi Beaumanoir zunächst B. des Gf.en v. Clermont-en-Beauvaisis, dann macht der Kg. ihn zu seinem Seneschall im Poitou und Saintonge, danach wird er nacheinander B. im Vermandois, in der Touraine und in Senlis. Der B. wird während seiner Amtstätigkeit fest besoldet und kann außerdem eine lebenlängl. oder vererbl. Rente erwerben. Die besten seiner B.s beruft der Kg. entweder an seinen Hofhalt *(Hôtel)*, seinen Rat *(Conseil)* oder als Anwälte an das Parlement, an die *Chambre des comptes* oder an das → Echiquier (in der Normandie). So verfügt der Kg. um 1300 über etwa 15 treu ergebene B.s, die jederzeit zur Verfügung stehen. Die flexible Stellung des B. wird im 14. und 15. Jh. starr und nähert sich der eines Beamten. Die Bezüge bleiben nominell auf dem Stand des 13. Jh., aber ihr realer Wert sinkt. Das Amt wird normalerweise nur noch Adligen übertragen, Unabsetzbarkeit und Unversetzbarkeit werden die Regel.

III. AUFGABEN: Im 13. Jh. stehen die Amtshandlungen des B. überwiegend im Zusammenhang mit den Gerichtstagen, deren Ort und Zeit durch das Herkommen bestimmt sind, und die er leitet. Vor diesem Gericht nehmen Adlige, Bürger und Bauern aus seinem Sprengel Recht, außerdem noch in sog. *cas royaux*, für die der Kg. die Zuständigkeit in Anspruch nimmt, auch Parteien von außerhalb der Krondomäne. An den Gerichtstagen verleiht der kgl. B. der Staatshoheit des Kg.s Ausdruck, indem er dessen Willen bekannt macht und Anordnungen veröffentlicht.

Die Gerichtsbarkeit des B. umfaßt drei Bereiche: Im Rahmen der streitigen Gerichtsbarkeit wird der B. bei → Appellationen gegen Urteile der prévôts und in allen übrigen Fällen in erster Instanz tätig, einschließl. der cas royaux, wenn es sich um den kgl. B. handelt; im Rahmen der freiwilligen Gerichtsbarkeit fertigt er Rechtsakte der Parteien unter seinem persönl. Siegel oder dem des bailliage aus (letzteres allgemein seit der *ordonnance* von 1280); schließlich fungiert er auch als Schiedsrichter. Die Teilnehmer der Gerichtstage sind Standesgleiche (→ Pairs, lat. pares) und Richter, während der B. als Vorsitzender das Urteil verkündet und dadurch vollstreckbar macht.

In Wehrsachen vertritt der B. den Kg. (oder Lehnsherrn) gegenüber seinen Vasallen, verkündigt ihnen ihr Treueid entgegen, er bietet sie zur Heerfahrt auf (Heerbann, frz. *ban* und *arrière-ban*) und befehligt sie. Er ist auch Befehlshaber der Festungen des Kg.s (oder des Grundherrn) im bailliage.

In Finanzsachen ist der B. persönlich verantwortl. (und legt mit dem *receveur* des bailliage jährl. Rechnung) für die richtige Verwaltung von Einnahmen und Ausgaben, die im Namen des Kg.s (oder des Grundherrn) im Amtsbezirk vorzunehmen sind. Auch für den Teil der Finanzverwaltung, der den prévôts obliegt (die Einziehung der ordentl. Abgaben und die Begleichung der Unkosten), ist der B. dem Kg. verantwortl., während jeder prévôt seinerseits dem B. Rechnung legen muß.

Ist der B. im 13. Jh. Amtsträger mit umfassender Kompetenz, so führt die Vermehrung der Geschäfte im 14./15. Jh. allmählich zu einer Neuverteilung der Aufgaben. Der B. verliert seine Kompetenzen an Sonderbevollmächtigte, die nach und nach von ihm unabhängig werden. Diese Entwicklung betrifft in erster Linie, aber nicht ausschließl., die kgl. B.s. So erfaßt sie z. B. im Bereich der Gerichtsbarkeit auch die wichtigsten b.s seigneuriaux.

Die freiwillige Gerichtsbarkeit überläßt der B. seit dem späten 13. Jh. zunehmend dem Siegelbewahrer *(garde-scel)*. An den Gerichtssitzungen, in denen um dieselbe Zeit Vertreter *(procureurs;* → procureur) und Anwälte *(avocats;* → avocat du roi) des Kg.s erscheinen, geht der Vorsitz an einen Gerichtsstatthalter *(lieutenant de justice)* über, der seit Ende des 15. Jh. unmittelbar vom Kg. berufen und somit ebenfalls vom B. unabhängig wird. Damit ist die Gerichtsbarkeit, die sich immer noch auf das bailliage bezieht, nicht mehr dem B. anvertraut. Auf dem Gebiet der Finanzen geht um 1300 die Zuständigkeit für die Erhebung der herkömml. ordentl. und außerordentl. Einkünfte des Kg.s vom B. auf einen Einnehmer *(receveur)* über, der kurze Zeit später dem Kg. direkt Rechnung legt, ohne noch dem B. zu unterstehen. Noch schwerer wiegt, daß der B. und das bailliage abseits zweier einschneidender Neuerungen bleiben, die etwa 1441 abgeschlossen sind und zur Errichtung eines stehenden Heeres und der Einführung einer direkten Steuer (→ taille) führen.

Die große Zeit der kgl. B.s war das 13. Jh. Nur dank der Präsenz dieser wirkungsvollen Vertreter des Kg.s konnte sich dessen Souveränität durchsetzen. Die Bedeutung der b.s royaux war hierbei denen der b.s seigneuriaux insofern überlegen, als die Institution des B. mehr dazu gedient hat, die kgl. Staatshoheit zu fördern als die Stellung der Lehnsherren zu stützen.   O. Guillot

IV. DIE BAILLIAGES IM SPÄTMITTELALTER: Seit dem Ende des 13. Jh. wurden die *bailliages* (b.s) entsprechend der Gerichtstagen, die das Parlament den Fällen von öffentl. Interesse aus diesen Gebieten widmete, in drei Gruppen eingeteilt: 1. die b.s »de France«: Amiens, Auvergne (von der 1324 das b. Montagnes d'Auvergne abgetrennt wurde), Bourges, Mâcon (später ztw. mit Sénéchaussée Lyon vereinigt), Orléans, Senlis, Sens, Tours, Vermandois; hierzu trat die → garde der *prévôté* Paris (die nur kurze Zeit unter Ludwig dem Heiligen eine »baillie« bildete). 2. die b.s »de Normandie«, welche die b.s umfaßte, die nach der Annexion der → Normandie unter Kg. Philipp II. August (1204) gebildet wurden: Caen, Caux, Cotentin, Gisors, Rouen, Verneuil. 3. die B.s »de Champagne«, durch welche die alte Verwaltungseinteilung der Gft. → Champagne vor der unter Kg. Philipp dem Schönen geschlossenen Personalunion wiederaufgenommen wurde: Chaumont, Troyes (ztw. mit Meaux und Provins vereinigt), Vitry. Diese Verwaltungsstruktur bildet seit 1285 den Schlüssel zur gesamten regionalen Administration, Finanzverwaltung und Gerichtsverfassung Frankreichs.

In der Folgezeit, in der sich die Schaffung der Apanagen (→ Apanage) vollzog, errichtete das Kgtm. b.s, deren Zuständigkeitsbereich ausdrücklich diejenigen »Immunitäten«, die nicht von den Apanagen abhingen, umfaßte, aber ebenso die Appellationen aus den Hoheitsgebieten der Apanagen: So war das b. Montargis für die Apanage Orléans zuständig; das b. St-Pierre-le-Moutier (1361) für Berry und Auvergne usw. Weitere Gründe für die Errichtung von b.s waren: die Wiedereingliederung bestimmter großer Lehen in die Krondomäne (Chartres 1330, Mantes 1365, Evreux 1378); die Ausübung von Hoheitsrechten, die dem Kgtm. (in SW-Frankreich) durch → pariage erwuchsen (Gévaudan 1290, Velay 1326); die Konfiskation von Lehen (Alençon, Amboise, Nemours); allgemeine administrative, polit. und strateg. Gründe (Aunis, Melun 1360, Meaux 1372). Nach der Annexion des Hzm.s → Burgund (1477) knüpfte die kgl. Verwaltung an die dort bestehende b.-Organisation an: Autun, Auxerre, Auxois, Bar-sur-Seine, Chalon-sur-Saône, Dijon, La Montagne. Schließlich wurde auch die Dauphiné hinsichtl. ihrer Gerichtsverfassung in b.s aufgeteilt: Viennois, Viennois-La Tour, Viennois-Valentinois, Baronnies, Briançonnais, Embrunais, Gapençais (diese drei b.s waren ztw. vereinigt) und Valentinois-Diois. – Vom bailli zu unterscheiden ist das Amt des → bayle. R.-H. Bautier

Q. und Lit.: allg. Werke: G. DUPONT-FERRIER, Les officiers royaux des bailliages et sénéchaussées et les institutions monarchiques locales en France à la fin du MA, 1902, 145 (BEHE, Sc. philol. et hist.) – L. DELISLE, Chronologie des b.s et des sénéchaux (Recueil des historiens de la France XXIV, 1, 1904) – R. HOLTZMANN, Frz. Verfassungsgesch. von der Mitte des 9. Jh. bis zur Revolution, 1910 – J. R. STRAYER, The administration of Normandy under St. Louis, 1932 – Gallia regia ou État des officiers royaux des bailliages et des sénéchaussées de 1328 à 1515, par G. DUPONT-FERRIER, 6 Bde, 1 Regbd., 1942–66 – R.-H. BAUTIER, L'exercice de la juridiction gracieuse en Champagne du milieu du XIIIe s. à la fin du XVe s., 29–106 (BEC CXVI, 1958) – F. LOT R. FAWTIER, Hist. des institutions françaises au MA II, 1958, 144ff. – L. CAROLUS-BARRÉ, Les b.s de Philippe III le Hardi, ABSHF 1966–67 [1969], 102–244 – monograph. Werke: H. WAQUET, Le bailliage de Vermandois aux XIIIe s., 1919, 213 (BEHE Sc. philol. et hist.) – P. DUPIEUX, Les institutions royales au pays d'Étampes (1478–1598), 1931 – P. DURYE, Le bailliage de St-Pierre-le-Moutier [Thèse masch. Paris Éc. des Chartes, 1943] – D. OZANAM, Les officiers royaux des bailliages de Champagne de 1285 à 1422 [ebd., 1944] – M. FLEURY, Le bailliage d'Amiens [ebd., 1948] [vgl. dazu BEC CXIV, 1956, 43–59] – J. RICHARD, Les ducs de Bourgogne et la formation du duché du XIe au XIVe s., 1954, 448–477 [Karten] – A. BOSSUAT, Le bailliage royal de Montferrand, 1957.

Bailliage du Palais, kgl. gerichtl. Institution in → Paris. Ihren Ausgangspunkt bildete die Ausübung von Gerichtsgewalt durch den → concierge du Palais (Mitte 13. Jh.); die endgültige Organisation dieser Institution erfolgte 1359. Der concierge übte das Richteramt persönl. aus, oder delegierte es an den *bailli de la Conciergerie;* beide Ämter wurden 1460 vereinigt. Die Zuständigkeit des Gerichts umfaßte die Kriminalgerichtsbarkeit im *Palais royal*, einem Teil der Île-de-la-Cité und den *faubourgs* (Vorstädten) St-Marcel und St-Michel; die streitige Gerichtsbarkeit für Beamte *(officiers)* und durchreisende Fremde; Polizeigewalt und bes. Aufsicht über Zunftmeister und -geschworene; Überwachung von Straßen und Wegen u.a.
R.-H. Bautier

Lit.: CH. E. LEROUX [Diss. masch. Paris Éc. des Chartes, 1944].

Bailo (it.), Titel der ven. Gesandten im Byz. Reich seit 1082, mit Sitz in Konstantinopel; weitere *baili* ven. Handelskolonien u.a. in → Tyros und → Ayas (Lajazzo). Der b. war Administrator der ven. Handelskolonie, in der er auch die Rechtsprechung ausübte, und zugleich diplomat. Vertreter der Republik Venedig. Der erste b. (türk. *baylos, balyos*) nach der osman. Eroberung von Konstantinopel war Bartolomeo Marcello i.J. 1454 (der letzte amtierte 1797). Hist. wertvoll sind die an die Signoria abgesandten Berichte der baili, die oft eine wichtige polit. Rolle gespielt haben. Ihre Amtszeit in Konstantinopel, anfangs ein Jahr, wurde 1503 auf drei Jahre erhöht. → bayle. E. Ambros

Lit.: CH. VILLAIN-GANDOSSI, Les attributions du baile de Constantinople dans le fonctionnement des échelles du Levant au XVIe s. (Rec Jean Bodin XXXIII), 1972.

Bainard (Baignard), **Ralph,** † 1099/1100. Normanne unbekannter Herkunft, erlangte R.B. wie sein Bruder Geoffrey (1094 als → *sheriff* v. York bezeugt) nach der norm. Eroberung Englands (1066) ausgedehnten Grundbesitz (DB i.i., fos. 68v–71v, 413v) und wurde sheriff v. Essex (ca. 1072–73 [?], ca. 1080 [?]) und möglicherweise auch v. London, wo er eine Festung errichten ließ. ∞ Iuga; beider Sohn Geoffrey gründete 1106 ein augustin. Priorat am caput honoris der B., (Little) Dunmow (Essex). Der Landbesitz der B. wurde 1110–11 wegen der Rebellion von R.s Enkel (?) Wilhelm von der Krone eingezogen. – »Baynard's castle« (im 13. Jh. zerstört, im 15. Jh. neu errichtet) gab der größten Londoner Stadtburg ihren Namen.
D. A. Bullough

Lit.: VCH, Essex, I, 521–526; II, 150–151 – D. C. DOUGLAS, The Domesday Monachorum of Christ Church, 1944, 60f. – C. N. L. BROOKE-G. KEIR, London 800–1216, 1975, 202, 215, 372.

Baioarii → Bayern

Baiulus (pl. baiuli), Titel der kgl. Beamten im ma. Italien, die von den Normannen im Kgr. Sizilien eingesetzt wurden (vgl. auch bayle). Sie galten lange in der Historiographie als typ. Vertreter der Zentralgewalt in den Städten. Ursprgl. standen sie aber zumeist an der Spitze eines ganzen Verwaltungsbezirks, hatten also umfassendere territoriale Kompetenz; in einigen Fällen gibt es auch städt. b., wie in Trani, Aversa und Somma. V. KAPP-HERR trat für den byz. Ursprung des Amtes ein, während GENUARDI die ersten Belege für die b. erst um 1126 ansetzte. Gegen beide Thesen sprach sich CARAVALE aus, der die erste für nicht hinlänglich bewiesen hält, während die zweite durch Belegstellen aus früherer Zeit widerlegt werde, die die Präsenz von b. in allen norm. Herrschaftsgebieten, wie in Sizilien und in Kalabrien, bezeugen. In die Kompetenz der b. fiel eine beschränkte Jurisdiktionsgewalt auf strafrechtl. Sektor, die wahrscheinl. von den Konstitutionen Rogers II. von 1140 (→ Assisen v. Ariano) umfassender war: Diese bedeuteten für die b. den Verlust an weittragenden Befugnissen der hohen Gerichtsbarkeit – die an Justitiare übergingen, die fortan die Urteile über die schwereren Verbrechen fällen sollten – und die Beschränkung auf die niedere Strafgerichtsbarkeit, die wahrscheinl. anfangs zum Teil auch die städt. Funktionäre ausübten; wobei anscheinend das Ehebruchdelikt eine Ausnahme bildete, das, zumindest theoretisch, eigtl. in den Bereich der hohen Gerichtsbarkeit fiel. Wilhelm II. erkannte den b. auch eine begrenzte Kompetenz bei Diebstahlsdelikten zu, die ebenfalls zur hohen Gerichtsbarkeit gehörten. Es handelte sich dabei jedoch eher um eine Art Polizeigewalt (die auch in anderer Hinsicht präsent war), da die b. anscheinend verpflichtet waren, die von ihnen festgenommenen Diebe den Justitiare zu überstellen, denen sie in gewissem Sinne subordiniert waren. Nach CARAVALE gibt es keine Belege, daß sich ihre Kompetenz auf das Zivilrecht ausdehnte. Eine ältere Theorie von GREGORIO behauptet jedoch gerade das Gegenteil, indem sich darauf stützt, daß die b. die vicecomites ersetzt und damit deren Kompetenzen übernommen hätten. In der 2. Hälfte des 12. Jh. scheint ihnen eine Konstitution von Wilhelm II. auch die Untersuchung von weniger gravierenden lehnsrechtl. Streitfällen zuzuweisen. Die b. fungierten auch als Steuereinnehmer in den Gebieten der Krondomäne und den Lehen sowie in den Städten. Unter Wilhelm II. wurde das Steuerwesen der Kontrolle des Camerarii unterstellt. Zum Aufgabenkreis der b. gehörte ferner die Verwaltung der Krondomäne. Bisweilen legten sie die Grenzen der Lehen und damit auch den Umfang des Königsgutes fest, jedoch ohne eigenmächtig die Krondomäne zu erweitern oder zu verkleinern, da ihre Befugnisse sich darauf beschränkten, höhere Weisungen auszuführen – ähnlich wie die städt. Funktionäre, die analoge Aufgaben erfüllten. Unter Roger II. hatten sie auch die Verwaltung der vakanten Kirchengüter inne, doch entzog Wilhelm II. ihnen diese Funktion wieder. Unter diesem Herrscher – wie schon oben angedeutet – erscheinen die b. fest in die Hierarchie des staatl. Verwaltungsapparats eingefügt und erfüllen als Beamte mit städt. und feudaler Kompetenz die Aufgabe, die autonomen Gebilde innerhalb des Staates in das zentralist. System einzubinden, indem sie Funktionen, die vorher von den genannten autonomen Institutionen ausgeübt worden waren, übernahmen und ausschließlich und allein ausübten. Im Zusammenhang mit der Errichtung eines stark zentralist. Staates unter Friedrich II. wurde die Stellung der b. verstärkt, um die zentrifugale Tendenz der Städte des Regnum Siciliae, die bereits in norm. Zeit sichtbar geworden war, zu hemmen. Nach der → Siz. Vesper bewahrten die b. in den Städten ihre jurisdiktionelle Gewalt, allerdings im Rahmen einer stärkeren Autonomie, die den Städten von den Aragonesen im Kgr. Sizilien und von den Anjou im Kgr. Neapel gewährt worden war. Das Amt der b. wurde erst ab 1400 durch Wahl vergeben.

In den Gebieten Italiens, die dem Haus → Savoyen unterstanden, waren balivi *(baillis)* zur Verwaltung der Provinzen eingesetzt. Durch die Konstitutionen von Amadeus VIII. v. Savoyen hatten sie dazu weitere jurisdiktionelle und auch Verwaltungsfunktionen erhalten. Zu Spanien u. Frankreich s. → bayle. G. di Renzo Villata

Lit.: EnclT. V, 979f., s.v. balivo – Noviss. Dig. It. II, 1958, 1161–1163 [C. G. Mor] – J. L. A. Huillard-Bréholles, Friderici secundi historia diplomatica, 1852–61, V, I, 430, 568, 595; II, 824, 866 – R. Gregorio, Considerazioni sopra la storia di Sicilia dai tempi dei Normanni sino ai presenti, Opere scelte, 1845, 150, 306 – G. Racioppi, Gli statuti della bagliva delle antiche comunità del napoletano, Arch. stor. napol. 6, 1881, 347–377, 508–530 – H. v. Kapp-Herr, B., Podestà, Consules, DZG 5, 1, 1891 – L. Genuardi, L'ordinamento giudiziario in Sicilia sotto la Monarchia normanna e sveva, Circ. giur. 36, 1905, 268ff. – F. Chalandon, Hist. de la domination normande en Italie et Sicile II, 1909, 666 – L. Genuardi, Terre comuni e usi civici in Sicilia prima dell'abolizione della feudalità, 1911 – P. Colliva, Recerche sul principio di legalità nell'amministrazione del Regno di Sicilia ai tempo di Federico II, I: Gli organi centrali e regionali, 1964, 325ff. – E. Mazzarese-Fardella, Aspetti dell'organizzazione amministrativa nello Stato normanno e svevo, 1966, 50, 70, 72 – M. Caravale, Il Regno normanno di Sicilia, 1966, 370–387, passim.

Bajan, 1. B., Khan der Avaren → Avaren
2. B., Khan der Bulgaren → Bulgarien, Bulgaren
Bajoren → Adel (Abschnitt G.)
Bajuwaren → Bayern
Bakócz, Thomas, Ebf. v. Gran (Esztergom) seit 1498, * um 1442 in Erdőd, † 15. Juni 1521 in Gran, Sohn eines unfreien Radmachers. Nach Studien in Krakau und an oberit. Univ. begann B. seine polit. und kirchl. Karriere in der Kanzlei v. Kg. → Matthias Corvinus. Seit 1491 Erzkanzler, galt der habgierige und bestechl. B. unter Kg. Władysław II. als »zweiter König«. 1498 wurde er Ebf. v. Gran und Primas v. Ungarn, 1500 Kardinal, 1507 Patriarch v. Konstantinopel. 1513 unterlag B. als Papstkandidat dem Medici Leo X., der ihn zum Legaten für N- und O-Europa ernannte, doch endete der 1514 von ihm verkündete Kreuzzug im ung. Bauernkrieg. B. war ein bedeutender Mäzen der it. Renaissancekunst in Ungarn. Th. v. Bogyay

Lit.: BLGS I, 126f. – D. Kosáry, Magyar külpolitika Mohács elött, 1978.

al-Bakrī, 'Ubaidallāh, ist neben → al-Idrīsī der bedeutendste Geograph des muslim. Westens. Um oder vor 1020 geb., begleitete er seinen Vater (→ Bakriden) ins Exil nach Córdoba (oder Sevilla), wo er 1094 in hohem Alter starb.

Schüler des Chronisten → Ibn Ḥaiyān und selber Lehrer des Geographen → al-'Udrī, verfaßte er eine Anzahl teilweise verlorener, wertvoller Werke, auf älteren, verlorenen Arbeiten fußend, u. a. ein Pflanzenbuch sowie ein geograph. Wörterbuch hauptsächl. Arabiens (»Muʻǧam mā 'staǧam«) und v. a. »al-Mamālik« wa-l-masālik, eine Geographie N-Afrikas und Europas (1068 abgeschlossen), nur unvollständig erhalten und teilweise ediert. Sein Material ist für seine Zeit und davor ohnegleichen. → Geographie.
H.-R. Singer

Lit. und Ed.: EI² I, 155–157 – De Slane, Description de l'Afrique septentrionale, 1910² [arab. Text und frz. Übers.] – The Geography of al-Andalus and Europe..., ed. 'A. Al-Ḥaǧǧī, 1968 [krit. Ed., unvollständig].

Bakriden, hispano-arab. Dynastie (→ mulūk aṭ-ṭawā'if) des Stadtstaates von Saltés (Šalṭīš), der auch Huelva (Walba) einschloß und ab 1012 selbständig war. Der vermutl. einzige Souverän dankte 1051 gezwungenermaßen zugunsten von al-Muʻtaḍid (→ 'Abbādiden) ab und ging mit seinem Sohn (→ al-Bakrī) nach Córdoba oder Sevilla ins Exil.
H.-R. Singer

Q. und Lit.: Ibn 'Iḍārī, Bayān III, 1930, 240–242, 299 – W. Hoenerbach, Ibn Al-Ḫaṭīb, Islam. Gesch. Spaniens, 1970, 395f.

Bal des ardents ('Ball der Brennenden'), auch »Bal des sauvages« ('Ball der Wilden Männer') gen., Maskenball, der Anfang 1393 im Hôtel St-Paul in Paris zur Feier der dritten Heirat einer Ehrendame der Kgn. Isabeau (Elisabeth) de Bavière stattfand. Für dieses *charivari*, das traditionell bei der Wiederverheiratung von Witwen veranstaltet wurde, verkleideten sich Kg. → Karl VI. und die jungen Herren am Hof als Wilde Männer (→ Wilde Männer und Frauen). Durch eine Unvorsichtigkeit des Hzg.s v. Orléans setzte eine Fackel das v. a. aus Werg bestehende Kostüm eines der Begleiter des Kg.s in Brand; durch das rasch um sich greifende Feuer starben mehrere der Maskierten auf qualvolle Weise. Der Kg. wurde durch die Hzgn. v. Berry gerettet. – Die Bevölkerung hielt den Kg. für tot, und in Paris brachen Unruhen aus. Durch die Katastrophe verwirrte sich der ohnehin schon angegriffene Geisteszustand Karls VI. vollends. Es wurde beschlossen, die Regentschaft für den Fall, daß dem Kg. erneut etwas zustoße, dem Hzg. v. Orléans zu übertragen, der jedoch unter der Kontrolle der Hzg.e, seiner Onkel, und des *Conseil* stehen solle (→ Armagnacs et Bourguignons). Die Darstellung der Episode ist eine der berühmtesten Passagen in Michelets »Gesch. Frankreichs«. R.-H. Bautier

Balaam (Bileam), atl. Gestalt (Num 22/24), die v. a. wegen einer als messianisch angesehenen Weissagung (Num 24, 17) auf chr. Literatur und Kunst einwirkte. In der bildenden Kunst des 4. Jh. und seit dem 11. Jh. wurden die Begegnung des auf einem Esel reitenden B. mit dem Engel und sein weissagender Hinweis auf den Stern Jakobs, der mit dem Stern der drei Magier gleichgesetzt werden konnte, zur Darstellung gebracht. J. Engemann

Lit.: RDK II, 740–744 – LCI I, 239.

Balaeus → Balai(os)
Balaguer → Spanien
Balaios (syr. Balai), † um 460, war wahrscheinl. Chorbischof v. Beroea (Aleppo). B. war ein fruchtbarer Dichter, viele seiner meist kurzen Gedichte sind jedoch verloren.
A. Stuiber

Lit.: Altaner-Stuiber⁸, 347 – BKV² 6, 1913, 55–99 [Übers. v. S. Landersdorfer].

Balandrana → Mantel
Balaton-See → Plattensee
Balbi, Giovanni → Johannes Balbus

Balbo, Familie aus Chieri. Ihre erste urkundl. Bezeugung geht nach dem gegenwärtigen Forschungsstand auf den 12. April 1220 zurück. Die Familienarchive der B. di Vinadio und der B. Bertone di Sambuy haben sich in Turin im Besitze der jeweiligen Familien erhalten. Unter den Beständen des Staatsarchivs in Turin befinden sich zahlreiche Protokollbücher aus der hzgl. und päpstl. Kanzlei, die Mitglieder dieser Familie betreffen. Das *ospizio* der B. umfaßte die folgenden Zweige: Balbi, Bertoni, Simeoni, Banzani, Lanfranchi, Signorini, Porri, Rotondi, de Ysto. Die bedeutendsten waren nach MANNO die de Ysto, genannt di Vinadio. Viele Mitglieder dieser Familie bekleideten bedeutende polit. Ämter in Chieri. So trug der Rechtsgelehrte *Raimondo* B. 1331 zur Verfassung der Kommunalstatuten bei. Nach MANNO mußte stets ein Angehöriger des Hauses B. unter den vier *sapienti* der Kommune Chieri sein. Die B. förderten den Bau der Kollegiatskirche S. Maria della Scala und des Kl. S. Margherita, dessen Patronat sie innehatten. Im 13. und 14. Jh. ragten sie unter den anderen bedeutenden Familien von Chieri durch ihre rege Handelstätigkeit und ihren reichen Grundbesitz hervor. Wegen ihrer Macht wurden sie so unbeliebt, daß ihnen ein Statut der Società di S. Giorgio vom 27. April 1280 verbot, dieser Vereinigung anzugehören. Sie waren überzeugte Ghibellinen und nahmen oft an den inneren Kämpfen der Stadt teil. 1338, im Anschluß an die Volksaufstände, die nach dem Tod von Philipp v. Achaia ausbrachen, gehörte *Antonio Bertone* zu den Adligen aus Chieri, die ins Exil gingen. Nach MANNO nahm dieser Zweig der Familie im Exil in Avignon den Namen Crillon an.

M. Battaglia-Castorina

Q. und Lit.: DBI V, s.v. – F. GABOTTO–F. GUASCO DI BISIO, Il libro rosso del comune di Chieri, 1918 – P. BREZZI, Gli ordinati del comune di Chieri, 1937 – S. WOLFF, Guida agli archivi nobili piemontesi, Boll. storia-bibliogr. subalpino 58, 1960 – L. CIBRARIO, Delle storie di Chieri libri quattro, 1827 [Nachdr. 1967] – C. ROTELLI, L'economia agraria di Chieri attraverso i catasti dei secoli XIV–XVI, 1967 – A. MANNO, Il patriziato subalpino [Nachdr. 1972].

Balboa, Vasco Núñez de → Núñez de Balboa, Vasco

Balboa y Valcarcel, Gonzalo de (Gonsalvus Hispanus), * in Galicien, † 13. April 1313 in Paris, Franziskanertheologe; 1302–03 Magister regens in Paris. Wegen seiner Gegnerschaft zu Philipp dem Schönen mußte er 1303 Frankreich verlassen. Von 1304 bis zu seinem Tod war er Ordensgeneral. Schwerpunkte seines Wirkens waren die Reform des Ordens, der Kampf gegen die Spiritualen und die Förderung der Studien. Seinen ehem. Schüler → Johannes Duns Scotus schlug er 1304 für das Magisterat an der Univ. Paris vor.

K. Reinhardt

Ed.: Conclusiones metaphysicae, 1503 [als Werk des Duns Scotus] – Quaestiones disputatae et de Quodlibet, 1935, ed. L. AMORÓS [mit Verz. der Werke] – Lit.: DHEE I, 1972, 178 – LThK² IV, 1051 – I. VÁZQUEZ, Antonianum 47, 1972, 644–646.

Baldaccio d'Anghiari, it. Condottiere, * um 1400 in der Nähe von Anghiari (Prov. Arezzo), † 1441 Florenz. Als Führer einer → »compagnia di ventura«, die hauptsächl. aus Fußvolk bestand, zeigte B. nur mittelmäßige militär. Talente, erwies sich aber dafür als gewiegter Politiker, der durch Intrigen sein Ziel – das er mit anderen Heerführern jener Zeit gemeinsam hatte –, sich einen kleinen Feudalstaat in Mittelitalien zu schaffen, zu erreichen suchte. Die Florentiner, in deren Dienst er stand, mißtrauten ihm und nannten ihn voll Verachtung »den Bauern aus Anghiari« (»il villano d'Anghiari«). Ab 1437 besaß er das florent. Bürgerrecht. Als Cosimo il Vecchio de' Medici seine Macht noch nicht genug befestigt hatte, stützte sich B. lieber auf Cosimos Gegner, Neri Capponi, der den Krieg gegen den Hzg. v. Mailand, Filippo Maria → Visconti, befürwortete. B.s militär. Taten beziehen sich alle auf diesen Krieg, der zw. 1439 und 1441 in Mittelitalien vor sich ging. Während seiner Feldzüge, in denen er immer einen starken Unabhängigkeitswillen gegenüber den Weisungen der florent. Regierung bewies, hielt B. heimliche oder offene Kontakte zum Papst und zum Hzg. v. Urbino aufrecht. Er versuchte stets, als Anhänger der florent. Partei zu erscheinen, die bestrebt war, ihre Herrschaft auf die ganze Toskana auszudehnen, in Wirklichkeit war er jedoch bemüht, für sich selbst Gebiete zu gewinnen. Um dieses Ziel zu erreichen, bedrohte er wiederholt → Piombino, nach Beendigung des Krieges mit dem Visconti im Sommer 1441 sogar Gebiete der Republik Florenz. Da die Partei seines Protektors Neri Capponi nunmehr ihre polit. Kampf in Florenz verloren hatte, beschloß die von Cosimo il Vecchio gebildete Regierung, B. zu beseitigen: Er wurde am 6. Sept. in den Palazzo Vecchio geladen, dort angegriffen und aus einem Fenster gestürzt.

F. Cardini

Lit.: DBI V, 438–443 – R. CARDARELLI, B. d'A. e la signoria di Piombino, 1922 – I. TOGNARINI, Piombino, 1978.

Baldachin (lat. baldakinus, baudequinus; coelum, conopeum, papilio, umbraculum etc.; dt. *baldekin, beldekin; hymel* und div. Nebenformen).

[1] *Stoffbaldachin:* Der Name ist abgeleitet von der Bezeichnung für ein wertvolles, aus Bagdad *(Baldac)* importiertes Gewebe, oft zweifarbig aus Seide mit Goldfäden gewebt. Prozessionsbaldachine, seit dem 12. Jh. urkundl. nachweisbar, dienten als Hoheitszeichen bei Umzügen: zur Hervorhebung von weltl. Herrschern und geistl. Würdenträgern, für Reliquien und das Allerheiligste. Rechteckig oder quadrat., von vier oder sechs Stangen gestützt, oder auch in Schirmform, bestanden sie zunächst aus weißem Leinen, später aus kostbaren Materialien, wie Baldekin, Seide, Brokat oder Samt. Auch bemalte B.e waren in Verwendung (Original im Germ. Nat. Mus. Nürnberg). Als Altarbaldachin diente er zum Schutz und zur Auszeichnung des Altares, wenn ein → Ciborium fehlte (erstmals in der Synode v. Münster 1279 vorgeschrieben). Es handelte sich dabei entweder um über den Altar gespannte Tücher oder um kegelförmige bzw. viereckige, an einem Seil hängende Stoffbaldachine.

Betthimmel bzw. Bettbaldachine dienten als Wärmeschutz, zur Abtrennung vom übrigen Raum und als Schutz gegen Ungeziefer; ab dem 12. Jh. belegbar, zunächst in zeltartiger Form, dann als verschiebbare Vorhänge an einem über dem → Bett errichteten Rahmen befestigt.

E. Vavra

[2] *Statuenbaldachin,* eine steinerne, auskragende, auch von Konsolen getragene Überdachung von Figuren, zumeist als polygonale Zentralbau- oder Turmform, ähnlich Architekturmodellen. → Bauplastik.

G. Binding

Lit.: [allg. und zu 1]: DU CANGE I, 533f. – V. GAY, Glossaire archéologique du MA et de la Renaissance I, 1887, 133–137 – RDK I, 465–469, 1389–1402 [Lit.] – P. E. SCHRAMM, Herrschaftszeichen und Staatssymbolik III, 1956, 722–727 – *zu [2]:* Z. MINTSCHEWA, Die Entstehung und die Entwicklung der Baldachinformen in Frankreich bis zur Mitte des 13. Jh. [Diss. masch. Wien 1936] – G. MEISSNER, Bedeutung und Genesis des architekton. B.s (Forsch. und Fortschritte 33), 1959, 178–183 [Diss. masch. Leipzig 1958].

Balder (an. *Baldr,* neusländ. *Baldur),* der gute, strahlende Gott der germ. Mythologie, dessen Tod den Untergang der → Asen ankündigt. Er ist Sohn Odins (→ Wotan) und der Frigg (→ Freyja), Gemahl der Nanna, Vater des → Forseti und wohnt in der Halle Breiðablik ('Breitglanz'). Die noch nicht eindeutig geklärte Herleitung der Bezeichnung B. als Personennamen oder Appellativum von einer idg., an. oder ahd. Wurzel führt zu Deutungen wie 'der Leuchtende', 'der Herr' oder 'der Kraftvolle' und zu sehr unterschiedl. Interpretationen dieser Gottheit.

Die wichtigsten und umfangreichsten Zeugnisse des Baldermythos finden sich in den eddischen Gedichten Grímnismál, Völuspá und Balders Träume und dem zugehörigen mythology. Kommentar Gylfaginning des → Snorri Sturluson (→ Edda). Dort heißt es in Kap. 22, B. sei der beste, strahlendste, klügste, beredteste und wohltätigste aller Asen, seine Urteilssprüche hätten jedoch keinen Bestand. In Kap. 49 wird sein Ende beschrieben: Beunruhigt von B.s Träumen, läßt sich seine Mutter Frigg von allen Dingen und Wesen der Natur schwören, ihrem Sohn nicht zu schaden, außer von der Mistel, die zu jung erscheint. Als die Götter im Vertrauen auf die Unverletzlichkeit B.s im Spiel auf ihn schießen, verleitet → Loki den blinden Hǫðr, mit einem Mistelzweiggeschoß einen ungewollten Brudermord an B. zu begehen. Die Unterweltsgöttin → Hel gewährt die Rückkehr B.s zu den Göttern, falls alle Wesen den Toten beweinen. Da Loki in der Gestalt der Riesin Þǫkk dies verweigert, bleibt B. im Totenreich und wird erst nach dem Untergang der alten Götterwelt, mit seinem Töter Hǫðr versöhnt, in eine neue → Walhall einziehen. Dieser wohl in manchen Zügen chr. beeinflußten Fassung steht eine südskand. Ausgestaltung im 3. Buch der »Gesta Danorum« des → Saxo Grammaticus gegenüber, in der der Othinus-Sohn Balderus und der Schwede Hotherus um die norw. Königstochter Nanna werben. Der Halbgott wird abgewiesen, flieht nach einem erfolglosen Kampf gegen Hotherus, versucht später, dessen Herrschaftsgebiet Dänemark zu erobern, und wird schließlich von ihm tödlich verletzt. Bei Saxo treten die kosmolog. gegenüber den heroischen Elementen und den Motiven dän. Lokalsagen zurück. Neben einigen norw. Ortsnamen weist die Herebeald-Hæðcyn-Episode (V. 2435ff.) des Beowulfepos (→ Beowulf) auf die weite Verbreitung des Baldermythos hin. Der B. im 2. Merseburger Zauberspruch (→ Merseburger Zaubersprüche) ist trotz zahlreicher Einwände (K. Helm, H. Rosenfeld) wohl nicht als Appellativum 'Herr', sondern als Göttername aufzufassen, dagegen ist die Zuordnung der Runenfibel von Nordendorf und bildl. Darstellungen auf mehreren völkerwanderungszeitl. Brakteaten zum Baldermythos noch unsicher.

Wegen zahlreicher Parallelen zu vorderasiat. Gottheiten wie Tammuz, Osiris, Attis oder Adonis wurde B. als sterbender und wiederauferstehender Vegetationsgott aufgefaßt (G.J. Frazer), dessen Tod und Auferstehung das Werden und Vergehen der Natur im Jahresablauf bedingen. In den germ. Zeugnissen stehen aber Tod, Betrauerung und rituelle Bestattung B.s im Vordergrund, sein neues Leben ist nur in der Völuspá angedeutet. Von anderen Forschern wird der Baldermythos mit der Gestalt des leidenden Christus, mit einem heroisierten Königsopfer oder einem Initiationsritus in z.T. recht spekulativen Hypothesen in Verbindung gebracht. R. Volz

Lit.: – Hoops[2] II, 2–7 [K. Schier] – S. Bugge, Studier over de nordiske Gude- og Heltesagns Oprindelse, 1881–89, 32ff. – A. Olrik, Kilderne til Sakses oldhistorie, 2 Bde, 1892–94 – J. G. Frazer, Adonis Attis Osiris. B. the Beautiful, 1913, 1914 u.ö. (The Golden Bough 4, 7) [dt. 1928] – G. Neckel, Die Überlieferungen von dem Gotte B., 1920 – M. Olsen, Om Balder-digtning og Balderkultus, ANF 40, 1924, 148–175 – R. Much, B., ZDA 61, 1924, 93–126 – G. Dumézil, Loki, 1948 [dt. 1959] – O. Höfler, B.s Bestattung und die nord. Felszeichnungen, AAWW 1951, 23, 343–372 – Hans Kuhn, Es gibt kein baldr 'Herr' (Fschr. K. Helm, 1951), 37–45 – K. Helm, Altgerm. Religionsgesch. II, 2, 1953 – F. R. Schröder, B. und der zweite Merseburger Spruch, GRM 34, 1953, 161–183 – J. de Vries, Der Mythos von B.s Tod, ANF 70, 1955, 41–60 – G. Dumézil, Høtherus et Balderus, PBB (Tübingen) 83, 1961/62, 259–270 – F. R. Schröder, B.-Probleme, PBB (Tübingen) 84, 1962, 319–357 – Stammler, Aufriß III, 1587–1594 – K. Hauck, Goldbrakteaten aus Sievern, 1970 (MMS 1) – H. Rosenfeld, Phol ende Wuodan vuorun zi holza. Baldermythe oder Fohlenzauber?, PBB (Tübingen) 95, 1973, 1–12 – H. Klingenberg, Die Drei-Götter-Fibel von Nordendorf, ZDA 105, 1976, 167–188.

Balderich

1. B., Gf. v. Drenthe seit 1003/06, † 5. Juni 1021, ▭ Kl. Zyfflich, das er zw. 1014 und 1016 gegr. hatte; ⚭ ca. 996 mit → Adela v. Hamaland. B. dürfte einer unebenbürtigen Verbindung seiner Mutter, der Schwester des praefectus Godefrid, entstammen. Gestützt auf Eigenbesitz und Heiratsgut im Hamaland, in der Veluwe, den Betuwe, Testerbant und Düffelgau, konnte B., nachdem er 1006 gegen die Ansprüche Gf. Wichmans, Godefrids Schwiegersohn, die Nachfolge in Godefrids Präfektur angetreten hatte, in die territorialen Auseinandersetzungen am Niederrhein eingreifen. 1016 wurde Gf. Wichmann, angeblich auf Anstiften Adelas, ermordet und B. 1018 auf dem Reichstag zu Nijmegen als für die Tat verantwortlich erklärt. Seiner Güter verlustig, fand B. Schutz bei Ebf. → Heribert v. Köln, einem seiner Verbündeten. K. Stock

Lit.: – Adela v. Hamaland.

2. B. (Baldericus) **v. Bourgueil** (Baudri de Bourgueil) OSB, mlat. Autor, *1046, †1130, 1089–1107 Prior und späterer Abt v. St-Pierre-de-Bourgueil (Dép. Indre-et-Loire), seit 1107 Bf. v. → Dol-de-Bretagne. B. hinterließ ein überaus umfangreiches dichter. Werk (256 Gedichte in metr. Versen), das jedoch ohne große Ausstrahlung blieb, denn nur eine einzige Hs. (Vat. Reg. lat. 1351) bewahrte den Dichter vor der Vergessenheit. Sein Werk umfaßt Epigramme, Epitaphien, tituli für Totenroteln, poet. Briefe an Freunde, selber bekannte Dichter (vgl. → Gottfried v. Reims, → Hildebert v. Lavardin, → Marbod v. Rennes), aber auch an Unbekannte, pseudo-ovidiae epistulae, eine Paraphrase der Mythologie des → Fulgentius und v.a. ein an die Gfn. v. Blois, → Adela v. England, gerichtetes Gedicht, das – neben anderem – eine lange Beschreibung eines Teppichs umfaßt, der mit dem berühmten Bildteppich v. → Bayeux vergleichbar ist. – Das hagiograph. Werk des B. ist recht mittelmäßig, ausgenommen eine Vita des → Robert v. Arbrissel († 1117), des Gründers der Kongregation v. → Fontevrault (BHL 7259). Neben dieser verfaßte er Viten des hl. Samson, Bf.s v. Dol (BHL 7486) und des hl. Hugo, Ebf.s v. Rouen (BHL 4033), eine »Translatio capitis s. Valentini« (BHL 8461) und »De scuto et gladio s. Michaelis« (BHL 5953). Zu nennen ist außerdem eine »Epistola ad Fiscannenses«, in welcher der Autor den Mönchen von Fécamp seine Visitationes norm. Abteien schildert, ferner ein Traktat »De visitatione infirmorum«, der von seinem pastoralen Eifer Zeugnis ablegt. Seine »Historia Hierosolymitana« ist eine elegante Prosabearbeitung der anonymen »Gesta Francorum et aliorum Hierosolimitanorum« (»Hist. anonyme de la 1ère croisade«, ed. L. Bréhier, 1924), deren Latein als zu grobschlächtig beurteilt worden war. Sie bleibt (angesichts des Verlustes seiner »Gesta pontificum Dolensium«) das verbreitetste und bekannteste seiner Geschichtswerk trotz ihres geringen Wertes. A. Vernet

Ed.: Ph. Abrahams, Les oeuvres poétiques de Baudri de Bourgueil (1046–1130). Ed. crit., 1926 (dazu K. Strecker, StM I, 1928, 532–539) – P. Lehmann, LGRP 1928, 19–22 – O. Schumann, ZRPh 49, 1929, 579–595 – Ph. Lauer, Le poème de B. de B. adressé à Adèle, fille de Guillaume le Conquérant, et la date de la tapisserie de Bayeux, Mél. Ch. Bémont, 1913, 43–58 – P. Lehmann, Heroiden des B. de B. (Pseudo-antike Lit. des MA, 1927), 65–87 – W. Bulst, Stud. zu Marbods Carmina varia und Liber decem capitulorum, NGG IV, NF 2/10, 1939, 227–234 – MPL 166, 1151–1182, 1209–1212 (Hagiographica et Epistula) – MPL 40, 1147–1158 (De visitatione) – Ch. Thurot, Rec. hist. des croisades, Hist. occidentaux 4, 1879, 5–111 – *Lit.:* Manitius III, 883–898 – DHGE VI, 1434–1437 – DLFMA, 106f. – Repfont II, 437–439

– P. Meyer, Un récit en vers français de la première croisade fondé sur B. de B., Romania 5, 1876, 1–63 – Ders., Le poème de la croisade imité de B. de B., fragm. nouvellement découvert, Romania 6, 1877, 489–494 – O. Schumann, B. de B. als Dichter (Ehrengabe K. Strecker, 1931), 158–170 – A. Boutemy, Muriel. Note sur deux poèmes de B. de B. et de Serlon de Bayeux, M-A 45, 1935, 241–251 – B. Landry, B. de B. (Les idées morales du XIIe siècle: les écrivains latins), Rev. des cours et conférences 40/2, 1938–39, 127–136 – K. Hilbert, Stud. zu Carmina des B. v. B. [Diss. Heidelberg 1967] – R. Favreau, L'inscription du tympan nord de San Miguel d'Estella, BECh 133, 1975, 237–246 – K. Hilbert, Balderici Burguliani Carmina, 1977 – S. Schuelper, Ovid aus der Sicht des B.v.B. Dargestellt anhand des Briefwechsels Florus-Ovid, MJb 14, 1979, 93–118.

3. B. v. Florennes, Trierer Domscholaster seit 1147, † 1157/58, stammte aus Florennes (Prov. Namur). Er war Anwalt an der Kurie, bis Ebf. →Albero v. Trier 1147 den jungen Gelehrten in Paris kennenlernte und sogleich nach Trier berief. B. stand dem Ebf. bis zu dessen Tod (18. Jan. 1152) als enger Vertrauter zur Seite. 1155–57 ist er als Propst von St. Simeon zu Trier bezeugt. – Nach dem Tod seines Gönners schrieb B. dessen Biographie, die »Gesta Alberonis«. Für die Zeit bis 1145 schöpfte er aus den anonymen »Gesta Alberonis metrica« (MGH SS VIII, 236–243) und fügte Dokumente (wohl aus dem Besitz der Trierer Domkirche) im Wortlaut ein. Von B.s Erzählertalent zeugt seine Schilderung der Kämpfe, die der streitbare, päpstl. gesinnte Albero zur Erweiterung und Absicherung der ebfl. Macht ausfocht. Anschaulich und mit Begeisterung beschreibt der Biograph die eigenwillige Persönlichkeit seines Helden. Hinter der Verherrlichung der krieger. Großtaten und der Prunkentfaltung des Kirchenfürsten treten geistlich-erbaul. Züge zurück. J. Prelog

Ed.: MGH SS VIII, 1848, 243–260 [hg. G. Waitz] – H. Kallfelz, Lebensbeschreibungen einiger Bf.e des 10.–12. Jh., 1973, 543–617 [nach Waitz, mit Übers.] – Lit.: Verf.-Lex.² I, 585f. – F. Panzer, Ebf. Albero v. Trier und die dt. Spielmannsepen (Germanist. Abh. H. Paul... dargebracht, 1902), 303–332 – Wattenbach-Schmale I, 1976, 348–349.

Baldo, mlat. Autor roman., wahrscheinl. it. Herkunft, verfaßte noch im 12. Jh. ein Fabelbuch, das für die Beurteilung der Übernahme des Pañcatantra im Westen von großer Bedeutung ist. In leoninischen Hexametern abgefaßt, die teilweise recht ungelenk und häufig unklar sind, enthält dieser »Novus Aesopus« des B. 35 Fabeln nebst einem Prolog und einem Epilog; er geht, vielleicht einem mündl. Überlieferungszweig in Prosa folgend, durch unbekannte Zwischenglieder auf die arab. Übersetzung jenes in einprägsame und unterhaltsame Form gekleideten altind. Lehrbuches staatsmänn. Weltklugheit zurück. – Ähnlichkeiten, die sich in →Johannes' v. Capua »Directorium humanae vitae« mit B.s Werk feststellen lassen, beruhen wohl darauf, daß B. Johannes v. Capua als Vorlage diente und es sich nicht, wie früher angenommen wurde, umgekehrt verhält. A. Hilka, der die vollständige Zahl der Stücke des Fabelbuches in einer Heiligenkreuzer Hs. entdeckte, zeigt in seinen Bemerkungen zur lit. Form der Fabeln, daß B. vielfältige, wenn auch nicht immer geschickte Änderungen gegenüber seiner Quelle vornahm. E. Heyse

Ed.: A. Hilka, Beitr. zur lat. Erzählungslit. des MA, I: Der Novus Aesopus des B., AGG Phil.-hist. Klasse, NF XXI, 3, 1928 – Lit.: Manitius III, 776f. – J. Hertel, Das Pañcatantra – Seine Gesch. und Verbreitung, 1914 – Beck, Volksliteratur, 44.

Baldovini → Jacobus Balduini

Baldrian (Valeriana officinalis L./Valerianaceae). Die im MA unter den dt. und lat. Namen *boldrian* (mnd.), *denemarcha* (Hildegard v. Bingen, Phys. I, 142), *katzenkrut* (mhd., seit dem 15. Jh.), *valeriana, amantilla* (Steinmeyer-Sievers III, 529, 532–534, 556) bekannte, in ganz Europa und dem gemäßigten Asien wild wachsende Pflanze begegnet v.a. unter der bei Dioskurides (I, 10) angeführten Bezeichnung *Phu* (wahrscheinl. für Valeriana phu). Der im klassischen Latein fehlende Name valeriana taucht erst in frühma. Rezeptarien des 9. Jh. auf (vgl. Jörimann, 14, 26). Wohl wegen seines unangenehmen Geruchs galt der B. als zauber- und pestabwehrend. Med. wurde er vornehml. gegen Seitenstechen, als harntreibendes und menstruationsförderndes Mittel verwendet (Constantinus Africanus, De grad., 348; Circa instans, ed. Wölfel, 54; Gart, Kap. 415). I. Müller

Lit.: Marzell IV, 990–1000 – Marzell, Heilpflanzen, 253–257 – J. Jörimann, Frühma. Rezeptarien, BGM I, 1925.

Balduin (s.a. Baudouin, Baldwin)

1. B. I., Kg. v. →Jerusalem seit 1100, * 1058, † 2. April 1118 bei al-ʿArīš, ⌑ Jerusalem, Grabeskirche; Sohn von Eustachius II., Gf. v. Boulogne, und Ida v. Niederlothringen. Für die kirchl. Laufbahn bestimmt, brach er 1096 mit seinem Bruder → Gottfried v. Bouillon zum Ersten Kreuzzug auf (→Kreuzzug, 1.). 1098 wurde er Gf. v. → Edessa, dem ersten lat. Staat im Osten. Nach dem Tod Gottfrieds (1100) wurde ihm angetragen, dessen Platz als Regent v. Jerusalem einzunehmen. Er überließ die Regierung von Edessa seinem Vetter Balduin v. Bourcq, dem späteren Kg. Balduin II., und begab sich nach Jerusalem. Es gelang ihm, die Opposition → Tankreds und des Patriarchen, des Pisaners → Daimbert, zu überwinden und letzteren zu veranlassen, ihn in der Geburtskirche zu → Bethlehem zu krönen, womit er der erste Kg. v. Jerusalem wurde (25. Dez. 1100). Seine Herrschaft war von territorialer Expansion gekennzeichnet. Sein wichtigster Erfolg war dabei die Eroberung der Küstenstädte Arsūf (1102), Caesarea (1102; → Caesarea 3), → Akkon (1104), → Beirut (1110) und → Sidon (1110). Er schuf außerdem die Grundlagen für die Ausdehnung der fränk. Herrschaft bis zu den Golanhöhen im N und im S bis nach Akaba (Elat), das er um 1116 befestigen ließ. Sein letzter Feldzug richtete sich gegen Ägypten, wo er den Nil erreichte. Er starb auf dem Rückmarsch. Bei seinem Tod war das von den Franken beherrschte Territorium beträchtl. erweitert, die kgl. Gewalt hatte sich gefestigt und die Bevölkerung von Jerusalem zugenommen, ein Ergebnis der Politik B.s, orient. Christen aus dem Gebiet jenseits des Jordan in der Stadt anzusiedeln. S. Schein

Lit.: P. Gindler, Gf. B. I. v. Edessa, 1901 – R. Fazy, Baudouin I à Pétra, JA, 1936 – J. Prawer, The Latin Settlement of Jerusalem, Speculum 27, 1952, 490–503 – Ders., Hist. du Royaume Latin de Jérusalem I, 1969. 263–299.

2. B. II., Kg. v. →Jerusalem seit 1118, † 1131, ⌑ Jerusalem, Grabeskirche; Sohn Hugos, des Gf.en v. Rethel, wurde zunächst Balduin v. Bourcq genannt. Er nahm mit seinem Vetter → Gottfried v. Bouillon am Ersten Kreuzzug (→Kreuzzug, 1.) teil und begleitete ihn nach Jerusalem. Danach zog er sich jedoch ins nördl. Syrien zurück, wo ihm Balduin (I.), als er Kg. v. Jerusalem wurde, die Gft. → Edessa übertrug. Als Inhaber der Gft. wurde er von den Muslimen gefangengenommen und verbrachte vier Jahre in Gefangenschaft (1104–08). Nach Balduins I. Tod wurde er, als er sich auf einer Wallfahrt in Jerusalem befand, zum Kg. gewählt. Er übertrug Edessa daraufhin seinem Vetter Joscelin v. → Courtenay. Unter B. war die Kgr. Jerusalem am meisten von der Verteidigung der Gft.en Edessa und → Tripolis sowie des Fsm.s Antiochia (→ Antiocheia) in Anspruch genommen. 1119 verteidigte er Antiochia. Als Joscelin 1122 von den Muslimen gefangengenommen wurde, übernahm B. die Regentschaft v. Edessa, ein Amt, das er bis 1126 ausübte. Bei der Verteidigung dieser Gft. geriet er selbst erneut in Gefangenschaft, in der er zwei Jahre verbrachte (1123–24). Während dieser Zeit eroberte der Regent v. Jerusalem, Eustachius (Eustace Granier), mit

Hilfe der Venezianer den Hafen → Tyrus (1124). B. selbst versuchte erfolglos, → Aleppo (1126) und → Damaskus (1129) einzunehmen; dagegen gelang es ihm, die beiden Burgen Banyās und Qalʿat as-Subaiba (Qalʿat Nimrūd) an der Hauptroute von Damaskus nach N-Palästina zu erobern. Dies sicherte gemeinsam mit dem Besitz von Tyrus die Nordgrenze des Kgr.es. B. wirkte sowohl durch die verstärkte Disziplinierung seiner Vasallen als auch durch Gesetzgebung für eine Konsolidierung der kgl. Gewalt. Auf dem Konzil v. Nāblus (1120) führte er eine Reihe von Entscheidungen herbei, welche die Rechte der Kirche im Staat definierten. Die wahrscheinl. von ihm erlassenen Assisen setzten die verschiedenen Arten von Verrat fest und regelten die Rechte der Krone, ungetreuen Baronen ihren Landbesitz zu entziehen. Er veranlaßte auch den Ausbau der Hauptstadt Jerusalem. Während seiner Regierung wurde der kgl. Palast vom Tempel Salomons (al-Aqṣā-Moschee) auf ein Gelände verlegt, das früher den Palast des Herodes beherbergt hatte und in der Nähe des sog. »Turmes Davids« lag. S. Schein

Lit.: R. GROUSSET, Hist. des Croisades I, 1934, 531–678 – C. CAHEN, La Syrie du Nord à l'époque des Croisades, 1940 – E. R. LABANDE, Étude sur Badouin de Sebourc, 1940 – J. PRAWER, Les premiers temps de la féodalité dans le royaume latin de Jérusalem, Revue d'Hist. du Droit 22, 1954, 401–424 – DERS., Étude sur le droit des Assises de Jérusalem: Droit de Confiscation et Droit d'Exhérédation, RHDFE 39, 1961, 520–541; 40, 1962, 30–42.

3. B. III., *Kg. v. Jerusalem seit 1143*, * 1130, † Febr. 1163 in Beirut, wahrscheinl. Opfer eines Giftmordes. ◻ Jerusalem, Grabeskirche; ältester Sohn Fulcos (V. v. Anjou; → Angers, Anjou I), dem er im Nov. 1143 nachfolgte, und der → Melisende, Tochter Balduins II. Die ersten Jahre seiner Regierung wurden von Machtkämpfen zw. ihm und seiner Mutter überschattet, die erst 1152 zu seinen Gunsten endeten. Seine Herrschaft war durch Kriege mit den Truppen des → Nūraddīn und eine Annäherung an das Byz. Reich gekennzeichnet; das Bündnis mit Byzanz richtete sich gegen Nūraddīn und sollte zugleich der Eroberung Ägyptens dienen. Es wurde 1158 durch B.s Heirat mit der byz. Prinzessin Theodora Komnene gefestigt. 1148, während des Zweiten Kreuzzuges (→ Kreuzzug, 2.), beteiligte sich B. an dem erfolglosen Angriff auf → Damaskus. In den folgenden Jahren war er in die Angelegenheiten Antiochias (→ Antiocheia), das es zu verteidigen galt, verwickelt; 1152 übernahm er die Regentschaft dieses Fsm.s. Sein Versäumnis, die Reste der Gft. → Edessa zu verteidigen, nötigte ihn, sie 1150 dem byz. Kaiser Manuel I. abzutreten. Zur gleichen Zeit bereitete er die Eroberung von Askalon, dem letzten ägypt. Stützpunkt im Hl. Land, vor. 1150 ließ er die Burg → Gaza errichten, die er dem Templerorden übertrug. Dadurch wurde der Weg für einen unmittelbaren Angriff auf Askalon gebahnt, das B. 1153 nach fünfmonatiger Belagerung einnahm. Weniger erfolgreich waren seine Feldzüge gegen Nūraddīn (1154–59). Es gelang ihm nicht, Nūraddīn an der Eingliederung des islam. Syrien zu hindern, er verlor Edessa und vermochte nur mit größter Anstrengung den Bestand der übrigen lat. Staaten im N von Jerusalem zu sichern. Dennoch stand er bei seinen Zeitgenossen in hohem Ansehen, so auch bei dem Geschichtsschreiber → Wilhelm v. Tyrus; selbst sein großer Gegner, Nūraddīn, achtete ihn hoch. Während B.s Regierung wurde ein Neubau der Grabeskirche errichtet, ein neuer Markt in Jerusalem, der sog. »Markt der Kgn. Melisende«. S. Schein

Lit.: RUNCIMAN II, 233–288, 325–361 – J. PRAWER, Hist. du Royaume Latin de Jérusalem I, 1969, passim – H. E. MAYER, Stud. in the Hist. of Queen Melisende of Jerusalem, DOP 26, 1972.

4. B. IV., *Kg. v. Jerusalem seit 1174*, * 1161, † 1185, ◻ Jerusalem, Grabeskirche; Sohn Amalrichs I. und dessen erster Gemahlin Agnes v. Courtenay. Von → Wilhelm v. Tyrus erzogen, bestieg er im Juli 1174 mit 13 Jahren den Thron. Trotz seiner Erkrankung an Aussatz, den period. Regentschaften und den Rivalitäten, die zw. seinen Ratgebern auftraten, gelang es B., tatkräftig alle muslim. Angriffe abzuwehren. Der aussätzige Kg. bewies dabei trotz seiner körperl. Schwäche große Fähigkeiten als Feldherr. 1177 fügte er Saladin die schwerste Niederlage bei, die dieser je erlitt. Doch wurde B. ein Jahr später in der Schlacht v. Baniyas geschlagen, ebenso in einer weiteren Schlacht unweit von Sidon, und Saladin zerstörte die neue Burg der Templer, Le Chastellet am oberen Jordan. 1182 griff der Ayyūbide die Burg Montréal an, ebenso Galiläa, dessen Verlust B. durch seinen Sieg bei Nazareth jedoch verhindern konnte. Im Okt. 1182 eroberte B. unter Ausnutzung eines Feldzuges, den Saladin gegen Mesopotamien führte, die Burg Habis Jaldak im Sawad. Als 1183 seine Krankheit ihn zunehmend der Sehkraft und Gehfähigkeit beraubte, ernannte B. → Guido v. Lusignan zum Regenten des Kgr.es. Er entzog ihm die Regentschaft jedoch im Nov. 1183 und nahm erneut die Regierung in die Hand. Doch mußte er Anfang 1185 diese an → Raimund III. v. Tripolis abgeben. Unterdessen bot eine Gesandtschaft in den Westen die Oberherrschaft über das Kgr. den Kg.en v. Frankreich und England an. Im März 1185 verstarb B. – Die Regierung dieses aussätzigen, durch Tapferkeit und Tatkraft ausgezeichneten Kg.s wurde beeinträchtigt durch Konflikte zw. der Hofpartei (ihre wichtigsten Anhänger waren: die Schwester des Kg.s, Sybilla, ihr zweiter Gatte Guido v. Lusignan, die Königinmutter, Agnes, ihr Bruder Joscelin und → Rainald v. Châtillon) und einer baronialen Gruppe, geführt von Raimund III. v. Tripolis. Die Rolle der Magnaten im Kgr. wurde im Zuge dieser Auseinandersetzungen bedeutend gestärkt. S. Schein

Lit.: R. C. SMAIL, Crusading Warfare 1097–1193, 1956, passim – J. PRAWER, Hist. du Royaume Latin de Jérusalem I, 1969, 539–633 – J. RILEY SMITH, The Feudal Nobility and the Kingdom of Jerusalem, 1973, 101–109.

5. B. I., *erster lat. Ks. v. Konstantinopel* (seit 1204), Gf. v. Flandern als B. IX.) und Hennegau (als B. VI.), * Juli 1171, † nach dem 20. Juli 1205, Sohn B.s V. (VIII.) v. Hennegau und Flandern, ⚭ 1186 Maria, Tochter Heinrichs I., Gf.en der Champagne. B. regierte seit dem Tod seiner Mutter (15. Nov. 1194) in Flandern, nach dem Tod seines Vaters (17. Dez. 1195) im Hennegau. Obwohl der frz. Kg. Philipp II. August einen Teil seines Erbes (Artois, Boulogne, Hesdin u.a.) besetzt hatte, unterhielt B. mit ihm anfangs nach außen hin gute Beziehungen (Militärabkommen Juni 1196). Bald danach suchte er jedoch gegen den frz. Expansionsdrang Anlehnung bei England und dem Imperium. Gestützt auf Verträge mit der engl. Regierung (Juni-Juli und Sept. 1197), vermochte er das Gebiet von Tournai, Aire und St-Omer zurückzuerobern. Auf Betreiben von Papst Innozenz III. schlossen Philipp August und B. am 2. Juni 1200 den Vertrag v. → Péronne, der die Besitzverhältnisse im umstrittenen Grenzgebiet zw. Flandern und der frz. Krondomäne im Sinne eines Kompromisses regelte. Im stauf.-welf. Streit um die dt. Königswürde (Doppelwahl von 1198) ergriff B. für den von England unterstützten Kandidaten, den Welfen Otto IV., Partei. – B.s innere Politik war durch das Bestreben, die feudale Rechtsprechung zu regeln und die Verwaltung zu organisieren, geprägt; während der Hungersnot 1199 bekämpfte er Wucher und Preistreiberei. B. und seine Gattin zeichneten sich außerdem als Förderer der Dichtkunst aus.

Am 14. April 1202 begab sich B. mit zahlreicher Gefolgschaft auf den vierten Kreuzzug. Er nahm an der Belagerung der chr. Stadt → Zadar (Zara) teil, welche die Kreuzfahrer unter dem Einfluß der Venezianer im Nov. 1202 eroberten. Er beteiligte sich ebenfalls am Feldzug gegen das Byz. Reich, den die Kreuzfahrer zunächst nominell zugunsten des Thronprätendenten → Alexios (IV.) Angelos unternahmen (erste Einnahme von Konstantinopel am 17. Juli 1203 und Erhebung des Alexios zum Ks.). Nachdem Alexios IV. einem antilat. Aufstand zum Opfer gefallen war († 2. Febr. 1204), schloß B. gemeinsam mit den übrigen Führern des Kreuzfahrerheeres ein Abkommen über die künftige Aufteilung des Byz. Reiches. Nach der erneuten Einnahme Konstantinopels (12. April 1204) und der nachfolgenden grausamen Plünderung der Stadt wurde B. – gegen seinen Konkurrenten → Bonifaz v. Montferrat – am 9. Mai 1204 von einem Zwölferausschuß aus sechs Venezianern und sechs Kreuzfahrern zum Ks. gewählt und am 16. Mai in der Hagia Sophia gekrönt. Von seiner Residenz, dem Blachernenpalast, aus versuchte B. eine Neuordnung des Reiches, das nur zu einem Teil seiner direkten Herrschergewalt unterstand (weite Gebiete hatten sich die Venezianer sowie die übrigen Führer des Kreuzzuges, die in kurzer Zeit autonome feudale Fsm.er errichteten, gesichert). B. geriet bald in Auseinandersetzungen mit dem bulg. Zaren → Kalojan. Am 14. April 1205 unterlag B. dem bulg.-kuman. Heer bei Adrianopel. Er geriet in bulg. Gefangenschaft; sein weiteres Schicksal ist unbekannt. → Kreuzzug, 4.; → Lateinisches Kaiserreich. W. Prevenier

Lit.: NBW I, 225–238 [W. Prevenier] – E. Gerland, Gesch. des lat. Ksr.es v. Konstantinopel I, 1204–1226, 1905 – J. Longnon, L'empire latin de Constantinople, 1949 – R. L. Wolff, Baldwin of Flanders and Hainaut, Speculum 27, 1952, 282–322 – J. C. Moore, Count Baldwin IX of Flanders, Speculum 37, 1962, 79–80 – W. Prevenier, De Oorkonden der graven van Vlaanderen, 1191–1206, 3 T.e, 1964–71 – K. M. Setton, The Papacy and the Levant 1204–1571, I: The 13th and 14th Centuries, 1976 – M. Erbstösser, Die Kreuzzüge. Eine Kulturgesch., 1977 – J. Richard, La papauté et les missions d'orient au MA, XIIIe–XVe s., 1977 – A. Carile, Per una storia dell' impero latino di Costantinopoli (1204–61), 1978² – J. Longnon, Les compagnons de Villehardouin. Recherches sur les croisés de la 4e croisade, 1978 – D. E. Queller, The 4th Crusade. The Conquest of Constantinople, 1978.

6. B. II., lat. Ks. v. Konstantinopel 1228–61, Sohn der Jolante und des Peter v. Courtenay, war bei dem Tod des Ks.s Robert 1228 noch minderjährig, ⚭ Maria, Tochter Johanns v. Brienne, des ehemaligen Kg.s v. Jerusalem, der nach dem 1229 in Perugia mit dem bailli des Ksr.es, Narjot de Toucy, getroffenen Abkommen, als älterer Ks. an der Seite des Mitkaisers B. herrschen sollte. Johann v. Brienne, der erwählte lat. Ks. v. Konstantinopel auf Lebenszeit und Regent für B. bis zu dessen Mündigkeit, erreichte seine Hauptstadt 1231. Als er im März 1237 starb, befand sich B. in Flandern, um seine Erbrechte auf die Burg Namur geltend zu machen. 1237–61 (jedoch erst 1240 gekrönt) regierte er allein als lat. Ks. v. Konstantinopel, von 1261 bis zu seinem Tod führte er den Kaisertitel. 1238 auf der Suche nach Geldmitteln für die Verteidigung Konstantinopels, verkaufte er Kg. Ludwig IX. d. Hl. die Dornenkrone. Sie traf 1239 in Paris ein und ließ im ganzen Abendland die Verehrung für diese Passionsreliquie wieder aufleben. Während des Waffenstillstandes mit dem Ks. v. → Nikaia, Johannes III. Dukas Vatatzes, 1241–44, suchte B. Unterstützung im Westen. Er hielt sich 1244–48 in Paris auf und versuchte, Ludwig IX. zur Waffenhilfe zu bewegen, während das Papsttum ganz von der Auseinandersetzung mit Friedrich II. in Anspruch genommen war. Obwohl B. für die Verteidigung Konstantinopels alle Einkünfte aus seiner Seigneurie Courtenay und der Gft. Namur eingesetzt hatte, wurde die Stadt 1261 von den Byzantinern aus Nikaia wiedererobert. B. floh nach Negroponte, wo er im Okt. 1261 eine Schuld von 5000 Hyperperi an Othon de Cicon von Charistos durch die Schenkung der Hand und eines Teils des Armes von Johannes dem Täufer erstattete. Er flüchtete später nach Theben und Athen und lebte von dem Verkauf von Reliquien und Rittertiteln, außerdem von den Zuwendungen fränk. Herren. Von Morea aus ging er nach Apulien, wo er von Kg. Manfred empfangen wurde, von dort aus nach Frankreich. Hier versuchte er, einen Kreuzzug zur Eroberung Konstantinopels zustandezubringen, worin ihn der Papst und die Venezianer unterstützten. 1267 willigte er ein, Kg. Karl v. Anjou das Fsm. Achaia abzutreten: Dafür verpflichtete sich Karl am 27. Mai 1267, B. »binnen sechs oder sieben Jahren« zur Anwerbung von 2000 Rittern für die Eroberung Konstantinopels zu verhelfen. B. trat Kg. Karl die volle Souveränität über Morea ab und versprach ihm ein Drittel der Eroberung. Bei seinem Tod 1273 hatte Karl v. Anjou sein Versprechen noch nicht eingelöst. A. Carile

Lit.: J. Longnon, L'empire latin de Constantinople, 1949 – K. M. Setton, The Papacy and the Levant (1204–1571), I: The 13th and 14th Centuries, 1976.

7. B. I.–III., Gf.en v. Flandern → Flandern

8. B. IV. der Bärtige, Gf. v. Flandern, † 1035. B. war beim Tode seines Vaters Arnulf II. (988) minderjährig. Seine Mutter Susanna heiratete Robert II., Sohn und Mitkönig Hugo Capets, wurde aber verstoßen und verlor ihre Morgengabe, den Seehafen Montreuil. Im Zuge der Aufrüstung der Gft. gegen Frankreich 993 – zu einem Krieg kam es nicht – entstanden die flandr. Burggrafschaften; als Vorbild dienten möglicherweise die ksl. Grenzmarken im benachbarten Niederlothringen. Kurz vor 1000 wandte sich B. gegen diese Reichsmarken und ihre Burgen (→ Valenciennes im SO, → Ename im O), mit dem Ziel, die Herrschaft über den Grenzfluß → Schelde zu erringen. Diese Territorialpolitik führte schließlich zur Gründung Reichsflanderns. Außerdem wuchs der Einfluß Flanderns im Bm. Cambrai. Einen Angriff auf Valenciennes (1006) beantwortete Kg. Heinrich II. mit einem Gegenangriff auf Gent (1007). Innerlothring. Schwierigkeiten zwangen Heinrich jedoch zur Belehnung B.s mit Territorien an der Scheldemündung (v. a. Walcheren 1012) und mit Valenciennes (1015). Die Zerstörung der Burg Ename 1033 kann als Ausgangspunkt für die Hauptrichtung der weiteren Bildung Reichsflanderns angesehen werden. → Flandern.
A. C. F. Koch

Q.: Les annales de St-Pierre de Gand et de St-Amand, ed. P. Grierson, 1937 – Lit.: F. L. Ganshof, Les origines de la Flandre impériale, Ann. Soc. roy. d'Arch. de Bruxelles 46, 1942–43, 133–171 – Algem. Gesch. der Nederlanden II, 1950, 74–80 [J. Dhondt] – A. C. F. Koch, Die flandr. Burggft.en, ZRGGermAbt 76, 1959, 166ff. – E. Boshof, Lothringen, Frankreich und das Reich in der Regierungszeit Heinrichs III., RhVjbll 42, 1978, 79ff.

9. B. V., Gf. v. Flandern, † 1067, ⚰ in seinem Herrschaftszentrum Lille; ⚭ Adela, Schwester Heinrichs I. v. Frankreich. Vor seinem Herrschaftsantritt lehnte sich B. mit Hilfe des Hzg.s der Normandie gegen seinen Vater → Balduin IV. auf. Die Versöhnung fand möglicherweise während der Verkündigung des ältesten bekannten flandr. Gottesfriedens (1030) statt. 1035 folgte B. seinem Vater nach, dessen Expansionspolitik gegen das Imperium er fortsetzte. Vermutl. 1045 übertrug ihm Kg. Heinrich III. Grenzgebiete um → Ename und Valenciennes. Der Expansionsdrang B.s, der sich mit → Gottfried dem Bärtigen, Hzg. v. Oberlothringen, und Dietrich IV., Gf. v. Holland, gegen das Imperium verbündete, wurde von einer Gegen-

offensive Heinrichs III. (1049) nur kurzzeitig unterbrochen. Ohne ksl. Erlaubnis vermählte sich B.s ältester Sohn Balduin (VI.) 1051 mit Richildis, Witwe des Gf.en v. Hennegau. Erst nach gegenseitigen Kriegszügen erfolgte 1056 die Belehnung Balduins VI. mit → Hennegau. 1063 heiratete B.s zweiter Sohn Robert die Witwe des Gf.en v. Holland, Gertrud. Der flandr. Gf. stand auf dem Gipfel seiner Macht: Durch Verfügung Kg. Heinrichs I. v. Frankreich erhielt er als Schwager des Kg.s nach dessen Tod († 1060) die Regentschaft für den minderjährigen Thronfolger Philipp.

Q. und Lit.: → Balduin (8. B.)   A. C. F. Koch

10. B. VI.-VII., *Gf.en v. Flandern* → Flandern

11. B. VIII., *Gf. v.* → *Flandern*, als B. V. Gf. v. → Hennegau, * 1150, † 17. Dez. 1195, Sohn von B. IV., Gf. v. Hennegau, und Alix v. Namur; ⚭ April 1169 Margarethe v. Elsaß, Tochter Dietrichs v. Elsaß. – B. trat 1171 im Hennegau die Nachfolge an. Er ließ expansive Interessen gegenüber → Namur und Flandern erkennen. Der kinderlose Gf. v. Namur, Heinrich der Blinde, erklärte ihn zum Erben; als dem Gf.en v. Namur danach jedoch eine Tochter geboren wurde, sicherte sich B. durch eine militär. Aktion dennoch den Besitz der Gft. Namur. Am 23. Sept. 1190 wurde er auf einem Hoftag offiziell mit Namur belehnt.

Als 1176 die männl. Erben → Philipps v. Elsaß, Gf.en v. Flandern, verstorben waren, ergab sich auch hier für B. eine Möglichkeit der Nachfolge. Bei Philipps Aufbruch ins Hl. Land (1177) ließ dieser die Flamen seinem Schwager B. huldigen. Nach dem Tode Philipps bei der Belagerung von Akkon (1. Juni 1191) zeigte sich auch der frz. Kg. an der Nachfolge in Flandern interessiert. Durch das rasche Vorgehen von B.s Kanzler, → Giselbert v. Mons, der in Italien die Todesnachricht erfahren hatte, vermochte sich B. die Herrschaft über Flandern zu sichern, bevor der frz. Plan ausgeführt werden konnte.

Doch auch Mathilde v. Portugal, die Witwe Philipps, bestritt B.s Erbfolge; es gelang ihr, wenigstens einen Teil der Gft. Flandern zu besetzen. 1191 schloß B. mit seinen beiden Konkurrenten den Vertrag v. Arras (Atrecht), der B. im Besitz von Flandern bestätigte, während Artois, Boulogne, Guines und St-Pol an Frankreich abgetreten wurden; Mathilde, die weiterhin eine polit. Rolle spielte, wurde von B. mit einem Witwengut, das Teile von Südflandern und einige flandr. Küstengebiete umfaßte, abgefunden.

Dennoch hielt es B. für sicherer, am 20. Aug. 1194 einen militär. Vertrag mit Hzg. Heinrich I. v. Niederlothringen zu schließen; dabei waren der frz. Kg. und der Ks. von krieger. Handlungen dieser Koalition ausgenommen.   W. Prevenier

Lit.: A. CARTELLIERI, Philipp II. August, Kg. v. Frankreich, 4 Tle., 1899–1922 – L. VANDERKINDERE, La chronique de Gislebert de Mons, 1904 – L. KÖNIG, Die Politik des Gf.en B. V. v. Hennegau, Bull. de la commission royale d'Hist. 74, 1905, 195–428 – J. JOHNEN, Philipp v. Elsaß, Gf. v. Flandern, ebd., 79, 1910, 341–469 – J. FALMAGNE, Baudouin V, comte de Hainaut (1150–1195), 1966.

12. B. IX., *Gf. v. Flandern* → Balduin I., Ks. v. Konstantinopel

13. B. v. Canterbury (v. Ford), * in Exeter, von niedriger Herkunft; † 19. Nov. 1190 vor Akkon. B. wirkte als angesehener Lehrer und wurde Archidiakon v. Exeter. Um 1169/70 trat er in das Zisterzienserkloster Ford (Devonshire) ein, als dessen Abt er um 1175 bezeugt ist. 1180 bestieg er den Bischofsstuhl von Worcester. 1184 wurde er Ebf. v. → Canterbury als Kandidat seiner Mitbischöfe, gegen den Widerstand des benediktin. Kathedralkl. Christ Church. Er geriet bald mit den Mönchen dieses Kl. über administrative Fragen in Streit und faßte den Plan, in Hackington ein Kollegiatstift zu errichten, dessen Kanoniker und Pfründen für die Interessen des Ebm.s einsetzbar sein sollten. Christ Church fürchtete, aus der Rolle des »Domkapitels« verdrängt zu werden, und appellierte an den Papst. B. zeigte sich in dieser Auseinandersetzung, die zu seinen Lebzeiten nicht abschließend entschieden wurde, hart und rücksichtslos. Kg. → Heinrich II. unterstützte ihn hierbei. Um eine *cause célèbre*, die Europa erregte (D. KNOWLES), handelte es sich aber wohl nicht. Von Lucius III. wurde B. zum päpstl. Legaten ernannt. 1188 predigte er in England und Wales den Kreuzzug. Im März 1190 brach er selbst ins Hl. Land auf, wo er offenbar einer im Kreuzheer wütenden Seuche erlag. – B. verfaßte eine Reihe lat. Schriften theol.-asket. Inhalts, dazu Predigten und Briefe. In seinem Hauptwerk »De sacramento altaris« verfolgt er, wie Gott im Lauf der Heilsgeschichte die Glaubenswahrheiten offenbart; die Eucharistie wird als Angelpunkt der Geschichte verstanden. B. gilt als Vertreter einer sich scharf von der Scholastik abhebenden Mönchstheologie, der es nicht um abstrakte Probleme, sondern um das Geheimnis der Offenbarung schlechthin geht (J. LECLERCQ). → Giraldus Cambrensis, der B. genau kannte, bescheinigte ihm »morum lenitas« und »animi simplicitas« und nannte ihn »melior monachus simplex quam abbas, melior abbas quam episcopus, melior episcopus quam archiepiscopus«. Das 19. Jh. sah B. als »man of singular sanctity, courage and honesty« (W. STUBBS), in neuerer Zeit werden eher seine »charakterl. Fehler« betont. Bei all dem ist zu bedenken, daß er eine schwierige Position zw. Kg. und Papst, zw. den Mitbischöfen und Christ Church zu vertreten hatte.   K. Schnith

Ed.: Bibliotheca Patrum Cisterciensium, ed. B. TISSIER, V, 1662 – MPL 204, 401–774 – W. STUBBS, Chronicles and Memorials II: Epist. Cant., 1865 [zum Streit mit Christ Church] – *frz. Übers.*: Sur le Sacrement de l'autel (Textes monastiques d'Occident), 1957 [mit Einl.] – *Lit.*: DHGE VI, 1415f. – DNB I, 952 – DSAM I, 1285f. [mit Hss.-Verz.] – D. KNOWLES, The Monastic Order in England, 1950, 314–322 – J. LECLERCQ, Wiss. und Gottverlangen, 1963 – C. R. CHENEY, Hubert Walter, 1967.

14. B. v. Luxemburg, *Ebf. v. Trier* seit 1307, * 1285 (oder 1286), † 21. Jan. 1354, ⊡ Trier, Dom, Westchor. Sohn → Heinrichs III., Gf. v. Luxemburg und Laroche und Mgf. v. Arlon, und der Beatrix († 1320), Tochter des Gf.en Balduin v. Avesnes; Bruder des dt. Kg.s und Ks.s Heinrich VII. Nach dem Tod des Vaters in der Schlacht v. → Worringen am 5. Juni 1288 führte die Mutter Beatrix die Regentschaft für die unmündigen Kinder, die ztw. am frz. Hof erzogen wurden und an der Univ. Paris studierten (B. 1299–1307 mit zweijähriger Unterbrechung, bes. Theologie und kanon. Recht). Schon früh erwarb B. Kanonikate an den Hochstiften Metz und Trier und wurde noch vor 1304 zum Dompropst v. Trier gewählt (ein für die traditionell in Rivalität zu Trier stehenden Gf.en v. Luxemburg bemerkenswerter Durchbruch). Der Versuch, 1305/ 1306 das Ebm. Mainz zu erlangen, scheiterte (→ Peter v. Aspelt). Am 7. Dez. 1307 wurde B. dann aber mehrheitl. zum Ebf. v. Trier gewählt; päpstl. Bestätigung 12. Febr. 1308, Empfang der Bischofsweihe durch Papst Clemens V. selbst am 11. März 1308 in Poitiers.

B. hat als Ebf. und Kurfürst den Ausbau des Kurstaates Trier zu einem Territorium im wesentl. vollendet und als die dominierende Kraft der Luxemburger die Reichspolitik der 1. Hälfte des 14. Jh. mitgestaltet: Die Wahl des Bruders Heinrich zum dt. Kg. am 27. Nov. 1308 ist aber noch primär eine Leistung Peters v. Aspelt, der auch die für das Haus Luxemburg entscheidende Ehe zw. Heinrichs Sohn → Johann v. Luxemburg, Kg. v. Böhmen, und der

Erbin Böhmens, Elisabeth, vermittelte. B. beteiligte sich am Romzug Heinrichs seit Okt. 1310, kehrte aber im März 1313 nach Deutschland zurück. Zur Erinnerung an die gemeinsamen Jahre mit dem Bruder ließ B. um 1340 eine Bilderchronik in 73 Miniaturen auf 37 Tafeln herstellen, eine der bedeutendsten Bilderhs. der Zeit (Original im Landeshauptarchiv Koblenz). – Nach Heinrichs plötzl. Tod in Italien (24. Aug. 1313) stand B. auf der Seite Ludwigs des Bayern, bemühte sich aber gegenüber dessen revolutionärer Politik zunächst um einen neutralen Standort. Er widmete sich primär der finanziellen und territorialen Konsolidierung des Kurstaates, wobei folgendes bes. hervorzuheben ist: Erwerb der arrondierten Krongutbezirke Boppard-Oberwesel-Galgenscheider Gericht mit Städten, Burgen, Nebenrechten und Nutzungen als →Reichspfandschaften; breiter Ausbau eines Lehenssystems zur Einbindung des kleineren und mittleren Adels – z. T. gegen dessen heftigen Widerstand (1331–37 sog. Eltzer Fehde, Juni–Juli 1338 Gefangenschaft durch Gfn. Loretta v. Sponheim auf der Starkenburg, nur geringe Erfolge gegenüber den Gf.en und den Herrschaften im Westerwald), – diesen wußte er auch durch Einbeziehung in die innere Verwaltung (Amtmänner) an sich zu binden (vollendet gegen Ende der Regierung durch die Gewinnung Reinhards v. Westerburg und Johanns v. Sponheim als »Oberste Amtmänner« am Mittelrhein bzw. an der Mosel); Neuordnung der Verwaltung durch Gliederung in das Ober- und Niederstift und Einteilung in Ämter und Kellereien, kombiniert mit einem Burgen- und der (nur z. T. realisierten) Konzeption eines Stadt- und Marktflecken-Systems (sog. Sammelprivilegien von 1332 und 1346); Reform der Kanzlei und der Schriftgutführung (dabei u. a. Anlage von Urkundenkopiaren, den sog. »Balduineen«, um 1340) sowie der Finanzverwaltung. Territorialpolit. gelang B. einerseits die von den Vorgängern vorbereitete Sicherung des Gebietes an Mittelrhein und Untermosel für Kurtrier (→Trier) (gegen die Mitinteressenten Kurpfalz, Kurköln [→Köln] und den Gf.en v. →Katzenelnbogen) und der Ausbau der Mosel-Eifel-Achse zw. Trier und Koblenz (mit der Folge einer allmähl. Verlagerung des Kurtrierer Zentrums an den Rhein) sowie andererseits die Abgrenzung der Kurtrierer Interessenssphäre im W (namentl. gegenüber Luxemburg), in der Eifel (1347 befristete Inkorporation der Abtei →Prüm, 1352 Erwerb von Hillesheim, Daun erst 1356) und im Hunsrück-Nahe-Raum (aber Niederlage gegenüber →Sponheim im Bereich Birkenfeld). Über das Erzstift hinausgreifend, hat B. in verschiedenen →Landfrieden eine umfassendere Raumkonzeption für den Mittelrhein entwickelt, die aber nur in den 30er Jahren Bestand hatte (u. a. 1331 Befriedungsverträge für die Straßenzüge im Westerwald und im Hunsrück, 1333 Kaiserslauterner Landfriede von Saarwerden der Saar und Mosel folgend bis Koblenz, dann den Rhein aufwärts bis Lauterbach und von dort wieder zum Ausgang). – In der Reichspolitik wandte B. sich nach den röm. Ereignissen vom Jan. 1328 wieder stärker Kg. Ludwig zu, vielleicht um mäßigend zu wirken. Seit 1328 übte er (gegen den im Okt. zum Ebf. v. Mainz ernannten →Heinrich III. v. Virneburg) die Verweserschaft des Erzstiftes Mainz aus und seit 1331 auch die →Pflegschaften der Bm.er Speyer und (mit Unterbrechung) Worms, gab diese drei Positionen aber 1337 wieder auf. Zielbewußt trat er ein für eine Stärkung des Wahlrechtes der Kurfürsten gegenüber päpstl. Ansprüchen. Kurverein und Reichsweistum v. →Rhens mit der Feststellung, daß der von der Mehrheit der Kurfürsten gewählte Kg. nicht der Approbation des Papstes (→Königswahl) bedürfe, sind im wesentl. das Werk B.s und seiner Diplomatie. Charakterist. für die immer vermittelnde Haltung B.s ist aber auch, daß er der weitergehenden Frankfurter Erklärung in →Licet Iuris, wonach die Königswahl auch Recht und Titel des Ks.s übergebe, nur zögernd zugestimmt hat. – Die Motive für die schließliche Entfremdung zw. B. und Ludwig dem Bayern liegen nur äußerl. im Ehehandel mit →Margarethe Maultasch 1341/42. Entscheidender war, daß B. wie in den letzten Auseinandersetzungen zw. Regnum und Sacerdotium so auch in anderen außen- und innenpolit. Fragen des Reiches undoktrinär nach Kompromissen und pragmat. Lösungen suchte und inzwischen auch in seinem Großneffen Karl ein ihm geeigneter erscheinender Träger des Kgtm.s herangewachsen war. So hat B. am 11. Juli 1346 in Rhens die Absetzung Ludwigs und die Wahl Karls IV. zum dt. Kg. durchgesetzt. Insbes. nach dem Tod von Karls Vater →Johann v. Luxemburg hat B. den jungen Kg. als Verweser der Gft. Luxemburg (trotz der berechtigten Erbansprüche von Karls Halbbruder →Wenzel) und zeitweise als Statthalter im Reich in persönl. Einsatz und finanziell aktiv unterstützt. Die Führung im Hause Luxemburg und damit weitgehend auch im Reich konnte so beim Tod des fast 70jährigen i. J. 1354 ungebrochen an den B. in vielem gleichgearteten Karl übergehen. – Zu erwähnen bliebe noch, daß B. auch ein frommer Mann und untadeliger Priester war, der sich nachdrückl. um die Kirchenzucht in seinem Bm. bemüht hat (Abhaltung von mehreren Synoden, Förderung der Kartäuser). →Luxemburger, →Trier, Ebm.   F.-J. Heyen

Q.: Gesta Baldewini (Gesta Trevirorum II, hg. J. H. Wyttenbach-M. F. J. Müller, 1838, 179–271; Die Taten der Trierer V, hg. E. Zenz, 1961 [Übers.]) – *Lit.*: A. Dominicus, Baldewin v. Lützelburg, 1862 – E. E. Stengel, Avignon und Rhens. Forsch. zur Gesch. des Kampfes um das Recht am Reich in der ersten Hälfte des 14. Jh., 1930 – Ders., Baldewin v. Luxemburg, Jb. der Arbeitsgemeinschaft Rhein. Geschichtsvereine 2, 1936, 19-39 [Neudr. mit Anm.: Abh. und Unters. zur ma. Gesch., 1960, 180–215] – H. Disselnkötter, Gfn. Loretta v. Sponheim geb. v. Salm, Rhein. Archiv 37, 1940 – H. Gensicke, Rheinhard Herr v. Westerburg, HJL I, 1951, 128–170 – H. Tribout de Morembert, Baudoin de Luxembourg (Biogr. nationale du pays de Luxembourg 4, 1952), 405–416 – F.-J. Heyen, Ks. Heinrichs Romfahrt. Die Bilderchronik von Ks. Heinrich VII. und Kurfürst Balduin v. Luxemburg, 1965 [Neudr. 1978] – Ders., B. v. Luxemburg (Rheinische Lebensbilder 4, 1970), 63-75 [Lit.] – E. Lawrenz, Die Reichspolitik des Ebf.s B. v. Trier aus dem Hause Luxemburg (Diss. Königsberg 1943; erweiterte Fassung: Selbstverlag Rüthen 1974] – A. Haverkamp, Stud. zu den Beziehungen zw. Ebf. Balduin v. Trier und Kg. Karl IV., BDLG 114, 1978, 463–503 – Ks. Karl IV. Staatsmann und Mäzen, hg. F. Seibt [Ausstellungskat. 1978], passim – J. Mötsch, Die Balduineen. Entstehung, Inhalt und Aufbau der Urkundensammlungen Ebf. B.s v. Trier [Diss. Bonn 1979] – W.-R. Berns, Burgenpolitik und Herrschaft des Ebf.s B. v. Trier (1307-54) [Diss. Gießen 1979].

15. B. v. Alna (Aulne in Brabant), *Bf. v. Semgallen* seit 1232, † 1243, Zisterziensermönch aus dem Kl. A., Pönitentiar des päpstl. Kardinallegaten Otto v. S. Nicola in carcere, wurde von diesem zum Vizelegaten für Livland ernannt, in dem es nach dem Tode Bf. Alberts I. (→ Albert 7.) zu einem Streit zw. dem Rigaer Domkapitel und dem Ebf. v. Bremen um die Nachfolge gekommen war. B. übernahm die Leitung des Bm.s und auch die des gleichzeitig vakanten Bm.s →Ösel-Wiek, ließ sich auch die estn. Landschaften →Jerwen und →Wierland vom →Schwertbrüderorden einräumen, die →Wilhelm v. Modena für die päpstl. Kurie beansprucht hatte, und machte sich daran, ein dieser unterstelltes Territorium an der östl. Ostsee zu schaffen, ohne sich seiner eigtl. Aufgabe, der Schlichtung des Rigaer Bischofsstreits, zu widmen (→ Riga, Bm. und Ebm.). Im Winter 1230/31 unterwarfen sich die →Kuren der päpstl. Herrschaft. Inzwischen hatte der Kardinallegat Otto sich für →Nikolaus als Nachfolger Bf. Alberts entschieden, mit dessen Erscheinen B.s Stellung unhaltbar wurde. Er begab sich nach Rom, ließ sich von Gregor IX. zum Bf. v. Semgallen erheben (28. Jan. 1232), gewann nach seiner Rückkehr im Sommer 1233 nicht nur die → Esten und Kuren, sondern auch die Brüder Bf. Alberts mit Bf. → Hermann v. Leal-Dorpat an der Spitze, die Zisterzienser, das Domkapitel v. Riga und die von Wilhelm v. Modena belehnten dt. Vasallen in Wierland und Jerwen, Semgallen, das östl. Kurenland, Ösel, die Wiek, → Harrien, sogar die Festung auf dem Domberg zu → Reval für sich. Darüber kam es zum Kampf mit dem Schwertbrüderorden, der brutal gegen alle Anhänger B.s vorging. B. verlor bald jeden Rückhalt und wurde abberufen (21. Febr. 1234). Sein Versuch, ein dem Papst unterstelltes, auf den Adel der Eingeborenen und zugewanderten päpstl. Lehnsleute gegründetes Territorium außerhalb der Reichskirche zu schaffen, war gescheitert, weil Schwertbrüderorden, Bürgerschaft v. Riga und Vasallenschaft des Bm.s Livland ihn ablehnten. B. wurde 1237 Weihbischof v. Köln, 1239 Titularerzbischof v. Vizia (Verissa?) in Thrakien, hat aber noch jahrelang an der Kurie gegen die livländ. Mächte prozessiert. → Riga, → Schwertbrüderorden.

M. Hellmann

Q.: Livländ. UB I, nr. 103-106, 116-124, 134-136; VI, 2800, 2874 – Lit.: Th. Kallmeyer, Die Begründung dt. Herrschaft und chr. Glaubens in Kurland während des 13. Jh., MittLiv IX, 1859, 147ff. – Ph. Schwartz, Kurland im 13. Jh. bis zum Regierungsantritt Bf. Emunds v. Werd, 1875 – G. A. Donner, Kard. Wilhelm v. Sabina, Bf. v. Modena, 1929, 118ff. – H. Laakmann, Estland und Livland in frühgesch. Zeit (BL I), 207ff. – M. Hellmann, Das Lettenland im MA, 1954, 165f.

16. B. Balzo → Flandern
Balduineen → Balduin v. Luxemburg
Baldur → Balder
Baldus de Ubaldis, Doctor iuris utriusque, * 2. Okt. 1327 in Perugia, † 28. April 1400 in Pavia, ▭ ebd. (Grabmal jetzt in der Univ.). B. entstammte einem begüterten, adligen Peruginer Geschlecht. Sein Vater war Professor der Medizin. Seine Brüder Angelus und Petrus waren wie er Rechtslehrer; Angelus de U. (1328-1407) hat wichtige zivilrechtl. Werke und Gutachten hinterlassen. Auch mehrere Nachfahren der drei Brüder waren bekannte Juristen.

B. studierte in Perugia Zivilrecht bei Johannes Paliarensis, Franciscus de Tigrinis und bes. bei → Bartolus de Saxoferrato sowie kanon. Recht bei Federicus Petrucci. Von 1347 bis zu seinem Tode lehrte er v. a. Zivilrecht in Perugia (1347-57, 1364-76 und 1379-90), Pisa (1357-58), Florenz (1358-64), Padua (1376-79) und Pavia (1390-1400). Unter seinen Schülern waren sein Bruder Angelus, → Paulus de Castro, → Petrus de Ancharano und Petrus Belforte (Papst → Gregor XI.). Aus den Vorlesungen und Repetitionen des B. sind umfangreiche, aber z. T. lückenhafte Kommentare zu den Digesten, dem Codex einschließl. der Tres libri und den Institutionen Justinians sowie zu den Dekretalen Gregors IX. und den Libri feudorum (aus dem Jahre 1393-1394) hervorgegangen. B. schrieb einen Glossapparat zum Vertrag v. → Konstanz, der als glossa ordinaria seit dem Ende des 15. Jh. in die Ausgaben des → Corpus iuris aufgenommen wurde, ferner zahlreiche Monographien (tractatus) sowie Zusätze zum »Speculum iudiciale« des Guilelmus → Duranti. Zu Unrecht hat man ihm die prozessuale »Practica« zugeschrieben, in Wahrheit die »Summa compendiosa« (um 1305) des Tancredus de Corneto. B. nahm v. a. als Gesandter und als Rechtsberater der Zünfte am öffentl. Leben seiner Vaterstadt teil. Nach Ausbruch des Schismas sprach er sich 1378 und nochmals – auf Ersuchen des Papstes – 1380 gutachtl. für die Gültigkeit der Wahl Urbans VI. aus. Von seiner umfangreichen Gutachterpraxis, durch die er ein großes Vermögen erwarb, zeugen mehr als zweieinhalbtausend consilia.

B. ist nach seinem Lehrer → Bartolus wohl der berühmteste der it. Kommentatoren. Durch gründliche, bisweilen breite Untersuchungen, die seine theoret.-philos. Neigung erkennen lassen, hat B. auf den verschiedensten Gebieten Wichtiges zur Weiterentwicklung des Rechts geleistet.

P. Weimar

Ed.: Commentaria in primam (secundam) Digesti veteris partem (2 Teile); in primam et secundam Infortiati partes; in primam et secundam ff. novi partes; in primam (-nonum) Codicis librum (4 Teile); ad quattuor Institutionum libros; Index ... addito tractatu de pactis et de constituto, Lyon 1585 – Lectura super tribus libris codicis, Lyon 1543 – In Decretalium volumen comment., Venedig 1595 [Neudr. 1971] – In usus feudorum comment., Lyon 1585 – Consiliorum primum (-quintum) volumen, Venedig 1575 [Neudr. 1970] – Consiliorum sive responsorum volumen sextum, Venedig 1602 – Zahlreiche weitere Ed. – Ausg. einiger Monographien bei Savigny VI, 247 – Neuere Erstausg. v. a. einzelner Konsilien bei Coing, Hdb. I, 273 nachgewiesen – Lit.: DDC II, 39-52 – Novissimo digesto italiano II, 1958, 204f. – HRG I, 285f. – Savigny VI, 208-258 und 512f. – L'opera di Baldo, Annali dell'Univ. di Perugia 10-11, 1901 – A. Solmi, Di un' opera attribuita a Baldo, Archivio giuridico 67, 1901, 401-434 (vgl. Ders., Contributi alla storia del diritto comune, 1937, 417-450) – V. Valentini, Il »Tractatus de tabellionibus« di B. attribuito anche a Bartolo da Sassoferrato nonché a Gozzadino de' Gozzardini, Studi urbinati 18, 1965/66, 3-167 – G. Ermini, Storia dell'Univ. di Perugia 1971², I, 146ff. – Coing, Hdb. I, 273 [weitere Lit.] – H. Lange, Die Consilien des B. de U. († 1400), AAMz Jg. 1973, Nr. 12, 1974 – J. A. Wahl, B. de U.: A Study in Reluctant Conciliarism, Manuscripta 18, 1974, 21-29 – D. Maffei, Giuristi medievali e falsificazioni editoriali del primo Cinquecento, 1979, 27-34, 71-74.

Baldwin(us) → s. a. Balduin
Baldwin von Viktring (Baldwinus Victoriensis), † 1200, Mönch und von 1194 bis zu seinem Tode Abt des Zisterzienserklosters Viktring in Kärnten, verfaßte nach 1160 einen für den Unterricht seiner Mitbrüder bestimmten »Liber dictaminum«. Diese Ars dictandi (ohne Musterbrief-Anhang) ist das früheste Zeugnis der Übernahme und z. T. durchaus selbständigen Verarbeitung der obert. Lehren, bes. des »Liber dictaminum« des → Bernardus Bononiensis, im dt. Sprachgebiet. → Ars dictaminis.

H. M. Schaller

Q.: S. Durzsa, Baldwini Liber dictaminum, Quadrivium 13, 2, 1972, 3-41 – Lit.: Verf.-Lex.² I, 586f. – D. Schaller, B. v. V. Zisterziens. ars dictaminis im 12. Jh., DA 35, 1979, 127-137.

Balearen
I. Politische Geschichte – II. Wirtschaft.

I. Politische Geschichte: Balearen, Archipel im nw. Mittelmeer, besteht aus den Hauptinseln Mallorca (Hauptort Palma; arab. Madīnat Majūrqa), Menorca, den Pityus. Inseln (Ibiza, Formentera) und einer Reihe kleinerer Inseln. In spätröm. Zeit seit 369/386 selbständige Provinz, die zur Dioecesis Hispaniae gehörte, wurden die B. 425 von dem hasding. Vandalenführer Guntharich geplündert, bevor sie durch Geiserich 455 endgültig dem vandal. Reich eingegliedert und der Provinz Sardinien zugeordnet wurden. Für das 5. Jh. ist die Existenz von Bf.en auf Mallorca (Maiorica), Menorca (Minorica) und Ibiza (Ebusus) bezeugt. Die von Justinian I. betriebene Rückeroberung des Vandalenreichs in N-Afrika durch den Feldzug → Belisars brachte auch die B. 533/534 wieder unter oström. Herrschaft. Die Inselgruppe zählte zu den wenigen byz. Gebieten, die von der Eroberung der oström. Positionen in N-Afrika durch die Araber 698 fast unberührt blieben. Erst 707/708 bemächtigte sich 'Abdāllāh, ältester Sohn des afrikan. Statthalters Mūsā ibn Nuṣair, Mallorcas, das fortan von strateg. Bedeutung für die arab. Seemacht war. Die Karolinger führten 798/799 ohne Erfolg erbitterte Kämpfe um die B., die 848 durch eine Flottenexpedition von 'Abdarraḥmān II. erneut der arab. Botmäßigkeit unterworfen wurden, aber bereits 859-862 auf der 2. großen Mittelmeerfahrt dän. und norw. Wikinger unter der Führung von Björn Eisenseite, einem Sohn des Ragnar Lodbrok, wieder geplündert wurden. In der Folge unterstanden die B. nur locker der Gewalt des Emirs von al-Andalus und wurden erst 903 durch eine Flottenexpedition unter dem Befehl des 'Iṣām al-Ḥaulānī dem Emirat v. → Córdoba einverleibt. Unter dessen Nachfolger 'Abdallāh entwickelte sich Mallorca zu einem Stützpunkt der sarazen. Piraten bei ihren Kriegszügen gegen Katalonien, die Provence und Italien. In der Zeit der → Taifenreiche bildeten die B., die von einem Statthalter verwaltet wurden, zusammen mit Denia (Moaiti) ein Seereich (1015-75), bis Aḥmad al-Muqtadir, der König v. → Zaragoza, den Beherrscher von Denia und den B., 'Alī ibn Muǧāhid, absetzte und sich der Statthalter der B., 'Abdallāh al-Murtaḍā, für unabhängig erklärte (1076). Die folgende Periode der inneren Schwäche, während der sich Alīs Nachfolger Mubāšir ibn Sulaimān (1092?-1114) dem almoravid. Kalifen (→ Almoraviden) unterwarf, konnte Gf. → Raimund Berengar III. v. Barcelona mit Unterstützung pisan. Seestreitkräfte nützen, um für kurze Zeit (1114/15) Mallorca und Ibiza in einem kreuzzugsähnlichen Unternehmen der chr. Herrschaft zurückzuerobern, doch wurden die Katalanen schon bald wieder durch die Almoraviden vertrieben. Nach dem Zusammenbruch des Reichs der Banū Tašufīn unter dem Druck der → Almohaden um die Mitte des 12. Jh. konnte der Statthalter der Inseln aus dem den Almoraviden verbundenen Geschlecht der Banū Ġānija seine Unabhängigkeit wahren. Unter der Regierung der Familie der Banū Ġānija, welche die B. nach dem Abschluß von Friedensverträgen mit Genua (1181) und Pisa (1184) zu einem Umschlagplatz für den Mittelmeerhandel ausbauten, blieben die Inseln lange von einer Invasion der Almohaden verschont. Erst 1203/04 wurden sie durch den Kalifen an-Nāṣir erobert, der sie der Verwaltung des Cid-Abu-Çeit ('Abdallāh ibn Hūt) übergab, welchem der Ḥafṣide Abū Muḥammad (1207-22) und schließl. als → Wālī Abū Jaḥjā Mohammed folgte. Die handelspolit. Bedeutung der B. als Etappe auf dem Seeweg nach N-Afrika machte die Inseln, unabhängig von ihrem Reichtum an Rohstoffen, für → Genua, → Pisa und → Marseille zu einer eifersüchtig bewachten Einflußsphäre, die sie v.a. gegen den Ausgriff der katal.-aragon. Macht zu verteidigen suchten. So waren es genues., pisan. und prov. Kaufleute, die den musim. Emir dazu ermunterten, Jakob I., Kg. v. Aragón, 1220 Ersatz für gekaperte katal. Schiffe zu verweigern. Die langfristige Folge dieser und anderer Unstimmigkeiten war der Beschluß der Cortes von Barcelona im Dez. 1228 (ratifiziert in Tarragona im Aug. 1229), die B. zu erobern, der in erster Linie von wirtschaftl. Interessen diktiert wurde und nur ein Echo der Kreuzzugsidee darstellte. Die Conquista Mallorcas, in deren Verlauf Abū Jaḥjā den Tod fand, endete mit dem Fall von Madīnat Majūrqa (Palma) am 31. Dez. 1229. Durch den Vertrag von Capdepera vom 17. Juni 1231 wurde Menorca auf friedliche Weise dem Protektorat der Krone Aragón unterstellt. Am 29. Sept. 1231 schloß Jakob I. einen Tauschvertrag mit dem Infanten Pedro v. → Portugal, der die Gft. Urgel gegen die Herrschaft über Mallorca abtrat und sich zusammen mit dem Gf.en Nunyo Sanç, Gf.en v. Roussillon (Rosselló), verpflichtete, innerhalb von zwei Jahren Ibiza zu erobern und zu Lehen zu nehmen. Aber erst der Beitritt des Elekten v. Tarragona, Guillem de Montgri, zu einem ähnlichen Bündnis am 12. April 1235 in Tarragona führte zur Einverleibung der Pityusen (Eroberung von Ibiza 8. Aug. 1235),

während die eigtl. Conquista Menorcas nicht vor 1287 stattfand. Im »Llibre del Repartiment« von 1232 wurde die Teilung von Mallorca beschlossen und die Verwaltung geregelt, wobei der Kg. v. Aragón eine Hälfte der Insel und Güter, der Adel die andere Hälfte erhielt. Im Laufe der 30er Jahre wurde unter Jurisdiktionsstreitigkeiten zw. → Tarragona und → Barcelona eine Diöz. Mallorca errichtet, die schließl. direkt dem Hl. Stuhl unterstellt und der 1240 durch Papst Gregor IX. Ibiza und Formentera sowie 1295 durch Papst Bonifatius VIII. Menorca angegliedert wurden. Nach dem Heimfall der Herrschaftsrechte über Mallorca und Ibiza an die Krone Aragón durch testamentar. Verfügungen Pedros v. Portugal (1255) und dem Tod Jakobs I. gingen die B. 1276 im Kgr. → Mallorca auf. Vgl. ferner → Palma, → Katalonien. L. Vones

II. WIRTSCHAFT: Die B. verfügen auf einem beschränkten Territorium über eigene Bodenschätze und Wirtschaftsgüter, von denen einige für den Export wichtig sind. Die größte Bedeutung besaßen hierbei die Salinen von Ibiza, die im Überfluß eine grobe, aber unentbehrl. Ware produzierten; am Ende des MA versorgten sie Neapel und bes. Genua. Menorca war auf die Zucht von Schafen, die Wolle und Milch lieferten, spezialisiert: Es handelte sich um feine Wolle von hoher Qualität; die Schafkäse von Menorca wurden nach Barcelona exportiert. Mallorca unterlag seit der arab. Herrschaft intensivster wirtschaftl. Nutzung. Auf der nördl. Kordillere bestand eine hochentwickelte Olivenkultur; das Öl wurde über Sóller exportiert. Daneben fanden die chr. Eroberer 1229 ein ausgeklügeltes System von Bewässerungsanlagen vor (1000 ha um die Hauptstadt Palma); dieses System wurde auch nach der Conquista aufrechterhalten. Es existierten zahlreiche Mühlen. Der intensive Acker- und Gartenbau ernährte eine dichte Bevölkerung. Als die Pestepidemien die örtl. Arbeitskräfte stark verringerten, führte der Rückgriff auf Sklaven (mehr als 7% männl. Sklaven im 15. Jh.) zu einer von Sklaverei geprägten Gesellschaft mit einer repressiven, von der Angst diktierten Gesetzgebung. Die kleinen Grundbesitzer befanden sich kaum in einer günstigeren Lage, trotz der guten natürl. Lebensbedingungen, und revoltierten mehrfach (bes. 1450). Im übrigen sind für Mallorca folgende bedeutende Gewerbezweige zu nennen: Werften (wobei Schiffbau und Seefahrt eine lange Tradition besaßen – der Archipel war z. B. 827 Ausgangspunkt für die Eroberung von Kreta durch die Araber; Produktion qualitativ hochwertiger Tuche, die am Ende des MA ausgeführt wurden.

Die Einfuhr von Sklaven aufgrund des Sklavenhandels, die lebhafte Seefahrt und der Export (Salz, Öl, Käse, Tuche) unterstreichen die Bedeutung der B. im mediterranen Seehandel. Der Archipel besaß eine unvergleichliche Lage als Etappenort und Stapelplatz im Zentrum des westl. Mittelmeeres. Die B. sind Kreuzungspunkt dreier großer, vom chr. Bereich ausgehender Seewege: Nach N-Afrika (→ Afrika), in die → Levante über → Sizilien, in den Atlant. Ozean über → Gibraltar. Die Reede von Mallorca wurde nach dem Ende der Blütezeit der Piraterie zu einem internationalen Emporium, einem Treffpunkt und Zentrum für den Umschlag von Schiffsfrachten. Vor der Conquista (1229) trafen sich hier Valencianer, Katalanen, Afrikaner und bes. Genuesen; die vorherrschende Richtung des Handelsverkehrs war die Nord-Süd-Richtung. Die chr. Eroberung begünstigte den Transit und die feste Ansiedlung katal. Seeleute und Händler auf Mallorca. Der Austausch mit N-Afrika blieb intensiv; noch am Beginn des 15. Jh. bestimmten das Eintreffen der Rohstoffe aus Afrika (Wolle, Häute, Weizen) den Gang der Geschäfte, die

Regelung der Zahlungsverpflichtungen usw. Doch nach der Siz. Vesper und der Ausdehnung des katal. Handels in den Orient, nach der Öffnung Gibraltars und der Schaffung regelmäßiger Verbindungen (zunächst der Genuesen, dann der Venezianer und Florentiner) nach → Brügge und England, erfolgte eine Belebung der beiden anderen Routen, und Mallorca wurde eine nahezu obligator. Etappe auf diesen Schiffahrtsstraßen. *Consulat del Mar* und Loge der Kaufleute am Kai sind Zeugen des Aufschwunges der Handelstätigkeit am Ende des MA.   C. Carrère

Lit.: DHGE VI, 364-379 [A. LAMBERT] – J. MA. QUADRADO, Hist. de la conquista de Mallorca, 1850 – A. CAMPANER Y FUERTES, Bosquejo histórico de la dominación islamita en las Islas Baleares, 1888 – F. PIFERRER-J. MA. QUADRADO, Islas Baleares, 1888 – F. FITA, Patrología latina. Renallo gramático y la conquista de Mallorca por el conde de Barcelona D. Ramón Berenguer III, Boletín de la Real Academia de la História 40, 1902, 50-80 – A. BEL, Les Benou Ghanya, derniers représentants de l'Empire almohade, 1903 – R. LOPEZ, Storia delle colonie genovese nel Mediterraneo, 1938 – C. COURTOIS, Les Vandales et l'Afrique, 1955 – S. SOBREQUÈS, Hist. social y económica de España..., 1957 – E. SANS, Expansión y decadencia de los almorávides mallorquines (1116-1237), 1964 – CH.-E. DUFOURCQ, L'Espagne catalane et le Maghrib aux XIIIe et XIVe s., 1966 [katal. 1969] – G. ROSSELLÓ, L'Islam a les illes Balears, 1968 – Hist. de Mallorca, Bd I-III, hg. J. MASCARÓ PASARIUS, 1970-75 – A. SANTAMARÍA, Determinantes de la conquista de Baleares, Mayurqa 8, 1972 – C. SÁNCHEZ-ALBORNOZ, La España Musulmana, 2 Bde, 1974⁴ – J. MARÍ CARDONA, La conquista catalana de 1235, 1976 – J. N. HILLGARTH, The Span. Kingdoms I, 1976 – C. VERLINDEN, L'esclavage dans l'Europe médiévale II, 1977 – A. SANTAMARÍA, La expansión politico-militar de la Corona de Aragón bajo la dirección de Jaime I: Baleares (Jaime I y su epoca. X Congr. de Hist. de la Corona de Aragón, 1976, Ponencias, 1979), 91-146 [Lit.].

Balestrino → Armbrust II.

Balia. In Italien bezeichnete dieser Terminus eine Autorität mit vielfältigen jurisdiktionellen Kompetenzen. So hatten in Savoyen seit Amadeus VIII. die Träger der b. (*balivo, balio, baillis*) die Aufgabe, die militär. Organisation des Staates zu leiten, in einigen Fällen oblag ihnen auch die Rechtsprechung. Im Aostatal fungierte die b. als Verwaltungsorganisation des gesamten Gebietes, an ihrer Spitze stand ein balivo.

In S-Italien bezeichnete man jedoch mit dem Ausdruck b. oder *baliato* das Recht des Herrschers oder des Signore auf den Nießbrauch eines Lehens, dessen Träger minderjährig oder nicht voll geschäftsfähig (z. B. wenn es sich um eine Frau handelte) war, solange die Voraussetzungen für die Anwendung dieses Rechts bestanden.

Die Einrichtung der b. existierte auch im ven. Kolonialreich. Darunter verstand man Institutionen, die die einzelnen Kolonien verwalteten. In den anderen Städten stellte die b. eine Einrichtung mit verschiedenartigen Funktionen und einer veränderl. Zahl von Amtsträgern dar. → baiulus, → bail, → bailli, → bayle.   R. Manselli

Lit.: P. DEL GIUDICE, Storia del diritto italiano, passim – A. SOLMI, Storia del diritto italiano, passim – P. S. LEICHT, Storia del diritto italiano, I, Diritto pubblico, passim.

Balk, Hermann, erster Landmeister des → Deutschen Ordens in → Preußen (seit 1230) und → Livland (seit 1237), † 5. März (1239). Die Laufbahn die erstmals zu 1230 (in der Chronik des Peter v. Dusburg) bzw. 1233 urkundl. mit Nachnamen (Balco) bezeugten B. vor 1230/33 liegt im dunkeln; unbewiesen ist seine Identität mit Ordensbrüdern desselben Vornamens. Seine familiäre Herkunft ist ungeklärt; manches spricht dafür, daß er dem ostfäl.-altmärk. Raum entstammte.

B. wurde vom Hochmeister → Hermann v. Salza, der bis 1230 die angestrebte Inbesitznahme des Preußenlandes (nach Schenkung des → Kulmerlandes durch Hzg. Konrad v. Masovien) diplomat. abgesichert hatte, damit beauftragt, die Ordenspläne zu verwirklichen. Nach Überschreiten der Weichsel 1230/31 begann B. vom Stützpunkt Nessau (b. Thorn) aus weichselabwärts die Eroberung und sicherte sie etappenweise durch Burg- und Stadtgründungen (1231 Thorn, 1232 Kulm, 1233 Marienwerder, 1234 Rehden, 1237 Elbing). Mitte 1233 noch in Mähren und Schlesien nachweisbar, woraus das Ordensinteresse an Böhmen, Mähren und Schlesien als Verbindungsglied zw. Mittelmeer und Preußen erhellt, stellte er am 28. Dez. 1233 die für Preußens Rechtsentwicklung wichtige → Kulmer Handfeste aus. Seit 1234 verstärkte B. die Eroberungspolitik, darin von adligen Kreuzfahrern aus dem Reich unterstützt. Gewonnene Gebiete wurden von 1236 an in großem Umfang zur Ansetzung von Bauern an Siedelinteressenten vergeben. 1236 erneuerte Bemühungen des livländ. → Schwertbrüderordens, sich mit dem Dt. Orden zu vereinigen – schon 1235 hatte B. den an der NW-Grenze Masoviens seit 1228 operierenden Ritterorden von → Dobrin durch Eingliederung in den Dt. Orden ausgeschaltet-, führten 1236/37 zur Inkorporation, in deren Folge B. zusätzlich zum magister in Livland bestellt wurde. B.s schwierige Doppelfunktion komplizierte sich wegen der Vorbehalte der inkorporierten Schwertbrüder gegen seine Amtsführung in Livland insbes. nach dem Vertrag von Stensby, in dem B. 1238 alte Schwertbrüder-Besitzungen in Estland (v. a. Reval) zugunsten des dän. Kg.s Waldemar aufgab. Wachsender Widerstand vormaliger Schwertbrüder zwang B. noch 1238 zum Verlassen Livlands. Am 13. Febr. 1239 ist B. (auf einem Kapitel in Würzburg) letztmalig nachweisbar.   D. Wojtecki

Lit.: BWDG I, 194 – F. BENNINGHOVEN, Der Orden der Schwertbrüder. Fratres Milicie Christi de Livonia, 1965 – K. MILITZER, Die Entstehung der Deutschordensballeien im Dt. Reich, 1970.

Balkan. [1] *Name und Begriff:* B., der antike Haemus, heute bulg. Stara planina, Gebirge zw. dem Fluß Timok und dem Schwarzen Meer. Die Herkunft des seit der Türkenzeit verbreiteten Namens B. ist nicht sicher zu deuten. Nach antiken und ma. Vorstellungen erstreckte sich zw. dem Schwarzen Meer und der Adria eine Gebirgskette, die im W bis zu der sog. Hercynia silva (vgl. RE VIII, 614ff.) reichte, d. h. bis zu dem »Westgebirge nördl. der Donau« (so Anna Komnene, Alexias, ed. REIFFERSCHEID, II, 258, 12ff.). In den byz. und westl. Geschichtsquellen treten auch die Bezeichnungen Zygos, Catena mundi (it. Catena del mondo), bulg. Verigava (von *veriga* 'Kette') auf. Das Gebirge war für die gesamte »Balkan-Halbinsel« namengebend, wobei bisweilen auch die Gebiete nördl. der Donau eingeschlossen wurden.   I. Dujčev

[2] *Spätantike Geschichte:* Als Amtsbereich wurde das Gebiet des B.s mit den Diöz. Pannonia, Dacia, Thracia und Macedonia von Diokletian dem Galerius zugewiesen, 314 jedoch durch Abtretung von Thracia an den ö. Reichsteil verkleinert. Einer polit. Einigung der Gebiete als Präfektur Illyricum (4. Jh.) folgte Trennung nach der Goteninvasion (Sozom. 7, 4, 1), wobei Theodosius I. Dacia und Macedonia als Operationsgebiet erhielt, Pannonia beim Westen verblieb. Die nominelle Vereinigung unter Valentinian II. (Cod. Theod. 1, 32, 5) änderte wenig; nach erneuter Teilung 395 blieben die bestehenden Grenzen erhalten. Bereits seit dem 2. Jh. gefährdet, wird der B. bes. nach Aufgabe Dakiens durch Aurelian Grenzraum. Oström. Versuche, die eigenen Territorien durch Foederaten zu schützen, können im 5. und 6. Jh. Invasionen und Verwüstungen durch germ., bulg. und avar. Stämme sowie das Einsickern slav. Gruppen nicht verhindern. – Zur kirchl. Organisation vgl. → Illyricum; zur Bedeutung des Gebirges im MA vgl. → Balkanpässe; vgl. ferner → Dakien,

→ Dalmatien, → Makedonien, → Mösien, → Pannonien, → Thrakien. G. Wirth

Lit.: *zu [I]*: El¹ I, 649 – RE VII, 2221 ff. – D. KÉLÉKIAN, Dict. turc-français, 1928, 247 – HAUSER-ŞEVKET, Türk.-dt. Wb., 1942, 35 – I. DUJČEV, Proučvanija vŭrchu bŭlgar-skoto srednovekovie, 1945 (Sbornik na Bŭlg. Akademija na naukite i izkustvata, XLI. 1), 151-165 – D. DETSCHEW, Die thrak. Sprachreste, 1957, 9 ff. – *zu [III]*: E. STEIN, RhM 74, 1925, 347-394 (Opera minora selecta, 1968, 145-192) – DERS., Bas-Empire – A. RANDA, Der B. Schlüsselraum der Weltgesch., 1949 – G. STADTMÜLLER, Gesch. Südosteuropas, 1950 – J.-R. PALANQUE, Byzantion 21, 1951, 5-14 – E. DEMOUGEOT, De l'unité à la division de l'empire rom., 1951 – Abriß der Gesch. antiker Randkulturen, hg. W.-D. V. BARLOEWEN, 1961, 83-150 [R. WERNER].

Balkanpässe, Übergänge über das heute Stara Planina, in der Türkenzeit Balkan und im MA und in der Antike Haemus benannte Gebirge in Bulgarien (→ Balkan). Sie stellten die Verbindung her zw. zwei wichtigen Verkehrswegen – der »Heeresstraße von Belgrad nach Konstantinopel« (JIREČEK) und der Donau. Im MA waren sie sowohl Einfallspforten für nomad. Steppenvölker aus dem Norden in den thrak. Raum, Stationen auf dem Handelsweg von Byzanz nach dem slav. Nordosten, als auch Durchlässe für byz. Heere nach Donaubulgarien. Von Bedeutung waren: 1. Der Küstenpaß zw. → Varna und → Mesembria (Nesebŭr); durch ihn führte die röm. Pontusstraße, die Konstantinopel mit der Donaumündung verband. Über ihn verlief auch der Handelsverkehr zw. Byzanz und dem Kiever Reich. Zu seinem Schutz dienten im 14. Jh. die Burgen Kozjak und Emmona. 2. Der im MA Chortarea genannte Paß, der Provat (Provadija) mit Aetos (Ajtos) verband. Über ihn zogen Ende des 6. Jh. die Avaren, und über ihn fielen 1388 die Osmanen in Bulgarien ein. 3. Der Čalŭkavak-Paß (Veregava?), der die bulg. Hauptstadt Preslav mit Karnobat in Thrakien verband. Ihn benutzten 811 Nikephoros I. bei seinem Feldzug gegen den Bulgarenkhan Krum, und 971 Johannes I. Tzimiskes, als er Preslav eroberte. Über ihn drangen im 11. und 12. Jh. auch Pečenegen und Kumanen nach Thrakien vor. 4. Der Vŭrbica-Paß, Verbindung zw. → Tŭrnovo und Sliven, von Bedeutung v. a. während des 2. Bulg. Reiches. 5. Der Šipka-Paß, zw. Tŭrnovo und Kazanlŭk, in der Römerzeit Verbindungsweg zw. Novae (Svištov) und Hadrianopolis, wurde unter den Aseniden stark frequentiert, da direkt an der Straße Tŭrnovo-Konstantinopel gelegen. 6. Der Trojan-Paß an der Straße von Plovdiv (→ Philippopel) nach Svištov, einer der ältesten Römerstraßen Thrakiens, im MA i. J. 1048 erwähnt, als über ihn die Pečenegen aus Thrakien nach Norden abzogen. 7. Der Paß von Etropol, der die Verbindung zw. → Sofia und Svištov herstellte; ihn benutzten 1059 Isaak I. Komnenos bei seinem Feldzug gegen die Pečenegen und 1188 Isaak II. Angelos gegen die Bulgaren. – Die meisten dieser Pässe waren im MA ungesichert und nichts weiter als Saumpfade; Ausnahmen bildeten ledigl. der Küsten- und der Šipka-Paß. P. Bartl

Lit.: C. JIREČEK, Die Heerstraße von Belgrad nach Constantinopel und die B., 1877 – F. PH. KANITZ, Donau-Bulgarien und der Balkan, 1-3, 1875-79 – V. BEŠEVLIEV, Zwei Bemerkungen zur Hist. Geographie Nordostbulgariens (Studia Balcanica 1: Recherches de Géographie Hist., 1970), 69-78.

Balkon, ungedeckter, frei auskragender Austritt mit Balustrade oder Geländer auf vorgestreckten Deckenbalken oder auf Kragsteinen oder einer Konsole (mit Unterstützung vom Boden aus → Altan). Im MA findet sich der B. im Wehrbau (Schloß Broich in Mühlheim/Ruhr 883/884) und wurde von dort über den Wohnturm und Palast in den Hausbau übernommen (in Italien seit dem 13. Jh.; Casa Balsamo in Brindisi 13. Jh.; Venedig; Mistra, wohl aus westl. Einfluß). Seit dem 14. Jh. begegnet der B. auf Bildern (A. Lorenzetti, Allegorie des Guten Regiments, Siena 1337/39; Fresko in St. Katharina im Tiersertal in Tirol 1348). Im 15. Jh. ist der B. in S-Deutschland und im Rheinland häufig (Hausbuch von Schloß Wolfegg um 1475). G. Binding

Lit.: RDK I, 1418-1423 [Lit.] – F. SCHUSTER, Der Balkon, 1961 – E. ARSLAN, Das got. Venedig, 1971.

Ball, John, engl. Geistlicher, Führer des engl. Bauernaufstandes von 1381, † 15. Juli 1381 in St. Albans. Die hauptsächl. chronikal. Zeugnisse des Aufstandes von 1381 charakterisieren B. als den bedeutendsten revolutionären Prediger und die neben Wat → Tyler beherrschende Gestalt der Erhebung. Nach einem Brief, der ihm später von Thomas Walsingham zugeschrieben wurde, war B. »som tyme Seynte Marie prest of York«, d. h. wohl Altarist an einer Pfarrkirche dieser Stadt. Um 1366 predigte er in Essex. Zehn Jahre später war er für seine Predigten, in denen er den Laien die Botschaft eines extremen chr. Egalitarismus und der Abschaffung von Leibeigenschaft und Unfreiheit verkündete, weitbekannt. Zum Zeitpunkt des Ausbruches des Bauernaufstandes saß er zu Maidstone (Kent) im Gefängnis, aus dem ihn am 7. Juni 1381 die Kenter Aufständischen befreiten; mit ihnen zog er nach Canterbury. Am Beginn der nächsten Woche schloß sich B. dem Marsch Wat Tylers und seiner Anhänger gegen London an. Wohl am 12. Juni hielt er seine berühmteste Predigt, die er an die auf dem Blackheath Hill südl. der Themse lagernden Aufständischen richtete. B. benutzte als Ausgangspunkt seiner Predigt den damals bereits verbreiteten Spruch: »Whan Adam dalf and Eve span / Wo was thanne a gentilman?« ('Als Adam grub und Eva spann / Wer war denn da ein Edelmann?'). Im weiteren Verlauf seiner Predigt rief er seine Zuhörer auf, ihre Freiheit zu erkämpfen, indem sie – so behauptet zumindest Walsingham – alle großen Feudalherren *(lords)* und ebenso alle Rechtsgelehrten und Beamten des Kgr.es töten sollten. Zweifellos gelangte B. kurze Zeit später nach London selbst; er nahm mit den Abteilungen der Aufständischen sowohl am Sturm auf den Tower, der zur Hinrichtung des Ebf.s → Sudbury v. Canterbury führte, als auch an der Begegnung Wat Tylers mit Kg. Richard II. in Smithfield teil, bei der Tyler ermordet wurde (15. Juni 1381). Danach entfloh B. in die Midlands, wurde aber in seinem Versteck in Coventry verhaftet. Nach St. Albans vor Kg. Richard geführt, wurde er als Verräter zum Tode verurteilt und am 15. Juli in Anwesenheit des Kg.s gehängt, ausgeweidet und geviertelt.

Prozeßakten bezeugen, daß die Erinnerung an B. bei Teilen der Bevölkerung noch einige Zeit fortlebte, wobei er als »gerechter und guter Mann, der Dinge prophezeit habe, die dem gemeinen Mann *(commons)* des Kgr.es nützlich gewesen seien«, galt. Im Gegensatz hierzu suchten Vertreter der zeitgenöss. Kirche das Bild B.s als eines Aufrührers zu verdunkeln, wobei ihre Behauptung, B. sei ein persönl. Schüler von John → Wyclif gewesen, zwar weite Verbreitung fand, jedoch unwahrscheinlich ist. Erst im 19. und 20. Jh. wurde B. mit größerem Verständnis als Wortführer einer in sich geschlossenen volkstüml. Ideologie gewürdigt.

B.s eigtl. Auffassungen können nur mittelbar aus Berichten über seine Predigten, die von Gegnern seiner Bestrebungen stammen, sowie aus sechs kurzen und rätselhaften Briefen, die B. an seine Anhänger gerichtet haben soll, erschlossen werden. Daher wird er stets eine widerspruchsvolle Persönlichkeit bleiben. Wie viele der radikalen »armen Priester« im spätma. England gründete B. seinen Egalitarismus anscheinend auf das traditionelle Ideal der chr. Brüderlichkeit, dem er offensichtl. zutiefst verbunden war. Seine außergewöhnl. Strenge wie auch seine Kühnheit bei der Propagierung dieses Ideals in den Wirren des Sommers 1381 hat seinen heutigen Ruhm als ausgeprägtester Vertreter einer sozialrevolutionären Volksbewegung in der Gesch. des ma. England begründet. Wat →Tyler, → Revolte.   R. B. Dobson

Q.: Chronicon Henrici Knighton, ed. J. R. LUMBT, RS, 1889-95, II, 131, 139f., 150f., 170 – Thomae Walsingham Hist. Anglicana, ed. H. T. RILEY, RS, 1863-64, II, 32-24 – The Peasants' Revolt of 1381, ed. R. B. DOBSON, 1970, 369-378 – Lit.: C. OMAN, The Great Revolt of 1381, 1898 – A. REVILLE, Le Soulèvement des Travailleurs d'Angleterre, 1898 – G. KRIEHN, Stud. in the sources of the social revolt in 1381, American Hist. Review 7, 1901-02, 254-285, 458-484 – H. GERLACH, Der Engl. Bauernaufstand von 1381 und der Dt. Bauernkrieg. Ein Vergleich, 1969 – R. H. HILTON, Bond Men Made Free: Medieval Peasant Movements and the Engl. Rising of 1381, 1973 – M. MOLLAT-PH. WOLFF, Ongles bleus, Jacques et Ciompi 1970.

Ballade
A. Musikalisch – B. Literarisch

A. Musikalisch

Wie die Herkunft des afrz. Wortes *balade* (aus prov. *balar* 'Reigen tanzen') zeigt, bilden Dichtung und Musik ursprgl. eine Einheit. Die durch Strophenbau und Refrain gekennzeichnete Form der B. setzt den musikal. Vortrag voraus, auch nach der wahrscheinl. schon früh vollzogenen Trennung vom eigtl. Reigentanz. Das älteste als »balade« bezeichnete Stück ist ein Lied des Trouvère → Guillaume li Vinier (vor 1227, Faks. MGG 6, 1041). Doch weist dieses noch nicht die sich erst gegen Ende des 13. Jh. konsolidierende »forme fixe« der B., sondern die des →Virelai auf, was zeigt, daß die mannigfachen Refrainformen ursprgl. nicht scharf geschieden waren. Dies gilt auch für die einstimmigen »balades« von →Jehannot de L'Escurel († 1303) und die »balades et rondeaulx« im Roman de → Fauvel (um 1316). Erst in den 42 bis auf eine Ausnahme mehrstimmigen B.n → Guillaumes de Machaut ist die Form klar ausgebildet und von den anderen Liedformen unterschieden. Während in der älteren B. der Refrain oft bereits vor der ersten Strophe erklang und seit →Deschamps das Ganze mit einer Geleitstrophe (Envoi) beendet wurde, fehlt bei Guillaume de Machaut der Envoi und erscheint der – meist einzeilige – Refrain nur am Strophenschluß. Da ferner – im Gegensatz zu Virelai und →Rondeau – der Refrain mit eigener, in den Strophenzeilen nicht vorkommender Musik erscheint, ist dem Komponisten die Möglichkeit gegeben, ihn musikalisch als abschließenden Höhepunkt zu gestalten. (Allerdings nimmt in G.'s de Machaut sog. Rücklaufballaden die Musik des Refrains zuweilen doch auf den Schluß des Gegenstollens Bezug.) Die Wurzeln der zwei- bis vierstimmigen B. G.'s de Machaut sind z. T. in improvisierter Instrumentalbegleitung, z. T. in der →Motette zu suchen, deren Einfluß sich auch in seinen mehrtextigen Doppel- und Tripelballaden zeigt. Die beginnende Verselbständigung der Gattung zu einer reinen Dichtungsform zeigt sich darin, daß G. de Machaut seine B.n nur zum kleineren Teil vertont hat (»balades notées«). – Wichtigste Quellen für die B. nach Machauts Tod (1377) sind die Hss. Chantilly, Musée Condé Ms. 564 und Turin, Bibl. Reale vari 42. In der Chansonkunst des 15. Jh., z. B. bei → Dufay, tritt die B. stark hinter dem Rondeau zurück, und gegen 1500 ist ihre musikal. Geschichte zu Ende.   R. Bockholdt

Ed.: F. GENNRICH, Rondeaux, Virelais und Balladen, Ges. für roman. Lit. 43 und 47, 1921/27 – F. LUDWIG [Hg.], G. de Machaut, Musikal. Werke I [Neudr. 1954] – W. APEL [Hg.], French Secular Music of the Late 14th Century, 1950 – Lit.: MGG I, s. v.; II, s. v. Chanson – RIEMANN [Sachteil], s. v. [weitere Lit.] – F. GENNRICH, Grdr. einer Formenlehre des ma. Liedes [Neudr. 1970] – W. DÖMLING, Die mehrstimmigen B.n, Rondeaux und Virelais von G. de Machaut, 1970 – R. LÜHMANN, Versdeklamation bei Guillaume de Machaut [Diss. München masch. 1978].

B. Literarisch
I. Romanische Literaturen – II. Andere Literaturen.

I. ROMANISCHE LITERATUREN: Die moderne dt. Bedeutung und Entwicklung der B. muß streng von Form und Gehalt der ma. B. in den roman. Literaturen getrennt werden. [1] *Altprovenzalische und altfranzösische Literatur*: In der altprov. Dichtung ist die *balada*, ähnlich wie die *dansa*, ein Tanzlied ohne feste metrische Form, jedoch mit einem zuweilen sogar mehrmals in der Strophe wiederholten Kehrreim. Ihr entspricht in der galicisch-ptg. Lit. die *bailia* oder *bailada*.

Das sehr bewegl. ma. Minnegedicht (*chanson*, prov. *cansó*) wurde durch den *chant royal* und v. a. durch die seit dem frühen 14. Jh. gefestigte B. abgelöst. Diese besteht aus drei, seltener vier gleichgebauten, durchgereimten Strophen mit Kehrreim. Den Schluß bildet seit dem späten 14. Jh. bei nicht gleichzeitig in Musik gesetzten Texten eine Halbstrophe (*envoi*, Widmung oder Geleit), die mit dem Wort *Prince* (Vorsitzender der Dichterzunft, des *Puy*, podium) anhebt. Das Versmaß variiert zunächst, im 15. Jh. wird jedoch der Achtsilber in acht-, bzw. der Zehnsilber in zehnzeiligen Strophen üblich. Die *double ballade* weitet das Schema ababbcbC (dreimal wiederholt) und bcbC (oder ababbccdcD und ccdcD) auf sechs Strophen aus. Nachdem → Guillaume de Machaut, Eustache → Deschamps, → Christine de Pisan, → Charles d'Orléans und v. a. François →Villon die B. thematisch vielseitig gepflegt und verfeinert hatten, wurde sie im 16. Jh. von der Pléiade verworfen.   D. Briesemeister

Lit.: D. POIRION, Le Poète et le Prince, 1965 – R. A. LIPPMANN, The medieval French ballade from its beginnings to the midfourteenth cent. [Diss. Columbia Univ. 1977], DA 38, 1977/78, 254 Af.

[2] *Italienische Literatur*: Die Ballata ist eine vom 13. bis 15. Jh. verbreitete Strophenform, die sowohl für weltl. als auch für geistl. Stoffe verwendet wurde. Ihre charakterist. Struktur besteht aus *ripresa* (ein bis fünf Verse) und *stanza* (drei bis zwölf Verse, proportional zu der Länge der ripresa). Die stanza gliedert sich außerdem in zwei in Verszahl und Reim ident. *mutazioni* (oder *piedi*) sowie in eine *volta*, die nach dem Vorbild der ripresa gebaut ist, aber im ersten Vers den letzten Reim der zweiten mutazione und im letzten Vers den letzten Reim der ripresa wiederaufnimmt. Es werden fast immer Elfsilber und Siebensilber verwendet, aber auch Achtsilber, Neunsilber und doppelte Siebensilber treten auf. Als Beispiel sei genannt: Petrarca, »Lassare il velo«: ZyYZ (ripresa), ABC (1. mutaz.), BAC (2. mutaz.), GdDZ (volta).

Diese ritornellartige Struktur bewirkt eine Wiederholung der Formen auch auf musikal. Gebiet (das Schema der Vertonungen im Trecento ist ABBA) und in choreograph. Hinsicht (eine Rechtsdrehung, eine halbe Linksdrehung, eine halbe Rechtsdrehung, eine Linksdrehung), sowie eine Neigung zur inhaltl. Wiederholung (Worte und Gedanken aus der ripresa kehren öfters in der volta wieder). Mit einer von Pietro Bembo geprägten Terminologie bezeichnet man die ballate als *nude* oder *vestite* ('nackt' oder 'bekleidet'), je nachdem, ob sie eine oder mehrere Stanzen aufweisen.

Die ersten Belege für dieses Metrum (dessen Ursprung weiterhin problemat. bleibt), gehen auf etwa 1260 zurück: es sind die geistl. *ballate* des →Guittone d'Arezzo, die *laude* des →Jacopone da Todi und die weltl. *ballate* des →Bonagiunta da Lucca. Vielleicht etwas später anzusetzen sind andere Belege aus dem 13. Jh., die in einem Teil der Po-

ebene lokalisiert werden können (Bologna, Ferrara, Mantua). Entscheidend für die starke Verbreitung des Metrums im 13. Jh. sind die Ballate des Guido → Cavalcanti und des → Dante Alighieri, von denen diejenigen anderer Dichter des → Dolce stil n(u)ovo – mit zunehmenden strukturellen Vereinfachungen – abhängen, sowie die elf (plus zwei fragmentarische) B. des → Petrarca, die vorwiegend »nude« sind. Um etwa 1370 erlebte das Metrum eine bes. Hochblüte, die der Entwicklung der weltl. mehrstimmigen Musik zu verdanken ist: Mehr als 130 B.n werden von Francesco → Landini, dem größten Vertreter der sog. → ars nova, vertont. Das Metrum wird auch bei Dante in seiner Schrift »De vulgari eloquentia« (II, 3, 5) erwähnt. Aus der Stelle geht die fast ausschließl. Bestimmung der b. als Tanzlied hervor die die wichtige Mittelstellung, die sie zw. *canzone* und *sonetto* einnimmt. Auch der Paduaner Antonio da Tempo befaßte sich mit der Theorie der B. In seiner »Summa artis vulgaris rithmici dictaminis« (1332) unterscheidet er zw. ballate magnae, mediae, minores und minimae, entsprechend der Versanzahl der ripresa (vier, drei, zwei oder ein V.). Der anonyme Verfasser des »Capitulum de vocibus applicatis verbis« (vielleicht zur selben Zeit wie die »Summa« entstanden) unterscheidet zw. *ballate* und *soni*, d. h. zw. den B.n, nach denen wirklich getanzt wurde und denjenigen, die nur lit. Bedeutung hatten. Im 15. Jh. geht die B. im »freien« Madrigal auf, aber eine ihrer Sonderformen in Achtsilbern bleibt noch mehr als ein Jahrhundert lebendig, die *frottola-barzelletta*, die für die »canti carnascialeschi« (→ Karnevalsdichtung) verwendet wurde.
G. Capovilla

Lit.: N. PIRROTTA, Ballate e "soni" secondo un grammatico del Trecento, Saggi e ricerche in memoria di E. LI GOTTI, III, 1962, 42–54 – G. CAPOVILLA, Le ballate del Petrarca e il codice metrico due-trecentesco, Giornale storico della lett. it., CLIV, 1977, 238–260.

II. ANDERE LITERATUREN: [1] *Deutsche Literatur*: B., junge, im 18. Jh. aus dem Englischen übernommene Bezeichnung für sangbare Dichtung in meist stroph. Form mit epischem Stoff und epischer Erzählhaltung, die als »Volksballade« im 15. Jh. ihre Erstüberlieferung in Hss. und Drucken (Flugblättern) hat. Themen sind Liebe, Familie und soziale Problematik, z. T. anknüpfend an hist. Gestalten und hochma. Epenstoffe: Jüngeres → Hildebrandslied (Dt. Volkslieder Nr. 1), → Ermenrichs Tod (Nr. 2), → Herzog Ernst (Nr. 10), → Der edle Moringer (Nr. 11), → Tannhäuser (Nr. 15), → Bremberger (Nr. 16) u. a. Literaturträger ist das Stadtbürgertum, die Blütezeit ist das 15. und 16. Jh. Für die hoch- und vielleicht auch frühma. Zeit setzt man ein von berufsmäßigen Spielleuten vorgetragenes »Heldenlied« an mit Episoden aus der Heldensage; Indizien dafür u. a. bei → Hugo v. Trimberg, Renner (v. 16183 ff.), dem → Marner (hg. PH. STRAUCH, 124 f.) und → Wolfram v. Eschenbach (Anspielung auf die Hildebrand-Geschichte Willehalm 439, 16 f.). Das → Kölbigker Tanzlied von 1017 ist wohl nicht Teil einer getanzten B., sondern eines nichtepischen Rollenspiels; Erwähnungen von Heldenliedern in lat. Lit. (ERDMANN) sind nicht eindeutig interpretierbar. Während die ältere Forschung im Bann von K. LACHMANNS Liedertheorie (Nibelungenlied) voreposche Balladen rekonstruierte, rechnet man in jüngerer Zeit allenfalls mit zur Großepik parallelen »Balladen« (Heldenliedern). Im Fall der »nachepischen« jungen B.n ist umstritten, ob die → »Kudrun« in den spät überlieferten vom Südeli-Meererin-Typ (Nr. 3, 4) und der → »Wolfdietrich« im »Jäger aus Griechenland« und verwandten Liedern (Nr. 5, 6, 7) fortlebt, oder ob hier verbreitete Motive unabhängig aufgegriffen werden.
V. Mertens

Ed.: J. MEIER, Dt. Volkslieder mit ihren Melodien I, 1935 – *Lit.*: EM I, s. v. – J. MEIER, Drei alte dt. B.n, Jb. für Volksliedforsch. 4, 1934, 1–65 – C. ERDMANN, Fabulae curiales, ZDA 73, 1936, 87–98 – A. HRUBY, Zur Entstehungsgesch. der ältesten B.n, Orbis litteratum 7, 1949, 1–30 – E. SEEMANN, Wolfdietrichepos und Volksballade, Arch. für Lit. und Volksdichtungen 1, 1949, 119–176 – DERS., B. und Epos, Schweizer Arch. für Volkskunde 51, 1955 147–183 – H. FROMM, Das Heldenzeitlied des dt. HochMA, NM 62, 1961, 94–118 – E. SEEMANN, Die europ. Volksballade (Hdb. des Volksliedes, hg. R. W. BREDNICH u. a., 1973), 37–56 – H. ROSENFELD, Heldenballade, ebd., 57–87.

[2] *Mittelniederländische Literatur*: In der Verslehre der → Rederijkers wird die Bezeichnung *ballade* oder *balade* unter frz. Einfluß (bes. von Jean → Molinets »Art de rhétorique«) verwendet für ein längeres Gedicht in Strophen von 7 bis 12 Zeilen; von der verwandten Gattung → Refrein unterscheidet die B. sich wohl nur darin, daß die Strophen nicht mit einer Refrainzeile (*stock*) schließen. Der Theoretiker Matthijs → Castelein zieht in seiner »Const van Rhetoriken« (1555) B.n mit 7- bis 9-zeiligen Strophen vor.

In der ndl. Forschung wird die Bezeichnung B. auch verwendet für ein spätma. erzählendes Lied in kurzen, 2- bis 5-zeiligen Strophen formelhaften Charakters, dessen Handlung sich im heroischen oder im ritterl. Milieu abspielt. Der oft trag. Ablauf wird in einer Reihe von »Momentaufnahmen« sprunghaft erzählt; Strophen in direkter Rede werden selten von inquit-Formeln eingeleitet; der Kommentar des Erzählers wird auf ein Minimum beschränkt. Der dt. und ndl. Bestand an B.n bildet z. T. eine Einheit; viele mndl. B.n liegen auch in dt. Fassungen vor. Die wichtigste mndl. Quelle ist das → Antwerps Liedboek (Een ridder ende een meysken jonck, Ic stont op hogen bergen, Het daghet inden oosten, Vant Vriesken, Van mijn here van Mallegem, Van heer Danielken, Vanden ouden Hillebrant, Van Thijsken vanden Schilde, Van vrou van Lutsenborch), andere B.n (z. B. Het waren twee coninxkinder) sind nur hs. oder in gedruckten Liederbüchern des 17. u. 18. Jh. überliefert oder erst im 19. u. 20. Jh. aus mündl. Tradition aufgezeichnet worden. W. P. Gerritsen

Lit.: Rederijkersb.: S. A. P. J. H. IANSEN, Verkenningen in Matthijs Casteleins Const van Rhetoriken, 1971, 145–154 – B. (»*Volkslied*«): FL. VAN DUYSE, Het oude Ned. lied, 1903–08 – G. KALFF, Het lied in de M. E., 1884 [Neudr. 1966], 52–250 – D. BAX – R. LENAERTS, Gesch. v. d. Letterk. der Ned. III, 1944, 242–275 – Het Antw. Liedboek, hg. K. VELLEKOOP, H. WAGENAAR-NOLTHENIUS, W. P. GERRITSEN und A. C. HEMMES-HOOGSTADT, 1972, 1975², II, XXII–XXVII.

[3] *Skandinavische Literaturen*: Die spätma. Lit. in den nord. Sprachen schließt an die altnord. an, steht aber zunehmend unter Einfluß südgerm. und mitteleurop. Dichtung. Auch die Entstehung einer kurzen erzählenden Lieddichtung mit zeitlosen, meist trag. Themen und ma. Lebensansicht wird für diese Zeit angenommen. Doch ist bereits eine späte Schicht eddischer Lieder »balladesk« genannt worden. Andererseits gilt der westnord. Einfluß auf die dän. B. als bes. jung. Äußere Faktoren (Tanz, Stoffe höf. Dichtung, Reim) verbinden die nord. B. mit Mittel- und Westeuropa, innere (Erzählstil, stroph. Struktur) jedoch im gleichen Maße mit der eigenen Lit. Die Sprache der B. ist traditionell und zeigt Elemente bereits des 12. Jh. Typ. Balladenformeln finden sich in den Eufemiavisor Anfang des 14. Jh. Die Gattung B. ist für das nord. MA auch mit anderen Belegen gesichert, Schlüsse auf konkrete ma. Einzellieder sind jedoch meist Spekulation. (→ Folkeviser) Außer einem Einzelfund (Danmarks gamle Folkeviser 67 A, um 1500) beruhen die ältesten Aufzeichnungen der nord. B. auf hist. Interessen der dän. Renaissance mit Sammelhss. seit ca. 1550 (Herzbuch, ca. 1553; am umfangreichsten mit über 200 Texten Karen Brahes Folio, ca. 1570). Schwed.

(Harald Oluffsons visbok, ca. 1573) und norw. (Hs. Røldal, 1609) Quellen folgen dieser möglicherweise dt.-ndl. beeinflußten Poesiebuchmode. Als tatsächlich orale Popularüberlieferung (mit Melodien) ist die B. in umfangreicheren dän. Aufzeichnungen erst seit ca. 1870 folkloristisch dokumentiert. Die Gattung ist zu dieser Zeit in Dänemark bereits z. T. von Schriftlichkeit geprägt (Drucke seit 1591, Liedflugschriften) und nicht mehr in ursprgl. Funktion, lebt aber bis heute in langen Tanzformen auf den Färöern (→ Färöische Ballade). O. Holzapfel

Lit.: Danmarks gamle Folkeviser, Bd. 1-4, hg. S. GRUNDTVIG, Bd. 5-8, hg. A. OLRIK, Bd. 9-10, hg. H. GRÜNER-NIELSEN, Bd. 11, hg. TH. KNUDSEN, S. NIELSEN, N. SCHIØRING, 1853-1976 – O. HOLZAPFEL, Bibliogr. zur ma. skand. Volksballade, 1975 (Nordic Institute of Folklore Publications 4) – B. R. JONSSON, S. SOLHEIM und A. DANIELSON [ed.], The types of the Scandinavian medieval ballad. A descriptive cat., 1978 (Skrifter utgivna av Svenskt Visarkiv, 5).

[4] *Mittelenglische Literatur:* Die engl. Volksballaden sind ursprgl. mündl. überlieferte und in der Regel anonyme Erzähllieder. In der englischsprachenden Welt ist die Gattung vom 15. Jh. an bis heute lebendig. Wo das erzählende Element vorherrscht wie in der »Gest of Robin Hood« (CHILD, Nr. 117), geht die B. in die Verserzählung über; überwiegt das lyr. Element wie in »The Three Ravens« (26), so nähert sie sich dem Volkslied. Von den 305 Titeln, die das von F. J. CHILD gesammelte große Balladen-Corpus bilden, reichen nur die ältesten Stücke in die me. Epoche zurück. Vor den B.n aus jüngerer Zeit zeichnen sie sich durch ihre typolog. Vielfalt aus. So ist »Judas« (23), wenn das Stück als B. gelten soll, in der Hauptsache eine versifizierte Paraphrase des Bibelberichts, bereichert aus apokryphen Quellen. »Inter diabolus et virgo« (1) ist ein dialog. Rätselwettstreit. »Robin Hood and the Monk« (119), »Robin Hood and the Potter« (121), »Adam Bell« (116) und die »Gest of Robin Hood« (117) sind Verserzählungen aus dem 'Grünen Wald'. »Robyn and Gandeleyn« (115) stellt eine Art *chanson d'aventure* dar. »The King and the Barker« (273.1) gehört als Erzählung zu dem bekannten Typ 'König und Untertan'. »St. Stephen and Herod« (22) ist ein Volkslied, »Corpus Christi« (nicht bei CHILD) ein → Carol. Damit sind alle 'Balladen' genannt, von denen wir noch ma. Fassungen kennen, doch dürften auch andere, insbes. etwa »Chevy Chase« (162), bereits vor 1500 existiert haben. Aus dem Gesagten geht hervor, wie freizügig sich die me. Ballade innerhalb des weitgesteckten Rahmens bewegt, der durch unsere Definition der Gattung gegeben ist. Erst mit der Ballade »Captain Car« (178), die kurz nach Nov. 1571 entstanden ist, begegnet uns ein Beispiel, das dem modernen Balladentyp entspricht, und erst im 18. Jh. gewinnt die Gattung ihre endgültige Stabilität. Andererseits sind aber auch schon aus dem 14. Jh. einige Bruchstücke erhalten (wie z. B. »Robyn Hod in scherewod stod« oder »Wel and wa sal ys hornes blawe«), die vermuten lassen, daß die uns vertraute Balladenform schon sehr viel früher verbreitet war. D. C. Fowler

Bibliogr.: RENWICK-ORTON, 345-347 – NCBEL I, 697ff. – Manual ME 6 – R. H. ROBBINS-J. L. CUTLER, Suppl. to the Ind. to ME Verse, 1965, nos. 2380.5, 3857.5 – Q.: The Engl. and Scottish Popular Ballads, ed. F. J. CHILD, 1882-98, I-V [repr. 1957] – The Traditional Tunes of the Child Ballads, ed. B. H. BRONSON, 1959-72, 4 Bde – Lit.: E. K. CHAMBERS, Engl. Lit. at the Close of the MA, 1945, 122ff. – M. J. C. HODGART, The Ballads, 1950 – D. K. WILGUS, Anglo-American Folksong Scholarship since 1898, 1959 – A. B. FRIEDMAN, The Ballad Revival, 1961 – The Critics and the Ballad, ed. M. LEACH-T. P. COFFIN, 1961 – D. C. FOWLER, A Lit. Hist. of the Popular Ballad, 1968 – R. H. ROBBINS, A Highly Critical Approach to the ME Lyric, College Engl. 30, 1968, 74ff. – R. B. DOBSON-J. TAYLOR, Rymes of Robyn Hood, 1976.

Ballei → Ritterorden, Deutscher Orden
Ballenstedt, Gf. en v. → Askanier
Ballhaus → Tanzhaus

Balliol, schott. Dynastie anglonorm. Herkunft, benannt nach Bailleul-en-Vimeu (Dép. Somme, arr. Abbeville); seit ca. 1100 in England ansässig, hatte sie die Baronien Bywell (Northumbrien) und Barnard Castle (Durham) inne. 1251 begab sich Johann (John) B. († 1268) als Vertreter Kg. Heinrichs III. nach → Schottland. Er heiratete Devorguilla († 1290), Erbtochter Alans, Lord of Galloway. Das Ehepaar gründete um 1266 das B. College in Oxford. Beider Sohn Johann erhob in der → Great Cause Anspruch auf die schott. Krone, da Devorguilla B. auch Erbin ihrer Mutter Margarethe (Margaret), der Tochter Davids, Earl of Huntingdon († 1219), seinerseits Enkel Davids I., Kg. v. Schottland († 1153), war. Johanns Ansprüche wurden anerkannt, er wurde 1292 zum Kg. der Schotten gekrönt. Als engl. Adliger respektierte er stets Eduard I., Kg. v. England, als seinen Oberlehnsherren; von seiten seiner schott. Vasallen wurde die engl. superioritas allerdings mit Mißfallen betrachtet. Es erhob sich Widerstand gegen Johanns Herrschaft, in dessen Verlauf die → Auld Alliance mit Frankreich geschlossen und Johann zum Verzicht auf seinen Lehnseid gezwungen wurde. Eduard I. unterdrückte die schott. Opposition und zwang Johann 1296 zur Abdankung. 1299 wurde er in päpstl. Gewahrsam nach Frankreich gebracht (dort † 1314 oder 1315). Sein Sohn Eduard (Edward) eroberte Schottland mit heimlicher engl. Unterstützung und ließ sich 1332 krönen. Bald vertrieben, wurde er von Kg. Eduard III., dem er den Lehnseid leistete, erneut eingesetzt (1333). Von Schotten, die Kg. David II. ergeben waren, wurde er 1336 wieder vertrieben. Er ließ sich in England nieder, wo er von 1349 bis zu seinem Tod (1364, kinderlos) zu den Parlamenten aufgeboten wurde.
R. L. Storey

Lit.: DNB – Peerage I, 385-386 – I. J. SANDERS, Engl. Baronies, 1960, 25 – R. NICHOLSON, Scotland, the later MA, 1974, 43-71, 124-161 – A. A. M. DUNCAN, Scotland, the making of the kingdom, 1975, 563-586.

Ballspiele. Nur wenige antike B. haben sich ins MA hinübergerettet, nicht die bekannten *trigon, harpastum*, eher »Spiel mit dem Luftball« (*follis*), lange Zeit it. Nationalsport (*Pallone*), und gewisse Wurfballspiele (ähnlich dem heutigen *Boccia, Boule*), sicher *Polo*, Lieblingsspiel am ksl. Hof v. Byzanz. Selbst der Name des Spielgeräts (lat. *pila*) wurde im roman. Sprachbereich fast durchweg durch gemeingerm. »Ball« ersetzt. Vermutlich gab es schon in urgerm. Epoche ausgeprägte B. Die Verbreitung des »dt.« Schlagballs über den germ.-slav. Großraum weist auf gemeinsamen Besitz weit vor der Völkerwanderung hin. Vielleicht kelt. Ursprungs sind die oft rituellen, von Ort zu Ort divergierenden »Fußballschlachten« (frz. *soule*; berühmt *il calcio Fiorentino*) und zahllose frz. und auf den Brit. Inseln beheimatete Stockballspiele (u. a. *Hockey, Kricket*). Zu den Ahnen von *Golf* und *Krocket* zählt *Mail*, als *Paille-maille* o. ä. im 15.-17. Jh. über ganz Europa verbreitet, an Bedeutung von *Jeu de paume* noch übertroffen. Ursprgl. mit der Hand (*paume*, afrz. *paulme*, lat. *palma*), später mit Schlägern gespielt, ist der »Kg. der B.« eng mit der Geschichte des »Ballhauses« verbunden. Verwandt mit diesem Vorläufer des *Tennis* ist das (noch ältere?) bask. Nationalspiel *Pelota*. Wie lit. und bildlich belegt, gab es viele andere allseits beliebte, leider nur selten erläuterte volkstüml. B. Singulär Sidon. epist. 5, 17, 7 mit genauer Schilderung des »Tigerballs« (lat. Name *arenaria*?), dem im Anschluß an eine liturg. Feier der Bf. mit Gefolge beiwohnt (vielgestaltige Beziehungen der alten Kirche zu

den B.n, vgl. »Braut«- und »Osterball«, B. zur Fastnacht, nach und selbst in dem Gottesdienst an bestimmten Festen usw.). S. Mendner
Lit.: RAC X, 847-895, s.v. Gesellschaftsspiele – S. MENDNER, Das Ballspiel im Leben der Völker, 1956 – H. AIGNER–E. MEHL, Weltgeschichte der Ball- und Kugelspiele (Mskr. mit umfangreichem Bildmaterial [1968], Dt. Sporthochschule Köln).

Ballymote, Book of → Book of Ballymote
Balneum Mariae → Alchemie
Balša, bedeutendes albano-slav. Fürstengeschlecht, besaß zur Zeit des Todes von Stephan Dušan Grundbesitz in Balez am Ostufer des Skutarisees. 1362 hinterließ Balšă d. Ä. seinen Söhnen das Gebiet der Zeta und die Küste von → Budva bis → Bar mit → Skutari (Shkodër) als Zentrum. Die territoriale Ausdehnung Strazimirs († 1372) wurde im Süden durch die Thopia zum Stillstand gebracht (1364); die Familie B. trat zu dieser Zeit zur röm.-kath. Kirche über. Georg I. erlangte Prizren und → Bosnien, während sich Balšă II., »Fs. v. Albanien«, um 1372 durch Heirat → Avlona und → Berat sicherte. Die Thopia stellten sich ihm jedoch entgegen und vernichteten ihn 1385 bei Savra. Angesichts der osman. Angriffe und der Adelsrevolten, die von den Venezianern geschürt wurden, trat Georg II. 1396 Skutari und seine bedeutendsten Gebiete an → Venedig ab. Die Versuche Balšăs III. (1403-21), seine frühere Stellung wiederzuerlangen, blieben erfolglos. A. Ducellier
Lit.: K. JIREČEK, Skutari und sein Gebiet im MA, 1916, 94-124)(Illyr. Alban. Forsch.) – S. ĆIRKOVIĆ–I. BOŽIĆ, Istorija Crne Gore II, 1970, 3-135.

Balsac, Robert de, * ca. 1427, † 1503, entstammte einer Adelsfamilie der Auvergne. Seine militär. Laufbahn begann unter Karl VII.; dann versuchte er sein Glück in Italien (1464). Nach Frankreich zurückgekehrt, trat er in den Dienst Karls v. Guyenne, des Bruders Ludwigs XI., der ihm ein Kommando übertrug und zum Seneschall des → Agenais erhob. 1472 nahm ihn Ludwig XI. als capitaine in seine Ordonnance auf. In dieser Funktion nahm er an zahlreichen Feldzügen teil bis hin zu den bret. Kriegen Karls VIII. (→ Bretagne). In den letzten Jahren seines Lebens verfaßte er zwei kurze didaktische Traktate: »Le droit chemin de l'Ospital« und »L'ordre et traing que un prince ou chef de guerre doit tenir«. Ph. Contamine
Lit.: PH. CONTAMINE, The War Lit. of the Late MA: the Treatises of Robert de B. and Béraud Stuart, Lord of Aubigny (War, Lit. and Politics in the Late MA, hg. C.T. ALLMAND, 1976), 102-121.

Balsam (-us, -um), sem. *bāśām*, 'Balsamstaude', 'Wohlgeruch', im MA Bezeichnung für die balsamliefernden Pflanzen (Commiphora opobalsamum L. [Engl.] u.a. C.-Arten) und für die Balsame, das sind dickflüssige Produkte, die spontan oder nach Verwundung ausfließen. [1] *Pharmazeutisch:* Bereits Dioskurides I, 18 unterschied drei Drogen: a) das Holz = xylobalsamum (ξύλον 'Holz'), b) die Frucht = carpobalsamum (καρπός 'Frucht'), c) das Sekret selber = opobalsamum (ὀπός 'Saft'), in ansteigender Reihenfolge der Qualität gut, besser, am besten. Hauptsächl. wegen konservierender (Leichenbalsamierung) und desinfizierender Wirkung verwendet. [2] *Theologisch:* Im ausgehenden MA unter der Bezeichnung B. Mariae Magdalenae. [3] *Alchemistisch:* Bezeichnung für das beste Endprodukt des »Opus magnum« (→ Alchemie III). W. Daems
Lit.: MlatWb I, s.v. balsamum – R. SIGISMUND, Die Aromata, 1884 – G. SCHWEINFURTH, Über B. und Myrrhe, Ber. der pharm. Ges. 3, 1893 – E. WICKERSHEIMER, La baume et ses vertus, d'après quelques livres théol. du MA, Bull. Soc. Hist. Pharm. 10, 1922, 40-44 – H. PETERS, Aus der Gesch. der Pflanzenwelt in Wort und Bild, 1928, 119-128.

Balsamon, Theodoros, Kanonist, * 1130/40 in Konstantinopel, † nach 1195. Als Diakon an der Hagia Sophia hatte er u.a. das Amt des Chartophylax inne (Stellvertreter des Patriarchen). Zw. 1185/90 wurde B. Patriarch v. Antiocheia, residierte aber in Konstantinopel. B. gilt als typ. Vertreter der Kathedraldiakone, der einflußreichsten Gruppe in der byz. Kirche des 12.Jh. Sein Hauptwerk ist ein ausführl. Kommentar zum Nomokanon der XIV Titel (Verbindung ksl. und kirchl. Gesetze), der auch weiteres Kirchenrecht umfaßt. Außer zahlreichen Arbeiten zu rechtl. Fragen ist eine Sammlung von Epigrammen des B. erhalten. D. Stein
Ed.: MPG 119, 137, 138–K. RHALLES–M. POTLES, Σύνταγμα τῶν θείων καὶ ἱερῶν κανόνων, 1-5, 1852-54 – K. HORNA, Die Epigramme des Th. B., Wiener Stud. 25, 1903 [Neudr. 1962], 165-217 – *Lit.:* RE Suppl. 10, 417-429 [J. GAUDEMET] – BECK, Kirche, 657f. – G.P. STEVENS, De Theodore Balsamone, 1969 – V. TIFTIXOGLU, Gruppenbildungen innerhalb des konstantinopolitan. Klerus während der Komnenenzeit, BZ 62, 1969, 25-72.

Balten, Baltische Völker. Darunter versteht man seit G.H. NESSELMANN (1845) die sprachl. eng miteinander verwandten, eine eigene Gruppe innerhalb der idg. Sprachfamilie bildenden → Prußen, Alt- oder Stammpreußen und → Kuren (Westbalten), die → Letten und → Litauer (Ostbalten). Geogr. besiedelten sie, wie sich aus dem Bestand an Orts- und Gewässernamen, aber auch aus archäolog. Funden ergibt, einen Raum zw. der Persante-Mündung in Pommern im Westen, der Valdaj-Höhe und oberen Wolga im Osten, der Mündung der Windau (lett. Venta) und dem Burtneck-See (lett. Burtnieku ezers) bis etwa in die Gegend um Rybinsk im Norden, über den Pripjat' bis fast in die Gegend von Kursk im Süden. Ihr Siedlungsgebiet ist im Laufe des 1.Jt. n.Chr. durch das Vorrücken der → Germanen und dann der → Slaven bis auf etwa ein Sechstel seines einstigen Umfanges zusammengedrängt worden. Nach neueren Forschungen (W.P. SCHMID u.a.) hat sich die balt. Hydronomie aus der alteurop.-idg. stetig entwickelt. Die balt. Sprachen sind aus einer idg. Kentum-Sprache hervorgegangen, aber unter Einflüssen von SO her von den westidg. Sprachen durch Übergang zur Satem-Gruppe getrennt worden. Die These, daß sie mit den Slaven eine gemeinsame baltoslav. Sprachperiode durchlebt hätten, ist weitgehend aufgegeben worden. Allgemein werden die von Tacitus (Germania) als Nachbarn der Germanen an der östl. Ostsee (balticum mare bei → Adam v. Bremen, 11.Jh.) genannten Aestii mit den balt. Prußen gleichgesetzt. Diese unterhielten schon sehr früh rege Handelsbeziehungen über die »Bernsteinstraße« mit der Adria (Aquileia, vielleicht auch Orte an der östl. Adriaküste), deren Objekt der insbes. an der samländ. Ostseeküste gefundene, sehr begehrte → Bernstein war. Aber auch über die Ostsee hinweg gab es, wie der Bericht des → Wulfstan bezeugt, regen Handelsverkehr nach Skandinavien und bis nach England. Dadurch ergaben sich frühe Berührungen mit germ. und auch iran. Sprachgruppen, bes. aber mit finn. und den allmählich sich ausbreitenden slav. Stämmen.

Die sprachl. Verwandtschaft ist das einzige Band, das die B. umschließt. Schon die ersten unsicheren hist. Nachrichten bezeugen eine Vielzahl von größeren oder kleineren Stämmen und Völkerschaften, die z.T. und ztw. miteinander in erbitterten Kämpfen lagen. Seit dem Ende des 12.Jh. gerieten die balt. Stämme in → Kurland, im Selenlande (→ Selen), in Semgallen und im → Lettenland, seit 1230 die Prußen unter den Einfluß der und die sich allmählich festigende Herrschaft der Deutschen, welche die in allen Stammesgebieten sich entfaltende Herrschaft einheim. Fs.en vernichteten. Nur in → Litauen gelang dies nicht. M. Hellmann
Lit.: HOOPS² II, 14ff., 20ff. [W.P. SCHMID; reiche Lit.] – G.H.F. NESSELMANN, Die Sprache der alten Preußen, 1845 – G. GERULLIS, Balt.

Völker (EBERTS Reallexikon der Vorgesch. I, 1924), 335ff. – V. KIPARSKY, Balt. Sprachen und Völker (BL I, 1939), 58ff. – J. PLĀKIS, Die balt. Völker und Stämme (Die Letten I, 1930), 49ff. – M. VASMER, Über die Ostgrenze der balt. Stämme (SB Preuß. Akad. der Wiss. ph.-hist. Kl. 1932), 637ff. – K. BUGA, Rinktinai raštai III, 1961, 102ff. – M. HELLMANN, Die balt. Völker (Die Deutschen und ihre östl. Nachbarn, 1967), 80ff. – M. GIMBUTAS, The Balts, 1963 – H. LUDAT, Ostsee und Mare Balticum (DERS., Dt.-slaw. Frühzeit und modernes poln. Geschichtsbewußtsein, 1969), 222ff., 351ff. [Lit.].

Balthasar, Lgf. v. → Thüringen, * 21. Dez. 1336, † 18. Mai 1406, ⌂ Reinhardsbrunn. Eltern: Friedrich II. der Ernsthafte und Mathilde, Tochter Ludwigs des Bayern, ⚭ 1. Margarete, Burggfn. v. Nürnberg, 2. Anna, Hzgn. v. Sachsen. Kinder: Anna, Friedrich der Friedfertige. Obwohl B. kurz vor dem Tode seines Vaters im sog. Wartburgvertrag (1349) seinem ältesten Bruder Friedrich III. dem Strengen zugesichert hatte, die wettin. Länder (Meißen, Thüringen u. a.) – bei Gehorsamsverweigerung der Untertanen- nicht teilen zu wollen, waren die folgenden Jahre von mannigfachen Versuchen der Brüder Friedrichs III., voran B.s, erfüllt, dem ältesten die alleinige Herrschaft streitig zu machen. Bis zum Tode Friedrichs III. 1381 wurden verschiedene Möglichkeiten brüderlicher Herrschaftsführung, die großen Adligen beträchtl. Einfluß verschafften, erprobt. Bereits in der Neustädter »Örterung« von 1379, die Friedrich Meißen, B. Thüringen und Wilhelm das Osterland zusprach, war ein wichtiger Schritt auf eine Teilung des ausgedehnten Länderkomplexes zw. Werra und Oberlausitz hin getan. Sie erfolgte 1382 in Chemnitz. B. erhielt Thüringen. Durch seine Ehe mit Margarete erwarb er für sein Haus einen weiteren Teil der sog. »Neuen Herrschaft« der Gf.en v. Henneberg (Heldburg, Hildburghausen, Eisfeld u. a.). Seit 1383 beteiligte sich B. an der Landfriedenspolitik Kg. Wenzels und schloß in den folgenden Jahren mehrere Landfrieden mit thür., sächs. und anderen Fs.en und Herren. Die Feindseligkeiten mit Mühlhausen und Erfurt, das sein Vater während des Mainzer Schismas heftig bekämpft hatte, legte er 1383 bei. Als B. in Thüringen den Rücken frei hatte, schloß er 1385 mit Ebf. Adolf v. Mainz einen Landfrieden, praktisch ein Bündnis, das gegen Lgf. Hermann II. v. Hessen gerichtet war. Seit 1385 griff er mit anderen Mächten im Bunde dreimal Kassel an, ohne die Stadt in seine Gewalt zu bringen. Ziel des Krieges war die Aufteilung Hessens zw. ihm und Mainz. Indes konnte er bei Eschwege und Sontra ztw. behaupten. Seine Landfriedenspolitik in Thüringen hatte er durch diese Züge unglaubwürdig gemacht, freilich hielt er sich bis 1398 aus der Fehde heraus, die sein Bruder Wilhelm I. gegen Erfurt eröffnet hatte. Gotha wurde von B. als Residenz bevorzugt, doch gewann auch Weimar bereits an Bedeutung. – Aus B.s Jugend ist bedeutsam, daß er 1356 als Söldner im Heere Eduards III. v. England an der Landung in der Normandie teilnahm. H. Patze

Lit.: Gesch. Thüringens, hg. H. PATZE–W. SCHLESINGER II, 1, 1973.

Balthen, westgot. Adelsgeschlecht → Westgoten

Balthild (Balthildis, frz. Bathilde), merow. Kgn., hl., † nicht vor 680 (30. Jan.), ⌂ Chelles-sur-Marne; kam als Sklavin ags. Herkunft im Dienst des Hausmeiers Erchinoald (642–657/658) an den neustroburg. Hof, wo Chlodwig II. (639–657) sie um 648 zu seiner Gattin erhob. Sie gebar dem Kg. drei Söhne: Chlothar III. (657–673), Theuderich III. (673–690/691) und Childerich II. (661–675). Nach dem Tod ihres Gatten leitete B. die Regierung des neustroburg. Teilreichs. Nach ihrem Sturz um 665, der zeitl. etwa mit dem Eintritt Chlothars III. ins Mündigkeitsalter zusammenfiel, zog sie sich in das von ihr gegründete Frauenkl. → Chelles-sur-Marne zurück, wo sie starb. Hier wurde wahrscheinl. ihre Vita verfaßt, in der B. als tatkräftige Herrscherin und chr. Frau gefeiert wird.

Als Persönlichkeit überragte B. ihren Gatten und die späteren merow. Herrscher; von ihren Söhnen scheint nur Childerich II. die Energie der Mutter geerbt zu haben. Nach dem Tod Erchinoalds, der Chlodwig II. nicht lange überlebte, wurde → Ebroin zum Hausmeier erhoben, der seine beherrschende Stellung aber wohl erst durch den Sturz der Regentin erlangte. Von den führenden Männern der Kirche scheinen die Bf.e → Eligius v. Noyon und Audoin v. Rouen der Kgn. am nächsten gestanden zu haben. Genesius, der »Abt« des kgl. Oratoriums, erhielt durch B. das Bm. Lyon.

Von Beginn ihrer Regentschaft an verfolgte B. eine zentralist. Politik, die Ebroin nach ihrem Sturz fortführte. Obwohl mehrere Söhne und Erben vorhanden waren, unterblieb die übliche Reichsteilung; die Regentschaft wurde allein im Namen Chlothars III. geführt. Im Zusammenhang mit den immer noch dunklen Vorgängen, die zum Sturz des austras. Hausmeiers → Grimoald führten, konnte B. ihrem jüngsten Sohn Childerich II. 662 die Nachfolge im merow. Ostreich sichern. In Burgund kam es zu dieser Zeit zu Unruhen, die vielleicht durch die zentralist. Politik der Regentin hervorgerufen wurden. Die Regierung ließ den »praefectus« von Lyon und seinen Bruder, den Metropoliten Aunemund, hinrichten. → Aeddi Stephanus bemerkt dazu, daß durch B. als neue Jezabel insgesamt neun Bf.e ihr Leben verloren. Diese Nachricht läßt sich nicht kontrollieren, ist aber jedenfalls polit. zu interpretieren. Denn antikirchl. Maßnahmen lagen der Regentin fern.

Als Freundin und Förderin des »irofränkischen« Mönchtums von → Luxeuil hat sich B. dauernden Ruhm erworben. Sie hat nicht nur mit Nonnen aus → Jouarre das Frauenkloster Chelles (Diöz. Paris), mit Mönchen aus Luxeuil die Männerabtei → Corbie (Diöz. Amiens) gegründet, sondern auch den sanctus regularis ordo, d. h. die Mischregel von Luxeuil, in den bedeutendsten Basiliken des Frankenreichs eingeführt, von denen die Vita Balthildis sechs nennt: → St-Denis, St-Germain (Auxerre oder Paris), St-Médard (→ Soissons), St-Martin (→ Tours), St-Aignan (→ Orléans), St-Pierre (Sens oder St-Geneviève, Paris). Da mit der Einführung der Mischregel die Verleihung der kirchl. Freiheit (privilegium) durch den Bf. und der weltl. Freiheit (emunitas) durch den Kg. verbunden war, besaßen B.s Maßnahmen auch eine eminente verfassungsgeschichtl. Bedeutung. Auch an ihnen kann sich episkopaler Widerstand entzündet haben.

Die Tradition, daß ein in Chelles erhaltenes Linnentuch das (Toten-)hemd der Kgn. B. war, ist kürzl. auf Grund überzeugender Indizien bestätigt worden. Die Bestickung ermöglichte die Rekonstruktion eines Gewandschmucks, der der ksl. Hoftracht entsprach oder angenähert war.

E. Ewig

Q.: Vita s. Balthildis, MGH SRM II, 482–508 – Vita Wilfridi ep. Eboracensis, MGH SRM VI, 193–262 – Vita s. Aunemundi ep. Lugdunensis, AASS Sept. VII, 694–696 – Translatio an. 833, AASS Jan. II, 747–749 – *Lit.*: La reine Bathilde et son temps (Exposition mérov., Chelles 1961) – E. EWIG, Das Privileg des Bf.s Berthefrid v. Amiens für Corbie von 664 und die Klosterpolitik der Kgn. B., Francia I, 1973, 62–114 – DERS., Stud. zur merow. Dynastie (FMASt 8, 1973), 15–59 – R. FOLZ, Tradition hagiographique et culte de S. Bathilde, reine des Francs (Acad. Inscr. et Belles Lettres, Comptes rendus 1975), 369–384 – H. E. F. VIERCK, La chemise de S-Bathilde à Chelles et l'influence byz. sur l'art de cour mérov. au VIIe s. (Centenaire de l'abbé Cochet. Actes du colloque internat. d'archéologie, Rouen 1978), 521–564.

Balticum mare → Ostsee

Baltinglass (ir. *Belach Conglas*), in der Gft. Wicklow

(Irland), wurde durch die Glossatoren zu »Félire Oengusso« und zu »Félire húi Gormáin« mit dem am 24. Nov. kommemorierten hl. →Colman in Verbindung gebracht. 1148 wurde in B. von Mellifont aus die Zisterzienserabtei Vallis salutis gegr. Sie versuchte lange, sich der engl. Herrschaft zu entziehen, doch durften ab 1380 keine Iren mehr in dieser Abtei die Professio ablegen. Die Abtei wurde 1536 aufgehoben.   J. Hennig

Lit.: J. HENNIG, IER V, 73, 1950, 226ff. – A. GWYNN–R. N. HADCOCK, Medieval religious houses (Ireland), 1970, 127 – P. HARBISON, Guide to the nat. monuments of Ireland, 1975², 251.

Balue, Jean, frz. Prälat und Staatsmann, Günstling Ludwigs XI., * um 1421 (?) in Angles-sur-l'Anglin (Poitou), † 5. Okt. 1491 in Ripatronsone bei Ancona, ⌐ S. Prassede (Rom). B. studierte in Angers, wo er 1457 den Grad eines Lizentiaten der Rechte erwarb, war Testamentsvollstrecker von Jean Juvénal des Ursins (1456) und wurde von Jean de Beauvau, Bf. v. Angers, zum Vertreter (1456/57) berufen (seit 1461 Generalvikar); 1463 wurde er Schatzmeister des Domkapitels. Er begleitete seinen Bf. nach Rom, von wo er als apostol. Protonotar zurückkehrte. Durch Jean de Beauvau und Charles de →Melun Kg. Ludwig XI. empfohlen, machte er sich diesem bald unentbehrlich: Nacheinander bekleidete er die Ämter des *aumônier du roi* (1464), *conseiller au Parlement* (Rat am Parlament), *maître à la Chambre des comptes* (Rat an der Rechnungskammer), *conseiller du roi* (Mitglied des Kronrates). Er wurde am 4. Febr. 1465 zum Bf. v. Evreux gewählt und in Paris geweiht. (In seiner Bischofsstadt ließ er Kathedrale und Kreuzgang vollenden.) Während des Aufstandes der →Ligue du Bien public gelang es ihm, die Bürger von Paris zu einer dem Kg. günstigen Haltung zurückzuführen. Seitdem beherrschte er die Handlungen des Kg.s: Er ließ seinen früheren Förderer Charles de Melun zum Tode verurteilen und in Loches enthaupten; als Jean de Beauvau, ebenfalls der Konspiration gegen den Kg. verdächtig, von Papst Paul II. als Bf. v. Angers abgesetzt wurde (5. Juni 1467), wurde B. statt seiner inthronisiert (11. Febr. 1468). B. erreichte die Zustimmung des Kg.s zum Widerruf der →Pragmatique Sanction, konnte jedoch das Parlament nicht zum *enregistrement* (Eintragung und damit Anerkennung) der litterae apostolicae, die den Widerruf betrafen, bewegen. Am 18. Sept. 1467 erhielt er die Würde eines Kard.s von S.-Susanna (gen. »le cardinal d'Angers«). Der Papst beauftragte ihn mit der Erhebung des Türkenzehnten in Frankreich. Er scheiterte bei seinen Verhandlungen mit →Charles de France und mit →Karl dem Kühnen (Auseinandersetzung um →Lüttich), nahm jedoch, zur Rechten des Kg.s sitzend, an den →États Généraux v. Tours teil (April 1468). Doch wurde er bald darauf angeklagt, ein geheimes Einverständnis mit dem Hzg. v. Burgund unterhalten zu haben, um das für Ludwig demütigende Abkommen v. →Péronne (3. Okt. 1468) zustande zu bringen. B. begann nun mit Karl dem Kühnen zu verhandeln, wurde im Mai 1469 jedoch verhaftet und in einem Eisenkäfig auf der Festung Loches gefangengehalten. Da der Papst B. in seiner Eigenschaft als Kard. nach Rom vor sein Gericht forderte, ließ Ludwig XI. B. nach mehr als elfjähriger Haft frei (Dez. 1480). Der Papst setzte ihn wieder in sein Bm. Angers ein (26. Febr. 1482) und ernannte ihn zum Kardinalbischof v. Albano (31. Jan. 1483) und Palestrina (14. März 1491). Er kehrte als Legatus a latere nach Frankreich zurück (8. Aug. 1483), wo er erneut in den Angelegenheiten um die Bretagne und Ludwig v. Orléans eine Rolle spielte. Karl VIII. ernannte ihn zum Vertreter der frz. Angelegenheiten an der Kurie. Wieder nach Rom gelangt (8. Febr. 1485), wurde er von Innozenz VIII. zum Legaten in der Mark Ancona ernannt, wo er starb. Er hinterließ ein Barvermögen von 100.000 Dukaten sowie kostbares Tafelgeschirr, Bücher und Stoffe. – Über B., der skrupellos und mit einem wahren Genie für die Intrige begabt war, haben Zeitgenossen (bes. Thomas →Basin) wie auch die meisten modernen Historiker ein vernichtendes Urteil gefällt.
                 R.-H. Bautier

Lit.: H. FORGEOT, J. B., card. d'Angers (1421?-1491), 5 (BEHE, 106, 1899) – E. DÉPREZ, La trahison du card. B., 1469 (MAH 1899), 259-296 – C. EUBEL, Hierarchia catholica, 1431-1503, 15 [und Anm.] – vgl. auch die Lit. zu Ludwig XI.

Bamalip → Schlußmodi

Bamberg

I. Stadt. Geschichte und Archäologie – II. Bistum – III. Kloster Michelsberg – IV. Bibliotheken – V. Buchdruck.

I. STADT. GESCHICHTE UND ARCHÄOLOGIE: [1] *Geschichte:* Während der Name B. (Bavenberg, Babenberg) erst seit Beginn des 10. Jh. bezeugt ist, belegen Bodenfunde eine Besiedlung des Domberges in der Hallstattzeit und wieder seit dem 8. Jh. Außerdem existieren frühgeschichtl. Funde von einem im SW des Domberges gelegenen Hügel, der seit 1109 Altenburg genannt wird. Anfang des 10. Jh. als castrum bezeichnet, hieß B. seit Ende des Jh. auch civitas. Aus den spärlichen Quellen läßt sich vermuten, daß in karol. Zeit B. Schutzfunktionen für den wenige km nördlich gelegenen fiscus →Hallstadt ausübte, wobei die Hauptsiedlung wohl auf dem Domberg lag, während die Altenburg als Fluchtburg diente. In spätkarol. Zeit im Besitz der Popponen (→Babenberger, ältere), gehörte B. nach 906 wieder zum Königsgut. Dort lebte und starb (964-966) als Verbannter Kg. Berengar II. »von Italien«. Zu dieser Zeit war B. wohl schon Zentrum (mit Kapelle) einer größeren Grundherrschaft, die 973 Otto II. Heinrich dem Zänker schenkte. Dessen Sohn Heinrich (II.) baute die civitas aus, schenkte sie ca. 997 seiner Gemahlin Kunigunde und baute auf dem Domberg seit 1002 eine Kirche mit zwei Krypten. 1007 erhielt diese Kirche von Heinrich II. das gesamte praedium B. und wurde Kathedrale des kurz danach gegründeten neuen Bm.s (vgl. Abschnitt II). Spätestens seit Mitte des 10. Jh. lag zu Füßen des Domberges (im »Sand«) eine kleine Marktsiedlung, deren hofrechtl. organisierte Bewohner das castrum mit Lebensmitteln und Gebrauchs- und Luxusgütern versorgten.

Von Heinrich II. als Pfalzort bevorzugt, war die Siedlung seit 1007 eindeutig geistl. geprägt; in B. wurden bis in die Stauferzeit häufig Hof- und Reichstage gehalten. Den Domberg beherrschte die doppelchörige Bischofskirche, die unter Bf. Ekbert ihre endgültige Gestalt erhielt. Die Residenz des Bf.s lag nördl. von ihr und war von zwei Kapellen (St. Andreas, St. Thomas) flankiert, von denen St. Andreas vielleicht die Nachfolgerin der älteren Burgkapelle war. Diese Residenz diente auch den Kg.en zum Aufenthalt. In ihr wurde 1208 Philipp v. Schwaben ermordet. Südl. der Kathedrale liegen die Gebäude des Domkapitels. Nach Auflösung der vita communis (um 1200) bauten sich dort viele Domherren burgähnliche Kurien. Ebenso erwarben dort seit dem 12. Jh. einzelne Adlige und auswärtige Kl. Stadthöfe. Zu den auf dem Domberg wohnenden Laien gehörten außer den domestici der Geistlichen und Adligen auch einige Ministeriale und andere Dienstleute von Bf. und Domstift. Zu der seit dem 12. Jh. erkennbaren Immunität des Domstiftes wurden neben dem Domberg Teile des südl. davon gelegenen »Baches« und Kaulberges gerechnet.

Weitere Immunitätsbezirke entstanden aus den Hofrechtsgebieten der im 11. und 12. Jh. gegründeten Stifte und Kl. St. Stephan (1009), St. Michael (1015; vgl. Abschnitt III), St. Gangolf (ca. 1057/59), St. Jakob (1072) und St. Theodor (2. H. 12. Jh.). Außer St. Gangolf in der östl. des rechten Regnitzarmes gelegenen Theuerstadt (Tiurstat = Tierstätte) liegen alle Stifte und die beiden Klöster westl. des linken Regnitzarmes auf Hügeln, die Ausläufer des Steigerwaldes sind. Die in ihren Immunitäten lebenden Hörigen und Dienstleute sorgten anfangs nur für die Eigenversorgung der geistl. Grundherren. Mit dem Anwachsen der Produktion entwickelten sich jedoch – v. a. bei den Stiften – Märkte, die seit dem 13. Jh. mit denen der bürgerl. Siedlung beim Verkauf von Agrar- und Handwerksprodukten konkurrierten. Dabei übertrafen die Immunitäten des Domstifts und von St. Stephan die anderen an Bedeutung. Seit dem 13. Jh. errang das Domstift die Führung über die anderen Immunitäten und konnte seinen Einfluß auf die Stadt dadurch ausbauen, daß es die Position des Bf.s als Stadtherren reduzierte; außerdem konnte der Domdekan, weil er zugleich auch Archidiakon von B. war, geistl. Strafen für die Verfolgung von Interessen des Domstiftes einsetzen.

Die Bürgerstadt entstand aus der Marktsiedlung zw. Domberg und linkem Regnitzarm (»Sand«), südl. davon befand sich die Judensiedlung. Die im Sand ansässigen Kaufleute waren schon seit dem 11. Jh. zum Teil überregional tätig. Sie standen unter der Munt des Bf.s. Unter Bf. Otto I. wurde der Bf. auch Marktherr. Die Handelsbeziehungen der Kaufleute erstreckten sich allmählich bis zum Rhein und über Nürnberg und Regensburg nach Böhmen und Ungarn. Seit 1245 konnten in B. Jahrmärkte gehalten werden. Doch sind keine Nachrichten über ein eigenes Kaufmannsrecht und über den Zusammenschluß der Kaufleute zu einer Gilde erhalten. Über Handwerker existieren erst seit dem 14. Jh. Nachrichten: Zum Teil schon in Zünften vereinigt, dominierten die Fleischer, Tuchersteller, Bäcker, Schuster, Schmiede, Schneider und Fischer. Zumindest im 11./12. Jh. waren die Ministerialen die wichtigste Bevölkerungsschicht und stellten neben dem Schultheiß v. a. Kämmerer, Zöllner, Münzer und Küchenmeister. Aus dieser Gruppe entstanden seit dem 13. Jh. die mit Sonderrechten ausgestatteten Hausgenossen, die nicht nur bei Bischof und Domstift, sondern auch in der Bürgerstadt Aufgaben wahrnahmen. Gleichzeitig wuchsen die Ministerialen mit den führenden Kaufleuten und Handwerkern zum Meliorat (→ Meliores) zusammen. Diese drei Gruppen stellten die Schöffen des seit dem 12. Jh. bezeugten und vom Schultheißen geleiteten Stadtgerichts. Eine Stadtgemeinde ist erst seit dem späten 13. Jh. genannt. Von ihr wurden Bürgervertreter und seit Beginn des 14. Jh. auch ein von einem Bürgermeister geleiteter Stadtrat gewählt. Doch gab es diesen Stadtrat nicht kontinuierlich. Die Stadt konnte sich nicht von der Herrschaft des Bf.s befreien, weshalb auch das Stadtrecht nur vom Bf. genehmigte Artikel enthielt.

Wegen der Enge der Sandsiedlung wurden seit dem 12. Jh. die Insel zw. den beiden Regnitzarmen und der nahe dem Flußübergang gelegene Teil der Theuerstadt besiedelt. Alle drei Gebiete waren dem Bf. zinspflichtig, doch waren sie sozial unterschieden: Im Sand wohnten v. a. Hausgenossen u. a. dem Bf. und Domstift verbundene Familien; auf der Insel, wohin auch die Märkte verlegt worden waren, die Kaufleute und (an der Peripherie) Handwerker; in der Theuerstadt v. a. Handwerker. Wegen der Bedeutung der Märkte und der auf ihnen tätigen Einwohner wurden im 14. Jh. Stadtgericht und Münze aus dem »Sand« dorthin verlegt, auch das älteste Rathaus stand in der Nähe des Hauptmarktes, bis es im 15. Jh. auf der Brücke zw. »Sand« und Insel errichtet wurde – als Symbol für die Verklammerung beider Gebiete. Der Reichtum der führenden Hausgenossen oder Kaufleute (bes. Zolner, Tockler und Esel) zeigte sich in ihren religiösen Stiftungen. Während die beiden Stadtpfarreien kaum von den Bürgern profitierten, stifteten diese Spitäler, Siechenhäuser, Leprosenheime und gründeten oder förderten Konvente der Bettelorden (Franziskaner, Klarissen, Karmeliten, Dominikaner, Dominikanerinnen). Diese Institutionen wurden durch Mitglieder der Stifterfamilien oder Ratspfleger verwaltet und kontrolliert. Im 14. Jh. zählte B. etwa 5–6000 Einwohner, von denen die Hälfte in den Immunitäten siedelte.

Schon seit dem Ende des 13. Jh. lassen sich Symptome für den Niedergang der bürgerl. Siedlung erkennen. Im Fernhandel wurde B. durch → Nürnberg übertroffen. Innerhalb B.s konnten die Immunitäten unter Führung des Domstiftes seit 1275 größere Vorrechte, als sie die Bürger besaßen, erringen. Diese Konkurrenz führte zu häufigen Konflikten, die jedoch mit dem »Immunitätenkrieg« (1430 –40) zugunsten der Immunitäten endeten. Daraufhin siedelten viele Bürger in andere Städte oder in die Immunitäten über. Die geringe Attraktion B.s läßt sich nicht nur an dem schwachen Zuzug neuer Bürger, sondern auch an den Wallfahrten ablesen: Die Anziehungskraft der Kaisergräber im Dom, des Grabes Bf. Ottos in St. Michael oder der Kreuznagelreliquie (→ Kreuzreliquien) im Dom wurde seit dem Ende des 15. Jh. rasch durch die Wallfahrt von → Vierzehnheiligen übertroffen. B. Schimmelpfennig

[2] *Archäologie*: Die von → Regino v. Prüm zeitgenöss. zum Jahre 902 erwähnte Bamberger Burg (»castrum quod Babenberh dicitur«) ist durch Ausgrabungen der Jahre 1972/73 auf dem Domberge lokalisiert und als Gründung des frühen 9. Jh. erkannt worden. Die Burg umfaßte das Areal des ganzen Domberges und damit mehr als 6 ha. Die Bewehrung erfolgte von Anfang an in gemörtelter Bauweise und unterschied sich damit von der in Ostfranken damals im Burgenbau üblichen Holzerdetechnik. Daraus wird der dem Platz Bamberg in karol. Zeit zugedachte polit. Stellenwert als Zentrum für Ostfranken erkennbar. Ursprgl. war die Burg von einer Steinmauer mit vorgelegtem Hanggraben gesichert, gegen Mitte des 9. Jh. wurde eine ebenfalls massive Zwingermauer vorgesetzt und im 10. Jh. erfolgte eine Verstärkung durch viereckige Bastionen oder Türme an der Außenfront dieser Mauer. Zur Innenbebauung dieser Burg hat W. SAGE (im Dombereich) 1970/71 ebenfalls eine Entwicklung festgestellt. Auf Holzbauten folgten Steingebäude, deren Grundrisse nur unvollständig erfaßt werden konnten. Danach entstand eine steinerne Saalkirche mit Begräbnisplatz. Es war das die Burgkirche, welche der von → Thietmar v. Merseburg erwähnten »nova aecclesia« der Jahre 1003/1007 voranging. Diese neue Kirche, eine Basilika mit zwei Apsiden, entstand als Kathedrale des 1007 von Heinrich II. gegründeten Bm.s. Dazu gehört eine durch baugeschichtl. Untersuchungen H. MAYERS erkennbar gewordene Pfalz, die mit der von Goslar vergleichbar ist. In otton. Zeit verlagerte sich das Gewicht des Platzes vom territorialen in den kirchl. Bereich. Damit begann auch die Reduzierung der Bewehrung durch Verfüllen des Burggrabens. Seit dem Errichten des zweiten, des stauf. Domes beschränkte sich die Befestigung auf eine einzige Mauer mit Innentürmen, und damit verlor die Anlage, gemessen an der damals bes. intensivierten Befestigungstechnik, den Charakter einer Burg.

K. Schwarz

II. BISTUM: [1] *Gründung und Anfänge*: Mit der Gründung des Bm.s B. wurde ein nach der Zerschlagung des Herrschaftsbereiches Mgf. Heinrichs v. → Schweinfurt am

Obermain entstandenes Vakuum polit. und kirchl. neu organisiert. Auf der Mainzer Pfingstsynode 1007 versicherte Kg. →Heinrich II. sich der Zustimmung der geistl. Reichsfs.en für die Gründung des Bm.s B., zu welcher ihn polit., missionar. und persönl. Motive bewogen. Bf. →Heinrich I. v. →Würzburg trat die geistl. Jurisdiktion über den Osten des Volkfeldgaues mit Bamberg und den Radenzgau gegen 150 Hufen bei Meiningen ab. Ende Juni 1007 bestätigte Johannes XVIII. das neue Bm. und unterstellte es päpstl. Schutz. Im Vergleich zu den mit ihren Suffraganen weit nach Osten vorspringenden Ebm.ern →Magdeburg und →Salzburg lag Würzburg, zu welchem der größte Teil des späteren Bm.s B. gehörte, weit im Westen. Gewiß bestand im später bamberg. Osten des Bm.s Würzburg bereits ein weitmaschiges Netz von ca. 30 Taufkirchen, die bis zu Fichtelgebirge und Frankenwald reichten; doch gab es dort sicher auch noch heidn. und halbheidn. Slaven (→Regnitzslaven). Der Reichsepiskopat bestätigte am 1. Nov. 1007 auf der Synode zu Frankfurt a. M. die Errichtung des neuen Bm.s, obwohl Bf. Heinrich I. v. Würzburg die Vollziehung des Tauschvertrages verweigerte und gegen die Gründung des neuen Bm.s protestieren ließ, da er sich um seine Hoffnung, Ebf. zu werden, was Kg. Heinrich ihm in einem Geheimvertrag zugesichert hatte, betrogen sah. Noch am 1. Nov. 1007 weihte Ebf. →Willigis v. Mainz den kgl. Kanzler →Eberhard zum ersten Bf. v. B. Der Kg. und der Würzburger Bf. versöhnten sich wieder, nachdem der Tauschvertrag 1008 zugunsten Würzburgs geändert worden war. Trotzdem blieben Würzburg und B. jahrhundertelang Rivalen. Nach dem Tode Bf. Megingauds v. →Eichstätt konnte Ks. Heinrich II. 1016 das Bm. B. um das Gebiet zw. Pegnitz und Schwabach vergrößern. Schließl. wuchs dem Bm. B. noch die außerhalb des Radenzgaues gelegene umfangreiche Pfarrei Hof zu. Die Dombibliothek war der bestausgestatteten im Reich (vgl. Abschnitt IV). Unter den Domscholastern →Durand, späterem Bf. v. Lüttich (1021 bis 1025), und →Meinhard, späterem (ksl. Gegen-) Bf. v. Würzburg (1085-88), wurde die Domschule eine von weither anziehende und weitausstrahlende Bildungsstätte, aus der zahlreiche bedeutende Männer (u. a. Ebf. →Anno II. v. Köln, Bf. Cuno v. Brescia) hervorgingen, und in welcher der Kleriker →Udalrich die nach ihm benannte Briefsammlung (»Codex Udalrici«) anlegte, die zu den wichtigsten Quellen zur dt. Gesch. in der Zeit des Investiturstreites gehört.

[2] *Sonderstellung in der Reichskirche*: Weniger die Verleihung des Papstschutzes durch Johannes XVIII. anläßl. der Gründung als die Auszeichnung des Bf.s v. B. mit dem Pallium erstmals durch Leo IX. (1053) und die regelmäßige Weihe der Bf.e seit Otto I. (1106) durch die Päpste lockerten B.s Suffraganverhältnis und führten im 13.Jh. zur völligen Exemtion aus dem Mainzer Metropolitanverband. Auch seitens der Reichsgewalt wurde das Bm. B., noch über Ks. Heinrichs II. Tod hinaus, durch Besetzung des Bischofssitzes mit Kanzlern, Verwandten oder Vertrauten der Herrscher ausgezeichnet. Gewiß wurden Hoftage seit den Staufern, die Würzburg und Nürnberg bevorzugten, in B. seltener. Doch blieb B.s Vorrangstellung betont durch zwei Kaisergräber (Heinrich II., Konrad III.) und ein Papstgrab (→Clemens II.) im Dom und die Kanonisation der drei Bamberger Heiligen: Ks. →Heinrich II. (1147), Bf. →Otto I. (1189) und Ksn. →Kunigunde (1201).

[3] *Pfarreiorganisation*: Vorwiegend durch Dotationen edelfreier, dann ministerial. Geschlechter, weniger durch Stiftungen der Bf.e, Stifte und Kl., kaum durch Bürger, wurden die ca. 30 bei Gründung des Bm.s B. bestehenden Pfarreien im Laufe des MA in fortschreitender Aufteilung auf 203 vermehrt. Zu den Pfarrkirchen kamen 430 Inkuratbenefizien, von denen sich 262 auf Pfarr-, Stifts- und Klosterkirchen, 168 aber auf Filialkirchen verteilten, schließlich noch 191 unbepfründete Kapellen mit gelegentl. Gottesdienst. Die innere Einteilung des Bm.s in die vier Archidiakonate Bamberg, Kronach, Hollfeld und Nürnberg(-Eggolsheim) geht wohl auf Bf. Otto I. (1102-39) zurück. Seit dem 14.Jh. erscheinen auch Landdekane, die im Gegensatz zu den Archidiakonen keine jurisdiktionellen, sondern nur aufsichtsrechtl. Funktionen ausübten. Ihre Sprengel, die Landdekanate, fielen ursprgl., mit Ausnahme von B., räumlich mit je einem Archidiakonat zusammen, wurden aber noch im MA mehrfach verkleinert und vermehrt.

[4] Das *Klosterwesen*, dessen Anfänge nicht vor die Bistumsgründung zurückreichen, entwickelte sich nur zögernd. Sein Aufbau ist im wesentl. das Werk Bf. →Ottos I. (1102-39), der mit Hilfe des Adels Stifte und Kl. verschiedener Observanzen - auch über die Grenzen des Bm.s B. hinaus - gründete oder reformierte. Seine Klosterpolitik stärkte, da auf dem Eigenkirchenrecht beruhend, die Stellung der Bf.e auch als Territorialherren. Am Ende des MA sind im Bm. fast alle Orden, mehr noch in →Nürnberg konzentriert als in B., vertreten: außer dem Domkapitel vier Säkularkanonikerstifte: St. Stephan, St. Gangolf und St.Jakob in Bamberg, Forchheim; vier Benediktinerabteien: Michelsberg (Bamberg), Weißenohe, Michelfeld, St. Egidien (Nürnberg); eine Zisterzienserabtei: Langheim; eine Dt.-Ordens-Kommende: Nürnberg; ein Augustinerchorherrenstift: Neunkirchen am Brand; vier Klöster der Franziskaner: Nürnberg, B., Hof, St.Jobst (Allersdorf); zwei der Dominikaner: Nürnberg, B.; drei der Karmeliter: B., Nürnberg, Sparneck; zwei der Augustiner(-Eremiten): Nürnberg, Kulmbach; eine Kartause: Nürnberg; vier der Zisterzienserinnen: St. Theodor (B.); (seit dem 14.Jh. Benediktinerinnen), Schlüsselau, Himmelkron, Himmelthron (Großgründlach); drei der Klarissen: Nürnberg, B., Hof, und zwei der Dominikanerinnen: Nürnberg, Bamberg.

[5] *Entwicklung des Hochstifts*: Staunen und Neid erregende Schenkungen Heinrichs II. im Volkfeld- und Radenzgau, in Bayern und Kärnten, später auch im Westen des Reiches, sicherten nicht nur die wirtschaftliche Existenz des neuen Bm.s, sondern ließen es ältere Reichsbistümer an Bedeutung einholen und überflügeln. Grundlage der weltl. Herrschaft der Bf.e bildeten die Schenkungen des Gründers an der Main-Regnitz-Linie (Hallstadt, Forchheim), während die Schenkungen im Nordgau (Hersbruck, Velden, Auerbach) seit dem 12.Jh. wieder verloren gingen. Begünstigt durch das Aussterben der führenden Geschlechter (Gf.en v. →Schweinfurt, Gf.en v. →Aben[s]berg, Gf.en, Hzg.e v. →Andechs[-Meranien], Herren v. →Schlüsselberg) konnten die Bf.e das Territorium, dessen Entwicklung mit Bf. Lamprecht v. Brunn (1374-99) zum Stillstand gelangt war, v.a. durch Erbschaften und Käufe verdichten und etwa auf die Hälfte des Bm.s ausdehnen. Im Westen reichte das Territorium stellenweise in das Bm. Würzburg hinein (→Banz, Herzogenaurach). Größte Exklave waren die Besitzungen in Kärnten mit den Hauptorten →Villach und Wolfsberg. Der Kern dieser Besitzungen geht auf Schenkungen Ks. Heinrichs II. zurück, der dadurch die Übergänge über die Julischen Alpen sichern wollte. - Das Domkapitel gewann auf die Regierung des Hochstifts ständig wachsenden, seit 1328 in den Wahlkapitulationen institutionalisierten Einfluß.

[6] Die *Bischöfe*, in älterer Zeit meist hochfreier Herkunft, entstammten mehr und mehr, schließlich so gut wie alle, dem im Domkapitel vertretenen Stiftsadel. Aus der Reihe der Bf.e, die bis zum Ende des MA fast alle an den Reichsgeschäften beteiligt waren, ragen heraus: Suidger (1040–47), der 1046 nach der Synode von → Sutri als → Clemens II. die Reihe der dt. Päpste eröffnete; der it. Kanzler Ks. Heinrichs III. → Gunther (1057–65), Liebhaber deutscher Heldenlieder (»fabulae curiales«), der aber auch Ezzos »Gesang von den Wundern Christi« anregte; der 1189 kanonisierte Pommernapostel und bedeutende kirchliche Organisator → Otto I. (1102–39) (zu den Verbindungen zw. B. und Pommern vgl. →Kammin); → Eberhard II. (1146–70), der eine führende Stellung bei → Konrad III., der in B. starb und im Dom begraben wurde, einnahm, danach bei → Friedrich Barbarossa, bes. in dessen Kirchen- und Italienpolitik; → Lupold III. v. Bebenburg (1353–63), der als Würzburger Domherr für die Rechte des röm. Kg.s eingetreten war; schließl. der einflußreiche Ratgeber Ks. Karls IV. und Kg. Wenzels →Lamprecht v. Brunn (1374–99).

III. KLOSTER MICHELSBERG: Das bedeutendste Benediktinerkl. im Bm. Bamberg wurde 1015 von Bf. Eberhard I. oberhalb Bambergs gegr. (mons monachorum), von Ks. Heinrich II., den die Klosterüberlieferung als fundator bezeichnet, ausgestattet, von der Abtei →Amorbach aus besiedelt und nach Gorzer consuetudines geformt (→ Gorze), 1071 von Ekkebert von Münsterschwarzach reformiert. Bf. → Otto I. führte 1112 die Hirsauer consuetudines ein (→ Hirsau) und ließ die Kirche nach dem Erdbeben von 1117 als Hirsauer Anlage neu erbauen; in ihr wurde er 1139 bestattet. Das Kl. brachte so herausragende Autoren hervor wie den Prior → Frutolf und die Biographen Bf. Ottos; es hatte im 12. Jh. auch eine sehr bedeutende Schreibschule (vgl. Abschnitt IV). Im 15. Jh., zumal seit der Verwüstung des Kl.s im Immunitätenstreit (1435), sank die monast. Disziplin, bis 1467 der Anschluß an die → Bursfelder Reform, eingeführt durch Mönche der Abtei St. Jakob zu Mainz, gelang. Eine neue Blüte erlebte das Kl. unter Abt Andreas Lang (1483–1503). A. Wendehorst

IV. BIBLIOTHEKEN: [1] *Domkapitel*: Bei der Gründung des Bm.s B. schenkte Ks. Heinrich II. dem Domkapitel zahlreiche Hss. (darunter mehrere bes. kostbar ausgestattete), die B. zu einem der bedeutendsten geistigen Zentren Deutschlands im 11.–13. Jh. machten. Die Codices stammten aus Skriptorien und Bibliotheken von Kl.n ganz W-Europas, bes. aber aus Italien und Frankreich. Ein Teil kam aus dem Nachlaß Ottos II. († 983) und Ottos III. († 1002). Neben den knappen Angaben der Schatzinventare haben sich ein Katalog etwa aus dem Jahre 1200 und eine Liste neu eingebundener Bücher von 1454 erhalten. Die überwiegende Mehrzahl der erhaltenen Hss. besitzt heute die Staatsbibl. Bamberg.

[2] *Kl. Michelsberg*: Auch die Benediktinerabtei Michelsberg erhielt von Heinrich II. einige Codices. Die Bibliothek erlebte eine erste Blütezeit im 12. Jh. nach der Einführung der Hirsauer Reform (1112); der Prior Burchardt († 1149) verfaßte eine wertvolle Chronik von Bibliothek und Skriptorium, wobei er zahlreiche Abschreiber erwähnt. In den folgenden Jahrhunderten setzte ein Niedergang ein, bis Kl. und Bibliothek durch den Anschluß an die Bursfelder Reform neue Impulse erfuhren, u. a. gekennzeichnet durch die Einführung des Buchdrucks (→Abschnitt V). Auch die erhaltenen Hss. vom Michelsberg befinden sich zumeist in der Staatsbibl. Bamberg. Neben den von Burchard angefertigten Verzeichnissen besitzen wir ein Inventar, dessen Schöpfer ein Ruotger (wohl 1172–1201) ist; außerdem blieben wichtige vollständige wie auch Teil-Kataloge vom Ende des 15. Jh. erhalten. A. Derolez

V. BUCHDRUCK: Der früheste B.er Buchdruck ist durch die Typen aufs engste mit Mainz, der Geburtsstätte der Buchdruckerkunst, verbunden. Eine Beteiligung Gutenbergs an der Gründung der ersten B.er Druckerei ist allerdings nicht zu beweisen. Andererseits ist aber kaum mehr daran zu zweifeln, daß die 36zeilige (lat.) Bibel, das umfangreichste Druckwerk der Frühzeit, in B. gedruckt wurde; dafür sprechen die zum Druck verwendeten Papiersorten, die erhaltenen Exemplare und Fragmente, die Einbände von vier Exemplaren, aus der nicht ganz eindeutige Bericht des Paulus Paulirinus. Georg I. von Schaumberg, Bf. v. B., der 1463 dem Franziskanerkloster in Coburg eine gedruckte lat. Bibel schenkte, hat wohl den Druck in der Hauptsache finanziert. Ausgeführt wurde er von Jüngern Gutenbergs, wohl unter der Leitung von Heinrich Keffer (aus Mainz). Der Druck war sicher 1461 vollendet. Die Druckerei wurde wohl 1458/59 eingerichtet.

Albrecht Pfister, ein verheirateter Kleriker und 1448–60 Sekretär Georgs v. Schaumberg, druckte mit dem Typenmaterial der 36zeiligen Bibel zw. 1460/61 und 1463/64 vor allem deutschsprachige Schriften, wie den »Ackermann von Böhmen« (in zwei Ausg.), Ulrich Boners »Edelstein« (in zwei Ausg.), die »Armenbibel« (in zwei Ausg.), den »Belial« des Jacobus de Teramo und die »Vier Historien«, dazu eine lat. »Biblia pauperum« und vielleicht zwei lat. Donate. Zeigt sich Pfister im Verlagsprogramm als ein Mann von »ausgesprochener geistiger Individualität, der einzig dasteht unter den Druckern der Frühzeit« (G. ZEDLER), so hat er durch die Ausstattung seiner Drucke mit Holzschnitten als erster Typendrucker illustrierte Bücher hergestellt und bahnbrechend für die Buchillustration des 15. Jh. gewirkt. Der glänzende Anfang der B.er Typographie blieb zunächst Episode. Erst etwa 15 Jahre später (1478/79) übersiedelte Johann Sensenschmidt (aus Eger), der wohl schon an der 36zeiligen Bibel mitgearbeitet und 1469/70 die Buchdruckerkunst in Nürnberg eingeführt hatte, nach B. und druckte im Michelsberger Priorat St. Getreu 1481 das »Missale Benedictinum«. Sensenschmidt gewann als Partner den Magister Heinrich Petzensteiner und erlangte v. a. als Hersteller eindrucksvoller Meßbücher und anderer Liturgica (für die Diöz. Speyer, B., Prag, Olmütz u. a.) Bedeutung. Gleichzeitig wurde er mit dem Druck des ersten Regensburger (1485), Freisinger (1487) und Augsburger (1488/89) Meßbuches der erste Typograph von Regensburg, Freising und Dillingen. Von 1493 bis 1519 führte sein Schwager, Hans Pfeyl, die Druckerei, aus der vor allem Liturgica, amtl. Drucksachen wie die mit eindrucksvollen Holzschnitten ausgestattete »Bamberg. Halsgerichtsordnung« (1507, bearb. von Johann v. Schwarzenberg) hervorgingen. – Darüber hinaus waren in B. nur zwei »Wanderdrucker« tätig, deren Erzeugnisse zwar quantitativ unbedeutend, inhaltl. und kulturgeschichtl. aber äußerst interessant sind: Marx Ayrer (zusammen mit Hans Bernecker) und Hans Sporer (1487–94), der zahlreiche volkstüml. Schriftchen erbaulichen und belehrenden Inhalts, darunter auch sozialkrit., wie den »Pfennigmünzer« und das »Gedicht vom ersten Edelmann«, den »Dracole Waida« (→ Dracul[a]) und ein Spottgedicht auf den Hzg. Albrecht von Sachsen druckte, das ihm als einem frühen Opfer der Zensur die Landesverweisung eintrug.
F. Geldner

Q. und Lit.: *[allg.]*: Ber. des Hist. Vereins B., seit 1834 – zu [I, 1]: Q.: Ein B.er Urkundenbuch existiert nicht. – W. SCHERZER, Das älteste B.er Bischofsurbar 1323/28 (Urbar A), Ber. des Hist. Vereins B. 108, 1972, 5–170 und 1*–52* – Lit.: W. NEUKAM, Immunitäten und

Civitas in B., Ber. des Hist. Vereins B. 78, 1922–24, 189–396 [mit Hinweisen auf Q. und Lit.] – B. SCHIMMELPFENNIG, B. im MA, 1964 [mit Hinweisen auf Q. und Lit.] – E. HERZOG, Die otton. Stadt, 1964, 171–181 – D. v. WINTERFELD, Gesch. des B.er Domes, 1968, 1975[4] – A. REINDL, Die vier Immunitäten des Domkapitels zu B., Ber. des Hist. Vereins B. 105, 1969, 213–509 – G. PFEIFFER, Die B.-Urk. Ottos II. für den Hzg. v. Bayern, Ber. des Hist. Vereins B. 109, 1973, 15–32 – H. PASCHKE, B. Anno Domini 973, ebd., 109–160 – I. MAIERHÖFER, B.s verfassungstopograph. Entwicklung v. 15. bis zum 18. Jh. (F. PETRI, Bischofs- und Kathedralstädte, Städteforsch. A 1, 1976), 146–162 – zu [I, 2]: Lit.: H. MAYER, B. als Kunststadt, 1955, 101 ff. – K. SCHWARZ, Die Bodendenkmalpflege in Bayern in den Jahren 1970 bis 1972. Jahresber. der Bayer. Bodendenkmalpflege 11/12, 1970/71 [1977], 214 f., Abb. 36 und 37 – W. SAGE, Die Ausgrabungen im B.er Dom. ArchKbl 3, 1973, 107 ff. – K. SCHWARZ, Der frühma. Landesausbau in NO-Bayern, archäolog. gesehen. Ausgrabungen in Dtl. 2, 1975, 394 ff., Abb. 55–57 – zu [III]: Bibliogr.: Frk. Bibliogr., hg. G. PFEIFFER I, 1965, Nr. 4057–5103; IV, 1978, Nr. 52863–53025 – Q.: JAFFÉ V, 1869 [mit Ed. des Codex Udalrici] – GP III/3, 1935, 241–300 – W. DEINHARDT, Dedicationes Bambergenses, 1936 – E. FRHR. v. GUTTENBERG, Die Reg. der Bf.e und des Domkapitels von B., 1963 – DERS., Die Urbare und Wirtschaftsordnungen des Domstifts zu B. 1, 1969 – Lit.: LMK I, 539–548 – J. LOOSHORN, Die Gesch. des Bm.s Bamberg I–IV, 1886–1900 [Neudr. I–III, 1967–68] – F. WACHTER, General-Personal-Schematismus der Erzdiöz. B. 1007–1907, 1908 – E. FRHR. v. GUTTENBERG, Die Territorienbildung am Obermain, Ber. des Hist. Vereins B. 79, 1927 – DERS., Das Bm. B. 1 (GS II, 1, 1, 1937 [Neudr. 1963]) – TH. MAYER, Fs.en und Staat, 1950 [Neudr. 1969] – J. KIST, Fürst- und Erzbistum B., 1953 1962[2] – E. FRHR. v. GUTTENBERG–A. WENDEHORST, Das Bm. B. 2 (GS II, 1, 2, 1966) – zu [III]: Q. und Lit.: A. LAHNER, Die ehem. Benedictiner-Abtei M. zu B., 51. Ber. des hist. Ver. B., 1889 [auch separat] – H. BRESSLAU, B.er Stud., NA 21, 1896, 139–234 – J. LINNEBORN, Ein 50jähriger Kampf (1417–ca. 1467) um die Reform und ihr Sieg im Kl. ad s. Michaelem bei Bamberg, SMBO 25, 1904, 252–265, 579–589, 718–729; 26, 1905, 55–68, 247–254, 534–545 – GP III/3, 1935, 282–286 – K. HALLINGER, Gorze – Kluny, 1–2, 1950, 1951 – Germania Benedictina II, 1970, 152–157 – R. BRAUN, Das Benediktinerkl. M. 1015–1525 (Die Plassenburg 39/I–II), 1977, 1978 – zu [IV]: Lit.: HBW III, 393, 409 – Ma. Bibliothekskat. Dtl. und der Schweiz III, 3, bearb. P. RUF, 1939, 321–396 – W. MESSERER, Der B.er Domschatz, 1952 – Ma. Schatzverzeichnisse I, 1967, 17–21 – Kat. der Hss. der kgl. Bibl. (später Staatsbibl.) zu B., 1895 ff. – K. DENGLER-SCHREIBER, Scriptorium und Bibl. des Kl. Michelsberg in B., 1978 – zu [V]: Lit.: P. SPRENGER, Älteste Buchdruckergesch. von B., 1800 – Q. ZEDLER, Die B.er Pfisterdrucke und die 36 zeilige Bibel, 1911 – V. SCHOLDERER, Albrecht Pfister of Bamberg (The Library III, 3), 1912, 230 ff. – A. SCHRAMM, Der Bilderschmuck der Frühdrucke 1, 1922 – G. ZEDLER, Gutenbergs älteste Type und die mit ihr hergestellten Drucke, 1934 – C. WEHMER, Mainzer Probedrucke in der Type des sog. Astron. Kalenders für 1448, 1948 – F. GELDNER, Hat Heinrich Keffer aus Mainz die 36 zeilige Bibel gedruckt?, Gutenberg-Jb. 1950, 100–110 – A. DRESLER, Hat Gutenberg in B. die 36 zeilige Bibel gedruckt?, Börsenbl. für den Dt. Buchhandel (Frankfurter Ausg.), 1954: Aus dem Antiquariat X, XI, XIII – H. SCHNEIDER, Der Text der 36 zeiligen Bibel und des Probedrucks, Gutenberg-Jb. 155, 57–69 – F. GELDNER, Die Buchdruckerkunst im alten B. 1458/59 bis 1519, 1964 – H. ENGEL, Bamberg – der erste Druckort Marx Ayrers, Bibliotheksforum Bayern 4, 1976, 218–224.

Bamberger Chirurgie. Angelegt in Salerno zw. 1090 und 1160, stellt die »B. Ch.« den ersten abendländ. Versuch dar, nach der Antike einen eigenständigen wundärztl. Text zu kompilieren. Der Autor fußt weitgehend auf den durch → Constantinus Africanus und Afflacius (→ Salerno, Schule v.) gelegten chirurg. Grundlagen ('Pantegni' II, 9), ordnet den Stoff jedoch um, indem er teils nach anatom., teils nach patholog. oder therapeut. Gesichtspunkten systematisiert. Den überlieferten Wortlaut hat er gelegentl. versatzstückartig übernommen, meist jedoch neu formuliert. Beim Aderlaß stützt er sich auf vorsalernitan. Quellen, darüber hinaus hat er Vindician benutzt; eine genaue Analyse seiner Vorlagen steht noch aus. G. Keil

Q.: Bamberg, Staatsbibl., Cod. L. III. 11 (12. Jh.); ebd., Cod. L. III. 10 (13. Jh.); Cambridge, Gonville and Cajus Coll., MS 400 (13. Jh.) – Weitere Überlieferungen des 14. Jh. bei THORNDIKE-KIBRE, 1161 – *Ed.*:
K. SUDHOFF, Beitr. zur Gesch. der Medizin im MA, 2, 1918, 103–147 – *Lit.*: W. v. BRUNN, Kurze Gesch. der Chirurgie, 1928, 138, 140 – G. BAADER–W. HOFFMANN-AXTHELM, Die Entwicklung der Zahn-, Mund- und Kieferheilkunde im europ. MA, MedJourn 6, 1971, 128.

Bamberger Codex (Codex Bambergensis med. 1 [L. III. 8]), med. Miszellaneenhs. aus der 1. Hälfte des 9. Jh., die mindestens partiell aus dem Besitz Ks. Ottos III. stammt und in diesem Teil it. Provenienz ist. Sie enthält Elemente verschiedener frühma. → Überlieferungscorpora und ein Antidotar. An ihrem Anfang steht programmatisch die Verteidigung der Heilkunde durch einen Klosterarzt; aufgrund des med. Leseplans → Cassiodors ebenso wie aufgrund der Einreihung der Medizin unter die in ir. Tradition stehende Physica bereits bei Isidor wird hier wie hippokrat. Deontologie auf chr. Basis geboten (→ Christus medicus). Somit ist diese Hs. ein wichtiges Zeugnis für das Selbstverständnis der → Klostermedizin des frühen MA. G. Baader

Lit.: K. SUDHOFF, Eine Verteidigung der Heilkunde aus den Zeiten der »Mönchsmedizin«, SudArch 7, 1913, 223–237 – H. SCHIPPERGES, Die Benediktiner in der Medizin der frühen MA (Erfurter theol. Schr. 7), 1964, 37–39 – BECCARIA, 193–197 – L. C. MACKINNEY, Medical ethics and etiquette in the early MA: The persistence of Hippocratic ideals, BHM 26, 1952, 1–31 – B. BISCHOFF, Eine verschollene Einteilung der Wiss., Ma. Stud. I, 1966, 273–288 – Medicina medievale. Testi dell' alto medioevo a cura di L. Firpo (Strenna UTET 1972), 1972, 26–29 – H. E. SIGERIST, Stud. und Texte zur frühma. Rezeptlit. (Stud. zur Gesch. der Medizin 13), 1923, 21–39 – W. WIEDEMANN, Unters. zu dem frühma. med. Briefbuch des Codex Bruxellensis 3701–15 [Diss. FU Berlin 1976], 209–211.

Bamberger Glaube und Beichte, deutschsprachige Paraphrase des Glaubensbekenntnisses und Beichtgebet, überliefert in einem aus dem 12. Jh. stammenden Teil des Münchener Sammelcodex clm 4460. Die Entstehung des Textes liegt früher (11. Jh.); für ostfränk. Herkunft sprechen die vermutete Hs.-Provenienz aus Bamberg und sprachl. Gesichtspunkte; eine ältere alem. Textvorlage ist möglich. Aus der Fülle der tradierten dt. Glaubens- und Beichtformulare heben sich B. G. und B. durch Umfang, Charakter und andersartige Zweckbestimmung heraus.

Der *Bamberger Glaube,* Vera Fides betitelt, führt, ausgehend vom Athanasianum, aber auch gestützt auf Nicaenum und Apostolicum, die Glaubensinhalte undogmatisch extendierend aus. Teufelsabsage und Bekundung der Glaubensbereitschaft wie der Unfähigkeit zur Erfüllung des Beabsichtigten leiten das eigtl. Glaubensbekenntnis ein: Definition des göttl. Wesens, Beschreibung des Erdenlebens Christi und des letzten Gerichts, Betonung der Heilswirkung von Reue, Buße und Beichte, untergliedert durch die vielfach wiederholte Formel »ich gloube« bzw. »gloube ich«. Der episierend breite Christus-Teil akzentuiert bes. die Menschheit des Sohnes.

Die *Bamberger Beichte,* Pura Confessio betitelt, besteht nach einer wortreichen Bitte um rechte Umkehr und Bekenntnis totaler Sündhaftigkeit aus einem umfangreichen, auch in konkrete Lebensbereiche ausgreifenden Sündenregister, strukturiert durch neun gruppenanführende Hauptsünden (Siebenzahl noch nicht verbindlich). Die von EHRISMANN gezeigte Berührung mit bestimmten lat. Sündenkatalogen bietet keinen Hinweis auf eine direkte Vorlage. Als Schuldbekenntnis unter umgekehrtem Vorzeichen folgt eine Reihe nicht erfüllter positiver Bewußtseins- und Verhaltensweisen. Die Feststellung der Unzulänglichkeit aller Reue und eine an Gott und Maria gerichtete Gnadenbitte schließen das Beichtgebet ab.

Wörtl. Anklänge, Einbeziehung der Gerichtsdimension, sprachschöpferische Leistung sowie gemeinsame Überlieferung signalisieren den gleichen Verfasser wie für

»Himmel und Hölle«. Entstehungsgrund und Bestimmungszweck für alle drei Texte dürfte in der Predigttätigkeit liegen, die eine Erläuterung zentraler Glaubensfragen und Ausbildung chr. Lebens- und Bewußtseinshaltung forderte. Ein begrenzter geistl.-monast. Adressatenkreis läßt sich aus einzelnen im Zusammenhang mit den Weltfreuden aufgeführten Sünden nicht ableiten. Wegen der intendierten Umfassendheit sind die Register als Sündenspiegel für eine geistl. und weltl. Gemeinde abrufbar. Der Textumfang schließt ständige bzw. häufige Benutzung von B.G. und B. im Gottesdienst aus, denkbar sind sie als vorgesprochenes Bekenntnis und Reuegebet an bes. Tagen des Kirchenjahres. – Der Bamberger Text erfuhr in Wessobrunner Glauben und Beichte eine gekürzte, auf Frauen zugeschnittene Redaktion (bair., 12.Jh.), überliefert in dem Wiener cod. 2681. U. Schulze

Ed.: K.Mühlenhoff–W.Scherer, Denkmäler dt. Poesie und Prosa aus dem 8. bis 12.Jh., 1892³, Nr. XCI, XC – E.v.Steinmeyer, Die kleineren ahd. Sprachdenkmäler, 1916, Nr. XXVIII – *Lit.:* Verf.-Lex.² I, 593–596 – W.Wackernagel, Altdt. Predigten, 1876, 324 – P.Sprockhoff, Altdt. Katechetik [Diss. Berlin 1912], 64–74 – Ehrismann I, 327–331 – H.Pörnbacher, B.G. und B. und die kirchl. Bußlehre im 11.Jh. (Fschr. M.Spindler, 1969), 99–114.

Bamberger Handschrift, ein Pergamentcodex nordfrz. Herkunft von ca. 1300 (Staatsbibliothek, Bamberg Ms. lit. 115 (olim: Ed. IV. 6), 263 × 186 mm, 80 fols.), neben der größten Motettensammlung der → ars antiqua, dem etwas jüngeren Codex Montpellier, die bedeutendste Quelle für die Musik des letzten Drittels des 13. Jh. Die Hs. enthält als Hauptteil 100 Doppelmotetten (→ Motette) in alphabet. Ordnung der Motetus-Incipit (99 dreistimmig, 1 vierstimmig; davon 44 lat., 47 frz. und 9 gemischtsprachig textiert); in einem Anhang 1 Conductus und 7 textlose hoqueti; und in einem zweiten Teil den Traktat »Practica artis musice« des → Amerus sowie weitere 22 lat. Motetten. Wichtig ist dieses reiche Repertoire auch deswegen, weil es Einblick gewährt in die mehrstufige Entwicklungsgeschichte der mehrsprachigen Motette. H. Leuchtmann

Ed.: P. Aubry, Cent motets du XIIIe s., 3 Bde (Faks.; Übertr.; Komm.), 1908 – *Lit.:* MGG I, s.v. B.H.; s.v. Ars antiqua – Riemann, s.v. Quellen – F.Ludwig, Die Q. der Motetten ältesten Stils, AMW V, 1923 – H.Besseler, Stud. zur Musik des MA, AMW VII, 1925.

Bamberger Meister. Die zw. ca. 1220 und 1237 (Datum der Weihe) an den Portalen und im Innern des Bamberger Doms entstandenen Skulpturen sind das seit Ende des 19.Jh. bis heute am meisten diskutierte plast. Ensemble des MA in Deutschland, sowohl in stilgeschichtl. wie ikonograph. Hinsicht. Es ist damit ein Stück Kunstwissenschaftsgeschichte verbunden. Der stilgeschichtl. Vorgang ist beispielhaft: Eine in der späten Romanik wurzelnde Werkstatt wird abgelöst durch Zuzug von Bildhauern, die an der Kathedrale v. Reims gearbeitet haben müssen und von dort Eindrücke und Formenschatz verschiedener neuester Werke – wie der antikisierenden Richtung der Visitatio am Westportal und der Königsstatuen von realist. Pathos am Querhaus – mit sich bringen und umsetzen, in Werken wie der Visitatio, Adam und Eva, Ecclesia und Synagoge sowie im ikonograph. rätselhaften Reiterstandbild. Nach frühen Analysen von Weese, Vöge, Dehio, Jantzen, Pinder, Beenken etc. hat W.Boeck 1960 den breit angelegten Versuch unternommen, das Werk des führenden Meisters herauszuschälen. Er unterscheidet zw. eigenhändigen Arbeiten, wie dem Reiter oder der Elisabeth, und solchen, die von Mitarbeitern nach seinem Entwurf ausgeführt wären, wie die Maria. Boeck sieht in diesem Meister auch den Magister operis, den den Ausbau der Westtürme und den modellhaften Turmbaldachin der Maria, Varianten zu den Türmen von Laon, entwarf. A.Reinle

Lit.: PKG IV, 235–238 – W.Boeck, Der Bamberger Meister, 1960 – W.Sauerländer (Staufer I), 313–321 [mit Lit. bis 1977].

Bamberger Reliquienschatz → Reliquien

Bamburgh, Burg in England (Northumberland), ae. Bebbanburh (ben. nach Bebbe, der Gemahlin Kg. → Æthelfriths), auf 35 m hohen Küstenfelsen, den das heut. Bamburgh Castle einnimmt. Ausgrabungen der 1960er Jahre haben Besiedlung der Römerzeit und des 5./6.Jh. nachgewiesen. Der brit. Name war Din Guaroy (Nennius, c. 63). Ags. Freibeuter errichteten um die Mitte des 6.Jh. in der Küstenzone um B. eine Herrschaft; ihre Führer machten B. im 7.Jh. zur urbs regia (so Beda u. a.) des Kgr.es → Bernicia und diente dem nahen → Lindisfarne als kirchl. Zentrum. Vom 8.Jh. an erscheint B. in Chroniken ztw. als Ausgangspunkt von Aufständen gegen die Kg.e in York und S-England oder als Zufluchtsort; eine Kapelle beherbergte eine berühmte Reliquie vom Haupt des hl. → Oswald.

Eine Beschreibung aus dem 12. Jh. setzt das Weiterbestehen des alten »palatium« voraus; es war jedoch in dieser Zeit zu einer kgl. Burg unter einem *connétable* geworden. Die angrenzende Markt- bzw. Stadtsiedlung B. (heute ein Dorf) entwickelte sich im 11./12.Jh.; ihre Bewohner empfingen 1255 und 1332 kgl. Privilegien. Im 15.Jh. büßte sie an Wohlstand ein. 1610 wurde die Burg von der Krone veräußert. D.A.Bullough

Lit.: A Hist. of Northumberland I, hg. E.Bateson u.a., 1893 – B. Hope-Taylor, Yeavering, 1977, bes. 284–308.

Bamburgh, Dynastie, herrschte über das nördl. → Northumbrien (→ Bernicia) seit 954. Sie führte ihren Ursprung auf Eadwulf I. v. Bamburgh († 913?) zurück. Nach dem Tod von → Erich Blutaxt, Kg. v. York, wurde Eadwulfs Enkel Oswulf von Kg. Eadred zum Earl erhoben. Sein Nachfolger Eadwulf II. (Evilchild) brachte möglicherweise die Abtretung von Lothian durch Kg. Edgar an Kenneth II., Kg. der Schotten, zustande (973). Waltheof I. (Verwandtschaftsverhältnisse unbekannt) wurde um 995 Earl; ihm folgte sein Sohn Uhtred nach (⚭ Tochter → Ethelreds II.), welcher 1016 oder 1018 ermordet wurde. Entweder Uhtred oder aber sein Bruder und Nachfolger Eadwulf III. (Cudel) wurden von den Schotten bei → Carham-on-Tweed geschlagen. – Der Mord an Uhtred löste die am besten bezeugte → Blutrache in der frühen engl. Gesch. aus; Uhtreds Enkelin heiratete den Dänen Siward († 1055), der von Knut d. Gr. zum Earl *(jarl)* erhoben worden war. Beider Sohn Waltheof II. (1075 hingerichtet) tötete 1073 die Söhne der Mörder seines Großvaters mütterlicherseits. Seine Tochter Maud, über Judith Nichte von Wilhelm dem Eroberer, heiratete David I., Kg. v. Schottland, wodurch die schott. Herrscher einen Anspruch auf Bernicia erhielten. G.W.S.Barrow

Lit.: W.Page, Archaeologia 11, 1888, 143–155 – Stenton³, 253, 362, 417f.

Bämler, Johann, Buchdrucker, * in Augsburg, † um 1503 ebd. 1450 in Rom nachweisbar, seit 1453 in Augsburg als Schreiber, später auch als Rubrikator von Drucken J.Mentelins und H.Eggesteins (1466/68) und als Buchbinder und Buchhändler tätig. B. war einer der fruchtbarsten Augsburger Buchdrucker des 15.Jh. Sein 1. datierter Druck erschien am 22. April 1472, sein letzter am 13. April 1495. Er verfügte über eine Anzahl von meist »oberdeutschen« Typenalphabeten von ausgeprägter Eigenart, mehrere Initialalphabete und stattete seine (zahlenmäßig weit überwiegend deutschsprachigen) Drucke mit Holzschnitten (des »Bämler-Meisters«, »Kreuzfahrt-Meisters« und »Sorg-Meisters«) aus. Die Bücher religiös-erbaulichen, belehrenden und rein unterhaltenden Inhalts erfreuten sich großer Beliebtheit, wie die zahlreichen Neuauflagen beweisen: »Der

Heiligen Leben« (3 Aufl.), »Plenarium« (2 Aufl.), Johann Niders »Die vierundzwanzig goldenen Harfen« (3 Aufl.), »Belial« des Jacobus de Theramo (2 Aufl.), »Buch der Kunst, dadurch der weltliche Mensch mag geistlich werden« (3 Aufl.), Konrads v. Megenberg »Buch der Natur« (3 Aufl.), die von B. selbst verfaßte bzw. kompilierte »Chronik von allen Kaisern, Königen und Päpsten« u. a.   F. Geldner

Lit.: NDB I, 521 – Verf.-Lex.² I, 599 f. – GELDNER I, 138 – I. LEIPOLD, Das Verlagsprogramm des Augsburger Druckers J.B., Bibliotheksforum Bayern, 4, 1976, 236–252.

Banaster, Gilbert, (Banstir, Banastre, Banester, Banister), engl. Komponist und Dichter, * um 1445 (in London?), † Ende Aug. 1487 ebendort (Datum des Testaments 19. Aug., Zuweisung hinterlassener Benefizien an andere am 1. Sept.). Als Inhaber eines Krongutes *(Yeoman of the Crown)* war sein Vater, Henry B., Beamter des kgl. Hofes. G. B.s Erziehung und mus. Ausbildung sind dunkel: 1475 wurde er *Gentleman of the Chapel Royal*, in der er wohl einmal Chorknabe gewesen war, und am 29. Sept. 1478 – als Nachfolger Henry Abyngdons – *Master of the Children*, wie eine Urkunde vom 6. Febr. 1479 (mit Geheimsiegel) bezeugt. Eduard IV. bestätigte am 28. Febr. 1483 B. in seinem Amt und gewährte ihm jährl. 40 Mark für Darbietungen sowie für Unterweisung und Leitung der Sängerknaben; ferner erhielt er vom Kg. Corrodia.

Aus B.s Schaffen sind folgende Werke erhalten: Fünf siebenzeilige Strophen eines Gedichts »Miracle of St. Thomas« (ed. SEARLE) im Chronicle of John Stone, Monk of Christ Church, Canterbury 1467 (Cambridge, Corpus Christi College, Ms), weiter drei Motetten und ein Jubelgesang: Die fünfstimmige paralitung. Votiv-Antiphon »O Maria et Elizabeth« (Eton College, Ms. 178, ed. HARRISON) entstand zur Hochzeit von Kg. Heinrich VII. und Elizabeth v. York (17. Jan. 1486); ihr Text spielt auf die erhoffte baldige Geburt eines Thronfolgers an, die Musik des eigenwilligen Spätwerks kennzeichnet künstler. Reife. – Der dreistimmige Hymnus »Exsultet caelum laudibus« in I Vesperis Communis Apostolorum (vertont sind nur die Strophen 2, 4 und 6; ed. CMM, Cantus firmus vgl. Antiphonale Monasticum, 1934, 621) sowie das zweistimmige »Alleluja, Laudate pueri«, ein Responsum der Meß-Formulare zu den Festen Sanctorum Innocentium und Sabbato in Albis (ed. CMM, Cantus firmus vgl. Graduale SS Romanae Ecclesiae, 1908; beide Cambridge, Magdalene College, Pepys-Ms. 1236), sind vermutl. im Todesjahr seines Vaters (1456) entstanden. Zuwenig substantielle Kriterien beider Motetten verbieten, B.s frühen Stil zu charakterisieren und zu beurteilen. – Der dreistimmige Jubelgesang »My feerfull dreme« dagegen zeugt von kultivierter Melodik. – B.s Kompositionen vertreten die Musik der Epoche zw. 1453 (J. Dunstables Tod) und 1498 (J. Browns Tod), eines der jüngeren Meister des Eton Choirbook).   D. v. Huebner

Ed: W. G. SEARLE, Cambridge Antiquarian Society Publications 34, 1902 – F. L. HARRISON, The Eton Choirbook 2, Musica Britannica 11, 1958, 117–127 – A. HUGHES – G. ABRAHAM, Ars nova and the Renaissance, The New Oxford Hist. of Music 3, 1960, 346 – Corpus mensurabilis musicae (CMM) 11, 1967 – Lit.: GROVE's Dictionary of Music and Musicians I, 1954, 396 – P. MICHEL, Encyclop. de la musique I, 1958, 341 – RIEMANN, Ergbd. I, 1972, 64 – MGG 15, 446 f. – E. F. RIMBAULT, The Old Cheque-Book of the Chapel Royal, 1872 – W. H. GRATTEN FLOOD, Early Tudor Composers, 1925 – F. L. HARRISON, Music in Medieval Britain, 1958 – DERS., Annales Musicolog. 6, 1958–63, 99–144 – J. STEVENS, Music and Poetry in the Early Tudor Court, 1961.

Banat. Als Banate wurden die südl. Grenzgebiete Ungarns im MA, die in unmittelbarer Abhängigkeit vom Kg. durch Bani verwaltet wurden, bezeichnet (→ Banus). Der Titel Banus ist zuerst für → Kroatien (auch → Slavonien und → Dalmatien) bezeugt, doch diese regna waren im MA keine B.e, ebensowenig wie das heute (seit dem 18. Jh.) so genannte (eigtl. »Temescher«) Banat. Die B.e des MA lagen südl. der Sawe bzw. der Karpaten und dienten als »Vorländer« gegen Byzanz, später gegen die Kgr.e → Bosnien und → Serbien, schließlich gegen das vordringende Osman. Reich. Ihre militär. Rolle läßt sich aus der Zahl der Grenzfestungen ablesen; sie dürften für ihre Bani, die oft aus den größten Baronensippen stammten, auch bedeutende Einkunftsquellen gewesen sein. – Das *B. Ozora* (auch Uzora, Wzora, serb. Usora) lag zw. den Flüssen Vrbas und Drina, das *B. Só* (serb. Sol) grenzte im O an und erstreckte sich bis zur Drina; die Grenzen im S hingen von der Ausdehnung der südl. benachbarten Territorien ab. Beide B.e gingen meist mit dem Titel eines Kg.s v. Bosnien zusammen, der oft Lehnsmann des Kg.s v. Ungarn war. Östl. grenzte das *B. Macsó* (Machow, serb. Mačva) an, etwa bis zur Morawa. Seit 1254 urkundl. belegt, war es, gelegentl. als Hzm. bezeichnet, 1268–1319 mehrfach unter serb. Oberhoheit, wurde im 14.–15. Jh. unter den Bani Garai und Ujklaky bis 1496 wichtiger Ausgangspunkt der Türkenkriege. Das *Severiner B.* (Zewren, Szörény, serb. Severinski b.) zw. Donau und Karpaten, ist zuerst 1233 genannt und wurde von Kg. Béla IV. 1238 bis zur Olt erweitert. 1247–60 war es den Johannitern anvertraut. Kg. Siegmund verlieh es 1429 dem → Deutschen Orden, der es unter Großmeister Nikolaus Redwitz innehatte, bis die Burg Severin 1432 von Wojwoden → Vlad überfallen wurde. Während die östl. Teile an das Fsm. → Valachei verlorengingen, blieb der Rest unter den Bani Thallóczy Frank, → Hunyadi u. a. bis 1524 Verteidigungs- und Angriffsbasis gegen die Türken. Ein *Vidiner B.* (oder bulgar. B.) südl. der Donau wird nur 1366–68 erwähnt. An der oberen Vrbas organisierte Kg. → Matthias I. 1464 das *B. v. Jajce* (serb. Jaječki b.), das 64 Jahre lang als Grenzsicherung der SW-Flanke von größter Wichtigkeit war.   J. M. Bak

Q.: Cod. dipl. partium regno Hungariae adnexarum, hg. L. v. THALLÓCZY, I–IV, 1904–15 – Lit.: Enciklopedija Jugoslavije, 1955–71, I, 343; IV, 448; V, 525; VIII, 438 – G. PESTHY, A macsói bánok, Századok 9, 1875, 361–381, 450–467 – A. HUBER, Ludwig I. v. Ungarn und die ung. Vasallenländer, AÖG 66, 1885, 1–44.

Bancherii → Bankwesen

Banco di S. Giorgio → Casa di S. Giorgio

Band, deutsches → Deutsches Band, → Backsteinbau

Banderien, Einheiten der ma. Heeresverfassung Ungarns, usprgl. jene Truppen, die unter eigener Fahne (daher der Name) und persönl. Befehl der Großen des Landes ins Feld zogen. Nach dem Zerfall der Burgmiliz im 13. Jh. entstanden, unter den Anjoukönigen mehrfach erwähnt, wurde das Banderiesystem von Kg. → Siegmund (Dekret v. 12. März 1435) geregelt und blieb bis in die Neuzeit bestehen. Demnach haben die Kg. und die Kgn. 1000 Reiter ständig, im Kriegsfall mehrere B., die höchsten Würdenträger (→ Palatin, Landesrichter, aulici, siebenbürg. → Wojwode, Bani [→ Banus] usw.) von Amts wegen, die Prälaten aus ihren Einkünften im Kriegsfall 1–2 B. ins kgl. Lager zu führen; andere Herren erhielten für die Aufstellung von B. ein salarium vom Kg., das dann auch die »Bannerherren« (Barone und Prälaten) verlangten. Später wurde auch das Adelsaufgebot der → Komitate und die Portalmiliz als B. bezeichnet. Die Stärke der B. lag zw. 400 und 1000 Reitern (nebst zusätzl. Fußvolk, Hilfstruppen, usw.).   J. M. Bak

Q.: Decreta Regni Hungariae 1301–1457, 1976, 277–282, 405–430 – Lit.: M. PIRINGER, Ungarns B. und desselben gesetzmäßige Kriegsverfassung überhaupt, 1810–16, I – H. MEYNERT, Das Kriegswesen Ungarns in seiner gesch. Entwicklung ..., 1876 – J. DEÉR, Zsigmond király honvédelmi politikája, 1936 – künftig: From Hunyadi to Rákóczi, hg. B. KIRÁLY, J. M. BAK, G. E. ROTHENBERG, 1980.

Bandhelm, auf iran. Vorbilder zurückgehender Helm der Völkerwanderungszeit (5. und 6. Jh.), bestehend aus eisernen Stirnreifen, zwei Kalottenhälften und Scheitelband oder vier Kalottenvierteln mit Scheitel- und Schläfenband. Nachfahren des B.s finden sich bis ins 10. Jh.

O. Gamber

Lit.: D. HEJDOVA, Der sog. St. Wenzels-Helm, WKK 1967, H. 1.

Bandrippe → Gewölbe

Báñez, Domingo OP → Spanische Spätscholastik

Bangor

1. B. (Bennchor), ir. Kl. am Südufer des Belfast Lough, gegr. von → Comgall moccu Araidi (10. Mai 601/602/605). Wie viele andere frühe ir. Äbte entstammte Comgall den → Cruthin. Die → Dál Fiatach, welche sich polit. an die Stelle der Cruthin setzten, förderten B. ebenfalls. Das Kl. hatte Landbesitz in Uí Bairrche, in Leinster, wo Diarmait Ua hÁedo Róin, ein → Céli Dé, 811 in Tochterkl. gründete. Applecross in Schottland wurde 673 von Máel-Ruba aus B. errichtet; bis 802 zumindest bestand eine Verbindung mit B. – Anscheinend wurde in B. eine strenge Regel befolgt. Die Abtei war ein Zentrum der Hymnographie (→ Antiphonar v. Bangor). Genaue Kenntnis der Komputistik bildete den bes. Stolz der Abtei, was zur Unnachgiebigkeit von B. in der Frage der Osterdatierung (→ Osterstreit) entscheidend beitrug. Die Gelehrsamkeit und das Selbstbewußtsein → Columbans, der seine Bildung in B. empfangen hatte, sind ein Zeichen für die wissenschaftl. Betätigung in der Abtei. Gleichzeitig mit der Kompilation von Annalen wurde im 7.-8. Jh. der Versuch unternommen, die alte ir. Tradition und Frühgeschichte mit dem Alten Testament, Orosius und Eusebius in Einklang zu bringen. Daraus erklärt sich z. T. das Interesse, das in B. in dieser Zeit an einheim. mündl. und schriftl. Überlieferungen und Sagen, bes. aber am Ulster Cycle, bestand. Seit dem 9. Jh. ist ein Verfall der lit. Tätigkeit erkennbar, doch sind wahrscheinl. im 10. Jh. die »Viten« des Comgall entstanden; der Niedergang hängt wohl mit den Wikingereinfällen, möglicherweise aber auch mit einem Wechsel bei den polit. Kräften, die auf das Kl. einwirkten, zusammen. Im 12. Jh. scheinen in B. die monast. Aufgaben nicht mehr wahrgenommen worden zu sein. Eine neue, reformierte Gemeinschaft wurde durch den hl. → Malachias 1124 ins Leben gerufen; sie schloß sich in der Folgezeit der Kongregation v. → Arrouaise an. 1539 wurde B. säkularisiert. Seine Besitzungen umfaßten zu diesem Zeitpunkt Temporalia und Spiritualia in 34 *townlands* (Gemarkungen) mit den Zehnten von neun Rektoraten bzw. Kapellen.

Ch. Doherty

Lit.: LThK² I, 1222 [L. BIELER] – J. F. KENNEY, Sources for the Early Hist. of Ireland, I; Ecclesiastical, 1929 [Neudr. 1966], 218, 262, 265f., 395-397, 474f., 706-712 – A. GWYNN-R. NEVILLE HADCOCK, Medieval Religious Houses of Ireland, 1970, 161 – F. J. BYRNE, Irish Kings and High-kings, 1973, 10, 82, 119, 124, 136, 146, 170, 268.

2. B., ältestes Bm. in Wales (Carns.), wurde im 6. Jh. als bedeutendstes kirchl. Zentrum von → Gwynedd von → Deiniol (Daniel) errichtet und zum Unterschied von seiner anderen Gründung Bangor Is Coed (bei Chester) (Beda, HE II, 2) als Bangor Fawr ('das große B.') bezeichnet. Bf. Elfoddw, der für die Annahme des Ostertermins der röm. Kirche (→ Osterstreit) durch die walis. Kirche (768) verantwortl. war, dürfte enge Beziehungen zu B. besessen haben: Bei der Erwähnung seines Todes (zu 809) nennen ihn die walis. Annalen (Annales Cambriae) den »obersten Bf.« v. Gwynedd. Mit der Einsetzung von Bf. Hervé (1092-1109) wurde B. ein normales territoriales Bm., das dem Ebm. Canterbury unterstand. Angesichts der fortdauernden Spannungen zw. Walisern und Anglonormannen blieben die Position der Bf.e und die Metropolitangewalt der Ebf.e v. Canterbury ungesichert; das Bm. war lange Zeit vakant (1109-20, 1161-77). Im 13. Jh. wurde die Oberhoheit v. Canterbury zwar anerkannt, doch sicherten sich die Fs.en v. Gwynedd die Wahl genehmer Kandidaten. Bf. Anian (1267-1305/06) einigte sich, nicht ohne Schwierigkeiten, mit dem siegreichen engl. Kg. Eduard I. Seine Nachfolger bis 1357 waren Waliser; danach wurde das Bm. mit Nichtwalisern besetzt, unter deren häufiger Abwesenheit es litt. – Die Diöz. war in drei Archidiakonate unterteilt; die Kathedrale, die ein Kapitel mit einem Dekan an der Spitze besaß, war stets mit nur geringem Temporalbesitz ausgestattet. Das franziskan. Pontificale, das für Anian zusammengestellt wurde, ist in der Kathedrale erhalten.

D. P. Kirby

Lit.: J. C. DAVIES, Episcopal Acts Relating to Welsh Dioceses, 1946-48, I, 91 ff.; II, 415 ff. – A. H. THOMPSON, J. of the Hist. Soc. of the Church in Wales I, 1947, 91-111 – G. WILLIAMS, The Welsh Church from Conquest to Reformation, 1962 – T. MORRIS, Trans. of the Anglesey Antiq. Soc. and Field Club, 1962, 55-98 – M. L. CLARKE, Cathedral I, 1969 – M. RICHTER, Canterbury Professions, 1973.

3. B. (B. Is Coed) (Bangor-on-Dee, engl. Banchornaburgh), Kl. in Flint (Wales), etwa 28 km südl. von Chester; es bildete wahrscheinl. einen Teil der parruchia v. St-Deiniol und war damit ein Tochterkloster v. Bangor Fawr (→ Bangor 2.). Es wird erstmals bei → Beda (HE II, 2) erwähnt. Zu jener Zeit (etwa 603) stand Abt Dinoot dem Kl. vor; es umfaßte über 2000 Mönche, die in sieben Gruppen, jeweils unter der Leitung eines eigenen Abtes, eingeteilt waren. Mitglieder der Gemeinschaft von B. nahmen nach Beda an → Augustinus' Konferenz teil, in der die Differenzen zw. der röm. und kelt. Kirche erörtert wurden. Beda berichtet ferner, daß Kg. → Æthelfrith in der Schlacht v. Chester (616) 1200 Mönche aus B. erschlagen habe. Beda betrachtete diese Katastrophe als göttl. Schiedsspruch angesichts der Unnachgiebigkeit, welche die Vertreter B.s bei ihren Verhandlungen mit Augustinus gezeigt hatten. Außer in Bedas »Hist. ecclesiastica« findet B. nur in den walis. → Triaden Erwähnung.

Ch. Doherty

Q.: Bedae opera hist., ed. C. PLUMMER, 1896, I, 81-85; II, 73-78 – Trioedd Ynys Prydein, ed. R. BROMWICH, 1978², 164f. – Lit.: J. E. LLOYD, Hist. of Wales, 1911, 193, 195.

Bank (lat. scamnum), Sitzgelegenheit für mehrere Personen. Schon im Altertum gebraucht, einerseits in die Wand eingebaut, andererseits ein Möbelstück mit vier Füßen und ohne Lehne, in der Wohnung vor dem Bett, für den Gebrauch von Kindern oder in Werkstätten. Nach Plautus war die B. ein Möbelstück der niederen Klassen.

Im MA gewann die B. an Bedeutung. Allgemein gebraucht wurde sie entlang der Wänden von Räumlichkeiten, in denen mehrere Leute zusammenkamen. Vor diese stellte man den Tisch, an dessen äußere Seite noch eine selbständige B. aufgestellt werden konnte; diese war noch im 15. Jh. oft sehr einfach, ohne Lehne, mit eingebohrten Füßen. Auch vor dem Bett stand eine B. (schon bei Isidor, Etymolog. 20, 11; 7. Jh.), an deren Stelle im 14.-15. Jh. eine Sitztruhe kam (»Truhenbank«). Mit dem Stuhl verglichen, hatte die B. auch im MA geringeren Repräsentationscharakter, doch hatte sich bereits eine Form mit Lehne herausgebildet. Zu diesem Typ gehören die vom 15. Jh. an erhaltenen Bänke. In W-Europa stand damals die selbständige B. hauptsächl. vor Kaminen. Um die Umstellung der schweren Bänke auszuschalten, gestaltete man in den Niederlanden diese mit umlegbarer Lehne (frühe Varianten auf den Bildern des Meisters von Flémalle). Die B. mit Klapplehne verbreitete sich von hier aus über einen großen Teil Europas, noch im Laufe des

15. Jh. nach Frankreich, Italien, Deutschland, der Schweiz, Österreich, Polen und Böhmen. → Chorgestühl, → Kirchenausstattung.
K. K. Csilléry

Lit.: H. FETT, Baenk og stol i Norge, 2 Bde, 1907 – K. K. CSILLÉRY, Egy németalföldi eredetü magyar népi butor: a csuklós támláju pad [dt.: Die Bank mit umlegbarer Lehne. Ein ung. Bauernmöbelstück ndl. Ursprungs.], Néprajzi Értesitö 57, 1975, 5–65.

Bankrott. Die Etymologie des Wortes B. (it. *bancarotta*) ist von der in den it. Kommunen gebräuchl. Sitte abzuleiten, bei Zahlungsunfähigkeit die Bank auf den öffentl. Plätzen zu zerbrechen, auf der die »banchieri«, später die »mercatores« ihre Geschäfte abwickelten. Diese Vorgangsweise belegte nicht nur den Betroffenen mit dem Makel öffentl. Schande, sondern zeigte auch an, daß der Zahlungsunfähige nicht mehr zur weiteren Ausübung seiner Handelsgeschäfte imstande war. Die Statuten der it. Städte weisen verschiedene Bezeichnungen für Schuldner, die ihren Verpflichtungen nicht mehr nachkommen können, auf: z. B. *fugitivi* (Lombardei), *gravati de debiti* (Venedig), *cessanti* (Florenz), *falliti* oder *fallentes* (Rom), *rotti* oder *rompentes* (Genua), wo die für ihre Belange zuständige Behörde officium ruptorum hieß: die Statuten der Jahre 1403–07 und 1408 beinhalten Rubriken mit den Titeln »de bancheriis rumpentibus« und »de bancheriis et de aliis rumpentibus«.

In einigen Städten (wie Genua und Rom z. B.) bezeichnete den Terminus »bancarotto« auch denjenigen, der die Tätigkeit des »cambio minuto« ausübte (REZASCO, Dizionario del linguaggio italiano storico e amministrativo, 1881, s. v. Bancarotto), wie auch der »Trattato di cambi...« des Marco Palescandolo beweist, der in Genua und Rom operierte (ed. CASSANDRO).

Für die Terminologie ist auch das Zeugnis des großen frz. *arrêtiste* Nicolas Bohier (Decisiones Burdegalenses, 1579, dec. 215, n. 1) heranzuziehen, der in Bezug auf die »falsi mercatores, qui arripiunt fugam cum pecuniis alienis« angibt: »Et isti dicuntur in Tuscia et tota Italia mercatores falliti: quos Bartolus vocat cedentes foro ... et nos banqua ruptos seu banquam ruptam facientes...«. Frankreich nahm als erstes Land (ALFANI, Bancarotta, Digesto Italiana, 5, 127) in die diesbezügl. Rechtstexte das Wort B. auf: vgl. z. B. die Ordonnances von Franz I. (1536) u. a., für das Imperium vgl. die Verfügung von Karl V. aus dem Jahr 1540. Aus diesen Texten, wo der Ausdruck B. für den betrügerischen B. verwendet wird (in Italien tritt er in dieser Bedeutung erst im 18. Jh. auf), kann man entnehmen, mit welcher Strenge man gegen die Bankrotteure vorging. Bereits im 14. Jh. war → Baldus de Ubaldis für ein derartig strenges Vorgehen eingetreten: »Item quia [falliti] sunt infames, et infamissimi, qui more antiquissime legis deberent tradi creditoribus laniandi...« (Conciliorum vol. V, 1575, cons. 400, n. 3)«... Item si fallitus ergo fraudator ... quia a communiter accidentibus falliti sunt deceptores et fraudatores ... nec excusantur ob adversam fortunam...« (cons. 382, n. 20). Es ist evident, daß sich bei dem großen Kommentator jenes ursprgl. Entwicklungsstadium der röm. Rechts widerspiegelt, in dem man vor der im Zwölftafelgesetz vorgesehenen persönlichen Exekution des insolventen Schuldners zu dem Prinzip der Sachenexekution sowie zu der Unterscheidung zw. dem Schuldner bona und mala fide gelangt war, wobei nur der letztere persönlich belangt wurde. Diese strenge Lehre blieb unangefochten bis in das 16. Jh. lebendig, als sich die Auffassung von Benvenuto Stracca aus Ancona (1509–78) durchsetzte, mit ihrer klaren Unterscheidung zw. Schuldnern, die ohne eigenes Verschulden in den Zustand der Zahlungsunfähigkeit geraten sind, und schuldig gewordenen oder betrügerischen Bankrotteuren.

In Deutschland sind u. a. in Lübeck 1404 und 1472 Konkurse von Wechslern und Bankiers bezeugt, bei denen dann jeweils der Rat der Stadt die Gläubiger in einer bestimmten Reihenfolge befriedigt. – Vgl. auch Konkurs.
G. P. Massetto

Lit.: K. NEUMEYER, Hist. und dogmat. Darstellung des strafbaren Bankerotts, 1891 – E. BRUNET, Faillites et banqueroutes, 1943 – C. DUPOUY, Le droit des faillites en France avant le Code de commerce, 1960 – CONTI, Fallimento (Reati in materia di, Nuovissimo Dig. It., 1960, 1166ff. [Lit. 1166–1168] – A. ROCCO, Il fallimento. Teoria generale e origine storica, 1962² – U. SANTARELLI, Per la storia del fallimento nelle legislazioni italiane dell' età intermedia, 1964 – R. SPRANDEL, Das ma. Zahlungssystem nach hansisch-nord. Q. des 13.–15. Jh., 1975, bes. 59.

Bankwesen. Im MA wurden die Funktionen, die die Banken heute als Institutionen, die den Geldverkehr abwickeln und Kredite vermitteln, erfüllen, nicht von den gleichen Personen und Einrichtungen ausgeübt. Ein B. – v. a. in den umfassenderen Formen von Einlagen, Giro und Wechsel – war im HochMA fast nicht vorhanden und entwickelte sich erst zu Beginn des 13. Jh. infolge der beträchtl. Bevölkerungszunahme sowie der Erweiterung der Handelsbeziehungen und des Aufschwunges der Schiffahrt.

Die einzige Kategorie von Personen, die berufsmäßig Geldgeschäfte betrieben – sie organisierten sich sehr bald in einer Korporation –, waren die cambiatores oder campsores, die sich mit dem Münzwechsel befaßten. Da in einigen Städten die Termini campsor und bancherius unterschiedlos verwendet wurden, ist es nicht unwahrscheinl., daß die gleichen Personen in vielen Fällen auch als Vermittler des Wechselhandels fungierten und Einzahlungen und Einziehungen für ihre Kunden mit einfachen Übertragungen *(giri)* in ihren Büchern oder Registern vom Konto eines Kunden zu dem eines anderen vornahmen: Das geschah zumindest in Städten, in denen das Wechselgeschäft und das System der Bankzahlungen eine beachtl. Bedeutung errungen hatte. Was z. B. Genua betrifft: Aus den Notariatsregistern des 12. Jh. erfahren wir, daß der Titel bancherius ausschließlich den Wechslern vorbehalten war, zweifellos weil diese ihre Geschäfte führten, indem sie hinter einem Tisch (tabula) oder einer Bank (bancum) saßen. Um 1200 – wie wir von den Genueser Notaren wissen – beschäftigten sich diese sog. bancherii nicht nur mit dem Geldwechsel, sondern waren schon in den Bereich des eigtl. Bankwesens vorgedrungen (vgl. DE ROOVER, Cambridge Economic History of Europe III, 66).

Das Zeitalter der Kommunen war infolge seiner vielen Münzprägestätten und der Vielfalt der in Umlauf gebrachten Münzen durch ein ziemlich kompliziertes Währungssystem charakterisiert (vgl. z. B. DAVIDSOHN I, 800f.). Außerdem entsprachen den zirkulierenden Münzen, die übrigens sehr oft Veränderungen unterworfen waren, nur selten die Rechnungswährungen, die in den Geschäftsbüchern und in den Verträgen angeführt wurden. So erwies es sich als notwendig, die Geldüberweisungen in ferne Länder ebenso wie die Zahlungen an Ort und Stelle zu erleichtern. Dem ersten Erfordernis kommt man mit dem Wechselgeschäft, dem zweiten mit dem System des Bankgiros entgegen (→ Giroverkehr). Der gezogene → Wechsel (Tratte) setzt sich im internationalen Handel als eines der wichtigsten Surrogate des Geldes durch. Es handelt sich dabei um einen Kredit, der seinen Ursprung in der Gewährung eines Darlehens hat, das nicht im selben Ort bezahlt werden muß, wo es aufgenommen wurde, oder beim Verkauf von Waren in einem Ort, der nicht mit dem Zahlungsort identisch ist, zur Anwendung kam. Mit der Tratte entwickelt sich eine Art Notenumlauf, der den tatsächlichen Geldumlauf überwiegt; er hat den Vorteil, daß die Zahlungen durch Verrechnen geregelt werden und auf Bargeld nur für die Saldi zurückgegriffen werden muß, die wohl nie sehr beträchtl. waren (LUZZATTO). Andererseits schrieben die Banken, bei denen die Kunden ihr Geld deponierten, in ihren Büchern die Geldüberweisungen vom Konto eines Kunden auf das des anderen Kunden, zu Gunsten dessen die Zahlung zu leisten war. Auf diese Weise führte man ein Girogeschäft durch, das für beide Parteien von Vorteil war, da es die Schätzung der Münze und den Transport des Geldes sowie die Unkosten und Gefahren, die damit verbunden waren, vermied. In Venedig, wo dieses Zahlungssystem eine bes. Entwicklung annahm, ist das »Scrivere e girare in banco« die beliebteste Form des Geldverkehrs, und die Banken nennen sich »banchi de scripta«. Auch in diesem Fall, wie beim Wechselgeschäft, entsteht eine Form des Notenumlaufs, die bei weitem den fakt. Geldumlauf überwiegt. Dies bringt als weiteren Vorteil neben den schon genannten, daß sich der Gebrauch des »Bankgelds« verbreitete: Dabei handelte es sich nicht um Geld, das wirklich von den Bankiers im Umlauf gesetzt wurde, sondern um eine Rechenwährung, die in ihren Geschäftsbüchern Verwendung fand und die den am meisten geschätzten Gold- oder Silbermünzen gleichgesetzt wurde. Sie besaß internationalen Kurswert und war den häufigen und willkürlichen Kursschwankungen der im Landesinneren zirkulierenden Münzen nicht unterworfen.

Die Wechsel- und Girogeschäfte der Bankiers, die ihnen eine bedeutende Vermittlerfunktion im Zahlungsverkehr zuweisen und sie zu den Hauptträgern des Geldumlaufs machen, ziehen die Aufmerksamkeit des Staates auf sich. Die Bankiers werden einer strengen Kontrolle unterworfen, die um so stärker beobachtet wird, als zu den beschriebenen Geldoperationen auch häufig das Zinsdarlehen an Privatleute und öffentl. Institutionen hinzugetreten war. Zumeist wurden jedoch Kreditgeschäfte von größerer Relevanz nicht von Wechsler-Bankiers getätigt, sondern von Kaufleuten, als eine Art Ergänzung ihrer eigtl. Tätigkeit, die jedoch bei den Angehörigen von drei Nationen zur vorherrschenden wird: Bei den Juden, den Caorsinen (→ Kawertschen) und den Italienern oder → Lombarden, die in den frz. Städten, in den Niederlanden, England und den Gebieten am Rhein sich das Monopol für das Kreditgeschäft im ganzen Abendland sichern und das Privileg erhalten, Banken zu eröffnen oder Tische für das Leihgeschäft aufzustellen. Sie beschränken ihre Aktivität und übernehmen nur selten – die Juden ausgenommen – Einziehungen von Zahlungen auf das Konto dritter Personen und nehmen nur in Ausnahmefällen Wechsel von Korrespondenten in anderen Städten an. Die Caorsinen und die Lombarden, die zum Unterschied von den Juden außerdem zahlreichen Beschränkungen ihrer Tätigkeit unterworfen sind, können in der Verbindung mit Handelskompanien oder mit deren Unterstützung agieren, indem sie von diesen die Pacht von Zöllen oder anderen fiskal. Einkünften erhalten. Sie können auch mit dem Schutz desjenigen Staates rechnen, dessen Bürger sie sind, sowie auf den Rückhalt, den ihnen die Verbände gewähren, die sich im Ausland unter den Kaufleuten aus der gleichen Gegend bilden. Die typ. Geldoperation dieser berufsmäßigen Kreditgeber ist, nach modernem Sprachgebrauch, das Lombardgeschäft, d.h., ein Kreditgeschäft, das in einem Darlehen gegen die Verpfändung beweglicher Güter von größtenteils hohem Wert besteht: z.B. Gold, Silber, Edelsteine, Wertpapiere, Agrarprodukte (Getreide, Wolle, Seide) oder Importgüter aus den Kolonien. Urspgl. in Italien praktiziert, verbreitete sich diese Form des Kreditgeschäfts v.a. durch die Lombarden (daher der noch heute bestehende dt. Name) sowie auch durch die Juden und die Caorsinen in den anderen Ländern. Sie hatten dafür nur das eigene Kapital sowie die ihnen von temporären Teilhabern anvertrauten Gelder zur Verfügung. Erst dann handelte es sich um ein echtes Bankkreditgeschäft, als die Banken begannen, es mit Fremdkapital, das sie auf Kredit erhalten hatten, abzuwickeln.

Von der Tätigkeit der Wechsler-Bankiers und der berufsmäßigen Geldverleiher, die eben beschrieben wurde, sind die Aktivitäten der bedeutenden Handelskompanien zu unterscheiden: Sie begannen mit dem Warenhandel und mit dem Valutenwechsel, spezialisierten sich aber dann seit dem 15. Jh. auf Deposit- und Kreditbankgeschäfte. Denn bis zu dieser Zeit – vielleicht mit Ausnahme der *Gran Tavola dei* → Bonsignori von Florenz, die um 1235 gegründet wurde und sich sehr bald in dem beschriebenen Sinn spezialisierte – verbanden die Kompanien die Aktivität von Kaufleuten, Reedern, Industriellen mit der Bankiertätigkeit. Aus den Aufzeichnungen, die die Bankiers und Kaufleute des 13. und 14. Jh. machten, tritt deutlich hervor, »wie Grundlage der großkaufmännischen Ausbildung der Warenhandel, zumal das Tuchgeschäft, daheim und in der Ferne bildete. Daraus erklärt sich die Sicherheit, mit der sich die Florentiner in den verschiedensten Handelszweigen bewegten, und die unlösbare Verbindung, in der für sie das Bank- und Finanzwesen mit den Warenumsätzen stand« (DAVIDSOHN IV, 2, 184). Der Kontrakt, den die Medici-Bank mit der Zweigniederlassung in London schloß, läßt erkennen, daß noch 1454 als Zweck angegeben wurde, eine »Kompanie zu gründen, die sich mit Handel und Wechsel beschäftigt«. In diesem Zusammenhang ist Wechsel *(cambio)* nach DE ROOVER ein Synonym für Bankoperationen, die einst hauptsächl. im Geschäft mit Wechselbriefen bestanden.

Um nur einige der bedeutendsten Handelskompanien zu erwähnen, sei an die Tolomei und Salimbeni in → Siena erinnert sowie an die → Alberti, → Acciaiuoli, → Bardi, → Bonaccorsi, → Datini, Guardi, → Peruzzi, Soderini und → Medici in Florenz, die Agenten und Zweigniederlassungen in den bedeutendsten it. Städten sowie im ganzen Okzident und Orient hatten. Ihre Tätigkeit erfuhr bedeutende Impulse durch ihre Funktion als Steuereinnehmer der päpstl. Kurie. Die Kirche bediente sich nämlich der it. Bankiers und beauftragte sie damit, die aus den verschiedenen Regionen eingegangenen Zehntsummen von den päpstl. Kollektoren oder Subkollektoren entgegenzunehmen und zu verwahren, um in Gebieten, die von den Einziehungsorten entfernt lagen, darüber disponieren zu können – wie es sich z.B. zur Zeit der Kreuzzüge als notwendig erwies.

Zu den bedeutendsten Geldoperationen, die von den großen Kompanien getätigt wurden, zählten die Depositen und die Darlehensgewährung gegen Zinsen. Bei den Depositen lassen sich mehrere Formen unterscheiden: »Kontokorrenteinlagen« (nach dem heut. Sprachgebrauch), bei denen die Deponenten dem Bankier eine bestimmte Summe anvertrauten, die bei jeder eventuellen Zahlung wieder zu ihrer Verfügung stand und sofort fällig war. Von dieser Einlage ohne Entgelt muß eine Form des Depots unterschieden werden, bei dem die Deponenten den Kompanien ihr Kapital gegen Verzinsung für die Abwicklung von Geschäften zur Verfügung stellten. Man spricht dabei auch von vinkulierten Depositen oder Depositen nach Ermessen, für die die Kaufleute-Bankiers den Deponenten eine Verzinsung zusagten, die – wie im Falle des Bankhauses Medici – bis zu 12 % betragen konnte. Das war eines der vielen Mittel, durch die man das Wucherverbot zu umgehen suchte: Eine Verzinsung, die von dem Ermessen des Bankiers abhing, entsprach einer Vergütung durch ein Geschenk – und niemand konnte es doch verbieten, daß man sich kleine Geschenke gab! Die große Rolle, die diese Art der Geldeinlage in der Praxis spielte, spiegelt sich auch in der Doktrin der Kirche wider, die seit den Glossatoren der ersten Generation vom dogmat. Standpunkt aus Wesen und Form dieses Depots zu definieren suchte. Es handelt sich dabei um eine Einrichtung, die sich in mehreren Elementen von dem normalen oder regulären Depot unterscheidet: Fungibilität der Sache, Restitution des tantundem, Vergütung von Zinsen. Diese Elemente sind offensichtl. den Charakteristiken des Darlehens verwandt. In der Rechtswissenschaft setzte sich nach langen Diskussionen die Lehre vom depositum confessatum oder confessionatum durch, mittels dessen die Parteien festsetzen konnten, ob der abgeschlossene Kontrakt als (irreguläres) Depot oder als Darlehen zu definieren sei. Es handelt sich dabei wohlgemerkt um eine Konstruktion, die nicht nur vom theoret. Gesichtspunkt aus bedeutsam ist, sondern von den dringenden wirtschaftl. Erfordernissen ausgeht, da sie es einerseits erlaubt, das kanon. Wucherverbot zu umgehen, andererseits auf den abgeschlossenen Kontrakt die bedeutenden Privilegien ausdehnt, die das reguläre Depot genoß.

Was die Darlehen gegen Zins betrifft, genügt der Hinweis, daß sie für die Bankiers infolge des weitgespannten Netzes internationaler Beziehungen äußerst lukrative Geschäfte mit reichem Profit bedeuteten. Der Ausgang dieser Unternehmen war jedoch meist an die polit. und militär. Erfolge der Souveräne gebunden, deren Finanziers die Bankiers geworden waren. Der relativ kurze Bestand vieler der oben angeführten Kompanien ist daher nicht verwunderlich: Sie gingen durch den Ruin der Souveräne zugrunde, die riesige Vorschußzahlungen verlangt hatten und sich dann insolvent erklären mußten. Es kam auch nicht selten vor, wie im Falle von Philipp dem Schönen, daß man als Ausweg zu Währungsmanipulationen griff, die die Ursache für schwere internationale Kursschwankungen waren. Der Zusammenbruch einiger Banken wie der Bardi und Peruzzi im 14. Jh. hatte Folgeerscheinungen. Zunächst erscheint eine neue Bankenstruktur. Firmen wie Datini und Medici bestehen aus einem System von selbständigen, nur durch Personalunion miteinander verbundenen Geschäftshäusern, die sich nicht mehr gegenseitig in einen Bankrott hineinziehen können.

Die Errichtung öffentl. Banken, die seit dem 14. Jh. verlangt und teilweise auch verwirklicht wurde (taula de Cambi, Barcelona 1401), war eine zweite Folgeerscheinung des Zusammenbruchs von Privatbanken und trat seit der 2. Hälfte des 16. Jh. gehäuft in Erscheinung. Sie stand im Zusammenhang mit den tiefgreifenden Veränderungen, die in der Währungspolitik der Staaten vor sich gingen.

G. P. Massetto

Lit.: EncIt VI, 34–38 – C. S. Peruzzi, Storia del commercio e dei banchieri di Firenze in tutto il mondo conosciuto dal 1200 al 1345, 1868 – P. Rota, Storia delle banche, 1874 – A. Curtois, Hist. des banques, 1881 – L. Zdekauer, L'interno di un banco di pegno, ASI 1896 – G. Arias, Studi e documenti di storia del diritto, 1901, passim – L. Goldschmidt, Universalgesch. des Handelsrechts, 1891, rist. an. 1957, 29–31; 158–169; 254ff. – G. Salvioli, La dottrina dell'usura secondo i canonisti e i civilisti italiani nei secoli XIII e XIV (Fschr. C. Fadda, 1905) – G. Arias, Le società di commercio medievali in rapporto con la Chiesa, ASRSP 1906 – I. La Lumia, I despositi bancari, 1913 – A. Sapori, Saggio di una bibliografia per la storia della banca in Italia fino al 1815 (Hist. of the Principal Public Banks ... by J. G. Van Dillen, 1934), 357–384 – Y. Renouard, Le compagnie commerciali fiorentine nel Trecento, ASI XCVI, 1938, 41–68, 163–179 – U. Caprara, Le banche commerciali: La evoluzione storica del commercio bancario, mercati monetari e finanziari, 1939 – G. Mondaini, Moneta, credito e banche attraverso i tempi, 1940 – R. de Roover, The Medici Bank: its Organization, Management, Operations and Decline, 1948 – Ders., Money, Banking and Credit in Mediaeval Bruges: Italian Merchant-Bankers, Lombards and Money-Changers, 1948 – L. Incornati, Banche e monete dalle Crociate alla Rivoluzione francese, 1949 – Y. Renouard, Les hommes d'affaires italiens du MA, 1949 – G. Luzzatto, Storia economica dell'età moderna e contemporanea, 1952, 114ff. – A. Sapori, Studi di storia economica medievale, I–II, 1955³; III, 1967, passim – J. T. Noonan, The Scholastic Analysis of Usury, 1957, 12ff. – M. Chiaudano, Banco (cenni storici) (Novissimo Digesto Italiano II, 1958), 208–212 – G. Cassandro, Un trattato inedito e la dottrina dei cambi nel Cinquecento, 1962 – G. Luzzatto, Storia economica d'Italia (Il Medioevo, 1967²), 254–303 – A. Galasso, Mutuo e deposito irregolare. I: La costituzione del rapporto, 1968, 2–25 – R. Davidsohn, Gesch. von Florenz I, 1896, Kap. XIV; IV, II, 1925 passim – The Cambridge Economic Hist. of Europe III, 1971: R. de Roover, The Organization of Trade, 42–118 [Bibliogr. 608–612] – E. B. Fryde–M. M. Fryde, Public Credit, with Special Reference to North-Western Europe, 430–553 [Bibliogr. 647–671] – Ph. Jones, La storia economica. Dalla caduta dell'Impero romano al secolo XIV (Storia d'Italia II, 2, 1974), 1467–1931, passim – Atti del Convegno di Studi 'Istituzioni e attività finanziarie milanesi dal XIV al XVIII secolo' (Milano 20–22 ottobre 1977), Relaz. provvisorie, 1977, passim – F. Galgano, Storia del diritto commerciale, 1976.

Bann
A. Weltlich – B. Kanonistisch – C. Bann im Judentum

A. Weltlich
I. Allgemein. Mittel- und Westeuropa – II. Iberische Halbinsel.

I. ALLGEMEIN. MITTEL- UND WESTEUROPA: Die aus der Sprachentwicklung zu erschließende urspgl. Bedeutung des Wortes B. (lat. bannum) dürfte feierliches, wirkendes Wort sein; in den modernen Sprachen bieten sich dafür eher Wendungen wie Gebot oder Befehl an. Nach einer anderen sprachl. Ableitung soll die Bedeutung Zeichensetzen sein. Ein Widerspruch in der Sache ergibt sich aus der unterschiedl. Herleitung indessen nicht: Form und Inhalt lassen sich in frühen Kulturen nicht trennen.

Der Wortsinn erfährt eine weitere Umgrenzung kraft des sozialen Umfelds, in dem der Begriff B. fast ausschließl. angetroffen wird: Es ist das Recht und hier die Verhältnisse, die von Über- und Unterordnung geprägt sind.

Die ersten sicheren Belege deuten auf eine vom frk. Kg. in Anspruch genommene Banngewalt. Ein selbstverständliches Attribut der Rechtsstellung eines Kg.s ist der B. in früheren Zeiten aber nicht. Die Entwicklung dürfte so verlaufen sein, daß der frk. Kg. das überkommene feierl. Bannen des Gerichts für Anordnungen einsetzt, die mit richterl. Aufgaben im Zusammenhang stehen, etwa der Verfolgung von Rechtsbrechern. Solche Vorgänge der Ausdehnung sind überall da anzunehmen, wo gebannt wird: Etwa beim Heere, wo das Aufgebot des einzelnen auch unter den B. fällt (→ Heer, Heerbann). Sodann tritt der B. auf, wo Rechte des Kg.s, sein Frieden, seine Schutzbefohlenen in Frage stehen und es einzelner Anordnungen zur Durchführung von Schutz und Rechtswahrung bedarf. Der aufgezeigte Zusammenhang kann sich lösen, der B. dann als anderes Wort für eine kgl. Anordnung verstanden werden, die aus sich gilt (so im Ae. gebanna [Liebermann, Gesetze, Rect. I, 1, I, 444]; nach 1066 erscheint bannum in England nur noch im Sinne von kgl. Anordnung, Edikt, Proklamation.) So zeigt der B. das Ausmaß der institutionalisierten Herrschermacht an.

Der B. ist aber auch zu sehen als eine von mehreren Komponenten der Rechtsstellung des Herrschers. Statt seiner können andere Komponenten allein auftreten, ohne daß die Rechtsstellung insgesamt die schwächere sein müßte. Im frk. Großreich ist die Rechtsstellung des Herrschers weniger in Rechtsaufzeichnungen eingefangen worden als anderwärts; auch war die Wirkungskraft des Volksrechtes als Stammesrecht territorial beschränkt und bedurfte der Ergänzung durch ein Reichsrecht. Diese Faktoren leisten der Verwendung des B.s Vorschub. Im eroberten Lande (Sachsen) findet der B. ausgedehntere Anwendung als sonst. Der → Königsbann weist eine kennzeichnende Buße in Höhe von 60 Schillingen auf; andere Amtsträger haben Bußgewalt in geringerer Höhe (die Gf.en 15 Schillinge). Von den öfters bezeugten 60 Schilling-Bußen kann man im allgemeinen auf einen Königsbann zurückschließen, auch außerhalb des frk. Reichs und auch für spätere Epochen; zu nennen ist die aspan. *caloña*.

Diese letztl. vom Herrscher und seiner Autorität getragene Anwendung des B.s beruht auf einer straffen Verwaltungsorganisation, die keinen dauernden Bestand gehabt hat; doch bleibt die Vorstellung einer mit dem Kg. verbundenen Rechtsposition erhalten, meist eingeengt auf die Gerichtsgewalt des Kg.s oder auf Bereiche, in denen der Kg. sonst Befugnisse hat, die Forsten etwa (→ Forst); das territoriale Element beim B. wird deutlicher als früher sichtbar. Als Gerichtsgewalt ist der B. da von Bedeutung, wo andere Formen der Übertragung der Gerichtsgewalt (meist der Kg.e) als nicht hinreichend angesehen werden, wie sie das Lehnrecht oder die Bestellung von Amtsträgern an sich bietet (→ Bannleihe). – Zur weiteren Entwicklung vgl. → Frankreich, → Fürstentum, → Landeshoheit.

Der B. wird zum Blutbann, nachdem die hohe Gerichtsbarkeit einen veränderten Inhalt gewonnen hat. Eine Unterscheidung von Gerichtsgewalt (hoher Gerichtsbarkeit) und B. (Blutbann = Recht zur Exekution) findet sich noch im 18. Jh., allerdings mehr als Ausnahme denn als Regel.

Eine weitere typ. Anwendung findet der B. im Bereich der → Grundherrschaft und anderer Rechtspositionen, kraft deren wirtschaftl. Betätigung reguliert werden kann. Es geht um kostspielige techn. Investitionen wie Mühlen (→ Mühle), die vom Grundherrn kraft seines wirtschaftl. Vermögens erstellt werden, ab einer bestimmten Stufe der Investitionskraft der Grundhörigen aber gegen eine mögl. Konkurrenz derselben geschützt werden müssen, um ihre Rentabilität zu erhalten. Bei Burgen (→ Burg) geht es um die Sicherung der Zufuhr, dann um die rentierliche Nutzung der notwendigen techn. Einrichtungen. Hier wie dort wird eine mit dem B. konkurrierende wirtschaftl. Betätigung unterbunden. Die Regulierung der agrar. Tätigkeit, der Dorf- und Feldsachen geschieht ebenfalls durch den B. (in Süddeutschland → Zwing und B.). Die gebundene Wirtschaft und mit ihr der B. erhalten sich bis in das 19. Jh. Die Sprache bewahrt die Erinnerung an den B. gerade in diesem Zusammenhang bis heute, wogegen andere Bedeutungen von B. mit dem Ende des ma. Rechts historisch geworden sind.
R. Scheyhing

II. IBERISCHE HALBINSEL: Das Bannrecht (span. *bando*) ging in nachkarol. Zeit auf die Reiche des ma. Spanien über, in dem die Adligen das Bannrecht vom Kg. empfingen, um in seinem Namen die hohe Gerichtsbarkeit auszuüben. Im Rechtskodex der → Usatges (11./12. Jh.) erscheint B. in zweierlei Bedeutung: Gebot und Gesetzesüberschreitung. Noch im 13. Jh. verlieh in Kastilien der Kg. den B., dessen Ausübung in seinem Namen erfolgte, wenn auch eine widerrechtl. Aneignung dieses Rechts und seine Anwendung in den feudalen Herrschaften vorkommt, ohne daß eine vorausgegangene Übertragung durch eine übergeordnete Macht vorlag. Im Kastil. gibt es kein Wort, um den Begriff der Bannrechte (*banales*) auszudrücken, der synonym zum Begriff des gemeinen Rechts (*triviales*) gebraucht wird, im Gegensatz zu den Grundrechten (*fundamentales*, *básicos*). Die *banalidades* oder Bannrechte boten auch die Möglichkeit der Ausübung der niederen Gerichtsbarkeit, wenngleich dieser Sinn einen Bedeutungswandel in Hinblick auf den ursprgl. Inhalt des Ausdrucks mit sich brachte: Teilhabe an der Rechtsfähigkeit, um Anordnungen zu erfassen und ihre Ausführung zu bewirken.

Das Königsgebot oder der Königsbann zielte auf die Friedenswahrung. Die strengsten Strafbestimmungen betrafen dabei Vergehen gegen die Sicherheit bestimmter Personen (z. B. der Angehörigen der Königsfamilie), Institutionen usw. Die Schutzgewalt des B.es erstreckte sich auf die Mitglieder der *curia* (des Königshofes), weltl. und kirchl. Versammlungen, Gerichtsstätten, Märkte und Wochenmärkte, öffentl. Wege und Grundherrschaften, ebenso auf Reisende, Pilger und Kaufleute. In bes. Fällen wurde eine Strafe (Bannbuße, *-bandimentum*) oder Geldbuße von 60 und mehr Solidi festgesetzt, *calumnia* oder *caloña* genannt, die dem *cautum* oder *coto regio* entsprach, auch so gen. weil es sich um eine im voraus zu entrichtende bzw. festgelegte Strafe handelte.
M. Riu

Lit.: *zu* (I): DtRechtswb. I, 1192ff. – HOOPS² II, 34–40 – HRG I, 308 – Ch.BESOLD, Thesaurus practicus, 1641, s.v. Blutbann – W.SICKEL, Zur Gesch. des B.s, 1886 – MAYER, It. Verfassungsgesch. – E.JUNG, Heerbann und Gerichtsbann (Fschr. L.TRAEGER, 1926), 49ff. – BRUNNER, DRG II, s.v. B. [Lit.] – SCHRÖDER-KÜNSSBERG, s.v. B. [Lit.] – H.FEHR, Zur Gesch. des B.es, ZRGGermAbt 55, 1935, 237ff. – E. WOHLHAUPTER, Altspan. – got. Rechte (Germanenrechte 12, 1936) [Einl.] – E.BESTA, Storia del diritto italiano, diritto pubblico I, 1941, 277 – J.ELLUL, Hist. des Institutions, 1962 – G.SALVIOLI, Storia del diritto italiano, 1970⁹ – *zu* (II): Enciclopedia Cultura Española I., 1963, 665f. – Nueva Enciclopedia jurídica Seix I, 1955, s.v. bando – E.RODÓN BINUÉ, El lenguaje tecnico del feudalismo, 1957, 38 – J.BALON, Ius Medii Aevi 2/I, 1960, 188f. – L.GARCÍA DE VALDEAVELLANO, Curso de Hist. de las Instituciones españolas, 1975⁴, 440f.

B. Kanonistisch

Exkommunikation (excommunicatio, E.) oder Kirchenbann waren in der Kirche seit frühester Zeit sowohl als Sühne- wie als Besserungsmittel in Gebrauch und erwuchsen zu einer das kirchl. wie weltl.-polit. Leben des MA stark beeinflussenden Einrichtung. Zumindest was die rechtl. Folgen betrifft, ist das → Anathem der E. maior, dem großen B., gleichzusetzen. Einen Unterschied sieht man vielfach nur in der feierlicheren Form der Verhängung des Anathems als damnatio aeternae mortis; doch fand dieselbe Formulierung auch für die E. Verwendung. Seit dem 8. Jh. wurden auf zahlreichen Synoden bis hin zu den stereotypen Formulierungen der → Abendmahlsbullen (excommunicamus et anathematizamus) beide Begriffe synonym gebraucht. Der große B. beinhaltete zwar nicht den Verlust der (passiven) Kirchengliedschaft als solcher – seit Augustinus war ja die Lehre herrschend geworden, daß aufgrund der → Taufe ein völliger Ausschluß unmöglich sei, wiewohl es anders interpretierbare Quellen (z. B. C. 3 q. 4 c. 12) gibt –, doch bedeutete er den Ausschluß aus der communio fidelium im Sinn des Entzugs aller Gliedschaftsrechte, u. a. Ausschluß von allen Sakramenten, Verbot, die Kirche zu betreten, Verweigerung des kirchl. Begräbnisses und v. a. Verkehrsverbot. Seit spätestens dem 9./10. Jh. bedeutete die Verletzung dieser Vorschrift durch Dritte ebenfalls deren E. maior. Diesen alle Lebensbereiche der Betroffenen empfindlichst einschränkenden Rechtssatz wiederholte das 2. Laterankonzil 1139 ausdrücklich (c. 3, COD 197). Dazu entwickelte sich das Verbot der communicatio forensis, d. h. die Unfähigkeit zu gerichtl. Handlungen (z. B. Ankläger, Zeuge). Selbst die Tötung eines Exkommunizierten wurde nicht mit der übl. Sanktion belegt (C. 23 q. 5 c. 47). Zwar hatten bereits Gregor

VII. und Urban II. die aus dieser rigorosen Haltung erwachsenden Mißstände für Familienangehörige und Bedienstete der Exkommunizierten mit Ausnahmebestimmungen zu beheben versucht; die generelle gesetzl. Regelung erfolgte jedoch erst im 13. Jh. Bei der engen Verflechtung von Kirche und Staat hatte die E. maior auch bürgerl. rechtl. Folgen; 1220 bestimmte Friedrich II., daß sechs Wochen nach Verhängung des kirchl. B.es die → Reichsacht folgen sollte.

Gratian konnte bei der Behandlung der E. schon auf reiches Quellenmaterial zurückgreifen (bes. in C. 11 q. 3), auf welchem wiederum die Dekretisten und die Dekretalengesetzgebung aufbauten (X 5.39; VI 5.11). Der rechtl. Begriff des Verbrechens wurde endgültig von dem relig. der Sünde abgetrennt und im Strafrecht unter beweis- und vor allem schuldrechtl. Voraussetzungen gewürdigt. Das hatte auch für die Handhabung der E. Folgen: die Beachtung der vorgängigen Mahnung (monitio canonicar wurde stärker betont (z. B. X 5. 39.48), die E. minor (nu) Ausschluß von den Sakramenten und Verbot zur Übernahme von Kirchenämtern, X 2. 25. 2; X 5. 27. 10) setzte sich stärker durch, die Absolution v. a. der von selbst eintretenden E. (latae sententiae) wurde durch Reduzieren der Reservationen erleichtert (X 5. 39. 29) und der Charakter der E. als Beugestrafe oder Zensur deutlicher herausgestellt.

Seit Ende des 13. Jh. hatte eine sich in der Folgezeit zu unerträgl. Mißständen entwickelnde Vermehrung v. a. der E. latae sententiae und der E. generalis eingesetzt; der kirchl. B. wurde zum kirchenpolit. Kampfmittel und diente häufig der Eintreibung von Abgaben und Schulden. Gegen dieses kirchl. Vorgehen erhob sich z. T. recht starker Widerstand von staatl. Seite (→ Appel comme d'abus). Die berühmte Konstitution Martins V. »Ad (e)vitanda« von 1418, die erst allmählich allg. Geltung erlangte, brachte insofern eine Milderung, als sie das Verkehrsverbot einschränkte. Es galt danach nur noch für jene mit der E. maior (aufgrund einer e. latae sententiae wie e. generalis) Belegten, für welche diese Strafe in einem deklarator. Urteil publiziert wurde, und die im Gegensatz zu den excommunicati tolerati öffentlich als excommunicati vitandi bekannt waren. Diese Maßnahme ist nicht zuletzt im Interesse der Rechtssicherheit zu sehen. Die Vornahme zahlreicher das Rechtsleben betreffender Handlungen (z. B. Gesetzgebung, Ämterverleihung, Wahl, Präsentation) durch excommunicati tolerati war zwar unerlaubt, aber gültig.

Das Tridentinum (sess. 25 de ref. c. 3) schärfte größte Behutsamkeit bei der Verhängung der allerdings − zumindest im weltl. Bereich − immer wirkungsloser werdenden E. ein. H. Zapp

Lit.: DDC V, 615ff. − HOOPS² II, 38−40 − HRG I, 306−308, 1032−1034 − P. HINSCHIUS, Kirchenrecht, bes. V, 1893 [1959], 1ff., 493ff. − J. B. SÄGMÜLLER, Kirchenrecht II, 1914³, 355ff. − ST. KUTTNER, Kanonist. Schuldlehre, 1935 [1961], passim − K. ANKER, B. u. Interdikt im 14. und 15. Jh. als Voraussetzung der Reformation [Diss. phil. Tübingen 1919] − P. HUIZING, Doctrina Decretistarum de variis speciebus e.nis, Gregorianum 33, 1952, 499−530 − P. F. FRANSEN, Reflexions sur l'anathème au Concile de Trente, Ephemerides theologicae Lovanienses 29, 1953, 657−672 − PH. HOFMEISTER, Die e. regularis, ZRGKanAbt 77, 1960, 135−220.

C. Bann im Judentum

Das talmud. Recht unterschied die mildere Strafe des Niddûy (ztw. und teilweiser Ausschluß aus religiösen und sozialen Institutionen und Veranstaltungen) vom strengen Ḥäräm. Im MA wurden Normen für die Anwendung (regional variierend) präzisiert und z. T. verschärft. Der B. diente: 1. als Strafmaßnahme und wurde in leichteren Fällen durch Gerichtsbeschluß, in schweren Fällen feierl. in der → Synagoge (von Schofarhorn-Blasen, Kerzenauslöschen und Rezitieren bibl. Fluchformeln begleitet) verkündet und anderen Gemeinden mitgeteilt, da die Wirksamkeit von der innerjüd. Solidarität und der wechselseitigen Anerkennung der Urteile abhing. Der strenge B. bedeutete völlige Isolierung und zwang früher oder später zur Preisgabe der jüd. Religionspraxis, de facto zum Übertritt zur Umweltsreligion. Die Anwendung des B.es in religiösen Streitigkeiten (z. B. im maimonidschen Streit, z. T. unter Einfluß kirchl. B.-Praxis) entwertete die Wirksamkeit, desgleichen der Verfall der Gerichtsautorität in SpätMA und früher Neuzeit. 2. Als Androhung zur Unterstreichung der Verbindlichkeit von Erlassen und Verordnungen. 3. Der Unterbindung unerwünschter Erscheinungen für längere Zeit, so der Ḥäräm ha-yiššûv, das Verbot willkürl. Niederlassung (Schutz gegen Konkurrenz) und der Ḥäräm hā-'iqqûl gegen willkürl. Aneignung von Sicherheiten durch Bürgen. → Talmud. J. Maier

Lit.: EJud (engl.) VIII, 344−355 − J. KATZ, Tradition and Crisis, 1961 (Reg. s. v. Excommunication) − S. D. GOITEIN, A Mediterranean Society II, 1971, 331ff. − S. W. BARON, The Jewish Community, 1972² (s. Reg. s. v. Herem, Excommunication).

Bannatyne-Handschrift, Sammlung von ma. schott. Dichtung, die etwa um 1568 von dem Edinburgher Kaufmann George Bannatyne (1545−1608) angelegt wurde (jetzt aufbewahrt in Edinburgh, Nat. Library of Scotland, Advocates 1.1.6). Hinsichtl. der Vielfalt des zusammengetragenen Materials übertrifft sie das (heute unvollständige) Asloan MS. (etwa 1515) und die Maitland-Folio-Hs. (etwa 1570). Auf 404 Blättern bietet die B.-Hs. Gedichte von mehr als vierzig namhaft gemachten Verfassern sowie auch viel anonymes Gut. Die Texte sind in vier Gruppen angeordnet: religiöse (Nr. 1−40), moral. (41−110), heitere (111−180) und Liebesgedichte (181−376). R. H. Robbins

Q.: W. T. RITCHIE, STS 2nd (new) Series 22, 23, 26, 3rd series 5, 1928 bis 1934 − Lit.: J. T. T. BROWN, Bannatyne MS., SHR I, 1903, 154ff.

Bannbeschwörung, -segen, -kreuz, mag. Verfahren und Praktiken des Bannens in Volksbrauch und Volksglauben. Bannen ist der Zwang, den ein Mensch über andere stärkere Wesen und Kräfte auszuüben sucht mit dem Ziel, Unheil und Gefahr abzuwenden und zu vertreiben oder Schutz und Heil zu erlangen. Bannung kann geschehen in Form von Stellen (Festbannen, Binden), Verbannen (Vertreiben, Abwehren) oder Beschwören (Zitieren). Die mag. Bemühungen erfolgen vermittels für kräftig erachteter Zauberworte (Zauber- und Segenssprüche), auch mit Hilfe mag.-rituellen Tuns (Zauberhandlung, Zaubermittel). Gebannt werden u. a. Krankheiten (Wurm-, Blutsegen), Tiere (Bienensegen), Raubwild, Waffen, Diebe (Diebsbann, Diebssegen), Hexen, Geister und Dämonen. Zauberbücher, beispielsweise Bannbüchlein, geben Anweisungen für Beschwörungs- und Segensformeln und -handlungen.

Im MA erfolgte die Rezeption spätantik-heidn. Beschwörungs- und Segenspraktiken. Die abergläub.-mag. Beschwörungsformeln, mit deren Hilfe Dämonen zitiert oder Naturerscheinungen (Wettersegen) gebannt werden sollten, erfuhren oft eine chr. Sinngebung. Das Ergebnis war dann eine formale, nicht selten auch inhaltl. Identität zw. heidn. und kirchl.-liturg. Sachbeschwörungen und Exorzismen. Deshalb suchte die ma. kirchl.-theol. Aberglaubensliteratur zu unterscheiden zw. verbotenen heidn. carmina vel incantationes (vgl. Homilia de sacrilegiis c. 15, ed. CASPARI, 1886, 9f.) und erlaubten chr. incantationes sanctae (vgl. Martin v. Braga, De correctione rusticorum c. 16, ed. BARLOW 1950; 2. Konzil v. Braga, a. 572, c. 74, aufgenommen auch von Gratian, C. 26, q. 5 c. 3).

Die Verwendung von Bann- und Beschwörungskreuzen (Kreuze mit Bann- und Segensformeln) im Sinne mag. Schutzfunktion ist schon dem chr. Altertum und allen folgenden Jahrhunderten bekannt. Der kirchl.-liturg. Gebrauch von Kreuz bzw. Kreuzzeichen zu apotropäischen Zwecken ist als älteste Ablösung heidn. Charaktere durch chr. Symbolik anzusehen. A. Döring

Lit.: HWDA I, 874–880, 1109–1129 – F. J. Dölger, Beitr. zur Gesch. des Kreuzzeichens, I–VI, JbAC 1–6, 1958–63 – E. Bartsch, Die Sachbeschwörungen der röm. Liturgie, 1967 – D. Harmening, Superstitio. Überlieferungs- und theoriegesch. Unters. zur kirchl. theol. Aberglaubenslit. des MA, 1979.

Banner, etymolog. entlehnt aus afrz. *bannière* 'öffentl. ankündigen', das auf got. *bandwa* 'Feldzeichen' zurückgeht (dazu auch Panier 'Wahlspruch, Banner', eine im 15. Jh. von mhd. *banier(e)* abgeleitete Nebenform), als Feld- und Hoheitszeichen (Heerfahne, Gerichtsfahne am Ort des Gerichts, Investitursymbol) im ganzen MA geläufig.

Nach P. E. Schramm ist unter B. insbes. jene bereits den Römern vertraute Fahnenform zu verstehen, bei der das Tuch nicht unmittelbar an der Fahnenstange befestigt ist, sondern mittels einer die obere Tuchseite versteifenden Querstange, so daß das B. frei herabfällt bzw. bei Wind segelförmig aufbläht. Doch schon im MA bezeichnet B. auch allgemein die große →Fahne, so daß nicht immer zw. Sturmfahne (Zeichen des Vorstreits), der beim Befehlshaber aufgestellten Standarte oder kirchl. Prozessionsfahnen (häufig B. im engeren Sinn) zu trennen ist. Wie den Fahnen kam dem B. als Rechtssymbol (→ Herrschaftszeichen, → Hofämter) legitimierende Bedeutung zu. Beachtenswert sind bes. die städt. B., so etwa das Kilianbanner (heute im Mainfränk. Museum, Würzburg), das die Würzburger 1266 als B. im engeren Sinn auf einem →Fahnenwagen in die Schlacht führten, um es nachher als Siegeszeichen im Dom aufzuhängen und am Kilianstag um die Stadt zu tragen. Wie im militär. Bereich Bannerherren einzelne Heeresteile befehligten, so nahmen auch ebenso bezeichnete Amtsträger im Rahmen der städt. Wehrverfassung entsprechende Aufgaben wahr (Köln, Basel), z. T. standen sie den Stadtvierteln vor, die in Basel ebenfalls B. hießen. Vgl. auch die *bannerenlop* genannte Form des innerstädt. Protestes (→Aufruhr). W. Ehbrecht

Das hochrechteckige B. oriental. Art löste zu Ende des 12. Jh. das längliche und mehrzipflige →Gonfanon ab. Im 14. Jh. erhielt das B. am Oberende häufig einen sog. »Schwenkel«, einen schmalen Stoffstreifen in der Länge von 2–3 Fahnenbreiten. Da die ma. B. meist aus Seide gefertigt waren, haben sich nur wenige Exemplare erhalten und diese meist aus dem SpätMA. Es sind zumeist städt. B., wie jene von Köln, Wien, Florenz, Sevilla usw. Den größten Bestand an spätma. B., sowohl städt. wie landschaftl. und adligen, besitzt die Schweiz. O. Gamber

Lit.: H. G. Gengler, Dt. Stadtrechts-Alterthümer, 1882 – A. und B. Bruckner, Schweizer Fahnenbuch, 1942 – P. E. Schramm, Herrschaftszeichen und Staatssymbolik II, 1955.

Banneret, im wesentl. ein nicht erblicher militär. Titel, der in England seit ca. 1260 auftritt und einen Ritter (*knight*) bezeichnet, der in der Lage war, unter eigenem →Banner ein Truppenkontingent zu führen, das im ma. Heerwesen die Grundeinheit bildete. Traditionell betrug die Höhe der Zuwendungen an einen b. das Doppelte derjenigen eines *knight bachelor* und die Hälfte derjenigen eines *earl*. Darüber hinaus wurde dem b. Grundbesitz entsprechend seinem Adelsrang verliehen. →Heer, →Bannerherr. M. Jones

Lit.: A Dict. of Medieval Latin from British Sources, hg. R. Latham, 1975 – Ph. Contamine, Batailles, bannières, compaignies, Les Cahiers Vernonnais, 1964, 19–32.

Bannerherr, Bannerträger (banneretus, vexillarius, *chevalier banneret*, Venner). Das krieger. Gemeinschaftszeichen, eine Standarte oder ein →Banner, wird in der Feudalzeit vom Anführer selbst oder einem vertrauenswürdigen Untergebenen getragen. Neben Wahl oder Ernennung ad hoc kommt auch erbl. Anspruch vor. Zum Schutze des Banners ist der B. meist von Trabanten umgeben. Im späten MA wird der B. an Fürstenhöfen zum Inhaber eines höf. Amtes und Titels, in der Schweiz und in autonomen Städten gewinnt der B. höchstes Ansehen. Sein Amt umfaßt neben militär. auch zivile Aufgaben. Der B. bildet in der Schweiz das wichtigste Verbindungselement polit. und militär. Führung. →Banneret.

Lit.: →Kriegführung. W. Meyer

Bannleihe. Die B. ist eine der Formen, Herrscherrechte weiterzugeben. Sie tritt auf, wenn der →Bann (und nur er) übertragen wird, so wenn der frk. Kg. seinen Gf.en den Königsbann als außerordentl. Kompetenz überträgt. Deutlicher faßbar wird die B., wenn neben Kg. und Amtsträger eine weitere Person beteiligt ist: Der Abt der Reformklöster, der den Vogt bestellt, wozu der Kg. den Bann leiht, dann der Bf. beim analogen Vorgang und der weltl. Reichsfürst, der eine Gft. im Lehensweg austut. Die freie Vogtwahl in Verbindung mit dem Königsschutz, das kanon. Verbot des Richtens über das Blut und die Spannungslage zw. Lehnsrecht und amtsrechtl. konzipierter Gerichtsverfassung, welche auf einer unmittelbaren Beziehung des Kg.s zum Gf.en beruht, sind die Ursachen für die B. Im Sachsenspiegel (III 64, § 5) ist die B. an Gf.en und Hochvögten betont, weil die erwähnte Beziehung noch nicht sehr ausgeprägt ist (Dingen unter Königsbann); am Markgrafengericht gibt es keine B. (III 65, § 1), weil im einheitl. Gerichtsbezirk vorliegt. Bei einem Zurücktreten der Bindung an den Kg., wie dies bei der neueren Einschätzung des Hochgerichts der Fall gibt, gibt es keine Bedenken, diese ohne B. im Lehensweg weiterzugeben, nur nicht über die dritte Hand hinaus, wie im Reichsweistum von 1274 (MGH Const. III, Nr. 27) und den südd. Rechtsbüchern bezeugt. Von da an bedeutet B. Verleihung der hohen Gerichtsbarkeit oder auch Anstellung eines Richters. Die kennzeichnende Förmlichkeit ist die Leistung eines Richtereides. →Vogt, Vogtei. R. Scheyhing

Lit.: HRG I, 314 – Schröder-Künssberg, 618ff. – H. Conrad, I², 274, 276, 289 – R. Scheyhing, Eide, Amtsgewalt und B., 1960.

Bannmeile. Die Notwendigkeit, mit dem →Bann eine scharfe räumliche Umgrenzung seiner Wirkungen mitzudenken, ist an bestimmte Voraussetzungen gebunden: Der Vorgang muß stärker »territorial« als personal aufgefaßt werden; das Territorium muß einer ausdrückl. Begrenzung bedürfen. Neu geschaffene soziale Gebilde mit räuml. Substrat bedürfen der genauen Abgrenzung, weil sie gleichsam aus dem vorhandenen Raum herausgeschnitten werden, so Burgbezirke, Märkte, Städte. Die rechtl. Eigenart solcher Bezirke kann mit dem Bann gekennzeichnet sein. B. kann sonach den (vorwiegend städt.) Gerichtsbezirk bezeichnen, der über den Siedlungsbereich hinauswächst und das Umfeld erfaßt. Soweit Bezirke mit wirtschaftl. Einrichtungen versehen sind, gewährleistet die B. die Herstellung und Absicherung eines wirtschaftl. Einflußgebietes, insbes. den Ausschluß von konkurrierenden Einrichtungen. Bei Burgen geht es um die räuml. weitgespannte Heranziehung der Bevölkerung, sodann um angemessene Abstände zw. Märkten, endlich – Hauptbedeutung der B. –, um die Durchsetzung der wirtschaftl. Sonderstellung der Stadt als Warenproduzent und Handelsort über einen bestimmten Raum unabhängig von anderen Rechtstiteln städt. Herrschaft – einen Raum, der dann nach genauen Regeln bemessen wird. → Stadt. R. Scheyhing

Lit.: DtRechtswb I, 1218 – Holtzendorffs Rechtslexikon I, 231 – HRG I, 315 – H. Hirsch, Die Klosterimmunität seit dem Investiturstreit, 1913, 201ff. – W. Spiess, Das Marktprivileg, 1916, 62ff. – O. Gönnenwein, Das Stapel- und Niederlagsrecht, 1939, 241ff. – H. Fischer, Burgbezirke und Stadtgebiet, 1956 – K. S. Bader, Das ma. Dorf als Friedens- und Rechtsbereich, 1957, 238ff. – W. Küchler, Das Bannmeilenrecht, 1964.

Bannockburn, Schlacht bei, fand am 23.–24. Juni 1314 zw. den Engländern unter Kg. Eduard II. und den Schotten unter Kg. Robert I. statt. Die Engländer, die über eine ca. 2000 Mann starke Kavallerie und eine ca. 15000 Mann starke Infanterie verfügten, stießen auf ein schott. Heer, das 6000 Mann Infanterie umfaßte und im New Park, 2 Meilen südl. von Stirling, in vier Brigaden *(schiltroms)* Position bezogen hatte. Die engl. Reiterei, der es am 23. Juni nicht gelang, die schott. Streitkräfte zu umfassen, wurde in ihrem Nachtlager bei Morgengrauen in einer schmalen Front von den Schotten angegriffen und geschlagen, bevor die engl. Infanterie überhaupt zum Einsatz gebracht werden konnte. Eduard II. entkam; die Schotten machten zahlreiche Gefangene und große Kriegsbeute. – Der Sieg bei B. sicherte die Unabhängigkeit des Kgr.es. → Schottland. G. W. S. Barrow

Lit.: G. W. S. Barrow, Robert Bruce, 1976², 290–332.

Bañolas, San Esteban, Benediktinerkl. in der span. Prov. Gerona, um 812 an Stelle einer zerstörten Kirche gegründet, 822 fränk. Königskloster. Von der zweiten Hälfte des 9. Jh. ab sind zehn abhängige Zellen der Abtei nachweisbar. Die Zerstörung von 945 durch Normannen (?) führte einen Niedergang herbei; erst 1017 erhielt die Abtei ein päpstl. Privileg, 1086 Dedikation der wiederaufgebauten Klosterkirche (1427/28 durch Erdbeben erneut zerstört, 1655 Zerstörung aller ma. Klostergebäude durch die Franzosen). 1078 verzichtete Gf. Bernhard v. Besalú auf seine Eigenklosterhoheit über B. und schloß B. 1080 dem Reformzentrum St-Victor de → Marseille an. L. Batlle / O. Engels

Lit.: J. J. Bauer, Rechtsverhältnisse der katal. Kl. um der Mitte des 10. Jh. bis zur Einführung der Kirchenreform, GAKGS 22, 1965, 62–64 – Ders., Rechtsverhältnisse der katal. Kl. in ihren Klosterverbänden, ebd. 23, 1967 – Corominas-Marqués, La comarca de Bañolas (Catálogo Monumental de la Prov. de Gerona II, 1970) – O. Engels, Schutzgedanke und Landesherrschaft im östl. Pyrenäenraum (9.–13. Jh.), 1970.

Banū ʿAbbād → ʿAbbādiden

Banū 'l-Aḥmar → Naṣriden

Banū dī n-Nūn, frühzeitig (< Zənnūn) arabisierte Sippe der Hauwāra-Berber (→ Berber), die wir in der 2. Hälfte des 9. Jh. im Grenzgebiet der Prov. Cuenca und Guadalajara (*kūra* von Santaver) installiert finden. Von dieser Region der »Mittleren Mark« (*aṯ-Ṯaġr al-ausaṭ*) aus bemächtigte sich Ismāʿīl (gest. 1043) in den Wirren beim Zerfall des Kalifats von → Córdoba gegen 1029 der Stadt → Toledo und festigte dort die Herrschaft seiner Familie. Die Herrschaft seines Sohnes Yaḥyā (1043–75), nach dem berühmten ʿabbasid. Kalifen al-Maʾmūn genannt, ist der Höhepunkt der Dynastie und zugleich die größte Blütezeit des islam. Toledo. Al-Maʾmūn, dessen Reich ganz Zentral-Spanien umfaßte, erwehrte sich der → Hūdiden von Zaragoza, eroberte 1065 → Valencia und entriß kurz vor seinem Tode Córdoba den →ʿAbbādiden. Alfons VI. v. León, den er 1072, von seinem Bruder Sancho besiegt, neun Monate als Gast aufgenommen hatte, entriß seinem unfähigen Enkel al-Qādir 1085 Toledo und installierte diesen dafür in Valencia (1092 ermordet). Toledo blieb unter al-Maʾmūn Hort der Dichtung und Wissenschaft; hier wirkte u. a. Kadi Ibn Ṣāʿid, Autor der Ṭabaqāt al-umam, wichtig für die Wissenschaftsgeschichte, sowie der Astronom az-Zarqālī/walad az-Zarqiyāl (Azarquiel) (gest. 1100) und Ibn al-Wāfid (1107–74), der am Tajo den ersten botan. Garten in der Huerta del Rey anlegte. H.-R. Singer

Lit.: EI² II, 242f. – D. M. Dunlop, The Dhunnunids of Toledo, JRAS 1942, 77–96; 1943, 17–19 – J. M. Millás Vallicrosa, Estudios sobre Azarquiel, 1943–50.

Banū Ġāniya, mit den → Almoraviden versippte Familie der Ṣanhāǧa-Berber (→ Berber), in der Endphase von deren Herrschaft Statthalter von → Valencia, → Córdoba und (ab 1126) der Balearen. Sie erkannten die i. J. 1146 in → al-Andalus eingreifenden → Almohaden nicht an, errichteten ca. 1156 ein selbständiges Emirat der Balearen unter Isḥāq b. Muḥammad (gest. 1183) und verlagerten, als ihre Position unhaltbar wurde (1184), unter ʿAlī (gest. 1188) ihr Tätigkeitsfeld nach N-Afrika, wo sie in Biġāya mit 32 Schiffen landeten. Von allen pro-almoravidischen Kräften unterstützt und unter Aufwiegelung der 130 Jahre zuvor in Tunesien eingefallenen Beduinenstämme der Banū Hilāl und Sulaim, setzte ein fünfzigjähriges Ringen mit Ifrīqīya und den zentr. Maghrib ein, das erst mit dem Tode von ʿAlīs Bruder und Nachfolger Yaḥyā (1188–1237) endete, und der polit. Stabilität wie der Wirtschaft der gen. Gebiete schwerste Schäden zufügte. Der Versuch, die Almoravidenherrschaft zu restaurieren, scheiterte vollkommen, doch wurde der Abstieg der Almohaden beschleunigt. Die Beduineneinfälle erreichten den Zentral-Maghrib. Die Installation eines starken Almohadenstatthalters in Ifrīqīya begünstigte den Aufstieg von Tunis. H.-R. Singer

Lit.: EI² II, 1007f. – LexArab, 220f. – A. Bel, Les Benou Ghânya, 1903.

Banū Ḥaǧǧāǧ, Sevillaner aristokrat. Familie arab. Herkunft (*Laḫm*), mütterlicherseits westgot. Fs.en versippt, die mit dem verwandten Geschlecht der Banū Ḫaldūn (→ Ibn Ḫaldūn) um die Vorherrschaft kämpfte, wobei beide als Protagonisten der arab. Seite in den blutigen Auseinandersetzungen mit den Muwalladūn (→ al-Andalus), insbes. den Banū Angelino und B. Savarico, zu gelten haben. Während der Herrschaft des omayyad. Emirs ʿAbdallāh (888–912) errangen sie fakt. die Selbständigkeit, der ʿAbdarraḥmān III. (912–961) im April 915 ein Ende bereitete. H.-R. Singer

Lit.: HEM I, 356–66; II, 14.

Banū Mūsā, Gebrüder Muḥammad (gest. 873), Aḥmad, al-Ḥasan, Söhne von Mūsā ibn Šākir, arab. Mathematiker, Mechaniker und Astronomen, wirkten im 9. Jh. in Bagdad, Übersetzer der gr. wissenschaftl. Lit. ins Arabische. Das von den B. M. verfaßte »Buch der Kenntnis der Ausmessung der ebenen und sphär. Figuren« enthält die erste bekannte arab. Darstellung der Exhaustionsmethode mit Anwendungen auf verschiedene elementare Figuren, die angenäherte Ausmessung des Kreises und Lösung des delischen Problems und der Trisektion des Winkels. Es wurde von → Gerhard v. Cremona ins Lat. übersetzt und war im MA unter dem Titel »Liber trium fratrum de geometria« oder »Verba filiorum« bekannt (Ed. von Clagett I, 223–367). Ihre »Mechanik« ist den Prinzipen der Statik und der Beschreibung der Waagen und anderer Mechanismen gewidmet. Im »Buch über die längl.-runde Figur« wird die sog. Gärtnerkonstruktion der Ellipse behandelt. Einer ihrer Schüler war → Ṯābit ibn Qurra.

B. Rosenfeld / A. Youschkevitsch

Lit.: DSB I, s. v. – Sezgin V, 246–252 (mit Übersicht über die weiteren Werke der B. M., Hss. und Lit.) – M. Clagett, Archimedes in the MA, I–III, 1964–78 – D. R. Hill, The Book of Ingenious Devices Kitāb al-Ḥiyal by The Banū (sons of) Mūsa ibn Shākir, 1978.

Banū Naġrālla, hispano-jüd. Familie, die im Granada der berber. → Zīriden zu den höchsten Staatsämtern aufstieg. *Samuel hal-Levi han-Nāgīd* (»der Fürst«) (993–1056), einer der bedeutendsten Dichter in hebr. Sprache, aus Mérida oder Córdoba, kam über Málaga nach Granada, das damals eine starke jüd. Minderheit aufwies, und erreichte unter Ḥabūs ibn Māksan (ca. 1023-38) schließlich das Wesirat, das er auch unter dessen Nachfolger Bādīs (1038-75) hielt. Sein Sohn *Josef*, weniger vorsichtig und herrschsüchtiger als Samuel, übernahm zunächst nur das Steueramt, verstand es aber, Bādīs in einem Maße für sich einzunehmen, daß dieser ihm blind vertraute und zum Wesir machte. Intrigen, auch gegen seinen Herrn, und Begünstigung seiner Glaubensgenossen machten ihn, den Literaten und Förderer der Dichter (u. a. des Salomon ibn Gabirol), angeblich auch Erbauer einer ersten, »jüdischen« Alhambra, so verhaßt, daß sich der Volkszorn, geschürt von den islam. Theologen, in einem Pogrom entlud, dem am 20. Dez. 1066 Josef und 3000 oder 4000 seiner Glaubensbrüder zum Opfer fielen.   H.-R. Singer

Lit.: E. GARCÍA GÓMEZ, Un alfaquí español: Abū Isḥāq de Elvira, 1944 – D. GONZALO MAESO, Ġarnāṭa al-yahūd, 1963 – H. R. IDRIS, Les Zīrides d'Espagne, Al-Andalus 29, 1964, 39-145 – J. Mª. MILLÁS VALLICROSA, Literatura hebraicoespañola, 1967, 51-58 – F. P. BARGEBUHR, The Alhambra, 1968.

Banū Qāsim, arabisierte Berberfamilie der → mulūk aṭṭawā'if, mawālī [Klienten] der →ʿĀmiriden, die sich nach dem Zerfall des omayyad. Kalifats von Córdoba im Bergland von Alpuente im NW der heut. Provinz Valencia selbständig machten und dies bis zum Tod des 4. Souveräns der Linie 1092 blieben, seit 1089 allerdings dem → Cid tributpflichtig waren. Ab 1094 war ihr Gebiet almoravidisch.   H.-R. Singer

Q.: Ibn ʿIdārī, Bayān III, 127, 145-146, 215 – W. HOENERBACH, Ibn al-Ḫaṭīb, Islam. Gesch. Spaniens, 1970, 372, 393 f. – Lit.: EI² I, 1309 f. – R. MENÉNDEZ PIDAL, La España del Cid, 1956⁶, 360, 390, 438 [Karten].

Banū Razīn, eine Sippe der Hauwāra-Berber, 955 zum erstenmal genannt, schufen sich ein Herrschaftsgebiet (as-Sahla) um Šant Mariyyat aš-Šarq (Sta. Maria de Levante), heute nach ihnen Albarracín genannt, und regierten seit 1013 als selbständige Fürsten. Unter ʿAbdalmalik ibn Huḏail (1045-1103), dem 2. Dynasten, wurde 1093-98 Sagunt gehalten, doch mußte ab 1089 dem → Cid Tribut entrichtet werden. Seit 1104 beherrschten die →Almoraviden das Gebiet, das gegen 1170 unter Pedro de Azagra eine eigene, chr. Herrschaft (*señorío*) wurde.   H.-R. Singer

Lit.: J. BOSCH VILÁ, Albarracín musulmán I (Hist. de Albarracín y su sierra II/1), 1959.

Banū Sumādiḥ, ein Zweig der arab. Tuǧībiden, Statthalter und Herren der »Oberen Mark« im 10./11. Jh., von diesen aus Huesca vertrieben, flüchteten sie nach Valencia, wo sie der →ʿĀmiride ʿAbdalʿazīz freundlich aufnahm. Dieser setzte 1041 seinen Schwager Abū l-Aḥwaṣ Maʿn als Statthalter von → Almería ein, doch machte sich dieser alsbald selbständig. Seine Regierung und die seines Sohnes und Nachfolgers al-Muʿtaṣim billāh (1051-91) ist als eigtl. Blütezeit der Stadt anzusehen, obwohl letzterem wegen seiner Friedfertigkeit Lorca, Jaén und Baeza verlorengingen und nur das Gebiet etwa der heutigen Prov. Almería verblieb. Industrie und Handel – die Stadt war im MA der bedeutendste span. Hafen – blühten, der Souverän förderte die Dichter (z. B. Ibn ʿUbāda) und die Gelehrten (z. B. die Geographen → al-Bakrī und → al-ʿUḏrī) und erbaute einen großartigen Palast innerhalb der Alcazaba und eine Wasserleitung. Am Ende seines Lebens mußte er die Invasion der → Almoraviden hinnehmen. Sein Sohn und Nachfolger räumte noch 1091 Almería vor den Almoraviden, die ihm Tinis als Sitz anwiesen.   H.-R. Singer

Q.: W. HOENERBACH, Ibn al-Ḫaṭīb, Islam. Gesch. Spaniens, 1970, 366-371, 588-590 – R. DOZY, Recherches I, 1881³, 239-281 – L. SECO DE LUCENA, Los palacios del taifa almeriense al-Muʿtaṣim, Cuadernos de la Alhambra 3, 1967, 15-20.

Banus (ung. *bán*, serbo-kroat. *ban*), hoher Würdenträger im Kgr. → Kroatien, später Stellvertreter des Kg.s v. Ungarn in Kroatien, Slavonien, Dalmatien und anderen südl. Vorländern (→ Banat). Die Etymologie der Bezeichnung ist umstritten; das slav. Wort *ban, pan* ('Herr') dürfte auf turko-mongol. *bajan* ('reich') zurückgehen. Jedenfalls wurden die Großen des Landes seit dem 9. Jh. auch in byz. Quellen so bezeichnet; nach der Eingliederung Kroatiens in das Kgr. Ungarn (um 1100) wurde der B. sowie gelegentl. gesonderte Bani für → Slavonien (zw. Drau und Save) und → Dalmatien vom Kg. v. Ungarn eingesetzt. Wegen der Bedeutung des Gebietes für den ung. Zugang zum Meer und der reichen, auch aus eigenem Münzrecht stammenden Einkünfte waren die Bani v. Kroatien usw. mächtige und einflußreiche Magnaten. Im 12.-13. Jh. war das Amt – mit Sitz in → Zagreb (Agram) – oft als kgl. Sekundogenitur (gelegentl. mit Herzogstitel) vergeben, im SpätMA hatten es die größten Adelsgeschlechter (Horváti, Lackfi, Garai, Ujlaki, Cilly, Thallóczy) inne. → Ungarn.   J. M. Bak

Lit.: Enciklopedija Jugoslavije I, 328-330 – J. DEÉR, Die Anfänge der ung.-kroat. Staatsgemeinschaft (Archivum Europae Centro-Orientalis 2, 1936), 15-45 – ST. GULDESCU, Hist. of Medieval Croatia, 1964.

Banz, ⚥ St. Peter und St. Dionysius, Benediktinerkl. im Bm. Würzburg, wurde von Mgfn. Alberada v. → Schweinfurt wohl 1071 in einer Burganlage (→Altenbanz) gegr. und dem Bm. Bamberg übereignet. An der Gründung war möglicherweise auch Kl. Fulda beteiligt. Bf. → Otto d. Hl. v. Bamberg erwarb die Ausstattungsgüter (den Banzgau und Mupperg) zurück, führte 1114 einen hirsauischen Abt und hirsauische consuetudines ein. Nach Erlangung eines Papstschutzprivilegs (1148) suchte das Kl. ohne Erfolg, die bamberg. Herrschaft durch Urkundenfälschungen (zw. 1150 und 1180) abzuschütteln. Im SpätMA wechselten Zeiten monast. Niedergangs mit Reformversuchen.
                A. Wendehorst

Q. und Lit.: P. SPRENGER, Diplomat. Gesch. der Benedictiner Abtey B., 1803 – P. OESTERREICHER, Gesch. der Herrschaft B., II, 1833 – H. HIRSCH, Die echten und unechten Stiftungsurkk. der Abtei B. (SAW. PH 189, 1), 1919 – C. THEODORI–A. M. FAVREAU, Kl. B., 1925 – GP III, 3, 1935, 221-223 – K. HALLINGER, Gorze – Kluny I, 1950, 206-208 – O. MEYER, Zur vorbarocken Baugesch. des Kl. B., Frk. Bll. 6, 1954, 57-59 – Germania Benedictina 2, 1970, 57-61.

Baphaeon, Schlachtort → ʿOsmān I.

Baptista Mantuanus (G. B. Spagnoli, weil väterlicherseits von span. Vorfahren) OCarm., berühmter Vertreter eines katholischen Humanismus und vielgelesener Neulateiner, * 17. April 1448 in Mantua, † 20. März 1516 ebd., 1885 von Leo XIII. selig gesprochen.

Nach Studium (und Lehrtätigkeiten) in Mantua, Padua und Bologna trat er um 1465 in den Karmeliterorden ein, war zw. 1483 und 1513 sechsmal für je zwei Jahre Generalvikar der reformierten Congregatio Mantuana und seit 1513 Prior generalis des Ordens. Noch in Mantua Schüler von Georgius → Merula, war er mit → Pico della Mirandola und Erasmus befreundet; neben seinen zahlreichen Moralia (wie »De vita beata«, »De patientia«) und apologet. Werken (auch seiner eigenen Poesien) sowie Rufen (gegen Türken, Franzosen) und Nachrufen auf it. Fürsten und Päpste haben seine Dichtungen (rund 55000 Verse) seinen Ruhm begründet, darunter: 1. die frühe »Adulescentia« (= Bucolica, zehn Eklogen mit insges. 2062 Hexametern, erst Mantua 1498 veröffentlicht), die als Schullektüre viel gelesen, kommentiert, übersetzt und imitiert wurde und Erasmus, in Übereinstimmung mit vielen Zeitgenossen, ihren Verfasser einen »christianus Maro« nennen ließ (1496,

ALLEN I, 163; ecl. IV ein berühmtes Misogynicon). 2. »De suorum temporum calamitatibus« (Bologna 1489) in drei epischen Büchern, die ein düsteres Bild der Zeit malen: voll von Hunger und Pestilenz, drohendem Türken- und Bürgerkrieg, weil die sieben Todsünden (monstra) herrschen; die Virtus »exul« klagt und ruft auf zu Umkehr und christl.-nationaler Erneuerung. 3. »Parthenice« (Bologna 1481 ff.), sieben Bücher auf Maria und sechs hl. Jungfrauen (Catharina, Margareta, Agatha, Lucia, Apollonia, Caecilia). - V.a. im 15. und 16.Jh. (und regelmäßig bis 1800) viel ediert und rezipiert, fanden seine Verse auch schon bald Kritik (non sine ingenio, sed sine arte) wie durch Lilius Giraldus und J.C. Scaliger. R.Düchting

Ed.: Gesamtausg. Paris 1513 cum comment. Murrhonis, Brantii et Ascensii, I–III; beste und vollst. Ausg. Antwerpen 1576, I–IV – E. COCCIA, Le edizioni delle opere del Mantovano, 1960; vgl. GW 3243–3320 und Index Aureliensis I 3, 1966, 71–125 – The eclogues, ed. W.P. MUSTARD, 1911 [mit grundlegender Einl.] – Libri tres De calamitatibus temporum, ed. G.WESSELS, 1916 – La Partenice Mariana, ed. E.BOLISANI, 1957 – La Vita beata – La Pazienza, ed. E.BOLISANI, 1959.

Baptisterium (pl. Baptisterien). Der Name B. leitet sich von der Bezeichnung der Tauchwanne in den Frigidarien röm. Thermen ab und wird seit dem 4.Jh. auf das chr. Taufbecken (piscina, lavacrum, fons) und dann auf die Taufkirche übertragen. Die Taufe vollzog sich in der alten Kirche seit dem 3.Jh. (Dura Europos, Mitte 3.Jh.) in bes. Räumen – Anbau oder selbständiges Gebäude – neben der Bischofs- oder Gemeindekirche, selten auch bei Martyrien (Rom, St. Peter). Mit dem Aufhören der Erwachsenentaufe und der Sitte des Untertauchens (Immersionstaufe) wurde seit dem 8.Jh. auf den Bau von B. verzichtet und ein Taufstein in die Kirche gestellt; nur in der Kiever Rus' (Höhlenkloster in Kiev, um 1050) und in Italien wurden B. noch bis zum 13.Jh. errichtet (Florenz 1050-1150; Parma 1196-1260; Pisa 1153-um 1380). Die Lage der B. zur Kirche ist sehr verschieden: im Westen, Norden, Süden, Osten, am Atrium, am Seitenschiff, neben oder hinter dem Chor; sie haben einen Vorraum oder Vorhof, dazu Nebenräume für die Unterweisung (consignatorium) und zum Umkleiden.

Liturg. Zentrum ist das in den Boden eingetiefte und über 3 oder 7 Stufen zugängl. Taufbecken, dessen Tiefe, Breite und Grundriß (Quadrat, Rechteck, Rund, Polygon, Kreuz, Vierpaß) sehr verschieden ist. Häufig war das Becken von einer Brüstung umgeben oder von einem Ciborium überdeckt, dem Vorhänge (Velen) eingehängt werden konnten. Die Piscina liegt meist in der Raummitte eines Zentralbaus, aber auch am West- oder Ostende und in einer Apsis (Syrien).

Die Gebäudeform für B. ist mannigfaltig: weit verbreitet war der Nischenzentralbau, bes. mit 8 Nischen, Rundnischen in den Diagonalen und Rechtecknischen in den Achsen, v.a. im Westen (Ephesus, Marienkirche; Kos; Konstantinopel, Sophienkirche; Mailand; Albenga; Brescia; Fréjus) oder mit vier Nischen (Menasstadt; Ravenna; Aquileia; Riva S. Vitale). Daneben erscheinen einfache runde Zentralräume (Brauron; Aljezares), oktogonale (Grado; Parenzo; Hemmaberg; Stobi) auch mit angefügten Nischen (Novara; Lomello; Como) und Rundbauten mit tiefer Apsis (Mons Admirabilis; Arnikha auf Rhodos). Bes. prächtige B. hatten einen inneren Säulenumgang (Butrinto; Rom, Lateran; Nocera; Aix; Marseille; Nevers; Torcello; Riez). Auch konnte ein äußerer Umgang vorhanden sein (Ravenna, B. der Arianer; Djèmila; Kos), oder das B. wurde durch Pilaster- oder Säulenvorlagen bereichert (Sabratha; Henschir-Dehes). Eine als Apsis hervorgehobene Nische diente wohl zur Aufstellung des Bischofsthrones (nachweisbar in Djèmila; Sabratha, B. am Forum) oder auch mit Altar, vor dem der Täufling anschließend die Eucharistie empfing. Weitere Zentralbauformen sind Drei- und Vierkonchenbauten (Syrien; Kleinasien), Hexagonalbauten (Dehes; Zara) sowie Kreuzbauten (Sabratha, B. am Forum; Pola; Köln, Dom). Am verbreitetsten waren quadrat. Grundrisse (N-Afrika, auch in Kleinasien; Trier, Dom; St. Maurice) sowie rechteckige mit der Piscina in der Mitte der Längsachse oder an deren Ende (N-Afrika, Kleinasien). Aus der Verschiebung der Piscina aus dem Zentrum entsteht das im Westen unbekannte Apsis-B.; ebenfalls nur in Syrien und Kleinasien wird in der Apsis die Piscina eingetieft.

Die Form der Nischenzentralbauten sowie der Dreipaß- und Kreuzbauten wird von A. GRABAR und R. KRAUTHEIMER damit erklärt, daß sie von heidn. Mausoleen übertragen seien, aus der Idee des Todes und der Wiedergeburt in der Taufe; alle Nischenzentralbauten sind andererseits jedoch bereits fester Bestandteil der röm. Thermen. Die architekton. Anknüpfungspunkte an Profanbauten waren unterschiedlich, je nachdem ob der Abwaschungscharakter der Taufe oder das Mitsterben und -auferstehen mit Christus (Röm. 6, 3 ff.) im Vordergrund der Tauftheologie und daraus folgend der Bausymbolik stand. Für Achteckbauten ist die Auferstehungssymbolik durch den Titulus des Ambrosius für das B. der Theklakirche in Mailand gesichert (der Auferstehungstag Christi ist, wenn die Wochentage weitergezählt werden, der achte Tag, vgl. DÖLGER). Häufig waren die B. Johannes dem Täufer geweiht. Bildl. Schmuck in B. ist selten erhalten (z.B. Dura Europos; Neapel; Ravenna; Albenga; Kelibia). G. Binding

Lit.: RAC I, 1157–1167 [Lit., Kat.] – LThK² I, 1232 [Lit.] – RGG I, 867–869 [Lit.] – RByzK I, 460–496 [Lit.] – F.J. DÖLGER, Zur Symbolik des altchr. Taufhauses, Antike und Christentum 4, 1933, 153–187 – A. KHATCHATRIAN, Les Baptistères Paléochrétiens, 1962 [Abb., Lit.] – R. KRAUTHEIMER, Introduction to an Iconography of Mediaeval Architecture, JWarburg 5, 1942, 1–33 – W.WEYRES, Die Domgrabung XVI. Die frühchr. Bischofskirchen und Baptisterien, Kölner Domblatt 30, 1969, 133–136 – H.SCHLUNK-TH.HAUSCHILD, Die Denkmäler der frühchr. und westgot. Zeit, 1978.

Bar (par[at]), seit dem 15.Jh. Bezeichnung für die Strophenfolge eines Liedes, wurde zunächst als Grundwort, die zweisilbigen Formen (auch bara[n]t) als sekundär angesehen; parat bedeutete jedoch, wie anderes aus der Fachsprache der Fechter übernommen, dort die als kunstgerecht geführte gelungene Abwehr mit der Waffe (auch *schirmslac*), bei den Liedautoren seit dem 15.Jh. analog anspruchsvolle Strophenform, sonst je nach Kontext neben 'List' u.a. auch 'Kunst' und 'Kunststück'. Hans Sachs nannte die *gekrönte Weise* Beheims parat *(reyen),* da sie bei 21 Versen der Strophe 18 identische Reimklänge zählt – für auf sinnvollen Text bedachte Autoren nicht leicht zu finden. Der parat zählte wie der → Leich zu den *aht künsten des gesanges.*

Mit Zurücktreten des »Vollziehens« als wesentl. Konstitutiv ma. Liedkunst (HUGO KUHN) führte auch hier Entleerung der Vorstellung zur Bedeutungsveränderung. Das Wort bedeutet seit dem 15.Jh. zunehmend nur mehr eine Folge von Strophen gleicher Vortragsform, ohne daß die ursprgl. Bedeutung ganz verloren ging. Seine spätere Gesch. (u.a. *barliedlein*) bedarf weiterer Klärung. – Barform als von Richard Wagner (Die Meistersinger III, 2) ausgelöste, von Mediävisten lange übernommene Bezeichnung der stollig gebauten Strophe ist demzufolge Fehlprägung. Ch. Petzsch

Lit.: O. PLATE, Die Kunstausdrücke der Meistersinger (Der dt. Meistergesang, hg. B. NAGEL [WdF CXLVIII], 1967), 206–263, bes. 231f. – CH. PETZSCH, Parat-(Barant-)Weise, B. und Barform. Eine terminolog. Studie, AMW 28, 1971, 33ff. – K. GÄRTNER, »Wer parat welle lernen, der uar in dise tauernen.« Eine Zech- und Spielrede aus der 1. Hälfte des 14. Jh. (Beitr. zur weltl. und geistl. Lyrik des 13.-15. Jh., Würzburger Colloquium 1970 [1973]), 84-97 [90 f. zur Bedeutungsgesch. des Wortes] – H. BRUNNER, Die alten Meister. Stud. zu Überlieferung und Rezeption der mhd. Sangspruchdichtung im SpätMA und in der frühen NZ, 1975 (MTU 54), 159 f. [Anm. 106].

Bar (Bar-le-Duc), Gft., seit 1354 Hzm., am Oberlauf der Maas. Die pagi, aus denen sich später die Gft. bildete, standen seit ca. 959 unter der Herrschaft der Hzg.e v. (Ober-) → Lothringen. Die Burg Barrum-Ducis (Bar-le-Duc) am Ornain wurde um 960 von Hzg. Friedrich I. im Grenzgebiet von Lothringen und Champagne errichtet. Die im Verlauf des 10. Jh. von den Hzg.en erworbenen Grundlagen der Territorialherrschaft fielen nach dem Tode Hzg. Friedrichs II. (1033) nicht an das neue Herzogshaus, sondern verblieben im Besitz von Friedrichs Töchtern. Sophie († ca. 1092, ⚭ Ludwig, Gf. v. Mousson) wird allgemein als erste Gfn. v. B. genannt, obwohl sie diesen Titel nicht geführt hat. Das reiche Erbe ließ die Gf.en v. B. zu ebenbürtigen Rivalen der Hzg.e v. Lothringen werden, die nur über eine sehr schmale Basis ihrer Fürstenwürde verfügten. Als Zentren der gräfl. Macht sind zu nennen: Bar-le-Duc, Gondrecourt, St-Mihiel (Vogtei), Amance (nach dem sich die Gf.en gelegentl. nannten), Mousson an der Mosel (auch nach dieser Burg benannten sich die Gf.en sehr oft) und schließl. sehr ausgedehnter Besitz um Briey mit Thionville, das später aber an Luxemburg überging. Das polit. Geschick von B. wurde zum einen durch die Rivalität zu den Hzg.en v. Lothringen bestimmt und zum anderen durch die exponierte Grenzlage. Als die Champagne 1284 in die Hand des Kg.s v. Frankreich überging, kam es bald zum Konflikt, u. a. wegen der Schirmherrschaft über Beaulieu. Gf. Heinrich III. verbündete sich mit Kg. Eduard I. und fungierte als Vikar Adolfs v. Nassau im Grenzgebiet Lothringens. Nach der Beendigung des Krieges zw. Eduard und Philipp dem Schönen mußte sich der Gf. in Brügge unterwerfen (1301), er trug seine Besitzungen links der Maas dem Kg. v. Frankreich zu Lehen auf (Nouvelle Reprise, später Barrois mouvant). Seit dieser Zeit orientierten die Gf.en ihre Politik nach den Vorstellungen Frankreichs. H. Thomas

Durch die Minderjährigkeit des Gf.en Eduard I. geriet die Gft. in eine schwierige Periode; der frz. Einfluß verstärkte sich weiter. Der junge Gf. († 1337 als Kreuzfahrer auf Zypern) wurde am frz. Hof erzogen und 1320 mit Maria v. Burgund verheiratet; er nahm u. a. an der Hochzeit Karls IV. teil. 1328 kämpfte Eduard in der Schlacht v. → Cassel. Der frühverstorbene Heinrich IV. (1337-44; ⚭ Yolande v. Flandern) hinterließ zwei Söhne, von denen Eduard II. bald verstarb; die Grafenwürde fiel an Robert I. († 1411). Yolande, die mehr als zehn Jahre die Regentschaft innehatte, führte eine äußerst expansive und kriegerische Politik. Karl IV. faßte am 13. März 1354 (dem Tag der Erhebung → Luxemburgs zum Hzm.) die beim Imperium verbliebenen Teile der Gesamtgrafschaft zur Mgft. Pont-à-Mousson zusammen, wodurch die Gf.en v. B. (als Herren der Stadt Pont-à-Mousson) zu Reichsfürsten wurden. Diese Maßnahme änderte allerdings nichts an der auf Frankreich orientierten Politik der Gf.en v. Bar. Noch i. J. 1354 nahm Yolande für ihren Sohn den Herzogstitel an, womit dieser einem → Pair v. Frankreich gleichgestellt wurde. Hzg. Robert »le Magnifique« regierte nach einigen von Kriegswirren erfüllten Jahren sein Hzm. in fähiger und geschickter Weise. Durch den Tod seines ältesten Sohnes Eduard II. in der Schlacht von Azincourt (1415) fiel das Hzm. an Ludwig, Bf. v. Verdun, gen. »le cardinal de B.« († 1420). Er adoptierte seinen Großneffen → René d'Anjou

(⚭ 1420 Elisabeth v. Lothringen), was 1420 zur Vereinigung B.s mit → Lothringen führte (vgl. auch Anjou). Das Hzm. B. ging nach mehrjähriger Beschlagnahme durch Kg. Ludwig XI. an Renés Großenkel, René II., über.

Die territoriale Entwicklung des Hzm.s B. vollzog sich entlang der → Maas von Bassigny im S bis Stenay im N und erfaßte das Gebiet zw. Argonnen und Mosel, die Woëvre und das Gebiet nördl. Toul. Mit günstigeren ökonom. Grundlagen ausgestattet als das Hzm. Lothringen, wurde das Hzm. B. von bedeutenden Handelsstraßen durchzogen. Es war in Verfassung, Sprache und Kultur stets mehr Frankreich als dem Imperium zugewandt, mit dem es nur nominell verbunden war. M. Parisse

Q.: V. SERVAIS, Annales hist. du Barrois de 1352 à 1411, 2 Bde, 1865-67 – M. GROSDIDIER DE MATONS, Cat. des actes des comtes de B. de 1022 à 1239, 1922 – Actes des comtes de B., I, 1033-1190, hg. M. PARISSE, 1972 [masch.]. – Lit.: M. GROSDIDIER DE MATONS, Le Comté de B. des origines au Traité de Bruges, 1922 – H. COLLIN, Le comté de B. au début du XIVe s., Bull. phil. et hist., 1971 [1977], 81-93 – H. THOMAS, Zw. Regnum und Imperium. Die Fsm.er B. und Lothringen zur Zeit Ks. Karls IV., 1973 – G. POULL, La maison de B., T. 1 (bis 1239), 1977 – vgl. auch: F. BICHELONNE, Le comté de B. après le traité de Bruges [Thèse masch. Ec. des Chartes 1962].

Bar (Bar-le-Duc), Fürstenhaus (einzelne Mitglieder)
1. B., Eduard I., Gf. 1302-36, † 1336, Sohn des Gf.en Heinrich III. und der Eleonore v. England, ⚭ Maria v. Burgund. Beim Tod seines Vaters (1302) noch minderjährig, wurde er der Vormundschaft seiner Onkel, bes. Johanns v. Bar, Herren v. Pusaye, unterstellt trotz der Bemühungen des Kg.s v. England, sich zum Vormund des jungen Gf.en zu machen. Die Gft. erlangte ihre Einheit durch die Wiedergewinnung der Gebiete, die den Onkeln Eduards, Bf. Rainald v. Metz und Bf. Theobald v. Lüttich, überlassen worden waren, zurück. Seit 1311 allein regierend, heiratete er Maria v. Burgund und schloß sich den Burgundern an. Er war außerdem eng mit dem Kg. v. Frankreich verbunden, dem er den Lehnseid schuldete und dessen Parteigänger und Agenten sich immer größere Gebiete seines Territoriums aneigneten. E. mußte sich außer mit Frankreich auch mit seinen übrigen mächtigen Nachbarn, Lothringen, Luxemburg und den geistlichen Fsm.ern, gutstellen. Im Innern gelang es ihm, durch eine rücksichtslose Politik und aufgrund von Wirtschaftsförderung, Ausbau des Heerwesens und Steigerung seiner Einnahmen die Autorität gegenüber seinen Lehnsleuten und innerhalb seiner Domäne zu verstärken. M. Parisse

Lit.: F. BICHELONNE, Le comté de B. après le traité de Bruges. La politique du comte Edouard Ier [Diss. École de Chartes, 1962]; administration du comté de Bar sous Edouard Ier (1302-1336), Bull. des soc. d'hist. et d'archéol. de la Meuse, 5, 1966.

2. B., Hugo v., Bf. v. Verdun seit 1351, † 1361 auf einer Pilgerfahrt im Hl. Land, Sohn Peters v. Bar, Herren v. Pierrefort, ursprgl. Ritter, erhielt im Juli 1351 den Bischofssitz v. Verdun nach der Abdankung Ottos v. Poitiers. Er geriet in Konflikt mit der Bürgerschaft und ließ sich seine Rechte von Karl IV. bestätigen (28. Dez. 1356). Er sicherte damit die Stellung des lothr. Adels, der polit. am Imperium orientiert und antifrz. eingestellt war. In der Folgezeit kämpfte er im Zuge langer und blutiger Kriegswirren gegen Yolande v. Flandern, Gfn. v. Bar. M. Parisse

3. B., Ludwig v., Bf. v. Verdun, Kard., † 23. Juni 1430 in Varennes, ▢ ebd., Franziskanerkloster (von ihm gestiftet), Sohn des Hzg.s Robert I. und der Marie de France, wurde Ludwig 1395 Bf. v. Langres, 1397 Kard., 1412 Bf. v. Porto, 1413 Bf. v. Châlons, 1419 Bf. v. Verdun. Einziger Erbe des Hzm.s Bar beim Tode seines Bruders Eduard III. (1415), verpflichtete er den Adel des Barrois auf sich (Rittergesellschaft vom Weißen Windhund [*Lévrier Blanc*]), doch sah er sich in der Folgezeit unter dem Druck seiner Nichte Yolande (Violante) v. Aragón, Schwiegermutter Kg. Karls VII. v. Frankreich, genötigt, seinen Großneffen → René v. Anjou zu adoptieren, den er mit der Erbin v. Lothringen vermählte (1420) und dem er Bar 1424 überließ. 1417 nahm L. am Konzil v. Konstanz teil. Durch seine polit. Tätigkeit, bei der er enge Beziehungen zum Kg. v. Frankreich unterhielt, sehr in Anspruch genommen, residierte er wenig in seinem Bm., für das er Synodalstatuten erließ. M. Parisse

4. B., Rainald v. (Renaud), *Bf. v. Metz* seit 1302, † 1316 durch Gift, Sohn des Gf.en Thiébaut II. v. Bar und Bruder von Thiébaut, Bf. v. Lüttich. Er trug heftige Konflikte mit der Stadt Metz und den Mitgliedern seines Domkapitels aus; letztere erhoben 1308 schwere Klagen (u. a. wegen schlechter Amtsführung und Steuerdrucks) gegen ihn. Der Bf. hatte die Vormundschaft seines jungen Neffen Eduards III., Gf.en v. Bar, inne. M. Parisse

Lit.: H. v. SAUERLAND, Gesch. des Metzer Bm.s während des vierzehnten Jh., Jb. der Ges. für lothr. Gesch. und Altertumskunde 16, 1894, 119-176.

5. B., Stephan v., *Bf. v. Metz* seit 1120, † 30. Dez. 1162, Sohn Dietrichs I. v. Montbéliard (Mömpelgard) und Bar und der Ermentrude v. Burgund, Bruder Rainalds I., Gf.en v. Bar, wurde von seinem Onkel, Papst Calixtus II., für den Bischofssitz v. Metz nach dem Tod des Bf.s → Theoger designiert (April 1120). St. konnte erst Ende 1122 in seine Bischofsstadt einziehen. Er widmete sich sogleich der Wiederherstellung seiner Temporalien, für die er mit Unterstützung seiner Brüder mehr als zehn Jahre lang Krieg führte. Treue Anhänger des Ksm.s, war er bes. Konrad III. und Friedrich Barbarossa sehr ergeben. Er nahm am 2. Kreuzzug teil. Nachdem er eine Zeitlang Victor IV. unterstützt hatte, versöhnte er sich vor seinem Tod wieder mit der Kirche. Eifriger Förderer der neuen Orden, gründete er die Abtei Autrey. M. Parisse

Q. und Lit.: F. RUPERTI, Stephan v. Metz (1120-52), Jb. der Ges. für lothr. Gesch. und Altertumskunde 22, 1910, 1-96 – M. PARISSE, Actes d'Étienne de B., évêque de Metz, 1979.

6. B., Theobald v. (Thiébaut), *Bf. v. Lüttich*, * um 1263, † 1312, Sohn des Gf.en Theobald II. und Bruder Bf. Rainalds v. Metz, Lizentiat der Rechte, hatte zehn Kanonikate in Frankreich und im Imperium inne. Seine Kandidatur für das Bm. Metz 1296 schlug fehl; 1303 wählte ihn das Kapitel von Lüttich zum Bischof. Weltl. Geschäfte lagen ihm näher als die Ausübung seines geistl. Amtes. Er geriet in mehrfache Streitigkeiten mit der Kurie wegen Säumigkeit bei der Abgabenzahlung und wegen Übertretung der Beschlüsse des Konzils v. Lyon gegen den Wucher. Er lehnte es ab, auf dem Konzil v. → Vienne zu erscheinen und belegte mehrere Städte seines Bm.s mit dem Bann. Sein Auftreten zeichneten Rücksichtslosigkeit und Härte aus. 1311 bis 1312 begleitete er Kg. Heinrich VII. auf seinem Zug nach Rom, wo Th. bei einem Straßenkampf den Tod fand. M. Parisse

Lit.: CH. LIMBRÉE, Th. de B., évêque de Liège [Ms. masch. Louvain 1974].

Bar (-le-Duc), Schlacht bei, (15. Nov. 1037). Gf. Odo II. v. Blois-Champagne, 1033/34 mit Erbansprüchen auf das Kgr. Burgund an der Koalition Ks. Konrads II. und Kg. Heinrichs I. v. Frankreich gescheitert, verbündete sich 1037 mit dem vom Ks. abgesetzten Ebf. → Aribert II. v. Mailand, der ihm Italien und das Ksm. in Aussicht stellte. Offenbar in der Absicht, anschließend nach Aachen zu ziehen, belagerte Odo mit einem großen Heer B., nahm es am 14. Nov., wurde aber tags darauf von den um die Truppen der Bm.er Metz und Lüttich und der Gft.en Elsaß und Namur verstärkten Streitkräften Hzg. → Gozelos v. Lothringen gestellt und besiegt. Odo fiel auf der Flucht; sein Banner wurde dem Ks. nach Italien übersandt. B. war eine der größten, verlustreichsten und von den Zeitgenossen (bis Irland) meisterwähnten Schlachten des 11. Jahrhunderts. Vgl. Gf. → Odo II. K. F. Werner

Lit.: JDG K. II., Bd. 2, 254ff., 267ff. – RI 3, 1, 254e; 264a – J. LANDSBERGER, Gf. Odo I. v. der Champagne [Diss. Göttingen 1884] – L. LEX, Eudes, comte de Blois..., 1892 – M. BUR, La formation du comté de Champagne, 1977.

Bar, Städte und Grafschaften

1. B. ('Αντίβαρις, Antibarum, Antivari), süddalmatin. Stadt, 743 in einem Schreiben von Papst Zacharias als Bischofssitz (ecclesia Avarorum) erstmals erwähnt. Die Herkunft des Namens (civitas Avarorum, Anti-Bari) ist nicht geklärt; der slav. Name Bar (grad slavnyj Bar) taucht bereits Anfang des 13. Jh. in der Vita des Stephan Nemanja von Stephan Prvovenčani auf. Bis 989 gehörte B. zum byz. Thema → Dyrrhachion, danach zum Thema → Dalmatien. Im 11. Jh. kam die Stadt unter die Herrschaft des serb. Fsm.s Zeta (Diocletia, Duklja) und wurde unter Konstantin Bodin 1089 Sitz eines Ebf.s. Nach dem polit. Verfall des Kgr.es Zeta wurde B. in den 60er Jahren des 12. Jh. wieder byz., bis es 1183 vom serb. Großžupan Stephan Nemanja besetzt wurde. Es blieb beim Nemanjidenreich bis zu dessen Untergang in der 2. Hälfte des 14. Jh.; danach gliederten es die Balšići (→ Balša) ihrem nordalban. Fsm. an. 1405 wurde B. ven., 1412 konnte es Balša III. zurückgewinnen; 1421 erneut ven., wurde es bereits 1423 von dem serb. Despoten Stephan Lazarević, an dessen Hof sich Balša III. geflüchtet hatte und wo er 1421 verstorben war, besetzt. 1442 übernahm Hzg. Stephan Vukčić Kosača von der Herzegowina die Herrschaft über die Stadt, die er jedoch bereits 1443 wieder den Venezianern überlassen mußte. B. blieb bis zur türk. Eroberung 1571 venezianisch. Die Stadt besaß sowohl unter serb. wie unter ven. Herrschaft Selbstverwaltung und Statut; im Gegensatz zu anderen dalmatin. Städten bestand in B. noch im 14. Jh. eine gemeinsame Volksversammlung von nobiles und popolares, erst im 15. Jh. spaltete sich der Rat. Zum Territorium von B. gehörten nicht nur die Stadt selbst, sondern auch der 5 km entfernte kl. Hafen (portus Antibari) sowie das Benediktinerkloster Ratac. P. Bartl

Lit.: M. v. ŠUFFLAY, Städte und Burgen Albaniens hauptsächl. während des MA, 1924 – DJ. BOŠKOVIĆ, Stari Bar, 1962 – Istorija Crne Gore I, 1967.

2. B.-le-Duc → Bar, Gft.; Bar, Fürstenhaus; Bar, Schlacht bei (1037)

3. B.-sur-Aube, Stadt und ehem. Gft. in der Champagne (heut. Dép. Aube), gehörte zum Bm. Langres. 889 bestätigte Kg. Odo dem Bf. v. Langres den Besitz der Burg, der Münzstätte und des Marktes. Seit dem Ende des 10. Jh. ist ein erstes Grafengeschlecht bezeugt, das zur gleichen Zeit Bm. und Gft. → Soissons beherrschte. Um die Mitte des 11. Jh. fiel das Barrois an die Gf.en v. → Valois, 1077 an den Gf.en der → Champagne, 1285 an den Kg. v. Frankreich. Im 15. Jh. wurde sie der Familie → Croy verpfändet.

Bereits vor 1114 war die Stadt der Standort einer der sechs großen → Champagnemessen, welche in der dritten Fastenwoche begann und i. J. 1160 15 Tage dauerte, i. J. 1250 35 Tage. Die Kaufleute aus Arras, Cambrai, Valenciennes, Ypern, Châlons, Besançon, Basel, Freiburg, Orange, Montpellier, Marseille und Paris besaßen hier ihre Hallen. Am Beginn des 14. Jh. bestand ein reger Austausch mit dem it. Handelshaus → Anguissola und der jüd. Firma → Salet. Anfangs auf dem Bergvorsprung von St-Germaine gelegen, nahe der alten Burg und einem Priorat, das → St-Claude-du-Jura unterstand, entwikkelte sich die Stadt in späterer Zeit im Tal, wo um die Mitte des 12.Jh. eine neue Burg errichtet wurde. 1159 stiftete der Gf. der Champagne in der Kirche St-Maclou ein Kapitel mit 29 Kanonikern. Die Stadt umfaßte nun drei Pfarreien deren eine, St-Pierre, der Sitz eines weiteren Priorates von St-Claude war. Im 12.Jh. wurden das Leprosorium und das Hospital St-Nicolas gegr., im 13.Jh. entstanden das Hl.-Geist-Hospital und das Franziskanerkl. (1284). M. Bur

Lit.: H. D'ARBOIS DE JUBAINVILLE, Hist. de b. sous les comtes de Champagne (1077-1284), 1859 – E. A. BLAMPIGNON, B., 1900 – M. CHAUME, Les origines du duché de Bourgogne, 2: Géographie hist., fasc. 3, 1931 – M. BUR, La formation du comté de Champagne (v. 950-v. 1150), 1977 – P. CORBET, Les collégiales comtales de Champagne, Annales de l'Est, 1977, 195-241.

4. B.-sur-Seine, Stadt und ehem. Gft. in der Champagne (heut. Dép. Aube), gehörte zum Bm. Langres. Die Gft. B. ging aus einer Aufteilung des pagus latiscensis hervor. Am Ende des 10.Jh. mit der Gft. →Tonnerre vereinigt, wurde sie 1065 von dieser wieder abgetrennt, als Gf. Hugo Reinhard (Hugues-Renard) Bf. v. Langres wurde. B. fiel an das Haus →Brienne und Tonnerre an das Haus →Nevers. Anfangs scheint die Gft. B. unter dem Einfluß des Hzm.s →Burgund gestanden zu haben, doch erlangten die Bf.e v. →Langres die Oberhoheit. Im 12.Jh. wurde die Gft. durch den Gf.en der →Champagne, der sie um 1224-49 erwarb, mediatisiert. 1435-77 war sie Teil des burg. Staates. – Die Stadt, zu Füßen der Burg gelegen, besaß im MA nur eine Pfarrei, die seit 1068 Sitz eines Priorates von St-Michel-de-Tonnerre (→Tonnerre) war. Außerdem bestand in der Burg seit dem 12.Jh. eine kleine Kollegiatkirche (♂ St-Georg). Die Burg wurde am Ende des 16.Jh. zerstört. M. Bur

Lit.: L. COUTANT, Hist. de la ville et de l'ancien comté de B., 1854 – M. CHAUME, Les origines du duché de Bourgogne, 2: Géographie hist. fasc. 3, 1931 – M. BELOTTE, La région de B. à la fin du MA, du début du XIIIe s. au milieu du XVIe s. Étude économique et sociale, 1973 – M. BUR, La formation du comté de Champagne (v. 950-v. 1150), 1977.

Bär. [1] *Zoologie:* Durch antike und patrist. Quellen (Arist., Plin., Solin., Ambrosius, Basileios d. Gr. u.a.) wurde dem MA ein Grundwissen über den Braunbär vermittelt, u.a. über Verhalten bei Nahrungssuche und Kampf sowie Betreuung der erst wenig entwickelten Jungen in der Winterhöhle (Ansatz für die Mär vom Formen der Jungen durch Belecken, u.a. bei Isidor v. Sevilla 12, 2, 2; rational durch Primärqualitäten gedeutete Unentwickeltheit bei Alexander Neckam 2, 131 = Vinzenz v. Beauvais 19, 118). Wenig kam hinzu: Thomas v. Cantimpré erklärt das Fasten in der Höhle gelehrt (4, 105). Der Fang wird mit Hilfe eines über einer Fallgrube vor einem hohlen Baum mit wildem Honig aufgehängten Hammers (Bartholomaeus Anglicus 18, 110 angebl. nach Theophrast; Thomas = Vinz. 19, 119) oder einer zur Grube führenden Honigspur (Thomas III = Konrad v. Megenberg III. A. 68) betrieben. Beim Bändigen der gefangenen B.en soll glühendes Metall durch Blendung helfen (Barth. Angl. und Thomas nach dem »Experimentator«). Über abgerichtete und in Tiergärten und Zwingern gehaltene Bären sagen die Quellen wenig. Thomas und Albertus Magnus (22, 145) erwähnen auch Schwarz- und Eisbären. Med. Verwendung von Körperteilen (z. B. Schmalz, Fett) war nicht selten (s. Thomas und Vinz. 19, 120). Chr. Hünemörder

Q.: Albertus Magnus, De animalibus, ed. H. STADLER II, 1920 (BGPhMA 16) – Alexander Neckam, De naturis rerum, ed. TH. WRIGHT, RS, 1863 [Neudruck 1967] – Bartholomaeus Anglicus, De proprietatibus rerum, 1601 [Neudr. 1964] – Isidorus Hispalensis, Etymologiae, ed. W. M. LINDSAY, 2, 1911 – Konrad v. Megenberg, Das Buch der Natur, ed. F. PFEIFFER, 1861 [Neudr. 1962] – Thomas Cantimpratensis, Liber de natura rerum, T. I: Text, ed. H. BOESE, 1973 – Vincentius Bellovacensis, Speculum naturale, 1624 [Neudr. 1964].

[2] *Jagdwesen:* Der B. gehörte im MA zum Schwarzwild, dem außer dem Wildschwein bis zu ihrem Verschwinden auch →Auerochse und →Wisent zugezählt wurden. In den mit dem Wildbann belegten Gebieten stand nur dem Inhaber des Bannforstes das Jagdrecht auf diese Wildarten zu. Die Jagd auf den B.en wurde in Form der Hetze mit schweren doggenartigen Hunden von Jägern, die mit Spießen bewaffnet waren, betrieben. Außerdem fanden zur Bärenjagd Waffenfallen, bes. Speerfallen, und Fanggruben Verwendung. Nicht ungefährlich war die herbstl. Jagd mit dem Bogen, da ein einzelner Pfeil oftmals nicht sogleich tödlich wirkte und der gereizte B. seinen Angreifer annahm. S. Schwenk

[3] *Ikonographie:* Die dem B.en in der Bibel und der Patristik zugewiesenen Eigenschaften meist negativen Charakters wie Bedrohlichkeit (Spr 17, 12; Klgl 3, 10; Hld 13, 8), Gier (Spr 28, 15), Stärke und Zorn (2 Sam 17, 8) oder Wollust (Bonaventura, Serm. de tempore; Hrabanus Maurus, Alleg. in Sacram Scripturam) ließen ihn zu einem Zeichen des Bösen, zum Sinnbild des Teufels werden. Dies erklärt die Vielzahl von Kampfdarstellungen von Mensch und B. in der ma. Bauplastik. Daneben kann der B. als Stärkesymbol auch ein Prädikat Christi sein. Weitere Darstellungen finden sich in Bestiarien, als Illustration von Tierepen und als Heiligenattribut (u.a. Gallus). →Tierbilder, -symbolik. D. Kocks

Lit.: LCI I, 242-244 [Lit.] – RDK I, 1442-1449.

Baradai(os), Jacobos →Jakobos Baradai

Barattiere (pl. barattieri, it. ma. Bezeichnung für denjenigen, der die Rechte, ein Spielhaus zu führen, gepachtet hatte. Mit dieser Tätigkeit verbanden sich oft Aspekte sozialer Marginalerscheinungen, wie die →Prostitution und andere mehr oder weniger erlaubte Aktivitäten. Aus diesem Grund wurden den b. gewisse Rechte entzogen; so durften sie keine öffentl. Ämter bekleiden und konnten nicht in Verbindung mit den Autoritäten des öffentl. Rechts treten; es war ihnen ferner verboten, ihre Aktivität in der Nachbarschaft von Stätten, die dem normalen öffentl. und polit. Leben sowie der Verwaltung und Rechtsprechung dienten, auszuüben. In den bedeutendsten Städten gab es mehrere, die der Autorität eines *rex baracteriorum* unterstellt waren, der in einigen Fällen den öffentl. Autoritäten für alles haftete, was über die Rechte der b. hinausging; er mußte darauf achten, daß ihre Tätigkeit *(baratteria)* nicht in rechtswidrige Handlungen ausartete.

Ebenfalls b. wurde derjenige genannt, der als Träger eines öffentl. Amtes seine Pflichten vernachlässigte und dafür Geld annahm. In diesem Sinn wird der Begriff bei Dante verwendet (Inf. XXI, 41, XXII, 8 und Fiore 87 v. 6 und 14).

B. sind in der Toskana (Lucca, Siena und Florenz) bezeugt, außerhalb in Bologna, Faenza und Vicenza. Im polit. Sinne des Begriffs war die Baratteria in noch weiterem Umfang verbreitet. R. Manselli

Lit.: EncDant I, 509-514 [Lit.].

Barbara, hist. nicht nachweisbare hl. Jungfrau und Märtyrerin (4. Dez.) [1] *Vita und Legende:* Die Daten ihrer vita entstammen der im 7.Jh. entstandenen Legende, vielleicht ägypt. Ursprungs; die früheste Hs. gehört ins 9.Jh. Hinsichtl. Ort und Zeit ihres Martyriums divergiert die Überlieferung, dennoch wird ihr Martertod überwiegend um 306 in Nikomedien angesetzt: Von ihrem heidn. Vater Dioskurus wegen ihrer Schönheit in einem Turm eingeschlossen, wird B. Christin, läßt ein drittes Fenster als Symbol der Trinität ins Mauerwerk brechen. Bei ihrer Flucht öffnet sich ein Felsen und verbirgt sie. Von einem Hirten verraten, wird sie eingekerkert, verschiedenen Martern unterworfen und zuletzt von ihrem Vater enthauptet, den daraufhin der Blitz erschlägt. Vor ihrem Tod erlangt sie die Verheißung, daß keiner, der sie anruft, ohne Sakramentenempfang sterben werde.

[2] *Verehrung:* Aus den Legendenmotiven entwickelten sich die Patronate: Bergleute, Bauarbeiter, Artillerie, Sterbende. Ihr Kult hat seinen Ursprung im Osten (B.-Patronat eines Kl. in Edessa, einer kopt. Basilika in Kairo und mehrerer Kirchen in Byzanz). Das früheste Zeugnis für ihre Verehrung im Abendland bildet ein Pfeilerfresko in S. Maria Antiqua in Rom (705/706). Um 1000 erfolgte Translatio der Reliquien nach Venedig (S. Marco), von dort nach Torcello (Kl. S. Giovanni Evangelista). Schon bald danach ist B.-Verehrung, wie Kirchenpatrozinien ausweisen, auch nördl. der Alpen bekannt. Wiederum Kirchenpatrozinien und Darstellungen, auch B.-Glocken, weisen auf eine wachsende Verehrung seit dem 13. Jh. hin. Als Zechenbezeichnung (Grubenname) tritt St. B. in Tirol seit dem frühen 14. Jh. auf. Sie findet Aufnahme unter den 14 Nothelfern, vornehml. als Patronin der Sterbenden, als solche erscheint sie auch in Sterbebüchlein (Ars moriendi) etc. Zusammen mit Katharina und Margareta bildet sie die Reihe der »drei hl. Madln« oder – vielfach unter Hinzutreten von Dorothea – der virgines capitales. Die im 14.Jh. erweiterte Legende bildet die stoffl. Grundlage für die im 15. und 16.Jh. häufigen B.-Spiele.

[3] *Ikonographie:* B. wird bis Ende des 15.Jh. häufig als Einzelfigur mit langem gegürteten Kleid (Tunika) und Mantel (auch Schutzmantel) ohne Kopfbedeckung dargestellt, vom 16.Jh. an trägt sie vornehme Kleidung in der Zeitmode. An Attributen – sie sind aus der Legende abgeleitet – werden ihr v.a. beigegeben: Turm, Kelch und Hostie, Schwert, Blitz. Die Attribute finden sich schon im 14.Jh., erfahren ihre volle Entfaltung dann im 15.Jh. Abgesehen von S. Maria Antiqua in Rom (705/706) sind Darstellungen im Abendland seit dem 12.Jh. bekannt; zu den frühen Darstellungen gehört eine Stuckstatue (um 1260) auf der Burg Trausnitz in Landshut. In Gruppen ist B. dargestellt unter den Maria umgebenden hl. Jungfrauen, unter den 14 Nothelfern; in Italien häufig auf Bildern des Typs Sacra Conversazione. An Szenen aus ihrem Leben findet sich v.a. die Enthauptung in illustrierten Martyrologien und Legendaren. Die zykl. Darstellung ihrer Legende auf Flügelaltären etc. wird zunächst nach dem Legenden-Bericht bei Simeon Metaphrastes, später nach erweiterten Legendenfassungen (Legenda aurea, Der Heiligen Leben) gestaltet. E.Wimmer

Q. *und Lit.:* EM I, 1210–1212 – AURENHAMMER I, 280–291 – HDWA I, 905–910 – LCI V, 304–311 – LThK² I, 1235 f. – Legenda aurea, ed. TH. GRAESSE, 1890, 898–902 – P. SEEFELD, Stud. über die verschiedenen ma. dramat. Fassungen der B.-Legende nebst Neudruck der ältesten Mystère français de Sainte Barbe en deux journées [Diss. Greifswald 1908] – W.WEYH, Die syr. B.-Legende, 1912 – Der Heiligen Leben, hg. S.RÜTTGERS, I, 1913, 187–192 – E.v.SCHMIDT-PAULI, Ich bin dein. Gesch. der hl. B., 1937 – R. PYLKKÄNEN, Sancta Barbara. Legende, 1966 – S.HAUSBERG, R.NORBERG, O.ODENIUS. Den hl. B. i svensk kult och konst under medeltiden, Med. hammara och fakla 25, 1967.

Barbara v. Cilli, Kgn. und Statthalterin v. Böhmen (1437), *1390/95, † 11.Juli 1451 in Mělník, Böhmen; Eltern: Gf. Hermann II. v. → Cilli und Gfn. Anna v. Schaunberg; ∞ Ks. → Siegmund (1408). Die mehrfache Statthalterin von Ungarn hat die Politik ihres Gemahls erhebl. beeinflußt. Nach der Anerkennung Siegmunds zum Kg. in Böhmen zur Kgn. gekrönt. Nach Siegmunds Tod wandte sie sich aus alter Feindschaft gegen die Thronfolge ihres Schwiegersohns, Kg. → Albrecht II. (1438/39), in Böhmen und förderte (erfolglos) die Kandidatur des Sohnes des Polenkönigs →Władysław Jagiełło, Kasimir (IV.), wohl auch im Rahmen weitreichender Unionspläne. G. Hödl

Lit.: NDB II, 581 – H.CHILIAN, B. v. Cilli [Diss. Leipzig 1908] – R.URBÁNEK, Věk poděbradský, 3 Bde (České dějiny III, 1–3, 1915–30) – H.DOPSCH, Die Gf.en v. Cilli – Ein Forschungsproblem?, Südostdt. Archiv 17/18, 1974/75 [Überblick über Q. und Lit.].

Barbara (Schlußweise) → Schlußmodi
Barbara celarent → Logik
Barbaren. βάρβαρος, 'Plapperer', bezeichnet im Gr. ursprgl. jeden fremdsprachigen Menschen, im Hellenismus den Angehörigen eines fremdländ. Stammes; im röm. Imperium umfaßt barbaria, barbaries alle außerhalb des mit dem orbis terrarum gleichgesetzten Machtbereichs wohnenden Stämme (exterae nationes). In der Siegestitulatur der Ks., in Bildwerken und Inschriften findet die siegreiche Überlegenheit Roms über die niedrig stehenden B. auch dann noch ihren Ausdruck, als bereits barbar. Stämme für die Reichsverteidigung unentbehrl. geworden waren. Seit Konstantin wurden zunehmend B. in das röm. Heer selbst aufgenommen, der Aufstieg bis in höchste militär. Ränge war ihnen möglich (→ Arbogast, → Bauto, → Ricimer, → Stilicho). Mit der Ansiedlung der Westgoten 382 als foederati am Südufer der Donau vollzieht Theodosius einen entscheidenden Schritt, der von → Themistios als Sieg der Vernunft und der Philanthropia gepriesen wird (or. 16), während diese Politik den entschiedenen Widerspruch des → Synesios fand. Auch bei → Ammianus Marcellinus werden den B. die traditionell negativen Eigenschaften wie Wildheit, Grausamkeit und Treulosigkeit beigelegt (16, 5, 17). Anfang des 5.Jh. kommt es zu antigerm. Bewegungen, die sich im O nachhaltiger auswirkten als im W; auf die Dauer konnte jedoch das Reich weder auf barbar. Truppen noch auf Ansiedler von außen verzichten. Im Glauben an die Überlegenheit Roms gegenüber den B. verschlossen sich aber Autoren wie → Symmachus, → Rutilius Namatianus oder → Sidonius Apollinaris einer nüchternen Betrachtung der veränderten polit. Verhältnisse. J.Gruber

Durch das Christentum scheint dieser Gegensatz zw. Kulturwelt und B. überwunden zu sein, Gott gegenüber »non est gentilis et iudaeus ..., barbarus et scytha« (Kol 3, 11), in der Geschichte besteht er jedoch weiter: Grieche – Barbar, Gelehrter – Unwissender (Röm 1, 14). Seit sich das Imperium Romanum für das Christentum entschieden hat, führte die Beziehung zw. zivilisierter und religiöser Welt zu einer Gegenüberstellung: Zivilisation, Menschlichkeit und Katholizismus auf der einen Seite, Unkultur, Barbarei und Grausamkeit auf der anderen (Eusebios, Lactantius, Ambrosius, Prudentius, Leo d. Gr.). Dieses drast. Urteil begründete sich auf der Tatsache, daß die B. die ständigen Feinde (hostes) der röm. Welt, die ihren Plünderungen und Verwüstungen ausgesetzt war, darstellten, und daß sie auch – infolge ihrer Annahme des Arianismus, der als die grausamste antiröm. Häresie galt – in starker Gegnerschaft zur Kirche standen. Der kulturelle und religiöse Gegensatz nahm in der Gegenüberstellung von Römern und Barbaren Gestalt an. Die Juden waren ausgeschlossen, da sie als die archaischen Zeugen einer überwundenen Phase der religiösen Geschichte der Menschheit betrachtet wurden.

Für Augustinus dagegen ist das Imperium Romanum als Staat keineswegs den anderen Staaten überlegen, weshalb auch die B. nicht grundsätzlich, sondern nur wegen ihrer Häresie zu bekämpfen sind; der Gedanke der Missionierung wird wichtiger als der der Bekämpfung, so daß bei Orosius (z. B. 7, 41, 8) das Bild einer chr. Oikumene entstehen kann. Der Zusammenbruch der röm. Staatsordnung in Gallien führt in der Schrift »De vocatione omnium gentium« (Prosper Tiro?) zu der Überzeugung, daß alle Völker zum Heil berufen sind. Salvianus stellt schließlich in »De gubernatione dei« die sittl. Verkommenheit der Römer den tugendhaften B. gegenüber.

Die barbar. Kgr.e präsentieren ganz verschiedene Situationen. Im afrikan. Kgr. der Vandalen, bei denen die Verfolgung der kath. Christen bes. grausam war, sprach Victor Vitensis in seiner Polemik mit Salvianus (De gubern. Dei VII 7), der in der Vandaleninvasion die Strafe für die afrikan. Sittenlosigkeit gesehen hatte, eine harte Verurteilung der Barbarei aus (III 19). In den Kgr.en der Westgoten und der Burgunder, in denen sich die polit. Autorität der germ. Invasoren konsolidiert hatte und es keine Spannung zw. der unterworfenen Bevölkerung und ihren Herrschern mehr gab, verlor der Terminus barbarus seine verächtl. und verletzende Bedeutung (barbarus > bravo, brave). Er tritt in der Gesetzgebung auf und bezeichnet die Sieger. Im ostgot. Kgr. des Theoderich bewahrt barbarus hingegen die röm. Bedeutung der Fremdheit, des Nicht-dazu-Gehörens, im Hinblick auf den orbis Romanus und daher der Zivilisation an sich, die mit der römischen identifiziert wurde. Die Goten nennen ihre Feinde barbari und betrachten als solche auch die Bevölkerungen der Kgr.e der Burgunder und der Franken. Cassiodorus vermeidet es streng, die Goten barbari zu nennen; in Übereinstimmung mit seiner Absicht, den Gegensatz zw. den Goten und den Römern zu beseitigen, die dem Eroberervolk gegenüber stolz ihre eigene Kultur betonten, stellt er die beiden Völker auf die gleiche Ebene: beide sollen die gleiche Würde besitzen.

Im MA gleichen sich die B. durch ihre religiöse Bekehrung den Römern an, und es entsteht eine gemeinsame Kultur. Aber dem Universalitätsanspruch des Christentums tritt der Islam entgegen; die muselman. Völker erscheinen als neue Barbaren (ein Teil von ihnen wird die Beinamen Berber und Barbaresken bewahren), dann die Slaven, die Ungarn, die Mongolen, die Türken und die heidn. Völker überhaupt, die der Christenheit fremd gegenüberstanden und von ihr als grausame Gegner und Übertreter der Gesetze der menschl. Gesellschaft betrachtet wurden. Die kulturelle Komponente des Begriffs, die bei den Schriftstellern der sog. Karolingischen Renaissance (Einhard, Paulus Diaconus) schon vorhanden war, tritt im SpätMA wieder in Erscheinung und wird bei den Humanisten dominierend, für die alles barbarisch ist, was antiklassisch ist, und denen das »Mittelalter« selbst als barbarisch erscheint. Aber bereits Thomas v. Aquin hatte im religiösen Bereich auf die Bezeichnung barbarus als Gegensatz zu christianus verzichtet und auf den alten chr. Begriff gentilis (Summa contra gentiles) zurückgegriffen. Darin impliziert sich die Anerkennung der Existenz nichtchr. Völker, die dennoch Träger alter Kulturen sind, von denen die Ausdehnung der Handelsbeziehungen und die Erweiterung des geograph. Wissens Nachricht gegeben hatten. G. Vismara

Lit.: RAC I, 1173–1176 - Enc. Italiana Treccani VI, 1930, 123f. - N. TAMASSIA, Vittore Vitense e Salviano. A proposito de' loro giudizi sui barbari, 1898 (Scritti di storia giuridica I, 1964, 279ff.) - CH. DAWSON, La formazione dell' unità europea dal secolo V all'XI, 1939 - R. DE MATTEI, Sul concetto di barbaro e di barbarie nel medioevo, Studi in onore di E. BESTA, 1939, IV, 481ff. - F. CHABOD, Storia dell' idea di Europa, 1961, 25ff. - I. LANA, Problemi politici vivi nella coscienza occidentale tra il IV e il V secolo dopo Cristo, Studium 57, 1961, 6, 404ff. - P. BREZZI, Romani e barbari nel giudizio degli scrittori cristiani dei secoli IV–VI (F. GIUNTA, I goti e la romanità [Nuove questioni di storia medievale, 1964]), 39ff. - Il passaggio dall'antichità al medioevo in Occidente. Sett. IX, 1962, 565ff. - K. F. STROHEKER, Germanentum und Spätantike, 1965 - G. VISMARA, Edictum Theoderici, 92ff. (Ius Romanum Medii Aevi I, 2 baa, 1967) - F. PASCHOUD, Roma aeterna, 1967 - J. VOGT, Kulturwelt und Barbaren. Zum Menschheitsbild der spätantiken Ges., AAMz 1967, 1 - L. RUGGUINI, De morte persecutorum e politica antibarbarica nella storiografia pagana e cristiana (a proposito della disgrazia di Stilicone), Rivista di storia e letteratura religiosa 4, 1968, 433ff. - G. FALCO, La Santa Romana Repubblica, 1973 - M. PAVAN, Sant' Ambrogio e il problema dei barbari, Romano-Barbarica 3, 1978, 167ff.

Barbarismus, ein aus dem Gr. übernommener grammat. (in der Rhetorik seltener) Terminus technicus, bezeichnet in der lat. Antike ein vitium gegen die Latinitas (in der Prosa), und zwar einen Fehler, der im einzelnen Wort liegt, also eine normwidrige, in sich unkorrekte Wortform (dictio vitiosa [Charisius, Diomedes], una pars orationis vitiosa/corrupta [Donat/Diomedes]). Als B. - der in der Schreibung (scriptum) oder/und Aussprache (pronuntiatio) zum Ausdruck kommen kann - wertet man üblicherweise das Hinzufügen, Wegnehmen, Austauschen oder Umstellen (adiectio, detractio, immutatio, transmutatio) von Buchstaben, Silben, Quantitäten, Akzenten oder Aspirationen (litterarum, syllabarum, temporum, accentuum, aspirationum), nicht selten auch den Hiat u. a. Von den Grammatikern angeführte B.-Beispiele geben interessante Aufschlüsse über aufgetretene Provinzialismen, Vulgarismen und Archaismen, z. B. pìper für piper (also mit 'adiectio temporis', die sich in der Aussprache zeigt), als vitium Afrorum familiare bezeichnet, vulgäres tottum für totum (mit 'adiectio litterae', vgl. it. tutto, bei den 'antiqui' nach Servius (4. Jh.) übliches Horcus für Orcus (mit 'adiectio aspirationis'). - Unterschieden wird der B. von → barbarolexis, → metaplasmus, → soloecismus, ohne daß allerdings die Trennung immer exakt durchgeführt würde. Zur Bekanntheit der Theorie des B. im MA haben wohl bes. (der im grammat. Unterricht zentrale) → Donat (4. Jh.) und → Isidor v. Sevilla (Etym. 1, 32) beigetragen. Für die Intensität der ma. Theoriekenntnis zeugen z. B. der Kommentar zu Donats »Ars maior« von → Sedulius Scottus, der aber etwa mit seinem Beispiel für Akzenttransmutatio, 'domínus', auch eine mlat. Tendenz (zur Paenultimabetonung) illustriert, und die B.-Kapitel in »De grammatica« von → Hugo v. St-Victor und im »Doctrinale« des → Alexander de Villa Dei; die Verbreitung der Kenntnis attestieren die ma. Glossare (mit Kurzdefinitionen wie dictio vitiosa u. a.) und die Erwähnung des B. im Bereich des Dictamen (so bei → Konrad v. Mure), in Poetiken (z. B. bei → Johannes de Garlandia) und in zahlreichen Werken verschiedener Art. Man spricht im MA auch von B.i im Gr. oder z. B. im Dt. Nicht immer exakt, sondern, als geläufiger Terminus, verschiedentl. auch locker gebraucht, findet sich B. z. B. an Stellen, wo, genau genommen, metaplasmus stehen müßte (so bei → Aldhelm für eine metrisch bedingte Lizenz, Italum für Italum Verg. Aen. 1, 2). Seit dem HochMA wird (z. B. von Hugo v. St-Victor) das dritte Buch von Donats »Ars maior«, das mit dem Wort B. einsetzt, 'B.' genannt; das einschlägige Kap. XII des »Doctrinale« heißt man 'metricus B.' - Es findet sich, in der Tradition → Gregors d. Gr., auch die Haltung, die den B., wenn nur die chr. veritas gewahrt bleibt, ruhig in Kauf nimmt. F. Quadlbauer

Lit.: ThLL s.v. - MlatWb I, s.v. - CH. THUROT, Extraits de divers manuscrits lat., etc., 1869 [Nachdr. 1964] - W. O. NEUMANN, De barbarismo et metaplasmo quid Romani docuerint (Diss. Königsbg. 1917) - H. MIHĂESCU, O barbarismo, segundo os gramáticos latinos, trad. do romeno por M. DE PAIVA BOLÉO–V. BUESCU, 1950 - L. VAN ACKER, Barbarus und seine Ableitungen im Mlat., AK 47, 1965, 136ff. - H. LAUSBERG, Hb. der lit. Rhetorik, 1973².

Barbaro, ven. Familie, stammte aus Triest und ist bereits im HochMA in Venedig bezeugt, wobei ihre Mitglieder vorwiegend in Wirtschaft und Handel tätig waren, in der

Folge jedoch bald eine rege Teilnahme am polit. Leben der Stadt entfalteten, in dem sie v.a. nach 1400 eine bedeutende Rolle spielten. Der erste große Vertreter der Familie, *Francesco* B., hatte wichtige öffentl. Ämter in Venedig inne, seine Bedeutung lag aber v.a. in der Einführung und Durchsetzung des Humanismus in Venedig, wobei der griech. Komponente eine gleichstarke Stellung wie der lat. zukam. F.B. war ein konsequenter Vertreter einer Politik, die sich gegen Mailand richtete und das Kräftegleichgewicht in der Poebene bewahren wollte. Er nahm eine entschieden antitürk. Haltung ein. Nicht geringere Bedeutung im polit. und kulturellen Leben Venedigs hatten *Almorò (Ermolao)* B., Bf. v. Verona, und dessen Bruder *Zaccaria*. Sowohl ökonom. wie polit. Interessen vertrat v.a. *Giosafat*. Von allen Mitgliedern der Familie genießt jedoch der Humanist Almoro (Ermolao) den größten Ruhm. Auch in den folgenden Jahrhunderten spielte die Familie im polit. und kulturellen Leben Venedigs eine bedeutende Rolle. Ein hervorragendes Zeugnis für das Mäzenatentum der B. ist ihre Villa in Maser auf den Hügeln von Asolo (Treviso), die für *Daniele* B., Patriarch v. Aquileia, im 16.Jh. von Andrea Palladio erbaut wurde.

R. Manselli

1. B., Ermolao (Almorò), it. Humanist. und Staatsmann, * um 1453 in Venedig, † 1493 an der Pest in Rom. Enkel des Francesco → B., empfing er erste Elemente seiner Bildung durch den Vetter seines Vaters Ermolao, Bf. v. Verona, später in Rom durch → Pomponius Laetus und Theodoros → Gazes. Nach dem Vorbild seines Vaters Zaccaria, den er auf seinen Missionen oft begleitete, schlug er die polit. und diplomat. Laufbahn ein, bewegte sich jedoch stets zw. humanist.-schriftsteller.Wirksamkeit und aktivem Staatsdienst. 1468 wurde er von Ks. Friedrich III. zum poeta laureatus ernannt und promoviert in Padua 1474 in artibus, 1477 in utroque iure. Den Höhepunkt seiner polit.-diplomat. Karriere – und gleichzeitig auch die fruchtbarste Periode in seinem schriftsteller. Wirken – erreichte er zw. 1480 und 1490. Als ihn Innozenz VIII. 1491 während seiner Gesandtschaftstätigkeit in Rom zum Patriarchen v. Aquileia ernannte, brachte ihm diese Auszeichnung in Konflikt mit seiner Heimatstadt, da es ven. Ambasciatoren strengstens untersagt war, Ämter von den Herrschern anzunehmen, an deren Hof sie gesandt waren. B. verlor sein Ambasciatorenamt und lebte bis zu seinem Tode in Rom im Exil.

B., Freund Polizianos, stand in Kontakt mit den humanist. Kreisen von Florenz und Venedig. Sein Ansehen verdankte er der Übersetzung von Themistios (1472-80), seinem nicht vollendeten Unternehmen einer neuen Übersetzung sämtlicher aristotel. Schriften (1479-1488), den »Castigationes plinianae et in Pomponium Melam« (1490), den Studien über Dioscurides und Aristoteles. Er verfaßte auch eine Schrift »De coelibatu« (1472) und eine »De officio legati« (1488?). Am interessantesten sind seine Briefe und Reden; war es doch B.s Bestreben, die Prosa zu einem bes. Grad der Vollkommenheit zu erheben. Sein Formideal bestimmt den Gesichtspunkt, unter dem die Lit. Bedeutung für ihn gewann. Dem Übersetzer des Alexander v. Aphrodisias, Girolamo Donato, präzisiert er sein Programm, in polem.Wendung gegen alle, die dieWechselwirkung von Philosophie und Beredsamkeit bestreiten. In der Verknüpfung inhaltl. und formaler Elemente dominiert bei ihm ein in radikaler stilist.Wille – seinen Antipoden schien seine stete Vorliebe für alle Feinheiten von Formen und Rhythmen zu weit zu gehen. B.s geschichtl. Stellung in diesen Fragen ist verständlich aus dem Gesichtspunkt des Gegensatzes zu Pico.

F. Schalk

Ed. und Lit.: DBI, s.v. – Epistolae, Orationes et Carmina, ed. V.Branca, 1943 – Hermolai Barbari Castigationes Plinianae et in Pomponium Melam, ed. G.Pozzi, 1973 – T.Stikens, De Hermolai Barbari vita atque ingenio, 1903 – A Ferriguto, Almorò Barbaro, Misc. di storia veneta, Ser. III, 15, 1922.

2. B., Francesco (Barbarus), it. Humanist und Staatsmann, * um 1390 in Venedig, † 1454. B. studierte in Padua, wo er 1412 den Doktor erworben hat; 1415 erschien seine dem Bruder Zaccaria gewidmete Übersetzung von Plutarchs Aristides und Cato maior, im gleichen Jahr seine Hauptschrift »De re uxoria«, 1419 war er Senator, 1424 Podestà in Verona, 1432 in Bergamo, 1434 in Verona. 1433 wurde er von Ks. Siegmund in den Ritterstand erhoben. 1436 war er Gesandter Eugens IV. nach Florenz, 1437 *Vice-Provveditore*, später *Capitano* in Brescia, 1442 *Consigliere*, 1452 Prokurator von San Marco. Die Gestalt F.B.s hat man als sinnbildl. Verkörperung des ven. Menschen des Quattrocento angesehen. Das Ineinandergreifen von humanist. schriftsteller. Wirksamkeit und polit. Tätigkeit ist für sein Leben charakteristisch. Verschiedene Persönlichkeiten des Kulturlebens seiner Zeit haben B.s Entwicklung bestimmt, u.a. → Guarino Veronese und Gasparino → Barzizza. Er war zunächst ganz und gar humanistisch geprägt, später eröffnete er sich durch Bernardinus v. Siena dem Christentum. Er war ganz im Geist Quintilians erzogen, von dem er die norma dicendi übernommen hat, während Plutarch seine Lebensführung bestimmen sollte. Sein Brief an Lorenzo de' Monaci ist ein humanist. Glaubensbekenntnis zu den Griechen, und sein Briefwechsel mit den bedeutendsten Quellen des Humanismus. Die Schrift »De re uxoria« ist eine lit. Hochzeitsgabe für seinen Freund Lorenzo de' Medici (dem Bruder Cosimos), in der nach den Worten der Widmung die ganze Eheweisheit der Alten enthalten ist. Doch ist das Werk nicht nur eine Zitatensammlung, so sehr auch der Einfluß der Schriften Plutarchs, v.a. der »Coniugalia praecepta«, sich geltend macht. B.s Haltung zum Altertum kann noch nicht als historisch, sondern im Sinn der Exempla angesehen werden, in der antiken Lit. begann sich ihm ein zwingender Zusammenhang von Urgegebenheiten des Lebens zu gestalten, denen der Mensch gegenübersteht.

F. Schalk

Q. und Lit.: DBI VI, 101-103 – Lettere, ed. Querini, 1743 – R.Sabbadini, 130 lettere inedite di F.B., 1884 – De re uxoria, ed. A.Gnesotto, Atti e Memorie della R. Accademia Scienze e Lettere di Padova, XXII, 1915 – dt. Ausg. durch P.P.Gothein, 1933 – Ders., F. B. Frühhumanismus und Staatskunst in Venedig, 1932.

3. B., Giosafat, * 1413 in Venedig als Mitglied der vornehmen Familie B., † 1494. Er widmete sich kaufmänn. Tätigkeit, seine Handelsgeschäfte erstreckten sich v.a. auf die ven. Kolonien im Osten, wo er sich 1436-42 aufhielt. Die Berichte über seine zahlreichen Reisen, die er uns hinterließ, sind eine wertvolle Quelle für die polit., ökonom. und sozialen Verhältnisse der Gebiete, die er durchreiste. Seine Berichte verdienen darüber hinaus durch ihren brillanten Stil hohes Interesse. Nach seiner Rückkehr nach Venedig setzte er in der Heimatstadt seine kaufmänn. Tätigkeit bis 1463 fort, nachdem er das ihm angetragene Konsulamt in La Tana (einem Gebiet am Schwarzen Meer, wo die Genuesen und Venezianer ihre Handelskolonien besaßen) abgelehnt hatte. Mit großem Scharfsinn erkannte er nämlich das Risiko, das eine Gegend bot, in der das unaufhaltsame Vordringen der Türken sich abzeichnete. Nachdem er von 1463 an zehn Jahre lang zuerst das Amt eines *revisore dei conti* in Dalmatien und eines *provveditore* in Albanien innegehabt hatte, wurde er 1473 nach Persien entsandt, um den Herrscher Hasan Uzun zu veranlassen, mit Venedig eine Allianz gegen das beide Seiten bedrohende Vordringen der Türken zu schließen. Es handelte

sich dabei um einen der zahlreichen Versuche der Seerepublik, der drohenden osman. Gefahr zu begegnen. Bei dieser Gesandtschaft gelang es ihm, die Freundschaft des Herrschers zu gewinnen. Er konnte ihn auf seinen Visitationsreisen durch das Land begleiten. R. Manselli
Lit.: DBI, s.v. [Lit.].

4. B., Nicolò, Sohn des Marco, * Anfang des 15.Jh., Todesdatum unbekannt. 1453 hielt er sich im Gefolge der ven. Flotte als Arzt in Konstantinopel auf (»miedego de le galie«). Er verfaßte ein »Giornale dell' assedio di Costantinopoli« in Tagebuchform nach Aufzeichnungen, die er wahrscheinl. tägl. niedergeschrieben hatte, jedoch nach seiner Rückkehr nach Venedig (4. Juli 1453) überarbeitete. Seine Schrift verzeichnet Ereignisse vom 2. März 1451 bis zum 29. Mai 1453 und weist einen Zusatz des Genealogen Marco Barbaro zum 18. Juli 1453 auf. In seinen tägl. Aufzeichnungen ein genauer Beobachter, läßt N. B. eine starke Animosität gegenüber den Genuesen erkennen, die er des Verrats beschuldigt, vielleicht weil Angelo Giovanni Lomellino als genues. Podestà von Pera beim Eindringen der Türken in die Stadt den ven. Flüchtlingen aus Konstantinopel das Asyl verweigert hatte. A. Carile
Ms. u. Ed.: Cod. It. Supp. VII, 746 (inv. 7666), s. XV (Autogr.), Venezia, Bibl. Naz. Marciana – E. CORNET [ed.], Giornale dell'assedio di Costantinopoli 1453 di N. B. P. V. corredato di note e commento, 1856; *Übers.:* Lat.: MPL 158, 1067-78 [Auszüge]; Engl.: Diary of the Siege of Constantinople, übers.: J.R. JONES, 1969 – *Lit.:* DBI VI, 114 f. – A. SAGREDO, Sul Giornale dell'assedio di Costantinopoli 1453 di N. B., 1896 – H. VAST, Le siège et la prise de Constantinople par les Turcs d'après les documents nouveaux, RH 13, 1880, 2 ff. – A. PERTUSI, La caduta di Costantinopoli. Le testimonianze dei contemporanei, 1976, LXII-LXXVI, 5-38.

Barbarolexis (barberos Lexis), spätantiker gr. (nur in der lat. Lit. belegter) grammatikal. Terminus, lat. barbara (peregrina) dictio/locutio. Zum Unterschied vom → barbarismus, der lautlich unkorrekten Form lat. Wörter, wird die b. – um für das MA Wichtiges hervorzuheben – definiert 1. vom Donatkommentator Pompeius (5.Jh.) als Verwendung von lautlich unkorrekten »fremden« Wörtern (verba peregrina), 2. von Consentius (5.Jh.) einfach als Verwendung von verba peregrina im lat. Text.

Im MA lebt die geläufigere Auffassung im Sinne des Consentius weiter bei → Isidor v. Sevilla (Etym. I, 32, 2 quando ... barbara verba Latinis eloquiis inferuntur, tunc b. dicitur [fast wörtlich gleich im Summarium Heinrici, p. 69 HILDEBRANDT]). Doch → Sedulius Scotus bestimmt in seinem Donatkommentar die »b., hoc est aliena dictio« nach Pompeius als Verwendung lautlich unkorrekter Fremdwörter aus, wie er hinzufügt, Unkenntnis der proprietas pronuntiationis dieser verbi (p. 321 LÖFSTEDT). Im Bereich der Artes dictandi erwähnt → Konrad v. Mure die b., ohne Definition, unter den vitia (Summa dictam. p. 60, KRONBICHLTER). F. Quadlbauer
Lit.: ThLL – MlatWb [uned. Zusatzmaterial] – W.O. NEUMANN, De barbarismo et metaplasmo quid Romani docuerint, [Diss. Königsberg 1917] 25/7 – A. LABHARDT, Notes sur ... Quintilien, Humanitas 3, 1950/51, 182/184 – W.D. LANGE, Stilmanier und Parodie (Fschr. K. LANGOSCH, 1973), 399 f. – Vgl. auch Barbarismus.

Barbastro, Stadt in Aragón (Provinz Huesca), am Vero gelegen, → Ayuntamiento, Partido judicial (Amtsbezirk), Bm. Das »Territorium Barbutanum« (Barbitaniya in den arab. Chroniken) zw. den Flüssen Cinca und Alcanadre wurde 715/720 von den Arabern erobert. Ende des 8.Jh. bildete sich in den Bergen von Sobrarbe, die von dem einheim. Gf.en Galindo Belascotenes beherrscht wurden, eine frk. Enklave unter der Führung des karol. Gf.en Aureolo heraus. 802 bemächtigte sich Jalaf ibn Rašid der Barbitaniya. Er setzte der chr. Bedrohung aus Sobrarbe das Kastell von al-Qasr (Alquézar) entgegen und legte in der ersten Hälfte des 9. Jh. um die Burg von al-Midyar die Stadt B. an. Nach dem Tode Jalafs um 860 gehörten B. und die Barbitaniya zur *cora* von → Huesca, die von den Banū Amrus beherrscht wurde, und zum ausgedehnten Herrschaftsbezirk, den sich al-Tawil schuf. Als er 913 starb, teilten sich seine Söhne nach krieger. Auseinandersetzungen die Herrschaft über Huesca und B. Nach dem Erlöschen dieser Dynastie wurden die beiden Städte unter der Befehlsgewalt eines einzigen, vom Kalifen v. → Córdoba ernannten Statthalters vereint. Bei der Auflösung des Kalifats 1031 wurden sie dem → Taifenreich der Banū Hud von Zaragoza angeschlossen. Anfang 1064, in Fortführung eines Feldzugs in die Baja → Ribagorza, planten Kg. Ramiro I. v. Aragón und sein Schwiegersohn Gf. Ermengol III. v. Urgel mit Unterstützung frz. Ritter die Eroberung von B. Der Kg. fiel vor der Burg Graus, aber der Gf. und seine Verbündeten nahmen die Stadt im darauffolgenden Aug. ein und übten dort die Herrschaft im Namen Kg. Sancho Ramirez' v. Aragón aus. Nach seinem Tod im April 1065 gewannen die Banū Hud von Zaragoza und Lérida B. zurück. Die endgültige Eroberung der Stadt fand am 18. Okt. 1100 durch König Peter I. v. Aragón statt, der sie zweiundzwanzig Edelleuten seines Heeres übertrug und → fueros gewährte. 1100-45 war B. Bischofssitz (→ Roda), dann transferierte ihn Eugen III. nach → Huesca. 918 mit einem Mauerring umgeben, hatte B. 1100 mit der *zuda* zwei Moscheen, eine mozarab. Kirche und eine Synagoge. Im SpätMA zählte es an die 5000 Einwohner: Christen, Mauren und Juden. Eine Gemeinschaft von Säkularkanonikern versah den Dienst an der Hauptkirche. – 1268 gab es ein Studium Barbastrense, an dem die → artes liberales gelehrt wurden. A. Durán Gudiol
Q. und Lit.: DHGE VI, 594-614 – S. LÓPEZ NOVOA, Hist. de la Ciudad de B., 2 Bde, 1861 – R. DEL ARCO, Ordinaciones reales de B. (1454), Estudios de Edad Media de la Corona de Aragón 2, 1946, 455-468 – J. BOSCH VILÁ, Al-Bakri: dos fragmentos sobre B., ebd. 3, 1947-48, 242-261 – R. DEL ARCO, Un estudio de artes en B., en el siglo XIII, ebd. 3, 1947-48, 481-483 – A. UBIETO ARTETA, Colección diplomática de Pedro I de Aragón y Navarra, 1951 – M. ASUNCIÓN BIELSA, Notas sobre la repoblación de B. en el siglo XII, Argensola 12, 1961, 187-222 – A. DURÁN GUDIOL, Geografía medieval de los obispados de Jaca y Huesca, 1962 – DERS., La Iglesia de Aragón durante los reinados de Sancho Ramírez y Pedro I, 1962 – J. CABEZUDO ASTRAIN, Los conversos de B. y el apellido Santángel, Sefarad 23, 1963, 265-284 – A. DURÁN GUDIOL, La Santa Sede y los obispados de Huesca y Roda en la primera mitad del siglo XII, Anthologica Annua 13, 1965, 35-134 – F. DE LA GRANJA, La Marca Superior en la obra de al-Udrí, Estudios de Edad Media de la Corona de Aragón 8, 1967, 447-545 – A. DURÁN GUDIOL, De la Marca Superior de al-Andalus al reino de Aragón, Sobrarbe y Ribagorza, 1975 – DERS., Ramiro I de Aragón, 1978.

Barbazan, Familie, seit dem 12.Jh. bekannte seniorale Adelsfamilie in den Gft.en Bigorre und Comminges.

1. B., Arnaud-Guilhem, seigneur de, frz. Heerführer, * um 1360, † 1431, stammte aus dem Bigorre, trat 1394 in den Dienst Ludwigs v. Orléans und gehörte in der Folgezeit stets der Partei der Armagnacs bzw. der Partei des Dauphins an (→ Armagnacs et Bourguignons). Seneschall des Agenais und der Gascogne (1415), befehligte er die Garnison v. Paris (1416) und leitete die Verteidigung von Melun (1420). Am Ende der Belagerung gefangengenommen, war er zehn Jahre lang auf Château-Gaillard interniert. Nachdem er durch einen Überfall La → Hires befreit worden war, nahm er seinen Dienst wieder auf und bekleidete das Amt eines *lieutenant général* in der Champagne, der Brie und dem Laonnais. Er nahm an der Seite Renés v. Anjou an der Schlacht v. Bulgnéville teil, in der er Tod fand. Um sein Andenken zu ehren, ließ ihn Karl VII. in St-Denis beisetzen. Ph. Contamine

2. B., Manaut, Bruder von 1, † 1421, 1390–1421 Bf. v. → Comminges unter avignones. Oböbienz. Seine Ernennung zum Bf. durch Clemens VII. bedeutete innerhalb der regionalen Auseinandersetzung zw. den → Foix und den Armagnacs (→ Armagnac) einen Sieg der armagnac. Partei. Seine Diözese befand sich jedoch in einem beklagenswerten Zustand: Brand der Bischofsstadt St-Bertrand-de-Comminges (1391), Plünderungen durch Banden, Entvölkerung und drückende Schuldenlast des Kapitels. Der Partei der Foix gelang es 1422, im Gegenzug den Kard. Pierre de Foix auf den Bischofssitz v. Comminges erheben zu lassen. Ch. Higounet

Lit.: DBF V, 237–239 – A. CURIE-SEIMBRES, Arnaud-Guilhem de B., Rev. de Comminges, 1874 – J. CONTRASTY, Les évêques de Comminges, 1940, 226–228 – CH. HIGOUNET, Le comté de Comminges, 1949, 286–287, 327.

Barberini, Familie. Die B. (oder besser die da Barberino) stammen aus Barberino im Val d'Elsa, an der Via Cassia zw. Siena und Florenz. Von dort übersiedelten die B. zw. dem 13. und 14. Jh. nach Florenz. Zwei Mitglieder der Familie aus dieser Zeit sind bekannt: ein *Bartolo di Chele da Barberino*, Notar der Signoria 1326, und ein *Giovanni di Maffeo*, dem die Signoria schwierige diplomat. Missionen übertrug. Durch ihre Bankiertätigkeit gelangten die B. im Laufe des 14. und 15. Jh. zu Reichtum, ohne jedoch eine bedeutende Rolle innerhalb der Oligarchie zu erlangen, die Florenz von 1382 an beherrschte. Während der ersten (1434–94) und der zweiten Signorie der → Medici (1512–27) hielten sich die B. jedenfalls von der herrschenden Familie fern und machten sich die Medici so zu Feinden, daß sie nach deren Restauration 1530 vorzogen, Florenz zu verlassen und nach Rom zu ziehen, wo die Familie, wie bekannt, zw. dem 16. und 17. Jh. den Höhepunkt ihrer Macht und ihres Ansehens erreichte; aus ihr ging u.a. Maffeo, der spätere Kard. und Papst (Urban VIII.) hervor. F. Cardini

Lit.: DBI VI, 164–182 [Mitglieder der Familie B.] – T. AMEYDEN, La storia delle famiglie romane con note e aggiunte di C. A. BERTINI, 1910 – P. PECCHIAI, I Barberini, Archivi 5, 1959.

Barbette, Familie, eines der bedeutendsten Bürgergeschlechter in Paris, seit dem Ende des 12. Jh. bezeugt, vielleicht norm. Herkunft. Die Familie besaß seit dem Anfang des 13. Jh. die »courtille B.« an der Nahtstelle von Temple und St-Gervais, Ursprung der Porte B. und der jetzigen Rue Barbette. Guillaume, Simon, Étienne I. und Étienne II. hatten 1236–1321 erbl. die *voirie*, ein hohes Richteramt, inne (→ Paris). Die Kontinuität bei der Ausübung dieses Amtes war nur ca. 1265 – ca. 1275 unterbrochen, als Jean Sarrazin, *chambellan* Ludwigs d. Hl., der zweite Gatte von Agnès, der Witwe Étiennes I., die voirie ausübte. Guillaume war 1234 → prévôt de Paris, Simon 1241, Nicolas ca. 1248–50. Mehrere Mitglieder der Familie waren Geldwechsler und Lieferanten bei Hofe.

1. B., Étienne II., * um 1250, † 18./19. Dez. 1321, *voyer* (vicarius) seit 1275, *échevin* (Schöffe) 1293–96, → prévôt des marchands (1298–1304, 1314–18) und argentier du roi. B. wurde von der Pariser Bevölkerung für die Eintreibung des Miet- und Hauszinses auf der Basis der Nominalpreise, die vor der Konsolidierung der Währung durch Philipp den Schönen gegolten hatten, verantwortlich gemacht. Am 30. Dez. 1306 brach daher ein Aufstand aus, der den Kg. zur Flucht in den Temple zwang, bevor es ihm gelang, die Erhebung mit harten Unterdrückungsmaßnahmen niederzuwerfen. 1313 ließ B. die ersten Kais in Paris errichten. In seinem Stadtpalast Maison de Grève wurde die *taille* für die Ritterschaft Ludwigs, des Sohnes des Kg.s, verteilt. Wortführer des Bürgertums bei den États-Généraux, gelang es B., die Zustimmung der Versammlung zu den finanziellen Projekten Philipps des Schönen, die von Enguerran de → Marigny vorgeschlagen worden waren, zu erreichen. R.-H. Bautier

Lit.: DBF V, 283–285 – CH. SELLIER, Le quartier B., 1899 (Bibl. Soc. des études hist. 2) – BORELLI DE SERRES, Recherches sur divers services publics, I, passim – R. CAZELLE, Paris de la fin du règne de Philippe Auguste à la mort de Charles V, 1972 (Nouvelle hist. de. Paris).

2. B., Pierre, Ebf. v. Reims seit 1274, † 3. Okt. 1298, □ Reims; Archidiakon v. Chartres, dann v. Laon, war vielleicht kgl. Siegelbewahrer. Philipp III. beauftragte ihn, beim Domkapitel v. Reims die Wahl von Guy de Genève zum Ebf. zu betreiben, doch wurde B. selbst gewählt. Als Teilnehmer am Konzil v. Lyon (1274) erreichte er von Gregor X. die Bestätigung der Privilegien seiner Kirche. Er salbte Maria v. Brabant in der Ste-Chapelle zu Paris am 24. Juli 1275 zur Kgn., erbat vom Papst die Einleitung des Kanonisationsverfahrens für Kg. Ludwig IX. (Juni 1276), nahm den Lehenseid des jungen Philipp (des Schönen) für seine von Reims lehnsrührigen Güter in der Champagne entgegen (5. März 1285) und salbte ihn in Reims zum Kg. (6. Jan. 1286). Er hielt zwei Provinzialsynoden ab: im April 1278 über die Rechte der Domkapitel und im Okt. 1287 über die Ansprüche der Bettelorden auf Beichte und Predigten; dabei stellte er sich gegen Nikolaus IV., selbst Franziskaner. Zur Kurie gesandt, geriet er über die Frage der päpstl. Reservation bei der Besetzung des Bm.s Cambrai mit Bonifatius VIII. in Konflikt und wurde für kurze Zeit suspendiert. R.-H. Bautier

Lit.: DHGE VI, 647–648 – GChr IX, 118–121 – G. MARLOT, Hist. de la ville, cité et université de Reims... I, 1843-46.

Barbette → Wimpel

Barbiano. 1. B. da, Alberico (IV.), Gf. v. Cunio, Barbiano, Zagonara, Cotignola, To ssignano etc., * wahrscheinl. zw. 1344 und 1348 in Barbiano, † am 26. April 1409 in Città della Pieve, Sohn von → B. 2. Er begann seine militär. Laufbahn mit den bret. Truppen von John → Hawkwood (Giovanni Acuto), mit dem er an verschiedenen Feldzügen in der Romagna teilnahm (1376). Auf ihn geht die Einrichtung der sog. »Compagnia di San Giorgio« zurück, die neben einer Kerntruppe von in seinen Gütern in der Romagna rekrutierten Männern die Italiener aufnahm, die in den fremden Kompanien dienten. Außerdem führte er beträchtl. Neuerungen bei der Ausrüstung der Soldaten und für den Schutz der Pferde ein (1378). An seiner »Schule« bildeten sich Condottieri wie Attendolo Sforza, Braccio da Montone, Tiberto Brandolini, Angelo Savelli, gen. Il Tartaglia, Romanino Crivelli und andere weniger bedeutende Söldnerführer aus. Ein typ. Repräsentant seiner Zeit, schloß er ein Heiratsbündnis mit den da → Polenta, indem er Beatrice, die Tochter Guidos, des Signore v. Ravenna, zur Frau nahm, während seine Schwester Lippa mit Obizzo Pepoli die Ehe einging. Er strebte immer danach, durch seine Unternehmungen gute Gewinne und Ausdehnung seiner Signorie zu erzielen. So stand er im Dienst von Bernabò → Visconti und der Republik Venedig (1378), dann von Urban VI. gegen die bret. Truppen Clemens' VII., die er in der Schlacht von Marino besiegte (1379). Der Papst schenkte ihm daher eine Standarte mit der Aufschrift »Italia dai barbari liberata« ('Italien von den Barbaren befreit'). Sein wichtigstes Unternehmen als Condottiere führte ihn in den Dienst von Karl III. v. Durazzo, der gegen die Anjou kämpfte (1382–86) und dann von dessen Witwe (1386–92), wobei er zuerst Karls Ratgeber wurde und dann das Amt des *Gran Conestabile* des Kgr.es bekleidete (1384). Seit 1389 war er Signore v. Trani und Giovinazzo und später Vizeregent v. Kalabrien (1390).

In Apulien von den Truppen des Sanseverino gefangengenommen (24. April 1392), wurde er anscheinend von Gian Galeazzo → Visconti losgekauft, der für ihn eine riesige Summe zahlen mußte und ihn dann zusammen mit seinem Bruder Giovanni auf zehn Jahre unter seine Condottieri in Sold nahm. Nach dem Biographen der Familie gab ihm der Visconti 1393 Montecchio in der Emilia und Nogarole in der Veroneser Gegend zu Lehen (ein Verfahren, das auch bei anderen Condottieri üblich war). Beide Burgen lagen in ihren jeweiligen Regionen an strategisch wichtigen Punkten. Oft kämpfte B. gemeinsam mit Jacopo → dal Verme (dessen militär. Laufbahn bei Karl III. v. Durazzo eine parallele Entwicklung nahm), Ottobono → Terzi, Biordo → Michelotti und den → Malatesta. Mit seinen Truppen unterstützte er die mailänd. Expansionspolitik in Venetien, in der Lombardei, der Emilia und der Toskana, wobei er zur Einnahme von Bologna und zur Isolierung von Florenz wesentlich beitrug. Nach dem Tod von Gian Galeazzo (1402) war er einer der Regenten der Herrschaft für den minderjährigen Giovanni Maria, aber nach Ablauf seiner Dienstzeit (1403) ging er zur antiviscontischen Liga über und suchte v. a., sein Gebiet in der Emilia und Romagna zu erweitern. Hier kämpfte er noch für den Papst, aber da er nicht erreichte, was er sich erhofft hatte, ging er schließlich zu Ladislaus nach Neapel und bekleidete erneut das Amt des Gran Conestabile mit beratender Funktion. Er starb 1409 (an einer Krankheit) während des Eroberungszuges des Kg.s v. Neapel gegen Perugia und Umbrien.

G. Soldi Rondinini

Q. und Lit.: DBI, s. v. Alberigo da B. - Corpus chronicarum Bononensium, RR. II. SS², XVIII, p. I, vol. III, 331-333, 371, 374, 377, 426, 474, 476, 477, 479, 480, 483, 484, 490, 494, 498, 511-513, 527 - Platynae Historici Liber de vita Christi ac omnium pontificum (AA. 1-1474), ed. G. GAIDA, RR. II. SS.², III, p. I, 285 (sub vita Urb. VI.), 290-292 (sub vita Bonif. IX.) - C. G. VECCHI, Memorie genealogiche e storiche di Casa Barbiano Belgioioso, ms. in Fondo Belgioioso, Arch. storico civico, Bibl. Trivulziana, Mailand (anderes Exemplar in Bibl. Naz., Florenz) - Probationes nobilitatis plurimarum familiarum Mediolanensium data occasione cooptationum in nobilium iurisconsultorum collegium Mediolani, s. l. (Mediolani), 1791, s. v. - F. CALVI, Famiglie notabili milanesi, 1875, I, s. v.

2. B. da, Alidosio, Gf. v. Cunio, Barbiano, Zagonara und Lugo, † 1385, Sohn von Alberico (III.), stammte aus der gleichnamigen Ortschaft in der Nähe von Faenza (Romagna-Italien), einer Gegend, die reich an kleineren autonomen Lehen und Adelsverbänden war, und aus der viele Condottieri hervorgingen. Wie sein Name schließen läßt, war er wahrscheinl. mit der Familie →Alidosi verbunden, die seit dem 12. Jh. urkundl. belegt ist und seit dem 14. Jh. die Signorie von Imola innehatte. Er nahm wie sein Vater, sein Großvater Pietro und seine Vorfahren Guido, Rainerio, Bernardino und Alberigo (II.) an den Kämpfen teil, in die die Signori und die Städte der Emilia und der Romagna verwickelt waren, auf die sowohl das Imperium als auch die Kirche ihre Ansprüche durchzusetzen versuchten. Die da B., die seit der Mitte des 12. Jh. mit der Burg Cunio und später auch mit Zagonara (1365) Vasallen der ravennat. Kirche waren, nahmen am polit. Leben teil und verbanden sich durch Eheschließungen mit den Gf.en Manfredi v. Faenza, mit den Gf.en von Donigallia, mit den da Polenta v. Ravenna und mit den Pepoli. Ihr Ansehen wuchs im Laufe des 14. Jh. Die Geschichtsschreiber des 15. und 16. Jh. sprechen von ihnen. Über A. weiß man nur, daß er als Condottiere im Sold von Bernabò → Visconti dem Signore v. Mailand, stand, daß er sich jedoch bald au, seine Güter zurückzog. Dort wurde er von den Truppen des Niccolò d'Este und der Stadt Bologna angegriffen, die beide über seine Freundschaft mit dem Visconti beunruhigt waren. In den Gefechten, welche der Übergabe der Burg Barbiano vorausgingen, verlor er das Leben.

G. Soldi Rondinini

Q. und Lit.: C. G. VECCHI, Memorie genealogiche e storiche di Casa Barbiano Belgioioso, ms. in Fondo Belgioioso, Arch. storico civico, Bibl. Trivulziana Milano (anderes Exemplar in Bibl. Naz. Florenz) - Probationes nobilitatis plurimarum familiarum Mediolanensium data occasione cooptationum in nobilium iurisconsultorum collegium Mediolani, s. l. (Mediolani), 1791, s. v.

Barbier (lat. barbator, barbitonsor, barbarius, dt. *[Bart]scherer*) nahm im MA die Aufgaben des Friseurs (→ Haartracht), des Arztes, Chirurgen (→ Chirurg, Chirurgie), Zahnarztes (→ Zahnheilkunde) und in gewissem Maß des Apothekers wahr. Das Aderlassen (→ Aderlaß) gehörte zu seinen Haupttätigkeiten – daher in manchen Gegenden die Bezeichnung *Lesser*.

[1] *Sozial- und Wirtschaftsgeschichte:* Der Barbierberuf stand Männern und Frauen offen. Die meisten B.e dürften im Spät-MA städt. Zunftmeister gewesen sein. Daneben gab es wandernde B.e, die v. a. das Land versorgten, obwohl ihnen stadtsässige B.e dabei Konkurrenz machten. Schließl. gab es B.e, die mit festenVerträgen in militär. oder städt. Diensten standen und die Leibb.e von Fs.en.

Die zunftmäßige Organisation der B.e beginnt relativ spät. Die Barbierzünfte gehören im allgemeinen zu den kleineren und weniger angesehenen Zünften, obwohl die Zahl der an einem Ort tätigen B.e hoch sein konnte. So gab es 1292 in Paris 151 B.e; in Hamburg wurde ihre Zahl im 15. Jh. auf 12 begrenzt, im 16. Jh. gab es dort aber mindestens 16. Ob die B.e sich als Berufsstand von den → Badern, die weithin die gleichen Funktionen erfüllten, abgespalten haben, ist ungewiß; die Unterscheidung beider Berufe blieb im MA jedoch unscharf.

Generell war das Becken das Zeichen der B.e. Gemeinsam war den kontinentaleurop. B.en die Verehrung der Schutzheiligen Kosmas und Damian; in England kam in dieser Rolle auch Johannes der Täufer vor. Überall bestand an Sonntagen und hohen Festtagen Arbeitsverbot mit bestimmten Ausnahmen (Notfälle, Messen oder Hoftage in der Stadt und dgl.). Die Lehrzeit betrug fast überall vier Jahre; in der Regel durfte ein Meister nur einen Lehrling haben. Fast überall gab es Obermeister der Zunft, die zum einen als »Gewerbeaufsicht« fungierten, zum andern bei schwierigen Fällen konsultiert werden sollten (z. B. in Köln bei Amputationen zum Schutz der Patienten anwesend sein mußten) oder als Gutachter (z. B. bei Rechtsstreitigkeiten mit Patienten) tätig wurden. Vielfach wurden die B.e zur ersten Hilfe verpflichtet, auch wenn die Bezahlung nicht gesichert war. Ein etwas kurioser Punkt, der in allen Ordnungen auftaucht, ist die rechtzeitige Beseitigung des Bluts von Aderlässen, das die B.e offenbar als Reklame in ihre Fenster stellten. Im Interesse der öffentl. Sicherheit und Gesundheit waren die B.e in den meisten Städten verpflichtet, die Behandlung von Infektionskrankheiten und frischenWunden den Obermeistern oder dem Rat zu melden. Die Behandlung Aussätziger war ihnen vielerorts untersagt.

Die Stellung der B.e in der ma. Gesellschaft war offenbar zwiespältig: zumindest ein Teil der B.e wurde als Quacksalber verachtet oder in die Nähe von Badern, Kupplern und Bordellwirten gerückt. Andererseits weisen zahlreiche Bestimmungen auf steigende Ansprüche an die Kenntnisse und Fähigkeiten der B.e hin (die Pariser B.e, die teilweise als Assistenten der Medizinprofessoren der Sorbonne fungierten, mußten sogar Lat. können), was vermutl. das Ansehen des Berufs verbesserte. Angesehene B.e konnten es zu beträchtl. Wohlstand bringen.

H.-P. Baum

[2] *Heilkunde:* Ist die Abgrenzung der B.e gegenüber den → Badern schwierig, so ist sie gegenüber den Chirurgen (→ Chirurg, Chirurgie) nahezu ausgeschlossen. Eine sichere Unterscheidung ergibt sich nur punktuell (Paris; vereinzelt in Norditalien); im übrigen werden *scher[er]* und *[wunt]arzet* vielfach gleichbedeutend gebraucht bzw. gar kompositor. zusammengerückt *(barbier-chirurgien)*, der Kriegschirurg läuft unter dem Namen *feltscher*, und das Skalpell des Chirurgen heißt im Mhd. bezeichnenderweise *scharsa[c]h[s]*, 'Schermesser'. Auf diesem Hintergrund ist für den B. mit einer heilkundl. Tätigkeit zu rechnen, die ähnlich weit gefächert war wie die des Wundarztes und die sich keineswegs allein in chirurg. Pharmazie und Oberflächenchirurgie erschöpfte, sondern ohne weiteres die Bauchchirurgie mit einbezog, und das nicht etwa nur über Bruchoperationen und Steinschnitt. Entsprechendes gilt für das Tätigwerden von B.en in öffentl. Ämtern (Stadt-[wund]arzt, geschworener Wundarzt, Gerichtsarzt). G. Keil

Q.: H. Schubert, Die Passauer Wundarznei [Diss. München 1954] – G. Keil, Die 'Cirurgia' Peters v. Ulm (Forsch. Gesch. Stadt Ulm 2), 1961 – I. Ljungqvist, Das mnd. Arzneibuch des Cod. Guelf. 12. 13 Helmst. [Lizentiatsabh. Stockholm 1971] – H. Alstermark, Das Arzneibuch des Johan van Segen (Acta univ. Stockh., Stockholm. germ. Forsch. 22), 1977 – G. Bauer, Das 'Haager Aderlaßbüchlein'. Stud. zum ärztl. Vademecum des SpätMA (Würzburger med. hist. Forsch. 14), 1978 – vgl. auch Arzneibücher; Handwerker – Lit.: J.H. Baas, Die gesch. Entwicklung des ärztl. Standes und der med. Wiss., 1896 [Neudruck 1967] – R. de Lespinasse, Les Métiers et Corporations de la ville de Paris III, 1897 – K. Baas, Gesundheitspflege im ma. Freiburg im Breisgau, Alemannia 33, 1905, 25–48, 104–152 – E. Wickersheimer, Les premières dissections à la Faculté de Médecine de Paris (Bull. Soc. hist. Paris, Ile-de-France 38), 1910, 159–169 – G. Wagner, Das Gewerbe der Bader und B.e im dt. MA [Diss. Freiburg i.Br. 1918] – W. v. Brunn, Von den Gilden der B.e und Chirurgen in den Hansestädten, 1921 – G. A. Wehrli, Die Bader, B.e und Wundärzte im alten Zürich (Mitt. antiquar. Ges. Zürich 30, 3), 1927 – Ders., Wundärzte und Bader Zürichs als zünftige Organisation (Mitt. antiquar. Ges. Zürich 30, 8), 1931 – M.A. van Andel, Chirurgijns, vrije meesters, beunhazen en kwakzalvers (Patria 24), 1946² – M. Schneebeli, Handwerkl. Wundarzneikunst im alten Bern (Berner Beitr. Gesch. Med. Naturwiss. 9), 1949 – E. Th. Nauck, Aus der Gesch. der Freiburger Wundärzte und artverwandter Berufe (Veröff. Arch. Stadt Freiburg i.Br. 8), 1965 – E. Seidler, Die Heilkunde des ausgehenden MA in Paris, SudArch Beih. 8, 1967.

Barbo, ven. Familie. Von den legendenhaften Ursprüngen abgesehen vermischt sich bis zum Anfang des Trecento die Genealogie der B. häufig mit der der Familie Barbolani, die gerade in jener Zeit ausstarb. Wie es bei vielen vornehmen Familien des Veneto der Fall ist, gestatten es die Quellen nicht, mit einiger Sicherheit über eine bestimmte Epoche zurückzugehen. Der früheste urkundl. Beleg bezieht sich auf einen *Nicolò* B., der 1036 *governatore* von Galeeren unter dem Generalat des Domenico Contarini war; eine andauernde Präsenz der Familie im öffentl. Leben von Venedig ist aber erst seit den 20er Jahren des 12. Jh. erkennbar, als *Domenico* und *Gabriele* B. unter den *nobili di consiglio* erscheinen, die das *privilegio di esenzione* unterzeichnen (1122), das der Doge Domenico Michiel der Stadt und contrada Bari zugestand. Es ist wahrscheinl., daß die B. zu jener Gruppe von Familien zählten, die, falls sie nicht vollkommen neu emporkamen, so doch im 12. Jh. zu neuer wirtschaftl. Bedeutung aufstiegen. Sie gehörten zu der Schicht reicher bürgerl. Kaufleute, die bereits seit der Mitte des 13. Jh. zusammen mit der alten Aristokratie die polit. Führung innehatte. V.a. im Lauf des 15. Jh. traten die B. zahlreich im öffentl. Leben von Venedig in Erscheinung. Ein B., der Kard. Pietro, wurde unter dem Namen Paulus II. (1464–71) Papst. M. Romanello

Lit.: A. Capellari, Il Campidoglio Veneto, Venezia, Bibl. Marciana, ms. it., cl. VII, n. 15, vol. I, ff. 112–115 – E.A. Cicogna, Delle iscrizioni Veneziane VI, 1853, 93–100 – G. Cracco, Società e Stato nel Medio Evo veneziano, 1967, passim.

1. B., Ludovico, * um 1382 in Venedig, † am 19. Sept. 1443 in S. Giorgio Maggiore in Venedig, ⌐ in S. Giustina, Padua. Bereits in jugendl. Alter trat er in den geistl. Stand ein, aber erst 1404 wurde er Mönch, trat in die Gemeinschaft von S. Giorgio in Alga zu Venedig ein und gab ihr neue Impulse. 1408 wurde er zum Abt von → S. Giustina zu Padua ernannt und bemühte sich in diesem Amt, den Benediktinerorden zu reformieren. Aus dem tiefen moral. und materiellen Verfall heraus, in dem sich die paduan. Gemeinschaft befand, gelang es L.B. in wenigen Jahren eine notwendige Reform zu verwirklichen, die auch außerhalb Venetiens immer weitere Kreise zog. Nachdem die Regel erneuert, die Klausur wiedereingeführt, dem moral. Verfall ein Ende gemacht wurde, gründete man 1419 de facto mit der Konstitution »Ineffabilis summi providentia Patris«, die von Papst Martin V. erlassen wurde, eine neue Kongregation. Darin hat die Gestalt des Abtes eine beherrschende Stellung inne und gewinnt ihre ursprgl. Charakteristik als Lenker der Gemeinschaft zurück. Die Hochschätzung, die L.B. von seiten der Päpste und bes. von Eugen IV. genoß, blieb immer bestehen: 1433–34 war er päpstl. Legat beim Konzil v. Basel, 1437 wurde er zum Bf. v. Treviso ernannt und nahm in dieser Eigenschaft am Konzil v. Ferrara-Florenz teil. M. Romanello

Ed. und Lit.: L. B. De initiis, ed. G. Campeis, 1908 – Ders., Forma orationis (Quelques promoteurs de la méditation méthodique au quinzième siècle, a c.d. H. Watrigant, 1919) – DBI VI, 244–249 [mit Lit.].

2. B., Marco, Kard., * 1420 in Venedig, † 1491 in Rom. Er war einer der würdigsten und moralisch hochstehendsten Prälaten, die im 15. Jh. der röm. Kurie angehörten. Von seinen Anfängen, bevor er die geistl. Laufbahn einschlug, ist wenig bekannt. 1449 leitete er bereits die Verwaltung des Haushalts des Kard.s Pietro Barbo, des späteren Papstes Paulus II., eines entfernten Verwandten von ihm. Zw. 1452 und 1453 wurde M.B. Träger zahlreicher kirchl. Benefizien, 1455 wurde er zum Bf. v. Treviso, 1464 zum Bf. v. Vicenza erhoben. Dank des beständigen Vertrauens, das ihm sowohl Papst Paulus II. als auch dessen Nachfolger schenkten, wurde er mehrmals mit der Ausführung schwieriger Aufträge betraut. 1467 wurde er zum Kard. ernannt, 1471 zum Patriarchen v. Aquileia. Im Jahr darauf begann er im Auftrag von Sixtus IV. mit einer Reihe diplomat. Missionen in verschiedenen Ländern des Imperiums, um dort den Frieden wiederherzustellen. 1474 kehrte er nach Rom zurück und bekleidete in den folgenden Jahren verschiedene Ämter in der Kurie. Während des Konklaves des Jahres 1484, aus dem Innozenz VIII. hervorging, erfüllte er die Funktion eines ausgleichenden Elements. Eine Persönlichkeit von hoher moral. Integrität und intellektueller Redlichkeit, zeigte sich M.B. fähig, mit Klugheit, Konzilianz und dennoch entschiedener Festigkeit den Interessen des Papsttums und damit im rechten Sinne der Kirche zu dienen. Er verkörperte die besten Eigenschaften eines Renaissance-Prälaten, was in einer Epoche, die durch einen beträchtl. Grad von moral. Korruption des Klerus gekennzeichnet war, von hoher Bedeutung ist. M. Romanello

Lit.: DBI VI, 249–252 – Muratori 22, 1227, 1234, 1247 [M. Sanuto].

3. B., Paolo, * 1423 in Venedig, † 1509, wurde 1440 *provato*, aber erst ab 1464 ist die ununterbrochene Reihenfolge der bedeutenden Ämter sicher belegt, mit denen die Republik ihn im Laufe seines langen Lebens betraute: Er war 1464 *avogadore* und *sindaco* auf der Terraferma; *podestà* in Chioggia bis 1481; 1485 *podestà* in Brescia; 1491 wurde er als *luogotenente* nach Udine entsandt; 1494 war er *capitano* in Verona, 1495-98 podestà in Padua, 1500 scheint er als podestà von Cremona auf. Dies ist nur ein Teil der Ämter, die die öffentl. Laufbahn von P. B. kennzeichneten. Abgesehen von ihrer chronolog. Lückenlosigkeit war sie durch eine ständige, oftmals gereizte Teilnahme an der Debatte über die schwierigen polit. Entscheidungen charakterisiert, die in jenen Jahren der Führungsschicht Venedigs oblagen. Ein geschätzter Ratgeber der Republik, ein unnachgiebiger Verfechter seiner Ansichten – SANUTO nennt ihn »sehr klug, aber hartnäckig« – spielte er eine Hauptrolle bei der Kehrtwendung, die Venedig 1499 in seiner Politik gegenüber Frankreich einnahm. Öfters zeigte seine Haltung – die er mit vielen Angehörigen der Führungsschicht der Republik teilte – zweifellos eine gewisse Starrheit seiner Denkweise: sie hinderte ihn daran, die veränderten Verhältnisse in der Politik und Wirtschaft Europas zu erkennen, die sich immer dramatischer für Venedig gestalten sollten. P. B. starb mit 86 Jahren, kurz nach der Niederlage von Agnadello – eine tragische Koinzidenz.   M. Romanello

Q. und Lit.: DBI VI, 255f. – G. PRIULI, Pretiosi frutti del Maggior Consiglio, Venezia, Museo Correr, ms. Cicogna 3781, I, ff. 71–72 – M. SANUTO, Diarii I–VIII, 1879–82, passim.

Barbour, John, * 1316 (?), † 1395. Das einzige Werk, das man B. mit einiger Sicherheit zuweisen kann, ist die Verserzählung »Bruce« (1376 abgefaßt, 6932 Reimpaare aus Achtsilbnern), worin die Heldentaten des → Robert Bruce und seines treuen Gefährten James Douglas im Kampf um die Unabhängigkeit Schottlands von England gefeiert werden. Der »Bruce«, der verschiedentl. als Epos, als Romanze oder als Reimchronik eingestuft wurde, läßt sich vielleicht am ehesten als eine Art »Speculum« verstehen: als Spiegel, der aufzeigen soll, was Freiheit und Loyalität für die schott. Nation bedeuten.   W. Scheps

Bibliogr.: J. E. WELLS, A Manual of the Writings in ME, 1916, 202–204, 795 – RENWICK-ORTON, 447f. – NCBEL I, 466f. – Q.: W. W. SKEAT, EETS ES 11, 21, 29, 55, 1870–79 – DERS., STS 31, 32, 33, 1894 – A. M. KINGHORN, B.: The Bruce, A Selection, 1960 – *Lit.*: A. M. KINGHORN, Scottish Historiography in the 14th C., Stud. in Scottish Lit. 6, 1969, 131–145 – L. A. EBIN, J. B.'s Bruce: Poetry, Hist. and Propaganda, Stud. in Scottish Lit. 9, 1972, 218–242 – B. W. KLIEMAN, The Idea of Chivalry in J. B.'s Bruce, MSt 35, 1973, 477–508.

Barbury Castle (Wiltshire), eisenzeitl. Hügelbefestigung, ca. 50 km nördl. von Salisbury nahe der bedeutenden, als Berkshire Ridgeway bekannten Altstraße gelegen. Hier fand 556 (nach der Ags. Chronik) zw. dem später als → Gewisse oder West Saxons bezeichneten Volk, das unter der Führung von Cynric und → Ceawlin stand, und den Briten eine Schlacht statt, mit welcher die Laufbahn Ceawlins, der später die Gewisse im oberen Themsetal ansiedelte, begann.   N. P. Brooks

Lit.: VCH Wiltshire I, 1957–72, 93f., 469 – STENTON³, 28.

Barbuta, sturmhaubenartige it. Variante der → Beckenhaube. Sie wird in der Mailänder Tarifordnung von 1340 genannt. Ihre Helmglocke reichte bis auf die Schultern herunter und hatte am Unterrand keine → Helmbrünne angehängt. Ihr urspgl. spitzer Scheitel wurde schon in der 2. Hälfte des 14. Jh. häufig abgerundet und verschwand um 1430 gänzlich. Neben einem breiten Gesichtsausschnitt gab es einen schmalen Vertikalschlitz, der T-förmig in zwei Augenausschnitte samt Nasenreisen überging (Helm von Saintfield, Mus. Belfast). Diese an altgriech. Helme erinnernde Art dürfte auf Grund byz. und oriental. Anregungen entstanden sein. Die B. war der bevorzugte Helm des Fußvolkes, wurde aber auch von Reitern getragen. Im 15. Jh. ersetzte er in Italien oft den beschwerlicheren → Armet des ritterl. Plattenharnisches, woraus im 16. Jh. die Sitte entstand, den Reiterharnisch zur Auswahl des Trägers sowohl mit einem Visierhelm wie mit einer Sturmhaube auszustatten. Nach 1500 verschwand die B. aus dem prakt. Gebrauch, hat sich aber als reichverzierter Prunkhelm, beispielsweise der ven. Dogengarde, noch länger erhalten.   O. Gamber

Lit.: B. THOMAS–O. GAMBER, L'Arte Milanese dell'Armatura (Storia di Milano 11, 1958), 740 – L. BOCCIA–E. COELHO, L'Arte dell'Armatura in Italia, 1967.

Barby, Gf.en v. Die Gf.en v. B. (um 1200/26–1659; Burg B. sö. von Magdeburg) sind eine Zweiglinie der Herren und Gf.en v. → Arnstein; sie stammen von Walther III. v. A. (* um 1150, † nach 1196) ab, der mit einer Askanierin (Gertrud v. Ballenstedt; → Askanier) vermählt war. Diese edelfreie-dynast. Abkunft ist auch späterhin nicht gemindert worden; vielmehr sicherte den Gf.en v. das Konnubium mit mittel- und norddt. Dynasten und Fs.en (u. a. → Querfurt, → Schwarzburg, → Gleichen, → Anhalt, → Mansfeld, → Oldenburg) die Existenz als kleine Landesherren an der mittleren Elbe. Das engere Gebiet um B. ist bereits spätestens Ende des 12. Jh. durch Walther III. unter Ausnutzung von Quedlinburger Vogteirechten erworben und ausgebaut worden. Sein Sohn Walther IV. (* vor 1223, † nach 1263) ist der eigtl. Herrschaftsgründer, der Magdeburger, Nienburger sowie askan. Lehen zusammenbrachte und flächenhafte Landeshoheit in Anspruch nahm. Der engere Herrschaftsraum konzentrierte sich w. der Elbe um B., Calbe, Gr.-Mühlingen und Schönebeck. Dazu kamen im Elbe-Saale-Winkel Rosenburg und Walter-Nienburg sowie weitere ostelb. Streubesitzungen, bes. die Herrschaft Zerbst (1264–1307). Stärkere lehnsherrschaftl. Bindungen bestanden bis 1659 v. a. gegenüber Wettinern und den anhalt. → Askaniern. – Die Burg B. (Burgward 961), an Stelle des heut. (Barock-)Schlosses, nebst Franziskanerkl. (Grablege) sowie das Anfang des 13. Jh. planmäßig angelegte Städtchen bildeten den Verwaltungsmittelpunkt der Herrschaft (1497: Reichsgft.). 1540 führten die Gf.en die Reformation ein. Genealog. nehmen die Gf.en v. B. unter den Vorfahren bedeutender dt. Familien (u. a. Fs.en v. Anhalt-Dessau, Kfs.en v. Brandenburg) eine Schlüsselstellung ein.   G. Heinrich

Lit.: Bau- und Kunstdenkmäler der Prov. Sachsen, 10, 1885, 17–26 – E. STEGMANN, Burg und Schloß B., Magdeburger Geschichtsbll. 66/67, 1931/32, 40–56 – H. BANNIZA v. BAZAN–R. MÜLLER, Dt. Gesch. in Ahnentafeln I, 1939, 122, 203, 309f. – G. HEINRICH, Die Gf.en v. Arnstein, 1961, 167–242, 306–334 – Hist. Stätten Dtl., 11: Prov. Sachsen/Anhalt, hg. B. SCHWINEKÖPER, 1977, 31–33.

Barca, Asparég de la, Bf. v. Pamplona und Ebf. v. Tarragona, * um 1260 in Montpellier, † 3. März 1233 in Tarragona, verwandt mit Maria v. Montpellier, der Gattin von Peter II., Kg. v. Aragón. B. wurde 1212 zum Bf. v. Pamplona ernannt und 1215, durch Wahl des Domkapitels Ebf. v. Tarragona. Er spielte eine wichtige Rolle während der Minderjährigkeit Kg. Jakobs I.: Er ließ ihn bei den Cortes v. Lérida (1215) bestätigen und wachte über ihn während seines Aufenthaltes in Monzón unter dem Schutz der Templer. B. erreichte den Verzicht des Infanten Sancho auf die Regentschaft (1218). Papst Honorius III. bestimmte den Ebf. zum Mitglied des vierköpfigen Regentschaftsrates. Durch seine Mitwirkung bei Waffenstillständen trug B. zur Befriedung des Landes bei. Er intervenierte im Annullierungsprozeß der ersten Ehe Kg. Jakobs I. (1229), der ihm 1232 seinen Sohn Alfons anvertraute, den unter der Vormundschaft des Hl. Stuhls stehenden Erben des Königreichs. In seiner Erzdiözese führte er die Inquisition ein, um die arabisierenden Zentren von Prades und Siurana auszuschalten. Er übertrug sie den Kartäusern von La Chaise-Dieu, aber dies war weder wirksam noch dauerhaft.

1232 versuchte er die Inquisition wiederzubeleben, aber sein Tod verhinderte ihre Konsolidierung. B. weihte die unter seinem Episkopat fertiggestellte neue Kathedrale von Tarragona. Er empfing den päpstl. Legaten Johann v. Abbéville auf dem Konzil v. Lérida von 1229; 1230 eröffnete er gemäß den Richtlinien des IV. Laterankonzils in Tarragona die lange Reihe von Provinzialsynoden. Gregor IX. vertraute ihm zusammen mit Bernat Calbó, Bf. v. Vich, und → Raimund v. Peñafort die meisten Fälle an, bei denen hohe Kirchenpolitik im Spiel war.

A. Pladevall-Font

Lit.: J. VILLANUEVA, Viage literario a las iglesias de España XIX, 1851, 176–180 - E. MOREGA, Tarragona cristiana II, 1899, 3,40 - Enc. catalana III, 1971, 189f. - P. LINEHAN, La iglesia y el papado en el siglo XIII, Biblioteca salmanticensis V, Estudios 4, 1975, 8–53.

Barcelona

I. Stadt – II. Bistum – III. Grafschaft – IV. Recht.

I. STADT: Am Anfang der Stadtentwicklung von B. steht wohl ein iber. Habitat, von Augustus als Colonia Iulia Augusta Faventia Paterna Barcino gegründet (Barcinonensis auf Inschriften; spätantike Namensformen Barcinona, Barcelona u. a.). Der Aufschwung im 2. Jh. wich seit der Zerstörung durch eine vorübergehende germ. Invasion am Ende des 3. Jh. einem langsamen Niedergang. Die Martyrien der hl. Cucufatus und Eulalia unter Diokletian lassen auf eine frühe Christianisierung schließen; zu Ende des 4. Jh. muß eine ansehnliche chr. Gemeinde, die über eine dreischiffige Basilika verfügte, bestanden haben. Während unter Athaulf der Schwerpunkt der Westgotenherrschaft von Toulouse nach Toledo wanderte, nahm B. kurzfristig die Funktionen eines Vorortes wahr. Um 717 wurde die Stadt von den Sarazenen eingenommen, 801 unter der Führung Ludwigs des Frommen von den Franken wieder befreit. Im 9. Jh. wohl als Vorposten von militär. Bedeutung, wurde sie zum fakt. Schwerpunkt Kataloniens erst nach der Plünderung und Brandschatzung durch al-Manṣūr 985. An Stelle der zerstörten frühma. Basilika entstand im 11. Jh. eine roman. Kathedrale (1058 Kirchweihe), das Scriptorium entfaltete sich, und die Stadt wuchs über die Mauern der spätröm.-westgot. Zeit hinaus. Etwas später entstand der bfl. Palast, und die aus dem 10. Jh. stammenden Kl. S. Pedro de las Puellas und S. Pablo del Campo wurden umgebaut. Kg. Jakob I. entwickelte die älteren Rudimente einer städt. Selbstverwaltung (*veguer* und *baile* zusammen mit probi homines) weiter: Ein kleines Gremium von Bürgern sollte den veguer und den baile in wichtigen Fragen für die Entwicklung der Stadt beraten; 1249 waren es vier probi homines (Ratsherren, gen. *paers*), dann acht und 1260 nur sechs. Sie sollten zusammen mit dem veguer und dem Rat der Zweihundert die Stadt regieren; dieses Gremium sollte als Vertretung der Generalversammlung fungieren. In einem weiteren Privileg wandelte der König die beratende Funktion dieses Gremiums in eine Exekutive um; der veguer hatte sich der Auffassung der Ratsherren anzuschließen. Die Verwaltung der Stadt fand ihre endgültige Form, als die Zahl der Ratsherren von inzwischen nur wieder vier i. J. 1274 auf fünf und 1265 die Teilnehmerzahl der Generalversammlung auf 100 (*Consell de Cent*) festgesetzt wurde. Mit der Zeit vermochte die Stadt ihre Rechte auch auf andere Orte Kataloniens auszudehnen, die sie als ihre *carrers* (Außenstraßen) betrachtete; es gab auch Orte innerhalb und außerhalb Kataloniens, über die B. im Sinne einer Baronie die Herrschaft ausübte.

Parallel zu diesem Wachstum der Stadt entwickelte sich der Binnen- und Seehandel, der 1232 zu Gewohnheitsrechten der Schiffahrt und 1258 zu den vom König promulgierten »Ordinacions de la Ribera de B.« führte; aus beiden formierte sich unter Einbeziehung noch anderer Elemente im 14. Jh. der »Libro del Consulado del Mar« (→ Consules maris). Eine Folge des Seehandels war auch der Brauch, in auswärtigen Hafenstädten des Mittelmeeres Konsuln v. B. (bis zu 47) zu ernennen, die gemäß kgl. Privileg in Zivil- und Kriminalfällen der Kaufleute zu urteilen hatten (→ Rat). Wie in den meisten Städten des MA organisierte sich auch in B. das Gewerbe in Zünften und Bruderschaften. Es entstand im 13. Jh. am Ort der »Virgen de la Merced« der → Mercedarierorden. Am Ende dieses Jahrhunderts wurde mit dem Bau der heut. Kathedrale begonnen. Der got. Stil hielt seinen Einzug und gelangte in den Kirchen S. Justo, S. Maria del Mar, S. Maria del Pino, im Kl. Pedralbes, im Salón del Trono (Tinell), im Palacio Real Mayor, in der Casa de la Ciudad, in der Generalidad, in der Lonja de Mar usw. zur Blüte. Es sollte ein weiteres Jahrhundert dauern, bis verschiedene Krankenhäuser zum *Hospital general* (→ Hospitalwesen) mit einer erstaunl. neuartigen Verwaltung zusammengefaßt wurden. Die Kg.e Jakob I. »el Conquistador« und Pedro »el Ceremonioso« ließen einen neuen Mauerring anlegen, der im 15. Jh. erweitert wurde; er entsprach in etwa dem Verlauf der heutigen Rondas.

Die polit. Wirren und die wirtschaftl. Krisen der 2. Hälfte des 14. Jh. führten neben anderen Gründen zu einer Umorganisation der städt. Verwaltung. Kg. Peter »el Ceremonioso« suspendierte die Wahlen und bestimmte fünf Räte und zwölf *prohombres*, die aus Kaufleuten, Künstlern und Handwerkern bestanden. Ein Zeichen dieser Krise war zweifellos auch die Finanzkrise von 1381 und Verfolgung von 1391, die sich gegen die vormals blühende Judengemeinde richtete und das Judenviertel (*call*) ruinierte. Die ungelösten Probleme verschärften sich im 15. Jh. unter dem Königshaus der Trastámara. Die Wirtschaftskrise mit ihrem sozialen Hintergrund führte schließlich zur Auseinandersetzung um die Stadtherrschaft zw. zwei Parteien, der → Busca und der → Biga. Letztere hatte die Macht inne und bildete eine Oligarchie aus reichen Bürgern und Kaufleuten; die Busca vertrat demgegenüber die Handwerker und einige Kaufleute und erfreute sich der Unterstützung des Generalgouverneurs v. Katalonien, Galcerán de Requesens, die dieser in Anbetracht der unsicheren Haltung des Kg.s gewähren konnte. Die Busca trat unter anderem für protektionist. Maßnahmen und für eine Münzabwertung ein.

Um die Jahrhundertmitte, als die Währungsprobleme zunahmen, bildete sich der »Sindicato de los Tres Estamentos«, und die Biga war vernichtet. Es setzte sich der *redreç* (die Reform) der neuen Ratsherren zugunsten wirtschaftl. Reformen durch: Abwertung der Währung, Verordnung über die Schiffahrt, protektionist. Verordnung für Textilien usw. Die Stadtverwaltung wurde nach den Bestimmungen von Alfons »el Magnánimo« (→ Alfons I. v. Neapel) organisiert, der eine gleiche Zahl von Bürgern, Kaufleuten, Künstlern und Handwerkern bestimmte, 32 von jedem Stand, die den Rat der 128 Mitglieder darstellten. Eine Abordnung dieses Rates bildete den *Trentenario*. Verschiedene Umstände, unter ihnen die Einkerkerung des Príncipe de Viana, Sohn Johanns II., komplizierten allerdings die Lage, v. a. angesichts der Popularität des Prinzen. Dies kehrte sich gegen die Busca; ihre wichtigsten Vertreter wurden verfolgt und hingerichtet. Der Gegensatz zw. der städt. Führung und dem Monarchen ließ sich erst unter Ferdinand II. »el Católico« durch einen endgültigen redreç lösen. Mit der Einführung der geheimen Wahl nahm er in gewisser Weise die Vorstellungen der alten Busca wieder auf und suchte 1498 die an der Macht befindliche Oligarchie aufzulösen.

Im kulturellen Bereich war B. auch den Renaissanceströmungen aufgeschlossen, die über den Hof (unter Alfons »el Magnánimo« und v. a. unter Johann II.) aus Italien kamen. Es bildete sich eine ansehnl. Gruppe von Latinisten, unter ihnen Pedro Miguel Carbonell und Jerónimo Pau. Nicht zu vergessen ist der Beitrag des Buchdrucks, der anscheinend 1474 in B. eingeführt wurde. Schließlich ist noch die Gründung der Univ. Barcelona unter Alfons »el Magnánimo« zu erwähnen; sie wurde allerdings wegen des Widerstandes der Bürgerschaft erst im 16.Jh. eröffnet. – Vgl. zu Politik und Wirtschaft auch →Katalonien.

F. Udina

II. BISTUM: [1] *Geschichte:* Die ersten Spuren chr. Lebens sind durch die Martyrien der hl. Cucufatus und Eulalia zu Ende des 3.Jh. bezeugt. Der erste nachweisbare Bf. v. B., Pretextatus, nahm 343 am Konzil von Sardika teil. Wie er betätigte sich auch sein Nachfolger Pacianus († ca. 390) als apologet. Schriftsteller; Bf. Lampius († 400) weihte →Paulinus v. Nola zum Priester. In dieser Zeit muß die älteste, 1945 durch Ausgrabungen entdeckte, dreischiffige Kathedrale erbaut worden sein, die 1969 entdeckte Taufkapelle im 5.Jh. (?). 540 war B. erstmals Tagungsort eines Provinzialkonzils; da B. Suffragan der Metropole →Tarragona war, wiederholte sich diese Praxis nicht zu oft. Bf. Quirinus (656–666?) stellte den Märtyrerkult von B. in der westgot. Liturgie wieder her.

Über die Kirche von B. ist während der maur. Besatzung so gut wie nichts bekannt. Nach der frk. Eroberung lebte das Bm. Egara (heute Tarrasa) nicht wieder auf; es wurde ein Teil des Bm.s B. Wie die anderen Diöz. von Katalonien wurde auch B. der Metropole →Narbonne unterstellt; die westgot. Liturgie war seit spätestens 840 durch die franco-röm. ersetzt. Erst jetzt scheint der Sitz seine normale Funktion wiederaufgenommen zu haben; es bildete sich an der Kathedrale eine Canonica nach dem Vorbild der →Institutiones Aquisgranenses. 878 wurden die Gebeine der hl. Eulalia aus der Marienkirche vor der Stadt in die Kathedrale transferiert; damit stieg Eulalia neben der älteren Patrozinium Sancta Crux zur zweiten Bistumspatronin auf.

Der roman. Neubau der Kathedrale wurde 1058 geweiht. Bei dieser Gelegenheit dehnte der Bf. v. B. seine Jurisdiktion auf das Taifenreich Denia (einschließl. der Balearen) aus, womit auch ein Anspruch der Gf.en v. B. auf die Eroberung dieser Gebiete begründet war; daß dieser Jurisdiktionsanspruch nach erfolgter Reconquista unberücksichtigt blieb, war nicht ungewöhnlich. Bf. Olegar wurde 1117 zugleich auch Ebf. v. Tarragona; dieser 1090 schon zurückeroberte Sitz erwies sich aber erst ab 1128 als funktionsfähig. Damit wechselte B. wie die anderen katal. Bm.er in die Kirchenprovinz Tarragona über.

Die Umsetzung der Beschlüsse des III. und IV. Laterankonzils, bes. seit der Visitation des Kardinallegaten Johannes v. Sabina 1229, verbesserte die interne Organisation der Diöz. Das zentrale Gebiet bildete den *oficialato*; das Vallés, Penedés und die Piera besaßen je ein eigenes Dekanat. Seit 1241 nahmen die Diözesansynoden zu, ebenfalls die Pfarrvisitationen (deren Protokolle, seit 1303 erhalten, bilden eine einzigartige Sammlung im Diözesanarchiv). 1319 wurde die Fronleichnamsprozession eingeführt. Im Gr. →Abendländ. Schisma stand der Bf. v. B. unerschütterlich auf seiten der Oboedienz v. Avignon und nahm entsprechend der Bedeutung seines Kg.s für die avignon. Oboedienz eine überdurchschnittl. wichtige Position ein.

[2] *Klosterwesen:* Zu nennen sind die Kl. und Stifte folgender Orden: *Benediktiner:* S.Cugat del Vallès (spätestens 9.Jh.), Sta. Cecília de Montserrat (ca. 945), S. Llorenç del Munt (ca. 974). S. Miquel del Fai (ca. 997), S. Pau del Camp (10.Jh.), Sta. Maria de Montserrat (ca. 1025); *Benediktinerinnen:* S. Pere de les Puelles (29. Juni 945), Sta. Maria de Jonqueres (1. April 1214); *Regularkanoniker:* Sta. Eulàlia del Camp (22. Mai 1155), S. Vicenç de Garraf (»de Petra bona«, Sitges, 1163); von →St-Ruf in Avignon beeinflußte Kanoniker: S. Adrià del Besòs (ca. 1092) und Sta. Maria de Terrassa (ca. 1112). An weiteren Orden und Kongregationen in der Diöz. B. sind zu erwähnen: Kanoniker des Hl. Grabes, Kartäuser, Hieronymiten, Mercedarier, Dominikaner und Dominikanerinnen, Franziskaner, Karmeliter, Augustiner, Trinitarier, Observanten des hl. Bernardinus v. Siena, Klarissen, Magdalenerinnen.

A. Fábrega y Grau

III. GRAFSCHAFT: Ein in seinen Grenzen nicht immer gleich gebliebenes Gebiet, das kleiner als die heutige Prov. B. war und außer der Stadt B. das Barcelonés, Maresme, Vallés und Penedés umfaßte. Der Gf. an der Spitze dieses Gebietes hatte röm., westgot. und mozarab. Vorläufer. Karl d.Gr. erkannte die got. Gesetze der Einheimischen an, nachdem Ludwig der Fromme 801 die Stadt der maur. Herrschaft entrissen hatte, und bestellte im Gf.en Bera einen einheim. Goten. zum Grafen. Dessen Nachfolger hatten vielfach mehrere Gft.en zugleich inne (nur dies, aber nicht ihr Markgrafentitel berechtigte zu einer Vorrangstellung), da B. einem überlokalen System der Grenzverteidigung angehörte. Wifred »el Velloso« (878–897) war der letzte vom westfrk. Kg. ernannte Gf. (aus einheim. Familie), mit ihm wurde das Amt erblich; die spätere Legende schrieb seiner Person die polit. Unabhängigkeit Kataloniens und die Entstehung des kat. Wappens zu. In Übereinstimmung mit der südfrz. Entwicklung zog sich der Prozeß zur fakt. Unabhängigkeit vom westfrk. Königtum bis 987 hin; der Gf. v. B. handelte weiterhin formal im Auftrag des Kg.s, prakt. jedoch in eigener Entscheidung. Die Nachfolge in der Grafschaft unterlag familienrechtl. Vorstellungen; der von Wifred hinterlassene Komplex B., Gerona, Ausona, Besalú, Urgel und Cerdaña wurde als Eigentum der Gesamtfamilie betrachtet, zeigte sich in der gfl. Funktion aber auf verschiedene Familienmitglieder aufgeteilt, die sich erst ab 990 verselbständigten. Die Verwüstung der Gft. und Stadt B. durch al-Manṣūr (985) bildete eine Zäsur, insofern der westfrk. Kg. anschließend den Lehnseid des Grafen verlangte, sich aber nicht in der Lage zeigte, gegen die Sarazenen zu helfen. Seitdem glaubten die Gf.en v. B., kgl. Rechte in ihrer Gft. ausüben zu können, ohne sich formal vom westfrk.-frz. König loszusagen.

Im 10.Jh. stand die Gft. B. zw. den Fronten; die Gf.en versuchten, gleich gute Beziehungen zu den Großmächten im Norden und Süden zu pflegen. Ohnehin ein Land des süd-nördl. Durchgangshandels, spielte es, v.a. durch das Scriptorium v. Vich, auch eine Rolle bei der Vermittlung der arab. Wissenschaft (→Gerbert v. Aurillac). Mit dem 11.Jh. traten die Gft. und das Grafenhaus v. B. in eine Expansionsphase. Der Gf. v. B. beteiligte sich 1010–17 an zwei katal. Expeditionen nach Córdoba und schob die Grenze der Gft. gegen Tarragona vor. Durch die kirchl. Zugehörigkeit zur Metropole →Narbonne ohnehin dem südfrz. Raum eng verbunden, wurden gleichzeitig die Beziehungen zum Grafenhaus v. Carcassonne im Zuge von Heiraten erneuert. Unter Berengar Raimund I. (1017 bis 1035) konnten u.a. mit Hilfe des Bf.s Oliba v. Vich auch Brücken nach Kastilien und Navarra geschlagen werden. Zugleich wurde um 1025 durch eine Vereidigung aller

Einwohner auf den Gf.en eine Konsolidierung auch im Innern erreicht, die bes. unter Raimund Berengar I. (1035 bis 1076) zur weiteren Ausgestaltung einer Territorialherrschaft mit eindeutiger Prärogative des Gf.en genutzt wurde. In der 2. Hälfte des 11.Jh. begannen die Lehnsabhängigkeiten der Gf.en v. Ampurias, Besalú, Cerdaña, Pallars und Urgel, z. T. auf Grund der gemeinsamen Abkunft von Wilfred I. mit der Vereinbarung, im Falle eines kinderlosen Todes ihre Gft. dem Grafen v. B. zu vererben (dieser regionale Vorrang des Gf.en v. B. resultierte nicht aus der angebl. Führungsstellung seines Vorgängers über die sog. Span. Mark). Verwandtschaftl. Beziehungen förderten die ersten Lehnshoheiten auch über südfrz. Herrschaften. Die Heirat Raimund Berengars III. (1096-1131) mit Dulcia v. Provence brachte dem Hause B. die südl. Hälfte der Gft. → Provence ein. Um 1090 konnte Tarragona, 1148 Tortosa und 1149 Lérida erobert werden; der Versuch 1124, mit Hilfe der Pisaner die Balearen zu erobern, schlug allerdings fehl. Die gen. Gft.en und Territorien fielen herrschaftl. wohl dem Grafenhaus B. zu, wurden aber nicht der Gft. B. inkorporiert, obwohl diese nach außen hin wegen des gemeinsamen Herrscherhauses eine Art Obernamen abgab. Raimund Berengar IV. (1131-62) heiratete 1137 die Erbin des Königreiches Aragón, → Petronilla, und wurde »princeps« v. → Aragón. Dessen Sohn und alle weiteren Nachfolger führten die aragon. Königswürde, behielten aber, da die Herrschaftsmasse des Gf.en v. B. gleichwertig neben dem aragon. Erbe innerhalb der Krone Aragón stand, den Titel eines Grafen v. B. bei. Gegenüber den katal. Gft.en, die im 12./13.Jh. (zuletzt Urgel, →Aurembiaix) endgültig einverleibt wurden, setzte sich die Bezeichnung B. dann durch. → Katalonien. F. Udina

Q. *und Lit.*: *zu [I]*: RE III, 7 – J.GARRUT, B., vint segles d'Historia, 1963 – F.UDINA-J.Mª GARRUT, B., vint segles d'història, 1968 – A.DURAN I SANPERE, B. i la seva Historia, 3 Bde, 1972-75 – F.CARRERAS I CANDI, Geografia general de Cataluña. La ciutat de B. [o.J.] – *zu [II]*: DHEE, s.v. – Enciclopedia catalana, 1971, s.v. – M.AYMERICH, Nomina et acta episcoporum barcinonensium, 1760 – J.VILLANUEVA Viaje Literario..., Bd. 17-19, 1851 – E.FLÓREZ, España Sagrada, Bd. 29, 1859 – J.MAS, Notes històriques del bisbat de B., 13 Bde, 1906-21 – S.PUIG Y PUIG, Episcopologio de la sede barcinonense, 1929 – A.FÁBREGA-GRAU, Orígenes del cristianismo en B., Cuadernos de arqueologia e hist. de la ciudad de B., 3, 1962, 61-87 – J.BAUCELLS-REIG, La Pia Almoina de la Seo de B. Origen y desarrollo, 1973 – *zu [III]*: R. D'ABADAL I DE VINYALS, Els primers comtes catalans, 1958 – P.E. SCHRAMM, Els primers comtes reis: Ramon Berenguer IV..., 1960 – S.SOBREQUÉS I VIDAL, Els grans comtes de B., 1961 – O. ENGELS, Schutzgedanke und Landesherrschaft im ö. Pyrenäenraum (9.-13.Jh.), 1970.

IV. RECHT: Bis in die 2. Hälfte des 12.Jh. gehört B. zum Geltungsbereich des → »Liber iudiciorum« (→ Fuero Juzgo, Lex Visigothorum). Um 1060 werden unter Gf. Raimund Berengar I. einzelne Normen erlassen, die die Bußen für die Verletzung von Adligen der fünf Rangstufen und Nichtadligen neu festsetzen und das Gerichtsverfahren sowie den gerichtl. Zweikampf regeln. Die neue umfassende Aufzeichnung des Rechts, die »Usatges de B.« oder »Usatici Barchinone«, entsteht wahrscheinl. erst nach der Mitte des 12.Jh. (älteste erhaltene Hs. um 1200). Als Quellen dienen dabei u.a. der »Liber iudiciorum«, die Artikel Raimund Berengars, ein Gottesfrieden von 1064, die → Exceptiones legum Romanorum des Petrus sowie kanon. Texte und lehenrechtl. Gewohnheiten. Nach wiederholter Erweiterung werden die Usatges zusammen mit den → Constitutions de Cathalunya unter Ferdinand I. 1413 in eine offizielle systemat. Fassung gebracht, die aber erst unter Ferdinand II. veröffentlicht wird. Die Textgeschichte ist außerordentl. umstritten, da eine bis ins 12.Jh. zurückreichende Tradition Gf. Raimund Berengar I. als Gesetzgeber der Usatges bezeichnet.

Für das Privatrecht B.s ist ferner das Privileg »Recognoverunt proceres« Peters III. von 1283 von Bedeutung. Die »Consuetuts de la Ciutat de B. sobre las servituts de las casas e honors« oder »Ordinacions de Sanctacilia« aus dem 14.Jh. enthalten die Rechtsgewohnheiten in bezug auf die Servituten. J.Bastier

Lit.: F. VALLS TABERNER, Obras selectas II, 1954 – C.G.MOR, En torno a la formación del texto de los »Usatici Barchinonae«, AHDE 27-28, 1957-58, 413-459 – A.GARCÍA GALLO, Manual de Hist. del Derecho español I, 1973⁶, §§ 823-840 – COING, Hdb. I, 687-690 [mit Nachweis der Ed.]. – P.BONNASSIE, La Catalogne du milieu du Xe à la fin du XIe s., II, 1976, 711-732.

Barcelona, Vertrag v. (1493), unterzeichnet am 8.Jan. in Narbonne und ratifiziert am 18. Jan. von Kg. Karl VIII. v. Frankreich in Tours und am 19. Jan. von Kg. Ferdinand v. Aragón und Kgn. Isabella v. Kastilien in Barcelona. Karl VIII. suchte sich vor seiner Militärexpedition nach Neapel zur Sicherung seines Anspruchs auf dieses Kgr. der Zurückhaltung des Imperium, Englands und Spaniens zu versichern. Im Bündnisvertrag v. B. verzichteten die span. Monarchen vorerst auf die Heiratspläne ihrer Kinder in England und Burgund. Sie verpflichteten sich, den Feinden Frankreichs mit Ausnahme des Papstes keine Unterstützung zukommen zu lassen. Karl VIII. gab als Gegenleistung die Pyrenäengrafschaften Rossellón (Roussillon) und Cerdaña (Cerdagne) kostenlos an Spanien zurück, die der aragon. Kg. Johann II. gegen die Summe von 200.000 doblas an Frankreich verpfändet hatte. R. Liehr

Lit.: L. SUÁREZ FERNÁNDEZ, Política internacional de Isabel la Católica III (1489-93), 1969 [Vertragstext].

Barchent, Gewebe aus → Baumwolle (Schuß) und → Leinen (Kette), z. T. auch nur aus Baumwolle, mit der Karde gerauht. B. von arab. *barrakàn*, mantelartiges Gewand; mlat. fustaneus, von lat. fustis 'Stecken, Baum' (Baumwolle) oder von arab. *fustan* 'Gewand'. Bes. Arten von B. sind Kölsch, Sarrock, Sartuch (Kölner B.) und Schürlitz (Basler B., von lat. sarrocium, superpellicium 'Chorhemd', oft auch mit Vogelmustern: Vogelschürlitz). Zahlreiche andere Mischgewebe mit Baumwolle können in den Quellen des MA oft nur schwer von B. unterschieden werden.

Die Herstellung des B.s, die schon im 2.Jh. bekannt war, breitete sich im 12. und 13.Jh. nach arab. Mustern in Europa rasch aus, v.a. in SO-Spanien, Oberitalien und stellenweise in S- und N-Frankreich und den Niederlanden, d.h. meist in Gebieten mit stark wachsender Bevölkerung, Leinenproduktion und nahe beim oder mit guten Handelsverbindungen zum Mittelmeer bzw. zu den Hauptimporthäfen für Baumwolle (Venedig, Pisa, Genua, Marseille u.a.). Möglicherweise geht die Verbreitung des Spinnrades im 12./13.Jh. parallel mit der Ausbreitung der B.weberei. Die B.e des MA variieren vom groben Kleiderstoff bis zum feinen Schleier und zum Schiffssegel. In den oberit. Städten von Venedig bis Alessandria entwickelte sich die Barchentweberei als Zunfthandwerk und als Verlag. Sie verwendete standardisierte Gütemarken wie Adler, Anker, Krone, Kandelaber. Ein bedeutender Export erfaßte das ganze Mittelmeergebiet, Deutschland und Frankreich. Im 14./15.Jh. gingen Produktion und Export zurück. Dafür wuchsen die Baumwollexporte nach S-Deutschland, das den it. B. nachahmte und ihm zunehmend Konkurrenz machte. Zw. 1350 und 1450 erfaßte die B.-produktion das Leinengebiet um den Bodensee von St. Gallen und Konstanz über Biberach, Ulm bis nach Augsburg und Nördlingen und dehnte sich rheinabwärts über Basel bis nach Köln aus, im O nach Hof, Prag, Breslau, Krakau und donauabwärts über Regensburg, Wien bis nach Preßburg, Kaschau, Ofen und Hermannstadt, im

Ganzen auf über 60 Städte und ihr Umland. An der Entwicklung dieses dt. Barchentgewerbes waren Weber, Großkaufleute sowie die Handels- und Gewerbepolitik von Städten und Fs.en, wie z.B. Ks. Karl IV. im Falle von Kaschau, beteiligt. Die örtl. Barchentschaubehörden standardisierten die Produktion z.T. mit den it. Gütezeichen, z.T. mit den Zeichen Ochse, Löwe, Traube u.a. Die dt. Barchentproduktion hielt sich z.T. bis ins 16. und 17.Jh., z.T. in gewandelter Form als Baumwollindustrie bis ins 20.Jh. In andern Gegenden Europas kam sie erst vom 16.Jh. an stärker auf. — Einige B.stoffe des 15. und späterer Jahrhunderte sind erhalten. → Baumwolle.   H.C. Peyer

Lit.: F. BORLANDI, Futainiers et futaines dans l'Italie du MA (Éventail de l'hist. vivante, hommage à L. FEBVRE, 2, 1953), 133–140 – N. v. SCHULTHESS, Zu einigen Gewebebezeichnungen oriental. Herkunft [Diss. Zürich 1968] – M. FENNEL MAZZAOUI, The cotton industry of northern Italy in the late MA, JEH 32, 1972, 262–286 – L. FRANGIONI, Sui modi di produzione e sul commercio dei fustagni Milanesi, NRS 71, 1977, 493–547 – W. v. STROMER, Die Gründung der Baumwollindustrie in Mitteleuropa, 1978.

Bardaixí (Bardaxí, Bardají), Adelsfamilie aus Aragón, die von einem Geschlecht aus Navarra, den Fortún, abstammt. *Fortunio Ximénez* (1087) war der erste Herr von Val de Bardaxí (Huesca) und wurde zum Ahnherrn einer Familie von Rittern und *ricos hombres* mit Namen Bardaxí, Calasanz und Zaidin, die in Benasque (Ribagorza) und anderen Orten in Aragón ansässig wurde. Die Nachkommen der gen. Hauptlinie nahmen an den Feldzügen der Kg.e v. Aragón teil, wodurch sich die Familie auch auf Katalonien, Ibiza und Valencia ausdehnte. Das ursprgl. Wappen der B. führten die Ritter von Val de Bardaxí, Gf.en v. Castellflorit, Herren der Baronien → Antillón, Pertusa und Estercuel, und die Herren von Calasanz, Concas oder Conques sowie die von Ibiza und von Valencia, alles Titel, die bes. im 15.Jh., im Dienst der Krone erworben worden waren. Bedeutende Mitglieder der Familie waren: *Raimund (Ramon) v. B.* († 1240), der an den Schlachten von Las Navas de Tolosa (1212) und Valencia (1238) teilnahm. – *Arnau v. B.*, 1364 Komtur des Johanniterordens v. Zaragoza. – *Berengar von B.* († 1440), Jurist, Berater der Kgn. Yolante v. Aragón (1387–96) und später Ferdinands I. v. Antequera (1412–16), den er beim Schiedsspruch von → Caspe (1410–12) verteidigte; 1420 übte er unter Kg. Alfons V. das Amt des → Justicia Mayor von Aragón aus. Sein Sohn *Johann v. B.* († 1451) arbeitete mit ihm zusammen, beide erhielten von den gen. Kg.en die Herrschaften Zaidin und El Grado (Huesca) mit den oben erwähnten Titeln. – *Georg von B.* (1464), Bf. v. Tarazona und Pamplona; Schriftsteller. – *Johann von B.* († 1430) diente unter Alfons V. in Sardinien (1420) und Neapel (1423). Er erhielt von ihm die Herrschaften Catllar und Gimenells (Katalonien). – Außerdem wurde der Name B. auch von konvertierten Juden in Huesca und Lérida geführt; erwähnt sei *Anton B.*, Lehrstuhlinhaber für Kanon. Recht am Stud. generale v. Lérida (1474). J. Mateu Ibars

Lit.: F. LATASSA Y ORTIN, Bibl. antigua de los escritores aragoneses..., II, 1796, 233–236 – A. Y A. GARCIA CARRAFFA, Diccionario Heráldico y Genealógico de apellidos españoles... XII, 1924, 34–57 – A. PALAU DULCET, Manual del Librero Hispano Americano... II, 1949, 71 – DERS., El solar catalán valenciano y balear I, 1968, 48 – J. LLADONOSA PUJOL, Hist. de Lleida II, 1974, 20, 34, 39–42, 181.

Bardanes, Georgios, Sohn des Bf.s Demetrios v. Karystos, * um die 2. Hälfte des 12.Jh. in Athen. Hier studierte er bei Michael → Choniates, dem er später als Hypomnematographos und Chartophylax diente. 1219 wurde er Metropolit v. Kerkyra. Während seines Aufenthaltes in Italien 1231 hatte er bei seinem Freund, dem Abt Nikolaos (Nektarios) von Casole einen Disput mit dem Franziskaner Fra Bartolomeo über das Fegfeuer, von dem er selbst einen kurzen Überblick gab. Er ist auch Verfasser einer Schrift über die gr. Taufformel (nur lat. erhalten), eines Kanons für das Offizium des hl. Arsenios v. Kerkyra und vieler kirchengeschichtl. bedeutsamer Briefe.
E. Konstantinou

Lit.: BECK, Kirche, 668–669 [Hinweise auf Ed. und Lit.] – N. B. TOMADAKIS, Σύλλαβος βυζαντινῶν μελετῶν καὶ κειμένων, 1961, 433–436.

Bardas, vielseitig begabter, gebildeter byz. Staatsmann, Bruder der Ksn. → Theodora, Onkel Ks. → Michaels III. Aus Paphlagonien gebürtig, war er armen. Abstammung; ⚭ in erster Ehe mit einer namentl. nicht bekannten Frau, von der er zwei Söhne und eine Tochter hatte, in zweiter (wohl 855 oder später) mit einer Theodosia, von der er sich später unter nicht ganz geklärten Umständen trennte. B. gründete wahrscheinl. schon während der Regentschaft Theodoras (842–856) auf privater Basis eine Hochschule in Konstantinopel. Obwohl er anscheinend während dieser Zeit dem Regentschaftsrat Theodoras angehörte, spielte er polit. nur eine untergeordnete Rolle. Er beteiligte sich am Staatsstreich von 856, bei dem der λογοθέτης τοῦ δρόμου Theoktistos getötet wurde und Michael III. an die Macht kam. Als fakt. Leiter des Staates stieg B. zum Kuropalates und (862) zum Kaisar (Caesar) auf. Kirchenpolit. ist der von ihm energisch verlangte Abdankung des Patriarchen → Ignatios (858) und sein konsequentes Eintreten für → Photios bedeutsam. Zusammen mit diesem erfaßte er die Wichtigkeit einer byz. Missionstätigkeit unter den Slaven, um sowohl kirchl. Druck aus Rom als auch polit. von seiten des Frankenreiches bes. auf die Bulgaren begegnen zu können und zudem diese zu befrieden. Er entsprach daher einerseits einer Bitte → Rastislavs v. Mähren und schickte 862 die Brüder → Konstantin (Kyrillos) und Method zu Lehr- und Missionstätigkeit in den mähr.-pannon. Raum, andererseits empfing → Boris I. v. Bulgarien um 864 von Byzanz aus die Taufe. – B. wurde am 21. April 866 vom späteren Ks. → Basileios I. ermordet.   K. Belke

Lit.: DVORNIK, Slaves, Byzance – DERS., The Photian Schism. 1948 [Nachdr. 1970] – P. CHARANIS, The Armenians in the Byzantine Empire, 1963, 23 f. – OSTROGORSKY, Geschichte³, 183–193 – F. DVORNIK, Patriarch Ignatius and Caesar Bardas, Byzslav 27, 1966, 7–22 – R. GUILLAND, Contribution à la prosopographie de l'Empire byzantin, RESE 8, 1970, 595 f. – P. LEMERLE, Le premier humanisme byzantin, 1971, bes. 159–167 – P. SPECK, Die ksl. Univ. v. Konstantinopel, 1974.

Barden. Das gemeinkelt. Wort *bard* für 'fahrende Sänger zu Lob und Schimpf' war als solches Griechen und Römern bekannt. In Irland waren B. die oberste Schicht der Dichter, eingeteilt in eine untere und eine obere Klasse, von der jede acht Grade mit eigenen metrischen Regeln hatte. Die Gegenstände des Vortrags, Heldentaten, Gesetze und Familiengeschichte, wurden mündlich überliefert; individuell war Ausschmückung in Metrik und Vokabular. B. waren so privilegiert wie Kleriker, ihre Schulen, an denen Dichtkunst, Geschichte und Naturkunde gelehrt wurde, so vielbesucht wie die der Klöster. Erpresserische Bettelei und ärgerniserregender Müßiggang machten im 6.Jh. eine Reform durch Verringerung der Zahl und Verbesserung der Ausbildung der B. notwendig. Die Anglonormannen unterdrückten zunächst die B., die dadurch zu polit. Führern der Iren wurden. Manche Anglonormannen aber übernahmen das Bardentum und wurden dadurch hibernisiert. Auch in Wales wurden B. eine nationale Institution. Die B. begleiteten ihre Gesänge mit dem *crwth* (air. *crot[ta]*), einer drei-bis sechssaitigen Leier mit Griffbrett.
J. Hennig

Lit.: E. JONES (gen. »des Königs Barde«), Relicks of the Welsh bards, 1784 – M.-H. D'ARBOIS DE JUBAINVILLE, Cours de litt. celtique I, 1883,

55 f. – A. HOLDER, Altcelt. Sprachschatz, 1896, 347 f. – D. HYDE, A literary hist. of Ireland, 1910 – T. P. CROSS, Motif-index of early Irish lit., 1939, 427.

Bardi, florent. Magnatenfamilie, die aus Rubaldo bei Florenz stammte und vermutlich im Lauf des 12. Jh. zu der Zeit des ersten großen Aufblühens der Stadt nach Florenz übersiedelt war. Sie ließ sich so wie andere Familien, deren Anfänge, wie → Villani sagt, gering waren, im Sesto Oltrarno nieder (der v. a. von der »gens nova« bewohnt wurde) und begann ab der 1. Hälfte des 13. Jh., eine rege Handels- und Banktätigkeit zu entfalten. Die Überlieferung, nach der die B. bereits seit 1183 eine Filiale ihres Handels- und Bankhauses in England besessen hätten, ist nicht glaubhaft, aber im Lauf des 13. Jh. konnte sich die »compagnia« B. mit den Bankhäusern der → Mozzi-Spini und der → Cerchi messen. Als Guelfen erhielten die B. viele Privilegien von Karl I. v. Anjou, der u. a. der Compagnia B. gestattete, eine Filiale in Neapel zu errichten. Ihre beständige Unterstützung der Anjoudynastie und der guelf. Faktion verschaffte den B. großen polit. Einfluß (*Guido di Accolto* war 1268 Podestà von Prato, *Tocco di Enrico* wurde im gleichen Jahr beauftragt, die Proskriptionslisten der florent. Ghibellinen aufzustellen, *Bartolo di Jacopo* war mehrmals *priore*) und gab den Anstoß zu einer Bankierstätigkeit von internationalem Rang, deren Schwerpunkt in der Einziehung des päpstl. Zehnten lag. Die Compagnia besaß viele Filialen in Italien und jenseits der Alpen. Die wichtigsten lagen in Neapel und in London.

Am Ende des 13. Jh. verbanden sich die B., wenn auch mit einiger Unentschlossenheit, mit der Faktion der Schwarzen Guelfen; ab dem 14. Jh. gehörten sie als eines der großen florent. Geschlechter, das in heftigem Gegensatz zu den Popolanen stand, jener Führungselite an, die – zusammen mit den Tosinghi, den Brunelleschi, den Spini, den Scali, den → Acciaiuoli, den → Peruzzi – das polit. und wirtschaftl. Schicksal der Stadt Florenz bis zu der um die Mitte des Jahrhunderts ausbrechenden Krise lenkte. Die schwierige Konjunktur der 40er Jahre, zusammen mit dem Ausbruch des Hundertjährigen Krieges traf die B. hart, die sich in allzu riskante Kreditgeschäfte mit Herrschern eingelassen hatten. Es war hauptsächl. die Zahlungsunfähigkeit Eduards III. v. England, die den Bankrott ihres Hauses verursachte. Trotzdem blieben die B. weiterhin reiche und einflußkräftige Bürger, Grundbesitzer und Burgherren, die mit den bedeutendsten florent. Familien einschließl. der → Medici verschwägert waren (*Tessa de' Bardi* war die Frau von Cosimo il Vecchio). Im 16. Jh. erneuerte der Komponist *Giovanni Maria de'* B. mit der von ihm gegr. »Camerata de' Bardi« die Musik seiner Zeit und legte den Grundstein für die Entwicklung des Melodramas. Die Familie hatte noch bis in das frühe 19. Jh. direkte Nachkommen. F. Cardini

Lit.: A. SAPORI, La crisi delle compagnie mercantili dei Bardi e dei Peruzzi, 1926 – S. RAVEGGI, M. TARASSI, D. MEDICI, P. PARENTI, Ghibellini, guelfi e popolo grasso, 1978.

Bardi, Pietro (Piero), florent. Politiker, Bankier und Lehnsherr, * gegen Ende des 13. Jh., † 3. April 1345, typ. Vertreter der Magnatenfamilien niederer Herkunft, die dank ihrer erfolgreichen Handels- und Bankiertätigkeit im Lauf des 13. Jh. emporkamen und im 14. Jh. in ihrer rechtl. Stellung und ihrer Lebensweise das Niveau des Feudaladels zu erreichen suchten. P. B. war bereits Ritter, als er 1325 bei Altopascio gegen Castruccio → Castracani kämpfte. In erster Ehe heiratete er die Tochter des Andrea Mozzi aus dem mächtigen Bankhaus. Durch seine zweite Heirat, die ihn mit den großen Geschlechtern der Salimbeni und Gf.en → Alberti verschwägerte, konnte er zu den Rängen der feudalen Welt aufsteigen. 1335 erwarb er eines der berühmtesten Güter der Alberti, das Lehen Vernio mit der dazugehörigen Burg (nahe Prato). Sein Bruder Andrea kaufte eine andere berühmte Burg der Alberti, Mangona. Die Kommune Florenz reagierte äußerst beunruhigt auf die Verwandlung einiger ihrer einflußreichen Bürger in Lehnsherren und verbot 1338 durch ein Gesetz den florent. Bürgern den Kauf von Burgen an den Grenzen des Territoriums der Republik. Dadurch zum erklärten Gegner des Stadtregiments geworden – andererseits auch über die beginnenden Schwierigkeiten seines Bankhauses besorgt –, organisierte P. B. zusammen mit anderen florent. Magnaten und Adligen aus dem Contado eine Verschwörung, um die Herrschaft der Popolanen zu stürzen und v. a., um Florenz von der Sache der Guelfen abzuziehen und die Stadt enger an das Imperium zu binden. Der Bruch mit dem Papst und mit dem Kg. v. Neapel hätte es P. B. nämlich ermöglicht, sich den wirtschaftl. Verpflichtungen zu entziehen, die er mit ihnen eingegangen war. Die Verschwörung wurde jedoch entdeckt und P. wurde im Nov. 1340 zum Exil und zur Beschlagnahme seines Vermögens verurteilt. Danach wurde er gezwungen, Vernio für eine um die Hälfte niedrigere Summe, als der ursprgl. Kaufpreis betragen hatte, der Kommune abzutreten. Sein Groll gegen die Stadtregierung und die Besorgnis um die Zukunft seiner Bank brachten ihn dazu, die diktatorische Politik des Hzg.s v. Athen (→ Brienne, Gualtier de) zu unterstützen; dieser rehabilitierte ihn in der Tat und ließ ihm Vernio zurückgeben. Als es sich jedoch eindeutig zeigte, daß sich der Hzg. nicht auf die Rolle einer Marionette der Oligarchen beschränken wollte, die ihm zur Macht verholfen hatten, verbündete sich P. B. mit den anderen Großen der Stadt, um unter der Führung des Bf.s Angelo Acciaiuoli die Alleinherrschaft zu stürzen. Bald nach dem Sturz der Signoria des Hzg.s (Aug. 1343) versuchte P. B. zusammen mit anderen, in der Stadt eine Regierung, die sich auf die Magnaten stützte, zu bilden. Der Versuch scheiterte jedoch und P. B. mußte mit ansehen, wie das florent. Volk seinen Palazzo auf der anderen Seite des Arno stürmte (22. Sept. 1343). Von seinem Zufluchtsort Vernio aus bereitete er sich zum Gegenschlag vor. Der Tod verhinderte jedoch die Ausführung seiner Pläne. F. Cardini

Lit.: DBI VI, 307–309 – C. PAOLI, Della Signoria di Gualtieri duca d'Atene in Firenze, Giornale storico degli archivi toscani VI, 1862 – F. DE' BARDI, Vernio, vita e morte di un feudo, 1883.

Bardo, Ebf. v. Mainz, * um 980 in Oppershofen (Wetterau), † 10. oder 11. Juni 1051 in Dornloh, ▭ Mainz, Dom; Sohn einer Familie vielleicht aus dem konradin. Sippenbereich. B. wurde Mönch in Fulda, Dekan und Leiter der Klosterschule, Propst in St. Andreas/Neuenberg. Ks. Konrad II. übertrug ihm 1029 Kl. Werden, auf Intervention der Ksn. Gisela im Frühjahr 1031 Hersfeld, am 30. Mai 1031 das Ebm. Mainz (Weihe 29. Juni 1031). Seinen Aufstieg verdankte er wahrscheinl. der Verwandtschaft mit der Ksn. Anders als sein Vorgänger → Aribo trat B. reichspolit. wenig hervor. Bemerkenswert ist die Teilnahme am Feldzug Heinrichs III. gegen Böhmen 1040/41, vielleicht in Wahrnehmung seiner Metropolitanrechte. B. war monast. stark geprägt. In Fragen der Kirchenorganisation und des Landesausbaus sowie mit der Gründung des Stifts St. Johannis/Mainz und des Kl. auf dem Jakobsberg vor der Stadt setzte er die seit Ebf. → Willigis (975–1011) entfalteten Initiativen fort. Der 1009 abgebrannte Dom in Mainz wurde erneuert und in Anwesenheit Ks. Konrads II. am 10. Nov. 1036 geweiht. In Auseinandersetzungen um Hoheitsrechte in der Stadt, am Mittelrhein, in Hessen und Thüringen behauptete sich B. zunächst mühsam gegen

Burggrafen und Vögte, sicherte aber durch Übertragung der Befugnisse an Verwandte einigermaßen die Positionen der Mainzer Kirche. Hingegen vermochte er trotz der Krönung von Heinrichs III. Gemahlin → Agnes am 12. Nov. 1043 das Mainzer Krönungsrecht (→ Krönung) nicht gegen → Köln zu behaupten. Während der bedeutenden Mainzer Synode im Okt. 1049 (→ Mainz, Synoden) wurde von ihm die Eintracht von Ks. und Papst mitgetragen. In Mainz und Fulda entstandene Viten rühmen seine fromme Bescheidenheit und förderten so die Heiligenverehrung; die reformer. Grundeinstellung der Verfasser führte wohl zur hagiograph. Überbewertung. B.s reformfreundl. Haltung selbst verursachte gewiß wiederholt zu beobachtende Schwierigkeiten mit den Suffraganen.

A. Gerlich

Q.: Vita s. Bardonis auctore Vulculdo. MGH SS XI, 317-321 – JAFFÉ, BRG III, 247-254 – Vita Bardonis maior, MGH SS XI, 321-342 – JAFFÉ, BRG III, 529-564 – M. STIMMING, Mainzer UB I, 1932, 174-182 – *Lit.*: NDB I, 586 – HAUCK III, 602ff. – H. BÜTTNER, Die Mainzer Synode vom Okt. 1049. Mainzer Kalender 1949, 53-59 – L. FALCK, Mainz im frühen und hohen MA, 1972, 66, 72, 84ff. u. ö.

Bardowick, früh- und hochma. Handelsplatz und vorstädt. Siedlung, 5 km n. von → Lüneburg am Westufer der Ilmenau, nahe der Elbmarsch gelegen. Die Entsprechung von Orts- und Landschaftsnamen (»in Bardongawe« u. ä.) beweist die Vorort-Funktion B.s im frühen MA. Im → Liber Censuum erscheint B. als Suffraganbistum von → Bremen; eine Stütze für die im SpätMA bezeugte Auffassung, Karl d. Gr. habe in B. ein Bistum gegründet, das Ludwig der Fromme nach → Verden zurückgenommen habe. Im → Diedenhofer Kapitular (805) wird B. als Grenzhandelsplatz mit den Slaven genannt. Über die Reichsrechte in B. verfügten die Liudolfinger (Markt, Zoll, Münze). Seit der Mitte des 10. Jh. wurden in B. die »niederelb. Agrippiner« geprägt; intensiver Geldumlauf zeichnet den Ort im frühen 12. Jh. aus. Aus dem Streit um das Erbe des Billunger bzw. um die Reichslehen nach dem Tod Lothars III. ging zunächst Albrecht der Bär als Sieger hervor, der B. i. J. 1138 eroberte und dort Münzen prägen ließ, dann jedoch Heinrich der Löwe, der gleichfalls in B. Münzen schlagen ließ und dessen Rechte ein scultetus wahrnahm. Die Entwicklung zur Stadt hin wurde verzögert, nachdem → Lübeck gegründet worden war, und vollends abgebrochen, als Heinrich der Löwe i. J. 1189 B. zerstörte. Die Topographie B.s, v. a. das Nebeneinander mehrerer Pfarrkirchen und Kapellen (St. Willehadi, St. Viti, St. Mariani, St. Stephani u. a.), ist noch nicht geklärt.

M. Last

Lit.: G. MEYER, Gesch. des Handelsplatzes B. [Staatsarbeit Univ. Hamburg, masch. 1950] – U. REINHARDT, B.-Lüneburg-Lübeck (Lübeck 1226. Reichsfreiheit und frühe Stadt, 1976), 207-225.

Bareso, Kg. v. Sardinien → Sardinien

Barett. Die sprachl. Differenzierung zw. Barett (Bezeichnung für eine flache, mützenartige, mit Krempe versehene Kopfbedeckung) und → Birett (Kopfbedeckung der kath. Geistlichkeit), wie sie die nz. dt. Sprache kennt, ist dem MA fremd (vgl. DIEFENBACH, Gloss. 74f. – DU CANGE I, 589, 640, 663f. – Wb. der bayr. Mundarten in Österreich, II, 329; III, 197).

Das B. tritt als für den dt. Raum charakterist. Kopfbedeckung im letzten Viertel des 15. Jh. auf. Von Männern und Frauen getragen, bleibt es zunächst aufgrund der Verwendung kostbarer Materialien (Seide, Samt, Damast) und Garnituren (Straußenfedern, Goldschnüre, Stifte, Broschen etc.) nur dem Adel und Patriziat vorbehalten. Kennzeichnend sind ein flacher Kopfteil und verschiedenst ausgebildete Krempenformen von unterschiedl. Breite (geteilt, geschlitzt). Die reiche Formenvielfalt dokumentieren die Schwarzschen Trachtenbücher. Zur Befestigung des B.s dient eine das Haar bedeckende Haube aus feinem Stoff oder einem Netzgewebe, die sog. Kalotte. Originale B.e befinden sich im Germ. Nat. Museum, Nürnberg, im Berliner Zeughaus und im Hist. Museum, Bern.

E. Vavra

Lit.: RDK II, 745f. – S. F. CHRISTENSEN, Die männl. Kleidung in der südtl. Renaissance (Kunstwiss. Studien 15), 1934, 24f. – L. C. EISENBART, Kleiderordnungen der dt. Städte zw. 1350 und 1700. Ein Beitr. zur Kulturgesch. des dt. Bürgertums (Göttinger Bausteine zur Geschichtswiss. 32), 1962, 148f. – H. F. FOLTIN, Die Kopfbedeckungen und ihre Bezeichnungen im Dt. (Beitr. zur dt. Philologie 26), 1963, 159f. – A. FINK, Die Schwarzschen Trachtenbücher, 1963.

Barfüßer → Kamaldulenser, → Klarissen, → Karmeliter, → Franziskaner

Bargello. Nach einer Volksetymologie aus der Toskana soll sich der Ausdruck b. von dem Ort Bargi in den Bergen bei Pistoia herleiten, wo man Waffen herstellte und woher einst die Bewaffneten des B. hergestammt haben sollen. Der Name kommt aber eher von dem Wort barigildius oder bargildius (→ Bargilden).

In vielen it. Städten (Florenz, Siena, Lucca, Modena, Mantua, Genua) wurde der Funktionär, der für die Durchführung der Gesetze, die öffentl. Sicherheit und Aufrechterhaltung der Ordnung verantwortlich war, B. genannt. (In Florenz galt es als Bedingung, daß er von auswärts kam.) Zur Ausübung seiner Amtstätigkeit hatte der B. (oder die Bargelli, weil dieses Amt aus einem Kollegium von Personen bestand) einige Bewaffnete *(birri)* unter sich. In Venedig war B. die Bezeichnung für den *capitano*, der den Dogen bei feierl. Zeremonien begleitete. Da der Aufgabenbereich des B. meist repressiver Art war und ein düsteres Gepräge aufwies (Folter, Vollstreckung von Todesstrafen), erklärt es sich, warum der Name B. einst eine äußerst negative Bedeutung annahm. In Florenz hatte der B. seinen Amtssitz im Palazzo del Podestà, der noch heute Palazzo del B. oder einfach B. heißt.

F. Cardini

Lit.: E. GUIDONI, Arte e urbanistica in Toscana 1300-1315, 1970 – F. SZNURA, L'espansione urbana di Firenze nel Dugento, 1975, 37 – G. FANELLI, Firenze, architettura e città, 1973 [Index].

Bargilden, nd. und md. Entsprechung zum obdt. → *Barschalken*, doch nach Rang und Aufgaben von diesen verschieden. Frk.-lat. *bargildio*, mlat. *bergildus*, fries. *berielda*, mnd. *bi(e)rgelde* ist der 'abgabenpflichtige Freie', seit der ersten Bezeugung in den Kapitularien (8./9. Jh.) ein Freier im Rahmen der Gft., der in der Zent seines Wohnsitzes dingpflichtig war. Über die Herkunft von Abgaben- und Dingpflicht bestehen verschiedene Auffassungen, je nachdem, ob man in den B. »Grafschaftsfreie«, »Gemeinfreie« oder »Königsfreie« sieht. Die Quellen vermitteln kein eindeutiges Bild. Denkbar ist, daß die B. aus »Freigelassenen« (liberi, *frilinge* im Gegensatz zu ingenui 'Freigeborenen') hervorgegangen sind: Es handelte sich um eine Schicht von Minderfreien, in die Unfreie (servi) aufzusteigen pflegten. Ein Aufgebot für Italien (825) unterscheidet bei den B. solche, die selbst zu dienen vermochten, die einen aus ihrer Mitte ausrüsten konnten, die nicht einmal zu einer Beisteuer in der Lage waren. Eine Heeressteuer war also Grundlage ihres Status, eher eine Abgabe von Erträgnissen (Rodungszins in Zusammenhang mit einer Rodungsfreiheit), handelt es sich doch bei den jüngeren Belegen meist um Siedler bzw. Bauern. Am Ende des 11. Jh. sind B. neben Sachsen als Ansiedler im Maintal bezeugt, Reflex der Abwanderung aus den nordelb. Gebieten unter Heinrich IV. (1074/75). Im Sachsenspiegel (um 1230) bilden die B. mit Pfleghaften und Landsassen den 3. Stand. In den Bilderhss. (Ende 14. Jh.) wird der B. mit einem Schöpfkübel *(biergelte)* abgebildet: Wort und Begriff waren bereits verdunkelt.

R. Schmidt-Wiegand

Lit.: Dt Rechtswb I, 1235f. – HRG I, 417f., s.v. Biergelden [R. SCHEYHING]; II, 1029–1032, s.v. Königsfreie ([H. KRAUSE] – K.V. AMIRA, Die Dresdener Bilderhs. des Sachsenspiegels 2, T. I und II, 1925f. – BRUNNER, DRG II, 275, 290 – A. HAGEMANN. Die Stände der Sachsen, ZRG GermAbt 76, 1959, 111ff. [Neudr. WdF 50, 1967, 402–445, insb. 434–443] – W. METZ, Zur Gesch. der B., ZRG GermAbt 72, 1955, 185–193 – E. MOLITOR, Die Pfleghaften des Sachsenspiegels und das Siedlungsrecht im sächs. Stammesgebiet, 1941.

Barhebraeus (Grigor bar 'Ebrāyā), * 1226 in Melitene, † 1286 in Marāġa, 1246 Bischof, 1264 Maphrian, bedeutendster und vielseitigster syr.-monophysit. Schriftsteller der Spätzeit. Seine zahlreichen Werke behandeln Gegenstände der Theologie wie Exegese, Dogmatik (»Buch der Leuchte des Heiligtums«), Kirchenrecht (»Nomokanon«), Ethik, der Philosophie, Grammatik u.a. Bes. wichtig ist seine »Chronographie«, die Kirchen- (Chronicon Ecclesiasticum) und Profangeschichte (Chronicon Syriacum) umfaßt, deren letztere er auch arab. bearbeitet hat (»Geschichte der Dynastien«). J. Aßfalg

Lit.: EI² III, s.v. Ibn al-Ibrī – A. BAUMSTARK, Gesch. der syr. Lit., 1922, 312–320 – I. ORTIZ DE URBINA, Patrologia Syriaca, 1965², 221–223 – G. GRAF, Gesch. der chr. arab. Lit. II, 1947, 272–281.

Bari
I. GESCHICHTE – II. RECHT.

I. GESCHICHTE: B., heute Hauptstadt der it. Region → Apulien, wird bereits in röm. Zeit als castrum und municipium (89 v. Chr.; Barium) erwähnt, Siedlungsspuren in der Umgebung gehen jedoch schon auf prähist. Zeiten zurück. Die Lage von B. als Adriahafen gegenüber von Dalmatien an einer Abzweigung der Via Appia-Traiana ließ es zu einem Durchgangsort für die Anhänger aller Religionen werden. 465 ist B. als Bischofssitz belegt. Nach dem Zerfall des weström. Imperiums von den Ostgoten eingenommen, erlitt B. die Auswirkungen des ostrm.-got. Krieges, als Apulia in die Gegenoffensive des → Totila hineingezogen wurde. Am Ende des 6. Jh. kam B. in den Machtbereich des langob. Dukats → Benevent und wurde unter Konstans II. während des langob. Feldzugs geplündert. Die langob. Rückeroberung blieb Episode. Unter Leo III. dem Isaurier gehörte die Stadt zum byz. Hoheitsgebiet. Im Zusammenhang mit den ikonoklast. Wirren erhob sich B. gegen den Ks. und setzte einen unabhängigen Hzg., Theodoros, an seine Spitze. 840–841 wehrte die langob. B. sarazen. Angriffe ab, fiel aber 847 in die Hände von Ḥalfūn, einem Söldner im Dienste Hzg. Radelchis I. v. Benevent, der ein Emirat gründete, das sich bis 871 behauptete. Da der Einnahme durch Ks. Ludwig II. und Adelchis v. Benevent keine dauerhafte Einigung des Südens folgte, ergab sich das von einem langob. Gastalden regierte B. 876 freiwillig dem byz. Strategen v. Otranto und wurde bald darauf Hauptstadt der Thema Longibardia. Die byz. Herrschaft festigte sich trotz innerer Unruhen (888 Aufstand Beneventaner Langobarden unter Aio) und äußerer Schwierigkeiten (Einfälle der Ungarn, Slaven und Sarazenen). Otto I. belagerte B. i.J. 968 ohne Erfolg, während sein Sohn Otto II. vor seiner Niederlage bei Capo Colonne (988) friedlich in die Stadt einziehen konnte. Als Sitz des Katepanats Italia wurde B. Mitte des 10. Jh. von der byz. kirchl. Verwaltung in den Rang eines Ebm.s erhoben (nach Vereinigung mit Canosa, 1024–25, von Rom anerkannt). B. war in jener Zeit die wichtigste Stadt der Region, in der außer der einheim. und langob. Bevölkerung sowie adligen byz. Familien eine blühende Judengemeinde und eine bedeutende arab. Minderheit lebten. Benediktiner begannen 978 mit dem Bau eines Kl., das später in die Abhängigkeit von Montecassino überging. Jahrelang wurde nun B. das Ziel sarazen. Einfälle. 1002 konnte die Stadt nur durch die Intervention des ven. Dogen Petrus II. Orseolo (→ Orseoli) gerettet werden, an dessen Feldzug heute ein Volksfest erinnert. Antibyz. Aufstände und sarazen. Angriffe wiederholten sich in den folgenden Jahren. → Meles (Melos), dem Ks. Heinrich II. (1002–24) den Herzogstitel verliehen hatte, versuchte 1018 Apulia zu erobern, wurde jedoch bei Canne besiegt. 1040 mußten die Byzantiner den Normannen entgegentreten, die einen langob. Aufstand unterstützten, die Städte des Katepanats eroberten und → Argyros, den Sohn des Meles, zum princeps et dux Italiae ernannten, der mit Ks. Konstantin IX. einen Ausgleich fand. Den anfängl. Widerstand des Papsttums gegen die neuen Herrscher (Niederlage Leos IX. in Civitate 1053) überwand Nikolaus II., der 1059 → Robert Guiscard mit der Gft. Apulien belehnte. B. wurde allerdings erst 1071 nach dreijähriger Belagerung erobert. Die Stadt erhob sich 1079, wurde jedoch trotz der ständigen Rivalitäten, die unter den Eroberern herrschten, 1083 wieder eingenommen. Unter Boemund I. erweiterte sich nach der Übertragung der Reliquien des hl. → Nikolaus v. Myra (1087), die den Ruf B.s als Wallfahrtsort begründete, der Gebäudebestand der Stadt beträchtl., die Kaufmannschaft festigte ihre Macht durch ihre Verbindung mit der Kirche, die nunmehr der lat. Oboedienz angehörte. Auf einem 1089 nach B. einberufenen Konzil versuchte Urban II., eine Union der Röm. Kirche mit der griech. herbeizuführen. Die Wahl B.s als Konzilsort erhöhte das Ansehen der Stadt; ihr Hafen gewann durch die Kreuzzüge neue Bedeutung. Nach Boemunds Tod erhob sich die Stadt gegen den jungen Boemund II. Aus den inneren Parteikämpfen ging der Langobarde Grimoald (→ Grimwald) Alferanites als Sieger hervor, der 1120–30 autonom regierte, sich jedoch 1131 Kg. Roger II. v. Sizilien unterwerfen mußte. B. beteiligte sich an dem Aufstand, der von Papst Innozenz II. und von Ks. Lothar entfacht worden war, wurde jedoch von Roger endgültig unterworfen und erhielt später Privilegien und Steuerfreiheiten zuerkannt. Nach dem Tode Kg. Rogers (1154) rebellierte B. gegen seinen Nachfolger Wilhelm I. und erhielt dabei Unterstützung von Manuel I. Komnenos. Kg. Wilhelm unterdrückte den Aufstand erbarmungslos: B. wurde fast völlig dem Erdboden gleich gemacht, der Dom und die Basilika S. Nicola wurden jedoch verschont. Unter Wilhelm II. (1166–89) blühte B. wieder auf, erhielt beträchtl. Privilegien und setzte die Jurisdiktion des Ebf.s über den dalmatin. Klerus (Kotor) durch. Nach Wilhelms Tod unterstützte B. → Tankred, wurde aber 1194 ebenso wie die anderen Städte in Apulien von Heinrich VI. erobert. Während der Minderjährigkeit Friedrichs II. mußte B. die Auswirkungen der Feudalanarchie tragen. Es trat der Partei Ottos IV. bei, ging dann aber zu Friedrich II. über, der die strateg. Bedeutung der Stadt erkannte, die Burg wiederherstellte, einen neuen Hafen baute und einen Markt errichtete. Die Treue B.s gegenüber der päpstl. Kurie zeigte sich nicht nur im polit. Bereich, sondern kam auch auf ekklesiolog. Ebene zum Ausdruck: B. führte 1240 die röm. Tauffromel statt der ostkirchl. ein. P. De Leo

Nach dem Tode von Friedrich II. (1250) litt B. an den Konsequenzen der Thronfolgekämpfe der letzten Staufer. Unter Karl I. und Karl II. v. Anjou wurde die Stadt von dem allgemeinen Niedergang des Kgr.es Neapel in Mitleidenschaft gezogen; ihre Fläche vergrößerte sich zwar, die Bevölkerungsdichte nahm jedoch ab; ihre Bebauung wies Lücken auf, die von Nutz- und Ziergärten aufgefüllt wurden, welche an die Stelle der aufgegebenen Gärten außerhalb der Stadtmauern traten. Die Stadt erlebte unter Johanna I. eine schwierige Periode: Nach dem Tod ihres Gatten Andreas v. Ungarn 1345 stand B. auf der Seite der Kgn. im Kampf gegen ihren Schwager Ludwig v. Ungarn.

Die Stadt wurde 1349 von ung. und dt. Truppen belagert, mußte sich ergeben und fiel der Plünderung anheim. Kgn. Johanna eroberte sie zurück und schenkte sie Robert v. Anjou, dem Fs.en v. Tarent, 1364 ihrem Bruder Philipp. Nach dessen Tod ging B. in die Hände von Jacopo → Del Balzo her, nach dessen Aufstand fiel sie an Johannas vierten Gatten, Otto v. Braunschweig-Grubenhagen. Kg. Ladislaus v. Anjou-Durazzo zog 1399 in B. ein und gewährte der Stadt Privilegien und Immunitäten, die von Johanna II. bestätigt wurden. Die darin festgehaltenen Verminderungen der Abgaben bezeugen den demograph. Niedergang der Stadt. 1430 gab Johanna II. B. Jacopo → Caldora zu Lehen, der damit Hzg. v. B. und Bitonto wurde. Während der Herrschaft von René (1435-42) war B. von den anarch. Zuständen mitbetroffen, in die ganz Apulien gesunken war. Unter der Anjou-Dynastie ist die Stadt in Viertel geteilt. Eine starke Siedlungskonzentration wird sichtbar, deren Ursache nicht in einer wirtschaftl. oder sozialen Expansion liegt, sondern in der Tendenz, aus dem unsicher gewordenen Land hinter die Mauern zu flüchten. Als Alfons I. v. Aragón (1442-58) den Thron von Neapel bestieg, entwickelte sich B., das wie andere apul. Städte von drückenden Abgaben belastet wurde, zu einem Zentrum angevin. Widerstandes gegen die neue Dynastie. Dennoch erkannte Alfons 1443 die »diminutio« der Familien und des Reichtums von B. an und gewährte den Einwohnern einen Steuernachlaß. 1446 mußte er die Lebensmittelversorgung der Stadt regeln; in den folgenden Jahren befahl er die Rückerstattung einiger Gelder, die vom Fiskus widerrechtl. eingetrieben worden waren. 1451 erbat die Basilika S. Nicola vom Kg. und von Papst Nikolaus V. die Autorisation, im Land Sammlungen durchführen zu dürfen, um den drohenden Einsturz des Gebäudes zu verhindern. Auch das Domkapitel war gezwungen, einige seiner Besitzungen zu veräußern. Ferdinand I. (1458 bis 1494) trug auf dem Boden des Landes einen harten Kampf gegen die Parteigänger der letzten Anjou v. Neapel aus; 1464 verleibte er B. der Krondomäne ein, später gab er jedoch das Hzm. B. Filippo, dem Sohn des Hzg.s v. Mailand, Francesco Sforza, zu Lehen, danach Ludovico il Moro. Als 1480 die Türken Otranto eroberten und plünderten, forderte Ferdinand B. Gold, um die Gefahr abzuwehren. Dadurch erlitt der Schatz von S. Nicola große Einbußen. Unter den letzten aragon. Herrschern blieb B. weiterhin ein Lehen der Sforza. Nach dem Tode des Gian Galeazzo verblieb die Stadt im Besitz seiner Witwe Isabella v. Aragón, die dort residierte und Hof hielt (1500-24).

G. Musca

Q. und Lit.: Codice diplomatico Barese I-II, V-VI, 1897/99, 1902/06 - - IP IX 314ff. - G. MUSCA, L'emirato di Bari, 1978³ - F. SFORZA, B. e Kotor, 1975 - N. KAMP, Kirche und Monarchie im Stauf. Kgr. Sizilien II, 1975, 570ff. - Storia della Puglia (a cura di G. MUSCA), 1979, 125-363.

II. RECHT: Im ma. Rechtswesen S-Italiens, einem klass. Gebiet des Gewohnheitsrechtes, bildet der Komplex der alten Consuetudines von B. durch seine Originalität und schöpfer. Kraft eine der bedeutendsten Erscheinungen. Jahrhundertelang hatte sich während des Früh- und Hoch-MA in B. allmählich ein Gefüge von einheim. Consuetudines »romanischer« Prägung entwickelt, die zwar durch eine ständige Verknüpfung röm.-byz. und langob. Traditionen charakterisiert sind, hauptsächl. aber eine lokale Neuschöpfung auf der Grundlage der für die südl. Adriaküste typischen ökonom.-sozialen Gegebenheiten darstellen. Die Privaturkunden des Territoriums von B. bezeugen einen bes. Gebrauch von alten Gewohnheitsrechten bereits für die Jahre nach 1000. Im 12. Jh. war dieses ius particulare offenbar konsolidiert und eingewurzelt, da der norm. Kg. Roger II. bei seinen Verhandlungen über die Übergabe der Stadt den cives feierlich beschwören und versprechen mußte: »De consuetudinibus vestris, quam iam quasi pro lege tenetis, vos non eiciam nisi vestra voluntate« (Cod. Dipl. Barese V, 80). Es ist ungewiß, ob es zu jenem Zeitpunkt bereits schriftl. Redaktionen dieser Normen gab. 1180-1200 verfaßten zwei Juristen der Stadt, die Richter Andrea und Sparano, voneinander unabhängig schriftl. Kompilationen der Gewohnheitsrechte. Der von Andrea angefertigte Text war nach den justinian. Schemata des Codex abgefaßt worden und ergänzte sich gut mit der Kompilation des Sparano, deren Gliederung ihrerseits dem Vorbild der → Lombarda folgte. Die beiden Sammlungen zeigen anschaulich die verschiedenen Aspekte der Originalität des Bareser Rechts im Vergleich mit dem gemeinen röm. und dem langobard. Recht. Wegen ihrer hervorragenden Ausführung erlangten beide Werke, obwohl sie ursprgl. nur einfache private Kompilationen waren, eine Wirkung, die jahrhundertelang andauerte, nicht nur in der Praxis von B., sondern auch in allen umliegenden Territorien. Sie wurden erstmals 1550 von Massilla in Padua ediert.

A. Cavanna

Q.: Commentaria super consuetudines Bari, Patavii 1550 - Lit.: L. VOLPICELLA, Dello studio delle consuetudini e degli statuti della città di B., 1856 - PETRONI, Storia di B., 1857-58, II [im Anhang Ed.] - E. BESTA, Il diritto consuetudinario di B. e la sua genesi, RISG 36, 1903 - DERS., Fonti: Legislazione e scienza giuridica dalla caduta dell'Impero romano al secolo XVI (Storia del diritto it., hg. P. DEL GIUDICE, I, 2, 1925, 468 [Lit.] - F. CALASSO, Medio Evo del diritto, 1954, 412, 415 - R. TRIFONE, Diritto romano comune e diritti particolari nell'Italia meridionale, IRMAE V, 2, d, 1962, 48-49.

Barityp → Beneventana

Barking, Nonnenkloster in England (Essex), 665/675 von Eorcenwold für seine Schwester Æthelburh als → Doppelkloster gegr. Der Ruhm des Kl. wuchs durch → Beda, der Miracula aus einem nicht erhaltenen libellus aus B. exzerpierte (vgl. Hist. eccl. IV, 7-11), und durch →Aldhelm, dessen »De virginitate« der Äbtissin Hildilitha (Hildelith) und ihren Nonnen gewidmet ist. Die Äbtissinnen Æthelburh, Hildelith und ebenso Wulfhild (10. Jh.) gelangten in den Ruf von Heiligen. Unter den frühen Urkunden der Abtei befindet sich ein Original von ca. 687 in Unzialschrift. B. war während des gesamten MA ein bedeutendes kgl. Nonnenkloster, das bei seiner Aufhebung i. J. 1539 30 Nonnen zählte.

N. P. Brooks

Q. und Lit.: Aldhelm, De virginitate (Aldhelmi opera, ed. R. EHWALD MGH AA 15) - Goscelin, Vita s. Uulfhildae, ed. M. ESPOSITO, AnalBoll 32, 1913, 10-32 - C. R. HART, Early Charters of Eastern England, 1966 - P. CHAPLAIS, Some early Anglo-Saxon diplomas, Journal of the Society of Archivists 3, 1968, 327-332.

Barlaam und Joasaph (Barlaam und Josaphat), geistl. Roman.
A. Inhaltsangabe - B. Verbreitung - C. Ikonographische Darstellungen

A. Inhaltsangabe

Dem heidn. Kg. Abenner in Indien wird geweissagt, daß sein einziger Sohn J. sich dem Christentum zuwenden werde, das durch den Apostel Thomas nach Indien gebracht worden war. Um die Weissagung zu vereiteln, läßt er der Sohn in einem eigens errichteten Palast so erziehen, daß alles Übel von ihm ferngehalten wird. Trotzdem lernt J. eines Tages das Leid kennen in Gestalt eines Aussätzigen, eines Blinden, eines Greises und eines Toten. Zu dem in Nachsinnen Versunkenen wird von Gott B. gesandt, einer der vielen Eremiten, die es damals schon in Indien gab; als Kaufmann verschafft sich der Mönch Zugang zu dem Königssohn und unterweist ihn in der chr. Lehre. Der alte Kg. versucht, J. auf jede Weise vom Christentum abzubringen; u. a. soll ein heidn. Seher namens Nachor als falscher B. dem Christentum abschwören, ein Zauberer Theudas den Prinzen durch schöne Frauen betören – alles vergeblich; schließlich übergibt ihm Abenner die Hälfte seines Reiches. Aber J. vernichtet den Götzendienst und tut Werke der Barmherzigkeit. Die Erfolglosigkeit allen Bemühens überzeugt schließlich auch den alten Kg. und seine heidn. Umgebung von der Wahrheit des Christentums; er übergibt J. seine Herrschaft und zieht in die Wüste, wo er als frommer Einsiedler sein Leben beschließt. Nach einer Frist legt J. selbst die Krone in andere Hände, geht ebenfalls in die Wüste zu B. und lebt als Eremit bis an sein seliges Ende.

In diese Erzählung sind zahlreiche Dialoge und Parabeln eingefügt, so z. B. die Parabel von dem Mann, der, von einem Einhorn verfolgt, in einen Abgrund stürzt, sich an einem Strauch festhält, dessen Wurzeln von einer weißen und einer schwarzen Maus benagt werden, und der, indes in der Tiefe ein Drache lauert, nach den Tropfen des Honigs giert, die aus einer Höhlung im Strauch auf ihn niederträufeln. F. Brunhölzl

B. Verbreitung
I. Ursprünge und patristische Literatur – II. Byzanz – III. Lateinische Fassungen – IV. Romanische Literaturen – V. Englische Literatur – VI. Deutsche Literatur – VII. Skandinavische Literaturen.

I. Ursprünge und patristische Literatur: Die Beliebtheit der Buddha-Legende führte dazu, daß sie sowohl vom Manichäismus (Fragmente in den Texten aus Turfan/Sinkiang) als auch vom Islam (arab. Version: Kitāb Bilauhar wa-Būḏāsf) und vom Christentum adaptiert wurde (vgl. Abschnitt II). Die Abhängigkeiten der verschiedenen Versionen sind ebenso wie die chronol. Abfolge noch nicht hinreichend geklärt. Von den beiden ältesten chr. Versionen, der georg. (Balavariani) und der gr. (Bodhisattva wird zu arab. Būḏāsf, über die Verballhornung Jodasaf zu gr. Joasaph) ist letztere v. a. für die Patristik bedeutsam geworden. Sie enthält neben zahlreichen Kirchenväter-Zitaten (u. a. Gregor v. Nazianz; auffallend häufig Johannes Damaskenos) die Apologie des Aristides, ein Werk der chr. Apologetik des 2. Jh. D. Stein

Ed.: D. Gimaret, Kitāb Bilawhar wa Bûḏâsf, 1972 – Ders., Le livre de Bilawhar et Bûḏâsf selon la version arabe-ismaélienne, 1971 – D. M. Lang, The Balavariani, 1966 – MPG 96, 860-1240 – Barlaam and Joasaph. With an Engl. translation by G. R. Woodward and H. Mattingly. Intr. by D. M. Lang, 1967 – *Lit.:* Beck, Kirche, 482f. – Altaner-Stuiber, 1978⁸, 529f. – C. Toumanoff, Review D. M. Lang, The Balavariani, Speculum 42, 1967, 172-175 – O. Mazal, Der gr. und byz. Roman in der Forsch. von 1945-60, ein Literaturbericht, JÖB 14, 1964, 84-93 [Lit. 1950-59 ausführl. referiert].

II. Byzanz: In Byzanz ist der Roman in ca. 140 Hss. überliefert, die älteste trägt das Datum 1021. Bei etwa 60% davon gibt das Lemma einen Mönch Johannes v. Sabas-Kloster bei Jerusalem als Verfasser an, der mit großer Wahrscheinlichkeit identisch ist mit Johannes Damaskenos. Eine andere Tradition schreibt die Autorschaft einem Euthymios zu, den manche mit dem Sohn des Gründers des Athos-Klosters Iberon identifizieren wollen.
A. Prinzing-Monchizadeh

Lit.: F. Dölger, Der gr. B.-Roman, ein Werk des Hl. Johannes v. Damaskos, 1953 – Beck, Volksliteratur, 35ff. – B. L. Fonkič, Un »B. et J.« grec daté de 1021, AnalBoll 91, 1973, 13-20 – S. G. Kauchčišvili, Proischoždenie romana »Varlaam i Joasaf«. Vopros ob autore romana, Antičnaja drevnost' i srednie veka 10 (Fschr. Sjuzjumov, 1973), 64-66.

III. Lateinische Fassungen: Dem Abendland ist der hagiograph. Roman von B. und J. durch lat. Übersetzungen aus dem Griech. vermittelt worden (in ihnen erstmals die Form Josaphat nach dem bibl. Königsnamen). Die höchstwahrscheinl. älteste Übersetzung wurde 1048/49 von einem Lateiner, der sich vorübergehend in Konstantinopel aufhielt, vorgenommen; der Prolog enthält Hinweise auf den Ursprung der Legende, die jedoch als anonym behandelt wird. Seit dem 12. Jh. treten weitere lat. Fassungen auf; die verbreitetste nennt Johannes Damaskenos als Verfasser des Originals. Welche und wie viele der verkürzten Fassungen auf die gen. oder auf eventuelle neue Übersetzungen aus dem Gr. zurückgehen, ist ungeklärt. Von diesen Texten ist die Verbreitung und weitere Bearbeitung des Stoffes in den Volkssprachen ausgegangen; die Zuordnung zu einer bestimmten lat. Version scheint kaum irgendwo gelungen zu sein, wie überhaupt über deren Beziehungen zueinander noch keine Klarheit besteht. Daß Vinzenz v. Beauvais um die Mitte des 13. Jh. die Legende in zieml. vollständiger Gestalt unter dem Namen des Johannes Damaskenos in sein Speculum historiale (lib. XV, cap. 1-64) einfügte, im letzten Viertel des 13. Jh. Jacobus de Voragine eine stark gestraffte Fassung, ebenfalls mit Hinweis auf Johannes Damaskenos als Autor, in die Legenda aurea (cap. 180 bei Graesse) aufnahm und zu nicht genau bestimmter Zeit eine Reihe weiterer Kurzfassungen entstand, verdeutlicht eindrucksvoll die Beliebtheit des Stoffes. F. Brunhölzl

Q. und Lit.: BHL 979-983 – P. Peeters, La première traduction latine de B. et J. et son original grec, AnalBoll 49, 1931, 276-311 – J. Sonet, S. J., Le roman de B. et J. (Recherches sur la tradition manuscrite latine et française, 1949 – Weitere Lit. vgl. Abschnitt I, II und IV.

IV. Romanische Literaturen: Neben mehreren Übersetzungen bzw. Adaptationen der Fassungen, die im »Speculum Historiale« des Vinzenz v. Beauvais († 1264) und der »Legenda Aurea« des Jacobus de Voragine († 1298) enthalten sind, haben sich neun verschiedene afrz. Prosa- und Versfassungen des Legendenstoffes in insgesamt 34 Hss. erhalten; die älteste dürfte die Versfassung des Guy de Cambrai (1209/1220) sein. – Aus dem Altprov. ist eine Fassung der Legenden, die vielleicht in Albi am Ende des 14. Jh. entstand, überliefert (Paris Bibl. Nat., fr. 1049); zwei weitere Fassungen sind nur fragmentar. überkommen (Paris Bibl. Nat. nouv. acqu., fr. 6504, Ende 14./Anfang 15. Jh.; Paris Bibl. Nat., fr. 9750).

In Spanien wurde zum einen die lat. Tradition wirksam; zu ihr sind Epitomen der Fassungen des Vinzenz v. Beauvais und Jacobus de Voragine seit dem 14. Jh. zu zählen. Eine andere Tradition verkörpert der »Libro de los Estados« des Don Juan → Manuel (ca. 1300), der eine Version bietet, die wohl arab. Provenienz ist. – In Portugal war der Stoff seit dem 14. Jh. bekannt. Es sei noch bemerkt, daß es ein ptg. Gelehrter, Diego de Couto, war, der 1612 als erster die Ähnlichkeit des B.-und-J.-Stoffes mit der Geschichte Buddhas erkannte.

In Italien ist B. und J. in mindestens 14 Hss. überliefert, deren älteste dem 14. Jh. entstammen. Von Neri di Landoccio Pagliaresi aus Siena (1350-1406) ist eine Paraphrase überliefert. Der Florentiner Bernardo → Pulci (1438-88) schuf eine Dramatisierung.

Im Rätoromanischen ist der Stoff in der »Vita de Soing Giosaphat convertius de Soing Barlaam« in einer Hs. des 17. Jh. überliefert, die zweifellos auf it. Quellen beruht. – In Rumänien entstand die erste Übersetzung erst 1649.
M. Vuijlsteke

Lit.: G. Moldenhauer, Die Legende von B. und J. auf der iber. Halbinsel. Unters. und Texte, 1929 – J. Sonet, Le roman de B. et J., I-II, 1949 – M. Pitts, B. et J. Leur légende ou les visages de Bouddha, 1976.

V. Englische Literatur: Bald nach 1200 entstand in England unter dem Titel »Josaphaz« eine gekürzte anglonorm. Versfassung der Legende durch einen Dichter namens Chardry (ed. Koch). Me. Bearbeitungen des Barlaam-Stoffes wurden allerdings erst ab der 2. Hälfte des

14. Jh. angefertigt: Er ist in den verschiedenen me. Versionen der »Legenda Aurea« überliefert, zunächst in Versform als Nr. 8 in der sog. »Vernon Golden Legend« von ca. 1385 (Bodleian Libr., Vernon Ms. [S.C. 3938]), die nur eine Auswahl von insgesamt neun Texten aus der »Legenda Aurea« bietet (ed. HORSTMANN, 1875, 215–225); später dann als Prosafassung in der sog. »Gilte Legende« von 1438 (z. B. als 171. Stück in den Hss. Harley 4775 und Egerton 876, nach letzterer ed. HORSTMANN, 1877, 7–17); schließlich in → Caxtons »Golden Legend« (zuerst 1483 gedruckt) als 227. Stück. Die Hss. des → »South English Legendary« und des → »Northern Homily Cycle« haben die Geschichte von B. und J. dagegen im allgemeinen nicht; sie findet sich jeweils nur in einer späten, erweiterten Hs., und zwar einerseits in der vor 1450 geschriebenen Hs. Bodley 779 [S.C. 2567] des »South English Legendary« (ed. HORSTMANN, 1875, 113–148), andererseits in Hs. Harley 4196 (aus dem 15. Jh.) des »Northern Homily Cycle« (ed. HORSTMANN, 1875, 226–240), in beiden Fällen in einer Versfassung. Selbständig überliefert ist die Legende in der Hs. Cambridge, Peterhouse 257 (15. Jh.). Angeblich gehört der B. und J.-Stoff zu den Quellen des ca. 1405–10 entstandenen Prosadialogs → »Dives anol Pauper«. Noch weiter verbreitet als die ganze Legende waren einzelne ihr entstammende Exempla, die häufig losgelöst von ihrem urspr gl. Kontext überliefert wurden, und in den folgenden Beispielen zum Teil bereits auf Zwischenquellen beruhen. 1. Die Parabel von der Todestrompete (in einer jüngeren Fassung unter der Bezeichnung »Der schwermütige König«) steht z. B. in mehreren Hss. des »Northern Homily Cycle«, ferner in der Hs. Dublin, Trinity College 432 (ed. BROTANEK) sowie breit ausgemalt in → Gowers »Confessio Amantis« I, 2021–2253 (ed. MACAULY). 2. Die Allegorie über das Menschenleben (Geschichte vom Mann, der von einem Einhorn verfolgt wird) findet sich z. B. in den me. Fassungen der → Gesta Romanorum« (ed. HERRTAGE, 109–111 unter Nr. XXX) und als Bilderklärung zu Hss.-Illustrationen (ed. BRUNNER). 3. Auf die Parabel von den drei Freunden geht letztlich das Motiv des → »Everyman«-Dramas zurück, daß von allen Freunden am Ende nur die guten Taten den Menschen vor Gottes Richterstuhl begleiten. 4. Die Parabel von den vier Kästchen findet sich, allerdings in abweichender Form, z. B. in der »Confessio Amantis« (V, 2272ff.) und auch noch bei Shakespeare (die Kästchenwahl im »Kaufmann von Venedig«).

H. Sauer

Bibliogr.: C. BROWN-R. H. ROBBINS, The Index of ME Verse, 1943, Nr. 39; 41; 491; 1794; 3918 – Supplement, by R. H. ROBBINS-J. L. CUTLER, 1965, Nr. 39; 348; 1585.5; 3176 – NCBEL I, 528–531 – Manual ME, 2, V, 569f. [Nr. 38], vgl. 412ff., 556ff. [Nr. 1 und 5–7]; 3, VII, Nr. 36 (S. 711f. und 871f.) – *Ed.*: J. KOCH, Chardry's Josaphaz ..., Afrz. Bibl. 1, 1879, 1–75 – C. HORSTMANN, Ae. Legenden, 1875 – DERS., B. und J., Programm des Kgl. Gymnasiums zu Sagan, 1877, 3–17 – R. BROTANEK, Me. Dichtungen aus der Hs. 432 des Trinity College in Dublin, 1940, 52–67 – G. C. MACAULY, The Engl. Works of John Gower, I, EETS ES 81 – S. J. H. HERRTAGE, The Early Engl. Versions of the Gesta Romanorum, EETS ES 33 – K. BRUNNER, Me. Todesgedichte, Archiv 167, 1935, 23–26 – P. H. BARNUM [ed.], Dives and Pauper I, EETS 275, 1976 – *Lit.*: H. L. D. WARD, Cat. of Romances in the Dept. of MSS in the British Museum, II, 1893 [repr. 1962], 111–149, 744–746 – E. KUHN, B. und J., AAM, philos.-philol. Kl., XX, 1, 1893, 1–88 – J. JACOBS, B. and J., Engl. Lives of Buddha, 1896 – C. L. ROSENTHAL, The Vitae Patrum in Old and Middle Engl. Lit., 1936, passim – H. CRAIG, Engl. Religious Drama of the MA, 1955, 347 – G. BULLOUGH, Narrative and Dramatic Sources of Shakespeare, I, 1957, 457ff. – M. D. LEGGE, Anglo-Norman Lit. and its Background, 1963, 192–195.

VI. DEUTSCHE LITERATUR: Während der gr. B.- und J.-Roman mönch. Askese als Vollendung chr. Daseins pries, macht Rudolf v. Ems aus der lat. Vorlage ca. 1225 einen Roman (16244 Verse) für ein höf. Publikum. Konnte Wolframs »Parzival« 1210 Ritterleben und Suchen nach religiösem Heil noch in Einklang bringen, so bietet → Rudolf als Epigone eine Kombination von Lehre, Erbauung und Fürstenerzählung. Daß er damit den Geschmack des späten MA traf, beweisen 30 erhaltene Hss. Josaphats religiöse Belehrung 1459ff., Nachors Streitgespräch mit Heiden 9159ff., Josaphats Gespräch mit Theodas 12673ff. u. a. zeigen die dem Publikum zusagende Lehrhaftigkeit. Auch Heinrich → Wittenwilers lehrhafter »Ring« 200 Jahre später läßt seinen bekehrten Bauernraufhelden als Einsiedler enden wie danach Grimmelshausen seinen abenteuerl. Simplicissimus. Bei Rudolf stirbt Josaphat als Heiliger. Damit wird das Werk wie Wolframs »Willehalm« zum Legendenroman. Schon vor Rudolf hatte Bf. Otto II. v. Freising eine Verdeutschung der lat. Vorlage in lehrhafter Absicht verfaßt (ca. 1200). Sie konnte sich ebensowenig wie die Züricher sprachl. überlegenere Verdeutschung einige Jahrzehnte später (700 statt 15000 Verse erhalten) gegen Rudolfs glänzendes Werk behaupten.

H. Rosenfeld

Ed.: Rudolf v. Ems, B. und J., hg. FR. PFEIFFER, 1843 [Neudr. hg. H. RUPP, 1965] – Laubacher B. (von Otto II.), hg. A. PERDISCH, 1913 – *Lit.*: HIRAM PERI (PFLAUM), Der Religionsdisput der B.-Legende, ein Motiv abendländ. Dichtung, 1959, Acta Salmanticensia Filos. y Letr. 14, 3 – H. RUPP, Rudolfs v. E. B. und J. (Dienendes Wort, Festg. f. E. BENDA, 1959), 11–37 – H. ROSENFELD, Legende, 1962, 1972³ – U. WYSS, Rudolfs v. E. B. und J. zw. Legende und Roman (Probleme mhd. Erzählformen, hg. P. F. GANZ und W. SCHRÖDER, 1972), 214–238.

VII. SKANDINAVISCHE LITERATUREN: *Norwegen, Island:* Die lat. Version der Legende (vgl. Abschnitt III) wurde schon früh in die nord. Sprachen übersetzt. Bereits um die Mitte des 13. Jh. entstand auf Veranlassung des jüngeren Hákon Hákonarson (1232–57) – und nicht durch Hákon Sverrisson (1202–04) wie es Arngrímr Brandsson in der »Guðmundar saga góða« fälschlicherweise annahm (Byskupa sögur III, 1953, 236f.) – ein norw. Text (»Barlaams saga ok Josaphats«), der sich weitgehend an die lat. Vorlage anlehnt, aber kompliziertere theoret. Passagen des lat. Textes durch unterhaltsame, erbauliche Erzählungen aus Heiligenviten (Antonius, Gregorius thaumaturgus, Pelagia, Thais) ersetzt. Der geistl. Bearbeiter der Saga versuchte, durch Wortfülle, reichhaltigen Alliterationsschmuck und Periodenbau lat. Stilzüge nachzuempfinden. Die »Barlaams saga« gehört zu dem Bestand geistl.-höf. europ. Lit., die im 13. Jh. – vornehmlich auf Anregung des Kg.s Hákon Hákonarson (1217–63) und seiner Söhne Hákon (s. o.) und Magnús (1263–80) – ins Norw. übersetzt wurden und weite Verbreitung fanden (→ Übersetzungsliteratur). Von der »Barlaams saga« sind über 25 Hss. (Haupths.: Holm 6 fol., ed. KEYSER-UNGER) bewahrt.

Die isländ. Überlieferung der B.-Legende setzt erst zu Beginn des 16. Jh. ein (Hs. Holm 3 fol., »Reykjahólabók« von ca. 1525, ed. LOTH) und geht unmittelbar auf nd. Bearbeitungen der »Legenda aurea« des Jacobus de Voragine zurück, die unter dem Namen »Passional« (→ Passionale) verbreitet waren.

Ed.: Barlaams saga ok Josephats, hg. R. KEYSER und C. R. UNGER, 1851 – Reykjahólabók. Islandske helgenlegender I, ed. A. LOTH, 1969, 97–131 (Editiones Arnamagnaeanae Ser. A., vol. 15) – *Lit.*: KLI, 342ff. – O. WIDDING, H. BEKKER-NIELSEN, En senmiddelalderlig legendsamling, Maal og Minne, 1960, 105–128 – H. BEKKER-NIELSEN, Lives of the Saints in Old Norse Prose, MSt 25, 1963, 301f. – H. BEKKER-NIELSEN u. a., Norrøn fortællekunst, 1965, 111f. – K. SCHIER, Sagaliteratur 1970, 128 – O. WIDDING, Om fragmenter af Barlaams saga ok Josaphats. Holm 12 fol. IV og NoRA 64, Maal og Minne, 1972, 93–103.

Schweden: Auch die schwed. B.-Überlieferung stützt sich zum Teil auf die »Legenda aurea« des Jacobus de Voragine. Eine stark verkürzte schwed. Übersetzung ist in einer Legendensammlung vom Ende des 13. Jh. bewahrt (ed. STEPHENS), während eine ausführl. Version erst um die Mitte des 15. Jh. im mittelschwed. Kl. →Vadstena entstand. Dieser Text (ed. KLEMMING) ist in der Legendensammlung des finn. Kl. Nådendal, eines Tochterklosters von Vadstena, überliefert (»Nådendals klosterbok«, cod. Holm. A 49). Es scheint, daß cod. Holm. A 49 auch in Verbindung mit dem nd. Andachtsbuch →Seelentrost steht, dessen schwed. Übersetzung (»Siælinna Trøst«) die B.-Legende zwar nicht übernimmt, aber auf ein gesondertes Werk verweist, mit dem offensichtl. die Fassung von cod. Holm. A 49 gemeint ist (THORÉN). Der Übersetzer der B.-Legende (möglicherweise der Vadstena-Mönch Olaus Gunnari, der auch »Siælinna Trøst« übersetzte, † 1461) benutzte darüber hinaus die B.-Erzählung im »Speculum historiale« (Buch XVI, c. 1-64) des Vinzenz v. Beauvais und die norw. »Barlaams saga«. Der schwed. Text ist deutlich von norw. Stilprinzipien (z. B. häufiger Gebrauch von Alliteration und Doppelausdrücken) beeinflußt, versucht aber, durch sparsamere Verwendung rhetor. Schmuckmittel, durch freiere Wortwahl und Satzbautechnik eine eigenständige stilist. Linie zu verfolgen.

H. Ehrhardt

Ed.: G. STEPHENS [ed.], Ett fornsvenskt legendarium I, 1847, 609ff. (SFSS VII) – G. E. KLEMMING [ed.], Prosadikter från Sveriges Medeltid, 1887–89, 3ff. (SFSS XXVIII) – *Lit.*: KL I, 344f. – I. THORÉN, Studier over själens tröst, 1942, 154ff. – Ny illustrerad Svensk Litteraturhistorie I, 1955, 216f.

C. Ikonographische Darstellungen
Der Roman wird zwar frühzeitig illustriert (Cod. 42 des Hl. Kreuz-Klosters, Jerusalem, 11. Jh.), aber die 5 Hss. mit Bildzyklen lassen keinen verbindl. Illustrationstypus erkennen. Meist wird nur die Rahmenhandlung mit den Parabeln illuminiert, nur die jüngste Hs. (Par. gr. 1128, 14. Jh., 210 Miniaturen) bringt zusätzlich einen Zyklus der Heilsgeschichte. Aus der Monumentalmalerei kennen wir nur den Zyklus des 15. Jh. im valach. Kl. Neamţ. Eine Einzelszene, die Parabel vom Einhorn, wird schon im 11. Jh. in die Psalterillustration übernommen (Theodor-Psalter, 1066, London, Brit. Mus.) und kommt später auch in der Wandmalerei vor (H. Demetrios, Thessalonike, um 1400, mehrfach in Rumänien). Auch für sie, die die Fragwürdigkeit der Freuden dieser Welt symbolisiert, gibt es kein festes ikonograph. Schema. Außerdem sind B. und J. gelegentl. in die Asketen-Reihen orthodoxer Klosterkirchen aufgenommen (z. B. Sv. Bogorodica in Studenica, 1208/09; Volotovo bei Novgorod, spätes 14. Jh.).

Im Abendland wird v. a. die Einhorn-Parabel übernommen (z. B. Südtympanon am Baptisterium in Parma, Benedetto Antelami, um 1200, Psalter aus Amiens, Slg. Holford, London, um 1300 u. a.), ferner die Szene der Bekehrung J.s (z. B. im Ms. B 67 der Landesbibl. Düsseldorf, aus Altenberg, 13. Jh.). Eine dt. Fassung des Romans mit 64 Holzschnitten von G. Zainer erschien 1476 in Augsburg.

K. Wessel

Lit.: LCI I, 244f.; V, 313–316 – RbyzK I, 496–507 – J. D. STEFANESCU, Le Roman de B. et J. illustré en peinture, Byzanz 7, 1932, 347–369 – S. DER NERSESSIAN, L'illustration du roman de B. et J., 1937.

Barlaam aus Kalabrien, Theologe und Humanist, * um 1290 in Seminara (Kalabrien), † 1348 in Avignon. B. wuchs in der orth. Kirche Süditaliens auf und wurde Priestermönch im Basilianerkloster S. Elia di Galatro. Über Thessalonike kam B. um 1330 nach Konstantinopel. Seine theol. und philosoph. Tätigkeit dort brachte ihn in Konkurrenz zu Nikephoros →Gregoras, Repräsentant des byz. Humanismus, und zu Gregorios →Palamas, dem Theologen des →Hesychasmus. Um die Angriffe von Nikephoros abzuwehren, verfaßte B. auch verschiedene Schriften über die Berechnung von Sonnenfinsternissen (→Finsternisse) und zur →Osterfestberechnung (vgl. MOGENET-TIHON, 157). Im Auftrag Andronikos III. verhandelte B. mit der röm. Kirche 1334/35 und 1339 über die Kirchenunion. Die Auseinandersetzungen mit Palamas und den Hesychasten führten dazu, daß B. 1341 nach für ihn ungünstig verlaufenen Synodalverhandlungen Konstantinopel verließ und sich über Neapel nach Avignon begab, wo er zur röm. Kirche übertrat. 1342 wurde B. Bf. v. Gerace. 1346 reiste er nochmals für kurze Zeit nach Konstantinopel, um im Auftrag Papst Clemens VI. über die Kirchenunion zu verhandeln.

In Auseinandersetzung mit den Lateinern (filioque-Streit) verwirft B. die syllogist. Methode als unpassend für die Theologie und polemisiert gegen Thomas v. Aquin. Berufung auf Schrift und Kirchenväter, Bevorzugung der theologia negativa und Ablehnung jeder unautorisierten Inanspruchnahme göttl. Erleuchtung charakterisieren die Theologie des B. In seinen theol. und philosoph. Arbeiten erweist er sich als hervorragender Kenner des Aristoteles. Durch Kontakte zu Paolo da Perugia und →Petrarca wird B. zu einem Verbindungsglied zw. byz. und it. Humanismus. In seinem Hauptanliegen, der Kirchenunion zw. Rom und Konstantinopel, blieb B. erfolglos. →Humanismus, →Kirchenunion.

D. Stein

Ed.: MPG 151 – G. SCHIRÒ, Un documento inedito sulla fede di B. Calabro, Archivio storico per la Calabria e la Lucania 8, 1938, 155–166 – C. GIANNELLI, Un progetto di B. Calabro per l'unione delle chiese (Misc. G. MERCATI, Bd. 3, 1946), 157–208 – B. Calabro, Epistole greche. I primordi episodici e dottrinari delle lotte esicaste. Studio introduttivo e testi [G. SCHIRÒ], 1954 – B. de Seminara, Traités sur les éclipses de soleil de 1333 et 1337. Hist. des textes, éditions critiques, traductions et commentaires [J. MOGENET–A. TIHON unter Mitarb. v. D. DONNET], 1977 – *Lit.*: DBI VI, 392–397 – TRE IV – BECK, Kirche, 717–719 – J. MEYENDORFF, Grégoire Palamas. Défense des saints hésychastes, Bd. I, 1959, 1973² [Einl.] – Niceforo Gregora, Fiorenzo o intorno alla sapienza. Testo critico, introduzione, traduzione e commentario a cura di P. L. M. LEONE, 1975 – H. V. BEYER, Nikephoros Gregoras. Antirrhetika I, 1976 [vgl. Einl.] – G. PODSKALSKY, Theologie und Philosophie in Byzanz, 1977, 126–157.

Bar-le-Duc → Bar

Barletta, it. Hafenstadt in Apulien. Der Name – in der Form Bardulos – erscheint zuerst bei den spätantiken und frühma. Geographen; die später übliche Bezeichnung Barulum ist erst 754 bezeugt. B., unweit Canne gelegen, mag als Hafen für die weit früher bedeutende Stadt →Canosa di Puglia entstanden sein. Seit dem 11. Jh. gehörte es zu den Besitzungen des Ebm.s →Trani.

Großen Aufschwung erfuhr B. durch die →Kreuzzüge als beliebter Ausgangspunkt für die Seereise in das Hl. Land. Johanniter (mit einem Großpriorat), Templer und Dt. Orden gründeten dort im 12. Jh. ihre Niederlassungen ebenso wie das Hl.-Grab-Kloster in Jerusalem (die Basilika S. Sepolcro wurde im 13. Jh. umgestaltet). Auch für das 1149 auf Betreiben Kg. →Rogers II. eingerichtete Prämonstratenser-Stift St. Samuel vor B. weist die Identität der Patrozinien auf die enge Verbindung zum Jerusalemitaner Kl. dieses Ordens hin. Ferner ermöglichten die Besitzungen des Ebm.s →Nazareth, daß nach der Vertreibung der Christen aus Palästina dessen Sitz in B. eingerichtet wurde (wohl 1310) und der heutige Dom war Mitte des 12. Jh. als Hauptkirche S. Maria Maggiore erbaut worden). 1455 wurde das Bm. Canne mit dem Ebm. Nazareth vereinigt.

Friedrich II. brach 1228 von B. aus zum Kreuzzug auf. Am 1. Mai ließ er dort auf einem Hoftage das Testament,

mit dem er Heinrich (VII.) zum Erben einsetzte, verlesen. Auch die Nachfolger des Ks.s residierten öfter in B., so sein natürl. Sohn, Kg. →Manfred, aber auch dessen Besieger, →Karl I. v. Anjou, unter dem B. eine bedeutende Münzstätte wurde. Als Hafenstadt erlebte es die höchste Blüte im 14. und 15. Jh. durch den Handel mit dem Orient.
D. Girgensohn

Lit.: DHGE 6, 837-841 - IP 9, 301-306, 345 f. [Bibliogr.] - S. LOFFREDO, Storia della città di Barletta, 2 Bde, 1893 [Nachdr. 1970] - Codice diplomatico barese 8, 10 und 14, 1914-38 - S. SANTERAMO, Codice diplomatico barlettano, 3 Bde, 1924-57 - N. BACKMUND, Monasticon Praemonstratense 1, 1949, 379 ff. - C. E. BORGIA, Storia di B. 1, 1969 - G. MAGLI, La zecca di B., Archivio storico pugliese 26, 1973, 215-233.

Barmakiden, eine aus Baktrien stammende Familie, die unter den frühen Abbasiden zu großem Einfluß gelangte. Hārūn ar-Rašīd (reg. 786-809) übertrug dem Wesir Ğa'far al-Barmakī die selbständige Leitung sämtl. Staatsgeschäfte. Der Palast der B. war damals das Zentrum des geistigen und kulturellen Lebens. Mit ihrer Politik stützten die B. die Interessen jener ḫurāsān. Kreise, die den Abbasiden zur Herrschaft verholfen hatten und ihre Sonderstellung zu behalten hofften. Die Gegner der B. warfen ihnen vor, auf diese Weise die Macht des Kalifats zu mindern und insgeheim sogar mit der iran. Religion zu liebäugeln, um den Islam zu schwächen. Diese Beschuldigungen machten die Position der B. unhaltbar; 803 ließ Hārūn Ğa'far aus geringem Anlaß töten, die übrigen B. fielen in Ungnade.
T. Nagel

Lit.: EI², s.v. - T. NAGEL, Rechtleitung und Kalifat, 1975, 130, 358 ff.

Barmbracke. Die Lex. Fris. 4, 4 und 8 nennt neben einem zur Beize verwendeten Habichtshund, einem Wachhund für Vieh und Haus und einem für die Wolfsjagd geeigneten Hund eine kleine Bracke (»braconem parvum, quem barmbraccum vocant«), deren Aussehen ungeklärt ist. Sie erfreute sich, wie das für sie jenseits der Laubach angesetzte hohe Bußgeld von zwölf Schillingen erkennen läßt, großer Wertschätzung. Möglicherweise handelte es sich um einen niedrig gebauten Laufhund, der jagdl. Funktionen erfüllte oder als Schoßhund diente (vgl. MlatWb. s. v. barmbraccus).
S. Schwenk

Q.: MGH LNG III, ed. K. FRHR. V. RICHTHOFEN - Germanenrechte, Texte und Übers., Schr. der Akademie für dt. Recht, Gruppe Rechtsgesch., 1935 ff., II, 3, 74.

Barmherziger Samariter → Samariter, Barmherziger

Barmherzigkeit
I. Theologie – II. Judentum – III. Medizin – IV. Bildliche Darstellungen der Werke der Barmherzigkeit.

I. THEOLOGIE: [1] Barmherzigkeit als chr. Tugend: »Barmherzig wird genannt, dessen Herz, elend durch die Trauer über fremdes Elend wie über eigenes Elend, angeregt wird, zur Überwindung fremden Elendes wie eigenen Elendes tätig zu werden« (Thomas v. Aquin, S. Th. I q 21 a 3c). In diesem »Tätigwerden« wird das passive »Mit-leid« - als Tugend der B.«, der die Seligpreisung Christi (Mt 5, 7) gilt. Sie findet in der ma. Theologie eine reiche Darstellung (vgl. Wilhelm v. Auvergne, »De virtutibus« und »Cur Deus homo«: Opera Omnia Paris 1674, fol. 175ra, 178vb, 566^v; Thomas v. Aquin S. Th. II II q. 30 a 1-4) und ist die Grundlage für die ma. Wohlfahrtspflege (→ Caritas), in deren Mittelpunkt das »Almosenwesen« (→Almosen; Almosen von dem gr. Wort ἐλεημοσύνη (lat. ele(e)mosina) 'Barmherzigkeit': vgl. Tob 4, 7-11) steht, das durch die »geistigen und leiblichen Werke der B.« getragen wird (Sir. 4, 1-8; Mt 25, 35-40), die in den »Hospitälern« (Pilger-Armen-Siechenhäusern; → Hospitalwesen) ihre bes. Heimstatt haben (→Armut und Armenfürsorge).

[2] Barmherzigkeit Gottes: Die ma. Barmherzigkeitslehre ist nur zu verstehen aus dem chr. Gottes- und Weltverständnis. »Jahwe ist ein barmherziger und gnädiger Gott, langmütig und reich an Huld und Treue« (Ex 34, 6; vgl. Ps 25, 10; 103, 8). Gottes Wesen ist »Güte«, in der Gerechtigkeit und B. zugleich wurzeln und eins werden (Ps 116, 5; 25, 10), die Grund für alles Heilswirken Gottes (Schöpfung und Erlösung und Vollendung) sind (Anselm v. Canterbury, Prosl. c 9-12; Thomas v. Aquin, S. Th. I II q 21 a 3-4). Der Mensch als Gottes Ebenbild muß wie Gott barmherzig sein (Lk 6, 36). Ohne diese theol. Sicht wird B. bloßes menschliches »Mit-leid«, das als unbewältigter »Schmerz der Seele« schon von Platon (rep. 10, 7) wie Aristoteles (Nik. Ethik II 4) und v. a. der Stoa als unsittlich abgelehnt wird.
J. Auer

Lit.: F. MARX, Zur Gesch. der B. im Abendland, 1907 – G. WORONIECKI, Il mistero della divina misericordia, 1961 – O. SCHRAMMEN, Die Parabel vom barmherzigen Samariter... von den Anfängen bis zum HochMA [Diss. Masch. Münster 1963].

II. JUDENTUM: In bibl. und rabbin. Tradition, die aus Gottes B. die Forderung nach menschlicher als imitatio dei ableitet, und aus Minderheitensolidarität heraus wird B. im ma. Judentum einerseits vom Vermögenden, der den (nicht nur materiell) Bedürftigen unterstützt, individuell geübt. Im Bettel, als Anruf von B.«, lag, zumal der heute Vermögende angesichts häufiger Judenverfolgung morgen bedürftig sein konnte, bis in die beginnende NZ nichts Beschämendes. Andererseits ist B. die Grundlage des – durch das Wachsen der (aschkenasischen) Gemeinden nötig werdenden – institutionellen Almosen- und Wohlfahrtspflegewesens (→Armut und Armenfürsorge), das sich der Armen, Kranken, mittellosen Bräute, Obdachlosen, Gefangenen und auch der Toten (Beerdigungsbruderschaft) annahm und das zum Teil – oft in nationaler und auch internationaler Organisationsform – bis in die Gegenwart fortbesteht.
J. Wachten

Lit.: EJud (engl.) V, 338-353, 855-856 – E. FRISCH, An Historical Survey of Jewish Philanthropy, 1924 [Repr. 1970].

III. MEDIZIN: Das Ethos des ma. Arztes und damit auch die Motivation zum Eingriff wird vom Leitbild der B. getragen. Während in der antiken Medizin die »misericordia« als »aegritudo animi« beschrieben wird (vgl. Seneca, clem. II, 5), erhält in den ersten nachchr. Jh. der Begriff der B. eine eher positive Bedeutung und wird zum tragenden Sinnbild für das ärztl. Handeln. Schon die »Professio Medici« des Scribonius Largus (1. Jh. n. Chr.) ordnete die Medizin unter die leitenden Motive der »humanitas« und der »misericordia«. Beide bilden für die Theorie der Heilkunde eine Einheit und fordern zum ärztl. Handeln heraus. Als Grundfunktion einer »medicina humana« gilt im sog. →Bamberger Codex (Cod. L. III, 8, s. IX) die B., weil sie Gottes Dienst am Menschen vermittelt und weil aus ihrem Geiste heraus uns Christus den »sensus mysticus« der Heilmittel erläutert hat. Auch für Hildegard v. Bingen (1098-1179) beruht die ärztl. Tugend (fortitudo) auf der B.; ihre Farbe ist das Lebensgrün (viriditas), das wiederum auf das Leben selber verweist, die »vita« und ihr Heil, so v. a. im »Liber Vitae Meritorum«. Im »Scivias« ist es die »misericordia, imitans Samaritanum«, die »adiuncta gratiae«, als »medicina magna« gepriesen wird; sie ist die »virtus se elevans ad egentes«; und »flectens se ad homines« gilt sie als »compatiens« und damit auch »cooperiens hominem«. In der Ordensregel der Deutsch-Ordensritter (um 1210) heißt es: »Im Haupthause des Ordens soll man Ärzte haben, der Macht des Hauses und der Zahl der Kranken entsprechend, und nach ihrem Rat, und soweit es das Haus vermag, soll man die

Siechen barmherzig behandeln und liebevoll pflegen« (nach KRIMM [1960], 120).

Aus der Fülle der ma. Überlieferung schöpft im Übergang zur Neuzeit noch einmal Paracelsus (1493–1541), der die B. als »Schulmeister der Ärzte« bezeichnet: »Daher ist des Arztes Amt nichts als B. zu erteilen den anderen« (Ed. SUDHOFF VIII, 264). Ebenso ist die Arznei nichts anderes als eine jeweils »gegebene B. den Dürftigen gegenüber«. Als »Wurzel der B.« wird – nach alter Tradition – Christus Medicus angeführt, wie auch alles Therapieren aus der »B. Gottes« (IX, 273) fließt. B. ist – mit einem Satz – »das Werk der Liebe, aus welcher erlangt wird die Kunst« (VIII, 273). In der nz. Medizin wird demgegenüber die Erhaltung der Wohlfahrt als Aufgabe des Staates und nicht mehr als Akt der B. angesehen.   H. Schipperges

Q. und Lit.: Hildegardis Scivias, Edd. A. FÜHRKÖTTER, A. CARLEVARIS, CChr 43, 1978 – Theophrast v. Hohenheim (gen. Paracelsus), Med., naturwiss. und philos. Schriften, hg. K. SUDHOFF, I–XIV, 1922–33 – LThK² I, s.v.; VII, s.v. Misericordia – H. KRIMM, Q. zur Gesch. der Diakonie, I–III, 1860–66 – P. PHILIPPI, Christozentr. Diakonie, 1963 – H. SCHIPPERGES, Zur Tradition des »Christus Medicus« im frühen Christentum und in der älteren Heilkunde, Arzt und Christ 11, 1965, 12–20 – DERS., Zur diakon. Grundstruktur des therapeut. Gedankens im frühen MA (Solidarität und Spiritualität = Diakonie, 1971), 180–187 – DERS., Zum Begriff der B. im ärztl. Denken des Paracelsus (Paracelsus, Werk und Wirkung, hg. S. DOMANDL, 1975), 235–247.

IV. BILDLICHE DARSTELLUNGEN DER WERKE DER BARMHERZIGKEIT: Nach Mt 25, 31–46 sagt Christus bei der Ankündigung des Weltgerichts den Gerechten, die die Werke der B. am geringsten seiner Brüder ausgeübt haben, die Seligkeit, denjenigen, die sie unterlassen haben, ewige Verdammnis voraus. Hierbei handelt es sich zunächst um sechs Werke: Den Hungrigen speisen, den Dürstenden tränken, den Fremden beherbergen, den Nackten bekleiden, den Kranken und den Gefangenen besuchen. Wohl im Anschluß an Tob 1, 20 wurde zu den sechs Werken das siebente, die Toten bestatten, hinzugefügt. Eine der frühesten bildl. Darstellungen findet sich als Titelillustration zum Buch Ijob in der Floreffe-Bibel (um 1150). Sie bezieht sich auf die Erwähnung der Werke der B. in Ijob 29, 12–17 und 31, 16–20, 31, 32. Das Elfenbeinrelief des Psalters der Kgn. Melisande (1131/44) zeigt Kg. David bei der Ausübung der Werke der B. Seit dem Ende des 12. Jh. erscheinen die Werke der B. v.a. in Weltgerichtsdarstellungen (Basel, Münster, Galluspforte ca. 1170; Parma, Baptisterium, Westportal, beg. 1196; Nordrose des Freiburger Münsters, 2. Hälfte 13. Jh.; Weltgerichtstafel, Rom, Pin. Vaticana, ca. 1235/40; der zerstörte Lettner des Straßburger Münsters, ca. 1250, zeigte 8 Werke der B. und hiermit den umfangreichsten bekannten Zyklus). Außerhalb der Weltgerichtsikonographie finden sich die Werke der B. auf dem Deckel des bronzenen Taufbeckens im Dom zu Hildesheim (hier von Misericordia ausgeübt) und sehr häufig an Hospitälern und caritativen Einrichtungen, insbes. in Italien. Ebenso werden einige Hl. als Ausübende der Werke der B. dargestellt, so Elisabeth v. Thüringen oder Erentrudis v. Salzburg.   D. Kocks

Lit.: LCI I, 245–251 – RDK I, 1457–1468.

Barnabas v. Reggio (de Riatinis), Arzt und med. Schriftsteller, * um 1300, † um 1365, stammte aus Reggio-Emilia. Nach einem med. Hochschulstudium ließ sich B. als Arzt in Mantua nieder. Etwa 1334 wurde er vom Ven. Medizinalkollegium (collegio medico) nach Venedig berufen, wo er drei Jahrzehnte später starb.

Im ärztl. Handeln auf naturgemäße Lebensführung ausgerichtet, ist B. v. R. v.a. als Autor diätet. Texte hervorgetreten. Er verfaßte auf individuelle Kasuistik zugeschnittene Ratschläge (»Consilia«), stellte allgemeine Gesundheitsregeln zusammen (»Libellus de conservanda sanitate«, Mantua 1331), versuchte in einem zweiteiligen Traktat, Vorschriften zur Erhaltung des Sehvermögens zu geben (»Libellus de conservanda sanitate oculorum«, Venedig 1340) und behandelte in alphabetischer Liste die Eigenschaften und Qualitäten von Nahrungsmitteln (»De naturis et qualitatibus alimentorum«, Venedig 1338).

B. steht fest auf dem Boden der Humoralpathologie, von der aus er auch die Physiologie des Auges zu erklären sucht. Als eklekt. Kompilator zitiert er seine Vorlagen und läßt im ophthalmolog. Spezialregimen erkennen, daß er auf Galen, Isidor, Johannitius, Avicenna und anderen Autoritäten fußt. Seine Eigenleistung blieb im Rahmen des Üblichen, und seine Wirkung war dementsprechend gering: Obwohl er seine Schriften hochgestellten Persönlichkeiten widmete (u.a. 1340 dem Patriarchen v. Aquileia, Beltrand v. San Genesio), ist selten mehr als ein hs. Textzeuge erhalten.   G. Keil

Ed.: L. ALBERTOTTI, Libellus de conservanda sanitate oculorum de magister B. di R. (Memorie della R. Accad. di scienze, lettere ed arti in Modena, 11, ser. 2: scienze), 1895 – Lit.: B. CECCHETTI, La medicina in Venezia nel 1300, Arch. veneto XXVI, 87, 1883, 263–270 – P. PANSIER, Collectio ophthalmologica veterum auctorum, 7 Bde, 1903–33, hier Bd. 6, 1908, 115 – L. THORNDIKE, Another treatise by B., Isis 8, 1926, 285 f. – SARTON III, 1, 856 f. – THORNDIKE-KIBRE 666, 1085, 1189, 1229 – W. SCHMITT, Theorie der Gesundheit und 'Regimen sanitatis' im MA [Habil.schr. Heidelberg 1973], 16 f.

Barnet, Schlacht bei, 14. April 1471, fand zehn Meilen nördl. von London statt zw. den Truppen der York unter → Eduard IV., Kg. v. England, der aus seinem ndl. Exil (1470–71) zurückgekehrt war, und den Truppen der Lancaster unter Richard Neville, Earl of Warwick. Die zwei- bis dreistündige Schlacht endete mit Eduards Sieg; Warwick fand den Tod. Verläßliche Zahlen über die Truppenstärken fehlen. → Rosenkriege.   J. R. Lander

Q.: Historie of the Arrivall of Edward IV in England, ed. J. BRUCE, CS, 1838, 17–21 – J. de Waurin, Recueil des Croniques et Anchiennes Istories de la Grant Bretaigne, ed. W. HARDY-E. L. C. P. HARDY, RS, 1891, 660–663.

Barnikelgans. Die in Grönland brütende Ringelgans (Branta bernicla), regelmäßiger Wintergast an den Nordseeküsten, sollte der recht alten Sage nach ungeschlechtl. aus Tannenholz entstehen. Auf der Unterseite von Treibholz im Meer kann man nämlich die Entenmuschel (Lepas anatifera L.), ein Krebstier, finden, die wegen ihres merkwürdigen Aussehens noch u.a. von Sir Robert Moray, 1. Präsident der Royal Society, im März 1661 für die Vorstufe des Vogels gehalten wurde (BIRCH, 18). Diese Entstehungsweise veranlaßte nach dem Zeugnis von Giraldus Cambrensis (Topograph. Hibern., dist. 1, c. 15), Alexander Neckam (1, 48) und Jakob v. Vitry (Hist. orient., c. 92) die Mönche zum Verzehr der »bernaca« in der Fastenzeit. John Folsham wandte sich im 14. Jh. in seiner Enzyklopädie (»De natura rerum«) unter Hinweis auf die Priorität der Vögel vor ihrem Ei trotz der von Alexander Neckam übernommenen Herkunftssage gegen diesen Mißbrauch der »berneka« (Cambridge, Trin. Coll., MS R. 15. 13, p. 458; Oxford, Corp. Chr. Coll., MS 221, f. 35ʳ). Ohne Namensnennung bezeichnet ein vor 1215 entstandenes anonymes lat. Lehrgedicht (17 leonin. Hexameter) dieses Produkt von Meerwasser und Holz als Exempel der Jungfräulichkeit und als eine für Gesunde wie Kranke bekömml. Kost zu jeder Zeit (Hist. litt. 11, S. 9). Thomas v. Cantimpré (barliates; 5, 23 = Vinzenz v. Beauvais 16, 40) und nach ihm Konrad v. Megenberg (III. B. 11: Bachad) berichten vom Verbot dieser Fastenspeise durch Papst Innozenz III. auf dem 4. Laterankonzil (1215). Der krit. Albertus Magnus lehnt (animal. 23, 31) die von Thomas referierte ungeschlechtl. Entstehung ab, weil er gemeinsam mit vielen seiner Ordensgenossen Paarung, Eiablage und Jungenaufzucht beobachtet habe. Seine Beschreibung der im Verhältnis zur Hausgans kleineren *boumgans* ist ziemlich genau (vgl. Thomas).

Chr. Hünemörder

Q.: Alexander Neckam, De naturis rerum, ed. Th. Wright, 1863 [Neudr. 1967] – Giraldus Cambrensis, Topographia Hibernica (Opera omnia 5, ed. J. F. Dimock, RS, 1867) – Hist. litt. de la France 11, nouv. éd. P. Paris, 1869 – Jacques de Vitry, Historia orientalis, ed. Fr. Moschus, 1597 – Konrad v. Megenberg, Das Buch der Natur, ed. F. Pfeiffer, 1861 [Neudr. 1962] – Thomas Cantimpratensis, Liber de natura rerum, T. 1: Text, ed. H. Boese, 1973 – Vincentius Bellovacensis, Speculum naturale, 1624 [Neudr. 1964] – Albertus Magnus, De animalibus, ed. H. Stadler, 1920 (BGPhMA 16) – *Lit.*: Th. Birch, The Hist. of the Royal Society of London 1, 1756 [Neudr. 1968] – E. R. Lankester, Diversions of a Naturalist, 1915 [Cap. 14] – E. Heron-Allen, Barnacles in Nature and in Myth, 1928 – Sarton II, part. I, 418 – C. Clair, Unnatürl. Gesch. Ein Bestiarium, 1969, 133–137 [Baumgänse].

Barnim. 1. **B. I.**, Hzg. v. →Pommern 1220–78, * um 1217/19, † 13. oder 14. Nov. 1278, folgte im Jan. 1220 seinem Vater, Hzg. Bogislaw II. v. Pommern-Stettin, unter der Vormundschaft seiner Mutter Miroslawa v. Pommerellen (bis 1233). Nach dem Ende der dän. Herrschaft über die Slavenländer an der Ostseeküste 1225/27 (→ Dänemark) erkannte B. um 1234/36 die 1231 von Ks. Friedrich II. festgelegte Lehnshoheit der Mgf.en v. → Brandenburg über Pommern an, ohne den Versuch zur Anknüpfung direkter Beziehungen zum Ksm. zu machen. Erst im Landiner Vertrag (1250) erreichte B. von Brandenburg gegen Verzicht auf die → Uckermark die Mitbelehnung mit dem Hzm. Pommern-Demmin, so daß er nach dem Tod seines Vetters Wartislaw III. (1264) ganz Pommern in seiner Hand vereinigte. Territorialpolit. mußte B. gegenüber Brandenburg, → Polen, → Mecklenburg, → Schlesien und → Pommerellen Verluste hinnehmen. Durch Förderung des Landesausbaues mit dt. Siedlern und eine planmäßige Städtepolitik konnte er seine Herrschaft jedoch innerlich sichern (→ Ostsiedlung). Rund 20 Städte sind durch ihn vorwiegend zu → Magdeburger Recht gegr. worden, darunter → Prenzlau, → Stettin, → Pasewalk, Anklam, → Stargard, → Kammin. Die vielfältigen strukturellen Wandlungen, die sich unter seiner Regierung vollzogen, gaben Pommern das Gesicht eines dt. Landes. Die Ausbildung einer selbständigen Landesherrschaft der Kamminer Bf.e, zunächst im Land Stargard (1240), dann im Land → Kolberg (1248), hat B. durch Tauschverträge unterstützt.

J. Petersohn

Q.: Pommersches UB I², II, 1970, 1881 – *Lit.*: NDB I, 594 ff. – M. Wehrmann, Gesch. v. Pommern I¹, 1919, 95 ff. – A. Hofmeister, Genealog. Unters. zur Gesch. des pommerschen Herzogshauses, PJ 31, 1937, 96 ff.; 32, 1938, 1 ff. – D. Lucht, Die Städtepolitik Hzg. B.s I. v. Pommern 1220–78, 1965 – Ders., Die Außenpolitik Hzg. B.s I. v. Pommern, BSt NF 51, 1965, 15–32 – Historia Pomorza, red. G. Labuda, I, 2, 1972, 129 ff. – W. Kuhn, Die dt. Stadtgründungen des 13. Jh. im westl. Pommern, ZOF 23, 1974, 1–58.

2. **B. III.**, Hzg. v. Pommern-Stettin 1320–68, * vor 1300, † 24. August 1368, trat 1320 als Mitregent seines Vaters Otto I. († 1344) die Regierung des Hzm.s Pommern-Stettin an, die er bald maßgebl. bestimmte. Nachdem die Pommernherzöge nach dem Aussterben der märk. →Askanier (1319/20) die Lehnshoheit ihres Landes zunächst dem Bm. → Kammin (1320), dann Papst Johannes XXII. (1331) aufgetragen hatten, erreichte B. 1338 nach längeren Verhandlungen, außenpolit. gesichert durch ein 1337 mit Kg. Johann v. Böhmen geschlossenes Bündnis, die Anerkennung seiner Reichsunmittelbarkeit durch Ludwig den Bayern. Das Zugeständnis brandenburg. Erbanwartschaft (→ Brandenburg) auf das Hzm. Pommern-Stettin unter Ausschluß der Rechte der Wolgaster Linie des Greifenhauses rief jedoch erhebl. Widerstände der pommerschen Städte hervor, die B. erst in den 40er Jahren überwinden konnte. 1348 ging B. zu Karl IV. über, zu dem er auch später enge Beziehungen wahrte und den er 1365 auf seiner Reise nach Burgund und Avignon begleitete. Durch Errichtung einer Herzogsburg in → Stettin mit dem Hofkollegiatstift St. Otto (1346) schuf B. einen festen Residenz- und Verwaltungsmittelpunkt für das pommersche Herzogtum. B. betonte die polit. und hist. Sonderstellung Pommerns insbes. durch die Verehrung des hl. → Otto v. Bamberg, dessen Verdienste als Apostel von Land und Dynastie er in zahlreichen Kultstiftungen festhielt. → Pommern.

J. Petersohn

Q.: Pommersches UB V–IX, 1905–62 – *Lit.*: M. Wehrmann, Gesch. v. Pommern I, 1919², 133 ff. – J. Petersohn, Reichspolitik und pommersche Eigenstaatlichkeit in der Bamberger Stiftung Hzg. B.s III. zu Ehren des hl. Otto (1339), BSt NF 49, 1962/63, 19–38 – Ders., Die pommersche Geschichtsforsch. und das Vatikan. Archiv, BSt NF 50, 1964, 15 f., 26 f. – Historia Pomorza, red. G. Labuda, I, 2, 1972, 209 ff. – K. Conrad, Die Belehnung der Hzg.e v. Pommern durch Karl IV. i. J. 1348, BDLG 114, 1978, 391–406 – R. Schmidt, Brandenburg und Pommern in der Politik Ks. Karls IV. (Ks. Karl IV. Staatsmann und Mäzen, hg. F. Seibt, 1978), 203–208.

Baroco → Schlußmodi

Baron (baro)

I. Einleitung – II. Frankreich – III. England – IV. Neapel und Sizilien – V. Königreich Jerusalem – VI. Spanien – VII. Königreich Ungarn – VIII. Skandinavien.

I. EINLEITUNG: [1] Das Wort baro erscheint (neben seiner Verwendung als germ. Personenname, die zahlreiche Spuren bes. in der it. und frz. Toponymik hinterlassen hat), techn. gebraucht, in der Rechtssprache mehrerer germ. Völker im ursprgl. Sinn von 'Mann'. In dieser Verwendung ist es in vielen germ. → Leges bezeugt. Vgl. z. B. Pactus Legis Salicae, 31, 1 »Si quis baronem ingenuum de via sua obstraverit...«; Lex Ribuaria, 58, 12: »Si quis hominem regium tabularium, tam baronem quam feminam de mundeburde Ecclesiae abstulerit...«; Edictus Rothari, 14: »Si quis homicidium in absconse penetraverit in barone libero aut servo vel ancilla...«; 17: »Si quis ex baronibus nostris ad nos voluerit venire, securus veniat...«; Lex Alamannorum, 77: »Si quis mortandus barum aut feminam...« (Zum Problem der Herkunft des Wortes vgl. weiterhin HRG I, 316 f.).

A. Cavanna

[2] Verfassungs- und sozialgeschichtl. Bedeutung erlangt der Terminus baro (frz. *baron*) in synonymer Verwendung zu verwandten Begriffen (bes. *pares*, *pairs*) als Bezeichnung für den sozial herausgehobenen Angehörigen der Aristokratie, der in der Regel bes. Jurisdiktionsgewalt besitzt und in unmittelbarer lehnsrechtl. (und oft auch persönl. und verwandtschaftl.) Beziehung zum Fs.en steht. In dieser Bedeutung (bei großen Unterschieden und Nuancen im einzelnen) tritt der Begriff im HochMA in Frankreich, dem norm. England und einer Reihe weiterer Länder auf (hier z. T. unter frz. oder anglo-norm. Einfluß). Baroniale Zusammenschlüsse und gegen das Kgtm. gerichtete Aufstandsbewegungen, die sich häufig auf das → Widerstandsrecht stützen, bilden namentl. in spätma. England und in Neapel und Sizilien der Anjou und Aragón ein wesentl. polit. und verfassungsmäßiges Element.

Mit wachsender Hierarchisierung des Lehnswesens setzt eine Wandlung im Bedeutungsfeld des Begriffes B. ein. Als B.e und Baronien werden zunehmend eine Reihe bestimmter hoher Lehnsträger und Lehen bezeichnet. Diese v. a. in Frankreich erkennbare Entwicklung mündet gegen Ende des MA in die Wandlung des Terminus zu einem abgegrenzten feudalen Rang ein (vgl. bes. Abschnitt II).

Zum Adelstitel geworden, findet der Begriff seit dem 16. Jh. in Deutschland Verbreitung und wird hier zum →Freiherrn in Analogie gesetzt. U. Mattejiet

Lit.: Eine zusammenhängende Darstellung fehlt. – HRG I, 316f. [R. SCHEYHING] – A. KUHN, Die Grenzen der germ. Gefolgschaft, ZRGGermAbt 73, 1956, 58f. – Vgl. auch Lit. zu →Lehnswesen, →Feudalismus.

II. FRANKREICH: Der Begriff baro bezeichnet in Frankreich zunächst den 'Mann', synonym zum lat. vir und zum urspgl. kelt. Wort (g)vassus (aus dem zugleich gars 'Junge' und vassal 'Vasall' entstehen). 'Baron' (bers) kann, von der Frau her gesehen, den Ehemann bezeichnen (»le mari est libers de sa femme«, Ph. de Rémi, Seign. de Beaumanoir); im frühen MA Bezeichnung für Knecht bzw. Vasallen. In der Lit. des 12. und 13. Jh. verknüpft es sich mit Vorstellungen von Tapferkeit und Heldenmut (»Rollanz li bers«, Rolandslied) und findet selbst auf Gott und die Hl. Anwendung (»Bers saint Denis, aidiez!«). Entsprechend einer Tradition, deren Spuren sich bereits in der Karolingerzeit finden, bezeichnet der Begriff die »Großen des Reiches« (proceres), wobei das vasallit. Moment stark betont wird (»barones mei« tritt im 11. Jh. an die Stelle von »homines mei«). In den Fsm.ern des Kgr.es Frankreich, bes. in Flandern und der Normandie, wird das Wort B. seit der 1. Hälfte des 11. Jh. gebraucht, um die Umgebung des Gf.en bzw. Hzg.s zu kennzeichnen, seine unmittelbaren Lehnsträger, von denen der Fs. Rat und Hilfe (→consilium et auxilium) erwartet und die seinem Heer die notwendigen militär. Kontingente stellen; «consilio et concessu baronum« (1032, Normandie), »Wilhelmo Normannorum duce et baronibus suis concedentibus et confirmantibus« (1. Hälfte des 11. Jh.); »coadunatis maximis copiis, adjuvantibus silbi baronibus suis cunctis« (Gottfried Plantagenêt, Anjou, 1137). In Flandern spricht →Galbert v. Brügge um 1127 von »pares et barones« und benutzt damit eine Wendung, die im Norden der Somme vergleichsweise häufig ist: Dort bezeichnet das Wort pares (pairs) die Vasallen eines und desselben Lehnsherrn, die am Hof ihres Herrn nur durch Standesgleiche gerichtet werden können. Der synonyme Gebrauch von baron und pair geht so weit, daß die pairs oder jurés (jurati) bestimmter Städte in Quellen des 12. Jh. manchmal als barones bezeichnet werden. In Aquitanien erscheinen ebenfalls um die Mitte des 11. Jh. die den B.en entsprechenden »principes castella tenentes« oder auch einfach »principes«, unmittelbare Vasallen des Hzg.s, die sich auf mächtige Burgen stützen; sie bilden den Hof des Hzg.s, sind an seinen polit. Entscheidungen beteiligt, fungieren als Zeugen seiner Urkunden. Einige von ihnen besitzen gfl. Rang (Marche, Bigorre, Fezensac), viele sind vicecomites (Limoges, Lusignan, Melle, Thouars u. a.), andere sind Kastellane, →captal oder einfache domini.

Die kgl. frz. Kanzlei spricht in Weiterführung der karol. Tradition bis zur Regierung Kg. Ludwigs VI. und sogar noch Ludwigs VII. nur von optimates oder proceres regni. Stärker den üblichen Sprachgebrauch widerspiegelnd, berichtet →Suger davon, daß der Kg. 1118 seine B.e (barones suos) zur Heerfolge gegen England aufgerufen habe; diesem Aufgebot schlossen sich die Gf.en v. Flandern und Anjou und, wie Suger hinzufügt, »multique regni optimates« an. Bei Suger bezeichnet B. sowohl die großen Territorialfürsten (Flandern, Champagne, Nevers u. a.) als auch die Lehnsleute der Ile-de-France oder die Getreuen der kgl. Umgebugn ,die an seinem Kronrat (conseil) teilhaben. Um 1150 besteht zweifellos die Tendenz, den Begriff barones regni an die Stelle von proceres regni zu setzen; es findet sich in den Quellen auch die Benennung »optimates et barones«. Eine Urk. Ludwigs VII. (1155) führt aus, daß durch den Hzg. v. Burgund, die Gf.en v. Flandern, Champagne, Nevers und Soissons sowie die anderen anwesenden Barone (assensus baroniae) ein Frieden geschworen worden sei. Die epische Dichtung, die den Sprachgebrauch widerspiegelt, zeigt Karl d. Gr. inmitten seiner Barone, die seinen Hof und seinen Rat bilden (»Barons français, vos estes bons vassals«, Rolandslied), die sozialgeschichtl. Entwicklung, die zu einer feudalen Hierarchiebildung tendiert, trägt zur Entstehung der Idealvorstellung von einem König und Lehnsherrn bei, dessen Hof von »hauts barons« gebildet wird, welche wiederum über eigene B.e gebieten.

Doch zieml. genau am Ende des 12. Jh. und teilweise wohl als Folge ideolog. Wandlungen wird eine Gruppe von →pairs de France, die schließlich aus sechs Laien und sechs geistl. Großen besteht, von den übrigen B.en abgehoben, und der Gebrauch des Wortes B. wird nun zunehmend begrenzt, einerseits auf die anderen großen Vasallen des Kg.s, andererseits auf eine Reihe von Lehnsträgern der kgl. Domäne. Die Würde eines B.s verliert ihren persönl. Charakter und verbindet sich mit dem Besitz einer Herrschaft, die als baronnie vom Kg. unmittelbar (nullo medio) zu Lehen geht (fief bzw. terre, tenue en baronnie). Das Register Philipps II. August nennt 59 Personen als B.e, hauts barons, die ihre Güter entweder von der Krone haben oder aber in einem der Hzm.er oder Gft.en, die im Zuge der kgl. Politik nacheinander der Krondomäne eingegliedert werden, Lehen besitzen.

Eine analoge Entwicklung vollzieht sich in den territorialen Fsm.ern. Der Sprachgebrauch trägt ihr durch den Wandel von »barones mei« zu »barones terre« Rechnung. Seitdem gelten als B.e die Herren, die hohe Gerichtsbarkeit auf einer bedeutenden terra, welche oft mehrere Burgen umfaßt, ausüben und über eine Vielzahl von Vasallen verfügen; es handelt sich also um die tenants en chef, Lehnsherren, welche bedeutende militär. Kräfte aufzubieten vermögen. Um die Mitte des 13. Jh. definiert der »Coutumier de Touraine et Anjou« den B. (bers) als denjenigen, der alle Gerichtsbarkeit auf seinen Lehen besitzt, so daß der Kg. keine Banngewalt ohne Zustimmung des B.s auf seinen Lehen ausüben kann. Ein bes. Moment wird von Ph. de Rémi, Seign. de Beaumanoir, in bemerkenswerter Weise näher ausgeführt: »Der Kg. hat im allgemeinen die garde (→Garde) aller Kirchen in seinem Kgr., doch im besonderen hat sie jeder B. in seiner Baronie« (Coutumes de Beauvaisis, Art. 1465). Der B. ist ein »haut homme« (Lehensfürst), der beanspruchen kann, nur von seinen pairs gerichtet zu werden. Guillaume de →Nangis berichtet in diesem Zusammenhang, daß Enguerran, Sire de Coucy (Herr v. Coucy), bei Ludwig d. Hl. angeklagt, er habe drei fläm. Adlige hängen lassen, verlangte, von seinen pairs nach der »coutume de baronnie« gerichtet zu werden; da sich aber erwies, daß er sein Lehen nicht »en baronnie« innehatte, ließ ihn der Kg. durch seine sergents festnehmen. Die Wandlung wird deutlich; heißt es doch in einer Urk. Ludwigs VII. 100 Jahre früher über einen Vorfahren Enguerrans de Coucy: »Guido castellanus de Couciaco et alii ex baronibus nostris quampluribus«.

Es handelt sich hier um eine Periode, in der mit der wachsenden Hierarchisierung des Lehnssystems wiederum eine neue, anders geartete Entwicklung einsetzt. Zwar bleibt die Bezeichnung des B.s als »haut baron« erhalten: Philipp der Schöne richtet eine ordonnance an die Hzg.e der Bretagne und Burgunds sowie der übrigen B.e (»et aliis baronibus«; 1309); der Kg. beruft »seine Barone« zu Versammlungen ein; den kgl. Münzen werden die »monnaies baronales« gegenübergestellt. Doch ist gleichzeitig zu beobachten, daß in einer anderen Anwendung des Wortes der B. seinen Platz unterhalb der Hzg.e, Gf.en und Vicomtes, aber oberhalb der einfachen *seigneurs* (d. h. auch der *châtelains* oder *vavasseurs*) einnimmt. Schon der »Livre de jostice et de plait« (um 1260) spricht davon, daß Hzg., Gf., Vicomte, Baron voneinander zu Lehen nehmen können, und eine *ordonnance* Philipps des Schönen wird 1309 »omnibus ducibus, comitibus, baronibus et dominis in suis terris monetam habentibus« gesandt. Seitdem kann ein B. als Inhaber der hohen Gerichtsbarkeit bezeichnet werden, der seine Herrschaft in mehreren Kastellaneien ausübt, welche einen geschlossenen Bezirk bilden und unmittelbar vom Kg. »à un seul hommage« (mit einem einzigen Lehnseid) zu Lehen gehen. Dem B. unterstehen Vasallen, die oft selbst *bannerets* sind. So wird unter Philipp dem Schönen von den »comtés et baronnies« Flandern, Château-Portien und Ostrevant, den »vicomtés et baronnies« Lusignan, Lautrec, Orbec usw., den »baronnies« Coucy, Donzy, Lunel usw. gesprochen. Doch der Sprachgebrauch begrenzt die Anwendung des Begriffs auf die letztgenannten Baronien, die weder Gft.en noch Vicomtés sind. In diesem Sinne nennt der »Grand Coutumier de France« (14. Jh.) vier Baronien, diejenigen der Herren v. Coucy, Craon, Sully und Beaujeu (wozu bald Montmorency hinzutritt), wobei darauf hingewiesen wird, daß es im Kgr. andere Inhaber der Hochgerichtsbarkeit gibt, die sich B.e nennen könnten.

Philipp der Schöne begann als erster frz. Kg., die Heraushebung bestimmter Lehen auf einer bestimmten Stufe der feudalen Hierarchie vorzunehmen; 1297 wurde die Bretagne zur *pairie* erklärt; für den allmächtigen *chambellan* des Kg.s, Enguerran de → Marigny, wurde die Herrschaft Marigny zu einer Baronie, »tenue à un seul hommage« erhoben, seine anderen Lehen und Herrschaften wurden darin eingeschlossen (Dez. 1313). In der Folgezeit erließ der Kg. zahlreiche Urkunden zur Erhebung von Lehen zu Hzm.ern (z. B. für die Herrschaft und Baronie Bourbon 1327), Gft.en und Baronien. Dieses Verfahren wurde im 15. Jh. immer häufiger. Zum Adelstitel geworden, verbreitete sich der Rang des Barons bes. seit dem 16. Jahrhundert.

Lit.: Eine zusammenhängende neuere Darstellung fehlt.

R.-H. Bautier/B. Bedos

III. ENGLAND: Das Wort 'baro' wurde im Zusammenhang mit der norm. Eroberung Englands (1066) aus der Normandie in das Inselreich übertragen, wo es hauptsächl. in zwei Bedeutungen weiterwirkte: a) allgemein = Mann, Ehemann; b) in technischem Sinn = der weltl. Kronvasall im Rahmen des von → Wilhelm dem Eroberer aufgebauten anglo-norm. → Lehnswesens; doch konnten anfangs auch bedeutendere Untervasallen als »Barone« bezeichnet werden. Die Forschung nennt mitunter die dem Lehnssystem eingegliederten Bischöfe und Äbte »geistl. Barone«. – Die Zahl der »eigtl.«, in der Lehnspyramide unmittelbar unter dem Kg. stehenden Barone lag zunächst wohl unter 200. Sie traten an die Stelle der (weithin enteigneten) ags. Oberschicht. Die meisten B.e erhielten vom Kg. verstreuten Besitz in verschiedenen Gft.en, so daß größere Blockbildungen in ihrer Hand erschwert wurden. Doch aus dem Bewußtsein autochthonen Adelsrechtes beschritten nicht wenige dieser Herren den Weg zum Aufbau machtvoller, auf einen befestigten Hauptsitz (→ Burg) bezogener Baronien (*honors*). Manche Barone festigten ihre Position zusätzlich, indem sie das lukrative Amt des → sheriff an sich zogen. Der Kronvasall hatte dem Kg. persönlich Rat und Hilfe (bes. militär. Dienste, in bestimmten Fällen auch Feudalabgaben; → Relevium) zu leisten und Ritter zu stellen. Die Zahl dieser *knights* stand kaum in fester Relation zur Größe und Ertragskraft des honor. Sie gehörten entweder dem baronialen Hofhalt an oder wurden mit eigenen Unterlehen ausgestattet, was später zur Regel wurde. Solche Untervasallen wurden als Ratgeber und gerichtl. Beisitzer am Lehnshof (*feudal court*; → Gerichtsbarkeit) ihres Herrn tätig. Größere Baronien entwickelten analog dem kgl. Hofhalt bestimmte Ämter (*steward, sheriff, justices* u. a.; → Amt). Im 12. Jh. schuf die Krone zusätzl. Baronien. Die von Anfang an vorhandene Tendenz zur Erblichkeit des baronialen Besitzes verstärkte sich und setzte sich voll durch. Auch Erbteilungen wurden möglich, und schon der kleinste Anteil an einer Baronie verlieh dem Inhaber baronialen Status, womit nun auch Teilhabe an dem europ. Ritterideal des HochMA verbunden war. In der Zeit Kg. → Heinrichs II. begann die Krongerichtsbarkeit stärker in die inneren Verhältnisse der Baronien einzugreifen. Die Kronvasallen mußten 1166 Auskunft über Zahl und Status ihrer Ritter geben, woraus »the first comprehensive review of the new feudal society« (D. M. STENTON) erwuchs. Der Dialogus de Scaccario (II, 10) unterscheidet deutlich »baronias scilicet maiores seu minores«. Die → Magna Carta von 1215 enthält nähere Festlegungen; so sollen die barones majores jeder für sich zu Hoftagen geladen werden; B.e sollen nur durch ihresgleichen und nur nach dem Maß ihres Vergehens gebüßt werden; das Relevium für eine Baronie soll 100 £ betragen (→ Widerstandsrecht). In der Folge suchte die Krone die Privilegierung der B.e wieder zu beschränken. Im 13. Jh. hoben sich etwa 15 Gf.en (→ Earls) und 20–30 größere B.e als magnates regni aus dem Baronagium heraus. Diese Spitzengruppe gliederte sich seit der Zeit Kg. → Eduards III. durch Verleihung neuer Titel weiter auf (Duke, Marquis, Viscount). Der B. (= Lord) nahm schließl. innerhalb des Hochadels (→ Nobility) den fünften Rang ein. Alte Geschlechter erloschen, manche kleineren baronialen Familien verschmolzen mit dem Ritterstand (→ Gentry), neue Familien stiegen auf verschiedenen Wegen auf. Die lehnsrechtl. Grundlagen waren um diese Zeit bereits stark ausgehöhlt. Die Könige zogen Konsequenzen aus dem sozialen Wandel und schufen (seit 1387) den Typus der Patent- oder Brief-Baronie, deren Inhaber das Recht besaß, zum → Parlament berufen zu werden (→ Peers). – Auch einer Reihe von hohen Beamten am kgl. → Exchequer wurde, ungeachtet ihrer unterschiedl. sozialen Herkunft, der Titel »Baron« zuerkannt. K. Schnith

Lit.: Peerage – J. HATSCHEK, Engl. Verfassungsgesch., 1913, 1978² [Lit.] – W. FARRER, Honors and Knights' Fees, 3 Bde, 1923–25 – S. PAINTER, Stud. in the Hist. of the Engl. Feudal Barony, 1943 – L. C. LOYD, The Origins of some Anglo-Norman Families, 1951 – G. A. HOLMES, The Estates of the Higher Nobility in Fourteenth-century England, 1957 – I. J. SANDERS, Engl. Baronies... 1086-1327, 1960 – F. STENTON, The first Century of Engl. Feudalism, 1961² – D. M. STENTON, Engl. Society in the Early MA 1066–1307, 1962² – K. B. McFARLANE, The Nobility of later mediaeval England, 1973 – Über einige baroniale Familien liegen Monographien vor; etwa: M. ALTSCHUL, A Baronial Family in Medieval England: the Clares, 1217-1314, 1965 – W. E. WIGHTMAN, The Lacy Family in England and Normandy 1066-1194, 1966.

IV. NEAPEL UND SIZILIEN: In Italien ist der Terminus b. bis zum 11. Jh. unbekannt und scheint erst mit der Normannenherrschaft in den Süden Eingang gefunden zu haben. Ein charakterist. Merkmal des Baronats ist die Ausübung der Jurisdiktionsgewalt in den Lehen (vgl. dazu den Liber Augustalis Ks. Friedrichs II.). Im Laufe der Jahrhunderte dehnte sich diese allmählich von Zivilsachen auf Strafsachen aus und erstreckte sich schließlich auf das Recht, die Todesstrafe zu verhängen (sog. ius gladii oder merum imperium). Zwar war das Appellationsrecht an den Herrscher gegen die Urteile der B. vorgesehen, doch war die Ausübung dieses Rechts in der Praxis häufig unmöglich, da die B.e ihm Hindernisse entgegenzusetzen wußten, und der kgl. Schiedsspruch oft umgangen wurde. Bisweilen, v. a. in Sizilien und Sardinien, hatten die B.e nicht nur in der ersten Instanz das Recht, Urteile zu fällen, sondern auch in der zweiten und dritten. Alfons II. v. Aragón bestätigte den B.en des Kgr.es Neapel das merum et mixtum imperium durch die sog. »Quattro lettere arbitrali«, aufgrund derer ihnen die Möglichkeit gegeben wurde, gesetzl. festgelegte Strafen zu modifizieren, gegen den Angeklagten die Folter ohne zeitl. Beschränkung anzuwenden, offiziell gegen einige schwere crimina vorzugehen und härtere Strafen anzudrohen, als das Gesetz sie festgelegt hatte. Dadurch vergrößerte sich die Entscheidungs- und Urteilsgewalt der B. und damit auch die Gefahr von Mißbräuchen. Die B. hatten auch das Recht, selbst gegen den Kg. Krieg zu führen, wenn dieser Verträge verletzte oder ungerecht regierte (→Widerstandsrecht). (In Italien wurde das Widerstandsrecht z. B. beim Krieg der B.e v. Neapel gegen Kg. Ferdinand 1485-86 in Anwendung gebracht.) Ferner hatten die B.e das Recht, eigene Münzen zu schlagen und Abgaben einzuziehen (deren Umfang sich infolge der zahlenmäßigen und quantitativen Zunahme der Steuern in beträchtl. Maße vergrößerte). Den B.en oblag jedoch auch die Verpflichtung, durch »Geschenke« zum Bedarf des Staates und des Kg.s beizutragen; diese Verpflichtung galt jedoch nur in bes. Fällen, den sog. casi regali, wie z. B. bei einem feindl. Angriff gegen das Kgr., bei der Vermählung der Tochter oder der Schwester des Kg.s und bei der Schwertleite des Erbprinzen. Bei der Erbringung dieser Leistungen konnten sich die B.e an ihren Untertanen schadlos halten. Die Konzessionen, die die B.e nach und nach vom Herrscher erhalten hatten, führten dazu, daß sie gegenüber dem Kgtm. eine machtvolle Stellung einnahmen, die auch auf ihrem Reichtum im Vergleich zu der relativen Armut des Kgtm.s basierte. Die starke und bisweilen exklusive Präsenz der B.e in den Parlamenten (→Parlament) trug dazu bei, ihre Vorherrschaft über die Königsmacht zu stärken. Ein Beispiel dafür ist die zunehmende Verlagerung des feudum aus dem Bereich des öffentl. Rechts in den des Privatrechts infolge einer Reihe von kgl. Verordnungen, die die Subordination der B.e unter die Zentralgewalt in fortschreitendem Maße verringerten. Die Capitula von 1283, die Karl, Fs. v. Salerno, der in Abwesenheit seines Vaters Karl I. v. Anjou das Kgr. verwaltete, bei S. Martino vor einem von ihm selbst einberufenen und präsidierten Generalparlament promulgierte, machten die Eheschließungen der Lehensträger von der Zustimmung des Kg.s (die früher von Friedrich II. gefordert worden war) unabhängig, konzedierten die Vergabe von Lehen und Lehensgütern als Mitgift und machten dies nur von der Zustimmung der Kurie, die innerhalb von acht Tagen gegeben werden mußte, abhängig, ferner verringerten sie den Kriegsdienst, den die B.e zu leisten hatten, auf nur drei Monate. 1285 stimmte der Herrscher der Erblichkeit der Lehen von beiden Seiten bis zur 3. Generation zu und hob die Verpflichtung der B. zu persönl. Dienst auf. Parallel dazu wurden die Steuerbelastungen der B.e durch eine Reihe kgl. Verordnungen gemindert, die darauf abzielten, die B.e durch eine Vermehrung des Steuerdrucks auf die Untertanen in hohem Maße zu entlasten. G. di Renzo Villata

Lit.: EnclT VI, 224 – Novissimo Dig. It. II, 1952, 276 – D. WINSPEARE, Storia degli abusi feudali, 1883² – A. PERTILE, Storia del diritto it. I, 1896, 254ff. – B. CROCE, Storia del Regno di Napoli, 1925 – E. PONTIERI, Il tramonto del baronaggio siciliano, 1943 – A. MARONGIU, L'istituto parlamentare in Italia dalle origini al 1500, 1949 – Les liens de vassalité et les immunités, RecJean Bodin I, 1958², passim – A. MARONGIU, Il parlamento in Italia nel medio evo e nell'età moderna, 1962 – M. CARAVALE, La feudalità nella Sicilia normanna, Atti Congr. Intern. Sicilia normanna, 1973 – R. ROMEO, Il Risorgimento in Sicilia, 1973 – L. MUSSET, L'aristocratie normande au XIe s. (La noblesse au MA XIe-XVe s., 1976), 95 – A. MARONGIU, Storia del diritto it. Ordinamento e istituto di governo, 1977, 89-98, 144-156.

V. KÖNIGREICH JERUSALEM: Vor 1188 dürfte der Titel b. im Kgr. Jerusalem für jeden Vasallen, der seinem Herrn consilium (→ consilium et auxilium) gab, gegolten haben; doch wurde bereits um 1155 gleichwohl eine Gruppe von B.en von den übrigen Lehensträgern abgegrenzt. Um 1200 war diese Unterscheidung die Regel. Obwohl sich ein Hinweis auf baroniale Privilegien findet, so ist doch in dieser Zeit keine Definition des Titels B. belegt. Es muß angenommen werden, daß die Ausübung der Gerichtsbarkeit, einschließl. der hohen Gerichtsbarkeit, die Stellung des B.s begründete. Doch klassifizierte der große Rechtsgelehrte →Johann v. Ibelin, Gf. v. Jaffa, um die Mitte des 13. Jh. nur den Fs.en v. Galiläa, die Gf.en v. Jaffa und Tripolis und den Herrn v. Sidon als B.e, obwohl er einräumte, daß nach der Meinung einiger auch der Herr v. Oultrejourdain den gleichen Rang besitze. Nach Johanns Auffassung waren diese Herren von den übrigen großen Vasallen abgegrenzt, weil sie der Krone den Dienst von 100 Rittern schuldeten und sich unter ihren Dienstleuten ein connétable und ein marchal befand. Ihre Baronien konnten im Erb- oder Heiratsfall nicht aufgeteilt werden. Sie bildeten darüber hinaus eine eigene Pairschaft (→ Pairs). Johanns Ansichten, die vom frz. Recht beeinflußt waren und sicherl. die Ergebnisse von Auseinandersetzungen und Diskussionen des höheren Adels beinhalteten, standen im Widerspruch zu dem Geist einer Gleichheit, der in der Nachfolge der → Assise sur la ligece die rechtl. Stellung der Lehensträger im Kgr. Jerusalem kennzeichnete. So setzte sich die Auffassung von der Stellung der B.e, die sich bei Johann finden, im Kgr. Jerusalem nicht durch, doch war sie im Zypern des 14. Jh. vorherrschend. J. S. C. Riley-Smith
Lit.: J. RICHARD, Pairie d'Orient latin. Les quatre baronnies des royaumes de Jerusalem et de Chypre, RHDFE, sér. 4, 28, 1950, 67-88 – J. S. C. RILEY-SMITH, The Feudal Nobility and the Kingdom of Jerusalem, 1973, 16-20.

VI. SPANIEN: Im ma. Spanien wurde die Bezeichnung B. vor allem in einem weiteren Sinne von 'Magnat, großer Vasall' verwendet; er bezeichnete im Kgr. Aragón die Mitglieder der obersten Adelsschicht. Diese nahmen an den Versammlungen der Curia oder des Königshofes teil und verwalteten die honores oder Gebiete des Staates, die sie vom König zu honor oder Nutzung übertragen bekamen. In León und Kastilien wurden die Adligen der ersten Kategorie seit dem 12. Jh. ricos hombres ('mächtige Männer') gen., obwohl die Bezeichnung B. manchmal zur allgemeinen Bezeichnung der Magnaten verwendet wurde. In diesem Sinne wird der Begriff auch in den Partidas Alfons' X. v. Kastilien gebraucht (13. Jh.). Es gab jedoch weder in León und Kastilien noch in Aragón oder Navarra B.e im feudalen Sinn des Adelstitels, und es gab auch keine Baronien, weil in diesen chr. Staaten Spaniens keine Feudalhierarchie entstand. In Katalonien war die Bezeichnung B. ebenfalls gleichbedeutend mit dem Magnaten im allgemeinen. Nach den von Pere Albert im 13. Jh. verfaßten »Commemoracions« zählten zu den B.en die Gf.en, Vizegrafen und Valvassoren. Im ausgehenden MA jedoch gab es in Katalonien Herren mit dem Adelstitel eines B.s, die Baronien zu Lehen hatten, welche, obwohl größer als die frz., an letzter Stelle der »Titel-Lehen« standen. Diese katal. Baronien bestanden aus mindestens zwei castells (Burgen), welche die Lehen der castlans (Kastellane) waren. Unter dem Einfluß der in Kastilien verwendeten Terminologie wurde der Ausdruck → »rico hombre« (katal. *ric home*), gleichbedeutend mit B., auch auf die katal., aragon. und navarr. Magnaten angewandt. Seit dem Ende des MA begann man, die Bezeichnung B. in Spanien im Sinne eines Adelstitels zu verwenden, entsprechend ihrer Bedeutung in der Feudalhierarchie jenseits der Pyrenäen; ebenso trugen einige Herren, die die Gerichtsbarkeit über bestimmte Gebiete innehatten, den Titel eines Barons.

L. García de Valdeavellano

Lit.: E. RODÓN, El lenguaje técnico del feudalismo en Cataluña, 1957 – L. G. DE VALDEAVELLANO, Curso de Hist. de las Instituciones españolas, 1977[5] – R. BOUTRUCHE, Seigneurie et Féodalité, II: L'apogée (XI–XIII s.), 1970.

VII. KÖNIGREICH UNGARN: Der Terminus »baro« findet in ung. Quellen Aufnahme als Entlehnung aus dem westl. Sprachraum. Seit 1250 taucht der Begriff regelmäßig in Königsurkunden auf.

Als Rechtsnachfolger der alten → Gespane (comites, seniores) ziehen die Barone an der Spitze ihrer Aufgebote (banderia) und unter eigenen Feldzeichen in den Kampf. Sie bekleiden die höchsten Reichsämter (Palatin, iudex curiae, Wojewode von Siebenbürgen, Bane von Kroatien, Slavonien, magister tavernicorum etc.) und gehören bereits im 12. Jh. dem kgl. Rat an. Gemeinsam mit kirchl. Prälaten vertreten sie seit dem 12. Jh. als regnum den »Willen des Landes« und machen wiederholt von ihrem Widerstandsrecht (ius resistendi) Gebrauch, wenn der Kg. wichtige Entscheidungen »absque consilio suorum principum« trifft. Als Zeugen treten die B.e in den kgl. Urkunden in Erscheinung.

Hingegen fehlt die baroniale Zeugenreihe in der Goldenen Bulle von 1222, die Andreas II. von den kleinadligen servientes regis abgerungen wurde und sich gegen die Magnaten richtete. Die Barone waren die Hauptnutznießer der verschwender. Donationen des Kg.s und zwangen Teile der → Gentry, sich ihnen als Vasallen (familiares) zu unterstellen. Vielfach beanspruchten die Barone schon im 13. Jh. die hohe Gerichtsbarkeit (ius gladii) für sich. Um 1300 hatte sich ein geschlossener Kreis von etwa 70–80 hochadligen Familien formiert, von denen nur mehr die Hälfte von Geschlechtern der frühen Arpadenzeit abstammte. Diese Familien verteilten die höchsten Hof- und Landesämter unter sich und verfügten über ansehnl. Domänen. So brachte es die bes. in W-Ungarn begüterte Familie der Kanizsai im 15. Jh. auf acht Burgen, acht Marktflecken und 187 Dörfer.

Doch gelang es den B.en nicht, die formal gleichgestellte Gentry von der Machtteilhabe auf Dauer auszuschließen. In den Wirren, die nach dem Tode Kg. Siegismunds (1437) ausbrachen, erzwang der Kleinadel seine gleichberechtigte Vertretung im Kronrat und auf dem Reichstag. Der Gedanke von der »una eademque libertas« aller Adligen fand 1514 seinen Niederschlag im → Tripartitum des Stephan Werbőczy.

H. Göckenjan

Lit.: L. ERDÉLYI, Az aranybulla társadalma, Fejérpataky-Emlékkönyv, 1917 – E. MÁLYUSZ, Die Entstehung der Stände im ma. Ungarn, L'organisation corporative du MA, 1937 – J. DEÉR, Der Weg zur Goldenen Bulle Andreas' II. von 1222, Schweizer Beitr. zur Allg. Gesch. 10, 1952, 104ff. – P. ENGEL, A magyar világi nagybirtok megoszlása a XV. században, Az Egyetemi Könyvtár évkönyvei (Jb. der Universitätsbibliothek) 6, 1968, 337ff – E. FÜGEDI, A 15. századi magyar arisztokrácia mobilitása, 1970 – J. M. BAK, Kgtm. und Stände in Ungarn im 14.–16. Jh., 1973 – E. FÜGEDI, Uram, Királyom... A XV. századi Magyarország hatalmasai, 1974.

VIII. SKANDINAVIEN: Der Titel b. (anorw. *bar[r]ún*, *baron*) wurde nach den isländ. Annalen im Jahre 1277 in Norwegen an Stelle von *lendrmaðr* (→ Lendermenn) als Bezeichnung des höchsten Ranges innerhalb der weltl.

Aristokratie eingeführt. Die Übersetzung von lendrmaðr in B. wird in lat. Quellen spätestens um die Mitte des 13. Jh. üblich, aber bereits um 1190 ist überliefert, daß ein norw. Adliger als B. bezeichnet wurde. In einigen Hss. jüngerer Gesetzestexte (Landrecht von 1274, Stadtrecht von 1276, Hofrecht von 1274–77) erscheint – wohl entsprechend dem Sprachgebrauch der Abfassungszeit (meist nach 1300) – durchgängig B. für lendrmaðr. Der neue Titel bedeutete keine Veränderung des polit., sozialen und rechtl. Status der Lendermennschicht. Auch nach 1277 ist lendrmaðr weiterhin belegt.

Daß der Titel in Norwegen eingeführt wurde, nicht aber in Dänemark und Schweden, hängt wohl mit den engen Beziehungen des Landes zu England und Schottland zusammen. Die nach lat.-kontinentalem Sprachgebrauch vorgenommene formale Änderung des Titels ist darüber hinaus Ausdruck einer allgemeinen Tendenz zur Angleichung des norw. Adels an internationale Vorbilder. Diese Tendenz wird auch bei der Einführung des Rittertitels (→ Ritter) und der Umorganisation des kgl. Gefolges (→ Hird) deutlich. Aufgrund der kgl. Verordnung von 1308 wurden keine neuen Lendermenn mehr ernannt, so daß der lendrmaðr-Baron-Titel in der Folgezeit außer Gebrauch kam.

S. Bagge

Lit.: KL I, 352–354 – K. E. LÖFQVIST, Om riddarväsen och frälse i nordisk medeltid, 1935 – K. HELLE, Konge og gode menn i norsk riksstyring ca. 1150–1319, 1972.

Barone, Krieg der (Barons' War), Bezeichnung für die Auseinandersetzungen zw. dem engl. Kgtm. und den von Simon de → Montfort geführten Baronen (1264–67). Der K. der B. folgte der Ablehnung des Schiedsspruches von Amiens (→ Amiens, Mise d'), welcher die Annullierung der Provisions of → Oxford vorsah, durch Simon de Montfort und seine Anhänger. In dem ausbrechenden Bürgerkrieg war zunächst Kg. Heinrich III. erfolgreich. Er versammelte sein Heer in Oxford und belagerte anschließend Northampton (April 1264), wobei er die rebellierende Besatzung unter Führung Simons de Montfort d. J. zur Übergabe zwingen konnte. Darauf überrannte er die östl. Midlands und griff Simons de Montfort Truppen an, welche die Festung Rochester in SO-England belagerten. Der überwältigende Sieg, den De Montfort bei → Lewes (14. Mai 1264) errang, machte ihn jedoch nicht automatisch zum Herrn über England. Obwohl De Montfort nun »im Namen des Kg.s« regierte, gelang es ihm nicht, die Loyalität zahlreicher nördl. Barone und ebensowenig, trotz zweier Feldzüge, die Unterwerfung der walis. Marken zu sichern. Im Frühjahr 1265 wurde seine Position durch den Abfall seines führenden Parteigängers Gilbert de → Clare, Earl of Gloucester, und die Flucht Eduards (I.) aus der Gefangenschaft (28. Mai 1265) weiter geschwächt. Während De Montfort ein Bündnis mit → Llywelyn ap Gruffydd, Fs. v. Wales, zu schließen versuchte (Vertrag v. Pipton), waren Eduard und seine Anhänger bestrebt, ihm westl. des Severn eine Falle zu stellen. De Montfort plante nun, eine Vereinigung seiner Streitkräfte mit denjenigen Truppen, die Simon de Montfort d. J. aus dem Südosten heranführte, zu erreichen, doch Eduard überraschte und schlug die letzteren bei → Kenilworth.

Die vernichtende Niederlage und der Tod De Montforts in der Schlacht von → Evesham (4. Aug. 1265) hätten zur Beendigung des Bürgerkrieges führen können, doch rief das harte Vorgehen des Kg.s, der darangig, den Grundbesitz seiner Gegner zu konfiszieren, eine neue Welle des Widerstandes hervor. Im Kampf mit den sog. → Disinherited, den vom Güterverlust bedrohten Baronen, spielte Eduard die führende Rolle. Er besiegte die Rebellen bei

→ Axholme, zwang die → Cinque Ports zur Unterwerfung und leitete wohl auch die Belagerung Kenilworths, des Zentrums des baronialen Widerstandes (Juni 1266). Obwohl die als »Dictum v. → Kenilworth« bezeichnete Pazifikationsakte im Dez. die Besatzung von Kenilworth zur Kapitulation veranlaßte, setzten andere Gruppen von Aufständischen, bes. von der Isle of Ely aus, den Kampf fort. Erst nachdem Gilbert de Clare, Earl of Gloucester, der zwar auf seiten des Kg.s stand, aber die Forderungen der Disinherited nach Rehabilitation teilweise unterstützte, mit der Besetzung von London den Kg. zu weiteren Zugeständnissen genötigt hatte, endete der K. der B. Der organisierte Widerstand erlosch mit der Übergabe von Ely an Eduard (Juli 1267). C. H. Knowles

Lit.: F. M. POWICKE, Henry III and the Lord Edward, 1947 – R. F. TREHARNE, The Battle of Northampton (Northants. PP II, 1955), 13–30 – F. M. POWICKE u. a., The Battle of Lewes 1264, 1964.

Barone, Verschwörung der, aufsehenerregendste Episode des langen und verbissenen Kampfes zw. dem Feudaladel im Kgr. Neapel und der aragon. Dynastie, der sich 1485–87 durch offenen Aufstand gegen Ferdinand I. (Ferrante) verschärfte, nachdem die B. schon früher, zw. 1459 und 1464, dessen Thronfolge zu verhindern gesucht hatten. Ihre Reaktion richtete sich gegen den polit.-administrativen Modernisierungs- und Zentralisierungsprozeß des Kgr.es Neapel, der zu einer Verringerung der »Freiheiten« der B. und ihrer feudalen Privilegien führen mußte. Der Anlaß für die sog. Verschwörung war die Verhaftung der Söhne des verstorbenen Gf.en v. Nola, Orso Orsini, und des Gf.en v. Montorio, Pietro Lalle Camponesco (Mai–Juni 1485). Infolgedessen wandten sich die B., die schon seit langem konspirierten und Vereinbarungen getroffen hatten, an Papst Innozenz VIII., er als Oberherr des Kgr.es solle die Tyrannei der Aragonesen anprangern, sowie an Hzg. René v. Lothringen, er solle als Nachkomme des Hauses Anjou seine Rechte auf den neapolitan. Thron geltend machen. Daher rührten die internationalen Verwicklungen dieser Verschwörung.

Nachdem man versucht hatte, in Migliònico (Sept. 1485) zu einer Einigung zu kommen, der die B. scheinbar zustimmten, rebellierte Aquila, und Friedrich, der Sohn des Kg.s, wurde in Salerno gefangengenommen, so daß sich die Lage verschärfte und es zum offenen Kampf kam, der auf verschiedenen Schauplätzen ausgetragen wurde. Nach der Schlacht v. Montorio (bei Acquapendente: 6. Mai 1486) gelang es Ferrante, einen Keil zw. Papst und B. zu treiben und Verhandlungen einzuleiten, die schließl. zum Frieden vom 11. Sept. 1486 führten, in dem der Kg. die Oberhoheit der Kirche über das Regnum anerkannte und sich verpflichtete, den Rebellen, sofern sie zur Unterwerfung bereit waren, Amnestie zu gewähren. Garanten für diesen Frieden waren Ferdinand der Katholische, Ludovico il Moro und Lorenzo il Magnifico. In Wirklichkeit war aber Ferrante entschlossen, sich zu rächen. Unter der Anklage, rechtswidrige Handlungen gegenüber der öffentl. Verwaltung begangen zu haben, wurden der Gf. v. Sarno, Francesco Coppola, und der Sekretär des Kg.s, Antonello de Petruciis, mit ihren Söhnen eingekerkert und zum Tode verurteilt. Den B.n, die wieder zu den Waffen gegriffen hatten und im Lauf des Jahres 1487 in die Hände des Kg.s gefallen waren, wurde gleichfalls der Prozeß gemacht, was großes Aufsehen erregte: Einige wurden auf barbar. Weise in den Geheimverliesen von Castelnuovo umgebracht. Andere schmachteten dort bis zur Ankunft Karls VIII. in Neapel. M. Del Treppo

Q.: C. PORZIO, La congiura dei baroni, 1565 [ed. S. D'ALOE, 1859; im Anhang die beiden Prozeßberichte] – Weitere Lit. fehlt.

Baronnies (Les Baronnies), südl. Provinz der → Dauphiné, aus einem Teil der Baronien Montauban und Mévouillon entstanden, bildete seit dem Beginn des 14. Jh. ein bedeutendes bailliage (→ bailli) um die Städte Buis-les-Baronnies und Nyons (Dép. Drôme). Diese Baronien zogen (ebenso wie diejenigen von Sault und das Fsm. → Orange) aus dem Zerfall der Mgft. → Provence, welche zu einer weitgehenden Unabhängigkeit dieser Herrschaften führte und ihnen eine eigene Territorialbildung an der Peripherie und auf Kosten der Gft.en → Provence und → Forcalquier, der → Dauphiné und des → Comtat Venaissin ermöglichte. Käufe von seiten der Familien Mévouillon (sowie der mit ihnen verschwägerten Familie Orange) und der → Montauban sowie der Austausch und die Übertragung von Lehnsverhältnissen führten zu einer Aufteilung dieser Baronien zw. der Dauphiné, welcher der größte Teil unterstand, dem päpstl. Comtat (bes. Valréas) der Provence (Vallée d'Oule, das dem bailliage Sisteron eingegliedert wurde) und dem Haus Les Baux (Seitenlinien Caromb und Brantes). Der zur Dauphiné gehörige Teil bildete die Apanage des Heinrich (Henri Dauphin), »baron de Montauban«, Bf. v. Metz und Regent der Dauphiné für seinen Neffen Guigo VIII.; nach seinem Tod (1327) wurden die B. der Domäne der Fs.en der Dauphiné wiedereingegliedert. Die B. umfaßten hauptsächl. die Kastellaneien Arpavon, Buis-les-B., Mérindol, Mévouillon, Mirabel-aux-B., Montauban, Nyons, Ste-Euphémie, St-Maurice, Ubrieux (die Rechnungen dieser Kastellaneien sind seit 1317 bzw. 1327 vollständig erhalten) und in provisor. Weise zehn weitere Kastellaneien. R.-H. Bautier

Lit.: C. BERNARD, Hist. de Buis-les-B., 1956 – R. H. BAUTIER–J. SORNAY, Les sources de l'hist. économique et sociale du MA, I. Provence, Comtat, Dauphiné..., I–III, 1968–74, passim [Index] – P. POINDRON, L'expansion du comté de Provence vers le Nord sous les Angevins (Provence hist., 1968, 2) – E. BARATIER, G. DUBY, E. HILDESHEIMER, Atlas hist. de Provence, 1969.

Barontus v. Lonrey (Longoretum) → Visio Baronti

Barraganía bezeichnet im ma. Spanien die dauernde weltl. Verbindung von Mann und Frau, wenn diese keine Ehe schließen dürfen, sei es, daß es sich um zu diesem Zeitpunkt verheiratete Laien oder um Kleriker, denen die Eheschließung verboten ist, handelt. Diese Institution löst → Konkubinat und Usus-Ehe des röm. Rechtes ab, welche im MA ihre Geltung verlieren, da allen Personen die rechtmäßige Eheschließung zugestanden wird. Die lokalen Rechte der meisten Gemeinden in Spanien gestatten und regeln die B. im Gegensatz zum kanon. Recht, das sie streng untersagt. Mit der Einführung des Territorialrechts wird die B. im Zivilrecht in Übereinstimmung mit dem Kirchenrecht verboten. Die B. der Kleriker existiert seit dem 2. Laterankonzil von 1139, c. 7. Die Kirche hat sie stets verboten, wenn auch mit geringem Erfolg; erst aufgrund der Reformen des ausgehenden 15. Jh. nimmt die B. ab. Im allgemeinen wurde die B. durch ein amtl. Dokument geschlossen, oder sie begründete sich durch tatsächl. Zusammenleben während eines Jahres. Gemäß den »Partidas« Alfons' X. mußte die *Barragana*, die Frau in dieser Verbindung, wie bei einer Ehe mindestens zwölf Jahre alt sein, und es gab für die B. dieselben Hindernisse wie für die Eheschließung. Der Charakter der B. ist monogam und schließt ein Zusammenleben des Mannes mit anderen Frauen aus. Sie ist ein öffentl. durch das Recht anerkannter Stand, der es der Frau gestattet, als Barragana offen und legal im Haus des Mannes zu leben. Gewöhnl. werden der Barragana beim Tod des Mannes ähnl. Rechte wie der Ehefrau zugestanden, v. a. hinsichtl. der Verwaltung der Güter des minderjährigen Kindes, der Vormundschaft, der Erbberechtigung usw. Die B. endet durch den Tod oder durch die Entscheidung eines oder beider Beteiligten, die Verbindung aufzulösen. → Ehe, → Zölibat.

A. García y García

Lit.: E. GACTO FERNÁNDEZ, La filiación no legítima en el derecho histórico español, 1969, 3–55 [Q. und Lit.].

Barrage, droit de Barre → Zoll, -wesen

Barren (engl. *ingot*, frz. *lingot*), Metallklumpen regelmäßiger oder unregelmäßiger Gestalt, seit der Bronzezeit als Zahlungsmittel sowie zum Transport und zur Hortung, gelegentl. auch als Ehrengeschenk verwandt. In Spätantike und Völkerwanderungszeit offizielle Silberbarren in Rund- und Doppelaxtform (Fundorte innerhalb des Röm. Reiches, im heut. Deutschland, den Niederlanden und Großbritannien) und stangenförmige Goldbarren (Fundorte u. a. auf dem Balkan), jeweils mit eingeschlagenen Wertstempeln. In der Merowingerzeit bezeugen B. in einigen Schatzfunden in Frankreich und Friesland deren Verwendung als Zahlungsmittel. Mit dem Übergang von der Gold- zur Silberwährung (Ende 7. Jh.) begegnen nur noch Silberbarren. Bes. reich sind Silberbarren in den Schatzfunden des 9.–11. Jh. im Ostseegebiet vertreten; neben Stabbarren, häufig zerhackt, kommen auch Ringbarren vor. Seit dem 12. Jh. (Fund Fulda um 1115) sind silberne »Gußkönige« in Halbkugelform, seit dem 13. Jh. mit Herkunftsstempeln, bes. in Niedersachsen belegt. 1382 erfolgte eine Einigung niedersächs. Städte, B. (»Usualmarken«) gemeinsamer Währung, mit einem Kronenstempel versehen, auszubringen. Zeitgenöss. Bezeichnung der Silberbarren des 14. Jh.: *Argentum examinatum, argentum usuale, argentum nigrum, argentum purum, lodiges silver*. Gleichzeitig wird die Barrenwährung zur abstrakten Rechnungseinheit, auf die bei Kursschwankungen Münzwerte bezogen werden. Goldbarren sind gelegentl. im 14. Jh. nachgewiesen (Besitz von Juden?). Eine Sonderentwicklung vollzieht sich im ma. Rußland: Entwicklung von formlos gewogenen Silber zur staatl. gestempelten Barrenmünze seit dem 10. Jh., seit dem 13. Jh. *Grivna* von Novgorod in Stangenform. Der Schatzfund von Burge (Gotland, Kirchspiel Lummelunda; um 1145) enthält neben vorwiegend d. Münzen russ. Silberbarren, z. T. mit eingeritzten Inschriften aus Novgorod.

P. Berghaus

Lit.: Wb. der Münzkunde, 1930, 58–62 – HOOPS² II, 60–71 – KLNM 15, 276–279 [N. L. RASMUSSON] – N. BAUER, Die Silber- und Goldbarren des russ. MA, NumZ 62, 1929, 77–120; 64, 1931, 61–100 – A. LOEHR, Probleme der Silberbarren, NumZ 64, 1931, 101–105 – H. BUCK, Das Geld- und Münzwesen der Städte in den Landen Hannover und Braunschweig, 1935 – W. HÄVERNICK, Der Silberbarrenfund von Sonneborn, Bll. für Münzfreunde 74, 1939, 390–392 – N. L. RASMUSSON, Reserlingar och barrer som betalningsmedel på Gotland under 1200-talet, Gotländskt Arkiv 12, 1940, 29–44 – W. SALOMONSON, Zwei spätröm. Geschenksilberbarren mit eingestempelten Inschr. in Leiden, Oudheidk. Mededel. 42, 1952, 63–77 – P. BERGHAUS, Der ma. Goldschatzfund aus Limburg/Lahn, NassA 72, 1961, 31–46 – R. DEHNKE, Bremer Silbermarken als Zahlungsmittel im SpätMA, Brem. Jb. 50, 1965, 135–207 – J. NAPLEPA, Den fornryska inskriptionen Byleta på en av silverbarrerna från Lummelunda, Fornvännen 66, 1971, 270–275 – H. U. INSTINSKY, Der spätröm. Silberschatzfund von Kaiseraugst, AAMz, Jg. 1971, Nr. 5 – L. LUNDSTRÖM, Bitsilver och betalningsringar, Studier i svenska depåfynd från vikingatiden, Theses and papers in North-European archaeology 2, 1973.

Barres, Guillaume des, frz. Heerführer, † 23. März 1233. Guillaume III. des Barres, Herr v. Oissery, St-Pathus und La Ferté-Alais, außerdem auch Gf. v. Chalon, Sohn Guillaumes II. des Barres, entstammte einer Adelsfamilie der Brie. Er ist v. a. durch die Werke → Rigords und → Wilhelms des Bretonen bekannt. Bedeutende militär. Leistungen und Erfolge während der Regierung Kg. Philipps II. August begründeten seinen Ruf: So tat er sich während des 3. Kreuzzuges (→ Kreuzzug, 3.) bei der Belagerung von Jaffa hervor (Aug. 1192), dann bei der frz. Eroberung der → Normandie (1203–04) sowie in der Schlacht v. Damme (1. Juni 1213) und bes. bei → Bouvines (27. Juli 1214), wo er das Leben des Kg.s rettete. Reiche Schenkungen Philipps August und Ludwigs VIII. belohnten seine Kriegstaten. Beide Kg.e vertrauten ihm mehrfach das Amt eines Schiedsrichters an, so zw. Blanca v. Navarra und Renaut de → Dammartin (1208). Er nahm an der Versammlung teil, die Ludwig VIII. am 3. Nov. 1226, kurz vor seinem Tod, in → Montpensier abhielt. *Monachus ad succurendum* der Abtei Fontaine-les-Nonnes bei Meaux (zur Kongregation v. → Fontevrault gehörig), starb er dort; sein Tod wurde durch einen Totenrotel (Paris, Privatsammlung) angezeigt (→ Rotulus).

J. Dufour

Q. und Lit.: E. GRÉSY, Étude hist. et paléographique sur le rouleau mortuaire de G. des B., 1865 – L. DELISLE, Rouleaux des morts du IXᵉ au XVᵉ s., 1866, n° LXII, 407–420 – P. QUEVERS–H. STEIN, Inscriptions de l'ancien dioc. de Sens III, 1902, 416–418 – A. ENDRÈS, Le rouleau des morts de G. des B. Itinéraire (...), Bull. phil. hist. du Comité des travaux hist., 1969 [1972], 749–769 [Karte, Abb.] – Vgl. auch die Ed. zu → Rigord und → Wilhelm der Bretone.

Barrientos, Lope de, OP, * 1382 in Medina del Campo, † 30. Mai 1469 in Cuenca, studierte an der Univ. Salamanca, trat in den Dominikanerorden ein und hatte 1415 den Lehrstuhl für Theologie an der erwähnten Universität inne. 1434 ernannte ihn Johann II. zu seinem Beichtvater und zum Erzieher des Infanten Heinrich. Er war Bf. v. Segovia (1438/41), Ávila (1441/45) und Cuenca (1445/1469). Als Ratgeber des Königs griff er wiederholt in die Politik ein; Heinrich IV. machte ihn zum Kanzler (*Canciller Mayor*) für Kastilien. Reformfreundlich, hielt er Synoden ab und trug für die Ausbildung des Klerus Sorge. Er schrieb eine Chronik über Johann II., die bis zum Jahr 1439 reichte.

R. Hernández

Hss.: Clavis Sapientiae (BN. Madrid, ms. 1795) – Constitutiones sinodales (Segovia, Bibl. Catedr., ms. 93) – *Ed.*: Tratado del caso y fortuna, ed. L. G. A. GETINO, 1927 – Contra los cizañadores de la Nación de los convertidos de Israel, a. a. O. – Tractados del dormir e despertar e soñar..., a. a. O. – Refundición de la Crónica del Halconero por el obispo Don Lope Barrientos, ed. J. DE MATA CARRIAZO, 1946 (Colección de crónicas españoles 9). – *Lit.*: V. BELTRÁN DE HEREDIA, Bulario de la Univ. de Salamanca III, 543 – R. HERNÁNDEZ, Teólogos Dominicos... (Repert. de Hist. de las Ciencias Ecles. en España 3, 1971), 204–207.

Barrier, Pierre, kgl. Notar 1303–45, † 3. Jan. 1351, ⌑ Paris, Notre-Dame. B. war einer der aktivsten Notare der kgl. Kanzlei; unmittelbarer Helfer des Kanzlers, stand er im Mittelpunkt der polit. Tätigkeit des Kronrates (*Conseil du roi*). Er redigierte eine größere Anzahl von Urkunden, die der Kg. persönl. ausstellte. Der Kg. stattete ihn mit zahlreichen Pfründen aus (Kanonikate v. Bourges, Paris, Cambrai, Thérouanne, Nevers, Péronne, Melun, Schatzmeisteramt v. Nevers). – Nicht zu verwechseln mit → Barrière, Pierre.

R.-H. Bautier

Lit.: Gallia regia Philippica [R. FAWTIER, R.-H. BAUTIER, F. MAILLARD; in Vorbereitung].

Barrière. 1. B., Pierre, Bf. v. Senlis seit 1314, † 30. Okt. 1334 Priorat Acy, ⌑ Abtei Chaalis. Er war 1315 mit der Verhängung des Banns über die Flamen (→ Flandern) beauftragt. Ebenso bannte er 1329 das Bm. → Tournai, dessen Unterwerfung er später entgegennahm. Unter seinem Episkopat fand in Senlis die Synode statt, die über Pierre de Latilly, den letzten Kanzler Philipps des Schönen, richtete (1315). B. hob am 16. Febr. 1330 die Kommune v. Senlis auf. – Nicht zu verwechseln mit → Barrier, Pierre.

R.-H. Bautier

Lit.: Gallia regia Philippica [R. FAWTIER, R.-H. BAUTIER, F. MAILLARD; in Vorbereitung].

2. B., Pierre-Raymond de (auch: de La B.), frz. Prälat, * in Rodez, † 13. Juni 1383 in Avignon, entstammte einer Familie, die im Dienst der Gf.en v. Armagnac und Rodez sowie der Kirche von Rodez stand. B., Augustinerchorherr, studierte Recht und Theologie in Toulouse und Bordeaux; er soll seit seinem 18. Lebensjahr in Paris gelehrt haben. Bf. v. León in Spanien (1360), dann von Toul (1361), war er Testamentsvollstrecker des Kard.s Johann v. Caraman († 1. Aug. 1361). Durch Urban V. wurde er zum Conservator für Robert v. Genf, Bf. v. Thérouanne, einen Verwandten der Armagnac, designiert (9. Juni 1363). Als Bf. v. Mirepoix (seit 5. Juli 1363) Inhaber einer strateg. wichtigen, durch die engl. Bedrohung gefährdeten Position, gab ihm Gregor XI. 1377 das einträgl. Bm. Autun. Er verweigerte die Annahme des Kardinalshutes, als er ihm von Urban VI. angeboten wurde, nahm die Kardinalswürde jedoch aus den Händen Roberts v. Genf nach dessen Wahl zum Papst (Clemens VII.) in Fondi sogleich an (16. Dez. 1378) und empfing diesen am 4. Mai 1379 in Paris in Gegenwart von Karl V. (→Abendländisches Schisma). Im Okt. zu Clemens VII. nach Avignon zurückgekehrt, widmete B., Kard. v. S. Marcellino e Pietro (gen. »cardinal d'Autun«), dem Kg. seinen Traktat »De schismate«, der sich gegen »De fletu ecclesiae« des Johannes v. Legnano richtete. – Ratgeber der Gouverneure des Languedoc, Ludwig v. Anjou (1364–80) und Johann v. Berry, der Brüder Karls V., beteiligte sich B. v. a. durch seine Predigten (6. März und 29. Mai 1382) an den Vorbereitungen Ludwigs zur krieger. Durchsetzung der Nachfolge Johannas, der Kgn. v. →Neapel. M. Hayez

Q.: Lettres comm. d'Urbain V, Nr. 4525, 7980, 13999, 15063 – Ed.: De Schismate (C. DU BOULAY, Hist. universitatis Parisiensis IV, 1668), 529–554 – Lit.: DBF V, 604f. – DHGE VI, 927f. – F. DUCHESNE, Hist. de tous les card. fr., 1660, 661–662 (Porträt nach seinem Grabmal in der Kathedrale v. Avignon) – P. HUOT, P. de B. et son rôle pendant le Grand Schisme, Mém. Soc. Éduenne 26, 1898, 147–170 – N. VALOIS, La France et le Grand Schisme I.

Barschalken (barscalci). Die B. kommen v. a. im 8. und 9. Jh., seltener zum 13. Jh. vor. Der Name ist im südöstl. Bayern und im westl. Salzkammergut und Innviertel belegt; er enthält die Bestandteile -*skalk* ('Knecht') und *bar*, was 'Zins' (Ertrag) oder 'freier Mann' bedeutet. Rechtlich waren die B. auf der einen Seite – mindestens seit dem 11. Jh. – freie Vertragspartner, die auch Hufen mit Unfreien besaßen und selbst Freilassungen vornahmen und als Zeugen auftraten; sie wurden z. T. als liberi homines bezeichnet. Das Wergeld für den B. entsprach dem der →Kolonen. Jedoch läßt sich auch früh ein Abhängigkeitsverhältnis von Kg., Hzg. und geistl. Grundherrschaften nachweisen. Die Dienstpflicht (servitium) der B. wurde offenbar vertragsmäßig bei der Verleihung von Grund und Boden geregelt. Ehen der B. mit anderen Halbfreien, Kolonen, Eigenleuten, aber auch Unfreien sind möglich; die B. heben sich aber deutlich von der untersten grundherrl. Schicht ab. Die B. standen wohl ähnlichen sozialen Bildungen anderer Landschaften, etwa den Kolonen Mitteldeutschlands, weniger den →Bargilden, nahe. Die Annahme roman. Herkunft oder einer »Königsfreiheit« erscheint hingegen weniger gerechtfertigt. W. Metz

Lit.: HOOPS² II, 73 f. [F. PRINZ] – HRG I, 317–319 [R. SCHEYHING] – A. JANDA, Die B. Ein Beitr. zur Sozial- und Wirtschaftsgesch. des MA, Veröff. des Seminars für Wirtschafts- und Kulturgesch. an der Univ. Wien 2, 1926.

Bar-sur-Aube, Bar-sur-Seine → Bar

Bart (frz. bavière, it. barbotto), stählerner Schutz der unteren Gesichtshälfte und des Halses. Der B. erscheint zuerst um 1320 als vorgeschaltete Turnierverstärkung des →Topfhelms. Gleichzeitig mit der Mode der großen Kragen beim Zivilkostüm um 1320–30 kam ein rundum geschlossener kragenartiger Bart auf, der zusammen mit der →Beckenhaube und auch mit dem →Eisenhut (Burgos, Portal des Domkreuzganges) getragen wurde. Die Kombination Kragenbart-Beckenhaube verschwand bald, tauchte aber zu Ende des 14. Jh. abermals auf. Aus ihr entstand das →Grand Bacinet. Um 1420–30 bildeten sich zwei grundverschiedene Arten des B.s heraus, der it. B. und der dt. B. Der *it. B.* wurde dem →Armet vorgeschnallt und hatte an seinem Unterrand zwei bis drei bewegl. Halsreifen angefügt. Um 1500 (Helm des Gian Giacomo Trivulzio, Wien, Waffenslg. A 5) zerlegte man den it. B. oft in einen »halben Bart« ohne Halsreifen und in einen »Kinnbart« mit Ohrenlaschen und schmalem Kinnteil samt Halsreifen. Zusammen ergaben beide Teile einen ganzen B. Der *dt. B.* wurde zu →Eisenhut oder →Schaller getragen und war an der Brust festgesteckt. Sein Gesichtsteil konnte gewöhnl. nach unten geklappt werden. O. Gamber

Lit.: O. GAMBER, Harnischstud. V, 1953; VI, 1955 – L. G. BOCCIA – E. T. COELHO, L'Arte dell'Armatura in Italia, 1967.

Bart. Die ausdrucksstarke Einheit mit →Haartracht und Gesicht machte den B. zu einem Bedeutungsträger in Religion und Kult (Initiationszeremonien; bärtige hl. Frauen; B. = Sitz der Persönlichkeit), im Recht (Schwören beim eigenen B.; Siegel an Barthaaren; Generationsfaktor), im Brauchtum (Zeichen der Trauer), im Aberglauben (barbatus = epilepticus = lunaticus; roter B. = Judasbart), in der Sage (nach dem Tode weiterwachsender B.) und in der →Mode (Bartformen und -trachten; Wechsel zw. bärtigen und bartlosen Modephasen; Blondfärben). Differenzierte Aussagen sind aber kaum möglich, denn Haar- wie Barttracht divergieren nach Nationalität und Stand des Trägers sowie nach Zeit, Ort und Quellengattung. Da der Klerus des Ostens die vorchr. oriental. Tradition der Vollbärtigkeit übernahm, während die abendländ. Priester und Mönche nach röm. Sitte bartlos blieben, vermitteln bis ca. 1100 die Differenzen der diesbezügl. noch heute gespaltenen Kirche die besten Kenntnisse zur Geschichte des B.es im MA.; bes. verpönt waren der lange Vollbart (barba prolixa) und der B. auf der Oberlippe. Erhebl. Auffassungsverschiedenheiten werden aber sowohl durch die im 12. Jh. erschienene »Apologia de barbis« des Abtes Burchard v. Bellevaux (ed. GOLDSCHMIDT, 1935) als auch von einer Reihe bärtiger Päpste bezeugt (bes. 1. Hälfte 12. Jh. und 2. Hälfte 13. Jh., wohl unter Einfluß der Kreuzzüge). Laienbrüder sind hingegen stets bärtig (fratres barbati, →Konversen), desgleichen die Templer, Pilger, Einsiedler, Juden und wahrscheinl. ein Großteil der unteren Bevölkerungsschichten. Nach byz. Vorbild erlangte auch der abendländ. Herrscherbart (→Herrschaftszeichen) allmählich zunehmende Länge, was zu einem bewußten Kontrast bärtiger Ks. – bartloser Papst führte.

Das Rasiergebot für den Klerus bedingte zwar keineswegs eine permanente Glattrasur (Intervalle je nach Orden sechsmal jährl. bis einmal vierzehntägig), wertete aber die bartlose Tracht nach und nach auf und begünstigte so die Etablierung der →Barbiere als Berufsgruppe. Als deren Arbeitsrequisiten dienten: Umhänge mit einer Ausnehmung für den Hals, Becken, Lauge, Rasiermesser, Schleifsteine, Lanzette, Pinzette, Kamm, Schere, gewärmte Frottiertücher und diverse Etuis; auch die schon aus Kl. des 13. Jh. bekannte Erzeugung und Verwendung von Tinkturen aus selbstgezogenen aromat. Kräutern geht in den berufl. Gebrauch über. Rasiergeräte, die dem privaten Gebrauch vorbehalten waren, konnten je nach Stand des Besitzers aus sehr luxuriösen Materialien verfertigt sein.

Speziell das Rasiermesser (rasor, -ium, rasiolum, novaculum) erfuhr aber typolog. bis in die Gegenwart nur relativ geringe Variationen. Das ganze MA hindurch wurde das Rasieren auch im weltl. Bereich nie zu einer tägl. Verrichtung. In bartlosen Zeiten erfolgte zu bestimmten Anlässen die Verwendung von künstl. Bärten (z.B. goldener Trauerbart des »Roi René«, 1477), deren Produktionsstätten in Spanien lagen, wo im 14.Jh. auch bereits die ersten Verbote auftraten. H. Hundsbichler

Lit.: HDA I, 929-931 – LThK² I, 4f. [Lit.] – RDK I, 1469-1478 – G. ZAPPERT, Über das Badewesen in ma. und spätrer Zeit, AÖG 21, 1859, 99f. – V. GAY, Glossaire Archéologique I, 1877, 117f. – E. FORSTER, Haar- und Barttracht vom Altertum bis zur Gegenwart, 1924 – R. REYNOLDS, Beards, 1950 [Lit.] – P. E. SCHRAMM, Zur Haar- und Barttracht als Kennzeichen im germ. Altertum und MA (Herrschaftszeichen und Staatssymbolik I, 1954), 118-127 [Lit.] – H. R. D'ALLEMAGNE, Les Accessoires du Costume et du Mobilier, 1928 und 1970, 314-316, 461f.

Bartholomaeus, hl. Apostel und Märtyrer (Fest 24. oder 25. Aug.); nach spätma. Legende aus syr. Königsgeschlecht. B. wird dem Nathanael des NT (Joh 1, 45) gleichgesetzt. Nach den verschiedenen frühchr. Quellen (dem apokryphen B.-Ev. Bartholomaei) war der Hl. als Missionar vorzugsweise in »Indien«, Persien und Armenien tätig und wurde in Armenien durch Enthauptung hingerichtet (auch verschiedene andere Todesarten sind überliefert), nachdem man ihn geschunden hatte. Schon im 5./6. Jh. beanspruchten oriental. Städte (z. B. Bachkale in Armenien, Daras in Mesopotamien u.a.) seine Reliquien. Um 580 kamen der Überlieferung nach Teile von Reliquien auf die Insel Lipari und 838 bei einem Sarazeneneinfall von dort nach Benevent, 983 wurden sie durch Otto III. auf die Tiberinsel in Rom (S. Bartolomeo) verbracht. In Frankreich erhielt eine Benediktinerabtei Reliquien aus Italien und nannte sich seither Benevent-l'Abbaye (Creuse). Eduard der Bekenner gab im 11. Jh. Reliquien von B. nach Canterbury. 1238 kam die Hirnschale in den Dom von Frankfurt a. M., der von da ab B. als Patrozinium feiert. Auch Andechs rühmte sich des Besitzes von B.-Reliquien.

Die Verehrung von B. findet erst spät einen Niederschlag in Kultstätten. Seit dem 10. Jh., schlagartig im 11./12. Jh., häufen sich die B.-Patrozinien. Sie finden sich v. a. in ma. Rodungsgebieten, in Ostdeutschland, in Böhmen und Mähren. B. ist häufig Patron von Metzger-, Gerber- und Schuhmacher-Zünften; er wurde gegen Dämonen und Geister angerufen (Hildesheim 1034) und ist deshalb Schutzheiliger von Friedhofskapellen. Als Helfer bei Aussatz wird er zum Spitalpatron. Seine Attribute sind Messer (Altar des B.-Meisters um 1480, München, Alte Pinakothek) und geschundene Haut (Dreikönigenschrein im Kölner Dom, 1181/1230). B. erscheint in der Reihe der Apostel in der altchr. und byz. Kunst mit Rolle oder Buch als Sinnbild der Verkündigung des Evangeliums (Mosaik in S. Vitale zu Ravenna 6. Jh.). Seit dem 12. Jh. wird er häufiger und vereinzelt auch allein dargestellt. M. Zender

Q.: BHG³ 227-232f. – BHG Auct. 1969, 226-232b – BHL 1001-14 – Lit.: AASS Aug. V, 7-108 – LThK² II, 9-10 [Lit.] – LCI V, 320-334 [Lit.] – Bibl. SS. II, 852-878.

Bartholom(a)eus (s. a. Bartolomeo)

1. B. (Hominis de Taiuti), Bf. v. Urbino, Augustinertheologe (→ Augustinerschule), Wegbereiter des Humanismus und vertiefter Väterstudien. Seit 1321 lehrte er in Bologna und war mit Petrarca befreundet. † 3. Mai 1350 als Bf. seiner Vaterstadt (seit 1347). Von seinen umfassenden Florilegien »Milleloquium S. Augustini« (5× gedruckt, zuerst Lyon 1555) und »Milleloquium S. Ambrosii« (gedruckt Lyon 1556) hat das erste schon im MA großen Einfluß gewonnen. Es bietet unter 1000 alphabet. geordneten Stichworten gegen 15000 Exzerpte aus Augustinus. Die beigegebene Rezension von Augustins Schriften ist »eine für jene Zeit erstaunliche Leistung« (ARBESMANN).
A. Zumkeller

Lit.: PERINI I, 203-205 – V. J. FITZPATRICK, B. of U., The sermons embraced in his »M. S. Aug.« [ungedruckte Diss., Washington 1954] – ZUMKELLER, Manuskripte, 172-174 – R. ARBESMANN, Der Augustiner-Eremitenorden und der Beginn der humanist. Bewegung, 1965, 36-55 – DERS., The Question of the Authorship of the »Milleloquium Veritatis S. Augustini«, Παράδοσις (Fschr. in Memory of Edwin A. QUAIN, 1976), 169-187 – GINDELE, 178 – TEEUWEN, 167f. und passim.

2. B. Anglicus OFM, Enzyklopädist, * gegen Ende des 12. Jh., † nach 1250, lange mit einem Gleichnamigen des 14. Jh. verwechselt. Nach dem Zeugnis der Ordenschronisten Salimbene und Jordanus v. Giano war B. engl. Minorit, lehrte 1230 als baccalaureus biblicus in Paris und kam 1231 als Lektor nach Magdeburg. Neben Studien zur Bibel und Predigt vollendete B. nach 1235 sein Lebenswerk »De proprietatibus rerum«, eine hs. weitverbreitete Enzyklopädie, die in mehrere Volkssprachen übersetzt wurde und gedruckt zahlreiche Ausgaben erlebte. Sie stützt sich auf zahlreiche patrist. und ma. Quellen und auf eine Reihe arab. Quellen, aber auch auf profanantike Autoren wie Plinius, die gewöhnl. im Text genannt werden (vgl. Autorenregister am Ende der Hss. und Anfang der Ed.), und umfaßt 19 Bücher unterschiedl. Länge (B. 1-2: Gott und Hierarchie der Engel; B. 3-7: Mikrokosmos, d.h. Mensch mit Seele und Sinnen, Elementen, Körperteilen, Lebensaltern, Ständen, → res non naturales und Krankheiten; B. 8-9: supralunare Welt, d.h. Makrokosmos, nämlich Himmelskörper und Zeit/Zeitrechnung; B. 10-19: sublunare Welt, nämlich B. 10: Element Feuer; B. 11-12: Element Luft mit der Meteorologie und den Vögeln; B. 13: Element Wasser mit den Fischen; B. 14-18: Element Erde mit Beschreibung der Länder, Steine, Metalle, Pflanzen und Landtiere; B. 19: Accidentia, u.a. Farben, Gerüche, Töne, tier. Produkte und elementare Mathematik). Prolog und Epilog motivieren das Werk theol. als Beitrag zum tieferen Verständnis der in der Bibel erwähnten Begriffe und Realien und damit auch der Wunder der göttl. Schöpfung. Dieser Rahmen wird aber oft, nach dem Vorgang der Etymologien Isidors und der Schriften des Aristoteles Latinus, überschritten. Selbständiger ist das z. T. auf Autopsie und zeitgenöss. franziskan. Missionsberichten basierende B. 15 (De provinciis, vgl. SCHÖNBACH, MÖIG 27, 1906). Allegorisierten und Moralisationen wie bei seinem Landsmann → Alexander Neckam fehlen, doch sind zahlreiche Hss. vom 14. (evtl. auch 13.) Jh. an mit ziemlich gleichlautenden marginalen Bemerkungen (z. B. nota de gula; nota contra invidiam) versehen, die auf Auslegemöglichkeiten der Motive in Predigt oder Exempliteratur hindeuten könnten. Zweck und mögliche Authentizität der Marginalien sind ebenso wenig untersucht wie die z. T. anonymen Sonderversionen der Enzyklopädie (verkürzte oder erweiterte Bearbeitungen, Exzerpte u. ä.), die einen erhebl. Teil der bedeutenden Wirkungsgeschichte bis ins 16. Jh. hinein ausmachen. Mit ihrer naturwissenschaftl. Orientierung hat sie selbst auf Theologie (Hugo v. Straßburg, † um 1270) wie Predigt (Berthold v. Regensburg, † 1272) und Spiritualität (Johannes Mauburnus, † 1501) Einfluß gewonnen.
Chr. Hünemörder/M. Mückshoff

Ed.: Verbreitetste, aber zieml. fehlerhafte Ausg.: Bartholomaei Anglici de genuinis rerum coelestium, terrestrium et inferarum proprietatibus (= De proprietatibus rerum), 1601 [Neudr. 1964] – Q. und Lit.: Salimbene, Chronica MGH SS 32, 94 – Jordanus v. Giano, Chronica Anal. Franciscana I 1885 17 n. 58, 18 n. 60 – RBMA 166f. – ECatt II, 915f. – NDB I, 610 – LThK² II, 9 – NC E II, 131 – Repfont II, 451-

453 – A. E. SCHÖNBACH, Stud. zur Gesch. der adt. Predigt, SAW 1906, 13 ff. – DERS., Des B. A. Beschreibung Dtl. gegen 1240, MÖIG 27, 1906, 54–90 – I. HUIJBEN, B. A. en zijn envloed: Ons geestlijk erf 1927, 61 ff., 158 ff. – SARTON II, 2, 586–588 – CH. E. RAVEN, Engl. Naturalists from Neckam to Ray, 1947, 13–21 – M. GOODICH, B. A. on childrearing, Hist. Childhood Quarterly, 1975, 3, 75–84.

3. B. v. Bologna → Bartholom(a)eus de Podio (17. B.)

4. B. Brixiensis, Kanonist in Bologna, † 1258, bekannt durch Überarbeitung, Vermittlung und Verbreitung von Werken anderer Autoren. Dies gilt v. a. für seine berühmteste Arbeit, die → Glossa ordinaria zum → Decretum Gratiani, eine um oder bald nach 1245 entstandene Überarbeitung der Glosse des → Johannes Teutonicus mit Anpassung der Dekretalen-Zitierweise an den Liber Extra, Korrekturen und Ergänzungen. Zusammen mit seinem Hauptwerk oft gedruckt sind die ebenfalls von ihm überarbeiteten »Casus decretorum« des → Benencasa Aretinus und die »Historiae decretorum« (ausgeführte Bibelstellen zum Dekret) eines Unbekannten (Autorschaft des Damasus unwahrscheinl.). Weite Verbreitung erfuhren durch B. ferner die → Brocardica des → Damasus Ungarus (nach 1234) und der → Ordo iudicarius seines Lehrers → Tankred (nach 1236). Die lange als eigenständiges Werk geltenden »Quaestiones veneriales et dominicales« (Endredaktion 1234–1241) dürften wohl eher auch auf eine Quaestionensammlung zurückzuführen sein. Zweifelhaft ist die Zuschreibung eines kleineren (unedierten) Repertorium Decreti. H. Zapp

Ed.: Glossa ord.: vor 1500 vgl. E. WILL, SG 6, 1959, 1–280; nach 1500 vgl. A. ADVERSI, ebd., 281–451 – Brocarda: z. B. Lyon 1519, Köln 1564 – Quaestiones: z. B. Rouen 1511 – *Lit.*: DBI VI, 691–696 [Lit.] – DDC II, 216–217 – NCE II, 132–133 – Repfont no. 453 f. – SCHULTE II, 83–88 – KUTTNER, 518 [Ind.].

5. B. v. Brügge, † 1356, Philosoph und Arzt, jedoch nicht identisch mit dem zeitgenöss. Arzt Bartholomaeus de Alkeriis de Brixia (Brescia). 1307 Magister artium an der Sorbonne, Aristoteleskommentator: Physik, Meteorologie, Poetik. Verfaßte eine Reihe noch unedierter Quaestionen zu log. Problemen (Nachweise bei PELZER) und med. Abhandlungen: Kommentare zu den hippokrat. »Aphorismen«, dem »Prognostikon« u. a. 1331 erhielt er ein Kanonikat an der Kathedrale von Cambrai. H.-J. Oesterle

Lit.: DHGE VI, 985–988 [A. PELZER] – DERS., RNPh 36, 1934, 459–474.

6. B. v. Capua, it. Rechtslehrer und Politiker, *24. Aug. 1248 in Capua, † 1328 in Neapel. Am 12. Sept. 1278 wurde B. in Neapel doctor legum. Seine für 1282–84 sicher bezeugte Lehrtätigkeit erstreckte sich wahrscheinl. von 1278 bis 1289. Er war familiaris und Ratgeber Kg. Karls I., v. a. aber von dessen Sohn Karl, Fs. v. Salerno, dem späteren Kg. Karl II., der ihn am 7. Juni 1290 zum → Protonotar und im Febr. 1296 zum → Logotheten des Kgr.es Sizilien ernannte. Bei dessen Sohn Robert v. Anjou hatte er die gleiche Stellung. B. wurde wiederholt mit diplomat. Missionen betraut, durch die er eine bedeutende Rolle in der Politik der Anjou spielte. Er versuchte, bei der Kurie eine wohlwollende Haltung in der siz. Frage zu erreichen, in der die Interessen der Anjou und der Aragón kollidierten. Unter Papst Coelestin V. war er auch notarius apostolicus, Papst Bonifatius VIII. betraute ihn mit den Verhandlungen, die dem Frieden v. → Anagni (12. Juni 1295) vorangingen, der eine provisor. Beilegung des angevin.-aragon. Konfliktes bringen sollte. Auch für die Innenpolitik hatte er große Bedeutung. B. v. C. wirkte unter Karl II. und Robert v. Anjou vor allem als Gesetzgeber, und zwar im Königreich Neapel und in der Provence und als Kommentator seiner Rechtsquellen. Von Karl II. erhielt er den Auftrag, die Consuetudines von Neapel zu revidieren. Diese waren vorher durch eine Zwölferkommission gesammelt worden, wurden »voto et communi consensu universitatis« approbiert und nach der Revision 1306 mit einer Vorrede des Kg.s publiziert. B.' Beitrag zur Rechtswissenschaft besteht in Glossen zu den Constitutiones et Capitula des Regnum, in einer Sammlung von Singularia v. a. zum Digestum vetus, ferner in 36 quaestiones, in Glossen zum Digestum vetus, zum Inforfiatum, zum Codex und zu den Institutiones (teilweise ed. von MEIJERS und seinen Schülern, teilweise noch unediert; cf. Rom, Bibl. Vat. ms. Ross. 582 und Urb. lat. 166; Wien, Österr. Nationalbibl. Ins. 2095). Die doppelte Rolle B.' als Rechtslehrer und hoher Beamter des Kgr.es führte zu einer glückl. Verbindung von Theorie und Praxis des Rechts. Er versuchte, in bestimmtem Maße die Zentralisierungstendenzen des angev. Hofes mit der alten Feudalstruktur des Regnum zu vereinigen. Kirchengeschichtl. bedeutsam sind die Angaben über Leben und Werke von Thomas v. Aquin, die B. in dessen Kanonisationsprozeß machte. G. di Renzo Villata

Ed. und Lit.: DBI, s. v. Bartolomeo da C. – G. PANCIROLI, De claris legum interpretibus, 1721, 134 – G. ORIGLIA, Istoria dello Studio di Napoli, 1759, 161 – L. GIUSTINIANI, Memorie e istoriche degli scrittori legali del Regno di Napoli, I, 1787, 203–209 – SAVIGNY V, 440–444 – C. MINIERI RICCIO, De' grandi uffiziali del Regno di Sicilia dal 1265 al 1285, 1872, 135–148 – R. TRIFONE, Il diritto consuetudinario in Napoli e la sua genesi, 1921 – DERS., Il pensiero giuridico e l'opera legislativa di Bartolomeo da C...., Scr. A. MAIORANNA, 1913, 123–168 – DERS., La legislazione angioina, 1921, XXI–XXIII – K. RIEDER, Das siz. Formel- und Ämterbuch des B. v. C., RQ 20, 2, 1906, 3–26 – E. BESTA, Storia del diritto it., hg. P. DEL GIUDICE, I, p. I Fonti: legislazione e scienza giuridica, 1923, 399, 741, 832, 882 – G. M. MONTI, La dottrina anti-imperiale degli Angioini di Napoli. I loro vicariati imperiali e B. da C. (Fschr. A. SOLMI, II, 1941), 13–54 – F. CALASSO, Medioevo del diritto, I: Le fonti, 1954, 417, 444 – A. NITSCHKE, Die Reden des Logotheten B. v. C., QFIAB, 35, 1955, 226–274 – COING, Hdb. I, 261, 273, 345, 358, 556, 631, 706, 708 – G. DOLEZALEK, Verz. der Hss. zum röm. Recht bis 1600, 1972, passim.

7. B. v. Exeter, † 1184, bret. Herkunft, verdankte seinen Aufstieg dem Bf. v. Exeter wesentl. der Gunst Heinrichs II. Er förderte im Sinne Heinrichs die Wahl → Thomas Beckets zum Ebf. v. Canterbury. 1164 gehörte er zu den Befürwortern der Konstitutionen v. → Clarendon. Im nächsten Jahr war er Mitglied einer Gesandtschaft Heinrichs II. an Papst Alexander III. Nach Beckets Ermordung (1170) wurde er zu einer der führenden Persönlichkeiten des engl. Episkopats. Er schrieb: »De praedestinatione«, »De libero arbitrio«, »De paenitentia«, »Contra falsitatis errorem«, »De mundo et corporibus coelestibus«, ferner ein Poenitentiale. H.-J. Oesterle

Lit.: DHGE VI, 1002 f. – DNB I, 1250 f. – A. MOREY, Bartholomew of Exeter, Bishop and Canonist, 1937.

8. B. von Faenza (Faventinus) OP, † nach 1278 in Bologna, Mitte des 13. Jh. als Diktator zweier Kard.e und zweier Päpste tätig, vielleicht ident. mit dem 1247–62 belegten Scriptor und Taxator B. f., nach 1264 Mitarbeiter des Ordensgenerals Johannes v. Vercelli. Für die Bedürfnisse der Kanzleien des Ordens verfaßte er seine »Summa brevis introductoria in artem dictaminis« mit einem Anhang zahlreicher echter Briefe. → Ars dictaminis.

H. M. Schaller

Lit.: DBI VI, 714 f. – T. KAEPPELI, Corrispondenza domenicana nell'Ars dictaminis di Bartolomeo da Faenza e in un formulario anonimo, APraed 21, 1951, 228–271 – G. NÜSKE, ADipl 20, 1974, 173 f., Nr. 39.

9. B. v. Grottaferrata, hl., *um 981 in Kalabrien, † 11. Nov. um 1055, studierte zunächst im naheliegenden gr. Kl. Johannes Kalybitis. Später schloß er sich seinem Landsmann, dem Mönch → Neilos, an. Zusammen gründeten sie bei Tusculum bei Rom das gr. Kl. → Grottaferrata. 1014 wurde B. Abt dieses Kl. Er nahm an der Lateransynode von 1044 teil. B. unterhielt enge Beziehungen zu den Gf.en v. → Tusculum und Papst Benedikt IX., auf dessen Abdankung (1045) er Einfluß ausübte. – B. gehörte zu den großen Hymnographen seines Kl. und hinterließ zahlreiche Kanones, Kontakien, Stichera und Idiomela, die er östl. und westl. Hl. widmete. Er verfaßte auch den Hymnus der Kirchenweihe von Grottaferrata (1024) und eine Akoluthie auf den hl. Neilos. → Basilianer.

E. Konstantinou

Lit.: BHG³ 233, 233b, c, e – DBI VI, 680–682 – DHGE VI, 1006f. – G. GIOVANELLI, S. Bartolomeo Juniore confondatore di Grottaferrata, 1962 – H. ZIMMERMANN, Papstabsetzungen des MA, 1968, 134f. – F. HALKIN, Recherches et documents d'hagiographie byz., 1971, 229–236 – K. J. HERRMANN, Das Tuskulanerpapsttum, 1973, 165, 175.

10. B. de Jano (Yano, Jennes, d.i. da Giano) OFM, * wohl Ende 14.Jh., † 1483. Als Theologen und gelehrten Prediger sandte ihn Papst Eugen IV. zur Aushandlung der geplanten Union mit den Orthodoxen nach Konstantinopel (1435). Er begleitete Ks. Johannes VIII. und den Patriarchen Joseph II. 1438 auf das Konzil von → Ferrara-Florenz. In Konstantinopel gründete er 1441 ein Franziskanerkloster, 1444 wurde er Vikar seines Ordens für den Orient. Er verfaßte einen Brief über osman. Feldzüge in Siebenbürgen und Sklavenhandel der Griechen, mit früher Erwähnung (1438) der osman. Knabenlese *(devşirme)*, und einen Brief über die Möglichkeiten, die Osmanen zu besiegen (1443). C. P. Haase

Ed.: Epistola de crudelitate Turcorum, MPG 158, 1055–1068 – Brief nach Jerusalem, ed. E. DUPONT (Anchiennes cronicques d'Engleterre par J. DE WAVRIN 2, 1859), 2–11 – Lit.: DBI VI, s.v. – EI², s.v. devshirme – J.A.B. PALMER, Fra Georgius de Hungaria, Bull. of the John Ryland's Libr. 35, 1953, 464f.

11. B. (Ptolomaeus) v. Lucca (Ptolomeus, Tolomeo da Lucca) OP, Kirchenhistoriker und Theologe, * um 1236 in Lucca aus der Familie Fiadoni, † 1327 in Torcello. Er trat zu Lucca in den Dominikanerorden ein, wurde Schüler und Begleiter des Thomas v. Aquin (1261/62 an der Kurie; 1272/74 in Neapel); später auch einer seiner Biographen. Zw. 1288 und 1308 war er mehrmals Prior von S. Romano in Lucca, 1301 von S. Maria Novella in Florenz; von 1309 bis 1319 wirkte er an der päpstl. Kurie in Avignon. Am 15. März 1318 wurde er zum Bf. v. Torcello bei Venedig ernannt, kam aber in Konflikt mit dem Patriarchen v. Grado und wurde erst 1323 durch Johannes XXII. rehabilitiert. In seiner (naturphilos.-theol.) Schrift »Hexaemeron« erweist er sich als entschiedener Vertreter der frühen Thomistenschule; als Historiker ging er von den Papst-Kaiser-Chroniken zur eigentlichen Kirchengeschichte über; in kirchenpolit. Hinsicht vertrat er die Theorie der unmittelbaren Gewalt des Papstes in zeitl. Angelegenheiten. In neuerer Zeit umstritten ist die Frage, ob er das Werk des Aquinaten »De regimine principum« (ab II, 4) vollendet hat. H. Roßmann

Ed.: Exaemeron, ed. P.T. MASETTI, 1880 – Annales sive Gesta Tuscorum (1061–1303; vollendet 1307), ed. B. SCHMEIDLER, MGH SRG NF VIII (1955²; mit Einl.) – Historia ecclesiastica nova (bis 1294), mit Forts., ed. L.A. MURATORI, Rerum Italicarum Scriptores (1723–51), XI, 740–1242 – die Viten Bonifatius VIII., Benedikts XI. und Clemens V. auch bei ST. BALUZE-G. MOLLAT, Vitae paparum Avenionensium I, 1916, 24–53 – Determinatio compendiosa de iurisdictione imperii (1281), ed. M. KRAMMER, Fontes iur. Germ. antiqui, 1909 – Tractatus de origine ac translatione et statu Romani imperii (ed. ebd.) – Tractatus de iurisdictione ecclesiae super regnum Siciliae et Apuliae, ed. ST. BALUZIUS, Miscellanea (1678–1715), I, 468–473 – K. FOSTER, The Life of St. Thomas Aquinas, 1959 – W.P. ECKERT, Das Leben des hl. Thomas v. Aquino, 1965 – I.T. ESCHMANN, St. Thomas Aquinas. On Kingship to the King of Cyprus, 1967 – Lit.: The Cath. Enc. II, 1907, 316 – DThC IX, 1062–1067 – ECatt II, 923f. – EFil² VI, 502 – NCE II, 133f. – HE XIII, 310f. – WULF, II–III – UEBERWEG II – M. GRABMANN, Die Lehre des hl. Thomas v. Aquin von der Kirche als Gotteswerk, 1903 – B. SCHMEIDLER, NA 32, 1907; 33, 1908; 34, 1909; 36, 1911

– I. TAURISANO, I Domenicani in Lucca, 1914, 44–77 – DERS., Discepoli e biografi di S. Tommaso d'Aquino (S. Tommaso d'Aquino. Misc. storico-artistica, 1924), 163–170 – GRABMANN, Geistesleben I, 354–360 – DERS., Stud. über den Einfluß der aristotel. Philosophie auf die ma. Theorien über das Verhältnis von Kirche und Staat, SBA 1934, H. 2 – W. BERGES, Die Fürstenspiegel des hohen und späten MA, 1952², 317–319 – M. GRABMANN, Die theol. Erkenntnis- und Einleitungslehre des hl. Thomas v. Aquin, 1948 – F.A. VON DER HEYDTE, Die Geburtsstunde des souveränen Staates, 1952 – E. GILSON, Dante und die Philosophie, 1953 – DERS., The Christian Philosophy of St. Thomas Aquinas, 1956, 414f. – M.D. CHENU, Das Werk des hl. Thomas v. Aquin (Dt. Thomas-Ausg., 2. Ergbd.), 1960 – A. DEMPF, Sacrum Imperium, 1962² – M. GRABMANN, Die Werke des hl. Thomas v. Aquin, 1967² – W. MOHR, Bemerkungen zur Verfasserschaft von De regimine principum (Virtus politica 1974), 127–145 – F. VAN STEENBERGHEN, Die Philosophie im 13.Jh., 1977.

12. B. v. Messina, 13.Jh., über Lebensdaten und Biographie ist fast nichts bekannt. Er scheint das Schulhaupt der Übersetzerschule am Hof des Staufers Manfred (1258 bis 1266) gewesen zu sein. Zahlreiche Übersetzungen aristotel. und pseudoaristotel. Werke aus dem Gr. sind überliefert und erst teilweise ediert. Der Wert seiner Übersetzungen liegt in ihrer skrupulösen Buchstabentreue, die sie als Textzeugen bedeutsam macht. H.-J. Oesterle

Lit.: DBI VI, 729f. [mit reicher Lit. zu den Aristoteles-Übers. des 13.Jh.].

13. B. v. Neocastro → Historiographie

14. B. v. Parma (Bartolomeo da Parma), Astrologe, * in Parma, lebte 1286–97 in Bologna. Er verfaßte zahlreiche Traktate, von denen einige datiert sind: »Liber de occultis« (1280), »Breviloquium astrologiae« (Bologna 1286), »Breviloquium geomantiae« oder »Ars geomantiae« (Bologna 1288), »Tractatus sphaerae« (Bologna 1297). B.' undatierte astrolog. Schriften sind: »Epistola astrologica«, »Significationes naturales planetarum«, »Significationes planetarum cum fuerint domini anni Mundi«, »Tractatus de electionibus«, »Liber de judiciis astrologicis«, »Liber consiliorum«. Sein bekanntestes Werk ist die »Ars geomantiae«. In der Geomantie, von den Arabern »Sandkunst« oder »Punktierkunst« genannt, wird die Zukunft aus 16 Figuren, welche durch vier vertikale Reihen von Punkten gebildet werden, gedeutet. Wie NARDUCCI nachgewiesen hat, ist B. auch die »Philosophia Boetii« zuzuschreiben, die nichts anderes als eine Bearbeitung des Werkes περὶ διδάξεων des → Wilhelm v. Conches darstellt.

H.L.L. Busard

Lit.: E. NARDUCCI, Intorno al »Tractatus sphaerae« di Bartolomeo da Parma, Bollettino di Bibliografia e di Storia 17, 1884, 1–120; 165–218 – SARTON II, 988 – DUHEM, IV, 210–222 – C.H. HASKINS, Stud. in the Hist. of Mediaeval Science, 1960, 287.

15. B. v. Pisa (de Rinonico) OFM, * zu Pisa aus der Familie Rinonico (B. de Rinonichis), † um 1401 ebd. Er studierte zu Bologna, war Lektor und Prediger in Pisa und Florenz und wurde 1375 Magister der Theologie. In Pisa verfaßte er 1385–90 sein für die Geschichte des Franziskanerordens bedeutsames Hauptwerk »De conformitate vitae b. Francisci ad vitam Domini Jesu«, das viele alte Texte über den hl. → Franziskus v. Assisi enthält und zahlreiche Franziskaner und Franziskanertheologen (mit ihren Schriften) behandelt: ed. 1510, 1513, 1590; kritische Ed.: Analecta Franciscana IV–V (1906–12; mit Einl.). Weitere Werke: »De vita B. Mariae Virginis« (ed. 1596); »Quadragesimale De contemptu mundi« (ed. 1498); »Quadragesimale De casibus conscientiae« (ed. 1519). H. Roßmann

Lit.: The Cath. Enc. II, 1907, 316 – LThK¹ II, 5 – DHGE VI, 1022 – DSAM I, 1268f. – ECatt II, 927f. – DBI VI, 756–758 – LThK² II, 13 – Repfont II, 455f. – K. ALGERMISSEN, Lex. der Marienkunde (1957ff.), I, 612 – H. FELDER, Gesch. der wiss. Stud. im Franziskanerorden, 1904 – H. HOLZAPFEL, Hb. der Gesch. des Franziskanerordens, 1909 – R.M. HUBER, A Documented Hist. of the Franciscan Order, 1944 – J. RAT-

ZINGER, Die Geschichtstheologie des hl. Bonaventura, 1959 – GRABMANN, Theologie – A.DEMPF, Sacrum Imperium, 1962² – J.R.H. MOORMAN, The Sources for the Life of S. Francis of Assisi, 1966² – DERS., A Hist. of the Franciscan Order, 1968.

16. B. v. Pisa (de San Concordio), Dominikanertheologe, * 1262 in San Concordio bei Pisa, † 1347 in Pisa. Er trat in Pisa in den Dominikanerorden ein, studierte in Bologna und Paris und wirkte später als Lektor in Lucca, Florenz und Pisa; bedeutend als Moraltheologe, Prediger und it. (toskan.) Prosaschriftsteller. Seine auf den Dominikaner Johannes v. Freiberg zurückgehende lexikonartige »Summa de casibus conscientiae« (vollendet 1338; ed. 1473 u.ö.; auch Summa Pisana, Pisanella, Maestruzzo gen.) wurde im 14. und 15.Jh. viel benützt und auch erweitert; it. Übersetzung von → Giovanni dalle Celle).

Weitere Werke: »Compendium moralis philosophiae« (ungedruckt); »De virtutibus et vitiis«; »Sermones quadragesimales«; »De documentis antiquorum«, ed. A.Chiari, 1601 (vom Verfasser übersetzt: Ammaestramenti degli Antichi, ed. A.Ridolfi, 1662; lat.-it. Ed. von Manni, 1734); Kommentare zu Vergil, Glossen zu den Tragödien Senecas; Schriften zur Grammatik, Metrik und Mnemotechnik.
H. Roßmann

Lit.: DBI VI, 768f. – DThC II, 435f. – The Cath. Enc. II, 1907, 316f. – LThK I, 5f. – DHGE VI, 1027 – DDC II, 213–216 – Catholicisme I, 1275 – LThK² II, 13 – NCE II, 134 – Repfont II, 457f. – J.DIETTERLE, ZKG 27, 1906, 166–170 – M.GRABMANN, Geistesleben I, 390 – APraed 2, 1932, 366–368 – Aus der Geisteswelt des MA (Fschr. M.GRABMANN, BGPhMA Suppl. 3, 1935), 15f., 67.

17. B. de Podio OP, fälschlich auch B. v. Bologna und B. der Kleine, † 1333, vermutlich Italiener, nach seinem Tod als Seliger verehrt. Missionsbischof in Ost-Armenien; am 1. Mai 1318 von Papst Johannes XXII. ernannt, Sitz zuerst in Marāgha, seit 1330 in Qrhna. Seinen unermüdl. Bestrebungen gelang die Union von Qrhna mit den Armeniern der Region, die ihrerseits zur Gründung der → Unitoren und über sie hinaus zu einer einheim. OP-Provinz (bis Anfang 19.Jh. existent) führte.
A. Madre

Werke: [in arm. Sprache, ungedruckt]: u.a. Predigten, das »Hexaemeron«, ein Handbuch der Dialektik. Die bei QUÉTIF II, 581f. zitierten lat. Werke sind sämtlich unecht. – Lit.: LThK² II, 13f. – R.LOENERTZ, La société des Frères Perégrinants I, 1937, 162 – M. v D. OUDENRIJN, Pazmaveb 109, 1951, 40–43, 61–65 – DERS., Oriens Christianus 40, 1956, 95–98 – DERS., Linguae Haicanae Scriptores, 1960, 304 [Werke].

18. B. Salernitanus → Salerno, Schule v.

19. B. de Saliceto, Doctor legum, * in Bologna, † 28. Dez. 1411 ebd. (Grabmal h. im Museo civico), entstammte einer der großen in die polit. Kämpfe verstrickten Juristenfamilien Bolognas. Nach dem Studium unter seinem Onkel Richardus de S. lehrte er 1363–1408 Zivilrecht v.a. in Bologna sowie im Exil in Padua und Ferrara. Sein Hauptwerk ist ein sorgfältig ausgearbeiteter Kommentar zum Codex, der 1373 (Buch 9) u. 1382–1400 (Bücher 1–8) entstand. Er hinterließ ferner eine lectura über den 2. Teil des Digestum vetus, Repetitionen, Monographien und Konsilien.
P. Weimar

Ed.: Ad I [–IX] libr. Codicis commentarii, Lyon 1560 – Super Digesto veteri, Lyon 1560 – Consilia, Venedig 1574 – N. DEL RE, Il »Consilium pro Urbano VI« di B. da S., 1966 – Lit.: DBI VI, 766–768 – SAVIGNY VI, 259–269 – F.LIOTTA, Notizie su B. da S., Studi senesi 76, 1964, 511–517 [Lit.] – M.BELLOMO, Una famiglia di giuristi: i Saliceti di Bologna, Studi senesi 81, 1969, 387–417 [weitere Lit.].

20. B. v. Simeri, Abt v. Patir, hl., * nach 1050, † 19. Aug. 1130, kalabr. Grieche, der nach eigenen eremit. Erfahrungen durch Vermittlung des Admirals → Christodoulos kurz vor 1103 mit Hilfe der siz. Regentin → Adelheid (Adelasia) das Kl. S. Maria Hodigitria bei Rossano mit einer mönch. Gemeinschaft erneuerte, die den Weg zu einer Reorganisation des gr. Mönchtums in enger Anlehnung an die norm. Herrschaft aufzeigte, ohne die Beziehung zum gr. Osten preiszugeben. Durch die 1105 von Paschalis II. verliehene Exemption erhielt das später nach der Stellung von B. als »Vater« (πατήρ) der Mönche S. Maria del Patir genannte Kl. die für diesen Weg notwendige Autonomie vom Ebm. Rossano und gleichzeitig die röm. Anerkennung. Auf Wunsch Rogers II. bereitete B. gegen Ende seines Lebens auch die Gründung des Kl. S. Salvatore de Lingua Phari in → Messina vor, das seit 1131 als Sitz des Archimandriten organisator. Zentrum des gr. Mönchtums in Sizilien war. Bei einem längeren Aufenthalt auf dem Athos betätigte er sich gleichfalls als Klosterreformer. Außer seiner Vita ist auch eine Akoluthie auf ihn überliefert, die aus der Feder des Philagathos v. Cerami stammt (ed. G. ROSSI TAIBBI, Filagato da Cerami, Omelie I, 1969, 232–238).
N. Kamp/E. Konstantinou

Q.: Vita S. Bartholomaei abb., AASS, Sept., 8, 1762, 810–825 – Lit.: DBI VI, 772–774 [Lit.] – P.BATIFFOL, L'abbaye de Rossano, 1891, 1–10 – M.SCADUTO, Il monachismo Basiliano nella Sicilia Medievale, 1947, 165–180, 188, 195, 197, 212 – BECK, Kirche, 641 – S.BORSARI, Il monachismo bizantino nella Sicilia e nell' Italia meridionale prenormanne, 1963, 83, 100, 117, 123f. – E.FOLLIERI, Il culto dei santi nell'Italia greca (La chiesa greca in Italia..., 1972), 566.

21. B. v. Trient → Jacobus de Voragine

Bartholomäus

I. Definition – II. Quellen – III. Gliederung – IV. Wirkung – V. Sonderüberlieferung.

I. DEFINITION: Mhd. → Arzneibuch des ausgehenden 12.Jh. Der Verfasser wirkte, wahrscheinl. als Mönchsarzt, in Thüringen. Sein Werk bietet v.a. Rezepttexte, umfaßt aber auch mehrere Traktate. Die hoch- und spätma. Medizinlit. wurde durch den »B.« maßgebend geprägt. Der Titel hebt möglicherweise auf Bartholomaeus Salernitanus (→ Salerno, Schule v.) ab und hat in der modernen Historiographie wiederholt zu Verwechslungen mit dem Salerner Autor geführt.

II. QUELLEN: Der Verfasser schöpfte aus drei Quellbezirken, die einerseits das vorsalernitan. Schrifttum, anderseits die salernitan. Lit. und zusätzl. Traditionen der dt. Volksmedizin umgreifen. Die Rezepttexte sind weitgehend antiken und frühma. Vorlagen entlehnt (Plinius, Marcellus Empiricus, Sextus Placitus, Pseudo-Priscianus, Pseudo-Apuleius, Pseudo-Petrocellus u.a.), wie auch die Brieftexte dem vorsalernitan. Schrifttum entstammen. Für den Aufbau mehrerer therapeut. Kapitel war die salernitan. Kompendienlit. maßgebend, und als modernste Quelle begegnet der von → Maurus abhängige »Kurze Harntraktat« (1150/60) (→ Harntraktate).

Kennzeichnend für den thüring. Verfasser ist, daß er seine Vorlagen gelegentl. formal nachahmt, ohne ihren Inhalt zu übernehmen. Das gilt v.a. für zwei drogenkundl. Traktate, von denen der eine sich als Eisenkraut-Kapitel aus dem »Macer« gibt (c. 58). Entsprechendes gilt für den »Geiertraktat«: Das pharmakolog. Rezeptar läßt zwar erkennen, daß dem Verfasser die »Kyraniden« und die »Epistula de vulture« geläufig waren, doch greift auch dieser Text weitgehend auf Traditionen des dt. Volksglaubens zurück.

III. GLIEDERUNG: Beim Aufbau des Arzneibuchs scheint der Verfasser salernitan. Kompendien gefolgt zu sein, indem er einen anatomisch gegliederten Kern in die Mitte stellt und ihn durch zusätzl. Traktate flankiert. Er beginnt mit einem 1. allgemeinen Abschnitt, der Konstitutionenlehre und Uroskopie abhandelt, läßt 2. nach Heilanzeigen geordnete Rezepte a capite ad calcem folgen und schließt den »Antiochus-Brief« sowie die beiden pharmazeut. Traktate an (»von deme gîre«; »von deme krûte verbena«).

IV. WIRKUNG: Dem lockeren Aufbau entspricht eine

ausgeprägte Textzersetzung: Die Überlieferung des »B.« wird um 1200 greifbar, zeigt im 13. Jh. bereits zahlreiche Textmutationen und fächert in der Folgezeit in eine weitgespannte Streuüberlieferung auf, die noch im SpätMA bis ins Dänische sowie Tschechische ausgreift und sich in Hunderten von Textzeugen niederschlägt. Der »B.« ist – von modernen Ausgaben abgesehen – nie gedruckt worden, hat aber neben dem »Arzneibuch« → Ortolfs v. Baierland die altdt. Medizinliteratur maßgebend geprägt, war mit Einschluß der Niederlande über sämtliche dt. Sprachlandschaften verbreitet und hat in hs. Kollektaneen bis weit in die Neuzeit ausgestrahlt.

V. Sonderüberlieferung: Der Textzersetzung entspricht, daß die Traktate sich früh aus dem Gefüge des Arzneibuchs herauslösten und überlieferungsgeschichtl. eigene Wege gingen. Das läßt sich am »Geiertraktat« zeigen, der zum Kristallisationspunkt dt. »Epistula-de-vulture«-Rezeption wurde, und das gilt im bes. Maße für den »Kurzen Harntraktat«, der sich früh aus dem »B.« verselbständigte, nach 1400 in ein ostfrk.-bair. Kompendium Eingang fand und während des SpätMA zweimal ins Lat. rückübersetzt wurde; er läßt sich auch als Bestandteil ärztl. Taschenbücher nachweisen. G. Keil

Ed.: F. Pfeiffer, Zwei dt. Arzneibücher aus dem 12. und 13.Jh., SAW. PH 42, 1863, 100–200 – C. Külz–E. Külz-Trosse, Das Breslauer Arzneibuch. R. 291 der Stadtbibl., 1908, 116–138 – R. Priebsch, Dt. Prosafrgm. des XII. Jh., II: Bruchstücke der sog. Practica des Meisters B., MLR 11, 1916, 321–334 – Ch. Graeter, Ein Leipziger dt. B. [Diss. Leipzig 1917] – S. Norrbom, Das Gothaer mnd. Arzneibuch (Mnd. Arzneibücher 1), 1921, 175–202 [mnd. Bearb. unter Einbezug von Anteilen aus der »Practica« des Bartholomaeus Salernitanus] – W. L. Wardale, The 'Excerpta Ipocratis vnde Bartholomei' of Göttingen MS. hist. nat. 51, Nd. Mitt. 10, 1954, 5–23, vgl. auch Nd. Mitt. 8, 1952, 5–22, 16/18, 1960/62, 199–209 – Ders., Some notes on the Stockholm MS X 113 and the Göttingen MS hist. nat. 51 (Fachlit. des MA, Fschr. G. Eis, 1968), 457–468 – A. Lindgren, Ein Stockholmer mnd. Arzneibuch (AUS, Stockh. germanist. Forsch. 5), 1967 [Streuüberlieferung] – B. D. Haage, Das Arzneibuch des Erhart Hesel (GAG 88), 1972 [Streuüberlieferung] – U. Ott-Voigtländer, Das St. Georgener Rezeptar (WMF 17), 1969 [Streuüberlieferung] – *Lit.*: J. Haupt, Ueber das md. Arzneibuch des Meisters Bartholomaeus, SAW.PH 71, 1872, 451–565 – F. Willeke, Das [Bremer mnd.] Arzneibuch des Arnoldus Doneldey (Forsch. und Funde III, 5), 1912 – A. Elvert, Sprache und Quellen des Wolfenbüttler Heilkräuter- und Arzneibuches [Diss. Hamburg 1923] – P. Hauberg, En middelalderlig dansk Laegebog, 1927 [dän. Übersetzung] – G. Eis, Hss.-Stud. zur med. Lit. des SpätMA, SudArch 38, 1954, 233–266, bes. 240–250 – G. Keil, Die mlat. Übers. vom Harntraktat des B., SudArch 47, 1963, 417–455 – Ders., Der 'Kurze Harntraktat' des Breslauer 'Codex Salernitanus' und seine Sippe, 1969 – Ders., Die urognost. Praxis in vor- und frühsalernitan. Zeit [Med. Habil.schr. Freiburg i.Br. 1970], 141–149 – J. Stürmer, Von deme gire«. Unters. zu einer altdt. Drogenmonographie des HochMA (WMF 12), 1978 – G. Bauer, Das 'Haager Aderlaßbüchlein'. Stud. zum ärztl. Vademecum des SpätMA (WMF 14), 1978, 38f., 50–53, 82–86, 115 – G. Jaeschke, Anna v. Diesbachs Berner 'Arzneibüchlein' in der Erlacher Fassung Daniel v. Werdts (1658) (WMF 16), 1978, 19, 45 Nr. 89.

Bartholomaios → Bartholom(a)eus

Bartholomiten, armenische. Mönchsorden armen. Ursprungs, der sich in Italien niederließ (1307–1650). Seine offizielle Bezeichnung ist »Armenische Brüder des hl. Basilius«. Die B. sind von den → Unitoren (»Fratres uniti Armeniae de S. Gregorio Illuminatore«) zu unterscheiden, die sich in Großarmenien mit den Dominikanern der »Societas fratrum peregrinantium« um die Rückkehr ihrer Landsleute zur Röm. Kirche bemühten. Die a.B., die schon zum Katholizismus zurückgekehrt waren, mußten das den türk. Invasionen ausgesetzte Kleinarmenien und Kilikien verlassen; 1307 erreichten sie Genua, wo sie die Kirche S. Maria e S. Bartolomeo errichteten, die noch heute S. Bartolomeo degli Armeni genannt wird. Von dort leitet sich die Bezeichnung a.B. ab. Ursprgl. erhielt der Orden Zuzug durch Berufungen aus Armenien, aber um die Mitte des 14. Jh. kamen die Vokationen fast ausschließl. aus Italien und dienten auch anderen Klostergründungen, z.B. in Bologna, Florenz, Parma, Pisa, Rom und Siena. Am 30. Juni 1356 faßte Papst Innozenz VI. diese Klöster zum »Orden des hl. Basilius der Armenier« zusammen und unterstellte ihn der Jurisdiktion des Generalmeisters des Predigerordens, von dem der neue Orden Habit, Liturgie und Konstitutionen übernahm. Diese Verbindung löste sich jedoch sehr rasch auf. Die ständigen inneren Schwierigkeiten des kleinen Ordens zwangen Innozenz X. dazu, mit dem Breve vom 29. Okt. 1650 seine Aufhebung anzuordnen. Den wenigen verbliebenen Religiosen (ca. 40) wurde die Möglichkeit gegeben, in anerkannte religiöse Gemeinschaften einzutreten oder zum Weltklerus, der den Bf.en unterstellt war, überzugehen. L.-A. Redigonda

Q. und Lit.: G. Bitio, Relatione del principio e stato continuato della sagra religione de' Frati di S. Basilio degli Armeni in Italia, Pavia 1640 [sehr selten] – BullPraed 2, 1730, 248–249, 372, 376, 442, 457, 492f., 669; 3, 1731, 252f – Bullarum, Privilegiorum... amplissima collectio VI, pars III, Rom 1760, 216–217 – DHGE VI, 1038f. – DIP I, 1073–1075 – ECatt II, 932.

Bartolino da Padua, it. Mönch (Frater Carmelitus), Magister und Komponist. An Lebensdaten ist mit Sicherheit nur bekannt, daß er 1405 in die Verbannung nach Florenz ging und daß seine Werke zuvor zw. 1375 und 1401, zumeist in Padua, entstanden. Mit Ausnahme einer Ballata im Codex Lucca sind seine erhaltenen Werke – 11 Madrigale und 27 Ballate – (verstreut auch in Codices in Paris, London, Modena, Florenz, Lucca) vollständig im Squarcialupi-Codex (Florenz) gesammelt. Die Kompositionen, zumeist auf zeitbezogene Texte, sind zweistimmig, in geringer Zahl dreistimmig angelegt und gehören stilist. zur nordit. → ars nova. H. Leuchtmann

Ed.: Der Squarcialupi-Kodex, ed. J. Wolf, 1955 – *Lit.*: MGG, s.v. – Riemann, s.v. – J. Wolf, Gesch. der Mensuralnotation, 1904, I, 228–273 [mit Werkverzeichnis]; II und III [4 Kompositionen] – K. v. Fischer, Stud. zur it. Musik des Trecento, Publ. der Schweizer. Musikforschenden Ges. II, 1956 [mit Werkverzeichnis] – P. Petrobelli, Some Dates for B.d.P., Stud. in Music Hist. (Fschr. O. Strunk, Princeton, N.J., 1968).

Bartolismus → Kommentatoren

Bartolomeo da li Sonetti, ven. Seefahrer, Autor des ersten gedruckten Seekartenwerkes über die Küsten und Inseln Griechenlands, des »Isolario« mit 49 Holzschnittkarten (Venedig 1485), für den wohl das Werk von → Buondelmonti als Vorbild gedient hatte. E. Woldan

Lit.: DBI VI, 774f. – L. Bagrow–R. A. Skelton, Meister der Kartographie, 1963, 85, 466.

Bartolus de Saxoferrato, Doctor legum, * 1313/14 in Sassoferrato (Prov. Ancona), † 10. Juli 1357 in Perugia. Aus einfachen Verhältnissen stammend, begann B. 14jährig mit dem Studium des Zivilrechts in Perugia bei → Cinus de Sinibuldis. Seit Herbst 1334 studierte er in Bologna, wo er v. a. → Jacobus Buttrigarius und Rainerius de Arisendis hörte und am 10. Nov. 1334 als 20jähriger den Doktorgrad erwarb. Nach prakt. Tätigkeit v. a. als Assessor der Podestà in Todi, in Cagli bei Perugia und in Pisa lehrte B. Zivilrecht und zwar in Pisa seit 1339 und in Perugia, wo → Baldus de Ubaldis sein Schüler war, wahrscheinl. seit Herbst 1342 bis zu seinem Tode. Anläßl. einer Gesandtschaft der Stadt Perugia zu Ks. Karl IV. (1355) erwirkte B. für sich selbst und seine Nachkommen, sofern sie Doktoren würden, vom Ks. das Recht, die eigenen Studenten zu legitimieren und für volljährig zu erklären, einer der ältesten Belege für das entstehende → Hofpfalzgrafenamt. B. stand zeit seines Lebens den Franziskanern nahe, deren Ideale ihn in seiner persönl. Haltung geprägt haben.

Aus dem Unterricht des B. sind umfassende Kommentare zu den Digesten Justinians und dem Codex einschließl. der Tres libri sowie repetitiones und disputationes (quaestiones) hervorgegangen. B. schrieb mehrere wichtige Monographien (tractatus) und verfaßte einen Glossenapparat zu den Gesetzen Ks. Heinrichs VII. von 1313 gegen Majestätsverbrechen, der als glossa ordinaria in das → Corpus iuris aufgenommen wurde. Von seiner umfangreichen Gutachterpraxis zeugen fast 400 consilia. Eine Reihe fremder Werke hat man B. zu Unrecht zugeschrieben, z.B. den in manche Ausgaben der Opera aufgenommenen Kommentar zu den Institutionen des → Jacobus de Ravanis (Jacques de Revigny) und eine Bearbeitung des → Satansprozesses, ferner Repetitionen, Traktate und Konsilien; zweifelhaft ist die Echtheit der Lectura Autentici. Auszüge anderer Juristen aus Schriften des B. wurden als Casus summarii oder breves sowie als Distinctiones, Singularia und Contrarietates Bartoli veröffentlicht und dokumentieren, von ihrem Eigenwert abgesehen, die Wertschätzung des B.

B. genoß schon bei Lebzeiten großes Ansehen. Seit dem 15.Jh. wurden seine Schriften neben der Glosse des → Accursius zu Standardwerken der Rechtswissenschaft: Wenn sich eine positive Regelung nicht finden ließ, galt es in der Rechtspraxis als das Beste, der Lehre des B. zu folgen, wie dies vereinzelt sogar gesetzl. vorgeschrieben wurde. Bis ins 18.Jh. hinein wurde an vielen Univ. z. T. auf Grund statutar. Vorschrift das Zivilrecht »nach Bartolus« gelesen. Anderseits machten Humanismus und Aufklärung bei ihrer Kritik an der ma. Rechtswissenschaft und dem späteren mos Italicus v.a. B. zum Ziel ihrer Angriffe.

B. ist einer der bedeutendsten Vertreter der scholast. Rechtswissenschaft. Mit seinen Arbeiten, die sich durch Klarheit und Prägnanz auszeichnen, hat er auf vielen Gebieten Hervorragendes zur Weiterentwicklung des Rechts geleistet. Eine neue Methode hat er aber, entgegen einer oft wiederholten Behauptung, nicht angewandt. P.Weimar

Ed.: Omnia quae extant opera, 11 Bde, Venedig 1590 – Lit.: HRG I, 319f. – DBI VI, 640–669 [grundlegend] – SAVIGNY VI, 137–184, 501–511 – C.N.S.WOOLF, B. of Sassoferrato, His Position in the Hist. of Medieval Political Thought, 1913 – A.C.JEMOLO, Il »Liber Minoritarum« di B. e la povertà minoritica nei giuristi del XIII e XIV secolo (1922), Scritti vari di storia rel. e civ., 1965 – J.L.J. VAN DE KAMP, B. de S., 1313–1357, Leven, Werken, Invloed, Beteekenis, 1936 – H.COING, Die Anwendung des Corpus iuris in den Consilien des B. (L'Europa e il diritto romano, Studi in mem. di P.KOSCHAKER, I, 1954), 71–97 – Univ. degli studi di Perugia, B. da Sassoferrato. Studi e documenti nel VI centenario, 2 Bde, 1962 – D.MAFFEI, La »Lectura super Digesto Veteri« di Cino da Pistoia, 1963 – DERS., Il »Tractatus percussionum« pseudo-bartoliano e la sua dipendenza da Odofredo, Studi senesi 78, 1966, 7–18 – G. ERMINI, Storia dell'Univ. di Perugia, 1971², I, 137ff. – R.FEENSTRA, B. et la science du droit romain, Atti del Seminario romanistico internaz. (Perugia-Spoleto-Todi 1971), 1972, 7–17 – P.WEIMAR, B. de S. (Die Großen der Weltgeschichte IV, 1973), 64–77 – E.CASAMASSIMA, Iter Germanicum und A. GARCÍA Y GARCÍA, Iter Hispanicum (Codices operum B. a S. recensiti, 2 Bde), 1971–73 [weitere Lit. I, 309–315].

Barzizza. 1. B., Christofero, * ca. 1390, † 1445, Professor der Medizin in Padua seit 1415. 1417 Vizerektor der Artistenfakultät, war er Schüler des Antonio → Cermisone und des Bartolomeo da Montagnana, Neffe des Humanisten und Grammatikers → Barzizza. Sein wichtigstes Werk ist ein »Introductorium sive janua ad omne opus practicum« (Pavia 1495), eine Einführung in die prakt. Medizin und zu Lehrzwecken verfaßt. In Aufbau und Inhalt folgt es → Galen und → Avicenna, vermittelt durch Johannitius' → Isagoge. Ein Kommentar zum neunten Buch des → Rhazes weicht in wenigen Zügen von der Vorlage ab, hinzugefügt ist eine Abhandlung über die Gonorrhöe und Geburtshilfe. Das dritte Werk, »De febrium cognitione et cura« (Pavia 1494, Lyon 1517, Basel 1535), kursierte in Manuskripten an den Univ. von Paris und Wien. Es basiert auf dem 4. Buch des Canon Avicennae und beschreibt hauptsächl. die Formen der Fieber.

Th. Henkelmann

Lit.: R.CESSI, C.B., medico del secolo XV, Boll. della civ. Bibl. di Bergamo 3, 1909, 1–18 – P.KIBRE, Cristoforo B., Professor of Medicine at Padua, BHM 11, 1942, 388–398.

2. B. Gasparino (Gasparinus Barzizius, G. Bergomensis oder Pergamensis), * ca. 1360 Bergamo, † 1431 Pavia. Professor der Grammatik und Rhetorik in Pavia 1403–07, der Rhetorik und Moralphilosophie in Padua 1407–21; 1414 von Papst Johannes XXIII. zum apostol. Sekretär ernannt, 1417 als Sekretär des Papstes Martin V. während zwei Monaten am Konstanzer Konzil. 1421–28 Professor in Mailand, 1428–30 in Pavia. B. war als typ. humanist. Pädagoge, Philologe und Epistolograph Freund und Lehrer vieler Humanisten seiner und der nächsten Generation. Wegen finanzieller Schwierigkeiten führte er in Padua in seinem Hause eine Privatschule, in ähnlicher, vielleicht sogar als Vorbild dienender Weise wie die ihm befreundeten humanist. Reformpädagogen → Vittorino da Feltre und → Guarino Veronese. In Padua zählten zu seinen Schülern L.B. → Alberti, Fr. → Barbaro, Andrea Giuliano, → Georgios Trapezuntios, → Filelfo, in Mailand → Decembrio, Lamola, Antonio da Rho, → Beccadelli. Bes. wichtig als Medium und Zeugnis seiner geselligen Persönlichkeit und seines humanist. Gedankenaustausches sind seine Briefe an Verwandte und Freunde. Berühmt wurde er durch seine Sammlung von Musterbriefen eines reinen, ciceronianisch-urbanen Briefstiles. Auch seine übrigen Schriften sind vorwiegend didakt. Art (»De orthographia« 1417. 1421, »Vocabularium breve«: 1417/18, »De compositione«: 1420, in der die Prinzipien der Rhetorik dargestellt werden, Exordia). Sie sind von philolog. Beschäftigung v.a. mit → Cicero (Rhetorica, De officiis) → Quintilianus und → Seneca durchtränkt. F. Schalk

Ed. und Lit.: Opera, ed. G.A.FURIETTI, 1723 – R.SABBADINI, Lettere e orazioni edite e inedite di G.B., ASL XIII, 1886 – L.BERTALOT, Die älteste Briefsammlung des G.B., 1929 (DERS., Stud. zum it. und dt. Humanismus, hg. P.O.KRISTELLER, 1975) – J.STROUX, Gnomon 6, 1930, 283ff. – R.SABBADINI, Dalle nuove lettere di G.B., RIL 62, 1930 – D.MAGNI, G.B., una figura del primo umanesimo, Bergomum 11,1937.

Bas → Cervera

Basarab, Dynastie, deren Mitglieder im 14.–18.Jh. als Fs.en der → Valachei herrschten. Ihr Begründer war Basarab I. (vor 1317–1352), der die Unabhängigkeit seines Landes von der ung. Krone erkämpft hatte (1330). Namhafte Fs.en aus diesem Geschlecht, wie Neagoe, Matei, Brîncoveanu, sollten sich nach Basarab I. nennen.

Bessarabien (rumän. Basarabia) heißt seit 1812 das ganze zw. Pruth und Dnjestr gelegene Gebiet östl. der Moldau, dessen Südteil um 1400 zur Herrschaft der valach. Fs.en → Mirceas des Alten aus dem gleichen Haus gehörte und danach seinen Namen erhalten hatte (später auch: Budschak, rumän. Bugeac).

Einzelne Zweige des Hauses B. verfeindeten sich im Lauf der Geschichte miteinander, so im 15.Jh. die Linien des → Dan (Dăneștii) und des Vlad → Dracul (Drăculeștii). Der Fs. der Valachei wurde bis in das frühe 18.Jh. hinein fast ausschließlich aus Angehörigen dieses Hauses gewählt.

P. Chihaia

1. B. I., Fs. der Valachei, vor 1317–1352, † 1352; Stammvater der gleichnamigen Dynastie und Begründer

des valach. Staates, wird in den schriftl. Quellen erstmals 1317 als Vasall des ung. Kg.s Karl Robert v. Anjou erwähnt. - Zunächst gegen Byzanz und dann gegen Stephan Uroš III. v. Serbien gerichtet, verbündete er sich mit dem bulg. Zaren Michael Šišman und griff damit aktiv in die Politik auf der Balkan-Halbinsel ein. Danach befreite er auch den Ostteil der Valachei von der mongol. Herrschaft. Das polit. Gewicht wie auch die wirtschaftl. und militär. Macht des Landes konnten damit nachhaltig gefestigt werden. B.s I. territoriales Autonomiestreben und sein Versuch, der Walachei einige (teils rumänischsprachige) Gebiete (wie etwa den Severiner Banat von Ungarn) einzuverleiben, störten erhebl. die ung. Handelsbeziehungen auf der Balkan-Halbinsel. Nach der Rückeroberung der Donaufestung Severin leitete Karl Robert einen Feldzug gegen die unbotmäßige Valachei ein. Ohne Nachschub im Feindesland, erlitt er in der Schlucht von Posada eine empfindliche Niederlage (9.-12. November 1330). Die Valachei wurde damit von Ungarn unabhängig. Ab 1345 unternahm Basarab I. mehrere Feldzüge gegen die unter Otlamus kämpfenden Mongolen. Dabei unterstützte ihn der ung. Kg. Ludwig I. militärisch, was B. die Feindschaft des serb. Herrschers Stephan Dušan eintrug. - Unter B. I. wurde mit dem Bau der großartigen Hofkirche St. Nikolaus in Curtea de →Argeş in byz.-mazedon. Stil begonnen.
P. Chihaia

Lit.: M. HOLBAN, Contribuţii la studiul raporturilor dintre Ţara Românească şi Ungaria Angevină..., Studii 15, 1962, 215-235 - DIES., Despre raporturile lui Basarab cu Ungaria Angevină şi despre reflectarea campaniei din 1330 în diplomele regale şi în »Cronica Pictată«, Studii 20, 1967, 3-43.

2. B. II., Fs. der Valachei 1442-43, Sohn des Fs.en Dan II., erlangte Ende Aug. 1442 durch den Wojewoden von Siebenbürgen valach. Abkunft, Johann Hunyadi, die Herrschaft, nachdem Fs. Vlad →Dracul (1436-42, 1443-47) von Sultan Murād II. besiegt und eingekerkert worden war. An der Seite von Johann Hunyadi kämpfte B. II. in der Schlacht am Flusse Jalomiţa (6. Sept. 1442) erfolgreich gegen die Türken. 1443 wurde er jedoch von dem aus der Gefangenschaft zurückkehrenden Vlad Dracul ausgeschaltet.
P. Chihaia

Li.: C. GIURESCU-D. GIURESCU, Istoria românilor II, 1976, 118.

3. B. III. Laiotă (auch: der Alte), Fs. der Valachei 1473, 1474, 1475-76, 1476-77, † Dez. 1480 in Kronstadt (Siebenbürgen) im Exil; Sohn des Fs.en → Dan II., bestieg im November 1473 erstmals (mit Hilfe des mächtigen moldauischen Fs.en → Stephan d. Gr.) den valach. Thron. Damit wurde Fs. →Radu der Schöne, der das Land den Türken unterstellt hatte, verdrängt. Trotz erneuter Hilfestellung von seiten Stephans gelang es B. III. in den folgenden beiden Jahren nicht, sich eindeutig gegen Radu zu behaupten, so daß er sich schließlich mit den Osmanen gegen seinen Protektor Stephan verschwor, um seinen Herrschaftsanspruch durchzusetzen. Stephan d. Gr. bemühte sich zu dieser Zeit, die beiden rumän. Fs.er Moldau und Valachei sowie die ung. Wojewodschaft Siebenbürgen in einer Allianz gegen die vordringenden Türken zusammenzuschließen. Erst Ende 1477 gelang es ihm, den türkenfreundl. B. III. durch Basarab IV. zu ersetzen.
P. Chihaia

Lit.: C. GIURESCU-D. GIURESCU, Istoria românilor II, 1976, 196-197.

4. B. IV. d. Jüngere (auch: Ţepeluş 'der kleine [jüngere] Pfähler', in Analogie zu Vlad Ţepeş [der Pfähler] Dracul[a]), Fs. der Valachei 1477-81, 1481-82, † nach dem 23. März 1482. Sohn des Fs.en →Basarab II., wurde vom moldauischen Fs.en → Stephan d. Gr. zur Unterstützung von dessen antiosman. Politik im Nov. 1477 zum Fs.en eingesetzt. Doch schon im folgenden Sommer wechselte B. IV. in das türk. Lager über. Er begleitete die beiden Beys Alī-Paša v. Silistra und Skender in den siebenbürg. Feldzug (wo sie am 13. Okt. 1479 auf dem Brotfeld eine Niederlage erlitten) und in die Moldau, wo ihnen Fs. Stephan d. Gr. im Okt. 1481 bei Rîmnicul Sărat eine entscheidende Niederlage beibrachte. B. IV. floh danach in den Westteil seines Fsm.s, nach Oltenien. Gleichzeitig setzte Fs. Stephan Vlad Călugărul als Herrscher über die Valachei ein. Die Verdrängung Vlads (Nov. 1481-März 1482) war nicht von Dauer. - B. IV. beschränkte den Zutritt fremder Kaufleute in die Valachei und ließ an den Landesgrenzen Jahrmärkte einrichten, womit prakt. ein System des Zollprotektionismus entstand.
P. Chihaia

Lit.: C. GIURESCU-D. GIURESCU, Istoria românilor II, 1976, 197-199.

Basaticum, Basatura, Terminus, den man sehr oft in den ma. Rechtsquellen S-Italiens findet und der auch in Tirol und in Verona vereinzelt in Urkunden auftritt. Der Ausdruck wird in den Formeln des Ehevertrags verwendet und bezeugt einen der ältesten Vermählungsbräuche; er spielt sowohl auf die Gewohnheit des Kusses, den sich das Brautpaar während der Verlobungszeremonie gab (sponsalitia osculo interveniente, →Kuß), als auch auf das Geschenk an, das nach dem Kuß der Bräutigam als Zeichen seiner Zuneigung der Braut gab: das sog. b. Dieses Geschenk zum Dank für den Kuß (das für gewöhnlich keinen großen Wert hatte: Gegenstände des weibl. Hausrats, oder eine kleinere Geldsumme) bleibt im Besitz der Frau oder ihrer Erben, auch wenn der Bräutigam vor der Hochzeit stirbt.

Die Gewohnheit, dem osculum (Kuß) Publizitätswirkung und rechtl. Konsequenzen für das Vermögen beizumessen, wenn der Kuß in der öffentl. Zeremonie der Verlobung gewechselt wurde, ist schon 336 in einer Constitutio Konstantins sanktioniert (Cod. Theod. 3, 5, 6; C. 5, 3, 16), die der Frau das Recht auf einen Teil der donatio ante nuptias zusichert, falls ihr Bräutigam vorher sterben sollte (man spricht in diesem Fall von einer donatio osculo interveniente). Diese Norm, die auch von der Lex Romana Visigothorum angenommen wurde, ist prakt. wirksam im röm.-germ. Bereich auf dem Boden des heutigen Frankreich und Spanien: Das Phänomen ihrer Verschmelzung mit mehr oder weniger ähnlichen germ. Gewohnheiten und folglich ihrer Verbreitung als »vulgäre« oder »romanische« Praxis wird in Frankreich von Urkunden bezeugt, die das donum nuptiale selbst als osculum bezeichnen (vgl. DU CANGE VI, 74), während in Spanien die Formulae visigothicae und später die verschiedenen fueros (Fuero Juzgo 3, 15; Fuero Real 3, 25 usw.) davon Zeugnis geben. In Italien - insbes. in der Praxis des Südens - verschmilzt die alte donatio osculo interveniente der röm.-byz. Tradition mit einer Art donatio maritalis, die typisch für die langob. Rechtstradition war: die → meta, das heißt, das archaische pretium mulieris, das der Bräutigam der Familie seiner Braut zahlte. Mit dem Gepräge dieses germ. Einflusses lebt der Brauch der Brautgabe nach dem Kuß unter dem Namen basatico oder basatura, einem populären jurist. Neologismus weiter. Es ist zu bemerken, wie die Statuten und Consuetudines der Kommunen S-Italiens darauf bedacht sind, das Ausmaß des b. im voraus festzulegen; aus den Statuta et consuetudines des 16. Jh. von Gaeta (c. 11) entnimmt man z. B. folgendes: »Fuit antiqua consuetudo Caietae quod pro primo osculo uxor in bonis viri ex dono lucretur pro basatico ducatus septem«.
A. Cavanna

Lit.: DU CANGE VI, 74 - F. BRANDILEONE, Sulla storia e la natura della donatio propter nuptias, 1892 - L. ANNÉ, Les rites des fiançailles et la donation pour cause de mariage sous le Bas-Empire, 1941 – P. VACCARI, Le vicende ultime degli assegni maritali nell'Italia meridionale, Scritti di storia del diritto privato, 1956, 121-134 – E. BESTA, La famiglia nella storia del diritto italiano, 1962², 162 – N. TAMASSIA, Osculum interveniens. Contributo alla storia dei riti nunziali (1885), Scritti di storia giuridica, III, 1969, 263-284 – G. VISMARA, I rapporti patrimoniali fra coniugi nell'alto Medioevo, Sett. cent. it. 1976, 633-691.

Baščanska ploča ('Tafel von Baška'), die bedeutsamste der ältesten kroat.-glagolit. (→ Alphabet, III.) Inschriften (um d. J. 1100, Stein, 99 × 197 × 8 cm), urprgl. in der Kirche der hl. Luzia in Jurandvor bei Baška (Insel Krk, kroat. Mittelmeerküste), jetzt im Palais der Südslav. Akademie der Wissenschaften und Künste zu Zagreb (Agram). Inhalt: Der Abt Držiha bestätigt, daß der kroat. Kg. Zvonimir (1075-89) der St.-Luzien-Kirche eine Flur geschenkt hat; der Abt Dobrovit hat die Kirche zur Zeit des Fs.en Kosmata erbaut; diese Kirche und das St.-Nikolaus-Kloster in Otočac gehörten damals zusammen. F. W. Mareš

Lit.: EncJugosl. I, s.v. – J. HAMM, Datiranje glagoljskih tekstova (Radovi Staroslavenskog instituta I), 1952 – A. NAZOR, Zagreb – riznica glagoljice, 1978 – B. FUČIĆ, Glagoljski natpisi u Jugoslaviji [erscheint 1980] – VJ. ŠTEFANIĆ – M. PANTELIĆ, Pregled glagoljske paleografije [im Dr.].

Baschkiren, eigene Bezeichnung Baschkurt, ein im südl. Wolga- und Uralraum (z. T. verstreut) lebendes Volk, das eine türk. Mundart zw. Tatarisch und Kasachisch spricht; heute v. a. Ackerbauer und Viehzüchter. In ihnen sind Wolgafinnen und Ostslaven aufgegangen. Die B. wurden wohl schon im 10. Jh. von den Wolga-Bulgaren her erstmals vom sunnit. Islam erreicht, aber erst im 13./14. Jh. ganz zu ihm bekehrt. Sie lebten vielfach in unzugängl. Gegend, polit. im Schatten der Wolga-Tataren (→ Goldene Horde) und gerieten nach 1552 allmähl. in den Machtbereich der Zaren. B. Spuler

Lit.: EI² I, 1075-1077 – A. BENNINGSEN – CH. QUELQUEJAY, Les mouvements nationaux chez les musulmans de Russie, 1960 [Lit.] – J. WASTL, Die B., 1939 – B. SPULER, Der Islam 29/II, 1949, 142-216 [Lit.] – S. I. RUDENKO, Baškiry, 1955.

Basel
I. Archäologie und frühstädt. Siedlungsgeschichte – II. Das Bistum – III. Die Stadt des späten Mittelalters – IV. Klöster und Stifte – V. Universität – VI. Bibliotheken – VII. Buchdruck.

I. ARCHÄOLOGIE und FRÜHSTÄDT. SIEDLUNGSGESCHICHTE: Basel, lat. Basilea (auch Basilia); auch: Bazela (Geographus Ravennas); Basala (frühes 9. Jh., davon abgeleitet: Basalchova); erste Erwähnung von B. zu 374 bei Amm. Marcellinus. Als letzter ausgeprägt linksufriger Terrassensporn vor der oberrhein. Tiefebene beherbergte der Münsterhügel: 1. eine urnenfelderzeitl. Siedlung an der Spornspitze (1200-800 v. Chr.); 2. ein raurakisches Oppidum mit Akzentuierung an der Stelle der späteren Kathedrale (1. Jh. v. Chr.); 3. ein röm. Militärlager (seit ca. 15 v. Chr.), das allmählich zivile Züge annimmt und bald in den Schatten der als Stadt konzipierten Augusta Raurica (offizielle Gründung der colonia 44 v. Chr.) gerät; 4. ein spätröm. fluchtburgartiges Kastell, zwar größer, doch schwächer bewehrt als das nahe bei Augusta Raurica gelegene Castrum Rauracense (um 300 n. Chr.); 5. die frühma. Bischofsburg mit dem üblichen Immunitätsbezirk (Bereich Münsterplatz).

In den spätröm. Mauern hielt sich eine galloröm. Bevölkerung mindestens bis ins 7. Jh.; an der Ausfallstraße zum jurassischen Hinterland das seit dem 3. Jh. durchgehend belegte Gräberfeld Basel-Aeschenvorstadt. Auf dem rechten Rheinufer, wo ein spätröm. Burgus den Fährbetrieb schützte, sind bereits für das 5. Jh. die ersten Alamannen belegt (Gräberfelder Basel-Gotterbarmweg und jenseits des Wiesedeltas Basel-Kleinhüningen).

Im frühen 6. Jh. erscheinen an der linksufrigen Fernstraße Franken (Gräberfeld einer vornehmen Sippe Basel-Bernerring), ein Zeichen für die effektive Einverleibung ins Frankenreich.

Der genaue Zeitpunkt der Preisgabe des schwer befestigten Castrum Rauracense als Amtssitz zugunsten der natürl. Schutzlage B.s ist nicht feststellbar. Bf. Hatto (Haito, † 836) ist wohl der Bau einer ersten monumentalen Kathedrale zuzuschreiben (im Fundamentbereich festgestellt; 823 Weihe des Ziboriums). Als städt. Epizentren entstehen im HochMA rheinaufwärts (St. Alban), im Birsigtal (St. Andreas) und am Gegenhang (St. Peter) bäuerl. und handwerkl. Quartiere (zumeist in Holz gebaut), indes sich bei der Birsigmündung, der einzigen niedrigen Uferzone (Schiffslände), die Handelsleute niederließen (St. Brandan). Die Kirche St. Martin, auf dem vordersten Sporn gelegen und Gegenakzent zur Kathedrale und Johanneskirche, dominierte wohl seit merow. Zeit die Siedlung in der Birsigniederung.

Das Versiegen der Quellen in spätkarol. (d. h. burg.) Zeit kann angesichts neuer Funde nicht im Sinne eines Bedeutungsrückganges interpretiert werden. 917/918 wurde B. durch die Ungarn zerstört. Der Aufstieg des 11. Jh. drückte sich in den Schenkungen Kg. Rudolfs III. v. Burgund (999) und in der Weihe der erneuerten Kathedrale unter Anwesenheit von Heinrich II. (1019) aus. Bf. Burkhart v. Fenis (1072-1107) erbaute Befestigungen (compagines murorum), die der Stadt gegen Süden hin (anderswo sind sie noch nicht archäolog. erfaßt) bereits die großstädt. Ausdehnung des belegten spätroman. Mauerrings gaben. Die glanzvolle salische Erneuerung der Stadt und des Kirchenkranzes (St. Theodor auf dem rechten Ufer, archäolog. bezeugte Neubauten zu St. Peter und St. Leonhard) krönte Bf. Burkhart mit der Gründung des Cluniazenserpriorats St. Alban (1083). Im 3. Viertel des 12. Jh. begann der Neubau der Kathedrale, die 1202 geweiht wurde.

Der Brückenbau (1225/26) durch Heinrich v. Thun bildet gleichzeitig Abschluß der roman. Epoche und Übergang zur hochma. Brückenstadt mit ihren Vorstädten. Eine neue, vor 1400 vollendete Mauer bezog die Vorstädte ein. – Auf dem rechten Ufer entstand Klein-Basel, das bereits um 1300 ummauert war und mit seiner schachbrettartigen Gliederung die Züge einer Gründungsstadt trug. 1356 führte ein Erdbeben zu großen Zerstörungen in Basel. Die Blüte der Reichsstadt im 14.-16. Jh. ließ zahlreiche bedeutende Profan- und Sakralbauten entstehen.

R. Moosbrugger-Leu / F. Maurer

II. DAS BISTUM: [1] *Geschichte*: Erste Erwähnungen eines Bf.s aus dem Gebiet des nachmaligen Bm.s B. gehen in die spätröm. Zeit zurück und betreffen einen »episcopus Justinianus Rauricorum« (343 und 346), nach dem um die Wende zum 4. Jh. neben der Stadt Augusta Raurica erbauten Castrum Rauracense, wo eine Kirche mit Taufanlage wohl aus dem 4. Jh. archäolog. festgestellt worden ist. Ob eine Kontinuität von dieser spätröm. Kirchenorganisation zum späteren Bm. Basel besteht, muß offen bleiben: Für das 5. und 6. Jh. fehlen Nachrichten, zu Beginn des 7. Jh. wird nur der aus dem Kl. Luxeuil stammende Ragnacharius Augustanus et Basileae praesul genannt, und eine einigermaßen kontinuierl. Liste von nun in B. residierenden Bf.en setzt erst um die Mitte des 8. Jh. ein. Vor Mitte des 8. Jh. scheint das Bm. gefestigt, wenn nicht gar wieder eingerichtet worden zu sein, denn zu jener Zeit dürfte es zu jener namentl. am Rhein die damaligen Machtverhältnisse berücksichtigenden Grenzziehung gekommen sein, die für die spätere Zeit bestimmend geblieben ist. Wie diese Abgrenzung im Zusammenhang mit dem Ausgreifen der frk. Macht nach Osten gesehen werden darf, so erscheinen auch die frühen Bf.e in enger Verbindung mit den karol. Herrschern (Waldo, → Hatto). Im 9. und 10. Jh. scheint das Bm. an Bedeutung eingebüßt zu haben: Von seinen Bf.en kennt man oft nur die Namen, und in den Reichsteilungen wurde es 843 zum lothoring., 870 zum ostfrk. Reich geschlagen und kam nach 912 schließl. in den Machtbereich Hochburgunds. Infolge seiner Grenzlage rückte es gegen Ende des 10. Jh. ins Spannungsfeld der unter den Ottonen einsetzenden Burgundpolitik, in deren Zusammenhang die Schenkung Moutier-Grandvals durch den letzten Kg. von Hochburgund Rudolf III. an den Bf. v. B. (999/1000), die den Grundstein zum nachmaligen Fürstbistum legte, zu sehen ist. 1006 zog Heinrich II. Basel ans Reich und verlieh dessen Bf. Adalbero II. (999–1025) verschiedene Hoheitsrechte. Heinrich war auch bei der Weihe des neuerrichteten Münsters anwesend. Die hier geschaffene Verbindung der Bf.e mit den dt. Herrschern kam v.a. im Investiturkampf zum Tragen im unerschütterl. Parteigänger Heinrichs IV., Bf. Burkhart v. Fenis (1072–1107), und prägte die bfl. Politik – mit einer Unterbrechung in den letzten Jahren der Stauferdynastie – bis hin zu Bf. Heinrich v. Isny, dem Ratgeber Kg. Rudolfs v. Habsburg. Diese Beziehung und die Tatsache, daß die Bf.e den Grafen- und Herrengeschlechtern der näheren und weiteren Umgebung entstammten, haben entscheidend zur Ausbildung des weltl. Herrschaftsbereiches bis um das Jahr 1300 beigetragen. Im 14. Jh., an dessen Anfang der Episkopat → Peters v. Aspelt steht, herrschen die durch die päpstl. Provisionen hervorgerufenen Auseinandersetzungen um den Bischofsstuhl vor, die in der Regel die ortsfremden und vielfach fremdsprachigen päpstl. Kandidaten zum Erfolg führten, während die polit. Auseinandersetzungen – wiederholte Konfrontation mit der Stadt Basel und v.a. mit den territorialen Bestrebungen Habsburgs – mehr regionalen und lokalen Charakter aufweisen. Zur Zeit des →Abendländ. Schismas schlug sich das Bm. zunächst auf die klementist., seit 1383 auf die urbanist. Seite und wandte sich schließlich 1409 der pisan. Obödienz zu. Die zahlreichen Zwistigkeiten zogen das Bm. in jeder Beziehung, v.a. aber in seinen wirtschaftl. Grundlagen erheblich in Mitleidenschaft. Das 15. Jh. steht dagegen von Johann IV. v. Fleckenstein bis hin zu Christoph v. Utenheim im Zeichen der Wiederherstellungs- und Reformbemühungen der in der Regel wieder vom Domkapitel gewählten und mit den Verhältnissen vertrauten Bischöfe. Der Durchbruch der Reformation 1529 setzte der ma. Gestalt des Bm.s ein Ende.

[2] *Innere Organisation und Kult:* Vom 8.–10. Jh. dürfte es im Zusammenhang mit der karol. Zehntgesetzgebung zur Einrichtung der meisten nicht nachweisl. erst im SpätMA gegründeten Pfarreien gekommen sein (frühestes Verzeichnis der über 420 Pfarr- und Filialkirchen, die Papstzehntabrechnung 1301–03, dann »Liber Marcarum« 1441). Seit dem 13. Jh. sind Ruralkapitel belegt, denen Dekane vorstehen. Kapitelstatuten sind seit dem 14. Jh. überliefert (1356 Frickgau). Diese elf Landdekanate bildeten zugleich die Amtsbezirke der seit dem 13. Jh. bezeugten Archidiakone (Ende 13. Jh. fest mit Dignitäten des Domkapitels und Propstei St. Ursanne verbunden), zu deren Aufgaben v.a. die Pfarreivisitation gehörte. Die früheste bfl. Gesetzgebung stellen anfangs des 9. Jh. → Hattos »Capitula ecclesiastica« dar, Diözesanstatuten setzen 1297 unter Peter v. Aspelt ein. Das dem Bf. zur Seite stehende Domkapitel ist seit dem 9. Jh. bezeugt. Die Gütertrennung zw. Kapitel und Bf. setzt in der 1. Hälfte des 11. Jh. ein, und bis zum Ende des 12. Jh. war auch die Pfründaufteilung abgeschlossen. Im 12. und 13. Jh. wuchs das Kapitel (1183 eigenes Siegel) in die geistl. und weltl. Bistumsverwaltung hinein durch Konsensrecht, Bischofswahlrecht, durch Geschäftsführung während der Sedisvakanz und seit 1261 durch Wahlkapitulationen. Nach der Mitte des 13. Jh. erscheinen die bfl. Ämter des Generalvikars (1277) und des Offizials (1252). Um die gleiche Zeit wird auch die bfl. Kanzlei deutlicher erkennbar. Die Obliegenheiten aller bfl. Ämter wurden 1484 in den Statuta curiae Basiliensis festgehalten.

Hauptpatronin der Bischofskirche war Maria. Merkwürdigerweise besitzt das Bm. keinen hl. Bf., wenn man von dem im 1160 im Umkreis der Ursulalegende (→ Ursula) aufgekommenen Pantalus (Reliquientranslation 1270) absieht, der wohl erst gegen Ende des 15. Jh. als dritter Patron erscheint. Eigtl. Basler Hl. war seit Mitte 14. Jh. (Reliquientranslation 1347) und bes. im 15. Jh. Ks. Heinrich II., zweiter Münsterpatron. Einzigartige Kunde über die liturg. Gewohnheiten des Bm.s B. im SpätMA gibt das »Ceremoniale Basiliensis episcopatus« von Hieronymus Brilinger (1517).

[3] *Fürstbistum und Territorialpolitik:* Die Entwicklung des weltl. Machtbereichs seit der Schenkung Moutier-Grandvals mit umfassendem Besitz im Jura (999/1000) ist zunächst gekennzeichnet durch den Erwerb von Grundbesitz, von verschiedenartigsten und zerstreuten Gütern und Hoheitsrechten – darunter Gerichtsbarkeit über die Stadt B. und Münzregal. Die Hoheitsrechte über den Frickgau und Buchsgau mit Gft. Herkingen wurden jedoch zu Lehen ausgegeben und gingen verloren. Die bfl. Vogtei über Stadt und nähere Umgebung, die schon früh dauernd in die Hände der Gf.en v. Homberg übergegangen war, konnte der Bf. dagegen noch 1180 zurückgewinnen, bis sie schließlich von Kg. Rudolf v. Habsburg an das Reich gezogen wurde (vgl. auch Bf. → Heinrich v. Neuenburg). Erst der Erwerb und die Rückgewinnung von Hoheitsrechten im 13. Jh. – bes. die Herrschaften und Vogteien Birseck, Asuel, Ajoie (→ Elsgau), Sornegau, St. Ursanne, Moutier-Grandval, Biel, La Nueveville, Montagne de Diesse (Tessenberg), Erguel und die Gft. Homberg mit Liestal, während die 1271 erworbene Gft. → Pfirt (Ferrette) 1324 wieder an Habsburg verlorenging – leiteten die Entwicklung zu jenem ausgesprochen jurassischen Territorialstaat ein, desssen Grenzen sich nicht mit dem Bistumssprengel deckten, sondern in der Ajoie mit der bfl. Residenz Porrentruy und südl. der Pierre pertuis in die Diöz. → Besançon und → Lausanne übergriffen. Um 1270 wurde das Bischofs- und Dienstmannenrecht aufgezeichnet. Seit dem 13. Jh., bes. dann im 14. Jh. begann sich die Stadt B., die zerrüttete wirtschaftl. Lage des Hochstiftes ausnutzend, vom bfl. Stadtherrn zu emanzipieren und im 15. Jh. durch Herauslösung der verschiedenen Sisgauer Ämter aus dem bfl. Machtbereich ein eigenes Territorium aufzubauen, während die bfl. Rekuperationsbemühungen im 15. Jh. scheiterten. Der Südjura geriet seit der Mitte des 14. Jh. (Biel 1353, Erguel 1388), bes. dann durch das Bernische Burgrecht mit Moutier-Grandval 1486 zusehends in den eidgenössischen Einflußbereich (→ Eidgenossen, -schaft). G. P. Marchal

III. DIE STADT DES SPÄTEN MITTELALTERS: [1] *Geschichte:* Im 13. Jh. wird vereinzelt eine eigenständige städt. Politik faßbar, so im Beharren beim Ks. 1239, als der Bf. auf päpstl. Seite stand, so im Zug gegen Landser 1246 und in der Teilnahme am → Rhein. Städtebund 1254. Im ganzen bestimmte aber der Bf. die Politik. Die Loslösung von ihm, die sich im 14. Jh. vollendete, verdankte die Stadt ihrem wachsenden Reichtum, durch den sie bei fortschreitender Zerrüttung der bfl. Finanzen nach und nach alle wichtigen Hoheitsrechte an sich bringen konnte. In der Zeit zunehmender städt. Selbständigkeit verlegten die Bf.e ihre Residenz in den Jura. Stadt und Bf. standen nun oft in gegner. Lagern. B. hielt 1327-46 zu Kg. Ludwig dem Bayern, während der Bf. den habsburg. Gegner unterstützte. Die Basler Politik wurde zunehmend durch das Verhältnis zu → Österreich, der bedeutendsten Territorialmacht am Oberrhein, bestimmt. B., dessen Lage für ein Zentrum des österr. Besitzes im Aargau, → Breisgau und → Elsaß ideal erscheinen mußte, hatte bei allen Auseinandersetzungen mit dem Eingreifen Österreichs zu rechnen, dessen Parteigänger, die städt. Adligen, ihren Einfluß in B. selbst zur Geltung bringen konnten. Dies mag die oft zaudernde, zurückhaltende Politik der Stadt z.T. erklären. Da der benachbarte Adel zunehmend in Lehensbeziehung zu Österreich trat, war ihr eine Pfahlbürgerpolitik, wie sie etwa Bern so erfolgreich betrieb, versagt. Zur Sicherung – auch des Handels – beteiligte sich B. an zahlreichen Städte- und Landfriedensbünden, zum einen mit Straßburg, Freiburg und andern oberrhein. Städten, zum andern mit Bern, Solothurn, Zürich. Auch mit Österreich schloß es nach Ablauf des oberrhein. Landfriedens 1350 mehrere Bündnisse und leistete ihm wiederholt Waffenhilfe, so 1351/52 gegen Zürich. Noch 1368 kämpfte Basel mit Österreich gegen den Gf.en v. Montbéliard, und 1370 verbündete es sich mit Hzg. Leopold III., doch kurz danach ergriff dieser an der Seite Bf. Johanns v. Vienne gegen die Stadt Partei. Die Bedrohung steigerte sich durch die Verpfändung Klein-Basels an den Hzg. und durch dessen Erwerb der Reichsvogtei über B.; sie erreichte 1376 ihren Höhepunkt, als es Leopold gelang, die infolge eines Aufruhrs gegen ihn (»Böse Fastnacht«) in Reichsacht gefallene Stadt in einem demütigenden Vertrag an Österreich zu binden. Die Gefahr, zur österr. Landstadt abzusinken, verschwand nach der Katastrophe Leopolds bei → Sempach 1386. Unter österr. Druck hatte B. für kurze Zeit dem Löwenbund angehört, trat jedoch 1384 dem → Schwäbischen Städtebund bei. In diesem Zusammenhang wurde es, das sich selbst seit 1362 zu den »fryen stetten« zählte, in einer Urkunde Kg. Wenzels von 1387 neben Regensburg als Freie Stadt vor einer Reihe von Reichsstädten genannt, eine einzigartige Gegenüberstellung. Durch den Erwerb Klein-Basels 1392 und der Sisgauer Herrschaften 1400 wurde die Grundlage zu einem eigenen Territorium geschaffen. Zu einer ausgreifenden Territorialpolitik haben diese Anfänge nicnt geführt. Der Erwerb der Pfandschaft Oltens vom Bf. 1407 und die Verburgrechtung mit Delsberg (Delémont) im selben Jahr erwiesen sich nicht als dauerhaft. Olten ging schon 1426 an → Solothurn, das, → Bern hinter sich wissend, zunehmend zum territorialen Konkurrenten B.s wurde.

Auch im 15.Jh. prägte das Verhältnis zu Österreich weitgehend die Basler Politik. Im Elsaß hatten sich in der Person der Regentin Katharina v. Burgund, Gattin Hzg. Leopolds IV., burg. und österr. Interessen vereinigt. Die Fehde B.s mit Katharina und ihrem Schwager Hzg. → Friedrich IV. von 1409 blieb lokal begrenzt. Ein anderer Gegner gewann an Bedeutung: Mgf. → Bernhard v. Baden, der durch Überfälle auf Kaufleute und durch Rheinzölle Handel und Schiffahrt der Stadt schädigte. Verbündet mit Kg. Ruprecht hatte sie ihn schon 1403 bekämpft. 1422-24 stritt sie gegen ihn im oberrhein. Bund zusammen mit den elsäss. und breisgauischen Städten sowie Ludwig, Pfgf. bei Rhein. Die Gelegenheit, sich nach der Ächtung Hzg. Friedrichs IV. im Sundgau festzusetzen, hat B. nicht genutzt, wohl auch deshalb, weil es durch Verfassungskämpfe, die nach der Einführung des zweiten Antmeistertums zum ztw. Auszug des Adels führten, gelähmt war. Seit 1431 stand die Politik im Dienst des Basler Konzils (→ Basel, Konzil v.). In den 1440er Jahren erreichte die österr. Bedrohung einen neuen Höhepunkt durch den Einfall der → Armagnaken, mit denen sich der benachbarte Adel verband. 1444 schlugen sie vor der Stadt bei St.Jakob an der Birs eidgenöss. Truppen. Nach ihrem Abzug und der Niederlage Österreichs gegen die Eidgenossen bei St.Jakob an der Sihl, konzentrierte der österr. Adel seine Kraft auf Verwüstungszüge gegen Basel. Die Feindseligkeiten wurden durch den Breisacher Frieden 1449 beendet, den ein Bündnis B.s mit Österreich ergänzte. Die Stadt nutzte die folgenden Jahre zum Erwerb der Herrschaft Farnsburg mit der Lgft. Sisgau (1461) und mehrerer Dörfer sowie der Pfandschaft von Münchenstein und Muttenz (1470). Durch die umfangreichen Verpfändungen oberrhein. Herrschaften und Hoheitsrechte durch Hzg. Siegmund an → Karl den Kühnen (Vertrag von → St-Omer 1469), war → Burgund zum allgegenwärtigen Nachbarn B.s geworden. Das Verhältnis zum burg. Landvogt im Elsaß → Peter v. Hagenbach, gestaltete sich zunehmend gespannter. B. rüstete zum Krieg. Anfang 1473 berieten Gesandte der Elsässer Reichsstädte und der Eidgenossen in B. den Plan, die Ausschaltung Burgunds zusammen mit den Bf.en v. B. und Straßburg, dem Mgf. Karl v. Baden und – nach einer Verständigung mit den → Eidgenossen – mit Hzg. Siegmund durch Auslösung der Vorlande zu erreichen. Das war der erste Entwurf zur → Niederen Vereinigung, die ihre feste Form 1474 beim Beitritt Hzg. Siegmunds fand. Der Vertrag von St-Omer wurde gekündigt, Siegmund nahm die Vorlande wieder in Besitz. B. beteiligte sich in der Folge an allen Zügen gegen Burgund bis hin zur Schlacht v. Nancy. Nach der Beseitigung der burg. Gefahr wurde die Verbindung zu den Eidgenossen wieder schwächer. Mit Rücksicht auf sie gab B. jedoch dem Werben des → Schwäbischen Bundes nicht statt und widersetzte sich auch dem Beitritt Kg. Maximilians zur 1493 erneuerten Niederen Vereinigung, der aber dennoch zustandekam. B.s Verhältnis zum Reich gestaltete sich unter Maximilian enger, doch erwuchs gegen diese Politik in der Stadt selbst eine den Eidgenossen gewogene Opposition. Im → Schwabenkrieg behauptete B. eine schwierige, auch in der Stadt angefochtene Neutralität. Zwei Jahre nach dem Basler Frieden von 1499, der fakt. die Unabhängigkeit der Eidgenossenschaft vom Reich besiegelte, schloß sich das durch seine Neutralitätspolitik in die Isolation getriebene Basel der Eidgenossenschaft an.

[2] *Verfassung:* a) *Rat und Zünfte:* Die Loslösung vom Bf. wird zuerst faßbar in der Ausbildung des städt. Rates und der Zünfte. Nur für kurze Zeit hatte ein Stadtrat mit unabhängigem Steuerrecht durch Privileg Friedrichs II. bestanden, dessen Widerruf schon 1218 erfolgte. Trotz dieses Rückschlags führte der Rat 1225 eigenes Siegel. Seit 1253 erscheint an seiner Spitze ein Bürgermeister. Die aus späterer Überlieferung zu erschließende erste Handfeste, durch den Bf. → Heinrich v. Neuenburg († 1274) angesichts der Parteiung der Ritter Rückhalt bei Patriziern und Handwerkern suchte, regelte auch die Bestellung des Rats: Der abtretende Rat wählte zwei Ministeriale und vier Patrizier, diese kooptierten zwei Domherren, und dieses Gremium der *Kieser* erkor dann aus Rittern und Patriziern den neuen Rat und den Bürgermeister. Der Bf. bestätigte in der Handfeste auch die Zünfte. Die älteste Basler Zunfturkunde datiert von 1226. Die Zünfte waren aber z.T. älter. Neue Zünfte wurden v.a. in der 2. Hälfte des 13.Jh. gegr. (als letzte der 15 Zünfte die Fischer- und

Schifferzunft, 1354). Später wurden neue Handwerke in die bestehenden Zünfte integriert. Durch Doppelzünftigkeit wurde die nominelle Arbeitsteilung überbrückt. 1305 setzt die Reihe der vom Bf. aus den Patriziern ernannten Oberstzunftmeister ein, die nach dem Eintritt der Zunftmeister in den Rat ein dem Bürgermeister vergleichbares polit. Gewicht erlangten. Der aus vier Rittern und acht Burgern (Patrizier; nach ihrer Zahl im Rat »Achtburger«) zusammengesetzte Rat wurde 1337 um 15 Zunftratsherren und 1382 auf dem Höhepunkt der österr. Bedrohung um die 15 Zunftmeister erweitert. Die Verschiebung zu einer Mehrheit der Zunftvertreter vollzog sich ohne die aus andern Städten bekannten Unruhen. Allerdings wurde den Zunftgemeinden bald ihre polit. Mitsprache arg beschnitten: Seit 1401 wurden die Meister nicht mehr durch sie gewählt, sondern von den Sechsern (Zunftvorstand) bestimmt, die ihrerseits selbst ergänzten. Die Zunftratsherren wurden ohnehin durch bfl. *Kieser* erkoren. Der Große Rat, 1373 erstmals faßbar, gebildet aus dem Kleinen Rat unter Beizug der Zunftsechser, erlangte nur in polit. Krisenzeiten Bedeutung. Während der Krise der 1380er Jahre wurde erstmals das Ammeisteramt nach Straßburger Vorbild errichtet (1385-90). Ein zweites Ammeistertum nach einem Umsturz in der polit. führenden Schicht dauerte sieben Jahre (1410-17). Der polit. Einfluß der Ritter und Achtburger verminderte sich ständig, v. a. auch deshalb, weil viele von ihnen die Stadt bei mißliebigen Beschlüssen (Steuern, Ammeistertum) oder während den Auseinandersetzungen mit Österreich als dessen Lehensträger ztw. oder für immer verließen.

b) *Gerichtsbarkeit*: In den Jahren der Bedrohung durch Hzg. Leopold III. gelang der Stadt der Erwerb der wichtigsten Gerichtsrechte. 1383 verkaufte der Prior des Kl.s St. Alban sein Schultheißengericht, das in der Albanvorstadt die niedere Gerichtsbarkeit übte, der Stadt. 1385 kaufte B. vom Bf. die Pfandschaft des Basler Schultheißenamts, dessen Gericht über schuld-, erb- und sachenrechtl. Klagen, aber auch über geringfügige Vergehen befand. Es beurkundete auch Liegenschaftsgeschäfte, stand in diesem Bereich jedoch in Konkurrenz zum Rat und zum bfl. Offizial, dessen Tätigkeit der Rat zunehmend zurückzudrängen suchte, wie er auch die Appellation vom Schultheißengericht an den Bf. und an den Ks. bekämpfte. Aufgrund des Privilegs, daß die Bürger nur vor dem Schultheißen Recht nehmen müßten, hatte der Rat seine vor d. Landgericht zitierten Bürger zu vertreten und konnte die Einstellung der Verfahren verlangen. Seit dem 15.Jh. waren Ladungen vor die Freischöffen des westphäl. Gerichts recht häufig. Sofort nach der Schlacht bei Sempach erwarb die Stadt 1386 die seit 1367 Österreich zustehende Reichsvogtei. Das Vogtgericht war ursprgl. v.a. für schwere Vergehen zuständig. Es wurde aber in seiner Bedeutung stark eingeschränkt, da der Rat selbst aufgrund seiner ihm durch Kg. Rudolf v. Habsburg 1286 übertragenen Befugnis zur Stadtfriedenswahrung die Strafsachen an sich zog. Nach 1386 überließ er dem Vogt nur noch die schwersten Verbrechen. Schon der Einungsbrief von 1339 räumte dem Rat aufgrund der Stadtfriedenswahrung auch eine genau umschriebene Strafgerichtsbarkeit über Geistliche ein. Seit der Mitte des 14.Jh. ist ein bes. Gericht (»Unzüchter«) belegt, das geringfügige Strafsachen erledigte. Die Bettlerfreiheit auf dem Kohlenberg besaß eigene Gerichtsbarkeit, die dem Reichsvogt unterstand und durch Sackträger (»Freiheitsknaben«) geübt wurde.

c) *Verfassung von Klein-Basel*: Klein-Basel war eine Gründung des Basler Bf.s im Gebiet der Diöz. Konstanz und auf Boden, der zum größten Teil zur Grundherrschaft des Kl.s St. Alban gehörte. Dessen Meier hat schon im Verlauf des 13.Jh. fast alle seine Funktionen eingebüßt. Die Vogtei, der das Gericht über peinl. Straffälle zustand, lag beim Bf., ebenso das seit 1255 bezeugte Schultheißenamt. Die Beisitzer des Schultheißengerichts bildeten den Klein-Basler Rat. 1274 erteilte Bf. Heinrich v. Neuenburg der kleinen Stadt eine Handfeste. Kg. Rudolf v. Habsburg verlieh ihr 1285 Colmarer Stadtrecht und einen Wochenmarkt. Nachdem B. 1392 vom Bf. Klein-Basel gekauft hatte, wurden seine Handwerker in die Groß-Basler Zünfte integriert. Der Klein-Basler Rat verfiel, während das Schultheißengericht fortbestand, da B. daran nur Pfandbesitz hatte.

[3] *Münzwesen:* Bereits im 7.Jh. wurden in B. Münzen geprägt. Unter Ludwig IV. erscheint es wiederum als Prägeort und unter Kg. Konrad v. Burgund (937-993) verstärkte sich die Münztätigkeit. Die ersten erhaltenen Prägungen der Bf.en sind nach der Jahrtausendwende anzusetzen. Das Münzrecht ist urkundlich 1146 als den Bf.en längst zustehend erwähnt, formell hat es ihnen erst 1149 Kg. Konrad III. übertragen. 1373 verpfändete der Bf. die Prägestätte der Stadt, doch blieben die Bf.e formell Herren der Münze bis zum Verkauf 1585. Eine ksl. Münze wurde 1429 durch Kg. Siegmund im Hinblick auf das Basler Konzil errichtet. Sie wurde 1509 nach Augsburg verlegt.

[4] *Wirtschaft und Bevölkerung:* Eine wichtige Grundlage der städt. Wirtschaft bildeten die Einnahmen von Geistlichkeit, Adel und zunehmend auch von Bürgern aus Abgaben der benachbarten Agrarlandschaft, v.a. aus dem Sundgau. Die Erzeugnisse des Handwerks fanden nur lokalen und regionalen Absatz. Seit dem Beginn des 15.Jh. ist die wachsende Tendenz zur Abschließung der Gewerbe und zur Beschränkung des Wettbewerbs erkennbar. Angesichts der Größe der Stadt erstaunt das Fehlen eines entwickelten Exportgewerbes. Da die Weberzunft das Verlagswesen (→ Verlag) untersagte und da in der weiteren Nachbarschaft bessere Erzeugnisse gefertigt wurden, erreichte die Tuchproduktion nie einen bedeutenden Umfang. Exportiert wurden Lederwaren in zahlreichen Gerbereien. Weite Verbreitung fanden erst die Erzeugnisse des 1433 eingeführten Papiergewerbes und später jene des Buchdrucks (vgl. Abschnitt VII). Die Basler Kaufleute handelten mit fremden Waren zur Einfuhr wie für den Transit. Der Brückenschlag über den Rhein um 1225 und die Zunahme des Gotthardverkehrs verbesserte noch die günstige Lage am Fluß, wobei aber zw. Frankreich und Italien die Route über den Jougnepaß Hauptverbindung blieb und eine wichtige Straße abseits von B. von Italien über den Brenner nach → Augsburg führte. Nach dem Niedergang der Champagnemessen gewannen diejenigen von → Frankfurt und → Genf für B. an Bedeutung. Im Nahhandel waren die Zurzacher Messen (→ Zurzach) wichtig. B. war Etappenort des Handels von Oberschwaben, Franken, Bayern durchs Schweizer Mittelland nach Genf, Lyon, S-Frankreich und Spanien, sowie aus Italien durch die Eidgenossenschaft rheinabwärts. Basler Handelsgesellschaften pflegten Beziehungen zu Deutschland, Italien, Spanien, Frankreich, England. Die Vermittlung südl. Waren nach Norden bildete das Hauptgeschäft.

Erst 1471 erlangte B. ein ksl. Privileg für zwei Jahrmessen. Ihr Einzugsgebiet umfaßte die Eidgenossenschaft, das nahe S-Deutschland und das Elsaß, doch waren auch Besucher aus Speyer, Mainz, Worms, Köln, Frankfurt, Augsburg, Nürnberg, Nördlingen und gar Lübeck zahlreich. Eine der Messen wurde schon 1494 wieder aufgehoben. Neben dem Handel war seit dem 14.Jh. das Geldgeschäft bedeutend. Basler gewährten dem Ks., dem Adel, der Geistlichkeit und den Städten z. T. beträchtl. Darlehen. Der Rat betrieb einen ausgedehnten Rentenhandel, der ihm nicht nur zur Finanzierung des Stadthaushalts durch Antizipation späterer Einnahmen diente, sondern auch große Darlehen an andere Städte ermöglichte.

Seit der 2. Hälfte des 15. Jh. investierten Basler Kaufleute im Silberbergbau in den Vogesen, im Schwarzwald und bei Laufenburg. Basler beteiligten sich auch an den Solothurner Erzgruben, daneben an Eisenbergwerken in Goppenstein, Gonzen, Sargans.

Bevölkerungszahlen lassen sich erst für das 15. Jh. ermitteln. 1429 ist mit 9000–10000 Personen zu rechnen. 1446 betrug die Bevölkerung zw. 10000 und 11000 Seelen. Sie sank bis 1454 auf etwa 8000 ab, erreichte 1475 etwa 8500 und 1497 etwa 9000 Personen. H.-J. Gilomen

IV. KLÖSTER UND STIFTE: Nach dem Domstift als erstes wurde 1083 ein Kl. bei der Kirche St. Alban vor der Stadt gegründet. Es wurde zu Beginn des 12. Jh. der Abtei Cluny unterstellt. Gleichfalls an einer bestehenden Kirche wurde 1135 das Augustinerchorherrenstift St. Leonhard nach Marbacher Regel (→ Marbach) eingerichtet. Vor 1206 ließen sich vor der Stadt die Johanniter nieder. Der erste Frauenkonvent war das 1230 errichtete Reuerinnenkl. St. Maria Magdalena in den Steinen. Seit 1291 den Predigern unterstellt, wurde es 1423 durch Schwestern des Kl. Unterlinden in → Colmar reformiert. 1231 entstand vor dem Spalentor ein Franziskanerkl. (nach 1250 ins Stadtinnere verlegt). 1233 ließen sich vor der Stadt die Dominikaner nieder. Im selben Jahr wurde an der Kirche St. Peter ein weltl. Kollegiatstift errichtet. Das Haus der Franziskaner vor Spalen besiedelten vor 1253 Schwestern aus Taenikon, die 1259 nach Michelfelden zogen, und seit 1266 Klarissen aus dem Kl. Paradies bei Schaffhausen. Sie wechselten 1279 in ein von den Sackbrüdern nach Aufhebung ihrer Kongregation verlassenes Klein-Basler Kl. über, das nun den Namen St. Clara annahm. 1268 kaufte die Deutschordenskommende Beuggen in B. ein Haus (seit dem Ende des Jh. Komturei). 1274 übersiedelte der aus den Augustinerinnen von Hüsern und Pfaffenheim gebildete, später dem Dominikanerorden angegliederte Konvent des Kl.s Klingental nach Klein-Basel. Die Nonnen entzogen sich seit 1429 der Leitung durch die Prediger und betrachteten sich als Augustinerchorfrauen, was nach einem gescheiterten Reformversuch 1483 päpstl. Anerkennung fand. Die Augustinereremiten gründeten 1276 auf dem Münsterhügel ein Kl. Nach 1279 übersiedelten aus dem aargauischen Kl. Gnadental ordensungebundene Schwestern in das Kl. vor Spalen, das nun den Namen Gnadental annahm. Es wurde 1289 dem Klarissenorden inkorporiert. 1447 trat es – ebenso wie die Basler Franziskaner – der Observanz bei, während ein Reformversuch des Kl. St. Clara scheiterte. Häuser der Antoniter wurden um 1300 in der St. Johann-Vorstadt und 1462 in Klein-Basel errichtet. 1407 schloß die Inkorporation in den Orden die Gründung des Kartäuserkl. St. Margarethental in Klein-Basel ab. Beginen sind seit 1271 bezeugt. Eine erste organisierte Sammlung entstand aber erst zw. 1290 und 1293. Die Beginen wurden zuerst 1318–21, dann wieder seit 1400 scharf verfolgt und 1411 aus der Stadt gewiesen.

V. UNIVERSITÄT: 1432 gründete das Basler Konzil – im ma. Unterrichtswesen ein völliges Novum – eine Hohe Schule, die mit den üblichen Privilegien ausgestattet und nach Pariser und Bologneser Vorbild organisiert war (→ Paris, Univ., → Bologna, Univ.). Nach der Absetzung Papst Eugens IV. wurde sie 1440 als Kurienuniversität neu eröffnet. Mit dem Wegzug des Konzils erlosch sie.

Die Errichtung einer städt. Univ. wurde durch Männer gefördert, die bereits der Hohen Schule des Konzils nahe gestanden hatten. Der einstige Konzilssekretär Enea Silvio Piccolomini bewilligte als Papst → Pius II. auf Supplikation des Rates hin ein Generalstudium nach dem Muster von Bologna. Die Stiftungsbulle datiert vom 12. Nov. 1459; am 4. April 1460 wurde die Univ. eröffnet. Die Statuten schlossen sich eng an diejenigen der Univ. → Erfurt von 1447 an. Der Lehrbetrieb wurde sofort in allen vier Fakultäten aufgenommen. Vorgesehen waren elf ordentl. und ein außerordentl. Lehrstuhl. Gegen verschiedene Widerstände setzte der Stadtrat seine alleinige Kompetenz durch, die Lehrstühle zu besetzen. Formell bestand ein Präsentationsrecht des Bf.s als Kanzler und des halbjährig wechselnden Rektors, doch wurde das ursprüngl. Wahlrecht der gesamten Univ. auf bloße Konsultation und Investitur beschränkt.

Auffallend ist die internationale Zusammensetzung der Dozentenschaft, während unter den Studenten der Anteil der Nichtdeutschen gering blieb. Natürl. Einzugsgebiet bildeten Vorderösterreich, das Elsaß und die Eidgenossenschaft. Badener, Württemberger, Bayern und Bürger südd. Reichsstädte stellten etwa drei Viertel der dt. Studenten. Im ersten Jahrzehnt nach der Gründung studierten durchschnittl. etwa 260 Scholaren. Infolge neuer Universitätsgründungen und auch aus polit. Ursachen sank die Zahl in der folgenden Zeit stetig. H.-J. Gilomen

VI. BIBLIOTHEKEN: Die infolge Fehlens einer nennenswerten Domschule und früher Kl. in der Stadt erklärbaren, durch das Erdbeben von 1356 vergrößerten Bibliothekslücken im früheren MA werden durch Bruchteile der Dombibliothek des 15. Jh., einen Katalog des Chorherrenstifts St. Peter, Restbestände der Bücherei der Augustinerchorherren zu St. Leonhard und dürftige Bibliotheksfragmente der Augustinereremiten, einiger Frauenklöster und des ztw. wichtigen Barfüßerklosters keineswegs ausgeglichen. Um so schwerer wiegen die nach Zahl (über 600) und Inhalt (Früh- und Hochscholastik, Mathematik, Astronomie, Graeca aus dem Nachlaß des Ordensangehörigen → Johannes v. Ragusa) bedeutenden, ohne alten Katalog erhaltenen Codices und Drucke des zum Hauptstudienort erklärten Dominikanerkonvents sowie die beinahe intakt gebliebene Bibliothek der spät gegr. Kartause. Auf namhaften privaten Bücherbesitz weisen der unversehrte jurist. Handapparat des Kanonisten Arnold zum Lufft oder Inventare einzelner bürgerl. Bibliotheken. Die mit der Universitätsgründung (1460) eingerichtete kleine Universitätsbibl. wurde nach dem Übertritt der Stadt zur Reformation (1529) zum Sammelplatz und endgültigen Standort aller ehem. Stifts- und Klosterbibliotheken. Zusätzl. daselbst vorhandenes ma. Handschriftengut (Fuldensia) stammt von Basler Sammlern der NZ. Trotz Verlust und nachträgl. Zerstörung der meisten Liturgica ist in B. die spätma. Miniaturistik am Oberrhein reich belegt. M. Burckhardt

VII. BUCHDRUCK: Der Beginn des Basler Buchdrucks ist noch nicht völlig geklärt: handschriftl. Einträge in Basler Inkunabeln von 1464, 1468 und 1470 gelten heute als Irrtümer bzw. Fälschungen, und das vieldiskutierte »Missale speciale (Constantiense)« kann nach dem Zeugnis der Wasserzeichenforschung nicht vor 1472 gedruckt sein. Andererseits beweist der Streit zw. den Basler Druckherren und Druckknechten, der am 24. Dez. 1471 durch einen Vergleich vor dem Basler Stadtgericht beendet wurde, daß der Buchdruck wohl einige Jahre früher in B. eingeführt wurde. Der Basler Prototypograph Berthold Ruppel (Rippel, Rüpel, Röpel) ist wohl mit dem »Bechtolff von Hanauwe«, der als Geselle Gutenbergs 1455 bezeugt ist, identisch.

Wie in Mainz, Bamberg und Straßburg, war auch in B. eine lat. Bibel das erste größere Druckwerk (GW 4207). Werke theol., philos., jurist. und kanonist. Inhalts bilden die Hauptmasse der Erzeugnisse der Ruppelschen Presse. Dasselbe gilt auch für Berufsgenossen, wie Michel Wenssler, der daneben auch zahlreiche Meßbücher und Breviere druckte, auch für den Speyerer Drucker und Verleger Peter Drach arbeitete, 1491 aber wegen seiner Schulden aus B. flüchten mußte, Bernhard Richel (Rychel, Reichel, Rigel), dessen Offizin von Nicolaus Kessler (Kesler) nach Richels Tod (1482) bis 1509 fortgeführt wurde, Martin Flach, Johann v. Besicken (aus Besigheim bei Bottwar), der um 1486 B. verlassen hat und seit 1493 als Drucker in Rom nachzuweisen ist, Johann Koch, gen. Meister (nach A. STEVENSON Drucker des vielumstrittenen »Missale speciale [Constantiense]«), Jacob Wolf (aus Pforzheim), Kilian Fischer (aus Ingelfingen) und einige anonyme Drucker.

Deutschsprachige Werke spielen im frühen Basler Buchdruck quantitativ nur eine geringe Rolle: schon 1474 druckte B. Richel den »Sachsenspiegel«, dann das »Bürdlin der zit« (eine deutsche Ausgabe des »Fasciculus temporum« des W. Rolevinck), den »Spiegel menschlicher Behaltnis« (1476, mit 278 Holzschnitten), die »Melusine« (mit 67 Holzschn.), Balthers »Leben des hl. Fridolin« u. a., Martin Flach ein »Losbuch« (mit 1 Drehscheibe und 52 Tierbildchen), Lienhart Ysenhut einen »Aesop« (mit 192 Holzschnitten) und eine »Walfart«, Michael Furter die »Meinrads-Legende«, »Aesop«, »St. Brandans wunderbare Meerfahrt« und den »Ritter vom Turn«, dessen 46 Holzschnitte Albrecht Dürer zugeschrieben werden. A. Dürer gilt auch als Hauptmeister der Holzschnitte des von Johann Bergmann v. Olpe gedruckten »Narrenschiffes« von Sebastian → Brant. Schon 1477 hatte sich Johannes → Amerbach in B. niedergelassen. Beraten von seinem ehemal. Pariser Lehrer Johannes Heynlin (→ Johannes de Lapide), druckte er Bibelausgaben und Kirchenväter (Augustinus, Hieronymus), aber auch Klassiker und Humanisten (Petrarca, Enea Silvio, Baptista Mantuanus u. a.) und knüpfte so das enge Band zw. dem Basler Buchdruck und dem (chr. ausgerichteten) → Humanismus. Amerbachs zeitweiliger »Famulus« und Partner Johannes → Froben (aus Hammelburg, † Okt. 1527) wurde weltberühmt durch seine engen Beziehungen zu → Erasmus v. Rotterdam, der für ihn als Herausgeber und »Verlagslektor« wirkte und dessen eigene Schriften und Editionen (die berühmteste die »Editio princeps« des gr. Neuen Testamentes von 1516 mit einer lat. Übersetzung des Erasmus) druckte. Zw. 1518 und 1520 brachte Froben auch vier Ausgaben der lat. Schriften Luthers heraus. Als es zum Bruch zw. Erasmus und Luther kam, blieb Froben dem Erasmus treu. – Johannes Petri, ztw. Gesellschafter von Froben und Amerbach, ist der Stammvater einer bedeutenden Druckerfamilie, die sich später Henricpetri nannte.   F. Geldner

Q. und Lit. [allg.]: Basler Zs. für Altertumskunde 1920ff. [mit laufender Bibliogr.] - Basler Beitr. zur Geschichtswiss., 1916-74, bes. Bde 24, 39, 59, 80, 89, 131 – Q. und Forsch. zur Basler Gesch., 1-9, 1966-77 – zu [I]: D. A. FECHTER, Topographie mit Berücksichtigung der Cultur- und Sittengesch., in B. im 14.Jh., 1856 – Kunstdenkmäler der Schweiz, Bde B.-Stadt 1, 1932 [Neuaufl. und Nachträge 1971]; 2, 1933; 3, 1941; 4, 1961; 5, 1966 – E. MAJOR, Gall. Ansiedlung mit Gräberfeld bei B., 1940 – R. KAUFMANN, Die baul. Entwicklung der Stadt B., 1948 – R. FELLMANN, B. in röm. Zeit, 1955 – L. BERGER-R. MOOSBRUGGER, Jahresber. der Basler Bodenforschung, Basler Zs. für Gesch. und Altertumskunde, seit 1962 – L. BERGER, Die Ausgrabungen am Petersberg in Basel, 1963 – A. FURGER-GUNTI, Die Ausgrabungen im Basler Münster, I. Die spätkelt. und augustäische Zeit, 1979 – zu [II]: Bibliogr.: Helvetia Sacra, Abt. I, I, hg. u. red. A. BRUCKNER, 1972, 157-362 [mit vollständiger Lit.- und Quellenangaben] - TH. BÜHLER, Gewohnheitsrecht und Landesherrschaft im ehemaligen Fürstbm. Basel, 1972 (Rechtshist. Arbeiten 8) – H. OTT, Zu den frühen Beziehungen zw. dem Kl. St. Blasien und dem Bm. Basel (Alem. Jb. 1973/75, 545-557 – A. GÖSSI, Das Urkundenwesen der Bf.e von B. im 13. Jh. (1216-1274), (Q. und Forsch. zur Basler Gesch. 5), 1974 – F. GRAUS, Sozialgesch. Aspekte der Hagiographie der Merowinger- und Karolingerzeit. Die Viten der Hl. des südalem. Raumes und die sog. Adelsheiligen (VuF 20), 131-176 – P. LADNER, Die ältesten Herrscherurkunden für Moutier-Grandval, Basler Zs. für Gesch. und Altertumskunde 74, 1974, 41-68 – H. R. SENNHAUSER-A. FURGER-GUNTI, Zum Abschluß der archäolog. Unters. im Münster, Basler Stadtbuch 95, 1974, 82-100 – P. BLOESCH, Das Anniversarbuch des Basler Domstifts (Liber vite Ecclesie Basiliensis) (1334/38-1610 (Q. und Forsch. zur Basler Gesch. 7, I/II), 1975 – CH. WILSDORF, L'évêque Haito reconstructeur de la cathédrale de Bâle. Deux textes retrouvés, BullMon 133, 1975, 175-181 – zu [III-IV]: Q.: J. TROUILLAT, Monuments de l'ancien évêché de Bâle, 5 Bde, 1852-67 – Rechtsquellen von B. Stadt und Land, 2 Bde, 1856-65 – Basler Chroniken, Bde I-7, 1872-1913 – UB der Landschaft B., hg. H. BOOS, 3 Bde, 1881-83 – UB der Stadt B., 11 Bde, 1899-1910 – Der Stadthaushalt B.s im ausgehenden MA, B. HARMS, 3 Bde, 1909-13 – Lit.: A. HEUSLER, Verfassungsgesch. der Stadt B. im MA, 1860 – G. SCHÖNBERG, Finanzverhältnisse der Stadt B. im XIV. und XV. Jh., 1879 – T. GEERING, Handel und Industrie der Stadt B., 1886 – R. WACKERNAGEL, Gesch. der Stadt Basel, 3 Bde, 1907-16 [Register 1954] – H. AMMANN, Die Bevölkerung von Stadt und Landschaft B. am Ausgang des MA, Basler Zs. für Gesch. und Altertumskunde 49, 1950, 25-52 – G. MÖNCKE (Bischofsstadt und Reichsstadt, 1971) [mit Lit. zur Verfassungsgesch.] – F. WIELANDT, Die Basler Münzprägung, Schweizer. Münzkataloge VI, 1971 – F. EHRENSPERGER, B.s Stellung im internat. Handelsverkehr des SpätMA, 1972 [mit Lit.] – U. DIRLMEIER, Unters. zu Einkommensverhältnissen und Lebenshaltungskosten in oberdt. Städten des SpätMA, Mitte 14. bis Anfang 16. Jh., AAH Ph.-hist. Kl., 1978, 1. Abh., 1978 – K. SCHULZ, Rheinschiffahrt und städ. Wirtschaftspolitik am Oberrhein im SpätMA (Stadt in der Gesch., Veröff. des südwestdt. Arbeitskreises für Stadtgeschichtsforsch., 4: Die Stadt am Fluß, 1978, 141-189 – zu [V]: Q.: Die Matrikel der Univ. B., hg. H. G. WACKERNAGEL, I: 1460-1529, 1951 – Lit.: W. VISCHER, Gesch. der Univ. B. von der Gründung 1460 bis zur Reformation 1529, 1860 – E. BONJOUR, Die Univ. B. von den Anfängen bis zur Gegenwart 1460-1960, 1960 – M. SIEBER, Die Univ. B. und die Eidgenossenschaft 1460 bis 1529 (Stud. zur Gesch. der Wiss. in B. 10, 1960) – zu [VI]: Lit.: C. CHR. BERNOULLI, Über unsere alten Klosterbibl., Basler Jb. 1895 79-91 – E. MAJOR, Über den Basler Hausrat im Zeitalter der Spätgotik, ebd. 1911, 262-264 – A. BRUCKNER, Zur Gesch. der Stiftsbibl. von St. Peter (Fschr. E. K. RAND, 1938), 33-40 – A. VERNET, Les mss. de Jean de Raguse, Basler Zs. 61, 1961, 75-108 – P. RÜCK, Zur Basler Bildungsgesch. im 12. Jh., Freiburger Geschichtsbll. 52, 1963/64, 38-100 – B. M. V. SCARPATETTI, Kat. der datierten Hss. in der Schweiz I, 1977, XVII-XIX [grundlegend] – M. STEINMANN, Die Hss. der Univ. Bibl. Basel 1979 – zu [VII]: Q. und Lit.: K. STEHLIN, Reg. zur Gesch. des Buchdrucks bis zum J. 1500. Aus den Büchern des Basler Gerichtsarchivs, Arch. für Gesch. der dt. Buchhandels 11, 1888, 5-182; 12, 1889, 6-70 – V. SCHOLDERER, M. Wenssler and his Press at B. (The Library III, 3, 1912), 283-321 [abgedr. in: DERS., 50 Essays... 1966, 46-60] – A. F. JOHNSON, Frühe Basler Buchdruckerkunst, 1928 – Die Amerbachkorrespondenz..., bearb. und hg. A. HARTMANN 1942ff.– E. BUECHLER, Die Anfänge des Buchdrucks in der Schweiz, 1952² – FR. WINKLER, Dürer und die Illustrationen zum Narrenschiff..., 1951 – N. NORDQVIST, Berömda bokdrykare 2, 1961, 63-108: Triumvirtet i Basel – J. BENZING, Die Buchdrucker des 16. und 17. Jh. im dt. Sprachgebiet, 1963, 28-29 – G. PICCARD, Papiererzeugung und Buchdruck in B. bis zum Beginn des 16. Jh., AGB 8, 1966, 25-322 – A. STEVENSON, The Problem of the Missale speciale, 1967 – Geldner I, 109-132.

Basel, Friede von, 22. Sept. 1499, geschlossen zw. → Eidgenossen und → Maximilian I., beendete den Schweizer- oder → Schwabenkrieg. Friedensverhandlungen zu Beginn des Krieges scheiterten. Schwere militär. Rückschläge (→ Dorneck, 22. Juli 1499) und der frz. Überfall auf → Mailand (Aug. 1499) zwangen Maximilian zum Einlenken, da die Kriegshilfe des Reiches und des → Schwäb. Bundes völlig versagten. Auch die Eidgenossen zeigten sich dem Mailänder Vermittler Gian Galeazzo → Visconti gegenüber friedensbereit. Vorverhandlungen fanden zu Schaffhausen statt (Aug.). Maximilian mäßigte seine hohen Forderungen. Am 25. Aug. wurde ein Waffenstillstand geschlossen. Der Friedensschluß zu Basel sah vor: Die Zugehörigkeit der Eidgenossen zum Reich wird nicht ausdrückl. aufgekündigt, aber jede Reichsgewalt, Landfriedens-, Gerichts- und Steuerhoheit ausgeschlossen. Die Eidgenossen gehören dem Reich fortan in nicht näher verpflichtender Form an (bis 1648). Der →Thurgau wird ihnen als Pfand überlassen. Sonst gilt territorialer status quo. Maximilian hoffte vergebens, diesen Frieden zu widerrufen. H. Wiesflecker

Text: Ältere eidgenöss. Abschiede, hg. A. PH. SEGESSER, 3/1, 1858, 758ff., Nr. 35 – Lit.: J. DIERAUER, Gesch. der Schweizer. Eidgenossenschaft 2, 1920³, 429ff. – H. SIGRIST, zur Interpretation des Basler Friedens von 1499, Schweizer. Beitr. zur Allg. Gesch. 7, 1949, 153ff. – H. WIESFLECKER, Maximilian I., 2, 1975, 355ff., 517ff. [Q., Lit.].

Basel, Konzil v. Der Anordnung des Konstanzer Konzilsdekrets »Frequens« von 1417 entsprechend (→ Konstanz, Konzil v.), period. Generalkonzilien abzuhalten, bestimmte das Konzil v. → Siena 1424 Basel als nächsten Tagungsort. → Martin V. ermächtigte am 1. Febr. 1431 fristgerecht den gleichzeitig zum Konzilspräsidenten ernannten Kard. → Cesarini, das Basler Konzil (B.K.) zu eröffnen. Nach dem Tode Martins V. († 20. Febr. 1431) bestätigte → Eugen IV. die Anordnung seines Vorgängers, stand wie dieser dem Konzil selbst aber ablehnend gegenüber. Da Cesarini zunächst durch einen Kriegszug gegen die böhm. Hussiten gebunden war, die dem von ihm geführten Kreuzheer am 14. Aug. 1431 bei → Taus eine schwere Niederlage beibrachten, wurde das B.K. am 23. Juli 1431 von seinen Vertretern Johann Stojković v. Ragusa (→ Johannes v. Ragusa) und → Juan de Palomar eröffnet. Es fand aber zunächst kaum Zulauf, so daß Eugen IV. Ende 1431 die Gelegenheit wahrnahm, es aufzulösen und im Hinblick auf in Aussicht stehende Unionsverhandlungen mit den Griechen ein neues Konzil nach Bologna einzuberufen (→ Kirchenunion). Lebhafte diplomat. und propagandist. Tätigkeit des B.K. in ganz Europa mobilisierte in den nächsten beiden Jahren indessen alle Kräfte, die sich vom B.K. die in Konstanz liegengebliebene Kirchenreform versprachen. Die polit.-militär. Konsolidierung Frankreichs (im Krieg gegen England), das von den → Hussiten angenommene Verhandlungsangebot des B.K. (böhm. Gesandtschaft in Basel Jan.–April 1433), die mäßigende Einwirkung Cesarinis, nicht zuletzt der von Ks. Siegmund auf Eugen IV. ausgeübte Druck stärkten die Position des B.K., so daß der Papst bis Ende 1433 das B.K. wieder anerkannte und neue Legaten entsandte. Die Jahre 1432/33 waren u.a. mit Beschlüssen zur Niederringung des Papstes, zum Selbstverständnis (Erneuerung des Konstanzer Dekrets »Haec sancta«: Superiorität des Konzils über den Papst) und zu Verfahrensfragen des B.K. ausgefüllt; doch kam es in der 12. Session am 13. Juli 1433 auch schon zu dem für die Kirchenverfassung wichtigen Dekret über die Freiheit von Bischofs- und Prälatenwahlen (→ Bischof) gegenüber dem in den letzten Jh. ausgebauten päpstl. Eingriffsrecht, in der 15. Session am 26. Nov. 1433 zur Einschärfung von Provinzial- und Diözesansynoden. Die folgenden Jahre wurden dann ganz und gar von der Reformarbeit bestimmt; die Dekrete der 20. Session (22. Jan. 1435) gegen Mißstände im Klerus (→ Konkubinat) und leichtfertige Verhängung von Exkommunikation und → Interdikt (vgl. auch → Bann), der 21. Session (9. Juni 1435) über würdige Gestaltung des Gottesdienstes und Abschaffung der → Annaten sowie der 23. Session (24. März 1436) über Papstwahl, Kardinalskolleg (Reduktion auf 24, aus einer Nation nicht mehr als acht) und Präzisierungen zum Wahlendekret von 1433 erreichten ansehnl. Ergebnisse, beschnitten freilich die päpstl. Einkünfte, ohne für Ersatz zu sorgen. Die Gespräche mit den → Hussiten führten über weitere Verhandlungen (Basler [Prager] Kompaktaten, 30. Nov. 1433) am 5. Juli 1436 zu den Iglauer Kompaktaten mit dem endgültigen Ausgleich, den das B.K. dann zwar ratifizierte, entgegengesetzte Tendenzen bei den Hussiten indes schon bald wieder in Frage stellten (ausdrückl. Festlegung des kath. Standpunktes im Dekret über den Kommunionempfang in der 30. Session, 23. Dez. 1437; (vgl. → Basler Kompaktaten).

Doch inzwischen war es zum neuen Bruch mit Eugen IV. gekommen, nachdem sich, auch von ihm selbst gefördert, unter den Konzilsvätern eine papstfreundl. Minderheit gebildet hatte. Bei der Frage über den Ort eines künftigen Unionskonzils mit den Griechen (→ Kirchenunion) trennte sie sich in der 25. Session (7. Mai 1437) von der unter frz. Einfluß für Avignon plädierenden Mehrheit; die Abreise ihrer Vertreter (darunter → Nikolaus v. Kues) an den päpstl. Hof leitete die allmähl. Sezession ein. Cesarini schloß sich Anfang 1438 an, nachdem Eugen IV. am 18. Sept. 1437 das B.K. nach Ferrara verlegt hatte, wo im März 1438 auch die Griechen eintrafen (vgl. → Ferrara-Florenz, Konzil von). Das B.K. erklärte unter der Leitung des nunmehr bis zum Konzilsende dominierenden frz. Präsidenten Kard. Louis → Aleman am 25. Juni 1439 Eugen IV. für abgesetzt und wählte am 5. Nov. 1439 Hzg. → Amadeus VIII. v. Savoyen zum neuen Papst (Felix V.). Seit 1437 wurde der Kampf um die Anerkennung in der Christenheit gegen Eugen IV. zur Haupttätigkeit des B.K.; die Reformarbeit trat ganz zurück, die Verteidigung des korporativen Verfassungsprinzips gegenüber dem monarchischen schob sich als konziliarist. Selbstzweck in den Vordergrund und führte am 16. Mai 1439 in der 33. Session (Dekret über die »drei Wahrheiten«) zur Dogmatisierung der in »Haec sancta« formulierten Superiorität als »veritas fidei catholicae«. Die Permanenz des B.K., d.h. die Umwandlung des traditionellerweise außerordentl. kirchl. Verfassungsorgans zu einer Dauereinrichtung ließ seine Beurteilung in der Christenheit indessen immer problematischer und es selbst zum kirchenpolit. Druckmittel der Fs.en gegen den Papst werden. Frankreich reagierte auf die Spaltung, indem Kg. Karl VII. zwar in der → »Pragmatique Sanction« v. Bourges (7. Juli 1438) die Basler Dekrete mit der Beschneidung des päpstl. Stellenbesetzungsrechtes in einer für den Staat günstigen Weise modifizierte, der Basler Aufforderung zuwider Eugen IV. aber auch weiterhin anerkannte. Die dt. Kfs.en entschlossen sich dagegen in ihrer (sicher redlicheren und auf Ausgleich bedachten) Neutralitätserklärung zu Frankfurt (17. März 1438), vorläufig keiner Seite zu gehorchen, übernahmen jedoch in der »Mainzer Akzeptation« (26. März 1439) zusammen mit dem Kg. und den anderen dt. Metropoliten, z.T. ebenfalls modifiziert, die meisten Basler Dekrete. Nachdem sich 1443 mit dem Übertritt Kg. Alfons' V. v. Neapel zu Eugen IV., mit dem seit 1442 einsetzenden Verfall der Basler Teilnehmerzahl, nicht zuletzt durch den Prestigegewinn der Griechenunion die Waage immer deutlicher dem Papst zugeneigt hatte, vermochte Kg. Friedrich III. für seine Person wie für seine Hausländer zwar recht günstige landeskirchl. Kompensationsgewinne herauszuschlagen; doch gestaltete sich das Ergebnis für das Reich in dem vom Kg. am 17. Febr. 1448 mit dem neuen Papst Nikolaus V. abgeschlossenen »Wiener Konkordat weniger vorteilhaft (weiterhin starke Eingriffsmöglichkeit des Papstes in die Stellenbesetzung). Erfolgreicher war Karl VII. v. Frankreich, der die »Pragmatique Sanction« beibehielt und sich sogar noch das Verdienst der abschließenden Friedensvermittlung zuschreiben konnte, die für das auf Befehl Friedrichs III. am 4.7. 1448 aus Basel abgezogene und seitdem in Lausanne tagende Rumpfkonzil zu einem ehrenhaften Ausgang führte. Nachdem Felix V. am 7. April 1449 verzichtet hatte, löste sich das Konzil am 25. April 1449 auf.

Das B. K. verwirklichte wie kein anderes den egalitären Konziliarismus. Bis Mitte 1443 haben sich mindestens 3326 Konzilsväter persönl. oder prokurator. inkorporieren lassen, insgesamt dürfte mit über 3500 zu rechnen sein. Freilich gehörten dem B. K. nur wenige während seiner ganzen Dauer an; die Fluktuation war erhebl., und es sind kaum je mehr als 450 versammelt gewesen. Bf.e, die nach kirchl. Tradition die wesentl. Träger eines ökumen. Konzils waren, stellten auch im ersten Jahrzehnt einschließl. der infulierten Äbte mit allenfalls 50 gleichzeitig anwesenden Konzilsvätern nur eine Minderheit dar. In der Mehrzahl handelte es sich um graduierte Inhaber mittlerer Kirchenämter, deren Interessen in den Reformdekreten ganz bes. gewahrt wurden. Das geistige (und auch geistl.) Niveau lag nach Ausweis der noch weitgehend unerschlossenen Traktatüberlieferung gleichwohl weit höher, als die gegner. Seite glauben machte, die über den niederen Klerus hinab gar Laienteilnahme anprangerte. Laien traten als stimmberechtigte Mitglieder aber nur in verschwindend geringer Zahl als Prokuratoren weltl. Fürsten auf, die im übrigen viel stärker durch bfl. und anderen hohen Landesklerus auf den Gang der Verhandlungen einwirkten. Das B. K. stellte samt den Tagungen, die sich beim Ringen um seine Anerkennung entwickelten (dt. Reichstage; → Reichstag), eine wichtige Vorstufe zum europ. Gesandten- und Fürstenkongreß dar (→ Gesandtschaftswesen). Zur Abwehr polit. Einflüsse ersetzte man zwar die in Konstanz praktizierte Gliederung in → Nationes durch Einweisung aller Inkorporierten in je eine von vier Deputationen, die den drei Konzilsaufgaben entsprechend als »deputationes de fide«, »de pace« und »de reformatorio« arbeiteten, zu denen die »deputatio pro communibus« für allgemeine Fragen trat. Nach Herkunft wie nach hierarch. Rang sollten die Konzilsväter in den Deputationen gleichmäßig verteilt sein; mächtige Prälaten und führende Gelehrte hatten nicht mehr Stimmrecht als bedeutungslose Kleriker. Gleichwohl gab es daneben aber auch Zusammenkünfte der Nationen, auf denen das Verhalten in den Deputationen vorbesprochen wurde. Das Plazet dreier Deputationen war Voraussetzung für die abschließende conclusio durch die Mehrheit in der Generalkongregation, dem Plenum aller Inkorporierten. Zur Verkündung von Konzilsdekreten versammelte sich das Plenum in der feierl. sessio.

Das B. K. baute schon recht bald eine bis ins Detail der → Kurie nachgeahmte Behördenorganisation auf, da sich Petenten aus der ganzen Kirche in denselben, üblicherweise an den Papst gebrachten Rechtsstreitigkeiten (v.a. um Pfründen) nunmehr ans Konzil wandten. Im Unterschied zur Kurie waren die Amtszeiten von Entscheidungsträgern in der Regel allerdings kurz befristet, um der Korruption und Machtkonzentration zu wehren; doch machte das den Geschäftsgang noch schleppender, förderte geheimes Taktieren und Paktieren. Überhaupt haben persönl. Abhängigkeiten oder Feindschaften, die innerhalb kollegial-korporativer Verfassungsstrukturen naheliegen, zum Verständnis vieler für das B. K. wesentl. Vorgänge aber oft die einzige Lösung bieten, den Gesamteindruck seriöser geistl. Bemühung durch einen sich auch in manchen häßlichen Konzilsszenen äußernden Machtegoismus, nicht zuletzt zum Schaden des konziliaren Gedankens, sehr getrübt.

Obwohl das B. K. nie eine gleichmäßige Vertretung aller Kirchenglieder bildete (denn jeder, der sich mit entsprechender Qualität als Graduierter oder Amtsträger vorstellte, wurde aufgenommen), verstand es sich von Anfang an als die vom Hl. Geist geleitete Repräsentanz der Kirche, die es auch als Minderheit in Anspruch nahm. Der Kampf um die Kirchenverfassung rief im übrigen eine reiche Kontroversliteratur hervor, die sich einerseits aktuellen Einzelfragen widmete (→ Annaten und weitere Reformthemen, geplantes »Decretum irritans« gegen päpstl. Eingriff in die Stellenbesetzung, Präsidentschaftsrechte der päpstl. Legaten auf dem Konzil, Ablaßrechte des B. K.). Andererseits beschäftigte sich mit Wesen, Rechten und Struktur des Konzils, weitete dabei aber den verfassungsrechtl. Horizont ekklesiolog. aus, so → Johannes v. Ragusa (»De ecclesia«), → Heymericus de Campo (»Disputatio de potestate ecclesiastica«), → Johannes v. Segovia (»Decem avisamenta« und »De magna auctoritate episcoporum in concilio generali«) auf der Seite des Konzils, → Johannes v. Torquemada (»Oratio synodalis de primatu« und »Summa de ecclesia«) für den Papst, dessen Gewalt auch die Kanonisten → Piero da Monte (»De summi pontificis ... potestate«) und Antonio → Roselli (»De monarchia«, allerdings mit konzilsfreundlichem Einschlag) verteidigten. Den themat. umfassendsten, konziliar gewichteten Ausgleich versuchte → Nikolaus v. Kues in seiner »Concordantia catholica«. Die größte hs. Verbreitung fanden indessen die in der Diskussion mit den → Hussiten entstandenen Traktate, v.a. der kath. Seite (→ Aegidius Carlerii, → Heinrich Kalteisen, Juan de Palomar, Johannes v. Ragusa), aber auch der Böhmen (→ Rokycana, Nikolaus v. Pelhřimov, Peter Payne, Ulrich von Znojmo). Hinzu kamen Schriftsätze zu anderen theol. Fragen, die das B. K. behandelte, wie die Lehren des → Augustinus Favaroni (in der 22. Session am 15. Okt. 1435 verworfen) und der Dogmatisierung der »Unbefleckten Empfängnis« (→ Maria, Mariologie) (36. Session am 17. Sept. 1439). Umfangreiche Rechtfertigungsschriften riefen die Verhandlungen in Frankreich (→ Thomas de Courcelles, → Pierre de Versailles, Piero da Monte), v. a. aber auf den dt. Reichstagen hervor (Johannes v. Ragusa, Johannes v. Segovia, → Nicolaus de Tudeschis, Nikolaus v. Kues). Der sich im Zusammenhang mit einem bisweilen sehr ausgeprägten Meinungswechsel aufdrängende Eindruck des polit. Opportunismus (vgl. auch Enea Silvio Piccolomini; → Pius II.) muß mit Hinsicht auf die damals noch weithin unsichere Offenheit ekklesiolog. und erst recht verfassungsrechtl. Fragen, aber auch auf prakt. Erfahrungen mit dem B. K. vorsichtig abgetönt werden. Der Zusammenbruch des B. K. bedeutete den Sieg des monarch.-hierarch. Prinzips, doch wirkten korporativ-konziliarist. Ideen über das B. K. hinaus fort und lassen es im Rückblick als einen dramat. Höhepunkt europ. Verfassungsdiskussion verstehen. Die Komplexität und Problematik des B. K. selbst veranlassen indes zur Skepsis gegenüber der oft unterstellten einsträngigen Fernwirkung seines Scheiterns auf den Ausbruch der Reformation. Basler Reformbestimmungen sind gerade von dt. Provinzial- und Diözesansynoden der nächsten Jahrzehnte mehrfach aufgegriffen worden. → Konziliarismus, → Reformatio, → Kirchenverfassung.
E. Meuthen

Q.: Mansi, XXIX–XXXII, XXXV – Monumenta conciliorum generalium seculi decimi quinti I–IV, 1857–1935 [II–IV die grundlegende Konzilsgesch. des Johannes v. Segovia] – Concilium Basiliense I–VIII, 1896–1936 [Protokolle, Reformschriften, Korrespondenz] – RTA Ält. Reihe, IX–XVII – A. J. Meijknecht, Le concile de Bâle, RHE 65, 1970, 465–473 – Stieber [s. u.], 378–385 – Lit.: Hefele-Leclercq, VII, 2 – N. Valois, La crise religieuse du XVe s. Le pape et le concile I–II, 1909 – P. Lazarus, Das B. K., 1912 [Neudr. 1965] – R. Zwölfer, Die Reform der Kirchenverf. auf dem Konzil zu Basel, Basler Zs. für Gesch. und Altertumskunde 28, 1929, 141–247; 29, 1930, 1–58 – J. Toussaint.

Les relations diplomatiques de Philippe le Bon avec le concile de Bâle, 1942 – HE XIV – HKG III, 2, 572–88 – J. GILL, Konstanz und Basel-Florenz, 1967 – L. BILDERBACK, Proctorial Representation and Conciliar Support at the Council of Basel, AHC 1, 1969, 140–152 – A. J. BLACK, Monarchy and Community, 1970 – W. KRÄMER, Die ekklesiolog. Auseinandersetzung um die wahre Repräsentation auf dem B. K., Misc. Mediaevalia 8, 1971, 202–237 – A. N. E. D. SCHOFIELD, England and the Council of Basel, AHC 5, 1973, 1–117 – W. DECKER, Die Politik der Kard.e auf dem B. K. (bis zum Herbst 1434), AHC 9, 1977, 112–153, 315–400 – J. W. STIEBER, Pope Eugenius IV, the Council of Basel and the Secular and Ecclesiastical Authorities in the Empire, 1978 [Lit.] – Vgl. außerdem: AHC 1, 1969, 153–164, 234–236; 2, 1970, 201 f., 440; 3, 1971, 234; 4, 1972, 234 f.; 5, 1973, 234 f., 458; 6, 1974, 449; 7, 1975, 524; 8, 1976, 696; 9, 1977, 449 [Lit.].

Basileios (s. a. Basilius)

1. B. I., byz. Kaiser 867–886. B., wahrscheinl. armen. Herkunft, im → Thema Makedonien aufgewachsen (Begründer der → Makedon. Dynastie) begann seine (später mit legendären und propagandist. Elementen ausgeschmückte) Karriere als Pferdeknecht am Kaiserhof. Skrupellos alle Gelegenheiten ausnutzend konnte er sowohl seinen Rivalen → Bardas als auch zuletzt seinen Gönner, Ks. → Michael III., beseitigen. (Das negativ verzeichnete Bild dieses Kaisers in der Chronistik ist Rechtfertigungspropaganda B.s) – Sofort nach seinem Herrschaftsantritt setzte B. den Patriarchen → Photios ab, vermutlich weil dieser mit seinem Vorgänger zu sehr liiert war. Der erneut berufene Patriarch → Ignatios ließ Photios auf der Synode 869/870 verurteilen; doch war der so gewonnene Ausgleich für Rom ohne Belang, da sich genau zur Zeit der Synode der Bulgarenzar → Boris für die Zugehörigkeit zur Kirche v. Konstantinopel entschied. Deswegen und auch, weil die innerkirchl. Probleme von selbst erledigt hatten, konnte B. nach dem Tod des Ignatios (877) Photios wieder als Patriarchen einsetzen. Wegen der Rechtfertigung des Photios auf der Synode 879 ließ Rom es nicht erneut zum Bruch kommen, vielleicht weil es auf byz. Hilfe bei der Bedrängung durch die Araber rechnete. – Die byz. Rückeroberung des Balkans scheint unter B. weiter fortgeschritten zu sein; Angriffe der Araber (Belagerung von Dubrovnik 867/868) wurden zurückgeschlagen; Serbien erkannte die byz. Oberhoheit an und übernahm das Christentum. – Während die Abwehr der Araber in Sizilien mißlang (878 Fall von Syrakus), festigte B. die byz. Position in S-Italien teilweise in Zusammenarbeit und Rivalität mit Ks. → Ludwig II. (871 Einnahme von Bari durch letzteren; 873 stellte sich Benevent unter byz. Oberhoheit; 876 wurde Bari wieder byz.). – Nach der völligen Vernichtung des chr.-utop. Staates der → Paulikianer (872) gelangen B. Teilerfolge gegen die Araber im Osten, die jedoch → Melitene behaupten konnten. – Außenpolit.-militär. hat B. das Reich nicht nur sichern, sondern in allen Richtungen sogar vergrößern können. Da ihm auch der innen- und kirchenpolit. Ausgleich gelang, waren alle Voraussetzungen gegeben, daß die byz. Makedonische Renaissance in Kunst und Lit. weiter an Intensität gewann. – Von größter Bedeutung ist die Inangriffnahme einer neuen Rechtskodifikation durch B. Es entstanden sowohl Rechtsbücher mit einer mehr prakt.-didakt. Zielsetzung, nämlich der → Procheiros Nomos und die → Epanagoge, die trotz verbaler Distanzierung von den Ikonoklasten stark auf die Ekloge (→ Ecloga) von Leons III. (→ Ecloga) zurückgreifen, als auch die → Basiliken, mit denen eine Neubearbeitung und Neuordnung des gesamten justinian. Rechts beabsichtigt war und die die Grundlage für alle theoret. Auseinandersetzung mit Recht in Byzanz wurden. P. Speck

Lit.: N. TOBIAS, Basil I (867–886), The Founder of the Macedonian Dynasty: A Study of the Political and Military Hist. of the Byz. Empire in the 9th Cent. [Diss. Rutgers State Univ. 1969; Univ. Microfilms, Ann Arbor 1970] – P. LEMERLE, L'hist. des Pauliciens d'Asie Mineure d'après les sources grecques, TM 5, 1973, 1–144 – P. SPECK, Die Ksl. Univ. v. Konstantinopel, Byz. Arch. 14, 1974 – W. WOLSKA-CONUS, L'école de droit et l'enseignement du droit à Byzance au XIe s., TM 7, 1979, 1–107.

2. B. II., byz. Kaiser 976–1025. Nach den sog. Titularkaisern → Nikephoros II. Phokas und → Johannes I. Tzimiskes – beide Vertreter des kleinasiat. Großgrundbesitzes – konnte B., legitimer Sproß der makedon. Dynastie, sich nur schwer durchsetzen. Gleich nach dem Tod des Tzimiskes unternahm Bardas → Skleros eine Usurpation, die der Parakoimomenos → Basileios mit Hilfe des Bardas → Phokas, des Vertreters einer anderen bedeutenden Magnatenfamilie, niederschlagen konnte. Nachdem B. mit erstarktem Selbstbewußtsein seinen Großonkel entmachtet hatte (985; Beginn der effektiven Regierungszeit des B.), revoltierte Phokas selbst (987–989); ihm schloß sich die gesamte Gruppe der Großgrundbesitzer an. B. fand seine Rettung in Verhandlungen mit den Kiever Rus' (→ Kiev). Das führte zur Christianisierung der Russen; B. aber erhielt eine Söldnertruppe, die varäg.-russ. Družina, die ihm den Sieg über Phokas ermöglichte. – Dieser Bürgerkrieg, bei dem die Gegensätze zw. einer zentralen Reichskonzeption und einer eher zentrifugal orientierten Politik der Großgrundbesitzer [der δυνατοί (Dynatoi)] aufeinandergeprallt waren, bestimmte B.' weitere Politik. – Seine Gesetzgebung bestand im wesentl. darin, die Privilegien des Großgrundbesitzes, auch des kirchl., einzuschränken. – Im Mittelpunkt aber von B.' Aktivität steht eine militär. geprägte Außenpolitik, die ganz seiner Reichskonzeption entspricht. – Während der ersten Phase des Bürgerkrieges hatte ein Aufstand in Westbulgarien erneut einen bulg. Staat hervorgebracht. Leiter wurde der jüngste der vier Kometópuloi, die den Aufstand angeführt hatten, Zar → Samuel. Er konnte sein Reich mit dem Zentrum → Ochrid über fast den ganzen byz. Balkan ausdehnen. Nach einem 15 Jahre dauernden, ungeheuer zäh geführten Krieg kam es 1014 zur Entscheidung: Nach einem Überraschungssieg im Strymontal ließ B. alle gefangenen Bulgaren blenden; nur jeder Hundertste behielt ein Auge, um die Geblendeten zu führen. Der Anblick des Zuges soll Samuel so entsetzt haben, daß er zwei Tage später starb. B. aber, der seitdem Bulgaroktónos (Bulgarentöter) heißt, konnte den Balkan dem Reich eingliedern. – Die Lage im Osten war relativ stabil. Angriffe der ägypt. → Fāṭimiden u. a. auf Aleppo konnte B. abwehren. – Innere Streitigkeiten in → Armenien nach 1020 gaben B. die Möglichkeit, den Vaspurakan zu annektieren und für das Kgr. der Bagratuni vertragl. zu regeln, daß es nach dem Tode des Herrschers ebenfalls an Byzanz fiel. Daß dadurch die entscheidende Pufferzone nach Osten wegfiel und der Verlust Kleinasiens an die Türken nach → Mantzikert (1071) leichter eintreten konnte, ist unbestreitbar, aber B. nicht anzulasten. Entscheidend ist eher, daß B. die Dynatoí zwar kleinhalten, aber nicht beseitigen konnte, so daß ihre Interessen nach ihm wieder die Politik bestimmten. – Die Erfahrungen des Bürgerkrieges haben B. auch persönlich geprägt. Er scheint ein eher verhärteter Mensch gewesen zu sein und soll ganz auf Effektivität ausgerichtet für Zeremoniell und Rhetorik nichts übrig gehabt haben. Auch bildungspolit. ist er nicht hervorgetreten. P. Speck

Lit.: G. OSTROGORSKY, Geschichte[a] – C. TOUMANOFF, Caucasia and Byzantium, Tradito 27, 1971, 111–158 – A. MARKOPOULOS, Encore les Rôs-Dromitai et le Pseudo-Syméon, JöB 29, 1974, 89–99 – W. SEIBT, Unters. zur Vor- und Frühgesch. der »bulg.« Kometopulen, Handes Amsorya 89, 1975, 66–98 – Recherches sur le XIe s. [mit Berücksichtigung auch der Situation vor 1025] TM 6, 1976 – P. LEMERLE, Cinq études sur le XIe s., 1977.

3. B. v. Ankyra, war ursprgl. Arzt, von 336-360 Bf. v. Ankyra, bis er nach Illyrien verbannt wurde, † um 364. Erhalten ist eine Denkschrift zur Trinitätslehre; vielleicht stammt von ihm auch die unter dem Namen des Basilius d. Gr. überlieferte Schrift »De virginitate«. A. Stuiber
Lit.: ALTANER-STUIBER, 1978⁸, 289.

4. B. Parakoimomenos, natürl. Sohn Ks. Romanos' I. Lakapenos, * 910/920, † nach 985/986. Eunuch, unter Konstantin VII. Protobestiarios, dann → Parakoimomenos. Unter Romanos II. abgesetzt; unterstützte 963 Nikephoros II. Phokas bei der Eroberung des Thrones, dafür wieder eingesetzt und mit der neu geschaffenen Würde eines Proedros ausgezeichnet. Undurchsichtige Rolle bei Nikephoros' Ermordung. Wachsender Einfluß unter Johannes I. Tzimiskes, den er 976 wahrscheinl. vergiften ließ. Für den jungen → Basileios II. übernahm er die Regierungsgeschäfte, bis dieser ihn, der Bevormundung überdrüssig, 985/986 unter Einzug seines Vermögens in die Verbannung schickte. – Als Mäzen und Auftraggeber von Werken der Kleinkunst und von Luxushandschriften ist B. eine der zentralen Gestalten der »Makedon. Renaissance«; ihm verdanken wir auch die Überlieferung des sog. »Zeremonienbuches Konstantinos' VII.« in der heute erhaltenen Form (Cod. Lips. Rep. I 17). K. Belke
Lit.: W. G. BROKKAAR, Basil Lacapenos (Byzantina Neerlandica III, 1972), 199-234 – C. M. MAZZUCCHI, Dagli Anni di Basilio Parakoimomenos (Cod. Ambr. B 119 Sup.), Aevum 52, 1978, 267-315 – O. KRESTEN, Neuentdeckte Palimpsestblätter aus »De Ceremoniis« [i. Dr.].

Basileopator → Titel

Basileus, Titel der byz. Ks.s. Nur inoffiziell, v. a. von Historikern und Rhetoren, in Ägypten auch in administrativen Texten bis zum 6. Jh als Bezeichnung des Ks.s verwendet, da offenbar dem Wort als gr. Parallele zu »rex« noch ein »tyrannischer« Klang anhaftete. Wie Übersetzungen der Konzilsakten zeigen, entspricht »Basileus« den Titeln »augustus, princeps, dominus«, am häufigsten dem Titel »imperator«. Im Jahre 629 (DÖLGER, Reg. 199) erscheint der Titel B. nach dem Sieg des Ks.s Herakleios über die Perser offiziell in der Titulatio einer byz. Kaiserurkunde. Ob iran. Einflüsse dafür verantwortlich sind, bleibt Hypothese. Seit dem 8. Jh. wird B. (feminin: Basilissa) bis zum Ende des byz. Reiches zum alleinigen, offiziellen Titel des byz. Ks.s. Die mannigfachen und variierenden Zusätze zu B. in Inscriptio und Subscriptio der Kaiserurkunden können hier nicht einzeln aufgezählt werden: die wichtigsten, immer wiederkehrenden Zusätze sind Adjektive, welche die Frömmigkeit der Kaiser betonen ($\pi\iota\sigma\tau\acute{o}\varsigma$, 'fromm'; $\mathring{o}\varrho\vartheta\acute{o}\delta o\xi o\varsigma$, 'rechtgläubig'; $\varepsilon\mathring{v}\sigma\varepsilon\beta\acute{\eta}\varsigma$, 'gottesfürchtig'), $a\mathring{v}\tau o\varkappa\varrho\acute{a}\tau\omega\varrho$ (Entsprechung für lat. 'imperator'; Bezeichnung des Hauptkaisers, → Autokratie), $a\mathring{v}\gamma o\upsilon\sigma\tau o\varsigma$ (lat. augustus meist mit Adjektiven, die Hoheit und Macht betonen). Der Titel »$\beta a\sigma\iota\lambda\varepsilon\mathring{v}\varsigma$ $\mathring{\textrm{P}}\omega\mu a\acute{\iota}\omega\nu$« erlangt erst im späteren 9. Jh. allgemeine Bedeutung. Ob er als Reaktion gegen das westl. Kaisertum Karls d. Gr. nach 812 offiziell in Byzanz eingeführt wurde (F. DÖLGER), ist zweifelhaft, da er nicht nur inoffiziell (Münzen, Siegel), sondern auch offiziell in der Intitulatio des ksl. Schreibens an die Synode v. Nikaia 787 erscheint. → Kaiser; Kaisertum. G. Weiß
Lit.: L. BRÉHIER, L'origine des titres impériaux à Byzance, BZ 15, 1906, 161-178 – F. DÖLGER, Die Entwicklung der byz. Kaisertitulatur und die Datierung von Kaiserdarstellungen in der byz. Kleinkunst (Byz. Diplomatik, 1956) 130-151 – I. SHAHID, The Iranian factor in Byzantium during the reign of Heraclius, DOP 26, 1972, 295-320 – G. RÖSCH, "Ὄνομα βασιλείας, 1978 passim, v. a. 37ff., 106ff. [Lit.].

Basilianer, herkömml. Bezeichnung für die gr. Mönche in S-Italien und Sizilien im MA. Die Benennung »Ordo s. Basilii« erscheint im 13. Jh. zunächst in Papsturkunden und ist erst um 1300 allgemeiner gebräuchlich. Eine übergreifende Organisation ist dem gr. Mönchtum fremd. – Die meist kleinen gr. Kl. waren den wirtschaftl. Folgen der norm. Eroberung nicht gewachsen. Zur Sicherung ihrer Existenz wurden sie von den norm. Hzg.en an reiche lat. Abteien übertragen (z. B. → Cava, → Montecassino), was nicht zu einer Veränderung des Ritus führen mußte, denn nicht Latinisierung des Mönchtums, sondern dessen ökonom. Sicherung durch Anschluß kleiner und schwacher Kl. an reiche und mächtige Abteien war Prinzip der norm. Klosterpolitik. Bei entsprechender Entwicklung konnte eine solche Maßnahme auch wieder rückgängig gemacht werden (S. Adriano in S. Demetrio Corone). Bes. Förderung erfuhr das gr. Mönchtum auf Sizilien durch Roger I. und Roger II. u. a. durch Immunitätsverleihung und Befreiung von der bfl. Jurisdiktion. Konsequenter Abschluß war die Errichtung von S. Salvatore in → Messina und dessen Erhebung zum Archimandrat 1131-33. Der Archimandrit war von der Gerichtsbarkeit des Bf.s bzw. Ebf.s v. Messina befreit, mußte ihm jedoch einen Treueid leisten, Zins zahlen und an den Diözesansynoden teilnehmen; seinerseits hatte er die geistl. Aufsicht und Gerichtsbarkeit sowohl über die Metochien wie auch diejenigen Kl., die einen eigenen Abt behielten, aber S. Salvatore unterstellt wurden. Zu dessen Archimandrat gehörten Sizilien und Südkalabrien; romunmittelbar wurde es erst 1457. Kg. Wilhelm II. übertrug 1168 dem Archimandriten (→ Archimandrit) von → S. Elia e Anastasio di Carbone die geistl. Aufsicht über die gr. Kl. Lukaniens und der Basilikata. Für Nordkalabrien und die Sila war der Archimandrit in S. Adriano zuständig. Daneben gab es weiterhin selbständige Kl. wie → S. Maria del Patire bei Rossano. Es war ebenfalls von einem Archimandriten geleitet, dem jedoch keine anderen Kl. unterstellt waren, ihm wegen der von Paschalis II. verliehenen Romunmittelbarkeit war das Kl. von den norm. Kg.en nicht in ihre Klosterreform einbezogen worden. Für Apulien ist uns von norm. Regelungen nichts bekannt. → Grottaferrata, die Gründung des kalabr. Mönchs → Nilus, blieb ebenfalls außerhalb der südit. Organisation.

Erst seit Honorius III. gewannen die Päpste Einfluß auf das südit. gr. Mönchtum. Sie ordneten immer wieder Visitationen und Reformversuche an, denn der Niedergang hatte bereits eingesetzt. Eine einheitl. Regel hat es nicht gegeben, die Kl. lebten nach *Typika,* die sich in die altkalabr. (Rossano; Grottaferrata), die kalabro-siz. (Messina; Carbone) und die otrantin. Gruppe (Casole) einteilen lassen. Da Griechischkenntnisse kaum mehr vorhanden waren, wurden viele Typika in Volgare übersetzt. Kard. → Bessarion versuchte 1446, obligator. Griechischunterricht für die B. einzuführen; außerdem stellte er eine Ordensregel mit lat. und it. Übersetzung zusammen. 1573 wurde die Reformkongregation für die Griechen gegründet, die auch für die B. zuständig war. 1579 versammelte sich das erste Generalkapitel der reformierten und mit dem um 1560 gegr. span. Congr. B. vereinigten B., deren Statuten dem Vorbild der OSB-Kongregation von Montecassino folgten. H. Enzensberger

Lit.: DHGE VI, 1179-1236 – M. H. LAURENT-A. GUILLOU, Le Liber visitationis d'Athanase Chalkéopoulos, 1960, StT 206 – M. ARRANZ, Le Typikon du monastère du Saint-Sauveur à Messine, 1969, OrChrAn 185 – P. ROUGERIS, Ricerca bibliografica sui »Typika« italo-greci, Boll. della Badia greca di Grottaferrata 27, 1973, 11-42 – M. SCADUTO, Il monachismo basiliano nella Sicilia medievale, 1947 – S. BORSARI, Il monachesimo bizantino nella Sicilia e nell'Italia meridionale prenormanna, 1963 – A. PERTUSI, Aspetti organizzativi e culturali dell'ambiente monacale greco dell'Italia meridionale, Misc. del Centro di Studi Medievali IV, 1965, 382-426 – A. GUILLOU, Il monachismo greco in Italia meridionale e in Sicilia nel medioevo, ebd. 355-379 – DERS.

Grecs d'Italie du Sud et de Sicile au MA: les moines, MAH 75, 1963, 79-110 - DERS., La classe dei monaci-proprietari nell'Italia bizantina, BISI 82, 1970, 159-172 - J.KRAJCAR, Card. G.A.Santoro and the Christian East, 1966, OrChrAn 177 - V.PERI, La Congregazione dei Greci (1573) e i suoi primi documenti, SG 13, 1967, 129-256 - H.ENZENSBERGER, Der Ordo sancti Basilii, eine monast. Gliederung der röm. Kirche (La Chiesa greca in Italia dall'VIII al XVI secolo, 1973), 1139 bis 1151 - V.PERI, Chiesa latina e chiesa greca nell'Italia post-tridentina, ebd. 271-469 - A.PERTUSI, Rapporti tra il monachesimo italo-greco ed il monachesimo bizantino nell'alto medioevo, ebd. 473-520 - V. v.FALKENHAUSEN, I monasteri greci dell'Italia meridionale e della Sicilia dopo l'avvento dei Normanni: continuità e mutamenti (Il passaggio dal dominio bizantino allo Stato normanno nell'Italia meridionale. Atti del Sec. Conv. Internaz. di studio sulla civiltà rupestre medioevale nel Mezzogiorno d'Italia, 1977), 197-219.

Basilicata, südit. Region zw. Kampanien, Apulien und Kalabrien, deren Name von der populären Bezeichnung des Vorstehers der Zivilverwaltung in den letzten Jahren der byz. Oberherrschaft *(βασιλικός)* abgeleitet ist. In der norm.-stauf. Zeit wurde die Bezeichnung B. offiziell auf das Justitiariat angewendet, das die Täler des Agri und Basento sowie den Oberlauf des Bradano (ausgenommen Matera) umfaßte, also einen Teil des Territoriums des antiken Lucania (→ Lukanien), das bereits in langob. Zeit in Gastaldate zerfiel. Aus den angevin. Amtsbüchern geht hervor, welche Zentren es im 13. und 14.Jh. gab. Unter ihnen nimmt → Melfi eine bedeutende Stelle ein, das der Hauptort des Hzgm.s Apulien, kgl. Stadt und Bischofssitz gewesen war, so wie Acerenza, Venosa, Rapolla, Potenza, Tricarico, Marsico, Anglona und Tursi. Die gebirgige Natur des Landes und der schlechte Zustand der Verkehrswege, auch der Via Appia und Via Popilia, führten zu einer gewissen Isolation der Region.

Neben der einheim. Bevölkerung finden wir in der B. Judenkolonien, bes. in Venosa und Melfi, sarazen. und gr. Minderheiten und seit dem 15.Jh. alban. Gemeinden in den Diöz. Anglona und Tursi. Unter Friedrich II. gewann die B. anscheinend einen bes. Rang unter den Prov. des Regnum. Der Ks. hielt in den Burgen von Melfi und Lagopesole im waldreichen Gebiet am M. Vulture oft Hof und wählte sie zu seinem Jagdsitz. In Melfi veröffentliche Friedrich II. seine Konstitutionen (→ Liber Augustalis) und begründete eine schola ratiocinii für die B. und die → Capitanata; aus der B. stammten auch einige der Mitglieder seines Kronrates und Amtsträger wie Richerio, Bf. v. Melfi, Nicola di Venosa, Benedetto d'Anglona und Riccardo di Venosa (→ Richard v. Venosa). Das Wirken des ksl. Architekten Pierre d'Angicourt und prov. Meister beeinflußte die künstler. Produktion der Region, die auch durch die Verbreitung der Franziskaner begünstigt wurde, die zu den Benediktinern und den it.-gr. Mönchsorden hinzutraten. Friedrich II. gab 1239 einen großen Teil seiner lombard. Gefangenen in die Obhut der Lehnsträger in der B. Er zögerte jedoch nicht, die Lehen der von ihm abgefallenen Roberto und Riccardo di Lauria einzuziehen. Nach seinem Tod trat die B. auf die Seite des Staufers Manfred, der auch Gf. v. Tricarico und Montescaglioso war, v. a., als dieser nach dem Tod der anderen Prätendenten Heinrich und Konrad IV. (beide starben in der B.) als der unbestrittene Thronerbe zurückblieb. Die abgefallenen Städte wurden rasch wieder eingenommen, Melfi mußte sich ergeben, und die Stadt Acerenza, die Giovanni Moro, ein Angehöriger der → Almogávares, zum Aufruhr aufgehetzt hatte, wurde sofort erobert. Vor und nach der Schlacht v. → Benevent und der Katastrophe v. → Tagliacozzo stellte sich die B. gegen den Aufstieg der Anjou, die vom Papst unterstützt wurden; sie erlitt schwere Repressalien (u. a. Beschlagnahme des Vermögens der Aufständischen und das Massaker an den Führern des Aufruhrs, die von der Burg von Melfi hinabgestürzt wurden). Während der → Siz. Vesper verbündeten sich im Gebiet von Lagonegro die Lehnsträger der B., die zum Großteil Gegner der Anjou waren; dabei wurden sie von den Almogávares unter der Führung des Matteo Fortuna unterstützt, während Ruggero di → Lauria das Kommando über die aragon. Flotte im Tyrrhen. Meer innehatte. Nach dem Frieden v. Caltabellotta (1303) wurde die ohnehin schon prekäre wirtschaftl. und soziale Lage der fast ausschließl. agrar. Region durch das kgl. Steuerwesen noch erschwert, auch wenn es an weitblickenden Maßnahmen des Kgtm.s nicht fehlte, wie z. B. der Einrichtung des Ostermarktes in Venosa und Verfügungen sanitärer Art für die Städte. Nach dem Tode Roberts v. Anjou (1343) wurde die B. in die Unruhen hineingezogen, die das Kgr. → Neapel erschütterten (Kampf zw. der kgl. Linie Anjou und den Anjou-Durazzo; Ladislaus v. Anjou eroberte 1399 Potenza und beraubte die → Sanseverino vieler Lehen, um sie an seinen Verbündeten Francesco → Sforza auszugeben). Die ständigen Enteignungen des Königsguts zugunsten der Barone (unter ihnen die → Acciaiuoli, Caracciolo, → del Balzo) verursachten eine Zersplitterung des Kgr.es, das jetzt in die Gewalt der lokalen Lehnsträger geriet, die sich stets einer Zentralisierungspolitik widersetzten. Der Kampf zw. Anjou und Aragonesen (1421-41) schwächte die B.: Lavello, Venosa, Pescopagano und andere Städte wurden geplündert. Die aragon. Regierung konnte der Situation nicht mehr Herr werden: Der Konflikt zw. der Krone und den Lehnsträgern spitzte sich in der »Verschwörung der Barone« zu (→ Barone, Verschwörung der). Plünderungen und Gewalttätigkeiten suchten die B. während des Krieges zw. Kg. Ferrante und Karl VIII. heim, der mit der Niederlage der Franzosen in Atella (bei Potenza) endete. In Rionero versuchten sich Ferdinand II. der Katholische und Ludwig XII. über die Aufteilung des Kgr.es Neapel zu einigen, aber auch nach dem Traktat v. Granada (11. Nov. 1500) stritten sich Franzosen und Spanier um die B., die im 16.Jh. wie der gesamte Süden der it. Halbinsel unter die Herrschaft des span. Vizekönigs kam. - 1505 umfaßte die B. 22 295 Feuerstellen. P. De Leo

Q. und Lit.: IP IX, 449-518 - G.RACIOPPI, Storia dei Popoli della Lucania e della Basilicata II, 1902 - G.FORTUNATO, Badie, feudi e baroni della valle di Vitalba, hg. T.Pedio, 3 Bde, 1968 - N.KAMP, Kirche und Monarche im Stauf. Kgr. Sizilien II, 1975 - T.PEDIO, B. Origine di un toponimo, Arch. Stor. Pugl. 31, 1978, 337-342.

Basilie(nkraut), Basilikum (Ocimum basilicum L./ Labiatae). Die wahrscheinl. in Vorderindien beheimatete, schon im alten Ägypten kultivierte und in Deutschland spätestens seit dem 12.Jh. gezogene Pflanze war im MA unter den Namen *ozimum, basilicon* (Alphita, ed. MoWAT, 133; Circa instans, ed. WÖLFEL, 86f.; Gart, Kap. 65), *basili(s)ca, basilia, basilie* (STEINMEYER-SIEVERS III, 526, 537, 550, 584), *basilig* (Konrad v. Megenberg V, 13) u. ä. bekannt; gelegentl. Verwechslungen mit (Kreuz-)Enzian und Schlangenwurz sind dabei nicht auszuschließen (Mlat-Wb I, 1385f.). Der Beiname *βασιλικόν* (basilikon 'königlich'), den die ursprgl. *ὤκιμον* (okimon) gen. Pflanze im 6.Jh. erhielt, ging in fast alle europ. Sprachen ein und deutet auf die große Wertschätzung des B.s als Zier-, Gewürz- und Heilkraut hin. Albertus Magnus (De veget. 6, 293) unterschied bereits zw. einem großen und einem kleinen B. In der Med. wurden Samen und Kraut der aromat. Pflanze u. a. als verdauungsförderndes, blähungs-, harn- und milchtreibendes Mittel angewandt. I. Müller

Lit.: MARZELL III, 362-367.

Basilika. Der Ursprung dieser Bezeichnung (gr. *βασιλική*

στοά 'königliche Halle') ist ungeklärt. In der röm. Architektur wurde mit B. eine überdeckte, meist mehrschiffige Amts-, Markt-, Palast- und Kulthalle bezeichnet, wobei neben längsgerichteten Bauten (an die chr. Kirchen anknüpfen konnten) quergelagerte B.en stehen (z. B. Basilica Ulpia des Trajansforums), so schon in der Beschreibung Vitruvs (de arch. 5, 1, 4/10), in der auch die Erhöhung des Mittelschiffs, die → Vorhalle und das dieser gegenüberliegende Tribunal für den Richterstuhl erwähnt werden. Letzteres befand sich häufig in einer Halbkreisnische (→ Exedra) oder → Apsis. Ob auf die Übernahme des Bautyps in das Christentum auch bedeutungsmäßig Komponenten im Sinne Isidors v. Sevilla (etym. 15, 4, 11) einwirkten (zuletzt LANGLOTZ, bes. 48: Christus als Basileus), ist umstritten.

Typologisch-baugeschichtl. ist die chr. B. eine drei- oder fünfschiffige, längsgerichtete Kirche mit überhöhtem Mittelschiff, das durch Fenster im → Obergaden (Lichtgaden) belichtet wird (im Unterschied zur → Halle). Doch benannte das frühe Christentum auch Kirchen anderer Baugestalt als B. Im späteren Kirchenrecht ist B. eine mit bestimmten Privilegien ausgestattete Kirche.

Über die Herleitung des Bautyps existieren verschiedene Meinungen (RByzK I, 517–520 mit Lit.). Die B. bestimmt seit dem 4. Jh. allgemein den abendländ. Großkirchenbau bis zum Ausgang des MA; sie wird nur in der Spätgotik durch die → Halle zeitweise etwas zurückgedrängt; sie findet sich auch in Ägypten, Byzanz und Armenien, wurde im mittelmeerischen Orient seit dem 6. Jh. nach und nach von der Kuppelkirche verdrängt, ohne jedoch ganz zu verschwinden (vgl. z. B. die große Emporenbasilika von Pliska, der Hauptstadt des 1. Bulgar. Reiches, 9. Jh., sowie die holzgedeckten B.en wie Serres, 11./12. Jh., H. Achilleios am Prespa-See, 9. oder 11. Jh., u.a. die gewölbten B.en wie z. B. H. Stephanos in Nessebăr, H. Anargyroi, u. a. in Kastoria, Koimesis-Kirche in Kalabaka u.a.m.). Ein Triumphbogen trennt den etwas höher gelegenen → Chor (Presbyterium), häufig mit → Krypta darunter, vom Langhaus ab. Seit dem 4. Jh. schon haben die großen B.en Querschiffe mit anschließenden → Apsiden (Querschiffbasilika) und später mit → Chören (Kreuzbasilika). Im Westen sind der B. und ihrem Haupteingang ein Vorhof (→ Atrium), eine Vorhalle (→ Narthex) oder seit dem 11. Jh. Türme (→ Westbau, → Doppelturmfassade) oder in karol.-otton. Zeit ein →Westwerk oder ein Westchor (→ Doppelchor) angefügt. Die Scheidemauer zw. Mittelschiff und Seitenschiff (auch Abseite genannt) wird in der frühchr.-röm. Kirche durch Säulen mit → Architrav (St. Peter, S. Paolo fuori le mura und S. Maria Maggiore in Rom; Fulda) oder von Arkaden auf Säulen (Säulenbasilika; S. Sabina in Rom; seit dem 8./9. Jh. allgemein) oder Pfeilern (Pfeilerbasilika; S. Sebastiano in Rom; karol.-otton. Kirchen) durchbrochen, auch ist der Wechsel beider Stützenformen möglich (Stützenwechsel, zuerst im 7. Jh. in H. Demetrios in Thessalonike; bei zwei Säulen zw. Pfeilern sächs. Stützenwechsel: St. Michael in Hildesheim 1010 bis 1022/33); auch kann eine → Empore über den Seitenschiffgewölben eingesetzt sein (Emporenbasilika; Gernrode, St. Ursula in Köln, frühgot. frz. Kathedralen, rhein. spätroman. Kirchen) oder zw. Empore und Lichtgaden oder Arkaden und Lichtgaden ein → Triforium die Wand gliedern. Bis zur Mitte des 11. Jh. sind die Kirchen entweder mit einer flachen, hölzernen Decke abgeschlossen oder in Frankreich und Italien mit einem offenen Dachstuhl. Seit dem 2. Viertel des 11. Jh. werden in Frankreich südl. der Loire die B.en mit Tonnen überdeckt, nördl. nach zögernden Anfängen mit Kreuzgratgewölben; in Deutschland zeigen gleichzeitig zunächst nur die Seitenschiffe größerer Kirchen Kreuzgratgewölbe, die erst mit Speyer II nach 1083 auch auf die weiter gespannten Mittelschiffe übergreifen. Seit der Mitte des 12. Jh. sind die B.en allgemein gewölbt, nur einzelne → Zisterzienserkirchen halten noch am offenen Dachstuhl fest. Die Breite des Mittelschiffs verhält sich zur Breite der Seitenschiffe normalerweise wie 1:2. Im gebundenen System entsprechen dem etwa quadrat. gewölbten Mittelschiffjoch je zwei quadrat. Seitenschiffjoche.   G. Binding (mit K. Wessel und J. Engemann)

Lit.: RDK I, 1480–1488 [Lit.]. – LThK² II, 40–45 – HOOPS² II, 81–86 – RAC I, 1225–1259 – RGG I, 910–912 – RByzK I, 514–567 [Lit.] – A. WECKWERTH, Die chr. B. – ein theol. Begriff und eine theol. Gestalt, WZ 112, 1962, 205–223 – A. MASSER, Die Bezeichnungen für das chr. Gotteshaus in der dt. Sprache des MA, 1966 – E. LANGLOTZ, Der architekturgesch. Ursprung der B., 1972 – K. OHR, Die Form der B. bei Vitruv, BJ 175, 1975, 113–127.

Basilika-Klöster, bfl. Kirchen im Verband spätantiker civitates, zumal außerhalb der Mauern (als sog. Coemeterialbasiliken, oft mit Märtyrermemorien und frühen Bischofsgräbern), gehören zu den ältesten Ansatzpunkten monast. Gemeinschaftsbildung im Okzident. Bekannte Beispiele finden sich in → Rom, wo spätestens seit dem 7. Jh. u. a. beim Lateran und den großen Patriarchalbasiliken monasteria bestanden, die sich dem ständigen Chordienst im benachbarten Heiligtum widmeten. Im Merowingerreich nennt die Vita s. Balthildis als seniores basilicae (MGH SRM 2, 493) so namhafte Abteien wie → St-Denis, St-Germain d'Auxerre (→Auxerre), St-Médard de Soissons (→ Soissons), →St-Pierre-le-Vif de Sens, St-Aignan d'Orléans (→Orléans) und St-Martin de →Tours, sämtlich also Gründungen vor dem 7. Jh., die in der Tradition altgall. Gemeinschaftslebens wurzelten. Nach röm. und kelt. Muster entwickelte sich dieser Typus bes. kräftig bei den Angelsachsen, wo Christ Church in → Canterbury zum Urbild der spezif. engl. Kommunitäten von Bf. und Klerus *(minsters)* wurde. Insulare und frk. Einflüsse führten im 8. Jh. dazu, daß auch bei der Christianisierung der rechtsrhein. Lande ähnliche »Kathedralklöster« als Vorformen der späteren Domkapitel entstanden (z. B. St. Martin in →Utrecht, St. Peter in → Salzburg, St. Emmeram in → Regensburg). Schon in frühkarol. Zeit ging bei manchen alten B.-K.n des Frankenreiches der monast. Charakter verloren, doch brachte erst die auf Scheidung von Mönchen und Kanonikern bedachte Reformgesetzgebung Ludwigs d. Fr. von 816 die endgültige Wende, da seither die meisten dieser Kl. als Stiftskirchen weiterlebten (mit Ausnahmen wie St-Denis, wo 832 das Benediktinertum durchgesetzt wurde, MGH Conc. 2, 683 ff.).   R. Schieffer

Lit.: L. LEVILLAIN, Études sur l'abbaye de St-Denis à l'époque mérovingienne, BEC 86, 1925, 5–99 – G. FERRARI, Early Roman Monasteries, 1957 – J. SEMMLER, Reichsidee und kirchl. Gesetzgebung, ZKG 71, 1960, 37–65 – M. DEANESLY, The Pre-Conquest Church in England, 1961, 191 ff. – F. PRINZ, Frühes Mönchtum im Frankenreich, 1965 – J. SEMMLER, Karl d. Gr. und das frk. Mönchtum (BRAUNFELS, KdG II), 255–289 – R. SCHIEFFER, Die Entstehung von Domkapiteln in Dtl., 1976.

Basiliken, Basilikenscholien. Das klassizist. Justizprogramm der Ks. der → Makedonischen Dynastie (ἀνακάθαρσις τῶν νόμων) führte zur Renaissance der Texte des → Corpus iuris civilis. Schon der Proch(e)iros Nomos verwies »alle, die in Rechtsdingen genaue Belehrung wünschten« auf das πλάτος τῶν νόμων, also auf die Texte des Corpus iuris in ihrer Bearbeitung durch die antecessores (→ antecessor). Zur Kodifikation des πλάτος ließ Basileios I. nach Ausscheidung mittlerweile derogierter Normen ein Titelsystem ausarbeiten, unter welches die gräzisierten Texte des Corpus iuris geordnet werden sollten.

Nachdem die für den Basiliken-Text zu verwertenden Antezessorenschriften, die Verteilung des Inhalts auf die einzelnen Bücher des neuen Gesetzbuches sowie deren Zahl (60) festgelegt waren, konnte die Kompilation beginnen. Das unter Basileios' I. Nachfolger Leon VI. vollendete Werk bekam nach den in ihm enthaltenen ksl. Gesetzen (τὰ βασιλικὰ νομίματα) den Namen B. Es vereint die über die vier Teile des Corpus iuris verstreuten Normen unter einem einheitl. System und ist in gr. Sprache abgefaßt. Die Übersetzung besorgten jedoch nicht die Redaktoren der B. selbst, sondern sie verwandten als gr. Zwischenquellen, für die Institutionen die Paraphrase des →Theophilos, für die Digesten die Summe des Anonymos, für den Codex den Kommentar des Thalelaios und für die Novellen entweder den gr. Urtext oder die Bearbeitungen des Theodoros und des Athanasios. Diese Quellen wurden nur insoweit interpoliert, als es notwendig war, um die Widersprüche innerhalb des Corpus iuris zu bereinigen und die lat. Terminologie durch gr. Ausdrücke (ἐξελληνισμοί, Exhellenismoi) zu ersetzen. Ledigl. im Bereich des Strafrechts normierten die B. aktuelles Recht, indem sie die Regelungen des Proch(e)iron wiedergaben. Die B. sind hs. nicht vollständig erhalten.

Die in vielen Hss. dem Text beigefügten Scholien zerfallen in zwei Gruppen. Die »alten« Scholien stellen inhaltl. Fragmente aus der Lit. der antecessores dar. Sie ließ wohl Konstantin VII. anfertigen, um die klassizist., nicht im Basiliken-Text verwertete Lit. vor dem Verfall zu retten. Heute gilt es als sicher, daß die Kompilatoren der Basiliken-Scholien ihr Material aus der Überlieferung des 6. und 7.Jh., soweit diese noch erhalten war, bezogen und hiefür nicht die im älteren Schrifttum postulierte Anonymoskatene benützten, deren Existenz nicht beweisbar ist. Im 11.Jh. und 12.Jh. waren die B. selbst Gegenstand wissenschaftl. Beschäftigung für die byz. Jurisprudenz. Die daraus resultierenden »jüngeren« Scholien schrieben die Juristen entweder selbst zum Basiliken-Text oder sie fügten sie aus den Werken ihrer Zeitgenossen bei. Die beiden Scholienmassen sind streng voneinander zu trennen, denn nur die alten Scholien können zur Erkenntnis des justinian. Rechtes beitragen, während die jüngeren ledigl. für die byz. Rechtswissenschaft der 11. und 12. Jh. Quellenwert besitzen. Da die einzelnen Scholien meist anonym überliefert sind und die beiden Scholienmassen in den Hss. nicht unterschieden werden, kann man sie nur durch Beachtung stilist. Kriterien und der in ihnen angewandten Zitierweise zuordnen. P. Pieler

Ed.: *Basiliken-Text:* H.J. SCHELTEMA–N. VAN DER WAL, Basilicorum libri LX, ser. A, 1955 ff., 7 Bde - *Basiliken-Scholien:* H.J. SCHELTEMA, Basilicorum libri LX, ser. B, 1953 ff., 7 Bde - *Lit.:* G.E. HEIMBACH Basilicorum libri LX, tom. VI, 1870 [Prolegomena und Manuale] - Weitere Lit. bei P. PIELER, Byz. Rechtslit. (HUNGER, Die Profane Lit.), II, 453 f., 455-457, 463 f.

Basilisk, seit der Ersterwähnung bei Ps. Demokrit (= Bolos v. Mendes, s. DIELS-KRANZ, 68 B 300, Nr. 7a) eines der bekanntesten Fabeltiere. Die Berichte über diesen Kg. der Schlangen (lat. regulus, basiliscus oder sibilus) nach Plinius und Solinus sowie den Kirchenvätern wurden dem MA direkt oder durch Isidor (etym. 12, 4, 6–8) tradiert. Mit seinem Gift soll er alles Leben vernichten, doch trotzt ihm das Wiesel (mustela). Für die von Plinius (n.h. 8, 78 u. 29, 66) behauptete tödl. Wirkung seines Blickes versucht der »Experimentator« bei Thomas v. Cantimpré (8, 4 vgl. Wolfenbüttel, Herz. Aug. Bibl., cod. Aug. 8, 4°, s. XIII, f. 46ʳ) die Erklärung, daß die von seinem Auge ausgehenden Strahlen den »spiritus visibilis« des Menschen verdürben. Durch Kontakt mit ihm würden auch alle anderen »spiritus« zerstört, so daß der Tod einträte. Seine Asche galt als Mittel gegen andere giftige Tiere und fand Verwendung in der Alchemie. Die Entstehung des B.en aus dem Ei eines alten Hahnes berichtet mit leisem Zweifel an den Einzelheiten Thomas (5, 57 = Vinzenz v. Beauvais 20, 24, vgl. Konrad v. Megenberg III. B. 35).

Es gibt vom 13.Jh. bis ins 17.Jh. Darstellungen des B.en im kirchl. Raum: An Taufstein, Apsisfries, Schrein und Gestühl, bis ins 18.Jh. noch in Buchillustrationen. Das seltsame Tier, ein Gemisch aus Hahn und Vogel mit Schlangenschwanz, hat die Phantasie in abergläub. Bahnen gelenkt. Man glaubte es heimisch in Kellern und Gestein. Auf Jahrmärkten wurde es noch im 17.Jh. gezeigt, und in fsl. Wunderkammern galt ein Basiliskenei als Rarität. Sein Blut war ein Wunderheilmittel. →Aspis und Basilisk. Chr. Hünemörder/A. Brückner

Q.: H. DIELS–W. KRANZ, Die Fragmente der Vorsokratiker 2, 1959⁹ - Hrabanus Maurus, De universo (= De naturis rerum), MPL 111 - Isidorus Hispalensis, Etymologiae, ed. W.M. LINDSAY, 2, 1911 - Konrad v. Megenberg, Das Buch der Natur, ed. F. PFEIFFER, 1861 [Neudr. 1962] - Thomas Cantimpratensis, Liber de natura rerum, T. 1: Text, ed. H. BOESE, 1973 - Vincentius Bellovacensis, Speculum naturale, 1624 [Neudr. 1964] - *Lit.:* HDA 1, 935-937 - LCI 1, 251-253 [Quellen] - RAC I, 1260f. [Quellen] - RDK I, 1488-1492 - J.C. SAVIGNY, Hist. naturelle et mythologique de l'Ibis, 1805, 200-205 (lat. Belegstellen) - C. CLAIR, Unnatürl. Geschichten. Ein Bestiarium, 1969, 178-179.

Basiliskos, Bruder der Gattin Leos I., Verina. 465 erstmals consul, scheiterte B. 468 als Führer der oström. Flotte gegen →Geiserich vor Karthago. Im Jan. 475 wurde B. in einer von Verina ausgehenden Verschwörung gegen Zenon zum Ks. ausgerufen (Malal. 378B; Chron. Pasch. 600B) und konnte sich bis Aug. 476 behaupten. Sein Eingreifen in die christolog. Streitigkeiten und die Einführung einer gegen das Chalcedonense von 451 (→Chalkedon, Konzil v.) gerichteten Glaubensformel führten zu starker Opposition in der Hauptstadt. Zum Sturz indes führte der Verrat der Mitverschwörer Armatus, Illus und Theoderich Strabo; B. starb bald danach mit seiner Familie in einem kappadok. Gefängnis an Hunger. G. Wirth

Lit.: KL. PAULY I, 838 - RE III, 101 f.; VIII A, 1547; X A, 160-162 - J.B. BURY, Hist. of the Later Roman Empire, 1923, I, 389 ff. - CHR. COURTOIS, Les Vandales et l'Afrique, 1955, 201 ff.

Basilius
1. B. d. Gr. (Basileios), Hl. und Kirchenlehrer.
I. Leben und Werke - II. Zur Wirkungsgeschichte im lateinischen Mittelalter.

I. LEBEN UND WERKE: B., * um 330, † 379, war seit 370 Bf. v. Caesarea in Kappadokien. Er gehört mit seinem Bruder →Gregor v. Nyssa und seinem Freund →Gregor v. Nazianz der durch →Athanasios vertretenen neualexandrin. Richtung an, die den vom Ks. Valens gestützten Arianismus (→Arius, Arianismus) theol. überwand. B. versuchte zur Sicherung der Orthodoxie bessere Beziehungen zum Abendland (Papst Damasus) herzustellen, allerdings ohne großen Erfolg. Im Unterschied zu den meisten spekulativ gerichteten griech. Theologen zeigt B. in seinem Wirken wie in seinen Schriften eine dem Abendland ähnliche Hinwendung zu ethischen und prakt. Anliegen des christlichen Lebens. Von größter Bedeutung für die Zukunft war seine positive Stellung zur spätantiken Kultur (Mahnworte an die Jugend über den nützl. Gebrauch der heidn. Lit.). In seinen dogmat. Schriften wendet sich B. gegen den Arianismus des →Eunomius (Gegen Eunomius I-III) und bereitet mit der Schrift »Über den Heiligen Geist« die Hl. Geist-Lehre der Synode v. 381 vor. Die mit Gregor v. Nazianz angefertigte Blütenlese aus Origenesschriften (»Philokalia«) erweist ihn als verständigen Origenesverehrer. Als Ascetica werden Schriften zusammengefaßt, deren Echtheit z. T. zweifelhaft ist. Echt sind die 80 Sittenvorschriften der »Moralia« und die beiden Mönchsregeln in der Form von Fragen und Antworten. Von Homilien und Reden sind die 9 langen Homilien »Über das Hexaemeron« bemerkenswert; 13 Psalmenhomilien sind stark von Eusebius abhängig. Für Kultur- und Sittengeschichte lehrreich sind die 23 Reden, themat. Predigten und Lobreden auf Märtyrer. Die 365 Briefe geben eine lebendige Vorstellung von der vielseitigen Tätigkeit und Bildung des B.; wichtig sind die 3 kanon. Briefe ep. 188; 199; 217.

B. hat sich um die Ordnung des Gottesdienstes verdient gemacht; die spätere Gestalt der → Basilius-Liturgie ist jedoch erst das Ergebnis tiefgreifender Umformungen. Gegen Eunomius lehrt B., die Agennesie sei nur eine negative Eigenschaft, nicht das unbegreifl. Wesen Gottes. Als erster hat Basilius die genaue Formel »ein Wesen, drei Personen« (μία οὐσία τρεῖς ὑποστάσεις) für die Trinität vorgeschlagen und entspricht damit, ohne es zu wissen, der alten tertullianisch-abendländ. Formel »una substantia, tres personae«. Die Gottheit des Hl. Geistes hat B. nur der Sache nach vorsichtig gelehrt; er läßt wie die meisten Griechen den Hl. Geist »aus dem Vater durch den Sohn« ausgehen. Im röm. Bf. sieht B. nur den Führer der abendländ. Bf.e; Einheit und Einigkeit der Kirche werden nicht durch rechtl. Organisation, sondern durch die Gemeinschaft gleichgesinnter Bf.e geschaffen, die dauernd durch Briefe und Botenverkehr verbunden sind. Zu den asket. Grundgedanken des B. gehört der neuplaton. Dualismus von Seele und Leib; durch Askese soll die Seele von den Fesseln des Leibes befreit werden. Der Mönch ist der vollkommene Christ, der alle Gebote erfüllen kann. A. Stuiber

II. Zur Wirkungsgeschichte im lateinischen Mittelalter: Das griech. Opus des B. wurde nur sporadisch von den des Griechischen kundigen Lateinern benutzt: von → Johannes Scottus Eriugena († 877), vom Kontroverstheologen → Hugo Etherianus († 1182) und auf breiterer Basis von → Bessarion, De Spiritus Sancti processione (ed. E. Candal, Concilium Florentinum ser. B. VII fasc. 2, 1961), der im Anschluß an B. auf dem Unionskonzil in Florenz (1439–45) das »Filioque« des lat. Symbolums verteidigte, und von den Humanisten (z. B. Erasmus v. Rotterdam, der die Erstausgabe der Homilien des B. besorgte).

Nachhaltigen Einfluß hatten die lat. Übersetzungen: Rufinus Tyrannius v. Aquileia († 410) übersetzte 6 Homilien (hom. I–VI der Ausg. von J. Garnier), dazu die Homilie über Ps. 59 und den Brief »Ad virginem lapsam«; 5 weitere Homilien wurden zu verschiedenen Zeiten u. von verschiedenen Autoren übertragen. In der Übersetzung des Eustathius Afer (ca. 400) haben die 9 Reden des B. zum Hexaemeron (»Sechstagewerk«) die Schöpfungstheologie des MA (z. B. des Thomas v. Aquin, S. th. I q. 66–73, seines Schülers Bartholomaeus v. Lucca, vgl. dazu Grabmann, Geistesleben I, 354–360 u. a.) mitgeprägt. (Zu den lat. Übersetzungen der Schriften des B. vgl. CPG II, 140–178). Durch den unmittelbaren Einfluß auf des Ambrosius Auslegung des Schöpfungswerkes hat B. in doppelter Weise die scholast. Hexaemeron-Theologie bestimmt. In der (titelgleichen) Schrift »De Spiritu Sancto« hat Ambrosius auch des B.' Geist-Lehre in der lat. Theologie geltend gemacht. Ambrosius und Augustinus gaben des B.' Gedanken weiter: der Hl. Geist ist der Geist des Vaters und des Sohnes, des Sohnes aber als »donum Patris« (Gabe des Vaters). Starken moral.-theol. Einfluß übten die asket. Schriften des B. aus (das »Asceticon magnum« in der Übersetzung des → Angelus Clarenus OFM [† 1337] und das »Asceticon parvum« durch Rufinus übertragen), v. a. aber die → Mönchsregel, die in der Übersetzung des Rufinus bekannt war und vielfältige (ps. epigraphische) Erklärungen erfahren hat. Des B.' Lebensform der geistig-sittl. Ertüchtigung und religiös-spirituralen Haltung sprach das MA in der »Admonitio S. Basilii ad filium spiritualem« (ed. P. Lehmann, Erforschung des MA V, 1962, 200–245) an. Unter dem Namen des B. las das MA auch einige pseudonyme asket. Schriften (vgl. J. Gribomont, Histoire du texte des Ascétiques de Basile [Bibl. du Muséon 32] 1953). Die basilian. Bußvorstellungen und Bußvorschriften wurden in den zahlreichen → Bußbüchern überliefert. Die → Basiliusliturgie wurde durch Übersetzung des Nikolaos-Nektarios, Mönch des griech. Kl. S. Nicola in Casole (bei Otranto), bekannt. L. Hödl

Ed. und Lit.: Eustathius, Ancienne version latine des neuf homélies sur l'Hexaéméron de Basile de Césarée. Ed. crit. E. Amand de Mendieta-Stig Y. Rudberg (TU 66), 1958 – Tyrannii Rufini Opera, ed. M. Simonetti, CChr I, 20, 1961 – W. Hafner OSB, Der Basiliuskomm. zur Regula Benedicti. Ein Beitr. zur Gesch. des alten Mönchtums und des benediktin. Ordens 23, 1959 – G. Turbessi [Hg.], Regole monastiche antiche (Testi e documenti 9), 1974 – Altaner-Stuiber, 1978⁸, 290ff., 606ff. – Ueberweg II, 659f. [Nachdr. 1960] – A. Siegmund, Die Überlieferung der gr. chr. Lit. in der lat. Kirche bis zum 12. Jh. (Abh. der Bayer. Bened.-Akademie 5), 1949 – J. M. Hoeck OSB–R. J. Loenertz OP, Nikolaos-Nektarios v. Otranto, Abt v. Casole, Beitr. zur Gesch. der ost-westl. Beziehungen unter Innozenz III. und Friedrich II., Stud. patr. et byzant. 11, 1965.

2. B., gr. Metropolit v. Kalabrien, um 1079 vom Patriarchen v. Konstantinopel zum Ebf. v. Reggio di Calabria geweiht, aber durch Robert Guiscard, der spätestens 1080 einen lat. Ebf. einsetzen ließ, an der Residenz gehindert. Als Urban II. 1089 Unionsgespräche mit der gr. Kirche aufnahm, sollte B. im Auftrag des Patriarchen mit dem Papst verhandeln. Noch vor Empfang der Vollmachten besuchte er im Sept. 1089 die Synode v. → Melfi, scheiterte aber mit seiner Forderung, als Metropolit anerkannt zu werden, an der Haltung Urbans II., der einen lat. Ebf. einsetzte. Angesichts der päpstl. Absage und der norm. Feindschaft unterrichtete B. im Januar 1090 von Durazzo aus Clemens III. (Wibert) in Ravenna von den gr. Plänen. Dieser ging auf das Angebot ein, konnte B. aber in seinem Brief vom Februar 1090 für die Anerkennung in Reggio nur auf die künftige Hilfe des dt. Ks.s vertrösten. Der von B. vorgeschlagene Kurswechsel fand in Konstantinopel kein Echo. Ob B. später noch ein anderes gr. Ebm. (etwa Leukas) erhielt, ist unbekannt. N. Kamp

Lit.: D. Stiernon, Basile de Reggio, le dernier metropolite grec de Calabre, RSCI 18, 1964, 189–216.

Basiliusliturgie, die neben der → Chrysostomusliturgie übliche Form der Eucharistiefeier (→ Liturgie) des byz. Ritus; bis ins 11. Jh. deren vorherrschende Ordnung, heute nur noch an zehn Tagen im Jahr gefeiert (den Sonntagen der Fastenzeit, außer Palmsonntag, am Gründonnerstag und Karsamstag, den Vigiltagen von Weihnachten und Epiphanie und am 1. Jan., Fest des hl. Basilius). Von der Chrysostomusliturgie unterscheidet sich die B. heute nur noch in der → Anaphora und sieben Priestergebeten in deren Umkreis. Ihre Anaphora dürfte auf Basilius d. Gr. († 379) zurückgehen, der einen älteren (mit der Basiliusanaphora der → Kopten weitgehend identischen?) Text gemäß der Entfaltung des trinitar. Dogmas (→ Homoousie des Sohnes und des Hl. Geistes) erweiterte. Charakteristisch (gegenüber der Chrysostomusanaphora) ist die ausführl. Danksagung für das atl. und ntl. Heilswerk sowie die eucharistietheol. urtümliche Formulierung der Anamnese und → Epiklese. H.-J. Schulz

Ed.: Brightman–Engberding (s. u.) – Lit.: DACL VI, 1591–1662 – H. Engberding, Das eucharist. Hochgebet der Basileiosliturgie, 1931 – J. M. Hanssens, De missa rituum orientalium, 2 Bde, 1930–32 – B. Ca-

PELLE, Les liturgies »basiliennes« et s. Basile (J. DORESSE–E. LANNE, Un témoin archaique de la liturgie copte de s. Basile, 1960) – H.-J. SCHULZ, Die byz. Liturgie, 1964 – Liturgikon, »Meßbuch« der byz. Kirche, hg. N. EDELBY, 1967.

Basin, Thomas, frz. Prälat, Staatsmann und Geschichtsschreiber, * um 1412 in Caudebec-en-Caux (Normandie), † 30. Dez. 1491 in Utrecht, ▭ ebd., Sint-Jans. B. entstammte einer wohlhabenden norm. Kaufmannsfamilie, die infolge der engl. Landung (1415) die Normandie verlassen mußte. Seine Bildung erhielt B. an mehreren Univ.: Paris, wo er den Grad eines Magister artium erlangte; Löwen, Pavia und Bologna, wo er röm. und kanon. Recht studierte. Er begab sich nach Rom, nahm am Konzil von → Florenz-Ferrara (1439) teil und begleitete den päpstl. Legaten nach Ungarn. Er erhielt ein Kanonikat an der Kathedrale v. Rouen (1440), übernahm 1441 den Lehrstuhl für kanon. Recht an der Univ. → Caen, die durch den engl. Kg. Heinrich VI. neu gegr. worden war, wurde schließlich Kanoniker, Offizial und Generalvikar v. Bayeux. 1442 wurde er zum Rektor der Univ. Caen gewählt und nahm an einer engl. Gesandtschaft bei dem frz. Kg. Karl VII. teil. Er erhielt das Bm. Lisieux (Bulle vom 11. Okt. 1447). Obwohl er Mitglied des kgl. engl. Rates *(Conseil)* der Normandie war, ergriff er die Partei Karls VII. und unterstellte 1449 sein Bm. Lisieux dem frz. Kg. (vgl. auch → Hundertjähriger Krieg, → Normandie). Er begleitete Karl VII. bei seinem feierlichen Einzug in Rouen (10. Dez. 1449) und wurde zum *conseiller du roi* (Mitglied des Kronrates) ernannt, nahm an den Beratungen von Chartres (1450) und Bourges (1451) über die Frage der → Pragmatique Sanction teil und arbeitete um 1453 eine Denkschrift aus, die zur Vorbereitung des Prozesses, der die Rehabilitierung der → Jeanne d'Arc (1456) herbeiführte, diente. In seinem Bm. leitete er eine allgemeine Reform ein (Generalsynode 1448); 1455 verfaßte er eine Denkschrift zur Erneuerung des Prozeßwesens in der Normandie. Er geriet in Gegensatz zum Dauphin, Ludwig (XI.), der sich nach seinem Regierungsantritt (1461) bemühte, den ihm verhaßten B. auszuschalten. B. beteiligte sich seinerseits an der → Ligue du Bien public und empfing den Bruder des Kg.s Karl in der Normandie, als dieser zum Hzg. der Normandie erhoben worden war (1465). Um B. aus der Normandie zu entfernen, ernannte ihn Ludwig XI. nach der Annexion Kataloniens (1467–68) zum Kanzler von Roussillon und Cerdagne (mit dem Verbot, Frankreich zu betreten) und schickte ihn nach Barcelona an den Hof des Hzg.s v. Kalabrien, des Sohnes von René v. Anjou (1468). Da B. fürchtete, verhaftet zu werden, floh er über Savoyen, Genf und Basel nach Rom. Nach vielfältigen Pressionen, die der Kg. gegen ihn und seine Brüder, die in Haft genommen wurden, ausübte, willigte B. schließlich in den Verzicht auf sein Bm. Liseux ein (26. Mai 1474); er wurde zum Ebf. in partibus von Caesarea ernannt. Die weiteren Stationen seines Exils waren Trier (1471–67), Löwen, wo er kanon. Recht lehrte (1476–77) und schließlich Utrecht, wo er den Rest seines Lebens verbrachte. Hier fand er einen Teil seiner Familie wieder und wurde von Bf. → David v. Burgund, seinem Freund, zum auxiliarius ernannt.

Neben den obengenannten Denkschriften sind B.s wichtigste Werke, die er lat. in schwülstigem Stil verfaßte, die Geschichte Karls VII. (1471–62) in fünf Büchern und (als Fortsetzung) eine Geschichte Ludwigs XI. (1473–84), letztere voll boshafter Angriffe gegen seinen persönl. Feind, den König. Eine 1471–72 geschriebene »Apologia« diente ebenfalls der Anklage gegen Ludwig XI. wie auch eigener Rechtfertigung.
Ch. Samaran

Bibliogr.: Repfont II, 463 f. – *Werke (mit Ed.):* [1] Historia: J. QUICHERAT, Th. B., Hist. des règnes de Charles VII et de Louis XI, 3 Bde, 1855–57 (SHF) – CH. SAMARAN–H. DE SURIREY DE ST-REMY, Th. B., Hist. de Charles VII, 2 Bde, 1933–44 (CHF 15, 21) [neue Ed. nach Autograph] – CH. SAMARAN–M. C. GARAND, Th. B., Hist. de Louis XI, 3 Bde, 1963–72 (CHF 26, 29, 30) – CH. SAMARAN–G. DE GROËR, Th. B., Apologie ou plaidoyer pour soi-même, 1974 (CHF 31) – [2] Breviloquium peregrinationis: J. QUICHERAT, Th. B., IV, 1859, 1–25 – [3] Libellus de optimo ordine forenses lites audiendi ..., ebd. 27–65 – [4] Advis au roy ..., ebd. 67–90 – [5] Censure des erreurs d'un chartreux de Ruremonde (1486), ebd. 101–105 [Auszüge] – [6] Traité contre Paul de Middelbourg (1490–91), ebd. 105–132 [Auszüge] – [7] Mémoire sur Jeanne d'Arc (Opinio et consilium ... super processu et condemnatione Johannae): J. QUICHERAT, Procès de condamnation et de réhabilitation de Jeanne d'Arc III, 1857, 309–314 [Auszüge] – P. LANERY D'ARC, Mémoires en faveur de Jeanne d'Arc, 1889, 187–235 – P. DUPARC, Procès en nullité de la condamnation de Jeanne d'Arc, I [i. Dr.] – *Lit. (außer den Komm. zu den Ed.):* J. QUICHERAT, Th. B. Sa vie et ses écrits (BEC III, 1841–42), 313–376 – CH. SAMARAN, Documents inédits sur la jeunesse de Th. B. (ebd. XCIV, 1933), 46–57.

Al-Baṣīr → Yūsuf al-Baṣīr

Basis, unterer Teil einer Säule. Sie besteht zumeist aus einer rechteckigen Unterlage (Plinthe), einer Kehle (Trochilus) und einem Wulst (Torus). In roman. Zeit wird vornehmlich die sog. »attische B.« verwendet, bei der die Hohlkehle zw. zwei Wülsten liegt, von denen der obere niedriger und weniger ausladend ist als der untere. In karol. Zeit werden im allgemeinen die antiken Proportionen beibehalten. Nach 900 bis 1150 wird die Ausladung zurückgenommen. Nach 1150 wird der untere Wulst höher, erreicht bis zur dreifache Höhe des oberen Wulstes und tritt teilweise vor die Kante der Plinthe vor. Als Überleitung vom unteren Wulst zur quadrat. Plinthe werden an den vier Ecken seit etwa 1100 die Eckzier, kleine Nasen, Sporne, Knollen, Blätter, Köpfchen, Klauen oder geometr. Formen wie eingerollte Bänder o. ä., angebracht, die nach der Mitte des 12. Jh. größer werden und zusammenwachsen können und den unteren Wulst teilweise überdecken oder eine an den Ecken aufquellende kissenförmige Unterlage für den Wulst auf der Plinthe bilden. Mit dem Aufkommen der Gotik steigt der Sockel an und nimmt häufig polygonale Formen an, der obere Wulst wird dünner, der untere flacher und tritt zumeist über die Kante der Plinthe vor; die Kehle wird schmaler und tiefer und hinterschneidet seit 1240/50 den unteren Wulst. Seit etwa 1275 läuft der obere Wulst in den unteren über, es entsteht ein flach ausladender Teil (Tellerbasis). In der späteren Gotik ändert sich diese B. zunächst wenig; nach der Mitte des 14. Jh. verschmilzt der Sockel der einzelnen Dienste mit dem Pfeilersockel; im 15. Jh. entwickelt sich die B. zu einem komplizierten Zierglied mit schwierigen Steinschnitten (Säulenstuhl).
G. Binding

Lit.: RDK I, 1492–1506 [Lit.] – W. SENF, Das Nachleben antiker Bauformen, Wiss. Zs. der Hochschule für Architektur und Bauwesen, Weimar 11, 1964, 579–590.

Basium → Kuß

Baskak → Basqāq

Basken, Volk. Eine Definition des bask. Volkes (b. V.) ergibt sich aus der Zusammensicht einer Reihe von Merkmalen, die, einzeln betrachtet, nicht ausreichen, es zu charakterisieren, die es aber in ihrer Gesamtheit stark von seiner Umgebung differenzieren. Diese unterscheidenden Merkmale sind ethnischer, sprachl., sozialer, geschichtl. und kultureller Natur. Die Rasse scheint ihren Ursprung in sehr weit zurückliegenden Zeiten zu haben (wohl Bronzezeit bzw. Neolithikum). Über dem iber. Substrat kann man eine kelt. Schicht feststellen (die 2. kelt. Invasion der Halbinsel fand etwa im 5. Jh. v. Chr. statt und ging über das bask. Hochland hinweg). Die Sprache dieses Volkes ist das Baskische (Baskisch < Vaskonisch etwa wie Roman. Sprachen < Latein), eine im Rückzug befindl. Sprache, die nicht mehr in den Gebieten gesprochen wird, in denen sie nachweislich hist. gebraucht wurde. Ca. 80% des Wortschatzes entstammen anderen Sprachen, aber das Verbalsystem und die Syntax sind eigenständig. Es finden sich Spuren des Proto-Bask., welches eine der von den iber. Völkern gesprochenen Sprachen gewesen sein muß: Das heutige Baskisch stammt von einer der verschiedenen iber. Sprachen ab und ist die einzige, die die Romanisierung überlebt hat, eine »Sprach-Insel«, die keine bekannte Verwandtschaft mit anderen lebenden Sprachen aufweist (→ Baskische Sprache). Die Sitten und Gebräuche sowie die kollektive und individuelle Mentalität bewahren heute zahlreiche eigene Züge, Reste eben von Gewohnheiten primitiver Völker, im Wesentl. von Hirten (das b. V. war bis ins SpätMA v. a. ein Hirtenvolk). Geschichtl. war das b. V. nicht immer im gleichen Gebiet angesiedelt, aber seit der Römerzeit ist es bereits (unter dem Namen Vascones) der Vasconia I (dem heut. → Navarra) ansässig. Am Ende der Antike und zu Beginn des MA scheint eine vaskon. Expansion nach der Vasconia II (den heut. → Bask. Provinzen) stattgefunden zu haben, wobei die leicht keltisierten iber. Stämme der Varduler und Karistier (vielleicht auch der Autrigonen) baskisiert wurden. Um das 6. Jh. erfolgte die Ausdehnung in die Vasconia III (das heut. frz. Pays Basque), das Gebiet der Aquitaner, eines stark keltisierten iber. Volkes. Das b. V. ist eine scharf abgegrenzte ethn. Gruppe, die Nachfahren eines der vorröm. Völker der iber. Halbinsel, das in einer schwer zugängl. Gebirgsgegend überlebt hat und das trotz seines bemerkenswerten Alters erst spät – im MA – in die Weltgeschichte eintrat.

J. L. Banús y Aguirre

Lit.: →Baskische Provinzen, →Baskische Sprache.

Baskische Provinzen
A. Geschichte und Wirtschaft – B. Recht

A. Geschichte und Wirtschaft
I. Geschichte – II. Wirtschaft.

I. GESCHICHTE: Die b. P. treten erst spät in die Gesch. ein, eine Folge der in Álava schwachen, in Guipúzcoa und Biskaya überhaupt nicht eingetretenen Romanisierung und der späten Christianisierung. Es gibt Anzeichen dafür, daß vor der Zeit der ersten schriftl. Quellen eine bask. Eroberung (vom Osten [Navarra] nach Westen [bask. Provinzen]) stattgefunden haben muß, bei der Karistier und Varduler baskisiert wurden (→ Basken, Volk). Bei der islam. Invasion behielten diese Stämme ihre Herrschaft über das Gebiet. Der westgot. Hzg. Petrus bewahrte seinen Herrschaftsanspruch mit Unterstützung der einheim. Sippen. Er stellte den Kontakt zum astur. Widerstandskern her, knüpfte sogar verwandtschaftl. Bande zu → Pelagius und begann eine Politik der gegenseitigen astur.-bask. Vermischung, die während der beiden Jh. der astur. Monarchie andauern sollte. Tatsächl. wird in dieser Zeit Álava (worunter in dieser Periode das gesamte bask. Gebiet verstanden wurde) zur östl. »Mark« des astur. Kgr.es, an der sich die ständigen islam. Streifzüge brachen, so daß die Versuche der Araber scheiterten, Álava zu durchqueren und dadurch die von Alfons I. v. Asturien geschaffene strateg. »Wüste« des Duero zu umgehen. Durch die Reconquista wurde Álava zum Hinterland. Die Verlagerung der Hauptstadt nach → León und die Thronstreitigkeiten, die beginnende Selbständigkeit Kastiliens und das Erstarken → Navarras (nach 905) bestimmten den Beginn einer Periode, in der das bask. Gebiet dem Pendelspiel des Machtausgleichs zw. den beiden gen. Mächten ausgesetzt war. Anfänglich glitt es in den Machtbereich Navarras, aber die polit. Stärke, die Ferdinand (Fernán) González besaß, nachdem er die Gft. Kastilien geeint hatte, ermöglichte diesem, mittels Heirat, die Gft. Álava in seine Macht zu bringen. 40 Jahre blieben beide Herrschaften vereint, aber in den sechs Jahrzehnten zw. Ferdinands Tod (970) und der Ermordung des Infanten García (1029) ging Álava de facto in den Machtbereich von Navarra über – ein Wechsel der de iure vollzogen wurde, als Sancho d. Gr. v. Navarra als Gatte der Schwester Garcías Nachfolger des letzten Gf.en v. Kastilien und Álava wurde. Während dieser neuerlichen Zeit navarr. Herrschaft (1029 bis 1076) fand eine polit. und administrative Neuordnung des Gebietes statt: Die alte Gft. Álava wurde in verschiedene *tenencias* (Statthalterschaften) eingeteilt (Álava, Guipúzcoa, Durango, Biskaya, Encartaciones, u.a.), und die Vermischung zw. den *tenentes* (Vertreter der kgl. Macht) und den bask. Sippen verstärkte sich (ein charakterist. Beispiel stellt der Karistier Iñigo López dar, der zum Begründer des mächtigen Hauses Haro wurde). Nach der Ermordung von Sancho García v. Navarra (1076) wurde in Navarra Sancho Ramírez v. Aragón zum Kg. gewählt, während die bask. Sippen Alfons VI. v. Kastilien bevorzugten. Nur der östl. Teil Guipúzcoas (vom Oria ab) folgte der navarr. Option. Während der Wirren in der Zeit der Ehe zw. Urraca v. Kastilien-León und Alfons I. v. Aragón-Navarra schwankten die bask. Gebiete zw. beiden Parteien. Der Friede v. Támara (1127) bestätigte die Herrschaft von Alfons I. v. Navarra und Aragón, und als Navarra mit García Ramírez seine eigene Monarchie wiedererrichtete (1134), dauerte diese Herrschaft bis 1200 an.

In dieser neuen Zeit der navarr. Beherrschung begann der Prozeß der Städtegründungen des HochMA, die in den bask. Gebieten eine äußerst wichtige Erscheinung darstellen; auf sie geht die für die Gegend typ. Form der Sonderrechte bis hin zur heutigen Zeit zurück. Während des HochMA hatte das Land in einem Sippensystem gelebt, einer strengen Geschlechterordnung, wie sie für Viehzüchtervölker, wie es die Varduler und die Karistier waren, typ. ist. Das Entstehen einer Kaufmanns- und Handwerkerbürgerschaft führte zur Schaffung von städt. Zentren: das erste im Baskenland war San Sebastián, wo sich eine Kolonie von Seefahrern aus → Bayonne niedergelassen hatte und das Stadtrecht erhielt. Mit dieser *carta puebla* (2. Hälfte 12. Jh.) ermöglichte Sancho der Weise v. Navarra seinem Königreich den Zugang zum Meer (vorher über das unter engl. Herrschaft stehende → Bayonne). Dieser → Fuero (Stadtrecht) von San Sebastián war die erste Seerechtssammlung in N Spaniens und wurde zum Vorbild für eine Reihe von Seehandelsstädten, genauso wie der Fuero v. Vitoria (Sancho der Weise 1181), welcher eine Adaptation des Fuero von Logroño war (Alfons VI. v. Kastilien 1095) und ein Vorbild für die große Mehrheit der bask. Städte wurde. Militär. Gründe (Navarra gegen Kastilien) bestimmten v.a. die Gründung von Vitoria sowie sieben weiterer Städte im S von Álava. Dieselben Gründe – aber mit umgekehrten Vorzeichen (die Frontstellung v. Kastilien gegen Navarra) – ließen sieben weitere Städte im selben Gebiet entstehen. Diese letzten Gründungen fanden nach 1200 statt, dem Jahr, in dem der endgültige Wechsel der Herrschaft über die Region vor sich ging. Dieser beruhte auf demselben geopolit. Grund wie die Gründung von San Sebastián: die Notwendigkeit eines Zugangs zum Meer für jeden ich im Binnenland gelegenen Staat. Die Unabhängigkeit → Portugals (die sich in der 2. Hälfte des 12. Jh. festigte) hatte die Verbindung Kastiliens zum Mündungshafen des Duero (Porto) abgeschnitten. Das zwang Kastilien, seinen Zugang zum Meer auf der kantabr. Seite zu erweitern. Ehrgeiz und ungeschicktes Verhalten von

Sancho dem Starken v. Navarra gaben Alfons VIII. v. Kastilien die Gelegenheit, das bask. Gebiet zu besetzen, wahrscheinl. mit dem Einverständnis der eingeborenen Sippen, die in der Zeit wechselnder Oberherrschaft immer mehr dazu neigten, sich in den westl. Machtbereich (Asturien, Kastilien) einzugliedern statt in die östl. Monarchie (Navarra). Damit hatte der Kg. v. Kastilien einen weiten Küstenstreifen unter seiner Herrschaft; er leitete rasch eine Stadtgründungspolitik zur Organisierung des Raumes ein: An der Küste von Guipúzcoa wurden fünf Städte gegr.; diese Maßnahmen wurden durch Alfons X. v. Kastilien weitergeführt; unter ihm entstanden Gemeinden, die die Verbindungswege entlang der Flüsse Oria (drei Städte in Guipúzcoa und eine in Álava) und Deva (zwei Städte) sichern sollten.

Das 14. Jh. erlebte eine große städtegründer. Aktivität im Baskenland, v. a. in Guipúzcoa (14 Städte) und Biskaya (15 Städte), in geringerem Maße in Álava (sechs Städte). Bei diesen Gründungen ist dieselbe Motivation feststellbar: Verteidigung der neuen bürgerl. Ordnung gegen die Adelsherrschaft der Sippen. Der Kampf zw. den *banderizos* ('Fähnlein'; bewaffneten Gruppen der Sippen: *oñacinos* = Varduler, *gamboinos* = Karistier) erreichte in dieser Zeit seine größte Heftigkeit, und die nicht der einen oder der anderen Partei angeschlossene Bevölkerung fand Zuflucht nur hinter den Mauern der unter dem Schutz des Kg.s (in Biskaya des Hauses Haro) errichteten Städte. Der Niedergang der Herrschaft der Sippen zeigte sich nicht nur in der Vermehrung der Städte (Zufluchtsorte gegen die Adelsherrschaft), sondern auch in der Selbstauflösung der »Cofradía de Arriaga« (1332) (bes. kollektives Herrschaftsgebiet in Álava, welches von einem durch seine Standesgenossen [Pares] gewählten Herrn geleitet wurde), welche im 14. Jh. nur noch ein fossiler Rest des vorhergehenden Regimes war. Sie verschwand unter dem Druck eines so autoritären Monarchen wie Alfons XI. v. Kastilien, der sie nötigte, die private Herrschaft zugunsten der kgl. Zentralgewalt aufzugeben. Der traditionell krieger. Charakter der Sippen verlagerte sich vom Kampf zw. den banderizos auf die Offensive gegen die Städte.

Diese bildeten als Reaktion → Hermandades (städt. Bünde) aus, die sich im 14. und 15. Jh. ausprägten. Dieser Prozeß begann in Álava früher als in den beiden anderen Provinzen, nämlich schon Ende des 13. Jh. mit der Bildung der *Hermandades generales* bzw. *parciales* (Gesamt- oder Teilbündnisse) des Kgr.es Kastilien. Bes. zu erwähnen sind zwei, denen jeweils Vitoria angehörte. Die eine umfaßte sieben Küstenstädte (drei in Guipúzcoa, eine in Biskaya und drei in Santander = Hermandad de la Marina, 1293) und die andere 17 Städte im Ebrogebiet (Hermandad de Haro, 1296). Der gemeinsame Nenner beider war der Schutz des Handelsverkehrs (vgl. Abschnitt II). Guipúzcoa und Biskaya standen hinsichtl. der Entwicklung der Städtebünde gegenüber Álava zurück, bildeten jedoch rascher als dieses eine Hermandad general der ganzen Provinz aus (Encartaciones und Biskaya 1394, Guipúzcoa 1397, Álava dagegen 1458). Doch Biskaya und Álava waren hinsichtl. der polit. Struktur ähnlich. Guipúzcoa unterschied sich dadurch, daß es in seiner Gesamtheit Krongut war; in den beiden anderen Provinzen hatten die eigenständigen Herrschaften soviel Gewicht wie das Krongut. Es gab zahlreiche Herrschaften in Álava (v. a. nach den *mercedes enriqueñas* [Schenkungen Heinrichs II. = Enrique de las Mercedes]), nur eine einzige in Biskaya, diejenige des Hauses Haro; diese gelangte im 14. Jh. durch Erbfolge in den Besitz der Krone (Johann I. v. Kastilien), ohne daß jedoch die polit. Unterscheidung zw. den beiden Gerichtsbarkeiten verschwand.

Die Bildung von Städtebünden im SpätMA wurde im Baskenland, anders als im übrigen Kgr. Kastilien, vom Kg. gegen die Adelsoligarchie unterstützt. Der Kampf zw. den beiden Kräften (Hermandades gegen banderizos) war heftig; schließlich siegten die verbündeten Städte. Gerechterweise muß gesagt werden, daß ein Monarch wie Heinrich IV., der in bezug auf Kastilien als Muster an Schwäche galt, der energischste Verteidiger der bask. Hermandades war. Der Niedergang der Adelsherrschaft hatte eine bemerkenswerte polit. Stabilität in den b. P. zur Folge. Diese Tatsache ist v. a. deshalb wichtig, weil sie mit neuen wirtschaftl. Bedingungen für die Prosperität im Kgr. Kastilien zusammenfiel. Die Stärke des Verkehrs aus dem Hinterland des Duero – v. a. des Wollhandels, der durch Bilbao (gegründet 1300) geleitet wurde – bewirkte einerseits den sozio-ökonom. Aufschwung der Städte und andererseits einen bemerkenswerten Fortschritt der Schiffahrt. Die Seeüberlegenheit der Krone von Kastilien, die bis zu Philipp II. andauern sollte, hatte ihre wichtigste Grundlage in den Werften, Eisenhütten, Wäldern der b. P. Große Bedeutung besaß in diesem Zusammenhang aber auch die maritime Orientierung der Basken, deren seefahrer. Aktivität zwar erst spät einsetzte, die sich aber bald als Seeleute hervorragend bewährten, wobei der eigtl. Angelpunkt der Handelsachse Flandern–Kastilien in den b. P. lag.

II. WIRTSCHAFT: Das Wirtschaftsleben der b. P. im MA hatte zwei Pole: das Eisenhüttenwesen und den Seehandel. Ersteres hatte seine Grundlage in den zahlreichen Erzlagerstätten (v. a. Somorrostro, dessen Erz schon in röm. Zeit abgebaut wurde) und in dem Reichtum an Wäldern, welche den Brennstoff lieferten. Die Hammerwerke, die in der ganzen Gegend sehr zahlreich waren, stellten eine große Vielfalt von Fertig- oder Halbfertigprodukten her, v. a. Block- und Knüppeleisen, welches an das Innere der Halbinsel oder, in größerem Maße, auf dem Seeweg nach England und Flandern ging. Der zweite Faktor, die Seefahrt, war, außer durch die Ausfuhr von Eisenerzeugnissen, durch die geogr. Lage bedingt: Das Baskenland war die Küstenregion zweier Kontinentalstaaten, Navarra und Kastilien, denen es Zugang zum Meer bot. Zuerst benutzte Navarra den Hafen von Bayonne, mußte diesen aber aufgeben, als im 13. Jh. dessen Einfahrt versandete. Sancho der Weise v. Navarra förderte die Errichtung einer Stadt in der alten röm. statio von San Sebastián, welches zum Hafen seines Kgr.es wurde und diese Funktion während des ganzen MA behielt trotz des Herrschaftswechsels (1200 kam San Sebastián an Kastilien), welcher den navarr. Handelsverkehr nicht unterbrach. Seine Bedeutung wuchs, als das Haus Champagne den Thron von Pamplona übernahm; das Haus Champagne stellte die Verbindung zw. seinem ausgedehnten Feudalbesitz in Frankreich (v. a. in der Normandie) über die Häfen des östl. Guipúzcoa her. Ein weiterer Aufschwung erfolgte im 15. Jh., als Navarra in den wirtschaftl. Bereich Kastiliens eintrat. Wichtiger war die Funktion der b. P. als Meereszugang der Krone von Kastilien. Durch die Verselbständigung Portugals im 12. Jh. wurde Kastilien vom Zugang zum Meer über den Duero abgeschnitten und war gezwungen, einen Zugang über die kantabr. Häfen zu suchen. Ein wichtiges Element in dieser Organisation war die Hermandad de la Marisma; sie umfaßte sieben Häfen mit der Stadt Vitoria, welche seit dem 13. Jh. zum wirtschaftl. Zentrum des Gebietes wurde. Der reiche Handelsverkehr aus dem weiten Hinterland des Duero verstärkte sich ab dem 14. Jh. mit dem Export kast. Merinowolle nach Flandern, wo sie verarbeitet wurde. Zum selben Zeitpunkt wurde Bilbao gegründet, ein ausgezeichneter Hafen in einem sicheren Ästuar. Der Verkehr

Kastilien-Flandern griff auf die kantabr. Häfen über, die eine wirtschaftl. Blüte erlebten (15.Jh.), v. a. nachdem die Krone von Kastilien (Seeschlachten von La Rochelle und Saltes) die Vorherrschaft im Ostatlantik erlangen konnte und dort die Seemächte England und Portugal sowie die Hanse verdrängte. J. L. Banús y Aguirre

Lit.: L. Suárez Fernández, Navigación y comericio en el golfo de Vizcaya, 1959 – A. García de Cortázar y Ruiz de Aguirre, Vizcaya en el siglo XV, aspectos económicos y sociales, 1966 – Las instituicones politico-administrativas de Álava, Vizcaya, Guipúzcoa y Pays Basque en el Medioevo y en la Edad Moderna, AHDE 32, 1972 – G. Martínez Díez, Álava Medieval, 2 Bde, 1974 – G. Monreal Cía, Las instituciones públicas del Señorío de Vizcaya, 1974 – La Sociedad Vasca rural y urbana en el marco de la crisis de los siglos XIV y XV, 1975 – J. L. Banus y Aguirre, Las Provincias Vascongadas durante la Edad Media [in Vorber.].

B. Recht

I. Baskische Provinzen in Frankreich – II. Baskische Provinzen in Spanien.

I. Baskische Provinzen in Frankreich: Die drei bask. Provinzen Basse-Navarre (Hauptort: St. Jean-Pied-de-Port), Labourd (Hauptort: Ustaritz) und Soule (Hauptort: Mauléon) hoben sich durch ihre Eigenheiten von den rechtl. und polit. Verhältnissen des sonstigen frz. MA ab.

[1] *Quellen*: Die Rechtsinstitutionen sind in den entsprechenden *Coutumes* der drei Provinzen niedergelegt. Ihre Kodifizierung, durch die Ordonnance von Montil-les-Tours 1454 verfügt, wurde für das Labourd 1514, für die Soule 1520 und für die Basse-Navarre 1611 vorgenommen. Das letztere, spätere Datum erklärt sich aus den Bedingungen des Anschlusses dieser Provinz an die frz. Krone. Die verschiedenen offiziellen Kodifizierungen nahmen frühere Gebräuche wieder auf, die, wenn sie auch nicht von »den Anfängen der Welt«, wie die Basken selbst es ausdrückten, stammten, so doch mindestens aus dem 12. und 13. Jh. datieren, einer Zeit, in der das bask. Recht noch außerordentl. rudimentär ausgebildet war, sowohl in bezug auf das Personenrecht, wie auch auf das Sachenrecht.

[2] *Privatrecht:* a) *Personenrecht:* Das Privatrecht der Basken steht im Zeichen einer sehr seltenen Einrichtung: der uneingeschränkten Erbenstellung des Erstgeborenen, ohne Unterschied des Geschlechts. Dieses Erstgeborenenrecht bei totaler Gleichheit zw. Mann und Frau auf rechtl. Ebene ist völlig klar in den drei Coutumes festgelegt: »... le premier enfant de loyal mariage succède à ses père et mère, soit fils ou fille« (Labourd, XII, 3). Die Coutume von Soule ist ebenso deutlich (XVII, 3), die von Basse Navarre (XXIV, 8, II) drückt das Prinzip nicht aus, legt aber seine Anwendung fest.

Das Prinzip der Gleichheit zw. Mann und Frau, welches das bask. Recht in absoluter Weise festsetzt, wird noch durch die Tatsache erhellt, daß die Frau als Erbin die Leitung der Sippe übernimmt, die Mitgift verwaltet und den Kindern gegenüber alle Vorrechte der väterl. Gewalt innehat. Dieses Prinzip, das im Gegensatz zu sonstigen ma. Gewohnheitsrechte steht, wurde auf unterschiedl. Weise zu erklären versucht: Manche Autoren betrachten diese Regelung des baskischen Rechtes auf der Grundlage einer moral. und polit. Forderung, deren Vorwegnahme außerordentl. modern anmutet, nämlich der naturgegebenen Gleichheit von Mann und Frau. Andere führen wirtschaftl. Gründe an: die wirtschaftl. Gegebenheiten in einem armen Land hätten beim Tode des Familienoberhaupts (gleich bei einem weibl. oder männl. Erben) v. a. die sofortige Weiterführung der landwirtschaftl. Nutzung erfordert. Andere wiederum führen das bask. Prinzip auf das Matriarchat zurück (d. h. auf eine Lebensform, die die weibl. Vorherrschaft in der Familie beinhaltet). Nach Strabo, Buch III, sollen die Basken in ihrer Frühgesch. eine solche Frauenherrschaft gekannt haben, und die vollkommene Gleichheit von Mann und Frau, vor dem Erstgeburtsrecht, wäre nur eine Ableitung aus dem alten Matriarchat.

Das Wesen des bask. Erstgeburtsrechts und seine Ursachen erlauben es auch, seine Folgen zu begreifen. Die charakteristischsten betreffen die väterl. Gewalt und die Rechte des Ehegatten. Im bask. Recht sind beide natürlicherweise dem Erstgeburtsrecht zugeordnet. Daher ist es nur logisch, daß der jeweilig Erstgeborene, ob nun Mann oder Frau, die daraus abgeleiteten Vorrechte ausübt. Dazu muß man allerdings bemerken, daß die väterl. Gewalt im bask. Gewohnheitsrecht vergleichsweise begrenzt ist. So benötigen beispielsweise nur die Söhne bis zum 28. Lebensjahr und die Töchter bis zum 20. Lebensjahr die Zustimmung ihrer Eltern zu einer Heirat (Coutume von Basse-Navarre XXIV, 6; von Labourd XII, 10; von Soule XXVII, 26). Lag diese Zustimmung nicht vor, so wurde das Kind enterbt (Coutume von Basse-Navarre XXIV, 17; von Labourd, XII, 15; von Soule XXVII, 27). Hingegen konnten die volljährigen Kinder ohne Zustimmung ihrer Eltern heiraten, ja sogar gegen deren Willen. Die eheliche Gewalt wiederum beruht auf den gleichen Prinzipien wie die väterl. Gewalt, d. h. sie wird vom Erstgeburtsrecht abgeleitet, ohne Unterschied des Geschlechts. Basierend auf den gleichen Prinzipien, kann sie sowohl von der Frau als auch vom Mann ausgeübt werden. Diese Freiheit bewirkt, daß die eheliche Gewalt von beiden Gatten gemeinsam wahrgenommen werden kann, wenn es sich um zwei erstgeborene Erben handelt, oder daß eine Erbin, die einen nachgeborenen Ehemann heiratet, die eheliche Gewalt uneingeschränkt besitzt, während ihr Gatte keinen Anspruch darauf hat. Der bask. Ehemann befand sich dann in vollständiger jurist. Abhängigkeit von seiner Frau.

Diese absolute Gleichheit von Personen verschiedenen Geschlechts vor dem Gesetz, die im bask. Recht die Rechtslage der Personen charakterisiert, findet sich auch im Sachenrecht wieder.

b) *Sachenrecht:* Gänzlich pragmat. Zielsetzungen und Mittel bestimmen die Organisation des Familienbesitzes in den bask. Coutumes. – Zwei Zielsetzungen sind bestimmend: der Schutz des Eigengutes und seine Weitergabe. Ersteres entspricht einer wirtschaftl. Notwendigkeit. Die Einheit des Familienbesitzes muß gewahrt werden, wie auch sein Weiterbestehen mit dem Haus als Mittelpunkt (*Etchea*) und wirtschaftl. Kern, da er die einzige wirkl. Form von Reichtum in diesen von Natur aus armen und benachteiligten Gebieten darstellt. Was die Weitergabe dieses Eigengutes betrifft, so ist sie die log. Konsequenz des uneingeschränkten Ältestenrechts der Basken. Das älteste der Kinder, der voraussichtl. Erbe, wird als bes. geeignet angesehen, sich zuerst zu verheiraten und auch die Verwaltung des Familienbesitzes zu übernehmen.

Die Wirksamkeit der in den bask. Coutumes genannten rechtl. Mittel zur Absicherung des Eigengutes entspricht den beiden obengenannten Zielsetzungen. In jurist. Übereinstimmung damit gibt es zwei solcher Mittel: Das erste Mittel, die Bestimmung, daß über in direkter Linie vererbte Güter nicht verfügt werden darf, ist in den Coutumes (Coutume v. Labourd, V, I) absolut gesetzt, sowohl unter Lebenden, wie auch von Todes wegen (ebd. XI, 4), außer wenn der voraussichtl. Erbe seine Zustimmung erteilt (*ervengeloff*). Analoge Verfügungen finden sich in den Coutumes von Basse-Navarre (XX, XXX, 3, 4) und Soule (XVII, 1–7). Das zweite Mittel war das Rückkaufsrecht des Erben, das man in den drei Coutumes findet (Basse-Navarre, VII, 5; Labourd VI, 3; Soule XXX V, 2). Dies erlaubte es dem voraussichtl. Erben des Verkäufers, unüberlegt veräußerten Besitz unter ungewöhnl. günstigen Bedingungen zurückzukaufen, und zwar, was Zahlungsform, zeitl. Begrenzung und Natur der Güter, die unter diese Bestimmung fielen, betraf – diese günstigen Rechtsverhältnisse standen im Gegensatz zur Strenge des gemeinen Rechts der frz. Coutumes.

Das bask. Privatrecht wird von zwei imperativen Forderungen bestimmt, dem Gleichheitsprinzip und dem Bestreben, den Fortbestand des Familienbesitzes zu garantieren. Ähnliche Besonderheiten finden sich auch im öffentl. Recht.

[3] *Öffentl. Recht:* Auch die Strukturen des öffentl. Rechts und der Verfassung weisen ungewöhnl. Merkmale auf. Jede der drei b. P. in Frankreich hat unter verschiedenen Modalitäten die Existenz von Ständeversammlungen gekannt, in außergewöhnl., ja sogar einzigartiger Form im Labourd, mehr klass. Norm entsprechend in Basse-Navarre und Soule. Im Labourd kann als Ursprung der Ständeversammlung (*Bilçar*, die 'Versammlung der Notablen') der Hof des vicecomes (Vizegrafen) angesehen werden, der während des 11. und 12. Jh. die konstituierenden Elemente des Feudalismus in sich vereinte: die polit. Macht des vicecomes und sein Eigentumsrecht an allem Grund und Boden, mit allem, was dies üblicherweise mit sich brachte. Dieses Feudalsystem im Labourd wurde durch die Anstrengungen seiner Bewohner, sich sehr rasch dem vizegfl. Einfluß zu entziehen, jedoch modifiziert. 1106 erwarben sie von vicecomes Sancho García seine Rechte an der terra indominicata, zugleich mit den Jagd-, Mühlen- und Fischereirechten. Rückgang, Aufhebung und allmählicher Abbau der feudalen Rechte begleiteten eine Emanzipationsbewegung, die unter der engl. Herrschaft (1154–1450) noch stärker hervortrat. Während dieser Periode wurde vom engl. Kgtm. ein → bailli als direkter Vertreter ernannt. Bei seinen Entscheidungen stand ihm der »Conseil des Prud-Hommes de la terre du Labourd« (Urkunde von Kg. → Richard Löwenherz, 1193) zur Seite. Bei diesen *Prud-hommes* dürfte es sich um Männer gehandelt haben, die sowohl das Vertrauen des bailli als auch ihrer Landsleute besaßen. Die Institution der Prudhommes, Ausdruck einer »gemäßigten Feudalherrschaft« und Folge der engl. (ständ.) Einflusses, sind die Vorläufer der Vertreter von Labourd in der eigtl. Ständeversammlung, dem Bilçar, über dessen Zusammensetzung und Kompetenzen wir seit dem 16. Jh. sichere Zeugnisse besitzen.

E. Dravasa

II. BASKISCHE PROVINZEN IN SPANIEN: [1] *Privatrecht:* In privatrechtl. Hinsicht sind die Verfügungen charakterist., welche, vergleichbar den Bestimmungen der Coutumes in den frz. b. P. (vgl. Abschnitt B. I), die Einheit des Familienbesitzes sichern (im Gegensatz zum Prinzip der Erbteilung des röm. Rechts): Erstgeborenenrecht, Gütergemeinschaft zw. Ehegatten, Testierfreiheit. Es steht fest, daß diese Rechtselemente in den kantabr. Talschaften Geltung besaßen (Guipúzcoa, Vizcaya, Ayala), nicht jedoch im Ebrotal (Álava), wo 1332 in allen Fällen die Anwendung des kgl. Fuero gefordert wurde.

Was den Handel betrifft, so ist der Fuero von San Sebastián am typischsten. Er galt in allen Küstenstädten Guipúzcoas. Es war die erste Festsetzung eines Seehandelsrechts in Kastilien-León; auch dies spricht für seine Provenienz aus Bayonne.

[2] *Öffentl. Recht:* Die gewohnheitsrechtl. Normen des HochMA dürften, wie wir aufgrund bestimmter Hinweise annehmen können, in ihren Besonderheiten den Stammesrechten ähnlich gewesen sein. Das HochMA war in den b. P. durch eine Fülle von Städtegründungen gekennzeichnet (Gründungen von ca. 100 'villae' in den drei Provinzen; zu den polit.-hist. Voraussetzungen vgl. Abschnitt A. I). Sie erfolgten mittels Stadtrechtsverleihungen (*cartas pueblas*) durch die Kg.e v. Navarra oder Kastilien (in Álava und Guipúzcoa) oder durch den Gf.en v. Haro (Herren v. Vizcaya). Prototyp. für diese Stadtrechte (*fueros*) waren diejenigen von Estella und Logroño. Letzteres 1095 von Alfons VI. v. Kastilien verliehen, konnte prakt. ohne Modifizierung auf die bask. Städte angewandt werden, ersteres dagegen wurde, als es Sancho der Weise v. Navarra in der 2. Hälfte des 12. Jh. erstmals auf bask. Gebiet in San Sebastián erließ, einer bedeutenden Bearbeitung unterzogen. Nur 50% des Textes wurden aus dem Fuero von Estella übernommen, 50% dagegen stammten aus den am Seehandel orientierten Gebräuchen und Coutumes von Bayonne. Während des ganzen HochMA sollten im Baskenland zwei Einflüsse wirksam werden: der des Stammesrechts der Sippen und der des vom Kgtm. gesetzten Stadtrechts.

Im SpätMA verschwand dieses Nebeneinander in Álava und Guipúzcoa, aber nicht in Vizcaya, wo es bis zur Neuzeit bestehen blieb. In jeder Provinz bildeten sich *Hermandades Generales* (→ Hermandad) heraus, in Vizcaya und Guipúzcoa Ende des 14. Jh., in Álava Mitte des 15. Jh. Ihre Erlasse und Verfügungen (*Ordenanzas*) bildeten, aufeinander abgestimmt (*Acuerdos de Juntas*) und vom Kg. bestätigt (*Mercedes Regias*), den Kern der Rechtsetzung.

J. L. Banús y Aguirre

Lit.: *zu [1]*: M. ETCHEVERRY, Autour de l'histoire anecdotique de Bayonne et des Pays voisins, 1941 – M. NUSSY SAINT-SAENS, La Coutume de Soule, 1945 – E. DRAVASA, Les Privilèges des Basques du Labourd sous l'Ancien Régime [Thèse Droit Bordeaux 1951] – A. DESTRÉE, La Basse-Navarre et ses Institutions [Thèse Droit Paris 1954] – *zu [II]*: L. GARCÍA DE VALDEAVELLANO, Curso de Hist. de las Instituciones españolas, 1975⁴, 511–514.

Baskische Sprache (Eigenbenennung Euskara), einzige überlebende vorroman. Sprache SW-Europas, genetisch unklassifiziert. Geogr. Verbreitung im MA: vom Valle de Arán nördl. und südl. der Pyrenäen bis zur Rioja Alta (Altkastilien), nahezu bis Burgos. Nördl. der Pyrenäen wohl noch in röm. Zeit starker Rückgang bis auf die heutigen Grenzen; auf span. Seite seit dem 10. Jh. allmählicher Rückgang unter dem Druck des Romance. Bis zum Erscheinen des ersten gedruckten Buchs (1545) gibt es kaum sprachl. Belege, zunächst lediglich Orts- und Personennamen, ab dem 12. Jh. Wortlisten und Satzfragmente. → Basken, Volk.

G. Brettschneider

Lit.: J. M. LACARRA, Vasconia medieval. Hist. y filología, 1957 – DERS., La lengua vasca en la edad media (Geografía hist. de la lengua vasca II), 1960, 20–59 – L. MICHELENA, Textos araicos vascos, 1964.

Basler Kompaktaten (oft auch als Prager K. bezeichnet), regelten die Beziehungen der Hussiten zur röm. Kirche nach dem Konzil v. → Basel. Das Konzil knüpfte erste Verhandlungen mit den Hussiten nach der Niederlage der Kreuzfahrer bei → Taus (Domažlice) an. Als Grundlage der Verhandlungen sollten die Bibel und die Kirchenväter dienen. Die Hussitendelegation kam 1433 unter Führung → Prokops d. Gr. nach Basel; damit begann die Debatte über die sog. vier Prager Artikel, das gemeinsame Programm der Hussiten. Nach langwierigen Verhandlungen wurde als Kompromiß den Hussiten die Kommunion unter beiderlei Gestalt (sub utraque specie) gestattet. Die Säkularisierung des Kircheneigentums, die Bestrafung der »öffentlichen Sünder« und die Freiheit der Predigt wurden verweigert. Dieser Kompromiß wurde bloß von den konservativen Hussiten angenommen, von den Radikalen jedoch weiterhin bekämpft. Erst nach der Niederlage der

→Taboriten und der Feldheere (Schlacht bei →Lipany 1434) wurden die Kompaktaten allgemein angenommen. Auch Ks. Siegmund gab seine Zustimmung und ließ die K. feierlich in Iglau verkündigen. Der urspgl. Text wurde 1433 vom böhm. Landtag angenommen; die Delegation des Konzils versprach mündlich und schriftlich, den Kelch für Böhmen zu gewähren. Die K. sind böhm. Landesgesetz geworden, sie wurden jedoch nie durch das Plenum des Konzils und durch den Papst bestätigt. Dies war in der Folge der Grund zu langjährigen Auseinandersetzungen und zu einem neuerlichen Kreuzzug gegen das von →Georg v. Podiebrad regierte Böhmen; erst durch die Bewilligung des Kelches durch Pius IV. (1564) wurden die Kompaktaten ungültig und verloren praktisch jede Bedeutung. → Hussiten, → Utraquisten, → Böhmen. J. Schwarz

Q.: Archiv český 3, 1844, 398-444 – *Lit.*: E.F.JACOB, The Bohemians at the council of Basel 1433 (Prague essays, ed. R.W. SETON-WATSON, 1949), 81–123 – F.M.BARTOŠ, Husitská revoluce II, 1966, 160–162, 194–196 – J. MACEK, Jean Hus et les traditions hussites, 1973, 178–192.

Basler Rezepte, geschrieben Ende des 8.Jh. wahrscheinl. in Fulda, eine Gruppe von drei Rezepten, die durch unterschiedl. ags. Hände eingetragen wurden und deren erstes in lat. Sprache ein Fiebermittel bringt; das zweite bietet – später niedergeschrieben – eine aufs Doppelte erweiterte Fassung der Fieber-Vorschrift in ostfrk.-bair. Mundart, und das dritte empfiehlt – vor dem zweiten aufgezeichnet – ein pferdeheilkundl. Verfahren zur Geschwürbehandlung in bair. Dialekt mit ae. Einschlag. G. EIS konnte erhärten, daß hier ein ags. Schreiber eine ältere dt. Vorlage wiedergegeben hat. Die beiden landessprachigen Rezepte sind die ältesten Denkmäler dt. med. Prosa und wahrscheinl. die ersten zusammenhängenden dt. Texte überhaupt. Sie lassen erkennen, daß in bair.-oberdt. Raum schon bald nach 700 die Übersetzung vorsalernitan.-heilkundl. Fachschrifttums begann. G. Keil

Q.: Basel, Univ.-Bibl., Hs. F. III. 15a, Bl. 17^r – *Faks.*: M. ENNECERUS, Die ältesten dt. Sprachdenkmäler in Lichtdrucken, 1897, Taf. 17 – G.EIS, Altdt. Hss., 1949, Taf. 6, 26f. – *Ed.*: H. HOFFMANN (VON FALLERSLEBEN), Vindemia Basileensis, 1834 [Erstausg.] – *Lit.*: Verf.-Lex.² I, 628f. – W.WACKERNAGEL, Die altdt. Hss. der Basler Univ.bibl., 1836, 8f. – R. KOEGEL, Gesch.der dt. Lit. bis zum Ausgange des MA I, 1894, 497–499 – E. STEINMEYER, Die kleineren ahd. Sprachdenkmäler, 1916 (1963³), 39–42, Nr. 7 – G. BAESECKE, Der Vocabularius Sancti Galli in der ags. Mission, 1933, 114–118 – R.-M.S. HEFFNER, The third Basel recipe, JEGP 46, 1947, 248–253 – G.EIS, Stud. zu altdt. Fachprosa (Germ. Bibl. 3. R.), 1951, 11–29 [grundlegend] – B. BISCHOFF, Paläograph. Fragen dt. Denkmäler der Karolingerzeit, Frühma. Stud. 5, 1971, 112.

Basma (türk. 'Druck'), Metallstab, vielfach aus Gold oder Silber, der ein Symbol oder Siegel des mongol. Chan enthielt und als Ausweis für Staatsbeamte diente; → Paiza. – Danach auch der Silberbeschlag (Oklad) von orth. Heiligenbildern. B. Spuler

Basqaq, russ. Schreibung *Baskak* (türk. 'Presser'), Beamte der Mongolen in Iran und Rußland, die aufgrund einer vorher stattgehabten, gewiß oberflächl. Schätzung Steuern und Tribute einforderten. Einzelheiten ihres Vorgehens sind nicht bekannt; wir hören von Waren-, Post-, Verkehrs- und Militär-Steuern, auch von Leiturgien. Daneben traten B. als Steuerpächter auf, was verschiedentl. (ohne Erfolg) zu Erhebungen und Steuerverweigerungen führte. In Persien verschwindet die Bezeichnung im Anfang des 14.Jh.; in der Goldenen Horde ist bis ins 15.Jh. von B. verschiedentl. auch als Helfer einheim. Fs.en bei der Steuererhebung die Rede. – Kultdiener und ihr Personal (außer den Juden) waren von der Steuer befreit. Die russ. Kirche hat (in slav. Text) eine Reihe von Urkunden erhalten, die ihr die Steuerfreiheit verbürgten. – B. (mongol. *Darugha*

/*Darughatschi*/) hießen auch die Kommandanten von Städten. B. Spuler

Lit.: B. SPULER, Die Goldene Horde, 1965², bes. 333–342 – DERS., Die Mongolen in Iran, 1968³, bes. 313–342.

Baṣra (im ma. Europa: Balsora u.ä.), Stadt im unteren Irak. I. J. 638 im Anschluß an die Eroberung Mesopotamiens von den Arabern als ständiges Militärlager gegründet, entwickelte sich Baṣra neben Kūfa rasch zum zweiten administrativen, wirtschaftl. und kulturellen Hauptzentrum des Irak. Von Baṣra aus wurden die Eroberungen des südl. und östl. Persien eingeleitet. Vom 10.Jh. an war Baṣra in ständigem Verfall begriffen, der mit dem Eindringen der Mongolen Mitte des 13.Jh. seinen Höhepunkt erreichte und von dem es sich während des gesamten MA nicht mehr erholte. G. Rotter

Lit.: EI² I, 1085–1087 – CH. PELLAT, Le Milieu baṣrien et la formation de Ǧāḥiẓ, 1953.

Basse dance → Tanz

Bassefontaine, Prämonstratenserabtei, ☩ Maria, Diöz. Troyes (Dép. Aube), gegr. von Agnès de Baudement und bestätigt 1143 durch ihren Gatten Gautier (Walter) II., Gf. v. Brienne, der hier Religiosen aus der benachbarten Abtei Beaulieu ansiedelte; 1773 aufgehoben. B. besaß Güter in der Brienne, zahlreiche Grangien und ein Priorat in Précy; ein bedeutendes Kartular blieb erhalten. Ein Reliquiar Johannes des Täufers (14.Jh.) wurde von Gautier V. v. Brienne, Hzg. v. Athen, gestiftet (heute in der Kirche v. Brienne-la-Vieille). R. H. Bautier

Q. *und Lit.*: Cart. de l'abb. de B., éd. ABBÉ CH. LALORE, 1878 (Coll. de cart. du dioc. de Troyes, III) – A. ROSEROT, Dict. hist. de la Champagne méridionale I, 1942, 133f.

Basselin, Olivier, Persönlichkeit, deren tatsächl. hist. Existenz nicht restlos gesichert ist. Es ist anzunehmen, daß B. ein Normanne aus der Gegend von Vire war, der aus dem Volke stammte und während der engl. Besetzung der Normandie (1415–50) einige Gefährten um sich scharte. B. und seine Freunde verfaßten und sangen Lieder, die teilweise frivolen, aber auch polit. Inhalts waren (man hat in ihnen den Ursprung der *vaudevires,* der späteren *vaudevilles* sehen wollen). Wenn man einem Lied des 15.Jh. Glauben schenken darf, wurden B. und seine Gefährten Opfer der engl. Repression. – Die Frage der tatsächl. Urheberschaft der O.B. zugeschriebenen Lieder (Hss.: Ms. de Vire, vgl. A. GASTÉ, op. cit.; Ms. »de Bayeux«, Bibl. nat., fr. 9346) löste, bes. in der Romantik, Kontroversen aus.

Ph. Contamine

Q. *und Lit.*: DBF V, 746f. – MGG 13, 1319–1321 – A. GASTÉ, Chansons normandes du XVe s., 1866 – DERS., Étude sur O. B. et les compagnons du Vau de Vire, 1866 – DERS., Étude critique est hist. sur Jean Le Houx, 1874 – TH. GÉROLD, Le Ms. de Bayeux, Texte et musique d'un recueil de chansons du XVe s., 1921 (Publ. de la Fac. des Lettres de l'Univ. de Strasbourg, 2).

Basset, engl. Adelsfamilie, deren drei Hauptlinien auf Richard B., den Sohn von Ralph B. (→ Basset 2.) zurückgehen. Die ältere Linie, die *Bassets of Weldon* (Northamptonshire), besaßen keine größere Bedeutung und erloschen 1400. – Durch Heirat mit Maud Ridel erwarb Richard B. Drayton (Staffordshire) den Stammsitz der zweiten Linie *(Bassets of Drayton).* Ralph († 1265) war ein bedeutender Parteigänger Simons de Montfort. Ralph († 1343) hatte das Amt des *constable* v. → Dover inne und zerstörte 1323 als Seneschall der → Gascogne die frz. bastide → St. Sardos, was sich zum engl.-frz. Krieg ausweitete. Ralph († 1390) war Ritter vom → Hosenbandorden. – Von der dritten Linie, den *Bassets of Sapcote* (Leicestershire), ist Ralph († 1282) als einer der Führer der Barone unter Simon de Montfort zu erwähnen. Die Linie erlosch mit Ralph († 1378). – Die *Bassets of Wycombe* (Buckinghamshire), eine eigene Familie, erlangten im 13. Jh. bes. Bedeutung. Gilbert († 1241) war mit Richard → Marshal bei dessen Rebellion 1233 verbündet. Sein Bruder Fulk (Fulko) war 1241–59 Bf. v. London; sein dritter Bruder war der Justitiar Philipp B. (→ Basset 1.).

M. C. Prestwich

Lit.: DNB, s. v. – Peerage – CMH VII, 429 – The War of Saint-Sardos (1323–25), hg. P. CHAPLAIS, 1954 – I. J. SAUNDERS, Engl. Baronies, 1960.

1. B., Philip, † 1271, Führer der engl. → Barone, wurde von diesen zum Mitglied der Abordnung gewählt, die am Konzil v. → Lyon (1245) teilnahm, um dort gegen die päpstl. Politik in England zu protestieren. 1258 trat er in den kgl. Rat *(council)* ein, der nach den Bestimmungen der Provisions of → Oxford geschaffen worden war. 1261 und im Juli 1263 bekleidete er das Amt des →Justitiars. Er unterstützte den Kg. während des Krieges der Barone 1264–67 (→ Barone, Krieg der) und wurde in der Schlacht v. → Lewes gefangengenommen. Nach der Schlacht v. → Evesham (1265) stand er in Opposition zur Politik der Konfiskation von Gütern der aufständ. Barone durch den Kg. (→ Disinherited) und war am Erlaß des Dictum von →Kenilworth (1266) beteiligt.

C. H. Knowles

2. B., Ralph (Ralf, Radulphus), kgl. Amtsträger, † vor 1130, norm. Herkunft, nach → Ordericus Vitalis soll er von Kg. Heinrich I. aus dem Staub erhoben worden sein. Er übte einige Funktionen des späteren *chief justiciar* (→Justitiar, →Amt VI) aus, dürfte diesen Titel aber nicht geführt haben. Als Richter der kgl. curia wirkte er in mindestens elf Gft.en als Reiserichter. 1124 verurteilte er 44 Diebe zum Tode. In zahlreichen kgl. Urkunden tritt er als Zeuge auf. Sein Sohn Richard folgte ihm im Amt nach.

M. C. Prestwich

Lit.: DNB, s.v. – H. G. RICHARDSON–G. O. SAYLES, The Governance of Medieval England, 1963 – D. M. STENTON, Pleas before the King or his Justices (1198–1212), 1966 – F. WEST, The Justiciarship in England, 1966.

Bassianus, Johannes → Johannes Bassianus

Bastard → Kind (außereheliches), → Bastardenfall

Bastard Feudalism ('Bastardfeudalismus'). Mit diesem Terminus bezeichnet die engl. Geschichtswissenschaft die Gesellschaftsordnung des spätma. England (ca. 1300–ca. 1500). Der zuerst von Rev. CH. PLUMMER in seiner Ed. von Sir John → Fortescue, »On the Governance of England« (1885), verwendete Terminus erlangte durch zwei bedeutende Arbeiten von K. B. MCFARLANE (1944, 1945–47) allgemeine Verbreitung. K. B. MCFARLANE, hierin einem Aufsatz von H. M. CAM (1940) verpflichtet, betrachtete den B. als »höchst unfeudale Gesellschaftsordnung«, die nach seiner Auffassung nur oberflächl. Ähnlichkeit mit der feudalen Gesellschaft des anglo-norm. England besaß. W. H. DUNHAM JR. (1955) sah den B. dagegen als verfeinerte und ausgeklügelte Variante des Feudalismus an.

Als charakterist. Moment des B. kann die Zahlung von Geld im Austausch gegen militär. Dienste, welche die Gefolgsleute (die jedoch keine Vasallen im Sinne des Lehnswesens sind) ihrem Herrn leisteten, gelten. Während der Regierung Kg. Eduards I. (1272–1307) begannen Verträge von kurzer Laufzeit, die eine Bezahlung von Kriegsdiensten beinhalteten, den unbezahlten feudalen Heeresdienst, den die Kronvasallen dem Kg. schuldeten, zu verdrängen. Die Bürgerkriege unter Eduard II. (1307–27) veranlaßten verschiedene Große (bes. Thomas, Earl of Lancaster, † 1322), Gefolgsleute anzuwerben, die mit Jahresrenten auf Lebenszeit entlohnt wurden. Diese Entwicklung wurde durch den Ausbruch des Hundertjährigen Krieges (1337) begünstigt. Neben Mitgliedern der Haushalte und Inhabern grundherrschaftl. Ämter umfaßte die *affinity* (Gefolgschaft, familia) engl. Adliger auch Rechtsberater und Mitglieder der → Gentry (des niederen Adels), die durch schriftl. Vertrag auf Lebenszeit dem Haushalt ihres Herrn gegen eine Rente oder Pension verbunden waren (*indentures of retainer*; vgl. auch → indentures). Die Tatsache, daß dieses System der Dienstverpflichtung und der Gewährung von Unterhalt (traditionelles Symbol des Patronats des Lehnsherren und der Bindung des Vasallen) immer mehr um sich griff, erwies sich als nachteilig für die polit. und rechtl. Ordnung; das Anwachsen aristokrat. Macht vollzog sich auf Kosten der polit. Stabilität, was sich v. a. während der Regierung Richards II. (1374–99) und in der Periode der → Rosenkriege (ca. 1455–87) bemerkbar machte. Mit gesetzgeber. Maßnahmen (1468, 1504) wurde versucht, das aristokrat. Gefolgschafts- und Söldnerwesen einzudämmen. – Wir besitzen reiches Quellenmaterial über die Klientelen einiger weniger großer Herren, und zwar über diejenigen von John of Gaunt († 1399), Hzg. v. Lancaster, dessen affinity an Größe und Kosten ihresgleichen suchte; Humphrey Stafford († 1460), 1. Hzg. v. Buckingham; William Lord Hastings († 1483). Wie verbreitet im spätma. England jedoch tatsächl. die Gewohnheit war, sich auf Lebenszeit einem Herrn gegen *indenture* zu verdingen, bleibt unsicher. Auch in anderer Hinsicht ist nicht nachzuweisen, daß der B. einen signifikanten Wandel der engl. Gesellschaft mit sich brachte. Dem B. vergleichbare Phänomene sind im SpätMA auch außerhalb Englands feststellbar, wurden jedoch bisher nicht unter diesem Begriff gefaßt. → indentures, → Feudalismus, → Söldnerwesen, → Heer, → Hundertjähriger Krieg.

T. B. Pugh

Lit.: J. E. A. JOLLIFFE, The Constitutional Hist. of Medieval England, 1937 – H. M. CAM, The Decline and Fall of English Feudalism, History 25, 1940 – K. B. MCFARLANE, Parliament and B., TRHS, 4th Ser., 26, 1944, 53–79 – DERS., B. F., BIHR 20, 1945–47, 161–180 – W. H. DUNHAM JR., Lord Hastings' Indentured Retainers, 1461–83. The Lawfulness of Livery and Retaining under the Yorkist and Tudors, 1955 [Neudr. 1970] – B. D. LYON, From Fief to Indenture, 1957 – J. R. MADDICOTT, Thomas of Lancaster (1307–22), 1970 – T. B. PUGH, The Magnates, Knights and Gentry (Fifteenth-Century England, 1399–1509, hg. S. B. CHRIMES, 1972) – J. R. MADDICOTT, Law and Lordship. Royal Justices as Retainers in Thirteenth- and Fourteenth-Century England (PP, Suppl. 4), 1978 – C. RAWCLIFFE, The Staffords, Earls of Stafford and Dukes of Buckingham (1394–1521), 1978.

Bastarden, Bezeichnung für gepflegte Buchkursiven, d. h. spätma. Schriften, die im Formenschatz (namentlich *s f* mit Unterlängen, meist 'einstöckiges' *a*, Oberlängen meist mit Schleifen, einfache *g*-Form) der Kursive entsprechen, in anderen Hinsichten aber (Sorgfalt und Anspruch, oft auch Proportionen und Strichbreite, manchmal Füßchenbildung, einzelne Buchstabenformen u. ä.) die Textualis zum Vorbild nehmen, um ein für Buchhss. geeignetes Niveau zu erreichen. Der Name ist schon im SpätMA belegt (sowohl lat. wie frz.: *lettre bâtarde*), hat aber ebensowenig wie andere solche Schriftnamen eine festumrissene Bedeutung. Eine Grenze zur Kursive ist nicht zu ziehen. Die zahlreichen Typen und Spielarten Frankreichs, Englands und namentlich Deutschlands (»fränk. B.«, »niederrhein. B.« usw.) sind ebenfalls noch nicht klar zu erfassen. Bes. hochstilisierte Prägungen sind die *lettre bourguignonne* Belgiens und Frankreichs und die dt. Fraktur. Vgl. a. → Hybrida.

J. P. Gumbert

Lit.: B. BISCHOFF, Paläographie, 1979, 182–185 [dort ältere Lit.].

Bastardenfall. Kraft des B.es (bastardagium, *droit de bâtardise*) kann der Grundherr, später der Kg., beim Tod eines unehelich Geborenen (Bastard) dessen Güter einziehen, wenn er ohne legitime Nachkommen stirbt.

Lit.: DDC, s. v. bâtard.

D. Anex-Cabanis

Bastardzeichen, Kennzeichnung des Wappens eines illegitimen Abkömmlings (Bastard) durch Veränderung des väterl. Wappens, seit dem 15.Jh. in W-Europa v.a. durch einen das väterl. Wappen überdeckenden Schräglinksfaden, der auch gestutzt freischwebend sein kann. Andere Formen: väterl. Wappen im Freiviertel, im Balken oder auch im Sparren des sonst ledigen Schildes; Wellenbord oder gestückter Bord. H.-E. Korn

Lit.: T.R DAVIES, The glory of being a bastard (The Coat of Arms NS III Nr. 108, 1978), 94ff.

Bastidas, Rodrigo de (eigtl. R. Gutiérrez de B.), * um 1475 in Sevilla, † 28. Juli 1527 in Santiago de Cuba, in der Lit. oft fälschl. als Notar bezeichnet, hatte wohl schon vor der Entdeckung Amerikas mit der Seefahrt zu tun. Aufgrund einer am 5. Juni 1500 mit der Krone geschlossenen »Capitulación« unternahm B. 1501/02 in Begleitung von Juan de la → Cosa und Vasco → Núñez de Balboa eine Entdeckungsfahrt in die Karibik, in deren Verlauf er erstmals bis an die Küsten des heut. Nordkolumbien, der späteren Provinz Santa Marta, vorstieß. Nachdem er sich am Hofe gegen verschiedene, vom kgl. Untersuchungsrichter auf Santo Domingo, F. de → Bobadilla, gegen ihn erhobene Anklagen rechtfertigen konnte, ließ sich B. 1504 endgültig in Santo Domingo nieder, wo er sich als Kaufmann, Sklavenhändler und landwirtschaftl. Unternehmer ein ansehnl. Vermögen erwarb und schließlich »Regidor« (Stadtrat) von Santo Domingo wurde. Nach Abschluß eines entsprechenden Vertrags mit der Krone 1524 gründete er 1526 mit Santa Marta die erste dauerhafte Siedlung im heut. Kolumbien, wurde jedoch schon ein Jahr später im Gefolge einer Verschwörung unter den Ansiedlern Opfer eines Attentats, an dessen Folgen er während der Rückfahrt nach Santo Domingo auf Cuba verstarb. B. war ein typ. Angehöriger jener Schicht, die die wirtschaftl. Möglichkeiten des neu entdeckten Gebiete erkannte und durch Entfaltung unternehmer. Geschicks zum Erwerb von Vermögen und zu sozialem Aufstieg zu nutzen verstand. H. Pietschmann

Lit.: JOSÉ J. REAL DÍAZ, El sevillano Rodrigo de B. Algunas rectificaciones en torno a su figura, Archivo Hispalense, 2ª época, 111/112, 1962, 63–102.

Bastide, Bezeichnung für die im 13. und 14. Jh. in SW-Frankreich planmäßig gegr. Dörfer und kleinen Städte. Nachdem der Name »bastide« zunächst Befestigungsanlagen bezeichnet hatte (bastidas sive munitiones), wurde er seit ca. 1220 für 'neue Besiedlung' gebraucht (bastidas sive populationes). Der Prototyp, avant la lettre, war → Montauban (heute Dép. Tarn-et-Garonne), das 1144 von Alphonse Jourdain, Gf. v. Toulouse, gegr. wurde.

Mehrere spezif. Ursachen bedingen die Entstehung von b.s.: die auf die Organisation und Nutzung ihrer Domäne gerichtete Territorialpolitik der letzten Gf.en v. → Toulouse (Cordes, Dép. Tarn, 1222), des → Alfons v. Poitiers und der Hzg.e v. → Aquitanien; die Festlegung und spätere Verteidigung der Grenzen zw. den frz. und engl. Gebieten in der → Gascogne (Montréal-du-Gers, Dép. Gers, 1255; Domme, Dép. Dordogne 1281; Monpazier, ebd., 1285; Hastingues, Dép. Landes, 1289); das Streben nach Erhöhung der grundherrl. Einkünfte nach und nach sonstigen wirtschaftl. Vorteilen (Villeneuve-sur-Lot, Dép. Lot-et-Garonne, 1264; Libourne, Dép. Gironde, 1270); die Umwandlung zisterziens. → Grangien (→ Zisterzienser, Wirtschaft) in Siedlungen von Pächtern (→ Pacht) (Beaumont-de Lomagne, Dép. Tarn-et-Garonne, 1278; Mirande, Dép. Gers, 1282; Grenade-sur-Garonne, Dép. Hte.-Garonne, 1290); das Eindringen kapet. Seneschälle in die Gascogne (Sorde, Dép. Landes, 1290; Tournay, Dép. Htes.-Pyrénées, 1307); der Landesausbau (Baa, Dép. Gironde, 1287, Wüstung); die Vereinfachung der Verwaltung (Créon, Dép. Gironde, 1315). Diese Entwicklung hätte jedoch keineswegs ohne einen demograph. Aufschwung und den Willen, Bevölkerungsteile neu zu gruppieren, zum Erfolg geführt. Betrachtet man die Gesamtheit der gegründeten, zu einem kleinen Teil aber wieder wüst gefallenen b.s, so ergibt sich eine Zahl von ca. 300 zw. 1220 und 1374 entstandenen Siedlungen dieses Typs.

Die wichtigsten b.s, die völlige Neugründungen darstellen, wurden auf geometr. Grundriß mit einem Hauptplatz, der von Arkaden umgeben ist, errichtet. Ihre Bewohner erhielten oft umfangreiche Abgabenfreiheit für ihre Parzellen, die Haus, Garten (casal) und urbares Land umfaßten. Die Befestigungsanlagen entstammen zumeist erst dem 14.Jh. In den Ortsnamen spiegeln sich die Tatsache der Neugründung der Siedlung, Standesqualität bzw. Titel oder der Name des Gründers wider, ebenso auch die Namen berühmter auswärtiger Städte. Sind auch mehrere b.s wüst gefallen, so haben sich doch die meisten als Kleinstädte erhalten. → Gascogne; → Minderformen, städt.; → Kolonisation und Landesausbau; → Stadttypen; → Ville franche. Ch. Higounet

Lit.: A. CURIES-SEIMBRES, Essai sur les villes fondées dans le Sud-ouest de la France sous le nom générique de b.s, 1890 – M. BERESFORD, New Towns of the MA, 1967 – P. LAVEDAN–J. HUGUENEY, L'urbanisme au MA, 1974 – CH. HIGOUNET, Zur Siedlungsgesch. SW-Frankreichs vom 11. bis zum 14. Jh., VuF 18, 1975 – DERS., Paysages et villages neufs du MA (Recueil d'articles, 1975).

Batalha, Santa Maria da Vitória, Dominikanerkl. in Portugal (Dist. Leiria), Grablege der Kg.e des Hauses Avis und nach der Säkularisation von 1834 ptg. Nationaldenkmal. Kg. Johann I. v. Portugal, der Begründer der neuen → Avis-Dynastie, hat B. in Erfüllung seines Gelübdes vor der Schlacht von → Aljubarrota (14. Aug. 1385) nahe dem Schauplatz seines Sieges zu Ehren Mariens gegr. (Testament v. 1426) und auf Drängen seines »Königsmachers« Dr. João das Regras und seines dominikan. Beichtvaters dem Dominikanerorden gestiftet (Urkunde v. 4. April 1388). 1426 befahl er die Errichtung einer Grabkapelle (»Capela do Fundador«, an die Südseite der dreischiffigen Klosterkirche angebaut), in die seine Frau Felipa und er selbst 1434 überführt wurden (von Löwen getragenes Doppelgrab, in Wandnischen die Gräber ihrer Söhne: Peter, Heinrich der Seefahrer, Johann und Ferdinand). Ihr Ältester und Erbe, Kg. Eduard, ließ eine eigene Grabkapelle errichten; der oktogonale Bau im Osten der Kirche, in der er neben seiner Frau Leonore begraben liegt, ist unvollendet: Die Decke fehlt. Sein Sohn Alfons V. errichtete einen zweiten Kreuzgang; weitere Bauten erfolgten im 16.Jh. 1834 ist B. als Kl. aufgehoben. 1901 wurden Alfons V., sein Sohn Johann II. und dessen Sohn Alfons aus Kapitelsaal bzw. Kirche in die Capela do Fundador überführt. Seit dem 1. Weltkrieg befindet sich im Kapitelsaal von B. Portugals Grab des Unbekannten Soldaten. P. Feige

Q.: Monumenta Henricina 3ff., 1961ff. – Fernão Lopes, Crónica de D. João I, 2 Bde, 1945–49 – Rui de Pina, Crónica de E-Rei D. Duarte, 1914 – Lit.: L. DE SOUSA, Hist. de São Domingos, 1622 (p. I, liv. 6) – V. CORREIA, B., 1929 – M. TAVARES CHICÓ, Dois Estudos acerca da Igreja do Mosteiro da B., 1944 – P. DONY, B., 1957 – P. VITORINO, Mosteiro da B., 1957 – C. V. DA SILVA BARROS, Mosteiro da B., 1964.

Bâtard de Bouillon → Höfische Epik, Höfischer Roman
Bâtardise, droit de → Bastardenfall
Batarnay, Imbert de, Sire du Bouchage, stammte aus Bathernay (Dép. Drôme), geschicktester frz. Diplomat des späten 15.Jh. und einer der bedeutendsten Helfer Ludwigs XI. und Karls VIII., * 1438, † 12. Mai 1523 in Montrésor, ⌂ ebd. Als junger Adliger aus der Dauphiné schloß er sich dem Dauphin Ludwig (XI.) an und begleitete ihn

1456 nach Genappe. Von Ludwigs Thronbesteigung an hatte er die Ämter eines *visiteur des gabelles* (Oberaufseher der Salzsteuer) und *maître des ports et passages* (Oberaufseher der Zölle und Straßen) in der *sénéchaussée* Lyon inne; der Kg. gab ihm Georgette de Montchenu zur Frau (24. März 1463), die ihm die Herrschaften Bouchage, Branges und Ornacieu in die Ehe brachte. Während des Aufstandes der → Ligue du Bien public kämpfte er bei Montlhéry (1465), wurde *conseiller du roi* (Mitglied des Kronrates) (1. Juni 1468) und *chambellan*. Von nun an wurde er mit schwierigen und delikaten Missionen betraut: so der Überwachung Charles' de France, des Bruders des Kg.s (Sept. 1469); der Bereinigung der Affären und Konflikte um → Johann V. v. → Armagnac (Febr. 1470); der Untersuchung der Umtriebe Charles nach seiner Erhebung zum Hzg. v. → Guyenne (1471); den Vorkehrungen für die Verteidigung des → Roussillon; den Verhandlungen mit dem Hzg. der → Bretagne, um ihn von seinen burg. Verbündeten zu trennen (Okt. 1472). Zum *lieutenant général du roi* (kgl. Stellvertreter) im besetzten Roussillon ernannt (23. März 1475), schloß er mit Ferdinand v. Aragón einen sechsmonatigen Waffenstillstand. Er nahm an der Zusammenkunft der Kg.e von Frankreich und England in → Picquigny teil (9. Aug. 1475; → Hundertjähriger Krieg) und brachte den Waffenstillstand v. Vervins zustande (13. Sept. 1475). Nach dem Tod Karls des Kühnen begleitete er Ludwig XI. nach Flandern (Besetzung des Artois 1477). Er führte die Friedensverhandlungen mit Maximilian (23. Dez. 1482). Nach dem Tod Ludwigs XI. wurde er am 2. Dez. 1484 wieder in das Conseil berufen; er intervenierte beim Hzg. v. Orléans, um die → Guerre folle zu verhindern (Aug. 1485) und begab sich darauf in die Bretagne (Dez. 1486). Er erneuerte den Frieden v. Savoyen und der Mgft. Saluzzo, ergriff Besitz von Genua, nahm an den Friedensverhandlungen von Sablé mit dem Hzg. der Bretagne teil (20. Aug. 1488) und unterzeichnete die Pazifikationsakte zw. dem Kg. und dem Hzg. v. Orléans, Ludwig (XII.) (15. Nov. 1491), führte die Friedensverhandlungen von Senlis mit Maximilian (23. Mai 1493) und begab sich kurze Zeit nach dem Scheitern des it. Feldzuges nach Mailand (Juni 1494). Im Nov. 1497 schloß er einen Waffenstillstand von zwei Jahren mit den Kath. Kg.en ab. Nach der Thronbesteigung Ludwigs XII. zumeist im Ruhestand, nahm er jedoch ztw. an den Italienfeldzügen unter Ludwig XII. und Gaston de Foix teil. Beim Regierungsantritt Franz I. war er Gouverneur der Dauphiné (1515); er gehörte während des Italienfeldzuges Franz I. dem Kronrat der Regentin und Königinmutter Louise v. Savoyen an. – Über seine Tochter Jeanne (⚭ 1489 Jean de Poitiers, Herr v. S. Vallier) war B. Großvater der Diana v. Poitiers. Sein Bruder Jacques († 12. April 1473) war u. a. *conseiller du roi* (Mitglied des Kronrates) und Bf. v. Valence und Die. R.-H. Bautier

Lit.: B. DE MANDROT, Ymbert de B., 1886 (vgl. dazu M-A, 1904, 201-207) – vgl. auch die Lit. zu → Ludwig XI., → Karl VIII., → Ludwig XII.

Bate, Heinrich → Heinrich Bate v. Mecheln

Bath, Stadt in England (County Somerset), das röm. Aquae Sulis mit weitbekannten heißen Quellen, lag an der Stelle, an der die Via Fossa den Avon überquerte. Der Ort verfiel im 5. Jh. rasch, wurde jedoch zur Stadt erhoben, nachdem die Kg.e v. → Wessex ihn 577 von den Briten erobert hatten (Ags. Chron. zu 577). Osric, Kg. der → Hwicce, gründete 675/676 in B. ein Nonnenkl. (SAWYER 51), das nach der Rückeroberung durch die Kg.e v. Wessex 758 als kgl. Kl. (☿ Petrus) neuerrichtet wurde. Die Kg.e v. Mercien und Wessex hielten hier im 8. und 9. Jh.

Hof. 944 übergab Kg. Edmund das vorher säkularisierte Kl. den Mönchen von → Sithiu. In seiner Kirche fand 973 die Krönung → Edgars statt. B. wurde neu befestigt; ihm unterstanden 1000 Hufen, deren Inhaber dem → burh dienstpflichtig waren; es war Münzstätte und besaß wahrscheinl. eine Königspfalz. Schon vor der norm. Eroberung 1066 gelangten die kgl. Rechte z. T. an Kgn. → Edith; die *burgenses* (154 i. J. 1086) erhielten gegen jährl. Abgabe an den Kg. Markt- und Münzrecht (Domesday Book IV, 113). 1090 verlegte Johann, Bf. v. →Wells, seinen Sitz nach St. Peter in B., das er neu erbauen ließ. Wohl 1157 bestimmte Papst Hadrian IV., daß die Mönche von St. Peter gemeinsam mit den Domherren von Wells den Bf. wählen sollten. Der Titel »Bf. v. B. und Wells« wurde erst seit 1245 geführt; die Bf.e residierten selten in B. Die Stadt stand 1090-1192 sowie ca. 1290-1539 unter bfl., 1192-ca. 1290 jedoch unter kgl. Stadtherrschaft. Der Bürgermeister (*mayor*) und die *corporation* der privilegierten *burgenses* empfingen bfl. und kgl. Urkunden. B. besaß im SpätMA fünf Pfarreien. Die heißen Bäder wurden seit dem SpätMA wieder stark besucht; ihre erste Beschreibung verfaßte Leland um 1540. D. A. Bullough

Q. und Lit.: DHGE, s. v. – Two Chartularies of St. Peter at B., ed. W. HUNT, 1893 (Somerset Record Soc.) – Bfl. Reg. von B. und Wells (1265-1559), 1899/1940 (Somerset Record Soc.) – VCH. Somerset 2, 1911, 69-81 – R. A. L. SMITH, B., 1944 – B. CUNLIFFE, Roman B., 1969.

Bathilde, merow. Kgn. → Balthild

Báthory, weitverzweigte ung. Adelsfamilie aus dem Geschlecht Gutkeled, die vom 14. Jh. an zahlreiche kirchl. und weltl. Würdenträger stellte. *Andreas B.*, 1329-45 Bf. v. Großwardein, begann den got. Neubau der Kathedrale. *Stefan I., B. v. Ecsed* († vor dem 3. Juni 1493), war 1471-93 Landesrichter, seit 1479 auch Wojwode v. Transilvanien. Analphabet, aber tüchtiger Feldherr, schlug er mit Paul Kinizsi am 13. Okt. 1479 die nach Siebenbürgen eingefallenen Türken auf dem Kenyérmező, am 4. Juli 1490 besiegte er →Johannes Corvinus bei Csonthegy. Als Wojwode versuchte er, die freien → Székler zu unterjochen, wurde aber Anfang 1493 v. Erzkanzler →Bakócz zum Rücktritt gezwungen. Sein Bruder *Nikolaus B.* (* um 1440, † nach dem 24. Febr. 1506), Bf. v. Vác, war bedeutender Humanist und Mäzen, befreundet mit Marsilio → Ficino. *Stefan II., B. v. Ecsed* († 3. Mai 1530 in Theben), Oligarch, stand im Ruf großer Habgier und Zügellosigkeit. Seit 1519 → Palatin, vermochte ihn die Adelspartei 1523 und 1525 nur vorübergehend aus dem Amt zu verdrängen. Er entkam der Schlacht v. Mohács und starb als Palatin Kg. Ferdinands I. Th. v. Bogyay

Lit.: BLGS I, 150f. – LThK² II, 691 – J. BALOGH, A művészet Mátyás király udvarában I, 1966, 654, 693-694 – E. FÜGEDI, A 15. századi magyar arisztokrácia mobilitása, 1970.

Bathseba, 2 Sam, 11 berichtet, daß David die badende B., Frau des Urias, beobachtet, nach ihr sendet, mit ihr Ehebruch begeht und ihren Mann in den Tod schickt, um sie zu heiraten. Nach dem von Nathan geweissagten Tod ihres ersten Sohnes bittet B. Gott um Vergebung. Als zweiten Sohn gebiert B. Salomo (2 Sam, 12). In typolog. Deutungen wird B. zum Vorbild der Ecclesia, David zum Prototyp Christi und das Bad der B. mit der Taufe korreliert (Darstellungen in den Bibles moralisées des 13. Jh.). Frühe Darstellungen der B. finden sich als Illustration der Bußpredigt Nathans (Utrechtpsalter) und Szenen ihrer Geschichte in der Kapitellplastik (Vézelay). Zykl. Darstellungen erscheinen gegen Ende des MA (Serie von zehn Tapisserien im Schloß von Ecouen). D. Kocks

Lit.: LCI I, 253-257 – L. RÉAU, Iconographie de l'Art Chrétien II, 1, 1956, 273-277.

Batoskloster → Sinai

Baṭṭāl Ġāzī, Held eines türk. Volksromans. Dieser ist in vor-osman. Zeit in Kleinasien, größtenteils aufgrund arab. Vorbilder, entstanden und liegt in späteren hs. Fassungen vor. Auf dem Hintergrund der arab.-byz. Grenzkämpfe (→ Akriten) werden die Taten geschildert, die B.Ġ. (auch Seyyid B.Ġ. genannt) im Dienst der Verbreitung der islam. Religion immerdar erfolg- und siegreich ausführt, wobei er weder vor blutigem Gemetzel noch auch im Notfall vor heimtück. Überlistung zurückschreckt. In die Erzählung sind auch andere abenteuerl. und legendäre Stoffe verwoben. Die phantast. Elemente überwiegen über die historischen. A. Tietze

Übers.: H. ETHÉ, Die Fahrten des Sejjid Batthâl, 1871 – Lit.: EI² I, 1103f. – IA II, 344-351.

al-Battānī, Muḥammad ibn Ġābir ibn Sinān (lat. Albatenius, Albategni, Albategnius), geb. vor 858, gest. 929, aus ḥarrānisch-ṣābischem Geschlecht, einer der Großen unter den muslim. Astronomen der ersten Blütezeit. Sein Hauptwerk, kurz zitiert als zīğ = »astronomisches Lehr- und Tafelwerk« (ein anderer Titel ist nicht bekannt), ist das früheste arab. geschriebene Kompendium der ptolemäischen → Astronomie. Es genoß bei den islam. Astronomen hohes Ansehen und übte auf die des Abendlandes einen sehr wesentl. Einfluß aus. Die Übersetzung von Robertus Retinensis (vor 1150) ist verloren. Eine gleichzeitige des → Plato v. Tivoli ist in einer einzigen Hs. erhalten (Escurial 908); auf sie beziehen sich die europ. Astronomen der Renaissance: → Georg v. Peurbach, → Regiomontanus, Kopernikus, Tycho Brahe, Kepler, Riccioli (Almagestum Novum), auch der frühe Galilei. – Die 57 Kap. des Werks sind im Gegensatz zum → Almagest vorwiegend für den prakt. Gebrauch gedacht; aufgrund eigener Beobachtungen kommt B. zu Resultaten, die z.T. vom Almagest abweichen: Schiefe der Ekliptik 23°35' (korrekt) gegenüber Almagest 23°51'20" (ca. 10' zu hoch); Sonnenapogäum 82°17' (1°34' zu niedrig), womit er die bereits von den Astronomen al-Ma'mūn's (830) konstatierte Zunahme seiner Länge bestätigt, die Ptolemaios als konstant angenommen hatte (65°30'). Sein Wert für die Exzentrizität der Sonne ist nur wenig zu hoch: 0.0173 (korrekt 0.0168), entgegen Ptolemaios (0.0208 statt 0.0175 für 150 n. Chr.). Das → Apogäum der Venus findet er prakt. ident. mit dem der Sonne; die Bedeutung dieser wichtigen Feststellung kann jedoch erst vom heliozentr. Standpunkt aus gewürdigt werden. Entgegen dem Almagest überwiegt bei B. der prakt. Standpunkt. Unerklärl. ist die summar. Kürze, mit der alle Planeten mit unerlaubten Vereinfachungen (v.a. Wegfall des punctum aequans) und ohne Erwähnung der ganz abweichenden Merkurtheorie abgehandelt werden, während die Tafeln alle Einzelheiten, auch die der Merkurbewegung korrekt berücksichtigen (→ Planetenbewegung). Im Gegensatz zum Almagest operiert B. statt der Sehne mit dem Sinus (»Halb-chorde« oder einfach »Chorde«, *watar* genannt); der hierfür aus dem Ind. entlehnte Ausdruck *ğaib* = Sinus tritt bei ihm noch nicht auf. W. Hartner

Ed.: Erstausg. Nürnberg 1537, 2. Aufl. Bologna 1645 – C. A. NALLINO, Al-Battānī sive Albatenii Opus Astronomicum... editum, latine versum, adnotationibus instructum, 3 Bde, 1899-1907 [maßgebl. Ed. mit lat. Übers. und ausführl. Komm.] – Lit.: DSB I, 507-516 [W. HARTNER] – SEZGIN VI, 182-187 [mit Übersicht über die weiteren Werke von B., Hss. und Lit.; enthält Irrtümer] – W. HARTNER, The Role of Observations in Ancient and Medieval Astronomy, JHA 8, 1977, 1-11.

Battenberg, Gf.en v. Das waldreiche Gebiet zw. oberer Lahn (Burg Wittgenstein) und oberer Eder (Burg B.) befand sich am Ausgang des 12. Jh. (1174) in der Hand der wahrscheinl. mit den Edelherren v. Grafschaft stammverwandten Gf.en v. Wittgenstein. Ein 1187/90 von Mainz unternommener Versuch, Gf. Werner I. v. Wittgenstein in Lehensabhängigkeit zu bringen, gelang offenbar nicht, denn erst 1223 erkannten die Gf.en die Lehnshoheit von Mainz an. Die Söhne Werners I. v. Wittgenstein nannten sich (bis auf einen Beleg) stets Gf.en v. B. 1234 bzw. 1238 wurden auch Burg und Stadt B. mit dem zugehörigen Teil der Gft. an Mainz zu Lehen aufgetragen. 1291 wurde die Gft. B. mit Mainz auch real geteilt. Als das Aussterben der B.er abzusehen war, verkaufte Gf. Hermann seinen Anteil an Mainz. Die Wittgensteiner, die heute noch blühen, verzichteten 1322 auf Erbansprüche an Mainz. 1564 kam das Amt B. an Hessen. – Die Kinder aus der morganat. Ehe des Prinzen Alexander v. Hessen erhielten 1858 den Titel »Fs. v. B.« (seit 1917 Mountbatten). H. Patze

Lit.: G. WREDE, Territorialgesch. der Gft. Wittgenstein, 1927.

Batthyány, ung. Adelsfamilie in Transdanubien, deren Aufstieg in die Aristokratie im Dienst von Kg. Matthias Corvinus begann. *Balthasar B.* († 1520) war 1484 Kastellan v. Kőszeg (Güns), 1488 Gesandter von Kg. Matthias zu Johannes Beckensloer, Ebf. v. Salzburg, später Banus v. Jajce und Bosnien. Sein Sohn *Franz B.* (* 28. Okt. 1497, † 28. Nov. 1566) wurde 1522 Banus v. Kroatien, erhielt 1524 die Herrschaft Németújvár (Güssing) als Donation und befehligte 1526 in der Schlacht v. Mohács den rechten Flügel. Th. v. Bogyay

Lit.: Révai Nagy Lexikona II, 1911, 698f. – J. BALOGH, A művészet Mátyás király udvarában I, 1966, 674, 683, 695.

Battle Abbey → St. Martin bei Hastings

Batu, Enkel Dschingis Chans (Čingiz Chān), der polit. das Erbe seines früh verstorbenen Vaters antrat, geb. um 1205, gest. 1255. B. eroberte zw. 1237 und 1242 Osteuropa und war der erste Herrscher der → Goldenen Horde sowie der Begründer der dortigen Dynastie, die in verschiedenen Zweigen bis 1502 (in der Krim bis 1783) herrschte. Er erhielt die westl. Hälfte des für seinen Vater bestimmten Gebiets, sein älterer Bruder Orda die Osthälfte (jenseits des Urals).

B. drang 1236/37 gegen die → Wolga-Bulgaren vor, überschritt die zugefrorene Wolga, unterwarf 1238 zahlreiche russ. Städte und nahm 1240/42 den Feldzug wieder auf. Kiev und Galizien fielen in seine Hand; seine Heere siegten am 9. April 1241 bei → Liegnitz und am 11. April auf der Ebene Mohi in Ungarn und kehrten dann über Kroatien, die Karpaten und den unteren Donauraum an die Wolga zurück. Dort erfuhr B. den Tod des Groß-Chans Ögädäi (11. Dez. 1241): Er blieb seither in Osteuropa.

Nun unterstellten sich ihm mehrere russ. Teilfürsten, die in ihrer Würde bestätigt wurden. Mit dem neuen Groß-Chan Göjük kam es zu Spannungen, die erst durch dessen Tod beendet wurden. An der Wahl von dessen Nachfolger Möngkä 1251 war B. wesentl. beteiligt; die Quellen sind uneins darüber, ob diese Beteiligung von Mittelasien aus (Alatau-Gebirge, südl. des Ili) oder vom Wolgaraum aus geschah. B.s Einfluß reichte seitdem bis nach Mittelasien hinein. B. residierte in der von ihm gegründeten Residenzstadt Saraj (Alt-Saraj; → Saraj) nahe der Wolga-Mündung. Er starb als Anhänger des alt-mongol. Schamanismus und ließ den Weltreligionen freie Hand. Sein Sohn und (kurzfristiger) Nachfolger Sartaq war offenbar nestorian. Christ.
B. Spuler

Lit.: EI² I, 1105 [Q., Lit.] – B. SPULER, Die Goldene Horde, 1968².

Batzen, Rollbatzen ('Dreckklumpen'), erstmals 1492 in Bern geprägte Silbermünze (3,34 g) im Wert von 1/15 → Goldgulden oder 4 → Kreuzern. Der B. fand in kurzer Zeit eine weite Verbreitung in der Schweiz und in S-Deutschland. In seiner Hauptblütezeit 1492-1535 wurde der B. in über 40 Münzstätten geprägt und auch in Oberitalien nachgeahmt. In Österreich wurde der Halbbatzen (2 Kreuzer) geschlagen, der sich nach 1535 allgemein in S-Deutschland durchsetzte. In der Schweiz wurde der B. bis in die Mitte des 19. Jh. geprägt. P. Berghaus

Lit.: A. LUSCHIN V. EBENGREUTH, Die Rollbatzen, NumZ 21, 1880, 393–395 – H.-U. GEIGER, Entstehung und Ausbreitung des B.s, Schweizer. Numismat. Rundschau 51, 1972, 145–154.

Baubetrieb
I. Geschichte – II. Ma. Darstellungen.

I. GESCHICHTE: Der B. umfaßt die Gesamtheit der Bauvorbereitung und Bauausführung, die mit der Absicht des Bauherrn beginnt, einen Erweiterungs- oder Neubau erstellen zu lassen und mit der feierl. Einweihung bzw. Benutzung endet. Aufgrund der → Bautechnik kann die ma. → Baukunst in drei Hauptgruppen unterteilt werden: »Mauer-Massenbau« der karol.-otton. Zeit, »Quaderbau« der salisch-stauf. Zeit und »Steinmetz-Gliederbau« der Gotik. Diese Gliederung spiegelt sich auch im B. wider, denn Organisation und Bautechnik sind bei jeder Gruppe unterschiedlich.

Die Beteiligung des Bauherrn als fundator, constructor, reparator, consummator oder dedicator wird durch fecit, aedificavit, construxit, decoravit, ornavit oder restauravit aktiv ausgedrückt, ohne daß dadurch etwas über den Grad seines Einflusses auf die Organisation und Gestaltung des Bauwerks gesagt wird, jedoch hat er wohl den Bautyp und damit die Grundrißgestalt sowie die wichtigsten Bauleute ausgewählt, womit er die typolog. und künstler. Zuordnung des Bauwerks nachhaltig bestimmt.

Ein Hauptproblem des vorgot. B.s ist die Aufgabe des in den Quellen erwähnten »architectus«, der, mit »Architekt« übersetzt, allzu leicht mit unserem heutigen Berufsbild verbunden wird. »Sapiens architectus« o.ä. ist ein Titel, der mehreren in den Lebensbeschreibungen zugeordnet wird: d. Bf.en Æthelwold v. Winchester (963–984), Bernward v. Hildesheim († 1022), Gerhard I. (zu 1023) und Gerhard II. v. Cambrai (zu 1092), Benno II. v. Osnabrück († 1088), Evraclus v. Lüttich, Otto v. Bamberg († 1131), Burchard II. († 1088) und Rudolf v. Halberstadt († 1149), den Äbten Wilhelm v. Hirsau († 1091), Hugo v. Lacy (1097/1123), Saracho v. Corvey (zu 1059), einem Kleriker des Kl.s Hornbach und → Æthelwine (Ailwin, zu 992).

Diese Nennungen sind entsprechend dem »Liber constructionis monasterii ad S. Blasium« zu 1045 (LEHMANN-BROCKHAUS 1938, Nr. 173) zu interpretieren: »Beringer... geometrice omnia habitacula claustralia inhabitatione congrua fundamentum ponendo, ut posset dicere cum Paulo: ut sapiens architectus fundamenta posui« (vgl. 1 Kor 3. 10: »Secundum gratiam Dei, quae data est mihi, ut sapiens architectus fundamentum posui: alius autem superaedificat«); ebenso ausgedeutet in den Briefen des Bf.s Robert v. Lincoln vor 1210 und um 1239 (LEHMANN-BROCKHAUS, 1956/61, Nr. 5086ff.). Auf Zusammenhänge zw. Architekt und Weltenbaumeister hat J. GAUS 1974 hingewiesen. Aber nicht nur diese Personenkreis wird mit »architectus« bezeichnet, sondern der Kölner Ebf. Heribert beschäftigt um 1010 »peritores architectos ab externis finibus« mit dem Wiederaufbau der eingefallenen Deutzer Kirchen, oder Ks. Heinrich IV. holt »omnes sapientes et industrios architectos« an seinen Dombau in Speyer, wobei wohl wie bei Donatus v. Lund (architectus magister operis, 1135/40) und bei dem Edlen Otto im Kl. Lorsch (nach 1090) an Baufachleute gedacht werden muß.

Bei größeren Bauvorhaben des hohen und späten MA sind die Befugnisse geteilt zw. dem Baumeister, der den organisator. Teil zu bewältigen hat, und dem Werkmeister für die prakt. Bauausführung. Dem Bauherrn stehen seit dem 11. Jh. ein oder zwei operarii, magistri operis, custodes oder gubernatores zur Seite, in Prag directores fabricae oder im 14./15. Jh. Pfleger genannt, die bei Bauten des Klerus Geistliche, bei weltl. Bauten Ministeriale sind; sie werden vom Bauherrn ernannt. Ihnen ist die Leitung der fabrica, einer Art »Baubüro«, übertragen. Hierzu gehört der Schreiber oder Schaffner, der die Lohnlisten führt, Verträge ausstellt, Inventare und Sitzungsprotokolle anfertigt; dazu seit dem 13./14. Jh. Baurechner, die unter Mithilfe des Werkmeisters Massen- und Kostenanschläge erarbeiten, die zur Beschaffung der Baumaterialien und für Akkordvergabe erforderlich sind. Boten haben für die Ordnung auf der Baustelle zu sorgen, die Anwesenheit der Arbeiter zu verzeichnen, evtl. Streit zu schlichten, die Werkzeuge auszugeben und andere Außenarbeiten für den Schreiber zu erledigen. Die Bauverwalter bzw. Baumeister haben die Finanzierung zu regeln, die Einnahmen und Ausgaben zu überwachen und seit dem 13. Jh. auch den Eigenbesitz der fabrica zu verwalten; sie schließen Verträge mit den Meistern, teilweise auch mit den Gesellen, beschaffen Baustoffe und regeln die Hilfsdienste und den Materialtransport. Nach Abschluß der Bauarbeiten unterliegt ihnen die Bauunterhaltung.

Auch bei städt. Baubehörden sind die »Baumeister« keine Baufachleute, wie u. a. aus den Satzungsbüchern der Reichsstadt Nürnberg von 1329–35 hervorgeht, sie gehören als Angehörige der Oberschicht dem reichsstädt. Rat an. Diesen Ratsdeputierten obliegt die Überwachung der Werkmeister und Handwerker, v. a. aber die Finanzierung und Organisation der öffentl. Bauten. 1397 wird ein festbesoldeter, selbständiger Baumeister vom Rat eingesetzt, der, wie aus dem Baumeisterbuch des Endres = Tucher von 1464/75 hervorgeht, erst im Verlauf der 2. Hälfte des 15. Jh. auch über private Neubauten und bauliche Veränderungen die Oberaufsicht erhält; ihm untersteht der Anschicker, der die Planskizzen anfertigt und oft ein gelernter Steinmetz ist, so Hans Beheim der Ältere (1490–1538). Die kommunale Bauabteilung der Stadt Siena besteht 1257 aus den zwei Meistern der Domopera (Opera del Duomo) an der Spitze mit ihren zehn Maurermeistern, plus ein Magistrat für die stadteigenen Bauten, einer für die Erneuerung und Ergänzung des Straßenpflasters, drei mit baupolizeil. Funktionen zur Überwachung der privaten Bautätigkeit, sechs für die Verteidigungsbauten und vier für die Kassenführung (W. BRAUNFELS, 1953). Im Mai finden Bausitzungen statt mit einem umfangreichen Programm; z.B. 10. Mai 1297 in Siena: Drei Verordnungen aufgrund von Mißständen im Geschäftsgebaren und in der Arbeitsmethode gegen die Domopera, zwei zur Gestaltung von Privatpalästen am »Campo« und Aussetzung einer Summe von 4000 Lire per annum für den Bau des Palazzo Comunale, zwei über die Erstellung von Straßenbrücken sowie Errichtung einer neuen Behörde für Brunnen und Brücken, vier über Wasserversorgung, Brunnenbau und öffentl. Abortanlagen, zwei über das Anlegen von Müllgraben außerhalb der Stadt und schließlich sieben über Straßenanlagen, deren Verbreiterung sowie Pflasterung. Seit 1370 nachweisbar, aber wohl schon seit der 1. Hälfte des 14. Jh. gibt es eine Dreierkommission, später »l'ufficio del' Ornata«, mit der Aufgabe, Straßen und alle anderen Maßnahmen zu überwachen, ob sie zu größerer Schönheit der Stadt gereichen (→ Bauordnungen).

Für öffentl. Bauten hat sich im Laufe des 12. Jh. in England ein gut organisiertes Verwaltungssystem ausgebildet (H. M. COLVIN, 1971). Die für die Baufinanzierung zuständigen Abteilungen bestehen in der Kanzlei, die schriftl. bestimmte Geldmittel bewilligt, die bei dem Exchequer abgerechnet werden. Vor Abschluß einer Rechnung müssen dort die vom Kg. attestierten Geldbewilligungen sowie die Quittungen über die Verwendung des Geldes vorgelegt werden. Dem Exchequer sind die Bauverwalter (custodes operacionum) verantwortlich, da Gelder für Löhne, Material und Akkordarbeit direkt an sie ausbezahlt werden; sie führen über die Ausgaben Buch und legen diese Aufzeichnungen in regelmäßigen Abständen bei dem Exchequer zur Prüfung vor (für Winchester Castle 1222/24 und Westminster Abbey 1253 erhalten, H. M. COLVIN, 1971, M. GROTEN, 1974). Diese Bauabrechnungen erfassen nicht alle Kosten eines Baues, da vicecomites und andere kgl. Beamte für Materialien aus dem Amtssprengel unmittelbar von dem Exchequer bezahlt werden.

Vom Rechnungswesen zeugen die Rechnungsbücher der ma. → Bauhütten, die vermutlich überall zweifach angefertigt werden, ein Exemplar bleibt in der Hütte, das andere ist für den Bauträger bestimmt. Die erhaltenen Rechnungsbücher des 14./15. Jh. sind meist schmale hochformatige Bände mit Papierblättern. Die Sprache ist dt., nur in Prag und Basel lateinisch. Ediert sind Prag, Wien, Xanten, Regensburg, Nürnberg; für Ulm, Straßburg, Freiburg und Basel steht eine Publikation noch aus. Abgerechnet wird halbjährl., zumeist zum 12. Dez. und 15. Juni, nur im späteren 15. Jh. gibt es auch Jahresrechnungen. Die Ausgaben werden entweder wöchentl. zusammengeschrieben und addiert oder in Rubriken nach ihrer Art, für Schmiede, Schlosser, Seiler, Zimmerleute, für Steine, Kalk, Sand usw.; in allen Bauhütten sind die Lohnkosten für Steinmetzen die größten Posten. Am Ende eines jeden Rechnungsbuches werden Einnahmen und Ausgaben gegeneinander abgerechnet, wobei die Rechengenauigkeit nicht immer sehr groß ist.

Für den nach unserer heutigen Vorstellung als Architekt oder → Baumeister zu bezeichnenden bauleitenden Fachmann kennen die ma. Quellen sehr unterschiedl. Benennungen: magister operis, magister fabricae, artifex, architectus, caementarius, magister lathomus u. a.; seit etwa 1150 gewinnt die Bezeichnung »magister operis« für das kirchl. Bauwesen die Bedeutung eines Amtstitels. Seit dem 11. Jh., aber auch später noch wurde jeder Meister, sobald er einen Anstellungsvertrag besaß, magister operis oder Werkmeister genannt, sowohl bei kirchl. wie auch bei weltl. Bauten. Seit etwa 1160 finden sich plast. Darstellungen (→ Bildnis) an den Bauten als Ausdruck eines neuen Persönlichkeitsbewußtseins, auch → Bauinschriften nennen in Italien seit etwa 1100 und nördl. der Alpen 100 Jahre später gelegentl. seinen Namen (z. B. Lanfrancus 1099–1106 in Modena, Wolbero 1209 in Neuss).

Für den got. Werkmeister ist belegt, daß es ihm vertragl. verboten ist, den Bau allein zu lassen und auch an anderen Orten weitere Bauten zu übernehmen, es sei denn, der Bauherr bzw. der Baumeister oder Pfleger gäbe seine Genehmigung dazu, bes. bei bedeutenderen Werkmeistern, erteilt wurde. Magister Gautier de Varinfroy, 1253 mit der Leitung der Bauarbeiten an der Kathedrale v. Meaux betraut, bedarf nur der Erlaubnis für Bauaufträge außerhalb des Bm.s und nach Evreux, wenn seine Abwesenheit zwei Monate überschreitet. Johann v. Gmünd (→ Parler) baut seit 1354 den Freiburger Chor und den Chor von Basel. Ulrich v. → Ensingen leitet 1399–1419 gleichzeitig die Kirchen von Ulm, Eßlingen und Straßburg, und er reist, obwohl er in Ulm bereits angestellt ist, 1394 nach Mailand, um dort am Dom zu arbeiten. Peter → Parler leitet neben dem Prager Dom auch den Bau der Moldaubrücke, der Allerheiligenkirche und der Kirche in Kolin. Madern Gertener, 1420 Werkmeister des Domes zu Frankfurt, baut, ebenso wie Moritz v. → Ensingen 1465 in Ulm, die Stadtbefestigung. Burkhardt → Engelberg, 1477–1512 Werkmeister von St. Ulrich und seit 1506 auch Stadtbaumeister von Augsburg, baut in Ulm, Heilbronn, Nördlingen, Helfenstein und Bern und liefert 1499 für 100 Gulden den Plan für den Turm der Pfarrkirche von Bozen. Von mehreren frz. Werkmeistern ist ein gleichzeitiges Arbeiten an Notre Dame zu Paris und im Dienste des Kg.s bekannt.

Die Werkmeister sind den Pflegern oder Schaffnern unterstellt; Johann v. Gmünd nennt sich selbst im Vertrag von 1359 Diener der Pfleger; nach dem Vertrag mit Ulrich v. → Ensingen in Ulm 1392 muß der Werkmeister, wenn er Meinungsverschiedenheiten mit den Gesellen hat, diese den Pflegern vortragen, die auch das Recht haben, ihm zu kündigen, wenn sie einen Mangel an ihm finden. Zu seinen Aufgaben gehört es, den Plan, Riß oder die Visierung (→ Architekturzeichnung) auszuarbeiten, die dann gleichsam als Urkunde betrachtet werden; der Werkmeister und seine Nachfolger haben sich dann streng an den Plan zu halten, damit sie sich nicht durch Vereinfachung der Ausführung Vorteile verschaffen.

Nach Hugo von St-Victor zu Paris um 1130 gehört zu den artes mechanicae die architectonica, die unterteilt wird in caementaria (Mauerei), die sich auf latomi (Maurer) und caementarii (Steinmetzen), und in carpentaria (Zimmerei), die sich auf carpentarii (Stellmacher) und tignarii (Zimmerer) erstreckt; dazu kommen als Zulieferer Ziegler und Schmiede und seit dem späten 14. Jh. die Tüncher, deren Tätigkeit bis dahin den Maurern oblag.

Maurer müssen drei und Steinmetzen fünf Jahre dienen. Lehrling (Lehrknecht, Diener, Diener am rauhen Stein) kann nur werden, wer ehelich geboren und etwa 14 Jahre alt ist. Der angehende Lehrling muß dem Meister eine Lehrgebühr bezahlen. Dieser darf nur ein oder zwei Lehrlinge annehmen, hat er mehrere Bauten zu leiten, höchstens fünf. Die Lehrlinge leben in der Regel im Haushalt des Meisters und erhalten auch Lohn, wenn sie etwas gelernt haben. Haben die Steinmetzen nur drei Jahre gelernt, dürfen sie lediglich als Maurer arbeiten. Der Steinmetz muß nach Abschluß der fünfjährigen Lehre mindestens ein Jahr auf Wanderschaft gehen. Bestimmte Wanderwege sind nicht vorgeschrieben. Am Prager Dombau sind z. B. Gesellen aus Köln, Westfalen, Brabant, Meißen, Sachsen, Polen, Ungarn, Österreich, Schwaben und Franken beschäftigt; viele dt. Gesellen wandern nach Frankreich; auch am Mailänder Dom sind sie nachgewiesen.

Nach der Wanderschaft verdingt sich der Geselle bei einem Meister und kann nach einiger Zeit Parlier (in Frankreich *appareilleur*) werden, wozu ihn der Meister ernennen muß, er ist dann sein Stellvertreter; seine Aufgabe ist es, die Maße für die Steine anzugeben und aufzuzeichnen. Ist ein Stein nicht richtig zugeschlagen und findet der Meister Mängel, so muß der betreffende Geselle, war dieser schuldlos, der Parlier Strafe bezahlen. Hat der Parlier seinen Stein selbst verschlagen, so bekommt er keinen Lohn für seine Arbeit, und wenn der Stein am Bau nicht mehr gebraucht werden kann, muß er ihn auch noch bezahlen. Wenn der Werkmeister mehrere Bauten gleichzeitig leitet, vertritt der Parlier ihn. Ist nur ein Parlier am Bau beschäftigt, so werden für große Entwürfe fremde Meister geholt, so 1414 Ulrich v. Ensingen zum Entwurf des Basler Münsterturmes oder 1499 Burkhardt → Engelberg für den Turm der Pfarrkirche von Bozen. Die Parliere großer Hütten werden oft an andere Baustellen als Werkmeister geholt, wie Hans Niesenberger aus Straßburg nach Freiburg, oder steigen innerhalb der Hütte auf wie Hans Hüls in der Nachfolge Ulrich v. Ensingens in Straßburg (SCHOCK-WERNER, 1978).

Will ein Geselle Meister werden, so ist es nicht erforderl., erst Parlier zu sein, vielmehr muß er bei einem Werkmeister zwei weitere Jahre »umb kunst dienen«. Er wird »kunstdiener« oder »meisterknecht« und erhält Anleitung zur Ausführung von Bildhauerarbeiten, im Entwurf und Zeichnen von Plänen und im Schneiden von Schablonen, nach denen die Steinmetzen Profile und Zierteile schlagen. Für Meisterknechte sind die → Steinmetzbücher (→ Bauhüttenbuch) bestimmt, von denen sich einige aus der Spätgotik erhalten haben. Hat der Meisterknecht zwei Jahre gedient, kann er Meister werden; Bedingungen zum Erwerb der Meisterwürde, etwa eine Prüfung, sind nicht überliefert; aber es werden zwei Bürgen und ein teurer Meisterschmaus verlangt.

Neben Werkmeister, Parlier, Gesellen und Lehrlingen beschäftigt jede Hütte einen Hüttenknecht, einen Schmied für Werkzeuge und Armierungen und einen Zimmermeister mit einigen Gesellen für die Erstellung der → Gerüste, Dachstühle usw., ferner Windeknechte, Fuhrknechte, Boten und Arbeiter in den Steinbrüchen, von denen jede Hütte mindestens einen besitzt. Der Transport erfolgt durch Frondienst der Untertanen, durch Lohnfuhren, die seit der Mitte des 12. Jh. nachweisbar sind, oder durch eigene Wagen, in Regensburg sogar durch ein eigenes Transportschiff. Einige Hütten haben auch an der Kirche den Kirchendienst zu versehen, in Basel und Straßburg auch den »Orgeler« zu bezahlen sowie in Straßburg zwei Münsterknechte.

Auf den Baustellen wird – seit der Mitte des 13. Jh. nachweisbar – von Montag bis Samstag gearbeitet, wie im Freiburger Anniversarienbuch verzeichnet von 5 Uhr früh bis 7 Uhr abends, dazwischen morgens und mittags eine und abends eine halbe Stunde Essenszeit; am Samstag entfällt die Abendpause, weil dann – wie im Winter auch an den anderen Tagen – um 5 Uhr Feierabend ist. Die 11,5 Stunden Arbeitszeit (im Winter etwa 8-9 Stunden) ergeben 67,5 Stunden je Woche, reduziert um die zahlreichen Feiertage: 1471/72 sind in Freiburg 45 Wochentage frei; in England, wo im Sommer 10,5 und im Winter 7-8 Stunden gearbeitet wird, sind die hohen kirchl. Feiertage Ostern, Pfingsten und Weihnachten und die darauffolgende Woche sowie zahlreiche Heiligenfeste frei, wodurch sich 42 freie Wochentage für 1253 ergeben. Jeden zweiten Samstag erhalten in Freiburg die Gesellen um 15 Uhr frei, um ins Bad besuchen zu können, wofür jeder ein Badegeld von der Hütte erhält; ähnlich in der Reichsstadt Nürnberg, wo es montags früher badefrei und ebenfalls Badegeld gibt.

Entsprechend der kürzeren Arbeitszeit werden die Löhne im Winter meist gekürzt (in Freiburg um ⅓), jedoch zahlen die Hütten in Straßburg und Regensburg durchgehend den gleichen Lohn. In der Regel werden alle Arbeiter im Tagelohn am Ende der Woche bezahlt, nur kleinere überschaubare Arbeiten und hochqualifizierte Spezialisten im Akkord (*Verding, Gedinge* oder *Fürgriff*); für Steinmetzen war Tagelohn wie Akkordlohn üblich, in den Hütten von Prag und Wien nur Verding. Beide Arten haben Vor- und Nachteile. Beim Tagelohn besteht die Gefahr, daß durch langsames Arbeiten die Bauzeit unnötig in die Länge gezogen wird, während bei Akkord durch überhastete Leistung die Qualität eines Baues beeinträchtigt werden kann (Predigt des Berthold von Regensburg, † 1272). Beim Bau der Westminster Abbey bestand die Regelung, daß jeder Arbeiter, der für mindestens 14 Tage ununterbrochen auf der Baustelle eingestellt war, für jeden zweiten Feiertag seinen vollen Lohn bekam.

Die Höhe der Löhne richtete sich nach der Qualifizierung des einzelnen Arbeiters. In England erhalten im 13. Jh. Maurer und Zimmerleute den zwei- bis fünffachen, Handlanger den 1,5 bis zweifachen und Frauen den einfachen Betrag. In den Hütten von Straßburg, Freiburg und Regensburg erhalten im 15. Jh. die Gesellen alle den gleichen Lohn; jedoch werden die Gesellen, die die Steine versetzen, in Freiburg etwas geringer bezahlt als die in der Hütte; in Regensburg erhalten sie einen Zuschlag zum Lohn, wenn sie auf der Höhe des Domes gearbeitet haben. Die Steinmetzen verdienen wesentl. besser als Gesellen anderer Berufe; in Straßburg erhalten 1414 in einer vollen Arbeitswoche die Steinmetzgesellen 9 Schillinge, die Schmiede 5 Schilling und 4 Pfennige und die Windeknechte 5 Schillinge 1 Pfennig, unter Arnold v. Westfalen in Meißen ein Geselle am Bau etwa das vierfache eines Schlossers und das zwölffache eines Schneiders (SCHOCK-WERNER, 1978). Die bestbezahlten Kräfte in den Bauhütten waren die Werkmeister; sie erhalten ein Jahresgehalt, zumeist in vier Teilen zu den Fronfasten ausbezahlt, dazu ein Wochengeld von gleichbleibender Höhe; dazu kommen in den einzelnen Hütten verschieden hohe, aber stets vorhandene Leistungen in Naturalien (vgl. auch → Baugewerbe). Peter → Parler in Prag erhält keinen Jahreslohn, ihm werden eigenhändige Arbeiten gesondert entlohnt, ebenso Konrad → Roritzer in Regensburg. Der Vertrag mit Johann v. Gmünd in Freiburg ist in einer Pergamenturkunde von 1359 mit Siegel des Werkmeisters erhalten (ein zweites Exemplar mit Siegel des Bauherrn erhält der Werkmeister). Diesem Vertrag ging wohl ein wie üblich zunächst auf fünf Jahre befristeter Vertrag von 1354 voraus. Er soll für den Bau und für andere Bauten des Rates sein Bestes tun und dafür erhält er, solange er lebt, auch im Krankheitsfalle, zehn Pfund Pfennige Freiburger Münze, zweimal im Jahr ein neues Gewand mit Pelz, wie es für ihn ziemlich ist, dazu den Hauszins, und wenn er am Bau arbeitet, seinen gewöhnl. Lohn (Freiburger Münsterblätter 5, 1909, 38).

Der Abt und der Bauverwalter des Kl. St-Gilles schließen 1261 einen Vertrag mit dem magister Martinus de Lonay über den Bau der Klosterkirche; eine bestimmte Geldsumme wird ihm für jeden Arbeitstag zugesprochen, dazu jährlich ein fester Betrag für Kleidung, und er darf an der Tafel des Abtes speisen. Bf. und Kapitel von Meaux übergeben 1253 dem Magister Gautier de Varinfroy die Bauarbeiten an der Kathedrale von Meaux mit der Zusicherung, daß er jedes Jahr 10 Livres bekommt, solange Bauarbeiten laufen. Bei Krankheit entfällt die Bezahlung. Er soll je Tag, an dem er an dem Bau arbeitet oder für den Bau unterwegs ist, drei Sous erhalten. Er kann ohne die Erlaubnis von Bf. und Kapitel keinen Bauauftrag außerhalb des Bm.s annehmen. Es steht ihm Holz zu, das nicht mehr zu irgendeinem Zweck am Bau genutzt werden kann. Ähnlich ist die Bezahlung der anderen Werkmeister (SCHOCK-WERNER, 1976, 1978): Jahresgrundgehalt, Wochen- oder Tagelohn, wenn der Meister auf der Baustelle tätig ist, ein oder zwei Gewänder im Jahr, freie Unterkunft, Holz und andere Naturalien wie Wein, Korn und Sauerkraut. Sie erwerben Grundbesitz und hohes Ansehen, so daß sie neben Pflegern und Stadtschreibern unter den Honoratioren der Stadt aufgeführt werden. Schon der Laie Enzelin, im 2. Viertel des 12. Jh. als Baumeister in Würzburg mit dem Bau von Brücken und Straßen und mit der Wiederherstellung des Domes betraut, ist so vermögend und angesehen, daß ihm 1153 vom Bf. eine Kirche übergeben und deren Besetzung durch Verwandte zugestanden wird.

Der Parlier erhält auch meist einen Jahreslohn, der aber geringer ist als der des Meisters, oft auch Naturalien; seine Tage- oder Wochenlöhne entsprechen denen der Steinmetzgesellen. Viel geringer sind die Bezahlung und Stellung der übrigen Werkmeister (Zimmermann, Schlosser, Schmied).

Da es im MA i.a. keine Vorfinanzierung von Bauten gibt und die Bauhütten zumeist aus Sammlungen, Ablässen und Spenden finanziert werden, gehen die Mittel in Not- und Kriegszeiten zurück, aber auch bei Hütten mit regelmäßigen Einkünften wie Straßburg, wo im Kriegsjahr 1428/29 nur noch Werkmeister, Schmied und Münsterknecht bezahlt werden, obwohl wenige Wochen vorher noch bis zu 20 Steinmetzen beschäftigt waren. Die Zahl der Arbeitskräfte, bes. der Hilfskräfte, wird kurzfristig auf den anfallenden Arbeitsumfang und die zur Verfügung stehenden Gelder angepaßt, was bes. im Winter zu einer erhebl. Reduzierung der Arbeitskräfte führt; aber auch auf die Anforderungen der Landarbeit wird Rücksicht genommen, um bes. die Handlanger hierfür freizustellen. Wie und warum »Kündigungen« zu erfolgen hatten, geht aus dem Vertrag mit Hans Niesenberger aus Graz in Freiburg hervor (SCHOCK-WERNER, 1978). Meister Hans sollte gute Gesellen anstellen nach den Angaben der Pfleger, und wenn es zuviele oder zuwenige seien, solle man ihm einen Monat vorher Bescheid geben und er solle sich danach richten. Wenn aber die Pfleger mit einem Gesellen nicht zufrieden wären, so sollten sie dies dem Werkmeister oder dem Parlier mitteilen, und diese sollten den Gesellen in einem Monat fortschicken. Die durch die Wanderpflicht bedingten und auch sonst zu beobachtenden häufigen Wechsel in der Belegstärke der Hütten beruht wohl auch darauf, daß kurzfristige Verträge abgeschlossen wurden oder die Gesellen kündigten. Es gibt aber wohl in jeder Hütte eine Gruppe von Stammgesellen, die länger verweilen und am Ort verheiratet sind. In Straßburg zahlt die Hütte für jeden Steinmetzen einen Pfennig pro Woche in die Büchse. Dieses Büchsengeld wird für die in Not gekommenen Gesellen verwendet. In anderen Hütten müssen sich die Mitglieder der Steinmetzbruderschaft ihre Büchse durch Eintritts- und Bußgelder selbst finanzieren. Aus den Büchsengeldern werden angemessene Beerdigungen für die Brüder bezahlt. Für Arbeiter der Hütte, die nicht in der Steinmetzbruderschaft organisiert sind, wie Mägde, Fuhrknechte, der Hüttenknecht u.a., bezahlt die Hütte die Kosten für die Beerdigung, pflegt sie, wenn sie krank sind, und richtet ihnen die Hochzeit aus. In den Hütten wird regelmäßig gefeiert an bes. Festtagen oder wenn ein Gewölbe geschlossen, der Dachstuhl aufgeschlagen oder eine Glocke aufgehängt war; bes. aber bei der Grundsteinlegung oder Kirchweihe (Beschreibung des Abtes → Suger v. St-Denis); dann werden Wein und Geschenke ausgeteilt. Diese Gewohnheiten und Organisationen sind weitgehend erst für das 14./15.Jh. nachweisbar, da vorher ausreichende Quellen fehlen, dennoch ist anzunehmen, daß sie sich in früheren Jahrhunderten, zumindest seit dem 13.Jh., nicht wesentl. unterschieden haben, wie auch die aus den bildl. Darstellungen des B.s erkennbare → Bautechnik sich seit dem 13.Jh. kaum gewandelt hat. → Baugewerbe, → Bauhof.

II. MA. DARSTELLUNGEN: Sie sind im *Westen* seit dem 9.Jh. v. a. in der Buchmalerei, in etwas geringerem Maße in Bauplastik, Wand- und Glasmalerei sowie vereinzelt in Mosaikkunst und Tafelmalerei belegt. Die Darstellungen spiegeln zumeist die zeitgenöss. Verhältnisse wider. Tempelbau (St. Gallen, Cod. Sang. 22, fol. 64, 9.Jh.; Paris, Bibl. Nat. Ms. Lat. 6 t III, fol. 89 v., 1. Hälfte 11.Jh.), Turmbau (St-Savin-sur-Gartempe, Fresko, ca. 1100; Berlin-Dahlem, Kupferstichkab. 78 E 1 fol. 11 r., 1411) und Kirchenbau (München, Staatsbibl. clm 1307, fol. 90 v., 12.Jh.; Chartres, Kathedrale, Glasfenster, 13.Jh.) sind dabei die häufigsten Bildmotive. Daneben kommen Darstellungen des Baus von Städten (Utrecht, Univ. Bibl. Cod. 32, fol. 58, ca. 830), Burgen (Berlin, Staatsbibl., Preuß. Kulturbes., ms. germ. 2° 282, fol. 29, 1210-1220), Stadtmauern (Utrecht, Univ. Bibl. Cod. 32, fol. 38, ca. 830) und Brücken (Bern, Burgerbibl. mss. hist. helv. I, 1, 1472) vor sowie von am Bau beschäftigten Handwerkern (Zimmerleute, Steinmetzen u. a.). Eine Sonderstellung nehmen die Baumeisterbildnisse ein. Zu den mehr als 300 n. der Alpen auftretenden B.-Darstellungen vgl. weiterhin G. BINDING – N. NUSSBAUM.

G. Binding

Auch im *byz. Bereich* werden Szenen aus dem B. mehrfach dargestellt:

Ziegelbrennen (Smyrna-Oktateuch), Ziegeltragen (Psalter Paris, Bibl. Nat. Ms. gr. 20, 9.Jh.; Mosaik Vorhalle S. Marco, Venedig, Anfang 13.Jh.); Mörtelmischen, Einfüllen und Hochziehen (Palermo, Cappella Palatina, um 1160); Hochziehen einer Säule mit einfacher Winde (Par. gr. 20); Verlegen und Zurechtschlagen eines Gesimses (Cappella Palatina); an Gerät kommen vor: Gerüste (Smyrna-Oktateuch, S. Marco), Maurerkellen, Mörtelkessel, Ziegelhutschen, Beil usw. Eine Großbaustelle (Speicher für den reichen Narren nach Lk 12, 13-21) bringt ein Fresko in Spoćani (um 1330/40). Als einziges Beispiel der Zimmermannsarbeit begegnet der Bau der Arche Noah (Smyrna-Oktateuch; Cappella Palatina; Dom zu Monreale, Ende 12.Jh.; Vorhalle S. Marco) mit Sägen, Zubeilen und Nageln der Balken sowie das Zerlegen der Arche nach der Sintflut (Smyrna-Oktateuch). K.Wessel

Q.: E. KNÖGEL, Schriftquellen zur Kunstgesch. der Merowingerzeit, BJ 140/141, 1936 [Sonderdr.] – J. v SCHLOSSER, Schriftquellen zur Gesch. der karol. Kunst, 1892 (1974) – DERS., Quellenbuch zur Kunstgesch. des abendländ. MA, 1896 – O.LEHMANN-BROCKHAUS, Die Kunst des 10.Jh. im Lichte der Schriftquellen, 1935 – DERS., Schriftquellen zur Kunstgesch. des 11. und 12.Jh. für Deutschland, Lothringen und Italien, 1938 – DERS., Lat. Schriftquellen zur Kunst in England, Wales und Schottland vom Jahre 901 bis zum Jahre 1307, 1955-61 – V. MORTET – P. DESCHAMPS, Recueil de textes relatifs à l'hist. de l'architecture en France au MA, 1911/29.

Lit.: RDK I, 1170f., 1520-28; II, 20-33 [Lit. bis 1935] – H.W.H. MITHOFF, Ma. Künstler und Werkmeister Niedersachsens und Westfalens lexikal. dargestellt, 1885[2] – ST. BEISSEL, Die Bauführung des MA, 1889[2] (1966) – M.S. BRIGGS, The Architect in Hist., 1927 (1974) – O. KLETZL, Titel und Namen von Baumeistern dt. Gotik, 1935 – W. JÜTTNER, Ein Beitr. zur Gesch. der Bauhütte und des Bauwesens im MA, 1937 – N. PEVSNER, The Term »Architect« in the MA, Speculum 17, 1942, 549-562 – M. ANFRAY, Les Architectes des Cathedrales, Les Cah. techniques de l'art I, 1947, 2. T., 5-16 – W. BRAUNFELS, Die Stadtbaukunst in der Toskana, 1953 – P. BOOZ, Der Baumeister der Gotik, 1956 – A. GROTE, Das Dombauamt in Florenz 1285-1370, 1958 – DERS., Der vollkommen Architectus, 1959 – J. JAHN, Die Stellung des Künstlers im MA (Festgabe F. BÜLOW, 1960), 151-168 – H. MINKOWSKI, Aus dem Nebel der Vergangenheit steigt der Turm zu Babel, 1960 – M. AUBERT, La construction au MA, BullMon 118, 1960, 241-259; 119, 1961, 7-42, 81-120, 181-209, 297-323 – R. und M.WITTKOWER, Künstler Außenseiter der Gesellschaft, 1965 [Lit.] – F. VAN TYGHEM, Op en om de Middeleeuwse Bouwwerf, 1966 – M. ARSZYŃSKI, Technika i organizacja budownictwa ceglanego w Prusach i w pierwszej Polowie XV wieku (Technics and organization of brick building in Prussia at the end of XIVth and in the first half of XVth century), Studia z Dziejów Rzemiosła i Przemystu 9, 1970, 7-139 – H.M. COLVIN, Building Accounts of King Henry III, 1971 – G. BINDING, Roman. Baubetrieb in zeitgenöss. Darstellungen, 1972 – J. HARVEY, The Mediaeval Architect, 1972 – P. DU COLOMBIER, Les Chantiers des Cathédrales, 1973[2] – G. ROTTHOFF, Organisation und Finanzierung des Xantener Dombaues im 15.Jh., 1973 – F. DE SMIDT, Enkele XIII[de]-eeuwse steenhouwers-merken in de Sint-Niklaaskerk te

Gent, Mededelingen van de koninklijke Academie voor wetenschappen, letteren en schone kunsten van België 36, 1974, 3-54 - G. BINDING [Hg.], Beitr. über Bauführung und Baufinanzierung im MA, 1974 [darin Beitr. M. GROTEN, 116-129 und J. GAUS, 38-67] - S. FRÖHLICH, Die soziale Sicherung bei Zünften und Gesellenverbänden, 1976 - J. GIMPEL, Les bâtisseurs de cathédrales, 1973 - B. SCHOCK-WERNER, Zur Entlohnung der Werkmeister an Bauhütten im späteren MA, Kölner Domblatt 41, 1976, 125-130 - M. WARNKE, Bau und Überbau, Soziologie der ma. Architektur nach den Schriftquellen, 1976 [Lit.] - H. RICKEN, Der Architekt, Gesch. eines Berufs, 1977 - B. SCHOCK-WERNER, Bauhütte und B. der Spätgotik (Die Parler und der schöne Stil 1350-1400. Hb. zur Ausstellung Köln 1978, 3), 55-65 - G. BINDING - N. NUSSBAUM, Der ma. B. nördl. der Alpen in zeitgenöss. Darstellungen, 1978 [Lit.] - H. KRAUS, Gold was the Mortar. The Economics of Cathedral Building, 1979 - vgl. auch die Lit. zu →Baugewerbe, →Bauhof.

Baubruderschaft → Bauhütte

Bauchant, Jacques, aus St. Quentin, † 1396, übersetzte für den frz. Kg. Karl V. die Visionen der hl. → Elisabeth v. Schönau. Das Präsentationsexemplar der »Revelations des voies de Dieu« ist erhalten; es trägt einen hs. Eigentümervermerk des Kg.s und das Datum der Übersetzung: 1372 (Bibl. Nat. Paris, Ms. fr. 1792, Miniaturen). Ebenfalls dem Kg. widmete B. seine Übersetzung des Seneca zugeschriebenen »De remediis fortuitorum« (vor 1380). Im Prolog weist B., ähnlich wie andere Übersetzer seiner Zeit, auf die Schwierigkeit hin, *vrais exemplaires* seiner Vorlage aufzutreiben, und bezeugt damit das neue Interesse an Textfragen. Die Übersetzung steht im Zusammenhang mit der damals regen Diskussion des Fortuna-Problems; vgl. etwa die 1378 abgeschlossene Übersetzung von Petrarcas »De remediis utriusque fortunae« durch Jean → Daudin. B.s »Remedes ou confors de maulx de fortune« kamen in der 2. Hälfte des 15. Jh. am burg. Hof wieder zu Ehren; diese Bearbeitung erhielt einen für Philipp den Guten umgeschriebenen Prolog (vier Hs.). M.-R. Jung

Lit.: L. DELISLE, Recherches sur la librairie de Charles V, I, 1907, 88-91 [Neudr. 1967] - K. CHESNEY, MAe 20, 1951, 28-31.

Bauchreifen, Unterleibsschutz des Harnisches aus bewegl. Querreifen. Die ersten B. erschienen als Anhang der → Brustplatte in halbrunder Schürzenform. Um 1400 hatte sich daraus in Italien ein kurzer gerader Unterleibsschutz gebildet, welcher rechts durch Schnallen, links durch Scharniere mit den Gesäßreifen verbunden war. Um 1420 wurden B. und Gesäßreifen länger und weiter. Sie erreichten um 1430-50 ihr größtes Volumen, hatten aber außerdem die → Beintaschen, → Hüfttaschen und die → Gesäßtasche angeschnallt. In Deutschland entstand gleichzeitig der glockenförmig ausschwingende → Tonnenrock mit bogigem Schamausschnitt, aber ohne die it. Anhängsel. Der zivilen Mode folgend, wurden die B. in Italien und Deutschland ab 1450 schrittweise wieder verkürzt bis zur extremen Kürze um 1480/90. O. Gamber

Lit.: O. GAMBER, Harnischstudien V, VI, JKS 50, 51, 1953, 1955 - L. C. BOCCIA - E. T. COELHO, L'Arte dell'Armatura in Italia, 1967.

Baude, Fastoul → Trouvères

Baude, Henri, frz. Dichter, * in Moulins, 1. Drittel 15. Jh., † um 1496. Das lit. Werk B.s umfaßt kurze satir. Zeitgedichte, darunter dialogisierte *rondeaux* und *ballades*, Versepisteln, ein Eselstestament, einige frivole Stücke, einen dramat. Dialog zw. jurist. Instanzen, einen Prosapanegyrikus auf Kg. Karl VII. (nach 1484) und *dits moraux* als Texte für Wandteppiche. Diese in den Hss. z. T. illustrierten *dits* bilden eine wichtige Zwischenstufe zw. den ma. *tituli* zu Wandgemälden und den Emblemen der Renaissance. B. ist ein typ. Vertreter der *clercs* in der kgl. Finanzverwaltung: unhöfisch, kritisch, sarkastisch, Wortspielen zugetan, Verteidiger des Rechts und der Reformen in Armee und Finanzen. Ein Teil seiner Werke steht in unmittelbarem Zusammenhang mit seiner zweimaligen wohl unverschuldeten Gefangenschaft (1467, 1486). Die satir. Moralität, welche die Basochiens am 1. Mai 1486 aufführten und die B. in Schwierigkeiten brachte, ist verschollen. Die lit. Wirkung B.s beschränkte sich auf sein Milieu; seine Dichtungen sind in Hss. der Magistratenfamilie Robertet überliefert. M.-R. Jung

Ed. u. Lit.: J. QUICHERAT, Les vers de maître H. B., 1856 - P. CHAMPION, Hist. poét. du XVᵉ s., 1923, II, 239-307 - H. B., Dictz moraulx pour faire tapisserie, ed. A. SCOUMANNE, 1959 - W. M. GURKA, H. B., a poet in Villon's shadow [Diss. Univ. Missouri 1971] - J. W. GOSSNER, H. B.s earliest poem, Romania 95, 1974, 359-362.

Baudet, Guy, Kanzler v. Frankreich, Bf. v. Langres, † 24./25. Febr. 1337 in Paris, ▭ 4. März, Langres, Kathedrale. Burgund. Herkunft, Großarchidiakon der Kirche von Reims, wurde B. von Philipp VI. zum *maître des Requêtes* am → *Hôtel du roi*, schließlich zum *conseiller du roi* (Mitglied des Kronrates) erhoben. Nach dem Tod des Guillaume de Ste-Maure († 24. Jan. 1335) wurde er Kanzler (3. März 1335). Er führte bei den Amtsgeschäften und bes. bei der Registerführung der kgl. Urkunden eine zunehmende Strenge und Akribie ein, wobei er seine Zeit zw. den Pariser Kanzleiinstitutionen und den verschiedenen kgl. Residenzen, wo er den Sitzungen des Kronrates beiwohnte, teilte. Er begleitete den Kg. teilweise bei seiner großen Rundreise durch das Kgr. (Nov. 1335-April 1336). Zum Bf. v. Langres gewählt (31. Jan.-16. Febr. 1336), wurde er durch den Kg. persönlich inthronisiert und zum Hzg. und *Pair* erhoben (21. April). Er hielt sich danach vorwiegend in Paris auf, nahm außerdem an den Kronratssitzungen teil und begab sich nach Langres, um ein Abkommen mit seinem Domkapitel zu schließen (21. April). Sein letzter bekannter Rechtsakt ist die Ratifizierung eines Vertrages zur Regelung eines Konflikts zw. dem Gf.en v. Hennegau und dem kgl. Gouverneur um die Jurisdiktion über Tournai (28. Dez. 1336); ab dem 27. Febr. 1337 wurden seine Register den Archiven übergeben. R.-H. Bautier

Lit.: G. TESSIER, Les chanceliers de Philippe VI, Comptes rendus des séances de l'Académie des Inscriptions, 1957, 364 - R. CAZELLE, La société politique et la crise de la royauté sous Philippe de Valois, 1958, 111f. - R.-H. BAUTIER, Le chancellariat de G. B. (Recherches sur la chancellerie royale au temps de Philippe VI) (BEC CXXII, 1964), 162-171.

Bauding, in West- und Süddeutschland seit dem 10. Jh. verbreitete Bezeichnung für das Gericht des Grundherrn über seine bäuerl. Hintersassen (→ Grundherrschaft). Jünger als das B. ist das Baudingsrecht, eine im SpätMA namentl. in Schwaben und Bayern häufig erwähnte freie bäuerl. Bodenleihe. Als Leihe auf Zeit, und zwar gewöhnlich auf ein Jahr, setzt es bereits die Auflösung der Villikationsverfassung (→ Fronhof) voraus. Auch die an sich alten Bezeichnungen Baurecht und Baumannsrecht (Baumann = Bauer) meinten ähnliche, oft widerrufl. Zeitleihen. K. Kroeschell

Lit.: DtRechtswb I, 1255, 1304, 1312 - K. LAMPRECHT, Dt. Wirtschaftsleben im MA I, 2, 1886, 994f., 1032ff. - J. BOG, Neue Q. zur Agrarverfassung geistl. Herrschaften in Bayern, ZAA 9, 1961, 56-64.

Baudo(u)in (s. a. Balduin)

1. B., Gf. v. → Avesnes, * 1213, † 1289, aus einer der mächtigsten Adelsfamilien im frz. Flandern, wird eine Weltgesch. zugeschrieben, die von Pharamond bis 1281 reicht. Sie ist in zwei Fassungen überliefert, die um 1278/81 bzw. 1281/84 entstanden sind. B. ist jedoch nicht der Verfasser, sondern gab entweder den Auftrag zu der aus verschiedenen Quellen schöpfenden Kompilation oder leitete selbst die Arbeit daran. Eine lat. Übersetzung entstand 1295/1307, sie enthält nur die den Hennegau betreffenden

Ausführungen (»Chronicon Hanoniense«). Im 14. Jh. greifen einige universalhist. Auszüge auf den »Trésor des histoires« zurück, dessen Quellenwert gering ist.

D. Briesemeister

Ed.: MGH SS 25, 419-446 – DBF IV, 862 f. – HLF 21, 753-764 – POTTHAST I, 269 f. – Repfont III, 280 f. – H. BROSIEN, Die frz. Chronik des B. v. A., NA 4, 1879, 462-468 – J. HELLER, Über die Herrn Balduin v. A. zugeschriebene Hennegauer Chronik und verwandte Quellen, NA 6, 1880, 131-181 – E. RUHE, Les proverbes Seneke le philosophe. Zur Wirkungsgesch. des Speculum historiale von Vinzenz v. Beauvais und der Chronique dite de B. d'A., 1969.

2. B., Jean, aus Rosières-aux-Salines bei Nancy, Notar, bezeugt zw. 1407-1437. Seine »Instruction de la vie mortelle« (oder »Roman de la vie humaine«), in über 47000 paarweise gereimten Zehnsilblern, wurde nach 1431 abgeschlossen. Dieser hist.-moral. *traitié* in fünf Büchern ist eine Kompilation nach lat. Quellen (»Dicta philosophorum« von Guillaume v. Tigonville, pseudo-Callisthenes, pseudo-Turpin, »Speculum historiale« des Vinzenz v. Beauvais, etc.). Auf die antiken Philosophen (B. I) folgt die bibl., auch apokryphe, und profane Geschichte (B. II-III); diese wird in B. IV weitergeführt bis in die Gegenwart des Autors; B. V ist ein Traktat für chr. Lebensführung. Unter den meist. platten moral. Stellen findet sich auch Zeitkritisches, etwa die Anprangerung der miserablen Lateinkenntnisse des im Luxus lebenden Klerus. – Keine Wirkung; nur eine Hs. (Cambridge, St. John's College, 261).

M.-R. Jung

Lit.: P. MEYER, L'Instruction de la vie mortelle par J. B. de Rosières-aux-Salines, Romania 35, 1906, 531-554, 628 – R. J. DEAN, J. B.'s version of the Testamenta XII Patriarcharum, MLN 53, 1938, 486-493.

Baudouin de Sebourc → Chanson de geste

Baudri, Baudry → Balderich

Baudricourt, frz. Adelsfamilie, entstammte dem bailliage Chaumont in O-Frankreich. *Robert* († 1454), Herr v. B., war im Dienst Renés v. Anjou seit 1420 *capitaine* v. Vaucouleurs. In dieser Eigenschaft spielte er eine entscheidende Rolle in der Geschichte der →Jeanne d'Arc (1428-29). Karl VII. erhob ihn 1437 zum *bailli* v. Chaumont und betraute ihn mit diplomat. Missionen. Sein Sohn und Erbe *Jean* († 1499) stand zunächst im Dienst der lothr. Anjou (→ Anjou IV.) und bekleidete seit 1455 das Amt des *capitaine* v. Foug. Zu Kg. Ludwig XI. übergewechselt, wurde er von diesem zum *bailli* v. Chaumont (1473), zum Befehlshaber (*capitaine général*) von 4000 →francs-archers (1479), Gouverneur v. Burgund (1481) und *capitaine de l'ordonnance* (1482) erhoben. Seine *fortune* hielt auch unter Karl VIII. an, der ihm den Michaelsorden verlieh und ihn zum → Maréchal de France machte (1486).

Ph. Contamine

Lit.: G. POULL, Robert de B. ..., Les cahiers d'hist., biographie et de généalogie 2, 1966, 11-39 – H. OLLAND, La baronnie de Choiseul à la fin du MA (1485-1525) [Diss. Paris-Nanterre, vervielfältigt, 1979].

Bauer, Bauerntum

A. Allgemeine Problematik – B. Bäuerliche Rechtsstellung – C. Bäuerliches Alltagsleben – D. Die ländlich-agrarischen Schichten im Mittelalter (nach Ländern und Regionen)

A. Allgemeine Problematik

I. Begriff – II. Natur und Umwelt – III. Wirtschaftsbedingungen im Hoch- und SpätMA – IV. Familie und Verwandtschaft – V. Gemeinschaftsformen – VI. Soziale Schichtung – VII. Herrschaftliche Abhängigkeit – VIII. Kultur und Religion.

I. BEGRIFF: Das Wort Bauer ist entstanden aus mhd. *gebure* und bezeichnet ursprgl. den Mitbewohner des *bur* (Haus, Behausung), den Dorfgenossen (Nachbar), also den Angehörigen eines Siedlungsverbandes, einer Nachbarschaft (*burschap*). Erst im frühen HochMA tritt *gebure* in der Bedeutung von 'Bauer' auf; zu diesen Bauern werden nun in der Regel alle die gerechnet, die das Land bebauen, ohne Rücksicht auf ihre Herkunft als Freie oder Unfreie.

Unter rein wirtschaftl. Aspekt gibt es in Europa Bauern, seitdem im Neolithikum Menschen Getreide anbauten und Vieh züchteten. Mit dem Begriff Bauer sind aber auch Vorstellungen und Wertungen verbunden, die über diesen Minimalaspekt hinausgehen. Die engl.-amerikan. Sozialanthropologie grenzt die »bäuerl. Gesellschaft« (*peasant society*) sowohl von den primitiven Stammesgesellschaft als auch von der modernen Industriegesellschaft ab. Sie versteht die Bauern als Hauptgruppe in einer arbeitsteiligen Gesellschaft, in der nicht alle in der Agrarproduktion tätig sind (z. B. Handwerker, Händler). Es gibt Städte und Märkte, auf denen die Bauern ihre über den Eigenbedarf hinaus erzeugten Überschüsse absetzen. Die Bauern werden den größtenteils von Außenstehenden beherrscht, sind stark traditionsgebunden und durch lokale Gemeinschaftsformen geprägt (T. SHANIN, E. R. WOLF). R. HILTON weist mit Nachdruck darauf hin, daß die bäuerl. Gesellschaft im jeweiligen Kontext ihrer hist. Entwicklung gesehen werden muß, d. h. im MA innerhalb der Entwicklungsstufen des Feudalismus.

Mit der Ausbildung eines auf Grundbesitz und Lehen basierenden, berittenen Berufskriegertums erfolgt im frühen HochMA eine soziale Differenzierung in Ritter und Bauern. Seit dem 10./11. Jh. ist in den Rechtsquellen immer häufiger von milites und rustici die Rede, und die alte Unterscheidung von liberi und servi tritt zurück. Die Abgrenzung des Bauern vom Krieger wird durch die Sonderschutzbestimmungen für den nun nicht mehr fehdefähigen Bauern in den Landfrieden weiter vertieft und ein teilweises Waffenverbot für Bauern erlassen (Reichslandfriede von 1152); viele Bauern sind aber weiterhin mit Waffen ausgestattet und zur Gerichts- und Landfolge verpflichtet, woraus sich im SpätMA die Pflicht zur Landesverteidigung weiterentwickelt. Die Entfremdung des Bauern vom Kriegsdienst hat ihren tieferen Grund in der inzwischen erfolgten Intensivierung des Ackerbaus, wodurch die ständige Mitarbeit des Mannes in der bäuerl. Wirtschaft notwendig wurde, und er für Kriegszüge immer weniger »abkömmlich« (M. WEBER) war. Die Bearbeitung der schweren Böden NW-Europas mit neuen Räderpflügen, die Ausdehnung des → Getreideanbaus ganz allgemein und die Ausbreitung der geregelten Dreifelderwirtschaft verlangten stärker die dauernde Präsenz des Ackerbauern. In den Küstenländern des Nordens und im Alpenraum erhält sich freilich ein wehrhaftes, freies Viehbauerntum (→ Bauernfreiheit); dies ist vermutl. durch den Einfluß der weniger arbeitsintensiven Viehwirtschaft und den krieger. Charakter der Hirtenbauerngesellschaft mitbedingt. – Die ma. Ständelehre, die die Gesellschaft in die auf eine von Gott gewollte Ordnung bezogenen ordines der oratores, bellatores und laboratores, in die »Berufsstände« der Geistlichen, Ritter, Bürger und Bauern einteilt, ist eine Sozialtheorie, die mit der sozialen Realität nicht verwechselt werden darf.

II. NATUR UND UMWELT: Die Erforschung der bäuerl. Gesellschaft im ma. Europa muß die Verschiedenartigkeit der geogr., hist. und siedlungsmäßigen Bedingungen beachten. An erster Stelle sind die unterschiedl. naturräuml. Grundlagen zu nennen, unter denen die Bauern in den vielfältigen Klimazonen Europas leben. Die Naturkräfte des Bodens, des Klimas und der Wetterschwankungen fordern die Ausdauer des Bauern heraus, insbes. in einer Zeit, in der die Unzulänglichkeit der Agrartechnik die bäuerl. Arbeit erschwerte. Eine Reihe von Besonderheiten resultieren ferner aus der ungleichen gesch. Entwicklung der verschiedenen Regionen. Jahrhundertelang verläuft eine

Trennungslinie zw. den in den Gebieten des früheren Röm. Reiches lebenden Menschen und denen, die jenseits dieser Reichsgrenzen ansässig sind. Weite Gebiete im Norden und Osten sind in agrartechn. Hinsicht gegenüber den übrigen Gebieten noch längere Zeit rückständig. Viele Verschiedenheiten des bäuerl. Lebens und seiner Gemeinschaftsformen ergeben sich auch aus der unterschiedl. Siedlungsstruktur (Dorf-, Weiler- und Einzelhofsiedlung). Die demograph. Entwicklung übte einen bes. starken Einfluß auf die agrar.-bäuerl. Verhältnisse aus. Von 650 bis 1000 vermehrte sich nach J. C. Russel die europ. Bevölkerung von 18 auf 38½ Mill., von 1000 bis 1340 nochmals auf 73½ Mill. und ging dann bis 1450 rapide auf 50 Mill. zurück. Die früh- und hochma. Bevölkerungsexpansion trieb den Landesausbau energ. voran und veränderte die Relation von Landfläche und Bevölkerung grundlegend. In vielen Gebieten kam es im ausgehenden 13. Jh. zu einer offensichtl. Überbevölkerung. Die forcierte Ausdehnung des Getreidebaulandes auf Kosten der Wald- und Weideflächen führte zu einer empfindl. Störung des prekären Gleichgewichts von Ackerbau und Viehzucht; die verminderte Viehzucht hatte eine Verringerung der Düngung und einen Rückgang der Bodenproduktivität zur Folge. Der Nahrungsbedarf einer ständig wachsenden Bevölkerung zwang dazu, den Boden übermäßig zu beanspruchen, so daß er sich erschöpfte. Die spätma. Krise (→ Agrarkrise) ist durch diese Entwicklung mitverursacht worden.

III. Wirtschaftsbedingungen im Hoch- und SpätMA: Die Grundeinheit der ma. Agrarwirtschaft bildete die bäuerl. Familienwirtschaft, wenn auch jahrhundertelang die grundherrl. Gutswirtschaft eine wichtige Stellung einnahm. Die Arbeitsgemeinschaft der bäuerl. Familie bebaute eine Landfläche, deren Größe je nach den geogr. Verhältnissen und ökonom. Bedingungen variierte. Lange Zeit war die Hufe (mansus, *huoba, hide*) die Normalausstattung einer Bauernfamilie; innerhalb der Ortsgemarkung einigermaßen gleich, waren die Hufen im übrigen von sehr verschiedener Größe und betrugen in älterer Zeit im Durchschnitt etwa 10–16 ha. Seit dem HochMA wird der prozentuale Anteil der bäuerl. Kleingüter immer größer.

Das Hauptziel der bäuerl. Familienwirtschaft bestand darin, der Familie durch Ackerbau und Viehzucht einen ausreichenden Lebensunterhalt zu sichern. Die Regelung von Produktion und Konsum war primär auf die Bedürfnisse der an ihrer Selbstversorgung orientierten, relativ geschlossenen bäuerl. Hauswirtschaft zugeschnitten, die die wichtigsten Lebensmittel und Rohstoffe für den Lebensunterhalt und die Betriebsführung selbst bereitstellte. Familiäre Konsumbedürfnisse und daneben herrschaftl. erzwungene Abgaben bestimmten weitgehend das Ausmaß der Produktion. Das Arbeitspotential der bäuerl. Familie wurde mehr oder weniger stark durch die von der grundherrl. Gutswirtschaft geforderten Frondienste geschmälert. Seit dem Rückgang der Fronhofswirtschaft im 12./13. Jh. wurde die Fronarbeit wesentl. reduziert und vielerorts durch Abgaben ersetzt. Die Arbeit des einzelnen Bauern vollzog sich in der Regel im Rahmen eines Dorfes und hatte sich daher einer besonderen landwirtschaftl. Ordnung zu unterwerfen, d. h. vor allem den Zwängen der Flurverfassung und der gemeinsamen Nutzung von Wasser, Wald und Weide. Durch das System der → Dreifelderwirtschaft erfolgte eine allgemein verbindl. Regelung der Zeiten des Säens, des Erntens und der Brachlegung in den jeweiligen Zelgen (Schlägen). Für den Zugang zur Gemeindeweide galten Bestimmungen, die die Zahl der Tiere für die jeweiligen Bauernklassen im Dorf betrafen – eine häufige Quelle von Auseinandersetzungen. Zur bäuerl. Wirtschaft gehörte neben Ackerland und Weide notwendig der Wald. Er lieferte Beeren, jagdbare Tiere, Bau- und Brennholz sowie Eicheln für die Schweinemast.

Um ihren Abgabeverpflichtungen nachzukommen, mußten die Bauern mehr produzieren, als der Eigenbedarf erforderte; aber auch die Bauernwirtschaft selbst war keineswegs völlig autark. Sie erzeugte v. a. seit der Entfaltung der Verkehrswirtschaft im HochMA gewisse Überschüsse, die sie auf dem Markt absetzte. Die Städte benötigten das umliegende Land zu ihrer Versorgung mit Agrarprodukten und als Absatzgebiet ihrer gewerbl. Waren, so daß sich auf diese Weise eine Arbeitsteilung zw. Stadt und Land herausbildete. Der Grad der Urbanisierung und der geldwirtschaftl. Entwicklung in den einzelnen Regionen war von entscheidendem Einfluß auf die Marktorientierung und die Bedeutung des Geldes in den jeweiligen Bauernhaushalten. Durch ihre Marktbeziehungen waren die Bauern nunmehr von den schwankenden Tendenzen des Marktgeschehens betroffen. Die säkularen Wechsellagen der europ. Landwirtschaft, die Expansions- und Regressionsphasen und die Veränderungen im Lohn- und Preisgefüge berührten mehr oder weniger stark auch die bäuerl. Einzelwirtschaften. Die Krise des SpätMA hatte z. B. zur Folge, daß der Getreideanbau stark reduziert, die Viehwirtschaft ausgedehnt und Intensivkulturen wie der Weinbau bes. gepflegt wurden.

IV. Familie und Verwandtschaft: Die ma. Bauernfamilie ist noch wenig erforscht, und einer eingehenden Untersuchung stellen sich aufgrund des Quellenmaterials große Schwierigkeiten in den Weg. Die Entwicklung ihrer inneren Struktur läßt sich seit dem 13. Jh. in einigen Gebieten anhand von Testamenten und Notariatsregistern detaillierter analysieren. Die Bauernfamilien bestanden in ihrem Kern aus den Eltern mit ihren Kindern und den eventuell noch vorhandenen Großeltern. Vom 6. bis zum 10. Jh. waren viele bäuerl. Familien vermutl. größer und kohärenter als im HochMA. Im Verlauf des hochma. Landesausbaus, der agrarwirtschaftl. von einem Prozeß der »Vergetreidung« (→ Getreideanbau) geprägt war, wurde die Kernfamilie zum vorherrschenden Strukturtypus der bäuerl. Gesellschaft. Die enorme Bevölkerungsexpansion und die Siedlungsverdichtung wirkten sich in einer zahlenmäßigen Begrenzung der bäuerl. Hausgemeinschaft aus; Großfamilien waren jedenfalls bei dieser intensiven Form des Ackerbaus im engen dörfl. Wohnbereich hinderlich. In den hirtenbäuerl. Gesellschaften finden sich dagegen häufig größere Familienverbände. Komplexe Familienformen umfassen im MA eher zwei oder mehr Familienkerne, die um Angehörige derselben Generation (Brüder, Vettern) gruppiert sind, als solche um Vater und Sohn. Im ausgehenden MA bildeten sich in manchen Gegenden Frankreichs derartige Familiengemeinschaften: um mehrere verheiratete Brüder gruppierte Großfamilien (→ *affrèrements*). Im Alpenraum fanden sich erweiterte Familienformen in den »Gemeinderschaften« und in ähnlicher Weise im slav. Gebiet, wie z. B. im südslav. Raum die »Zadruga«.

Weitverbreitet war im bäuerl. Bereich die Überzeugung von einem erblichen Recht aller Familienmitglieder am Landbesitz. Häufig findet man aber auch den alleinigen Erbanspruch des ältesten Sohnes, bes. gegen Ende des MA (eine Herleitung des → Anerbenrechts aus altgerm. Volksrecht ist nicht haltbar). In Zeiten der Bevölkerungsexpansion, wie z. B. im 13. Jh., schritt man verstärkt zur Aufteilung des Familienguts unter die Erben. Dies führte mancherorts zum unrentablen Kleingütersystem, weshalb die geschlossene Vererbung (Ältesten- oder Jüngstenrecht) notwendig wurde, um eine ausreichende Ernährungsbasis der Bauernbetriebe zu gewährleisten. Soweit die einzelnen Bauernfamilien grundherrl. gebundenes Land bewirtschafteten, wurde die bäuerl. Erb- und Familienstruktur vom jeweiligen System der Landleihe beeinflußt. Im allgemeinen verlangten die Grundherren die Güterübernahme durch nur einen Erben, weil sie die schuldigen Abgaben und Dienste leichter von einem einzigen, leistungsfähigen Hörigen eintreiben konnten. Sie achteten deshalb darauf, daß die Geschlossenheit der abhängigen Höfe gewahrt blieb. Unter Umweltbedingungen, die für die Realteilung günstig waren (gute Bodenverhältnisse, Marktnähe, Intensivkulturen), konnten bzw. wollten sie die geschlossene Vererbung nicht durchsetzen, zumal wenn ihr Einfluß stark zurückgegangen war. Gebietsweise wurde die Einheit des aufgeteilten Hofes aber dadurch formal gewahrt, daß einer der Bauern dem Grundherrn gegenüber als »Träger« fungierte.

V. GEMEINSCHAFTSFORMEN: Ein Ausgangspunkt für die Entwicklung bäuerl. Gemeinschaftslebens war zunächst die → Nachbarschaft (vicinitas), die von den siedlungsmäßig geprägten Daseinsformen her bestimmt war. Zur Nachbarschaft im Sinne bloßen bäuerl. Nebeneinanders traten Züge eines Miteinanderhandelns: umfassende Hilfe bei Katastrophenfällen, gegenseitige Hilfe bei jahreszeitl. bedingter Arbeitshäufung und Anteilnahme an Familienereignissen (Geburt, Hochzeit, Tod). Die Nachbarn agierten (schon seit der frk. Zeit) häufig als Zeugen oder Sachverständige, wenn sie bei Streitigkeiten zw. der Herrschaft und Bauern oder zw. verschiedenen Herrschaftsträgern dazu herangezogen wurden.

Eine höhere Stufe bäuerl. Gemeinschaftsbildung entstand in der Dorfgemeinschaft. Die Herausbildung von Dorfgemeinden vollzog sich in den einzelnen Siedlungsräumen in unterschiedl. Form und Intensität. Überall, wo sich seit dem HochMA im Zuge der intensiven Landesausbaus eine Vollform des Dorfes mit Flurgemeinschaft und Allmende entwickelte, rückten die zur Siedlungseinheit gehörigen Menschen näher zusammen. Es entstand eine dörfl. Selbstverwaltung, die v.a. in der Wahl von Amtsträgern und in der Mitwirkung am Ortsgericht zur Geltung kam. Nach außen trat die Dorfgemeinschaft als Handlungseinheit gegenüber herrschaftl. Forderungen und bei Abwehr äußerer Bedrohung in Erscheinung. In den Weistümern und Dorfordnungen kommt die Vielfalt der wirtschaftl., sozialen und kulturellen Formen bäuerl.-dörfl. Gemeinschaftslebens zum Ausdruck. Beim Entstehungsprozeß der Dorfgemeinschaft waren Elemente der grundherrl.-bäuerl. Hofgenossenschaft (familia) wesentl. beteiligt. Die Angehörigen einer Grundherrschaft bildeten einen Verband genossenschaftl. Art und besaßen ein gemeinsames Recht (Hofrecht). Eng verbunden mit der Dorfgemeinschaft war in der Regel die → Pfarrgemeinde, die in der Dorfkirche und dem Friedhof ihren Mittelpunkt besaß. Der Kirchplatz war durchweg der Schauplatz für Feste und Märkte im Dorf (Kirchweihfest, Jahrmarkt). Der Verband der Pfarrgenossen (parrochiani) wirkte mit bei der Bestellung der Pfarrgehilfen (Mesner, Glöckner), bei der Verwaltung des Pfarrvermögens und in manchen Gebieten sogar bei der Wahl des Pfarrers.

VI. SOZIALE SCHICHTUNG: Die ma. Bauerngemeinden weisen eine deutlich erkennbare Sozialstruktur auf. Eine bäuerl. Stratifikation tritt schon in den frühma. Quellen zutage, so daß die starke soziale Schichtung nach Besitz und Einkommen der B.n im spätma. Dorf nicht erst das Ergebnis einer inzwischen erfolgten Beteiligung an der Marktproduktion ist. Soziale Unterschiede ergeben sich bereits aus der jeweiligen rechtl. Stellung (frei, unfrei) und aus der unterschiedl. Besitzausstattung (Vollbauernwirtschaft oder bäuerl. Kleinstelle). Das vielfältige Beziehungsgefüge zw. Anbaufläche, techn. Fortschritt, bäuerl. Erbsitten, Marktbeteiligung, Abgabenhöhe und bäuerl. Widerstandskraft muß in seiner Relevanz für die soziale Differenzierung angemessen berücksichtigt werden. Der Einfluß dieser verschiedenen Faktoren hat sich im Laufe des MA sehr gewandelt. Die Polyptychen des 9. Jh. lassen schon große Unterschiede zw. den einzelnen Bauerngütern erkennen: Die Größenskala reicht von kleinen über mittlere zu großen Bauernbetrieben (Polyptychon von St-Germain-des-Prés). Aus den Angaben des »Domesday Book« (1086) ist zu ersehen, daß in den damaligen engl. Gft.en Bauernfamilien mit reichl. Landbesitz Kleinbauern, die mindestens ein Drittel der bäuerl. Bevölkerung ausmachen, gegenüberstehen. Die soziale Differenzierung verstärkte sich in der Folgezeit. Während der hochma. Wachstumsphase der Agrarwirtschaft und der sich ausweitenden Marktbeziehungen vertieften sich die Unterschiede zw. reichen und armen Bauern. Gegen Ende des 13. Jh. waren z. B. in SO-England bereits über die Hälfte der Bauern Kleinstellenbesitzer (mit weniger als 3 ha). Ähnliche Zahlenverhältnisse bestanden in der Picardie, in Flandern oder im Elsaß. Der drastische Bevölkerungseinbruch und die Agrarkrise des SpätMA führten dagegen zu einer Verringerung der Schichtunterschiede und zu einer Verminderung der Zahl der Kleinbauern. In vielen Regionen bestand bei den Bauern ein grundlegender Unterschied im Besitz von Pfluggespannen (Ochsen, Pferden), da viele Kleinbauern überhaupt keine Arbeitstiere besaßen. Die frz. Bauernschaft zerfällt im Hoch- und SpätMA deutlich in zwei Klassen: in die *laboureurs* mit Pfluggespannen und in die *manouvriers*, die den Boden allein mit Handarbeit bestellen (vgl. Abschnitt D, III). In den dt. Siedlungsgebieten besteht vielerorts ein ausgeprägter Gegensatz zw. den Vollhufenbauern und der landarmen Schicht der Kleinbauern.

Eine Analyse der bäuerl. Sozialstruktur im 13. Jh. ergibt, daß in den Dörfern eine Oberschicht von meliores (Dorfehrbarkeit, *preudhommes*) vorhanden ist, die innerhalb der Bauernschaft eine Führungsstellung einnehmen. Sie stehen an der Spitze der Gemeindeverwaltung (Bauermeister, Heimbürge, *maire*), sind Vertreter der Dorfobrigkeit (Schultheiß, Schulze), Mitglieder des Ortsgerichts und zugleich Inhaber der größten Höfe. In der Verwaltung der Grundherrschaften nehmen sie wichtige Aufgaben wahr (maiores, villici), und im Dienst ihrer Herren gelingt ihnen sogar manchmal der Aufstieg in den niederen Adel. Die Zugehörigkeit zur bäuerl. Oberschicht gründet also vor v. a. auf Ausübung wichtiger Funktionen und auf Reichtum. Unterhalb dieser dünnen Oberschicht befindet sich eine mittlere Schicht, die über eine bescheidene, aber ausreichende Besitzbasis verfügt. Sie umfaßt häufig 25–30 % der bäuerl. Bevölkerung, in einigen Regionen auch 40–50 %. Die große Masse der bäuerl. Unterschicht, die oft über die Hälfte der Landbevölkerung ausmacht und z. B. in der Gegend von Namur um 1300 auf etwa 60 % angestiegen ist, stellen die Kleinbauern, Kleinstellenbesitzer und Lohnarbeiter (Kötter, *manouvriers, cotters* etc.). Die Stellen der nicht spannfähigen Kötter, Seldner (Sellner) oder Gärtner liegen zumeist am Dorfrand, am Übergang zur Allmende oder sind von einem alten Hof abgeteilt. Ihre kleinen Landparzellen reichen zum Lebensunterhalt oft nicht aus und verlangen von ihren Inhabern eine handwerkl. Nebentätigkeit oder einen Zuverdienst auf den Bauern- und Herrenhöfen, wo ihre Hilfe bes. gefragt ist, wenn die Arbeitskraft der ganzjährig angestellten Dienstboten bei der Heu- und Getreideernte nicht ausreicht.

VII. Herrschaftliche Abhängigkeit: Neben einer unterschiedl. großen Zahl freier Bauern (→ Bauernfreiheit) befindet sich die große Masse der ma. Bauernschaft in einer leib- und grundherrl. Abhängigkeit. Es gibt zwei Hauptformen bzw. Gruppen bäuerl. Abhängigkeit (servitus, Leibeigenschaft, Hörigkeit, *servage, serfdom*): 1. die Leibeigenen im engeren Sinn (servi, mancipia), die mit ihrem Herrn durch ein persönl. Band verknüpft sind; 2. die Grundhörigen (servi casati), die das Land des Grundherrn bebauen und an den Boden gebunden sind (glebae adscripti; → adscriptio glebae). Diese beiden Formen herrschaftl. Abhängigkeit und Freiheitsminderung entsprechen auch dem Doppelcharakter der Grundherrschaft, die als »Herrschaft über Land und die darauf hausenden Menschen« (F. Lütge) zu verstehen ist. Die persönl. Unfreiheit, die älter als die Grundherrschaft ist, stellt dabei keine feststehende Größe dar, sondern hat mehrere Wandlungen erfahren. Die spätantiken und die karol. servi sind von den spätma. Leibeigenen sehr verschieden.

Die weit überwiegende Mehrzahl der Bauern war von der Grundherrschaft (villicatio, dominatio, *seigneurie, manor*) betroffen, die eine Hauptform ma. Herrschaft überhaupt darstellte und Herren und Bauern wirtschaftl., sozial und polit. aneinanderband. Sie geht hervor aus einem »Herreneigentum an Land«, das mit dem »Herreneigentum an Menschen« (M. Weber) verknüpft wird. Der Grundherr bewirtschaftet den größten Teil seines Landbesitzes nicht selbst, sondern verleiht ihn seinen Bauern. Als Gegenleistung erhält er einen Anteil am Ertrag in Form von Abgaben und eventuell auch Dienste.

Unter den früh- und hochma. Hörigen muß man innerhalb der Grundherrschaften mehrere Gruppen unterscheiden: zuerst diejenigen, die ein Bauerngut innehaben (mansuarii, servi casati), dann diejenigen, die unbehaust sind und als Gesinde auf den Herrenhöfen dienen und wohnen (servi in domo manentes); an sie schließen sich noch die →Tagelöhner (servi cottidiani) mit einer kleinen Hofstätte an. Daneben stellen die censuales, die freigelassene Unfreie und geschützte Freie umfassen, im HochMA eine wichtige Gruppe dar, bes. im dt. Bereich. Sie standen direkt unter dem Schutz einer kirchl. Institution und zahlten eine Kopfsteuer als Zeichen ihrer bes. Abhängigkeit, die häufig aus Wachs bestand (Wachszinser; vgl. auch →Zensualität).

Die vielfältigen Organisationsformen der ma. Grundherrschaft hängen v.a. ab von dem Ausmaß des Eigenbaulandes (terra salica, Salland, *réserve*) im Verhältnis zum Bauernland und dem Umfang des Streubesitzes. In früheren MA, als sich in der Karolingerzeit die Grundherrschaft entfaltet und ausweitet, herrscht der Typus der → Villikationsverfassung vor, bei der der Herrenhof als Zentrum einer großen Eigenwirtschaft hervorragt. Im 12./13. Jh. geht die herrschaftl. Eigenwirtschaft wesentl. zurück, und es bildet sich vielerorts die sog. Rentengrundherrschaft heraus, bei der das Schwergewicht auf den Abgaben der Bauern liegt. Es lockern sich die Bindungen der Hörigen an den Herrn und die alte persönl. Unfreiheit verblaßt. Sehr verschieden entwickeln sich die bäuerl. Besitzrechte: Sie reichen vom Erbzinsrecht über die Leihe auf Lebenszeit zu kurzfristigen Zeitleihen. Neben der Grundherrschaft realisiert sich Herrschaft für den ma. Bauern außerdem in der Hausherrschaft, in der Munt- und Schutzherrschaft u.a. in der Gerichts- und Landesherrschaft. Mit der Grundherrschaft als Herrschaft über → Land und Leute ist in der Regel die Gerichtsherrschaft verbunden. Der Widerstand der Bauern gegen die vielfältigen Formen herrschaftl. und staatl. Verpflichtungen und Abgaben ist während des ganzen MA zu beobachten und entlud sich in einer Reihe von Bauernaufständen, bes. im SpätMA (→ Revolten).

VIII. Kultur und Religion: Nach dem Konzept der »bäuerl. Gesellschaft« wird das ma. Bauerntum von den bestimmenden Elementen einer bäuerl. Teilkultur und Teilgesellschaft geprägt. Im kulturellen Bereich entfaltet sich eine bäuerl. Volkskultur neben der sie überragenden Hochkultur. Beide Kulturbereiche stehen ständig in Wechselbeziehung und gegenseitiger Spannung. Auf religiösem und kulturellem Gebiet übt der Dorfpfarrer eine wichtige Zwischenfunktion aus, indem er die Hochkultur vermittelt und sie an seine schriftunkundigen bäuerl. Gemeindemitglieder heranträgt, die das Gehörte mit dem Volksglauben und ihren eigenen sozialen und polit. Einstellungen vermischen. Die B.n sind von den für sie charakterist. Denk- und Verhaltensweisen geprägt. Durch ihr Festhalten an alten Vorstellungen und Bräuchen, die vielfach auch Fruchtbarkeitsbräuche mit einer mag. Komponente waren, galten die Bauern im MA als bes. abergläubisch. Sie bewahrten aber oft Riten, Kultformen und Vorstellungen (Glauben an Dämonen, Zauberkräfte etc.), die in der Frühzeit vom gesamten Volk praktiziert wurden, als man von animal. und vegetativer Fruchtbarkeit absolut abhängig war (vgl. auch → Magie). Das bäuerl. Leben war aber auch in chr. Hinsicht von einer starken Religiosität durchdrungen; die bäuerl. Frömmigkeit fand u.a. in einer intensiven Heiligenverehrung, im Wallfahrtswesen und bei Bittprozessionen zum Ausdruck (vgl. auch →Volksfrömmigkeit). Im Laufe des Hoch- und SpätMA setzte sich der Bauer kulturell deutlich von der Stadt und ihrer Schriftkultur ab; er verharrte in überkommenen, altertüml. Lebensformen und war daher traditionsgebundener. Sein Denken blieb weiterhin stark auf seinen agrar. Tätigkeitsbereich beschränkt, so daß ihm das Merkmal des Ursprünglichen und Konservativen anhaftete. Im polit. Bereich zeigte sich die bäuerl. Mentalität im Festhalten an altem Gewohnheitsrecht und im Widerstand gegen herrschaftl. Neuerungen.   W. Rösener

Vgl. auch die weiteren agrarhistorischen Stichwörter; bes.: → Agrarkrise, →Bauernfreiheit, →Bauernhaus, →Bevölkerung, ländl., → Dorf, → Flursysteme, → Fronhof, → Grundherrschaft, → Gutsherrschaft, → Hörigkeit, → Kolonisation und Landesausbau, → Landgemeinde, → Leibeigenschaft, → Revolten, → Sklaven, Sklaverei, → Tagelöhner, → Villikation, →Wüstung.

Q. und Lit.: *[allgem.]*: Dt. Agrargesch., hg. G.Franz, Bd. I–IV, I: H.Jankuhn, Vor- und Frühgesch., 1969; II: W.Abel, Gesch. der dt. Landwirtschaft, 1967²; III: F.Lütge, Gesch. der dt. Agrarverfassung, 1967²; IV: G.Franz, Gesch. des dt. Bauernstandes, 1976² – Adel und Bauern im dt. Staat des MA, hg. Th.Mayer, 1943 – A.J.Njeussychin, Die Entstehung der abhängigen Bauernschaft als Klasse der frühfeudalen Ges. in Westeuropa v. 6.–8.Jh., hg. B.Töpfer, 1961 – G.Duby, L'économie rurale et la vie des campagnes dans l'Occident médiéval, 2 Bde, 1962 – G.Fourquin, Le paysan d'Occident au MA, 1972 – G.Duby, Guerriers et paysans, 1973 – R.H.Hilton, Bond men made free, 1973 – Ders., The Engl. peasantry in the later MA, 1975 – Dt. Bauerntum im MA, hg. G.Franz, 1976. – *zu [I]*: Gesch. Grundbegriffe I, 1972, 407ff. [W.Conze] – Hoops², 102ff. [R.Wenskus] – Rössler-Franz, 72ff. [K.Bosl] – H.Fehr, Das Waffenrecht der B. im MA, ZRG GermAbt 35, 1914; 38, 1917 – O.Brunner, Europ. Bauerntum, 1951 (Dt. Bauerntum im MA, hg. G.Franz, 1976, 5ff.) – W. Schwer, Stand und Ständeordnung im Weltbild des MA, 1952² – E.R.Wolf, Peasants, 1966 – T.Shanin, Peasants and peasant societies, 1971 – Ders., The nature and logic of the peasant economy, Journal of Peasant Stud. 1, 1973/74, 63ff., 186ff. – R.Hilton, Medieval peasants: any lessons? Journal of Peasant Stud. 1, 1974, 207ff. – Wort und Begriff »Bauer«, hg. R.Wenskus, H.Jankuhn, K.Grinda, AAG 89,

1975 – *zu [II]*: Villages désertés et hist. économique, XIe–XVIIIe s., 1965 – K.BLASCHKE, Bevölkerungsgesch. von Sachsen, 1967 – L.WHITE jun., Die ma. Technik und der Wandel der Gesellschaft, 1968 – M.BORN, Die Entwicklung der dt. Agrarlandschaft, 1974 – W.ABEL, Die Wüstungen des ausgehenden MA, 1976² – G.BOIS, Crise du féodalisme, 1976 – J.C.RUSSEL, Die Bevölkerung Europas 500–1500 (C.CIPOLLA–K.BORCHARDT, Europ. Wirtschaftsgesch. 1, 1978), 13 ff. – W.JANSSEN, Methoden und Probleme archäolog. Siedlungsforsch., VuF 22, 1979, 101 ff. – *zu [III]*: A.V.CHAYANOV, The theory of peasant economy, 1966 – K.HIELSCHER, Fragen zu den Arbeitsgeräten der B.n im MA, ZAA 17, 1969, 6 ff. – H.JÄNICHEN, Beitr. zur Wirtschaftsgesch. des schwäb. Dorfes, 1970 – D.W.SABEAN, Landbesitz und Ges. am Vorabend des Bauernkriegs, 1972 – M.M.POSTAN, Essays on medieval agriculture, 1973 – K.FRITZE, Bürger und B. zur Hansezeit, 1976 – *zu [IV]*: HRG I, 163 ff., s. v. Anerbenrecht – R.FAITH, Peasant families and inheritance customs, AHR 1966 – E.LE ROY LADURIE, Les paysans de Languedoc 1–2, 1966 – M.MITTERAUER–R.SIEDER, Vom Patriarchat zur Partnerschaft, 1977 – *zu [V]*: K.S.KRAMER, Die Nachbarschaft als bäuerl. Gemeinschaft, 1954 – K.S.BADER, Stud. zur Rechtsgesch. des ma. Dorfes, 3 Bde, 1957/62/73 – K.BOSL, Die »familia« als Grundstruktur der ma. Gesellschaft, ZBLG 38, 1975, 403 ff. – Dt. ländl. Rechtsquellen, hg. P.BLICKLE, 1977 – *zu [VI]*: K.S.BADER, Dorfpatriziate, ZGO 101, 1953, 269 ff. – R.LENNARD, Rural England 1068–1135, 1959 – R.FOSSIER, La terre et les hommes en Picardie, 2 Bde, 1968 – H.GREES, Ländl. Unterschichten und ländl. Siedlungen in Ostschwaben, 1975 – F.HELLEINER, Ländl. Mindervolk in niederösterr. Weistümern, ZAA 25, 1977, 12 ff. – L.GENICOT, Sur le nombre des pauvres dans les campagnes médiévales, RH 522, 1977, 273 ff. – *zu [VII]*: G.SEELIGER, Die soziale und polit. Bedeutung der Grundherrschaft im frühen MA, 1903 – CH.E.PERRIN, Le servage en France et en Allemagne (Rel. Int. Hist. Kongr. Rom 3, 1955), 213 ff. – S.EPPERLEIN, Bauernbedrückung und Bauernwiderstand im hohen MA, 1960 – F.L.GANSHOF–A.VERHULST, Medieval agrarian society in its prime (Cambridge Economic Hist. of Europe I, 1966³), 291 ff. – L.KUCHENBUCH, Bäuerl. Ges. und Klosterherrschaft im 9.Jh., 1978 – O.G.OEXLE, Die funktionale Dreiteilung der »Gesellschaft« bei Adalbero v. Laon, FMASt 12, 1978, 1 f. – P.BLICKLE, Bauerl. Erhebungen im spätma. dt. Reich, ZAA 27, 1979, 208 ff. – *zu [VIII]*: J.HÖFFNER, Bauer und Kirche im dt. MA, 1938 – B.HUPPERTZ, Räume und Schichten bäuerl. Kulturformen in Dtl., 1939 – F.MARTINI, Das B. im dt. Schrifttum von den Anfängen bis zum 16.Jh., 1944 – K.W.WACKERNAGEL, Altes Volkstum der Schweiz, 1956 – R.REDFIELD, Peasant society and culture, 1963 – K.RANKE, Agrar. und bäuerl. Denk- und Verhaltensweisen im MA, AAG 89, 1975, 207 ff. – H.WUNDER, Zur Mentalität aufständ. Bauern (H.-U.WEHLER, Der Dt. Bauernkrieg, 1975, 9 ff.).

B. Bäuerliche Rechtsstellung

[1] Da das *FrühMA* den bes. Begriff des Bauern noch nicht entwickelt hatte, galt für diejenigen Personen, welche Ackerbau und Viehzucht trieben, das allgemeine Recht, wie es v. a. in den Volksrechten (Leges) enthalten war, ohne bes. Einschränkung. Der Freie nahm teil an den allgemeinen Versammlungen und bewirtschaftete als Haupt seiner Familie seinen Hof; seine Verwandten erhielten im Falle seiner Tötung das Wergeld. Der Unfreie hatte demgegenüber kein Eigen am bewirtschafteten Grund, mußte Abgaben und Dienste an seinen Herrn leisten und fiel auch im übrigen unter dessen bes. Gewalt. Den Bauern im Rechtssinne gab es noch nicht.

[2] *HochMA:* Demgegenüber erscheint der Bauer (agricola, rusticus) als solcher erstmals im späten 10.Jh. in einem Synodalbeschluß, der denjenigen verdammt, welcher einem agricola ein Tier ohne Wiedergutmachung wegnimmt. Nach dem Bamberger Gottesfrieden von 1085 sollen rustici wie Kaufleute, Frauen und Geistliche jederzeit Frieden haben. Wenig später wird dem rusticus der Reinigungseid verwehrt, wo er dem im sozialen Aufstieg begriffenen personatus serviens gestattet wird. Zugleich tritt nunmehr neben das lat. Wort rusticus das ahd. zu *buan*, *bur* gehörige *(gi)buro*, das früher v. a. vicinus, incola, habitator vertreten hatte.

Die Gründe für diese Entwicklung dürften vielfältig sein. Bedeutsam war vermutlich schon die sehr früh einsetzende Ausdehnung der jeweiligen Herrschaftsbereiche, die eine Teilnahme des einfachen Freien an den Volksversammlungen erschwerte bzw. ausschloß. Dazu dürfte der Umstand gekommen sein, daß seit der karol. Zeit Freie in zunehmendem Maß in grundherrschaftl. Abhängigkeit gerieten und die Grundherren zwar am Schutz ihrer Hintersassen, nicht aber an bes. Rechten für diese Interesse hatten. Außerdem führten die ausgedehnteren Heereszüge seit dieser Zeit zur allmählichen Umwandlung des Heeres in ein Reiterheer, wodurch das Rittertum zum eigtl. Träger der Wehrkraft wurde. Schließlich ergab sich durch die Ausbildung der bes. Stände der Ritter und der Bürger die Zusammenfassung des überwiegenden Restes der Bevölkerung zum Stande der Bauern.

Damit wurde nun die Eigenschaft als Bauer zum rechtl. Unterscheidungsmerkmal. Kennzeichnend für die Rechtsstellung des Bauern als solchen war einerseits der bes. Schutz, den ihm die →Landfrieden angedeihen ließen, andererseits das Verbot der Waffenführung. Im Zusammenhang hiermit steht der weitgehende Ausschluß der (abhängigen) Bauern aus der überörtl. polit. Verantwortung; an der Repräsentation des Landes durch die Landstände hatten sie zumeist keinen Anteil.

[3] *SpätMA:* Im übrigen gilt für die Bauern seit dem hohen MA statt des Volksrechts das Landrecht, namentl. aber das in zahlreichen örtl., vielfach dörfl. Rechtsquellen (→Weistum, Ehafttaiding, Öffnung, Jahrding, Rüge usw.) aufgezeichnete örtl., oft grundherrschaftl. geprägte Recht. Dieses läßt v. a. das zunehmende Gewicht der kommunalen Institutionen erkennen, in denen sich das bäuerl. Autonomiestreben verwirklichte (→Dorf, →Landgemeinde). Erhebliche Bedeutung kam daneben den grundherrschaftl. Rechten und Pflichten zu, wenn diese auch ihre Gestalt im Laufe des MA aus verschiedenen Gründen nicht unerheblich ändern (→Grundherrschaft). Darüber hinaus wird nunmehr auch an zahlreichen Stellen ein bes. bäuerl. Erbrecht mit dem Vorrang eines Einzelerben statt der gemeinschaftl. Bewirtschaftung bzw. der Güterteilung sichtbar (→Anerbenrecht). Alle diese Rechtsinstitute setzen zwar eine bäuerl. Wirtschaft und Lebensweise voraus; ihren rechtl. Ausgangspunkt bildete aber der jeweilige konkrete Status als Höriger oder Hintersasse eines bestimmten Herrn bzw. das konkrete Maß der →Freiheit – nicht die Eigenschaft eines Bauern als solche. Erst die Neuzeit hat unter dem Eindruck des Dreiständeschemas ein eigenes »Bauernrecht« darzustellen versucht. G. Köbler

Lit.: Zur Terminologie und Begrifflichkeit grundlegend: Wort und Begriff »Bauer«, hg. R.WENSKUS–H.JANKUHN–K.GRINDA, AAG 3. Folge 89, 1975 (bes. G.KÖBLER, »Bauer« [agricola, colonus, rusticus] im FrühMA, 230 ff. sowie die Beitr. von R.WENSKUS, K.STACKMANN, J.FLECKENSTEIN) – Lat.-germanist. Lex., 1975, s.v. agricola, rusticus [G.KÖBLER] – vgl. ferner: H.FEHR, Das Waffenrecht der B.n im MA, ZRGGermAbt 35, 1914; 38, 1917 – D.STOLZ, Rechtsgesch. des Bauernstandes und der Landwirtschaft in Tirol und Vorarlberg, 1949 – S.EPPERLEIN, Unters. zur Lage der B.n im 13.Jh. [Diss. Berlin, Humboldt-Univ. 1956] – E.ENGEL, Feudalherren, Lehnbürger und B.n in der Altmark [Diss. Berlin, Humboldt-Univ. 1964] – G.FRANZ, Geschichte des dt. Bauernstandes, 1976² (Dt. Agrargesch. IV).

C. Bäuerliches Alltagsleben

Angesichts der vielfach andersgelagerten Interessen der schriftl. Überlieferung besteht die Besonderheit der Quellenlage zur Kenntnis des ma. Bauernlebens in der erhöhten Bedeutung der hierfür bereits im frühen 9.Jh. (Salzburger Kalendarium, 818) einsetzenden und im 12.Jh. insbes. in W-Europa quantitativ zunehmenden Bildquellen (v. a. Miniaturen in Psaltern, Stundenbüchern und Urbaren; auch Skulpturen; vom 15.Jh. an ferner Holzschnitte). In schriftl. Form sind bestimmte bäuerl. Arbeitsbereiche – allerdings mit deutl. Schwerpunkten auf dem süddt. Raum – durch Gesetzbücher, lit. und didakt.-pädagog. Werke das ganze MA hindurch veranschaulicht, wobei auch bebilderte Ausgaben älterer Hss. entstehen (»De cultura agrorum« des Hrabanus Maurus, 1023, Monte Cassino; »Ruralium commodorum libri decem« des Petrus de Crescentiis, 15. Jh.); umfassend und aus unmittelbarer Sicht informieren aber erst die →Weistümer des SpätMA. Sehr selten besteht eine Wechselbeziehung zw. Text und Miniaturen (Bilderhs. zum Sachsenspiegel, 1. Viertel 14. Jh.; Vieil Rentier des Messire Jehan de Pamele, 1275).

Für die überwiegende Masse der bäuerl. tätigen Bevölkerung war Einfachheit und Kärglichkeit das Charakteristikum aller wichtigen Lebensbereiche. Die bereits durch Karl d. Gr. reglementierte → Kleidung der hörigen Bauern umfaßte als wichtigste, nicht immer vollzählig oder unversehrt vorhandene Kleidungsstücke: kurzer, aus Grobzeug gefertigter Kittel, gewöhnl. ohne Unterhemd, grobe Beinkleider und bestenfalls rindsledernes Schuhwerk, ferner als Schutz gegen Wetterunbilden je nach Jahreszeit Fäustlinge, Mantel, Gugel, (Stroh-)Hut, Wollhaube usw.; Haue, Gerte, Messer oder Sichel dienten zur allgemeinen Standeskennzeichnung des Bauern (vgl. die Darstellung im Schachzabelbuch, Fassung 1337). Eine ähnliche Funktion eines sozialen Rangabzeichens besaß die → Nahrung, die laut dem Zeugnis einzelner herrschaftl. Speiseordnungen unmittelbar oberhalb der Knechte und Bauern die schärfste Zäsur aufwies; allgemein gültige Aussagen sind aber angesichts starker regionaler Differenzierungen nicht möglich. Als wichtigste Nahrungsmittel des dt. Bauern gelten: Rüben und Kraut (Gemüse), mit Speck gekocht, daneben Breispeisen (Hirse, Gerste), Käse und Obst. Fleisch war keine alltägl. Speise, was zu umso zügelloserer Konsumtion bei festl. Anlässen (z. B. Hochzeit, Kirchweihe) führte. Für das bäuerl. Wohnen (→Wohnen, Wohnformen) ist nicht durchweg an das → Bauernhaus zu denken, sondern häufig bloß an Hütten. Wie bei den landwirtschaftl. Gerätschaften, war auch im häusl. Rahmen → Holz der wichtigste Werkstoff. Eisen war aus Kostengründen selten. Unter den Zugtieren herrschten daher die auch ohne Hufbeschlag auskommenden, zudem als Fleischvieh verwertbaren Ochsen vor. Die vielfach als Monatsbilder (→ Jahresdarstellungen) ausgelegten bäuerl. → Arbeitsbilder geben über die Landarbeit selbst (z. B. Psalter von Limoges, Ende 13. Jh.; Luttrell-Psalter, 1340), ihre Geräte (samt Chronologie und Typologie, →Ackergeräte) und ihre charakterist. Abfolge im Jahreslauf Auskunft (z. B. Psalter des Lgf.en Hermann v. Thüringen, 1211/13; Diurnale des Kl. Marienstern in Sachsen, Anfang 14. Jh.; Breviar des Prager Kreuzherrngroßmeisters Leo, 1356; Freskenzyklus im Adlerturm [Bischofspalast] Trient, 1390/1420). Der Eintritt in einzelne für die bäuerl. Wirtschaft wichtige Jahreszeiten wurde gerne mit Vergnügungen, bes. mit → Musik, → Tanz und Festmählern gefeiert (Winter-Austreiben, Maifest, Erntedank). Die Rolle der → Frau beschränkte sich ursprgl. vorwiegend auf die bäuerl. Hausarbeit (Spinnen), erweitert sich aber nach Bildzeugnissen zu Ende des 12. Jh. u. a. auf Melken, Säen, diverse Erntearbeiten und die Geflügelzucht. H. Hundsbichler

Lit.: RDK II, 1–6 – B. HAENDCKE, Der Bauer in der dt. Malerei von ca. 1470 bis ca. 1550, Rep. für Kunstwiss. 35, 1912, 385–401 – H. S. BENNETT, Life on the Engl. Manor. A Study of Peasant Conditions 1150–1400, 1937 – R. M. und G. RADBRUCH, Der dt. Bauer zw. MA und Neuzeit, 1961² [Lit.] – G. DUBY, L'économie rurale et la vie des campagnes dans l'Occident médiéval, 2 Bde, 1962 – K. HIELSCHER, Fragen zu den Arbeitsgeräten der Bauern im MA, ZAA 17, 1969, 6–41 – L'habitat et les paysages ruraux d'Europe, hg. F. DUNART, 1971 – S. EPPERLEIN, Der Bauer im Bild des MA, 1975 [Lit.] – R. H. HILTON, The Engl. Peasantry in the later MA, 1975 – Dt. Bauerntum im MA, hg. G. FRANZ, 1976 [Lit.] – G. FRANZ, Gesch. des dt. Bauernstandes vom frühen MA bis zum 19. Jh. (Dt. Agrargesch. IV, 1976²) – S. D. SKAZKIN, Der Bauer in W-Europa während der Epoche des Feudalismus, 1976.

D. Die ländlich-agrarischen Schichten im Mittelalter (nach Ländern und Regionen)

I. Spätantike – II. Mitteleuropa – III. Frankreich und Westeuropa – IV. Iberische Halbinsel – V. Italien – VI. England – VII. Irland – VIII. Skandinavien – IX. Ostmitteleuropa – X. Baltische Länder, Großfürstentum Litauen – XI. Altrußland – XII. Byzantinisches Reich – XIII. Südosteuropa – XIV. Arabische Welt – XV. Osmanisches Reich.

I. SPÄTANTIKE: Das B., gegliedert in freies und abhängiges (→Kolonat), tritt in der Spätantike in eine Epoche des Wandels, bedingt durch krieger. Ereignisse im W und Arbeitskräftemangel, Steuerlast und Produktionszwang. Während im O die bestehenden Abhängigkeitsverhältnisse im wesentl. gewahrt bleiben, führt im W eine staatl. geleitete Zwangswirtschaft zum Schwinden freien Kleinbauerntums und dessen Unterordnung unter neue Organisationsverbände. Mangelnde Möglichkeit techn. oder organisator. Verbesserung bringt die Entwicklung des Großgrundbesitzes zu autarker, allein noch lebensfähiger Wirtschaftseinheit mit sich, zugleich führt zur staatl. Stabilisierungspolitik zu Schollenbindung und damit zu neuen Abhängigkeitsverhältnissen. Versuche der Förderung von Eigeninitiative (→ Emphyteusis) zur Schaffung eines neuen B.s bleiben ohne Erfolg, ähnliches gilt für die Ansiedlung von Barbaren. Neuansätze bringen auf der Balkanhalbinsel die slav. Landnahme (seit dem 6. Jh.) und im O die Themenverfassung. Zum B. in den germ. Nachfolgestaaten des W vgl. die folgenden Abschnitte. G. Wirth

Lit.: RE XII, 624–676 – KL. PAULY I, 845–847 – W. E. HEITLAND, Agricola, 1921 – A. C. STEVENSON (Cambridge Economic Hist. I, 1942), 89ff. – N. A. SIRAGO, L'Italia agraria sotto Traiano, 1958 – L. RUGGINI, Economia e società nell'Italia annonaria, 1961 – N. BROCKMEYER, Arbeitsorganisation und ökonom. Denken in der Gutswirtschaft des röm. Reiches [Diss. Bochum 1968] – vgl. auch →Arbeit.

II. MITTELEUROPA: [1] *Grundlagen:* Die Geschichte der bäuerl. Bevölkerungsgruppen in Mitteleuropa ist eng verbunden mit der allgemeinen wirtschaftl., sozialen und polit. Entwicklung des MA, im bes. mit der Entwicklung der Agrarwirtschaft und den Wandlungen der Agrarverfassung. Die bäuerl. Lebensordnung wird v. a. durch zwei Hauptfaktoren bestimmt: a) durch das genossenschaftl. Element, das sich im Rahmen von Markgenossenschaft und Dorfgemeinde, dem Wirtschafts- und Sozialverband der lokalen Bauernschaft, deutlich ausprägt. Hier entwickelt sich bäuerl. Gemeinschaftsleben und ein bescheidenes Maß an Selbstbestimmung. b) durch das herrschaftl. Element in Gestalt von Leib-, Grund- und Gerichtsherrschaft, wobei die →Grundherrschaft das Leben des ma. Bauern am stärksten beeinflußt. Wegen des großen Umfangs der Rodung im ma. Mitteleuropa ist außerdem die Unterscheidung von Altsiedelland und Ausbauland von großer Wichtigkeit für die bäuerl. Lebensbedingungen; Kolonialland und Grenzgebiete begünstigen den sozialen und rechtl. Aufstieg der Bauern (→ Kolonisation und Landesausbau).

[2] *FrühMA:* Die Sozialverfassung der germ. Völker war nicht durch eine allgemeine Gleichheit, sondern durch eine beträchtl. soziale und ökonom. Differenzierung gekennzeichnet. Zweifellos waren die germ. Stämme sozial nach Stufen der Freiheit gegliedert, wie z. B. in liberi, liti und servi. Die Unfreien standen in einem festen Abhängigkeitsverhältnis zu ihrem Herrn, der sie in der Regel auf einer bäuerl. Stelle ansetzte. An diesen schon zur Zeit des Tacitus feststellbaren Tatbestand und zweitens an spät-

antike Formen bäuerl. Schollenbindung (Kolonat) knüpft die merow.-karol. Zeit an und wandelt sie in echte Grundherrschaftsverhältnisse um, die eine erhebl. Verbreitung erfahren. Im Hinblick auf die landbebauende Bevölkerung ist mit dieser Vergrößerung der Grundherrschaft des Königs, des Adels und der Kirche ein Strukturwandel verbunden: Auf der einen Seite beobachtet man ein Aufsteigen der ehemals Unfreien, einen »Verbäuerlichungsprozeß«, und auf der anderen Seite sinken die meisten freien Bauern und die sog. Königsfreien während des 8.–11.Jh. zu grundherrl. gebundenen Bauern ab, sie machen einen »Vergrundholdungsprozeß« durch. Die angesiedelten Unfreien werden zu Bauern, die zu Abgaben und Diensten verpflichtet sind; durch Verdinglichung werden aus ehemals personalen Verpflichtungen Reallasten von Grund und Boden. Die bäuerl. Bevölkerung setzt sich im 11.Jh. nunmehr aus mehreren Herkunftsgruppen zusammen: neben einer schrumpfenden Zahl freier Bauern die ehemals freien, nun grundhörig gewordenen Bauern (coloni, censuales etc.), die leibeigenen Hufenbauern (servi casati) und diejenigen Unfreien, die auf den Herrenhöfen selbst ansässig sind (servi in domo manentes, servi cottidiani etc.). Diese unterschiedl. Gruppen wachsen nach und nach zu einer in sich geschichteten Bauernschaft zusammen. Der frühma. Gegensatz liber – servus wird seit dem 11./12.Jh. in rechtl. Hinsicht vom Gegensatz des rusticus zum miles abgelöst. Die Masse der Bauern hat nur geringe Beziehung zum König; sie untersteht den Feudalherren, denen sie dienst- und abgabenpflichtig ist.

[3] *HochMA:* Im Zuge der starken Bevölkerungszunahme, dem Aufblühen des mitteleurop. Städtewesens, der Ausbreitung der Geldzirkulation und der großen Wachstumsphase der Agrarwirtschaft vom 11.–14.Jh. ändern sich auch die bäuerl. Verhältnisse tiefgreifend. Die alte Grundherrschaft in Gestalt der Villikationsverfassung löst sich seit dem 12.Jh. auf; unter den vielfältigen Einflüssen erhält die Grundherrschaft in den einzelnen Gebieten eine unterschiedl. Ausprägung. Die herrschaftl. Eigenwirtschaft wird allgemein reduziert, alte bäuerl. Fronverpflichtungen werden größtenteils in Geldrenten umgewandelt und die grundherrl. Abgaben fixiert. Es kommt zu einer wachsenden Sicherung der bäuerl. Rechte an Leihegut, an Hof, Feld und Allmende, und der ursprgl. Rechtsstand der Bauern verliert an Bedeutung gegenüber der »Sachtatsache seiner Verpflichtungen« (F. LÜTGE). Infolge der Entwicklung der alten Fronhofswirtschaft zur bäuerl. Rentenwirtschaft beliefern die zu größerer Selbständigkeit gelangten Bauernbetriebe mehr und mehr die städt. Märkte mit Agrarprodukten. Die Fortschritte der Agrarwirtschaft und der Anstieg der Getreidepreise aufgrund der größeren Nachfrage kommen daher auch dem Bauern zugute. Der Bevölkerungsdruck treibt jedoch die Aufteilung der Hufen voran und beschleunigt insbes. in Weinbaugebieten und in Stadtnähe die Kleingüterbildung. Die soziale Differenzierung verschärft sich: Auf der einen Seite bildet sich eine bäuerl. Oberschicht (vgl. z.B. → »Unibos« und den »Meier Helmbrecht« Wernhers des Gärtners), und auf der anderen Seite vermehrt sich die unterbäuerl. Schicht. Durch Rodung und Landesausbau erwächst ein neues Freibauerntum, das Vorrechte gegenüber den Bauern im Altsiedelland genießt (→ Bauernfreiheit). Freie bäuerl. Erbleihe und freie Bauerngemeinden finden sich bes. in den Gebieten der dt. Ostsiedlung. Bei Auseinandersetzungen mit den feudalen Herrschaftsträgern finden die Bauern einen festen Rückhalt in der Dorfgemeinschaft, die seit dem HochMA immer mehr zusammenwächst und sich gegen Übergriffe von außen zur Wehr setzt.

[4] *SpätMA:* Die Agrardepression des 14./15.Jh., der starke Bevölkerungsrückgang und das Sinken der Agrarpreise führten im agrar.-bäuerl. Bereich zu großen Veränderungen, deren sichtbarer Ausdruck die →Wüstungen waren. Die Blüte der städt. Wirtschaft verstärkte die Landflucht der Bauern, die den Bedrückungen der Feudalherren und den landwirtschaftl. Einnahmeverlusten zu entkommen suchten. In einigen Gegenden reagierten die Grundherren daher in der Weise auf die → Agrarkrise, daß sie die Belastung der Bauern ermäßigten und deren Besitzrechte verbesserten. In den Territorien, wo die landesherrl. Macht sich gefestigt hatte, griff der Landesherr – wie es bei starken Feudalherrschaften auch vorher schon üblich war – teilweise durch eine bauernschutzpolitik in die Agrarverhältnisse ein. Häufig kam es auch zu einer Vergrößerung der bäuerl. Betriebsgrößen, so daß das mittelbäuerl. Element gestärkt und die Besitzzersplitterung vermindert wurde. Im dt. Südwesten dagegen verschärften viele Grundherren die Leibeigenschaft und schränkten die Freizügigkeit ihrer Bauern ein, um deren Abwanderung zu verhindern. Im ostdt. Raum bahnte sich ein grundlegender Strukturwandel an, der zur Ausbildung der → Gutsherrschaft führte: Der Bauer wurde an den Boden gebunden und schließlich gutsuntertänig. Die partielle Verschlechterung der bäuerl. Lage und der wachsende Druck des Territorialstaates auf den dörfl. Selbstverwaltungsbereich verschärften die sozialen Spannungen. Den herrschaftl. Tendenzen steht im SpätMA eine starke Kohäsion der Bauernschaft und eine zunehmende Bereitschaft zum Widerstand gegenüber. Schon vor dem großen Bauernaufstand von 1525 kam es – wenn man von früheren Aufständen, wie z.B. der Stellinga im 9.Jh., einmal absieht – im 14./15.Jh. in mehreren Gebieten zu offenen Rebellionen der Bauern (→ Revolten). W.Rösener

Q.: Q. zur Gesch. des dt. Bauernstandes im MA, hg. G. FRANZ, AusgQ XXXI, 1974[2] – Urkk. und erzählende Q. zur dt. Ostsiedlung im MA, 2 Tle, hg. H. HELBIG–L. WEINRICH, AusgQ XXVI, 1967–70 – Lit. (vgl. auch allg. Lit. zum Artikel Bauer): TH. KNAPP, Gesammelte Beitr. zur Rechts- und Wirtschaftsgesch. des dt. Bauernstandes, 1902 – DERS., Neue Beitr., 1919 – A. DOPSCH, Die Wirtschaftsentwicklung der Karolingerzeit vornehml. in Dtl., 2 Bde, 1921/22[2] – CH. E. PERRIN, Recherches sur la seigneurie rurale en Lorraine, 1935 – K. S. BADER, Bauernrecht und Bauernfreiheit im späteren MA, HJb 61, 1941, 51ff. – PH. DOLLINGER, L'évolution des classes rurales en Bavière, 1949 – Das Problem der Freiheit in der dt. und schweiz. Gesch., VuF 2, 1953 – A. K. HÖMBERG, Münsterländer B. im HochMA, WF 15, 1962, 29ff. – S. EPPERLEIN, Herrschaft und Volk im Karol. Imperium, 1969 – P. BLICKLE, Landschaften im Alten Reich. Die staatl. Funktion des gemeinen Mannes in Oberdeutschland, 1973 – H. SCHMIDT, Adel und Bauern im fries. MA, NdsJb 45, 1973, 45ff. – W. EGGERT, Rebelliones servorum, ZfG 23, 1975, 1147ff. – Die dt. Ostsiedlung als Problem der europ. Gesch., hg. W. SCHLESINGER, VuF 18, 1975 – P. BLICKLE, Die Revolution von 1525, 1975 – C. ULBRICH, Leibherrschaft am Oberrhein im SpätMA, 1979.

III. FRANKREICH UND WESTEUROPA: Im gesamten alten Gallien sind die drei hauptsächl. Wesenszüge des ma. Bauerntums: 1. eine dauerhafte Festigung der ökonom. und sozialen Struktur dieser Klasse; 2. ein, numerisch gesehen, konstantes Vorherrschen der Agrarbevölkerung, das jedoch seit der städt. Expansion im 12.Jh. relativ zurückgeht; 3. sehr große regionale Unterschiede in Verfassung und sozialen Bedingungen zw. der atlant. Zone (Bretagne, Poitou, Aquitanien), der mediterranen Zone (Auvergne, Toulousain, Lyonnais, Provence) und den nördl. und östl. Gebieten.

[1] *Entwicklung bis zum 10.Jh.:* Diese Periode ist durch die Aufrechterhaltung der spätantiken Verhältnisse gekennzeichnet, d.h. die Landbevölkerung gliedert sich in: → Sklaven, die den Herren bzw. Verwaltern der villae

urbanae oder rusticae unterstehen; Kolonen (adscripti; → adscriptio glebae → Kolonat), die den Boden gegen Zinsleistung innehaben; schließlich freie Bauern, über welche die Quellen zumeist schweigen. Diese Landbevölkerung lebt in Gruppen, entweder in vici entlang der Straßen, in loca oder villae, bei denen es sich offenbar um Weiler bzw. kleine Dörfer von ca. 10-40 Häusern handelt, oder aber in curtes, die einem reichen Grundherrn gehören (fundi) und die Behausung des Herrn bzw. seines Verwalters sowie Hütten und Werkstätten, die zum Domänenbetrieb notwendig sind, umfaßt (→ Dorf, → Siedelformen). Die archäolog. Erforschung der ländl. Siedelformen W-Europas, die sich in voller Entfaltung befindet (bes. für Artois, Brabant, Ardennen, Auvergne, Provence), zeigt, daß die Platzkontinuität der Besiedlung nicht mehr als einige Jahrhunderte beträgt, die Bauweise sehr leicht ist, wobei Holzbauweise (→ Holzbau) vorherrscht. Nur der → Friedhof, der selbstverständlich seinen festen Standort behält, ist ein Ort der Zusammenkunft und ein Moment der Kontinuität, auch liegt er außerhalb des Dorfes. Die Kirche dagegen erhält erst spät ihre zentrale und integrative Funktion. Sie liegt entweder als Eigenkirche im Innern einer curtis oder sie befindet sich innerhalb eines vicus als einziger fester Punkt (im nördl. Gallien ist dies jedoch nicht vor dem 8.Jh. der Fall), oder aber sie befindet sich in abgesonderter Lage am Friedhof. Die ländl. Siedlung ist von äußerst ungleicher Dichte; weite, nahezu siedlungsleere Zonen trennen die kleinen inselartigen Gebiete mit dichter Besiedlung (d.h. 20-40 Einwohner pro 1 km²) voneinander. Insgesamt sind Bildungen von größeren Gruppen nicht häufig: Es handelt sich um kleine Bevölkerungseinheiten, die aus Mitgliedern einer → Familie bestehen. Es sind v.a. die Lebensbedingungen der abhängigen Bauernschaft bekannt. Wahrscheinl. bildeten jedoch die kleinen freien Grundbesitzer die stärkste Gruppe, doch urspgl. werden sie in den Polyptycha (→ Urbar) und den sonstigen Quellen nicht erwähnt. Diese geben nur Auskunft über diejenigen B.n, die Landbesitz gegen Leistung von Natural- oder Geldzinsen innehaben, entweder auf 30 Jahre oder auf unbeschränkte Dauer (livello, aprisio, → Emphyteusis des südl. Gallien), oder die sich im Besitz eines mansus (→ Hufe) innerhalb eines fundus befinden. Diese Bauern, ob frei oder unfrei (→ servi casati), schulden einen Zins für ihren Landbesitz, ferner Frontage (corvadae, carroperae) auf dem Land des Herrn (mansus, indominicatum), Spanndienste und die Lieferung von Agrarprodukten. Dieses »System« findet sich in höchstentwickelter Form im 8./9.Jh. nur zw. Seine und Maas (St-Germain-des-Prés, St-Rémy-de-Reims, St-Bertin, St-Baafs in Gent usw.); anderswo gibt es keinen Beleg für eine vergleichbare Organisation.

[2] *Vom 10. bis zur Mitte des 13.Jh.*: Diese Periode ist zunächst durch eine Reihe von Veränderungen gekennzeichnet, die sich im Zeitraum von 900/925 bis 1025/50 vollziehen. Die wichtigsten Charakteristika dieser Wandlungen sind: 1. das Auftreten der Seigneurie rurale (→ Grundherrschaft), die in der Gruppierung der bäuerl. Siedlung um Kirche, Friedhof und Burg ihren Ausdruck findet. Diese Umwälzung der Agrarverfassung ist oft sehr entscheidend (Süd- und Mittelfrankreich), und das Land, das bisher kultiviert wurde, ohne einem Herrn voll zu unterliegen, wird nun vollständig grundherrl. organisiert; ein Netz von »Bannrechten«, Diensten und Abgaben überzieht die Landbevölkerung. Zu gleicher Zeit ermöglichen das Bevölkerungswachstum (→ Bevölkerung, ländliche) und rasche techn. Fortschritt (→ Arbeit) eine Ausdehnung der agrar. genutzten Fläche. Diese Entwicklung führt innerhalb der ländl. Bevölkerung zu Bewegungen, die sich in der 1. Hälfte des 11.Jh. in, allerdings erfolglosen, → Revolten gegen den beherrschenden Einfluß der waffentragenden Aristokratie (→ Gottesfriedensbewegung) äußern.

Nach 1050 erlebt das westeurop. B. ein zwei Jahrhunderte vorherrschendes wirtschaftl. Wachstum; es erreicht seinen Höhepunkt. Dieser Aufschwung ist bes. durch eine Reihe von Phänomenen gekennzeichnet: 1. Eine wichtige Veränderung ist die Errichtung von gruppierten Dorfanlagen, die durch einen Palisadenzaun geschützt sind und eine Asylzone (atrium) besitzen; oft werden diesen Gemeinden Selbstverwaltungsprivilegien verliehen (→ Landgemeinde), die es ihnen ermöglichen, ihre rechtl. und wirtschaftl. Angelegenheiten selbständig zu regeln (Ämter des Meiers, der Schöffen, *messiers, procureurs*; im Süden: Notariat). 2. Die Ansiedlung von »Fremden«(hospites), denen beträchtl. wirtschaftl. und rechtl. Vorteile eingeräumt werden, auf neukultiviertem Land und die planmäßige Gründung privilegierter Siedlungen (u.a. der → bastides und → sauvetés in Aquitanien; vgl. auch Minderformen, städt.) begünstigen bei großen Teilen der Landbevölkerung die Emanzipation und die Bildung neuer Gemeinschaftsformen (→ Freiheit). 3. Es ist eine allgemeine Besserung der Wirtschaftsbedingungen zu beobachten: Die Ablösung von Frondiensten und militär. Verpflichtungen erbringt einen Zeitgewinn, welcher der eigenen bäuerl. Wirtschaft zugute kommt; die Bauern sind verstärkt an den grundherrlichen Gerichten beteiligt, welche die kollektiven Angelegenheiten regeln. Dabei unterliegt das Vordringen techn. Neuerungen jedoch starken regionalen Schwankungen: So wird südl. der Loire an der altertüml. Form des räderlosen → Pfluges (aratrum, *araire*) festgehalten; nur im Norden kommt das → Pferd in größerem Ausmaß im Ackerbau zum Einsatz; die Verbreitung der → Mühlen ist höchst ungleich. Das Wohnhaus der bäuerl. Bevölkerung bleibt zumeist ärmlich, die → Ernährung (companaticum) ist dürftig und einseitig. 4. Die soziale Situation klärt und stabilisiert sich: Die Abgaben an den Grundherren (*taille, queste,* »Banngebühren«) mindern das Einkommen der bäuerl. Bevölkerung in empfindlicher Weise (etwa 30-50 % der Produktion), doch erhält sich die alte → Leibeigenschaft *(servage)* nur in wenigen Regionen. Insgesamt befindet sich das B. in einer Phase des sozialen Aufschwungs: Bäuerl. Allodialbesitzer (→ Eigen, bäuerl.) bilden lokale Gerichtshöfe; Zinsland wird fakt. erblich (→ Erblichkeit). Für die Zeit um 1250 läßt sich schätzen, daß etwa die Hälfte aller Bauern – u.a. dank der → coutumes (des Gewohnheitsrechts), welche die Verfügbarkeit der Bauern über ihren Besitz und dessen Vererbung schützen – genügend zur Deckung der »Feudalrente« erzeugen und noch einen leichten Überschuß erwirtschaften, den sie auf dem lokalen Markt absetzen.

[3] *Von der Mitte des 13. bis zur Mitte des 16.Jh.:* Die Agrarverhältnisse sind keineswegs im Gleichgewicht. Es gibt weiterhin »unterentwickelte« Regionen (Bretagne, Gebirgszonen, Franche-Comté), daneben Zonen starken Bevölkerungsdruckes wie auch Gebiete, in denen die alte Leibeigenschaft in einem Verfallsstadium weiterexistiert. Die Aufsplitterung der Landparzellen (→ Erbrecht) schwächt die Existenzgrundlage der bäuerl. Haushalte. Daneben erzeugt die Krise der Grundherrschaft zunehmenden fiskal. Druck. Das Abnehmen des militär. Schutzes durch den Herrn wirkt sich ebenfalls zum Nachteil der Landbevölkerung aus.

Die hauptsächl. Gesichtspunkte der spätma. Agrarentwicklung sind: 1. Eine Spaltung der Masse der bäuerl. Bevölkerung in zwei Schichten: Auf der einen Seite verfügen die »Pflüger«*(laboureurs)*, die ca. 10-15 % der Gesamtbevölkerung ausmachen, über großen Landbesitz, sie beherrschen die ländl. Bruderschaften *(marguiliers)*, üben die gemeindl. oder grundherrschaftl. Ämter aus, öffnen ihre Felder dem Anbau von gewinnbringenden Sonderkulturen (Farbpflanzen wie → Waid und → Krapp, Wein-, Obst- und Gemüseanbau; ferner Forst- und Wiesenkulturen), verleihen Geld an ärmere Dorfbewohner und machen Geschäfte mit dem Handelsbürgertum der Städte (wobei ihrerseits reiche Stadtbürger zunehmend ländl. Grundbesitz erwerben). Im Gegensatz zu den wohlhabenden laboureurs sinken die landarmen bzw. landlosen *manouvriers* immer mehr zu → Tagelöhnern herab (vgl. auch Saisonarbeit); ihre Armut erlaubt ihnen nicht, die festen Sätze *(taux abonnés;* → abonnement) der → taille oder die Ablösungssummen für die Frondienste *(corvée)* zu zahlen; sie werden wieder zu Unfreien (serfs). – 2. Die Differenzierung von Einkommen und Lebenshaltung drückt sich in der Siedlungsstruktur aus. Die Dörfer stehen häufig in Verbindung zu den Handelsstraßen. Die reichsten Bauern errichten ihre Anwesen jetzt oft abseits der Dörfer als große, weiträumige *censes* oder *fermes*. Sie nehmen oftmals bedeutende Teile der grundherrl. Domänen in Pacht. In bestimmten Fällen vereinigen sie, wie manche wirtschaftl. aktive Grundherren, einen großen zusammenhängenden Besitzkomplex in ihrer Hand, den sie einfriedigen lassen. Doch folgen nicht alle westeurop. Regionen dieser Agrarentwicklung; zahlreiche Gebiete (wie Bretagne, Champagne und Hurepoix) vermögen sich von den krieger. Wirren und der Abwanderung der Bevölkerung nicht zu erholen. – 3. Die Bauernaufstände (→ Revolten) werden im 14. Jh. von wohlhabenden Bauern getragen, die das alte System der Grundherrschaft zerschlagen wollen (→ Jacquerie; im 15. Jh. gehen sie dagegen von den ärmsten Bauern aus, die sich verstecken und plündern (→ Tuchins).

Nach einer kurzen Phase wirtschaftl. und demogr. Aufschwungs (1475–1525) ist das B. um die Mitte des 16. Jh. am Rande des Ruins – mit Ausnahme einer kleinen ländl. Oberschicht, die von den sog. »coqs de village« gebildet wird. R. Fossier

Lit.: G. DUBY, L'économie rurale et la vie des campagnes, 2 Bde, 1962 – G. FOURNIER, Le peuplement rural en Basse-Auvergne durant le haut MA, 1962 – G. FOURQUIN, Les campagnes de la région parisienne à la fin du moyen âge, 1964 – A. VERHULST, Hist. du paysage rural en Flandre de l'époque romaine au XVIIIe s., 1966 – R. FOSSIER, La terre et les hommes en Picardie..., 2 Bde, 1968 – M. T. LORCIN, Les campagnes de la région lyonnaise aux XIVe et XVe s., 1974 – Hist. de la France rurale, hg. G. DUBY-E. LE ROY LADURIE, Bd. I–II, 1975 – G. BOIS, Crise du féodalisme, 1976 – G. SIVERY, Structures agraires et vie rurale dans le Hainaut à la fin du MA, 2 Bde, 1977 – 80 (Publ. Univ. Lille III) – Villages désertés et hist. économique, XIe–XVIIIe s. (Éc. des Htes. Etudes, VIe Sect., Les hommes et la terre, XI). – E. LE ROY LADURIE, Montaillou. Ein Dorf vor dem Inquisitor, 1980 [frz. Ed. 1976].

IV. IBERISCHE HALBINSEL: [1] Die ersten Jahrhunderte bringen keine wesentl. Veränderung im Bauerntum. Die villa tendiert dazu, sich in ein kleines Dorf zu verwandeln, in dem eine heterogene leibeigene Bevölkerung lebt. Man beobachtet eine schrittweise Annäherung der Kolonen an die Welt der Unfreien oder ländl. Leibeigenen (rustici), die von den Sklaven unterschieden werden und sich in einer widersprüchl. sozialen Situation befinden, die man als Frühform der Leibeigenschaft bezeichnen kann. Sie haben eine niedrigere Rechtsstellung als die anderen (idonei gen.) Leibeigenen, aber emanzipieren sich schneller und nähern sich den Halbfreien; auch dies ist ein widersprüchl. Begriff, der sich auf Leute bezieht, deren Freiheit von Verpflichtungen gegenüber dem Herrn beschränkt ist. Die *libertos* (mit einem niedrigeren Rechtsstatus als die Freigeborenen, aber diesen doch sehr nahe) und die *encomendados*, deren Anzahl in der westgot. Zeit anscheinend wuchs, stellen die beiden häufigsten Typen von Halbfreien dar. Alle sind vorwiegend im Bereich des Großbesitzes anzutreffen. Außerdem gibt es eine freie, nicht privilegierte Bevölkerung, so die kleinen Grundbesitzer (privati), Pächter und einige Tagelöhner. Dieser Ansatz muß rein jurist. bleiben – angesichts der Tatsache, daß wir die materiellen Lebensbedingungen der frühma. Landbevölkerung kaum kennen. Unsere geringe Kenntnis beruht lediglich auf Texten wie »De correctione rusticorum« des Martin v. Braga.

[2] Die islam. Invasion scheint das System der Leibeigenschaft nicht merkl. verändert zu haben. So ähnelt im Bereich des Großgrundbesitzes die reale Situation des Bauern der des Kolonen mit seinen Abgaben und Frondiensten. Doch ist die persönl. Freiheit hervorzuheben, die der muslim. Bauer in der Regel genießt; auf der Iber. Halbinsel verschwindet die Sklaverei aus den ländl. Zonen (vgl. auch Abschnitt XIV).

[3] Im chr. Spanien bessern sich die Lebensbedingungen vieler Bauern (woran die Wiederbesiedlung [→ repoblación] nicht unbeteiligt ist). So vollzog sich unter den spezif. Bedingungen der Entwicklung in den frühma. Kgr.en teilweise ein schnellerer Aufstieg leibeigener Bevölkerungsgruppen mit möglichem Erwerb der Freiheit. Auf diese Weise läßt sich die Bildung einer Landschaft mit einer freien Kleinbesitzerbevölkerung erklären: Es sind ländl. Familienstrukturen, die eine merkliche Einheitlichkeit in ihrer Morphologie aufzeigen. Im Bereich des »Großgrundherrschaft« finden wir eine Vielfalt von Begriffen, die grundherrl. gebundene Landbevölkerung bezeichnen; wir wissen jedoch nicht, inwieweit diese immer einer realen gesellschaftl. Differenzierung entspricht, deren Bedingung und Ausmaß sich nicht bei jeder dieser Schichten untersuchen läßt. Wir treffen auf häufige Verwirrung scheinbar klarer Begriffe wie Armut, Reichtum, Freiheit und Leibeigenschaft. Das ist der Fall bei – jurist. gesehen – Freien, die rechtl. den Halbfreien nahestehen, wirtschaftl. aber abhängig sind: zu nennen sind die *malados* in Portugal, die *iuniores* in Galizien und León, die *collazos* und *solariegos* von León bis Navarra und Aragón. Schließlich geht es um die Problematik des genauen Inhaltes, den Begriffe besitzen, die die völlige Freiheit bezeichnen (liberi, ingenui, francos), oder auch um die Lebensbedingungen des freien Bauern mit oder ohne Abhängigkeit *(villano* oder *payés).* Auf der untersten sozialen Stufe bleibt die Sklaverei durch die Einführung muslim. Sklaven aufrechterhalten, während die ursprgl. Sklaven in die Gruppe der homines de criatione ('zugeteilte Leibeigene') integriert werden.

Die → behetrías (von Bedeutung in Kastilien) sind von freien B.n bewohnte Gebiete, die das Recht haben, sich ihren Herrn selbst zu wählen. Dies entspricht einem verbreiteten Schutzbedürfnis (hierher gehört z. B. die lusogalizische incommunicatio, ein häufiger Kondominatsvertrag im 10. und 11. Jh.). Seit Mitte des 12. Jh. verlieren die Angehörigen der behetría allmählich die Wahlfreiheit, während die behetría kollektiven Charakter erhält. Da sie eine jurist. Form der Verwaltung von Gütern bezeichnet, erinnert sie an eine gewöhnl. Domäne. Nach der ländl. Emanzipation, die zw. dem 12. und 13. Jh. zum Abschluß gelangt, lassen sich zwei Entwicklungen beobachten: Zum einen scheint es eine Zunahme der ländl. Tagelöhner zu geben (sowohl von Hirten als auch von Bauern), v. a. in der Meseta und in Andalusien, die in materieller Hinsicht von den »granjeros« des Nordens und der Gemüseanbaugebiete der Ostküste und von Mallorca verschieden sind; zum anderen stellen wir im Bereich der Domänen eine gewisse Vereinheitlichung in den Lebensbedingungen der abhängigen Landbevölkerung fest; so unterscheidet sich der Bauer der behetría nicht sehr von dem solariego, dem Erben der breitgefächerten ländl. Schichten, wie weiter oben ausgeführt wurde. Der konjunkturelle Umschwung des 14. Jh. dürfte eine Verschlechterung der sozialen Bedingungen der Landbevölkerung hervorgerufen haben, wenn auch in unterschiedl. Grad u. Rhythmus. So ergab sich z. B. eine Verringerung der Anzahl der Kleingrundbesitzer (mit Ausnahme von Valencia und Murcia); in Katalonien setzte die sozio-ökonom. Verschlechterung früher ein (seit dem 11. Jh.). Dahinter steht ein Wiederaufleben der Herrschaftsrechte in einigen Gebieten wie Aragón und Katalonien, was zu einer echten Regression führt. Spezielles Interesse verdienen in diesem Zusammenhang die *hombres de redimentia (remensas)* der Ackerbaugebiete von Altkatalonien, so gen. wegen ihrer erblichen Schollenpflichtigkeit (die zu der Bindung an den Herrn hinzutrat), von der sie sich nur durch Zahlung einer Ablösung *(redimentia)* befreien konnten. Die Herren versuchten die Verringerung ihres Realeinkommens durch Forderung drükkender Dienste und Abgaben *(malos usos)* auszugleichen. Die heftigen Konflikte, die die bäuerl. Welt Kataloniens im 15. Jh. erlebte, konnten nur durch die Intervention des Kg.s beendet werden; 1486 dispensierte das Urteil von Guadalupe die remensas von den malos usos; die Bauern konnten nun durch Leistung einer mäßigen Ablösung die Freiheit erlangen. Insgesamt ist es, v. a. angesichts des Fehlens monograph. Studien, schwierig, über Verallgemeinerungen hinaus konkrete Aussagen zur sozialen Realität in ihren regionalen Varianten zu treffen. Schon innerhalb eines Kgr.es finden sich große Unterschiede zw. der Agrarverfassung der verschiedenen Landschaften; so zw. Galizien, wo der landwirtschaftl. Großbetrieb vorherrscht, und Kastilien, das über eine Vielzahl von Kleinbauernstellen verfügt. Ähnliches läßt sich über den ptg. Raum, Aragón, Mallorca oder Andalusien sagen. L. Adão da Fonseca

Lit.: J. VICENS VIVES, Historia de los remensas en el siglo XV, 1945 – DERS., Hist. de España y America social y economica, Bd. I-II, 1957, 1972 – CH. VERLINDEN, La condition des populations rurales dans l'Espagne médievale (Le servage [RecJeanBodin, 2], 1959) – C. SÁNCHEZ-ALBORNOZ, Estudios sobre las instituciones medievales españolas, 1965 – N. GUGLIELMI, La dependencia del campesino no proprietario..., Anales de Hist. Ant. y Medieval, XIII, 1967, 95–187 – M. R. GARCÍA ÁLVAREZ, Galicia y los gallegos en la Alta Edad Media. Demografía 1-2, 1975 – P. BONNASSIE, La Catalogne du milieu du Xe à la fin du XIe s., 2 Bde, 1975–76 – C. SÁNCHEZ-ALBORNOZ, Viejos y nuevos Estudios sobre las Instituciones Medievales Españolas, 2 Bde, 1976[2] – DERS., Los siervos en el Noroeste hispano hace un milenio, CHE 61-62, 1977, 5–95 – S. MOXÓ, Repoblación y sociedad en la España cristiana medieval, 1979.

V. ITALIEN: [1] *Umweltbedingungen*: Das B. im ma. Italien formt zu Beginn des 6. Jh. die charakterist. Züge aus, die es bis in das 11. Jh. behält. Eine Gruppe von Faktoren veränderte während des 6. Jh. die Physiognomie der Landschaft in einschneidender Weise: Zunehmend führten Klimaverschlechterung, Kriege und Epidemien dazu, daß weite Gebiete brachlagen und ein starker Bevölkerungsschwund in den ländl. Gebieten eintrat. Dadurch wurde eine Entwicklung, die bereits in der Spätantike ihren Anfang genommen hatte, beschleunigt.

Die bäuerl. Güter umfaßten größtenteils brachliegendes Land, die Dörfer grenzten an Wälder, Forste und Wasserläufe. Erst in der Folgezeit – bereits im 9. und v. a. seit dem 12. Jh. – setzte mit der Zunahme der Bevölkerung eine regere Binnenkolonisation ein und reduzierte die unbebauten Agrarflächen in merkl. Ausmaß. Der Ackerbau trat zunehmend an die erste Stelle. Daneben blieb jedoch die Nutzung der Wälder, Flüsse und Sümpfe weitgehend erhalten; v. a. in den Bergen und in der Tiefebene erhielten sich diese Wirtschaftsformen in beträchtl. Umfang.

[2] *Wirtschaft*: Angesichts der geringen Effizienz des → Getreideanbaues, wenigstens bis zum 10. Jh. (Verhältnis Saat-Ernte 1:2), waren das Vieh, das in den Wäldern weidete, und auch Jagd und Fischfang, v. a. im Bergland und in den Tiefebenen (wo diese einfachen Wirtschaftsformen häufig die einzigen waren), für die Ernährung der Landbevölkerung wichtiger als die Produkte des Ackerbaus. Seit dem 11. Jh. verbesserten sich die Ackergeräte, man verwendete in stärkerem Maße als früher Großvieh zum Pflügen und benutzte Stallmist als Dünger; die Tierhaltung in den Wäldern verringerte sich mit dem Fortschritt der Kolonisationstätigkeit zugunsten der Stallhaltung. Aber obwohl die Ausdehnung der Anbauflächen die Ernährung einer größeren Zahl von Menschen als in den vorhergegangenen Jahrhunderten sicherstellte, reichte die bisherige Landfläche angesichts der ständigen Zunahme der Bevölkerung nicht mehr aus. Deshalb mußte auch die Trockenlegung von Sumpfland in Angriff genommen werden. Zur gleichen Zeit wurden die Bauerngüter in zunehmendem Maße auf immer mehr Familien aufgeteilt und reichten trotz der Verbesserung der Anbautechniken für diese häufig nicht mehr aus. Die Einführung der → Halbpacht *(Mezzadria)* seit dem 13. Jh., wodurch die Ländereien in eine größere Zahl von kleinen Gütern aufgesplittert wurden, die die Ernährung der bäuerl. Familien sicherstellten, sowie die Vorratshaltung von Lebensmitteln durch die Grundbesitzer verbesserten die agrarökonom. Bedingungen.

[3] *Familie und Sippe*: Die bäuerl. Familie scheint gewöhnl. zwei Generationen umfaßt zu haben. Häufig lebten auf einem Gut mehrere Brüder zusammen (mit ihren Frauen und Kindern, oder unverheiratet). Die Dörfer bestanden, wenigstens in den Fällen, in denen Forschungsergebnisse vorliegen, zum Großteil aus miteinander verwandten Familien, wobei die einzelnen bäuerl. Häuser von kleineren Kernfamilien bewohnt wurden. Die Güter wurden sowohl in männl. als auch in weibl. Linie vererbt. Nicht selten erscheint die Frau neben ihrem Ehemann als Besitzerin des Gutes. Seit dem 12. Jh. besteht jedoch die Tendenz, vielleicht v. a. bei den in Pacht gegebenen Gütern, sie nur in männl. Linie zu vererben. Diese Tatsache spiegelt eine allgemeine gesellschaftl. Entwicklung wider und ist v. a. Ausdruck der Notwendigkeit einer besseren Kontrolle des Pachtlandes und der Pächter von seiten des Eigentümers.

[4] *Gemeinschaftsformen*: Von großer Bedeutung als verbindendes Element zw. den bäuerl. Gruppen, Grundeigentümern und Pächtern, war das unbebaute Land (Allmende), das erstere in gemeinsamem Besitz hatten und über das die letzteren ein gemeinsames, vom Grundherrn eingeräumtes Nutzungsrecht besaßen. Mit der Erweiterung der Anbauflächen verlor dieser Faktor des Zusammenhalts zw. den bäuerl. Gruppen allmählich an Bedeutung. Ein weiteres Element, das für den Zusammenhalt der Bevölkerung eine Rolle spielte, war die ländl. Pfarrgemeinde, neben den kleinen Klöstern und Kirchen, die in großer Zahl auf dem Land verstreut lagen, sowie den bedeutenden Abteien und ihren Zellen.

[5] *Soziale Schichten*: In langob. Zeit bildeten mittlere und kleine Grundeigentümer den Hauptteil der liberi homines (arimanni, exercitales; → Arimannia), die die vollen Rechte genossen. Diese Bauernkrieger bildeten die Basis, auf die sich die langob. Kgtm. stützte. Die Halbfreien (→ Alden) und servi hatten an der Herrschaft keinen Anteil und bearbeiteten fremden Grund. Nach der Eingliederung eines großen Teils von Italien in das Karolinger-

reich verloren in diesem Gebiet viele homines liberi – ehemalige kleine Grundbesitzer, die im Lauf des 9.Jh. in die Abhängigkeit von Großgrundbesitzern geraten waren (die sog. libellarii) – mit der Zeit de facto ihre Freiheit. In den Gebieten, die in mehr oder weniger festen Abhängigkeitsverhältnissen zum Byz. Reich verblieben, setzte sich die curtis, deren Struktur eher frk. als autochthon war, nur selten durch. In den »byzantinischen« Gebieten bestand der Großgrundbesitz aus einzelnen Bauerngütern und nicht – wie in den anderen Regionen – aus Ländereien, die teils im Eigenbau bewirtschaftet wurden, teils Pächtern zur Bewirtschaftung übergeben waren (casae massariciae), wobei die Pächter auch Frondienste (operae) auf den Feldern des Herrn erbringen mußten. Die unfreien (massarii) und die freien (libellarii) Pächter assimilierten sich im Lauf des 9.Jh. Viele servi, die über kein Leiheland verfügten, die sog. praebendarii (die von der praebenda ihrer Herrn erhalten wurden), wurden jetzt auf Gütern angesiedelt; ihre Stellung näherte sich allmählich derjenigen der massarii und der libellarii. Jedenfalls verblieben zahlreiche mittlere und kleine Grundeigentümer in der Dorfgemeinschaft und unterwarfen sich erst später einer Grundherrschaft. Im 13. und 14.Jh. verschwand allmählich fast überall die Trennung in Unfreie und Freie; nur die unterschiedl. Verträge zw. Pächtern und Grundeigentümern bezeichneten weiterhin die verschiedenen Kategorien der abhängigen Bauern.

[6] *Grundherrschaft*: Im 11.Jh. war die Zahl der Bauern (mit oder ohne eigenen Grundbesitz), die nicht von einem Grundherrn abhängig waren, vermutl. äußerst gering; die Grade und Formen der Abhängigkeit waren allerdings sehr verschieden. Die Bildung von »Grundherrschaften« beginnt v. a. nach der Krise des Karolingerreiches, der Zentralgewalt und ihrer traditionellen Vertreter (Gf.en, vicecomites, Gastalden). Die Macht geht auf die großen geistl. und weltl. Grundherren über und zersplittert sich. Seit dem 13.Jh. verloren die Rechte der Grundherren allmählich durch den Aufstieg der Kommunen und deren Suprematie über weite Teile von Mittel- und N-Italien an Bedeutung. Die Agrarwirtschaft und die bäuerl. Bevölkerungsgruppen wurden in vielen Gebieten in starkem Maße durch die Einflüsse der städt. Wirtschaft, der Marktbeziehungen und das Ausgreifen von Stadtbürgern auf das Land (Aufkauf von Bauerngütern) beeinflußt und verändert. Die spätma. Agrarkrise wirkte in Italien im allgemeinen weit geringer aus als in anderen Gebieten Europas. V. Fumagalli

Lit.: C. VIOLANTE, La società milanese nell'età precomunale, 1953, 1974² – E. SERENI, Storia del paesaggio agrario italiano, 1962, 1976 – G. CHERUBINI, Agricoltura e società rurale nel Medioevo, 1972 – P. TOUBERT, Les structures du Latium médiéval, 1973 – G. CHERUBINI, Signori, contadini, Borghesi, 1974 – A. I. PINI, La viticoltura italiana nel Medio Evo, StM 15, 1974 – Ph. JONES, La storia economica. Dalla caduta dell'Impero romano al secolo XIV, Storia d'Italia, cur. R. ROMANO–C. VIVANTI, II, 1974 – M. MONTANARI, Cereali e legumi nell' Alto Medioevo: Italia del Nord, secoli IX–X, RSI 87, 1975 – A. CASTAGNETTI, La pieve rurale nell'Italia padana, 1976 – V. FUMAGALLI, Terra e società nell'Italia padana: i secoli IX e X, 1976 – DERS., L'evoluzione dell'economia agraria e dei patti colonici dall'Alto al Basso Medioevo, StM 18, 1977 [reiche Lit.] – B. ANDREOLLI, Contratti agrari e patti colonici nella Lucchesia dei secoli VIII e IX, StM 19, 1978. – M. MONTANARI, L'alimentazione contadina nell' alto Medioevo, 1979.

VI. ENGLAND: Die Bauern bildeten auch innerhalb der Gesellschaft des ma. England die zahlenmäßig größte Schicht, über die sich nur sehr schwer generelle Aussagen treffen lassen. Eine bes. Schwierigkeit bildet dabei der Umstand, daß das archäolog. Fundmaterial trotz seines großen Reichtums, chronolog. gesehen, sehr ungleich verteilt ist, wodurch die Agrarhistoriker häufig zu Rückprojektionen genötigt werden.

Während der ags. Periode scheint die Mehrzahl der Bauern, die in erster Linie Getreideanbau betrieb, mit ihrem Grundbesitz in Abhängigkeit von Herren geraten zu sein, denen sie Frondienste oder andere Leistungen bzw. Abgaben schuldete. Von dieser Entwicklung wurden die Bauern sowohl brit.-kelt., ags. als auch skand. Herkunft erfaßt. Es ist jedoch nicht möglich, genau zu bestimmen, auf welche Weise, zu welchem Zeitpunkt und aus welchen Gründen sich dieser hist. Vorgang vollzog. Die Herrschaft über Land und Leute dürfte sich zu verschiedenen Zeiten und aus unterschiedl. Ursachen ausgebildet haben. Diese beiden Typen von Herrschaft verschmolzen auch bis zur norm. Eroberung und selbst nach dieser nicht vollständig. Eine feste oder gar starre Definition des *manor* als Einheit der Grundherrschaft ist daher nicht möglich.

Obwohl der Rechtsstatus der meisten Bauern, die mehr und mehr als *villeins* bezeichnet wurden, nach der norm. Eroberung (1066) gemindert wurde, indem sie etwa aufgrund der zunehmenden Ausschließung von der kgl. Gerichtsbarkeit als unfrei betrachtet wurden, müssen doch ihre wirtschaftl. Verhältnisse im 12.Jh. eine Verbesserung erfahren haben. In dieser Periode des Landesausbaus kann von einer Lockerung und Liberalisierung der grundherrl. Abhängigkeitsverhältnisse ausgegangen werden, wobei es zahlreiche villeins erreichten, durch Zahlungen von Geld oder Naturalien die Frondienste und ähnliche Leistungen abzulösen.

Das 13.Jh. erscheint als eine Periode ökonom. Schwierigkeiten für das gesamte engl. B. Anhaltendes Bevölkerungswachstum und lebhaft steigende Preise für Agrarprodukte veranlaßten zahlreiche große Grundherren, zur direkten Bewirtschaftung ihrer Domänen überzugehen. Zahlreiche Bauern sahen sich erneut drückenden Frondiensten unterworfen, während diejenigen Teile der Landbevölkerung, deren Haupterwerbsquelle in der Lohnarbeit bestand, einen Rückgang der Reallöhne erlitten. So wie die Feudalrenten als Folge der Landknappheit anstiegen, scheint sich auch die Last der Kirchenzehnten und der kgl. Steuern vergrößert zu haben.

Der vergleichsweise große Reichtum an Quellen, die wir aus dem 13.Jh. besitzen, erlaubt uns, eine Reihe bäuerl. Familien zu ermitteln, denen es gelang, von der wirtschaftl. Entwicklung in bes. Maße zu profitieren und eine Art bäuerl. Aristokratie zu bilden. Darüber hinaus haben neuere Forschungen für diese Periode zu zeigen versucht, daß das B. in eine Reihe von Schichten und Segmenten zerfiel, auf deren Lage sich die langfristige sozialökonomische Entwicklung in unterschiedl. Weise auswirkte. Es kann dabei eine beachtl. soziale Mobilität zw. diesen einzelnen bäuerl. Schichten beobachtet haben; doch ist diese bei dem jetzigen Forschungsstand erst umrißhaft zu erkennen.

Das Bewußtsein der Notwendigkeit von Differenzierungen verstärkt die schon seit langem bestehenden Zweifel an der Existenz eines »Goldenen Zeitalters« des engl. B.s im SpätMA. Diese Vorstellung beruhte auf der Annahme eines starken demograph. Rückganges, v. a. durch die großen Epidemien (bes. die Schwarze Pest), der zu einem Nachlassen des Landhungers, einer Senkung der Feudalrenten und einem Anstieg der Reallöhne geführt habe. Diese Entwicklungen führten in der Tat zu einer Aufgabe der direkten Bewirtschaftung von Ländereien durch die großen Lords, die nun Teile ihres Grundbesitzes zum Kauf anboten; ebenso dürften sie wohl zu einem (zumindest teilweisen) Zusammenbruch von »Leibeigenschaftsverhältnissen« beigetragen haben. Zwar traten in erster Linie B.s als Käufer des Domänenlandes auf, das auf den Markt kam, doch dürfte nur ein kleiner Teil des B.s von diesem Eigentumswechsel profitiert haben. Für die Mehrzahl der Pächter gibt es keine Hinweise auf Vergrößerung ihres Landbesitzes. Jedoch kann kaum an der Tatsache vorbeigegangen werden, daß der Anstieg der Reallöhne die wirtschaftl. Lage der Mehrheit der Bauern verbesserte. Auch die Pachtbedingungen scheinen sich, wenn auch nicht überall, günstiger gestaltet zu haben. – Die Geschichte des ma. B.s in Schottland und Wales ist vergleichsweise wenig erforscht; zum ir. B. vgl. Abschnitt VII. R. L. de Lavigne

Lit.: G. Homans, Engl. Villagers of the 13th Century, 1941 – H. Loyn, Anglo-Saxon England and the Norman Conquest, 1962 – The Cambridge Economic Hist. of Europe, hg. M. Postan, I², 1966 – J. Titow, Engl. Rural Society 1200–1350, 1969 – M. Postan, The Medieval Economy and Society, 1972 – R. Hilton, The Engl. Peasantry in the Later MA, 1975 – E. Britton, The Community of the Vill, 1977 – E. Miller–J. Hatcher, Medieval England 1086–1348, I, 1978.

VII. Irland: Die air. Gesellschaft um 700, wie sie die Rechtssammlungen schildern, umfaßte 1. Adlige, deren sozialer Rang sich nach der Größe ihrer → Klientel bestimmte; 2. eine freie landbesitzende Schicht; 3. die Unfreien. Die ärmste Gruppe der Freien, ócaire gen., deren Viehbestand nach jurist. Vorstellung sieben Kühe und einen Bullen umfaßte, stand kaum über den (unfreien) Bauern. Der Vertrag über ein Klientelverhältnis (giallnae) zw. einem solchen armen Freien und einem adligen Patron verpflichtete den Klienten zur Abgabe eines festgelegten Naturalzinses und zu gleichfalls begrenzter Leistung von Handdiensten. Das 5. Jh. kannte darüber hinaus auch Sklaven, die auf den Gütern der Reichen Landarbeit leisteten; doch erlebte die Sklaverei nach der Ausbreitung des Christentums einen Rückgang, sie wurde allerdings erst 1170 durch ein kirchl. Dekret förmlich untersagt. Andere unfreie Gruppen der Landbevölkerung waren Zeitpächter mit kurzfristig kündbaren Pachtverhältnissen, als *bothach* und *fuidir* bezeichnet; beide Kategorien hatten ihren Herren für die Nutzung des Landes unbegrenzte Frondienste zu leisten. Die Mitglieder einer fuidir-Familie, die neun Generationen auf demselben Besitz saßen, wurden zu *senchléithe*, d. h. schollenpflichtigen servi.

Die Anglonormannen behandelten nach ihrer Invasion und teilweisen Eroberung von Irland im späten 12. Jh. alle unfreien ir. Pächter als eine einheitl. Gruppe von schollengebundenen *serfs* (Leibeigenen): nativi Hibernici oder *betaghs* (von air. *biatach*, 'jemand, der Nahrungsmittel liefert'); dieser Terminus bezeichnete ohne Unterschied die ehem. freien Klienten und die unfreien Pächter und Leibeigenen. Die Normannen betrieben darüber hinaus Landesausbau mit Bauern aus England und Wales, die in Irland stets den Status freier Leute unter engl. → Common Law als firmarii, cotarii und gabellarii besaßen. Der Bevölkerungsrückgang im 14. Jh. führte zu einem allmählichen Abbau der Leibeigenschaft sowohl in den genuin irischen als auch in den norm. beherrschten Gebieten: Bis zum 16. Jh. waren, abgesehen von einigen abgesonderten, häufig kirchl. Ländereien, faktisch alle kleinen Bauern Zeitpächter, die Naturalzehnten leisteten oder eine Art von *share-cropping* bzw. *métayage* (d. h. Entrichtung der Pacht durch einen Anteil an der Ernte) praktizierten. Die Weidewirtschaft erlangte immer größere Bedeutung; die Pächter sollen auf steter Suche nach besseren wirtschaftl. Bedingungen häufig, manchmal jedes halbe Jahr, ihren Herren gewechselt haben. Seit dem späten 13. Jh. waren sowohl die Pächter von ir. als auch von anglonorm. Herren der weiteren Belastung des *coinnmheadh* oder *coyne and livery* unterworfen, durch welche die Lords die Einquartierung und Verpflegung ihrer Söldnertruppen, die sie sich zur Führung ihrer Privatkriege hielten, sicherstellten. Die ständige Präsenz von Truppen mag die Armut der ir. Bauern und das Fehlen offenen bäuerl. Widerstandes erklären. K. Simms

Lit.: J. Otway-Ruthven, The character of Norman settlement in Ireland, Hist. Stud. V, ed. J. L. McCracken, 1965, 73 ff. – G. Mac Niocaill, The origins of the Betagh, Irish Jurist, 1966, 292 ff. – K. W. Nicholls, Land, law and society in 16th century Ireland, 1976.

VIII. Skandinavien: Die wichtigsten Quellen für die rechtl. Stellung, soziale Gliederung und wirtschaftl. Situation des skand. B.s sind die Landschaftsrechte des 12. und 13. Jh. und die Reichsgesetze des 13. und 14. Jh., weiterhin das einheim. Urkundenmaterial und einige Liegenschafts- und Besitzverzeichnisse aus dem 12. und 13. Jh., wie das Grundbuch des westnorw. Kl.s Munkeliv von 1175 und das Urbar des dän. Kg.s Waldemar II. von 1231. Die norw., isländ. und z. T. auch die dän. sozialen Verhältnisse werden darüber hinaus von der volkssprachl. Sagaliteratur, v. a. den norw. Königssagas, beleuchtet, die die norw. Geschichte bis etwa 1260 abdecken, deren Darstellungen aber lit. Schablonisierungen ausgesetzt sind. Erst die kameralen Quellen des 16., insbes. des 17. Jh., die eine genaue katastermäßige Erfassung des gesamten landwirtschaftl. genutzten Areals in allen skand. Ländern liefern, geben zuverlässige Auskünfte über Eigentums-, Bewirtschaftungs- und Nutzungsverhältnisse.

Während sich die Erforschung der hochma. ökonom. Bedingungen somit weitgehend einer retrospektiven Methode bedienen muß, sind die verfassungsrechtl. Verhältnisse des skand. B.s im HochMA in den zeitgenöss. Rechts- und Gesetzbüchern unmittelbar faßbar, obwohl umstritten ist, ob die dort niedergelegten Normen noch ältere bäuerl. Rechtsvorstellungen und Rechtsschöpfungsprinzipien repräsentieren oder ob sie bereits ein nach kgl. und kirchl. Perspektiven gegliedertes hochma. Rechts- und Gesellschaftsgefüge widerspiegeln. Man wird insgesamt davon ausgehen müssen, daß ältere und neuere Schichten nebeneinander stehen, daß aber die polit. Verhältnisse während der Kodifizierungsperiode (Norwegen/Island: 12. Jh., Schweden/Dänemark: 13. Jh.) die Tendenz der Texte entscheidend beeinflußt haben. Zur Erhellung der wikingerzeitl. und nach-wikingerzeitl. Verhältnisse können somit nur die Ergebnisse der Archäologie, der Ortsnamenforschung und in begrenztem Maße der Runologie herangezogen werden.

Der Aufbau der bäuerl. Gesellschaft und die Bezeichnung der einzelnen Gruppen ist – gemäß der Systematik in den Landschaftsrechten – gerade in Norwegen von Landschaft zu Landschaft verschieden. Die Unterschiede innerhalb der Bauernschaft ergaben sich durch die eigentumsrechtl. Beziehungen zw. dem Bewirtschafter und dem Hof. Nicht zuletzt an diesen Verhältnissen leitete sich das persönl. Recht des einzelnen ab, das wiederum Ausdruck seiner sozialen Stellung war: In ganz Norwegen scheint mit hǫldr, hauldr (pl. hǫldar) die Schicht der Vollbauern, die auf altererbtem Besitz (óðal, → Odal) saßen, bezeichnet worden zu sein. Über ihm standen nur noch die königlichen Lehnsleute (lendrmenn), der Herzog und der Bischof. Die Vertreter der mittleren bäuerlichen Schicht, die nur das halbe Recht eines hǫldr hatten, wurden im Westland (das heißt im Gebiet des Gulathings) bœndr, búendr (singularisch bóndi, búandi, 'der Bebauende') genannt. Die wohl recht große Gruppe der bœndr konnte somit durchaus auch auf Kauf- oder Pachtland sitzen, während der im Vergleich zum Ostland seltenere hǫldr eher mit größerem Grundbesitz ausgestattet war. Im Ostland repräsentierte dann nur der Freigelassene (leysingi) und dessen Sohn (leysing jarsonr) die Schicht unterhalb des hǫldr, der in dieser Region Norwegens wohl als der »Normalbauer« angesehen wurde. Im

Gebiet um den Trondheimfjord (Gebiet des Frostathings) gab es außer dem »normalfreien« Bauern (*árborinn maðr*) mit mindestens vier Generationen freier Vorfahren und dem darüberstehenden hǫldr noch den *rekspegn* (Etymologie unklar) als schwer einzuordnende Gruppe zw. dem árborinn maðr und dem wesentl. niedrigeren leysingjarsonr. Der rekspegn hatte nur das halbe Recht eines hǫldr und entsprach so im persönl. Wert dem westländ. bóndi und bewirtschaftete – möglicherweise wie dieser – meist nur Pachtland oder höchstens Kaufland. Die tröndische Bauerngesellschaft bestand demnach aus einer verhältnismäßig breiten, in sich gegliederten besitzenden Schicht und einer ebenfalls differenzierten Schicht von Kleinbauern und Pächtern.

Die unterschiedl. Stellung der verschiedenen bäuerl. Gruppierungen, die u. a. in den Bußkatalogen der Gesetzestexte zum Ausdruck kommt, hängt offenbar mit den landwirtschaftl. Möglichkeiten der jeweiligen Region zusammen: Das ostländ. und tröndische Bauerntum steht auf einer soliden wirtschaftl. Basis mit ausgedehntem Eigenbesitz, während sich im landwirtschaftl. schlecht zu nutzenden Westland ein größeres wirtschaftl. Gefälle zw. den verhältnismäßig wenigen großen, unabhängigen Höfen und den zahlreichen Pachthöfen abzeichnet. Indessen macht die Terminologie und damit auch die angedeutete Hierarchie im norw. B. – im Kontext der Landschaftsrechte – den Eindruck, daß sie spätestens im 13. Jh. für viele Bereiche obsolete Verhältnisse wiedergibt, denn schon im 11. Jh. wird sich bóndi, búandi (von *búa* 'wohnen', 'wirtschaften') als allgemeine Bezeichnung für denjenigen, der das Land bewirtschaftete – ungeachtet seiner besitzrechtl. Stellung – durchgesetzt haben. Verantwortl. für diese Entwicklung dürfte wohl die aus dem → Danelag übernommene kgl. Schiffsgestellungsorganisation (→ Leding) sein, die seit dem 10./11. Jh. in Norwegen belegt ist und bei der die Lasten für die Ausrüstung der Schiffe und der Mannschaften nach der Größe der bäuerl. Anwesen berechnet wurde. Die entsprechenden Abgaben hatte der Bewirtschafter des Hofes zu zahlen, gleichgültig, ob er Eigentümer oder Pächter war. Die Verbreitung von bóndi, búandi als einer allgemeinen Bezeichnung des freien Mannes ging daher Hand in Hand mit einer zunehmenden Organisation des B.s und einer sich festigenden rechtl. und polit. Beziehung zum Kgtm. (vgl. Hans Kuhn, Kl. Schriften II, 1971, 420–483). Auch die Pächter (sg. *leiglendingr*), deren Anzahl sich im Laufe des MA ständig vergrößerte, waren somit Teile der Bauernschaft.

In den dän. und schwed. Quellen wird in der Regel der »Normalbauer« erwähnt (dän./schwed. *bondæ, bonde*), während der auf altererbtem Gut sitzende Vollbauer (dän. *othælbondæ, iorthæghandæ man*) in diesen im Vergleich zu Norwegen rund 100 Jahre später aufgezeichneten Landschaftsrechten offensichtl. nur eine geringe Rolle spielt. Auch hier ist eine bereits in der Terminologie angedeutete Ausgleichung der bäuerl. Gesellschaft in hochma. Zeit erkennbar. Die Schicht der Pächter (dän./schwed. *landbo*, lat. *colonus*) wird auch in Dänemark und Schweden zu einem festen Bestandteil der Bauernschaft.

Das wichtigste Element der bäuerl. Verfassung ist die in ganz Skandinavien verbreitete Thingorganisation (→ Thing), die als konstitutionelles Organ bäuerl. Rechtssetzung und Rechtsprechung wohl eine Schöpfung der ausgehenden Wikingerzeit ist. Im Gegensatz zur alten Volksversammlung, an der alle waffenfähigen Männer teilnahmen, wurden gerade die westnord. Landschaftsthinge als Repräsentantenversammlungen konzipiert (Lagthing). Bei den kleineren Bezirksthingen und den ostnord. Landschaftsthingen waren indessen immer noch alle Bauern unter bestimmten Voraussetzungen zur Teilnahme berechtigt und verpflichtet. Auf diesen Versammlungen konnten die Vertreter der Bauern – zumindest in der Anfangsperiode – durchaus souverän über Rechtsnormen und Rechtsfälle verhandeln. V. a. aber wurden hier die rechtl. und polit. Beziehungen zw. Bauern, dem Kg. und z. T. auch der Kirche ausgehandelt. Die Thinge hatten das Sanktionsrecht bei Königswahlen (→ Eriksgata) und kgl. Gesetzgebungsinitiativen. Obwohl die Vertreter des Kg.s (*ármenn*, sg. *ármaðr*) nicht bei den Thingversammlungen anwesend sein durften (Gulathingslög 37), konnten sich beispielsweise die norw. Kg.e dadurch Einfluß auf die Entscheidungen *(dom)* des Things sichern, daß die kgl. ármenn in den einzelnen Bezirken an der Auswahl der Delegierten für das Lagthing *(nefndarmenn)* beteiligt waren. Da das Thing im jurisdiktionellen Bereich – wegen unzureichend entwickelter prozessualer Prinzipien (→ Eid) und dem Fehlen einer Exekutive – nur eine schwache Stellung hatte, war es gerade die legislative Kompetenz, die das Kgtm. veranlaßte, über die bäuerl. Thingorganisation Einfluß auf die rechtl. und polit. Situation im Lande zu nehmen. Auch wenn die Regelungen des norw. Ledingswesens oder die christenrechtl. Bestimmungen im westgöt. Recht eine verhältnismäßig starke Position der Bauern bei den Verhandlungen erkennen lassen, wird doch deutlich, daß die neuen gesellschaftl. Kräfte – Königtum und Kirche – schon sehr bald ihre Vorstellungen durchsetzen konnten. Zu Beginn des 13. Jh. in Norwegen und gegen Ende des Jh. in Dänemark und Schweden, dienen die Thinge nur noch der Akklamation, werden aber als formal maßgebende Organe auch nach der Einführung reichsumfassender Gesetzbücher im 13. und 14. Jh. beibehalten. Dieser Niedergang der polit. Handlungsfreiheit des gesamten skand. B.s erklärt sich u. a. aus der zunehmenden lehnsrechtl. Bindung der obersten bäuerl. Schichten an das Kgtm. (→ Lendermenn).

Neben den einzelnen Thingen waren es v. a. die Selbstverwaltungsorgane der dän. und schwed. Dörfer, die für die Regelung des bäuerl. Lebens im engeren Sinne zuständig waren. Diese Versammlung von Dorfgenossen (dän. *grannestævnæ* 'Nachbarschaftsversammlung') regelte die Nutzungsrechte und Arbeitsabläufe im Rahmen der in Dänemark und Schweden vorherrschenden Flurgemeinschaft (→ Flursysteme, → Nachbarschaft). Nur die Bewirtschafter des Landes – nicht die etwa außerhalb wohnenden Eigentümer – waren vollgültige Mitglieder der Dorfgenossenschaft *(bylag)*. Die Mitglieder hatten ein nach Größe des Hofgrundstücks *(hustoft, tomt)* bemessenes Anteilsrecht an den Hufen *(bol)* des Dorfes, deren Bewirtschaftung von der Dorfversammlung nach den Prinzipien des Flurzwangs geregelt wurde. Für die Feststellung der Eigentumsrechte waren die Familien und die Thinge zuständig. In Norwegen sind derartige Organisationsformen wegen der durchgängigen Einzelhofbesiedlung nicht belegt.

Der schwindende polit. Einfluß des skand. B.s im Hoch-MA steht in wechselseitiger Beziehung zu einem sozialen und auch wirtschaftl. Niedergang. Diese Entwicklung ist am frühesten in Norwegen faßbar, ergreift aber spätestens im 13. Jh. auch Dänemark und Schweden. Es geht aus der jüngeren Schicht der landschaftsrechtl. Aufzeichnungen und v. a. aus den Reichsgesetzen hervor, daß nicht mehr der wirtschaftl. und besitzrechtl. eigenständige Bauer die Norm war, sondern ein Bauer, der ausschließl. oder doch teilweise, Pachtland bewirtschaftete und im Rahmen vertragl. Abmachungen einem Grundherrn (norw. *landzdrót-*

in) Abgaben (norw. → *landskyld*) zahlen mußte. Solche Pachtverhältnisse wird es zwar schon in der ausgehenden Wikingerzeit gegeben haben, es besteht aber offensichtl. ein Zusammenhang zw. der Entwicklung eines zentralen Kgtm.s, der Konsolidierung der Kirchenorganisation, einer umfassenden Rodungstätigkeit und dem Anwachsen des Pachtwesens im 12./13. Jh. Die einzelnen Phasen dieses allmählichen und regional unterschiedl. Übergangs vom Eigentümer zum Pächter sind schwer zu rekonstruieren. Ledigl. die Resultate sind deutlich: Danach waren um 1350 Kgtm. und Kirche überall in Skandinavien die größten Grundbesitzer, während bäuerl. Eigentum durchschnittl. höchstens 30–40% ausmachte. Dem Kgtm. wuchsen nicht nur durch Konfiskationen (z. B. während der norw. Bürgerkriege im 12. Jh.) und Verpfändungen Pächter zu, sondern auch dadurch, daß alle Rodungsbauern, die in Allmendgebieten siedelten, Pächter des Kg.s wurden. Die Rechtsgrundlage hierfür war der Anspruch des Kg.s auf eigentumsrechtl. Verfügung über die Allmende (Gulathingslög 145, Frostathingslög XIV, 8). Auch das rasche Fortschreiten einer monast. Organisation zeigt, daß den kgl. aristokrat. und geistl. Stiftern genügend von Pächtern bewirtschaftetes Land zur Ausstattung der Kl. zur Verfügung stand. In Dänemark und Schweden ist die Feudalisierung der Bauern wohl am weitesten fortgeschritten. Auch scheinen die Bauern dort schon früher an größere Besitzkomplexe gebunden gewesen zu sein als in Norwegen. Jedenfalls erscheinen im norw. Gefolgschaftsrecht (2. Hälfte des 13. Jh., → Hirðskrá), in den dän. Handfesten von 1320 und 1360 und im schwed. Reichsrecht (Mitte des 14. Jh.) die Bauern als der niedrigste Stand, der aber innerhalb dieser hochma. Standeshierarchie immer sein eigenes Recht hatte. Die wirtschaftl. und polit. Abhängigkeit der skand. Bauern führte indessen – zumindest in hoch- und spätma. Zeit – nicht zur Leibeigenschaft. Das Fehlen eines entwickelten feudalen Systems ist ein Charakteristikum des ma. B.s in Skandinavien. – Vgl. auch →Wüstung; →Island. H. Ehrhardt

Lit.: Hoops² II, 99–107 – KLNM II, 84–101 – M. Olsen, Farms and Fanes of Ancient Norway, 1928 – S. Aakjær, Bosættelse og bebyggelsesformer i Danmark. Bidrag til bondesamfundets historie, II, 1933 – K. Wührer, Beitr. zur ältesten Agrargesch. des germ. Nordens, 1935 – Befolkning under medeltiden, A. Schück (Nordisk kultur II), 1938 – E. Ingers, Bonden i Svensk historia I, 1949 – P. Meyer, Danske Bylag, 1949 – St. Piekarczyk, Some notes on the social and economic situation of the Swedish tenants in the XIIIth century, Scandia 27, 1961, 192–216 – A. J. Gurevitsch, Svobodnoe krest'janstvo feodal'noj Norvegii [mit engl. Resümee], 1967 [teilw. übes. in: Fra sovjetisk forskning i norsk middelalderhistorie. Utdrag fra en avhandling av A. J. Gurevitsj »De frie bønder i det føydale Norge«, red. St. Supphellen, 1977] – St. Carlsson–J. Rosén, Svensk historia I, 1969³ – Det nordiske ødegårdsprojekt. Nasjonale forskningsoversikter, publ. nr. 1, 1972 – K. Helle, Norge blir en stat, 1130–1319, 1974² – K. Düwel, Run. Zeugnisse zu »Bauer« (Wort und Begriff »Bauer«, hg. R. Wenskus–H. Jankuhn–K. Grinda, AAG 3. Folge 89, 1975), 181–206 – A. Holmsen, Norges hist. fra de eldste tider til 1660, 1977⁴ – I. Skovgaard-Petersen, A. E. Christensen, H. Paludan, Danmarks hist. I, 1977 – P. Sveaas-Andersen, Samlingen av Norge og kristningen av landet, 800–1130, 1977.

IX. Ostmitteleuropa: [1] *Bis zum 13. Jh.*: In der Siedlung der westslav. Stämme im FrühMA spielte das genossenschaftl. Element noch eine große Rolle. Die Geschlechter, die den Boden in Anspruch nahmen, wandelten sich in territoriale Organisationen *(opole* oder *osada)* um. Diese Organisationen behielten das Obereigentum über zuständige Gebiete, die neben dem Ackerboden auch Weiden und Wälder umfaßten; einzelne Wirtschaften *(sortes)* wurden jedoch individuell bearbeitet und in der hist. Zeit als Erbe (hereditates) betrachtet. Neben den Gemeinfreien entwikkelte sich schon früh eine Stammesaristokratie, die für sich und für Zwecke der Stammesorganisation bäuerl. Abgaben und Dienste beanspruchte. Nach der Herausbildung der Staatsorganisationen der Piasten in Polen und Přemysliden in Böhmen wuchs auch die Macht dieser Aristokratie. Diese Gruppe, welche die wichtigsten Hofämter und die Lokalverwaltung monopolisierte, besaß auch größere Landgüter, die durch Sklaven (meist Kriegsgefangene oder Verschleppte) bearbeitet wurden. Die Reihen der Sklaven wurden durch Schuldsklaverei und Versklavung von Verbrechern ergänzt. Daneben erscheinen auch Freigelassene (liberti oder libertini), die eine Mittelstellung zw. Freien und Unfreien einnahmen. Die grundherrl. Güter besaßen bis ins 12. Jh. geringe Ausdehnung und dienten wegen Mangels an Arbeitskräften hauptsächl. der Vieh- und Pferdezucht. Grundlage des Reichtums der Aristokratie war ihr Anteil an den staatl. Einkünften, die nicht nur in den Staaten der Piasten und Přemysliden, sondern sogar in schwächeren Organisationsformen der Abodriten und Pomoranen recht beträchtl. waren.

Die polit.-soziale Entwicklung der slav. Stämme an der mittleren Donau wurde durch die ung. Landnahme unterbrochen. Während der Hauptteil ung. Geschlechter ihr Hirtenleben weiterführte, wurden slav. Bauern zu Untertanen der Fs.en und mit Abgaben und Diensten belastet. Neben ihnen setzten die Ungarn zahlreiche aus Deutschland, Italien und anderen Ländern verschleppte Gefangene an, die für die Fs.en und andere Anführer den Boden bebauten und ihre Herden bewachten. Auf diese Weise vertieften sich die sozialen Unterschiede der ung. Gesellschaft; viele einfache Freie traten in den Dienst der Fs.en oder Großen ein; es begann der Übergang der Hirten zum Ackerbau und die Entwicklung des Bodeneigentums.

Nach der Einführung des Christentums in den ostmitteleurop. Ländern wurden die Abgaben und Dienste der Freien in vielen Gebieten der Kirche überwiesen; tatsächl. bedeutete das den Übergang unter kirchl. Grundherrschaft. Stufenweise wurde auch der Zehnte eingeführt. Die Volksaufstände 1038 in Polen, 1046 und 1061 in Ungarn, richteten sich gegen das Christentum und die kirchl. Abgaben. Auch die weltl. Magnaten erhielten mit Bodenschenkungen Rechte an Abgaben und Diensten der freien Bauern. Formell behielten diese abhängigen Bauern ihre Freiheit; als deren Zeugnis galt in Ungarn eine kgl. Abgabe, der Freienpfennig, den auch Untertanen der Kirche und der Magnaten zahlten. In Polen reservierte sich der Fs. (sogar nach der Immunitätsverleihung) die Rechtsprechung in den Erbauseinandersetzungen dieser Bauern, was ihnen den Grundbesitz sichern sollte.

Charakterist. auch für die Lage der Bauern in Ostmitteleuropa war ihre weitgehende soziale und rechtl. Zersplitterung. Alle waren zu Diensten und Abgaben gegenüber dem Hzg. (Kg.) verpflichtet, aber die Art der Dienste und die damit verbundenen Rechte und Pflichten waren unterschiedlich, wobei die Grenze zw. der niederen Ritterschaft und den Bauern fließend war. Neben den gemeinen, theoret. freien Bauern (heredes), die später rustici ducis bzw. regis genannt wurden, existierten ministeriales (*udvornici* in Ungarn), die verschiedene spezialisierte Dienste im Bereich des Handwerks, der Waldwirtschaft, der Jagd, der Viehzucht, der Fischerei und der Hofdienste leisteten. Sie waren deshalb von anderen Diensten und Abgaben befreit. Spezielle Gruppen, wie camerarii, *strozones* (*stróże* 'Wächter') und *chody* ('Grenzwächter') leisteten Wachtdienste; custodes ecclesie, sanctuarii und campanarii waren Dienstleute der Kirche. Alle diese Bauern besaßen ihre Hofstellen erblich, waren aber auch an die Scholle gebunden, ebenso an ihre Funktionen. Daneben existierten freie Leute, die an keine Herrschaft gebunden waren; sie konnten als mercenarii (Lohnarbeiter) beschäftigt werden oder zeitl. gepachtete Äcker bearbeiten (*załazy* und *rataje* in Polen). Im 12.Jh. erschienen in größerer Zahl zugewanderte hospites, die nach dem *mos liberorum hospitum* (mit garantierter persönl. Freiheit) lebten und ihre Güter in Zeitpacht für festgesetzten Zins bearbeiteten.

[2] *13.–15.Jh.*: Schon im 12.Jh. begannen die Fs.en und, ihnen folgend, die Kirche, mit der Erschließung bisher ungenutzter Gebiete. Bei der niedrigen Bevölkerungsdichte der ostmitteleurop. Länder griff man auf fremde Kolonisten zurück; seit dem 12.Jh. kamen dt., reichswallon. und fläm. Siedler immer zahlreicher nach Ungarn (zuerst Siebenbürgen), Böhmen und Polen; schon früher wurden von ihnen weite Gebiete zw. Elbe und Oder kolonisiert. Dort entwickelten sich die Grundsätze des Siedelrechtes, das persönl. Freiheit, erblichen Grundbesitz zu festgesetzten Bedingungen und Autonomie der Rechtsprechung umfaßte. Diese Grundsätze wurden in Ungarn als Gästerecht (ius hospitum) in den westslav. Ländern meist als dt. Recht (ius Teutonicum) bezeichnet. Im 13.Jh. wurden weite Gebiete in Ostmitteleuropa planmäßig kolonisiert, wobei Unternehmer (→ Lokatoren) die organisator. Tätigkeit übernahmen (vgl. auch → Kolonisation und Landesausbau). Die Kolonisten konnten im Dorfgericht ihre heimatl. Rechtsbräuche behalten. Der Ausbau dieses autonomen Gerichtswesens durch die Bildung von Gerichtsbezirken (→Weichbilde) mit Berufungsinstanz wurde durch Immunitätsrechte der Grundherren verhindert. Mit der Zeit wurden Rechte und Privilegien der Kolonisten auch auf die einheim. Bevölkerung übertragen. Damit verschwanden während des 13.Jh. die alten Kategorien der bäuerl. Bevölkerung, u.a. auch die Unfreien und Freigelassenen, und es entstand teilweise ein einheitl. Bauernstand, dessen Mitgliedern persönl. Freiheit zustand. Manchmal wurde jedoch die Bewegungsfreiheit durch bes. Bedingungen bei Verlassen des Dorfes (Stellung eines Ersatzwirtes, Aussaat der Felder) oder durch Begrenzung der jährl. Zahl der Aussiedler erschwert. Die Zinsen (in Geld oder Getreide, manchmal auch in anderen Produkten, z.B. Wein oder Schafen) waren mäßig, Fronarbeit zunächst selten. Dieser Reform entsprach die Reorganisation der bäuerl. Wirtschaft und der Dorfverfassung. An der Spitze der Dorfgemeinde stand als Vertreter des Grundherrn der Schultheiß (Schulze, scultetus), in Böhmen und Ungarn meistens Richter (judex) genannt, dem bes. Rechte und finanzielle Vorteile zustanden (Abgaben-, manchmal auch Zehntfreiheit, Anteil an bäuerl. Abgaben und Gerichtsgebühren; das Recht, Mühlen und Krüge zu gründen usw.). Vollberechtigt in der Dorfgemeinde waren nur die Hufenbauern; außer ihnen wohnten im Dorf sog. Gärtner oder →Kossäten und Kammerleute, die nur wenig oder überhaupt kein Land besaßen und ihre Familien durch Lohnarbeit ernähren mußten. Im 15.Jh. setzte eine Verschlechterung der Lage der Bauern, zunächst in Ungarn, ein, wo das Verlassen der Dörfer immer wieder begrenzt wurde; öfter galt ein allgemeines Wegzugverbot. Die autonome Gerichtsbarkeit unterlag immer mehr der patrimonialen Jurisdiktion der Grundherren, die oft auch im Besitz des Blutbanns waren. In den bäuerl. Abgaben stand der Geldzins den Naturalabgaben in Produkten nach, es mehrten sich die Frondienste. Ähnliche Vorgänge sind in Polen zu beobachten, wo die Lehnschulzen durch die Grundherren ausgekauft wurden und die Autonomie der Dorfgerichte verloren ging; der Reichstagsbeschluß von 1496 begrenzte die Möglichkeit des Abzugs sogar für Bauernsöhne. Infolge des Überhandnehmens der Getreideproduktion (→ Getreideanbau) auf den adligen Gütern brauchten die Gutsherren mehr Fronarbeiter; die Verpflichtung zur Fronarbeit wuchs im 15.Jh. in Polen beträchtl. (1 Tag pro Hufe in der Woche als Minimum). Die Bauern reagierten in Polen wie in Ungarn mit Flucht; in Ungarn kam es auch zu Bauernaufständen (1437–38).

Die Tendenz der böhm. Grundherren, die Bauernlasten zu steigern, wurde durch die Hussitenrevolution (→ Hussiten) unterbrochen. Die Revolution brachte den Bauern Erleichterungen, v.a. durch die Abschaffung des Zehnten und anderer kirchl. Abgaben, aber auch eine Steigerung der Freizügigkeit. Dennoch wurde sie auch hier durch den Landtagsbeschluß von 1478 begrenzt.

Für die Sozialverfassung Polens und Ungarns war die Existenz einer zahlreichen Gruppe von kleinen freien Bauern charakterist., die wegen ihrer Kriegsdienstverpflichtung ihre Freiheiten und Privilegien behaupten und endlich in den Adelsstand aufgenommen wurden. In Ungarn waren es v.a. Grenzwächter verschiedener Herkunft und besonders zahlreich die Szekler in Siebenbürgen; in Polen handelte es sich um arme Kleinadlige *(szlachta zagrodowa)* meistens in Masovien und Podlachien, die wahrscheinl. auch als Grenzschützer von den Fs.en angesetzt wurden. – Zu den südosteurop. Gebieten des Kgr.es Ungarn vgl. auch Abschnitt XIII. B. Zientara

Lit.: J. LIPPERT, Socialgesch. Böhmens in vorhussit. Zeit, 2 Bde, 1896–1898 – A.N. JASINSKIJ, Očerki i issledovanija po social'noj i ekonomičeskoj istorii Čechii v srednie veka I, 1901 – I. ACSÁDY, A Magyar jobbágyság története, 1908, 1950² – K. KROFTA, Dějiny selského stavu, 1949³ – F. GRAUS, Dějiny venkovského lidu v Čechách v době předhusitské, 2 Bde, 1953–57 – E. LEDERER, La structure de la societé hongroise du début du MA, 1960 – K. TYMIENIECKI, Hist. chłopów polskich, I–II, 1965–66 – ŁOWMIAŃSKI III, 1967 – Hist. chłopów polskich, hg. S. INGLOT, I, 1970 – O. KOSSMANN, Polen im MA. Beitr. zur Sozial- und Verfassungsgesch., 1971 – K. BUCZEK, O chłopach w Polsce piastowskiej 1–2, Rocz. Hist. 40, 1974; 41, 1975.

X. BALTISCHE LÄNDER, GROSSFÜRSTENTUM LITAUEN: [1] *Baltische Länder*: Die balt. Völkerschaften und Stämme waren bereits seit der älteren Eisenzeit (2.–4. nachchr. Jh.) seßhafte Ackerbauern und Viehzüchter. Dies läßt sich aus den Ausgrabungen und aus dem sprachl. Befund im Pruß., Litauischen und Lett. erschließen. Auch die ostbaltischen Liven und Esten waren längst zu bäuerl. Lebensweise übergegangen. Freilich lassen sich Art, Aussehen und Größe der Siedlungen und das Wirtschaftssystem aus den archäolog. Quellen nur in ganz groben Zügen erschließen. Wie im benachbarten ostslav. Gebiet ist auch bei den balt. und ostseefinn. Völkerschaften und Stämmen im Laufe der mittleren Eisenzeit (5.–8.Jh. n.Chr.) und endlich in der jüngeren Eisenzeit (9.–12.Jh.) eine allmähliche Intensivierung der Bodennutzung und Vervollkommnung der Arbeitsgeräte erfolgt. Darf man für die ältere Eisenzeit noch an Hackbau denken, wobei die Arbeitsgeräte (Hacken, Sensen, Sicheln, Äxte) bereits aus dem im Lande vorhandenen Sumpf- und Raseneisenerz gefertigt wurden, so ist nicht später als im 9.Jh. der hölzerne Hakenpflug, zunächst ohne eiserne Pflugschar, nachweisbar, sowie die hölzerne Egge. In der jüngeren Eisenzeit kann mit Zweifelderwirtschaft (jährl. Wechsel von Aussaat und Brache) gerechnet werden. Daneben ist auch noch Brandwirtschaft in den reichl. vorhandenen Wäldern nachweisbar (in späteren livländ. Quellen werden agri culti et inculti, gerodet und ungerodet, *gebuwet* und *ungebuwet* nebeneinander genannt). Angebaut wurde vorwiegend Gerste, daneben Weizen, wenig Hirse, sowie Erbsen, Bohnen und Flachs. An Haustieren wurden Rind, Schwein, Kleinvieh, aber auch das Pferd, dieses auch als Arbeitstier, gehalten.

Jagd und Fischerei spielten keine wichtige Rolle, wohl aber die Waldbienenzucht (Beutnerei); Bienenbäume galten als Privateigentum. Die Siedlungen, Einzelhofgruppen und kleine Weiler, später auch größere Dörfer mit Blockfluren, waren in die großen Wald- und Unlandflächen eingebettet; die Bezeichnung dafür (* litauisch *dirvinė* > aruss. *derevnja* 'kleines Dorf') drang ins Altruss. ein. Siedlungsdichte, soziale und wirtschaftl. Differenzierung waren in der jüngeren Eisenzeit schon von Stammesgebiet zu Stammesgebiet recht verschieden. Mit Sicherheit kann man für das Land der →Kuren, der →Semgaller, der →Lettgaller und der →Liven mit Anfängen einer herrschaftl. Erfassung des B.s rechnen. Allerdings ist diese durch eine in sich wiederum sehr differenzierte Herrenschicht nur ungefähr zu bestimmen. Sie beruhte vermutlich auf gewissen Abgaben an die in der Regel auf Burgen sitzenden Herren, die vermutl. auch ihre Gefolgschaften aus der Jugend der ackerbauenden Bevölkerung rekrutierten. Es gab aber auch Älteste (*seniores*) von Dörfern, die auf Land außerhalb der Dorffelder saßen und möglicherweise im Kult- und Opferhandlungen eine Rolle spielten. Die *villani, inhabitantes villarum*, auch *homines* u. ä. gen. Bewohner der Siedlungen, die vielfach eine *universitas* ('Gemeinschaft') bildeten und die allen gemeinsamen Teile der Dorfmark nutzten, verfügten über Individualbesitz. Freilich hat sich erst allmählich der Bauernhof im eigtl. Sinne (in Est-, Liv- und Kurland als *hereditas* 'Gesinde' bezeichnet) herausgebildet. Der Gesindewirt (*hoevetman* u. a., estn. *peremees*, lett. *saimnieks*) galt als Besitzer des Hofes, auch wenn in ihm andere erwachsene männl. Angehörige seiner Sippe, im späteren MA mehrere Familien, und andere freie Einwohner als Hilfskräfte (*medelinge* 'Mietlinge', *medeknechte, dienstlude*) lebten. Unfrei waren die Sklaven (Kriegsgefangene und deren Nachkommen, die unfrei blieben), oder in Schuldknechtschaft usw. geratene Leute, sie wurden zwar auch angesiedelt und besaßen kleine Höfe (*hereditates servorum*, 1255 in Oesel genannt: Liv-, Esth- und Curländ. UB I, nr. 285), mußten aber für die Bauern arbeiten. Diese besaßen bis 1507 das Recht zum Tragen von Waffen und wurden zum allgemeinen Aufgebot herangezogen.

Die Eroberung der ostbalt. Länder durch die Deutschen und die Einführung des Christentums hat an den sozialen Zuständen nur insofern etwas geändert, als die einheim. Herrenschicht entweder unterging oder – in nicht unbeträchtl. Umfang – in die neue, vom Lehnswesen bestimmte soziale Ordnung eingefügt wurde: als kleine Lehnsleute, Aftervasallen und Freibauern, sofern sie nicht in die neu gegr. Städte abwanderten und dort in der Kaufmannschaft oder in anderen Berufen aufgingen. Die bäuerl. Bevölkerung freilich wurde von der dt. Landesherrschaft und sehr bald entstehenden Grundherrschaft der dt. Vasallen in den Bm.ern bzw. von der Herrschaft des Dt. Ordens in seinen über das ganze Land verstreuten Besitzungen vollständig erfaßt. Da eine dt. bzw. deutschrechtl. Siedlung in den balt. Ländern nicht erfolgte, beschränkten sich die dt. Landesherren darauf, die vorhandene zu bewahren, etwa vorhandene bäuerl. Verbände zu straffen und für die Abgabenerhebung auszunützen. In diesem Zusammenhang gewannen in Estland die Wacke (estn. *wakk* 'Korb' oder Lof als Kornmaß), in den lett. Gebieten die Pagast (lett. *pagasts* aus aruss. *pogost'* 'Steuerbezirk', der u. a. die Gastungssteuer für den Steuereintreiber zu leisten hatte) große Bedeutung. Die Wacke oder Pagast, beide in Alt-Livland synonym gebraucht, umfaßte mehrere Weiler, Einzelhofgruppen oder Dörfer mit einem Wackenältesten oder Wartmann (lett. *waggar* – aus dem Livischen – oder *pagasta vecākais* 'Pagastältester'), der ursprgl. bäuerl. Vertrauensmann, in späterer Zeit grundherrl. Beamter war und die Ablieferung der Abgaben, die Ausrichtung des Wackentisches (d. h. der Bewirtung des die Abgaben abholenden Grundherrn bzw. seiner Beauftragten) zu überwachen hatte und dafür in manchen Gegenden frei bzw. von bäuerl. Abgaben befreit war. Eine bisher unbekannte, von der unterworfenen Bevölkerung daher als schwere Last empfundene Abgabe war der Zehnte, den ein grundherrl. Beamter, der Zehntner (nd. *tegeder*, lat. *decimator*), eintrieb. Da das livländ. Lehen des 13. Jh. ein Zinslehen war (→ Lehnswesen) und erst allmähl. durch den Hinauszug der Vasallen auf ihren Lehnsbesitz zu einem Landlehen wurde, änderte sich zunächst nichts oder wenig an den bestehenden Verhältnissen. Die Zisterzienserklöster, aber auch die Landesherren begannen bald mit planmäßiger Rodung und Besiedlung unbewohnter Flächen (z. B. bei Dünamünde, bei dem Kl. Padis in Estland u. a.). Ihnen folgten vereinzelt Landesherren, die Stadt Riga und ritterl. Vasallen wie die Lode in Estland u. a., wo in der gleichen Zeit Schweden (auf den Inseln Worms, Runö, an der estländ. Küste) angesiedelt wurden. Der Dt. Orden legte eigene Höfe in Eigenbewirtschaftung an und verlieh erst am Ausgang des MA (seit Ende 15. Jh.) kleinere Lehen an ritterl. Vasallen. Im allgemeinen nahm die Zahl der Gutswirtschaften nur sehr langsam zu; im bis 1346 dän. Estland gab es im 13. Jh. nur drei; in Livland wird 1359 ein erstes ritterl. Gut (hier »Vorwerk« genannt) erwähnt. Nach 1330 wurde in der großen Rigischen Stadtmark planmäßige Ansetzung von Bauern in Einzelhöfen betrieben. Damit begannen die Eingriffe in das Siedlungswesen der einheim. Völkerschaften, die sich steigerten, als die ritterl. Vasallen auf das ihnen verlehnte Land hinauszogen, ein Gutshof (»Vorwerk«) angelegt und die »Hofesfelder« von den bäuerl. Feldern abgegrenzt wurden. Im Zusammenhang damit stiegen die Leistungen und Abgaben der Bauern, setzte eine immer zunehmende Flucht vom Lande in die Städte ein (»Läuflingsbewegung«), die im 15. Jh. nahezu ständiger Gegenstand von Verhandlungen auf den livländ. Landtagen war. Zwar behielten die oberen sozialen Schichten der Landbevölkerung, die sog. »Landfreien«, die Nachkommen der alten Dorfältesten, und die Freibauern, die nur Zins zahlten, ihre Freizügigkeit; aber die große Masse des B.s, die allmähl. in Abhängigkeit von Landes- oder Grundherren geratenen Hakenbauern (der Haken war in ganz Alt-Livland allmähl. von einer Wirtschaftseinheit zum Landmaß geworden), die zudem schon seit dem 14. Jh. durch die Abgaben bei ihren Grundherren verschuldet waren, wurden im 15. Jh. ihrer Freizügigkeit beraubt und an die Scholle gebunden. Die Sklaverei, die zunächst nicht angetastet worden war, wurde zu Beginn des 15. Jh. aufgehoben, die bisherigen Sklaven (»Drellen«) wurden zu »Einfüßlingen«, d. h. zu Kleinbauern (meist auf einem halben Haken ansässig), die einen Tag in der Woche zu Fuß, also ohne Gespann, auf dem Gutshof zu arbeiten hatten. Die unterste bäuerl. Schicht waren die sog. »Lostreiber«, landlose Landarbeiter, die von Tagelohn bei den Hakenbauern, von Wanderhandwerk, auch von Fischerei oder von Saisonarbeit auf Gutshöfen und vielfach als ztw. Einmieter in den Badstuben (»Badstüber«) der Hakenbauern lebten.

Wirtschaftl. brachte die dt. Herrschaft wichtige Veränderungen durch die allmähliche Einführung der Dreifelderwirtschaft, neben der aber die Zweifelderwirtschaft noch lange bestehen blieb. Siedlungsform und Wirtschaftsweise wurden aber nur allmählich durch die entstehenden »Vorwerke« (Gutshöfe) in Richtung auf Intensivierung und Rationalisierung verändert. Erst im SpätMA (ausgehendes 15. und 16.Jh.) erfolgte durch die zur → Gutsherrschaft sich wandelnde Grundherrschaft, den Druck auf das Bauerntum durch Schollenpflichtigkeit und die Anfänge einer leibeigenschaftl. Bindung der Bauern an ihre Herren eine entscheidende Veränderung der Agrarverhältnisse.

[2] Im *Gfsm. Litauen* verlief die Entwicklung in den litauischen Stammlanden ähnlich wie in den anderen balt. Gebieten. Nur fehlte hier ein tiefer Einschnitt im 13.Jh., da die Litauer sich gegen alle Eroberungsversuche des Dt. Ordens behaupten und ihrerseits weite altruss. Gebiete unterwerfen konnten. Seit der Festigung der Herrschaft der Gfs.en (14.Jh.) und der Herausbildung und Privilegierung eines einheim. Adels geriet das ursprgl. freie Bauerntum in eine zunehmend drückender werdende Abhängigkeit. Schon in den 70er und 80er Jahren des 14.Jh. befanden sich weite Gebiete Schemaitens und Aukštaitens in den Händen der Gfs.en bzw. deren Familienangehörigen und von ihnen beschenkter Adliger (Bojaren). Im einzelnen freilich ist über das Verhältnis von Grundherren und Hintersassen wenig bekannt. V.a. in Schemaiten, das sich der herrschaftl. Erfassung lange zu entziehen vermochte, hielt sich freies Bauerntum länger als in den dichter besiedelten Gebieten Aukštaitens. Da es, wiederum v.a. in Schemaiten, umfangreichen Besitz bäuerl. lebender Kleinadliger (jedoch mit anderer Rechtsstellung als der Masse der Bauern) gab, konnten diese gerade hier sich von grundherrschaftl. Abhängigkeit freihalten. Stark wirkten die Verhältnisse in den im Laufe des 14.Jh. eroberten altruss. Gebieten auf die Gestaltung der bäuerl. Verhältnisse ein, ebenso v.a. auf die litauischen Kernlande die 1385/86 erfolgte Verbindung mit dem Kgr. → Polen und die dadurch erfolgte Einführung des Christentums. Insbes. wurde dadurch die Stellung des Adels gestärkt, der gegenüber dem Landesherrn wie gegenüber dem B. die gleichen Rechte wie der poln. Adel zu erwerben suchte. Die Folge war eine zunehmende Belastung des B.n, seine Bindung an die Scholle und rechtl. Schlechterstellung, die zu Not, zu Unzufriedenheit, zu Aufständen (1418 in Schemaiten) führte und in der massenweisen Flucht der Bauern über die westl. Grenze in das Ordensland Preußen ihren Ausdruck fand. Gegen Ende des 15.Jh., als die Gfs.en zunehmend auf die Unterstützung des Adels angewiesen waren und diesen zum Herrn über ihre Bauern machten, als dazu die Nachfrage nach Getreide in Westeuropa viele Adlige veranlaßte, den → Getreideanbau zu forcieren und die Arbeitsleistungen der Bauern auf ihrem eigenen inzwischen vergrößerten gutsherrl. Boden zu erhöhen, verschlechterte sich die wirtschaftl. und rechtl. Situation des Bauerntums weiter. – Zu den altruss. Gebieten des Gfsm.s Litauen → Abschnitt XI. M. Hellmann

Lit.: L. Arbusow, Die altlivländ. Bauernrechte, MittLiv 23, 1924–26 – P. Johansen, Siedlung und Agrarwesen der Esten im MA, 1925 [Lit.] – A. Schwabe, Grdr. der Agrargesch. Lettlands, 1928 – A. Švābe, Zemes attiecību un reformu vēsture Latvijā (Latvijas Agrārā Reforma I, 1930), 1–176 – H. Bosse, Der livländ. Bauer am Ausgang der Ordenszeit (bis 1561), 1933 [Lit.] – Z. Ivinskis, Gesch. des Bauernstandes in Litauen, 1933 [Lit.] – J. Uluots, Grundzüge der Agrargesch. Estlands, 1935 – H. Bosse, Die gutsherrl.-bäuerl. Beziehungen im balt. MA. Der Stand der Forsch., Dt. Archiv für Landes- und Volksforsch., 2. Jg., 1938, 23–40 [Lit.] – E. Blumfeldt, Über die Wehrpflicht der estn. Landbevölkerung (Apophoreta Tartuensia, 1949), 163–176 [Lit.] – M. Hellmann, Das Lettenland im MA, 1954 [Lit.] – J. Ochmański, Historia Litwy, 1967 [Lit.].

XI. Altrussland: [1] *Kiever Periode:* Die Masse der ländl. Bevölkerung bestand aus freien Bauern. In der Lit. hat sich für die freien Gemeindemitglieder der Begriff »obščinnik« (von *obščina* 'Gemeinde') eingebürgert, die Quellen allerdings verwenden für sie nur die auch im sozial neutralen Sinne gebrauchten Termini *ljudi* ('Leute'), *čelovek* ('Mensch'), *muž* ('Mann'), die jedoch alle Freien (einschließlich der nichtprivilegierten Städter) bezeichnen konnten. Vielfach sieht man in den seit dem 11.Jh. belegten *smerdy* die Gesamtheit der freien bäuerl. Bevölkerung, jedoch gehört ihre rechtl. und soziale Einstufung zu den bis in jüngste Zeit kontrovers diskutierten Themen der aruss. Sozialgeschichte. Wahrscheinl. wird man die Smerden als besondere, von den übrigen Freien unterschiedene Kategorie ländl. Bevölkerung anzusehen haben, die Steuern *(dan')* zahlten, die persönl. Rechtsfähigkeit besaßen, Kriegsdienst im Verband der fsl. Fußtruppen leisteten, im Kriegsfall dem Fs.en ihr Pferd *(smerdij kon')* zur Verfügung stellten und ihren Besitz an die männl. Nachkommen vererben konnten. Spezielle bäuerl. Kategorien waren die (vielleicht identischen) *zakupy* (von *kupa* 'Kauf') und die *rjadovici* (von *rjad* 'Vertrag'), die unter bestimmten Bedingungen freiwillig oder gezwungen in ein rechtl.-ökonom. Abhängigkeitsverhältnis zu einem Herrn eintraten, wobei im einzelnen nicht geklärt ist, ob es sich um für einen befristeten Zeitraum gemietete Landarbeiter handelte, um Schuldner, die durch ihre Arbeit für den Kreditgeber die Schuld zurückzahlten (Schuldknechtschaft), um ehemals selbständige, aber wirtschaftl. ruinierte Bauern, die sich in den Schutz eines Herrn begaben und von diesem mit einem gewissen Grundkapital ausgestattet wurden, oder um Gefangene bzw. Sklaven, die durch dieses bes. vertragl. vereinbarte Abhängigkeitsverhältnis langfristig die Freiheit erlangen konnten.

Die *freien Bauern* leisteten Abgaben und unterstanden der fsl. Gerichtsbarkeit. Innerhalb territorial begrenzter Abgaben- und Steuerbezirke um einen Verwaltungsmittelpunkt treten im ländl. Raum genossenschaftl. Elemente im Rahmen bestimmter Selbstverwaltungsorganisationen entgegen, welche unter der Bezeichnung verv' (vielleicht vom Nordischen *warf* 'Volksversammlung, Ding') in den Quellen erscheinen. Die verv' haftete für einen auf ihrem Territorium erschlagenen Fürstenmann *(knjaž muž)* oder gemeinen Mann *(ljudin)* durch die Entrichtung eines Wergeldes, falls der Mörder nicht gefunden wurde, und trug somit kollektive Verantwortung für die auf ihrem Gebiet begangenen Straftaten (Mord, Raub, Diebstahl); sie besaß daneben möglicherweise noch zusätzl. kollektive Haftungsfunktionen (Steuerhaftung) und gerichtl.-administrative Selbstverwaltungsfunktionen.

Die bisherigen Forschungsergebnisse lassen auf ein sehr differenziertes und regional unterschiedliches Bild der Agrarverfassung schließen. Neben Kleinfamilien mit individueller Wirtschaft (als Steuereinheit unter dem Terminus *dym* 'Rauchfang' bekannt) in großen Dörfern *(sela)* gab es Großfamilienwirtschaften auf Einzelhöfen bzw. in kleinen zusammenhängenden Hofgruppen. Die Kleinfamilie mit individueller Wirtschaft war in die territoriale Nachbarschaftsgemeinde eingebunden, für die Gemengelage, unterschiedl. Größe der Ackerparzellen und gemeinschaftl. Nutzung der Appertinenzien *(ugod'ja)* charakterist. waren. In den zentralen Gebieten der Rus' scheinen größere Siedlungen von mehreren Dutzend Höfen vorgeherrscht zu haben, während in der gesamten NW- und NO-Rus' die Streusiedlung, d.h. kleine lockere Weiler und Hofgruppen bzw. Einzelhöfe, überwogen haben dürfte. Die Größe der Bauernhäuser (selten über 20 m^2 Grundfläche) läßt ebenfalls für das 11.–13.Jh. auf einfache Kleinfamilienwirtschaft schließen. Im Hausbau lassen sich wie in frühostslav. Zeit weiterhin zwei Grundtypen unterscheiden: die Blockhütte in der Nadel- und Mischwaldzone und das Grubenhaus in der Waldsteppe. Seit dem 12./13. Jh. begannen die oberird. Blockbauten die Wohngruben zunehmend auch in der Waldsteppe von Norden her zu verdrängen.

Neben dem Ackerbau besaßen die Jagd, der Fischfang, das Sammeln von Wildpflanzen, Beeren, Pilzen und die Waldbienenzucht (*bortničestvo,* von *bort'* = ein von Bienen bewohnter, markierter Baum) eine begrenzte ökonom. Bedeutung. Dürreperioden, Überschwemmungen und zu früh einsetzender Bodenfrost führten bes. im Norden zu häufigen Mißernten und Hungerkatastrophen (zw. 1024 und 1332 alle 7,5 Jahre Hungersnöte infolge von Mißernten in verschiedenen Teilen der Rus'). Novgorod konnte sich wegen der schlechteren klimat. Verhältnisse und der ungünstigen Bodenbeschaffenheit nicht immer ausreichend selbst versorgen. Die landwirtschaftl. ertragreichsten Regionen lagen im galiz.-wolhyn. Raum, um Suzdal'-Vladimir, Murom, Rjazan' und im fruchtbaren Schwarzerdegebiet um Kiev und Perejaslavl'.

Bestimmte Feldsysteme wie die arbeitsaufwendige Brand- und Rodewirtschaft *(podseka)* im Norden der Rus' und die Brachlandwirtschaft *(pereložnaja sistema)* in der Waldsteppe, wie sie für die frühen Ostslaven nachgewiesen sind, behielten ihre regional unterschiedl. Bedeutung, bes. in den Grenzgebieten, in denen Land in ausreichendem Maße zur Verfügung stand. Die von künstl. Düngung unabhängige Zweifelderwirtschaft scheint sich jedoch, wo entsprechende Bedingungen bestanden, allgemein durchgesetzt zu haben (zuerst im Süden, dann im Norden). Der Übergang vom leichten Haken *(ralo)* zum Sohlenpflug *(plug)* mit vorgeschaltetem Messer *(sech)* und Streichbrett in der Waldsteppe bzw. im Gebiet der Grauerdeböden um Suzdal'-Vladimir und zum techn. verbesserten zweizinkigen Gabelpflug *(socha)* in der Waldzone führte zu einer Intensivierung des Ackerbaus und einer Vergrößerung der Kulturlandfläche, wobei aber überall ältere, primitivere Typen von Ackergeräten weiterhin im Gebrauch blieben. In der Waldsteppe wurden außer allen bekannten Getreidearten Hanf, Flachs, Hirse, Linsen, Erbsen angebaut. Im Norden waren zunächst nur Sommerkulturen (Weizen, Gerste, Erbsen, Hirse) verbreitet. Seit dem 10./11. Jh. erfolgte das Vordringen des Winterroggens in die nördl. Regionen, der die Hirse als Hauptnahrungsmittel in der Folge fast völlig verdrängte. Die meisten der heute in Rußland verbreiteten Obst- und Gemüsesorten waren auch schon im MA bekannt. Dies gilt ebenfalls für die heute gehaltenen Haustiere. Von großen Viehherden berichten die Quellen aber nur im Zusammenhang mit großen Herrengütern.

[2] *Moskauer Periode:* Kennzeichnend für das Bauerntum (*krest'janstvo,* von *christianin* 'Christ'; der Terminus entstammt dem klosterbäuerl. Bereich) dieser Epoche ist die erstaunliche Vielfalt der Besitz-, Abgaben- und Wirtschaftsstruktur, die in dem Nebeneinander freier und herrschaftl. gebundener Bauern, in dem dynam. Prozeß der Aufzehrung des freien Bauerntums durch die Grundherrschaft und den bes. in diesem Bereich sich herausbildenden großen Unterschieden zw. einzelnen bäuerl. Gruppen begründet ist. Die Agrarverfassung war geprägt durch individuellen, vererbbaren Besitz von unterschiedl. Größe (die Masse der Betriebe im NW der Rus' besaß eine mittlere Ackergröße von 9–10 ha) mit gemeinsamen Anteilen an Wald und Weide (im N allerdings überwog das Sondereigentum auch bei Wiesen- und Fischfangplätzen), Streusiedlung (lockere Weiler und kleine Hofgruppen = *derevnja*), Tendenz zur Großfamilienbildung bzw. nach-

barschaftl. Kooperation bes. unter den Bedingungen der für die Rodeperiode (14./15. Jh.) im Innern des nördl. Waldgürtels kennzeichnenden arbeitsaufwendigen Brandrode- oder Schwendwirtschaft. Ackerbau, Großviehhaltung und Waldnutzung ergänzten bzw. bedingten sich gegenseitig, als wichtige Nebenerwerbszweige traten wie früher Fischfang, Jagd und Honigsammeln hinzu. Verbreitetstes Ackergerät war im 14.–16. Jh. die zwei- oder mehrzinkige, in der Regel eisenbeschlagene Socha, die von dem meist einzigen Pferd gezogen wurde. Stallmistdüngung ist seit dem 16. Jh. durch zahlreiche Zeugnisse belegt (wird aber schon für die vorangehenden Jahrhunderte vermutet) und bildete zusammen mit der tiefergreifenden Socha die Voraussetzung für die Anlage von Daueräckern in Form des Mehr- bzw. Dreifeldersystems. Entstehung und Ausbreitung der Dreifelderwirtschaft sind umstritten. Sicher belegt ist sie erst seit der 2. Hälfte des 15. Jh. und läßt sich in die Anfänge dieses Jahrhunderts (oder etwas früher) zurückdatieren, hat sich aber nur allmählich (zuerst wohl auf den gut organisierten Klosterländereien und Herrenwirtschaften) und keineswegs kontinuierl. (in den Podsolund Schwarzerdegebieten erst im 18. Jh.) ausgebreitet.

Das Hervorwachsen neuer Grundherren aus der Bauernschicht (z. B. an der Nördl. Düna, »Dvinabojaren«) war im 14./15. Jh. eine Ausnahme, es gab im 16. Jh. jedoch reiche Bauern, die mehrere Höfe durch abhängige Bauern bewirtschaften ließen (ohne in die Grundherrenschicht aufzusteigen), wie auch über die Hälfte der Novgoroder Grundherren vor 1478 sich in Einkommen und Besitzgröße kaum wesentl. von einem wohlhabenden Bauern unterschieden. In größerem Maßstab sind im 16. Jh. Kaufleute, Gewerbetreibende und selbständige Handwerker aus der Bauernschicht hervorgegangen, die mit gemieteten bäuerl. Arbeitskräften *(najmity)* wirtschafteten. Die Bauern der Altsiedelgebiete und im riesigen Novgoroder Territorium (außer an der entlegenen Nördl. Düna: Zavoloč'e) scheinen bereits im 14./15. Jh. überwiegend in Abhängigkeit von einem Grundherrn geraten zu sein. Sie wurden als »weiße« Bauern bezeichnet, für welche die Exemtion aus dem staatl. Steuerverband charakterist. war. Administrativer Mittelpunkt des von der Grundherrschaft gebildeten Verbandes war das *selo,* wo auch die Kirche stand, umgeben von kleinen Siedlungen, vielleicht der Ausgangspunkt der späteren Feldgemeinschaft bzw. Umteilungsgemeinde mit Steuerhaftung *(mir)*. Bäuerl. Fronarbeit spielte, trotz Zunahme des Herrenackers, in der 1. Hälfte des 16. Jh. noch eine relativ untergeordnete Rolle. Die in den Quellen seit dem ausgehenden 14. Jh. auftretenden »schwarzen« Bauern sind die voll steuerpflichtigen, nicht grundherrschaftl. gebundenen Landwirte. Die »schwarze« Landgemeinde *(volost'),* an deren Spitze der »Älteste« *(starosta)* stand, regelte die gemeinschaftl. Nutzung der Appertinenzien und war zugleich die unterste Selbstverwaltungseinheit der staatl.-fiskal. Administration. Beide Besitzkategorien bildeten wegen der ähnlichen Siedlungs-, Wirtschafts- und Lebensweisen und des Rechts auf Freizügigkeit zunächst eine relativ einheitl. Bauernschicht. Allerdings unterlagen die »schwarzen« Bauern der zentralruss. Landstriche einer stärkeren Kontrolle der großfsl. Administration und der Landgemeinden als die des Nordens. Auch verlief die Aufzehrung durch die Grundherrschaft regional unterschiedlich. In der Regierung Ivans III. (1462–1505) läßt sich eine gewisse Politik des Bauernschutzes beobachten (1478 Rückgabe der vollen Verfügungsfreiheit über ihr Land an die bisher herrschaftl. gebundenen Bauern Novgorods), da das »schwarze« Land die wichtigste Steuerquelle und den Fundus für die Landvergabe an künftige Dienstleute darstellte. Unter den extremen Belastungen der großen Wüstungsperiode zw. 1560 und 1620 wurden die letzten Reste der »schwarzen« Landgemeinden in den Altsiedelgebieten den Dienstadligen *(pomeščiki)* geopfert.

Der lange Prozeß der Ausbildung der Leibeigenschaft *(krepostničestvo)* begann mit der Beschränkung des Abzugsrechts *(vychod)* auf eine Woche vor und nach dem St. Georgstag (26. Nov.), seit etwa 1460 nur auf einzelnen Besitzungen, generell durch das Gesetzbuch *(Sudebnik)* von 1497. Bei Erfüllung der zu leistenden Verpflichtungen und der Zahlung einer fixierten Ablösungssumme *(požiloe)* blieb das Abzugsrecht bis in die 2. Hälfte des 16. Jh. gewahrt. Die krisenhafte innere Zuspitzung durch Livlandkrieg, Opričnina-Terror, Tatarensturm (1571) und begleitende Seuchen und Hungerepidemien, die zu einem starken Anstieg des Läuflingswesens aus den Moskauer Kerngebieten sowie dem Novgoroder und Pleskauer Land in die fruchtbaren Grau- und Schwarzerdestreifen an der SO-Grenze führten, veranlaßte die Regierung Ivans IV. (1533–84) angesichts der schrumpfenden Staatseinnahmen und im Interesse des durch die Fluchtbewegung stark betroffenen mittleren und kleinen Dienstadels zu – anfangs auf einzelne Regionen beschränkte – Maßnahmen für eine Bindung an die Scholle bis auf Widerruf *(zapovednye gody* '[abzugs]verbotene Jahre') seit Beginn der 80er Jahre, womit die Entwicklung zur vollausgebildeten Leibeigenschaft eingeleitet wurde. H. Rüß

Lit.: S.B. Veselovskij, Selo i derevnja v severo-vostočnoj Rusi XIV-XVI vv. Istoriko-sociologičeskoe issledovanie o tipach vnegorodskich poselenij, 1936 – B.D. Grekov, Die Bauern in der Rus' von den ältesten Zeiten bis zum 17.Jh., 2 Bde, 1958/59 – A.D. Gorskij, Očerki ėkonomičeskogo položenija krest'jan Severo-vostočnoj Rusi XIV-XV vv., 1960 – J. Blum, Lord and Peasant in Russia from IX-XIX century, 1961 – V.I. Dovženok, Zemlerobstvo drevnoï Rusi do seredyny 13st., 1961 – M. Hellmann, Zum Problem der ostslav. Landgemeinde. Die Anfänge der Landgemeinde und ihr Wesen, 2, 1964, 255–272 – C. Goehrke, Die Theorien über Entstehung und Entwicklung des »Mir«, 1964 – G.E. Kočin, Sel'skoe chozjajstvo na Rusi v period obrazovanija Russkogo centralizovannogo gosudarstva, konec XIII–načalo XVIv., 1965 – Ju.G. Alekseev, Agrarnaja i social'naja istorija Severo-vostočnoj Rusi XV–XVIvv. Perejaslavskij uezd, 1966 – C. Goehrke, Die Wüstungen in der Moskauer Rus'. Stud. zur Siedlungs-, Bevölkerungs- und Sozialgesch., 1968 – R. Smith, The Enserfment of the Russian Peasantry, 1968 – Agrarnaja istorija Severo-Zapada Rossii. Vtoraja polovina XV–načalo XVIv., 1971 – E.I. Kolyčeva, Cholopstvo i krepostničestvo (konec XV–XVIv.), 1971 – Ju. A. Krasnov, Rannee zemledelie i životnovodstvo v lesnoj polose Vostočnoj Evropy, 1971 – Materialy po istorii krest'jan v Rossii XI–XVIvv, Sbornik dokumentov, 1971 – Problemy krest'janskogo zemlevladenija i vnutrennej politiki, 1972 – N.N. Pokrovskij, Aktovye istočniki po istorii cernosošnogo zemlevladenija v Rossii XIV–načala XVIv., 1973 – Agrarnaja istorija Severo-Zapada Rossii XVIveka. Novgorodskie pjatiny, 1974 – I.Ja. Frojanov, Kievskaja Rus'. Očerki social'no-ėkonomičeskoj istorii, 1974 – A.D. Gorskij, Bor'ba krest'jan za zemlju na Rusi v XV–načale XVIv., 1974 – V.I. Koreckij, Formirovanie krepostnogo prava i pervaja krest'janskaja vojna v Rossii, 1975 – R. Smith [Hg. und Übers.], Peasant farming in Muscovy, 1977 – A.L. Šapiro, Problemy social'no-ėkonomičeskoj istorii Rusi XIV–XVIvv., 1977. Agrarnaja istorija Severo-Zapada Rossii XVIveka. Sever. Pskov. Red. A.L. Šapiro, 1978 – B.A. Rybakov, Smerdy, IstSSSR, 1979, Nr. 1, 41–58; Nr. 2, 36–57.

XII. Byzantinisches Reich: Während der elf Jahrhunderte byz. Gesch. verfügt das B. über eine Reihe von Konstanten, die weit schwerer wiegen als die Wandlungen.

Erstens ist der Bauer tatsächl. die Basis der byz. Gesellschaft, die v. a. agrarisch bestimmt ist: Der überwiegende Teil der Produktion entstammt dem Agrarsektor; die Landbevölkerung macht ca. 90 % der Gesamtbevölkerung aus. Infolgedessen beruhen die byz. Sozialpyramide und der staatl. Aufbau auf der bäuerl. Arbeit.

Die Arbeit als solche hat sich in diesen elf Jahrhunderten kaum weiterentwickelt, weder vom techn. noch vom sozialen Gesichtspunkt her. Der byz. Bauer ist in erster Linie Ackerbauer; die Viehzucht bleibt im wesentl. sekundär und dient v. a. zur Bereitstellung der unentbehrl. Arbeitskraft von Tieren; es sind die Großgrundbesitzer, nicht die Bauern, die (auf wirtschaftl. Gewinn ausgerichtete) Viehzucht betreiben. Der Bauer bestellt in erster Linie einen Garten, der nahe seiner bescheidenen Behausung liegt und ein Feld von unterschiedl. Größe, das hauptsächl. dem Anbau von Getreide und Hülsenfrüchten dient, wozu manchmal etwas Wein und einige Obstbäume hinzukommen. Wichtigstes Ackergerät ist der Pflug, der manchmal eine Pflugschar aus Metall besitzt und von einem Paar Ochsen gezogen wird. Das Ackermaß, das zugleich die Grundlage für die Ausbeutung des Bodens wie für die Abgabenleistung bildet, ist und bleibt entsprechend dieser techn. Voraussetzung das *jugum*, das allerdings verschiedene Entwicklungen und Ausprägungen erfährt. Der Bauer bestellt sein Land mit Hilfe von Arbeitskräften aus seiner Familie, manchmal mit einem Sklaven. Doch verfügen nicht alle Bauern über ein jugum Land und einen Pflug. Hier beginnt bereits die soziale Differenzierung.

Tatsächl. ist die bäuerl. Bevölkerung keineswegs homogen: Zw. dem mittleren Bauern, der Land im Wert von mehreren Pfund Gold besitzt, und dem landlosen Bauern, der sich als Tagelöhner verdingen muß, besteht eine große Distanz – entsprechend derjenigen, die den gelernten Facharbeiter vom gewöhnl. Handlanger trennt. Die rechtl. Unterschiede in der Besitzverfassung treten zur ökonom. Differenz in der Besitzgröße und des daraus resultierenden Umfangs der Produktion hinzu.

Die rechtl. Unterschiede haben dabei lange Zeit die meiste Aufmerksamkeit auf sich gelenkt, da sie am besten durch Quellen aus der Blütezeit des Byz. Reiches im 10. Jh. belegt sind. Das späte röm. Reich hatte in seinem östl. Teil eine Situation hinterlassen, in welcher der Kleinbesitz neben der großen Domäne weiterexistierte. Die Ländereien der Großgrundbesitzer wurden durch Kleinbauern bestellt, die →Kolonen oder Pächter mit langfristigen Pachtverträgen (perpetuarii, →Emphyteusis) waren, deren Stellung sich nach und nach verbesserte. So wurden im 6. Jh., bes. auf Kirchenland, zahlreiche Besitzverleihungen auf der Grundlage einer immerwährenden Emphyteusis ohne Gegenleistung vorgenommen, einer Besitzform also, die dem vollen Eigentum nahesteht. Diese Entwicklung verstärkte sich noch infolge der slav. Invasionen, weiterhin durch den Rückzug der Orientarmeen in das Reichsinnere und die Ansiedlung zahlreicher Bauern, die nach freiem Eigentum, oft auch vom Staat zur Verfügung gestelltem Boden, strebten.

Mit diesen Wandlungen begann im Lauf des 7.Jh. die Blütezeit des Dorfes, der Gemeinde (χωρίον). Es ist v. a. durch seine Rolle, die es im ausgeklügelten Fiskalwesen des Byz. Reiches besaß, bekannt; hier stellte es die kleinste Einheit dar. In seinem Rahmen funktionierte ein System der Kollektivhaftung: Die Bauern, die im Dorf verblieben, hatten für die entlaufenen Bauern die Steuern zu zahlen. Doch das Dorf, Grundeinheit der Siedlung und Agrarverfassung im Byz. Reich, war nicht nur eine Ansammlung von mehr oder weniger gleichgestellten, abgabepflichtigen Grundbesitzern. Das Agrargesetz zeigt, daß im 8.Jh. im Dorfverband neben Eigentümern auch Pächter, deren Rechtsstellung ganz unterschiedl. sein konnte, lebten. Die Pächter bildeten dabei keineswegs zwangsläufig den ärmeren Teil der ländl. Bevölkerung.

Durch die Vita Philarets des Barmherzigen (8. Jh.) vermögen wir uns ein Bild von der sozialen Schichtung in einem Dorf, nämlich Amnias in Paphlagonien, zu machen. An der Spitze der sozialen Hierarchie steht Philaret selbst, ein dörfl. Magnat auf dem Gipfel seines Reichtums; dabei ist er bäuerl. Herkunft und ein »Neureicher«, der sich nicht scheut, selbst beim Pflügen Hand anzulegen. In schwierigen Situationen erhält er die mehr oder weniger spontane Hilfe der Dorfhonoratioren, die seine Schuldner sind. Zugrundegerichtet, wird Philaret einfacher Bauer; er besitzt noch sein Feld, sein Paar Ochsen, Esel, Pferd, Kuh und Kalb, seine beiden Sklaven und das Feld, das den Haushalt sichert. Er kommt einem → Stratioten, nämlich einem bäuerl. Landbesitzer, der in die Soldatenlisten (στρατικοί κατάλογοι) eingetragen ist und dafür einige Steuervorteile genießt, zu Hilfe. Schließlich finden wir Philaret, vollständig verarmt, als landlosen Bauern, dem nur noch sein Haus gehört.

Mit der → Makedon. Dynastie (867–1056) beginnt die berühmteste Periode in der Gesch. des byz. R.s, gekennzeichnet durch die großen Novellen der makedon. Ks., bes. Romanos' I. Lakapenos, Konstantins VII., Nikephoros' Phokas und Basileios' II. zugunsten des Kleinbesitzes. Der Kampf endete zwar mit dem Sieg der Großgrundbesitzer; die gesetzl. Bestimmungen gegen die Ausbreitung des Großgrundbesitzes wurden nach dem Tod Basileios' II. widerrufen oder gerieten de facto außer Gebrauch. Doch bedeutete dies keineswegs, daß der Kleinbesitz verschwand oder sich sonst große Änderungen im Alltagsleben auf dem Land ergaben. Die Ländereien, welche die Mächtigen erwarben oder usurpierten, wurden auch fortan von Kleinbauern kultiviert, die sich weiterhin in der Dorfgemeinde, in der sich kaum Wandlungen vollzogen, befanden. Doch waren die Bauern nun zu Paroiken (πάροικοι) abgesunken, die, ohne den Boden zu besitzen, über ein dauerndes Nutzungsrecht verfügten, vorausgesetzt, daß sie die Lasten trugen; ihr Recht ging soweit, daß sie das Land veräußern konnten; persönl. waren sie frei. Diese Kategorie von Bauern bildete die Masse der Agrarbevölkerung vom 11.Jh. bis zum Ende des byz. Reiches (1453).

Größere tatsächl. Bedeutung als die ursprgl. rechtl. Differenzierung hatten jedoch die ökonom. Unterschiede, die zw. den B.n, die urbares Land und ein Paar Ochsen (ζευγαράτοι), einen Ochsen (βοιδάτοι) oder aber denen, die nichts ihr eigen nannten (πέζοι, ἀκτήμονες), bestanden. Wie stets seit den Anfängen des Byz. Reiches war auch hier der echte Unterschied ein ökonomischer. Der Paroike, der zeugaratos ist, steht dem Grundbesitzer, der ein jugum in demselben Dorf hat (was im Grunde genommen dasselbe ist), näher als dem landlosen Bauern, mag dieser Paroike sein oder nicht. Das Fortleben sozialer Unterschiede beruht dabei auf den unterschiedl. Formen der Ausbeutung des Bodens. M. Kaplan

Lit.: Ostrogorsky, Paysannerie – Ders., Féodalité – N. Svoronos, Sur quelques formes de la vie rurale à Byzance, Petite et grande exploitation, Annales 11, 1956, 325–333 – Lemerle, Esquisse – N. Svoronos, Remarques sur les structures économiques de l'Empire byz. au XIe s., TM 6, 1976, 49–67.

XIII. SÜDOSTEUROPA: Alles, was über das B. im Raum zw. Mitteleuropa und Byzanz bekannt ist, bezieht sich auf das SpätMA. Erst am Ende des 12.Jh. hat sich der größte Teil dieses Raumes der byz. Herrschaft entzogen. Die spätere Entwicklung verlief im Rahmen mehrerer Staaten (Ungarn, Bosnien, Serbien, Bulgarien) und unter ungleichen allgemeinen Voraussetzungen, so daß trotz des gemeinsamen Ausgangspunktes in byz. Erbe die Lage des südosteurop. B.s kein einheitl. Bild bietet. Die regionalen Eigenarten können dabei kaum erfaßt werden, denn es fehlt an Quellen. Nur über geringe Teile des genannten Raumes sind wir einigermaßen gut unterrichtet. Am besten sind die Gebiete der adriat. Küstenstädte erforscht. Sie bilden zwar keine räuml. Einheit, besitzen jedoch wesentl. gemeinsame Kennzeichen. Das wichtigste ist das Fehlen der Grundherrschaft. Die Bauern (vilani) waren einem Herrn unterstellt, aber die Bedingungen der Bodennutzung wurden durch Vertrag geregelt. Vorherrschend ist die Pacht gegen die Hälfte des Ertrages (ad medietatem, ad polovizam) bzw. gegen das Viertel, wenn der Herr nur Boden (ohne Samen) verleiht. Als Entgelt für Haus und Hof war der B. zu symbol. Abgaben und Diensten verpflichtet. Die B.n unterstanden der Gerichtsbarkeit der Stadt, waren aber bei Prozessen wesentl. benachteiligt.

In den Dinariden im Hinterland, auch in anderen Gebirgslandschaften, die sich nicht genau abgrenzen lassen, waren die *katuni*, Verbände der valach., im Süden der alban. Wanderhirten zerstreut. Als fremde Elemente und Viehzüchter wurden sie von den Zeitgenossen nicht zu den B.n gerechnet, obwohl sie allmählich zum Ackerbau und zur agrar. Siedlung übergingen. Die walach. und alban. Hirten waren persönlich frei und genossen Autonomie im Rahmen ihrer Gemeinschaften (*katun, pleme, fis*). Dem Herrscher bzw. dem Landesherrn zahlten sie ein Goldstück (*dukat*) pro Feuerstelle. Nur einzelne der katuni wurden den Kl. geschenkt und gerieten dadurch in grundherrschaftl. Abhängigkeit. Doch auch dann hatten sie spezif. Abgaben (*podanci*) und Frondienste (*rabote*) in Übereinstimmung mit ihrer Tätigkeit als Viehzüchter zu leisten. Im serb. Staat des 14.Jh. war das Überlaufen der eigtl. B.n zu den Hirten verboten.

Im Innern der Halbinsel sind nur die Verhältnisse in Serbien verhältnismäßig gut bekannt. Die Urkunden der Herrscher für die großen Kl. beleuchten nur die umfangreichen kirchl. Grundherrschaften. Dagegen bleiben die weltl. Besitztümer fast völlig im dunkeln, bes. jene des Kleinadels und der ritterähnlichen *pronijari*, die die Lage des größten Teiles der B.n bestimmten. Die Grundherrschaften der Kl. umfaßten verschiedene soziale Kategorien von den eigtl. Leibeigenen (*otroci*) bis zu den kleinen Edelleuten (*boljari, vojnici*), die von Arbeitsleistungen befreit und nur zu Wehr- und Wachtdiensten verpflichtet waren. Am zahlreichsten waren die *meropsi* (die Benennung ist noch nicht befriedigend erklärt), die mit schweren Frondiensten belastet waren. Die wichtigste Dienstleistung war die vollständige Bearbeitung einer angemessenen Parzelle (etwa 0,8–0,9 Hektar), daneben einige weitere Frontage sowie Naturalabgaben, meistens in Form eines Zehntels der Produkte aus Gartenbau und Viehzucht. Es gab auch spezialisierte Kategorien (*sokalnici, majstori*), die kleinere Bodenflächen zu bebauen hatten; sie mußten andere Dienste leisten (Instandhaltung von Bauwerken, Transport, Lieferung von gewerbl. Produkten usw.). In der Gesetzgebung des Zaren Stefan Dušan (1331–55) ist ein Bestreben zur Vereinheitlichung der Lage der B.n feststellbar. Die Abgaben und Leistungen waren nicht mehr von der persönl. Stellung des B., sondern von den Modalitäten der Bodenverleihung abhängig. Die Fronarbeit wurde für das ganze Land auf zwei Tage wöchentl. fixiert. Es ist nicht klar, ob sich diese Tendenz zur Homogenisierung des Bauernstandes während des letzten Jahrhunderts der staatl. Selbstständigkeit Serbiens (etwa 1360–1460) fortgesetzt hat. Die Urkunden sind zwar zahlreicher geworden, enthalten aber, bedingt durch Änderung des Urkundenformulars, keine Angaben über die Lage der B.n. In den ältesten osman. Katastern (*defter*) kommt lediglich der Unterschied zw. den

viehzüchtenden *Vlasi* und dem einheitl. Bauernstand zum Ausdruck. In der Valachei gab es abhängige B.n *(veçini, romeni)*, die der Grundherrschaft unterworfen und zu ähnlichen Abgaben und Leistungen verpflichtet waren wie in Serbien. Man rechnet aber auch mit einem zahlreichen freien B., das sich auf erbliches Bodeneigentum stützte und in den Dorfgemeinden *(obştea)* organisiert war. Südl. der Save und Donau schätzt man den Anteil der freien B.n nicht so hoch ein. Inhaber von bäuerl. Eigenbesitz *(baština, djedina, plemenito)* hielten der Entwicklung zu grundherrschaftl. Abhängigkeit nur dort stand, wo sie zu größeren Familienverbänden zusammengeschlossen waren. Dann aber rechnet sie die moderne Geschichtswissenschaft den spätma. Quellen folgend, zum niederen Adel *(plemeniti ljudi, vlasteličići)*.
S. Ćirković

Lit.: C. Jireček, Staat und Ges. im ma. Serbien. Stud. zur Kulturgesch. des 13.–15. Jh., Denkschr. der Ksl. Akademie Wien, Phil.-hist. Kl. LVI, 1912, T. I, 69–74; T. II, 22–46 – I. Božić, Le système foncier en »Albanie Vénitienne« au XVe s., BISSV 5–6, 1963–64, 65–140 – M. Blagojević, Zemljoradnja u srednjovekovnoj Srbiji, 1973.

XIV. Arabische Welt: Die Lebensbedingungen der B.n in der klass. islam. Welt sind nur schwer feststellbar, da die Quellen aus den Städten stammen, wo man sich für das flache Land hauptsächl. wegen der Steuern interessiert, die von dort fließen. Einzig Ägypten macht, dank den Papyri, eine Ausnahme.

Zunächst einmal ist für das Land das Zusammenleben von seßhaften B.n und Hirtennomaden charakterist. In den heißen Regionen ist diese Symbiose insgesamt für beide Teile nützlich; das änderte sich indes gegen Ende des MA mit dem Zustrom von aus kalten Ländern kommenden Nomaden, bes. der Mongolen. Davon abgesehen, sollte man sich jedoch hüten, den Islam als einen Faktor des Nomadismus und letzteren wiederum als schädl. für den Ackerbau anzusehen: Beide nutzen jeweils andere Böden.

Beim Ackerbau ist der Gartenbau der Oasen zu unterscheiden von der Nutzung offener, natürlich oder künstl. bewässerter Felder; die Palmenkulturen nehmen eine Sonderstellung ein.

Rechtl. sind die B.n frei; Bodenbestellung durch Arbeitskräfte mit Sklavenstatus findet sich nur ausnahmsweise. Die schwarzen Zanğ auf den großen, von den Kapitalisten im unteren Irak erworbenen Domänen stellen einen Ausnahmefall dar, den man nicht verallgemeinern darf. Dies vorausgeschickt, lassen sich die B.n in zwei Kategorien einteilen: die Kleingrundbesitzer und die Pächter. Die Pächter bringen im allgemeinen nur ihre Arbeitskraft ein und haben daher, nach Leistung ihrer Abgaben, nur das Recht auf einen minimalen Anteil am Ertrag, der jedoch je nach den geogr. Bedingungen schwankt. Besser gestellt sind jedenfalls diejenigen, die künstl. Bewässerung zu unterhalten oder Obstkulturen anzulegen haben. Im Prinzip gibt es keine Leibeigenschaft, insofern als die Pächter dem Eigentümer keine Frondienste schulden und nur wirtschaftl., nicht rechtl. von ihm abhängig sind; erst im ausgehenden Mittelalter sind sie tatsächl. an die Scholle gebunden. Indes haben sie im allgemeinen ebensowenig Interesse, ihren Grund und Boden zu verlassen, wie der Eigentümer, sie davon zu vertreiben. Wenn sie jedoch verschuldet sind, was v. a. stets dann der Fall ist, wenn die Steuern und Abgaben in bar zu leisten sind, müssen sie auf dem Grund und Boden bleiben, bis die Schulden in Natural- oder Arbeitsleistungen abgegolten sind.

Trotz des Vordringens des Großgrundbesitzes hat der Kleinbesitz überlebt, bald als Individualbesitz, bald in der Form von kollektiv genutztem Boden, an dem die verschiedenen Familien Anteile haben, die nicht unbedingt fest lokalisiert sein müssen; die Zahlung von Steuern und Abgaben unterliegt der solidar. Verantwortung. So gesehen, gibt es kaum strukturelle Unterschiede zw. Dörfern, die aus Pächtern und solchen, die aus Kleineigentümern bestehen. Andererseits zahlen Muslime und Nichtmuslime dieselbe Grundsteuer *(ḫarāğ)*; der einzige Unterschied besteht bei der persönl. Steuer: der Kopfsteuer *(ğizja)* der Nichtmuslime und der Almosensteuer *(zakāt)* der Muslime.
C. Cahen

Lit.: C. Cahen, Der Islam, 1968, 142ff. – Ders. u. a., Vortr. auf dem Kongreß der Société J. Bodin in Warschau i. J. 1975 zum Thema der Landkommune [i. Dr.].

XV. Osmanisches Reich: Für das Osman. Reich ist zunächst die unmittelbare Unterordnung der landwirtschaftl. Produzenten unter die Zentralverwaltung in Istanbul hervorzuheben. Die Inhaber der sog. Militärlehen *(hass, zeamet, timar)* konnten häufig von ihrem Amt abgelöst werden. So hatten sie nur selten Gelegenheit, die B.n in ihrem Amtssprengel persönl. an sich zu binden, obgleich die timar-Herren nicht nur als Steuereinnehmer, sondern auch als Verwaltungsbeauftragte des Sultans tätig waren. Es bestand keine rechtl. Abgrenzung von Stadt und Land. B.n wie Städter konnten im Auftrag des Sultans in entfernte Gebiete umgesiedelt werden *(sürgün)*. Auch brauchten B.n im Prinzip die Zustimmung ihres timar-Herren, wenn sie ihren Hof verlassen wollten.

Osman. B.n besaßen ein erbl. Pachtrecht auf ihre zumindest dem Gesetz nach unteilbare Hufe *(çift)*. Allerdings gab es daneben eine wachsende Zahl von Dorfbewohnern, denen keine Voll- oder Halbhufe zugewiesen werden konnte. Diese waren auf Mithilfe bei Verwandten, auf Viehzucht und in manchen Gegenden auch auf Handwerksarbeit angewiesen.

Während ein guter Teil der bäuerl. Überschußproduktion als Naturalsteuer eingezogen wurde, waren Geldsteuern und damit Produktion für den Markt keineswegs unbekannt. Märkte waren im späten 15. Jh. meist in den Zentraldörfern eines Verwaltungssprengels zu finden und verbreiteten sich während des 16. Jh. auch in anderen Dörfern. In Gegenden, wo Fluß- und Seetransport möglich waren, wurden bäuerl. Überschüsse meist zu staatl. festgesetzten Preisen für die Versorgung von Istanbul aufgekauft. Während im 16. Jh. das Osman. Reich an der allgemeinen Bevölkerungssteigerung des Mittelmeergebietes teilhatte, erfolgte ab etwa 1600 ein Rückschlag. Wieweit ungenügende Steigerung der landwirtschaftl. Produktion und wieweit Übersteuerung infolge von Kriegsausgaben verantwortl. waren, ist bis jetzt noch nicht geklärt. Weitgehende Siedlungsaufgabe fand in Anatolien statt und war vielleicht mit Renomadisierung verbunden. Die Lücken im Siedlungsbild, welche während dieser Krise entstanden waren, konnten erst während des 19. und 20. Jh. aufgefüllt werden.
S. Faroqhi

Lit.: Ö. L. Barkan, XV. ve XVI asırlarda Osmanlı İmparatorluğunda toprak işçiliğinin organizasyonu şekilleri, İktFM I, 1939, 29–74, I, 2, 1940, 198–245; I, 4, 1940, 397–447 – M. Akdağ, Celali İsyanları (1550–1603), 1963 – W.-D. Hütteroth, Ländl. Siedlungen im südl. Inneranatolien in den letzten 400 Jahren, 1968 – B. McGowan, Food Supply and Taxation on the Middle Danube (1568–1579), AO I, 1969, 139–196 – W. H. Inalcik, The Ottoman Decline and its Effects upon the reaya (Aspects of the Balkans, 1972), 338–354.

Bauermeister (mnd. *burmeister*, lat. magister civium, die hd. Form begegnet erst in der Neuzeit), vom Niederrhein bis nach Ostsachsen verbreitete Bezeichnung für den Richter (daher auch *burrichter*) der frühen Gemeinde, der → Burschaft, bes. auf dem Lande. Das Wort bezieht sich nicht auf → Bauern in unserem heut. Sinne, sondern auf die mnd.

bure, gebure, lat. vicini, concives als Nachbarn und Gemeindegenossen. B. und → Burschaft erscheinen daher auch in den Städten, wo sie nicht auf bäuerl. Ursprünge im Sinne der Landgemeindetheorie (→ Stadt) hindeuten, sondern Reste einer frühen Gemeindeverfassung sind, die später durch →coniuratio und Ratsverfassung (→ Rat, städt.) überlagert wurde. Dies macht es verständlich, daß der B. in den Städten zum Vorsteher eines Stadtbezirks oder zum städt. Unterbeamten herabsank.

Das Amt des B.s oder Burrichters war vielerorts (so in Westfalen) Zubehör eines grundherrl. Haupthofes, während es anderswo unter den Vollbauern der → Burschaft reihum ging. Eine Wahl des B.s ist nur selten bezeugt; das »len to burmesterscap« wird nur im Sachsenspiegel (Lehnr. 77) erwähnt. Seine deutlichsten Konturen gewinnt das Amt im Ssp. Ldr.: Der B. richtet über Knüppelschläge und Blutrunst, über handhafte Diebstähle im Wert bis zu drei Schillingen, über unrechtes Maß, unrechte Waage und falschen Kauf, über Geldschuld und Fahrhabe sowie über Eingriffe in die → Allmende. Strafen darf er nur an Haut und Haar; der Verurteilte kann sich von dieser Strafe mit drei Schillingen lösen. Solche Zahlungen fallen den Geburen zu, um von ihnen gemeinsam vertrunken zu werden. Sie sind also offenbar im Gericht des B.s die Urteiler. Gestützt auf ihre Mehrheit kann der B. endlich Anordnungen zum Wohle des Dorfes treffen, ohne daß die Minderheit widersprechen darf. K. Kroeschell

Lit.: DtRechtswb. I, 1275-1277 - J.W.PLANCK, Das dt. Gerichtsverfahren im MA I, 1879, 11 f. - G.BUCHDA, Die Dorfgemeinde im Sachsenspiegel (Die Anfänge der Landgemeinde und ihr Wesen II, VuF VIII, 1964), 7-24 - B. SCHWINEKÖPER, Die ma. Dorfgemeinde in Elbostfalen und in den benachbarten Markengebieten (ebd.), 115-148, bes. 121 ff., 143 ff.

Bauernaufstände → Revolten
Bauernfreiheit
I. Allgemein – II. Frühmittelalter – III. Hoch- und Spätmittelalter.

I. ALLGEMEIN: Die überwiegende Zahl der Bauern war im MA der Grund-, Leib- und Gerichtsherrschaft unterworfen; als Hörige hatten sie ihr Land von feudalen Grundeigentümern zur Leihe und leisteten dafür Abgaben und Dienste. Neben den abhängigen Bauern gab es im ma. Europa in vielen Gegenden auch freie Bauerngruppen; ihr vorrangiges Kennzeichen war, daß sie unmittelbar dem Kg. oder Fs.en und nicht einem Grundherrn unterstanden und insbes. zu Kriegsdienst und Steuerzahlung verpflichtet waren. Bei der Beurteilung der ma. B. stehen sich zwei Grundauffassungen gegenüber: Die eine Seite erkennt in der B. einen absoluten Faktor; sie ist danach nicht vom Herrscher verliehen, sondern ursprgl. und hat ihrerseits Staat und Gesellschaft geformt. Die andere Seite sieht in der B. keine eindeutige und jederzeit feststehende Größe, sondern eine relative Erscheinung, die durch die jeweiligen hist. Verhältnisse und Prozesse geprägt wurde. Die neuere Forschung hat daher zwei Gruppen von Freibauern unterschieden: 1. Die Altfreien, die ihren freien Stand aufgrund ihrer Abstammung besitzen; 2. jene Freien, denen die Freiheit zu irgendeinem Zeitpunkt verliehen worden ist.

II. FRÜHMITTELALTER: Die alte Vorstellung von der germ. Sozialverfassung als einer bäuerl. Demokratie, die sich aus gleichberechtigten freien Bauern innerhalb von Markgenossenschaften zusammensetzte (Gemeinfreientheorie, Markgenossenschaftstheorie), ist durch die jüngere Forschung endgültig aufgegeben worden (→ Germanen). Die germ. Stammesgesellschaften waren in Adel, Freie und Unfreie differenziert, wobei die Freien durchaus eine wichtige Rolle spielten. Für die Karolingerzeit nahmen TH. MAYER, H. DANNENBAUER u.a. an, daß die staatstragende Schicht der Freien sog. → Königsfreie waren, die als Wehr- und Rodungsbauern auf Königsland saßen und zu Kriegsdienst und Steuerleistung verpflichtet waren; sie verdankten ihre Freiheit dem Kg. und waren in Centenen zusammengefaßt. Diese Königsfreientheorie ist auf zunehmende Kritik gestoßen und in ihrer überspitzten Form nicht haltbar. Infolge des fortschreitenden Feudalisierungsprozesses geriet der größte Teil der freien Bauern vom 8. bis 10. Jh. in Abhängigkeit von den sich ausbreitenden Grundherrschaften des Adels und der Kirche; durch Übernahme grundherrl. Landes gegen Abgabeleistung, durch Selbsttradition (Vermeidung der schweren Militärverpflichtungen) und auch durch gewaltsame Unterdrückung nahm die Zahl der freien Bauern stetig ab.

III. HOCH- UND SPÄTMITTELALTER: Im Zuge des intensiven Landesausbaus seit dem 11. Jh. kommt es im HochMA zur Bildung einer neuen Schicht von Freibauern. In den einzelnen Kolonisationsgebieten lassen sich deutlich verschiedene Typen freibäuerl. Siedlung unterscheiden (→ Kolonisation und Landesausbau). Im norddt. Raum treten holländ.-fläm. Siedlergruppen (ius Hollandicum, ius Flamingicum) und Rodungssiedlungen mit Hagenrecht in Erscheinung (→ Hagen, -siedlungen) in süddt. Bereich begegnen in den Ausbaugebieten der Mittelgebirgslandschaften zahlreiche Freibauerngruppen. Im ostdt. Kolonialland, wo freie bäuerl. Erbleihen und freie Gemeinden früh belegt sind, hat es offenbar ein allgemeines Siedlerrecht gegeben, das als dt. Recht schlechthin galt (→ Ostsiedlung, dt.). In SW-Frankreich entstehen im 12. und 13. Jh. viele Ausbausiedlungen (Orte der *castelnaux*, *sauvetés* und *bastides*), in denen die Bewohner eine durchweg freie Rechtsstellung besitzen, und im frz.-dt. Grenzgebiet werden viele Dörfer nach dem Vorbild von → Beaumont-en-Argonne befreit. Die hochma. Freibauern erhalten ihren Namen von der Befreiung von bestimmten Lasten und Beschränkungen: die Siedler empfangen ihr Land zu freier Erbleihe, genießen persönl. die Freizügigkeit und besitzen häufig eine weitgehend autonome Gemeinde- und Gerichtsverfassung. Die ständ. Nivellierung der bäuerl. Schichten, der Prozeß der Territorialisierung und der sozialökonom. Strukturwandel des SpätMA haben zu einer stetigen Verringerung der Zahl der Freibauern geführt, so daß am Ausgang des MA nur noch geringe Reste vorhanden waren. → Bauer, Bauerntum, → Grundherrschaft, → Leibeigenschaft, → Freiheit, → Unfreiheit, → Bauernstaaten. W. Rösener

Lit.: HRG I, 1216 ff. [H.H. HOFFMANN] - K. WELLER, Die freien Bauern in Schwaben, ZRGGermAbt 54, 1934, 178 ff. - K. S. BADER, Das Freiamt im Breisgau und die freien Bauern am Oberrhein, 1936 - H. RENNEFAHRT, Die Freiheit der Landleute im Berner Oberland, 1939 - K.S. BADER, Bauernrecht und Bauernfreiheit im späteren MA, HJb 61, 1941, 51 ff. - Adel und Bauern im dt. Staat des MA, hg. TH. MAYER, 1943 - Das Problem der Freiheit in der dt. u. schweiz. Gesch., VuF 2, 1955 - F.WERNLI, Die ma. Bauernfreiheit, 1959 - E. MÜLLER-MERTENS, Karl d. Gr., Ludwig der Fromme und die Freien, 1963 - H.K. SCHULZE, Rodungsfreiheit und Königsfreiheit, HZ 219, 1974, 529 ff. - J. ASCH, Grundherrschaft und Freiheit, NdsJb 50, 1978, 107 ff.

Bauerngerichte → Gerichtsbarkeit
Bauernhaus
A. Einleitung – B. Mitteleuropa – C. Schweden, Norwegen – D. Dänemark – E. Britische Inseln, Irland – F. Nordatlantische Inseln – G. Frankreich – H. Osteuropa

A. Einleitung
Im folgenden wird nur das B. nördl. des mediterranen Kreises behandelt, da die Erforschung des mediterranen B.er nach der röm. Periode lückenhaft und ungleichmäßig ist. Die durch den sozialen Status der Besitzer und durch

spezielle ökonom. wie handwerkl. Funktionen vom Üblichen abweichenden bäuerl. Häuser werden nicht gesondert behandelt.

Vom 1.–5. Jh. n. Chr. sind die Bauernhäuser (B.) aus *archäolog. Quellen*, vom 15. Jh. an vom rezenten Bestand her gut erforscht. Für die dazwischenliegende Zeit haben wir – von regionalen Ausnahmen abgesehen – nur wenige Belege. Das macht den Nachweis der Kontinuität der Bauformen problematisch. Neben den archäolog. Befunden werden zur Rekonstruktion der B. regional auch schriftl. Quellen, v. a. Gesetzestexte herangezogen, konkrete Angaben über Aussehen und Konstruktion der Bauten sind jedoch selten oder vieldeutig. Die Benutzung von Abb. aus Manuskripten ist bedenkl., da sie meist Topoi darstellen. H. Hinz

Die im 19. und 20. Jh. meist geogr. und philol. arbeitende *»volkskundliche« Hausforschung* Mitteleuropas hat v. a. aus den unterschiedl. regionalen, aber überwiegend nz. Bauernhausformen versucht, die Bauformen bis ins frühe MA (und darüber hinaus) zurückzuführen (Rhamm, Meitzen, Henning, Schier). In jüngerer Zeit verspricht eine Hinwendung zur konkreten, hist. Bauanalyse erhaltener, spätma.-frühnz. Häuser abgesicherte und differenziertere Aussagen zu den ma., bes. spätma. ländl.-bäuerl. Haus- und Wohnformen zu erbringen. Voraussetzung ist eine eindeutige Datierung, die durch Gefügeforschung und Dendrochronologie v. a. im Holzbau entscheidend verbessert wurde und eine exakte Bauaufnahme unter Berücksichtigung aller Bauphasen eines Gebäudes in ihrer zeitl. Reihenfolge, um so unter den nz. Umbauten den ma. Zustand herauslösen zu können. Gleichzeitig ist eine intensivere Einbeziehung von Archivalien über die meist ausgeschöpften ma. Weistümer und Gesetzestexte hinaus erforderlich.

Die Abgrenzung der Gruppe »Bauernhäuser« ist nicht leicht, da die sozialen und wirtschaftl. Daten, die eine exakte Bestimmung eines »bäuerl. Anwesens« ermöglichen würden, regional und zeitl. sehr schwankend sind. Zum B. im weitesten Sinn müssen auch Tagelöhnerhäuser (Katen, Kotten im norddt. Raum) auf der einen, → Gasthäuser und → Mühlen (bes. im süddt.) auf der anderen Seite gerechnet werden, da beide dem »Dorf« bzw. der landwirtschaftl. Produktion verbunden sind. Vielfach ist auch der Übergang zum ackerbürgerl.-städt. Bereich fließend (bes. in Franken, Baden, Württemberg, Pfalz). B. und Bürgerhaus – oder besser: ländl. und städt. Hausformen können kaum getrennt voneinander betrachtet werden. Eine isolierte Gesch. des ma. B. es läßt sich nicht schreiben. → Haus, -formen. K. Bedal

B. Mitteleuropa

I. Früh- und Hochmittelalter – II. Spätmittelalter.

I. Früh- und Hochmittelalter: [1] *Niederdeutschland, Niederlande*: In der röm. Kaiserzeit (RKZ) bis zur jüngeren Völkerwanderungszeit (VWZ) ist die eisenzeitl. *Wohnstallhalle* in zahlreichen Beispielen belegt, die bes. im Marschengebiet bei gutem Erhaltungszustand Aufschlüsse über die Konstruktionen geben (Ezinge, Feddersen Wierde). Die Wände sind in Flechtwerktechnik hergestellt und mit Lehm abgedichtet. Gleiche Bauten kommen jedoch in kleineren und größeren Siedlungen auch auf der Geest vor (Flögeln). Das Gehöft besteht häufig nur aus einer Wohnstallhalle, allenfalls mit angefügtem Speicher, doch sind gelegentl. auch mehrere Häuser unterschiedl. Funktion (Wohnstallhalle, Stall, Speicherbau) zu einem Gehöft vereint (Ezinge, Archsum), die bei Gehöften der Oberschicht noch durch bessere Konstruktionen und differenzierte Funktion der Nebengebäude (Werkstätten) erweitert werden (Feddersen Wierde). Alle Bauten sind in der Regel dreischiffig. Auf dem trockenen Boden gibt es seit der RKZ auch *Grubenhäuser*, die jedoch nur wirtschaftl. Funktionen innerhalb eines Gehöftes (Speicher, Webhütte, Werkstatt) haben. Diese Siedlungen sind fast ausnahmslos im Laufe des 5. Jh. im Zusammenhang mit den Westbewegungen nach Frankreich und auf die brit. Inseln aufgegeben worden. Mit dem 8. Jh. treten im Binnenland, von Schleswig-Holstein bis in die Niederlande, neue Bauformen auf. Es sind dies wandlastige Pfostenbauten, gelegentl. mit äußeren Schrägpfosten, oder Firstsäulenbauten, auch Kruckkonstruktionen sind wahrscheinl. Neben den Wohnhäusern gibt es Grubenhäuser und Nebengebäude (Kootwijk, Oodorn). Neu sind schiffsförmige Häuser (bisher in Westfalen und den Niederlanden nachgewiesen), zu denen ebenfalls Wirtschaftsbauten und Speicher gehören (Warendorf). Die Großbauten enthalten Wohnteile; ob darin auch Vieh aufgestallt war, ist noch nicht gesichert. In der Küstenzone leben die eisenzeitl. Hallen von den Niederlanden bis Nordfriesland, bisher nur punktuell nachgewiesen, bis in die frühgeschichtl.-ma. Zeit weiter (Leens, Emden, Hessens, Elisenhof). Aus ihnen scheinen sich die aus dem spätesten MA schon belegten fries. Wohnstallhallen der Küstenzone entwickelt zu haben. Bei allen Bauten, von der RKZ bis zum MA, ist die offene Herdstelle beliebt, nur bei Grubenhäusern im Elbewinkel sind bisher auch Ecköfen nachgewiesen (Eggestorf). Erst ab 1200 sind dreischiffige Wohnstallhallen von breitem Querschnitt mit großem Einfahrtstor und vervielfachtem Stauraum für die Ernten nachgewiesen, die heut. *Niederdeutsche Halle*, früher »Niedersachsenhaus« genannt werden (vgl. Abschnitt B, II.). Eine kontinuierl. Abfolge aus dem Stammbaum der eisenzeitl. Halle ist bisher nicht belegt und durch die zw. beide Perioden sich schiebenden schiffsförmigen oder wandlastigen Häuser auch nicht wahrscheinl. Daher werden Einflußnahmen von seiten der herrschaftl. und der klösterl. Wirtschaftsbauten für die Entwicklung der nd. Halle als wahrscheinl. angesehen. Weitere Einflußbereiche der herrschaftl. Bauweise sind die Speicher im nd.-ndl. Raum, die seit dem späten MA Fortifikationselemente und den Namen Bergfried erhalten. Die zahlreichen Konsumenten in den Städten und der Handel ermöglichen die Überproduktion von Vieh und Korn, die seit dem spätem MA zur Entwicklung großräumiger Bauten in der Küstenzone wie auch zum Stauraum in der nd. Halle geführt haben. Gulfscheune, Stelp oder Eiderstedter Haubarg gehören dieser späten Entwicklung an. Die nd. Hallen dringen im Zusammenhang mit der Kolonisation über die Elbe in einem schmaler werdenden Streifen bis in die Mitte Ostpommerns vor. Auch das Gebiet Niederrhein–untere Maas gehört ursprgl. nicht zum Bereich der dreischiffigen Wohnstallhalle. Seit vorgeschichtl. Zeit scheinen Gehöfte aus schmalen Rechteckhäusern mit Speichern und Wirtschaftsbauten üblich gewesen zu sein, die während der röm. Periode von → villae rusticae überlagert worden sind. Die nd. Halle in ihren w. Varianten scheint erst vom späten MA an sich nach W ausgebreitet zu haben.

[2] *Rheinland, Süddeutschland, Alpenraum*: Bis zum 4. Jh. liegen große Teile dieses Raumes innerhalb des röm. Imperiums und im Bereich der villae rusticae. Außerhalb des Limes sind Häuser, abgesehen vom Niederrhein, kaum bekannt. Mit dem Zusammenbruch der röm. Villenkultur und dem Eindringen von Franken, Alamannen u. den späteren bayer. Stammesteilen sind neue Bauformen eingeführt worden, die bisher jedoch nur in wenigen Beispielen archäolog. ermittelt worden sind (Gladbach-Neuwied,

Kirchheim, Merdingen). Hier fließen indes die schriftl. Nachrichten aus den Leges, v. a. bei Alamannen und Bayern, reichlicher als bei den anderen Stämmen. Daraus geht hervor, daß ein *Vielhausgehöft* mit Wohn- und Wirtschaftsbauten verschiedenster Funktion üblich gewesen ist. Wohnstallhallen sind aus den Leges wie aus den Grabungen nicht zu ermitteln. Außer Wohnhaus, Stall und Scheuern gibt es Speicher, Badehäuser und Schuppen. Bei den Grabungen treten v. a. Kleinhäuser, in erster Linie die leicht erkennbaren Grubenhäuser verschiedenster Funktion auf. Vereinzelt sind jedoch auch größere Bauten, mit und ohne Firstsäulen, erhalten (vgl. Abschnitt B, II.). Die in den Leges genannten Bauformen lassen sich auch an Beispielen der frühen NZ nachweisen. Die Häuser scheinen zu locker geordneten *Streuhöfen* zusammengefaßt worden zu sein. Haus- und Hofstruktur karol.-otton. →Wüstungen sind den älteren ähnlich (Burgheim, Wülfingen, Wittislingen). Die Großhäuser der NZ (Schwarzwald, Bayern) sind offenbar spät. Die Diskussion, ob das Mittertennhaus (Heidenhaus) noch in die Vorzeit reicht, ist nicht abgeschlossen.

Im Alpenraum sind recht vielgestaltige B. zu erwarten. Vermutl. sind in den höhergelegenen Berggebieten die schon aus vorgeschichtl. Zeit bekannten *Blockbauten*, teils in gestaffelter Lage, bis in die NZ üblich gewesen, obgleich ein archäolog. Nachweis dafür nicht zu erbringen ist. Versuche, in gewissen röm. Bauformen (Carnuntum-Flurhaus) Reflektionen auf einheim. Bauten zu sehen, sind nicht stichhaltig, da dieser Haustyp als röm. Stadthaus weit verbreitet ist. In der alam. Schweiz sind die auch n. davon üblichen Bauformen im frühen MA benutzt worden, wie die Ausgrabungen zeigen (Berslingen). Bei sich überschichtenden slav.-bayer. Siedlungsströmen im österr. Raum sind spezielle, den einzelnen Völkerschaften zuzuweisende Häuser nicht erhalten. Die Rauchstuben der Ostalpen haben wohl Einzelzüge aus dem slav. wie aus dem germ. Raum übernommen (vgl. Abschnitt B, II.). Früher erfolgte ethn. Deutungen sind nicht haltbar. Am Südrand der Alpen macht sich der Einfluß des mediterranen Steinbaues bemerkbar. Die ältesten Hausformen gehen bis in das späte MA zurück. Hier ist Streben nach Stockwerkbau mit teilweise turmartigem Charakter in Angleichung an den S erkennbar. Archäolog. Belege aus der karol. Zeit wie dem hohen MA fehlen. Im Mittelgebirge und im Harz wurden durch archäolog. Untersuchungen einräumige Wohnhäuser mit geringer Untergliederung in Gesellschaft mit Webhäusern, Feuerhäusern, Speichern u. a. Konstruktionen beobachtet (Grillenberg). In der Wüstung Königshagen sind auch Vierkanthöfe aus wandlastigen Häusern in Pfostenkonstruktion ermittelt worden, wie sie später in dem sog. md. oder frk. Vierkantgehöft auftreten. In der frühen NZ lassen sich, bes. an Beispielen im Nürnberger Raum, Regelungen der Grundherrschaft sowie nach Maßverhältnissen geordnete Bauweisen der Handwerker auch beim ländl. Hausbau erkennen.   H. Hinz

II. SPÄTMITTELALTER: Der Bestand an erhaltenen ma. »Bauernhäusern« (im Sinn von ländl., nicht herrschaftl. Wohnhäusern oder Wohnstallhäusern) ist in Mitteleuropa nach heut. Kenntnissen nicht sehr hoch und v. a. regional sehr unterschiedlich. Vor das 15. Jahrhundert ist bisher kein B. eindeutig zu datieren, doch lassen sich immerhin aus dem kleinbürgerl.-ackerbäuerl. Bereich Belege des 14. Jh. beibringen. Trotzdem können wir, v. a. bei Einbeziehen des Baubestandes des 15. Jh., der fast überall in Ansätzen vorhanden ist, davon ausgehen, daß alle wesentl. nz. Bauernhausformen bereits im SpätMA im Grundprinzip oder auch in Vollendung ausgeprägt waren (Ausnahme das Gulfhaus der Nordseeküste, das offenbar erst im späten 16. Jh. entwickelt wurde). Insbes. ist der große Gegensatz zw. norddt. (nd.) und süddt. (obdt.) B.n schon vorhanden.

[1] *Der Norden* – von den Ostniederlanden bis hin nach Pommern, im N bis Schleswig (vielleicht noch Angeln einbeziehend), im S bis zum Niederrhein und Weserbergland – ist bereits in der Zeit um 1500 vom *niederdeutschen Hallenhaus* geprägt. Darunter versteht man dreischiffige, längsaufgeschlossene Innengerüstbauten (Zwei-, Drei-, Vierständerbauten), die Ställe in den Seitenschiffen, das Mittelschiff als befahrbare Diele, im »hinteren« Teil des Hauses der nicht immer deutl. vom Wirtschaftsteil getrennte Wohnteil (Wohnstallhäuser). Der Dachraum diente meist als Erntelagerraum.

Die ältesten Belege für das nd. Hallenhaus stammen vom Ende des 15. Jh.: Neuengamme 1473/74, Ostenfeld 1481/82 und, mit Einschränkung, Mönchen-Gladbach 1476. Da es sich nur noch um Gerüstrudimente handelt, ist eine eindeutige Interpretation, v. a. über die Anlage des Wohnteils, sehr schwierig. Deutl. lassen jedoch die im frühen 16. Jh. zahlreicher einsetzenden Belege sehen, u. a. Norderstapel 1530/31, Curslack 1532 und, später Laboe 1534/35, Seeth 1534/40, Schönberg 1554/1555, daß es sich um z. T. außerordentl. große, vielräumige Hallenhäuser mit allen Merkmalen der nz. Bauten handelt. Ebenso ist die regionale Differenzierung im Gerüst wie im Grundriß schon im 15./16. Jh. stark ausgeprägt, so daß es schwer fällt, ein einheitl. ma. Hallenhaus als Grundlage für das nz. nd. Hallenhaus anzunehmen. Jedenfalls kann man z. B. in Schleswig-Holstein um die Wende vom 15. zum 16. Jh. durchwegs bereits das (ungenau) sog. *Kammerfach* beobachten, d. h. einen Wohnteil mit geheizten Räumen (Stuben) am Ende des dreischiffigen Hallenhauses, während noch im 18. Jh. im w. Westfalen und den angrenzenden ndl. Gebieten das »Loos Hus« ohne gesonderte heizbare Wohnräume üblich ist. Neben der Stube als ofengeheizter Wohnraum, die womöglich früher als bisher angenommen Bestandteil des Hallenhauses in ö. Niedersachsen, Schleswig-Holstein und Mecklenburg war, ist die sog. *Lucht* die typ. Wohnform im bäuerl. Hallenhaus. Wenn auch die ältesten Sachbelege nicht vor 1500 zurückreichen (bisher frühester Beleg 1530/31), so dürfte sie doch im SpätMA, wahrscheinl. unter hochschichtl. Einfluß (Burgenbau: Sitznischen) entwickelt worden sein. Luchten sind seitl. Wohnnischen, zumeist in Nähe der offenen Feuerstelle am Ende der großen →Diele (Flettdiele) des Hallenhauses.

[2] Aus dem *Westen*, dem Mittelrheingebiet, sind bisher vor 1500 kaum bäuerl. Wohnhäuser bekannt geworden, wenn man von Häusern aus dem Übergangsgebiet zum nd. Hallenhaus in der Gegend von Mönchen-Gladbach (s. o.) absieht. Es kann aber kaum einen Zweifel geben, daß in diesem Raum nach 1500 belegte queraufgeschlossene *Haustyp mit zwei Zonen* – Ern als Flur- und Herdraum sowie ein Wohnraum bei z. T. unterschiedl. Niveau – schon im späten MA ausgeprägt worden sein muß. Der Stall war ursprgl. offenbar nicht im Haus untergebracht (reines Wohnhaus bzw. auch Wohnspeicherhaus genannt). Der Geltungsbereich – sozial wie regional gesehen – ist noch zu wenig bekannt.

[3] Im *Südwesten*, von der Nordschweiz bis hinauf in die Eifel, muß vor 1500 der *Firstsäulenbau* weit verbreitet gewesen sein. Firstsäulenbauten sind ähnlich wie die nd. Hallenhäuser Innengerüstbauten von z. T. großen Ausmaßen. Die ältesten Belege sind bisher aus Nordbaden nachgewiesen: Untergrombach 1420, Bauschlott 1440, Dertin-

gen 1450; auch das bekannte Watterbacher Haus dürfte in diese Zeit zurückreichen (jetzt in Breitenbach, Krs. Miltenberg). Kennzeichen der Firstsäulenbauweise, die noch nach 1500 im Schwarzwald, in Oberschwaben, in der Nordschweiz, dem Südelsaß und in der Westeifel vorkommt, sind die das Dach tragenden, vom Boden bis zum First reichenden Ständer (Säulen), auf denen der Firstbaum (Firstpfette) liegt. Im allgemeinen darf man von vier Firstsäulen ausgehen, durch die drei Querzonen des Hauses gebildet werden: Wohnzone, Flurzone (bzw. Tennenzone) und Stallzone. Es handelt sich also wieder um Wohnstallhäuser. Zwei der Firstsäulen liegen in den Giebelwänden (an ihre Stelle kann auch ein Walm treten), zwei frei in Hausmitte. Ist die mittlere Zone als Tenne mit Einfahrtstor ausgestattet, so handelt es sich um einen Mittertennbau mit Speicherraum im Dachboden, eindeutige Belege fehlen dafür jedoch vor 1500.

[4] Im *fränkischen Raum*, der ebenfalls von Wohnstallbauten beherrscht wird, dürfte auch beim B. die Firstsäulenbauweise schon vor 1500 durch das reine Sparrendach abgelöst worden sein, zumindest sind die ältesten erhaltenen Bauten der Zeit um 1500 ohne die geringsten Spuren von Firstsäulen verzimmert. Das ergibt sich z. B. aus Ackerbürgerhäusern Bad Windsheims aus dem 14./15. Jh. (WIESER-BECKER, 1975), die sozial sicher B.n sehr nahe stehen, sowie aus einigen Belegen dörfl. Gasthäuser (Ergersheim, Krs. Neustadt/Aisch-Bad Windsheim, von 1476/77; Sausenhofen, Krs. Weißenburg-Gunzenhausen, vermutl. 1490). Kennzeichnend für die früheste Phase, sicher auch auf dem Land, sind die durchgehenden, ohne Schwelle verzimmerten »Säulen« (Ständer), entweder ein oder zwei Geschosse umfassend; bei mehrgeschossigen Bauten setzt sich spätestens ab ca. 1450 der Stockwerksbau durch (wie auch in Nordbaden). B. bewahren Merkmale dieses sog. »Säulenbaus« bis ins 16., ja in Teilen Mittelfrankens bis ins 18. Jh. In diesen Zusammenhang gehörten wohl auch die sog. *Schwedenhäuser* des Nürnberger Umlandes. Es sind Säulenbauten mit knapp zweigeschossigen Innensäulen, die Außenwände sind nur geschoßhoch. Es entstehen dem nd. Hallenhaus verwandte *Abseiten*. Unklar bleibt die Bedeutung und die Verbreitung dieses Typs von dem sich nur zwei Beispiele erhalten haben (Nürnberg-Almoshof, Nürnberg-Thon, eingelagert, weitere inzwischen abgebrochen), die aber gefügemäßig kaum vor 1500 anzusetzen sind. Das äußere Kennzeichen: urspgl. strohgedecktes Vollwalmdach, das alte Dorfabbildungen so häufig zeigen, verlangt nicht nach diesem unorgan. Innengefüge, sondern gilt auch für wandständrige Bauten.

[5] Der *Südosten* Mitteleuropas war in der NZ Blockbaugebiet, mit einer breiten Mischzone nach W zu, in der Blockbau neben Ständerbau (Fachwerk, ausgeblockter Ständerbau, Ständerbohlenbau) vorkommt (z. B. Ostfranken, Sachsen, Schlesien, Oberpfalz). Ma. Bauten fehlen nach dem derzeitigen Kenntnisstand weitgehend. In Altbayern dürfte z. T. im MA noch Säulenbau gegolten haben, während der Blockbau erst gegen Ende des 15. Jh. vordrang. Die ältesten datierten bäuerl. Blockbauten stammen erst vom Beginn des 16. Jh. (1542 St. Margarethen, 1555 Nußdorf, beide Krs. Rosenheim; bei 1501 Schuhöd bei Mühldorf/Inn ist die Originalität umstritten); es ist aber nicht auszuschließen, daß sich im alpinen Bereich Blockbauten vor 1500 erhalten haben (Tirol). Hier sind noch Forschungslücken. Bes. im Alpenraum tritt anstelle der Zusammenfügung von Wohnung und Stall unter einem Dach das reine Wohnhaus, bestehend aus Stube, Küche, Kammern und Flur (Fletz). Stube und Küche dürften hier im MA – wie in Kärnten und Steiermark bis ins 18. Jh. – z. T. noch ein Raum gewesen sein (sog. *Rauchstube*), doch erschwert das Fehlen von Datierungen eine eindeutige Aussage.

[6] *Bauweise:* Zwar steht es außer Frage, daß Holzbauweisen (Stabbau, Ständerbohlenbau, → Fachwerkbau) vor 1500 das bäuerl. Wohnhaus geprägt haben, trotzdem kannte auch Mitteleuropa bereits im MA vereinzelt steingebaute B. Das gilt in erster Linie für Weinbaugebiete: Pfalz, Untermain, Donautal bei Regensburg, Elsaß, Südtirol. Meist bezieht sich der Steinbau nur aufs hohe Unterkellergeschoß. Der Umfang und die Bedeutung des Steinbaus im ländl. Bereich sind noch weitgehend ungeklärt. Einer der frühesten datierten Steinbauten (vor 1416) konnte in Kärnten nachgewiesen werden.

B. des MA waren – von wenigen Ausnahmen, v. a. in den Steinbaugebieten, abgesehen – *Rauchhäuser*, hatten also keinen eigenen Rauchabzug, sondern der Rauch zog von der Feuerstelle (offener Herd, Bodenfeuer) aus, abgelenkt durch einen Funkenschutz (z. B. Hurre in Oberbayern, Hurd im Schwarzwald, Rahmen in N-Deutschland), frei durch den Dachraum, z. T. diente er dort zugleich zur Getreidetrocknung (Getreidedarre). Am deutlichsten ist dies sicher ma. Gewohnheit im nd. und alpinen bzw. voralpinen Bereich zu erkennen. Eine bes. wichtige Frage ist das Aufkommen ofengeheizter Wohnräume im B. Fest steht, daß der Nordwesten (w. Westfalen, Niederlande) bis ins 18. Jh. nur den Kamin als Heizquelle besaß, s. anschließend (Eifel, berg. Land) seit vermutl. Ende des 15. Jh. eine von der Küche aus erwärmte Eisenplatte (Takenplatte) den Wohnraum heizte (Takenheizung). Im übrigen s. Mitteleuropa war spätestens um 1500 überall eine ofengeheizte Stube der alltägl. Wohnraum. Abgesehen von den oben erwähnten, küchenähnlichen Rauchstuben des Ostalpen- und Voralpenraums (möglicherweise bis hinauf in den Bayerischen Wald und Böhmerwald) waren es rauchfreie Stuben mit von außen beheizten Hinterladeröfen (gemauerte Öfen, Kachelöfen; → Heizung), in denen großenteils auch gekocht wurde (Kochofen). Wann diese rauchfreie Stube in B. eingeführt wurde, läßt sich, ähnlich wie beim Bürgerhaus, noch nicht endgültig bestimmen. Im bayer.-österr. Bereich z. B. dürfte die Einführung der Stube weit vor 1400 liegen, wie lit. und archival. Belege nahelegen (z. B. Weistum Vilseck 1410). K. Bedal

C. Schweden, Norwegen

In Skandinavien gibt es aus dem 3.–5. Jh. zahlreiche Häuser, die sich an der W-Küste Norwegens sowie auf den schwed. Ostseeinseln verdichten. Auf dem skand. Festland sind bisher nur punktuell Häuser ergraben worden (Haleby). In der Regel handelt es sich um relativ große Einhausbauten vom Typ Wohnstallhalle. Menschen und Vieh lebten unter einem Dach; der Nachweis von Viehställen auf den Ostseeinseln ist noch unsicher. Der Herd liegt als zentrales Langfeuer in der Achse. An den Wänden finden sich Liege- und Sitzplätze, der *Pall* der Sagazeit. Konstruktiv sind es dreischiffige Bauten mit einer Gliederung in Wohn- und Stall oder Wirtschaftsteil. Die Wände sind, je nach dem regionalen Baustoff, aus Steinplatten oder Soden und nicht sehr hoch. Eine Holzverkleidung der Innenwand ist wohl häufiger als beobachtet (Ullandshaug). Die Wände sind bei reichen Bauernhöfen mit Textilien, zumindest bei Festtagen, verspannt gewesen (→ Oseberg). Neben Steinerdewänden gibt es auch reine Pfostenbauten, doch sind diese in der Minderzahl. Der Hof besteht häufig nur aus einem Großhaus, doch sind auch mehrere Häuser zu einer Gruppe zusammengefaßt (Ullandshaug), wie auch vereinzelt Winkel- und Vierkantbildung vorkommen (Gotland-Öland). Die Hausgruppen sind locker gestreut oder zu einem Kleindorf geordnet (Vallhagar). Neben Wohnbauten und gemischten Wohn-Wirtschaftsbauten gibt es reine Wirtschaftsbauten (Scheuern, Speicher und Ställe). Vereinzelte Grubenhäuser in Schonen deuten hier auf ein gegliedertes Gehöft hin. Der größte Teil dieser Siedlungen ist im 5.–6. Jh. aufgelassen worden. Als Ursache werden Kriege, Krankheiten und nicht zuletzt eine Auslaugung des Bodens durch intensiven Ackerbau und Viehzucht auf den schwed. Inseln angenommen. Neuere Beobachtungen zeigen, daß vereinzelt diese Häuser auch bis in die Wikingerzeit (Wz.) üblich gewesen sind (Skeddemosse). Da dieser Haustyp bei der Kolonisation der Nordatlantikinseln mitgeführt worden ist, muß er bis dahin auch im Heimatland existiert haben. Aus der Wz. sind rein ländl. Siedlungen bisher wenig bekannt (Ytre Moa). Aus der Entwicklung der frühstädt. Häuser läßt sich indes schließen, daß mit der Wz. ein anderer Haustyp sich ausbreitet (→ Bergen, → Lund, → Kaupang, → Sigtuna). Es sind kleinräumige Holzhäuser, häufig in Blockbauweise, in Laubwaldgebieten jedoch auch als »Bulhus«, die zu einem Vielhausgehöft zusammengefaßt werden, in der Burganlage Eketorp in Reihenbauweise, in Helgö (Mälaren) in hangparallelere Streuung. Da von Holzhäusern nur der steinerne Schwellrahmen übrig bleibt, sind Gliederung und Funktion schwer zu erkennen. Im stadtähnlichen Kaupang i Borgund wurden Frühformen der spätma. skand. Wohnhaustypen entdeckt. Es kommen das einzellige Haus mit Mittelherd (Aarestuga) oder Eckherd (Morastuga) mit und ohne Giebelschwal vor. Beide Formen bilden die Ausgangsbasis für die spätma.-frühnz. bäuerl. Wohnhäuser Skandinaviens, deren ältestes Beispiel die Rauland stuga Norwegens (13. Jh., erhalten) ist. In dieser Zeit muß der Steinofen (*rösugn*), v. a. zunächst in Badestuben aufgekommen sein, belegt in Helgö. Diese Veränderungen gegenüber der VWZ sind noch nicht voll geklärt: Wechsel der Baumaterialien, Änderungen in der ökonom. oder gesellschaftl. Struktur? Einflüsse aus der Oberschicht sind wahrscheinl. Die Speicher mit Galerien (Langloft, Venjeloft) sowie die Bergfriedstube in größeren Höfen (Barfröstue) sind Nachahmungen kontinentaler Herrenbauweisen. Auch der Zwiehof (ladugård, mangård), von der älteren Forschung für urnord. gehalten, dürfte nicht in das hohe MA zurückreichen.

D. Dänemark

In der RKZ bis zum 5. Jh. herrschen in Dänemark Wohnstallhallen vom jüt. Typus vor. Es sind dreischiffige Einhäuser mit Wohn- und Stallteil, in der Regel mit Sodenwänden, vereinzelt auch gleichartige Pfostenbauten. Der Eingang liegt in der Mitte der Langseiten. Selten gehört mehr als ein Haus zu einem Gehöft. Durch Grabungen sind inzwischen kleine Weiler wie auch angerähnliche Dörfer mit Dorfzaun entdeckt (Hodde), die sich teilweise lange Zeit an einem Platz oder in der Gemarkung gehalten haben. Vereinzelt reichen diese Häuser auch in das 6. Jh. hinein (Danevirke). Jüngst sind auch wikingerzeitl. ländl. Siedlungen ausgegraben, in denen ein neuer Haustyp auftritt, der bisher nur aus Burgen bekannt war (Saedding), es sind dreischiffige oder wandlastige Häuser mit gebogenen Wänden und schiffsförmigem Grundriß. Ob darin Vieh aufgestallt war, ist noch ungeklärt. Dieser Haustyp hat sich auch nach Niederdeutschland, den Niederlanden und England ausgebreitet. Er taucht im spätma.-frühnz. Hausbestand nicht mehr auf, scheint also eine Episode des 8.–11. Jh zu sein. Vermutl. ging er von Südskandinavien aus. Ausgrabungen auf ma. Wüstungen haben in der Regel wandlastige Rechteckbauten von teilweise sehr langgestreckter Form ergeben. Sie sind zellenartig quer aufgeschlossen und enthalten Wohnräume wie Wirtschaftsräume und Ställe, die aber auch in Sonderbauten sein können (Store Valby, Pebringe). Dies sind offenbar die Vorfahren der schmal-langgestreckten dän. B., die meist wandlastig, aber gelegentl. auch dreischiffig und immer quer aufgeschlossen sind. Die dreischiffige Konstruktion ist als Højremshuse bekannt. Ob diese wirkl. auf die eisenzeitl. Hallen zurückgeht, ist ungewiß, da sie eher einen jüngeren Eindruck macht. Die zu einem Vierkant angeordneten Höfe mit Wohnhaus, Stall, Scheunen und Speichern sind spätma. nachweisbar, reichen aber nicht vor diese Zeit zurück.

E. Britische Inseln, Irland

Während der röm.-brit. Zeit sind im ländl. Hausbau Englands einerseits importierte röm. Bauten vom Typ der villae rusticae üblich. Es fällt die Sonderform der basilikalen Villa auf, deren Herkunft (Kontinent?) noch ungeklärt ist. Sie nimmt zum Ende der röm. Zeit ab. In den Reliktgebieten, bes. im w. Britannien und Irland, wird dagegen der einheim. Rundbauten mit zentralem Pfosten oder Pfostenring weiterbenutzt, der Wohn- und Schlafhaus ist. Ihm sind andere Rundbauten verschiedener Funktion zugeordnet. Mit dem Eindringen der Angelsachsen verändern sich die Baugewohnheiten. Als Nebengebäude und in Reliktzonen leben Rundbauten weiter (Saisonhäuser, Hirtenbauten [Hafod]). Mit den Angelsachsen setzt sich das rechteckige Haus durch, nachdem schon Anzeichen in dieser Richtung aus dem röm. Bereich einflossen. Auch der Kirchenbau kann dazu, bes. im w. Teil, beigetragen haben. Erst seit jüngster Zeit lassen Grabungen (Chalton, West-Stow, Maxey) erkennen, daß nicht der im Heimatland der Angelsachsen übliche dreischiffige Wohnstalltypus übertragen worden ist, sondern wandlastige Rechteckbauten verschiedener Funktion und Wandkonstruktion, die auf alle Fälle keine Wohnstallhallen sind und kleine Gehöfte bilden. Im Hausbau der Oberschicht zeichnet sich in der Spätzeit die dreischiffige »Hall« ab, die schon im Beowulf (Hereot) besungen wird (Cheddar, Portchester). Beliebt ist das offene Feuer, das in der »Hall« bis in die NZ weitergelebt hat. Unter den Nebengebäuden fallen bes. häufig, dem Klima entsprechend, Darren auf. Auch Badehäuser sind belegt, meist in altertüml. Bauweise. Der Wechsel, der nicht durch gegebene autochthone Bauformen veranlaßt worden sein kann, wird verschiedene Ursachen haben. Erwogen werden verändertes Klima, ein Wechsel im Viehbestand (Schafe?) und entsprechende Veränderungen der Tierhaltung im Winter, Änderungen der Gesellschaft (Verminderung der bäuerl. Mittelschicht?) u. a. ökonom. Voraussetzungen. Es gibt zwar auf dem Kontinent vereinzelt, vom Wohnstallhallentypus abweichende wandlastige Häuser oder solche mit Firstsäulen der älteren Zeit (Lundsgaard, Fünen), die aber den neuen Typus wohl nicht geprägt haben. Die relativ kurzen, meist einräumigen Häuser entwickeln sich, wie Wüstungsgrabungen und das Studium der Altbestände zeigen, zum zusammengesetzten Longhouse, das in MA und NZ mit verschiedenartigen Konstruktionen, darunter häufig Kruckbauten üblich ist. Das Longhouse vereint Wohn- und Wirtschaftsteil unter einem Dach, getrennt durch einen Mittelflur. Die Stellung des Herdes (Schornstein) wechselt von der Mitte zum Giebel. Die Leges der Angelsachsen geben geringe Auskünfte, doch einige Details (Gere fa). Die walis. Gesetze sind vieldeutig (Howel the Good) und haben zu Diskussionen Anlaß geboten. Sicher geht da raus ein sozial abgestuftes Vielhausgehöft als üblich hervor. Wikingerzeitl. Häuser vom skand. Typus sind abgesehen von den Nordatlantikinseln auf den Brit. Inseln kaum bekannt. Nur auf Isle of Man, offenbar einem wiking. Stützpunkt, sind dreischiffige Hallen entdeckt, wohl Quartiere für eine wiking. Besatzung.

F. Nordatlantische Inseln

Die vor Schottland gelegenen Inselgruppen sind schon vor Eintreffen der Wikinger besiedelt gewesen. Ortsnamen *(papa)* und ovale bis rundl. Primitivbauten (Clochan, Airidh, Sheiling) weisen auf Zusammenhänge mit der brit. Westküste und Irland hin. Mit der skand. Kolonisation wird das Langhaus eingeführt; ergrabenes, bes. aufwendiges Beispiel, Jarlshof auf Shetland, vielleicht ein Haus der Oberschicht. Diese Einhäuser, mit Vieh und Wohnung unter einem Dach, leben in den »Black-Houses« der Inseln bis in die NZ weiter. Daneben ist im hohen und späten MA die skand. Rauchstube eingeführt worden, die isoliert oder mit dem Stallteil verbunden ein Kleinhaus ist. Die mit Strohseilen gesicherten Weichdächer erinnern an das »taugreptr salr« der Edda. Neben dem Wohnhaus als Udhus, Ställe, Speicher, Wassermühlen und Darren. Auf Island scheint es vor der Landnahmezeit keine Häuser gegeben zu haben. Eingeführt wird die den norw. Eisenzeithallen ähnelnde dreischiffige Halle mit dicken Sodenwänden und Stall (Isleifstadir). In der Längsachse das große Langfeuer, an den Wänden Sitz- und Schlafbänke. Das Haus wird in der Achse wie quer zum First erweitert (Lundur) und so Räume mit Sonderfunktion aus der Halle abgegliedert. Es entstehen mehrzellige Bauten. Die Einrichtung von Rauchstuben scheint ein hoch- bis spätma. Einfluß aus Norwegen zu sein. Holzpaneele sind erhalten (Flatatunga). Mit der frühen NZ setzt sich das Ganghaus mit wabenartigen Zellen durch. Der Kompaktbau ist durch die klimat. Verhältnisse bestimmt. Extrem ist diese Entwicklung in Grönland, wo die Kälte bes. dicke Sodenmauern, ausgedehnte Windfänge und ein enges Zusammenrücken der Einzelteile zur Folge hat (Brattahlid-Ost). Die frühen Hallen sind bei den Winlandfahrten bis nach Amerika gelangt.

G. Frankreich

Die Belege für eine Entwicklung der heut. alten, sehr vielfältigen Hausformen Frankreichs sind dürftig. Der rezente Hausbau ist im Vergleich mit anderen Landschaften unzureichend bearbeitet. Die archäolog. Belege für das frühe MA sind ganz spärl. und beschränken sich auf den frk. besiedelten Teil (Brebières). Die frz. Hausforschung pflegt die alten Hausformen in die Frühzeit zu projizieren, ohne dies beweisen zu können. Der erhaltene Bestand wird kaum vor das 17. Jh. zurückreichen. Der frk. besiedelte Teil Nord- und Ostfrankreichs wird wie im Rheinland einen Streuhof besessen haben, in dem relativ regellos einzelne Wohn- und Wirtschaftsbauten verschiedener Art gelegen haben. Im frz. Zentralmassiv, im gesamten Midi und inselartig in der Bretagne herrschen heute Steinbauten vor. Vermutl. hat es hier eine ununterbrochene Steinbautradition gegeben. In Nebengebäuden leben urtüml. Rundbauten aus Trockenmauerwerk fort (Borrie, Kapitell). Urtüml., aber kaum zu datieren, sind viele Höhlenwohnungen, noch heute an den Steilwänden der mittelfrz. Flußufer bewohnt. Vermutl. ist eine alte Tradition in den zweistöckigen Steinhäusern erhalten, wo die Wirtschaftsräume (Stall, Weinkeller) im Untergeschoß liegen, während durch eine Außentreppe das Obergeschoß erreicht werden kann. Galerien im Obergeschoß und flankierende Türme, teils als Taubentürme, erinnern an mediterrane alte Bauweisen. Durch Funde ist indes diese Tradition nicht belegt. Im gesamten Gallien hat es während der röm. Periode die üblichen villae rusticae gegeben. Es ist möglich, daß deren Spätformen auch die frühma. B. des S und der Mitte beeinflußt haben. Im n. Flachland (Normandie) herrscht bis in die frühe NZ der Fachwerkbau mit enggestellten Streben ähnlicher Form wie bei engl. Bauten vor; nach dem Teppich von → Bayeux muß es auch kleine Holzhäuser gegeben haben. Als Hausform sind ebenerdige Langbauten üblich, die durch die Addition in die Länge gewachsen sind, zu Winkeln gebrochen werden oder einen Vierkant bilden. Sie gehen vermutl. auf frühgesch. Formen zurück. Fachwerkbauten streuen vereinzelt auch bis in das Anjou und zur Girondemündung. Von dort aus, bis zu den Pyrenäen, machen sich im altertüml. Hausbau Einflüsse bask. Breitformen eines Einhauses aus Fachwerk bemerkbar. Unter dem mächtigen Pfettenflachdach öffnet sich die Giebelmitte zu einer großen offenen Halle, die bis zum Dach reicht. Wieweit diese Bauformen über den bestehenden Altbestand zurückreichen, ist ungeklärt.

H. Osteuropa

Aus diesem Gebiet sind nur wenig Grundrisse aus der RKZ und VWZ bekannt. Das osteurop. B. gehört – abgesehen von drei Ausnahmen – nicht zum Bereich der dreischiffigen Halle (Forschungslücke?). Kleinere Siedlungen mit einzelligen Pfostenhäusern sind mehrfach publiziert. Aus frühgesch. Zeit werden Freilandsiedlungen ausgegraben, jedoch nicht im gleichen Umfang publiziert. Aus dem Baltikum sind v. a. Hausgrundrisse von den Burganlagen veröffentlicht. Es herrscht ein Kleinhaus vor, zu dem unterschiedl. zahlreich Nebengebäude zugeordnet sind. Es gibt viele in die Erde eingetiefte Grubenhäuser, die nach Ausweis der meist in der Ecke gelegenen Herde und Öfen auch bewohnt gewesen sind, doch sind auch ebenerdige Bauten erhalten, als Sonderform Pfostenbauten mit Herdgruben. Vornehml. werden Blockbauten errichtet, im Ostseegebiet auch Stab- und Bohlenhäuser sowie überall Pfostenhäuser mit Flechtwerkwänden. Diese treten als älteste Phase häufiger unter Blockbauhorizonten auf (Zantoch, Wollin). Der Ofen als Stein- oder Lehmofen spielt schon früh eine hervorragende Rolle und entwickelt sich später zum Kochofen als Mittelpunkt der Stube (Kochofenkreis). Nach ihrer Funktion sind Wohngrubenhäuser und ebenerdige Wohnhäuser sowie gleichartige Speicherbauten zu definieren, Ställe sind schwer nachzuweisen, aber wohl vorhanden gewesen. Werkstätten in Kleinbauten liegen v. a. in größeren Siedlungen. Die Entwicklung zum nz. stärker differenzierten Wohnspeicherhaus scheint so vor sich gegangen zu sein, daß zwei und mehr Bauten, mit dazwischenliegendem Flur, addiert werden, ähnlich wie in Skandinavien (zuerst Levý Hrádec, spätma. Pfaffenschlag, Mstěnice). In SO-Europa haben die in Wellen eindringenden Reiternomaden zunächst mit Sicherheit ihre bewegl. Zeltwohnungen benutzt, wofür es auch schwache archäolog. Hinweise gibt (Dunaújváros), doch sind sie nach der Seßhaftwerdung dazu übergegangen, die Bauweise der Eingesessenen zu übernehmen. In den zahlreichen Burgwällen mit dichter Besiedlung sind Häuser ähnlicher Konstruktion, wie auf den Freilandsiedlungen, ausgegraben worden. → Bürgerhaus, → Dorf, -formen, → Haus, -formen, → Siedelformen, → Bauer, Bauerntum.

H. Hinz

Bibliogr.: K. SOMMER, Bauernhofbibliogr., 1940 – J. HÄHNEL, Hauskundl. Bibliogr., 1 ff., 1972 ff.

Lit.: zu [A]: W. K. SULLIVAN, On the manners and customs of the ancient Irish, 1873 – R. HENNING, Das dt. Haus in seiner hist. Entwicklung, 1882 – R. MEJBORG, Nordiske Bøndergaarde i det 16de, 17de og 18de Aarhundrede, I, 1882 – F. SEEBOHM, The Engl. village community, 1883 – O. HEIKEL, Die Gebäude der Čermissen, Mordvinen, Esten und Finnen, I, 1888 – L. DIETRICHSEN–H. MUNTHE, Holzbaukunst Norwegens in Vergangenheit und Gegenwart, 1893 – A. MEITZEN, Siedlung und Agrarwesen der West- und Ostgermanen, Kelten, Römer, Finnen und Slaven, 3 Bde, 1895–98 [Neudr. 1963] – S. O. ADDY, The evolution of the Engl. house, 1898 – M. HEYNE, Dt. Hausaltertümer, 3 Bde, 1899–1903 – K. STEPHANI, Der älteste dt. Wohnbau und seine Einrichtung, 2 Bde, 1902–03 – A. BIELENSTEIN, Die Holzbauten und Holzgeräte der Letten, 1907–18 – K. RHAMM, Ethnograph. Beitr. zu germ.-slav. Altertumskunde II, 1: Urzeitl. Bauernhöfe im germ.-slav. Waldgebiet, 1908 – V. v. GERAMB, Die Kulturgesch. der Rauchstuben, WS 9, 1924, 1–7 – B. SCHIER, Hauslandschaften und Kulturbewegungen im ö. Mitteleuropa, 1932 – J. SCHEPERS, Das B. in NW-Dtl., 1944 [Neudr. 1979] – H. DÖLLING, Haus und Hof in westgerm. Volksrechten, 1958 – N. VALONEN, Zur Gesch. der finn. Wohnstuben, Mem. de la Soc. finnoougrienne, 133, 1963, 368–392 – D. ECKSTEIN–K. BEDAL, Dendrochronologie und Gefügeforsch., Ethnologia Europaea 7, 1973/74, 223–245 – K. BEDAL, Hist. Hausforsch. Eine Einführung in Arbeitsweise, Begriffe und Lit., 1979.

zu [B, I]: V. v. GERAMB, Die Feuerstätten der volkstüml. Hauses in Österreich-Ungarn, WS III, 1911, 1ff. – K. UILKEMÀ, Het Friesche boerenhuis, 1916 – F. SAEFTEL, Haubarg und Barghus, die fries. Großhäuser an der schleswig-holst. Westküste, 1930 – W. HANSEN, Aus der Vorzeit von Hamburg und Umgebung (Eggerstedt), 1933 – A. E. VAN GIFFEN, Der Warf Ezinge, Provinz Groningen (Germania 20), 1936, 40–47 – G. WOLF, Schleswig-Holstein, Haus und Hof dt. Bauern, 1, 1940 – R. HELM, Der Einfluß der Landesordnungen auf das Bauwesen (Hessenland 53), 1942, 44–50 – S. J. VAN DER MOLEN, Het friesche boerenhuis in twintig eeuwen, 1942 – J. SCHEEPERS, Das B. in NW-Dtl., 1943 – M. F. HELMERS, Das Gulfhaus, 1943 – F. GARSCHA, K. HAMMEL, W. KIMMIG, E. SCHMID, Eine Dorfanlage des frühen MA bei Merdingen, Bad. Fundber., H. 18, 1948–50, 137–183 – W. HAARNAGEL, Das nordwesteurop., dreischiffige Hallenhaus und seine Entwicklung im Küstengebiet der Nordsee (NAFN 15), 1950, 79–91 – T. GEBHARD, Zu den Hausangaben der lex Bajuvariorum (Germania 29), 1951, 230–235 – H. SCHILLI, Das Schwarzwaldhaus, 1953 – W. WINKELMANN, Eine westfäl. Siedlung des 8. Jh. bei Warendorf Kr. Warendorf (Germania 32), 1954, 189–213 – H. HINZ, Zur Entwicklung des Darrenwesens, ZVK 21, 1954, 88–105 – DERS., Zur Entwicklung der ndt. Halle, Nordelbingen, 23, 1956, 17–25 – A. ZIPPELIUS, Das B. am unteren dt. Niederrhein, 1957 – H. HINZ, Einfahrtstor und Erntebergung (BJ 158), 1958, 118–125 – DERS., Zur Vorgesch. der ndt. Halle, ZVK 60, 1960, 1–22 – J. SCHEEPERS, Westfalen-Lippe, Haus und Hof dt. Bauern, 2, 1960 – K. BAUMGARTEN, Das B. in Mecklenburg, 1965 – C. SIMONETT, Die B. des Kantons Graubünden, 2 Bde, 1965, 66, 68 – J. JANS, Landelijke bouwkunst in Oost-Nederland, 1967 – W. A. VAN ES, Excavations at Dorestad, a Pre-Preliminary Report, 1967/68 (ROB 19, 1969), 183–207 – B. TRIER, Das Haus im NW der Germania Libera, 1969 – W. SAGE, Die frk. Siedlung bei Gladbach, K. Neuwied, Kleine Museumsk. H. Bonn, Nr. 7, 1969 – K. BAUMGARTEN, Hallenhäuser in Mecklenburg, 1970 – W. U. GUYAN, Erforschte Vergangenheit (Dorf Berslingen), 1971 – H. T. WATERBOLK, Odoorn im frühen MA – Bericht der Grabung, 1966 (NAFN 8), 1973, 25–89 – H. H. VAN REGTEREN-ALTENA, Een vroeg-middeleuwse nederzetting bij Kootwijk (Gld.), ZWO-Jaarboek, 1973, 109–116 – G. P. FEHRING, Zur archäolog. Erforsch. ma. Dorfsiedlungen in SW-Dtl., ZAA 21, H. 1, 1973, 1–35 – W. GEISER [ed.], Bergeten ob Braunwald, Ein archäolog. Beitr. zur Gesch. des alpinen Hirtentums, 1973 – H. DANNHEIMER, Die frühma. Siedlung bei Kirchheim (Germania 51), 1973, 152–169 – W. A. VAN ES, Early medieval settlements, ROB 23, 1973, 281–287 – H. AMENT, Eine frk. Siedlung beim Künzerhof, Gem. Mertloch, Kr. Mayen-Koblenz (Germania 52, H. 2), 1974, 452–467 – O. MOSER, Das B. und seine landschaftl. und hist. Entwicklung in Kärnten, 1974 – M. GSCHWEND, La casa rurale nel Canton Ticino (Die B. des Kantons Tessin), 1, 1976 – H. G. STEFFENS, Eine frühma. Siedlung bei Almsloh, Gem. Ganderkesee, Landkr. Oldenburg (NAFN 10), 1976, 187–195 – P. SCHMID–W. H. ZIMMERMANN, Flögeln – zur Struktur einer Siedlung des 1.–5. Jh. n. Chr. im Küstengebiet der s. Nordsee, Probleme der Küstenforsch. im s. Nordseegebiet, 11, 1976, 1–77 – H. A. HEIDINGA, Verdwenen dorpen in het Kootwijkersand, Schaffelaarreeks 3, o. J. [1977] – C. V. TREFOIS, Landelijke architektuur, 1978 – zu [B, II]: R. HELM, Das B. im Gebiet der freien Reichsstadt Nürnberg 1940 [Neudr. 1978] – T. GEBHARD, Ein spätgot. Bauernhaustyp aus der Oberpfalz, Bayer.

Jb. für VK, 1952, 19–24 – H. SCHILLI, Das Schwarzwaldhaus, 1953 [Neudr. 1965] – G. EITZEN, Die älteren Hallenhausgefüge in Niedersachsen, ZVK 51, 1954, 37–76 – H. WINTER, Echte Firstsäulenbauten im Odenwald, Bayer. Jb. für VK, 1954, 30–34 – J. SCHEPERS, Westfalen-Lippe, Haus und Hof dt. Bauern, 1960 – G. EITZEN, Das B. im Kr. Euskirchen, 1960 – DERS., Oberberg. Bauernhausformen im 16. und 17. Jh., RhVjbll 28, 1963, 250–278 – DERS., Zur Gesch. des Südwestdt. Hausbaus im 15. und 16. Jh., ZVK 59, 1963, 1–38 – K. BAUMGARTEN, Hallenhäuser in Mecklenburg, 1970 – CH. RUBI, Zimmermannsgotik im Saanenland, 1972 – J. VAŘEKA, K otáce vývoje a geografického rožíření kamenného domů c Čechach (Česky Lid 60), 1973, 86–93 – O. MOSER, Das B. und seine landschaftl. und hist. Entwicklung in Kärnten, 1974 – E. WIESER–B. BECKER, Die Entwicklung des spätma. Säulenbaus in Bad Windsheim, Jb. der bayer. Denkmalpflege 29, 1975, 251–303 – V. LIEDKE, Oberbayer. Bauernhöfe des 16. Jh. (Freundeskreisbl. 5), 1976, 41–80 – J. HÄHNEL, Die Stube, Wort- und sachgesch. Beitr. zur hist. Hausforsch., 1975 – K. BEDAL, Zum ländl. Hausbau zw. Regensburg und Eichstätt, Jb. für Hausforsch. 26, 1976, 158–161 – O. MOSER, Die Hausangaben in St. Pauler Ehrungsbüchern und die Rauchstubenhäuser Unterkärntens, Carinthia I, 167, 1977, 151–240 – D. ECKSTEIN, R. J. GROTE, K. MATTHIEU, Dendrochronolog. Unters. zur ländl. und städt. Architektur Hamburgs im 15.–18. Jh. (Deutsche Kunst- und Denkmalpflege), 1977, 33, 74 – K. BEDAL, Ländl. Ständerbauten des 15.–17. Jh. in Holstein und im s. Schleswig, 1977 – E. HUXHOLD, Das Bürgerhaus im Kraichgau, 1980 – K. ILG, Das »Fischerhäusl« in Kössen als Denkmal spätma. Hausbauweise in Tirol (Schlern-Schr. 138), 1954, 134–150 – M. RUDOLPH-GREIFFENBERG, Die Neugestaltung von Haus und Hof in Südtirol, 1960 – O. MOSER, Kärntens ältestes datiertes B. Das Haus Martin/Marasch von 1413 zu Treßdorf im oberen Gailtal (Die Kärntner Landsmannschaft 12), 1970, 9–14.

zu [C]: M. STENBERGER, Öland under äldre järnåldern, 1933 – J. NIHLÉN–G. BOETHIUS, Gotländska gardar och byar under äldre järnåldern, 1933 – J. PETERSEN, Gamle Gardsanlegg i Rogaland, 2 Bde, 1933, 1936 – E. LUNDBERG, Herremannens bostad, 1935 – M. V. RUDOLPH, Germ. Holzbau der Wikingerzeit, 1942 – S. ERIXON, Svensk Byggnadskultur, 1947 – M. STENBERGER, Byggnadskicket under förhistorisk tid i Sverige, Norge och Finland (Nordisk Kultur 17), 1953, 1–70 – DERS., Vallhagar, 1955 – A. E. HERTEIG, Kaupangen pa Borgund, 1957 – E. BAKKA, Ytre Moa, Viking, 1965, 121–145 – W. HOLMQUIST, Helgö den gatfulla ön, 1969 – B. MYHRE, Gardsanlegget pa Ullandshaug etter to Gravningssesonger, Frá haug ok heidni, 1969ff., 1, 201–223 – E. BAUDOU, Ark. undersökningar pa Halleby, I, 1973 – N. VALONEN, Zu den ältesten Schichten der finn. Hauskultur (Ethnologia Europaea, VIII), 1975, 172–213 – K. BORG, U. NÄSMAN, E. WEGRAEUS, u. a., Eketorp, Fortification and Settlement on Öland/Sweden, 1976 – M. BESKOW-SJÖBERG, The iron age settlements of the Skedemosse area on Öland, Sweden (The Archeology of Skedemosse IV), 1977.

zu [D]: H. ZANGENBERG, Danske Bondergaarde, Grundplaner og Konstruktioner, 1925 – M. CLEMENSEN, Bulhuse, Studier over gammel dansk traebygningskunst, 1937 – A. STEENSBERG, Den Danske Bondegaard, 1942 – H. HINZ, Zur Rekonstruktion des eisenzeitl. Hallen Jütlands (Forsch. und Fortschritt, 26, H. 15/16), 1950, 199–202 – A. STEENSBERG, Bondehuse og vandmøller i Danmark gennem 2000 ar, 1952 – O. KLINDT-JENSEN, Byggeskik i Danmark i førhistorisk tid (Nordisk Kultur 17), 1953, 71–106 – G. HATT, Nørre Fjand, an early iron-age village site in W-Jütland, 1957 – J. BRØNDSTED, Danmarks Oldtid, III, Jernalderen, 1960 – ST. HVASS, Das eisenzeitl. Dorf bei Hodde, Westjütland (AArch. 46), 1975, 142–158 – DERS., Vikingebebyggelsen i Vorbasse, Mark og Montre, 1977, 18–29 – I. STOUMANN, Vikingetidslandsbyen i Saedding, Mark og Montre, 1977, 30–42.

zu [E]: F. C. INNOCENT, The development of Engl. building constructions, 1916 – A. CAMPELL, Notes on irish houses, Folkliv, 1927, 207 – N. LLOYD, A Hist. of the Engl. House, 1931 – A. FOX, Early Welsh homesteads on Gelligaer Common, Glamorgan, Arch. Cambridge, 1939, 163–199 – I. PEATE, The house of the Welsh laws (The Welsh house), 1944, 129–147 – G. BERSU, Fort Vowland, Isle of Man, The Antiq. Journal 1949, 62–79 – J. HURST, Wharram Percy (Current Arch. 49), 1975, 39–47 – PH. RATHZ, Buildings and rural settlement; Gazetteer of Anglo-Saxon domestic settlements sites (D. M. WILSON, Anglo-Saxon England), 1976, 49–98; 405–452 – J. WOODHOUSE, Barrow Mead, Bath, 1964 (Excavation of a Medieval Peasant House, 1976).

zu [F]: A. ROUSSEL, Norse bulding customs in the Scottish isles, 1934 – DERS., Farms and Churches in Greenland, 1941 – M. STENBERGER, Forntida Gardar i Island, 1943 – K. ELDJARN, Kuml og haugfé, 1956.

zu [G] : J. St. Gauthier, Les Maisons paysannes des vieilles provinces de France, 1951 – G. Doyon–R. R. Hubrecht, L'architecture rurale et bourgeoise en France, 1969 – P. Demolon, Le village Mérowingien de Brébières (Mem. d. l. Com. Dép. d. Monum. Hist. du Pas-de-Calais, Torne 14), 1972 – H. Hinz, Zu zwei Darstellungen auf dem Teppich v. Bayeux (Château-Gaillard 6), 1972, 107–112 – A. Cayla, Maisons du Quercy et du Pèrigord, 1973 – F. Thinlot, Maisons de Bourgogne, 1974 – P. Toulgouat, La Maison de l'ancien Lande, 1977 – J. P. Marty, La Maison rurale en Auvergne, 1977 – L. L. Boithias–C. Mondin, La maison rurale en Normandie, 1978 – J. Fréal, L'architecture paysanne en France, La Maion, 1977 (B. in Frankreich, 1979) – L'architecture rurale française, hg. J. Cuisenier, 1–3, 1977–79.

zu [H]: H. Grisebach, Das poln. B., 1917 – G. Ränk, Die Bauernhausformen im balt. Raum, 1962 – W. Hensel, Die Slawen im frühen MA, 1965 – W. Janssen, Königshagen. Ein siedlungsarchäolog. Beitr. zur Siedlungsgesch. des südwestl. Harzvorlandes, 1965 – B. Krüger, Dessau-Mosigkau, Ein frühslaw. Siedlungsplatz im mittleren Elbegebiet, 1967 – J. Herrmann, Slaw. Stämme zw. Elbe und Oder, 1968, bes. 231–241 – I. Bóna, VII. Századi, Avar Települések es Arpàd-Kori Magyar Falu Dunaújvárosban, 1973 – V. Nekuda, Ein Beitr. zur Charakteristik der ma. Gehöftformen in Mähren (Arch. Hist. H. 1), 1974, 33–48 – A. Pitterova, Der unbekannte Typ eines ma. oberird. Hauses (Arch. Hist. H. 1), 1974, 27–33 – I. Pleinerová, Březno. Ein Dorf der frühesten Slawen in NW-Böhmen, 1975 [mit zahlreichen Fundstellen] – N. Valonen, En gård från Järnaldern och des traditioner: Gulldynt i Vörä, Österbotten, Ethnologia Fennica 1–2, 1977, 5–41.

Bauernlegen

I. Allgemein – II. Kontinentales Mittel- u. Westeuropa – III. England.

I. Allgemein: B. ist die Umwandlung von bäuerl. Nutzfläche in Gutsland bei gleichzeitiger Niederlegung der Bauernhöfe. Dieser Vorgang bedeutet auch Entstehung oder Vergrößerung von Gutsbetrieben bzw. Grangien. In der feudalen Agrarverfassung war meistens ein vermindertes Erb- und Besitzrecht der Bauern ausreichend für eine Einziehung von Bauernland (ohne Entschädigung). Motiv des B.s war die Schaffung einer größeren Produktionseinheit (Versorgung einer wachsenden Zahl von Klosterinsassen oder Ausnutzung zunehmender Absatzchancen auf dem Markt), Ansatzpunkt das grundherrl. Recht, Mittel die Machtausübung durch den Grundherrn. Wenn auch das B. seinen Höhepunkt im 16. (im östl. Mitteleuropa) und im 18. Jh. (in Mecklenburg und Schwed.-Vorpommern) gehabt hat, ist es doch auch im MA zu finden. In der Neuzeit erfolgte das B. in erster Linie durch Adlige, im MA durch Mönchsorden. Von den Klöstern wurde das B. für den wachsenden Eigenbedarf (Ausdehnung der Nutzfläche schon bestehender oder neu einzurichtender Klostereigenwirtschaften) bei zunehmendem Bevölkerungsdruck vom 12. bis zum 14. Jh. (und damit wachsender Zahl der zu versorgenden Klosterinsassen) und teilweise auch für den Absatz auf dem sich immer stärker herausbildenden Markt (Städtegründungen) vorgenommen. Mit der aufgrund der seit der Mitte des 14. Jh. einsetzenden Pestwellen eintretenden Bevölkerungsverminderung und den dadurch sinkenden Agrarpreisen wurde diese Entwicklung für das MA im wesentl. abgebrochen.

F.-W. Henning

II. Kontinentales Mittel- und Westeuropa: Vorgänge von agrar. Großbetriebsbildung und Bauernlegen fanden während des MA v. a. in der hochma. Expansionsphase der Landwirtschaft statt. Der planmäßige Aufbau großer Wirtschaftshöfe (grangiae, curiae) durch die Reformklöster der → Zisterzienser und → Prämonstratenser führte vom 11.–13. Jh. in vielen Gegenden zur Umwandlung von Bauernland in eigenbewirtschaftetes Klosterland. Diese Erscheinung des B.s läßt sich aber auch teilweise bei anderen Mönchsklöstern, Kanonikerstiften und kirchl. Institutionen beobachten, sofern es bei ihnen zur Vergrößerung von herrschaftl. Eigenbauland auf Kosten bäuerl. Betriebe kam. Die Intensität des B.s hängt entscheidend ab von dem Grad der Eigenbewirtschaftung der einzelnen Klöster, von der Lage der Bauhöfe in Alt- oder Neusiedelland und dem Vorgehen beim Aufbau der einzelnen Höfe. Um leistungsfähige, häufig für den Markt produzierende Grangien zu erhalten, bemühten sich die Zisterzienserabteien durch systemat. Grunderwerb, ihren Besitz in bestimmten Orten zu konzentrieren und abzurunden. Nur einen Teil ihrer Grangien konnten sie durch Rodung und Kultivierung von Ödland anlegen, während die übrigen durch Erwerb von Bauernland und bereits bestehender Höfe im Altsiedelland gewonnen wurden. Das größte Ausmaß des B.s wurde erreicht, wenn ein Kl. eine ganze Dorfflur zur Errichtung oder Vergrößerung eines Klosterhofes niederlegte. Derartige Vorgänge lassen sich im 12. und 13. Jh. sowohl in den altbesiedelten Gebieten im Süden und Norden des Reiches als auch in den Kolonisationsgebieten des ostelb. Raumes nicht gerade selten beobachten, nicht aber beim Aufbau der zisterziens. Grangien in N-Frankreich (z. B. Vaulerent) und in den Niederlanden, wo das Ziel nicht durch B. im engeren Sinne, sondern durch Kauf oder Tausch erreicht wurde. Bei ihrem Bestreben, den Idealtyp ihrer Grangie, den in eigener Gemarkung liegenden Einzelhof, aufzubauen, nahmen die Zisterzienser wenig Rücksicht auf vorhandene bäuerl. Hofstellen, selbst auf Pfarrkirchen. Dieses energ. Vorgehen beim Erwerb von Grund und Boden und bei der Entfernung bisher dort ansässiger Bauern führte mancherorts zu heftigen Abwehrreaktionen der bäuerl. Bevölkerung, die sich in der Zerstörung von Grangien und der Verwundung von → Konversen entluden. Im Laufe des 13. und 14. Jh. gingen jedoch viele Zisterzienserklöster dazu über, ihre Eigenwirtschaft radikal einzuschränken, so daß sich das Problem des B.s hier nicht mehr stellte.

Im Zuge der Ausdehnung der adligen Gutswirtschaft und der Formationsphase der → Gutsherrschaft tritt seit dem 15. Jh. im ostelb. Raum das B. weltl. Grundherren in den Vordergrund. Die herrschaftl. Gutsbetriebe wurden sowohl durch die Neubewirtschaftung von Land, das im Verlauf der spätma. → Agrarkrise wüst geworden war, als auch durch Einziehung von Bauernland wesentl. vergrößert. Der Höhepunkt dieser Entwicklung trat aber erst in der frühen Neuzeit ein. – In Frankreich finden sich während des SpätMA offenbar keine Beispiele von B., obwohl sich zahlreiche Großbetriebe unter Einverleibung wüstgefallener Bauernstellen bildeten.

W. Rösener

III. England: Für das B. im ma. England werden vielfältige Ursachen namhaft gemacht. Die Schaffung großer kgl. Forstbezirke (→ Forst) durch die anglo-norm. Herrscher sowie die Anlage herrschaftl. → Tiergärten im 12. bis 13. Jh. wurden häufig als bes. wichtige Gründe angesehen. Die tatsächl. Auswirkungen dieser Maßnahmen auf die bäuerl. Gesellschaft sind jedoch im einzelnen noch nicht geklärt. Grundherrl. Einfriedungen *(enclosures)* zum Zweck von Weidewirtschaft und Bergbau dürften für die Niederlegung von Bauernstellen gleichfalls eine große Bedeutung besessen haben, aber auch diese Phänomene sind noch nicht hinreichend erforscht. Die Existenz von → Wüstungen kann allein nicht als ein ausreichender Nachweis von B. gelten. Dies gilt auch für das SpätMA, in dem manche Dörfer, vermutl. wegen des Druckes adliger Grundherren *(lords)*, die vom Ackerbau zur Weidenutzung übergehen wollten, aufgegeben wurden. Doch muß hierbei berücksichtigt werden, daß derartige Strukturwandlungen wohl auch auf den Bevölkerungsrückgang in dieser Periode zurückzuführen sind. Darüber hinaus gibt es zahlreiche andere mögliche Erklärungen. Wie im übrigen ma. Europa waren auch in England Veränderungen der Siedelformen und -verhältnisse ein konstanter Faktor der Agrargeschichte. R. de Lavigne

Lit.: [allg.]: R. KÖTZSCHKE, Grundzüge der dt. Wirtschaftsgesch. bis zum 17. Jh., 1923 – A. DOPSCH, Herrschaft und Bauer in der dt. Kaiserzeit, 1939, 1964² – W. ABEL, Die Wüstungen des ausgehenden MA, 1976² – zu [II: Mitteleuropa]: F. WINTER, Die Cistercienser des nordöstl. Dtl., 3 Bde, 1868–71 – H. WISWE, Grangien niedersächs. Zisterzienserkl., Braunschweig. Jb. 34, 1953, 5ff. – J. NICHTWEISS, Das B. in Mecklenburg, 1954 – S. EPPERLEIN, Bauernbedrückung und Bauernwiderstand im hohen MA, 1960 – B. ZIENTARA, Die Agrarkrise in der Uckermark im 14. Jh., 1967 – W. RÖSENER, B. durch klösterl. Grundherren im HochMA, ZAA 27, 1979, 60ff. – zu [II: Westeuropa]: CH. HIGOUNET, La grange de Vaulerent, 1965 – J. M. PESEZ-E. LE ROY LADURIE, Le cas français: vue d'ensemble (Villages désertés et hist. écon. XI ͤ–XVIII ͤ s., 1965), 127–252 – zu [III: England]: W. G. HOSKINS, Essays in Leicestershire Hist., 1950 – R. H. HILTON, A Study in the Pre-history of Engl. Enclosure in the 15th Century (Studi in onore di A. SAPORI, 1957) – M. BERESFORD, Bilan de la recherche anglaise (Villages désertés et hist. écon. XI ͤ–XVIII ͤ s., hg. F. BRAUDEL u.a., 1965) – A New Historical Geography of England, hg. H. C. DARBY, 1973 – C. PLATT, Medieval England, 1978.

Bauernpraktik, kalenderartige Sammlung volkstüml., formelhafter, zumeist gereimter prognost. Wetter-, Vegetations- und Agrarregeln. Die Regeln suchen aus der Beobachtung von astrol.-meteorolog. Ereignissen, pflanzl.-tierischem Verhalten, Beschwörungs- oder Orakelergebnissen oder der Koinzidenz von bestimmten Wochen- und Kalendertagen zu bestimmten Zeiten (Weihnacht, Neujahr, Zwölfnächte, Heiligenfeste, Lostage) Rückschlüsse auf Zukünftiges (insbes. Wetter, Vegetation, Viehzucht, Seuchen, polit. Ereignisse) zu gewinnen. Prognost. Ausdeutung von Donnerschlägen (»Vox tonitrui ab oriente mortem regis significat«, Cambridge Gg. I. 1, a. 1400) enthalten etwa die Tonitrualien oder Brontologien.

Ma. Bemerkungen zum Thema finden sich zuerst in lat. meteorolog.-astrolog. Texten und in der superstitionskrit. Literatur. Sie beziehen sich gelegentl. auf volkstüml. Traditionen: So Albertus Magnus, »De passionibus aeris«, um 1250; Firmin de Beauval, »Opusculum repertorii pronosticon in mutationes aeris«, um 1330, gedr. Venedig 1485 bei E. Ratdolt, »Signalia vulgi«, »Secundum prognosticationem rusticorum«; »Compilatio Leupoldi de astrorum scientia«, 2. Hälfte 13. Jh., »Agricolae dicunt«. Wird man also mit latinisierender Rezeption volkssprachl. Bauernregeln seitens der gelehrten Lit. rechnen dürfen, so liegen die Ursprünge der Wetterprophetie doch in bibl.-oriental. Götterglauben (Dtn 11, 13–17; Ijob 37, 10; 1 Kön 18, 44) und Astrologie (Babylon, Ägypten, cf. SCHNEIDER-CARIUS 3 f.). Erste näherhin naturkundl. und naturkundl.-astrolog. Wetterprognosen begegnen bei Griechen und Römern und werden hier erstmals auch zu größeren Sammlungen zusammengefaßt (z. B. Aratos, »Phainomena«, * ca. 315–305). Die Rezeption dieser antiken Stoffe erfolgt in frühma. Zeit wohl aus direkter Überlieferung (Homilia de sacrilegiis, 8. Jh., »Et qui … tonitrualia legit«, ed. C. P. CASPARI, 7; cf. HARMENING, 118f.), im HochMA indirekt über arab. Traktate. Starke Verbreitung erfährt die astrometeorolog. prognost. Kleinliteratur im SpätMA: Guido Bonatti, »De ymbris et de aeris mutationibus«, 1491. – Leonhard Reynmann, »Von warer erkanntnuss des Wetters, Augsburg 1505 (aus Firmin, Bonatti und antiker Tradition). – »In diesem biechlein wirt gefunden der Pauren Practick unnd regel, darauff sy das gantz jar ain auffmerken haben und halten«, Augsburg 1508. D. Harmening

Lit.: C. P. CASPARI, Eine Augustin fälschl. beigelegte Homilia de sacrilegiis, 1886 – G. HELLMANN, Über den Ursprung des volkstüml. Wetterregeln (Bauernregeln), SPA 1923, XX – E. KNAPP, Volkstüml. in den roman. Wetterregeln [Diss. Tübingen 1939] – K. SCHNEIDER-CARIUS, Wetterkunde, Wetterforsch., 1955 – G. EIS, Wahrsagetexte des SpätMA (Texte des späten MA 1), 1956 – H. ROSENFELD, Kalender, Einblattkalender, Bauernkalender und B., Bayer. Jb. für VK 1962, 7–24 – A. HAUSER, Bauernregeln, 1973 – D. HARMENING, Superstitio, 1979.

Bauernsonntag bezeichnet in dt. Urkunden des MA den dritten Sonntag (Respice in me) nach Pfingsten; er hat seinen Namen von Ps 54, 23 (… et ipse te enutriet…) aus dem Corpus des Responsorium graduale (Jacta cogitatum) der Messe vom gleichen Tage. V. a. im schwäb. Bereich beschloß der B. mancherorts eine vierzehntägige Dult. Dabei kamen von weit und breit Bauern zusammen, um feilgebotene Feldgeräte zu erwerben. D. v. Huebner

Lit.: PH. E. SPIESS, Archival. Nebenarbeiten 2, 1785, 82 – CH. G. HALTAUS, Jahrzeitbuch der Deutschen des MA, 1797, 258–259 – H. GROTEFEND, Zeitrechnung des Dt. MA und der NZ 1, 1891, 15 – WAGNER, Einführung I, 205, 340 – J. A. JUNGMANN, Missarum Sollemnia 1, 1962² 546–548, 553.

Bauernsprache → Bursprake

Bauernstaaten

I. Begriffsproblematik – II. Entstehungsbedingungen – III. Verbreitung und Typologie.

I. BEGRIFFSPROBLEMATIK: Neben den mehr passiven Formen des Bauerntums in der ma. Verfassungsentwicklung als Objekt der Beherrschung dürfen die aktiven Elemente bäuerl. Wirkens nicht übersehen werden. Sie beginnen auf der Ebene des Dorfes (→ Dorf) und der ländl. Gemeinde, in der Mitwirkung am Dorfgericht und an örtl. Verfassungseinrichtungen, und stoßen weiter in den staatl. Bereich vor, wenn die Dorfherrschaft selbst durch Organe bäuerl. Gemeinden ausgeübt wird. In einigen Landschaften festigt die Bauernschaft ihre rechtl. Stellung noch mehr und gewinnt umfangreiche Herrschaftsrechte, so daß sie selbst zum verfassungsbildenden Faktor wird. Ztw. haben bäuerl. Einungen und Verbände von freien Landgemeinden mit mehr oder weniger Erfolg versucht, zur eigenen Staatsbildung vorzustoßen. Von wirklichen »Bauernstaaten« kann im MA aber nur mit starken Einschränkungen und unter großen Vorbehalten die Rede sein, zumal die schwierige Problematik des ma. »Staates« mit diesem Fragenkreis verknüpft ist. Es lassen sich daher in der Regel nur Teilelemente und bescheidene Ansätze zur Bildung von B. feststellen.

II. ENTSTEHUNGSBEDINGUNGEN: Das 13. Jh., in welchem der Niedergang der kgl. Zentralgewalt und der Prozeß der Territorialisierung voranschritten, bildet ein wichtiges Stadium für die Entfaltung freier Bauerngemeinden und für die Grundlegung genossenschaftl.-bäuerl. Territorialgebilde sowohl im Süden des Reiches als auch in den Gebieten an der Nordsee. Die bes. Zeitumstände des Interregnums und das Fehlen einer zentralen Herzogsgewalt brachten im SW das bäuerl.-bündische Wesen zur Entfaltung. Unmittelbar ging aus diesen Verhältnissen nur der Bund der Schweizer Talgemeinden von 1291 hervor, bei dem das freibäuerl. Element, unterstützt vom ortsansässigen Adel, eine treibende Kraft darstellte. In den Nachbargebieten zeigten sich ähnliche Tendenzen, wenn dort auch nicht die gleichen Erfolge zu verzeichnen waren: Weder in Tirol noch im Elsaß noch im Schwarzwald gelangte die Bauern über die Stufe von freien Einungen hinaus. Dagegen entwickelten sich seit dem 13. Jh. im N zahlreiche freie Landgemeinden der Friesen (→ Friesland) und Küstensachsen (→ Wursten, → Hadeln, → Kehdingen) zu echter Autonomie und zu Formen genossenschaftl.-bäuerl. Herrschaft.

III. VERBREITUNG UND TYPOLOGIE: Zu bündischen Bestrebungen von staatsrechtl. Bedeutung ist es in Mitteleuropa einerseits nur bei Bauernschaften gekommen, die in gebirgigen, schwer zugängl. und von freibäuerl. Spätsiedlung (→ Bauernfreiheit) durchsetzten Gegenden wohnten, und andererseits in Küstenlandschaften, wo der Deichschutz (→ Deichbau) die bäuerl. Genossenschaftsbildung begünstigte. Äußere Abgeschlossenheit, günstige Rechts- und Leiheverhältnisse, prägende Einflüsse einer hirtenbäuerl. Gesellschaft, Bewahrung alter Lebensformen und v. a. die Erhaltung bäuerl. Kriegstüchtigkeit haben häufig günstige Voraussetzungen für die Entstehung bäuerl. Herrschaftsformen geschaffen. Der Bund der Schweizer Urkantone (→ Eidgenossen[schaft], Schweizer) und das Land → Dithmarschen verkörpern jeweils einen eigenen Typus ma. Herrschaftsbildung, bei dem Teileelemente und gewisse Züge einer »Bauernstaatsbildung« in Erscheinung treten. Die Talgenossenschaften der inneren Schweiz haben ihre Grundlage in kgl. Landfriedensprivilegien (→ Landfrieden) erhalten, die den bäuerl. Gemeinden eine Art Reichsunmittelbarkeit gewährten. Aus solchen Anfängen ist auch der Bund der drei Waldstätte von 1291 entstanden; seine Erneuerung und Erweiterung durch den Beitritt mehrerer Städte gab dem Bund schrittweise den Charakter einer Dauereinung, deren Spitze lange Zeit gegen die Territorialpolitik der Habsburger gerichtet war. Erst allmählich wuchs der Bund in staatl. Aufgaben hinein und trennte sich schließlich vom Reich. Die Bauerngemeinden in Dithmarschen waren dagegen bei ihrer Herrschaftsbildung allein auf sich gestellt, ohne die Mitwirkung von Stadtgemeinden. Die Grundlage ihres Landes wurde gelegt, als Siedlerverbände in die Marschgebiete vorrückten und durch genossenschaftl. Deichbau das Land sicherten; die Geschlechter waren bäuerl. Schwurverbände, die für die Wahrung von Frieden und Recht sorgten. Geschlechter und Kirchspiele wuchsen allmählich zu einem Bund zusammen, der sich im 14. und 15. Jh. bes. bei der Abwehr äußerer Feinde bewährte. Die Zeit von 1447-1559 brachte schließlich den Höhepunkt des freien Landes Dithmarschen. W. Rösener

Lit.: B. MEYER, Die ältesten eidgenöss. Bünde, 1938 – K. S. BADER, Bauernrecht und Bauernfreiheit im späteren MA, HJb 61, 1941, 51 ff. – Adel und Bauern im dt. Staat des MA, hg. TH. MAYER, 1943 – K. HAFF, Der freie Bergbauer als Staatengründer, ZRGGermAbt 67, 1950, 394 ff. – H. STOOB, Die dithmarsch. Geschlechterverbände, 1951 – Die Anfänge der Landgemeinde und ihr Wesen, VuF 7, 8, 1964 – B. H. SLICHER V. BATH, Boerenvryheid (Econom.-Hist. Herdrukken, Ned. Econ.-Hist. Archief, 1964), 272-294 – Hb. der Schweizer Gesch. I, 1972, 163 ff.

Bauerntum → Bauer, Bauerntum

Bauffremont, Pierre de, burg. Staatsmann, † um 1472, ⚭ 1. Jeanne de Montaigu, 2. Agnès de Saulx, 3. Marie, legitimierte Tochter Hzg. Philipps des Guten. B. entstammte einer Adelsfamilie aus dem Gebiet von Neufchâteau (Dep. Vosges), die in der Champagne und in Burgund ansässig wurde und in der Neuzeit fsl. Rang erhielt. – In der Schlacht von Azincourt gefangengenommen (1415), verschaffte sich B. durch die Teilnahme an Turnieren einen Ruf als glänzender Ritter. Er nahm 1435 an den Friedensverhandlungen von → Arras teil. *Lieutenant-général* (Generalvertreter), später Gouverneur des Hzm.s Burgund, leitete er die burg. Delegation zum Kongreß v. Chalon (1454). Er unternahm 1454 eine Pilgerreise nach Palästina. 1460 wurde er zum → *chambellan* ernannt. R.-H. Bautier

Baugewerbe. Ist der Historiker noch weit davon entfernt, die Bedeutung und die Rolle des B.s (nach einem Wort von J. LE GOFF »die erste und fast die einzige ma. Industrie«) in der Wirtschaft des MA bestimmen zu können, so sind die Probleme der Arbeit, die dieser gewerbl. Sektor aufwirft, kaum besser erhellt, da systemat. quantifizierende, wenigstens näherungsweise Analysen fehlen. (Sie wären für die Periode vor dem Ende des 13. Jh. ohnehin illusorisch.) Beim jetzigen Forschungsstand ist es z. B. unmöglich, den tatsächl. Anteil des B.s an der Gesamtheit der Arbeitskräfte mit einiger Genauigkeit zu bestimmen. (Dies gilt bes. für das flache Land.) Allerdings dürfte es nicht ganz unzutreffend sein, für die Städte im SpätMA einen Anteil des B.s von ca. 10% an der Gesamtheit der in den Zünften organisierten Arbeitskräfte anzunehmen (Brügge 11,29% [1302], 11,64% [1340], 9,23% [1379-80]; Nürnberg 5,8% [1363]; Frankfurt a. M. 8% [1440]; Paris 7,7% ca. [1290]; Ypern 7,7% [1341]). Damit dürfte das B. nach den textilverarbeitenden Gewerbezweigen und neben dem nahrungs- und genußmittelproduzierenden Sektor der Bereich mit den höchsten Beschäftigungszahlen gewesen sein. Einzeluntersuchungen neueren Datums, die eine Fortführung verdienten, haben dabei jedoch große sozioökonom. Unterschiede ermittelt, die durch Kapital, Lohnniveau und Verhältnis von Beschäftigung und Arbeitslosigkeit hervorgerufen wurden, wobei zwei Phänomene das B. prägten: Die Entstehung bestimmter Formen eines »Kapitalismus« auf der einen Seite und eines »Proletariats« auf der anderen.

Drei Faktoren erlaubten dem Kapital im Bereich des Bauwesens ein freies Spiel der Kräfte: im städt. Bereich eine Zunftgesetzgebung, die in der Regel unfähig war, Spekulation und Wucher zu unterbinden; die Anhäufung von technisch-administrativen Funktionen (*stede meester*, *magister operis, maistre des oeuvres*), Zunftämtern (Geschworener, *doyen*) und öffentl. Ämtern (Rat, Schöffe, Bürgermeister) in den Händen weniger Unternehmer des B.s; bes. aber der Zuschlag der großen öffentl. und privaten Bauvorhaben an den Mindestfordernden. Demjenigen Bauunternehmer, der über ausreichend Kapital verfügte, um bei einer Ausschreibung die niedrigsten Preise anbieten zu können (als Beispiel möge der Bau der Schleuse von Blankenberge/Westflandern im Mai 1408 dienen; erste Ausschreibung: 100%, zweite Ausschreibung: 65%, 62%), der war auch in der Lage, alle oder fast alle Arbeiten im Akkord (opus ad tascam, ndl. *taswerk*) ausführen zu lassen. (Allgemein im Gebrauch, spielten die Akkordarbeiten eine wichtige Rolle: In Brügge machten sie 1388-99 44%, 1400-10 58% an den Gesamtkosten der öffentl. Bauten aus.) Manchmal betätigten sich Bauunternehmer in einem (räuml.) weiten Gebiet in dem Maße, wie öffentl. Ausschreibungen und Preisbedingungen Verbreitung fanden. (Ein Beispiel bildet der Wettbewerb um den Rathausbau in Damme/Westflandern 1463-64, bei dem Unternehmer aus Brüssel, Gent und Brügge auftraten.) Als Folge ist die dominierende Rolle einer »Lobby« von Unternehmern, die die Märkte beherrschten, feststellbar; dabei läßt sich für Brügge dieses Phänomen präzis erfassen: Zwei Maurermeister hatten z. B. einen Anteil von mehr als 80% am Gesamtaufkommen aller Bauten, die von 1388 bis 1410 im Akkord erstellt werden; das entspricht ungefähr dem Jahresdurchschnitt der städt. Einnahmen in dieser Periode. Die große Zahl der Maurer, die mangels ausreichender Rücklagen bei dem Wettbewerb um Bauaufträge nicht mithalten konnten, mußten Einkommensverluste hinnehmen.

Unter den Gesichtspunkten von Rechtsstatus und Einkommen sind im B. drei Personenkreise zu unterscheiden: Handlanger, Gesellen und Meister. Über die Gruppe der nichtqualifizierten Handlanger bzw. Tagelöhner, bei denen es sich in vielen Fällen um Erdarbeiter handelt, ist wenig bekannt: Sie gehörten keiner Zunft oder Gilde an (was in manchen Fällen offenbar damit zusammenhängt, daß sie nicht in der Lage waren, das städt. Bürgerrecht, das die Voraussetzung zur Aufnahme in eine Zunft bildete, zu erwerben) und wurden durch keinerlei berufsständ. Statut geschützt. Wir finden sie bes. häufig auf den großen Baustellen. (In Windsor machen sie im März 1344 56% der Gesamtheit der Bauleute aus; in Caernarvon im Juni 1344 58%; in Paris, Hospiz St-Jacques in der ersten Märzwoche 1320 54%.) Ihre Lage ist bes. unbeständig, wovon die unaufhörlichen und starken Schwankungen der Beschäftigungszahlen von einem Tag zum anderen und von einer Woche zur anderen auf derselben Baustelle zeugen. Durch ihre unzureichenden Realeinkommen sind sie – selbst bei Annahme einer (in der Realität seltenen) Vollbeschäftigung – zu einer Pauperisierung verurteilt, die sowohl in der zweiten Hälfte des 14. Jh. als auch im Laufe des 15. Jh. dramat. Formen annimmt (s. u.).

Gesellen und Meister, letztere weit weniger zahlreich, sind (wenigstens im SpätMA und in den Städten) in die Zunftorganisation eingebunden. Sie besitzen eine berufsständ. Verfassung, die, streng hierarchisch, durch eine (zumindest in der Theorie existierende) Stufenleiter vom Lehrling über den Gesellen zum Meister gekennzeichnet ist. Die Zunftverfassung im B. hat zweifellos nicht wenig zur Vereinheitlichung der Löhne von Zunft zu Zunft beigetragen (1278–80 gibt es für die 131 Maurer der Vale Royal Abbey 18 verschiedene Lohntarife), ebenso zur Regulierung und Fixierung des Abstandes im Einkommensniveau zw. Geselle und Meister (üblicherweise: Geselle 100, Meister 200), zur Stabilisierung der Einkommen und zur Aufrechterhaltung eines (oft sehr beträchtl.) Vorsprungs der Löhne der städt. Bauleute vor den ländlichen. Dabei verbirgt sich hinter der Zunftverfassung ein System sozialer Abschließung von erschreckender Rigidität. Keine zusätzl. Berufsausbildung rechtfertigt die Lohnspanne zw. Meister und Gesellen. (Die erst spät belegte Forderung eines Meisterstücks hat nur zum Ziel, die fiskal. Sperre zugunsten der Meister zu verstärken.) Der Abstand des Einkommensniveaus ist lediglich. ein Ausdruck der unterschiedl. Rechtsstellung. Diese wiederum impliziert die Erhebung ständig drückenderer Abgaben von allen Meistern, die selbst nicht Söhne von Meistern (bei fakt. Erblichkeit des Handwerks) sind (z. B. Brügge 1479: Abgaben von Zimmermeistern, in Tageseinkommen ausgedrückt: bei Söhnen von Meistern: 5,2; bei Meistern, deren Väter selbst nicht Meister waren: 180 [bei Herkunft aus der Gft. Flandern], 244 [bei Fremden]). Außerdem ist das, was über Einkommen und Beschäftigung bekannt ist, kaum geeignet, Optimismus hinsichtl. möglicher Sparmöglichkeiten der Lohnarbeiterschaft im B. zu erzeugen. Die Unempfindlichkeit der Nominallöhne angesichts der kurzfristigen Schwankungen der Getreidepreise ist ein durchgängig zu beobachtendes Charakteristikum der Lohnentwicklung im B., wobei sich im 14. Jh. (bes. um 1350/60) die Nominallöhne auf einem Höhepunkt befinden und im 14. Jh. bemerkenswert konstant bleiben (z. B. Brügge, Zimmermeister: 1362–63: 100; 1363–64: 116; 1366–72: 133; 1380–90: Schwankungen zw. 133 und 200; 1390–96: 150; 1396–99: 166; 1400–87: 166. Südl. England: 1264–1300: 3 d.; 1300–04: 3–3,5; 1304–08: 3,5; 1308–11: 3,5–4; 1311–37: 4; 1337–40: 4–3; 1340–50: 3; 1350–60: 3–5; 1360–1402: 5; 1402–12: 5–6; 1412–1532: 6). Diese Stabilität der Nominallöhne hat, wie nicht genug betont werden kann, eine große Instabilität der Kaufkraft zur Folge (jährl. Schwankungen von 25% und mehr sind feststellbar), die in unterschiedl. Maße Handlanger, Gesellen und Meister trifft. Um nur die wesentlichen, auf Jahrhunderte bezogenen Tendenzen zu skizzieren, ist festzuhalten, daß die Reallöhne offensichtl. im 14. Jh. einen hohen Stand besitzen (bes. nach der großen Pest) und sich im 15. Jh. auf dem Niveau vom Ende des 14. Jh. stabilisieren (mit einer allerdings zu beobachtenden Tendenz zum Abbröckeln, womit sich der Lohnverfall des 16. Jh. ankündigt). Insgesamt sind die Einkommen des 14. und 15. Jh. die höchsten, welche die Handwerker des B.s vor 1800 erreichten! Betrachtet man jedoch die kurzfristigen Entwicklungen unter Einfluß der unterschiedl. Rechtsstellung des Handwerkers sowie die Fragen von Existenzminimum, Lebensstandard und Pauperisierung, so gewinnt man ein anderes, viel krasseres Bild: Auf die Lohnreihen brabant. und flandr. Städte (Antwerpen, Brüssel, Lier im 15. Jh.; Brügge im 14.–15. Jh.) bei Annahme von Vollbeschäftigung und gleichen Anstellungschancen angewandt, läßt die Methode von FOURASTIÉ-GRANDAMY (bei der 1 Zentner Getreide in Stundenlöhne umgerechnet wird, wobei der krit. Punkt bei 100 Arbeitsstunden für 1 Zentner liegt) klar erkennen, wie außerordentl. geschwächt die Kaufkraft der Handlanger bzw. Tagelöhner ist und auf welch ärmlichem und niedrigem Niveau sich ihr Lebensstandard befindet, während die Gesellen große Schwierigkeiten bei der Aufrechterhaltung des Existenzminimums haben, wohingegen sich die Situation der Meister in der Regel durch gutes Auskommen, ja häufig durch Wohlstand auszeichnet. Diese Kontraste werden durch die Probleme der Arbeitslosigkeit noch verschärft. Die saisonbedingte Beschäftigungslosigkeit trifft nicht alle Gruppen des B.s im gleichen Maße. Das Beispiel der öffentl. Bauten in Brügge (1362–1431) zeigt nicht nur, daß Investitionen von gleicher Höhe nicht notwendig gleiche Arbeits- und Anstellungsbedingungen nach sich ziehen, sondern ebenso, daß von einem Jahr zum anderen die Nachfrage nach Arbeitskräften um die Hälfte, ja, um zwei Drittel abnehmen kann. Ein absolut übliches und sehr verbreitetes Phänomen, verdecken die unaufhörlichen, sehr starken Schwankungen der Beschäftigungszahlen auf den großen Baustellen des MA eine Fülle von Ungleichheiten mit unabsehbaren individuellen Auswirkungen. Das zeigt sich anhand der in diesem Bereich viel zu selten durchgeführten prosopograph. Untersuchungen: Für Brügge ergibt sich für 1480–81, daß sich 107 Maurermeister und -gesellen in 2220 Arbeitstage teilen; im darauffolgenden Jahr (1481/82) finden sich von diesen nur noch 29 unter den 59 Bauleuten, die zur Leistung von insgesamt 2345 Arbeitstagen angeworben wurden. Dadurch wird deutlich, in welchem Maße die Bauhandwerker zu einer ständigen Mobilität, d. h. kontinuierlichen Wanderungen (die als Phänomen für Deutschland im 15. Jh. gut bezeugt sind), gezwungen sind. Man gewinnt die Vorstellung, daß neben einem kleinen Kern von ständig am Ort beschäftigten, ärmlich lebenden Bauleuten eine »Reservearmee« von Handwerkern und Hilfskräften existiert, die nur für kurze Zeit beschäftigt werden und von ständiger Pauperisierung bedroht sind. Von dieser Art sind die Handwerker und Arbeiter, die sich in Paris auf der Place de Grève drängten.

Für den Bereich der Arbeitswelt ergibt sich beim aktuellen Forschungsstand, daß das B., zumindest im SpätMA, einen Bereich darstellt, in dem zwei charakterist. Phänomene vorherrschen: zum einen das Vordringen einer »Lobby« von Unternehmern, die sich in steigendem Maße der Kontrolle der Märkte bemächtigen; zum anderen eine wahrscheinl. »Proletarisierung« eines großen Teiles der im Bauwesen beschäftigten Lohnarbeiterschaft. → Baubetrieb, → Bauhof. J.-P. Sosson

Lit.: S. BEISSEL, Geldwerth und Arbeitslohn im MA. Eine kulturgesch. Stud. im Anschluß an die Baurechnungen der Kirche des hl. Victors zu Xanten, 1884 – DERS., Die Bauführung des MA. Stud. über die

Kirche des hl. Victor zu Xanten. Bau, Geldwerth und Arbeitslohn. Ausstattung, 1889² - D. KNOOP-G. P. JONES, The Medieval Mason. An Economic Hist. of Engl. Stone Building in the later MA and early Modern Times, 1933 [Neudr. 1967] - M. J. ELSAS, Umriß einer Gesch. der Preise und Löhne in Dtl., 3 Bde, 1936-51 - G. P. JONES, Building in Stone in Medieval Western Europe (The Cambridge Economic Hist. of Europe II, 1952), 493-518 - F. SALZMAN, Building in England down to 1540. A documentary hist., 1852 [Neudr. 1967] - P. DU COLOMBIER, Les chantiers des cathédrales, 1953 [Neudr. 1973] - E. PH. BROWN-SH. V. HOPKINS, Seven Centuries of Building Wages, Economica 22, 1955, 195-206 - J. GIMPEL, Les bâtisseurs de cathédrales, 1959 - E. PH. BROWN-Sh. V. HOPKINS, Builders' Wage-rates, Prices and Population, Economica 26, 1959, 18-38 - M. AUBERT, La construction au MA, BullMon 118, 1960, 241-259; 119, 1961, 7-42, 81-120, 181-209, 298-323 - E. SCHOLLIERS, Loonarbeid en honger. De levensstandaard in de XVᵉ en XVIᵉ eeuw te Antwerpen, 1960 - H. M. COLVIN, The Hist. of the King's Works, I-II: The Middle Ages, 1963 - S. L. THRUPP, The Gilds (The Cambridge Economic Hist. of Europe III, 1963), 230-280 - H. JANSE, Bouwers en bouwen in het verleden. De bouwwereld tussen 1000 en 1650, 1965 - M. DAVID, La fabrique et les manoeuvres sur les chantiers des cathédrales en France jusqu'au XIVᵉ s. (Études d'hist. du droit canonique dédiées à G. Le Bras, II, 1965), 1113-1130 - H. TH. JOHNSON, Cathedral Building and the Medieval Economy, Explorations in Entrepreneurial Economy, 2. Ser., 4, 1967, 191-210 - J. FOURASTIE-R. GRANDAMY, Remarques sur les prix salariaux des céréales et la productivité du travail agricole en Europe du XVᵉ au XXᵉ s. (Troisième Conférence internat. d'hist. économique, München 1965 [1968]), 647-656 - B. GEREMEK, Le salariat dans l'artisanat parisien aux XIIIᵉ-XVᵉ s. Étude sur le marché de la main-d'oeuvre au MA, 1968 - M. BAULANT, Le salaire des ouvriers du bâtiment à Paris de 1400 à 1726, Annales 26, 1971, 463-483 - M. DEBERSEE, Une dépense à charge du duc de Bourgogne à la fin du XIVᵉ s.: les travaux et réparations effectués à Lille et dans sa châtellenie, Revue du Nord 52, 1971, 409-431 - PH. DIDIER, Les contrats de travail en Bourgogne aux XIVᵉ et XVᵉ s. d'après les archives notariales, RHDFE 50, 1972, 13-69 - M. WARNKE, Bau und Überbau. Soziologie der ma. Architektur nach den Schriftquellen, 1976 - J.-P. SOSSON, Les travaux publics de la ville de Bruges, XIVᵉ-XVᵉ s. Les matériaux. Les hommes, 1977 - PH. CONTAMINE, Les fortifications urbaines en France à la fin du MA: aspects financiers et économiques, RH 527, 1978, 23-47 - B. SCHOCK-WERNER, Bauhütten und Baubetrieb der Spätgotik (Die Parler und der Schöne Stil 1350-1400, hg. A. LEGNER, III, 1978), 55-58 - J.-P. SOSSON, Corporation et paupérisme aux XIVᵉ et XVᵉ s. Le salariat du bâtiment en Flandre et en Brabant, et notamment à Bruges, TG 92, 1979, 557ff. - vgl. auch Lit. zu →Baubetrieb, →Handwerk.

Baugulf, zweiter Abt v. Fulda, † 8. Juli 815. Nachdem sein Vorgänger → Sturmi die Unabhängigkeit des Kl. verteidigt hatte, begann → Fulda während B.s Amtszeit von 779 bis 802 zu einer der bedeutendsten Kultur- und Bildungsstätten des frühen MA heranzuwachsen. Das Kl. vermochte seine Besitzungen zu vermehren, und es begann eine rege Bautätigkeit. Fuldas zunehmende Bedeutung zu B.s Zeiten zeigt sich daran, daß neben den ags. Beziehungen auch Verbindungen zum linksrhein. Frankenreich gepflegt wurden. So wurde der Mainfranke → Einhard, dessen herausragende Fähigkeiten B. erkannte, zur weiteren Ausbildung an den Hof geschickt. Daß auf Fuldas Teilnahme an der geistigen Erneuerung Wert gelegt wurde, zeigt ganz bes. die berühmte »Epistola de litteris colendis« Karls d. Gr., die in einer an B. gerichteten Fassung erhalten ist. Mit diesem Schreiben, das zw. Herbst 784 und Sommer 785 oder zw. 794 und 797 erging, wird den Mönchen in leicht tadelndem Ton die Pflege auch der profanen Wissenschaft und Bildung ans Herz gelegt. - Def im übrigen auch von Alkuin hochgeschätzte B. (MGH Epp. IV, 405, 12) zog sich 802 von seinen Amtsgeschäften zurück in die - später so benannte - »cella Baugulfi« an der frk. Saale. → Brun (Candidus) v. Fulda, Schüler Einhards, verfaßte auf Anregung Eigils, des vierten Abts v. Fulda, offensichtlich eine »vita Baugulfi«, die leider nicht erhalten ist.
E. Heyse

Lit.: J. F. SCHANNAT, Historia Fuldensis I, 1729, 89-91 - WATTENBACH I [Register] - WATTENBACH-LEVISON-LÖWE II [Register] - P. LEHMANN, Fuldaer Studien II, NF (SBA PPH. 1927) - L. WALLACH, Alcuin and Charlemagne, 1959 [Register] - F. BRUNHÖLZL, Fuldensia (Hist. Forsch. für W. SCHLESINGER, hg. H. BEUMANN, 1974), 536-545.

Bauhof. Die Forschung ist noch weit davon entfernt, Gewicht und Rolle der öffentl. Bauvorhaben, die von den Magistraten kontrolliert und finanziert wurden (wobei die Finanzierung über die regulären städt. Einnahmen, direkte Steuern, [oftmals erzwungene] Anleihen bei der Bürgerschaft, Schenkungen des Fs.en bzw. Territorialherren, indirekte Sondersteuern usw. erfolgen konnte), für die Wirtschaft der Stadt im MA zu ermessen. Ist es illusorisch, zumindest für das kontinentale Europa, vor dem Ende des 13. Jh. die Tendenzen in Begriffen der Investitionstätigkeit darzulegen, so werden für das 14. und 15. Jh. immerhin Angaben von Näherungswerten möglich; die meisten von ihnen bleiben dabei punktuell (z. B. »enforcissement« in Troyes: 71,4% der städt. Ausgaben; öffentl. Bauten in Mons 1338-39: 28,3% der städt. Einnahmen; öffentl. Bauten in Périgueux 1415-16: 17,5% der städt. Ausgaben; ebenso in Hamburg 1350-60: 13%, 1370-86: 34%, 1462 bis 1476: 16%). Sie sind nicht selten als Phänomen der langen Dauer faßbar. (So wandte Brügge für seine Infrastruktur 1332-99 im Durchschnitt 15,7% seiner jährl. Einnahmen auf, 1400-1500 8,8%.) Dennoch zeigen diese Zahlenwerte mit großer Deutlichkeit das Gewicht des städt. Bausektors, den einzigen Bereich des ma. Bauwesens, der durch erhaltene Rechnungen sozio-ökonom. Analysen ermöglicht, und geben Aufschluß über die wachsende Urbanisierung. Durch die Schaffung einer sozio-ökonom. Infrastruktur und die Notwendigkeit der Verteidigung der Stadt (Ummauerung) wuchs die Bedeutung der städt. Baubehörde beträchtlich. Hiervon zeugt nicht nur die (fast allgemeine) Entstehung einer entsprechenden Körperschaft (deren Mitglieder oftmals unzureichend als »Handwerker-Beamte« definiert werden), an der der Magistrat einen Teil seiner Gewalt delegiert, sondern auch die Rolle, welche die öffentl. Bauten (insbes. die Befestigungsanlagen) bei der Entstehung einer spezifisch städt. Finanzverwaltung spielen.

Detaillierte, jedoch nur punktuelle Studien haben begonnen, nicht nur die tiefgehenden sozio-ökonom. Spaltungen, die durch den Eintritt des Kapitals in die Arbeitswelt verursacht wurden (→ Baugewerbe), zu untersuchen, sondern auch die Verflechtung der Bauhöfe in ein Netz von ökonom.-kommerziellen Beziehungen, die weit über die unmittelbare Hinterland der betreffenden Stadt hinausreichen, zu erforschen; diese Beziehungen betreffen insbes. die Beschaffung von Baumaterialien. Die ungleiche Verteilung der Bodenschätze, die hohen Transportkosten, der Einfluß der Käufe von Rohstoffen auf den städt. Haushalt (Brügge 1332-43: mehr als 52% des Etatmittel für die öffentl. Bauten) und der gewaltige Bedarf an Baustoffen tragen dazu bei, daß der städt. Bausektor mit zwei verschiedenen, aber aufeinander bezogenen »Wirtschaftsräumen« in Beziehung steht: dem Umland als natürl. Versorgungsgebiet und den weiter entfernten Regionen. Am Beispiel der - allerdings exzeptionellen - Großstadt Brügge im 14. und 15. Jh. läßt sich zeigen, wie sehr die Zonen, welche die zur Versorgung der städt. Baustellen notwendigen Baustoffe lieferten, den gesamten Bereich der ma. »Weltwirtschaft« umfaßten. Dieses Phänomen verdiente, systemat. untersucht zu werden, bes. in Hinblick auf den Gesichtspunkt, daß der Sektor der öffentl. Bauvorhaben, von den Städten ausgehend, eine wirtschaftl. Dynamik hervorbringen bzw. entfalten konnte, die auf weite Regionen im Sinne einer ökonom. Belebung ausstrahlte.

Aufgrund neuerer Forschungen lassen sich auch, zumindest näherungsweise, erste Aussagen über die Kostenentwicklung bei der öffentl. Bautätigkeit treffen – wenigstens für ihre beiden Parameter: Preise und Löhne. In Brügge war die Entwicklung in der 2. Hälfte des 14.Jh. offenbar von einer ausgesprochenen Hausse bestimmt, die sich in den folgenden 60–70 Jahren stabilisierte, was anscheinend auf die bemerkenswerte Konstanz der Nominallöhne zurückzuführen ist (→ Baugewerbe). In Hamburg war dagegen die 2. Hälfte des 15.Jh. eine Zeit günstiger Konjunktur. Beim jetzigen Stand der Forschung wäre es allerdings verfrüht, sich vom Begriff einer »Baukonjunktur« blenden zu lassen; ebensowenig läßt sich der Schwerpunkt auf eine »Politik öffentl. Bauten« legen, da nämlich andere Faktoren in die Analyse einbezogen werden müssen: der Stand der städt. Finanzen, eine mögliche Beeinflussung der Entwicklung durch Nahrungsmittelkrisen, »Ankurbelung der Konjunktur«. Wie stets ist auch hier deutlich feststellbar, daß sich die Magistrate bemühten, die Belastung, welcher die städt. Finanzen durch öffentl. Bauvorhaben ausgesetzt waren, zu verringern, wobei zu verschiedenen klass. Maßnahmen gegriffen wurde: So wurde versucht, eine Reduzierung der Transportkosten durch rationale Ausbeutung der Boden- und Naturschätze in Stadtnähe zu erreichen, was v. a. durch die Schaffung von Produktionseinheiten, die sich im Besitz oder unter der Kontrolle der Stadt befanden, erfolgte (z. B. Errichtung städt. Kalkhütten und Ziegeleien). Lang- oder mittelfristige Verträge mit bestimmten Produzenten von Baustoffen sollten den Schwankungen der Kurse entgegenwirken; weitere Maßnahmen waren: der massive Einsatz von »vorfabrizierten Bauelementen«, allgemeine Hinwendung zur Vergabe von Bauaufträgen im Zuge einer Ausschreibung (→ Baugewerbe) sowie die Schaffung eines eigenen Rechnungswesens für den Bausektor. → Baubetrieb. J.-P. Sosson

Lit.: D. KNOOP-G.P.JONES, The Mediaeval Mason. An Economic Hist. of Engl. Stone Building in the later MA and early Modern Times, 1933 [Neudr. 1967] – F. SALZMAN, Building in England down to 1540. A documentary Hist., 1952 [Neudr. 1967] – G.P.JONES, Building in Stone in Medieval Western Europe (The Cambridge Economic Hist. of Europe II, 1952), 493–518 – H.M.COLVIN, The Hist. of the King's Works, 1963 – Les constructions civiles d'intérêt public dans les villes d'Europe au MA et sous l'Ancien Régime et leur financement. Colloque internat. Spa 5-8-IX-1968. Actes, 1971 [bes. die Beitr. von J. SYDOW, A. HIGOUNET, P. PIEROTTI] – B. FIEDLER, Die gewerbl. Eigenbetriebe der Stadt Hamburg im SpätMA [Diss. Hamburg 1974] – J.-P. SOSSON, Les travaux publics de la ville de Bruges, XIVe-XVe s. Les matériaux. Les hommes, 1977 – 9^a Settimana di studio dell'Istituto internazionale »F. Datini« a Prato: Investimenti e civiltà urbana nei secoli XIII-XVIII (April 1977, vervielfältigtes Material) [bes. die Beitr. von PH. WOLFF (vgl. RH 524, 1977, 277ff.) und PH. CONTAMINE (vgl. RH 527, 1978, 23–47)] – vgl. auch die Lit. zu → Baugewerbe.

Bauhütte (Atelier). Die B. im engeren Sinn ist der Raum, zumeist direkt neben dem zu errichtenden Bau, in dem die Steinmetzen und der Werkmeister arbeiten. Die Hütte ist aus Holz oder wie in Prag oder Straßburg aus Stein gebaut und kann aus mehreren Räumen bestehen. Sie dient als Werkstatt und zur Unterbringung der Arbeitsgeräte, die nicht den einzelnen Handwerkern, sondern der B. bzw. dem Bauherrn gehören.

Die B. im weiteren Sinn ist die Organisation, die seit dem 13./14.Jh. den langjährigen Kirchenbau durchführt; sie wird vom Schaffner geleitet; ihr gehören die verschiedenen Handwerker an, nicht nur Steinmetzen, sondern auch Zimmerleute, Schmied, Glaser u.a. (→ Baubetrieb).

Ferner wird in der Literatur mit B. oft die Organisation der Steinmetzen in Verbindung gebracht, die, wie die ma. Urkunden deutlich machen, als Steinmetzbruderschaft zu bezeichnen ist, denn wer Mitglied einer B. war, brauchte nicht auch in der Steinmetzbruderschaft organisiert zu sein, aber die Vorschriften der Steinmetzbruderschaft galten für alle Mitglieder der B. Gegenüber den in Zünften organisierten städt. Handwerkern sind die Steinmetzen, die in den B.n der Kirchen beschäftigt sind, benachteiligt, da sie nicht am Ort seßhaft und zum Umherziehen gezwungen sind, wenn die B. bei Bauabschluß aufgelöst oder bei Geldmangel reduziert wird. So wurde für die an Kirchen-B.n beschäftigten Steinmetzen eine überregionale Ordnung geschaffen und für ihre Mitglieder eine einheitl. Ausbildung geregelt; nur wer nach dieser Ordnung ausgebildet war, sollte in die Bruderschaft Aufnahme und in den B.n Arbeit finden. Die älteste bekannte Ordnung findet sich in der engl. »Regius«-Hs. von 1390. Die 1459 zu Regensburg beschworene Ordnung für den B. (Sprachraum basiert auf älteren Ordnungen, die sich jede einzelne B. gegeben hatte, wie sie die Trierer Ordnung von 1397 überliefert. Die Regensburger Ordnung regelt in etwa 50 Artikeln Fragen der Ausbildung, der Lehrzeit, der Aufgabenbereiche der Meister, Parliere und Lehrjungen, religiöse Vorschriften und in Artikel 48, daß der Werkmeister der Straßburger Hütte als oberster Richter Streitfragen klären soll. Die Ordnung wird 1498 von Ks. Maximilian I. in einigen Punkten abgeändert; sie bleibt verbindlich bis 1563, wo in Basel/Straßburg in dem sog. Bruderbuch oder der Bruderschaftsordnung der veränderten Situation bes. in Bezug auf die Artikel, die die Religion betreffen, entsprochen wird. Die Rochlitz-Torgauer-Ordnung von 1462, in einer Abschrift von 1486 erhalten, gilt für die sächs. Hütten neben der Regensburger Ordnung von 1459. Neben der B. und der Steinmetzbruderschaft existieren in den Städten die → Zünfte, deren Mitglieder zu Sonderaufgaben von den kirchl. B.n herangezogen werden, bzw. bei städt. Bauvorhaben sind die in den B.n tätigen Handwerker Mitglieder der Zünfte auf Zeit. → Baubetrieb.

Lit.: → Baubetrieb. G. Binding

Bauhüttenbuch nennt H. HAHNLOSER das Pergament-Manuskript ms. fr 19093 (Bibl. Nat., Paris), das → Villard de Honnecourt aus der Picardie um 1235 auf Reisen durch Frankreich (Reims, Laon, Cambrai, Vaucelles, Meaux, Chartres), Schweiz (Lausanne) und Ungarn angefertigt hat. Es enthält auf 66 Seiten (urspgl. etwa 120 Seiten) willkürlich zusammengestellte Exempla malerischer, plastischer, konstruktiver oder math.-geometr. Provenienz. Es ist gegenüber den Musterbüchern um ausführl. Überschriften und Benennung der einzelnen Figuren (von Villard und zwei nachfolgenden Hüttenmeistern) als Erläuterungen für den Benutzer: »...Denn in diesem Buch kann man guten Rat finden über die große Kunst der Mauerei und die Konstruktionen des Zimmererhandwerks; und Ihr werdet die Kunst des Zeichnens darin finden, die Grundzüge, so wie die Disziplin der Geometrie sie erheischt und lehrt«; diese dem Buch vorangestellten Worte gliedern den Inhalt in acht zusammenhängende Themenbereiche: Bauzeichnungen, Objekte der Kircheninnenausstattung, Maconerie, Geometrie, Charpenterie, Engins, figürl. Darstellungen, Portraiture. Damit steht Villard in Form und Gestaltung des Buches einerseits in der Tradition des ma. Bildmusterbuches, knüpft jedoch andererseits an den Typus des illustrierten techn. Traktates der Antike an. Das Werk unterscheidet sich in der Vielfalt der Exempla von den spätgot. → Steinmetzbüchern.

G. Binding

Lit.: H. HAHNLOSER, Villard de Honnecourt, 1972^2 – W. SCHÖLLER, Eine Bemerkung zur Wiedergabe der Abteikirche von Vaucelles durch Villard de Honnecourt, ZK 41, 1978, 317–322 – G. BINDING–N. NUSSBAUM, Ma. Baubetrieb n. der Alpen in zeitgenöss. Darstellg., 1978 [Lit.],

Bauinschrift, eine am oder im Bau angebrachte Mitteilung über Gründung, Weihe, Grundsteinlegung oder Stiftung von Bauwerken oder Teilen von ihnen. Meister- und Altarinschriften werden den B.en zugerechnet. Zeitgenöss. B.en sind Primärquellen mit urkundl. Wert, die aufgrund der schlechten Quellenlage bes. Gewicht haben. Inschriftträger sind meist Steinplatten, seltener Putz, Tonplatten oder Mosaiken. Für das Problem der Datierung ist die Paläographie entscheidend; bis zur Mitte des 14.Jh. herrscht die Majuskel, dann die Minuskel vor. Dominante Sprache ist Latein, seit dem Ende des 12.Jh. tritt vereinzelt auch die Landessprache auf.

Inhaltl. sind zu unterscheiden: 1. Gründungsinschriften. Enthalten außer direkten oder indirekten Zeitangaben meist den Namen des Gründers. Renovierungs- und Umbauinschriften gehören zu den Gründungsinschriften. 2. Weihinschriften. Enthalten den Namen des Weihenden und/oder das Datum der Weihe. Sie können sich auf den Gesamtbau wie auf den Bauplatz oder einen fertigen Bauteil beziehen. Altarinschriften, die über Weihe und Patrozinium des Altars Auskunft geben, gehören zu den Weihinschriften. 3. Grundsteinlegungsinschriften. Sie nennen den Zeitpunkt des Baubeginns und evtl. Namen der beteiligten Personen. 4. Meisterinschriften. Sie nennen die Namen von Baumeistern oder Handwerkern. 5. Stiftungsinschriften. Sie beinhalten in rechtsverbindl. Form Stiftungen zur Ausstattung oder zum Unterhalt eines Bauwerkes. R. Funken

Lit.: RDK II, 34–53 – R. Neumüllers-Klauser, Inschr. als rechtsgesch. Q., ZRGKanAbt 53, 1967 – W. Müller, Urkundeninschr. des dt. MA, 1975 – *Inschriftensammlungen:* E. le Blant, Inscriptiones chrétiennes de la Gaule, 1856–65 – G. B. de Rossi, Inscriptiones christianae urbis Romae VII saeculo antiquiores, 1861–88 – E. Hübner, Inscriptiones hispaniae christianae, 1871 und 1900 – Ders., Inscriptiones Britanniae christianae, 1876 – F. X. Kraus, Die chr. Inschr. der Rheinlande, 1894 – E. Egli, Die chr. Inschr. der Schweiz vom 4.–9.Jh., 1895 – P. Deschamps, Étude sur la paléographie des inscriptions lapidaires de la fin de l'époque mérovingienne aux dernières années du XIIe s., 1929 – J. Vives, Inscriptiones christianas de la España romana y visigoda, 1942 – A. Silvagni, Monumenta epigraphica christiana saeculo XIII antiquiora quae in Italiae finibus ad huc extant, 1943 – N. Gray, The paleography of Lat. inscriptions in the eighth, ninth and tenth centuries in Italy, Papers of the Brit. School at Rome, 16, 1948 – Die dt. Inschriften, hg. von den Akademien der Wiss. in Göttingen, Heidelberg, Mainz, München und der Österr. Akademie der Wiss. in Wien, erscheint seit 1942, bisher 18 Bde – *Für den arab. Raum:* M. van Berchem, Corpus Inscriptionum Arabicarum, 1894ff. – Rép. chronologique d'Épigraphie arabe, ed. E. Combe, J. Sauvaget, G. Wiet, 1–16, 1931–64 – H. Gaube, Arab. Inschr. aus Syrien, 1978 – *Zu den islam.* B.en v.a.: L. A. Mayer, Islamic Architects and their Works, 1950.

Baukeramik → Backsteinbau
Baukran → Kran
Baukunst

A. Lateinischer Westen – B. Byzantinische und südslavische Baukunst – C. Baukunst im Judentum – D. Islamische Baukunst

A. Lateinischer Westen

I. Frühchristliche Baukunst (4.–6.Jh.) – II. Vorromanische Baukunst (480–1000/1066) – III. Romanische Baukunst (1000/1066–1140/1250) – IV. Gotische Baukunst (1140–1520).

I. Frühchristliche Baukunst (4.–6.Jh.): Über den Kirchenbau vorkonstantin. Zeit ist wenig bekannt; erhalten ist nur die Haus-Kirche von Dura Europos (3.Jh.). Erst als das Christentum unter Konstantin d. Gr. († 337) begünstigt und 391 zur alleinigen Staatsreligion erklärt wurde, bedurfte es repräsentativer Kultbauten als Gemeinde- und Märtyrerkirchen und Memorialbauten in Form von Längsbauten (→ Saalkirche, → Basilika) oder → Zentralbauten (→ Baptisterium, → Mausoleum). Im Gegensatz zum heidn. Sakralbau bevorzugte die chr. B. komplizierte Raumgruppierungen. Der einräumige röm. Zentralbau mit Nischen in der dicken Außenmauer oder als außen vortretende Konchen (Ovalbau von St. Gereon in Köln, 2. Hälfte 4.Jh.) wird zwar weiter angewandt (→ Baptisterien), aber wichtiger werden Zentralbauten mit innerem Umgang (Lateranbaptisterium und S. Costanza in Rom, Theotokos-Kirche in Garizim), oder dem runden oder polygonalen Zentrum werden in den Umgang ausgreifende Raumnischen angefügt, wobei sich die Raumteile durchdringen (Bosra und Esra in Syrien, Sergios und Bacchos in Konstantinopel, S. Vitale in Ravenna); schließlich finden sich einschiffige (Mausoleum der Galla Placidia in Ravenna) oder mehrschiffige Kreuzbauten oder Durchdringung von Rund- und Kreuzbauten (S. Stefano Rotondo in Rom). Vorbauten (→ Atrium, → Narthex) und Sanktuarium (→ Chor) geben den Zentralbauten häufig eine zumeist west-östl. Ausrichtung. Bei den großen konstantin. Kirchen bes. in Rom wird die drei- oder fünfschiffige → Basilika bevorzugt, der ein durchgehendes z.T. weit ausladendes Querschiff zw. Langhaus und Apsis eingefügt sein kann (St. Peter in Rom). Die Apsis wird bes. in Syrien von Nebenräumen (→ Pastophorien) begleitet. Die frühchr. B. ist in dem weiten röm. Reich durch Abhängigkeit von örtl. Traditionen sehr vielgestaltig sowohl im Bautyp wie in der Einzelbehandlung von Baukörper, Raum, Wand und Detail. Sie ist vornehml. Innenarchitektur. Die Wand ist außen meist schmucklos, nur durch Gesimse und Profile (Kleinasien, Syrien) oder Blendarkaden (Oberitalien, Dalmatien) gegliedert, dazu Sturzpfostenportale und rundbogige Fenster. Im Innern sind die Wände mit Marmorplatten, Stuck, Malerei oder Mosaik geschmückt; Säulen, seltener Pfeiler, tragen mit Gebälk oder Archivolte die Obergadenwände der Basilika oder des mehrräumigen Zentralbaus; mit offenem Dachstuhl oder hölzerner Flachdecke sind zumeist die Langbauten überdeckt, mit Kuppeln, Tonnen- oder Kreuzgewölbe die Zentralbauten (Höhepunkt der Gewölbetechnik [→ Gewölbe]: Hagia Sophia, Konstantinopel). – Zur istrischen B. des 6.–7.Jh. vgl. Abschnitt B.

II. Vorromanische Baukunst (480–1000/1066):

[1] *West- und Ostfränkisches Reich*
merowingisch	470–750
frühkarolingisch	750–770
karlisch	770–815
karolingisch	815–875
spätkarolingisch	875–920
(im westfränk. Reich bis 1000)	
ottonisch	920/930–1000
spätottonisch	1000–1030/50

Die Franken in Gallien, die Angeln und Sachsen in Britannien und die Westgoten in Spanien hatten kaum Verständnis für die überfeinerte Schönheit spätantik-frühchr. B., auch mangelten ihnen die techn. Kenntnisse und gestalter. Fähigkeiten, wenn auch in Gallien zumindest röm. Werkstättentraditionen fortlebten, zur Ausführung fehlten aber interessierte Auftraggeber. Den Franken, die unter Chlodwig 496 das Christentum annahmen, blieb der Geist der oriental. Religion fremd, wenn auch immer wieder direkte Verbindungen zw. dem Merowingerreich und dem Orient bestanden: Die Syrer hatten bis nach Tours, Paris und Trier hinauf blühende Handelsniederlassungen gegründet; 591 war sogar ein Syrer Bf. v. Paris. In den Wirren des 5. und 6.Jh. wurden zahlreiche röm. Bauten zerstört, aber wohl weniger durch Gewaltanwendung als vielmehr durch Beseitigung der Nutzungsaufgabe und damit durch Verfall. Röm. Profanbauten und Befestigungen wurden teilweise benutzt und auch wieder hergestellt. Immer häufiger konnte in letzter Zeit archäolog. nachgewiesen werden, daß teilweise verfallene, aber im Mauerwerk noch aufrechtstehende röm. Bauten in merow.-karol. Zeit als Kirchenbauten für die wachsende Zahl von Gemeindemitgliedern und zur Repräsentation der immer mehr an Bedeutung gewinnenden Kirche eingerichtet wurden (St. Gereon und Groß-St.-Martin in Köln); denn in dieser wechselhaften Zeit gab es nur durch die Kirche eine Vermittlung der großen Tradition mittelmeerisch-antiker Vergangenheit.

Der Kirchenbau hat bis zur karol. Zeit sein Schwergewicht in den Gebieten des Imperium Romanum. Die Reiche der Ostgoten (Ravenna), der Westgoten (Toulouse, Palencia), der Langobarden (Benevent, Padua) und auch das Frankenreich der Merowingerzeit (Paris, Tours) stehen in der Tradition der spätantiken-frühchr. B. Drei Tendenzen heben sich im Kirchenbau heraus: die große Einzelkirche, die in axialer Abfolge verschiedenartige Räume (Atrium, Narthex, Langhaus, Sanktuarium) zur Einheit zusammenfaßt (wie Lateranbasilika und Alt-St. Peter in Rom), die Gruppierung von selbständigen Bauten mit verschiedener liturg. Funktion und teilweise typolog. Ausbildung (Aquileia, Trier; → Kirchenbau, → Kirchenfamilie) und kleine Kirchen zumeist als Zusammenfügung von Raumzellen, die oft nur durch Türen verbunden sind. Im Frankenreich gibt es nur Überreste von verhältnismäßig bescheidenen Bauten; Bauten größeren Ausmaßes sind nicht erhalten, wenn auch aus Berichten auf ihr Vorhandensein geschlossen wird und geringe archäolog. Befunde vereinzelt entsprechend gedeutet werden (Kölner Dom). Üblich sind kleine Saalkirchen, häufig mit eingezogenem Rechteckchor, seltener mit Apsis, sicher in größerer Zahl, als wir wissen, als Pfosten- oder Fachwerkbauten, teilweise auch in röm. Weise auf Bakettfundament, dazu im profanen Bereich Wehranlagen mit Graben und Holz-Erde-Befestigung sowie Pfosten- und Grubenhäuser als Wohn- und Wirtschaftsbauten. Als steinerne Bauten reicherer Ausführung haben sich Baptisterien wie St-Jean in Poitiers 5. Jh. und der Anbau an die Kirche von Jouarre bei Meaux aus dem späten 7. Jh. erhalten.

Erst mit Karl d. Gr. beginnt die Entwicklung der eigtl. Monumentalarchitektur, hervorgerufen durch sein Bestreben, die Völker seines Reiches zu röm. Gesittung und Größe, zur Erneuerung der Antike aus dem Geist des Christentums zu erziehen. Als Teil seines umfassenden und in der Behauptung gegenüber Byzanz ganz bewußt auf eine röm. Renaissance abgestellten Programms versammelte er Dichter und Gelehrte von der Iber. Halbinsel, aus England, Italien und dem frk. Reich um sich. Seine Paläste, die kgl. → Pfalzen, mit Hallen, Kapellen, Kolonnadengängen und Wohnräumen zeigen in der Vielfalt ihrer einzelnen Gebäude die gleiche klare Gesamtkomposition wie die röm. Paläste. Von der Pfalz in Aachen sind die Kapelle (um 790/800) und die Königshalle weitgehend erhalten und geben einen Eindruck von der Vielfalt und Großartigkeit der Formen. Die Pfalzkapelle ist ein eigenständiger Entwurf unter bewußter Anlehnung an S. Vitale in Ravenna (nach 526–547), damals für die Herrscherkirche Theoderichs gehalten, und an die Kirche Sergios und Bacchos in Konstantinopel (536 vollendet), die mit dem oström. Kaiserpalast verbunden war. Während bei den Vorbildern der Raumeindruck wesentl. von den halbrunden Nischen und dem bewußten Verschleiern von oktogonalem Zentralraum und Umgang bestimmt wird, sind in Aachen die Arkaden gradlinig von Pfeiler zu Pfeiler gespannt, so daß klar begrenzte Räume (achteckiger Zentralraum, sechzehneckiger Umgang, quadrat. abgeschnürter Chor) erkennbar werden, dazu gehört auch das Aufgeben der Säulen (im Erdgeschoß von S. Vitale); in Aachen wird das Säulengitter mit aus Rom, Ravenna und von dem spätantiken Atrium von St. Gereon in Köln überführten Säulen und korinth. Kapitellen als Hoheitsform erhoben über einfache Bogenöffnungen im Erdgeschoß. Auf der Empore mit reichen Gittern abgeschlossen und eigenem Altar wurde der Thron erst 936 für Otto I. aufgestellt. Die mächtige Fassadennische im Hintergrund des von Säulen und Konchen umstellten → Atriums mit dem aus Ravenna überführten Reiterstandbild Theoderichs ist in ihrer Monumentalität eine Neuschöpfung, während Pinienzapfen und Bronzeportale in röm. Tradition stehen. Mit der Aachener Pfalzkapelle haben wir einen Repräsentationsbau karlischen Herrschaftsanspruchs vor uns, ebenso wie in der Lorscher Torhalle, die den röm. Triumphbogen Konstantins d. Gr., der als Mal für den Sieg an der Milvischen Brücke aufgefaßt wurde, den Eingangsbau von St. Peter in Rom und Traditionen der Königshalle in sich vereinigt und mit merow. Formen (Pilaster mit Giebeln, opus reticulatum) in röm.-gall. Tradition (Jouarre Ende 7. Jh.) verbindet zu einem kgl. Repräsentationsbau im Atrium des bedeutendsten Reichsklosters Lorsch, das 774 in Gegenwart Karls d. Gr. eingeweiht wurde. Auch die Pfalz in Ingelheim mit dem dreiflügeligen Palasthof und dem im Osten anschließenden Halbkreisbau (Exedra) mit Säulengang und sechs der Umfassungsmauer außen vorgelagerten Rundtürmen gibt in dem durch die Grabungen von Ch. Rauch erschlossenen Zustand einen Eindruck von einer großartigen, antike Vorbilder weiterführenden baulichen Leistung Karls d. Gr.

In der Lösung architekton. Probleme stützen sich die Baumeister auf den im antiken Rom ausgebildeten Massenbau mit seinen Pfeilern, Tonnengewölben oder Kuppeln und seiner Vorliebe für senkrecht aufeinanderstehende Achsen, anderseits auf die von den Griechen ausgebildete Säulenarchitektur und nehmen Anregungen aus der byz. und oriental. B. auf. Säulen, einzeln oder in Reihung, als Zier oder als Stütze, sollen sakrale Weihe verleihen oder Hoheitsform sein, häufig unmittelbar in der Anwendung antiker Spolien verdeutlicht. Der aus Spanien kommende Bf. Theodulf v. Orléans errichtet die 806 geweihte Kirche von Germigny-des-Près, ganz in byz. Tradition stehend, als zentrale Kreuzkuppelkirche. Die Abteikirche St-Denis bei Paris, Grablege der westfrk. Kg.e, 754 unter Pippin begonnen und 775 unter Karl d. Gr. geweiht, ist ein Bau großartiger Eigenständigkeit, traditioneller Bindung (Säulenbasilika, durchgehendes Querschiff, Ringkrypta) und bedeutender Dimensionen (60 m Länge). Centula (St-Riquier), 799 geweiht, hat der Hofkapellan Karls d. Gr., Abt → Angilbert, als kreuzförmige Kirche mit Vierungsturm, Treppentürmen und dem Ostteilen ähnliches → Westwerk errichtet, ein in die Zukunft weisender Schöpfungsbau. 791/819 wird die bescheidene dreischiffige Kirche von Fulda nach W verlängert und mit einem weitausladenden durchgehenden Querschiff mit anschließender Apsis versehen, ganz in der Tradition von St. Peter in Rom, eine Reihe ähnlicher Bauten eröffnend. Ihre Doppelchörigkeit ist eine erstmals in St-Maurice (Schweiz) gegen 787 anzutreffende karol. Neuaufnahme frühchr. Vorbilder. Die Basiliken werden mit Nebenapsiden ausgestattet (St. Emmeram in Regensburg 768/791). Es wurden zusätzliche, in Geschossen übereinandergelagerte Sakralräume geschaffen, die z. T. die Funktion der einzelnen Kirchen einer Kirchenfamilie übernehmen konnten; dazu die Ausbildung komplizierter → Krypten, die schließlich auf die Gestaltung der gesamten Chorpartie einwirkten. Während frühchr. Kirchen mit der Westmauer abschlossen, die meist dem Querschnitt des Langhauses folgte und der eine Vorhalle vorgelegt sein konnte, erhielten die Kirchen nördl. der Alpen durch Westchor, mehrräumigen Westbau oder Westwerk einen zweiten liturg. Ort neben dem Chor und eine repräsentative Eingangsfront. Das sind alles Entwicklungen karol. B., die auf die B. der folgenden Jahrhunderte nördl. der Alpen vorausweisen, ebenso wie der wohl am Hofe Karls d. Gr. um 800 entwickelte Idealplan eines Kl., der uns als Kopie im → St. Galler Plan von ca. 820 überliefert ist: doppelchörige Kirche, westl. halbkreisförmiges Atrium mit freistehenden runden Treppentürmen, Gangkrypta und umfassendem Bauprogramm für ein → Kloster, das sich über das ganze MA kaum noch ändert. In Rätien mit Chur als Mittelpunkt wurde offenbar als Mischform älterer mailänd. und nord. Baugewohnheiten der → Dreiapsidensaal ausgestaltet (Chur, Mistail, Disentis 8. Jh.).

Mit dem Tode Karls d. Gr. 814 bricht die monumentale Repräsentationsarchitektur ab, es werden kleinteilige, aus einzelnen Raumzellen zusammengefügte Kirchen bevorzugt, wie sie → Benedikt v. Aniane in Inda/Kornelimünster bei Aachen 814/817 und → Einhard in Steinbach 815/827 bauen, wobei Einhard für seinen dritten Bau in Seligenstadt 830/840 eine große dreischiffige Pfeilerbasilika mit durchgehendem östl. Querschiff, Apsis und Ringkrypta wählt. Größere Bauaufgaben sind aber allgemein selten, wenn auch wie in Corvey 873/885 die in Lorsch 774 geprägte Westwerkform aufgenommen oder 831/850 in Hersfeld der Zellenquerbau in größeren Dimensionen umgesetzt werden. Verbreitet ist die zumeist recht bescheidene Saalkirche mit Rechteckchor oder in Prag und Mähren die Rundkirchen.

In nachkarol. Zeit entwickeln sich zwei große Bereiche abendländ. B.: das Reichsgebiet Ottos d. Gr. nördl. der Alpen mit der otton. B. und der westfrk. und mediterrane Bereich (S-Frankreich, N-Spanien, Ober- und Mittelitalien bis Dalmatien) mit dem »premier art roman«. Otto d. Gr. knüpft mit der Krönung 936 in der Aachener Pfalzkapelle und der Erneuerung des Ksm.s an das Vorbild Karls d. Gr. an und läßt dieses in der Übernahme der Typen und Dimensionen karlischer Bauten sichtbar werden. In Deutschland entstehen in Sachsen, dem Kernland des otton. Herrschaftsgebietes, großartige Bauten mit einer festen Organisation des Grundrisses und ausgewogenen Baukörpern. Die Damenstiftskirche Gernrode (ab 961) wählt den Stützenwechsel mit Mittenbetonung, westl. Rundtürme und unter byz. Einfluß Emporen über den Seitenschiffen. Mit der Klosterkirche St. Michael in Hildesheim (1010–22/33), die zugleich als Grabeskirche für den hochgebildeten Bauherrn Bf. Bernward gedacht war, erreicht die otton. B. ihren Höhepunkt: doppelchörig mit Westkrypta als Kombination aus Hallen- und Ringkrypta, zwei gleichgestaltete Querschiffe mit Treppen- und Vierungstürmen (wie in Centula vorgebildet und vom Dom auf dem Wawel von Krakau aufgenommen), sächs. Stützenwechsel (je zwei Säulen zw. Pfeilern), geometr. gestaltete Würfelkapitelle mit Kämpferblöcken, farbiger Steinwechsel und erstmalig die ausgezeichnete Vierung, die zugleich bestimmende Grundeinheit für die Grundrißbemessung ist; im ganzen rhythmische und zentralisierende Gruppierung der Wandgliederungen und Baukörper, die vorgeformt ist im Westwerk von St. Pantaleon zu Köln, das Goderamnus, dessen Vitruv-Exemplar in London liegt (Brit. Museum, Harleianus 2767), aus den Stiftungsmitteln der Ksn. Theophanu nach 984 errichtet hat, und den Bf. Bernward 996 nach Hildesheim als Abt von St. Michael holte. Die an St. Pantaleon erkennbare Wiederaufnahme antiker Gliederungsformen findet sich dann in der Essen-Werdener Bautengruppe um die Mitte des 11. Jh., wo die Äbtissin Theophanu für das otton. Reichsstift Essen als Westchor die halbierte Aachener Pfalzkapelle nachbaut und über die karlische Antikenrezeption eine zweite Quelle antiker Formen erschließt. Die Äbtissin Ida, Tochter des Pfgf.en Ezzo und der otton Königstochter Mathilde sowie Schwester des Kölner Ebf.s Hermann, übernimmt das Aachener Säulengitter um 1049/65 für die Westempore ihrer Damenstiftskirche St. Maria im Kapitol zu Köln. Den Rückgriff auf die vorbildhafte Aachener Pfalzkapelle finden wir gleichzeitig in zahlreichen Zentralbauten, zumeist in Pfalzen und Burgen (Brügge, St. Donatian; Lüttich, Bamberg, Nimwegen, Muizen), aber auch als Damenstiftskirche (Ottmarsheim).

Im »premier art roman« bleibt die Addition verschieden bemessener Zellen; die Basilika wird zu Hallen- und Staffelräumen verändert; Saalkirchen erhalten ausladende Querhäuser.

[2] *England:*
saxon 7. Jh.–1066

Die Christianisierung der Angelsachsen in Britannien erfolgte im Norden durch das ir. Mönchtum, im Süden durch röm. Missionare. Die ir. Kl. hatten ihre Blüte im 6. und 7. Jh.: Die Mönche hatten Einzelklausen, nur die Kirche und einige dazugehörige Gebäude (Refektorium) wurden gemeinsam benützt (Skellig Michael im County Down bei Nendrum, Tintagel in Cornwall). Zu Anfang des 8. Jh. entstand mit → Beda Venerabilis und seiner Schule eine hohe Kulturblüte; von zeitgleicher B. erfahren wir aus schriftl. Überlieferung von Kirchen größeren Ausmaßes, erhalten sind nur wenige Reste kleinerer Kirchen, im Süden der mittelmeer. Tradition verpflichtet, im Norden von selbständiger Prägung. In Kent waren zum Saal vollgeöffnete Apsiden üblich (St. Pancras und St. Martin in Canterbury, Reculver, Bradwell-on-Sea). In Nordhumbrien finden wir lange, schmale, gerade endende Räume ohne Seitenschiffe, jedoch mit Seitenräumen »Porticus« (Monkwearmouth 674, Jarrow 685 und Escomb), die Chöre sind vom Saal durch einen engen Bogen abgeschnürt; Brixworth (Ende 7. Jh.) in Northamptonshire ist als Basilika errichtet. Im 9./10. Jh. und bis zur Eroberung durch die Normannen 1066 sind die erhaltenen Bauten weiterhin klein und einfach. Die Kirche von Bradford-on-Avon hat keine Seitenschiffe, der Chor ist abgeschnürt, die Annexräume sind beziehungslos angereiht. Schmuckformen sind primitiv und unbeholfen, so auch am Turm von Earl's Barton um 1000 mit seinen hölzern wirkenden aufgelegten Streifen und Rautenmustern. Neben Westtürmen kommen auch zentrale Türme zw. Langhaus und Chor und auch Querschiffe auf.

[3] *Irland:* Zur air. B. vgl. → Irische Kunst.

[4] *Italien:*

In Italien vollzieht sich der Übergang von der frühchr. zur früha. B. unmerklich. So zeigen in Rom noch den frühchr. Grund- und Aufriß die Ende 8./Anfang 9. Jh. errichteten Kirchen S. Maria in Domnica und S. Maria in Cosmedin mit einem Chorschluß mit drei parallelen Apsiden, die sich auch bei den meisten bedeutenden Kirchen N-Italiens finden (S. Pietro in Agliate um 875, S. Vincenzo in Mailand). Auch andere nordit. Kirchen führen die Tradition des frühchr. Kirchenbaus weiter (S. Salvatore in Brescia 8. Jh., Abteikirche Pomposa 8./9. Jh.). Neu sind die Hallenkrypta (S. Maria in Cosmedin Ende 8. Jh.; S. Salvatore in Brescia um 760/770), quadrat. Pfeiler, kleine Tonnengewölbe (S. Maria in Valle in Cividale).

[5] *Spanien:*
  asturisch 8.–10. Jh.
  mozarabisch 9.–10. Jh.

Auf der Iber. Halbinsel entstanden nach den Denkmälern der röm. B. erste bemerkenswerte Bauten unter der Westgotenherrschaft; Verschmelzung röm. und frühchr. Antike mit Elementen ihrer Volkskunst, Hufeisenbogen und schmale hohe Arkadenstellung; im Dekor werden neben germ. Reliefdarstellungen byz. Gewebemotive verwandt. Mit dem Beginn der islam. Eroberung 711 endet die kaum begonnene Blütezeit. Die Muslime entfalten ihrerseits eine reiche Bautätigkeit (Moschee von Córdoba, ab 786, immer wieder erweitert, bes. ab 970, ein Wald vornehmlich röm. Säulen unterteilt den Raum in neunzehn »Schiffe«; vgl. Abschnitt D). Es entwickelt sich der von arabisierten chr. Mönchen getragene Mozarabische Stil, Anfang 9. bis Anfang 11. Jh., eine Mischung aus byz., arab. und einheim. Stilelementen (S. Miguel de Escalada bei León, 913 geweiht; Lourosa 920; Santiago de Peñalba 931–937). Gleichzeitig entsteht in Asturias, bes. unter Kg. Alfonso II. 782–842, eine modifizierte westgot. B. (→Asturische Kunst, 8.–10. Jh.). Eine Parallelentwicklung findet sich in Katalonien (Sta. Maria, S. Miguel und S. Pedro in Tarrasa nördl. Barcelona).

III. ROMANISCHE BAUKUNST (1000/1066–1140/1250): In der Zeit weittragender klösterl. Reformbewegungen (Gorze, Cluny, Cîteaux, Hirsau, Prémontré), der großen Pilgerfahrten (Santiago de Compostela) und der Kreuzzüge erlebt die B. im 11./12. Jh. in fast allen Gegenden des chr. Abendlandes einen Aufschwung, der auch den Bemühungen von Klerus und Adel, ihrem Machtanspruch repräsentativ Geltung zu verschaffen, verdankt wird. Im Verlaufe des 11. Jh. bilden sich regionale Kunstlandschaften aus, die häufig weder den Diözesangrenzen, den Stammeslandschaften noch den im Entstehen begriffenen polit. Territorien entsprechen. Aus der großen noch erhaltenen Zahl von Baudenkmälern sind differenzierte Gruppen mit vielgestaltigen Bauten zu erkennen, die auch unterschiedl. Entwicklungsstufen und diese in verschiedenen Zeiten durchlaufen: bedeutende, einflußreiche Landschaften mit starker Prägung ihrer Individualität wie die Normandie, das Niederrhein-Maas-Gebiet, der Oberrhein, oder vielschichtigen Einflüssen offener erscheinende wie Burgund und die Lombardei oder stärker in sich abgeschlossene wie die Toskana. Diese kleineren Kunstlandschaften faßt H. E. KUBACH zu Großlandschaften zusammen: ein kerneuropäisches Gebiet zw. Loire und Rhein bis England im Norden; ein südwesteurop., das die südl. Hälfte des heut. Frankreich und die nördl. der Iber. Halbinsel zusammenfaßt; ein südl. von den Alpen bis Rom und seit dem 12. Jh. bis zum Süden der Apenninhalbinsel; schließlich die Gebiete östl. der Rheinlande mit Westfalen, Niedersachsen, Hessen, Franken bis Schwaben und Bayern sowie die nördl., östl. und südöstl. davon gelegene Randzone. Der Beginn der roman. B. ist zeitl. kaum zu bestimmen, je nach Gegend 1000 bis 1066; das Ende ist festgelegt mit dem Beginn der Gotik in Frankreich 1140 (St-Denis), in Spanien 1220 (León, Burgos), in England 1185 (Canterbury) und in Deutschland 1235/50 (Marburg, Trier, Köln).

Die größeren Kirchen sind vielräumig; die Raumfolgen sind nur nacheinander zu erfassen, ihre Bodenzone ist gestuft, ihre Proportionen wechseln: Saalkirche, Basilika oder auch Hallenkirche; Querhaus, Chor, Krypta, Emporen, Westbauten. Ab 1080 wagt man →Gewölbe größerer Spannweite, wobei die Entwicklung regional sehr verschieden verläuft: Tonnengewölbe in Spanien und Frankreich, oft als Spitztonne (Burgund, Poitou), Kuppeln in S-Frankreich (Aquitanien), Rippengewölbe in der Lombardei und England (Durham), Kreuzgratgewölbe in Deutschland. Der gebräuchlichste Grundriß ist die Kreuzform mit ausgeschiedener Vierung und immer reicher ausgebildetem Ostabschluß (Staffelchor oder Chorumgang mit Kapellenkranz), auch Verdoppelung von Querschiff und Chor durch die Wahl eines zusätzl. Westchores, sowie zwei- oder dreitürmige Westbauten treten auf; die Zahl der Türme (Westtürme, Vierungsturm, Flanken- und Winkeltürme an Querhaus und Chor) nimmt im Laufe der Entwicklung zu und bestimmt v. a. die Hochromanik in Deutschland. Hauptkennzeichen ist die klare Gliederung des Kirchenschiffes durch Gewölbe in rhythmische Abschnitte, Joche, die sich zum gebundenen System mit ausgeschiedener Vierung entwickeln: dem im Grundriß quadrat. Joch im Mittelschiff (quadrat. Schematismus) entsprechen je zwei quadrat. Seitenschiffjoche von halber Seitenlänge. Die Mauer, in der Regel eine Schalenkonstruktion aus in Schichten gesetzten Quadern mit Bruchsteinfüllung in reichlich Mörtelbettung, seit etwa 1200 auch Backstein, wird strukturiert durch vorgelegte Lisenen, Pilaster, Halbsäulen, die auch zu Diensten gelängt sein können, Gesimse, Rundbogenfriese und Blendbogen; sie wird aufgelockert bis zur spätroman. Zweischaligkeit durch Laufgänge, Galerien oder Kapellen. In der frühroman. B. fehlen in der Regel am Außenbau Sockel und auch Dachgesims, im Innern an den Pfeilern Basis und Kämpfer, so daß sie Mauerreste sind und den reinen Kubus und die glatte Wandfläche wirken lassen; in der zweiten Phase werden Bauteile und Baukörper eigenständig und als gestaffelte Glieder komponiert. Charakterist. ist die Verwendung des Würfelkapitells als stereometr. Form (St. Pantaleon in Köln 990/1000, St. Michael in Hildesheim 1010/20), das in der Hochromanik durch reich skulpierte Kelchblockkapitelle abgelöst wird, wie überhaupt der Ornamentschmuck am ganzen Bau zunimmt. Das Mauerwerk war zumeist innen wie außen verputzt bzw. getüncht, auch ornamental oder figürlich bemalt (→ Farbigkeit der Architektur). Das allgemein aus der Sakralarchitektur abgeleitete Bild von der roman. B. muß ergänzt werden durch die im 12. Jh. immer mehr an Bedeutung gewinnenden → Bürgerhäuser, → Stadttore und bes. die → Pfalzen und → Burgen, die in Dimension und erhaltener Zahl geringer, aber nicht weniger bedeutsam sind.

[1] *Deutscher Sprachraum, Niederlande, Wallonien:*
  frühsalisch   1025/30–1080
  hochsalisch   1080–1110
  spätsalisch   1110–1140
  frühstaufisch   1140–1155/60
  hochstaufisch   1160–1210
  spätstaufisch   1210–1250

Im dt. Bereich tritt mit dem sal. Königshaus d. Oberrhein führend hervor: das Straßburger Münster ab 1015, die Klosterkirche Limburg a. d. H. 1025/30–1042 auf der Burg der Salier und der Speyerer Dom 1025/30–1061 als deren Grablege. In Limburg, einer Säulenbasilika mit türmeflankiertem Westeingang sind das ausladende Querschiff und der quadrat. Chor innen mit Blendbogen um die unteren Fenster gegliedert, ein Motiv der röm. Basilika in Trier beeinflußtes Motiv, das, auch die Obergadenfenster umschließend, beim Speyerer Langhaus zusammen mit den vorgelegten Halbsäulen und Würfelkapitellen den monumentalen Rhythmus bestimmt, im Mittelschiff Flachdecke, die Seitenschiffe gewölbt. Die aus mehreren Räumen um den zentralen viersäuligen Mittelraum gebildete weite kreuzgratgewölbte Speyerer Krypta mit stämmigen Säulen und Würfelkapitellen findet in Maria im

Kapitol zu Köln (1065 geweiht) eine bedeutende Nachfolge, hier jedoch unter einer einfachen Pfeilerbasilika mit Dreikonchenchor mit durch Säulen geöffnetem Umgang; eine Lösung, die aus der Verschmelzung der Geburtskirche in Bethlehem und der Abteikirche von Stablo mit Emporen in den Querhausarmen (vor 1046) entstanden ist und in stauf. Zeit am Niederrhein glänzende Nachfolge findet. Der unter Übernahme röm. Bauteile ausgebaute Trierer Dom erhält 1040/47 in der Nachfolge von Limburg a.d.H. eine türmeflankierte Westfront mit einer durch Pilaster gegliederten Westapsis und einem die Zwerggalerie vorbereitenden Fensterkranz unter der Traufe und zw. Apsis und runden Ecktürmen einen in Arkaden geöffneten Gang als erste echte Zwerggalerie, die dann – wohl von Oberitalien beeinflußt – beim Umbau von Speyer um 1090 als den Bau umkreisende Mauerbekrönung unter der Dachtraufe zur großartigsten Schmuckform wird, die von dort über den Ostchor von Mainz auf die niederrhein. Etagenchöre der früh- und hochstauf. Zeit eingewirkt hat. Doppelchörigkeit und Vieltürmigkeit bestimmen die spätsal. Klosterkirche von Maria Laach (1093–1156) als typ. Gruppenbau aus verschiedenen stereometr. Körpern, die durch Lisenen, Rundbogenfriese, Blendbögen und verschieden geformte Fenster und Öffnungen hervorgehoben, gerahmt und gegliedert sind.

Die hoch- und spätsal. B. (1080–1130) wird bestimmt durch weitgespannte Wölbungen, Skelettbauweise der »Mauer«, differenzierte Wandgliederung, Zwerggalerie unter der Traufe, Rahmung der äußeren Wandflächen durch Lisenen und damit Auflösung des Kubus, reiche Bauornamentik durch lombard. geschulte Steinmetzen (Speyer II, 1082–1106, Mainz 1. Hälfte 12.Jh., Ilbenstadt ca. 1125/49, Hochelten 1129 geweiht, Lund in Dänemark (heute Südschweden) um 1130/60, Quedlinburg 1129 geweiht, Königslutter 1135/50, Klosterneuburg 1114/36).

Um 1050 hatten Heinrich III. in Goslar und Bf. Meinwerk (1009/36) in Paderborn in ihren Pfalzen weiträumige zweischiffige Saalbauten errichtet, denen in anderen Ländern nichts Vergleichbares an die Seite zu stellen ist.

Ganz im Gegensatz zu diesem Schmuckreichtum und der Ausbildung von reich gegliederten vieltürmigen Baugruppen steht die Baukunst der Cluniazenser, deren Zentrum in Deutschland Hirsau war. Hier wurde die Hauptkirche St.Peter und Paul 1082/91 neugebaut. Die mit der Hirsauer Reform in Verbindung stehenden Kirchen wählen in regional gebundener Tradition vereinfachte heim. Formen bei einheitl. Bautyp (Alpirsbach in Schwaben 1095/1125, Paulinzella in Thüringen 1112/24): Flachdecke, Chorus minor, Türme über östl. Seitenschiffjoch, platt schließender Chor mit Nebenkapellen, rechteckige Rahmung der Säulenarkaden, Vorkirche, fehlende Krypta. Die Einfachheit in der Gestaltung u. ebenso einzelne Bauformen werden auch von nicht ordensgebundenen Bauten verwendet, bes. in Bayern, Österreich und in den östl. der Weser gelegenen Gebieten. Die um die Mitte des 12.Jh. schnell an Einfluß gewinnenden Zisterzienser, ebenfalls einfache türmelose Grundtypen verwendend, führen seit dem Anfang des 13.Jh. got. Formen aus Frankreich ein (Maulbronn, Ebrach 1207 geweiht, Walkenried 1215/40). Im Norden entwickelt sich der → Backsteinbau (Lübeck, Kalundsborg Ende 12.Jh.) und in Westfalen und Bayern als bes. Bautyp die → Hallenkirche. Östl. der Elbe (s.u.) tritt roman. B. erst 1150 in dichterer und nur z.T. in geschlossener Verbreitung auf (Płock/Polen, 1144 geweiht, St.Georg auf dem Hradschin in Prag, Pécs, Sittich/Slowenien und die Rundbauten in Böhmen-Mähren, Ungarn und Slowenien).

Um die Mitte des 12.Jh. entsteht im Rhein-Maas-Gebiet und am Oberrhein/Elsaß eine neue, durchgehend gewölbte frühstauf. B. mit reichen Wandgliederungen außen in Form von Lisenen, Blendbogen, Arkaden und Zwerggalerie (Schwarzrheindorf 1151 geweiht) sowie im Innern durch Nischen und Blendarkaden (Bonn, Chor 1153 geweiht; Köln, St.Gereon, Chor vor 1156), die ab 1170 (Köln, Chor von Groß-St.Martin 1172 geweiht; Westchor von St.Georg vor 1188; Xanten Westchorhalle um 1190) sich von der Mauer lösen und zur Zweischaligkeit der Wand führen. In dem nach 1141 bis zur Weihe 1181 entstandenen Wormser Dom (Langhaus 1160/65 im Bau, Westchor 1192 benutzbar) zeigt sich die Entwicklung vom dunklen schweren Massenbau stauf. frühstauf. Prägung (Lautenbach 1140/50, Mauersmünster um 1150, Rosheim 3. Viertel 12.Jh.) zu der von frz. frühgot. Bauten beeinflußten, reich gegliederten, zentralisierenden Polygonform mit Fensterrose im Westchor. Die Bauornamentik wird im 1. Viertel des 13.Jh. zu höchstem Reichtum in Schwaben und am Oberrhein gesteigert (Faurndau; Brenz; Schwäbisch-Gmünd, Johanniskirche; Murrhardt; Basel). Die Kenntnis frz. got. Konstruktionen und die Liebe zur reichen Gestaltung bei Wahrung der Wandfläche führen zu den spätroman. Bauten am Nieder- und Mittelrhein (Neuss ab 1209; Roermond ab 1220; Werden 1256–75; Köln, St.Kunibert um 1215/24; Sinzig um 1220/30, Andernach um 1200/20, Limburg a.d. Lahn 1220/35; Gelnhausen, Marienkirche um 1220/40), aber auch zu so got. anmutenden Lösungen wie dem Dekagon von St.Gereon in Köln (1219/27). Ein typ. Beispiel für Spätromanik mit niederrhein. und oberrhein. Einfluß ist der Bamberger Dom (1237 geweiht). – Die spätroman. B. des Scheldegebietes (Tournai, Kathedrale vor 1200) steht stärker unter frz.-norm. Einflüssen. – Zur roman. B. in Skandinavien, die wesentl. von der sächs. Romanik, aber v.a. seit dem 12.Jh. auch von England her geprägt wurde, vgl. → Skandinavische Kunst.

[2] *Frankreich:*
frühromanisch 1000–1080
hochromanisch 1080–1150

In der Zeit nach 1000 beginnt die frz. B. sich selbständig zu entwickeln und eigenständige Kunstlandschaften auszubilden, denen der Gewölbebau, die Durchgliederung und Auflockerung der Mittelschiffwände und die Steilheit der Räume gemeinsam ist. In der Normandie vollzieht sich zuerst die Auflösung der Wand (Jumièges 1040/67). Die Raumgrenze des Mittelschiffs, die Obergadenmauer, wird selbst raumhaltig, indem den Obergadenfenstern ein Laufgang mit Arkaden auf Säulchen vorgelegt ist. Auch erreicht die dreischiffige Emporenbasilika eine äußerste Grenze der Durchlichtung (Caen, St-Étienne um 1065/81, Ste-Trinité 1059/66, 1100/30). Nur die wenigen struktiv wichtigen Vertikalbahnen der Pfeiler und halbrunden Vorlagen (Mont-St-Michel 2. Hälfte 11.Jh.), denen außen flache rechteckige Vorlagen entsprechen, bilden das Gerüst; dazwischen kann die Wand weitgehend aufgelöst werden, die Grundlage, die durch die Ausbildung des Rippengewölbes und des Strebewerkes in der Gotik weitergeführt wird. Typ. norm. ist ferner die reiche und feingliedrige Behandlung der Turmgeschosse, reiche Schmuckkunst seit der 2. Hälfte des 11.Jh. mit Blendarkaden, Zakkenfriesen, Rosetten oder Mäanderfriesen an den Arkaden, Konsolenfriesen. Um 1100 treten die ersten Rippengewölbe auf (Lessay, Ste-Trinité in Caen 1110/30).

Die prov. Bauschule um Arles und Avignon wählt seit dem 2. Viertel des 12.Jh. Saalkirchen und dreischiffige Basiliken mit Tonnengewölbe im Mittelschiff und Halbtonne in den Seitenschiffen, einfach in der Gestaltung und im Äußeren schwer und massig.

Die Landschaft des Poitou bildet die dreischiffige steile tonnengewölbte Hallenkirche mit Querschiff, Chor, Chorumgang und Kapellenkranz aus (St-Martin in Tours), dazu reicher Schmuck an der Fassade. Der früheste gewölbte Bau ist die um 1080 errichtete Kirche St-Savin-sur-Gartempe, bei der die Rundtonne des Mittelschiffs direkt über den rundbogigen Arkaden auf hohen schlanken Rundpfeilern aufsitzt, während die dem Mittelschiff in der Höhe entsprechenden Kreuzgratgewölbe der Seitenschiffe den Seitenschub der Tonne abfangen.

Der Haupttyp der auvergnat. Bauschule ist ebenfalls die Hallenkirche, aber mit niedrigen Emporen über den steilen Seitenschiffen, durchgehend tonnengewölbt. Bezeichnend ist ferner das weit ausladende Querschiff, über das nach Osten hinaus die Seitenschiffe weitergeführt werden, die dann als Umgang mit radial gestellten Kapellen das Chorhaupt umziehen. Dem Außenbau gibt ein massiger Vierungsturm den Hauptakzent. Die Ausstrahlungen der auvergnat. Schule lassen sich weithin verfolgen, bes. im Languedoc (St-Sernin in Toulouse, St-Foy in Conques).

Die aquitan. Bauschule bildet im 12. Jh. die einschiffige Kuppelkirche aus. Massige Pfeiler, untereinander durch schmale rundbogige oder spitzbogige Tonnen verbunden, tragen die Kuppeln über Pendentifs. Der Gesamtraum wird geschaffen durch Aneinanderreihen mehrerer gleichgeformter Kuppeljoche, entweder in der Längsachse oder kreuzförmig (St-Front und St-Étienne in Périgueux, Kathedrale von Angoulême, Cahors, Souillac).

Im späten 11. und zu Beginn des 12. Jh. entstehen in Burgund die kühnsten Leistungen abendländ. B. in Form von gewölbten Basiliken (St-Étienne in Nevers, Abteikirche III von Cluny, nach Alt-St. Peter größte Kirche der Christenheit 1088–1130) mit kreuzförmigen Pfeilern, die spitzbogige Arkaden tragen, breite Horizontalgesimse und Dienste, rundbogige Blendtriforien bzw. Blendarkaden, direkte Belichtung der Spitztonne, Chor mit Umgang und Kapellenkranz, reiche Anwendung von Ornamenten und figürl. geschmückten Kapitellen, dazu antikisierende Gliederungen mit kannelierten Pilastern und sorgfältig bearbeitetes Großquadermauerwerk. Die Wirkung von Cluny III ist groß, nicht nur auf die Kirchen des Ordens, sondern auch auf die Kathedralen der nächstliegenden Diözesen (Paray-le-Monial um 1100, La Charité-sur-Loire, Semur, Saulieu, Autun, Beaune, Langres). Eine zweite Gruppe (Vézélay, Ancy-le-Duc, Avallon) entwickelt in der dreischiffigen Basilika Kreuzgratgewölbe zw. breiten Gurtbogen, im Aufriß fehlt das Blendtriforium.

[3] *England:*
norman. 1066–1180
Mit der Eroberung durch die Normannen 1066 gelangt die Bauweise vom Festland nach England (zuvor schon beim Neubau der Westminster Abbey 1050/65 durch Eduard den Bekenner, der als Flüchtling in der Normandie gelebt hat) und prägt mit der Vorliebe für gleichförmige Wiederholung von Einzelmotiven, für reichere Verwendung von Schmuckformen und für langgestreckte Kirchen die anglo-norm. B., die mit der Gliederung der Wand in zwei Schalen und der Wahl großer Fenster über das auf dem Festland übliche Maß hinausging. Statt der Vertikalstruktur werden mehrgeschossige Arkadenreihen beliebt, die von dienstartigen Halbrundsäulen unterbrochen werden (Durham 1096/1133, Southwell 1. Hälfte 12. Jh.). Die Neigung zum additiven Bau, Staffelchor (St. Albans 1077/90) und Umgangschor, der bald von langen, gerade geschlossenen Chören verdrängt wird, und doppelte, teilweise weit ausladende Querhäuser, sowie die Verwendung hoher, auch durch zwei Geschosse reichender Rundpfeiler (Durham, Southwell, Romsey, Oxford) und teilweise der viergeschossige Wandaufbau (Tewkesbury, Gloucester) sind ebenso charakterist. wie mächtige Vierungstürme und die Zweiturmfronten, die ohne Vorkirche dem Langhaus vorgestellt sind. Die Kirchen hatten zunächst einen offenen Dachstuhl; mit der Einwölbung der Kathedrale von Durham 1096/1133 mit Kreuzrippengewölben, möglicherweise die ersten weitgespannten in Europa, beginnt eine neue Raumbildung und Durchgliederung, die mit dem Einfluß der frz. Gotik um 1175/80 endet.

[4] *Italien* 1060–1250:
In Oberitalien (Lombardei), Sammelbecken verschiedenster Einflüsse, wird die Emporenbasilika mit norm., aber auch frühchr., karol. und burg. Elementen durchsetzt (S. Ambrogio in Mailand 11./12. Jh., S. Abbondio in Como 1095 geweiht, Modena 1099–1184), dazu der byz. beeinflußte Kuppelbau von S. Marco in Venedig (ab 1063). Die Hochromanik der Toskana entsteht aus der Auseinandersetzung mit der Antike (Protorenaissance). Das antike Bogensystem dient zur Rhythmisierung der Wände, dazu röm. und byz. Raum- und Strukturformen im zweischaligen Wandsystem in Apsiden und an Fassaden (Baptisterium von Florenz um 1060–1150, Lucca 1143–Anfang 13. Jh.); durch Schwibbogen und Stützenwechsel werden traditionelle Säulenbasiliken akzentuiert (S. Miniato al Monte in Florenz um 1070/93 und 1128/50) sowie basilikale Kreuzform mit Emporen (Dom in Pisa ab 1063) aus Byzanz angeregt, schließlich von der Antike abhängige Marmorinkrustation mit Pilastergliederung (S. Miniato al Monte in Florenz, Fassade des Domes zu Pisa 13. Jh.). S-Italien ist durch die norm. Herrschaft geprägt. Mit S. Nicolò in Bari (1087–1196) entsteht ein apulischer Kathedraltyp; byz. Vorbilder sind für Kuppelbauten zu nennen (Cefalù ab 1131; Palermo, S. Cataldo Mitte 12. Jh.); in Sizilien finden sich sowohl islam. Elemente (La Zisa in Palermo ab 1160) als auch westl. wie der Staffelchor und die Zweiturmfront. Unter Friedrich II. entstehen ab 1240 Kastelle auf geometr. Grundriß (Castel del Monte, Maniace in Syracus, Catania, Prato).

[5] *Iberische Halbinsel* 1000–1200:
Spanien nimmt eine Mittlerstellung zw. Orient und Okzident ein. Während der Romanik wirken neben der eigenen frühma.-chr. Tradition v. a. islam. Kultur und frz. Vorbilder auf die B. ein. Die bodenständige Tradition mit ihren strengen klaren Formen hält sich in Katalonien, wo sich eine große Zahl roman. Baudenkmäler erhalten hat. Der islam. Einfluß äußert sich bes. in der dekorativen Behandlung einzelner Bauteile (Portalrahmung, Bogen, Kreuzgänge); dazu reiche Ausgestaltung des Vierungsturmes mit zahlreichen Öffnungen, Giebeln und Eckürmchen (Salamanca, Zamord 1151/74). Mit der zunehmenden Bedeutung der Pilgerfahrten nach Santiago de Compostela (um 1070–1128) treten auch frz. Bauformen auf der Iber. Halbinsel auf. G. Binding

[6] *Polen und Karpatenraum:*
Für die roman. B. im östl. Mitteleuropa waren Einflüsse aus Deutschland, Oberitalien und Byzanz bestimmend.

In *Polen* kommen verschiedene Bautypen vor: einschiffige Herrscherkirchen mit Rundturm im Westen, Ostapsis und Westempore (Inowłodz, begründet 1084, Empore nicht mehr vorhanden; Wysocice, 1. Viertel 13. Jh.), Herrscherkirche als Rundbau (Strzelno Ende 12. Jh.), dreischiffige Basiliken mit Flachdecke, Querschiff und Ostapsis (Kruszwica um 1120/40 mit Westturm, ursprgl. zweitürmige Westfassade; Turm, geweiht 1161, mit Ost- und Westchor, zwei Westtürmen, Emporen über Seitenschiffen; Opatów, Mitte 12. Jh., mit zwei Westtürmen; Krakau, Andreas-Kirche, um 1200, mit zwei Westtürmen), Zisterzienserkirchen als dreischiffige Basilika mit Rippengewölbe, Querschiff und geradem Chorabschluß (Koprzywnica, 1207 begonnen, Kapitelsaal mit Wölbung; Sulejów, 1232 geweiht; Wachock, 1. Hälfte 13. Jh., Kapitelsaal mit Wölbung), Krypta (Krakau, Leonhards-Krypta, geweiht 1142; Westkrypta der durch Ausgrabungen erschlossenen II. Wawel-Kathedrale, durch Säulen in drei kreuzgewölbte Schiffe gegliedert) sowie dreischiffige Basiliken aus Backstein (Kościelec, begründet um 1230, Apsis und zwei Osttürme, über den Seitenschiffen Emporen; Sandomierz, Dominikanerkirche, erbaut nach 1226, rechteckiger Ostchor eingewölbt, Langhaus ursprgl. Flachdecke, reiches Stufenportal im Norden). E. Behrens

Der *Karpatenraum,* der im Hoch- und SpätMA mit dem Kgr. Ungarn gleichbedeutend war, stand sowohl dem westl. wie auch dem östl. Kultureinfluß offen. Byz. Prägung waren die Zentralbauten von Feldebrő und Szekszárd. Die aus Grabungen bekannten Dom- und Stiftskirchen des frühen 11. Jh. waren dreischiffige Basiliken oder Säle mit einer breiten Ostapsis und folgten den auch in Bayern üblichen nordit. Typen (Kalocsa I, Gyulafehérvár-Alba Julia I, Székesfehérvár, Liebfrauenkirche). Ende des 10. Jh. entstanden die ersten Pfalzkapellen als Rotunden (Esztergom, Veszprém), der gleiche Bautyp wurde bis zum 13. Jh. oft als Dorfpfarrkirche verwendet. Die dreischiffige querschifflose Basilika mit drei fluchtenden Ostapsiden wurde im späten 11. Jh. auch in Ungarn vorherrschend (Kathedrale von Pécs, nach 1064, Stiftskirche von Somogyvár 1091). Um die Mitte des 12. Jh. erschien die Variante mit Westturmpaar und Westempore, wobei das Erdgeschoß der Türme den Schiffen zu offen steht, als Sondertyp der Sippenklosterkirchen, deren bedeutendste Denkmäler in der 1. Hälfte des 13. Jh. errichtet wurden (Lébény, Ják, Zsámbék). Einige monumentale Neubauten der Jahrhundertwende erhielten nach frz. Vorbildern Querschiff und Vierungsturm (Gyulafehérvár-Alba Julia II, Vértesszentkereszt) oder auch Kapellenkranz um den Chor (Kalocsa II). Th. v. Bogyay

[7] *Palästina:*
Die B. der Kreuzfahrer im Hl. Land (Palästina) ist geprägt von südfrz. Formen des 12. Jh.: die Kapelle des Krak des Chevaliers als einschiffiger Saal mit Apsis und Spitztonne, unterteilt von Gurten auf Wandvorlagen; St. Anna in Jerusalem und Abū Ghōš mit Kreuzgratgewölben; Kathedrale von Giblet und die Kirchen von Tortosa und Amyun als tonnengewölbte Hallenkirchen.

IV. GOTISCHE BAUKUNST (1140-1520): In der got. Kathedrale bilden eine untrennbare sich untereinander abstützende Einheit ein queroblonges Mittelschiffjoch und die quadrat. Seitenschiffjoche einschließlich der Gewölbe, Strebebogen und Strebepfeiler. Diese konstruktive Einheit, die Travée, steht als Skelettbau auf den vier Pfeilern des Mittelschiffs und den vier Strebepfeilern, verbunden jeweils durch die Gurt-, Scheid- bzw. Schildbogen, Kreuzrippen und Strebebogen; Gewölbekappen und Wand- und Gitterfüllungen sind konstruktiv kaum belastet. Durch die beliebig häufige Addition der Travée entsteht die Längenausdehnung des Lang- und Querhauses und des Chores. Die Überwindung des gebundenen Systems der Romanik durch queroblonge Joche ermöglicht eine schnellere Abfolge der Intervalle, wodurch die Längstendenz betont wird. Weitere Kennzeichen der Gotik sind:
der Spitzbogen mit allen seinen Varianten; das Kreuzrippengewölbe, das von den der Wand und den Stützen vorgeblendeten Diensten getragen wird; weiträumig gespannte Arkaden, die die Schiffe gegeneinander nur wenig abgrenzen; das Verschleifen von Langhaus, Querhaus und Chor zu einem einheitl. Raum; die Auflösung der Wände durch → Emporen, → Triforien und im Obergaden durch große, seit Reims um 1220 maßwerkgefüllte, farbig verglaste → Fenster; Auflockerung des Außenbaus durch → Strebewerk, → Wimperge, → Tabernakel, → Fialen, → Krabben, Blendmaßwerk und Maßwerkgalerien (→ Maßwerk). Bei der Fassade wachsen die höheren Teile des Baus hinter den niedrigeren hervor (Prinzip der überschnittenen Geschosse oder der übergreifenden Form); die Außenflächen wandeln sich in ein Gefüge aus Gitterflächen (Filigranplatte, Splitterflächen). Die Verwendung dieser den Raummantel auflösenden Elemente führt im Verlauf der Entwicklung von der Frühgotik zur Hochgotik und zur Lineargotik durch Reduzierung des Mauerwerkes zu immer kühneren Skelettkonstruktionen und zur Aufgabe der Basilika zugunsten von Hallenkirche und Staffelhalle, dazu treten hochaufragende, spitze und oft in Filigranwerk aufgelöste Türme. Im Verhältnis zu der techn. Konstruktion ist die sichtbare Architektur eine Illusionsarchitektur. Entscheidende Merkmale des got. Stils sind nicht Kreuzrippengewölbe, Spitzbogen und Strebepfeiler, wie es VIOLLET-LE-DUC erklärt hat; sie alle, die schon in der roman. B. (Burgund, Normandie, Kathedrale von Durham 1096-1133) entwickelt und vorbereitet waren, sind nicht mehr als konstruktive Mittel zur Verwirklichung einer künstler. Idee. Auch das Aufstreben zur Höhe, die Steilheit der Proportionen, sind schon z. B. in Cluny vorhanden. Die got. Kathedrale ist aber auch nicht nur durch eine neue opt. Begrenzung des Raumes durch Raumgrund (Diaphanie der Wand, H. JANTZEN 1927), sondern durch eine neue Auffassung der Raumumgrenzung und des Baukörpers – Negieren der Mauer und des Körpers – gekennzeichnet. Sicher ist es falsch, von dem Aufriß der Wand, dem System, auszugehen (JANTZEN und REINHARDT); eine räuml. Betrachtungsweise wie bei SEDLMAYR mit seiner »übergreifenden Form« ist vorzuziehen, diese jedoch wieder verengt zu einer Folge von Baldachinen wie in dem »Baldachinsystem mit diaphanen Gitterfüllwänden« (SEDLMAYR 1950). Zwei Wesensmerkmale der got. B. haben weder Vorläufer noch Parallelen: die Berücksichtigung des Lichts und das Verhältnis von tekton. Struktur und Erscheinung (v. SIMSON). In der roman. Kirche hebt sich das Licht stark von der schweren, düsteren Masse der Wände ab; die got. Wand scheint dagegen durchlässig zu sein; die farbigen Glasfenster ersetzen die buntbemalten Wände der roman. B., sie sind leuchtende Wände. Das »Gotische« ist ein meisterl. Zusammenklang von Konstruktion und Illusion: der Skelettbau in der Grundeinheit der Travée und die Diaphanie der Wand mit ihrer Lichtwirkung, das Prinzip der übergreifenden Form und der überschnittenen Geschosse, die opt. Negation der konstruktiven Gegebenheiten, dadurch der Eindruck des Schwebens und Aufstrebens. Die Kathedrale ist ein weitgehend aus dem ird. Dasein ausgesondertes Gebilde, ein Abbild des Kosmos und des himml. Jerusalem. Form und Inhalt bilden eine ideale Einheit.

Die Entwicklung der Gotik ist in vier Stufen zu gliedern:
a) Frühgotik mit vereinzelten Formen 1140-1180/90 (im frz. Kronland).
b) Hochgotik mit verbundenen Formen 1180-1270 (europ. Verbreitung; in der Normandie und in England beginnt die Auseinandersetzung mit Sonderformen – Early Eng-

lish –), die bisweilen auf Frankreich zurückwirken. W-Spanien übernimmt um 1220 die frz. Kathedrale, ebenso Deutschland ab 1250 nach zunächst eigenständigen Umformungen).
c) Lineargotik mit linearen Formen 1270-1350/70 (in Frankreich rayonnant, in England Decorated Style).
d) Spätgotik mit verschliffenen Formen 1350-1520 (in vielen europ. Ländern nationale Ausprägungen: in Frankreich und den Niederlanden Flamboyant, in Deutschland Sondergotik, in England Perpendicular Style, in Portugal Emanuelstil).

[1] *Frankreich:*
frühgotisch 1140-1180/90
hochgotisch 1180-1270
rayonnant 1270-1350/70
flamboyant 1370-1520

Die Gotik entstand um 1140 in St-Denis und Sens im frz. Kronland, der Ile-de-France, aus der Verschmelzung norm. und burg. Architekturelemente. In St-Denis, dem Werk des Abtes → Suger, sind Chorumgang und Kapellenkranz (1140/44) zu einer Einheit verschmolzen und unterscheiden sich dadurch von den roman. Kapellenkränzen, die in sich selbständig dem Chorumgang angefügt sind. Die Doppelturmfassade haben St-Denis (1140 geweiht), Sens (1164 geweiht), Chartres (ca. 1145-75) und Laon (1190-1205) von norm. Bauten wie St-Étienne in Caen (um 1080) übernommen. Die frühgot. Kathedralen (Sens ab 1140, Noyon ab 1150, Laon ab 1160, Paris ab 1163) haben das sechsteilige Gewölbe von Caen, lassen aber eine Entwicklung zu größerer Höhe, schlankeren Baugliedern, breiteren Wandöffnungen und zur Reduzierung der Massen erkennen. In Paris (1180-1200), Noyon (1185-1200), Senlis (1180/90), Mantes-la-Jolie (Ende 12. Jh.) und Laon (1178-1205) ist der Wandaufriß viergeschossig: Arkaden, Empore, Triforium, Lichtgaden. Chartres (Neubau 1194 begonnen), Reims (1211) und Amiens (1220) sind die »klassischen« Kathedralen für die Hochgotik zur Zeit Kg. Ludwigs IX. des Hl., die eine in sich geschlossene Gruppe bilden und diejenigen Formen entfalten, die in ihren Ausstrahlungen und Verwandlungen in der Folgezeit das Stilgepräge abendländ. Kirchenbaus des 13. Jh. bestimmen: die Durchsichtigkeit der Konstruktion, das Gerüsthafte und Stabförmige im Aufbau, die Vertikalisierung im Rauminnern und die weiten und hohen Dimensionen, die Doppelturmfassade und der dreigeschossige Wandaufriß (also ohne Empore), das vierteilige Kreuzrippengewölbe, dreischiffiges Querhaus und Chorumgang mit Kapellenkranz. Seit den Reimser Chorkapellen (um 1220) haben die Fenster Maßwerk und naturalist. gestaltetes Blattwerk an Kapitellen und Gesimsen. Von den größeren Kathedralen des 13. Jh. unterscheidet sich nur Bourges (1195-1260) in seiner Synthese von frühgot. Stilelementen und kühnsten Konstruktionen der Hochgotik. Die Kathedrale in Beauvais (ca. 1227-72) und St-Urbain in Troyes (ab 1262) erreichen äußerste Durchsichtigkeit (durchlichtetes Triforium seit dem Chor von Amiens um 1265). Während im späteren 13. Jh. mit dem Erstarken des frz. Kgtm.s sich die Formen der klass. Kathedrale auf Frankreich und dann auch über seine Grenzen hinaus (Straßburg, Köln) ausbreiten, bewahren einige wenige Prov. ihre eigenständigen regionalen Merkmale. In der Normandie behält man den älteren Vierungsturm bei (Coutances) und öffnet sich Gewohnheiten der engl. Frühgotik (Kathedrale von Rouen); im Poitou und Anjou erscheint die Halle mit gleichhohen Schiffen und steigenden Gewölben (St-Pierre in Poitiers); im Süden baut man Saalkirchen mit eingezogenen Strebepfeilern und Einsatzkapellen (Albi 1282-1390).

Im 14. Jh. zeigt sich in Frankreich eine große Form- und Typenvielfalt, eine Veränderung der Lichtführung und eine Durchbildung der einzelnen Bauglieder bei Erstarren der Formen (Lineargotik, Rayonnant). Erst um 1375 beginnt sich das Maßwerk des Flamboyant durchzusetzen, das die frz. Spätgotik bestimmt, im Grund- und Aufriß aber keine Änderungen bringt (Caudebec-en-Caux, Saint-Maclou in Rouen, Pont-Audemer, Abbeville, Chor von Moulins in Burgund, Vendôme, St-Nicolas-du-Port in Lothringen, Querschiff der Kathedrale von Sens). Ein neues Gefühl für Plastizität durchdringt langsam das schablonenhaft gewordene Baugerüst, läßt Pfeiler und Arkaden auf eine neue Weise körperhaft erscheinen und gibt kleineren Teilen der Mauer sogar den Mauercharakter zurück. Auch auf die Dekoration des Profanbaus hat das Flamboyant großen Einfluß (Justizpalast in Rouen 1499-1509, Palais Jacques Coeur in Bourges ab 1443). Im späten 15. Jh. beginnen it. Renaissanceformen einzudringen und sich mit dem Schloß in Blois ab 1515 durchzusetzen.

Unter nordfrz. Einfluß stehen der Chor v. Utrecht, die bfl. Kapelle an der Kathedrale v. Tournai und der Chor v. St. Quintinus in Tournai (vor 1200) und in dessen Gefolge St. Niklaas in Gent (1200-25) und St. Salvator in Brügge. Diese Gruppe der Scheldegotik wird bestimmend für viele Kirchen, Hospitäler und städt. Profanbauten (Ypern, Brügge, Mecheln) des 13. und beginnenden 14. Jh. im Bereich von Flandern, Brabant und Hennegau. Im 14. Jh. setzt sich auch in den Niederlanden die frz. Gotik durch, jedoch mit landschaftl. gebundenen Weiterentwicklungen.

In Ungarn führten frz. Zisterzienser ihre burg. Frühgotik am Ende des 12. Jh. ein. Vom Einfluß der nordfrz. Gotik zeugen die Palastkapelle von Esztergom (um 1200) und Fragmente aus der Zisterzienserkirche von Pilis, wo vermutl. Villard de Honnecourt tätig war. Auch die erste basilikale Anlage der Liebfrauenkirche von Buda (1255 bis 1269) war noch frz. beeinflußt. Im 14. Jh. folgten die repräsentativen Burgen der Anjou-Kg.e (Visegrád, Diósgyőr) it. Vorbildern und Anregungen der Hofkunst frz. Prägung der Luxemburger in Prag. In den Niederlanden, Deutschland, Spanien und Italien bilden sich seit dem 14. Jh. neue Raumformen, unterschiedl. Wandauffassungen und eigenständige Details aus.

[2] *Deutscher Sprachraum:*
frühgotisch 1235-1250
hochgotisch 1250-1350
sondergotisch 1350-1520

Im dt. Sprachraum treffen die Anregungen der frz. konstruktiv bestimmten Gotik auf starke traditionsgebundene plast. Formvorstellungen; es erfolgt keine Zerlegung der Wand, sondern eine Tiefengliederung, Zweischaligkeit, bei der die Mauerdicke eher noch betont wird. Die Gewölbedienste sind der Wand aufgelegt, ohne die Grundstruktur der Wand zu ändern. Das Triforium ist nicht heimisch geworden; der zweigeschossige Wandaufriß wird bevorzugt (Liebfrauenkirche in Trier 1235/40, Elisabethkirche in Marburg 1235/83, Freiburg i. Br., Halberstadt, Magdeburg, Breslau), dennoch sind bei diesen ersten dt. got. Kirchen frz. Einflüsse im einzelnen aufzeigbar. Mit dem Kölner Dom ab 1248 wird die Kathedrale von Amiens und mit dem Straßburger Münster das Langhaus von St-Denis unmittelbar rezipiert, so daß hier »frz.« Kathedralen auf dt. Boden entstehen, die aber nur geringe Nachfolge finden; vielmehr macht sich nach den ersten Auseinandersetzungen mit der frz. Gotik das Bestreben geltend, die Wand mit einfacherem Aufriß mehr zu schließen. Die monast. Architektur der Zisterzienser bereitet mit ihrer asket. Baugesinnung im 13. Jh. gewissen Stiltendenzen der dt. Gotik den Weg (Ebrach, Altenberg, Arnsburg, Bebenhausen, Heiligenkreuz, Lilienfeld, Marienstadt, Walkenried, St. Agnes in Prag), auch die Kirchen der Bettelorden mit ihrer Tendenz, reiche Vorlagen, diaphane Struktur und z. T. das Gewölbe abzulehnen (Regensburg um 1260, Erfurt 13./14. Jh., Minoritenkirche in Wien). Statt der Basilika wird die → Hallenkirche bevorzugt. Mit der Lübecker Marienkirche (1250/80) werden die in den → Backsteinbau umgesetzten got. Formen (Vorbild Soissons und Quimper) stilbildend für den Sakralbau der Ostseegebiete.

Mit dem Auftreten der Baumeisterfamilie der → Parler in der Mitte des 14. Jh. beginnt die dt. Spätgotik oder Sondergotik (K. Gerstenberg 1915), die auch Polen und Ungarn beeinflußte: Raumvereinheitlichung, Hallenchor (schon 1295 Heiligenkreuz/Niederösterreich, St. Stephan in Wien 1304/40, Schwäb. Gmünd ab 1351, St. Sebald in Nürnberg ab 1361), allseitig von Raum umgebene, schlanke, absatzlos in die Gewölbe überführte Pfeiler, Verschmelzung des Stützenraumes mit dem Gewölberaum, Netz- und Sterngewölbe ohne Jochgliederung mit der Einheitswirkung des Saalraumes und raumschließende Umfassungswände bei der Hallenkirche mit Durchfensterung, die ein gleichmäßiges die Kirche erfüllendes Licht bewirkt (St. Lorenz in Nürnberg 1445/72, Nördlingen ab 1427, Dinkelsbühl 1448/92, Soest, Münster, München ab 1468, Straubing, Landshut und schließlich Annaberg 1499/1520, Pirna 1466/1546, Freiberg, Schneeberg, Kuttenberg). Eine starke Ausstrahlung der dt. Sondergotik auf Polen und Ungarn ist feststellbar (Polen: Krakau, Kathedrale auf dem Wawel, Baubeginn 1322; Gnesen, Dom, 2. Hälfte des 14. Jh.; Posen; Ungarn: Umgestaltung der Liebfrauenkirche von Buda zur Hallenkirche in der 2. Hälfte des 14. Jh.; neuer Hallenchor der innerstädt. Pfarrkirche von Pest um 1400; Hallenchor der Schwarzen Kirche von Kronstadt 1383–1410; Hallenchorumgang mit Kapellenkranz der Kathedrale von Eger, Ende des 15. Jh. begonnen). – Zur Kathedralgotik gehört die Doppelturmfassade (Marburg, Köln, Straßburg, Magdeburg, Lübeck, Wiesenkirche in Soest, Frauenkirche in München). Die got. Einturmfront hat ebenfalls je nach den landschaftl. gegebenen Voraussetzungen verschiedenartige Lösungen erfahren: in Westfalen und Niedersachsen zumeist schwere, geschlossene Formen, in S-Deutschland mit leichten, in Maßwerk aufgelösten Steinpyramiden (Freiburg i. Br. um 1330, Ulm ab 1377, Eßlingen 1400/78). Schließlich finden sich reich gegliederte, den Querschnitt des Langhauses aufnehmende Fassaden (Schwäb. Gmünd, Prenzlau, Frauenkirche in Nürnberg). Got. Gliederungsformen und geniale Wölbkunst greifen über auf den immer bedeutsamer werdenden Profanbau des 14./15. Jh.: → Burgen (Marienburg, Karlstein, Vladislavsaal auf der Prager Burg 1493/1500, Jagiełłonische Bibliothek in Krakau 1497 vollendet, Albrechtsburg in Meißen ab 1471), → Rathäuser, → Bürgerhäuser und → Stadttore (bes. in N-Deutschland).

[3] *England:*
Early English 1175/80–1260
Decorated Style 1250–1370
Perpendicular Style 1330–1560

England erreicht die Gotik durch die Zisterzienser (Roche, Yorkshire) wie in Frankreich zunächst in der burg. Ausprägung und trifft hier auf ähnliche norm. Tradition. Der erste got. Bau ist der Ostabschluß der Kathedrale von Canterbury, den → Wilhelm v. Sens 1175 beginnt und → Wilhelm v. England 1185 beendet; weitere Bauten folgen unter frz. Einfluß und in eigenständiger Weiterent-

wicklung: *Early English* (Wells um 1180, Lincoln ab 1192, Chichester ab 1186, Temple Church in London, Winchester, Salisbury, Barking Abbey): Betonung der Horizontalen, gerade geschlossene Chöre ohne Kapellenkranz, Vierungstürme, Westfassade als Schmuckwand, dekorativ gestaltete Gewölbe (Sterngewölbe in Lincoln und Exeter). In der 2. Hälfte des 13. Jh. setzt der phantasievolle und zwanglose *Decorated Style* ein: konvex-konkav geschwungene Formen (Kielbogen, Eselsrücken, Maßwerk), Fülle der Dekoration, die Flächen, Bögen und Wimperge überzieht, Raumverbindungen, Querdurchblicke, reiche Rippengewölbe (Bristol ab 1298, Wells um 1290–1340, Lady Chapel und Vierung von Ely 1321–53). Seit 1330/40 entwickelt sich der rationale gitterförmige *Perpendicular Style* (Chor der Kathedrale von Gloucester): Betonung von Vertikalen und Horizontalen durch schlanke Stützen, senkrecht geteilte Fenster, rasterhafte Maßwerkformen (aneinandergereihte rechteckige Felder mit genasten Spitzbogen), zunächst Netz- und Sterngewölbe, dann Fächer- oder Schirmgewölbe (Chor und Kreuzgang der Kathedrale von Gloucester, Kathedrale von Canterbury ab 1375, Winchester ab 1360, King's College Chapel in Cambridge 1446 bis 1515, Kapelle Heinrichs VII. in der Westminster Abbey 1503/19). Der Stil hält sich bis weit in das 16. Jh. (mancherorts bis in das 17. Jh.) und bestimmt bes. die Pfarrkirchen der durch Handel zu Reichtum gelangten Städte.

Die engl. Bauten haben auf Skandinavien eingewirkt (Stavanger, Chor ab 1272, Drontheim, Kinköping), das aber auch für frz. (Chor der Kathedrale von Uppsala um 1270) und in der späteren Zeit für dt. Einflüsse (Malmö, Århus) offen war. – Vgl. zu Skandinavien weiterhin → Skandinavische Kunst.

[4] *Italien* 1230–1420:

Nach Italien werden die got. Bauformen v. a. durch die Zisterzienser gebracht (Fossanova 1180–1208, Casamari ab 1217), bes. in der schlichten burg. Form; nordfrz. Einflüsse sind selten; einheim. Bautraditionen behalten eine Eigenständigkeit (S. Francesco in Assisi ab 1228). Im 14. Jh. werden die Bettelorden bestimmend (Siena, Florenz; S. Maria Gloriosa dei Frari, Venedig). Einfachheit, Streben nach klarem Aufbau des Raumes, zweigeschossiger Wandaufriß, weiträumige Hallen, Ablehnung des Strebesystems und der Doppelturmfassade, Vermeidung der Wandauflösung und der diaphanen Struktur, Homogenität der Fläche, Fehlen komplizierter Chorlösungen, die vereinzelt erst in der 2. Hälfte des 13. Jh. unter direktem frz. Einfluß entstehen, sind für diese B. kennzeichnend. Auch bei basilikalem Querschnitt wird Weiträumigkeit erreicht (Mailand, Dom ab 1387). Reiche Fassadenbildungen der Kirchen (Siena ab 1284, Orvieto ab 1310), der Campanile des Florentiner Domes und Rathaus- wie Palastfassaden (Venedig, dort bes. der Dogenpalast und die Cà d'Oro, Perugia; Siena; Florenz) zeigen durch ornamentale Maßwerkgitter verdeckte Loggien und filigranartige Dachaufsätze bei geschlossenem Baukörper. Die Kastelle Friedrichs II. um 1240 in Unteritalien stellen eine eigene, von der frz. Zisterzienser-Kunst geprägte Gruppe dar. Regionale Eigenheiten und unterschiedl. Entwicklungen differenzieren das Bild der Gotik in Italien, die zu Anfang des 15. Jh. von der Renaissance gänzlich verdrängt wird.

[5] *Spanien und Portugal:*
gotisch 1220–1440
spätgotisch 1440–1510
Emanuelstil (Manuelischer Stil) 1495–1520

Spanien wurde ebenfalls zunächst durch die Zisterzienser mit der burg. Gotik vertraut; im 13. Jh. werden die klass. frz. Kathedralen der Ile de France maßgeblich (León ab

1205, Burgos ab 1221, Toledo ab 1226); in Katalonien entwickelt sich ein eigenständiger Stil (Kathedrale von Barcelona ab 1298, Sta. Maria del Mar in Barcelona ab 1329, Palma di Mallorca) mit sehr weiten und hohen Mittelschiffen (Kathedrale von Gerona mit 32 m lichter Weite) und hohen Seitenschiffen oder Seitenkapellen zw. Wandpfeilern. Die span. Spätgotik wird von Deutschland und den Niederlanden beeinflußt (Türme der Kathedrale von Burgos von Meister Hans v. Köln nach dem Vorbild von Freiburg ab 1442; Stern- und Netzgewölbe). In Portugal wird erst mit dem Langhaus der Dominikanerklosterkirche Batalha ab 1388, einem eigenständigen Bau mit einem span. Kirchen entsprechenden Raumgefühl und frz. Flamboyant- und engl. Perpendicular-Einflüssen, die Gotik wirksam. Der Höhepunkt eigenständiger Entwicklung wird unter Kg. Manuel (1495–1521) erreicht: gewundene Pfeiler, reiche Gewölbe, umfangreiche Inkrustationen, üppige Dekorationen (Setúbal ab 1502, Belém ab 1492, Tomar ab 1510) kennzeichnen diesen Stil.

Vgl. auch → Architektursymbolik, → Antikenrezeption, → Backsteinbau, → Baubetrieb, → Bettelordenskirche, → Bürgerhaus, → Burg, → Fachwerkbauten, → Farbigkeit der Architektur, → Kirchenbau, → Kloster, → Pfalz, → Städtebau, → Stil. G. Binding

Lit. [allg.]: N. Pevsner, J. Fleming, H. Honour, Lex. der Weltarchitektur, 1971 [engl. 1966] – N. Pevsner, Europ. Architektur, 1973³ [engl. 1943] – G. Binding, Architekten. Formenlehre, 1980 [Lit.] – Vorromanik und Romanik: H. E. Kubach, Architektur der Romanik, 1974 [Lit.] – ferner: Reihe: La nuit des temps, Ed. Zodiaque-Weber (ca. 40 Bde) – R. Oursel, Romanik, 1966 (Architektur der Welt) – E. Lehmann, Grundlinien einer Gesch. der roman. B. in Dtl. (Kunst des MA in Sachsen, 1967), 37–43 – M. Walicki u. a., Sztuka Polska przedromańska i romańska do schyłku XIII wieku, 1968 [Lit.] – H. Küas–H.-J. Krause, Die Stiftskirche zu Wechselburg, 2 Bde, 1968, 1972 – A. Courtens, Roman. Kunst in Belgien, 1969 – W. Schlink, Zw. Cluny und Clairvaux, 1970 – G. Binding, Burg und Stift Elten am Niederrhein, 1970 (Rhein. Ausgr. 9) – H. R. Sennhauser, Romainmôtier und Payerne, 1970 – A. Merhautová-Livorová, Einschiffige ma. europ. Rundkirchen, 1970 – R. Wagner-Rieger, Premier art roman, AaKbll 41, 1971, 27–36 – A. Corboz, Frühes MA, 1971 (Architektur der Welt) – J.J.M. Timmers, De kunst van het Maasland, 1971 – A. Merhautová, Raně středověká architektura v Čechách, 1971 – M. de Maillé, Les cryptes de Jouarre, 1971 – G. Binding, Die karol.sal. Klosterkirche Hersfeld, AaKbll 41, 1971, 189–201 – N. Duval, Les églises africaines à deux absides, 1971/73 – H. E. Kubach–W. Haas, Der Dom zu Speyer, 1972 – H. Margirius, Der Freiberger Dom, 1972 – L. Grodecki–F. Mütherich, Die Zeit der Ottonen und Salier, 1973 (Universum der Kunst) – W. Messerer, Karol. Kunst, 1973 – J. A. Schmoll gen. Eisenwerth, Spätantik-frühchr. und frühabendländ. Sakralbaukunst (Kunstgeschichte, 1974), 87–222 – K. Mijatev, Die ma. B. in Bulgarien, 1974 – A. Merhautová, Roman. Kunst in Polen, der Tschechoslowakei, Ungarn, Rumänien, Jugoslawien, 1974 – A. Tomaszewski, Romańskie Kościoly z emporami zachodnimi na obszarze Polski, Czech i Ulegier, 1974 [dt. Zusammenfassung] – Brühl, Palatium – D. Dercsényi, Roman. B. in Ungarn, 1975 – E. Eckstein, Die roman. Architektur, 1975 – R. Hussendörfer, Die ehem. Chorherrenstiftskirche in Faurndau, 1975 – H. Maué, Rhein.-stauf. Bauformen und Bauornamentik in der Architektur Westfalens, 1975 – E. H. Ter Kuile, De romaanse kerkbouwkunst in de Nederlanden, 1975 – A. Bruschi–G. Miarelli Mariani, Architettura sveva nell' Italia meridionale, 1975 – Ch. Rauch–H. J. Jacobi, Die Ausgrabungen in der Königspfalz Ingelheim 1909–1914, 1976 – H. E. Kubach–A. Verbeek, Roman. B. am Rhein und Maas, 3 Bde, 1976 – R. Slotta, Roman. Architektur im lothring. Departement Meurthe-et-Moselle, 1976 – V. Konerding, Die »Passagenkirche«, 1976 – A. Sartelet, Les églises anciennes des cantons de Sedan et de Raucourt, 1976 – R. Hauglid, Norske Stavkirker, 1976 – M. Schwarz, Roman. Architektur in Niederösterreich, 1976 – R. Wagner-Rieger, Architektur (1000 Jahre Babenberger in Österreich, hg. E. Zöllner, 1976), 141–154 – G. Binding–B. Löhr, Kleine Kölner Baugesch., 1976 – G. Binding, St. Pantaleon zu Köln, Jb. d. Köln. Geschichtsvereins 48, 1977, 265–278 – Staufer III – H. Küas–M. Kobuch, Rundkapellen des Wiprecht v. Groitzsch, 1977 – G. Binding, Die karol. Königshalle (Die Reichsabtei Lorsch, Fschr. zum Gedenken an ihre Stiftung 764, 2. T. 1977), 273–297 – E. Schubert, Naumburg Dom und Altstadt, 1978 – W. Sulser–H. Claussen, St. Stephan in Chur, 1978 – W. Schlink, St. Bénigne in Dijon, 1978 – H. Schlunk–Th. Hauschild, Hispania antiqua. Die Denkmäler der frühchr. und westgot. Zeit, 1978 – W. Bader, Der Dom zu Xanten I, 1978 – Th. Ulbert, Frühchr. Basiliken mit Doppelabsiden auf der iber. Halbinsel, 1978 – H. M. Taylor, Anglo-Saxon Architecture III, 1978 – E. Bertaux, L'art dans l'Italie méridionale, 1978² [Lit.] – H. Brandenburg, Roms frühchr. Basiliken des 4. Jh., 1979 – A. Wiedenau, Roman. Wohnbau im Rheinland, 1979 – G. di Stefano, Monumenti della Sicilia Normanna, ed. W. Krönig, 1979² – D. v. Winterfeld, Der Dom in Bamberg, 1979 – Gotik: L. Grodecki, Architektur der Gotik, 1976 [mit Lit.] – ferner: B. Cichy, Innenarchitekton. Sonderformen der frühgot. Kathedralbaukunst in England [Diss. masch. 1952] – F. W. Fischer, Unser Bild von der dt. spätgot. Architektur des 15. Jh., 1964 – H. H. Hofstätter, Gotik, 1968 (Architektur der Welt) – E. Lehmann–E. Schubert, Der Dom zu Meissen, 1971 – G. Treiber, Ma. Kirchen in Siebenbürgen, 1971 – W. Krönig, Altenberg und die B. der Zisterzienser, 1973 – G. Entz, Got. B. in Ungarn, 1976 – Ch. Machat, Die Bergkirche zu Schässburg und die ma. B. in Siebenbürgen, 1977 – H. Magirius, Der Dom in Freiburg, 1977 – R. Wagner-Rieger, Got. Architektur in der Steiermark (Gotik in der Steiermark, Kat. 1978), 45–94 – Die Parler und der schöne Stil 1350–1400, Kat. Köln 1978, hg. A. Leger – A. Kamphausen, Backsteingotik, 1978 – W. Schlink, Die Kathedralen Frankreichs, 1978 – Z. Świechowski, Z dziejów sztuki Ślaskiej, 1978 – J. Białostocki [Hg.], Sztuka pobrzeźa Bałtyku, 1978 – T. Dobrowolski, Sztuka Krakowa, 1978 – W. Rüdiger, Die got. Kathedrale, 1979 – W. Schäfke, Frankreichs got. Kathedralen, 1979 – J. Bony, The Engl. Decorated Style, 1979 – F. Röhrig, Die Zeit der frühen Habsburger, Dome und Klöster 1279–1379 (Ausst. Wiener Neustadt 1979, hg. G. Stangler) – H.-J. Böker, Beginn einer Spätgotik innerhalb der engl. Architektur zw. 1370 und 1450 [Diss. Saarbrücken 1979] – P. Kurmann, Köln und Orléans, Kölner Domblatt 24/25, 1979/80, 255–276.

B. Byzantinische und südslavische Baukunst
I. Byzantinische Baukunst – II. Südslavische Baukunst.

I. Byzantinische Baukunst: [1] *Die konstantinischen Bauten und ihre Nachfolge:* Die frühbyzantinische Baukunst, beginnend mit den Stiftungen des Ks.s Konstantin d. Gr., zeichnet sich durch eine reiche Fülle von Raumformen aus. Vorstufen sind, abgesehen von dem schlichten, geosteten Rechteckraum in der Hauskirche von Dura-Europos (am Euphrat, um 240), nicht erhalten, nur lit. bezeugt (z. B. Basilika in Tyrus, 316/317). Von den ksl. Bauten Konstantins (und seiner Mutter Helena als Anregerin) sind die meisten verschwunden, aber von einer können wir uns aus der Schilderung des Eusebios v. Kaisareia ein ungefähres Bild machen, von der Domus aurea, der oktogonalen Kirche beim Kaiserpalast in Antiocheia (gestiftet 327): ein Achteckbau mit Apsis, Umgang und Emporen, über dem Mittelteil eine vergoldete Holzkuppel. Für Konstantinopel sind Basiliken bezeugt. Erhalten ist zu großen Teilen die → Kirchenfamilie am Hl. Grab in Jerusalem (325/326 begonnen; im heut. Bau steckt noch in der Rotunde bis zu 14 m Höhe konstantin. Mauerwerk). Anläßl. einer Restaurierung gründlich erforscht, ergibt sich folgendes Bild der Anlage: über dem Grab ein Tegurium (Rundbau mit Säulenumgang), umschlossen von der von acht Pfeilern und 12 Säulen getragenen Rotunde mit Kuppel oder Zeltdach (wohl hölzern), um die sich ein Umgang mit Exedren legt; davor ein Peristyl-Hof, an den sich nach O die fünfschiffige Basilika mit eingezogener Apsis anschließt; ein → Baptisterium, die Golgatha-Kapelle, ein Baldachin über dem Kreuz, Höfe, Wohn- und Amtsräume, ein östl. Atrium und eine monumentale Eingangsarchitektur legen sich um den Kern (Rotunde und Basilika). Die Basilika hatte Emporen und zog die westl. Säulenhalle des Peristyls der Ost-Atriums als Narthex an sich. Die Kirchenfamilie, 614 von den Persern zerstört, wurde ab 626 von Patriarch Modestos nur teilweise (Rotunde) wiederhergestellt. Ergraben wurde in Jerusalem die Eleona-Kirche auf dem Ölberg (dreischiffige Basilika mit Atrium, polygonal ummantelter Apsis und Nebenräumen). Die zweite große Stiftung Konstantins war die Geburtskirche in Bethlehem, eine fünfschiffige Basilika mit Atrium, an die sich vielleicht im O ein Oktogon über der Geburtsgrotte mit Seitenräumen anschloß. Eine weitere Basilika wurde 330 in Mambre gestiftet.

Diese erschließbaren Bauten Konstantins haben zweifellos anregend gewirkt. Die Basilika des Hl. Grabes hatte einen fast quadrat. Naos und Emporen über den Seitenschiffen. In Konstantinopel findet sich dieser Bautyp wieder, allerdings auf drei Schiffe reduziert: H. Johannes Studios (463), Theotokos in Chalkoprateia (um 450?), Saray-Basilika (vor 450?), in Kleinasien z. B. in Binbirkilise (Basilika 15) und Viranşehir (Kirche III), in Palästina gelegentl. der quadrat. Naos (z. B. Beth Yerah, vor 450; El Kurmul, S-Kirche). Im MA wird dieser Basilikatypus gelegentl. in Griechenland wiederaufgenommen, z. B. in Serres (Anfang 12. Jh.), Nikon-Basilika in Sparta (10. Jh., freilich mit anderer Gestaltung des → Bemas), ebenso in Bulgarien (Nessebăr = Mesembria, Neue Metropolie; Ljutibrod usw.). In Palästina ist freilich die längsgestreckte Form der Basilika häufiger, die auch in den anderen Provinzen vorwiegt. Das Oktogon von Antiocheia hat als Nachfolger die erste Bauphase der Ascensio in Jerusalem (vor 378), die Petrus-Kirche in Kapernaum (um 400?), das Mariengrab in Jerusalem (5. Jh.) und die H. Theotokos auf dem Garizim (um 484), in Kappadokien das Oktogon von Sivasa (jetzt vollkommen verschwunden).

[2] *Provinzieller Formenreichtum:* Die Zeit zw. Konstantin und Justinian I. ist im oström. Reich durch eine große Variationsbreite der basilikalen Bauformen und durch die Entstehung neuer Bautypen, häufig zentralen Charakters, gekennzeichnet. Bei den Basiliken reicht die Breite der Formmöglichkeiten von der mit dem Atrium 186 m langen Kirche des hl. Leonidas in Korinth-Lechaion (450/460 oder 518/527; dreischiffig mit Querhaus und ausgebildeter Vierung) bis zu den Pfeilerbasiliken mit sehr weit gespannten Bögen in N-Syrien (Kalb Lozeh, um 500). Zweiturmfassaden können in Kleinasien (Binbirkilise) und N-Syrien im W vorgelagert werden (Kalb Lozeh, Ruweha, Der Termanin). Wohl von Syrien her verbreitet sich das dreiteilige Bema, die Einrahmung der Apsis durch zwei Nebenräume (ursprgl. ist einer stets Martyrium), aus denen später die → Pastophorien werden. Statt des dreiteiligen Bemas kann auch die Dreiapsidenanlage als O-Abschluß auftreten. Anstelle des üblichen Dachstuhles aus Holz kann Tonnenwölbung treten (Binbirkilisse). Echte Querhäuser treten in fast allen Provinzen gelegentl. auf (Lechaion, Epidauros in Griechenland; Tropaeum Traiani in Dakien; Perge in Kleinasien; Et-Tabgha = Ein-Ha-Shir'ah in Palästina; die große Basilika in Abu Mena, Ägypten, in beiden Bauphasen, 2. Hälfte 5. Jh. und um 500 usw.). Eine bes. Form des O-Abschlusses entwickelt Ägypten: Den Trikonchos als Bema (Rotes und Weißes Kloster; Dendera). Im 5. Jh. entwickelt sich aber der große trikonchale O-Abschluß, bei dem gleichsam Querhaus und Bema zu einem ausladenden Kleeblattschluß zusammengefaßt werden (Neubau der Geburtskirche in Betlehem, Dodona, Hermupolis). Seitenschiffe und → Narthex können umgangförmig das Mittelschiff umschließen (Troësmis, Rotes und Weißes Kloster usw.). Zu keiner Zeit sonst hat die Basilika in Byzanz eine vergleichbare Rolle gespielt oder eine vergleichbare Formvariabilität erreicht.

Neben ihr entstehen frühzeitig kreuzförmige und andere → Zentralbauten. Ältestes Beispiel eines kreuzförmigen Baues ist das Martyrium des hl. Babylas in Antiochia-Kaoussié (378), ein quadrat. Bau über dem Grab mit etwas schmaleren gleichlangen Kreuzarmen. Die einschiffige Form des Kreuzkirchen-Typs wird bes. beliebt in Kappadokien, freilich mit polygonaler Apsis als östl. Kreuzarm. Hinzu treten im 5. Jh. kreuzförmige Basiliken, die eine Durchdringung zweier Basiliken darstellen (Gerasa, 464/465, Salona), angeregt wohl durch die in spätkonstantin. Zeit beginnende Erweiterung des ursprgl. quadrat. Baldachinbaues über dem Johannes-Grab in Ephesos durch Anbau dreischiffiger Basiliken im N, W und S sowie einer fünfschiffigen Basilika im O. Die Vierungen dieser Bauten scheinen zunächst holzgedeckt gewesen zu sein.

Dagegen treten bei tetrakonchen Kirchenbauten in Syrien bereits frühzeitig auf: Seleukia Pieria (ab 460; innerer Tetrakonchos umgeben von einem Quadrat mit kreissegmentförmigen Exedren im N, W und S sowie einem hallenförmigen Chor mit Apsis und Nebenräumen im O), Apamea (vom gleichen Typ, 5. Jh.), Bosra, H. Sergios und Bakchos (512/513; innerer Tetrakonchos, Ummantelung quadrat. mit eingezogenen Ecknischen hufeisenförmigen Grundrisses) u. a. m. Dieser Bautypus scheint Bischofskirchen vorbehalten gewesen zu sein.

Reine Rundbauten sind seltener, z. B. Beth Shean (5. Jh.?) und die Ascensio in Jerusalem (2. Bau nach 614). Trikonchale Bauten dienen vornehml. als Baptisterien o. ä., kommen aber gelegentl. auch als größere Bauten vor (z. B. Jerusalem, H. Joannes Prodromos, 5. Jh.; H. Theodosios in Deir Dosi, um 450 oder 543; Caričin Grad, 6. Jh.). Eine Sonderform zentraler Anlagen ist die Verbindung von Oktogon und Kreuzform, die lit. für Nyssa durch ihren Stifter, Gregor v. Nyssa, bezeugt ist (um 373-375) und als Monumentalanlage um die Säule des hl. Symeon Stilites in Kalat Siman (zw. 475 und 491/492) erhalten blieb: großes Oktogon, ursprgl. holzgedeckt, mit nach N, W und S anschließenden Pilgerhallen (dreischiffig) und großer Basilika im O (Außengliederung der Apsis durch Säulenvorlagen!), triumphbogenartige Eingangsfassade an der S-Seite. Schließlich ist als Zentralbautypus auch die in mittelbyz. Zeit vorherrschend werdende → Kreuzkuppelkirche bereits im 5. Jh. bezeugt: H. David in Thessalonike zeigt diese auf eine antike Raumform (sog. Prätorium von Musmije in Syrien) zurückgehende Raumgestaltung, ein von vier Stützen mit verbindenden Bögen gebildetes Quadrat, von dem aus vermittels Pendentifs zum Rund der Kuppel übergegangen wird, daran anschließend Kreuzarme in Höhe der Tragebögen der Kuppel und niedrigere Kreuzwinkelräume (vgl. die Kirche Çatdağ in Binbirkilisse).

Im späten 5. Jh. dringt die Kuppel auch als überkrönendes Element in den basilikalen Bau ein. Ältestes gesichertes Beispiel ist die unter Ks. Zenon (474-491) errichtete Kirche in Meryamlik (Südküste Kleinasiens); vielleicht haben auch die Basiliken am Ilissos in Athen und die in Korinth-Lechaion bereits Kuppeln über der ausgeschiedenen Vierung gehabt, zumindest legt die starke Fundamentierung der Vierungspfeiler das nahe. Im Unterschied zu Meryamlik, wo die Kuppel sich über dem Mittelschiff erhob, wäre sie bei diesen beiden Bauten über der Vierung als Herzstück des Querhauses anzunehmen.

[3] *Die justinianische Zeit:* Der Kirchenbau erlebt unter dem baubesessenen Ks. Justinian I. (527-565) einen ungeheuren Aufschwung (zu des Ks.s Anteil vgl. Prokopios v. Kaisareia, De aedificiis). Die wichtigsten erhaltenen oder rekonstruierbaren Bauten Justinians sind: H. Sergios und Bakchos in Konstantinopel (ab 526; nahezu quadrat. Viereck mit Ecknischen, azentral eingestelltes Pfeiler-Achteck,

das eine Schirmkuppel trägt, Verbindung der Pfeiler parallel zu den Wänden durch Arkaden, in den Diagonalen Exedren auf Arkaden, Emporen, polygonal ummantelte Apsis, Narthex, etwas schmaler als der Naos); H. Irene ebd. ab 532 (später mehrfach umgebaute Kuppelbasilika mit Emporen); H. Sophia ebd. ab 532 (einmaliger Sondertyp der Kuppelbasilika: vier Pfeiler tragen eine auf Pendentifs ruhende Kompartimentkuppel, nach 557 verändert erneuert, die im O und W von je einer Halbkuppel abgefangen wird, an die sich je zwei kleinere Halbkuppeln diagonal anschieben; kleine polygonal ummantelte Apsis; doppelter Narthex; neben und zw. den gewaltigen Pfeilern im N und S kreuzgewölbte Räume in zwei Geschossen, deren obere durch eine W-Empore über dem inneren Narthex verbunden sind; Atrium); Apostelkirche ebd. 536–546, 1453 zerstört (kreuzförmiger Bau mit fünf Kuppeln, wohl das Vorbild für S. Marco, Venedig); Johannes-Kirche in Ephesos (kreuzförmiger Bau mit längerem W-Arm, vier Kuppeln über dem Längsbau, die beiden westl. queroval, und zwei Kuppeln über den Kreuzarmen, Emporen, Atrium); Kirche des Katharinen-Klosters auf dem Sinai (dreischiffige Arkadenbasilika mit dreiteiligem Bema und Narthex); Kathedrale von Caričin Grad (Justiniana prima; dreischiffige Basilika mit dreiteiligem Bema, dreiteiligem Narthex und Atrium; im S mit dem Naos verbunden ein tetrakonches Baptisterium).

Basiliken der justinian. Zeit weisen z. T. bes. Formgebungen auf: Trennung der Schiffe durch breite Pfeiler, die im Emporengeschoß wiederholt werden (Mesembria, altes Metropolis), Stützenwechsel und Lisenen vor den Pfeilern mit übergreifenden Bögen (Resafa, Basilika A), Lisenen im Obergaden über jeder 2. Säule (Vorstufe der Jochbildung [Grado, S. Eufemia, 571/586; S. Maria ebd., etwa zur gleichen Zeit umgebaut]); große Kuppel über der Querhaus-Vierung (Basilika B in Philippi, kurz vor 540, Emporen; Sv. Sofija in Sofia, spätes 6. Jh.?). Kompliziertere Lösungen bietet die Hekatompylai, auch Katapoliani, auf Paros, nach 550: in die quererrechteckige Vierung einer Querhausbasilika sind an den Ecken T-förmige Pfeiler gesetzt, die die ovale Kuppel tragen. H. Titos in Gortyn (Kreta, spätes 6. Jh.) kompliziert diese Bauform durch trikonchen Chor mit Nebenräumen und Apsidiolen an den Querhausarmen.

[4] *Typologie des späteren byzantinischen Kirchenbaus:* Gegenüber dem Typenreichtum der frühbyz. Zeit ist eine gewisse Konzentration auf wenige, aber in sich variationsreiche Bautypen festzustellen. Die *Basilika* büßt ihre herrschende Rolle ein, ohne ganz zu verschwinden. Einfache dreischiffige Basiliken mit Dachstuhl kommen nur noch sehr gelegentl. vor, z. B. H. Achilleios am Prespasee (Pfeilerbasilika des 9. oder 10. Jh.), die Alte Metropolis in Verria (11./12. Jh.), H. Theodora in Arta (Mitte 13. Jh.), Metropolis in Mistra (Bauzustand von 1291) und Medzena (Achaia, 13./14. Jh.; Stützenwechsel). Seltener noch ist die Basilika mit Emporen, z. B. in der Residenz der bulg. Zaren Pliska (Aboba, nach 864; Stützenwechsel) und in der Metropolis von Serres (11./12. Jh.). Querhäuser kommen nicht mehr vor. Hingegen ist die Wölbung aller drei Schiffe gelegentl. durchgeführt, z. B. in H. Anna in Trapezunt (884/885), H. Stephanos (Neue Metropolis) in Mesembria (10./11. Jh.), H. Anargyroi (10./11. Jh.), H. Taxiarchoi (11. Jh.) und H. Stephanos (11./12. Jh.) in Kastoria, in der Koimesis-Kirche in Zaraphona (11./12. Jh.) sowie im 1. Bauzustand der Koimesis-Kirche in Kalambaka (Stagi, 14. Jh.); nur das Mittelschiff ist überwölbt in Sv. Nikola in Monastir (1095).

Die *Kuppelbasilika* mit der Kuppel über dem Mittelschiff hat ebenfalls noch Nachfolge gefunden, so z. B. in H. Nikolaos in Myra (8. Jh.?), Dere Ahsi (10. Jh.), Sv. Sofija in Ochrid (Mitte 11. Jh., Kuppel abgetragen) und Metropolis von Trapezunt (1204/22). Eine abgewandelte Form entsteht im 8. Jh. durch die Verbreiterung der Tragebögen der Kuppel, die so ein griech. Kreuz bilden und auf wuchtigen Pfeilern ruhen, wobei die die Schiffe trennenden Arkaden an die Außenkanten der Pfeiler gerückt werden. Dadurch tritt der kreuzförmige Kuppelraum im Mittelschiff deutlich in Erscheinung: H. Sophia in Thessalonike, um 720; Koimesis-Kirche in Nikaia, frühes 8. Jh.; H. Klemens in Ankara, 9. Jh.; Akataleptos-Kirche in Konstantinopel, Mitte 9. Jh.).

Zwei aus dem Rahmen fallende Bauten sind die Kirche des hl. Nikon in Sparta (10. Jh.), eine Basilika mit Kuppel über dem Bema, und die Kirche von Skripu (Böotien, 873/874), eine Basilika des (kaukasischen) Dreikirchentyps (d. h. mit Seitenschiffen, die vom Mittelschiff nur durch Türen zugängl. sind: *église cloisonnée*) mit einem fast genau die Mitte durchschneidenden Querhaus gleicher Länge, über der Vierung eine Kuppel; alle Schiffe tragen Tonnengewölbe. Weit an Bedeutung überragt werden diese Nachläufer und Abwandlungen der Basilika durch die *Kreuzkuppelkirche* (*église à croix inscrite, cross in square, quincunx*), die als Normaltyp der mittelbyz. Zeit gelten kann und auch bes. den russ. Kirchenbau stark bestimmt hat. Dieser schon in vorjustinian. Zeit zweimal als Kirche belegte Bautypus zeigt im Außenbau deutlich die innere Raumstruktur an, da die Kreuzwinkelräume, meist mit Kreuzgewölben oder Flachkuppeln überdeckt, stets deutlich niedriger als die Kreuzarme gehalten werden. Die Kreuzkuppelkirche hat meist ein dreiteiliges Bema, wobei sich häufig zw. Naos und Apsis ein Chor schiebt und die Pastophorien eigene Raumstruktur besitzen können. Der westl. Narthex fehlt fast nie, er kann gelegentl. zweigeschossig sein (z. B. Panagia der Kupferschmiede, Thessalonike, 1028). Für die (verschwundene) Palastkirche Basileios' I. (867–886) in Konstantinopel als Bauform gewählt, tritt sie seither ganz in den Vordergrund. Älteste erhaltene Beispiele in der Kaiserstadt sind die um 930 erbaute Kirche des Myrelaion (Budrum Camii; Pfeiler als Kuppelstützen) und die etwa gleichzeitige ältere Kirche des Lips-Klosters (Säulen als Kuppelstützen). Beide Möglichkeiten werden in nahezu gleichem Ausmaß verwendet. Daneben gibt es verkürzte und vereinfachte Gestaltungen, bei denen das östl. Stützenpaar durch die Trennwände des Bemas ersetzt wird, und der Narthex zur kleinen Vorhalle schrumpft (z. B. H. Asomatoi in der Maina, um 900) oder ganz wegfällt (mehrere kleine Kirchen in den bulgarischen Residenzen Pliska und Preslav). Schon im 10. Jh. (Kirche Johannes d. Täufers in Mesembria) und im 11. Jh. begegnet auch die Tendenz, diesen Zentralbautypus dem Richtungsbau anzunähern, indem die Kreuzwinkelräume längsrechteckig werden (z. B. Burlarioi, Peloponnes, 11. Jh.). Vielleicht kann man als Abwandlung der Kreuzkuppelkirche auch Bauten in Konstantinopel wie die Atik Mustafa Paşa Camii und die Kalenderhane Camii (beide 12. Jh.) werten, kreuzförmige Bauten mit verhältnismäßig kleinen, gegen den Naos abgeschlossenen Kreuzwinkelräumen, die bei der Atik Mustafa Paşa Camii im O als Pastophorien dienen (im anderen Fall durch türk. Umbauten nicht erhalten).

In spätbyz. Zeit lebt der ursprgl. Typ der Kreuzkuppelkirche ungebrochen fort in allen seinen Möglichkeiten. Er kann zur Unterstreichung seines Zentralcharakters noch zusätzl. durch die Umfangung der Kreuzkuppelkirche an drei Seiten durch niedrigere Raumkompartimente, deren Ecken mit Kuppeln auf Tambouren betont werden, z. B.

H. Aikatherina und H. Apostoloi in Thessalonike (Ende 13. bzw. Anfang 14.Jh.). Aber die Tendenz, diesen Bautypus dem Richtungsbau anzunähern, setzt sich fort, z. B. durch Verlängerung des W-Armes bei der H. Sophia in Trapezunt (vor 1260) und der Peribleptos und der H. Sophia in Mistra (etwa Mitte 14.Jh.). Dazu kommt eine eigenwillige Kombination von Basilika und Kreuzkuppelkirche, die erstmals bei dem Wiederaufbau der H. Irene in Konstantinopel nach 740 verwendet worden zu sein scheint. Sie findet sich wieder in H. Nikolaos, einer Nebenkirche der Katapoliani auf Paros (nicht vor dem 10.Jh.) und dann bei der Hodegetria-Kirche des Brontochion-Klosters in Mistra (frühes 14.Jh., ursprgl. als reine Kreuzkuppelkirche begonnen), der Pantanassa ebd. (gegen Mitte 15.Jh.), der Metropolis ebd. nach einem Umbau im 15.Jh. und in H. Apostoloi in Leontarion (Peloponnes, wohl 14.Jh.). Weil er zuerst in Mistra beobachtet wurde, Mistra-Typus genannt, entstand diese Kombination wohl aus der Notwendigkeit, eine Kreuzkuppelkirche dreiseitig mit Emporen zu umziehen, was sich am besten durch basilikale Gestaltung des unteren Geschosses ermöglichen ließ, wobei dann im Obergeschoß der N- und der S-Kreuzarm in die Empore eingeschnitten werden.

Von der Kreuzkuppelkirche scharf zu unterscheiden ist der oft mit ihr vermengte Achtstützenbau. Bei ihm sind in einem quadrat. Raum acht Stützen gleichmäßig vor den Quadratseiten zu je zweien angeordnet und durch Bögen miteinander verbunden; zu ihnen treten Pfeiler bzw. Wandverstärkungen in den Quadratecken. Die Eckstützen sind mit den ihnen benachbarten beiden den Quadratwänden vorgelegten Stützen durch aufgehendes Mauerwerk verbunden. Darüber erhebt sich eine Trompe (insgesamt also vier), die zusammen mit den Bögen vom Quadrat zum Rund der Kuppeltambours überleiten. Die Nea Mone auf Chios hat diesen Raumtypus in Reindarstellung erhalten, d.h. ohne im N und S flankierende Nebenräume, die bei den anderen Beispielen stat. Funktion (Ableitung des Kuppelschubes) haben. An den ganz überkuppelten Naos (die Kuppel ist erneuert) schließt im O ein dreiteiliges Bema an, im W lagert sich ein Narthex vor, dem noch ein äußerer Narthex mit drei Kuppeln und Apsiden im N und S vorgelegt ist (1042–56). Üblicherweise schließen sich sonst an die Bögen in den Quadratseiten hohe Kreuzarme an, die tonnengewölbt sind und von Nebenräumen so eingefaßt werden, daß sich der Grundriß zum Rechteck erweitert. In H. Lukas (um 1020) sind diese Nebenräume miteinander und mit dem Naos verbunden und tragen Emporen, in Daphni (Ende 11.Jh.) bilden sie selbständige Kapellen. Zu der kleinen Gruppe von Kirchen dieses Typus gehören die Panagia Lykodemu in Athen (durch Restaurierung arg mitgenommen), die Verklärungskirche von Christianu (Peloponnes, spätes 11.Jh., Emporen), die H. Sophia in Monembassia (Ende 13.Jh.), die Paregoritissa in Arta (Ende 13.Jh., im Obergeschoß Emporen und formal der Kreuzkuppelkirche angenähert), H. Theodoroi in Mistra (Ende 13.Jh.) und H. Nikolaos am Kopais-See (um 1300). Genese und Bedeutung dieses verhältnismäßig kurzlebigen Bautyps mit der Byzanz ursprgl. fremden Trompe, die iran. Ursprungs sein dürfte und in der armenischen wie der georgischen B. verwendet wurde, sind ungeklärt.

Der Kuppelsaal gilt als bescheidene Sonderform der Kuppelbasilika: ein langgestreckter Saal mit östl. Apsis, über dessen Mitte etwa sich eine Pendentifkuppel auf Wandvorlegen erhebt; im O und W schließen sich Tonnengewölbe an. Bezeichnende Beispiele sind das Obergeschoß der Festungskirche von Stanimaka (nach 1218), die Erzengelkirche des Klosters Bačkovo (13./14.Jh.), Sv. Nikola in Kuršumlija und Djurdjevi Stupovi bei Novi Pasar (beide 1168/95), Žiča (1207/20), Mileševo (1234), Kirche der Erzengel Michael und Gabriel und H. Paraskeue in Mesembria (14.Jh.) und die Nebenkirche (Parekklesion) der Chora-Kirche in Konstantinopel (um 1320). Als eine schlichte, ländl. Abart wird die Saalkirche mit mittlerem, den Bau überragendem Querhaus angesehen, wobei das Querhaus mit den Saalmauern fluchten oder über sie hinausragen kann (Beispiele: A. Athanasios von Leontari, Panagia Xidu in Kifissia, H. Triada bei Kranidi). Nur ein Bau zeigt eine solche Durchdringung durch ein herausragendes Querhaus bei einer dreischiffigen Basilika: Porta Panagia bei Trikkala (Ende 13.Jh.).

Von der kaum übersehbaren Variationsbreite weiterer Zentralbauten seien als wichtig und über Byzanz hinaus wirkend angeführt: die reine *Kreuzkirche* mit vier tonnengewölbten Kreuzarmen und einer Vierungskuppel, z. B. H. Petros in Pyrgos (10.Jh.); vergleichsweise häufiger auftretend der quadrat. Raum mit Kuppel und Bema, z. B. in Vunitsa (um 950), Patleina (907?), Kumani (10.Jh.), Chorakirche in Konstantinopel (um 1320); der *Trikonchos*, z. B. Sv. Panteleimon in Ochrid (frühes 10.Jh.), die Panagia Kumbilidike in Kastoria (frühes 11.Jh.), H. Nikolaos in Methana und H. Nikolaos in Platani (spätbyz.); handelt es sich bei diesen Bauten meist um Kapellen oder kleine Kirchen, wird der Trikonchos seit der Megiste Laura auf dem Athos (nach 962 bis Anfang 11.Jh.) zu einem Bautypus der Großarchitektur, der gerne mit der Kreuzkuppelkirche kombiniert und auch durch zahlreiche Anbauten (große Vorhallen, Kapellen usw.) erweitert wird; der in der Megiste Laura noch einheitliche Naos wird in deren Nachfolgebauten (Iberon, Batopedi, Hilandar, Kutlumusiu usw.) durch Einstellung von vier Stützen als Träger der Kuppel zur durch Konchen im N und O erweiterten Kreuzkuppelkirche ausgeweitet. Dieser Bautypus ist bis in nachbyz. Zeit für Klosterkirchen repräsentativ Charakters vorbildl. geblieben. Als monumentaler Trikonchos in Reingestalt tritt uns H. Elias in Thessalonike (ursprgl. das Katholikon der Nea Mone der Stadt) als bedeutendster Bau dieses Typs entgegen (um 1360).

Seltener, aber variationsreicher ist der Tetrakonchos, der in Reindarstellung in Veljussa (1080) z. B. begegnet. In der Kirche von Peristera (870/71) dagegen wird eine Kreuzkuppelkirche mit äußerst kurzen Kreuzarmen durch vier Trikonche mit Kuppeln an den Enden der Kreuzarme erweitert, so daß der Eindruck einer sehr bewegten tetrakonchen Anlage entsteht (neben den östl. Trikonchos legen sich die rechteckigen Pastophorien mit eigenen Apsidiolen). Bei der als Kreuzkuppelkirche gebauten Kirche H. Apostoloi in Athen (um 1020) enden alle vier Kreuzarme in Konchen, die Kreuzwinkelräume sind im Inneren zu Dreiecken mit kleinen, nach den Außenmauern gerichteten Konchen reduziert, die W-Konche wird vom Narthex umschlossen.

Zweigeschossige Kirchenbauten sind selten. Bei der Budrum Camii in Konstantinopel handelt es sich um einen reinen Substruktionsbau, um die Kirche auf das Niveau des Myrelaion-Palastes zu heben. Das Katholikon von H. Lukas dagegen steht auf einer Unterkirche, H. Barbara. Bei der Grabkirche (»Beinhaus«) des 1083 von einem Georgier in byz. Diensten gestifteten Kl. Bačkovo dient die Unterkirche als Grablege, die obere, ein schlichter Saal, als gottesdienstl. Raum. Unklar ist die Bedeutung des unteren Raumes der Festungskirche von Assenovgrad (Stanimaka), da er innen in keiner Weise ausgestaltet ist (es scheint sich um einen Substruktionsbau zu handeln).

[5] *Raum und Wand:* Mit wenigen Ausnahmen (z. B.

Paregoritissa in Arta, die sich als geschlossener Kubus mit drei Geschossen von W darbietet, überhöht von der großen Hauptkuppel und vier niedrigeren Kuppeln an den Ecken, zu denen sich an der W-Seite ein mittlerer offener Baldachin gesellt; wären nicht die Kuppeln und die reiche Gliederung der O-Seite mit der großen Hauptapsis, den sehr viel kleineren Apsiden der Pastophorien und den zweigeschossigen, fast die Höhe der Hauptapsis erreichenden Apsiden der den Naos umgebenden Kapellen, wirkte die Kirche eher wie ein Palast) ist die Innenraumgliederung einer byz. Kirche, gleich welchem Bautyp sie angehört, von außen klar ablesbar. Die Kreuzarme der Kreuzkuppelkirche erheben sich stets über die Kreuzwinkelräume; auch beim Achtstützentyp sind die schmaleren, als Zusätze zum Naos anzusehenden Kreuzarme deutlich höher als die sie umgebenden Räume. Dieses Emporsteigen von den Nebenräumen an den vier Ecken bis zur Kuppel über dem Naos ist bei Kirchen dieser beiden Typen in H. Lukas ausgezeichnet zu erkennen (ebenso die konstruktionsbedingten Unterschiede), wo an das Katholikon im NO die H. Theotokos, eine Kreuzkuppelkirche, direkt anschließt.

Im O treten üblicherweise die Apsiden des seit mittelbyz. Zeiten dreiräumigen Bema hervor, nur in frühbyz. Zeit kann, bes. in Syrien, eine glatte O-Wand das Bema zu einer äußerlich undifferenzierten Einheit zusammenschließen (aber auch sonst nicht selten, z. B. in Sta. Maria und der Basilika an der Piazza Vittoria in Grado; Basilika in Ptolemais in Libyen; Dendera; Rotes und Weißes Kloster in Ägypten; Basilica urbana in Hierapolis in Phrygien usw.). Haupt- und Nebenapsiden können verschieden hoch sein (z. B. H. Theotokos in H. Lukas, Kaisariani bei Athen, H. Demetrios Katsuris in Arta u. a. m.), sind aber nicht selten auch von gleicher Höhe (z. B. Gül Camii in Istanbul), wobei dann ihre unterschiedl. Wertigkeit durch den größeren Umfang und das weitere Heraustreten der Hauptapsis sowie durch verschiedenartige Außengliederung betont wird.

An diesen äußerlich wahrnehmbaren Charakteristika, die bei den anderen Bautypen in jeweils angemessener Art verdeutlicht werden, ist nicht nur die Struktur des Innenraumes abzulesen, sondern auch die Bedeutung der einzelnen Raumkompartimente in einer Wertskala, die auf Zweck und Symbolik der Raumteile beruht. Die Kuppel mit ihrem Tambour und den Pendentifs (bzw. Trompen) ist gleichsam die Zone des himml. Kirche, der Naos der Raum der anbetenden Gemeinde, das Bema die den Priestern und Diakonen vorbehaltene Stätte des hl. Geschehens im Altarsakrament, wobei die Eucharistie in der Hauptapsis (in frühbyz. Zeit stets auch der Platz des Bf.s und der Priester) bzw. im Chorraum vor ihr vollzogen wird, während die Pastophorien der Vorbereitung des Priesters bzw. der Elemente des Altarsakramentes dienen. Alle Nebenräume, in mittelbyz. Zeit auch die Seitenschiffe der Basiliken, sind demgegenüber zweitrangig; in der Kreuzkuppelkirche und im Achtstützentyp gehören sie nicht zum Naos, weswegen sie gelegentl. zu kaum begehbaren Winkeln verkümmern können (z. B. in Peristera) oder als eigene Kapellen ausgegliedert sind (z. B. in Daphni bei Athen). Man kann daher die deutliche Größendifferenzierung dieser Raumteile, der auch die verschiedene Art der Überwölbung entspricht, als → Bedeutungsgröße bezeichnen, die außen wie innen sichtbar gemacht wird.

Eine Wandgliederung im Innenraum ist in frühbyz. Zeit nur selten nachweisbar. Sieht man von den schon erwähnten Lisenen am Obergaden der Basiliken in Grado ab und von den durchlaufenden Ornamentfriesen zw. den unteren Stützenreihen und den Emporen (z. B. Studios-Basilika in Konstantinopel), so sind darüber hinausgehende Gliederungselemente vornehml. in der syr. Architektur zu finden: reich ornamentierte Bögen über der Apsis (Kalb Lozeh, Kalat Siman), auf Konsolen stehende Säulchen mit doppeltem Kämpfer zw. den Fenstern des Obergaden (Kalb Lozeh) usw. sowie in der kopt. Architektur: Nischen mit Aedicularahmung in den Trikonchen des Roten und Weißen Klosters u. ä. Üblicherweise blieben die Innenwände weitestgehend frei, wie das auch in mittel- und spätbyz. Zeit der Fall war, um ausreichende Flächen für das Bildprogramm zu haben (vgl. die ausführl. Schilderung des Bilderzyklus der Sergios-Kirche in Gaza durch Chorikios v. Gaza, 2. Viertel 6. Jh.), das nach dem Bilderstreit in Kirchen mit Mosaikschmuck die Gewölbezonen (darunter Marmorinkrustation, vgl. z. B. das Katholikon von H. Lukas, die Nea Mone auf Chios u. a. m.), in mit Fresken geschmückten Kirchen alle Wandflächen und Pfeiler bedeckte.

Eine differenzierende Gliederung der Außenmauern, die die Bedeutungsgröße ergänzt (oder ersetzt), finden wir zuerst in Syrien: in den Bauten des Markianos Kyris (→ Baumeister) beginnt die profilierte Umrahmung der rundbogig abschließenden Fenster; bei Einzelfenstern knickt diese Umrahmung in Höhe der Fensterbank nach außen ab und endet stumpf, Dreifenster-Gruppen werden durch die Umrahmung zusammengefaßt, die Abknickung nach außen entfällt (z. B. O-Kirche von Babiska, 401). Diese ursprgl. allein auf die Fenster bezogene Umrahmung kann zu einem den ganzen Bau umziehenden Fries werden (z. B. Bizzos-Kirche in Ruweha, 6. Jh.). Andererseits kann sich aus der Abknickung der Fensterumrahmung die sog. syr. Simsvolute entwickeln (→ Bauplastik). Bei einigen syr. Basiliken tritt zur Betonung der Eingangsseite eine Doppelturm-Fassade neben die Eingangshalle (Bizzos-Kirche in Ruweha, Der Termanin, Kalb Lozeh). Verwandtes findet sich gelegentl. in Kleinasien, das umlaufende Band über den Fenstern z. B. an der Kirche der Vierzig Märtyrer in Skupi und der Panagia in Tomarza (Kappadokien) und die Doppelturm-Fassade in Binbirkilisse. Ansonsten kommt ledigl. die Betonung der Kanten der Apsis-Ummantelung durch Lisenen vor; nur in Syrien gibt es stattdessen übereinandergestellte Säulen als Außendekor der Apsis (Kalb Lozeh, Kalat Siman).

Die ältesten Kirchen der mittelbyz. Zeit zeigen außer einem schlichten Kranzgesims mit Zahnschnitt keinerlei Durchgliederung der Wand (z. B. H. Germanos am Prespa-See, 9. Jh.). Etwa gleichzeitig können die Kreuzarme einer Kreuzkuppelkirche durch die ganze Höhe umfassende Bogenfelder betont werden (z. B. H. Johannes Baptistes in Mesembria, Ende 9. Jh.). An den Kirchen Mesembrias läßt sich die Entwicklung der Gliederung der Außenwand bes. gut verfolgen. Die basilikale Kirche H. Stephanos (Ende 10. Jh.) betont die Giebel des Mittelschiffes durch eine Dreifenster-Gruppe und einen halbkreisförmigen Aufsatz, die Apsiden durch Rundbogenfriese auf Konsolen. Im 13. Jh. sind die ursprgl. Kuppelsäle H. Paraskeue und die Erzengelkirche von einer gleichmäßigen Folge von Nischen im Untergeschoß umzogen. Die Bogenfelder der Nischen und die Abschlußbögen sind durch Materialwechsel von reicher Polychromie, drei Bänder mit eingesetzter farbiger Keramik umziehen die Bögen. Die Tragebögen der Kuppel sind ebenfalls durch Materialwechsel polychrom gestaltet, die Schildwände darin durch eine Dreifenster-Gruppe geöffnet. Da die Kuppeln verloren sind, kann über ihre Gestaltung nur vermutet werden, daß sie der Kuppel der Pantokrator-Kirche (14. Jh.) zumindest ähnlich waren, denn diese Kirche überträgt die Wandgliederung der beiden Kuppelsäle auf eine Kreuzkuppelkirche, bereichert sie an der Hauptapsis durch einen Rundbogenfries auf Konsolen sowie eine Nischengliederung in zwei Geschossen, die auf konstantinopolitan. Einfluß zurückzuführen ist; an den Seitenapsiden begegnet zum erstenmal ein auf Konsolen liegender Kielbogenfries, wie er ein Jh. später an der Pantanassa in Mistra wiederkehrt; darunter sind die Seitenapsiden durch sehr flache Nischen gegliedert. Bes. reich ist die Polychromie durch den Wechsel von Haustein und Ziegel sowie reiche Baukeramik und Ziegelornamentik. Noch reicher muß vor der teilweisen Zerstörung durch ein Erdbeben die etwa gleichzeitige Kirche des Johannes-Aleiturgetos gewesen sein, bes. was die Ziegelornamentik anlangt.

Die erwähnte Nischengliederung an den Apsiden dieser Kirchen findet sich zwar zuerst an der Sv. Sofija in Ochrid, die aber zweifellos von byz. Baumeistern, wohl aus Konstantinopel, errichtet worden ist. In der Hauptstadt selbst seien als bezeichnende Beispiele für diese im Grundriß kreissegmentförmigen Nischen mit oberem Rundabschluß die Gül Camii, die S-Kirche der Fenari Isa Camii, die Eski Imaret Camii und die Zeirek Camii genannt. Diese Nischenform stammt aus der spätröm. Profanarchitektur, wo sie als Schmuckelement z.B. schon in Gamzigrad (4. Jh.) begegnet. Diese Art der Gliederung der Apsiden setzt sich bis in spätbyz. Zeit fort, in manchen Städten, z.B. in Thessalonike H. Apostoloi (1312–15) und der H. Aikaterina (um 1300?), als flache, einmal abgestufte Rundbogennischen. Bei Haupt- und Nebenapsiden wird stets deutlich unterschieden, sowohl was die Art der Anbringung der Nischen als auch das Baumaterial bzw. die Ziegelornamentik und die Fenstergestaltung anlangt.

Für die in Mesembria auftretende Gliederung der Wände des Naos durch flache Nischen finden sich die Zwischenstufen zw. der Art der Kirche des hl. Johannes Baptistes und der Erzengelkirche z.B. in Zemen (Ende 10. Jh.), wo die Bögen, die die einzelnen Raumkompartimente schmücken, gleich groß sind, und an Kirchen wie der Panagia der Kupferschmiede in Thessalonike (ab 1028) und der Eski Imaret Camii (vor 1078), wo die Differenzierung der Bogenfelder stark betont ist und durch die Fenster noch verstärkt wird.

Die Außengliederung des Kuppeltambours kann von einfachen Lisenen (z.B. Zeirek Camii, um 1150) über den Wechsel von halbrunden Nischen und Fenstern mit übergreifenden Bögen (z.B. Panagia der Kupferschmiede), durch Bögen verbundene Halbsäulen (Athos, Große Laura, frühes 11. Jh.), an den Ecken eingestellte Vollsäulen (Athen, H. Apostoloi, um 1020) bis zu der durch reiche Polychromie und fünf Bögen mit Keramikschalen überhöhten Gliederung an der Pantokratorkirche in Mesembria führen.

Die aus der spätröm. Baukunst übernommene Polychromie der Mauern besteht aus dem Wechsel von Quadermauerwerk und Schichten aus dünnen Ziegeln mit breiten Mörtelschichten dazwischen. In mittelbyz. Zeit kann das Quaderwerk zum Kästelmauerwerk erweitert werden (z.B. beide Kirchen in H. Lukas). Hinzutreten kann die Einfügung von Ornamenten, die aus Ziegeln zusammengestellt sind (z.B. H. Anargyroi in Kastoria), oder von verschiedenfarbigen rautenförmigen Fliesen, die den Obergaden umziehen (z.B. H. Basileios in Kastoria usw.). In spätbyz. Zeit steigert sich diese durch das Baumaterial erreichte Polychromie und Ornamentierung der Außenmauern durch Ziegel durch weitere Komplizierung (Nebenkirche der Fenari Isa Camii in Istanbul, 1282–89, H. Apostoloi in Thessalonike usw.). Auch kleine farbige Keramikschalen können zur Steigerung der Polychromie eingefügt werden (z.B. Pantokratorkirche in Mesembria).

[6] *Profanarchitektur* ist, abgesehen von Befestigungsanlagen und Palastarchitektur, so gut wie nicht erhalten (→ Befestigung, → Burg, → Palast). Die Adels- und Bürgerbauten in Mistra dürften großenteils von der »fränkischen« Architektur beeinflußt sein. K. Wessel

Lit.: R. KRAUTHEIMER, Early Christian and Byzantine Architecture, 1965 – A. OVADIAH, Corpus of the Byzantine Churches in the Holy Land, 1970 – C. MANGO, Architettura bizantina, 1974 – E. MELAS [Hg.], Alte Kirchen und Kl. Griechenlands, 1974 – T. F. MATHEWS, The Byzantine Churches of Istanbul, 1976 – M. RESTLE, Stud. zur frühbyz. Architektur Kappadokiens, 1979.

II. SÜDSLAVISCHE BAUKUNST: Die sakrale vorroman. B. im heut. Jugoslawien entfaltet sich bereit. aus den bestehenden spätantik-frühbyz. Baukunstzentren im Küstenraum der Adria unter Einbeziehung einheim. Architekturelemente. Charakterist. sind in *Istrien* schon seit der 2. Hälfte des 6. Jh. longitudinale und basilikale Kirchenbauten, die eingezogene, viereckige Chöre mit Ecktrompen aufweisen und deren Kirchenschiff mit einer Holzdecke ausgestattet ist (Sv. Ilija in Bale, Sv. Marija »della Concetta« bei Galižana). Der Drei-Apsiden-Typus ist der vorroman.-byz. Baugruppe der Basiliken und Saalkirchen unterzuordnen (Sv. Foška bei Batvače, Sv. Stjepan in Peroj). Während des 7. Jh. nimmt diese Sakralarchitektur eine von der ravennat. Bauweise unabhängige Entwicklung. In einer späteren Phase entwickelt sie den istr. romano-got. Kirchentyp.

Im Binnenland von *Kroatien* und *Slovenien* dagegen prägt sich, im Zusammenhang mit dem Wirken eingewanderter Franziskaner, die got. Architektur am stärksten aus. Roman. Kirchenbauten im pannon.-kroat. Raum wurden durch den Mongoleneinfall (1242) weitgehend zerstört (wie die einst roman. Zagreber Kathedrale).

In *Dalmatien* erscheint die frühroman. altkroat. B. bes. im 9.–11. Jh. in der großen Vielfalt zahlreicher Bautypenschemata (einschiffige tonnengewölbte Bauten, Zentralbautypus wie: Kreuz und Rundkuppelbau oder polygonaler Bautypus und Basiliken mit Holzflachdecke). Diese Bauten zeigen oft frei herausragende viereckige Chöre und haben einen Glockenturm an der Westfront. Die weitere roman. Bauentwicklung wird vorangetrieben durch die Einwanderung aus S-Italien entlang der O-Adriaküste. Später entwickelt sich unter dem Einfluß der Zisterzienser und Franziskaner romano-got. und schließlich got. Architektur. In Süddalmatien bildet sich im 9. Jh. eine regionale, häufig würfelförmige Kuppelbauweise heraus – mit Kreuz-, Rund- und insbes. den am häufigsten vorhandenen Longitudinalkuppelbauten mit viereckigem Chor, die sich mit einer reichen Fassadengliederung durch Blendbogenarkaden und Lisenen bes. im 11. und auch 12. Jh. als romano-byz. Bautypus darstellt (Sv. Mihajlo bei Ston, Sv. Petar in Priko bei Omiš, Sv. Križ in Nin, Sv. Toma in Prčanj in der Bucht v. Kotor, Sv. Donat in Zadar, Sv. Trojica in Poljud bei Split, Sv. Luka in Kotor, Sv. Marija auf Mljet, sowie zahlreiche andere Kirchen auf den elaphitischen Inseln bei Dubrovnik: Lopud, Koločep, Šipan). Außerdem verbreitet sich dieser Typ auch bis tief ins Binnenland (Sv. Djordje in Titograd, Sv. Petar in Bijelo Polje). Eine bes. Baugruppe bilden die Kirchen mit den durch starke, schräg hervortretende Stützpfeiler gegliederten Fassaden und mit einem Glockenturm versehenen Westfronten (Sv. Spas an der Cetinaquelle, Biskupija bei Knin).

Im Landesinnern von Serbien verknüpft sich die roman., später romano-got. Bauweise an mehreren Kirchen durch Verbindung mit dem byz. Architekturschema zum Bausystem der sog. »Raškaschule«, wodurch sich ein eigenständiger Kirchentyp herausbildete. – Vgl. auch → Moravaschule. D. Nagorni

Lit.: M. M. VASIĆ, Arhitektura i skulptura u Dalmaciji od početka IX do početka XV veka. Crkve, 1922 – E. DYGGVE, Eigentümlichkeiten und Ursprung der frühma. Architektur in Dalmatien (XIIIe Congrès internat. d'hist. de l'art, Stockholm, 1933) – T. MARASOVIĆ, Regionalni južnodalmatinski tip u arhitekturi ranoga srednjeg vijeka, Beritićev Zbornik, 1960, 33–47 [serbokroat. mit frz. Zusammenfassung]. – A. DEROKO, Monumentalna i dekorativna arhitektura u srednjovekovnoj Srbiji, 1962² – V. KORAĆ, L'école de Pomorje dans l'architecture Serbe, 1965 [serb. mit frz. Zusammenfassung] – B. MARUŠIĆ, Istr. Denkmälergruppe sakraler Architektur mit eingezeichneter Apsis (Histria archeologica V, H. 1–2, Pula 1974) [serbokroat. mit dt. Zusammenfassung].

Zur *ostslav.* B. vgl. → Ostslavische Kunst; zur *armen.* B. vgl. → Armenische Kunst; zur *georg.* B. vgl. → Georgische Kunst.

C. Baukunst im Judentum
I. Allgemein – II. Synagogen – III. Mikwen.

I. ALLGEMEIN: Obwohl Juden seit der Antike im Raum des ehem. röm. Reiches lebten, sind ma. Synagogen erst seit dem 11. Jh., rituelle Bäder (Mikwen) seit dem 12. Jh. bekannt. Neben Synagoge und Bad bestanden im ma. Judenviertel meist gemeinschaftl. genutzte Profanbauten, wie Gast- und Versammlungshaus, Herberge, Mazzoth-Bäckerei, die jedoch selten archäolog. nachgewiesen sind (Köln, Speyer). Religiöser Unterricht fand meist in der Synagoge statt, daher auch Schul oder Schule genannt.

Die jüd. Bauten des MA wurden von Christen errichtet (Worms – Dombauhütte). Ihr Stil paßte sich dem der Umwelt an, doch entsprach die Baugestaltung jüd.-religiöser Praxis. In der Synagoge stand der Aron (Thoraschrank) nach Jerusalem orientiert im Osten, die Bima (Vorlesepult) in Mittel- und Osteuropa in der Raummitte. Die Sitze waren um die Bima gruppiert. Gesonderte Frauenräume sind seit dem 13. Jh. bekannt. Türme fehlten. Wegen der unterschiedl. Tradition unterscheidet man den sephardischen (Spanien, Portugal) und den aschkenasischen Raum (Mittel- und Osteuropa).

II. SYNAGOGEN: *Sephardischer Raum:* Von den zahlreichen lit. bezeugten span. und ptg. Synagogen, nach 1492 oft in Kirchen umgewandelt, sind nur wenige als ehem. Synagoge gesichert. Von der ältesten, Sta. Maria la Blanca in Toledo um 1200, einer fünfschiffigen Basilika mit Hufeisenbogenarkaden im Stil der Almohadenzeit, ist die dreischiffige S. zu Segovia (13./14. Jh.) abhängig; beide ohne Frauenteil. Die quadrat. Synagoge zu Córdoba 1315 und die rechteckige Synagoge »Del Tránsito« in Toledo 1357 bis 1366, beide Saalbauten im Mudéjar-Stil, besitzen Vestibül und Frauenempore im Süden. Nach einer span. Hs. Stellung der Bima in Raummitte, Ausnahme Córdoba (Westen). – *Aschkenasischer Raum:* Mittelalterliche Synagogen sind aus Frankreich, Deutschland und dem Osten in roman. und got. Stil erhalten, nicht aus England (Vertreibung schon 13. Jh.), kaum aus Italien (später oft durch Renaissance-Bauten ersetzt). Starke Absetzung vom Kirchenbau durch Zentrierung des Innenraumes und Verzicht auf Dreischiffigkeit und Turm. Die Synagoge durfte nicht nahe einer Kirche stehen und deren Höhe erreichen. Es entstanden zwei Typen: der Saalbau und die zweischiffige Synagoge, beide mit zentraler Bima-Stellung, d. T. von den Säulen in der Mittelachse. Der Aron im Osten stand oft in einer → Apsis. Die Frauen saßen in Anbauten, nicht auf Emporen. Die frühesten Saalbauten sind aus Rouen (um 1100) und Köln (11. Jh.?) erhalten, ferner aus Speyer (ab 1090). Andere Synagogen dieses Typus entstanden in Miltenberg und Bamberg (beide 13. Jh.), Köln (2. und 3. Bauphase 12. und 13. Jh.), später in Rufach und Sopron (beide um 1300) und Eger (ca. 1347). Der zweischiffige Typus besaß meist zwei Säulen, so die roman. Synagoge zu Worms (1174/75 – Frauenraum frühes 13. Jh.), die Altneuschul in Prag (got., um 1300) und von ihr abhängig die Synagoge zu Krakau (nach 1389); nur die Synagoge zu Regensburg (13. Jh.) besaß drei Säulen. Später hielt sich der Typus des Saalbaues, verbunden mit spätgot. Stilformen und zentraler Bimastellung (vgl. Prag, Pinkas-Synagoge 1535, Fürth 1617, Posen). – Wandmalereien sind nicht bekannt, figürl. Schmuck war nicht erlaubt.

III. MIKWEN: Die Mikwe (zu den rituellen Vorschriften → Bad, jüdisch) ist tief ins Erdreich eingeschnitten. Während die span. Mikwen (Toledo, 13.–14. Jh.; Besalú, ca. 12. Jh.; Zaragossa umstritten) keinen bestimmten Typus erkennen lassen, sind die dt. Mikwen im hohen MA als selbständige Bauten mit tiefem Badeschacht angelegt. Neben dem Typus mit schräg zum Schacht hinabführender Treppe (Speyer und Worms 12. Jh.; Offenburg um 1300) entwickelte sich der Typus mit Wendeltreppe im Badeschacht (Köln um 1170, Friedberg um 1260, Andernach ca. 14. Jh.). Einfachere Mikwen entstanden in Sopron (um 1300), Köln-Deutz (ca. 15. Jh.), Pretzfeld, Hannoversch-Münden und Münden-Hedemünden (letztere unpubl.). Das rituelle Bad stand nahe einer Synagoge. H. Künzl

Lit.: A. GROTTE, Dt., böhm. und poln. Synagogentypen vom XI. bis Anfang des XIX. Jh., 1915 – R. KRAUTHEIMER, Ma. Synagogen, 1927 – F. CANTERA BURGOS, Sinagogas españolas, 1955 – R. WISCHNITZER, The Architecture of the European Synagogue, 1964 – A. J. SCHÖNBERGER, Miqwaoth, 1974 – H. KÜNZL, Die Architektur der ma. Synagogen und rituellen Bäder (Judentum im MA. Ausstellungskat. Schloß Halbturn, 1978), 40–59 [Lit.].

D. Islamische Baukunst
Vom Beginn des 8. Jh. an, der Zeit, in der unter der Kalifendynastie der syr. Omayyaden die älteste Kultur des Islams erblühte, bis zum Ende des MA, als die osman. Kunst allen islam. Nachbarländern im Mittelmeerraum ihre Vorherrschaft aufzwang, durchlief die Architektur in der islam. Welt eine kontinuierl. Entwicklung. Diese zeichnet sich aus durch die Fülle und die Qualität der Bauwerke wie auch durch die Vielfalt der Formen und Stile, die unter einem gemeinsamen Etikett zusammengefaßt sind; daher lassen sich weder ihre Hauptwerke in Kürze benennen noch auch die wichtigsten Tendenzen analysieren, ohne in eine bloße Aufzählung zu verfallen.

Bekanntl. sind Überreste von Monumenten jeder Art, die von der Vitalität des ma. arab.-muslim. Reiches zeugen, über drei Kontinente verstreut: von der Iber. Halbinsel und dem äußersten Maghrib bis an die Grenzen der ḫurāsānischen Provinzen, deren B. sich in der Zeit vor den türk.-mongol. Invasionen des 11. und 13. Jh. nicht von jenen der mesopotam. Ebenen trennen läßt, die damals noch in wirtschaftl. und kultureller Symbiose mit dem iran. Hochland lebten. Man muß indes hinzufügen, daß diese Überreste mehreren mehr oder weniger miteinander zusammenhängenden Schulen zugehören, die gleichzeitig oder nacheinander existierten – die Folgeerscheinung einer komplizierten hist. Entwicklung in einem unermeßl. großen, naturgemäß nicht homogenen Territorium, in dem die Einheit der Religion nie in zentraler Lage war, die Verschiedenheit der Landschaften, den trennenden Einfluß ethn.-polit. Faktoren, das Beharren von Partikularismen und damit den Wettstreit zw. verschiedenen Zentren künstler. und intellektueller Aktivität, die dem Einfluß und Mäzenatentum von Fs.en unterlagen, aufzuheben.

Die Vielfalt der Schulen und Werkstätten mit ihren wechselseitigen Einflüssen und ständigen Überlagerungen ist daher der beherrschende Gesichtspunkt, dem Rechnung tragen muß, wer ein Gesamtbild der ma. islam. B. zeichnen will. Dabei muß man im Auge behalten, daß die Varianten, mit denen sich diese Schulen im Hinblick auf

Material, Konstruktion und Dekor charakterisieren lassen, stets an einer beschränkten Anzahl von Gebäudetypen auftreten, die – trotz bestimmter Schwankungen – das von den muslim. Baumeistern verwirklichte Grundrepertoire darstellen. Dies umfaßt im wesentlichen: a) die Moschee oder genauer die Hauptmoschee *(masğid ğāmi')*, die sich als für das kult. und polit. Leben jeder organisierten muslim. Gemeinde unerläßlich erweisen sollte; b) den Palast des Herrschers *(dār, qaṣr)*, eine mehr oder weniger ausgedehnte Anlage, je nach den Umständen mit eigenem Befestigungssystem oder unbefestigt, jedoch stets unerläßlich als realer oder symbol. Ausdruck der Macht; c) das Mausoleum oder monumentale Grab *(turba, qubba)*; d) das kleinere Heiligtum, das als Ziel frommer Besuche dient *(mašhad, mazār, qubba)* und das sich, gefördert von den Dotationen der Regierenden oder reicher Persönlichkeiten in Form frommer Stiftungen *(waqf)*, mit dem Aufblühen der Bestattungs- und Devotionsbräuche entwickelt; schließlich alle Prunk- oder Nutzbauten, die den Zwecken des städt. Lebens dienen, seine Sicherheit gewährleisten oder die Verkehrsverbindungen erleichtern: zivile Gebäude wie Wohnhäuser, städt. Herbergen, Bäder *(ḥammām)*, Brunnen *(sabīl)*, Karawansereien *(ḫān)*, Märkte (gelegentl. gedeckt) und geschlossene Markthallen *(sūq, bāzār, qaiṣarīja)*; religiöse Gebäude wie öffentl. und private Bethäuser *(masğid)*, Klöster *(ribāṭ, ḫānqāh, zāwija)*, religiöse Schulen unterschiedl. Niveaus *(madrasa, dār al-ḥadīṯ, kuttāb)*, Hospitäler *(māristān)*; schließlich militär. Anlagen wie Zitadellen *(qal'a)*, Forts *(ḥiṣn, qaṣaba)*, Mauerringe *(sūr)* mit befestigten Toren *(bāb)*, Türme *(burğ)* und andere Verteidigungsanlagen aller Art.

Man darf dabei nicht vergessen, daß diese Bauten stets im wesentl. denselben funktionalen Notwendigkeiten unterworfen sind, den Bedürfnissen von Gesellschaften mit vergleichbaren Lebensumständen und demselben religiösen Gesetz dienen können; darüber hinaus spiegeln sie aber auch die Wirkungen von Moden wider, die in den Metropolen der bedeutendsten Staaten entstehen und dann, oft mit größter Schnelligkeit, von einer Region – und selbst von einer Epoche – zur anderen wandern. Hier ist v.a. die Ausstrahlung der großen Werke der klass. islam. Periode zu nennen, in der die von den Kalifen zuerst in Syrien, dann nach der abbas. Revolution von 750 v.a. im Irak errichteten Bauten als Modelle für die Anlagen in der Provinz dienen. Bestimmte Aspekte der berühmten Omayyaden-Moschee von Damaskus mit ihrem basilikalen Gebetssaal und den reichen Mosaikverkleidungen werden noch sehr viel später reproduziert oder imitiert; der Nachhall der Reichsmoscheen des Goldenen Zeitalters wird direkt spürbar in der Anlage von gleichzeitigen Heiligtümern souveräner Herrscher wie etwa in der 879 bei Fusṭāṭ in Ägypten erbauten Moschee des Ibn Ṭūlūn, in der im 9.Jh. in Kairuan errichteten Moschee der Aġlabiden oder der im 10.Jh. vergrößerten und ausgeschmückten Moschee von Córdoba in Andalusien. Ebenso wirkte das Vorbild der riesigen kgl. Villen der Abbasiden, die von Baghdād, die 762 in der Form einer runden Stadt mit doppeltem Mauerring gegründet wurde; der von Raqqa, vom selben Kalifen 772 gegründet; und der von Sāmarrā, die sich seit 836 auf dem Ostufer des Tigris entwickelte. Sie alle wurden unablässig erweitert und vermehrt; aus ihnen erwuchsen Residenzen, die das Prunk- und Repräsentationsbedürfnis der islam. Fs.en befriedigten. In ihnen waren die zahlreichen Mitglieder ihrer Familie, das Gefolge und die Armee untergebracht. Eine betont monumentale Palastarchitektur barg ein Gewirr von Gängen, eine Reihe mit hohen Mauern eingefaßter freier Plätze und eine Unzahl von Prunksälen, ebenso aber auch Wohntrakte von regelmäßiger und einförmiger Anordnung, bei denen sich Zeilen von Wohnräumen und niedrige Häuser mit Innenhof aneinanderreihen. Ebenso kann man im 12. und 13.Jh. in Anatolien wie in Syrien oder auch in Ägypten den Weg von Motiven wie dem Portal mit reichbildhaueriger Rahmung oder der weitgespannten Ziegelkuppel über Ecknischen verfolgen, die die Blütezeit der seldschuk. Monumente in Iran gegen Ende des 11.Jh. begleiten. Ferner läßt sich beobachten, wie sich zur gleichen Zeit im span.-maghribin. Milieu aus dem Osten importierte dekorative Themen wie etwa bestimmte Formen von floralem Flechtwerk oder mit vorspringenden Waben verzierte Friese verbreiten. Nicht zuletzt kann man an der Verwendung von farbiger Fayence zur Ausschmückung der Innen- oder Außenwände, die sich zu einem bestimmten Zeitpunkt verbreitete, die Vermittlung von Schablonen und Techniken von einem Ende der islam. Welt zum anderen ablesen.

Man muß indes hervorheben, daß hinter diesen Bekundungen der Einheit stets die architekton. Eigenheiten des betreffenden Landes oder der jeweiligen Epoche fortstanden. Manche davon hängen zusammen mit der Art der verwendeten natürl. Rohstoffe, etwa damit, ob Bauholz oder -steine vorkommen oder nicht, welche Effekte man der vorhandenen Erde abgewann, die sich zu Blöcken von Gußmauerwerk, zu getrockneten Ziegeln oder zu den ebenso leichten wie widerstandsfähigen, manchmal emaillierten gebrannten Ziegeln formen läßt, oder auch jenem gelegentl. bemalten, häufiger geschnittenen oder skulptierten Verputz aus glattem Stuck, mit dem sich die Wände in endlos wiederholten Schmuckpaneelen bedecken ließen. Andere Eigenheiten ergaben sich aus dem Beharrungsvermögen althergebrachter lokaler oder regionaler handwerkl. Gepflogenheiten und Techniken, die sich auch nach Eingliederung des betreffenden Gebietes in das arab.-muslim. Reich zu behaupten vermochten. Wieder andere schließlich erklären sich aus dem Beharrungsvermögen oder dem Wiederaufleben älterer kultureller Traditionen, ob es sich nun um das Erbe der hellenist-byz. und der iran.-sasanid. Kultur handelte, die einen beherrschenden Einfluß auf die sich bildende älteste islam. Kunst hatten, oder um Traditionen von speziellerer Eigentümlichkeit. Sie alle unterlagen jedoch den Differenzierungsfaktoren, die ihnen der jeweilige geogr. Rahmen auferlegte, sei es, daß befestigte ländl. Siedlungen in bäuerl. Gebieten angelegt wurden, sei es, daß an den Kreuzungen der Handelsstraßen reiche städt. Gründungen entstanden. Sie alle strebten danach, eine vielfältige u. formenreiche Architektur hervorzubringen, die jedoch unterschiedl. Schicksale, bes. in bezug auf Dauer und Verbreitung, erfuhr: Während in mehreren Fällen die sich ausbreitenden Bau- und Dekorationsformen weit über die Grenzen der islam. Welt im eigtl. Sinne ausstrahlten (z.B. Beeinflussung der siz. oder der *mudéjar*-Architektur), hielt man anderswo auf lokaler Ebene an Formeln fest, denen keinerlei Zukunft beschieden war.

Von der Vielfalt der architekton. Schöpfungen, die allesamt der Blüte eines jener kulturellen Zentren zuzuordnen sind, die sich in der islam. Welt herausbildeten, ist schließlich der grundlegende Beitrag zu unterscheiden, den der Vordere Orient in der Zeit der Omayyaden erbracht hat. Hier wurden in der Tat die ersten großen Moscheen und die ersten monumentalen islam. Fürstenresidenzen errichtet, nachdem 691 jener in seiner Art einzigartige Bau, der Felsendom in Jerusalem, vollendet wurde: ein Reliquiar in der Form eines oktogonalen Zentralbaus mit doppeltem Umgang, in dem das Fortleben der antiken Tradition strukturaler Geometrie spürbar wird. Hier erscheinen erstmals die wesentl. Züge, die auch später stets die muslim. Baumeister inspirierten: strenge Komposition der Gesamtanlage, Verwendung von Grundrissen und Raumvolumen, die von einer kleinen Zahl einfacher und konstanter Beziehungen ausgehen, eklekt. Anwendung von seit langem bezeugten Methoden der Konstruktion wie des Dekors, Vorliebe für ein flächendeckendes Dekor durch Aufteilung der Oberfläche in einzelne Kompartimente und deren innere Auffüllung, Abflachung des Reliefs und Hervorhebung des Linearen und der mit allen Mitteln erreichten Farbeffekte mit dem Zweck, einen Eindruck von Reichtum und Pracht zu erzielen, der den Bau einem kostbaren Kleinod ähnlich macht.

J. Sourdel-Thomine

Lit.: K. A. C. CRESWELL, Early Muslim Architecture, 1932–40 – H. TERRASSE, L'art hispano-mauresque des origines au XIIIe s., 1932 – A. U. POPE, A Survey of Persian Art, 1939 – J. SAUVAGET, La mosquée omeyyade de Médine. Étude sur les origines architecturales de la mosquée et de la basilique, 1947 – E. HERZFELD, Gesch. der Stadt Samarra, 1948 – K. A. C. CRESWELL, Muslim Architecture of Egypt, 1952–60 – G. MARCAIS, L'architecture musulmane d'Occident: Tunisie, Algérie, Maroc, Espagne, 1955 – D. HAMILTON, Khirbat al-Mafjar, an Arabian mansion in the Jordan Valley, 1959 – D. und J. SOURDEL, La civilisation de l'Islam classique, 1968 – J. SOURDEL-THOMINE, Art et société dans le monde de l'Islam, RET XXVI, 1968, 93–114 – DIES., La mosquée et la madrasa; types monumentaux de l'art islamique médiéval, CCMéd, avril-juin, 1970, 97–115 – O. ASLANAPA, Turkish Art and Architecture, 1971 – J. SOURDEL-THOMINE–B. SPULER, Die Kunst des Islams (PKG IV), 1973 – O. GRABAR, The Formation of Islamic Art, 1973.

Bauldewijn (Baudoin, Balduin), Noël, * um 1480?, † 1529/30 Antwerpen. Franko-fläm. Komponist, der 1509 (als Nachfolger von J. Richafort) – 1513 als Kapellmeister an St. Romuald in Mecheln und anschließend in gleicher Funktion an Liebfrauen in Antwerpen diente. Das Rechnungsbuch der letzteren Kirche verzeichnet 1529/30 Ausgaben für das Leichenbegängnis eines »Maître Noël«, in dem wir B. vermuten. Nur wenige Kompositionen von ihm wurden in der 1. Hälfte des 16. Jh. gedruckt, sein Schaffen – Messen, Motetten, 1 Chanson – blieb zum überwiegenden Teil Manuskript, das in Abschriften weite Verbreitung fand. – B. ist nicht zu verwechseln mit dem Kapellsänger Jehan B., der unter Philipp dem Schönen (1506) und Karl V. (1514, 1531) nachweisbar ist (vgl. dazu EITNER, GROVE). H. Leuchtmann

Q.: Motetti de la corona, Libro quarto, Venedig RISM 1519³ [Nachdr. 1526⁴] – Selectissimae necnon familiarissimae cantiones... Besonder ausserlessner kunstlicher lustiger Gesanng mancherlay Sprachen..., Augsburg RISM 1540⁷ – Le sixieme livre contenant trente et une chansons nouvelles..., Antwerpen RISM 1545¹⁴ – Mss. in Bibl. in Barcelona, Brüssel, London, München, Regensburg, Rom, Rostock, Toledo, Wien, Wolfenbüttel – Neuausg.: Ned. polyfonie uit spaanse bronnen, hg. R. B. LENNAERTS, Monumenta musicae Belgicae IX, 1963 – Theatrical Chansons of the 15th and Early 16th Cent., hg. H. M. BROWN, Cambridge, Mass., 1963 – Lit.: EITNER, s. v. – GROVE's Dictionary of Music and Musicians, s. v. – RIEMANN, s. v. – G. VAN DOORSLAER, Noël Baudoin, maître de la chapelle et compositeur, Bull. Soc. Bibliophiles Anversois, 1930 – E. H. SPARKS, The music of N. Bauldeweyn, Am. Musicolog. Soc., 1972.

Baum (s. a. einzelne Baumarten). Baum-Darstellungen des MA sind, wenn nicht allein, so doch zumeist symbol. zu deuten. Hierbei beanspruchen der Baum des Lebens (BL) und der Baum der Erkenntnis (BE) bes. Bedeutung. Der BL, in chr. Vorstellung zunächst mit dem Paradies verbunden, wird als kosmisches, endzeitl. Gebilde häufig mit Christus und dem → Tetramorph in Zusammenhang gebracht. Das Kreuzesholz glaubte man als aus dem BL (bisweilen auch als aus dem BE) gefertigt. In der Vorliebe des MA für antithet. Vorstellungen werden der BL als »arbor bona« und Zeichen Christi, der BE als »arbor mala« und Sinnbild des Teufels aufgefaßt; die jeweiligen Früchte sind die → Tugenden und Laster. BL und BE können auch zu Symbolen der → Ecclesia und der Synagoge, Marias oder Evas werden. Erscheint der BL zumeist als visionär-überird. Gebilde, so wird der BE als Feigenbaum, Weinstock, Apfelbaum oder Palme dargestellt, wobei die botan. Interpretation für die Aussage irrelevant ist.

In der Heiligenikonographie bezeichnet der B. den Ort des Martyriums (Sebastian, Pantaleon) oder weist auf das wunderbare Ausschlagen eines dürren B.es hin (Zenobius v. Florenz, Christophorus). Die Gegenüberstellung des dürren und des grünenden B.es wurde als Bild des AT und des NT verstanden. Das Baumschema abstrahierender Prägung wurde seit etwa 1000 zur Verbildlichung genealog. oder gedankl. Filiationen benutzt (Wurzel Jesse, Stammbaum). D. Kocks

Lit.: LCI I, 258–268 – RAC II, 1–34 – RDK II, 63–90.

Baum der Erkenntnis → Sündenfall
Baumaterial → Bautechnik
Baumeister ist im ma. Sprachgebrauch ein Verwalter, der im Auftrage des Bauherrn die fabrica, eine Art »Baubüro«, leitet (→ Baubetrieb); den nz. Vorstellungen von einem Baumeister/Architekt entspricht etwa der Werkmeister. Die Vorstellung von einem im Dienst an Gott aufgehenden anonymen ma. Künstler ist eine Idealvorstellung der Romantik. Die namentl. bekannten Architekten, B. oder Werkmeister sind tatsächl. in den europ. Ländern vom 7. bis 15. Jh. sehr zahlreich; einer weitergehenden Auswertung stehen jedoch die Zufälligkeit der Überlieferung und die ungenaue Bezeichnung in den Quellen entgegen. Architectus können der typenbestimmende Bauherr oder der planverfertigende Werkmeister genannt werden, magister operis der die fabrica leitende B. oder der die Bauausführung bestimmende Fachmann, auch archilapicida oder in der Spätgotik wercmeister genannt. In seinem Hauptwerk »De universo« (XIV, 20) bezeichnet → Hrabanus Maurus (780–856) die Architekten als Maurer (caementarii), die die Fundamente anlegen (qui disponunt in fundamentis). Das hat sich im Übergang von Romanik zur Gotik geändert, wie der Dominikanermönch Nicolas de Biard in einer Predigt 1261 anprangert: »..., denn bei diesen großen Bauten ist es erforderlich, daß einer der leitende Meister sei, der durch das Wort allein anordnet, selten oder niemals legt er Hand an das Werk und bekommt höheren Lohn als die übrigen« (HARVEY, 1972, 78).

Namentl. Nennungen von B.n oder Werkmeistern, die eindeutig als Fachleute den Bau leiten und an ihm auch mitarbeiten, beginnen im 11. Jh.: Buschetto 1063 bis um 1095 in Pisa, Plober der Friese 1099 in Hirsau, Lanfranc 1099–1106 in Modena, Rainald Anfang 12. Jh. in Pisa, Richolf um 1121 in Bamberg, Enzelin 2. Viertel 12. Jh. in Würzburg, Adalbert Mitte 12. Jh. im Kl. Lorsch, → Deotisalvi 2. Drittel 12. Jh. in Pisa und Lucca, Martin um 1178 in Verona, Guido um 1188 in Lucca, Wolbero 1209 in Neuss. Etwa zur gleichen Zeit finden sich auch zahlreiche Namen von Steinmetzen und Bildhauern, aber erst im 14./15. Jh. werden die im 13. Jh. sehr zahlreich überlieferten Baumeisternamen (z. B. für die Kathedrale von Reims → Jean d'Orbais 1210–28, Jean de Loup 1228–44, Gaucher de Reims 1244–52, Bernard de Soissons 1252 bis nach 1287, Robert de Coucy nach 1287–1311) durch bessere Überlieferungsverhältnisse zu Persönlichkeiten, über deren Leben und Werk Aussagen gemacht werden können, z. B. Arnold v. Westfalen (1472/76 Meißen, Rochlitz), die → Böblinger, Burkhard → Engelberg, Ulrich und Matthäus v. → Ensingen, → Erwin v. Steinbach, Nikolaus → Eseler, Jörg

Ganghofer (1468-85 München), Madern Gertener (Ende 14. Jh. Frankfurt), Konrad → Heinzelmann, Johannes Hültz (bis 1449 Straßburg), → Jean de Chelles, → Jean d'Orbais, → Mathias d'Arras, Familie der → Parler, → Peter v. Koblenz, Konrad → Pflüger, Anton → Pilgram (1495-1510 Brünn, Heilbronn, Wien), Hans → Puchspaum, Familie → Roritzer, Hans → Schmuttermayer, Hans → Stethaimer, Familie → Waghemakere, → Wilhelm v. Sens, → Wilhelm v. Ramsey, → Wilhelm v. Winford und viele andere. – Über Ausbildung und Stellung des B.s vgl. → Baubetrieb.
G. Binding

In *Byzanz* sind die Namen der B. bedeutender Kirchen wesentl. früher überliefert, so für die konstantin. Grabeskirche in Jerusalem Eustathios und Zenobios (freilich in späteren Quellen), für die H. Sophia in Konstantinopel Anthemios v. Tralleis und → Isidoros v. Milet, für die Neuerrichtung von deren Kuppel 558-563 Isidoros d.J., für deren Wiederherstellung nach dem Einsturz 989 der Armenier Trdat (Tiridates), der auch als Baumeister in Argina und Ani (Armenien) bezeugt ist, für die große Laura (Athos, um 1000) Athanasios Athonites und Daniel, für die Bogorodica Ljeviška in Prizren (1306/07) Nikola, für die Kirche des Kl. Dečani (1327-35) Fra Vita aus Kotor und die Brüder Djordje, Dobrosav und Nikola usw. Außerdem ist durch Bauinschriften an vier Kirchen in Nordsyrien zw. 390 und 418 der B. (τεχνίτης) und Presbyter Markianos Kyris bezeugt.
K. Wessel

Lit.: → Baubetrieb

Baumeisterbildnis → Bildnis

Baumeistersage, Erzählung über die Errichtung von Bauwerken (Burgen, Brücken, Dämme, Straßen, zumeist aber Kirchen) durch Riesen oder – als deren Diabolisierung – durch den Teufel. Häufig tritt dabei das Motiv des »geprellten Teufels« und in Skandinavien das Motiv des zu erratenden Namens des Riesen auf. Bestimmend in diesen Erzählungen ist die aitiolog. Funktion: Erklärung des Zustandekommens mächtiger Bauwerke. Öfter findet sich die B. wie die → Bauplatzsage als Bestandteil einer Heiligenlegende (z. B. St. Wolfgang); so ist die Legende des hl. Wolfram aus dem 9. Jh. das erste Beispiel, daß der Teufel als Baumeister auftritt. Einen weiteren frühen lit. Beleg für eine B. bietet die Snorra Edda (1220/30). B.n wie → Bauplatzsagen bilden die beiden dominierenden Themenbereiche der Bausagen überhaupt; vgl. auch → Bauopfer.
E. Wimmer

Lit.: EM I, 1393-1397 – I.M. BOBERG, B.n, FFC 151, 1955 – I. TALOS, Bausagen in Rumänien, Fabula 10, 1969, 196-211.

Baumfeldwirtschaft

I. Allgemeine Definition – II. Südeuropa – III. Nordwest- und Mitteleuropa.

I. ALLGEMEINE DEFINITION: Obwohl Baumzucht und -pflege in allen europ. Agrarwirtschaften des MA ihren Platz besaßen, kann die Bezeichnung B. im eigtl. Sinne nur auf jene Anbausysteme angewandt werden, die in integrativer, organ. und dauerhafter Weise die Baumzucht mit anderen Kulturen (Sträucher, Nähr- oder Futterpflanzen) verbinden.

II. SÜDEUROPA: Die B. erfährt im MA ihre wichtigste Ausprägung innerhalb des Anbausystems, das in Italien die Bezeichnung *coltura promiscua* trägt. In agrarstruktureller Hinsicht kann die coltura promiscua als Anbauweise definiert werden, bei der auf einer Ackerparzelle (und meistens im Innenbereich eines Ackerstückes) folgendes zusammen angebaut wird: 1. flachwurzelnde Getreide- oder Futterpflanzen; 2. Sträucher, Weinreben; 3. Bäume. Die Bäume, die als lebende Stütze der Weinreben dienen, umfassen dabei die verschiedensten Arten (u. a. Edelkastanien, Nuß-, Öl-, Kirschbäume), so daß sich mehrere Typen der coltura promiscua entsprechend den örtl. ökolog. Bedingungen unterscheiden lassen. Als echte »vertikale und komplexe Mischkultur« (DESPLANQUES) stellt die coltura promiscua die vollendetste Form der B. im MA dar. Sie verlieh dem »bel paesaggio« der Poebene, Umbriens, der Toskana und Kampaniens, in welchen Regionen sie am stärksten verbreitet war, den entscheidenden Landschaftscharakter.

Für die Antike durch das landwirtschaftl. Schrifttum der Römer bezeugt (Varro, Columella, Plinius d. Ä., Palladius), erfuhr die coltura promiscua im FrühMA einen feststellbaren Rückgang. Seit dem 13./14. Jh. ist jedoch eine erneute starke Verbreitung dieses Anbausystems spürbar, das durch die Intensivierung der mediterranen Mischkultur, die Wirtschaftspolitik der it. Kommunen und bes. die Herausbildung neuer Bewirtschaftungsformen (wie der *mezzadria* in der Toskana; → Halbpacht) begünstigt wurde. Die genaueste ma. Beschreibung der B. findet sich im landwirtschaftl. Traktat des berühmten Bologneser Agronomen → Petrus de Crescentiis.
P. Toubert

III. NORDWEST- UND MITTELEUROPA: In verschiedenen waldreichen Landschaften von NW- und Mitteleuropa, bes. aber in Mittel- und Nordwestdeutschland, trat (im Gegensatz zu Süd-Europa) die B. nur zeitweilig, während einer ersten Phase der Rodung, bis zum 11.-12. Jh., als eine Art Wald-Feld-Wechselwirtschaft auf, für die eine enge räuml. und agrarwirtschaftl. Verbindung von Körnerbau und Waldpflege kennzeichnend war (→ Kolonisation und Landesausbau). Bei der Rodung des leichten Eichenmischwaldes wurden nur das Strauchwerk, nicht aber die Bäume, zumindest nicht die Baumwurzeln, beseitigt, wodurch sog. »agri inculti« entstanden, die vielleicht auch ztw. wüst gelassen wurden. Mit dem seit Mitte des 12. Jh. erkennbaren Übergang zu einer Dauerfeldwirtschaft wurde im sog. »Entmischungsprozeß« von Wald und Feld eingeleitet, der zugleich eine Festlegung der Grenzen, im Zusammenhang mit einer Umstellung der Waldnutzung auf die Holzwirtschaft einerseits und einer Tendenz zu Orts- und Flurballungen und Vergetreidung andererseits, zur Folge gehabt hat.
A. Verhulst

Q.: Piero de' Crescenzi, Trattato della agricoltura ... traslatato nella favella Fiorentina ..., 1805, 245ff. [zahlreiche weitere Ed.]. – *Lit.*: zu [II]: H. DESPLANQUES, Il paesaggio rurale della coltura promiscua in Italia, Rivista geogr. it. 66, 1959, 29-64 – DERS., Campagnes ombriennes. Contribution à l'étude des paysages ruraux en Italie centrale, 1969, 333ff. – P. TOUBERT, Les structures du Latium médiéval, 1973, 258-263 [Lit.] – zu [III]: A. TIMM, Die Waldnutzung in NW-Deutschland im Spiegel der Weistümer, 1960 – DERS., Ma. Rodung und Kolonisation in mitteldt. Sicht (Hamburger mittel- und ostdt. Forsch., IV, 1963), 190-209.

Baumkircher, Andreas, Söldnerführer, * um 1420 wahrscheinl. in Wippach (Krain), † 23. April 1471 in Graz, ⌐ in Schlaining (Burgenland). Aus niederem Adel stammend, erwarb er in ung. (unter Kg. Ladislaus) und ksl. Diensten reichen Besitz. 1452 und 1462 (Belagerung von Wiener Neustadt bzw. der Wiener Burg) rettete er Ks. Friedrich III., 1459 wählte er ihn mit anderen Magnaten zum ung. Kg., stand aber später auch mit Matthias Corvinus in gutem Einvernehmen. 1458 wurde er Obergespan v. Preßburg, 1463 Frh. v. Schlaining (damals Westungarn). 1469-70 stand er mit dem Ks. in Fehde (»B.-Fehde«). Auf den Verdacht einer neuen Konspiration ließ ihn dieser 1471 gefangennehmen und ohne Prozeß sofort hinrichten. – Die Sage hat sich seiner Gestalt bemächtigt.
P. Csendes

Lit.: F. v. KRONES, Die B., AÖG 91, 1902, 521-639 – I. ROTHENBERG, A. B. und seine Fehde mit Ks. Friedrich III., Zs. des Hist. Vereins für Steiermark 5, 1903, 47-94.

Baumodell → Architekturmodell, → Stifterbildnis

Baumwolle, Samenhaare aus den Fruchtkapseln des Baumwollstrauches (Gossypium-Arten/Malvaceae). Im MA gibt es für sie verschiedene aus der Antike überkommene Bezeichnungen, v. a. gossypium, bombyx, bombax, bombacium (zugleich Seide und B.) und lana xylina (Baum-Wolle) sowie mhd. *boumwolle* und mlat. cotum (Gart, Kap. 78), cottoneum aus arab. *al-quṭn*.

In Indien und Südamerika wird die B. seit sehr alter Zeit angebaut und verarbeitet. Seit Alexander d.Gr. wird sie von Indien her in Arabien, Syrien, Ägypten und Malta verbreitet, im FrühMA auch in Persien, Mesopotamien, Kreta, Zypern, Makedonien, Thessalien bis zum Schwarzen Meer. Die Araber bringen Anbau und Verarbeitung der B. seit dem 8.Jh. nach Spanien, Sizilien, Kalabrien. Im MA gelangt sie auch nach Afrika und China. In Indien und im arab. Bereich werden Mischgewebe und rein baumwollene Tücher, z. T. von äußerst feiner Qualität für Gewänder, hergestellt. Diese gelangen nur als seltene Kostbarkeiten nach Europa.

Seit dem 12.Jh. (Kreuzzüge) wird rohe und gesponnene B. in rasch steigenden Mengen v. a. aus Syrien und Ägypten über Venedig, Genua, Pisa und Marseille nach Europa importiert, im SpätMA auch vom Schwarzen Meer her über Ungarn. Sie wird zur Herstellung von Mischgeweben mit Leinen (→ Barchent), Wolle (Tiertaines, Zwilch usw.), Seide, für Tuchsäume und Kerzendochte verwendet. Die B.verarbeitung entwickelt sich im 12. und 13.Jh. rasch in SO-Spanien, Oberitalien, S- und N-Frankreich sowie in den Niederlanden, verlagert sich aber im SpätMA zunehmend nach Süddeutschland und Osteuropa. Es ist möglich, daß mit der B. sich auch das Spinnrad in Europa verbreitet hat. Im 14./15.Jh. zeigen sich Ansätze zur reinen Baumwollweberei, z.B. in schweizer. und süddt. Städten. Ihr großer Aufschwung aber folgt erst vom 16. bis 18.Jh.

In China und Europa ist im MA die Legende verbreitet, die B. stamme von der sog. Schafspflanze der Tatarei oder Barometz, einer Pflanze, die Früchte in Schafsgestalt hervorbringe. – Überreste von Baumwollgeweben des MA vor dem 15.Jh. sind in Europa selten vorhanden. Die Carta bombacis war weder in China noch in Europa ein Baumwollpapier, sondern ein Hadernpapier. – Vgl. → Textilien, Textilverarbeitung, -handel. H.C. Peyer

Lit.: W. Heyd, Hist. du commerce du Levant au MA, 2 Bde, 1885–86 [Neudr. 1936] – A. Schulte, Gesch. des ma. Handels und Verkehrs zw. Westdeutschland und Italien, 1900 – A. Oppel, Die B., 1902 – A. Schaube, Handelsgesch. der roman. Völker des Mittelmeergebiets, 1906 – C.J. Lamm, Cotton in medieval textiles in the near East, 1937 – H. Wescher, Baumwollhandel u. Baumwollgewerbe im MA, Ciba-Rundschau 45, 1940 – Hist. du commerce de Marseille, I, 1949; II, 1951 – P. Pelliot, Notes on Marco Polo I, 1959, 425–531 – W. Endrei, L'évolution des techniques du filage et du tissage, 1968 – W. v. Stromer, Die Gründung der Baumwollindustrie in Mitteleuropa, 1978 – Vgl. auch Marzell II, 736f.

Baumwollpapier → Papier

Bauopfer. Ebenso unklar wie der Zusammenhang mit dem in vielen Kulturen gebräuchl. Begräbnis verstorbener Angehöriger im Haus sind die Theorien über Herkunft und Funktion des B.s als Sühneopfer zur Besänftigung des »genius loci«, Kauf- und Pakthandlung zur Günstigstimmung des Schutzgeistes für den Bau oder als Abwehrzauber. Einmauerung oder Bestattung von Erwachsenen und Kindern als B. in Kirchen, Burgen, Wallanlagen usw. lassen sich aus archäol. Funden nicht mit Sicherheit bestätigen, da die Möglichkeit von Demutsbestattungen unter Kirchenportalen und Dachtraufen (Elten am Niederrhein 962) oder von Strafeinmauerungen zu berücksichtigen ist. Hingegen dienten Tiere (Kuhskelett unter dem ältesten Wall von Alt-Lübeck 817, später häufiger Hühner, Bienen, Käfer) und Gegenstände wie ein got. Reliquienkreuz (Paderborn, Dom), Zirkel (Bremen, Dom 1. Hälfte 13.Jh.), Keramik, Münzen, Talismane, Würfel, gedruckte Segen, Eier (Bremen, Dom), Getreide oder Blumen als B. Die Erinnerung an eingemauerte Menschen und Tiere sowie deren Interpretation als B. lebt v. a. in der Sage fort. Die Deponierung von Objekten (Baupläne u. a.) in den Grundstein eines Neubaues ist auch heute noch praktizierter Brauch.

Ch. Daxelmüller

Lit.: Hoops² II, 111f. [Lit.] – HWDA I, 962–964 – LThK² II, 71–72 – RDK II, 105f. – J. Grimm (ed. E.H. Meyer), Dt. Mythologie III, 1875⁴, 956–957 – P. Sartori, Über das B., Zs. für Ethnologie 30, 1898, 1ff. – K. Klusemann, Das B., 1919 – B. Bahnschulte, Eier und Zweige als Bauopfer, Rhein.-westfäl. Zs. für Volkskunde 8, 1961, 222–223 – E. Hundhausen, Bauopfer im östl. Siegkreis, ibid. 116–117 – G. Osella, Il tema della sepolta viva nella tradizione popolare e letteraria, Lares 1961, 141–148 – A. Johansons, Das B. der Letten, Arv 18/19, 1962/63, 113–136 – J. Brøndsted, Nord. Vorzeit III, 1963, 264 – H. Freudenthal, Volkskundl. Streiflichter auf das Zeitgeschehen VII, 38, Beitr. zur dt. Volks- und Altertumskunde 9, 1965, 104–109 – H. Wolf, Ein ma. Bauopfergefäß aus Cham, Die Oberpfalz 1968, 126–128 – P.G. Brewster, The foundation sacrifice motif in legend, folksong, games and dance, Zs. für Ethnologie 96, 1971, 71–89 – D. Rittig, Assyr.-babylon. Kleinplastik mag. Bedeutung vom 13.–6.Jh. v. Chr., 1977 – H.H. Andersen, Det bjerg, der kaldes Gamle Lybæk, Skalk 1971/2, 9–13 – K.H. Brandt u.a., Der Bremer Dom, Kat. 1979, 111.

Bauordnung (Baurecht). Schon für die Städte des Altertums sind Vorschriften überliefert, die sich v. a. auf die Stand- und Feuersicherheit der Bauten, auf die Einhaltung von Baufluchtlinien zur Sicherheit des Verkehrs sowie für die Be- und Entwässerung bezogen. Die frühesten ma. Vorschriften sind die des Langobardenkönigs Rothari von 652; → Liutprand stellte 744 ein Edikt über die Bauhandwerker auf. Für das byz. Reich hat Konstantinos Harmenopoulos, oberster Richter in Thessalonike, um 1350 das »Procheiron« (→ Hexabiblos) als ksl. Gesetzen des 9./11.Jh. zusammengestellt. Im → Sachsenspiegel erscheinen im Anfang des 13.Jh. einige baurechtl. Vorschriften (Mindestbreite der Straßen, Gebäudehöhe), die zuvor ohne schriftl. Festlegung von den Hütten, Zünften und Gilden beobachtet worden waren. In Oberitalien sind in den Stadtstatuten (seit Mitte 12.Jh. erhalten) Bauordnungen überliefert und im 14.Jh. bilden die Baubestimmungen eigene Gesetzbücher. Die Statuten oder Willküren der Städte (Nürnberger Satzungsbücher vom Ende des 13.Jh. und das Baumeisterbuch des Endres Tucher 1464/75) trugen zunächst vornehmlich polizeil. Charakter (Verkehr, Feuer, Einsturz), dann ergänzt um Ordnungen des Bauwesens. Es bestand Anzeigepflicht für Neu- und Umbauten sowie für Abbruch und Verkauf; durch Brand oder Abbruch entstandene Baulücken mußten in kurzer Frist geschlossen, oder das Grundstück mußte an einen baufähigen Bürger abgegeben werden. In Florenz, Siena, Pisa und Pistoia wurden im 12./13.Jh. Stadtbereinigungen durchgeführt, auch waren den Anliegern der großen Plätze und Hauptstraßen Auflagen gemacht über Gestaltung der Hausfassaden, Zahl der Balkone und Fensterachsen, Verwendung bestimmter Schmuckformen; hierüber wachte das 'Amt für Schönheit', »l'ufficio dell'Ornata«. Alle Baumaßnahmen wurden an Ort und Stelle bis in Einzelheiten besprochen und festgelegt: Höhe der Gebäude, Dachausbildung, Erker und Ausbauten, Bauwich (Abstand des Hauses vom Nachbarn) und andere nachbarl. Verhältnisse wie Licht- und Traufrecht, Abwasser usw. und die Feuersicherheit. Der Bauwich (Traufgäßchen oder Abzucht) betrug im sächs. Recht ⅓ der Haushöhe, in reichsstädt. Frankfurt a.M. 2 ⅔ m; er schrumpfte jedoch bei der Raumnot des SpätMA in vielen Städten auf 1–3 Fuß zu-

sammen. Bei Nichtbeachten der Vorschriften konnten Strafen verhängt und der Abbruch verlangt werden.
→ Baubetrieb.
G. Binding

Lit.: Endres Tuchers Baumeisterbuch der Stadt Nürnberg (1464-1475), hg. F. v. Weeck–M. Lexer, 1862 [Nachdr. 1968] – R. Bauer, Bauvorschriften in Alt-Leipzig und Dresden, 1911 – H. Lemp, Die Entwicklung der baupolizeil. Verordnungen der Stadt Frankfurt/M. [Diss. Darmstadt 1922] – H. Ehrlich, Die Berliner Bauordnungen [Diss. Berlin 1932] – A. Urschlechter, Das Baurecht der Stadt Nürnberg [Diss. Erlangen 1940] – W. Braunfels, Die Stadtbaukunst in der Toskana, 1953 – A. Grote, Der vollkommen Architectus, 1959 – B. Geyer, Das Stadtbild Alt-Dresdens, Baurecht und Baugestaltung, 1964 – W. Schlöbke, Vom Baurecht in früheren Jahrhunderten, Die Bauverwaltung 19, 1970, 28-33, 90-98, 148-152 – Ders., Byz. Baurecht (Die Bauverwaltung 20), 1971, 727-732; 21, 1972, 30-34 – A. Buff, Bauordnung im Wandel, 1971 – Beitr. über Bauführung und Baufinanzierung im MA, hg. G. Binding, 1974, 130-160.

Bauplastik

I. Westen – II. Byzantinischer und südslavischer Bereich – III. Armenien – IV. Georgien.

I. WESTEN: [1] *Allgemeines:* Die techn., formale und ikonolog. Gesch. der Plastik zur Zeit der Romanik und Gotik ist im Unterschied zu anderen Epochen derart untrennbar mit der Architektur verbunden, daß sie gesondert behandelt werden muß. Das MA entwickelt zudem eine große Zahl eigenständiger Typen, die sich grundlegend vom antiken Formenschatz und dem von ihm abgeleiteten nachma. unterscheiden. Die allgemeinen techn. und stilgeschichtl. Aspekte werden unter dem Stichwort »Plastik« behandelt. Hier sei nur festgehalten, daß der engen Verbindung von Bau und Skulptur wegen in der Gotik der Werkmeister in der Regel auch Bildhauer war. Anderseits ist auf stilist., entwicklungsmäßige, chronolog. und qualitative Divergenzen zw. Bau und Plastik zu achten. Figürl. Werkstücke, wie z. B. Kapitelle, können auf Vorrat gearbeitet und lange nachher am Bau versetzt sein. Dieser Ausarbeitung »avant la pose« steht die seltenere Aushauung eines beim Bau versetzten Bossen »après la pose« gegenüber, mit der Möglichkeit fehlender oder andersartiger Bearbeitung. Zudem kommen häufig Wiederverwendungen von figuralen Werkstücken, nicht allein aus der Antike, sondern aus früh- und hochma. Zeit vor, wie auch archaisierende Neuschöpfungen und Ergänzungen, auf welche bes. E. Doberer aufmerksam gemacht hat, z. B. Westportal des Wiener Stephansdoms, Portale in Millstatt und St. Paul in Kärnten, Portalumrahmungen in Verona, S. Zeno, Modena, Dom, Nonantola usw.

[2] *Entfaltung am Bau:* Das Verhältnis eines Baues zu seiner plast. Ausrüstung ist nach Epochen, Regionen, Bauaufgaben und Bauteil innerhalb des MA sehr verschieden. Im frühchr. und frühbyz. Kirchenbau beschränkte sich die Verwendung von B. im allgemeinen auf den Innenraum (Ausnahmen z. B. am Außenbau der Hausteinkirchen Syriens im 5./6. Jh.). Plast. Schmuck betraf Architekturdetails, wie Säulen- und Pfeilerkapitelle, Sockel, Kämpfer, Architrave und Friese, außerdem die Kirchenausstattung (Schranken, Altäre, Altarciborien, Ambonen). Die durch Beschreibungen und Fragmente überlieferten Bauten merow. Zeit des 6. bis 8. Jh. besaßen plast. Schmuck v. a. an Kapitellen, Schranken und Altarmensen, wobei neben antiken Spolien primitive Verformungen frühchr., byz. und germ. Figuren- und Ornamentmotive bis weit in die karol. Epoche hinein eine große Rolle spielten. Die bewußt antikisierende karol. Reichsarchitektur wie das Aachener Münster und die Torhalle von Lorsch sind karg mit Bauplastik ausgestattet: Antikisierende Kapitelle, Bronzetüren einzig mit Löwenköpfen. Die otton. und frühroman. Bauten sind womöglich noch zurückhaltender: Erfindung des kahlen Würfelkapitells (St. Michael, Hildesheim 1015/22), das im dt. Gebiet bis ins 13. Jh. dominiert; schmuckloses Stufenportal am Dom zu Speyer um 1030/60. Roman. B. beginnt und entwickelt sich am reichsten in Frankreich, z. T. in Wechselwirkung mit Oberitalien. Sporadische Frühwerke: Kapitelle in der Krypta von St-Bénigne in Dijon 1002/18, in Tournus, Vorkirche und St-Benoît-sur-Loire, Vorhalle 2. Viertel 11. Jh., Türsturz von St-Genis-des-Fontaines 1019/20. Gegen 1100 setzt mit den Chorkapitellen von Cluny die Hochblüte frz. Kapitellplastik ein, zugleich mit Charlieu die Portalplastik, insbes. der Tympanonreliefs. Die Portalumrahmung am Außenbau und die Kapitelle der Säulen im Raum sind die Hauptaufgabe roman. Bauplastik. – In vereinzelten Regionen, so SW-Frankreich (Poitiers, Angoulême, St-Jouin-des-Marnes), Italien (Tuscania, Spoleto) und Nordspanien erobert die Plastik die ganze Hauptfassade. Meist jedoch erscheint sie unsystemat. und punktuell an gewissen Bauteilen, wie Giebeln (Beaulieu-lès-Loches, Murbach), Apsiden (Schöngrabern, Niederösterreich), Fensterumrahmungen (Beauvais, Radfenster, Piacenza, Como, Speyer), Türmen (Hirsau). Im Raum sind nebst den Stützenkapitellen v. a. die steinernen Einbauten von Schranken, Lettnern und Kanzeln Träger von Skulpturen. – Auch roman. Profanbauten, v. a. Pfalzen, Stadtpaläste und Tore dürften häufig B. aufgewiesen haben. Wenig ist überliefert: Reliefs von Stadttoren in Mailand und Trier, Pfeilerfiguren an der Loggia des ehemaligen Palais des Vicomtes in St-Antonin (Tarn-et-Garonne), Reichsburg Nürnberg.

Die Kathedralgotik systematisiert die B. und vermehrt sie. Der Skulpturenreichtum frz. Kathedralen wie z. B. Chartres und Reims ist in der europ. Kunstgeschichte ohne Parallele. Solches wird erreicht durch den Ausbau der Portale und Vorhallen und die Einbeziehung des ganzen Außenbaues von Fassaden und Türmen. Reduziert wird hingegen die plast. Rolle der Kapitelle, die oft zu schmalen Ornamentbändern vereinfacht werden. Die Rippengewölbe bringen neue Möglichkeiten der Plastik. Der Brauch, die Gewölbe an Schlußsteinen und sogar Rippen zu Trägern von Figurenprogrammen zu machen, bleibt um 1170-1240 auf das Anjou begrenzt (Angers, St-Serge; St-Martin-de-Candes). Im 14. und 15. Jh. werden in England Kirchen- und Kreuzgangsgewölbe aufs reichste mit skulptierten Schlußsteinen geschmückt (Gloucester, Norwich, Wells, Winchester, Worcester), sonst selten (Bern, Münster um 1517). Im deutschsprachigen Gebiet werden die Typen frz. Kathedralgotik über vermittelnde Bauten wie den Kölner Dom oder das Straßburger Münster rezipiert und eigenständig weiterentwickelt (Freiburg i. B.; Wien, St. Stephan; Ulm, Bern etc.). In Italien konzentriert sich die B. auf die Hauptfassaden, wie in Siena, Orvieto, Florenz, und gestaltet selten auch Türme wie den Dom-Campanile in Florenz. Die Räume, man denke an die großen Kirchen in Florenz, Siena, Bologna, Orvieto etc., sind fast skulpturenfrei. Eine nordländ. beeinflußte Ausnahme ist in jeder Hinsicht der Mailänder Dom, mit üppiger Fassaden- und Innenplastik. In der eigenständigen Kathedralarchitektur Englands spielt die Fassadenplastik eine geringe Rolle. Nur Salisbury, Wells und Exeter gestalten solche Bilderfronten. – Wichtige Bildträger in der steinernen Kirchenausstattung Frankreichs und Deutschlands waren die → Lettner (Naumburg) und hohen → Chorschranken (Paris, Notre Dame, Amiens, Albi).

Die Kirchen der Zisterzienser und der Bettelorden reduzieren die B. auf ein Minimum. In Italien treten vereinzelt Figurenportale auf (Venedig, S. Maria Gloriosa dei Frari, Vicenza, S. Lorenzo, Verona, S. Anastasia), im dt. Bereich sind die Schlußsteine Pièce de résistance der Plastik im Zisterzienser- und Bettelordensbau.

Der repräsentative Profanbau feudalen und urbanen Charakters übernimmt aus der Sakralplastik v. a. den Fassadenschmuck mit einzelnen oder gereihten Baldachinstatuen, figürl. Kapitellen und Gewölbeskulpturen. Am reichsten scheinen die Rathäuser und anderen Stadtpaläste wie Brüssel, Löwen, Köln und der Dogenpalast in Venedig sowie die Tore wie Prag, Karlsbrücke, Basel, Spalentor.

[3] *Werkstoffe*: An ma. Steinbauten besteht in der Regel die Skulptur aus demselben Material wie die Architektur. Zu bedenken ist aber, daß für innen wie außen farbige Fassung der Plastiken durch Denkmäler wie Texte bezeugt ist: Farbreste an den Tympana von Verona und Conques um 1130/40, an der Königsgalerie von Notre Dame in Paris, am Portail peint der Kathedrale Lausanne um 1220/1230, an der Goldenen Pforte des Doms von Freiberg, Sachsen, um 1230. Spuren an der Fassade der Kathedrale von Wells und des Kapitelhauses in Westminster in London wurden früher konstatiert. Konsolen und Schlußsteine vieler got. Gewölbe haben ihre Polychromie bewahrt. – Die B. der Backsteinarchitektur besteht in Italien meist aus Haustein, Marmor oder Kalk, in N-Deutschland hingegen ist sie mit stark vereinfachten Formen ebenfalls gebrannt, teilweise Steinguß. Selten sind hier figürl. Elemente wie in Marienburg, Eberswalde, Neubrandenburg. Das Zisterzienserkloster St. Urban, Kt. Luzern, gestaltet in seiner Ziegelei um 1255–80 mit Modeln reliefierte und z. T. frei modellierte Werkstücke. – Durch Verlust der meisten Denkmäler ist die wichtige Rolle der ornamentalen und figürl. B. aus Stuck im MA lange unbeachtet geblieben. Vorgänger gibt es in der röm., frühchr. und islam. Architektur. Viele frühma. Räume des 8. und 9. Jh. zeigten eine Kombination von Malerei oder Mosaik mit Stukkierung. Reste in Disentis, Kt. Graubünden, Mals in Südtirol, Brescia, S. Salvatore, Cividale, Friaul, Tempietto longobardo, Germigny-des-Prés bei Orléans. Aus dem 11. Jh. Civate bei Como, Reims-St-Rémi, Quedlinburg, 12. Jh. Gernrode, Hildesheim, 13. Jh. Halberstadt, Landshut-Trausnitz, Regensburg-Dollingersaal.

[4] *Bildgattungen*: Die Erscheinungsformen ma. B. beruhen nicht allein auf der Vielfalt roman. oder got. Stilisierungen, sondern auch auf Bildformen und Bildträgern, die nur diesen Epochen eigen sind. Sie basieren nicht zuletzt auf der engen Verbindung von Bau und Skulptur. – Das *Standbild* ist, obwohl es die Gattung der Freiplastik als Kultbild seit dem FrühMA gibt, häufiger untrennbar mit dem Bau verbunden, mehr aus diesem herausgeholt als an diesem befestigt. So die Pfeiler- und Gewändefiguren des 12. Jh. an den Domen von Verona, Cremona und Ferrara und an den Kreuzgangpfeilern in Arles. Im Extremfall verwandelt sich die Stütze in einen Figurenknäuel, wie in Moissac, Souillac und Freising. – Die *Säulenfigur* hingegen, eine der wichtigsten Statuengattungen der Gotik, ist nicht aus der Stütze herausgeholt, sondern an sie appliziert, mit dem Rücken an einen Säulenschaft geheftet und auch mit diesem zusammengearbeitet. Figuren mit Säule oder Pilaster als Rücklage gibt es bereits in der Romanik, die Propheten am Portalpfeiler in Moissac und die Apostel in St-Gilles. Die Gattung der Säulenstatue dominiert seit den Westportalen von St-Denis (nach 1130) und Chartres (um 1145/55) bis ins ausgehende 13. Jh. die Portalgewände und kommt auch in anderen Zusammenhängen wie Arkaturen, Kreuzgängen, Kanzeln etc. vor. Selbst ein so einzigartiges Gebilde wie der Weltgerichtspfeiler im Straßburger Münster ist nach diesem Prinzip entwickelt. Die Freiheit in der Bewegung, z. B. der Statuen an den Westportalen in Reims, läßt die Verwachsenheit mit einer Säule im Rücken vergessen.

Ein weiteres Mittel, die Statue formal und rangmäßig zu fassen und zugleich in den Bau einzubinden, ist der *Baldachin* (vgl. d.). In seiner einfachsten Gattung besteht er aus einer mehr oder weniger hoch über dem Haupt der Figur aus der Wand oder Stütze vorkragenden architekton. Überdachung und einer entsprechenden Standkonsole. Die Romanik kennt diese Art noch kaum und verwendet als Abdachung Gebälk- und Gesimsstücke, wie an den Begleitfiguren des Portals von Notre-Dame-du-Port in Clermont-Ferrand. Mit der Spätromanik und Frühgotik setzen die Baldachine ein, Architekturmodellen ähnlich, oft in phantast. Zentralbau- und Turmformen. Entsprechend den Figurenreihen können sie zu Bändern zusammengehängt sein. Säulenstatuen werden meist zusätzl. mit Baldachinen ausgezeichnet, welche um die Säulenschäfte gelegt oder über den Kapitellen angebracht sind. Eine reichere Form ist der Baldachin auf Stützen, mit drei Graden der Verräumlichung: 1. Der Baldachin kragt über zwei Wandsäulen vor, 2. das Säulenpaar wird von der Rückwand abgehoben und formt eine Aedicula, 3. der Figurenbaldachin kann freistehend mit vier und mehr Säulen gebildet werden. Die erste Gattung zeigt die Entwicklung aus der Arkadenrahmung einer Relieffigur, die zweite, gebräuchlichste, tritt früh, Anfang 12. Jh., bei der Verkündigungsgruppe im Querhaus von Conques auf. Später kann sie auch in Reihungen vorkommen, wie am Querschiff von Chartres. Die völlig freistehenden Figurenbaldachine kennt v. a. Italien (Venedig, S. Marco). Auch die Einzelfiguren und Figurenreihen unter Säulenarkaden und die Statuengalerien got. Kathedralen gehen auf die von Arkaden und Arkadenreihen gerahmten Reliefplastiken frühchr. Elfenbeinreliefs und Sarkophage zurück. Wie Umsetzungen von Elfenbeintafeln wirken die frühroman. Arkadenfiguren in St-Sernin in Toulouse und im Kreuzgang von Moissac um 1100, Figurenarkaden bieten die Fassaden von Angoulême und Notre-Dame la Grande in Poitiers, um 1136 bzw. 1150, die Apostelreihen an nordspan. Kirchen und die Königsgalerien der frz. Kathedralen, beginnend mit Notre Dame in Paris gegen 1220.

Nischen und Nischenreihen für Figuren sind eher selten und wirken v. a. in der Romanik antikisierend. Die Rundbogennischen mit Büsten am spätroman. Portal von Tulln, Niederösterreich, folgen dem Vorbild röm. Grabsteine. Röm.-protorenaissancehaft wirken →Antelamis Figurennischen, rechteckig am Baptisterium in Parma, rundbogig am Dom von Borgo San Donnino-Fidenza, Ende 12. Jh. Mitte 13. Jh. gibt es Figurennischenreihen am Südportal von Rampillon bei Paris, am südl. Querhausportal von Notre Dame in Paris und an der völlig einzigartigen Bilderwand der innern Westfront von Reims mit Nische und Figur aus einem Block. Ungerahmte, freistehende Plastiken erscheinen an ma. Bauten sehr selten. Anfang 14. Jh. die Statuen von Adam und Eva an der Brüstung über der →Königsgalerie von Notre Dame in Paris, die tubenblasenden Engel auf den Hauptfialen des Münsterturms von Freiburg i. Br., reichlich dann auf allen größeren Fialen des Mailänder Doms seit Ende des 14. Jh.

→ *Kapitelle* und → *Kämpfer* von Säulen und Pfeilern sind in der Romanik, wie nie zuvor und nachher in der Kunstgeschichte, Bildträger. Auf die Weiterbildung, Deformation, schöpfer. Verwandlung, aber auch möglichst getreue Nachbildung der antiken Kapitelltypen in der Romanik sei hingewiesen. Figürl. Elemente an Kapitellen, schon in röm. und frühchr. Zeit eingefügt, werden im FrühMA sporadisch angewandt, so in S. Pedro de la Nave, Zamora,

7. Jh., und in Mals in Südtirol, Anfang 9. Jh. Vereinzelte primitive Figurenkapitelle vom Anfang des 11. Jh. finden sich in der Krypta von St-Bénigne in Dijon und in der Vorkirche von Tournus, in der Jahrhundertmitte folgen die entwickelteren der Vorhalle von St-Benoît-sur-Loire, um 1090 die hochdifferenzierten des Chorumgangs von Cluny. In der ersten Hälfte und Mitte des 12. Jh. entfaltet sich, am reichsten in frz. Kirchen und Kreuzgängen, eine kompositor. und ikonograph. vielfältige Bilderwelt. Die Gotik jedoch vollzieht fast abrupt eine Abkehr vom figürl. und vielgestaltigen Kapitell zu einem meist rein pflanzl. dekorierten. Neben die antikisierenden Blattmotive treten neue, auf Grund der Beobachtung der Pflanzenwelt, mit zum Teil differenzierter botan. genauer Wiedergabe.

Säulen- und Pfeilerbasen werden selten und spärlich mit plast. Dekor ausgestattet, am ehesten in roman. Zeit, mit Themen der Tier-, Dämonen- und Pflanzenwelt, z. B. Alpirsbach, Chur, Kathedrale.

Die *Konsole*, ein in der ma. Architektur häufiges Bauglied als Träger von Gesimsen, Bogenfriesen, Wandvorlagen, Gewölbeansätzen, Türstürzen und Figuren, ist zugleich ein bevorzugter Bildträger, kompositionell und themat. der Kapitellplastik verwandt. Die reichste Entfaltung findet sich an den Figurenkonsolen got. Portalgewände, mit Bezug auf die darüberstehende Figur. Aus der kopfförmigen, v. a. in England auftretenden Konsole entwickelt Peter Parler die Bildnisbüsten des Prager Doms.

Ins Organische umgesetzte Bauglieder sind desgleichen die *atlantenhaften Figuren*, die, am zahlreichsten in der it. Romanik, stehend, kauernd oder sitzend mit Händen, Köpfen oder Schultern die Konstruktion zu tragen scheinen. Auch Tiere, v. a. die liegenden Löwen, Greifen und Elefanten oberit. Portale, Lettner und Fenstergewände, erfüllen diese Funktion. Verwandt damit sind die v. a. in den oberen Baupartien auskragenden Tier-, Menschen- und Dämonenfiguren – Murbach und Rosheim im Elsaß –, die in der Gotik häufig zu *Wasserspeiern* ausgebildet werden und wesentl. zur äußeren Erscheinung der Bauten gehören (vgl. Amiens, Freiburg i. Br. oder Notre Dame in Dijon).

Als konstruktiver und optischer Gelenkpunkt der Architektur des got. Raumes ist der *Gewölbeschlußstein* zum Bildträger geworden. Seine meist tellerförmige Unteransicht zeigt pflanzl. oder figürl. Reliefs. In bestimmten Regionen und Zeitphasen werden auch in den seitl. *Zwickeln* Skulpturen, v. a. Köpfe, angebracht. Während *Gewölberippen* nur ausnahmsweise – in der Frühgotik des Anjou – mit wie angeheftet wirkenden Statuen bereichert wurden, entwickelten sich die *Archivolten* der roman. und got. Portale zu einem dicht besetzten Bilderfeld. Am Hauptportal in Vézelay um 1125/30 greift der Bilderrahmen des Tympanons in die Archivolten über, um 1130 ist in Aulnay-de-Saintonge an beiden Portalen die je vierstufige Archivoltenzone völlig mit Reliefs besetzt. Hier und an anderen Portalen der Region, die kein Tympanon besitzen, werden die Bogen zum alleinigen Bildträger. Dabei gibt es zwei Prinzipien, die beide in Aulnay vertreten sind: Am Südportal sind die Figuren zentripetal aufgereiht, am Westportal tangential in den Bogenlauf eingepaßt. Die Gotik übernimmt dieses zur Unterbringung von Dutzenden, ja Hunderten von Figuren in umfangreichen Bildprogrammen geeignete System und bewahrt es bis zum Ende des MA. In den roman. Portalen folgen einander die Figuren zäsurlos, in den got. werden immer mehr Standflächen, rahmende Ranken und Baldachine eingeführt, wobei in der Regel ein Baldachin die Basis für die nächsthöhere Skulptur bildet.

Das *Relief* als Gattung der B. hat an der ma. Kirche nicht die festen Plätze wie zum Beispiel Metope und Fries am antiken Tempel. Seine Standorte und Unterarten sind weniger kanonisch festgelegt, doch ist eine Reihe von neugeschaffenen Typen für die Eigenständigkeit des MA auch hierin bezeichnend. Plast., meist primitive Bearbeitung des *Türsturzes* gibt es seit dem FrühMA, häufiger seit dem Anfang des 11. Jh. Ende des 11. Jh. setzt, v. a. in Burgund (Charlieu Cluny, Vézelay, Autun), S-Frankreich (Conques, Moissac, St-Gilles) und Oberitalien (Verona, Ferrara, Parma) die hohe Kunst der *Tympana* ein. Bis zum Ende der Gotik bleibt diese Stelle die zentrale und würdigste des Bilderschmucks am Äußern eines Baues. Nachdem schon früh (Conques) horizontale Zonen das Bogenfeld ordnen, wird es seit dem beginnenden 13. Jh. in bandartige Register unterteilt. Selten wird auf ein Tympanon verzichtet, wie in Reims, Westfassade.

Das *Reliefband* ohne sogleich erkennbare Unterteilung der einzelnen Szenen ist v. a. durch die röm. und frühchr. Sarkophage angeregt. Es erscheint als durchgehender Fries in der Gebälkzone der antikisierenden roman. Portale v. St-Gilles und Arles, unbekümmert angeschnitten durch die Portalarchivolten an der Front von Notre-Dame-la-Grande in Poitiers, zuchtvoll als antikisches Band an Apsiden wie St-Paul-lès-Dax und Selles-sur-Cher. In verwandter Weise sind die Kapitelle der Westportale von Chartres zu einem szen. Reliefband verschmolzen.

Einzelreliefs, gerahmt oder ungerahmt und oft von Werken der Kleinkunst angeregt, treten v. a. im 11. Jh. auf und werden zuweilen noch unorganisch oder frei am Bau eingesetzt wie zum Beispiel am Nordportal von St. Emmeram in Regensburg. Reliefs ohne feste Begrenzung treten häufig an roman. Fassaden auf, in szen. Gruppierung an der Apsis von Schöngrabern in Niederösterreich, bänderartig gereiht an der Fassade von S. Michele in Pavia. Die Kathedralgotik schmückt v. a. die Sockelpartie der Portale mit Zyklen von Reliefmedaillons, analog zu den Formen der Goldschmiede- und Textilkunst.

Die plast. *Bauornamentik* des MA ist nicht wie jene der Antike einem Kanon unterworfen, sie tritt je nach Zeitphase und Region reich, gemessen oder karg auf. Zum größten Teil besteht sie aus Friesen, welche die gliedernden Teile des Baues, v. a. horizontale Gesimse und Bögen aller Art, zuweilen auch Bauglieder wie Säulenschäfte, Sockel- und Wandflächen akzentuieren, oder überziehen.

Der antike Motivschatz lebt mehr oder weniger getreu oder gänzlich verformt weiter, fast »römisch« naturgemäß in Regionen mit antiken Denkmälern wie in S-Frankreich. Dazu gesellen sich Motive aus dem ostchr. und islam. Bereich und aus der Kleinkunst der Völkerwanderungszeit, aus der Metall-, Elfenbein- und Textilkunst, der Wand- und Buchmalerei, dem Mosaik. So kommen die – fälschlich langobardisch genannten – Flechtbandornamente aus röm. und ostchr. Vorlagen, die perspektiv. Mäander (Carennac, Moissac, St-Menoux) stammen aus der Wandmalerei, viele symmetr. Blatt- und Tiermotive aus der Textilornamentik. Mancher got. Dekor gleicht vergrößerter Goldschmiedearbeit. Überhaupt kann Bauzier durch die Übernahme von Strukturen anderer Materialien entstehen. Die Gliederung des Kirchturms von Earl's Barton, Northhants., um 1000 setzt eine Holzkonstruktion in Stein um. Der steinerne Helm des Südwestturms von Chartres aus dem 12. Jh. ahmt in seiner Struktur eine hölzerne Verschindelung nach. Anderseits kann neue Ornamentik durch Naturbeobachtung gewonnen werden, wie dies z. B. die Dekoration von Reims ab 1230 zeigt. Die westl. Innenwand ist dadurch zu einem wahren botan. Bilderbuch geworden. Im 14. und 15. Jh. setzt eine erneute Stilisierung der Naturformen ein, unter Bevorzugung harter distelartiger Blätter; es ist die Zeit der Krabben und Kreuzblumen auf Wimpergen und Helmen. Eine rückläufige Bewegung im 15. und 16.Jh. verwandelt abstrakte Bauglieder wie Stützen, Brüstungen und Gewölberippen in naturalist. Astwerk (Ingolstadt, Liebfrauen, Kapellengewölbe, Burg Bechin, ČSSR, Pfeiler in Baumform).

[5] *Ikonologie:* Die ma. B. ist mehr als nur künstler. Schmuck, sie gehört zum darstellenden Charakter des Gebäudes und seiner sakralen, feudalen oder kommunalen Funktionen. Sogar die Ornamentik kann Aussagen enthalten. Entsprechend dem Wachstum der Bauten und ihrer Teile sind die meist gleichzeitig entstandenen und eingefügten Skulpturen mit diesen geplant worden und deshalb programmat. nicht immer einheitlich. Zudem wären in jedem Einzelfall bei einer Analyse die übrigen Komponenten eines Gesamtprogramms, die Wand- und Glasmalerei und das Bildprogramm der Ausstattung beizuziehen. Die Gesamtheit der Bilder eines ma. Sakralbaus unterstreicht dessen Symbolik als Himmlisches Jerusalem, als Gottesstadt und bietet zugleich eine mehr oder weniger ausführl. Darstellung des chr. Lehrgebäudes. Dies geschieht durch die Schilderung Gottes und seiner himml. Scharen, die Darstellung einzelner Gestalten oder Ereignisse des AT und des NT und der Heiligengeschichte, diese mit regionalem Einschlag. Des weiteren werden auf die Heilsgeschichte bezogen antike Gestalten von Philosophen und Sibyllen, Allegorien von Tugenden und Lastern, Künsten, Vertreter fremder Völker, Tierwelt, Fabelwesen, Tierfabel, Kosmologisches, Tierkreiszeichen, Arbeiten der Monate, schließlich die Welt der Dämonen und Teufel. Und – scheinbar – rein profane Themen, wie Karls d. Gr. Paladine Roland und Olivier am Domportal von Verona und Theoderich an S. Zeno daselbst, Karl IV. mit Begleitung an der Marienkirche Mühlhausen, Sachsen, fehlen nicht. Den am strengsten systemat. durchdachten Teil der B. bilden die Portale, Vorhallen und Hauptfassaden, jeweils eine themat. Einheit darstellend. Dem Hauptthema im Tympanon sind die Gewändestatuen als Repräsentationsfiguren, die Archivoltenplastiken und weitere Bildwerkzyklen zugeordnet, nach Ordnungsprinzipien wie der alt-neutestament. Konkordanz oder ständ. Gesichtspunkten wie hl. Bf.e, hl. Jungfrauen etc. In den oberen Fassadenrängen der Galerien und Baldachine wohnen als Bürger des Himmlischen Jerusalem die Scharen der Engel und Heiligen. Nicht alle Bildtypen sind ikonograph. restlos geklärt, so die zumeist als Konstantin d. Gr. gedeuteten roman. Reiterstatuen und die got. Königsreihen, die von namhaften Forschern wie MÂLE als alttestamentl. Kg.e, vom frz. Volk vom 14.Jh. bis zur Revolution und von der neueren Forschung als die Kg.e Frankreichs erklärt werden. Die Kapitellplastik der roman. Räume ist programmat. schwer zu deuten, was selbst so geschlossene Reihen wie Cluny oder Autun bezeugen. Es scheint sich mehr um eine Aneinanderreihung heilsgeschichtlicher Gedanken als um ein durchgehendes Thema zu handeln, oft an Beispielsammlungen, für Predigten oder theol. Abhandlungen erinnernd, höchstens gruppenweise aufeinander bezogen.

So wie an Sakralbauten weite »profane« Bereiche dargestellt wurden, so treten an Profanbauten wie Pfalzen, Stadttoren oder Rathäusern sakrale Figuren, wie Ortspatrone, Maria, Apostel auf. Dazu gesellen sich Herrscherbilder und herald. Motive, ohne Hoheits- und Rechtszeichen als nur Zierde; am eindrücklichsten verkörpert in Friedrichs II. Skulpturprogramm des Brückentors in Capua. Selten sind zeitgeschichtl. Schilderungen wie die Ereignisse zur Zeit Barbarossas vor den Toren Mailands (Museo Sforzesco), Ehrendenkmäler wie das Virgils am Broletto in Mantua. A. Reinle

Lit.: *(Auswahl) Allg.:* RDK I, 940-959 – *Regionen und Stilepochen:* A.K.PORTER, Romanesque Sculpture of the Pilgrimage Roads, 1923 – H.BEENKEN, Roman. Skulptur in Dtl., 1924 – H.KARLINGER, Roman. Steinplastik in Altbayern und Salzburg, 1924 – R.JULLIAN, L'éveil de la sculpture italienne. La sculpture romane dans l'Italie du Nord, 1945 – W.SAUERLÄNDER, Got. Skulptur in Frankreich 1140 bis 1270, 1970 – R.CROZET, L'art roman en Saintonge, 1971 – A.BORG, Architectural sculpture in Romanesque Provence, 1972 – A. GARDNER, Engl. Medieval Sculpture, 1973 – Z. SWIECHOWSKI, Sculpture romane d'Auvergne, 1973 – B.RUPPRECHT, Roman. Skulptur in Frankreich, 1975 – *Formale Gestalt und Standort am Bau:* J.BALTRUSAITIS, La stylistique ornementale dans la sculpture romane, 1931 – H.FOCILLON, L'art des sculpteurs romans, 1931 – R.HAMANN-MCLEAN, Les origines des portails et façades sculptés gothiques, CCMéd 1959, 157-175 – L.SCHREINER, Die frühgot. Plastik SW-Frankreichs, 1963 [Schlußsteinzyklen] – W. MESSERER, Roman. Plastik in Frankreich, 1964 – *Werkstoffe:* RDK II, 53-63 [Baukeramik] – R.SCHNYDER, Die Baukeramik und der ma. Backsteinbau des Zisterzienserkl. St. Urban, 1958 – Stucchi e mosaici altomedioevali. Atti dell'ottavo Congresso di studi sull'arte dell'alto Medioevo, 1962 – W.GRZIMEK, Dt. Stuckplastik 800-1300, 1975 – *Ikonologie:* H.SCHADE, Dämonen und Monstren, 1962 – L.BEHLING, Die Pflanzenwelt der ma. Kathedralen, 1964 – M. BRAUN-REICHENBACHER, Das Ast- und Laubwerk, 1966 – Y. CHRISTE, Les grands portails romans, 1969 – E.NEUBAUER, Die roman. skulptierten Bogenfelder in Sachsen und Thüringen, 1972 – *Antikes und frühma. Erbe:* G. DE FRANCOVICH, La corrente comasca nella scultura romanica europea, Riv. del R. Istituto d'archeol. e storia dell'arte V, 1935-36, 267-305; VI, 1937, 36-129 – E.DOBERER, Die ornamentale Steinskulptur an der karol. Kirchenausstattung (Braunfels, KdG III, 1965), 203-233 – V.LASSALLE, L'influence antique dans l'art provençal, 1970 – vgl. ferner: R.BUDDE, Dt. roman. Skulptur 1050-1250, 1979 – P.MICHEL, Tiere als Symbol und Ornament, 1979.

II. BYZANTINISCHER UND SÜDSLAVISCHER BEREICH: [1]

Byzanz: Die frühbyz. B. ist, abgesehen von den → Kapitellen, nur sehr bruchstückhaft bekannt. Ein Fragment eines Architravs mit der Darstellung von Lämmern, gefunden bei Grabungen im ehemaligen Atrium der H. Sophia in Konstantinopel (Anfang 5.Jh.), dürfte zum prunkvollen Eingangsbau zum Areal der H. Sophia (theodosian. Bau) gehört haben. Andere bei Grabungen in Konstantinopel gefundene figürl. Reliefs könnten ursprgl. zur Innenausstattung von Kirchen gehört haben, ohne daß wir wüßten, in welchem engeren Zusammenhang im Bau sie gestanden haben (z. B. die vier Apostel-Tondi im Archäol. Museum Istanbul oder die Funde in Saraçhane in Istanbul).

Die ornamentale B. ist zum erstenmal bei der Johannes-Kirche des Studios-Klosters in Konstantinopel (463) faßbar: ein Akanthus-Fries als oberster Rang des Architravs (sehr plastisch geformte Blätter mit gebohrter Innenrahnung). Das ist zweifellos die Vorstufe für die B. in H. Sergios und Bakchos und der H. Sophia: das Akanthus-Ornament ist ganz flach und spitzenartig geworden, es wird nicht selten durch tiefschattende Bohrungen oder à jour-Technik so vom Reliefgrund gelöst, daß es sich wie eine eigene Außenhaut von dem meist noch dunkel eingefärbten Hintergrund abhebt. Kapitelle dieser Art waren offensichtl. ein sehr begehrtes Exportgut, denn wir kennen Stücke unzweifelhaft konstantinopolitan. Herkunft z. B. aus Ravenna und aus Apollonia (Kyrenaika). Für die weitere Entwicklung bezeichnend sind die in H. Polyeuktos gefundenen Fragmente, zu denen auch die sog. Pfeiler von Accre vor S.Marco in Venedig gehören (Ende 6.Jh. oder frühes 7.Jh.). Die Entwicklung bis zum Bilderstreit ist noch nicht geklärt.

Eine Sonderstellung nimmt, was die B. anlangt, Syrien ein, wo sich aus den profilierten Umrahmungen der Fenster eine Volutenform anstelle der ursprgl. Abknickung entwickelt, die zum Träger eigener zentraler Ornamente werden kann. Außerdem ist auch der Innenraum syr. Kirchen seit dem 5. Jh. mit reicher ornamentaler B. verziert, z. B. an den Schildbögen der Apsiden, den Arkadenbögen usw. Darüber hinaus werden Türstürze und gelegentl. Fensterrahmungen zum Träger ornamentaler B. Figurale B. findet sich im östl. Teil des frühbyz. Reiches nur in Alahan Manastir: Erzengel und Hl. (Ende 5. Jh.).

Den wenig eingehenden Grabungsberichten zufolge haben die Kirchen von Bawit und Saqqara (Oberägypten) die Außenwände umziehende Relieffriese getragen, auf denen in Voluntenranken tier. und menschl. Figuren dargestellt waren. Die sonstige, überaus reiche B. des kopt. Raumes ist so aus dem architekton. Zusammenhang herausgerissen, daß die ursprgl. Verwendung nicht mehr sicher festzustellen ist.

Wie in der frühbyz. Zeit ist auch die chr. Architektur im byz. MA (profane blieb kaum erhalten) nach innen gewandt, d. h. die äußere Gestaltung ist schlicht und nur durch Mauertechnik, Blendnischen, Lisenen, Ziegelornamentik o. ä. gegliedert und verziert. Gelegentl. können die unteren Teile der Fenster durch ornamentierte Marmorplatten geschlossen werden (z. B. Katholikon des Kl. H. Lukas, frühes 11. Jh.). Manchmal werden in die Außenmauern einer Kirche Reliefplatten verschiedenster Herkunft wie ein Schmuckfries oder als Türsturz eingesetzt (z. B. H. Eleutherios in Athen, 12. Jh.; Elkomenos-Kirche in Monembasia, 15. Jh., wo es sich um Spolien aus dem Vorgängerbau handelt). Auch das Innere zeigt kaum B. an Kapitellen; die plast. Schmuckformen finden sich vielmehr an den Ausstattungsstücken (Templon, Schranken, Ambo, Emporenbrüstungen, Ciborien, Ikonenrahmen, Grabmonumenten usw.). Einige Kapitelle sind erhalten, die Büsten tragen, so um 1009 in der Marienkirche des Kl. H. Lukas zweizonige Kapitelle mit Seraphim in der oberen und Blattwerk in der unteren Zone auf den Säulen, die die Kuppel tragen. Im äußeren Narthex der Chora-Kirche in Konstantinopel sind als Spolien aus dem Bau des 11. Jh. vier Kapitelle wiederverwendet, die an zwei Seiten des schlichten Kapitellblocks Erzengelbüsten tragen, an den anderen ornamentalen Schmuck. In der H. Sophia in Monembasia (12. Jh.) zeigt ein Kämpferkapitell ein rührend primitives Relief der Salome. Um 1300 entstanden mehrere Kapitelle mit Büsten als Schmuck, die, aus ihrem ursprgl. Zusammenhang gerissen, als Einzelstücke erhalten geblieben sind: Im Archäolog. Museum Istanbul ein Kapitell mit Kriegerheiligen aus dem Pammakaristos-Kloster, im Musée de Cluny in Paris ebenfalls mit Kriegerheiligen, angeblich aus Athen stammend. Die Zahl dieser Stücke ist zu gering, um auf eine große Verbreitung des Figuren-Kapitells schließen zu können. Ob die sonstigen Fragmente figürl. Reliefs der palaiolog. Zeit, die in Istanbul gefunden wurden, als B. gedient haben, ist in keinem Falle nachweisbar. Nur in der Paregoritissa in Arta (um 1290) begegnet eine völlig abweichende B.: Im obersten Teil des Kuppelraumes stehen Säulchen auf Konsolen, die Reliefs mit Tier- und Pflanzenmotiven zeigen, und in zwei der Bögen, die die Kuppel tragen, sind Reliefs eingehängt (Geburt Christi, Evangelistensymbole, Lamm Gottes, Propheten). Diese recht schlichten Reliefs werden in der Regel als Werke it. Meister bezeichnet, die der Despot des Epiros sich verschrieben habe. Das ist höchst unwahrscheinlich, denn es gab in jener Zeit nirgends in Italien eine ähnlich altertüml.-primitive Reliefkunst. Näher liegt, an kaukas. Steinmetze zu denken: Die etwas jüngeren Reliefs von Surb Thadei' Vank (iran. Armenien) sind stilist. eng verwandt. Ebenso sind die Reliefs an der S-Vorhalle der H. Sophia von Trapezunt (Mitte 13. Jh.), ein Fries mit Genesis-Szenen) von armen. oder georg. Traditionen bestimmt (vgl. die Gregor-Kirche des Tigran Honentz in Ani und die Kirche in Gheghard). Diese Beziehungen erklären sich daraus, daß die komnen. Kaiserdynastie von Trapezunt mit Hilfe der Kgn. Thamar v. Georgien zur Macht gelangt war und zunächst von diesem Staat abhängig blieb.

Eine völlige Ausnahme innerhalb der byz. B. stellen die schmalen Friese mit pflanzl. Ornament dar, die z. T. senkrecht in die Innenwände der Kirche von Skripu (9. Jh.) in Böotien eingelassen sind. Sie sind, wie die Kirche selbst (s. o. Sp. 1654), ein ungelöstes Rätsel. K. Wessel

Lit.: J. A. HAMILTON, Byz. Architecture and Decoration, 1962³ – R. KRAUTHEIMER, Early Christian and Byzantine Architecture, 1965.

[2] *Südslavischer Bereich:* In den zw. den zwei Kulturkreisen des einst weström. und des ostroöm.-byz. Reiches gelegenen südslav. Gebieten (im wesentl. mit dem heut. Jugoslawien identisch) entwickelte sich die vor- und frühroman. B. aus dem spätantiken und frühbyz. Erbe beider Bereiche. Durch Verknüpfung und Sublimierung der verschiedenartigen gestalter. Elemente gelangt sie zu eigenen charakterist. Stilformen, deren genet. Wurzeln einerseits in die spätantike B. der Städte reichen (Pula, Zadar, Split mit dem Diokletianpalast und Salona, Doclea bei Titograd), andererseits sich auch aus der häufigen Übernahme künstler. Formen der altchr. und frühbyz. Kunst (Sarkophage, Elfenbeinarbeiten und andere Kleinkunst) entfaltet haben. Es kommt daher in der roman. B. Jugoslawiens des öfteren zu einer Synthese roman. und byz. Elemente, wobei byz. Ikonographie in roman. Form gestaltet wird. Nach dem Vertrag von Aachen 812 stehen die NO-Adriaküste und Istrien unter frk. Kultureinfluß, so daß sich die bauplast. Dekoration hier nicht wesentl. von der Vorromanik im Westen unterscheidet. Da in der Vor- und Frühromanik die B. wesentl. dem konstruktiven architekton. Komplex untergeordnet wird, kommt sie v. a., neben der Gestaltung der Außenfassade (Fensterrahmen, Transennen, Türstürze der Hauptportale), bei der Ausstattung des Kircheninneren (Chorschranken, Ciborium, Säulenkapitelle, Giebelpforten) zur Anwendung. Wie im Italien des 7.–9. Jh. erscheinen auch hier in der Reliefplastik Flechtbandornamente, Tier- und Pflanzenmotive, sporadisch auch schematisierte menschl. Figuren im Flachrelief, die außer in einigen Kirchen heute in den archäolog. Museen (Pula, Zadar, Knin, Nin, Split, Kotor, Dubrovnik) erhalten sind. Vorroman. B. findet sich primär an der O-Adriaküste (wie z. B. Split, Altarschranke in der Kirche hl. Martin; Zadar, Schrankenplatte in der Kirche hl. Lovro, Giebelbogen mit dem Namen des kroat. Fs.en Mutimir, Altarravfragment des Fs.en Branimir (879); Schrankenplatte aus Koljani, um 892; Ciborium aus Biskupija bei Knin u. a.). Eine der besterhaltenen Kirchen mit bauplast. Schmuck aus der 2. Hälfte des 11. Jh. ist die Kirche hl. Mihail bei Ston, Stiftung des Kg.s Mihailo v. Zeta. Die weiterentwickelte roman. B. breitet sich hingegen später auch im Binnenlande aus.

Am Anfang des 10. Jh. geht der schematisierte bauplast. Dekor langsam in die Hochreliefform über, so daß ab der 2. Hälfte des 11. Jh. schon Figuren mit vollplast. Volumen gestaltet sind (Biskupija bei Knin, hl. Lovro in Zadar, hl. Nikolas in Vela Varoš in Split). Im 11. Jh., mit der Einwanderung von Benediktinern aus S-Italien, beginnt man mit der Errichtung dreischiffiger Basiliken, die im 12. und 13. Jh. eine reiche Fassadengliederung durch Kolonnetten, Arkaden und Säulenkapitelle erhalten. Auch an den Portalen, Tympana und Archivolten hat sich die Sakralplastik nun voll entwickelt (Zadar, Kathedrale des hl. Stoši, hl.

Krševan; Kotor, hl. Triphun) und gelangt im 13. Jh. zu ihrer Blüte. Hier sei auf den hohen künstler. Wert der Holzschnitzarbeiten an der Flügeltür der Kathedrale in Split von Meister Andrija Buvina, 1214 ausgeführt, hingewiesen; ebd. auch auf die Darstellungen der Geburt Christi und der Verkündigung sowie die Relieffiguren der Heiligen im Glockenturm (letztere signierte Werke des Bildhauers Magister Otto von nördl. Herkunft). Ein weiteres wichtiges Monument aus der hohen Romanik ist das 1240 von Meister → Radovan geschaffene Portal für die Kathedrale v. Trogir, wobei die an den Portalpilastern vollplast. modellierten Aktfiguren von Adam und Eva hervorzuheben sind. Aus der Fülle der in Dalmatien erhaltenen B. ist eines der bedeutendsten Kunstwerke aus dem 14. Jh. der in romano-got. Stil errichtete Kreuzgang des Franziskanerklosters der »Kleinen Brüder« in Dubrovnik, der von Magister Mihoje Brajkov aus Bar (Michoe filius Braichi de Antibaro) erbaut wurde.

Die vom Zetaküstenland im Süden auch bis ins serb. Binnenland vordringende roman. B. erscheint in vollzogener Symbiose von byz. Ikonographie und roman. Formgestaltung an den Konsolträgern, Fenstern und Portalen der Gottesmutterkirche (1183–96) des Kl. Studenica, ebenso im weiterentwickelten roman. und got. Stil an den zeitl. nächsterrichteten Klosterkirchen (Mileševa, Gradac am Ibar, Banjska). Später wurde der Kirchenbau des Kl. Dečani (1327–35) vom Franziskanerbaumeister Fra Vita aus Kotor reich mit plast. Dekor versehen. Wie zuvor in Studenica sind auch dort, neben den roman. Portalen und dem Apsistriphorium, bes. die vollplast. Menschenköpfe an den Konsolträgern unter dem Dachgesims erwähnenswert.

Die Gotik gelangt von Italien her an die O-Adriaküste und dringt dann weiter ins Binnenland ein, vermischt sich zunächst mit der Romanik, um schließlich zu dominieren. Von der sakralen B. im spätgot. Stil ist das Werk des Meisters Juraj → Dalmatinac (Georgius Dalmaticus) mit 74 vollplast. Menschenköpfen an den Konsolträgern der Kathedrale von Šibenik (1444) eines der hervorragendsten dieser Epoche. Der Künstler, zuvor in Venedig (in der Werkstatt der Familie Bon) ausgebildet, führte den Stil der Spätgotik (gotico fiorito) in seiner Heimat ein, der sich dann an der ganzen Adriaküste auszubreiten begann (z. B. Anfang des 15. Jh. an der Kathedrale von Korčula). Überhaupt werden im 15. Jh. häufiger it. Baumeister und Bildhauer an der O-Adriaküste tätig, wie Bonino da Milano, der die Kapelle des hl. Dujam in Split (jetzt des hl. Arnerius) erbaute und plast. ausschmückte; in Šibenik die Kirche des hl. Barlam und die Kathedrale des hl. Jacobus. Ein anderer lombard. Meister, Pietro di Martino da Milano, arbeitete ab 1431 mehrere Jahre als Bildhauer in Dubrovnik.

In Slowenien ist zunächst die karol. B. von Aquileia her geprägt worden. Ab dem 11. Jh., unter der Oberherrschaft dt. Gf.en, breitet sich die Romanik im plast. Dekor der Kirchen aus (z. B. in Spitalič bei Konjicah um 1200; bei der dreischiffigen benediktin. Basilika in Stična, 1156). Der Übergang von der Romanik zur Gotik ist in den drei Portalen von Mali grad in Kamnik (Anfang 13. Jh.) beispielhaft vertreten. Bedeutung erlangt nach 1370 die got. Bauplastik der Prager Meister aus den Werkstätten der → Parler-Familie (Christuskopf in der alten Kathedrale in Ljubljana, Konsolen mit Ungeheuern und Tieren an der Kirche auf Hajdine in Ptuj und Konsolträger an den Kirchen in der Ptujska Gora). Auch an der Nordwand der Kathedrale in Zagreb kommt der Parler-Stil in plast. Darstellungen von phantast. und exot. Tierwesen deutlich zum Ausdruck.   D. Nagorni

Lit.: E. EITELBERG, Ma. Kunstdenkmäler Dalmatiens, 1861 – M. M. VASIĆ, Arhitektura i skulptura u Dalmaciji od početka IX do početka XV veka. Crkve, 1922 – J. STRZYGOWSKI, Altslaw. Kunst, 1927 – LJ. KARMAN, Iz kolijevke hrvatske prošlosti, 1930 – V. PETKOVIĆ – DJ. BOŠKOVIĆ, Manastir Dečani, 2 Bde, 1941 – K. PRIJATELJ, Skulpture s ljudskim likom iz starohrvatskoga doba, Starohrvatska prosvjeta, III. Ser., Bd. 3, 1954 – C. FISKOVIĆ, Prvi poznati dubrovački graditelji, 1955 – I. PETRICIOLI, Pojava romaničke skulpture u Dalmaciji, 1960 – J. MAKSIMOVIĆ, Le ciborium de Kotor du XIVe s. et la sculpture des régions voisines, 1961 [serb., frz. Rés.] – E. CEVC, Srednjeveška plastika na Slovenskem do zadnje četvrtine XV stoletja, 1963 – LJ. KARAMAN, O delovanju domaće sredine u umjetnici hrvatskih krajeva, 1963 – E. CEVC, Gotsko kiparstvo v Sloveniji, 1967 – A. DEROKO, Sa starim neimarima, 1967 – Studenica, hg. T. MLADENOVIĆ, 1968 – J. MAKSIMOVIĆ, La sculpture méd. Serbe, Novi Sad 1971 [serb., frz. Rés.] – S. GUNJAČA-D. JELOVINA, Altkroat. Erbe, 1976 – P. MIJOVIĆ, Les liens artistiques entre l'Arménie, la Géorgie et les pays Yougoslaves au MA (Atti del simposio internaz. di arte armena, 1978), 487–526. Zur *ostslav. B.* vgl. → Plastik.

III. ARMENIEN: Die armen. B. ist in zwei sehr unterschiedl. Perioden einzuteilen: vom 5. bis zum 7. Jh. eine vornehml. ornamentale B., stark von Syrien beeinflußt, und eine im 10. Jh. beginnende, die figürl. Darstellungen in z. T. beträchtl. Umfang einbezieht. Das älteste erhaltene Beispiel einer Gliederung der Fassade durch B. ist eine einschiffige Kirche des 5. Jh. in Avan: Das Portal wird durch einen ornamentierten Fries umrahmt, ein auf Säulen ruhender Bogen mit starker Profilierung und Zahnschnitt umrahmt in einigem Abstand das Portal und das halbkreisförmige Fenster darüber. In der etwa gleichzeitigen Kirche von Aparan (Qasakh) machen sich erstmals die syr. Einflüsse geltend: Die rundbogigen Fenster werden durch profilierte Bögen, die am unteren Ende nach beiden Seiten horizontal abknicken, verziert; der Unterschied zur syr. B. besteht darin, daß diese Fensterumrahmungen stets nur das obere Drittel des Fensters umziehen. Der Portalvorbau dürfte ähnlich gewesen sein wie in Avan, nur tritt an die Stelle der Fensteröffnung ein Relief mit antithet. Vögeln und Blattzweigen. Die Art der Fensterumrahmung von Aparan findet sich bei einem großen Teil der Bauten der ersten Periode wieder, nicht selten noch kürzer, d. h. nur den Rundbogenschluß des Fensters umrahmend, z. B. in Ptghni (6./7. Jh.) und öfter. Sehr viel reicher ist die B. an der Basilika von Ereruk, deren zeitl. Stellung umstritten ist: Das Hauptportal ist ähnlich gestaltet wie in Aparan, nur ist das Relief über der Tür rein ornamental; zwei in halber Höhe des Bogens angebrachte Konsolen scheinen Aufsätze getragen zu haben, die nicht erhalten sind; die seitl. Fenster des Obergeschosses werden durch eine dreifach abgestufte Profilierung mit innerem Zahnschnitt eingefaßt, die in Höhe der Fensterbank kurz rechtwinklig abknickt; die Dreifenster-Gruppe wird in der von Aparan bekannten Art durch Bögen zusammengeschlossen; recht abweichend ist die B. der S-Fassade, an der die beiden Türrahmungen durch einen Giebel über dem Bogen erhöht werden, während die Fensterrahmungen nach syr. Vorbild bei allen vier Fenstern völlig gleichartig sind, obwohl das erste Fenster im W ein Rundfenster ist, die beiden nach O folgenden nur etwa halb so groß wie die Umrahmung sind und lediglich das Fenster im O seine Umrahmung ganz ausfüllt. Neue, zusätzl. B. zeigt die Kathedrale v. Tlin'a (7. Jh.): An der Apsis und am Tambour werden die Kanten durch schmale Doppelsäulen verziert, die, an der Apsis knapp die halbe Höhe erreichend, durch reichornamentierte flache Bögen miteinander verbunden sind; hier ist auch erstmals im Inneren, und zwar im Tambour, ein plast. Dekor in Form eines Frieses aus konzentr. Kreisen am Ansatz der Kuppel angebracht. An der Kirche v. Zibini sind erstmals Gebäudekanten mit eingelegten Rundstäben verziert, und werden die Fensterumrahmungen ornamental mit Kreismustern anstelle der Profilierung geschmückt. Eine weitere Neuerung zeigt sich an der Kirche des Hl. Johannes in Mastara (7. Jh.?): Oberhalb des Haupteingangs wird die muschelartig ornamentierte Umfassung eines schmalen Rundbogenfensters zur Basis eines Bogens, der auf Doppelsäulchen ruht, die aus Kugeln zusammengesetzt zu sein scheinen und deren Kapitelle Vögel zeigen; der Bogen selbst ist ovoid und reich ornamentiert; diese Scheinarchitektur umschließt zwei Inschriftplatten. Die Dekorierung des Tambours, wie wir sie an der Kathedrale von Tlin'a fanden, kehrt an der etwas jüngeren Johanneskirche in Sisian wieder. Die reichste B. dürfte in dieser ersten Periode die bis auf wenige Reste verschwundene, aber voll rekonstruierbare Kirche von Zvartnotz in Vagharchapat gehabt haben: Der Bau war in seinem unteren Geschoß von einer Arkadenfolge auf schlanken Doppelsäulen umzogen; von seiner reichen B. im Inneren sind u. a. erhalten: Pedentifansätze mit Figuren (wohl Baumeisterbildnisse), ein Kapitell mit einem riesigen Adler sowie Fragmente mit Granatapfel- und Weinrankendekor.

Die zweite Periode der armen. B. beginnt mit der Kirche des Hl. Kreuzes in Achtamar (10. Jh.). Aus der ersten Periode übernommen werden die seitl. abknickenden Bögen über den Fenstern, die zu Trägern reicher pflanzl. Ornamentik werden. Dazu kommt als völlige Neuerung der Schmuck der Außenwände mit einem reichen Bildprogramm, das in Flachrelief ausgeführt ist; hinzu treten versenkte Reliefs mit Kreuzen, die aus Halbpalmetten wachsen, ein die ganze Kirche umziehender Fries aus Weinlaub mit Tier- und Jagdszenen ausgesprochen profanen Charakters, die Ersetzung des Kranzgesimses durch einen Tierfries sowie Einzelfiguren in den Giebeln und Eckkonsolen, die mit Frauenmasken oder Tierbildern geschmückt sind (vgl. S. Der Nersessian-H. Vahramian, Aght'amar, 1974). Eine ähnlich reiche B. an den Außenmauern findet sich nur in der Hauptkirche von S. Thadei' Vank (Iran, 1329), freilich auf eine Folge von Einzelfiguren anstelle von Szenen reduziert (vgl. W. Kleiss-H. Seihoun, S. Thadei' Vank, 1971). Stifterreliefs kommen als Fassadenschmuck seit dem 10. Jh. vor, z. B. an der S. Nshan in Haghbat (zw. 967 und 991) und an S. Amenaprkitch in Sanahin (967 bis 972).

Nach dem Vorbild von Zvartnotz werden zahlreiche Kirchen seit dem 10. Jh. durch die auf Doppelsäulchen ruhenden Arkaden umzogen, z. B. die Kathedrale in Marmachen, die Kathedrale von Ani, die Rundkirche des Heilands in Ani, die Gregor-Kirche des Tigran Honenz ebd. u. a. m. Gelegentl. können die Doppelsäulchen erheblich verkürzt werden und auf Konsolen ruhen, z. B. an der Gregor-Kirche des Abughamrents in Ani. Zu der gleichartigen Gliederung des Tabours treten manchmal einzelne Figuren in den Zwickeln z. B. an der Apostel-Kirche in Kars.

An der Kirche S. Ejmiacin in Soradir (10. Jh.) und an der Kapelle von Bgheno-Noravank (10./11. Jh.) findet sich ein Stufenportal, das wie eine Vorwegnahme gleichartiger Bauformen an den sog. Schottenkirchen in S-Deutschland, Österreich und Ungarn wirkt, auch in der Art der Ornamentik. Ob das in dieser Kapelle eingelassene Relief mit Christus und Maria zur ursprgl. B. gehört, muß offen bleiben.

Erst seit dem 13. Jh. kommen in zwei der armen. Teilreiche (Sivnik und seltener in Ayrarat) auch Tympanonreliefs vor, die auf unterschiedl. Einflüsse zurückgeführt werden können. In Sivnik gab es seit ca. 1200 ein röm.-kath. Bm. in Nachitževan. Es könnte sich also bei der figürl. B.

dieses Raumes (Areni, Tanadivank, Spitakavor und Noravank Amaghu) um die Übernahme westl. Gewohnheiten handeln, was auch durch die Ikonographie nahegelegt wird: Am Žamatun von Noravank Amaghu (1261) z. B. ist das Tympanon des W-Portales mit dem Bild einer thronenden Madonna geschmückt, die sehr an it. Werke der Zeit erinnert (umgeben von Arabesken mit zwei Halbfiguren darin, deren rechte ein langes Schriftband hält); im kielbogenförmigen Tympanon des Fensters darüber steht die Büste Johannes des Täufers mit dem Lamm Gottes auf der linken Hand, gerahmt von zwei kleinfigurigen Szenen (Kreuzigung Christi und eine nicht identifizierte). Der Madonnentyp, das Schriftband und das Lamm Gottes stammen nicht aus der östl. Ikonographie und legen so die Annahme eines westl. Einflusses nahe. Eine andere mögliche Erklärung wäre, daß die skulpierten Tympana von Georgien angeregt wurden, das vom späten 12. Jh. bis zum Mongolensturm (1236) auch über die armen. Gebiete herrschte. Thematisch eng verwandt, stilist. und in den ikonograph. Details aber völlig abweichend sind die wenigen figuralen Tympana in Ayrarat, vgl. z. B. S. Astvacacin in Hovhannes Karapet (1301), deren W-Portal eine von Engeln angebetete Madonna vor rankenverziertem Grund zeigt; Maria sitzt mit gekreuzten Beinen nach oriental. Manier, Gesichter und Faltenwurf erinnern an späte syr. Buchmalerei; ein Relief darüber zeigt den Kirchenpatron zw. zwei Pfeilern mit je zwei Köpfen der → Evangelistensymbole, seitl. davon ragen zwei bärtige Köpfe aus dem Boden. Für Ikonographie und Stil solcher B. sind Parallelen nicht bekannt.

An späteren Bauten macht sich gelegentl. ein Einfluß der seldschuk. Ornamentik geltend, z. B. an den Stalaktit-Nischen des Glockenturms von Haghbad. Auch am Portal der Katoghike des Kl. Gheghard (1215) ist die Ornamentik zweifellos von dieser islam. Kunst beeinflußt, während die Tierkampfgruppe oberhalb des Fensters der W-Fassade in ihrem primitiven Flachrelief zweifellos an heimische Relieftraditionen erinnert. Der Žamatun dieser Kirche zeigt noch reichere seldschuk. Einflüsse, v. a. in der Stalaktitkuppel und den Flechtbandornamenten an den Außenwänden, auch hier wieder mit primitiven Tierdarstellungen verbunden. Vergleichbar ist auch das Portal der Gregor-Kirche von Goshavank (1241). Daneben kommen auch byz. Einflüsse gelegentl. vor, z. B. in der Stephans-Kirche in Aghtjots (1217) und in Anaghu (1275 und 1339). Eine rein byz. Darstellung der Deesis findet sich am Kl. der Weißen Jungfrau in Vayotsdsor (1321). – Zu der oft behaupteten Rolle der armen. B. für die roman. Kunst vgl. → Armenische Kunst, Abschnitt 3. K. Wessel

Lit.: Architettura medievale armena (Kat. Ausstellung Rom 1968) – S. Der Nersessian, L'art arménien, 1977.

IV. Georgien: Trotz einer scheinbar großen Ähnlichkeit der georg. Architektur zur armen. ist die Entwicklung der B. Georgiens völlig anders. Neben der Verwendung vorchr. Fragmente (z. B. eines Stierkopfreliefs im Vorgängerbau der Sv. Zchoweli in Mzcheta aus dem 5. Jh. und im Baptisterium von Bolnisi, ebenfalls 5. Jh.) finden wir in der Kirche von Tetrizkaro (5. Jh.) bereits figürl. Darstellungen, nämlich auf einem Türsturz ein großes Kreuz im Medaillon, das von zwei Engeln getragen wird. Der Stil ist sehr flach und von einer erstaunl. Neigung zu Parallelfalten bestimmt, wobei die Proportionen kindlich-primitiv wirken. Im 6. Jh. wird dieser Stil fortgesetzt, z. B. in Kvemo Bolnissi, wo in einem entsprechenden Relief an die Stelle des Kreuzes die – sehr zerstörte – Gestalt des thronenden Christus tritt (meist als Himmelfahrt bezeichnet, dürfte es sich eher um eine Theophanie handeln). Ähnliches findet sich auch in Edsani, eine Erscheinung der Gottesmutter, von Engeln getragen, die zudem eine Krone oder ein Weihrauchgefäß halten. Gelegentl. können solche Reliefs auch auf Kämpfer-Kapitellen erscheinen, z. B. in Choschornia. Gegen Ende des Jh. wird aus den Türsturzreliefs ein Tympanon, zuerst in der Dschvari-Kirche in Mzcheta (586/587-605/606), wo das Motiv der kreuztragenden Engel wieder aufgenommen wird. An dieser Kirche finden sich außerdem die ältesten erhaltenen Stifter-Reliefs: oberhalb des Tympanon der S-Fassade in einer Aedicula Christus mit einem vor ihm knienden Stifter, an der Hauptapsis im O eine gleichartige Komposition, aber ohne Aedicula, und an den Schrägseiten der Ummantelung je ein Relief, in dem ein Engel einen Stifter zu Christus heranführt.

Etwa gleichzeitig finden wir auch im Inneren B., z. B. ein Pilaster-Kapitell in der Basilika von Bolnisi mit ungewöhnl. primitiven Tierdarstellungen und in der Vorhalle ein Pilaster-Kapitell mit kerbschnittartiger, sehr sorgfältig gearbeiteter pflanzl. Ornamentik.

Im 7. Jh. wird in Martvili die Tradition des reliefierten Türsturzes mit dem Thema der Theophanie, ergänzt durch eine Darstellung des reitenden Hl. Georg, wiederaufgenommen. In der Kirche Sioni in Ateni dagegen erscheint wieder ein Tympanon-Relief: zwei Hirsche zu Seiten einer Scheibe mit einem schwer interpretierbaren Ornament, das vielleicht Früchte andeuten soll. Außerdem sind in der Fassade dieser Kirche einige Jagdreliefs eingelassen, die aber aus stilist. Gründen in Wiederverwendung benutzt sein dürften. Etwa gleichzeitig wird, den Resten nach zu urteilen, an der Kirche von Bana im Untergeschoß die Wanddekoration der Kirche von Zvartnotz in Vagharchapat (Armenien) übernommen, ergänzt durch Granatapfel- und Weinranken in den Zwickeln.

Wie in Armenien wird auch in Georgien die künstler. Entwicklung durch die arab. Invasion für Jahrhunderte unterbrochen. Erst in der 1. Hälfte des 10. Jh. haben wir an der Kirche von Oschki wieder B., am Außenbau wie im Inneren. Die Außendekoration erinnert wieder in ihrer Gliederung stark an Armenisches, ergänzt durch Flachreliefs der Erzengel Michael und Gabriel oberhalb des Fensters am südl. Kreuzarm. Außerdem sind an der O-Seite eine Deesis und zwei Stifterfiguren in byzantinisierendem Stil dargestellt. Als Beispiele für die B. im Inneren seien ein Kapitell auf der S-Empore mit der Szene der Deesis und ein weiteres mit Engeln und Cherubim erwähnt. Der Stil aller dieser Reliefs ist so unterschiedl., daß mit der Beteiligung mehrerer Bildhauer gerechnet werden muß. Etwas älter ist vielleicht der volkskunsthaft ausgeführte Fries am Kranzgesims der O-Fassade von Korogo, der eine Prozession von Stiftern zeigt, die zur Platytera (→ Maria) hinaufsteigt. Der ersten Hälfte des 10. Jh. gehören die wenigen Reliefs an der Kirche von Doliskana an: am Tambour die Darstellung des Kg.s Sumbat mit dem Modell der Kirche und die Bilder der Erzengel Gabriel und Michael am S-Fenster der Kreuzkuppelkirche, dazu ein Medaillon mit einer Büste und der Beischrift: »Geschaffen von der Hand des Diakon Gabriel«.

In der 2. Hälfte des 10. und v. a. im 11. Jh. beginnt die B. üppiger zu werden und neue Formen zu entwickeln. So wird das Tympanon d. W-Portals in Vale über einem Relief antithet. Reiter mit einer Muschel geschmückt, die von zwei mit pflanzl. Ornamenten verzierten Bögen (antikisierende Acanthusranke und sasanid. beeinflußte Palmetten) umrahmt wird; das ganze Ensemble wird überfangen durch einen Bogen mit V-förmig angeordneten Spiralen und Dreiblättern, der von je drei Säulen mit Akanthuskapitellen und einem gemeinsamen Kämpfer getragen wird (4. Viertel 10. Jh.). Etwa gleichzeitig ist ein Relief aus Bedia (Mus. Tiflis), das einen betenden Bf. zw. einem Diakon und einer nicht mehr identifizierbaren Gestalt zeigt, ein Fragment der einstigen Innenausstattung dieser Kirche. Auch die Fensterumrahmung wird reicher, vgl. z. B. das Mittelfenster der O-Fassade der Kirche von Kumurdo (964): das Rundbogenfenster wird allseitig von einem zweistreifigen Flechtband umrahmt; darum legt sich eine Arkade, deren Basis und Pilaster mit einer Wellenranke verziert sind; statt eines Kapitells erscheinen zu beiden Seiten eine frontal gegebene Tierfigur (nicht mehr identifizierbar), auf deren Rücken links ein Engel und rechts ein Adler stehen; dann folgen flach ornamentierte Kapitelle, die einen ähnlich ornamentierten Bogen tragen.

Diese Beispiele belegen die Anfänge einer Entwicklung, die bereits im beginnenden 11. Jh. einen ersten Höhepunkt in der B. der Kirche von Nikorzminda (1010-14) und der Kathedrale Bagrat in Kutaissi (Anfang des 11. Jh.) erreicht. An der Kirche von Nikorzminda werden die Arkaden, die die Fassadenteile gliedern, nicht mehr auf Doppelsäulchen, sondern auf Bündelpfeiler gesetzt. Die Portale der Vorhallen wirken wie roman. Stufenportale. Das Tympanon des W-Portals zeigt den stehenden segnenden Christus zw. zwei Reiterheiligen, von denen der rechte, der Hl. Georg, Diokletian niedersticht, während sein Gegenüber mit einem Drachen kämpft. Ein kompliziertes Bandgeflecht umschließt das Tympanonfeld, ein schmalerer Bogen mit schlichterem Bandgeflecht legt sich zusätzl. darum. Am S-Portal der Kirche tragen vier Engel ein rosettengeschmücktes Kreuz; das Tympanonfeld wird von einem Zahnschnitt umgeben, um das sich ein Strickband legt. Der äußere, etwas vorgezogene Bogen trägt ein dreiriemiges Flechtband, das als Mittelpunkt die Knoten Kreuze freiläßt. Als zusätzl. Dekor ist am Giebel der W-Fassade ein Bild des thronenden Christus in einem überreich ornamentierten Rahmen angebracht, seitlich davon zwei große Rosetten mit Palmettendekor und Flechtbandwulsten als Rahmen. An der gleichen Stelle sitzt an der S-Fassade das ungerahmte Bild der Maiestas Christi, vier Engel tragen seine Mandorla. Überreich ist der Schmuck des Tambours, dessen Kanten mit zwei pflanzl. ornamentierten Säulchen belegt sind, die durch gleichartig ornamentierte Doppelbögen verbunden sind; die schmalen Fenster sind von Wulsten umzogen, deren Ornamentik girlandenartig ist. Das Feld zw. den Fenstern und den Säulen an den Kanten ist jeweils dicht mit kerbschnittartigem Ornament überzogen, das zahlreiche sasanid. Elemente verarbeitet.

Die nur als Ruine erhaltene Kathedrale v. Kutaissi glich in der Arkadengliederung der Wände der Kirche v. Nikorzminda, weicht aber in den erhaltenen Teilen des Fassadenschmuckes stark von ihr ab. Wenn auch die erhaltenen Fragmente das ursprgl. Gesamtdekor des Äußeren nicht mehr rekonstruieren lassen, ist doch zu erkennen, daß offenbar ein sehr abweichendes Schmuckprogramm vorhanden war; wir finden z. B. fast vollplast. Köpfe (heute sicher an falscher Stelle eingesetzt) und aus der sasanid. Kunst übernommene Fabeltiere. Wo die ein Fenster rahmende Ornamentik erhalten ist, ist sie abstrakter und wesentl. flacher. Der bedeutendste Unterschied zu Nikorzminda liegt aber in der reichen B. im Innern: Basen mit Flechtbanddekor, Kapitelle mit Adlern an den Kanten und Palmetten am Kapitellkörper bzw. Widderköpfe an den Kanten und Weinlaubdekor, andere Kapitelle mit Tierkampfmotiven im Flachrelief, ebenfalls mit Adlern an den Kanten, sowie Kämpfer mit ganz einfachem Bandgeschlinge.

Gleichzeitig kann auch eine bedeutende Kirche wie die

Kathedrale v. Alaverdi auf jede andere B. als die Arkadengliederung verzichten. Diese Zurückhaltung ist freilich äußerst selten.

Zur Vereinfachung des Überblicks über die weitere Entwicklung sei zunächst die Gliederung der Außenwände beschrieben. Bei der Basilika v. Otchta-Eklesia (10. Jh.) ist die einfache Außengliederung durch Arkaden übernommen, wie sie bereits in Bana im 7. Jh. erschien. Die Georgs-Kirche in Kazchi (Anfang 11. Jh.) macht im Untergeschoß aus dem Säulenpaar einen Bündelpfeiler, während im Obergeschoß und im Tambour die schlichte ältere Gliederungsform beibehalten wird. An der Kirche Samtavro in Mzcheta tritt zu dieser Bündelpfeiler-Bildung als weiteres Schmuckelement eine Fensterumrahmung wie in Nikorzminda hinzu; ebenfalls werden die Rosetten übernommen, figürl. Schmuck fehlt. Die etwa gleichzeitige Kathedrale v. Manglisi setzt an die Stelle der Bündelpfeiler drei säulenartige, von Ornamenten in sieben Zonen aufgeteilte Wandvorlagen, die wie eine Vorwegnahme des Moskauer Manierismus des 16. Jh. wirken. An der Sv. Zchoweli in Mzcheta (1010-24) ist bei sonst schlichter Gliederung der herkömml. Arkadenform die W-Fassade bes. reich ornamentiert: ein auf Bündelpfeilern ruhender Bogen trägt frei herabhängende Palmetten als Hauptornament; über ihm ist im Giebelfeld die Maiestas Domini dargestellt. Außerhalb des Bogens sind bis in Höhe der Kapitelle Lebensbäume zu sehen, darüber im S-Teil der Fassade ein Relief mit zwei Nischen, die Hl.-Büsten enthalten (die gegenüberliegende Seite ist zerstört). Das sehr schmale Fenster ist von einer Ornamentik in der Art, wie wir sie in Kutaissi fanden, umgeben; ein wulstiger Rahmen aus Bandgeflecht umzieht dieses Ornamentfeld; er wird seinerseits von einer Arkade umrahmt, die auf je drei Säulchen mit spiraliger Kannelur ruht. Der Arkadenbogen ist sehr reich profiliert und umschließt ein fächerartiges Ornament, das aus zwei Reihen überlappender Akanthusblätter besteht. Als Besonderheit muß hervorgehoben werden, daß die Giebel der äußeren und der inneren Vorhalle von je einem kleinen Kirchenmodell bekrönt werden. Außerdem ist an der O-Seite ein reich ornamental gerahmtes Fenster zur Betonung des Allerheiligsten in das Mittelkompartiment gesetzt. Beiderseits seiner unteren Ecken fliegt je ein Engel herunter, von denen der linke anscheinend einen Korb mit Brot, der rechte einen Kelch bringt (eine deutliche Anspielung auf das Altarsakrament); das Ziel der Engel scheint eine Deesis in Büstenform zu sein, die von zwei Stierprotomen gerahmt wird. Frei herabhängende Ornamente finden sich dann wieder am Tambour und am S-Portal der Kathedrale von Ischchani (1032).

Im 12. Jh. wird z. T. die B. an den Außenmauern wieder auf das usprgl. Fassadenmotiv reduziert, z. B. bei der Hauptkirche des Kl. Gelati (1106-25). Im Gegensatz dazu kann es auch in z. T. wenig proportionierter Weise auswuchern, wie z. B. an der Kirche von Ikorta (1172), wo die Größe der einzelnen Teile der B. und ihre Häufung in keinem ausgewogenen Verhältnis zu den einzelnen Wandflächen stehen; figürl. Darstellungen entfallen, die Ornamentformen werden weitgehend auf Varianten des Flechtbandes reduziert, das wichtigste Symbol wird ein riesiges Kreuz, freihängende Ornamente nehmen Gestalt von Lilien an. In diese Richtung gehören die Kirchen von Kvatachevi (um 1200), Pitareti (1213-22), Metechi in Tbilissi (Tiflis, 1278-89) und Sarsma (Anfang 14. Jh.), wo eine deutliche Reduzierung dieser Wucherungen eintritt. Diese Reduzierung dürfte darauf zurückzuführen sein, daß anstelle des Quaderbaus öfter der → Ziegelbau tritt: z. B. die Kirche in Timotes-Ubani und Kinzvisi (beide Anfang 13. Jh.).

Die B. im Innern der Kirchen entwickelt sich kaum über Nikorzminda hinaus. Gelegentl. wird die bereits in Bana im 7. Jh. auftretende Öffnung des Halbzylinders der Apsis durch Arkaden in spätere Bauten übernommen, z. B. in Ischchani, wo eine entsprechende Gliederung aus dem 7./8. Jh. in den hochma. Bau übernommen wird. In abgeflachter Form findet sich diese Arkadenreihung in der Apsis z. B. in Mzcheta, Sv. Zchoveli, und in Alaverdi. Die traurigen Fragmente der einstigen Innenausstattung der weitgehend zerstörten Kirche von Kara Dag bei Antiocheia (1. Viertel 11. Jh.) geben eine ungefähre Vorstellung von dem möglichen Reichtum ornamentaler B. im Innern. Da es sich in diesem Falle um einen Bau für eine georg. Kolonie außerhalb des Landes handelt, sind sie nicht unbedingt bezeichnend für die Möglichkeiten in Georgien selbst.

Der einzige sonstige georg. Bau außerhalb Kaukasiens, der erhalten blieb, ist das sog. Beinhaus des bulg. Kl. → Bačkovo, einer Stiftung des Georgiers Gregor Bakuriani (Pakurianos), eines der höchsten byz. Generäle (1083). Die Außengliederung der Saalkirche ist von der gleichen Schlichtheit wie die der Otchta-Eklesia. Im Unterschied dazu ist das georg. Athos-Kloster Iberon (Iviron) völlig dem Stil der Athos-Kirchen seit der großen Laura angepaßt und zeigt keinerlei B.

Die in jüngster Zeit neu diskutierte Frage einer möglichen Abhängigkeit der roman. B. von der georg. B. übersieht, daß die hist. Voraussetzungen für eine Übernahme georg. Anregungen im kath. Europa nicht gegeben sind (es sind weder direkte Kontakte noch überhaupt eine zuverlässige Kenntnis von der Existenz dieses kaukas. chr. Reiches nachweisbar) und daß Thematik, System und Funktion der georg. B. völlig anders sind als die der roman. Bauplastik. K. Wessel

Lit.: H. SEDLMAYR, Östl. Romanik. Das Problem der Antizipationen in der Baukunst Transkaukasiens (Fschr. K. ÖTTINGER, 1967), 54 ff. – N. ČUBINAŠVILI, Chandisi [russ.], 1972 – A. ALADASCHWILI, Einige Probleme der altgeorg. Skulptur, Atti del primo simposio internazionale sull'arte georgiana, 1977, 7–17 – E. NEUBAUER, Altgeorg. Baukunst, 1976 – R. MEPISASCHWILI-W. ZINZADSE, Die Kunst des alten Georgien, 1977.

Bauplatzsage (-legende), Ursprungserzählung von Kultstätten, die von einer wunderbarer Ortswahl berichtet. Belege finden sich schon in der gr. und röm. Antike (dort auch auf Städtegründungen u. a. bezogen); kommen sodann auch in Asien (z. B. China) und im islam. Raum vor. Sehr verbreitet sind B.n in der chr. Erzählüberlieferung. Sie beziehen sich hier zunächst auf Grabkirchen, Klöster, später auch auf kleinere Wallfahrtskirchen. Die B.n sollen die Heiligkeit des Ortes und die Wirksamkeit seines Kultes erweisen. Die häufigsten Motive sind: Weisende Tiere (Gespannwunder), Transport von Baumaterial (Schwemmwunder), Hammer-/Beilwurf, Handschuh/Schleier bezeichnen den Platz, Traumvision, Wunderbares Wachstum (Kornlegende), Schneefall im Sommer, Auffindung oder Wanderung eines Kultbildes. E. Wimmer

Lit.: EM I, 1401-1404 – I. TALOS, Bausagen in Rumänien, Fabula 10, 1969, 196-211.

Baurecht → Bauordnung

Bauske (Boszenborch, Pawszcke, Bowsenborch u. ä., wohl von lett. *bauska* 'schlechte Wiese') an der Memel unweit ihres Zusammenflusses mit der Muhs zur Kurländ. Aa (lett. Lielupe), Vogtei des Dt. Ordens in Livland. Die große Burg wurde 1443-56 unter den livländ. Ordensmeistern Heidenreich Vincke v. Overberch und Johann v. Mengden erbaut, u. a. von 1445 in Novgorod gefangenen ostseefinn. Woten (lett. *krieviņi* → Finnisch-ugrische Stämme), die später angesiedelt wurden und sich bis ins 18. Jh. erhielten.

Das Städtchen zu Füßen der Burg wird erst 1518 erwähnt und wurde 1584 abgebrochen und verlegt. Bis zum Untergang Alt-Livlands war B. Sitz eines Vogtes im Grenzgebiet gegen Litauen. M. Hellmann

Lit.: K. v. LÖWIS OF MENAR, Burgenlexikon für Alt-Livland, 1922, 48, Anh. 11 [Plan] – Latviešu Konversācijas Vārdnīca I, 1927/28, 1919 ff. – Latvju enciklopēdija, red. A. Švābe, II, 1952/53, 1072.

Baussan, Jean, Ebf. v. Arles seit 1234, † 24. Nov. 1258 ebd., stammte wahrscheinl. aus Marseille; sein Bruder Bertrand war Richter am dortigen Gerichtshof. J. B. ist erstmals 1233 als Kanoniker und Archidiakon zu Marseille bezeugt. 1224-34 Bf. v. Toulon, unterstützte er Gf. Raimund Berengar V. bei seinem Kampf gegen die Kommune v. → Marseille. Als Ebf. trat er bis 1252 der kommunalen Bewegung in Arles und Salon-de-Provence entgegen, mußte jedoch Karl v. Anjou, der 1251 das Konsulat seiner Herrschaft unterwarf, die stadtherrl. Rechte, die die Ebf.e in Arles besaßen, abtreten. → Arles. N. Coulet

Lit.: GChrNov s.v. Arles, 379-454; Toulon, 89-100; Marseille, 112 – L. H. LABANDE, Avignon au XIIIe s., 1908 – R. BRUN, La ville de Salon au MA, 1924, 100-105 – V. L. BOURRILY, Essai sur l'hist. politique de la commune de Marseille, 1926 – E. BARATIER, Cahiers de Fanjeaux 7, 1952, 117, 125, 135 – E. ENGELMANN, Zur städt. Volksbewegung in Südfrankreich, 1959 – Le diocèse d'Aix-en-Provence, hg. J. R. PALANQUE, 1975, 39.

Baustil → Baukunst

Bautastein (isländ. *bautasteinn, bautarsteinn*, wohl von bauta »schlagen«), nach oben hin spitz auslaufende Steine (ca. 30 cm – 5 m), meist ohne Inschrift, die als Grab- oder Totengedenkmonumente in Skandinavien (mit Ausnahme von Island) seit der Bronzezeit belegt sind, bes. aber während der röm. Kaiserzeit und der Wikingerzeit verbreitet waren. Sie finden sich – einzeln oder in Gruppen – häufig an Wegesrändern (vgl. Hávamál 72) und zeigen insofern funktionelle Ähnlichkeiten mit → Runensteinen. H. Uecker

Lit.: KL I, 391-394 [E. SKJELSVIK] – HOOPS² II, 112-113.

Bautechnik. [1] Die B. umfaßt den gesamten Bereich der Konstruktion u. Dimensionierung, Materialwahl, →Vermessung, Materialbearbeitung und -verarbeitung sowie des Transportes zu und auf der Baustelle. Bisher ist die B. weniger erforscht als der → Baubetrieb; aber gerade die B. ist wichtig für die → Baukunst, denn sie legt die Grundlagen für die künstler. Gestaltungsmöglichkeiten; sie ist für den karol.-otton. Mauermassenbau eine andere als für den salisch-stauf. Quaderbau, den got. Steinmetzgliederbau sowie für den → Backsteinbau. Während bei dem Mauermassenbau Fundamenttiefen oder -breiten noch nicht konstruktiv bemessen werden, Druckkräfte außer bei dem → Bogen kaum auftreten und das Wölbungsproblem noch von sehr untergeordneter Bedeutung ist, wird dieses mit der Seitenschiffwölbung des Speyerer Domes 1025/61 und dann erst recht mit der Mittelschiffwölbung 1082/1106 eine Aufgabe, die dann das 12. Jh. durchgehend beschäftigt und im got. Kreuzrippengewölbe mit dem Chorumgang des Abtes → Suger v. St-Denis 1140/44 seine konstruktiv endgültige Lösung findet (→ Gewölbe). Die Verwendung von Fundamentvorsprüngen zur besseren Lastverteilung und von → Strebewerk und Horngewölben zum Abfangen des Gewölbedruckes sind Erfindungen, die der Entwicklung des Steinmetzgliederbaues der Gotik vorausgehen. Als Baumaterial für Steinbauten dienen alle am Ort oder in erreichbarer Nähe vorhandenen natürl. Steine wie Sand-, Kalk-, Tuff-, Basalt-, Trachyt-Steine u. a. (→ Mauerwerk, Quaderbau) sowie die künstl. → Backsteine. Die Bindemittel im Mauermassenbau – Lehm, Kalk-, Kalk-Traß- und Traß-Mörtel – werden für die schmalen got. Steinglieder durch Bleiverguß und Eisenanker abgelöst, wie überhaupt in der Spätgotik die Eisenarmierung von großer Bedeutung für die Standfestigkeit der Steinbauten wird. Schon in vorgot. Zeit werden → Anker aus Eisen oder Holz im Mauerwerk verwendet. Bei wenig tragfähigem oder sumpfigem Untergrund werden dichte Reihen von Pfählen in den Boden geschlagen und darauf Balken als Auflager für das Mauerwerk gelegt; das Holz ist im Wasser auf Dauer haltbar (NW-Turm der Klosterkirche in Ilbenstadt um 1130, Pfalz Gelnhausen um 1160, rhein.-westfäl. Wasserburgen seit dem 12. Jh.).

Da erst im 18. Jh. eine Statik auf der Basis der Festigkeitslehre aufkommt, beruhen im MA alle Konstruktionen auf Erfahrungswerten von der Belastbarkeit der Materialien und auf sicher nur vagen Vorstellungen vom Kräfteverlauf. Der heute übliche hohe Risikowert bei stat. Berechnungen resultiert auf den weiten Streuwerten in der Festigkeit gleichartiger Materialien. Die intensive Materialkenntnis aber, die bei der Auswahl der Bäume im Wald (Abt → Suger v. St-Denis) und der Steine im Steinbruch beginnt, garantiert gleich hohe Qualität und führt mit der Zeit zu so überraschenden Konstruktionen wie die got. Kathedralen Frankreichs oder der → Fachwerkbauten. Bei Fachwerkhäusern des 14./15. Jh. in Bad Windsheim konnte festgestellt werden, daß hier für die der Witterung ausgesetzten, auf Druck beanspruchten Außenhölzer Eiche, für die auf Biegung beanspruchten Deckenbalken Fichte verwendet wurde. Die heute noch bewunderten Ergebnisse waren aber z. T. auch schwer erkauft, denn Einstürze sind mehrfach überliefert; so brach der Chor der Kathedrale v. Beauvais schon zwölf Jahre nach der Fertigstellung zusammen; bei dem Wiederaufbau wurde die Spannweite der Arkaden durch Einziehen zusätzl. Pfeiler halbiert und damit die Tragfähigkeit für die 47 m hohen, 16 m weitgespannten Gewölbe gesichert. Noch in dem spätgot. Steinmetzbuch des M. Roritzer werden Pfeilerdimensionen im Verhältnis zu ihrer Höhe angegeben und auf die Wahl qualitätvollen Materials hingewiesen, mehr jedoch nicht, und dabei handelt es sich um ein Lehrbuch für angehende Werkmeister spätgot. Kirchenbauten. Aus den Prüfungsordnungen der Univ. ist zu entnehmen, daß rechner. Wissen nicht verlangt wird. Die Prüfungsordnung von Oxford schreibt 1408 nur das Rechnen mit ganzen Zahlen vor. Endres Tucher erwähnt 1464/75 in seinem Baumeisterbuch der Stadt Nürnberg das Rechnen mit Kerbhölzern. Stattdessen mehren sich seit etwa 1200 die Quellen, die Kenntnisse über Geometrie erkennen lassen: »doctum geometricalis operis magistrum Symonem« (→ Vermessung, Proportion, Werkmaß).

Der Transport der Baumaterialien zur Baustelle (BINDING-NUSSBAUM) erfolgt auf Lastkähnen oder Flößen, auf zwei- oder vierrädrigen Ochsenkarren oder bei bes. schweren Lasten auf Rollen oder Schlitten, auf der Baustelle dann bei kleineren Gewichten in der Schubkarre, auf Holzbahren, die von zwei Männern getragen werden, in der Holzmulde auf der Schulter oder in Körben, Eimern oder Paletten an einem Seil, das über eine Rolle am Galgen geführt wird; größere Steine werden am Seil befestigt bis zum 13. Jh. mittels des Wolfes (eine dreiteilige Eisenaufhängung in einer schwalbenschwanzförmigen Vertiefung in der Steinoberfläche), seit Anfang 13. Jh. mit der Steinzange, die durch Hebelkraft in zwei in die Sichtfläche und Rückseite des Steines eingearbeitete kleine quadrat. oder runde Löcher eingreift. Darstellungen des 12. und beginnenden 13. Jh. bezeugen den allmählichen techn. Aufholprozeß gegenüber der Spätantike und dem byz. Osten. Um 1100 tritt der Lastkran auf, dessen zwei Säulen mit einem Querriegel verbunden sind, an dem die Seilrolle angebracht ist.

Neben dem Galgenkran kommt der Säulenkran mit T-förmig aufsitzendem Ausleger vor, dessen Enden eine Rolle tragen. Beide Grundformen sind seit dem 13.Jh. nebeneinander zu beobachten. Das Baumaterial wird mit der Hand aufgezogen. Als früheste Form des ma. Windwerkes tritt um 1250 die Haspel mit horizontaler Welle auf, die in zwei Holzpfosten oder in einem bockähnlichen Gestell gelagert ist; die Haspel wird mit Handspeichen oder Kurbel betätigt. Treträder sind seit der 2. Hälfte des 13.Jh. für den got. Baubetrieb in Frankreich bezeugt. Spätestens im 14.Jh. war das schon in der Antike verwendete Tretrad allgemein in Europa verbreitet. Das Tretrad oder Laufrad wird durch das Körpergewicht eines oder mehrerer im Innern der Trettrommel laufender Windknechte angetrieben, während die verlängerte Trommelachse als Windenkörper dient (erhaltene Beispiele in Straßburg auf dem Turm und in Schwäb. Gmünd auf dem Dachboden). Für das Mauern und Versetzen der Steine dienen Arbeitsbühnen auf einem → Gerüst mit Leitern oder Laufschrägen, über die kleinere Lasten von Handlangern getragen werden. Das Handwerkszeug des → Maurers (Kelle, Hammer, Lot, Lot- oder Setzwaage, Mörtelmischhacke), des → Steinmetzen (Spitze, Fläche, Setzeisen, Klöpfel, Winkel) und des → Zimmermannes (Hammer, Zange, Spannsäge, Stoßsäge, Stichsäge) entsprechen den noch heute verwendetenWerkzeugen (BINDING-NUSSBAUM). G. Binding

Lit.: K. MAIER, Ma. Steinbearbeitung und Mauertechnik als Datierungsmittel. Bibliograph. Hinweise, ZAMA 3, 1975, 209–216 [Lit.] – G. BINDING–N. NUSSBAUM, Ma. Baubetrieb in zeitgenöss. Darstellungen n. der Alpen, 1978 [Lit.] – Ferner: H.WEBER, Das wechselseitige Verhältnis von Konstruktion und Formung an den Kathedralen N-Frankreichs [Diss. Hannover 1957] – J. FITCHEN, The Construction of Gothic Cathedrals, 1961 [Neudr. 1977] – F. KLEMM, Der Beitrag des MA zur Entwicklung der abendländ. Technik, 1961 [Lit.] – A. WYROBISZ, Budownictwo murowane w Małapolsce w XIV i XV wieku (Das Bauhandwerk in Kleinpolen im 14. und 15.Jh.), 1963 – R. MARK–R. A. PRENTKE, Model Analysis of Gothic Structure, J. of the Soc. of Architectural Historians 27, 1968, 44–48 – J. SEGGER, Zur Statik got. Kathedralen. Dargestellt am Kölner Dom und stat. verwandter Kathedralen [Diss. Aachen 1969] – R. MARK–R. S. JONASH, Wind Loading on Gothic Structure, J. of the Soc. of Architectural Historians 29, 1970, 222–230 – A. CLIFTON-TAYLOR, The Pattern of Engl. Building, 1972 – G. BINDING, Holzankerbalken im Mauerwerk ma. Burgen und Kirchen, Château Gaillard 8, 1976 (1977), 69–77 – F. DE QUERVAIN, Steine schweizer. Kunstdenkmäler, 1979.

[2] *Besonderheiten der Bautechnik in Armenien und Georgien*: Nachdem die ältesten chr. Bauwerke in der Art des antiken Tempels von Garni (1. oder 3.Jh.) Quadermauerwerk mit Eisenklammern verwendeten (z. B. älteste Fundamente der Kirche Ejmiacin in Vagharšapat, 4.Jh.), beginnt im 5.Jh. eine neue Art des Quaderbaues: Zwei Schichten von Quadermauerwerk werden in geringem Abstand voneinander errichtet (die Quader werden zunächst noch mit Klammern verbunden), zw. die eine Mischung aus dickem Mörtel und Tuffbrocken gegossen wird. Daraus entwickelt sich die sog. armen. Bauweise mit Beton. Diese bis in spätarmen. Zeit angewandte B. verwendet weiterhin als Außen- und Innenschale einer Mauer Steinquader, der Abstand der beiden Schichten wird erheblich breiter und mit dem sog. Beton ausgefüllt, d. h. auf eine Schicht dicken Mörtels folgt eine Schicht dünnen, dicht mit Tuffbrocken durchsetzten Kalkmörtels, dann wieder eine dicke Mörtelschicht usw. (die große Saugfähigkeit des Tuff führt zu einer ungemein harten und den zahlreichen Erdbeben in dem vulkan. Gebiet erfolgreich widerstehenden Kernmasse); üblicherweise werden die Quader bei dieser B. nicht mehr mit Klammern verbunden, auch eine Verbindung durch Mörtel kennen wir nicht, vielmehr werden die Quader auf der dem Kern zugewandten Seite durch Verzahnung miteinander so verhakt, daß sie größtenteils bis heute zusammengehalten haben; meist werden die Quaderschichten nach oben hin im Format kleiner und dünner. Die gleiche B. wird auch für die Stützen der Kuppeln angewendet (Säulen als Stützen kommen kaum vor): die Pfeiler werden in gleicher Weise aufgemauert und mit Beton gefüllt wie die Außenmauern (bei den späteren Bündelpfeilern sind die dem Pfeilerkern vorgelagerten Dienste aus Naturstein, nur der Pfeilerkern ist aus Beton). Eine der Frühstufe dieser B. entsprechende Art des Quaderbaus begegnet auch in Georgien, wo aber wegen des Fehlens des Tuff die Entwicklung zum Betonkern nicht nachvollzogen worden zu sein scheint.

Die seit dem späten 5.Jh. in Armenien auftretenden Kuppeln sind fast immer auch in Betontechnik über einem Lehrgerüst aufgeführt worden, wobei auf die bes. feste Konsistenz dieses Betons geachtet wurde. K. Wessel

Lit.: A. KHATCHATRIAN, L'Architecture Arménienne du IVe au VIe s., 1971, 15–27.

Bauto, Flavius (auch Baudo), Magister militum Gratians, frk. Herkunft (Insc. christ. ROSSI I, 356; Ambr. epist. 1, 21; Zos. 4, 33, 1), kämpfte nach 380 im Osten gegen die Westgoten, 348 im Westen gegen → Maximus (Ambr. epist. 24, 4ff.); 385 Consul (Aug. conf. 6, 6), † vor 388 (Zos. 4, 53, 1). Sein Nachfolger war Arbogast, den Joh. Antioch. Frgm. 187 (Frgm. Hist. Graec. IV 609) als Sohn B.s bezeichnet. Seine Tochter → Eudoxia wurde 395 Gattin des Ks.s → Arcadius. G. Wirth

Lit.: KL. PAULY I, 848 – PLRE, 159f. – A. LIPPOLD, Gnomon 46, 1974, 272.

Bautzen, Stadt in der Oberlausitz. Auf dem rechten Spreeufer im Schnittpunkt alter Fernhandelsstraßen gelegen, war B. seit Beginn der slav. Besiedlung polit. und administrativer Hauptort des Stammesgebietes der Milčanen (→ Milsener), deren Burg an der Stelle des ma. Schlosses auf dem Ortenberg in B. zu suchen ist. Die Brückenfunktion dieser Landschaft zw. → Elbe und → Oder ließ sie seit dem frühen 10.Jh. zu einem begehrten Expansionsziel ihrer Nachbarmächte werden. Nach einer erstmaligen Unterwerfung durch Kg. Heinrich I. (932) kreuzten sich hier sächs., přemyslid. und seit den 960er Jahren auch piast. Interessen. Der Ausgleich, der zw. den mächtigsten Rivalen, den → Ekkehardinern und den → Piasten, 986/987 zustande kam und der durch Ehebündnisse mit den Töchtern (→ Emnilda, → Bolesław Chrobry, → Gunzelin) des Seniors → Dobromir, wohl des letzten einheimischen Fs.en im Land B., sowie durch Erbverträge besiegelt wurde, brachte diese Region zunächst unter die Obhut des Mgf.en → Ekkehard, nach dessen Ermordung Bolesław Chrobry sie sofort für sich beanspruchte und in ihrem Besitz in seinen Kriegen mit Kg. Heinrich II. behauptete. Aus der Schilderung dieser Kämpfe durch Thietmar v. Merseburg, der B. erstmals namentl. erwähnt (V, 9; VI, 14, 15, 34, 55; VIII, 1; civitas, urbs Budusin; im 15.Jh. Bawdissin, 1511 Bawtzen; abgeleitet von einem altsorb. Personennamen Budych, Budyš), geht die strateg. und polit. Bedeutung B.s (→ Bautzen, Frieden v., 1018) klar hervor, das Kg. Konrad II. 1031 endgültig dem Imperium zurückgewinnen konnte. Unter Kg. Heinrich IV. kam mit der Mark → Meißen 1081 auch das Land B. als Reichslehen an Vratislav II., Hzg. v. Böhmen, der es zusammen mit Nisane seinem Schwiegersohn, Gf. → Wiprecht v. Groitzsch, übertrug; bis zum Tod seines Sohnes Heinrich (1135) blieb B. mit kurzer Unterbrechung (1113–15) bei diesem Haus, fiel dann zurück an die Přemysliden und unterstand zwischen 1143–56 dem Mgf.en → Konrad v. Meißen, danach regierten von 1158–1253 die böhm. Kg.e das Reichslehen B. als ein Nebenland der

Krone. Durch die Ehe Mgf. → Ottos III. v. Brandenburg mit Beatrix v. Böhmen gelangten die →Askanier in den Pfandbesitz von B. (wahrscheinl. 1262), das unter Mgf. Otto dem Langen 1283 in ein direktes Reichslehen verwandelt wurde, aber 1319 beim Aussterben der Askanier wieder an die böhm. Krone fiel, bei der es mit Ausnahme der Regierungszeit des Kg.s Matthias Corvinus (1469-90; Corvinusturm) bis 1635 blieb und mit den Ländern → Görlitz und → Zittau seit dem 15.Jh. zur »Oberlausitz« zusammenwuchs.

Der Ort B. hat dank seiner Lage als polit., wirtschaftl. und kirchl. Zentrum spätestens im 11.Jh. unter Wiprecht mit Burg, Hofhaltung, Suburbium und Marktsiedlung stadtartigen Rang erreicht, aus dem sich in der Folgezeit unter böhm. Verwaltung durch mehrere planmäßige Stadterweiterungen und Stadtrechtsverleihungen (nach der Mitte des 12.Jh. und 1213), die Errichtung eines Kollegiatstiftes St. Petri für die provincia Budissin an der Stelle der ältesten Kirche (vor 1000) St. Johannes und die Gründung eines Franziskanerkl. (1240) sowie durch zahlreiche Wehranlagen und den Schloßbau mit Wasserkunst ein eindrucksvolles ma. Stadtgebilde entwickelte. Fernhandel und Gewerbe (schon im 13.Jh. Tuchmacherei und Leinenweberei) bildeten die Grundlage für die wirtschaftl. Blüte der Städte, die sich unter Führung B.s 1346 zum Bund der Lausitzer Sechsstädte zusammenschlossen, den Kg. Karl IV. privilegierte. Die Herrschaft der Stände (neben Herren, Rittern und Prälaten auch die Bürger der Städte) ohne äußere Eingriffe im 14.Jh. begünstigte die Erhaltung des sorb. Elements (um 1400 in B. von 5300 Einw. 2040 Sorben). Ein Handwerkeraufstand (1405) gegen den Rat wurde durch Eingreifen Kg. Wenzels (1408) niedergeschlagen. Durch die Hussitenkriege hatten nur die Vorstädte B.s 1429 und 1431 zu leiden.   H. Ludat

Lit.: DtStb 2, 1938, 21-26 – Hist. Stätten Dtl. 8, 1965, 519-527 – SłowStarSłow I, 189 – E. EICHLER–H. WALTHER, Ortsnamenbuch der Oberlausitz, 2 Bde, 1978 – W. FRENZEL, Grundzüge einer Frühgesch. (932-1223) (Fschr. zur Jahrtausendfeier der Stadt B., 1933) – H. LUDAT, An Elbe und Oder um das Jahr 1000, 1971.

Bautzen, Friede von. Der Friede von Bautzen, der auf Drängen Ks. Heinrichs II. überraschend am 30. Jan. 1018 mit Bolesław Chrobry zustandekam, beendete die seit 15 Jahren miteinander geführten Kriege und zugleich das fragwürdige Bündnis, das Heinrich II. 1003 mit den heidn. →Lutizen geschlossen hatte; er bedeutete nach fehlgeschlagenen Hoffnungen, die beide Seiten an den Merseburger Frieden 1013 geknüpft hatten, die definitive Rückkehr zu einer kooperativen gegen Byzanz gerichteten Universalpolitik auf der Grundlage des Gnesener Konzepts Ottos III.: Bolesław behielt die umstrittenen Marken → Lausitz und Milsenerland (→ Milsener), verstärkte die engen dynast. Bande mit den →Ekkehardinern durch seine Heirat mit Oda, der jüngsten Tochter Mgf. Ekkehards, unmittelbar nach dem Friedensschluß und gewann im Sommer 1018 mit Hilfe deutscher und ung. Kontingente für kurze Zeit die Herrschaft über → Kiev, von wo er als Partner des westl. Imperiums dem byz. Kaiser Basileios II. drohte.
                              H. Ludat

Q.: Thietmar v. Merseburg VII, 65; VIII, 1, 31-33 – Ann. Quedl. MGH SS 3, 84 – Lit.: A. F. GRABSKI, Stud. nad stosunkami polskoruskimi w początkach XI w., Slavia orientalis 6, 1957, 164-211 – DERS., Bolesław Chrobry, 1966² – H. LUDAT, An Elbe und Oder um das Jahr 1000, 1971.

Bautzener Handschrift → Hussiten, -literatur

Bauwich → Bauordnung

Baux, prov. Adelsgeschlecht. Als Stammvater dieser Kastellanenfamilie aus dem Land um →Arles gilt Pons »d. Jüngere« (973-1028), Vater von Joufré (Godefredus) v. Rians (Begründer eines eigenen Hauses), und von Hugo (Uc) des Baux, dieser als erster nach → Les Baux benannt. Doch kann man noch über Pons hinaus zurückgehen: Um 960 hatte ein Isnard den Ort Les Saintes-Maries de la Mer (mit seiner silva) und die Vallis Felauria von der Kirche v. Arles zu Lehen; hierbei handelt es sich um das Tal, in welchem kurz vor 1000 die Felsenburg Les B. entstehen sollte. In diesen Besitzungen lassen sich erste Fiskalgüter der Familie nachweisen; man ersieht die Ursprünge der Stellung des Hauses in der familiaritas des rücksichtslosen Ebf.s → Manasses, unter dessen Einfluß Gf. → Hugo v. Arles, Kg. v. Italien, stand. Neben den Fiskalgütern erscheint der Allodialbesitz der Familie als recht unbedeutend (u.a. Marignane, das sich die B. mit den Familien Fréjus und Fos teilten; weiter im O Rians und Esparron). Das Streben nach Fiskalgut ist ein charakterist. Zug der B. Sie hatten aus den Plünderungen von Kirchengut am Anfang des 10.Jh. Nutzen gezogen, verstanden es aber, ebenso von der großen Gegenbewegung, dem Gottesfrieden, zu profitieren, der in den Jahren um 1040 den Ausgangspunkt für die gregorian. Reform in S-Frankreich bildete. Deren Vorkämpfer, Raimbaldus, Ebf. v. Arles, ein Freund → Odilos v. Cluny, befehdete die Gegner der Reform; Hugo (Uc) des B. unterstützte ihn dabei und empfing als Belohnung für seine Dienste den Zehnten von Le Venègue und mehrere Abgaben v. Arles.

Der letzte der B., der dieser vorteilhaften Politik folgte, war Raimundus (Raimon), der Enkel von Hugo. Es gelang Raimundus während der Erbfolgestreitigkeiten in der Provence am Beginn des 12.Jh., Tefania zu ehelichen, die jüngere Tochter der Dulcia (Douce), Erbin von Teilen der Provence und Gemahlin v. Raimund Berengar v. Barcelona. Kurz vor 1112 bot er seinem mächtigen Schwager seine Hilfe bei der Wiedergewinnung der Macht an. Dadurch erlangte Raimundus zahlreiche Güter im pagus Aquensis (auf Kosten der Familie Brussans-Palliols, die wegen Verrats ausgeschaltet wurde); hierbei handelt es sich offenbar um den Ursprung der Herrschaft der B. über Berre. 1121 wechselte Raimundus aus der fidelitas des Gf.en v. Barcelona in die des Gf.en v. St-Gilles und Toulouse über, des Beherrschers des →Venaissin; es gelang ihm, seinen Sohn Bertran mit Tiburge, der Erbin eines Teils des Fsm.s → Orange, zu verheiraten. Damit war ein Ausgangspunkt für neue Expansionen geschaffen. Eine weitere vorteilhafte Heirat, am Ende des 12.Jh., ermöglichte es den B., auch in Marseille Fuß zu fassen. Weit davon entfernt, daß die B. nie Vasallen waren (wie es im 19.Jh. der Dichter Frédéric Mistral in romant. Verklärung der prov. Adelsgeschlechts behauptete), führte die Vasallität vielmehr zum Aufstieg der B. und zum Aufbau ihrer weiträumigen Herrschaft. Doch hatten Gf.en und Ebf.e um die Mitte des 12.Jh. ihren senioralen Vasallen nur mehr wenig zu bieten; die Zeit der Erringung polit. Vorteile im Dienst weltl. und geistl. Großer ging zu Ende. So änderten die Mitglieder der Familie ihre Politik und beschritten den nicht ungefährl. Weg offener Rebellion. Verheerende Kriege und Fehden, ausgelöst durch die B., folgten einander (1143-45, 1150, 1160-62). Die Frucht dieser Aufstände war die Erringung bedeutender Herrschaftsrechte in und um →Arles; die B. kontrollierten in Bourg-Neuf und Trinquetaille die Schiffe und Salzbarken auf der Rhône sowie die Märkte und den Weinhandel und nahmen Zölle und Abgaben ein. Hinzu kam, daß sie mit mächtigen Familien (Marseille, Rians, Orange, Lambesc) verwandt waren und über Dutzende von Burgen in der westl. Provence verfügten. Um zu gleichem Rang wie ihre Lehns-

herren, die Gf.en v. Barcelona, aufzusteigen, beansprucht-
ten die B. das Erbe der Tefania. Der Ks. verlieh ihnen ein
Privileg (1145, 1162 bestätigt), das sie – in allerdings doppel-
deutigen Formulierungen – zu nahezu gfl. Rang erhob. –
Trotz dieses glanzvollen Auftretens zeichnete sich der allmähliche Niedergang des Hauses ab. Bei ihren Revolten
mußte sich die Familie, belagert vom katal. Heeresaufgebot, in ihre erste und letzte Bastion, die »roque des Baux«,
flüchten und letztl. kapitulieren. Der letzte Rebell der B.
war der berühmte Barral des B. (1217-68), Seneschall des
Gf.en v. Toulouse für die Provence und populärer »Diktator« in den drei Hauptstädten des Landes, Arles, Marseille
und Avignon. Er mußte sich vor Karl v. Anjou, dem mächtigen Nachfolger der barcelones. Macht, beugen und beendete sein Leben als Podestà v. Mailand. – Doch soll bei
der Erinnerung an so viele Machtkämpfe und krieger.
Wirren auch von Azalaïs des B., die von dem Troubadour
Peire Vidal verehrt wurde, die Rede sein, ebenso von der
schönen Tefania, Nonne im Kl. St-Pons de Gémenos,
deren Los von den »sires-troubadours«, Blacas d'Aups,
Borgonhon de Trets und Joufré »Reforsat« de Marseille
bitter beklagt wurde.

Im 14. Jh. sahen die B. endgültig ihren Stern sinken.
Die verschiedenen Zweige der Hauptlinien B.-Marseille,
Berre-Marignane und Orange-Courthézon erloschen am
Ende des 14. oder Anfang des 15. Jh. Der letzte des Namens
war ein in Italien geb. Bastard, Bernardin des B. († 1527),
Johanniter und Befehlshaber von Galeeren im Dienste
Ludwigs XII. und Franz' I. - Vgl. → Del Balzo. J.-P. Poly

Q. und Lit.: L. BARTHÉLEMY, Inventaire Chronol. et Anal. des Chartes
de la Maison des B., 1882 – E. ENGELMANN, Zur städt. Volksbewegung
in Südfrankreich. Kommunefreiheit und Gesellschaft. Arles 1200-1250,
1959 – E. SMYRL, La famille des B., Cah. du Centre d'Étude des Civ.
Médit., 1968 – E. BARATIER, G. DUBY, E. HILDESHEIMER, Atlas Hist. de
Provence, Comtat..., 1969, Karten Nr. 51, 54, 55 – J. P. POLY, La
Provence et la Société Féodale, 879-1166, 1976 – P. HERDE, Karl I. v.
Anjou, 1979, 29ff.

Baux, Agout des, Sohn von Bertrand des Baux-Avel-
lino, ⚭ Catherine Artaud, 4 Kinder, die ihrerseits ohne
Nachkommen blieben. Er begann seine Lauf bahn am Hof
der Dauphins des Viennois, Guigos VII. und Humberts II.
Kurze Zeit verwaltete er Humberts Finanzen. Er begleitete den Fs.en, als dieser dem frz. Kg. Philipp VI. gegen
Kg. Eduard III. v. England zuzog. A. leistete im Jan. 1340
dem Kg. v. Frankreich den Treueid. Am 30. Okt. 1340
wurde er zum Seneschall v. → Beaucaire ernannt, am
3. März 1342 zum Seneschall v. → Toulouse. Am 11. Nov.
1342 erfolgte seine Erhebung zum *capitaine général* im
Languedoc. In der Schlacht v. → Auberoche (21. Okt.
1345) geriet er zweifellos in Gefangenschaft. Über sein
weiteres Schicksal ist wenig bekannt. R. Cazelles

Baverius de Baveriis (Baverio de Baverii), Bologneser
Arzt, * Beginn des 15. Jh. als Sohn des Roghinardo de'
Bonetti in Imola (Emilia), † 1480, trug den Vornamen
Johannes oder Antonius, promovierte wahrscheinl. 1428
und vertrat an der Univ. Bologna die Fächer Logik, Philosophie, Medizin sowie Moral. Seine in Anlehnung an Ugo
→ Benzi systemat. gegliederten »Consilia medicinalia (sive
de morborum curationibus liber)« sind Margarita de Gonzaga gewidmet; sie erlangten weite Verbreitung und wurden mehrfach gedruckt (Bologna 1489, Pavia 1521, Straßburg 1542 und 1593); weniger bekannt war seine »Practica
medicinalis«, die dasselbe Incipit wie das gleichsinnige Werk
Giovanni Garzonis trägt und in einer Heidelberger Hs. von
1469 überliefert ist (Cpl. 1282, 1ʳ-208ᵛ). G. Keil

Lit.: A. HIRSCH, Biogr. Lex. der hervorragenden Ärzte aller Zeiten
und Völker, I, 1929², 391 – D. P. LOCKWOOD, Ugo Benzi, medieval
philosopher and physician, 1376-1439, 1951 – SARTON III, 2, 1239 –
THORNDIKE-KIBRE 107, 660.

Bavo (frz. Bavon, dt. Babo), hl., Priester und Mönch,
† am 1. Okt. ca. 650 (vor 659), ⌐ Gent, St. Bavo. Über
sein Leben haben sich nur wenig sichere Daten erhalten;
der älteste Text, in dem von ihm die Rede ist, stellt eine
von → Alkuin verfaßte Inschrift für eine unbekannte Kirche dar: »Haec loca santificet venerandus Bavo sacerdos /
Discipulus vita patris condignus Amandi« (MGH PP I, 333).
Im 9. Jh. findet B. Eingang in die Martyrologien, und es
wird ihm eine erste Vita gewidmet, die wahrscheinl. um
825 unter → Einhards Abbatiat in Gent entstand (BHL
1049; MGH SRM IV, 534-546). Sie bildet die Grundlage
für drei spätere Viten, von denen eine kurz vor 980 (BHL
1050) und eine weitere um 1000 (BHL 1053) entstand; die
dritte schließl. wurde von Theodorich (Thierry) v. St-
Truiden (St-Trond) († 1107) verfaßt (BHL 1051).

Die älteste Überlieferung legt nahe, daß Adlowinus, ge-
meinhin Bavo gen., aus einer Adelsfamilie des Haspengaues
(Hesbaye, im heut. NO-Belgien) stammte. Er heiratete die
Tochter des frk. Gf.en Adilio, von der er eine Tochter,
Agglethrudis, hatte. Nach einer wenig erbaul. Jugend entschloß er sich, beim frühen Tod seiner Frau, keine weitere
Ehe einzugehen und bekannte seine Sünden dem Chorbischof und Missionar → Amandus, der zu dieser Zeit (ca.
630-639) die teilweise heidn. Bevölkerung des pagus von
Gent zu bekehren versuchte. Unter dessen Einfluß verteilte B. seine Güter an die Armen und trat in das coenobium ein, das Amandus zusammen mit einer Basilika (⚰
Petrus) auf dem linken Scheldeufer in Gent, nahe der Einmündung der Leie (Lys), gegründet hatte.

Nachdem er seinen Lehrer auf dessen weiteren Missionsreisen durch Flandern begleitet hatte, wobei er die bes.
Erlaubnis erhielt, verschiedene monast. Lebensformen zu
studieren, kehrte B. nach Gent zurück und erlangte von
Abt Florbert die Gründung einer Einsiedelei, die wahrscheinl. neben dem Kl. errichtet wurde. Hier führte er noch
etwa drei Jahre das Leben eines Reklusen. Nach seinem
Tod wurde er in dem Kl. bestattet, das vom Anfang des
9. Jh. an seinen Namen trug. Sein Kult erreichte im 11. Jh.,
zur Zeit der Auseinandersetzung der beiden Kl. in → Gent,
St. Bavo und St. Peter, einen Höhepunkt (Translationen
1010 und 1058, Wunderbücher, BHL 1054-1060). B. war
seit ihrer Errichtung Mitte des 10. Jh. (neben Vedastus)
Patron der ältesten Stadtkirche (⚰ Johannes d. Täufer), die
nach der Aufhebung der St. Bavo-Abtei als St. Bavo-Ka-
thedrale 1559 ihre Rechte übernahm und wo sich seitdem
seine Reliquien befinden. M. Van Uytfanghe

Lit.: DHGE VII, 14f. – E. DE MOREAU, Hist. de l'Église en Belgique
I, 1945², 192-194 – L. VAN DER ESSEN, Étude critique et littéraire sur
les Vitae des saints mérovingiens de l'ancienne Belgique, 1907, 349-357
– M. COENS, St-Bavon était-il évêque?, AnalBoll 63, 1945, 220-241 –
R. PODEVIJN, B., 1945 – Vies des Saints X, 1952, 26-28 – A. VERHULST,
De St-Baafsabdij te Gent en haar grondbezit (VIIᵉ-XIVᵉ eeuw), 1958,
3-14.

Bayern
A. Archäologie – B. Das Stammesherzogtum des Früh- und
Hochmittelalters (ca. 500-1180) – C. Der Territorialstaat des
Spätmittelalters (1180-1508).

A. Archäologie
Mit der ersten Erwähnung der Baibari (Baiovarii, auch
Baioarii, Bajuvarii usw.; Bajuwaren) bei Jordanes, Getica
c. 55 als einem östl. von den Alamannen wohnhaften
Stamm ist um die Mitte des 6. Jh. ein hist. Komplex um-
schrieben, der in dieser Zeit bereits eine lange und differen-
zierte archäolog. Spur hinterlassen hatte. Die archäolog.
Quellen sind die Reihengräberfelder mit ihren bis ins 8. Jh.
Beigaben führenden Bestattungen und die Siedlungen,

erstere in Ansätzen, letztere in unbefriedigendem Ausmaß erforscht. Beide Quellengattungen weisen an Komponenten des neuen Stammes nach: 1. Romanen, welche auf dem offenen Land lediglich in der Alpenregion und am unmittelbar vorgelagerten Alpenfuß, sonst nur in wenigen der festen Plätze (Regensburg, Künzing, Passau, Linz, Lorch, Wels, Salzburg, Kuchl, Pfaffenhofen bei Rosenheim, Innsbruck-Wilten, Zirl) überdauert hatten. 2. Germanen böhm. Herkunft, die seit dem Ende des 4.Jh. im unmittelbaren Vorland des raet. Donaulimes siedelten, seit der Zeit um 400 auch südl. der Donau (Eining, Regensburg, Straubing [?]), Fuß gefaßt hatten, v. a. jedoch dann in Regensburg kontinuierl. fortbestanden (zur Herkunftsfrage vgl. weiterhin Abschnitt B). 3. Germanen westl. Herkunft (»Alamannen«) mit Siedlungen von der Mitte des 5.Jh. an in der Donauregion und wohl auch in der Münchener Schotterebene (Erding-Altenerding, München-Aubing, Pliening). 4. Germanen östl., wohl zumeist langob. Herkunft, die sich in der 1. Hälfte des 6.Jh. v. a. im Inntal niederließen. Weitere ostgerm. (Fürst, Götting) und mitteldt. (München-Ramersdorf) Volkssplitter blieben für die Ethnogenese ebenso ohne Belang wie ein angebl. noch vorhandenes, nirgends jedoch nachweisbares und auch hist. unwahrscheinl. kelt. Substrat. Namengebend wurden anscheinend die vorwiegend in der späteren Residenzstadt Regensburg angesiedelten ersten germ., aus Böhmen stammenden Einwanderer, die »Boio-varii«. Die von Venantius Fortunatus für die Zeit um 560 überlieferte Westgrenze des Stammes am Lech kann nur künstl. gewesen sein. Beiderseits waren Bevölkerungsgruppen gleicher (zumeist westl.) Herkunft angesiedelt.

Im Fundgut selbst läßt sich nichts typ. Bajuwarisches aussondern. Zwar produzierten viele Werkstätten Schmuck und Gebrauchsgüter für Absatzmärkte, die innerhalb des bayer. Stammesgebietes lagen, doch war die Formgebung allgemein-germ. Für das 7.Jh. als bajuwar. Trachteigenheit die Vorliebe für aufwendigen weibl. Kopfschmuck (Hauben, Ohrringe) feststellbar.

Die Ansiedlungen des 5. und 6.Jh. waren zumeist von Dorfgröße und lagen in den Flußebenen von Donau, Isar und Inn. Von der Mitte des 6.Jh. an erfolgte eine Aufsiedlung auch der alpennahen Talräume und der Gebiete zw. Inn und Enns; vom Ende des 6.Jh. an eine Intensivierung der Binnenerschließung des Stammesraumes, zumeist schon durch Rodung. Ab Mitte des 7.Jh. griff die Besiedlung in den Raum nördl. der Donau aus. Die ethn. Aussonderung der Bajuwaren unter den roman. Bewohnern der Alpentäler ist nur mit Hilfe der Ortsnamen möglich.

Eine Kongruenz zw. der aus der Lex Bajuvariorum zu erschließenden und der aus den Unterschieden in der Grabausstattung abzuleitenden sozialen Gliederung der B. ist nicht bis ins Detail möglich. Der archäol. Befund läßt für die Frühzeit (6./7.Jh.) die Annahme einer – jeweils im Vergleich mit Franken und Alamannen – unterdurchschnittl. zahlreichen wohlhabenden Mittel- und Oberschicht, einer durchschnittl. zahlreichen unteren Mittelschicht (»Bauern«) und einer überdurchschnittl. zahlreichen auch stärker als sonst abgegrenzten Unterschicht zu. Um 700 erfolgten Veränderungen und Verschiebungen zugunsten der wohlhabenden Mittelschicht. – Archäolog. Hinweise auf Heidentum bei den B. fehlen bis auf Anzeichen ausgiebigen Amulettgebrauchs. Seit dem Beginn des 7.Jh. gibt es eine deutliche Überlieferung von teils kath., teils synkretist. Christentum. Es erfolgten erste Kirchenbauten, in der Regel aus Holz, und eine Klostergründung (Weltenburg). Daneben wurden spätantike Kirchen (Passau, Regensburg–St. Georg/St. Emmeram, Pfaffenhofen/Tirol) weiterbenutzt. Gegen Ende des 7.Jh. begann die Auflassung der Reihengräberfelder und die Verlegung der Sepulturen an die Kirchen.

Handwerk und Gewerbe sind der allgemein-germ. Entwicklung untergeordnet. Das Kunsthandwerk erweist sich als byz. und roman. beeinflußt. Es strahlte auf das avar. Feinschmiedehandwerk aus. Nachweisbar sind z. B. Töpfer, Maurer (seit dem 7.Jh.), Zimmerer, Schmiede, Müller, Bergleute (Eisenerzgewinnung seit dem späten 7.Jh.), Händler. Im Fernhandel werden zwei Verkehrsräume sichtbar: ein auf die avar. und roman. Gebiete Ungarns und der Südostalpen bezogener und ein ins langob. Oberitalien weisender. Demgegenüber sind die Verbindungen zu den Alamannen und Franken weniger ausgeprägt.

Die großen kulturellen Zentren des 8.Jh. sind archäolog. kaum erforscht. Ausgrabungen erfolgten in → Regensburg (Niedermünster), → Passau (Niedernburg) und → Eichstätt (Dom); weitere Ausgrabungen im Bereich der frühen Kl. Sandau, Ilmmünster, Herren- und Frauenchiemsee (→ Chiemsee) und Solnhofen. Wichtige archäolog. Fundplätze der Frühzeit: Barbing bei Regensburg, Kelheim und Kirchheim bei München als Beispiele früher Großsiedlungen; Altenerding, Bad Reichenhall, Lauterhofen, München-Aubing und Unterzeitldorn als Beispiele früher Gräberfelder; Aschheim, Bad Gögging, Staubing und Pfaffenhofen als Beispiele ländl. Kirchen des 7. Jahrhunderts
R. Christlein

Lit.: HOOPS² I, 610–627 – K. ZEUSS, Die Dt. und die Nachbarstämme, 1837, 364–380 – H. ZEISS, Von den Anfängen des Baiernstammes, BVGbll 13, 1936, 24–40 – T. GEBHARD, Zum Hausbau der lex Bajuvariorum, Germania 29, 1951, 230–235 – H. BOTT, Bajuwar. Schmuck der Agilolfingerzeit, 1952 – A. STROH, Die Reihengräber der karol. otton. Zeit in der Oberpfalz, Materialh. zur bayer. Vorgesch., H. 4, 1954 – WENSKUS, Stammesbildung, 560–569 – E. BENINGER–AE. KLOIBER, Oberösterreichs Bodenfunde aus bair. und frühdt. Zeit, Jb. des Oberösterr. Musealvereins 107, 1962, 125–250 – J. WERNER, Die Herkunft der Bajuwaren und der »östl.-merow.« Reihengräberkreis (Fschr. FR. WAGNER, 1962), 229–250 – B. SVOBODA, Zum Verhältnis frühgesch. Funde des 4. und 5.Jh. aus B. und Böhmen, BVGbll 28, 1963, 97–116 – L. PLANK, Die Bodenfunde des frühen MA aus Nordtirol, Veröff. des Museum Ferdinandeum in Innsbruck 44, 1964, 99–209 – V. MILOJČIĆ, Zur Frage des Christentums in B. zur Merowingerzeit, Jb. des Röm.-German. Zentralmuseums Mainz 13, 1966, 231–264 – U. KOCH, Die Grabfunde der Merowingerzeit aus dem Donautal um Regensburg (Germ. Denkmäler der Völkerwanderung, Ser. A, Bd. X, 1968) – R. CHRISTLEIN, Besitzabstufungen zur Merowingerzeit im Spiegel reicher Grabfunde aus West- und Süddeutschland, Jb. des Röm.-Germ. Zentralmuseums Mainz 20, 1973, 147–180.

B. Das Stammesherzogtum des Früh- und Hochmittelalters (ca. 500–1180)

I. Das ältere Stammesherzogtum (ca. 500–788) – II. Bayern im Karolingerreich (788–911) – III. Das »jüngere« Stammesherzogtum (ca. 907–1180).

I. DAS ÄLTERE STAMMESHERZOGTUM (ca. 500–788): [1] *Die Ursprünge*: Die B. treten als »Bajuvarii« (= Männer aus dem Lande Baia = Böhmen?) erstmals in der 1. Hälfte des 6.Jh. im Raum der ehem. röm. Prov. Noricum und Raetia II auf. Ihre Herkunft ist noch ungelöst und Gegenstand wissenschaftl. Kontroversen (Kelten-, Markomannen-, Sueben-, Frankenhypothese usw.). Heute besteht weitgehend Übereinstimmung darüber, daß vermutl. unter dem Ostgotenkg. Theoderich (471–526) zu Beginn des 6.Jh. das Land der von ihm beanspruchten röm. Prov. Noricum und Raetien eine neue germ. Herrschafts- und Bevölkerungsschicht erhielt, die wohl von Böhmen her eingewandert war und mit der noch anzutreffenden Provinzialen sowie andere Stammessplitter der Völkerwanderung verschmolzen (vgl. Abschnitt A). Im Rahmen der Bündnispolitik Theoderichs mit den Thüringern und

Franken mag das Machtvakuum in den ehem. röm. Prov. mit dem Hzm. von B. aufgefüllt worden sein, wobei möglicherweise die Provinz Raetia II westl. des Lechs den von den Franken 496 geschlagenen und von Theoderich aufgenommenen Alamannen zugeteilt wurde. Nach dem Zusammenbruch der got. Vormachtstellung mit dem Tode Theoderichs (»Dietrich v. Bern« [Verona] in der bayer. Volkssage) wurde der got. Herrschafts- und Einflußbereich nördl. der Alpen an die Franken abgetreten. Unter ihnen begegnet ein dux für die B., → Garibald I. Die Abhängigkeit vom Frankenreich war in der Folgezeit unterschiedlich. Seitdem die → Langobarden 568 in N-Italien ihr Reich begründet hatten, traten die bayer. Hzg.e in Bündnisse zu ihnen ein. Eine Bestätigung hierfür ist die Heirat der Tochter des Bayernherzogs Garibald, Theudelinde, mit dem Langobardenkönig Authari 589 (Schatz der Theudelinde im Dom zu Monza). 592 wird jedoch Hzg. Tassilo I. durch den Frankenkönig eingesetzt, der 591 mit den Langobarden Frieden geschlossen hatte. Die bayer. Hzg.e gehören dem Geschlecht der → Agilolfinger an, das mit Garibald I. (ca. 550–590) seinen ersten urkundl. faßbaren Ahnherrn hat und B. bis 788 regierte. Seine Herkunft ist nicht erhellt: In langob. Quellen ist frk. Abstammung bezeugt. Außerdem wird burg. und langob. Abkunft erwogen.

[2] *Die frühe Siedlung*: Der bayer. Siedlungs- und Herrschaftsraum, der durch die -ing-Orte markiert ist, erstreckte sich am Ende des 6. Jh. bereits bis zum Lech (starke schwäb. Siedlungsgruppen östl. davon in sich aufnehmend), im Süden bis zu den Alpen, wo die B. neben den Langobarden in der seit dem Ausgang des 6. Jh. vom Balkan aus vordringenden Avaren und Slaven neue Nachbarn erhielten. Ihr weiterer Vorstoß wurde im westl. Pustertal erstmals 592 unter Hzg. Tassilo I. von den B. zum Stehen gebracht, die sich damit den Weg nach Italien offen halten wollten. Hzg. Tassilo III. bannte die Gefahr 772 endgültig. Um die Mitte des 7. Jh. amtete in Bozen bereits ein bayer. Grenzgraf, und die bayer. Siedlung drang über die Enns hinaus kolonisierend nach Osten vor. Auf dem bayer. Nordgau verlief 805 die Nordgrenze der bayer. Siedlung bei Premberg (Burglengenfeld), 905 bei Nabburg. Der Kernraum des Hzg.s war das Land an der Donau mit dem ehemaligen röm. Castrum → Regensburg als Sitz des bayer. Hzg.s. Dort lag, meist in der Umgebung alter Römerkastelle, ausgedehntes hzgl. Fiskalgut, das vielleicht auf röm. Domänengut zurückgeht (H. Dachs). Der Besitz der fünf anderen bayer. Hochadelsgeschlechter der → Huosi, → Fagana, Hahilinga, Droazza, Anniona scheint im westbayer. Raum gelegen zu haben, doch ist allerdings auch Herzogsgut findet. Von einer »Zweiteilung« des Hzm.s in agilolfing. Zeit zu sprechen, ist deswegen wohl überspitzt. Über die soziale Gliederung des Volkes in Adel, Freie und Unfreie gibt das zw. 739 und 743 kodifizierte bayer. Volksrecht (Lex Bajuwariorum, → Leges) Auskunft, das auch eine hervorragende Quelle für Volksleben und Volkskultur bildet.

[3] *Mission und frühe Kirchengeschichte*: Über die ursprgl. Religion der Bajuwaren ist wenig bekannt. Während das Herzogsgeschlecht von Anfang an dem chr. (kath.) Glauben anhing, war das Volk in seiner Mehrheit im 6. Jh. noch heidnisch. Die bereits im Lande ansässigen keltoroman. Christen konnten ihren Kult jedoch ungestört ausüben, wie es die Verehrung der röm. Märtyrer Afra in → Augsburg und → Florian im oberösterr. Lorch (→ Lauriacum) bezeugt. Die in der Römerzeit mit großer Wahrscheinlichkeit schon bestehende Kirchenorganisation dürfte allerdings nach dem Abzug der röm. Truppen und Staatsorgane weitgehend untergegangen sein (vgl. Vita Severini des → Eugippius). B. mußte deswegen fast wieder von Grund auf neu missioniert werden. Dies geschah hauptsächl. durch ags., aber auch durch ir. und frk. Mönche, die ihren Rückhalt weniger im Papsttum als bei den frk. Kg.en hatten, welche in der Christianisierung eine wertvolle Hilfe für die polit. Erschließung der eroberten Gebiete erblickten. Bereits zu Beginn des 7. Jh. wirkten die drei ir. Wandermönche Agilus, Eustasius und Agrestius aus dem Jurakloster → Luxeuil in Bayern; das Kl. → Weltenburg führt seine Gründung auf Eustasius zurück. Gegen 700 kamen die ir., in ihrer Mehrzahl aber wohl westfrk. Missionare Erhard v. Narbonne und → Emmeram v. Poitiers nach Regensburg, → Rupert aus dem Wormsgau nach Salzburg und → Korbinian aus Arpajon bei Melun nach → Freising, alle auf Geheiß der bayer. Hzg.e, die an den gen. Orten ihre Pfalzen hatten. Hzg. Theodo erreichte 716 von Papst Gregor II. eine Anweisung (älteste Urkunde der bayer. Geschichte) für die Einrichtung von festen Bm.ern in einem bayer. Metropolitansprengel, doch kam diese nicht oder nur teilweise zur Ausführung. So vollendete der Angelsachse Winfried (→ Bonifatius) mit seinen Helfern die bayer. Kirchenorganisation 739 im Zusammenwirken mit Hzg. Odilo im Auftrag Papst Gregors III. An den früheren Herzogssitzen wurden Bistumssitze eingerichtet und kanon. geweihte Bf.e eingesetzt (→ Regensburg, → Freising, → Salzburg, → Passau). Die Bm.er bei Säben, Brixen und → Augsburg, die älter waren, wurden davon nicht berührt. Entscheidender als die Einrichtung von festen Bischofssitzen waren für die Missionierung des Landes die Kl., die seit dem 7. Jh. ins Leben gerufen wurden. Die große Welle der benediktin. Klostergründungen setzte jedoch erst im 8. Jh. unter der Regierung Hzg. Tassilos III. (748 bis 788) ein. Tassilo selbst gründete (zumindest gilt er als Gründer) die Kl. → Kremsmünster (777, Tassilokelch), → Niederaltaich, → Innichen (769), Niedermünster zu → Regensburg, Thierhaupten, Polling, → Wessobrunn, → Mondsee, Mattsee usw. Hochadlige Geschlechter des Landes, wie z. B. die Huosi, gründeten die Stifte → Tegernsee und → Benediktbeuern. Die Bm.er selbst wurden Besitzer von Eigenklöstern (z. B. → Scharnitz-Schlehdorf). Das staatl. und religiöse Leben wurde auf Landessynoden geordnet (Aschheim 750 und 756, Neuching 771, Dingolfing 774). Die Kl. entwickelten sich in kurzer Zeit zu Zentren geistl., geistiger und weltl. Kultur, in denen Schulen eingerichtet und von denen aus das Land gerodet wurde. Im Bund mit den Bm.ern wetteiferten sie in der Ostmission (Innichen, Kremsmünster, Chammünster, St. Emmeram, Niederaltaich, Metten), die mit der bayer. Kolonisation einherging.

II. Bayern im Karolingerreich (788–911): [1] *Politische Geschichte*: Seit dem 8. Jh. versuchten die Karolinger, das relativ unabhängig gewordene Hzm. B. wieder stärker unter ihre Kontrolle zu bringen (Vorstoß Karl Martells nach B. 725; Sieg Pippins und Karlmanns über Hzg. Odilo am Lech 743). Obwohl Hzg. Tassilo III. 757 Pippin und seinen Söhnen den Lehenseid schwören mußte, führte er seine selbständige Politik im Bündnis mit den Langobarden fort – er heiratete 765 die langob. Königstochter Liutbirga. Die Unterwerfung der Langobarden 774 durch Karl d. Gr. beraubte den Hzg. seiner wichtigsten Bundesgenossen. 788 wurde Tassilo von Karl d. Gr. wegen angebl. Fahnenflucht als Hzg. abgesetzt und mit seiner ganzen Sippe in Klöster verbannt. Bayern wurde frk. Provinz. Nach dem Bericht Einhards gab Karl d. Gr. Bayern Gf.en zum Regieren, was als Einführung der frk. Grafschaftsorganisation (→ Graf) gedeutet wird, die wohl auf agilolfing. Vorläufer zurückgriff. Die Gf.en waren vermutl.

Angehörige frk. »Reichsaristokratenfamilien«, die sich aber bald mit dem einheim. Adel versippten. Nach der Eingliederung ins Frankenreich blieb B. in seinem territorialen Umfang erhalten und behielt sein eigenes Stammesrecht. Die Eigenständigkeit der karol. Prov. B. wurde noch dadurch erhöht, daß Karl d. Gr. 798 eine bayer. Kirchenprovinz mit → Salzburg als Ebm. begründete. Die Einrichtung von Marken an der Ostgrenze sicherte das Land vor den Avaren. Unter Ludwig d. Dt. (817–876) und unter Karlmann (876–880) ist B. karol. Teilkönigreich. Nach dem Aufgehen B.s im ostfrk. Reich war → Regensburg neben Frankfurt der Hauptort dieses Reiches (Errichtung einer neuen Pfalz durch Ks. Arnulf »v. Kärnten«; spätkarol. Grablege in St. Emmeram).

[2] *Die Klöster und ihre Bedeutung für die kulturelle Entwicklung*: Die in der Agilolfingerzeit begründete Klosterkultur der nunmehrigen Reichsklöster setzte sich ohne Bruch im Karolingerreich fort. »Der Stamm an der Grenze der abendländ. Welt« rezipierte als erster im Gebiet des heut. Deutschland die lat. Bildung durch eigene lit. Schöpfungen (»abendländ. Rezeptionswerk durch Schule, Skriptorien, Bibliothek«; → Arbeo v. Freising, ca. 723–783; → Virgil v. Salzburg ca. 700–784). Waren in der Frühzeit des Stammesherzogtums insulare und langob.-südl. Kultureinflüsse stärker ausgeprägt, die zur Begegnung mit der lat. Lit. führten, so wurde die von Anfang an vorhandene westl. Kulturströmung aus dem frk. Reich aufgrund der herrschaftl.-staatl. Bindungen seit der Karolingerzeit immer bestimmender. Träger der kulturellen Aktivität waren seit dem 8. Jh. die Domklöster an den Bischofssitzen (Abt-Bf. Virgil v. Salzburg, ca. 700–784; → Salzburg) und die benediktin. Monasterien von → Benediktbeuern, → Wessobrunn, → Niederaltaich, → Tegernsee, Herrenchiemsee, Niederburg (Passau), → Mondsee und → Kremsmünster. Sie setzt sich in die Karolingerzeit ungebrochen fort (Augsburger Ion. bzw. Staffelseer Schreibschule; → Wessobrunner Gebet, → Muspilli), wobei die Hofkapelle der ostfrk. Karolinger die »dichteste Kontaktstelle zw. karol. Politik und bayer. Episkopat« war. Theolog., seelsorgerl. und hagiograph.-biograph. Gebrauchsliteratur überwog, auch gab es bereits Ansätze für annalist. Fixierung (Annales Juvavenses majores, → Conversio Bagoariorum et Carantanorum) sowie poet. Versuche und Rechtssammlungen.

III. Das »jüngere« Stammesherzogtum (ca. 907–1180):
[1] *Politische Geschichte*: Der gegen Ende des 9. Jh. einsetzende Niedergang des Reiches ließ führende Adelsgeschlechter in den Stämmen wieder zu Hzg.en aufsteigen, wodurch das sog. »jüngere« Stammesherzogtum begründet wurde. Der Sohn des mit dem bayer. Heerbann gegen die Ungarn bei Preßburg 907 gefallenen Mgf.en Luitpold, Arnulf (907–937 [→ 2. Arnulf]) nannte sich wieder Hzg. v. B. 919 zum Kg. (von Bayern? von Ostfranken?) gewählt, unterwarf er sich nach anfängl. Widerstand dem von Konrad I. designierten, von Franken und Sachsen zum Kg. erhobenen Heinrich I. v. Sachsen, der ihm sonst außen- und kirchenpolit. Selbständigkeit beließ. Durch die Säkularisierung von Klostergütern, die Arnulf an berittene Vasallen zur Ungarnabwehr zu Lehen ausgab (Beiname: der Böse), konsolidierte er seine Macht. Kg. Otto I. entsetzte die → Luitpoldinger des Hzm.s B. 947, das er seinem Bruder Heinrich, der mit der Luitpoldingerin Judith, Tochter Hzg. Arnulfs, verheiratet war, übertrug. Unter seinem Sohn Heinrich dem Zänker (955–976 und 985–995) erhielt B. seine größte territoriale Ausdehnung überhaupt (952 Mgft. → Verona, Mark → Krain und → Istrien zu B., aber bereits 976 dem von B. abgetrennten Hzm. Kärnten zugeschlagen). Der Sohn des Zänkers, Heinrich IV. (995 bis 1004), wurde 1002–24 dt. Kg. (Heinrich II.). Er stattete das 1007 von ihm begründete Bm. → Bamberg v. a. mit bayer. Herzogsgut aus. Unter den salischen Ks.n wurde B. zu einer Art Kronland, das von den regierenden Königen meist an Familienmitglieder verliehen wurde. Die Wahl durch die bayer. Großen war dabei auf die Akklamation reduziert (1026–27 Hzg. Konrad = Kg. Konrad II.; 1027–42 und 1047–49 Hzg. Heinrich VI. = Ks. Heinrich III.; 1054–55 Hzg. Konrad II., Sohn Ks. Heinrichs III.; 1053–54 Hzg. Heinrich VIII. = Kg. Heinrich IV.; 1055–61 Hzgn. Agnes, Witwe Ks. Heinrichs III.). B. wurde so eine entscheidende Machtgrundlage der dt. Kg.e, Regensburg sogar einer der Hauptorte des Reiches. Seit 1070 herrschten für mehr als ein Jahrhundert die → Welfen als Hzg.e v. B. (bis 1180; mit Unterbrechung der Jahre 1139 bis 1156, in denen das Hzm. in den Händen der Babenberger lag; → Babenberger, jüngere). Die Familie der jüngeren, it. Welfen errang unter Hzg. Heinrich dem Stolzen (1126–38) 1137 auch das Hzm. → Sachsen, womit sie zur mächtigsten Familie im Reich aufstieg. So war der Grund zur Rivalität mit den → Staufern gelegt, die 1180 mit der Absetzung → Heinrichs des Löwen durch Friedrich Barbarossa und der Verleihung des bayer. Hzm.s an → Otto v. Wittelsbach sein Ende fand. Dieser war ein Nachkomme der seit der Mitte des 11. Jh. urkundl. nachweisbaren Gf.en v. → Scheyern(-Wittelsbach), die seit ca. 1120 das bayer. Pfalzgrafenamt innehatten.

[2] *Siedlung und Verfassung*: Nach dem Sieg auf dem Lechfeld 955 über die Ungarn begann die zweite Welle der bayer. Ostsiedlung. Um 970 war die in den Ungarnstürmen untergegangene bayer. Ostmark wieder aufgerichtet und über den Wienerwald hinaus erweitert. 976 wurden die Babenberger Mgf.en in der Ostmark, die Ende des Jh. erstmals »Ostarrichi« gen. wird (→ Österreich). 1156 wird sie beim Ausgleich der Babenberger mit den Welfen vom Hzm. B. abgetrennt und mit der Verleihung an Heinrich Jasomirgott als Hzg. zum selbständigen Hzm. erhoben (vgl. → Privilegium minus). Die → Steiermark wurde 1180 abgetrennt, während das Kolonisationsgebiet in Kärnten und in den südl. Marken Krain und Istrien schon seit 976 verloren war. Träger des Landesausbaus waren Bm.er, Kl. und der hohe Adel, deren Spuren in Besitz und Ortsnamen z. T. bis in die Gegenwart nachwirken.

Grundherrschaft und Lehenswesen, die ihre Anfänge in agilolfing.-karol. Zeit haben, kamen auch in B. seit dem ausgehenden 10. und 11. Jh. zu voller Entfaltung. Zusammen mit Allodialbesitz wurden sie zu Grundlagen der Hochadelsherrschaften des 12. Jh., wie sie die gfl. Dynastiengeschlechter der → Andechs(er), → Wittelsbach(er), → Falkenstein(er) (Codex Falkensteinensis), → Bogen(er) usw. innehatten. Seit etwa 1000 beggnen in B. auch → Ministerialen, die im ausgehenden 13. Jh. zum landsässigen Adel aufstiegen und Landstände wurden. Bereits in agilolfing. und karol. Zeit finden wir eine ausgebildete Groß-Grundherrschaft der größeren Stifte und Kl. (Fronhof- und Hufenverfassung; älteste Traditionsbücher: Indiculus Arnonis, Breviarius Urolfi, Freisinger Traditionscodex des Cozroh, Brevium Exempla usw.). Seit der in otton. Zeit erfolgten Unterstellung der Bm.er und größeren Kl. unter Königsherrschaft, womit zugleich auch Immunität (Freiheit vom Grafengericht, Einrichtung einer Gerichtsvogtei) verbunden war, verfügte das Kgtm. in Bayern über eine unmittelbare, vom Hzm. unabhängige Machtgrundlage. Dies erklärt u. a. die königstreue Haltung vieler alter bayer. Stifte im → Investiturstreit, während der Hochadel mit den von ihm gegründeten Familienklöstern (Reform- und päpstl. Kl.) zum Teil der päpstl. Partei anhing. Über den Umweg der Vogtei gelang es den gräfl. Dynasten, auch die Herrschaft über den Besitz der Reichskirche an sich zu reißen. Die vizekönigl. Stellung des bayer. Hzg.s, die sich gerade in der Reichslandepoche herausgebildet hatte, verhinderte mit der hier schon früh (1094) einsetzenden hzgl. Landfriedenswahrung (→ Landfriede) den vorzeitigen Auseinanderfall des landrechtl./stammeshzgl. Verbandes, der allerdings auch durch vasallit. Bindungen der Dynasten zum Hzm. untermauert war. Die tatkräftige Wahrnehmung vizekönigl.-hzgl. Rechte durch die ersten Wittelsbacher war zusammen mit dem Erwerb unmittelbarer Herrschaften des aussterbenden Hochadels ein Hauptgrund für die Bewahrung des stammeshzgl. Kernraumes im landesfsl. Territorialstaat.

[3] *Kulturelles und geistiges Leben*: Nach den Ungarnkriegen regte sich das kulturelle Leben in den bayer. Kl.n sehr bald wieder unter der Einwirkung der lothring. Reformbewegung. Auf religiösem Gebiet hatte die »konservative« und königstreue Gorzer Reform in Kl. → St. Emmeram in Regensburg unter Bf. → Wolfgang (972-994) eine Hauptstütze (→ Ramwold, Arnold [→ Arnold 23.], → Otloh), ferner in den Kl. Tegernsee (→ Froumund 960-1008) und → Niederaltaich (→ Godehard). Sie wurde bes. von den bayer. Hzg.en Heinrich dem Zänker und seinem Sohn, Ks. Heinrich (II.), gefördert. Die überregionale Klosterkultur bewirkte, daß Bayern im späten 10. und 11. Jh. »inmitten einer Bildungslandschaft mit blühenden Dom- und Klosterschulen« mit Beziehungen zu den frk. und alem. monast. Bildungszentren lag. Trotz Parteinahme vieler Stifte im Investiturstreit für den Ks. fanden die cluniazens. Reformideen gerade in B. auch breiten Widerhall und trugen hier reiche Früchte (→ Wilhelm, Abt des Kl. Hirsau, dem Zentrum der Reform in Oberdeutschland, stammte aus St. Emmeram in Regensburg). Unter ihrem Einfluß setzte seit der 2. Hälfte des 11. Jh. ein »zweiter Klosterfrühling« ein: Hzg.e, Bf.e und Hochadelsgeschlechter wetteiferten förmlich in der Neugründung von »Reformklöstern«, sei es von (nun nach Hirsauer Regel lebenden) Benediktinerklöstern (Zentren: Fischbachau [Petersberg-Scheyern] und Prüfening) oder von neuen religiösen Gemeinschaften wie z.B. den Zisterziensern, Prämonstratensern und v.a. den Augustinerchorherren, für denen das von Welf I. 1077 gegr. Kl. → Rottenbuch zu einem förmlichen Heerlager der Anhänger Gregors VII. wurde (vgl. auch St. Nikola zu → Passau und → Göttweig). Bes. Förderer der Reform waren Bf. → Otto v. Bamberg (1103 bis 1139), Bf. → Altmann v. Passau (1065-91) und die Ebf.e → Gebhard und → Konrad v. Salzburg (1060-88 bzw. 1106-47). Entscheidend war, daß auch die Laiengesellschaft durch die neue Seelsorge der Augustinerchorherren religiös verinnerlicht wurde.

Die Spannungen des Investiturstreits, der auch eine tiefe Zäsur in der bayer. Kulturentwicklung bedeutete, haben - trotz geringen lit. Niederschlages - das Geistesleben stark vorangetrieben. Gedankengänge der aus Frankreich einströmenden Frühscholastik fanden rege Diskussion, Befürwortung oder Ablehnung. Die großen Geister des 12. Jh.s, das Dreigestirn → Otto v. Freising (1111/15-58), → Gerho(c)h v. Reichersberg (1093/94-1169) und → Petrus v. Wien († 1183) besaßen einen vollkommenen Überblick über die Gelehrsamkeit ihrer Zeit, waren aber schon den verschiedenen zeitgenöss. Denkschulen verpflichtet. Der Einfluß der Pariser Schulen auf B. ist dabei noch nicht hinreichend erforscht. Zur Ausbildung eines großen Studienzentrums (Universität) für die neue scholast. Methode kam es im B. des 12. Jh. nicht. Die rezeptive und produktive Kraft hörte jedoch am Ende des Jahrhunderts auf, damit auch die Auseinandersetzung mit der abendländ. Geistesbewegung.

Seit dem 12. Jh. gewann auch der Adel unter dem Einfluß des frz. Rittertums und der Kreuzzüge erstmals einen Anteil an der lit. Kultur. Während in der frühmhd. Zeit fast ausschließlich noch geistl. und lat. Dichtung anzutreffen ist (geistl. Schauspiel, Tegernseer → Ludus de Antichristo, → Ruodlieb), so dominiert in der mhd. Klassik (ca. 1170-1270) die ritterl. Lieder- und Heldendichtung, die sich in B. bereits am welf. Herzogshof zu Regensburg nachweisen läßt (Epos v. → Hzg. Ernst). Um 1200 entsteht im Donauland das → Nibelungenlied. Nachdem das bayer. Donauland bereits seit der Mitte des 12. Jh. die Heimat der frühhöf. Lyrik ist (→ Kürenberg[er], → Dietmar v. Aist usw.), findet die lyr. Dichtung in Österreich am Hof der Babenberger zw. 1170/80 und 1246 glanzvolle Förderung (→ Reinmar d. Alte, →Walter von der Vogelweide, → Neidhart v. Reuental und der → Tannhäuser). Während die Artusepik in B. nicht vertreten ist, wird die Kleinepik durch →Wernher den Gärtner und den Stricker repräsentiert. Als Zeichen für die lit. Blüte im bayer. Raum des späten HochMA muß auch die große Sammlung lat. und dt. Dichtungen gewertet werden, die in der 1. Hälfte des 13. Jh., vermutl. am Hofe des Bf.s v. Seckau in der Steiermark, aufgezeichnet wurde und nach ihrem Fundort, der Klosterbibliothek von Benediktbeuern, als → »Carmina burana« in die Literaturgeschichte einging. P. Fried

Q.: K. L. Ay, Dokumente zur Gesch. von Staat und Gesellschaft in B., I: Altbayern vom FrühMA bis 1180, 1974 – *Lit.*: Hoops² I, 601-610 – Hist. Stätten Dtl. 7, hg. K. Bosl, 1965² [Lit.] – S. v. Riezler, Gesch. Baierns I, 1878ff.; 1927², 2 Halbbde – M. Doeberl, Entwicklungsgesch. B.s I, 1916³ – Spindler I, 75-554, 561 ff. [grundlegend; umfassende Lit.] – R. Bauerreiss, Kirchengesch. B.s I, 1949, 1974²; II, 1950; III, 1951 – H. Schindler, Große bayer. Kunstgesch., 2 Bde, 1976² – Zur Gesch. der B., hg. K. Bosl, 1965 (WdF 60) – K. Reindel, B. im MA, 1970 – O. v. Dungern, Adelsherrschaft im MA, 1927 – E. Wohlhaupter, Hoch- und Niedergerichtsbarkeit in der ma. Gerichtsverfassung B.s, 1929 – J. Sturm, Die Anfänge des Hauses Preysing, 1931 (Schriftenreihe zur bayer. Landesgesch. 8) – Bosl, Reichsministerialität – K. Hallinger, Gorze-Kluny, 2 Bde (StAns 22/23), 1950-51 [Neudr. 1971] – K. Reindel, Die bayer. Luitpoldinger 893-989, 1953 (Q. und Erörterungen zur bayer. und dt. Gesch., NF 11) – E. Klebel, Probleme der bayer. Verfassungsgeschichte, 1957 (Schriftenreihe zur bayer. Landesgesch. 57) – K. Bosl, Frühformen der Gesellschaft im ma. Europa, 1964 – G. Diepolder, Die Herkunft der Aribonen, ZBLG 27, 1964, 74-119 – F. Prinz, Frühes Mönchtum im Frankenreich, 1965 – E. Schremmer, Die Wirtschaft B.s, 1970 – B. Bischoff, Die südostdt. Schreibschulen und Bibliotheken in der Karolingerzeit I, 1974³ – F. Prinz, Mönchtum und Gesellschaft im FrühMA, 1976 – *zur Bedeutung B.s für Kultur und lat.-dt. Lit. des MA vgl. ferner bes.*: W. Stammler-K. Langosch, Die dt. Lit. des MA, 5 Bde, 1933-55 – De Boor-Newald I, II – Spindler I, 427-554 [H. Glaser, F. Brunhölzl, I. Reiffenstein, H. Fischer, W. Messerer, H. Schmid].

C. Der Territorialstaat des Spätmittelalters (1180-1508)

I. Die ersten Wittelsbacher Herzöge (1180-1255) – II. Von der ersten Teilung bis zum Tode Ludwigs des Bayern (1255-1347) – III. Die Teilungen und die Teilherzogtümer des 14. und 15. Jahrhunderts (1347/49-1450) – IV. Der Weg zur Einheit des Herzogtums (1450-1508) – V. Verfassungsentwicklung, Siedlungs- und Agrargeschichte im Spätmittelalter.

I. Die ersten Wittelsbacher Herzöge (1180-1255): Die Belehnung des Pfalzgrafen Otto von Wittelsbach mit dem Hzm. B. 1180 begründete eine neue Dynastie. Sein früher Tod 1183 stürzte das noch ungefestigte Hzm. in eine schwere Krise. Sein Sohn Ludwig I. (1183-1231) mußte sich gegenüber den zentrifugalen Tendenzen des Hochadels und der Bf.e durchsetzen. In der Bogener Fehde er und wurde erst durch das Eingreifen Ks. Heinrichs VI. 1193 gerettet. Im Krieg mit den Bf.en v. Regensburg um die

Rechte in der Stadt konnte er die Lösung des Hochstiftes und der Stadt vom Hzm. nicht verhindern, dafür aber wichtige bfl. Lehen erhalten. Auch im Konflikt mit Ebf. Eberhard II. 1218/19 mußte er die Ausbildung des Erzstiftes Salzburg anerkennen, konnte aber das Peilsteiner Erbe Reichenhall behaupten. Obwohl seit 1198 auf stauf. Seite, erkannte er 1208 Otto IV. an, was ihm die Bestätigung der Erblichkeit des Hzm.s B. sowie die Reichslehen des Mörders Kg. Philipps v. Schwaben, des Pfgf.en Otto VIII., sowie des (angebl. gleichfalls an der Mordtat beteiligten) Andechsers Heinrich v. Istrien eintrug. Die Verlobung seines Sohnes Otto mit Agnes, Tochter des welf. Pfgf.en Heinrich des Langen und die Anerkennung Kg. Friedrichs II. noch i.J. 1212 brachte 1214 die Belehnung mit der → Pfalzgrafschaft bei Rhein. Durch dieses Amt stärker an der Reichspolitik beteiligt, leitete er 1221 den Kreuzzug nach Kairo; 1226 wurde er Reichsgubernator und Vormund Kg. Heinrichs (VII.). Dessen Verbindung mit den 1227 rehabilitierten Andechsern ließ das Verhältnis zu den Staufern abkühlen, doch wurde 1229/30 der Frieden wiederhergestellt. Otto II. (1231–53) kam in seinem Krieg mit Heinrich (VII.) und den bayer. Bf.en in schwere Bedrängnis, aus der ihn erst der Anschluß an Ks. Friedrich II. befreite. Doch als 1237 Ottos II. Hoffnungen auf die Länder des geächteten Hzg.s Friedrich II. v. Österreich enttäuscht wurden, konnte ihn der päpstl. Legat Albert Behaim (→11. Albert), der ihn gegen die Bf.e unterstützte, vorübergehend für den Kampf gegen Friedrich II. gewinnen. Die wachsende Isolierung führte den Hzg. 1241 an die stauf. Seite zurück. Die Verbindung wurde durch die Vermählung Kg. Konrads IV. mit Elisabeth, Tochter Ottos II., noch enger geknüpft, womit sich dieser die Exkommunikation zuzog (→ Innozenz IV.). Die Erwerbung Österreichs gelang auch 1246 nicht, doch konnte der Hzg. 1242 die Gf.en v. Bogen, 1248 die Andechser und die älteren Ortenburger beerben und Konrad, den letzten Gf.en v. Wasserburg, vertreiben.

II. VON DER ERSTEN TEILUNG BIS ZUM TODE LUDWIGS DES BAYERN (1255–1347): Die Söhne Hzg. Ottos II. teilten 1255 B.: Ludwig II. (1253/55–94) bekam den kleineren w. Teil B.s (»Oberbayern«), den Nordgau und die Pfgft. bei Rhein, Heinrich XIII. (1253/55–90) den größeren ö. Teil B.s (»Niederbayern«). Als stauf. Parteigänger traten die Hzg.e für ihren Neffen → Konradin ein. 1269 teilten sie das »Konradin. Erbe« auf dem Nordgau und am oberen Lech. Sie übten beide bei den Königswahlen v. 1257 und 1273 jeweils für B. und die Pfgft. das Kurrecht aus. Von seinem Bruder im Stich gelassen, mußte Heinrich XIII. 1282 die Festsetzung der Habsburger in Österreich und 1289 den Verlust der bayer. Kur an Böhmen hinnehmen. Der Kampf an der Seite Kg. → Adolfs gegen seinen habsburg. Gegner → Albrecht I. führte die Hzg.e Rudolf I. v. Oberbayern und Otto III. v. Niederbayern 1298 in die Niederlage v. Göllheim. Nach dem Zusammenbruch einer weiteren Erhebung gegen Albrecht I. mußte Hzg. Rudolf einen Teil des Konradin. Erbes abtreten und seinen Bruder → Ludwig IV. (1294/1301–1347) zum Mitregenten annehmen. Zur Schuldentilgung bewilligte 1302 der oberbayer. Adel auf einem Rittertag zu Oberschneidbach erstmals eine Viehsteuer. 1307 verpfändeten die Hzg.e den drei Ständen der Ritter, Prälaten sowie Städten und Märkten gegen eine weitere Steuerbewilligung die Ingolstädter Münze. Inzwischen war Otto III. als Enkel Kg. Belas IV. v. Ungarn 1305 zum ung. Kg. gekrönt worden, konnte sich jedoch gegen den Prätendenten Karl Robert v. Anjou nicht halten und mußte 1307 Ungarn verlassen. Die bei diesem Unternehmen und im österr. Krieg 1309–11 angehäuften Schulden nötigten Otto III. 1311 zum Erlaß der → »Otton. Handfeste«: Gegen die Gewährung einer einmaligen Vieh- und Getreidesteuer erhielten Ritter und Prälaten die niedere Gerichtsbarkeit in ihren Hofmarken. Die Wahrnehmung der Vormundschaft über die drei niederbayer. Hzg.e nach dem Tod Ottos III. († 1312) veranlaßte Ludwig IV. zur Aussöhnung mit seinem Bruder Rudolf und zum Bruch mit Österreich. Der Sieg bei → Gammelsdorf 1313 wehrte den Zugriff der Habsburger auf Niederbayern ab und verbreitete Ludwigs Ruhm im Reich. 1314 wurde Ludwig von der luxemburg. Partei zum Röm. Kg. gewählt. In seinem Kampf um den Thron zwang er Hzg. Rudolf 1317 zum Verzicht auf die Herrschaft und schlug zusammen mit seinen niederbayer. Vettern 1322 den Gegenkg. Friedrich den Schönen bei → Mühldorf entscheidend. B. bildete seitdem die unerschütterl. Basis seiner Reichspolitik, auch nach seiner Exkommunikation (1324). Noch 1323 hatte er seinem Sohn Ludwig V. die durch das Aussterben der Askanier erledigte Mark → Brandenburg verliehen. Nach der Einigung mit Friedrich dem Schönen und der Kaiserkrönung (1328) verglich er sich mit den Erben seines Bruders Rudolf: Im Hausvertrag v. → Pavia trat er 1329 an Rudolf II., Rupprecht I. und II. die Pfgft. bei Rhein und fast den ganzen Nordgau (→ »Oberpfalz«) ab. Die Ausübung der Kur sollte künftig zw. den beiden wittelsbach. Linien wechseln. 1340 erlosch die niederbayer. Linie; ihr Territorium fiel an Oberbayern zurück. 1342 ließ Ks. Ludwig die Ehe der Gfn. Margarethe Maultasch v. Tirol mit Johann Heinrich v. Luxemburg für ungültig erklären und vermählte sie mit seinem Sohn Ludwig V. 1346 brachte er auf Grund des Erbrechts seiner 2. Gattin Margarethe die Gft.en → Holland, Seeland, Friesland und Hennegau an sich. Seine Hausmachtpolitik untergrub schließlich seine Stellung. Der Tod Ludwigs des Bayern (1347) verhinderte den Entscheidungskampf mit Karl IV.

III. DIE TEILUNGEN UND DIE TEILHERZOGTÜMER DES 14. UND 15. JAHRHUNDERTS (1347/49–1450): Gegen Ludwigs des Bayern Pläne teilten seine sechs Söhne 1349 bzw. 1351/1353 Bayern und die hinzuerworbenen wittelsbach. Territorien dergestalt auf, daß Ludwig V. Oberbayern mit Tirol, Ludwig VI. und Otto V. gemeinsam die Mark Brandenburg, Stephan II. fast ganz Niederbayern mit der Hauptstadt → Landshut, Wilhelm I. und Albrecht I. das Straubinger Land (→ Straubing) und die Niederlande (Straubing-Holland) erhielten. Bei dieser Zersplitterung ihrer Hausmacht waren die bayer. Hzg.e Ks. Karl IV. nicht gewachsen und mußten es hinnehmen, daß in der → Goldenen Bulle (1356) unter Umgehung der bayer. Ansprüche allein die pfälz. Kurwürde anerkannt wurde. Schon 1363 fiel Oberbayern an Stephan II. v. Niederbayern zurück. Dagegen konnte dieser → Tirol, das die Herzoginwitwe Margarethe sogleich an Hzg. Rudolf IV. v. Österreich übergab, gegen die mit Ks. Karl IV. verbündeten Habsburger nicht halten. Im Frieden v. Schärding mußte Stephan II. 1369 Tirol preisgeben. Karl IV. konnte inzwischen seinen Einfluß auch auf die Mark Brandenburg ausdehnen und nötigte den schwachen Otto V., der bereits seinen Neffen Friedrich zum Erben eingesetzt hatte, nach zwei militär. Einfällen im Frieden v. → Fürstenwalde (1373) zur Abtretung Brandenburgs. In B. regierten die drei Söhne Stephans II. († 1375) gemeinsam. Die Aussöhnung mit den Luxemburgern und die erfolgreiche Vermittlung im Städtekrieg (1377) brachte den Hzg.en Stephan III. und Friedrich vorübergehend die Reichslandvogtei in Ober- und Niederschwaben ein. Auch schlossen sie sich dem → Rothenburger bzw. → Nürnberger Landfrieden Kg. Wenzels an. Der kurze bayer.-österr. Krieg um den Einfluß auf die Propstei → Berchtesgaden endete mit einem Bündnis der bayer. Hzg.e mit Hzg. Leopold III. gegen die Städtebünde (1382) und mit einem Vergleich über Berchtesgaden (1384). Das Bündnis der schwäb. Städte mit Ebf. Pilgrim II. v. Salzburg führte 1388 zum Krieg der bayer. Hzg.e mit Kg. Wenzel und dem Schwäb. und Rhein. Städtebund. Zur Wahrung des Egerer Reichslandfriedens v. 1389 diente ein Sechserausschuß v. Fs.en, an deren Spitze seit 1390 Hzg. Friedrich stand. Auf Drängen Hzg. Johanns II., der sich bei der ehrgeizigen Politik seiner Brüder zurückgesetzt fühlte, kam es 1392 zu der von den Landständen durchgeführten dritten bayer. Landesteilung. Demnach erhielt Hzg. Johann II. den geschlossenen sw. Teil Oberbayerns (B.-München), Hzg. Friedrich Niederbayern im Umfang von 1353 (B.-Landshut), Hzg. Stephan III. aber einen unglückl. verteilten Streubesitz an der oberen Donau und im Alpenvorland (B.-Ingolstadt). Der Streit um die Vormundschaft über Hzg. Friedrichs († 1393) Sohn Heinrich XVI. (1393-1450) endete 1395 mit einer Versöhnung der Hzg.e, die eine vorübergehende gemeinschaftl. Regierung Oberbayerns brachte. Doch der Führungsanspruch Hzg. Stephans III. gegenüber seinen Münchner Neffen Ernst (1397-1438) und Wilhelm III. (1397-1435) schuf neuen Zwist, zumal Stephan III. und sein Sohn Ludwig VII. in den Münchner Bürgerunruhen die Partei der aufständ. Zünfte ergriffen und München zu besetzen suchten. Erst 1403 ergab sich die von Stephan III. nicht länger unterstützte Stadt ihren Hzg.en. Das Kgtm. des Kfs.en Rupprecht III. v. d. Pfalz, von den Ingolstädter Hzg.en seit 1399 betrieben, wurde 1401 auch von der Münchner Linie anerkannt. Der Österr. Krieg v. 1410 war ein letzter erfolgloser Versuch zur Rückgewinnung Tirols. Im → Abendländ. Schisma hatten sich die bayer. Hzg.e seit 1378 einhellig zur röm. Obödienz bekannt, traten aber 1409 zur Pisaner Obödienz über. Das von allen bayer. Hzg.en beschickte Konzil v. Konstanz bildete den Hintergrund für den erbitterten Hausstreit zw. Hzg. Ludwig VII. v. B.-Ingolstadt (1413 bis 1445/47) und seinem Landshuter Vetter Heinrich. Dieser sammelte in der Konstanzer Liga alle wichtigen Nachbarn des Ingolstädters gegen diesen. Der Streit flackerte im Bayer. Krieg v. 1420 erneut auf, in dessen Verlauf Ludwig VII. schließlich halb S-Deutschland gegen sich aufbrachte. Auch der 1422 v. Kg. Siegmund vermittelte Waffenstillstand v. Regensburg brachte keinen Ausgleich. 1425 erlosch mit Hzg. Johann III. die Straubinger Linie im Mannesstamm. Seine Nichte Jakobäa mußte Hzg. Philipp v. Burgund 1428 die Mitregierung, 1433 die Alleinherrschaft über die Niederlande abtreten. Kg. Siegmund zog bei der Uneinigkeit der bayer. Hzg.e die Entscheidung über das Erbe an sich und fällte nach dem Erbverzicht Hzg. Albrechts V. v. Österreich 1429 den Preßburger Schied: Gemäß der von Ständevertretern der vier Teilhzm.er vollzogenen Teilung fiel das Straubinger Land zur Hälfte an die beiden Münchner Hzg.e, zu je einem Viertel an B.-Landshut und B.-Ingolstadt. Der bayer. Hausstreit verhinderte eine gemeinsame Front gegen die Hussiten. Die militär. Erfolge des Pfgf.en Johann v. Neumarkt stärkten die Abwehrkraft des Grenzlandes, doch erst die Verhandlungen Hzg. Wilhelms III., des Protektors des Basler Konzils, beendeten die Einfälle. Das Konzil wurde von allen bayer. Hzg.en unterstützt, am längsten von →Albrecht III. v. B.-München (1438-60), der erst 1448 zur röm. Obödienz zurückkehrte. Seit 1438 befehdete Hzg. Ludwig VIII. v. B.-Ingolstadt († 1445) seinen Vater Ludwig VII. und nahm ihn schließlich gefangen. Aus der Pfandschaft des Mgf.en Albrecht Achilles von Heinrich XVI. ausgelöst, starb er in dessen Haft 1447 als letzter seiner Linie. Ohne Widerstand vermochte Heinrich, das Ingolstädter Territorium einzuziehen.

IV. DER WEG ZUR EINHEIT DES HERZOGTUMS (1450-1508): Im Erdinger Vertrag v. 1450 trat Hzg. Ludwig IX. v. B.-Landshut seinem Münchner Vetter einen kleinen Teil des Erbes ab. Ludwig IX. bewahrte im Krieg des Mgf.en Albrecht Achilles mit der Reichsstadt Nürnberg eine für den Mgf.en wohlwollende Neutralität und vermittelte einen Ausgleich. Der Anspruch des Mgf.en auf die Zuständigkeit seines ksl. Landgerichts → Nürnberg auch für B. führte zum Bruch zw. beiden Fs.en. Durch die Besetzung der Reichsstadt → Donauwörth 1458 zog sich Ludwig IX. die Reichsacht zu, mit deren Vollstreckung der Mgf. beauftragt wurde. Gestützt auf sein Bündnis mit dem Pfälzer Kfs.en Friedrich I. und die Neutralität des böhm. Kg.s Georg Podiebrad behauptete sich der Hzg. erfolgreich. Im Prager Frieden (→ Prag, Frieden v.) mußte er auf Donauwörth, der Mgf. auf die Ausdehnung seines Landgerichts verzichten. Die Absetzung des böhm. Kg.s durch den Papst veranlaßte den Hzg. zur Abwendung von ihm und zur Aussöhnung mit dem Ks. (1468). Hzg. → Albrecht IV. v. B.-München (1463-1508) nützte die finanziellen Schwierigkeiten Hzg. Siegmunds v. Tirol aus, der ihm seit 1478 zahlreiche Besitzungen verpfändete. 1487 verschrieben sich die beiden Hzg.e gegenseitig 1 Million fl auf ihre Lande. Zur Aufbringung der nötigen Summen verständigte sich Hzg. Albrecht IV. mit Hzg. Georg (1479-1503) v. B.-Landshut, der 1486 v. Siegmund Burgau, 1487 zusammen mit Albrecht → Vorderösterreich kaufte. 1485 zog Albrecht IV. die Gft. → Abensberg ein; 1487 unterstellte sich die verschuldete Reichsstadt Regensburg seiner Landeshoheit. Gegen die Expansionspolitik des Hzg.s schlossen sich schon 1485 die bedrohten Nachbarn im → Schwäb. Bund zusammen, den Ks. gegen Albrecht in Bewegung setzte. Die Diplomatie Kg. Maximilians I. neutralisierte Hzg. Georg, der 1489 auf Burgau verzichtete. Nach der Niederwerfung des Adelsbundes der Löwler vom Ks. geächtet und von Hzg. Georg verlassen, mußte sich Albrecht 1492 dem Augsburger Spruch Kg. Maximilians beugen und auf alle Erwerbungen außer Abensberg verzichten. Gegen die Verträge v. 1392 und 1450 setzte der erbenlose Hzg. Georg 1496 seine Tochter Elisabeth und deren künftigen Gatten Pfgf. Rupprecht zu Erben ein. Nach dem Tod des Hzg.s löste der rasche Zugriff des Pfgf.en auf Landshut und Burghausen noch i. J. 1503 den → Landshuter Erbfolgekrieg aus. Albrecht IV. wurde 1504 mit B.-Landshut belehnt, Rupprecht geächtet; den Ausschlag gab das militär. Eingreifen des Kg.s zugunsten Albrechts. Im »Kölner Schied« Kg. Maximilians I. (1505) wurde das Landshuter mit dem Münchner Territorium vereinigt, doch mußte Albrecht IV. an die Pfgf.en Ottheinrich und Philipp, Söhne Rupprechts und Elisabeths (beide † 1504), verstreute Gebiete zw. Fichtelgebirge und oberer Donau zur Bildung des Fsm.s der »Jungen Pfalz« (Pfalz-Neuburg) und erhebl. »Interessen« an den Kg. (Gerichte Kufstein, Rattenberg und Kitzbühel) sowie an die Reichsstadt Nürnberg abtreten. Das Primogeniturgesetz v. 1506 sicherte für die Zukunft die Einheit Bayerns.

V. VERFASSUNGSENTWICKLUNG, SIEDLUNGS- UND AGRARGESCHICHTE IM SPÄTMITTELALTER: [1] *Verfassungsentwicklung:* Schon Ende des 12. Jh. war das bayer. Stammeshzm. weitgehend ausgehöhlt: 1180 wurde die → Steiermark abgetrennt; etwa ein Jh. später war auch die Territorialisierung → Tirols abgeschlossen. 1244 fand der letzte bayer. Landtag älterer Ordnung statt. Aus den schon innegehabten und hinzuerworbenen Gft.en bauten die Hzg.e den spätma.-neuzeitl. Territorialstaat auf. Für die bis etwa 1250 erloschenen Dynastengeschlechter rückten Edelfreie und Ministeriale nach, die zusammen den landsässigen höheren Adel (»Ritterschaft«) bildeten; an die Stelle der Bf.e traten die Äbte und Pröpste der landsässigen Kl. (»Prälaten«). Steuerbewilligungen durch Ritter, Prälaten, Städte und Märkte führten zum Zusammenschluß der drei bayer. Stände. Aus dem Steuerbewilligungsrecht entwickelte sich bald eine eigene Finanzverwaltung der Landschaft, die infolge der von Rittern und Prälaten ausgeübten Niedergerichtsbarkeit auch einen gewichtigen Anteil an der Landesverwaltung gewann. Trotz der nie aufgegebenen Idee der Einheit des Hzm.s B. (wie sie in Landfriedensordnungen der Hzg.e, z. B. im »Großen Brandbrief« v. 1374, zum Ausdruck kommt) lebten sich die bayer. Teilherzogtümer auseinander und gingen auch in der Gesetzgebung eigene Wege (Landrecht Ks. Ludwigs v. 1335/46 für Oberbayern, Landesordnung Hzg. Ludwigs IX. von 1474 für Niederbayern). Das zentrale hzgl. Regierungsorgan war der Rat, der jedoch erst 1466 bzw. 1489 als Kollegialbehörde auftritt. Auf mittlerer Ebene amtierten Vitztume, seit etwa 1330 auch Landschreiber und Rentmeister. Schon 1204 erscheint ein »vicedominus«; nach 1255 gab es in Ober- und Niederbayern je zwei Vitztumämter (München, Burglengenfeld; Straubing, Pfarrkirchen); weitere (Landshut, Burghausen, Ingolstadt, Wasserburg, Weiden) kamen infolge der Landesteilungen ab 1349 hinzu. 1507 wurden die bisherigen Vitztumämter durch die vier Rentämter bzw. Regierungen München, Burghausen, Landshut und Straubing ersetzt. Die Verwaltung auf unterer Ebene wurde von Landrichtern, Pflegern und Kastnern ausgeübt. Die erste Ämtereinteilung B.s ist aus dem hzgl. Urbar v. 1231/1234 ersichtlich. G. Schwertl

[2] *Siedlungs- und Agrargeschichte:* Bis zum beginnenden 14. Jh. hatte der innere Landesausbau (»Binnenkolonisation«) seinen Höhepunkt erreicht. Nach etwa 1350 setzte ein Siedlungsrückgang ein, bedingt durch den »Schwarzen Tod« und Fehlsiedlungen, was zur Auflassung von Siedlungen führte (Wüstungen). – Das dörfl. Sozialgefüge erfuhr seit dem HochMA durch Ansiedlung von Lehen und »Sölden« (= reine Behausung) in verschiedenen Orten eine Veränderung durch Anwachsen der dörfl. »Unterschicht«. Die Söldensiedlung betrieben zunächst die Hofbauern selbst (nach dem Landrecht Ludwigs des Bayern bis zu 2 Söldner je Hof), dann aber verstärkt die Hofmarksherren und die Kirchen- und Pfarrpfründestiftungen. Dies führte in Einzelfällen bereits am Ausgang des MA zur »Verdorfung« ehem. Einöden und Weiler, ferner zu einer Verschiebung des sozialen Dorfgefüges: Einer kleinen Minderheit von Hofbauern stand eine zahlenmäßige Mehrheit von Söldnern und Taglöhnern gegenüber, die kaum Grund und Boden besaßen und auch keinen Anteil an der Allmende hatten. Der Kampf um Gemeindenutzung läßt sich bereits im ausgehenden SpätMA nachweisen. – So wie die ganz überwiegende Mehrzahl der Bauern grundhörig war (der freieigene Besitz betrug nur einige Prozente des Gesamtgüterbestandes), so war auch der Großteil der bäuerl.-ländl. Bevölkerung der Leibeigenschaft unterworfen. Ihre Belastungen wurden aber bei der landesherrl. Grund-, Vogtei- und Niedergerichtsuntertanen bereits im ausgehenden SpätMA stark eingeschränkt. Durch sog. »Erbrechtsschübe« wurde die soziale Lage der Bauern wesentl. verbessert. Durch den Sog früher zentralstaatl. Verwaltung wurden die Bauern seit dem 15. Jh. polit. jedoch immer mehr entmachtet: Nachdem es ihnen nicht – wie im benachbarten Tirol – gelungen war, eine landständ. Vertretung zu erhalten, verloren sie nun auch zusehends ihre Mitwirkungsrechte beim Land- und Dorfgericht. – Die differenzierte hochma. Agrarstruktur entwickelte sich zum bäuerl. Familienbetrieb des SpätMA weiter. Inwieweit hierfür die Auflösung der sog. Villikations- bzw. Fronhofsverfassung durch Aufteilung der Ur-Maierhöfe beigetragen hat, ist noch nicht geklärt. Wie im übrigen Westdeutschland verlief auch in B. die Entwicklung zur sog. »Rentengrundherrschaft«; jedoch hielten sich in B. stärker die Eigenbetriebe in den »Hofmarken« (herrschaftl. Gutsbezirke) des Adels und der Prälaten. Im Gegensatz zu der etwa gleichzeitig sich ausbildenden ostelb. »Gutsherrschaft« kann bei der Hofmark nur von einer »südostdt. Wirtschaftsherrschaft« (E. SCHREMMER) gesprochen werden. – In der Agrarwirtschaft herrschte im ländl.-bäuerl. geprägten B. die Dreifelderwirtschaft vor, ergänzt durch die sog. Egartenwirtschaft. Die Erträge aus Landwirtschaft und Viehzucht waren noch vergleichsweise gering. Im Voralpengebiet sind sog. → »Schwaighöfe« nachgewiesen, in den Alpen die von den Römern übernommene Almwirtschaft (→ Alm). Was das bayer. Volksleben am Ende des MA betrifft, so ist auf die bekannte Stelle in der »Bayerischen Chronik« des Aventin (1477–1534) zu verweisen: »Das baierische Volk ist kirchlich, schlecht und recht, geht und läuft gern wallfahrten, hat auch viele kirchliche Aufzüge; legt sich mehr auf den Ackerbau und die Viehzucht als auf den Krieg, dem es nit sehr nachläuft; bleibt gerne daheim und zieht nicht viel zu Feld in fremde Länder; trinkt sehr, macht viel Kinder, ist etwas unfreundlich und eigensinnig, wie es geht bei Leuten, die nit viel hinauskommen, gern daheim alt werden, wenig Handel treiben und fremde Länder und Gegenden heimsuchen; sie achten der Kaufmannschaft nit.... der gemeine Mann, der auf dem Lande sitzt, gibt sich mit Ackerbau und Viehzucht ab, liegt dem allein ob, hat sich nichts ohne Geheiß der Obrigkeit unterstehen, wird auch in keinen Rat genommen oder in die Landschaft berufen. Doch ist er sonst frei...« (J. Aventinus, Baier. Chronik, ed. G. LEIDINGER, 1975², 10). – Zum Städtewesen im Hzm. B. vgl. die Einzelstichwörter wie → München, → Ingolstadt, → Landshut, → Straubing. P. Fried

Lit.: zu [I–V, 1]: I. WÜRDINGER, Kriegsgesch. von Bayern, Franken, Pfalz und Schwaben v. 1347–1506, 2 Bde, 1868 – CH. HAEUTLE, Genealogie des erlauchten Stammhauses Wittelsbach, 1870 – S. v. RIEZLER, Gesch. Baierns II, 1880; III, 1889 [Neudr. 1964] – E. ROSENTHAL, Gesch. des Gerichtswesens und die Verwaltungsorganisation Baierns, 2 Bde, 1889–1906 [Neudr. 1968] – M. DOEBERL, Entwicklungsgesch. Bayerns I, 1916³, 237–337 – SPINDLER II, 1–294, 476–558 – DERS., Bayer. Geschichtsatlas, 1969 – K. BOSL, Die Gesch. der Repräsentation in Bayern, 1974 (Repräsentation und Parlamentarismus in B. vom 13. bis zum 20. Jh., I) – H. RALL, Zeittafeln zur Gesch. Bayerns, 1974 – vgl. auch Lit. zu →Wittelsbacher - zu [V, 2]: H. HAUSHOFER–S. RIEDMÜLLER, Bayer. Agrarbibliogr., 1954 – PH. DOLLINGER, L'évolution des classes rurales en Bavière, 1949 – G. KIRCHNER, Probleme der spätma. Klostergrundherrschaft in Bayern, ZBLG 19, 1956, 1–94 – P. FRIED, Herrschafts- (und Siedlungs-) Gesch. der altbayer. Landgerichte Dachau und Kranzberg (Stud. zur bayer. Verfassungs- und Sozialgesch. I, 1962) – DERS., Hist.-statist. Beitr. zur Gesch. des Kleinbauerntums im westl. Altbayern (Mitt. der Geogr. Ges. in München 51), 1966 – SPINDLER II, 657–672 [A. SANDBERGER] – E. SCHREMMER, Agrarverfassung und Wirtschaftsstruktur. Die südtl. Hofmark – eine Wirtschaftsherrschaft, ZAA 20, 1972, 42 ff. – Bayer. Heimatkunde. Ein Wegweiser, hg. H. ROTH–H. W. SCHLAICH, 1974 [Beitr.: K. PUCHNER, 137, 271 ff.; A. SANDBERGER, 155, 279 ff.] – Wittelsbach u. B. I, Kat., 1980.

Bayeux, Stadt (heut. Dép. Calvados), Bm. und Gft. in der Normandie, in gallo-röm. Zeit Vorort der Baiocasses, bei Ptolemaeus (Geogr. II, 8) und Gregor v. Tours (Hist. V, 26) erwähnt. Der Lugdunensis II, deren Hauptstadt Rouen (Rotomagus) war, zugehörig, wurde es zum Sitz eines Suffraganbm.s von Rouen. Im 3. Jh. sächs. kolonisiert, wurde das Gebiet um B., das Bessin, von Clovis frk.

erobert. In B. bestand eine merow. Münzstätte. Unter Karl d. Gr. wurde das Bessin als Gft. organisiert; Karl der Kahle entsandte 853 dorthin seine missi. Von 857 an erlitt das Gebiet Normanneneinfälle. 885 wurde es durch den Normannen →Rollo verwüstet. Erst seit 924 unterstand es der Oberhoheit der Hzg.e der →Normandie. 940 wurde die Region – nach einer kurzen Periode bret. Herrschaft – von einer neuen Welle skand. Invasoren erfaßt. 943 wurde B. von →Hugo d. Gr., Hzg. der Francia, belagert, wobei dieser die Minderjährigkeit des norm. Hzg.s Richard I. ausnutzte. Der Verteidiger von B., der Normanne Hagrold, mußte es 944 Ludwig IV. Transmarinus, Kg. von Westfranken, überlassen.

Die Chronologie der früh- und hochma. Bf.e ist äußerst unsicher: Nach der Meinung einiger Historiker soll der erste Bf., der hl. Exuperus, im 4. Jh. gelebt haben. Bekannt ist, daß ein Bf. v. B. 868 von den Wikingern getötet wurde. Um 1015/1020 befand sich das Bm. in den Händen von Bastarden des Herzogshauses.

Das Bm. umfaßte das Bessin zw. Orne und Vire, das Bocage normand (die Region der Vire), das exemte Gebiet von Cambremer am rechten Ufer der Dives, einen Teil des Umlandes v. Caen und fünf Pfarreien in der Gegend von Ste-Mère-Église. Der Regularklerus umfaßte fünf Benediktinerabteien, deren älteste Cerisy-la-Forêt ist. Zu ihnen zählte auch St-Étienne-de-Caen (→Caen). Ferner bestanden vier Zisterzienserabteien, ein Regularkanonikerstift, zwei Kl. von Religiosen und eine große Anzahl von Prioraten, schließlich im späteren MA mehrere Kl. der Bettelorden. Der dreißigste Bf. v. B., →Odo (Eudes) v. Conteville, Halbbruder Wilhelms des Eroberers, war Gf. v. Kent und Stellvertreter des Kg.s während seiner Abwesenheit von England; er ließ die Kathedrale neuerrichten (☩ 1077 in Anwesenheit Kg. Wilhelms); sie wurde in späterer Zeit noch mehrfach umgebaut. Unter den Normannenherzögen traten vicecomites an die Stelle der Gf.en; sie traten am Ende des 10. Jh. unter Richard II., Hzg. der Normandie, auf und entstammten zunächst der Familie Goz.

Die früheren Mauern bestanden zu dieser Zeit noch; Hzg. Richard I. hatte eine Burg errichten lassen. Bei der Eroberung der Normandie durch Heinrich I., Kg. v. England (1106), wurde die Stadt geplündert und niedergebrannt. Unter den Dynastien der Normannenherzöge und der Plantagenêt, die engl. Königswürde und norm. Herzogswürde vereinigten, gehörte B. unmittelbar zur hzgl. Domäne und wurde von einem *prévôt* und einem *vicomte* verwaltet. Vor 1141 bemächtigte sich Geoffroi (Gottfried) le Bel, Gf. v. Angers, der um das Erbe seiner Gattin →Mathilde, Erbtochter Kg. Heinrichs I. v. England, kämpfte, der Stadt; sie diente ihm 1142 als Basis zur Eroberung des Bessin und des Mortainais. Seit 1133 hatte →Robert v. Gloucester, unehel. Sohn Heinrichs I., eine große Zahl von Lehen des Bm.s B. inne. Die vergleichsweise ruhige Periode, die Stadt und Bm. nach der frz. Eroberung der Normandie (1204) erlebten, endete mit dem Hundertjährigen Krieg; B. wurde 1346 durch das Heer Eduards III., Kg. v. England, verwüstet. Von den frz. Truppen unter →Du Guesclin zurückgewonnen, kam B. 1414 erneut unter engl. Herrschaft. Doch sank die engl. Verwaltung zunehmend zu einem Schattendasein herab und vermochte sich nicht gegenüber den Gegnern Heinrichs VI., Kg.s v. England, zu behaupten, die fast das gesamte Umland besetzt hielten. Um 1435 vereinigten sich die örtl. Aufständischen mit den kgl. frz. Truppen, die mehrfach in das Bessin eindrangen. Die Gebiete von Caen und B. waren für die engl. Herrschaft dreißig Jahre lang eine Zone der Unsicherheit. Nach dem erfolgreichen Feldzug Arthurs v. Richemond (→3. Arthur) im Cotentin und dem Sieg →Dunois' bei Formigny wurde B. nach kurzer Belagerung an Frankreich übergeben (1450).   J. Boussard

Q.: V. Bourrienne, Antiquus cartularius ecclesie Baiocensis..., 2 Bde, 1902–03 – Lit.: DHGE VII, 25–40 – GChr XI, 346–405, instr. 59–106 – J. Chartrou, L'Anjou de 1109 à 1151, 1928 – D. C. Douglas, The earliest Norman counts, EHR, 1946 – J. Boussard, Le gouvernement d'Henri II Plantegenêt, 1956 – M. Fauroux, Recueil des actes des ducs de Normandie, 1961 – D. C. Douglas, William the Conqueror, 1964 – R. Jouet, La résistance à l'occupation anglaise en Basse Normandie, 1969 – Hist. de la Normandie, hg. M. de Boüard, 1970 – J. Le Patourel, The Norman Empire, 1976.

Bayeux, Teppich von. [1] *Allgemein:* Der T. v. B. ist eine ca. 70 m lange und ca. 50 cm hohe Stickerei mit Wollfäden in acht Farben auf Leinen, wohl in England (Canterbury?) gearbeitet. Er entstand vermutl. wenige Jahre nach der Eroberung Englands (1066), jedenfalls vor Ende des 11. Jh. Seit 1476 ist er im Besitz der Kathedrale v. Bayeux nachweisbar (vgl. auch Abschnitt 3). Er zeigt Szenen zur norm.-engl. Geschichte etwa von 1046 bis zum Sieg →Wilhelms des Eroberers bei →Hastings (urspgl. wohl noch darüber hinaus, das Ende fehlt). Ein lat. Text begleitet das hist. Bildprogramm im Hauptfeld, das oben und unten Streifen mit Kriegern und ihren Waffen, Tieren, Fabelwesen und Spiralranken rahmen. Die Form mancher Buchstaben (Đ, Ý), die Eigennamen und stilist. Merkmale sprechen für engen Zusammenhang mit der ags. Kunsttradition, der hist. Szenen auf Wandteppichen geläufig waren. Als Auftraggeber kommt Bf. →Odo v. Bayeux, ein Halbbruder des Eroberers, in Frage. Die Darstellung weist auffallende Parallelen zu den Gesta Guillelmi →Wilhelms v. Poitiers auf, die vielleicht als Vorlage dienten. Im Vordergrund steht das Verhältnis zwischen Gf. →Harald (Harold) v. Wessex und Hzg. Wilhelm. Während eines Aufenthalts auf dem Kontinent leistet Harald dem Normannen einen feierl. Eid auf die Reliquien der Kirche v. Bayeux. Weitere Szenen stellen dar, wie Harald nach dem Tode Kg. →Eduard des Bekenners den ags. Thron besteigt, Wilhelm zum Krieg gegen ihn rüstet und nach England übersetzt. Die Schlacht von Hastings, in der Harald den Tod findet, nimmt großen Raum ein. Insofern die Wirkkraft der Reliquien v. Bayeux gezeigt werden soll, geht es eher um das Drama des eidbrüchigen, dem Untergang geweihten Harald als um den Triumph des Eroberers. Eine neuere Interpretation (Dodwell) bringt den T. in Zusammenhang mit den weltl. →Chansons de geste. Doch bleibt zu beachten, daß er später jeweils zum Fest der Reliquien (1. Juli) in der Kathedrale v. Bayeux präsentiert wurde. – Die Stickerei ist als singuläres Zeugnis ihrer Gattung auf uns gekommen. Die Szenenfolge (mit 623 Personen, 762 Tieren, 37 Gebäuden, 41 Schiffen und Booten, 49 Bäumen) bildet eine unschätzbare Quelle für Lebensstil, Architektur, Jagd und Kriegswesen des Zeitalters.   K. Schnith

[2] *Der Teppich von Bayeux als Quelle für Archäologie und Realienkunde:* Die Szenen und Einzelbilder auf der Stickerei von B. bieten in realist. Wiedergabe unter unterschiedl. Stilisierung eine Fülle von Aussagen über Handlungsabläufe und Sachformen, denen sich großenteils archäolog. Funde und Befunde des 10.–12. Jh. zum Vergleich anbieten. Einen breiten Raum nehmen Schilderungen des Kriegswesens ein: Krieger zu Fuß und zu Pferd, in Formationen, verschiedenartig bewaffnet; bezeugt sind kon. Helm mit Nasenschutz, Kettenpanzer mit Haube, kurzärmliges Hemd, aufgetrennte Schöße und Gamaschen, Schilde mit Hals- und Handriemen, außen mit kon. Buckel und Beschlägen und häufig bemalt (Vogel, Drachen, Kreuz,

Streifen), gewöhnl. oben gerundet und unten spitz zulaufend, die engl. Form rundl. oder spitzoval; Schwert mit breiter Klinge (in Scheide), Parierstange, halbrundem bzw. nußförmigem Knauf und Wehrgürtel, Sax (selten), breitschneidige Axt, Keule, Wurfspeer und Lanze mit schmalem Blatt und Flügeln an der Tülle, des öfteren mit Wimpel geschmückt, Pfeile, Köcher, kurzer Bogen und Brandfackeln. Ebenso detailliert sind beim Reiter Pferd (Hengst, oriental. Typ), Teile des Zaumzeugs (Kopfgestell, Kandare, Halfter, Brustriemen, Bauchgurt, Hufeisen), Steigbügel mit breitem Tritt und halbrundem Bügel, Sporn mit langem, am Ende verdicktem Dorn, Sattel mit geschwungenen Bögen und Peitsche dargestellt. Einzelfunde und Grabbeigaben des östl. Mittel-, Ost- und Nordeuropa bestätigen die bildl. Überlieferung der Waffen und des Reitzeugs. – Die bei der Invasion Wilhelms eingesetzten Mannschaftstransporter (Krieger, Pferde, Ausrüstung, darunter Schildriegel) sind symmetr. aus Kiel, Planken und zwei tierkopfförmigen Steven gebaute Schiffe skand.-ags. Tradition; bei ihrer Herstellung wurden schmale Fäll- und Zimmermannsäxte, breitschneidige Äxte und Bohrer angewandt. Kennzeichen der engl. Schiffe (Transport einer Gesandtschaft) ist der mittschiffs aussetzende oberste Plankengang, der meist mit Ruderlöchern versehen ist. Einzelteile wie Mast, Segel, Laterne, Ruder, Steuerruder, Anker, Stakenstange, Senklot und Tau sind in funktionalem Zusammenhang wiedergegeben. Teile der häufig abgebildeten Männertracht – es gibt nur drei Szenen mit Frauen und einem Kind – sind Hose, Hemd und ein darüber getragener knielanger tunikaartiger Kittel mit Gürtel, weiterhin mit Tuchstreifen gewickelte Strümpfe, Schuhe und Mützen sowie ein umhangförmiger, an der rechten Schulter gefibelter kurzer Mantel. Langer, am Hals gefibelter Mantel und Rock sind Teile von Gewändern ranghoher Personen, außerdem Kniebänder und Nackenschleifen (Wilhelm); Eduard und Harald tragen Insignien (Krone, Szepter, Apfel). Zu den aufschlußreichen Szenen gehört der Bau eines Burghügels aus mit Schaufeln aufgeworfener Erde vom Typ »château à motte« in Hastings. Gleichzeitige Burganlagen in der Normandie und Bretagne sind mit Brücke, Palisadenumwehrung und schematisierten Aufbauten dargestellt (Bayeux, Rouen, Dinan, Dol, Rennes), die Burg von Rouen vermutl. mit äußerer Umwehrung aus steinernen Bossenquadern. In das 11.Jh. zurückreichende Motten sind inzwischen in der Normandie archäolog. belegt. An weiteren Bauten sind Kirchen und Paläste (Westminster, Rouen), zweigeschossiges Landhaus (Bosham), Häuser, Türme, Tor, Taubenhaus, Küstenwache, an Innenausstattung gepolsterte tierkopfverzierte Stühle und Throne, Reliquienschrein und Altar zu nennen. – Falknerei und Jagd mit Hunden, darunter mit Schellenband geschmückte Windhunde, sind als Bestandteil gehobenen Lebensstils im Bild festgehalten; in diesem Zusammenhang sind auch Küchen- und Gelageszenen mit Inventar (Kessel, Bratspieße, Backofen, Bäckerzange, Anrichtetisch, Handwaschgefäß und -tuch, Teller, Krug, Schale, Messer, Trinkhorn, Weinfaß auf vierrädrigem Wagen, Weinschlauch?) zu sehen. Erwähnenswert sind schließl. Darstellungen landwirtschaftl. Geräts (Sichel, Radpflug, Egge). M. Müller-Wille

[3] *Zur Kunstgeschichte und Sticktechnik*: Nicht nur die eigtl. Teppichszenen, sondern ebenso die Wiedergaben auf den begleitenden Streifen, deren menschl. und tier. Gestalten, gleich den Drolerien in der Buchmalerei mehrmals erot. Züge tragend, und deren Fabelbilder vielfach die Themenstellung (oder die damit verbundene Sinngebung) der Darstellungen im Mittelstreifen aufnehmen, sind von profanem Geist erfüllt. Deshalb könnte Bf. Odo, seit 1067 Gf. v. Kent, den T. v. B. ursprgl. für eines seiner prächtigen Häuser bestimmt haben. Ob er bereits nach seinem Tode (1097) als Spende Odos an seine Bischofskirche gekommen sein mag, läßt sich nicht entscheiden. – Über die allgemeine Verwandtschaft zur zeitgenöss. engl. und norman. Buchmalerei hinaus, die beide unter dem Einfluß der älteren ags. stehen, ist er stilist. bes. eng mit der Buchmalerei der Schule v. Canterbury verbunden. Die Sticktechnik, bei der gelegte Wollfäden rechtwinklig überspannt und diese Spannstiche wiederum durch Überfangstiche gehalten werden, ist aus der Zeit nur noch in einem skand. Fragment erhalten; doch läßt eine spätma. Gruppe mit dieser Technik in Island darauf schließen, daß sie ursprünglich im ags.-skand. Norden weit verbreitet und charakterist. war. Einige Details bei den Realien, z. B. die Ackergeräte, Pferd und Maulesel als deren Zugtiere, bestimmte Wappenschilde (Drögereit), legen eine möglichst späte Datierung nahe.

L. v. Wilckens

Lit.: *[allgemein]* Hoops² II, 123–126 [D.M.Wilson] – F.R.Fowke, The B. Tapestry, 1875 – H.Chefneux, Les Fables dans la Tapisserie de B., Romania 60, 1934 – E.Maclagan, The B. T., 1949² – J.Verrier, La Broderie de B., 1946 – EHD II, 1953, 232–278 [Abb.] – F.Stenton u.a., The B. Tapestry, 1965² [Abb.; dt. 1957; Lit.] – S.Bertrand, Étude sur la t. de B., Annales de Normandie 10, 1960, 197–206 – R.Drögereit, Bemerkungen zum B.-T., MIÖG 70, 1962, 257–293 – R.Dodwell, Epic of the Conquest, Observer Colour Supplement, 31. Oct. 1965, 12–22 – Ders., The B. T. and the French Secular Epic, Burlington Magazine 108, 1966, 549–560 – S.Bertrand, La tapisserie de B., 1966 – C.H.Gibbs-Smith, The B. Tapestry, 1973 – Sh.A. Brown, The B. Tapestry. Its Purpose and Origin [Diss. Cornell Univ. 1977] – *[Speziell zu Archäologie und Realienkunde]*: Hoops² I, 549–559; II, 442–447 [H. Steuer] – O. v. Lienau, Der T. v. B., ein Zeuge nord.-germ. Schiffbaukunst, Schiffbau 42, 1941, 284–298 – A.Bruhn-Hoffmeyer, Middelalderens tveaeggede svaerd, 1954 – D.Ellmers, Trinkgeschirr der Wikingerzeit, Offa 21–22, 1964-65, 21–43 – Ders., Frühma. Handelsschiffahrt, 1972 – H.Hinz, Zu zwei Darstellungen auf dem T. v. B., Château Gaillard 6, 1972, 107–112 – M. de Bouärd, Manuel d'archéologie médiévale, 1975 – W.Gorbracht, Das Abenteuer Pferd 2, 1978.

Bāyezīd. 1. B. I., osman. Herrscher 1389–1403. Beiname: Yıldırım (türk.: 'Blitz'). Titel: Beg oder Ḥunkār; geb. 1354 (?) als ältester Sohn des (späteren) Murad II. Im Zuge dynast. Expansionspolitik verehelichte sein Vater ihn 1381 mit der Tochter Süleymān Šāhs, des Begs der → Germiyān-Oǧullarī, die wegen des Drucks der → Qaramān-Oǧullarī Anlehnung an die Osmanen suchten. Als Mitgift erhielt er einen großen Teil des Germiyān-Gebietes mit der Hauptstadt Kütahya, wo er nun als Statthalter residierte. In Kämpfen mit den Qaramān-Oǧullarī 1386 erwarb er sich ersten Kriegsruhm und durch sein blitzartiges Auftreten seinen Beinamen. Über die Ermordung seines Vaters während der Schlacht auf dem → Kosovo Polje (1389) auf den Thron erhoben, vergingen die ersten Jahre seiner Regierung in bitteren und wechselvollen Kämpfen gegen aufständ. Vasallen und äußere Feinde (Qaramān-Oǧullarī, → Isfendiyār-Oǧullarī und → Qāżī Bürhānüddīn in Kleinasien; Moldau, Valachei, Ungarn und Venedig in Europa). Mit Mühe gelang es ihm, seine Herrschaft in Westanatolien und nachher auf dem Balkan zu konsolidieren (→ Osmanen). Der Serbe → Stefan Lazarević blieb ihm als Vasall stets treu, der Komnene → Manuel dagegen wandte sich von ihm ab und gegen ihn, als er seine Eroberungszüge in das eigtl. Griechenland richtete (1394). Durch sein Vordringen in N-Griechenland und in Albanien alarmiert, verband sich Venedig mit Ungarn gegen ihn und organisierte einen Kreuzzug. B. schlug das Kreuzfahrerheer bei → Nikopolis (1396) und sicherte so die osman. Herrschaft auf dem Balkan. Nur seine Versuche, sich Konstantinopels zu bemächtigen, blieben erfolglos. Inzwischen zeitigte seine rücksichtslose Machtpolitik in Kleinasien böse Früchte: seine Feinde scharten sich um → Timur, der in Ostanatolien einbrach und B.s Heer unweit Ankara besiegte (1402). B. selbst wurde gefangen und starb ein Jahr später in Gefangenschaft. A. Tietze

Lit.: EI² I, 1117ff. – IA II, 369-392.

2. B. II., osman. Sultan 1481–1512, gest. 1512. Beiname: Velī ('der Heilige'), geb. 1448 (?) als Meḥmeds II. ältester Sohn. Seit 1454 als Statthalter in Amasya, wo sein Hof ein Sammelplatz der Dichter war (vgl. P. KAPPERT, Die osman. Prinzen und ihre Residenz Amasya im 15. und 16. Jh., 1976). Nach dem plötzl. Tod seines kriegsfreudigen Vaters 1481 mit der Unterstützung einer konservativen Gruppe auf den Thron erhoben, mußte er diesen gegen seinen tatkräftigen Halbbruder →Ǧem verteidigen. Bis zum Tod Ǧems im Exil in Neapel 1495 war B. zu einer vorsichtigen, defensiven Politik, bes. gegenüber dem Westen, gezwungen. Neben Grenzkriegen auf dem Balkan und gegen die →Mamlūken in Kilikien (→Osmanen) richtete sich sein bedeutendster Vorstoß auf das Gebiet der unteren Donau und im Krieg mit Polen auf die Moldau. Erst nach dem Tod Ǧems griff er Venedig an und entriß ihm seine Stützpunkte Lepanto (1499), Modon, Koron, Navarino (1500) und Durazzo (1501). Die Friedensjahre waren zum Aufbau der Artillerie und der Flotte verwendet worden. Sie hatten auch zu wirtschaftl. Gesundung geführt. Nun war aber im Osten in dem šiitischen Safavidenreich eine neue Gefahr aufgetaucht. Unterdrückte und Unzufriedene schlossen sich der šiitischen Bewegung an, die bald zu einem bedrohl. Aufstand anschwoll (1511), dem der sieche und energielose B. nicht gewachsen schien. Schon lange herrschte ein Konkurrenzkampf zw. seinen in verschiedenen Statthalterschaften residierenden Söhnen: Jetzt erhob sich Selim offen gegen seinen Vater und erzwang mit Unterstützung der Janitscharen seine Abdankung. B. starb kurz darauf auf dem Weg nach seinem Geburtsort Dimotika, wo er seine Tage beschließen wollte. A. Tietze

Lit.: EI² I, 1119-1121 – IA II, 392-398 – R. F. KREUTEL, Der fromme Sultan Bayezid, 1978 (Osman. Geschichtsschreiber, 9).

Bayle, lat. bajulus, occitan. und frz. baile, bayle; katal. battle, it. baiulo, balio; von lat. bajulus 'derjenige, der trägt'; im hoch- und spätma. Mittelmeerraum Amtsträger mit jurist. und administrativen Kompetenzen. In der urspgrl. Wortbedeutung als Bezeichnung für jemanden, der über eine Person oder Sache wacht (daher die Bedeutungen: Bote, Hirte, Amme, Vormund); in der Karolingerzeit für Mentor oder Berater eines jungen Fs.en, im Lehnsrecht für den Vormund eines Minderjährigen, der dessen Güter verwaltet. In den Ländern des Mittelmeerraumes wurden mit diesem Wort die Regenten eines Kgr.es während der Minderjährigkeit des Fs.en bezeichnet: So war Johann v. Ibelin, Herr v. Beirut, b. des Kgr.es Jerusalem (= Zypern) während der Minderjährigkeit Heinrichs I., Johann v. Brienne b. des Lat. Ksr.es v. Konstantinopel während der Minderjährigkeit Balduins II. und Tankred, Fs. v. Tarent, b. des sizil. Normannenreiches während der Konrads.

Auch *Venedig* setzte einen bai(u)lo zur Wahrung seiner Interessen im lat. Kgr. v. Jerusalem ein: Vom »Maggior Consiglio« der Republik ernannt, vertrat er diese bei allen Anlässen, bes. in polit. Angelegenheiten, verwaltete die Staatsgüter, erhob die Abgaben, sprach Recht und kontrollierte den Handel mit den Muslimen; ihm zur Seite standen Berater, ein Notar und örtl. baiuli. In der Folgezeit hatte jedes Kolonialgebiet Venedigs (Konstantinopel, Koroni und Modon, Negroponte) eine Organisation, die derjenigen der Signoria nachgebildet war: an der Spitze der baiulo (mit ähnlichen Machtbefugnissen wie der Doge), unterstützt von »consiliarii« und »camerarii«; für die Dauer seiner Abwesenheit wurde ein Vize-baiulo ernannt. Der Titel, den der Vertreter Venedigs bei der Hohen Pforte bis Ende des 18. Jh. trug (vgl. → bailo), geht auf diesen baiulo zurück.

Doch schon im 10. Jh. trat der b. in Zentral- und Südfrankreich und um 1010 in *Katalonien* auf, um die örtl. Vertreter des Grundherrn zu bezeichnen, die mit der Aufsicht über eine Grundherrschaft (die Glosse für bajulatio ist villicatio), der Erhebung der Abgaben, der Einziehung von Gütern usw. beauftragt waren. Im 11. und 12. Jh. traten die battles in Katalonien in immer größerer Zahl auf: Jeder Bannherr ließ seine Gerechtsame finanzieller und rechtl. Natur im Bereich von einem battle ausüben, und der Burgvogt überließ ihnen einen Teil seiner Einkünfte (oft den zehnten Teil). So bildete sich eine Art »Ministerialität« heraus. Einige Angehörige derselben stiegen zur Zeit der »Usatges« v. Barcelona (Mitte 11. Jh.) in den Adel auf und wandelten ihr Amt in erbl. Lehen um. Wie die Grundherrn ernannte gegen Ende des 12. Jh. auch der Kg. seine battles, sei es für einen bestimmten Ort, sei es für einen mehr oder weniger ausgedehnten Bezirk. Sie erhoben hier die dem Kg. zustehenden Abgaben und übten in ihrem Sprengel die Nieder- und Blutsgerichtsbarkeit aus. Mit Hilfe der saig (saio, → sayón) erhoben sie Bußgelder. Von 1225 an legten sie regelmäßig vor Beauftragten des Kg.s Rechenschaft ab (gegen Ende des 13. Jh. entstand daraus das Amt des *mestre racional*). Unter der Bezeichnung *baile* breitete sich dieses System auch in Teilen *Aragóns* aus, wo es ein entsprechendes Amt, den *Meriño* (mayorino) gab. Die Cortes verpflichteten Peter II., Kg. v. Aragón, dazu, die *bailias* nicht zu verpachten.

War es zur Zeit Jakobs II., Kg.s v. Aragón, Aufgabe der *viguiers* (→ veguer), für die Aufrechterhaltung der öffentl. Sicherheit zu sorgen, so bildeten die b.s und ihre Gerichtshöfe die Grundlage des Finanz- und Gerichtswesens des Kgr.es. Ihre Amtsführung, wie auch bestimmte den Handel betreffende Fragen, unterstanden damals der Kontrolle eines *battle general* v. Katalonien, der an der Spitze der Verwaltung des Königsgutes stand. Nach der Eroberung *Mallorcas* setzte der Kg. in Palma einen battle ein, der v. a. die Rechtmäßigkeit der Stadtratswahlen überwachen sollte (1249) und der seine Machtbefugnisse auf die ganze Insel ausdehnte (battle general v. Mallorca). Mit der Errichtung einer *bailia general* für Aragón, einer anderen für das Kgr. Valencia und später einer dritten für das Roussillon wurde dieses System vervollständigt. Diese Organisationsform hatte bis in die Neuzeit Bestand.

In der *Provence* zeichnete sich eine Parallelentwicklung ab. Im 11. und 12. Jh. einfache Gutsverwalter, erwarben die b.s nach und nach richterl. Befugnisse. Bereits 1216 teilte Gf. Raimund Berengar V. all seine Länder in Baillien *(bailie)* auf; hinsichtl. aller polit. und administrativen Kompetenzen war der b. der Vertreter des Gf.en. Ihm unterstanden die örtl. b.s, die er auch ernannte. Beigegeben waren sog. *juges ordinaires* und in Finanzfragen die *clavaires* (1240; → clavarius). Es gab die Baillien von Fréjus und Outre-Siagne (später Draguignan), Digne, Grasse und Nizza, St-Maximin und Tarascon (bzw. Autrèves); hinzu kamen noch die Baillien v. Forcalquier (für diese Gft.) und Castellane (für die → Baronie). In den wichtigsten Städten (Arles, Avignon, Marseille und Nizza) dagegen saßen viguiers als Stellvertreter des Gf.en. Wie in Katalonien wurde sogar ein *bajulus provincie* ernannt, um die Gft. mit Unterstützung eines aus dem Hochadel gebildeten Rates zu regieren. 1229 war dies der berühmte Romée de →Villeneuve. Als Karl v. Anjou die Verwaltung der Provence neu organisierte, erhöhte er die Anzahl der Baillien (Aix, Apt, Barcelonette, Castellane, Digne, Draguignan, [Puget-] Théniers, Seyne und Sisteron), von denen sog. sekundäre und örtl. b.s abhängig waren, während im Bereich der wichtigsten Städte viguiers eingesetzt wurden (Arles, Avignon, Grasse, Hyères, Marseille, Nizza und Tarascon). Bis zum Ende des MA blieb dies die Verwaltungseinteilung der Provence, abgesehen von einigen Neuaufteilungen (Pertuis, 1299; Barjols, 1331, und Guillaumes nach dem Verlust des größten Teils der Gft. Nizza) und der Tatsache, daß einige b.s zu viguiers wurden (Aix und Draguignan zu Beginn des 14.Jh.).

Nach dem Vorbild der Provence gab es auch im Süden der *Dauphiné* (ehemals prov.) örtl. b.s. Sie waren jeweils einem *General b.* des Gebietes von Gap und Embrun unterstellt, der wiederum direkt vom Dauphin abhängig war. Als das Land stärker unter frz. Einfluß geriet, nahmen sie die Bezeichnung bailli an.

Im *Languedoc* waren die b.s untergeordnete, direkt mit der Verwaltung der ländl. Grundherrschaft betraute Leute, die üblicherweise ihr Amt gepachtet hatten. Unter → Alfons v. Poitiers verfestigte sich das System der *baylies*, d. h. die Unterteilung der südfrz. → Sénéchaussées in kleinere Verwaltungseinheiten, die einem b. unterstellt waren, und nach der Vereinigung der Ländereien Alfons' mit der frz. Krone blieb es bestehen. So war z.B. 1249 das → Agenais in acht Baillien aufgeteilt, 1259 waren es 14, 1307 42 und 1363/67 50. Sie waren in drei größeren Bezirken zusammengefaßt (Outre-Garonne, Entre Lot-et-Garonne, Outre-Lot). 1467/68 gab es nur noch 30 und zwei *jugeries* (Agen und Condom).

Dank außergewöhnl. polit. Umstände hatten die b.s von Le Puy und Montpellier dagegen bedeutende Gerechtsame erworben. Sie wurden von Stadtherrn und Einwohnern gemeinsam bestimmt.

Die engl. *Gascogne* zog mit dem benachbarten Languedoc gleich; 1253 erscheinen hier b.s und in der Folgezeit breitete sich das System aus.

In *Béarn* verlief die Entwicklung anders. Der Vicomte ersetzte hier gegen Ende des 13.Jh. die *beguers* (vicarii), deren Amt durch Übergriffe auf vicomtale Rechte erbl. geworden war, durch b.s, die er absetzen konnte, und die jeweils ein *vic* verwalteten. Das Béarn wurde zu dieser Zeit in 15 vics unterteilt (dazu kamen noch die Täler von Ossau und Aspe).

Der Titel eines b. kam im übrigen auch jenen zu, die mit einer bes. Aufgabe betraut waren: So verwaltete unter der Regierung Raimund Berengars III. ein b. in Barcelona die Backöfen, Bäder und andere öffentl. Einrichtungen. – In der Provence gab es zur Zeit Kg. Renés im 15.Jh. einen b. général der kgl. Herden. Auch Führer der städt. Zünfte und gewisser städt. Konfrerien trugen diesen Titel. – Zum Titel b. (bajuli oder bajulivi conventuales und capitulares, später baillivi) bei den Ritterorden vgl. → Ritterorden und die Artikel zu den einzelnen Orden.   R.-H. Bautier

Lit.: Katalonien: A.M.ARAGO, La institucion del »bajulus regis« en Cataluña. La época de Alfonso el Casto (VII Congreso de hist. de la Corona de Aragón. Comunicaciones, 1962), 137–142 – P. BONNASSIE, La catalogne du milieu du Xe s., à la fin du XIe, 1976, II, 597–600, passim – vgl. auch G.SOLER, El poder judicial en la Corona de Aragón, Mem. Acad. Buenas Letras, VIII, 1901 – F. SOLDEVILLA, Jaume I Pere el Gran, 1955, 56–58 – *Gascogne*: CH. HIGOUNET, Le comté de Comminges, 1949, 212–216 – P. TUCOO-CHALA, Gaston Fébus et la vicomté de Béarn, 1960, 116–120, passim – J.-P. TRABUT-CUSSAC, L'administration anglaise en Gascogne, 1972, 194–211 – J. BURIAS, Atlas de l'Agenais, hg. R.-H. BAUTIER, 1980 [Karten] – *Provence*: E. BARATIER, Enquête sur les droits et revenues de Charles I d'Anjou en Provence, 1969, 111–128, Karten (vgl. Atlas hist. de Provence, Karten, 60f. und Komm., S. 39–40) – J.-P. POLY, La Provence et la la société féodale, 1976, passim – *Dauphiné*: F.LOT-R.FAWTIER, Hist. des institutions françaises I, 1957, 146f. – *Ven. Kolonien im ö. Mittelmeerraum*: F.THIRIET, La Romanie vénitienne au MA, 1959, 190–197 – J. PRAWER, The Latin Kingdom of Jerusalem, 1972, 499–502 – G.M. THOMAS, Die ältesten Verordnungen der Venezianer für auswärtige Angelegenheiten, AAM, Sonderdruck, 1872.

Bayonne (Name von bask. Ibaī ona 'guter Fluß'), Bm. (Ebm. Auch) und Stadt in Südwestfrankreich (Dép. Pyrénées-Atlantiques), ursprgl. röm. Kastell Lapurdum (auch: Laburdum; namengebend für das Labourd, seit dem MA auf das Gebiet um B. eingeschränkte Bezeichnung). Die Entstehung des Bm.s B. ist eines der umstrittensten Probleme der gascogn. Landesgeschichte. Die → Notitia dignitatum (42, 18f.) nennt den Ort, aber nicht das Bm.; doch wird Laburdum 587 (Greg. Tur. Franc. 9, 20) als civitas erwähnt. Die Legende des aus der Normandie stammenden hl. Leo (Léon), der in B. am Ende des 9.Jh. das Heidentum bekämpft haben soll, enthält keinerlei authent. Elemente. Von F. LOT wurde die Hypothese aufgestellt, daß das gascogn. Bm. des Arsius am Ende des 10.Jh. auch ein Bm. des Labourd umfaßt habe. Doch findet sich erst in einer Urkunde von 1059–61 der früheste sichere Beleg für die tatsächl. Existenz der Diöz., und erst unter dem Episkopat des Raimond (Raimund) de Martres († 1125) wird die Bezeichnung »episcopus Baionensis« erwähnt. Mit großer Wahrscheinlichkeit wurde das Bm. von der Diöz. Dax abgetrennt. Es hatte drei Archidiakonate (Baztan; Labourd; Cize und Arberoue), später sieben Archipresbyterien. Der Bau der Kathedrale (ö Maria) wurde am Anfang des 12.Jh. begonnen, doch erst am Ende des 16.Jh. vollendet. Das Domkapitel umfaßte zwölf Kanoniker. Die Bf.e entstammten in den meisten Fällen der Region.

Die topograph. Entwicklung der Stadt B. läßt sich klar aus ihrem Grundriß erkennen. Dieser wurde geprägt durch: 1. das röm. castrum, einen unregelmäßigen polygonalen Baukörper in der Oberstadt (ville haute); 2. das untere Viertel (bas quartier) an den Flüssen Adour und Nive, eine Plansiedlung, die eine Stadterweiterung am Beginn des 12.Jh. darstellt; 3. den neuen burgus (Bourg neuf), eine möglicherweise von Bf. Raimond de Martres um 1120/25 gegr. vorstädt. Siedlung am rechten Ufer der Nive. Die vicomtes v. Labourd, Lehnsleute der Hzg.e v. Aquitanien, hatten die alte Burg (Château vieux) inne. 1152–1451 war die Stadt im Besitz der Kg.e v. England, die gleichzeitig Hzg.e v. Aquitanien waren. Die neue Burg (Château neuf) wurde nach der frz. Wiedereroberung errichtet. Seit dem Ende des 12.Jh. führte die Stadtgemeinde B. ein eigenes Siegel. Doch erst 1215 verlieh Kg. Johann Ohneland den Bürgern von B. eine Kommune nach dem Vorbild der → Établissements de Rouen. Verschiedene Parteiungen kämpften heftig um die Beherrschung des städt. Magistrates, der schließl. kgl. Amt wurde. Am Ende des MA entwickelte sich B. als Umschlagplatz für Navarra und Gascogne zu einem Zentrum des Seehandels.

Ch. Higounet

Q. und Lit.: DHGE IV, 54–59 – GChr I, 1309 – RE XII, 789f. – J. BALASQUE-E. DULAURENS, Études hist. sur la ville de B., 3 Bde, 1862–75 – E. DUCÉRÉ-P. YTURBIDE, Livre des établissements de B. (1336), 1892 – Délibérations du corps de ville. Rég. gascons (1474 bis 1530), 2 Bde, 1896–98 – C. JULLIAN, L'origine de B., REA 1905, 147–154 – J. BIDACHE, Le livre d'or de B. Textes gascons du XIIIe s., 1906 – V. DUBARAT-J.B. DARANATZ, Recherches sur la ville et l'église de B., 3 Bde, 1910 – A. CLERGEAC, Chronologie des archevêques... de l'ancienne province ecclésiastique d'Auch, 1300–1801, 1912 – V. DUBARAT, Le livre des fondations de la cathédrale de B. I, 1913 (Archive hist. de la Gascogne, 2e sér., 18, 1–124); II, 1932 – E. GOYHÉNÈCHE, B. et la région bayonnaise du XIIe au XVe s., étude économique et sociale

[Position thèses Éc. des Chartes, 1949] - F.Lot, L'évêché de B. (Mél. L.Halphen, 1951), 433-443 - E. Goyhénèche, Lapurdum et Baiona, Bull. Soc. Sciences Lettres et Arts de Bayonne, 1973.

Bayonne, Friede v. (1290). Die den Infanten von La Cerda gewährte Protektion der frz. Kg.e sowie den Einfluß, den sie auf den avignones. Papst ausübten, keinen Dispens für die Ehe von Sancho IV. v. Kastilien mit Maria de Molina zu gewähren, zwangen die kast. Kg.e, eine Annäherung an Frankreich zu suchen. Die ersten Verhandlungen i.J. 1286 scheiterten. Aber im April 1290 trafen sich Philipp IV. und Sancho IV. unter großen Festlichkeiten. Das am 9. April unterzeichnete Abkommen sprach Blanca, der Mutter des Infanten, wirtschaftl. Entschädigungen zu. Infolge des Vertrages entzog Frankreich den La Cerda, welche die angebotene territoriale Entschädigung abgelehnt hatten, seine Unterstützung und es machte seinen Einfluß geltend, um den päst. Dispens zu erreichen.

L. Suárez Fernández

Lit.: G. Daumet, Mémoire sur les relations de la France et de la Castille (1255-1320), 1916 - M. Gaibrois, Reinado de Sancho IV, 3 Bde, 1922-23.

Bayonne, Vertrag v. (1388), setzte den Ansprüchen von →John of Gaunt (Johann v. Gent), Hzg. v. Lancaster, auf die Krone von Kastilien ein Ende, die dieser wegen seiner Heirat mit Konstanze, der ältesten Tochter Pedros (Peters) v. Kastilien, stellte. Nach der Niederlage Johanns I. bei →Aljubarrota (1385) versuchte er, diese Rechte geltend zu machen, und landete am 25. Juli 1386 mit Unterstützung des Kg.s von Portugal in Galizien; aber er scheiterte am Widerstand der kast. Bevölkerung. Von Trancoso (Portugal) aus nahm er Friedensverhandlungen auf, die in Bayonne abgeschlossen wurden. Das genaue Datum der Unterzeichnung ist unbekannt, da das Originaldokument verloren ist. Es ist jedoch ein Brief vom 22. Juli erhalten, worin Kg. Johann I. die am selben Tage ausgehandelten Bedingungen mitgeteilt werden: Der kast. Erstgeborene Heinrich sollte Katharina, die Tochter des Hzg.s, heiraten und beide sollten als Erben bestätigt werden; beide Parteien sollten sich für den Friedensschluß zw. England und Frankreich einsetzen. Dem Hzg. wurde eine Entschädigung von 600.000 Goldfranken sowie eine jährl. Rente von 40.000 zugesprochen; die Parteigänger von Peter I. wurden amnestiert; der Zweitgeborene Ferdinand sollte im Falle eines vorzeitigen Todes an die Stelle seines Bruders treten. Katharina und ihre Mutter Konstanze erhielten Herrschaften.

L. Suárez Fernández

Lit.: P.E.Russell, The Engl. intervention in Spain and Portugal in the time of Edward III and Richard II, 1955 - L. Suárez Fernández, Hist. del reinado de Juan I de Castilla I, 1977.

Bayrāmīye, im 14./15.Jh. von Ḥāǧǧī Bayrām Velī (gest. 1429) in Ankara gegr. Derwischorden. Kurz nach dem Tod des Gründers spaltet er sich in zwei große Zweige: die sunnit. Bayrāmīye-i Šemsīye unter Scheich →Aq Šems ed-Dīn und die alid.-šiit. Melāmīye-i Bayrāmīye unter ʿÖmer Dede. Ein dritter Zweig, die Ǧelvetīye, entsteht später unter ʿAzīz Maḥmūd Hüdāyī (gest. 1628/29). Die Verbindung der B. zu der häufig der Ketzerei verdächtigten Melāmīye war und blieb von Anfang an eng. Die B. war bes. in Anatolien verbreitet.

H. Sohrweide

Lit.: IA II, 423-426 - EI² I, 1137 - H.J.Kissling, Zur Gesch. des Derwischordens der Bajrâmijje, SOF XV, 1956, 237-268.

Bayreuth. 1. B., Stadt in Franken (Bayern, Reg.bez. Oberfranken). B., dessen Name als 'Rodung der Bayern' zu deuten ist, wurde in Anlehnung an eine ältere Siedlung (»Altstadt« 2 km w. des heut. Stadtkerns) von den Gf.en v. Dießen-Andechs (→Andechs) auf einem Bergsporn über dem Roten Main gegründet; 1194 erstmals genannt, 1199 villa, 1231 civitas, 1237 forum, 1265 oppidum. Stadt und Herrschaft gelangten nach 1248 durch Erbe an die Bgf.en v. →Nürnberg, unter deren Herrschaft B. wirtschaftl. aufblühte und nach der Zerstörung durch die Hussiten (1430) wieder aufgebaut wurde. Das »Alte Schloß« wurde wohl Ende des 14.Jh. angelegt, das Spital wird 1398 genannt. Kirchl. gehörte B. zunächst zur Urpfarrei Bindlach. Die Pfarrechte wurden von der Altstadt (☼ St. Nikolaus, seit 1476 St.Wolfgang) wohl um 1231 auf die Stadtkirche (☼ Maria Magdalena, seit 1614 Dreifaltigkeit) übertragen. Die von Mgf. Johann 1417 beabsichtigte Gründung eines Chorherrenstiftes kam nicht zustande.

A. Wendehorst

Bibliogr.: Frk. Bibliogr., hg. v. G. Pfeiffer I, 1965, Nr. 5520-6160 – Q.: Q. zur Gesch. der Stadt B. (Hohenzoller. Forsch., hg. Ch. Meyer, 2, 1893), 129-232, 435-496 – Das erste B.er Stadtbuch (1430-1463), hg. W. Müller, Archiv für Gesch. von Oberfranken 50, 1970, 183-282 – Lit.: F. Lippert, Die Entstehung der Stadt B. 1194-1231, Archiv für Gesch. ... von Oberfranken 28/III, 1923, Beilage – K. Hartmann, Zur Gesch. Altbayreuths, ebd. 29/III, 1926, 3-31 – A. Gebessler, Stadt und Landkreis B., 1959, 7-79 – E. Frhr. v. Guttenberg – A. Wendehorst, Das Bm. Bamberg 2 (GS II, 1, 2, 1966), 185-196 – DtStb V, Bayern 1, 1971, 116-122 – G. Schlesinger, Die Hussiten in Franken, 1974, 57-65.

2. B., Markgrafentum → Hohenzollern, → Nürnberg, Bgft.

Bazas (Bazadais), Bm. in Frankreich, Gascogne, Suffraganbm. v. → Auch (Kathedrale ☼ Johannes d. Täufer). Der Zeitpunkt der Gründung ist unbekannt; es wird das Ende des 4.Jh. angenommen. Die Grenzen des Bm.s wurden erst um die Mitte des 12.Jh. definitiv festgelegt; das gilt sowohl für die Grenze zum Bm. Agen als auch zum Bm. Dax (Existenz einer Enklave von B. zw. den Bm.ern Dax und Bordeaux). 977 übertrug Wilhelm (Guillem Sanche), Hzg. der Gascogne, seinem Bruder Gombaud, Bf. der Gascogne, die Gft.en Agen (→Agenais) und B. Bis 1059 hatte B. des öfteren einen eigenen Bf., ztw. gehörte B. zu dem Bm. Gascogne. Der Bf. hatte, wahrscheinl. seit dem 10.Jh., die Herrschaft in seiner Bischofsstadt und ihrem Umland (zehn Pfarreien) inne, doch mußte er seine Gewalt mit dem Domkapitel teilen (1140), später mit den Kg.-Hzg.en v. Aquitanien (1283), schließlich mit einem Schwurverband (jurade, anfang 14.Jh.). Das Bazadais, die Diöz. v. B., ging gemeinsam mit dem Hzm. Gascogne an die Gf.en v. Poitiers, Hzg.e v. Aquitanien, über (1032), dann an die Anjou-Plantagenêt (1152). Mit dem Bordelais und den Landes unterstand es dem Seneschall der Gascogne, der in → Bordeaux residierte. Es war in hzgl. prévôtés und Herrschaften unter der Oberhoheit des Kg.-Hzg.s eingeteilt. Mit dem Hzm. 1294-1303 konfisziert, fiel es nach dem Krieg v. → St-Sardos (1324-25) unter die Herrschaft des Kg.s v. Frankreich. 1345-46 von den Anglo-Gascognern zurückerobert, bildete es bis 1453 ein Territorium, das zw. Anglo-Gascognern und Franzosen umstritten war.

J. B. Marquette

Lit.: DHGE VII, 63-71 – GChr I, 1189-1213 – R. Biron, L'épiscopat bazadais, Rev. Hist. de Bordeaux, 1924 – Ders., L'ancien diocèse de B., ebd., 1925-26 – B. Guillemain, Le diocèse de Bordeaux, 1974.

Beamtenwesen

A. Westliches Europa – B. Byzantinisches Reich – C. Islamischer Bereich

A. Westliches Europa

I. Allgemeines – II. Spätmittelalterliches Deutschland – III. Niederlande – IV. Spätmittelalterliches Frankreich – V. Spätmittelalterliches England – VI. Königreich Sizilien (11.–13.Jh.) – VII. Spätmittelalterliches Italien (Kommunen und Fürstentümer).

I. Allgemeines: Der Vielfalt der Strukturprinzipien staatl. Organisation und der Verwaltungspraktiken entspricht die Vielfalt der Erscheinungsformen des B.s. So ist das für das europ. MA (für Byzanz und die islam. Welt gelten andersgeartete Voraussetzungen und Charakterzüge; vgl. Abschnitte B und C) bezeichnende Nach- und Nebeneinander dinglicher Herrschaft in Form des → Feudalismus und sachlicher Herrschaft in Form des modernen Anstaltsstaates (O. Hintze), das von Land zu Land und in Deutschland von Landesherrschaft zu Landesherrschaft zu verschiedenen Zeiten in jeweils unterschiedl. Ausprägung in Erscheinung tritt, jeweils Voraussetzung und Folge des Entwicklungsstandes der Verwaltungspraxis und damit auch der Verschiedenartigkeit der ständ. Zugehörigkeit, der Qualifikation, des Anstellungsverhältnisses und der Besoldung der Amtsträger. Der Typus des modernen »Berufsbeamten«, dessen Dienstverhältnis auf Kontrakt beruht und befristet ist, dessen Amtsführung sich nach sachl. Regeln richtet, kontrolliert wird und auf → Akten beruht, die archiviert werden, dessen Amtstätigkeit eine Fachschulung voraussetzt und seine gesamte Arbeitskraft in Anspruch nimmt und der ein festes Gehalt bezieht (Max Weber), kommt zunächst im wesentl. auf der Ebene der Zentralverwaltung vor. Diesen sich allmählich herausbildenden Beamtentypus, der insbes. für die Intensivierung des → Finanzwesens von entscheidender Bedeutung war, repräsentierten zunächst v. a. Geistliche und später akadem. gebildete Juristen. Die mit der Ausbildung schriftl. Verwaltungstechnik im Zusammenhang mit der Verbreitung der Geldwirtschaft (→ Geld, -wesen) einsetzende Versachlichung der Herrschaftsmittel, die vom feudalrechtl. strukturierten Staat zum bürokrat. Staat der frühen NZ führte, ist ein komplexer und vielschichtiger Entwicklungsprozeß (→ Röm. Recht, Rezeption, → Universitäten), der bis zum ausgehenden MA nicht abgeschlossen war und nirgends das Staatsgefüge in seiner Gesamtheit erfaßte (→ Stände, → Landstände; vgl. im einzelnen bes. Abschnitt A. III. über das B. in den niederländ. Territorien). Neben dem Typus des modernen Berufsbeamten und dem des ständ. Amtsträgers (→ Grundherrschaft) kommen daher sogar über das MA hinaus, insbes. im Bereich der Lokalverwaltung, immer auch Mischtypen vor, v. a. Amtsträger, die ein Amt gekauft (→ Ämterkäuflichkeit), gepachtet (→ Pacht) oder angepfändet (→ Pfandschaft) hatten. Entsprechend unspezifisch ist der Gebrauch der Begriffe → Amtmann (officialis) und Amtleute (officiales). Der Begriff Beamter wird erst im 16. Jh. üblich.

In den folgenden Beiträgen werden Entwicklungslinien und Grundzüge des europ. B.s im MA in regionaler Differenzierung dargestellt. Den Hauptschwerpunkt bildet das SpätMA als entscheidende Phase der Herausbildung des europ. Beamtentums; zur Begrifflichkeit des Amtes und zu seinen Voraussetzungen in Spätantike, Früh- und HochMA vgl. den Artikel → Amt. Regional gesehen, wurden Länder und Gebiete paradigmat. ausgewählt, die ein bes. ausgeprägtes zentralstaatl. (Sizilien, Frankreich, England) bzw. fsl. und städt. B. (Deutschland, Niederlande, it. Kommunen und Fürstentümer) besitzen. Zum päpstl. B., das in vielen Bereichen weltl. Verwaltungen als Vorbild diente, vgl. → Kirchenstaat, → Kurie, päpstl. – Die Artikel haben dem sehr ungleichen Stand der Erforschung des Phänomens Rechnung tragen müssen; das Ämterwesen hier bewußt nicht behandelter Länder und Regionen ist unter Einzelstichwörtern dargestellt. I.-M. Peters

Lit.: DtRechtswb I – M. Weber, Wirtschaft und Ges., 1956 – O. Hintze, Wesen und Verbreitung des Feudalismus (Ges. Abh. I², hg. G. Oestreich, 1962) – Ders., Der Beamtenstand (ebd. II², 1964).

II. Spätmittelalterliches Deutschland:

[1] *Landesherrschaft:* In welcher Weise sich die Bürokratisierung der Verwaltung und damit die Ausbildung eines modernen B.s im Bereich der dt. → Landesherrschaft vollzogen hat, ist noch weitgehend ungeklärt, wie sich auf diesem Gebiet für den dt. Bereich überhaupt noch starke Forschungslücken ergeben. Für die im 12. Jh. in den ersten Anfängen erkennbare Landesverwaltung, die nicht mehr nur lehnrechtlich (→ Lehen, Lehnswesen), sondern vorwiegend dienstrechtl. (→ Dienst, → Ministerialität) organisiert war, gilt u. a. als bezeichnend, daß die neu eingerichteten Ämter (→ Amt, Abschnitt IV, 3) nicht mehr zu Lehen vergeben, sondern von einem → Amtmann verwaltet wurden, dessen Anstellungsverhältnis auf Vertrag beruhte und zeitl. befristet war. Damit wurde zwar eine Rationalisierung der Verwaltung im Sinne von Entfeudalisierung erreicht, aber nicht unbedingt auch ihre Intensivierung im Sinne einer Bürokratisierung des Staatsbetriebes. Solange ein Amtmann über alle Amtseinkünfte verfügte und für deren Eintreibung selbst Unterbeamte bestellte, ohne über die Amtseinkünfte im einzelnen schriftl. Rechenschaft ablegen zu müssen, solange muß die landesherrl. Lokalverwaltung noch als extensiv bezeichnet werden, ungeachtet der Tatsache, daß die Amtsführung des Amtsinhabers durchaus schon weitgehend bürokratisiert sein konnte (→ Grundherrschaft). Daß landesherrl. Ämter bürokrat. verwaltet wurden, die damit erzielte Einkommensvermehrung aber nur dem Amtsinhaber und nicht dem Landesherrn zugutekam, scheint insbes. dann der Fall gewesen zu sein, wenn Ämter längerfristig verpfändet waren (Nutzungspfand, → Pfandschaft). In der Regel ist das Verpfänden von Ämtern nicht nur ein Zeichen für landesherrl. Kreditbedarf, sondern damit gleichzeitig auch dafür, daß die landesherrl. Zentralverwaltung auf die Bedürfnisse der Geldwirtschaft noch nicht eingerichtet war, während andererseits das Vorkommen von Unterbeamten (z. B. Vogt, Untervogt, Kellner, Schultheiß etc.), die vom Landesherrn bestellt und ihm auch rechenschaftspflichtig waren, auf eine schon weitergehend bürokratisierte Zentralverwaltung schließen läßt. Gewöhnlich scheinen zumindest die Einkünfte aus → Regalien, insbes. Zollstellen (→ Zölle) und Münzstätten (→ Münze), die allerdings oft an Städte verkauft oder verpfändet waren, von der Zentrale aus verwaltet worden zu sein (→ Kämmerer). Der Prozeß der Entfeudalisierung der Landesverwaltung beginnt bereits im hohen MA. Daß neben dem → Kanzler (spätestens seit der Mitte des 15. Jh.) in der landesherrl. Zentralverwaltung auch akadem. gebildete Juristen (→ Rat) begegnen, ist immer ein Zeichen für die grundlegende Veränderung der Verwaltungspraxis, die in Zusammenhang mit der Rezeption des → röm. Rechtes (→ Universität) erfolgte und für die bezeichnend ist, daß die Staatsgewalt nicht mehr nach dem Objekt (nach → Land und Leuten), sondern nach Funktionen geteilt war (O. Hintze), d. h., daß Gericht, Finanzwesen und Wehrwesen voneinander geschieden und gesondert verwaltet wurden. In diesem Sinne bes. entwickelt war die Verwaltung im Ebm. Trier unter → Balduin v. Luxemburg, der schon 1323–36 für die Verwaltung der Finanzen nacheinander drei Juden (mit hebr., ins Lat. übersetzter Buchführung) beschäftigte, die als finanztechn. bes. gut geschulte Fachkräfte gelten konnten (vgl. weiterhin → Finanzwesen, → Judentum). Ob die Bürokratisierung der Zentralverwaltung in geistl. Landesherrschaften (→ Landesherrschaft, geistl.) insbes. beim → Deutschen Orden, generell wesentl. früher einsetzte als in weltl. Landesherrschaften und ob bestimmte Regionen und Landschaften gegenüber anderen einen Entwicklungsvorsprung hatten, ist angesichts der vorliegenden Untersuchungen über die landesherrl. → Kanzleien noch nicht zu entscheiden.

So unterschiedl. die Entwicklung in den einzelnen Landesherrschaften auch verlaufen sein mag, so kam es doch in den letzten Jahrzehnten des 15. Jh. fast überall zur Ausbildung moderner Behörden (→ Hofordnung, → Finanzwesen, → Rentei, → Hofgericht), wobei umstritten ist, wieweit die Reorganisation der österr. Zentralverwaltung (→ Österreich, → Burgund) als Vorbild gedient hat. Neben gelehrten Räten, den Vorläufern des modernen Fachbeamten, gehörten dem landesherrl. Rat in der Regel auch adlige Räte an. Ob der Landesherr diese Räte nach Belieben bestellen konnte, ist fraglich. Es scheint sich dabei vielmehr um seine Gläubiger gehandelt zu haben, die als Pfandinhaber landesherrl. Ämter »einen Anteil an der Herrschaft« (W. NÄF) und daher als Ratgeber des Landesherrn auch ein Mitspracherecht bei Regierungshandlungen hatten. Sie repräsentierten das ständ. Element, das sich neben dem herrschaftl. über das MA hinaus im B. behaupten konnte und das eigene Formen des B.s entwickelte (→ Rat, → Landstände, → Grundherrschaft, → Gutsherrschaft).

[2] *Städtewesen:* Im Unterschied zur landesherrl. ist die städt. Verwaltung spätestens seit dem hohen MA durchweg bürokrat. organisiert. Dennoch ist als städt. Amtsträger nicht nur der Typus des modernen Berufsbeamten anzutreffen. Der Rat (→ Rat, städt.) war ein Kollegium, dem immer oder auch ausschließl. Fernhändler angehörten, die aufgrund ihrer Ausbildung und kaufmänn. Tätigkeit auch über finanz- und verwaltungstechn. Fertigkeiten (→ Buchhaltung) verfügten. Die Ratsfähigkeit beruhte jedoch nicht allein auf bestimmten, für die Amtsführung vorausgesetzten Fertigkeiten, sondern auch auf Ansehen und Vermögen und, sofern es zur Ausbildung eines → Patriziats kam, auf Herkunft, im Falle der Mitregierung von → Zünften auch auf der Art des ausgeübten Berufs (→ Ministerialität, städt.). Ratsherren wurden kooptiert und übten ihr Amt in bestimmtem Turnus (sitzender und gesessener Rat) lebenslängl. und ehrenamtl. aus, konnten sich im Dienste der Stadt verauslagte Gelder, z. B. Reisekosten, aber erstatten lassen. Innerhalb des Kollegiums erfolgte eine Arbeitsteilung, indem die verschiedenen zu Officien zusammengefaßten Teilbereiche der Verwaltung, zu denen auch die Wahrnehmung gekaufter, angepfändeter oder gegen eine jährl. Pauschale nutzbarer stadtherrl. Rechte (Vogtei, Mühlen, Münze, Zölle, Judenregal) gehören konnte, einzelnen Ratsherren zur Verwaltung überlassen wurden (Kämmerer, Gerichts-, Wedde-, Marstall-, Wein-, Akzise-, Münz- oder Schoßherren, Bau-, Zins- oder Kornmeister). Während die Ratsherren über ihre Amtsgeschäfte meist selbst Buch führten, beschäftigte der Rat für die Führung von Stadtbüchern und Registern Ratsschreiber, die einen Amtseid (Eid) leisteten und die meist zusätzl. zu einem Gehalt zu festen Terminen ein Kleidergeld oder eine bestimmte Sorte oder Menge Tuch erhielten und auch die Gebühren für einen Stadtbucheintrag einbehalten konnten (Sportulae). Ähnlich war das Anstellungsverhältnis der studierten Juristen, die der Rat als Notare in seinen Dienst nahm und die er entweder auf Zeit für einen bestimmten Zweck bestellte oder ständig unterhielt. Besoldet wurden auch Ratsbedienstete wie z. B. Boten (nuncii), Läufer (cursores), Büchsenmacher, Blidenmeister, Kornwender, Nachtwächter oder Straßenkehrer, meist auch die Zolleinnehmer, die dann den Kämmerern rechenschaftspflichtig waren. Daß städt. Einnahmequellen, insbes. → Mühlen und → Waagen, oft extensiv genutzt, nämlich verpachtet wurden, ist nicht unbedingt ein Zeichen für deren ineffektive Nutzung. Da die vom Pächter erzielten Einnahmen überprüft und, sobald sich zw. der Höhe der Pacht und dem erwirtschafteten Ertrag eine Differenz zum Nachteil der Stadt ergab, zum nächstmöglichen Termin eine höhere Pacht verlangt wurde, konnte z. B. die Stadt Lübeck innerhalb von Jahrzehnten die Einkünfte aus den Mühlen und aus der Waage verdoppeln bzw. verdreifachen. Da Städte über eine effektiv funktionierende Finanzverwaltung (→ Finanzwesen) verfügten und ihren Kreditbedarf zum größten Teil durch Anleihen gegen Rentenzahlung, insbes. Leibrenten (→ Rente), decken konnten, kam es in der Regel nicht zur Verpfändung oder zum Verkauf städt. Ämter. Verpfändet oder (auf Widerruf) verkauft wurden allenfalls einzelne Einnahmen, z. B. die Einnahmen aus Marktbuden, städt. Grundstücken oder einzelnen Hufen in den → Stadtdörfern. – Vgl. auch → Stadt.

I.-M. Peters

Lit.: zu [1]: A. STÖLZEL, Die Entwicklung des gelehrten Richterthums in dt. Territorien I, 1872 – H. SPANGENBERG, Hof- und Zentralverwaltung der Mark Brandenburg im MA, 1908 (Veröff. Mark Brandenbg.) – E. BAMBERGER, Die Finanzverwaltung in dt. Territorien des MA (1200–1500), Zs. ges. Staatswiss. 77, 1923 – F. GUNDLACH, Die hess. Zentralbehörden von 1247 bis 1604, 3 Bde, 1931–32 (Veröff. Hist. Komm. Hessen-Waldeck 16) – I. LANGE-KOTHE, Zur Sozialgesch. des fsl. Rates in Württemberg im 15. und 16. Jh., VSWG 34, 1941 – W. NÄF, Herrschaftsverträge und Lehre vom Herrschaftsvertrag, Schweizer Beitr. zur allg. Gesch. 7, 1949 – F. HARTUNG, Dt. Verfassungsgesch. vom 15. Jh. bis zur Gegenwart, 1950[8] – K. E. DEMANDT, Amt und Familie. Eine soziolog.-genealog. Studie zur hessischen Verwaltungsgeschichte im 16. Jh., HJL 2, 1952 – M. HAMANN, Das staatl. Werden Mecklenburgs, 1962 (Mitteldt. Forsch. 24) – O. HINTZE, Wesen und Verbreitung des Feudalismus (Ges. Abh. I[2], hg. G. OESTREICH, 1962) – W. TRUSEN, Anfänge des gelehrten Rechts in Dtl. Ein Beitr. zur Gesch. der Frührezeption, 1962 (Recht und Gesch. 1) – H. LIEBERICH, Die gelehrten Räte. Staat und Juristen in Baiern in der Frühzeit der Rezeption, ZBLG 27, 1964 – H. BOOCKMANN, Laurentius Blumenau. Fsl. Rat – Jurist – Humanist (ca. 1415–1484), 1965 (Göttinger Bausteine zur Geschichtswiss. 37) – P. G. THIELEN, Die Verwaltung des Ordensstaates Preußen vornehml. im 15. Jh., 1965 (Ostmitteleuropa in Vergangenheit und Gegenwart 2) – H. LIEBERICH, Klerus und Laienwelt in der Kanzlei der baier. Hzg.e des 15. Jh., ZBLG 29, 1966 – G. OESTREICH, Verfassungsgesch. vom Ende des MA bis zum Ende des alten Reiches (GEBHARDT II, 1970[9]) – H. PATZE, Neue Typen des Geschäftsschriftgutes im 14. Jh. (Der dt. Territorialstaat des 14. Jh., hg. DERS., I, 1970 [VuF 13]) – E. B. FRYDE–M. M. FRYDE, Public Credit, with Special Reference to North Western Europe (The Cambridge Economic Hist. of Europe III, 1971) – I. M. PETERS, Der Ripener Vertrag und die Ausbildung der landständ. Verfassung in Schleswig-Holstein, 2 Tle, BDLG 109, 1973; 111, 1975 – DIES., Das ma. Zahlungssystem als Problem der Landesgeschichte, 2 Tle, BDLG 112, 1976; 113, 1977 – zu [2]: H. REINCKE, Das hamburg. Ordeelbook von 1270 und sein Verfasser, ZRGGermAbt 72, 1955 – E. PITZ, Schrift- und Aktenwesen der städt. Verwaltung im SpätMA, 1959 (Mitt. Stadtarchiv Köln 54) – F. SOLLEDER, München im MA [Neudr. 1962] – Städt. Haushalts- und Rechnungswesen, hg. E. MASCHKE-J. SYDOW, 1977 (Stadt in der Gesch. 2).

III. NIEDERLANDE: Vom 13. bis zum 15. Jh. bestanden in den Niederlanden hinsichtl. der Verwaltungsorganisation beträchtl. Unterschiede zw. den einzelnen Territorien. In den am frühesten und stärksten verstädterten Gebieten, der Gft. Flandern und dem Fürstbm. Lüttich, bestand selbst noch um 1500 ein höherer Grad von Professionalisierung in der Verwaltung und der Beteiligung der Untertanen an ihr als z. B. in Brabant. Abgesehen von diesen zeitl. Verschiebungen, die naturgemäß noch deutlicher zum Tragen kommen, wenn man stärker agrar. strukturierte Gebiete wie den Hennegau in den Vergleich einbezieht, läßt sich feststellen, daß sich die Verwaltungsorganisation während des SpätMA auf lokaler Basis konsolidierte, während auf Landesebene wegen des vergrößerten Umfangs der Staatsorganisation sogar ein starker Ausbau stattfand. Auf beiden Ebenen schritt eine Bürokratisierung in bemerkenswertem Umfang fort. In den nördl. Niederlanden fand demgegenüber die Eingliederung in den burg. Staatsverband – und zwar nur von Holland und Seeland (1428/33) und dem Bm. Utrecht (1455) – später statt (zum burg. B. vgl. → Burgund). In den übrigen Gebieten blieben bis ins 16. Jh. stärker archaische und bes. weniger zentralisierte Verwaltungsformen bestehen.

Polit. und rein beamtenmäßige Funktionen waren eng miteinander verknüpft. Die provinzialen Justizbehörden waren für die allgemeine Verwaltung verantwortlich; die Räte übten neben ihren richterl. Aufgaben auch regelmäßig diplomat. Missionen für den Fs.en aus. In den Städten findet man ein analoges Verhältnis: Die → Schöffen waren Richter im Namen des Fs.en, daneben aber gewählte polit. Mandatare der Bevölkerung (wenn auch tatsächl. nur eines Bevölkerungsteiles). Die Ämter der *Tresoriers* (Schatzmeister) wurden meist von Jahr zu Jahr gleichzeitig mit den Schöffenämtern vergeben, und dieselben Personen übten gewöhnl. einmal das eine und dann wieder das andere Amt aus. Die Ämter des jurist. Rates (Pensionarius) und des → Sekretärs wurden dagegen in der Regel lebenslang ausgeübt, hauptsächl. wegen der erforderl. Spezialkenntnisse. Da jedoch die Schöffen für die Ernennung dieser Beamten zuständig waren und die Verpflichtung zum Universitätsstudium mit seinen Kosten für weniger Bemittelte ein Hindernis bildete, gehörten diese Beamten zu demselben sozialen Milieu wie die Schöffen. Infolge ihrer direkten Bezogenheit auf völlig verschiedene Angelegenheiten, ihrer Fachkenntnisse und der Kontinuität ihrer Amtsausübung nahm ihr Einfluß auch auf polit. Ebene fortwährend zu. Eine Großstadt wie Gent zählte während des 15. Jh. vier Pensionäre (Pensionarii), von denen mindestens zwei den Titel Magister trugen, und vier bis sechs Sekretäre, von denen ebenfalls gewöhnl. zwei an einer Universität ein Rechtsstudium absolviert hatten. Die 1425 gegr. Univ. → Löwen zog die größte Anzahl von niederländ. Studenten an; vorher (und in geringerem Umfang nachher) spielten → Köln, → Paris und → Orléans eine Rolle.

In den Küsten- und Flußgebieten ließ das Problem des Deichbaus spezialisierte lokale und regionale Ämter, die (Haupt)deichgenossenschaften, entstehen. Die Fs.en behielten diese gewachsenen Institutionen bei, weil sie außerdem eine gute Grundlage zur Verteilung des Steueraufkommens bildeten. Auch hier ist es also schwierig, eine Trennung zw. dem Beamtentum des Fs.en und dem (genossenschaftlichen) Ämterwesen der Untertanen vorzunehmen.

Bürokratisierungstendenzen zeigten sich in Flandern seit dem 13. Jh. Damals bildete sich auch mit Hilfe der durch die Bürgerschaft gegr. Schulen (→ Schulwesen, städt.) ein neuer Beamtentyp von (gut ausgebildeten) Laien aus, die sich der Volkssprache bedienten und in der Buchhaltung geübt waren. Als die demokrat. Aufstände um 1300 das Machtmonopol des städt. Patriziats durchbrachen und z. B. die Aufstellung detaillierter Stadtrechnungen aufkam, wurden die lat. schreibenden Clerici allmählich aus ihren administrativen Funktionen verdrängt. Der geschulte Beamte mit Sachkompetenz in jurist. oder finanziellen Fragen erhielt deutl. ein eigenes Profil. In dem Maße, in dem die Ausbildung des Staatsapparats immer vielfältigere, angesehenere und einträglichere Funktionen bot, nutzten städt. Amtsträger die Aufstiegschancen, die ihnen der Dienst des Fs.en gewährte. Innerhalb der staatl. Verwaltung verdrängten die professionell geübten Beamten auch die Adligen, deren Anzahl sogar in den Räten der Hzg.e v. Burgund stark abnahm. Während des 14. Jh. traten zahllose Italiener als Finanzexperten sowohl privat als im Dienst von Städten und Fs.en auf (vgl. auch → Burgund). Im 15. Jh. übernahmen einheimische diese Rolle, doch trat das Problem der fremden Beamten durch die Einsetzung von Vertrauenspersonen aus der Umgebung des Fs.en in neu eroberten oder erworbenen Gebieten erneut auf. So erregten z. B. aus Burgund stammende Räte in Flandern und flandr. Beamte in Holland Widerstände bei der Bevölkerung.

Die Stadtverwaltungen wurden gewöhnl. von Jahr zu Jahr im Namen des Fs.en neu besetzt. In Flandern durfte niemand während zweier aufeinanderfolgender Jahre Mitglied derselben Schöffenbank sein. Die großen Städte hatten zwei Schöffenbänke, zw. denen wohl ein Wechsel erlaubt war, sofern der Betreffende im dritten Jahr aus der Verwaltung ausschied. Seit 1302 errangen Handwerker eine ansehnl. Beteiligung an der Verwaltung der fläm. und Lütticher Städte. Eine gewisse Anzahl Schöffensitze wurde den wichtigsten Handwerkerämtern (Zünften, Gilden) vorbehalten (in Gent 20 von 26 seit 1361). In Brabant behielten die Patriziergeschlechter jedoch ihre Kontrolle über den Magistrat: In Brüssel z. B. waren alle Schöffensitze von Patriziern besetzt. In den nördl. Niederlanden erwarben nur in Utrecht die Handwerkerämter eine beherrschende Stellung (1301/41). Seit der 2. Hälfte des 14. Jh. entstanden in den holl. Städten *vroedschappen* (Stadträte), aus reichen Bürgern und stadtsässigen Adligen bestehend. Im 15. Jh. schlossen sich diese Körperschaften (mit ungefähr 40 Mitgliedern) ab und ergänzten sich durch Kooptation. Diese Gruppierungen rekrutierten die Schöffen und andere städt. Beamte größtenteils im eigenen Kreis, aber übten auch selbst die Ämter aus. In Geldern übten die Stadtpatriziate zusammen mit der Ritterschaft alle Schöffen- oder Ratsämter aus.
W. P. Blockmans

Lit.: J. GILISSEN, Les légistes en Flandre aux XIIIe et XIVe s., Handel. Kon. Commissie Oude Wetten en Verordeningen België 15, 1939 – W. PREVENIER, Ambtenaren in stad en land in de Nederlanden. Socioprofessionele evoluties (14de tot 16de eeuw). Bijdragen en Mededelingen betreffende de Geschiedenis der Nederlanden 87, 1972 – vgl. auch Lit. zu → Burgund.

IV. Spätmittelalterliches Frankreich: Im zivilen Bereich (das → Hôtel du roi bleibt in dieser Darstellung unberücksichtigt, zum militär. Ämterwesen vgl. → Heer, Heerwesen) wurde die zentrale Verwaltung der frz. Monarchie durch Beamte (*officiers*) ausgeübt, die mittels Beamtenpatenten (*lettres de retenue* / *lettres*) ernannt wurden, vom Kg. Besoldung empfingen und ihm einen Treueid zu schwören hatten (sie umfaßte v. a. → Chancellerie, → Requêtes de l'Hôtel, → Parlement, → Chambre des comptes, → Chambre du trésor, Trésoriers, → Eaux et forêts, Chambre des Monnaies, Trésoriers des guerres). Die Steuererhebung und -verwaltung erfolgte durch → commissaires. Den officiers standen vergleichsweise selten »Sonderbeauftragte«, d. h. → lieutenants oder commissaires, zur Seite, was ihrer Effektivität abträgl. war. Der Kg. besaß kein ständiges diplomat. Personal. An den → Gesandtschaften, an deren Spitze ein Fs. und ein Prälat standen, nahmen kgl. Räte (*conseillers*), begleitet von kgl. → Sekretären, teil. Mit Ausnahme der Mitglieder der Finanzverwaltung (→ Finanzwesen), die manchmal von einfachen Kaufleuten ausgeübt wurde, besaßen die frz. Beamten eine jurist. Ausbildung, die kanon. Recht (an der Univ. Paris) und röm. Recht (an den Univ. Orléans, Montpellier und Toulouse) umfaßte; bes. letzteres beeinflußte die Beamten tiefgreifend im Sinne einer Orientierung auf Staats- und Souveränitätsvorstellungen (vgl. auch → Legisten). Die Verwaltung bediente sich des Lat. wie des Frz. Die Bildung der officiers war lat. und traditionell ausgerichtet: Sie umfaßte bes. die Kenntnis der Hl. Schrift, theol. (bes. moraltheol.) Elemente, jurist. Schriften und (geringe) hist. Kenntnisse. Seit dem 14. Jh. war die Kanzlei (Chancellerie) ein Nährboden des → Humanismus.

Zw. 1370 und 1420 wurde der Beamtennachwuchs mittels Wahl rekrutiert. Der Einfluß aristotel. Gedankengutes während der Regierung Kg. Karls V., die Gewährleistung kompetenter Amtsführung, die durch dieses Prinzip begünstigt wurde, und die Existenz eines »Beamtenmilieus« erklären die Verbreitung des Wahlprinzips. Am Ende des 15.Jh. trat die »resignatio in favorem« (Rücktritt zugunsten eines Nachfolgers, der gegebenenfalls in der Lage sein mußte, sofort das entsprechende Amt anzutreten) an die Stelle der Wahl, womit sich der allmähliche Übergang zu Erblichkeit und Käuflichkeit der Ämter vorbereitete (→ Amt, → Ämterkäuflichkeit, → Korruption). Der private Ämterhandel, den die kgl. Sekretäre offen betrieben, wurde im Bereich des → Gerichtswesens jedoch nicht geduldet.

Die Gehälter waren gering und wurden unregelmäßig gezahlt. Im 14.Jh. festgesetzt, blieben sie bis ca. 1450 stabil. Eine merkliche Erhöhung trat erst am Ende des 15.Jh. ein. Die Beamten verschafften sich jedoch Zusatzeinkünfte durch kgl. Schenkungen oder durch »Geschenke« (*épices*) von seiten der Parteien (→ Korruption). Ein wichtiger Faktor bei den Beamteneinkünften war auch die Steuerbefreiung, die das Beamtentum in der 1. Hälfte des 15.Jh. erlangte.

Die Konstitution der neuen sozialen Gruppe des staatl. Beamtentums fällt in die Zeit um 1380. Durch die Auseinandersetzungen zw. → Armagnacs und Bourguignons zunächst ungleich verteilt und noch recht differenziert, verschmilzt das Beamtentum nach 1436 bald zu einer Einheit. Seine Mitglieder entstammen sämtl. Kategorien der Notabilität (→ Notabeln), und auch der Adel spielt in ihm eine große Rolle. Nach 1380 bildet sich in Paris das Milieu einer professionellen, durch verwandtschaftl. Beziehungen verbundenen Beamtenschaft heraus. Neben der Rolle der weltl. Beamten bleibt aber auch der Anteil der Kleriker an den großen staatl. Körperschaften der Zeit von 1350 bis 1500 kontinuierl. erhalten. Im Parlement stellen sie – de iure und de facto – die Hälfte der Mitglieder. Die Kg.e adeln bestimmte Beamte (zw. 1345 und 1483 sind 8% der Neugeadelten im Beamtendienst). Adlige von Geburt, Neugeadelte und ihre Kinder bilden einen neuen Adel aus, der auf dem Staatsdienst beruht. – Vgl. auch → Amt, Abschnitt V. – Zum burg. B. vgl. Abschnitt III und den Artikel → Burgund. F. Autrand

Lit.: G. Dupont-Ferrier, Les officiers royaux des bailliages et des sénéchaussées ... à la fin du MA, 1902 (BEHE, Sc. hist. et phil. 145) – Étude sur les institutions financières de la France à la fin du MA, 2 Bde, 1930–32 – Gallia regia ou État des officiers royaux des bailliages et des sénéchaussées de 1328 à 1515, 6 Bde, 1942–66 [Index] – R. Cazelles, La société politique et la crise de la royauté sous Philippe VI de Valois, 1958 – F. Lot–R. Fawtier, Hist. des institutions françaises au MA, II: Les institutions royales, 1958 – M. Rey, Le domaine du roi et les finances extraordinaires sous Charles VI, 1388–1413, 1965 – Ders., Les finances royales sous Charles VI: Les causes du déficit 1388–1413, 1965 – J. Favier, Les légistes et le gouvernement de Philippe le Bel, Journal des Savants, 1969 – B. Guenée, L'Occident aux XIVe et XVe s. Les États, 1971 – F. Autrand, Naissance d'un grand corps de l'État, Les gens du Parlement de Paris 1345-1454 [in Vorber.].

V. Spätmittelalterliches England: Die von den Plantagenêts geschaffene Struktur des Hofbeamtentums wurde bis zur Tudor-Zeit wenig verändert. Die Administration war einer relativ kleinen Zahl von Würdenträgern anvertraut. Die Funktionen dieses Beamtentums erforderten den Ausbau von Departments (z. B. → Chancery, → Exchequer) und die Einrichtung zusätzl. Ämter (*Keeper of the Privy Seal* [→ Privy Seal office]; → Secretary). Es bildete sich die Konzeption eines »politisch neutralen« Beamtentums, das als Vorstufe eines homogenen *civil service* verstanden werden kann. Die oberen Ränge sollten von Männern besetzt werden, die nicht nur dem Kg., sondern auch dem Baronagium genehm waren. Im späteren 14.Jh. begegnen hohe Beamte (→ Chancellor, → Treasurer, Keeper of the Privy Seal u. a.) als ständige Mitglieder des administrativen → Council; im 15. Jh. nahm ihr polit. Einfluß zunächst zu, doch Kg. → Eduard IV. beschränkte sie auf hauptsächl. judikative Aufgaben (→ Star Chamber). – Das Laienelement drang vor und eroberte die traditionell »geistlichen« Ämter (1340 Kanzleramt). Die Londoner → Inns of Court und die engl. Universitäten stellten dem Kg. jurist. gebildete Mitarbeiter, die als Beamte und Diplomaten verwendet wurden. Die schon von Kg. → Eduard II. geförderte King's Hall in → Cambridge war nach A. B. Cobban eines der wichtigsten, dem Kg. ständig zur Verfügung stehenden akadem. Reservoire für Beamtennachwuchs. – Die Interessen des Kg.s in den Gft.en wurden vielfach von lokalen, für eine bestimmte Frist verpflichteten Grundbesitzern oder Kaufleuten wahrgenommen (→ Sheriff, → Coroner, Keeper of the Peace). Unter der schwachen Regierung Kg. → Heinrichs VI. nahm Regellosigkeit überhand, der die folgenden Herrscher aus den Häusern York und Tudor zu steuern suchten. – Vgl. Amt, Abschnitt VI. K. Schnith

Lit.: HBC, 1961² [mit Listen der Engl. Officers of State; Lit.] – B. Wilkinson, The Chancery under Edward III, 1929 – T. F. Tout, The Engl. civil service in the Fourteenth Century (Collected Papers of T. F. Tout, III, 1934), 191 ff. – J. Otway-Ruthven, The King's Secretary and the Signet-Office in the Fifteenth Century, 1939 – R. L. Storey, BIHR 31, 1958, 84ff. – A. R. Myers, The Household of Edward IV, 1959 – E. F. Jacob, The Fifteenth Century, 1961, 406ff. – S. B. Chrimes, An Introduction to the Administrative Hist. of Mediaeval England, 1966² – A. B. Cobban, The King's Hall within the Univ. of Cambridge in the Later MA, 1969 – vgl. auch die Lit. zu → Amt, Abschnitt VI.

VI. Königreich Sizilien (11.–13. Jh.): Das Beamtentum im Kgr. Sizilien besaß vorprägende Strukturen in der arab. Finanz- und Dömänenverwaltung auf der Insel Sizilien, in provinzialen Institutionen der Rechtsprechung und der öffentl. Wirtschaft des byz. Kalabrien sowie in feudalen Herrschaftsformen und Verwaltungsbräuchen langob. und frk.-norm. Tradition, die parallel mit dem Zusammenwachsen Unteritaliens zu einer zentral gelenkten Monarchie als Bausteine einer neuen staatl. Organisation eingesetzt wurden, die mit einer aufeinander abgestimmten Verbindung zentraler, provinzialer und lokaler Organe eine neue Stufe staatl. Leistungsfähigkeit und administrativer Dichte erreichte und lange Zeit behaupten konnte. Auf der höchsten Ebene bildete sie im 12.Jh. zentrale Organe mit bürokrat. Arbeitsweise, eigenständige oder traditionelle Hofämter (seit 1156) das kollegial organisierte Großhofgericht aus und verklammerte deren Spitzen nach der Ermordung des letzten als »Premierminister« fungierenden Admirals → Maio v. Bari (1160) vielfach im Kollegium der kgl. Familiaren, zw. der Mitte des 12. und der Mitte des 13.Jh. über lange Zeiträume das höchste Reichsorgan.

Basis der regionalen Verwaltungsstruktur waren zehn, ztw. elf zum Teil an ältere feudale Herrschaften angelehnte Prov., die der Tendenz nach das Gebiet der Monarchie territorial lückenlos erschlossen und kirchl. oder adlige Exemtionen nur beschränkt respektierten. In diesen Prov. nahmen seit 1135 → Justitiare und → Kämmerer in Arbeitsteilung die staatl. Aufgaben wahr. Neben die Kämmerer traten seit Reformen Ks. Friedrichs II. (1231–32) Oberprokuratoren, Oberhafenmeister, Verwalter der Staatsmonopole und andere Funktionäre mit speziellen Kompetenzen. Nach weiteren Veränderungen mit zum Teil widersprüchl. Tendenz wurden die Kämmerer um 1260 in der Verwaltung von Wirtschaft und Finanzen durch Sekreten und Vizesekreten ersetzt. Ergänzend baute Friedrich II. seit 1231 eine provinziale Verwaltung der Kastelle auf.

Die Prov. erlaubten eine Zusammenfassung zu Regionen, aber auch zu Reichsteilen und Reichshälften, wenn diese aus Gründen der Verwaltungskonzentration zweckmäßig erschien oder wenn für größere Reichsteile eine mit zusätzl. Vollmachten ausgestattete, vielfach vizekgl. Zwischeninstanz (u.a. wegen der peripheren Lage der Residenz) notwendig wurde. Die letztere bildeten seit 1155 die Großkapitäne von Apulien und Terra di Lavoro, dann die Großjustitiare dieser und anderer Regionen bis 1220; sie lebte seit 1239 in den Generalkapitänen und den Statthaltern der späten stauf. und der angevin. Zeit erneut auf.

Im lokalen Bereich faßte die von Bajuli (→ Baiulus) versehene Bajulation die öffentl. Funktionen einer Stadt oder eines Gebietes (terra) zusammen. Die Reformen von 1231-32 setzten sich auf dieser Ebene in eine Auflösung der Verwaltungseinheit durch Spezialisierung der Kompetenzen und Aufteilung der Funktionen auf verschiedene Beamte um.

Das komplexe System dieser Organisation entwickelte im Laufe des 12. und 13.Jh. schrittweise einen neuen Typus des Staatsdieners, nachdem es in den Anfängen sozial und professionell auf ältere Vorleistungen zurückgegriffen hatte. Das Ergebnis war ein Beamter, der sich in einer feudal organisierten Gesellschaft als Träger der staatl. Aufgaben von dieser funktionell absonderte, indem er sein Amt grundsätzl. nur befristet (meist auf die Dauer des Indiktionsjahres), im Rahmen einer von ihm zu erbringenden fachl. Kompetenz und – in Abkehr von der früheren Ämterpacht – gegen eine ihm vom Staat garantierte Besoldung übernahm und sich dafür gleichzeitig den strengen Regeln einer sachwalterlichen, die persönl. Bindungen abstreifenden Amtsführung mit Schriftlichkeit, Rechnungslegung und persönl. Haftung bei Amtsmißbrauch unterwarf. Die Konsequenz aus dieser Entwicklung zog die in den Konstitutionen v. Melfi 1231 (→ Liber Augustalis) und den späteren Novellen Friedrichs II. zusammengefaßte Gesetzgebung, die in weitem Umfang Vorschriften über die Institutionen und Verfahren der Verwaltung, Beschreibungen und Instruktionen für die einzelnen Ämter, Grundsätze für Amtsdauer und Amtswechsel, spezif. Anforderungen an die Amts- und Lebensführung des in seiner Rechtsstellung aus der Gesellschaft herausgehobenen Beamten enthielt und damit den ersten systemat. Entwurf eines europ. Verwaltungs- und Beamtenrechts vorlegte, dem man bis hist. Modellcharakter nicht absprechen kann. Das Leitbild einer solchen aus feudalen Bindungen befreiten Beamtenschaft im Dienst von Staat und Recht ließ sich zwar nur unter den Schutzformeln drakon. Strafandrohungen garantieren; es besaß aber eine erhebl. Ausstrahlung nach Innen wie nach Außen, zumal Ks. Friedrich II. mit der Gründung der Univ. → Neapel (1224) auch die jurist. Ausbildung der Beamten einer staatl. Einrichtung anvertraute und mit der Organisation des Rechnungshofes der Rationalen (1240) die regelmäßige Kontrolle der Amtsführung institutionalisierte.

Die Rekrutierung der Personen für diese Aufgaben war abhängig von der sehr differenzierten Gesellschaft Unteritaliens. Die Monarchie konnte die von den Konstitutionen formulierten Anforderungen an die Beamten als Staatsdiener deshalb nur zum Teil zum Ziel führen. Das Personal der siz.-kalabr. Finanzverwaltung stellten griech. Familien, arab. Spezialisten, später Angehörige des städt. Patriziats der ehemaligen langob. Herrschaftsgebiete; sie bildeten in den zentralen Organen des Palermitaner Hofes eine Expertenaristokratie, die bis in das 13.Jh. die Kontinuität der Verwaltungserfahrung bewahrte. Vom Admiralat abgesehen blieben die großen Hofämter vom 12. bis 14.Jh. eine Domäne für das, zum Teil sogar landfremde, adlige und geistl. Gefolge des jeweiligen Königs. Die regionalen Großjustitiare stellte bis 1220 ausnahmslos der norm. Grafenadel; aber auch Friedrich II. griff später meist auf den Hochadel zurück, wenn er vergleichbare Positionen zu besetzen hatte.

Das Großhofgericht bestand im 12.Jh. aus Adligen mit Justitiarserfahrung und einzelnen städt., seit etwa 1200 auch gelehrten Richtern. Nach der Reform von 1220 hatte der nunmehr einzige adlige Laienrichter den neuen Gerichtsvorsitz inne, während von den übrigen Richtern eine spezif. Qualifikation, sehr bald das Studium der Rechte, verlangt wurde, so daß das Großhofgericht zuerst zum Zentrum eines neuen jurist. Berufsstandes wurde, der sich durch eine breite Verwendungsmöglichkeit auszeichnete. Die Justitiare entstammten im 12. und 13.Jh. dem baronalen Adel, der durch den Staatsdienst auf Zeit teilweise Funktionen eines Dienstadels annahm, auch wenn er in der angevin. Zeit vorübergehend frz. Rittern Platz machen mußte. Dem Justitiar und dem Kämmerer standen seit der Zeit Friedrichs II. ausgebildete Richter zur Seite, so daß sich analog zum Großhofgericht auf der Ebene der Prov. ein für seine Aufgaben fachl. vorgebildetes jurist. Beamtentum entwickelte, dem weitere Aufstiegsmöglichkeiten offenstanden.

Das Kämmereramt in den Prov. wurde im 12.Jh. vom niederen Adel versehen. Nach der expansiven Ausweitung der Staatswirtschaft durch die Reformen von 1231-32 traten jedoch Angehörige der im Kgr. aktiven Kaufmannsgeschlechter aus Amalfi, Ravello und Scala in den Dienst der provinzialen Finanzverwaltung und füllten deren Ämter mit sich steigernder Ausschließlichkeit (insbes. in der Zeit Manfreds und Karls I. v. Anjou) aus, weil sie als Amtspächter der Krone sichere Einnahmen garantierten. Ihre Erfolge stellten das von den Konstitutionen aufgestellte Leitbild des Beamten wieder in Frage und verwandelten die Aufgaben der staatl. Verwaltung in das Spekulationsobjekt eines im Staatsdienst allmählich erstarrenden kaufmänn. Unternehmertums. Die Wirkungen dieses Umschlages sind um so weniger zu übersehen, als es bei der Bestellung der lokalen Bajuli nie möglich war, das Prinzip der Verpachtung durchgehend in Frage zu stellen, da die Gewinnung der sich aus Richtern, Notaren, Händlern und Wechslern bestehenden städt. Honoratioren für die lokalen Dienste die Aktivierung ihres Erwerbsstrebens voraussetzte. Da überdies das Kgtm. nach der siz. Vesper sowohl auf dem angevin. Festland als auch im aragones. Sizilien den Adel als Herrschaftspartner in neuer Weise anerkennen und damit eine neue Feudalisierung der staatl. Organisation hinnehmen mußte, verloren auch die übrigen Ansätze zur Ausbildung eines eigenständigen Beamtentums im späteren MA ihre normative Kraft, obwohl die sie tragenden Konstitutionen erst in der Neuzeit ihre Geltung einbüßten. – Zur Verwaltung Unteritaliens unter den Anjou und Aragonesen vgl. → Neapel, → Sizilien.   N. Kamp

Lit.: C. MINIERI RICCIO, Cenni storici intorno ai grandi uffizi del regno di Sicilia, 1872 – L. CADIER, Essai sur l'administration du royaume de Sicilie sous Charles Ier et Charles II d'Anjou, 1891 – E. JAMISON, The Norman Administration of Apulia and Capua ..., Papers of the British School at Rome 6, 1913, 211-481 – E. STHAMER, Die Verwaltung der Kastelle im Kgr. Sizilien unter Ks. Friedrich II. und Karl I. v.

Anjou, 1914 – DERS., Aus der Vorgeschichte der siz. Vesper, QFIAB 19, 1927, 311–372 – W. HEUPEL, Der siz. Großhof unter Ks. Friedrich II., 1940 – E. JAMISON, Admiral Eugenius of Sicily, 1957 – L. R. MENAGER, Admiratus – 'Αμηρᾶς. L'Émirat et les origines de l'Admirauté, 1960 – P. COLLIVA, »Magistri camerarii« e »camerarii« nel regno di Sicilia nell'età di Federico II, RSDI 36, 1963, 51–126 – P. COLLIVA, Ricerche sul principio di legalità nell'amministrazione del regno di Sicilia al tempo di Federico II, 1964 – M. CARAVALE, Il regno normanno di Sicilia, 1966 – E. MAZZARESE FARDELLA, Aspetti dell'organizzazione amministrativa dello stato normanno e svevo, 1966 – E. JAMISON, Judex Tarentinus, PBA 53, 1967, 289–344 – H. SCHADEK, Die Familiaren der siz. und aragon. Kg.e im 12. und 13. Jh., SFGG: GAKGS 26, 1971, 201–348 – N. KAMP, Vom Kämmerer zum Sekreten. Wirtschaftsreformen und Finanzverwaltung im stauf. Kgr. Sizilien, Probleme um Friedrich II., hg. J. FLECKENSTEIN, VuF 16, 1974, 43–92.

VII. SPÄTMITTELALTERLICHES ITALIEN (KOMMUNEN UND FÜRSTENTÜMER): Das System des Stadtregiments in den it. Kommunen, das, ähnlich wie in den Städten außerhalb Italiens, auf der direkten Teilnahme der Bürger an der Verwaltung der öffentl. Angelegenheiten basiert (nicht nur in den Magistraturen und polit. Ämtern – Versammlungen, Konsilien, Konsulate –, sondern in der direkten Ausübung technisch-administrativer Funktionen) und durch einen obligaten häufigen Amtswechsel geprägt ist, war der Ausbildung einer Schicht von spezialisierten Funktionären nicht förderlich. Die administrativen, fiskal. und jurisdiktionellen Aufgaben wurden abwechselnd von Handwerkern, Kaufleuten, Notaren und Milites wahrgenommen: das heißt von den Cives im eigtl. Sinn, die nach Ablauf ihrer Amtszeit (die sechs Monate oder ein Jahr, selten einen längeren Zeitabschnitt umfaßte) wieder zu ihrer ursprgl. Tätigkeit zurückkehrten. Eine gewisse Spezialisierung bildete sich im Lauf des 13. Jh. bei einigen Kanzleiämtern heraus (bei denen in der Regel → Notare fungierten) sowie auf höherer Ebene durch die sog. Berufspodestaten (→ Podestà), die infolge ihrer Fähigkeiten und ihres Ansehens wiederholt von verschiedenen Städten zur Ausübung dieses Amtes berufen wurden. Im Gefolge der Podestà (familiae) finden sich immer häufiger Vicarii und Richter, die mit bes. Kompetenzen, z. B. jurisdiktioneller Art, ausgestattet sind. Ein rascheres Anwachsen bürokrat. Strukturen brachten die → Signorien (Ende 13. – Anfang 14. Jh.) mit sich, mit deren Aufkommen eine Verminderung der Teilnahme der Bürger am Stadtregiment oder ihr gänzl. Ausschluß verbunden war. Das Gefolge des Signore, das anfängl. nur aus wenigen Personen bestand, erweiterte sich beträchtl. und brachte »officiales« für die Kanzlei, die Finanzverwaltung und die Ausübung der Jurisdiktion hervor. Mit dem Niedergang der Stadtstaaten und der Bildung größerer Territorialstaaten, in denen sich die Regierungsaufgaben vervielfachten und der administrative Apparat komplizierter war, wurde die Ausprägung bürokrat. Strukturen akzentuiert. Auch die Staaten, die republikan. Verfassung behielten, wie z. B. → Venedig und → Florenz, registrierten damals eine starke Zunahme der officiales.

Jedenfalls bedeutet die Erweiterung des öffentl. Aufgabenbereichs und der Zuwachs der darin tätigen Personen (ein Phänomen, das sich seit dem Ende des 14. Jh. fast überall in Italien feststellen läßt) nicht, daß sich die Verwaltung allgemein in einem organisierten Ämtersystem artikuliert, das feste und abgegrenzte Aufgabenbereiche aufweist: Ein System, das geeignet wäre, eine Klasse von Berufsbeamten hervorzubringen, die aufgrund ihrer Ausbildung rekrutiert werden, eine feste Stellung mit der Möglichkeit einer regulären Karriere innehaben und in finanzieller und rechtl. Hinsicht abgesichert sind. In den Republiken werden die Bestellungen zu einem Amt und die Karrieren weiterhin durch das System der Wahl oder Auslosung bestimmt, wobei es zu häufigem Wechsel kam, in den Fsm.ern durch direkte Designierung des Souveräns und immer mit beschränkter Amtsdauer. Wenn das Amt beträchtl. finanzielle Vorteile abwarf, konnte es auch zur Belohnung für erwiesene Dienste verliehen, verkauft oder versteigert werden. Es kam auch nicht selten vor, daß Beamte ihre Funktion nicht selbst ausübten, sondern sich von einer Person vertreten ließen, die einen Teil der Einkünfte erhielt. Die nominellen Bezüge (für die bisweilen der Staat, bisweilen – im Fall der lokal-peripheren Ämter – die Landgemeinden aufkamen) waren in der Regel niedrig, wurden jedoch durch fallweise hinzutretende Rechte, Ehrengeschenke und mehr oder weniger erlaubte Sportulae aufgestockt. Außerdem beschränkte sich der Staat v. a. bei der peripheren Verwaltung darauf, nur einige höhere Beamte direkt zu bestellen (Podestà und Schatzmeister): Diese hatten dann auf der Basis eines privaten Arbeitsverhältnisses Mitarbeiter und Helfer beizuziehen (im Fall des Podestà handelte es sich dabei z. B. um einen Stellvertreter bei der Rechtsprechung, einen Notar und einen Kanzleibeamten). Gleichermaßen verbreitet war das System, die Erhebung der Einkünfte an Privatleute zu verpachten. In der Regel begegnete man der Weitmaschigkeit der administrativen Strukturen durch einen häufigen Rekurs auf die lokalen administrativen Organe (z. B. die Landgemeinden).

Dieses Verwaltungssystem blieb nicht nur in der ganzen Renaissance, sondern auch in den ersten Jahrhunderten der Neuzeit ohne einschneidende Modifikationen. Man erkennt jedoch innerhalb dieser Strukturen bereits vom Beginn des 15. Jh. an eine wachsende Spezialisierung der Beamten, die durch die zunehmende Vielfalt der Kompetenzen und die stärkere Ausformung der administrativen Praxis hervorgerufen ist. Sie wird in vielen Fällen durch die Verlängerung des Amtsauftrags oder durch folgende, regelmäßige Bestätigungen ermöglicht. Auch bei den peripheren Bürokratie konnte es z. B. vorkommen, daß ein Podestà, der an einen Ort gesandt worden war, nach Ablauf seines Mandats für andere Podestatenämter bestellt wurde, vielleicht immer bedeutendere Ämter erhielt und während sehr langer Perioden mehr oder weniger ständig im Dienst blieb. Es wurde mit Ausnahme weniger jurist. Ämter kein Studium verlangt (die Juristen, die aus den Universitäten hervorgingen, die in der Regierung der Renaissance-Staaten ebenfalls große Bedeutung erlangten, sind in gewissem Sinn aus dem Ämtersystem herausgehoben und treten entweder als außenstehende Berater oder an der Spitze höherer Magistraturen auf). Die Vorbereitung auf die Übernahme einer Funktion erfolgte jedenfalls durch eine Art Einarbeitung beim eigenen Vater oder einem Verwandten, der das jeweilige Amt bekleidete (daher bildeten sich ganze Beamtendynastien heraus). Auch die Bezüge wurden besser festgelegt und definiert, obwohl ein beachtl. Mißverhältnis zw. dem offiziellen Einkommen und fallweisen Einkünften bestand. Auf diese indirekte Weise konnte das B. den wachsenden Erfordernissen der Verwaltung und Regierung entsprechen, die sich in den ersten Jahrhunderten der Neuzeit in den it. Staaten manifestierten.

G. Chittolini

Lit.: Kein zusammenfassendes Werk zum B. im it. SpätMA erschienen. – F. CHABOD, Y-a-t-il un État de la Renaissance?, 1958 (Studi sul Rinascimento, 1967, 605–623) – DERS., Usi e abusi nell'amministrazione dello stato di Milano a mezzo il '500, Studi storici in onore di G. VOLPE, 1958, I, 93–194 – M. BERENGO-F. DIAZ, Noblesse et administration dans l'Italie de la Renaissance; la formation de la burocratie moderne, XIIIe Congrès internat. de sciences hist., Moscou 16-23 août 1970, Moskau 1970 – B. LICHFIELD, Office Holding in Florence after the Republic (Renaissance Stud. in Hon. of H. BARON, 1971), 535-555 – S. BERTELLI, Il potere oligarchico nello stato città mediev., 1978 (bes. 86-135) – *Zu Einzelfragen: Beschäftigung von Notaren in öffentl. Ämtern:* F. NOVATI, La giovinezza di Coluccio Salutati (1331-1353), 1888 – A. PETRUCCI, Notarii. Documenti per la storia del notariato italiano, 1958 – G. COSTAMAGNA, Il notaio a Genova fra prestigio e potere, 1970 – *Zum Podestatentum:* G. HANAUER, Das Berufpodestat im dreizehnten Jh., MÖIG XXIII, 1902, 378-426 – V. FRANCHINI, Saggio di ricerche sull'istituto del podestà nei comuni medievali, 1912 – E. CRISTIANI, Le alternanze fra consoli e podestà ed i podestà cittadini (I problemi della civiltà comunale, 1971), 47-51 – *Zum Kanzleiwesen in den Stadtstaaten und Fsm.ern:* D. MARZI, La Cancelleria della Repubblica fiorentina, 1910 – A. R. NATALE, 'Stilus cancellariae'. Formulario visconteo-sforzesco, 1979 – *Zur Rolle der Juristen:* L. MARTINES, Lawyers and Statecraft in Renaissance Florence, 1968.

B. Byzantinisches Reich

Die Reformen → Diokletians (284-305) und → Konstantins d. Gr. (307-337) kennzeichnen den Beginn der byz. Epoche. Durch diese Neuordnung bildeten sich autokrat. Herrschaftsformen mit einem Beamtenapparat heraus, der als ausschließl. Exekutivorgang der ksl. Politik das Rückgrat des Staates darstellte und daher eigenes polit. Gewicht erhielt. Dieser Beamtenapparat änderte sich in den verschiedenen Epochen, wobei er sich stets den jeweiligen Zeitumständen anpaßte. Seine höchsten Würdenträger waren dabei immer dem Ks. unmittelbar verantwortl.; der Herrscher stand seinerseits mit allen Beamten der unterschiedlichsten Ränge in ständiger Verbindung. Durch die erwähnten Reformen wurde eine hierarch. strukturierte und regelmäßig bezahlte Beamtenschaft mit eigenen zivilen und militär. Machtmitteln geschaffen, deren jurist. ausgebildete Angehörige sich als öffentl. Bedienstete eines rechtl. geordneten Staates verstanden. Eine völlig neue Zentralverwaltung entstand mit 22 Hauptfunktionären, deren Mehrzahl dem ständigen Herrschaftsrat angehörte (sacrum consistorium). Damit wurden die Grundlagen für die Vorherrschaft eines hierarch., nach der Bedeutung der Funktionen gegliederten bürokrat. Apparates über den noch bestehenden röm. Herrschaftsinstitutionen geschaffen. Die Zentralisierung führte aber weder zur Bildung einer Regierung als kollektivem Herrschaftsorgan noch brachte sie einen ersten Minister hervor, der die gesamte staatl. Verwaltung geleitet hätte. Dieser Funktion am nächsten war der → magister officiorum, der verschiedenen Ämtern vorstand, als Kommandant der ksl. → Garde, als Leiter des Hofzeremoniells und der ksl. → Post, die auch die Leitung der auswärtigen Angelegenheiten umfaßte. Sein eigenes officium bildeten agentes in rebus in der Doppelrolle von Kurieren und/oder Geheimagenten. Die Machtbefugnisse dieses wichtigsten Beamten der frühbyz. Epoche umfaßten jedoch nicht einige wichtige Ressorts, an deren Spitze Funktionäre standen, wie der → quaestor sacri palatii (der Staatssiegelbewahrer, der für die Vorbereitung und Überprüfung der Gesetze verantwortl. war), der → comes sacrarum largitionum (der Leiter des Finanzressorts), der → comes rerum privatarum (der Leiter der ksl. Privatfinanzen, des Staatsschatzes und der ksl. Domänen), der praepositus sacri cubiculi (der Eunuch-Verwalter der ksl. Privatgemächer, der Garderobe und Vorsteher des Hofpersonals). Im Landesinnern waren die Provinzstatthalter (allgemein praesides) wichtige Angehörige des Machtapparates und die ihnen übergeordneten vicarii den → Diözesen. Mehrere Diözesen bildeten eine Prätorianerpräfektur (praefectura praetorio). Die Präfekten können nicht zur Provinzverwaltung im eigtl. Sinne gezählt werden, da ihre Befugnisse sehr weitreichend waren und sich auf große Territorien erstreckten, so daß zw. ihnen und den Beamten der Zentralverwaltung die Kompetenzen nicht immer klar abgegrenzt wurden. Eine herausragende Stellung, ähnlich wie der Stadtpräfekt von Rom, besaß der Präfekt von Konstantinopel (ὁ ἔπαρχος τῆς πόλεως), der im Rang unmittelbar nach dem Prätorianerpräfekten folgte. Er stand an der Spitze des → Senats und kontrollierte gleichzeitig das Gerichtswesen (→ Gericht), die → Polizei und das Wirtschaftsleben der Hauptstadt. In diesem Verwaltungssystem lag die Rechtsprechung in den Händen der einzelnen Ressortleiter und der Prätorianerpräfekten. Die militär. Macht war dagegen einer bes. Gruppe von Würdenträgern anvertraut (magistri militum, duces). Gewisse Veränderungen innerhalb der frühbyz. Administration kündigten schon unter Justinian (527-565) eine neue Epoche an, wobei der allmähl. Militarisierung eine vorrangige Bedeutung zukam. Seit etwa dem 6. Jh. brachte die Würde des Statthalters (→ Exarch v. Italien bzw. v. Afrika) die dauerhafte Verbindung von militär. und ziviler Machtausübung deutlich zum Ausdruck. Unter Herakleios (610-641) und seinen Nachfolgern erfolgte die vollständige Umbildung der staatl. Verwaltung. Der Prozeß der Hellenisierung spiegelte sich im Wechsel der Amtssprache: Das Gr. trat an die Stelle des Lat.: Der Prozeß der Militarisierung führte zu einem Übergewicht der militär. Komponente in B. Die → Strategen als Befehlshaber der → Themen als militär. Einheiten wurden mit der Zeit Statthalter der Themen als Verwaltungsgebiete, in denen ihre Truppeneinheiten angesiedelt wurden. Durch die Teilung alter und die Gründung neuer Themen vergrößerte sich die Anzahl der Strategen von über fünf im 7. Jh. auf 83 in der 2. Hälfte des 10. Jh. Mit dem Ausbau des Militärverwaltungssystems verschwanden allmähl. die typ. Repräsentanten des früheren Beamtenapparates. Die einst großen Ressorts wurden aufgesplittert, so daß die Anzahl der Leiter einzelner Ämter und Verwaltungsbezirke, die unmittelbar dem Ks. verantwortl. waren, wuchs. Anstelle von einst 22 waren es gegen Ende des 9. Jh. bereits 60. Nur die Finanzangelegenheiten unterstanden weiterhin dem Sakellarios und wurden von sieben → Logotheten verwaltet (→ Finanzwesen). Die Geschäfte des magister officiorum übernahmen fünf Würdenträger. Sie alle waren in ihrer Tätigkeit prakt. gleichberechtigt, obwohl einige unter ihnen bes. wichtige Positionen einnahmen, wie der → Eparch v. Konstantinopel oder der Logothet des → Dromos, dem neben den inneren Angelegenheiten auch die Führung der Außenpolitik anvertraut war. Nicht ein Funktionär in diesem Kreis der Mächtigen war aufgrund seiner Stellung Stellvertreter des Ks.s, sondern einer von ihnen erhielt dieses Amt durch die Wahl des Ks.s zusammen mit dem Epitheton παραδυναστεύων (später μεσάζων oder μεσιτεύων). Bis zum Ende des 9. Jh. war der Prozeß der vollständigen Gleichsetzung des Staates mit dem Ks. und dem bürokrat. Apparat, der alle Angelegenheiten im Namen des Ks.s verwaltete, abgeschlossen. Der Senat und die städt. → Kurie büßten fast vollständig ihre Rechte ein. Ein Organ jedoch, dem der Ks. die Gesamtheit der Staatsgeschäfte anvertraut hätte, entstand nicht. Faktisch war der Ks. auch sein eigener Premierminister. Die hier beschriebene Entwicklung bedingte auch die Teilung der richterl. Kompetenzen (→ Gericht). In der Provinz fiel das Recht des Richteramtes hauptsächl. den Themenstrategen und ihren Helfern (πραίτωρες) zu. In Konstantinopel übten der Eparch, der ksl. Rat (→ Rat, ksl.) und zwei bes. Gerichte diese Befugnisse aus. Die Struktur des Beamtenapparates kam symbol. in der amtl. Hierarchie zum Ausdruck, die, gleichzeitig starr und flexibel, im 9. und 10. Jh., begleitet von pompösem Aufwand, ihre höchste Blüte erlebte. In die → Ranglisten jener Zeit wurden grundsätzl. zwei Elemente der Beamtenwürde eingetragen, die Titel und die Funktionen. Die Titel wurden mit der Überreichung von Ehrenzeichen (αἱ διὰ βραβείων ἀξίαι) verliehen; die Übertragung der Funktionen erfolgte durch eine Ernennungsurkunde, aber auch durch mündl. Anordnung des Kaisers *(αἱ διὰ λόγον ἀξίαι)*. Viele Titel stellten dabei frühere Ämter dar, die ihren konkreten Inhalt längst verloren hatten. Die Rangliste der Titel hatte 17 Rangstufen für Männer, eine für Frauen und acht für Eunuchen, während von den hohen Funktionen 60 für Männer und zehn für Eunuchen bestimmt waren, wobei es eine Unterteilung in sieben Klassen gab: Strategen, Domestikoi, sog. Richter (der Eparch, der Quaestor und der *ὁ ἐπὶ τῶν δεήσεων*, näml. der Beamte, der die Petitionen entgegennahm), Sekretikoi (Logotheten, Chartularioi), Demokratai (Führer der Parteien der Grünen und Blauen), die Stratarchen (der Heteriarch, der → Drungarios der ksl. → Flotte usw.) und andere. Die entscheidende Rolle des Hofes in der staatl. Verwaltung spiegelte sich im Vorrang der Titel vor den Funktionen: In der Gegenwart des Herrschers nahmen die Würdenträger ihre Plätze dem Titel nach ein, gekleidet in festl. Gewänder, die ihren Rang zum Ausdruck brachten. Dies hatte in einem Zeremoniell von liturg. Charakter nicht nur protokollar. Bedeutung. In der Nähe des Ks.s sein, hieß an der Quelle der Macht sein. Deswegen spielten die → Eunuchen, die u. a. den ksl. Privathaushalt verwalteten und so wichtige Ämter wie das des → Parakoimomenos bekleideten, eine bes. bedeutende Rolle: Jeder Eunuch stand vor den anderen Trägern des gleichen Titels. Auf der anderen Seite hatte die Militarisierung der staatl. Verwaltung die Priorität der militär. Würden zur Folge, so daß die Strategen, obwohl den Namen nach Provinzstatthalter, und die → Domestikoi der → Tagmata, nämlich der Garderegimenter im Rang vor der Mehrzahl der zivilen Amtsträger der Zentralverwaltung (in einigen Fällen vor allen) standen.

Im Prinzip stand der Beamtenapparat allen fähigen Männern offen. Es hing aber fast ausschließl. vom Wohlwollen des Ks.s ab, wie rasch Karriere gemacht wurde. Mit der Zeit verbreitete sich jedoch die Käuflichkeit der Beamtenposten, so daß bis zur Herrschaft Leos VI. (886–912) eine entsprechende Preisliste entstanden war. Die Finanzkraft der Kandidaten als Kriterium ihres Vorzugs unterstrich Leo VI. in einer Empfehlung, die besagte, daß das Strategenamt und die höheren Offiziersposten an Vornehme und Reiche zu vergeben seien. Zur gleichen Zeit wurde es fast allen Beamten erlaubt, Geschenke und Erbschaften anzunehmen, wodurch zur Legalisierung ihrer Bereicherung beigetragen wurde (→ Korruption). Schon im 10. Jh. zeigte sich deutlich, daß hohe Beamte und reiche Landbesitzer eine Schicht bildeten, deren wichtigste Vertreter in beiden Rollen auftraten. Damals verlor die ksl. Macht, hauptsächl. durch den Widerstand des Beamtentums, den Kampf um den Erhalt des kleinen, freien Besitzes. Der → Adel bereitete sich darauf vor, die Hauptrolle bei der Verwaltung des Staates zu übernehmen. Die Machtübernahme des Adels wurde seit dem 11. Jh., zuerst durch die Herrschaft des sog. Zivil- oder Beamtenadels, insbes. des Adels in der Hauptstadt, dann durch die Herrschaft des sog. Militäradels, auf dessen Schultern die Last der großen Kriege der vorangegangenen Generationen gelegen hatte, zur Realität. Eine erste Periode (v. a. zw. 1026 und 1057) führte zunächst zu keinen bedeutenden Veränderungen des Verwaltungssystems. Doch schon die zweite Periode (bis 1081), während welcher der byz. Feudalismus seinen spezif. Charakter erhielt, bewirkte zweifache Veränderungen. Auf der einen Seite begannen die feudalen Immunitäten (Exkusseia) – die fiskal., die gerichtl. und die Verwaltungsimmunität –, die Rechte der Beamten einzuschränken. Auf der anderen Seite kam es zur Auflösung des bisherigen Verwaltungsapparates. Unter Alexios I. (1081–1118) wurden die alten Titel allmähl. entwertet. Viele verschwanden plötzl. (z. B. Magistroi, Patrikioi). Sogar Titel, die jahrhundertelang den Mitgliedern der ksl. Familie vorbehalten waren (→ Cäsar, → Nobilissimos, → Kuropalates) wurden verdrängt, an ihre Stelle traten die Titel → Sebastokrator (Ende des 11. Jh.) und → Despot (Anfang der 2. Hälfte des 12. Jh.). Die Beamtentitel wurden immer zahlreicher und undurchsichtiger; sehr oft beinhalteten sie keinerlei konkrete Funktionen. Die Eunuchen verloren ebenfalls an Bedeutung. Gleichzeitig wurde die vorher ausgebaute bürokrat. Pyramide auf nur wenige Funktionsträger reduziert, wie den Megas Logothet *(μέγας λογοθέτης*, für auswärtige Angelegenheiten), den Megas Domestikos (für das Heer), den Megas Dux (für die Flotte) und den Megas Logariast (für die Finanzen). Die Strategen, einst das Rückgrat des Militärverwaltungssystems, verschwanden, so daß die kleinen Themen eher fiskal. als Verwaltungseinheiten darstellten und von Beamten mit dem Titel → Dux verwaltet wurden. Bezügl. der richterl. Kompetenzen der Provinzbeamtenschaft herrschte eine weitgehende Unordnung, während in der Hauptstadt durch die Reform des Jahres 1166 die Zuständigkeit der vier Hauptgerichte und des Appellationsgerichtes des Eparchen geregelt worden war. Am Ende des 12. Jh. verringerten die negativen Züge des Feudalismus weiter die Effizienz des staatl. Apparates. Dieser war durch eine Beamtenschaft gekennzeichnet, die eine geschlossene Schicht bildete und deren wichtigste Einkünfte nicht mehr aus einem bestimmten Gehalt kamen. Nach dem 4. Kreuzzug erhielt der Feudalismus, bis zu einem gewissen Grad infolge des westl. Einflusses, all seine ausgeprägten Merkmale, die in der Epoche der Palaiologen deutl. hervortraten. Viele adlige Angehörige der Beamtenschaft waren mit der Dynastie verwandtschaftl. verbunden. Sie alle besaßen das Attribut oikeios *(οἰκεῖος)*, das die Vorstellung der Zugehörigkeit zum persönl. Dienst ausdrückte. Die Rangliste jener Zeit enthält eine große Zahl von Titeln (70–90), geordnet nach der Reihenfolge der Vorstellung bei Hofe, darunter viele frühere Ämter, die, zu Titeln geworden, ihre einstige Bedeutung eingebüßt hatten (z. B. der Eparch). Ihre Träger übten Aufgaben aus, die ihnen der Ks. zuwies, was aber nicht bedeutete, daß sie eine Beamtenkarriere im alten Sinne durchliefen. Bildung wurde nicht mehr als Vorbedingung betrachtet. Echte Beamtenfunktionen, deren Zahl zurückging, finden sich nicht mehr in den Ranglisten. Am meisten veränderte sich das Profil der Amtsträger in der Provinz. Dort bildete sich eine neue Art des Bezirksverwalters heraus – der → Kephale *(κεφαλή)* –, der kleine Gebietseinheiten verwaltete, bestehend aus je einer Stadt und ihrer Umgebung (Katepanikion), die nicht unbeträchtl. Anzahl sog. »allgemeiner« Kephalai verwaltete größere territoriale Einheiten (z. B. Thessalien, Morea), die im Laufe des 14. Jh. zu → Apanagen für Prinzen wurden. Die Kephalai besaßen sowohl militär. wie zivile Befugnisse, aber sie unterschieden sich in vielem von den Kompetenzen der Strategen der mittelbyz. Epoche als militär.-administrative Statthalter. Ihre militär. Tätigkeit beschränkte sich auf das Kommando über die Besatzungstruppen; die zivilen Kompetenzen waren spürbar durch die Erweiterung der feudalen Immunitäten eingeschränkt. Überhaupt wurden die Befugnisse der Provinzbeamten, sowohl der Kephalai als auch der übrigen, nicht präzis voneinander abgegrenzt, so daß es zu Überschneidungen kam. Das System führte sich selbst ad absurdum, als die Kephalai im 15. Jh. für die ihnen anvertrauten Gebiete gleichzeitig sowohl ihre administrativen Funktionen beibehielten als auch Besitzrechte erlangten. Die hier beschriebene Entwicklung bedingte große Schwankungen bei den richterl. Kompetenzen, die sich in der Provinz kirchl. Gerichte, Verwaltungsorgane und, seltener, Berufsrichter teilten. In der Hauptstadt wurde die Rechtsprechung nach dreimaliger Reform (1296, 1337, 1339) von einer Körperschaft ausgeübt, die man als eine Art oberstes Gericht betrachten kann. In der Endphase des byz. Staates war der hierarch. strukturierte und zentralist. konzipierte Verwaltungsapparat, bedingt durch die Ausbildung feudaler Strukturen, weitgehend verfallen. Lj. Maksimović

Lit.: J.B.BURY, The Imperial Administrative System in the 9th Century, 1911 – Byzantium. An Introduction to East Roman Civilization, hg. N.BAYNES-H.ST.L.B.MOSS, 1961, 280–294 – OSTROGORSKY, Geschichte³, 24–26 30 33, 204–210 – JONES, LRE I, 97–110, 124–132, 366–522; II, 563–571 – A. HOHLWEG, Beitr. zur Verwaltungsgesch. des Oström. Reiches unter den Komnenen, 1965 – R. GUILLAND, Recherches sur les institutions byzantines, 2 Bde, 1967 – J. VERPEAUX, Pseudo-Kodinos, Traité des offices, 1966, 1976² – CMH IV/2, 17–34 – L.-P.RAYBAUD, Le gouvernement et l'administration centrale de l'Empire byzantin sous les premiers Paléologues (1258–1354), 1968 – L.BRÉHIER, Les Institutions de l'Empire byzantin, 1970², 79–270 – H. AHRWEILER, Études sur les structures administratives et sociales de Byzance, 1971 – LJ. MAKSIMOVIĆ, Vizantijska provincijska uprava u doba Paleologa, 1972 – N. OIKONOMIDÈS, Les listes de préséance byzantines des IXᵉ et Xᵉ s., 1972 – G.WEISS, Oström. Beamte im Spiegel der Schr. des Michael Psellos, 1973 – H.-G.BECK, Theorie und Praxis im Aufbau der byz. Zentralverwaltung, 1974.

C. Islamischer Bereich

Nimmt man im islamischen Bereich die ersten, noch unangepaßten Generationen unmittelbar nach den großen arab. Eroberungen des 7.Jh. aus, so haben die arab., türk. oder pers. muslim. Staaten des MA die bürokrat. Traditionen der spätantiken Reiche – des byz. im Mittelmeerraum, des pers.-sasanid. im Irak, in Iran und Zentralasien – übernommen und weiterentwickelt. Regierung und Verwaltung im Zentrum wie in der Provinz – die später, nach dem Niedergang des abbasid. Kalifats, auf die autonomen Fsm.er und Sultanate übergehen sollten – werden von einem Stab von Beamten *(kātib, pl. kuttāb)* getragen, die in gewisser Weise die Nachfolger der Schreiber des pharaon. Ägypten und ihrer mesopotam. Entsprechungen sind.

Diese Beamten arbeiten kollektiv in Behörden (→ *dīwān*), deren Chefs allerdings nicht die volle Autorität und Verantwortlichkeit von Ministern haben. Erst allmählich entwickelt sich das Amt des →Wesirs *(wazīr),* zunächst als einfacher privater Berater des Kalifen, doch später aus der Kaste der kuttāb hervorgehend. Die wichtigsten, jeweils in mehrere Ämter unterteilten Diwane sind der der →Kanzlei bzw. polit. Korrespondenz *(inšā'),* der Finanzen *(ḫarāǧ;* →Finanzwesen) und der Armee *(ǧaiš).* Die Struktur des Staates unterscheidet in der klass. Epoche drei Kategorien von Laufbahnen. Die Armee besteht im allgemeinen aus Ausländern und vereinigt mit den eigtl. militär. Aufgaben die polit. Leitung (vgl. weiterhin → Heer, Heerwesen; →Flotte, Flottenwesen). Die religiösen und richterl. Funktionen – das Recht ist seinem Wesen nach religiös – sind in den Händen von Einheimischen, natürlich ausschließl. Muslimen. Dagegen können die Verwaltungsbeamten, deren Tätigkeit nicht dem religiösen Gesetz unterworfen ist, allen Konfessionen angehören. Anfangs waren die Nichtmuslime in der Mehrheit, da die Muslime auf diese Aufgabe völlig unvorbereitet waren. Später überfluteten die Muslime – solche arab. Herkunft wie auch Konvertiten – die öffentl. Ämter; doch gibt es Nestorianer im Irak bis ins 11.Jh., Kopten in Ägypten bis ins 14.Jh. und hier und da Juden bis in dieselbe Zeit. Im allgemeinen rekrutieren sich die Beamten durch Erblichkeit in der Familie, so daß sich regelrechte Kasten bilden. Im Irak führt die Vorherrschaft der kuttāb iran. Abkunft nach der Machtübernahme der Abbasiden infolge einer Vermischung von sozialen Interessen und ethn.-kulturellem Stolz zur sog. *šuʿūbīja*-Bewegung und zugleich zum Einfluß der iran. Verwaltungstradition. Im ausgehenden MA werden die Beamten in wachsendem Maße von den Militärs und den religiösen Würdenträgern kontrolliert.

Die Beamten benötigten eine gewisse Allgemeinbildung, und da ihre Macht es ihnen erlaubte, Vergünstigungen zu gewähren, übten sie einen beträchtl. Einfluß auf die Förderung jener Lit. aus, die ihnen diese Bildung geben konnte. So entstand die *adab* gen. Gattung der Bildungsliteratur. Im übrigen mußten bes. die Beamten der Kanzlei über einen Stil verfügen, der des Herrschers würdig war, dem sie dienten; daher die Sammlungen von Stilmustern, die während des ganzen MA zusammengestellt wurden. – Verwaltungshandbücher sind v. a. aus Ägypten überliefert; das berühmteste ist das des Ibn Mammātī vom Ende des 12.Jh. C.Cahen

Lit.: EI², s.v. kātib – D. SOURDEL, Le vizirat abbaside, 2 Bde, 1959.

Béarn

I. Geschichte – II. Recht.

I. GESCHICHTE: Die vicomté B. in SW-Frankreich, mit knapp 6000 km², hat im MA eine bedeutende Rolle gespielt. Es gelang dem senioralen Geschlecht des B., sein Gebiet, das sich beiderseits der Pyrenäen und im Adour-Becken ausdehnt, seit dem 14.Jh. zu einem souveränen Fsm. zu machen. Zunächst im Lehnsverband des Hzm.s → Gascogne, war das B. im 11.Jh. nach Spanien orientiert und wurde im 12.Jh. integraler Bestandteil der Krone → Aragón. Eine Familie katal. Herkunft, die Moncada, stattete das Land mit einer eigenständigen Gesetzgebung aus, den »Fors de Béarn«, die von Gesetzen der iber. Halbinsel beeinflußt waren (vgl. Abschnitt II.). Nach der Schlacht v. → Muret (1213) wurde das B. allmähl. wieder dem Hzm. Gascogne angeschlossen, das im Besitz des Kg.s v. England war (→ Angevin. Reich). Die Vereinigung des B. mit der Gft. → Foix (1290) stand am Beginn einer Entwicklung, die vom rechtl. Gesichtspunkt her mit dem Ausbruch des → Hundertjährigen Krieges zw. England und Frankreich unhaltbar wurde. Gaston Fébus (→ Gaston Phoebus, 1343 bis 1391) profitierte von dem frz.-engl. Konflikt, den er zur Schaffung einer souveränen Territorialherrschaft nutzte, an deren Spitze das B. stand und die die Pyrenäenherrschaften von Orthez bis Foix umfaßte. Diese Souveränität festigte sich im Laufe des 15.Jh. kontinuierlich; die unabhängigen Vicomtes v. B. erlangten 1481 sogar die Krone → Navarra. Am Ende des MA hatte sich damit ein eigenständiges Staatswesen ausgebildet, das in manchem → Savoyen vergleichbar war; dieser Territorialstaat umfaßte ein Kgr. (Navarra), ein souveränes Fsm. (Béarn) und zahlreiche andere Territorien, die gleichfalls der seniorealen Familie unterstanden (→ Marsan, → Albret, → Bigorre, → Nébouzan, → Foix). Das Territorialgefüge des B. vermochte dem gemeinsamen Ansturm der frz. und der span. (kast.-aragon.) Monarchie am Anfang des 16. Jh. allerdings nicht standzuhalten (→ Navarra).

Das B., das über kein nennenswertes städt. Zentrum verfügte (die Hauptstadt wechselte mehrfach von Morlàas nach Orthez, schließl. nach Pau), war eine typische Region der durch das Vorherrschen von Bauern und Hirten gekennzeichneten Pyrenäen, wobei die Viehzucht den Ackerbau beträchtl. überwog. Das Verschwinden der Leibeigenschaft *(servage)* im Zusammenhang mit dem Landesausbau des 13.Jh. (Entstehung von → bastides) ließ ein Geflecht von 400 kleinen Dörfern als Grundlage von Siedlung und Gesellschaft entstehen; die Sozialstruktur des Gebirgslandes, durch eine strenge Organisation in Sippenverbände mit absolutem Vorrecht des Ältesten geprägt, spielte eine bedeutende Rolle bei der Erhaltung weiter Heide- und Waldgebiete am Gebirgsrand. Seit dem 14.Jh. nötigten diese dörfl. Gemeinschaften den Vicomtes eine Beteiligung an der Herrschaft ab, woraus die »États de Béarn« erwuchsen, die sich bald konsolidierten; in ihnen verfügten die Landgemeinden als »Second Corps« über eine Stimme und standen damit dem »Grand Corps« (Adel und Klerus) gleichberechtigt gegenüber. Diese Ständeversammlung spielte eine beachtl. Rolle in den Finanzangelegenheiten; sie empfing den Treueid des neuen Vicomte bei seinem Herrschaftsantritt. Das B., das nur über mäßige Natur- und Bodenschätze verfügte, vermochte die Nachteile seiner agrar.-weidewirtschaftl. Struktur nur durch den Transithandel auszugleichen, der sich, durch die Lage und polit. Stellung des Landes begünstigt, in bemerkenswerter Weise entwickelte. Während des Hundertjährigen Krieges war ein bedeutender Teil des Austausches zw. den frz. und den katal.-span. Mittelmeergebieten und den atlant. Regionen (Gascogne, Navarra), bes. zw. Toulouse und Bayonne, in der Hand von Kaufleuten des B. Nach der Vertreibung der Engländer festigten die Béarner ihren wirtschaftl. Einfluß südl. der Pyrenäen. Die Entstehung des béarn.-navarr. Staatsverbandes entsprach einer tiefgreifenden wirtschaftl. Umorientierung.　　　　　　　　　　　　　　P. Tucoo-Chala

Lit.: P. Tucoo-Chala, Hist. de B., 1970² - Ders., Gaston-Fébus, un grand prince d'Occident, 1976 - P. Tucoo-Chala-Ch. Desplat, La Principauté de B., 1980.

II. Recht: Das Recht, das im MA in der Vicomté B. galt, ist in einer in roman. Sprache geschriebenen Kompilation zusammengefaßt: den »Fors de Béarn«, die zur Unterscheidung von einer jüngeren Kompilation aus der Mitte des 16.Jh. als »Anciens fors« bezeichnet werden. Ihre jetzige Form erhielten die »Anciens fors« am Ende des 14.Jh., doch enthalten sie ältere Bestandteile, von denen einige das Recht des 11./12.Jh. widerspiegeln. Das Studium dieser Sammlung gibt folglich Aufschluß über sehr alte Rechtselemente in diesem Teil des Pyrenäenraumes, weiterhin über Gesch., Sozialstruktur, Organisation von Lehen- und Gerichtswesen in der Vicomté sowie über den Einfluß des röm. Rechtes und die Art und Weise, in der versucht wurde, dieses mit dem lokalen Gewohnheitsrecht zu verbinden.　　　　　　　　　　　　　　　　　　　H. Gilles

Lit.: R. Le Blant, Un cinquième manuscrit des anciens F., 1945 - Coing, Hdb. I, 657.

Beatitudo → Seligkeit, ewige

Beatrice, zentrale Frauengestalt im Werk von → Dante (D.) (»Vita Nova«, »Divina Commedia«). Daß es sich beim Vorbild für B. um eine junge Florentinerin, höchstwahrscheinl. die Tochter des Folco Portinari, gehandelt haben kann, ist für die Interpretation dieser lit. Figur ledigl. ein sekundärer anekdot. Sachverhalt. B., deren Name allein die Vorstellung der »Beatitudo« wachruft, beherrscht und beeinflußt mehr als jede andere Frauengestalt die Dichtung D.s. Als poet. Chiffre hat B. zu zahllosen Kommentierungen Anlaß gegeben, die von unterschiedl. interpretator. Ansätzen ausgehen: Für die Zeit vom späten 19.Jh. bis zur Mitte des 20.Jh. sind bes. philolog., hist., idealist. und eth. Interpretationsmomente hervorzuheben. In jedem Fall erscheint B. seit der »Vita Nova« als beherrschende Gestalt, um die D.s Dichtung kreist. Faßt man diese Kommentare in schemat. Weise zusammen, so wird B. entweder als tatsächl. hist. existierende Persönlichkeit oder aber als reine Abstraktion angesehen, wobei es auch Ansätze gibt, die einen Kompromiß beider Interpretationen vorschlagen. In der neueren Forschung hat man v. a. den Akzent auf die »poet.« Funktion B.s gelegt.

In der »Divina Commedia« (D.C.) symbolisiert B. die Wahrheit der Offenbarung und die Theologie, welche die Offenbarung auslegt. Innerhalb der spirituellen Wanderung der D.C. ist es B., die → Vergil aussendet, um D. zu erretten (Inf. II, 52-126); darauf wird B. selbst zu seinem Führer und Lehrer der Theologie (Purg. XXX, 28-54), wobei sie D. zunächst veranlaßt, ihre seine Sünden zu bekennen (Purg. XXXI), bevor sie ihn durch die neun Himmelssphären (→ Himmel) geleitet, um ihn schließl. im → Empyreum dem hl. Bernhard anzuvertrauen (Par. XXXI, 58-69); in der himml. Rose (»candida rosa«) beheimatet, legt sie bei Maria Fürsprache ein, damit das Gebet, das der hl. Bernhard zugunsten D.s an die Jungfrau richtet, Erhörung finde (Par. XXXIII, 37-39).　　　　　R. Blomme

Lit.: EDant I, 542-551 - I. Del Lungo, B. nella vita e nella poesia del secolo XIII, 1890 - M. Barbi, La questione di B. [1905] (Problemi di critica dantesca I, 1934), 113-139 - E. Gilson, Dante et la philosophie, 1939 (v.a. Kap. I) - C. Singleton, Journey to B., 1958 - C. Stange, B. in Dantes Jugenddichtung, 1959 - V. Branca, Poetica del Rinnovamento e tradizione agiografica nella »Vita Nuova«, Studi in onore di Italo Siciliano I, 1966 - R. Blomme, Studi per una triplice esperienza poetica del Dante minore, 1978, 86-141.

Beatrice (Béatrice; s.a. Beatrix, Beatrijs)
1. B. d'Este Sforza, * am 29. Juni 1475 als zweites Kind des Ercole I., Hzg. v. Ferrara, Modena und Reggio und der Eleonore v. Aragón, † 1497. Ihre Kindheit verbrachte B. in Neapel bei ihrem Großvater mütterlicherseits, Ferrante v. Aragón. Noch als Kind wurde sie 1480 mit Ludovico Sforza, gen. Il Moro, dem Hzg. v. Bari (und seit 1492 Hzg. v. Mailand), verlobt, um damit einerseits die Verbindung zw. den Sforza und den Este, die bereits 1477 mit der zw. Anna Sforza, der Schwester des Hzg.s Gian Galeazzo, und Alfonso, dem Erstgeborenen von Ercole I., getroffenen Eheversprechen zustandegekommen war, und anderseits mit dem Haus Aragón zu festigen. Die für März 1490 vorgesehene Hochzeit fand erst am 17. Jan. 1491 in Pavia in privatem Rahmen statt. Am 24.-26. Jan. wurden in Mailand die prachtvollen Hochzeitsfeierlichkeiten (u. a. ein zweitägiges Turnier) abgehalten, für deren Vorbereitung die größten Künstler der Zeit, unter ihnen Leonardo da Vinci, verpflichtet worden waren. Daran nahmen fast alle Herrscher und Vertreter der it. Staaten und Territorien teil. B. war anmutig, gebildet und von heiterem und lebhaftem Naturell. Im Einklang mit der Erziehung, die sie genossen hatte, liebte sie Luxus und Feste, die Jagd zu Pferd und umgab sich mit Künstlern. Zusammen mit ihrer Schwester Isabella v. Aragón stellt B. das typischste Beispiel einer it. Renaissancefürstin dar. Trotz der jahrelangen starken Liebe ihres Mannes zu ihr - der rege Briefwechsel der Gatten ist erhalten (A.S.M. Potenze sovrane, Faszikel 1470, Mai und Juni 1493) -, hatte sie anscheinend keinen direkten Einfluß auf die Politik des Moro, auch wenn dieser einmal den Einfall gehabt haben soll, sie zum einzigen Gouverneur des Hzm.s zu ernennen. Sie starb am 3. Jan. 1497 im Kindbett.　　　　G. Soldi Rondinini

Q. und Lit.: Archivio di Stato di Milano (A.S.M.), Archivio ducale, Potenze sovrane, fasc. 1470 (1480-1498) - Tristani Calchi nuptiae Mediolanensium et Estensium Principum scilicet Ludovici Mariae cum Beatrice Alphonsi Estensis sorore..., »Thesaurus antiquitatum Joannis Graevii«, Lyon 1704, 512-522, ferner G.P. Puricelli, Residua, 1642 - B. Zambotti, Diario Ferrarese dall'anno 1409 sino al 1502, a c. di G. Pardi, RR. II. SS.², XXIV, 7, vol. I, 90, 93-94, 126, 128-129, 140, 194-196 - Nozze di B. d'Este e di Anna Sforza. Documenti copiati dagli originali esistenti nell'Archivio di Stato di Milano, a c. di G. Porro, Arch. stor. lomb. XI, 1882, 482-534 - DBI VII, s.v.

2. B., Comtesse de Die, altprov. Dichterin (*trobairitz*); dichter. Aktivität: Ende des 12.Jh./Anfang des 13.Jh. Eine schlüssige Identifizierung ist nicht gelungen; der Vorname ist nicht gesichert, in den Mss. und auch in der kurzen altprov. Lebensbeschreibung (Vida) ist nur von einer Comtessa de Dia die Rede; nach dieser Vida (Wahrheitsgehalt?) war sie Ehefrau eines Wilhelm v. Poitiers (welches?) und verliebte sich in Raimbaut v. Orange (Raimbaut d'Aurenga): Beatritz, Ehefrau von Wilhelm I. v. Poitiers († 1189; mit Besitzungen bei Die), oder die Ehefrau von Wilhelm II. v. Poitiers († 1226), seinem Enkel? Oder Isoarda († 1212/ 1214), Gfn. v. Dia, nicht aber Ehefrau eines Wilhelm v. Poitiers? Ist von → Raimbaut d'Orange (Aurenga), dem großen Trobador († 1173), oder von seinem (ebenfalls dichtenden?) Großneffen gleichen Namens († 1218) die Rede? – Überliefert sind 4 Kanzonen (PILLET-CARSTENS 46, 1, 2, 4, 5) im trobar leu, voller direkter und fordernder Leidenschaftlichkeit, in denen die trobairitz zw. Unterwürfigkeit dem Geliebten gegenüber und domnahaftem Selbstbewußtsein schwankt; vielleicht ist sie auch die Interlokutorin in der Liebestenzone (PILLET-CARSTENS 46, 3 = 389,6) zw. einer dona und ihrem amic (= Raimbaut d' Aurenga). D. Rieger

Ed.: G. KUSSLER-RATYÉ, Les chansons de la comtesse Béatrix de Dia, AR I, 1917, 161–182 – *Lit.:* W. T. PATTISON, The life and works of the troubadour Raimbaut d'Orange, 1952, 27–30.

3. B. (Beatrice di Tenda), Hzgn. v. Mailand, † 13./14. Sept. 1418. Die lange vertretene Auffassung, nach der B. der Familie Lascaris (Tochter des Pietro Balbo, Signore v. Tenda, oder eines seiner Verwandten) angehörte, ist höchstwahrscheinl. zu modifizieren. Es ist vielmehr anzunehmen, daß sie die Tochter des Ruggero Cane war, eines Condottiere, der mit John → Hawkwood und Bernabò → Visconti in Verbindung stand. B. heiratete zw. 1395 und 1398 den Condottiere Facino → Cane, mit dem sie möglicherweise, über ihren Vater, verwandt war. Nach dem Tod ihres Mannes (26. Mai 1412) ehelichte sie – vielleicht bereits vierzigjährig – den neuen, damals zwanzigjährigen Hzg. Filippo Maria Visconti (Juni 1412). Diese Heirat ermöglichte es B., die ihr von ihrem Gatten hinterlassenen Gebiete zu behalten; der Visconti seinerseits konnte über die Truppen verfügen, die bereits im Dienst des Facino Cane standen (darunter die Carmagnola; → Bussone, Francesco da), um seine Herrschaft zurückzugewinnen; dazu kam die hohe Mitgift der Braut (400000 Dukaten) und die Signorie über einige Städte, die B. gehörten. Dem Urteil ihrer Zeitgenossen nach war B. liebenswürdig, geistvoll und tüchtig. Ihr erster Mann, der sie schätzte, beteiligte sie an seinen polit. Entscheidungen. Eine Zeitlang übte sie auch auf ihren zweiten Gatten, der ihr anfangs zahlreiche Städte, Besitzungen und Burgen unmittelbar unterstellte, Einfluß aus. Beider Beziehungen verschlechterten sich jedoch 1418, wie aus den oft widersprüchl. zeitgenöss. Quellen hervorgeht; auf dem Höhepunkt der Krise wurde B. unter der Anklage des Ehebruchs mit Michele Orombelli verhaftet und in der Burg Binasco enthauptet. Die näheren Umstände ihres Todes liegen im dunkeln. Einige Historiker sind der Ansicht, daß sich hinter der Anklage des Ehebruchs die Beschuldigung verbarg, B. habe heimlich Verhandlungen mit einem Gesandten Kg. Siegmunds im Zusammenhang mit der Bestätigung des Herzogtitels für den Visconti geführt. Ihre Persönlichkeit und ihr geheimnisvoller Tod faszinierten zahlreiche Künstler und Dichter des frühen 19. Jh., die B. zur Heldin ihrer Werke machten.

G. Soldi Rondinini

Lit.: DBI VII, s. v. – Andreae de Billiis Rerum Mediolanensium historia, RR. II. SS., XIX, Milano 1781, 36–39, 50–52 – Petri Candidi Decembri Vita Philippi Mariae tertii Ligurum ducis, RR. II. SS², XXI, 1, hg. A. BUTTI, F. FOSSATI, G. PETRAGLIONE, 19ff., 170–177, 182–185, 208n., 215n., 231–236n. [Bibliogr.] – B. CORIO, Storia di Milano, 1856, 542, 590ff. – G. GIULINI, Memorie della città e campagna di Milano ne' secoli bassi, 1857 [Neudr. 1975, VI, 212–216] – F. COGNASSO, Chi sia stata B. di Tenda, BSBS, LIV, 1956, 109–114.

Beatrijs v. Nazareth, SOCist, * 1200 in Tienen (Belg. Brabant), † 1268 als Priorin des Kl. Nazareth (b. Lier, heut. Belgien). Sie schrieb um 1250 den mndl. Prosatext: »Van Seuen Manieren van Heileger Minnen«, eine Analyse von sieben Erfahrungsaspekten der Gottesliebe. Nicht aufbewahrt blieb ein Tage- und Arbeitsbuch, das jedoch von ihrem anonymen geistl. Berater als Quelle für die »Vita Beatricis« benutzt wurde. Ihre Spiritualität ist von drei Einflüssen geprägt: 1. S. Bernhard: das Brautmotiv, die Einkehr, die »gratuitas amoris«. 2. Wilhelm v. S. Thierry: die »unitas spiritus«, Minne als »voluntas ardens«, das »imperium charitatis«, das »vinculum amoris«, der Konflikt zw. »suavitas« und »dolor«, die Heimkehr zum Schöpfungsadel. 3. Die ekstatische Frauenbewegung: die Rolle des Herzens, die visionäre Dimension, die Verbundenheit mit 'der Menschheit' Christi und der Eucharistie.

H. Vekeman

Ed. und Lit.: L. REYPENS–J. VAN MIERLO, B. v. N., Seuen Manieren van Minne, 1926 – H. VEKEMAN–J. TERSTEEG, 1971 – L. REYPENS, Vita Beatricis, 1964 – J. PORION, Hadewych... B. de N., 7 degrés d'amour, 1972 – H. VEKEMAN, B. v. Tienen, Seuen Manieren van Minne [Diss. masch. Leuven 1967].

Beatrijs, mndl. Marienlegende in 1038 paarreimenden Versen, überliefert in einer Sammelhandschrift zusammen mit anderen religiösen und lehrhaften Texten. Der Codex (Den Haag, Kgl. Bibl. 76 E 5) wird aufgrund der darin enthaltenen Ostertafel auf ca. 1374 datiert. Das Werk handelt von der Küsterin eines vornehmen Kl., die – von der Liebe überwältigt – mit Hilfe ihres Geliebten aus dem Kl. flüchtet; Ordenskleid und Schlüssel läßt sie vor einer Marienstatue zurück. Um ihre zwei Kinder zu ernähren, wird sie, als eine Hungersnot ausbricht und ihr Liebhaber sie verläßt, zur Prostituierten. Tägl. betet sie zur Mutter Gottes. Reue überkommt sie und sie zieht bettelnd von Ort zu Ort bis sie schließlich, auf einen himml. Befehl hin, zu ihrem Kl. zurückkehrt. Währenddessen wurde sie dort nicht vermißt, denn Maria hatte ihren Platz eingenommen. Bis hierhin (Vs 864) entspricht die Geschichte der ältesten bekannten Quelle (»De beatrice custode«) des Caesarius v. Heisterbach »Dialogus miraculorum« (1222) und v. a. »Libri VIII miraculorum« (1237). B. hat dann eine Vision, in der sie einem Abt beichtet, der eben das Kl. visitiert. Er sorgt dafür, daß die Kinder fromme Mönche werden. Dieser Schluß kann später vom Dichter selbst oder einem anderen hinzugefügt worden sein. Wer der Dichter war, und wann er das Werk – wahrscheinl. in Brabant – vollendete, ist unbekannt; vielleicht um 1300, da im Text eine mechan. Uhr erwähnt wird (?). R. GUIETTE verzeichnet ungefähr 200 Fassungen in verschiedenen Sprachen. Von den 50 Versionen des MA gibt es drei mndl. in Prosa.

F. Lulofs

Ed.: A. L. VERHOFSTEDE u. a., B., 1949² [Faks. mit einer Beschreibung der Hs.] – R. ROEMANS-H. VAN ASSCHE, B., 1978¹⁰ [Bibliogr. der Ausg. und der Sekundärlit.] – F. LULOFS, B., 1978⁵ [mit Komm.] – G. KAZEMIER, B., 1978² [mit Komm.] – *Lit.:* R. GUIETTE, La légende de la sacristine, 1927.

Beatrix (s. a. Beatrice)

1. B. v. Burgund, Tochter Gf. Rainalds III. v. Burgund, Mâcon und Vienne und der Agatha v. Lothringen, * 1140/ 1144, ⚭ Juni 1156 Ks. Friedrich I. Barbarossa, † 15. Nov. 1184 in Jouhe bei Dôle, ⬜ Speyer, Dom. Friedrichs Vermählung mit B., nach seiner Trennung von Adela v. Vohburg, erfolgte vermutl. auf Anraten des Ebf.s Humbert v. Besançon und des Hzg.s Matthäus I. v. Lothringen. Das umfangreiche väterl. Erbe der B. (Gft. Burgund) vermehrte das stauf. Hausgut und stärkte Friedrichs Macht im Kgr. Burgund. B. war Mutter Friedrichs v. Rothenburg, Ks.

Heinrichs VI., Hzg. Konrads v. Schwaben, Pfgf. Ottos v. Burgund und Kg. Philipps v. Schwaben. Sie wurde 1167 in Rom zur Ksn. und, nach GÜTERBOCK, nicht gemeinsam mit ihrem Gatten am 30. Juli 1178 in Arles, sondern kurz danach in Vienne zur Kgn. v. Burgund gekrönt. Die geistvolle und energ. Frau beteiligte sich, vornehml. gegen Ende ihres Lebens an der Verwaltung des Kgr.es Burgund, insbes. ihrer Erbgüter. H.-W. Herrmann

Lit.: NDB I, 681 – P.F. CHIFFLET, Lettre touchant B., comtesse de Chalon, Dijon 1656 – F. v. KESZYCKA, Ksn. B., Gemahlin Friedrichs I. Barbarossa, 1923 – F. GÜTERBOCK, Zur Gesch. Burgunds im Zeitalter Barbarossas, ZSchG 18, 2, 1937, 144–220 – J. Y. MARIOTTE, Le comté de Bourgogne sous les Hohenstaufen 1156–1208, 1963, bes. 46ff., 57–72.

2. B. (Isabella), *Kgn. v. Kastilien*, * 1205 März/Mai (wohl Nürnberg), † 1235 (wahrscheinl. Toro 5. Nov.), ⌐ Burgos, Kathedrale, Tochter → Philipps v. Schwaben und der Irene (Maria) Angelos v. Byzanz, wurde von der Infantin Berenguela zur Gemahlin für ihren Sohn Ferdinand bestimmt, zu dessen Gunsten sie gerade auf ihre Anrechte auf den Thron von Kastilien verzichtet hatte. Die Hochzeit fand am 30. Nov. 1219 in Burgos (S. Lorenzo) statt. Ziel der Heirat war offensichtl. eine Stärkung der außenpolit. Stellung des Kg.s v. Kastilien, da sich der Vetter der Braut, Friedrich II., zu diesem Zeitpunkt auf dem Höhepunkt seiner Macht befand und mit der Kurie im besten Einvernehmen war. In der Tat sollte die Verwandtschaft mit den Staufern dem Sohn von Beatrix, → Alfons X., als Grundlage für seinen Anspruch auf den Kaiserthron dienen. 1230, als Ferdinand (Ferdinand III.) Kg. v. → León wurde, dessen endgültige Vereinigung mit Kastilien erfolgte, wurde B. zusammen mit ihrem Gatten gekrönt. Sie hatte neben Alfons sechs weitere Söhne: Fadrique, Ferdinand, Heinrich, Philipp, Sancho, Manuel u. drei Töchter: Eleonore, Berenguela u. Maria. L. Suárez Fernández

Lit.: P. BURRIEL, Memorias para la vida del santo rey don Fernando, 1800 – M. GOHNING, Ferdinand III. d. Hl., 1910 – A. BALLESTEROS BERETTA, Alfonso X el Sabio, 1963 – H. DECKER-HAUFF, Das Stauf. Haus (Staufer III), 361f.

3. B. v. Portugal, *Kgn. v. León und Kastilien*, * 1372, † nach 1409. Kg. Ferdinand I. v. Portugal und seine Frau Leonore Telles haben ihre Tochter B. 1376 mit Hzg. Friedrich v. Benavente verlobt, einem Bastard Heinrichs II. v. León und Kastilien, mit dem sie gerade Frieden geschlossen hatten, 1380 mit Heinrich, dem einjährigen Erben des neuen Kg.s Johann I. v. León und Kastilien, 1381 mit Eduard, dem achtjährigen Sohn des Gf.en Edmund v. Cambridge, der ihnen in ihrem neuen Krieg gegen Kastilien behilflich war, und 1382 – zum Zeichen des neuen Friedens – mit dem dreijährigen Ferdinand, dem 2. Sohn Johanns v. Kastilien. Doch als Kg. Johann kurz darauf Witwer wurde, hat er selbst B. geheiratet (Mai 1383). Als Ferdinand im Okt. 1383 starb, wollte Kgn. Leonore entgegen dem Heiratsvertrag vom März 1383 ihre Tochter sofort als Kgn. v. Portugal ausrufen lassen. Als das Volk sich dagegen verwahrte, fiel Kg. Johann mit Heeresmacht in Portugal ein und zwang Leonore, die nun doch lieber allein regieren wollte, zugunsten ihrer Tochter auf den Thron zu verzichten (Jan. 1384). Johann wandte sich gegen Lissabon, das Johann v. Avis verteidigte. Von der Pest dezimiert, gaben die Kastilier ihre grausame Belagerung auf, als auch B. von der Krankheit befallen schien (Sept. 1384). Auf den Cortes in Coimbra (März 1385) versuchte Johann das Regras, Portugals Recht auf die Wahl eines eigenen Kg.s u. a. mit B.' möglicher illegitimer Abkunft zu beweisen: Da Ferdinand und Leonore zunächst nur heimlich geheiratet hatten und sie sich mehrere Liebhaber gehalten hatte, wisse man nicht, ob B. vor oder nach der Heirat und ob sie überhaupt von Ferdinand gezeugt worden sei. Noch deutlicher sprachen bei → Aljubarrota die Waffen gegen Kastiliens Anspruch auf Portugal. Aber die seit 1390 verwitwete Kgn. B. und v. a. die sie umgebenden Adligen, die vor dem neuen, mehr auf das Bürgertum setzenden Kg. Johann I. emigriert waren, gaben noch nicht auf: 1402 verpflichtete sich Heinrich III. v. León und Kastilien im Rahmen eines Stillhalteabkommens mit dem neuen Kg. v. Portugal, etwaige ptg. Ambitionen der Kreise um B., seine Stiefmutter und einstige Verlobte, nicht zu unterstützen. P. Feige

Q.: Fernão Lopes, Crónica do Senhor Rei D. Fernando, nono Rei de Portugal, 1975 – Ders., Crónica de El-Rei D. João I de Boa Memória, T. 1, 1977 – Lit.: E. SARRABLO, Contribución a la biografía de la infanta Dª. Beatriz de Portugal, Reina de Castilla, mujer de Juan I (Guia Geral do Congresso Hist. de Portugal Medievo, Braga, Nov. 1959) – S. DIAS ARNAUT, A Crise Nacional dos fins do Século XIV. I. A sucessão de D. Fernando, 1960 – J. VERÍSSIMO SERRÃO, Hist. de Portugal I, 1977, 290–312.

4. B. v. Kastilien, *Kgn. v. Portugal*, * 1241/47, † 1303. 1253, nach 15jähriger, kinderlos gebliebener Ehe mit Gfn. → Mathilde v. Boulogne trennte sich Kg. Alfons III. v. Portugal von ihr und heiratete als 43jähriger im Rahmen eines von Innozenz IV. vermittelten Friedensschlusses mit Kg. Alfons X. v. León und Kastilien dessen minderjährige Tochter B., die Dª. María Guillén de Guzmán ihm geboren hatte. Auf den Protest der Gf.en hin – der Kg. habe zu Lebzeiten seiner Frau eine Verwandte vierten Grades in noch nicht heiratsfähigem Alter geheiratet – befahl Alexander IV. die Trennung des neuen Paares und verhängte über seine Aufenthaltsorte das Interdikt. 1262, vier Jahre nach dem Tod der Gfn., baten Portugals Bf.e Urban IV., die Ehe der Kg.e und ihre Kinder zu legitimieren, was er am 19. Juli 1263 tat. Nach dem Tod ihres Mannes (1279) ging B. zu ihrem Vater nach Sevilla, half ihm gegen Sohn Sancho und wurde dafür mit Gebieten links des Guadiana beschenkt, die durch sie an Portugal kamen, so wie schon bei ihrer Eheschließung der Algarve Portugal zuerkannt worden war. P. Feige

Lit.: E. LEAL, Afonso III, 1970.

5. B. (Beatrice) v. Aragón, *Kgn. v. Ungarn*, * am 14. Nov. 1457 als viertes Kind des Ferdinand I. v. Aragón (gen. Ferrante), der 1458 Kg. v. Neapel wurde, und der Isabella di Chiaramonte, † 13. Sept. 1508. B. vollendete ihre Studien unter der Leitung des Antonio »De Sarcellis« und vielleicht auch des Diomede → Carafa. Nach verschiedenen Heiratsprojekten wurde sie 1474 mit → Matthias Corvinus verlobt, der seit dem 24. Jan. 1458 Kg. v. Ungarn und zu jener Zeit bereits zweimal verwitwet war. Die Verlobung, auf die 1476 die Hochzeit folgte, hatte polit. Gründe: Ferrante erhoffte von Matthias Unterstützung gegen Venedig; für Matthias war durch die Verschwägerung mit Ferrante die Möglichkeit gegeben, in die it. Politik einzugreifen. B. übte einen großen polit. und kulturellen Einfluß auf ihren Gemahl aus. Ihr wurde jedoch von seiten der ung. Adligen Widerstand entgegengesetzt, die ihr, auch weil sie die Hoffnung auf einen Thronerben enttäuschte, nicht wohlgesonnen waren. Sie förderte in bemerkenswertem Maße die Verbreitung der it. Renaissancekultur in Ungarn und unterstützte in großzügiger Weise das Mäzenatentum ihres Gemahls. Nach dem Tod von Matthias Corvinus suchte B. selbst die Königsherrschaft zu behalten; als sie sich in ihren Hoffnungen jedoch getäuscht sah, schlug sie als Nachfolger für den ung. Königsthron Władislaw Jagiełło, den Sohn des Kg.s v. Polen, vor, der von ihr gezwungen wurde, sie 1490 zu ehelichen. Die Ehe wurde 1500 annulliert. B. zog sich nach Neapel zurück, wo sie acht Jahre später starb. E. Pásztor

Lit.: DBI, s. v. – A. BERZEVICZY, Beatrix, Magyar kyrályné életére vonatkozó okiratok, 1914 – E. PONTIERI, Per la storia del regno di Ferrante I d'Aragona, re di Napoli, 1946.

6. B., *Hzgn. v. Oberlothringen,* * um 939/940, † 19. Jan. (wohl kurz nach 1000), war als Tochter → Hugos d. Gr., dux Francorum im Kgr. Westfranken, und der Hedwig (Hathui) v. Sachsen, Schwester Hugo Capets und Nichte Ottos I., 951 mit Gf. Friedrich (seit 959 als → Friedrich I. Hzg. v. → Oberlothringen) verlobt, ⚭ 954, Kinder: Heinrich, Dietrich, Adalbero. B. brachte ihrem Gatten u. a. die lothr. Güter der frz. Abtei St-Denis in die Ehe. Zu Lebzeiten Hzg. Friedrichs kaum hervorgetreten, übernahm sie nach dessen Tod (978) die Vormundschaft für den minderjährigen → Dietrich I. und führte als »dux« v. Lothringen die Regentschaft. Nach dem Tod Ottos II. ergriff sie entschieden die Partei der Kaiserinnen Adelheid und Theophanu und unterstützte die Kandidatur des minderjährigen Otto II. 983–985 gegen Heinrich den Zänker, Hzg. v. Bayern, und Lothar, Kg. v. Frankreich. Als Gegenleistung erhielt sie für ihren Sohn → Adalbero (II.) das Bm. Verdun, sorgte jedoch bei Ksn. Adelheid für seine baldige Transferierung auf den Bischofssitz von Metz (Sept. 984). Zw. 985 und 987 entfaltete B. eine bedeutende diplomat. Aktivität gegenüber Frankreich und dem Imperium und erhielt mehrere Briefe von → Gerbert v. Aurillac.
M. Parisse

Lit.: B. PARISOT, Les origines de la Hte-Lorraine et sa première maison ducale, 1908 – H. SPROEMBERG, Die lothring. Politik Ottos d. Gr., RhVjbll 11, 1941 – E. HLAWITSCHKA, Lotharingien und das Reich an der Schwelle der dt. Gesch. (MGH Schr. 21), 1968 – G. POULL, La maison ducale de Bar I, 1977.

7. B. v. Tuszien, * wohl vor 1020, † 18. April 1076 in Pisa. Tochter Friedrichs II. v. Oberlothringen und der Mathilde v. Schwaben (Schwester der Ksn. Gisela); 1033 verwaist, von Gisela adoptiert. Die zw. 1036 und 1038 geschlossene Ehe mit dem spätestens 1032 mit Tuszien belehnten → Bonifaz v. Canossa lag auch im Interesse Konrads II. Bonifaz wurde 1052 ermordet, die Kinder (Friedrich † 1055, Beatrix, → Mathilde [v. Tuszien]) waren unmündig, so daß nun B. über Güter und Lehen des Bonifaz gebot. B. hatte gute Beziehungen zu Leo IX. und zum Reformkreis, sie kannte früh Hildebrand (Gregor VII.) und Petrus Damiani. 1054 heiratete sie ohne Wissen Heinrichs III. Gottfried den Bärtigen v. Oberlothringen, der sich mehrfach gegen den Ks. erhoben hatte. 1055 setzte Heinrich III. den nach Lothringen ausgewichenen Gottfried ab und nahm B. und Mathilde in Haft. Gottfrieds Bruder, Kardinaldiakon Friedrich v. Lothringen, verzichtete auf sein Amt und trat in Montecassino ein. Viktor II. wurde von Heinrich III. das Hzm. Spoleto und die Mark Fermo, wohl auch als Gegengewicht gegen das Haus Canossa, verliehen. Victor II. gelang die Versöhnung Gottfrieds mit dem Hof, so daß Gottfried und B. 1056 wieder über ihre Güter und Lehen verfügten. Beide förderten 1058 die Wahl Gerhards v. Florenz zum Papst (Nikolaus II.). B. verlegte 1062 Cadalus-Honorius II. den Weg nach Rom; Gottfried veranlaßte die Überprüfung der schismat. Wahl und sicherte die Synode zu Mantua 1064, die Alexander II. bestätigte. Nach Gottfrieds Tod 1069 konnte B. bis zu ihrem Tod mit Mathilde als zuverlässige Stütze der Reformpartei, anwesend 1073 bei der Weihe Gregors VII., regieren. 1074 war B. bereit, die Pläne Gregors gegen Sarazenen und Normannen militär. zu unterstützen. Das Kl. Frassinoro (⚥ Maria und Allen Heiligen) unter dem Appeninenpaß Foce delle Radici ist ihre Gründung (Dotation 29. Aug. 1071).
D. von der Nahmer

Lit.: DBI VII, 352-363 [Lit.] – H. BRESSLAU, JDG K. II., 1879-84 [Nachdr. 1967] – E. STEINDORFF, JDG H. III., 1874-80 [Nachdr. 1963] – G. MEYER v. KNONAU, JDG H. IV., Bd. I und II, 1890-94 [Nachdr. 1964] – A. OVERMANN, Gfn. Mathilde v. Tuscien, 1895 [Nachdr. 1965] – G. NENCIONI, Matilde di Canossa, 1940² – H. GLAESENER, Un mariage fertile en conséquences, RHE 42, 1947.

Beatus v. Liébana
I. Leben und Werk – II. Die illustrierten Beatushandschriften.

I. LEBEN UND WERK: Mönch und Schriftsteller, † nicht vor 798; B. lebte im Tal v. Liébana (Prov. Santander) im chr. Kgr. Asturien. Dort trat er in das Kl. St. Martin (das spätere Turibiuskl. von Liébana) ein und empfing die Priesterweihe. Seine angebl. Rolle als geistl. Berater von Kg. Silos Witwe Adosinda ist wohl eine Erfindung des Autors seiner hist. wertlosen neuzeitl. Vita (BHL 1063); er selbst bezeugt nur, daß Adosinda im Nov. 785 (unter der Regierung ihres Gegners und Halbbruders Mauregatus) in seiner Gegenwart den Schleier nahm. B., der sich mit einer Stellungnahme gegen die Lehre des Ebf.s Elipandus von Toledo zum Wortführer der Gegner des Adoptianismus gemacht hatte, erhielt bei dieser Gelegenheit Einsicht in die heftige Entgegnung seines Kontrahenten, die dieser in Asturien verbreiten ließ. Er antwortete sofort mit der Streitschrift »Adversus Elipandum libri II«, die er zusammen mit seinem Schüler Bf. Heterius v. Osma in Form eines Briefes an Elipandus abfaßte. Einer Bemerkung Alkuins (MPL 101, 133 D) zufolge hat er die Abtswürde erlangt. 798/799 ist B. zum letzten Mal bezeugt: Alkuin sandte ihm einen (erst 1931 bekanntgewordenen) Brief, worin er ihm seine höchste Wertschätzung ausdrückte; er schloß mit einem Gedicht für den Vorkämpfer des kath. Glaubens.

Das Hauptwerk des B. ist der Heterius gewidmete Apokalypsenkommentar in zwölf Büchern. Die Datierung ist kontrovers; man wird aber daran festhalten dürfen, daß die Urfassung 776 fertiggestellt und in den achtziger Jahren überarbeitet wurde. Es handelt sich um eine Katene, die B. in der Erwartung des nahen Weltuntergangs – das sechste Weltalter sollte 800 enden – zusammenstellte; dafür stand ihm reichhaltige, z. T. seltene patrist. Lit. zur Verfügung. Er benutzte insbes. den verlorenen Apokalypsenkommentar des → Tyconius. Eine Weltkarte im Prolog zu Buch II diente der Veranschaulichung der Missionsgebiete der Apostel. Das schon vom Autor bzw. nach dessen Anweisungen illustrierte Werk gelangte in Spanien zu größtem Ansehen. – Umstritten ist die Frage, ob der als bedeutsames Zeugnis aus der Frühzeit des span. Jakobskults geltende Hymnus »O Dei verbum patris ore proditum«, dessen Akrostichon ein Gebet für Kg. Mauregatus ist, B. zugeschrieben werden kann (dafür J. PÉREZ DE URBEL und C. SÁNCHEZ-ALBORNOZ; dagegen zuletzt – mit guten Gründen – M. C. DÍAZ Y DÍAZ). Vgl. ferner → Adoptianismus, → Elipandus v. Toledo; → Beatus-Karte.
J. Prelog

II. DIE ILLUSTRIERTEN BEATUSHANDSCHRIFTEN: Der Apokalypsenkommentar des B. ist in 32 meist illustrierten Hss. und Fragmenten des 9.–16. Jh. erhalten, die zu den bedeutendsten und originellsten Werken der ma. Buchmalerei zählen. Der Text wurde offenbar schon zu Lebzeiten des B. mit fast 70 Illustrationen (nach altspan. oder nordafrikan. Vorlagen?) versehen, die – jeweils zw. Apokalypse-Zitat und Kommentar eingeschaltet – in einfachen, schemat. Bildern die wesentl. Elemente der Apokalypse rekapitulieren und wahrscheinl. zum visuellen Memorieren des Textes gedacht waren: sie bildeten demnach einen integralen Bestandteil der monast.-spirituellen Praxis der lectio divina im Sinne → Cassiodors (urspgl. wohl Hauptzweck des B.-Kommentars), bestehend aus Lektüre, Memorieren, Meditation und Kontemplation (FONTAINE,

Werckmeister). Diese ursprgl. Fassung (u. a. Escorial Cod. &. II. 5, Burgo de Osma Ms. 1) erfuhr im 2. Viertel des 10. Jh. - wohl unter spätkarol. Einfluß - eine deutliche Umformung und textl. wie bildl. Erweiterung, u. a. durch einen stärkeren Kommentar-Bezug sowie die Hinzufügung von Evangelisten-Bildern, genealog. Tabellen und des illustrierten → Daniel-Kommentars von → Hieronymus (u. a. New York M. 644, Gerona Kath. Ms. 7). Während sich im 11. Jh. ein Bezug zur Totenliturgie abzeichnet (Paris BN Lat. 8878, London Brit. Libr. Add. 11695), macht sich im 12.–13. Jh. ein Einfluß der zeitgen. roman. Apokalypsen-Illustration bemerkbar (z. B. Paris BN NAL 1366). Andererseits ist eine Auswirkung der Beatus-Ikonographie in der Buchmalerei und Monumentalkunst Spaniens, Italiens und Frankreichs erkennbar. P. K. Klein

Ed.: *zu [I]*: Adversus Elipandum MPL 96, 893–1030 – Beati in Apocalipsin libri duodecim, ed. H. A. Sanders, 1930 – *zu [II]*: Faks.-Ausg.: J. Marqués Casanovas u. a., Sancti Beati a Liebana in Apocalipsin Codex Gerundensis, 1962 – J. Camóu Aznar u. a., Beati in Apocalipsin Libri Duodecim (Codex Gerundensis), 1975 – *Lit.: allg.*: Actas del simposio para el estudio de los Códices del »Comentario al Apocalipsis« de Beato de L., 2 Bde, 1978/80 (mit Beitr. von J. Fontaine, A. M. Mundó, M. C. Díaz y Díaz, P. K. Klein, O. K. Werckmeister, J. Williams, J. Gil u. a.). – *Vgl. zu [I]*: J. F. Revira, A propósito de una carta de Alcuino recientemente encontrada, Revista Española de Teología 1, 1940/41, 418–433 – M. del Alamo, Los comentarios de Beato al Apocalipsis y Elipando, Misc. G. Mercati 2, 1946 (StT 122), 16–33 – M. C. Díaz y Díaz, De Isidoro al siglo XI, 1976, 250–261 – *zu [III]*: W. Neuss, Die Apokalypse des hl. Johannes in der altspan. und altchr. Bibel-Illustration, 1931 – O. K. Werckmeister, Pain and Death in the Beatus of Saint-Sever, StM 14, 1973, 565–626 – P. K. Klein, Der ältere Beatus-Kodex Vitr. 14–1 der Bibl. Nac. zu Madrid, 1976 – A. M. Mundó–M. Sánchez Mariana, El Comentario de Beato al Apocalipsis. Catálogo de los códices, 1976 – C.-O. Nordström, Text and Myth in Some Beatus Miniatures, CahArch 25, 1976, 7–37; 26, 1977, 117–136.

Beatus-Karte, Weltkarte, um 776, im Kommentar zur Apokalypse des → Beatus v. Liébana zur Veranschaulichung der Wirkungsbereiche der Apostel, die im Codex von Burgo de Osma (Altkastilien) sogar abgebildet sind. Die B. folgt dem T-O-Schema, zeigt aber zusätzl. noch einen Südkontinent. Die Legenden gehen im wesentl. auf → Isidor v. Sevilla zurück. Abschriften aus dem 10.–13. Jh. u. a. in Paris (Bibl. Nationale) und in London (British Library). → Weltkarte. F. Wawrik

Lit.: K. Miller, Die Weltkarte des Beatus, 1895 – M. Destombes, Mappemondes a. D. 1200–1500, 1964, 40–42, 79–82.

Beaucaire

I. Stadt – II. Sénéchaussée – III. Priorat Notre-Dame-des-Pommiers.

I. Stadt: Beaucaire, frz. Stadt auf dem rechten Ufer der → Rhône kurz vor ihrem Eintritt in das Rhônedelta (Dép. Gard), im SpätMA Sitz einer der bedeutendsten kgl. → Sénéchausséen. – B. befand sich in strateg. und wirtschaftl. günstiger Lage an der Rhônestraße; es bildete mit seiner auf einem Felsen gegenüber der zum Imperium gehörenden → Provence errichteten Festung die Grenze zw. den Territorien des Gf.en v. → Toulouse, Herren des → Languedoc, und den Herrschaftsgebieten des Kg.s v. Frankreich. Zweifellos auf dem Areal des röm. vicus Ugernum entstanden, der durch neue Ausgrabungen archäolog. weitgehend nachgewiesen ist, wird die Stadt erst im Lauf des 11. Jh. faßbar.

Seit 1168 ist ein Jahrmarkt zu Christi Himmelfahrt belegt, der zunächst wohl nur lokale Bedeutung besaß. 1174 ließ Heinrich II., Kg. v. England, in B. ein glänzendes Fest zur Feier der Versöhnung zw. Raimund V., Gf. v. Toulouse und Alfons I., Kg. v. Aragón, abhalten. Während des Kreuzzuges gegen die → Albigenser belehnte der Ebf. v. Arles den Heerführer Simon de → Montfort gegen eine beträchtl. Geldzahlung, einen Zins und eine Abgabe von der Münzstätte mit B. (30. Jan. 1215); Simon, dessen Rechte durch das Laterankonzil bestätigt wurden (Nov. 1215), legte eine Besatzung in die Festung. Doch hielt Gf. Raimund VI., der von den Provenzalen unterstützt wurde, im Mai 1216 seinen Einzug in die Stadt und belagerte die von den Kreuzfahrern verteidigte Festung. Simon de Montfort rückte seinerseits mit den gesamten Streitkräften der Kreuzfahrer zum Entsatz der Festung heran. Dennoch kapitulierte die Festung im Aug. 1216, und Simon mußte den Rückzug antreten. Der Kampf um B. war eines der herausragenden militär. Ereignisse des Albigenserkrieges. 1226 wurde Raimund VI. genötigt, B. gegen eine Anleihe den Bürgern von Avignon zu verpfänden. Doch mußte → Avignon nach seiner Niederlage gegen Kg. Ludwig VIII. v. Frankreich diesem die Pfandschaft entschädigungslos abtreten. Durch den Vertrag v. → Paris (1229) ging B. mit dem gesamten östl. Languedoc definitiv an den Kg. über: Dieser schaffte dort das Konsulat ab, schleifte die Stadtmauern, begründete ein Franziskanerkl. (mit Aufgaben der Ketzerpredigt) und errichtete eine der stärksten Festungen des Kgr.es, die zum Sitz einer der bedeutendsten Sénéchausséen gemacht wurde. Die Stadt erlebte unter kgl. Herrschaft eine bemerkenswerte Entwicklung: 1355 entstand eine neue Mauer, und es wurde ein zweiter Jahrmarkt (zu Maria Magdalena) eingerichtet. Ludwig XI. bestätigte im März 1464 die städt. Privilegien. Zu gleicher Zeit erfolgte die Wiedererrichtung des Konsulats. Doch erst im 17. Jh. wurde B. zu einem der größten internationalen Messeplätze in S-Frankreich.

II. Sénéchaussée: Die Sénéchaussée B., ständig vereinigt mit der Sénéchaussée → Nîmes, besaß neben B. selbst und Nîmes folgende wichtige Sitze von Vikariaten (→ vigueries): Aigues-Mortes, Anduze, Bagnols, Le Vigan, Pont-St-Esprit, Roquemaure, Sommières (mit Münzstätte), Uzès und Villeneuve-lès-Avignon (Überwachung der Zugänge zur Brücke von Avignon). Der Einflußbereich der Sénéchaussée erweiterte sich noch durch Herrschaftsrechte über → Montpellier sowie über die drei bailliages des → Gévaudan, → Velay und → Vivarais, die aufgrund von → pariage des Kg.s mit den Bf.en v. Mende, Le Puy und Viviers geschaffen wurden. Durch die Errichtung der Sénéchaussée → Lyon (1313) wurde B. jedoch wieder die Jurisdiktion über das Velay entzogen. Der Seneschall v. B. hatte die Aufgabe, über die Rhônegrenze sowie über alle mediterranen Grenzen des Kgr.es Frankreich zu wachen. Die Seneschälle von B. im 13.–14. Jh. gehörten zu den bedeutendsten Administratoren und Heerführern der Epoche; viele von ihnen waren kgl. Räte *(conseillers du roi)* oder erhielten diese Stellung in der Folgezeit. Unter den *judices mayores* der Sénéchaussée B. waren unter Kg. Philipp dem Schönen so bedeutende Staatsmänner wie Guillaume de Nogaret (1293–95) und Guillaume de Plaisians (1300–03). Der *maître des ports et passages* (Aufseher über Verkehrswege und Zölle) der Sénéchaussée B. kontrollierte die Rhônehäfen und die gesamte Ausfuhr des Kgr.es nach Italien und Aragón-Katalonien auf dem Land- und Seeweg.

III. Priorat Notre-Dame-des-Pommiers: Raimund v. St-Gilles, Gf. v. Toulouse, übergab bei seinem Aufbruch zum Kreuzzug (1096) der Abtei → La Chaise-Dieu die Kirchen in B. mit Zehnten, Herdsteuern und den zehnten Teil der Einnahmen aus dem Markt (der späteren Messe). Das Priorat in B. wurde zu einem der wichtigsten Priorate von La Chaise-Dieu: Seit der Reform der Kongregation (1303) war der Prior v. B. (der auch Consenior v. B. war) einer der sechs auswärtigen Prioren, deren Ratifizierung von Verfügungen des Abtes diesen erst Gültigkeit für die gesamte Kongregation verlieh. Die Kirche bewahrt noch den berühmten Fries des ehem. Portals (elf Passionsszenen, 12.Jh.) und Reste des Kreuzganges. R.-H. Bautier

Lit.: *zu [I-II]*: A. Eyssette, Hist. administrative de B. depuis le XIIIe s. jusqu'à la Révolution de 1789, 2 Bde, 1884-88² – R. Michel, L'administration royale de la sénéchaussée de B. au temps de s. Louis, 1910 – J. Sablou, L'hist. des privilèges de la foire de B. (Fédération hist. du Languedoc méditerranéen et du Roussillon, 30e-31e Congr., 1956-57), 147-165 – A. Dupont, L'évolution des institutions municipales de B. du début du XIIIe à la fin du XVe s., AM 77, 1965, 257-274 – M. Contestin, Le château de B., BullMon 131, 1973, 2, 129-136 – vgl. auch: Cl. Devic-Vaissete, Hist. gén. de Languedoc, 1872-92, passim – G. Dupont-Ferrier, Gallia regia, I, 1942, 263-369 – vgl. allg.: Bull. de la Soc. d'hist. et d'archéol. de B. – *zu [III]*: P.-R. Gaussin, L'abbaye de La Chaise-Dieu, 1962, passim – O. Lombard, Le cloître roman du prieuré de B. (École antique de Nîmes, NS 8-9), 1973-74, 47-61 – W.S. Skoddard, The Frieze of N.-D. des P. at B. (The Facade of S. Gilles in Gard..., 1973), 179-197 – V. Lassalle, Sculptures romanes remployées au chevet de l'église N.-D. des P. à B. (École antique de Nîmes, NS 11-13, 1976-78), 148-164 – J. Thirion, La frise de N.-D. des P. à B. (Congr. archéol. de France, 184, Arles, 1976 [1979]), 523-534.

Beauce, Landschaft im NW-Teil des Orléanais (heut. Dép. Eure-et-Loir nebst Teilen von Loir-et-Cher, Seine-et-Oise/Yvelines, Loiret). Belsa (erst im 13.Jh. kommt Belsia auf; dem Venantius Fortunatus zugeschriebene Verse mit dieser jüngeren Form gehen auf einen Autor des 16./17.Jh. zurück) bezeichnete im engeren Sinn eine natürl. Landschaft, das von Châteaudun und Chartres bis Étampes und den Rand des Waldes von Orléans sich erstreckende, quellen-, wiesen- und baumarme Plateau, dessen auf tertiären Kalken gelagerte Lehmböden stets zu einer bedeutenden Getreideproduktion genutzt wurden. Ausbauperioden waren die frk. Zeit und – nach Rückschlägen durch die Normannenangriffe des 9./10.Jh. – die Zeit von 950-1150. Die äußere Zone (B. im weiteren Sinn) wurde erst im 12./13.Jh. voll genutzt. Maßgebl. für die frühe Spezialisierung auf stets wachsende Erträge im Getreideanbau war, neben den natürl. Bedingungen, die Nähe des seit dem 11.Jh. rasch nie gekannte Ausmaße annehmenden Absatzmarktes Paris. – Vgl. zur polit. Gesch. des Raumes → Blois, → Chartres, → Châteaudun. K.F. Werner

Lit.: A. Chédeville, Chartres et ses campagnes, XIe-XIIIe s., 1973 [weitere Lit.].

Beauchamp (Earls of Warwick), engl. Adelsfamilie. Die sechs Earls of Warwick aus der Familie B. spielten in den 150 Jahren zw. der Regierung Kg. Eduards I. und derjenigen Heinrichs VI. eine bedeutende Rolle in Politik und Heerwesen Englands. Die Familie besaß seit dem 12.Jh. in den midland shires von Warwick und Worcester eine nicht unbedeutende Stellung; ihre wichtigste Herrschaft war Elmley (Worcestershire), seit dem frühen 13.Jh. übte sie erblich das Amt des *sheriffs* v. Worcestershire aus. Nach dem Tod von *William Manduit,* Earl of Warwick, ging das Earldom v. Warwick 1268 auf seinen Neffen, *William Beauchamp of Elmley* († 1298), über. Der erste E. of W. aus der Familie B. nahm unter Eduard I. an dessen schott. und walis. Kriegen teil. Weitaus bekannter als Soldat und führender Opponent gegen Eduard II. wurde jedoch sein Sohn *Guy* († 1315). Er nahm an der Schlacht von → Falkirk (1298) teil und wurde von Eduard I. mit ausgedehnten Gütern in Schottland belohnt. 1300 beteiligte er sich an der Belagerung von Caerlaverock. Nach dem Tod Eduards I. geriet der Earl jedoch in zunehmenden Gegensatz zu Eduard II., da er sich gegen Gavestons beherrschenden Einfluß bei Hofe wandte. Guy B. war einer der Lords → Ordainers, deren polit. Ziel die Entmachtung Gavestons und die Reform der kgl. Regierung war. Warwick betrieb 1312 in enger Verbindung mit dem Earl of Lancaster die Verhaftung und Verurteilung Gavestons, der vor seiner Hinrichtung auf Warwick Castle gefangengehalten wurde. Obwohl sich Warwick äußerlich mit dem Kg. im folgenden Jahr versöhnte, weigerte er sich – wie alle engl. Earls mit Ausnahme von dreien –, Eduard II. 1314 bei → Bannockburn Heerfolge zu leisten. Er hinterließ 1315 einen erst wenige Monate alten Sohn, Thomas; die Familie spielte bei den Vorgängen um die Absetzung Eduards II. (1327) keine Rolle. *Thomas B.* (1315-69) erhielt 1329 die volle Verfügungsgewalt über seine Besitztümer. Bald wurde er zum Waffengefährten des jungen Kg.s Eduard III. An den militär. Erfolgen Englands gegen Frankreich in der ersten Phase des → Hundertjährigen Krieges beteiligt (→ Crécy 1346, Belagerung v. Calais und Poitiers), stieg er zu einem der bedeutendsten engl. Heerführer auf. Er zählte zu den Gründungsmitgliedern des Order of the Garter (→ Hosenbandorden). Sein Tod 1369 kann mit als Symbol des sich ankündigenden Endes der Periode engl. Waffenerfolge gelten. Der Chronist Walsingham rühmt Thomas' einzigartige Treue gegenüber König und Königreich. – Gleiches kann von seinem Sohn und Erben *Thomas* (1337-1401) nicht behauptet werden. Er wurde vielmehr zu einem Führer der baronialen Opposition gegen Kg. Richard II. Thomas begleitete John of Gaunt bei seinem langen Marsch von Calais nach Bordeaux und nahm an der Belagerung von Quimperlé (Bretagne, Dép. Finistère) teil. In Richards II. frühen Regierungsjahren war Warwick an verschiedenen baronialen Zusammenschlüssen zur Kontrolle der kgl. Regierung beteiligt, doch blieben die Beziehungen zu dem jungen Kg. insgesamt ungetrübt, da Richard (nach einer späteren Überlieferung) 1382 für Warwicks Sohn Richard Taufpate gestanden haben soll (der Name des Kindes läßt diese Nachricht als glaubwürdig erscheinen). Fünf Jahre später schloß sich Warwick jedoch dem Hzg. v. Gloucester und dem Earl of Arundel bei ihrem bewaffneten Widerstand gegen den Kg. an. Diese drei Großen bildeten den Kern der Gruppierung der Lord → Appellants, die sich die Ausschaltung der einflußreichsten Günstlinge Richards II. zum Ziel gesetzt hatte. Nach dem Sieg der Aufständischen bei → Radcot Bridge (20. Dez. 1387) und ihrem triumphalen Einzug in London scheint Warwick eine eher gemäßigte Rolle gespielt zu haben. Er versuchte wohl, seine Bundesgenossen davon abzuhalten, die gegenüber Richard II. ausgesprochene Drohung der Entthronung in die Tat umzusetzen. Auf diese Haltung deutet auch ein Quellenbeleg hin, nach dem sich Warwick bereits bei einer Zusammenkunft der Appellants eine Woche vor Radcot Bridge gegen eine Absetzung des Kg.s aussprach. Bei den Verhandlungen des Merciless Parliament (1388) gegen die Günstlinge und Ratgeber Richards II. nahm er jedoch eine ebenso harte Haltung wie Gloucester und Arundel ein und forderte ein strenges Vorgehen, bes. gegen Burley. Warwicks Motive für seine Opposition gegen das Kgtm. 1387-88 sind nicht völlig klar: Zwar hatte Richard dem Oberhaupt eines jüngeren Zweiges der Familie B., *John Beauchamp of Holt,* zu einer bedeutenden Machtstellung in Worcestershire verholfen; dies dürfte jedoch nicht die eigtl. Ursache für Warwicks Frontstellung gegen den Kg. gewesen sein. Wahrscheinlicher ist, daß er Gloucesters und Arundels Unzufriedenheit mit der militär. Erfolglosigkeit der Regierung in den 1380er Jahren teilte und sich gegen den Aufstieg von Männern wie des Gf.en v. Oxford (→ Vere) und des Earl of Suffolk (→ Pole) am Hofe wandte. Nach 1388 spielte der Earl eine geringere Rolle in der Politik; in dieser Zeit ließ er Warwick Castle erweitern (Guy's Tower). Dennoch wurde er 1397 gemeinsam mit Gloucester und Arundel verhaftet und aufgrund seiner Beteiligung am Aufstand der Appelants wegen Verrats vor dem Parlament angeklagt. Durch sein wenig rühml. Verhalten vor Gericht schädigte Warwick seinen Ruf: Nach einem Chronisten gestand er, »jammernd und klagend wie ein altes Weib«, alle Vergehen ein und flehte den Kg. um Gnade an. Sein Leben wurde verschont; er wurde auf Peel Castle (Isle of Man) in Haft gehalten. Nach Richards Absetzung (1399) konnte Warwick aus der Gefangenschaft zurückkehren; er hatte schon vor seiner Inhaftierung gekränkelt und starb 1401.

Sein Sohn und Erbe *Richard* (* 1382, † 1439) kämpfte für Heinrich IV. gegen engl. und walis. Rebellen. 1410–11 unterstützte er jedoch Prinz Heinrich (V.) gegen seinen Vater. Die Wiederaufnahme des frz. Krieges durch Heinrich V. gab Richard die Möglichkeit zur Übernahme einträglicher militär. Funktionen. Er war an der Belagerung von Harfleur, aber nicht an der Schlacht von Azincourt (→ Agincourt) beteiligt. Nach der engl. Eroberung der Normandie wurde er zum Gf.en v. Aumale erhoben und war an der Aushandlung des Vertrages v. → Troyes (1420) beteiligt. Richard nahm auch an der Belagerung von Meaux, bei welcher der Kg. in seine tödliche Krankheit verfiel, teil (1422).

Während der Minderjährigkeit Heinrichs VI. war er Mitglied des Kronrates und 1427–36 dessen Vorsteher (*governor*). Er war von 1437 bis zu seinem Tod *lieutenant-général* in Frankreich und der Normandie. Durch zwei Heiraten dehnte Warwick den Familienbesitz aus; sein jährl. Einkommen von fast 6.000 £ machte ihn zu einem der drei reichsten weltl. Herren in England und Wales. Nachdem Richards Sohn *Henry* (* 1425, † 1449, seit 1445 Hzg. v. Warwick) und dessen einzige Tochter, Anne (* 1444, † 1449), früh verstorben waren, ging das Erbe unter Übergehung der Ansprüche der drei Töchter aus Earl Richards erster Ehe (aufgrund der Bestimmung des Common law über den Ausschluß von Stiefgeschwistern) auf Henrys Schwester *Anne*, Gattin von Richard → Neville (1428–71), über. J. A. Tuck

Lit.: DNB IV, 28–33 – Peerage XII, 368–385 – C. D. Ross, The Estates and Finances of Richard B. Earl of Warwick, 1956 – R. L. Storey, The End of the House of Lancaster, 1966 – J. R. Maddicott, Thomas of Lancaster, 1970 – A. Goodman, The Loyal Conspiracy, 1971.

Beau Dieu, Bezeichnung für ein typ. Christusbild der Frühgotik. Christus erscheint mit dem Attribut des Buches als Lehrender, stehend, im Gegensatz zu dem thronenden Richter des Weltgerichts. Die früheste Figur im Typus des B. D. findet sich am Trumeau-Pfeiler des Mittelportals der Südquerhausfassade der Kathedrale v. Chartres. Sie wird von den Weltgerichts-Portalen (Paris, Reims, Amiens, Bourges) tradiert. In Thomas v. Aquins Kommentar zu Ps. 44 wird das Aussehen Christi im Sinne göttl. Vollkommenheit an antiken Schönheitsdefinitionen orientiert, auf denen die teils »antikisierenden« Züge des B. D. beruhen. D. Kocks

Lit.: RDK III, 736 – LCI I, 414, 415.

Beaufort, Familie des engl. Hochadels. Die vier illegitimen Kinder von → John of Gaunt (Johann v. Gent), Hzg. v. Lancaster, des dritten überlebenden Sohnes von Kg. Eduard III. v. England, und seiner Mätresse Catherine Swynford nahmen den Namen B. nach dem Schloß des Hzg.s, Beaufort in der Champagne, an. Es handelte sich um: John, Earl of Somerset († 1410); Heinrich, Bf. v. Winchester (→ Beaufort, Heinrich); Thomas, Hzg. v. Exeter († 1426); Johanna, Gfn. v. Westmorland († 1440). Kg. Richard II. legitimierte sie als Zeichen seiner Gunst gegenüber ihrem Vater (1397), doch trotz Richards Förderung der beiden älteren Söhne waren die Migleider der Familie eifrige Anhänger ihres Halbbruders, Heinrichs (IV.), nach seiner erfolgreichen Usurpation des Königsthrones (1399). Als Gegenleistung wurde *Thomas* zum Admiral, Befehlshaber *(Captain)* v. Calais und Kanzler *(Chancellor)* ernannt; wie sein Bruder, Bf. *Heinrich*, identifizierte sich Thomas vollständig mit dem militär. und polit. Vorgehen Kg. Heinrichs V. Er war an Heinrichs Feldzügen in der Normandie beteiligt und wurde nacheinander zum Befehlshaber von Harfleur und Rouen erhoben. Während der Minderjährigkeit Heinrichs VI. war er ein namhaftes Mitglied des Kronrats (*council*), der England regierte; in ihm spielte ebenso sein Bruder Heinrich eine wichtige Rolle. Der Bf. vertrat auch die Interessen der Familie, während sich sein Neffe *Johann*, Earl of Somerset, in frz. Gefangenschaft befand (1424–38). Nach seiner Freilassung befehligte Johann einen Feldzug gegen Frankreich (1443). Er verstarb im folgenden Jahr; ihm folgte als Familienoberhaupt sein Bruder *Edmund*. Dieser führte 20 Jahre lang engl. Heere in Frankreich; so schlug er 1436 den Angriff Philipps des Guten, Hzg. v. Burgund, gegen Calais zurück. Als Oberbefehlshaber (*lieutenant général*) in der Normandie hatte er 1450 den Abzug der engl. Truppen nach der frz. Eroberung der Normandie zu leiten. Nach England zurückgekehrt, war er als einziges erwachsenes Mitglied seiner Familie ein mächtiger Verbündeter derjenigen Kräfte am Hof, die den Kg. kontrollierten; in zunehmendem Maße geriet Edmund in Machtkämpfe mit dem Hzg. v. York und dem Earl of Warwick. Diese Gegensätze kulminierten in der ersten Schlacht der → Rosenkriege bei St. Albans (1455), in der er den Tod fand. Sein ältester Sohn *Heinrich* (* 1436, † 1464) stand stets auf der Seite des Hauses → Lancaster und befehligte das kgl. Heer in den Schlachten von Wakefield (1460), St. Albans, Towton (1461) und Hexham (1464), in der er gefangengenommen und anschließend hingerichtet wurde. Seine beiden jüngeren Brüder *Edmund* (der, zumindest nominell, den Titel erbte) und *Johann* blieben bis zur Wiedereinsetzung Heinrichs VI. (1470) mit Kgn. Margarethe im Exil; beide Beauforts kamen in der Schlacht von → Tewkesbury (1471), welche die Niederlage der Lancaster besiegelte, ums Leben. Mit ihnen erlosch die direkte männl. Linie der B.; Repräsentantin der älteren B. war nun *Margarethe*, Tochter Johanns, Hzg. v. Somerset († 1444). Beim Tode ihres Vaters noch ein Kind, wurde sie 1455 mit dem Halbbruder Heinrichs VI., Edmund Tudor, Earl of Richmond, vermählt. Da Edmund bereits 1456 verstarb, wurde beider Sohn Heinrich (VII.) erst nach dem Tod seines Vaters geboren. Als ihn der Zusammenbruch des Hauses Lancaster 1471 an die Spitze der Thronansprüche der Lancaster stellte, wurde er aus Sicherheitsgründen in die Bretagne gebracht. Margarethe (⚭ 2. Heinrich, Earl of Stafford; ⚭ 3. Thomas Stanley, Earl of Derby) ermutigte ihren Sohn beständig, seine Herrschaftsansprüche geltend zu machen; schließlich war es Stanleys Abfall von Kg. Richard III. bei → Bosworth, der Heinrich VII. zur Krone verhalf (→ Tudor). Nachdem Margarethe ihr größtes Ziel erreicht hatte, ihren Sohn auf den Thron zu sehen, widmete sie fortan ihre Zeit und ihr Vermögen der Förderung von Wissenschaft und Religion. Unter dem Einfluß von John Fisher, Bf. v. Rochester, ließ sie 1502 Lehrstühle für Theologie in Oxford und Cambridge errichten, wobei die Professur in Cambridge zunächst von Fisher, dann von Erasmus v. Rotterdam ausgeübt wurde. 1505 verwandte sie einen Teil ihres Landbesitzes zur Ausstattung des Christ's College in → Cambridge; bei ihrem Tod (1509) bestimmte sie den größten Teil ihres Vermögens für Gründung und Bau des St. John's College in Cambridge, das 1516 unter Fishers Oberleitung vollendet wurde.

Obwohl die Familie B. durch Kg. Heinrich IV. von der Thronfolge ausgeschlossen worden war, blieb ihr polit. Schicksal stets mit dem Haus Lancaster verbunden. Die Politik Heinrichs B. und Edmunds, Hzg. v. Somerset, ließ Faktionen im Kronrat entstehen, was schließlich zum Scheitern Heinrichs VI. und zum Ausbruch der →Rosenkriege führen sollte. G. L. Harriss

Lit.: Peerage XII, 39-58 – DNB IV, 38-50 – R. L. STOREY, The End of the House of Lancaster, 1966.

Beaufort, Heinrich (Henry), unehel. Sohn von →John of Gaunt (→ Beaufort, Familie), * wahrscheinl. 1374/75, † 1447, ⌑ Kathedrale v. Winchester, wo er das Hl.-Kreuz-Hospital neu gegr. und vergrößert hatte. 1398 zum Bf. v. Lincoln erhoben, wurde B. 1404 auf den Bischofssitz v. Winchester versetzt. Er spielte von da an eine bedeutende Rolle in der engl. Politik: 1403-05, 1413-17 und 1424-26 bekleidete er das Amt des Kanzlers *(Chancellor)*. Bei seiner polit. Tätigkeit identifizierte er sich völlig mit Kg. Heinrich V., auf dessen Weisung hin er beim Konzil v. →Konstanz 1417 intervenierte, um die Papstwahl →Martins V. zu sichern. Dennoch wurde die Absicht des Papstes, B. zum Kard. zu erheben, von Heinrich V., der B. danach nicht begünstigte, durchkreuzt. Nach dem Tode Heinrichs V., während der Minderjährigkeit Heinrichs VI., stand B. im Gegensatz zu Heinrichs V. jüngstem Bruder, →Humphrey, Hzg. v. Gloucester. 1426 wurde der Bf. genötigt, sich aus England zurückzuziehen und an die Kurie zu gehen, wo er den Titel des Kardinalpriesters v. S. Eusebio erhielt und als päpstl. Legat mit der Leitung eines Kreuzzuges gegen die →Hussiten beauftragt wurde. Doch der antiengl. Widerstand der Franzosen unter →Jeanne d'Arc zwang ihn, seine Truppen zur Verteidigung der engl. Machtstellung in Frankreich einzusetzen; im Dez. 1431 krönte er Heinrich VI. in Paris zum Kg. v. Frankreich. Trotz Gloucesters Widerstand erlangte er seine alte Stellung im Kronrat wieder zurück und verstand es, sich durch eine Reihe hoher Anleihen, die er dem Kg. aus seinem privaten Vermögen gewährte, einen beherrschenden polit. Einfluß zu verschaffen. Doch gelang es ihm nicht, Philipp den Guten, Hzg. v. Burgund, daran zu hindern, das Bündnis mit England aufzugeben (1435; vgl. →Arras, Frieden von); ebensowenig vermochte er eine Friedensregelung mit Frankreich herbeizuführen (1439). In seinen letzten Jahren betätigte sich B. v. a. als Förderer der Interessen seiner Neffen. G. L. Harriss

Lit.: BRUO I, 139-142 – DNB IV, 41-48 – H. RADFORD, H. B., 1908 – K. B. MCFARLANE, Henry V, Bishop Beaufort and the Red Hat, EHR 60, 1945 – DIES., At the Deathbed of Cardinal Beaufort (Stud. to POWICKE 1948), 405-428 – F. BARTOS, An Engl. Card. and the Hussite Revolution (Communio Viatorum 6), 1963 – G. L. HARRISS, Card. B., Patriot or Usurer?, TRHS 20, 1970 – G. HOLMES, Card. B. and the Crusade against the Hussites, EHR 88, 1973 – K. SCHNITH, Kard. H. B. und der Hussitenkrieg (Festg. A. FRANZEN, 1972), 119-138.

Beaugency (Balgentiacum), Stadt und Herrschaft *(seigneurie)* in Frankreich, sw. v. Orléans (Dép. Loiret). Die Ursprünge der Stadt, der Adelsfamilie sowie der Kirchen liegen im dunkeln. Der Ortsname wird erstmals in einem karol. denarius erwähnt. Im 11. Jh. erscheinen die Herren v. B.; das Stift Notre-Dame ist mit Augustiner-Chorherren besetzt; weiterhin bestehen die Kirchen St-Firmin und St-Sépulcre (letztere ⌑ 1070/77). Vasallen der Gf.en v. →Blois, spielten die Herren v. B. in den feudalen Auseinandersetzungen des 11. und 12. Jh. eine bedeutende Rolle (Lancelin I. 1022- ca. 1060, Lancelin II. ca. 1060-1082, Raoul I. 1082-1130). Eudes de B., Bruder Raouls, fiel als Bannerträger der Kreuzfahrer bei Antiochia. Im 12. Jh. leisteten die Herren v. B. Zins an den Bf. v. Amiens. 1104 wurde ein Konzil abgehalten, bei dem der Kardinalbf. v. Albano als päpstl. Legat den frz. Kg. →Philipp I. und seine Gattin Bertrada v. Montfort von der gegen sie ausgesprochenen Exkommunikation löste. Ein weiteres Konzil (1152) verfügte die Scheidung der Ehe zw. →Ludwig VII., Kg. v. Frankreich und →Eleonore v. Aquitanien. 1292 kaufte Kg. Philipp IV. die Herrschaft von Raoul II.; sie wurde in der Folgezeit den Witwen Ludwigs X. und Philipps V. als Wittum übertragen. 1344 kam B. an das Hzm. Orléans. Charles d'Orléans verkaufte die Herrschaft 1439 an Jean d'Harcourt, Ebf. v. Narbonne; danach kam sie an das Haus Longueville; 1544 ging sie in Kronbesitz über. Die Festung B. besaß im Hundertjährigen Krieg militär. Bedeutung; sie wurde 1428 von Jeanne d'Arc erobert. Ein bedeutender Donjon aus dem 11. Jh. hat sich erhalten. G. Bresc-Bautier

Q. und Lit.: DHGE VII, 135-138 – J. N. PELLIEUX, Essais hist. sur la ville de B. et ses environs, Beaugency, ans VII et IX, ed. LORIN DE CHAFFIN, 1856 – G. VIGNAT, Cart. de l'abbaye N. D. de B., 1879 – P. BOUVIER, L'Acquisition de la seigneurie de B. par Philippe le Bel, M-A XVII, 1913 – G. BRESC-BAUTIER-J. ASKLUND, Bull. soc. hist. Beaugency, 7, 1979.

Beaujeu, ehem. Hauptstadt des →Beaujolais (heute Dép. Rhône), im engen Tal der Ardières, unterhalb der auf einem Hügel beherrschend gelegenen Burg (Pierre-aiguë). Die von dem ersten bezeugten Herren Béraud (Berardus) und seiner Gemahlin Vandalmonde zu einem unbekannten Zeitpunkt gegr., innerhalb der Burg gelegene Kirche Notre-Dame wurde 1062/72 von Drogo, Bf. v. Mâcon, zur Kollegiatkirche erhoben und 1078 von dem päpstl. Legaten Hugo v. Die und dem Ebf. v. Lyon, Gebuinus, geweiht. Die Kirche St-Nicolas, 1132 von Papst Innozenz II. in Anwesenheit von Petrus Venerabilis geweiht, entstand wie Notre-Dame nach benediktin. Grundriß. Sie stellt eine Stiftung Guichards III., Herren v. B., dar. Fast nichts ist von der Burg (zerstört 1611) erhalten. Auf ihr hielt Guichard IV. mit seiner Gemahlin Sybille v. Hennegau, Schwägerin Kg. Philipps II. August, fürstengleich Hof.

Die Stadt B. entwickelte sich seit dem 12. Jh. (Pfarrkirche St-Nicolas). Guichard IV. verlieh der Stadt ein Privileg, ähnlich dem von Belleville. Die Einwohner waren von der *taille* (Kopfsteuer) befreit, besaßen aber keine städt. Organisation. Ein Hospital ist um 1240, wohl als seigneuriale Stiftung, belegt, ebenfalls ein Leprosorium. Im 14. Jh. verlor B. allmählich an polit. Bedeutung. Zwar bestimmte noch Eduard I., Maréchal de France (1331-51), B. testamentar. zum Zentrum der Baronie. Nachdem 1360 um Stadt und Schloß gekämpft worden war, stand B. als Residenz unter Eduard II. im Schatten von Perreux, Montmerle (jenseits der Saône) und Pouilly-le-Chastel, wo seine Vorfahren häufig residiert hatten. Eduard II. trug Streitigkeiten mit dem Kapitel von Notre-Dame aus. Durch die Verleihung eines Privilegs (1399) wollte sich Eduard III. offensichtl. die Unterstützung der Bürger v. B., die insgesamt nicht die gleiche Oppositionshaltung wie die Bürger von Villefranche einnahmen, sichern. – Mit dem Ende der Unabhängigkeit des Beaujolais verringerte sich die polit. und administrative Bedeutung von B. (1514 Erklärung →Villefranches zur Hauptstadt des Beaujolais durch →Anna v. Beaujeu), doch behielt die Stadt bis ins 16. Jh. eine lokale intellektuelle Ausstrahlung. M. Méras

Lit.: E. LONGIN, Notice sur L'Hôtel-Dieu de B., 1898 – J. TRICOU, Armorial des communes du ... Rhône, 1963, 16-18 – vgl. weiterhin Lit. zu →Beaujolais.

Beaujeu, Anna v. → Anna v. Beaujeu (9.)
Beaujeu, Renaut de → Renaut de Beaujeu
Beaujolais, Landschaft in O-Frankreich zw. unterer Saône und Loire. [1] *Politische Geschichte:* Ausgangspunkt für die territoriale Entwicklung der Herrschaft und späteren Provinz B. war die Burg Pierre-aigüe in → Beaujeu. 957 sind *Béraud* (Berardus) und seine Gemahlin *Vandalmonde* als erste Herren von Beaujeu bezeugt. Ihre Nachfolger *Humbert I.* (ca. 965 – vor 1016), *Guichard I.* (ca. 1016 – ca. 1031/50), *Guichard II.* (ca. 1031/50 – ca. 1070), *Humbert II.* (ca. 1070 – nach 1087) erweiterten ihren Machtbereich auf Kosten der Kirche v. Lyon und der benachbarten Abtei Cluny. Guichard II. und Humbert II. förderten die Abtei → Savigny im Lyonnais.

Im 12. Jh. richtete sich die Expansion der Herren des B. auf die Gft. → Forez und das Ebm. → Lyon. Guichard III. (ca. 1101 [?] – nach 1136), der eigtl. Begründer der Machtstellung seines Hauses, von → Petrus Venerabilis, Abt v. Cluny, mit der »Spinne, die ihr Netz webt«, verglichen, stützte seine Macht auf eine Klientel von kleinen Lehensleuten, die ehem. Allodialbesitzer waren. Er unterhielt freundschaftl. Beziehungen mit Petrus Venerabilis (Weihe v. St-Nicolas de → Beaujeu durch Innozenz II. in Gegenwart von Petrus 1132). Guichard III. beendete sein Leben als Mönch in Cluny, wo er vielleicht eine Predigt in Versen schrieb. Sein Sohn *Humbert III.* (* um 1120, † 1193, Herr des B. seit ca. 1140/41) vermochte sich zunächst nur dank des militär. Eingreifens seines Vaters, der das Kl. zu diesem Zweck wieder verließ, gegen die zahlreichen Gegner, welche die expansive Politik Guichards III. auf den Plan gerufen hatte, zu behaupten. – Wie sein Vater besaß auch Humbert III. Neigungen zum monast. Leben: Obwohl bereits verheiratet, trat er in den Templerorden ein. Da das B. jedoch erneut zur Zielscheibe gegner. Angriffe wurde, kehrte er dorthin zurück und wurde auf Betreiben von Petrus Venerabilis, der ihn als das »Schwert Clunys« betrachtete, von seinem Gelübde entbunden. Humbert III. gründete die Städte → Villefranche (um 1140/41) und Belleville, wo er eine Abtei (mit Familiengrablege) stiftete. Während der Auseinandersetzungen zw. Friedrich Barbarossa und Kg. Ludwig III. v. Frankreich (1160–70) verfolgte er eine Schaukelpolitik. Seine letzten Lebensjahre wurden durch die Rebellion seines Sohnes *Humbert IV. d. J.* verdüstert. Humbert III. vermochte bis zu seinem Tod die Herrschaft westl. bis ins Forez, östl. bis Bugey auszudehnen.

Sein Enkel *Guichard IV. d. Gr.* (1192–1216) trat in enge familiäre und polit. Beziehungen zum frz. Kgtm. (∞ Sybille v. Hennegau, Schwägerin Kg. Philipps II. August). Trotz dieses Bündnisses vermochten ihm der Gf. v. Forez und der Ebf. v. Lyon, Renaud de Forez, einen Teil der Eroberungen seines Großvaters wieder zu entreißen. Sein Sohn *Humbert V.* (1216–51, seit 1247 Connétable de France) beendete nach dem Vertrag v. 1222 den Kampf gegen die Gf.en v. Forez. Als Führer des kgl. Heeres im Languedoc nach dem Tod Ludwigs VIII. gelang es ihm, während der zweiten Revolte des Gf.en v. Toulouse den kapeting. Einfluß in S-Frankreich aufrechtzuerhalten. Als Connétable spielte er auch beim ägypt. Kreuzzug Ludwigs d. Hl. eine wichtige Rolle. – Territorialpolit. vermochte er seine Besitzungen im O, im Bereich der Dombes, zu erweitern (Thoissey, Lent, Lehen Villars).

Sein Sohn *Guichard V.* (1251–65) verfolgte insgesamt eine friedl. Politik, bes. gegenüber dem Ebm. Lyon. Ludwig d. Hl. sandte ihn zu Heinrich III., Kg. v. England, der im Kampf gegen seine aufständ. Barone stand. – Kinderlos, vermachte er die Herrschaft Beaujeu seiner Schwester *Isabelle* (∞ Renaud, Gf. v. Forez).

Diese überließ die Herrschaft *Ludwig*, dem jüngeren Sohn des Gf.en v. Forez (1271). Nachdem sich dieser mit seinem älteren Bruder Guy VI. über den Besitz des B. geeinigt hatte, setzte er die auf die Beherrschung der Dombes gerichtete Territorialpolitik fort; innerhalb der kgl. Politik spielte er im Gegensatz zu seinen Vorgängern keine Rolle.

Demgegenüber nahm sein Sohn *Guichard VI. d. Gr.* eine wichtige Position am frz. Hof ein. 1302 und 1328 kämpfte er in Flandern. Seine abenteuerl. Politik, die v.a. durch langjährige Auseinandersetzungen mit dem Dauphin des Viennois gekennzeichnet war, dem er bei Varey 1325 unterlag, zog das B. in Mitleidenschaft.

Seine Nachfolger betätigten sich v.a. als frz. Söldnerführer im Hundertjährigen Krieg. *Eduard I.*, Sohn Guichards VI., nahm an der Schlacht v. → Crécy teil, wurde *Maréchal de France* und fiel bei Ardres gegen die Engländer (1351). → Froissart rühmt ihn als »gentils chevaliers«, und die → »Chroniques des quatre premiers Valois« stilisieren ihn als Heldengestalt.

Auch sein Sohn *Antoine de Beaujeu* (1351–74) war ein tapferer *capitaine* und diente den Kg.en Johann dem Guten und Karl V. Während seiner Minderjährigkeit regierte seine Mutter Marie du Thil das B. Gegen die kgl. Steuerpolitik erhoben sich in Belleville und Villefranche Revolten; Söldnerkompagnien (Anglo-Navarresen, Tard Vénus) verwüsteten 1359–60 die Region. Als Waffengefährte von → Du Guesclin kämpfte Antoine bei Cocherel, danach in Spanien. Freigebig, heiter und sorglos, Förderer von Froissart, der ihn als »grand galois« rühmt, ruinierte der Feldherr das B. durch seine Verschwendungssucht.

Eduard II. (1374–1400), Vetter v. Antoine, war ebenfalls Heerführer im Königsdienst. Ein langer Konflikt mit dem Herren v. → Bresse, Amadeus, Gf. v. Savoyen, endete mit dem Verlust des B. rechts der Saône und der Wiederherstellung der savoyischen Oberhoheit über die jenseits der Saône gelegenen Gebiete (1383). Die letzten zwanzig Regierungsjahre Eduards II. bieten durch gewaltsame Übergriffe, schwere Auseinandersetzungen mit den Bürgern v. Villefranche (1398–99) und drückende Schuldenlast ein düsteres Bild. Kinderlos, vermachte Eduard die Seigneurie dem Hzg. Louis de Bourbon, womit das B. zu einem Teil der Besitzungen der Hzg.e v. → Bourbon wurde.

[2] *Verwaltung und Gerichtsverfassung:* Im 12.–13. Jh. bestanden Hofämter (*grands offices:* Seneschall, *panetiers*), die nach dem Tode Humberts V. verschwanden. Seit der 2. Hälfte des 13. Jh. wurde die Rechtsprechung durch den Gerichtshof in Beaujeu ausgeübt. Im 14. Jh. entstand ein Rat (*conseil*), dem zwei *baillis* und Finanzräte (*officiers de finance*) angehörten. Das Finanzwesen entwickelte sich im 14. Jh. (*chambre des comptes*, 'Rechenkammer'). In dieser Periode erweiterte der seigneuriale Gerichtshof auch seine Kompetenzen und seinen Geltungsbereich auf Kosten der Gerichtsrechte der Lehnsleute. Kastellane und Prévôts wurden vielfach im 14. Jh. neu eingesetzt. Der Hofhalt (*hôtel*) mit Sekretär und *maître de l'hotel* erlangte gleichfalls Bedeutung.

Der Adel, der in unterschiedl. Lehnsbeziehungen (einfache oder lig.) an die Herren des B. gebunden war, verhielt sich zumeist loyal, mit Ausnahme der Herren v. Villars-en-Dombes. – Die Entwicklung des städt. Bürgertums wurde durch Gewährung von Privilegien begünstigt, doch besaßen die Städte keine kommunale Selbstverwaltung, außer Villefranche (Konsulat seit dem Ende des 14. Jh.). Über das bäuerl. Leben ist wenig bekannt. Eine große wirtschaftl. Rolle spielte der (seit 957) oft bezeugte Weinanbau und -handel, ebenso die Weidewirtschaft.

M. Méras

Lit.: M. MÉRAS, Le B. au MA, 1979² – DERS., Humbert V, connétable de France, Bull. de l'académie de Villefranche, 1976, 23–29 – DERS., Itinéraires romans en Lyonnais et en B., 1978–79 (vervielfältigtes Ms.).

Beaulieu-lès-Loches (Bellus locus), bedeutende Abtei OSB, Bm. Tours, am rechten Ufer der Indre in der Touraine (Dép. Indre-et-Loire), gegr. von → Fulco Nerra, Gf. v. Angers-Anjou (987–1040), ☦ Hl. Grab, später Dreifaltigkeit. Fulco hatte von seiner ersten Wallfahrt ins Hl. Land (um 1003) ein Bruchstück des Hl. Grabes, das er nach der Chronik des Grafenhauses mit den Zähnen herausgebissen hatte, mitgebracht; zur Verehrung dieser Reliquie stiftete er B., das er Odo (Eudes), Abt v. St-Genou, übergab. Die Gründung des Kl. dürfte kurz nach Fulcos Rückkehr erfolgt sein; die Datierung der Weihe stößt dabei (wegen Interpolationen und Verunechtungen der Quellen am Ende des MA) auf Schwierigkeiten. Den Datierungsvorschlägen 1007 (L. HALPHEN) und 1012 (M. PROU) ist Datierung auf Mai 1008 vorzuziehen, da dieser Zeitpunkt mit dem Frankreichaufenthalt des päpstl. Legaten Petrus v. Pipernum, der die Kirche weihte, übereinstimmt. Die Weihe durch den Legaten war notwendig geworden, da Hugo v. Châteaudun, Ebf. v. Tours, die Weihe verweigerte, bevor nicht Fulco der Kirche von Tours die geraubten Güter zurückgegeben hatte. Bereits am Abend des Kirchweihtages soll das Gebälk der Kirche eingestürzt sein, nach → Radulfus Glaber eine göttl. Strafe für die Mißachtung der Rechte des Bischofs. Fulco Nerra wurde 1040 in B. bestattet. Die Abtei verfügte über sehr ausgedehnten Besitz, der u. a. den Burgus (mit den Kirchen St-Pierre [Reste des 12. Jh.] und St-Laurent) und die Kastellanei B. sowie etwa 15 Priorate in Touraine, Anjou, Berry und Auvergne (u. a. St-Ours de → Loches, Langeais, La Roche-aux-Moines, Fontaine-Guérin und → Massay) umfaßte. Die ursprgl. Kirche wurde am Ende des 11. Jh. und im Laufe des 12. Jh. vergrößert (als Ruine erhalten). 1412 von den Engländern niedergebrannt, wurde sie im 15. Jh. teilweise wiederaufgebaut.

G. Bresc-Bautier

Q.: Raoul Glaber, Les cinq livres de ses hist., éd. M. PROU, 1886 (CTSEH), 32–34 – Gesta consulum Andegavorum, éd. L. HALPHEN, 1913 (CTSEH), 51, 143–144 – L. HALPHEN, Le comté d'Anjou au XIe s., 1906, App. III, 219f. – Lit.: GChr XIV, 279–288 – DHGE VII, 172–177 [hinsichtl. der Ursprünge angreifbar] – ARCHAMBAULT, Hist. de l'abb. et de la ville de B. près Loches, Rev. hist. de l'Anjou XI–XIII, 1873–1874 – CARRÉ DE BUSSEROLE, Dict. d'Indre-et-Loire, I, s. v. B.-lès-L. – J. VALLERY-RADOT, L'ancienne abbatiale de B.-lès-L., Congrès arch. de Fr., 106e, 1949, 126–142 – G.[BRESC-]BAUTIER, Le S. Sépulcre de Jérusalem et l'Occident au MA [Thèse Éc. des chartes, 1971].

Beaulieu-sur-Dordogne (früher: B.-en-Limousin), bedeutende Abtei OSB, Bm. Limoges, seit 1317 Bm. Tulle (Dép. Corrèze), ☦ Petrus und Paulus, an der Dordogne bei der Einmündung der Ménoire gelegen. B. gehörte zum Limousin, lag aber an der Grenze zum Quercy. B. wurde zw. 856 und 858 (nicht 840 oder 853!) von Rodulfus (Raoul), Ebf. v. Bourges, gegr. Die Abtei erwarb rasch Besitz im gesamten Limousin und Quercy; es wurden zahlreiche Priorate gegründet. Im Laufe des 10. Jh. traten – wie in anderen südfrz. Kl. – neben dem Regularabt Laienäbte (abbates milites) auf; die vicecomites v. → Comborn und v. → Turenne, ebenso wie der Herr v. Castelnau, bemächtigten sich der Leitung der Abtei. 1074 zwang der Gf. v. Toulouse den Laienabt Hugo v. Castelnau, die Autorität von Cluny anzuerkennen, doch wurden die Cluniazenser bald von Hugo und den alten Mönchen verjagt, was zu deren Exkommunikation führte. Papst Urban II. unterstellte B. endgültig Cluny (1095), ohne daß jedoch das Laienabbatiat zu bestehen aufhörte; es blieb bis zum 13. Jh. beim Haus Turenne. Zu Beginn des 12. Jh. ließ Abt Gerhard die roman. Kirche errichten (mit hochberühmten Tympanon, wohl um 1160 entstanden). Um die Mitte des 15. Jh. wurde die Abtei zur Kommende gemacht; im 16. Jh., nach dem Eindringen des Protestantismus in dieser Region, verfiel die Abtei. Seit 1663 der maurin. Kongregation angehörig, wurde das Kl. in der Frz. Revolution aufgehoben. – Im Umkreis der Abtei entwickelte sich eine kleine Stadt, die nach dem engl. Sieg (1356) und dem Vertrag v. → Brétigny (1360) mit dem → Limousin unter engl. Herrschaft geriet, 1369 jedoch wieder an Frankreich kam.

R.-H. Bautier

Q. und Lit.: DHGE VII, 1934, 154–157 – GChr II, 601–608 – BAUNIER-BESSE, Abbayes et prieurés de l'ancienne France V, 194f. [Lit.] – M. DELOCHE, Cart. de l'abbaye de B., Coll. de doc. inédits, 1859 [mit Einl.] – D. A. VASLET, Abrégé de l'hist. de l'abbaye de St-Pierre de B., hg. POULBRIÈRE, Bull. Soc. des Sc. de la Corrèze VI, 1884, 63–178 – J. DE FONT-RÉAULX, Diplômes carolingiens de l'abbaye de B., M-A XLI, 1931, 4–10 – G. TESSIER, Le diplôme de Charles le Chauve pour l'abbaye de B., M-A XLIV, 1934, 88–92 – R.-H. BAUTIER, Les diplômes carolingiens suspects de l'abbaye de B., Bull. philol. et hist. du C. T. H. S., 1955–56, 375–398 – über die roman. Kirche vgl. Quercy roman, Ed. Zodiaque-Weber, 1959, 292–295 – Y. CHRISTE, Le portail de B. Étude iconographique et stylistique, Bull. Archéol. du C. T. H. S., NS 6, 1970, 57–76 – P. LEBOUTEUX, Fouilles préliminaires de l'église de B., Bull. Soc. nat. des Antiquaires de Fr., 1971, 81–82 (vgl. Bull. du Centre intern. d'études romanes, 1970).

Beaumanoir → Philippe de Rémi, Seigneur de Beaumanoir

Beaumont-en-Argonne, Loi de (Recht von). Das in B. (Champagne, Dép. Ardennes, Arr. Sedan) am Ende des 10. Jh. errichtete castrum, das die Ardennenpässe zu überwachen hatte, wurde 1182 durch Wilhelm (Guillaume aux Blanches main), Ebf. v. Reims, zum *village neuf* (Neusiedlung) erhoben und erhielt ein »Recht« (Lex, »Loi«) in 52 Artikeln. Seine wichtigsten Bestimmungen waren: Befreiung der Leibeigenen (servi) und Gäste (hospites), die im Dorf Aufnahme gefunden hatten; Exemtion von der → Toten Hand; Nutzungsrechte am Forst; das Recht, Schöffen (scabini) und Gemeindevorsteher (majores) zu bestimmen und sich gegenseitig Beistand zu schwören. Der Herr hatte seinerseits das Recht, 12 d. pro Feuerstelle als Abgabe zu erheben, er hielt den Bann über Backofen und Mühle, das Aufgebotsrecht sowie die Hochgerichtsbarkeit. Das Loi de B. fand immense Verbreitung: Zw. 1182 und 1250 übernahmen es mehr als 500 Gemeinden in der nördl. Champagne, den Argonnen, den Ardennen, Luxemburg, dem Barrois, Rethelois, dem Land von Chiny und Nancy. Bei der Eingliederung von B. in die kgl. Domäne (1379) bestätigt, erfuhr das Loi de B. bis zum 16. Jh. zahlreiche Zusätze (»Arche de Beaumont«, 'Lade v. B.').

R. Fossier

Lit.: E. BONVALOT, Le Tiers État d'après la Charte de B., 1884 – W. MAAS, Loi de B. und Jus theutonicum, VSWG 31, 1939, 209 – M. WALRAET, Les chartes-lois de Prisches (1158) et de B. (1182), RBPH 23, 1944 – J. SCHNEIDER, Les origines des chartes de franchise dans le nord de la France (Libertés urbaines et rurales XIe–XIVe s., Colloque de Spa, 1968), 29.

Beaumont-le-Roger
I. Die Herrschaft Beaumont-le-Roger – II. Die Abtei La Trinité.

I. DIE HERRSCHAFT BEAUMONT-LE-ROGER: B. (Dép. Oise), Sitz eines der bedeutendsten Lehen in der → Normandie. Es erscheint (mit seinen Annexen Nieilles und Beaumontel) innerhalb des Wittums, das Richard II., Hzg. der Normandie, zw. 996 und 1008 seiner Gattin Judith im pagus v. Lisieux übergab; letztere schenkte es 1013 dem Kl. Bernay (hzgl. Bestätigung 1025). Doch bemächtigte sich der Neffe der Hzgn. Gonnor, Onfroy (Hunfridus) de Vieilles, Sohn des Thurold de Pontaudemer, und Stifter der Abtei

Préaux (gegr. 1034), des Besitzes. Bei seinem Eintritt in Préaux übergab Onfroy B. jedoch seinem zweiten Sohn Roger, der die (heute noch als Ruine existierende) Festung errichtete, den burgus mit Mauern umgeben ließ und ihm seinen Namen gab (B.-le-Roger). Als Herr v. Pontaudemer und Gf. v. → Meulan (durch Heirat mit Aelis, Tochter des Gf.en Galeran (Walram) u. Enkelin Walters des Weißen, Gf.en v. Amiens, Valois und Vexin) war Roger einer der wichtigsten Helfer Wilhelms des Eroberers bei seiner Invasion Englands (1066); doch folgte ihm Roger nicht dorthin. Kurz vor 1088 gründete er das Stift La Trinité in B. (vgl. Abschnitt II). Sein ältester Sohn Robert I. v. B. († 1118), Gf. v. Meulan und → Leicester (∞ Isabeau [Elisabeth] v. Crépy, Tochter Hugos d. Gr., Gf.en v. Vermandois) war einer der mächtigsten norm. Barone; der zweite Sohn, Henri (Heinrich), wurde Gf. v. → Warwick. Robert setzte 1118 → Grammontenser im Priorat St-Étienne de Grandmont-lès-Beaumont ein. Von seinen beiden 1104 geb. Söhnen wurde der eine, Robert, Gf. v. Leicester und Herr v. → Breteuil; sein Zwillingsbruder Galeran († 1166) erhielt alle väterl. Besitzungen in der Normandie. Das Lehen B. teilte von nun das hist. Schicksal der Gft. Meulan. Im Verlauf des Konfliktes zw. Galeran und Heinrich II., Kg. v. England, besetzte der frz. Kg. die festen Plätze des Galeran (1161), gab sie jedoch 1162 zurück. Galerans Sohn und Nachfolger Robert II. wurde wegen seiner Parteinahme für Philipp II. August (Kg. v. Frankreich), die Festung B. von Richard Löwenherz (Kg. v. England, entzogen; beim Friedensschluß (1193) erhielt er sie jedoch zurück. Nach dem Regierungsantritt von Johann Ohneland, Kg. v. England, war Robert einer der norm. Barone, welche die Feindseligkeiten gegen den frz. Kg. eröffneten; 1199 besetzte Philipp August B. Obwohl Robert B. und seine norm. Lehen seinem Sohn Peter übergab und sich dieser Philipp August anschloß und B. freiwillig dem Kg. überließ (1203), konfiszierte Philipp August B. und Meulan.

Der Kg. belehnte im Okt. 1203 Guyon (Gui) de La Roche, den Schwager des Robert v. Meulan, mit B.; doch mußte Guyon, der des Verrates verdächtigt wurde, das Lehen im Jan. 1206 wieder an den Kg. abtreten. Die Geschichte B.s im 13. Jh. liegt im dunkeln: Es scheint, daß Kg. Ludwig d. Hl. die Gft. B. neu vergab, doch wird sie nicht unter den Gütern der Krone erwähnt. B. gehörte im 14. Jh. zu den 4000 *livrées* Land, die Kg. Philipp IV. seinem Vetter → Robert v. Artois, der aus der Nachfolge seines Großvaters Robert II. in der Gft. Artois verdrängt worden war, übergab (1314); die Übereignung erfolgte 1318 in definitiver Form und Robert führte seitdem den Titel »Gf. v. B.«. Roberts Schwager, Kg. Philipp VI., erhob B. bei seinem Regierungsantritt zur *comté-pairie*; doch wurde B. mit allen Gütern nach der Verurteilung Roberts als Verräter (1331) konfisziert. Im April 1344 übergab der Kg. die Gft. B. seinem zweiten Sohn Philipp v. Orléans (* 1336) als Entschädigung für seinen Verzicht auf die (zunächst für ihn bestimmte) Dauphiné; 1348 ermächtigte er ihn, in B. »Grand Jours«, entsprechend denen zu Rouen, abzuhalten. Kg. Johann der Gute war jedoch genötigt, seinem Bruder die Gft. wieder zu entziehen (5. März 1354), da er sich durch den Vertrag v. Mantes im Febr. 1354 hatte verpflichten müssen, B. an → Karl den Bösen, Kg. v. Navarra, als Entschädigung für dessen definitiven Verzicht auf die Champagne und das Angoumois abzutreten; B. wurde (mit Orbec, Breteuil, Conches und Pontaudemer) für Karl erneut zur comté-pairie erhoben. Doch im Zug der nachfolgenden Wirren wurde B. mit allen norm. Besitzungen des Navarresen konfisziert.

1358 wurde ein *bailliage* für B. und Evreux geschaffen. Durch den Vertrag v. Calais (1360) erhielt Karl seine Güter zurück. Der Grafentitel wurde nun von Karls jüngerem Bruder, Ludwig v. Navarra, geführt; letzterer verpfändete B. gegen 50000 fl. an Kg. Karl V. 1375 erhielt Karl (Charles le Noble), ältester Sohn Karls des Bösen, die Grafenwürde v. B. (zweifellos anläßl. seiner Heirat mit Leonore, Tochter Heinrich II., Kg.s v. Kastilien); doch wurde der Gf. am frz. Hof festgehalten und B. ihm durch das militär. Eingreifen des Bertrand Du Guesclin entzogen. B. bildete nun mit Orbec und Pontaudemer ein kgl. bailliage, während die anderen vormals navarr. Besitzungen im bailliage Evreux (mit Breteuil und Conches) zusammengefaßt wurden; 1387 erfolgte der Zusammenschluß beider Amtsbezirke. 1404 verzichtete Charles le Noble formell auf die Gft. B. und erhielt dafür Nemours, das zum *duché-pairie* erhoben wurde. Während der engl. Besetzung (1417-48) dieses von Kriegswirren gezeichneten Gebietes führte Richard, Hzg. v. York, den Grafentitel v. B. Nach der frz. Rückeroberung durch Kg. Karl VII. erhielt B. die Stellung einer einfachen vicomté innerhalb der bailliage Evreux.

II. Die Abtei La Trinité: Die Abtei (☩ Dreifaltigkeit) wurde kurz vor 1088 von Roger v. B. als Kanonikerstift gegr., das mit Zustimmung Wilhelms des Eroberers an St. Frideswida in Oxford übergeben wurde; die Stiftung wurde von Hzg. Robert Kurzhose bestätigt. Das Kapitel empfing von Heinrich I., Kg. v. England, eine allgemeine Bestätigung seines Besitzstandes und wurde von Robert v. Meulan (1131) und Galeran mit Schenkungen versehen. Doch Galeran wandelte das Kapitel in ein Priorat um, das er der Abtei → Bec unterstellte (13. Dez. 1142). Die Kanoniker widersetzten sich, doch bestätigte Papst Eugen III. die Maßnahme (1146). Doch wurden die Kanoniker bei einer in Paris abgehaltenen Synode durch den Papst entschädigt, indem ihnen das Haus Ednetown in England, das Robert I. an B. übertragen hatte, überlassen wurde. Galeran und Robert machten zahlreiche Schenkungen zugunsten des Priorates, und der Ebf. v. Rouen unterstellte es 1178 seinem Schutz. Ein großer got. Kirchenbau wurde errichtet; doch hatte B. nach Aussage der Visitationsprotokolle des Ebf.s Eudes Rigaud 1255 nur noch acht Mönche, und die Befolgung der Regel hatte nachgelassen. Ludwig d. Hl. (1259) sowie Philipp der Schöne (1314) und seine Nachfolger (1315, 1317, 1331) nahmen B. unter ihren Schutz. Dann übergab jedoch Papst Benedikt XIII. das Kl. dem Kard. v. Vergy, später dem Kard. Fieschi als Kommende, die es verpachteten. Wenn auch der Prior v. B., Robert v. Evreux, zum Abt v. Bec aufstieg (er stiftete an B. das Haupt der hl. Agnes), so war der Niedergang des Kl. doch unaufhaltsam. Um 1855 wurden die Gebäude abgebrochen; es blieben umfangreiche Ruinen erhalten.

R.-H. Bautier

Q. und Lit.: zu [I]: P. Anselme, Hist. généalogique… de la maison de France, III, 163-164 – J. Depoin, Les comtes et vicomtes de Meulan (Cart. de l'abbaye de St-Martin de Pontoise, III, 1091), 306-330 und passim – E. Houth, Galeran II. comte de Meulan. Catalogue des actes, Bull. phil. et hist., 1960, II, 627-682 – Ders., Catalogue des actes de Robert II comte de Meulan, ebd., 1961, 499-543 – Ders., Dernières années de Robert II comte de Meulan, ebd., 1962, 499-511 – Ders., Robert Preud'homme comte de Meulan et de Leicester, ebd., 1963, II, 801-829 – R. Cazelles, La société politique et la crise de la royauté sous Philippe de Valois, 1958 – vgl. ferner: E. Izarn, Le compte des recettes et dépenses du roi de Navarre de 1367 à 1370, 1885 – E. Meyer, Charles II, roi de Navarre, comte d'Evreux, et la Normandie au XIVe s., 1898 – Gallia regia, III, 1947, 292, 309-314, 340 – M. Fauroux, Recueil des actes des ducs de Normandie, 911-1066, 1961, passim [sowie die Regesten, Urkundenslg. und Rechnungen der Kg.e Philipp

August, Philipp d. Schöne, Ludwig X., Karl IV., Philipp VI., Karl V.] – *zu [II]*: A.-A. PORÉE, Hist. de l'abbaye du B., 2 Bde, 1901, passim – E. DEVILLE, Cart. de l'église de la St-Trinité de B., 1912 – vgl. auch L. REGNIER, Bull. des amis des arts du dép. de l'Eure, 1891. → Meulan.

Beaumont-lès-Tours, bedeutendes Frauenkloster, OSB (Frankreich, Dép. Indre-et-Loire, heute zur Stadt Tours), gegr. um 1000 durch den Schatzmeister von St. Martin v. Tours, Hervé (Herveus) v. Buzançais, mit Religiosen der benachbarten Abtei Écrignole (Scriniolum), welche um 580 von Ingeltrudis, der Tante mütterlicherseits des merow. Kg.s Gontram gestiftet worden war. Écrignole selbst wurde in der Folgezeit nach B. verlegt. Das Kl. stand unter der Jurisdiktion von St. Martin, dessen Dekan die Investitur der gewählten Äbtissin vornahm (durch Übergabe des zuvor auf das Grab des hl. Martin niedergelegten Krummstabes, wobei aber die Äbtissin den Segen des Ebf.s erhalten mußte). Vom gesamten Adel der Region begünstigt, erhielt die Abtei reichen Grundbesitz; ihr unterstanden zehn Priorate (darunter Mennetou-sur-Cher, Saché und Tavers). Die Kirche wurde im 18. Jh. durch Feuer zerstört. R.-H. Bautier

Q. und Lit.: DHGE VII, 199–202 – GChr XIV, 311–317 – CH. DE GRANDMAISON, Chronique de l'abbaye de B., Mém. Soc. arch. de Touraine XXVI, 1877, 1–312 – J. X. CARRE DE BUSSEROLE, Dict. géogr. d'Indre-et-Loire, I, 1878, 179–184 – A. FLEURET, Cart. des Bénédictines de B., 1898.

Beaumont-le-Vicomte (B.-sur-Sarthe; Bellus Mons, Bel Mons, Dép. Sarthe), Burg und Herrschaft. Im Laufe des 11. Jh. ist hier mehrfach eine Burg bezeugt, die den vicecomites v. Le Mans (→ Maine) gehörte. Wie bei anderen Plätzen in Maine, die diese Familie befestigen ließ, versuchte auch in B. Kg. Wilhelm der Eroberer, die Pläne der vicecomites zu durchkreuzen: 1073 besetzte er die Burg und verdrängte den vicecomes Hubert; in den folgenden Jahren kämpften beide Gegner wiederholt um den Besitz von B. In der Folgezeit war B. stets in der Hand der vicecomites v. Le Mans, die sich auch nach B. (häufiger als nach Le Mans) benannten. 1135 wurde die Burg von Geoffroy (Gottfried), Graf von Anjou, niedergebrannt. – Im 15. Jh. bemächtigten sich der Engländer B.s, das Frankreich 1433 zurückeroberte. – 1543 wurde durch den Kg. v. Frankreich ein Hzm. B. geschaffen; seine Grundlage bildeten die *vicomté* sowie verschiedene Baronien und Herrschaften unter Einschluß der wesentl. Elemente der Herrschaft des Hauses Maine im 11. Jh.
O. Guillot

Lit.: J. R. PESCHE, Dict. statistique de la Sarthe, 1829 – E. VALLÉE-R. LATOUCHE, Dict. topogr. du dép. de la Sarthe, 1950 – A. ANGOT, Les vicomtes du Maine, Bull. de la Comm. hist. et arch. de la Mayenne, 1914.

Beaumont-sur-Oise, Gft. (Dép. Oise) in der Nachfolge des Pagus Camliacensis (Chambliois), schloß außerdem einen Teil des Pays de Thelles ein und war ungefähr mit dem Dekanat B. im Süden des Bm.s → Beauvais identisch. Ivo I. (Yves) war der erste Herrschaftsträger in diesem Gebiet, der unter Kg. Robert dem Frommen (1022–23, 1028) den Grafentitel führte; zweifellos muß dieser Ivo mit gleichnamigen Personen, die am Ende des 10. Jh. in der fidelitas des Hzg.s der Francia nachweisbar sind, in Verbindung gebracht werden. Die gfl. Gewalt behauptete sich im 11. Jh. offenbar weitgehend gegen den Aufstieg der Kastellaneien; sie profitierte zweifellos vom Handelsverkehr über die Oise, der die Gft. durchquerte. Der hohe Rang der Gf.en wird durch die Heiratsverbindungen und verwandtschaftl. Beziehungen Matthaeus' I. (Mathieu) deutlich: Über seine Schwester Agnes war er mit Burkhard (Bouchard) III. v. → Montmorency verschwägert; er heiratete eine Tochter des Gf.en Hugo v. → Clermont; außerdem war er kgl. Kämmerer (camerarius), wie sein Sohn Matthaeus II. Im 12. Jh. hatten die Gf.en v. B. Lehen des Kg.s, des Gf.en der Champagne und der Kirche v. Beauvais und Paris sowie der Abtei St.-Denis inne, mit welcher die Gf.en in period. Auseinandersetzungen gerieten. 1184–92 meldete Matthias III. aufgrund seiner Ehe mit Eleonore v. Vermandois Ansprüche auf das → Valois an (Führung des Titels »dominus Valesii«). Nach dem kinderlosen Tod seines Bruders und Nachfolgers Johann (Jean, † 15. März 1223) sprach das kgl. Gericht die Gft. dem Thibaud d'Ully, Sohn eines Geschwisterkindes von Johann, gegen sechs Konkurrenten zu. Ca. April 1223 trat Thibaud den größten Teil der gfl. Domäne sowie fast alle Lehen an Kg. Philipp II. August ab und erkannte für den ihm verbliebenen Besitz die lig. Lehensohheit des Kg.s an. Der Kg. erwarb gleichzeitig die Besitzungen, welche die früheren Gf.en vom Bm. Beauvais und der Abtei St-Denis zu Lehen hatten, später auch das Lehen, das Guillaume de Joinville, Ebf. v. Reims und Neffe des Gf.en Johann, besaß. B. wurde 1223 Sitz einer prévôté (→ prévôt, prévôté); doch wurde die Gft. wiederholt von der Krondomäne herausgelöst und gehörte verschiedenen → Apanagen an (so 1284 Apanage für Louis d'Évreux unter Kg. Philipp III.). Von Philipp VI. v. Valois zugunsten von → Robert v. Artois zur *pairie* erhoben (1328), wurde die Gft. gemeinsam mit den anderen Gütern Roberts wegen dessen Verrat konfisziert. Erneut ausgetan (Vergabe an Karl den Bösen, Kg. v. Navarra), kehrte B. 1354 in kgl. Besitz zurück. Johann der Gute ließ B. seinem Bruder → Philippe d'Orléans übertragen, dessen Witwe B. bis zu ihrem Tode innehatte (1375–92). Die nachfolgenden Inhaber waren: der Bruder Karls VI., Louis d'Orléans, dann sein Sohn Charles und der künftige Kg. Ludwig (XII.), der es wieder der Krondomäne einverleibte. O. Guyotjeannin

Lit.: L. DOUËT-D'ARCQ, Recherches hist. et critiques sur les anciens comtes de B. du XIe au XIIIe s., 1855 (Mém. Soc. Antiquaires de Picardie, IV) – J. DEPOIN, Les comtes de B. et le prieuré de Ste-Honorine de Conflans, 1915 (Mém. Soc...de Pontoise et du Vexin, XXXIII).

Beaumonteses, eine der beiden Adelsparteien, die um die polit. und wirtschaftl. Macht im Navarra des 15. Jh. rivalisierten. In den Auseinandersetzungen zw. B. und → Agramonteses fanden Streitigkeiten zweier Geschlechter des nördl. navarres. Pyrenäenraumes, der Herren v. Luxa und Gramont, ihre Fortsetzung. Diese alten Gegensätze gewannen immer mehr Raum, bis sie viele Generationen hindurch in eine Konfrontation zw. den Anhängern dieser beiden Familien der neuen Aristokratie einmündeten, die unter Karl III. v. Navarra (1387–1425) die höchsten Ehren und reichsten Herrschaften erlangt hatten, zw. den Nachkommen des Infanten Leonel, des Bastards Karls II., und denen Karls v. Beaumont, eines Bastards des Infanten Ludwig (Bruder Karls II. und Gf. v. → Beaumont-le-Roger in der Normandie). Als Folge der Meinungsverschiedenheiten über die Regierung des Kgr.es zw. dem Thronfolger → Karl, *Príncipe* de Viana, und seinem Vater Johann II. nahmen diese Rivalitäten polit. Gestalt an. Karl begünstigte die Verwandten und Freunde seines Erziehers und Beraters Johann v. Beaumont, denen sich die Herren von Luxa anschlossen, und bediente sich ihrer. Der Kg. zog den Marschall Peter v. Navarra heran, den Neffen des Leonel, und seinen Verwandten Pierres de Peralta, der an der Spitze jener Gruppierung stand, die wegen des Anschlusses der Herren v. Gramont *agramontés* genannt wurde. Nach Eröffnung der Feindseligkeiten (1450) verteidigten die B. voll Eifer die Rechte des Karl v. Viana, die ihn auf den Cortes v. Pamplona (1457) zum Kg. ausrufen ließen; eine Reaktion auf die Cortes von Estella, die ihn von der Nachfolge ausgeschlossen und die Infantin Leonora zur Thronfolgerin erklärt hatten. Nach dem Tod Kg. Alfons' V. »el Magnánimo« (1458) befürworteten die B. eine Personalunion Navarras mit der Krone Aragón unter dem Príncipe de Viana. Nachdem dieser Plan 1461 gescheitert war, unterstützten sie die katal. Aufständischen gegen Johann II. Die Versöhnung zw. diesem Fs.en und Heinrich IV. v. Kastilien (1463) hätte einen endgültigen Frieden einleiten können, aber die Kämpfe und Grausamkeiten lebten bald wieder auf. So wurde z.B. Nikolaus de Echávarri, Bf. v. Pamplona, auf Befehl des Pierres de Peralta 1468 ermordet, und die Marschälle Peter (1471) und Philipp v. Navarra (1480) fanden den Tod durch Mörder, die der Connestable Ludwig de Beaumont gedungen hatte. Von den Kg.en Katharina und Jean d'Albret unterdrückt, konnten die B. mit dem Schutz Ferdinands des Kath. rechnen und unterstützten schließlich die Besetzung Navarras (1512) und seine Einverleibung in die Krone Kastilien. Die neue Regierung verfuhr sehr glimpflich mit den Agramonteses, aber nur der Lauf der Zeit konnte die Erinnerung an so langen und erbitterten Streit tilgen; erst 1628 wurde darauf verzichtet, die öffentl. Ämter in Navarra gleichmäßig zw. Anhängern der B. und der Agramonteses aufzuteilen, eine Regelung, die ein Jahrhundert lang befolgt worden war.

A. Martin Duque

Lit.: G. DESDEVISES DU DÉZERT, Don Carlos d'Aragón, prince de Viane, 1889 – P. BOISSONNADE, Hist. de la réunion de la Navarre à la Castille, 1893 – J. GOÑI GAZTAMBIDE, Don Nicolás de Echávarri, obispo de Pamplona, Hispania Sacra 8, 1955, 35–84 – DERS., Los obispos de Pamplona del Siglo XV, Estudios de Edad Media de la Corona de Aragón 7, 1962, 358–547; 8, 1967, 265–413 – J.Mª. LACARRA, Hist. política del Reino de Navarra III, 1973 – DERS., Hist. del reino de Navarra en la Edad Media, 1976 – J.N. HILLGARTH, The Span. Kingdoms, 1250–1516, II, 1978.

Beaune (Belna, manchmal Berna), Stadt in Burgund (Dép. Côte-d'Or), erscheint erstmals als in spätröm. Zeit errichtetes castrum mit noch älteren Siedlungsresten. Ein pagus Belnensis, Teil der civitas Eduensium, wird im 6.Jh. erwähnt. Die Gft. fiel im 9.Jh. an Warin und seine Nachfolger, darauf an Manasses u. Giselbert v. Vergy. Die Tochter → Giselberts, Liutgard (Liégard), brachte sie in ihre Ehe mit Otto, Hzg. v. Burgund, ein. Der Widerstand von seiten Rudolfs, Gf.en v. Dijon, der Liutgard entführte und sich 958 B.s bemächtigte, war letztlich erfolglos. Die Stadt blieb im Besitz der Hzg.e v. Burgund. Ein illegitimer Sohn Hzg. Heinrichs I., Odo, wurde vicecomes v. B.; die Reihe seiner Nachkommen, von denen einer → Cîteaux gründete, reicht bis ins 12.Jh. Die Pfarrkirche des castrum, St-Baudèle, wurde am Anfang des 12.Jh. der neuen Kollegiatkirche Notre-Dame, einer hzgl. Gründung (Kirche vor 1162 errichtet) inkorporiert. Ein benediktin. Priorat, St-Étienne, wurde 1006 neuerrichtet und St-Bénigne de → Dijon unterstellt. Diese Abtei vermochte sich auch das Priorat St-Martin de l'Aigue unterzuordnen, das ursprgl. von → Wilhelm v. Volpiano dem Kl. → Fruttuaria übergeben worden war. Templer, Hospitaliter, Franziskaner und Dominikaner besaßen in B. ihre Niederlassungen; 1443 stiftete der burg. Kanzler Nicolas → Rolin ein großartig ausgestattetes Spital (Hôtel-Dieu).

Die Stadt, 1190 mit einer neuen Befestigung umgeben, erhielt 1203 ein kommunales Privileg. Ihre wirtschaftl. Blüte beruhte auf dem Tuchgewerbe, dem Vieh- und Weinhandel. Die Hzg.e v. Burgund errichteten hier ihr → Parlament. Nach der Besetzung Burgunds erhob sich die Stadt 1478 gegen Ludwig XI., Kg. v. Frankreich, der ihr das Parlament entzog und eine Festung zur Überwachung der Stadt errichten ließ.

J. Richard

Lit.: C. ROSSIGNOL, Hist. de B., 1854 – S.M. CHAUME, Les origines du duché de Bourgogne, 2e p., fasc. 3, 1931, 846–855 [Karte] – L. PERRIAUX, Hist. de B. et du pays beaunois, 1974.

Beauneveu, André, Bildhauer und Maler, * um 1330/35, † gegen 1400, stammt nach dem Chronisten → Froissart, der dessen führende künstler. Stellung betont, aus Valenciennes im Hennegau. Die früheste urkundl. Erwähnung nennt einen Meister André als Maler im Schloß zu Nieppe in Flandern. 1364 wurde A. B. in Paris die Leitung über die Errichtung der Grabmäler für Karl V., Johann den Guten und Philipp VI. in St-Denis übertragen. Nach Tätigkeiten an der Schöffenhalle in Valenciennes erhielt er 1374 von Ludwig v. Maele, Gf. v. Flandern, den Auftrag für ein Grabmal in der Katharinenkapelle an der Liebfrauenkirche von Kortrijk, das ebensowenig erhalten ist wie die 1373/74 für die Schöffenhalle in Mechelen und 1377 für den dortigen Belfried geschaffenen Madonnenfiguren oder der 1381 für die Schöffenkapelle vollendete Kruzifix. Um 1384, vermutl. nach dem Tode des Gf.en, trat A. B. in die Dienste des → Johann, Hzg. v. Berry (Jean de Berry), der ihn sowohl als Miniaturisten beschäftigte als auch u.a. mit der maler. und plast. Ausstattung des Schlosses Mehun-sur-Yèvre beauftragte. Gesicherte Werke sind v.a. der 1364 datierte Gisant Karls V. in St-Denis, der sich durch porträthafte Gesichtszüge auszeichnet, sowie die um 1384/87 geschaffenen 24 Miniaturen der Propheten und Apostel im Psalter des Jean de Berry (Paris, Bibl. Nat., Ms. fr. 13091), den 1892 L. DELISLE mit einer Hs. in den Inventaren des Hzg.s, die Robinet d'Estampes 1402 aufgestellt hatte, identifizierte, und dessen Malereien dort ausdrückl. A. B. zugeschrieben werden. Sie zeigen in Grisailletechnik ausgeführte, thronende Figuren mit zartfarbigem Inkarnat, paarig einander zugeordnet, die sich durch individualisierte Physiognomien auszeichnen und in der Ausführung ihrer durch Körperwendung und Gebärde bestimmten Gewanddrapierung einen Bildhauer ahnen lassen. Aufgrund enger Verbindungen zu diesen Malereien wird v.a. ein Prophetenkopf in Bourges (Musée Jacques-Coeur, Sign. A) dem Künstler zugewiesen. Strittig bleiben weitere Zuschreibungen von Werken der Miniaturmalerei und Plastik, wie etwa die hl. Katharina aus Kortrijk, der Apostelkopf von Mehun-sur-Yèvre (Paris, Louvre) oder der beiden Eingangsminiaturen der Très Belles Heures des Jean de Berry (Brüssel, Bibl. Roy., ms. 11060–1). Einflüsse des Hennegauer Meisters haben sich in zahlreichen Werken niedergeschlagen, so z.B. im Skulpturenprogramm des »beau pilier« der Kathedrale von Amiens, in den Prophetenkonsolen des Kirchenportals von Champmol, in plast. Werken aus Tournai oder etwa der Chorhalle des Aachener Doms. G. Plotzek-Wederhake

Lit.: G. TROESCHER, Die burg. Plastik des ausgehenden MA und ihre Wirkungen auf die europ. Kunst, 1940, I, 19ff. – H. BOBER, A.B. and Mehun-sur-Yèvre, Speculum 28, 1953, 741ff. – M. MEISS, French painting in the time of Jean de Berry, the late 14th century and the patronage of the duke, I, 1967, u.a. 36ff., 135ff. – ST. K. SCHER, A.B. and Claus Sluter, Gesta VII, 1968, 3ff. – DERS., Un problème de la sculpture en Berry. Les statues de Morogues, Revue de l'Art 13, 1971, 11ff. – H.P. HILGER, A.B., Bildhauer und Maler (Die Parler und der Schöne Stil 1350–1400. Europ. Kunst unter den Luxemburgern, Kat., Köln 1978, I), 43ff.

Beaupré, Abtei OCist (Gemeinde Achy, 16 km nö. v. Beauvais, Dép. Oise), Tochterkloster von → Ourscamp, das selbst Filiation von → Clairvaux war, 1135 von Manasse (Manassès) gegr., 1137 von Ludwig VI., Kg. v. Frankreich, bestätigt; päpstl. Bestätigung 1147 durch Eugen III. Die Abtei wurde durch die *vidames* (vicedomini) von Gerberoy und Henri de France, Bf. v. Beauvais, den Bruder Kg. Ludwigs VII., gefördert. Henri weihte das

Kl. 1170, das 1204 eine neue Schenkung empfing. – Aus B. sind bedeutende Archivalien überliefert (Arch. dép. Oise) sowie ein Kartular des 13. Jh. mit Zusätzen (Bibl. nat., lat 9973, unediert). R.-H. Bautier

Q. *und Lit.*: DHGE VII, 232f. – GChr IX, 834–838 – D. LOHRMANN, Papsturkk. in Frankreich, VII: Nördl. Ile-de-France und Vermandois, 1976, 60f.

Beauvais
I. Stadt – II. Bistum und Grafschaft.

I. STADT: Der ursprgl. Name von B. (Caesaromagus) legt eine röm. Gründung im Sumpfgebiet zw. den Armen des Thérain, unterhalb seiner Einmündung in den Avelon, nahe, unweit der alten Siedlung Bratuspantium.

Im Itinerarium Antonini und der Tabula Peutingeriana erwähnt, doch von zweitrangiger Bedeutung, wurde die Stadt bei der Invasion von 275–277 wahrscheinl. zerstört; die Mauer, mit der sie anschließend befestigt wurde, bestimmte mit ihrem Innenraum von etwas mehr als 10 ha den Umfang der eigtl. civitas, die im MA »châtel« (castellum) genannt wurde. Die Wahl des befestigten spätröm. Stadt als Ausgangspunkt für die städt. Siedlung des MA beeinflußte deren Topographie grundlegend. Diese erste Ummauerung beherbergte den Bischofspalast (der sich an die Mauer anlehnte und zwei der Mauertürme benutzte), die Kathedrale (in der sich infolge der Tatsache, daß der got. Bau des 13. Jh. unvollendet blieb, karol. Mauerwerk erhielt) und mehrere, im 11.–12. Jh. gegr. oder erneuerte Kirchen. Die sehr alte Kirche St-Étienne lag jedoch im Suburbium südl. der Mauer.

War auch die wirtschaftl. Bedeutung von B. im frühen MA nicht völlig geschwunden, so erreichte sie doch erst im 11. Jh. ein höheres Niveau. Bes. das Tuchgewerbe blühte auf; am Ende des 12. Jh. besaßen die Kaufleute aus B. ihre Hallen u. a. in Paris, Compiègne, Orléans und besuchten die → Champagnemessen. Seit dem 11. Jh. bildeten sich um St-Étienne, St-Lucien (im N-NW) sowie die beiden bfl. Gründungen St-Symphorien (1035, im SW) und St-Quentin (1067, im NW) suburbane Siedlungen. Angesichts der Intensivierung des Verkehrs mit der civitas wurden Breschen in die Mauern geschlagen (bezeugt durch die Straßennamen »Frette du Mur« [fractura muri]); die ma. Wehranlagen umschlossen bald eine fünfmal so große Fläche wie die ursprgl. Befestigung.

Gegen Ende des 11. Jh. gewährte der Bf. den Bürgern consuetudines *(coutumes)*; eine Kommune wurde errichtet, sanktioniert durch eine (verlorene) Urkunde Kg. Ludwigs VI. sowie durch Urkunden Ludwigs VII. (1144) und Philipps II. August (1182). Ohne Gewaltanwendung begründet, tastete die Kommune zunächst die stadtherrl. Rechte des Bf.s (Grundzins, Bann, Gericht) nicht an. Erst im 13. Jh. brachen starke Spannungen aus, auch innerhalb der Kommune, wo die minores gegen die städt. Oberschicht der Wechsler und Tuchhändler einen heftigen, aber letztlich erfolglosen Kampf austrugen (1232–33). Die Auseinandersetzungen mit dem Bf. (1212, 1266–68, 1305) weiteten sich immer mehr aus; der eigtl. Gewinner bei diesen Konflikten war jedoch das Kgtm. (vgl. Abschnitt II). – In den 30er/40er Jahren des 13. Jh. wurde mit dem Bau der (nie vollendeten) Kathedrale begonnen (der Chor, eines der Hauptwerke der frz. Gotik, ist erhalten). Durch die Stadtrechnungen von 1260 sind finanzielle Schwierigkeiten belegt; sie verstärkten sich durch die Bußen, die den Bürgern wegen der städt. Revolten auferlegt wurden. Doch konnte diese Krise im 14. Jh. durch eine hervorragende Finanzverwaltung überwunden werden. Dennoch geriet die Stadt aus mehreren Ursachen (u. a. den Notwendigkeiten der Verteidigung im 14.–15. Jh.) eng unter kgl. Verwaltung. Die Stadt litt – wie ihr Umland – sehr unter dem Hundertjährigen Krieg und den frz.-burg. Kriegen (1472 Belagerung, die durch die tapfere Verteidigung der Jeanne → Hachette berühmt wurde). Wenn auch nach dem Ende der Feindseligkeiten die Wirtschaft wieder aufblühte, so vermochte die Stadt sich nur wenige polit. Privilegien zu erhalten, an die sie sich, je begrenzter sie waren, mit um so größerem Stolz klammerte.

II. BISTUM UND GRAFSCHAFT: Die civitas, die in der Nachfolge der civitas Bellovacorum (Prov. Belgica II) stand, bildete insgesamt ein nördl. ausgerichtetes Dreieck und umfaßte die vier ursprgl. pagi: Beauvais, Vendeuil, Ressons und Chambly. Im Zuge einer langsamen Entwicklung entstanden drei Gft.en: Beauvais, → Clermont (eine Herrschaft, die sehr wahrscheinl. von B. durch Usurpation abgetrennt wurde und deren Inhaber sich infolge einer Heiratsverbindung vom Ende des 11. Jh. Gf.en nannten) und → Beaumont, wobei Clermont durch Heirat in der 2. Hälfte des 12. Jh. der Herrschaft → Breteuil angeschlossen wurde. Die Christianisierung, deren einzelne Etappen im dunkeln liegen, scheint erst nach der Mitte des 3. Jh. erfolgt zu sein. Wahrscheinl. leitete der hl. → Vedastus (Vaast), Bf. v. Arras, gleichzeitig die Kirche v. B. Die Bf.e der merow. Zeit sind jedoch kaum namentl. bekannt. Über die karolingerzeitl. Bf.e existieren bessere Nachrichten. Im 9. Jh. besaß es Bf. → Odo I. Bedeutung, nach dessen Tod ein Nachfolgestreit (881–883) einsetzte. Verschiedene Anzeichen deuten seit dem 10. Jh. auf ein Wachsen der weltl. Gewalt der Bf.e hin, ohne daß bekannt ist, ob sich diese nur auf eine Reihe von Aneignungen gfl. Machtpositionen stützte. Seit dem Ende des 10. Jh. (vielleicht aber auch schon seit der Mitte des 10. Jh.) prägten die Bf.e Münzen. Schon im Besitz der Stadtherrschaft, dehnte der Bf. seinen Besitz auf dem flachen Land durch bedeutende Lehen aus, die ihm durch die Gf.en überlassen wurden und die er zu vollem Eigen durch → Odo II., Gf.en v. Blois erhielt (1015). Der Tod Odos, des letzten Laien im Besitz der Grafenwürde, ließ der Macht des Bf.s freies Spiel. Territorial gesehen, verdichtete sich der Besitz der Kirche v. B. um den Thérain, von der Grenze zur Normandie bis zur Oise; hier besaß der Bf. alle Rechte öffentl. Gewalt. Doch feudale Besitzkomplexe (casamenta) und Usurpation mündeten im Lauf des 11. Jh. in die Bildung von weitgehend unabhängigen Herrschaften ein, v. a. diejenige der *vidames* (→ vicedomini), Consenioren v. Gerberoy. In B. selbst bestand die Machtstellung der bfl. Kastellane ungebrochen bis zum 12. Jh. fort; auch danach blieb die Stadt weitgehend von der Schutzherrschaft ihres früheren Herrn losgelöst. Seit dem 12./13. Jh. wurde die bfl. Stadtherrschaft ztw. durch die Entwicklung der Kommune v. B. weitgehend ausgeschaltet. Die Schwächung der bfl. Gewalt zeigte sich auch in der starken Einflußnahme des örtl. Adels auf die Besetzung des Bischofssitzes. Unter diesen Bedingungen gelang es der gregorian. Reform nur langsam, Fuß zu fassen. Nach einer Reihe von Auseinandersetzungen und Krisen gewann die Reform erst um die Mitte des 12. Jh. die Oberhand, dank des Auftretens mehrerer Bf.e, die energisch ihre Rechte verteidigten und Nutzen aus ihrer hohen Stellung zogen, so Heinrich (→ Henri de France), der spätere Ebf. v. Reims, Bruder Kg. Ludwigs VII., und Philippe de → Dreux, Neffe von Kg. Philipp II. August. Unterstützt durch seine Vasallen und den wirtschaftl. Aufschwung seiner Bischofsstadt nutzend, wird der Prälat einer der sechs geistl. → pairs de France. Nachdem der Bf. etwa Ende des 12./Anfang des 13. Jh. unter wenig bekannten Umständen das Vizedominat *(vidamé)* v. Gerberoy zurückerworben hatte, begann er im NW der Seigneurie, der sich der bfl. Gewalt seit der Mitte des 11. Jh. zunehmend entzogen hatte, wieder eine Machtstellung einzunehmen. Doch wurde diese durch die Ausdehnung der kgl. Gewalt beeinträchtigt. Hatten die Maßnahmen der Krone zur Stärkung der eigenen Position am Ende des 11. Jh. noch begrenzten Charakter, so verdichteten sie sich im Laufe des 12. Jh., um in den gewaltsamen Aktionen Kg. Ludwigs IX. und der Zentralisierungspolitik Kg. Philipps IV., der erfolgreich Zwietracht zw. Bf. und Kommune v. B. säte, zu kulminieren. Die Unterordnung des Bm.s unter die kgl. Oberhoheit, die durch die Einsetzung von Bf.en wie Jean de → Marigny und Jean de → Dormans, beide Kanzler v. Frankreich, sowie Thomas d' → Estouteville deutlich wird, wird für kurze Zeit durch den Einfluß Hzg. Philipps des Guten, der Pierre → Cauchon einsetzt, abgelöst; mit Jean → Jouvenel des Ursins wird unter Karl VII. wieder die kgl. Einflußnahme sichtbar. Die Repräsentanz des Kgtm.s wird (nach einer Phase des Experimentierens mit verschiedenen Systemen) ab 1417, definitiv ab 1432 durch die Einsetzung eines *lieutenant* des *bailli* v. → Senlis geregelt. Die weltl. Gewalt der Bf.e des 15. Jh. scheint im übrigen durch die Verwüstungen des Hundertjährigen Krieges und der Auseinandersetzungen mit Burgund geschwächt worden zu sein; der Bischofspalast, der bei der Belagerung von 1472 zerstört wurde, konnte erst 1500 (gleichzeitig mit der Fortsetzung des Kathedralbaus) durch Bf. Louis de Villiers wieder aufgebaut werden. O. Guyotjeannin

Lit.: DHGE VII, 255–302 – GChr IX, 690–857 – L. H. LABANDE, Hist. de B. et de ses institutions communales jusqu'au commencement du XVe s., 1892 [Plan, 288] – V. LEBLOND, La topographie romaine de Beauvais, Bull. arch. du Comité des travaux hist. et scient., 1915, 3–39 [Pläne, 7, 27] – F. VERCAUTEREN, B. (Études sur les civitates de Belgique IIde, 1934), 264–288 – P. LEMAN, De la voirie romaine à la voirie médiévale: l'exemple de B. (Actes du 95e Congrès des Soc. Savantes, Reims, 1970; Sect. d'arch. et d'hist. de l'art, Paris, 1974), 145–153 [Plan, 147] – M. ROBLIN, Le terroir de l'Oise aux époques gallo-romaine et franque..., 1978, 213–220 [Karte 217, Plan 219] – D. LOHRMANN, Papsturkk. in Frankreich, NF, VII: Nördl. Ile-de-France und Vermandois, 1976, 17–68 – O. GUYOTJEANNIN, La seigneurie temporelle des év. de B., Noyon... du Xe au XIIIe s. [Thèse, in Vorber.].

Beauvais, Keramik. Das Gebiet um B. war seit karol. Zeit ein Töpfereizentrum, von wo Keramik später weithin, in die Niederlande, nach den Brit. Inseln und Norwegen verhandelt wurde. Die Ware des 9./10. Jh. ist in Technik und roter Bemalung mit der rhein. → Pingsdorfer Keramik, die Steinzeugproduktion seit dem 14. Jh. in manchen Formen und Techniken mit der → Siegburger Keramik zu vergleichen, Ausdruck der überregionalen Beziehungen zw. allen Töpferzentren. → Keramik.

H. Steuer

Lit.: D. LEMAN, La céramique peinte du MA, découverte à B., ArchM 2, 1972, 187ff. – La céramique du Beauvaisis du MA au XVIIIe s., Cahiers de la céramique, du verre et des arts du feu 53, 1973.

Beauvais, Konzil von, tagte Ende 1114 (zu weiteren Konzilien in B. vgl. DHGE VII, 261f.) unter Kardinallegat → Kuno (Cono) v. Palestrina. Es beschloß die Exkommunikation von Ks. Heinrich V., um den Beschlüssen von 1112 Nachdruck zu verleihen und die Annullierung des Vertrags v. 1111 zw. Papst Paschalis II. und dem Ks. zu verdeutlichen (MGH Const. 1, 144f. und 570–573). Weitere Beschlüsse erfolgten gegen Laieninvestitur und zum Kirchenschutz (vgl. SOMERVILLE, nach dem alle ältere Literatur zu berichtigen ist). U.-R. Blumenthal

Lit.: R. SOMERVILLE, The Council of Beauvais, 1114, Traditio 24, 1968, 493–503 [grundlegend, Schlüsselbibliogr.] – K. HIESTAND, Legat, Ks. und Basileus, Kieler Hist. Stud. 16, 1972, 141–152 – R. HÜLS, Kard. Klerus und Kirchen Roms 1049–1130, 1977, 113–116.

Beauvaisis → Beauvais, Gft.
Beauvaisis, Coutumes de → Philippe de Rémi, Seigneur de Beaumanoir
Bec, Le (Le Bec-Hellouin), bedeutende Abtei OSB in der Normandie b. Brionne (Diöz. Rouen, später Évreux).
[1] *Abtei:* B. wurde 1034 von Herluinus (Hellouin) gegr., der damit ein Ideal von Armut und Zurückgezogenheit zu verwirklichen suchte. 1042 trat → Lanfranc aus Pavia in das Kl. ein, der die Abtei in eigenständiger Weise organisierte und ihr monast. und intellektuelles Leben nachhaltig prägte. Unter dem Einfluß oberit. Reformideen entwickelte sich das Kl. weitgehend unabhängig von feudalen Gewalten, kirchl. Oberhoheit und den großen Mönchsorden. Die von Lanfranc begründete Schule (vgl. Abschnitt 3) übte auf den Hzg. der Normandie und sogar im Bereich des Papsttums starken Einfluß aus. Nach der norm. Eroberung von England (1066) gingen aus der Schule von B. bedeutende engl. Prälaten, Lehrer und Verwaltungsfachleute hervor. Lanfranc stützte sich als Ebf. v. Canterbury und Primas der engl. Kirche auf B. Anselm aus Aosta (→ Anselm v. Canterbury) folgte Herluinus als Abt (1078) und hob das geistige Leben der Abtei auf eine höhere Stufe. Als Ebf. v. Canterbury (seit 1093) zog Anselm das Kl. in den Sog der gregorian. Reformbewegung und des Investiturstreites.

Im 12. Jh. besaß B. eine Reihe bedeutender Äbte; es behielt seinen Einfluß auf die Kirche und das monast. Leben in der Normandie und in England (Theobaldus war seit 1136 Abt v. B., seit 1139 Ebf. v. Canterbury; Robert v. Torigny war Prior v. B., Abt v. Mont-St-Michel seit 1154). Das Kl. erfreute sich der Förderung durch Heinrich I., Kg. v. England, seine Tochter, die Ksn. Mathilde (⊐ 1167 in B.), sowie Heinrich II. Plantagenêt. Im 13. Jh. unterstützte B. gemeinsam mit Eudes (Odo) Rigaud, Ebf. v. Rouen (1248–78), die monast. Reform Papst Gregors IX.

[2] *Orden:* Ein sehr bedeutender Temporalbesitz entstand zw. 1070 und 1150. Mit mehr als 25 Prioraten in der Normandie und Frankreich, 6 Prioraten und 25 Grundherrschaften (Bailwick of Ogbourne) in England bildete B. eine monast. wie wirtschaftl. solide Einheit. Der Orden, der einen weißen Habit trug (12.–17. Jh.), war durch seine Gebräuche bemerkenswert: Diese consuetudines, im 12. bis 13. Jh. redigiert, unterscheiden sich durch ihre Einfachheit und Strenge von den anderen benediktin. monast. Ordnungen der Zeit. – 1627–1791 gehörte B. der maurin. Kongregation an.

[3] *Schule und Bibliothek:* Die Schule von B. blühte zunächst unter → Lanfranc (1045–63). Nachdem B. anfangs nur eine (interne) Klosterschule besessen hatte, eröffnete Lanfranc eine äußere Schule (1055–63), die von Schülern aus der Normandie, Klerikern der Päpste Nikolaus II. und Alexanders II. sowie auch Studenten aus Deutschland und Frankreich (→ Ivo v. Chartres?) besucht wurde. Lanfranc lehrte → artes liberales und kanon. Recht; sein Unterricht förderte das geistige Leben in der Normandie. Er wandte die Dialektik in systemat. Weise auf das Studium der Hl. Schrift an und bekämpfte die Eucharistielehre → Berengars v. Tours. Eine zweite Blüte erlebte die Schule von B. unter → Anselm v. Canterbury. Ein Lehrer von außergewöhnl. Fähigkeiten, beschränkte sich Anselm auf die innere Schule. Um ihn bildete sich ein Kreis von Mönchen, der sich der philos. und theol. Spekulation öffnete. Diese Gruppe stand in Verbindung mit anderen Kl. (→ Gaunilo v. Marmoutier), der Schule v. → Laon und jüd. Gelehrtenkreisen in Rouen und London (über Anselms Schüler → Gilbert Crispin).

Die Bibliothek v. B. ist durch die Zahl, Auswahl und wissenschaftl. Qualität ihrer Hss. bedeutend; sie übte auf die Bibliotheken der Kl. und Schulen in England einen maßgebl. Einfluß aus. Ph. Zobel

Lit.: A.-A. POREE, Hist. de l'Abb. du B., 1901-Sel. Doc. of the Engl. Lands of the A. of B., ed. M. CHIBNALL, 1951 – R. FOREVILLE, L'École du B. et le Studium de Canterbury, Bull. Philol. et Hist. du Comité des Travaux Hist. et Scientifiques, 1957 – Spicilegium Beccense, 1959 – R.W. SOUTHERN, Saint Anselm and his biographer, 1963 – M.P. DICKSON, Consuetudines Beccenses, 1967 – M. GIBSON, Lanfranc of B., 1978.

Beccadelli, Antonio, gen. Panormita, * 1394 in Palermo, † 19. Jan. 1471 in Neapel. Zw. 1419 und 1420 verließ er Sizilien und begab sich auf eine Empfehlung von →Aurispa zu Martin V. nach Florenz, von dort kurz nach Padua, um Gasparino →Barzizza zu hören. In Siena und Bologna setzte er seine jurist. Studien fort und verfaßte eine Sammlung lat. Epigramme mit Anleihen aus den Priapea, aus Martial, Horaz, Catull, die 1425 unter dem Titel »Hermaphroditus« erschien. B. schöpft aus der in den röm. Dichtern niedergelegten Masse von Erfahrung, jedoch nicht ohne auch zeitgenöss. Situationen, so das Ambiente von Siena und Bologna, in Züge poet. Wirklichkeit umzusetzen. Er sorgt für Gliederung und Abwechslung durch Erzählung und Dialog. Zwei Elemente seiner Begabung lassen sich unterscheiden: Die Freude an Variationen, der Wechsel stilist. Färbung und die Neigung zu stark erot. Darstellungen. Der Widerhall, den das Buch fand, war ungeheuer: 1432 trug es B. die Krönung mit dem Dichterlorbeer durch den Ks. Siegmund ein; doch nicht minder groß war das Ärgernis, so daß B. sich genötigt sah, sein Gedicht durch Hinweis auf antike Beispiele zu verteidigen. Aber mancher Tadel – so der → Poggios – traf ihn schwer.

1427 kam er auf Empfehlung von → Guarino Veronese an den Hof der Este, kurz darauf – 1428 – nach Rom, 1429 dank der Vermittlung des humanist. gesinnten Ebf.s Bartolomeo della Capra nach Pavia, wo er als Hofdichter wirkte und 1430-33 als Lehrer und Professor unterrichtete. In Pavia entstand als erstes Beispiel einer humanist. Anthologie aus Prosa und Versen das »Poematum et prosarum liber«; auch fand er Zeit zu intensiven Plautusstudien (»Indagationes« zu acht Komödien). Durch die Vermittlung von Giacomo Pellegrini wurde er 1434 von Alfons V. v. Aragón als kgl. Ratgeber eingestellt und gewann dessen Vertrauen als Gesellschafter und Vermittler humanist. Bildung. In der Folgezeit wurde er mit wichtigen diplomat. und administrativen Missionen betraut. Dadurch, wie durch seinen ausgedehnten, von Polemik, ja Zänkerei nicht freien Briefwechsel, vertiefte und erweiterte er die in seinen Studienjahren geknüpften Beziehungen mit den bedeutendsten Humanisten seiner Zeit, begründete 1458 in seinem Palazzo eine Art → Akademie, deren Mitglieder wichtige humanist. Arbeiten verfaßten, und trug maßgebl. dazu bei, Neapel zu einem Zentrum des Humanismus zu machen. 1455 verfaßte er »De dictis et factis Alfonsi« – das Gewebe dieses Elogiums ist durchwirkt mit Maximen, Gedichten und Beobachtungen. Vorangegangen war die Schrift »Alfonsi Regis triumphus« – der den Einzug A.s in Neapel schildert. Der König verlieh ihm als Dank für viele Dienste das Wappen des Hauses Aragón. Die Gunst des Hofes blieb ihm auch bei A.s Sohn und Nachfolger Ferdinand erhalten, dessen Biographie »Liber rerum gestarum Ferdinandi Aragoniae« er begonnen, aber nicht vollendet hat. F. Schalk

Ed.: Hermaphroditus, hg. F.WOLFF-UNTEREICHEN, 1908 – Gedichte: A.B. detto il Panormita, ed. M. NATALE, 1902 – Poeti latini del Quattrocento, ed. F. ARNALDI u.a., 1964 – Die in 5 Teile gegliederte Briefslg. liegt noch in keiner krit. Neuausg. vor – Lit.: DBI, s.v. – M.WOLFF, Leben und Werke des A.B. gen. Panormita, 1894 – E. GOTHEIN, Il Rinascimento nell'Italia meridionale, 1915 (dt.: Die Renaissance in Süditalien, 1924²) – G. RESTA, L'epistolario del Panormita, studi per una edizione critica, 1954 – A.F.C. RYDER, A.B., a humanist in the government: Cultural aspects of the Italian Renaissance, ed. C.H. CLOUGH, 1976, 123-140.

Beccaria, wahrscheinl. capitaneale Familie aus Pavia, die sich in viele Linien aufsplittert (b. di Vireto, di Monte, di Groppello, di S. Giulietta und di Robecco). Ihre Hauptlinie ist seit dem 12. Jh. mit *Lanfranco,* Podestà v. Tortona, urkundl. belegt (1180). Im 13. Jh. wird Zannone (oder *Giovannone),* Sohn des *Musso* erwähnt, das Haupt der ghibellin. Faktion v. Pavia, die gegen die guelf. Gf.en v. Langosco standen. Zannone war Podestà v. Allessandria (1258) und Voghera (1259) und *Capitano del popolo* v. Pavia (1267). Die B. und die Langosco hatten seit dem Ende des 13. Jh. (1290) abwechselnd die Macht in der Stadt inne, während im benachbarten Mailand der Konflikt zw. den → della Torre, den Führern der »populares« und Guelfen und den → Visconti, den Häuptern der »milites« und Ghibellinen, sich zugunsten der Visconti entschied. Der sehr begüterte Sohn des Zannone, *Manfredi B.,* war Podestà v. Casale S. Evasio (1272), von Vercelli (1275), von Novara (1278) und schließlich Podestà des »Popolo« und der Kaufleute v. Pavia (1282-89), ein Amt, das es ihm ermöglichte, 1290 das Stadtregiment zu erringen. Er herrschte über Pavia, bis Filippo Langosco und mit diesem die feindl. Faktion die Macht ergriff und ihn zwang, in die Verbannung zu gehen (ca. 1300). 1315 kehrte er – anscheinend mit Hilfe der Visconti, Signori v. Mailand und Vicarii Heinrichs VII. – in die Stadt zurück. Er trat in ein Vasallitätsverhältnis zu ihnen, das mit einer Geldleistung und der Pflicht, eine gewisse Anzahl von Soldaten zu stellen, verbunden war. Nach seinem Tod am 22. März 1322 folgten ihm seine Söhne *Musso* und *Castellino* in der Führung der Consorterie und der Ghibellinen von Pavia nach; der letztere war Podestà in Voghera (1320), in Novara (1323-24) und Bergamo (1325). Dies war die Glanzzeit der Familie: Musso und Castellino schlossen Bündnisse mit den wichtigsten it. Machthabern, während es ihnen die Unterstützung der Visconti ermöglichte, den Familienbesitz in den Gebieten jenseits des Po im Umkreis von Pavia und in der Lomellina zu vergrößern. 1342 versuchten sie jedoch, die Verbindung mit den Visconti zu lösen, wobei sie sich auf Ludwig den Bayern stützten. Luchino Visconti, Signore v. Mailand, verhinderte diesen Versuch und unterwarf die polit. Initiativen der B. einer strengen Kontrolle. Sie wurden 1356 gezwungen, in die Verbannung zu gehen: Die Gründe dafür lagen sowohl in der Politik der Visconti, welche die direkte Herrschaft über Pavia anstrebten, als auch im Vorgehen des Reichsvikars Giovanni II. del Monferrato, der im Streit mit den B. lag; außerdem hetzte der Augustineremit Jacopo Bussolari, zuerst ein Anhänger, dann ein Feind der Familie, die öffentl. Meinung in der Stadt gegen sie auf. Als Pavia 1359 der Herrschaft der Visconti einverleibt wurde, konnte *Fiorello,* ein Sohn von Musso, der die Visconti unterstützt hatte, in die Stadt zurückkehren. Dank ihm wurden die B. wieder in ihre Gebiete und Privilegien eingesetzt; sie verblieben jedoch von nun an immer in einer abhängigen Position. Eine bes. bedeutende Persönlichkeit des 14. Jh. ist auch *Beccario,* Sohn des »miles« *Nicoletto,* ein berühmter Rechtsgelehrter, der eine hohe Bildung besaß (in Piacenza ist ein Codex aus seinem Besitz erhalten – Cod. 190, auch Cod. Beccario gen. –, der die älteste Hs. der Divina Commedia darstellt [1336] und auch Werke anderer Dichter überliefert). Beccario bekleidete zahlreiche öffentl. Ämter und war mehrmals Podestà in vielen Städten N-Italiens, darunter Mailand (22. Okt. 1325 – 5. Juli 1326), wo er einige wichtige Bauten errichten ließ. Im Dom zu Pavia ließ er die Sakramentskapelle errichten, in der er 1356 beigesetzt wurde. Nach dem Tod des Hzg.s v. Mailand, Gian Galeazzo Visconti (1402), versuchten die B. ihr verlorenes Prestige wiederzugewinnen, indem sie aus der Jugend und Schwäche seines Nachfolgers und Sohnes Giovanni Maria Nutzen zogen. Filippo Maria, der dritte Hzg., machte jegl. Streben nach Autonomie ein Ende und ließ seinen Ratgeber *Castellino* (1423) und den Condottiere *Lancellotto* (1418) wegen Verschwörung zum Tode verurteilen. – Die Familie, aus der wahrscheinl. der Rechtsreformer Cesare Beccaria (1738–94) hervorgegangen ist, besteht noch heute.

G. Soldi Rondinini

Q.: Rep. diplomatico visconteo I, 1911, 44; II, 1918, 330 – *Lit.*: Keine verläßl. Monogr. über die Fam. B. – DBI VII [einzelne Familienmitglieder].

Bech-bretha ('Bienen-Urteile'), Titel eines air. Rechtstraktates, entstammt der Mitte oder dem Ende des 7. Jh. Er enthält die Gesetze, die sich auf Bienen im Rahmen von Nachbarschaftsrecht beziehen. Der Text hat den gleichen Verfasser wie der Traktat über Mühlen und Mühlbäche (Coibnes Uisci Thairidne). Die wichtigsten Abschnitte betreffen: 1. die Zuweisung von Bienenvölkern an die unmittelbaren Nachbarn des Besitzers eines Bienenkorbes; 2. Verletzungen von Personen durch Bienen; 3. Aufspüren von Bienenvölkern (und daraus abgeleitete Ansprüche); 4. Auffinden eines Bienenvolkes und die daraus folgenden Ansprüche; 5. Diebstahl von Bienen. Neben seinen Aufschlüssen über Bienenzucht im frühma. Irland ist der Traktat als Quelle für Nachbarschaftsrechte (→ Nachbarschaft) bemerkenswert. Dieser Text enthält ferner sporadische, aber wichtige Hinweise auf das Kgtm. von → Tara und folglich auf den Einfluß der Propaganda der → Uí Neill auf andere Texte, die sich auf Tara beziehen.

T. M. Charles-Edwards

Ed.: vgl. D. A. Binchy, Corpus Iuris Hibernici, 1978, bes. 444–457 [Eine vollst. Ed. ist in Vorber.].

Becher. Seit den ältesten Zeiten die gewöhnl. Form des profanen Trinkgefäßes. Daher wohl im Sinn der Dichtersprache allgemeinste Bezeichnung für Trinkgefäße (z. B. Becher des Lebens). Üblicherweise von konischer oder zylindr. Wandung, geschweift oder gebaucht, ist seine Höhe (bis ca. 20 cm) normalerweise größer als sein unterer Durchmesser (bis ca. 10 cm). Aus dieser Grundform entwickelten sich im Laufe der Zeit durch Formveränderungen und Aufbringen von Verzierungen zahlreiche Varianten. Die Beliebtheit der Grundform hat sich jedoch bis in die Gegenwart gehalten. Der B. ist meist fußlos, doch begegnen Beispiele mit niedrigem Fuß bereits seit der Antike und sind als Früh- und Übergangsformen zu → Kelch und → Pokal aufzufassen. Henkel oder (lose) Deckel finden sich an B. seltener. Der große, walzenförmige B. wird *Luntz (Lontz)* oder einfach *Willkomm,* später *Humpen* genannt. Extreme Formen sind der *Tümmler,* ein Gefäß ohne gerade Standfläche mit halbkugeligem oder glockenförmigem Körper, und der *Sturzbecher,* dessen Körper meist spitz zuläuft und der nur mit der Öffnung nach unten aufgestellt werden kann. Als Werkstoff dienten Holz, Ton, Glas, Zinn, Kupfer, Messing, Bronze, Edelmetall, Elfenbein, Steinzeug u. a.

Die ältesten erhaltenen B. sind überwiegend aus Glas und entstammen der auf spätröm. Tradition beruhenden rhein. Glasproduktion, im byz. Raum auf der syr.-kleinasiatischen. Sie fanden in Mitteleuropa weite Verbreitung. Neben der ursprgl. einfachen konischen Form bildete sich bald der frk. *Rüsselbecher* heraus, benannt nach rüsselartig aufgesetzten Glasflüssen (bis ins 16. Jh. nachweisbar). Eine weitere frk. Sonderform ist der Tümmler (5.–8. Jh.). Mit Beginn des 9. Jh. kommen zwei Sturzbecher-Typen auf, der *Kugelbecher* (bis 10. Jh.) und der *Trichterbecher,* der als der typ. karol. B. angesehen werden kann und häufig auf Miniaturen dargestellt ist. Von den damals wohl gebräuchlichsten B.n aus Ton oder Holz (gedrechselt oder geböttchert, als kleine, mit Dauben verbundene Bütten) haben sich aus der Zeit bis 1000 nur wenige erhalten, ebenso wie B. aus Edelmetall (Silberbecher aus Pettstadt in Nürnberg, Germ. Nationalmus.). Aus Byzanz und seinem Einflußbereich sind B. aus Glas in großer Zahl und in verschiedensten Formen erhalten: konische Becher aus frühbyz. Zeit in La Skhira (Tunesien), aus Khirbet al-Karak (Palästina, 7. Jh.), Sardes usw.; aus mittelbyz. Zeit haben die Grabungen in Korinth B. gleicher Form, *Nuppenbecher* (z. T. mit ausgeschweiftem Rand), B. mit Glasfadendekor u. a. m. zutage gefördert (11./12. Jh.). In Rußland ist Glasproduktion seit dem 10. Jh. in Novgorod bekannt mit B. verschiedenster Formen, darunter auch Sturzbecher und Nuppenbecher; ebenfalls in Serbien und der Hercegovina sind B. aus Glas lokaler Produktion, die etwa seit dem 12. Jh. nachweisbar ist, gefunden worden, darunter bes. viele Nuppenbecher des 14. und 15. Jh. In zahlreichen Fresken serb. Kirchen sind solche B. dargestellt, bes. in Malereien der → Morava-Schule. Auch nach der Jahrtausendwende ist im W der B. aus Glas zunächst vorherrschend, meist konisch, jedoch steiler und schlanker als im frühen MA (12.–15. Jh.). An neuen Typen entstehen das *Maigelein,* ein niedriges dickwandiges Trinkgefäß mit eingezogenem Boden (15.–16. Jh.) und der Nuppenbecher, mit aufgesetzten Glasnuppen, dessen eine Sonderform als *Krautstrunk* bekannt ist (15.–16. Jh.). Aus Ton und Holz sind weiterhin die einfachen Gebrauchsbecher, seit dem 14. Jh. auch aus Zinn. Die sog. *Koppelbecher,* aneinandergefügte B. derselben Form, sind aus Ton; *Zwillingsbecher* gibt es seit ca. 1000, *Drillingsbecher* seit dem 14. Jh. Beliebt waren im 14.–16. Jh. B., bes. *Trichterhalsbecher,* aus rhein. Steinzeug (zahlreiche Beispiele v. a. im Hetjens-Museum, Düsseldorf).

Prunkbecher waren zunächst aus oriental. Glas. Dazu gehören die sog. → Hedwigsgläser und die dünnwandigen z. T. emaillierten B. aus Syrien (13.–14. Jh.), deren berühmtestes Beispiel das »Glück von Edenhall« ist (London, Victoria & Albert Museum). Seit dem 13. Jh. gibt es die syr. Form in abweichender Masse mit abendländ. Dekor und Metallmontierung mit lat. Inschriften (z. B. im Grünen Gewölbe zu Dresden). Die dann im 14. Jh. bes. in Burgund entwickelten, vom Orient beeinflußten Prunkbecher werden mit der Zeit immer kostbarer. Aus Gold, Silber oder vergoldetem Kupfer, mit Kristall oder Glas, sind sie mit Treibarbeit, Email oder Edelsteinen verziert und meistens mit Fuß und Deckel versehen (Prunkbecher Kaiser Friedrichs III., 15. Jh., Wien, Kunsthist. Museum).

Mit dem ausgehenden MA bildeten sich eine Reihe von etwas absonderl. B. aus, z. B. der *Doppelbecher* (zwei mit der Öffnung aufeinanderstülpbare B.), der vor allem zum Minnetrinken diente, oder der *Häufebecher* (mehrere kleine ineinandergesetzte B. mit Deckel). – Der B. kommt auch, häufig anstelle des Kelches, als Attribut von Heiligen vor (St. Benedikt, St. Eduard u. a.).

W. Arenhövel

Lit.: RAC II, 37–62 – RDK II, 135–147 – W. Dexel, Dt. Handwerksgut, PKG V, 1939 – G. Schiedlausky, Essen und Trinken, Tafelsitten bis zum Ausgang des MA, 1956 – W. Dexel, Das Hausgerät Mitteleuropas, 1962 – P. Skubiszewski, Czara Wloclawska, 1965 – J. Philippe, Le monde byz. dans l'hist. de la verrerie, 1970, s. v. gobelets de formes diverses – E. Klinge, Siegburger Steinzeug, Kat. des Hetjens-

Mus. Düsseldorf, 1972 – B. KLESSE, G. REINEKING-V. BOCK, Glas, Kunstgewerbemus. der Stadt Köln, 1973².

1 Daubenbecher
2 Trichterbecher
3 Sturzbecher
4 Steinzeugbecher
5 Steinzeugbecher
6 Maigelein
7 Nuppenbecher
8 Koppelbecher (Zwillingsbecher)
9 Doppelbecher (Doppelscheuer)

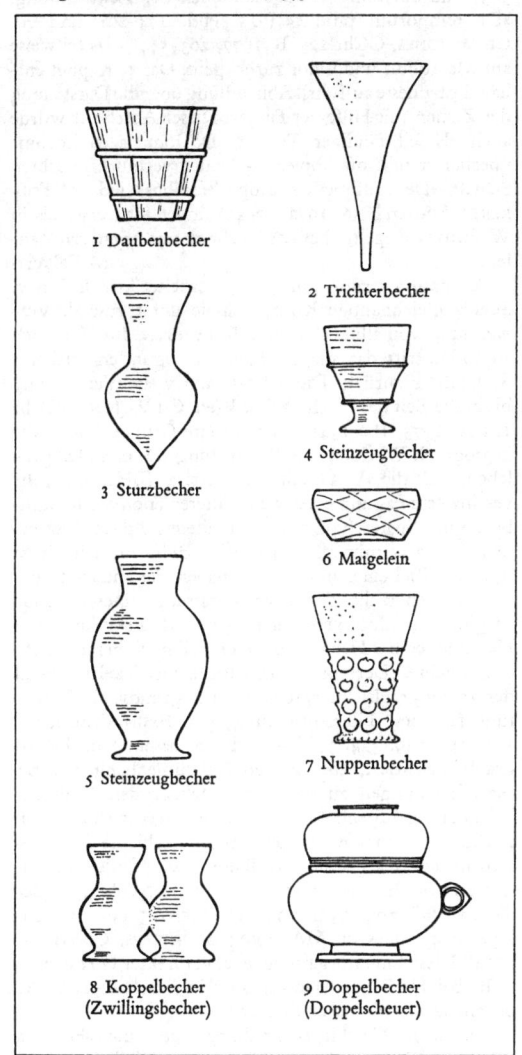

Fig. 15

Beckenhaube, beckenförmiger Helm, wohl entstanden aus den runden bombierten Helmen des späten 12. und frühen 13. Jh. Als *hûbe* oder *gupfe* (von frz. *coiffe*) bezeichnete kleine runde Helme der 1. Hälfte des 13. Jh. dienten als Unterlage für den → Topfhelm und blieben unter der Ringelkapuze verborgen, auch als diese Haube in der 2. Hälfte des Jahrhunderts an Höhe zunahm. In dieser Zeit erscheint zuerst der Name B. (bei → Konrad v. Würzburg). Zu Beginn des 14. Jh. wurde die runde B. oder → Hirnhaube schon offen getragen. Sie nahm um 1320/30 eiförmige Gestalt an und erhielt eine mittels durchbohrter Kloben und durchgezogener Schnur angehängte → Helmbrünne. An der Helmbrünne hing häufig ein Naseneisen, welches am Stirnteil der B. eingehakt werden konnte. Diese Vorrichtung verschwand erst nach 1360. Um diese Zeit nahm die B. eine hohe spitze Gestalt an. Um Drehbolzen aufschlagbare oder an einem Mittelscharnier aufklappbare Visiere zur B. gab es schon seit 1320/30. Aus ihm entwickelte sich um 1360/70 das bauchige → Rundvisier und das groteske Spitzvisier der → Hundsgugel. Die mit einem Visier ausgestattete B. wurde an der Wende des 14. zum 15. Jh. zur Ausgangsform neuer Helmtypen, wie des → Grand Bacinet und des → Armet. O. Gamber

Lit.: SAN-MARTE, Zur Waffenkunde des älteren deutschen MA, 1867 – O. GAMBER, Harnischstud. V, JKS 50, 1953 – M. TERENZI, Elmi del Trecento alla Mostra di Poppi, 1967.

Becket, Thomas → Thomas Becket

Beckington, Thomas, engl. Jurist und Diplomat, * um 1390 in Beckington, † 14. Jan. 1465; seit 1443 Bf. v. Bath und Wells, doctor iur. civ. in Oxford, Dekan des Provinzialgerichtshofes v. Canterbury, gen. »the Arches«, später Offizial des Gerichtshofes von Canterbury (ca. 1423–1438); praelocutor der Provinzialversammlung der Kirche v. Canterbury (1433); stand als Kanzler (*chancellor*) im Dienst von → Humphrey, Hzg. v. Gloucester (1423) und von Ebf. → Chichele (1428); Gesandter in Frankreich (1432, 1439, 1442–43); Sekretär Kg. Heinrichs VI. (1437–43), Siegelbewahrer (*Keeper of the Privy Seal*) 1443–44. Bei seiner Erhebung zum Bf. trat er von seinen Ämtern zurück. B. besaß humanist. Interessen. R.W. Dunning

Q. und Lit.: BRUO I, 157f. – Bekynton Correspondence (RS, 1872).

Beckmesser, Sixt, Meistersinger, 15. Jh. (eigtl. S. Beck, Messerer 'Messerschmied'). Hans Sachs' Schulkunst (1527) nennt B. als siebten der zwölf Alten Meister (Gründer?) der Nürnberger Singschule. B. ist in Nürnberg urkundl. nicht nachweisbar, hier wohl nur Geselle, später Meister in Windsheim an der Aisch, da (lt. Nürnb. Brief b. 134, 187) dort 1549 ein Sixt Beck (Sohn?) ansässig war. B.s Witwe lebte 1539 in Nürnberg, wohl bei Verwandten (Libr. lit. 43, 58). Von B.s Liedtexten ist nur das im Gülden Ton gedichtete Neujahrslied (drei 30zeilige Strophen, Hs. Berlin Mgf 414, 268ʳ–269ʳ, ed. ROSENFELD, 1953) erhalten, eine feierl. Zusammenschau von Erlösungssehnsucht, Gottes Erlösungsbeschluß, Erlöserge burt, endigend in vorreformator. Lobpreis Marias. B.s Melodien (Gülden Ton, Corweise, Neuer oder Überzarter Ton) blieben bei den Meistersingern noch viele Jahrzehnte beliebt. In den »Meistersingern« (1870) hat Richard Wagner B.s Namen willkürl. an die Stelle des Hans Lick des Entwurfs (1861), Hohn über den Musikkritiker Eduard Hanslick, gesetzt. H. Rosenfeld

Lit.: Verf.-Lex.² I, 658–660 [H. ROSENFELD] – DERS., Der hist. Meistersinger S. B. und der Meistergesang, Euphorion 47, 1953, 271–280.

Beda Venerabilis (ae. Bâeda), ags. Mönch und Gelehrter, * 673/674, † 26. Mai 735.
I. Leben – II. Beda als lateinischer Schriftsteller – III. Beda und die altenglische Literatur.

I. LEBEN: Unsere Kenntnis der Vita B.s gründet auf einem kurzen autobiograph. Abschnitt (Historia ecclesiastica V, 24: PLUMMER, jetzt auch bei COLGRAVE, 575) und in dem Brief seines Schülers Cuthbert, De obitu Baedae: PLUMMER, jetzt auch bei COLGRAVE, 580–586. B. wurde 673/674 im Gebiet des Kl. Wearmouth (heute Northumbrien) geboren; siebenjährig wurde er von Verwandten (als Waise?) der Obhut des Abtes → Benedikt Biscop (628–689) anvertraut, der ihn schon bald dem Mönch Ceolfried (um 642–716) im Kl. Jarrow übergab. Hier verbrachte B., von zwei kleinen Reisen nach Lindisfarne und York abgesehen, sein ganz dem »Lernen, Lehren und Schreiben« gewidmetes Leben. Mit 19 Jahren wurde B. Diakon, mit 30 Priester. Für seine Studien war B. durch seine hervorragenden lat. Kenntnisse bestens vorbereitet; ob er auch Hebräisch konnte, ist umstritten. Die nötigen Bücher lieferte ihm die von Benedict Biscop begründete und von Abt Ceolfried erweiterte Bibliothek. Die letzten Lebenstage schildert Cuthbert: Ostern 735 befiel B. die Krankheit, die am Himmelfahrtstag (26. Mai 735) zum Tode führte. Der Leichnam wurde in Jarrow beigesetzt. Anfang des 11.Jh. wurden die Gebeine nach Durham übertragen; 1541 wurden sie zerstreut. Die Gestalt B.s beherrscht das ganze frühe MA. Für Bonifatius ist er »der geistliche Presbyter und der Erforscher der Hl. Schrift« (MGH Epp. sel. III, 376f.), für Alkuin »der ruhmwürdigste Magister unserer Zeit« (ebd. IV, 55). Das Aachener Konzil v. 836 preist ihn als »bewundernswerten Lehrer« und stellt ihn an Autorität den Kirchenvätern gleich (MGH Conc. II, 759). Die ma. Scholastiker zitieren ihn als »Autorität« (Cecchetti, Bibl. SS II, 1053), und Dante versetzt ihn mit den großen Lehrern nahe bei Isidor v. Sevilla in den Sonnenhimmel (Parad. X, 131). H. Bacht

II. Beda als lateinischer Schriftsteller: Das Schrifttum Beda Venerabilis' spiegelt das geistige Gesicht des frühen MA wider. Kaum ein Gebiet der Wissenschaft bleibt unbeachtet und es gibt kaum einen Wesenszug frühma. Lit., der in seinen Werken nicht in Erscheinung tritt. Bei aller Vielfalt ist jedoch das zentrale Anliegen B.s immer wieder das gleiche: Erbauung und sittl. Belehrung – durch das Studium der Bibel und die ihm dienenden Naturwissenschaften, und in den hist. Werken. Sein Schrifttum erhält weniger durch eine Orientierung auf das sprachl. Kunstwerk hin als durch die innere Ausrichtung auf das Geistliche auch lit. Gestaltung. Es vermittelt und begründet lit. Traditionen, die zum Teil über das MA hinaus nachwirkten. – Zum Beinamen »Venerabilis« vgl. P. Lehmann, Ma. Beinamen und Ehrentitel, HJb 49, 1929, 215–239, abgedruckt in: Ders.: Erforschung des MA I, 1973, 129–154, hier bes. 137–140.

Am Anfang der lit. Arbeit B.s stehen grammat. Handbücher für den Unterricht: »De orthographia« (701/702), ein alphabet. geordnetes Glossar mit Angaben der Bedeutung oder des Gebrauchs der Wörter, manchmal mit gr. Entsprechungen (ed. Ch.W. Jones, CChr 123 A, 1975, 7–58); »De metrica ratione«, eine Sammlung von Beispielen verschiedener Versformen, mit Erklärungen. Bezeichnend für den selbständig arbeitenden Gelehrten, der, wann immer es ihm geboten scheint, über seine Quellen hinausgeht, ist die hier zum ersten Mal auftretende Erläuterung des Unterschieds zw. metr. und der im MA längst geübten rhythm. Dichtung sowie die absichtl. Anführung chr. Dichter bis Venantius Fortunatus dort, wo in seiner jeweiligen Quelle aus profanantiken Autoren zitiert wird. Die lit. Tradition, die daraus entstand, daß in der Folgezeit auch chr. Dichter in der Schule als Vorbilder behandelt wurden, ist durch B.s Lehre der Metrik begründet worden, die bis ins späte MA Interesse fand, d.h. abgeschrieben wurde (ed. Ch.W. Jones, CChr 123 A, 1975, 61–141). Sowohl der Überlieferung als auch der Absicht nach geht B.s Schrift »De schematibus et tropis (sacrae scripturae)« in die gleiche Richtung wie »De metrica ratione«: eine Erklärung der rhetor. Figuren, wie sie in der Bibel vorkommen, verbunden mit dem Zweck, die Überlegenheit der Hl. Schrift über die profane Lit. nachzuweisen (ed. Ch.W. Jones, CChr 123 A, 1975, 142–171). Das Werk nimmt eine lit. Tradition auf, die von der Ars grammatica des Julian v. Toledo im Anschluß an Augustin begründet wurde (vgl. Ch. H. Beeson, The Ars Grammatica of Julian of Toledo, Misc. Fr. Ehrle I, 1924 [= StT 37, 50ff.]). W. Becker

B.s hist. Schrifttum entwickelte sich aus zwei Gruppen seiner Werke: Die erste Gruppe umfaßt Schriften zur Chronologie und zur Kosmographie. Zur Chronologie verfaßte B. die kurze Schrift »De temporibus« (um 703; ed. Ch.W. Jones, Bedae opera de temporibus, 1943, 295–303) und ein umfassendes Handbuch der Zeitrechnung, »De temporum ratione« (725, ebd. 174–291 und ed. Ch.W. Jones, CChr 123 B, 1977, 263–544), das teilweise auf Macrobius und Isidor zurückgeht. Das 1. Kapitel enthält die früheste ausführl. Abhandlung über die Darstellung der Zahlen mit Hilfe der Finger. Dieser Abschnitt wurde auch als selbständiger Traktat »De loquela digitorum« überliefert und oft kopiert. – In der vermutl. unechten Schrift »De arithmeticis propositionibus« (ed. M. Folkerts, SudArch 56, 1972, 22–43) findet man erstmals in W-Europa Regeln über das Rechnen mit negativen Zahlen. M. Folkerts

»De natura rerum« (um 703) verarbeitet krit. Isidors v. Sevilla gleichnamige Kosmographie unter zusätzl. Verwendung von Plinius' »Naturalis historia«. Im Vergleich zu Isidor tritt das allegor. Element zugunsten reicherer Stoffzufuhr zurück. Die Schrift fand weite Verbreitung bis in die Zeit der Hochscholastik (ed. Ch.W. Jones, CChr 123 A, 1975, 189–234). – Die zweite Gruppe bilden die hagiograph. Werke: stilist. Bearbeitungen älterer Heiligenleben, z.B. die »Vita Cuthberti metrica« (BHL 2020), die versifizierte Fassung einer wenig älteren anonymen Cuthbert-Vita. Später (vor 721) bearbeitete B. diese Vita erneut (»Vita et miracula Cuthberti«, BHL 2021) in Prosa mit dem Ziel einer möglichst genauen Berichterstattung, das ihm aber die der Literaturgattung innewohnende »hagiograph. Interpretation«, d.h. die Erklärung der Handlungen des Helden aus seiner Heiligkeit heraus, nicht ermöglichte. (Der von F. Brunhölzl entwickelte Begriff der »hagiograph. Interpretation« hat grundsätzl. Bedeutung für diese Literaturgattung; vgl. Brunhölzl I, 92, 501, 215, 239, 324, 376.) – Nicht in diesem Sinn hagiograph. orientiert, aber in den Zusammenhang mit B.s Nachforschungen zu den ihm vorliegenden Heiligenkalendern gehörend, schuf er unter Heranziehung von zusätzl. Quellen wie z.B. der Kirchengeschichte des Eusebios in der Bearbeitung des Rufinus v. Aquileia die lit. Gattung des hist. Martyrologiums: »Martyrologium Bedae«, verfaßt zw. 725 und 731 (H. Quentin, Les martyrologes historiques du MA, 1908; E. Dekkers, Clavis, nr. 2032). Diese Literaturgattung lebte in direkter Fortsetzung (z.B. bei Hrabanus Maurus) oder in Bearbeitungen des bedan. Werks bis ins 11.Jh. fort.

Zur eigtl. Geschichtsschreibung leitet die »Historia abbatum« (»Vita beatorum abbatum Benedicti, Ceolfridi, Eosterwini, Sigfridi et Hwaetbercti«, BHL 8968; nach 716) über, ein die Biographie der Äbte v. Wearmouth und die Klostergeschichte verbindendes Werk. Als hist. Quelle ist am aufschlußreichsten das Leben Benedict Biscops und dessen Romreisen mit Bücherschenkungen an sein Kloster.

Das für die Nachwelt zugleich als lit. und hist. Dokument wichtigste Werk B.s ist seine »Historia ecclesiastica gentis Anglorum« (abgeschlossen 731), die nicht nur Kirchengeschichte, sondern auch polit. und kulturelle Gesch. seines Volkes ist. Treue und zugleich Kritik den Quellen gegenüber, die er, sorgfältiger als bislang gekannt, auswertet, strenge und doch innerlich beteiligte Sachlichkeit, eine klare, an spätantiken Vorbildern geschulte Sprache und lebendige Schilderungen zeichnen das Werk aus. Als Literaturgattung ist es in die Reihe zu stellen, in die Cassiodors Gotengeschichte, Isidors v. Sevilla »Historia Wandalorum, Sueborum, Gothorum«, die »Historia Francorum« Gregors v. Tours und später die »Historia Langobardorum« des Paulus Diaconus gehört. (Vgl. zum Stil die Bemerkungen in M. L. W. Laistner, 1957², 166; sowie ed. Colgrave-Mynors, XXXVI–XXXVII). Als Vorbild diente ihm wahrscheinl. die Kirchengeschichte des Rufinus v. Aquileia. Hervorzuheben ist ferner die nach Dionysius Exiguus' »Liber de paschate« erfolgte Angabe der Jahreszahlen nach der chr. Zeitrechnung, der er schon durch die Einführung in seine chronolog. Schriften zum endgültigen Durchbruch verholfen hatte; ferner der autobiograph. Rückblick mit dem Katalog seiner von ihm für erwähnenswert gehaltenen Werke. Mehr als 160 überlieferte Hss. sprechen für die Beliebtheit des Werkes bis ins späte MA.

Den breitesten Raum in B.s Schrifttum nehmen seine theol. Werke ein (RBMA II, Nr. 1598–1646). Wie sehr B. auch dem MA zuallererst als Theologe erschien, kann man bes. an der Zahl der ihm fälschl. unter den Namen Ambrosius, Hieronymus und Augustin zugeschriebenen Schriften (RBMA II, Nr. 1647ff.) und deren Verbreitung sowie an der Überlieferung seiner Kommentare und Homilien in Florilegien und Homiliaren abschätzen (M. L.W. LAISTNER-H. H. KING, 114–118; J. LECLERCQ, RTh 14, 1947, 211–218). So gesehen, sind seine einflußreichsten Werke die »Expositio« und »Retractatio in actus apostolorum« (E. DEKKERS, Clavis, nr. 1357. 1358), »super epistulas catholicas expositio« (Clavis, nr. 1362), der Lukaskommentar und der spätere Markuskommentar (Clavis, nr. 1356. 1355), der den früher entstandenen Lukaskommentar zu etwa einem Drittel wörtl. übernimmt; sowie die zwei Bücher seiner Homiliensammlung (Clavis, nr. 1367). In seinem exeget. Werk ist B. – von wenigen Ausnahmen abgesehen – durch die alexandrin. Tradition (Origenes) geprägt (M.L.W. LAISTNER, Harvard Theol. Rev. 40, 1947, 19–31; A. WILLMES, AK 44, 1962, 281ff.).

Das patrist. Schrifttum war in B.s Kl. Wearmouth-Jarrow in hohem Maß vorhanden (vgl. M.L.W. LAISTNER in A. H. THOMPSON 2, 257–266; M.L.W. LAISTNER, The Intellectual Heritage of the Early MA, 1957, 145–149). Die Heranziehung der Werke der Kirchenväter geschah aber nicht in der im frühen MA vorherrschenden wörtl. Übernahme einer Quelle zu einer eigenen Kompilation, sondern nach krit. Durchdenken. Bes. bemerkenswert ist hier das Heranziehen und Vergleichen mehrerer bibl. Texte, auch altlat. Übersetzungen, miteinander (ed. CH. PLUMMER I, LIV–LVI; II, 392–394). Der am meisten von B. zitierte bibl. Text war die Vulgata in ihrer nicht an allen Stellen gleich reinen, nordhumbr. Textgestalt (S. BERGER, Hist. de la Vulgate, 1893 [Nachdr. 1976], 38f.), repräsentiert durch den codex Amiatinus (Florenz, Amiatinus I; CLA III. 299), eine in Wearmouth-Jarrow um ca. 700 geschriebene Vulgatahandschrift, auf die vielleicht sogar die »Historia abbatum« 15 (I, 379 PLUMMER) bezieht. Auf den altlat. Text (Vetus Latina) verweist B. mit 'alia', 'antiqua', 'vetus translatio' (I, p. LIV Anm. 7 PLUMMER); ähnliche Bezeichnungen verwendet in seinen volkssprachl. Werken im 10./11.Jh. B.s Landsmann Ælfric. Im Zusammenhang mit dieser quellenkrit. Absicht des Gelehrten sind auch B.s Bezeichnungen seiner Quellen im Markuskommentar zu sehen. Sie greifen eine aus dem Altertum v. Isidor v. Sevilla übernommene Tradition wieder auf und kennzeichnen in einer veränderten geistigen und lit. Situation eine bewußte Haltung geistigem Eigentum gegenüber. Die Tradition wird in karol. Zeit (z.B. bei Hrabanus Maurus und Smaragdus v. Saint-Mihiel) fortgesetzt. – Für seine »Retractatio in actus apostolorum«, eine seinen früheren Kommentar zur Apostelgeschichte («expositio») ergänzende Abhandlung, zog B. den gr. Bibeltext (Septuaginta) in einer Interlinearversion heran, erhalten in Oxford, BL Laud. gr. 35 (CLA II². 251; H. VOGELS, Hb. der ntl. Textkritik, 1923, 52). Das Werk ist eines der wenigen Beispiele, in denen B.s geistige Verbindung zur antiochen. Schule der Exegese Theodors v. Canterbury für uns sichtbar wird: Benedict Biscop, unter dessen Obhut der siebenjährige Beda im Kl. Wearmouth aufgenommen wurde, war zwei Jahre Abt von St. Peter in Canterbury gewesen (vgl. I, XVIII PLUMMER). Ein weiteres Beispiel sind die »in libros Regum quaestiones XXX« (E. DEKKERS, Clavis, nr. 1347). Über die Schule von Canterbury: B. BISCHOFF, Sacris Eruditi 6, 1954, 189–279, auch abgedruckt: DERS., Ma. Studien I, 1966, 205–273, hier bes. 206ff. Zu B.s Kenntnis typ. ir. Litteralexegese: DERS., Ma. Studien I, 267. B.s Griechischkenntnisse beschränken sich auf lexikal. Wissen, dazu B. BISCHOFF, BZ 44, 1951, 27–55, auch abgedruckt: DERS., Ma. Studien II, 1967, 246–275, hier bes. 265.

Die Dichtungen nehmen den kleinsten Raum in B.s Gesamtwerk ein, sie sind durchweg metrisch (nicht rhythmisch) und übersteigen zumeist nicht den Rang schulmäßiger Dichtung; mit einer Ausnahme haben sie wenig Verbreitung gefunden. Hervorzuheben ist der »Liber hymnorum« (E. DEKKERS, Clavis, nr. 1372) mit dem ersten »Hymnus de opere sex dierum primordialium et de sex aetatibus mundi«; das hexametr. Gedicht »De die iudicii« (Clavis, nr. 1370), das ins Altenglische übersetzt wurde und bei karol. Dichtern nachwirkte, sowie die Psalmengedichte (Clavis, nr. 1371. 1371a bis c), die eine von Paulinus v. Nola eingeführte Tradition der Paraphrasierung bibl. Psalmen fortsetzt. – Schon im MA sind B. vielfach zu Unrecht Werke zugeschrieben worden; seit der Gesamtausgabe von Herwagen 1563 wurden zahlreiche Schriften fälschl. unter B.s Namen gedruckt. Berichtigungen v.a. CH.W. JONES, Bedae Pseudepigrapha.

W. Becker

Von den beiden B. seit der ersten Gesamtausgabe zugeschriebenen *Musiktraktaten* wurde der zweite (»Musica quadrata seu mensurata«, ed. MPL 90, 919–938 und COUSSEMAKER I, 251–281) bereits seit langem aufgrund seines Inhaltes als unecht erkannt (der auch »Aristoteles quidam« gen. Verfasser ist ein um 1270 tätiger →Lambertus; vgl.: Ein anonymer glossierter Mensuraltraktat 1279, ed. H. SOWA, 1930, 51). Doch stammt auch der andere Traktat (»Musica theorica«, ed. MPL 90, 909–920) keinesfalls von B. (es handelt sich um eine Kompilation verschiedener Boethius-Glossen; vgl. U. PIZZANI, Uno Pseudo-Trattato dello Ps.-B., Maia 9, 1957, 36–48). Für die heut. Musikforschung höchst interessant ist B. dagegen durch seine Nachrichten über die Frühzeit des Gregorian. Chorals in England, die sich im IV. Buch seiner »Historia ecclesiastica« finden.

H. Schmid

III. BEDA UND DIE ALTENGLISCHE LITERATUR: Von den ae. Werken, die B. verfaßt haben soll (z.B. Johannesevangelium), ist nur sein sog. Totenlied (»Bede's Death-Song«) erhalten. Es besteht aus fünf ae. Versen mit der Ermahnung, geistig auf das Sterben und das Gericht vorbereitet zu sein, die B. laut der Epistola Cuthberti de obitu Bedae auf seinem Totenbett sprach (also am oder kurz vor dem 26. Mai 735). Der Text ist in drei Versionen erhalten (in nordhumbr. Dialekt, in westsächs. und in einer Zwischenstufe) und in mindestens 38 Hss. überliefert, und ist so der weitaus am häufigsten überlieferte ae. Text. – B.s »Historia ecclesiastica« wurde gegen Ende des 9.Jh. im Kreis von Kg. →Alfred in ae. Prosa übersetzt, aber wahrscheinl. nicht von Alfred selbst, sondern von einem seiner merzischen Helfer. Das Werk ist in sechs mehr oder weniger stark saxonisierten Hss. bzw. Fragmenten erhalten. Wahrscheinl. im späten 10.Jh. übertrug ein anonymer ae. Dichter das B. zugeschriebene Gedicht »De die iudicii« in ae. Verse; diese Version wurde ediert unter den Titeln

»Be Domes Daege« (= »Doomsday« = »Judgment Day II«). Sie ist nur in einer Hs. erhalten (CCCC 201). D. K. Fry
Ed.: zu [I und II] : J. Herwagen (Hervagius), 8 Bde, Basel 1563 [erste Gesamtausg.]. – MPL 90–95 – Venerabilis Baedae Opera Historica, ed. C. Plummer, 2 Bde, 1896 [Nachdr. 1961; mit Einl. und Anm.] – Bede's Ecclesiastical Hist. of the Engl. People, ed. B. Colgrave-R. A. B. Mynors, 1969 [mit engl. Übers. und Übersicht über hs. Überl.] – CChr [neue Gesamtausg. seit 1955 im Erscheinen, Werk- und Editionsverz. Clavis 1343–1384] – R. Kottje, Ein bisher unbekanntes Frgm. der Hist. Ecclesiastica Gentis Anglorum B.s, RevBén 83, 1973, 429–432 – zu Teil- und Einzelausg. vgl. weiterhin den Text – *Lit.: zu [I und II]* : DHGE, s. v. – DNB, s. v. – Hoops² II, 129–132 – LThK² II, 93 f. – Manitius I, 70–87 – Brunhölzl I, 207–227, 539–543 [Lit.] – M. L. W. Laistner, Thought and Letters in Western Europe, 1931, 1957², 156–166 – Bede, His Life, Times, and Writings, hg. A. H. Thompson, 1932, 1966² – Ch. W. Jones, Bedae Pseudepigrapha. Scientific Writings Falsely Attributed to Bede, 1939 – M. L. W. Laistner-H. H. King, A Hand-List of Bede Mss., 1943 – F. W. Bolton, A Bede bibliogr. 1935–60, Traditio 18, 1962, 436–445 [Bibliogr.] – P. H. Blair, The World of Bede, 1970 – *zu [III]* : G. K. Anderson, Lit. of the Anglo-Saxons, 1949, 225–233, 248–249 – Renwick-Orton, 150 f., 204 f., 244 f. – NCBEL I, 243, 286 f., 317 f. – *Ed.:* T. Miller, The OE Version of Bede's Ecclesiastical Hist., EETS 95, 96, 110, 111, 1890–98 – ASPR VI, 58–67, 107–108 – *Lit.:* B. F. Huppé, Doctrine and Poetry, 1959 – D. Whitelock, The OE Bede, PBA 48, 1962, 57–90 – S. B. Greenfield, A Critical Hist. of OE Lit., 1965, passim – H. Schabram, Superbia, 1965, 45–48 – H. D. Chickering, Some Contexts for Bede's Death-Song, PMLA 91, 1976, 91–100.

Bedaische Epakten → Epakten
Bedaische Indiktion → Indiktion
Bede
I. Allgemein – II. Bede als städtische Steuer.

I. Allgemein: Die Bede ('Bitte', auch als exactio, petitio, questus, *prière, taille, assise, tallage* etc. bezeichnet) ist die bekannteste der auf Gewohnheit oder unrechter Gewohnheit beruhenden Abgaben. Die sehr verschiedenartigen Begriffe leiten sich aus der Herkunft, der Art der Einziehung oder dem Kontrollvorgang her. Ähnlich wie die iniustae exactiones, die in den karol. Kapitularien angeprangert worden waren, entstanden alle diese Abgaben in »Ausnutzung« des Heerbanns (C. E. Perrin), und zwar des verliehenen oder usurpierten Königsbanns (wie fast alle roman. Historiker annehmen) oder dem Adel als solchem zustehenden Banns (wie es die meisten dt. Historiker vertreten). Die B. ist wahrscheinl. in einer zweiten Phase der Entwicklung des Abgabenwesens aufgekommen, denn sie besteht ihrem Wesen nach in Geld. Zunächst verlangten die Inhaber des Banns nämlich v. a. Dienstleistungen, bes. auf militär. Gebiet, dann, als sich die Wirtschaft mehr und mehr entwickelte und das Geld auch auf dem Land flüssiger wurde, forderten sie eine Geldabgabe, in der Bretagne schon am Ende des 10. Jh., in den übrigen Ländern seit dem 11. Jh. Die B. ist Entgelt für die Gewährung von Schutz (O. Brunner). Sie wird dem Herrn gezahlt, damit er die Leute vor jedem schütze, der sie angreift (»ut homines a quibuscumque deffenderet ipsos inquietantibus«, so in einer Urkunde des Forez von 1265). Jeder, der Schutz und Schirm garantiert, kann daher die B. erheben: der Inhaber des Heerbanns oder der Gerichtsherrschaft, mit anderen Worten nach der Maxime des dt. Rechts »Luft macht eigen, Luft macht frei« der Herr, dessen Luft man atmet, gleichgültig, ob man Grund und Boden von ihm innehat oder nicht – der → Vogt, ohne daß, wie man in Hinblick auf die frühen Besitzungen der Habsburger gemeint hat, zw. den Abgaben an ihn und den Abgaben an den Bannherrn ein Unterschied im Wesen oder in der Art der Erhebung bestand – der Lehensherr von seinen Vasallen – der Herr von seinen Leibeigenen – der Landesherr; eine solche Fürstenabgabe bestand in Holland seit dem 12. Jh., wurde aber auf das vom Gf.en in Anspruch genommene Recht gestützt, Moore als herrenloses Gut ('*moeren*') einzuziehen; im 14. u. 15. Jh. war sie jedenfalls sehr verbreitet und könnte deshalb eine der Wurzeln, ja sogar die entscheidende Wurzel der öffentl. Steuer gewesen sein, obwohl manche Kenner diese v. a. aus den röm. Begriffen des Staates und der Souveränität herleiten.

Keinesfalls war die B. eine charakterist. Last der Leibeigenschaft, wie Legisten und Feudisten seit dem späten MA und im Anschluß an diese moderne Historiker, so M. Bloch) angenommen hatten, zu deren Zeit die B. überhaupt nicht mehr oder unbeschränkt nur noch von Leibeigenen erhoben wurde.

Die B. hat eine tiefgreifende Entwicklung erfahren. Zu Beginn war sie eine außerordentl. Bitte: »accidentalis questus« (Historia Walciodorensis monasterii, 1070, MGH SS 14 c. 58), dazu bestimmt, einen außerordentl. Bedarf des Herrn zu decken und zwar eines weltl. Herrn nach dem Vorbild der Lehenshilfe, dabei war sie in das Belieben des Herrn gestellt. Nach 1150 oder 1200 wurde sie regelmäßig erhoben, meist jährlich. Bei außergewöhnl. Anlässen wurde zusätzl. eine außerordentl. Abgabe erhoben. Die B. wurde auf einen bestimmten Betrag festgesetzt (*assise*), der sich meistens nach Köpfen »a quolibet capite domus« und nach dem Vermögen der Steuerpflichtigen richtete und auf Grund der Nutzungsfläche oder der Art und Bedeutung des Viehbestandes grob geschätzt wurde. Manchmal, bes. in England, wurde die Höhe für die Gemeinde als ganze festgesetzt (*abonnement*). Die Höhe der B. scheint nicht erdrückend gewesen zu sein, wurde aber im 14. Jh. anscheinend erhöht, wie z. B. in Lothringen. Gleichzeitig wandelte sie sich von einer persönlichen Schuld in eine Reallast, die auf dem Land ruhte (Radizierung). An Orten mit Abgabefreiheit wurde sie entweder allgemein abgeschafft oder durch eine Bürgertaxe ersetzt, oder die Stadt bemächtigte sich ihrer, indem sie den Bürgern die B. unter der Sanktion der Ausbürgerung auferlegte.   L. Genicot

II. Bede als städtische Steuer: Die Ursprünge der B. als städt. Steuer liegen in der landesherrl. Forderung nach einer Beisteuer, die schon im HochMA zu einer regelmäßigen Abgabe geworden war. Es muß zw. der B., die eine Stadt dem Landesherren zu entrichten hatte, und der B. als Umlage innerhalb der Stadt unterschieden werden. Im 12. und 13. Jh. war die Steuerpflicht der Städte schon meist so geregelt, daß nicht mehr der einzelne Stadtbewohner, sondern die Stadt insgesamt steuerpflichtig war und eine pauschalierte Summe an den Landesherrn abführte. Durch diese Gesamtbesteuerung der Stadt trat diese aus der Landbesteuerung heraus, sie wurde eine eigene Steuergemeinde. Die ganze oder teilweise Befreiung zahlreicher Städte von der landesherrl. Steuer setzte ebenfalls schon im 12. Jh. ein, häufig mit der Auflage, die gesparten Beträge für den Ausbau der Befestigung zu verwenden. Die petitio, precaria, exactio, *bede, steura* oder *schatzung*, die die Stadt dem Landesherren zu zahlen hatte, wurde durch die Geldentwertung des späten MA häufig zu einer symbol. Zahlung, so daß der Landesherr seit dem 14. und 15. Jh. neue Besteuerungen der Städte, auch B. bzw. Schoß gen., einführte. Die Bezeichnung Bede (*Bete, Beet, Bedde*) als pauschalierte landesherrl. Steuer findet sich neben → Schatzung und → Schoß im gesamten hochdt. und nd. Sprachgebiet bis ins 18. Jh., häufig in Zusammensetzungen als Königs-, Herren-, Not-, Wein-, Korn-, oder als Mai- bzw. Herbstbede.

Die Steuersumme, die die Stadt an den Landesherrn zu zahlen hatte, war ein genossenschaftl. Betrag, der von allen Bürgern aufgebracht werden mußte. Sie war wohl zunächst Grund- und Gebäudesteuer, wurde dann meist »pro posse« auf das Vermögen umgelegt und zwar im allgemeinen nach Selbsteinschätzung der Bürger (Steuereid). Unabhängig von der Abgabe der Stadt an den Landesherrn wurde die B. als direkte Vermögenssteuer zur Haupteinnahmequelle der Stadt. Allerdings blieb in manchen großen Städten des SpätMA (z. B. Köln und Frankfurt) die direkte Vermögenssteuer eine in Notlagen erbetene Ausnahme.

C. v. Looz-Corswarem

Lit.: *zu [1]*: HRG I, 346ff. – L. VERRIEST. Le régime seigneurial en Hainaut, 1917 – C. E. PERRIN, Recherches sur la seigneurie rurale en Lorraine d'après les plus anciens censiers, 1935 – Le Domaine, Rec-JeanBodin IV, 1949 – O. BRUNNER, Land und Herrschaft, 1965⁵, 273 ff. – G. L. HARRIS, King, Parliament and public finance in medieval England to 1369, 1975 – L. GENICOT, L'économie rurale namuroise au bas MA, III: Les hommes. Le commun [im Dr.] – *zu [II]*: K. ZEUMER, Die dt. Städtesteuern (Staats- und sozialwiss. Forsch. I, 2), 1878 – E. LIESEGANG, Niederrhein. Städtewesen vornehml. im MA (Unters. zur Dt. Staats- und Rechtsgesch. 52), 1897, 340ff. – F. BOTHE, Die Entwicklung der direkten Besteuerung der Reichsstadt Frankfurt bis zur Revolution 1612–1614 (Staats- und sozialwiss. Forsch. XXVI, 2), 1906 – C. STEPHENSON, La taille dans les villes d'Allemagne, M-A 26, 1924, 1–43 – A. ERLER, Bürgerrecht und Steuerpflicht im ma. Städtewesen, 1963² – G. WUNDER, Die Bürgersteuer (Beet) in den südwestdt. Reichsstädten und ihre Verteilung auf die wirtschaftl. Gruppen der Bevölkerung (L'impôt dans le cadre de la ville et de l'état, Pro Civitate, 1966), 183–207.

Bede's Death-Song → Beda Venerabilis

Bedemund (bet-, bath-; -muth, -mont) ist eine vornehml. im Gebiet der nordwestdt. Grundherrschaft, in Westfalen und Niedersachsen mit Ausläufern nach Thüringen verbreitete, im 10. Jh. zuerst bezeugte Heiratsabgabe an den Grundherrn einer unfreien Frau, die ein Mann aus einer fremden Grundherrschaft ehelichte. In Form einer Bußzahlung tritt B. dabei auf, wenn außerehelicher Beischlaf vorlag. B. war eine vom zukünftigen Gemahl an den Herrn der Frau zu zahlende Entschädigung für eine ihm durch Heirat verloren gehende unfreie weibl. Arbeitskraft. Beim Tod einer solchen Frau tritt B. vereinzelt als Todfallabgabe auf, die dann an den Grundherrn des Mannes zu entrichten war. G. Droege

Bedeutungsgröße (Bedeutungsmaßstab). Mit der Anführung dieses Stichwortes soll eines der wichtigsten Darstellungsprinzipien der frühchr. und ma. Kunst hervorgehoben werden: Die Größenverteilung der Einzelgegenstände und bes. Einzelfiguren eines Bildzusammenhangs erfolgte nicht nach den natürl. Größenverhältnissen oder Regeln der → Perspektive, sondern entsprechend ihrer Bedeutung für das Bildthema im allgemeinen oder für bes. ikonolog. Einzelheiten, bei Personen außerdem in Entsprechung zu ihrer Stellung innerhalb einer vorgegebenen Rangordnung. Das Prinzip der B. wurde, bes. bei der Darstellung von Göttern und Herrschern, bereits von den antiken Kulturen des Mittelmeerraumes und des Vorderen Orients zur Wiedergabe von Rangunterschieden verwendet; über die gr. und röm. Kunst wurde es an das MA vermittelt. Die starke Betonung und Differenzierung der B. in repräsentativen Herrscherbildern (→ Herrscherbild) der Spätantike und die Übertragung von Darstellungsprinzipien der Herrscherdarstellung auf religiöse Themen sicherte der Anwendung der B. einen bedeutenden Platz in der w. und ö. Kunst des MA: Durch sie spiegeln viele Bilder die jeweils allgemein herrschende oder eine aus speziellen Gründen hervorgehobene Ansicht über die Rangordnung in himml., kirchl. und weltl. Hierarchie. Allerdings konnte das System der B. durch das entgegengesetzte Prinzip der Kopfgleichheit (→ Isokephalie) ganz oder teilweise aufgehoben werden. Maßgebend war grundsätzl. der Zusammenhang des Einzelbildes, so daß z. B. eine Gestalt, die in einem Bild als Stifter unter Heiligen sehr klein dargestellt ist (→ Stifterbild), in anderem Bildzusammenhang Begleiter oder Untergebene weit überragen kann. Die B. beeinflußte auch das nachikonoklast. Dekorationsschema in byz. Kirchen: je höher eine Gestalt oder Szene im Ausstattungsprogramm angeordnet, desto bedeutender ihr heilsgesch. Rang. J. Engemann

Lit.: RByzK II, 944–946 – O. DEMUS, Byz. Mosaic Decoration, 1953², 15–17 – B. BRENK, Zum Bildprogramm der Zenokapelle in Rom, Archivio Español de Arqueologia 45/47, 1972/74, 213–221 – H. P. LAUBSCHER, Der Reliefschmuck des Galerierbogens in Thessaloniki, 1975, 124–126.

Bedeutungsperspektive → Perspektive

Bedford, Herzogswürde, die 1414–95 als bloßer Titel bestand. Sie wurde von Heinrich IV., Kg. v. England, für seinen dritten Sohn → Johann (* 1389, † 1435) am 16. Mai 1414 geschaffen und diesem auf Lebenszeit verliehen. Der Titel wurde am 8. Juli 1433 zurückgegeben und neuverliehen. George Neville (* um 1457, † 1483) wurde am 5. Jan. 1470 zum 2. Hzg. v. B. erhoben; doch wurde ihm der Titel 1477 wieder entzogen. Zum 3. Hzg. v. B. wurde am 27. Okt. 1485 Jasper → Tudor (* um 1430, † 1495) erhoben, zweiter Sohn von Owen Tudor und Katharina v. Frankreich, der Witwe Kg. Heinrichs V. Nach Jaspers Tod erlosch der Titel. C. T. Allmand

Lit.: Peerage II, 70–73.

Bedingham, John (auch: Bedyngham, Bodigham), engl. Komponist des 15. Jh., von dem nachweisl. eine Messe (über eine ital. Ballata von J. → Dunstable), vier Chansons (sämtl. dreistimmig) und drei zusätzl. Stimmen zu Dunstables Ballata »O rosa bella« erhalten sind. Da die Chansons kontinentaler Tradition folgen, ist B.s Stellung in der engl. Musik allein nach seiner Messe zu beurteilen, in der H. BESSELER »den Höhepunkt engl. Kolorierungstechnik« erkennt. B.s Chansons waren so beliebt, daß sie in Deutschland bis ins Buxheimer Orgelbuch und in H. Schedels Liederbuch Eingang fanden. H. Leuchtmann

Ed.: Denkmäler der Tonkunst in Österreich VII (hg. G. ADLER, O. KOLLER), 1900, XXXI (hg. R. v. FICKER), 1924 – *Lit.*: GROVE's Dictionary of Music and Musicians, s.v. – MGG – RIEMANN–P. AUBRY, Iter hispanicum II (Sammelbde. der Intern. Musikgesellschaft 8), 1907, 517–534 – R. v. FICKER, Die frühen Messenkompositionen der Trienter Codices (Stud. zur Musikwiss. [Beih. zu den Denkmälern der Tonkunst in Österreich] 11), 1924 – M. BUKOFZER, Über Leben und Werke von Dunstable (Acta musicologica 8), 1936, 102–119 – B. SCHOFIELD–M. BUKOFZER, A newly discovered 15th-cent.ms. of the English Chapel Royal, The Musical Quarterly 32, 1946, 509ff.; 33, 1947, 38ff. – H. BESSELER, Bourdon und Fauxbourdon, 1950 – E. SOUTHERN, El Escorial, monastery library, MS. IV. a. 24. (Musica Disciplina XXIII), 1969, 41–79 – DERS., Foreign Music in German Manuscripts of the 15th cent., Journal of the American Musicolog. Soc. XXI, 1968, 258–285.

Bedingung. 1. B. (condicio), im röm. und gemeinen Recht die Bestimmung in einem Rechtsgeschäft, der zufolge die Wirkungen desselben mit dem Eintreffen (c. affirmativa) oder Ausbleiben (c. negativa) eines zukünftigen, ungewissen Ereignisses eintreten (aufschiebende oder Suspensivbedingung, c. inductiva) oder wegfallen (auflösende oder Resolutivbedingung, c. extinctiva); auch das bedingende Ereignis selbst. Unterschiede zw. den Wirkungen unbedingt abgeschlossener Rechtsgeschäfte und gleicher, zur selben Zeit in Kraft tretender, aber früher, unter aufschiebender B. abgeschlossener Rechtsgeschäfte werden bald als Vorwirkung während des Schwebens (pendere) des bedingten Rechtsgeschäfts, bald als Rückwirkung des mit Erfüllung der B. (purgatio) gültig gewordenen Geschäfts aufgefaßt; die letztere Ansicht dringt seit → Bartolus de Saxoferrato (Comm. ad D. 41, 3, 15) durch.

Rechtswidrige, unsittl. und unmögl. B.en machen Rechtsgeschäfte unter Lebenden ungültig; bei Verfügungen von Todes wegen werden sie nicht beachtet. → Actus legitimi werden durch Beifügung einer B. ungültig. Ehen können nach kanon. Recht unter aufschiebender B. geschlossen werden.   P. Weimar

Lit.: M. KASER, Das röm. Privatrecht, I, 1971², 252-258; II, 1975², 95-98 – R. WEIGAND, Die bedingte Eheschließung im kanon. Recht, 1963 – G. SCHIEMANN, Pendenz und Rückwirkung der B., 1973.

2. **B.** → Kausalität

Bedrüddīn, geb. 1358, gest. 1416, bedeutender osman. Jurist, Theologe und Mystiker, dessen Wirken und Lehre für die Geschichte sozialer Bewegungen und Erhebungen im Osman. Reich des 15. und 16. Jh., doch auch noch für die Folgezeit, von großer Bedeutung sind. Geboren als Sohn eines Richters in Samāvnā (b. Edirne) und einer zum Islam konvertierten griech. Mutter begann er seine Laufbahn als orthodoxer Theologe, wandte sich jedoch im Verlauf seiner Studien von der Orthodoxie ab und der Mystik zu. Unter dem osman. Thronprätendenten Mūsā wirkte er drei Jahre als Heeresrichter, bis ihn 1413, nach dem Sturz Mūsās, Meḥmed I. nach Iznik verbannte. Angezogen von seinen Lehren (Grundsätze des gemeinschaftl. Güterbesitzes, der religiösen Toleranz – z.B. gegenüber Christen –, aber auch der Anspruch auf eigenes Herrscher- bzw. Prophetentum) sammelten sich Tausende sozial und wirtschaftl. Unzufriedener um ihn und seine engsten Vertrauten, die sich 1416 zur Revolte im westl. Kleinasien und Rumelien erhoben. Diese Aufstände wurden von der osman. Zentralgewalt blutig niedergeschlagen und B. als ideolog. Haupt der Sozialrebellen im makedon. Serres hingerichtet.   P. Kappert

Lit.: El² II, 869 [H.J. KISSLING] – N. KURDAKUL, Bütün yönleriyle Bedrettin, 1977 – E. WERNER, Chios, Šeiḫ Bedr-eddīn und Bürklüğe Mustafā, Byz. Forsch. 5, 1977, 405-413 – N. FILIPOVIĆ, Princ Musa i šejh Bedreddin, 1971.

Beerenfrüchte. Zahlreiche Sträucher und Bäume lieferten schon seit urgeschichtl. Zeit eine reiche Auswahl an B.n, die im allgemeinen nur durch Vergären oder durch Einlegen in Honig konserviert werden konnten. Von frisch verzehrtem Beerenobst blieben Samen in Abfallhaufen z. T. vom Spätglazial an erhalten; vereinzelt sind Funde aus Vorrats- oder Grabbeigabe-Gefäßen, auch Reste vergorener Obstsäfte nachweisbar.

Die *Himbeere* (Rubus idaeus L./Rosaceae) wurde – wohl in Klostergärten – wahrscheinl. erst im MA in Kultur genommen. Kostbarer Himbeer- und Brombeerwein (moratum) wird im Nibelungenlied als *moratz* vom *win* unterschieden. – Von der nah verwandten (mhd. *brâme* für 'Dornstrauch' allgemein, daraus auch frz. *framboise* für 'Himbeere'!) und im mag. Brauchtum eine große Rolle spielenden *Brombeere* (Rubus fruticosus L./Rosaceae) ist aus dem MA auch die volksmed. Verwendung v. a. des Fruchtsaftes gegen verschiedene innerl. und äußerl. Leiden bekannt. Wein aus zerquetschten, nach Belieben mit Honig und Kräutern versetzten *Maulbeeren* (worunter auch Brombeeren zu verstehen sind [Konrad v. Megenberg IV A, 27: wild maulperpaum, mori, rubi silvestres, prânper, kratzper; Gart, Kap. 263: morabacci, bramberrstruch]) entwickelte sich zu einer beliebten Basis für verfeinerte Getränke der klösterl. und adligen Küche. – Die wahrscheinl. ersten Kulturen der *Erdbeere* (Fragaria vesca L. u. a. / Rosaceae) entstanden im 14. Jh. in Frankreich. Die früheste bekannte Darstellung außerhalb profaner Herbarien findet sich auf Meister Bertrams Grabower Altar (1379-83) am Baum der Erkenntnis als Symbol der Verlockung und Weltlust. Auch bei Hieronymus Bosch begegnet im »Garten der Lüste« eine Erdbeere, nach der die Menschen verlangen und dann zu Ungeheuern werden. Die Erdbeere galt ferner als Speise der Seligen und der früh verstorbenen Kinder (s. 'Maria in den Erdbeeren' von einem oberrhein. Meister 1410/20 u. a.). In diesem Sinne erscheint sie auch als Paradiespflanze, z. B. auf einem Kapitell mit Erdbeerblättern, Blüten und Früchten von der Paradiespforte des Magdeburger Domes (Anfang 14. Jh.). Im sog. Frankfurter Paradiesgärtlein (um 1410) ist die zugleich blühende und fruchttragende Erdbeere ein Mariensymbol, aufgrund ihrer dreigeteilten Blätter wurde sie indes auch als Trinitätssymbol verstanden. Med. verwendete man von der *fragaria* (Alphita, ed. MOWAT, 63) oder *frage* (Gart, Kap. 190) v. a. die Blätter. – Kaum eine Rolle spielten hingegen in der Heilkunde die *Heidel-, Schwarz-, Blau-* oder *Bickbeere* (Vaccinium myrtillus L./Ericaceae) und ihre Verwandten *(Preisel-, Moos-, Rauschbeere)*, die in Mittel-, N- und O-Europa große Flächen bedecken und deren Einsammeln immer sehr ergiebig gewesen sein dürfte; die Beigabe von Heidelbeeren in einem bayer. Grab um 700 in einem reich mit Bronzebeschlag verzierten kleinen Holzeimer (Linz/Zizlau) könnte auf kult. Verwendung schließen lassen. Die *Bärentraube* (Arctostaphylos uva-ursi [L.] Spreng./Ericaceae) war als zirkumpolare Pflanze den Alten unbekannt und fand deshalb auch während des MA kaum Beachtung. Obzwar im Norden Europas wohl schon lange als Heilmittel benutzt und in einem aus Wales stammenden Arzneibuch des 13. Jh. (»Meddygon Myddvai«) erwähnt, wurde sie erst im 18. Jh. in den allgemeinen Arzneischatz eingeführt. – Während die B. des → *Holunders* u. a. als Färbemittel (→ Färberei) dienten, wurden die wohlschmeckenden Früchte der seit alters bekannten *Kornelkirsche* oder *Herlitze* (Cornus mas L./Cornaceae) eingemacht oder zu Saft verarbeitet (»Scherbet« in SO-Europa); auch das Einlegen in Salzwasser wie bei Oliven war möglich. Die kugeligen Früchte des damit verwandten *Roten Hartriegels* (Cornus sanguinea L./ Cornaceae) gelten hingegen als ungenießbar. – Die Früchte der – in der germ. Mythologie dem Thor geweihten – *Eberesche*, des *Vogelbeerbaums* sowie der *Mehlbeere* und des *Speierlings* (Sorbus aucuparia L., S. aria [L.] Crantz, S. domestica L./Rosaceae) wurden für Marmelade, zur Essigbereitung und med. als Stopfmittel genutzt. Die Kultur des Speierlings (ahd. *sperboum*) im Norden ist durch das → Capitulare de villis (70, 77: sorbarios) und durch den Klosterplan von → St. Gallen (um 820) nachweisbar. Auf Dürers Kupferstich 'Adam und Eva' trägt der Mehlbeerbaum die Paradiesfrucht. – Von den B.n des *Weißdorns* (Crataegus Laevigata [Poir.] DC. und C. monogyna Jacq. Rosaceae) wurde das mehlige, getrocknete Fruchtfleisch vereinzelt als Mehlzusatz verwendet. Als Symbol der Vorsicht und der Hoffnung schmückte er im MA die Wiege Neugeborener und erscheint deshalb auch auf Dürers 'Geburt Christi'. – Die *Stachelbeere* und die *Johannisbeere* (Ribes uva-crispa L. bzw. Ribes rubrum Saxifragaceae) sind zwar in Europa heimisch, doch fehlen archäolog. Funde ebenso wie Hinweise in der ma. Lit. Eine sichere Nennung der bereits Ende des 15. Jh. im »Breviarium Grimani« abgebildeten Stachelbeere erfolgt erst bei J. Ruellius (Basel 1536). Die Johannisbeere (die B. reifen am Johannistag!) wird in Deutschland am Anfang des 15. Jh. erwähnt und wurde wohl zunächst in N-Frankreich oder Belgien in Kultur genommen. Sie fand als Volksheilmittel (»Gichtbeere«) Verwendung, ferner zur Bereitung von Wein und Likör.   G. Wacha

Lit.: MARZELL I, 384-387, 1164-1180; II, 458-465; III, 1341-1384, 1455-1483; IV, 402-420, 422-427, 934-985, 1092-1101 – DERS., Heilpflanzen, 98-104, 170-173 – HWDA I, 973f.; II, 892-895; III, 1632-1634; IV, 3; VII, 305f. – HOOPS² II, 132ff. [mit ausführl. archäolog.

Lit.] – RDK V, 98ff. – LCI I, 656f. (s.v. Erdbeere); IV, 620ff. (s.v. Pflanzen) – J.WILDE, Kulturgesch. der Sträucher und Stauden, 1947 – L. BEHLING, Die Pflanze in der ma. Tafelmalerei, 1967² – DERS., Die Pflanzenwelt in den ma. Kathedralen, 1964 – H.LADENBAUER-OREL, Linz-Zizlau, das baier. Gräberfeld an der Traunmündung, 1960, 41 [Grab 70] – L.BEHLING, Die Pflanzenwelt der ma. Kathedralen, 1964.

Befestigung
A. Allgemein und gesamteuropäisch – B. Oströmisch-byzantinisches Reich – C. Vorderer Orient

A. Allgemein und gesamteuropäisch
I. Langwälle – II. Landwehren – III. Frühe Burganlagen – IV. Befestigungen landwirtschaftlicher Großbetriebe – V. Städtische Befestigung.

Im folgenden werden Befestigungen (B.) behandelt, die vorzugsweise durch Ausgrabungen oder als Geländedenkmäler bekanntgeworden sind, solche aus Erde, Holz, und Trockenmauern oder aber gemörtelte Anlagen, die durch die Archäologie erschlossen worden sind. Die Fülle der arch. Quellen zwingt zu einer exemplar. Behandlung. Zu den hoch- und spätma. Steinburgen vgl. den Artikel → Burg.

I. LANGWÄLLE: Langwälle sind viele Kilometer lange Anlagen in Holz-, Erde- teilweise auch in Mauerbauweise, die ein Territorium oder das Gebiet von Stämmen abschirmen sollten. Sie wurden daher an leicht zu sperrenden Engpässen angelegt; doch zogen sie sich, wie der röm. → Limes, auch ohne Rücksicht auf das Gelände, längs der Grenzen hin. Die Limites an Rhein u. Donau u. im N Britanniens (Hadrianswall, Antoninische Mauer) sind die bekanntesten Beispiele. In Pannonien wurden Langwälle außerhalb des Limes zw. Donau und Theiß von eingesessenen Stämmen wohl unter Anleitung der Römer als Sicherung im Vorfeld errichtet. Schon in der älteren röm. Kaiserzeit (RKZ) wurden in Dänemark Langwälle gebaut (Ollemersdiget). Das bekannte → Danewerk, unter → Göttrik erwähnt, hat schon ältere Vorgänger und wurde bis in das hohe MA (Waldemars Mauer) ausgebaut. Es sperrte die Enge zw. Schlei und Treene. Ein Angrivarier-Wall, archäolog. nicht nachgewiesen, ist durch Tacitus bezeugt. In Britannien gab es in spätröm. und frühma. Zeit zahlreiche Wälle, die zunächst vermutl. von den röm.-brit. Civitates als Selbstschutz gegen die → Angelsachsen, später zur Begrenzung ags. Teilreiche angelegt wurden. Hervorzuheben sind *Devils-Dyke* in East-Anglia, *Wans-Dyke* bei Bath und *Offas Dyke* an der Grenze gegen Wales, der größte, gut untersuchte Langwall. Bes. in Gebirgstälern wurden Sperrmauern (→ *Letzi-Mauern*), in der Schweiz oder den O-Alpen noch gegen die Türken errichtet.

II. LANDWEHREN: Den Langwällen verwandt sind die Landwehren, die jedoch eine geringere militär. Bedeutung haben. Sie sind von unterschiedl. Funktion und Bauart. Es handelt sich immer um Erdwälle mit Gebücken und Gräben. Sie können Gemarkungen von Siedlungen umgeben oder die Bereiche zweier Territorien, wie z. B. zw. Kleve und Köln am Niederrhein, sichern. Die bedeutenden Landwehren bestanden zumindest aus einem mächtigen Wall mit vorgelegtem Graben, häufig war eine Verdoppelung von Wall und Graben. Die Wälle waren mit Dornen und Gestrüpp verstärkt, die Durchfahrten durch Schlagbäume gesichert, an denen ein Wachspyker oder → Bergfried in der Regel den Zugang bewachte. Früher wurden, bes. im Rheinland, die Landwehren den Römern zugeschrieben, doch entstammen sie alle dem Hoch- oder SpätMA.

III. FRÜHE BURGANLAGEN: Eine B., die ein relativ kleines Areal nach allen Seiten abschließt und einer bestimmten Bevölkerungsgruppe, entweder als ständiger Wohnsitz oder Zufluchtsort in Zeiten der Not dient, heißt → Burg. Solche Burgen sind schon seit der Steinzeit im gesamten Europa in unterschiedl. Dichte bekannt. Sie lagen meist auf Bergen, wie die Etymologie des Wortes Burg, den Zusammenhang offenlegt. Seit der Hallstattzeit sind außerhalb des germ. Bereiches zahlreiche größere Burganlagen nachweisbar. Sie werden mit einer bes. Verdichtung in der Latènezeit angelegt und von Cäsar als »Oppida« bezeichnet. Diese Oppidum-Kultur brach mit dem Eindringen der Römer ab und hat nur geringe Ausstrahlungen nach N zur Folge gehabt.

[1] Die *Römer* führten eine neue B., das *Kastell*, ein, das man auch ein befestigtes Garnisonement nennen kann. Außerdem wurden zumindest die Grenzsiedlungen zugleich befestigt. Für die spätere Burgenentwicklung sind nur die spätröm. Anlagen von Interesse. Gegenüber den geometr. Formen der älteren Zeit kamen jetzt unregelmäßige Umrisse auf, d. Bebauung wurde kasemattenartig an die Innenmauer gelegt, rechteckige und halbrunde oder auch hufeisenförmige Türme ragten stark nach außen zu flankierendem Beschuß vor. Neben den *Castra* sind v.a. die Kleinanlagen, wie die turmartigen → *Burgi* vom Limes-Typ oder die größeren *Centenaria* mit Innenhof von Bedeutung. Bemerkenswert ist, daß sowohl Kastelle wie befestigte kleinstädt. Siedlungen in zunehmendem Maße die Schutzlage auf Bergen erneut bevorzugen und dort einen unregelmäßigen Umriß aufweisen (Binnen-Noricum, Bürgli und Lorenzberg in Bayern). Diese Siedlungen sind im Alpenraum bis in das 6. Jh. nachweisbar. In W-Europa wurden häufig die befestigten Städte auf ein kleines Areal (Cité-Faubourg) reduziert. Diese bestanden in W-Europa vielfach bis in das beginnende MA fort.

[2] Das röm. Befestigungswesen wurde im *oström. Reich* weiterentwickelt. Zur Zeit Justinians traten Neuerungen auf: die Vermehrung der Mauertürme, die Verdoppelung der Mauer mit dem beispielhaften Typ der Landmauer v. Konstantinopel. Auf Anordnung Justinians erhalten Grenzkl. und -kirchen kastellartige B. (erste → Kirchenburgen). Vom byz. Reich aus verbreiteten sich diese Formen bis in den Osten, nach Armenien und auf die arab. Halbinsel. Aus diesem Bereich kamen mit arab. Termini die Gußerker (*Machiculi*) oder vorgeschobenen Tore (*Barbikane*) durch die Kreuzfahrer ins Abendland. Diese byz. B. wurden von den Arabern übernommen, die entsprechende Architekturformen vorher nicht kannten. Sie fanden längs der s. Mittelmeerküste bis nach Spanien Verbreitung. Diese Ausdehnung der spätbyz.-arab. Befestigungswerke bis an die Pyrenäen hat vermutl. auf die Entwicklung der ma. Wehrarchitektur einen nicht unwesentl. Einfluß ausgeübt. Leider verhindert der Forschungsstand eine exakte chronolog. Gliederung aller B., weshalb die Meinung, daß die ma. Adelsburg eine ihrer Wurzeln in der arab. Architektur hätte, nicht gesichert ist.

[3] In der *Germania libera* gab es in der RKZ und in der Völkerwanderungszeit (VWZ) nur wenige B. Ihre Mehrzahl lag zudem im Mittelgebirge und es handelte sich bei ihnen nicht um primär germ. Burgen, sondern meist um Adaptionen der Latène-Anlagen. Abweichend davon gab es zahlreiche Burgen (*Fornborger*) in Skandinavien (Norwegen, Schweden). Diese Burgen sind bis jetzt kaum untersucht. Einige gehen in die VWZ zurück, doch dürfte die Mehrzahl erst der Wikingerzeit angehören; andere sind sogar im MA benutzt worden. Es sind auf Bergspornen oder Kuppen gelegene Wälle in Trockenmauertechnik mit dem hier zahlreich vorhandenen Steinmaterial. Es ist zu überlegen, ob diese Burgen, von denen einige vielleicht schon in der RKZ angelegt wurden, nicht mit dem großen Burgengebiet an der südl. Ostseeküste in Verbindung zu bringen sind.

[4] Im *baltischen Raum* und den anschließenden *russischen Waldgebieten* gibt es zahlreiche *Burgwälle*. Es sind auf Bergkuppen und Bergspornen von balt. Stämmen angelegte mächtige Wälle in Holzerde-Technik mit Innenbebauung. Nach ihrer Datierung stammen sie aus vorröm. Zeit und wurden das gesamte 1. Jt. bis in die Ordenszeit weiterbenutzt. Der Orden hat sogar einige Burgen übernommen.

[5] In *Süddeutschland* gibt es eine Reihe von Burgen, die mit dem Sammelnamen »*Alemannische Frühburgen*« bezeichnet werden. Es sind Höhenburgen mit umlaufenden Wallanlagen. Sie beginnen teilweise in spätröm. Zeit, wie der Glauberg in Hessen, wo vorgeschichtl. Wallanlagen von den →Alamannen adaptiert und nach röm. Manier mit Steinmauern verstärkt worden sind. Offenbar bricht die Burgenentwicklung dort ab und setzt erst im MA wieder ein. Auf dem »Runden Berg« bei Urach entstand indessen in der Merowingerzeit eine alamann. B. mit Innenbebauung, die mit kurzer Unterbrechung bis ins HochMA benutzt worden ist. Bei den anderen Burgen liegen nur vereinzelte Unters. vor. Offenbar sind einige dieser Burgen nur vorübergehend Sitze der in den Quellen genannten alamann. Reguli gewesen, während vereinzelt auch eine durchlaufende Belegung bis zum MA und die Überleitung in ma. Feudalburgen erfolgt ist.

[6] In *karolingischer Zeit* ist eine deutl. Zunahme von Burgen im *mitteleuropäischen Raum* zu beobachten. Teils werden ältere Anlagen adaptiert (Christenberg), teils auch Anlagen primär neu eingerichtet (Büraberg). Einige hängen (Büraberg) mit dem Aufbau einer kirchl. Organisation zusammen, andere haben rein weltl. Funktion als Mittelpunktburgen für regionale Bezirke oder im Neusiedelland (Christenberg). Es handelt sich um großräumige Wallanlagen, die in Trockenmauer- oder Holzerdetechnik, oder auch schon mit Mörtelmauern die Höhenrücken und Berge umgeben. Teilweise sind die Anlagen auch *Spornburgen*, wobei häufig ein schildförmiger Grundriß entsteht. Von der Innenbebauung dieser Burgen sind bisher nur spärl. Reste durch Grabungen zutage gekommen. Im Mittelgebirge und in der Niederung wurde bei vielen Burgen versucht – selbst gegen die topograph. Bedingungen – rechteckige Grundrisse herzustellen, was auf Einflüsse des röm. Kastellbaues zurückgeführt wird (Karol. Renaissance). Häufig ist den Burgen noch eine Vorburg oder ein größeres umwalltes Areal zugeordnet, dessen Funktion jedoch unsicher ist. Es war nicht stärker besiedelt und kann als Fluchtraum gedeutet werden. Innerhalb der Hauptburgen gab es massive Bauten, darunter auch Kirchen oder aufwendige Gebäude. Die am besten untersuchten Burgen sind die auf dem Christenberg und dem Büraberg in Hessen und die Wittekindsburg bei Osnabrück. Eine den karol. Burgen ähnl. Form gibt es in Bayern und in den Grenzmarken längs der Elbe wie auch im Flachland (Hammaburg). RÜBEL und SCHUCHARDT hatten einen Teil dieser Burganlagen mit den Curtes in den »Brevium exempla« gleichgesetzt. Sie entsprechen jedoch in keiner Weise den dort geschilderten Curtes, die landwirtschaftl. Betriebe waren, und sind als Burgen zu bezeichnen. Die meisten karol. Burgen sind →Wüstungen, die auf Berghöhen heute in den Wäldern liegen. Sie haben sich überwiegend nicht zu ma. Burgen weiterentwickelt – ausgenommen in denjenigen Fällen, in denen sie mit einer anderen Siedlung verknüpft waren oder kirchl. Zentren enthielten.

[7] Im *Flachland* gibt es *Rundwälle*, deren früheste Vertreter in die karol. Zeit reichen. Von den heut. Niederlanden bis zur Elbe und nach Schleswig-Holstein sind solche Wälle verbreitet, die aus Plaggen und Holz aufgebaut sind. Soweit das Innere untersucht worden ist, sind sie unterschiedl. besiedelt. Die ältesten Anlagen lieferten karol. Keramik (→ Middelburg, → Hollenstedt, Esesfeld). Sie sind heute bis auf Middelburg verlassen, oder es sind Dorfsiedlungen neben ihnen entstanden. Die Datierung vieler Rundanlagen ist unsicher. In der Mehrzahl scheinen sie erst der folgenden Zeit anzugehören. Woher die zirkelrunden Wallanlagen kamen, ist noch ungeklärt. Schon in spätröm. Zeit gab es indes auch runde B. (Echternach, mit vier sich gegenüberliegenden Toren). Diese geometr. Kombination von Kreis und Achsenkreuz kehrt auch in Souburg wieder, während Middelburg überbaut und daher in den Einzelheiten nicht nachprüfbar ist.

[8] Neben den großen Burgen mit zentral-örtl. Funktionen treten auch kleinere Anlagen auf. Gut ist die Burg Broich bei Mülheim untersucht, eine ganz gemauerte Rundburg mit zentralem Palatium. Es erscheinen die ersten *Turmburgen* auf Spornen oder Höhen, die offenbar als ständiger Wohnsitz eines Adligen gedient haben (Caldern/ Hessen, Düren in Moselland). Aus dem Geist antiker Herrscherpaläste konzipiert, waren die → *Pfalzen* Karls d. Gr. zunächst unbefestigte Paläste, die ab spätkarol. Zeit umwehrt wurden. Befestigte Kirchen, Wehrkirchen oder Kirchenburgen aus dieser Zeit sind nicht bekannt.

Da nur wenige karol. Burgen schriftl. erwähnt werden, ist die Datierung nur durch archäolog. Befunde mögl., die erst bei großen Grabungen zuverlässig sind.

[9] Die Ungarn-Einfälle bewirkten unter Heinrich I. eine Intensivierung des Burgenbaues (→ Burgenordnung, Reichstag zu →Worms). Die »*Heinrichsburgen*« sind entgegen manchen Ansichten kein fester Typ. Es kommt zu Adaptionen vorgesch. Burgwälle, zur B. von Kl. und Pfalzen sowie zur Anlage neuer Burgen. Die Rundwälle im Flachland verdichten sich und werden auch »Heinrichsburgen« schlechthin genannt. Bei Unters. fand sich nur eine sporad. Besiedlung im Innern (Stöttinghausen, Celle). Es wurden auch neugegr. Burgwälle auf Bergspornen damit in Verbindung gebracht (Renneburg-Rheinland). Als erste bekannte »*Privatburg*« wird oft der bezeugte Ankauf eines zum Burgbau geeigneten Geländes an der Kyll durch drei Adlige genannt. Der Burgplatz liegt vermutl. unter der späteren ma. Steinburg, gegenüber der dafür auch in Anspruch genommenen »Alten Burg« bei Bundenbach, die indes aus der vorröm. Zeit stammt. Zahlreiche Pfalzen und ähnl. Großanlagen sind jetzt befestigt (→ Karnburg/ Kärnten, →Werla, → Tilleda, → Magdeburg). Zusammenfassend ist in karol.-otton. Zeit ein bedeutender Anstieg im Burgenbau in Mitteleuropa festzustellen. Bevorzugt wurden große Anlagen mit zentral-örtl. Funktionen, die von Wällen in gewohnter Holzerde-Technik (Hochelten am Niederrhein, Ende 9./Anfang 10.Jh.) oder seit karol. Zeit – mit Vorläufern in der MZ (Runder Berg b. Urach) – auch Mörtelmauern erhalten. Die Tore wurden als Kammertore durch Einbiegen der Wallenden oder überlappende Wälle hergestellt. Türme im Verlauf der Mauern und Tore waren üblich. Erste Kleinburgen waren offenbar ständige Sitze adliger Familien.

[10] In *Frankreich* sind weder durch schriftl. Quellen noch durch archäolog. Befunde neue Burganlagen aus der Merowingerzeit bekannt. Die vorhandenen röm., v.a. spätröm. B., wurden weiterbenutzt. Nach einer Periode der Vernachlässigung in karol. Zeit wurden sie während der Wikingereinfälle ausgebessert und durch neue Anlagen (Flußsperren, Türme) ergänzt. In den Zeiten der Not wurden offenbar Eigenbefestigungen von Adligen angelegt, deren Zerstörung befohlen wurde (Edikt v. → Pîtres, 864).

[11] Auch in *England* scheinen die Angelsachsen keine B. angelegt zu haben. Die vorhandenen röm. B. wurden

innerhalb der Städte benutzt. Vereinzelt wurden auch röm. Castra besiedelt, doch ohne nennenswerte Baumaßnahmen (Portchester). Als Folge der Wikingereinfälle, offenbar auch in Kenntnis kontinentaler Abwehrmaßnahmen, wurden unter → Alfred d. Gr. und dessen Tochter →Æthelflæd in der südl. Inselhälfte zahlreiche → burhs (boroughs) gegr. Es waren umwallte Siedlungen, deren Fortifikation noch heute als Erdwall erhalten ist (Warham-Dorset). Es handelt sich um zentrale Anlagen, die dem Schutz eines bestimmten Territoriums dienten (Æthelflæd: »to shelter all the folk«). Weitere archäol. Unters. in den burhs wären wünschenswert. Der Ortsname allein ist kein sicherer Hinweis für eine B., da er ursprgl. schlechthin »Siedlung« bedeutet.

[12] Eine eigene Entwicklung im Burgenbau durchliefen die *slavisch besiedelten Landschaften O-Europas*. Nach einer burgenfreien frühesten Besiedlungsphase des 6. und frühen 7. Jh. begann der Burgenbau der präfeudalen und frühfeudalen Perioden vom Ende des 7., mit Sicherheit vom 8. Jh. bis zum 12. Jh. Bevorzugt wurden zunächst relativ große, meist auf Höhen angelegte *Stammesburgen*. Es handelt sich in der Regel um einteilige, gelegentl. mehrteilige Ringwälle, deren Wälle in Holzerde-Technik errichtet worden sind. In s. Bezirken kommt auch eine Verblendung der Vorderseite mit Trockenmauerwerk vor. Die Bebauung scheint teilweise sich über die ganze Innenfläche (Feldberg) oder mehr im Schutz der Wälle entlangzuziehen. Die Tore waren als überbaute Durchlässe angelegt. Daneben gab es in der Lausitz (Tornow) *Rundburgen* von relativ kleinem Durchmesser, die offenbar eine bis nach Schlesien reichende und dort früher nachweisbare Sonderform darstellen. Die Burgen waren Mittelpunkte kleinerer Einheiten, die von Stämmen oder von → Civitates (→ Pagi, → Terrae), die auch von Chronisten (Terra: Helmold v. Bosau; civitas: Geographus Bavarus) genannt worden sind. Im Gegensatz zu vielen w. Burgen waren diese Anlagen meist ständig von einer größeren Gruppe besiedelt, wodurch zahlreiche Funde und Befunde bei Grabungen beobachtet werden. Die Datierung erfolgt auf archäolog. Wege, meist über die →Keramik, ergänzt durch Naturwissenschaften (Dendrochronologie, Radiocarbon-Methode). Die Burgen waren nicht nur Siedlungsplätze für eine ackerbau- und viehzuchttreibende Bevölkerung, sondern auch Kristallisationspunkte für Handwerke (Knochen-, Holz- und Metallbearbeitung). Im späten 9. und 10. Jh. verringerte sich scheinbar die Zahl der Burgen zugunsten von Neugründungen oder dem Ausbau älterer Anlagen, was offenbar durch das Zusammenwachsen zu größeren Stammeseinheiten bedingt war. In der Niederung wurden die Burgen jetzt gern auf Inseln oder Halbinseln mit Wasserschutz angelegt. Diese Tendenz setzt sich in späterer Zeit fort. Durch den Ausbau und die Konsolidierung von Herrschaftsbezirken entwickelt sich in der Spätzeit neben den alten Hauptburgen eine Organisation militär.-polit. Verwaltungszentren in den *Kastellanei-Burgen* (gut ausgegrabenes Beispiel ist Oppeln). Alte Zentren gingen zugunsten neuer polit. Mittelpunkte ein (Levý Hradec-Vyšehrad – Hradschin). Im *Großmähr. Reich* entwickelten sich bis zu dem Gebiet der Wislanen neben kleineren Burganlagen größere Siedlungen mit zahlreichen Kirchen innerhalb von Wallanlagen, die städtähnl. Charakter hatten. Sie reihen sich von Zalavar (Ungarn) über Mikulčice und Staré Město in Mähren bis nach Sandomir bei den Wislanen. Die großen →*Burgwälle* entwickelten sich zu kirchl. Zentren und Städten. In einzelnen Regionen lebten die alten Burgen als Reliktformen weiter (hinterpommerscher Höhenrücken). Eine bes. Form sind im slav. Bereich *Kultburgen*, die dem Schutz eines überregionalen Heiligtums dienten (→Arkona, → Rethra). Mit dem Verfall des Kastellaneiwesens und dem Aufblühen der Stadtsiedlungen löst sich das alte Burgwallsystem auf. Im Zusammenhang mit der Ostsiedlung wird die mittel- und westeurop. Adelsburg auch im Osten heimisch.

[13] In *Skandinavien* wurden die *Fornborger* bis in die WZ weiterbenutzt, wenngleich exakte Datierungen meist fehlen. Eine Sondergruppe sind rundl. Burgen auf der Insel Öland. Die Anlage von → Eketorp beginnt in der RKZ mit einem umhegten Dorf und radial angeordneten Häusern. Dann wird die Umhegung zu einer Burgmauer verstärkt. Inzw. sind Vorläufer dieser runden Anlagen aus der älteren RKZ von der cimbr. Halbinsel bekannt geworden, die indes zunächst keine B., sondern eher Kultanlagen waren. Man wird, entgegen früheren Vermutungen (Orient: al-Manṣūr), die Voraussetzung im Westen zu suchen haben (Warham Camp-Sussex, Echternach).

In *Dänemark* entstehen über zirkelrundem Grundriß in der WZ von Seeland (→ Trelleborg) bis zum Limfjord (→ Aggersborg) *Rundburgen*, deren Innenbebauung in allen Fällen nach gleichem Schema mit einem Achsenkreuz angeordnet ist. Für die einzelnen Elemente gibt es Voraussetzungen in der karol. und älteren Burgenarchitektur (Middelburg, Souburg). Auch die erwähnten kaiserzeitl. Rundwälle an der W-Küste werden teils in der Wikingerzeit adaptiert. In der Innenarchitektur weichen sie vom Trelleborgtyp ab. Über diese Anlagen gibt es in keinem Fall eine sichere archival. Nachricht. Allen merow., karol. bis otton. Burgen ist gemeinsam, daß es sich um relativ große Anlagen handelt, die nach Art der prähist. Ringwälle bei Bergkuppen oder in Spornlagen mit Abschnittswällen als eingliedrige wie mehrteilige Systeme angelegt sind. Sie sind in lockerer Streuung über größere Regionen verbreitet und besitzen militär. wie verwaltungsmäßige Funktionen für eine bestimmte Region. Vereinzelt treten schon in karol. und dann in otton. Zeit kleine Anlagen auf, die vermutl. schon die befestigten Wohnsitze eines Adels sind.

[14] In *spätotton.-stauf. Zeit* vermehren sich rasch *kleine Burganlagen*, die sich in bestimmten Regionen stark verdichten. Vom Typ her handelt es sich meist um Turmburgen, → Motten, → Ansitze oder Burgställe. Bei den *Turmburgen* besteht das Kernwerk aus einem ebenerdig auf felsiger Kuppe oder in günstiger topograph. Situation erstellten, durch Mauern geschützten, zentralen Turm, gelegentl. mit Vorwerk. Die *Motten* sind künstl. aufgeschüttete Erdhügel von meist rundem, gelegentl. ovalem oder seltener viereckigem Grundriß. Dadurch entsteht ein konischer bis pyramidenförmiger Kegel. Auf dem Plateau sind in der Regel zunächst Holzbauten vorhanden gewesen, die gelegentl. später durch Steinbauten ersetzt wurden. Die *Ansitze* und *Burgställe* weisen heute meist keine Architektur auf, sind kleine, aus Felsnasen, Vorsprüngen und Spornen herausgeschnittene Anlagen, als Kleinformen der größeren Ringwall- und Spornburgen. Das Gründungsdatum dieser kleinen Anlagen kann meist nur mit archäol. Methoden geklärt werden. Nur in Gebieten mit reicher urkundl. Überlieferung (England) ist eine Datierung auf archival. Wege häufiger möglich. Viele Burgen werden niemals genannt. Neben diesen Burgen des kleinen Adels existieren Großanlagen in Form von Landesburgen, Reichsburgen und Residenzen weiter fort. Dort tritt in der Regel auch ein Bergfried als zusätzliches Befestigungselement im Kern des Werkes hinzu.

Ergrabene *Wohntürme* entstammen dem späten 9.-10. Jh. (Caldern, Düren, Gent, Xanten, Soest), stehende →*Don-*

jons sind um 1000 entstanden (im Loire-Tal, z. B. Langeais, zunächst vielleicht palatium, und Montbazon von Fulco Nerra, Gf. v. → Angers); sie wurden durch die Normannen 1066 nach England übertragen (Tower). Die ersten Motten sind in Frankreich um 1000 nachweisbar (Loire-Tal), die meisten sind jedoch aus dem 11.-12. Jh.; nach England gelangten sie durch die Normannen ab 1066; ihre Mehrzahl ist aus dem 12.-13. Jh.; ostwärts des Rheines sind sie vorwiegend aus dem 12.-15. Jh. Als Ursprungsgebiet beider Formen ist wohl Mittel-Nord-Frankreich anzunehmen. Die von SCHUCHARDT nie bewiesene Behauptung, daß sie vom röm. burgus (bzw. Hochspeicher der Villa rustica) abstammen, ist nicht annehmbar, da Belege für eine Kontinuität fehlen. Die Ableitung vom Orient (Islam) scheitert ebenfalls am Fehlen datierter Zwischenglieder (Forschungslücke?). Vermutet wird eine autochthone Entstehung aus dem Haus (Palatium), unter Anregung adaptierter röm. Hochbauten (Leuchttürme, Trophäen, Kastell- und Stadttürme), bei allgemeiner Tendenz im 9.-11. Jh., Turmbauten zu errichten.

In den kleinen Burgen spiegeln sich Umwälzungen gesellschaftl. wie polit. Art und die großen Siedlungsbewegungen wider. Sie sind in den Rodungsgebieten Mittelpunkte neuer Siedlungsbereiche bei der Entwicklung adliger Grundherrschaften. Ihre Erforschung, die überwiegend archäol. erfolgen muß, ist für die Aufhellung gewisser polit. und siedlungsgeschichtl. Vorgänge des MA von großer Bedeutung und steckt in vielen Fällen noch in den Anfängen. Die Zusammenhänge zw. Landesausbau und Rodung und dem Auftreten der kleinen Adelsburg sind im Schweizer Jura mit Rodungsburgen, meist vom Typ der Turmburg, oder durch Turmburgen und Motten in Schleswig-Holstein und dem ganzen von der Ostsiedlung erfaßten Gebiet östl. der Oder, v. a. durch Motten, geklärt worden. In Niederösterreich, wo sie *Hausberge* heißen, kennzeichnen sie den hochma. Grenzausbau. Eine Verdichtung der Forsch. ist erstrebenswert. Sehr spät erreichen die Motten auch Skandinavien und kommen häufiger nur in Dänemark vor. In Schweden gibt es wenige mottenähnl. Burgen, in Norwegen gar keine. Offensichtl. hängt dies mit der sehr späten Entwicklung eines schwachen Feudalsystems in diesen Ländern zusammen. Im 11. Jh. führen die Normannen Motten in Apulien und Sizilien ein.

Die Steintürme, archäol. durch Grundrisse nachgewiesen, können baugeschichtl. durch die noch stehenden alten Donjons auch im Aufgehenden studiert werden. Der Donjon von Montbazon ist offenbar der älteste (Anfang 11. Jh.). Holzbauten auf den Motten sind nur als archäol. Grundspuren zu erkennen. Palisadenringe um das Plateau und hölzerne Türme oder hölzerne Häuser auf dem Plateau sind nachgewiesen (→ Abinger, Hoverberg und Husterknupp im Rheinland, Elmendorff in Niedersachsen). Motten sind auch auf dem Teppich v. → Bayeux dargestellt. Zu hoch- und spätma. Steinburgen vgl. → Burg.

IV. BEFESTIGUNGEN LANDWIRTSCHAFTLICHER GROSSBETRIEBE: Mit Graben und Wall gehegte landwirtschaftl. Großbetriebe mit Holz-, später mit Steinbauten, treten als Curia fossata (St. Gallen), Königshöfe (Bümpliz-Schweiz) oder Herrenhöfe (Husterknupp) ab dem 9. Jh. auf. Ältere Vorgänger sind möglich. Im späten MA und der frühen NZ entstehen zahlreiche Anlagen, Curiae, *Gräftenhöfe* (Westfalen), *Hofesfesten* (Rheinland), *umwallede hoeve* (Flandern), *manoir* oder *moated sites* genannt. Sie haben nicht den Status von Burgen. H. Hinz

V. STÄDTISCHE BEFESTIGUNG: [1] *Allgemeiner historischer Überblick:* Als spätröm. Erbe war eine große Zahl von städt. B. bis ins MA erhalten geblieben. Soweit dort Siedlungskontinuität oder neue Siedlungsansätze zu verzeichnen sind, haben die Bewohner jedoch durch die Konsolidierung der polit. Verhältnisse im Reich Karls d. Gr. die Notwendigkeit solcher Verteidigungswerke nicht mehr empfunden. Sie wurde erst durch die Einfälle der Normannen (seit 840) wieder bewußt. Diese Züge führten aber durchweg ebenso wie die der Ungarn und Sarazenen noch nicht zur Instandsetzung der röm. Mauern im alten Umfang, sondern zur B. eines stark reduzierten Areals. Was in den schriftl. Quellen des 9. und 10. Jh., oder noch später, als → civitas, urbs oder → Burg bezeichnet wird, meint zwar eine B., doch bleibt diese in der Regel auf eine Dom-, Stifts- oder Klosterimmunität, eine Dynastenburg oder Königspfalz beschränkt. Das ae. → *burh* ist eine B., aber keine Stadt. Der ma. burgus ist hingegen unbefestigt und in etwa mit → suburbium oder → vicus synonym. Das Modell solcher Herrenburgen mit benachbarter Kaufleutesiedlung läßt sich auch östl. des Rheins und nördl. der Donau wiederfinden. Von städt. B. im eigentl. Sinn wird man aber erst reden können, wenn auch die Suburbien miteinbezogen sind. Das ist etwa bei der Ummauerung der Leostadt vor Rom (848-852) noch ebensowenig der Fall wie bei der 869 von Karl dem Kahlen verfügten B. von Le Mans und Tours. In Tours wurde der von der civitas räuml. und polit. getrennte burgus um St. Martin erst 917 befestigt und 1356 ein gemeinsamer Mauerring erbaut. Der burgus von Genua lag 958 noch außerhalb der B. (civitas). 985 waren in Verdun beide Siedlungskerne befestigt, aber durch die Maas getrennt. Im 10. Jh. wurden in Köln und Regensburg die Kaufmannssiedlungen in die B. einbezogen, im 11. Jh. wurden u. a. Lüttich, Brügge, Gent, Cambrai und Ypern befestigt, während die Mehrzahl der europ. Städte im 12. Jh. folgte. Boppard und Koblenz kamen bis ins 13. Jh. mit den röm. Mauern aus, Emmerich und Wesel wurden erst nach der Stadterhebung (1233 bzw. 1241) befestigt. Zw. Rhein und Elbe dürfte Würzburg die älteste städt. B. aufweisen; jedenfalls läßt das regelmäßige Fünfeck der Altstadt auf eine solche schließen; es umfaßte mit 42 ha erhebl. mehr als nur die Domburg und geht vielleicht auf die Wende zum 11. Jh. zurück. Erfurt war nicht vor dem 11. Jh. ummauert, Magdeburg nicht vor dem 12. Jh., von Holzerdewerken um den Bezirk Dom-Liebfrauen und Sudenburg abgesehen. Der ostslav. → *gorod* umgibt durchweg im 11. und 12. Jh. Burg *(kreml)* und Ansiedlung *(podol)* mit einem gemeinsamen Wall. Auch Birka und Haithabu hatten Wälle.

[2] *Befestigungstechnik und Bedeutung für die Stadttopographie:* Dem hoch- oder gar spätma. Mauerbau ging vielfach eine B. mit Wall, Graben, Palisaden und allenfalls steinernen Toren voraus. Naturstein war ein kostspieliges Baumaterial. So wurde noch Kölns zweite Stadterweiterung (1106) durch Wall und Graben geschützt. Erst die B. von 1180 bestand aus einer Tuffsteinmauer über einem mächtigen Basaltsockel. Die Städte im nordwesteurop. Tiefland erhielten ihre Mauer meist erst nach der Wiederbelebung der Backsteinherstellung (→ Backsteinbau). In dieser Zweckverbindung ist mit dem Backstein als Hauptwerkstoff kaum vor dem Beginn des 13. Jh. zu rechnen. Die Mauerdurchlässe an den Ausfallstraßen waren naturgemäß die neuralgischen Punkte der B., sie wurden daher meist auf das unbedingt Notwendige beschränkt – nur 2 bis 5 Tore sind keine Seltenheit – und durch aufwendige Bollwerke (Torburgen und Tortürme) geschützt. Die symbol. Zwölfzahl (Abbild des → himmlischen Jerusalem) – im Rheinland in Köln und Aachen verwirklicht – wurde vielerorts allenfalls unter Einbeziehung der Mauertürme und Rondelle erreicht. Wall und Graben waren der Mauer

vorgelagert. Die Höhe der Mauer sollte dem Angreifer das Übersteigen erschweren und den Aktionen der Verteidiger größtmögl. Wirksamkeit verleihen. Erst die Fortentwicklung der Feuerwaffen zwang dazu, die Mauern niedriger zu halten und den Feind bereits im Vorfeld von Bastionen aus zu bekämpfen.

Der aus verteidigungstechn. Gründen angestrebten Idealform des Kreises wurden vielerorts Konzessionen an die topograph. Gegebenheiten abverlangt. Umgekehrt haben die ma. Befestigungsanlagen sowie die verschiedenen Phasen ihrer Entwicklung und Erweiterung die Topographie der Städte in einem Maße bestimmt, daß der Verlauf der ma. B. trotz Industrialisierung, ausufernder Siedlung und Kriegseinwirkungen in der Neuzeit noch heute auf Luftbildern und Stadtplänen unschwer zu erkennen ist.

[3] *Die politischen Kräfte:* Als 1220 in der → Confoederatio cum principibus ecclesiasticis den geistl. und 1231 im → Statutum in favorem principum den weltl. Fs.en u. a. das Befestigungsrecht zugestanden wurde, gaben Friedrich II. bzw. Heinrich (VII.) damit schon kein Recht mehr preis, das von ihnen bis dahin unbestritten allein ausgeübt worden wäre. Wie sehr die »Gesetzgebung« hinter den Fakten zurückgeblieben war, wird auch daran deutlich, daß genau zum Zeitpunkt des Statutum in favorem principum am Niederrhein mit dem Gf.en v. Geldern ein Herr dieses Recht usurpierte, der noch gar nicht zu den Fs.en zählte. War der Kg. dort, wo er nicht selbst auch Landesherr war, als Machtfaktor ausgeschieden, so blieben in mannigfacher Abstufung in der Verteilung der Gewichte die Bürger und der Landesherr die treibenden Kräfte bei der B. der Städte. 1228 erhielten in Rees und Xanten, 1244 in Bonn bereits formierte Stadtgemeinden das Recht zur B.; bei den klev. Stadterhebungen scheint die B. so selbstverständl. impliziert, daß sie in den Privilegien gar nicht eigens erwähnt wird. Die militär. Nutzbarkeit wird jedoch in der Verpflichtung zur Heerfolge konkret faßbar, die Präsenz des Landesherrn hier wie fast überall in der Stadtburg augenfällig. Die Neusser Bürger durften hingegen die ebfl.-köln. Burg 1255 abreißen. Der Verzicht auf Abgaben, Dienstleistungen, Zölle, Beden sowie deren Ermäßigung oder Fixierung, die Erlaubnis zur Erhebung von Akzise, Wege- und Torgeld, Marktzöllen und dergleichen und die Bereitstellung von lehmigen Böden und Sumpfgelände (Torf als Brennmaterial) zum Ziegelbacken sind landesherrl. Vergünstigungen, die bereits jede für sich auf Befestigungsbau deuten können. Die in diesem Bereich anfallenden Einnahmen und Ausgaben nehmen in den Stadtrechnungen einen breiten Raum ein; diese werden damit zu einer der ergiebigsten Quellen für die Gesch. der städt. B.

[4] *Stadtentwicklung und Stadtbefestigung:* Die Vereinigung von urbs und suburbium durch eine Mauer, die Gewährung einer Akzise oder die Verleihung des Befestigungsrechts sind zweifellos bedeutungsvolle Ereignisse im Stadtbildungsprozeß. Normalerweise wird auch nur ein Gemeinwesen städt. Prägung die finanziellen und organisator. Voraussetzungen für den Bau und die Unterhaltung einer B. bieten. Aber ganz gleich welches Gewicht man der B. beimessen will, bleibt sie doch letztl. unter allen Kriterien, die eine Siedlung als Stadt erkennen lassen, auch nur eines, das für sich allein in der Regel genau so wenig wie irgendein anderes ein zuverlässiges Urteil über das Wesen der von ihr umschlossenen Siedlung erlaubt. → Stadt, → Topographie, → Stadttor, → Stadtmauer, → Turm, → Geschlechterturm, → Dorf. M. Petry

B. Oströmisch-byzantinisches Reich

Die B. des ostrom.-byz. Reichsgebietes setzen die Tradition spätröm. Militärarchitektur (grundsätzl. aus Steinmaterial) fort. Die zahllosen, unterschiedl. gearteten Befestigungsanlagen (u. a. Stadtmauern, Standlager, Kastelle, Sperrmauern, Türme) in den Grenzzonen und in den Reichsgebieten erlauben es, typolog. und hist. Entwicklungslinien zu unterscheiden.

Nahezu alle Städte, außer in N-Afrika, sind bewehrt; sie werden durch die zwingende Übernahme militär. Aufgaben zu Festungen (gr. Kastra), eingebunden in das System der Reichsverteidigung. Die umfangreichste Einzelbaumaßnahme ist die B. von Konstantinopel (Landmauer von 412 begonnen, um 422 fertiggestellt; seit 439 Seemauern; in den folgenden Jahrhunderten mehrfach Ergänzungen und Instandsetzungen) mit doppelter Mauer- und Grabensicherung auf der Landseite. Die Wirkung als Vorbild im ostrom. Reich ist nicht mit hinreichender Sicherheit nachzuweisen. Städte werden im 5. und 6. Jh. als Wehrsiedlungen und Etappenbasen mit hohem fortifikator. Aufwand ausgebaut oder neu gegründet (Musterbeispiele: Anastasiopolis-Daras; Konstantine/Viranşehir, Amida, Theodosiopolis, Antiocheia), Grenzkastelle in Milizsiedlungen umgewandelt (Syrien, Balkan). Gleiches geschieht nach der Rückeroberung 533 in N-Afrika (Festungsbauprogramm des Solomon). Der Umfang der B. orientiert sich an den strateg. Aufgaben und ökonom. Möglichkeiten. Kennzeichen der Architektur sind in Mesopotamien und Syrien blockhafte, geländebezogene Grundrisse mit eng gestellten, mehrgeschossigen Türmen (rechteckig oder seltener halbrund vorspringend) und Kurtinen mit teilweise doppelten Wehrgängen. Das Baumaterial besteht mehrheitl. aus neugebrochenem, örtl. Werkstein. In N-Afrika sind die B. offenbar im Umfang variantenreicher, allerdings in den städt. Siedlungen erhebl. auf den verteidigungsfähigen Bereich reduziert; sie übernehmen die Aufgaben von Zitadellen (z. B. Theveste/Tebessa, Ammaedara/Haïdra, Sufetula/Sbeïtla, Thugga/Dougga). Vorherrschend ist die Spolienbauweise und die Nutzung antiker Großbauruinen. Einzelne Anlagen lassen durch die Innengliederung den unmittelbaren militär. Charakter als Kastelle oder Lagerfestungen der strateg. Landesverteidigung erkennen (»Praetorium« und »Kaserne« in Qasr ibn Wardan; Stabl 'Antar; Thamugadi/Timgad). Vereinzelte Sperrmauern sind Landschaftssicherungssysteme (die Langen Mauern in Thrakien, 45 km; Thermopylen; Hexamilion am Isthmos von Korinth; ähnliche landschaftsbezogene Funktionen (als Signalstationen) haben Turmketten (z. B. Palästina).

Neben den B. mit unmittelbarem militär. Reichsinteresse erscheinen als Sonderformen Bauten als ländl. Fluchtfestungen (Androna/Anderîn; Borğ Hallal im Meğerdatal) oder zur Sicherung von Kirchen- und Privatbesitz (u. a. Wallfahrtszentren wie Resafa und Theveste/Tebessa; Katharinenkloster [Sinai]; Grundherrensitze z. B. in Syrien und Libyen).

Der Verlust der Reichsgebiete in Mesopotamien, Syrien, Palästina, Ägypten, N-Afrika und im Donauraum seit dem 7. Jh. zwingt zu neuen Verteidigungskonzeptionen in Kleinasien, auf dem Balkan und im byz. Italien. Die städt. Siedlungen werden nun auch administrativ Teile der Reichsverteidigung als Hauptfestungen (*Kastra*; z. B. Ankyra/Ankara, Akroinon/Afyon) und Vororte der Heeresgruppenbereiche (*Themata*), daneben erscheinen Standlager (*Aplekta*) als militär. Sammelplätze. Monumentale Zeugnisse des 7.–10. Jh. sind von der Archäologie und Bauforschung erst in geringem Maße (und unsicherer Datierung) erschlossen.

Küstennahe Siedlungsplätze veröden teilweise; erhebl. reduzierte B. (teils in Spolienbauweise) erscheinen als

Rückzugsorte mit Sicherung gegen Land und See (Theaterkastelle in Milet und Aphrodisias, Burgberge in Pergamon und Korinth; Philippi; in Italien z. B. Gerace, Catanzaro; Umsiedlung von Salona in den Diokletianspalast von Split). Daneben bleiben Stadtfestungen alter Tradition erhalten; so Thessalonike, Nikaia (ohne entsprechende Innenbebauung), Neapel. Die Schaffung kleinerer Themata an der Ostgrenze bringt den Bau neuer Kastra (nun im Sinne von Milizfestungen; auch *Kastellion* genannt) als Gipfelburgtypus (z. B. Lulon an der kilikischen Pforte als Kopfstation des kleinasiat. Signalsystems), oft nur mit Felsgratsicherungen und großen Zisternen, jedoch wenigen Türmen (→ Burg).

Die Konsolidierung des byz. Reichs seit dem 10. Jh. wie auch die territoriale Auflösung in unabhängige Reichsteile seit dem 13. Jh. führt zu verstärktem Ausbau von Stadtbefestigungen (Nikaia/Iznik; Kotyeion/Kütahya; Ayasoluk/Selçuk, Smyrna, Thessalonike, Mistra, Naupaktos; kleinere Anlagen z. B. Kastron Seleukeias/Silifke, Korykos, Anemurium). Zugleich ändern sich, da Spolien kaum noch zur Verfügung stehen, Baumaterial und -technik. Die Zahl der runden, halbrunden oder polygonalen Türme nimmt zu, die Toranlagen bleiben jedoch einfache, relativ ungeschützte Durchlässe. Ziegel werden nun zunehmend als kompakte Bänder im opus mixtum-Mauerwerk aus Bruchstein verwendet.

Eine bautechn. eigenständige, teilweise von spätantiken und frühbyz. Entwurfsformen beeinflußte Entwicklung der B. vollzieht sich seit dem 8. Jh. in Armenien (Stadtmauern des 10. und 13. Jh. in Ani; Fluchtburgen des Adels und der Kirche). H. Hellenkemper

C. Vorderer Orient
Von prähist. B. führt im Vorderen Orient der Weg im Zuge der Staatsentwicklung zu befestigten Städten des 3. Jt. wie Uruk mit seiner 9 km langen B., zu den befestigten *Tell-Städten* Palästinas, später den syr.-palästinens. doppelt befestigten Unter- und Oberstadtanlagen und den assyr. *Zitadellen-Städten*, bei denen die Zitadelle, innerhalb der Stadtbefestigung gelegen, durch eine zweite Befestigungsmauer von dieser getrennt ist. In Anatolien und NW-Iran kennzeichnet den Urartäerstaat ein System von B. auf Bergen, die als Verwaltungszentren und Fluchtburgen dienten. Die hellenist. Städtegründungen waren von rechteckigen oder quadrat. Befestigungsmauern umgeben. Diese Tradition setzte sich unter den Römern im Mittelmeerraum und unter den Sasaniden in Iran und Iraq fort, wo, ebenfalls auf ältere Wurzeln zurückgehend, runde Stadtbefestigungen oder Lager errichtet wurden.

Die islam. Stadtbefestigung, in der Regel um eine Zitadellen-Stadt, trat das Erbe ihrer mittelmeer. und oriental. Vorläufer an. Antike B. bestimmen den Verlauf ma. B. (z. B. in Damaskus und Aleppo). Kern der 'abbāsid. Hauptstadt Baġdād war die »runde« Stadt des Kalifen al-Manṣūr (754–775). Andere ma. Stadtgründungen wurden von rechteckigen Mauern des assyr.-hellenist. Typs umgeben.
→ Burg. H. Gaube

Lit.: zu [A]: [I–IV]: HRG I, 348–349 [K. H. Allmendinger] – G. H. Krieg v. Hochfelden, Gesch. der Militärarchitektur in Dtl., 1859 [Repr. 1973] – E. Schrader, Das Befestigungsrecht in Dtl. von den Anfängen bis zum Beginn des 14. Jh., 1909 – O. Piper, Burgenkunde, 1912³ [Repr. 1967] – E. S. Armitage, The early norman castles of the British Isles, 1912 – J. Strzygowski, Die Baukunst der Armenier und Europa, 1918 – C. Schuchardt, Ursprung und Wanderung des Wohnturmes (SPA.PH 23), 1929, 439 – C. Enlart, Manuel d'archéologie française II (Architecture civile et militaire I, 1929), 202 [manoirs] – C. Schuchardt, Die Burg im Wandel der Weltgesch., 1931 – A. C. Fox, Wansdyke reconsidered, Archaeological Journal CXV, 1960,

1–46 – R. G. Collingwood-J. N. L. Myres, Roman Britain and the engl. settlements, 1937² [Neudr. 1956] – H. Jankuhn, Wehranlagen d. Wikingerzeit zw. Schlei und Treene, 1937 – H. Welters, Die Wasserburg im Siedlungsbild der oberen Erftlandschaft, 1940 – E. Sprockhoff, Die Ausgrabungen der Hünenburg bei Emsbüren (Germania 27), 1943, 168 – C. V. Tréfois, Ontwikkelingsgeschiedenis van onze landelijke arcitectuur, 1950 – I. Leister, Rittersitz und adliges Gut in Schleswig-Holstein, 1952 – H. W. M. v. Caboga, Der Orient und sein Einfluß auf den ma. Wehrbau des Abendlandes, 1953 – H. P. Schad'n, Die Hausberge und verwandte Wehranlagen in Niederösterreich, 1953 – K. Schwarz, Die vor- und frühgesch. Geländedenkmäler Oberfrankens, 1955 – C. Fox, Offa's Dyke, 1955 – S. Toy, A Hist. of Fortification, from 3000 B.C. to A.D. 1700, 1955 – H. Schwarz, Soest in seinen Denkmälern, 1955 – R. M. Pidal, Historia de España V, España muselmana, 1957 – P. Grimm, Die vor- und frühgesch. Burgwälle der Bezirke Halle und Magdeburg, 1958 – A. Tuulse, Burgen des Abendlandes, 1958 – A. Herrnbrodt, Der Husterknupp. Eine niederrhein. Burganlage des frühen MA, 1958 – J. Brøndsted, Danmarks Oldtid, III. Jernalderen, 1960, 271 – J. Herrmann, Die vor- und frühgesch. Burgwälle Groß-Berlins und des Bezirkes Potsdam (Schr. der Sektion für Vor- und Frühgesch. 9), 1960 – A. L. J. van de Walle, Le Château des comtes de Flandre à Gand (Château Gaillard 1), 1964, 161 – R. v. Uslar, Stud. zu frühgesch. B. zw. Nordsee und Alpen, Beih. BJ 11, 1964 – G. Bersu, Das spätröm. B. »Bürgle« bei Grundremmingen, 1964 – SłowStarSłow II, 163–168 [s.v. grody; Lit.] – W. Antoniewicz-Z. Wartołowska, Mapa grodzisk w Polsce, 1964 – M. Štěpánek, Opevněná sídliště 8.-12. století ve střední Evropě, 1965 – J. Werner, Zu den alamann. Burgen des 4. und 5. Jh. (Speculum Historiale), 1965, 439 – V. Hrubý, Staré Město, Velkomoravský Velehrad, 1965 – J. Herrmann, Tornow und Vorberg. Ein Beitr. zur Frühgesch. der Lausitz, 1966 – M. Müller-Wille, Ma. Burghügel im nördl. Rheinland, 1966 – C. H. Seebach, Die Königspfalz Werla, 1967 – H. Hinz, Die Stellung der Curtes centenariae in der karol. Wehrbauens (Germania 45), 1967, 130 – M. Štěpánek, Die Entwicklung der Burgwälle in Böhmen vom 8. bis 12. Jh. (Graus-Ludat), 49–69 – R. Schindler, Ein frühma. Turm aus Düren, Kreis Saarlouis (Kölner Jb. 9), 1967–68, 152–161 – P. Grimm, Tilleda. Eine Königspfalz am Kyffhäuser, 1968 – G. Binding, Die spätkarol. Burg Broich in Mülheim a. d. Ruhr (Rhein. Ausgrabungen 4), 1968 – J. Herrmann, Slaw. Stämme zw. Elbe und Oder, 1968 – H. Vetters, Sett. cent. it. 15, 1968, 828, 929 – A. Alpago-Novello, Introduzione ai castelli e ai monaste i fortificati dell'Armenia sovietica. Act, VIII. Wiss. Congr. I. B. I. (Int. Burg Inst.), 1968, 37 – D. Renn, Norman Castles in Britain, 1968 – Der Lorenzberg bei Epfach. Die spätröm. und frühma. Anlagen, hg. J. Werner, 1969 – R. Wagner-Rieger, PKG V, 1969, 177 – H. Borger, Beitr. zur Frühgesch. des Xantener Viktorstiftes (Rhein. Ausgrabungen 6), 1969, 1 – E. Garam, Angaben zur Stratigraphie der Langwälle der Tiefebene (A. Móra Ferenc Múzeum Évkönyve), 1969, 113ff. – P. Patay, Neuere Ergebnisse in der topograph. Unters. der Erdwälle in der Tiefebene (A. Móra Ferenc Múzeum Évkönyve), 1969, 105ff. – M. Deyres, Le donjon de Langeais (BullMon 128), 1970, 13 – Die Slawen in Dtl., hg. J. Herrmann, 1970, 147–187 – G. Binding, Schloß Broich in Mülheim/Ruhr, 1970 – Ders., Burg und Stift Elten am Niederrhein, 1970 – J. Ozols, Die vor- und frühgesch. Burgen Semgallens, 1971 – E. Dabrowska, Wielkie grody dorzecza górnej Wisły, 1972 – H. Hinz, Burgenlandschaften und Siedlungskunde (Château Gaillard 5), 1972, 5 – W. Łosiński, Początki wczesnośredniowiecznego osadnictwa grodowego w dorzeczu dolnej Parsęty, 1972 – A. Chatelain, Donjons romans des pays d'Ouest, 1973 – A. Sós, Die slaw. Bevölkerung Westungarns im 9. Jh. (Münchner Beitr. zur Vor- und Frühgesch. 22), 1973 – J. A. Trimpe Burger, Oost-Souburg, Province of Zeeland, BerROB 23, 1973, 355–365 – H. E. Jean Le Patourel, The moates sites of Yorkshire, 1973 – F. Felgenhauer, Der Hausberg zu Gaiselberg. Eine Wehranlage des 12.–16. Jh. aus Niederösterreich, ZAMA 1, 1973, 59 – N. Wand, Der Büraberg bei Fritzlar, 1974 – M. Deyres, Les Châteaux de Foulque Nerra (BullMon 132), 1974, 8 – J. Apals u.a., Latvijas PSR Arheoloģija, 1974 – H. G. Peters, Die Wittekindsburg bei Rulle, Kr. Osnabrück (Ausgrabungen in Dtl. 3), 1975, 41 – R. Gensen, Frühma. Burgen und Siedlungen in Nordhessen (Ausgrabungen in Dtl. 2), 1975, 313 – M. de Bouard, Manuel d'archéologie médivale, 1975 – V. Milojčić, Der Runde Berg bei Urach (Ausgrabungen in Dtl. 2), 1975, 181 – R. Gensen, Christenberg, Burgwald und Amöneburger Becken in der Merowinger- und Karolingerzeit. Althessen im Frankreich [hg. W. Schlesinger], 1975 – A. Stroh, Die vor- und frühgesch. Geländedenkmäler der Oberpfalz, 1975 – K. Schwarz, Der frühma. Landesausbau in Nordost-Bayern archäolog. gesehen (Ausgrabungen in Dtl. 2), 1975, 338 – B. DOSTÁL, Břeclav Pohansko, 1975 – J. POULÍK, Mikulčice, 1975 – K. BORG u.a., Eketorp. Fortification and Settlement on Öland/Sweden, 1976 – B. CUNLIFF, Excavations at Portchester Castle II, Saxon, 1976 – W. MEYER-E. WIDMER, Das große Burgenbuch der Schweiz, 1977 – M. STENBERGER, Vorgesch. Schwedens, 1977, 353 – O. OLSEN-H. SCHMID, Fyrkat I, 1977 – G. MILDENBERGER, Germ. Burgen, 1978 – F. HOHENSCHWERT, Ur- und frühgesch. B. in Lippe, 1978 – C. A. RALEGH RADFORD, The Pre-Conquest Boroughs of England, Proceedings British Academy 64, 1978, 131–153 – W. MEYER, Rodung, Burg und Herrschaft: Burgen aus Holz und Stein. (Schweiz. Beitr. zur Kulturgesch. und Archäologie des MA), 1979 – J. F. MARÉCHAL, Der Ursprung der feudalen Motten und die Entstehung der Wehrtürme, ZA 13, 1979, 101–112 – H. HINZ, Motte und Donjon. Zur Frühgesch. der ma. Adelsburg [in Druckvorber. für 1980].

zu [V]: G. L. v. MAURER, Gesch. der Städteverfassung in Dtl. I, 1869 – J. HOLLESTELLE, De steenbakkerij in de Nederlanden tot omstreeks 1560, 1961 – H. PLANITZ, Die dt. Stadt im MA von der Römerzeit bis zu den Zunftkämpfen, 1954 – DERS., Burg und Stadt (Aus Verfassungs- und Landesgesch. I, Fschr. TH. MAYER, 1954) – W. SCHLESINGER, Stadt und Burg im Lichte der Wortgeschichte (Studium Generale 16), 1963 – C. HAASE, Die ma. Stadt als Festung. Wehrpolit.-militär. Einflußbedingungen im Werdegang der ma. Stadt (Die Stadt des MA I, 1969), 377–407 – H. LUDAT, Zum Stadtbegriff im osteurop. Bereich (Vor- und Frühformen der europ. Stadt im MA I, 1973), 77–91 – G. KÖBLER, Civitas und vicus, burg, stat, dorf und wik (Vor- und Frühformen der europ. Stadt im MA I, 1973), 61–76 – H. STOOB, Dt. Städteatlas, I–II, 1973–79 – DERS., Westfäl. Städteatlas I, 1975 – U. MAINZER, Stadttore im Rheinland, 1976² – E. ENNEN, Die europ. Stadt des MA, 1979³ [mit ausführl. Lit.].

zu [B]: CH. DIEHL, L'Afrique byzantine, Hist. de la domination byzantine en Afrique (533–709), 1896 [Neudr. 1958] – CH. DIEHL, Justinien et la civilisation byzantine au VIᵉs. I, 1901 [Neudr. 1960] – H. C. BUTLER, Architecture and Other Arts (Part II of the Publications of an American Archaeological Expedition to Syria in 1899–1900), 1904 – G. DE JERPHANION, Mél. d'archéologie anatolienne (Mél. de la Faculté orientale. Univ. St. Joseph, Beyrouth 13), 1928 – A. POIDEBARD, La Trace de Rome dans le désert de Syrie, Le Limes de Trajan à la Conquête Arabe, 1934 – A. BON, The medieval fortifications of Acrocorinth and vicinity (Corinth III, 2), 1936 – A. M. SCHNEIDER-W. KARNAPP, Die Stadtmauern v. Iznik (Nicaea) (Istanbuler Forsch. 9), 1938 – R. MOUTERDE-A. POIDEBARD, Le Limes de Chalcis, Organisation de la Steppe en Haute Syrie romaine, 1945 – R. GOODCHILD-J. B. WARD PERKINS, The Roman and Byzantine Defences of Lepcis Magna, Papers of the Brit. School at Rome 21, 1953, 42–73 – G. TCHALENKO, Villages antiques de la Syrie du Nord, Le massiv du Belus à l'époque romaine, 3 Bde, 1953–58 – E. KIRSTEN, Die byz. Stadt (Berichte zum 9. Internat. Byz. Kongreß V 3), 1958 [ausführl. Lit. und Definition] – W. MÜLLER-WIENER, Ma. B. im s. Jonien (Istanbuler Mitt. 11), 1961, 4–122 – R. G. GOODCHILD, Fortificationi e palazzi bizantini in Tripolitania e Cirenaica (Corsi di cultura sull'arte ravennate e bizantina 13), 1966, 225–250 – M. GICHON, The Origin of the Limes Palaestinae and the Major Phases in its Development (Stud. zu den Militärgrenzen Roms I, 1967), 175–193 [Lit.] – W. MÜLLER-WIENER, Das Theaterkastell von Milet (Istanbuler Mitt. 17), 1967, 279–290 – D. CLAUDE, Die byz. Stadt im 6. Jh. (Byz. Archiv 13), 1969 [Lit.] – R. M. HARRISON, The Long Wall in Thrace, Archaeologia Aeliana 47, 1969, 33–38 – T. IVANOV, Archäolog. Forsch. des röm. und frühbyz. Donaulimes in Bulgarien (Roman Frontier Stud., 1969; 8. Internat. Congress of Limesforsch., hg. E. BIRLEY, B. DOBSON, M. JARRETT, 1974), 235–243 [Lit.] – C. MANGO, Byz. Architektur, 1975 – H. v. PETRIKOVITS, Die Eroberung und Sicherung des nordafrikan. Vandalengebietes durch Ostrom, Jb. der Akademie der Wiss. Göttingen, 1976, 53–77 [Lit.] – A. J. BERKIAN, Armen. Wehrbau im MA [Diss. Darmstadt 1976; Lit.] – J. KODER-F. HILD, Hellas und Thessalia (Tabula Imperii Byzantini 1), 1976 [Lit.] – W. KARNAPP, Die Stadtmauer von Resafa, 1976 – W. LIEBESCHUETZ, The Defences of Syria in the Sixth Century (Stud. zu den Militärgrenzen Roms II, 1977), 487–499 [Lit.] – Prokop, Bauten, hg. O. VEH (Archäolog. Komm. W. PÜLLHORN), 1977 [Lit.] – W. MÜLLER-WIENER, Bildlex. zur Topographie Istanbuls, 1977 [Lit.].

zu [C]: K. A. C. CRESWELL, Fortification in Islam before A.D. 1250 (PBA 38), 1952, 91 – DERS., Early muslim architectur I, 1969 – The Islamic City, hg. A. H. HOURANI-S. M. STERN, 1970 – E. WIRTH, Die Orientaltal. Stadt, Saeculum 26, 1975, 45–94 – H. GAUBE, Iranian Cities, 1979.

Beg, Titel der osman. Herrscher im 14. und der ersten Hälfte des 15. Jh. Später Bezeichnung für einen Provinzgouverneur niederer Ordnung *(sancakbegi)*. Militär. und verwaltungsmäßig unterstand er dem *beglerbegi*. Als Kontrollorgan standen dem b. die *kadis* seiner Provinz zur Seite, deren Gerichtssprüche er auszuführen hatte. Außerdem war der Titel für die Inhaber halb unabhängiger Grenzfürstentümer und bes. für die Regierungsmitglieder auswärtiger Republiken in Gebrauch (z. B. Venedig, Dubrovnik). S. Faroqhi

Lit.: İNALCIK, OE – T. GÖKBİLGİN, ... Edirne ve Paşa Livası ..., 1952.

Begga, hl. (Fest: 17. Dez.; translatio: 7. Juli), † 693 ?, ⌐ Andenne a. d. Maas. In den um 700 entstandenen »Virtutes S. Geretrudis« wird sie als Geretruds Schwester und damit als Tochter des Hausmeiers Pippin d. Ä. und der Itta/Iduberga bezeugt, dann um 805 in den »Annales Mettenses priores« als Mutter Pippins d. M. genannt, der dort zugleich als Sohn → Ansegisels erscheint. Danach Nennung in vielen späteren Annalen, Chroniken und Viten. B. gründete 691/692 nach Ansegisels Tod das Kl. →Andenne, das sie mit Nonnen aus → Nivelles, woher auch das Kirchengerät stammte, einrichtete. Ihre liturg. Verehrung ist vor dem 11./12. Jh. nicht nachweisbar. – Die jüngst aufgetauchte Ansicht, sie sei vor Ansegisel mit dem dux Adalgisel vermählt gewesen (K. A. ECKHARDT, Stud. Merovingica, 1975, 140–149), ist abzulehnen (RhVjbll 43, 1979, 57–62). Eine Legende stellt die schon seit dem 15. Jh. oft geäußerte Meinung dar, B. sei als Stifterin des Beginenwesens anzusehen. E. Hlawitschka

Q. und Lit.: MGH SRM 2, 469 – MGH SRG, Ann. Mett. pr., ed. B. v. SIMSON, 1905, 2 f. – MGH DD H IV, 470b (*) – Vita S. Beggae, AASSBelgii 5, 70–125 [11./12. Jh., hist. wertlos] – DHGE II, 1559–1564; VII, 441–448 – Vies des Saints 12, 504 f. – vgl. auch Lit. zu → Ansegisel, → Andenne – M. WERNER, Der Lütticher Raum in frühkarol. Zeit, 1979, 396ff.

Beg(h)arden *(beggardi, bogardi, bigardi* etc.), seit der Mitte des 13. Jh. gebräuchl. Bezeichnung für Männer, die wie die → Beg(h)inen zw. Ordens- und Laienstand ein geistl. Leben nach den Vorschriften des Evangeliums führen wollen. Die Zahl der gemeinschaftl. lebenden, meist mit handwerkl. Tätigkeit (Weben) ihren Unterhalt bestreitenden B. war geringer als bei den Beg(h)inen, hingegen war das fluktuierende, vorwiegend auf Bettel (Brot für Gott) angewiesene Element größer. Die sich selbst u. a. pueri oder fratres pauperes nennenden B. wurden von den Zeitgenossen auch als Lollarden, Celliten, Matemanen usw. bezeichnet. Sie gerieten noch häufiger als die Beg(h)inen unter den Einfluß häret. Ideen bzw. in die Gefahr des Häresieverdachtes. Im 15. Jh. nahmen in NW-Europa zahlreiche Beg(h)ardengemeinschaften die Augustinerregel oder die Dritte Regel der Franziskaner an, aus ihrem Zusammenschluß gingen u. a. die Congregatio Zepperensis Begharderum tertii ordinis Sancti Francisci und die noch heute existierenden Brüdergemeinschaften der → Alexianer hervor. K. Elm

Lit.: Vgl. neben der im Artikel »Beg(h)inen« gen. Lit.: DIP I, 1165–1180 – G. DES MAREZ, Les Bogards dans l'industrie drapière à Bruxelles, Mél. P. FREDERICQ, 1904, 279–287 – J. ASEN, Die Begharden und die Sackbrüder in Köln, AHVN 115, 1929, 167–179 – E. W. McDONNELL, The Beguines and Beghards in medieval Culture (with special emphasis on the Belgian Scene), 1954 – E. G. NEUMANN, Rhein. Beginen- und Begardenwesen, 1960 – D. KURZE, Die festländ. Lollarden, AKG 17, 1965, 48–76 – M. ERBSTÖSSER, Sozialreligiöse Strömungen im späten MA, 1970 – E. GATZ, Kirche und Krankenpflege im 19. Jh., 1971 – C. J. KAUFFMAN, Tamers of Death I: the Hist. of the Alexian Brothers from 1300 to 1789, 1976 – J. LE LEU, De B. te Antwerpen 1296–1474, Franciscana 34, 1979, 21–60 – W. HEITZENRÖDER, Gesch. der B. (Alexianer) in Frankfurt a. M., Archiv für mittelrhein. Kirchengesch. 31, 1979, 55–74.

Beg(h)inen

I. Gebiete nördlich der Alpen – II. Südfrankreich, Italien.

I. GEBIETE NÖRDLICH DER ALPEN: [1] *Allgemein:* B. (beg[u]inae, beguttae usw.), zu Beginn des 13. Jh. erstmalig gebrauchte, seit der vierziger Jahren geläufige Bezeichnung für fromme Frauen, meist Jungfrauen und Witwen, die ohne dauerndes Gelübde und approbierte Regel allein, meist aber in klosterartigen Gemeinschaften, in den Niederlanden häufig in mit Wall und Graben umgebenen → Beg(h)inenhöfen unter der Leitung einer Magistra oder Martha ein geistl. Leben führen, das kirchenrechtl. zw. dem Status der Ordensleute und dem der Laien einzuordnen ist. Die B. verbinden Selbstheiligung in Gebet, Kontemplation und Askese mit oft außerhalb ihrer Häuser ausgeübter karitativer Tätigkeit, verschaffen sich ihren Unterhalt, soweit er nicht durch Stiftungsgut, Renten und Schenkungen gesichert ist, durch Handarbeit (vgl. Abschnitt I, 2) oder gelegentl. Bettel und suchen, ohne sich aus dem Pfarrverband zu lösen, geistl. Betreuung bei Welt- und Ordensklerus, seit der Mitte des 13. Jh. vornehmlich bei den Bettelorden, um deren Kirchen sich ihre Häuser häufig konzentrieren.

Mulieres devotae oder religiosae, wie die B. in den Quellen meist genannt werden, traten an der Wende zum 13. Jh. nördl. der Alpen vornehml. im Hzm. Brabant und im Bm. Lüttich auf, wo sich u. a. in Oignies-sur-Sambre und Nivelles um → Maria v. Oignies († 1216) und Ida v. Nivelles († 1237) fromme Frauen versammelten und bei → Jakob v. Vitry († 1254) bzw. Johann v. Nivelles († 1216) Unterstützung und Schutz fanden. Seit dem 2. Viertel des 13. Jh. sind sie, nachdem ihnen Honorius III. 1216 auf Bitten Jakobs v. Vitry mündlich gestattet hatte, zusammenzuleben und sich gegenseitig geistl. zu fördern, in Nord-Frankreich und in den Städten entlang des Rheins sowie in der norddt. Tiefebene von den Niederlanden bis nach Livland, Mitteldeutschland, Schlesien, Polen und Böhmen, aber auch im dt. Süden und Südosten nachweisbar. In der 2. Hälfte des 15. Jh. beläuft sich die Zahl der Beginenhäuser in Köln, von dem es heißt »quot in mari sunt guttae et in Colonia sanctae Beguttae« auf 106, in Straßburg, Mainz und Basel auf 85, 28 bzw. 22. Bis ins 14. Jh. rekrutierten sich die B. vorwiegend aus dem Patriziat und den städt. Mittelschichten sowie dem ländl. Adel. Erst dann begann der Anteil der aus unteren Schichten stammenden Frauen zu überwiegen. Infolge der im 14. Jh. wiederholt vom Episkopat ausgesprochenen Verbote, unter dem Druck der städt. und staatl. Obrigkeit (Karl IV., 1369) und angesichts zunehmender Diskriminierung ging die Zahl der Neugründungen zurück, während der die »Beginensamengen« anstieg, die sich dem Dritten Orden der Mendikanten anschlossen oder mit der Übernahme einer approbierten Regel, meist der Augustinerregel, den Status regulierter Gemeinschaften annahmen. Die → Devotio moderna und später die Gegenreformation brachten eine Neubelebung: Im 17. Jh. zählt der Beginenhof in Brüssel ca. 1000 Bewohnerinnen. Von den im 19. Jh. noch bestehenden zwölf belg.-ndl. Beginengemeinschaften setzen heute nur noch die Hälfte, unter ihnen die Beginenhöfe von Gent und Brügge (am Minnewater), die B.-Tradition fort.

Die Entstehung des Beginentums läßt sich weder mit einem Ort noch einer Person, etwa Lüttich und Lambert le Bègue († ca. 1177), in Verbindung bringen. Sie ist auch nicht allein aus ökonom. und demograph. Gegebenheiten wie z. B. der Intensivierung des städt. Lebens oder einem zu dieser Zeit angebl. bes. hohen Frauenüberschuß (Frauenfrage) zu erklären. Sie steht vielmehr in engem Zusammenhang mit der auf viele Ursachen zurückzuführenden religiösen Bewegung des 12. und 13. Jh., die allenthalben in Europa Laien beiderlei Geschlechts außerhalb von Klerus und Ordensstand nach einem am Evangelium ausgerichteten Leben streben ließ, was bedeutet, daß das von NW-Europa ausgehende Beginentum gemeinsam mit den bes. in Italien stark vertretenen orthodoxen Laiengemeinschaften (Humiliaten), Bußbrüderschaften und Drittorden, aber auch mit antiklerikalen Ketzergruppen wie den Waldensern als Institutionalisierung einer einzigen Bewegung anzusehen ist, wobei freilich nicht vergessen werden darf, daß die Tradition der via media, des Status zw. Ordens- und Laienstand, bis in die chr. Frühzeit zurückgeht.

Die Einbindung in die hochma. Armutsbewegung, die auch in der Bezeichnung B. und ihren it. bzw. frz. Synonymen *(bizzoco, pinzochero, biset)* – sie werden etymolog. sowohl mit der Farbe der für die Armutsbewegung charakterist. Kleidung aus ungefärbter Wolle *(bigio, bège, beige)* als auch mit der Bezeichnung für die südfrz. Katharer, Albigenses, in Zusammenhang gebracht – zum Ausdruck kommt, bedeutete ähnlich wie die nicht ganz klare Rechtsstellung – die Bildung neuer Orden und ordensähnlicher Vereinigungen wurde 1215 vom IV. Laterankonzil untersagt und 1274 auf dem II. Konzil v. Lyon im Hinblick auf die Bettelorden noch einmal verboten – eine ständige Gefährdung für die B. Sie und die → Beg(h)arden wurden, obwohl sich die ihnen vorgeworfene Beschäftigung mit theol. Subtilitäten in Grenzen hielt und von einer allgemeinen Verbindung mit der im 14. Jh. weitverbreiteten freigeistigen Häresie nicht die Rede sein kann, aus Unkenntnis oder mit Absicht mit fast allen religiösen Abweichungen, kirchl. Subordinationen und sozialen Sondergruppen des späten MA in Zusammenhang gebracht oder gar identifiziert, so z. B. mit den ebenfalls als B. bezeichneten südfrz. Anhängern der Spiritualen und Fratizellen (vgl. Abschnitt II). Unter Berufung auf das Konzil v. Vienne (1311), das in der 1317 in die → Clementinen aufgenommenen Const. 16 den Stand der mulieres Beguinae vulgariter nuncupatae wegen Häresie aufhob, die ihm angehörenden mulieres fideles jedoch unangetastet ließ, wurden die B. im Verlauf des 14. und zu Beginn des 15. Jh. bes. an Mittel- und Oberrhein heftig verfolgt. Neben tatsächl. Häresie und bloßem Häresieverdacht waren dabei die sich z. T. widersprechenden Interessen von Weltklerus und Bettelorden mit im Spiel. Der Weltklerus versuchte die Bindung der B. an die Mendikanten zu lösen, wobei er jedoch gelegentl. Bündnisse mit Dominikanern und Augustiner-Eremiten gegen die Franziskaner einging, die sich seit dem 13. Jh. in zunehmendem Maße der B. als Verwalter ihres eigenen rechtl. nicht unter ihrem dominium befindl. Besitzes bedienten und so den Schein der paupertas aufrechtzuerhalten suchten.

Trotz der rechtl. Unsicherheit und ungeachtet häufiger Anfeindungen bot der Stand der B. zahlreichen Frauen, denen der Eintritt in Orden und Kl. nicht möglich war, materielle Versorgung und geistl. Betreuung. Wie hoch das Niveau des geistl. Lebens der B. sein konnte, wird an ihren hervorragendsten Vertreterinnen deutlich, zu denen u. a. → Mechthild v. Magdeburg († 1282/94), die 1310 in Paris als Ketzerin verbrannte → Marguerita Porete und vielleicht auch die große Mystikerin → Hadewych (13. Jh.) gerechnet werden können.   K. Elm

[2] *Wirtschaftliche Tätigkeit:* Die Statuten von Beginenhöfen, landesherrl. und städt. Verordnungen geben Auskunft von einer überraschenden wirtschaftl. Dynamik der B., die in gewisser Hinsicht an die älteren → Zisterzienser erinnert, da sich doch in beiden Fällen eine ursprgl. zur Selbstversorgung, als Basis eines unabhängigen religiö-

sen Lebens gedachte Wirtschaftstätigkeit zu einem eigenen Ziel des Gemeinschaftslebens entwickelte. Bei den an sich engen Absatzmöglichkeiten des SpätMA entstand dadurch eine gewisse Unruhe unter den etablierten Zünften, v. a. des Textilgewerbes, auf das sich die B. stark konzentrierten. So begrenzte schon 1287 der Bf. v. Lüttich die Abgaben- und Zollfreiheit, die an sich den B. zustand, auf einen Marktumsatz von 10 Mark pro Hof im Jahr. In Maastricht wurden die Höfe im nächsten Jahrhundert in die Tuchmacherzunft als Quasimitglieder aufgenommen, wodurch die Konkurrenzbedingungen angeglichen wurden. In anderen Städten wurden den B. stärkere Einschränkungen auferlegt, die sie dazu führten, sich anderen Erwerbsarten zuzuwenden, in Rotterdam z. B. der Bäckerei, in Leiden und Breda dem Lese- und Schreibunterricht, u. a. in Amsterdam einer Krankenversorgung gegen Entgelt. Die Abbildung einer spinnenden Begine findet sich in einem Freskenzyklus des 14.Jh. im Haus zur Kunkel in Konstanz. Eine befriedigende wissenschaftl. Darstellung der wirtschaftl. Bedeutung der B. fehlt noch (vgl. vorerst die Bemerkungen bei O. NÜBEL). R. Sprandel

II. SÜDFRANKREICH, ITALIEN: Mit dem Namen B. (beguinae) wurden in der 2. Hälfte des 13.Jh. in S-Frankreich Frauen bezeichnet, die sich einem intensiven religiösen Leben widmeten, ohne jedoch einem bes. Orden anzuhören oder Tertiarierinnen zu sein. Noch am Ende des 13.Jh. (1295) bedeutet der lat. Terminus imbeguiniri, den wir in dem Brief von Petrus Johannis → Olivi an die Söhne von Karl II. v. Anjou antreffen, nichts anderes, als ein religiöses Leben voll Intensität und Vertiefung zu führen. Allerdings bezeichnete das Wort B. (beguini, beguinae) in jener Periode bereits auch diejenigen Männer und Frauen, die sich um einige Lehrer der vita spiritualis scharten und ihren Anweisungen folgten, v. a. in den beiden wichtigsten (aber nicht einzigen) Zentren Béziers und Narbonne. Dort war bes. Petrus Johannis Olivi, der den B. mehrere kleinere spirituale Schriften widmete, eine Gestalt von herausragender Bedeutung. Neben und nach Olivi wandte sich der große Arzt und zugleich Laientheologe → Arnald v. Villanova, der sich mit spiritualen Fragen auseinandersetzte, ebenfalls an die Beg(h)inen. Außer durch die religiöse Praxis auch durch die gemeinsame Hoffnung auf eine Erneuerung des kirchl. Lebens, die das Ende des Ecclesia carnalis und den mehr oder weniger nahen Triumph der Ecclesia spiritualis bedeuten sollte, zusammengehalten, verbanden sich diese B. auch nach Olivis Tod (1298) weiterhin zu mehr oder weniger geheimen Gruppen, die bei dem lokalen Episkopat Beunruhigung auslösten und den Verdacht auf Häresie aufkommen ließen.

Trotz der starken Betonung der Endzeiterwartung konnte jedoch kein echter Häresieverdacht diese Gruppen treffen. Als die Kommunität die Spiritualen der Provence und ihre Gläubigen anklagte, der Bewegung der → Brüder des freien Geistes anzuhängen, war es sogar möglich, die Anklage auf diejenigen zurückfallen zu lassen, von denen sie ausgegangen war. Die B. in S-Frankreich gerieten erst in eine schwere Krise, als vier Spiritualen zum Scheiterhaufen verurteilt wurden, da sie den Verhaltensvorschriften Papst Johannes XXII. und des Generalministers → Michael v. Cesena, die ihrer Meinung nach dem wahren franziskan. Geist widersprachen, nicht Folge leisten wollten. Es verbreitete sich bei einem Großteil der B., die an der südfrz. Küste von Marseille bis hin zu den Pyrenäen verstreut waren, die Überzeugung, daß die vier auf dem Scheiterhaufen verbrannten Spiritualen Heilige und Märtyrer seien, und daß damit die in gewisser Weise in der »Lectura super Apocalipsim« des Petrus Johannis Olivi

vorausgesehene Verfolgung begonnen habe (das Werk war auch in der Form populärer Kompendien unter den B. verbreitet); eine Verfolgung, die der Antichristus mysticus gegen die demütige Ecclesia spiritualis führen würde, die aus wenigen, von der hierarch. Kirche (Ecclesia carnalis) bekämpften Erwählten bestand. Diese Überzeugung, die bald der Inquisition Gelegenheit zum Einschreiten bot, fand im sog. Armutsstreit (→ Bettelorden) der Jahre 1318-23 ihre Bestätigung und Bekräftigung, der durch die berühmte Bulle »Cum inter nonnullos« vom 12. Nov. 1312 abgeschlossen wurde, mit der der Papst die These, Christus und Apostel hätten weder eigenes noch gemeinschaftl. Eigentum besessen, als häret. erklärte. Diese Entscheidung ließ bei den B. die Überzeugung entstehen, Johannes XXII. sei ein häret. Papst, dem man nicht mehr Gehorsam leisten dürfe, und der überhaupt nicht mehr als Papst anzusehen sei. Gleichzeitig bildete sich der Glaube, Petrus Johannis Olivi sei in »sanctus non canonizatus«, während die Ausgrabung seines Leichnams zu einem unbekannten Zeitpunkt und die Verurteilung seiner »Lectura super Apocalipsim« die Vorstellung bekräftigten, der Papst und mit ihm alle, die seine Verdammungsurteile akzeptiert hatten, seien Häretiker. Jenseits der bedeutsamen theolog. Disputationen bildete sich also unter den B. ein gemeinsames Selbstverständnis als Mitglieder der Märtyrerkirche, die zum unausbleibl. Triumph bestimmt sei. Bei den zahlreichen Prozessen in den südfrz. Städten, in denen unter anderen Inquisitoren auch der bekannte → Bernardus Guidonis beteiligt war, gab es sehr viele Opfer: zum Teil Fratres, die nach dem Urteil von Marseille eine krit. Haltung gegenüber dem Papst beibehalten hatten, zu noch größerem Teil aber ihre Anhänger, die regelmäßig B. genannt wurden, unabhängig davon, ob sie einfache Laien oder Mitglieder des Dritten Ordens waren. In sozialer Hinsicht rekrutierten sich die B., Männer wie Frauen, zum größten Teil aus den mittleren und unteren Schichten der städt. Bevölkerung, nur ganz wenige stammten aus dem Adel (auch da nur aus dem Kleinadel) oder aus dem Klerus.

Ein Teil der Fratres entzog sich der Inquisition durch die Flucht nach Italien, wo die frz. Spiritualen in vielen Konventen heimlich aufgenommen und geschützt wurden. Um die Jahrhundertmitte war die volkstüml. Bewegung der B. prakt. vernichtet, aber die von ihnen vertretenen Ideen lebten durch die Vermittlung von Persönlichkeiten wie z.B. Petrarca (»Epistulae sine nomine«) weiter. Jedenfalls hatte die spirituale Bewegung in Italien zwar große Bedeutung, ihre Anhänger, die verschiedene Namen trugen, wie z.B. *bizoco*, traten jedoch nie in so auffallender Weise in Erscheinung, daß es zu echten Zusammenstößen mit der Inquisition kam. Viele B. finden sich jedoch später unter den → Fraticelli und ihren Anhängern. R. Mansellli

Lit.: *allg. und zu [I]*: J. GREVEN, Die Anfänge der B., 1912 – L.J. M. PHILIPPEN, De Begijnhoven. Oorsprong, Geschiedenis, Inrichting, 1918 – J. ASEN, Die B. in Köln, AHVN 111-112, 1927-28, 81–180 bzw. 13–96 – H. GRUNDMANN, Zur Gesch. der B. im 13.Jh., Archiv für Kirchengeschichte 21, 1931, 296–320 – K. ZUHORN, Die B. zu Münster, WZ 91, 1935, 1–149 – D. PHILLIPS, Beguines in Medieval Strasburg [Diss. Stanford 1941] – A. MENS, Oorsprong en Betekenis van de Nederlandse Begijnen- en Begardenbeweging, 1947 – E.G. NEUMANN, Rhein. Beginen- und Begardenwesen, 1960 – G. KOCH, Frauenfrage und Ketzertum im MA, 1962 – B. DEGLER-SPENGLER, Die B. in Basel, Basler Zs. für Gesch. und Altertumskunde 69-70, 1969-70, 5-83 bzw. 29–118 – E.W. McDONNELL, The Beguines and Beghards in Medieval Culture, 1969 – G. PETERS, Norddt. Beginen- und Begardentum im MA, NdsJb 41-42, 1969-70, 50–118 – E.M. WERMTER, Die B. im ma. Preussenlande, Zs. für Gesch. und Altertumskunde des Ermlandes 33, 1969, 41-55 – H. GRUNDMANN, Religiöse Bewegungen im MA, 1970[1] – O. NÜBEL, Ma. B. und Sozialsiedlungen in den Niederlanden, 1970 – D. LAPIS-B. LAPIS, Beginki w Polsce w XIII-XV wieku, KHKM

Nr. 79, 1972, 521–544 – R.E.LERNER, The Heresy of the Free Spirit in the Later MA, 1972 – A.PATSCHOVSKY, Straßburger Beginenverfolgungen im 14.Jh., DA 30, 1974, 56–198 – D.APPELO-VAN PAASEN, Het ontstaan van de Begijnenbeweging en de betekenis van het woord »Begijn«, 1978 – J.CL.SCHMITT, Mort d'une hérésie. L'Église et les clercs face aux béguines et aux béghards du Rhin Supérieur du XIVᵉ au XVᵉ s., 1978 – *zu [II]*: R.MANSELLI, Spirituali e Beghini in Provenza, 1959 – Franciscains d'Oc. Les spirituels ca. 1280–1324, 1975 (Cah. de Fanjeaux 10) – J.Perarnau, L'»Alia Informatio Beguinorum« d'Arnau de Vilanova, 1978 (Studia, Textus, Subsidia, 2).

Beg(h)inenhof. Der mit einer Mauer umgebene B. ist auf das Gebiet des heut. Belgien beschränkt und besteht aus einer einfachen, den → Bettelordenskirchen entsprechenden Kirche, einem oder mehreren Häusern (Kloster), in denen die Novizen in Einzelzellen wohnen, sowie einer Anzahl von Einzelhäusern (Klausen oder Eremitagen), in denen die älteren langjährigen Insassen in kleinen Wohnungen, zumeist mit eigenem Gärtchen, leben, einem Spital und Wirtschaftsgebäuden. Vom flandr.-brabant. Bereich aus verbreiteten sich die Beginen nach den Niederlanden, Frankreich, Deutschland, Italien, Spanien, Böhmen und Polen, wo sie kleinere Konvente oder Einzelhäuser bildeten, die in der Stadt verstreut lagen. G.Binding

Lit.: RDK II, 181–183 [Lit.] – vgl. auch Beg(h)inen.

Begierde → appetitus, → Erbsünde

Begierdetaufe (baptismus flaminis) ist Ersatzmittel für die sakramentale Wassertaufe, sofern deren Empfang aus moral. oder phys. Gründen nicht möglich ist. Dem Lehrstatus nach stellt die B. eine theol. Konklusion dar, die sich aus der Heilsnotwendigkeit der Taufe und der rechtfertigenden Kraft des liebeerfüllten Glaubens ergibt. Ihre konstitutiven Elemente sind die Liebesreue und das ehrliche Verlangen nach dem Sakrament (votum sacramenti). Andeutungen für die Möglichkeit der B. finden sich im NT (Lk 23, 43; Apg 10, 47). Die theol. Auswertung begann mit Ambrosius und war im HochMA abgeschlossen (Bernhard v. Clairvaux, Hugo v. St-Victor). Später nur noch mit gewissen Hilfstheorien versehen (Thomas v. Aquin: Vorauswirken des Sakramentes), wurde sie vom Tridentinum lehramtl. verbürgt (DENZINGER-SCHÖNMETZER 1524). Sie bewirkt aber nicht die Eingliederung in die sichtbare Kirche. L. Scheffczyk

Lit.: LThK² II, 112–115 – F.STEGMÜLLER, Die Lehre vom allg. Heilswillen in der Scholastik bis Thomas v. Aquin, 1929 – M.SCHMAUS, Der Glaube der Kirche II, 1970 – J.AUER-J.RATZINGER, Kl. Kath. Dogmatik VII, 1972.

Beglaubigung (beglauben, roborieren, firmare, in publicam formam redigere u. ä.) [1] *Allgemein*: Bestätigung der Echtheit einer Willenserklärung durch bestimmte Beglaubigungsmittel zum Zweck der Beweissicherung. Man muß eine diplomat. B. und eine jurist. B. unterscheiden: Die eine begreift die Übereinstimmung einer Urkunde mit der Rechtshandlung (Beweisurkunde) oder dem Austellerwillen (Geschäftsurkunde), während die andere die Übereinstimmung einer Abschrift mit dem Text der Urschrift oder die Abfassung einer Unterfertigung durch eine bestimmte Person bezeugt.

[2] *Geschichtl. Gebrauch*: 1. Die *diplomat*. B. wurde das ganze MA hindurch vom Urkunden-Aussteller bzw. dem fakt. Leiter seiner Kanzlei (merow., frk., dt., frz., siz. u.a. Königsurkunden: z.B. referendarius, cancellarius, protonotarius; – Papsturkunden: Datar z.B. primicerius, bibliothecarius, cancellarius, vicecancellarius; – byz. Kaiserurkunden: z.B. ἐπὶ τοῦ κανικλείου) vorgenommen oder durch Zeugen sowie durch Personen, welche kraft Amtes (notarius, iudex, tabellio) oder aufgrund ihrer sozialen Stellung (Fs.en, Bf.e usw.) allgemeinen Glauben genossen. – Als Beglaubigungsmittel dienten: Ausstellung durch einen notarius (publicus, *offner schriber* u. ä.: Notariatsinstrument); Hinterlegung an öffentl. Stelle (Schreinsurkunden, Bannrollen); Eintrag in öffentl. Bücher (Stadtbücher, Register); die anfangs eigenhändige Rekognition (»Ego NN ad vicem NN recognovi et subscripsi« u. ä.; »legimus« und andere »Rotworte« in byz. Kaiserurkunden), im SpätMA z.T. andere Kanzleivermerke (z.B. »per dominum regem«), Begebungsformel (»data per manus N« u.ä.), Ausstellungsvermerk des Notars (z.B. »Ego NN rogatus scripsi et subscripsi [complevi]«), Zeugenliste (z.B. »huius rei sunt testes«), -unterschrift, Androhung des Bannes (z.B. »banno ... confirmavimus«). – Als Beglaubigungszeichen wurden verwendet: Rekognitionszeichen, Notariatssignet, Teilschnitt (Chirograph), Besiegelung in eigener und fremder (»Siegelbitte«) Sache. – 2. Die *jurist*. B. war Formerfordernis nach röm. Recht (C. 4, 21, 22, 7; D. 22, 4; Nov. 44 u.a.) und kanon. Recht (X. 2, 22, 16) und gewährte, durch eine persona publica (z.B. notarius publicus, iudex ordinarius) mit der B.s-formel (z.B. »Ego NN quantum in authentico inveni [vidi] exemplavi ... nil addens vel diminuens [de verbo ad verbum] ... sigillogue non abolito nec abraso neque in aliqua parte vitiato« / »hoc signum sanctae crucis fecit dominus imperator suis manibus«) und dem Signet bzw. dem sigillum authenticum (geistl. und weltl. Große) versehen, einer Abschrift (exemplum, copia, series) vollen Glauben (→Transsumt, Vidimus) bzw. einer → Unterschrift volle Gültigkeit. W. Schlögl

Lit.: J. FICKER, Beitr. zur Urkundenlehre, 1877–78; Bd. I, 60ff., 270ff.; Bd. II, 160ff. – BRESSLAU I, 89ff., 209ff., 619ff.; II, 90ff. – O.REDLICH, Die Privaturkunden des MA, 1911, 16ff., 61ff., 146ff., 209ff. – H.PLECHL, Die datum-per-manusformel. Zur Frage ihrer Verbreitung und Bedeutung [Diss. Berlin 1947] [Lit.] – G.TESSIER, Diplomatique royale française, 1962, 221ff. – F.DÖLGER-J.KARAYANNOPULOS, Byz. Urkundenlehre I, 1968, 34ff., 129ff. – H.HOLZHAUER, Die eigenhändige Unterschrift-Geschichte und Dogmatik des Schrifterfordernisses im dt. Recht, 1973, 35ff., 132ff. – P.-J.SCHULER, Gesch. des Südwestdt. Notariats von seinen Anfängen bis zur Reichsnotariatsordnung von 1512, 1976, 283ff. u.ö [Lit].

Beglerbegi, Gouverneur einer osman. Großprovinz *(vilayet)*. In der Frühzeit des Osman. Reiches gab es nur drei (Rumeli, Anadolu und Rum). Nach Eroberung der größeren Fürstentümer von Zentral- und Ostanatolien wurden mehrere von ihnen zu vilayet organisiert und an die Spitze jeweils ein b. bestellt. Im 16. und 17.Jh. wurde die Anzahl der b. vermehrt, bis auch kleine territoriale Einheiten von einem Gouverneur dieses Ranges verwaltet wurden. S.Faroqhi

Lit.: INALCIK, OE – D.PITCHER, An hist. geography of the Ottoman Empire, 1972 – I.M.KUNT, Sancaktan eyalete, 1978.

Begräbnis, Begräbnissitten
A. Christliche Bestattungsformen allgemein – B. Gebräuche und Begräbnisliturgie – C. Kirchliches Begräbnisrecht – D. Jüdische Begräbnissitten

A. Christliche Bestattungsformen allgemein
I. Frühchristentum – II. Mittelalter – III. Ikonographische Beispiele.

I. FRÜHCHRISTENTUM: Die Bestattungsart der Christen war grundsätzl. (seit dem 3.Jh. nachweisbar) die Körper-Bestattung im → Grab oder → Sarkophag. Das Leichen-B. wurde auch in der Germanenmission gegenüber der Brandbestattung durchgesetzt. Das antike Verbot des B.es innerhalb der Stadtmauern mußte zunächst respektiert werden: Ober- oder unterird. Gräber, Coemeterien (→ Friedhof, → Katakomben), Sepulkralbasiliken und Märtyrermemorien (→ Martyrium) lagen außerhalb der Städte. Der weit verbreitete Wunsch, sein B. in der Nähe des Grabes eines → Märtyrers zu finden, führte mit zunehmender Steigerung der Verehrung der Märtyrer und ihrer → Reliquien zum B. auch in oder bei Kirchen innerhalb von Ortschaften. Trotz wiederholter Erneuerung der Verbote von Grabstörungen und von B.en im Stadtgebiet kam es nämlich seit der 2. Hälfte des 4.Jh. zu zahlreichen Übertragungen von Märtyrerreliquien in innerstädt. Gemeindekirchen; außerdem setzte sich in Verbindung mit Reliquienteilungen der Brauch durch, in einem → Reliquiar oder → Reliquiengrab Märtyrerreliquien in oder unter dem → Altar zu bergen. Die Anziehungskraft der innerstädt. Märtyrerbeisetzungen auf das B. von Klerikern und Laien (bes. deutl. in nordafrikan. Kirchen des 5./6.Jh. zu beobachten) schuf dann die Voraussetzung für das im MA vorherrschende B. in Kirchennähe bzw. (bei entsprechender kirchl. oder gesellschaftl. Stellung) in der Kirche selbst oder in einer mit ihr in Verbindung stehenden → Kapelle, → Krypta oder dem → Kreuzgang. J.Engemann

Lit.: RDK II, 332–355 – A.C.Rush, Death and Burial in Christian Antiquity, 1941 – E.Dyggve, The Origin of the Urban Churchyard, CM 13, 1952, 147–158 – B.Kötting, Der frühchr. Reliquienkult und die Beisetzung im Kirchengebäude, 1965 – N.Duval, La mosaïque funéraire dans l'art Paléochrétien, 1976 [Lit.].

II. Mittelalter: Die Beerdigung in einem Sarg war zunächst nur bei Personen höherer sozialer Schichten üblich, normalerweise wurde der Leichnam auf einem Brett liegend oder in ein Tuch eingehüllt und verschnürt bestattet. Grabbeigaben begegnen im Gegensatz zum FrühMA im Hoch- und SpätMA nur selten. Die im MA vorkommende Bestattung einzelner Körperteile an verschiedenen Orten entsprang prakt. (Einbalsamierung, Transport über weite Strecken), aber auch religiösen Motiven. Vom kirchl. B. ausgeschlossen waren alle, die nicht in Gemeinschaft mit der Kirche gelebt hatten. Eine bes. Ausgestaltung erfuhr das B. von hohen weltl. und geistl. Würdenträgern, wobei die repraesentatio eine große Rolle spielte (z.B. Aufbahrung, → Castrum doloris, Leichenpredigt, Funeralinsignien, Darbringung von Pferden und Insignien beim Opfergang, Verwendung einer → Effigies bei den Zeremonien). H.P.Zelfel

Lit.: HRG I, 349–352 – LThK² II, 116–120 – HDA I, 976–997 – D.Schäfer, Ma. Brauch bei der Überführung von Leichen, SPA 1920, 478–498 – W.Brückner, Roß und Reiter im Leichenzeremoniell, Rhein. Jb. für Volkskunde 15/16, 1964/65, 144–209 – Ders., Bildnis und Brauch, Stud. zur Bildfunktion der Effigies, 1966 [Lit.] – N.Kyll, Tod, Grab, Begräbnisplatz, Totenfeier, 1972 (Rhein. Archiv 81) – A.Erlande-Brandenburg, Le roi est mort. Ét. sur les funérailles, les sépultures et les tombeaux des rois de France jusqu' à la fin du XIIIe s., 1975.

III. Ikonographische Beispiele: Am Beispiel von Illustrationen der in der Bibel erwähnten B.e lassen sich Rückschlüsse auf Begräbnissitten in Spätantike und MA ziehen. Hierbei sind frühe Darstellungen häufig von der Beisetzungsform der Mumifizierung geprägt, wie sie in chr. Zeit noch in Ägypten gepflegt wurde. V. a. in Zusammenhang mit der Lazarus-Geschichte erscheint der Leichnam als Mumie (Katakombenmalerei, in der byz. und südslav.-orth. Kunst immer; Giotto, Arena-Kapelle, 1304/06; Duccio, Predellentafel der Maestà, New York, 1311, gelegentl. auch der Leichnam Christi [Theodor-Psalter, fol. 116^r, 1066]). Verschiedentl. wird der Verstorbene in einer Höhle (Wiener Genesis, fol. 24, Begräbnis des Abraham, 6.Jh.; Pantokrator-Psalter, fol. 122^r, B. Christi), zumeist jedoch in einem Sarg beigesetzt. Beim B. Christi kommt neben der Höhle (Pantokrator-Psalter) auch ein Grabbau vor (Theodor-Psalter u. ö.). Bes. häufig dargestellt wurde neben den B.en der Patriarchen des Alten Bundes (Jakob, Gen 50, 13; Joseph, Gen 50, 26; Aaron, Num 33, 38; Gideon, Ri 8, 32) das B. des Protomartyr Stephanus (Glasfenster in Le Mans, 12.Jh.; Tympanonrelief an Notre Dame, Paris, 13.Jh.). D.Kocks

Lit.: LCI I, 269 – L.Réau, Iconographie de l'Art chrétien, II/1, 137f., 171, 216; III/1, 454.

B. Gebräuche und Begräbnisliturgie
I. Lateinischer Westen – II. Ostkirche.

I. Lateinischer Westen: Im Altertum und im frühen MA bilden die Sorge um ein gutes Sterben und das B. eine ununterbrochene Einheit: Nach den Riten im Sterbehaus (Sterbekommunion, Empfehlung des Sterbenden in die Hand Gottes, Waschung unter Psalmengesang) wird der Tote in die Kirche getragen, wo für ihn bis zum B. die Totenvigil (und später auch die Messe) gehalten wird. Die folgende Übertragung zum Friedhof wird durch die österl. Antiphon »Aperite mihi portas iustitiae« zum symbol. Einzug in das ewige Leben gestaltet. Die Gebete und Gesänge sind in der frühen Zeit von österl. Zuversicht geprägt. Es werden die Psalmen mit heilsgeschichtl. Charakter (42 Quemadmodum, 93 Dominus regnavit, 114 In exitu Israel, 118 Confitemini) bevorzugt. Die subjektive Trauer wird überformt vom zuversichtl. Glauben der Gemeinde an die Auferstehung.

Seit dem 9.Jh. erfährt die Begräbnisliturgie eine bedeutsame Umgestaltung. Die Verbindung der Begräbnisfeier mit den Riten im Sterbehaus wird gelöst, und Elemente der Sterbeliturgie werden in die Begräbnisliturgie übernommen (Subvenite, In paradisum). Die Begräbnisfeier beginnt daher mit der Übertragung des Toten in die Kirche, wo das Totenoffizium und die Totenmesse gehalten werden. Daran schließt sich die Absolution an, bestehend aus Gebet, Besprengung mit Weihwasser und Inzensation, um dem Verstorbenen Nachlaß der Sündenstrafen zu erbitten. Die Übertragung zum Friedhof und die Bestattung werden reichlicher ausgestaltet. Zugleich vollzieht sich eine bedeutsame inhaltl. Änderung: Die Buß- und Fürbittelemente treten durch die Psalmen 51 (Miserere) und 130 (De profundis) und zahlreiche Orationen in den Vordergrund, die Sequenz »Dies irae« in der Totenmesse und das »Libera« zur Absolution verdrängen die chr. Auferstehungshoffnung und stellen die Furcht vor dem Gericht vor Augen. Der Ritus am Grab wird durch Elemente der Laudes (Psalmen und Benedictus) und durch verschiedene lokalbedingte Sonderriten (Segnung des Grabes, dreimaliger Erdwurf u. a.) angereichert. Im 15.Jh. wird ein eigener Ritus für das B. unmündiger Kinder ohne Fürbittelemente und ohne Messe ausgebildet. Im Rituale Romanum vom Jahre 1614 wird das ma. Begräbnisritual vereinfacht übernommen.

H.Hollerweger

Lit.: P.-M.Gy, Les funérailles d'après le Rituel de 1614, La Maison-Dieu 44, 1955, 70–82 – H.Frank, Der älteste erhaltene Ordo defunctorum der röm. Liturgie und sein Fortleben in Totenagenden des frühen MA, ALW 7, 1962, 360–415 – A.-G.Martimort, Hb. der Liturgiewiss. II, 1965, 155–168 – B.Bürki, Im Herrn entschlafen, 1969 – M.Righetti, Manuale di storia liturgica II, 1969², 471–516 – D.Sicard, La liturgie de la mort dans l'Église latine des origines à la réforme Carolingienne, LQF 63, 1978.

II. Ostkirche: Zuverlässiger Zeuge über Gebräuche und liturg. Riten beim B. in den Ostkirchen der byz. Tradition ist → Symeon v. Thessaloniki († 1429). Er berichtet von verschiedenen Weisen der Vorbereitung für das B., je nachdem es sich um Hierarchen, Priester, Mönche oder Laien handelte. In jedem Fall wurde der Leichnam gewaschen, mittels eines Schwammes kreuzweise über Stirne, Augen, Lippen, Brust und über Knien und Händen besprengt zum Hinweis auf die Taufe und dann bekleidet, zunächst mit einem weißen Leinengewand, die Bf.e mit bfl., die Priester mit priesterl. Gewändern, Mönche mit dem entsprechenden Mönchshabit. Ks. trugen ksl. Ornat, Laien oft vornehme Gewänder und Schmuck, was auch zu Leichenplünderung, die wieder unter schweren Strafen stand, führen konnte. Die Kirchenväter haben umsonst dagegen protestiert. Zur Waschung und Einkleidung kam oftmals eine Salbung, wofür man sich gern auf Jesu Begräbnis berief. Man faltete die Hände des Toten kreuzweise und legte darauf bei Laien eine Ikone Christi, als Zeichen des Glaubens im Leben wie der Hoffnung auf die Auferstehung. Bf.en und Priestern legte man das Evangelium in die Hand als Zeichen ihres Dienstes. Das »Evangelium« wurde auch über letztere gelesen, über Mönche der Psalter. Von Lichtern begleitet wurde der Tote dann in die Kirche gebracht, wobei das Trishagion, das sich oft wiederholte bei den Exequien, gesungen wurde. Der Ort der Aufbahrung sollte für Bf.e und Priester vor den Türen zum Altarraum, für Mönche im Narthex, für Laien in der Mitte der Kirche sein, je nach dem Ort, den sie einmal in der Gemeinde eingenommen hatten. Symeon findet es ungehörig, daß zu seiner Zeit alle gleicherweise in der Mitte der Kirche aufgebahrt wurden, kennt freilich eine Erklärung: Man sah darin den Himmel versinnbildlicht, den man für die Verstorbenen erhoffte. In der Kirche fand das Totenoffizium statt, in dem der Glaube sich bezeugte, daß der Tod nicht Trennung bedeute. Zeugnis dafür ist etwa der wunderbare Kanon des → Theophanes Graptos († 845) mit den zugehörigen Stichera. Unablösbar damit verbunden war die Feier der Eucharistie für die Toten, wofür sich Symeon auf Gregorius Romanus, d.i. Gregor d.Gr., beruft. Als Stätte der Beisetzung wünschte man sich früh die Nähe eines Märtyrers, darum die Sitte, Bf.e im Altarraum, Priester vor diesem, Ks. und vornehme Laien in der Kirche oder doch an den Mauern der Kirche beizusetzen. Seit dem 7.Jh. sind die Begräbnisstätten meist außerhalb der Städte. Bezeichnenderweise heißen sie Koimeteria (κοιμᾶν 'schlafen'), verweisen also auf die Auferstehung, wie übrigens auch die »Blickrichtung« der Toten nach Osten. Das Gedächtnis der Verstorbenen fand am 3., 9. und 40. Tag wie am Jahrestag statt; Symeon sieht darin Hinweise auf die Dreieinigkeit wie auf die 40 Tage bis zur Himmelfahrt des Herrn. Eine Besonderheit, die vielleicht noch in die vorchr. Zeit zurückgeht, sind die sog. κόλλυβα, bestehend aus Samen und Früchten, die beim Totengedächtnis gesegnet werden – auch sie in der Deutung der byz. Kirche Hinweis auf die Auferstehung im Anschluß an Jo 12, 24 und 1 Kor 15. H.M. Biedermann

Lit.: Symeon v. Thessaloniki, De s. ord. sepulturae, MPG 155, 669–696 – D.A. Petrakakos, Die Toten im Recht nach der Lehre und den Normen des orthodoxen morgenländ. Kirchenrechts, 1905 – Altruss. Kirchenlieder, hg. P.Althaus, 1927 – Ph.Koukoules, Βυζαντινῶν Νεκρικὰ Ἔθιμα, EEBS 16, 1940, 3–80 – C.K. Spyridakis, Τὰ κατὰ τὴν τελευτὴν ἔθιμα τῶν Βυζαντινῶν Ἁγιολογικῶν Πηγῶν, EEBS 20, 1950, 74–171 – Hymnen der Ostkirche, hg. K. Kirchhoff–Chr. Schollmeyer, 1960² – J. Kyriakakis, Byzantine Burial Customs: Care of the Deceased from Death to the Prothesis, Greek orthodox theological review 19, 1974, 37–72.

C. Kirchliches Begräbnisrecht

Ansätze zu einem Begräbnisrecht gab es seit dem 4.Jh., doch waren diese nach regionalen und themat. Aspekten sehr unterschiedlich. Systematisiert wurde das B. erst seit dem späten 12.Jh. durch Konzilien, Päpste und Kanonisten. Aber regionale Besonderheiten wurden weiterhin praktiziert. Ein kirchl. B. stand jedem Christen und Katechumenen zu, nicht aber ungetauften Kindern. Ausgeschlossen waren ferner Apostaten und Häretiker, Exkommunizierte und persönl. Interdizierte, Selbstmörder und infolge eines Zweikampfes Verstorbene, öffentl. Sünder, die ohne Beichte gestorben waren, und Mönche und Nonnen, die ohne kirchl. Erlaubnis Eigentum besessen hatten. Seit 1215 (IV. Laterankonzil) war das B. auch denen verweigert, die die jährl. Beichte nicht abgelegt hatten. Daraufhin wurden in einigen Ländern, z.B. England, auch diejenigen nicht kirchl. bestattet, die nicht auf dem Totenbett gebeichtet hatten. Weil dabei gewöhnl. das → Testament aufgesetzt wurde, durften häufig auch ohne Testament verstorbene Laien nicht kirchlich bestattet werden. Eine andere Ausweitung des Begräbnisverbots folgte aus dem päpstl. → Spolienrecht bei Geistlichen, das bewirkte, daß Kleriker, die Schulden gegenüber dem Papst hatten, auf Weisung der Kollektoren erst nach der Schuldentilgung begraben werden durften.

Als Begräbnisort galt seit dem 6.Jh. der umfriedete Bereich außerhalb einer Kirche (→ Friedhof). Nur Geistliche und, seit dem 9.Jh., auch höhergestellte Laien durften innerhalb einer Kirche bestattet werden. Die Wahl der Begräbniskirche war generell frei. Bes. seit dem 12.Jh. wurde das B. auf die zuständige Pfarrkirche eingeschränkt, doch konnte diese Einschränkung durch päpstl. Privilegien aufgehoben werden, die seit Honorius III. v.a. den Bettelorden zugute kamen. Das B. war ursprgl. kostenlos. Spätestens seit dem 6.Jh. wurden jedoch Geschenke an die Begräbniskirche immer häufiger, die seit Gregor I. als simonieverdächtig galten. Aus diesen Geschenken entwickelten sich gewohnheitsrechtl. die → Stolgebühren, die seit dem 12.Jh. gewöhnl. dem jeweiligen Pfarrer zustanden. Die Privilegierung der Bettelorden im 13.Jh. schmälerte diese pfarrl. Einnahmen v.a. in Städten erheblich. Die daraus entstehenden Konflikte wurden durch Bonifaz VIII. (»Super cathedram«) dahingehend geschlichtet, daß der vierte Teil der Gebühren (»Quart«) bei Begräbnissen außerhalb der Pfarrkirche an den zuständigen Pfarrer zu zahlen sei. Doch verhinderte diese Regelung nicht, daß im SpätMA das kirchl. B. eher fiskal. Interessen als der Erfüllung seelsorgerl. Pflichten diente. B. Schimmelpfennig

Lit.: DDC V, 915ff. – DThC XIV, 1884ff. – LThK² II, 119f. – Ch. Samaran–G. Mollat, La fiscalité pontificale en France au XIVᵉ s., 1905 – J.B. Sägmüller, Lehrbuch des kath. Kirchenrechtes, 1909, 512ff. – Plöchl II, 149f. – Feine, 402ff.

D. Jüdische Begräbnissitten

Die Bestattung war heilige Pflicht der Angehörigen bzw. der Gemeinde und mußte nach dem Ableben des Verstorbenen schnellstmöglich durchgeführt werden. Dem Toten wurden die Augenlider zugedrückt, er wurde gewaschen, in ein Totengewand gehüllt und eingesargt. Beim Transport des Sarges zur Grabstätte waren die Gemeindeangehörigen zum Totengeleit (lᵉwāyāh) verpflichtet. Am Ende des Begräbnisgottesdienstes wurde ein bestimmtes Gebet, das Qaddiš, gesprochen. Die Bestattung erfolgte auf gesonderten Judenfriedhöfen. Seit dem SpätMA wurde die Bestattung von Beerdigungsbruderschaften (ḥavrā' qaddišā') abgewickelt, die sich im 14.Jh. in Deutschland und Spanien herausbildeten. H.-G. v. Mutius

Lit.: M.Lamm, The Jewish Way in Death and Mourning, 1969.

Begriff. Den Ausgangspunkt für die im MA vertretenen Auffassungen darüber, was ein B. ist, bildet die Deutung, in der Boethius den ma. Denkern die Lehre des Aristoteles überliefert, daß die Ausdrücke der gesprochenen Sprache Symbole für die von den Dingen in der menschl. Seele hervorgerufenen Eindrücke sind (Peri herm. 1, 16ᵃ 3f.). Diese seel. Eindrücke, die nach Aristoteles als »Gleichnisse« oder »Abbildungen« (ὁμοιώματα, lat. similitudines) der Dinge ebenso wie die in ihnen abgebildeten Dinge selbst für alle Menschen dieselben sind (ebd. 6–8), werden von den ma. Denkern im Anschluß an Boethius (In Periherm., 2ᵃ ed.), I 1, ed. C.Meiser, 1880, 24–43, bes. 30, Z. 24f.; MPL 64, 404–414) »Denkinhalte« (intellectus) oder »B.e« (conceptiones [bzw. conceptus]) genannt (vgl. z.B. Abaelard, Logica Ingred., ed. B. Geyer, 1919–27, 136, 312,

319–331; Thomas v. Aquin, In Peri herm. I, lect. 2, nr. 20 [10]; Walter Burleigh, In Peri herm. [Comm. medius], ed. S. F. BROWN, FStud 33, 1973, 57; Wilhelm v. Ockham, Summa Logicae I, cap. 1 und 12, ed. PH. BOEHNER, G. GÁL, S. BROWN, 1974, 7f., 41f.).

Von dem in einem Aussagesatz (propositio) ausgedrückten Denkinhalt unterscheidet sich der B. in dem engeren Sinne als derjenige Inhalt des Denkens, den ein als Subjekt oder Prädikat eines Aussagesatzes verwendbares Wort (terminus) als seine Bedeutung ausdrückt. Nach Wilhelm v. Ockham, der den B. als »terminus conceptus« von dem gesprochenen Wort (terminus prolatus) unterscheidet, das den B. »bedeutet« oder »bezeichnet«, wird dieses Bezeichnen (significare) von »allen Autoren« in dem Sinne verstanden, daß das gesprochene Wort sekundär als Zeichen für das eingesetzt ist, wofür der B. selbst primär (von Natur aus) ein Zeichen ist (vgl. Summa Logicae, a. a. O.), nämlich für die Gegenstände, die unter den B. fallen und auf die das »Begriffswort«, wie man es im Anschluß an G. FREGE (Über B. und Gegenstand, 1892, in: G. PATZIG [Hg.], Funktion, B., Bedeutung, 1975⁴, 72f.) nennen könnte, zutrifft.

Die zw. Sprache und Wirklichkeit vermittelnde Rolle des B.s, die z. B. auch Lambert von Auxerre (Logica, ed. F. ALESSIO, 1971, 205f.) hervorhebt, umschreibt Thomas, indem er sagt, daß »sich die Sprachlaute durch die Vermittlung eines vom Verstand gebildeten B.s auf die Dinge beziehen, um sie zu bezeichnen« (voces referuntur ad res significandas mediante conceptione intellectus: S. th. I 13, 1c). Ein in einem Begriffswort ausgedrückter Allgemeinbegriff wird nach Thomas dadurch gebildet, daß der Verstand das allen Gegenständen, die unter den B. fallen, Gemeinsame (und insofern »Allgemeine«: universale) von der individuellen Beschaffenheit dieser Gegenstände »abstrahiert«, indem er es zum Inhalt seiner Erkenntnis dieser Gegenstände macht, d. h. zur »Hinsicht« (ratio), unter der er diese Gegenstände als Dinge erkennt, auf die das jeweilige Begriffswort zutrifft (vgl. Expos. Boeth. Trin. 5, 2 und 3, ed. B. DECKER, 1965³, 173–190; S. th. I 85, 2 ad 2, ad 3; S. c. g. I 53, hg. und übers. K. ALBERT, P. ENGELHARDT, 1974, 200f.). Dietrich v. Freiberg betont die konstitutive Rolle, die der Verstand bei der Erkenntnis einer Sache spielt, indem er sie aus ihren Prinzipien »begrifflich konstituiert« (intellectus ... conceptionaliter ipsam [rem] constituit: De int. III 8, vgl. I 2; ed. B. MOJSISCH, 1977, 184, Z. 37f., vgl. 137, Z. 26f.).

Gleichbedeutend mit »ratio« (der lat. Übersetzung des griech. λόγος) gebraucht Thomas v. Aquin den Ausdruck »intentio (intellecta)« (die lat. Übersetzung des arab. ma'nā) zur Bezeichnung dessen, »was der Verstand von einer erkannten Sache in sich begreift« (quod intellectus in se ipso concipit de re intellecta: S. c. g. IV 11, nr. 3466; vgl. I 53, De ver. 21, 3 ad 5). Die seit dem 13. Jh. geläufige Unterscheidung zw. »intentiones primae« und »secundae« (vgl. z. B. Heinrich v. Gent, Summae quaest. ord. theol. a. 53, q. 5, ed. 1520, Bd. 2, fol. 64 H-I; Duns Scotus, Ord. I 23, ed. C. BALIĆ, Bd. 5, 1959, 351 f., 360; Wilhelm v. Ockham, Summa Logicae I, cap. 12, a. a. O. 43 f.), die auf Avicenna (Ibn Sīnā) zurückgeht (Liber de Philos. prima [Met.] tr. 1, cap. 2, Avicenna Lat., ed. S. VAN RIET, 1977, 10, Z. 73 f.), nimmt die von G. FREGE (vgl. a. a. O. 75 f.) in die moderne Logik eingeführte Unterscheidung zw. »B.en erster Stufe«, unter die Gegenstände fallen, und »B.en zweiter Stufe«, unter die wiederum Begriffe fallen, vorweg.

H. Weidemann

Lit.: HWP I, 780–785; IV, 466–474 – R. MESSNER, Schauendes und begriffl. Erkennen nach Duns Skotus, 1942 – F. CORVINO, Riv. Crit. di Storia della Filos. 10, 1955, 265–288 – I. ANGELELLI, Stud. on Gottlob Frege and Traditional Philosophy, 1967 – G. GÁL, FSt 27, 1967, 191–212 – W. KLUXEN (Studia Scholastico-Scotistica 2, 1968), 229–240 – J. PINBORG, Logik und Semantik im MA, 1972 – H. SCHEPERS, Philos. Jb. 79, 1972, 106–136 – H. WEIDEMANN, Metaphysik und Sprache, 1975 – M. M. TWEEDALE, Abailard on Universals, 1976 – K. HEDWIG, Grazer philos. Stud. 5, 1978, 67–82 – E. J. ASHWORTH, The Tradition of Medieval Logic and Speculative Grammar, 1978 [Bibliogr.].

Beguin → Obergewand

Behaim, Martin, Kosmograph, Astronom und Diplomat, * 6. Okt. 1459 in Nürnberg, † 29. Juli 1507 in Lissabon; ging nach einer Lehre als Tuchkaufmann 1484 als Kosmograph und Astronom nach Portugal an den Hof von Kg. João II. Ob er dort an der Entwicklung der Hochseenavigation beteiligt war, ist umstritten. 1485/86 war er Kosmograph der Expedition des Diego Cão entlang der afrikan. Westküste, 1486 wurde er dafür Ritter des Christusordens, 1491–93 in Nürnberg, ließ er den dort noch heute erhaltenen ältesten Erdglobus herstellen. Dessen geograph. Ungenauigkeiten resultieren aus der Pflicht, ptg. Neuentdeckungen geheimzuhalten. Er diente vermutl. als Anschauungsmittel, um oberdt. Kapital für eine dt.-ptg. Chinaexpedition zu gewinnen. 1494/95 war B. als Diplomat für João II. tätig, 1507 starb er verarmt in Lissabon. J. Willers

Lit.: NDB II, 2 [Lit.] – E. G. RAVENSTEIN, M. B., His life and his globe, 1908 – H. KELLENBENZ, Ptg. Forsch. und Q. zur Behaimfrage, Mitt. des Vereins für Gesch. der Stadt Nürnberg 48, 1958, 79–95 – G. HAMANN, Der Eintritt der südl. Hemisphäre in die europ. Geschichte..., SAW, Phil.-hist. Kl., 260. Bd., 1968 – J. WILLERS, Der Erdglobus des M. B. im Germ. Nat. Mus., Humanismus und Naturwiss., 1980, 193–206 (Beitr. zur Humanismusforsch. 6).

Beharrlichkeit, lat. perseverantia, nach Augustinus jene Gnade, die den Menschen bis an sein Lebensende in der empfangenen Rechtfertigung ausharren läßt (Mt 10, 22; 24, 13; Rö 2, 7; Eph 6, 18). Sie ist die Kraft des guten Werkes. Die Heilsungewißheit des Menschen macht die Ausdauer als eigenes Gehaben erforderlich. Dem Unbußfertigen fehlt diese Tugend, er verweilt in der Sünde zum Tode (1 Jo 5, 16f.) bzw. gegen den Heiligen Geist. Die B. jedoch schließt Unbußfertigkeit und Mißachtung des Wortes Gottes aus, vertreibt die Hartnäckigkeit und bekämpft die Verhärtung. Thomas unterscheidet zw. der B. als einem Umstand einer anderen Tugend, in der der Mensch bis zum Ende des Lebens ausharrt, und der speziellen Tugend der B., die getragen wird vom Vorsatz, dem Bösen zu entsagen und bis zum Lebensende im Guten durchzuhalten. Zusammen mit der Geduld ist sie ein integraler Bestandteil der Kardinaltugend der Tapferkeit; von der Standhaftigkeit, die den Menschen angesichts der äußeren Schwierigkeiten im Guten stärkt, unterscheidet sich die B. dadurch, daß sie die inneren Hindernisse, die sich aus der Dauer der Tätigkeit ergeben, beseitigt. Die B. ist Gnadengabe Gottes; der Mensch vermag zwar den Vorsatz zu fassen, aber die Ausführung liegt nicht in seiner Hand; die Gnade der B. festigt den Willen des Menschen, bis zum Tode in Glauben, Liebe und Hoffnung auszuharren und das Heil zu erlangen. Die Lehre von der bes. Gnadengabe der B. wurde 529 auf dem Konzil zu Orange (can. 10, DENZINGER-SCHÖNMETZER 380) und 1547 auf dem Konzil zu Trient (sessio VI cap. 13 can. 16 und 22, DENZINGER-SCHÖNMETZER 1541, 1566 und 1572) umschrieben. J. Gründel

Q.: Augustinus. De dono perseverantiae, MPL 45, 993–1034 – Alanus ab Insulis, Summa de arte praedicatoria, c. 17 (MPL 210, 145–147) – Thomas v. A., S. th. I–II qu. 109a. 10 und II–II qu. 137 – Lit.: J. JAROSZEWICZ, De dono perseverantiae finalis, 1932 – J. GUMMERSBACH, Unsündlichkeit und Befestigung in der Gnade nach der Lehre der Scholastik, 1932 – J. MOLTMANN, Prädestination und Perseveranz. Gesch. und Bedeutung der reformator. Lehre »de perseverantia sanctorum«, 1961 – H. MARSHALL, Kept by the power of God, 1974.

Beheim, Michael, * 1416/21 in Sülzbach bei Weinsberg, † ebd. als Schultheiß 1474/78 (durch Mord?), zunächst Weber wie sein Vater, durch → Konrad v. Weinsberg als Hofpoet und Sänger in Dienst genommen, versah dieses Amt ca. 30 Jahre bei neun Hzg.en, Gf.en und Kg.en sowie bei Ks. Friedrich III. Er verfaßte drei Liedchroniken zu Ereignissen seiner Zeit und – formal wie inhaltl. – die Tradition der → Sangspruchdichtung des 13./14. Jh. fortsetzend, 452, z.T. sehr umfängl. Lieder in elf → Tönen. Dem → Meistersang blieb er fremd; nur zwei seiner Töne fanden hier Aufnahme. Deutlicher als uns sonst erkennbar, spiegelt sein Werk, das wir – ein seltener Glücksfall – in mehreren Sammlungen von seiner eigenen Hand besitzen, Lebens- und Produktionsbedingungen dieses letzten Hofdichters des MA. Seine dichter. Fähigkeiten sowie seine für Zeit und Herkunft außergewöhnl. vielseitige Bildung und Belesenheit harren noch der rechten Würdigung.
E. Kiepe-Willms

Ed.: T. G. v. Karajan, M.B.s 'Buch von den Wienern', 1843 – H. Gille-I. Spriewald, Die Gedichte des M.B. (DTMA 60, 64, 65), 1968–72 – *Lit.:* U. Müller, Beobachtungen und Überlegungen über den Zusammenhang von Stand, Werk, Publikum und Überlieferung mhd. Dichter: O. v. Wolkenstein und M.B. – ein Vergleich (Innsbrucker Beitr. zur Kulturwiss., German. Reihe 1), 1974, 167–81 – B. Wachinger, M.B. Prosaquellen – Liedvortrag – Buchüberlieferung (Würzburger Coll. 78), 1979, 37–75.

Behem, Hans → Böhm, Hans

Behetría (lat. benefactoria), Herrschafts- und Besitzform. Wir finden sie im nördl. Bereich der Iber. Halbinsel bes. in den Fassungen der »Fueros de Castilla« aus dem 13. und 14. Jh. als eine Art kollektiver Herrschaft oder eine Herrschaft, in die sich *hidalgos* teilten, indem sie sich einem einzelnen Herrn *(señor)* zu geben pflegten, der direkt die Herrschaft am Ort ausübte, wobei dieser mittelbar der kgl. Gerichtsbarkeit unterstand. Doch ging die Gerichtsbarkeit des Kg.s dort damals schon weiter als in den übrigen Besitzungen des Adels. Der *señor de la behetría* übte eine direktere Macht aus, die aber durch die konkurrierende Herrschaft anderer *hidalgos* in Grenzen gehalten wurde, und diese – im allgemeinen *deviseros* (Teilhaber) oder *señores deviseros* genannt – teilten mit ersterem das Aufkommen des Ortes an Abgaben. Die *hombres de behetría* waren die untersten Vasallen in dieser Herrschaftsordnung. Sie waren zu fixierten Leistungen verpflichtet. Ihr sozialer Status lag jedoch über derjenigen der *labradores* (nichtadlige Inhaber eines Bauerngutes) innerhalb anderer Herrschaftstypen. Sie hatten eine größere Verfügungsgewalt über ihren Besitz und mehr Freizügigkeit, und es scheint, daß sie sogar in gewissen Fällen bei der Ernennung des *señor de la b.* eingreifen konnten. Der Ursprung dieser Institution liegt sehr im dunkeln; im allgemeinen sieht man in ihr eine Weiterentwicklung von Lehensorganisationen spätröm. oder aber germ. Herkunft, doch muß ihre komplexe Struktur auch in Verbindung mit dem Weiterleben von Familien- oder Stammesstrukturen weniger romanisierter Gebiete gesehen werden; dies könnte der kollektive Ursprung der Herrschaft der *diviseros* und der Beziehungen zw. *deviseros* und *hombres de b.*, die diese Institution bes. kennzeichnen, sein. Die Struktur der *b.*, die bis in die Hälfte des 14. Jh. in Kastilien nördl. des Duero sehr verbreitet war (Hauptquelle: das »Libro« oder »Becerro de las Behetrías« 1352), verschwindet praktisch in der 2. Hälfte des 14. Jh., wohl als indirekte Auswirkung des Bürgerkrieges dieser Periode, wenn auch der Terminus in der Neuzeit fortlebte und zum Krongut gehörige Orte mit einigen steuerl. Privilegien bezeichnete.
B. Clavero

Lit.: A. Ferrari, Castilla dividida en dominios según el Libro de las B.s, 1958 – C. Sánchez-Albornoz, Estudios sobre las instituciones medievales españolas, 1965, 9–316 – A. Ferrari, Beneficium y B., Boletín de la Real Academia de la Historia 159, 1966, 11–87, 211–278 – Ders., Testimonios retrospectivos sobre el feudalismo castellano en el Libro de las B.s, ebd. 172, 1975, 7–119, 281–404 – B. Clavero, B., 1255–1356, AHDE 45, 1975, 201–342 – C. Sánchez-Albornoz, Viejos y nuevos estudios sobre las instituciones medievales españolas I, 1976², 15–326.

Behren-Lübchin (Mecklenburg, Bez. Neubrandenburg, Krs. Teterow), slav. Inselburg in Zirzipanien, von ovaler Form (ältere 76×84 m, jüngere 84×95 m). Zum Bau der Burg wurde die Insel wegen des Wasserstandes mit einer Holzpackung und Torf stark aufgehöht. Der Beginn der Anlage wird durch die Funde unmittelbar an das Ende des 10. Jh. datiert. Die Bauweise der Holz-Erde-Befestigungen weist auf Verbindungen zum skand. Raum hin (→ Trelleborg). Typ. Merkmale – der Verlauf der Brücke zum Land, starke Befestigungen nur zur Landseite – zeigen, daß die Anlage wohl die von → Saxo Grammaticus beschriebene Burg Otimars war, die die Dänen 1171 zerstörten. Unmittelbar danach wurde die zweite Burg errichtet. Nach Münzfunden wurde sie bei Kämpfen Anfang des 13. Jh. zerstört.
R. Köhler

Lit.: E. Schuldt, B.-L., eine spätslaw. Burganlage in Mecklenburg, 1965 – Herrmann, Slawen, bes. 177ff.

Beichlingen, Gf.en v. Nach der nahe Kölleda in Thüringen gelegenen, 1014 erwähnten Burg Beichlingen nannte sich ein Grafengeschlecht, dessen genealog. Zusammenhänge im 11. Jh. unsicher sind, das aber durch Eheschlüsse mit → Wettinern, → Northeimern, → Wiprechten (v. Groitzsch) und Ballenstedtern eine bedeutende Rolle spielte. Seit dem Beginn des 13. Jh. spaltete es sich in mehrere Linien auf, die aus Alloden, Reichslehen und landgräfl. Lehen einen ansehnl. Besitz zw. Finne, Kelbra und Frankenhausen aufbauten. Oldisleben und Frankenhausen waren seine Hausklöster. Zur Ausbildung einer Landesherrschaft reichten die Grundlagen jedoch nicht aus. Die bei solchen Geschlechtern häufige Finanznot zwang im 14. und 15. Jh. zu Verpfändungen und Verkäufen an die Gf.en v. Schwarzburg und die Wettiner, in deren Dienst während des 15. Jh. einzelne Mitglieder der Familie traten. – Auch die jüngere Genealogie ist nicht völlig geklärt.
H. Patze

Lit.: L. Leitzmann, Diplomat. Gesch. der Gf.en v. B., Zs. des Vereins für Thüring. Gesch. und Altertumskunde 8, 1871, 177–242 – Patze-Schlesinger, II, 1, 179–183.

Beichtbriefe (confessionalia) waren Schriftstücke, die den Inhaber berechtigten, sich einen geeigneten Beichtvater zu wählen, von dem er sich einmal im Leben und in der Todesstunde von allen → Sünden, auch von den päpstl. Reservatfällen, nach reumütiger Beichte absolvieren lassen konnte. Damit verbunden war ein vollkommener →Ablaß. Daher wurden die B. auch →Ablaßbriefe (litterae indulgentiales) genannt. Solche B. konnte man sich kaufen; dieser Mißbrauch war am Ende des MA außerordentl. verbreitet. Die B. gehörten zu den Beschwerden der dt. Nation auf den Reichstagen zu Worms (1521) und Nürnberg (1523). Ihre Verleihung wurde auf dem Tridentinum (1547) in einem nicht publizierten Dekret eingeschränkt.
R. Sebott

Lit.: LThK² II, 125f. – N. Paulus, Gesch. des Ablasses am Ausgange des MA, Bd. 3, 1923, 303–329.

Beichte (theologisch) → Buße, Bußsakrament

Beichtformeln
A. Begriffliches – B. Lateinische Literatur – C. Volkssprachliche Literaturen

A. Begriffliches

B., Sündenbekenntnis-Formeln (und -formen), die in vielen Religionen verbreitet sind (vgl. G. Misch, Gesch. der

Autobiographie, II, 2, 1955, 487-492). Der chr. Gottesdienst kennt von seinem Ursprung (des synagogalen Gottesdienstes) her das Sündenbekenntnis. Mit der lat. Liturgie werden auch die Sündenbekenntnisformeln ausgestaltet. In der Blütezeit der westgot.-span. und röm.-frk. Liturgie dringen sie in die kirchl. Stundengebet und in die Messe ein (vgl. Ps. Alkuin [anonym. it. Autor des 9. Jh.], De psalmorum usu p. II c. 9, MPL 101, 498-502 und Ps. Alkuin [anonym. frz. Autor des 9. Jh.], Officia per ferias, ebd. 553 [verschiedene Confiteorformeln mit Sündenregistern]).

Als Confiteor im Stufengebet und als »offene Schuld« nach der Predigt hielten sie sich durch das ganze MA. Durch die volkssprachl. Fassung der »offenen Schuld« dienten sie als Anleitung für das Sündenbekenntnis in der Beichte. Nachdem sich im rituellen Bußverfahren der westl. Kirche seit dem 8. Jh. das Gewicht vom sühnenden Bußtun immer mehr auf das (wiederholbare, private) Sündenbekenntnis verlagerte, gewannen B. und Beichtanleitungen für Gläubige und Seelsorger ständig an Bedeutung. Im Gefolge der reformer. Gesetzgebung der Synoden sowie der Entwicklungen in der bußdisziplinären Kasuistik und der scholast. Theologie des Bußsakraments entstanden zahllose Handreichungen sowohl in Lat. als auch in den Volkssprachen, zumal nach Einführung der jährlichen Beichtpflicht als Kirchengebot auf dem IV. Laterankonzil (1215).

L. Hödl/D. Briesemeister

B. Lateinische Literatur

Der in Einzelheiten variierende Aufbau der B. hat überall ein gleiches Grundgerüst: Bekenntnis vor Gott (den Hl. und der Kirche), Aufzählung der Tat-, Wort- und Gedankensünden nach den 7 (bzw. 8) Hauptsünden, Bitte um Vergebung. Ein ausführl. und alle erdenkl. Tat- und Gedankensünden anführendes Beichtformular ist in dem Ende des 9. Jh. entstandenen Pontificale von Poitiers (ed. J. Morinus, Antwerpen 1682) enthalten. Die Formulare »da mihi opera«, »ego confiteor« führt man zurück auf Caesarius v. Arles (CCL 103, 275-278). Während die B. der Messe sich seit dem 12. Jh. zurückbilden, wird ihre Ausführlichkeit für die Beichte beibehalten bzw. weiterentwickelt. Neben der Anleitung zum Sündenbekenntnis dienen sie hier auch zu dessen Ergänzung. In den B. als Beichtspiegel wird das Lasterschema erst im SpätMA abgelöst durch das der Zehn Gebote.

Die B. sind zu sehen im Kontext der Entwicklung der abendländ. Buße von der öffentl. zur privaten, die über die »Tarifbuße« zur persönl. Einzelbeichte führte. Infolge der Pflichtbeichte und der geforderten Vollständigkeit der Anklage waren die B. zu einer seelsorgl. Notwendigkeit geworden. Die spätma. Erbauungsliteratur trägt dem seelsorgl. Bedürfnis der vollständigen Beichte ebenso Rechnung wie die für die Beichtpriester gedachten Unterweisungsbücher (Ordines poenitentiae, Libri poenitentiales und seit dem 13. Jh. die Summae de casibus). → Bußbücher.

I. W. Frank

Lit.: TRE V, 3/4, 414-421 [Q. und Lit.] - J. A. Jungmann, Die lat. Bußriten in ihrer gesch. Entwicklung, 1932 [Q.] - Ders., Missarum sollemnia. Eine genet. Erklärung der röm. Messe I, 1962⁵, 386-402 [»Confiteor«] - Th. N. Tetler, Sin and Confession on the Eve of the Reformation, 1977.

C. Volkssprachliche Literaturen

I. Romanische Literaturen – II. Deutsche Literatur – III. Englische Literatur.

I. Romanische Literaturen: Die sprachhist. und für die Frömmigkeitsgeschichte gleichermaßen aufschlußreichen roman. B. sind noch nicht zusammenfassend erforscht worden. GRLMA 6, 2, Nr. 232-272, verzeichnet 40, z. T. auf lat. Vorlagen beruhende roman. Bekenntnisformeln, darunter eine umbr. Fassung bereits aus der Mitte des 11. Jh.

(Nr. 244). Die nicht selten in Predigtsammlungen überlieferten, ausführl. Sündenkataloge folgen den Zehn Geboten, Glaubensartikeln, Sieben Hauptsünden, Werken der Barmherzigkeit, Kardinaltugenden, fünf Sinnen usw. Fragen der Beichte (»confessio sacramentalis« erstmals bei Petrus v. Blois, 2. Hälfte 12. Jh. belegt) als Mittel religiös-moral. Erziehung behandeln darüber hinaus viele international verbreitete und nachhaltig wirkende erbauliche Schriften. Zuweilen werden Sündenbekenntnisse in metr. Form gefaßt bzw. in lehrhafte Dichtung eingeschoben.

Im frz. Sprachgebiet entwickelt sich seit dem 13. Jh. eine reiche theol., pastorale und didakt. Literatur. Der wallis. → »Poème moral« (ca. 1220) weitet sich zum Moralhandbuch und Beichttraktat für den Laiengebrauch. Der »Merure de Seinte Eglise« (GRLMA 6, 2, Nr. 2348) des → Edmund v. Abingdon (v. Pontigny; † 1240) stellt eine wichtige Quelle dar für die moral.-asket. Lit. mit Sünden- und Beichtlehre in der Art des anglo-norm. »Manuel des péchés« (1250/70, GRLMA 6, 2, Nr. 2480), von dem es eine engl. Übersetzung »Handlyng Synne« (frühes 14. Jh.) durch Robert → Mannyng de Brunne gibt. Anglo-norm. ist auch das Prosaformular der »Confessioun« von → Robert Grosseteste († 1253, GRLMA 6, 2, Nr. 2432). Umgekehrt wirkt die engl. → Ancrene Riwle Ende 13. Jh. in Übertragung nach Frankreich hinüber (GRLMA 6, 2, Nr. 2312). In einem Gedicht aus dem Quercy auf Christus und Maria erscheint ein Confiteor (GRLMA 6, 2, Nr. 1072), ähnlich in »La Dîme de pénitence« des Ritters Jean de Journy (GRLMA 6, 2, Nr. 2372). Für die Hand des Beichtvaters ist der »Roman de confession« (2. Hälfte 13. Jh.) bestimmt (GRLMA 6, 2, Nr. 2444). Die »Somme le Roi« (1279) des Beichtvaters von Kg. Philipp III. v. Frankreich (GRLMA 6, 2, Nr. 2386) war auch in katal. und prov. Fassung weit verbreitet. »Le Miroir de monde« (vor 1280, GRLMA 6, 2, Nr. 2389) verknüpft Gewissenserforschung und Beichte mit der Erörterung der Sieben Hauptsünden. Im 15. Jh. geht Jean Gersons (→ Johannes [de] Gerson; 1363-1429) »Opus tripartitum« (1408), auf frz. Synoden zur Unterrichtung von Laien und Geistlichen bestimmt, in Ritualien und Agenden ein und findet über das Konstanzer Konzil weite Verbreitung. Im Umkreis der Motivvariationen über »La belle dame sans mercy« erscheint die Liebesbeichte in der Dichtung des 15. Jh. (»Confesse de la belle fille«; Pierre de Hauteville, gen. Le Mannier, »Confession et Testament de l'amant trépassé de dueil«). Aus der prov. Lit. sind, abgesehen von den B. (GRLMA 6, 2, Nr. 236 und 2364), aus dem 13. Jh. das gereimte Sündenbekenntnis im Reuegedicht des Sünders (GRLMA 6, 2, Nr. 2420), die versifizierte Beichtanleitung »Doctrinal« des Raimon de Castelnou (GRLMA 6, 2, Nr. 2416) sowie die auch in katal. Übersetzung verbreitete »Breviari d'amors« des Matfre → Ermengaud (GRLMA 6, 2, Nr. 3674) bemerkenswert.

Der Ramon Llull (→ Raimundus Lullus) fälschlich zugeschriebene katal. Traktat »Art de Confessio« enthält eine längere Bekenntnisformel. Authentisch ist dagegen die »Ars confessionis« in cod. lat. Mon. 10495 (ebendort auch Liber de virtutibus et peccatis), ferner das Lehrgedicht »Medicina de peccat« (Teil 2). Der Franziskanerbf. Francesc → Eiximenis († 1409) fügt seinem Katechismus »Cercapou« nach der Beichterläuterung ein Muster für das Bekenntnis an. Weitere Beispiele für die geistl. Lit. Kataloniens enthält ms. 80 der Biblioteca Central, Barcelona (u.a. »Confessions e iustificacions molt sanctes e segures del saui peccador«). Antoni → Canals OP († 1418) widmete seinen »Tractat de confessió« der aragon. Königinwitwe Violante de Bar. Anonym und undatiert ist die kleine Schrift »Dels confessors la vera guia dels confitents segura via«. Die Drucke der katal. und kast. → Ars moriendi enthalten immer ein Confessionale. Aus der Dichtung des späten 13. Jh. ist die Beichte des Capellà de Bolquera (GRLMA 6, 2, Nr. 240) zu erwähnen.

Eines der ältesten Denkmäler in kastilischer Sprache, »De los diez mandamientos« (13. Jh.), steht in Zusammenhang mit der Beichtpraxis. Die »Summa de casibus poenitentiae« des Dominikanerheiligen → Raimund v. Peñaforte († 1275) fand europ. Verbreitung und wurde auch metr. kommentiert. Der Bf. Pedro Gómez Barroso († 1390) zugeschriebene Katechismus »Libro de la justicia de la vida espiritual« (Biblioteca Nacional, Madrid, ms. 9299; El Escorial ms. a. IV. 11 mit dem Titel »Confesionario«) gehört mit dem »Tratado breve de la penitencia« des Lope Fernández de Minaya OSA († nach 1475) – sein Libro de confesión ist verloren –, dem »Confesional« des Ebf.s Hernando de Talavera (gedr. Granada 1496), dem »Confesional« (gedr. Salamanca 1498) des Alfonso Fernández de Madrigal (ca. 1410–55) und den »Avisos de confesión para religiosos« eines unbekannten Hieronymitenmönchs (spätes 15. Jh.; El Escorial & IV. 32) zu den hervorragenden Beispielen für die Beichtanleitungen in Spanien. Pe(d)ro → López de Ayala (1332–1407) erörtert im »Rimado de Palacio« das Sündenbekenntnis nach Art der Beichthandbücher (Zehn Gebote, Hauptsünden, usw.), deren Schema auch der »Confesión rimada« des Fernán Pérez de → Guzmán (ca. 1378–ca. 1460) zugrundeliegt. Eine versifizierte Beichte legt Ruy Paez de Ribera ab (im Cancionero de Baena, Nr. 293). Die Liebesbeichte ist u. a. aus der nach einer ptg. Vorlage angefertigten kast. Übersetzung von John → Gowers »Confessio Amantis« und durch Francisco → Moners »La noche de Moner« (1491) bekannt geworden. Das verlorene span. Beichthandbuch des Martín Pérez wurde im Kl. Alcobaça 1399 ins Ptg. übersetzt (»Livro das confissões«). Der »Modus confitendi« des ptg. Benediktiners André Dias (Andrés de Escobar, Andreas Hispanus, 1366/67–ca. 1439) blieb bis in das 16. Jh. sehr erfolgreich.

Aus der it. geistl. Lit. sind außer dem genues. »Modus confitendi peccata« in Versform (13./14. Jh., GRLMA 6, 2, Nr. 2585) die Schriften der Dominikaner Iacopo di Banco → Passavanti († 1357) »Specchio di vera penitenza« und Domenico → Cavalca († 1342) »Lo specchio dei peccati« sowie Bono → Giambonis »Libro de' vizi e delle virtudi« (GRLMA 6, 2, Nr. 4568) bekannt. D. Briesemeister

Lit.: A. SORIA, La Confesión rimada de F. Pérez de Guzmán, BRAE 40, 1960, 191–263 – P. MICHAUD-QUINTIN, Sommes de casuistique et manuels de confession au MA, 1962 – R. LIVER, La formula di confessione umbra nell'ambito delle formule di confessione latine, Vox Romanica 23, 1964, 22–34.

II. DEUTSCHE LITERATUR: Die hs. Überlieferung der über 30 erhaltenen, in verschiedenen Mundarten vertretenen dt. B. reicht vom 9. Jh. (Altbair. B., Lorscher B., Pfälzer B.) bis ins 15. Jh. (St. Florianer B.); Drucke einer Jüngeren bair. B. in Sebastian Münsters Kosmographie (1561) und eines alem. B.-Incipit in Darstellungen der Schweizer. Gesch. von Stumpff (1548) und Goldast (1606) bringen der Texte ledigl. als antiquar. Demonstrationsobjekte. Die Forschung war bis in die 50er Jahre wesentl. bemüht, Abhängigkeiten und Entstehungsgesch. der Texte zu ermitteln. BAESECKE rekonstruierte ein Stemma, EGGERS eine dt. »Urbeichte«, die durch keinen der überlieferten Texte voll gedeckt ist. Ausgehend von einem bair. und einem frk. Grundtyp hat EGGERS sechs B.-Gruppen zusammengeordnet. Die Beschreibung der tatsächl. vorhandenen Texttypen und des Überlieferungskontexts sowie die Auswertung beider Beobachtungen für den Verwendungszweck blieb gegenüber den genet. Fragestellungen zu sehr im Hintergrund. Aus dem umfangreichsten B.-Typ, der früh, aber nicht durchgängig auftritt, erschlossen BAESECKE und EGGERS ein viergliedriges Aufbauschema: 1. einleitender Teil mit Anrufung Gottes und eventuell weiterer Beichtenempfänger, 2. Katalog der Tat- und Gedankensünden in substantiv. Form, 3. Aufreihung der Unterlassungssünden in Satzform, 4. Schlußteil mit wiederholter Anrufung der Beichtempfänger, Bitte um Sündenvergebung und Besserungsversprechen. Diese Gliederung wird den vorkommenden Ausformungen nur bedingt und teilweise gerecht. Fast überall begegnet ein allgemeines Bekenntnis als selbständiger Kernteil, meist mit Bezug auf die Bereiche von Gedanken, Worten und Werken, z. T. mit dem Zusatz: von Anbeginn des Lebens bis zum heutigen Tag (z. B. Benediktbeurer B. 2). Darauf können verschiedenartige Sündenkonkretisierungen folgen. Bisweilen wird das allgemeine Bekenntnis nach dem Sündenregister resumierend wiederholt (z. B. St. Pauler B. 1 und 2).

Übersicht über die vorkommenden Erscheinungstypen: Mit Ausnahme eines kurzen unselbständigen Sündenbekenntnisses, das als Kausalsatz einem Glaubensbekenntnis angegliedert ist und die Furcht vor dem Jüngsten Gericht begründet, St. Galler B. 3 (Hs. 11./12. Jh.), Alem. B. (Drucke 16. und 17. Jh.), besitzen die B. selbständige Fassungen. Charakterist. für einen Typ ist jeweils die Struktur des Confessio-Teils; Reueerklärung und Vergebungsbitte sind potentiell anschließende Variablen. I. Eingliedrige B.-Version: allgemeines Bekenntnis ohne Aufzählung von Einzelvergehen. – St. Galler B. 1 (Hs. 11. Jh.), St. Pauler B. 3 (Hs. 13. Jh.); etwas umfangreicher gefaßt Benediktbeurer B. 1 (Hs. 12. Jh.), Kremsmünsterer B. (Hs. 12. Jh.), Münchener B. (Hss. 12. und 14. Jh.); mit Nennung von »huor« und »huores gelusten« St. Galler B. 2 (Hs. 12. Jh.). II. Mehrgliedrige B.-Version: allgemeines Bekenntnis und anschließend verschieden gestaltete Kataloge: a) Aufzählung von Tatsünden. – Altbair. B. und Anfang des St. Emmeramer Gebets (Hss. 9. Jh., 10./11. Jh., älteste dt. B.-Überlieferung), Wiener B. (Hs. 13. Jh.), Baumgartenberger B. (Hs. 14. Jh.). b) Aufzählung von Tat- und Unterlassungssünden in zwei abgegrenzten, meist syntakt. unterschiedl. gestalteten Teilen oder in mehrteiligem Wechsel. – Lorscher B. (Hs. 9. Jh.), Sächs. B. (Hs. 10. Jh.), Reichenauer B. (Hs. 9./10. Jh.), Pfälzer B. (Hs. 9./10. Jh.), Würzburger B. (Hs. 10. Jh.), Mainzer B. (Hs. 10. Jh.), Fuldaer B. (Hss. 10. und 11. Jh.), Benediktbeurer B. 2 (Hs. 11./12. Jh.), Benediktbeurer B. 3 (Hs. 12. Jh.), Wessobrunner B. 2 (Hs. 12. Jh.), Upsalaer B. (Hs. 12. Jh.) gereimte Fassung, Zeitzer B. (Hs. 13. Jh.), St. Pauler B. 1 und 2 (Hs. 14. Jh.), St. Florianer B. (Hs. 15. Jh.), B. in Wittenwilers »Ring« (Hs. 15. Jh.), Heidelberger B. (Hs. 15. Jh.) nur mit zusammenfassender Erwähnung der Unterlassungssünden.

Adressaten des Bekenntnisses sind Gott und der persönl. angeredete Priester; zw. diesen beiden werden vielfach Maria, alle Hl., Propheten, Apostel, Märtyrer genannt, z. T. einzelne namentl. hervorgehoben.

Unterschiedl. Gebrauchssituationen ergeben sich aus dem Überlieferungskontext der B. in Verbindung mit Predigten, Glaubensbekenntnis, Vater Unser, anderen Gebeten, Absolutionsformeln. Die Verwendung als »Offene Schuld«, d.h. als volkssprachiges Sündenbekenntnis im Anschluß an die gottesdienstl. Predigt, scheint der häufigste Bestimmungszweck. Außerdem fungieren die B. als Vorbereitung auf die Kommunion (Wiener B.), als Teil eines selbständigen Bußritus an bes. Tagen (→ Bamberger Glaube und Beichte) und einer Krankenbuße (Heidelberger B.). Für den Vortrag enthalten einige Hss. Anweisungen zum Vorsprechen durch den Priester und Nachsprechen

des gesamten B.-Textes oder eingeflochtener Refrainformeln durch die Gläubigen bzw. Poenitenten (»unde sprechet nach mir«, wohl im liturg. Rezitationston?, Benediktbeurer B. 3, ähnlich St. Galler B. 2, Baumgartenberger B.). Von jedem Christen wird die Beherrschung einer B. gefordert (St. Pauler B. 1 und Wittenwilers »Ring« V. 4080f.).
U. Schulze

Ed.: A. Czerny, Mitt. aus St. Florian II, ZDA 22, 1878, 335 f. - A. Jeitteles, Altdt. Predigten aus St. Paul, 1878, 2 - A. Schönbach, Altdt. Predigten I, 1886, Nr. 8 und 10 - K. Müllenhoff-W. Scherer, Denkmäler dt. Poesie und Prosa aus dem 8. bis 12.Jh., 1892³, bes. I, 456f., 458f. - E. v. Steinmeyer, Die kleineren ahd. Sprachdenkmäler, 1916, Nr. XLI-LX - A. Waag, Kleinere dt. Gedichte des 11. und 12.Jh., 1916, Nr. XIII - Heinrich Wittenwiler, Der Ring, ed. E. Wiessner, 1931-36, V. 4081ff. - W. Matz, Die altdt. Glaubensbekenntnisse, 1932, 61ff. - V. Honemann, Kremsmünsterer 'Beichte' und 'Glaube', PBB (Tübingen) 101, 1979 - *Lit.*: Merker-Stammler² I, 141-144 [H. Eggers] - P. Sprockhoff, Ahd. Katechetik, 1912 - F. Hautkappe, Über die altdt. Beichten und ihre Beziehungen zu Caesarius v. Arles, 1917 - G. Baesecke, Die altdt. Beichten, PBB (Halle) 49, 1925, 268-355 - H. Eggers, Die altdt. Beichten, PBB (Tübingen) 77, 1955, 89-123; 80, 1958, 372-403; 81, 1959, 78-122.

III. Englische Literatur: *Ae. Literatur*: Beichttexte in engl. Sprache sind erst aus spätae. Zeit überliefert. 1. Die umfangreichste und am klarsten strukturierte Beichtanweisung enthält ein spätwestsächs. Handbuch für den Beichtvater (»Ordo Confessionis Sancti Hieronymi«; ed. Fowler), das möglicherweise um 1000 (im Umkreis → Wulfstans I. [?]) entstand. Es besteht aus sechs Abschnitten (I: lat., II-VI: ae.): I: Einleitung und Gebete des Beichtenden vor der Beichte; II: Formel für das Sündenbekenntnis und die Bitte um Sündenvergebung; III und V: Ratschläge für das Verhalten des Beichtvaters; IV: kurzes Poenitentiale; VI: Bußumwandlung (bzw. stellvertretende Buße) für die Reichen. Die Hss. bieten den Text freilich in wechselnder Anordnung und Auswahl: Beicht- und Bußtexte waren Gebrauchstexte, die man oft änderte und den jeweiligen Bedürfnissen anpaßte. Die moderne gedruckte Version beruht deshalb hier wie auch bei der folgenden Textgruppe z.T. auf der Rekonstruktion der Herausgeber. 2. Etwas älter ist ein westsächs. [?] Beichtordo der 2. Hälfte des 10.Jh., der meist zusammen mit dem sog. Poenitentiale Ps.-Ecgberti (ed. Raith) oder dem sog. Confessionale Ps.-Ecgberti (ed. Spindler) überliefert ist und ursprgl. wohl als Einleitung zu ersterem gedacht war. Er enthält ebenfalls Hinweise zur Abnahme der Beichte (Sündenbekenntnis, Bitte um Vergebung, Ermahnung durch den Beichtvater, Glaubensbekenntnis usw.) und Grundsätze für die Festlegung der Buße. 3. Kurze Schilderungen des Beichtritus in größerem Zusammenhang finden sich in: c. 30 der erweiterten Chrodegangregel (→ Chrodegang) und ihrer ae. Übersetzung (ed. Napier) = Vorlage zu Abschnitt I des Handbuches [?] (ed. Fowler, s. o. 1); c. 30-31 der Capitula → Theodulfs v. Orléans und ihren ae. Übersetzungen (ed. Sauer); ferner in einem ae. »Ordo ad visitandum et unguendum infirmum« (ed. Fehr). 4. Neben den umfassenderen Zusammenstellungen existieren andererseits mehrere Ermahnungen durch den Beichtvater (vgl. Cameron Nr. B.11.10; ferner Sauer), von denen einige teilweise auf dem Beichtordo (oben 2.) beruhen, teilweise auf anderen Quellen – andererseits ist eine Reihe von Beichtgebeten erhalten (Sündenbekenntnis und Bitte um Sündenvergebung; vgl. Cameron Nr. B.11.9; 12.4.3; C.14; ed. Logeman; Förster; Hallander); nicht bei allen von ihnen läßt sich entscheiden, ob sie für das öffentl. Sündenbekenntnis im Rahmen der Messe, für die Einzelbeichte vor dem Priester oder für das private Gebet und Sündenbekenntnis vor Gott bestimmt waren. Eines dieser Sündenbekenntnisse (Cameron Nr. B.12.4.3.5) war möglicherweise die Quelle für Abschnitt II des Handbuches (oben 1.). Außer Betracht bleiben hier die zur Beichte und Buße mahnenden ae. Homilien.

Me. Literatur: Eine vielfältige Beichtliteratur entstand in me. Zeit, v. a. im 14. und 15.Jh. Ihre Erforschung steckt noch in den Anfängen; hauptsächl. von den Prosatexten sind mehrere noch gar nicht ediert. Jolliffe (class C) zählt 45 Beichtformeln bzw. Beichtermahnungen in me. Prosa. Typisch für den Aufbau vieler von ihnen ist diejenige in der Vernon-Hs. (Jolliffe C.21), in der die Aufzählung der Sünden bzw. Unterlassungen gegliedert ist nach den Schemata der 7 Todsünden, der 10 Gebote, der 7 Werke der Barmherzigkeit, der 5 Sinne usw. Ferner zählt Jolliffe (class E) 18 Handbücher für den Beichtvater bzw. Abhandlungen über die Bedeutung der Beichte. Diese Thematik wird außerdem auch im Rahmen umfassenderer Werke behandelt, z. B. in Teil V und VI der → »Ancrene Riwle«. Verurteilt wird die Einzelbeichte dagegen in einer wahrscheinl. von → Wycliff stammenden Schrift (»Of Confession«, ed. Matthew). Häufig wurden Beichten auch in Versform gekleidet, was dann im allgemeinen eher auf Verwendung bei der privaten Andacht hindeutet. Ein Beispiel dafür bietet die schon gen. Vernon-Hs., die neben der Prosabeichte ein längeres, an Christus gerichtetes Sündenbekenntnis in Versen bietet (»Swete Ihesu Crist, to þe«), dazu drei kürzere poet. Beichten (ed. Horstmann, Vernon MS., I, 19ff., 34ff.). »Swete Ihesu« geht im wesentl. aber nach dem gleichen Schema vor wie die Prosabeichte. Von den uns namentl. bekannten Dichtern hat William → Dunbar zwei Beichtgedichte verfaßt: »The Tabill of Confession« und »The Maner of Passing to Confessioun« (ed. Mackenzie Nr. 83-84), von denen das erste inhaltl. aber kaum von dem üblichen Schema abweicht (7 Todsünden, 7 Werke der Barmherzigkeit, 10 Gebote, Glaubensbekenntnis usw.). Einmal wurde die Form der Beichte allerdings als Rahmen für eine viel weiter gespannte me. Dichtung gewählt, und zwar für John → Gowers »Confessio Amantis«. In dieser Liebesbeichte ist Genius, der Beichtvater des Amans, Priester der Venus.
H. Sauer

Bibliogr.: J. E. Wells, A Manual of the Writings in ME 1050-1400, 1916 (and suppl.), bes. VI Nr. 11, 32; XII Nr. 42; XIII Nr. 132-133, 144-146 - C. Brown-R. H. Robbins, The Ind. of ME Verse, 1943; Suppl., by R. H. Robbins-J. L. Cutler, 1965 - Cameron, OE Texts, Nr. B. 10 und 11; 12.4.3 und 12.5.3; C. 14 - P. S. Jolliffe, A Check-List of ME Prose Writings of Spiritual Guidance, 1974, bes. 39-45, 67-79 (class C, E) - *Ed.*: *ae. Texte*: H. Logeman, Anglo-Saxonica Minora, Anglia 11, 1889, 97-120 und 12, 1889, 497-518 - A. S. Napier, The OE Version of the Enlarged Rule of Chrodegang..., EETS 150, 1916 - B. Fehr, Ae. Ritualtexte für Krankenbesuch... (Texte und Forsch. zur engl. Kulturgesch. Festg. F. Liebermann, 1921), 20-67 - R. Spindler, Das ae. Bußbuch (sog. Confessionale Ps.-Egberti), 1934 - M. Förster, Zur Liturgik der ags. Kirche, Anglia 66, 1942, 1-51 - J. Raith, Die ae. Version des Halitgar'schen Bußbuches (sog. Poenitentiale Ps.-Ecgberti), 1964² - R. Fowler, A Late OE Handbook for the Use of a Confessor, Anglia 83, 1965, 1-34 - L.-G. Hallander, Two OE Confessional Prayers, Stockholm Stud. in Modern Philology, n. s. 3, 1968, 87-110 - H. Sauer, Theodulfi Capitula in England, 1978 - H. Sauer, Zwei spätaltengl. Beichtermahnungen aus ms. Cotton Tiberius A. III, Anglia 98, 1980, 1-33 - *me. Texte*: C. Horstmann, The Minor Poems of the Vernon MS, I, EETS 98, 1892, 19ff. - Ders., Yorkshire Writers. Richard Rolle..., 1896, II, 340-345 - F. D. Matthew, The Engl. Works of Wyclif, EETS 74, 1902², 325-345 - F. A. Patterson, The ME Penitential Lyric, 1911 - W. M. Mackenzie, The Poems of William Dunbar, 1932 [Repr. 1960] - C. Brown, Religious Lyrics of the XVth C., 1939, bes. Nr. 137-146 - Ders., Religious Lyrics of the XIVth C., 1952² [rev. by G. V. Smithers], bes. Nr. 87 - *Lit.*: M. W. Bloomfield, The Seven Deadly Sins, 1952 - A. J. Frantzen, The Keys of Heaven: Penance, Penitentials, and the Lit. of Early Medieval England [Diss. Univ. of Virginia, 1976].

Beichtpfennig (Beichtgeld, Beichtgroschen, Beichtkreuzer, oblatio confessionis), eine an den Pfarrer nach der Beichte entrichtete Geldgabe. Urspgl. war diese freiwillig, entwickelte sich dann aber zu einer Gewohnheit und damit zu einem pfarrl. Recht (→ Stolgebühren). Da verschiedene Synoden (z. B. Tribur [895] und Reims [1049]) und selbst das 3. allgemeine Laterankonzil (1179) den B. - wie die simonist. Spendung der Sakramente überhaupt - nicht abzuschaffen vermochten, gab die kirchl. Gesetzgebung teilweise nach: Vor der Spendung der Beichte durfte der Priester kein Geld verlangen, nachher hatte er aber ein Forderungsrecht auf den B., das er gegebenenfalls auch mit kirchl. Strafen geltend machen konnte.
R. Sebott
Lit.: LThK II, 103 – P. Browe, Die Pflichtbeichte im MA, ZKTH 57, 1933, 335-383, bes. 351-362.

Beichtstuhl. Die beichthörenden ma. Geistlichen bedienten sich bis ins 15. Jh. hinein einsitziger hölzerner Armlehnstühle, die den Richterstühlen ähnelten, keinerlei Unterschiede zu den zeitgenöss. profanen Sitzmöbeln in Stollenkonstruktion aufwiesen (Mailänder Stundenbuch, um 1416) und auch mit deren jeweils zeitgemäßen Schmuckelementen ausgestattet sein konnten; davor oder daneben kniete oder saß der Beichtende. Geringfügige statusbedingte oder praxisbezogene Variationen (z. B. Podest bzw. Kniepult) sind erst aus späteren Abbildungen des 15. Jh. zu entnehmen (Sakramentsaltar des Rogier van der Weyden, Antwerpen 1445; Holzschnitt des Konrad Kachelofen, Nürnberg 1496). Gemeinsames Merkmal der mannigfachen Standortmöglichkeiten für den B. ist ein offenbar nicht im Hauptschiff der Kirche gelegener, aber gut einsehbarer Platz (Kölner Synode, 1279); dennoch bevorzugte das spätma. Deutschland den Raum hinter dem Hochaltar. Vielfach bestand ein örtl. Bezug zu einer Darstellung des Jüngsten Gerichtes (→Weltgericht). Die aus ma. Doppelklöstern Portugals, Frankreichs, Italiens, der Schweiz und Schwedens bekannten Beichtnischen und Beichtkammern sind als Entwicklungsstufen zum nz. B. mit Seitenwangen anzusprechen.
H. Hundsbichler
Lit.: RDK II, 183-199 – W. Schlombs, Die Entwicklung des B.s in der kath. Kirche (Stud. zur Kölner Kirchengesch. 8), 1965.

Beichtsummen → Bußsummen

Beichtvater, mit Beichtjurisdiktion ausgestatteter Priester, der die Beichte hört und das Sakrament der → Buße verwaltet und spendet; urspgl. Aufgabe des Bf.s, später des von ihm ermächtigten Priesters. Im späteren MA erfolgte häufig Delegation der Beichtgewalt an Angehörige von Orden, bes. der Bettelorden. Das seit dem Pontifikat Bonifatius' VIII. verliehene Privileg der freien Wahl des B.s trägt dieser Entwicklung Rechnung. Dadurch wurden jedoch die Konflikte zw. Bf.en und Pfarrern auf der einen und den gewöhnl. exemten Orden auf der anderen Seite verschärft. Infolge der starken Vertrauensstellung des B.s konnte dieser an der päpstl. Kurie und an Königs- und Fürstenhöfen häufig Einfluß auf Politik und Administration ausüben; daher wurde die Position des B.s seit dem 14. Jh. an diesen Herrschaftszentren immer stärker institutionell verankert und z. B. in Spanien bestimmten Orden reserviert (vgl. → Confessor, päpstl.; → Confesseur du roi; → Confesor real).
B. Schimmelpfennig
Lit.: LThK² II, s.v. Beichtjurisdiktion, Beichtvater.

Beichtzettel (schedula confessionis), Bescheinigung über die abgelegte Beichte. Das IV. Laterankonzil (1215) verpflichtete in dem Kanon »Omnis utriusque sexus« (X, 5, 38, 12) alle Gläubigen, wenigstens einmal im Jahr zur Beichte und zur Kommunion zu gehen. Um die Einhaltung dieser Vorschrift zu kontrollieren, legten die Pfarrer vielerorts ein Buch an, in das die Namen der Beichtenden eingetragen wurden. In Weiterführung dieser Sitte gab man (schon um die Mitte des 13. Jh.) auch sog. Billette (Zettel) aus, in denen Beichte und Lossprechung vom Beichtvater schriftl. bezeugt waren.
R. Sebott
Lit.: P. Browe, Die Pflichtkommunion im MA, 1940, 109-127.

Beifall (assensus), in der ma. Erkenntnistheorie das Akzeptieren eines wahren Urteils als wahr, im Gegensatz zum bloßen Verstehen seiner Bedeutung (apprehensio).
Lit.: → Logik.
J. Pinborg

Beifang → Bifang

Beifuß (Artemisia vulgaris L./Asteraceae). Der Name dieser schon in der Antike hochangesehenen Heilpflanze (daher im MA auch *mater herbarum* genannt: z. B. Gart, Kap. 1) geht auf ahd. *bibôz* (*bôzzen* 'schlagen, stoßen') zurück (Steinmeyer-Sievers III, 513); zu der späteren volksetymolog. Umdeutung trug auch der von Plinius (Nat. hist. 26, 150) überlieferte, weitverbreitete Aberglaube bei, daß die an den Fuß gebundene (bzw. in den Schuh gelegte) Pflanze vor Ermüdung schütze – eine Wirkung, die indes bereits Konrad v. Megenberg (Buch der Natur V, 8) den *peipôz* absprach. Unter den verschiedenen Namen für den B. finden sich außer dem gr./lat. *artemisia* (u. a. von Artemis Eileithyia [Geburtshelferin] abgeleitet) noch *buck* (*buggila:* Steinmeyer-Sievers V, 39; *buggel:* Minner 293) sowie die volkstüml. Bezeichnungen *St. Johanniskraut* oder *Sonnwendgürtel,* die auf das diesbezügl. Brauchtum am Johannistag verweisen (»B.-Kohlen«). Überhaupt spielte der B. seit der Antike und bes. auch in germ. Volksglauben als Apotropäum eine bedeutsame Rolle. Med. wurde die Pflanze v. a. in der Frauenheilkunde, daneben auch gegen Epilepsie verwendet.
W. F. Daems
Lit.: Marzell I, 434-442 – Ders., Heilpflanzen, 283-288 – HWDA I, 1004-1010.

Beinkleider. Eine sprachl. Differenzierung der Ausdrücke für Rumpf- und Beinbekleidung kennt bereits die Antike; die lat. Termini braccae und hosa (beide vermutl. kelt. Ursprungs) sowie caliga werden im MA übernommen (vgl. Du Cange I, 726 »braccae«, II, 30 »caliga«, VI, 70 »osa«). → *Bruech* (braccae, braies, breches) erhält die Bedeutung des lat. femoralia (Du Cange III, 430) als eine Art Unterkleidung, während hingegen → *hose* als Bezeichnung sowohl für ein strumpfartiges Bekleidungsstück im Sinn von B. als auch für eine Oberbekleidung im nz. Wortsinn Verwendung findet.

Die B. *(hose, chausses, caliga)* entwickeln sich aus der strumpfartigen Bekleidung des Fußes; zunächst nur ein Halbstrumpf, reichen sie im 10. Jh. bis zur Kniekehle, im 11. Jh. bereits über die Knie. Diese B. werden zugeschnitten, liegen dem Unterschenkel daher nie eng an, da die verwendeten Materialien – Leinen, Baumwolle oder Leder – einen trikotartigen Zuschnitt nicht gestatten. Entweder werden sie unter dem Knie mit einem Strumpfband gebunden oder mit Binden umwunden. Die bis ins 12. Jh. übl. langen Hosen werden in die B. gezogen. Reichen die B. über das Knie, so werden sie an einem Bruechgürtel befestigt. Um einen strafferen Sitz zu erzielen, versieht man sie mit Füßlingen oder zumindest mit Stegen; dadurch werden Strumpfbänder und Binden überflüssig. Oft werden den B.n Ledersohlen untergenäht, dann erfüllen sie den Zweck von Schuhen und schließen sich zumeist in der Form der Füßlinge der jeweiligen Schuhmode an (→Schuh).

Durch die zunehmende Verkürzung der Oberkleidung im 14. und 15. Jh. wird schließl. eine andere Art von Befestigung und Schnitt der beiden, noch getrennten Beinlinge erforderlich. Um unanständige Blößen zu vermeiden, werden sie zunächst bis zur Taille verlängert und mit angeschnittenen Teilen versehen, die überlappend am Wams angenestelt werden und so die Bruech bedecken. Von Westeuropa ausgehend setzt sich diese Mode allgemein durch. So verbieten bereits die Synoden von Köln 1333 und Trier 1337 den Geistlichen die kurzen Röcke und die engen, bunten Beinlinge (caliga). In einer Zürcher Kleiderordnung (vor 1371) wird den Bürgern das Tragen von gestreiften und geteilten Hosen untersagt. Durch die Verbindung beider Beinlinge mittels einer Naht und durch die Anbringung eines Latzes als Vorderverschluß entsteht ein strumpfhosenähnl. Kleidungsstück, das sich in Westeuropa bereits zu Beginn des 15. Jh. nachweisen läßt. So werden in den Prozeßakten der Jeanne d'Arc bereits 1431 caliga simul juncta erwähnt. Zur weiteren Entwicklung der B. → Hose.

In der weibl. Mode kennt man im MA nur Strümpfe, die bis zum Knie oder darüber reichen und mit Strumpfbändern befestigt werden. E. Vavra

Lit.: V. GAY, Glossaire archéologique I, 1887, 209–210 (braies), 351–354 (chausses) – M. HEYNE, Körperpflege und Kleidung bei den Dt., Dt. Hausalthertümer III, 1903 – A. HARMAND, Jeanne d'Arc. Ses costumes, son armures, 1929, 73–97, 123–145 – PH. und C.W. CUNNINGTON, The Hist. of Underclothes, 1951, 11–33 – DIES., Handbook of English Medieval Costume, 1952 – J. EVANS, Dress in Medieval France, 1952 – L. C. EISENBART, Kleiderordnungen der dt. Städte 1350–1700, 1962 – A. FINK, Die Schwarzschen Trachtenbücher, 1963, 64–66.

Beinröhren, knielose Röhren zum Schutz der Unterschenkel, in Vorder- und Hinterhälfte geteilt und durch Schnallriemen bzw. Schnallriemen und Scharniere zusammengehalten. Die B. aus Leder oder Metall entstanden zu Beginn des 14. Jh. und führten sich ab 1320 ein. Im 2. Drittel dieses Jh. waren bes. lederne B. beliebt, verstärkt durch aufgenietete vertikale Metallstreifen. Ab ca. 1370 wurden eiserne B. mit angearbeitetem Knöchelschutz als Teile des entstehenden Plattenharnisches (→ Harnisch) allgemein übl. und veränderten sich bis zum Ende des 15. Jh. nur hinsichtl. der gesteigerten Eleganz ihrer Formung. It. Fußvolk des 15. Jh. trug häufig B. als einzigen Beinschutz, Knie und Oberschenkel blieben ungedeckt. O. Gamber

Lit.: O. GAMBER, Harnischstud. V, VI, JKS 50/51, 1953/55 – L. BOCCIA-E. COELHO, L'Arte dell'Armatura in Italia, 1967.

Beinschienen, Platten zum Schutz der Vorder- und allenfalls auch der Außenseiten der Unterschenkel. Die aus der spätröm. Bewaffnung kommenden B. ohne Knieteil erhielten sich bei der schweren byz. Infanterie und Kavallerie, ebenso bei der islam. Reiterei durch das gesamte MA. Bei den Steppenvölkern gab es B. aus aneinandergefügten vertikalen Schienen, wie sie der Reiter am Goldkrug des Schatzes von Nagyszentmiklós (9. Jh., Wien, Kunsthist. Museum) trägt. Dem europ. MA waren die B. bis zur Mitte des 13. Jh. unbekannt. Ab etwa 1250 gehörten sie zu den Verstärkungen des Reiterpanzers und wurden im frühen 14. Jh. von den → Beinröhren verdrängt, lediglich. beim Fußvolk erhielten sie sich fallweise bis zum Ende des MA. O. Gamber

Lit.: O. GAMBER, Kataphrakten, Clibanarier, Normannenreiter, JKS 64, 1968 – DERS., Die Bewaffnung der Stauferzeit (Staufer III).

Beinschnitzerei. Die ma. Verwendung von Bein (gebleichte Knochen von Pferd, Rind, Kamel u. a.) anstelle des wertvolleren Elfenbeins (→ Elfenbeinschnitzkunst) knüpft an spätantike Vorläufer an, wie der Vergleich von frühma. B., etwa dem mit figürl. geschnitzten Beinreliefs belegten frk. Kästchens in Werden (ELBERN) mit spätantiken Beispielen lehrt. Der Umstand, daß bes. zahlreiche Funde figürl. geschnitzter spätantiker Arbeiten in B. aus Ägypten stammen, darf weder vergessen lassen, daß B. auch in den n. Provinzen des Imperium hergestellt wurden, noch den Anteil unterschätzen lassen, den die Langobarden, Franken und Sachsen an der Vermittlung der B. an das hohe MA trugen. Erhalten blieben aus der Spätantike neben Spielsteinen, Anhängern, Nadeln, Kämmen und Griffen für Messer und andere Geräte v. a. Reliefs, die als Besatz oder Einlage von Holzkästen oder -möbeln dienten. Größere Flächen mußten wegen der geringen Größe des Materials zusammengesetzt werden. Selbst ein Konsulardiptychon in B. ist erhalten geblieben (DELBRUECK Nr. 65 A, 5. Jh.).

Im FrühMA begegnen B.en v. a. an Kämmen, zuweilen figürl., an Messergriffen und Gürtelschnallen (Tours, Mus. Archéol.; Namur, Museum; Issoudun, Museum). Frühestes Beispiel kult. Verwendung ist ein Kästchen mit Christogramm in B. vom alem. Gräberfeld bei Heilbronn (Stuttgart, Landesmuseum), 5.–6. Jh., sowie Fragmente aus Weilbach (Wiesbaden) und Dunum (Emden). Gut erhalten das Amalricus-Kästchen in Sitten (7.–8. Jh.) und ein weiteres in Tournai (Kathedrale-Schatz). Von Anfang an begegnen charakterist., oft eingefärbte Ritzmotive: Zirkelschlag, Augenkreise, Zopfmuster, Rosetten, Kreuzchen, ferner (hinterlegte) Durchbruchmotive. Erste größere figürl. B. des MA ist der sog. frk. Reliquienkasten in Werden (Propstei), mit durchdachtem christolog. Programm und symbol. Tieren (8. Jh.). B. wird auch für Bucheinbände und Stäbe verwendet, teils zusammen mit Elfenbein (Florenz, Bargello: Flabellum v. Tournus). Ein Nebeneinander von B. und Elfenbein erscheint ebenfalls an byz. Sternkästen, wo minderes Material auch geringerem künstler. Rang entspricht. In Byzanz überwiegen B.en seit dem 12. Jh. Zw. dem 10.–12. Jh. begegnen im Westen zahlreiche ornamentale Kästchen in B., vorwiegend als Reliquiare. Oberit. Einfluß verraten Beispiele in New York (The Cloisters) bzw. München (Bayer. Nat. Mus.). Eine größere Gruppe läßt sich in den Kölner Umkreis lokalisieren (Köln, St. Andreas, St. Gereon, Schnütgenmuseum; Essen, Münster; Esztergom, Kathedrale), ferner sind Stücke in Lüttich, Stebbach, Zug, u. a. m. bekannt. Kästchen in Köln (St. Gereon) und Fritzlar (Dom) verraten oriental. Einfluß. Köln. Provenienz gilt auch für mehrere hochma. Kasten- sowie Turmreliquiare, teilweise mit reichster figürl. Ausstattung (Darmstadt, Fritzlar, Paris, Stuttgart). Auch für Schachfiguren, Spielsteine und Kämme wird B., neben dem v. a. in N-Europa häufigen Walroßzahn, weiterhin verwendet (→ Walroßzahn-Schnitzerei). B.-Einlagen sind teilweise hervorragende Beispiele profaner Kunst, z. B. an spätma. Prunksätteln. – Um 1400 gewinnt die B. in der fabrikmäßig betriebenen Werkstatt der → Embriachi (Florenz, Venedig) mit zahlreichen Kästchen, Rahmen, Reliquiaren und Altären neue Bedeutung. Größtes Einzelwerk ist ein Altarretabel, von Gian Galeazzo Visconti für die Certosa di Pavia bestellt, mit der für die Embriachi typ. dekorativen Gesamtwirkung gereihter figürlicher bzw. ornamentierter Täfelchen. J. Engemann/V. H. Elbern

Lit.: RDK II, 201–204 – J. SCHLOSSER, Elfenbeinsättel des ausgehenden MA, Jb. Kunsthist. Slgen. AH Kaiserhs., 1894 – DERS., Die Werkstatt der Embriachi in Venedig, ebda, 1899 – A. GOLDSCHMIDT, Die Elfenbeinskulpturen, 4 Bde, 1914–26 – R. DELBRUECK, Die Consulardiptychen und verwandte Denkmäler, 1929 – A. GOLDSCHMIDT-K.WEITZMANN, Die byz. Elfenbeinskulpturen, 2 Bde, 1930–34 – H. FILLITZ, Die Spätphase des »langobardischen« Stiles, Jb. Kunsthist. Slgen. Wien 54, 1958, 7–72 – V. H. ELBERN, Der frk. Reliquienkasten und Tragaltar von Werden (Das erste Jahrtausend, Text-Bd. I², 1963), 463–470 – K. DEGEN, Das Beinkästchen in Fritzlar, Fschr. P. W. MEISTER, 1975 – L. MARANGOU, Bone Carvings from Egypt I, 1976 – D. GABORIT-CHOPIN, Elfenbeinkunst im MA, 1978 – V. H. ELBERN, Aus dem Zauberreich des MA (Kunst als Bedeutungsträger), 1978.

Beintaschen, rechteckige Platten zur Deckung der ungeschützten Stelle zw. → Bauchreifen und → Diechlingen des Plattenharnisches (→ Harnisch). Die B. entstanden gegen 1420 in Italien als querrechteckige, an die Bauchreifen angeschnallte Platten. Um 1430 waren es vier bis fünf solcher Platten: zwei vorne, zwei seitl. an den Hüften und eine breite über dem Gesäß. Daraus entwickelte sich um 1440 das it. System, bestehend aus zwei großen längl. B., zwei längl. kleinen → Hüfttaschen und der breiten → Gesäßtasche. Um 1450 hatten die B. bereits die bleibende zugespitzte Form, mit bogigen Ausschnitten an den Seiten, welche zw. etwa 1450-80 häufig von dekorativen Kehlen begleitet wurden. Zur selben Zeit gab es in Deutschland unter it. Einfluß ebenfalls B., die hier jedoch reicher dekoriert waren, z. T. in Form von gerippten Blättern. In Westeuropa kamen die B. bald nach Italien in Gebrauch, teils in der it., teils in der dt. Fasson. Unmittelbar an die Bauchreifen angenietete, rechteckige geschobene B. entstanden in Deutschland um 1485.   O. Gamber

Lit.: O. GAMBER, Harnischstud. V, VI, JKS 50/51, 1953/55 – L. BOCCIA-E. COELHO, L'Arte dell'Armatura in Italia, 1967.

Beinwell (Symphytum officinale L./Boraginaceae). Wie die antike, wohl nicht für den B. gebrauchte Bezeichnung σύμφυτον, so deuten die im MA geläufigen lat. und dt. Namen *consolida (maior)*, *beinwelle* und *wal(l)wurz* (Wallen 'Zusammenwachsen, -heilen von Wunden oder Knochen') auf die Wirkung der auch *Schwarzwurzel* gen. Pflanze hin (STEINMEYER-SIEVERS III, 538, 586 u. ö.; Hildegard v. Bingen, Phys. I, 145; Gart, Kap. 95). Demgemäß wurde diese v. a. zur Heilung von Knochenverletzungen, Beinbrüchen und Wunden verwendet.   P. Dilg

Lit.: MARZELL IV, 536-544 – DERS., Heilpflanzen, 186f.

Beinzeug. Das B. des Plattenharnisches (→ Harnisch) befand sich über 100 Jahre, von ca. 1250-1360, im Stadium des Experimentierens. Es bestand in der Regel aus ledernen, gepolsterten und armierten Kniehosen und → Beinschienen, die im 1. Viertel des 14. Jh. von → Beinröhren abgelöst wurden. Erst um 1370 setzte sich das aus Italien kommende B. mit eisernen → Diechlingen und Beinröhren durch, an das die frühen 14. Jh. entstandenen → Harnischschuhe angehängt wurden. Die techn. Veränderungen und nationalen Varianten des B.s betrafen im 15. Jh. hauptsächl. die Diechlinge. Während des 15. Jh. bevorzugte man in Italien B. mit Ringelpanzerschuhen, in W-Europa und Deutschland hingegen mit geschobenen Harnischschuhen.
   O. Gamber

Lit.: O. GAMBER, Harnischstud. V, VI, JKS 50/51, 1953/55 – L. BOCCIA-E. COELHO, L'Arte dell'Armatura in Italia, 1967.

Beirut (hebr. $be^{e'}er\hat{o}t$ = Plural von $b^{e'}er$ 'Brunnen', gr. Berytos, lat. Berytus), heut. Hauptstadt des Libanon. Seit dem 2. Jt. v. Chr. in Texten belegt, um 200 v. Chr. seleukidisch, ab 14 v. Chr. röm.; 551 n. Chr. Zerstörung durch Erdbeben und nachfolgende Flutwelle, Wiederaufbau unter Justinian, seitdem eines der bedeutendsten Zentren der Seidenproduktion. Die Araber eroberten die Stadt 635. Unter den Omayyaden wurden in B. und seiner Umgebung Perser angesiedelt. Handel (mit Syrien und Ägypten) und lokale Seidenerzeugung erlebten erneut eine Blüte. 975 eroberte der byz. Ks. Johannes Tzimiskes B., kurz darauf erfolgte die islam. Rückeroberung durch die Fāṭimiden. In dieser Zeit wird B. als kleine, befestigte Stadt mit blühendem Handel beschrieben, die zur Provinz Damaskus gehörte.

Seit 1099 griffen die Kreuzfahrer B. mehrmals an und eroberten es 1110. Die St.-Johannes-Kirche der Kreuzfahrer bildet heute noch den Hauptteil der Großen Moschee von B. 1269 wird mit B. und dem syr.-ägypt. Mamlukenstaat geschlossen, der B. gewisse Sonderrechte einräumte. 1291 wird die Stadt durch die Mamluken eingenommen. Autoren dieser Zeit heben die Wichtigkeit und Qualität seines Hafens hervor. Auch spielten Holz und Eisenerz aus seinem Hinterland eine wichtige Rolle. Das etwas weiter nördl. an der Küste gelegene Tripoli überragte damals aber B. an Bedeutung. Erst im 17. Jh. nahm B. im libanes. Staat der drusischen Amīre aus dem Hause Maʿan eine wichtigere Stellung ein.   H. Gaube

Lit.: El² I, 1137f., s. v. Bayrūt – KL. PAULY I, 872 – RE III, 1, 321-323, s. v. Berytos – G. LE STRANGE, Palestine under the Moslems, 1890, 408-410 – R. DUSSAUD, Topographie hist. de la Syrie, 1927, 58-60 – P. HITTI, Lebanon in Hist., 1957.

Beirut, Rechtsschule v. Das Gründungsdatum der R. v. B. ist unbekannt. Doch wurde nachweisl. schon gegen Ende des 3. Jh. in B. fachjurist. hoch qualifizierter Rechtsunterricht erteilt. Die von den Professoren angewandten Methoden und der ihrem Unterrichtsplan zugrunde liegende Studienplan unterschieden sich nicht wesentl. von jenen der Ära Justinians (→ Rechtsunterricht). Einen Beleg für den Unterricht, wie er wohl in B. betrieben wurde, besitzen wir in den → Scholia Sinaitica. Über die Realien des Studienbetriebs in B. informiert uns die Vita des Severus v. Alexandria, verfaßt vom Rhetor Zacharias. Unklar ist nach wie vor, welche Zeugnisse der oström. jurist. Lit. mit der Tätigkeit der Professoren von B. direkt zu verbinden seien. Heute herrscht die Meinung vor, die Überlieferung entstamme zumeist den nach Professorendiktat von Studenten angefertigten Vorlesungsmitschriften, lasse sich jedoch nicht mit Sicherheit nach B. lokalisieren. Zu den bleibenden Leistungen der R. v. B. gehört jedenfalls die Orientierung des Rechtsunterrichts an den echten Schriften der klass. röm. Juristen anstelle der inhaltl. wie formal verfälschten Sammlungen vulgar überarbeiteter Rechtstexte. Dank des Klassizismus der Professoren von B. wurden die Texte der Klassiker, die verloren zu gehen drohten, gerettet und wieder verbreitet; auf ihm beruhen die dogmat. Arbeit der Schule und schließlich die Kodifikation Justinians.   P. Pieler

Lit.: F. PRINGSHEIM, Beryt und Bologna (Fschr. O. LENEL, 1921), 204ff. (Ges. Abh., 1961, I, 391ff.) – P. COLLINET, Hist. de l'école de droit de Beyrouth, 1925 – DERS., Les preuves directes de l'influence de l'enseignement de Beyrouth sur la codification de Justinien, Byzantion 3, 1926, 1ff. – F. WIEACKER, Textstufen klass. Juristen, 1960, 43ff. – F. SCHULZ, Gesch. der röm. Rechtswiss., 1961, 347ff. – D. SIMON, Aus dem Codexunterricht des Thalelaios, B. Heroen, ZRGRomAbt 87, 1970, 315ff. – P. E. PIELER, Byz. Rechtslit. (HUNGER, Profane Lit. II), 390ff.

Beisassen. Einwohner der ma. Stadt in geringerer Rechtsstellung als Vollbürger (→ Bürger, -tum), aber abgehoben gegenüber → Fremden und → Gästen, da auf längere Dauer mit dem Recht der Niederlassung in der Stadt seßhaft.

Die B., schon im 11. Jh. häufig erwähnt, in den Quellen des 12.-15. Jh. vornehml. als civitatis habitatores, cohabitatores, incolae, inquilini, *inwoner, medewoner, biwoner, ingesessene* oder *seldener* bezeichnet, entbehrten des Haus- und Grundbesitzes, der, außer in nd. Städten, Voraussetzung für den Erwerb des Bürgerrechts war. Die Städte empfanden es bald als polit. Aufgabe, den relativ großen Personenkreis der B., zu dem vorrangig die Handwerksgesellen, Knechte, Mägde, Tagelöhner und andere Dienstleistende zu zählen sind, an städt. Interessen zu binden. Daher wurden sie zur Ableistung des Beisasseneides angehalten, wenn auch nicht gezwungen. Wer den Eid nicht leistete, blieb Fremder und Fremdenrecht unterworfen. B. waren zur Steuerleistung und zur Teilnahme an Diensten zugunsten der Stadt (Feuer-, Wacht-, Kriegsdienst) verpflichtet; der Beisasseneid gewährte ihnen den Schutz des Stadtrechts, zumindest innerhalb der Stadtmauern; B. waren aber in ihren bürgerl. Rechten, d. h. in Fragen des Vermögenserwerbs und der Gewerbeausübung, eingeschränkt; polit. waren sie vollständig rechtlos. Vgl. auch → Gerichtsbarkeit, städtische. H.-D. Homann

Lit.: HRG I, 354 [K. KROESCHELL] – H. PLANITZ, Die dt. Stadt im MA, 1954 – W. EBEL, Der Bürgereid als Geltungsgrund und Gestaltungsprinzip des dt. ma. Stadtrechts, 1958.

Beischlaf → Sexualität

Beischlag bezeichnet die als Sitze ausgebildeten Wangen der drei- bis vierstufigen Freitreppe vor dem norddt. → Bürgerhaus, von dort Einfluß auf einen Teil des Ostseeraumes. Urkundl. seit Ende des 14. Jh. nachzuweisen, im 15. Jh. voll ausgebildet mit hohen stelenartigen Pfosten an der Stirnseite, zur Straße hin mit Reliefs geziert (Wappen, Hausmarken). G. Binding

Lit.: RDK II, 214–219 [Lit.].

Beispruchsrecht, Recht naher Blutsverwandter als präsumptive Erben auf Einspruch (*bisprache* 'Beispruch') gegen alleinige Veräußerungen und Belastungen von Liegenschaften. In den Städten schränkt sich das B. auf ererbtes Gut (Erbgut) ein, sonst Erworbenes (Kaufgut) wird von ihm frei. Das B. wurzelt im Blutsverwandten-Erbrecht und sichert die Ansprüche künftiger Erben. Es erlischt insbes. durch die Einwilligung in die Verfügung (Erbenlaub: »mit Gunst und Willen meiner Erben«) oder bei einer Erbengemeinschaft mit gegenseitiger Nachfolge durch »Teilung mit (Nachfolge-)Verzicht«. Fehlen Erbenlaub oder Nachfolgeverzicht und wird vom B. Gebrauch gemacht, wird der Verfügung nichtig, und es rückt der Beispruchsberechtigte in die Rechtsstellung des Verfügenden ein »als ob er tot wäre« (Ssp. I 52). Der Beispruchsberechtigte kann nun vom Erwerber das Gut ohne Gegenleistung herausverlangen: Das B. führt somit zu einer Art vorweggenommener Erbfolge. W. Brauneder

Lit.: DtRechtswb I, 1481ff. – HRG I, 356f. – SCHRÖDER-KÜNSSBERG, 302f., 791ff.

Beistädte → Stadt, -typen

Beizbüchlein, Kurztitel für das um 1480 bei Anton Sorg in Augsburg erschienene älteste gedruckte Jagdbuch der Welt, von dem bis 1531 vier Auflagen herauskamen. In ihm behandelt der unbekannte Verfasser die → Beizjagd mit dem Habicht. Das kompilator. Werk geht auf mehrere Quellen zurück. Kernstück ist die bis in den Anfang des 14. Jh. zurückreichende, in zwei Hss. überlieferte »Ältere deutsche Habichtslehre«, die als der älteste uns erhaltene deutschsprachige didakt. Jagdtext zu gelten hat. Die im B. beschriebene Technik der Beizjagd mit dem Habicht ist spezif. deutsch. Für sie ist vom 14. bis zum 17. Jh. eine ungebrochene Tradition nachweisbar. S. Schwenk

Ed. und Lit.: B. (Monumenta Venatoria I, hg. K. LINDNER), 1972 [Faks.] – K. LINDNER, Die dt. Habichtslehre, Das B. und seine Q., 1964².

Beizeichen → Heraldik

Beizjagd. [1] *Allgemein und gesamteuropäisch*: B. (Beize, im allgemeinen Sprachgebrauch gleichgesetzt mit dem einengenden Begriff Falknerei) ist die Bezeichnung für eine Jagdmethode, bei der sich die Jäger bestimmter Raubvogelarten als Helfer beim Erlegen von Haar- oder Federwild bedienen. Nur eine begrenzte Zahl von Raubvogelarten aus dem Kreis der Habichte, Falken und Adler ist geeignet und zur Jagd abrichtbar (→ Beizvögel). Die zur Anwendung kommende Technik wird durch die Eigenheiten der verwendeten Raubvogelart maßgebend bestimmt.

Wann und wo die B. zuerst betrieben wurde, ist ungeklärt. Wahrscheinl. ist ihre Herkunft im Raum nördl. des Kaukasus oder zw. Kasp. Meer und Aralsee zu suchen. Um die Wende des 3. zum 2. Jt. v. Chr. scheint sie bereits vollkommen entwickelt gewesen zu sein. Die ältesten Zeugnisse deuten darauf hin, daß sie von einer Führungsschicht des hurrit. und kassit. Adels praktiziert wurde. Im assyr.-babylon. Raum fand sie keinen Eingang, dagegen dürfen wir ihre Kenntnis bei den Hethitern vermuten. Vom 8. Jh. v. Chr. an läßt sich der Ausbreitungsprozeß zuverlässig verfolgen. Durch die Begegnungen der Kimmerier, Skythen und der Meder und Perser wurde einerseits wohl der Iran mit der B. bekannt, andererseits der Raum bis zum Indus beeinflußt, aus dem das älteste lit. Zeugnis über die B., der in der Zeit um 400 v. Chr. entstandene Bericht des Ktesias, stammt. Griechen und Römer betrieben die B. nicht.

Entscheidend für die Ausbreitung der B. nach W war die Begegnung der nach O wandernden Germanenstämme mit den Sarmaten, die sie den mit ihnen zusammentreffenden Ostgoten vermittelten. Nachdem diese Jagdart vom O übernommen und kulturell integriert war, wurde sie innerhalb des germ. Raumes rasch nach dem W weitergegeben, da alle germ. Stämme sich ihr mit großem Eifer zuwandten und sie rasch zu einem wahren Volkssport machten. In der Zeit vom 2. bis zum 4. Jh. n. Chr. kam dieser Prozeß zum Abschluß. Über die B. bei den Germanen sind wir durch zahlreiche Quellen, v.a. durch ihre häufige Erwähnung in den Volksrechten, gut unterrichtet. Sie erscheint im Pactus legis Salicae, in der Lex Salica, in der Lex Burgundionum, in der Lex Ribuaria, in der Lex Baiuwariorum und im Edictum Rothari. Die Vandalen brachten die B. nach Spanien und machten mit ihr, wie wir durch Augustinus wissen, die Völker der westl. Mittelmeerküste N-Afrikas bekannt. Aus der zweiten Hälfte des 5. Jh. stammen die in Karthago und Argos (Peloponnes) freigelegten Mosaiken. Die Kelten kamen entgegen früheren Vermutungen erst durch die Germanen mit der B. in Berührung. Parallel zur Ausbreitung nach W über die Sarmaten vollzog sich ein nach O gerichteter Entwicklungsprozeß. Zur Han-Zeit (ca. 200 v. Chr.–200 n. Chr.) erreichte die B. China, von dort wurde sie nach Korea und Japan weitergegeben, wo sie seit dem 3. bzw. 4. Jh. nachweisbar ist.

Die germ. Volksrechte und die sonstigen Quellen aus dieser Zeit erlauben weitgehende Rückschlüsse auf die Technik der B. im frühen MA. Allem Anschein nach liebten die Germanen v. a. die B. mit dem Habicht, für den Deutsche und Engländer auch in späterer Zeit eine bes. Neigung bewiesen, während die Franzosen den Lannerfalken, die Italiener den Sperber bevorzugten. In karol. Zeit lassen die Zeugnisse für die Beliebtheit der B. nach. Im 10. und 11. Jh. scheint sie in Deutschland nicht im gleichen Maße in Blüte gestanden zu haben wie zur Zeit der Völkerwanderung oder im hohen MA. Erst die erneute Ost-West-Begegnung zur Zeit der Kreuzzüge brachte einen neuen Aufschwung. Ks. → Friedrich II. verfaßte in der ersten Hälfte des 13. Jh. unter dem Titel »De arte venandi cum avibus« die umfassendste Monographie, die je über die B. geschrieben wurde. Von der Beliebtheit der B. im MA zeugen auch zahlreiche lit. Erwähnungen in Poesie und Prosa, abgesehen von der Fachliteratur (→ Falkentraktate). S. Schwenk

[2] *Byzanz*: Die B. war auch in Byzanz sehr beliebt, nicht nur bei den Ks.n, sondern auch beim Adel und breiten Bevölkerungsschichten. Während die Quellen, sowohl die lit. als auch die aus dem Bereich der Kunst für die frühbyz. Zeit, keine systemat. Nachrichten über diese Jagdart liefern, bieten die aus der spätbyz. Zeit reiches Material. Ks. Andronikos II. Palaiologos (1282–1328) frönte der Falkenjagd mit Leidenschaft; mehr als 1000 Falken soll er für diese Sportart gehalten haben. Ein großes Aufgebot von

Jagdhelfern (ἱερακάριοι bzw. πετριτάριοι) war mit den verschiedenen Raubvogelarten (ζάγανοι, πετραῖοι ἐρωδιοί, κίρκοι, συγκούρια, τζουράκια, (ὁ)ξυπτέρια, φαλκώνια, λοῦποι, σάκρε) beschäftigt; an ihrer Spitze stand der πρωτοϊεράκαριος, der verantwortl. für die Organisierung der B. war und bei der Durchführung die Oberaufsicht hatte. – Zwei im Auftrag des Ks.s Michael VIII. Palaiologos (1259–82) von dem Arzt Demetrios Pepagomenos verfaßte Falkenjagdbücher (Hierakosophia) sind eine Art Handbuch für die Ernährung und Behandlung der verschiedenen Jagdvogelarten. Die byz. Falkenbücher sind meist praxisbezogen. A. A. Fourlas

[3] *Islamische Welt*: Im Vorderen Orient stand die B. (arab. *baizara*) schon Jahrhunderte vor dem Auftreten des Islam in hohem Ansehen. Während man in Iran den Hühnerhabicht und den Wanderfalken allen anderen edlen Raubvögeln vorzog, jagten die Araber vom Irak bis zum Maghrib u.a. mit dem Würgefalken, dem Wachtelfalken und dem Sperber. Nahezu 30 (unedierte) Traktate aus dem 8.–15.Jh. unterrichten uns über die Techniken der oriental. Beizjagd. Inspiriert von einem »Hierakosophion« des Archigenes, das 783 dem Kalifen al-Mahdī überreicht wurde, verfaßten die beiden Falkner al-Ghiṭrīf al-Ghassānī und Adham ibn Muḥriz den ersten arab. B.-Traktat. Über die Redaktion des al-Ḥaǧǧāǧ ibn Ḥaitama (9.Jh.) wurde die Abhandlung durch Ks. → Friedrich II. in lat. und afrz. Version als »Buch des Moamin und Ghatrif« der christl. Welt bekannt. Der Traktat bildete die Grundsubstanz der späteren arab. B.-Literatur (Kušāǧim, 10.Jh.; al-Ḥusain al-Miṣrī, 10.Jh.; al-Asadī, 13.Jh.; Ibn Quštimur, 13.Jh.; Ibn Manglī, 14.Jh.). Vgl. auch → Falkentraktate, → Jagd.
F. Viré

Q. *und Lit.*: zu [1]: Friedrich II. v. Hohenstaufen, De arte venandi cum avibus, ed. C. A. WILLEMSEN, 1942 (Übers.: Über die Kunst mit Vögeln zu jagen, ed. C. A. WILLEMSEN, 1964) – F. BANGERT, Die Tiere im afrz. Epos (Ausg. und Abh. auf dem Gebiete der Roman. Philol. 34), 1885 – E. BORMANN, Die Jagd in den afrz. Artus- und Abenteurer-Romanen (ebd. 68), 1887 – O. BATEREAU, Die Tiere in der mhd. Lit. [Diss. Leipzig 1909] – F. BORCHERT, Die Jagd in der afrz. Lit. [Diss. Göttingen 1909] – K. LINDNER, 50 Jahre inst. Forsch. auf dem Gebiet der Falknerei, Dt. Falkenorden, Jb. 1972/73, 12–18 [umfassende Lit.] – DERS., Beitr. zu Vogelfang und Falknerei im Altertum, 1973 – DERS., Ost-westl. Beziehungen in der Gesch. der Falknerei, Dt. Falkenorden, Jb. 1979, 79–82 – *zu [2]*: Q.: Τοῦ Μανασσῆ κυροῦ Κωνσταντίνου Ἔκφρασις κυνηγεσίου γεράνων (Beschreibung der Falkenbeize auf Kraniche), ed. E. KURTZ (VV 12), 1906, 79–88 – Κωνσταντίνου τοῦ Παντεχνῆ Ἔκφρασις κυνηγεσίου περδίκων καί λαγωῶν (Beschreibung der Jagd auf Rebhühner und Hasen), ed. E. MILLER, Annuaire de l'Association des Études Grecques 6, 1872, 47–52 – Δημητρίου Πεπαγωμένου Περί τῆς τῶν ἱεράκων ἀνατροφῆς καί θεραπείας (Über die Ernährung und Therapie der Falken, ed. R. HERCHER (Claudii Aeliani Varia Historia, Epistulae, Fragmenta, 1866), 335–516 – Δημητρίου Πεπαγωμένου Περί γένους ὀρνέων καί κοπῆς καί χρωμάτων (Über die Jagdvogelarten, ihre Stoßfähigkeit und Farben), ed. R. HERCHER [ebd.], 587–599 – Ἱερακοσόφιον, ed. J. HAMMER-PURGSTALL (Falknerklee), Pest 1840, 81–85 – *Lit*.: BREHIER, Civilisation, 178–181 – R. GUILLAND, Sur quelques grands dignitaires byzantins du XIVᵉ s. (Τόμος Κωνσταντίνου Ἀρμενοπούλου ἐπί τῇ ἐξακοσιετηρίδι τῆς Ἐξαβίβλου αὐτοῦ [1345–1945], 1952), 189–192 – PH. KOUKOULES, Βυζαντινῶν Βίος καί Πολιτισμός V, 1952, 387–423 – HUNGER, Profane Lit. I, 185f.; II, 268f. – *zu [3]*: Β¹, 1186–1189 – D. MÖLLER, Stud. zur ma. arab. Falknereilit., 1965 (Q. und Stud. zur Gesch. der Jagd, hg. K. LINDNER, X) – H. TJERNELD, Moamin et Ghatrif, Traité..., 1945 – F. VIRÉ, Falconaria arabica, Arabica VIII–IX, 1961–1962 – DERS., Sur l'identité de Moamin, Ann. Acad. Inscript. et Belles Lettres, 1967 – DERS., Le Traité de l'art de volerie, trad. Kitāb al-bayzara Xᵉ s., Arabica XII–XIII, 1965–66 – DERS., Noms des oiseaux de vol dans les mss. arabes médiévaux, Arabica XXIV, 1977 – DERS., La fauconnerie dans l'Islam médiéval (Colloque Chasse), 1979 – DERS., Abrégé de cynégétique, trad. Kitāb Uns al-malā d'Ibn Manglī [im Dr.].

Beizmittel. [1] Säuren und Salze, mit denen Werkstoffe und Lebensmittel gebeizt, d.h. für die Weiterbehandlung vorbereitet oder konserviert werden. B. waren bes. wichtig in der ma. Textilfärberei (→ Färberei). Als eigtl., für die Textilfärberei unentbehrl. B., mit denen die Farbstoffe im Färbebad sich überhaupt erst auf der Faser verbinden und eine gute Färbung (Farblack) ergeben, dienten v.a. → Alaun, gelöschter →Kalk, Eisen- und Kupfervitriol in der Rot- und Gelbfärberei von Leinen und Wolle mit → Krapp, Brasilholz (rot), Kermes (Scharlach), Färberwau (gelb). Als B. im weiteren Sinne, d. h. als Zutaten zur Reinigung und Entfettung der Fasern, zur Förderung der Beize und zur Nuancierung der Farben dienten Lauge von Buchenasche, ausgefaulter (geklärter) Urin (→ Harn), →Weinstein, Milchsäure aus saurem Bier, Sauerwasser aus Kleie-Absuden. Die Anwendung dieser B. ist sowohl aus spätma. Färberezepten aus ganz Europa wie aus den Quellen zum Färbereigewerbe im flandr. Wolltuch- und im obdt. Leinengebiet erst seit dem 13.Jh. reichlich belegt, steht aber in antiken Traditionen. B. und Beize bei der Rotfärberei werden in spätantiken Rezepten klar dargestellt, sind in der Folge sicher bei den Arabern bekannt, vermutl. auch vereinzelt in Europa. In großem Maß werden sie jedoch erst seit der vermehrten Einfuhr von Farbstoffen und Alaun aus der Levante und dem Aufkommen der gewerbl.-zünft. Färberei im 12./13.Jh. angewendet. H. C. Peyer

Lit.: A. DOREN, Die Florentiner Wolltuchindustrie, 1901, 81ff. – G. DE POERCK, La draperie médiévale en Flandre et en Artois, technique et terminologie I, 1951 – H. C. PEYER, Leinwandgewerbe und Fernhandel der Stadt St. Gallen II, 1960, 18 – E. E. PLOSS, Ein Buch von alten Farben, 1973³ – E. SPRÄNGER, Färbbuch, Grundlagen der Pflanzenfärberei auf Wolle, 1975³.

[2] *Ma. Nahrungswesen*: Die Grundbedeutung 'mürbe machen' des mit »beißen« sinnverwandten mhd. Verbums *beizen*, welches sich auf die Anwendung scharfer (»beißender«) Flüssigkeiten bzw. Pulver bezieht, weist als primären Zweck des Beizens von Nahrungsmitteln die unmittelbare Speisenbereitung aus, in weiterer Folge auch die → Konservierung. Gebeizt werden konnten v.a. Fleisch, ferner Fisch und Kraut; als wichtigste B. hierfür dienten: Salz, Essig (bes. bei Wild), Wein, Gewürze (Pfeffer), einheim. Würzstoffe (Knoblauch, Zwiebeln, Petersilie), Wurzelgemüse, Samenkörner, Öl, Honig usw. Die Zusammensetzung der Beize und die Beizdauer richteten sich nach dem betreffenden Nahrungsmittel und nach seiner beabsichtigten Nutzung; vielfach besteht eine Ähnlichkeit zu gewürzten Saucen (Salsen, → Condimenta). Unsere Kenntnis der B. des MA beruht allerdings größtenteils auf den überkommenen Kochrezepten (→ Kochbücher), ist somit vorwiegend nur für die gehobene Kochkunst relevant.
H. Hundsbichler

Lit.: E. HEPP, Die Fachsprache der ma. Küche. Ein Lex. (H. WISWE, Kulturgesch. der Kochkunst, 1970), 185–224 – Wb. der bair. Mundarten in Österreich II, 5. Lfg., 1975, 945–953.

Beizvögel, Sammelbezeichnung für die dem Menschen bei der → Beizjagd als Helfer dienenden Greifvogelarten. Diese werden traditionell, wenn auch sachl. nicht ganz korrekt, in Vögel des niederen und des hohen Flugs, auch in Faust- und Ludervögel unterteilt. Darüber hinaus gelten Flügellänge oder Farbe der Iris als Unterscheidungsmerkmale. B. des niederen Flugs waren im mitteleurop. Raum v.a. der Habicht (Accipiter gentilis) und der Sperber (Accipiter nisus), B. des hohen Flugs der Wanderfalke (Falco peregrinus), der Lanner oder Feldeggsfalke (Falco biarmicus), der Saker oder Würgfalke (Falco cherrug) und der Gerfalke (Falco rusticolus). Nur geringe Bedeutung hatten Baumfalke (Falco subbuteo) und Merlin (Falco columbarius). Eine planmäßige Beizjagd mit dem Steinadler (Aquila chrysaetos) ist während des MA in Europa nicht nachweisbar. Die in früherer Zeit sehr differenzierten Bezeichnungen für die B. knüpften häufig an die in der Größe sehr unterschiedl. Geschlechter, an das Lebensalter oder an die jeweils bevorzugt erbeizte Wildart an.

Fachl. Kenntnis über Merkmale, Aufzucht und Fang, Abrichtung und Haltung der B. vermitteln zusammen mit Rezepten gegen die häufig in Gefangenschaft auftretenden Krankheiten im MA die lat. und landessprachl. → Falkentraktate und die naturkundl. → Enzyklopädien bei der Behandlung der einzelnen Arten oder in längeren Abhandlungen (z. B. Albertus Magnus, De animal. 23, 44–109).

S. Schwenk/Ch. Hünemörder

Q. und Lit.: Arte della caccia. Testi di Falconeria, Uccellagione ed altre Cacce, hg. G. INNAMORATI, 2 Bde, 1965 (Classici Italiani di Scienze Tecniche e Arti) – Die Beizjagd, hg. H. BRÜLL, 1979³.

Bejahung (affirmatio), in techn. Sinne der ma. Logik das positive Urteil im Gegensatz zum negativen (negatio). Diese beiden »Qualitäten« des Urteils hängen von der Qualität der copula (nicht der Termini) ab und gehören zum Bereich der zweiten Aktivität des Intellektes, durch die der Begriffe im Urteil verknüpft oder unterschieden werden (compositio et divisio). Lit.: → Logik   J. Pinborg

Béjar, Hzg.e v. Die aus Navarra stammende Adelsfamilie Zúñiga verdankte ihre polit., soziale und wirtschaftl. Macht den kast. Bürgerkriegen. Diego López de Zúñiga, der Begründer des sozialen Aufstiegs der Familie, erhielt 1396 als *justicia mayor* Kg. Heinrichs III. die Grundherrschaft über die Stadt Béjar, zu der zahlreiche Dörfer gehörten. Die Familie erwarb zu ihrem bereits bestehenden Grundbesitz durch kgl. Schenkung bzw. Kauf weitere Grundherrschaften über Städte und Ortschaften hinzu, die über ganz Kastilien verstreut lagen. Die Grundherrschaft über den Stadtbezirk Béjar, der bedeutendste Besitzkomplex des Hauses, beherrschte das Gebiet des Bergpasses zweier wichtiger Verkehrswege der Wanderschafzucht und des Wollhandels von Kastilien. Im 15. Jh. zählte die Familie zu den größten Eignern von Schafherden im Lande. Die Oberhäupter des Hauses hatten die Adelstitel Gf. und später Hzg. v. Plasencia und seit 1485 Hzg. v. B. inne. Die Hzg.e v. B. gehörten zu den 25 span. Magnaten, denen Karl I. (V.) 1520 den Titel *Grande de España* mit bes. Privilegien am Hof verlieh. Mitglieder der Familie spielten im 15.–17. Jh. eine führende Rolle am Hof sowie im übrigen Dienst der Krone und der Kirche der span. Monarchie.

R. Liehr

Lit.: MARQUES DEL SALTILLO, Historia nobiliaria española. (Contribución a su estudio), Bd. I, 1951, 90–97 – Spain in the Fifteenth C. 1369–1516. Essays and Extracts by Historians of Spain, hg. R. HIGHFIELD, 1972, 37f., 41, 101 – J. MARTÍNEZ MORO, La renta feudal en la Castilla del siglo XV: Los Stúñiga. Consideraciones metodológicas y otras, 1977, 30–115.

Bek, Antony, Bf. v. Durham, * um 1240, † 3. März 1311. Als kgl. Sekretär hatte er seine Ausbildung in Oxford erhalten und begleitete Prinz Eduard (I.) auf den Kreuzzug (1271–72). Obwohl er nie ein hohes Hofamt ausübte, war er führender kgl. Ratgeber, der oft bei bedeutenden diplomat. und militär. Planungen herangezogen wurde. 1283 wurde er Bf. v. Durham und besaß als Inhaber der Pfalzgrafschaft (*palatinate*, → Durham) eine gewichtige Machtstellung. B. spielte eine bedeutende Rolle bei der Entscheidung über die schott. Thronfolge (1291–92) und bei der Vorbereitung der Bündnisse gegen Frankreich (1294, Bündnis mit → Adolf v. Nassau). Bei den Auseinandersetzungen des Kg.s mit den Baronen und dem Klerus von 1297 unterstützte B. Eduard, verlor jedoch 1302 dessen Gunst. Er hatte Schwierigkeiten, in seiner Pfalzgrafschaft Leute für die Kriege gegen Schottland aufzubieten und erregte wegen seines Streits mit dem Kathedralpriorat Unzufriedenheit. Die libertas des Bm.s Durham wurde zweimal vom König aufgehoben. Um in dieser Angelegenheit zu appellieren, begab sich B. persönlich an die päpstl. Kurie; 1306 wurde ihm vom Papst der Titel des Patriarchen v. Jerusalem verliehen. Seine Auseinandersetzungen mit der engl. Krone endeten 1307 mit dem Tod Eduards I. B. sympathisierte 1308 mit der Reform, verhielt sich aber Eduard II. gegenüber bis zu seinem Tod loyal.

M. C. Prestwich

Q.: Records of A. B., ed. C. M. FRASER, Surtees Society 162, 1953 – Lit.: C. M. FRASER, A History of A. B., 1957.

Bekehrung, lat. conversio, meint die Abkehr vom sündigen Verhalten, eine Umkehr und Hinwendung zu Gott. Mit dieser Sinnesänderung und Willensumkehr ist auch eine seel. Wandlung und Neuausrichtung gegeben. B. wird darum im Anschluß an 2 Kor 5, 17 als Erneuerung, als Neuschöpfung verstanden. Die ntl. Bilder für Bekehrung: von Finsternis zum Licht, vom Tod zum Leben, vom Dienst der Sünde zum Dienst der Gerechtigkeit werden auch im MA verwendet; doch wird statt des Wortes B. einfach von Glauben gesprochen. Die B. als Wiedergeburt aus Gott ist Geschenk neuen Lebens, Gezeugtwerden aus Gott, Gabe des Geistes Gottes. Nicht nur die alten Sünden werden vergeben, sondern die Bindung an Sünde und Sklaverei wird von innen her gebrochen. Rechtfertigung erfolgt nicht aufgrund äußerer Gesetzeswerke, sondern aus Gnade. Im Rahmen des Mönchtums und der Entscheidung zu einem Leben unter den → Evangelischen Räten Armut, Jungfräulichkeit und Gehorsam gewann der Begriff der B. eine engere Bedeutung im Sinne der Berufung zur bes. Nachfolge. Im Anschluß an Mt 19, 21 und Ro 13, 13f erfuhr gerade die asket. Lebenshaltung des Mönchtums eine bes. Betonung.

Nach Augustinus vollzieht sich in der Annahme der von Gott angebotenen Vergebung die neue Geburt des Menschen in Gott. B. und Glaube gehören somit eng zusammen. Aber auch in der Sündenvergebung bleibt der Mensch als Person noch in die freie Entscheidung gestellt. Vergebung wird nur erteilt, wenn der Mensch umkehrt und seine Selbstgerechtigkeit aufgibt.

Die Theologen der MA sehen die B. wesentl. in der Absage von der Sünde, in der Reue. Zur rechten Reue gehört auch die Bereitschaft (Vorsatz), sich künftig nicht mehr durch die Sünde von Gott zu trennen. Die Hochscholastik unterscheidet zw. Furchtreue (→ attritio) und vollkommener Reue (→ contritio); in letzterer stellt die Abwendung von der Todsünde und die Hinwendung zu Gott bereits die Versöhnung mit Gott dar. Nach dem Konzil v. Trient (DENZINGER-SCHÖNMETZER 1677) ist die contritio jene Reue, die aufgrund der vollkommenen Liebe den Menschen mit Gott versöhnt. Aber auch die Furchtreue wird als nutzbringend anerkannt (DENZINGER-SCHÖNMETZER 1678; 1705). Die Theologen der Scholastik kennen Buße auch als Tugend; sie ist Auswirkung echter B. und bleibt geprägt von der Bereitschaft, die Sünde im eigenen Leben immer vollkommener zu überwinden und zu sühnen. Sühne erfolgt vom Erlösungsleiden des Herrn als Gnadengeschenk.

Die B. wird vollendet durch die Taufe wie durch die Rückkehr des Sünders in Reue und Buße (Bußsakrament). – Zur Bekehrung im engeren Sinne von Heidenbekehrung und Mission → Mission, Missionsgeschichte.   J. Gründel

Lit.: M. SECKLER, Instinkt und Glaubenswille. Gesichtspunkte zu einer Theologie der B. von Thomas v. Aquin, 1961 – J. SCHNIEWIND, Das bibl. Wort von der B., 1947² - H.J.MÜLLER, Die ganze B. Das zentrale Anliegen des Theologen und Seelsorgers J.M.Sailer, 1956 - R.BRUCH, Die B. als Grundvoraussetzung chr. Existenz, 1959 - A.HULSBOSCH, Die B. im Zeugnis der Bibel, 1967 - K.JOCKWIG,Wege der Umkehr, Buße und Erneuerung im Ordensleben, 1972 - H. URS v. BALTHASAR, Umkehr im NT, Communio 3, 1974, 481-491.

Bektāšīye, Derwischorden, der in Anatolien inmitten turkmen. Stämme entstand und seinen Namen nach Ḥāǧǧī Bektāš erhielt. Nach der Legende wurde Bektāš 1248 in Chorasān geb., kam 1281 nach Anatolien und starb 1337. Die Quellen zeigen demgegenüber, daß er ein Zeitgenosse von Ǧalāl ad-Dīn Rūmī (gest. 1273) war und daß daher sein Todesdatum wohl ca. 40 Jahre früher angesetzt werden muß. Die ältesten osman. Register, die seine fromme Stiftung erwähnen, stammen aus den Jahren 1476 und 1483. Sie erlauben die Annahme einer Gruppe von Stämmen, welche Bektāšlu gen. wurden; mehrere ihrer Mitglieder, »Söhne« (d.h. Nachkommen) v. Bektāš, erhielten einen Teil der Einkünfte aus bestimmten Dörfern (als → tīmār), während der Rest der frommen Stiftung selbst zufiel (Istanbul, Başbakanlık Arşivi, Maliyeden Müdevver 567, 117, Tapu ve Tahrir 32, 325ff., Ankara, Tapu ve Kadastro 564, fol. 74v). Zu einem schwer bestimmbaren Zeitpunkt, vielleicht in der 2. Hälfte des 14.Jh., durchbrach der Orden die stammesmäßige Begrenzung und breitete sich in Anatolien, Thrakien und den Balkangebieten aus. Er teilte sich in zwei Richtungen: Die eine erkannte nur die leibl. Erbfolge des Bektāš, die andere auch die spirituelle Nachfolge an. Der große Organisator des Ordens scheint Bālım Sulṭān (Anfang 16.Jh.) gewesen zu sein. Die Bektāšī drangen in die Elitetruppe der →Janitscharen ein, nach der Legende schon seit der Regierung Orḫans (gest. 1362). Den Höhepunkt seiner Macht erlebte der Orden im 18.Jh. Als Sultan Maḥmūd II. die Janitscharen aufheben ließ (1826), verfolgte er auch die Bektāšī (Schließung von Kl.n, Konfiskation von Gütern). Mit der Auflösung aller Ordenshäuser (1925) fand der Orden, zumindest offiziell, sein Ende.

Die B. gehört der Richtung der Zwölferšīʿa (→Šīʿa) an. Sie verehrt die Familie des Propheten und bes. ʿAlī, der mit Mohammed und Gott eine Art von Dreifaltigkeit bildet. Ihre Mitglieder trauern zw. dem 1. und 10. Tag des Monats Muḥarrem und betreiben, von den Ḥurūfī beeinflußt, kabbalist. Spekulationen. Ihre Gegner werfen ihnen Vernachlässigung der religiösen Pflichten und Sittenverfall vor. I. Beldiceanu-Steinherr

Lit.: EI² I, 1196f. [Lit.] - IA II, 461-464 - H.A.REED, The Destruction of the Janissaries... 1826 [Diss. masch. Princeton 1951] - S.FAROQHI, Agricultural Activities in a Bektashi Center: the tekke of Kızıl Deli 1750-1830, SOF XXXV, 1976, 69-96 - DIES., Bektaschiklöster in Anatolien vor 1826 - Fragestellungen und Quellenprobleme, Islam 53, 1976, 28-69 - DIES., Der Bektaschi-Orden in Anatolien (vom späten 15.Jh. bis 1826) [im Dr.].

Béla

1. B. I. (Benin), Kg. v. Ungarn 1060/61-1063, aus dem Hause der →Arpaden, Neffe Stephans I., * um 1020, † Juli/August 1063, ⌐ Abtei Szekszárd (von ihm gestiftet). Sein Vater Vasul, ein Neffe →Gézas, wurde nach einem gescheiterten Attentat auf Kg. Stephan geblendet, B. mit seinen beiden Brüdern verbannt. B. flüchtete zuerst nach Böhmen, dann an den poln. Hof, wo er eine Tochter Kg. Mieszkos II. heiratete und zu einer starken Stütze seines Schwagers →Kasimir I. bei der Wiederherstellung der piast. Monarchie wurde. Um 1050 rief Kg. Andreas seinen jüngeren Bruder B. nach Ungarn zurück und verlieh ihm, der nach der Senioratsordnung sein Nachfolger werden sollte, große Teile des Landes als Herzogtum (Ducatus), etwa 15 Komitate um Neutra und Bihar. Als aber Andreas I. 1057 seinen fünfjährigen Sohn Salomon krönen ließ, brach zwischen den Brüdern Mißtrauen und Feindschaft aus. B. flüchtete mit seiner Familie an den poln. Hof, wo →Bolesław II. ihm ein Heer ausrüstete, das in zwei Schlachten das Heer seines Bruders besiegte; Kg. Andreas I. starb schwer verletzt Ende 1060 in der Gefangenschaft. B. regierte noch nahezu 1000 Tage in ständiger Bedrohung durch den Gegenkönig Salomon I., der bei der Ksn. Agnes Zuflucht gefunden hatte. So konnte B. auch die ihm zugeschriebenen Reformpläne nicht verwirklichen. 1061 rief er einen Landtag nach Stuhlweißenburg (Székesfehérvár) zusammen, auf dem auch je zwei Dorfälteste aus jeder Ortschaft erschienen waren; die Menge verlangte die Wiederherstellung des Heidentums, worauf die Truppen des Kg.s sie zerstreuten. 1063 zog ein dt. Heer unter Führung Ottos v. Northeim gegen B., um Salomons Thronanspruch durchzusetzen: Bevor es zur Schlacht kam, wurde B. beim Einsturz seiner Pfalz in Dömös schwer verletzt; er starb in Wieselburg (Moson) und wurde in der von ihm gestifteten Abtei Szekszárd begraben. G.Györffy

Lit.: M.BÜDINGER, Ein Buch ung. Gesch. 1058-1100, 1866, 3-15 - HÓMAN I/2, 243 ff. - J.DOWIAT, Bela I. węgierski w Polsce (1031/32-1048), PrzgHist, 56, 1965, 1-23 - G.GYÖRFFY, Ein ung. Palimpsest aus dem 11.Jh., Byz. Forsch. I, 1966, 150-157 - Magyarország története I/2 [im Dr.].

2. B. II. der Blinde, Kg. v. Ungarn, Dalmatien, Kroatien und Rama 1131-1141, * 1106/08, † 13. Febr. 1141, ⌐ Stuhlweissenburg (Székesfehérvár), Dom. Eltern: Hzg. Álmos und Predslava v. Kiev. Nachdem Hzg. Álmos sich schon mehrmals gegen seinen Bruder, Kg. Koloman, empört und ihn mit fremder Hilfe abzusetzen versucht hatte, ließ der Kg. um 1113 Álmos und dessen Sohn B. blenden. Kg. Stephan II. (1116-31), der Sohn Kolomans, hielt B. im Kloster Pécsvárad und am Hof von Tolna in Gewahrsam, designierte ihn aber vor seinem Tod zum Thronfolger und vermählte ihn mit Ilona, der Tochter des serb. Groß-Župan Uroš I. Nach Stephans Tod wurde B. am 28. April 1131 zum Kg. gekrönt und das Land von der energ. Kgn. regiert, die 1132 während des Landtags von Arad 68 Magnaten, die sie für mitschuldig an der Blendung B.s hielt, niedermetzeln ließ. Die dadurch ausgelöste Empörung veranlaßte einen Teil der Magnaten, Hzg. Boris, einen angebl. Sohn Kolomans, ins Land zu rufen, der trotz poln. und russ. Unterstützung im Sommer 1132 beim Fluß Sajó geschlagen wurde. B.s Familienverbindungen förderten die Ausdehnung Ungarns nach Süden: B. eroberte →Bosnien, das er 1137 seinem Sohn Ladislaus als Hzm. übertrug, und das Gebiet des Flusses Rama, als dessen Kg. er sich bezeichnete. G.Györffy

Lit.: G.PAULER, A magyar nemzet története az Árpádházi királyok alatt, I, 1899², 238ff. - HÓMAN, I/2, 336ff.

3. B. III., Kg. v. Ungarn, Dalmatien und Kroatien, * um 1148, † 23. April 1196, ⌐ Stuhlweißenburg, Dom (heute: Matthiaskirche, Budapest); Eltern: Géza II. Kg. v. Ungarn und Euphrosina v. Kiev. - B. wurde 1163 als Hzg. v. Dalmatien und Kroatien von Ks. Manuel Komnenos aus Ungarn nach Konstantinopel gerufen, wo er am ksl. Hof den Namen »Alexios« und den Rang eines Despotes bekam und als Verlobter der Tochter Manuels, Maria, zum Thronfolger v. Byzanz designiert wurde; er nahm 1166 am Feldzug Manuels gegen Stephan III., Kg. v. Ungarn, als Befehlshaber teil und sicherte sein Erbe, Dalmatien und Kroatien, für Byzanz. Als 1169 Manuel, ein eigener Sohn und Thronerbe, geboren wurde, ließ er B.- Alexios (von καῖσαρ (Kaisar) degradieren und mit seiner Schwägerin Anna (Agnes) v. Châtillon vermählen. Als am 3. März 1172 Kg. Stephan III. starb, wurde B. aus Byzanz zurückgerufen, konnte aber erst am 18. Jan. 1173 mit

Unterstützung Papst Alexanders III. vom Ebf. v. Kalocsa gekrönt werden. Es gelang B. der Ausgleich mit seinen Gegnern, mit Ebf. Lucas v. Gran (Esztergom) und einer Magnatengruppe; doch seinen Bruder Géza, der sich gegen ihn empörte, nahm er samt seiner eigenen Mutter zweimal (1173 und 1187) in Haft. Nach Ks. Manuels Tod (1180) eroberte B. Dalmatien und Kroatien zurück (1180/1181) und drang als Thronprätendent von Byzanz bis Sofia vor (1183, 1185), schloß aber 1185 mit dem neuen Ks. Isak Angelos Frieden. 1188 eroberte B. das Fsm. → Halyč für seinen Sohn, Hzg. Andreas, das aber schon 1190 wieder verlorenging. Um 1185 wurden die Einkünfte von B., anscheinend für seine neue Eheschließung, in einer Liste zusammengestellt; sie machten neben Naturalien 166000 Silbermark aus. 1186 heiratete B. Margarethe Capet, die Schwester von Philipp II. August, Kg. v. Frankreich, wodurch westl. Kultur verstärkt nach Ungarn gelangte. Das Herrscherpaar rief meist frz. Prämonstratenser und Zisterzienser ins Land, errichtete in Gran einen neuen Palast und eine Thomas Becket geweihte Stiftung. 1190 gründete B. die Propstei von Hermannstadt (Szeben, Sibiu) für die Siebenbürger Sachsen. Um 1181 organisierte B. die kgl. Kanzlei, förderte die Schriftlichkeit und stabilisierte die Rechtsverhältnisse in Ungarn und Kroatien. Unter B.'s Regierung verbreitete sich ritterl. Kultur im Land; 1192 ließ B. den »Ritterheiligen« Kg. Ladislaus I. kanonisieren.
G. Györffy

Lit.: Béla Magyar király emlékezete, hg. G.Forster, 1900, 1–358 – L.v.Fejérpataky, Die Urkk. Kg. B.s III. v. Ungarn (1172–1196), MIÖG, Erg. Bd. VI, 220–234 – Hóman I/2, 403ff. – G.Moravcsik, Pour une alliance Byzantino-Hongroise, Byzantion 8, 1933, 555–568 (= Studia Byzantina, 1967, 305–313) – Byzantium and the Magyars, 1970, 89–95.

4. B. IV., *Kg. v. Ungarn* 1235–70, * Nov. 1206, † 3. Mai 1270 auf der Haseninsel (Margareteninsel) bei Buda, ◻ Esztergom, Minoritenkirche; Eltern: Kg. Andreas II. und Gertrud v. Andechs-Meranien; ⚭ 1222 Maria Laskaris, Tochter des Ks.s v. Nikaia, Theodor. – 1214 zum »rex iunior« erhoben, wurde B. 1222 Hzg. v. »ganz Slawonien«, regierte seit 1226 Siebenbürgen und jenseits der Karpaten Kumanien und das Banat Severin. Sein Verhältnis zum leichtsinnigen Vater war oft gespannt; 1223 mußte er nach Österreich fliehen. Nach der Thronbesteigung setzte B. seine Bemühungen zur Wiederherstellung der kgl. Macht energisch fort. Dabei verärgerte er manche Magnaten durch die Zurücknahme der »ewigen Schenkungen« seines Vaters am Vorabend der mongol. Invasion, wovon er durch den nach Magna Hungaria entsandten ung. Dominikaner Julianus schon 1237 Kunde erhielt. Er nahm daher die fliehenden → Kumanen 1239 auf, die aber nach Ermordung ihres Fs.en Kuthen nach Bulgarien zogen. Ungarn erlag 1241/42 dem konzentr. Angriff von fünf mongol. Heeren; B. entkam der Verfolgung und begann nach dem plötzl. Abzug des Feindes sofort mit dem Wiederaufbau. Den Alptraum der Mongolengefahr wurde er nie mehr los. Er rief die kriegstüchtigen Kumanen zurück, gab dem Thronfolger Stephan eine Kumanenprinzessin zur Frau und verheiratete vier seiner sieben Töchter mit poln. Hzg.en und russ. Fs.en, um sein Kgr. für den Fall einer neuen Invasion zu sichern. Aufgrund seiner Erfahrungen änderte er auch seine innere Politik, förderte durch Schenkungen den Bau von Privatburgen, unterstützte die Entstehung befestigter Städte, u.a. der späteren Hauptstadt → Buda (Ofen). B. konnte nicht nur die von Hzg. Friedrich II. v. Österreich besetzten Gebiete 1242 zurückgewinnen und sich in → Dalmatien gegen → Venedig behaupten, sondern eroberte aus dem Babenberger-Erbe auch die

→ Steiermark, die 1254–60 von dem »rex iunior« Stephan regiert wurde. Der machthungrige Thronfolger erzwang 1262 mit Waffengewalt die Teilung des Kgr.es; B.s Versuch, ihn 1265 zugunsten seines jüngeren Sohnes Béla zu entthronen, scheiterte.
Th. v. Bogyay

Lit.: BLGS I, 174–176 – Th.v.Bogyay, Grundzüge der Gesch. Ungarns, 1977², 59–70 – E.Fügedi, Vár és társadalom a 13–14. századi Magyarországon, 1977, 18–32 – A.Kubinyi, Die Anfänge Ofens, 1972.

Belagerung → Kriegführung
Belagerungsgeschütz → Antwerk
Belagerungsmaschine → Steinbüchse, → Kriegführung
Belagines. Das Wort b. (vielleicht urspr. * bilageineis) wurde nach →Jordanes († nach 551) von den Goten gebraucht, um die [leges] »conscriptas« ihres Volkes zu bezeichnen. Wahrscheinl. ist folgende wörtl. Bedeutung anzunehmen: 'die auferlegten' [Gesetze]. Jordanes schreibt, daß Dicineus den Goten Gesetze gegeben habe: »naturaliter propriis legibus vivere fecit, quas usque nunc conscriptas belagines nuncupant« (Getica XI. 67ff.). Die Nachricht von dieser antiken got. Gesetzgebung hat keine reale Grundlage. Das Wirken des Dicineus betraf die Geten, trotzdem könnte sie Gültigkeit in bezug auf den Bericht des Jordanes über seine zeitgenöss. Landsleute haben: Sie verfügten offenbar über eine geschriebene Sammlung in der Muttersprache aufgezeichneter Gewohnheitsrechte ihres Volkes. (Diese These wird durch den mehrmaligen Hinweis auf ein ostgot. Recht in den »Variae« Cassiodors bekräftigt.) Jordanes' Erwähnung der b. könnte also ein weiterer Beleg für die wichtige kulturelle Funktion der Goten innerhalb der germ. Welt sein (→ Ostgoten; →Westgoten). Was Jordanes aber im einzelnen unter b. versteht, ist noch nicht mit letzter Sicherheit ausgedeutet.
A. Cavanna

Q.: Jordanis, Getica, XI, in MGH AA, V, 1, 74 – Lit.: Hoops² II, 205–207 – E.Besta, Fonti: Legislazione e scienza giuridica dalla caduta dell'Impero romano al secolo decimoquinto (Storia del diritto italiano, hg. P. Del Giudice, I, 1, 1923), 43 – R.Buchner (Wattenbach-Levison, Beih.: Die Rechtsquellen, 1953), 2 – G.Vismara, Rinvio a fonti di diritto penale ostrogoto nelle Variae di Cassiodoro, SDHI, 1956, 364–375 – Ders., Edictum Theoderici, IRMAE I, 2b, aa, α, 1967, 63–67 – M.Scovazzi, Le origini del diritto germanico (Scritti di Storia del diritto germanico I, 1975), 37.

Belaja Cerkov ('weiße Kirche'). Burg mit Kirche am Fluß Roś südl. Kiev, erwähnt zuerst in der Hypathios-Chronik zu 1155, wahrscheinl. v. →Jaroslav dem Weisen gegründet, seit 1363 von den → Litauern erobert, im 16.Jh. Besitz der Fürsten Ostrožskij. B. C. gehörte zum südwestl. Grenzsicherungssystem des Kiever Fürstentums.
M. Hellmann

Lit.: O.G.Pavlovskij, Minule i sučavne mista Biloi Cerkvi, 1957 – B.S.Butnik-Siverskij, O gorode Belaja Cerkov, Sovetskaja Archeologija, 1958, Nr. 2 – P.A.Trochimec–M.Ju.Brajčevskij, Archeologični sposterežennja Bilocerkivśkogo kraeznačogo muzeju, Ukrainskij istoričnyj žurnal, 1959, Nr. 2.

Belasica, Schlacht (1014) → Samuel, Reich des Zaren
Belcari, Feo (wahrscheinl. Deminutiv von Maffeo), * 1410 in Florenz als Sohn des Feo di Coppo, eines reichen florent. Bürgers, dessen Familie urspr. aus Siena stammte, † 1484 in Florenz, ◻ in S. Croce, Sakristei. B. erhielt eine sehr religiöse Erziehung, wahrscheinl. widmete er sich erst später den lit. Studien. Er gehörte zum Umkreis der Medici – wie auch die Widmungen einiger seiner Werke zeigen – und stand bes. der Mutter von Lorenzo il Magnifico, Lucrezia Tornabuoni, nahe. Er war Schreiber an der Basilika S. Lorenzo al Monte und verwaltete dort das Kapitelvermögen des Monte. Etwa 1435 vermählte er sich mit Angiolella, der Tochter des adligen Tommeso di Gherardo Piaciti, mit der er mehrere Kinder hatte, unter ihnen (Suor) Ursula, die in S. Brigida Nonne wurde. 1451 und 1458

gehörte er zu den Zwölf *Buoni Uomini.* Juli–August 1454 war er *Priore.* 1468 wurde er zum *Gonfaloniere delle Compagnie del Popolo* gewählt.

In der Chronologie seiner Werke nimmt die Schrift »Prato spirituale« (1445) den ersten bedeutenden Platz ein, es handelt sich dabei um eine Übersetzung der lat. Sammlung von Heiligenleben, die → Ambrosius Traversari nach einer griech. Vorlage zusammengestellt hatte. Zum gleichen Zweck der Belehrung und religiösen Erbauung scheint auch die berühmte »Vita del Beato Giovanni Colombini« (1449) verfaßt zu sein, die Giovanni di Cosimo de' Medici gewidmet ist und in die »klassischen« Texte eingereiht wurde, sowie die → Sacre rappresentazioni, die im populären epischen Metrum der → Cantari, der → Ottava rima, abgefaßt sind: »D'Abraam e d'Isaac suo figliolo« (1440, erste Aufführung 1449 in S. Maria Maddalena in Cestelli), »Di Santo Giovanni Battista quando ando' nel deserto« (vor 1470; Tommeso Benci fügte später weitere 16 Ottave an), »Dell'Annunciazione di Nostra Donna« (1471 in S. Felice in Piazza anläßl. des Besuches des Hzg.s Galeazzo Sforza in Florenz aufgeführt), »Di San Panuzio« (das B. nicht sicher zuzuschreiben ist), »Il di del Giudizio« (begonnen von Antonio di Meglio »l'Araldo«).

Ebenfalls religiös inspiriert und in volkstüml. Tonfall verfaßt sind seine »Laude«, die fast alle das Metrum der volkstüml. Ballata (→ Ballade) aufweisen; die »Rime« (die meist korrespondieren) sind poet. Texte von geringem Interesse. Von seinen moral. Briefen (»Lettere«) ist einer an seine Tochter, Suor Ursula, einer an einen Freund und ein dritter an Piero di Pippo von der Compagnia di San Ieronimo in Pistoia adressiert.

Unter den Werken unsicherer Zuschreibung ist eine »Vita di Frate Egidio« und die Übersetzung des »Trattato« und der »Detti« des → Jacopone da Todi. Ganz abzulehnen ist die im 19.Jh. vertretene Auffassung, daß B. u. a. der Verfasser der »Novella del grasso legnaiuolo« und der »Vita di Filippo Brunelleschi« sei. G. Busetto

Ed.: La vita del Beato Giovanni Colombini, ed. CHIARINI, 1914 – Lettere, ed. D. MORENI, 1825 – Prose di Feo Belcari edite e inedite sopra autografi e testi a penna, ed. O. GIGLI, 1843–45, 5 Bde – Laude spirituali, ed. G. GALLETTI, 1863 – Sacre rappresentazioni dei secc. XIV, XV e XVI, ed. A. D'ANCONA, 1872, 3 Bde – Laude drammatiche e rappresentazioni sacre, ed. V. DE BARTHOLOMAEIS, 1943 – Sacre rappresentazioni del Quattrocento, ed. L. BANFI, 1963 – Alcune laude inedite di Feo Belcari, ed. L. DELUCCHI, 1920 – Opere scelte, ed. P. CHERUBELLI, 1950 – Prosatori volgari del Quattrocento, ed. C. VARESE, 1955 – Sacre rappresentazioni fiorentine del Quattrocento, ed. G. PONTE, 1974 – *Lit.*: DLI I, 248–250 – DBI VII, 548–551 – A. TARTARO, La letteratura volgare in Toscana (La letteratura italiana, storia e testi, III, I, 1971), 269–276, 294.

Belchite, cofradía de, von Alfons I., Kg. v. Aragón, 1122 unter uns unbekannten Umständen gegr. Die Fraternität »in castro, quod dicitur Belchit« (sö. von Zaragoza) ist im Zusammenhang mit anderen Versuchen dieses Herrschers zu sehen, seit der Eroberung → Zaragozas durch die Christen (1118) den Heidenkampf im nordostspan. Raum intensiver mit heim. Milizen (aus Zaragoza, Monreal, Uncastillo) zu führen.

Erster »rector« der c. war der *señor* von Belchite, Galindo Sanz († 1125/26). Unter seinem Nachfolger López Sanz geriet die Miliz in die Wirren der hohen span. Politik, die durch den Tod Alfons I. (1134) hervorgerufen wurden.

Um zumindest teilweise seinen Einfluß auf Aragón aufrechtzuerhalten, bemühte sich Alfons VII., Kg. v. Kastilien-León, um die Einberufung eines Konzils; auf ihm sollte nicht nur das strittige Problem der Diözesanabgrenziehung, sondern auch die Erneuerung der c. behandelt werden. Am 4. Okt. 1136 entschied das Konzil in Burgos unter der Leitung des päpstl. Legaten, des Kardinaldiakons Guido, hinsichtl. der Wiederbelebung der c. im Sinne des Kastiliers, der als princeps, confrater und defensor das eigtl. Oberhaupt wurde. Die Leitung der Alltagsgeschäfte wurde dem »rector«, dem besagten López Sanz, überlassen. In Übereinstimmung mit den großen geistl. und weltl. Führern Kastiliens und Aragóns erhielt die c. den Auftrag, den chr. Glauben zu schützen und zu verbreiten und ständig gegen die Mauren »in Hyspania« Krieg zu führen, speziell aber im Umkreis des castrum de Belchite »vel in alio, quod confratribus placuerit, ultra Cesaraugustam«; der Abschluß eines Separatfriedens mit den Mauren wurde untersagt.

Auffällig ist die großzügige Privilegierung dieser aus Klerikern und Laien bestehenden Miliz, deren »rector« nur señor von Belchite war, und deren Mitglieder also wohl nicht nur aus dem Hochadel stammten.

Alfons VII. schenkte der restituierten confraternitas den größten Teil seiner dortigen Besitzungen und entband sie von der Lehnsverpflichtung gegenüber der kast. Krone; er verzichtete zugunsten der Miliz auf den ihm zustehenden fünften Teil der Beute, übertrug ihr Besitzrechte über die »civitates, castella, villae« der eroberten Gebiete und konzedierte zwei im Dienste der c. stehenden Kaufleuten steuerl. Erleichterungen; außerdem garantierte er ihr eigene Gerichtsbarkeit und bedrohte Angriffe gegen die Brüder und deren Hab und Gut mit Strafe. – Über die weitere Entwicklung der c. ist nichts bekannt. B. Schwenk

Lit.: P. RASSOW, La c. de B., AHDE 3, 1926, 200–207 – A. UBIETO ARTETA, La creación de la cofradía militar de Belchite, Estudios de Edad Media de la Corona de Aragón 5, 1952, 427–434 – O. ENGELS, Papsttum, Reconquista und span. Landeskonzil, AHC 1, 1969, 37–49, 241–287.

Beldemandis (Beldemando, Beldimando, Beldomandi), Prosdocimus de, * um 1380 Padua, † 1428 ebd., Professor der Mathematik und Astronomie, Musiktheoretiker. Er verfaßte math. und astronom. Schriften sowie acht z. T. wichtige musiktheoret. Traktate. Neben Kompilationen (aus Johannes de Muris, Boethius) und referierenden Darstellungen (über cantus planus) sind jene Schriften bedeutsam, in denen er, für Modernes aufgeschlossen, die Dissonanzbehandlung im Kontrapunkt erörtert und die neue it. Mensuralnotation darlegt, die er gegen die frz. Notationsweise verteidigt. In seinem Monochordtraktat teilt er die Oktave in 17 chromat. Stufen.

H. Leuchtmann

Q. und Ed.: Expositiones tractatus practice cantus mensurabilis mag. J. de Muris compilatae, 1404, ungedr. (Bologna) – Tractatus practice cantus mensurabilis, 1408 (Padua, Lucca), COUSSEMAKER III, 200–228 – Brevis summula proportionum musicae applicabilium ex dictis antiquorum doctorum extensa, 1409 (dies und alle folgenden in Bologna), COUSSEMAKER III, 258–261 – Contrapunctus, 1412 (Padua, Einsiedeln, Vaticana, Lucca), COUSSEMAKER III, 193–199 (dt. Übers. R. SCHLECHT, Monatsh. für Musikgesch. IX, 1877, 79ff.) – Tractatus practice cantus mensurabilis ad modum Italicorum, 1412 (Padua, Lucca), COUSSEMAKER III, 228–248 – Tractatus musicae planae, 1412 (Padua, Lucca); Tractatus de modo monochordum dividendi, 1413 (Einsiedeln, Lucca), COUSSEMAKER III, 248–258 (dt. Übers. R. SCHLECHT, Monatsh. für Musikgesch. IX, 1877) – Opusculum contra theoricam partem sive speculativam Lucidarii Marchetti Patavini, 1425 (Padua, Vaticana, Lucca), hg. D. R. BARALLI, L. TORRI, Rivista musicale italiana XX, 1913, 731–762 – *Lit.*: EITNER-GROVE's Dictionary of Music and Musicians, s. v. – MGG – RIEMANN – J. N. FORKEL, Allg. Gesch. der Musik II, 1801, 434 – A. W. AMBROS, Gesch. der Musik II, 1891², 399 – J. WOLF, Gesch. der Mensuralnotation von 1250 bis 1460, T. I, 1904, 93ff. – J. WOLF, Hdb. der Notationskunde I, 1913 – H. RIEMANN, Gesch. der Musiktheorie im 9.–19.Jh., 1920², 275ff. – C. SARTORI, La notazione italiana del trecento in una redazione inedita del 'Tractatus practice cantus mensurabilis ad modum Italicorum' di P. d. B., AR XX, 1936, 449ff. – G. REESE, Music in the MA, 1940,

339 ff. - W. APEL, The notation of polyphonic music 900-1600, 1942, 1945³, 145, 182 - B. STELLFELD, P. d. B. als Erneuerer der Musikbetrachtung um 1400, Natalicia musicologica (Fschr. KN. JEPPESEN, 1962) - F. A. GALLO, La tradizione dei trattati mus. di P. De B., Quadrivium VI, 1964.

Beleidigung
I. Römisches und gemeines Recht - II. Deutsches Recht.

I. RÖMISCHES UND GEMEINES RECHT: B. im Sinne der Verletzung der Ehre eines andern fällt nach röm. und gemeinem Recht (vgl. D. 47, 10; Inst. 4, 4; C. 9, 35) unter den Tatbestand der iniuria, der bewußten Mißachtung fremder Persönlichkeit. Diese richtet sich nach einer schon frühklass. Einteilung (D. 47, 10, 1, 2) gegen den Körper, die Rechtsstellung (dignitas) oder den guten Ruf (fama) des Opfers. Iniuria umfaßt daher v. a.: Körperverletzung sowie Mißhandlung durch Schlagen und Stoßen; Mißachtung durch Nichtanerkennung des Standes und damit verbundener Rechte z. B. durch Einsperren, Wegweisen von einem Ehrenplatz, bei einem Hausvater auch durch Angriffe auf Familienangehörige und Diener, durch Behinderung des freien Eigentumsgebrauchs, Sachbeschädigung und Hausfriedensbruch sowie Mißachtung der Frauenwürde durch Wegführung des Begleiters (abductio comitis), ma. vereinzelt auch durch Ehebruch des Mannes; Angriffe auf den guten Ruf durch Schmähkonzert (convicium) und Abfassung oder Verbreitung einer Schmähschrift (libellus famosus), durch Verleumdung und Kreditschädigung - auch durch wissentl. falsche Anklage und schikanöses Prozessieren (→ calumnia) - sowie Ansprechen und Belästigen ehrbarer Frauen und Jugendlicher (appellare, adsectare, pudicitiam adtemptare).

Der Verletzte kann nach justinian. und gemeinem Recht entweder eine Bußklage, die actio iniuriarum, oder Anklage (accusatio) erheben (Inst. 4, 4, 10). Die actio iniuriarum führt zur Verurteilung des Schuldigen zu einer an den Kläger zu zahlenden Geldbuße (poena, → Buße), deren Höhe das Gericht auf Grund eidl. Schätzung des Klägers nach billigem Ermessen festsetzt. Bei Verurteilung auf Anklage hin liegt die Strafe ganz im Ermessen des Gerichts (poena extraordinaria); neben Geldstrafe, die dem fiscus zufällt (vgl. Accursius, gl. ad Inst. 4, 4, 10 Extraordinaria), kommen v. a. Stockhiebe oder Auspeitschung in Betracht (D. 47, 10, 45; Gratian C. 5 q. 1 c. 1). Öffentl. Anklage durch jedermann ist nur wegen libellus famosus vorgesehen, das für diesen Fall angedrohte → Kapitalstrafe (C. 9, 36, 2 = Gratian C. 5 q. 1 c. 3) scheint im MA nicht gebräuchl. gewesen zu sein. P. Weimar

Lit.: TH. MOMMSEN, Röm. Strafrecht, 1899, 784-808 - G. DAHM, Das Strafrecht Italiens im ausgehenden MA, 1931, 370-402.

II. DEUTSCHES RECHT: Erst seit dem Preuß. Allg. Landrecht v. J. 1794 (II 20 § 538 ff.: »Von Beleidigungen der Ehre«) ist der moderne Begriff der B. verbreitet. Davor herrschte im Gemeinen Recht der Begriff der Injurie, zu dem i. e. S. Verbal-, Realinjurie sowie libellum famosum gehörten, der i. w. S. jedoch jeden, keinen anderen Deliktstyp erfüllenden Angriff auf die Person bis hin zum Vertragsbruch umfaßte. Als früheste Rechtsquelle enthält c. 30 Pactus Legis Salicae (ca. 507) Bußtaxen sowohl für bestimmte Formalbeleidigungen wie auch für falsche Anschuldigung, den Ausgangsfall der heutigen Verleumdung, der eng mit dem Prozeß und der Erscheinung der Rechtskraft zusammenhängt: Die erfolglose Klage stellte sich als B. dar, für die nicht selten dieselbe Strafe verhängt wurde, die andernfalls den Beklagten getroffen hätte. Rechtsquellen des späten MA kennen eine Fülle von Ausdrücken für Verbalinjurie, von denen »Scheltworte« am verbreitetsten ist; unterschieden wird die B. ins Gesicht von derjenigen hinter dem Rücken. Daß es bei der Bußfolge blieb, peinliche Bestrafung von B. nicht üblich wurde, dürfte auf die Rezeption der actio iniuriarum zurückzuführen sein. Unter ihrem Einfluß verloren sich jedoch zum Teil die festen Bußsätze und konnten die Strafklageforderungen, so im Ingelheimer Recht, ins Maßlose steigen. Selbständig bildete das ma. Recht Folgen wie Steinetragen sowie Widerruf und Ehrenerklärung aus, die ebenfalls als Ehrenstrafen verstanden wurden. Weil bürgerl. zu strafen, wird die B. weder von den territorialen Halsgerichtsordnungen des 15. Jh. noch von Ks. Karls V. Peinlicher Gerichtsordnung v. J. 1532 erfaßt, mit Ausnahme der Anschuldigung mittels anonymer Schmähschrift, was nach Art. 110 mit der spiegelnden Strafe und selbst bei Gelingen des Wahrheitsbeweises arbiträr bestraft werden soll. H. Holzhauer

Lit.: R. HIS, Das Strafrecht des dt. MA II, 1935, § 33 - E. KAUFMANN, ZRGGermAbt 78, 1961, 93 ff.

Beleknegini, slav. Beiname ('schöne Fürstin') für die Gemahlin → Gezas, Sarolta, Tochter des ung. Fs.en → Gyula und Mutter Kg. Stephans I.; in der älteren poln. Forschung wird der Name meist auf → Adelaida, Schwester oder Tochter Mieszkos I. bezogen. H. Ludat

Q. und Lit.: SłowStarSłow I, 101 [A. CZADOWSKA]; V, 413 [G. LABUDA] - O. BALZER, Genealogia Piastów, 1895, 29-34 [Q.] - R. GODECKI, PSB I, 1935, 28.

Belemnit (von gr. βέλεμνον 'Geschoß'), innere feste Teile heute ausgestorbener Sepien, die in Jura- und Kreideformationen vorkommen. Die walzenförmig-schlanken, spitz zulaufenden Kegel sind fingerähnlich oder zusammengedrückt und bis zu 60 cm lang. Im gewiß ins MA zurückreichenden Volksglauben galten die B.en als unter Blitz und Donner vom Himmel geschleudert, woher sich ihre Bezeichnung Donnerkeil ebenso herleitet wie die ihnen zugeschriebene Macht, vor Gewitter zu schützen. Weitere volkstüml. Namen sind Teufelsfinger oder Fingerstein. B.en galten als Amulette gegen stechende Schmerzen und als Phallussymbole gegen Geschlechtskrankheiten und Sterilität. Vom B. abgeschabtes Pulver wurde in die Mahlzeiten Kranker gemischt oder zur Behandlung von Wunden verwendet (volksmed.: Dactylus marinus). Ein gefundener B. galt als Glücksbringer. N. Gockerell

Beleuchtung. [1] *Beleuchtungsformen*: Die B. des Innenraumes erfolgte am Tag durch Türe, Fensteröffnungen (→ Fenster) oder Rauchluke. Einfache Formen künstl. B. (offenes Herdfeuer, Kienspan, verschiedene Fackelarten) sind während des gesamten MA verbreitet, beschränken sich allerdings im SpätMA v. a. nur mehr auf den ländl. Bereich, ärmere bürgerl. Haushalte, Werkstätten, etc. Die eigtl. Ausbildung eines gehobeneren Beleuchtungswesens vollzieht sich bes. im kirchl.-klösterl. Milieu. Schon in der Regula Benedicti wird die dauernde B. der Schlafräume vorgeschrieben. Während sich jedoch im mediterranen Raum ohne Unterbrechung die Tradition des röm. Beleuchtungswesens fortsetzt und zu reicher Ausformung gelangt, ist im Gebiet n. der Alpen die entscheidende Entwicklung erst im HochMA zu erkennen. Es kommt zu qualitativ und quantitativ aufwendiger Kirchenbeleuchtung (Wachskerze, Öllicht) und zur Entwicklung teurer und repräsentativer Lichtträger (z. B. Armleuchter; → Leuchter; → Lampe). Widerspruch finden solche Tendenzen z. B. bei Bernhard v. Clairvaux, der sich gegen die übermäßige und prächtige Ausgestaltung der Altarbeleuchtung wendet. Dies schlägt sich in den ersten Zisterzienserstatuten nieder, welche die B. von Kirche und Kloster auf ein Minimum reduzieren. Im Zeitraum des HochMA setzen sich auch im höf.-adligen Bereich aufwendigere Methoden der B. verstärkt durch; ähnliche Tendenzen zeigen sich im Bürgertum des SpätMA. Dies gilt v. a. für kostbare Lichtträger (Edelmetall; Glas) und den Gebrauch der Wachskerze (→ Kerze), die allerdings den Weg in den bürgerl. Privathaushalt auch am Ende des MA erst sehr zögernd findet. Weite Verbreitung läßt sich dagegen für die billigere Talgkerze nachweisen. Talg genießt auch als Beleuchtungsmittel der mit tier. oder pflanzl. Fetten gespeisten Lampen bes. n. der Alpen den Vorrang; die Verwendung des aus dem mediterranen Raum importierten Lichtöls konzentriert sich auf den sakralen Bereich. Zwar ändert sich die Situation im SpätMA durch die Fähigkeit, pflanzl. Öle auch nördl. der Alpen herzustellen (Rübenöl, Mohnöl, Leinöl, Bucheckernöl, etc.), jedoch steht deren Verbreitung als Beleuchtungsmittel gegenüber Talg weiter zurück. Der Gebrauch von Tranlampen (Niederlande, N-Europa, Niederdeutschland), Schmalzlicht (Alpenländer) oder Binsenlicht (v. a. England) bleibt eher regional beschränkt.

Straßenbeleuchtung ist im MA überwiegend unbekannt. Ansätze dazu finden sich v. a. in it. Städten des 14. und 15. Jh. sowie in Großstädten Westeuropas (London, Paris 15. Jh.). Mitunter wird Straßenbeleuchtung in Not- bzw. Ausnahmesituationen (Feuer, Aufruhr) verordnet (z. B. Hildesheim, Nürnberg 15. Jh.). Grundsätzl. bedient man sich beim Betreten nächtl. Straßen jedoch mobiler Lichtträger (Laterne, Fackel), deren Verwendung in zahlreichen städt. Ordnungen vorgeschrieben wird. G. Jaritz

[2] *Raumgestaltung in der Kunst:* Die B. hat bes. Bedeutung für die Wirkung von Architektur und Plastik, die durch das Licht die Struktur ines Körpers und das Relief ihrer Flächen dem Auge erkennbar machen und durch die Schattenwirkung betonen und verändern können. Das Brechen des Lichtes durch die got. farbigen Fenster als selbstleuchtende Wände ist eines der bestimmenden Phänomene der got. → Baukunst. Bes. im späteren 12. Jh. kommt eine komplizierte → Lichtsymbolik auf. G. Binding

Lit.: zu [1]: RDK I, 1088–1105 – KL I, 442–450 – HOOPS² II, 207–210 – H. R. D'ALLEMAGNE, Hist. du Luminaire, 1891 – O. V. ZINGERLE, Über alte Beleuchtungsmittel, ZVVK 9, 1899, 55–58 – M. HEYNE, Fünf Bücher dt. Hausaltertümer I, 1899 – L. BENESCH, Das Beleuchungswesen vom MA bis zur Mitte des XIX. Jh., 1905 – H. R. D'ALLEMAGNE, Les accessoires du costume et du mobilier I, 1928 [Neudr. 1970], 162–185 – G. HENRIOT, Encyclopédie du Luminaire, 2 Bde, 1933/34 – G. JANNEAU, Le Luminaire de l'antiquité au XIXᵉ s., 1934 – W. T. O'DEA, The Social Hist. of Lighting, 1958 – S. WECHSSLER-KÜMMEL, Schöne Lampen, Leuchter und Laternen, 1962 – K. JARMUTH, Lichter leuchten im Abendland, 1967 – R. BÜLL, Das große Buch vom Wachs, 2, Beitr. 8/I, 1977 – zu [2]: W. SCHÖNE, Über den Beitr. von Licht und Farbe zur Raumgestaltung im Kirchenbau des alten Abendlandes (Evangel. Kirchenbautagung, 1959, hg. W. HEGER, 1961), 89–154 – O. V. SIMSON, Die got. Kathedrale, 1972 [Lit.].

Belev, seit Ende des 14. bis zur Mitte des 16. Jh. Fürstensitz einer der zahlreichen Zweige der Černigov-Linie der → Rjurikiden, von B. Belevskij (pl. Belevskie) genannt. B. an der Oka und Beleva gehörten zu den zahlreichen kleinen Fsm.ern der oberen Oka, den sog. *Verchovskie*, welche sich infolge von Erbteilungen stets vermehrten. Die polit. Einflüsse wechselten in diesem durch Tatareneinfälle bedrohten Übergangsgebiet zw. den Gfsm.ern → Litauen und → Moskau. Die Fs.en v. B. erkannten zwar bis 1490 zumeist die Oberhoheit des litauischen Gfs.en an; unbehindert traten sie aber ztw. mitsamt ihrer Hausgüter in die Dienste der Gfs.en v. Moskau. Diese waren in dieser Periode bereit, den Fs.en v. B. und anderen Fs.en an der oberen Oka das Recht des gleichzeitigen »Stehens auf beiden Seiten« einzuräumen. Doch wurden die Fs.en v. B. mit der Anerkennung der Moskauer Oberhoheit (um 1490) zu Mitgliedern des Dienstadels. Kurz nach 1540 wurde das Fsm. B. abgeschafft. – Die öfter vorgetragene Annahme einer aruss. Burg B. ist irrig. Die angebl. chronikal. Erwähnung zu 1147 (PSRL 2², 342) bezieht sich nicht auf B., sondern auf Bleve (Variante: Blove), Genetiv von Oblov', gut bezeugte aruss. Ortschaft. Ebensowenig haben archäolog. Forschungen eine Burg nachgewiesen. – Am 5. Dez. 1437 brachten die Mongolen unter Ul-Meḥmed dem Moskauer Heer bei B. eine schwere Niederlage bei. A. Poppe

Lit.: M. LJUBAVSKIJ, Oblastnoje delenie i mestnoje upravlenie Litovskorusskogo gosudarstva, 1893, 47–51; 217 – S. M. KUCZYŃSKI, Ziemie Czernihowsko-siewierskie pod rządami Litwy, 1936 [Reg.] – O. BACKUS, Motives of West Russian nobles in deserting Lithuania for Moscow 1377–1514, 1957 [Reg.].

Belfried (ahd. *berg-frithu*, lat. berfredus, frz. *beffroi*, ndl. *belfort*). Der B., der als ein Symbol der Freiheit einer Gemeinde betrachtet werden kann, ist ein vierseitiges, turmartiges Gebäude, das frei steht oder mit einer → Halle verbunden ist und am zentralen → Marktplatz der Stadt liegt. B.e sind charakterist. für Flandern und die umliegenden Gebiete (Hennegau, Artesien, Picardien und – in geringerem Umfang – Brabant). Im B. versammelten sich die Schöffen, befand sich das Archiv, hingen auch die für die Einteilung der Arbeitszeit wichtigen Stadtglocken; von ihm aus bewachten die Turmwächter die Stadt. Die Halle beherbergte manchmal auch die städt. Verwaltung, deren Sitz seit dem 14. Jh. jedoch in die neuen Rathäuser verlegt wurde. – Die wichtigsten B.e im 13. Jh.: Tournai, Ypern, Brügge, Kortrijk, Bailleul, Boulogne, Amiens, Abbeville, St-Riquier; im 14. Jh.: Gent, Nieuwpoort, Dendermonde, Lier, Sluis, Bergues-St. Winnoc, Béthune, Douai; im 15. Jh.: Aalst, Arras, Calais, Comines, Rue. L. Devliegher

Lit.: M. BATTARD, Beffrois, Halles, Hôtels de Ville dans le Nord de la France et la Belgique, 1948 – A. VAN DE WALLE, Het bouwbedrijf in de Lage Landen tijdens de Middeleeuwen, 1959.

Belgica, unter Augustus eingerichtete röm. Prov. im n. → Gallien, nach den Belgae, einer kelt. (anders Plin. nat. 4, 105) Stammesgruppe, ben. Sie umfaßte zunächst das Gebiet zw. Rhein, Seine und Nordsee; unter Domitian wurden davon die beiden germ. Prov. abgetrennt. Das bes. durch seine Eisenverhüttung wichtige Gebiet wies ein dichtes Netz von Villenanlagen auf. Seit der Eingliederung in das Imperium Romanum zeigte sich ein anhaltender Bevölkerungsschwund, der auch durch das Eindringen oder die planmäßige Ansiedlung Fremdstämmiger während der gesamten Kaiserzeit nicht ausgeglichen werden konnte. Nach der Aufgliederung in B. I (Hauptort → Trier) und II (→ Reims) war im 4. Jh. nur noch eine Linie Köln–Boulogne zu halten; in die entvölkerten Gebiete drangen in der Folgezeit frk. Gruppen ein, die im 5. Jh. Formen eigener Staatlichkeit entwickelten. B. II, bis zum Ende des → Syagrius (486) röm. Gebiet, vermochte seinen röm. Charakter stärker als das übrige n. Gallien zu wahren. G. Wirth

Lit.: KL. PAULY I, 853f. – A. HOLDER, Alt-celt. Sprachschatz I, 1925, 374–383 – F. VERCAUTEREN, Étude sur les civitates de la Belgique II, 1934 – R. DE MAEYER, De Romeinse Villa's in België, 1937 – H. NESSELHAUF, Die spätröm. Verwaltung der gall.-germ. Länder, 1938 – F. PETRI, Zum Stand der Diskussion über die frk. Landnahme und die Entstehung der germ.-roman. Sprachgrenze, 1953 – R. HACHMANN-G. KOSSACK-H. KUHN, Völker zw. Germanen und Kelten, 1962 – A. VAN DOORSELAER, Les necropoles de l'époque romaine en Gaule septentrionale, 1967 – S. J. DE LAET-A. VAN DOORSELAER, Lokale ijzerwinning in Westelijk België in de Romeinse tijd, 1969 – A. WANKENNE, La Belgique à l'époque romaine, 1972 – M.-TH. RAEPSAET-CHARLIER-G. RAEPSAET, Gallia B. et Germania Inferior. Vingt-cinq années de recherches historiques et archéologiques, Aufstieg und Niedergang der röm. Welt II, 4, 1975, 3–299 – A. DEMAN, Germania Inferior et Gallia B. État actuel de la documentation épigraphique, ebd. 300–319 – F. PETRI, Die frk. Landnahme und die Entstehung der germ. roman. Sprachgrenze in der interdisziplinären Diskussion, 1977.

Belgorod, aruss. Burg, 11 km sw. v. → Kiev, am Ende des 10. Jh. von Vladimir I. erbaut. Die archäolog. gut erforschte doppelte Festungs- und Stadtanlage (70 ha, davon 12 ha fsl. Pfalz) von ungewöhnl. rechteckiger Form mit mächtigem, über 2 km langem Wall aus Erde, Rohziegel und Holz wurde zur fsl. und bfl. Residenz und schützte die Hauptstadt der Rus' gegen die Steppennomaden (→ Pečenegen, → Kumanen). B. spielte auch eine wichtige Rolle im 12. Jh. während der Kämpfe um das Kiever Fsm. Im Zuge der wirtschaftl. Entwicklung gewann dieses wichtige Verteidigungs- und Verwaltungszentrum, in dem sich etwa 7–9000 Einw. ansiedelten, allmählich städt. Züge. Der Mongoleneinfall um 1240 machte B. zur Wüstung.

A. Poppe

Lit.: P. RAPPOPORT, Očerki po istorii russkogo voennogo zodčestva X–XIII vv., 1956, 73–82 – M. TICHOMIROV, Drevnerusskie goroda, 1956, 298–300 – A. KIRPIČNIKOV, K istorii drevnego Belgoroda, KSIA 73, 1959, 21–32 – G. MEZENCEVA, Pro topografiju starodavnego Bilgoroda, Ukrainskyi Istoryčnyi Žurnal, 1968, Nr. 8, 114–117 – A. POPPE, L'organisation diocésaine de la Russie aux XIe–XIIe s., Byzantion 40, 1970, 172–174 – G. MEZENCEVA, O nekotoryh osobennostjach planirovki drevnego Belgoroda (Kultura sredekovoj Rusi, 1976), 38–40.

Belgrad (serbokroat. Beograd), Stadt an der Einmündung der Save in die Donau an der Hauptverkehrsstraße zw. Mitteleuropa, Byzanz und Nahem Osten, heute Hauptstadt von Jugoslavien und Serbien. Gegen Ende des 1. Jh. n. Chr. Eroberung ihres Vorläufers, des kelt. Singidunum, durch die Römer und Einverleibung in die Prov. Moesia Superior. Vom 2.–4. Jh. war Singidunum Sitz der Legio Flavia IV und wichtige Festung im System des Donaulimes. Im 4. Jh. Bistum.

Während der Völkerwanderung im 5.–6. Jh. wurde Singidunum von Hunnen (441–442), Sarmaten und Ostgoten angegriffen, während Gepiden und Heruler bis in die umliegenden Städte vorstießen. Wiederaufbau der Stadt unter Ks. Justinian I., im 6. Jh. Avarenangriff. Die byz. Herrschaft bestand bis zum Anfang des 7. Jh. Unter Ks. Herakleios erfolgte die Eroberung durch die Slaven; nach Konstantin VII. Porphyrogennetos haben sich auch um B. Serben angesiedelt. Anstelle des röm. Castrum entwickelte sich eine ma. Festung, die den Namen Belgrad erhielt (bei Konstantin VII. Βελέγραδα 'weiße Stadt'); im 9. Jh. Bischofssitz, im 9. und 10. Jh. unter bulg. Herrschaft. Durch die Eroberungszüge von Ks. Basileios II. kam B. zu Anfang des 11. Jh. erneut unter byz. Herrschaft und wurde dem Ebm. → Ochrid angegliedert. Bis zum Ende des 12. Jh. war B. die wichtigste byz. Festung an der Grenze zu Ungarn, dessen Eroberungspolitik sich seit der 2. Hälfte des 11. Jh. nach S richtete. 1071–72 erfolgte eine vorübergehende Besetzung durch die Ungarn. Erwähnung des byz. Dux Niketas in der 2. Hälfte des 11. Jh. 1127 Eroberung und Zerstörung B.s durch das ung. Heer. Die Gegenoffensive Ks. Johannes II. Komnenos richtete die byz. Macht wieder auf. Im ung.-byz. Krieg von 1150 kam Ks. Manuel I. Komnenos persönl. nach B. (1151). Anschließend erfolgte eine byz. Offensive gegen das Sirmium-Gebiet. Manuel setzte einen Verwandten, den künftigen Ks. Andronikos Komnenos, als Dux im Grenzgebiet ein, zu dem B., Braničevo und Niš gehörten. Er wurde abgesetzt, als seine Verhandlungen mit dem ung. Kg. Géza II. und Friedrich I. Barbarossa offenkundig wurden. Der neue ung. Angriff auf Braničevo 1154 wurde durch eine Offensive von Manuel Komnenos aufgehalten, doch erlitt eine Abteilung des byz. Heeres bei B. eine Niederlage. Darauf brach in B. ein Aufstand gegen die byz. Herrschaft aus, der aber durch das energ. Vorgehen von Johannes Kantakuzenos rasch niedergeschlagen wurde. In den 60er Jahren des 12. Jh. weilte Manuel I. Komnenos mehrmals in B. Damals wurde ein Teil der Wälle und Türme wiederhergestellt bzw. neu errichtet. Ungarn eroberte B. 1183, doch unter Isaak II. Angelos, der sich 1190 in B. aufhielt, wurde die Stadt dem Byz. Reich zurückgewonnen. Mit kurzen Unterbrechungen stand B. im 13. Jh. unter ung. Herrschaft. – B. wurde von zahlreichen Kreuzzugsheeren und einzelnen Pilgergruppen berührt, die den Landweg über Ungarn nach Konstantinopel nahmen. Durch B. zogen z. B. die Teilnehmer des 1., 2. und 3. Kreuzzugs, darunter Ludwig VII., Konrad III. (1147), Friedrich I. Barbarossa (1189) u. a.

Unter serb. Herrschaft kam B. 1284, als Kg. Stefan Dragutin nach seinem Verzicht auf den serbischen Thron die Stadt vom ungarischen Kg. erhielt. Im Krieg mit Ungarn 1319 verlor er das Land. Kg. Stefan Milutin B. und sein Umland, das er nach Dragutins Tod besetzt hatte. Anfang des 15. Jh. wurde B., das Stefan Lazarević durch einen Vertrag (Ende 1403/Anfang 1404) von Siegmund, Kg. v. Ungarn, als Vasall erhalten hatte, serb. Hauptstadt. Es folgte eine Zeit wirtschaftl. und kulturellen Aufschwungs. Der serb. Despot Stefan Lazarević baute B. mit großem Aufwand aus. Es erfolgte eine Teilung in die sog. Ober- und Unterstadt. In der Oberstadt lag die befestigte Burg des Herrschers. Auf der Festlandseite wurde B. durch hohe Wälle mit zahlreichen Wehrtürmen gesichert, an der Donau entstand ein befestigter Hafen. U. a. wurde damals auch die Metropolitankirche erneuert. Nach dem Tod des Despoten Stefan Lazarević wurde B. von den Ungarn wieder in Besitz genommen (1427). Die strateg. Bedeutung B.s wuchs infolge der türk. Eroberungen in Serbien. Sultan Murat II. führte persönl. die große Belagerung B.s 1440 an, doch ohne Erfolg. Einen ähnlichen Versuch unternahm Meḥmed II. d. Eroberer 1456. Er wurde in den Kämpfen verwundet und geschlagen. Erst 1521 nahmen die Türken B. endgültig ein.

J. Kalić

Lit.: KL. PAULY V, 207 – RE III A, 234f. – F. BARIŠIĆ, Vizantiski Singidunum, ZRVI 3, 1955, 1–13 – M. MIRKOVIĆ, Rimski Singidunum u svetlosti epigrafskih izvora, Zbornik Filozofskog fakulteta V–1, 1960, 325–353 – J. KALIĆ, Prilog istoriji Beogradske banovine, Zbornik Filozofskog fakulteta VIII–1, 1964, 533–541 – J. KALIĆ, Beograd u srednjem veku, 1967 – M. MIRKOVIĆ, Rimski gradovi na Dunavu u Gornjoj Meziji, 1968 – J. KALIĆ, Opis Beograda u XV veku, Zbornik Filozofskog fakulteta XII–1, 1974, 443–453 – M. MIRKOVIĆ–S. DUŠANIĆ, Inscriptions de la Mésie Supérieure, I: Singidunum et le Nord-Ouest de la province, 1976 – J. KALIĆ, Srbija i Beograd početkom XV veka, Godišnjak grada Beograda 25, 1978, 97–105.

Belial. Der 1382 von dem it. Kanoniker Bf. Jacobus de Theramo (1350/51–1417) verfaßte lat. »Processus Luciferi contra Ihesum coram iudice Salomone« (»Litigatio Christi cum Belial sive consolatio peccatorum«) wurde Anfang 15. Jh. in die Volkssprachen übersetzt und war v. a. in seiner dt. Fassung weit verbreitet (70 Hss., 21 Drucke). Der Text wendet die stärker theol. Tradition der → Satansprozesse (z. B. des Bartolus de Saxoferrato) deutl. ins Rechtspragmat. eines »ordo judiciarius«: Am Beispielfall einer Klage der → Teufel (Belial als Prokurator der Hölle) gegen die Befreiung der Gerechten des Alten Bundes im Descensus Christi werden in einem Prozeß in zwei Instanzen (Salomon bzw. Joseph v. Ägypten als »iudex delegatus«, Moses als Prokurator Christi) und einem abschließenden Schiedsverfahren (Isaia, Jeremias, Aristoteles, Oktavian als Schiedsleute) die Institute und Instrumente des kanon. Prozesses paradigmat. vorgeführt, alle Verfahrensschritte mit Verweisen auf die → Dekretalen belegt. Ist einerseits durch die Kategorie des Rechts die Verbindlichkeit der Erlösung hic et nunc garantiert, so verweisen umgekehrt die im Heilsgeschehen (Jurifizierung der ma. Soteriologie, etwa bei → Anselm v. Canterbury) bereits angelegten Rechtsprinzipien auf die Gültigkeit des kanon. Prozeßverfahrens.

– Während die lat. Fassung eher gelehrt-kanonist. Umkreis zuzuordnen ist, steht die volkssprachl. Version in einem Gebrauch durch Laien: Überlieferung (und Illustration der Hss.) legt die Rezeption des Werks als Vermittlungsinstanz des röm.-kanon. Formalrechts in Kreisen »halbgelehrter« Rechtspraktiker (Notare und Prokuratoren) nahe. In vollends didakt.-jurist. Zusammenhang wird das Deutungspotential des Textes durch seine Verarbeitung in Jakob Ayrers »Historischem Processus Iuris« und Ulrich Tenglers »Layenspiegel« eingebunden. N. H. Ott

Ed.: Deutsche Version: P. B. SALMON, 1950 [masch.] – Lit.: R. STINZING, Gesch. der populären Lit. des röm.-kanon. Rechts in Dtl., 1867 – A. A. MARX, Zur Prosakunst des dt. Belial [Diss. masch. 1924] – K. BURDACH, Der Dichter des Ackermann aus Böhmen und seine Zeit (Vom MA zur Reformation III, 2, 1926-32), 460-511 – H.-R. HAGEMANN, Der Processus Belial, 1960, 55-83 (Basler Stud. zur Rechtswiss. 55) – B. WEINMAYER, Stud. zur Gebrauchssituation früher dt. Druckprosa. Eine Analyse von zwanzig Vorreden in Augsburger Inkunabeln [Diss. masch. 1976] 84-96 [erscheint MTU, 1981] – N. H. OTT, Rechtspraxis und Heilsgesch. als Rezeptionsangebote der »Litigatio Christi cum B. sive consolatio peccatorum« des Jacobus de Theramo. Überlieferung, Ikonographie, Gebrauchssituation [Diss. masch. 1978; ersch. MTU, 1981].

Belisar, der bedeutendste Feldherr unter Ks. Justinian I., * ca. 505 in Germania bei Sofia, † 565 in Konstantinopel, ∞ mit der durch ihre Freundschaft mit der Ksn. → Theodora einflußreichen Antonina. Hauptquellen sind die wesentl. zu B.s Ruhm geschriebenen Werke → Prokops, der ihn 527-540 auf seinen Feldzügen begleitete. Als magister militum Orientis erfocht B. 530 bei Dara einen glänzenden Sieg über die Perser. 532 war er an der blutigen Niederringung des → Nika-Aufstandes beteiligt. 533-534 zerschlug er das Reich der → Vandalen in N-Afrika und konnte daraufhin einen prächtigen Triumph feiern. 535 bis 540 führte er mit wechselndem Erfolg (537/538 in Rom eingeschlossen) den Krieg gegen die → Ostgoten in Italien, wobei die aus eigenen Mitteln finanzierte Leibgarde der → bucellarii den Kern der Armee bildete. 540 zurückberufen, kämpfte er 541 wenig erfolgreich erneut in Mesopotamien, fiel 542 in Ungnade, wurde 544-548 jedoch wieder mit dem Krieg gegen die Ostgoten in Italien betraut, bis er wegen des Mißtrauens Justinians abgelöst und später durch → Narses ersetzt wurde. – Nur wenige Spuren des hist. B. finden sich im spätbyz. sog. Belisarlied. K. Belke

Lit.: RE III, 209-240 – Kl. PAULY I, 854-856 – LAW, 449f. – L. M. CHASSIN, Bélisaire, 1957 – H. EVERT-KAPPESOWA, Antonine et Bélisaire (J. IRMSCHER, Byz. Beitr.), 1964), 55-72 – BECK, Volksliteratur, 150-153 – E. FOLLIERI, Il poema bizantino di Belisario, Accademia Nazionale dei Lincei, anno CCCLXVII, Quaderno N. 139, 1970, 583-651.

Bella diplomatica. Unter diesem Ausdruck, der von Johann Peter v. Ludewig, wohl als Übersetzung von »Contestations sur la diplomatique«, geprägt wurde (vgl. Reliquiae manuscriptorum I, 1720, p. XIII, 24), faßt man die Streitigkeiten zusammen, die im 17. Jh. in Deutschland und Frankreich aus der Polemik über bestimmte Urkunden entstanden sind. In Deutschland gaben prakt.-jurist. Fragen, die zur Klärung der durch die Wirren des 30jährigen Krieges in Unordnung geratenen Rechtsverhältnisse beitragen sollten, den ersten Anstoß zu Untersuchungen über die Glaubwürdigkeit beanspruchter Rechtstitel. So stritt z. B. Kl. St. Maximin mit dem Ebm. Trier um seine Unabhängigkeit, Magdeburg verteidigte sein Stapelrecht; die Stadt Bremen kämpfte mit dem Ebm. um ihre Rechte. Am längsten dauerte das bellum diplomaticum Lindaviense; zugleich wurden dabei erste Prinzipien einer Urkundenlehre erstellt. Die kämpfenden Parteien waren die Reichsstadt Lindau und das dortige Stift (einst Benediktinerinnen, dann Augustiner-Chorfrauen). Es beanspruchte neben bestimmten Gütern und Rechten die volle Jurisdiktion über die Stadt und stützte sich dabei auf eine im 12. Jh. gefälschte Urkunde eines Ks.s Ludwig (Ludwig d. Fr., RI² I Nr. 992). Als die Stadt die Ansprüche des Stifts als »unrichtig, irrig, falsch und verdächtig« zurückwies, wurde der Helmstedter Rechtshistoriker Hermann Conring (1606-81) um ein Gutachten über die Urkunde ersucht, das er 1672 unter dem Titel »Censura diplomatis quod Ludovico imperatori fert acceptum coenobium Lindaviense« anfertigte. In all diesen »bella diplomatica forensia« gelangten die Kontrahenten aber nur zu scharfsinnigen Einzelbeobachtungen. Zur Aufstellung allgemeiner Regeln (generalia principia) für die Beurteilung der Echtheit oder Unechtheit älterer Urkunden sollten erst die »bella diplomatica litteraria« zw. Papebroch und Mabillon führen. Jean Mabillon OSB (1632-1707) gehörte der Kongregation der Mauriner an; Daniel Papebroch (1628-1714) war Jesuit. In seiner 1675 erschienenen Schrift »Propylaeum antiquarium circa veri ac falsi discrimen in vetustis membranis« hatte Papebroch den Nachweis der Unechtheit v. a. von Urkunden alter Kl. erbringen wollen, wobei er bes., ohne nähere Begründung, die reichen Urkundenschätze des Kl. St-Denis in Zweifel zog. Die Antwort Mabillons erschien 1681 unter dem Titel »De re diplomatica libri VI«, ein Werk, durch das die Diplomatik zu einer eigenen wissenschaftl. Disziplin geworden ist. In einigen Kapiteln des ersten und dritten Buches weist er ausdrückl. die Angriffe Papebrochs zurück. Obwohl Papebroch dadurch nicht nur widerlegt, sondern überzeugt war, ist der Skeptizismus gegen die auf Urkunden beruhende Überlieferung nicht verstummt. Am weitesten ging dabei der Jesuit Hardouin (1646-1729), der überhaupt jede Überlieferung anzweifelte. Sein Ordensbruder Germon nahm wieder den von Papebroch aufgegebenen Standpunkt ein und focht bes. die Echtheit der Urkunden des Archivs von St-Denis an. Indessen waren diese Angriffe »eigtl. nur recht lächerliche Rückzugsgefechte« (L. TRAUBE). → Urkunde, – Fälschung. A. Gawlik

Lit.: G. MEYER V. KNONAU, Das bellum diplomaticum Lindaviense, HZ 26, 1871, 79-130 – A. GIRY, Manuel de diplomatique, 1894, 59ff. – L. TRAUBE, Vorlesungen und Abh. I, 1909, 13ff. – BRESSLAU I, 21 ff.

Bellapais, Prämonstratenserabtei, 5 km s. ö. von Kyrenia (N-Zypern), heute Ruine, das bedeutendste Zeugnis lat. Mönchtums auf Zypern. Das Kl. wurde von Aimery (oder Guy) v. → Lusignan bald nach der Eroberung der Insel (1191) als Augustinerchorherrenstift gegr., die Prämonstratenserregel fand ca. 1200/1210 Eingang. Unter den Lusignan stand die Abtei unter kgl. und adligem Schutz. Von den erhaltenen Gebäuden entstammt die Kirche wohl dem 13. Jh.; Kreuzgang, Refektorium und Dormitorium gelten als Bauten Kg. Hugos IV. (1324-59). Die türk. Eroberung 1570-71 setzte dem monast. Leben ein Ende; doch schon für die Mitte des 16. Jh. ist Nachlässigkeit bei der Beachtung der Regel bezeugt. P. W. Edbury

Lit.: C. ENLART, L'art gothique et la renaissance en Chypre I, 1899, 202-236.

Bellechose, Henri, franco-fläm. Maler, * in Brabant, hauptsächl. in Dijon tätig, wo er 1415 als Nachfolger Jean → Malouels Hofmaler war und zw. 1440 und 1444 starb. Die Quellen sprechen von zahlreichen Aufträgen, – oft Dekorationen –, die nach 1425 – dem Jahr der Ernennung van Eycks zum burgund. Hofmaler – fast völlig versiegen. Als einziges gesichertes Werk gilt das »Martyrium des Dionys«, 1416 für die Kartause Champmol entstanden; anzuschließen ist möglicherweise ein Tondo mit der Pietà, heute gleichfalls im Louvre. Ch. Klemm

Lit.: G. RING, A Century of French Painting 1400-1500, 1949, 198 – G. TRÖSCHER, Burg. Malerei, 1966, 112-117.

Bellême

I. Familie und Herrschaft – II. Die Priorate St-Martin und St-Léonard.

I. FAMILIE UND HERRSCHAFT: B., Familie, Burg und Herrschaft in N-Frankreich (heut. Dép. Orne). Die Herkunft des Hauses B. liegt im dunkeln. Nach einer von → Ordericus Vitalis behaupteten Legende soll es von Ivo v. Creil, *balistarius* Ludwigs IV. Transmarinus, Kg. v. Westfranken, abstammen; Ivo soll um 945 Richard I., Hzg. der Normandie, zur Flucht aus der Gefangenschaft Kg. Ludwigs angestiftet haben. Anscheinend hatte diese Legende die Funktion, Ansprüchen der norm. Hzg.e auf die Herrschaft B. eine Stütze zu verleihen; tatsächl. war B. jedoch ein Lehen des Kg.s v. Frankreich, das erst viel später unter norm. Einfluß kam. Der erste Inhaber des Lehens gehörte in der Tat wahrscheinl. der Familie → Creil und → Senlis an, die, wie die Gf.en v. → Vermandois, von → Bernhard, Kg. v. Italien († 817), abstammten. Die Herrschaft B. war eine Art Mark oder Pufferzone zw. der kgl. Domäne sowie den Gft.en → Normandie und → Maine. Durch das häufige Auftreten des Namens Ivo sowohl im Haus B. als auch im Haus Creil wird die Auffassung einer Herkunft der Familie aus der Francia gestärkt.

Der erste sicher bezeugte Herr v. B. lebte eine Generation später, am Ende des 10. Jh.: Es handelt sich um Ivo v. B. (⚭ Godehildis). Ivo oder seine Gattin waren mit Sigenfridus, Bf. v. Le Mans, verschwistert. Der Ehe entstammten fünf Kinder: Wilhelm, Herr v. B.; Avesgaud (Avesgaldus), Bf. v. Le Mans (Nachfolger seines Onkels); Ivo; Hildeburgis (⚭ Aimon v. Château-du-Loir), Mutter v. → Gervasius (Gervais), Bf. v. Le Mans und Ebf. v. Reims; Godehildis, Großmutter v. Arnulf, Ebf. v. Tours. In der folgenden Generation wurde Ivo, Sohn des Wilhelm v. B., Bf. v. Sées.

Gehörte der östl. Teil der Herrschaft, das Corbonnais, stets unmittelbar zum kgl. Machtbereich, so wurde der westl. Teil, im Raum von → Alençon und → Sées, zum Ziel norm. Expansionspolitik unter den Hzg.en Robert I. (Robert le Magnifique) und Wilhelm (dem Eroberer) (ca. 1028–50); dieses Gebiet war eine wichtige Position im Kampf zw. den Hzg.en der Normandie und den Gf.en des Maine.

Die Herrschaft B. umfaßte das Corbonnais, das Sonnois, den Süden der Forêt d'Écouves, einen Teil der Forêt d'Andaine und der Alpes Mancelles; soweit wir wissen, erstreckte sie sich ca. 100 km in west-östl. Ausrichtung, zw. Nogent-le-Rotrou, das nicht zur Herrschaft B. gehörte, und Lonlay, wahrscheinl. unter Einschluß der Burgen Alençon und Domfront. In nord-südl. Richtung erstreckte sie sich über ca. 20 km. Die Grenzen im O und W bildeten in etwa die Täler der Huisne und der Escrenne. Die Herrschaft B. stellte eine Grenzzone zw. Normandie und Maine dar, bes. da alle wichtigen Durchgangsstellen der Region zur Herrschaft B. gehörten. Anscheinend kamen Domfront und Alençon erst unter norm. Herrschaft, als B. von der Normandie lehnsabhängig wurde. Dies dürfte um die Mitte des 11. Jh. erfolgt sein; darauf deuten krieger. Auseinandersetzungen der Herren v. B. mit der Familie Géré, Vasallen des Herrn von Mayenne, hin (gegen den Wilhelm der Eroberer um 1054 die Festung Ambrières [Maine] errichtet hatte). Etwa zur selben Zeit erhielt Ivo v. B. das norm. Bm. Sées, das er 1035–70 innehatte, wobei er gleichzeitig Herr v. B. blieb.

Etwas später heiratete seine Nichte und Erbin Mabille v. B. einen großen norm. Herrn, Roger v. Montgomery, Vicecomes v. → Exmes, dem sie die Herrschaft B. in die Ehe einbrachte. Im Zuge der Politik Wilhelms des Eroberers, die norm. Herren zur Aufnahme hzgl. Besatzungen in ihren Burgen zu zwingen, wurden auch die Burgen Domfront, Alençon und B. mit Garnisonen belegt. Nach Wilhelms Tod (1087) vertrieb jedoch Robert v. B. (mit dem Beinamen »Talvas«, der von nun an stets die Familie bezeichnet), der Sohn von Robert v. Montgomery und Mabille v. B., die hzgl. Besatzungen und ergriff in der Folgezeit die Partei von → Robert Kurzhose, Hzg. der Normandie, gegen → Wilhelm II., Kg. v. England, der versuchte, seinen Bruder zu verdrängen. Unter Kg. Heinrich I. war die Herrschaft B. ein norm. Lehen; sie blieb es auch, selbst noch, als das Geschlecht der Talvas bereits die Gft. → Pontieu erlangt hatte. Trotz ihrer Beteiligung am Aufstand von 1173–74 erlangten die Talvas die kgl. Gnade wieder und erhielten auch Alençon zurück, das Kg. Heinrich II. konfisziert hatte.

Die Kastellanei B. gelangte in der Folgezeit in den Besitz der Gf.en v. → Perche und kam mit der Gft. an Pierre (Peter) Mauclerc, Hzg. der Bretagne. Da dieser sich gegen Ludwig d. Hl., Kg. v. Frankreich, erhoben hatte, besetzte der Kg. 1229 die Festung; sie wurde im Vertrag v. 1234 von Pierre Mauclerc an den Kg. abgetreten und der Krondomäne einverleibt.

B., unter Ludwig d. Hl. unmittelbar der Krone unterstellt, wurde 1269 der Apanage seines fünften Sohnes, Peter, zugeschlagen, der zum Begründer der Linie Alençon des Königshauses wurde. 1320–49 tagten in B. die »Grands Jours du Perche«, die durch einen Präsidenten und mehrere Räte des Parlement v. Paris abgehalten wurden. Während des Hundertjährigen Krieges hielten die Engländer die Herrschaft bis 1449 besetzt.

Q.: Gesta pontificum Cenomannis..., ed. G. BUSSON-A. LEDRU, 1902 – Ordericus Vitalis, Hist. ecclesiast., ed. LE PREVOST-L. DELISLE, 1838–55 – *Lit.*: DHGE II, s.v. – R. LATOUCHE, Hist. du comté de Maine, 1910 – A. LONGNON, La formation de l'unité française, 1922 – J. CHARTROU, L'Anjou de 1109 à 1151, 1928 – G. H. WHITE, The first house of B., TRHS, 1940 – J. BOUSSARD, La seigneurie de B. aux Xe et XIe s. (Mél. L. HALPHEN, 1951) – DERS., Le gouvernement d'Henri II Plant., 1956.

II. DIE PRIORATE ST-MARTIN UND ST-LÉONARD: *St-Martin du Vieux-Bellême* (2 km von B. entfernt) wurde im 10. Jh. von Ivo von B. und seiner Gemahlin Godehildis gegr. Die Kirche wurde 1040 durch Ivo v. B., Bf. v. Sées, ausgestattet, der das Priorat der Abtei → Marmoutier übergab. (Diese Schenkung wurde durch Silvester, Bf. v. Sées, 1205 bestätigt.) 1229 wurde St-Martin mit St-Léonard vereinigt. – *St-Léonard* wurde um 1027/28 als Chorherrenstift von Wilhelm I., Herren v. B., dem Bruder von Avesgaud (Avesgaldus), Bf. v. Le Mans, gegr. 1091/92 wurde es Priorat von Marmoutier (Bestätigung der Urkunde durch Philipp I., Kg. v. Frankreich). Die Urkunde Wilhelms I. ist nur in interpolierter Form überliefert. 1229 wurde St-Léonard mit St-Martin vereinigt. J. Boussard

Q.: Arch. dép. Orne, H 2205–2604, H 2150–2204 – Abbé BARRET, Cart. de Marmoutier pour le Perche (Doc. sur la province du Perche, 3e ser., 2, 1894) – *Lit.*: BRY DE LA CLERGERIE, Hist. des pays et comté du Perche, passim – COURTIN, Hist. du Perche, 74–78 – H. BEAUDOUIN, Notes sur le prieuré St-Martin du Vieux-B., Bull. Soc. hist. et arch. de l'Orne 26, 1957, 72–76 – Cah. percherons 4, 1957, 38–40.

Belleperche, Pierre de → Petrus de Bellapertica

Bellera, Guillém de, * ca. 1300, † nach 1354, Herr der Baronie B. in der Gft. → Pallars im NW Kataloniens. Häufig am Hofe Alfons III. v. Aragón anwesend, spielte er unter dessen Sohn, Peter 'el Ceremonioso' eine wichtige Rolle in den Kämpfen mit Jakob III. v. Mallorca. Er nahm an beiden Feldzügen Peters III. in die Gft. → Roussillon teil. Nach der Eroberung dieses Territoriums durch die Aragonesen wurde B. 1344 zum Statthalter v. Roussillon und → Cerdagne (Cerdaña) ernannt, 1345 zum Kastellan v. Perpignan. Während der Kämpfe gegen die

Union wurde B. 1348 Befehlshaber v. Borriana und verteidigte es gegen die valencian. Unionisten. Letztmals ist er beim Feldzug Peters gegen Sardinien 1354 erwähnt.
I. Ollich i Castanyer
Q. und Lit.: Pere el Cerimoniós, Crònica, ed. F. SOLDEVILA (Les quatre Grans Cróniques, 1971) – Lit.: J. Zurita, Anales de la Corona de Aragón, 7 Bde, Bd. III, IV, 1610–21 [Neudr. 1967–76].

Belley (civ. Belicensium, Belisium), Stadt und Bm. in Frankreich (Dép. Ain), unweit des Rhôneknies am Ausgang von Jura und Alpen, ist seit kelt. und galloröm. Zeit besiedelt. Der vicus Bellicensis (CIL XII, 2500) wurde in frühmerow. Zeit Vorort eines Bm.s, möglicherweise bei der Teilung des Burgunderreiches 533/534. Der erste nachweisbare Bf. Vincentius nahm an den Konzilien in Paris (552) und Lyon (567/570) teil: B. hat demnach wohl zum Reich Kg. Childeberts I. (511–558) gehört. Die frühmerow. Teilungen sowie die Expansion von Genf (Prov. Vienne) und Lyon machten die Diöz. B. zu einer Enklave der Kirchenprov. → Besançon. Die im 6. und 7. Jh. nachweisbaren Bf.e gehörten zum burg. Teilreich. 858–863 unterstanden Bm. und Gft. Karl v. Provence; um 900 gehörten sie zum Reich Ludwigs d. Blinden. Schon vor dem Vertrag von 933 zw. Rudolf II. und Hugo v. Arles geriet das Bm. B. unter rudolfing. Herrschaft. Um 990 fiel es an Odo, den Bruder des Gf.en Humbert Weißhand v. Savoyen, und verblieb der Grafenfamilie auch unter seinem Nachfolger Aimo (1032–nach 1051), dessen Vater Amadeus sich 1051 als comes Belicensium bezeichnete. Erst mit den Bf.en aus dem Kartäuserorden, Pons II. (1121–40), Bernhard (ca. 1136–52) und Anthelmus (1163–78) löste sich das Bm. aus der engen Abhängigkeit von Savoyen. 1142 wurde das reformierte Domkapitel unter päpstl. Schutz gestellt. Im 12. Jh. waren Kartäusermönche Bischöfe, in der Folge Benediktiner und Zisterzienser. In der Auseinandersetzung mit den Gf.en v. → Savoyen und v. → Genf übertrug Friedrich I. 1175 die Regalien der Stadt (STUMPF-BRENTANO 4174) dem Bischof. 1290 wurden bfl. und gfl. iurisdictio über die civitas Bellicensis und ihre Umgebung vertragl. genau abgegrenzt. 1385 brannte die Stadt ab; sie wurde durch Gf. Amadeus VII. v. Savoyen wieder aufgebaut und mit Mauern umgeben. Im SpätMA war die Diöz. in acht Archipresbyteriate aufgeteilt, von denen je drei zu Bugey und zu Savoyen und zwei zur Dauphiné gehören.
R. Kaiser
Q.: MGH DD Rudolfinger, ed. TH. SCHIEFFER – Lit.: RE III, 1, 251 – DHGE VII, 886–902 – GChr XV – DUCHESNE, FE III, 22–24, 216–219 – A. DALLEMAGNE, Hist. de B., 1933 – L. ALLOING, Le diocèse de B., hist. religieuse des pays de l'Ain, 1938 – B. BLIGNY, L'église et les ordres religieux dans le royaume de Bourgogne aux XIe et XIIe s., 1960 – 47e congrès de l'Association bourguignonne des Sociétés savantes, Belley (1976), 1976.

Bellifortis → Kyeser, Konrad

Bellincioni, Bernardo, Höfling und Schriftsteller, * 25. August 1452 in Florenz aus einer armen Familie, † 12. Sept. 1492 in Mailand. Es gelang ihm, die Freundschaft von Lorenzo de Medici zu erringen, mit dem er einen poet. Briefwechsel begann. Er stand auch mit der Mutter des Magnifico, Lucrezia Tornabuoni, in freundschaftl. Verhältnis – die ihm anscheinend die Sorge für ihre Bibliothek anvertraute – sowie mit Lorenzos Bruder Giuliano, auf dessen Tod er eine Elegie in Terzinen verfaßte (Zuschreibung in dem Cod. Braidensis A. D. XI. 24, Mailand, Brera).
Er lebte bis 1479 am Hof der Medici und erfüllte verschiedene mehr oder weniger bedeutende Aufgaben, hatte jedoch stets Vertrauensstellungen inne. In der Folge diente er Roberto Malatesta, zu dem er sich während der Belagerung von Perugia (1479) begab. Danach stand er im Dienste des Kard. Francesco Gonzaga, in dessen Gefolge er 1482 Florenz verließ. Danach diente er dem Marchese Federico Gonzaga in Mantua (1483), Niccolò da Correggio (1485) und zuletzt, von 1485 bis zu seinem Tod, Lodovico il Moro.
Eher Verseschmied als Dichter, verfaßte er fast ausschließl. Gelegenheitsgedichte, v. a. Sonette, oft scherzhaften oder polit. Inhalts. Ein Vertreter der typ. Hofpolemik, besang er seine Freunde und Gönner (die Medici, Paolo Antonio Soderini, Cristoforo Landino, Luigi Pulci in Florenz; die Sforza, Galeazzo und Giovan Francesco Sanseverino, Pier da Birago, Piero dal Verme in Mailand) und wandte sich heftig gegen seine Feinde, wie Matteo Franco oder Antonio Cammelli gen. il Pistoia. Größere lit. Ambitionen zeigen die Roberto → Malatesta und Alfons, Hzg. v. Kalabrien (→ Alfons II.), gewidmeten Kanzonen, eine »Pastorale« und seine Elegien (auf den Tod von Giuliano de' Medici und v. a. auf den Tod des Kard. Francesco Gonzaga), aber sein Name bleibt in erster Linie mit den burlesken Gedichten verbunden.
G. Busetto
Ed.: Sonetti, canzoni, capitoli, a c. di P. FANFANI, 1876–78, 2 Bde – Lit.: DBI VII, 687–689 – A. TISSONI BENVENUTI, La poesia lirica negli altri centri settentrionali (La letteratura italiana, storia e testi III, II, 1972), 403–404, 415, 451–452.

Bellini, ven. Malerfamilie
1. **B., Gentile,** älterer Sohn von 3, 1429–1507, leistete in den spätgotisch exakt und fein gezeichneten, psycholog. bereits recht differenzierten Bildnissen Vorzügliches: so schickte ihn 1479/80 die Serenissima auf Wunsch Sultan Mohammeds II. nach Konstantinopel (dessen Bildnis in London). Die gleiche Fähigkeit zeichnet seine wohl in der Nachfolge seines Vaters stehenden, figurenreichen Szenen aus, die früheren für den Dogenpalast verloren, spätere mit Wundern einer Kreuzreliquie und der Predigt des hl. Markus für Scuolen (Venedig, Accademia resp. Mailand, Brera); sie eröffnen die große Tradition ven. Veduten.

2. **B., Giovanni,** jüngerer Sohn von 3, † 1516, steht in seiner auffällig schlecht dokumentierten Frühzeit – das erste datierte Werk ist die »Madonna degli Alberi« (Venedig, Accademia) von 1487 – unter dem Eindruck seines Schwagers Mantegna und Donatello; das Hauptwerk dieser Periode – nebst mehreren Halbfigurenbildern der Madonna (Bergamo, Mailand) und des Schmerzensmannes (Venedig, Correr, ebendort Transfiguration) – ist der »Ölberg« (London, um 1460), der bereits die außerordentl., zur formalen und stimmungsmäßigen Verschmelzung mit den Figuren tendierende Landschaftskunst und die Benutzung natürl. Lichtphänomene für geistige Aussagen zeigt. Gesteigert durch die zunehmend verfeinerte Öltechnik und die durchsichtig tiefe, atmosphär. Farbigkeit entfaltet sich dies in der »Stigmatisation des hl. Franz« (New York, Frick), der »Auferstehung« (1479, Berlin) und der »Transfiguration« (Neapel), den späteren Madonnenbildern (London, Mailand) bis hin zu dem »Götterbacchanal« für Isabella d'Este (1514, überarbeitet von Tizian, Washington). Während die Historien für den Dogenpalast verloren sind, haben sich neben den gen. Staffeleibildern v. a. in Venedig eine Anzahl prächtiger Altäre, zumeist mit einer »Sacra Conversazione«, erhalten (»Marienkrönung« ca. 1471, Pesaro; Madonna aus San Giobbe, um 1487, Accademia; Triptychon, 1488, Frari; Votivbild Barbarigo, San Pietro Murano; Madonna, 1505, Santa Zaccaria). Giovanni darf als der Begründer der maler. Tradition Venedigs gelten; seine Wirkung reicht bis zu Giorgione, Tizian, Lotto, Dürer.

3. **B., Jacopo,** Vater von 1 und 2, ca. 1400–1470/71, dessen einst bedeutendes Werk bis auf einige Kreuzigungsdarstellungen und mehrere Madonnenbilder weitgehend verloren ist, lernte durch Kontakte mit seinem Lehrer → Gen-

tile da Fabriano als erster Venezianer die neuen Entwicklungen der florent. Frührenaissance kennen, was sich v. a. in den an genrehaften Nebenfiguren und Architekturen reichen Kompositionen seiner beiden sog. Skizzenbücher in Paris und London spiegelt. Ch. Klemm

Lit.: V. GOLOUBEW, Die Skizzenbücher Jacopo Bellinis, 2 Bde, 1908, 1912 – B. BERENSON, La scuola veneta, 1958, 28–39 – M. RÖTHLISBERGER, Studi su Jacopo B., Saggi e Memorie di Storia dell'Arte 2, 1959, 41–90 – R. PALLUCCHINI, Giovanni B., 1959 – M. MEISS, Giovanni B.'s St. Francis, 1964 – G. ROBERTSON, Giovanni B., 1968 – N. HUSE, Stud. zu Giovanni B., 1972.

Bellinzona, Stadt in der Schweiz (heute Hauptstadt des Kantons Tessin). [1] *Geschichte:* Die Geschichte B.s ist wesentl. durch seine geograph. Lage bestimmt worden. Im Engtal von B., beherrscht durch den Felshügel des Castel Grande, laufen die Routen mehrerer Alpenpässe (u. a. S. Bernardino, Lukmanier, St. Gotthard) zusammen. – Im 4. und 5. Jh. bildete B. einen wichtigen röm. Stützpunkt am südl. Alpenrand (Vernichtung durchgebrochener Germanenscharen). Gegen 500 ging B. an die Ostgoten, dann an die Langobarden über. Der frk. Angriff i. J. 590 auf die Stadt blieb erfolglos. Bis gegen 1000 war B. Besitz der Kg.e von Italien. Die Übertragung an die Bf.e v. → Como wurde durch die Ottonen bestätigt. 1192 wurde B. durch die Staufer der Kommune Como unterstellt. Im 13. und 14. Jh. war es Schauplatz heftiger Kämpfe zw. den guelf. und ghibellin. Adelsparteien Comos. Nach vorübergehender Besetzung durch die Rusca erfolgte um 1350 ein gewaltsamer Übergang an Mailand. Unter den Visconti und den Sforza bildete B. eine wichtige Sperrfeste gegen die Eidgenossen. 1501 erfolgte die kampflose Besetzung durch Uri, Schwyz und Nidwalden, die 1503 durch den Kg. v. Frankreich bestätigt wurde.

[2] *Bauliche Entwicklung* (Ausgrabungen 1967): Auf dem »Castel Grande« röm. Kastell des 4. Jh., Verstärkungen und Umbauten 6.–8. Jh. Um 800 Verwüstung durch Brand. Kirche S. Pietro mit Friedhof noch frühma., um 1250 aufgegeben. Neubau des Castel Grande um 1000 (äußere Ringmauer und kgl. Kernburg). Errichtung verschiedener Türme und Wohnbauten zw. 1100 und 1350, im 13. Jh. Befestigung des Städtchens und Gründung der Burg Montebello. Im 13. und 14. Jh. kriegsbedingte Ausbesserungen an allen Festungswerken. Im 15. Jh. Ausbau zur umfassenden Talsperre durch Errichtung der »Murata« und des Kastells Sasso Corbaro. Letzte Verstärkungen unter den Sforza um 1490. Nach 1500 Stillstand der fortifikator. Entwicklung. W. Meyer

Lit.: W. MEYER, Das Castel Grande in B., 1976 (Schweiz. Beitr. zur Kulturgesch. und Archäologie des MA 3).

Bellue, in der Dauphiné Besteuerungseinheit für öffentl. Abgaben, bei Volkszählungen verwandt und, wie es scheint, gleichbedeutend mit Feuerstelle gebraucht. Ursprgl. wurden jene Haushalte damit belegt, in denen ein wehrfähiger Mann lebte. – Die Erhebungen der B.s sind eine wichtige demograph. Quelle für die Dauphiné.
R.-H. Bautier

Lit.: R.-H. BAUTIER–J. SORNAY, Les sources de l'hist. économique et sociale du MA. Provence, Dauphiné... I, 1968.

Bellum iustum ('gerechter Krieg'). Der Begriff b. i. bezeichnet in der jurist., polit. und theol. Lit. die (im Gegensatz zum widerrechtl. Krieg) erlaubte und gerechtfertigte bewaffnete Auseinandersetzung zw. staatl. oder staatsähnl. verfaßten Gemeinwesen. Die Anwendung dieses Begriffs stellt also einen Versuch dar, das (seiner Natur nach rechtsferne) Phänomen des Krieges in die Rechtslehre einzubinden. Der ma. Begriff b. i. geht dabei auf den antiken röm. Ausdruck »iustum bellum piumque« zurück.

Die ursprgl. röm. Auffassung des b. i. ist dabei nicht ethisch, sondern sakral begründet: Nach antikem röm. Recht ist ein Krieg gerecht, der entsprechend den sakralen Normen erklärt worden ist und dem die vorgeschriebenen jurist.-religiösen Riten vorausgegangen sind.

Die ältere Patristik (Tertullian, Origenes, Lactantius) nimmt gegenüber dem Problem des Krieges eine ablehnende Haltung ein: Nach ihr herrscht zw. dem chr. Glauben und dem Waffengebrauch völlige Unvereinbarkeit. Als einzige Waffe des Christen gilt das Gebet, jeder Krieg soll von ihm als ungerecht betrachtet werden. → Augustinus überwindet – im Zeitalter der Anerkennung des Christentums durch den Staat – diese frühe Phase der chr. Lehre und legt das Fundament für die traditionelle Kirchendoktrin über Recht oder Unrecht des Krieges. Es handelt sich dabei um eine friedliche, jedoch nicht pazifist. Lehre. Nach Augustinus ist der Krieg eine unvermeidl. Folge der Erbsünde; diese Tatsache schließt die moral. Verantwortung der Kriegführenden nicht aus. Es gibt also gerechte Kriege, die notwendigerweise geführt werden müssen und die auch ein Christ nach reifl. Prüfung und Überlegung gutheißen kann: die Kriege nämlich, deren Hauptziel die Erlangung des → Friedens ist (vgl. Aug. Ep. 205 ad Bonifacium), und die aus einer iusta causa erklärt werden, z. B. als Verteidigungsmaßnahme eines angegriffenen Volkes, das bemüht ist, Ordnung und → Gerechtigkeit wiederherzustellen, die man zu seinem Schaden verletzt hat (»Iusta bella definiri solent quae ulciscuntur iniurias, si qua gens vel civitas quae bello petenda est, vel vindicare neglexerit quod a suis improbe factum est, vel reddere quod per iniurias ablatum est«: Aug. In Heptat., VI, 10). Es sind hingegen die aus Machtgier und Ehrgeiz entfesselten Kriege zu verurteilen: den aus libido dominandi unternommenen Krieg verwirft Augustinus als grande latrocinium (Aug. De Civ. Dei, IV, 6).

Augustinus' Lehre wird von den Autoren des Früh- und HochMA wiederaufgenommen (v. a. von Isidor v. Sevilla, Alkuin, Hinkmar, Anselm v. Lucca, Ivo v. Chartres), bis man mit Gratian (Decretum C. 23, qu. 1) und den Dekretisten von einer ausgebildeten kanonist. Lehre des gerechten Krieges sprechen kann. Hauptelement dieser Lehre, die später durch → Thomas v. Aquin (S. th. II. II. q. 40, art. 1) ihre endgültige Formulierung erhält, ist die Auffassung, daß derjenige Krieg als gerecht zu bezeichnen ist, der von einem Herrscher (auctoritas principis) legitim erklärt wird, um das Vergehen des schuldigen Volkes zu bestrafen (iusta causa) und um den → Frieden, die → Gerechtigkeit und die → Ordnung wiederherzustellen (recta intentio).

Aus der Entwicklung der kirchl. Auffassung geht als bes. Frage die Legitimität des Krieges gegen die auswärtigen und inneren Feinde der Kirche hervor. Eine Frage, die einerseits mit der Idee des → Kreuzzugs (Heiliger Krieg) zusammenhängt und anderseits mit der Unterdrückung der Häresien in Verbindung steht. Der Kanonist Henricus de Segusio z. B. hat die Rechtmäßigkeit des Krieges nicht nur gegen die Ungläubigen, sondern auch gegen die Häretiker in seiner Lehre eindeutig festgelegt. Die Mehrheit der Kanonisten ist jedoch der Auffassung, daß der Glaube nicht durch Waffengewalt triumphieren dürfe (z. B. Sinibaldus Fliscus [→ Innozenz IV.], Appar. ad Decretalia 3, 33 de voto). Was die Lehrer des Zivilrechts betrifft, so stützen sie ihre Theorien seit dem 12. Jh. auf die zentrale Idee der ma. Lehre des ius publicum: die Auffassung, daß das → Imperium nach dem Willen Gottes eine Fortsetzung des röm. Kaiserreichs, die Rechtsordnung der res publica christiana bilde und daß eine solche universelle Ordnung von der höheren Autorität des Kaisers, dominus omnium nationum, regiert werde. Nach diesen Prinzipien vertreten Juristen wie Azo, Cinus, Bartolus, Baldus die Auffassung, daß der Kaiser allein als höchste Rechtsquelle, übernationaler Richter und Hüter des Friedens, legitimiert sei, einen Krieg zu erklären. Als gerecht gilt damit der Krieg, den der Ks., nachdem er jedes zur Wiederherstellung des Friedens dienende sonstige Mittel erschöpft hat, gegen Rebellen, Feinde des Kaiserreichs, und Störer des Friedens der chr. Gemeinde, führt. Als ungerecht betrachtet wird dagegen ein Krieg, den zwei Gemeinwesen innerhalb der Ordnung des Imperium miteinander führen, ohne sich dem Spruch des Ks.s als höchstem Richter zu unterwerfen. Selbstverständl. bleibt diese universalist. Anschauung abstrakt und entspricht, bes. angesichts des Aufstiegs der zentralstaatl. regierten europ. → Monarchien, seit dem 13./14. Jh. kaum mehr der Realität. Daher nähert sich die Lehre des röm. Rechts allmählich unter dem Einfluß der freieren und weniger formalen kanonist. Theorien der Ansicht, daß jedes souveräne Gemeinwesen einen gerechten Krieg führen kann. (Das gilt für den »rex qui in regno suo est imperator« und die »civitas superiorem non recognoscens«.) Diese Lehre setzt sich am Ende des 15. Jh. völlig durch. A. Cavanna

Im SpätMA ist die Frage, ob ein Fs. ein b. i. auch ohne die Autorität von Papst und Ks. und mit Hilfe heidn., ja häret. Kontingente führen könne, bes. in Krakau während des frühen 15. Jh. vor dem Hintergrund der aktuellen propagandist. und militär. Auseinandersetzungen zw. Polen und dem Dt. Orden diskutiert worden. Positiv wurde sie von für den poln. Kg. schreibenden Universitätsgelehrten beantwortet, unter denen der Kanonist → Stanisław v. Skalbmierz mit seinem »Sermo de bellis iustis« der wichtigste ist. Auf der Gegenseite ist am deutlichsten der Dominikaner Johannes → Falkenberg zu erkennen, der im Zuge dieser Auseinandersetzungen aus Krakau vertrieben wurde und seine Position in einem der Wiener Theologenfakultät vorgelegten Traktat darstellte. Ihre Fortsetzung fand diese Debatte dann auf dem Konstanzer Konzil im Rahmen der dort fortgesetzten Auseinandersetzungen zw. Polen und dem Dt. Orden sowie des gegen Falkenberg geführten Häresieprozesses. Ein anonymer burg. Apologet Falkenbergs verficht hier, anders als Falkenberg, nicht nur das Recht der souveränen Fs.en, ein b. i. zu führen, sondern er rechnet auch mit der Möglichkeit, daß beide Parteien einen solchen Krieg führen. Obwohl diese Debatten anscheinend folgenlos geblieben sind, stellen sie doch einen bemerkenswerten Versuch dar, mit dem Arsenal herkömml. Argumente den Bedürfnissen des frühneuzeitl. Staates gerecht zu werden. H. Boockmann

Unter dem Einfluß der frühmodernen Theorien über herrscherl. und staatl. → Souveränität (Machiavelli, Bodin, span. Spätscholastik) erneuert sich im 16./17. Jh. der Rechtsgedanke durch die Naturrechtslehren (Grotius, »De iure belli ac pacis«, 1625), aus denen die Prinzipien über das Friedens- und Kriegsrecht und über die Voraussetzungen eines iustum bellum, wie sie die moderne Staats- und Völkerrechtslehre kennt, entstehen. → Krieg, → Staat, → Souveränität. A. Cavanna

Lit.: DThC VI, 1899-1962 – EncCatt VI, 1230ff., s. v. guerra – LThK² VI, s. v. Krieg – G. SALVIOLI, Il concetto di guerra giusta negli scrittori anteriori a Grozio, Atti Accad. Pontoniana XLV, 1915 – R. REGOUT, La doctrine de la juste guerre de S. Augustin à nos jours, 1935 – L. EHRLICH, Polski wykład prawa wojny XV wieku, 1955 – G. HUBRECHT, La juste guerre dans la doctrine chrétienne, ses origines au milieu du XVIe siècle (La Paix II [RecJean Bodin, XV], 1961), 107–123 – F. CALASSO, Gli ordinamenti giuridici del rinascimento medievale, 1965, 265–267 – F. KERN, Gottesgnadentum und Widerstandsrecht..., 1970⁶ – H. BOOCKMANN, Johannes Falkenberg, der Dt. Orden und die poln. Politik, 1975 – F. H. RUSSELL, The Just War in the MA, 1975.

Belmonte, Santa María de, Kl. in N-Spanien (Asturien), hieß bis zum 13. Jh. Santa María de Lapedo (nach der nahen Gebirgskette Lapideum), gegr. im 11. Jh.; in der Mitte des 12. Jh. zugunsten der Benediktiner erneuert von einem der beständigsten Mitstreiter Alfons' VII. v. León und Kastilien, unter dessen bes. Schutz B. stand. Das Kl. gehörte zur »Kongregation« des Kl. → Carracedo (León). Nachdem Carracedo 1203 die Zisterzienserregel angenommen hatte, folgte B. 1206 seinem Beispiel. Der 1427–30 gegr. → Kast. Kongregation hat sich B. als mit Abstand letztes Kl. erst 1559 anschließen müssen. P. Feige

Q.: Colección de Asturias, hg. MARQUÉS DE ALEDO–M. BALLESTEROS GAIBROIS, 1947-52 – A. C. FLORIANO CUMBREÑO, Colección diplomática del monasterio de B., 1960 [vgl. dazu M. COCHERIL, Cîteaux 13, 1962, 94f.] – Lit.: DHEE III, 1527 – Gran Enciclopedia Asturiana, 1972-75, s. v. B. – R. PRIETO BANCES, Apuntes para el estudio del Señorío de Santa María de B. en el siglo XVI, 1928 – F. J. FERNANDEZ CONDE, La Iglesia de Asturias en la Alta Edad Media, 1972 – J. L. SANTOS DIEZ, La encomienda de monasterios en la Corona de Castilla, 1961.

Beloozero, slav.-finn. städt. Siedlung am gleichnamigen See, gegr. im 10. Jh. während der ostslav. Kolonisation des Stammesgebietes der Ves' (→ Finn.-ugr. Stämme). B. entwickelte sich zum bedeutenden Handwerks-, Handels- und Verwaltungszentrum im N der Kiever Rus'. Wie aus archäolog. Befunden hervorgeht, erstreckte sich B. als freiliegende Siedlung ohne Burganlage am Ufer des Šeksnaausflusses. Die Funde deuten auf Handelsbeziehungen mit den aruss. Städten im Dnepr-Gebiet, Skandinavien, den Wolga-Bulgaren, Byzanz und Mittelasien hin. Das Einzugsgebiet von B. im Bereich des Wasserbeckens des Beloozero, der Šeksna und der mittleren Mologa wurde bis zur Mitte des 12. Jh. unmittelbar von den Kiever Fs.en verwaltet, gehörte dann zum NW-Teil des Fsm.s Vladimir-Suzdal' und wandelte sich im Laufe des 13. Jh. zu einem selbständigen Fsm. In der 2. Hälfte des 14. Jh. wurde dieses vom Moskauer Gfs.en abhängig und am Ende des 15. Jh. völlig einverleibt. 1352 und 1363/64 wurde B. durch Pestepidemien dezimiert. Eine neue Stadtanlage entstand am Ende des 14. Jh. 17 km westwärts am See (das gegenwärtige Belozersk). Sie war der Sitz des Fs.en v. B., der nun mehr Statthalter des Gfs.en v. Moskau war. Nahe bei B. wurden 1397/98 zwei Kl. (Kirilo-belozerskij, Ferapontov) gegr., welche schon während des 15. Jh. großen Grundbesitz erlangten und zu bedeutenden Kulturzentren des Gfsm.s Moskau wurden. Die ältesten erhaltenen Bauwerke, die Hauptkirchen beider Kl., wurden um 1490 errichtet. Im Ferapontov-Kl. sind die berühmten Fresken von → Dionizij erhalten. A. Poppe

Lit.: A. EKZEMPLARSKIJ, Velikie i udelnyje knjazja Severnoj Rusi v tatarskij period II, SPb. 1891, 152–168 – G. BOČAROV-V. VYGALOV, Vologda, Kirillov, Ferapontov, Belozersk, 1966, 133–253, 259–262 – J. L. I. FENNELL, The emergence of Moscow, 1968 [Reg.] – Die Anfänge des Moskauer Staates, hg. P. NITSCHE (WdF CCCXL, 1977) [Reg.] – V. KUČKIN, Rostovo-Suzdalskaja zemlja v X-pervoj treti XIII v. (Istoria SSSR, 1969), 63–74 – L. GOLUB'EVA, Veś i slavjane na Belom ozere X–XIII vv., 1973, 50–205.

Bel'skij (pl. Belskie), Fürstenfamilie, aus dem Geschlecht des litauischen Gfs.en → Gedimin († 1341) stammend; die B. spielen – im Spannungsfeld zw. Polen-Litauen und dem expandierenden Gfsm. Moskau ansässig – in letzterem seit dem ausgehenden 15. Jh. eine wichtige polit. Rolle. Stammsitz der gr.-orth. B. war das nordöstl. von Smolensk gelegene Belyj. Nach einer Verschwörung gegen den poln.-litauischen Herrscher floh Fedor Ivanovič B. 1482 nach Moskau und erhielt von Ivan III. die Städte Demjansk und Moreva (im Novgoroder Gebiet), nach vorübergehender Ungnade wegen angebl. Fluchtabsichten 1497 Gebiete an der Wolga im Raum Kostroma, welche bis 1571 im Besitz der B. blieben. Durch die Heirat mit Anna Vasil'evna Rjazanskaja (1498), einer Nichte Ivans III., erfuhr Fedor Ivanovič B. († um 1505/06) eine zusätzl. polit. Aufwertung. Der ältere Bruder Semen Ivanovič B. wechselte i. J. 1500 mit den Städten Černigov, Starodub, Gomel' und Ljubeč in den moskowit. Herrschaftsbereich über, was zum Anlaß eines Krieges zw. Moskau und Litauen wurde, den einen neuen Status bestätigender Friedensvertrag i. J. 1503 beendete. Die drei Söhne Fedor Ivanovič B.s – Dmitrij, Ivan und Semen – sind als polit. und militär. Führer in den 20er bis 50er Jahren des 16. Jh. hervorgetreten. Die ihnen von Vasilij III. († 1533) zugewiesene Rolle als Sachwalter der Herrschaftsrechte des minderjährigen Ivan IV. und als nächste Ratgeber der Regentin Elena († 1538) konnten sie infolge innerbojar. Rivalitätskämpfe und der Flucht Semen Fedorovič B.s nach Litauen (1534) nicht ausfüllen. Erst 1540 ging Ivan B. als Sieger aus den adligen Machtkämpfen hervor und wurde der »erste Ratgeber« (pervosovetnik) Ivans IV. Er wehrte 1541 einen Angriff der Krimtataren auf Moskau ab, in deren Heer sich der seit seiner Flucht in Polen und Litauen, bei Tataren und Türken gegen Moskau intrigierende Semen B. befand. Ivan B. wurde 1542 durch eine Bojarengruppierung um Ivan Šujskij gestürzt und in der Verbannung erschlagen. Sein älterer Bruder Dmitrij († 1551) war als Heerführer an der Ost- und Südostgrenze tätig. Dessen Sohn Ivan Dmitrievič B. († 1571), Bojar seit 1560, war seit 1565 an der Spitze der Bojarenduma des der Opričnina gegenüberstehenden »Landes« (zemščina). Die angesichts häufiger Spannungen zw. Polen-Litauen und Moskau problemat. Stellung der B. am Moskauer Hof kommt durch die Ausstellung von Bürgschaftsurkunden (poručnye zapisi) für einige Mitglieder der Familie (Ivan Fedorovič B., Dmitrij Fedorovič B., Ivan Dmitrievič B.) zum Ausdruck, welche Kontakte mit Polen-Litauen oder die Flucht dorthin unterbinden sollten. H. Rüß

Lit.: S.V. ROŽDESTVENSKIJ, Služiloe zemlevladenie v Moskovskom gosudarstve, 1897 – H. JABLONOWSKI, Westrußland zw. Wilna und Moskau, 1955 – O.P. BACKUS, Motives of West Russian Nobles in Deserting Lithuania for Moscow 1377–1514, 1957 – DERS., The Problem of Unity in the Polish-Lithuanian State, SIR 22, 1963, 411–431 – DERS., Treason as a Concept and Defections from Moscow to Lithuania in the 16th Century, FOG 15, 1970, 119–144 – H. RÜSS, Adel und Adelsoppositionen im Moskauer Staat, 1975 – A. A. ZIMIN, Kujaževskaja znat'i formirovanie sostava Bojarskoj dumy vo vtoroj polovine XV-pervoj treti XVI v., 1979.

Belvoir (Coquet, arab. Kaukab al-Hawā', hebr. Kôkav hay-yarden), Kreuzfahrerfestung in Palästina, auf einem Plateau gelegen, welches das Jordantal, Galiläa, Golan und Gilead überragt; von großer strateg. Bedeutung, da es die südl. Routen von Damaskus zum Mittelmeer beherrschte. Wahrscheinl. 1138/40 erbaut, wurde B. vor 1168 an die → Johanniter verkauft und in einer Bauperiode vollständig neuerrichtet. 1182 und 1183 fanden unentschiedene Schlachten zw. → Saladin und den Franken in seiner Nähe statt. Nach der Schlacht v. → Ḥaṭṭīn (1187) wurde B. von den Muslimen belagert und 18 Monate lang von den Johannitern verteidigt. Nach der Kapitulation (5. Jan. 1189) war B. Standort einer muslim. Garnison, die 1219 geschleift und aufgegeben wurde. Von den → Hospitalitern wurde sie 1241 wiederhergestellt und bis zur Eroberung des gesamten Gebietes durch → Baibars (1263) gehalten.

B. ist eine Festung vom Typ eines castrum oder tetrapyrgion; sie bildet ein Rechteck mit quadrat. Ecktürmen, verstärkt durch dazwischenliegende Mauertürme. Die Festung ist insofern einzigartig, als sie außer den üblichen äußeren Befestigungsanlagen ein entsprechendes inneres Mauerquadrat mit vier Türmen, das B. konzentr. Verteidigungslinien verleiht, besitzt. Die äußere Befestigung ist 112 m (O-W-Mauer) und 100 m (N-S-Mauer) lang; das gesamte ummauerte Areal beträgt 1,4 ha. Ein trockener Wallgraben (Breite 20 m, Tiefe 10 m) umgibt B. von drei Seiten; die O-Seite war durch einen starken Turm und einen Barbakan geschützt. Die innere Festung (quadrat., 50 × 50 m) besaß eine Kapelle (Funde von Statuen und Basrelief-Fragmenten). – B. wurde ausgegraben, freigelegt und teilweise rekonstruiert (1963, 1966–67).

M. Benvenisti

Lit.: EI², s.v. Kawkab al-Hawā' – J. RILEY-SMITH, The Knights of St. John in Jerusalem and Cyprus, 1967, passim – M. BENVENISTI, The Crusaders in the Holy Land, 1970, 294–300 – J. PRAWER, The Latin Kingdom of Jerusalem, 1973, 300–307 – R. C. SMAIL, The Crusaders, 1973, 100–102.

Bema. [1] Die antike Erhöhung für den Ort des Redners und des Richterstuhls, das B. (gr. βῆμα von βαίνειν, 'hinaufsteigen', lat. tribunal), ist in den chr. Kirchenbau zunächst als Hervorhebung der → Kathedra des Bf.s, gegebenenfalls auch der zu dieren Seiten angeordneten Priestersitze (subsellia, → Synthronon) aufgenommen worden (früheste Nachweise: 3. Jh.). Mit der Fixierung des → Altars in oder vor der → Apsis mit dem Bischofssitz ergab sich sehr schnell, daß als B. der (gewöhnl. um wenigstens eine Stufe über den Kirchenraum erhöhte) Altarraum (Sanktuarium) galt, der dem Klerus vorbehalten blieb (Presbyterium). Je nach Ausdehnung des B. (verschiedenartige B.-Formen: vgl. DELVOYE) war dementsprechend der Apsis oder zusätzl. ein vor ihr liegender Teil des Kirchenraums, bei Basiliken (→ Basilika) meist des Mittelschiffs, von Schranken (→ Chorschranken) eingefaßt. Die Anlage einer Confessio (→ Krypta) konnte zur Steigerung der Erhöhung des B.s führen. Im O entwickelte sich aus den seit dem 5. Jh. mit Säulen und Gebälk ausgestatteten Schranken vor dem bzw. um das B. (Templon) die → Ikonostasis. Vom vorderen Mitteleingang der B.-Schranken führte bisweilen ein ebenfalls erhöhter Verbindungsgang (solea) zum → Ambo. Eine Sonderentwicklung bildete im syr. Bereich das vom Altar in der Apsis getrennte Mittelschiff-B. mit Kathedra und Priesterbank und weiteren Einrichtungen für den Wortgottesdienst. Im w. Kirchenbau wurde die ma. Entwicklung durch die starke Betonung des vom Sanktuarium getrennten oder mit ihm verbundenen Chores (→ Chor) bestimmt. Eine Parallelerscheinung zum antiken und frühchr. B. war das B. früher → Synagogen (später Almemor genannt, vgl. RDK I, 384–387). J. Engemann

[2] Das *dreiteilige B.*, d. h. die Einrahmung der → Apsis durch zwei Nebenräume, begegnet sicher datiert erstmals in Syrien in der Kirche von Fāfirtīn (372; halbrunde Apsis, rechteckige Nebenräume, die nach O über sie hinausragen) und in den Bauten Markianos' Kyris (→ Baumeister; Apsis und Nebenräume sind stets durch eine gerade O-Mauer zusammengefaßt). Es breitet sich rasch aus, vgl. z.B. die Basiliken in Losenez (Sofia, um 400), in Ptolemais (um 400?) u.a., ohne jedoch in frühbyz. Zeit zur Regel zu werden; in vielen Regionen fehlt es ganz (z. B. in Konstantinopel). Während in Syrien der eine Nebenraum meist als → Martyrium dient und der andere als Sakristei, ist die Verwendung in den anderen Beispielen nicht gesichert. Erst seit mittelbyz. Zeit wird das dreiteilige B. notwendiger Bestandteil der Kirchen aller Raumtypen, da die Nebenräume nun als → Pastophorien liturg. verwendet werden und somit unentbehrlich sind (zu den Gestaltungsmöglichkeiten vgl. DELVOYE). K. Wessel

Lit.: RAC II, 129 f. – RByzK I, 583–599 [DELVOYE] – S. G. XYDIS, The Chancel Barrier, Solea, and Ambo of Hagia Sophia, ArtBull 29, 1947,

1-24 - O. NUSSBAUM, Der Standort des Liturgen am chr. Altar vor dem Jahre 1000, 1965 - R. NAUMANN-H. BELTING, Die Euphemia-Kirche am Hippodrom zu Istanbul und ihre Fresken, 1966 - R. F. TAFT, Some Notes on the B. in the East and West Syrian Traditions, OrChrP 34, 1968, 326-359.

Ben Ascher → Bibel

Benavente, Gf.en und Hzg.e v. Die seit 1398 in den Grafen- und 1473 in den Herzogsrang erhobene kast. Adelsfamilie Pimentel stammte aus Galizien und Portugal. Oberhäupter und Mitglieder der Familie spielten im 15.-17.Jh. eine führende Rolle in den Kriegen, am Hof, im Kirchendienst und in den nationalen Ritterorden Kastiliens. Der durch Majorate vinkulierte Besitz der Familie bestand v. a. aus Grundherrschaften samt erworbenen kgl. Steuern in den heut. nordwestspan. Provinzen Orense, León, Zamora und Valladolid, allen voran der Grundherrschaft über den großen Stadtbezirk Benavente, der 1398 von Heinrich III. Juan Alfonso Pimentel als erstem Gf.en v. B. verliehen worden war. Grundherrschaften über weitere größere, in der Nähe liegende Stadtbezirke, die in der Regel kleinere Städte und Dörfer umfaßten, kamen durch kgl. Schenkung bzw. Kauf hinzu: 1429/40 Mayorga, 1432 der bedeutende Messeplatz Villalón, 1434 Gordoncillo, 1465 Puebla de Sanabria, Portillo und Barrios de Salas, 1468 Castromocho und 1494 nach der Eroberung Granadas Montejaque und Benaoján nahe Ronda. Die nordwestspan. Grundherrschaften und Steuerrechte der Familie lagen in Regionen intensiver Agrarproduktion mit Wanderschafzucht, Weizen- und Weinanbau. 1493 wurden die Einkünfte des Hauses auf 7,5-8 Mill. Maravedis geschätzt. Den ptg. Besitz, insbes. die Grundherrschaften über die Städte Bragança und Vinhais, hatten die B. bereits 1403 verloren. Rodrigo Alfonso Pimentel, 4. Gf. und 1. Hzg. v. B., gehörte in der Phase der adligen Intrigen und Bürgerkriege unter Heinrich IV. zu den Gegnern, später jedoch zu den mächtigsten Anhängern des Kg.s, wofür er mit dem Herzogstitel belohnt wurde. Nach Heinrichs IV. Tod unterstützte er Isabella die Katholische als Thronfolgerin. Unter dem Katholischen Königspaar beteiligte er sich auf eigene Kosten mit zahlreichen Rittern und Fußsoldaten am Krieg gegen das muslim. Kgr. Granada. Die Gf.en und Hzg.e v. B. gehörten zu den 25 Magnaten Spaniens, die 1520 von Karl I. (V.) zu *Grandes de España* mit bes. Privilegien am span. Hof erhoben wurden. R. Liehr

Lit.: DHE I-III, s.v. B. und Pimentel - MARQUÉS DEL SALTILLO, Hist. nobiliaria española. Contribución a su estudio, I, 1951, 100-104 - S. DIAS ARNAUT, A crise nacional dos fins do séc. XIV, Biblios 35, 1959, 9-597 - J. R. L. HIGHFIELD, The Catholic Kings and the Titled Nobility of Castile (Europe in the Late MA, hg. J. R. HALE, J. R. L. HIGHFIELD, B. SMALLEY, 1965), 358-385 - J. R. L. HIGHFIELD, The De la Cerda, the Pimentel and the so-called »price revolution«, EHR 87, 1972, 495-512 - J. GARCÍA ORO, Galicia en la baja edad media. Iglesia, señorío y nobleza, 1977 - J. N. HILLGARTH, The Spanish Kingdoms, 1250-1516, II, 1978 - W. D. PHILLIPS JR., Enrique IV and the Crisis of Fifteenth-Century Castile, 1425-1480, 1978.

Benavente, Juan Alfonso de, der fruchtbarste und einer der bedeutendsten Kanonisten an der Univ. Salamanca im 15. Jh., * in Benavente (Zamora), † um 1478. Er studierte die Artes liberales und lehrte in Salamanca, wohl seit 1403, Rhetorik, Oratorik und bestimmte philos. Teilbereiche. 1418-77 unterrichtete er kanon. Recht, 1443 promovierte er zum Decretorum Doctor. - 1502 druckte sein Sohn Diego Alfonso de B. die von der Buße handelnden Werke B.s unter dem Titel »Tractatus de poenitentiis...« (6 Auflagen). A. García y García

Lit.: DHEE I, 204 [B. ALONSO RODRIGUEZ] - A. GARCÍA Y GARCÍA, Un canonista olvidado: J. A. de B., Revista Española de Derecho Canónico 15, 1960, 655-669 [mit ausführl. Werkverzeichnis] - DERS., Los canonistas de la Universidad de Salamanca en los siglos XIV-XV, ebd. 17, 1962, 176-179 - DERS., Notas sobre la canonistica ibérica de los siglos XIII-XV, SG 9, 1966, 158f. - DERS., La canonistica ibérica medieval posterior al Decreto de Graciano (Rep. de Hist. de las ciencias eclesiásticas en España I (Siglos XIII-XVI), 1967), 427 - DERS., Nuevos descubrimientos sobre la canonística salmantina del s. XV, AHDE 50, 1980 [im Dr.].

Benchorath → Tābit ibn Qurra

Bencivenni, Zucchero, florent. Notar, mit Sicherheit zw. 1300 und 1313 tätig. Über ihn sind wenige biograph. Nachrichten aus den »incipit« und den »explicit« seiner Werke bekannt. Er wirkte als Übersetzer von wiss. Schriften in die Volkssprache. Seine Themen reichten von der Medizin bis hin zur Astronomie. 1300 übersetzte er aus der lat. Fassung (wahrscheinl. des Gerhard v. Cremona) den »Liber Medicinalis Almansoris« (Liber ad Almansorem) des → Rhazes; 1313 übertrug er »Le régime du corps« des → Aldobrandino da Siena in die florent. Volgare. 1313 übersetzte er den »Tractatus de sphaera« des → Johannes de Sacro Bosco (Sacrobosco). L. Premuda

Lit.: DBI VIII, 218- G. M. MAZZUCCHELLI, Gli scrittori d'Italia, II, 2, Brescia 1760, 794 - L. RIGOLI, Sopra Z. B., Atti Accad. Crusca II, 1829, 335 - F. LOSPALLUTO, I volgarizzamenti inediti dei secoli XIII e XIV, I, Z. B. 1921.

Bene v. Florenz (Florentinus), † um 1240. B., der sich auch Bonus nannte, war mindestens seit 1218 Lehrer der Grammatik und Rhetorik an der Univ. Bologna sowie Sekretär des dortigen Bischofs. Er verfaßte (nach Vat. Pal. lat. 1608 i. J. 1238) eine umfangreiche, aber rein theoret., keine Musterbriefe enthaltende Ars dictandi (»Candelabrum«). Daneben sind von ihm noch überliefert eine kleinere »Summa dictaminis«, eine »Summa grammatice«, »Regule de accentu secundum Priscianum« und »Regule metrorum«. B. war anscheinend Anhänger der Schule v. Orléans und Gegner seines - weit bedeutenderen - Kollegen Boncompagno (→ Boncompagnus v. Signa). Aus seinen Werken, die sich bei den Zeitgenossen großen Ansehens erfreuten, sind bisher nur kleine Auszüge veröffentlicht. H. M. Schaller

Lit.: DBI VIII, 239f. - A. GAUDENZI, Sulla cronologia delle opere dei dettatori bolognesi da Boncompagno a Bene di Lucca, RISI 14, 1895, bes. 110f., 150-159.

Benedeit → Navigatio St. Brendani

Benedetto da Norcia → Reguardati Benedetto

Benedict Biscop, * ca. 628, † 12. Jan. (690?), ⎕ möglicherweise in Wearmouth; vielleicht zweiter Sohn adliger Eltern aus → Bernicia, die vermutl. neu bekehrte Christen waren. B. wurde → gesith von Kg. → Oswiu. Um 653 zog er sich aus der Welt zurück und reiste nach Rom, um die dortige vita ecclesiastica kennenzulernen; eine erneute Romreise erfolgte 663. Ca. 665-666 (oder 668) hielt er sich in → Lérins auf. Er kehrte gemeinsam mit Ebf. → Theodor zurück und war dann Abt v. St. Peter und Paul in → Canterbury (669-671). Nach einem weiteren Aufenthalt in Rom empfing B. vom Kg. eine Güterschenkung, auf der er 674 das Kl. St. Peter gründete; eine zweite Schenkung (683) ermöglichte ihm die Errichtung von St. Paul (→ Jarrow-Wearmouth). Beide Häuser bildeten eine Gemeinschaft, die B.s persönl. Autorität unterstand (wobei Erbrechte seiner Verwandten ausgeschlossen waren) und päpstl. Exemtion genoß. B. schuf eine Ordnung, deren Vorschriften er aus den consuetudines von 17 ihm bekannten Monasterien ausgewählt hatte, in der sich jedoch v. a. der Einfluß der → Regula Benedicti bemerkbar macht. 674 reiste B. nochmals nach Rom. - Die Bücher, die B. auf seinen Reisen auf den Kontinent erhielt, bildeten den Grundstock einer der besten Bibliotheken im nördl. Europa seiner Zeit. Ebenso brachte er

Malereien und kostbare liturg. Geräte und Gewänder mit; er ließ auch Glasmacher aus Gallien nach England kommen. → Bedas grenzenlose Verehrung für einen Mann, der für sein Leben richtungsweisend gewesen war, ist bes. in seiner »Hist. Abbatum« und seiner Homilie zum Heiligenfest B.s bezeugt: »Wir sind seine Söhne, wenn wir ihm stets auf dem Pfad seiner Tugenden nachfolgen.«
D. A. Bullough

Q.: Bedae Historia Abbatum, ed. C. PLUMMER, Bedae Opera Hist. I, 364–379 – Bedae Homelia 13, ed. D. HURST, CC. CXXII, 88–94 – Lit.: H. MAYR-HARTING, The Coming of Christianity to Anglo-Saxon England, 1972, 149–56 – P. WORMALD, Bede and B. (Famulus Christi, hg. G. BONNER, 1976), 141–169.

Benedictus. 1. B. v. Mailand, Ebf. von 685–732, Hl. (Fest am 6. Sept.), † 11. März 732. Für die Wahrung der bfl. Rechte setzte er sich mit Eifer ein, wegen seiner Frömmigkeit genoß er hohes Ansehen (vgl. Paulus Diaconus 6, 29). Fälschlicherweise erhielt er den Beinamen 'Crispus'; auch entbehrt es jeder Grundlage, B. v. M. für den Verfasser eines recht bedeutsamen Epitaphs zu halten, das auf den 698 unmittelbar nach seiner Taufe in Rom verstorbenen Angelnkönig Caedval verfaßt wurde. Es ist bei Beda (hist. eccl. 5, 7) und nach diesem auch von Paulus Diaconus (6, 15) überliefert (inc. Culmen opes subolem). – Ebensowenig ist B. v. M. der Verfasser eines »Carmen medicinale« von 214 Hexametern, das überdies für ein med. Lehrgedicht gehalten wurde, in Wirklichkeit aber eine Parodie aus dem 14. Jh. ist.
E. Heyse

Lit.: ASS Mart. II, 84–85 – DHGE VIII, 222–223 – LThK² II, 181–182 – MANITIUS I, 197ff. – F. BRUNHÖLZL, Benedetto di Milano ed il 'Carmen medicinale' di Crispo (Aevum 33), 1959, 25–67 – G. BERNT, Das lat. Epigramm im Übergang von der Spätantike zum frühen MA (Münchener Beitr. zur Mediävistik und Renaissance-Forsch. 2), 1968 [zum Epitaph].

2. B. Levita, angebl. Mainzer Diakon, der im Auftrag seines Ebf.s Otgar († 847) eine Kapitulariensammlung in drei Büchern angelegt haben will als Fortsetzung der offiziell anerkannten Collectio des → Ansegis. Die Texte sind zu gut drei Viertel gefälscht oder verunechtet. Mit größter Wahrscheinlichkeit entstand dieses berühmte Falsifikat um 850 im westfrk. Bereich; es dürfte dem Kreis der Gegner Ebf. → Hinkmars v. Reims entstammen und gehört damit in den Komplex der → Pseudoisidorischen Fälschungen.
U. Mattejiet

Ed.: MGH Leges II, Cap. 2, 17–158 – Lit.: → Pseudoisidorische Fälschungen.

Benedictus Deus, dogmat. Konstitution → Benedikts XII. in Form einer Bulle vom 29. Jan. 1336, in welcher verbindlich gelehrt wird, daß die Seelen der Verstorbenen nach dem Tod und nicht erst beim Endgericht die Anschauung Gottes bzw. die endgültige Verdammung erreichen. Diese Entscheidung war dadurch verursacht worden, daß Johannes XXII. in den Jahren 1331–33 Thesen entwickelt hatte, die wohl urchristl. Lehren nahestanden, aber der zeitgenöss. Theologie widersprachen. Damit war er in den Ruf eines Ketzers geraten, was angesichts der Diskussion um die päpstl. Unfehlbarkeit und die Stellung des Papstes generell die universalen Ansprüche des Papsttums gefährden mußte. Deshalb entstand eine Kontroverse, an der sich Theologen, Kg.e (z. B. Robert v. Neapel) und Kard.e beteiligten. Um sie zu beenden und den Angriffen gegen das Papsttum zu erwidern, erließ B. XII. die Konstitution.
H. Wolter

Lit.: Bullarium (Turin) IV, 346b–347a – LThK² II, 171–173 – DENZINGER-SCHÖNMETZER, 1000–1002 – MIRBT-ALAND I, 469f.

Benedikt (v. Nursia), hl. → Benedikt 15.
Benedikt (v. Aniane), hl. → Benedikt 14.

Benedikt
1. B. I., *Papst* seit 2. Juni 575, † 30. Juli 579, Römer. Sein (nachrichtenarmer) Pontifikat war von schwerster Langobardennot gekennzeichnet; Rom wurde 579 belagert; Byzanz konnte die von Papst und röm. Senat erbetene Hilfe wegen des Perserkrieges nur unzureichend leisten.
G. Schwaiger

Q.: LP I, CCLV, CCLXI, 308 – JAFFÉ² I, 137; II, 695f. – Lit.: DBI VIII, 324f. [O. BERTOLINI] – HKG II/2, 207 – E. CASPAR, Gesch. des Papsttums von den Anfängen bis zur Höhe der Weltherrschaft, II: Das Papsttum unter byz. Herrschaft, 1933, 350f. – O. BERTOLINI, Roma di fronte a Bisanzio e ai Longobardi (Storia di Roma 9), 1941/42.

2. B. II., *Papst* (hl.) seit 26. Juni 684, † 8. Mai 685, Römer. Nach der Wahl 683 verzögerte sich die Weihe um ein Jahr, da die Wahlbestätigung in Konstantinopel einzuholen war. Im Zeichen des Friedens zw. Byzanz (Kaiser Konstantin IV.) und Rom sollte künftig wieder der Exarch v. Ravenna die Papstwahl bestätigen und wurde (nach dem Monotheletenstreit) die Autokephalie von → Ravenna aufgehoben. B. wirkte für die Anerkennung des 6. ökumen. Konzils (Konstantinopel 680/681) im Westen, bes. in Spanien.
G. Schwaiger

Q.: LP I, 363ff. – JAFFÉ² I, 241f.; II, 699 – Lit.: DBI VIII, 325–329 – E. CASPAR, Gesch. des Papsttums von den Anfängen bis zur Höhe der Weltherrschaft, II: Das Papsttum unter byz. Herrschaft, 1933, 614–617, 674ff., 687 – O. BERTOLINI, Roma di fronte a Bisanzio e ai Longobardi (Storia di Roma 9), 1941/42.

3. B. III., *Papst* seit 29. Sept. 855 (Weihe), † 7. (nicht 17.) April 858, Römer, sogleich nach dem Tode Leos IV. erwählt und gegen den von ksl. Missi unterstützten → Anastasius Bibliothecarius durchgesetzt; die Vorgänge wurden Anknüpfungspunkt der späteren Fabel von der Päpstin → Johanna. Als Papst auf Ausgleich bedacht, förderte er die Einigung Ks. Ludwigs II. mit seinen Brüdern Lothar II. und Karl v. der Provence (856); offenbar unter dem Einfluß seines späteren Nachfolgers Nikolaus I. betonte er die päpstl. Autorität sowohl gegenüber Ebf. → Hinkmar v. Reims wie Patriarch → Ignatios v. Konstantinopel. Der Liber Pontificalis rühmt seine Verdienste um die Kirchen Roms.
R. Schieffer

Q.: LP II, 140–150 – JAFFÉ² I, 339–341; II, 703, 744 – Lit.: DBI VIII, 330–337 – DHGE VIII, 14–27 – HALLER II, 53f. – SEPPELT II, 230–242.

4. B. IV., *Papst* seit Mai 900, † Aug. 903, Römer, wie sein Vorgänger Johannes IX. von der Partei der Formosus, krönte Febr. 901 Ludwig III. zum Ks., der jedoch schon 902 seinem it. Gegner Berengar unterlag.
R. Schieffer

Q.: LP II, 233 – JAFFÉ² I, 443f.; II, 705 – Lit.: DBI VIII, 337–342 – DHGE VIII, 27–31 – HKG III/1, 177f. – HALLER II, 143 – SEPPELT II, 345f. – H. ZIMMERMANN, Das dunkle Jh., 1971, 27f.

5. B. V., *Papst* Mai/Juni 964, † Hamburg 4. Juli (965/66?), röm. Diakon und Grammaticus, sogleich nach dem Tode Johannes' XII. gegen den ausdrückl. Willen Ks. Ottos I. gewählt und geweiht. Nach der Besetzung Roms durch Ottos Truppen (23. Juni 964) wurde B. von den Römern ausgeliefert und auf einer Lateransynode des ksl. Papstes Leo VIII. förmlich abgesetzt. Zum Diakon degradiert, mußte er in die Verbannung nach Hamburg gehen, wo er der Aufsicht Ebf. → Adaldags unterstellt wurde. Bald verstorben, wurde er zunächst in Hamburg bestattet. Später (988?) wurde sein Leichnam auf Geheiß Ottos III. nach Rom verbracht.
R. Schieffer

Q.: LP II, 251 – JAFFÉ² I, 469f. – RI II/5, 139–151 – Lit.: DBI VIII, 342–344 – DHGE VIII, 31–38 – HKG III/1, 238 – HALLER II, 157 – SEPPELT II, 371 – H. ZIMMERMANN, Das dunkle Jh., 1971, 151–153.

6. B. VI., *Papst* seit 19. Jan. 973 (Weihe), † Juli 974, Römer, zuvor (Kardinal-)Diakon von S. Teodoro, anscheinend erst nach ksl. Bestätigung geweiht. Er sanktionierte in einem verlorenen Privileg die Gründung des Bm.s Prag, während seine angebl. Urkunden für Passau und Salzburg Fälschungen sind. Nach dem Tod Ks. Ottos I. wurde B. bei einem röm. Aufstand unter Führung des Crescentius de Theodora (→ Crescentier) in der Engelsburg gefangengesetzt und beim Erscheinen eines ksl. Missus auf Betreiben des kurz zuvor erhobenen Gegenpapstes Bonifatius VII. erdrosselt. R. Schieffer

Q.: LP II, 255 f. – JAFFÉ² I, 477–479; II, 707 – RI II/5, 203–212 – *Lit.:* DBI VIII, 344–346 – DHGE VIII, 38–43 – HKG III/I, 238 – HALLER II, 159 f. – SEPPELT II, 377 f. – H. ZIMMERMANN, Das dunkle Jh., 1971, 202–213.

7. B. VII., *Papst* seit Okt. 974, † 10. Juli 983, wahrscheinl. aus der Familie des röm. Princeps Alberich (→ Alberich 3.), zuvor Bf. v. Sutri, nach der Vertreibung Bonifatius' VII. im Beisein eines ksl. Missus erwählt. Im Sommer 980 wurde er ztw. durch den zurückgekehrten Bonifatius VII. aus Rom verdrängt, konnte aber im folgenden Frühjahr mit Hilfe Ks. Ottos II. zurückkehren. B. stand in gutem Einvernehmen mit dem Ks., erteilte 975 wichtige Privilegien für Trier und Mainz und billigte 981 die Aufhebung des Bm.s Merseburg. Eine gemeinsam mit Otto II. gehaltene Synode in Rom erließ 981 strenge Bestimmungen gegen die Simonie. R. Schieffer

Q.: LP II, 258 – JAFFÉ² I, 479–484; II, 707 – RI II/5, 213–250 – *Lit.:* DBI VIII, 346–350 – DHGE VIII, 43–61 – HKG III/I, 238 – HALLER II, 160 – SEPPELT II, 378–380 – H. ZIMMERMANN, Das dunkle Jh., 1971, 204–222.

8. B. VIII., *Papst* seit 21.(?) Mai 1012, † 9. April 1024, zuvor Theophylakt, Sohn des Gf.en Gregor v. →Tusculum, als Laie zum Papst erhoben und nach kurzem Schisma gegen Gregor (VI.), den Kandidaten der → Crescentier, durchgesetzt; erster in der Reihe der Tuskulanerpäpste (Johannes XIX., Benedikt IX.). Selbstbewußt und tatkräftig sicherte sich B. mit Rückhalt an Heinrich II., den er am 14. Febr. 1014 zum Ks. krönte, die Macht über Rom und den Kirchenstaat, die er jedoch als Oberhaupt der Tuskulanerfamilie in deren Dienst stellte. Durch einen Sieg pisan. und genues. Schiffe vertrieb B. 1016 die Sarazenen von den Küsten des it. Festlandes und Sardiniens. Der Mißerfolg seines Eingreifens in den gegen Byzanz gerichteten Aufstand in →Apulien (1017/18, mit norm. Hilfe) veranlaßte B.s Reise nach Deutschland, wo er Ostern 1020 in Bamberg mit Heinrich II. zusammentraf; er weihte die dortige Stephanskirche und empfing vom Ks. eine Neuausfertigung des → Privilegium Ottonianum, die eine Übereignung des Bm.s Bamberg an den Papst einschloß. Durch Heinrichs Zug nach S-Italien (1022) konnte nur ein Teil der zuvor von B. erlittenen Einbußen wettgemacht werden. Die kirchl. Zusammenarbeit mit dem Ks., die auf mehreren gemeinsamen Synoden (→ Rom und → Ravenna 1014, → Bamberg 1020, → Pavia 1022) mit Beschlüssen gegen Simonie und Klerikerehe zum Ausdruck kam, ergab sich eher von Fall zu Fall und stand für B. kaum im Vordergrund des Interesses. Wegen des Prozesses um die →Hammersteiner Ehe geriet B. 1023/24 in einen heftigen Streit mit Ebf. →Aribo v. Mainz. R. Schieffer

Q.: LP II, 268 – JAFFÉ² I, 506–514; II, 708 f., 747 f. – RI II/5, 425–501 – *Lit.:* DBI VIII, 350–354 – DHGE VIII, 61–92 – HKG III/I, 285–288 – HALLER II, 168–172 – SEPPELT II, 402–408 – K.J. HERRMANN, Das Tuskulanerpapsttum (1012–1046), 1973 (vgl. dazu DA 34, 1978, 626 f.).

9. B. IX., *Papst* von Okt. 1032–1. Mai 1045, erneut vom 8. Nov. 1047–16. Juli 1048, † (Grottaferrata?) Ende 1055, zuvor Theophylakt, Sohn Alberichs III. v. →Tusculum und Neffe seiner beiden Vorgänger Benedikt VIII. und Johannes XIX., durch seinen Vater in relativ jugendl. Alter (jedoch nicht mit 10–12 Jahren, wie polem. Quellen behaupten) zum Papsttum erhoben. Der tuskulan. Politik distanzierten Einvernehmens mit dem Ks. folgend, traf B. Konrad II. 1037 in Cremona und 1038 in Spello, wobei er dessen Einschreiten gegen Ebf. →Aribert II. v. Mailand unterstützte; im Streit zw. →Aquileia und → Grado restituierte er nach dem Tode →Poppos v. Aquileia 1044 die Metropolitanrechte Grados. Im übrigen ist über seinen Pontifikat wenig Konkretes bekannt; heftige Vorwürfe gegen seine Lebensführung aus kirchl. Reformkreisen sind gewiß stark übertrieben, aber kaum ohne realen Kern. Sept. 1044 durch eine Adelsrevolte aus Rom vertrieben, konnte B. zwar im März 1045 den Gegenpapst Silvester III. wieder verdrängen, resignierte jedoch am 1. Mai gegen eine hohe Geldabfindung zugunsten seines Taufpaten (Gregor VI.). Auf der röm. Synode Heinrichs III. wurde er im Dez. 1046 auch förmlich abgesetzt, griff aber nach dem Tod Clemens' II. erneut nach dem Papsttum und mußte sich erst im Juli 1048 endgültig zurückziehen, als Damasus II. auf Geheiß des Ks.s durch Mgf. → Bonifaz v. Tuszien in Rom inthronisiert wurde. Nach lokaler Überlieferung soll er seine letzten Jahre in Grottaferrata zugebracht haben und dort begraben sein. R. Schieffer

Q.: LP II, 270–272 – JAFFÉ² I, 519–523; II, 709, 748 f. – *Lit.:* DBI VIII, 354–366 – DHGE VIII, 93–105 – HKG III/I, 290 f., 405 – HALLER II, 174 f., 202–208 – SEPPELT II, 412–418; III, 11 – H. ZIMMERMANN, Papstabsetzungen des MA, 1968, 120–139 – K.J. HERRMANN, Das Tuskulanerpapsttum (1012–1046), 1973 (vgl. dazu DA 34, 1978, 626 f.) – L. LUCCICCHENTI, B. e la sua tomba, Boll. della badia greca di Grottaferrata NS 28, 1974, 37–64.

10. B. X., *Papst* vom 5. April 1058–April 1060, † nach 1073, zuvor Bf. Johannes (Mincius) v. Velletri, nicht ident. mit dem 1057 im Kreis der Reformkardinäle gen. Bf. Benedikt v. Velletri. B. wurde sogleich nach dem Tode Stephans IX. von Adelskreisen Roms und der Campagna (unter Führung der Tuskulaner) erhoben, aber von den nach auswärts geflohenen Kard. der Reformpartei nicht anerkannt, die im Dez. 1058 in Siena Nikolaus II. wählten und sich mit Hilfe Hzg. → Gottfrieds II. v. Lothringen Anfang 1059 in Rom durchsetzten. B., der bereits im Jan. 1059 auf einer Synode in Sutri exkommuniziert worden war, konnte nach längerer Belagerung in Galeria mit norm. Unterstützung gefangengenommen werden. Auf der Lateransynode von 1060 endgültig abgesetzt, starb er unter Gregor VII. in einem röm. Kloster. R. Schieffer

Q.: LP II, 279, 334 f. – JAFFÉ² I, 556 f. – *Lit.:* DBI VIII, 366–370 – DHGE VIII, 105 f. – HKG III/I, 413–416 – HALLER II, 226–240 – SEPPELT II, 36–44 – H. ZIMMERMANN, Papstabsetzungen des MA, 1968, 139–147 – T. SCHMIDT, Alexander II. (1061–1073) und die röm. Reformgruppe seiner Zeit, 1977, bes. 72–80.

11. B. XI. (vorher Nikolaus Boccasini), *Papst* (sel.) seit 22. Okt. 1303, * 1240 Treviso, † 7. Juli 1304 in Perugia. Mit 14 Jahren Dominikaner, 1296 Generalmagister des Ordens, 1298 Kard., 1300 Kard.-Bf. v. Ostia. B. hatte in den Wirren → Bonifatius' VIII. mit den → Colonna und Kg. → Philipp IV., Kg. v. Frankreich, zum Papst gehalten, sich als Legat bewährt, wurde unter Ausschluß der Colonna-Kardinäle gewählt und suchte nun notgedrungen Frieden mit Frankreich (Absolution des Kg.s von etwaigen Zensuren) und den Colonna (Rücknahme der Kirchenstrafen; teilweise Wiedereinsetzung in Amt, Würden und Besitz). Als er das unruhige Rom bald verließ und in Perugia größere Sicherheit fand, wurden Guillaume de → Nogaret und seine it. Helfer beim Überfall auf Bonifatius VIII. (Anagni) exkommuniziert. Der kurze Pontifikat des offensichtl. engen, ängstl. B. leitet hinüber zur Epoche Clemens' V. G. Schwaiger

Q.: CH. GRANDJEAN, Le registre de Benoît XI, 1905 – *Lit.:* DBI VIII, 370–378 – DHGE VIII, 106–116 – H. FINKE – M. GAIBROIS Y BALLESTE-

ROS, Roma despuès de la muerte de Bonifacio VIII, 1924 – A.M. FERRERO, Benedetto XI papa domenicano, 1934 – SEPPELT-SCHWAIGER IV², 56–60 – HKG III/2, 366–368 – G.F. NÜSKE, Unters. über das Personal der päpstl. Kanzlei 1254-1304, II, ADipl 21, 1975, 249–431.

12. B. XII. (Jacques Fournier), *Papst seit 20. Dez. 1334* (Wahl, Krönung: 8. Jan. 1335), * um 1285 als Sohn bürgerl. Eltern in Saverdun (südl. von Toulouse), † 25. April 1342. Von seinem Onkel Arnaud Nouvel (Abt der Zisterze Fontfroide, seit 1310 Vizekanzler Clemens' V.) gefördert und geprägt, trat er in die Zisterze Boulbonne ein, promovierte in Paris zum Magister der Theologie und wurde 1311 Abt v. → Fontfroide. Als Bf. v. Pamiers (1317) und von Mirepoix (1326) bekämpfte er erfolgreich Häresien und Sittenverfall. Seit 1327 Kard., wurde er 1334 als Kompromißkandidat zum Papst gewählt, nach Eugen III. der erste Zisterzienser. Gleich nach seiner Wahl verkündete er ein Reformprogramm, das er fortan zu realisieren suchte. Sein bemerkenswerter Versuch, aus eigenem Antrieb die Gesamtkirche zu reformieren, hebt ihn aus der Reihe der Avignoneser Päpste heraus, denen er als Administrator und Politiker nachstand. Seine Reformpolitik war stark vom Hang zur Askese und von seinen regional eng begrenzten Erfahrungen in Südfrankreich geprägt und galt der Zurückdrängung von Korruption, Nepotismus und Häresie. An der Kurie wurde das Amt des Justizmarschalls wieder der päpstl. Kontrolle unterstellt; die neuorganisierte päpstl. Bußbehörde (Pönitentiarie) erhielt eine Taxrolle und ein neues Formular; für den liturg. Dienst gründete der Papst die capella intrinseca (Vorläuferin der heutigen capella pontificia); außerdem erteilte er an der Kurie erkrankten Klerikern das Testierrecht, reformierte das Almosenamt, verbot Bestechungsgelder für Kuriale und regte die Registrierung der Suppliken an (seit seinem Nachfolger verwirklicht). An der päpstl. Pfründenpolitik festhaltend, versuchte er doch, deren größte Mißstände zu verringern. Daher reduzierte er, bes. seit 1336, drast. die Vergabe von Kommenden, Expektanzen und Dispensen, gab den Domkapiteln und Kl.n das Wahlrecht zurück, führte für die Pfründenvergabe eine Eignungsprüfung ein und prozessierte bei Pfründenvernachlässigung durch verstorbene Kardinäle. Mit den deshalb um ein Drittel gesunkenen Einnahmen finanzierte er – abgesehen von den Personalausgaben – v. a. Almosen, Bauten (z. B. den Papstpalast) sowie Paramente und Bücher. Schon wegen seiner eingeschränkten Pfründenvergabe heftig kritisiert, stieß er mit seiner Ordensreform häufig auf Ablehnung, v. a. bei den Dominikanern, die daher auch keine Reformkonstitution erhielten. In Zusammenarbeit mit Ordensangehörigen und Kard. erließ er Reformgesetze gegen umherstreifende Mönche und gegen den Übertritt in andere Orden. Wichtiger noch waren seine langen Konstitutionen für Zisterzienser (1335), Benediktiner (1336), Franziskaner (1336) und Regularkanoniker (1339); weitere von ihm vorbereitete Konstitutionen wurden von Clemens VI. erlassen. Die Konstitutionen regelten die Organisation und Kontrolle in den Orden, Kult und vita communis, das Verbot von Privateigentum, die Rechtsprechung und v. a. das Studium. Neben den Ordensregeln blieben die meisten Konstitutionen bis zum 16. Jh. die Grundlage für Gesetzgebung und Reform der betreffenden Orden. Außer seinen Reformen erlangten B.s dogmat. Konstitution → »Benedictus deus« (1336), die den Streit um die visio beatifica beendete, und die Erlasse seines Legaten Bertrand de Déaulx im Kirchenstaat Bedeutung. Dagegen scheiterte meist seine Politik gegenüber Deutschland, England, Frankreich und Sizilien. Auch seine theol. Schriften blieben weithin unbeachtet.

B. Schimmelpfennig

Q.: J. DUVERNOY, Le registre d'inquisition de J.F., évêque de Pamiers (1318 à 1325), 3 Bde, 1965 – J.-M. VIDAL, Benoît XII. Lettres communes, 1903-11 – G. DAUMET, Benoît XII. Lettres closes ... se rapportant à la France, 1899-1920 – J.-M. VIDAL-G. MOLLAT, Benoît XII. Lettres closes ... intéressant les pays autres que la France, 1913-50 – *Lit.*: J.-M. VIDAL, Notice sur les œuvres de Benoît XII, RHE 6, 1905, 557-65 u. 785-80 – DERS., Le tribunal d'inquisition de Pamiers. Notice sur le registre de l'évêque J.F., 1906 – K. JACOB, Stud. über Papst B. XII., 1910 – J.-B. MAHN, Le pape Benoît XII et les cisterciens, 1949 – B. GUILLEMAIN, La politique bénéficiale du pape Benoît XII, 1952 – CL. SCHMITT, Un pape réformateur et un défenseur de l'unité de l'Eglise, Benoît XII et l'Ordre des Frères Mineurs, 1959 – B. SCHIMMELPFENNIG, Zisterzienserideal und Kirchenreform. (Zisterzienser-Stud. 3), 1976, 11–43 – DERS., B. XII. und Ludwig der Bayer, AK 59, 1977, 212–221 – L. BÖHM, Papst B. XII. als Förderer der Ordensstud. (Fschr. N. BACKMUND, 1978), 281–310.

13. B. XIII. (Pedro de Luna), *avignones. Papst seit 28. Sept. 1394* (Wahl, Krönung: 11. Okt. 1394), Absetzung am 26. Juni 1417; * ca. 1327 zu Illueca (Kgr. Aragón); Eltern: Juan Martínez de Luna, Maria Pérez de Gotor; † wahrscheinl. 23. Mai 1423 in Peñiscola. Erst nach Diensten für das Haus Trastámara Eintritt in den geistl. Stand, Studium in Montpellier, dort Professor des kanon. Rechts. Kanonikus – nacheinander – in Vich, Tarragona, Huesca und Mallorca, bepfründet auch in Tarragona, Zaragoza, Valencia und Tortosa. Seit 20. Dez. 1375 Kard. Gregors XI. (Titel S.M. in Cosmedin). B. begleitete Gregor XI. nach Rom, wo er nach dessen Tod an der Wahl Urbans VI. teilnahm. Er schloß sich der Kardinalsgruppe an, die am 20. Sept. 1378 Clemens VII. wählte und damit das Große →Abendländ. Schisma verursachte. Als Legat Clemens' VII. konnte er für diesen Kastilien (1381), Aragón (1387) und Navarra (1390) gewinnen. Der Mißerfolg einer analogen Legation nach Frankreich, den Niederlanden und England (1393) belastete sein Verhältnis zu Clemens VII., dem er am 28. Sept. 1394 nachfolgte (jetzt erst Empfang von Priester- und Bischofsweihe). Von der Univ. Paris auf die via concilii gedrängt, entzog ihm Frankreich die Obödienz (28. Juli 1398), was zur Distanzierung eines Teils der Kard.e und der Kurie von B. und zu vierjähriger Belagerung B.s im Papstpalast zu Avignon durch frz. Truppen führte. Nach der Flucht B.s kehrte Frankreich zur Obödienz B.s zurück.

Auf die Neutralitätserklärung Frankreichs gegenüber beiden Päpsten (B. und Gregor XII., 25. Mai 1408) reagierte B. mit der Einberufung eines Konzils nach → Perpignan und verließ Italien. Dieses Konzil (Beginn: 15. Nov. 1408) bat B., den es als rechtmäßigen Papst anerkannte, um die Abdankung. B. richtete deshalb an das am 25. März 1409 eröffnete Konzil v. → Pisa, das von vier von B. abgefallenen Kard.en gemeinsam mit den neun Kard.en Gregors XII. einberufen worden war, eine Gesandtschaft mit der Vollmacht, für ihn die Abdankung zu vollziehen, falls Gregor sterbe, abdanke oder abgesetzt, und der Amtsverlust auch wirksam werde. Die in Pisa weilenden Kardinäle B.s kündigten ihm am 17. März 1409 die Obödienz auf. Die Pisaner verweigerten nun Verhandlungen mit der am 12. Juni 1409 angekommenen Gesandtschaft, nachdem sie bereits am 5. Juni 1409 Gregor XII. und B. als abgesetzt erklärt hatten. Nun war die Obödienz B.s auf den Bereich der Krone Aragón, Kastilien, Foix, Armagnac, Schottland sowie einige Teile Frankreichs und einige Städte Italiens beschränkt. B. hielt sich jetzt in Spanien auf. Der dank dem Einfluß B.s dem Kg. Martin I. »el Humano« nachfolgende Ferdinand v. Antequera proklamierte am 22. Jan. 1414 den Anschluß Siziliens an die Obödienz B.s (vgl. auch → Aragón, Abschnitt III und IV).

Nach Einberufung des Konzils v. → Konstanz (9. Dez.

1413) erfolgten mehrfache Bemühungen Kg. Siegmunds und später auch des Konzils um Beitritt B.s und seiner Obödienz – die erzwungene Abdankung Johannes' XXIII. (29. Mai 1415) und die freiwillige Gregors XII. (4. Juli 1415) hatten B. nämlich zum einzigen »contendens de papatu« gemacht. Mit ihm verhandelten zu Perpignan (19. Sept.-14. Okt. 1415) Siegmund und der kranke unionswillige Kg. Ferdinand. B. war nicht zur Abdankung bereit und floh. Am 13. Dez. einigten sich Siegmund und die Konzilsgesandten mit den Fs.en der Obödienz B.s auf die Capitula Narbonensia: Beide Obödienzen luden einander zum Konzil nach Konstanz; beide erklärten die Absicht, ohne Rücksicht auf die Absetzungsurteile von Pisa zur Absetzung B.s und zu neuer Papstwahl zu schreiten, wobei alle gegenseitig ausgesprochenen kanon. Strafen für nichtig erklärt wurden. Am 6. Jan. 1416 erfolgte der offizielle Entzug der Obödienz durch die Länder der Krone Aragón. In Konstanz wurde am 15. Okt. 1416 der Prozeß gegen B. eröffnet. Nach dem am 28. Juni 1417 erfolgten Obödienzentzug Kastiliens blieben bei B. in wesentl. nur noch Foix und Armagnac. Die Absetzung B.s durch das Konzil v. Konstanz erfolgte am 26. Juni (am 11. Nov. 1417 Wahl Martins V.). – Die letzten Jahre seines Lebens verbrachte B. vereinsamt, aber ungebeugt in der Seefestung Peñiscola, wo er am 26. Nov. 1422 noch vier Kard.e ernannte. Ein behaupteter Vergiftungsversuch des Kard.s Adimari ist wohl Legende. B. starb eines natürl. Todes. Von den angegebenen Todesdaten (22. Nov. 1422; Nov. 1423) ist der 23. Mai 1423 das wahrscheinlichste, da schon am 10. Juni 1423 die Wahl seines Nachfolgers Clemens VIII. bezeugt ist.

B.s Verhalten in der Konstanzer Unionsfrage wird zumeist sehr negativ beurteilt: Vorwurf von Starrsinn und Verschlagenheit. Dergleichen steht jedoch in Kontrast zu der selbst von Gegnern ihm zugebilligten Integrität von Leben und Charakter: »...magnum, laudabilem imo sanctum virum...« (Nikolaus v. Clémanges). Auch die Freundschaft mit den bedeutenden Bußprediger (hl.) Vincenz → Ferrer und dessen Bruder Bonifatius mahnen zur Vorsicht beim Urteil. Eindrucksvoll auch die tiefdringende und peinl. gewissenhafte theol.-kanonist. Begründung für B.s Haltung durch ihn und seine Kurie. Für die Weite seines Horizontes zeugen – neben seinen theol. und kanonist. Werken – die Förderung der Univ. Salamanca, die Urgierung des Sprachenkanons des Konzils von Vienne und B.s Disputationen mit jüd. Rabbinern (bes. 1413 zu Tortosa).

Daß B. nicht abgedankt hat, wie in seiner Wahlkapitulation von 1409 beschworen, liegt wohl daran, daß seine berechtigten Zessionsbedingungen bis 1415 nie erfüllt waren. Seine Haltung nach diesem Zeitpunkt ist noch zu erforschen. Problemat. ist auch das Motiv seines Übergangs zu Clemens VII., in dessen Nachfolge er als Gegenpapst zu bezeichnen ist.

Aus seinen eigenen *Werken* ergibt sich das Bild eines Autors, der durchdringenden Scharfsinn mit stringenter Logik und großer Gelehrsamkeit wie intellektueller Redlichkeit verbindet: »Allegationes pro papa et contra rebellantes per quendam venerabilem doctorem. Quia ut audio ...« (1399, auch in später erweiterter Fassung); »Tractatus de principali schismate« (noch nicht wiedergefunden); »Tractatus de novo subschismate. Quia nonnulli...« (1409/10); »Tractatus de concilio generali. Presens tractatus...«; »Replica contra libellum factum contra tractatum. Quia nonnulli« (1411); »Super casu obediencie pape substracte in regno Aragonie. Super horrendo et funesto...« (1416); »De horis canonicis dicendis«; »Tractatus contra Iudaeos. Queritur utrum per scripturas...«; »Repetitio super c. Sicut stellas. Incipit tractatus intitulatus Stella...«. Das ihm öfters zugeschriebene »Speculum Sapientiae vel Libri XV de consolatione theologica« ist nach STEGMÜLLER Teil eines Werkes → Johannes' v. Dambach.

W. Brandmüller

Ed.: DHEE II, 1972, 1368–1370 (A. CANELLAS) – HKG III, 2 passim – LThK² II, 177 – F. EHRLE, Die kirchenrechtl. Schr. Peters v. Luna (ALKGMA 7), 1900, 515–575 [Fragmente] – Repertorio de Historia de las ciencias eclesiasticas de España I, 1967; II, 1971; V, 1976 ad ind. – Q.: F. EHRLE, Aus den Acten des Afterconcils v. Perpignan 1408 (ALKGMA 5), 1889, 387–492; (ALKGMA 7), 1900, 576–694 – DERS., Neue Materialien zur Gesch. Peters v. Luna (ALKGMA 6), 1892, 1–302; (ALKGMA 7), 1900, 1–306 – Martin de Alpartils Chronica actitatorum temporibus domini Benedicti XIII., hg. F. EHRLE, 1906 – Bonifacio Ferrer, Tractatus pro defensione Benedicti XIII. (MARTÈNE-DURAND, ThLL II), 1435–1529 – BALUZE-MOLLAT, Vitae Paparum Avenionensium I–IV, 1914–27 – *Lit*.: S. PUIG Y PUIG, Pedro de Luna, Último Papa de Aviñón, 1920 – DERS., Episcopologio de la Sede Barcinonense, 1929, 263–321 – M. SEIDLMAYER, Pedro de Luna und die Entwicklung der großen abendländ. Schismas, SFGG GAKGS 4, 1933, 206–247 – W. BRANDMÜLLER, Die Gesandtschaft B.s XIII. an das Konzil v. Pisa (Fschr. H. TÜCHLE, 1975), 169–205 – H. IMMENKÖTTER, Ein avignones. Bericht zur Unionspolitik B. XIII., AHC 8, 1976, 200–249 – El cisma d'occident a Catalunya, les illes i el pais Valencià (ed. Institut d'Estudis Catalans), 1979 [erschöpfende Bibliogr.].

14. B. v. Aniane (ursprgl. Witiza, lat. Euticius), Klostergründer und Organisator des eigtl. benediktin. Mönchtums, * um 750 als Sohn des Gf.en v. Maguelone westgot. Abkunft, † 11. Febr. 821. Am Hofe Pippins d. J. und Karls d. Gr. erzogen, zog sich B. infolge des trag. Todes seines Bruders auf dem frk. Italienzug von 773/774 von der Welt zurück. St-Seine b. Dijon, wo er als Mönch eingetreten war, verließ er ob der laxen Handhabung der monast. Observanz nach einiger Zeit wieder und ließ sich auf dem väterl. Erbgut zu → Aniane b. Montpellier nieder. Dort führte er das kompromißlose Leben eines Anachoreten, das bald seine ersten Jünger abstieß. Witiza überwand diese Krise seiner Berufung, indem er die zönobit. Form monast. Lebens wählte und die Regeln der hl. Pachomius und Basilius zur Ausdrucksform klösterl. Gemeinschaftslebens erhob, da sich die Regel Benedikts v. Nursia nur für Schwächlinge und Anfänger eigne. Die daraus resultierende Ausgestaltung des kommunitären Alltagslebens mündete erneut in eine Krise seiner monast. Berufung.

Daher wandte er sich von nun an mit ganzer Intensität der Benediktinerregel als einzig gültiger Norm monast. Existenz zu. Er brach mit der gesamten Tradition, in der die Regula s. Benedicti dank der karol. Gesetzgebung unbestrittenes Kernstück bildete, das zwar der vita monastica seinen Namen leihen konnte, aber eben nicht als ausschließl. Satzung galt. Das von ihm so entwickelte Prinzip der una regula nötigte B. zu weitreichenden Folgerungen. Seine Gemeinschaft wuchs zu einem Großkonvent an. Ihn unterstellte er mit dem Kloster und allem Besitz 792 dem Schutz des Herrschers, der Aniane zur Königsabtei erhob. Der anian. Konvent entsandte Mönche in die monasteria von Gf.en, Bf.en und auch des aquitan. Unterkönigs. Neben die dadurch erforderl. Visitationsreisen und die monast. »Schulungskurse« auswärtiger Mönche in Aniane traten Aufträge der Staatsgewalt, so zwei Reisen B.s zwecks Abwehr des → Adoptianismus in die Gft.en diesseits und jenseits der Pyrenäen, Mithilfe bei der Anpassung röm. liturg. Bücher an die Erfordernisse der frk. Kirche, schriftsteller. Tätigkeit, die den Ausbau eines der frk. Minuskel verpflichteten Skriptoriums erforderte. Wie wörtl. die Quellenaussage zu nehmen ist, »fast alle Mönchsklöster« im aquitan. regnum hätten dank B. die regularis forma – die una regula – die Benediktinerregel als unumstößl. Grundgesetz monast. Lebensführung angenommen, entzieht sich im konkreten Fall oft unserer Kenntnis. Zum Kaiser aufgestiegen, bezog Ludwig der Fromme nach 814 die Verpflichtung der Mönchsklöster auf das Prinzip der una regula in sein Regierungsprogramm der auf der unitas von ecclesia und res publica gegründeten Renovatio regni Francorum ein. Drei Synoden befaßten sich 816, 817 und 818/819 mit der monachorum causa. Ihre Beschlüsse, die B.s Handschrift tragen, aber vom Ks. als Kapitularien verkündet wurden, stellten nicht nur die Mönchsklöster vor die Wahl, ihren monast. ordo nunmehr einzig in der Beobachtung der Benediktregel zu realisieren, sie gaben ihnen auch die Regula s. Benedicti absichernde, sie ergänzende und für den Bereich des Imperium Francorum geeignetere Gewohnheiten mit auf den Weg, consuetudines, die B. und die übrigen Synodalen in Ermangelung der längst untergegangenen authent. benediktin. Tradition geltenden monast. Vorbildern, den liturg. Vorschriften der röm. Kirche und der karol. Gesetzgebung entnahmen. Die ksl. Autorität, die neben der Umstellung der Mönchs- und Nonnenkonvente auf die una regula auch die Übernahme der una consuetudo, der überall gleichförmig zu beobachtenden Gewohnheiten, durch eigens berufene missi monastici überwachen ließ, erreichte das gesteckte Ziel nur hinsichtl. der una regula: Die divergierende Interpretation der monast. Tradition und die verschiedenartige Wertung der konsultierten Autoritäten führten schon auf den Reichssynoden 816–818/819 zu unterschiedl. Ausgangspositionen, die in differierenden consuetudines des 9.Jh. und des ganzen HochMA sich verfestigten.

Im Zeichen der una regula durfte sich der monast. Konvent, der die Benediktregel als ausschließl. Norm klösterl. Lebens akzeptierte und die geltenden consuetudines als »Ausführungsbestimmungen« ihr unterordnete, wie B. das Verhältnis von Regel und consuetudo fixierte, hinfort rechtens Benediktinergemeinschaft nennen. Für den benediktin. Konvent propagierte B. jetzt erst den für authent. gehaltenen Text der Regel, ohne die umlaufenden Gebrauchstexte zu verwerfen, erarbeitete mit dem Ks. den Modus der Integration in die staatl. Strukturen durch Schutz- und Wahlprivileg, durch normative Festsetzung der Leistungen für Ks. und Reich; durch Aussonderung einer nur der Gemeinschaft zugängl. mensa, war der Klosterobere nicht mehr Mönch. Die ksl. Gesetzgebung und Privilegierung trugen entscheidend dazu bei, daß bis weit ins HochMA hinein monast. Existenz nur noch unter Anerkennung der Regula s. Benedicti als klösterl. Grundgesetz möglich war. Gemeinschaften, die sich widersetzten, hielt die Reichsgesetzgebung einen Platz unter den canonici offen, deren Lebensweise sie sich nach und nach anglichen. Die Rückwirkungen der benediktin. Ausprägung der klösterl. Konvente und der anian. consuetudo auf die bauliche Gestaltung der monasteria suchen intensive Forschungen der jüngsten Zeit zu erhellen. B., für den der Ks. eigens Kornelimünster bei Aachen ins Leben rief, das für die Kl. im Gesamtreich als »Musterkloster« fungieren sollte, übernahm selbst Reisen als missus monasticus Ludwigs d. Frommen. Er beriet den Herrscher nicht nur in monast. Fragen, sondern bekümmerte sich auch um die Ausgestaltung der kanonikalen Lebensweise. Er dürfte schließlich der reichsgesetzl. Integration der Eigenkirche in das frk. Reichskirchensystem nicht ferngestanden haben. Wie weit sein Einfluß in polit. und verfassungsrechtl. Dingen reichte, läßt sich schwer abschätzen.

Fakt. Verlauf und Erfolge der benediktin. Bewegung, die B. ins Werk setzte, lassen sich nur noch fragmentar. rekonstruieren. Wir wissen von Einzelreformen (z.B. Fulda, Remiremont, St-Denis); wir kennen auch die von Corbie sowohl nach Sachsen als auch nach Italien ausgehenden, die auf Cluny, St. Maximin vor Trier, Brogne zulaufenden »Filiationsketten«. Ansonsten müssen wir Zusammenhänge, ja selbst das Datum der Übernahme der Benediktinerregel als exklusiver Norm durch mehr oder weniger befriedigende Hypothesen erschließen. Dieser Tatbestand erklärte das Urteil der Forschung, die einerseits von B., dem die Zeitgenossen den Ehrennamen »Benedictus II« zulegten, grundstürzende »Fernwirkungen« in der gesamten Geschichte des abendländ. Mönchtums ausgehen läßt, andererseits von einem schnellen Erlöschen seiner Initiativen nach seinem Tode spricht.

J. Semmler/H. Bacht

Ed.: Disputatio adversus Felicianam impietatem, MPL 103, 1381–1390 – Testimoniorum nubecula, MPL 103, 1399–1413 – Munimentum fidei, ed. J. LECLERCQ, Les munimenta fidei de saint Benoît d'Aniane, StAns 20, 1948, 21–74 – Concordia regularum, MPL 103, 703–1380; vgl. A. ROUSELLE-ESTÈVE, Saint Benoît d'Aniane et Cassien. Étude sur la concordia regularum, AM 75, 1963, 145–160 – Liber ex regulis diversorum patrum collectus = Codex regularum, MPL 103, 393–664; vgl. M.-E. BOUILLET, Le vrai Codex regularum de Saint Benoît d'Aniane, RevBén 75, 1965, 345–350; J. NEUFVILLE, Les éditeurs des regulae patrum: Saint Benoît d'Aniane et Lucas Holste, ebd. 76, 1966, 327–345 – Modus penitentiarum, ed. J. SEMMLER, CCM I: Initia consuetudinis Benedictinae, 1963, 565–582 – Bearbeitung des Sacramentarium Gregorianum: J. DESHUSSES, Le Sacramentaire grégorien, I: Le sacramentaire. Le Supplément d'Aniane, Spicilegium Friburgense 16, 1971; vgl. DERS., Le Sacramentaire de Gellone dans son contexte hist., EL 75, 1961, 193–210 – DERS., Le Supplément au Sacramentaire grégorien: Alcuin ou Benoît d'Aniane, ALW 9, 1965, 48–71 – H. BARRÉ-J. DESHUSSES, A la recherche du missel d'Alcuin, EL 82, 1968, 1–44 – J. DESHUSSES, Le Sacramentaire pré-hadrianique, RevBén 80, 1970, 213–237 – Briefe: MGH SS XV, 219f. – MGH Epp. Karol. IV, 561ff. – Monast. Gesetzgebung Ludwigs d. Frommen und ihr zuzuordnende Texte: Synodi Aquisgranensis I (816) praeliminaria atque commentationes (Statuta Murbacensia), ed. J. SEMMLER, CCM I, 1963, 435f., 441–450 – Synodorum Aquisgranensium decreta authentica (816 und 817), ed. J. SEMMLER, CCM I, 457–468, 473–481 – Capitula in Auuam directa, ed. H. FRANK, CCM I, 333–336 – Capitula notitiarum, ed. H. FRANK, CCM I, 341–345 – Regula s. Benedicti abbatis Anianensis sive Collectio capitularis, ed. J. SEMMLER, CCM I, 515–536 – Notitia de servitio monasteriorum, ed. P. BECKER, CCM I, 493–499 – Ordo Casinensis I dictus Ordo regularis, edd. T. LECCISOTTI, K. HALLINGER, M. WEGENER, CCM I, 101–104; vgl. P. ENGELBERT, Die Herkunft des Ordo regularis, RevBén 77, 1967, 264–297 – Capitula qualiter observationes... instituat, ed. H. FRANK, CCM I, 353f. – Die B. zeitweise zugeschriebenen Homeliare stammen sicher nicht von ihm; vgl. R. ETAIX, Un florilège ascétique attribué indument à Saint Benoît d'Aniane, RevBén 88, 1978, 248–260.

Q.: Vita Benedicti abbatis Anianensis et Indensis, MGH SS XV, 198–220; vgl. C. MOLAS, A proposito del ordo diurnus de San Benito de Aniano, Studia Monastica 2, 1960, 205–221 – Annales Anianenses, ed. C. DEVIC-J. VAISETTE, Hist. générale de Languedoc II², 1875, 1–12 – Thegan, Vita Hludowici imperatoris, MGH SS II, 585–604 – Vita Hludowici imperatoris auctore anonymo, MGH SS II, 607–648 – Ermoldus Nigellus, In honorem Hludowici imperatoris elegiacum carmen, ed. E. FARAL, Les classiques de l'hist. de France, 1932 – J. F. BÖHMER, E. MÜHLBACHER, J. LECHNER, Die Reg. des Kaiserreiches unter den Karolingern = Regesta imperii I², 1908 [Neudr. mit Erg. C. BRÜHL und H. H. KAMINSKI 1966].

Lit.: DIP I, 1357ff. – TRE III, 535–538 – LThK² II, 190 [Lit.] – A. M. MUNDÓ, El commicus palimsest Paris lat. 2269. Amb notes sobre litúrgia i manuscripts visigotics a Septimania i Catalunya = Liturgica I. Cardinali I. A. SCHUSTER in memoriam (Scripta et documenta 7, 1956), 381–399 – J. SEMMLER, Stud. zum Supplex libellus und zur anian. Reform in Fulda, ZKG 69, 1958, 268–298 – DERS., Volatilia. Zu den benediktin. Consuetudines des 9. Jh., SMGB 69, 1958, 163–176 – DERS., Traditio und Königsschutz, ZRGKanAbt 45, 1959, 1–33 – DERS., Zur Überlieferung der monastischen Gesetzgebung Ludwigs d. Fr., DA 16, 1960, 309–388 – DERS., Reichsidee und kirchl. Gesetzgebung bei Ludwig dem Frommen, ZKG 71, 1960, 37–65 – C. WILSDORF, Le manuscrit et l'auteur des Statuts dits de Murbach, Revue d'Alsace 100, 1961, 102-110 - W. HORN, On the author of the Plan of Saint Gall and the relation of the Plan to the monastic movement, Mitteilungen zur vaterländ. Gesch., hg. Hist. Verein d. Kantons St. Gallen 42, 1962, 103-128 - E. HLAWITSCHKA, Zur Klosterverlegung und zur Annahme der Benediktregel in Remiremont, ZGO 109, 1962, 249-269 - P. MEYVAERT, Towards a hist. of textual transmission of the Regula s. Benedicti, Scriptorium 17, 1973, 83-106 - J. SEMMLER, Die Beschlüsse des Aachener Konzils i. J. 816, ZKG 74, 1963, 15-82 - R. KOTTJE, Einheit und Vielfalt des kirchl. Lebens in der Karolingerzeit, ebd. 76, 1965, 323-342 - J. SEMMLER, Karl d. Gr. und das frk. Mönchtum (BRAUNFELS, KdG II, 1965), 255-289 - F. L. GANSHOF, Een kijk op het regeringsbeleid van Lodewijk de Vrome tijdens de jaren 814 tot 830, Mededelingen van de Koninklijke Vlaamse Academie voor Wetenschapen, Letteren en Schone Kunsten van België, Klasse der Letteren, 29, 1967, Nr. 2 - K. SCHÄFERDIEK, Der adoptianist. Streit im Rahmen der span. Kirchengesch., ZKG 80, 1969, 291-311; ebd. 81, 1970, 1-16. - J. SEMMLER, Die Kl. Corvey und Herford in der benediktin. Klosterreform des 9. Jh., FMASt 4, 1970, 289-319 - A. DE VOGÜÉ-J. NEUFVILLE, La règle de saint Benoît I, SC 181, 1972, 319-351 [Lit.] - A. ANGENENDT, Monachi peregrini. Stud. zu Pirmin und den monast. Versuchungen des frühen MA (MMS 6), 1972 - A. A. HÄUSSLING, Mönchskonvent und Eucharistiefeier. Eine Stud. über die Messe in der abendländ. Klosterliturgie des frühen MA und zur Gesch. der Meßhäufigkeit, LQF 58, 1973 - A. M. MUNDÓ, Regles i observances monàstiques a Catalunya, Col·loqui d'història del monaquisme català II (Scriptorium Populiti 9, 1974), 7-24 - E. MAGNOU-NORTIER, La société laïque et l'Église dans la province ecclésiast. de Narbonne (zone cis-pyrénéenne) de la fin du VIIIᵉ à la fin du XIᵉ s. (Publications de l'Univ. de Toulouse-Le Mirail, S. A, t. 20, 1974) - P. WILLMES, Der Herrscher-»Adventus« im Kl. des Früh-MA (MMS 22), 1976 - P. WOLFF, L'Aquitaine et ses marges sous le règne de Charlemagne (Regards sur le Midi médiéval, 1978), 19-67 - O. G. OEXLE, Forsch. zu monast. und geistl. Gemeinschaften im westfrk. Bereich (MMS 31), 1978 - K. ZELZER, Zur Stellung des Textus receptus und des interpolierten Textes in der Textgesch. der Regula s. Benedicti, RevBén 88, 1978, 205-246 - J. SEMMLER, Mönche und Kanoniker im Frankenreiche Pippins III. und Karls d. Gr., Stud. und Vorarbeiten zur Germania Sacra 14, 1980, 78-111 - W. HORN-E. BORN, The Plan of St. Gall, 3 Bde, 1980/81.

15. B. v. Nursia, hl., der Vater des abendländ. Mönchtums, * um 480 v. Chr. im heut. Norcia bei Spoleto in Umbrien. Von freien, nicht unbegüterten Eltern stammend, wurde er nach unserer einzigen Quelle für sein Leben, Gregor d. Großen, Dial. II 1, zum Studium nach Rom geschickt, vollendete es aber nicht, sondern schloß sich in Afide (jetzt Affile) einer Asketengemeinschaft an. Er zog sich drei Jahre lang in eine Höhle bei Subiaco im Anio-Tal zurück und folgte dann dem Ruf einer Eremitengemeinschaft als Vorsteher in Subiaco selbst. Diese führte er in eine Ordnung nach den Vorschriften des →Pachomios über, nach der die Mönche in 12 kleinen Kl. unter seiner Leitung lebten. Intrigen gegen ihn veranlaßten B. nach einiger Zeit zum Verlassen der Siedlung. Er zog mit einigen Mönchen nach S und fand auf einem Berg über Casinum, auf dem noch eine heidn. Kultstätte bestand, Unterkunftsmöglichkeit. Daß dies i. J. 529 geschehen sein soll, einem Sammeljahr hist. Begebenheiten, ist unsicher. Der Ruf von seiner Persönlichkeit und die Lebensunsicherheit in den Tälern infolge durchziehender Barbarenhorden brachte der Gemeinschaft großen Zulauf. Es bedurfte einer starken Persönlichkeit und einer alles ordnenden Hausregel, um die Brüderschaft beisammenzuhalten und sie den geistigen Zielen des Gründers zuzuführen. B. verfaßte seine → Regula unter Benützung anderer Klosterregeln und gesammelter Erfahrungen (Reg. 1, 6) etwa um 540; aus ihr ist die Persönlichkeit B.s erkenntl., sein Streben nach Ordnung, seine discretio (Entscheidungsfähigkeit in jeder Situation), seine Gottes- und Nächstenliebe, sein Bereitsein zu Nachsicht und den Schwachen und seine pastorale Sorge. Nach Gregor, Dial. 2, 14 f. besuchte ihn 542 oder 546 der Gotenkönig Totila. Den Tod B.s hat wohl am richtigsten J. CHAPMAN, S. Benedict and the Sixth Century, p. 146, gegen 560 angesetzt. In Monte Cassino wurde er begraben; die alte Tradition einer Überführung seiner Gebeine nach Frankreich dürfte nicht haltbar sein. Nach der 3. Zerstörung von → Montecassino i. J. 1944 soll das Doppelgrab von B. und seiner Schwester → Scholastica dort wieder entdeckt worden sein. 1964 erhob ihn Papst Paul VI. zum Patron von ganz Europa.   R. Hanslik

Ed. und Lit.: R. HANSLIK, Benedicti Regula, CSEL LXXV, 1977² - A. DE VOGÜÉ, Kommentar, I-VII, SC 181-187, 1971 - A. LENTINI, S. Benedetto e la regola, testo, versione e commento, 1980².

Ikonographie: Dargestellt wird B. als Abt in der schwarzen Kleidung der Benediktiner, bei den benediktin. Reformorden auch in weißer Kleidung, vereinzelt mit Mitra. Attribute: Buch (Regel des Ordens), Stab (Abt), Rutenbündel (Mönchszucht), Kelch, Kelch mit Schlange oder zerbrochener Becher (Hinweis auf die mißlungene Vergiftung in Vicovaro), Getreidemulde (die nach der Legende seine Amme zerbrach und die B. durch sein Gebet wieder zusammenfügte), Rabe mit Brot im Schnabel (Hinweis auf den Ermordungsversuch mit vergiftetem Brot). Bilder B.s finden sich in Italien seit dem 8. Jh., nördl. der Alpen seit dem 10. Jh. (Basler Antependium im Musée Cluny, Paris). Zyklen und Szenen nach der Legende in der Monumentalkunst (Kapitelle von St-Benoît-sur-Loire, 12. Jh.; Retabel vom Hochaltar in Cismar, 1310/20) ebenso wie in der Buchmalerei, Glasmalerei (Biel, Stadtkirche, 1457) und Graphik.   G. Binding

Lit.: LCI V, 351-364 [Lit.] - E. DUBLER, Das Bild des hl. B. bis zum Ausgang des MA, 1953.

16. B. v. S. Andrea, Mönch des Kl. S. Andrea »in flumine« bei Ponzano im Gebiet des Mte Soratte (Soracte), Ende 10. Jh., wird auf der Basis plausibler, aber nicht unumstößl. Indizien, die der Text selbst bietet, gewöhnl. als Verfasser eines Chronicon angesehen, das auf fol. 1-58ᵛ des Cod. Vat. Chig. IV. 75 (s. X. ex.) enthalten ist. Der am Anfang und am Ende verstümmelte Text der Chronik umfaßt den Zeitraum von Julianus Apostata bis 968/972. Die Geschichte der Kl. im Gebiet des Mte Soratte, die mit der Erinnerung an die Karolinger verknüpft ist, bleibt für den Autor stets präsent, sein Gesichtskreis umfaßt aber auch weitere Horizonte: Im Zentrum seiner Betrachtung steht Rom mit seiner ruhmvollen Vergangenheit und seinem tief beklagten gegenwärtigen Verfall. Von ausgeprägter Feindseligkeit gegen Otto I. erfüllt, den er als Usurpator und Eindringling brandmarkt, verherrlicht der Autor Karl d. Gr. und die frk.-karol. Herrscher im allgemeinen und zeigt eine gewisse Wertschätzung für den gloriosus princeps Albericus (→ Alberich 3.). Das Chronicon, das in dem dunklen 10. Jh. die einzige Stimme ist, die sich aus Rom und seiner Umgebung erhebt, ist bis in die Zeit Ludwigs d. Frommen eine Kompilation identifizierbarer Quellen (vgl. MANITIUS II, 180), von diesem Zeitpunkt an ist es unabhängig oder basiert auf anderweitig nicht bekannten Quellen. Sein Latein steht jeder grammatikal. und syntakt. Norm sehr fern. Vielleicht kann aber auch eine beträchtl. Anzahl der Fehler auf einen ungebildeten bzw. diktatungewohnten Schreiber zurückgeführt werden.   G. Arnaldi

Ed.: MGH SS III, 696-719 [ed. G. H. PERTZ; unvollständig] - G. ZUCCHETTI, Fonti 55, 1920, 3-187 - *Lit.*: DBI VIII, 446-451 - Repfont II, 483 - WATTENBACH-HOLTZMANN-SCHMALE I, 1, 2, 1967, 336-337 - J. KUNSEMÜLLER, Die Chronik B. v. S. A. [Diss. Erlangen 1961].

17. B., Presbyter und Kanoniker von St. Peter in Rom, Lebensdaten unbekannt, wirkte um 1140 an der röm. Kurie, zu deren Sängerkolleg er gehörte. Im Auftrag des Kard. Guido de Castello (→ Coelestin II.) verfaßte er zw. 1140

und 1143 einen → Ordo zum päpstl. Zeremoniell während des Kirchenjahres. Bedeutsam an B.s Sammlung ist, daß sie zahlreiche stadtröm. Details enthält und entsprechend der damaligen Erneuerung antiker Ideen ein Panorama der realen oder fiktiven Überreste antiker Bauten im chr. Rom entwirft. Daher wurde er von vielen Autoren auch als Verfasser der ältesten Version der →»Mirabilia urbis Rome« angesehen, was sich jedoch nicht beweisen läßt. Sein Ordo wurde seit der Jahrhundertmitte durch andere stadtröm. Texte zu einem »Liber politicus« erweitert, der seit ca. 1180 insgesamt B. zugeschrieben wurde. Mit seinem Ordo begründete B. die Reihe der kurialen Zeremonienbücher.

B. Schimmelpfennig

Ed.: P. FABRE-L. DUCHESNE, Le Liber censuum de l'église romaine, 1889-1952, 2, 141-164 – R. VALENTINI-G. ZUCCHETTI, Codice topografico della Città di Roma 3, Fonti 90, 1946, 197-222 – Lit.: P. FABRE-L. DUCHESNE, op. cit., 1, 32-35 – P. FABRE, Le Polyptyque du chanoine Benoît, 1889 – B. SCHIMMELPFENNIG, Die Zeremonienbücher der röm. Kurie im MA, 1973, 6-16.

Benediktbeuern, Kl. OSB in Bayern. In den vierziger oder frühen fünfziger Jahren des 8.Jh. wurde das Kl. B. im westbayer. Huosi-Gau vermutl. unter Mitwirkung des Bonifatius gegründet. Es stand unter dem Patrozinium des hl. Jakob und des hl. Benedikt. Sein erster Abt war Lantfrid, einer der Stifter. Das Kl. entfaltete bald eine rege kolonisator. Tätigkeit. In der Karolingerzeit entwickelte es sich zu einer Reichsabtei mit einer bedeutenden Schreibschule. Wohl 955 wurde das Kl. von den Ungarn zerstört. An seiner Stelle entstand ein Kanonikerstift. Der Wiederaufstieg B.s zu einem der kulturellen Zentren des hochma. Reiches wurde 1031 eingeleitet, als Abt → Ellinger mit Mönchen aus dem Kl. → Tegernsee ein neues, im Geiste von Gorze reformiertes Kl. begründete. Seit der 2. Hälfte des 11.Jh. mußte B. um seine Unabhängigkeit kämpfen. Bf. → Hermann v. Augsburg konnte die Abtei 1116 vorübergehend für sein Bm. erwerben. Ihre Reichsfreiheit stellte erst 1133 Ks. Lothar auf Betreiben Abt Engelschalks wieder her. Als nach dem Aussterben der Andechser (1248) die Wittelsbacher ihr Erbe als Vögte von B. antraten, verlor die Abtei allmählich ihre Reichsunmittelbarkeit und wurde im 14.Jh. faktisch zu einem landsässigen bayer. Kl. Es konnte sich allerdings bis in die Neuzeit eine bemerkenswert starke Sonderstellung im Gerichtswesen bewahren. – B. ist Fundort, jedoch höchstwahrscheinl. nicht Entstehungsort der → Carmina burana.

J. Jarnut

Lit.: TRE, s.v. [Lit.] – B. FLEISCHER, Das Verhältnis der geistl. Stifte Oberbayerns zur entstehenden Landeshoheit [Diss. Berlin 1934] – D. ALBRECHT, Die Klostergerichte B. und Ettal (HAB, Altbayern H. 6, 1953) – H. PLECHL, Stud. zur Tegernseer Briefslg. des 12.Jh. I, DA 11, 1954/55, 422-461 – F. PRINZ, Frühes Mönchtum im Frankenreich, 1965, 366ff. – F. RENNER, Bonifatius und der Benediktbeurer Klosterverband, SMGB 76, 1965, 118-134 – L. HOLZFURTNER, Quellenkrit. Stud. z. Gründungsgesch. v. B. u. Tegernsee [Mag. München 1980].

Benediktbeurer Spiele → Geistliches Drama

Benediktiner, -innen

A. Das benediktinische Mönchtum: Entwicklung, Grundzüge, Krisen – B. Geschichte des Benediktinertums nach einzelnen Ländern und Regionen – C. Liturgie und Musik – D. Baukunst

A. Das benediktinische Mönchtum: Entwicklung, Grundzüge, Krisen

I. Allgemein, Männerklöster – II. Frauenklöster.

I. ALLGEMEIN, MÄNNERKLÖSTER: B. bezeichnet im SpätMA und in den Quellen insularer Tradition kurz vor 1518 (MORCELLI) die Zönobiten, die seit der Gründung von Montecassino die Regel → Benedikts v. Nursia annahmen und befolgten. Das benediktin. Zönobitentum findet seine ursprgl. Ausprägung in selbständigen Klöstern, die unter der Leitung eines Abtes stehen und nach den Vorschriften der Regula leben. Man sieht auch jene Klostergruppen als benediktinisch an, die sich in verschiedenen Zeiten und unter jeweils anderen Umständen von der mehr oder weniger zentralist. Struktur abgespalten, jedoch die von Benedikt vorgeschriebene Lebensform beibehalten haben. Seit 1893 sind die B. im oben gen. Sinne zu einer Konföderation unter einem Abtprimas zusammengeschlossen, die üblicherweise als Benediktinerorden bezeichnet wird. Diese Bezeichnung wurde in der neueren Geschichtsschreibung für das komplexe hist. Phänomen jener, auch selbständiger, Klöster verwendet, die durch ihre gemeinsame Befolgung der → Regula Benedicti (RB) verbunden sind.

Während des MA wurden die B. offiziell »fratres qui secundum Deum et b. Benedicti regulam vivunt« genannt oder am Ende des 13.Jh. kürzer »Ordo s. Benedicti«. Fundamentale Grundlage des Lebens dieser Mönche war das Bestreben, Arbeit und Gebet miteinander zu verbinden (daher stammt das bekannte Motto »ora et labora«, das sich jedoch nicht im Text der RB findet), sowie die stabilitas loci einzuhalten, d.h. die Verpflichtung, im Umkreis des Kl. und unter der Obödienz des Abtes zu bleiben, auch wenn dies die Entfernung von der ersten Niederlassung und die Transferierung in mehr oder weniger weit abgelegene Zellen bedingen konnte.

Eine Reihe sehr genauer und strenger Vorschriften ordnete das Leben dieser Mönche, für die nach dem Vorbild der Urchristengemeinde in Jerusalem völlige Gütergemeinschaft bestand. Bis in die karol. Zeit hinein überwog das Laienelement in der monast. Gemeinschaften. Mönche wurden nur in dem Maß zu den geistl. Weihen zugelassen, wie die liturg. und geistl. Erfordernisse des Kl. es verlangten. Die Tagesordnung der B. war und ist entsprechend dem Aufgang der Sonne und den Jahreszeiten eingeteilt.

Die Mönche werden etwa um 1.00 Uhr oder um 2.00 Uhr geweckt. Bald darauf beginnen im Chor die Vigilien (Matutin); sie dauern etwa eineinhalb Stunden. Die Zeit zw. Matutin und Laudes füllen Schriftlesung und geistl. Übungen. Mit Tagesanbruch (etwa zw. 2.15 Uhr und 5.45 Uhr) werden die Laudes gesungen oder gebetet. Der helle Tag bleibt Arbeit und Studium vorbehalten; beide unterbricht kurz das Stundengebet der kleinen Horen: Prim (etwa um 6.30 Uhr), Terz (etwa um 8.15 Uhr), Sext (etwa um 12.00 Uhr) und Non (etwa um 14.30 Uhr). Ihre Mahlzeit nehmen die Mönche – im Winter einmal am Tage – anschließend an die Non ein, in der Fastenzeit aber nach der Vesper (etwa um 17.00 Uhr). Im Sommer gibt es zwei Mahlzeiten: Mittagessen nach der Sext und Abendessen nach der Vesper. Im Winter wird die Vesper etwa um 16.00 Uhr, während der Fastenzeit etwa um 16.30 Uhr, und im Sommer unmittelbar vor dem Abendessen gesungen oder gebetet. Die Komplet (completorium) leitet den Beginn der Nachtruhe (zw. 17.00 Uhr und 20.00 Uhr) ein. In der warmen Jahreszeit ergänzt eine Mittagssiesta von etwa zwei Stunden den Ausfall nötiger Nachtruhe. Im allgemeinen gibt Benedikt seinen Mönchen über acht Stunden kontinuierl. Ruhe, drei bis vier Stunden des Gebetes, etwa vier Stunden des Studiums und der geistl. Lesung und sechs bis acht Stunden der Arbeit.

Nach Bedarf erhalten die Mönche im Kl. des hl. Benedikt regelmäßig neue Kleider; die alten sollen dabei so gut sein, um sie an Arme verschenken zu können. Die Kleider – seit dem MA von schwarzer Farbe – sollen den Mönchen auch passen; für den Winter bekommen sie wärmere, für den Sommer leichtere. Nachts werden die Kleider des Tages, auch um sie zu reinigen, mit anderen vertauscht. Benedikt stattet seine Mönche – im Gegensatz zu der Armut und Blöße, wie sie in Ägypten üblich war – mit folgenden Gegenständen aus: 2 meist faltenreiche Oberkleider mit Kapuze und weiten Ärmeln (cucullae), 2 mehr oder weniger anliegende Unterkleider (tunicae), Gürtel aus Tuch oder Leder (bracile, cingulum), Schürze oder Skapulier meist mit Kapuze (bracile, scapulare propter opera), Strümpfe (pedules), Schuhe (caligae), Tüchlein (mappula), Messer (cultellus), Nadel (acus), Griffel (graphium) und Schreibtafel (tabula).

Benedikts klösterl. Gemeinschaft – getragen von den für sie existentiellen Gelübden, allen voran der Ortsbeständigkeit (stabilitas loci), Wandel der Sitten und der Persönlichkeit (conversatio morum) sowie des Gehorsams (oboedientia) und von den Tugenden des Gebetes (oratio, opus Dei), der Arbeit (labor), der persönl. Armut (paupertas sancta) und des Maßhaltens (discretio) – hat substantielle Züge einer Familie.

Große Bedeutung im Kl. hat die Gestalt des Abtes. Ihm weist Benedikt eine Reihe von Aufgaben zu als Oberhaupt des Kl., geistiger Vater und daher Stellvertreter Christi (wobei er sich auf die bekannte paulin. Anrufung »Abba, Pater«, Röm 8, 15 bezieht) und schließlich als oberster Leiter der ökonom. Organisation des Kl. Man kann sich daher schwer dem Eindruck entziehen, B. habe die Gestalt des röm. Pater familias bereichert und vervollkommnet; eine Ansicht, die v. a. durch die disziplinären Teile der Regel bestätigt erscheint, in denen – wenn auch mit der Berufung auf Bibelstellen – die körperl. Bestrafung der Widersetzlichen und Ungehorsamen durch Schläge vorgesehen wird. Aus den angeführten Gründen ist es daher erklärlich, daß die Wahl des Abtes ein heikles Problem darstellt. Der Abt wird in freier Wahl durch die Kommunität bestimmt. Die RB sieht dafür nicht eine quantitative Majorität als ausschlaggebend vor, sondern die Entscheidung der »sanior pars«, ein Ausdruck, der u. a. im MA zahlreiche Konflikte herauf beschwor. Nach der Wahl stellt die Kommunität ihren Kandidaten dem Bf. vor, der die Wahl bestätigt und durch seinen Segen des Abtes Autorität sanktioniert.

Setzt sich die Klostergemeinde aus zahlreichen Mönchen zusammen, ernennt der Abt aus ihrer Mitte seine Mitarbeiter (officiales), die ihn unterstützen: Dekane (decani, seniores), sie beaufsichtigen die ihnen zugewiesenen Zehnergruppen (decaniae); Prior (praepositus) als Stellvertreter des Abtes; Verwalter des Kl. (cellerarius); Novizenmeister (magister novitiorum); Kantor (frater, qui potest ipsud officium implere); Gastpater (frater »hospitalarius«, qui hospitum curam habet); Krankenbruder (servitor infirmorum); Pförtner (ostiarius, portarius). Sie alle bleiben dem Abt unterstellt und haben stets einzig delegierte Vollmacht, die widerrufl. ist. Hat der Abt über Wichtiges zu befinden, versammelt er die Kommunität und legt ihr die Geschäfte vor. Hat er den Rat der Mitbrüder vernommen, erwägt er die Frage abermals reiflich und entscheidet frei nach seinem besten Wissen und Gewissen. Zu wichtigen Akten zählt auch der Eintritt ins Kloster. Aufgenommen werden Erwachsene (conversi) und Kinder (oblati), Freigeborene und Sklaven, Arme und Reiche. Bei weniger bedeutsamen Geschäften holt der Abt bloß den Rat der Älteren (seniores) ein. Um Willkür zu vermeiden, ist auch der Abt – wie die gesamte Klostergemeinde – der Regula und den allgemeinen Gesetzen der Kirche unterworfen.

Der Abt ist also das unbestrittene Oberhaupt des Kl., das er mit fester Disziplin regiert. Seine Autorität muß sich jedoch stets in Versammlungen und Gesprächen mit den Mitbrüdern bewähren und beweisen, die daher in gewissem Sinn ihre Begrenzung und ihren Widerpart bilden.

Die Struktur eines B.-Kl., deren Hauptzüge wir hier im reifsten Moment ihrer Entwicklung nachgezeichnet haben, war bei Benedikts Tod nach 547 verhältnismäßig einfacher, als drei Monasterien nach seiner Regel lebten: → Montecassino, → Subiaco und → Terracina (vgl. Gregor. Dial. II praef. et 22). Während der Invasion der Langobarden in Mittel- und Süditalien wurde Montecassino um 577 zerstört, seine Mönche flohen nach Rom und richteten späterer Cassineser Tradition zufolge nahe der Lateranbasilika ein Zönobium ein. Dadurch, daß Gregor d. Gr. den Abt aus Norcia zur Hauptgestalt seiner Dialogi machte, begründete er seinen Ruhm als »Vater des Abendlandes«. Es wird bezweifelt, daß der Papst selbst die RB befolgt und sie in seinen Kl. eingeführt habe. Mit der Zerstörung von Montecassino und v. a. der Ankunft und Verbreitung der Mönche von den brit. Inseln auf dem Kontinent begann eine interessante Konfrontierung zw. den irisch-ags. Mönchsregeln und der RB, die neben den zahlreichen anderen Regeln, die im lat. Westen befolgt wurden, eine gewisse, wenn auch anfänglich bescheidene Verbreitung gefunden hatte, auffälligerweise in Verbindung mit der Klosterordnung Columbans. In vielen Fällen treffen wir auf Momente und Aspekte der RB, ohne daß dies bedeuten will, daß sich die benediktin. Bewegung sofort durchgesetzt hätte; wir haben dabei eher das grandiose Phänomen der ganz Europa umfassenden Klostergründungen vor uns, von den verschiedensten Persönlichkeiten getragen, das sich in verschiedener Weise manifestierte (→ Mönchtum). Ohne der RB in jenen Anfangsjahrhunderten eine größere Bedeutung zu geben, als sie in Realität besaß, können wir deshalb nur feststellen, daß sie eine wirkliche Verbreitung (innerhalb der bereits angegebenen Grenzen) einzig und allein – aber in grundlegender Weise in Italien erfuhr (→ Abschnitt B. I).

Natürlich ist dieser Aufschwung der benediktin. Bewegung damit verknüpft, daß dank dem Wirken des Abtes → Petronax v. Brescia in Montecassino wieder reguläres monast. Leben aufblüht (717/730); durch lokale Schenkungen und Förderung von seiten der langob. Fs.en von Spoleto und Benevent wird die Bedeutung des großen Kl. verstärkt. Wir verzichten hier jedoch darauf, eine Reihe angebl. benediktin. Gründungen aufzuzählen, die in Wahrheit zu einem großen Teil nicht nachprüfbar sind.

Eine Wendung in der Geschichte des benediktin. Phänomens stellt die auf die Ordnung des Klosterwesens ausgerichtete Politik Karls d. Gr. und seines Sohnes Ludwig d. Frommen dar, der sich zu ihrer Verwirklichung der Hilfe → Benedikts v. Aniane bediente.

R. Manselli (mit D. v. Huebner)

Benedikt v. Aniane, der in Aquitanien zuerst den entscheidenden Schritt von der faktisch noch immer geltenden Mischregel zur RB als alleiniger Norm monast. Existenz vollzogen hatte, fällte mit Ks. Ludwig d. Frommen und mit Vertretern des frk. Episkopats und frk. Klostervorsteher auf den Reformsynoden von 816–818/19 Grundsatzentscheidungen von großer Tragweite: Der ordo canonicus, dem alle nicht-monast. Gemeinschaften zurechneten, wurde scharf vom ordo monasticus abgegrenzt. Die monast. Ausrichtung des geistl. Gemeinschaftslebens setzten die Reformkonzilien mit der klösterl. Existenz in eins, die ausschließl. die RB als Grundgesetz anerkannte. Die damit erfolgte Abschichtung der RB von allen anderen monast. Satzungen setzte nun erst und auch für nur das frk. Großreich dem sog. Zeitalter der Mischregel ein Ende; Gemeinschaften, die mit ihrer althergebrachten Tradition nicht brechen wollten, verloren allmählich ihre monast. Prägung zugunsten der ihnen allein noch offenstehenden kanonikalen Lebensordnung. Da das Prinzip der una regula, das Benedikt v. Aniane vertrat, sich dank staatl. Kontrolle offenbar recht schnell im Imperium Francorum durchsetzte, kann man erst von den Tagen des »zweiten Benedikt« an von benediktin. Mönchtum im eigtl. Sinne sprechen.

Dem karol. Benediktinerkloster gab das nunmehr geltende monast. Grundgesetz bei weitem nicht in allen Punkten des liturg. Vollzugs, des klösterl. Tageslaufs, der Disziplin und der Askese, der Staffelung der klösterl. Hierarchie und ihrer spezif. Aufgaben und Vollmachten, des Verkehrs mit der Außenwelt usw. die autoritative Auskunft, die die oft recht zahlreichen Konvente im Alltag und bei bes. Gelegenheiten von ihm erwarten mochten. Die authent. monast. Tradition Benedikts v. Nursia aber war mit Montecassinos Zerstörung nach 575 erloschen; die notwendigen »Ausführungsbestimmungen«, die sog. Consuetudines, konnten daher nur aus der zeitgemäßen, herrschenden Praxis abgeleitet werden. Auch wenn die vom Ks. verkündeten und verbreiteten Kapitularientexte von 816-818/19 nur die una consuetudo propagieren, zeugen Unstimmigkeiten zw. einzelnen capitula in der gleichen Frage davon, daß es auf jenen Reformsynoden nicht gelang, eine von allen akzeptierte Praxis zu erarbeiten, und Quellen des 9.Jh. lassen sogar schwerwiegende Divergenzen in der Handhabung der die Regula ergänzenden consuetudines erkennen. Das abendländ. Benediktinertum, im Frankenreich zu Beginn des 9.Jh. für die Zukunft geformt, trat seinen Weg in die Geschichte unter Berufung auf die una regula (sc. s. Benedicti), aber mit der kaum als negativ zu beurteilenden Hypothek an, die ergänzende una consuetudo nicht erreicht zu haben.

Dem Benediktinerkloster, sofern es nicht in den Verband eines Hochstifts integriert war, wies die Gesetzgebung Ludwigs d. Fr. in Verbindung mit dem kgl. Privileg einen hervorragenden Platz in der Verfassung des frk. Reiches an: Immunität, Königsschutz und das in Einzelurkunden, aber auch generell den Konventen verliehene Recht, den Abt aus der hauseigenen Gemeinschaft auszuwählen, fixierten seine Rechtsstellung (libertas), die ihm auf Jahrhunderte hinaus die verfassungsrechtl. Gleichrangigkeit mit den Hochstiften sicherte und in günstig gelagerten Fällen den Aufstieg zum geistl. Fsm. ermöglichte. Der kgl. Schutz bildete jedoch auch die rechtl. abgesicherte Basis für alle Leistungen für Herrscher und Reich, das servitium regis, wobei militia (Stellung von Truppenkontingenten, Heerfolge- und Hoffahrtpflicht der Äbte), dona (Jahresgeschenke, Beisteuer zur Versorgung des Hofes) und preces je nach der Leistungsfähigkeit der Abteien genormt werden sollten. Besuche des Kg.s im Kl., bei denen Abt und Konvent ihrer Gastungspflicht auch gegenüber der Begleitung des Herrschers nachzukommen hatten, hielten sich noch in Grenzen, konnten aber u. U. zu schier unerträgl. Belastungen und selbst disziplinären Schäden führen. In Klöstern, deren wirtschaftl. Ressourcen der Herrscher sich und den damit ausgestatteten Getreuen nicht entziehen wollte oder konnte, sonderte man der benediktin. Gemeinschaft einen (geringen) Teil des Klosterbesitzes zur alleinigen Verfügung (mensa) aus und bürdete dem Klosterinhaber die Herrscher und Reich geschuldeten Leistungen allein auf, die er aus der größeren mensa abbatis bestritt.

Von etwa 830 an sah sich der frk. Herrscher immer weniger in der Lage, den Benediktinerklöstern wirksamen Schutz angedeihen zu lassen. Die große benediktin. Reform büßte ihre Dynamik ein und setzte sich bestenfalls noch im eng begrenzten regionalen Rahmen fort. Diese Entwicklung förderten nicht nur Teilungsprojekte und Reichsteilungen, die unter Ludwig d. Frommen begannen, sondern auch die Invasionen äußerer Feinde (Wikinger, Sarazenen, Ungarn). Trotzdem führten die großen Abteien mit den Bischofskirchen die »Karolingische Renaissance« auf ihren Kulminationspunkt. Erst als nach 900 die Nachfolgestaaten des karol. Großreiches auf der Ebene ehemaliger Teilreiche oder auch Fsm.er (regna) Konturen gewannen und ihre Herrscher, die längst in ihrem Machtbereich v. a. die Königsabteien an sich gezogen hatten, ihre Rivalen verdrängten oder mediatisierten, begann unter ihrem Schutz eine neue Blütezeit des benediktin. Mönchtums, das das karol. Erbe, die una regula, adaptiert und interpretiert durch divergierende consuetudines, weiterentwickelte.

J. Semmler

Die Gesamtheit der benediktin. Monasterien mit ihrer Gliederung in Hauptklöster und abhängige Zellen bildete ein Netz von hist. außerordentl. bedeutungsvollen zwischenmenschl. Beziehungen: Das Hauptkloster war Zentrum des religiösen Lebens, Beispiel für alle Gläubigen, denen es – ohne spezielle pastorale Aufgaben – geistigen Beistand leistete, während die Zellen in verschiedenem Maße, aber v. a. in religiöser und ökonom. Hinsicht, das Wirken der Abtei in die Ferne trugen. Diese beiden diversen Aspekte des benediktin. Phänomens sind niemals außer acht zu lassen.

In diesem langsamen Prozeß der Anpassung und Einordnung wurde die RB das Fundament vieler Ausprägungen des Mönchtums, in denen verschiedene Aspekte monast. Lebensführung abwechselnd wirksam wurden: Ein gemeinsamer Zug ist die landwirtschaftl. Aktivität, doch daneben tritt auch die Einrichtung von Skriptorien (man denke in Frankreich an → Corbie oder → Luxeuil, im deutschen Raum an die → Reichenau oder an → St. Gallen, in Italien an → Bobbio, → Montecassino oder → Pomposa). Auch eine stark liturg. Ausrichtung wie in → St-Martin in Limoges ist erkennbar.

Die benediktin. monast. Struktur, in der jedes Kl. einen eigenen, in sich geschlossenen Organismus darstellt, trug von vornherein den Keim einer gewissen Schwäche in sich, die zu dem Bewußtsein führte, daß den schweren Krisen, die bald auftraten, nur unter größten, ja geradezu unlösbaren Schwierigkeiten zu begegnen sei. Daher erklärt es sich, daß Anfang des 10.Jh. innerhalb des benediktin. Mönchtums verschiedene Versuche gemacht wurden, die Schwierigkeiten zu überwinden, die im Laufe des 8. und 9.Jh. aufgetreten waren, das heißt, von dem Zeitpunkt an, als die RB im Okzident führend wurde. Bei diesen Versuchen ging man eher von einer Betrachtung der Regel als religiöser und spiritueller Richtschnur aus, als ihre normativ-organisator. Funktion zu betonen. Unter den Bestrebungen, die Krise zu überwinden, ist zweifellos die von → Cluny ausgehende Bewegung am lebenskräftigsten, die durch die Spontaneität, mit der sie hervortritt, noch an Bedeutung gewinnt. Die unter Wilhelm, Hzg. v. Aquitanien, ausgestellte Gründungsurkunde sah vor, daß das Kl. dem hl. Petrus unterstehen solle, dem es als einzigem Gehorsam schulde; damit war es jedweder weltl. oder kirchl. Macht untersagt, es der eigenen Herrschaft zu unterwerfen. → Odo v. Cluny, der erste Abt, auf den vielleicht auch die Verbreitung der Gründungsurkunde zurückgeht, verstand es, alle mögl. Vorteile aus dieser Schenkungsformel zu ziehen. Er hatte die geniale Intuition, das Kl. zu einem Zentrum einer zahlreichen Reihe von Cluny abhängiger Monasterien zu machen, an deren Spitze ein Prior stand, der in disziplinärer und organisator. Hinsicht als Leiter des Kl. fungierte, die grundlegenden Weisungen aber von dem einzigen Abt erhielt, der in Cluny residierte. In Cluny war denn ein Großprior der unmittelbare Vorgesetzte für alle anderen Prioren, die Cluny als ihre Abtei ansahen. Auf diese Weise wurde die Schwäche vermieden, die die Form des isolierten Einzelklosters in sich barg, und eine Einheit des religiösen Lebens und der monast. Disziplin verwirklicht. Ohne auf die näheren Einzelheiten einzugehen, für die wir auf → Cluny verweisen, muß noch gesagt werden, daß es neben den direkt Cluny unterstellten Prioraten zahlreiche Kl. gab, die sich in verschiedener Form mit Cluny assoziierten, sei es, daß sie von dort einen Mönch als ihren Abt beriefen (ein klass. Fall dafür ist Vézelay), sei es, daß sie die cluniazens. Gewohnheiten annahmen und sich derart – ohne eine eigtl. Abhängigkeit – an Cluny anschlossen. Auf diese Art fand die RB in der cluniazens. Organisationsform eine sehr weite Verbreitung in Europa: in Frankreich, in einem Teil Englands, Deutschlands und in Italien, wo sie für gewisse Zeit sogar Montecassino erreichte. Ein charakterist. Zug der cluniazens. Spiritualität war neben der strengen Disziplin, von der bereits die Rede war, v. a. die Bedeutung, die der liturg. Feier beigemessen wurde. Dauer und Feierlichkeit der Liturgie wurden intensiviert und ausgestaltet. Offenbar die gleichen Motive, die Ursprung und Ausprägung von Cluny bedingten, veranlaßten andere Kl. zu analogen Reformversuchen. Die bedeutendste Reform nächst Cluny ist zweifellos die der dt. Kl. → Gorze und St. Maximin/→ Trier, die auf zahlreiche andere dt. Kl. ausstrahlten, die deren Praxis monast. Lebens zum Vorbild nahmen, aber die eigene Unabhängigkeit bewahrten. Als charakterist. Unterscheidungsmerkmal zu Cluny ist v. a. hervorzuheben, daß man kulturellen Faktoren, in erster Linie natürl. religiöser Art, aber auch in weitestem Sinne des Wortes lit. Interessen größere Aufmerksamkeit schenkte. Gorze und die von ihm beeinflußten Kl. waren auch Zentren von Grundherrschaften; sie wurden vom Kgtm. und teilweise dem Dynastenadel unterstützt. Sie hatten eigene Gerichtsbarkeit und verfügten zu ihrer Verteidigung über Vasallen (Ministerialen; vgl. weiterhin → Ottonisch-salisches Reichskirchensystem).

Von starker religiöser Ausprägung ist die Bewegung, die Anfang des 11. Jh. von → Fécamp ausging und auf eine Reihe von Kl. ausstrahlte, die tief in der benediktin. Spiritualität lebten. Einige andere Erscheinungen monast. Spiritualität sind ebenfalls ein Indiz für die innere unruhige Lebenskraft des benediktin. Mönchtums, d. h. ein Schwanken zw. zönobit. und eremit. Lebensform. Bereits Benedikt selbst hatte dies in seiner Regel vorausgesehen, er betrachtete jedoch das Eremitentum als Krönung und in jedem Fall außergewöhnl. Moment der monast. Lebensform. Im 10. Jh. kommt es jedoch nicht selten vor, daß Mönche aus einem Kl. in die Einsamkeit gingen, von dort wieder ins Kl. zurückkehrten und erneut in den Eremus überwechselten, wobei die Anlässe und Gründe für diesen Wechsel nicht immer deutlich sind. Beispiele dafür sind S. → Domenicus v. Sora (10. Jh.) sowie Mainardus v. Silva Candida und → Robert v. Molesmes im 11. Jh.

Während das Mönchtum seine mühevolle Umwandlung erlebte, erhielt es zunehmend größere Bedeutung im Leben der Kirche. Die Äbte v. Cluny hatten durch die wirtschaftl. und polit. Macht ihres Kl. und ihre integre Lebensführung ein unvergleichl. hohes Ansehen. Es ist kein Zufall, daß Odo v. Cluny auf Deutschland und Italien eine derart starke Wirkung ausübte, und daß einer seiner Nachfolger bei Kg. Robert II. v. Frankreich so großen Einfluß hatte, daß er von → Adalbero v. Laon als »rex monacorum« bezeichnet wurde. Einige Jahrzehnte danach spielte ein anderer Abt eine wesentl. Rolle in der Auseinandersetzung zw. Papsttum und Kaisertum, indem er bei Gregor VII. in Canossa intervenierte, um die Absolution Heinrichs IV. zu erlangen. Auch wenn wir nicht mehr die These von A. Fliche annehmen können, »la réforme grégorienne« sei vorrangig monast., d. h. cluniazens. Provenienz, ist doch nicht daran zu zweifeln, daß in dieser Reform ein starker monast. Einfluß wirksam wurde, und daß Mönche ihr den Weg gebahnt und zu ihrer Verwirklichung beigetragen haben. Gleichzeitig trat eine Umwandlung der allgemeinen Gesellschaftsstruktur ein. Die ländl. Bevölkerung nahm zu, und die Städte begannen sich immer stärker zu entfalten. Diese Erscheinungen brachten eine neue und komplexere Krise des Mönchtums im Abendland mit sich. In erster Linie verstärkte sich das Bedürfnis nach pastoraler Zuwendung und Seelsorge, für dessen Befriedigung die Institution des Mönchtums nicht geschaffen war, dessen große Bedeutung sie jedoch erkannte. Außerdem erhob sich allmählich scharfe Kritik gegen das Mönchtum, gegen seine Lebensführung und v. a. gegen seine Auffassung von der Armut. Man warf den Mönchen vor, sie führten ein risikoloses Leben, ihre Religiosität sei, wenn auch ehrlich, so doch sehr bequem, verglichen mit dem Beispiel Christi, der ein dem Hunger und Elend ausgesetztes Wanderleben führte. In diesem Sinn geriet das Mönchtum in eine innere und eine äußere Krise zugleich: Einerseits wuchs das Bedürfnis – das auch durch die Kirchenreform genährt wurde –, eine bedeutendere und gewichtigere Stellung innerhalb der Kirche einzunehmen, als es die Tradition gestattete: Hierbei ist die große Zahl polem. Schriften zw. Mönchen und Kanonikern bedeutungsvoll, die zw. dem Ende des 11. und der 1. Hälfte des 12. Jh. erschienen. Andererseits kommt es nicht von ungefähr, daß Ordensleute wie Ekbert v. Schönau oder Hildegard v. Bingen in die Polemik und den Kampf gegen die Häresie eingriffen. Gleichzeitig reagierte diese durch den Hinweis auf alle die ökonom. und sozialen Privilegien, deren sich die Mönche erfreuten – es fehlte aber auch nicht an zahlreichen Kritikern am Mönchtum unter dem Klerus selbst und den Gläubigen. Dieses doppelten Aspekts der Krise waren sich die Mönche durchaus bewußt, ihre Reaktion war ein stärkeres Engagement im kirchl. Leben; Beispiele dafür sind zwei sehr bekannte Persönlichkeiten, der hl. → Johannes Gualbertus, ein Mönch, der gegen den simonist. Bf. Mezzabarba in Florenz predigte, und später auf viel schärfere und kämpferische Weise der hl. → Bernhard v. Clairvaux. Der Kritik am Mönchtum suchte man durch strengere Askese und den Rückgriff auf ursprgl. Aspekte der RB, wie der Feldarbeit, zu begegnen. In diesem Sinn exemplarisch sind die → Zisterzienser, die durch die Wahl des Ortes, des sog. eremus (solitudo), der sehr oft, wenn nicht immer, in sumpfigem, unbebautem, felsigem, möglichst einsamem Gebiet gelegen war, ihr Ziel der inneren Erneuerung des monast. Lebens erreichen wollten. Zugleich gründeten die Zisterzienser mittels einer Art Union der Brüder, die ihren Ausdruck in der »Charta caritatis« fand, Klosterverbände; die Verpflichtung zur Handarbeit in der Landwirtschaft, die für einen großen Teil der Mönche bestand, bedeutete eine Rückkehr zur ursprgl. Strenge. Diese drückte sich auch in der ernsten Nüchternheit ihrer Kirchen aus, die auf Innendekoration weitgehend verzichteten, in der kärglicheren Kost der Mönche und in größter Schlichtheit der Tracht, kurz in der bewußten und erklärten Aufsichnahme eines harten Lebens. Daher rührt eine Polemik, die bisweilen die Cluniazenserbewegung scharf angreift und ihr eine zu bequeme oder mindestens leichte Lebensführung ohne bes. Entbehrungen vorwirft. Auch die Zisterzienser pflegten eine gewiß nicht unbedeutende kulturelle Aktivität (man braucht nur an Bernhard v. Clairvaux und Wilhelm v. St-Thierry zu denken), in erster Linie widmeten sie sich jedoch der Landwirtschaft und der Aufsicht über ihre Ländereien, wobei sie sich der Hilfe von → Konversen bedienten. Dies rief im Inneren des Zisterziensertums eine gewisse Unruhe bei denjenigen Mönchen hervor, die größeres Gewicht auf die religiösen und geistigen Werte der Zisterzienserbewegung legen wollten. Ein Hauptvertreter dieser Richtung ist → Joachim v. Fiore, der, ohne daß an direkten Einfluß zu denken ist, das monast. Beispiel der zahlreichen Basilianerkommunitäten in seiner Heimat Kalabrien vor Augen hatte. Außerdem hatten der hl. Benedikt und der hl. Bernhard als spirituelle Persönlichkeiten und das benediktin. Mönchtum an sich für Joachim v. Fiore eine bes. Funktion im Plan der göttl. Vorsehung, die die Geschicke der Kirche lenkte, auch wenn er es nicht unterließ, in respektvoller und vorsichtiger Weise gewisse Vorbehalte gegen das Wirken Bernhards, als eines tätig in das Geschehen seiner Zeit eingreifenden Mannes, anzumelden. Von diesem Gesichtspunkt aus betrachtet, repräsentiert Joachims monast. Ideal eines kontemplativen »novus ordo«, der aber durch seine Beispielhaftigkeit auch imstande ist, eine neue soziale Realität einzuleiten, in gewisser Hinsicht den Gipfelpunkt monast. Strebens im MA. Andererseits waren gerade die kühne Neuheit der Ideen, die asket. Strenge der Mönche v. Fiore sowie die Ausstrahlung der monast. Krise auf sie, die sich durch die Verbreitung der Bettelorden noch verstärkte, die Ursache, weshalb die Mönchsgemeinschaft Joachims v. Fiore nicht die Verbreitung fand, die ihr Gründer erhofft hatte.

Das Mönchtum Joachims v. Fiore muß in jedem Fall auch unter dem Blickpunkt der Geschichte des it. Mönchtums betrachtet werden. R. Manselli

II. FRAUENKLÖSTER: → Benedikt v. Nursia hatte bei seiner RB hauptsächl. die Männerklöster im Auge, die er selbst gegründet hatte, doch hatte er sich auch schon mit Gründungen für Frauen zu befassen. Die Frage des weibl. monast. Lebens wird in c. 19 seiner Vita von Gregor d. Gr. behandelt (vgl. c. 23). Seine Schwester → Scholastica war Nonne (c. 33-34); es ist wahrscheinl., daß die RB von Frauenklöstern bei ihren Gründungen übernommen wurde. Jedoch erfuhr die weibl. monast. Lebensform nur eine begrenzte Entwicklung im MA; vor dem 12. Jh. gab es nur relativ wenige Nonnenklöster, und auch danach blieben die weibl. Gemeinschaften im Vergleich zu den Männerklöstern dünn gesät. (Die Situation änderte sich erst im 17. Jh. in den katholisch gebliebenen Gebieten.) Diese wenigen Kl. nahmen vorzugsweise, manchmal ausschließl., Mitglieder der Aristokratie auf.

Wenn auch Papst Gregor d. Gr. die Regel des von ihm bewunderten hl. Benedikt auf das höchste lobte, so gibt es doch keinen Hinweis darauf, daß er sie für sein röm. Andreas-Kl. am Clivus Scauri übernommen hätte, dessen Mönche die Bekehrung der Angeln und Sachsen in Angriff nahmen. Wie dem auch sein mag, die Regel ist im Zuge dieser Mission nach England vorgedrungen; sie wurde dort auch von den Nonnenklöstern übernommen. Die Art und Weise der Ausbreitung in Gallien ist dagegen weitgehend unbekannt; um 620 übernahm Donatus, Bf. v. Besançon, 40 von 72 Kapiteln der Regula für die Abfassung seiner eigenen Regel für Nonnen, deren andere Quellen die Regel des hl. Caesarius und die Consuetudines des hl. Columban waren. Die »Regula mixta«, welche die Regel des hl. Benedikt mit der Columban-Regel vereinigte, wurde um 630 von Abt Waldebert v. Luxeuil übernommen und bestimmte im wesentl. das monast. Leben im späteren N-Frankreich (Neustrien, Austrien). Faremoutiers (gegr. von Burgundofaro), → Jouarre und → Chelles befolgten sie. Die Gründung der bedeutenden Frauenklöster dieser Periode erfolgte auf Initiative merow. Herrscherinnen (bes. der Kgn. → Balthild) oder aber von Bf.en (hl. → Eligius, hl. → Audoenus). Viele dieser Kl. lagen innerhalb der Städte oder doch nicht weit von Siedlungen entfernt. Die bfl. Überwachung konnte auf diese Weise leichter ausgeübt werden. Häufig richtete sich eine Kleriker- oder Mönchsgemeinschaft in der Nähe ein, um die geistl. oder materielle Versorgung des Frauenklosters zu sichern. Die Abschließung nach außen war locker. Nonnen verließen das Kl., um an bestimmten liturg. Handlungen teilzunehmen (Prozessionen, Weihehandlungen); sie erzogen in ihrem klösterl. Bereich Kinder, die teils für das monast. Leben vorbereitet wurden, teils nur Unterricht erhielten. Ihre Lebensweise schloß schwere manuelle Arbeiten aus; die Religiosen beschäftigten sich vorwiegend mit Näharbeiten, Stickerei, Weberei und Kunsthandwerk, doch auch die intellektuelle Betätigung nahm einen wichtigen Platz ein.

In England setzte im Verhältnis zum Kontinent die Entwicklung des weibl. monast. Lebens mit einiger Verspätung ein. Die engl. B. waren stark an der Missionierung in Germanien beteiligt – durch das Gebet, materielle Hilfe sowie durch Klostergründungen in den neubekehrten Gebieten. Unter diesem Gesichtspunkt ist bes. die hl. → Lioba († 782 in Schornsheim) bemerkenswert. Angeregt durch die Gründungen ags. Ursprungs und die Ausbreitung des Mönchtums von der Francia occidentalis und den rhein. Gebieten aus, wurde Germanien zum Schauplatz einer hohen Blüte des weibl. religiösen Lebens im 8. und 9. Jh. Die karol. Gesetzgebung zeigte sich den kleineren Gemeinschaften allerdings wenig gewogen. Ein Kapitular von 789 forderte die Bf.e auf, diese neu zu formieren. Die → Institutiones Aquisgranenses von 816 wurden auf Nonnen wie auf Mönche angewandt.

Ein Hauptzeugnis der Kultur und Geistigkeit in den weibl. monast. Gemeinschaften der karol. und otton. Zeit ist die lit. Tätigkeit der → Hrotsvith v. Gandersheim in Sachsen. Dagegen führten die Zerstörungen der Normanneneinfälle in W-Frankreich und England zur Aufgabe zahlreicher Klöster. Die Wiedererrichtung im 10. Jh. ging sehr langsam vor sich. Im Laufe dieses Jahrhunderts dürften in Frankreich nicht mehr als zehn Kl. neugegr. worden sein. Mehrere Reformäbte beschäftigten sich mit der Erneuerung des weibl. Mönchtums: → Johann v. Gorze im 10. Jh., → Richard v. St-Vanne am Anfang des 11. Jh. in Lothringen; → Hugo v. Cluny begründete das Kl. → Marcigny, das eine bedeutende Ausstrahlung besaß. Die dort befolgte Observanz war die cluniazensische, und die rigorose Abschließung führte zu einer reklusenähnl. Lebensform. Einige cluniazens. Kl. wurden nach diesem Vorbild gegründet. Von Cluny ausgehend, fand die RB auch in den span. Nonnenklöstern Eingang. Außer in Italien war bis zum 12. Jh. die Dichte der Frauenklöster jedoch sehr gering. Es waren selten mehr als ein oder zwei Kl. in einer Diözese anzutreffen.

Die monast. Reformbewegung befaßte sich oft mit der Frauenwelt; sie steht am Anfang einer Erneuerungsbewegung, die von einer bemerkenswerten geistl. und materiellen Blüte begleitet wurde. In W-Frankreich wandte sich → Robert v. Arbrissel bes. an die Frauen. Auf Anregung von Frauen gründete er das Kl. La Roé und die Kongregation v. → Fontevrault mit ihrer großen Mutterabtei und ihren bedeutenden Prioraten von 80-100 Nonnen, außerdem einen männl. Zweig, der unter der Jurisdiktion der Äbtissin stand und Vorsorge für die geistl. Bedürfnisse zu treffen hatte. Der Orden der Gilbertiner (→ Sempringham) in England besaß große Ähnlichkeit mit Fontevrault.

Wenn auch Cîteaux wenig Neigung zeigte, sich der weibl. Religiosen anzunehmen, so übte seine Observanz doch große Anziehungskraft auf Frauenklöster aus. In Deutschland nahm mehr als ein bereits bestehendes Nonnenkloster bei seiner Reform die Gebräuche von Cîteaux an. Im heut. Belgien und in Frankreich erfolgten zahlreiche Gründungen nach zisterziens. Vorbild, die aber vom Zisterzienserorden, der sich stets zurückhaltend zeigte, unabhängig blieben.

Im monast. Leben Deutschlands traten jetzt die großen Mystikerinnen auf, die den Zisterziensern viel verdanken: → Elisabeth v. Schönau (1129–65), → Hildegard v. Bingen (1098–1179), → Mechtild v. Hackeborn (1241–98), → Gertrud (1256–1302), die beiden letzteren Nonnen in Helfta bei Eisleben (Sachsen).

Die Lebensbedingungen der Kl. wurden in dieser Zeit gewöhnl. von einer Absonderung im Rechtsstatus geprägt: Die Nonnen waren der Jurisdiktion des Bf.s unterstellt. Eine Ausnahme bildeten die »Orden« wie Fontevrault; darüber hinaus gab es ordensähnl. Gruppenbildungen wie z. B. den Kreis um → Le Paraclet und → Le Tart. Hier besaß die Äbtissin eines der Kl. eine Vorrangstellung über die Oberinnen der übrigen Häuser. Bonifatius VIII. verstärkte die Forderung der → Klausur. Das Dekret »In singulis« des IV. Laterankonzils (1215), das die Abhaltung von Generalkapiteln in jeder Kirchenprovinz für alle Äbte und Prioren, die keinem »Orden« angehörten, forderte, sah auch vor, daß die vom Provinzialkapitel ernannten Visitatoren die Nonnenklöster visitieren sollten (→ Visitation). Der Erfolg dieser Maßnahme erscheint fraglich; wenn sie nicht überhaupt völlig wirkungslos blieb, so ging doch die Zeit schnell über sie hinweg.

Die Erneuerung, die sich bei den Benediktinern im Anschluß an die Beschlüsse der Reformkonzilien von → Konstanz (1414–18) und → Basel (1431–48) abzeichnete, fand ihren Widerhall auch in den Frauenklöstern: Reformierte Gemeinschaften gruppierten sich unter der Obödienz der Kongregation v. → Bursfelde. Als päpstl. Legat widmete → Nikolaus v. Kues 1450–52 den Nonnenklöstern, in denen er die Befolgung der RB und die bona observantia wiederherstellen wollte, große Aufmerksamkeit. In Italien betätigten sich die Mönche der Abtei und Kongregation von S. Giustina in Padua (vgl. Abschnitt B. I; → Barbo, Ludovico) als Erneuerer; sie vermochten allerdings über einige kontemplativ ausgerichtete Nonnenklöster hinaus kaum Wirkungen zu entfalten.

Frankreich, auf dem bis zur Mitte des 15. Jh. der Hundertjährige Krieg lastete, blieb bei diesen Reformbestrebungen zurück; doch zeichneten sich in der 2. Hälfte des 15. Jh. auch hier Ansätze zu einer Erneuerung ab, die von → Fontevrault ausgingen, das weit über die Grenzen seines Ordens hinaus wirkte. Das große Nonnenkloster blieb auch während der Renaissance das bedeutendste Reformzentrum der frz. Benediktinerinnen.

Doch war man am Ende des 15. Jh. von einer allgemeinen monast. Erneuerung noch weit entfernt; vielen Häusern fehlten elementare Bedingungen zur Erfüllung der Forderungen nach einem ernsthaften religiösen Leben. Das einfache Ideal des hl. Benedikt war nur noch wenigen geläufig, und denen, die es kannten, dürfte es als Utopie erscheinen sein.   G. Oury

Infolge der späten Christianisierung in Skandinavien entspricht die dortige Entwicklung der Nonnenklöster nicht ganz der kontinentalen. Die Hauptgründungszeit ist sowohl für Nonnen- als auch für Mönchklöster das 12. Jh. Von den vor 1525 in Dänemark existierenden 22 Frauenklöstern waren 15 benediktinisch (G. G. SMITH, De danske nonneklostre indtil ca. 1250, Kirkehistorisk Samlinger, 1973, 1–45). Zwei oder drei Kl. waren ursprgl. Doppelkl., die jedoch bereits vor 1200 aufgelöst wurden. Im Ebm. Lund waren alle drei Nonnenklöster benediktin., im Bm. Roskilde gab es keine benediktin. Frauenklöster, da St. Marien, kurz nach 1150 gegr., der neuesten Forschung nach schon von Anfang an eine zisterziens. Anlage war. Im Bm. Odense wurde ein Benediktinerinnenkloster vor 1180 in Nonnebakken gegründet, um 1200 aber nach Dalum übersiedelt. Die spärl. Quellenlage zur Geschichte der zahlreichen jüt. Nonnenklöster erlaubt keine eindeutige Festlegung der Gründungszeit. H. Koch datierte sechs davon auf die Zeit Ebf. → Eskils (1138–77), was neuerdings bestritten wird. Einige stammen gewiß aus dem 12. Jh., andere mögen kurz nach dem Generalkapitel zu Lund von 1206 entstanden sein. Viele Kl. wurden von Bf.en gegr., nur wenige von Laien. – Das einzige Nonnenkloster Grönlands gehörte zum Benediktinerorden. Bei Ausgrabungen 1932 und 1945 ff. bei Narsarsuaq wurden die Kirche mit etwa 20 Gräbern und mehrere andere Gebäude gefunden. Auch die beiden isländ. Nonnenklöster waren benediktinisch, in Norwegen gab es drei Frauenklöster dieses Ordens: Kirkjubor im Bm. Skálholt, Reynistadir im Bm. Hólar, Gimsøy und Nonneseter im Bm. Oslo und Bakke im Bm. Trondheim.   Th. Jexlev

B. Geschichte des Benediktinertums nach einzelnen Ländern und Regionen

I. Italien – II. Gallien, Frankenreich, Frankreich, Deutschland (im Früh- und Hochmittelalter) – III. Frankreich im Spätmittelalter – IV. Deutschland im Spätmittelalter – V. Iberische Halbinsel – VI. England – VII. Irland – VIII. Skandinavien – IX. Böhmen – X. Polen – XI. Ungarn – XII. Östlicher Mittelmeerraum.

I. Italien: Wie bereits am Beispiel von Montecassino dargelegt wurde, ist die Geschichte des benediktin. Mönchtums eng mit dem polit. und militär. Geschick der it. Halbinsel verbunden. Neben dieser großen Abtei des hl. Benedikt entstanden v. a. in Mittel- und S-Italien, auch durch die Förderung der Hzg.e v. Spoleto und Benevent, einige mit Montecassino verbundene Abteien. Unter diesen hat S. Sofia in → Benevent größte Bedeutung, das zum Ausgangspunkt der Verbreitung des cassines. Mönchtums in S-Italien wurde. Das ausgedehnte Territorium, das schließlich von der von dem hl. Benedikt gegr. Abtei abhing, erhielt den Namen »terra s. Benedicti«. Das Kl. → S. Vincenzo al Volturno hatte in disziplinärer Hinsicht noch viele Verbindungen mit Montecassino, während die bedeutende Abtei → Farfa volle Autonomie genoß. Ihre Anfänge sind auf das 8. Jh. anzusetzen, sie erlangte aber erst durch das Wirken von drei Adligen aus Benevent ihre volle Bedeutung, die sich bald riesiger Landschenkungen erfreuen konnten, und stand in enger Verbindung mit dem bereits gen. Kl. S. Vincenzo. Nicht weniger bedeutend sind die Monasterien im Langobardenreich selbst, unter denen das Frauenkloster S. Giulia bei Brescia genannt werden muß, das von den letzten Kg.en gefördert wurde. Gerade aus dem Reichtum und der Macht der großen it. Klöster – auch → Bobbio und → Nonantola hatten die RB angenommen – erklärt es sich, warum die Reform → Benedikts v. Aniane dort keine unmittelbare Wirkung ausübte. Dem frk. Einfluß verpflichtet war jedenfalls die große Abtei von → Novalesa, die im 9. Jh. ihre Glanzzeit erlebte, die durch einen Angriff der Sarazenen aus → Fraxinetum in der Provence unterbrochen wurde.

Neben diese großen Monasterien, die alle in ländl. Gebieten lagen, traten einige Stadtklöster, unter denen S. Ambrogio in → Mailand, SS. Faustino e Giovita in → Brescia und S. Zeno in Verona genannt werden müssen.

In karol. Zeit entstehen in Italien zahlreiche weitere Kl., wie die berühmte Abtei → Pomposa, S. Vitale, S. Giovanni

Evangelista und S. Apollinare Nuovo in Ravenna, S. Sisto in Piacenza und das bedeutende in den Abruzzen gelegene Kl. SS. Trinità in Casauria (heute Tocco Casauria, bekannter als S. Clemente). Zur gleichen Zeit gab es bei Rom andere Kl., wie z. B. S. Paolo fuori le mura. Es ist ein wichtiger Umstand, daß viele dieser Kl. lange unter ksl. Schutz blieben, der in einigen Fällen die Protektion der langob. Kg.e fortsetzte.

Ohne die lange Reihe der Neugründungen aufzählen zu können, muß im 10. Jh. wenigstens das Wiederaufblühen des Kl. SS. Benedetto e Scolastica in Subiaco erwähnt werden, das einzige, das von den dreizehn im Umkreis von Benedikt im Aniotal entstandenen Kl. erhalten geblieben war. Im 10. Jh. hatte v. a. in Mittelitalien die Cluniazens. Reform Bedeutung. Sie wurde in Rom von Alberich II. gefördert, der Odo v. Cluny bei der Reform der Abtei S. Paolo und anderer Kl. in Rom während dessen röm. Aufenthalt 936 unterstützte. Odo verstärkte seinen Einfluß später durch Reisen nach Subiaco, Pavia (S. Pietro in Ciel d'Oro) und Montecassino selbst. In Farfa konnte er sich allerdings erst nach erbittertem Widerstand der Mönche behaupten. Nach dem Tode Odos wurde der cluniazens. Einfluß durch den hl. Maiolus weitergetragen, dem es wiederum dank der Unterstützung durch den röm. Adel gelang, sich durchzusetzen. Eine echte Wende in der Geschichte des it. Mönchtums trat – wenn auch unter dem Einfluß von Cluny – durch die Normannenherrschaft in S-Italien ein, die sich insbes. auf die von ihr geförderten Kl. stützte, um den Aufschwung der lat. Kirche in S-Italien zu erreichen, wo es in diesem Sinn seit der zweiten Hälfte des 11. Jh. mit dem Papsttum zu einer Zusammenarbeit kam. Montecassino hatte hierbei eine bedeutende Rivalin in der neugegr. Abtei → Cava dei Tirreni (ō SS. Trinità), nicht weit von Salerno. Nachdem diese den langobard. Prinzipat v. Benevent unterstützt hatte, trat sie auf die Seite der Normannen und wurde von ihnen mit reichen Landschenkungen in ganz S-Italien belohnt. Sie erreichte ihren Höhepunkt am Ende des 11. Jh., als ihre Neugründungen bis nach Sizilien reichten, wo das Mönchtum seit dem Untergang der Araberherrschaft einen neuen Aufschwung erlebte.

Eine interessante Besonderheit ist die Tatsache, daß dank der polit. und wirtschaftl. Bedeutung von → Amalfi eine Benediktinergemeinschaft auf dem Berg Athos ihren Platz neben den griech. Monasterien finden konnte.

Das 11. und die ersten Jahrzehnte des 12. Jh. sind also von größter Bedeutung für das it. Mönchtum, auch wenn es Auswirkungen der bereits angedeuteten Krise zu spüren bekam. Die Reaktion auf einige Aspekte dieser Krise erfolgte durch bestimmte, rein it. Bewegungen, wie z. B. die der → Kamaldulenser, die bei der benediktin. Grundstruktur den eremit. Aspekt bes. hervorhob und dem Gebet, der vita contemplativa und der Askese breiteren Raum gewährte. Analoge Bedeutung hatte das Kl. S. Benigno in Fruttuaria, das von →Wilhelm v. Volpiano gegründet worden war, cluniazens. Tendenzen aufnahm und weiterentwickelte und größten Einfluß auf N-Italien hatte.

Einen Mittelweg zw. zönobit. Lebensweise benediktin. Tradition und dem Eremitentum stellen die Gründungen des hl. → Dominikus v. Sora in Umbrien, Abruzzen und Latium dar; unter ihnen ragt Sassovivo bei Spoleto hervor.

Im Zusammenhang mit den volkstüml. Bewegungen, welche die Krise des Zönobitentums begleiteten, spielte die Vallombrosanerbewegung (→ Vallombrosa) eine große Rolle, die vom hl. → Johannes Gualbertus ins Leben gerufen (um die Mitte des 11. Jh.) und von dem hl. Bernhard (Bernardo) degli Uberti fortgesetzt wurde, der die Unterstützung der Mgfn. → Mathilde v. Canossa fand; auch in der Folge stand eine Reihe von Äbten, die einen hl. Lebenswandel mit Umsicht und Tatkraft verbanden, an der Spitze der Bewegung. Aus dem eben Erwähnten geht hervor, wie stark das Mönchtum in Italien vertreten war, auf das natürl. auch Einflüsse von außen einwirkten. Neben Cluny und Cîteaux trat die Bewegung der → Kartäuser, die vom hl. → Bruno gegründet wurde, der ein strenges Eremitenleben in Kalabrien geführt hatte.

Ebenfalls mit der norm. Expansion verbunden, jedoch nachdem sich die Normannenherrschaft schon konsolidiert hatte, entstand Montevergine (1124 Kirche und Kloster der Madonna geweiht) im Avellinese, von →Wilhelm v. Vercelli ins Leben gerufen, der seine eigene eremit. Lebensweise nicht zuletzt infolge des Zustroms zahlreicher Schüler zur vita coenobitica umwandelte. Wie in den vorher gen. Fällen inspirierte Montevergine die Gründung vieler anderer Kl., in denen, ebenso wie es bei Wilhelm selbst der Fall gewesen war, das Element des eremit. Büßerlebens Bedeutung hatte. Eine Ähnlichkeit mit Montevergine und dem Werk Wilhelms v. Vercelli hat die Gründung eines seiner Freunde, des hl. → Johannes v. Matera, des Kl. in Pulsano auf dem Gargano, das rasch viele Nachfolger fand und dessen charakterist. Züge offenbar den Bedürfnissen entsprachen, die durch die Kritik am Zönobitentum geweckt worden waren. Man braucht nur daran zu erinnern, daß diese Kl. durch Handarbeit und die Almosen der Gläubigen ihren Lebensunterhalt bestreiten mußten. Man legte auch großen Wert auf die Predigttätigkeit. Dies war der Beginn einer Bewegung, die zuerst in S-Italien, später auf der ganzen it. Halbinsel große Bedeutung gewann.

Ein entscheidender Wendepunkt trat in Italien durch die Zisterzienserbewegung ein, die v. a. auf das Wirken des hl. → Bernhard zurückgeht. Dieser war bestrebt, sein monast. Ideal durchzusetzen und gleichzeitig durch ein Netz von Kl. ein Bollwerk gegen den Einfluß Anaklets II. in Mittel- und Norditalien zu errichten. Bes. Interesse verdient der Umstand, daß der hl. Bernhard für die Gründung seiner Kl. die Unterstützung der nunmehr konsolidierten Kommunen erbat und erhielt; mit Hilfe Mailands wurden Chiaravalle Milanese und Morimondo gegründet, mit der Unterstützung von Piacenza Chiaravalle della Colomba und später in den Marken Chiaravalle di Fiastra; jede dieser Abteien hatte entsprechend der zisterziens. Gewohnheit zahlreiche Filiationen. In S-Italien setzte sich jedoch das Zisterziensertum erst nach dem Ende des Schismas und nach der Wiederaufnahme der Beziehungen des Papsttums mit der norm. Macht, durch die nunmehr eine stabile Monarchie geworden war, durch. In der Nähe von Rom entstanden das Kl. Tre Fontane und später die Abtei → Casamari in der Campagna und → Fossanova im Kgr. Sizilien. 1141 signalisiert die Gründung von S. Maria della Sambucina die Niederlassung der Zisterzienser in Kalabrien. Ebenfalls in S-Italien zw. S. Maria della Sambucina, Casamari und Corazzo reifte die schon genannte Gründung von →Joachim v. Fiore heran. Die fiorensische Kommunität war zwar dank der Förderung durch die weltl. und später päpstl. Gewalt (Gregor IX.) erfolgreich, hielt aber, wie wir schon angedeutet haben, dem Druck der neuen → Bettelorden nicht stand. Mit dem Aufkommen der Mendikanten brach in Italien – aber nicht nur dort – die zweite große Krise des Mönchtums aus, die die Kl. entvölkerte und es den Bf.en, Herrschern und Päpsten ermöglichte, Personen ihres Vertrauens riesige Benefizien zu verleihen und sie zuerst zu Äbten, später zu Kommendataräbten zu ernennen. Dadurch leiteten sie einen Prozeß wirtschaftl. Verarmung und schwerer Krise der Spiritualität ein. Gewiß konnten sich die größeren Abteien behaupten, denen eine lange Tradition der Ordnung und Disziplin eine sozusagen automat. Kontinuität sicherte, jedoch nicht die isolierten Kl. oder die kleineren Gründungen, die bisweilen auch durch die veränderten wirtschaftl. Bedingungen schwere Rückschläge erlitten. Obwohl die großen Monasterien wie Nonantola, Farfa, Bobbio oder S. Vincenzo al Volturno überlebten, ist doch die Krise evident: Man braucht nur an die polit. Kompromittierung Montecassinos v. a. bei dem Übergang von der stauf. zur angevin. Dynastie zu denken. Nicht selten gingen während dieser Krise alte Monasterien in die Hand der neuen Orden über. Bei aller Schwere bedeutete diese Krise jedoch keineswegs das Ende des Mönchtums oder jedwedes Strebens nach Erneuerung: So erhielt z. B. Thomas v. Aquin seine erste geistige Formung in Montecassino, das in der Nähe der Lehen seiner mächtigen Familie lag, und → Silvestro Guzzolini (Ende 12. Jh. in den Marken), eine von tiefster Religiosität geprägte Persönlichkeit, gründete nach einer spirituellen Erschütterung 1231 auf dem Monte Fano ein Kl. nach benediktin. Struktur und im Geist der RB, dem er nach und nach andere anschloß. In kurzer Zeit erfolgte ein bemerkenswerter Zustrom an Mönchen, und die Kongregation (→ Silvestriner) wurde bereits am 27. Juni 1247 von Innozenz IV. bestätigt.

Ebenfalls im Zusammenhang mit der Krise des Mönchtums und im bes. mit den Postulaten, die die neuen Bettelorden aufstellten, ist die Reform des Petrus v. Morrone (Pietro del Morrone; → Coelestin V.) zu sehen. Urspgl. Benediktinermönch in S. Maria di Faifoli in der Prov. Molise, zog er sich um die Mitte des 13. Jh. als Einsiedler zurück. In einzigartiger Weise folgten dann mehrere Wechsel zw. eremitischer und zönobit. Lebensweise, immer bei strengster Armut, und wie einige Elemente vermuten lassen, mit bes. Verehrung des Hl. Geistes, dem (aufgrund joachimit. Einflusses?) sein Kl. geweiht war. Diese Bewegung, für welche die Wahl Petrus' v. Morrone zum Papst (Coelestin V.) gleichzeitig Aufschwung und Krise bedeutete, verbreitete sich hauptsächl. in den Abruzzen und dann allmählich im übrigen Italien. Sie erhielt auch Unterstützung durch die Anjou-Herrscher, die ihre Ausbreitung sowohl in Italien als auch v. a. in Frankreich (wo die Mönche als Célestins bekannt waren) förderten, und war auch in Böhmen erfolgreich (→ Coelestiner).

Parallel zur Coelestinerbewegung entstand die Olivetanerkongregation, die auf den sel. Bernardo → Tolomei (1272/1348) zurückgeht, der zuerst mit zwei Gefährten als Eremit lebte und dann die monast. Lebensform unter der RB wählte. Seine Gründung, Monteoliveto, war der Madonna geweiht. Obwohl ihr anfängl. einige Schwierigkeiten von seiten des Bf.s v. Arezzo in den Weg gelegt wurden, breitete sich die Olivetanerbewegung trotz ihrer spezif. toskan. Bedeutung in ganz Italien aus: Sie erreichte Rom und behauptete sich auch im Veneto, u. a. 1408 in S. Giustina in Padua, kurz bevor Ludovico → Barbo die Leitung des Kl. übernahm.

Im 15. Jh. breitete sich das Regiment der → Kommendataräbte derart aus, daß man von einer wirkl. Verteilung der Kl. an die bedeutendsten Familien der betreffenden Region sprechen kann, auch wenn lokale Manifestationen lebhafter und intensiver Religiosität nicht fehlten. Die Gründungsgeschichte der Kongregation von → S. Giustina, von deren Schwierigkeiten uns Barbo selbst berichtet, sind der deutlichste Hinweis auf die Lage, in sich der größte Teil des it. Mönchtums befand. Ludovico Barbo konnte sich schließl. mit Hilfe des Kommendatarabtes, des Kard. Antonio Correr, der gerade die Monteolivetaner gerufen hatte, durchsetzen; nach seiner Abtweihe am 3. Febr. 1409 bemühte er sich nicht nur, die Kommunität durch die Aufnahme weiterer Novizen zu vergrößern, sondern er strebte danach, neue Kl. anzuschließen, so daß er nach zehn Jahren von Papst Martin V. die Bestätigung dieser neuen Schöpfung, die den Namen »Kongregation von S. Giustina« erhielt, erreichen konnte (1. Jan. 1419). Es wurde dabei eine Reihe von Reformen durchgeführt, welche die Abtwürde betrafen; die Leitung der Kongregation wurde dem Generalkapitel übertragen, das jedes Jahr Visitatoren bestimmte, unter denen man den Präsidenten der Kongregation wählte. Das einigende Band, das die Kongregation zusammenhielt, sollte die Caritas sein. Trotz einiger Schwierigkeiten, mit denen sich die Kongregation zw. dem Konzil v. Konstanz und dem von Basel konfrontiert sah, konnte sie ihre Erfolge weiter ausbauen und nicht nur in religiöser, sondern auch in kultureller Hinsicht bemerkenswerten Einfluß auf eine Richtung erlangen, die sich in gewissem Sinn der als → Devotio moderna bekannten Bewegung zur Seite stellt. Mit der Kongregation von S. Giustina im Mittelpunkt waren die letzten Jahrzehnte des 15. Jh. für das it. Benediktinertum eine Zeit der komplexen Vielfalt von Begegnungen und Auseinandersetzungen.

R. Manselli

II. GALLIEN, FRANKENREICH, FRANKREICH, DEUTSCHLAND (IM FRÜH- UND HOCHMITTELALTER): In Gallien blühte seit dem 4. Jh. vorbenediktin. Mönchtum unter → Martin v. Tours († 397), → Cassian († 435) und Columban († 615) sowie um 600 auf der Basis von etwa 20 verschiedenen Mönchsregeln. Um 620 begegnen wir zuerst einer Spur der Regula Benedicti; → Donatus v. Besançon († um 656) legte sie seiner Regel für Nonnen zugrunde. Im 7. Jh. übernahmen in fortschreitendem Maße viele Kl. Galliens - zuerst die Kl. Columbans (einst Mönch zu Bangor) und seiner Schüler (629/670), später die Gruppe von Lérins (ca. 660) - die Mönchsregel v. Montecassino. In manchen Zönobien beobachteten die Mönche sogar mehrere Regeln zugleich: v. a. des → Caesarius v. Arles († 542), Columban und Benedikt. Unter dem Einfluß der Kgn. → Balthild wurde die »Regula mixta« um die Mitte des 7. Jh. in den großen → Basilikaklöstern eingeführt: St-Denis, St-Germain-des-Prés, St-Médard de Soissons, St-Aignan d'Orléans, St-Martin de Tours. Um 670 bestimmt die Synode v. Autun, daß alle Kl. einzig befolgen sollen, was die Canones und die RB lehren und bekennt sich damit eindeutig zum Prinzip der Mischregel. Als Abt Mummulenus v. Fleury um 672 Aigulf und einige seiner Mönche veranlaßte, Benedikts Gebeine aus den Trümmern von Montecassino zu erheben und nach Fleury zu übertragen, wurde das Kl. an der Loire beliebtes Pilgerziel. → Amandus († ca. 676), Mönch aus Aquitanien, wurde von Bf. Acharius v. Noyon, Vermandois und Tournai († 639) - Schüler des Eustasius v. Luxeuil († 629) - nach Flandern berufen, um hier zu missionieren und das Christentum zu festigen. Im Zuge seines Wirkens gründete Amandus zu Elnon vor der Mitte des 7. Jh. in frz. Flandern ein Zönobium unter Beiziehung der RB, das später seinen Namen trägt; es gilt als erstes Kl. und als Mittelpunkt monast. Bewegung im Gebiet des heut. Belgien. Zu Marchiennes errichtete Amandus ein Doppelkloster, zu Antwerpen das Monasteriolum Quortolodora und vielleicht auch die Kl. Leuze und Rodnach (Renaix). Überdies veranlaßte er zum einen seinen Schüler Bavo († 653), zu Gent je ein Kl. (639) auf dem Blandijnberg (Sint Pieters en Paulus) und Ganda (später Sint Baafs) ins Leben zu rufen, zum andern Iduberga, Gemahlin Pippins d. Ä., ein Doppelkloster in Nivelles (640) zu stiften, dessen erste Äbtissin ihre Tochter Gertrud ist. Um 690 setzte → Willibrord aus Northumbrien († 739) das Werk von Amandus zu Antwerpen fort; er übernahm Kirche und Kl. Quortolodora. Im Osten Belgiens machte der Aquitanier →Remaclus († 671/679) das Mönchtum bekannt; er ist um 632 erster Abt v. Solignac. Dem Kl. hatte →Eligius († nach 660) die Regeln Benedikts und Columbans – beide zugleich – als Hausgesetz übergeben. Zw. 647 und 650 beauftragte der Hausmeier Grimoald Remaclus, im Waldgebiet der Ardennen zu Stablo und zu Malmedy (in Personalunion) ein Doppelkloster zu gründen. Rasch entstehen aufeinanderfolgend mehrere Kl.: Malonne (um 650), Fosses (vor 652), Lobbes (um 655), Sithiu (später St-Bertin), Maubeuge, Andenne und St-Trond u. a. m.

Die Missionstätigkeit ags. Mönche auf dem Festland setzte mit →Wilfrith ein (678). Auf sie geht eine Reihe von Klostergründungen zurück: Im Zuge der Friesenmission →Willibrords († 739) wurde von dessen Gefährten Adalbert ein Kl. (Egmond-Abtei bei Alkmaar) und von einem weiteren Begleiter, Suitbert († 713), i. J. 696 Kaiserswerth gegründet.

Mit Willibrords Namen bleiben verbunden: Utrecht, Echternach und Susteren. Den Angelsachsen Bonifatius († 754) weihte Gregor. II. um 722 zum Bf., 737/738 ernannte ihn Gregor III. zum Legaten für Deutschland. Bei Bonifatius ist die RB Ausdruck seiner Romverbundenheit. Doch gilt sie auch ihm noch nicht als exklusive monast. Norm. Mit ihm tragen v. a. →Willibald († 787) – ein Verwandter des Bonifatius, über Montecassino und Rom nach Eichstätt kommend – und der Bayer →Sturmius († 779) romverbundenes Mönchtum in Deutschland. Von Bonifatius stammen die Kl. Fulda (744), Amöneburg (722/738), Fritzlar (724) und Ohrdruf (725). In welcher Intensität die RB im Westen Deutschlands (Weissenburg/Elsaß, ca. 660; Prüm, 721) überhaupt bekannt war, wissen wir nicht. In Alemannien gründete Pirmin Reichenau (724), Murbach (727), evtl. auch Gengenbach (727), Schuttern und Maursmünster (724/740). Alle diese Kl. beobachten um diese Zeit neben der RB auch die Columbanregel und andere. Mönche der Reichenau gründen vor 730 Pfäfers, das älteste B.-Kl. der heut. Schweiz; Disentis und St. Gallen nehmen die RB etwa um 750 an. Zu den benediktin. ausgerichteten Kl. zählen im 8. Jh. u. a. Hersfeld (736 gegr.) und Lorsch (764). Bayern bevölkert sich ebenfalls mit Kl.: Niederaltaich (741), Mondsee (748), Thierhaupten (750/770), Benediktbeuern (752), Wessobrunn (753), Tegernsee (756/761), Schäftlarn (762 als freising. Eigenkl. gegr.), Kremsmünster (777) und Weltenburg (?) sowie die Kathedralkl. Salzburg, Regensburg, Passau, Eichstätt, Würzburg und Freising. D. v. Huebner

Der entscheidende Wendepunkt in der Geschichte des abendländ. Mönchtums, durch Karls d. Gr. Politik und Gesetzgebung in mancher Hinsicht vorbereitet, ist verknüpft mit Namen und Werk des hl. →Benedikt v. Aniane, dem Ks. Ludwig d. Fromme das Instrumentarium frk. Herrschaftsausübung zur Verfügung stellte. Die gesamtfrk. Entwicklung im 9. Jh., von der sich nur Italien distanziert zu haben scheint, ist daher im allgemeinen Kapitel (Abschnitt A. I) dargestellt, auf das hier nur verwiesen sei.

In direktem Filiationszusammenhang mit Benedikt v. Aniane stand das 909/910 gegründete burg. Kl. →Cluny. Von seinem Stifter dem Hl. Stuhl übereignet, erlangte Cluny einen Rechtsstatus (libertas), der schon im 9. Jh. entwickelt und auf einzelne Kl. im Westfrankenreich und in Lothringen übertragen worden war. Die karol. Tradition, die die Exemtion nicht kannte, wirkte noch bis in die dreißiger Jahre des 11. Jh. nach, da Cluny vollends von der Jurisdiktion des in Mâcon residierenden Diözesanbischofs eximiert wurde. Im Laufe des 10. Jh. holte Cluny das benediktin. Kl., das seine Prägung annahm, in zunehmendem Maße aus seiner Vereinzelung heraus: →Fleury (ca. 930), →Montmajour bei Arles (949), →Dijon (989/990), St-Victor in →Marseille (ca. 1000) blieben rechtl. unabhängig und stiegen nach Clunys Vorbild zu Häuptern mehr oder weniger straff organisierter Klosterverbände auf, deren membra in der Normandie, in Burgund, in ganz S-Frankreich, ja selbst auf der iber. Halbinsel anzutreffen waren. Die Cluny selbst zugeordnete Klostergruppe, die von 927 bis 1109 nur von fünf gleicherweise hervorragenden Äbten von Cluny regiert wurde und sich in ihrer Spiritualität durch die fast alle anderen Aktivitäten absorbierende, doch wohl einseitig zu nennende Ausgestaltung des opus Dei von den karol. Grundlagen immer weiter entfernte, erfaßte den Bereich des Lehensverbandes des frz. Kg.s zur Gänze, griff mit der Norm. Eroberung nach England hinüber, überschritt aber nur in einzelnen Niederlassungen die Grenze zum Deutschen Reich.

913/914 gestaltete Gerhard, ehedem Konventuale von St-Denis († 959), sein monasterium → Brogne zu einem Reformzentrum aus. Der Gf. v. Flandern setzte diesen eifrigen Abt ein, um die Kl. seines Machtbereiches (St-Bertin, die Abteien zu Gent u. a.) zu erneuern.

Teils von der flandr. Abteiengruppe, teils von St-Benoît-sur-Loire (Fleury) bezog der ags. Reformer →Dunstan († 988) das Vorbild, um, unterstützt von Æthelwald († 984) und Oswald († 992) und gefördert von Kg. Edgar (959-975), alte Abteien (z. B. Glastonbury und Abingdon) zu reformieren oder neue Kl. zu errichten.

In den dreißiger Jahren des 10. Jh. begann in Gorze bei Metz nach Abschluß einer eremit. Sammlungsphase und in St. Maximin vor Trier wohl im Traditionszusammenhang mit Benedikt v. Aniane eine benediktin. Erneuerungsbewegung, die, vom lothring. Hzg., von lothring. Bf.en und vom dt. Kg. gefördert, nahezu alle lothring. Kl. erfaßte. Ihre Spiritualität bewegte sich eher in herkömml. Bahnen, trat der Ausgestaltung des opus Dei nur zögernd näher und gewährte bei der allgemein üblichen Reduktion der Handarbeit der Mönche der Beschäftigung mit Wissenschaft und Kunst Raum und Zeit. Da sie nicht daran dachte, die Expansion ihrer consuetudines zur Ausformung eines Klosterverbandes zu nutzen, gliederte sie das bestimmte Einzelkloster, die karol. Privilegierung zur Bestätigung vorlegend bzw. sie als Muster übernehmend, in die Verfassungsstrukturen des otton.-sal. Reiches ein. Denn bis etwa 1050 erreichte sie dank der Gunst und manchmal handgreifl. Nachhilfe des dt. Herrschers und des Episkopats in mehreren Wellen fast alle alten Königsabteien und Bischofsklöster im Reich und initiierte die Errichtung zahlreicher neuer Abteien.

Nach der Mitte des 11. Jh. wies die Norm. Eroberung der Reformbewegung von Cluny den Weg nach England. Während Wilhelm der Eroberer allein auf der Stätte seines Sieges die Abtei Battle (→ St. Martin bei Hastings) errichtete (seine bedeutenderen Stiftungen machte er in Caen), nahm →Lanfranc v. Canterbury († 1088), ehedem Prior des norm. Le Bec, als Ebf. und Primas die Leitung der Überformung bestehender Kl. in die Hand und sorgte für Neugründungen. Doch konstituierten sich bis etwa 1150 in England nicht nur autonome monasteria der Cluniazenser, die großen nach Clunys Ordnung lebenden Abteien in der Normandie, in Mittel- und Südwestfrankreich wetteiferten miteinander, abhängige Zellen (Priorate) zu errichten, die dem kontinentalen Mutterkloster untergeben blieben.

Auf dem Kontinent drang »Cluny« nunmehr auch ins Reichsgebiet vor. Die burg. Reformzentrale verpflanzte selbst ihre Lebensordnung nur nach Anchin im damaligen frz.-dt. Grenzgebiet und auf Veranlassung des ersten Reformabtes von → Hirsau in dessen wiedererrichtetes Kl. im Nagoldtal. 1068 (?)/1070/72 entsandte → Fruttuaria, eine oberit. Tochtergründung des von Cluny geformten, aber unabhängigen Reformmittelpunktes St-Bénigne in → Dijon, Mönche ins Kl. → Siegburg und nach → St. Blasien im Schwarzwald, wiederum auf Betreiben des Klosterherrn, des Kölner Ebf.s → Anno II. bzw. der St. Blasien tragenden Adelsgruppe. Von Hirsau, Siegburg und St. Blasien aus erfaßte die cluniazens. Reformwelle in Deutschland insgesamt mehr als 200 Kl., mehrheitl. Neugründungen, in Schwaben, Sachsen, Westfalen, im Rheinland, in Bayern und Österreich. Während Siegburg sich auf Bischofsklöster gleichsam spezialisierte, vermittelten Hirsau und St. Blasien ihre Observanz vorwiegend adligen Stiftungen, wobei die alten Reichsabteien ihnen oftmals Widerstand entgegensetzten. Die Integration der »jungcluniazensischen« Abteien in die Reichsverfassung erfolgte nicht mehr, lediglich eine lockere Assoziierung trat hinter der oftmals engen Bindung an das Papsttum zurück, wenn nicht die Eingliederung in den Verband eines Hochstiftes vollzogen wurde.

Wie in Italien sahen die letzten Jahre des 11. und die erste Hälfte des 12. Jh. Kl. und klösterl. Kongregationen auf dem Boden Frankreichs entstehen, die zwar die RB als monast. Grundgesetz nicht aufgaben, die consuetudines des herkömml. Benediktinertums aber zugunsten ihrer eremit. Ausrichtung und der selbstgewählten Aufgabe der Bußpredigt bzw. der Krankenpflege verwarfen. Die strikte Absonderung von der »Welt« praktizierte die um 1100 in der Diöz. Grenoble gegründete Gemeinschaft von → Chalais. Die Wanderpredigt ihres Gründers → Robert v. Arbrissel brachten dem Konvent von → Fontevrault (ca. 1105/10) einen starken Zustrom von Novizinnen, so daß die Kommunität samt ihren rasch entstehenden filiae den Charakter eines Frauenordens annahm, dessen Mitglieder trotz gelegentl. Dienste in angeschlossenen Hospitälern faktisch als Reklusinnen lebten. Obwohl auch Fontevrault nach England hinübergriff, entstand dort dank der Initiative Gilberts v. → Sempringham eine ähnliche Reklusinnenkongregation, deren consuetudines allerdings auf den zisterziens. aufbauten. Die Normandie und England verband ebenfalls der etwa 1115 ins Leben gerufene Orden von → Savigny miteinander, der sich wie die Gründung von Cadouin um die Mitte des 12. Jh. den Zisterziensern anschloß. Ihre Selbständigkeit behaupteten indes die Kommunitäten von → Tiron infolge der Wander- und Bußpredigt ihrer Mitglieder, die das eremit.-asket. Leben dem Aufenthalt in einem durchorganisierten Kl., das gar noch in einen zentral gelenkten Orden eingebunden war, vorzogen.

J. Semmler

III. FRANKREICH IM SPÄTMITTELALTER: Die Bewegung, die seit Ende des 11. Jh. die Seelen zum Rückzug in die Einsamkeit und zu Kargheit und Strenge der Lebensführung bewog, was sich bes. in einer verbreiteten Wiederaufnahme der Handarbeit äußerte, wirkte sich nicht nur in der Entstehung der »neuen Orden« aus (Kartäuser, Zisterzienser, Grammontenser); es blieben auch mehrere Kl., die ihre Gründung diesen Strömungen verdankten, unabhängig, oder sie bildeten autonome Zusammenschlüsse aus, die später »benediktinisch« genannt werden sollten: → Tiron und sein Orden, → Fontgombaud, → Affligem u. a.

Papst Innozenz III. (1198-1216) förderte period. Versammlungen von Äbten und Prioren zur Aufrechterhaltung der Disziplin und Abstellung von Mißbräuchen; das IV. Laterankonzil (1215) vereinheitlichte dieses System durch das Dekret »In singulis regnis«. Schließlich schuf Benedikt XII. (1334-42) durch seine Bulle »Summi Magistri« (20. Juni 1336) benediktin. Ordensprovinzen, die den Kirchenprovinzen nachgebildet waren. Wir sind über das tatsächl. Ergebnis dieser Maßnahmen wenig unterrichtet; doch zeigt sich, daß diese Institution in der Provinz Lyon im 15. Jh. noch in Funktion war.

Bemerkenswert ist eine Maßnahme Johannes XXII. (1316-34): Er erhob im südl. Frankreich eine Anzahl von Abteien zu Bischofssitzen, wobei das Leben nach der Regula Benedicti innerhalb der neu geschaffenen Domkapitel erhalten blieb; auf diese Weise entstanden die Bistümer Castres, Maillezais, St-Flour, St-Pons, Sarlat, Tulle, Vabres, u. a. Doch blieb das Ergebnis dieses Reformversuches bescheiden; früher oder später setzte die Säkularisation ein.

Die frz. Benediktinerklöster litten sehr unter dem Hundertjährigen Krieg; ihre Wiederherstellung erfolgte spät, meist erst nach der Beendigung der Kriegshandlungen. Cluny war um die Mitte des 15. Jh. der Schauplatz verdienstvoller Reformbestrebungen von seiten des Abtes Jean de Bourbon (1413-85); doch erst am Ende des Jahrhunderts stellten sich unter Chezal-Benoît greifbare Erfolge ein. Die ndl. Benediktinerklöster wurden von dem sonstigen Niedergang nicht oder kaum betroffen: → Florennes war seit 1421 ein Reformzentrum; St. Jakob in → Lüttich spielte schon früher diese Rolle; St-Ghislain im Hennegau besaß als Reformkloster ebenfalls eine gewisse, wenn auch begrenzte Ausstrahlungskraft. Doch erst im 16. Jh. kam die Erneuerungsbewegung überall zum Tragen.

G. Oury

IV. DEUTSCHLAND IM SPÄTMITTELALTER: Im dt. Sprachgebiet nehmen seit dem Wormser Konkordat Aktivität, Wirksamkeit und Einfluß der Hirsauer, Sanblasianer und Siegburger Reform ab. Zum einen sind das 12. Jh. und die Zeit danach nicht von einem Streit um substantielle Kriterien benediktin. Lebensform gekennzeichnet. Zum andern fördern Bf.e – mehr und mehr der vita canonica zugewandt – Einfluß und Aufschwung der Regularkanoniker, die ihrerseits monast. Postulate verwirklichen. → Rupert v. Deutz († 1129) versucht, den beiden rivalisierenden Parteien Klarheit zu verschaffen (Super quaedam capitula regulae divi Benedicti abbatis; MPL 170, 525 ff.); ob er die Kampfschrift gegen die Kanoniker (De vita vere apostolica; MPL 170, 609 ff.) verfaßt hat, ist nicht sicher.

Die Geschichte der B. in Deutschland kennt neben etwa 250 bestehenden Monasterien in der 1. Hälfte des 12. Jh. etwa 70 Neugründungen, in der 2. Hälfte neun und im 13. und 14. Jh. kaum mehr als je drei. Im 12. und 13. Jh. verlieren die B. je 14 Klöster. Eine eigene Benediktinerkongregation bilden indes seit 1185/1215 die → Schottenklöster (vgl. Abschnitt B. VII) St. Jakob/Regensburg (1090/1111), St. Jakob/Würzburg (1134), St. Jakob/Erfurt (1136), St. Ägidien/Nürnberg (1140), St. Jakob/Konstanz (1142) und St. Marien/Wien (1158) sowie Priorate in Memmingen, Eichstätt und Kelheim (1232). Der Abt v. St. Jakob/Regensburg präsidiert dieser Kongregation. Der Orden erlebt v. a. im 13. Jh. auch aus anderen Gründen (Dezentralisation, zu große Unterschiede in Gebräuchen, Konflikte mit Bf.en, Adelsprivileg) seinen Niedergang. Darüber helfen das IV. Laterankonzil (1215) mit seinem Dekret über Provinzialkapitel und kanon. Visitation – ihnen fehlt v. a. die Autorität – ebensowenig hinweg wie die Umsicht der Päpste Innozenz III. († 1216), Honorius III. († 1227) und Gregor IX. († 1241). Zudem verkünden die Mendikanten ein neues Ideal, das die Jugend inspiriert und dem benediktin. Mönchtum entfremdet. In vielen Kl. der B. erlischt geistiges Leben beinahe völlig, weil ihre Schulen mit dem Generalstudium an Universitäten nicht mehr konkurrieren konnten.

Auf der Basis der Bulle »Summi Magistri« (1336) Papst → Benedikts XII. († 1342), die an Beschlüsse des IV. Laterankonzils anknüpft, bringt das Ende des 14. Jh. eine Wende, die Benedikts Orden zu neuer Blüte führen sollte. Die Kl. in Deutschland schließen sich zu föderativen Kongregationen zusammen. Dabei bewahrt jedes Haus seine volle Autorität und Selbständigkeit. Einzig regelmäßige Generalkapitel und Visitationen sollten die Observanz überwachen und gegenseitiger Hilfe dienen. Die Einflüsse der → devotio moderna und eine gründl. Rückbesinnung auf die eigtl. monast. Anliegen erfüllen viele Kl. mit gesundem Eifer für benediktin. Leben. Aus dieser Gesinnung resultieren die Reformen von → Kastl (1380), → Melk (1418) und → Bursfelde (1446) sowie das Provinzialkapitel von 1417, das während des Konstanzer Konzils viele Klosterobere der Mainzer Kirchenprovinz in Petershausen zusammenführt. Die Consuetudines der bayer. Abtei Kastl basieren auf Cluniazenser- und Sublacenser-Gewohnheiten; Kastl reformiert Reichenbach (1394), Ensdorf (1413), Weihenstephan (1418), Michelfeld (1436), St. Gallen (1440), Veilsdorf (1446) und St. Emmeram/Regensburg (1452). Die Kastler Gewohnheiten übernehmen von Reichenbach die Kl. Mallersdorf (1410), Weltenburg (1413), St. Ägidien/Nürnberg (1418), Prüll (1425), Frauenzell (1424/26), Prüfening (1432), Metten (1492) und Biburg (1505). Michelfeld gibt die Reform von Kastl weiter an Weissenohe (1438) und Michelsberg (1450); von St. Ägidien strahlt die Reform aus auf Füssen (1430), Donauwörth (1440), Mönchröden (1446), Ottobeuren (1447) und Münsterschwarzach (1466); Donauwörth beeinflußt Plankstetten (1458). Isoliert von anderen Kl. und Kongregationen zeichnet sich aber 1469 der beginnende Niedergang der Reform v. Kastl ab.

Die Reform v. Melk verdankt ihr Entstehen v. a. Hzg. Albrecht V. († 1439) v. Österreich; er beauftragte den Kanoniker Nikolaus Prunzlein v. Dinkelsbühl, ein Programm zu konzipieren. Grundlage der Reform sind die Consuetudines Sublacenses, die Nikolaus Seyringer v. Matzen aus Subiaco übernahm. Visitatoren bringen die Melker Reform um 1418 nach Göttweig und in das Schottenkloster/Wien; um 1419 nach Klein Mariazell, Seitenstetten, Kremsmünster, Garsten und Lambach. In Bayern fördert Hzg. Wilhelm III. († 1435) die Reform mit Hilfe des Melker Konventualen Petrus v. Rosenheim († 1433). Die Melker Observanz akzeptieren → Tegernsee, Metten, Andechs u. a. In Schwaben führen die Melker Reform ein: Wiblingen, St. Ulrich in Augsburg, Alpirsbach, Hirsau, Blaubeuren, Lorch, Elchingen, Anhausen und andere. Die Kl. Fulda, Würzburg, Schwarzach, Neresheim, Ottobeuren, Metten, Lambach, Fultenbach, Irsee, Füssen und Thierhaupten erbitten für sich Reformmönche und Äbte aus St. Ulrich in Augsburg. Treue zur Reform garantiert indes einzig guter Wille; denn Melk und Kastl ignorieren regelmäßige Generalkapitel und kanon. Visitation.

Das Konzil v. Basel (1431–49) gibt dem Reformgeist neuen Auftrieb, der v. a. das Mönchtum N- und W-Deutschlands erneuern sollte. Die Reform beginnt in St. Matthias/Trier (Johann → Rode, † 1439) sowie in Clus b. Gandersheim und Bursfelde (Johann Dederoth, † 1439). 1446 approbiert das Konzil v. Basel die Bursfelder Kongregation, welcher der Abt v. Bursfelde vorsteht. Die Union verpflichtet sich zu jährl. Kapiteln und zu kanon. Visitation. Die Gewohnheiten v. Bursfelde ähneln den Gebräuchen der Kongregation v. S. Giustina in Padua (vgl. Abschnitt B. I), belassen aber jeder Abtei ihre Autonomie. Im 15. Jh. zählen zur Bursfelder Kongregation allein in Deutschland über 80 Kl., darunter St. Martin/Köln (1455), Hirsau (1458), Sponheim (1470) und Maria Laach (1474). Wenige Abteien sind exemt, die meisten den Diözesanbischöfen unterstellt. Bernhard v. Hirsau, Adam Meyer v. St. Martin/Köln, → Johannes Trithemius v. Sponheim, → Dietrich v. Erbach, Ebf. v. Mainz und allen voran Kard. → Nikolaus v. Kues fördern die Reform im Dt. Reich.

Unbeschadet des nicht zu brechenden Widerstandes gegen eine Union aller Reformkongregationen war im 15. Jh. gleichsam ein monast. Frühling angebrochen, der aber mit Dauer und Tiefe der Reformen des hohen MA kaum zu vergleichen ist. Kulturelle Aufgaben waren an andere Kreise übergegangen, bis im 15. Jh. Arbeit, Studium und Wissenschaft wieder beachtet wurden. → Devotio moderna und Humanismus finden in B.-Kl. Deutschlands eine gewisse Stütze. Als Reformation und Bauernkrieg in die aufsteigende Linie eingreifen, hören viele Kl., auch Hirsau, Hersfeld und Bursfelde, zu bestehen auf.

Das Konzil v. Trient (1545–63) schafft in der 25. Sessio mit Dekreten über die Religiosen die Voraussetzung zu neuem monast. Leben für die noch bestehenden dt. Klöster.

D. v. Huebner

V. IBERISCHE HALBINSEL: In westgot. Zeit verbreitete sich die RB in Schrifttum und Lehre, obwohl sie, jurist. gesehen, in keinem Kl. als einzige Observanz akzeptiert wurde. Die span. Mönche lebten damals unter einem Gemisch von Regeln oder Regelteilen. Es galten der codex regularum sowie die regula mixta. Die RB beeinflußte beträchtlich die Regula Isidori gemäßigten Charakters, von dem Metropoliten → Isidor v. Sevilla (um 618) verfaßt; viel weniger beeinflußte sie die archaisierende und orientalisierende Regula Fructuosi, das Werk des Metropoliten → Fructuosus v. Braga (um 640). Im fructuosian. geprägten Nordwesten der Halbinsel (Galizien und N-Portugal) gab es eine monast. Föderation, die von Klostersynoden geleitet wurde, in denen zur Regelung der Beziehungen untereinander die sog. Regula communis erarbeitet wurde, die ebenfalls benediktin. Einflüsse aufweist. In der religiösen Lit. findet man diese benediktin. Einflüsse in der Exhortatio humilitatis des → Martin v. Braga und in den Vitae patrum Emeritensium. Seit der islam. Invasion (ab 711) muß man zw. al-Andalūs und dem christl., schrittweise zurückeroberten und wiederbesiedelten Norden unterscheiden. In al-Andalūs las und schätzte man weiterhin die RB genauso wie in den Zeiten der Westgoten. Der hl. → Eulogius v. Córdoba, der i. J. 848, kurze Zeit vor seinem Martyrium, verschiedene Kl. von Navarra und Aragón besuchte, kannte und zitierte sie, wenn auch nicht ausdrückl. (er selbst jedoch verfaßte verschiedene der von seinem Biographen → Albarus so gen. regulae fratrum). I. J. 858 weilten auf der Suche nach Reliquien der Märtyrer zwei Benediktiner aus St-Germain bei Paris, Usuardus und Odilardus, in → Córdoba; und zw. 953 und 956 hielt sich dort der klösterl. Reformator → Johann v. Gorze als Gesandter Ottos I. auf. Währenddessen breiteten sich im christl. Spanien die Kl. aus, deren Aufgabe v. a. die Wiederbesiedlung des Gebiets war (die erste Phase der Wiederbesiedlung [→ repoblación] vom 8. bis zum 11. Jh. wurde deshalb sogar die »Phase der Mönche« genannt). Die meisten dieser Klostergründungen waren klein und wenig dauerhaft, Zellen agrar. Kolonisation. Diesen Bedingungen entsprach besser als das Benediktinertum der Paktualismus, eine bes. Form monast. Lebens, die im suebisch-westgot. Nordwesten entstanden war und an die Stelle des einseitigen Mönchsgelübdes einen bilateralen Vertrag zw. dem Abt und den Mönchen setzte. Das bedeutete ein Hindernis für die Übernahme der benediktin. Lebensform und beinhaltete einen Unterschied zum Mönchtum des übrigen, damals schon völlig benediktin. geprägten Europa. Die sog. »Spanische Mark«, das künftige → Katalonien, stand dagegen z. T. unter karol. Einfluß, so daß ab 822 schon mehrere benediktin. Kl. erwähnt sind. Ende des 9. Jh. kopierten und verbreiteten die Skriptorien der kast. Kl. von → Silos und → Cardeña die RB, die Kommentare von → Smaragdus und das 2. Buch der »Dialogi« von Gregor d. Großen. Dieses Zentrum beeinflußte während des 10. Jh. stark die Kl. der Rioja (→ San Millán de la Cogolla, Albelda und das Gebiet von → Nájera). Die RB war vorherrschend in den codices regularum und wurde letztlich die ausschließl. Norm des Mönchtums (der erste Beleg dafür findet sich aus dem Jahre 906 in dem leonesischen Kl. Abellar, einer mozarabischen, aus dem Süden eingewanderten Gemeinschaft). 976 wurde für das Nonnenkloster der Hll. Nunilo und Alodia, nahe Nájera, der »Libellus a Regula Sancti Benedicti subtractus« verfaßt, die einzige Regel des nachwestgot. Spaniens, bestehend aus Teilen der RB, aus → Smaragdus und einigen hispan. liturg. und das Bußwesen betreffenden Beifügungen. Im selben Jahr wurde die Kopie der Hispania oder Rekompilation des westgot. kanon. Rechts abgeschlossen im Codex Albeldensis, wobei ein monastisches corpus ebenfalls überwiegend benediktin. Tendenz eingefügt wurde. In den östl. Staaten findet die Ausprägung benediktin. Lebensformen trotz des karol. Einflusses in den ersten Kl. erst sehr viel später statt. In Aragón gelangt die RB nach → San Juan de la Peña durch die Kontakte von Sancho el Mayor zu den Cluniazensern (1028), und Navarra erreicht sie etwa ab 1032. Aber seit der Gründung der Augustiner-Chorfrauenstifte Loarre und Alquezar (1070) durch Sancho Ramírez wird die benediktin. Ausbreitung gebremst. Unter Ferdinand I. v. León beginnt der entscheidende (auch polit.) Einfluß von → Cluny, den Ferdinands Sohn Alfons VI. in León und in Kastilien fortsetzt, bis es zu einer gleichsam auf lehnsrechtl. Normen basierenden coniunctio zw. dieser Abtei und der span. Krone kommt. 1055 beschloß das Konzil v. → Coyanza, daß die Kl. des Landes sich der Regula Isidori oder der RB unterwerfen sollten, aber dieser Beschluß wurde nicht vollzogen. Alfons VI. schenkte 1073 Cluny das Kl. → S. Isidoro de Dueñas und reformierte → Sahagún (1078) nach cluniazens. Vorbild. Dies sollten die beiden Zugänge Clunys zum Mönchtum des Landes werden. Der Höhepunkt des Einflusses fiel zusammen mit der Annahme der RB in den am wenigstens von ihr durchdrungenen Gebieten (zumeist im äußersten Westen). Die B. beeinflußten die Literatur durch die »Nota Emilianense« (11. Jh.) mit frz. epischem Stoff; »Visitatio sepulchri«, liturg. Drama aus Silos (12. Jh.); »Poema de Fernán González« (1250, Arlanza). Um 1216 wurde die Ordensprovinz → Tarragona (Katalonien, Aragón und Navarra) begründet; und 1389 erhielt Johann I. v. Kastilien von Klemens VII. die Erlaubnis zur Gründung des Kl. San Benito de Valladolid, von sehr strenger Observanz und Stammhaus der Kongregation, die den Rest Spaniens umfassen sollte. A. Linage Conde

VI. ENGLAND: Um 596 entsendet Gregor d. Gr. monast. Glaubensboten zu den Angelsachsen, wo sie mit Hilfe Kgn. Berthas v. Kent zu missionieren beginnen können; Weihnachten 597 – dem Beispiel ihres Kg.s → Æthelbert v. Kent folgend – sollen 10000 Angli die Taufe aus der Hand der Mönche empfangen haben, die unter Leitung des Priors → Augustinus vom röm. Andreaskloster mit Rom lebhaft verbunden bleiben. Obschon Augustinus – indessen von frk. Bf.en zum Bischof (16. Nov. 597) konsekriert – gleichsam als »Bischof der Engländer« um 600 zu Canterbury ein Kl. gründet, entstehen in nördl. Gebieten des Landes erst seit der Synode v. Whitby (664) – sie überwindet irokeltische Gebräuche zugunsten röm. Liturgie – Monasterien in Ripon unter Wilfrith († 709) sowie in Wearmouth und in Jarrow unter Benedikt Biscop († 691), bei denen die RB sicher zur monast. Tradition und Praxis zählte. Klostergründungen überziehen die ags. Kleinreiche wie ein Netz, Männerklöster und Doppelklöster, die Mönche und Nonnen in getrennten Räumen zugleich bewohnen.

Einige der großen Abteien, z. B. Canterbury, York, Westminster, verbinden ihren Namen zugleich mit Kathedralen und Schulen; sie stehen im Dienste von Mission und kirchl. Organisation. Infolge der sich mehrenden pastoralen und geistigen Aufgaben werden nun immer mehr Mönche zu Priestern ordiniert. Die Monasterien gleichen wahren Zentren des Glaubens und des Wissens. Als Gelehrte dominieren → Aldhelm v. Malmesbury († 709) und → Beda Venerabilis († 735), v. a. als Historiograph des Volkes und der Kirche in Angelsachsen. Die feste Organisation und Umgrenzung der Diözesen, regelmäßige Synoden, straffe Kirchendisziplin und Zentralisation verdankt die ags. Kirche hauptsächl. Ebf. Theodor v. Canterbury (668–690) und seinem Begleiter Hadrian, der einst Abt des neapolitan. Kl. Niridanum war. Beide Männer – zusammen mit Benedikt Biscop und Aldhelm v. Malmesbury – prägten das geistige Leben in der engl. Kirche. D. v. Huebner

Nach dem Zusammenbruch der frühen ags. Mönchtums während des 9. Jh. markiert die Wiedererrichtung der Abtei → Glastonbury (940) den eigtl. Beginn des Benediktinertums in England. Die Regula Benedicti, durch den hl. → Dunstan in Glastonbury eingeführt, wurde im 10. Jh. zur Grundlage des geistl. Lebens. Um 970 verkündete eine Synode zu Winchester die → Regularis Concordia für die engl. Kl., einen Text, der auf dem Prinzip der una regula beruhte, also auch in England das Zeitalter des Mischregel zu beenden suchte, und zugleich die consuetudines der ags. Abteien zu vereinheitlichen trachtete. An dieser Reform waren so bedeutende und wohlhabende Abteien und Kathedralklöster wie → Abingdon, → Ely, → Evesham, → Malmesbury, → Peterborough, → Ramsey, → St. Albans, → Winchester und → Worcester beteiligt. Neben Dunstan spielten → Æthelwold und → Oswald, unterstützt von Kg. Edgar, eine bedeutende Rolle. Wenn es auch dieser monast. Bewegung nicht gelang, sich in der 1. Hälfte des 11. Jh. weiter zu entfalten, so gab es zum Zeitpunkt der norm. Invasion (1066) in England 35 benediktin. Mönchs- und neun benediktin. Nonnenklöster.

Die Herrschaft des ersten norm. Kg.s, Wilhelms des Eroberers (1066–87), war die entscheidendste Epoche in der Geschichte des engl. Benediktinertums. → Lanfranc v. Bec, Ebf. v. Canterbury, führte zahlreiche monast. Gewohnheiten, die im Hzm. Normandie verbreitet waren, in England ein und schuf eine einflußreiche Sammlung von consuetudines. Kg. Wilhelm selbst integrierte die Benediktinerkl. in die entstehende polit.-soziale Struktur des anglonorm. England, indem er in systemat. Weise norm. Reformäbten die Leitung bestehender Kl. übertrug Äbte auch zu kgl. Lehnsträgern machte und sie damit in die anglo-norm. Feudalstruktur einband. Nach der norm. Eroberung erfolgten auch zahlreiche und bemerkenswerte Neugründungen – von der Battle Abbey (St. Martin bei Hastings), 1067 durch den Kg. gegr., bis zu den ersten Benediktinerkl. im nördl. England (→ Selby, → Whitby, → St. Mary's, → York und das bedeutende Kathedralkl. → Durham). Angehörige der norm. Aristokratie wetteiferten bei der Gründung kleiner Gemeinschaften in ganz England; oft mit frz. Mönchen besetzt, bildeten diese Kl.

den Kern der großen Gruppe fremder Priorate, die i. J. 1216 80 Gemeinschaften umfaßte. Sie wurden jedoch in der Zeit des Hundertjährigen Krieges konfisziert und häufig aufgelöst. Noch weitreichendere Folgen hatte die 1077 durch Wilhelm v. Warenne erfolgte Gründung des ersten cluniazens. Kl. in England, → Lewes, das am Beginn einer Entwicklung stand, die zur Unterstellung von 36 Kl. unter → Cluny führte.

Die engl. B. spielten auch in der 1. Hälfte des 12. Jh. eine bedeutende polit. und kulturelle Rolle. In diese Periode fällt die Blütezeit von Kl. wie → Canterbury und → Winchester, die bedeutende Bibliotheken und Skriptorien unterhielten; Vertreter des Benediktinertums wie → Ordericus Vitalis und → Wilhelm v. Malmesbury waren führend in der engl. Geschichtsschreibung, und eine spezifisch monast. geprägte Kultur erreichte ihren Höhepunkt. Im 12. Jh. erfolgte auch die spektakuläre Verbreitung von benediktin. Nonnenklöstern, von denen es i. J. 1216 achtzig gab. Doch besteht der bedeutendste Beitrag der B. zur engl. Kirchengesch. in der Tatsache, daß von den 17 ma. Kathedralen des Kgr.es nicht weniger als neun von B.n besetzt waren (Bath-Wells [→ Bath, → Wells], → Canterbury, → Coventry, → Durham, → Ely, → Norwich, → Rochester, → Winchester, → Worcester; vgl. auch → Kathedralkloster). Aufgrund der guten Überlieferung zahlreicher dieser Kathedralklöster kann die interne Organisation und die Besitzpolitik dieser Institutionen detailliert erforscht werden. Andere Benediktinerkl., bes. → St. Albans im Zeitalter des Mathew Paris (→ Matthaeus Parisiensis; † 1259), brachten eine Chronistik hervor, die großen Quellenwert für die nationale Geschichte wie auch für die inneren Verhältnisse der Kl. besitzt; eine einzigartige realist. Darstellung des monast. Lebens in einer ma. religiösen Gemeinschaft bietet die lebendige Vita des Abtes Samson von Bury St. Edmunds (1182-1211) von → Jocelin de Brakeland.

Im späten 12. Jh. hatte das engl. Benediktinertum seinen Zenit überschritten. Nur noch wenige (Mönchs-) Kl. wurden nach 1150 gegr. Seit dieser Zeit erlebten die ca. 250 Benediktinerkl. (diese Zahl umfaßt auch die kleinen abhängigen Zellen, die fremden Priorate, die cluniazens. und sonstigen Filialklöster) eine immer stärkere Konkurrenz von seiten der neuen Orden und Kongregationen wie der Zisterzienser, der Augustiner u. a. Der wachsende Einfluß der Univ. → Oxford und → Cambridge beschränkte den intellektuellen und bildungsmäßigen Einfluß der B. zunehmend auf das Innere ihrer Kl.; vom späten 13. Jh. an und bes. nach der Gründung benediktin. Kollegien in Oxford (Gloucester College, 1283; Durham College, um 1286; Canterbury College, 1363) schickten einige größere B.-Kl. stets mehrere ihrer Mitglieder zum Theologiestudium an die Universität: Diese »Universitätsmönche« stiegen, in ihr Kl. zurückgekehrt, oftmals zu Äbten, Prioren oder Inhabern von wichtigen Klosterämtern auf. Graduierte Mönche begannen auch innerhalb der benediktin. Kapitel, die erstmals durch das IV. Laterankonzil (1215) mit period. Versammlungen zur Aufrechterhaltung der Disziplin vorgeschrieben waren, eine wichtige Rolle zu spielen. Nachdem dieses System in Einklang mit der Bulle »Summi Magistri« Papst Benedikts XII. (20. Juni 1336) grundlegend neugeregelt worden war, versammelten sich die einflußreichen Vertreter der größeren B.-Kl. alle drei Jahre im cluniazens. Priorat Northampton zum Erlaß von Verordnungen und zur Regelung der Visitationen aller Kl. Wenn diese Ordenskapitel auch insofern Bedeutung erlangten, als sie einen korporativen Geist bei ihren Mitgliedern erzeugten, so brachten sie doch keine durchgreifenden Ansätze zur Erneuerung hervor, so daß es den engl. B.n an weitgespannten Reforminitiativen, wie sie das dt. und z. T. auch das frz. Benediktinertum des 15. Jh. kennzeichneten, fehlte.

Trotz der wirtschaftl. und sonstigen Schwierigkeiten im SpätMA blieben die B.-Kl. die bedeutendsten Wirtschaftseinheiten ihrer Zeit. Das Auftreten des Schwarzen Todes (1348-49 und später) hat aber offenbar die Zahl der Mönche und Nonnen in der 2. Hälfte des 14. Jh. um etwa ein Drittel schrumpfen lassen. Danach blieb die Zahl der B. und Benediktinerinnen vergleichsweise stabil. Neuere Untersuchungen, z. B. für die Güter der Abtei Westminster und des Kathedralpriorates Durham, haben keine Anzeichen für eine drückende Finanzkrise in den größeren B.-Kl. ergeben. Bfl. Visitationsprotokolle, von denen die Berichte aus dem Bm. Lincoln (1420-1449) die meisten Informationen bieten, geben weniger Auskunft über skandalöse Mißstände als über ein Nachlassen bei der Befolgung der Regula Benedicti. Ein weitaus negativeres Bild bieten die kleineren Kl. und die Zellen, von denen viele nur eine Handvoll Mönche oder Nonnen umfaßten. Kard. Wolsey hob zw. 1524 und 1528 16 kleinere Kl. auf. Durch die Acts of Parliament von 1536 und 1539 wurde die gesetzl. Grundlage für die Auflösung aller geistl. Institutionen und die Konfiskation ihrer Vermögen durch Kg. Heinrich VIII. geschaffen. Um 1540 war die Geschichte der ma. Benediktiner in England beendet. B. Dobson

VII. IRLAND: Ir. Kenntnis des Textes der RB ist vom frühen 7. Jh. an bezeugt, z. B. als Quelle für den später bedeutsam gewordenen Traktat »De abusivis saeculi«. Die wiederholt aufgestellte Behauptung, → Fursa sei Benediktiner gewesen, wurde von den Bollandisten zurückgewiesen. Von der Klostergemeinschaft Inishceltra bei Killaloe sagte Colgan, sie sei benediktin. gewesen. Aber sicher ist erst für den durch Anselm v. Canterbury zum Bf. von Waterford geweihten Mael Iosa Ua h'Ainmire (später 1. Ebf. v. Cashel), daß er die RB befolgte. Zw. 1085 und 1096 scheint es in Christ Church, Dublin eine benediktin. Gemeinschaft gegeben zu haben. 1111 gründeten Iren die Abtei St. Jakob in → Regensburg, die das Zentrum der sog. → Schottenklöster in Mitteleuropa wurde. Von Regensburg wurden um 1133 in der soeben erst geweihten Kapelle am Felsen von → Cashel und später in → Rosscarbery Zweigklöster gegr., Cashel wurde 1270 zisterziens., Rosscarbery verfiel im 15. Jh. Von der Kongregation v. → Savigny wurden 1127 Erenagh (Carrig) und 1139 S. Maná (Dublin), von der Kongregation v. → Tiron 1190 Glascarrig gegr.; diese Häuser wurden bald zisterziensisch. Um 1200 wurde die cluniazens. Abtei Athlone gegr. (aufgehoben 1542). Unter dem Einfluß des hl. → Malachias übernahmen die Zisterzienser auch die ursprgl. benediktin. Häuser Holycross 1180, Kilcooley (gegr. 1182) 1184, → Jerpoint (gegr. 1165), Killenny (gegr. 1162) 1162 und Newry 1153. Im Zuge der Reform wurde das 1181 gegr. Kl. Begeriden Augustiner-Chorherren übertragen. Benediktin. erhielten sich außer Rosscarbery das Priorat der hl. → Brigida in Castleknock (gegr. 1185, an Malvern angegliedert 1249, untergegangen 1485), die mit Hospitälern verbundenen Häuser in → Cork (1191-1536) und Youghall (1185-1536), → Fore (1185 von den de Lacys den Benediktinern v. Évreux geschenkt, 1539 aufgehoben) und, bedeutsam durch die Verbindung mit der Kathedrale, die die Reliquien der Hl. Patrick, Brigid und Columban enthielt, Downpatrick (gegr. 1185, seit 1380 keine Iren mehr zugelassen, 1541 verfallen). J. Hennig

VIII. SKANDINAVIEN: Sowohl die ersten Missionare im Norden wie → Ansgar (826) als auch die engl. Missionare um 1000 waren Benediktiner. Am Ende des 11. Jh. begannen die Klostergründungen. Bes. in Dänemark haben die

B. eine große und dauerhafte Ausbreitung erreicht. Die Mission gelangte nach Schweden und Finnland, jedoch erst nach dem Höhepunkt der B., nur das älteste Frauenkl. Vreta, um 1100 gegründet, war anfangs benediktinisch. Nach Norwegen kamen die B. aus England. Vor 1100 wurde ein Kl. am Bischofsitz → Selja gegr. und nur wenig später die Kl. auf → Nidarholm bei Trondheim und → Munkeliv bei Bergen. Im SpätMA erlebten sie einen großen Niedergang, Munkeliv wurde 1426 den → Birgittinern übergeben, auch Selja war eine Zeitlang aufgehoben, wurde 1437 aber unter der Aufsicht des Abtes v. Nidarholm wiederhergestellt. In Island gab es mindestens vier B.-Kl., davon zwei oder drei Mönchskl. im Bm. Hólar (1112, 1155 und 1166–1201, → Island).

Von den etwa 30 dän. B.-Kl. (von denen die Hälfte Nonnenkl. waren) ist das Monasterium Omnium Sanctorum in → Lund, das von Cluny ausging, vielleicht das älteste, wenn es auch erst um 1123 erwähnt wird. In Verbindung mit der Überführung der Reliquien Knuts d.Hl. 1095 wurden Benediktinermönche aus Evesham nach Odense gerufen. Dieses Kl. übernahm die Funktion eines Kathedralklosters nach engl. Vorbild und blieb das bis zur (luth.) Reformation, außer während einiger Jahre (nach 1470). Im Bm. Odense wurde das jüngste B.-Kl. Halsted vor 1300 als Priorat von Ringsted gegründet. In den fünf jütischen Bm.ern gab es Doppelklöster St. Michael (um 1100 oder früher) bei Schleswig, 1192 von den Zisterziensermönchen in Aurea Insula abgelöst, während die acht Nonnen in St. Marien und Johannes zu Schleswig aufgenommen wurden, sowie das Kl. Seem (Bm. Ripen), das um 1170 von Zisterziensern übernommen wurde, die 1173 wieder nach → Lügum gingen, während die Nonnen nach Ripen zogen. Von den übrigen jüt. Mönchskl., die entlang der Gudenaue im 12.Jh. gegründet wurden, existierten am Ende des MA nur drei: Alling, Essenbæk und Voer (alle Bm. Århus), während die zahlreichen Nonnenkl. eine stetige Blüte erlebten. Das einzige genau datierte B.-Kl. wurde 1135 bei Nestved auf Seeland von einer Adelsfamilie gegr., wie Sorö wenige Jh. später. Sorö wurde aber 1162 zisterziensisch. Ringsted wurde um 1135 von Kg. Erich als Kultstätte für seinen heiliggesprochenen Bruder → Knut Lavard gegründet. Esrom, Roskilde wurden früher zu den B. gerechnet, von der neuesten Forschung aber als zisterziens. Gründungen betrachtet. Mehrere benediktin. Kirchenbauten sind erhalten, sie wurden jedoch mehrfach verändert. Zwei Annalen (Nestved, Essenbæk), Aelnoths Knut-Biographie und die isländ. Sagas über Kg. Sverre und Kg. Olav Tryggvason, wurden von B.n verfaßt. Die RB in der Fassung von 1287 von Gregor IX. wurde in den Liber census Daniae aufgenommen. Der spätma. Reformbewegung von → Bursfelde gehörten zumindest seit 1486 Voer und Nestved, später Odense an. Th.Jexlev

IX. BÖHMEN: In den böhm. Ländern faßte der Benediktinerorden im letzten Drittel des 10.Jh. festen Fuß. Die Tochter Boleslavs I., Mlada, die im Auftrag des Vaters um die Errichtung des Bm.s → Prag in Rom verhandelt hatte, stiftete nach ihrer Rückkehr die Benediktinerinnenkloster St. Georg auf dem Hradschin (973) und wurde erste Äbtissin. Der hl. → Adalbert gründete 993 das Benediktinerkloster St. Margaret in → Břevnov bei Prag. Das ursprgl. von it. Mönchen besiedelte Kl. schloß sich um 1000 an → Niederaltaich in Bayern an. Von dort wurde 999 das Kl. → Ostrov gegründet. Beide Kl. wurden bald blühende Zentren der lat. Kultur im Lande. Die slav. Liturgie hatte ihre Pflegestätte im Kl. → Sázava, das im 1032 vom hl. Prokop gegründet wurde. Von Břevnov aus wurden die Kl. Hradisko (1078), Rajhrad (um 1050) und → Opatovice (1086–87), von Rajhrad aus Třebíč (1101) besiedelt. Die im 12.Jh. gegr. Kl. Kladruby (1115), Postoloprty (vor 1119–22), Vilémov (vor 1131), Želiv (1144) und Podlažice (vor 1160) standen in engem Zusammenhang mit der Hirsauer Reform (→ Hirsau). Die Mönche von Hradiště und Želiv mußten aber um 1150 den Prämonstratensern das Feld räumen. Die slav. Liturgie, die am Ende des 11.Jh. in Sázava erloschen war, wurde 1347 in → Emaus in Prag erneuert. Der Gründer des Kl., Karl IV., berief Mönche aus Dalmatien dorthin. In den Hussitenkriegen blieb nur Rajhrad unversehrt. Die übrigen Kl. erlitten schweren Schaden oder wurden für immer vernichtet (Opatovice, Ostrov, Podlažice, Postoloprty, Vilémov). Emaus geriet in die Hände der Utraquisten, Třebíč wurde am Ende des 15.Jh. säkularisiert. J.Kadlec

X. POLEN: Die RB führte, wahrscheinl. für den Klerus seiner Kathedralkirche, der zweite poln. Missionsbischof, → Unger, ehem. Abt in Memleben (Thüringen), ein (Thietmar, Chron, VI, 65: Posnaniensis cenobii pastor). Lange Zeit hielt man den hl. → Adalbert für den Begründer, der während seiner letzten Missionsreise in Mestris (Mons ferreus, Pécsvarad, Ungarn) i.J. 996/997 ein Kloster unter dem Abt Astrik (Anastasios) gründete; dieses Kl. identifizierte man mit Meseritz. Das erste hist. nachweisbare B.-Kl. entstand in Polen um das Jahr 1000 auf Initiative des ersten Ebf.s v. Gnesen, → Gaudentius (Bruder des hl. Adalbert), in → Meseritz (Międzyrzecz). Die zweite Mönchsgemeinschaft, die sich aus Eremiten von Pereum by Ravenna und in Polen dazugestoßenen Brüdern zusammensetzte, berief der poln. Hzg. → Bolesław Chrobry i.J. 1002 nach → Kazimierz (Diöz. Posen) zur Missionierung der heidn. → Veleten. Einige Forscher identifizieren zu unrecht die B. v. Meseritz mit den Eremiten in Kazimierz. Die erste Eremitengemeinschaft erlitt am 12. Nov. 1003 bei einem Raubüberfall den Märtyrertod, die Opfer wurden als die »Fünf heiligen Brüder« verehrt. Das Kl. Kazimierz wurde erneuert; beide Kl. wurden während der heidn. Reaktion in Polen in den Jahren 1034–38 vernichtet; es besteht jedoch die Möglichkeit, daß die Mönche nach → Łęczyca übersiedelten und dort bis 1136 in einer abbatia BMV weilten.

In der zweiten Periode (2. Hälfte des 11. und 1. Hälfte des 12.Jh.) entstanden vier poln. Stiftungen: → Tyniec (Diöz. Krakau), → Mogilno (Diöz. Gnesen), → Lubiń (Diöz. Posen), → Łysa Góra-Heiligenkreuz (Diöz. Krakau, und zwei Adelsgründungen: Sieciechów (um 1122, Oberschenk → Sieciech) und → Breslau (1139, Palatin Peter Vlast). Die Namen der hzgl. Stifter sind ebenso wie die Gründungsdaten umstritten. Als Gründer von Tyniec und Mogilno gilt Hzg. Kasimir I. (mit entsprechenden Gründungsdatum um 1044/45) oder Hzg./Kg. Bolesław Śmiały um 1075 für Tyniec und 1065 für Mogilno); als Gründer von Lubin Bolesław Śmiały oder Bolesław Krzywousty (vor 1075 bzw. 1112). Nur für Łysa Góra ist als Datum 1112/14, somit Bolesław Krzywousty als Stifter gesichert. Gleichfalls umstritten sind die Filialklöster. Für das älteste B.-Kl. Polens wurde Tyniec gehalten. Erst im 15.Jh. kam die frei erfundene Überlieferung auf, daß Cluny das Mutterkloster der poln. Kl. sei. Eine an Ende des 13.Jh. aufgezeichnete, glaubwürdige Überlieferung gibt Lüttich als Herkunftsort für Tyniec an (Chron. Siles., 1285). Aus Lüttich kam auch der Konvent nach Lubin. Nach einer alten, aber nicht sicheren Tradition galt Sázava (Böhmen) als Mutterkloster für Łysa Góra-Heiligenkreuz. Die Konvente von Sieciechów und Breslau stammten aus Tyniec. Familiäre Beziehungen des Hzg.s Kasimir weisen auf Köln als Herkunftsort hin. Aus Köln-Brauweiler stammte der erste Abt von Tyniec: → Aaron, später Bf. v. Krakau († 1059). An der Ausstattung von Tyniec waren Kg. Bolesław Śmiały und Judith-Marie, Schwester Heinrichs IV. und Gattin Hzg.s Wladislaw Hermann beteiligt. Nach dem 12. Jh. kam es zu keinen Neugründungen mehr; es entstanden nur Filialklöster und Propsteien (z. B. das von Tyniec gegr. Orlow [O.-Schlesien], das sich i. J. 1268 als Abtei verselbständigte).

Die kulturellen Eigenleistungen der poln. B. waren nicht eben bedeutend. Sie errichteten jedoch prachtvolle sakrale Bauten und sammelten liturg. Hss. (z. B. Sakramentar v. Tyniec, 11. Jh.). Die Archive und Bibliotheken wurden nach der Kassation am Anfang des 19. Jh. meist zerstreut und teilweise vernichtet (Tyniec). Chronikal. Aufzeichnungen stammen aus dem 16.–17. Jh. (Tyniec, Lubin). G. Labuda

XI. UNGARN: Die ersten B. kamen nach Unterpannonien, dem späteren W-Ungarn, wohl im 9. Jh. aus Salzburg, wo die Abtei St. Peter Sitz des Ebf.s und Ausgangspunkt der Ostmission war. Ob sie auch Kl. errichteten, ist umstritten. Bei fünf ung. Stiften lassen Patrozinien karol. Vorgänger vermuten. Nur in Zalavár ist eine Kontinuität auch archäolog. gesichert, doch war die vom Ebf. Liupram vor 859 erbaute Adrianskirche von Mosapurc wahrscheinl. mit einem Kollegiatstift verbunden. – Brun v. St. Gallen und Wolfgang v. Einsiedeln, die ersten bekannten westl. Missionare in Ungarn, waren Benediktiner. Gfs. → Géza gründete die erste Abtei, → Martinsberg, für Mönche aus dem Kreis → Adalberts v. Prag. Die Abtei erhielt die Privilegien von Montecassino. Unter Kg. → Stefan I. sind weitere sechs Abteien, davon vier kgl., und ein kgl. Nonnenkl. bezeugt. Ihr Leben haben meist die Beziehungen zu lothring. und bayer. Reformklöstern mitgeprägt. Um 1100 hatte Ungarn ca. 20 B.-Abteien, die Zahl stieg bis zum Mongolensturm (1241/42) auf über hundert. Die Neugründungen waren Eigenklöster adliger Sippen mit nur sechs bis zehn Mönchen, aber oft mit herrl. Kirchen, die vom Stolz der das Patronat gemeinsam ausübenden Familien zeugten. Der quantitative Zuwachs war aber von einer Lockerung der Disziplin begleitet. Das gemäß den Beschlüssen des IV. Laterankonzils 1217 abgehaltene Generalkapitel von Kapornak versuchte mit wenig Erfolg, die ung. B. straffer zu organisieren. Martinsbergs Ansehen nahm jedoch zu, v. a. dank dem tatkräftigen Abt Oros (1207–44), der auch den Angriff der Mongolen auf sein Kl. abwehrte. – Der Mongolensturm vernichtete etwa 40 Abteien für immer. Erst in der 1. Hälfte des 14. Jh. führte die von den oberung. Kl. ausgehende und von den Päpsten Johannes XXII. und Benedikt XII. geförderte Reform zu neuem Aufschwung. Um die Mitte des 14. Jh. zählte Ungarn 65 Abteien, ihr Provinzialkapitel mit dem vierköpfigen Präsidium und dem Ausschuß der Definitoren und Visitatoren vertrat fortan alle B. des Königreichs. Im 15. Jh. brachte das Kommendatarsystem jedoch allgemeinen Verfall und legte auch das Provinzialkapitel lahm. S. Giustina in Padua und Melk regten als Vorbilder die durchgreifende Reform an, die Mathäus Tolnai, der vom Kg. Wladislaus II. i. J. 1500 eingesetzte Abt v. Martinsberg, durchführte. Leo X. bestätigte die Organisierung der ung. B.-Kongregation am 1. Juni 1514 durch die Erhebung von Martinsberg zur Erzabtei. Tolnais Reformwerk ist nach d. Schlacht v. Mohács (1526) größtenteils zugrunde gegangen. Th. v. Bogyay

XII. ÖSTLICHER MITTELMEERRAUM: Die RB strahlte auch nach Südosten aus. B. brachten sie nach Palästina, Syrien, Byzanz, auf den Athos, nach Dalmatien, Albanien und in die Ukraine. Vor 800 siedelten Mönche in Jerusalem; sie transferierten 825 ihr Kl. vom Ölberg auf den Hakeldama und später in die Nähe des Hl. Grabes, wo Kalif al-Ḥākim es um 1010 zerstörte. Kaufleute aus Amalfi gründeten vor 1023 in Jerusalem die bedeutsame Abtei S. Maria Latina (mit Hospiz), die wahrscheinl. Mönche aus Cava besiedelt haben. Seit dem ersten Kreuzzug entstanden in Palästina mehrere Monasterien der B., u. a. die Kl. vom Hl. Grab (Abt Gebhard v. Allerheiligen/Schaffhausen leitete es als erster Prior) und S. Maria/Josaphattal (etwa 1100–87); sie beobachteten Gewohnheiten von Cluny. Am Hl. Grab amtierte auch ein Stiftskapitel; es wurde 1114 – wie das Monasterium der B. – in ein reguliertes Chorherrenstift umgewandelt. Überdies gründeten B. die Monasterien auf dem Tabor, in Palmera/Haifa, Antiochia (St. Paul und St. Georg), Gâvur-Dağ (Mons Amanus), Labaea (St. Georg), Tripolis/Syrien und Akkon. Mit Hilfe ihres ausgedehnten Besitzes in Syrien und Europa übten die Kl. vorbildl. Mildtätigkeit. Ihre Chroniken sind wertvolle Beiträge zur Historiographie. Nach dem Fall v. Akkon zogen sich beinahe alle Mönche – mit ihren Archivalien – nach S. Maria Maddalena/Messina zurück.

Amalfitaner gründeten in Konstantinopel die Kirche S. Maria de Embulo, die 1204/61 an die ven. Abtei S. Giorgio kam. Lateiner besaßen – bis zur Vertreibung aus Konstantinopel durch die Griechen – mehrere Kl. (MPL 143, 764 A), darunter in Panteropti (St. Georg) und in Civitot (St. Georg). Das cassines. Monasterium S. Maria de Virgiottis (1206) – vor der byz. Hauptstadt gelegen – wurde von gr. Mönchen bewohnt. Im 14. Jh. gehörte B.n in Galeta/Konstantinopel die Abtei St. Benedikt und im 15. Jh. das Kl. in Pera (S. Maria). Cluny gehörte in Hiero-Komio bei Patras das Priorat S. Maria de Jerocomata, das Ebf. Anthelmus v. Patra 1207/14 Cluniazensern geschenkt hatte.

Nach Dalmatien gelangten B. gegen Ende des 10. Jh., als 986 Maius (Prokonsul v. Dalmatien) Mönchen aus der Abtei Montecassino die Kirche S. Crisogono in Zara (Zadar) anbot. Im 11. und 12. Jh. entstanden etwa dreißig Monasterien, darunter S. Giovanni Ev. in Zaravecchia, S. Bartolomeo (beide von Venezianern zerstört), Cosma e Damiano in Rogovo auf Pasman (dem Kl. unterstanden etwa 36 Monasterien), Vrana, Meleda, Pago, Nona und Rasanze sowie die Klöster Arbe, Uglian, Lacroma (S. Maria) auf den Tremiti-Inseln und Spalato (Split); (S. Peter in Gurnai, S. Maria in Solta und S. Stephan). Im Umkreis von Cattaro (Kotor) besaßen B. die Abteien St. Georg bei Perasto, St. Michael und St. Peter in Gradez. Im Schutze der Bf.e und der slav. Fs.en Dalmatiens übertraf benediktin. Mönchtum auch an Einfluß die slav. und gr. Kl.; sie schwanden nach und nach, bis sie fast ganz erloschen oder in B.-Kl. aufgingen. Lat. Kultur, sprachl. Idiomata, Liturgie und Politik sowie Treue zu Rom und Resistenz gegen Venedig verdankte Dalmatien v. a. im 12. Jh. B.n Italiens. Mongoleneinfälle (1242) und der Aufstieg der serb. Kirche kündeten im 13. Jh. den beginnenden Niedergang benediktin. Lebens in Dalmatien an. Zw. 1122/1414 gingen in der Diöz. Zara sieben Kl. unter, zw. 1420/26 zwei weitere; die beiden hochbedeutenden Abteien Zara und Tkon überdauerten bis 1807. Neben lat. lagen in Dalmatien auch slav. B.-Kl. v. a. in Zara (S. Demetrius) und in Tkon (S. Cosmas et Damianus).

In Albanien gründeten B. – sie kamen um 1100 aus Italien – die Kl. Shiguri bei Skutari (SS. Sergius et Bacchus) und Sutomore (S. Michael, später S. Maria). In darauf folgender Zeit entstanden etwa zwölf Abteien, bis Türkenkriege und Islam dem benediktin. Mönchtum in Albanien und Dalmatien ein Ende bereiteten.

Etwa um 1150 gründeten Mönche aus dem Schottenstift/Wien in der dt. Kolonie v. Kiev ein vom Mutterhaus abhängiges Kl., das im Mongoleneinfall (1241) erlosch.

D. v. Huebner

Q.: Regula S. Benedicti, ed. R. HANSLIK, CSEL 75, 1976[2] – A. DE VOGÜÉ-J. NEUFVILLE, 1971–72, SC 181–186 – Gregorii Magni Dialogi lib. II, ed. U. MORICCA, 1924; SC 251 (ed. A. DE VOGÜÉ-P. ANTIN) – R. Pirro, Sicilia Sacra, 2 Bde, 1630–33 – F. Ughelli, Italia Sacra, 9 Bde, 1644–62 – A. du Moustier, Neustria Pia, 1663 – H. Wharton, Anglia Sacra, 2 Bde, 1691 – A. Lubin, Abbatiarum Italiae brevis notitia, 1693 – S. und A. de Sainte-Marthe, Gallia Christiana, 16 Bde, 1715–1865 – J. Mabillon, Annales ordinis S. Benedicti, 6 Bde, 1739–45 – H. FLÓREZ, España sagrada, 51 Bde, 1747–1879 – A. GONZALEZ-PALENCIA, España sagrada [Index], 1946[2] – J. H. ALBANÈS, Gallia christiana novissima, 7 Bde, 1899–1920 – W. DUGDALE, Monasticon Anglicanum, 8 Bde, 1946 – B. ALBERS, Consuetudines monasticae, 1900–12 – J. D. MANSI, Sacrorum conciliorum nova et amplissima collectio, 53 Bde, 1901–27 – P. F. KEHR, Italia Pontificia, 10 Bde, 1906–68 – A. BRACKMANN u. a., Germania Pontificia, 4 Bde, 1910–78 – K. HALLINGER, Corpus Consuetudinum monasticarum, 9 Bde, 1963–76 – O. L. KAPSNER, Monastic Manuscript Microfilm Project. Progress Report, 1965 ff.
Lit.: zu [A. I, B. II]: G. CONSTABLE, Medieval Monasticism. A select bibliogr., 1976, Toronto Medieval bibliogr. 6 [Bibliogr.] – DIP I, 1284–1351 – LThK[2] II, 184–192 – TRE V, 549–560 – ST. A. MORCELLI, Opuscoli ascetici, 3 Bde, 1823[2] – G. MORIN, Les monastères bénédictins de Rome au MA, RevBén 4, 1887, 262–267, 315–322, 351–356 – U. BERLIÈRE, L'ordre monastique des origines au XIIe s. Conférences, données à l'extension, 1912 – DERS., Les monastères doubles aux XIIe et XIIIe s., 1924 – C. BUTLER, Benediktin. Mönchtum, 1929 – ST. HILPISCH, Gesch. des benediktin. Mönchtums, 1929 – U. BERLIÈRE, La familia dans les monastères bénédictins du MA, Acad. Royale de Belgique Classe de Lettres 29, 1, 1931 – L. H. COTTINEAU, Rép. topo-bibliographique des abbayes et prieurés, 2 Bde, 1935–70 – L. T. WHITE, Latin monasticism in Norman Sicily, 1938 – E. DE MOREAU, Hist. de l'Église en Belgique, 2 Bde, 1945 – PH. SCHMITZ, Gesch. des Benediktinerordens, 4 Bde, 1947–60 – DERS., Hist. de l'Ordre de Saint Benoît, 7 Bde, 1948–56 – K. HALLINGER, Gorze-Kluny, StAns 22–25, 1950–51 – H. JAKOBS, Die Hirsauer, 1961 – O. L. KAPSNER, A benedictine bibliography. An author-subject union list, 1962 – V. POLONIA, Il monastero di San Colombano di Bobbio..., Fonti e Studi di storia ecclesiastica 2, 1962 – D. F. CALLAHAN, Benedictine monasticism in Aquitaine 935–1030, 1968 – H. MAURER, Abtei – Die Abtei Reichenau, 1974 – M. MELOT-C. JOUBERT, Fontevrault et l'Anjou, 1973 – A. M. ALBAREDA, Hist. de Montserrat, 1974 – D. KNOWLES, The Monastic order in England I, 1974[3] – P. CLASSEN, Die Gründungsurkk. der Reichenau (Konstanzer Arbeitskreis für ma. Geschichte 24), 1977 – K. SCHMID, Die Klostergemeinschaft von Fulda im frühen MA, 3 Bde, 1978 – J. F. TSCHUDY-F. RENNER, Der hl. Benedikt und das benediktin. Mönchtum, 1979 – zu [A. II]: DDC III, 892, s. v. Clôture – KLNM I, 493–494 – U. BERLIÈRE, Les monastères [vgl. A. I] – PH. HOFMEISTER, Von den Nonnenklöstern, 1934 – PH. SCHMITZ, Hist. de l'Ordre de saint Benoît, Bd. 7: Les Moniales, 1956 – M. DE FONTETTE, Les religieuses à l'âge classique du droit canonique, 1967 – J. VERDON, Les moniales dans la France de l'Ouest aux XIe et XIIe s. (CCMéd 19), 1976, 247–264 – DERS., Recherches sur les monastères féminins dans la France du sud aux IXe–XIe s., AM 88, 1976, 117–138 – zu [B. I]: Neben den im Teil A gen. Werken vgl. G. PENCO, Storia del Monachesimo in Italia, 2 Bde, 1961–68 – T. LECCISOTTI, Montecassino. La Vita, l'irradiazione, 1963 – G. MONGELLI, Storia di Montevergine e della Congregazione verginiana I, 1 ff., 1965 ff. – P. H. MOSHER, The Abbey of Cava in the 11th and 12th c. [Diss. California 1969] – P. ZOVATTO, Il monachismo benedettino del Friuli, 1977 – zu [B. II]: Vgl. Lit. zu [A. I] – zu [B. III]: vgl. auch die Lit. zu A. I: P. COUSIN, Précis d'hist. monastique, 1956 – J. DÉCARREAUX, Les moines et la civilisation en Occident, 1962 [dt. Übers. L. VÖLKER, 1964] – F. PRINZ, Frühes Mönchtum im Frankenreich, 1965 – M. PACAUT, Les Ordres monastiques et religieux au MA, 1970 – E. MAGNOU-NORTIER, La société laïque et l'Église dans la province eccl. de Narbonne..., de la fin du VIIIe à la fin du XIe s. (Publ. Univ. Toulouse-Le Mirail, A 20), 381–413, 490–512 passim – zu [B. IV]: neben der zu A. I, B. II zit. Lit.: DIP I, 1306–1312 – LThK[2] II, 186–192 – HAUCK, passim – HILPISCH, op. cit. – BUTLER, op. cit. – Abh. der Bayer. Benediktinerakademie 1 ff., 1936 ff. – Veröff. der Salzburger Konföderation der Benediktiner und Zisterzienser des dt. Sprachgebietes 1 ff., 1936 ff. – SCHMITZ, opera citata – Benediktin. Mönchtum in Österreich (Fschr. zum 1400-jährigen Todestag des hl. Benedikt, 1949) – R. BAUERREISS, Kirchengesch. Bayerns 3, 1951 – P. VOLK, Die Generalkapitels-Rezesse der Bursfelder Kongregation, 4 Bde, 1955–64 – E. E. STENGEL, Abh. und Unters. zur Gesch. der Reichsabtei Fulda, Veröff. des Fuldaer Geschichtsvereins 37, 1960 – Corbie, Abbaye Royale, Vol. du XIIIe centenaire, 1963 – J. HEMMERLE, Die Benediktinerkl. in Bayern, Germania Benedictina 2, 1970 – M. WERNER, Die Gründungstradition des Erfurter Petersklosters (Konstanzer Arbeitskreis für ma. Gesch. Vorträge und Forsch. 12, 1973) – zu [B. V]: J. MATTOSO, Le monachisme ibérique et Cluny, 1968 – A. LINAGE CONDE, Los orígenes del monacato benedictino en la Península Ibérica, 1973 – DERS., Una regla monástica riojana, 1973 – P. SEGL, Kgtm. und Klosterreform in Spanien, 1974 – A. LINAGE CONDE, El monacato en España e Hispanoamérica, 1976. zu [B. VI]: Q.: Documents illustrating the activities of the General and Provincial Chapters of the Engl. Black Monks, ed. W. A. PANTIN (Camden Third Series, XLV, XLVII, LIV, 1931–37) – The Chronicle of Jocelin of Brakeland, ed. H. E. BUTLER, 1949 – The Monastic Constitutions of Lanfranc, ed. D. KNOWLES, 1951 – Regularis Concordia, ed. T. SYMONS, 1953 – Lit.: E. POWER, Medieval Engl. Nunneries c. 1275–1535, 1922 – D. KNOWLES, The Religious Orders in England, 3 Bde, 1948–59 – D. KNOWLES-J. K. S. ST. JOSEPH, Monastic Sites from the Air, 1952 – D. KNOWLES, The Monastic Order in England, 940–1216, 1963 – G. W. O. WOODWARD, The Dissolution of the Monasteries, 1966 – D. KNOWLES-R. N. HADCOCK, Medieval Religious Houses, England and Wales, 1971 – The Heads of Religious Houses, England and Wales 940–1216, ed. D. KNOWLES, C. N. L. BROOKE, V. C. M. LONDON, 1972 – J. YOUINGS, The Dissolution of the Monasteries, 1973 – R. B. DOBSON, Durham Priory, 1400–1450, 1973 – B. HARVEY, Westminster Abbey and its Estates in the MA, 1978 – zu [B. VII]: J. Colgan, Trias Thaumaturga, 1647, 596 – AASS Oct. XIII, 377 – H. J. DE VAREBEKE, The Benedictines in Ireland, Journal Royal Society Antiquaries Ireland LXXX, 1950, 92–96 – A. GWYNN-R. N. HADCOCK, Medieval religious houses Ireland, 1970, 102–113 – zu [B. VIII]: KLNM I, 451–455; VIII, 532–536, 538 f., 545 f. – W. CHRISTENSEN, Et bidrag til dansk klosterhistorie i Christiern I.s tid, Kirke historiske Samlinger 4, V, 1897, 84–126 – E. JØRGENSEN, Regula St. Benedicti i »Kong Valdemars jordebog«, HTD 8, I, 1907, 65–69 – V. LORENZEN, De danske benediktinerkl.s bygningshistorie, 1933 – H. KOCH, De ældste danske klostres stilling i kirke og samfund indtil 1221, HTD 10, III, 1936, 511–582 – H. J. HELMS, Næstved St. Peders kloster, 1940 – N. AHNLUND, Vreta klosters äldsta donatorer, HTSt, 1945, 301–351 – P. KING, The Cathedral Priory of Odense in the MA, Kirkehistoriske Samlinger 7, VI, 1967, 1–20 – H. N. GARNER, Atlas over danske klostre, 1968, 31–56 – N. SKYUM-NIELSEN, Kvinde og slave, 1971 – Danmarks middelalderlige annaler, hg. E. KROMAN, 1980, 80–88, 274–283 – zu [B. IX]: zu einzelnen Kl. vgl. J. SVÁTEK, Organizace řeholních institucí v českých zemích a péče o jejich archivy, Sborník archivních prací 20, 1970, 529–534 – Benediktin. Leben in Böhmen, Mähren und Schlesien, 1929 – J. HEMMERLE, Die B. (Fschr. J. SCHÜTZ, 1971), 122–143 – Z tradic slovanské kultury [Sammelbd.], 1975 – zu [B. X]: D. URSMER BERLIÈRE, Une colonie des moines liègeois en Pologne, RevBén 8, 1891, 112–127 – W. ABRAHAM, Organizacja Kościoła w Polsce do połowy wieku XII, 1893, 1962[2] – P. DAVID, Les bénédictins et l'Ordre de Cluny dans la Pologne médiévale, 1939 (Publ. du Centre francopolonais de recherches hist. de Cracovie I, 1, 1938) – Kościół w Polsce, I: Średniowiecze, 1966, 383 ff. [J. KŁOCZOWSKI] – Sztuka polska przedromańska i romańska do schyłku XIII wieku, hg. von M. WALICKI, 2 Bde, 1971, I, 118 ff. [A. GIEYSZTOR] – zu [B. XI]: TH. v. BOGYAY, Mosapurc und Zalavár, SOF 16, 1955/56 – G. GYÖRFFY, István király és műve, 1977 – L. MEZEY, Deákság és Európa, 1979 – J. L. CSÓKA, Gesch. des Benediktin. Mönchtums in Ungarn, 1980 – zu [B. XII]: Q. und Lit.: C. F. BIANCHI, Zara christiana, 2 Bde, 1877–79 – H. F. DELABORDE, Chartes de Terre Sainte provenant de l'abbaye de N.-D. Josaphat, 1880 – F. A. BELIN, Hist. de la latinité de Constantinople, 1894[2] – CH. KOHLER, Chartes de l'abbaye de N.-D. de la Vallée de Josaphat, 1900 – F. VISCOVICH, Il monastero di S. Giorgio sullo scoglio presso Perasto sul golfo di Cattaro, 1904 – L. ABRAHAM, Mnisi irlandzcy w Kijowie, Bull. internat. de l'Acad. des sciences de Cracovie, 1907, 137 – B. GARIADOR, Les anciens monastères bénédictins en Orient, 1912 – DALLEGGIO D'ALESSIO, Recherches sur l'hist. de latinité de Constantinople, Echos d'Orient, 1924, 448–460; 1926, 21–41, 303–319 – O. ROUSSEAU, L'ancien monastère bénédictin du Mont-Athos, Rev. liturgique et monastique 14, 1929, 530 ff. – G. PRAGA, Lo scriptorium dell'abbazia di S. Crisogono in Zara, Arch. stor. per la Dalmazia, 1930, 3–23 – L. DE VOINOVITCH, Hist. de Dalmatie, 2 Bde, 1934[2] – G. PRAGA, Note di storia benedettina. Il monastero di S. Pietro in Sum sull'isola di Pago, Atti e Memorie della Soc. Dalmata di storia patria, 1934 – L. T. WHITE, A Forged Letter concerning the Existence of Latin Monks at St. Mary's Jehosaphat before the first Crusade, Speculum 9, 1934, 404–407 – L. MATTEI-CERASOLI, L'origine dei Cavalieri Ospitalieri di S. Giovanni

Gerusalemme e la Badia di Cava, Studi della repubblica marinara di Amalfi 1935, 46–54 – A. GEGAJ, L'Albanie et l'Invasion turque au XVe s., 1937 – A. DE LEONE-A. PICCIRILLO, Consuetudines civitatis Amalfie, 1970 – J.M.MCLELLAN, Latin monasteries and nunneries in Palestine and Syria in the time of the Crusades [Diss. St. Andrews 1974] – H.E. MAYER, Bm.er, Kl. und Stifte im Kgr. Jerusalem, Schr. der MGH 26, 1977.

C. Liturgie und Musik

Das monast. officium chori setzt sich aus Vigilien und sieben Tageshoren zusammen. Dabei lehnt Benedikt sein opus Dei – so bezeichnet er die Liturgie – Gewohnheiten der röm. Kirche an. Er ordnet den benediktin. Cursus so, daß alle 150 Psalmen wöchentl. einmal vollständig in numerischer (zuweilen springender) Folge gebetet werden und die Horen an jedem Wochentag etwa gleich lang sind; die Folge beginnt – abweichend vom röm. Cursus – mit der Montagsprim. An den Anfang jeder Hore stellt Benedikt das »Deus, in adiutorium meum intende«, dem in Vigilien (dreimal nacheinander) »Domine, labia mea aperies« und darauf Psalm 3 folgt, um Nachzüglern ihr Erscheinen bis zum Beginn des Invitatorium zu ermöglichen; daran schließt ein Hymnus, worauf nun der eigtl. Psalmengesang beginnt. Die Psalmen enden stets mit der kleinen Doxologie. In den Vigilien der Sonn- und Festtage folgt auf den Gesang der Psalmen und Cantica das »Te Deum«, hierauf das gesungene Tagesevangelium und das aus der Ostkirche übernommene Preislied »Te decet laus«, das die Hore beendet. Die beiden Hauptehoren sind auch bei Benedikt, wie schon vor ihm in der Tradition des Gebetsgottesdienstes, Laudes und Vesper.

Mit Benedikt bleiben Prim und v. a. Completorium, dem er Namen und Form gegeben hat, verbunden. Als die B. gegen Ende des 6.Jh. in Rom ihre Stadtklöster unmittelbar neben großen Basiliken, Titelkirchen und Diakonien beziehen, übernehmen die Mönche auch dort das Chorgebet und müssen darum ihren Cursus meist mit dem röm. vertauschen. So wandern monast. Elemente in lokale Liturgie und umgekehrt, auch in Gallien und Spanien, wo es Eigenliturgien gab. Die Organisation der röm. Basilikaklöster mit ihren Sängerschulen wird zum Vorbild für Kathedralklöster einiger Länder, in denen Mönche des hl. Benedikt missionieren. Obschon die Aachener Synode (Capitulare vom 10. Juli 817) in benediktin. Kl. monast. Cursus verwirklicht haben möchte, ließ absolute Uniformität auf sich warten. Das officium missae formt Benedikt weniger als das Stundengebet, weil ersteres v. a. durch den bfl. (bzw. päpstl.) Gottesdienst geprägt wurde. Hier ist bes. die Meßreform unter Gregor d. Gr. von Bedeutung.

Parallel zur lit. Renaissance der karol. Epoche läuft die liturg. Evolution der Benediktiner. Monast. Einfluß auf die Perikopenordnung der Episteln und Evangelien verrät Alkuins »Comes«, ein hochbedeutsames Werk des MA. Martyrologien monast. Provenienz (Beda Venerabilis, Usuardus und andere) – ihr liturg. Ort ist die Prim – resultieren aus dem Heiligenkult. Als integrierender Bestandteil steht Musik – v. a. ma. Monodie, eine Domäne der B. – im Dienste der Liturgie. Obschon in Benediktinerklöstern einheitl. Musikpraxis fehlt, scheint bis 680 altröm. Choral (cantilena [vetus-] romana) – er hat mit Gregor d. Gr. nichts zu tun – zu dominieren. Als höchstwahrscheinl. Papst Vitalian († 672) – wohl dem Vorbild der prächtigen Hofliturgie von Byzanz folgend, die er anläßlich eines Besuches des byz. Ks.s Konstans II. in Rom (662) erlebte – altröm. Melodien zu sog. »gregorianischen« Gesängen für die päpstl. Liturgie redigieren ließ, entsteht – nach 680 auch außerhalb Roms – ein Nebeneinander zweier röm. Riten und musikal. Stile. Den röm. Basiliken, Titel-, Stadt- und Parochialkirchen konveniert stadtröm. Ritus und altröm. Choral, dem Stationsgottesdienst des Papstes kuriale Gewohnheit und »gregorian.« Gesang. Um die Mitte des 8.Jh. vertauschen die B. nach und nach altröm. Choral – er ähnelt stilist. dem ambrosian. oder mailänd. sowie beneventan. Choral – und Melodien heim. Sonderliturgien mit dem »gregorian.« Gesang der päpstl. Kurie. Jedes Kl. unterrichtet die Mönche im Choralgesang (RB capp. 9, 17, 18, 19, 24, 43, 44, 45, 47, 57; CCM passim); seine Pflege obliegt allein dem Kantor (RB capp. 47, 57; CCM); er bereitet auch das gesamte Offizium vor und hat seinen ungestörten und würdigen Ablauf zu garantieren. Im Konvent rangiert der Kantor unmittelbar nach Abt und Prior. Seit dem 9.Jh. bereichert Mehrstimmigkeit – Organum – den liturg. Gesang der Mönche. Über Konstruktion, Spiel und Effekt von Musikinstrumenten – v. a. der Orgeln und Glocken – in Klosterkirchen der B. stammen frühe Zeugnisse aus dem 8. und 9.Jh. Obschon der Orden eine eigene Musiktradition in Theorie und Praxis hat, wartet die angemessene Interpretation benediktin. Choral- und Musikgeschichte auf einen Autor. D. v. Huebner

Lit.: G. MORIN, Les monastères bénédictins de Rome au MA, RevBén 4, 1887, 262–267, 315–322, 351–356 – L. LÉVESQUE, Les monastères des basiliques de Rome aux VIIe et VIIIe s., Science catholique, 1893, 439–458 – C. CALLEWAERT, De origine cantus gregoriani, EL 40, 1926, 97–103, 161–167 – C. MOHLBERG, Gregor d. Gr. und der Kirchengesang, EL 41, 1927, 221–224 – J. CHAPMAN, Saint Benedict and the sixt Century, 1929 – W FINK, Das Opus Dei des hl. Benedikt und seine Stellung in der Entwicklung der Liturgie und des Mönchtums, StudMitt 58, 1940, 29–43 – H. HÜSCHEN, Benediktiner (MGG I), 1639–1656 – J. SCHMIT, Die gottesdienstl. Gesänge in Rom und ihre Ordnung unter Benedikt und Gregor (K. G. FELLERER, Gesch. der kath. Kirchenmusik I, 1972), 178–181.

D. Baukunst

Die Benediktiner-Baukunst nahm bis ins 12.Jh. einen umfangreichen Platz in der chr. → Baukunst ein; doch wie die einzelnen Klöster nur lose verbunden waren, so fehlten ihren Bauten auch spezifische, nur ihnen eigene Baumerkmale. Der im Äußeren des Kl. am stärksten hervortretende Teil ist der → Kirchenbau, zumeist als → Basilika mit → Querhaus, → Chor, darunter → Krypta, ferner → Westbau, auch mit Türmen, → Westwerk oder Westchor, davor ein → Atrium oder eine → Vorhalle. G. Binding

Lit.: RDK II, 236–266 [Lit.] – M. ESCHAPASSE, L'architecture bénédictine en Europe, 1963 – W. BRAUNFELS, Abendländ. Klosterbaukunst, 1969 – Weitere Lit. siehe unter den o. a. Stichworten.

Benediktionale, Sammlung von Formeln für Segnungen (→ Benediktionen), die zuerst in der gallikan. Messe vom Bf. (Benedictiones episcopales), später durch jeden Priester gespendet wurden. Solche Sammlungen wurden zunächst in die → Sakramentare aufgenommen oder ihnen als Anhang beigegeben; seit dem frühen MA entwickelten sie sich zu einem eigenen Buchtypus. Entsprechend den Texten des Sakramentars gliedern sich die im Anschluß an das Pater noster gesungenen Benediktionen nach dem Ablauf des Kirchenjahres. Dieser Ordnung unterliegt auch die künstler. Ausschmückung der wenigen reicher illuminierten Hss., die fast ausschließl. dem 10. und 11.Jh. entstammen. Neben Mss. mit ornamentaler Verzierung wie dem mit Schmuckseiten und Initialen ausgestatteten engl. B. in Paris (Bibl. Nat., MS. lat. 987) aus dem 10.Jh. oder dem etwa zeitgleichen in St. Gallen (Stiftsbibl., Cod. 398), dem ein Titelbild des thronenden Christus vorangestellt ist, treten zwei Hss. mit szen. Darstellungen hervor. Es sind dies das mit 28 ganzseitigen Miniaturen, 19 Zierseiten und 2 Initialminiaturen ausgeschmückte B. des Bf.s → Æthelwold (963–984; London, Brit. Libr., Add. Ms. 49598) und das B. aus Niederaltaich (Aachen, Slg. Ludwig, Hs. VII 1) aus dem 11. Jh., das 8 Miniaturen und 4 Zierseiten enthält. Die illustrierten Themen lassen erkennen, daß die christolog. Bilderzyklen sowie die Miniaturen zu den Apostel- und Heiligenfesten von solchen in den → Evangeliaren, → Evangelistaren wie auch → Epistolaren bzw. → Sakramentaren bestimmt sind.   G. Plotzek-Wederhake

Lit.: LThK² II, 171 – F. WORMALD, The Benedictional of St. Ethelwold, 1959 – J. DESHUSSES, Le Bénédictionnaire gallican du VIIIᵉ s., EL 77, 1963, 169 ff. – A. v. EUW-J. M. PLOTZEK, Die Hss. der Slg. Ludwig I, 1979, 289 f., 293 ff.

Benediktionen gehören zusammen mit den die → Sakramente begleitenden Zeremonien und den Exorzismen (→ Exorzismus) zu den → Sakramentalien. Unter den verschiedenen Einteilungen der B. ist die Unterscheidung von Personal- und Real-B. hervorzuheben. Zu ersteren gehört neben der Benediktion eines Abtes oder einer Äbtissin ganz allgemein die Segnung von Menschen in den vielfältigen Situationen ihres Lebens: der Mutter vor und nach der Geburt, der Kinder, von Reisenden und Wallfahrern, beim Gottesurteil, in Krankheit. Die Real-B. umfassen die ganze Vielfalt der Dinge, die der Mensch im Vollzug seines Lebens gebraucht, von denen er sich Mehrung seines Lebens verspricht oder durch die ihm Gefahr droht. Große Bedeutung hat die Segnung von Weihwasser, das seinerseits bei den meisten B. zeichenhaft angewendet wird.

Seit → Hugo v. St-Viktor († 1141) befassen sich die Theologen mit den B. wie mit den Sakramentalien überhaupt. Wenn es ihnen auch während des ganzen MA nicht gelang, eine allgemein befriedigende Definition der Sakramentalien zu entwickeln, warnen sie doch vor falschem Verständnis. → Wilhelm v. Paris (15. Jh.) betont, daß die segensreiche Wirkung nicht von den Dingen, sondern von Gott ausgehe; → Alexander v. Hales, OFM († 1245), sieht v. a. die Zeichenfunktion; → Thomas v. Aquin († 1274) begründet die sündentilgende Kraft, die durch die B. wirksam werde, mit dem Akt der Liebe zu Gott und der Demut. Dennoch kam es im Bereich der B. zu massiven mag. Vorstellungen und zahlreichen abergläub. Praktiken, die Kritik und Ablehnung, bes. von seiten ma. Sekten (→ Waldenser u. a.) und später der Reformatoren, herausforderten.   G. Langgärtner

Bes. vielfältig sind die B. *gegen Krankheit*. Die dämonist. Krankheitsauffassung der frühen Kirchenväter (Tatian, Tertullian, Origenes, Augustinus) läßt sich über hellenist. Traditionen bis zu den antiken Hochkulturen zurückverfolgen: Heilsegen in Babylon oder Ägypten zeigen in Form und Inhalt verblüffende Ähnlichkeit mit solchen des chr. MA. Der ursächl. Zusammenhang zw. Krankheit und Sünde tritt hier wie dort hervor. Christus, Überwinder des Bösen schlechthin, erwies sich als Arzt auch des Leibes: In seiner Nachfolge war es den Aposteln und der Kirche verliehen, kraft ihres Glaubens durch Gebet, Handauflegung und Anrufung des Namens Jesu Kranke zu heilen und Besessene vom Dämon zu befreien. Die B. als Verbindung von Wort und Handlung ergänzten dabei die Wirkung des Gebetes und der Sakramente: Nicht nur die → Sakramentalien im engeren Sinne, auch der Genuß geweihter Nahrungsmittel war heilsam. In den zahlreichen Benediktionsformeln für jeweils ganz spezif. Krankheiten traten meist die Namen bes. »Plageheiliger« auf, wie Antonius (Antoniusfeuer), Vitus (Veitstanz), Urban (Gicht), Blasius (Halsleiden, Karbunkel) usw. Während die Beschwörungen im Sinne des Exorzismus kirchl. anerkannt waren, standen die Inkantationen (Besprechungen) im Zwielicht der Wortmagie.   H. H. Lauer

Lit.: HWDA, s. v. – A. FRANZ, Die kirchl. B. im MA, 1909 ff. – V. THALHOFER-L. EISENHOFER, Hb. der kath. Liturgik II, 1912, 453–505.

Benediktregel → Regula S. Benedicti

Benediktussegen (-kreuz, -pfennig), »C·S·S·M·L + N·D·S·M·D + V·R·S·N·S·M·V + S·M·Q·L·I·V·B«. Dieser heute an den Namen des hl. Benedikt geknüpfte lat. Segensspruch wird in der Abbreviaturform seiner Wortanfangsbuchstaben als Sigle für amulettwertige Kreuze, Medaillen (= Benediktuspfennige) und devotionale Schutzbriefe verwendet analog zu den mag. Charakteren der üblichen Talismanherstellung. Jedoch nur der Segen selbst ist ma. Herkunft, nicht seine erst nach 1660 überlieferten Kreuzformen als C(rux) P(atris) S(ancti) B(enedicti). Bayer. Benediktinercodices kennen seit dem frühen 14. Jh. allegor. Darstellungen der Religio als Mönchsgestalt im Kampf mit der Figura mundi als Siebenlasterweib. Hierbei findet sich als Losung der Religio auf Kreuzstab und Spruchband der aus älteren Schutzkreuzreimen entwickelte Text: »Crux sacra sit mihi lux / non draco sit mihi dux / vade retro satana numquam suade mihi vana / sunt mala quae libas ipsa venena bibas«. Das 17. Jh. hat in der Mönchsgestalt den hl. Benedikt gesehen, aus Frau Welt den Satan selbst gemacht und darum »ipsa« in »ipse« abgewandelt.   W. Brückner

Lit.: H. O. MÜNSTERER, Die süddt. Segens- und Heiligenkreuze, Bayer. Jb. für Volkskunde, 1954, 90–122 und Abb. auf Taf. [mit reicher älterer Lit.].

Beneficiarius, Bezeichnung von röm. Soldaten, die von den übl. munera befreit sind (Veget. 2, 7), aber zu Sonderaufgaben herangezogen werden. In der Kaiserzeit bezeichnet B. den zum Kanzleidienst bei Statthaltern wie militär. Vorgesetzten bis zum Tribun hinab abkommandierten Soldaten. Zugleich sind beneficiarii die Kommandanten der Wachstationen an den Straßen des Reiches.   G. Wirth

Lit.: KL. PAULY I, 862 – RE III, 271 f. – E. DE RUGGIERO, Dizionario epigrafico di antichità romane I, 1895 [Neudr. 1961], 992–996 – A. v. DOMASZEWSKI, BJ 117, 1917, 2 ff.

Beneficium, Benefizium
I. Römisches Recht – II. Beneficium in der Verfassung des Frankenreiches – III. Kanonisches Recht und Kirchenverfassung.

I. RÖMISCHES RECHT: Das Wort Beneficium bezeichnet im röm. und gemeinen Recht untechn. jede Gunst oder Wohltat bes. seitens des Ks.s, z. B. die Übertragung eines Rechts an einer Sache (vgl. Abschnitt III). Stärker jurist. ist es die Rechtswohltat, eine nach Honorarrecht oder neuerem Recht allgemein oder unter bes. Voraussetzungen gewährte günstigere Rechtsstellung, z. B. die quotenmäßige Beschränkung der Haftung mehrerer Bürgen oder die restitutio in integrum Minderjähriger.   P. Weimar

Q.: (Jodocus), Vocabularius iuris utriusque, Speyer 1478 – *Lit.*: HEUMANN-SECKEL, s. v.

II. BENEFICIUM IN DER VERFASSUNG DES FRANKENREICHES: B., Bezeichnung für jede Leihe, die wegen des damit verbundenen Vorteils eine 'Wohltat' für den Beliehenen darstellte. Der Vorteil lag für den Beliehenen darin, daß er für die Leihe keinerlei Dienste und nur geringfügigen oder überhaupt keinen Zins zu leisten hatte. Einige Benefizien waren auf der Grundlage eines Prekarievertrages (→ precaria) verliehen (vgl. z. B. Marculf, Formulae II, nᵒ 5, 6, 39, 40). Nachdem Karl Martell und seine Söhne einigen ihrer Vasallen Kirchengüter zu vollem Eigen übertragen hatten, um ihnen so die Mittel für ihre Ausrüstung zur Verfügung zu stellen, übergaben sie ihnen diese Güter ab 744 als Beneficium. Grundherren, namentl. Kirchen, hatten dieses System schon einige Zeit angewendet, um ihre Vasallen auszustatten. Gegen Ende der 1. Hälfte des 8. Jh. werden Benefizien immer häufiger an Vasallen vergeben. Die de facto-Verbindung von Vasallität (→ Vasall, Vasallität) und B. entwickelte sich zu einem allgemeinen Phänomen, das in der 2. Hälfte des 8. Jh. und im 9. Jh. immer häufiger auftrat.

Das vom Hausmeier und nach dem »Staatsstreich« von 751 vom Kg. oder irgendeinem anderen Herrn einem Vasallen gewährte B. war eine Wohltat, für die keinerlei Zins geschuldet wurde. Nur wenn es sich um ein vom Hausmeier oder Kg. aus Kirchengut gewährtes B. handelte, wurde dieses B. seit 744 zusätzl. als precaria zw. dem Vasallen und der Kirche, der es entfremdet worden war, behandelt. Aus diesem Grunde mußte ein Zins an die Kirche gezahlt werden. Diese Verfügungen betrafen aber nur eine bestimmte Art der vasallit. Lehen.

Pippin III. und v. a. Karl d. Gr., Ludwig der Fromme und Karl der Kahle haben die Entwicklung vasallit. Bindungen gefördert und durch zahlreiche Bestimmungen ihrer Kapitularien den Rechtsstand und den Wirkungsbereich der Vasallität und des B. geregelt. Diese Verfügungen erlauben es, das B. ziemlich genau zu untersuchen. Das B. konnte groß oder klein sein, ein oder mehrere Landgüter (villae) umfassen oder auch nur einige Hufen (mansi). Die Übertragung von Land als B. brachte für den Herrn den Verlust der wirtschaftl. Nutzung mit sich, da dem Vasallen die Erträge zugute kamen. Doch behielt sich der Herr das Eigentumsrecht vor. Daher durfte der Vasall das B. als solches nicht verändern, noch seinen Wert mindern. Die Übertragung des B. an den Vasallen schuf nicht nur eine tatsächl., sondern auch eine rechtl. Verbindung zw. dieser Verleihung und dem Vasallitätsverhältnis. Ein Beleg für diese Rechtsbeziehung ist die Tatsache, daß seit den letzten Jahren der Regierung Karls d. Gr. schwere Verstöße eines Vasallen gegen seine eingegangenen Verpflichtungen zur Einziehung des B. führten. Das Bestreben vieler Vasallen, die Benefizien, die sie inne hatten, endgültig zu einem Teil ihres → Hausgutes zu machen, führte zu tiefgreifenden Veränderungen der hier angeführten Regeln und Grundsätze, v. a. zur Erblichkeit der Benefizien. Eine Bestimmung des Kapitulars v. Quierzy (877) von Karl dem Kahlen hat nicht die Erblichkeit des B. zu einem Rechtsgrundsatz erhoben, wie man fälschlich angenommen hat, sondern eine herrschende Gewohnheit festgestellt, die sich in der Folgezeit v. a. westl. des Rheins immer mehr verbreiten sollte. Das B. war zum → Lehen (feodum) geworden. A. Verhulst

Lit.: HRG I, 366–370 – H. BRUNNER, Dt. Rechtsgesch. II, 1928² – F. L. GANSHOF, Les liens de vassalité dans la monarchie franque (Les liens de vassalité et les immunités, RecJean Bodin I, 1958²) – DERS., Was ist das Lehnswesen?, 1977⁵.

III. KANONISCHES RECHT UND KIRCHENVERFASSUNG: Unter dem B. oder der Pfründe versteht man im kanon. Recht das mit einem Kirchenamt verbundene Recht, aus einer bestimmten, in der Regel kirchl. Vermögensmasse oder bestimmten Gaben ein festes ständiges Einkommen zu beziehen. Das kirchl. Vermögen, das bereits zur Zeit Konstantins d. Gr. beträchtl. gewesen sein muß, stand in der Zeit der Reichskirche grundsätzl. unter der einheitl. Verwaltung des Bf.s. Bedürftigen Klerikern gewährte der Bf. Unterstützung in Form eines sog. stipendium, ohne daß der Umfang solcher Leistungen rechtl. festgelegt gewesen wäre. Auf dem Land waren die Kleriker häufig an von Grundherren gegründeten Privatkirchen tätig – dann oblag es dem Stifter der Kirche, bei der Gründung auch für den Unterhalt des Geistlichen zu sorgen; dafür bereitgestellte Güter wurden zum Sondervermögen der grundherrl. Kirche. Auch bei den bfl. Landkirchen entwickelten sich Sondervermögen, indem den dortigen Geistlichen in der Form eines Leihvertrags (precaria) Kirchengüter zur Versorgung überlassen wurden. Außerdem sollten die Abgaben der Gläubigen an die Landkirche nicht mehr insgesamt an den Bf. abgeführt werden, sondern zum Teil der betreffenden Kirche erhalten bleiben.

Im frühen MA mußte beim Vordringen der Naturalwirtschaft die Leihe nutzbarer Güter immer größere Bedeutung gewinnen. Die Landkirchen mit den ihnen zugeordneten Gütern wurden allmähl. als einheitl. Vermögenskomplex betrachtet, dem das kirchl. Amt als Annex untergeordnet wurde. Es ist daher konsequent, daß die Amtseinsetzung durch den kirchl. Oberen in der Form einer Leihe der Landkirche samt ihrem Gut an den Priester erfolgt. Solche Leihen von Kirchen sind uns durch bfl. Leiheurkunden aus dem langob. Italien seit Anfang des 8. Jh. überliefert. Sofern Laien Kirchen besaßen, haben sie die an ihnen eingesetzten Geistlichen wohl auch schon frühzeitig durch Prekarieverträge mit Gütern versorgt und später in Form einer Leihe in das Amt eingesetzt. Für den städt. Klerus erhielt sich die Vermögenseinheit des Bm.s länger als bei den Landkirchen bis zur Karolingerzeit. Jedoch kam es seit dem 9. Jh. zunächst im westl. und mittleren Frankenreich zur Bildung von Sondervermögen des Bm.s im Sinne eines Kapitels- oder Stiftsguts (sog. Güterteilung). Allmählich erwarb auch der einzelne Kanoniker ein festes Bezugsrecht auf einen Anteil dieses Kapitelguts (praebenda). Im 11. Jh. wird in Italien die Position des Kanonikers mit allen Nutzungsrechten synonym als canonicatus, praebenda oder beneficium bezeichnet. Bei den Kanonikerpraebenden hat sich der Begriff des B.s als kirchl. Amtspfründe zuerst entwickelt.

Der neuartige Begriff des B.s kam in einen engen Zusammenhang mit dem Recht der Ordination, da die höheren Weihen nicht mehr in Beziehung auf eine bestimmte Kirche erfolgten – Aufhören des Verbots der absoluten Ordination –, sondern die Übertragung eines B.s zur normalen Voraussetzung einer höheren Weihe erklärt wurde, um den Lebensunterhalt des Klerikers zu sichern. Amt und B. wurden in der Kanonistik eng miteinander verknüpft, indem man die Kirchenämter nach den verschiedenen Arten von Benefizien einteilte. Im kirchl. Strafrecht trennte man jedoch officium und beneficium, indem man den Entzug der Amtseinkünfte als bes. Sanktion von der Suspension vom Amt unterschied. Die Verleihung des B.s erfolgte grundsätzl. zusammen mit dem Amt. Jedoch gab es seit dem 13. Jh. Beneficiumsverleihungen ohne gleichzeitige Amtsverleihung; dadurch wurde eine sog. commenda erworben. Durch das Institut der → Kommende konnte man im späten MA mehrere Benefizien nutzen, ohne das Verbot der Ämterhäufung zu übertreten; die damit verbundenen Mißbräuche konnten auch die Reformkonzilien nicht beseitigen. Anders als die Inhaber mehrerer Pfründen, die sich oft sogar Vertreter für ihre Dienstpflichten leisteten, fristeten die in den Städten sich immer mehr ausbreitenden einfachen Altaristen kümmerlich ihr Leben; denn die ihnen von Stifterfamilien, Genossenschaften u. ä. übertragenen Benefizien an kleinen Kirchen oder Altären warfen nur wenig ab.

Das B. war unauflösbar mit dem Amt verbunden; der Benefiziat durfte gegen seinen Willen nicht aus dem Amt entfernt werden. Dieser Grundsatz garantierte eine außerordentl. Unabhängigkeit des Amtsträgers und bedeutete eine Schranke gegenüber jeder absolutist.-bürokrat. Entwicklung. Das ma. Benefizialrecht gewährte in hohem Maße innerkirchl. Rechtssicherheit. P. Landau

Lit.: TRE V, 577–583 – FEINE, § 20 [Lit.] – C. GROSS, Das Recht an der Pfründe. Zugleich ein Beitr. zur Ermittlung des Ursprungs des Ius ad Rem, 1887 – U. STUTZ, Gesch. des kirchl. Benefizialwesens von seinen Anfängen bis auf die Zeit Alexanders III., I/1, 1895 [Nachdr. 1972] –

DERS., Lehen und Pfründe, ZRGGermAbt 20, 1899, 213-247 – A. PÖSCHL, Die Entstehung des geistl. B.s, AKKR 106, 1926, 3-121, 363-471 – H. E. FEINE, Kirchleihe und kirchl. B. nach italienischen Rechtsquellen des frühen MA, HJb 72, 1953, 101-111 – D. LINDNER, Das kirchl. B. in Gratians Dekret, SG 2, 1954, 375-386 – V. DE REINA, En torno a los orígines y fijación del beneficio eclesiástico, ElCan 22, 1966, 275-355 – G. OLSEN, The definition of the ecclesiastical benefice in the 12th century. The canonists' discussion of spiritualia, SG 11 (Collectanea ST. KUTTNER 1, 1967), 431-446.

Beneficium inventarii → Inventarrecht

Benencasa (Aretinus), aus Arezzo, † 1206 Siena, Kanonist, lehrte in Bologna; verfaßte (nach 1190) »Casus decretorum« (→ Casus), die auch andere als referierende Elemente enthalten und nur hs. überliefert sind. → Bartholomaeus Brixiensis hat sie überarbeitet, und in der Form stehen sie seit dem Dekretdruck Paris 1505 zw. den Glossen der → Glossa ordinaria. H. van de Wouw

Lit.: LThK² II, 200 – SCHULTE I, 170-171 – KUTTNER, 229-230 – VAN HOVE, 440 – A. M. STICKLER, Traditio 14, 1958, 472 – COING, Hdb. I, 371 [K. W. NÖRR].

Beneš Krabice v. Weitmühl, böhm. Chronist, † 27. Juli 1375, Mitglied einer weitverzweigten kleinadligen böhm. Familie, gehörte als Leiter der Domhütte (ab 1355) und Kanoniker dem Prager Domkapitel an. Im Auftrag Ks. Karls IV. verfaßte er wahrscheinl. 1372-74 eine böhm. Chronik in vier Büchern, wobei er an die sog. zweite Fortsetzung des → Cosmas v. Prag anknüpfte. Die ersten drei Bücher, die den Zeitraum von 1283 bis 1346 umfassen, fußen vornehml. auf dem Werk des Franz v. Prag; das letzte über die Regierungszeit Karls (1346-74) enthält neben der Autobiographie des Ks.s und der Lebensbeschreibung des → Ernst v. Pardubitz von Wilhelm von Lestkov zahlreiche Quellennachrichten aus allen Lebensbereichen. Die einzige erhaltene Hs. stellte eine wahrscheinl. nach dem Tod des Autors redigierte Fassung dar. I. Hlaváček

Q. und Lit.: Repfont II, 483 – J. EMLER, FontrerBohem IV, 1884, XXII-XXVII, 457-548 – Z. FIALA, O různém poměru kroniky Beneše Krabice z Weitmile a Vlastního životopisu Karla IV, ČSČH 17, 1969, 225-235.

Benevent (Beneventum, it. Benevento)
I. Spätantike und frühes Mittelalter – II. Herzogtum – III. Fürstentum – IV. Stadt des Kirchenstaates – V. Erzbistum – VI. Abtei S. Sofia – VII. Statuten und Consuetudines.

I. SPÄTANTIKE UND FRÜHES MITTELALTER: B., Stadt in Kampanien, am Zusammenfluß von Calore und Sabato gelegen. Die Stadt der Hirpiner wurde 268 v. Chr. röm. Kolonie (Änderung des ursprgl. Namens Malventum). In der späteren Kaiserzeit stieg B. zur Hauptstadt der Region Samnium auf, begünstigt durch die Lage an der Einmündung mehrerer Straßen in die Via Appia, die wichtigste Verkehrsader Unteritaliens (Verbindung Rom-Brindisi). Sie behielt die Vorrangstellung unter got. Herrschaft. Nach mehrjähriger Besetzung durch die Griechen unter → Belisar eroberte → Totila um 545 die auch als Festung bedeutende Stadt zurück und schleifte ihre Mauern.

II. HERZOGTUM: Im Zuge der langob. Eroberung errichtete Zotto das Hzm. B. (wohl seit etwa 570). Nach seinem Tode (594) verlieh Kg. → Agilulf es an → Arichis I. (aus dem Friaul). Während fast 50jähriger Regierung rundete dieser das Territorium ab und konsolidierte die innere Ordnung. Im Kampf mit den Griechen Unteritaliens und trotz vorübergehender Rückschläge (663 Belagerung der Stadt durch Ks. Konstans II.) wurde B. zum größten der langob. Hzm.er: Zu Beginn des 8. Jh., der Zeit höchster Blüte, war es gegliedert in 32 Gastaldate und umfaßte die Regionen Samnium und Lukanien, Teile Kalabriens (bis → Cosenza) und Apuliens (bis → Tarent und → Brindisi), ferner Kampanien ohne das Küstengebiet um → Gaeta,

→ Neapel, → Amalfi; im Norden erstreckte sich das Territorium bis Sora und Campobasso, zeitweise sogar bis Chieti. Die Hzg.e, von denen 662 → Grimoald I. (seit 647) die Langobardenkrone usurpiert hatte, besaßen im Innern fast dieselben Rechte wie die Kg.e im übrigen langob. Kgr. (bes. bei Gerichtsbarkeit und Abgaben). Auch nach außen wurden sie praktisch unabhängig; davon zeugen im 8. Jh. mehrere Bündnisse mit Päpsten oder Griechen gegen die langob. Könige.

III. FÜRSTENTUM: Die volle Selbständigkeit erhielt B. 774 mit dem Ende des Langobardenreiches. Hzg. → Arichis II. (758-787) legte sich sofort den Unabhängigkeit demonstrierenden Fürstentitel zu, freilich mußte er später die Oberhoheit Karls d. Gr. anerkennen. Seine Nachfolger begannen bald, in Salerno zu residieren. Im Streit um die Nachfolge des Fs.en Sikard (832-839) zerfiel der Staat in die Fsm.er B. und → Salerno. Im Teilungsvertrag (um 849) erhielt Fs. Radelchis I. v. B. († 851) die östl. Hälfte. Griech. Angriffe zwangen Fs. Aio II. (884-890) zur Unterwerfung unter byz. Oberhoheit; trotzdem wurde die Stadt B. 891 nach dreimonatiger Belagerung genommen. 895 eroberte sie Mgf. → Guido IV. v. Spoleto, der sie 897 dem 884 abgesetzten Fs.en Radelchis II. zurückgab. Nach vorübergehender Blüte unter Hzg. → Pandulf I. v. Spoleto, der bis zu seinem Tode (981) die langob. gebliebenen Territorien noch einmal vereinen konnte (einschließlich Salerno, Capua, Camerino), geriet im 11. Jh. das Fsm., geschwächt durch innere Kämpfe, in immer stärkere Bedrängnis durch die Byzantiner, die ihren Herrschaftsbereich wieder nach Norden auszudehnen suchten, dann auch durch die Normannen, die sich in S-Italien festzusetzen begannen. Daß Ks. Heinrich III. die Normannen unterstützte, dürfte der Grund gewesen sein, daß ihm 1047 die Stadt B. feindselig den Einzug verwehrte. Daraufhin exkommunizierte der ihn begleitende Papst Clemens II. die Beneventaner.

IV. STADT DES KIRCHENSTAATES: Das Hzm. B. war Gegenstand der Versprechen Pippins (754) und Karls d. Gr. (774) an die röm. Kirche gewesen. Obwohl in den Privilegien der dt. Kaiser (pacta) den Päpsten regelmäßig bestätigt (bis 1020), war diese Übertragung jahrhundertelang offenbar völlig wirkungslos. Nachdem aber 1049 Abgesandte des Adels von B. mit Geschenken und mit der Bitte um den Segen sich an Leo IX. gewandt hatten, wies dieser mehrfach die Normannen an, die Stadt als päpstl. Besitz nicht anzugreifen. Die Beneventaner verjagten 1050 die regierenden Fs.en → Pandulf III. und → Landulf VI., schwuren 1051 dem Papst den Treueid und wurden von der Exkommunikation gelöst. Die Fs.en durften 1055 zurückkehren, mußten jedoch die päpstl. Oberhoheit anerkennen. Als Landulf 1077 ohne Erben starb, fiel die Herrschaft über die Stadt B. mit Umland direkt an die röm. Kirche; das übrige Gebiet des Fsm.s befand sich im Besitz der Normannen.

Innerhalb des sich festigenden norm. Staatswesens (seit 1130 Kgr. → Sizilien) bildete B. als Teil des → Kirchenstaats eine kleine Enklave. Regiert wurde diese durch einen vom Papst eingesetzten Rektor, seit dem 15. Jh. durch einen Gouverneur. Eine teilweise kommunale Selbständigkeit bezeugen die seit 1202 bekannten Statuten. Im ausgehenden 12. Jh. und bis 1281 standen Konsuln mit eigener Jurisdiktion an der Spitze der Bürgerschaft.

Während eines der zahlreichen B.-Aufenthalte der Päpste im 12. Jh. schlossen Hadrian IV. und Kg. Wilhelm I. v. Sizilien 1156 das Konkordat von B. (IP 8, 48 f.). Später wurde B. wiederholt für kürzere Zeitspannen von den siz. Kg.en annektiert: von Ks. Friedrich II. sowie dessen

Söhnen Konrad IV. und → Manfred, der bei der Verteidigung des Kgr.es gegen → Karl I. v. Anjou 1266 in der Schlacht v. B. fiel, dann im 15.Jh. von → Ladislaus und → Alfons I. Mit einer weiteren Unterbrechung in napoleon. Zeit dauerte die päpstl. Herrschaft bis zur Einigung Italiens (1860).

V. ERZBISTUM: Erster Bf. v. B. soll der hl. Ianuarius (285–305) gewesen sein. Nachfolger sind bis zum Ende des 5.Jh. bezeugt. Bald nach Beginn der Gotenherrschaft ist das Bm. offenbar erloschen. In verläßl. Zeugnissen erscheint ein Bf. erst wieder i. J. 680: der hl. Barbatus. Spätere Quellen berichten falsch, die Wiedererrichtung des Bm.s B. wäre bereits um 668 erfolgt, diesem zugleich das Bm. → Siponto zugeschlagen worden. Doch ist die Vereinigung tatsächl. erst Ende des 8.Jh. geschehen; sie bestand bis zur Verselbständigung Sipontos im frühen 11.Jh.

Mit Sicherheit seit dem Ende des 9.Jh. (vielleicht schon wesentl. früher) waren die übrigen Bm.er des Fsm.s der Jurisdiktion des Bf.s v. B. unterstellt. Dessen Vorrang begünstigte die 838 erfolgte Übertragung der Gebeine des Apostels → Bartholomaeus von Lipari nach B. Die formale Erhebung zum Ebm. vollzog Papst Johannes XIII. i.J. 969. Die Suffraganbistümer waren damals: S. Agata de' Goti, Avellino, Quintusdecimus (später Frigento), Ariano Irpino, Ascoli Satriano, Bovino, Volturara Appula, Larino, Telese, Alife. Zur Zeit der größten Ausdehnung, im 13.Jh., umfaßte die Kirchenprovinz B. außerdem noch die Bm.er Montemarano, Trevico, Tertiveri, Montecorvino, Dragonara, Lucera, Lesina, Fiorentino, Civitas (später S. Severo), Termoli, Guardialfiera, Limosano, Trivento, Boiano; die Namen stehen auf der berühmten Bronzetür der Kathedrale (Anfang des 13.Jh.). Bis zum 16.Jh. gingen davon sechs Bm.er ein oder wurden mit anderen zusammengelegt, und Trivento wurde immediat.

Im 12.Jh. wurden drei Kard.e in das Ebm. B. versetzt: Landulf (1108–19), Lombardus (1171–79), Roger (1179–1221), und noch 1294 wurde Ebf. Giovanni Castroceli (1282–95) von Coelestin V. zum Kardinal erhoben. Im späteren MA gehörte dagegen das Ebm. mit 750 Gulden Jahreseinkünften (nach Taxliste) keineswegs zu den bedeutenderen Bischofssitzen Italiens oder gar der röm. Christenheit.

VI. ABTEI S. SOFIA: Begonnen wurde die Gründung des Nonnenklosters angeblich 737 durch Hzg. Gisulf II. (742–750). Arichis II. vollendete vor 768 den Bau, von dem die berühmte Rundkirche erhalten ist, bestimmte den Namen nach dem Vorbild der Hagia Sophia in → Konstantinopel, setzte seine Schwester als Äbtissin ein und übertrug 774 das Kl. der Abtei → Montecassino. Um die Mitte des 10.Jh. lösten Benediktinermönche die Nonnen ab, etwa gleichzeitig erlangte das Kl. die Unabhängigkeit. Obwohl die Romfreiheit seit Benedikt VIII. (1022) von den Päpsten regelmäßig bestätigt wurde, versuchte Montecassino bis in die erste Hälfte des 12.Jh., das alte Abhängigkeitsverhältnis wiederherzustellen. In jenem Jahrhundert erlebte die Abtei ihre höchste Blüte. Abt Johannes IV. (1141/42–77), der Erbauer des bemerkenswerten Kreuzgangs, wurde 1168 von Alexander III. zum Kard. erhoben. 1455 begann die Zeit der Kommendataräbte, deren erster Kard. Rodrigo de Borja (später Alexander VI.) war.

D. Girgensohn

VII. STATUTEN UND CONSUETUDINES: Die für die kommunale Verfassungsgeschichte in jurist. und hist. Hinsicht sehr bedeutenden Statuten sind bereits 1202 entstanden, was ihnen einen Platz unter den ältesten kommunalen Rechtstexten Italiens zuweist. Die erhaltene endgültige Fassung von 1444 zeigt, daß sie formal und inhaltl. den Statuten der polit. unabhängigen Kommunen N-Italiens vergleichbar sind. Zw. 1459 und 1589 wurde das umfangreiche Corpus von 1444 zwölfmal revidiert und modifiziert, was eine lebhafte Gesetzgebungstätigkeit bezeugt. Die freie Entfaltung des lokalen Benevenaner Rechts – das nicht wie in den Städten des Kgr.s Sizilien dem ius regium angepaßt werden mußte – erklärt sich aus dem privilegierten polit.-jurist. Status, den B. als Stadt unter päpstl. Herrschaft genoß.

Der bes. Wert der Beneventaner Statuten liegt in dem Abschnitt, der eine Kodifizierung der lokalen Consuetudines bietet, die aus einer sehr eigenständigen Mischung von altem vulgär-röm. und langob. Recht bestehen. Insbes. das letztere, das auch die Gerichtspraxis in B. stark beeinflußt hat, wird in den Statuten nach den Consuetudines als offizielle Quelle des lokalen Rechts angegeben. Nur wenn es keine entsprechende Norm des Gewohnheitsrechts oder der Lex langobardorum gab, konnte nämlich nach den Statuten ein Richter in B. bei der Urteilsfindung über die ihm vorgelegten Fälle auf das röm. Recht zurückgreifen, das hier die Funktion eines subsidiären gemeinen Rechts erhielt: »ut secundum consuetudines approbatas et legem longobardam, et eis deficientibus secundum legem romanam iudicetur«.

Die Vorrangstellung des langob. Rechts als Stadtrecht (neben dem örtl. Gewohnheitsrecht und vor dem röm. Recht) ist als Folge des nachhaltigen langob. Einflusses auf Recht und Kultur der Region zu sehen.

A. Cavanna

Lit.: *zu [I–VI]*: RE III, 273–275 – F. UGHELLI, Italia sacra 8, 1721², 3–188 – S. BORGIA, Memorie istoriche della pontificia città di B., 3 Bde, 1763–69 – A. MEOMARTINI, I monumenti e le opere d'arte della città di B., 1889 – F. HIRSCH, Il Ducato di B., 1890 [Neudr. in: F. HIRSCH-M. SCHIPA, La Longobardia meridionale, 1968, 1–86] – E. ISERNIA, Istoria della città di B., 2 Bde, 1895–96² – P. LONARDO, Gli antichi statuti di B. sino alla fine del sec. XV, 1902 – R. POUPARDIN, Étude sur les institutions politiques et administratives des principautés lombardes de l'Italie méridionale, 1907 – A. CANGIANO, Gli statuti di B., 1918 – O. BERTOLINI, Gli Annales Beneventani, BISI 42, 1923, 1–163 – Samnium 1ff., 1928ff. – O. VEHSE, B. als Territorium des Kirchenstaates bis zum Beginn der avignones. Epoche, QFIAB 22, 1930–31, 87–106; 23, 1931–32, 80–119 – A. IAMALIO, Saggi di storia beneventana, 1940 – Le più antiche carte dell'abbazia di S. Modesto in B. (sec. VIII-XIII), hg. F. BARTOLONI, 1950 – A. ZAZO, Le chiese parrocchiali di B. del XII-XIV sec., Samnium 32, 1959, 60–83 – DERS., Professioni, arti e mestieri in B. nei sec. XII-XIV, ebd., 121–177 – IP 9, 2–113 [Bibliogr.] – H. BELTING, Stud. zum beneventan. Hof im 8.Jh., DOP 16, 1962, 141–193 – E. GALASSO, Saggi di storia beneventana, 1963 – K. GANZER, Die Entwicklung des auswärtigen Kardinalats im hohen MA, 1963, 63–66, 121–123, 129–131 – A. ZAZO, L'Obituarium s. Spiritus della Biblioteca capitolare di B. (sec. XII-XIV), 1963 – E. PONTIERI, Tra i Normanni nell'Italia meridionale, 1964², 26–57 – D. GIRGENSOHN, Documenti beneventani inediti del sec. XI, Samnium 40, 1967, 262–317 – P. BERTOLINI, Studi per la cronologia dei principi langobardi di B.: da Grimoaldo I a Sicardo (787–839), BISI 80, 1968, 25–135 – H. BELTING, Stud. zur beneventan. Malerei, 1968, 42–63 – A. ZAZO, Il »Liber registri privilegiorum« della Curia pontificia di B. (1291–92), Samnium 41, 1968, 133–195 – N. KAMP, Kirche und Monarchie im stauf. Kgr. Sizilien I, 1973, 202–216 – M. GALANTE, Per la datazione dei documenti beneventani editi e inediti di epoca longobarda, ASPN 93, 1976, 69–94 – M. ROTILI, La necropoli longobarda di B., 1977 – L. MAIO, Territori beneventani nel »Libro del re Ruggero« di al-Edrisi, ASPN 95, 1977, 195–205 – *zu [VI]*: O. BERTOLINI, I documenti trascritti nel »Liber preceptorum Beneventani monasterii s. Sophiae« (»Chronicon s. Sophiae«), Studi di storia napoletana in on. di M. SCHIPA, 1926, 11–47 – M. FERRANTE, Chiesa e chiostro di S. Sofia in B., Samnium 25, 1952, 73–91 – A. ZAZO, I beni della badia di S. Sofia in B. nel XIV sec., ebd. 29, 1956, 131–186 – DERS., Chiese, feudi e possessi della badia benedettina di S. Sofia di B. nel sec. XIV, ebd. 37, 1964, 1–67 – A. RUSCONI, La chiesa di S. Sofia di B., Corsi di cultura sull'arte ravennate e bizantina 14, 1967, 339–359 *zu [VII]*: Ed.: S. BORGIA, Memorie istoriche della pontificia città di Benevento, 1764, II, 409–434

(Ed. des Textes der ältesten Statuten); zur Ed. des Textes aus dem 15. Jh. und der nachfolgenden Revisionen vgl. Catalogo della Raccolta di Statuti etcetera, Biblioteca del Senato, I, 1943, 102–104 – *Lit.*: E. BESTA, Fonti: Legislazione e scienza giuridica dalla caduta dell'impero romano al secolo decimoquinto (Storia del diritto italiano, hg. P. DEL GIUDICE, I, 2, 1925), 655 – F. CALASSO, Medio Evo del diritto, 1954, 429–430, 458, 491.

Benevent, Schlacht v. (26. Febr. 1266), entscheidende militär. Begegnung zw. den Truppen Karls I. v. Anjou und dem Heer Manfreds, Sohn Friedrichs II., Ablösung der stauf. durch die angevin. Dynastie in S-Italien. Karl v. Anjou verließ, bereits zum Kg. v. Sizilien gekrönt, am 20. Jan. 1266 Rom an der Spitze seines Heeres. Ohne auf Gegenwehr zu stoßen, wurde die Grenze zum Kgr. Sizilien bei Ceprano überschritten. Erste Kämpfe um Rocca d'Arce und Cassino konnte Karl für sich entscheiden. Daraufhin ging die gesamte Terra di Lavoro zu ihm über. Die Nachricht von deren Abfall veranlaßte Manfred, der bei Capua Stellung bezogen hatte, nach B. zu verlegen. Er wollte dem Anjou so den Weg nach Apulien abschneiden. Karl paßte sich der neuen Lage an und rückte nun ebenfalls direkt nach B. vor. Am Morgen des 26. Febr. kam es nordwestl. der Stadt zur Begegnung. Beide Heere wurden in drei Reitertreffen gegliedert. Ohne auf ein Angriffssignal zu warten, begannen Manfreds sarazen. Bogenschützen die Kampfhandlungen. Trotz des verfrühten Angriffs nahm das Geschehen, v. a. auch wegen der in vorderster Linie kämpfenden dt. Ritter, zunächst einen für die stauf. Seite günstigen Verlauf. Das angevin. Heer hatte bereits schwere Verluste hinnehmen müssen, als Karl das in Reserve gehaltene 3. Treffen einsetzte. Manfred gab nun seinerseits der Reserve den Befehl vorzurücken, doch viele seiner nord- wie südit. Gefolgsleute hatten das Schlachtfeld bereits verlassen. Dies bedeutete die Wende. Das stauf. Heer wurde aufgerieben und unterlag, Manfred selbst fand den Tod. J. Göbbels

Lit.: C. A. MEOMARTINI, La battaglia di Benevento tra Manfredi e Carlo d'Angiò, 1895 – D. PETROCCIA, La battaglia di Benevento nella tradizione dei cronisti, 1957 – W. HAGEMANN–A. ZAZO, La battaglia di Benevento, 1967.

Benevent, Vertrag v. (Juni 1156). Nachdem sich Wilhelm I. v. Sizilien wider Erwarten gegen die von außen unterstützte apul. Aufstandsbewegung (→Apulien) durchsetzen und den seit Herbst 1155 in Benevent residierenden Hadrian IV. militär. bedrohen konnte, fiel unter dem Einfluß des päpstl. Kanzlers Roland (→Alexander III.) die Entscheidung zur endgültigen Abkehr der Päpste von der antinorm. Politik und zum Friedensschluß mit dem siz. Kg., der die Aufgabe der Politik des →Konstanzer Vertrags (1153) bedeutete und zum Gegensatz zw. Hadrian IV. und Friedrich Barbarossa führte. Eine gemischte Kommission, bestehend aus den Kard. Hubald v. S. Prassede (→Lucius III.), Julius v. S. Marcello und Roland sowie den siz. Vertretern Maio v. Bari, den Ebf.en Hugo v. Palermo und Romuald v. Salerno, Bf. Wilhelm v. Troia und Abt Marinus v. Cava, handelte den Vertrag aus, wobei in den territorialen Streitfragen keine Einigung erzielt werden konnte, beide Seiten aber den Status quo anerkannten und dem Papst durch kirchenpolit. Zugeständnisse die Zustimmung erleichtert wurde. Die Einheit des Reiches und die Nordgrenze in den Abruzzen, wo die Normannen Teile des Kirchenstaates besetzt hielten, wurde gegen einen zusätzl. Zins toleriert, außerdem die Herrschaft über Neapel, Amalfi und Salerno. Die Investitur erfolgte jedoch nur für Sizilien, Apulien und Capua, was beide Seiten zu ihren Gunsten auslegen konnten. Die Lehnsabhängigkeit Siziliens blieb erhalten. Bei den kirchenpolit. Regelungen wurde zw. dem Festland und der Insel unterschieden.

Appellation und Legation, auf dem Festland möglich, wurden für Sizilien ausdrückl. ausgeschlossen, es sei denn auf Wunsch des Kg.s, der für die kirchl. Wahlen in allen Teilen des Reiches durch eine Generalklausel, wonach er nicht nur die polit. Eignung des Kandidaten prüfen durfte, eine starke Stellung innehatte. Der Austausch der Vertragsurkunden erfolgte im Juni 1156, die kgl. Fassung ist noch im Original erhalten. Bei einer persönl. Begegnung leistete Wilhelm I. das Hominium (→Lehnswesen) und erhielt die Investitur mit drei Fahnen. Modifikationen brachte das Konkordat v. Gravina 1192 (→Tankred), im siz. Staatskirchenrecht behielt das Konkordat v. B. Geltung bis zum Anschluß des Südens an das Kgr. Italien (1860). H. Enzensberger

Ed.: MGH Const. I 588–590 Nr. 413, 414 – J. DEÉR, Das Papsttum und die südit. Normannenstaaten 1053–1212, 1969, 89–93 – H. HOFFMANN, Langobarden, Normannen, Päpste, QFIAB 58, 1978. 178–180 [nur die päpstl. Fassung] – *Lit.*: V. EPIFANIO, Sul preteso assedio di Benevento e sul concordato tra la Chiesa e lo Stato normanno del 1156, ASPN 67, 1942, 49–74 – D. CLEMENTI, The Relations between the Papacy, the Western Roman Empire and the Emergent Kingdom of Sicily and South Italy, BISI 80, 1968, 191–212 – J. DEÉR, Papsttum und Normannen, 1972, 247–253, 258 f., 260 f., 262 ff.

Beneventana, Sondertypus der lat. Schrift, v. a. in S-Italien vom ausgehenden 8. bis zum ausgehenden 13. Jh. in Gebrauch. Die ersten frühma. graph. Zeugnisse aus S-Italien sind einige Urkunden aus dem 8. und 9. Jh. und eine Gruppe von Hss., die auf die 2. Hälfte des 8. Jh. datiert werden und wenigstens zum Teil auf das Skriptorium von Montecassino zurückgeführt werden können. Während die Urkundenbelege bis zum Beginn des 9. Jh. eine Kontinuität im Gebrauch der jüngeren röm. Kursive aufweisen, bezeugen die Buchschriften das Auftreten von Sonderformen und allgemein gebräuchl. Elementen wie z. B. Ligaturen, Verwendung runder Formen, zweistöckigem *c* und die Mittellänge überragendem *e*, die im 9. Jh. auch in der reichen Urkundentradition von Salerno und Benevent auftreten. Nachdem sich die Theorie von E. A. LOWE (1914), der dem Skriptorium von Montecassino die tragende Rolle in der Entwicklung der B. zuschrieb, als nicht mehr überzeugend erwiesen hat und CENCETTIS Hypothese (1957) einer Ableitung des südl. Schrifttypus aus dem Norden, genauer gesagt aus Nonantola, als Irrtum herausgestellt hat, muß man zugeben, daß im 8. u. im 9. Jh. verschiedene Zentren S-Italiens, unter denen Montecassino das bedeutendste war, eine Schrift verwendeten, die man als »Protobeneventana« bezeichnen kann. Sie findet ihre erste Ausprägung – nach einer Hypothese von CAVALLO (1970) – in der 2. Hälfte des 10. Jh. in Benevent, wo sie zum erstenmal feste Merkmale, geregelte Ligaturen und eigenständige Formen annimmt. Dieser Schrifttyp, der charakterist. Züge ausgebildet hatte, verbreitete sich in großen Teilen Kampaniens und Apuliens.

Im 11. Jh. kommt es in S-Italien zu einer größeren Vielfalt der Schriftformen. In den ersten Jahrzehnten des Jahrhunderts bildet sich in Bari ein Sondertypus der B. heraus, der durch großes Schriftbild, runde Formen, Verkürzung der Schäfte, feinen und gleichmäßigen Strich (infolge der Verwendung einer Feder mit starrer Spitze nach griech. Vorbild) charakterisiert ist. Andererseits kommt es in Montecassino in der ersten Hälfte des 11. Jh. zu einer Hochblüte der Handschriftenproduktion in einem beneventan. Stil, der allmählich immer stärkere Eigenständigkeiten im Vergleich zu dem gleichzeitig in Apulien auftretenden Bari-Typus erkennen läßt. Der cassines. Stil findet seine endgültige Ausprägung in der 2. Hälfte des 11. Jh. unter dem Abt Desiderius (1058–87) und dessen Nachfolger Oderisius († 1105). Er ist durch einen stark gebrochenen

Strich gekennzeichnet, der auf den Gebrauch einer links abgeschrägten Feder zurückzuführen ist. Dabei entsteht der Eindruck, daß sich eine kräftige horizontale Linie quer durch die Wörter zieht; die kurzen vertikalen Hasten (*i, m, n*) sind gebrochen und aus zwei kleinen aufeinanderstehenden Rhomben gebildet. Der Cassineser Stil verbreitete sich auf dem ganzen südit. Festland und wurde in zahlreichen Kl. Kampaniens, Apuliens, der Abruzzen und der südl. Marken angewendet; außerdem war er auf den Tremiti-Inseln und in einigen Zentren des gegenüberliegenden dalmatin. Küstenstreifens, wie z.B. Zara, heimisch, ebenso wie der Bari-Typus. Insbes. kam es in der Capitanata, einem Grenzland zw. langobard. und byz. Gebiet, im 11. und 12.Jh. zu Kompromißlösungen zw. dem cassines. und dem apul. Schreibstil. Im Lauf des 12. und im 13.Jh. erfolgte eine gewisse Erstarrung des cassines. Stils, die Schrift wird kleiner, die Buchstaben sind enger gesetzt und wirken eckiger. Außerdem dringen Elemente der spätkarol. Minuskel ein. Im Lauf des 13.Jh. wird parallel zu der Übernahme vieler Benediktinerklöster durch den Zisterzienserorden die B. durch die got. Schrift ersetzt, die in S-Italien und Sizilien zuerst von den Normannen (12.Jh.) und später von dem stauf. Hof eingeführt und in wachsendem Maße verwendet worden war. Die B. des cassines. Stils blieb fast ausschließl. in Montecassino und in Cava dei Tirreni in Gebrauch und verschwand schließlich auch von diesen letzten Rückzugsgebieten, wobei es noch zu vereinzelten Episoden kalligraph. Nachahmung kam. A.Petrucci

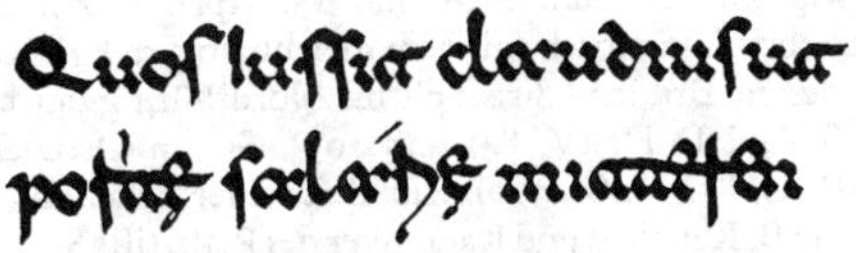

Fig. 16: Schriftprobe zur Beneventana

Faks. und Hss.: E.A.Lowe, Scriptura beneventana, 2 Bde, 1929 – Ders., A new list of beneventan mss. (Collectanea Vaticana in hon. A.M. card. Albareda, 1962), 211–244 – V.Brown, A second new list of beneventan mss., StM 40, 1978, 239–289 – *Lit.*: E.A.Lowe, The beneventan Script, 1914 – G.Cencetti, Scriptoria e scritture nel monachesimo benedettino (Il monachesimo nell'alto medioevo..., 1957), 187–219 – A.Petrucci, Note ed ipotesi sulla origine della scrittura barese (Bull. dell'API, n.s. IV–V, 1958–59), 101–114 – G.Cavallo, Struttura e articolazione della minuscola beneventana libraria nei secoli X–XII, StM 3. s., XI, 1970, 343–368 – Ders., Rotoli di Exultet dell'Italia meridionale, 1973 – A.Pratesi, Influenze della scrittura greca nella formazione della beneventana del tipo di Bari (La Chiesa greca in Italia dall'VIII al XIV sec., 1973), 1095–1109 – C.Tristano, Scrittura beneventana e scrittura carolina in manoscritti dell'Italia meridionale (Scrittura e Civiltà 3, 1979), 89–150 – M.Palma, Nonantola e il Sud (Scrittura e Civiltà 3, 1979), 77–88.

Ben(e)venuta de Bojanis (d'Austria), sel., * 4. Mai 1255 in Cividale del Friuli, † 30. Okt. 1292 ebd.; siebte, trotzdem willkommene (daher ihr Name!) Tochter des Konrad de B., zerstörte früh durch härteste Kasteiung ihre Gesundheit, so daß sie u.a. fünf Jahre bewegungsunfähig wurde und zur Kirche getragen werden mußte, bis der hl. Dominikus sie in einer Erscheinung heilte. Ihm und der Madonna galt B.s bes. Verehrung, ihnen begegnete sie in ekstat. Visionen und in Erscheinungen im Wachzustand. Wohl Dominikanerterziarin, durch Heilgabe ausgezeichnet. Ihr bedeutendstes Charisma ist für den Verfasser ihrer Vita (einen mit ihr bekannten Predigermönch) die Speisung durch den Erzengel Gabriel bei sonstigem fünfjährigem Fasten während der Krankheit. P.Dinzelbacher

Q.: AASS Oct. 13, 1883, 145–185 – *Lit.*: G.Valentinelli, Bibliografia del Friuli, 1861, 160ff. – M.-C. de Ganay, Les bienheureuses Dominicaines, 1924, 91–108 – Vies des Saints 10, 996–998 – Bibl. SS 3, 230f.

Benevolence, in England eine Form freiwilliger Besteuerung, durch die der Kg. sich Zuwendungen von seiten seiner wohlhabenderen Untertanen, die dadurch ihren guten Willen (benevolentia) und ihre Treue bekundeten, sicherte. Bei dem Bestreben, die Untertanen zu derartigen öffentl. Beiträgen zu veranlassen, konnte sich das Kgtm. auf die allgemeine Verpflichtung zum Heeresdienst in Kriegszeiten stützen, so daß b.s üblicherweise für militär. Unternehmungen des Kg.s gefordert wurden. Die b. besaß Berührungspunkte mit den öffentl. Anleihen, die im SpätMA bei Untertanen aufgenommen wurden; doch hatte die b. mehr den Charakter einer Schenkung als einer Anleihe. Sie wurde 1475 von Eduard IV. eingeführt und von den Tudors weiter ausgebaut. G.L.Harriss

Lit.: H.L.Gray, The First Benevolence, Factors in Economic Hist., ed. N.S.B.Gras, 1932 – G.L.Harriss, Aids, Loans and Benevolences, Historical Journal 6, 1963.

Benignus, Märtyrer in Dijon (Fest 1. Nov.). Sein Grab wurde Anfang des 6.Jh. auf einem gemischt belegten Friedhof w. der Stadt verehrt. → Gregor v. Tours berichtet (Lib. in gloria martyrum, 50), daß dort sein Urgroßvater Bf. → Gregor v. Langres (506–539) nach Überprüfung des Kultes eine Krypta und eine Basilika erbaute. Hier entstand wahrscheinl. noch im 6.Jh. das Kl. St-Bénigne (→ Dijon). Nach der seit damals verbreiteten, hsl. aus dem 9.Jh. überlieferten Legende wäre B. aus Kleinasien mit anderen Predigern von Polykarp v. Smyrna (2.Jh.) nach Gallien geschickt und auf Befehl des Ks. Aurelian (270–275) getötet worden. Da B. aus 1. Nov. als presbyter in die gall. Fassung des → Martyrologium Hieronymianum aufgenommen wurde hält die neuere Heiligenforschung an der Geschichtlichkeit eines Martyriums fest. K.H.Krüger

Lit.: Vies des Saints XI, 1954, 27–35 – J. van der Straeten, Les actes des martyrs d'Aurélien en Bourgogne, AnalBoll 79, 1961, 115–144, 447–468 – A.Amore, Benigno, Bibl.SS 2, 1962, 1231f. – F.Prinz, Frühes Mönchtum im Frankenreich, 1965, 104f., 160f. – M.Vieillard-Troïekouroff, Les monuments religieux de la Gaule, 1976, 112–114 – W.Schlink, St-Bénigne in Dijon, 1978, 13–16.

Beni-Gómez, hochma. span. Adelsfamilie (Name nach der arab. Bezeichnung »Banū Gómez« für die Nachkommen des Gf.en v. Saldaña, Gómez Díaz, 904–959/960). Die B.-G. beherrschten bzw. kontrollierten das Gebiet von Potes, Saldaña und Carrión bis Zamora und Valladolid (mit zahlreichen territorialen Schwankungen) von der Mitte des 10.Jh. bis zum frühen 12.Jh. Die Razzien al-Mansūrs und ein glückloser Versuch des Gf.en Nuño Fernández, im Kgr. → León während der Minderjährigkeit Kg. Alfons' V. die Regentschaft auszuüben, schmälerte die Machtstellung der B.-G. Gf. Diego Fernández, mit Kg. Sancho el Mayor verschwägert, brachte die Familie wieder zu hohem Ansehen. Die B.-G. unterstützten Alfons VI. bei der Reconquista; Pedro Ansúrez betrieb die Wiederbesiedlung von Valladolid, und Gonzalo Ansúrez diente Alfons VI. als → Alférez. Die Familie wird unter dem Namen Vani-Gómez als Rivale des → Cid im »Poema del Mio Cid« erwähnt. H.L.Felber

Lit.: R.Menéndez Pidal, La España del Cid, 1969⁷ – J.Pérez de Urbel, Sancho el Mayor de Navarra, 1950 – Ders., El Condado de Castilla, 3 Bde, 1969 – J.Rodríguez, Ramiro II, Rey de León, 1972.

Benincasa, Grazioso, * vor 1420, † nach 1482, einer der qualitativ führenden und mengenmäßig produktivsten Kartographen des 15.Jh. Einer Patrizierfamilie seiner Vaterstadt Ancona entstammend, entwickelte er sich als weitgereister Schiffsunternehmer zu einem für alles Neue aufgeschlossenen, geograph. wie nautisch optimal bewanderten Kartographen. Ab 1460 hauptsächl. in Venedig, daneben auch in Genua, Rom und Ancona tätig, schuf er mindestens 21 nach Signierung und Datierung unmittelbar ihm zuzuschreibende, auf Pergament gezeichnete, kolorierte, monumentale Kartenwerke: und zwar vier nautische Einzelkarten und 17 Atlanten mit durchschnittl. fünf bis sechs z. T. doppelblättrigen Karten (zu denen noch mindestens sechs Atlanten kommen, die als Zweitausfertigungen oder in der Manier ihm und seiner Werkstatt zuzurechnen sind). B. hat nicht nur den gesamten Mittelmeerbereich vom Schwarzen Meer und der Ägäis bis zum Atlant. Ozean ins Bild gebracht und topograph. kommentiert, sondern auch schon die neuesten Entdeckungsberichte aus Portugal bis zu den Küsten Guineas (beim heut. Liberia) verwertet (z. B. Pedro de Sintra, Soeiro da Costa, Alvise Cadamosto). Sein als Capitano del Porto in Ancona wirkender Sohn Andrea B. schuf im Stil des Vaters gleichfalls einen fünfteiligen Atlas (1476) und zwei nautische Einzelkarten (1490 und 1508). - Die Schöpfungen der beiden B. befinden sich heute in Ancona, Bologna, Budapest, Florenz, Genf, Konstantinopel, London, Mailand, Palermo, Paris, Rom, Venedig, Vicenza und Wien. G. Hamann

Lit.: DBI VIII, 525-527 - M. EMILIANI, Le carte nautiche dei B., Cartografi Anconetani, Boll. della Soc. Geografica Italiana, Ser. VII, I, Nr. 8, 9, 1936 - G. HAMANN, Der Eintritt der südl. Hemisphäre in die europ. Gesch., SAW, Phil. Hist. Kl. 260, 1968, 26, 60f., 78ff., 427.

Benivieni, Antonio, Arzt und Chirurg, * 3. Nov. 1443 in Florenz, † 2. Nov. 1502 in Florenz. Zunächst zur lit. Tätigkeit geneigt, war er später Student der Medizin an den Univ. Pisa und Siena. In Florenz, wo er nach 1473 praktizierte, wurde er zum *Console dell'Arte dei Medici e Speziali* ernannt. Er lebte im geistigen Kreis um Lorenzo il Magnifico und darf als ein Vorläufer des anatom.-pathol. Denkens zu Beginn der Neuzeit gewertet werden. Sein Hauptwerk »De abditis nonnullis ac mirandis morborum et sanationum causis« wurde 1507 veröffentlicht. Durch Obduktionsbefunde beschreibt B. Gallen- und Blasensteinkrankheiten, Herzschäden, Darmgeschwüre, Oberschenkelkariesfälle, einen Magenzirrhus usw., immer aber mit bes. Bezug auf das klin. Bild. L. Premuda

Ed. und Lit.: Di alcune ammirabili ed occulte cause di morbi e loro guarigioni. Libro di A.B. fiorentino, volgarizzato e corredato di un elogio storico intorno alla vita ed alle opere dell'Autore, ed. C. BURCI, 1843 - Storia della Medicina, 1855¹; II, 1. T., CCXXXIII-CCLV, 1860², II, 1. T., IC-CVI, hg. F. PUCCINOTTI - B. DE VECCHI, Il pensiero anatomico in medicina da B. a Morgagni, Conferenze Cliniche e di Scienze Mediche, IV, 2. T., 1929, 45-77 - A. DI PAGOLO B., hg. R.H. MAJOR, BHM 3, 1935, 739-755 - L'inizio dell'anatomia patologica nel Quattrocento Fiorentino, sui testi di A.B., Bernardo Torni, Leonardo da Vinci, hg. A. COSTA - G. WEBER (Arch. »De Vecchi« per l'Anat. Patol. 39, H. 1-3), 1963.

Benjamin b. Jona von Tudela, bereiste zw. 1159 und 1172/73 NO-Spanien, S-Frankreich, Italien, Griechenland und Konstantinopel, die Ägäis, Syrien/Palästina, Syrien/Mesopotamien, Persien (evtl. noch östlichere Gebiete), kehrte über den Ind. Ozean und durch das Rote Meer über Ägypten und Sizilien zurück. Seine meist sachl.-nüchternen, doch ungemein instruktiven Reisenotizen enthalten vielfach einzigartige Angaben über jüd. Gemeinden und auch allgemeine Verhältnisse. J. Maier

Ed. pr.: Ferrara 1543 - Lit.: M. N. ADLER, The Itinerary of Benjamin of Tudela, 1907 [Neudr. 1964; hebr. Text mit engl. Übers.].

Ben Naftali → Bibel

Benna trevirensis, Maler, Goldschmied, Kanonikus aus St. Paulin in Trier, erwähnt in der um 1080 von → Goscelinus v. Canterbury verfaßten Vita der hl. Edith (961-984), Tochter Kg. Edgars v. Wessex († 975). Ihr diente B. schon vor Edgars Tod als Lehrer (cap. 7), später als Goldschmied und Maler in der von Edith in Wilton erbauten Klosterkirche (cap. 20). Für diese besorgte B. gegen hohen Kaufpreis eine Kreuznagelpartikel aus Trier (cap. 14). So kann auf B.s Verbindung zu dem weitläufig mit Kg. Edgar verwandten Ebf. → Egbert v. Trier (977-993) und dessen Werkstätten geschlossen werden, wo um 980 u.a. ein Kreuznagelreliquiar entstand. Für die Annahme der Identität des → Registrum-Meisters mit B. und die Zuweisung bekannter otton. Goldschmiedearbeiten an ihn reicht die Erwähnung bei Goscelin nicht aus.

H. Westermann-Angerhausen

Lit.: A. WILMART, La légende de Ste-Edith en prose et vers par le moine Goscelin, AnalBoll 56, 1938, 5-101, 265-307 - A. C. F. KOCH, De datering in het Liber Traditionum Sancti Petri Blandinensis, Bull. de la Commission royale d'hist. CCXXIII, 1958, 162ff. - TH. K. KEMPF, B. t. (Mainz und der Mittelrhein in der europ. Kunstgesch., hg. F. GERKE, 1966), 179ff.

Bennak, Bezeichnung für einen osman. Bauern, der verheiratet war und weniger Boden besaß, als in der von ihm bewohnten Gegend einer Halbbauernstelle entsprach. Er bezahlte deswegen eine ermäßigte Hufensteuer. In manchen Prov. unterschied man zw. *ekinlü b.* und *caba b.*; Bauern, die im Steuerregister als ekinlü b. eingetragen waren, besaßen mehr Land als die caba bennak. S. Faroqhi

Lit.: Ö. BARKAN, Osm. Imp. Ziraî Ekonominin Hukukî ve Malî Esasları, 1943 - H. INALCIK, Osmanlılarda Raiyyet Rüsumu, Belleten, XXIII, 1959.

Benno. 1. B., hl., Bf. v. Meißen seit 1066, † 1105/1107 (genauer Zeitpunkt unbekannt; Weihe des Nachfolgers Herwig zw. 11. Juni 1105 und 15. April 1107). B. ist wahrscheinl. identisch mit dem gleichnamigen kgl. Kapellan, dessen Bruder Christoph im Nordthüringgau begütert (MGH D H. IV, 84) und 1053 Gf. im Ostfalengau war (MGH D H. III, 310). Zur Zeit seiner Erhebung zum Bf. war B. Kapellan und Kanoniker des Pfalzstifts St. Simon und Judas in → Goslar. Zunächst gelegentl. an den Reichsgeschäften beteiligt, leistete er 1073 und 1075 den kgl. Aufgeboten gegen die aufständ. Sachsen keine Folge, wurde im September 1075 von Heinrich IV. unter der Beschuldigung des Hochverrats gefangengesetzt und fehlte deshalb auf dem Wormser Hoftag vom 24. Januar 1076. Der Haft entkommen, schlug er sich nach 1077 zu den Anhängern → Rudolfs v. Schwaben, der 1079 für das Bm. Meißen urkundete (MGH DD H. IV., Rudolf 1). Mit anderen antikaiserl. gesinnten Bf.en wurde B. 1085 von der Mainzer Synode gebannt und verlor sein Bm. an den von Vratislav v. Böhmen gestützten ksl. Gegenbf. Felix. Darauf erkannte B. Clemens III. an, wurde von diesem absolviert und konnte sich Heinrich IV. wieder nähern. 1088 unangefochten im Besitz des Bm.s, vermittelte er in diesem Jahr den Frieden zw. dem Ks. und → Hartwig v. Magdeburg, Werner v. Merseburg und Gunther v. Naumburg. Nach Lampert v. Hersfeld (zu 1075) war B. ein unkriegerischer Mann. Seine Haltung während des sächs. Aufstands und nach 1085 deutet auf eine um diplomat. Lösungen bemühte Politik. Bei seinen Beziehungen zu Heinrich IV. und dessen Verbündeten → Vratislav II. hatte B. zu berücksichtigen, daß die Landschaft Nisani und die Oberlausitz, in denen die Masse der Besitzungen des Bm.s lag, unter böhm. Herrschaft standen. Nach 1095 wird B. nicht mehr genannt.

Die Verehrung von B.s Grab im Meißner Dom ist seit 1285 bezeugt; Heiligsprechung 31. Mai 1523 (auf Betreiben Hzg. Georgs des Bärtigen v. Sachsen); Erhebung der Gebeine 1524. I. J. 1576 Überführung nach München (seit 1580 ▭ Frauenkirche), dessen Stadtpatron B. wurde. Die 1512 von Hieronymus Emser im Zuge der Kanonisationsbemühungen herausgegebene Vita ist für die Biographie B.s ohne Wert; auf B. verweisende Eintragungen in mehreren ehemals Hildesheimer Hss. sind lit. Fälschungen des ersten Drittels des 16. Jh. W. Petke

Lit.: BWbDG I, 230 – LThK² II, 206 – NDB II, 52 – O. LANGER, Bf. B. v. M., Mitt. des Vereins für Gesch. der Stadt Meißen 1, H. 5, 1886, 1–38 – J. KIRSCH, Beitr. zur Gesch. des Hl. B., Bf.s v. M. [Diss. München 1911], 28ff. – P. LEHMANN, Zur Überlieferung von Bernward und B. (abgedr. in: DERS., Erforsch. des MA 4, 1961), 257–263 – H.-W. KLEWITZ, Kgtm., Hofkapelle und Domkapitel im 10. und 11. Jh., AU 16, 1939, 140–143, 152 – W. SCHLESINGER, Kirchengesch. Sachsens im MA I, 1962, 118–131 (Mitteldt. Forsch. 27/I) – W. PETKE, Zur Herkunft Bf. B.s v. M., AZ 66, 1970, 11–20 – H. DOBBERTIN, Ekbert II. v. Braunschweig († 1090) und Bf. B. v. M. († 1106) in einer Hildesheimer Sage, Braunschweig. Jb. 59, 1978, 153–157 [unkrit.].

2. B. II., Bf. v. Osnabrück 1068–1088, * um 1020/25 in Löhningen (Schwaben), † 27. Juli 1088 im Kl. Iburg. Wohl aus Ministerialengeschlecht stammend, erhielt B. in Straßburg und auf der Reichenau durch Hermannus Contractus eine glänzende Ausbildung, bevor er in den Dienst des Bf.s Wilhelm v. Straßburg trat, den er zw. 1040 und 1044 auf einer Jerusalemreise begleitete. Zurückgekehrt, wirkte er als Lehrer in Speyer und Goslar. Bf. Azelin v. Hildesheim (1044–54) berief ihn als Scholaster der Domschule. Seine verwaltungstechn. Begabung zeigte B. auf einem Heereszug gegen die Ungarn 1051. Bald darauf wurde B. Dompropst, bfl. vicedominus und Archipresbyter in Goslar. Hier knüpfte er anscheinend die alten Beziehungen zum Königshause wieder an, denn als vicedominus regis verwaltete er das Reichsgut um → Goslar. Hochberühmt wegen seiner Fähigkeiten als Baumeister, die B. bei Bauten in Goslar und Hildesheim, später auch in Osnabrück und Speyer bewiesen hat, zog ihn Heinrich IV. zum Burgenbau in Sachsen heran. Um 1067/68 wirkte er auch als vicedominus des Ebf.s Anno v. Köln. Am 23. Nov. 1068 bestellte ihn Heinrich IV. in Goslar zum Nachfolger Bennos I. v. Osnabrück. Als Bf. sorgte er für die Mehrung des bfl. Tafelgutes, der Einkünfte aus bäuerl. Abgaben, für die Verbesserung der landwirtschaftl. Erträge und den Straßenbau. Die Befestigung der Iburg setzte B. zu Beginn des → Sachsenaufstandes (1073) verstärkt fort, doch wurde der königstreue Bf. aus seinem Bm. vertrieben. Seit Ende 1075 weilte er beständig in der Umgebung des Kg.s. Als Anhänger Heinrichs IV. gehörte er 1076 zu den gebannten kgl. Räten. Am 28. Jan. 1077 vermittelte B. neben → Liemar, Ebf. v. Bremen, Kanzler Gregor v. Vercelli und Abt → Hugo v. Cluny den Ausgleich von → Canossa. Im Investiturstreit gelang es B., der stets das päpstl. und kgl. Vertrauen besaß, (nach mehreren Gesandtschaften 1078) 1079 Gregor VII. zur Neutralität zw. Kg. Heinrich IV. und Rudolf von Rheinfelden zu bewegen. Auf der Synode von → Brixen (1080) und auch während seiner letzten Romfahrt (1082–84) verfolgte B. eine Politik des Ausgleichs, die letztlich scheiterte. Im Streit mit den Kl. Corvey und Herford um die Zehntrechte überzeugten seine berüchtigten Fälschungen das in Worms tagende Fürstengericht (30. Okt. 1077) und den König. B. erhielt den Kirchenzehnt aller Bewohner seines Bm.s zugesprochen (MGH DD H. IV. 303, 309, 310, 367; vgl. → Zehntstreit, Osnabrücker). Seinen Plan, auf der Iburg ein Kl. zu gründen, konnte er erst nach der Niederlage Rudolfs v. Rheinfelden (15. Okt. 1080) verwirklichen. Zunächst mit Mönchen aus St. Alban v. Mainz unter einem Abt aus St. Pantaleon v. Köln besetzt, hatte das Kl. erst seit der Ansiedlung von Siegburger Mönchen (→ Siegburg) i. J. 1082 Bestand. Die letzten Jahre (1085–88) verbrachte B. auf der Iburg, wo er starb und entgegen den Ansprüchen des Domkapitels auch begraben wurde. R. Kaiser

Q.: Vita Bennonis II. ep. Osnabrugensis, MGH SRG (in us. schol.), 1902, ed. H. BRESSLAU; MGH SS 30, 871–892 – AusgQ 22, 1973, hg. H. KALLFELZ [mit Übers.] – Lit.: LThK² II, 206f. – NDB II, 53f. – M. TANGL, Die Vita Bennonis und das Regalien- und Spolienrecht, NA 33, 1908, 75–94 – G. KRÜGER, B. II. Bf. v. Osnabrück, Westfäl. Lebensbilder 4, 1933, 1–22 – H. ROTHERT, Bf. B. II. v. Osnabrück, Jb. des Ver. für Westfäl. KG 49/50, 1956/57, 7–24 – J. SEMMLER, Die Klosterreform v. Siegburg, 1959 – K.-U. JÄSCHKE, Stud. zu Q. und Gesch. des Osnabrücker Zehntstreites unter Heinrich IV., ADipl 9/10, 1963/64, 112–285; 11/12, 1965/66, 280–402, bes. 282ff. – J. FLECKENSTEIN, Die Hofkapelle der dt. Kg.e II, 1966, 263 f. – W. SEEGRÜN, Die Abtei Iburg [im Dr.] – A. SPICKER-WENDT, Das Bm. Osnabrück in seinen Beziehungen zu Kg., Hzg. und Papst bis zum Jahr 1200 [im Dr.].

Benoît, frz. Komponist in der 1. Hälfte des 15. Jh. Der letzte Stand der Forschung (RIEMANN, Musiklexikon, Ergbd., 1972) unterscheidet einen frz. Komponisten mit Namen Benoît (Benenoih) von dem engl. Komponisten John Benet und hält die Identität mit Guillaume Benoît, der um 1405 Chorleiter an Notre-Dame von Paris war, für fraglich. Dennoch gilt die Edition der sechs Kompositionen, die G. REANEY als Werke des Guillaume Benoît veranstaltet hat, als Gesamtausgabe seiner Werke. Es handelt sich dabei um Kompositionen im Stile der Zeit mit instrumentalen Mittelstimmen und mit isorhythm. Technik. Zur Diskussion um die Identitätsfrage vgl. die angegebene Literatur. H. Leuchtmann

Ed.: G. REANEY, CMM XIII, 3, 1966, Nrn. 43–48 – Lit.: EITNER, s.v. – GROVE, s.v. – MGG, s.v. – RIEMANN, s.v. – J. MARIX, Hist. de la musique et des musiciens de la cour de Bourgogne sous le règne de Philippe le Beau, 1939, 178 – M. F. BUKOFZER, Popular Polyphony in the MA, MQ XXV, 1940, 31–49 – A. PIRRO, Hist. de la Musique de la fin du XIVe s. à la fin du XVI s., 1940, 90 – Guillaume de Van, A Recently Discovered Source of Early Fifteenth Century Music: the Aosta Manuscript (Musica Disciplina II, 1948), 5–74 – H. BESSELER, Bourdon und Fauxbourdon, 1950, Kap. VII.

Benoît de Sainte-Maure, Kleriker, stammte aus der Gegend von Tours. Er adaptierte um 1165 nach dem Beispiel des »Roman d'Alexandre«, des »Roman de Thèbes« und des »Roman d'Enéas« (→ Aeneasroman) antiken Stoff in seinem »Roman de Troie«. Den Text Homers kannte er wohl nicht, vielleicht auch nicht die → »Ilias Latina«; jedenfalls benutzte er als Vorlage die → Dares zugeschriebene »Historia de excidio Trojae« und die → Dictys zugewiesene »Ephemeris belli Trojani« (beide 6. Jh. n. Chr.). Zusätzl. Episoden entnahm er anderen Quellen. Der aus 30000 Achtsilbern bestehende, trotz seines Umfangs in mehr als 30 Hss. ganz überlieferte »Roman de Troie« beginnt mit der Ausfahrt zur Eroberung des Goldenen Vlieses und endet mit dem Tod des Ulixes. Hist., geogr. und kosmolog. Wissen werden eingearbeitet, Hauptthemen aber sind Bildung, Kampf und Liebe. Galante Abenteuer beschreiben die Episoden um Medea und Jason, Briseis und Troilus, Briseis und Diomedes, Polyxene und Achilles, wobei die Frauengestalten bes. stark typisiert erscheinen. Die Rats- und Kampfszenen sind ebenfalls ausgestaltet: Kleider und Waffen, Zelte und Paläste werden ausführl. beschrieben. Seiner Beliebtheit wegen wurde der »Roman de Troie« bereits im MA mehrfach umgearbeitet, so bei dem Prosaroman »La Destruction de Troyes la Grant« durch Jacques → Milet (15. Jh.), in dt. Übersetzung im »Liet von Troye« des Herbort v. Fritzlar (zw. 1190 und 1217) und im »Buch von Troye« des → Konrad v. Würzburg (1287), das bei 40000 Versen unvollendet blieb (→ Troiadichtung). B. widmete seinen »Roman de Troie«, eine noch in der Nähe zu der norm. Reimchroniken stehende Frühstufe des höf. Romans, → Eleonore v. Aquitanien, der Enkelin von → Wilhelm IX. Sie hatte 1152 Heinrich (II.) Plantagenêt geheiratet. → Wace hatte als dessen Chronist den

»Roman de Rou« begonnen; ab 1170 arbeitete B. an einer »Histoire des ducs de Normandie« (2 Hss.), blieb damit nach mehr als 44000 Versen bei den Ereignissen um 1135 stehen. Vorlagen (lat.) boten ihm → Dudo v. St-Quentin und → Wilhelm v. Jumièges, mit denen er ziemlich frei umging. Der Selbstlegitimation und Selbstauslegung der neuformierten Adelsgesellschaft und der engl. Krone dienten v. a. die antikisierenden Romane, welche durch die Verritterlichung und Höfisierung der Antike das höf. Rittertum, typologischer ma. Denkweise entsprechend, als Erfüllung der antiken Präfiguration darstellten. Bes. im Prolog zum »Roman de Troie« des B. wird die damals neue Auffassung von Geschichte, die neu verstandene Aufgabe von Dichter und Dichtung sowie der gesteigerte Bildungsanspruch des Hofklerus und Rittertums faßbar. Formal zeigt sich dies u. a. in der Anwendung der mlat. Exordialtopik und der lat. Regelpoetik auf volkssprachl. Dichtung.   L. Gnädinger

Ed.: B. de Ste-M., Le Roman de Troie, ed. L. CONSTANS, 1904–12, 6 Bde – Der Trojaroman des B. de Ste-M., Nach der Mailänder Hs. in Auswahl hg. K. REICHENBERGER (Slg. roman. Übungstexte 48), 1963 – Chronique des Ducs de Normandie par B., Publ. d'après le manuscrit de Tours avec les variantes du manuscrit de Londres par C. FAHLIN, 1951, 2 Bde (Bibl. Ekmaniana 56 und 60) – Lit.: A. JOLY, B. de Sainte More et le »Roman de Troie«, ou les métamorphoses d'Homère et de l'épopée grécolatine au MA, 1870, 2 Bde – R. WITTE, Der Einfluß von B.s Roman de Troie auf die afrz. Lit. [Diss. Göttingen 1904] – M. KLIPPEL, Die Darstellung der Fränk. Trojanersage in Geschichtsschreibung und Dichtung vom MA bis zur Renaissance in Frankreich [Diss. Marburg 1936] – C. FAHLIN, Étude sur le manuscrit de Tours de la chronique des ducs de Normandie par Benoît [Diss. Upsala 1937] – R. M. LUMIANSKY, Structural unity in B.s »Roman de Troie«, Romania 79, 1958, 410–424 – A. ADLER, Militia et Amor in the Roman de Troie, RF 72, 1960, 14–29 – G. A. BECKMANN, Trojaroman und Normannenchronik. Die Identität der beiden B. und die Chronologie ihrer Werke (Langue et parole 7), 1965 – I. HANSEN, Zw. Epos und höf. Roman. Die Frauengestalten im Trojaroman des B. de Ste-M. (Beitr. zur roman. Philol. d. MA 8), 1971 – E. S. HATZANTONIS, Circe, redenta d'amore, nel »Roman de Troie«, Romania 94, 1973, 91–102 – G. RAYNAUD DE LAGE, Du »Roman de Troie« de B. au »Roman de Troie« en prose (Les premiers romans français et autres études litt. et linguistiques [Publ. romanes et françaises 138], 1976), 205–209 – S. SANDQVIST, Études syntaxiques sur la »Chronique des ducs de Normandie« par B. (Études romanes de Lund, 26, 1976).

Bentheim, Gft., ein aus einer Allodialgft. des 12. Jh. hervorgegangenes spätma. Territorium im Randgebiet der Bm.er → Münster und → Utrecht. Abgesehen von wenigen Zugängen im W und S, waren die zwei Siedlungskammern des Territoriums um Schüttorf und B. selbst (Obergft.) sowie um Uelsen und Hilten (Niedergft.) nach allen Richtungen durch Moor- und Heideflächen vom Umland abgeschlossen, untereinander jedoch durch die von SO nach NW fließende Vechte und ihre 2–3 km breite Talaue verbunden. Zw. 1126 u. 1137 muß Kg. Lothar III. die Burg B., die er 1116 in Auseinandersetzungen mit Heinrich V. zerstört hatte, seinem Schwager Gf. Otto v. Salm-Rhieneck übertragen haben, doch erst dessen Witwe Gertrud ist – zuerst 1154 – als »comitissa...de Benetheim« bezeugt. Der Einfluß der Rhienecker blieb auf die Obergft. beschränkt. Nach dem Aussterben der Rhienecker gelangte B. 1154/65 auf dem Wege der Erbfolge an eine jüngere Linie der Gf.en v. → Holland, die mit Otto, der 1171 in einer Urkunde Heinrich des Löwen als »comes de Binetheim« bezeugt ist, das Grafenhaus B. begründete. Die seit 1146 bestehende Lehnshoheit Utrechts über B. wurde 1178/96, als Ottos älterer Bruder Balduin Bf. v. Utrecht war, aufgehoben. In der gleichen Zeit erhielten die Gf.en v. B. die sog. Niedergft., deren Gebiet noch 1131 als Bestandteil der Utrecht zugehörigen Twente gegolten hatte.

Ein dritter Schwerpunkt der B.er Herrschaft wurde der Bereich um das etwa 1152 gegründete Familienkl. Wietmarschen, wo die B.er Vogtei und Begräbnisstätte besaßen. Bis um 1300 zwangen die B.er die meisten adligen Familien in Ober- und Niedergft. in ihre Abhängigkeit und brachten bis 1319 auch fünf der sechs Gogerichte der Gft. zur Festigung der Landeshoheit in ihre Hand. Die Stadtgründungen (Schüttorf 1295, Neuenhaus 1369, Nordhorn 1379) waren ohne Belang für den Landesausbau. Erst seit 1328 wurde die »Herscap« B. als »comecia« bezeichnet. 1421 erlosch mit Bernhard I. die männliche Linie der Gf.en v. B.; der neue Stamm wurde durch seinen Großneffen Everwin v. Götterswick begründet. Die B.er trugen 1486 ihre Gft. dem Ks. auf und wurden darauf von Ks. Friedrich III. mit der »Graveschafft Benntheim mitsambt dem Kirspel Ennynthan« belehnt. Damit hatte B. als Territorium reichsrechtl. Anerkennung gefunden.   H. Schoppmeyer

Q.: J. H. Jung, Historiae... Comitatus Benthemiensis libri tres. Codex Diplomatum ac Documentorum, 1773 – J. PRINZ, Das Lehnregister des Gf.en Otto v. B., Osnabrücker Mitt. 60, 1940 – Lit.: F. v. KLOCKE, Westfäl. Landesherrn und Landstände... (Der Raum Westfalen II, 1, 1955) – P. VEDDELER, Die territoriale Entwicklung der Gft. B. bis zum Ende des MA, 1970.

Bentivoglio, Familie, übte im 15. Jh. die polit. Vorherrschaft in → Bologna in der Form einer Signorie über die Stadt und ihr Territorium aus, die von allen it. Staaten anerkannt wurde, obwohl sie mit Ausnahme der kurzen Periode unter → Giovanni I. (1401–02) keine offizielle Legitimation hatte.

Ursprgl. dem Kirchenstaat angehörend, erfreute sich Bologna im 12. und 13. Jh. weitgehend polit. Autonomie, die auf einer populären Regierungsform beruhte, die sich mittels der Zünfte artikulierte. Während jener Periode spielten die Mitglieder der Familie B. im öffentl. Leben Bolognas eine Rolle als Fleischer und Notare und kamen dabei zu beträchtl. Reichtum. Gegen Ende des 14. Jh. verteidigten *Antoniolo* B. und später seine Söhne *Salvuzzo* und → *Giovanni I.* mit starkem Einsatz in der lokalen Politik die Autonomie der Stadt gegenüber dem Kirchenstaat. 1401 wurde Giovanni I. zum Signore v. Bologna akklamiert. Die feindselige Haltung der → Visconti, die Bologna zum Ziel ihrer Expansionspolitik machten, sowie die Rivalitäten zw. den Bologneser Familien selbst trugen zum Sturz Giovannis I. bei. In der ganzen ersten Hälfte des 15. Jh. wechselten die polit. Konstellationen in Bologna ständig, vorherrschend blieb jedoch der Einfluß Mailands. Die B. waren auf der polit. Bühne stets präsent: *Antongaleazzo*, der Sohn Giovannis I., Doktor des Zivilrechts und Lektor an der Universität, wurde ermordet, als man bei ihm einen zu starken Zuwachs an Popularität und Macht befürchtete. (Seine Tumba in S. Giacomo wurde von Jacopo della Quercia geschaffen.) Das polit. Erbe von Antongaleazzo wurde danach von → *Annibale I.* – der 1445 ebenfalls einen gewaltsamen Tod starb – und von → *Sante* aufgenommen, der klug und besonnen regierte und mit dem Papst Frieden schließen konnte (1447). Unter Sante B. begann in Bologna eine Periode wirtschaftl. Aufstiegs, der durch die Stabilität der Regierung bedingt war und sich auch in der Signorie von → *Giovanni II.* (1463–1506) fortsetzte. In außenpolit. Hinsicht entwickelten sowohl Sante wie Giovanni II. eine weitreichende Bündnispolitik, wobei sie Ehen mit Frauen der Familie Sforza, die in Mailand die Nachfolge der Visconti angetreten hatte, eingingen und den Frieden mit dem Papsttum zu bewahren suchten. Als die päpstl. Politik auf die Wiederherstellung der direkten Oberherrschaft des Papstes über die Gebiete des Kirchenstaates zielte, unterwarf sich auch

Giovanni II. (1506). Privat widmete sich die Familie B. der Rekonsolidierung ihres Vermögens, das Giovanni I., Antongaleazzo und Annibale I. bei ihren polit. Aktivitäten aufgebraucht hatten. V. a. Sante und Giovanni II. schufen durch die Beanspruchung einiger öffentl. Einkünfte und die Einziehung der Güter der polit. Gegner einen imponierenden Familienbesitz. F. Bocchi

Lit.: C. M. ADY, The B. of Bologna. A study in Despotism, 1937 – F. BOCCHI, Il patrimonio bentivolesco alla metà del '400, 1970 – DIES., I B. da cittadini a signori, Atti e Mem. Dep. Romagna, s., XXII, 1971, 43–64 – DIES., Il potere economico dei B. alla fine della loro signoria, Il Carrobbio, 2, 1976.

1. B., Andrea, Sohn des Antonio, Enkel des Albertinello, * in Bologna in der ersten Hälfte des 14. Jh., wurde 1347 in die Liste der Notare eingeschrieben. A. trat für die polit. Autonomie Bolognas ein und trug dazu bei, daß die societates populi 1376 wieder an die Macht kamen. Er bekleidete die höchsten öffentl. Ämter (1392 war er *gonfaloniere di giustizia*). 1393 stand er an der Spitze der mächtigen societas notariorum. Am Ende des Jh. nahm er mit seinem Sohn Bente und seinem entfernten Vetter → Giovanni (I.) an der polit. Aktion teil, durch die dieser zur Signorie gelangte. Obwohl bereits in vorgerücktem Alter stehend, gehörte er dem wichtigsten Regierungskollegium Bolognas an, dem sog. Kollegium der 16 Reformatoren. Sein Testament stammt aus dem Jahre 1403. F. Bocchi

Lit.: C. GHIRARDACCI, Della historia di Bologna II, Bologna, 1657 – F. BOSDARI, Il comune di Bologna alla fine del sec. XIV, Atti e Memorie della R. Deputazione di Storia patria per le Province di Romagna, s. 4, IV, 1914.

2. B., Andrea (... † 27. Jan. 1491). Sohn des Ludovico aus der berühmten Familie der Signori v. Bologna, spielte eine Rolle in der Politik der Stadt, wobei er verschiedene Ämter bekleidete und zahlreiche diplomat. Missionen abwickelte, die sich immer auf Familieninteressen bezogen und v. a. geschäftl. Art waren sowie Heiratsverbindungen anknüpften. Mit dem Grafentitel ausgestattet, war er bis zum Tod Mitglied des Senats v. Bologna. R. Manselli

Lit.: Neben den Bologneser Chroniken, die in einigen Episoden von seinem Wirken berichten, ist der einzige biograph. Zeuge sein Zeitgenosse Giovanni Sabadino degli →Arienti: »Vita del conte e senatore A.B...., ed. mit Anm. v. G. GIORDANI, 1840.

3. B., Annibale I., illegitimer Sohn des Antongaleazzo B., Enkel des → Giovanni I., * ca. 1413 in Bologna, ermordet am 24. Juni 1445. Nach dem Tode von Antongaleazzo (1435), während der Restauration der päpstl. Oberherrschaft über die Stadt, kämpfte A. im angevin. Heer in Neapel. 1438 rief ihn seine Heimatstadt zurück, um ihm die polit. Führung anzuvertrauen und die Autonomiebestrebungen der Stadt zu stärken. Nach Bologna zurückgekehrt, schaltete er seine polit. Gegner aus und schloß mit den Signori v. Mailand Frieden, der 1441 durch seine Ehe mit Donnina Visconti besiegelt wurde. Der momentane Stillstand in der Verwirklichung der auf Bologna gerichteten Pläne Mailands und des Papsttums benützte der Condottiere Niccolò → Piccinino für seine eigenen Absichten, um die Stadt in seine Gewalt zu bringen. Mit einem Handstreich ließ er im Winter 1442 A. B. und einige seiner Anhänger in der Burg Varano (Parma) gefangensetzen. Erst im Sommer 1443 wurde A. B. auf abenteuerl. Weise durch den Bologneser Galeazzo Marescotti befreit. Die Übertragung öffentl. Ämter und einiger Einkünfte der Kommune an A. B. sind ein Zeichen für seine Wiedergewinnung der Macht. Aber der Druck der Visconti und die Rivalitäten einiger Bologneser Familien führten zu A.s Ermordung. F. Bocchi

Lit.: DBI VIII, s. v. – Vgl. auch Lit. zu B., Familie.

4. B., Giovanni I., Sohn des Antoniolo, * um 1358 in Bologna, † 1402. Nachdem Kard. Aegidius → Albornoz bei seiner Wiedererrichtung des Kirchenstaates Bologna 1360 erneut der päpstl. Oberherrschaft unterstellt hatte, vertrieben 1376 die einheim. polit. Führungskräfte – unter denen *Salvuzzo B.*, der Bruder von G., eine bedeutende Rolle spielte – den päpstl. Legaten, um der Stadt ihre polit. Autonomie zurückzugeben. Nach dem Tode von Salvuzzo B. (gegen Ende des 14. Jh.) wurde sein polit. Erbe von G. angetreten, der mit Unterstützung der → Visconti, der Signori v. Mailand, am 14. März 1401 vom Volk durch Akklamation zum Signore v. Bologna erhoben und mit bedeutender polit. Macht ausgestattet wurde. Seit langem hatte sich die Expansionspolitik Mailands auf Bologna konzentriert; daher unterstützte Mailand jede polit. Initiative, die die päpstl. Herrschaft über Bologna zu untergraben suchte, um leichter auf die lokale Politik Einfluß nehmen zu können. Als Giovanni I. seine Macht auszuüben begann, richteten die Visconti ihre Wühlarbeit gegen ihn, bedienten sich der Rivalitäten zw. den Bologneser Familien und zwangen G. B. und seine florent. Verbündeten, sich ihnen in einer Feldschlacht zu stellen (Schlacht v. Casalecchio am 26. Juni 1402). G. B. wurde geschlagen und drei Tage später getötet, während in der Stadt das Visconti-Regime errichtet wurde. – Die Herrschaft G.s I. über Bologna war zu kurz, um eine eindeutige polit. Linie erkennen zu lassen: Er versuchte, einige wirtschaftl. Sparmaßnahmen einzuführen; v. a. hatte jedoch die Tatsache weittragende Bedeutung, daß mit ihm die Familie B. zu der führenden Rolle in der bologn es. Politik gelangt war. F. Bocchi

Lit.: DBI VIII, s. v. – F. BOSDARI, G. I. B. signore di Bologna (Atti e Memorie della Deputazione di Storia patria per le Province di Romagna, s. 4, V, 1915), 199–307.

5. B., Giovanni II., Sohn von Annibale I. B. und Donnina Visconti, * 1443 in Bologna, † 1508 bei Mailand. Nach dem Tode seines Vaters 1445 wuchs er im Vaterhaus auf; seine Kindheit und Jugend fielen in die Regierungsjahre von Sante B. (1446–63). Nach Santes Tod setzte G., der bereits an dessen Seite Erfahrungen in Regierungsgeschäften gesammelt hatte, sofort dessen Politik in Bologna wie im Bündnissystem mit den anderen it. Signori fort. Er legte v. a. Gewicht auf das Bündnis mit Florenz und die Freundschaft mit Francesco → Sforza, dem Signore v. Mailand, die durch seine Ehe mit Santes Witwe, Ginevra Sforza, und seine Funktion als mailänd. Söldnerführer noch verstärkt wurde. Während der 40 Jahre, in denen er dem Namen nach, wenn auch nicht de facto Signore v. Bologna war, suchte er in der Außenpolitik eine neutrale Linie zu bewahren, die sich aus den großen internationalen Konflikten herauszuhalten, ebenso aus dem Italienfeldzug Karls VIII., des Kg.s v. Frankreich. Nicht immer gelang ihm dies jedoch, so daß er 1500 eine ungeheure Summe zahlen mußte – die durch den Bolognesern auferlegte Steuern aufgebracht wurde –, um eine Besetzung der Stadt durch die Truppen Ludwigs XII., Kg.s v. Frankreich, zu verhindern. Innere Zwistigkeiten unter den bedeutendsten Bologneser Familien, die in der Verschwörung der Malvezzi gegen G. gipfelten (1488), starke soziale Spannungen, deren Ursache eine Wirtschaftspolitik war, die die sozial schwächeren Schichten benachteiligte, sowie der Wunsch des Papstes Julius II., die Souveränität des Kirchenstaates über Bologna wiederherzustellen, waren einige der Faktoren, die schließlich das Ende der Signorie der Bentivoglio mit sich brachten. 1506 mußte Giovanni II. mit seiner ganzen Familie die Stadt verlassen. Der große, von florent. Architekten errichtete Palast wurde bis auf die Grundmauern zerstört. Die Stadt wurde in den folgenden drei Jahrhunderten ununterbrochen von päpstl. Legaten und Vertretern d. vornehmen Bologneser Familien regiert. F. Bocchi

Lit.: DBI VIII, 622–632 – G. GOZZADINI, Memorie per la vita di G. II B., 1839 – F. BOCCHI, Una fonte di reddito dei B.: le condotte militari, Atti e memorie della deputazione di storia patria per le province di Romagna, n.s. XX, 429–442 – DIES., Il potere economico dei B. alla fine della loro signoria, Il Carrobbio 2, 1976, 75–89 – Vgl. auch Bentivoglio, Familie.

6. B., Sante, natürl. Sohn des Ercole B., Enkel Giovannis I., * 1424 in Poppi (Toscana), † 1463 eines natürl. Todes. Er verbrachte die Jugend als Wollhändler in Florenz. Nach dem Tod von Annibale I. (1445) rief ihn die Bentivoglio-Faktion nach Bologna, damit er das polit. Erbe von Annibale antrete und die Leitung des Stadtregiments übernähme. S. B. gelang es, zw. den führenden Bologneser Familien zu vermitteln und eine polit. Koalition zustande zu bringen; dem auf diese Weise gebildeten Regierungskollegium, in welchem er den Vorsitz führte, oblag die Verantwortung für die Politik der Stadt. S.B.s wichtigste äußere Verbündete waren die Medici, er traf aber auch mit Venedig und mit den Sforza von Mailand Abkommen und eröffnete mit Papst Nikolaus V. Verhandlungen, die 1447 in einen Vertrag mündeten, in dem zwar die Abhängigkeit Bolognas vom Hl. Stuhl (durch einen Legaten in der Stadt präsent) erneut bekräftigt, jedoch der weltl. Regierung Handlungsfreiheit zugestanden wurde. – Seine Ehe mit Ginevra Sforza, der Enkelin des Hzg.s v. Mailand, verstärkte die freundschaftl. Beziehungen zu Francesco Sforza. Während der Periode, in der S. B. die polit. Vorherrschaft in Bologna innehatte (1446–63), ohne jedoch offiziell zum Signore der Stadt erhoben worden zu sein, wuchs der Sohn von Annibale I., Giovanni II., der Machtübernahme entgegen, der mehr als 40 Jahre die Politik Bolognas leiten sollte. F. Bocchi

Lit.: DBI VIII, s.v. – Vgl. auch Lit. zu B., Familie.

Benvenuto

1. B. Grapheo (auch Benvenutus Grapheus), Augenarzt zu Beginn des 13. Jh., der der Schule v. → Salerno zugeschrieben wird. Seine »Practica oculorum«, die bedeutendste augenheilkundl. Sonderschrift des späten MA im Abendland, basiert, obwohl sie sich weitgehend auf arab. Quellen stützt, vielfach auch auf eigener Erfahrung, bes. beim Starstich. Sie ist in einer Vielzahl von lat., aber auch nationalsprachigen Hss. überliefert; ihre prov. Übersetzung gehört noch dem 13. Jh. an. Der Text der lat. Hss. weicht so weit voneinander ab, daß an Kollegnachschriften zu denken ist. G. Baader

Ed. pr.: Ferrara 1474 – A. A. BERGER-T. M. AURACHER, Des Benvenutus Grapheus Practica oculorum, 1884–86 [lat. Text und prov. Übers. des 13.Jh.]. – Lit.: J.HIRSCHBERG, Gesch. der Augenheilkunde, 2. und 3. Buch, 1908, 248–255 (GRAEFE-SAEMISCH, Hb. der Augenheilkunde², 13) – SARTON II, 243f. – P. O. KRISTELLER, The school of Salerno, BHM 17, 1945, 169 – KLEBS, 160 – A. FEIGENBAUM, Notes on ocular diseases and their treatment, including surgical procedures, contained in the work of Benvenutus Grapheus Hierosolymitanus, an eye practitioner of the 12th century, Acta Med. Orient., 14, Tel-Aviv 1955, 75–82.

2. B. da Imola, * 1320/30 in Imola, † Ferrara 1387/88. Sproß einer alten Notarsfamilie, studierte er in der von seinem Vater geführten Rechtsschule und wurde 1364 in Bologna als Verfasser des »Romuleon«, eines Kompendiums der röm. Geschichte von der Zerstörung Trojas bis zu Diokletian, bekannt. Nach einer erfolglosen Gesandtschaft zum Papst Urban V. 1365 gegen Beltrando degli → Alidosi mußte er seine Vaterstadt für immer verlassen und eröffnete zunächst in Bologna eine Privatschule, in der neben antiken auch moderne auctores wie Dante und Petrarca gelesen und kommentiert wurden. Um 1376 begab er sich an den Hof Niccolò II. d'Este in Ferrara, wo er seine philolog.-hist. Arbeiten bis zu seinem Tode fortsetzte. Mit den Protagonisten des Frühhumanismus, → Petrarca, → Boccaccio, v. a. → Salutati persönl. befreundet, wurde er berühmt durch sein »Comentum super Dantem«, dessen hist., philos., stilist. und strukturelle Erklärungen von der Danteforschung bis zum heut. Tag beachtet und anerkannt werden. Ein gelehrter Vergilkommentar sowie ein Kompendium der Kaiser von Iulius Caesar bis zu Wenzel (Augustalis libellus) ergänzen das Bild eines liebenswerten, gewissenhaften und gescheiten humanist. Gelehrten, dessen Interesse ebenso den zeitgenöss. wie den alten Dichtern und Schriftstellern galt. Erst nach seinem Tod nahm die Familie den Namen Rambaldi an, unter dem B. gelegentlich in der Lit. erscheint. W. Rüegg

Ed. und Lit.: DBI VIII, 691–694 – Ausg. seiner Werke fehlen mit Ausnahme des Dantekommentars: Comentum super Dantis Comoediam, ed. G.F. LACAITA, 1887.

Benzi, Ugo, * 24. Febr. 1376 in Siena, † 30. Nov. 1439 in Ferrara. Aus der Biographie seines Sohnes Socino (ed. LOCKWOOD 1951) wird in allen Einzelheiten die Persönlichkeit dieses Arztes und Philosophen deutlich, den alle mittel- und nordit. Universitäten zu ihrem Lehrkörper zählen wollten. B. studierte in Siena, Florenz, Bologna und Pavia, wo er am 17. Okt. 1396 das Doktorat erlangte. Er lehrte in Pavia, Bologna, Siena, Pisa, Parma, Florenz und Padua, manchmal in verschiedenen Lebensabschnitten an der gleichen Universität. 1430 wurde er von Niccolò d'Este als Leibarzt nach Ferrara gerufen, wo er bis zu seinem Tod blieb. Das reiche lit. Werk von B. bezeugt seine große Bildung, verrät aber entsprechend den Regeln seiner Zeit wenig Eigenständigkeit. Es umfaßt Kommentare zu klass.-antiken und arab. med. und philos. Schriften und eine Reihe von Quaestiones. Sein Ruhm gründet sich v. a. auf die Beschreibung einer Serie von klinischen Fällen (»Consilia saluberrima«, Bologna 1482) und auf seinen Hygiene-Traktat (»Tractato utilissimo circa la conservatione de la sanitade«, Mailand 1481). L. Belloni

Lit.: DBI VIII, 720–723 – D. P. LOCKWOOD, U. B., Medieval Philosopher and Physician, 1951.

Benzo v. Alba, streitbarer und polem. Verfechter der Kaiseridee (bes. Ottos III.) während des Investiturstreits, † 1089/90. B.s Vertrautheit mit griech. Wörtern und Gewohnheiten und sein starker Haß gegen die norm. Invasoren lassen vermuten, daß er aus S-Italien stammte. Die erste sichere Nachricht über ihn ist seine Subskription als Bf. v. Alba unter das Papstwahldekret von Nikolaus II. (1059), eine Anordnung, deren Inhalt und Geist in völligem Kontrast zu seinen sonstigen Einstellungen stand, die er in seinem ganzen Leben bewies. Über diese sind wir ausschließlich durch das einzigartige »Dossier« in sieben Büchern informiert, dem B. 1085–86 seine endgültige Form gab: »Ad Henricum imperatorem«. Es handelt sich dabei um eine Sammlung kurzer polem. Schriften verschiedenster Natur, teils in Prosa, teils in Versen abgefaßt, a posteriori bearbeitet und in mehr oder weniger chronolog. Folge zusammengestellt. Abgesehen von seiner Intervention in mysteriösen Verhandlungen, die ein Bündnis zw. dem westl. und dem byz. Kaisertum zur Vertreibung der Normannen aus S-Italien zustande bringen sollte, spielte B. die bedeutende Rolle als Anhänger des Cadalus (→ Honorius II., Gegenpapst) gegen Alexander II. (1061–64). Als erbitterter Gegner Gregors VII. und der → Pataria wurde er von der aufgebrachten Volksmenge aus seinem Bischofssitz vertrieben (1076/77). Er starb 1089/90. G. Arnaldi

Ed.: MGH SS XI, 597–681 [ed. G.H. Pertz] – *Lit.:* DBI VIII, 726–728 – Repfont II, 486–487 – H. Lehmgrübner, B. v. A., ein Verfechter der ksl. Staatsidee unter Heinrich IV. Sein Leben und der sog. 'Panegyrikus', 1887 – A. Fliche, La réforme grégorienne III, 1937, 216–249.

Beograd → Belgrad

Beornrad, Ebf. v. Sens seit 785/786, † 797, ⌐ Saint-Pierre-le-Vif in Sens, war seit 775 Abt des Kl. Echternach, mit dessen Gründer Willibrord er nach dem späten Zeugnis Thiofrids (1083–1110) verwandt gewesen sein soll (MGH SS XXIII, 25). 785/786 wurde er zum Ebf. v. Sens erhoben, behielt aber daneben die Leitung Echternachs bis zu seinem Tod 797 bei. B. gehörte dem gelehrten Hofkreis Karls d. Gr. an, wo er das Pseudonym »Samuel« führte; bes. vertraut war er mit Alkuin, der ihm ein Gedicht (carmen VIII, MGH PP I, 228) und die Vita Willibrordi widmete (MGH Epp. IV, 175). Als missus Karls d. Gr. wird B. in einem Brief Hadrians I. von ca. 790/791 erwähnt (MGH Epp. III, 632); hingegen kann seine Identität mit dem Abt Beornrad, der im Münsterland missionierte, nur vermutet werden (Vita s. Liudgeri II, ed. W. Diekamp, 62; dazu H. Büttner [Braunfels, KdG I], 471; J. Semmler [ebd. II], 282). Die unsicheren Angaben der älteren Lit. über die Lebens- und Amtszeiten B.s lassen sich präzisieren; die obengen. Daten beruhen auf den zahlreichen Nennungen in den Echternacher Urkunden (darunter drei von B. selbst). U. Nonn

Q.: Echternacher Abtkataloge (MGH SS XIII, 738 ff.; XXIII, 30 f.) – Chronicon Epternacense auct. Theoderico monacho (MGH SS XXIII, 38) – C. Wampach, Gesch. der Grundherrschaft Echternach im FrühMA I, 2, Quellenbd., 1930 [Urkk.] – Alkuin-Briefe (MGH Epp. IV, 93, 175) – Alcuini carmina IV, VIII, XVI (MGH PP I, 221 f., 228, 239) – *Lit.:* DHGE VIII, 326 f. – Duchesne, FE II, 419 – J. Fleckenstein (Braunfels, KdG I), 36, 44 f.

Beowulf. Das in der → Beowulf-Hs. (um 1000) in einer vollständigen Fassung überlieferte ae. Epos ist für unsere Anschauung von der volkssprachl. lit. Kultur der germ. Völker im frühen MA von einzigartiger Bedeutung: Die epische Großform begegnet in dieser Epoche sonst vorwiegend in Verbindung mit chr.-religiösen Inhalten und Traditionen. Der »B.« ist das einzige erhaltene Beispiel dafür, wie profane Stoffe der germ. Völkerwanderungszeit in einem großen Epos (3182 stabende Langzeilen; → Alliteration, Abschnitt C. I) in der Volkssprache gestaltet werden konnten.

Die Vordergrundshandlung des Gedichts verfolgt den Lebensweg des (nicht hist. und auch lit. sonst nicht belegten) Helden B., und zwar in der Weise, daß zwei charakterist. Leistungen, die Anfang und Ende seiner heroischen Laufbahn markieren, vor uns ausgebreitet werden: Der hochbetagte Dänenkönig Hroðgar hat die prunkvolle Halle Heorot errichtet, die aber nachts von dem menschenfressenden Wasserdämon Grendel heimgesucht wird. Der junge B., Neffe des Gautenkönigs Hygelac, reist zu Schiff nach Dänemark und bietet seine Hilfe an. Er stellt sich dem Eindringling, ringt mit ihm und reißt ihm einen Arm aus. Der tödlich verletzte Grendel flieht; am nächsten Morgen weist eine Blutspur den Weg zu seiner Behausung, einem Gewässer im Moor. Der siegreiche B. wird gefeiert und reich beschenkt. In der folgenden Nacht erscheint jedoch ein zweites Ungeheuer, nämlich Grendels Mutter, und raubt abermals einen dän. Krieger. Beowulf, von Hroðgar um weitere Hilfe gebeten, taucht in das unheiml. Gewässer hinunter und gelangt in eine Höhle, wo er von der Unholdin in einen heftigen Kampf verwickelt wird. Die mitgebrachte Waffe versagt ihm, doch mit einem von Riesen gefertigten Schwert, das er in der Behausung der beiden Ungeheuer vorfindet, kann er endlich auch Grendels Mutter töten. B. wird erneut gefeiert und kehrt dann zu Hygelac zurück. Ihm berichtet er von seinem Erfolg; die erhaltenen Geschenke reicht er an den Oheim weiter und wird seinerseits von diesem mit fürstl. Besitz und Rang ausgestattet. An dieser Stelle (Z. 2199) überspringt die Erzählung eine große Zeitspanne: B. ist mittlerweile selbst zum Kg. der Gauten aufgestiegen und hat sich fünfzig Winter lang als vorbildl. Herrscher bewährt. Ein Drachen, der einen Hort bewacht, ist aufgestört worden und verheert das Land. Der alte Kg. tritt ihm persönl. entgegen. Im Verein mit seinem jungen Verwandten Wiglaf, der ihm allein in den Kampf folgt, kann B. den Drachen töten und dadurch auch den Hort für sein Volk (Z. 2797) erwerben, doch erliegt er selbst seinen Wunden und dem Gift des Drachen. Sein Leichnam wird verbrannt und – zusammen mit dem Hort – in einem hohen Grabhügel feierlich beigesetzt.

Zahlreiche (in der Forschung so genannte) »Abschweifungen«, Rückblenden, Vorausweisungen und Andeutungen, die vielfach den epischen Personen selbst in den Mund gelegt sind, erweitern diesen Handlungskern zu einem komplexen Geflecht von sich gegenseitig erhellenden und steigernden Informationen. Erst auf diese Weise vermittelt uns der Text die volle Lebensgeschichte des Helden, eingebunden in die Gesch. der Dänen, der Gauten (die wohl im heut. Västergötland zu lokalisieren sind) und der Schweden: Von Unferð, dem dän. þyle (→ Thulr) gereizt, rechtfertigt sich B. mit dem Bericht von seinem Schwimmwettkampf mit Breca. Ein Halsreif, den B. in Heorot geschenkt erhält, ist Anlaß für eine Vorausdeutung: Das Kleinod wird später den Hygelac auf seine Expedition ins Land der zum Frankenreich gehörenden Friesen begleiten, wo dieser fallen wird. Auf dieses Ereignis (das wir aufgrund seiner Erwähnung bei Gregor v. Tours, Hist. Franc., III. 3, sogar hist. auf die Zeitspanne zw. 516 und 522 festlegen können) wird öfter Bezug genommen. Als schon der Drache das Gautenland bedroht, kommt die Erzählung wieder auf den nun schon lange zurückliegenden Fall des Hygelac zurück (und verrät uns bei dieser Gelegenheit, daß B. die ihm damals bereits angetragene Königswürde zunächst ausschlug, um dem minderjährigen Sohn des Hygelac den Vortritt zu lassen). Der Bote, der den Gauten B.s Tod zu melden hat, fürchtet eine Erneuerung der Feindschaft der seinerzeit von Hygelac überfallenen »Franken und Friesen«. Es bezeichnet das Verfahren des ae. Epos, daß Hygelacs verhängnisvoller Kriegszug, der den eigtl. Drehpunkt im Schicksal der Gauten darstellt, sich abseits von der epischen Szene abspielt. Ähnlich verhält es sich mit der Bedrohung der Gauten durch die Schweden: In immer neuen Ansätzen (Z. 2379 ff., 2472 ff., 2610 ff., 2922 ff.) – und dabei keineswegs etwa in ihrer chronolog. Abfolge – werden die verwickelten schwed. Kriege, an denen B. und die Gauten sich beteiligt haben, rekapituliert und indirekt in die epische Handlung eingebracht (einzelne Namen aus der schwed. Dynastie, die dabei zur Sprache kommen, scheinen auf hist. faßbare Personen zu verweisen: Ohthere = Óttar Vendilkráka, Eadgils = Aðils; → Alt-Uppsala).

Ein noch größerer und anders gearteter Bezugsrahmen wird hergestellt durch die vielfachen Hinweise auf andere sagenhafte bzw. lit. Stoffe. Zwar haben sich auch für einzelne Motive der B.-Handlung Parallelen in anderen, zumeist jüngeren Quellen (»Hrólfs saga« mit der Gestalt des Boðvarr Bjarki, → »Grettis saga«, → »Fled Bricrenn«) finden lassen, doch gehört die Gesch. von B. selbst keineswegs zu den großen und verbreiteten Stoffen der germ. Sagenwelt. Gleichwohl wird der Kontext dieser Stoffe im »B.« in einer Reihe von Zitaten präsent gemacht: B. trägt eine Rüstung, die von dem Schmied Weland (→ Wieland) herrührt (→ »Edda«, »Vǫlundarkviða«). Das Preislied auf B., das ein sangeskundiger Däne nach dem Sieg über Grendel anstimmt, zitiert, wohl im Sinne eines ehrenden Vergleichs, den Drachentöter Sigemund und seinen »Neffen« Fitela (= Sinfjǫtli; → Vǫlsunga saga). Der schon erwähnte Halsreif wird verglichen mit dem *Brosinga mene*, dem Halsband der Freyja (→ Edda, Þrymskviða). Eormenric und Hama (der Heime der dt. → Dietrichsepik) aus dem got. Sagenkreis werden genannt. Der → Skop an Hroðgars Hof (*scop, gleoman*) unterhält die Gesellschaft mit einem Lied über den Finnsburg-Stoff (wobei die im »B.« referierten Ereignisse sich mit denen des ae. → Finnsburg-Fragments zu einer fortlaufenden Handlung zusammenstellen lassen). B. persönl. deutet in seinem Bericht vor Hygelac Einzelheiten des Ingeld-Stoffes an (der von → Alkuin, MGH Epp. Karol. 4. 183, als für einen geistl. Konvent untragbare Tischlektüre gebrandmarkt wurde); da die »erzählten« Ereignisse der Ingeld-Geschichte, in der Hroðgar und sein Neffe Hroþulf mitwirken, für den »Erzähler« B. selbst wohl noch in der Zukunft liegen müssen (vgl. → Widsið, Z. 45–49; »B.«, Z. 82–85), haben wir hier den merkwürdigen Fall einer Erzählung im Futur (Z. 2020ff.). Die (nicht ganz eindeutig motivierte) Anwesenheit des Hroþulf in Heorot fördert Assoziationen mit den Stoffen, die sich um diesen Helden ranken, der als Hrólfr Kraki in der skand. Sagenwelt eine bedeutende Rolle spielt (Hrólfs saga, → Saxo Grammaticus), und sie gestattet es uns wohl auch, die Halle Heorot mit dem sprechenden Namen ('Hirsch') in Hleiðragard (dem heut. Lejre bei Roskilde auf Seeland), wo Hrólfr residiert haben soll, zu lokalisieren. Selbst Gegenstände können lit. Wert besitzen: Der Knauf des von B. in der Grendel-Höhle entdeckten Riesenschwerts enthält in Runenschrift einen (an der Bibel orientierten) Flutbericht. Alle diese Erweiterungen schaffen eine Atmosphäre, in der die Gesamtheit der germ. »Literatur« gewissermaßen ständig freien Zutritt hat.

Die für die Abfassung des Textes vorgeschlagenen Datierungen reichen vom 7. bis zum 9.Jh. In die engere Wahl kommen Datierungen in die Regierungszeit des mercischen Kg.s Offa II. (spätes 8.Jh.) oder in das »Zeitalter des → Beda« in Northumbrien (frühes 8.Jh.). Eine Abfassung in der Zeit nach Beginn der Wikingereinfälle (793 Überfall auf → Lindisfarne) gilt als unwahrscheinl., da ein von Skandinaviern bedrohtes engl. Publikum einen skand. Stoff wohl nicht akzeptiert hätte. In der → Beowulf-Hs. (um 1000) erscheint der Text in spätwestsächs. Überformung; ob einzelne Anglizismen als Überreste einer angl. Originalfassung oder als Bestandteile einer spätae. allgemeinen »Literatursprache« zu werten sind, ist ungewiß. Nach Ansicht der neueren Forschung kommt eine mündl. Entstehung des Epos (ungeachtet seines formelhaften Sprachstils) kaum in Frage. Der komplizierte Aufbau und die geistl. Bildung, die der Verfasser verrät (etwa wenn er Grendel in das »Geschlecht des Kain« einordnet), sprechen eher für ein von Anfang an schriftl. konzipiertes Werk, ein »Buchepos«. Der Verfasser hat die Welt seines Gedichts in ihren äußeren Formen »christianisiert«, aber den vorchr. Charakter der behandelten Motive und Stoffe dadurch nicht eigtl. aufgehoben. Man hat versucht, in Einzelheiten den Einfluß chr. Autoren, aber etwa auch der »Aeneis« (→ Vergil) nachzuweisen. Insbes. bleibt zu erwägen, ob nicht die Kenntnis antiker Großepik nötig war, um die Konzeption eines Großepos in der eigenen Sprache überhaupt erst zu ermöglichen.

Der »B.«-Dichter beherrscht die traditionellen poet. Stilmittel (*kenning, heiti*, Variation) meisterhaft. Direkte Reden nehmen mehr als ein Drittel des Textes ein. Für den komplexen Aufbau des »B.« gibt es in der erhaltenen Lit. des nord. MA keine Parallele. Die ältere Forschung hat den »B.« am Vorbild der antiken Epik messen wollen und ihm seine eher märchenhaft-naive Kernhandlung, die den trag. Konflikt, der in anderen Stoffen begegnet, vermissen läßt, und seine vermeintl. formale Zerrissenheit zum Vorwurf gemacht. Erst später hat man begonnen, die Thematik der Dämonenkämpfe ein eigenes Gewicht beizumessen und die Funktionalität der sog. »Abschweifungen« (*digressions*) zu erkennen. Versuche, das Gedicht, das selbst keine Anspielung auf Christus oder auf Motive des NT enthält, als chr. Allegorie zu deuten, überzeugen nicht unbedingt (→ Allegorie, V. 3). Die Freilegung des Schiffsgrabes von → Sutton Hoo hat Material zutage gefördert, das die mögliche Beschaffenheit einzelner in den »B.« gen. Gegenstände (Harfe, Standarte, Maskenhelm) eindrucksvoll veranschaulicht. D.K. Fry (mit W. Steppe)

Bibliogr.: R.P. WÜLCKER, Grundr. zur Gesch. der ags. Lit., 1885, 244–315 – RENWICK-ORTON, 152–158 – G.K. ANDERSON, The Lit. of the Anglo-Saxons, 1966[2], 63–85, 98–102 – NCBEL I, 244–267 – D.K. FRY, B. and the Fight at Finnsburh: A Bibliogr., 1969 – *periodisch in ASE* – *Ed.*: F. KLAEBER, B. and the Fight at Finnsburh, 1950[3] – E.V.K. DOBBIE, B. and Judith, ASPR 4, 1953 – Heyne-Schückings B., hg. E.v. SCHAUBERT, 1961–63[18] – C.L. WRENN-W.F. BOLTON, B. with the Finnsburg Fragment, 1973[3] – J. ZUPITZA-N. DAVIS, B. Reproduced in Facsimile, EETS 245, 1959 – K. MALONE, The Nowell Codex, EEMF 12, 1963 – S. RYPINS, Three OE Prose Texts in MS. Cotton Vitellius A. XV, EETS 161, 1924 – *Lit.*: HOOPS[2] II, 237–244 – J. HOOPS, Komm. zum B., 1932 – J.R.R. TOLKIEN, B.: The Monsters and the Critics, PBA 22, 1936, 245–295 – A. BONJOUR, The Digressions in B., 1950 – D. WHITELOCK, The Audience of B., 1951 – R.W. CHAMBERS-C.L. WRENN, B., An Introduction, 1959[3] – A.G. BRODEUR, The Art of B., 1959 – K. SISAM, The Structure of B., 1965 – An Anthology of B. Criticism, hg. L.E. NICHOLSON, 1963 – The B. Poet: A Collection of Critical Essays, hg. D.K. FRY, 1968 – E.B. IRVING, A Reading of B., 1968 – *Zur Hs.*: M. FÖRSTER, Die Beowulf-Hs., 1918 – K. SISAM, Stud. in the Hist. of OE Lit., 1953, 61ff. – E. TEMPLE, Anglo-Saxon Manuscripts 900–1066, 1976, Nr. 52.

Beowulf-Hs. Die etwa um 1000 geschriebene B., auch als »Nowell Codex« bekannt, bildet den zweiten Teil der Hs. London, BL, Cotton Vitellius A. XV. Sie enthält drei ae. Prosatexte, nämlich eine fragmentar. Homilie über den Hl. Christophorus, die →»Wunder des Ostens« und →»Alexanders Brief an Aristoteles«, sowie zwei poet. Texte, nämlich den →»Beowulf« und die ae. →»Judith«. Zwei Schreiber sind zu unterscheiden; vom ersten stammen die Prosatexte und »Beowulf« bis Z. 1939. I.J. 1563 war die Hs. im Besitz des Altertumskundlers Lawrence Nowell. Wenig später gelangte sie in die Bibliothek von Robert Cotton. Der Brand, von dem diese Bibliothek 1731 betroffen wurde, hat zu Spätschäden geführt: die Blattränder sind nach und nach abgebröckelt, was erhebl. Textverluste zur Folge hat. Für den Text des »Beowulf« sind darum die beiden Abschriften von G.J. Thorkelin aus dem Jahr 1787 (eine in Auftrag gegebene, eine eigenhändige) von bes. Zeugniswert. – Gemeinsam ist den fünf in der B. vereinigten Texten das Vorkommen monströser Wesen: der zuweilen als Hundskopf vorgestellte Christophorus; die »Wunder«, die in »Alexanders Brief« ein Gegenstück haben; Grendel und der Drachen im »Beowulf«; Holofernes in der »Judith«. Möglicherweise ist dieser Gesichtspunkt des Monströsen für die Zusammenstellung der B. entscheidend gewesen. C.T. Berkhout/W. Steppe

Lit.: →Beowulf.

Bera, Gf. v. Barcelona, 801–820, Sohn: Willemund, Tochter: Rotrud; gehörte dem einheim. got. Adel an, war im Roussillon (Entrevalls, Canavelles, Ocènies) begütert und vielleicht auch Gf. v. Roussillon, bevor ihn Ludwig der Fromme 801 nach Eroberung der Stadt zum Gf.en v.

Barcelona einsetzte, nachdem er in den Jahren vorher mehrere vergebl. Angriffe gegen die Stadt geführt hatte. An der mißglückten Eroberung Tortosas 810 und 811 war er führend beteiligt. 817 übernahm er zusätzl. die Gft. Gerona. Als Vertreter der einheim. Bevölkerung verhielt er sich den Immigranten aus Spanien gegenüber feindselig und trieb an der überaus labilen Grenze eine von den Richtlinien des Kaiserhofes abweichende Politik mit den Sarazenen, weswegen ihn sein Nachbargraf Sanila 820 auf dem Aachener Reichstag des Hochverrats anklagte. B. verlor den Zweikampf nach got. Recht, wurde vom Ks. zur Verbannung nach Rouen begnadigt, behielt seine Eigengüter und wurde durch einen landfremden Nachfolger ersetzt. Sein Sohn Willemund stand 826–827 an der Spitze einer Rebellion der Einheimischen gegen die landfremden Amtsinhaber. O. Engels

Lit.: JDG K. d. Gr. II. (S. ABEL-B. SIMSON) – JDG L. d. Fr. (B. SIMSON) – R. D'ABADAL I DE VINYALS, Els primers comtes catalans, 1958 – DERS., Dels Visigots als Catalans I, 1969 – J. M. SALRACH, El procés de formació nacional de Catalunya, 2 Bde, 1978.

Berain → Urbar

Berard (Berardo Castacca oder Costa), Ebf. v. Palermo, † 21. Sept. 1252, vielleicht apul. Herkunft, wurde 1207 zum Ebf. v. Bari und 1213 zum Ebf. v. Palermo erhoben. Er war Familiar Ks. Friedrichs II., begleitete ihn 1212 nach Deutschland, unterstützte ihn auf dem Reichstag zu Speyer (1212) und bei seinem Kampf gegen die Päpste Gregor IX. und Innozenz IV. Im Auftrag von Friedrich II. nahm er am IV. Laterankonzil (1215) und am Konzil v. Lyon (1245) teil. Er leitete eine ksl. Gesandtschaft am Hof des Sultans v. Ägypten (1227) im Hinblick auf den bevorstehenden Kreuzzug und war während des Aufenthaltes des Ks.s in Deutschland Mitglied des Staatsrates *(consiglio di reggenza)* im Kgr. Sizilien (1235). Dem exkommunizierten Ks. erteilte er die Absolution in articulo mortis. Er selbst starb zwei Jahre danach. F. Giunta

Lit.: F. GIUNTA, L'arcivescovo Berardo (Uomini e cose del Medioevo mediterraneo, 1962), 65–117.

Berat (Belgrad, Βελεγράδων, Arnavut Beligrad), Stadt in Mittelalbanien, möglicherweise an der Stelle des makedon., seit 200 v. Chr. röm. Antipatrea gelegen, das von Theodosius II. unter dem Namen Pulcheriopolis wiedererrichtet und zum Bischofssitz erhoben wurde. Im 9. Jh. wurde B. von den Bulgaren erobert; 1042 wieder byz., geriet es 1082 unter die Herrschaft von Robert Guiskard, um nach dessen Tode 1085 wieder in oström. Besitz zu gelangen. Ab 1205 gehörte B. zum Despotat Epirus und wurde 1259 zusammen mit Durazzo und Valona vom Despoten Michael II. Komnenos als Mitgift für seine Tochter Helena dem Kg. Manfred v. Sizilien überlassen. Nach dessen Tod (1266) bemühte sich Karl I. v. Anjou, Kg. v. Neapel und Sizilien, die norm.-stauf. Ostpolitik fortzusetzen. Zu seinem am 21. Febr. 1272 proklamierten »Regnum Albaniae« gehörte auch B. 1346 wurde die Stadt von den Truppen des Serbenherrschers Stefan Dušan erobert; damals scheint auch der Name Belgrad aufgetaucht zu sein. Nach dem Ende der kurzfristigen serb. Herrschaft war B. im Besitz der alban. Adelsfamilie Musaki. 1372 heiratete Balša II., der Herrscher über »Zeta Superiore« (Montenegro/Nordalbanien), die Despotin Komnena oder Komita (Musaki?) und gewann damit neben Valona auch B. (→ Balša). Nach dem Ende Balšas II. in der Schlacht an der Vojusa am 18. Sept. 1385, wo er Karl Thopia und den mit ihm verbündeten Türken unterlag, übernahm seine Witwe die Regierung und nach deren Tod ihr Schwiegersohn Mrkša Žarković (1396). Letzterer bot mehrmals gegen eine Jahresrente seine Besitzungen Venedig an, das jedoch ablehnte, da das Gebiet zu schwer und zu kostspielig gegen die Türken zu verteidigen war. Als letzter chr. Herrscher über B. wird 1408 Theodorus Canora genannt. 1417 wurde die Stadt von den Türken erobert. Ein Versuch des Georg Kastriota Skanderbeg, B. zurückzuerobern (1455), schlug fehl. – Das Bm. B. hing von der autokephalen Erzdiöz. → Ochrid bis zu deren Auflösung ab. P. Bartl

Q. und Lit.: K. JIREČEK, Valona im MA (Illyr.-alban. Forschungen I, hg. L. v. THALLÓCZY, 1916), 168–187 – M. v. ŠUFFLAY, Städte und Burgen Albaniens hauptsächl. während des MA, 1924 – Acta Albaniae Veneta, hg. G. VALENTINI, 1 ff., 1967 ff.

Berāt → Urkunde, -nwesen, osman.

Berber (arab. sg. *barbarī*, pl. *barābir[a]*, koll. *barbar* ins lat. barbari; selten gebrauchte Selbstbenennung *amaziġ*, pl. *imaziġan* [bzw. Varianten davon], 'Freie'), Bezeichnung für die alteinheim. Bevölkerung Weißafrikas westl. des Niltals, vermutl. Nachkommen der »Libyer« der Antike, ohne daß bisher der überzeugende Nachweis der Verwandtschaft des Libyschen mit dem Berberischen gelungen wäre. Die in 4000–5000 Mundarten existierende Sprache *(tamaziġt),* zur hamito-semit. Sprachfamilie gehört, läßt nur z. T. größere Einheiten (Dialekte) (wie die *tašəlḥit* S-Marokkos, *Brāber, zanatīya, tamahaqq* der Twāreg etc.) erkennen, die ihrerseits kaum in Einklang mit den hist. überlieferten Gruppierungen zu bringen sind. Deren zwei sind von arab. Historikern (Ibn Ḥaldūn) überliefert. Die eine *(Butr:Barānis)* ist vielleicht der Nachklang einer urspgl. ethnograph. Einteilung nach einer charakterist. Oberbekleidung (→ Burnūs). Die andere, in (seßhafte) Maṣmūda (Marokko), (nomad.) Zanāta (im Osten) und (teils seßhafte, teils nomadisierende) Ṣanhāǧa (*Zənāga*; Tripolitanien, Algerien bis zum Senegal und Niger) beruht auf uns unbekannten Voraussetzungen. Basis des sozialen Lebens war ohnehin in der Regel der »Herd«, das Dorf oder die »Talschaft«, höchstens der Stamm; die großen Stammeskonföderationen waren selten, die oben genannten großen Gruppen kaum jemals polit. wirksame Größen. In der Römerzeit teilweise latinisiert und christianisiert, stellt die arab. Eroberung N-Afrikas im 7. Jh. die entscheidende Zäsur in der Geschichte der Berber dar. Rasch, wenn auch zunächst nur oberflächl. islamisiert, neigten die meisten zunächst den ḫāriġit. Richtungen (→ Ḥāriġiten; → Ibāḍiten, Ṣufriten) zu, so wie anders die Stütze der šīʿit. → Fāṭimiden wurden und sich schon in der ausgehenden Antike heterodoxen Richtungen (wie dem Donatismus, → Donatisten) angeschlossen hatten. Ab 740 befreite sich der W (Marokko, Algerien) vom arab. Joch. Erst unter den → Almoraviden und → Almohaden wurden sie in ihrer Gesamtheit zu orthodoxen sunnit. Muslimen mālikit. Observanz. Indessen nahm der Islam in N-Afrika (zumal seinem W) bes. Züge an (Heiligenkult, hl. Haine und Grotten usw.). – Keines der Berberreiche (Massinissa, Juba II., → ʿAbdalwādiden, → Marīniden, → Ḥafṣiden) hatte Bestand. Mit dem im 11. Jh. beginnenden Einströmen arab. Beduinen in NW-Afrika (Banū Hilāl, Sulaim, Maʿqil) setzte die Arabisierung großer Räume, zumal der Ebenen und Steppen (also v. a. der Zanāta-Stämme), ein, während die Gebirge allenthalben berber. blieben. Berberophone sind heute etwa 25 % der Bevölkerung in Libyen, 1 % in Tunesien (Ǧarba), ca. 35 % in Algerien (Aurās-Gebirge und Gr. Kabylei) und etwa 40–45 % in Marokko (Rif, Mittlerer und Hoher Atlas, Anti-Atlas) sowie der Sahara (Twārig), aber auch die Mehrzahl der Arabophonen ist unzweifelhaft berber. Abstammung. Als Schrift- bzw. Kultursprachen verwendeten Berberstämme nacheinander das Punische (davon *Tifinaġ,* der Name des Alphabets der Twārig), das Lat., in der Gegenwart das Frz.,

v. a. aber das Arab., das ja auch Kultsprache ist und zumal im Wortschatz seit über einem Jt. das Berberische massiv beeinflußt hat. Berber. Lit. der Vergangenheit ist spärlich, viel allerdings verlorengegangen; solche der Gegenwart gelehrten Ursprungs (von Europäern gesammelt).

H.-R. Singer

Q.: IBN KHALDOUN, Hist. des Berbères..., übers. DE SLANE, Nouv. éd., 4 Bde, 1925 [1968] – *Lit.:* EI² I, 1173–1187 – LexArab, 237–249 – H. BASSET, Essai sur la litt. des Berbères, 1920 – E.-F. GAUTIER, Les siècles obscurs du Maghreb, 1927 [1952] – R. MONTAGNE, La Vie sociale et la Vie politique des Berbères, 1931 – A. BEL, La Religion musulmane en Berbérie I, 1938 – G. MARÇAIS, La Berbérie musulmane et l'Orient au MA, 1946 – CH. A. JULIEN, Hist. de l'Afrique du Nord, 2 Bde, 1951² – A. BASSET, La langue berbère, 1952 – C. COURTOIS, Les Vandales et l'Afrique, 1955 – G. H. BOUSQUET, Les Berbères, 1957.

Berberitze (Berberis vulgaris L./Berberidaceae). Der Name der auch Sauerdorn gen. Pflanze ist von mlat. *berberis* (wohl von arab. *barbāris* bzw. dem älteren *ambarbāris* [vgl. GENAUST, 72], noch in *amyberberis*: Gart, Kap. 55) entlehnt. Die B. findet sich in der ma. Lit. meist unter den lat. Bezeichnungen *oxi(a)cant(h)um* (gilt auch für den Weißdorn [Crataegus oxyacantha]), *spina acida*, *crespinus* und unter den Volksnamen *erbesib*, *erpsell* (Minner 313), *versyg* (Gart, Kap. 55), *surich* (STEINMEYER-SIEVERS III, 585), *s(a)urach* (wegen der sauren Beeren und Blätter), *trispitz* (wegen der dreiteiligen Dornen [Minner 313]). Der durstlöschende Beerensaft wurde diätet. zu sauren Saucen, med. als Sirup v. a. gegen Fieber und »hitzige« Erkrankungen der Leber (Circa instans, ed. WÖLFEL, 24) gebraucht. Das Holz von Rinde und Wurzel (Hildegard v. Bingen, Phys. III, 45: *gelbaum*) diente zum Gelbfärben, ferner wegen des gelben Splintes (Signatur!) als Gelbsuchtmittel. W. F. Daems

Lit.: MARZELL I, 568–579 – HWDA VII, 958f.

Berceo, Gonzalo de → Gonzalo de Berceo

Berchar (Berthar), Hausmeier in Neustrien, † 688, ⚭ Anstrud, Schwiegersohn des neustroburgund. Hausmeiers → Waratto und seit 686 dessen Nachfolger. Im Kampf mit dem austr. dux → Pippin (II. d. Mittlere) wurde B. 687 bei → Tertry (a. d. Somme) besiegt und fiel 688 einem Mordanschlag zum Opfer. Sein Nachfolger im Amt des neustr. Hausmeiers wurde Pippin, dessen Sohn → Drogo B.s Witwe Anstrud heiratete. Diese Ereignisse bezeichnen die Wende zum endgültigen Übergewicht Austriens im Frankenreich u. zum Aufstieg der Karolinger. O. G. Oexle

Lit.: E. HLAWITSCHKA, Die Vorfahren Karls d. Gr. (BRAUNFELS, KdG I), 75 – H. EBLING, Prosopographie der Amtsträger des Merowingerreiches (Beih. der Francia 2), 1974, 77f.

Bercht, Berchtag. In bayer. und österr. Hss. erscheint der B., *Perhtag* oder *Prehentag* seit dem 12. Jh. meist als Datumsangabe. Es ist der dt. Name für den Epiphaniastag, den 6. Januar. In einem Traktat der sieben Hauptlaster aus Oberaltaich aus dem 13. Jh. der Bayer. Staatsbibl. ist die »domina Perchta« ein putzsüchtiges und verführer. Weib, allegor. für Luxuria, in Exempeln dargestellt. In einem mhd. Gedicht »Berchten mit der langen nâs« aus Tirol von 1393 ist es eine greulich aussehende Frau, die diejenigen tritt, die nicht »fast« gegessen haben. Im Gewissensspiegel des Martin v. Amberg, im Gedicht »Pluemen der tugent« des Hans Vintler, 1411, wird »Perchten mit der eisnen nas« genannt. In Poenitentialen und Traktaten über die zehn Gebote ist »Domina Perch« und »Fraw Percht« eine Dämonengestalt, der an den Kalenden des Januar Speisen bereitgestellt werden und die nächtlich mit Herodiadis, Diana, Habundia und Satia herumzieht. Als Sagengestalt, als Spinnstubenfrau, Kinderschreck und in Perchtenläufen ist der Name in Bayern und Österreich noch immer anzutreffen. M. Rumpf

Lit.: H. GROTEFEND, Zeitrechnung des dt. MA, 1891–98, 153 – J. GRIMM, Dt. Mythologie, 1854, 250–259, 885 – V. WASCHNITTIUS, Perht, Holda und verwandte Gestalten, 1913 – M. RUMPF, Spinnstubenfrauen, Kinderschreckgestalten und Frau Perchta, Fabula 17, 1976, 215–242.

Berchtesgaden, Fürstpropstei südwestl. von Salzburg, 1816 zu Bayern. Die 1102 von Gfn. Irmgard und ihrem Sohn Gf. Berengar v. → Sulzbach im unwirtl. Waldgebiet gegr. Zelle B. wurde mit Kanonikern aus → Rottenbuch besiedelt und dem päpstl. Schutz unterstellt. Nach einer kurzen Vereinigung mit dem Kl. Baumburg (1107–15) wurde B. wieder selbständig und von Ebf. → Konrad I. dem Reformverband der Salzburger Augustiner-Chorherrenstifte angeschlossen. Die von Ks. Friedrich Barbarossa verliehene Forsthoheit und das von Ks. Heinrich VI. 1194 bestätigte Bergregal wurden zur Grundlage der Landeshoheit. 1294 verlieh Kg. Adolf B. den Blutbann, 1380 erhielt der Propst von Kg. Wenzel B. als Reichslehen, seit 1558 war er als einziger Propst eines Chorherrenstifts Reichsfürst mit Sitz und Stimme im Reichsfürstenrat. Wegen der totalen Verschuldung verfügte Papst Bonifatius IX. 1393 die Inkorporation von B. durch das Erzstift → Salzburg, die nach Intervention der Wittelsbacher 1404/07 wieder aufgehoben wurde. Das Stift, das nur Adligen offenstand, wurde 1455 als exemtes Archidiakonat direkt Rom unterstellt. Wirtschaftl. blieb B. wegen seiner Schulden ganz von Salzburg abhängig, das bis 1556 auch die B.er Saline Schellenberg verwaltete und die Salzausfuhr kontrollierte. B. wurde 1802 säkularisiert. H. Dopsch

Lit.: F. MARTIN, B. Die Fürstenpropstei der regulierten Chorherren, 1923, 1970² – D. ALBRECHT, Fürstenpropstei B., HAB H. 7, 1954 – K. BOSL, Forsthoheit als Grundlage der Landeshoheit in Bayern (WdF 60, hg. DERS., 1965), 443–509 – R. v. DÜLMEN, Zur Frühgesch. Baumburgs, ZBLG 31, 1968, 3–48.

Berchtold v. Kremsmünster → Bernhard v. Kremsmünster (36. B.)

Berdische, aus dem ägypt.-syr. Epsilon-Beil der Bronzezeit hervorgegangene Waffe, Abzeichen der byz. Kaisergarde und ägypt.-mamluk. Sultansgarde. Der Unterteil der halbmondförmigen Klinge war gewöhnl. am Schaft befestigt. Die eigtl. B., eine mannshohe Waffe mit großer Klinge, wurde von der schwed. Königsgarde des 16. Jh. und der russ. Zarengarde der »Strelitzen« wohl schon im 15. Jh. und bis in die Zeit Peters d. Gr. geführt. O. Gamber

Lit.: V. GAY, Glossaire Archéologique, 1887, s. v. Berdiche.

Berdoues (lat. Berdonae), Abtei OCist, ⚭ Maria, an der Baïse gelegen (Bm. Auch; Dep. Gers, Gem. Lasserre-Berdoues). B. wurde 1134 durch Bernhard II., Gf. en v. → Astarac, gegr. Als Tochterkl. v. → Morimond und Mutterkl. bedeutender Abteien (Eaunes, Bm. Toulouse; Gimont und Flaran, Bm. Auch; Valbonne, Bm. Elne; Bonneval, Bm. Rodez) trug B. entscheidend zur Verbreitung des Zistzienserordens in S-Frankreich bei. Auf Klostergrund von B. wurden mehrere → Bastiden errichtet; zu nennen sind Pavie, Miélan und bes. → Mirande, das aufgrund eines zw. Abt Pierre de Lamaguère und dem Gf. en v. Astarac geschlossenen → pariage gegr. wurde; die Bestätigung erfolgte im Namen Philipps IV., Kg.s v. Frankreich, durch den Seneschall Eustache de Beaumarchais (1289). Das der Bastide zugeordnete Territorium (»la perche de Mirande«) umfaßte (außer der Grafenburg Lezan) 24 Pfarreien. – 1410 wurde die Abtei B. durch Papst Johannes XXIII. zum Bm. (mit Sitz in Mirande) erhoben, doch führte der Widerstand des Ebf.s v. → Auch zum Widerruf dieser Maßnahme.

R.-H. Bautier

Q. und Lit.: GChr I, 1020–1023 – L. CAZAURAN, Cart. de B., 2 Bde, 1905 – DOM BRUGELES, Chroniques d'Auch, 295–305 – Chronique de l'abbaye de B., 1226–1284 (VAISSÈTE, Hist. de Languedoc, 2ᵉ éd., VIII, 214–216).

Berengar (s. a. Bérenger, Berenguer; Berengar-Raimund)

1. B. I., Kg. v. Italien 888–924, Ks. seit 915, * ca. 850/853, † 7. April 924 in Verona, Sohn des frk. Adligen Eberhard (Familie der → Unruochinger), Mgf.en v. Friaul, und der Gisela, Tochter Ks. Ludwigs d. Frommen, übernahm nach 874 das Amt des friaul. Mgf.en und unterstützte die Ansprüche der ostfrk. Karolinger auf die it. Königswürde. B., führender Parteigänger Ks. Karls III., ging 883 in ksl. Auftrag erfolglos gegen Hzg. → Wido v. Spoleto vor. Die Schwächung der karol. Herrschaft in Italien gewährte B. Freiraum zum Ausbau seiner Macht im NO. Nach der Absetzung Karls III. durch seinen Neffen Arnulf (»v. Kärnten«) (→ Arnulf 1.) ließ sich B. von seinem Anhang im Jan. 888 in Pavia zum Kg. erheben. Der Adel überging, wie in Burgund und in Westfranken, das Thronrecht der verbliebenen Karolinger, was indessen nicht als Negierung der Reichsordnung zu werten ist: So anerkannte B. 888 die Oberhoheit Arnulfs. Rasch entstand B. in der Person Widos v. Spoleto ein überlegener Rivale. Nach einem Sieg über B. ließ sich Wido 889 in Pavia zum senior und rex proklamieren, 891 von Papst Stephan V. zum Ks. krönen, doch außerhalb der karol. Reichsordnung verharrend. Papst Formosus krönte Widos Sohn → Lambert zum Mitkaiser. B. blieb in der Folge auf NO-Italien östl. der Adda beschränkt; seine Lage änderte sich erst mit dem Tod der Ks. Wido (894), Lambert (898) und Arnulf (899). Der Ungarneinfall 899/900, dem B. nicht gewachsen war, zog eine Erschütterung seiner Herrschaft nach sich: Die Großen riefen Kg. → Ludwig v. der Provence ins Land und erhoben ihn 900 in Pavia zum Kg.; doch glückte es B. 905, den Gegenspieler zu verdrängen. Damit war B. endlich alleiniger Herr in N-Italien; freilich beeinträchtigte der weit fortgeschrittene Feudalisierungsprozeß in seinem Regnum die Herrschaft. B.s Bemühungen um die Kaiserkrone führten jedoch erst 915 zum Erfolg. Obwohl sich 915 der Herrschaftsbereich B.s nicht erweitert hatte, hob die Zusammenarbeit mit dem neuen Papst Johannes X. B. polit. auf eine höhere Ebene (Eingriff als Sachwalter karol. Interessen in Lüttich 920). Der Aufgabe des advocatus ecclesiae in karol. Tradition war sich B. wohl bewußt; er trachtete nach Erfüllung dieses Anspruchs, war diesem jedoch nicht wirkl. gewachsen. Seine Stellung in N-Italien blieb gefährdet, zumal ihm Kg. → Rudolf II. v. Burgund 922 das Regnum streitig machte (923 Sieg Rudolfs b. Fiorenzuola). Nach B.s Ermordung in Verona fand das Kaisertum des Westens erst 962 mit Otto I. eine Fortsetzung. H. H. Kaminsky

Urk.: I diplomi di Berengario I, ed. L. SCHIAPARELLI, Fonti 35 – Lit.: DBI IX, 1 f. [G. ARNALDI; mit Angabe der Q. und Lit.] – R. HIESTAND, Byzanz und das Regnum Italicum im 10. Jh., Geist und Werk der Zeiten 9, 1964 – H. KELLER, Zur Struktur der Königsherrschaft, QFIAB 47, 1967, 161 f. – P. DELOGU, Vescovi, conti e sovrani nella crisi del Regno Italico, Annali della Scuola speciale per archivisti ... di Roma 8, 1968 – H. KELLER, Adelsherrschaft und städt. Ges. in Oberitalien (9.–12. Jh.), Bibl. des Dt. Hist. Inst. Rom 52, 1979.

2. B. II., Kg. v. Italien 950–961, * ca. 900, † 6. Aug. 966 in Bamberg, Sohn des Mgf.en Adalbert v. Ivrea und der Gisela, Tochter Ks. Berengars I., seit 928 selbst als Mgf. bezeugt. Als Anhänger Kg. Hugos und einer der führenden Großen des Regnum Italicum heiratete der Mgf. Hugos Nichte Willa. Nach 936 beherrschte B. mit seinem Halbbruder Anskar II. Piemont, das Aosta-Tal, Ligurien, Teile der Lombardei und die Mgft. Spoleto-Camerino. Kg. Hugo sah sich durch diese Machtstellung des Hauses Ivrea bedroht und betrieb dessen Sturz; während Anskar umkam, floh B. über die Alpen zu Kg. Otto I. (941). Mit schwäb. Hilfe und Duldung Ottos eroberte B. 945 Teile N-Italiens und übte hier fakt. die Macht aus. Nach dem Tode des schwachen Kg.s Lothar ließen sich B. und sein Sohn Adalbert 950 in Pavia zu Kg.en krönen. Das Schutzbedürfnis der Witwe Lothars, → Adelheid, gab Anlaß zur Intervention Ottos I., der 951 diese ehelichte und damit ohne Wahl bzw. Krönung die it. Königswürde annahm. Es folgte am 7. Aug. 952 in Augsburg ein Ausgleich mit B., der mit seinem Sohn Italien von Otto als Senior zu Lehen nahm und den Treueid leistete. Aus geostrateg. Gründen wurden die Marken Verona und Aquileia dem Hzm. Bayern angegliedert. Ein zweiter otton. Angriff auf N-Italien 957, geleitet von Hzg. → Liudolf, zwar erfolgreich, blieb indessen angesichts des jähen Todes des Prinzen Episode. Der Umstand, daß B.s Sohn Wido 959 das Hzm. Spoleto eroberte und den Papst bedrohte, trug dazu bei, daß Johannes XII. eine Rückkehr Ottos I. nach Italien für wünschenswert hielt. Der Schwebezustand fand 961 ein Ende, als Otto I. dem Ruf der ital. Großen und des Papstes folgte, erneut in Italien eingriff und das Regnum Italicum dem Reiche sicherte, wiewohl Berengar nach Kräften Widerstand leistete. Zugleich erlangte Otto 962 die Kaiserkrone in Rom. B. und Willa, die sich ins Exarchat zurückgezogen hatten, fielen 963 in ksl. Gefangenschaft. In Bamberg, seinem Exil, ist B., dessen Bild durch die ausführlichste Quelle dieser Epoche, den Chronisten → Liutprand v. Cremona, nachhaltig verzerrt wurde, 966 gestorben und mit kgl. Ehren bestattet worden. Seine Nachkommen regierten bis 1148 die Gft. Burgund. H. H. Kaminsky

Urk.: Fonti 38, 289–380 – Lit.: DBI IX, 26 f. [mit Angabe der Q. und Lit.] – HIESTAND und KELLER (vgl. Lit. zu Berengar I.).

3. B., Gf. v. → Rennes, seit 931 sicher bezeugt, † nach Sept. 958. B. erscheint mit Alanus II. (Alain Barbetorte) als einer der beiden Führer des bret. Aufstandes gegen die norm. Herrschaft (931); Alan ging ins Exil. Man vermutet in B. den Gf.en v. Rennes, der mit Unterstützung der benachbarten Gf.en Alanus v. Nantes und Hugo v. Le Mans bei Trans die Normannen besiegt hat (1. Aug. 939). Im Aug./Sept. 942 mußte er Ludwig IV., Kg. v. Westfranken, in Rouen den Treueid schwören. Sept. 958 ist er bei einem placitum generale frk. und bret. Adliger bezeugt. B. war Rivale Alans II.; seine Herkunft ist nicht bekannt. Sein Name läßt auf Zugehörigkeit zur karol. Hocharistokratie schließen. B. wurde irrtüml. (so von R. MERLET) mit einem Gf.en B., der in Neustrien im letzten Jahrzehnt des 9. Jh. auftritt und vielleicht mit ihm verwandt war, gleichgesetzt. B. ist der Begründer einer Dynastie, die den Titel des Hzg.s der → Bretagne im letzten Viertel des 10. Jh. wieder einführte. H. Guillotel

Lit.: R. MERLET, Origine de la famille des Bérenger comtes de Rennes et ducs de Bretagne (Mel. F. LOT, 1925) [veraltet, jedoch wichtige Quellenhinweise] – H. GUILLOTEL, Le premier siècle du pouvoir ducal breton (Actes du 103ᵉ Congrès national des soc. savantes, Nancy-Metz 1978, Sect. de philologie et d'hist. jusqu'à 1610) – HEG I, 490 f. [F. J. BYRNE].

4. B. Seniofred de Lluçà, Bf. v. Ausona-Vich (Titular-)Ebf. v. → Tarragona, † 11. Jan. 1099. B. entstammte der katal. Familie Lluçà, die in engster Verbindung mit der führenden Geschlechtern des katal. Raumes stand – so den Vgf.en von → Conflens, den Balsareny, wohl Abkömmlingen des Gf.en → Wifred I. v. Barcelona und dem Gf.en und Vizegrafenhaus v. → Barcelona – und einen Schwerpunkt ihres Einflusses im Bm. Ausona-Vich (→ Vich) hatte, wo sie neben der Familie → Montcada am Seniorat über den Bischofssitz beteiligt war und die Schutzgewalt über das Palast innehatte. B.s Mutter Ermesinde de Balsareny war die Schwester des Bf.s Guillén v. Ausona-Vich, seine Tante Guisla (∞ Vgf. Udalard II. von Barcelona); von seinen Brüdern erschien Gerbert seit 1073 als Abt v.

S. Miguel de Cuixà (→ Cuxa), Folc trat in das Kl. → Ripoll ein, und Guisard II. erbte den Familienbesitz der Lluçà, wozu später unter Wilhelm de Lluçà (1104) eine Beteiligung an der Münze v. Vich hinzukam. Um 1065 Kanoniker in Vich, dann gegen 1074 ebd. Archidiakon, wurde B. etwa 1076 zum Bf. v. Vich gewählt, erhielt die Weihe jedoch erst gegen 1078, wahrscheinl. durch einen päpstl. Legaten. In der Folgezeit erwies er sich als einer der eifrigsten Förderer von Kapitelreformen in Katalonien, wobei er hauptsächl. auf Regularkanoniker zurückgriff, und rief darüber hinaus eine Anzahl von Kanonikergemeinschaften (Calaf, Estany, Lluçà, Manlleu, Manresa, Sant Llorenç del Munt, Sant Tomàs de Riudeperes) ins Leben. Aus der Abtei → S. Juan de las Abadesas entfernte er 1083 die Mönche der Kongregation v. St-Victor de → Marseille, setzte dort, selbst als Abt fungierend, die vertriebenen Regularkanoniker wieder ein und erwirkte 1089 beim Papst ein bedeutendes Privileg für das Stift (JAFFÉ 5395). Zur gleichen Zeit trat er für die Rechte des minderjährigen → Raimund Berengars III., Sohn des ermordeten Gf.en → Raimund Berengar II. v. Barcelona, ein. Als Verwalter der Diöz. → Barcelona nach dem Tod des Bf.s Umbert (1085) ist sein Wirken auch im Umfeld der Reform nachzuweisen, die Bf. Bertrand v. Barcelona (1086–95), ein Augustinerchorherr aus der Kongregation von → St-Ruf in Avignon, in seinem Sprengel durchführte. B. selbst leitete zw. 1087 und Juli 1091 die Reform der Canonica der Kathedrale v. Vich (Canonica Ausonensis Berengarii) in Anwesenheit des Abtes Arbert v. St-Ruf ein, ein Prozeß, der seinen vorläufigen Abschluß 1098/99 mit der Übertragung von Herrschaftsrechten auf die Kanoniker (Markt- und Münzrecht) und der Bestätigung der Restauration durch Papst Urban II. (JAFFÉ 5798) fand. Überliefert sind Streitigkeiten mit den Geschlechtern der → Montcada und → Queralt, auf der anderen Seite überaus gute Beziehungen zu Gerald Alemany II. v. → Cervelló, Pedro Amat v. Tamarit und Tarragona sowie dem Vgf.en Ponç Gerald von → Gerona. Die kirchenpolit. bedeutsamste Leistung B.s bestand jedoch darin, zw. 1089 und 1091 beim Papsttum durch intensive Verhandlungen die Wiederaufrichtung der Metropole v. → Tarragona (JAFFÉ 5450) durchgesetzt zu haben, obwohl die Reconquista dort noch nicht abgeschlossen war und letztl. vor 1120 nicht durchgeführt werden konnte. Dennoch wurde B. 1091 zum Ebf. v. Tarragona ernannt und erhielt das Pallium. Bei seinem Streben nach Erneuerung der Metropole v. Tarragona wurde er von Abt Frotard v. → St-Pons de Thomières unterstützt, während Ebf. Dalmatius v. → Narbonne und Bf. Bertrand v. Barcelona dieser Politik Widerstand entgegensetzten; → Berengar Raimund II., Gf. v. Barcelona, förderte die Wiederaufrichtung der Metropole und der Reconquista von Tarragona durch Übertragung seines Erblandes, darunter bes. Stadt und Gebiet v. Tarragona, an den Hl. Stuhl (1090). – Die letzten Jahre seines Lebens verbrachte B. krank in Vich, wo er am 6. Jan. 1097 sein Testament aufsetzte.

L. Vones

Lit.: DHGE VIII, 382–384 – J.L. DE MONCADA, Episcopologio de la Iglesia de Vich I, hg. J. COLLELL, 1891 – E. MORERA Y LLAURADÓ, Tarragona cristiana, 2 Bde, 1898–99 – P.F. KEHR, Das Papsttum und der katal. Prinzipat bis zur Vereinigung mit Aragón, AAB, Ph.-Hist. Kl., Nr. 2, 1926 – J.J. BAUER, Die vita canonica der katal. Kathedralkapitel vom 9. bis 11. Jh. (Homenaje a J. VINCKE I, 1962–63), 81–112 – A. PLADEVALL I FONT, B., obispo de Vich y arzobispo de Tarragona (1076–99) [Diss. masch. Louvain 1963] – DERS., La verdadera filiació de B., primer arquebisbe de Tarragona del segle XI, conegut fins ara per Berenguer de Rosanes, Boletín Arqueológico de Tarragona 66, 1966, 71–81 – O. ENGELS, Die weltl. Herrschaft des Bf.s v. Ausona-Vich (888–1315), SFGG. GAKGS 24, 1968, 1–40 – E. JUNYENT, La ciutat de Vic i la seva hist., 1976 – DERS., El Monestir de Sant Joan de les Abadesses, 1976 – L.J. MCCRANK, Restauración canónica e intento de reconquista de la sede tarraconense (1076–1108), CHE 61–62, 1977, 145–245.

5. B. II., *Ebf. v. Narbonne,* * vor 1150 als natürl. Sohn Gf. → Raimund Berengars IV. v. Barcelona, † 11. Aug. 1213. Abt v. → Montearagón (1169/70–29. Mai 1205), Electus v. → Tarazona (1170), Bf. v. → Lérida (März 1177 bis Juli 1191), wurde im April 1191 zum Ebf. v. → Narbonne gewählt. Mitglied der → curia regia Alfons II. v. Aragón, war er häufig in diplomat. Mission tätig (Frankreich 1179, Kastilien-León 1183/84) und blieb auch als Ebf. v. Narbonne dem aragon. Königshaus unter Peter II. eng verbunden. Erfolgreich, wenn auch skrupellos, reorganisierte er den Kirchenbesitz in Lérida und Narbonne. Einer der mächtigsten Kirchenfürsten in Südfrankreich, unterstützte er die päpstl. Legaten, Peter von Castelnau und → Arnaldus Amalrici, nicht in ihrem Vorgehen gegen die → Albigenser und versuchte v. a., eine frz. Intervention zu verhindern. Der nach diesem Konflikt drohenden Absetzung und dem Vorwurf der Simonie begegnete er mit Appellationen an Innozenz III. (1204), einer Romreise (1207) und einem Edikt gegen die Albigenser (1209), ohne seine Absetzung jedoch abwenden zu können (1211/12). Letztmals erwähnt ist B. Jan. 1212 zu Paris bei der Trauung der Johanna v. Flandern mit Ferrand v. Portugal.

U. Vones-Liebenstein

Q. und Lit.: DHGE I, 1657f., 1670 [J. GUIRAUD]; VIII, 367f. [M.H. LAURENT] – GChr VI, 58–61 – PU Spanien (Aragón), 1928, 118f. – R.W. EMERY, Heresy and Inquisition in Narbonne, 1941 – Y. DOSSAT, Le clergé méridional à la veille de la croisade albigeoise, Revue hist. et littér. du Languedoc I, 1944, 263–278 – J. UTRILLA UTRILLA, La Zuda de Huesca y el monasterio de Montearagón (Homenaje LACARRA I, 1977), 285–306.

6. B. v. Landora, Generalmeister der Dominikaner, * um 1262 bei Rodez, † 20. Sept. 1330 in Sevilla, stammte aus altem auvergnat. Adel. 1282 trat er in den Predigerorden ein. Nachdem er als Lektor der Naturlehre (physicae) u. a. in Brive gewirkt hatte, wurde er 1292 zum Studium nach Montpellier geschickt. Nach mehrjähriger Tätigkeit als Theologielektor (u. a. in Toulouse) las er in Paris über die Sentenzen des Petrus Lombardus. 1306 wurde er zum Provinzial v. Toulouse gewählt. 1308 ging er wieder nach Paris. Als Magister der Theologie kehrte er zurück und übernahm 1310 erneut die Leitung der Provinz Toulouse. 1312 wurde B. Generalmeister. Er sorgte für die Pflege der Studien, ließ im Orden den Thomismus für verbindlich erklären und reorganisierte die Mission der wandernden Predigerbrüder (fratres peregrinantes). Johannes XXII. ernannte ihn im April 1317 zum Legaten in Frankreich und im Juli desselben Jahres zum Ebf. v. Santiago de Compostela. Die Weihe fand am 30. April 1318 statt. – Außer Ordensdokumenten und einer (unedierten) Predigt verfaßte B. die älteste Redaktion des Lumen anime (Typus A), einer Sammlung von Exempla für homilet. Zwecke. Darin stellte er mit Berufung auf teilweise fiktive Autoritäten Beobachtungen aus der phys. Welt zusammen und erklärte, wie sie zur Illustrierung spiritueller Wirklichkeiten verwendet werden können.

J. Prelog

Ed.: Berengarii ... liber ... de eventibus rerum, 1518 (Joh. Miller, Augsburg) [Lumen anime, stark gekürzt] – Lit.: DSAM IX, 1976, 1140–1142 – D.-A. MORTIER, Hist. des Maîtres Généraux 2, 1905, 475–529 – TH. KÄPPELI, Scriptores Ord. Praed. I, 1970, 191–194 – M.A. ROUSE-R.H. ROUSE, The texts called Lumen Anime, APraed 41, 1971, 5–113 [Hss.-Liste 94–95].

7. B., Abaelardschüler (B. »v. Poitiers«, B. »Scholasticus«), trat, vermutl. zw. 1140 und 1142, für → Abaelard mit einem 'Apologeticus', der zugleich eine Invektive bes. gegen → Bernhard v. Clairvaux ist, ein. Die Schrift ist ironisch-witzig, lebhaft, mitunter burlesk, durchsetzt mit Anspielungen und Zitaten aus der Dichtung (erwähnt sind angebliche leichtfertige Jugendgedichte Bernhards), in der Sache wenig geschickt, vom Verfasser selbst halbherzig als scherzhaft bezeichnet. – Erhalten sind ferner zwei Briefe, der eine an den Bf. v. Mende (über den Apologeticus), der andere contra Carthusienses. G. Bernt

Ed.: Petri Abaelardi opera..., ed. A. DUCHESNE, 1616, 302–320 [ed. pr.] – Opera P. Abaelardi, ed. V. COUSIN, 1859 [Nachdr. 1970], 771–791 [nach ed. pr.] – MPL 178, 1854–1880 [nach ed. pr.] – *Lit.*: D. E. LUSCOMBE, The School of Peter Abelard, 1970, 29–49 – R. KLIBANSKY, RMA 2, 1946, 314–316 [zu ep. contra Carthusiensis].

8. B. v. Tours, frz. Theologe, * um 1000 in Tours, † 1088 St-Côme bei Tours, gehörte zusammen mit → Lanfranc v. Pavia – seinem unversöhnl. Gegner – und → Anselm v. Canterbury zu den bedeutendsten Vertretern einer neuen »rationalistischen« Strömung in der europ. Theologie, welche die Hochblüte der Dialektik innerhalb der Scholastik ankündigte, die ein Jahrhundert später in → Abaelard gipfelte. B. stammte aus einer alten Familie, besuchte unter → Fulbert die Schule v. → Chartres, die zu den berühmtesten ihrer Zeit gehörte. Dort knüpfte er freundschaftl. Beziehungen zu hervorragenden Persönlichkeiten des frz. und europ. Klerus des 11. Jh. an, wie z. B. Adelmann v. Lüttich, Hugo v. Langres (v. Breteuil), Rodolfus Mala Corona u. a. Dieser intellektuell sehr hochstehende Kreis, der ebenso für die Lektüre von klass. lat. Autoren (Cicero, Livius, Vergil, Ovid) aufgeschlossen war, wie er sich mit den lat. Vätern (Cyprian, Gregor d. Gr., Augustinus, Beda Venerabilis, Hrabanus Maurus, Paschasius Radbertus) und Philosophen (Boethius und sein Übersetzungswerk platon. Schriften) beschäftigte, gab dem von Natur aus scharfen und log. Verstand B.s weitere Anregungen. Sein krit. Intellekt und seine Freude an Diskussion und Polemik stachen bald unter seinen Gefährten hervor, wie Adelmann berichtet. Es ist allerdings nicht anzunehmen, daß bereits Fulbert wegen der äußerst krit. Haltung argwöhnisch wurde, die B. gegenüber der Lehre von der Wesensverwandlung in der Eucharistie einnahm, die → Paschasius Radbertus Mitte des 9. Jh. vertreten hatte und die de facto zur herrschenden Lehrmeinung der Kirche aufgestiegen war. B. kehrte nach Fulberts Tod in seine Heimatstadt zurück und wurde Scholasticus in Tours. Vielleicht auch infolge der Polemik mit Lanfranc, der zu Beginn der vierziger Jahre Prior v. Le Bec wurde, entwickelte er schrittweise eine Eucharistielehre, die durch eigene Lektüre Augustinus' u. des Werkes des → Ratramnus v. Corbie (das B. für Schriften von → Johannes Scot(t)us Eriugena ansah) inspiriert wurde. Zur gleichen Zeit, als die Lehre B.s zum ersten Mal feste Konturen annahm, zeichnete sich auch seine Teilnahme am öffentl. Leben und der Politik eines der mächtigsten frz. Lehnsträger ab, des Gf.en v. Anjou Geoffroy II. Martel (→ Angers, Anjou), dessen geschätzter Ratgeber er zusammen mit dem Bf. v. Angers, Eusebius Bruno, wurde. Wahrscheinl. war B. auch der Dictator vieler Briefe des Gf.en an die angesehensten Persönlichkeiten der Zeit (Leo IX., Hildebrand v. Soana etc.). Nach der Bekanntwerdung seiner Sakramentenlehre – seine Freunde und Gegner (Adelmann, Hugo, Lanfranc) verbreiteten sie vor der Mitte des Jahrhunderts – wurde B. 1050 in contumacia verurteilt, zuerst in Rom, später in Vercelli, anschließend durch eine Reihe von Konzilen, die auf frz. Boden stattfanden. Trotz der Ablegung eines rechtgläubigen Bekenntnisses in Tours (1054) vor dem päpstl. Legaten Hildebrand und eines zweiten, das ihm in Rom von Kard. → Humbert v. Silva Candida abverlangt wurde 1059), wollte B. die »metabolische« These von der Eucharistie nie vollständig anerkennen, die in der Nachfolge des Paschasius Radbertus von Lanfranc vertreten wurde (mit dem er eine sehr lebhafte, doktrinale Polemik führte, bezeugt durch die beiden Redaktionen des »Liber de Sacra Coena«, die den »Liber de Corpore et Sanguine Domini« des Lanfranc zitieren und sich mit ihm auseinandersetzen). B. nahm dabei seine Zuflucht zu subtilsten »spiritualistischen« Interpretationen der Glaubensbekenntnisse, die er bei den verschiedensten Anlässen unterschrieben hatte. Als B. durch den Tod von Geoffroy II. Martel (1060) dieses Rückhalts beraubt war und in Frankreich immer mehr in die Isolation geriet, gab er dennoch die Hoffnung nicht auf, die Anerkennung der Orthodoxie seiner Lehre bei Hildebrand v. Soana, dem späteren Gregor VII., zu erreichen. (Deshalb wurde der Papst während des Investiturstreits von seinen Gegnern beschuldigt, ein Anhänger von B. zu sein.) 1078 nach Rom berufen, wurde B. in der Fastensynode vom Febr. 1079 endgültig verurteilt und dazu gezwungen, seiner Lehre vollständig abzuschwören. Nach Tours zurückgekehrt, schrieb er noch eine »Apologie« seiner Haltung in Rom und seiner Eucharistielehre. Er zog sich hierauf auf die Loireinsel St-Côme bei Tours zurück und starb dort 1088.

Zum Verständnis der Bedeutung des Sakramentenstreits, der durch die Eucharistielehre B.s hervorgerufen wurde, ist es unumgängl. notwendig, die bes. Situation zu betrachten, in der sich die lat. Kirche im 11. Jh. befand. Auf der einen Seite nahm B. die Streitpunkte der Polemik des 9. Jh. zw. Paschasius Radbertus – der die Identität des hist. Leibes Christi mit dem sakramentalen Herrenleib behauptete – und Ratramnus v. Corbie – der diese Identität bestritt – wieder auf, wobei er letzteren, wie es auch seine Gegner taten, irrtüml. mit Johannes Scot(t)us identifizierte. Auf der anderen Seite vertrug sich der Symbolismus, den B. bei seiner Sakramentenlehre vertrat, nicht mit der allgemeinen Konzeption der Sakramente (Taufe, Eucharistie und Priesterweihe), v. a. in einem Moment, in dem der Kampf gegen die Simonie einen der bedeutendsten Vertreter der Reformpartei der Kirche, Kard. Humbert v. Silva Candida, zu einer Position des radikalsten Realismus führte: Humbert gründete seine Konzeption von der Gültigkeit (bzw. Ungültigkeit) eines Sakraments gerade auf die Tatsache, daß der absolute »Realismus« des Sakraments unvereinbar wäre mit der Unwürdigkeit eines simonist. Priesters, der an diesen Realismus nicht glaubte. Dies erklärt auch die erbitterte Verbissenheit des Zusammenstoßes von B. und Humbert, und den scharfen Ton, in dem das Glaubensbekenntnis gehalten war, das der Kard. B. 1059 abverlangte. Im übrigen leugnete B. die reale Gegenwart Christi in der Eucharistie nicht ganz und gar, und Lanfranc nahm im Vergleich zu seinem Gegner eine Mittelstellung ein zw. Paschasius (Wesensverwandlung) und Ratramnus (Unterscheidung zw. dem konkreten hist. Leib und dem sakramentalen Leib Christi), bei der er lehrte, daß es sich in der Eucharistie zwar dem Wesen nach stets um den gleichen, von der Jungfrau Maria geborenen Leib Christi handle, jedoch der Erscheinung nach. B.s Thesen wurden im ganzen 11. Jh. heftig bekämpft, sie fanden in der Reformation jedoch späte Nachfolger. Man kann die Existenz von Gruppen von »Berengarianern« zu Lebzeiten des Lehrers v. Tours und gleich nach seinem Tod nicht sicher verifizieren, auch wenn ein Einfluß seiner Sakramentenlehre in der Häresie des → Petrus v. Bruis (13. Jh.) spürbar ist.

Werke: Eine gegen Leo IX. gerichtete, nicht erhaltene Schrift, die in der »De sacra coena« erwähnt wird (6/31–7/3); eine Abhandlung gegen Humbert v. Silva Candida, von der einige Teile im »Liber de corpore et sanguine Domini« des Lanfranc erhalten sind (MPL 150, 433, 438, 439); sie kann als erste Redaktion des »Liber de sacra coena« angesehen werden, der komplette Abschnitte daraus bringt. DE MONTCLOS gab ihr den Titel »Scriptum contra synodum«. »De sacra coena«, ed. A.F. - F.TH. VISCHER, 1834; W.H. BEEKENKAMP, 1941. Eine Stellungnahme von B. gegen Alberich v. Montecassino, seinen Gegner bei der röm. Synode v. 1079 (vgl. P. MEYVAERT, Bérenger de Tours contre Alberic de Mont-Cassin, RevBén 70, 1960, 331–332). Eine Schrift zu seiner Verteidigung (Apologia) nach der röm. Synode v. 1079 (vgl. R. B. HUYGENS, Bérenger de Tours, Lanfranc et Bernold de Constance, Sacris Erudiri 16, 1965, 388–403); eine ihm zugeschriebene Schrift, die anläßl. der röm. Synode v. 1079 verfaßt ist (vgl. M. MATRONOLA, Un testo inedito di Berengario di Tours e il concilio romano del 1079, 1936; vgl. dazu jedoch DE MONTCLOS, 7–8); eine Passage über die Geburt Christi (vgl. DE MONTCLOS, 8–10); Briefe: Das Corpus der Briefe B.s und aus seiner Umgebung ist zum größten Teil enthalten in C. ERDMANN-N. FICKERMANN, Briefsammlungen der Zeit Heinrichs IV., 1950, 132–172; zu anderen Briefen, die in Einzelwerken publiziert sind, vgl. DE MONTCLOS, 11–21. Vgl. auch → Abendmahl, Abendmahlsstreit. O. Capitani

Lit.: A. J. MACDONALD, B. and the Reform of Sacramental Doctrine, 1930 - J. DE MONTCLOS, Lanfranc et Bérenger. La controverse eucharistique du XIe s., 1971 – *Zur Frage des Verhältnisses von B. und der röm. Kirche in der Periode der Kirchenreform* vgl. O. CAPITANI, Studi su Berengario di Tours, 1966 – DERS., L'»affaire bérengarienne«, ovvero dell'utilità delle monografie, Studi Medievali, 3. s., XVI, 1, 1975, 353–378 [Diskussion mit J. DE MONTCLOS].

Berengar Raimund. 1. B. Raimund I., 1018–35 Gf. v. Barcelona, * ca. 1006, † 1035; Sohn d. Gf.en Raimund Borell v. Barcelona u. der Gfn. Ermesinde. Für den Minderjährigen übte die Mutter die Vormundschaft aus; nach seiner Großjährigkeit beanspruchte sie die Mitherrschaft unter Berufung auf das Testament ihres Mannes. ⚭ 1. Sancha v. Kastilien; Söhne: Raimund Berengar (I.), Sancho; 2. Gisla, Söhne: Wilhelm, Bernhard. Die von seinem Vater ergriffene Initiative in der Reconquista setzte er 1024 fort, eroberte Cervera und drang ins Penedés vor. Gegen den Gf.en v. Ampurias reklamierte er 1019 in Ullastret mit Erfolg alle Rechte seines Hauses. B. R. war wohl der erste Gf. v. Barcelona, der Goldmünzen prägte. Seinem ältesten Sohn Raimund Berengar hinterließ er die Gft.en Gerona und Barcelona (bis zum Llobregat), Sancho alle Gebiete w. des Llobregat und Wilhelm die Gft. Ausona. F. Udina

Lit.: R. D'ABADAL I DE VINYALS, L'abat Oliba, bisbe de Vic i la seva època, 1948 – S. SOBREQUÉS VIDAL, Els grans comtes de Barcelona, 1961 – O. ENGELS, Schutzgedanke und Landesherrschaft im östl. Pyrenäenraum (9.–13. Jh.), 1970.

2. B. Raimund II. »el fratricida« ('der Brudermörder'), Gf. v. Barcelona, † 1096/97, folgte am 26. Mai 1076 zusammen mit seinem Bruder Raimund Berengar II. seinem Vater Raimund Berengar I. »el Viejo« (Mutter: Almodis de la Marca) in der Grafschaftsregierung. Seinen Bruder beseitigte er am 6. Dez. 1082 gewaltsam und riß die alleinige Herrschaft an sich. Eine Adelsopposition, die 1085 B. R. die Vormundschaft über den Neffen Raimund Berengar III. vorenthalten wollte, scheiterte 1086. Durch Auftragung seines ganzen honor an Papst Urban II. sicherte B. R. 1090 die Reconquista von → Tarragona seiner Herrschaft (s. a. → Raimund Berengar III.). Von dort aus suchte er sein Protektorat auf die Taifenreiche → Zaragoza, → Lérida und → Valencia auszudehnen und kollidierte hier mit den Interessen des Rodrigo Díaz de Vivar, gen. → Cid, indem er sich im Bunde mit Zaragoza gegen Valencia wandte. Als sein Sohn volljährig wurde, nötigte ihn der katal. Adel, sich vor Kg. Alfons VI. v. Kastilien wegen des Brudermordes durch ein Gottesurteil zu rechtfertigen. Er starb 1096/97 nach einer Version an den Folgen dieses Zweikampfes, nach anderer, wohl eher zutreffender Version am 20. Juni auf der Pilgerreise nach Jerusalem. O. Engels

Lit.: S. SOBREQUÉS VIDAL, Els grans comtes de Barcelona, 1961 – F. SOLDEVILA, Història de Catalunya I, 1962[2] – O. ENGELS, Schutzgedanke und Landesherrschaft im östlichen Pyrenäenraum, 1970, 237 f.

Berengaria → Berenguela

Bérenger → Berengar, Berenguer

Bérenger Blanc, frz. Admiral, † um 1325, aus dem Narbonnais, 1315 *amiral de la mer,* führte Angriffe in der Themsemündung und gegen die engl. Küsten, kaperte hans. und iber. Schiffe von Calais und Dieppe aus, wobei er sich auch aus dem Mittelmeer herangeführter Galeeren und auf dem »Clos des Galées«, der kgl. Werft in Rouen, gebauter Schiffe bediente. Sein Amt trug ihm Renten aus dem Zoll *(leuda)* von Carcassonne und konfiszierte Güter im Boulonnais ein. M. Mollat

Lit.: CH. DE LA RONCIÈRE, Hist. Marine française II, 1909, 376–380 – R. FAWTIER, Comptes royaux 1314–1328, I, 1961 n° 12816, 13944 – A. CHAZELAS, Documents relatifs au Clos des Galées de Rouen I, 1977, 36–37, 119–120.

Berengosus (Berengoz), als Abt von St. Maximin in Trier mehrmals urkundl. bezeugt (erste Erwähnung 2. Mai 1107), † am 24. Sept. 1125/26; 1112 erreichte er die Rückgabe der unter Heinrich IV. entzogenen Klostergüter durch Heinrich V.), ist der Verfasser zweier erbaul. Schriften über das Kreuz des Herrn sowie einiger Predigten. Der aus legendar. Quellen schöpfende Traktat »De laude et inventione sanctae crucis« behandelt in drei Büchern die heilsgeschichtl. Bedeutung des Kreuzes Christi und erzählt die Legende der Kreuzauffindung durch → Helena, die angebl. aus Trier stammende Mutter Ks. Konstantins I. Die zweite Schrift »De mysterio ligni dominici et de visibili et invisibili« bringt Reflexionen über das Verhältnis von Kirche und Staat, deren einträchtiges Zusammenwirken notwendig sei. Von B. sind ferner fünf Sermones erhalten: »In natale martyrum« (1–2), »De uno confessore« (3–4) und »In dedicatione ecclesiae deque reliquiarum veneratione«. Eine weitere im Cod. 1626 der Stadtbibliothek Trier ihm zugeschriebene Predigt »In festivitate B. Helenae« stammt sicher nicht von ihm. Sein Stil ist geprägt durch Prosareim, Parallelismus und Anapher. R. Kurz

Ed.: MPL 160, 935–1035 – Lit.: LThK[2] II, 217 – Verf.-Lex.[2] I, 720–721 – WATTENBACH-HOLTZMANN I, 175 – HAUCK III, 971 f. – J. MARX, Gesch. des Erzstifts Trier, 1860, II/1, 95–102 – Zu den Sermones vgl. J. B. SCHNEYER, Rep. der lat. Sermones des MA, 1969, I, 441.

Berenguela (Berengaria)

1. B. v. Navarra, Kgn. v. England, † 1230, Gemahlin v. → Richard Löwenherz, Prinzessin von »berühmter Schönheit«, Tochter v. Sancho dem Weisen, Kg. v. Navarra, und Sancha v. Kastilien. B. war die Heldin des 3. Kreuzzuges und der Eroberung v. → Zypern. Richard Löwenherz war bereits mit Alix, der Schwester Philipps II. August, Kg. v. Frankreich, verlobt, als er beim Aufbruch zum Kreuzzug, in Messina, seine Pläne änderte und unter rätselhaften Umständen, vielleicht aber beeinflußt durch die Königinmutter Eleonore, B. vorzog. Die Lösung der Verlobung hängt dabei auf jeden Fall mit dem ausbrechenden Konflikt zw. Richard und Philipp August zusammen. Da B.s Schiff infolge eines Sturmes an die zypr. Küste verschlagen wurde, landete Richard selbst auch auf der Insel und besetzte sie. Er heiratete die Prinzessin am 12. Mai 1191 in Limassol. B. nahm an der Eroberung von Akkon teil und blieb bis Sept. 1192 im Orient. Erst 1196 begegnete sie ihrem kgl. Gemahl wieder (in Poitiers); seitdem begleitete sie ihn bis

1199 auf allen seinen Feldzügen. Verwitwet, ließ sie sich in Le Mans nieder. Sie lag fortwährend mit Eleonore und Johann Ohneland in Streit. Philipp II. August gab ihr die Stadt als Wittum. B. stiftete 1229 in der Nähe von Le Mans die Zisterzienserabtei L'Epau, wo sie um 1230 beigesetzt wurde (heute ▭ in Le Mans, Kathedrale). Ch. Higounet

Lit.: H. Chardon, Hist. de la reine Bérengère, Bull. Soc. agric. de la Sarthe X, 1866.

2. B., *Kgn. v. Kastilien-León*, * 1108 Barcelona, † Febr. 1149 Palencia, ▭ Santiago de Compostela. B., Tochter des Gf.en →Raimund Berengar III. v. Barcelona und der Gfn. → Douce (Dulcia) von der Provence, wurde 1128 in Saldaña mit Alfons VII. von Kastilien-León trotz eines zu nahen Verwandtschaftsgrades vermählt (dieses Problem wurde wahrscheinl. neben anderen auf dem Konzil von Carrión [1130] mit dem päpstl. Kardinallegaten Humbert verhandelt) und spielte in der Folgezeit eine aktive polit. Rolle, so bei der Versöhnung Alfons VII. mit dem aufständ. Gf.en → Gonzalo Peláez (1132), der Verteidigung Toledos (1139), der Eheschließung von Alfons' natürl. Tochter → Urraca mit Kg. García Ramírez von Navarra (1144) und bei der Aufrechterhaltung der Verbindungen ihres Gatten zu Katalonien und Südfrankreich. L. Vones

Q.: Chronica Adefonsi Imperatoris, ed. L. Sánchez Belda, 1950 – Lit.: S. Sobrequés i Vidal, Els grans comtes de Barcelona, 1970², 198 f. – J. F. Rivera Recio, La Iglesia de Toledo en el siglo XII (1086–1208), I, 1966, 34 f. – E. García García, El conde asturiano Gonzalo Peláez (Asturiensia Medievalia 2), 1975, 39–64 – F. J. Fernández Conde, La reina Urraca »La Asturiana«, ebd. 65–94 – L. Vones, Die »Hist. Compostellana« und die Kirchenpolitik des nordwestspan. Raumes (1070 bis 1130) [Diss. masch. Köln 1977; im Dr.].

3. B. (Berengaria), *Kgn. v. León*, Infantin v. Kastilien, * in der ersten Jahreshälfte 1180 in Segovia oder Burgos, † 8. Nov. 1246 im Kl. Las Huelgas, ▭ ebd.; älteste Tochter des Kg.s Alfons VIII. v. Kastilien und seiner Frau Eleonore (v. England), seit 24. Aug. 1181 offizielle Thronfolgerin. Auf Betreiben des stauf. Kaiserhofes (González, Doc. 471) kam es am 23. April 1188 in Seligenstadt zu einer Eheabrede zw. dem Kaisersohn Konrad (v. Rothenburg) und B., die sich von dt. Seite gegen England und von kast. Seite gegen Aragón richtete und dem Ehemann nur die Rechte eines Prinzgemahls einräumte. Die Hochzeit fand im Juni 1188 auf einem Hoftag in Carrión statt und desavouierte Kg. Alfons IX. v. León, der sich Hoffnungen auf das Erbe der kast. Seitenlinie gemacht hatte. Die neue internationale Konstellation (Tankred v. Lecce) bestimmte Ks. Heinrich VI., dem Plan Eleonores, der Gattin Heinrichs II. v. England, zuzustimmen; in Ausführung dessen erklärten der Kardinallegat Gregor und der Ebf. v. Toledo 1191 die Ehe wegen unüberwindl. Abneigung der noch unmündigen Braut für aufgelöst. Auf Beschluß der Cortes heiratete B. im Herbst 1197 in Valladolid Kg. Alfons IX. v. León; weil Papst Innozenz III. den Makel zu naher Verwandtschaft nicht duldete, mußte 1204 die Ehe wieder getrennt werden. Ihr entstammten die Töchter Berenguela und Konstanze, die B. an den Hof ihrer Eltern mitnahm und die in die Abtei OCist Las Huelgas bei Burgos eintraten, sowie die Söhne Ferdinand (III.), der als Thronfolger in León zurückblieb, und der vorzeitig gestorbene Alfons.

Als Alfons VIII. am 5. Okt. 1214 starb, übernahm B. auf Weisung ihrer Mutter die Vormundschaft über ihren Bruder Heinrich I. v. Kastilien. Seit Januar 1215 beanspruchte Gf. Alvar Núñez de Lara die Regentschaft des Reiches und bemächtigte sich im Mai des kgl. Kindes; eine Verheiratung Heinrichs mit Mafalda v. Portugal konnte B. durch Innozenz III. mit dem Argument zu naher Verwandtschaft verhindern, jedoch nicht den von Alvar Núñez angestrengten Bürgerkrieg. Durch den Tod Heinrichs I. am 6. Juni 1217 fiel die Krone an B. zurück. Mit Geschick – wenn auch um den Preis einer krieger. Auseinandersetzung mit Alfons IX. v. León, die 1218 beigelegt werden konnte – erreichte sie, daß die kast. Krone in Valladolid Ferdinand III. angetragen wurde.

Alfons IX. v. León starb am 24. Sept. 1230. B. schickte ihren Sohn Ferdinand sofort nach León, wo er ungeachtet des väterl. Testaments, das eine Vereinigung beider Königreiche nicht vorsah, auch als Kg. v. León anerkannt wurde, und verstand es in der Unterredung von »Valença do Minho« mit Theresa, der Witwe Alfons IX. aus 2. Ehe, die Töchter aus dieser 2. Ehe gegen eingetauschte Güter zum Verzicht auf die Thronfolge zu bewegen. Gegen Ende ihres Lebens zog sich B. in das Kl. Las Huelgas zurück.

O. Engels

Lit.: M. Assas, Sepulcro de la reina Doña B. en el monasterio de las Huelgas, Museo Español Antiguo 2, 1875, 125–158 – M. Gómez Moreno, El panteón real de las Huelgas, 1946 – P. Rassow, Der Prinzgemahl, El ius pactum matromoniale aus dem Jahre 1188, 1950 – J. González, El reino de Castilla en la época de Alfonso VIII, 3 Bde, 1960 – A. Ballesteros Beretta, Alfonso X el Sabio, 1963, 2–53.

4. B. (Berengaria), Infantin und Señora des Kl. → Las Huelgas (Burgos), * 1230, † 1288, jüngste Tochter Kg. Ferdinands III. v. Kastilien-León und der Beatrix v. Schwaben, Schwester Alfons X. v. Kastilien. Trat mit 10–11 Jahren in das Zisterzienserinnenkloster Las Huelgas ein und wurde später dessen Señora und Mayora. In dieser Funktion verwaltete sie die Klosterbesitzungen, wobei ihr örtl. Verwalter und Richter unterstanden. Sie sorgte für die Umbettung ihrer 1246 im Kl. verstorbenen Großmutter, Kgn. Berenguela v. León-Kastilien, in eine ehrenvollere Begräbnisstätte (Potthast, Reg. 14184; Reg. Innocent IV 5100, zu 13. Febr. 1251) und erwirkte von Papst Alexander IV. verschiedene Privilegien. Die Zeit ihres Wirkens fiel mit der Blüte von Las Huelgas zusammen.

L. Fernández Martín

Lit.: A. Rodríguez López, El Real Monasterio de Las Huelgas de Burgos, 1907 – J. Mª. Escrivá de Balaguer, La Abadesa de Las Huelgas, 1974².

Berenguer. 1. B. de Palou, Bf. v. Barcelona 1212–41, Geburtsjahr unbekannt, † 24. Aug. 1241 Barcelona, ▭ ebd., Kathedrale, Michaelskapelle (von ihm gestiftet). B. trat zur Zeit seines Onkels, des gleichnamigen Bf.s Berenguer de Palou (1200–06) ins Domkapitel v. Barcelona ein und bekleidete bereits 1203 das Amt eines Archidiakons. 1212 zum Bf. geweiht, begleitete er im selben Jahr Kg. Peter I. v. Katalonien-Aragón auf dem Kriegszug gegen d. Araber, der zum Sieg von Las → Navas de Tolosa führen sollte. Er verhandelte über eine Eheschließung Peters I. mit einer Tochter des Kg.s v. Frankreich, die allerdings nicht zustande kam, da sich der Papst weigerte, die frühere Ehe des Kg.s aufzulösen. Im Einklang mit einigen Briefen des Papstes bemühte er sich erfolglos, den Albigenserkreuzzug (→ Albigenser) zu verhindern (Leitung einer katal. Gesandtschaft in Paris). Aufgrund der polit. Interessen waren seine Bemühungen jedoch zum Scheitern verurteilt. Nach der Niederlage von → Muret (1213) und dem Tod Kg. Peters war er während der Minderjährigkeit Jakobs I. Ratgeber des Kg.s *(consejero real)* und Kanzler der katal.-aragon. Krone (1218). 1219 nahm er mit 50 Rittern und Dienstleuten am 5. Kreuzzug nach → Damiette (Ägypten) teil und 1225 am mißglückten Zug gegen das arab. besetzte Peñiscola. Er spielte bei den Vorbereitungen zum 1228 von Jakob I. betriebenen Eroberung von → Mallorca sowie beim Kriegszug selbst eine sehr bedeutende Rolle und erhielt daher bei der Aufteilung der Ländereien der Insel 875 *cavallerias* (d.h. soviel Land, wie einem Reiter nach der Eroberung eines Gebietes zustand) und acht Mühlen. Diese Besitzungen bildeten die Grundlage der Baronie v. Andratx, das zu der Barceloneser Kirche gehörte. Bei den letzten Feldzügen auf Mallorca verlor er einen Fuß. Mit einer Gefolgschaft von 60 Rittern nahm er 1238 an der Eroberung von → Valencia durch Jakob I. teil und erhielt einige Häuser in der Stadt und die Herrschaft Almonesir. In seelsorgerl. und religiöser Hinsicht wirkte er v.a. durch eine bedeutende Armenstiftung, die er mit der Burg von Avinyó del Penedès und anderem Allodialgut ausstattete. Er unterstützte in Barcelona die Gründung der Mercedarier (1218) und förderte die Niederlassung von Dominikanern (1219) und Franziskanern in Stadt und Bm. 1237 begünstigte er die Gründung des Kl. S. Clara in Barcelona. – 1233 wurde er vom Domkapitel v. Tarragona zum Ebf. gewählt; die Wahl wurde jedoch von Papst Gregor IX. kassiert. A. Pladevall-Font

Lit.: DHEE I, 240 – Diccionari biografic III, 1969, 413-415 – Gran Enciclopedia Catalana, Bd. 11, 1978, 243f. – J. VILLANUEVA, Viage literario a las iglesias de España, Bd. XVII, 1831, 205-214 – S. PUIG I PUIG, Episcopologio de la sede Barcinonense, 1929, 183-199 – R. SERRATOSA, El obispo don Berenguer de Palou, Estudios (PP. Mercedarios) 14, 1958, 651f.

2. B. de Palol (provenzal. Namensform Berenguier de Palazol, frz. Paillol bei Elne im Roussillon, Dép. Pyrénées-Orientales) gilt als ältester katal. Troubadour. Der verarmte Edelmann gehört in die Generation der → Guiraut de Bornelh, → Bernart de Ventadorn, → Raimbaut d'Autrenga, wenngleich Metrik und Stil seiner neun prov. geschriebenen, z.T. mit musikal. Notationen überlieferten Liebesgedichte aus der Mitte des 12.Jh. auch in die 1. Hälfte des 13.Jh. weisen könnten. Der im Gedicht »S'ieu sabi' aver gazardon« erwähnte Gf. Gaufred III. v. Roussillon starb jedoch 1164. D. Briesemeister

Lit.: RIEMANN I, 1959; Ergbd. I, 1972 s. v. – A. JEANROY-P. AUBRY, Huit chansons de B. de P., Anuari del Institut d'Estudis Catalans 2, 1908, 520-540 – M. DE RIQUER, La lírica de los trovadores, 1948, 185 – DERS., História de la literatura catalana I, 67-71 – C. ALVAR, La poesía trovadoresca en España y Portugal, 1977.

Berestovo, seit Ende 10. bis Anfang 13.Jh. vorstädt. Siedlung und fsl. Residenz bei → Kiev, nahe dem Kiever Höhlenkloster (→ Kiev, Höhlenkloster). Hier starb 1015 → Vladimir I. 1051 wurde → Ilarion, der Priester der dortigen Erlöser-Kapelle, zum Metropoliten der Rus' eingesetzt, nur kurze Zeit danach wurde hier das Erlöserkloster gestiftet. 1113/25 wurde die bis dahin in Holz errichtete Kirche durch eine in der Verdeckten-Schicht-Technik gemauerte Kreuzkuppelkirche mit sechs Pfeilern und drei Apsiden ersetzt. Von → Vladimir II. Monomach gestiftet, wurde sie zur Grablege einiger seiner Nachkommen: 1138 seiner Tochter Euphemia, 1158 seines Sohnes → Jurij Dolgorukij, 1175 seines Enkels Gleb. Im 17.Jh. wurde die halbzerstörte Kirche wieder aufgebaut, 1909-14 restauriert. Vom Mauerwerk des 12.Jh. hat sich die W-Seite erhalten. 1970 wurden im Narthex Freskenfragmente des 12.Jh. entdeckt. A. Poppe

Lit.: M. KARGER, Drevnij Kiev, II, 1961, 374-391 [Lit.] – P. TOLOČKO, Istorična topografija starodavn'ogo Kyjeva, 1970, 160f. – JU. ASEEV-V. CHARLAMOV, Novi doslidžennja cerkvi Spasa na Berestove (Arheolohija Kyjeva, doslidžennja i materialy, 1979), 84-89.

Berettini → Humiliaten

Berg
I. Familie – II. Grafschaft/Herzogtum.

I. FAMILIE: In der 2. Hälfte des 11.Jh. erscheint am Niederrhein ein Geschlecht mit den Leitnamen Adolf, Eberhard und später (durch Heiratsverbindung mit der Familie des Ebf.s Friedrich I. v. Köln?) Engelbert, das von einer um den namengebenden Stammsitz Berg a.d. Dhünn aufgebauten Herrschaft aus nach Westfalen ausgreift (ztw. Benennung nach der Burg Hövel a.d. Lippe) und um 1150 über beträchtl. Besitz- und Machtkomplexe – v.a. Kirchenvogteien – zw. Sieg und Lippe verfügt. Umstritten ist seine (linksrhein.?) Herkunft, unumstritten die enge Verbindung zum Kölner Erzstuhl (im 12./13.Jh. stellt die Familie fünf Ebf.e), dem es seinen Aufstieg in der Nachfolge der → Ezzonen und der Gf.en v. → Werl (auf Kosten der Gf.en v. → Arnsberg?) verdankt. Seit 1101 ist der Grafentitel belegt, eine unmittelbare Übernahme ezzon. oder Werler Grafschaftsrechte aber unwahrscheinlich. 1161/63 teilten sich die Berger in eine rhein. und die westfäl. Linie (→ Altena), die sich ihrerseits am Ende des 12.Jh. in eine märk. und isenberg. Zweig spaltete. Infolge der Ereignisse um die Ermordung des Kölner Ebf.s → Engelbert I. (1225) sank das Haus Isenberg zur Bedeutungslosigkeit herab, während die Märker im 13./14.Jh. das größte und mächtigste weltl. Territorium in Westfalen schufen. Die rhein. Linie – die Gf.en v. B. – legte bis zu ihrem Aussterben 1225 das Fundament zu einer kompakten Territorienbildung zw. Rhein, Ruhr und Sieg. Unter den im Erbgang folgenden Gf.en v. B. aus den Häusern → Limburg und → Jülich (seit 1348) nahm die Gft. (seit 1380 Hzm.) B. (vgl. Abschnitt II) unter Angliederung der Gft. → Ravensberg ihre endgültige Gestalt an und vereinigte sich 1423 durch Erbfall mit dem Hzm. Jülich. 1511 wird das ausgestorbene Haus Jülich (-Hengebach) schließlich durch die Gf.en v. d. → Mark beerbt, die seit 1368 auch in → Kleve regierten. Dem märk. Zweig des alten berg. Grafenhauses gelang somit 100 Jahre vor dem Erlöschen des Geschlechts (1609) eine territoriale Blockbildung (Jülich-Berg-Kleve-Mark) von großem polit. Gewicht.

II. GRAFSCHAFT/HERZOGTUM: Nach dem Zusammenbruch der niederrhein. Machtstellung der ezzon. Pfgf.en in der 2. Hälfte des 11.Jh. gelang es dem Haus Berg, in enger Anlehnung an die Kölner Ebf.e rechts des Rheins zw. Wupper und Agger einen ansehnl. Besitz- und Herrschaftskomplex aufzubauen, dessen Grundlage neben Allod v.a. Kirchenvogteien bildeten. Um 1100 erwarben die Berger beträchtl. Teile aus dem Erbe der Gf.en v. → Werl; dadurch verschob sich das Schwergewicht ihrer Macht ztw. so weit nach Westfalen, daß der an die Peripherie geratene Stammsitz 1133 in ein Zisterzienserkl. (Altenberg) umgewandelt werden konnte. Eine um 1161/63 durchgeführte Erbteilung zw. den Söhnen des Altenberger Klostergründers, die den westfäl. vom rhein. Besitz trennte, gab diesem aber seine Eigenbedeutung zurück und schuf die Voraussetzung für eine um die Wupperachse (mit dem seit 1160 bezeugten zweiten Stammsitz Burg) konzentrierte Territorienbildung von seltener Geschlossenheit, bei der neben dem Erwerb von Besitzungen und Rechten seitens des Reiches, der Kölner Ebf.e und kleiner Dynastenfamilien eine durch systemat. Landesausbau begründete Rodungsherrschaft eine entscheidende Rolle gespielt hat. Ende des 12.Jh. wurde der Kernraum der berg. Herrschaft nach NW um Hilden und Haan (1176), vielleicht auch um Rechte im Duisburger Bezirk auf die Ruhr hin erweitert, wurde mit dem Erwerb des Tyverner Besitzes um Düsseldorf die Rheinlinie auf breiter Front erreicht (1189), wurde durch die Belehnung mit dem hess. Windeck ein erster Posten an der Sieg bezogen. Die nach dem Aussterben der rhein. Linie des berg. Geschlechts folgenden Gf.en v. B. aus den Häusern → Limburg (seit 1225) und → Jülich (seit 1348) setzten diese vorsichtig expandierenden Tendenzen nach S wie nach N hin erfolgreich fort (1248/59 Duisburger Reichsforst; 1248 Mettmann, Rath, Remagen; 1257

Eckenhagen; 1363 Blankenberg); v. a. aber vermochten sie nach und nach die letzten fremden Enklaven in ihrem Land zu beseitigen (1260 Hückeswagen, 1355 Hardenberg, 1359 Solingen, 1427 Elberfeld) und damit jene territoriale Homogenität zu schaffen, die für die Gft. (seit 1380 Hzm.) B. im späteren MA charakterist. ist. Diese Homogenität beruhte außer auf einer flächendeckenden Herrschaft von gleichmäßiger Form und Intensität auf einer ausgeglichenen agrar.-kleingewerbl. Wirtschaftsstruktur ohne bedeutendes Städtewesen sowie auf einer starken Position des ministerial. Adels, der sich als ritterschaftl. Landstand im 14. Jh. eine – rechtl. festgelegte – Mitsprache bei der Regierung des Landes sichern konnte. Die Vereinigung mit → Jülich 1423 und später mit Kleve-Mark 1521 fügte das Hzm. B. zwar einem größeren staatl. Verband ein, hob aber seine in den Landständen verkörperte territoriale Eigenständigkeit und Integrität nicht auf. Als geogr. Begriff (Bergisches Land) hat sich der polit.-territoriale Name der alten Gft. B. bis heute erhalten. W. Janssen

Lit.: *[allg. und zu Abschnitt I]*: TH. ILGEN, Die ältesten Gf.en v. B. und deren Abkömmlinge, die Gf.en v. Altena (Isenberg-Limburg und Mark), Zs. des Berg. Geschichtsvereins 36, 1903, 14–62 – B. MELCHERS, Die ältesten Gf.en v. B. bis zu ihrem Aussterben, ebd. 45, 1912, 5–105 – A. HÖMBERG, Gesch. der Comitate des Werler Grafenhauses, WZ 100, 1950, 9–133 – G. WUNDER, Die Verwandtschaft des Ebf.s Friedrich I. v. Köln, AHVN 166, 1964, 25–54 – J. BOCKEMÜHL, Der Grabstein des Gf.en Adolf v. B., Stifter des Kl. Altenberg, und seine Bedeutung für die Genealogie des Herrscherhauses (Zwei Altenberger Grabsteine, 1970), 11–75 – F. J. SCHMALE, Die Anfänge der Gf.en v. B. (Fschr. K. BOSL, 1974), 370–392 – G. ADERS, Die Herkunft der Gf.en v. B. (Die Gf.en v. Limburg Stirum I, 1, 1976), 1–5 – J. MILZ, Die Vögte des Kölner Domstifts und der Abteien Deutz und Werden im 11. und 12. Jh., RhVjbll 41, 1977, 196–217 – *[zu II]*: G. v. BELOW, Die landständ. Verfassung in Jülich und B., 1885/86 – J. SOMYA, Die Entstehung der Landeshoheit in der Gft. B. bis zum Ende des 14. Jh., 1926 – J. v. LÜLSDORFF, Zur Entwicklung der Landeshoheit in den einzelnen Teilen des Hzm.s B., Zs. des Berg. Geschichtsvereins 70, 1949, 255–317 – J. HASHAGEN u. a., Berg. Gesch., 1958 – H. HOUBEN, Das Hauptgericht Kreuzberg, Zs. des Berg. Geschichtsvereins 78, 1961, 1–106 – G. ROTTHOFF, Gildegavia – Keldaggouuwe – Gellepgau (R. PIRLING, Das röm.-frk. Gräberfeld v. Krefeld-Gellep 1960–63, 1974), 215ff. – D. LÜCK, Anm. zum Deutzgau, Rechtsrhein. Köln 3, 1977, 1–9.

Bergamo, nordit. Stadt wohl gall. Ursprungs, die röm. municipium wurde; wahrscheinl. im 4. Jh. begründetes Bm. unter dem Patronat des hl. Alexander. In hist. erst seit der zweiten Hälfte des 6. Jh. in den Vordergrund, als sich die civitas zu einem der bedeutendsten Dukate im Langobardenreich entwickelte. Ein gescheiterter Versuch Hzg. Rotharis, die Königskrone zu erringen (701), veranlaßte Kg. Aripert II., B. zu einem von Pavia abhängigen Gastaldat zu machen. Nach dem Sieg Karls d. Gr. über Kg. Desiderius (774) wurde B. eine Gft., die aber in vielen Bereichen ihre langob. Traditionen wahrte. Erst im 10. Jh. erlangte die Stadt unter den Gf.en aus der Familie der Giselbertiner, die damals auch das Pfalzgrafenamt für sich gewannen, wieder überregionale Bedeutung. Seit dem späten 10. Jh. verfiel die Macht der Gf.en, und sie wurden vom Bf. weitgehend aus der Stadt verdrängt. Auf dem Land bildeten sich neben der giselbertin. auch andere, meist um Burgen zentrierte Herrschaften, so daß sich die Einheit des alten Comitats auflöste. Von dieser Entwicklung profitierten Mailand und Cremona, die ihren Einfluß auf west- und südbergamasker Gebiete ausdehnten. Die Herrschaft des traditionell prokaiserl. Bf.s über die Stadt wurde im Investiturstreit durch die Absetzung Bf. Arnulfs auf einer Mailänder Synode (1098) erschüttert. Damals entstand aus einer Übereinkunft der alten, mächtigen Familien eine Kommune mit aristokrat. Charakter, deren erste Konsuln 1108 nachzuweisen sind. J. Jarnut

In der Folge sind consules militiae (seit 1152), consilium credentiae und consules maiores bezeugt. Während der Italienzüge Friedrichs I. (1154–83) gehörte B. dem → Lombard. Städtebund an. In der zweiten Hälfte des 12. Jh. geriet die kommunale Struktur in eine Krise, da neue Gruppen innerhalb der Regierungsschicht auftraten und sich Kämpfe zw. den Faktionen, die durch die wichtigsten Consorterien der Stadt wie Suardi, Colleoni, Rivola, Mozzi, Ficieni etc. gebildet wurden, entwickelten. Das Podestà-Amt wurde 1189 eingesetzt, konnte aber die Rivalitäten zw. den einzelnen Gruppen nicht beheben, die das Gemeinwesen und die private Jurisdiktion im Contado unter ihre Kontrolle bringen wollten. 1230 konstituierte sich die »Società del popolo«, dadurch kam es zu einer Erweiterung der Regierungsschicht. In der gleichen Periode (bis 1243) traf man Vorkehrungen für eine bessere Organisation der Verwaltung, des Steuerwesens und der Rechtspflege im Contado. 1264 wurde Filippo aus der Familie → Della Torre, die in Mailand die Signorie innehatte, für die Dauer von 15 Jahren zum Podestà gewählt, mit der vollen Gewalt über die Stadt und mit dem Recht, einen jährl. Tribut einzuziehen. In strateg. und wirtschaftl. Hinsicht bedeutsam, lagen B. und sein Territorium ständig in der Einflußsphäre Mailands, abgesehen von der Episode 1351, als die Stadt Johann v. Böhmen für wenige Monate zu ihrem Signore wählte. Seit 1333 war B. der Signorie (ab 1395 dem Hzm.) der → Visconti angeschlossen. Die großen Familien der Stadt unternahmen jedoch häufige Versuche, die Autonomie wiederzugewinnen (z. B. die Suardi mit ihren Anhängern), v. a. nach dem Tod des Hzg.s Gian Galeazzo → Visconti (1402). Nach einigen Jahren unter der Signorie des Pandolfo → Malatesta kehrte B. 1419 in den Besitz des Hzg.s Filippo Maria → Visconti zurück. In der Stadt bestand jedoch eine starke philovenezian. Partei, die mit der Unterstützung einiger Signori (unter ihnen die Gf.en der Val Calepio) und Gemeinden des Contado häufig gegen die Visconti konspirierte. Daher kam es mehrere Jahre hindurch im Stadtregiment verschiedentl. zu einem Machtwechsel zw. Mailand und Venedig, bis am 8. Mai 1428 die endgültige Unterwerfung B.s durch die Seerepublik erfolgte. Nach den wirtschaftl. Verlusten und den territorialen Einbußen, die B. in den langen Kriegsjahren erlitten hatte, erlebte die Stadt unter der Herrschaft der Serenissima eine lange Periode des Friedens (auch wenn es immer in den Reihen der großen Familien Gegnerschaften gab), in der sie die Basis für ihren Reichtum, der auch in den folgenden Jahrhunderten eines ihrer Charakteristiken war, legen konnte.

G. Soldi Rondinini

Q. und Lit.: Reiches, noch unediertes Quellenmaterial im Archiv der Biblioteca civica, Bergamo: Cronaca di Bergamo dal 1402 al 1484 – G. B. Angelini, Sommario delle ducali – Documenti veneti. Senato Secreti (1427–1630) – E. MOZZI, Antichità bergamasche – M. LUPO, Codex diplomaticus civitatis et ecclesiae bergomatis, 2 Bde, 1784–99 – Chronicon Bergomense Guelpho-Ghibellinum (sog. Tagebuch des Castellino Castelli), Muratori², XVI, 2, ed. C. CAPASSO – A. MAZZI, Studii bergomensi, 1888 – B. BELOTTI, Storia di Bergamo e dei Bergamaschi, 6 Bde, 1959² – J. JARNUT, Bergamo 568–1098, 1979.

Bergbau
I. Verbreitung des Bergbaus im Mittelalter – II. Bergbautechnik, Fachliteratur, Umweltauswirkungen – III. Wirtschaftliche Bedeutung – IV. Die Bergleute und ihre Sozial- und Rechtsordnung – V. Bergmännisches Leben, Brauchtum und Kultur.

I. VERBREITUNG DES BERGBAUS IM MITTELALTER: Antiker B. kam im Zuge des allgemeinen wirtschaftl. Niedergangs im röm. Reich weithin zum Erliegen, doch ergab sich an einigen Stellen eine Kontinuität in das frühe MA. In England setzte sich die Gewinnung von → Zinn und → Blei über die ags. Invasion des 5. Jh. fort. Goldwäscherei (→ Gold) im Rhein und seinen Nebenflüssen wird für das 7. Jh. genannt.

Eine geringe Eisenproduktion (→ Eisen) für den örtl. Bedarf läßt sich schon im frühen MA an vielen Stellen nachweisen, zumeist als bäuerl. Nebengewerbe. Große Eisenbergwerke der Antike in Spanien, auf Elba, im Ostalpenraum (Steiermark) usw. wurden im HochMA wieder eröffnet. In weitem Umfang entstand jedoch ma. B. ohne Anknüpfung an ältere Vorläufer, was v. a. für die führenden Bergbauzentren Mitteleuropas gilt. Der Kohlenbergbau (→ Kohle) spielte mit geringen Ausnahmen noch keine Rolle, während die Salzgewinnung (→ Salz, -gewinnung) einen beachtl. Faktor im Wirtschaftsleben darstellte. (Auch der → Steinbruch muß als B. im weiteren Sinne genannt werden, an der Spitze die Marmorgewinnung von → Carrara.)

Nennen wir die Anfangsdaten einiger wichtiger Bergwerke: Am Rammelsberg bei Goslar begann 968, in den Vogesen 984, im Schwarzwald bei → Freiburg 1028 der Silberbergbau. Silber wurde in → Freiberg (Sachsen) 1168, Kupfer im Mansfeldischen (→ Mansfeld) 1199 fündig. Im Zusammenhang mit der dt. Ostsiedlung kam der Gold- und Silberbergbau (→ Gold, → Silber) in → Schlesien nach 1200, in → Böhmen und → Mähren nach 1220 (→ Iglau, → Kuttenberg) und im späteren 13. Jh. in den dt. besiedelten Bergbaugebieten des Kgr. Ungarn (in der heut. → Slowakei) auf. Im Bm. Trient wurde 1185 Silber abgebaut, im steier.-kärntn. Lavanttal ist Silberbergbau 1227 nachzuweisen. Der B. auf → Kupfer im schwed. → Falun begann spätestens 1250, 1288 ist er quellenmäßig faßbar. In → Schwaz (Tirol) kam um 1400 der zu hoher Bedeutung aufsteigende Kupfer- und Silberbergbau auf. Der serb.-bosn. B. auf Silber und Blei kam im 14./15. Jh. unter türk. Herrschaft, die jedoch Betriebsweise, Eigentumsverhältnisse und Bergrecht nicht veränderten. Bei Mâcon und Lyon entstand seit 1391 das bedeutendste frz. Bergbaugebiet, wo im 15. Jh. dt. Bergleute arbeiteten. 1462 wurden die Alaunvorkommen von Tolfa (→ Alaun) bei Civitavecchia entdeckt. — Eine örtl. Form des B.s war der Abbau von Raseneisenstein im dt. Tiefland.

Am Rande des europ. MA zeigte die arab. Welt eine beachtl. bergbauliche Tätigkeit im Maghreb, wo »Eisenberge« gen. werden, in Ägypten mit Gold-, Silber- und Salzgewinnung, in Arabien mit den im 7. Jh. bezeugten Goldgruben und bes. im Jemen, der wegen seiner Bodenschätze an Gold, Silber und Blei oft mit dem sagenhaften Goldland Ophir gleichgesetzt wird.

II. BERGBAUTECHNIK, FACHLITERATUR, UMWELTAUSWIRKUNGEN: [1] *Bergbautechnik*: Als Ergebnis der Arbeitsteilung hatte der B. handwerkl. Fähigkeiten entwickelt, wobei sich das in der Antike erreichte techn. Niveau nicht ins MA hinein fortsetzte, so daß die B.technik im Früh- und HochMA primitiver war als im antiken Mittelmeerraum. Gold und Zinn wurden vielfach im Seifenbetrieb gewonnen. Das Erz, dessen Gänge mit der → Wünschelrute entdeckt wurden, mußte unter Tage durch Schrämmarbeit mit Schlägel und Eisen losgeschlagen werden, wobei das aus vorgeschichtl. Zeit bekannte Feuersetzen, d. h. die Erhitzung des Gesteins durch offenes Holzfeuer und anschließendes Abschrecken mit Wasser, das Gestein lockerte und die Arbeit erleichterte. Noch im hohen MA wurden nur Erze in der Nähe der Oberfläche abgebaut, die Gruben erreichten kaum mehr als 12 m Tiefe und zeigten glockenförmige Gestalt mit kurzen, in das Gestein vorgetriebenen Nischen. Diese primitive Technik erforderte die Anlage vieler kleiner Gruben auf engem Raum nebeneinander: Auf dem Dachsberg bei Augsburg ließen sich aus der Zeit vor 1200 6000 Eisenerzgruben feststellen, im ma. Eisenbergbaugebiet bei Kielce in Polen finden sich 1200 Schächte von 4,5 m Durchmesser und einer Tiefe bis zu 12 m. Erst die am Ende des 13. Jh. aufgekommene Kunst des Schachtbaues erlaubte ein tieferes Absenken, was jedoch die schwierige Beseitigung des Grubenwassers erforderte. So wurden nach 1300 im böhm. und slowak. B. Stollen zum Ablauf des Wassers gegraben, von den Schächten aus tiefe Stollen vorgebaut und Vorrichtungen zur Hebung des Grubenwassers mit Hilfe von Pferde- oder Wasserkraft geschaffen. Die wohl älteste Wasserhebemaschine, ein Pumpwerk mit Pferdegöpel, wurde um d. Mitte d. 15. Jh. in Schemnitz (Slowakei) errichtet. Solche techn. Errungenschaften erlaubten zwar ein noch weiteres Abteufen der Schächte, so daß in Schneeberg schon Tiefen von 200 m, in Altenberg von 300 m erreicht wurden. Sie machten aber den Einsatz von Kapital in so hohem Maße nötig, daß sich dadurch grundlegende Veränderungen in den Eigentumsverhältnissen ergaben. Auf der Grundlage einer wesentl. verbesserten kapitalintensiven Technik nahm der B. nach einer gewissen Stagnation seit 1450 wieder einen gewaltigen Aufschwung, wobei Schächte von bisher unerreichter Tiefe angelegt wurden. Diese Entwicklung gab zahlreiche Impulse zur weiteren techn. Vervollkommnung. Als Antriebskraft für die immer komplizierteren Wasserhebemaschinen diente v. a. das Wasser, das in kunstreichen Anlagen gestaut und an den Ort des Einsatzes herangeführt wurde (→ Wasserkunst). Mit Hilfe von Wasserkraft konnte auch das Erz gefördert werden, was bisher durch die Muskelkraft der Haspelknechte am Handhaspel geschah. Gleichzeitig wirkte sich die 1451 eingeführte Erfindung des Saigerverfahrens (→ Saigerhütten) anregend auf die Kupferförderung aus, da es die Trennung des Silbers aus silberhaltigen Kupfererzen mit Hilfe von Blei ermöglichte.

[2] *Fachliteratur*: Die techn. Errungenschaften am Ende des MA haben den Grund für den hohen Stand der Bergbautechnik der frühen NZ gelegt, der im Zeitalter der Renaissance die Verbindung von prakt. Erfahrungen und theoret. Wissen brachte und die Begründung einer Montanwissenschaft ermöglichte.

Hatte Vanoccio → Biringuccio (1480–1538) in seiner »Pyrotechnia« (1540) Fragen der Metallurgie, Technologie und chem. Verfahren, u. a. auch den B. betreffend, ausführl. dargestellt, so fand die Wissenschaft vom B. im Werk des sächs. Humanisten Georg → Agricola »De re metallica« (1556) ihre für zwei Jahrhunderte gültige Formulierung. Agricolas deutschsprachige Vorläufer (z. B. das »Bergbüchlein« des Ulrich Rülein v. Calw, ca. 1500) sind demgegenüber noch vergleichsweise unbeholfene Zeugnisse montanist. Fachliteratur.

Die seit Ende des 15. Jh. einsetzende Bergbauliteratur hat dabei der frühen chem. Technik (→ Alchemie) sowie der Medizin und Pharmazie insofern neue Dimensionen gegeben, als sie die Scheide-Kunst (Analytik der Erze und Metallgewinnung) mit der Kenntnis von Schwefel-, Salz- und Salpetersäure aus der schriftlosen Überlieferung zu allgemeiner Verbreitung brachte. Die Ärzte Agricola und → Paracelsus machten aus eigener Anschauung chem. Wissen des B.s für die Medizin nutzbar, wobei Paracelsus darüber hinaus durch seine Beschreibungen bergmänn. Berufskrankheiten (v. a. der Silikose) als Vorläufer der Arbeitsmedizin gelten kann.

[3] *Umweltauswirkungen*: Nicht zu übersehen sind die schädl. Auswirkungen des B.s auf die Umwelt: Grubenanlagen beeinträchtigten den Ackerbau, der Holzbedarf für den Schacht- und Stollenbau, für das Feuersetzen und für

die im Hüttenbetrieb benötigte Holzkohle führte zum Raubbau an den umliegenden Wäldern, vereinzelt traten schon Rauchschäden an der Pflanzenwelt auf. Eine frühe krit. Stellungnahme zu diesem Raubbau ist in mytholog. Gewande das »Iudicium Iovis« (ca. 1490) des Paulus Niavis.

III. WIRTSCHAFTLICHE BEDEUTUNG: Bestand in der stark agrar. Wirtschaft des frühen MA ein vergleichsweise geringer Bedarf an Bergbauprodukten, so vollzog sich im Zusammenhang mit dem Aufstieg des europ. Städtewesens seit dem 12. Jh. eine gewaltige qualitative und quantitative Steigerung des B.s (zu quantitativen Angaben über den Umfang der Förderung vgl. die Artikel zu einzelnen Metallen und Mineralien). Die naturbedingte Konzentration des B.s in bestimmten Gebieten machte Warenaustausch und Frachtverkehr über weite Strecken notwendig. Umgekehrt benötigten die Bergbaugebiete mit ihrer starken Bevölkerung die Zufuhr von Lebensmitteln, was die wirtschaftl. Abhängigkeit der vom B. bestimmten Regionen vergrößerte.

Der B. stellte, zumindest in Deutschland, einen der Wirtschaftszweige dar, in denen sich zuerst der Frühkapitalismus entfaltete. Um 1500 war der B. ein überaus wichtiger Bestandteil des gesamten Wirtschaftslebens und ebenso ein entscheidender polit. Faktor geworden. So beruhte die Stellung der Habsburger und der Wettiner nicht zum wenigsten auf dem B. Tirols bzw. des Erzgebirges. (Näheres vgl. unter → Frühkapitalismus.)

IV. DIE BERGLEUTE UND IHRE SOZIAL- UND RECHTSORDNUNG: Während der antike B. als rohes Handwerk galt, das nur von Sklaven betrieben wurde, und noch im spätma. China die Bergarbeiter als diskriminierte Randgruppe der Gesellschaft sozial in die Nähe von Räuberbanden gerückt wurden, war der B. im europ. MA als Kunst hochangesehen; der Bergmann nahm eine hohe soziale Stellung ein, die sich u. a. in Spitzenlöhnen ausdrückte. Im frühen MA waren die Gruben- und Salinenarbeiter noch in die hofrechtl. Sozialordnung eingebunden. Der Aufschwung des B.s im 12. Jh. stand großenteils mit der Gründung von → Bergstädten in Zusammenhang und verschaffte dem Bergmann die gleiche Freiheit wie dem Bürger. Da ältere Voraussetzungen für die bergmänn. Freiheit nicht erkennbar sind, kann sie nur aus dieser Verbindung mit dem Städtewesen abgeleitet werden, wobei das finanzielle Interesse der Regalherren, der Inhaber des Bergregals (→ Bergrecht), an der Arbeit des Bergmanns zweifellos verstärkend gewirkt hat. Der Inhaber des Bergregals, d. h. im allgemeinen der Kg., in Deutschland sehr bald auch die Territorialfürsten, besaßen die Verfügungsgewalt über die Bodenschätze und das Recht zur Erhebung des Bergzehnten. Der vom Regalherrn belehnte Gewerke beutete die Grube aus, während sich der Grundherr bzw. Grundbesitzer lediglich mit einer Entschädigung für eine etwaige Beeinträchtigung seiner Bodennutzung begnügen mußte. Die Interessengemeinschaft von Regalherrn und Fundgrübner war das tragende Fundament dieser neuen Bergordnung, wie sie zuerst in Freiberg und Iglau in Erscheinung trat. Sie beruhte auf der Bergfreiheit und gestattete jedem Abbauwilligen das Schürfen.

Der materielle Gehalt des neuen Bergrechts ergab sich aus den Notwendigkeiten der bergmänn. Arbeit. Die Bergleute standen unter regalherrl. Schutz und exemter Gerichtsbarkeit, sie waren frei von feudaler Abhängigkeit. Beamte des Regalherrn führten die unmittelbare Aufsicht über den Grubenbetrieb und wahrten die regalherrl. Rechte: in Deutschland der Bergmeister, in Falun der kgl. Vogt, in der Slowakei der Kammergraf des ung. Königs.

Der Bergmann ging anfangs als Eigenlehner, d.h. als selbständig tätiger Produzent, an die Arbeit. Die Erfordernisse der Grubenarbeit führten aber bald zu einem genossenschaftl. Zusammenschluß der → Gewerken, die als solche schon 1185 in Trient auftreten. Es ergab sich eine Arbeitsteilung zw. den vor Ort arbeitenden Häuern, den Zimmerleuten, den Hasplern über Tage und den ungelernten Hilfsarbeitern. Mit der Vergrößerung der Gruben wurden Hutleute zur Aufsicht eingesetzt, denen die Steiger und die Schichtmeister übergeordnet waren. Markscheider besorgten die Vermessung unter Tage (→ Markscheidewesen).

Der große techn. Aufwand des B.s im 15. Jh. ließ sich nur noch durch das vereinigte Kapital der Gewerken bewältigen, die jetzt mehr und mehr aus nicht mitarbeitenden, fern vom Betrieb ansässigen Vermögensbesitzern bestanden. Sie erwarben Bergwerksanteile, sogen. Kuxe, ermöglichten dadurch die Ingangsetzung einer Zeche und erhielten ihren Anteil an der Ausbeute. Die arbeitenden Bergleute sanken somit seit Anfang des 15. Jh. auf den Stand freier Lohnarbeiter (→ Lohnarbeit), womit das grundlegende Spannungsverhältnis des Kapitalismus zw. Kapital und Arbeit entstanden war. 1453 ereignete sich ein erster → Streik der Bergknappen in Freiberg, 1469 ein mehrwöchiger Streik in Altenberg. Die Knappen wehrten sich gegen ungünstige Lohnbedingungen und das Trucksystem und kämpften für soziale Sicherheit. Gegen Ende des MA strömten an den Zentren des B.s zahlreiche Lohnarbeiter zusammen; nach zeitgenöss. Quellen sollen sich in Schwaz um 1500 10000, in Joachimsthal wenig später 12000 Bergleute befunden haben. Der B. wurde zum Betätigungsfeld großer Unternehmerpersönlichkeiten wie → Jacques Cœur (1400–56) in Frankreich und Johann → Thurzo (1437–1508) in der Slowakei, bis die → Fugger u. a. Augsburger Firmen in größtem Ausmaß in das Montangeschäft einstiegen. Gleichzeitig verstärkten die Regalherren ihren Einfluß auf das Bergwesen, indem sie zentralisierte Bergverwaltungen mit Fachpersonal aufbauten und, wie in Kursachsen, durch das Direktionsprinzip den kapitalist. Gewerken zwar die ungehinderte wirtschaftl. Entfaltung ermöglichten, sie aber auch wirksamer Kontrolle zur Garantie der regalherrl. Rechte und Einkünfte unterwarfen.

K. Blaschke

V. BERGMÄNNISCHES LEBEN, BRAUCHTUM UND KULTUR: In der ständ. Gesellschaftsordnung des MA bildeten die Bergleute einen zahlenmäßig beachtl., wertmäßig bes. wichtigen Stand von eigener Prägung. Innerhalb der Agrargesellschaft stellten sie eine herausgehobene, in sich abgeschlossene Gruppe dar. Die Abhängigkeit von Konjunkturen und Krisen, die soziale Unsicherheit und die ständige Möglichkeit von Berufsunfall und -tod führten den aus dem bäuerl. Familienzusammenhang herausgelösten Bergmann fest in die Gemeinschaft seines Standes, zumal ihm die mannschaftl. Arbeitsdisziplin gewohnt war. Davon zeugt die Entstehung der Bergmannstracht, die schon früh in Bildbelegen dokumentiert ist, zunächst als Arbeitskleidung mit Kittel und Kapuze (Gugel), wie sie bes. eindrucksvoll auf dem Titelblatt des Kuttenberger Kanzionales im Gewimmel der unter Tage tätigen Bergknappen dargestellt ist. Die ursprgl. Schutzkleidung wurde gemäß der berufsständ. Rangordnung zum Fest-Habit erhöht und ausgestaltet. Als Gemeinschaftssymbol gewann das Grundwerkzeug der Häuer, Schlägel und Eisen, in gekreuzter Form bleibende Bedeutung. Die Knappschaft als Standesorganisation aller am B. Beteiligten gab im Sinne einer religiösen Bruderschaft sozialen Rückhalt bei Not und Krankheit und bot den Rahmen für Brauchtum und Geselligkeit. Aus den Erfordernissen der Arbeitswelt entwickelte sich, v. a. im dt. Sprachgebiet, ein eigenes berufl.

Vokabular mit zahlreichen Fachwörtern, die auch in andere Sprachen übernommen wurden. Die Gefährlichkeit des Berufs ließ eine bes. Frömmigkeit entstehen, die in Bergmannsandachten und -gottesdiensten sichtbar wird. Die Bergleute verehrten in großer Zahl Bergmannsheilige wie Barbara, Anna, Wolfgang u. a., speziell aber auch den Propheten Daniel, von dem, v. a. ikonographisch, eine »Berglegende« überliefert ist, die ihn als Ratgeber beim Suchen und Finden ausweist. Er wurde auch zur säkularisierten Symbolgestalt als montanist. Sachverständiger, so in dem seit 1500 oft gedruckten »Bergbüchlein« des Humanisten Rülein v. Calw. Die Eigenart der bergmänn. Betriebs- und Erlebnissphäre in Tiefe, Dunkelheit und Gefahr ließ eigene Sagen entstehen, von numinosen Erlebnissen getragen, aber auch mit profanen Zügen bis hin zu sozialen Auseinandersetzungen. Dazu kommt eine umfangreiche musikal. Überlieferung mit standesbewußten Liedern der »stolzen Berggesellen«. Der älteste Beleg läßt sich auf eine Begebenheit i. J. 1414 in Kuttenberg zurückführen und bezeugt die privilegierte Stellung der Bergleute durch den Kg., wie sie in der Substanz des → Bergrechts mit der »Bergbaufreiheit« verankert ist. Auch das Tanzbrauchtum hat eine ma. Tradition, worauf der Bericht über den »langen Tanz von Goslar« zurückweist, ebenso wie die mannschaftl. Gruppentänze, bes. der Schwerttanz, sich in den Montanrevieren weit zurückverfolgen lassen. Zentren der bergmänn. Lebenswelt bildeten die → Bergstädte mit zahlreichen Einrichtungen zur Versorgung der Bergleute, darunter Bergmannsspitälern zur Hilfe für Kranke und Arbeitsunfähige. Bes. Markzeichen der Bergstädte stellen ihre Kirchen dar. Sie erhielten in Form der Kirchenkuxe im 15. Jh. Anteil am Gewinn, und ihre Ausstattung, ihre Altäre und ihr Kirchenschatz spiegelten ihren Reichtum wider.

Die Kunst nahm seit der Gotik B.-Motive auf. Die Kapelle am Welfesholz bei Mansfeld zeigt als Konsolfiguren zwei Bergleute (um 1280). Farbfenster des Freiburger Münsters (Mitte 14. Jh.), der Annaberger Bergaltar (1521) und zahlreiche andere Altarbilder und Miniaturen seit dem 15./16. Jh. stellen den B. dar.

Den umfassendsten Einblick in den Untertagebau, in die Gewinnung und Aufbereitung des Erzes und in den Erzmarkt in Kuttenberg (Ostböhmen) gibt das Titelblatt (69 × 45 cm) im Kuttenberger Kanzionale (Wien, Nat. Bibl., Sign. Cod. 15 501) vom Ende des 15. Jh. mit zahlreichen Details.

Die Kunst der Renaissance bildete Berg- und Hüttenwerke in der Landschaft ab. Agricolas »De re metallica« vermittelt mit Hunderten von Holzschnitten einen Eindruck der spätma. Bergbautechnik.

K. Blaschke/G. Heilfurth

Zeitgenössische Traktate: G. Agricola, De re metallica libri XII, Basel 1556, dt. 1557 [umfassendstes Werk]; vgl., auch zu Agricolas weiteren Schriften zum B.: G. Agricola, Ausgew. Werke. Gedenkausg. des Staatl. Museums für Mineralogie und Geologie zu Dresden, hg. H. Prescher, Bd. I-VIII, 1955-74 (De re metallica = Bd. VIII) – *weitere Q.*: P. Niavis (Schneevogel), Judicium jovis, Leipzig, ca. 1490 [bearb. und dt. Übers. P. Krenkel, Freiberger Forschungshefte D 3, 1953] – U. Rülein v. Calw, Ein nutzlich bergbuchleyn, Leipzig, ca. 1500; Augsburg 1505 [vgl. W. Piepert, Ulrich Rülein v. Calw und sein Bergbüchlein, ebd. D 7, 1955] – L. Ercker, Probierbuchlein, 1556 – Ders., Beschreibung aller fürnemisten mineralischen Ertzt, Prag 1574 – *Zeitschriften*: Revue d'hist. des mines et de la métallurgie – Hist. of Metallurgy Bull – Der Anschnitt. Zs. für Kunst und Kultur im Bergbau – *Bibliogr.*: A. Zycha, Zur neuesten Lit. über die Wirtschafts- und Rechtsgesch. des dt. B, VSWG 5, 1907, 238-292; 6, 1908, 85-133; 33, 1940, 85-118, 210-232; 34, 1941, 41-65.
Lit.: A. Sapori, Le marchand italien au MA, 1952, 28-31 – O. Hue, Die Bergarbeiter, 1910-13 – F. Kirnbauer, Die Gesch. des B.s, 1940 – J. Nef, Mining and Metallurgy in Medieval Civilisation (Cambridge Economic Hist. II, 1952) – I. Peršvav, K počátkům hornictví u zá padnich Slovanů (Slovanské historické studie, 2, 1957), 61-104 – C. N. Bromhead, Mining and quarrying to the seventeenth century (A hist. of technology, hg. Ch. Singer u. a., II, 1957²), 1-40 – H. Winkelmann, Der B. in der Kunst, 1958 – Zarys dziejów górnictewa na ziemiach polskich, I, 1960 – G. Schreiber, Der B. in Gesch., Ethos und Sakralkultur, 1962 – G. Heilfurth, B. und Bergmann in der deutschsprachigen Sagenüberlieferung Mitteleuropas, 1967 – Aubin-Zorn I, 213-225, 339-344 – Artigianato e tecnica nella società dell'alto medioevo occidentale (Sett. cent. it., XVIII, 1971), bes. 525-607 – La situation des mines et des industries (Troisième conférence internat. d'hist. économique, Munich 1965, Bd. 4, 1974), 293-315 [jeweils mit Lit.] – G. Heilfurth, Der B. und seine Kultur. Eine Welt zw. Dunkel und Licht, 1980 – *zu Bergbaudarstellungen vgl. auch*: V. Husa, Der Mensch und seine Arbeit, 1971, 162ff. – vgl. weiterhin die Lit. zu den entsprechenden Artikeln über einzelne Metalle, Mineralien und Bergbaugebiete.

Berge, Kloster. Das s. der Magdeburger Domburg auf einem Berge gelegene Reichskl. (☩ Johannes dem Täufer) wurde 966 gegründet. Der erste Konvent kam aus dem Magdeburger Moritzkl., von dem B. auch einen Teil der Ausstattung erhielt. Weitere Besitzungen gab der König. Vor 1005 wurde das Kl. dem Ebm. Magdeburg geschenkt (→ Magdeburg). Die meist edelfreien Mönche hingen der Gorzer Reform (→ Gorze) an. Im späten 11. Jh. wurde es von → Hirsau reformiert. Unter Abt Arnold († 1164) erlebte das Kl. seine Blüte: Es trug durch Entsendung von Ordenskolonien zur Verbreitung der Hirsauer Reform bei, beteiligte sich an der Ostsiedlung und entwickelte sich zu einem Bildungszentrum, in dem die Historiographie gepflegt wurde. Im 14. Jh. setzte ein geistiger und materieller Verfall ein; der Anschluß an die Bursfelder Kongregation (→ Bursfelde) 1450 brachte Besserung. In der Reformation wurde das Kl. aufgehoben, die Gebäude wurden 1550 zerstört.

D. Claude

Q.: H. Holstein, UB des Kl. B. bei Magdeburg, 1879 – *Lit.*: Ch. Roemer, Das Kl. B. bei Magdeburg und seine Dörfer 968-1565 (GS 10), 1970 – D. Claude, Gesch. des Ebm.s Magdeburg bis in das 12. Jh. 2, 1975, 291-316 [mit weiterer Lit.].

Bergen
I. Archäologie und Siedlungsgeschichte – II. Geschichte und Wirtschaft.

I. Archäologie und Siedlungsgeschichte: B. (anorw. *biorgvín* 'an einem Berghang gelegene Weide'), Stadt in W-Norwegen, ma. Hauptstadt von Norwegen. In den Königsagas des 13. Jh. heißt es, daß B. von Kg. Olav Kyrre (1066-93) gegründet wurde (Eirspennill, ed. F. Jónsson, 1913, 104). Unsicher ist, ob der Kg. einer bereits bestehenden Siedlung lediglich die Privilegien eines Handelsortes *(kaupstaðr)* verlieh oder ob er einen solchen Ort erst gründen mußte. Die bisherigen archäolog. Zeugnisse sind jedenfalls nicht älter als 1130.

Die bes. topograph. Gegebenheiten – eine lange und schmale, gleichmäßig abfallende Strandmoräne am Fuße des Gebirgszuges Fløien – bedingten die Struktur der ältesten Anlage B.s. Dem überbaubaren, ca. 70-90000 m² großen Uferstreifen war ein flacher Sandstrand von 25 bis 30 m Breite vorgelagert, der früh in die Besiedlung einbezogen wurde: Schon 50-60 Jahre nach der eigtl. Stadtgründung dehnte sich die feste Bebauung – meist in Reihen geordnete Lagerhäuser und Bootsschuppen – auf die Strandzone aus. Ende des 12. Jh. war die gesamte Strandzone bis zum Abfall des Landsockels bebaut, ein Landgewinn von schätzungsweise 10-12000 m². Die vornehmlich einstöckigen Häuser in Blockbauweise und die Kais bildeten zum Wasser hin eine zusammenhängende Front von mehreren hundert Metern Länge, wobei die obersten Bauten ausschließl. zu Lagerzwecken genutzt wurden. Die Bebauung bestand aus langen parallelen Häuserreihen, die gewöhnl. nach dem sog. »Doppelhof«-System angeordnet waren: Ein längslaufender Durchgang zum Wasser wurde von zwei Häuserreihen – eine auf jeder Seite des Durchgangs – flankiert. Die ältesten Wohnhäuser auf der Strandzone standen auf Pfählen, auch die Zugänge lagerten auf Pfählen, bestanden aber auch aus quadrat., gezimmerten, mit Steinen angefüllten Kastenkonstruktionen. Hinter diesen am Wasser liegenden Häuserreihen verlief parallel zur Strandlinie die einzige Straße der Stadt, Stretet. Jenseits davon breitete sich die Siedlung bis zum Fuß des Gebirgszuges aus, verlief südwärts entlang der Hafenbucht (Vågen) und dehnte sich allmählich auch auf die Westseite der Bucht aus. An der nördl. Hafeneinfahrt lag der Königshof und seit 1170 die Residenz des Bf.s. Das Stadtbild wurde im 12. und 13. Jh. mehr und mehr von Kirchen, Kl. und anderen Sakralbauten geprägt.

Im Zuge einer kontinuierl. Ausbautätigkeit reichte die Bebauung um 1200 bereits aufs tiefere Wasser hinaus. Die Häuser in diesem Bereich standen auf festgefügten, rechteckigen Bollwerkfundamenten, die Kais wurden von leichteren und einfacheren Konstruktionen getragen. Die Kaianlagen bildeten in dieser Periode ein weitgehend zusammenhängendes Verbindungssystem, Hofpassagen und z. T. auch die Trauflücken zw. den »Höfen« wurden zunehmend dem Verkehr geöffnet. Darüber hinaus wurden zw. den Kaianlagen und Stretet öffentl. Wege *(allmenninger)* angelegt. Nach 1250 begann man zweigeschossig – häufig in Blockbauweise – zu bauen und die Häuser mit Galerien an beiden Etagen auszustatten. In dieser Zeit nahm die Besiedlung auf der Ostseite von Vågen in Hauptzügen die Form an, die bis heute den Bereich der »Deutschen Brücke« prägt.

Während anfangs noch die Schiffe am Strand beladen und gelöscht wurden, konnten sie schon gegen Ende des 12. Jh. an Kaianlagen mit ca. 1,50–2 m Fahrwassertiefe anlegen. Mit einem gut ausgebauten Hafen, der unter anderem eine nahezu zusammenhängende Kaianlage von ca. 400 m Länge umfaßte, war B. um die Mitte des 13. Jh. zu einer der wichtigsten Hafenstädte N-Europas geworden. Umfangreiche Keramikimporte sind aus dem Rhein-Maas-Gebiet und Frankreich archäolog. bezeugt, Metallimporte aus England. A. Herteig

II. GESCHICHTE UND WIRTSCHAFT: Die Entstehung eines Ortes gerade an dieser Stelle wurde durch einen guten Hafen und ein verhältnismäßig ertragreiches agrar. Hinterland begünstigt. Der Ort hatte eine Mittelpunktlage im Bereich des Westlandes und lag auf halbem Wege zw. den nordnorw. Fischereigebieten und den engl. und dt. Nordseehäfen.

Offensichtl. hatte die Königsmacht einen großen Anteil an der Entwicklung B.s: Der Hof Alreksstad, ca. 2 km südl. der Stadt, war nach den Sagas schon im 10. Jh. Königsgut und kgl. Verwaltungszentrum. Auch ist es wahrscheinl., daß das Gelände, auf dem die ma. Stadt lag, ursprgl. in kgl. Besitz war. Unter Olav Kyrre wurde B. Bischofssitz, und König Eysteinn Magnússon (1103–23) errichtete den ersten Königshof im Gebiet der Stadt und stiftete dort das erste Kl. Norwegens, die Benediktinerabtei → Munkeliv.

Während des 12. Jh. hielten sich die Kg.e immer häufiger in der Stadt auf, und im 13. Jh. wurde eine große und befestigte Königshofanlage in Steinbauweise errichtet (Håkonshallen), ein Zeichen dafür, daß B. den Charakter einer Reichshauptstadt anzunehmen begann. Die Mehrzahl der Reichstreffen fand in B. statt, und es entwickelten sich hier die ersten bescheidenen Ansätze einer norw. Zentraladministration: Spätestens seit 1308 war B. Sammelstelle für die Königseinkünfte aus West- und Nordnorwegen und den Schatzlanden (Island, Färöer, Orkneys, Shetlands), spätestens ab 1520 auch für das Tröndelag.

Allerdings hatte die Verlegung der kgl. Kanzlei von B. nach Oslo im Anfang des 14. Jh. zur Folge, daß B. nach und nach in reichspolit. Hinsicht an Bedeutung verlor. Während der Unionszeit (ab 1319 mit Schweden, und ab 1380 mit Dänemark, → Kalmarer Union, → Norwegen) war B. dann nur noch ein regionales Verwaltungszentrum, dessen Zuständigkeitsbereich sich immerhin von Agder im Süden bis Finnmarken im Norden erstreckte.

Die wichtigste Grundlage für die Handelsaktivitäten in B. war der Export von getrocknetem Fisch, der entlang der gesamten Küste nördl. von B., bes. aber auf den Lofoten in Nordnorwegen, produziert wurde. Der Trockenfischhandel setzte schon zu Beginn des 12. Jh. ein und hatte bereits am Ende des Jahrhunderts einen bedeutenden Umfang angenommen. Die Hauptabsatzgebiete für den Fisch waren Deutschland, insbes. das Rheingebiet und bis ca. 1450 England. Tuche und andere Handwerksprodukte wurden direkt von engl. und kontinentalen Nordseehäfen importiert. Bis ca. 1310 kamen bedeutende Getreideeinfuhren aus Ostengland, nach 1250 aber auch über die wend. Ostseestädte.

Vor der Mitte des 13. Jh. wurde der Bergen-Handel noch von engl., westdt. und norw. Kaufleuten betrieben. Danach nahm die → Hanse mit ihren Kaufleuten aus den wend. Ostseestädten, insbes. aus → Lübeck, rasch eine führende Stellung ein, die dann im 14./15. Jh. den Getreidehandel fast vollständig kontrollierte. Nach den ersten Zollregistern für B. aus den Jahren 1518–21 liefen jährl. durchschnittl. 73 ausländ. Schiffe B. an, von denen allein 53 aus den wend. Hansestädten kamen. Der Außenhandel der Norweger wurde nach 1310 immer unbedeutender. Die Gebiete nördl. von B. wurden ab 1294 vom norw. Kg. und ab 1369 von den Hansen mit einem Handelsverbot für Ausländer belegt, im großen und ganzen respektiert wurde. Von der Mitte des 13. Jh. an hielten sich die Deutschen auch den Winter über in B. auf und waren spätestens seit den 1350er Jahren im sog. »Kontor« (»Die Brücke«) organisiert. Im Laufe des 14. und 15. Jh. kauften die Hansen die meisten Häuser in den ca. 30 »Höfen« zw. Holmen und Vågsbotn. Die Hauseigentümer waren in der Regel Kaufleute, die in den Hansestädten wohnten, während die Handelsniederlassungen in B. meist von Juniorpartnern geleitet wurden, hin und wieder auch von Geschäftsverwaltern. Die Verwalter leiteten gewöhnl. eine Handelsfirma oder eine »Stube« *(stue)* und hatten vier bis sechs Gesellen oder »Jungen« unter sich. Formell wurde dem Kontor niemals ein Exterritorialrecht zugesprochen, die norw. Behörden mußten aber in der Praxis die innere Jurisdiktion dulden, während Konflikte zw. Norwegern und Deutschen vor einem norw. Gericht verhandelt werden sollten.

Spätestens 1307 ließen sich auch dt. Handwerker in B. nieder und bildeten eigene Zünfte (Schuhmacher, Goldschmiede, Gerber, Schneider, Bäcker, Barbiere). Dagegen wurden wohl erst nach 1560 norw. Zünfte gegründet. Im Jahre 1559 gab es ungefähr 150 dt. Handwerker in der Stadt. Quellen aus dem 15. und 16. Jh. deuten darauf hin, daß sich ca. 2000 Deutsche während der Sommersaison in B. aufgehalten haben können. Die Hälfte davon waren wohl Wintersitzer.

Gegen Ende des HochMA war B. mit rund 7000 Einwohnern die weitaus größte Stadt Norwegens. Die städt. Verwaltung wurde in Norwegen – im Gegensatz zu den meisten Städten in Mitteleuropa – vom Kg. kontrolliert. Vermutl. seit dem Ende des 11. Jh. nahm ein kgl. Stadtamtmann *(gjaldkeri)* die ökonom., militär. und administrativen Interessen des Kgtm.s in B. wahr und organisierte das städt. Thing *(mót)*. Nach Magnús Lagabøters Stadtrecht (1276), das unter bes. Berücksichtigung der Verhältnisse in B. zusammengestellt wurde (→ Stadtrechte), hatten alle Einheimischen und Ausländer, die mindestens den vierten Teil eines Stadthofes länger als ein halbes Jahr in Besitz oder zur Miete hatten, die Pflicht, auf dem städt. Thing zu erscheinen. Diese Versammlung hatte gerichtl., administrative und polit. Aufgaben. Aus ihrer Mitte wurden vom gjaldkeri, nach 1320 dann vom kgl. Rechtspfleger und dem Amtmann, die im Stadtrecht vorgeschriebenen zwölf Ratsherren ausgewählt. Der Rat fungierte – zusammen mit dem Rechtspfleger – in der Hauptsache als Gerichtshof und Baubehörde. Im Laufe der Zeit entwickelte sich der Rat zum wichtigsten Interessenvertreter der Stadt, ohne sich jedoch aus der Vormundschaft der kgl. Amtsträger befreien zu können. A. Nedkvitne

Lit.: Y. Nielsen, B. fra de eldste Tider indtil Nutiden, 1877 – F. Bruns, Die Lübecker Bergenfahrer und ihre Chronistik, Hans. Geschichtsq. NF II, 1900 – O. Brattegard, Über die Organisation und die Urkk. des hans. Kontors zu B. bis 1580, Bergens historiske forenings skrifter 38, 1932, 237–303 – B. Lorentzen, Gård og grunn i Bergen i middelalderen, Det Hans. Mus. Skr. 16, 1952 – A. Herteig, Kongers havn og handels sete, 1969 – N. Bjørgo, Det eldste Bergen, Sjøfartshist. årbok 1970, 53–127 – K. Helle, Die Dt. in B. während des MA (Ausstellungs-Kat. Köln. Stadtmuseum 1973), 139–156 – A. Herteig, Die archäolog. Unters. auf Bryggen in B., Vor- und Frühformen der europ. Stadt im MA, 2 Bde, AAG Phil.-hist. Kl., 3. F., 83–84, 1973–74 – T. Låg, Landbrukbosettinga i Bergensområdet fram til ca. 1350, Bergens historiske forenings skrifter 75/76, 1975, 7–119 – K. Helle, Urbaniseringsprosessen i Norden I, Norge, 1977, 189–286.

Bergen, Stadt im Hennegau → Mons

Bergen op Zoom, Stadt in den Niederlanden (Prov. Nordbrabant), zuerst 966 erwähnt. Spätestens seit 1260 besaß der Ort Stadtrechte. Nach Teilung der Herrlichkeit → Breda i. J. 1287 kam die westl. Hälfte an Gerard van Wesemale, woraus die Herrlichkeit B. (seit 1533 Mgft.) entstand. 1365 erhielt die Stadt ihr Großes Privileg (»Groot Privilege«), das einen Meilenstein in der Verfassungsentwicklung bildet. Die Herren v. B. (die aufeinanderfolgend zu den Familien van Wesemale, Voorne, Boutersham und Glymes gehörten) unterstützten die wirtschaftl. Entwicklung, die ihren Höhepunkt in den freien, in ganz Europa bekannten Jahrmärkten um Ostern (Paasmarkt) und im Nov. (Koudemarkt) erreichte. G. Asaert

Lit.: C. J. F. Slootmans, B., de stad der markiezen, 1949 – E. G. H. Haertel, B., Proeve van een sociaal-geografische stadsanalyse, 1961 – J. van Rompaey, Rechtsbronnen van de stad B., Verslagen en Mededelingen van het Oud Vaderlands Recht XIII, 1968, 195–318 – W. A. Van Ham, Bestuur en rechtspraak te B. vanaf de middeleeuwen tot de tijd van Napoleon, 1976.

Bergfried. Die ma. Bezeichnung für Belagerungstürme, Warten, Mauertürme oder Glockengerüste wurde von Burgenkundlern des 19. Jh. (Leo, 1837) willkürl. auf den Hauptwehrturm der → Burg übertragen, der in zeitgenöss. Quellen nur »Turm« oder »Großer Turm« genannt wird. Der in der Regel unbewohnte B., der sich dadurch von dem zumeist größeren → Donjon unterscheidet, dient als Ausguck, zur Verteidigung, als letzter Rückzugsort und nimmt auch die Wächterstube, das Verlies und vereinzelt die → Burgkapelle auf; er ist fortifikatorisches und machtpolit. Symbol. B.e kommen vornehmlich von der Mitte des 12. bis zum Ende des 14. Jh. vor; im sächs.-thür. Raum beginnt die Entwicklung schon im 11. Jh., in West- und Süddeutschland erst im 12. Jh. Der B. steht zumeist frei im Hof an der höchsten Stelle oder in der Nähe angriffsgefährdeter Bereiche. Bei bes. langgestreckten Anlagen kann er verdoppelt werden (Münzenberg/Wetterau, Saaleck, Thurandt/Mosel), auch sind Türme durch Engstellung oder verbindende Mauer gekoppelt worden (Kasselburg/Eifel). Der zumeist runde (Sinwellturm), viereckige oder quadrat. Grundriß kann zur Feldseite eine spitzwinklige Verstärkung (Prallkeil, Sturmkante) der besseren Abwehr von Belagerungsmaschinen und Geschossen wegen erhalten, so daß mehreckige (Neuerburg/Wied, Rieneck/Sinn) oder runde mit Spitze versehene Türme (Rudelsburg/Saale, Bolkoburg/Schlesien, La Roche Guyon/Seine, Châteaux-Gaillard/Seine) entstehen. Quadrat. Türme können, übereckgestellt, gleiche Wirkung erzielen (Wildenburg), vereinzelt finden sich auch polygonale, zumeist achteckige (Steinsberg/Sinsheim, Egisheim/Elsaß, Deutschordensburgen, Enna/Sizilien), halbrunde oder dreieckige Türme (Grenzau/Westerwald, Rauheneck/Baden). Normalerweise sind die Turmmauern außen senkrecht. Geschoßweise Absätze im Innern führen zu einer Reduktion der Mauerdicke nach oben hin und dienen als Auflager für die Deckenbalken. Die Türme können sich aber auch außen verjüngen oder an Rücksprüngen Platz für Wehrgänge lassen (Butterfaßtürme). Runde Turmoberteile auf quadrat. Sockel sind selten (Marksburg/Rhein). Die senkrechte äußere, 18 bis 30 m hohe Mauerfläche wird seit der Mitte des 12. Jh. häufig mit Buckelquadern (→ Bossenquader) verkleidet. Im Laufe des 14. Jh. werden die B.e schlanker und durchgängig in verputztem Bruchsteinmauerwerk ausgeführt.

Im zumeist ebenerdigen Untergeschoß mit bis zu 4 m dicken Mauern ist ein Vorratsraum oder das Burgverlies untergebracht, in dessen flacher oder gewölbter Decke eine Öffnung (Angstloch) als Zugang dient. Darüber, gewöhnl. sechs bis zwölf m über dem Burghof, liegt das Eingangsgeschoß, dessen Tür über eine im Belagerungsfall einziehbare Leiter oder über einen abwerfbaren Holzsteg von einem anschließenden Bau oder Wehrgang zugängl. ist. Zwei bis vier weitere Geschosse sind über Holzleitern oder auch Treppen in Mauerdicke erreichbar. In einem Geschoß finden sich im Aufenthaltsraum für den Turmwächter häufig ein → Kamin und ein → Abtritt, zuweilen auch eine Bettnische und statt der üblichen schmalen Schlitzfenster etwas größere und auch durch eine eingestellte Säule reicher gestaltete Fenster (Wimpfen, Wildenburg, Neippers/Heilbronn, Heidenreichstein/Niederösterreich). Der obere Boden (Wehrplatte) ist offen und mit einem Zinnenkranz umgeben oder mit einem Zelt- oder Satteldach überdeckt. Im 14. Jh. wird das Geschoß allseitig vorgekragt, mit Bogenfries abgeschlossen und im 15./16. Jh. mit Ecktürmen geziert (Steinsheim/Main, Friedberg/Hessen). Ein Wehrgang oder Maschikulis dient der Verteidigung. In spätgot. Zeit, bes. in S-Deutschland, wird ein nach allen Seiten ausladender hölzerner Aufbau (Obergaden) mit der Wohnung des Türmers aufgesetzt. Vgl. auch → Belfried. G. Binding

Lit.: H.-K. Pehla, Wehrturm und B. im MA [Diss. Aachen 1974; Lit.] – C. Meckseper, Ausstrahlungen des frz. Burgenbaus nach Mitteleuropa im 13. Jh. (Fschr. H. Wentzel, 1975), 135–144.

Bergheim, Herren v. Durch Aufteilung des Besitzes Graf Wilhelm III. v. → Jülich († 1219) erhielt sein zweiter Sohn Walram († 1266) die aus pfgfl. Lehen und Alloden zusammengesetzte Herrschaft Bergheim, die er in heftiger Auseinandersetzung mit Kurköln um die Erbschaft der 1246 ausgestorbenen Gf.en v. Are-Hochstaden in der Eifel beträchtl. vergrößern konnte. Im Gegensatz zum Stammhaus stand sein Sohn Walram II. jedoch im Erbfolgestreit um das 1280 erledigte Hzm. Limburg in der Schlacht von → Worringen (1288) auf seiten Kurkölns. Als er ohne Erben starb, fiel die Herrschaft um 1312 wieder an die Hauptlinie zurück; bis 1335 diente die Herrschaft der Versorgung des jüngsten Sohnes Gottfried. G. Droege

Lit.: W. GRAF V. MIRBACH, Beitr. zur Gesch. der Grafen v. Jülich, Zs. des Aachener Geschichtsvereins 11–13, 1889–91.

Bergkristall → Edelsteine, → Kristall

Bergkristallminiatur. Die farbige Pergamentminiatur und der klare Bergkristall gehen in der Gotik eine Materialsymbiose ein, die geradezu zum Merkmal got. Kristallkreuze und Altardiptychen wird, wie sie seit der ersten Hälfte des 13. Jh. hauptsächl. in Venedig Herstellung fanden. Die frühesten erhaltenen Beispiele dürften ein Diptychon und ein Tropfenkreuz im Athos-Kloster H. Paulou sein (vgl. HUBER, 119–135 und 187ff.; alle Szenen sind im Detail abgebildet). Als außerordentl. Werk dieser Gattung ist ein Reliquiar im Nationalmuseum Kopenhagen zu nennen (Greek and Latin Illuminated Manuscripts X–XIII c. in Danish Collections, 1921, Pl. XLIV). Das kreuzförmig als Reliquienbehältnis in Form einer Bursa gearbeitete Bergkristallstück enthält in die Bohrkanäle eingelassene Reliquien, die von Pergamentminiaturen ummantelt werden. Frühes Beispiel ist das Bergkristallkreuz aus der Mitte des 13. Jh. im Bayer. Nationalmuseum in München (Rhein und Maas, Ausstellungskatalog, Köln 1972, 353). In der Folge erscheinen Pergamentmalereien auf Goldgrund unter Bergkristallauflagen bis in die Mitte des 14. Jh. als eine Art Imitation byz. Goldemails, wie auch deren Perlchenrahmung an byz. Fassungen erinnert. Schönste Exempla sind das Diptychon des Athos-Klosters Hilandar (2. Hälfte 13. Jh.; HUBER, 137–144 und 190; Abb. aller Szenen) und das 1290/1296 entstandene Diptychon Kg. Andreas' III. von Ungarn im Hist. Museum in Bern (E. MAURER, Das Kl. Königsfelden [Die Kunstdenkmäler der Schweiz. Kt. Aargau, Bd. III], 1954, 255ff.; HUBER, 146–149 und 191; Abb. aller Szenen) und Bergkristallkreuze im Museu Machado de Castro, Coimbra, deren entfernter Aufbewahrungsort zugleich die weite europ. Verbreitung dieser gewiß ven. Erzeugnisse belegt (H. R. HAHNLOSER, Das Venezianer Kristallkreuz im Bern. Hist. Mus., Jb. des Bern. Hist. Mus. in Bern XXXIV, Jg. 1954, 35ff.). Am kostbaren Vorderdeckel des Plenars Hzg. Ottos des Milden (bestehend aus verwendetem Schach-Dame-Spielbrett) wechseln rote Jaspisfelder ebenfalls mit Bergkristallplättchen über Pergamentmalereien mytholog. und profaner Szenen auf Goldgrund ab (D. KÖTZSCHE, Der Welfenschatz im Berliner Kunstgewerbemuseum, 1973, 49f., Nr. 31, Farbtaf. VI). A. Legner

Lit.: P. HUBER, Bild und Botschaft, 1973, 115–149; 187–191.

Bergmann → Bergbau

Bergrecht. Seit langem sieht man in der Constitutio de regalibus Ks. Friedrichs Barbarossa von 1158 (→ Roncaglia, Gesetze) die Rechtsgrundlage des ma. Bergregals (→ Regalien). Allerdings meinen die hier neben den salinae genannten argentariae nicht den Silberbergbau, sondern die Wechselstuben. Zwar dringt im hohen MA die Vorstellung vor, die Nutzung von Erzfunden bedürfe einer Bewilligung des Königs; doch erscheint der Erzabbau bis ins 11. Jh. oft als Zubehör auch nichtköniglicher Grundherrschaften. Auch ließ sich der kgl. Anspruch gegen den Widerstand der Fs.en nicht durchsetzen. Ihnen wurde daher das Bergregal übertragen – zuerst 1356 in der → Goldenen Bulle den Kurfürsten, den übrigen Landesherren endgültig 1648 im Westfäl. Frieden. Unter dem Schutz des Bergregals, das die Rechte der Grundherren zurückdrängte, setzte sich seit dem 14. Jh. die Bergfreiheit durch: das Recht auf Bergbau auch gegen den Willen des Eigentümers, das sich v. a. im sächs.-böhm. Raum mit dem Finderrecht verband: dem Recht des Erstfinders auf Verleihung der Abbaubefugnis.

Das Bergregal war das Verfügungsrecht des Landesherrn über gewisse Mineralien. Er hatte damit ein unumschränktes Aneignungsrecht, das er nach seinem Belieben ausübte. Dabei konnte er die Bergwerksfelder selbst ausbeuten, indem er sich unter Ausschaltung jeglichen Finderrechts gewisse Gebiete vorbehielt (Feldesreservation) oder die Ausbeutung Dritten gegen Abgaben überließ (Distrikts- oder Spezialverleihungen); schließlich konnte er das Regal selbst an Dritte veräußern (Privatbergregal). Im allgemeinen überließen die Landesherren Privatpersonen, die sie meist aus älteren Bergbaugebieten als Fachleute ins Land holten, das Aufsuchen der Bodenschätze und gewährten dem Erstfinder ein räuml. begrenztes Abbaurecht, während sie selbst dafür eine Abgabe von der Ausbeute (Zehnt) und das Vorkaufsrecht an den Metallen beanspruchten. Hierbei handelt es sich um die Freierklärung des Bergbaus, der weiterhin zum Bergregal gehörte, also nicht um Bergwerkseigentum im heutigen Sinne. Die Ausübung des Bergregals durch die Landesherren war völlig unterschiedl., auch die Verleihung eines Abbaurechts stand ganz in ihrem Belieben.

Das Bergrecht selbst hat sich bis zum 12. Jh. durch die Wanderungen der dt. Bergleute, die sich früh der Freizügigkeit erfreuten, gewohnheitsrechtl. entwickelt. Schon im 10. Jh. zogen frk. Bergleute nach dem → Harz, später Bergleute aus dem Harz und dem → Erzgebirge u. a. nach Böhmen, Mähren und Ungarn, ja sogar in die Toskana. Sie hatten ihre bergmänn. Bräuche mitgebracht. Durch mündl. Überlieferungen, Rechtssprichwörter und Erkenntnisse der Bergschöffenstühle war das Berggewohnheitsrecht fortgebildet. Allmählich entstand die Notwendigkeit schriftl. Aufzeichnungen, die die Bergbaukreise selbst durchführten. Das älteste uns bekannte Bergrecht ist das von Trient von 1185 (zunächst in einem Vertrag, 1208 jedoch durch Gesetz festgelegt). Dieses und andere Bergordnungen beeinflußten den Schladminger Bergbrief von 1408, der für die Entwicklung des Bergrechts im süddt. und alpenländ. Raum von Bedeutung war. Das Iglauer Bergrecht (→ Iglau), dessen älteste Aufzeichnung von 1249 stammt, und das Freiberger Bergrecht (→ Freiberg) (14. Jh.) bildeten die Grundlage der spätma. Berggesetzgebung in Nord- und Mitteldeutschland. Zu erwähnen sind noch, obwohl sie keine Ausstrahlung auf andere Gebiete hatten, das Harzer Bergrecht von 1271 für den Goslarer Bergbau (→ Goslar), betitelt »iura et libertates silvanorum« und das Schles. Goldrecht aus dem 14. Jh. Alle diese Bergrechte zeigen eine enge Verwandtschaft in dem Grundgedanken des Bergregals und der Freierklärung des Bergbaus. Sie regeln die Befugnisse der Regalherren (Zehnt, Berggerichtsbarkeit, Metallvorkaufsrecht u. a.) sowie die Rechte der Bergbautreibenden gegenüber dem Grundeigentümer, der Schürfen und Abbau auf seinem Grundstück nicht verbieten kann, und gegenüber dem Regalherrn (Erstfinderrecht, Verleihung des Abbaurechts).

So entstand geschriebenes B. gegen Ende des MA zunächst als Aufzeichnung der Gewohnheitsrechte, die durch die Sanktion des Landesherrn Gesetzeskraft erlangten. Mit dem Aufkommen eines akadem. geschulten Juristenstandes kam es in der Folgezeit zu einer Weiterbildung der Bergordnungen auch in materiell-rechtl. Hinsicht, wobei jedoch stets das alte Herkommen und die Berggewohnheiten mit subsidiärer Wirkung aufrechterhalten wurden. Der Vorläufer des Überganges zum landesherrl. Recht ist die → Kuttenberger Bergordnung (1300–05), die sich selbst »ius regale montanorum« nennt, auf dem Iglauer Gewohnheitsrecht aufgebaut ist und das gesamte bergrechtl. Wissen der damaligen Zeit darstellte. Von großer Bedeutung für die Weiterentwicklung des B.s im deutschsprachigen Raum war die kursächs. Berggesetzgebung, nämlich die fünf Schneeberger Bergordnungen (1477-1500), die St. Annaberger Bergordnung (1493/99-1509) – St. Annaberg hieß bis 1501 Schreckenberg – sowie die Joachimsthaler Bergordnung von 1518, denen im Laufe des 16. Jh. weitere Bergordnungen folgten. Die materiellrechtl. Weiterentwicklung des B.s war in diesen Bergordnungen gering. Da sie durch die Landesherren erlassen wurden und diese ein großes Interesse an den Einnahmen aus dem Bergbau hatten, enthalten die Bergordnungen überwiegend Bestimmungen über die Stellung und Befugnisse der landesherrl. Beamten sowie über Maßnahmen aufgrund des Direktionsprinzips (Ein- und Absetzen der Betriebsbeamten, Einziehung des Zehnten, Preise für Metallvorkaufsrecht, Festsetzung der Zubuße und Ausbeute, die die Gewerken zu zahlen hatten oder erhielten). Damit endete die B. des MA. Es bildete die Grundlage für die sehr bedeutsame frühmoderne Berggesetzgebung. Vgl. auch → Bergbau. R. Willecke

Lit.: HRG I, 373-381 – TH. WAGNER, Corpus iuris metallici, 1791 – H. ACHENBACH, Das gemeine dt. B., 1871 – H. ERMISCH, Das sächs. B. des MA, 1887 – J. A. TOMASCHEK, Das alte B. von Iglau und seine bergrechtl. Schöffensprüche, 1897 – A. ZYCHA, Das Recht des ältesten dt. Bergbaus bis ins 13. Jh., 1899 – DERS., Das böhm. B. des MA auf der Grundlage des B.s von Iglau, 1900 – A. ARNDT, Zur Gesch. und Theorie des Bergregals, 1916 – W. EBEL, Gewerbl. Arbeitsvertragsrecht im dt. MA, 1934, 82ff. – K. FRÖHLICH, Goslarer Bergrechtsquellen des früheren MA, 1953 – H. CONRAD, Dt. Rechtsgesch. I, 1962², 276f., 280, 363 [Lit.] – M. UNGER, Stadtgemeinde und Bergwesen Freibergs im MA, 1963 – W. EBEL, Über das landesherrl. Bergregal, Zs. für Bergrecht 109, 1968, 146-183 – H. W. STRÄTZ, Bergmänn. Arbeitsrecht im 15. und 16. Jh. (Fschr. N. GRASS, 1974), 533-558 – R. WILLECKE, Die dt. Berggesetzgebung von den Anfängen bis zur Gegenwart, 1977.

Bergstadt. Während der Bergbau im frühen MA in herkömml. Weise von hofrechtl. gebundenen Dorfbewohnern im Rahmen ländl. Wirtschaft und feudaler Verfassung betrieben wurde, trat er in der 2. Hälfte des 12. Jh. in enge Verbindung zur damals neuen Wirtschafts-, Verfassungs- und Lebensform der Stadt. Im Gebiet des markmeißnischen Kl. Altzella wurde 1168 Silber fündig, was den Zuzug niedersächs. Bergleute (Rammelsberg b. → Goslar) und die Entstehung einer Bergbausiedlung »Sächsstadt« zur Folge hatte. Kaufleute, Handwerker und landesherrl. Burg- und Dienstmannen fügten weitere Siedlungsteile hinzu, die vor 1218 durch die wirtschaftl. und polit. führende Schicht der Bergbauunternehmer zu einer einheitl. ummauerten Stadt vereinigt wurden. Der 1218 zuerst auftretende Name »Freiberg« hat tiefere Bedeutung. Er kennzeichnet gegenüber dem noch im Sachsenspiegel festgehaltenen älteren Bergrecht die völlig neue Bergfreiheit, die hier zum ersten Mal durchgesetzt wurde. Auf dem »freien Berge« war jedem Abbauwilligen das Schürfen und Fördern nach Ermächtigung durch den Mgf.en als Regalherrn gestattet. Da der größere Teil der Stadtbewohner Bergbau trieb, waren Bürger und Bergleute nahezu identisch, die führenden Bergbauunternehmer beherrschten den Stadtrat. Das »Gebirge« (= Bergbaugebiet) mit allen dort Ansässigen auch außerhalb der Stadt war dem Stadtrecht unterworfen, das in bes. Weise von den Gegebenheiten und Erfordernissen des Bergbaus geprägt war. Seine Bewohner genossen die bürgerl. Vorrechte. Der vom Landesherrn ernannte Bergrichter entstammte der ansässigen Bürgerschaft, er hielt als Bergbausachverständiger mit den Bergschöffen das Berggericht. Die wirtschaftl.

Kraft und die hohe polit. Bedeutung der Stadt für den Landesherrn ermöglichten es ihr noch im 13. Jh., ihre Autonomie auszubauen; der Rat übernahm die Funktion des landesherrl. Vogtes und berief einen eigenen Stadtrichter.

Dieser in Freiberg erstmals ausgeprägte Typ der B. mit der kennzeichnenden Einheit von Stadt- und Bergverfassung, Bürgerfreiheit und Bergfreiheit, mit der beherrschenden Stellung des Bergbaus in der städt. Wirtschaft und Immediatstellung unter dem Landesherrn pflanzte sich schnell fort. Er erscheint in den schles. Bergstädten Goldberg (1211), Löwenberg (1217) und Reichenstein (1273), im mähr. → Iglau (1227), im böhm. → Kuttenberg (1237) und Deutschbrod (1278) und im späteren 13. Jh. in den dt. besiedelten slowak. Bergstädten Schemnitz, Kremnitz, Neusohl u. a. In Serbien wurden im 13., in Bosnien im 14. Jh. Bergstädte für den Gold- und Bleibergbau gegründet, deren dt. Bewohner (serbokroat. *sassi*) Recht und Verfassung der dt. Bergstädte mitbrachten. In Obersachsen kamen im SpätMA neue Bergstädte auf: Siebenlehn (1370), Ehrenfriedersdorf (vor 1380) und Altenberg (um 1450), die beiden letzten als Zinnbergstädte, im hess. Sontra (15. Jh.) wurde Kupfer abgebaut. Als seit 1470 im w. Erzgebirge Silber fündig wurde, erhob sich hier eine neue Welle der Gründung von Bergstädten mit Schneeberg (1470), Annaberg (1496) und Marienberg (1521) als den bedeutendsten. Bis zu dieser Zeit galt hier als B. jede Stadt, der Sitz eines Bergmeisters war, seit Ende des 16. Jh. jede Stadt, die Kommunbergbau betrieb. Die Charakterisierung als B. hatte gewisse steuerl. Erleichterungen seitens des Staates zur Folge.

Der ma. Typ der B. ließ noch in der frühen NZ neue Ableger entstehen: im Harz Zellerfeld (1532), Clausthal (1554) und St. Andreasberg (um 1565), in Norwegen Kungsberg (Gold) und Røros (Kupfer) im 17. Jh., in Schweden 1720 Falun in einem alten Kupferbergbaugebiet, wobei zumeist die einwandernden obersächs. Bergleute die Verfassungsgrundsätze ihrer Heimatstädte mitbrachten.

Mit der B. bildete sich inmitten des eben erst aufblühenden Städtewesens um 1200 ein von der normalen Fernhandelsstadt abweichender Städtetyp aus, der einseitig auf die spezialisierte Produktion festgelegt war und insofern den Typ der Industriestadt des 19./20. Jh. vorwegnahm. Im Zuge der Industrialisierung und der einbenenden Verwaltungstätigkeit des bürgerl.-liberalen Staates wurde der bes. Status der B. gegenstandslos.

Als eine Parallele zur B. kann die Salinenstadt gelten, wo es ebenfalls durch Ausbeutung von Bodenschätzen zu einer die städt. Wirtschaft beherrschenden spezialisierten Produktion und zur Vorherrschaft der Unternehmer der Salzgewinnung (Pfänner) innerhalb der Stadtverfassung kam: Schwäbisch Hall (vor 1150), Reichenhall (nach 1150), Halle a.d. Saale (um 1150), Frankenhausen, Lüneburg (vor 1200). Vgl. auch → Stadttypen, Stadttypologie.
K. Blaschke

Lit.: H. ERMISCH, Das sächs. Bergrecht des MA, 1887 – A. ZYCHA, Das Recht des ältesten dt. Bergbaus bis ins 13. Jh., 1899 – DERS., Das böhm. Bergrecht des MA auf Grundlage des Bergrechts von Iglau, 1900 – G. SCHUBART-FIKENTSCHER, Die Verbreitung der dt. Stadtrechte in Osteuropa, 1942 – W. KUHN, Die dt. Ostsiedlung in der NZ, 2 Bde, 1955-57 – G. V. PROBSZT, Die niederung. B., 1966 – M. MAŁOWIST, Górnictwo w średniowiecznej Europie środkowej, Przegl. hist., 1972.

Bergsteigen. Bergbesteigungen hatten als Voraussetzungen militär. Gründe, Streben nach Naturerlebnis oder persönl. Ehrgeiz. Die Übergänge über hohe Alpen- und Pyrenäenpässe sind hier ausgenommen. In die erste Gruppe gehören die Ersteigung des Monte Maggiore (1651 m) in

Friaul durch den Langobardenkönig Albuin (568/569). Dem persönl. Ehrgeiz dienten die Ersteigung des Canigou (2787 m) in den Pyrenäen durch Kg. Peter III. v. Aragón 1285, die von Kg. Karl VIII. v. Frankreich befohlene Besteigung des Mont Aiguille in der Dauphiné (2097 m) durch neun Mann mit Seilen und Leitern 1492 und vielleicht auch die früheste bekannte ma. Bergtour des Bf.s v. Couserans auf den Mont Valier in den Pyrenäen (452/476). Die Schönheit der Bergwelt und das poet. Gefühl haben die Gipfelbesteigungen Dantes auf den Prato al Saglio (1347 m) und Monte Falterone (1654 m) im Apennin 1311 und Francesco Petrarcas auf den Mont Ventoux bei Vaucluse (1920 m) 1336 veranlaßt. Das Motiv der Erholung, des Sports und der Leistung steht bei Ks. Maximilian I. im Vordergrund, der im Rahmen der Gemsenjagd im Hochgebirge eine entsprechende Ausstattung (Rucksack, Sturzhelm, Steigeisen) trug und Klettertouren durchführte. Er erstieg 1506 den Traunstein (1691 m, Oberösterreich), jagte 1514 am Grimming (2351 m, Steiermark), stieg 1510 zum Gepatschgletscher (2000 m, Tirol) auf und stand »auf dem höchsten gepirg Europia, ohne das Erdreich zu berühren« (auf Gletschereis). Seine Schwierigkeiten beim Felsklettern in der Martinswand bei Innsbruck (1504/07) sind Gegenstand der Sage geworden. Wissenschaftl. Interessen verfolgten Leonardo da Vinci bei der Besteigung des Monte Bo (2556 m) nach 1511 und Vadianus 1518 bei der Besteigung des Pilatus (1920 m). Vgl. auch → Pilger, -fahrten. E. Egg

Lit.: Alpines Hb. I, 1931 – M. MAYR, Das Jagdbuch Ks. Maximilians I., 1891 – T. v. KARAJAN, Ks. Maximilians I. Geheimes Jagdbuch, 1858 – E. EGG-W. PFAUNDLER, Ks. Maximilian I. und Tirol, 1969 – Jb. des Oberösterr. Musealvereines, 1976, 174.

Berguedà, Guillem de, bedeutender katal. Troubadour, Sohn des Vgf.en gleichen Namens, * vor 1172, erbte 1187 als Erstgeborener große Gebiete und Burgen (Puig Reig, Montmajor, Casserres, usw.); † zw. 1192 und 1196; unverheiratet. In Urkunden unterschreibt er mit S. Guillemi pueri de Bergitano. Sein dichter. Werk umfaßt 28 Gedichte, zwei Streitgedichte und einen Brief. Die vier Liebesgedichte sind: »Quan vei lo temps camjar e refrezir«, »Mais volgra chantar a plazer«, »Lai on hom meillur'e reve« und »Arondeta de ton chantar m'azir«, das in verschiedenen ma. Liedersammlungen zitiert ist. Im 15. Jh. zitieren ihn der kast. Dichter → Marqués de Santillana und der Katalane → Jordi de San Jordi, welche sein einfacher und volkstüml., mit der Dichtung der kgl. und adligen Höfe vertrauter Stil beeinflußte. Der hervorragendste Aspekt seines Werkes ist jedoch seine Verleumdungs- und Beschimpfungsdichtung gegen seine großen Feinde: Kg. Alfons II. v. Aragón, den Bf. v. Seo de Urgel, Arnau de Preixens, den Feudalherrn Pere de Berga sowie Ponç de Mataplana. Der dessen Tod gewidmete schöne *playn* beeinflußte den Troubadour → Cerverí de Girona (1275).
J. Mateu Ibars

Ed.: A. FELLER, Leipzig 1849 – Lit.: M. RIQUER, Hist. de la Literatura Catalana I, 1964, 74-94 [Bibliogr., neuere Ed.].

Bergues-St-Winnoc (fläm. St. Winoksbergen), Stadt, ehem. Kastellanei und Kl. im frz. Flandern (Dép. Nord).

[1] *Stadt und Kastellanei*: Die Stadt ging aus einem burgus um Burg und Kl. (vgl. Abschnitt 2) hervor, die in beherrschender Lage auf dem »Groene Berg«, einem bewaldeten Bergsporn oberhalb des flandr. Küsten- und Poldergebietes, liegen. B. war Sitz einer bedeutenden Kastellanei, die gemeinsam mit ihren Nachbarn Veurne und Bourbourg 1240 eine → Küre erhielt. Die Kastellanei spielte in den Konflikten zw. Philipp IV., Kg. v. Frankreich, und dem Gf.en v. Flandern im frühen 14. Jh. eine wichtige Rolle, ebenso beim seeflandr. Aufstand gegen die Gf.en (1323-1328). B. war Bestandteil der Apanage für → Robert v. Cassel, doch wurde sie 1350 wieder der gfl. Domäne eingegliedert. 1382 erhob sie sich gegen den Gf.en und bildete das Herzstück der städt. polit. Kräfte, welche die engl. Intervention während des → Abendländ. Schismas begünstigten (1383; vgl. auch → Flandern, → Hundertjähriger Krieg). Die Stadt erhielt im 15. Jh. eine neue Mauer. – Im 10.-11. Jh. Sitz einer Münzstätte, war B. stets ein Markt für einheim. und engl. Wolle sowie für Garn. Seit der Mitte des 13. Jh. waren die Kaufleute aus B. an der »Hanse v. London« beteiligt; B. war eine der wenigen Städte, die gleichzeitig der »Hanse der 17 Städte«, die Handelsbeziehungen zu den → Champagnemessen unterhielt, angehörten (vgl. → Hanse, fläm.). Von 1282 bis zum Ende des 15. Jh. bestand eine »lombard. Bank« (»Table des Lombards«). Bes. im 14. Jh. hatte B. ein namhaftes Tuchgewerbe (bes. leichte Tuche: *douques*), dessen Erzeugnisse über → Brügge in die Ostseegebiete exportiert wurden. Im 15. Jh. erlebte die Leineweberei eine Blüte, bes. die Produktion von »saies« (ein leichter Leinenstoff, welcher Erzeugnissen aus → Hondschoote vergleichbar war). Seit dem 16. Jh. im Niedergang, hielt sich dieses Gewerbe bis zur Mitte des 18. Jh.

[2] *Abtei*: Am Ende des 7. Jh. wurde, zweifellos durch den hl. Winnoc (Winnocus, † um 717), einem ehem. Mönch in → St-Bertin, ein Kl. gegr. Um die Mitte des 8. Jh. verfallen, jedoch um 821 wiederhergestellt, wurde es 900 durch Balduin II., Gf.en v. Flandern, gefördert, der hier ein Kanonikerstift, das St. Martin in → Tours übertragen wurde, errichtete. 1022 setzte der Abt v. St-Bertin, Rodericus, auf Betreiben Gf. Balduins IV. Mönche aus St-Bertin anstelle der Kanoniker ein. Doch ließ sich die Benediktinerreform nur unter Schwierigkeiten durchführen. Unter Abt Rumoldus (1031-68) empfing das Kl. die Leichname mehrerer Hl. (hl. Oswald, hl. Lewinna usw., später hl. Godelieve; Viten und Translationen wurden vom Mönch Drogo verfaßt). B. entwickelte sich zu einem bedeutenden Wallfahrtsort; zw. 1056 u. 1063 zeigte man seine Reliquien in ganz Flandern. Nach Auseinandersetzungen um die Einführung der gregorian. Reform setzten Gf. Robert und der Bf. v. Thérouanne 1106 Mönche aus dem kurz zuvor cluniazens. gewordenen St-Bertin ein. Um 1107 bestätigte Papst Paschalis II. den Besitzstand der Abtei und nahm sie unter päpstl. Schutz. 1133 wurde die Kirche geweiht; der Abteibesitz erweiterte sich während des 12. Jh. durch die Förderung der Gf.en wie auch der Päpste, die B. zahlreiche Privilegien verliehen. 1288 wurde der Chor eines neuen Kirchenbaues begonnen. Bald darauf beeinträchtigten jedoch Schwierigkeiten das monast. Leben (1480 Reformversuche des Abtes Massin). Streitigkeiten um die Abtwahl führten zu weiterem Niedergang; ein Wiederaufstieg setzte erst um die Mitte des 16. Jh. ein.
R.-H. Bautier

Lit.: zu [1]: L. DEBAECKER, Recherches hist. sur la ville de B. en Flandre, 1849 – E. DE COUSSEMAKER, La keure de B., Bourbourg et Furnes, Ann. du Comité flamand de France V, 1859-60 – G. BIGWOOD, Le régime juridique et économique de l'argent en Belgique, 1922, I, 242, 245, passim; II, 51 – E. COORNAERT, Une industrie urbaine du XIVe au XVIIe s.: l'industrie de la laine à B.-S.W., 1930 – N. HUYGHEBAERT, Les deux translations du roi Saint Oswald à Bergues-Saint-Winnoc, RevBén 86, 1976, 83–93 – J. SORNAY, Les sources de l'hist. économique et sociale. États de la maison de Bourgogne I, passim [im Dr.] – zu [2]: DHGE VIII, 474-486 [Lit.] – GChr V, 332–341 – P. PRUVOST, Chronique et cartulaire de l'abb. de B., Soc. d'émulation de Bruges, 2 Bde, 1875-78 – E. SABBE, La réforme clunisienne en Flandre, RBPH IX, 1930 – J. RAMACKERS, Papsturkk. in den Niederlanden I, 1933, 17 – Vgl. auch Lit. bei den Artikeln Godelieve, Lewinna, Oswald.

Berinus, anonymer frz. Roman, ca. 1350-70 abgefaßt. Es handelt sich dabei um die Prosabearbeitung eines Mitte des 13. Jh. entstandenen Versromans in Achtsilbern, von dem nur zwei kurze Fragmente erhalten sind. Der Roman knüpft in seinen Hauptepisoden an den Zyklus der »Sieben Weisen von Rom« an, umfangreiche Teile stammen jedoch aus verschiedenen anderen Quellen: oriental. Erzählungen, Chansons de geste, Abenteuerromanen. Das Werk wirkt aber im ganzen gesehen einheitl. und zusammenhängend und liest sich dank der Fähigkeit des Verfassers, auch sehr unterschiedl. und weithergeholte Episoden zu verknüpfen, sehr angenehm.

Der Roman erzählt die Geschichte des B. und seines Sohnes Aigres. B., der Sohn eines röm. Bürgers, ist durch die feindselige Haltung seiner Stiefmutter gezwungen, sich einzuschiffen. Sein Schiff landet auf der Insel Blandie, einem wahren Schlupfwinkel für Gauner und Betrüger. Mit Hilfe des weisen Gieffroy gelingt es B. jedoch, ihre Machenschaften zu vereiteln. Er heiratet die Enkelin des Kg.s und wird sein Nachfolger. Von seinen Baronen verraten, muß er jedoch die Insel verlassen. Ein Seesturm wirft ihn auf die Magnetinsel, an der sein Schiff haften bleibt. Mit Hilfe seines Sohnes gelingt es ihm, sich zu befreien. Er kommt wieder nach Rom zurück und bricht dort in die ksl. Schatzkammer ein. Als er bei einem dieser heiml. Unternehmen ertappt wird, befiehlt er dem Sohn, um der Schande zu entgehen, ihm den Kopf abzuschlagen und mit sich fortzutragen. Nun folgen die Abenteuer von Aigres, die alle erfolgreich ausgehen. Am Ende heiratet er die Tochter des röm. Ks.s und folgt ihm auf den Thron. – B. ist der negative Held, der nicht imstande ist, aus eigener Kraft das widrige Geschick zu besiegen. Aigres hingegen ist mit allen moral. Eigenschaften ausgestattet, die notwendig sind, um jede Schwierigkeit zu überwinden. Das Interesse des Autors richtet sich jedoch nicht in erster Linie auf die Persönlichkeit seiner Helden, sondern auf die Vielfältigkeit und Buntheit der Abenteuer, deren eigtl. Protagonistin Fortuna ist: Sie setzt alles in Bewegung, ordnet die Abenteuer nach zykl. Schema und läßt sie schließlich am Schluß der Erzählung enden, als der Held sich ihrer Macht entzieht. Eine derartig dominierende Rolle der Fortuna charakterisiert die Romane aus der Tradition der Matière de Rome, die sich dadurch klar etwa von den Werken des → Chrétien de Troyes wie von den Prosa-Artusromanen (→ Artus) unterscheiden. F. Prosperetti Ercoli

Ed.: B., roman en prose du XIVe s., ed. R. Bossuat, S. A. T. F., 1931 – *Lit.*: G. Paris, Le conte du Tresor du roi Rhampsinite, RHR 55, 1907, 151-187, 267-316 – G. Huet, Le conte de la Montagne d'Aimant, Romania 44, 1915, 427-453; 45, 1918, 194-204 – B. Lewinsky, L'ordre des mots dans B., 1949 – M. H. Offord, A textual problem of B., StN 41, 1969, 13-25 – D. Kelly, Fortune and narrative proliferation in the B., Speculum 51, 1976, 6-22.

Berkeley, eine der ältesten engl. baronialen Familien, die durch ihr Fortleben in der männl. Linie vom späten 12. Jh. bis heute bemerkenswert ist. Kg. Heinrich II. (1154-89) übertrug kurz vor seinem Regierungsantritt Burg und Grundherrschaft *(manor)* B., auf halbem Weg zw. Bristol und Gloucester gelegen, mit anderen Besitzungen an Robert FitzHarding († 1171), einen reichen Kaufmann und → reeve v. Bristol. Diese Übertragung erfolgte als Belohnung für FitzHardings finanzielle Unterstützung der angevin. Sache gegen Kg. Stephan v. Blois (1135-54). FitzHarding war der erste engl. Kaufmann, der eine baroniale Familie begründete; er stammte allerdings von einem bedeutenden kgl. Gefolgsmann *(thane)* der vornorm. Periode, Eadnoth the Staller, ab. FitzHardings Enkel, Robert († 1220), büßte als Rebell gegen Kg. Johann Ohneland ztw. seinen Besitz ein. Seine Nachfolger verhielten sich jedoch, von kurzen Perioden während des Krieges der Barone (1264-65; vgl. → Barone, Krieg der) und der letzten Regierungsjahre Kg. Eduards II. (1321-26) abgesehen, dem Kgtm. gegenüber loyal. Sie dienten als bedeutende Kriegsleute in Schottland und Frankreich und wurden als Barone nach 1295 regelmäßig zu den Parlamenten berufen. Im frühen 13. Jh. verarmt, wuchs ihr Wohlstand im 14. Jh. trotz des Schwarzen Todes und seiner wirtschaftl. Auswirkungen erneut; Thomas III. der Reiche († 1361) erwarb Landbesitz in großem Umfang. Eine umsichtige und listenreiche Wirtschaftsführung und Besitzpolitik führte zu einer raschen Vergrößerung der Familiengüter.

Der folgende Niedergang der B. resultierte aus dem langwierigen Familienzwist (1417-1609) zw. den Erben in männl. Linie und den nächsten Nachkommen von Thomas IV. († 1417), der aus seiner Ehe mit der Erbin der Baronie Lisle (1367) keinen Sohn hinterlassen hatte. Dieser Besitzkonflikt, in seiner langen Dauer ohne Parallele in der engl. Gesch., erreichte seinen Höhepunkt in der Schlacht von Nibley Green (20. März 1470), in der man den letzten Akt privater Kriegführung in England gesehen hat. Intensive Beschäftigung mit den Ansprüchen seiner Verwandten der Lisle-Familie dürfte den kinderlosen William, gen. »the Wast All« († 1492), bewogen haben, 1477 sein Recht auf den halben Anteil an den ausgedehnten Besitztümern der Mowbray an Kg. Eduard IV. abzutreten. Für wenige Jahre zählte William, Lord B. (1483 Earl of Nottingham, 1489 Marquis of B.) zum höheren Adel, doch enterbte er seinen Bruder, indem er die Anwartschaft auf fast alle Güter Kg. Heinrich VII. übertrug; dadurch war seinen Erben bis 1553 die Inbesitznahme des B.-Patrimoniums vorenthalten. – Die B. sind eines der bestbezeugten baronialen Geschlechter Englands, da ihre Erbstreitigkeiten mit den Lisle, die erst 1609 endgültig beigelegt wurden, sie zur Bewahrung ihrer Familiendokumente nötigten. Diese bildeten die Grundlage für die von dem Antiquar John Smyth (1567-1640) aus Nibley (Co. Gloucester) in vierzigjähriger Arbeit vollendeten »Lives of the Berkeleys« (1628), einer Familiengeschichte von einzigartigem Quellenwert für die Erforschung der engl. landbesitzenden Aristokratie. – Trotz starker Restaurierung hat sich B. Castle, das noch heute von einem Mitglied der Familie B. bewohnt wird, als eines der schönsten ma. Adelsschlösser Englands erhalten. T. B. Pugh

Q. und Lit.: Peerage II, 118-147; VII, Appendix C – J. H. Cooke, The Great Berkeley Law-Suit, Transactions of Bristol and Gloucestershire Archaeological Society 3, 1878-79, 305-324 – J. Smyth, The Lives of the Berkeleys, ed. Sir J. Maclean, 3 Bde, 1883-85 – I. H. Jeayes, Catalogue of the Charters and Muniments at B. Castle, 1892 – W. J. Smith, The Rise of the Berkeleys, 1243-1361, Transactions of Bristol and Gloucestershire Archaeological Society 70, 1951, 64-80; 71, 1952, 101-121 – Gloucestershire Stud., ed. H. P. R. Finberg, 1957.

Berkhampstead, Lehen (honor), Burg und Stadt im südl. England (County Hertford). Erster Inhaber des honor war Robert, Gf. v. → Mortain, dessen Sohn Wilhelm es 1104 wegen Rebellion an die Krone abgeben mußte. Das Besitztum war zumeist eng mit der Gft. → Cornwall verbunden, doch diente es auch zur Ausstattung mehrerer Königinnen. – Thomas Becket hatte 1156-61 die Verwaltung des Lehens inne. 1166 umfaßte es 22¾ Ritterlehen *(knights' fees)*, gelegen in Hertfordshire, Buckinghamshire und Northamptonshire. Ab 1337 war das honor Bestandteil des Hzm.s Cornwall. Die Grundherrschaft B. warf 1296 einen Gesamtgewinn von ca. £ 160 ab.

Die Burg wurde wahrscheinl. von Robert v. Mortain

errichtet. Eine große Motte-und-bailli-Anlage (→ Burg), wurde sie später mit Stein verstärkt; sie besaß einen Donjon und eine Außenmauer mit zehn Türmen. Die äußeren Erdwälle sind durch (sonst unübliche) Plattformen gekennzeichnet, die wohl als Unterbau der Belagerungsmaschinen, die der Dauphin Ludwig 1216 bei seiner erfolgreichen Belagerung der Burg anwendete, dienten. → Richard v. Cornwall leitete dort eine ausgedehnte Bautätigkeit ein, doch schon im 14. Jh. befand sich die Burg im Zustand des Verfalls. Seit dem 15. Jh. war B. nicht mehr bewohnt.

Die Stadt ist ags. Ursprungs. Das Domesday Book gibt die Zahl ihrer Bürger mit 52 an. Im 12. Jh. bestand wahrscheinl. eine Kaufmannsgilde; die Stadt besaß die gleichen Privilegien wie Wallingford. Belege für spätere Handwerkerzünfte (*craft gilds*) gibt es nicht. Im 13. Jh. bestanden ein Markt sowie zwei Jahrmärkte. 1381 beteiligten sich die Einwohner am Bauernaufstand des Wat → Tyler.

M. C. Prestwich

Lit.: VCH Hertfordshire, II - I. J. SANDERS, Engl. Baronies, 1960 - R. A. BROWN, H. M. COLVIN, A. J. TAYLOR, Hist. of the King's Works II, 1963.

Berlin, gegr. im Zuge planvoller dt. Ostpolitik als Doppelstadt Berlin-Cölln aus älteren Kaufmannssiedlungen am Übergang von Fernstraßen über die Spree zw. den Hochflächen des Barnim und Teltow, erhielt etwa 1230 durch die askan. Markgrafenbrüder Johann I. und Otto III. brandenburg. Stadtrechte (erste urkundl. Erwähnung: Der Geistliche Symeon, 1237 plebanus de colonia, ist 1244 praepositus de Berlin). Der älteste Kern B.s lag bei der Nicolaikirche um den Alten (später Molken-) Markt mit Budenzins (analog zu Lübeck) bis ins 16. Jh. Neuere Ausgrabungen bei den Ruinen von St. Nicolai und St. Petri (älteste Kirche in Cölln) stießen unter roman. Basilika auf (chr.) Gräber ohne Beigaben um oder vor 1200, wie auch frühdt. Keramikfunde dt. Siedler bestätigen. Eine slav. Vorbesiedlung oder Burgwallanlage (wie in den älteren befestigten Spreeübergängen → Spandau und → Köpenick) ist im ma. Stadtgebiet nicht nachweisbar, während umliegende Dörfer oft einen slav. Kern haben. Die Doppelstadt, bei meist getrennter Verfassung eine Einheit nach außen, verdankt Mitte bis Ende des 13. Jh. den Mgf.en sowie dem schnell wachsenden Wohlstand der Bürger großzügigen Ausbau: Anlage eines pfalzartigen mgfl. Sitzes (als aula Berlin urkundl. 1261), Hohes Haus bis 1451, Klostergründungen (auf mgfl. Boden Graues Kloster der Franziskaner), der Neue Markt mit St. Marien, ein drittes gemeinsames Rathaus (1307) auf der Neuen Brücke zw. B. und Cölln, Hospitäler, Mühlenanlagen und beachtl. Landerwerb der Bürger im Umland. Dazu kamen Privilegien wie Zollfreiheit (1251), Stapelrecht, erste Münze (1280) und Schulzenamt samt Oberstem und Niedergericht (1391). B., an der Spitze des mittelmärk. Städtebundes (ztw. auch in der Hanse), oft Tagungsort, stärkte unter den schwachen Nachfolgern der Askanier (Wittelsbacher, Luxemburger) seine Autonomie. Erst die Hohenzollern (ab 1415) schränkten nach Unterwerfung des märk. Adels durch Mgf. Friedrich I. auch die städt. Macht ein. Die Gegensätze zum Landesherrn wie auch Zwiste zw. Rat und ständ. Gruppen (Viergewerken u. a.), die Beteiligung am Stadtregiment anstrebten, beendete Kfs. Friedrich II. mit der Unterwerfung 1442. Nach einem mißglückten Aufstand (B.er Unwille) 1448 und erneuter Huldigung verlor B. endgültig seine polit. Selbständigkeit und seine Privilegien. Das 1443 erbaute Schloß wurde ab 1470 ständige Residenz der Hohenzollern und B. Sitz der obersten Behörden und Hauptstadt der Mark Brandenburg.

H. Quirin

Lit.: Hist. Stätten Dtl. 10, 20-38 [A. v. MÜLLER, G. HEINRICH; Lit.] - B. SCHULZE, Berlins Gründung und erster Aufstieg. Sein Kampf mit der Territorialgewalt (B. Neun Kapitel seiner Gesch., 1960), 25-50 - J. SCHULTZE, Die Mark Brandenburg I, 1961 - B. SCHULZE, B. und Cölln bis zum 30jährigen Kriege (Heimatchronik B., 1962), 69-180 - E. KAEBER, Ausgew. Aufsätze, 1964 (Veröff. Hist. Komm. B. 14) - K. ZERNACK, Randbemerkungen zur Diskussion über die Anfänge B.s (Fschr. F. v. ZAHN I, Mitteldt. Forsch. 50/1, 1968), 353-367 - J. SCHULTZE, Ausgew. Aufsätze, 1969 (Veröff. Hist. Komm. B. 13) - W. H. FRITZE, Das Vordringen dt. Herrschaft in Teltow und Barnim, JBLG 22, 1971, 81-154 - E. BOHM, Teltow und Barnim, 1978 (Mitteldt. Forsch. 83) [Lit.] - H. K. SCHULZE, Die Besiedlung der Mark Brandenburg im MA, JGMODtl 28, 1979, 42-178.

Berlina → Pranger

Berlinghieri, Luccheser Malerfamilie des frühen 13. Jh.

1. B., Berlinghiero, signierte ein um 1210/20 zu datierendes Kruzifix (Lucca, Pinacoteca civica), in dem unter byz. Einfluß die roman. Vereinzelung überwunden, die seitl. Einzelszenen durch Maria und Johannes ersetzt werden.

2. B., Bonaventura, sein Sohn, malte 1235 das älteste erhaltene, hochformatige Franziskus-Retabel mit seitl. Szenen (San Francesco, Pescia), ein 1228 datiertes ist nur bildl. überliefert. Die neuartige Retabelform ist typisch für die Bettelorden.

Ch. Klemm

Lit.: E. B. GARRISON, Toward a New Hist. of Early Lucchese Painting, ArtBull 33, 1951, 11 ff. - R. OERTEL, Die Frühzeit der it. Malerei, 1966, 41 f.

Berlinghieri, Francesco, it. Geograph und Humanist, * 1440 in Florenz, † 1500 ebd. Unter seinen Lehrern befanden sich Johannes → Argyropulos und Cristoforo → Landino. B. war Mitglied der platon. Akademie und bekleidete einige öffentl. Ämter in seiner Heimatstadt. Sein Hauptwerk ist die metr. Paraphrasierung und Übersetzung der »Geographie« des Ptolemaios (→ Ptolemaios, -Rezeption) ins It., wobei er den 27 ptolemäischen vier moderne Karten (Italien, Spanien, Gallien, Palästina) hinzufügte; zwei Hss. um 1480 (Bibl. Vaticana; Mailand, Bibl. Braidense), gedruckte Ausgabe (Florenz um 1482) mit Kupferstichkarten.

E. Woldan

Lit.: DBI IX, 121-124 - L. BAGROW-R. A. SKELTON, Meister der Kartographie, 1963, 114, 125, 468.

Bermejo, Bartolomé, span. Maler, vielleicht bei Petrus → Cristus in Brügge ausgebildet, tätig in Valencia (erwähnt 1468), Daroca (1474), Zaragoza und Barcelona (erwähnt 1486-1495). Seine prunkvollen, an realist. Details reichen Werke folgen niederländ. Malerei in Stil und Technik; datiert sind 1468 »Michael« (Luton Hoo), 1474-77 »Santo Domingo de Silos« (Madrid, Prado) und der zerstreute S. Engracia-Altar, 1490 sein Hauptwerk, die ausdrucksmächtige »Pietà« der Kathedrale v. Barcelona.

Ch. Klemm

Lit.: C. R. POST, A Hist. of Spanish Painting IV, 1930-58, 103-234 - E. YOUNG, B. B., 1975.

Bermingham, anglonorm. Adelsfamilie in Irland. Der erste in Irland bezeugte B. war *Robert de* B. († ca. 1203), wahrscheinl. ein jüngerer Sohn von *Peter de* B., der 1166 eine Burg im engl. Birmingham besaß. Robert erhielt von → Strongbow die Baronie Offaly. Diese ging über seine Erbin *Eva de* B. († ca. 1226, Tochter von Robert?) an Gerald FitzMaurice über; die B. hatten danach Tethmoy (Tuath dá Muighe, im nö. Offaly) von den → FitzGeralds inne. In der Folgezeit besaß die Familie auch den → cantred v. Offelan (später Carbury) in Kildare. Das nächste belegte Familienmitglied ist *Peter (Piers [I.]) de* B. († 1254), 1234 Lord of Tethmoy. 1235, bei der Eroberung von → Connacht, erhielt er den cantred Dunmore in Galway sowie Landbesitz in Tireragh, westl. Sligo. Nach dem Tod von Richard de → Burgh († 1244) wurde Peter de B. die Verwaltung eines Teiles der Ländereien de Burghs in Connacht übertragen, nach dem Tod von Richard, dem Sohne de Burghs († 1248), die Verwaltung und Nutznießung des gesamten Besitzes. Die *MacFeorais (FitzPiers)*, wie die Familie B. nun irisch gen. wurde, gehen auf Peter zurück. Mit seinen Söhnen teilte sich die Familie in zwei Linien: Der ältere Sohn *James*, über den nur wenige Nachrichten vorliegen, hatte Besitz in Tethmoy, Dunmore und Tireragh, den er seinem Sohn *Peter (II.)* von Tethmoy († 1308), einen Lehnsmann des Geraldinen John FitzThomas, vererbte. 1289 schloß Peter mit FitzThomas eine der frühesten → indentures der Brit. Inseln. 1305 wurden O'Conor Faly und andere Iren in seiner Burg Carrick in Carbury ermordet. (Dieses Blutbad wird in der → Remonstrance of O'Neill 1317 erwähnt.) Sein Nachfolger *John* de B. führte ein Heer gegen die Invasion von → Edward Bruce, den er 1318 bei Faughart besiegte und tötete. Er wurde mit dem Earldom of Louth belohnt, das für ihn geschaffen wurde und mit seinem Tod wieder erlosch. Aug. 1321–Aug. 1323 bekleidete er das Amt des → Justitiars. Er stiftete 1325 das Kl. Monasteroris in Tethmoy. 1329 wurde er von Lehnsleuten ermordet. Ihm folgte sein Bruder *William*, der 1332 wegen Konspiration mit dem ersten Earl of Desmond gehängt wurde. Williams Sohn *Walter* († 1350) erhielt den konfiszierten Besitz seines Vaters, einschließl. der Burg Carbury, zurück. Juni 1346 – Nov. 1347 war er Justitiar. Von seinen hinterbliebenen Töchtern heiratete eine den Begründer der Familie Gormanstown, Sir Robert Preston. Die jüngeren B. widersetzten sich erfolgreich seinen Ansprüchen auf die Baronie Carbury.

Der andere Zweig der Familie ging auf den Sohn von Peter I., *Meiler* de B., zurück, der nach der Eroberung von Connacht → Athenry erhielt. Das von ihm 1241 gestiftete Dominikanerkloster steht wahrscheinl. am Anfang der Stadtentwicklung von Athenry. Ein Sohn von Meiler, *William*, wurde Ebf. v. Tuam (1289–1311). Ein weiterer Sohn war *Peter (III.)* († 1309). Dessen Sohn und Erbe *Richard* schlug, gemeinsam mit William de Burgh, die Iren v. Connacht bei → Athenry (1316). Bei seinem Tod 1322 war sein Sohn *Thomas* noch minderjährig. Thomas' Sohn *Walter* († 1428) war → Sheriff v. Connacht (1393); 1395 wurde er zum Ritter geschlagen. D. Durkin

Q. und Lit.: Regestum Monasterii Fratrum Praedicatorum de Athenry, Archivum Hibernicum I, 1912, 201–221 – G. H. ORPEN, Ireland under the Normans 1216–1333, 4 Bde, 1920 [Neudr. 1968] – A. J. OTWAY-RUTHVEN, A Hist. of Medieval Ireland, 1968.

Bermudo → Vermudo

Bermuttersegen (Bärmuttersegen), sechszeiliger in hebr. Buchstaben niedergeschriebener dt. Zauberspruch gegen Kindesnöte, befindet sich auf Bl. 88v eines hebr. Codex »Sefär hā-'ªsûfôt« (London, Jews' College, Ms. Montefiore 115), von M. GÜDEMANN 1875 entdeckt und publiziert. Nach kurzer Besprechung von A. MÜLLER anscheinend verloren, doch 1979 wiederentdeckt und veröffentlicht. Obwohl der Text aus dem 14. Jh. stammt, ist der B. viel älter. Volksmed. und mytholog. Hindeutungen sowie gewisse Spracheigentümlichkeiten weisen auf einen nördl. Ursprungsort. Die Berufung auf den Gottessohn zeigt chr. Einfluß. Diese Vermischung von heidn., chr. und jüd. Elementen kennzeichnet den B. als Unikum in der dt. Lit.

J. A. Howard

Lit.: M. GÜDEMANN, Vermischung von Jüd. und Heidn. aus neuer und alter Zeit, MGWJ 24, 1875, 269–273 – A. MÜLLER, Ein mit hebr. Buchstaben niedergeschriebener dt. Segen gegen die Bärmutter, ZDA 19, 1876, 473–478 – J. A. HOWARD, Der Bärmuttersegen – ein mhd. Spruch, Colloquia Germanica 12, 1978, 211–232 – DERS., Der Bärmuttersegen wiederentdeckt, ZDA 108, 1979, 252–258.

Bern
I. Stadtgeschichte – II. Archäologie.

I. STADTGESCHICHTE: B., Stadt in der Schweiz (heut. Bundeshauptstadt), an der Aare. Der Name wird meist als Übertragung des Namens von Verona gedeutet. Nach der Überlieferung wurde die Stadt 1191 von Hzg. → Berthold V. v. → Zähringen gegr. Ein früherer Zeitpunkt der Gründung – um 1150 – wurde von der Forschung zur Diskussion gestellt, ließ sich aber nicht erhärten. Vielleicht handelte es sich bei der Stadtgründung um den Ausbau eines bestehenden Burgums um die Burg Nydegg an der Aarehalbinsel (vgl. Abschnitt II). Nach dem Aussterben der Hzg.e v. Zähringen wurde Bern Reichsstadt.

Die von Friedrich II. ausgestellte *Berner Handfeste* von 1218 ist in ihrer Echtheit umstritten. Sowohl aus formalen Gründen wie aus rechtsgeschichtl. Argumentation wurden Bedenken gegen eine Ausfertigung i. J. 1218 an der Kanzlei Friedrich II. geäußert. Für die Echtheit votierte in erster Linie H. STRAHM, der wiederholt die diplomat. Einwände zu widerlegen versuchte. Die Unversehrtheit des Siegels und die – allerdings stark umstrittene – Identifikation des Schreibers der Handfeste mit Ulrich v. Bollingen, der an der ksl. Kanzlei tätig war, bilden die Hauptargumente STRAHMS. Die rechtshist. Einwände gegen eine Ausfertigung 1218 bleiben bestehen.

Die strateg. und wirtschaftl. Bedeutung B.s ergab sich aus der Lage an der West-Ost-Durchgangsstraße durch das Mittelland. Als wichtigstes Gewerbe muß die Gerberei angesehen werden, die sich eng an den Viehhandel anschloß. Wichtiger als der Fernhandel war die Bedeutung des Regionalhandels, so daß B. zum Wirtschaftszentrum der Region wurde. In den Handelsbeziehungen zw. Alpenraum und Mittelland nahm B. eine hervorragende Stellung ein.

Über die innere Struktur der Stadt wissen wir für das 13. Jh. wenig. Eine Verfassungsbewegung brachte 1294 die Grundlagen der bern. Kommunalverfassung. Die Wahl des Schultheißen, des Kleinen Rates und der übrigen Ämter wurde dem Großen Rat (Rat der 200) übertragen, der sich selbst in einem komplizierten Kooptionsverfahren ergänzte. Im Verlauf der Zeit gelangten immer mehr Kompetenzen in die Hände des Kleinen Rates, der zum eigtl. Regierungsgremium wurde.

Der unsichere Schutz durch das Reich und die stete Bedrohung durch die regionalen Landesherren veranlaßte die Stadt, sich von 1255 bis zum Ende des Interregnums unter die Schirmherrschaft von → Savoyen zu begeben. Durch eine geschickte Ausburgerpolitik und wechselnde Bündnisse mit den Herren und Städten in Burgund gelang es der Stadt, ihre Unabhängigkeit wirksam zu verteidigen. Die Wahrung ihrer Interessen im Oberland und im Mittelland ließ die Stadt im 14. Jh. selbst zum Landesherren werden (vgl. auch → Laupen, Schlacht bei, 1339). Der Bund der Stadt mit der innerschweizer. → Eidgenossenschaft 1353 und damit indirekt ein Bündnis mit → Zürich schuf die Voraussetzung dafür, daß die Eidgenossenschaft zum bestimmenden polit. Faktor im Raume der heut. Schweiz wurde.

In zwei Stadterweiterungen (1256, 1345) wurde die gesamte Aarehalbinsel zum Stadtgebiet. Mit etwa 5000 Einw. im SpätMA zählte B. zu den mittelgroßen Städten. Zunftbewegungen kamen nicht zum Tragen, wenn auch im 15. Jh. die vier wichtigsten Handwerksgesellschaften sich eine hervorragende Stellung bei der Besetzung der städtischen Ämter sichern konnten. Die Integration vieler Adelsfamilien aus der Region in die Stadtgesellschaft bildete eine wesentl. Voraussetzung für den Ausbau der Landesherrschaft. Aus der grundsätzl. Problematik des Verhältnisses von Partikulargewalt und landesherrl. Macht entbrannte 1470 der sog. Twingherrenstreit, wo modellhaft die Frage nach Stellung und Selbstverständnis von Adel und Bürger gestellt, nicht aber klar beantwortet wurde.

Das 15.Jh. ist gekennzeichnet durch den massiven Ausbau des bern. Territoriums zum größten Stadtstaat nördl. der Alpen. In vielen Entwicklungssträngen erinnert die Gesch. B.s stark an die it. Stadtstaaten. Durch Kauf und Eroberung – zum Teil gemeinsam mit den Eidgenossen – erwarb sich B. ein zusammenhängendes Territorium, das vom Oberland bis zum Jurasüdfuß reichte. Hinzu kamen ein großer Teil des Aargaus (1415 zusammen mit den Eidgenossen erobert) und schließlich die →Waadt (1536).

Bis 1485 war die Stadtkirche eine Kollatur der Deutschordenskommende Köniz. Im Zuge des Landesausbaus im 15.Jh. erlangte die Stadt einen immer weitergehenden Einfluß auf die Kirchen und Kl. ihres Territoriums, der 1484/85 in der Gründung des Chorherrenstiftes mit weitgehenden Kompetenzen gipfelte. Die fakt. Ausschaltung der bfl. Macht und die landesherrl. Kontrolle über die Kirche bereiteten die Reformation vor, die 1528 die kirchl. Gewalten den weltl. unterordnete. Seit 1255 waren die Franziskaner, seit 1269 auch die Dominikaner in der Stadt tätig.

Die stärkere Ausrichtung der regierenden Kreise auf die Landesverwaltung ging Hand in Hand mit dem Verfall des ohnehin nie sehr starken Fernhandels. Der Niedergang der Genfer Messen (→ Genf) ließ B. auch ins Abseits der großen Handelswege geraten. Eine Oberschicht, bestehend aus alten Adelsgeschlechtern und aus Kaufmannsfamilien, die ebenfalls nach dem Adel strebten, formten ein Patriziat, das sich vornehml. den Staatsgeschäften widmete.

Nach dem Stadtbrand von 1405 wurde Wert darauf gelegt, das Stadtbild der polit. Bedeutung der Stadt angemessen anzupassen. Der Bau des Rathauses und des 1421 begonnenen Münsters sind die Zeichen einer selbstbewußten Stadt. In diese Zeit fällt auch der Beginn der bern. Chronistik, deren bedeutendste Vertreter Conrad Justinger, Diepold Schilling und Valerius Anshelm waren.

F. de Capitani

II. ARCHÄOLOGIE: Archäolog. Untersuchungen auf dem Boden der Altstadt haben bis jetzt keine Spuren einer vorzähring. Besiedlung nachweisen können. Wichtigster Grabungsfund bisher die Reste der zur Zeit der Stadtgründung angelegten und um 1270 von den Bernern zerstörten Burg Nydegg auf dem äußersten Sporn der Aareschlaufe (heute Nydeggkirche). Nachgewiesen u. a. ein rechteckiger Donjon mit Eckrisaliten, eine Ringmauer und ein 22 m tiefer Sod. Das herrschaftl. und kirchl. Zentrum des Raumes B. lag vor der Stadtgründung in Bümpliz, wo ein merow. Gräberfeld auf die Existenz einer bedeutenden frühma. Siedlung schließen läßt. Eine bis wenigstens ins 7.Jh. zurückreichende Kirche (✝ Mauritius) wird als Mittelpunkt jenes umfangreichen Königsgutes angesprochen werden müssen, das um 900 den Kg. v. Burgund zur Errichtung eines befestigten Hofes veranlaßt hat (urkundl. Belege 11. bis 14.Jh.). Seine Reste sind an der Stelle des heut. »Alten Schlosses« (Wassergraben, Palisade, hölzernes Langhaus) archäolog. nachgewiesen. Die siedlungsgeschichtl. Zusammenhänge zw. dem röm. Vicus auf der Engehalbinsel und den frühma. Siedlungen in der Umgebung B.s sind noch ungeklärt.

W. Meyer

Q., Bibliogr. und Lit.: Die Rechtsquellen des Kantons B., 1. Stadtrechte, 12 Bde, 1902–79 – [zur Berner Handfeste vgl. Bd. I, 35ff., 1971² (auch Forschungsgesch. bis 1971)] – Bibliogr. der B.er Gesch. [seit 1975 jährl.] – R. FELLER, Gesch. B.s, I: Von den Anfängen bis 1516, 1946 – H. STRAHM, Die B.er Handfeste, 1953 – P. HOFER, Ausgrabungen in B. (Fundplätze – Bauplätze, 1970) – H. STRAHM, Ulrich v. Bollingen, der Verf. und Schreiber der B.er Handfeste (Hist. Forsch. W. SCHLESINGER, 1974) – W. MEYER, Das »Alte Schloss« in Bümpliz, ein hochma. Adelssitz, Château-Gaillard 7, 1975.

Bern (Berno), Abt v. Reichenau, mlat. Autor, * um 978, † 7. Juni 1048, ⌐ Reichenau/Mittelzell, war Mönch in Prüm und zw. Fleury (vor 999), bevor ihn 1008 Heinrich II. an Stelle des wenig erfolgreichen Immo (vorher Mönch in Prüm, 984–1006 Abt v. Gorze) zum Abt v. Reichenau berief. V. a. religiös-pastoral ausgerichtet, der lothr. ebenso wie der cluniazens. Reform aufgeschlossen, überwand er den anfängl. Widerstand reformfeindl. Mönche, sicherte und verbesserte die materielle Lage der Kl., machte es zu einem Hort der Reform im 11.Jh. und führte es zu seiner Höhe in Kunst (Buchmalerei, Markuschor in Mittelzell) und Wissenschaft (Quadrivium, Hermannus Contractus). Zahlreiche Schriften zur Liturgie, Pastoraltheologie, Hagiographie, Musik und Komputistik sowie liturg. Dichtungen bezeugen den eigenen Anteil an dieser Blüte und seine Gelehrsamkeit, die sich auf Bibel, Väter und ma. lothr. Autoren erstreckte. Noch die heutige röm. Praxis der Zählung der Adventssonntage, der Berechnung der Quatemberfasten und des Gebrauchs des Gloria in der Messe gehen teilweise oder ganz auf B. zurück. Mit vielen Großen der Zeit (Ebf.e Pilgrim v. Köln und Aribo v. Mainz, denen er Werke widmete, Ebf. Gero v. Magdeburg, Abt Odilo v. Cluny, Stefan und Peter v. Ungarn u. v. a.) verbunden, stand er bes. den Ksn. Heinrich II., den er zur Kaiserkrönung und auf dem 3. Romzug begleitete, und Heinrich III. nahe, den er 1040 auf der Reichenau empfing und dem er 1044 seine gesammelten Werke übersandte. 1024 trat er für den Verbleib Italiens beim Reich und Konrad d.J. ein, wahrte aber Konrad II. die Loyalität, wenn sich nun auch seine Beziehungen zum Hof abkühlten. In seinen zahlreichen Briefen, darunter sechs an Heinrich II. und III., in denen die seelsorgerl. Tendenz auffällig ist, teilt er voll den ideellen, aber auch den prakt. Herrschaftsanspruch des otton.-sal. Königtums.

Musikgeschichtl. ist unter den zahlreichen einschlägigen Schriften B.s v. a. der → Tonar von Bedeutung. Er verbreitete sich schnell über den gesamten Raum des Imperiums und alle späteren Tonare dieses Gebietes gehen – erweiternd und ergänzend – von ihm aus.

F.-J. Schmale

Ed.: Prologus in tonarium seu musica Bernonis, MPL 142, 1097–1116 – P. BOHN, Monatshefte für Musikgesch. 9, 1877, 223–226 – Tonarius, MPL 142, 1115–1130 – De consona tonorum diversitate, ebd. 1155–1158 – F.-J. SCHMALE, Die Briefe des Abtes B. v. R., 1961, 17–19 – Qualiter adventus Domini celebretur, quando nativitas Domini feria secunda evenerit, ed. F.-J. SCHMALE, 39–46 – Qualiter quatuor temporum ieiunia per sua sabbata sint observanda, MPL 142, 1085–1088 – De quibusdam rebus ad missae officium pertinentibus = De officio missae, ebd. 1055–1080 – De varia psalmorum atque cantuum modulatione, ebd. 1131–1154 – Vita s. Udalrici (K.-E. GEITH, Albert v. Augsburg, Das Leben des hl. Udalrich, 1971, 23–78) – Sermones (GERBERT, SS de mus. II), 122–124 – A. SANDERUS, Bibl. Belgica Ms. I, Insulsi 1641 (ND Brüssel 1972), 244–256; vgl. auch A. DUCH, s.u., 433–435 – Dichtungen (GERBERT II), 117–122; G. M. DREVES–C. BLUME, Ein Jt. lat. Hymnendichtung I, 1909, 142–146; R. MOLITOR (Die Kultur der Abtei Reichenau II, 1925), 809f. – Briefe, SCHMALE 1961, 17–18 – Über unveröffentlichte und verlorene Schr.: OESCH, 48f., 57f., 76f. – De mensurando monochordo, J. SMITS VAN WAESBERGHE, B. Augiensis abbatis de arte musica disputationes traditae, pars A, 1978 – M. HUGLO, Les tonaires, 1971, 264–278, 292 – Q. und Lit.: MANITIUS II, 61–71 – SCHMALE I, 224–229; III 74*f. – DACL II, 1, 820ff. – Verf.-Lex.² I, 737–743 – P. BLANCHARD, Notes sur les oeuvres attribués à B. d. R., RevBén 29, 1912, 98–107 – R. MOLITOR, Die Musik in der Reichenau (Die Kultur der Abtei R. II, 1925, 112ff.; II, 1926, 802–820) – A. DUCH, Eine verlorene Hs. der Schr. B.s v. R. in den Magdeburger Centurien, ZKG 4, 1934, 417–435 – C. ERDMANN, B. v. R. und Heinrich III. (C. ERDMANN, Forsch. zur polit. Ideenwelt des FrühMA, 1951), 112–119 – F. J. SCHMALE, Zu den Briefen B.s v. R., ZKG 68, 1957, 67–95 –

H. DE LUBAC, Exégèse médiévale II, 1, 1961, 9–98 – H. OESCH, B. und Hermann v. R. als Musiktheoretiker, 1961 – W. WOLF, Von der Ulrichsvita zur Ulrichslegende [Diss. München 1967], 75–106 – F.-J. SCHMALE, Die Reichenauer Weltchronistik (Die Abtei Reichenau, 1974), 125–158.

Berna (berně, steura), kgl. Steuer in Böhmen und Mähren, zunächst wohl nur in bes. Fällen (neben Abgaben) erhoben und das ältere tributum pacis ersetzend. Seit dem 13. Jh. als collecta, *steura*, exaccio, *berna* bezeugt. Schon in diesem Jh. in zwei Formen vorhanden: die *b. generalis*, die im ganzen Land erhoben, und die *b. specialis*, die von den kgl. Städten und Kl. gefordert wurde. Seit Anfang des 14. Jh. (sog. Wahlkapitulationen Kg. → Johanns von 1310/11) war die Erhebung der b. generalis auf bes. Fälle und die Zustimmung des Adels beschränkt; der eigtl. Adelsbesitz war bereits im 14. Jh. exempt. Die Höhe der Abgabe verdoppelte sich im Laufe des 14. Jh. Die b. specialis blieb dem Ermessen des Kg.s überlassen, Pauschalsummen wurden bald festgesetzt. Sie wandelte sich bereits unter Karl IV. zu einer jährl. Steuer; unter Wenzel IV. zuweilen sogar mehrmals jährlich erhoben, wurde sie zu einer der drückendsten Abgaben und überdauerte die Hussitenzeit (dagegen wurde die b. generalis zwar 1433 erneuert, büßte jedoch stark an Bedeutung ein). Die b. generalis wurde nach Steuerbezirken von eigenen Steuereinnehmern (*berníci*) erhoben, meist jedoch an Adlige gegen Pauschalsummen abgetreten. Bei der Erhebung waren eigene Notare tätig, die Steuerregister führten (vereinzelt erhalten). F. Graus

Lit.: H. JIREČEK, Codex juris bohemici II, 3, 1889 – K. KROFTA, Začátky, české berně, ČČH 1930 – F. GRAUS, Dějiny venkovského, lidu v době předhusitské II, 1957.

Bernard (s. a. Bernardo, Bernardus, Bernart, Bernat, Bernhard)

1. B. Saisset, Bf. v. Pamiers, † 1311 ebd.; seit 1267 Abt v. St-Antonin (Pamiers), erlangte 1295 von Bonifatius VIII. die Errichtung des Bm.s → Pamiers, dessen erster Bf. B. wurde. Er hatte 1270 mit der frz. Krone einen Vertrag über ein → paréage geschlossen, dessen Nutznießung Kg. Philipp IV. dem Gf.en v. Foix unter Übergehung der Ansprüche des Abtes v. St-Antonin zuwenden wollte; B. war seinerseits bestrebt, den Gf.en von Roger Bernhard vom Bündnis mit der frz. Krone zu trennen, indem er ihm die Oberherrschaft über das → Languedoc in Aussicht stellte. Da er der Verschwörung gegen den Kg. angeklagt wurde, bemächtigten sich zwei Räte des Kg.s, Richard le Neveu und Jean de Picquigny, gewaltsam seines Bischofspalastes. Vor das kgl. Gericht zitiert, wurde B. nach Senlis gebracht, öffentl. der Häresie und des Verrates angeklagt und dem Ebf. v. Narbonne, Gilles Aicelin, zur Bewachung übergeben. Nun forderte jedoch der Papst B. als Bf. v. Pamiers vor sein Gericht. In dem Augenblick, da der offene Konflikt zw. Philipp IV. und Bonifatius VIII. ausbrach, wurde B. aus dem Kgr. gewiesen; doch erreichte Clemens V. in der Folgezeit für B. die Verzeihung des Kg.s, so daß er in seine Bischofsstadt zurückkehren konnte. A. M. Hayez

Lit.: J. M. VIDAL, Hist. des évêques de Pamiers, I Bernard Saisset (1232–1311), 1929 – G. DIGARD, Philippe le Bel et le St-Siège de 1285 à 1304, 1936 – Y. DOSSAT, Patriotisme médiéval du clergé au XIIIe s. (Les évêques, les clercs et le roi, 1972) (Cah. de Fanjeaux VII), 424–428 – J. FAVIER, Philippe le Bel, 1978, 318–331, 344–346.

2. B. Prim, religiöser Reformator (12.–13. Jh.), Anhänger und, wie einige Anzeichen vermuten lassen, Schüler des Valdes (→ Waldenser), kehrte vermutl. unter Einfluß der Predigt des hl. → Dominikus in den Schoß der kath. Kirche zurück und gründete eine pauperist. Gemeinschaft, die von Papst Innozenz III. am 18. Juni 1210 anerkannt wurde. Zwei Jahre später wurde sein »Propositum conversationis« (d. h. eine Reihe von moral. Verhaltensvorschriften) verbreitet, das ebenfalls die päpstl. Approbation hatte. Er verfaßte auch geistl. Anleitungen für Frauen. Im Zentrum dieses »Propositum« stand das Armutsproblem, verbunden mit der Frage der manuellen Arbeit; B. befaßte sich auch mit dem Studium der hl. Schrift und den Lehren der kath. Kirche, wobei er in die Polemik gegen die Katharer eingriff, wie er es bereits als Waldenser getan hatte. Über die fernere Entwicklung der von ihm gegr. Gemeinschaft ist nichts Sicheres bekannt, da die Angaben von → Burchard v. Ursperg völlig unrichtig sind, wie H. GRUNDMANN gezeigt hat. R. Manselli

Lit.: H. GRUNDMANN, Religiöse Bewegungen im MA..., 1961², 93 ff., 118 ff. – CH. THOUZELLIER, Catharisme et Valdéisme en Languedoc..., 1969², 232–237, 262–267 und passim – Vaudois Languedociens et Pauvres Catholiques, 1967 (Cah. De Fanjeaux 2), passim.

3. B. le Trésorier (Bernhard v. Corbie) → Wilhelm v. Tyrus

Bernardinus

1. B. de Bustis (Bernardino de Busti) OFM, Prediger, † 8. Mai 1513 in S. Maria de Melegnano. B., der aus einer adligen Mailänder Familie stammte, trat nach dem Rechtsstudium als Doktor in das Kl. der Franziskaner-Observanten in Legnano ein (1475 oder 1476). Er widmete sich der Seelsorge und entfaltete eine rege Predigttätigkeit. Durch seine Wortgewandtheit und seine starke Überzeugungskraft errang er dabei großen Ruhm. Aus seinen Werken geht hervor, daß er ein entschiedener Anhänger der Marienverehrung und insbes. der Unbefleckten Empfängnis Mariens war. Er zeichnete sich durch soziales Wirken aus, indem er für die Leihhäuser (→ Monti di pietà) eintrat und eine engere Verbindung mit der Laienwelt forderte, die man seiner Meinung nach im Dritten Orden aufnehmen und organisieren sollte. Von seinen volkssprachl. Predigten ist nichts erhalten, wir besitzen von ihm jedoch lat. Predigtsammlungen (»Mariale, de singulis festivitatibus beatae Virginis Mariae«, Nürnberg 1493; »Rosarium sermonum pro quadragesimam«, Straßburg 1496). Zur Verteidigung der Leihhäuser und der kirchl. Ökonomielehre verfaßte er ein »Defensorium montis pietatis contra figmenta omnia aemule falsitatis« (Mailand 1497). Sein »Consilium de retrovendendo et de pacto retrovendendi« ist verloren. Aufgrund seines Wirkens als Prediger und aufmerksamer Beobachter der sozialen Wirklichkeit seiner Zeit wurde B. von den Gläubigen als Seliger verehrt, auch wenn sein Kult nie offiziell bestätigt wurde. R. Manselli

Lit.: Bibl. SS, s. v. Bustis, B. de – DBI XV, 593–595, s. v. Busti, B. – ECatt II, 1045 f. – LThK² II, 251.

2. B. v. Feltre, sel., Franziskaner-Observant, Prediger, * 1439, † 1494, stammte aus der adligen Familie der Tomitani aus Feltre, erstgeborenes Kind des Donato und der Corona Rambaldoni. Aus der gleichen Familie stammte auch der bekannte Pädagoge → Vittorino. B.' weltl. Name war Martino. Mit lebhafter Intelligenz begabt, wurde er von → Guarino Veronese und anderen berühmten Lehrern seiner Zeit unterrichtet. Nach Rechtsstudien an der Univ. Padua hatte er eine spirituelle Krise, die mit seinem Eintritt in den Franziskaner-Observantenorden endete, zu dem er von der Predigt des hl. Giacomo della Marca (→ Jacobus de Marchia) bewogen wurde. Nach einem strengen Noviziat und der Beendigung des Theologiestudiums in Venedig wurde er 1463 zum Priester geweiht. Er begann 1469 seine Predigttätigkeit und setzte sie in Mittel- und N-Italien ohne Unterbrechung bis zu seinem Tode fort. Die Themen seiner Predigten, von denen nur wenige uns durch einen Reportator, einen seiner Mitbrüder, überliefert sind, bezogen sich – wie das gesamte Predigtwerk der Franziskaner-Observanten schlechthin – auf Fragen des tägl. Lebens, v. a. auf Probleme der Familie und der Gesellschaft. B. war ein erbarmungsloser Gegner des Geldverleihs gegen Wucherzinsen und bekämpfte daher Wucherer und Juden. Um diesen Mißständen abzuhelfen, gründete er an vielen Orten → Monti di Pietà, wobei er für geringe Zinsen eintrat, die die Erhaltungskosten der Leihanstalten decken sollten. Als Provinzialvikar der Observanten geriet er durch seinen Gehorsam gegenüber dem Papst 1483 in Konflikt mit Venedig. Er starb in Pavia an Schwindsucht. Sein Kultstüml. Kult wurde 1654 offiziell bestätigt, jedoch nur auf den Franziskaner-Orden und die Diöz. Pavia und Feltre beschränkt.

R. Manselli

Lit.: DHGE VII, 790–791 – ECatt II, 1406–1408 – Bibl.SS II, 1289–1294 – Repfont II, 493 – L. DA BESSE, Le bienheureux B. de F. et son oeuvre, 1902.

3. B. v. Fossa OFM, sel., Prediger und theol. Schriftsteller, * 1421, Fossa bei L'Aquila, † 1503, L'Aquila. Weltl. Name Giovanni Amici. Wurde nach Rechtsstudien in Perugia 1445 Franziskaner-Observant und nahm den Ordensnamen Bernardinus an. Nachdem er sich in mehreren umbr. Konventen aufgehalten hatte, ließ er sich in L'Aquila nieder. Er war dort von 1454 bis 1460 und von 1462 bis 1465 Provinzialsuperior. Zw. 1464 und 1469 reiste er nach Bosnien und Dalmatien, von 1467 bis 1469 war er Generalprokurator des Ordens. Nachdem er intensiv an den Pflichten des Ordenslebens teilgenommen und eine reiche Predigttätigkeit entfaltet hatte, widmete er sich in den letzten Jahren seines Lebens der Schriftstellerei: Er verfaßte ein Werk über die Geschichte der Franziskaner-Observanz (»Cronica Fratrum Minorum Observantiae«, ed. L. LEMMENS, 1902; »Provinciae Divi Bernardini caenobia«, Venetiis 1572; ed. L. LEMMENS, 1902 usw.). Seine gesammelten Predigten sind zum größten Teil noch unediert. B.' spontan entstandener Kult wurde am 26. März 1828 von Leo XII. bestätigt.

R. Manselli

Lit.: ECatt II, 1404–1405, s. v. Bernardino d'Aquila – Bibl. SS. I, 1005 f., s. v. Amici Bernardino – DBI II, 778–780 – Repfont II, 493–494.

4. B. v. Siena (Bernardino da Siena)
I. Leben und Werk – II. Ikonographie.

I. LEBEN UND WERK: Hl., * im Sept. 1380 in Massa Marittima, † 20. Mai 1444 in L'Aquila, entstammte der adligen Sieneser Familie der Albizzeschi, Sohn des Tollo di Dino di Bando und der Nera di Bindo degli Avveduti. Nach dem frühen Tod seiner Eltern wurde er von seiner Tante Diana bis 1391 in Massa aufgezogen und kam dann zu seinem Onkel Cristoforo degli Albizzeschi nach Siena. Dort studierte er drei Jahre lang kanon. Recht an der Univ., ohne jedoch mit dem Doktorat abzuschließen. Er schrieb sich in die »Compagnia dei Battuti della Beata Vergine« ein, deren Konsiliar er bald wurde (etwa 1400–01). Vor allem zeichnete er sich in der Pflege der Pestkranken des Jahres 1400 aus. Seinen Versuch, ein Einsiedlerleben zu führen, gab er bald auf und trat 1402 in den Orden der Minderbrüder ein, der sich durch die Aufspaltung in zwei Bewegungen (Observanz und Konventualismus) in der Krise befand. B. schloß sich der ersten, rigorist. Gruppe an und ließ sich mit wenigen Mitbrüdern im Kl. Colombaio auf dem Monte Amiata nieder, wo er am 8. Sept. 1403 seine Profeß ablegte und sich bis 1405 aufhielt. In jenem Jahr begann er mit seiner Predigttätigkeit im Gebiet von Siena. Als Volksprediger durchzog er dann ganz Mittel- und Norditalien. 1408 finden wir ihn in Ferrara, 1410 in Pavia, wo er sich während der Plünderung der Stadt aufhielt. 1410–13 war er in Padua. 1411 erkrankte er an der Pest, überwand sie jedoch. 1415 wurde er an die Spitze der toskan. und umbr. Observanz gestellt. Sein Erfolg als Prediger war so außerordentlich, daß er Neid und Eifersucht erregte und seine Gegner so weit gingen, 1423 gegen ihn wegen der von ihm angeregten Verehrung des Namens Jesu (für den er ein Symbol geschaffen hatte; vgl. Abschnitt Ikonographie) einen Häresieprozeß einzuleiten, der sich lange hinzog. 1426 wurde er von Papst Martin V. nach Rom gerufen und verfaßte eine Verteidigungsschrift. In der Folge wurde er von jeder Anklage freigesprochen, und der Papst drängte ihn – vergeblich – , die Ernennung zum Bf. v. Siena anzunehmen (4. Juli 1427).

Am 15. August des gleichen Jahres begann er in Siena die berühmten Predigten auf der Piazza del Campo, die zu seinen schönsten gehören. Sie wurden 45 Tage lang von einem »Reportator«, dem frommen Tuchscherer Benedetto, Sohn des Meisters Bartolomeo, mitgeschrieben.

B. wurde dann in die Marken, nach Arezzo, nach Mailand (1428) und nach Venedig (1429) gerufen, um dort zu predigen. In Venedig erkrankte er schwer. Danach ging er nach Umbrien und in die Romagna. B. wurde erneut wegen Häresie angeklagt. Erneut intervenierte der Papst, diesmal Eugen IV., sprach ihn 1432 von der Anklage frei und bot ihm den Bischofssitz von Ferrara an, aber wieder vergeblich. Der Frater zog sich in den Konvent La Capriola zurück, wurde aber erneut aus den gleichen Gründen wie vorher wegen Häresie angeklagt, diesmal vor Kg. Siegmund, dessen Freundschaft er gewann und den er zur Kaiserkrönung nach Rom (1433) begleitete. Von dort ging B., um zu predigen, in die Marken, nach Siena (1434), in die Lombardei und nach Ligurien. 1435 lehnte er den Bischofssitz v. Urbino ab. Trotz der Polemiken mit vielen Mitbrüdern, auch mit den ihm treu ergebenen, führte er seine Politik der Versöhnung mit den Konventualen fort. 1438–42 war er Vikar der Observanz. Er setzte seine Predigt in den Marken, in Umbrien, in der Toskana, in Rom, in der Lombardei, im Veneto und in der Emilia fort. In L'Aquila erreichte ihn 1444 der Tod. Am 24. Mai 1450 wurde er v. Nikolaus V. kanonisiert.

Der Ruhm B.' ist v.a. an seine Predigten in den Volkssprachen geknüpft, die von seinen Hörern gesammelt und überliefert wurden. Ebenfalls in Volgare ist der »Trattato della confessione« abgefaßt. Auf Latein schrieb er u. a. Fastenpredigten (De vita christiana, 1425–30; De christiana religione, 1430–36; De evangelio aeterno, 1430–37; De Beata Virgine, 1430–40; De spiritu sancto et de inspirationibus, 1442–44).

Als Observant übernahm er einige Grundzüge der Religiosität der Franziskanerspiritualen, die er aus den Werken von Petrus Johannis → Olivi und von → Ubertino da Casale schöpfte. An die Stelle der dort ausgesprochenen apokalypt. Erwartung setzte er jedoch die traditionelle eschatolog. Lehre. Wichtig für die Kenntnis seines theolog. Ideenguts sind seine lat. Werke, in denen er für die Anwendung in der Predigt die religiös-spiritualen, v. a. ethischen und myst. Doktrinen des Franziskanertums zusammenfaßte, wobei er der konkreten Realität des familiären, sozialen und polit. Lebens seiner Zeit größte Aufmerksamkeit widmete. Ohne im eigtl. Sinn ein Humanist zu sein, war er der neuen kulturellen Strömung gegenüber, die sich in der 1. Hälfte des 15. Jh. in Italien manifestierte, aufgeschlossen. Von großer Bedeutung war u. a. die Fortsetzung der Lehre von Petrus Johannis Olivi über die Wirtschaftsethik und über den Wucher, die er ausdeutete und den Erfordernissen seiner Zeit anpaßte.

Der Hl., der eine hohe, typ. ma.-franziskan. Bildung aufweist, zeigt in seinen it. Predigten auch eine ausgezeichnete Fähigkeit, in direkten Kontakt mit seinem Publikum zu treten und dessen Interesse zu wecken, wenn er zum Nachdenken über das Verhalten im tägl. Leben aufruft, in der Familie und im Umgang mit den Mitmenschen. Seine Themen reichen von der Liebe (auch in ihren Perversionen) bis zum polit. Haß, von der Mildtätigkeit bis zur üblen Nachrede und Mißgunst, von den Pflichten des Vaters, zu denen der Ehefrau und denen des Kaufmanns. Seine Beredsamkeit überzeugt durch ihre Klarheit und ihren gesunden Menschenverstand, sie ist reich an Beispielen, kräftigen Tönen und witzigen Aussprüchen; häufiger Gebrauch der direkten Rede und das Einstreuen kleiner Erzählungen gibt ihr Farbe. Die Beherrschung der rhetor. Regeln und eine große Belesenheit verleiht seiner Redekunst ein festes Gerüst, aber ihre Lebendigkeit rührt v. a. von der aufmerksamen und wohlwollenden Beobachtung des Alltags des Volkes, das in Scharen herbeiströmte, um B. zu hören.

G. Busetto/R. Manselli

II. IKONOGRAPHIE: Die Darstellung setzt unmittelbar nach B.' Tode ein und wird in Italien schnell verbreitet, in Franziskanerkleidung und mit den hageren asket. Zügen eines alten Mannes (Tafel des Pietro di Giovanni d'Ambrogio im Museo Civico zu Lucignano 1448). Attribute sind eine rechteckige Tafel oder eine runde, meist strahlenumgebene Scheibe mit den Buchstaben IHS in der rechten Hand und in der linken ein Buch mit Text (Kol. 3, 2), ferner drei Mitren als Hinweis auf die abgelehnten Bm.er Urbino, Siena und Ferrara sowie Kruzifix, Stadtmodell, Weltkugel, Taube und Bettler. Zyklus mit 22 Szenen in S. Francesco in Lodi, Giangiacomo da Lodi zugeschrieben. B. predigt auf der Piazza del Campo in Siena (Fresko von Sano di Pietro 1427 im Kapitelsaal zu Siena). Nördl. der Alpen sind Darstellungen nach der Mitte des 15. Jh. nachweisbar (Altartafel aus d. Schongauerschule in Berlin). G. Binding

Ed.: Opera omnia, ad Claras Aquas Florentiae (Quaracchi), 1950–65, 9 Bde – Le prediche volgari di San Bernardino, hg. L. BIANCHI, 1880–88 – Le prediche volgari, hg. P. BARGELLINI, 1936 – Lit.: zu [I] : DBI IX, 215–226 – DLI I, 281–283 – Verf.-Lex.² I, 789–793 [Zur Rezeption] – Repfont II, 494ff. – A. GHINATO, Saggio di bibliografia bernardiniana, 1960 – G. V. VINCENZI, Il Purgatorio in S. Bernardino da Siena, 1965 – Convegni del Centro di Studi sulla spiritualità medievale, XVI: Bernardino predicatore nella società del suo tempo Todi, 1976 – zu [II] : LCI V, 389–392 [Lit.].

Bernardo → Bernardus, Bernhard

Bernardo Maragone, Geschichtsschreiber, * ca. 1110, Pisaner Jurist aus einer Familie von Richtern und Notaren. B. beschwört 1150 einen Frieden zw. Pisa und Rom, ist seit 1158 mehrfach provisor, nimmt 1164 an einem Landtag → Rainalds v. Dassel in S. Genesio teil und beschwört mit 1000 Pisanern 1188 den v. Clemens III. vermittelten Frieden mit Genua (letzte Nachricht über B.). Er verfaßte »Annales Pisani«. Nach wenigen chronolog. Angaben von Adam an zeigt B. Interesse an frühen Karolingern, dann an S-Italien. Um 1000 beginnen Pisa betreffende Nachrichten, ab 1136 berichtet B. aus eigener Kenntnis. Der Vaterstadt lebhaft zugetan, interessiert sich B. vornehml. für Pisaner Belange gegenüber toskan. Nachbarn und Genua, berichtet auch über Päpste und mit Sympathie über Kaiser. Sein Latein ist von it. Vokabeln durchsetzt; die Annalen ab 1176 (bis 1182) sind nur in späterer Übersetzung in Volgare überliefert. D. v. der Nahmer

Ed.: B.M., Gli Annales Pisani, ed. M.L. GENTILE, MURATORI² VI, 2, 1930–36 – Lit.: P. SCHEFFER-BOICHORST, Über die ältere Annalistik der Pisaner, Forsch. zur dt. Gesch. 11, 1871 – A. SCHAUBE, B.M. doch der Verfasser der Annales Pisani?, NA 10, 1885, 141–161 – L. BOTTEGHI, B.M., Autore degli »Annales Pisani«, Arch. Muratoriano 2, 643–662.

Bernardus (s. a. Bernard, Bernardo, Bernart, Bernat, Bernhard, Bernhardus)

1. B. Bononiensis (auch Bernardinus B.), um 1145 als Rhetoriklehrer in Bologna tätig, verfaßte »Introductiones prosaici dictaminis«, eine Formularsammlung »Multiplices epistole« und kleinere Abhandlungen über Metrik, Rhythmik und Colores rhetorici. Die »Introductiones« sind so bemerkenswert durch ihre die zeitgenöss. Geschichte berührenden Musterbriefe; in ihrem theoret. Teil sind sie stark abhängig von den »Rationes dictandi« (1138–43). Zwei spätere, in Frankreich bzw. Deutschland entstandene Überarbeitungen haben zu Verwechslungen mit gleichnamigen Verfassern anderer Artes dictandi des 12. Jh. geführt.

H. M. Schaller

Ed.: H. KALBFUSS, Eine Bologneser Ars dictandi des XII. Jh., QFIAB 16, 2, 1914, 1–35 – B. BERULFSEN, Et blad av en summa dictaminum, Avhandlinger utgitt av det Norske Videskaps-Akademi i Oslo 1953, II. Hist.-fil. Kl. Nr. 3 – V. PINI, B.B. Multiplices epistole que diversis et variis negotiis utiliter possunt accomodari, 1969 – Lit.: CH. H. HASKINS, An Italian Master Bernard (Essays in hist. presented to R. L. POOLE, 1927), 211–226 – DERS., Stud. in medieval culture, 1929, 182f. – E. FARAL, StM NS 9, 1936, 80–88 – F.-J. SCHMALE, MIÖG 66, 1958, 15f. – M. BRINI SAVORELLI, Il »Dictamen« di Bernardo Silvestre, RCSF 20, 1965, 182–230 (dazu jedoch R. AVESANI, StM 3. ser., 7, 1966, 753–755).

2. B. de Botone (B. v. Parma), * zu Beginn des 13. Jh. in Parma, † 24. März 1266, lehrte seit ca. 1232 kanon. Recht in Bologna. Unter starker Benutzung der Werke zu den Compilationes antiquae (→ Dekretalensammlungen), v. a. des → Tankred v. Bologna und des → Vincentius Hispanus, deren Schüler er war, verfaßte er zum Liber Extra (→ Decretales Gregorii IX) einen Glossenapparat, der großen Einfluß auf die Dekretalistik ausübte und sich als → Glossa ordinaria durchsetzte; zw. 1234 und 1266 schrieb er davon mindestens vier Rezensionen. In den seit 1472 häufig gedruckten Ausgaben des Liber Extra mit seinem Hauptwerk finden sich oft auch seine »Casus longi ad Librum Extra«. An ungedruckten Werken sind seine »Summa titulorum Libri Extra« und seine »Casus ad Constitutiones Innocentii IV« (»Olim ante istam constitutionem«) zu nennen.

H. Zapp

Lit.: DBI IX, 276–279 – DDC II, 781f. – Repfont II, 515f. – SCHULTE II, 114–117 [veraltet] – KUTTNER, 389, 518f. – DERS., Decretalistica, ZRGKanAbt 26, 1937, 464f. – P. J. KESSLER, Novellengesetzgebung Innozenz' IV, ZRGKanAbt 33, 1944, 95–99 – ST. KUTTNER-B. SMALLEY, The Glossa ordinaria to the Gregorian Decretals, EHR 60, 1945, 97–105 – G. LE BRAS, L'âge classique, 1965, 587.

3. B. Dorna, Jurist aus dem Languedoc, vielleicht aus Montpellier, † nicht vor 1257. Er studierte, unter → Azo, und lehrte Zivilrecht in → Bologna. Um 1215 verfaßte er dort als erster eine »Summa de libellis« (→ Libellus). Später war er in seiner Heimat als Rechtsberater, Schiedsrichter und Richter prakt. tätig: urkundl. bezeugt in Montpellier (1224–34) und nach dem Tode seiner Frau als Kleriker in Béziers (1239–57), seit 1243 als Archidiakon für Cabrières.

P. Weimar

Ed.: Die Summa Libellorum des B., ed. WAHRMUND I, 1905 – Lit.: M. A. v. BETHMANN-HOLLWEG, Der Civilprozeß des gemeinen Rechts in gesch. Entwicklung, VI, 1874 [Neudr. 1959], 30–35 – R. CAILLEMER, AM 18, 1906, 509–513; 21–22, 1919–20, 86–90 – P. CASSAN, Bernard Dorna. Archidiacre et Viguier de Béziers, Bull. Soc. archéol. Béziers 43. 1, 1916–18, 43–61 – J. M. ST.-V. DESPETIS, Le juriste montpelliérain B. Dourgne, ebd. 43. 2, 1919–20, 90–146 – J. J. HEMARDINQUER, Documents nouveaux sur le glossateur B., RHDFE, 4ᵉ sér., 39, 1961, 129–132 – A. GOURON, Canonistes et civilistes des écoles de Narbonne et de Béziers, Proceed. Fourth Intern. Congr. of Medieval Canon Law Toronto 1972 (MIC C, V, 1976), 523–536.

4. B. Guidonis OP, mlat. Autor, * 1261/62 in Royère (Limousin), † 31. Dez. 1331 (Château de Laroux, Hérault);

trat 1279 zu Limoges in den Dominikanerorden ein, wo er seine Studien begann (1280–83), denen er in der Zwischenzeit auch in Narbonne nachging (1285), sie dann wieder in Limoges aufnahm (1286–88), um sie in Montpellier abzuschließen (1289–90). Danach lehrte er Theologie in Limoges (1286), Albi (1292–93) und Castres (1294), war Prior in Albi (1294), Carcassonne (1297), Castres (1301) und Limoges (1305–07) mit kurzer Wiederaufnahme der Lehrtätigkeit in Carcassonne (1305). 1307 zum Inquisitor von Toulouse ernannt, hatte er dieses Amt bis zum 23. Dez. 1323 inne, ließ sich jedoch meist vertreten, um – im übrigen erfolglose – diplomat. Missionen auszuüben (Italien 1317 bis 1319, N-Frankreich 1320). 1323 zum Bf. v. Tuy in Galizien erhoben (wohin er sich anscheinend nie begeben hat), beschloß er sein Leben als Bf. v. Lodève (Languedoc, Hérault; seit 20. Juli 1324).

B. hinterließ ein umfangreiches Werk (vgl. A. THOMAS, TH. KAEPPELI) mit vielfältiger Thematik; es reicht von Opuscula bis zu großen hist. Abhandlungen und hagiograph. Schriften. B. hat fast alle seine Werke überarbeitet, verbessert und ergänzt, was sich in der überreichen hs. Tradition (mit einer Reihe von Autographen) niederschlägt. 1369 wurden einige seiner Werke von Jean Golein ins Frz. übersetzt. Die Ausg. sind in der Regel veraltet, lückenhaft oder bringen nur Teile der Werke; neuere krit. Ed. und Abhandlungen über B. sind selten (vgl. A. THOMAS, TH. KAEPPELI). Neben einigen kleineren Arbeiten, die Theologie, Liturgie sowie Konzilien berühren, sind folgende Werke hervorzuheben: unter den vielfältigen hagiograph. Schriften (»Nomina discipulorum domini Jhesu Christi«, zuerst 1313, »Legenda s. Thomae de Aquino«, BHL 8155, 1325 Papst Clemens VI. gewidmet, etc.) v. a. das bedeutende »Speculum sanctorale« (1324/30), eine umfangreiche Sammlung von teilweise sonst nicht überlieferten Heiligenleben (→ Legendar); an historiograph. Werken: eine Kompilation der Papstgeschichte (»Flores chronicorum«), von denen zehn aufeinanderfolgende Versionen (1315–31) identifiziert werden konnten, sowie kürzere Zusammenfassungen der Gesch. der Päpste, der Ks., der Kg.e v. Frankreich, der Gf.en v. Toulouse, der Bf.e v. Toulouse, Limoges und Lodève. Eine »Arbor genealogiae regum Francorum« (mit Illustrationen) wendet sich an ein volkstüml. Publikum; wir kennen das Werk in fünf Fassungen (1313–31). B. führte ferner die Gesch. des Dominikanerordens fort, die Étienne de Salanhac begonnen hatte (»De quatuor dotibus quibus Deus Predicatorum ordinem insignivit«); ferner erstellte er Kataloge der Generalmeister und Provinzialprioren, schrieb die Gesch. von etwa 60 Dominikanerkonventen und sammelte die Akten von General- und Provinzialkapiteln des Ordens (Provence und Toulouse). Seine »Practica officii inquisitionis« (1314/16), in unseren Augen eine die Mentalität eines Inquisitors enthüllende Darstellung, scheint keine langanhaltende Wirkung auf die Zeitgenossen ausgeübt zu haben. A. Vernet

Ed.: Siehe THOMAS u. KAEPPELI – Practica inquisitionis heretice pravitatis auctore B.G., ed. C. DOUAIS, 1886 – B.G., Manuel de l'inquisiteur [Buch 5], ed. und übers. G. MOLLAT (zusammen mit G. DRIOUX), 1926–27, 2 Bde (Class. de l'hist. de France, 8, 9) – B.G., De quatuor in quibus Deus Praedicatorum ordinem insignivit, ed. TH. KAEPPELI, 1949 (Mon. Ord. Fr. Praed. hist. 22) – B.G., De fundatione et prioribus conventuum provinciarum Tolosanae et Provinciae ordinis Praedicatorum, ed. P. AMARGIER, 1961 (ebd., 24) – Legenda s. Thomae de Aquino, ed. A. FERRUA (S. Thomae Aquinatis vitae fontes praecipuae, 1968), 127–195 – Acta capitulorum generalium, ed. B.M. REICHERT, 1898–99, 2 Bde (Mon. Ord. Fr. Praed. hist. 3, 4) – Lit.: Repfont 2, 507–514 – DSAM IX, 76–77 – L. DELISLE, Notice sur les manuscrits de Bernard Gui (Notices et extr. des mss. 27, 2, 1879), 169–455, 8 Taf. – A. THOMAS, Un manuscrit de Charles V au Vatican. Notice suivie d'une étude sur les traductions françaises de Bernard Gui, MAH 1, 1881, 259–283 – DERS., Bernard Gui, frère prêcheur, HLF 35, 1921, 139–232, 645–646 – H.D. SIMONIN, Les anciens catalogues d'écrivains dominicains et la Chronique de Bernard Gui, APraed 9, 1939, 192–199 – TH. KAEPPELI, Scriptores ordinis Praedicatorum medii aevi, 1, 1970, 205–226.

5. B. de Magduno → Bernhard v. Meung (B. 38.)

6. B. Noricus → Bernhard v. Kremsmünster (B. 36.)

7. B. Silvestris, † wahrscheinl. nach 1159, stammte aus Tours, wo er Familie hatte und ein Haus in der Immunität von St. Martin besaß. B. unterrichtete die Kunst des Schreibens, zu seinen Schülern zählte u. a. → Matthaeus v. Vendôme (um 1130–40). B.' Kommentare zu Buch I–VI der »Aeneis« und zu → Martianus Capella sind Zeugnisse einer Gelehrsamkeit, die das grammatikal. Studium der Texte mit einer platon. Interpretation der Lehren verband. Eine → Ars dictaminis, die trotz der Vielzahl der einem »Magister Bernhard« zugeschriebenen Traktate, noch nicht sicher identifiziert werden konnte, bot die theoret. und prakt. Synthese seiner Lehre, deren Erfolg durch ihre Verbreitung überliefert ist, deren eigtl. Charakter uns jedoch noch unbekannt ist. In einer Schulübung, die von einer Deklamation Pseudo-Quintilians angeregt wurde, stellt B. in Versform die Geschichte eines Selbstmörders dar, dem ein Astrologe geweissagt hatte, er werde seinen Vater ermorden; das Werk trägt daher den doppelten Titel »Mathematicus« und »Parricida«. Der Anteil des B. am »Experimentarius«, einem astrolog. Kompendium arab. Provenienz, ist schwer zu bestimmen. Sein Hauptwerk bleibt die »Cosmographia«, die während des Pontifikates von Eugen III. (1145–53) verfaßt wurde und dem Papst bei seinem Frankreichaufenthalt (zweifellos in Reims, März/April 1148) vorgetragen wurde; sie ist → Thierry v. Chartres gewidmet. Daß B. ein Schüler oder doch wenigstens der Bewunderer und Freund Thierrys gewesen ist, zeigt sich an den zwei Büchern dieses Werkes, einer Allegorie, welche die Erschaffung des Universums und des Menschen durch Natura, Physis und göttl. Nous aus der Primärmaterie zum Gegenstand hat; sie ist ein frühes Zeugnis für den Gebrauch von Medizin und Astrologie als Ergänzung der traditionellen platon. → Kosmologie (vgl. LEMAY) und für den Einfluß des arab. vermittelten Aristotelismus, der sich in Werken wie den lat. Fassungen des → Abū Ma'šar ausdrückt. B. kannte neben den Werken von Thierry v. Chartres → Wilhelm v. Conches und → Hermann v. Carinthia. Doch war B. viel mehr Dichter als Gelehrter; seine Hauptquellen sind ältere Autoren wie Calcidius und der lat. Asclepius. Seine Vorstellungen von der Materie wie auch seine personifizierenden Allegorien schöpft er ferner aus → Macrobius und → Martianus Capella. Seine allegor. Betrachtungsweise schafft, in pythagoreischer und platon. Tradition stehend, Verbindung zw. dem Einen und dem Anderen: dem Geist, der Weltseele, der Natur, dem Schicksal usw. Die dramat. Gestaltung des Themas und der dichter. Wert seiner »Cosmographia« sicherten dem Werk eine langanhaltende Nachwirkung, von → Alanus ab Insulis bis zu → Boccaccio.

B.' Originalität liegt in der imaginativen und bildmächtigen Synthese fremder Ideen. Sogar in dem ihm zugeschriebenen »Experimentarius«, einem astrolog. Kompendium, sind die Passagen, die mit einiger Wahrscheinlichkeit als sein Werk gelten können, Ausdruck einer streng konservativen Haltung, die sich als nur in einem ausdrückl. religiösen Kontext praxisbezogen erweist und sich gegenüber allen weitergehenden Forderungen naturwissenschaftl. Denkens skeptisch zeigt.

A. Vernet (mit W. Wetherbee)

Ed.: De mundi universitate (i.e. Cosmographia), edd. C.S.BARACH-J.WROBEL, 1876 – P. DRONKE, 1978 [Engl. Übers.: W. WETHERBEE, The Cosmographia of Bernardus Silvestris, 1973] – Experimentarius, ed. M. BRINI SAVORELLI, Rivista critica di storia della filosofia 14, 1959, 283–342 – *Lit.*: DSB II, 21 f. [Lit.] – E. GILSON, La cosmogonie de B.S., AHDLMA 3, 1928, 5–24 – TH. SILVERSTEIN, The fabulous cosmogony of B.S., Modern Philology 46, 1948, 92–116 – G. PADOAN, Tradizione e fortuna del commento all'Eneide di B.S. (Italia med. e umanistica 3, 1960), 227–240 – J.R. O'DONNELL, The sources and meaning of B.S.'s Commentary on the Aeneid, MSt 24, 1962, 233–249 – R. LEMAY, The De mundi universitate of B.S. (Abu Ma'shar and latin Aristotelianism in the twelfth c., Beirut 1962), 258–284 – B. STOCK, Myth and science in the twelfth c. A study of B.S., 1972 – W. WETHERBEE, Form and inspiration in the poetry of B.S. (Platonism and poetry in the twelfth c., 1972), 152–186 – E. JEAUNEAU, Commentaire sur Martianus Capella (Lectio philosophorum, 1973), 39–48 – P. DRONKE, William of Conches and the Martianus Commentary of B.S., Mél. E.-R. LABANDE, 1974), 233–235.

Bernart (s.a. Bernhard, Bernard)
1. B. Marti, Troubadour aus der Mitte des 12. Jh. Es gibt wenig Informationen über sein Leben; wir besitzen nicht einmal die prov. Biographie, die eine wichtige Quelle für – wenn auch nicht immer sichere – Daten darstellt, um das Leben einiger Troubadours zu rekonstruieren. Alle Versuche, eine Chronologie zu erstellen, ermangeln einer soliden Grundlage und die Argumentationen sind angreifbar. Man kann jedoch als sicher annehmen, daß B.M. Maler und ein Zeitgenosse von → Peire d'Alvernha (um 1149 bis 1168) war, mit dem er einen lit. Streit ausfocht. Neuerdings hat man auf die Möglichkeit hingewiesen, daß B.M. mit dem von Peire d'Alvernha erwähnten Troubadour Bernart de Saissac identisch sein könnte; wäre diese Identifizierung sicher, müßte man annehmen, daß B.M. Menestrel v. Saissac, im Languedoc, war. In seinen Sirventes betrachtet man ihn gewöhnl. aufgrund der Frauenfeindlichkeit, die er in seinen Versen ausdrückt, seiner Kritik der höf. Liebe, des moralisierenden Charakters seiner Dichtungen usw. als einen Nachfolger von → Marcabru; auch hinsichtl. gewisser formaler Aspekte hat er diesen nachgeahmt (Metrik, Stil, etc.), welche der Dichtung von B.M. einen archaisierenden Ton geben, der noch durch verschiedene Ähnlichkeiten mit der Sprache von →Wilhelm v. Poitiers verstärkt wird. B.M. hat es verstanden, die Kritik immer in den Grenzen der *mezura* zu halten und diese nur sehr wenige Male zu überschreiten: dieses Merkmal und eine feine Ironie trennen ihn von seinem Meister Marcabru. In den Kanzonen entfernt er sich von der höf. Liebe und ihrer feudalen Hierarchisierung. Es sind fünf Kanzonen und vier Sirventes sicherer Zuschreibung und eine weitere zweifelhafte Kanzone von ihm erhalten. C. Alvar
Lit.: E. HOEPFFNER, Le troub. B.M., Romania LIII, 1927; LIV, 1928, 103–150, 117–124 – DERS., Les poésies de B.M., 1929 – A. DEL MONTE, B.M. (Studi sulla poesia ermetica medievale, 1953), 55–72 – A. RONCAGLIA, Due postille..., Marche Romane XIX, 1969, 72–75.

2. B. de Ventadorn (frz. Bernart de Ventadour), nachweisbar 1147–70. Galt lange Zeit als der hervorragendste Troubadour. Wir besitzen nur wenig sichere Daten über diesen Dichter. Die Forscher haben oft die Angaben der prov. Vida des Troubadours zurückgewiesen, B. stamme aus dem Limousin, sei armer Abstammung (nach Peire d'Alvernha war er der Sohn eines Dieners auf dem Schloß von Ventadorn und einer Bäckerin) und sei von dem Vgf.en von V. protegiert worden; nach den weiteren Angaben der Vida verliebte sich in die Vgfin., mußte den Hof verlassen und flüchtete sich zur Hzgn. der Normandie [sic] (→ Eleonore v. Aquitanien), die bald darauf Heinrich II. v. England heiratete; B. v. V. besuchte auch den Hof von Raimund V. v. Toulouse; nach dem Tod seines Gönners (1194) zog er sich in das Zisterzienserkl. von Dalon zurück, wo er starb. Die Biographie ist anscheinend von dem Troubadour → Uc de Sant Circ verfaßt, dem Autor anderer prov. Vidas. Alle diese Angaben müssen mit einiger Vorsicht aufgenommen werden, wenn man sie auch nicht gänzlich als falsch verwerfen darf, denn nichts beweist eindeutig ihre Unglaubwürdigkeit. Rund 40 Dichtungen sicherer Zuschreibung sind von B. v. V. erhalten, alles Liebeslieder, ohne Bezug auf polit. Ereignisse seiner Zeit. Der Troubadour verfaßte sein Werk nach den strengsten Regeln des *trobar leu*, in dem Klarheit des Ausdrucks und Einfachheit sich mit einer großen Aufrichtigkeit verbinden (ein Aspekt, über den nicht alle Kritiker einig sind): Liebe und poet. Inspiration bilden für ihn eine Einheit, erklärt er in seinen Kanzonen. Charakterist. für seinen Stil sind v.a. überraschende Vergleiche, die der Wirklichkeit entnommen sind, neugeschaffene Begriffe, die auf der Grundlage schon bestehender gebildet werden (z.B. *solelhar, desnaturar*, in transitiver Konstruktion, während sie normalerweise intransitiv gebraucht werden, usw.), und eine äußerste formale Einfachheit in der Struktur der Kanzonen. B.d.V. stand in Beziehungen zu verschiedenen Troubadouren seiner Zeit, darunter → Peire d'Alvernha und Alegret und vermutl. zu → Peirol. Anderseits ist es sehr wahrscheinl., daß er am Hof von Poitiers (um 1170) → Chrétien de Troyes kennengelernt hat, der die Dichtung von B. d. V. in seinen Liedern in Troubadourart nachahmt (bes. in »D'Amors qui m'a tolu« imitiert er »Quan vei la lauzeta mover«). C. Alvar
Ed.: C. APPEL, 1915 – S.G. NICHOLS, 1962 – M. LAZAR, 1966 – *Lit.*: A. RONCAGLIA, Carestia, Cultura Neolatina 18, 1958, 121–137 – M. LAZAR, Classification des thèmes amoureux..., FR 6, 1959, 371–400 – E. KÖHLER, Observations historiques et sociologiques..., CCMéd 7, 1964, 27–51 – P. BEC, La douleur..., CCMéd 12, 1969, 25–33, 545–571 – F.R.P. AKEHURST, Les étapes de l'amour..., CCMéd 16, 1973, 133–147.

Bernat Desclot, katal. Chronist Ende des 13. Jh. Sein Name ist in keinem Dokument der Zeit bezeugt: In neuerer Zeit wurde die Möglichkeit erörtert, daß B.D. mit Bernat Escrivà zu identifizieren sei, Schatzmeister Peters III. und Kämmerer seines Sohnes Alfons III., welcher zw. den Jahren 1273 und seinem Todesjahr 1288 gut bezeugt ist. B.D. ist bekannt durch seine »Cròncia«, die als eines der Hauptwerke der ma. Geschichtsschreibung gilt. Diese »Cròncia« besteht aus 168 Kapiteln und umfaßt hauptsächl. die Regierungszeiten von Jakob I. und Peter III., die Erzählung setzt mit der Herrschaft von Raimund Berengar IV. und der ersten Eroberung von Mallorca (1114) ein und endet mit dem Tod Peters III. (1285). Die »Cròncia« zeichnet sich aus durch die Verschmelzung legendärer Elemente und direkt der Wirklichkeit entnommener Zeugnisse. Die Legende ist die Hauptinformationsquelle der ersten 50 Kapitel, wo kurz auf die Herrscher vor Peter III. eingegangen wird; in diesen Kapiteln hat B.D. möglicherweise heute verlorengegangene Epen verwendet. In den 110 Peter III. gewidmeten Kapiteln zeigt sich der Chronist stärker der Wirklichkeit verbunden: Er greift auf persönl. Erinnerungen zurück, zieht aber auch Kanzleidokumente heran und kann sogar als Augenzeuge berichten. Auffallend ist die reiche Fülle von Einzelheiten, Dialogen usw., die der »Cròncia« ihren bes. Ton geben. Es gelang B.D., jederzeit die Objektivität des Berichts zu wahren. C. Alvar
Ed.: M. COLL, Alentorn, 5 Bde, 1949–51 – *Lit.*: J. RUBIÓ, Consideraciones generales acerca de la historiografía catalana medieval y en particular de la crónica de D., 1911.

Bernauer, Agnes, erste (unebenbürtige) Gemahlin Hzg. → Albrechts III. v. Bayern-München, * angebl. 19. Jan. 1411 in Augsburg, † 12. Okt. 1435 in Straubing, ⌐ ebd.

Karmeliterkirche; auf dem dortigen St.-Peters-Friedhof, sog. »B.-Kapelle« (Sühnestiftung Hzg. Ernsts mit zeitgenöss. Grabmal der A. B.). Über ihr Leben sind nur dürftige Nachrichten erhalten. A.B., Tochter eines Barbiers (?), diente als Bademagd in Augsburg. Der junge Hzg. Albrecht III. lernte sie dort kennen und vermählte sich 1432/33 heimlich mit ihr. Albrechts Vater, der regierende Hzg. → Ernst, sah in dieser Verbindung eine Gefahr für die Erbfolge seiner Linie und ließ A.B. bei Straubing in der Donau ertränken. – Die Erinnerung an ihre Schönheit und ihren unglückl. Tod lebt im Volkslied weiter; ihr Schicksal wurde auch dramat. (Hebbel 1855, Orff 1947) gestaltet.
G. Schwertl

Lit.: NDB II, 103 – H. F. DEININGER, A. B. (Lebensbilder aus dem Bayer. Schwaben I, 1952), 131-160.

Bernay, Stadt in der Normandie (Dép. Eure), Flußübergang, Markt und Wallfahrtsort (Notre Dame de la Couture) mit Getreidehandel, Lohgerberei und Walkmühlen am Fluß Charentonne (12.–14. Jh.). Heiratsgut der Judith v. Bretagne (1017 ∞ Richard II., Hzg. der Normandie), das zur Stiftung der Benediktinerabtei Notre-Dame (ca. 1025) verwandt wurde, die von →Wilhelm v. Volpiano mit Mönchen aus → Fécamp gegr. wurde (ursprgl. Kirche erhalten). B. wurde zum Zentrum einer Vicomté, die geteilt war (in die Baronnie, das abteil. Besitztum, und die vom Gf.en v. Alençon abhängige Comté). – Eine Judenschaft ist in B. im 12.–13. Jh. belegt. Um 1250 stiftete Ludwig d. Hl., Kg. v. Frankreich, ein Spital. Die Burg v. B. wurde von Karl dem Bösen, Kg. v. Navarra (1357) und dem Heerführer Du Guesclin (1377) besetzt; 1417-49 stand sie unter engl. Herrschaft. M. Baudot

Lit.: GChr XI, 830-834 – A. LE PRÉVOST, Mém. pour servir à l'histoire du dép. de l'Eure, 1863, II, 265-331 – Neustria Pia, 1663, 398-405 – Monast. gallic. 1871, 2, 109 – A. GOUJON, Hist. de B., 1875 – A. PORÉE, L'église abbatiale de B., Congr. archéol. France, 1902, II, 588-614 – DERS.-J. BILSON, BullMon 1911, 396-422 – M. FAUROUX, Rec. des Actes des ducs de Normandie, 1961, passim – L. MUSSET, Normandie romane, Zodiaque-Weber, 1977, II, 45-57 – J. CHARLES-M. BAUDOT, Brève hist. de B., Nouvelles de l'Eure, 1978.

Bernelinus, verfaßte Anfang des 11. Jh. in Paris einen »Liber abaci« in vier Teilen: Beschreibung des dreißigspaltigen → Abakus von → Gerbert v. Aurillac und der → Apices, Multiplikations- und Divisionsregeln, Zwölferbrüche. B. benutzte Gerberts Abakus-Traktat und den → Calculus Victorii. Die unter dem Titel »Cita et vera divisio monochordi« in der Quelle dem »Liber abaci« nachfolgende Sammlung verschiedener Saiten- und Pfeifen-Mensuren ist – sicher zu Unrecht – unter dem Namen des B. veröffentlicht und bekannt geworden. M. Folkerts

Ed., Q. und Lit.: MGG 15 [H. HÜSCHEN] – A. OLLERIS, Oeuvres de Gerbert, 1867, 357-400 – M. CANTOR, Vorlesungen über Gesch. der Mathematik I, 1907³, 880-885 – SARTON I, 714 – Gerbert, Scriptores I, 312-330 – MPL 151, 653-674 [teilweise Neuausg. bei: K.-J. SACHS, Mensura fistularum, 1970].

Berner Handfeste → Bern

Berner Rätsel, eine im 7. Jh. zusammengestellte Sammlung von 52 oder 53 Rätseln, die ihren Namen von der Hs. Bern 611 herleiten, aus der A. RIESE die Rätsel ediert hat (Anth. Lat. I² [1894] Nr. 481). Sie werden auch als »Quaestiones aenigmatum rhetoricae artis« überliefert, was ebenso wie der gelegentl. Titel »Aenigmata Tullii« darauf hinweist, daß – wie bei allen spätantiken und ma. → Rätseln – die Verfasser nicht in erster Linie den Leser raten lassen wollen, sondern versuchen, einen Begriff prägnant und witzig zu umschreiben, also eine rhetor. Übung absolvieren. Deshalb sind auch sehr häufig die Auflösungen gleich im Titel mit angegeben. Die Rätsel der Berner Sammlung bestehen durchwegs aus jeweils sechs rhythm. Hexametern und wurden deshalb von STRECKER in MGH PP 4, 732-759 als »Aenigmata Hexasticha« betitelt. Ihren Inhalt bilden vornehmlich Dinge des tägl. Lebens, die freilich oft mit wenig Geschick und so umständl. beschrieben sind, daß sie ohne die beigegebenen Lösungen kaum zu erraten wären, wenn nicht viele davon als Rätselobjekte traditionell (→ Symphosius) wären. Eine Eigenheit der Sammlung ist die Vorliebe, Zusammenhänge von Gegenständen mit Verwandtschaftsbezeichnungen zu umschreiben. G. Silagi

Ed.: MGH PP 4, 732-737 [ed. STRECKER] – F. GLORIE, CCL 133 A, 1968, 542-610 [dt. Übers. J. MINST, bezieht sich teilweise nicht auf den abgedr. Text, sondern auf die Varianten des krit. Apparates, stellenweise strittig] – *Lit.*: MANITIUS I, 192f. – G. BERNT, Das lat. Epigramm, Münchener Beitr. zur Mediävistik und Renaissance-Forschg. 2, 1968, 150f. – P. KLOPSCH, Einf. in die ma. Verslehre, 1972, 24.

Bernerton heißt der Ton (Strophenform und Melodie), in dem die mhd. Heldengedichte um → Dietrich v. Bern, »Eckenlied«, »Sigenot«, »Virginal«, »Goldemar«, dazu das »Meerwunder«, abgefaßt sind; die gleiche Strophenform, jedoch eine andere Melodie hat der »Herzog Ernst G« (Herzog-Ernst-Ton). Mit beiden Melodien wurde die Strophenform, eine 12zeilige Kanzone, vom 15. bis 17. Jh., z. T. auch unter anderen Namen, für Lieder unterschiedl. Art benutzt. Geschaffen wurde sie in der 1. Hälfte des 13. Jh. (durch → Albrecht v. Kemenaten? [A. 27.]), das älteste Zeugnis enthalten die Carmina burana (CB 203 a).
H. Brunner

Lit.: H. BRUNNER, Epenmelodien (Fschr. S. BEYSCHLAG, 1970), 149-178 – DERS., Strukturprobleme der Epenmelodien (E. KÜHEBACHER, Dt. Heldenepik in Tirol, 1979), 300-328.

Berner Weltgerichtsspiel → Geistliches Drama

Berner v. Horheim, mhd. Minnesänger aus stauf. Ministerialengeschlecht, Ende 12. Jh.; mutmaßl. bezeugt im Gefolge Philipps v. Schwaben 1196 in zwei it. Urkunden (zusammen mit comes Gotefridus de Veingen [Vaihingen]); seine Heimat ist bis heute umstritten: u. a. Harheim bei Frankfurt (SCHÖNBACH, DE BOOR)?, Horheim b. Vaihingen/Enz (HAUPT, SCHWEIKLE)? Überliefert sind sechs Lieder (Weingartner Lieder-Hs. B: 13 Str., Gr. Heidelberger Lieder-Hs. C: 17 Str.), die der sog. Hausenschule zugerechnet werden: Es sind Minneklagen eigener themat. und formaler Prägung. Bemerkenswert sind neben einer Abschiedsklage mit unklarer Anspielung auf einen Heereszug nach Italien (1189?, 1194?) das älteste mhd. Lügenlied und eine kunstvolle Großstrophe. Bei vier Liedern werden von der Kontrafakturforschung prov.-frz. Vorbilder vermutet.
G. Schweikle

Bibliogr.: H. TERVOOREN, Bibliogr. zum Minnesang, 1969, Nr. XVI – *Ed.*: Des Minnesangs Frühling, bearb. H. MOSER–H. TERVOOREN, 2 Bde, 1977 – G. SCHWEIKLE, Die frühe Minnelyrik, 1977 [mit Übers. und Komm.] – *Lit.*: M. SCHECK, Herr B. v. H. (Schriftenreihe der Stadt Vaihingen/Enz 2, 1979), 69-124.

Bernhar, Bf. v. Worms, † 21. März 826, vielleicht aus karol. Seitenlinie, Nachfolger des 793 gestorbenen Bf.s Erembert, gehörte 799 der Kommission frk. Bf.e an, die in Rom die Vorwürfe gegen Papst Leo III. prüfte, und reiste 809/810 erneut nach Rom, um in der Frage des → Filioque zu verhandeln. Seit 811 zugleich Abt v. Weißenburg, war B. führend beteiligt an der Mainzer Reformsynode von 813 (→ Mainz, Synoden) und wird auch in der Umgebung Ludwigs d. Fr. genannt. Überliefert ist ein persönl. gehaltener Brief an Einhard (MGH Epp. V [Karol. III], 110f.). R. Schieffer

Lit.: DHGE VIII, 768f. – A. HOFMEISTER, Weissenburger Aufzeichnungen vom Ende des 8. und Anfang des 9. Jh.s, ZGO 73, NF 34, 1919, 401 ff. – M. SCHAAB, Die Diöz. Worms im MA, Freiburger Diözesanarchiv 86, 1966, 199f.

Bernhard v. Aosta, hl. → Bernhard 22.
Bernhard v. Clairvaux, hl. → Bernhard 28.
Bernhard v. Tiron, hl. → Bernhard 44.
Bernhard (degli Uberti), hl. → Uberti, Bernardo degli
Bernhard (s. a. Bernard, Bernardo, Bernardus, Bernart, Bernat, Bernhardus)

1. B., außerehel. Sohn Ks. → Karls III., * ca. 876, † 891/892. In der Regelung der karoling. Thronfolge hatte B. von vornherein einen schweren Stand gegenüber seinem gleichfalls unehel. geborenen älteren Vetter Arnulf v. Kärnten (→ Arnulf 1.). So scheiterte 885 der Plan des Ks.s, B. mit päpstl. Hilfe Anerkennung als Thronfolger zu verschaffen. Nach dem Sturz Karls III. und der Erhebung Arnulfs zum ostfrk. Kg. 887 hat B. seine Ansprüche nicht aufgegeben. Vermutl. wegen der Nachfolgeregelung für Arnulfs Söhne 889 empörte sich B. zusammen mit Abt Bernhard v. St. Gallen und Gf. Ulrich v. Linz- und Argengau gegen den Kg. 890 konnte er sich durch Flucht aus Rätien (zu Wido v. Italien?) der Verfolgung entziehen, doch gelang ein Jahr später Arnulf die Niederwerfung des Aufstands; B. wurde von Mgf. Rudolf v. Rätien getötet. Th. Zotz
Lit.: DÜMMLER² – W. SICKEL, Das Thronfolgerecht der unehel. Karolinger, ZRGGermAbt 24, 1903, 110–147 – H. KELLER, Zum Sturz Karls III., DA 22, 1966 – E. HLAWITSCHKA, Lotharingien und das Reich an der Schwelle der dt. Gesch. (MGH Schr. 21), 1968 – M. BORGOLTE, Karl III. und Neudingen, ZGO 125, 1977 – E. HLAWITSCHKA, Nachfolgeprojekte aus der Spätzeit Ks. Karls III., DA 34, 1978.

2. B., *Kg. des karol. Unterkönigreichs Italien*, * vermutl. 797, † 17. April 818, einziger Sohn Kg. Pippins v. Italien aus dessen wahrscheinl. als Friedelverbindung begonnener Ehe. Nach dem Tode des Vaters (8. Juli 810) im Kl. Fulda erzogen, wurde er erstmals im Sommer 812 von Karl d. Gr. in die zwischenzeitl. Königsboten anvertraute Reichsverwaltung Italiens eingesetzt und zur Sarazenenabwehr abgesandt. Obwohl er schon seit Ende 812 in it. Privaturkunden als Kg. bezeichnet worden ist, wurde er erst auf dem Aachener Reichstag (Sept. 813) offiziell als rex Langobardorum eingesetzt, doch trat er damit nicht in die seinem Vater 806 zugedachten Herrschaftsrechte in Bayern und Alemannien südl. der Donau ein. Nach Karls d. Gr. Tod huldigte B. dem neuen Ks. Ludwig d. Fr., der ihn 815 zur Untersuchung eines Aufstandes gegen Papst Leo III. nach Rom sandte. Im Sommer 816 wieder in Aachen, wurde er im Herbst angewiesen, dem neuen Papst Stephan IV. bei seiner Reise zu Ludwig nach Reims Geleit zu geben. Nachdem in der → Ordinatio imperii (817) festgelegt worden war, daß Italien Ludwigs Sohn, Lothar I., in der gleichen Weise unterstehen solle wie bisher Karl d. Gr. und Ludwig, verschwor B. sich mit vielen Großen seines Reiches gegen den Ks. und seine Söhne, mußte sich jedoch im Dez. 817 in Chalon-sur-Saône unterwerfen. Von der Reichsversammlung in Aachen zum Tode verurteilt, wurde er von Ludwig zur Blendung begnadigt, an der er am dritten Tag nach der Vollziehung starb. Nach einer späteren Legende soll sein Leichnam nach Mailand gebracht worden sein. Die grausame Bestrafung wurde Ludwig d. Fr. in späterer Zeit oft zum Vorwurf gemacht. E. Hlawitschka
Q. und Lit.: R I nr. 515b–p – DBI IX, 228ff. – B. MALFATTI, Bernardo re d'Italia, 1876 – E. MÜHLBACHER, Zur Gesch. Kg. B.s v. Italien, MÖIG 2, 1881, 296ff. – K. SCHMID, Zur hist. Bestimmung des ältesten Eintrages im St. Galler Verbrüderungsbuch, Alem. Jb. 1973/75, 504ff. – TH. F. X. NOBLE, The Revolt of King Bernard of Italy in 817, StM ser. III, XV, 1974, 315ff. – S. KONECNY, Eherecht und Ehepolitik unter Ludwig d. Fr., MIÖG 85, 1977, 9–12.

3. B. Plantapilosa (Bernard Plantevelue), *Gf. v. Autun,* später Gf. der Auvergne; * 22. März 841 in Uzès (Languedoc, heut. Dép. Gard), † 885/886, Sohn des Bernhard v. Septimanien und der Dhuoda (was der hist. Forschung angesichts zahlreicher bedeutender Träger des Namens Bernhard zw. 860 und 880 lange Zeit nicht klar war). – Vielleicht schon vorher Gf. v. Razès, erhielt er 864 von Karl dem Kahlen die Gft. Autun, die bereits sein Vater besessen hatte. Da er aber der Absicht, den Kg. zu ermorden, angeklagt wurde, ließ dieser ihm seine Güter entziehen; doch machte B. noch bis 866 Autun dem Gf.en Robert dem Tapferen streitig. Danach begab sich B. ins Mittelreich und wurde Gf. des Ornois. 869 mit Karl wieder versöhnt, ergriff er anschließend Besitz von den Gft.en Auvergne und Velay, die einem Bernhard, der wohl der Vater von Ermengard, der Gemahlin B.s war, unterstanden hatten.

Nachdem B. 872 im Auftrag des Kg.s den Bernhard (Bernard le Veau), der Gf. v. Autun, Toulouse, Limoges und Rodez gewesen sein dürfte, beseitigt hatte, übergab ihm der Kg. als Gegenleistung die drei letztgenannten Gft.en und setzte ihn anschließend mit anderen Großen zum Berater seines Sohnes Ludwig des Stammlers ein, der die Herrschaft über Aquitanien erhalten hatte. Nachdem Ludwig die Nachfolge Karls des Kahlen angetreten hatte, fand er in B. eine Stütze gegen Bernhard, den aufständ. Mgf.en v. Gothien (878–879); B. erhielt vom Kg. die Mark Gothien und die Gft. Bourges. Unter Ludwigs Nachfolgern, Ludwig III. und Karlmann, ließ er sich das Mâconnais, das Boso entzogen worden war, übertragen (880). Sein Bündnis mit Ks. Karl III., der 885 westfrk. Kg. wurde, trug ihm das Lyonnais ein. B., der die Titel comes, dux, marchio führte, wurde zum eigtl. Wiederbegründer des Hzm.s Aquitanien, das nach seinem Tod an seinen Sohn Wilhelm den Frommen überging, danach auf die beiden Söhne seiner Tochter Adelind (∞ Gf. Acfred [Efroi] v. Razès). J. Richard

Lit.: DBF VI, 42, 43, 87 – L. AUZIAS, Aquitaine carolingienne, 1937 – J. DHONDT, Études sur la naissance des principautés territoriales, 1948, 293–313 – J. CALMETTE, Les comtes Bernard (Mél. L. HALPHEN, 1951), 103–109 – W. KIENAST, Der Herzogstitel in Frankreich und Dtl., 1968, 163–175 – K. F. WERNER, Gauzlin v. St-Denis und die westfrk. Reichsteilung v. Amiens (März 880), DA 35, 1979, 395–462.

4. B. I., *Mgf. v. Baden*, * um 1364, † 5. Mai 1431, ⌐ Stiftskirche Baden-Baden, Sohn des Mgf.en Rudolf VI. v. Baden, hat vermutl. im Alter von 14 Jahren, zunächst auch für seinen Bruder Rudolf, die Regierung seines Landes übernommen; mit diesem schloß er 1380 einen Hausvertrag, wonach die Mgft. bei männl. Erbfolge in nicht mehr als zwei Teile geteilt werden durfte und beim Aussterben einer Linie der anderen die Nachfolge gesichert wurde (den Anteil des Bruders erbte er nach dessen Tod 1391). Durch diese Maßnahmen und den 1415 erfolgten Erwerb der Herrschaft Hachberg (Hochburg b. Emmendingen) und durch die Landvogtei im Breisgau erreichte B. eine Konsolidierung seines Territoriums, das er durch eine straffe Verwaltungs- und Finanzpolitik ausbaute; seine Fehden mit Straßburg (1393 sowie 1428/29) und der Kurpfalz (1403), seine Teilnahme am Kampf gegen den Schleglerbund (1395/96; → Ritterbünde) und am → Marbacher Bund (1407) zeigen ihn als krieger. Fs.en, der seine territorialen Erwerbungen in allen Auseinandersetzungen behaupten konnte und den man »den eigtl. Begründer des bad. Territorialstaats« genannt hat. H. Schwarzmaier

Lit.: NDB II, 109 [weitere Angaben] – Reg. der Mgf.en v. Baden, I, hg. R. FESTER, 1892, 131–500 – R. FESTER, Mgf. B. I. und die Anfänge des bad. Territorialstaats, 1896 – R. MERKEL, Stud. zur Territorialgesch. der bad. Mgft. (1250–1431) [Diss. masch. Freiburg i. Br. 1954) – B. THEIL, Das älteste Lehnbuch der Mgf.en v. Baden (1381), 1974.

5. B., Gf. v. *Barcelona*, † 844, entstammte einer hochadligen Familie. Sein Vater war →Wilhelm d. Hl. v. Gellone, Gf. v. Toulouse. B. heiratete 824 →Dhuoda. Er wurde 826 Gf. v. Barcelona und Gerona, 828 Gf. v. → Septimanien. B. schlug 827/828 erfolgreich arab. Angriffe auf sein Gebiet zurück. Als Parteigänger der Judith berief ihn Ludwig der Fromme 829 als leitenden Staatsmann, bekleidet mit dem Amt eines Kämmerers, an den Hof, um mit seiner Hilfe die Opposition der »Reichseinheitspartei« (→Wala v. Corbie) gegen den Bruch der → ordinatio imperii durch die Ausstattung Karls des Kahlen mit einem Reichsteil zurückzudrängen. Infolge eines Aufstandes der Gegenpartei mußte B. 830 den Hof verlassen und sich in seine Gft.en zurückziehen. Auf einem Reichstag in Diedenhofen reinigte sich B. 831 durch Eid vom Vorwurf des Ehebruchs mit Judith, doch kehrte er nicht in seine frühere Stellung an den Hof zurück. B. schloß sich Pippin I. an und widmete sich dem Ausbau seiner Machtposition. Obwohl er zeitweise abgesetzt wurde, behauptete er sich in Septimanien und eroberte 835/837 die Gft.en Toulouse und Carcassonne. Er geriet in Konflikt mit der »gotischen« Bevölkerung seines Gebietes, die 838 bei Ludwig dem Frommen Übergriffe gegen ihr Recht und ihren Besitz beklagte. B. kämpfte gegen Lothar I., der aus Rache zwei seiner Geschwister ermordete. Im Krieg der Söhne Ludwigs d. Fr. trat B. für Pippin II. ein, mit dem er einen polit. Vertrag schloß. Schon 841 näherte er sich Karl dem Kahlen, doch wandte er sich erneut Pippin II. zu, als der Vertrag von → Verdun seine Interessen verletzte. B. wurde 844 bei Toulouse von Karl dem Kahlen gefangengenommen und hingerichtet. Er ist ein typ. Vertreter des rücksichtslos die eigene Macht mehrenden Hochadels in der Verfallszeit des Karolingerreiches. D. Claude

Q. und Lit.: J.WOLLASCH, Eine adlige Familie des frühen MA, AK 39, 1957, 150–188 – R. D'ABADAL I DE VINYALS, Els primers comtes catalans, 1958 – DERS., Dels Visigots als Catalans I, 1969 – L. MALBOS, La capture de Bernard de Septimanie, M-A 76, 5–13 – Dhuoda, Manuel pour mon fils, ed. P. RICHÉ, 1975 – J. M. SALRACH I MARÉS, El procés de formació nacional de Catalùnya (segles VIII–IX), 2 Bde, 1978.

6. B. (gen. »Tallaferro«), Gf. v. → *Besalú* 988–1022, † 1020 durch Ertrinken in der Rhône. B. gehörte einer Adelsfamilie an, die prakt. den östl. Pyrenäenraum beherrschte. Sein Vater Oliba »Cabreta« war Gf. v. Cerdaña (Cerdagne), beherrschte die Teilgft.en Conflent, Berga, Vallespir und Fenouillèdes und erbte von seinem Bruder, Bf. Miro v. Gerona, 984 die Gft. Besalú. Spätestens 977, als Miro v. Gerona durch B. das Chorherrenstift S. Maria in Besalú gründen ließ, stand fest, daß B. die Gft. Besalú mit Vallespir und Fenouillèdes und sein jüngerer Bruder Wifred die Gft. Cerdaña mit Conflent und Berga übernehmen würde, was 988 auch geschah, als Oliba Cabreta als Mönch in die Abtei Montecassino eintrat. Bis 993/994 verwaltete die Familie noch gemeinsam den gesamten Komplex, dann teilte sich die Familie in zwei Linien, gab Ermengard, der Witwe Olibas Cabreta, das Vallespir als Legat und (was in der katal. Verfassungsentwicklung neu war) ließ nur noch eine unipersonale Leitung d. Gft. zu. B.s jüngster Bruder → Oliba wurde 1002 Mönch, 1008 Abt v. Ripoll und Cuixà (Cuxa), 1018 Bf. v. Vich. Ermengard war in 2. Ehe mit Oliba Cabreta verheiratet, in 1. Ehe mit dem *veguer* Ermemir v. Besora († vor 967). Aus der 1. Ehe stammen Gombald v. Besora und Bf. Oliba v. Elne. Eine natürl. Tochter Olibas Cabreta war die Äbtissin Ingilberga v. S. Juan de las Abadesas. B. ⚭ Tota (auch sie erhielt das Vallespir als Sponsalitium), fünf Söhne: Wilhelm (Erbe der Gft.), Berengar (Bf. v. Elne, † 1004, Vorgänger seines Halbbruders Oliba), Wifred (Bf. v. Besalú), Heinrich (potentieller Nachfolger seines Bruders Wifred), Hugo (erbt nur Allod im Fenouillèdes und bei Olot); zwei Töchter: Alix (⚭ Oriol d'Ogassa), Konstanze (erbt nur Allod). B. nahm 1010 an der ersten Expedition des katal. Adels gegen Córdoba teil, besuchte 1011 gemeinsam mit seinem Bruder und Sohn Oliba Rom und 1016/17 erneut. Seine Verwandte Gesinde heiratete 1016 den Vizegrafen v. Narbonne, der Bruder Wifred v. Cerdaña hatte für seinen Sohn Wifred die Erzbischofswürde v. Narbonne gekauft; jetzt stand nichts mehr im Wege, um vom Papst die Gründung des exemten Bm.s Besalú zu erbitten, das sich mit dem Herrschaftsbereich B.s deckte. B.s Sohn Wifred wurde in Rom gleich zum Bf. geweiht († 1054 als Bf. v. Carcassonne), S. Maria de Besalú zum Bischofssitz ausersehen, die Nonnen von S. Juan de las Abadesas unter Äbtissin Ingilberga unter fadenscheinigem Vorwand durch Chorherren ersetzt und das Stift dem neuen Bischofssitz übereignet. Bf. Peter konnte kurz vor 1021 seinen Pontifikat in Gerona nur antreten, indem er einen östl. an das Fenouillèdes angrenzenden Landstreifen, der schon eindeutig als Landbrücke dienen sollte, abtrat. O. Engels

Lit.: R. D'ABADAL I DE VINYALS, L'abat Oliba, bisbe de Vic, i la seva época, 1948 – A. MUNDÓ, Entorn de les famílies dels bisbes Oliba de Vic i Oliba d'Elna, Bol. de la R. Acad. de Buenas Letras de Barcelona 28, 1959/60, 169–178 – S. SOBREQUÉS VIDAL, Els grans comtes de Barcelona, 1961 – O. ENGELS, Schutzgedanke und Landesherrschaft im östl. Pyrenäenraum (9.–13. Jh.), 1970.

7. B. III., Gf. v. *Besalú* → Besalú

8. B. I., Mgf. v. *Gothien-Septimanien* → Septimanien

9. B. II., Hzg. von → *Kärnten* 1202–56, * 1176/81, † 4. Jan. 1256 in Völkermarkt, aus dem Hause → Spanheim, Sohn Hzg. Hermanns II. und der Agnes v. Österreich, ⚭ 1213 Jutta, Tochter Kg. Přemysl Otakars I. v. Böhmen. B., der seit 1198 die Regierung für seinen kranken Bruder Ulrich II. führte, gilt als Begründer des Landesfürstentums in Kärnten. Unter ihm sind erstmals ein Hofstaat und eine organisierte Kanzlei nachweisbar. Mit → St. Veit an der Glan, → Klagenfurt und Völkermarkt schuf er das hzgl. Städtedreieck in Unterkärnten. Seine Auseinandersetzungen mit Bf. Ekbert v. Bamberg um → Villach blieben hingegen erfolglos. B. gründete 1205 die Münzstätte in St. Veit und förderte neben Städten und Märkten v. a. Handel und Verkehr (Loiblpaß, Seeberg). In Krain gründete er 1234 das Zisterzienserkl. Mariabrunn bei Landstraß. Sein Sohn und Nachfolger Ulrich III. nannte sich nach der Heirat mit Agnes v. Andechs-Meranien seit 1251 Herr v. Krain. In der Reichspolitik war B. ein überzeugter Anhänger der Staufer. Erst in seinen letzten Lebensjahren ging er unter dem Einfluß seines energischen jüngeren Sohnes → Philipp, der seit 1246 Elekt v. Salzburg war, in das päpstl. Lager über. H. Dopsch

Lit.: NDB II, s. v. – A. v. JAKSCH, Gesch. Kärntens, 2 Bde, 1928/29 – K. DINKLAGE, Kärntner Städtegründungen unter Hzg. B. (1202–56), MIÖG 69, 1961, 85–96.

10. B. I. (Benno), Hzg. v. *Sachsen* aus der Familie der → Billunger, † 9. Febr. 1011. B. trat 973 die Nachfolge seines Vaters → Hermann Billung an, dessen Befugnisse er wesentl. erweitern konnte. In den Jahren 974, 983 und 994 wehrte er Vorstöße der Dänen in das Reichsgebiet ab. Nach dem Tode Ottos II. hatte er entscheidenden Anteil daran, daß der Versuch Heinrichs des Zänkers, Kg. zu werden, scheiterte und daß der junge Otto III. als Kg. anerkannt wurde. Auf einem Reichstag zu Quedlinburg übte er 986 das Amt des Marschalls aus; 991 und 995 beteiligte er sich an den Feldzügen Ottos III. gegen die Slaven. Im Innern Sachsens baute er den Herrschaftsbereich der Billunger, v. a. im Bardengau und an der mittleren Weser, aus.

Bei der Nachwahl Heinrichs II. durch die Sachsen i.J. 1002 in Merseburg wies er als Sprecher des Stammes den Kg. durch die Übergabe der hl. Lanze erneut in die Herrschaft im Reiche ein, nachdem dieser das sächs. Stammesrecht bestätigt hatte. War sein Vater noch der Vertreter des Kg.s in Sachsen gewesen, so wurde B. als Hzg. der Repräsentant des Stammes gegenüber der Krone. K. Jordan

Lit.: R. Bork, Die Billunger [Diss. masch. Greifswald 1951] – H.-J. Freytag, Die Herrschaft der Billunger in Sachsen, 1951 – W. Schlesinger, Die sog. Nachwahl Heinrichs II. in Merseburg (Fschr. K. Bosl, 1974), 350–369 – W. Giese, Der Stamm der Sachsen und das Reich in otton. und sal. Zeit, 1979.

11. B. II., *Hzg. v. Sachsen* → Billunger

12. B. III., Gf. v. Aschersleben, *Hzg. v. Sachsen,* * um 1140, † wahrscheinl. Febr. 1212, ⌑ im Benediktinerkl. Ballenstedt. ⚭ Judith, * um 1154, † vor 1202, Tochter Mieszkos III. v. Polen. Der jüngste Sohn Albrechts des Bären (→ Albrecht 7.) erhielt 1170 bei der Teilung des askan. Erbes die Gft. Aschersleben (→ Anhalt). Nach dem Sturz Heinrichs des Löwen 1180 wurde er mit der östl. Hälfte der Hzm.s Sachsen belehnt, stieß jedoch auf den Widerstand der nach größerer Autonomie strebenden geistl. und weltl. Fs.en und Gf.en. Während B. in Westfalen und Engern auf jeden Einfluß verzichtete, beanspruchte er die Lehnshoheit über die Gft.en → Holstein, → Ratzeburg, → Schwerin, Lüchow und → Dannenberg, ohne sich vollständig durchsetzen zu können. Zusätzl. Schwierigkeiten bereiteten ihm der wachsende Einfluß der → Welfen und die inkonsequente Haltung des Kaisers. 1197 wurde er von einigen Fs.en unter Führung des Ebf.s Adolf v. Köln (→ Adolf 5.) als Thronkandidat aufgestellt, lehnte jedoch ab und blieb Philipp v. Schwaben treu. Erst nach dessen Tod trat er der Partei Ottos IV. bei. – Der Schwerpunkt seines Besitzes lag in den askan. Stammlanden. Nach seinem Tode erhielt der älteste Sohn Heinrich die askan. Besitzungen zw. Harz und mittlerer Elbe (anhalt. Linie), der jüngere Albrecht I. wurde Hzg. v. Sachsen (Wittenberger Linie). H.K. Schulze

Lit.: NDB II, 112f. – BWbDG (1. Aufl.), 61f.; (2. Aufl.), 243f. – H. Loreck, B. I., der Askanier, Hzg. v. Sachsen, Zs. des Harz-Vereins 26, 1893, 207–301 – H. Wäschke, Anhalt. Gesch. I, 1912, 150–182 – vgl. auch Lit. zu →Askanier.

13. B., *Bf. v. Halberstadt* → Halberstadt

14. B. I., *Bf. v. Hildesheim* 1130–53, † 20. Juli 1153, ⌑ Hildesheim, St. Godehard; aus edelfreiem (niederrhein.?) Geschlecht (sein Bruder Lambert Domkanoniker in Köln, Augustinerchorherr in Reichersberg, Propst in Neuwerk bei Halle; blutsverwandt mit Ebf. Heinrich I. v. Mainz und Friderun, Gemahlin Markwards I. v. Grumbach). Anfang der 12. Jh. Domscholaster in Hildesheim (sein Schüler war vermutl. → Gerho[c]h v. Reichersberg), 1119–30 Dompropst, Mai 1130 Wahl zum Bf. und Investitur durch Lothar III. Wie sein Vorgänger Berthold I. nutzte er den neuen Orden der Augustinerchorherren zu verstärkter Klosterreform- und Territorialpolitik. Zunächst aber führte er dessen Plan der Kanonisierung Bf. → Godehards durch. Begleiter Lothars III. bei dessen Zusammenkunft mit Papst Innozenz II. in → Lüttich, erreichte er Ende Okt. 1131 in Reims Godehards Heiligsprechung (Translation 4. Mai 1132, Gründung des Benediktinerkl. St. Godehard in → Hildesheim 1133, rasche Kultausbreitung, Reliquienschenkungen u. a. an seine Verwandte Friderun für Ichtershausen, Pilgerfahrt Kg. Bolesław v. Polen nach Hildesheim 1135). In den stauf.-welf. Kämpfen seit 1138 war B. bestrebt, der Umklammerung seines Bm.s zu entgehen (Versuch Konrads III. der Schaffung einer stauf. Einflußzone gegen die Verbindung Heinrichs des Löwen mit dem Ebm. Mainz, sein Halbbruder Konrad v. Babenberg 1143–48 Dompropst) und Übergriffen der Parteien bes. im Goslarer Raum und im SW des Bm.s elastisch zu begegnen. B.s stete Weigerung, die strateg. wichtige Winzenburg (Krs. Alfeld) an den stauf. Parteigänger Gf. Hermann II. v. Winzenburg zu verlehnen, mußte er unter stauf. Druck (1149 Rainald v. Dassel Dompropst) 1150 aufgeben, erhielt aber mit der ursprgl. northeim. Homburg und der Schenkung der Reichsabtei Ringelheim durch Konrad III. einen Ausgleich. Die Ermordung Hermanns II. v. Winzenburg im Jan. 1152 (Beteiligung B.s?, Hödekensage!) und der Tod des Kg.s (Febr. 1152) beendeten das stauf. Übergewicht, doch konnte B. den Machteinfluß Heinrichs des Löwen in seinem Bm. in Grenzen halten. Sein Verhältnis zu Friedrich I. ist unklar (Rückforderung der Reichsabtei Ringelheim?), doch ist B. wohl nicht wie Ebf. Heinrich I. v. Mainz förmlich abgesetzt worden. Seit Jahren erblindet, resignierte B. Anfang 1153 und starb wenige Monate später. – Die im 15. Jh. wohl in St. Godehard verfaßte, auf der älteren »Translatio s. Godehardi« beruhende Vita des in Hildesheim als sel. Verehrten (s.u. Q.) machte B. irrtüml. zu einem »Gf.en v. Wallhausen«.

H. Goetting

Q.: UB des Hochstifts Hildesheim I, ed. K. Janicke, 1896 – Vita b. Bernhardi ep. Hild., AASS 20. Juli (V, 1727), 100–113 – Lit.: NDB, s. v. – H. A. Lüntzel, Gesch. der Diöz. und Stadt Hildesheim I, 1858 – A. Bertram, Gesch. des Bm.s Hildesheim I, 1899 – W. Heinemann, Das Bm. Hildesheim im Kräftespiel der Reichs- und Territorialpolitik vornehml. d. 12. Jh., 1968 – vgl. künftig: GS NF. Das Bm. Hildesheim, 3.

15. B., *Abt v. St-Victor, Marseille* → Marseille, St-Victor

16. B. I., *Abt v. Montecassino* → Montecassino

17. B. degli Uberti, hl., *Bf. v. Parma* → Uberti, Bernardo degli

18. B., *Bf. v. Pavia*, Kanonist → Bernhard v. Pavia (B. 43.)

19. B., *Kard. Bf. v. Porto und S. Rufina*, † 18. Aug. 1176, Prior des Kapitels der Lateranbasilika nach 1139, wurde B. 1145 zum Kardinalpriester von S. Clemente erhoben, nahm als solcher an d. Verhandlungen, die zum Vertrag von → Konstanz führten, teil, und war einer der Legaten, die von Eugen III. zur Ratifizierung dieses Vertrages und Annullierung der Ehe von Friedrich Barbarossa und Adela v. Vohburg (1153) zu Friedrich gesandt wurden. Bei dieser Gelegenheit setzte sich B. zusammen mit dem anderen Legaten mit wichtigen kirchl. Fragen auseinander, wie der Absetzung einiger dt. Bf.e, dem Schicksal Heinrichs, Ebf. v. Mainz, und mit der Reform des hohen dt. Klerus im allgemeinen, wie → Otto v. Freising berichtet (Gesta II, 9–11). Die Legation fand ein abruptes Ende durch den Tod Eugens III., dessen Nachfolge Anastasius IV. antrat, und die feindl. Haltung von Friedrich Barbarossa. Gerho(c)h v. Reichersberg äußerte sich lobend über B. (MGH L. d. L. III, 513). Hadrian IV. sandte ihn 1154 zusammen mit zwei anderen Kard. zu Friedrich I.: Diesmal verliefen die Verhandlungen in friedl. Atmosphäre. 1157 begleitete er Rolando Bandinelli (→ Alexander III.) zum Reichstag von → Besançon; diese Gesandtschaft endete mit dem berühmten tumultuarischen Vorfall. Hadrian IV. erhob B. nicht nur zum Bf. v. S. Rufina, sondern bestimmte ihn anscheinend sogar zu seinem Nachfolger. B. blieb jedenfalls auch dem neuen Papst Alexander III. verbunden und begleitete ihn 1162 nach Frankreich. Er ist der Verfasser des »Ordo officiorum ecclesiae Lateranensis«. R. Manselli

Lit.: DBI IX, 244–247 – L. Fischer, Bernhardi cardinalis Ordo officiorum ecclesiae Lateranensis, 1916 [mit Biographie] – M. Pacaut, Alexandre III, 1956, passim – M. Maccarrone, Papato e impero. Dalla elezione di Federico I alla morte di Adriano IV (1152–1159), 1959, passim.

20. B. (II.) zur Lippe, *Bischof von Selonien,* * um 1140, † 29. oder 30. April 1224, 2. Sohn des Edelherrn Hermann I. zur Lippe, ursprgl. für den geistl. Stand bestimmt und an der Domschule in Hildesheim erzogen, wurde nach dem Tode seines älteren Bruders zur Übernahme des väterl. Erbes in den Laienstand zurückberufen (1167), vermählte sich 1174 mit der Grafentochter Heilwig v. Altenahr (Mittelrhein), wurde ein getreuer Gefolgsmann Heinrichs des Löwen, hielt nach dessen Sturz (1180) mühsam seinen Gegnern stand, wurde aber 1184 vom Ks. begnadigt. 1185 gründete er mit anderen westfäl. Adligen das Zisterzienserkl. Marienfeld bei Warendorf; 1189 wurde er Vogt des Augustinerinnenkl. → Freckenhorst, erbaute die Stadt Lippstadt und wohl auch Lemgo. Eine schwere Erkrankung veranlaßte ihn, die Herrschaft über seine Besitzungen seinem ältesten Sohn Hermann II. zu überlassen und in das Kl. Marienfeld einzutreten (nach 1198, wahrscheinl. 1203), wo ihm eine Wunderheilung zuteil wurde. Hier kam er durch den Besuch des Abtes → Theoderich v. → Dünamünde und des Livenfürsten → Caupo mit der Livlandmission in Berührung und nahm das Kreuz. 1211 zog er mit Mönchen aus Marienfeld nach Dünamünde und wurde Abt dortselbst; 1218 weihte ihn sein Sohn Otto, seit 1215 Bf. v. Utrecht, zum Bf. v. → Selonien. Während seines vielfältigen Wirkens in Livland war er Parteigänger des → Schwertbrüderordens und nahm an den Kämpfen in → Estland teil. Auf ihn geht wohl die Stadtanlage von → Fellin, vielleicht auch die von → Kokenhusen zurück. Auch als Zisterzienser war er polit. und kämpferisch tätig, hat ztw. das als wunderwirkend verehrte Freckenhorster Kreuz (mit einer Partikel aus dem Kreuz Christi) auch in Livland eingesetzt und wurde von den Zisterziensern nach seinem Tode als Seliger verehrt. Um 1260 widmete ihm Magister → Justinus sein »Lippiflorium«. M. Hellmann

Lit.: M. HELLMANN, Das Lettenland im MA, 1954, 149f. – P. JOHANSEN, Lippstadt, Freckenhorst und Fellin in Livland. Werk und Wirkung B.s II. zur Lippe im Ostseeraum (Westfalen, Hanse, Ostseeraum, 1955), 95–160 [umfassende Lit.].

21. B., Ebf. v. → *Toledo,* * 1040/50 in La Sauvetat de Blancafort bei Agen, † 3. April 1124 in Toledo, ⌑ ebd., Kathedrale; Sohn eines Wilhelm und einer Neimira, verwandt mit dem vicecomes v. Sédirac; wurde nacheinander Mönch in St-Aurence (Bm. Auch) und Cluny, seit 1080/81 Abt v. → Sahagún, um dort die cluniazens. Gewohnheiten einzuführen. Kg. Alfons VI. bestimmte ihn mit Zustimmung Abt Hugos v. Cluny zum Ebf. v. Toledo; 19 Monate nach Eroberung der Stadt wurde B. am 18. Dez. 1086 zum Bf. geweiht. In Fortsetzung der Primaswürde der westgot. Zeit gewährte ihm Papst Urban II. 1088 die Jurisdiktion über alle Kirchen Spaniens und das Recht, die eroberten Bm.er zu verwalten, bis sie einen eigenen Bf. erhalten könnten; 1093 ernannte er ihn zum ständigen päpstl. Legaten in Spanien. Die Fülle der Ämter und das selbst an der Kurie kritisierte Vertrauen, das Urban II. seinem ehemaligen Mitmönch aus Cluny entgegenbrachte, nutzte B. rücksichtslos aus. Das Domkapitel seines Sitzes war mit Kanonikern aus reformfreudigen Kreisen S-Frankreichs besetzt; aus diesen Kreisen nahm B. die Bf.e in → Osma, → Sigüenza und → Segovia. Weil sein eigenes Bm. zu arm war, suchte er die von ihm verwalteten Bm.er seiner Diöz. einzuverleiben. Auf diese Weise wurde der Sitz von Alcalá de Henares nicht wieder besetzt. Osma dagegen, wegen dessen Nordgrenze B. zeitlebens mit dem Bf. v. → Burgos in Auseinandersetzungen stand, mußte er um 1101 wiederaufleben lassen. Die Diöz. Segovia ließ er sich 1107 von Kg. Alfons VI. übertragen; Paschalis II. bestätigte 1112 diese Verfügung, da Alfons I. v. Aragón Segovia besetzt hatte, und doch entließ B. um 1120 dieses Bm. in die Selbständigkeit. Die Eximierung des Bm.s Burgos aus der Kirchenprov. Toledo 1096 konnte er nicht verhindern. Papst Paschalis II., der ihm weit weniger gewogen war, eximierte 1104 auch die Bm.er → León und → Oviedo und nahm Burgos von seiner Legation aus mit der Begründung, daß ihn die Pilgerreise zum Hl. Grab an seiner Residenzpflicht gehindert habe. Er nahm sofort gegen die 1109 geschlossene Ehe zw. Kg. Alfons I. v. Aragón und → Urraca, der Erbtochter Alfons VI. v. Kastilien, Stellung und sorgte für ihre Annullierung. Als Parteigänger der Urraca erstand ihm in den Auseinandersetzungen Urracas mit ihrem Sohn Alfons VII. ein neuer Gegner: Bf. → Diego Gelmírez v. → Santiago, der die Unterstützung des galiz. Adels für Alfons VII. zugunsten einer Erhöhung seines Stuhles zu nutzen suchte. 1114/15 mußte B. auf seine Legationsbefugnisse in der Kirchenprov. → Braga verzichten; Papst Calixt II. erhob 1120 Santiago zur Metropole der ehemaligen Kirchenprov. Mérida und ernannte Ebf. Diego Gelmírez zum päpstl. Legaten in den Prov. → Mérida und Braga. B. auch noch die Primaswürde zu nehmen, gelang indes nicht. Ihm wurde 1121 sogar die Legation in einem Umfang bestätigt, wie er sie unter Paschalis II. innegehabt hatte, für die Prov. Mérida allerdings blieb Santiago zuständig. Polit. ziemlich ins Abseits gedrängt, starb B. 1124 in Toledo. O. Engels

Lit.: J.F. RIVERA RECIO, El arzobispo de Toledo Don Bernardo de Cluny (1086–1124), 1962 – DERS., La Iglesia de Toledo en el siglo XII (1086–1208), I, 1966, 61–196 – DERS., Los arzobispos de Toledo en la baja edad media (s. XII–XV), 1969, 13–15 – O. ENGELS, Papsttum, Reconquista und span. Landeskonzil im HochMA, AHC 1, 1969, 42–49, 241–261 – DERS., Reform und Reconquista. Zur Wiedererrichtung des Bischofssitzes von Segovia (Fschr. E. ISERLOH, 1980) – L. VONES, Die »Historia Compostellana« und die Kirchenpolitik des nordwestspan. Raumes 1070–1130, 1980.

22. B. v. Aosta, hl. (auch bekannt als B. v. Menthon), Archidiakon v. Aosta, † 15. Juni 1081, gründete um die Mitte des 11. Jh. das Hospiz am Mont-Joux, seitdem → Großer St. Bernhard genannt. Bedeutender Prediger, wirkte er als kirchl. Erneuerer im Aostatal, in Piemont und der Lombardei. Er traf nach dem 15. April 1081 in Pavia mit Kg. Heinrich IV. zusammen, um ihn von seinem Plan, Papst Gregor VII. abzusetzen und an seiner Stelle den Gegenpapst Clemens III. zu inthronisieren, abzubringen. Auf der Rückreise von Pavia starb B. in Novara. 1123 von Richard, Bf. v. Novara, zum Hl. erhoben, wurde er 1681 von Innozenz XI. ins röm. Martyrologium aufgenommen, 1923 von Pius XI. zum Patron der Bergsteiger und Gebirgsbewohner proklamiert. A.-M. Lovey

Q.: Vita beati Bernardi, ed. A. COLOMBO, BSSS XVII, 291–312 – *Lit.*: DIP, s.v. – LThK² II, 237 – JDG H. IV. und H. V., III, 379 – J.A. Duc, A quelle date est mort saint Bernard de Menthon?, Misc. di storia italiana XXXI, 1894, 367 N.5, 370 N.9 – J.-M. CHEVALIER, La date hist. de la mort de S. Bernard de Menthon (1086), Congr. des Sociétés savantes savoisiennes (1896), 1897 – C. PATRUCCO, Aosta dalle invasioni barbariche alla signoria sabauda, BSSS XVII, 1903, 5–88 – P. AEBISCHER, Une oeuvre littéraire valdôtaine? Le »Mystère de St-Bernard de Menthon«, Augusta Praetoria, 7/4–5–6, 1925 – A. DONNET, Saint Bernard et les origines de l'Hospice du Mont-Joux, 1942 – L. QUAGLIA, La Maison du Grand-Saint-Bernard, des origines aux temps actuels, 1955, 1972 – M. MICHELET, Dieu sur les Montagnes: Saint Bernard de Menthon, 1961.

23. B. v. Arezzo, Franziskanertheologe. Er stammte wohl aus Arezzo (Toscana), las um 1324 am Generalstudium der Franziskaner in Paris über die Sentenzen und wurde Magister der Theologie. Vermutl. noch als Baccalar disputierte er mit dem seine Anfangsvorlesungen (Principia) zur Sentenzenvorlesung haltenden Weltpriester → Nikolaus v. Autrecourt (zw. 1320 und 1327 als Socius, d. h. Baccalar, am Kolleg der Sorbonne nachweisbar). Letzterer, selbst Skeptizist (»der mittelalterliche Hume«), schrieb an ihn im Zusammenhang des Disputs 9 Briefe (erhalten nur die Briefe 1 und 2, hg. von J. LAPPE-L. A. KENNEDY), in denen er aus dem (bisher nicht aufgefundenen) Sentenzenkommentar B.s demselben radikalen Agnostizismus nachzuweisen suchte. H. Roßmann

Lit.: UEBERWEG, II – DThC XI, 564 – WULF, III – J. LAPPE, Nicolaus v. Autrecourt, BGPhMA VI, 2, 1908 – E. GILSON, La philosophie au MA, 1945² – J. R. WEINBERG, Nicholas of Autrecourt, 1948 – A. MAIER, Metaphys. Hintergründe der spätscholast. Naturphilosophie, 1955 – DIES., Ausgehendes MA II, 1967 – K. MICHALSKI, La philosophie au XIVᵉ s., hg. K. FLASCH, 1969, 132f. – E. A. MOODY, Ockham, Buridan, and Nicholas of Autrecourt (J. F. ROSS [Hg.], Inquiries into medieval philosophy, Festg. F. P. CLARKE, 1971) – J. R. WEINBERG, The fifth letter of Nicholas of Autrecourt to Bernard of Arezzo, ebd. – Nicholas of Autrecourt, The Universal Treatise, übers. L. A. KENNEDY, 1971 – F. C. COPLESTON, Gesch. der Philosophie im MA, 1976.

24. B. (Bernardo) v. Bessa OFM, theol. Schriftsteller († 1300/1304). Aus Aquitanien stammend, trat er zu einem nicht bekannten Zeitpunkt in den Orden der Minderbrüder ein. Er war Gefährte und Sekretär des Hl. → Bonaventura v. Bagnoregio, dessen Lehrsätze er auch nach dem Tode seines Meisters weiterhin vertrat. In diesem Sinne verfaßte er eine heute verlorene Schrift »De proposito regulae«, in der er sich gegen die Vertreter der strengen Observanz der Regel wandte. Die Hauptpunkte dieser Schrift nimmt er in seinem Werk »Speculum disciplinae« wieder auf, das für den Unterricht der Novizen bestimmt war. Dem Gründer des Ordens widmete er seinen »Liber de laudibus beati Francisci«. Er wurde Kustos (→ Franziskaner) von Cahors, wo er in den ersten Jahren des 14. Jh. starb. R. Manselli

Lit.: DSAM I, 1504-1505 – ECatt II, 1422 – Repfont II, 498f.

25. B. v. Bologna → Bernardus Bononiensis (B. 1.)

26. B. von (vom) Breidenbach (Breydenbach), Domdekan in Mainz, * um 1440, † 1497 in Mainz; unternahm 1483–84 eine Reise von Venedig über Istrien und griech. Häfen nach Jerusalem, durch das südl. Palästina und den Sinai nach Kairo und über Rosette zurück nach Venedig. Seine Reisebeschreibung (»Peregrinationes in Terram Sanctam«) erschien lat. und hd. 1486 und in nd. Übersetzung durch seinen Reisegefährten Erhard Reuwich 1488, alle in Mainz mit den gleichen Holzschnittbildern und einer Karte Palästinas mit Zeichnungen Reuwichs; es ist das erste Buch, dessen Bilder an Ort und Stelle aufgenommen sind. E. Woldan

Lit.: NDB II, 571 – Verf.-Lex.² I, 752-754 [Lit.].

27. B. v. Chartres, frühscholast. Denker bret. Herkunft (falls Bruder Theodorichs [→ Thierry], was wahrscheinl. ist). B. war einer der ersten Lehrer der Schule von → Chartres, wo er ca. 1114–19 lehrte und 1119–26 das Amt des Kanzlers ausübte. Hervorragender Grammatiker, »perfectissimus inter Platonicos seculi sui« und fähiger Pädagoge, übte er eine starke Wirkung auf seine Zuhörerschaft aus, wie uns → Johannes v. Salisbury bezeugt. Seine Werke sind nicht erhalten; eine bes. schwere Lücke stellt der Verlust seines Komm. der Isagoge des Porphyrios dar. Wir besitzen ledigl. drei Fragmente in Versen, die von Johannes v. Salisbury zitiert werden, und seinen berühmten doppelsinnigen Ausspruch über das Verhältnis von Gegenwart und antiker Tradition. Das erste Fragment, im Metalogicon IV, 35 und den anonymen Glossen über Timaios (JEAUNEAU, Lectio philosophorum, 199f. et pl. XIII) rechtfertigt die Wertschätzung, die Johannes v. Salisbury dem B. als einem Kenner platon. Lehren entgegenbringt. Die beiden letzten Auszüge (Metal. IV. 35; Policraticus VII, 13) stammen von einem Moralisten ohne Originalität. Wilhelm v. Conches (in seinen 1123 verfaßten Glossen über Priscian, vgl. JEAUNEAU, 358) und der Metal. III, 4, der etwa um 1159 datiert, haben uns das Urteil B.s über das Verhältnis von antiqui und moderni überliefert: Das berühmte Zitat zeigt eine vorbehaltlose Bewunderung der antiken »Riesen«, mehr aber noch einen berechtigten Stolz auf die Zeitgenossen, die zwar ohne Zweifel »Zwerge« sind, doch auf den Schultern der »Riesen« stehend, einen größeren Überblick als diese haben und sie – im vollen Sinne des Wortes – überragen. A. Vernet

Lit.: E. GILSON, Le platonisme de B. de Ch., RNPh 25, 1923, 5-19 – E. GARIN, Su una tesi di Bernardo di Ch. (Studi sul platonismo medievale, 1958), 50-53 – P. DRONKE, New approaches to the School of Chartres, Anuario de estudios medievales 6, 1969 [1971], 131-132 – N. HÄRING, Chartres and Paris revisited, Essays A. CH. PEGIS, 1974, 295-299 – E. JEAUNEAU, Nani sulle spalle di giganti, 1969 – DERS., Lectio philosophorum, 1973, 53-73 – H. SILVESTRE, Quanto juniores, tanto perspicaciores. Antécédents à la querelle des Anciens et des Modernes (Publ. de l'Univ. Lovanium de Kinshasa. Recueil commémoratif du Xᵉ anniversaire..., 1968), 231-255 – A. ZIMMERMANN, »Antiqui« und »Moderni«. Traditionsbewußtsein und Fortschrittsbewußtsein im späten MA, 1974.

28. B. v. Clairvaux
I. Leben und Wirken – II. Theologie – III. Werke – IV. Ikonographie.
I. LEBEN UND WIRKEN: Bernhard, hl., * 1090 in Fontaines-lès-Dijon, † 20. Aug. 1153 in Clairvaux; Sohn des Tescelin, Vasall des Hzg.s v. Burgund, und der Aleth de Montbard. B. erhielt bei den Regularkanonikern von St-Vorles in Châtillon eine beachtl. wissenschaftl. Bildung. Der Tod seiner Mutter (ca. 1106/07) rief einen tiefen Sinneswandel hervor, welcher ihn zum Eintritt in das Kl. von → Cîteaux zusammen mit 30 Gefährten bewog (1112). Durch seine asket. Lebensweise zog er sich eine dauerhafte Schwächung seiner Gesundheit zu (Blutarmut und Magenleiden). Er vertiefte seine Bibelkenntnis durch das Studium der Kirchenväter: Bibel und Väter blieben stets die Grundpfeiler seiner Lehr- und Predigttätigkeit. 1115 sandte ihn Abt Stephan mit zwölf Mönchen aus, in der Champagne das Kl. Clairvaux zu gründen. Das faszinierende Wesen B.s erleichterte ihm erheblich, vorteilhafte Verbindungen anzuknüpfen, zog Novizen in einem Maße an, daß beinahe in jedem Jahr zwei neue Kl. von Clairvaux aus errichtet werden mußten. Bis zu seinem Tod blieb B. in erster Linie der »abbas Clarevallensis«, der von allen Seiten angerufen wurde und sich in die verschiedenartigsten Angelegenheiten, selbst im gesamtkirchl. und polit. Bereich, verwickelt sah.
Er hat 70 Konvente gegründet; mit Einschluß der affiliierten (angegliederten) Kl. vereinigte er 164 Monasterien unter seiner geistl. Führung. Seine spirituelle Entwicklung vollzog sich in der Spannung zw. dem Verlangen nach Einsamkeit und der wachsenden Inanspruchnahme durch vielfältige ihm anvertraute Aufgaben. Eine feinsinnige Natur, myst. begabt und zugleich mit der Fähigkeit zur Menschenführung ausgestattet, stellte er die Forderung der Nächstenliebe zunächst an sich selbst. Am Ende des Sommers 1115 wurde er durch Bf. → Wilhelm v. Champeaux (vorher Lehrer der Theologie und der Dialektik, Haupt der Schule v. S. Geneviève in Paris) in Châlons-sur-Marne zum Priester geweiht; mit ihm verband ihn fortan eine lebenslange Freundschaft. Dieser Freundschaft und seinen Verbindungen mit → Petrus Lombardus, → Hugo v. St-Victor und → Johannes v. Salisbury verdankte der Abt v. Clairvaux die Einführung in Denken und Methodik der → Scholastik. Die ungewöhnl. Ausstrahlung seiner Persönlichkeit läßt sich an den Reisen durch alle Teile Europas, an der Predigt, Korrespondenz und lit. Tätigkeit ablesen. Er war

Ratgeber in Fragen des geistl. Lebens. In den Ordensrivalitäten zw. → Zisterziensern und → Cluniazensern verfaßte er auf Bitten des Abtes →Wilhelm v. St-Thierry 1124 die »Apologie« und spielte eine noch nicht ganz erhellte Rolle beim Sturz des Abtes Pontius v. Cluny 1122. Regularkanoniker, Prämonstratenser, Gilbertiner und sogar Kartäuser wandten sich an ihn. U. a. äußerte er sich klärend über die Frage des → Transitus, des Überganges von einem Orden in einen anderen, und korrespondierte mit dem neuen Abt → Petrus Venerabilis v. Cluny. Nach dem Konzil v. Troyes (1128) verfaßte er eine kleine Schrift zum Lob des Templerordens.

Bleibende Frucht seiner monast. Lehrtätigkeit sind zwei noch heute aktuelle Werke: »De gradibus humilitatis et superbiae« und »De diligendo Deo«. Man gewinnt durch sie einen Einblick in die neue Spiritualität der zisterziens. Gemeinschaften in Europa während der 1. Hälfte des 12.Jh. Hier tritt das Charisma dieses außergewöhnl. Menschen zutage: sanft und radikal, zerbrechlich und stark, aktiv und kontemplativ zugleich, mystisch begabt, mit hohen spirituellen Gnaden (Prophetie und Wunder) ausgestattet, uneigennützig und oft unversöhnlich, empfänglich für Freundschaft. Einer seiner modernsten Züge ist sein nachdrückl. Eintreten für die Freiheit der Meinung. Seine geistl. Lehre legte er in zahlreichen Predigten und Kommentaren zur Schrift dar, bes. im unvollendeten Kommentar zum Hohelied, der zu den interessantesten Beispielen der → monast. Theologie gehört, wobei B.s Theologie stets auf die Illustration der Heilsgeschichte in ihrem immer noch aktuellen Dynamismus orientiert bleibt.

Die Jahre seiner intensivsten kirchl. und kirchenpolit. Tätigkeit sind 1130-45. Durch sein Urteil und sein Engagement vermochte sich Innozenz II. (1130-43) gegen Anaklet II. (1130-38) durchzusetzen. B. begleitete Innozenz, um dessen allgemeine Anerkennung zu erringen, durch Frankreich, die Niederlande und Italien (1132-33). 1134 wurde er mit einer Mission in Aquitanien betraut, nahm 1135 am Hoftag in Bamberg teil und reiste anschließend nach Mailand, um die Stadt für Papst Innozenz II. zu gewinnen (1135), darauf nach Sizilien zu Kg. Roger II. (1137). In einer öffentl. Disputation mit dem Kard. Petrus v. Pisa konnte B. zwar den Kard. veranlassen, Anaklet II. preiszugeben, vermochte aber nicht, den Herrscher zu einer Änderung seines Standpunktes zu bewegen.

1140 ließ B. heterodoxe Lehrsätze des Petrus → Abaelard durch das Konzil v. → Sens verurteilen. 1144-45 rief er die aufständ. Römer auf, zum Gehorsam gegenüber den Päpsten (Lucius II., 1144-45; Eugen III., 1145-53; → Rom) zurückzukehren; er stellte sich entschieden gegen → Arnold v. Brescia, den wahrscheinlichen geistl. und geistigen Führer der röm. Aufstandsbewegung in ihrer radikal antipäpstl. Phase, und unternahm 1145 mit einem Kardinallegaten eine Predigtreise, um die in der Languedoc aufbrechenden Irrlehren zu bekämpfen. Dem Papst Eugen III. (1145 gewählt), einem ehem. Mönch aus Clairvaux, widmete er das Werk »De consideratione«. Der Papst beauftragte ihn, in Frankreich und Deutschland den Kreuzzug zu predigen (→ Kreuzzug 2.; 1146-47), der in Deutschland teilweise gegen die Wenden umgeleitet wurde. Nach dessen Scheitern unternahm B. 1150 eine erneute Kreuzzugsinitiative, die jedoch erfolglos blieb. Beim Konzil v. → Reims (1148) erreichte B. die Verurteilung der trinitar. Lehren des → Gilbert i. Poitiers, ohne eine allgemeines Eingreifen in die großen Kontroversen innerhalb der Kirche, so der Gültigkeit der Papst- und Bischofswahlen, der orthodoxen Lehre und der Frage der Bekämpfung der Häresien machten ihn bei den Zeitgenossen und in der ma. Tradition zum führenden Verteidiger der Kirche und des päpstl. Vorranges in der abendländ. Weltordnung. Diese Grundüberzeugungen fanden folgerichtigen Ausdruck in dem vom Papst gebilligten Versuch, Lothar III. mit seinem Rivalen, Friedrich v. Schwaben, sowie Ludwig VII. mit dem Grafen der Champagne zu versöhnen. B. hat auch die Herausbildung des engl. Besitzes in SW-Frankreich (→ Angevinisches Reich) insofern entscheidend beeinflußt, als er wegen zu naher Verwandtschaft Ludwigs VII. mit Eleonore v. Aquitanien deren erste Ehe mit dem frz. Kg. scharf und offen mißbilligte. Monast. Probleme haben im Denken B.s stets einen bedeutenden Platz eingenommen. Seine Erfahrungen als Abt haben v. a. seinen Traktat »De precepto et dispensatione« geprägt. B. ist einer der bedeutendsten Vertreter der religiösen und geistigen Bewegung des Mönchtums des 12.Jh., die tiefe Spuren in der ma. Kultur hinterlassen hat. Sein hohes Ansehen kommt in paradigmat. Weise durch die Stellung, die er in Dantes »Divina Commedia« innehat, zum Ausdruck (vgl. v. a. Paradiso, c. XXXI, c. XXXIII). Am 18. Jan. 1174 von Alexander III. heiliggesprochen, wurde der Abt v. Clairvaux von Pius VIII. 1830 zum Kirchenlehrer erhoben.

II. THEOLOGIE: Hervorragender geistl. Lehrer, übte B. einen bleibenden bedeutenden Einfluß aus. Ein temperamentvoller Mann, ein Heiliger voller Widersprüche, eine Persönlichkeit mit verschiedensten Begabungen repräsentiert B. in einzigartiger Weise die neue durch → Cîteaux symbolisierte monast. Bewegung, die Ergebnis der gregorian. Reform war und einem ganzen Zeitalter seinen Charakter gab.

Seine Geisteshaltung ist Ausdruck der monast. Kultur der 1. Hälfte des 12.Jh., in der klass. Rhetorik, Grammatik und Literatur, Philosophie und Dichtung, Theologie und Kunst, Spekulation und Kontemplation eine enge Verbindung eingehen. Dabei bleibt die Vertrautheit mit der Hl. Schrift der eindrucksvollste Charakterzug des Theologen und Schriftstellers B.: Er drückt seine Gedanken oft wortwörtl. in bibl. Wendungen aus. Seine → Exegese, die keineswegs den Schriftsinn vernachlässigt, ermangelt nicht myst. Gedankenflüge; sie vereint die besten Traditionen monast. Theologie des ma. lat. Westens: Kenntnis der Schrift, der Christologie und der kirchl. Tradition. Erkenntnis der Hl. Schrift ist Erkenntnis Christi und der Kirche. Er war Gottesgelehrter und Geistlicher (»homo spiritualis«), der aus dem Beten die nie ermüdende Aktivität des Abtes, des geistl. Ratgebers, des Vermittlers, des Denkers und Schriftstellers gewann. Seine geistige Größe findet bes. in einem unvollendeten Meisterwerk ihren Ausdruck: den 86 »Sermones super Cantica canticorum« (1135 bis 1153). Der Stil dieses Werkes ist kraftvoll; sein Autor zögert nicht, bei der Auslegung ebenso ungewohnte und gesuchte Wege zu gehen wie auch sich der Regeln der antiken Rhetorik zu bedienen. Seine Energie und sein intellektueller Eifer führen ihn häufig zur polem. Diktion. Doch offenbaren sich seine myst. Seele und seine hohe Bildung in einer lit. Produktion von bleibendem Wert, welche eine lebendige Vorstellungskraft und poet. Sensibilität bezeugen. Die Architektur der von ihm geleiteten Kl. ist von harmonischer, der mönch. Einfachheit in funktioneller Schlichtheit dienender Bauweise, die ausschließl. für die dort lebenden Mönche und nicht für die Aufnahme von Menschenmassen bestimmt war (→ Zisterzienserbaukunst).

Als Theologe war B. kein Neuerer; er verkörpert die Treue zur Tradition, die er mit durchdringendem Intellekt und origineller Kraft interpretierte. Ein ausgezeichneter Kenner der Kirchenväter, der lat. (Ambrosius, Augustinus, Gregor d. Gr.) wie der griech. (Origenes, Gregor v. Nyssa), durchdrungen von dem Gedanken der Liturgie und vom

Geist der Regula Benedicti, kann als sein zentrales Thema angesehen werden: die Menschwerdung des Wortes Gottes zum Heile der Menschen. In der Mariologie verdanken wir ihm kaum wesentl. neue Akzente, allenfalls die Betrachtung Marias im Heilswerk Christi (in den Predigten super »Missus est«; Lk 1, 26). Es ist schwer, B. in genaue Kategorien einzuordnen, da er stets Dogma und Spiritualität, theol. Denken und myst. Reflexion vereint. Das zeigt bes. sein Werk »De diligendo Deo«, das von einer christozentr. Haltung geprägt wird, die das Wachstum der Liebe Gottes in uns bestimmt. Noch bedeutender ist seine Schrift »De gratia et libero arbitrio«, in der sich anthropolog. und psycholog. Reflexionen finden, die Augustins Gedanken über Freiheit und Gnade wiederaufnehmen; einer der suggestivsten Abschnitte ist derjenige über die Ähnlichkeit und das Bild.

Auf dem Gebiet der Asketik verfaßte B. die Schrift »De gradibus humilitatis et superbiae«, in der die Notwendigkeit der humilitas (Demut) zur Erlangung der caritas (Liebe) hervorgehoben wird. Damit wird B. zu einem der Vorläufer anderer Formen der Spiritualität, v. a. der franziskan. Spiritualität (bes. → Bonaventura), der → Devotio moderna (Nachfolge Christi) und der frz. Spiritualität des 17. Jh. (Pierre de Bérulle u. a.).

Bes. hervorzuheben ist sein Beharren auf der Vorrangigkeit des Glaubens im Umgang mit dem Dogma. B., der hier von der frühchr. monast. Tradition herkommt, scheint dabei ein gewisses Mißtrauen gegenüber dem intellektuellen Erkenntnisstreben zu haben; wenngleich er ihm eine notwendige Rolle bei der Suche nach Gott zugesteht, so tadelt er doch seinen exklusiven Charakter (z. B. in der Scholastik) und billigt intellektuelles Denken nur, soweit es zu Gebet und Kontemplation hinführt.

Es wäre anachronistisch, im Rahmen der Mönchstheologie des 12. Jh. aus seinen Schriften eine bes. »mystische« Doktrin herausfiltern zu wollen. Unübersehbar ist freilich, daß B. in seinen Werken den Akzent auf die Gegenwart Gottes legt, der sich mit der gläubigen Seele zu vereinigen wünscht: Das ist die »Hochzeit des Wortes«, die den spirituellen Weg strengster Askese beschließt. Das sind einige der wesentl. Ergebnisse seiner Unterweisung, die er Mönchen und anderen geistl. Menschen darbietet, mit einer Fülle von Bildern und Farbtönen, die auch heute noch alle ansprechen, die fähig und bereit sind, seinen Stil und den Rhythmus seiner Sprache zu schätzen.   R. Grégoire

III. WERKE: Die Werke B.s umfassen Traktate, Opuscula, Predigten und Briefe. Diese Texte sind durch die Bedürfnisse des monast. Lebens und die Beschäftigung mit den jeweiligen – kirchl. oder weltl. – Zeitumständen bedingt. Sie sind in der Regel in mehreren Fassungen überliefert, die Zeugnis eines beharrl. Strebens nach Ausgewogenheit von Inhalt und Form sind. Der erste Traktat, »De gradibus humilitatis et superbie« (vor 1124), faßt die den ersten Mönchen in Clairvaux erteilten Lehren zusammen, wobei die Notwendigkeit der Demut (humilitas), deren zwölf Grade der hl. Benedikt in seiner Regel definiert hat, betont wird. Die an → Wilhelm v. St-Thierry gerichtete »Apologia« (um 1124/25, zwei Versionen) verteidigt eine neue Interpretation der → Regula Benedicti gegen das ältere Mönchtum. Um 1127/28 widmete B. demselben Adressaten ein weiteres Werk: »De gratia et libero arbitrio«, in dem er das ungeteilte Wirken der Gnade und der Willensfreiheit darlegte. Sein Werk »De diligendo Deo« (1126/41), das als B.s Meisterwerk angesehen wurde (GILSON), zählt die Beweggründe auf, aus denen die Gottesliebe erwachsen soll. Der Traktat »Ad milites Templi de laude nove militie« umreißt im Hinblick auf den Templerorden die theol. Grundsätze des gerechten Krieges. In »De precepto et dispensatione« (vor 1143/44) polemisiert der Autor erneut gegen die benediktin. Auffassung von den monast. Pflichten und Grundsätzen. Die »Vita s. Malachie« (um 1150/52) ist eine an hist. Nachrichten reiche Biographie des hl. → Malachias (†1148), Ebf.s von → Armagh (Irland), der sich vor seinem Tod nach Clairvaux zurückgezogen hatte. Im letzten Traktat »De consideratione ad Eugenium papam« (zw. 1148 und 1152/1153) entwickelt B. dem Papst Eugen III. gegenüber seine Ansichten über die Reform des röm. Klerus und erteilt Ratschläge über das kirchl. Regiment.

Die Predigten umfassen an erster Stelle einen Zyklus von 86 »Sermones super Cantica Canticorum« (zw. 1135 und 1153), die in drei Hauptredaktionen (Morimond, England, Clairvaux) überliefert sind; sie stellen im Grunde ein Kompendium monast. Spiritualität dar. Bezügl. seiner weiteren, mehr als 300 Predigten ist die Überlieferung vielschichtig und die Entstehungszeit oftmals unsicher, der Text dagegen stets sehr sorgfältig formuliert. Schließlich kennt man Zusammenfassungen und Schemata von Predigten, die der Autor nicht zur Veröffentlichung bestimmt hatte: »Sententie« und »Parabole«.

Die Korrespondenz, die in der neuesten Edition 545 Stücke zählt, umfaßt ebenso kurze Schreiben wie umfangreiche traktatartige Briefe mit geistl. oder polit. Inhalt oder polem. Charakter (etwa gegen Abaelard). Insgesamt haben diese Briefe einen unschätzbaren Quellenwert für die Gesch. des 12. Jh.

B.s Stil verdankt weniger der klass.-antiken Tradition, vieles dagegen der lat. Sprache und Bildung der Kirchenväter. Dabei sind ihm die antiken colores rhetorici wie Antithese, Parallelismus, Reim, Assonanz, Alliteration usw. keineswegs unbekannt, er wird und wendet sie an, doch geschieht das über die Vermittlung der lat. Bibelübersetzung und der chr. Autoren des 4. und 5. Jh. Sein Stil entspricht Geist und Wesensart des Autors: er ist zugleich streng und leidenschaftlich (CH. MOHRMANN). Der Satzrhythmus, in der Regel ausgewogen, wird zuweilen unvermittelt nervös und aufgewühlt. B. wechselt mit Leichtigkeit von konziser Darstellung zum emphat. Stil über, den dieser geborene Schriftsteller mit gleicher Meisterschaft handhabt.

Dem reichen Werk des Abtes v. Clairvaux wurden in den folgenden Jahrhunderten pseudonyme Texte von durchaus ungleichem Wert zugesellt; zu nennen sind: der Brief an die Brüder von Mont-Dieu von Wilhelm v. StThierry, die Meditationen »Multi multa sciunt«, der »Jubilus«, der »Planctus b. Marie« u. a., wobei die Erforschung dieser fälschl. Zuschreibungen noch aussteht.

Auch die mit B.s Namen verbundenen musikal. Schriften, die sich mit der Choralreform der Zisterzienser befassen, stammen nicht von ihm selbst (wohl von Guido v. Cherlieux u. a.), sind aber sicherlich nicht ohne seine Anregung und Einflußnahme entstanden.   A. Vernet

IV. IKONOGRAPHIE: Dargestellt wird B. als Abt in der weißen Zisterzienserkleidung, auch mit Mitra oder im Meßgewand. Attribute sind ein Buch, ein Kirchenmodell, ein weißer Hund (nach der Legende träumte die Mutter, sie solle einen weißen Hund gebären, was der Traumdeuter als Hinweis auf den zukünftigen Prediger gegen die Ketzer auslegte), ein Bienenkorb (bezieht sich auf die Benennung »doctor mellifluus« als Hinweis auf seine Beredsamkeit), ein Kreuz und andere Leidenswerkzeuge, eine Mitra zu Füßen, ein gefesselter Teufel, ein Rad und eine Hostie als weitere Hinweise auf Biographie und Legende. Einzeldarstellungen sind in der klösterl. Buchmalerei des 12. Jh. als Illustrationen seiner Vita und seiner Werke schon vor der

Heiligsprechung nachgewiesen (Zwettl, Stiftsbibl.), kommen in der Monumentalkunst seit dem Ende des 13. Jh. vor (Freiburger Münster) und bleiben durchgehend üblich. Zyklen werden erst im 15. Jh. häufiger, vornehml. auf Altarretabeln.

Verbreitet sind Einzelszenen aus der Legende, bes. B. mit der Erscheinung Marias (als »Doctrina« oder als »Lactatio«) und die Umarmung des meist am Kreuz hängenden Christus (»Amplexus«), vornehml. seit dem 15. Jh.

G. Binding

Ed. u. Q.: zu [I–III]: S. Bernardi op. omnia, 2 Bde, ed. L. LECLERCQ, C.H. TALBOT, H. ROCHAIS, 1957; III–VIII, ed. J. LECLERCQ-J. ROCHAIS, 1963–76 – dt. Übers.: Die Schriften des honigfließenden Lehrers B., übertr. v. A. WOLTERS, 6 Bde, 1935–38 – Die Briefe des hl. B., übers. H. MICHEL, 1928 – B. Die Botschaft der Freude. Texte über Askese, Gebet und Liebe, ausgew. und eingel. J. LECLERCQ, übertr. v. Mönchen der Zisterzienserabtei Wetting-Mehrerau, 1953, 1977² – Die älteren Übers. echter und pseudonymer Schr. des B. verzeichnet Bibliogr. Générale de l'Ordre Cistercien. Saint Bernard, fasc. 2 von H. ROCHAIS-E. MANNING, 1980, 77f. – Zu den mhd. Übers. vgl. K. RUH, Bonaventura deutsch, 1956 – W. HÖVER, Theologia Mystica in altbair. Übertragung: B., Bonaventura..., 1971 – Vita prima (in 6 Büchern, I. von Wilhelm v. S. Thierry, II. von Ernald, Abt v. Bonneval OSB, III–VI von Gaufrid v. Clairvaux, Sekretär B.s; [unkrit. Ed. MPL 185, 225–368]) war in 2 Red. weitverbreitet. Die Vita secunda (MPL 185, 470–524) ist ein Amalgam aus der großen Biographie mit legendären Zügen. Dt. Übers. der Vita prima: Das Leben des hl. B. hg., eingeleitet und übers. P. SINZ, 1962 – Zu den Apokryphen vgl. P. GLORIEUX, Pour révaloriser Migne. Tables rectificatives (Mél. de sciences religieuses, 9, Suppl.), 1952, 70–74 – Bibliogr.: Biographie Générale de l'Ordre Cistercien. Saint Bernard von H. ROCHAIS-E. MANNING, 1979 faßt die vorgängigen Biographien zusammen (L. JANAUSCHEK, Bibliographia Bernardiana, 1891) [Neudr. 1955] – J. de la Cr. BOUTON, Bibliogr. bernardine, 1891–1957, 1958 – E. MANNING, Bibliogr. bernardine, 1957–70, 1972 – Vgl. für den dt. Sprachraum: H. BACH, B. Ein bibliogr. Hinweis für den deutschsprachigen Raum, Cisterziens. Chronik 86, 1979, 129–132 – Sammelwerke: J. LECLERCQ, Études sur s. B. et le texte de ses écrits, 1953 – DERS., Recueil d'études sur s. B. et ses écrits, 3 Bde (Storia e letteratura 92, 104, 114), 1962–69 – Bernard of Clairvaux. Stud. presented to Dom J. LECLERCQ, 1973 – Studi su S. Bernardo di Chiaravalle nell' ottavo centenario della canonizzazione. Convegno internat. Certosa di Firenze 6.–9. novembre 1974, 1975 – Einführung in Leben und Werk des hl. B.: E. GILSON, La théologie mystique de s. Bernard, 1934 (dt. Übers.). BÖHNER, Die Mystik des hl. B., 1936) – V. LOSSKY, Études sur la terminologie de s. Bernard, ALMA 17, 1942, 79–96 – A. DIMIER, Les amusements poétiques de s. B., COCR 11, 1949, 53–55 – B. JACQUELINE, Des citations d'auteurs profanes dans les oeuvres de s. Bernard (Bernard de Clairvaux, 1953), 549–554 – L. NEGRI, Posizione dello »stilo biblico« di san Bernardo, Studium 50, 1954, 792–797 – C. STANGE, B., 1954 – J. LORTZ, B. Mönch und Mystiker, Internat. B.-Kongr., Mainz 1953, 1955 – CHR. MOHRMANN, Le style de s. Bernard (Études sur le latin des chrétiens II, 1961), 347–367 – DIES., Observations sur la langue et le style de s. B. (S. Bernardi opera 2, 1958), IX–XXXIII – J. LECLERCQ, S. B. écrivain (Recueil..., I, 1962), 321–351 – DERS., S. B. écrivain d'après l'Office de saint Victor, ebd. 2, 1966, 149–168 – DERS., St. Bernard et l'esprit cistercien, 1966 – A. VAN DUINKERKEN, B., 1966 – A. H. BREDERO, B. im Widerstreit der Historie, 1966 – J. LECLERCQ, Problèmes littéraires [quatre études, 1938–1966], Rec. 3, 1969, 13–210 – DERS., De quelques procédés du style biblique de s. B., ebd. 249–266 – DERS., Nouveau visage de Bernard de Clairvaux. Approches psycho-historiques. Essais 1976 – R. SAUR, Glühen ist mehr als Wissen. B., 1977 – Zur Theologie des hl. B.: S. Bernard théologien, AnalCist 9, 1953 – E. KLEINEIDAM, Wissen, Wiss., Theologie bei B. (Erfurter theol. Schr. 1), 1955 – F. OHLY, Hohelied-Stud., 1958 – L. GRILL, Die angebl. Gegnerschaft des hl. B. zum Dogma von der Unbefleckten Empfängnis Marias, AnalCist 16, 1960, 60–91 – K. KNOTZINGER, Das Amt der Bf.s nach B., Ein Traditionsbeitrag, Scholastik 38, 1963, 519–535 – W. HISS, Die Anthropologie B.s (Q. und Stud. zur Gesch. der Philosophie 7), 1964 – E. KLEINEIDAM, Ursprung und Gegenstand der Theologie bei B. und Martin Luther. Dienst der Vermittlung, 1977, 221–247 – A. ALTERMATT, Christus pro nobis. Die Christologie B.s in den »Sermones per annum«, AnalCist 33, 1977, 3–176 – Zu den B. zugeschrieben musikal. Schriften: MGG I – RIEMANN I, s.v. – M. HUGLO, Les to aires, 1971, 357–367 – zu [IV]: LCI V, 371–385 [Lit.] – T.

HÜMPFNER, Ikonographie des hl. B., 1927 – J. MARILLIER, Iconographie de St-B., 1949 – P. QUARRÉ, L'Iconographie de St-B. à Clairvaux et les origines de la »Vera effigies« (Mél. St-B.), 1954).

29. B. v. Clermont (de Alvernia, de Gannato) OP, * um 1265 in Gannat (Dep. Allier), Todesjahr unbekannt. 1303 Konventualprior von St. Jacques in Paris. Im Konflikt Philipps IV. mit Bonifatius VIII. unterstützte der Konvent die Position des Königs. Dies dürfte nicht ohne Einfluß auf B.s Wahl zum Bf. v. Clermont 1304 geblieben sein. B. schrieb einen Sentenzenkommentar, trat ferner mit polem. Schriften gegen → Heinrich v. Gent, → Gottfried v. Fontaines und → Jakob v. Viterbo hervor. Letztere sind nur aus Zitaten bei anderen Autoren bekannt, die Zuweisung an B. ist z. T. unsicher, so hinsichtl. des Traktats gegen Jakob v. Viterbo. Eine Reihe unedierter Predigten (Paris BN. ms. lat. 3557) läuft ebenfalls unter seinem Namen.

H.-J. Oesterle

Lit.: DHGE VIII, 588 – LThK² II, 242 – UEBERWEG-GEYER¹¹, 534, 770 – P. MANDONNET, RSPhTh 7, 1903, 59–61.

30. B. v. Cluny → Bernhard v. Morlas (B. 40.)

31. B. v. Compostela d. Ältere (antiquus), span. Kanonist, studierte und lehrte kanon. Recht in Bologna, schrieb einen Glossenapparat zum Decretum Gratiani, Glossen zur Compilatio I (ca. 1206) und Quaestiones decretales. Um 1208 stellte er Dekretalen Innozenz' III. zusammen, vorübergehend im Unterricht als Collectio Romana verwendet. Wahrscheinl. auch an der päpstl. Kurie tätig. Nach ca. 1217 ist nichts mehr über ihn bekannt.

R. Weigand

32. B. v. Compostela d. Jüngere (junior), span. Bf. und Kanonist, * Vergantinas (Galizien), † 1267 in Rom, als päpstl. Kaplan unter Innozenz IV., Alexander IV. und Urban IV. an der Rechtsprechung der röm. Kurie beteiligt; schrieb einen Glossenapparat zu den Dekretalen Innozenz' IV. und eine fragmentar., sehr ausführl. Lectura zum Liber Extra (bis I. 9. 10); Drucke 1516 und 1588. R. Weigand

Lit. [zu B. d. Ä. und B. d. J.]: DDC II, 777–779 – DHEE I, 474 – LThK² II, 242 – A. GARCÍA Y GARCÍA, La canonística ibérica medieval posterior al Decreto de Graciano (Repertorio de Historia de las Ciencias Eclesiásticas en España I [Siglos III–XVI], 1967), 406, 409, 414 – [zu B. d. Ä.]: S. KUTTNER, Bernardus Compostellanus antiquus, Traditio I, 1943, 277–340 – H. SINGER, Die Dekretalenslg. des Bern. Comp. ant., SAW. PH 171.2, 1914, 1–119 – R. WEIGAND, Der Dekretapparat des Bern. Comp. ant., Traditio 21, 1965, 482–485 – [zu B. d. J.]: G. BARRACLOUGH, EHR 49, 1934, 487–494 – P. J. KESSLER, ZRGKan Abt 32, 1943, 316–354.

33. B. von der Geist (Bernhardus Gestensis), wohl aus dem Rittergeschlecht des Hauses Geist bei Oelde im Münsterland, erscheint 1228–46 in Urkunden Bf. Ludolfs v. Münster als dessen notarius, magister und scriptor und war Kanoniker am Stift St. Mauritius vor Münster, wo er sich nach seinem Ausscheiden aus dem bfl. Dienst der freien Muße hingab; hier dichtete er den noch in 23 vollständigen Hss. und zahlreichen Exzerpten erhaltenen »Palpanista« (»Palponista«), ein satir. belehrendes Streitgespräch zw. dem Autor und einem Höfling über die Vorzüge des Hof- und Privatlebens, die Kunst der Schmeichelei bei Hof und die Sorgen und Laster der Herren, mit vielen lebendigen Bildern und Charakterschilderungen (über 1000 Hexameter, 2 Bücher). Das Werk führte schon → Hugo v. Trimberg, »Registrum« v. 637, an und verwertete es in seinem »Renner«. Ein anonymes Streitgedicht (88 Hexameter) »Dialogismi veritatis, adulatoris, iustitiae«, dessen Autor, obwohl armer Lehrer, die Schmeichelei bei Hofe verurteilt, durch die er Kanoniker des hl. Mauritius hätte werden können, stimmt mit 22 Versen des »Palpanista« überein und wird ebenfalls B. zugeschrieben, entstanden vor dem »Palpanista«.

P. Chr. Jacobsen

Hss.: »Palpanista«: RICHTER, 12-32 - WALTHER Nr. 16942 [mit Ergänzungen 1969] - MJb 7, 1972, 309, oft glossiert zusammen mit Schulautoren, *Kommentar:* Krakau Bibl. Jag. 2251 - *Ed.:* Palpanista: Um 1473, Köln 1504 - Chr. Daumius, Palponista Bernardi Geystensis, 1660 [unzureichend] - Dialogismi: »Dialogismi«: WALTHER Nr. 7810, M. Flacius Illyricus, Varia doctorum piorumque virorum de corrupto ecclesiae statu poemata, 1557, 15-19 - *Lit.:* Verf.-Lex. III, 704-711 - Verf.-Lex.² I, 762-766 - J. RICHTER, Prolegomena zu einer Ausg. des Palpanista B.s v. der Geist [Diss. Münster 1905].

34. B. v. Gordon (Bernardus de Gordonio, Gordonius, Bernard de Gordon), lehrte als Magister der Medizin an der Univ. Montpellier von ca. 1283-1308. Über sein Leben ist wenig bekannt. → Chaucer nennt ihn in seinen »Canterbury Tales« (Prolog) neben → Gilbertus Anglicus und John of Gaddesden als einen der bedeutendsten Repräsentanten zeitgenöss. Schulmedizin. B. verfaßte eine Reihe von Schriften zur Prognose, allgemeinen Therapie und Diätetik. Sie stehen, bei aller Tendenz zu eigener Beobachtung, stark unter dem Einfluß der arabist. Assimilation (→ Arabismus) und geben Zeugnis von der subtilen Gelehrsamkeit scholast. Wissenschaft. So basiert etwa seine Arzneitheorie weitgehend auf der Gradenlehre des →al-Kindī. B.s therapeut. Hauptwerk »Lilium medicinae«, als Lehrbuch sehr beliebt wegen seiner klaren und kompakten Systematik, entstand um 1303 in Montpellier. Es wurde bereits im 14. Jh. ins Hebr., Irische, Frz. und Span. übersetzt und erschien später in zahlreichen frühen Druckausgaben (Neapel 1480, Ferrara 1486, Lyon 1491, Venedig 1496, 1498; span. Sevilla 1495, frz. Lyon 1495). Das Werk ist in sieben Teile gegliedert, von denen sich jeder wiederum in jeweils vier Abschnitte unterteilt: Ursache, Zeichen, Prognose und Heilung. Bes. Interesse verdienen B.s Ausführungen zu Pest, Krätze, Wundrose, Milzbrand und Aussatz sowie zu den Erscheinungsformen der Epilepsie oder zur Kontagiosität bestimmter Erkrankungen. H. H. Lauer

Lit.: K. SUDHOFF, Zur Schriftstellerei B.s v. G. und deren zeitl. Folge, Arch. Gesch. Med. 10, 1917, 162-188 - KLEBS, 8of. - E. WICKERSHEIMER, Dict. 75f. [Bibliogr.] - SARTON III, 1, 873-876 [Bibliogr.] C. H. TALBOT-E. A. HAMMOND, The Medical Practitioners in Medieval England, 1965, 25.

35. B. v. Hildesheim (auch: B. v. Konstanz), Autor der Zeit des Investiturstreits, * in Sachsen, Schüler Adalberts v. Konstanz und vielleicht Meinhards v. Bamberg, war unter Bf. Rumold (1051-69) in Konstanz, nach 1072 in Hildesheim Domscholaster; † um 1088 als Mönch eines sächs. Klosters. Mit seinem Amt in Hildesheim hängt seine Rolle als Autor von Briefen u. a. des Bf.s → Hezilo v. Hildesheim in der → Hildesheimer Briefsammlung zusammen (MGH Epp. DK 5, 15-106), die B. vermutl. um 1085 zusammenstellte. In einem umfangreichen Brief antwortete er 1076 auf die Frage Adalberts v. Konstanz und → Bernolds v. Konstanz, ob die Bf.e der Wormser Versammlung ohne Verfahren exkommuniziert werden durften und von Simonisten und Exkommunizierten gespendete Sakramente gültig seien (»De damnatione scismaticorum epistola« II, MGH L.d.L. 2, 29-47). Ist hier seine Meinung noch gemäßigter als die der Fragesteller, zeigt er sich im »Liber canonum contra Heinricum IV.«, 1085 für die in Mainz von den Anhängern Heinrichs gebannten Bf.e geschrieben, als entschiedener Gregorianer, der die Bannung Heinrichs rechtfertigt und die kgl. Bf.e als Invasoren und Häretiker betrachtet (MGH L.d.L. 1, 471 bis 516). In beiden Schriften entfaltet B. reiche kanonist. Kenntnisse in aneinandergereihten Zitaten. Sprachl. Parallelen lassen B. auch als Verfasser der sog. sächs. Berichte über die Tagung von → Gerstungen-Berka vermuten (1085, MGH SS 6, 721-723; SS 16, 176f.). F.-J. Schmale

Lit.: C. ERDMANN, Stud. zur Brieflit. Dtl. im 11.Jh. (MGH Schr. 1, 1938), 196-224 - WATTENBACH-HOLTZMANN II, passim - J. AUTENRIETH, Die Domschule v. Konstanz zur Zeit des Investiturstreits, 1956, 135-142.

36. B. v. Kremsmünster, Historiograph, * vor 1270, † ca. 1326, war maßgebl. an der Kompilation und Abfassung eines Corpus hist. Schriften in der Abtei → Kremsmünster beteiligt (Überlieferung: Codex Vindobonensis Palatinus 610, Cremif. 401). Das Sammelwerk umfaßt u. a. einen Katalog angebl. Ebf.e v. Lorch und der Bf.e v. Passau, Kataloge der Hzg.e v. Bayern, der Hzg.e v. Österreich, der Äbte v. Kremsmünster, eine Gesch. der Kirche v. Lorch, eine Gründungsgeschichte v. Kremsmünster. Aventin nennt einen Bernardus Noricus als Verfasser; die neuere Forschung (W. NEUMÜLLER) verweist auf einen Mönch Berchtold, der als Geschichtsschreiber und Leiter des Scriptorium wirkte. B. benützt Schriften → Albert Behaims als Grundlage und verwertet die Annalen → Hermanns v. Niederaltaich. Einfluß der → Lorcher Fälschungen ist unverkennbar. Das historiograph. Interesse richtet sich vornehml. auf die bayer. Frühgeschichte, Hzg. → Tassilo III. als Gründer von Kremsmünster und die Gesch. der Abtei im Spannungsfeld zw. Bayern, den Passauer Bf.en und den österreich. Herzögen. Der Autor hebt zudem die Rolle der Ostmark hervor (»Ostergaeu ... nunc pulchro ydiomate Austria, id est Osterrich, appellatur«). K. Schnith

Ed.: J. LOSERTH, Die Geschichtsquellen v. Kremsmünster im XIII. und XIV.Jh., 1872 - MGH SS XXV, ed. G. WAITZ, 1880 - *Lit.:* G. LEIDINGER, Bernardus Noricus, SBA. PPH 1917 - W. NEUMÜLLER, Bernardus Noricus v. Kremsmünster, 1947 - P. UIBLEIN, Stud. zur Passauer Geschichtsschreibung des MA, AÖG 121, 1956 - A. LHOTSKY, Quellenkunde, 283 ff. - J. KASTNER, De Narratio de ecclesia Chremsmunstrensi, Ostbair. Grenzmarken 13, 1971, 246ff. - DERS., Historiae fundationum monasteriorum [Diss. München 1974] - K. SCHNITH, Bayer. Geschichtsschreibung im SpätMA. Eine Stud. zu den Q. v. Passau-Kremsmünster, HJb 97/98, 1978, 194ff.

37. B. Lombardi, Prior in Avignon, stammte aus der Provence, trat in das Dominikanerkloster zu Perpignan ein. Erst Lektor in Béziers, wurde er 1323 Prior v. Avignon, danach Provinzialoberer der Provence. Er las die Sentenzen in Paris (1327-28) und wurde 1331-32 Magister der Theologie. Erhalten sind von ihm ein Sentenzenkommentar, »Quaestiones de Quolibet« und »Collationes de sanctis et de tempore« (Istas Collationes fecit fr. B. Lombardi legens in katedra in Bicteris. Hs. Avignon, Musée Calvet 320, F. 1-22ᵛ). A. Pattin

Lit.: TH. KAEPPELI, Scriptores Ordinis Praedicatorum Medii Aevi I, 1970, 227-229 - ST. A. POREBSKI, La question de Bernard Lombardi concernant la différence réelle entre l'essence et l'existence, Mediaevalia philosophica Polonorum 17, 1973, 157-185.

38. B. von Meung (Bernardus Magdunensis, B. de Magduno) war im letzten Viertel des 12. Jh. als Lehrer der → Ars dictandi an der alten und berühmten Schule des Kollegiatsstifts St-Lifard in Meung-sur-Loire (sw. Orléans) tätig. Über sein großes, bisher nur bruchstückhaft bekanntes Werk, bisweilen »Ars dictaminis« genannt, und dessen ursprgl. Gestalt läßt sich mangels einer krit. Ausgabe noch nichts Abschließendes sagen. B. behandelt die Brief- und Urkundenlehre und berücksichtigt dabei auch die Cursustheorie (→ Cursus). Die Brieflehre (»Flores dictaminum«) liegt in verschiedenen Fassungen vor und enthält zahlreiche Proverbien, Exordien und Musterbriefe; in ihrem theoret. Teil beruht sie weitgehend auf den »Introductiones« des Bernhard von Bologna. Originell ist dagegen die Urkundenlehre, deren erste Redaktion um 1180, die zweite um 1185 anzusetzen ist. Ihren Mustern dürften großenteils echte Urkunden zugrunde liegen, zu denen B. als Notar seines Stifts und dank seiner Beziehungen zur bfl. Kanzlei in Orléans und zur frz. Königskanzlei Zugang hatte. – Kein anderer Lehrer des Ars dictandi hat eine so große Wirkung auf Mit- und Nachwelt ausgeübt wie B. Sein v. a. für die Rechts- und Verwaltungspraxis nützliches Werk fand weite Verbreitung und erfuhr durch manche seiner Schüler, aber auch durch spätere Autoren viele bis jetzt noch nicht überschaubare Überarbeitungen und Umformungen. Als rechts- und kulturgeschichtl. Quelle ist B.s Werk noch lange nicht ausgeschöpft. H. M. Schaller

Q.: AASSOSB I, 153 f. (»Aliud miraculum [sancti Lifardi] a fratre Bernardo Magdunensi canonico dictatum«) – O. REDLICH, Eine Wiener Briefsammlung zur Gesch. des dt. Reiches und der österr. Länder in der zweiten Hälfte des XIII. Jh., 1894, 336–367 – A. CARTELLIERI, Ein Donaueschinger Briefsteller, 1898 – A. CARTELLIERI, Philipp II. August, Kg. v. Frankreich, 1, 1899, Beilagen 88–94, 113–130; 2, 1906, 325–327 – T. JANSON, Prose Rhythm in Medieval Latin from the 9th to the 13th Century, 1975, 121–124 – Bibliogr.: Repfont 2, 1967, 514 f. [Q. und Lit.] – Lit.: MANITIUS 3, 1931, 207 f., 307–311 – H. KOLLER, Zwei Pariser Briefsammlungen, MIÖG 59, 1951, 299–327 – F.-J. SCHMALE, Der Briefsteller B.s v. M., MIÖG 66, 1958, 1–28 – J. MEISENZAHL, Die Bedeutung des B. v. M. für das ma. Notariats- und Schulwesen, seine Urkundenlehre und deren Überlief. im Rahmen seines Gesamtwerkes [Phil. Diss. maschr. Würzburg 1960] – W. ZÖLLNER, Eine neue Bearbeitung der »Flores dictaminum« des B. v. M., Wiss. Zs. der Martin-Luther-Univ. Halle-Wittenberg, Gesellschafts- und sprachwiss. Reihe 13, 1964, 335–342 – N. DENHOLM-YOUNG, The Cursus in England (Collected Papers of N. DENHOLM-YOUNG), 1969, 62 – L. AUER, Eine bisher unbekannte Hs. des Briefstellers B.s v. M., DA 26, 1970, 230–240 – CH. VULLIEZ, Un nouveau manuscrit »parisien« de la Summa dictaminis de Bernard de M. et sa place dans la tradition manuscrite du texte, Revue d'histoire des textes 7, 1977, 133–151.

39. B. v. Montmirat, Abt und Kanonist, * ca. 1225 in Montmirat (S-Frankreich), † 1296 in Monte Cassino; studierte in Bologna unter Petrus de Sampsone, lehrte kanon. Recht in Béziers und Toulouse. 1286 von Papst Honorius IV. zum Bf. ernannt und in verschiedenen Missionen verwendet (1291–92 Legat in England und Schweden). B. schrieb eine Lectura zum Liber Extra (Drucke 1510, 1588), einen Kommentar zu den Novellen Innozenz' IV. und Distinctiones. Später Abbas antiquus genannt, um ihn von → Nicolaus de Tudeschis (Abbas modernus) zu unterscheiden. R. Weigand

Lit.: DBI IX, 214 f. – DDC I, 1 f. – S. KUTTNER, Wer war der Dekretalist Abbas antiquus?, ZRGKanAbt 26, 1937, 471–489.

40. B. v. Morlas (Morlanensis, Morlacensis, Morvalensis; v. Morval und anders, Bernhard v. Cluny), vor der Mitte des 12. Jh.; verfaßte, durchdrungen von asket. Geist, zugleich vom lit. Gut klass. und zeitgenöss. Autoren in glänzender Sprachbeherrschung Dichtungen, z. T. in artist. Formen. 1. »De contemptu mundi«, gewidmet → Petrus Venerabilis v. Cluny, ca. 3000 → trinini salientes:

Hora novissima, tempora pessima sunt, vigilemus,
Ecce minaciter imminet arbiter ille supremus, ...

B. betrachtet das Menschenleben vom Blickpunkt des Jüngsten Gerichts und ruft dementsprechend zur Abkehr von der Welt (1. Buch) und vom Laster (2. und 3. Buch) auf. Darum werden – mit längeren frauenfeindl. Partien – Laster und Übelstände, auch soziale, und ihre ewigen Strafen in z. T. heftiger und krasser Darstellung und mit Zügen der Satire geschildert, andererseits die Freuden des himml. Jerusalem überschwengl. besungen; beides trotz der sehr schwierigen Form mit großer sprachl. Kraft. – 2. »De trinitate et fide catholica«, 3. »De castitate servanda«, 4. »In libros Regum«, 5. »De octo vitiis«. – 6. Vielleicht »Mariale«, ein betrachtendes Marienlob in über 530 rhythm. Strophen. – Zu weiteren, meist unsicheren oder falschen Zuschreibungen (u. a. → »De vanitate mundi«, WALTHER 2521) vgl. DHGE, LThK. G. Bernt

Ed.: zu [1]: Flacius Illyricus, Varia doctorum .. poemata .. Basel 1557, 247 – TH. WRIGHT, The Anglo-Latin Satirical Poets and Epigrammatists 2 (RS 59), 1882 [Nachdr. 1964], 3–102 – H. C. HOSKIER, 1929 – zu [2–5]: Bernardi Cluniacensis carmina de trinitate ... rec. K. HALVARSON, Acta universitatis Stockholmiensis, Studia Latina Stockholmiensia 11, 1963 – zu [6]: AnalHym 50, 423–482 – Lit.: DHGE VIII, 699 f. – LThK² II, 246 – F. J. E. RABY, A Hist. of Christian-Latin Poetry, 1927, 1953², 315–319, 481 – MANITIUS III, 780–783 – A. WILMART, RevBén 45, 1933, 249–254 – K. GIOCARINIS, Bernard of Cluny and the Antique, CM 27, 1966, 310–348 – zu [1]: H. PREBLE-S. M. JACKSON, The Source of »Jerusalem the Golden« ..., 1910 – R. C. PETRY, Speculum 24, 1949, 207–217 – zu [2]: WILMART (s. o.) – zu [3]: P. THOMAS, Pain de Cîteaux, 1960.

41. B. Noricus → Bernhard v. Kremsmünster (B. 36.)

42. B. v. Parma → Bernardus de Botone (B. 2.)

43. B. v. Pavia (Bernardus Papiensis, Balbi v. Pavia), Kanonist, * Pavia, † ebd. 18. Sept. 1213, studierte und lehrte Kirchenrecht in Bologna, 1187 Propst in Pavia, 1191/92 Bf. v. Faenza, 1198 Bf. v. Pavia. – Werke: Glossen zum Dekret; »Summa de matrimonio« (1173/79); »Summa de electione« (1177/79); Coll. Parisiensis II (?), eine Dekretalensammlung, vor 1179. Sein Hauptwerk ist das sog. »Breviarium extravagantium« (um 1190, → Dekretalensammlungen), die erste in Unterricht und Wissenschaft allgemein akzeptierte, für die spätere Systematik maßgebl. Dekretalensammlung; dazu verfaßte er Glossen, Casus und eine Summa titulorum (vor 1198). H. van de Wouw

Ed.: E. A. TH. LASPEYRES, Bernardi Papiensis Faventini episcopi, Summa decretalium, 1860 [Nachdr. 1956, mit S. de matr., S. de electione, Glossen und Casus zum Brev.] – Breviarium extravagantium in: E. FRIEDBERG, Quinque compilationes Antiquae, 1882 [Nachdr. 1956], 1–65 – Lit.: SCHULTE I, 78–82, 175–182 – KUTTNER, 518 – DBI IX, 279–284 – DDC II, 782–789 – LThK² II, 247 – COING, Hdb. I, 374–375, 840 [K. W. NÖRR] – P. LANDAU, Atl. Recht in der Comp. I, SG 20, 1976, 111–133 – R. WEIGAND, Bazianus- und B.-Glossen, SG 20, 1976, 477–490.

44. B. v. Tiron, * um 1046 zu Abbeville im Ponthieu, † 14./25. April 1117 in Tiron. Mönch in St-Cyprien bei Poitiers (ca. 1066–76), Prior von St-Savin-sur-Gartempe (1076–96), Eremit im Wald von Craon und auf der Insel Chaussey in der Bretagne (1096–1100), Abt v. St-Cyprien (1100–1104/05?), zwischenzeitl. Wanderprediger und Eremit, Abt von Tiron (1114–1117). Bestimmend für die einzelnen Etappen seines Lebens war zum einen sein Wunsch nach strenger, auf Handarbeit gegründeter coenobit. Lebensweise, zum anderen sein Wirken als Wanderprediger. Nach dem Scheitern eines Reformversuches in St-Cyprien suchte er sein Ideal durch Klostergründungen bei Savigny und in der Diöz. → Chartres zu verwirklichen. Um das Kloster Ste-Trinité im Walde von → Tiron sollte bald die gleichnamige Kongregation von 23 Abteien mit 80 Prioraten entstehen. Die Erlaubnis, als Wanderprediger tätig zu sein, hat B. wahrscheinl. von Paschalis II. erhalten. Von Pierre de L'Étoile bei den Eremiten des Waldes von Craon eingeführt, unterhielt er zeit seines Lebens enge Kontakte zu → Robert v. Arbrissel und → Vitalis v. Savigny. Mitte des 12. Jh. heilig gesprochen, wird er als Patron der Drechsler und Gefangenen verehrt.

U. Vones-Liebenstein

Q.: Geoffroy le Gros (Gaufridus Grossus), Vita Beati Bernardi, MPL 172, 1362–1446 – Cartularium Tironiense, ed. L. MERLET, I, 1883 – Lit.: DBF VI, 90 f. – DIP I, 1399 – LThK² II, 259 – DHGE VIII, 754/755 – J. v. WALTER, Die ersten Wanderprediger Frankreichs, II, NF, 1906, 1 ff. – J. B. MAHN, L'ordre cistercien et son gouvernement des origines au milieu du XIIIe s., 1951², 27–34 – E. WERNER, Pauperes Christi, 1956 – L'Eremitismo in Occidente nei secoli XI e XII (Atti della seconda Settimana internaz. di studio Mendola, 1962), 1965 [v. a. die Beitr. von GENICOT, MEERSSEMAN, BECQUET und DELARUELLE].

45. B. Tolomei (Ptolomaeus), sel. → Tolomei, Bernardo

46. B. v. Treviso → Bernhardus Trevisanus

47. B. v. Trilia (de La Treille), Dominikanertheologe, * um 1240 in Nîmes (S-Frankreich), † 4. Aug. 1292 in Avignon, Mitglied der Ordensprov. Provence. Zuerst (1266–1276) Lektor der Theologie in verschiedenen Ordensstudien Südfrankreichs (Montpellier, Avignon, Bordeaux, Marseille, Toulouse). Von etwa 1279 an lehrte er an der Univ. Paris (Sentenzenkommentar nicht aufgefunden); etwa 1286/87 ebd. Magister der Theologie. 1288 vertrat er seine Prov. auf dem Generalkapitel in Lucca. 1291 wurde er Provinzial der Provence. Auf dem Generalkapitel 1291 zu Palencia verteidigte er den von Papst Nikolaus IV. abgesetzten Ordensgeneral Munio de Zamora. Vom Generalkapitel 1292 zu Rom wurde er seines Amtes als Provinzial enthoben. Er starb im gleichen Jahr in Avignon. Während seiner Pariser Lehrtätigkeit verfaßte er eine Reihe von Quaestiones disputatae (De spiritualibus creaturis; De potentia Dei; De differentia esse et essentiae; De cognitione animae), 3 Quodlibeta und Kommentare zu bibl. Schriften. Durch seine starke Hinwendung zur Lehre des Thomas v. Aquin wurde er einer der Begründer der frühen Thomistenschule. Gegen → Heinrich v. Gent vertrat er die thomist. Lehre vom Realunterschied zw. Wesenheit und Dasein. H. Roßmann

Lit.: UEBERWEG – M. DE WULF, Histoire de la philosophie médiévale II⁶, 1936 – GILSON, Hist. – LThK¹ II, 209 – DHGE VIII, 763 f. – DThC XV, 1543 f. – ECatt II, 1403 – LThK² II, 249 f. – NCE II, 343 f. – EFil² I, 873 f. – G. ANDRÉ, Les Quolibeta de Bernard de Trilia, Gregorianum 2, 1921, 226–265 – GRABMANN, Geistesleben – M. SCHMAUS, Der Liber propugnatorius des Thomas Anglicus, BGPhMA 29, 1930 – M. GRABMANN, B. v. T. OP († 1292) und seine Quaestiones de cognitione animae conjunctae corpori und de cognitione animae separatae, Divus Thomas 13, Freiburg/Schweiz 1935, 385–399 – P. BAYERSCHMIDT, Die Seins- und Formmetaphysik des Heinrich v. Gent in ihrer Anwendung auf die Christologie, BGPhMA 36, 3–4, 1941 – M. GRABMANN, Die theol. Erkenntnis- und Einleitungslehre des hl. Thomas v. Aquin, Thomist. Stud. 4, 1948 – A. FOREST, F. VAN STEENBERGHEN, M. DE GANDILLAC, Le mouvement doctrinal du XIe au XIVe s., 1951, 310 – F. J. ROENSCH, Early Thomistic School, 1964 – Bernardus de Trilia, Quaestiones de cognitione animae separatae a corpore, ed. by ST. MARTIN, 1965 – B. de T., Quaestiones disputatae de cognitione animae separatae, ed. P. KÜNZLE, 1969 (Prolegomena: Leben, Werke, Editionen) – T. KAEPPELI, Scriptores Ordinis Praedicatorum medii aevi I, 1970 – T. W. KÖHLER, Der Begriff der Einheit und ihr ontolog. Prinzip nach dem Sentenzenkommentar des Jakob v. Metz OP, StAns 58, 1971 – A. MAIER, Ausgewählte MA III, 1977 – F. VAN STEENBERGHEN, Die Philosophie im 13. Jh., 1977.

48. Bernhard v. Utrecht, der Verfasser eines dem Bf. Konrad v. Utrecht (1076–99) gewidmeten Kommentars zur → Ecloga Theoduli, des ältesten zu diesem Schulbuch erhaltenen Kommentars. Die wenigen Nachrichten, die wir über den Autor besitzen, stammen aus dem an Konrad gerichteten Widmungsbrief (S. 55–57 bei HUYGENS 1970), aus dem hervorgeht, daß B. Kleriker war und an der Domschule Grammatikunterricht erteilte; auf inständiges und wiederholtes Bitten seiner Schüler habe er sich dazu durchgerungen, seine Auslegung der Ecloga Theoduli nach dem Literalsinn, dem allegor. und stellenweise auch dem moral. Sinn niederzuschreiben. Bei den Erklärungen zu den von Pseustis vorgetragenen Partien bei Theodul, also den klass.-mytholog. Figuren, zeigt B. Kenntnisse der Werke Vergils, Ovids, Horaz' sowie Servius', die neben Isidors Etymologien für die Sacherklärungen herangezogen werden; diese Kenntnisse waren teils durch Hilfsmittel wie die »Mithologiae« des → Fulgentius oder mythograph. Handbücher vermittelt. Die bibl. »Widerlegungen«, die Alithia bei Theodul vorbringt, werden an Hand gängiger patrist. Lit. ausgedeutet. B.s Kommentar wurde von → Konrad v. Hirsau in seinem »Dialogus super auctores« benutzt und erfreute sich im 12. und 13. Jh. einiger Beliebtheit. G. Silagi

Lit.: MANITIUS III, 194–197 – R. B. C. HUYGENS, Accessus ad auctores. Bernard d'Utrecht, Conrad d' Hirsau, 1970, 7–9, 55–69 – DERS., Bernard d'Utrecht, Commentum in Theodolum (1076–1099) (Bibliotheca degli »Studi medievali« 8, 1977) [Ed. des Komm. ohne die o. gedr. Einleitungsbriefe mit dem Text der Ecloga nach der Ed. von OSTERNACHER von 1902].

49. B. v. Verdun (Bernardus de Virduno) OFM, frz. Scholastiker, Ende 13. Jh., von dem nur bekannt ist, daß er Professor und Verfasser eines astronom. Kompendiums »Tractatus super totam astrologiam« war, in dem nacheinander die Grundbegriffe der Kosmographie und der → Trigonometrie, die Astronomie des Primum Mobile (→ Weltbild) und die → Planetentheorie nach Ptolemaios dargestellt werden. Das Werk und demzufolge auch sein Autor sind nur schwer zu datieren, da in ihm astronom. auswertbare Anhaltspunkte fehlen. Sicher ist bloß, daß der »Tractatus« vor der alfonsin. Astronomie (ca. 1320, → Tafeln, astronomische) abgefaßt sein muß, die er ignoriert, und nach der »Theorica planetarum« des → Campanus v. Novara (ca. 1264), deren techn. Vokabular er perfekt beherrscht. Wie → Wilhelm v. St-Cloud bezweifelt der Autor die Akzeß- und Rezeß-Bewegung der Fixsternsphäre, ohne jedoch dabei irgendeine Abschätzung der → Präzession vorzunehmen. Das Werk schließt mit der Beschreibung zweier astronom. Instrumente: dem → Turquetum und der → Sternuhr. Ob B. der Erfinder des Turquetum ist oder ob er das von → Franco v. Polen 1284 beschriebene Instrument kannte, läßt sich nicht mit Sicherheit feststellen.

Aufgrund einer im Codex Oxford Digby 164 erhaltenen Korrespondenz zw. einem B. v. V. und einem »Bruder Nikolaus« hat man vorgeschlagen, ersteren mit B. und letzteren mit → Nikolaus v. Lyra (um 1300) zu identifizieren. Dagegen ist nichts einzuwenden, solange dadurch nicht der »Tractatus« nach 1320 verschoben wird. E. Poulle

Ed.: P. HARTMANN, 1961 (Franziskan. Forsch. 15) [dürftige Ed.] – Lit.: DSB II, 23 f. – P. DUHEM, Système du monde III, 1915, 442–460 – E. POULLE, B. de V. et le turquet, Isis 55, 1964, 200–208.

50. B. v. Waging, * um 1400 in Waging b. Traunstein, † 2. Aug. 1472 im Benediktinerinnenkloster Bergen b. Eichstätt. Studium an der Univ. Wien (Baccalaureus artium). Um 1435 wurde er Augustinerchorherr in Indersdorf, trat aber 1446 (Profeß 8. Dez. 1447) ins Benediktinerkloster Tegernsee über, wo er 1452–65 als tüchtiger Prior und als Reformer verschiedener Kl. wirkte, zugleich auch als geistl. Schriftsteller. Mit → Nikolaus v. Kues stand er im Briefwechsel über Fragen der myst. Theologie; auch feierte er dessen Werk »De docta ignorantia« in seinem »Laudatorium Doctae ignorantiae« (1451), dem er gegen die Angriffe des affektualist. gesinnten Kartäuserpriors Vinzenz v. Aggsbach das Defensorium Laudatorii (1459; beide Schriften und die Briefe hg. von E. VANSTEENBERGHE) und den Traktat »De cognoscendo Deum« (1459; Kap. 9 hg. von M. GRABMANN, 1921) folgen ließ. Nach seiner Meinung beginnt die myst. Erfahrung in der Erkenntnis und vollendet sich im Affekt. In dem Werk »De spiritualibus sentimentis et perfectione spirituali« (etwa 1463/64; durch den Kartäuser Anton Volmar 1617 verkürzte Fassung bei B. Pez, Bibliotheca ascetica V, 1724) erörterte er nochmals Fragen des myst. Lebens. An den Bf. v. Eichstätt Johann v. Eych schrieb er: »Consolatorium seu remediarium tribulatorum« (1461); Meßritus (1461/62); »Speculum pastorum« (1462); »Defensorium Speculi pastorum« (1463). Weitere Schriften: »Speculum mortis« (1458); Schriften zur Klosterreform, zur Bußpraxis; Predigten. → docta ignorantia. H. Roßmann

Lit.: Ueberweg, II – NDB II, 117 – LThK² II, 250 – Verf.-Lex.² I, 779–789 – E. Vansteenberghe, Autour de la Docte ignorance, BGPhMA XIV, 2–4, 1915 – M. Grabmann, Benediktin. Monatsschr. 2, 1920, 196–202 – Ders., FSt 8, 1921, 125–135 – V. Redlich, Tegernsee und die dt. Geistesgesch. im 15.Jh., 1931 – M. Grabmann, Zs. für Aszese und Mystik 19, 1944, 19–27 – Ders., SMGB 60, 1946, 82–98 – P. Wilpert, Vita contemplativa und vita activa (Passauer Stud., Fschr. S. K. Landersdorfer, 1953) – Ders., B. v. W. (Festg. Kronprinz Rupprecht v. Bayern, hg. W. Goetz, 1953) – K. Ruh, Bonaventura deutsch, 1956 – R. Rudolf, Ars moriendi, 1957 – Spindler II – N. Grass, Cusanus-Gedächtnisschrift, 1970 – W. Höver, Theologia Mystica in altbair. Übertragung, 1971 – H. Rossmann, Der Magister Marquard Sprenger in München und seine Kontroversschriften zum Konzil v. Basel und zur myst. Theologie (Fschr. J. Auer, hg. H. Rossmann-J. Ratzinger, 1975) – Ders., Der Tegernseer Benediktiner Johannes Keck über die myst. Theologie (Festg. R. Haubst [MFCG 13], hg. M. Bodewig u. a., 1978).

Bernhard Guillem, letzter Gf. v. Cerdaña → Cerdaña

Bernhardin v. Siena → Bernardinus 4.

Bernhardiner → Zisterzienser

Bern(h)ardus Trevisanus, lit. tätiger Alchemist, den die Tradition auch als Bernardus Trevisanus, Bernardus Trevirensis, Comes Marchiae Trevisanae, Graf von Trevigo, Graf von der Marck und Tervis bzw. von der Marck Trevese und Nayge kennt. Seine Lebenszeit, gewöhnl. in das 15.Jh. gesetzt, dürfte in das 14.Jh. fallen. Über Herkunft und Lebensgang sind fast keine gesicherten Tatsachen bekannt. Eine »Responsio« (Trier 1385) ist an Thomas v. Bologna, Arzt des Frz. Kg.s Karl V. gerichtet, nach dessen Tochter, der Dichterin → Christine de Pisan, B. nicht in Italien, sondern im dt. Kulturgebiet wurzelte. Eher ein Fabulat denn facta realia scheint ein autobiograph. gefaßter Abschnitt in B.' »De chemia« (Teil 2) zu bieten.

B.' »Responsio« und sein Hauptwerk »De chemia« (auch: »De chymico miraculo«, »De transmutatione metallorum«, »De alchimia«, »De secretissimo philosophorum opere chimico«, 'Von der hermetischen Philosophia') beruhen auf der reinen Quecksilbertheorie, deren Vertreter seit dem 14.Jh. lehrten, daß die Kunst der Metallwandlung in einer Zusammensetzung von philosoph. Quecksilber – B.' vier Elemente bzw. Sulphur und Mercurius vereinigender 'doppelter Mercurius' und 'Ei der Philosophen' – mit 'Gold' bestehe. Eine Ich-Erzählung von der chymischen Hochzeit eines 'Königs' (Gold) mit der »Fontina« (Mercurius) in »De chemia« (Teil 4), die die reine Quecksilbertheorie parabolisch darlegt, hat B.' bedeutenden Ruf als alchem. Autorität in maßgebl. Weise gefestigt. – Die beträchtl. Wertschätzung, die europ. Alchemisten bis in das 18.Jh. dem Bernardus-Corpus entgegenbrachten, schlug sich in einer Vielzahl von lat. und landessprachigen Abschriften und Abdrucken und in Kommentarwerken nieder. Pseudonyme Autoren haben sich mit zieml. Sicherheit B.' Namens bemächtigt (»Symbolum apostolicum«, »Verbum dimissum«, »Le songe verd«), doch sind die Echtheitsfragen im einzelnen sämtlich ungelöst. Textkrit. Ausgaben fehlen.

J. Telle

Ed.: Ältere lat. und dt. Ausg. [Auswahl]: Responsio ad Thomam de Bononia. In: Morienus, De re metallica, Paris 1564 (auch in: Auriferae artis, quam chemiam vocant, volumen secundum, Basel 1572, und dt. in: Turba philosophorum, hg. Ph. Morgenstern, II, Basel 1613) – περὶ χημείας opus historicum et dogmaticum. Aus dem Frz. ins Lat. übersetzt und hg. G. Gratarolus, Straßburg 1567 (auch: Frankfurt 1625, und in: G. F. Pico della Mirandola, Libri III. de auro, Ursel 1598) – Von der Hermetischen Philosophia/das ist/von dem Gebenedeiten Stain der Weisen, hg. M. Toxites, Straßburg 1574 (auch: Straßburg 1582, 1586, 1597, 1601) – De chymico miraculo, quod lapidem philosophiae appellant, hg. G. Dorn, Basel 1583 (auch: Basel 1600, und in: Theatrum chemicum I, Ursel 1602) – Opuscula chemica Das ist/Von dem Gebenedeiten Stein der Weisen Deß (...) Bernhardi (...) Chemische Schrifften, hg. J. Tanck, Leipzig 1605 – Bernhardus innovatus Das ist/Deß (...) Bernhardi (...) Chemische Schrifften, hg. C. Horn, Nürnberg 1643 (auch: Nürnberg 1717, 1746, 1747) – *Neuere Ausg.*: Oeuvre Chymique de Bernard Le Trévisan, hg. Ch. G. Burg, o. O. [Paris], 1976 (unkrit. Textwiedergaben nach frühnhd. frz. Ausg.) – *Lit.*: DSB II, 22 f., s. v. Bernard of Trevisan – J. Ferguson, Bibliotheca Chemica, 1906, I, 100–104; II, 466 f. – Thorndike III, 611–627 – R. Zaunick, Der sächs. Paracelsist Georg Forberger. Mit bibliogr. Beitr. zu Paracelsus, Alexander v. Suchten, Denys Zacaire, Bernardus Trevirensis, Paolo Giovio, Francesco Guicciardini und Natale Conti, hg. H.-H. Eulner-K. Goldammer (Kosmosophie 4), 1977.

Bernicia, provincia oder regnum Berniciorum (brit. 'Bewohner des Landes der Gebirgspässe' [?]), frühma. angl. Kgr., erwähnt bei Beda, hist. eccl. II, 14; III, 1 u. ö. B. erstreckte sich nördl. vom Fluß Tees zum Fluß Tweed und jenseits davon. Als Gründer des Reiches gilt Ida, der sich 547 (oder um 558 [?]) in → Bamburgh festsetzte und mit einer angl. Elitetruppe das Gebiet eroberte und möglicherweise auch die einheim. kelt. Bevölkerung anglisierte. Die Nachfolger von Ida, welche behaupteten, von ihm abzustammen, besiegten die → Gododdin (vgl. auch → Aneirin) zw. Tweed und Forth und annektierten → Deira, um schließlich das Kgr. → Northumbrien zu begründen. Die Christianisierung von B. begann unter Kg. → Edwin, fand aber erst nach der Einsetzung von → Aidan in → Lindisfarne ihren Abschluß. Ein weiteres kirchl. Zentrum wurde in der Folgezeit → Hexham. Die fortgesetzte Opposition der Fs.en v. Deira gegen die Kg.e, die aus B. stammten, kann möglicherweise ein Faktor bei den dynast. Konflikten im 8. Jh. gewesen sein. Als die Dänen 866/867 Northumbrien (südl. des Tyne) besetzten, blieb das nördl. B. angelsächsisch. – Zur späteren Gesch. vgl. → Bamburgh, Haus; → Durham; → Northumbrien.

D. P. Kirby

Lit.: Stenton³, 14 ff. – P. H. Blair, The boundary between B. and Deira, Archaeologia Aeliana 27, 1949, 46 ff. – D. P. Kirby, The kingdom of Northumbria and the destruction of the Votadini, Trans. East Lothian Antiquarian Society 14, 1974 (1976), 1 ff. – St. Wilfrid at Hexham, hg. D. P. Kirby, 1974.

Bernier de Nivelles, genaue Lebensdaten sowie Schriften von ihm sind unbekannt. 1277 wird er mit → Siger v. Brabant im Zusammenhang mit der Verurteilung averroist. Thesen durch Stephan → Tempier erwähnt. Zu dieser Zeit – er ist Kanoniker in Lüttich – soll er sich vor dem Inquisitor Simon du Val wegen des Verdachtes der Häresie verantworten. Nach einer Appellation an den Papst wird er in Rom freigesprochen. In Paris schenkt er der Sorbonne 25 Bücher; 1283 ist er Testamentsvollstrecker für einen Kanoniker aus Tongern, 1286 läßt er in Paris den Sentenzenkommentar des Thomas v. Aquin kopieren. Um diese Zeit führte er den Titel Curator ecclesiae Sancti Martini Leodiensis. Vgl. auch → Aristoteles.

M. Bauer

Lit.: F. Van Steenberghen, La Philosophie au XIII e s., 1966 [dt. Übers. R. Wagner, Die Philosophie im 13.Jh., hg. M. A. Roesle, 1977].

Berno, Gf. v. Mecklenburg (Schwerin), seit 1155(?), † 27. Jan. 1190 oder 1191; widmete sich bereits als Mönch des Zisterzienserkl. Amelungsborn mit Erlaubnis Papst Hadrians IV. der Abodritenmission. B. wurde um 1155 vom Sachsenherzog Heinrich dem Löwen zum Bf. v. → Mecklenburg ernannt, konnte aber erst nach dem Abschluß der Kämpfe gegen die Abodriten (1158/60) mit der kirchl. Aufbauarbeit beginnen. 1160 wurde der Bischofssitz nach → Schwerin verlegt. Der dortige Dombau (Weihe 1171), die Zisterzienserkl. → Doberan (1171 bzw. 1186) und → Dargun (1172) sowie die Grundlagen des Pfarreinetzes im Bm. Schwerin gehen auf B. zurück. 1168 wirkte er an der Taufe der Ranen (→ Rügen) mit. B. ist häufig in der Umgebung des Sachsenherzogs und des Ks.s anzutreffen. 1179 nahm er am III. Laterankonzil teil. Nach dem Sturz Heinrichs des Löwen unterstellte er sein Bm. der Hoheit des Kaisertums. J. Petersohn

Lit.: F. WIGGER, Jbb. des Vereins für Mecklenburg. Gesch. und Alterthumskunde 28, 1863, 80ff., 278 – K. SCHMALTZ, Kirchengesch. Mecklenburgs I, 1935 – K. JORDAN, Die Bistumsgründungen Heinrichs des Löwen, 1939 – DERS., Heinrich der Löwe, 1979, 87f., 98ff. – J. PETERSOHN, Der südl. Ostseeraum im kirchl.-polit. Kräftespiel des Reichs, Polens und Dänemarks vom 10. bis 13. Jh., 1979.

Bernold

1. B., *Bf. v.* → *Utrecht*, † 19. Juli 1054; unbekannter Herkunft, wahrscheinl. aus der → Hofkapelle hervorgegangen; trat sein Bischofsamt zw. 27. Nov. 1026 und 24. Sept. 1027 an. B. zeigte gegenüber dem Ks. eine unerschütterl. Loyalität, bes. während des Aufstandes von → Gottfried II., dem Bärtigen, Herzog von Lothringen, und → Dietrich V., Gf. v. Holland (1047–49). Aufgrund der Dienste, die er dem Imperium leistete und der engen Beziehungen, die ihn mit Ks. Heinrich III. verbanden, vermochte er für sein Bm. Grafschaftsrechte, Regalien und zahlreiche Güter zu erwerben; er wurde damit zum eigentl. Begründer der Utrechter Territorialherrschaft. Vom Geist der Kirchenreform geprägt, worauf auch seine Beziehungen zu → Poppo v. Stablo hinweisen, errichtete B. eine Reihe von Kirchen. Seit dem 16. Jh. wurde er als Hl. verehrt. J.-L. Kupper

Lit.: DHGE VIII, 856f. – LThK² II, 260 – NDB II, 143 – Nieuw Nederlandsch Biografisch Woordenboek X, 1937, 56–58 – R. R. POST, Kerkgeschiedenis van Nederland ... I, 1957, 72–75, 81, 88, 157; II, 242 – E. H. TER KUILE, De kerken van bisschop B., Bull. van de Nederlandsche Oudheidkundige Bond 1959, 145–164.

2. B. v. Kaisersheim (Bernoldus Caesariensis), Mönch des Zisterzienserklosters Kaisersheim (heute: Kaisheim), nördlich Donauwörth, um 1300, ist schriftsteller. hervorgetreten durch eine aus dem »Compendium theologicae veritatis« des → Hugo Ripelin v. Straßburg geschöpfte Sammlung von Predigtbeispielen für das Kirchenjahr (»Themata de tempore et de sanctis«, 1310) und durch eine Formularsammlung für den Unterricht in der Ars dictandi (»Summula dictaminis« oder »Summa prosaici dictaminis«, 1312). Die »Summula« ist eine beachtenswerte Quelle für den Zustand des Brief- und Urkundenwesens, der kirchenrechtl. Kenntnisse und des inneren Lebens in einem dt. Kl. um 1300. B. ist vermutl. identisch mit dem in Urkunden seines Kl. 1282–84 öfters gen. frater Bernoldus notarius.
H. M. Schaller

Q.: L. ROCKINGER, Briefsteller und formelbücher des eilften bis vierzehnten jahrhunderts, Q. und Erörterungen zur bayr. und dt. Gesch. 9, 2, 1864, 839–926 – P. O. KRISTELLER, Iter Italicum 2, 1967, 104 (Casanat. 4102) – J. B. SCHNEYER, Rep. der lat. Sermones des MA I, 1969, 462–472 – H. HOFFMANN, Die Urkk. des Reichsstiftes Kaisheim 1135–1287, 1972, 205, 216, 220, 223, 225 – Lit.: Verf.-Lex.² I, 798–800.

3. B. v. Konstanz (B. v. St. Blasien), mlat. Autor der sal. Zeit, * zu einem unbekannten Zeitpunkt (um 1050?), † 16. Sept. 1100 in Schaffhausen, Kl. Allerheiligen, vermutl. schwäb. Herkunft und Sohn eines Priesters. Kaum auf ihn zu beziehen ist die Unterschrift eines Bernolt de Hohdorf in einer Schaffhauser Urkunde von 1093. Wahrscheinl. seit Ende der 60er Jahre weilte B. an der Konstanzer Domschule, wo er Schüler → Bernhards v. Hildesheim (B. 35.) war. Es ist ungewiß, ob B. in den folgenden Jahren ungestört in Konstanz bleiben konnte oder ob er als Anhänger der gregorian. Partei schon seit ca. 1076 nach St. Blasien auswich, da Bf. Otto v. Konstanz ein Anhänger Heinrichs IV. war. 1079 nahm B. an der röm. Fastensynode teil, vielleicht als kanonist. Berater; 1084 wurde er vom Legaten Odo v. Ostia (dem späteren Papst Urban II.) in Konstanz zum Priester geweiht; um 1085 bezeichnet er sich unter Verwendung einer Demutsformel als »ultimus fratrum de sancto Blasio« – was manche als Beleg dafür auffassen, daß B. erst kurz vor dieser Zeit nach St. Blasien gekommen war. Von 1091 bis zu seinem Tode lebte er im Kl. Allerheiligen.

Seit Beginn der Auseinandersetzungen zw. Anhängern und Gegnern der Reform (1074/75) verteidigte B. mit großer kirchenrechtl. Gelehrsamkeit die päpstl. Dekrete gegen verheiratete Priester und Simonisten und die Maßnahmen gegen die Anhänger Heinrichs IV. In der Schrift »De excommunicatis vitandis« (nach 1084) entwickelte B. im Bereich der Kanonistik die Prinzipien der scholast. Methode, indem er eine Hierarchie der Rechtsquellen aufstellte und Regeln formulierte, wie widersprüchl. Aussagen der kirchenrechtl. Tradition zu harmonisieren seien. B.s Arbeitsweise konnte durch J. AUTENRIETH an der Benutzung erhaltener Hss. der Dombibliothek Konstanz und durch I. S. ROBINSON an der Hs. Schlettstadt 13 nachgezeichnet werden. Eine eigtl. kanonist. Arbeit ist der wahrscheinl. auf B. zurückgehende sog. »Schwäbische Appendix« zur 74-Titel-Sammlung, der aus 15 Kanones über die Exkommunikation besteht (ed. J. GILCHRIST, Diversorum patrum sententie sive Collectio in LXXIV titulos digesta, MIC I, 1973, 180ff., vgl. auch XXVIIff., LIIff. und LXXVIIIff.). B.s bekanntestes Werk ist seine Weltchronik, die von der Schöpfung bis zum Jahre 1100 reicht. Über ihre etappenweise Entstehung sind wir gut unterrichtet, da sich das Autograph erhalten hat (Clm 432). Wahrscheinl. seit 1083 sind die Jahresberichte zeitgenöss. eingetragen. Ihre gregorian. Tendenz, das bes. Interesse am Kirchenrecht, an Mönchtum und Kirchenreform mit Schwerpunkt auf dem südwestdt. Raum tritt seit 1077, mehr noch seit 1083, als die Berichte überhaupt ausführlicher werden, hervor. Die weiteste Verbreitung unter B.s Werken erreichten aber nicht diese Chronik und die polem. Schriften, von denen jeweils nur wenige Hss. erhalten sind, sondern der »Micrologus«, eine liturg. Schrift, von dem ca. 40 Hss. des 12. bis 15. Jh. erhalten oder bezeugt sind. W. Hartmann

Ed.: *Chronik*: MGH SS 5, 385–467 – *Streitschriften*: MGH L. d. L. 2, 1–168; 3, 597–602 – *Micrologus*: MPL 151, 978–1022 – H. WEISWEILER, Die vollständige Kampfschrift B.s v. St. Blasien gegen Berengar, Scholastik 12, 1937, 58–93 – Lit.: Repfont II, 518f. – Verf.-Lex.² I, 795ff. – E. STRELAU, Leben und Werke des Mönchs B. v. St. Blasien, 1889 – S. BÄUMER, Der Micrologus, ein Werk B.s v. Konstanz, NA 18, 1893, 429ff. – JDG H. IV., Bd. 2, 703ff.; Bd. 4, 102 u. ö. – O. GREULICH, Die kirchenpolit. Stellung B.s, HJb 55, 1935, 1ff. – H. WEISWEILER, Die päpstl. Gewalt in den Schr. B.s, StGreg 4, 1952, 129ff. – J. AUTENRIETH, Die Domschule v. Konstanz zur Zeit des Investiturstreits, 1956 – DIES., B. v. K. und die erweiterte 74-Titelsammlung, DA 14, 1958, 375ff. – J. J. RYAN, B. of Constance and an anonymous Libellus de lite ..., AHP 4, 1966, 9ff. – WATTENBACH-SCHMALE II, 396f., 521ff.; III, 126*f., 157*f. – I. S. ROBINSON, Zur Arbeitsweise B.s v. K. und seines Kreises, DA 34, 1978, 51ff.

Bernowin → Angilbert

Bernstein

A. Allgemeines; pharmazeutische und technische Bedeutung – B. Bernstein im mittelalterlichen Handel – C. Bernstein im mittelalterlichen Kunsthandwerk

A. Allgemeines; pharmazeutische und technische Bedeutung

B., nd. *Börnstein* 'Brennstein', gr. ἤλεκτρον (latinisiert: *electrum*), lat. suc(c)inum (zu lett.: *sakai/sakas*), lat. ambra flava sive citrina, arab. *kahrubā, charabe* (dann zu *Karabe/Kakabra*); ein von obereozänen Koniferen (Pinus succinifera) stammendes fossiles Harz, das vornehml. an Ost- und Nordsee, selten im Mittelmeerraum (Sizilien) in den Schichten der sog. blauen Erde gefunden bzw. angespült wird. Neben anderen organ. Substanzen (Koralle, Perle, *Gagates* [polierfähige Kohle, die als *Ag(t)stein*, succinum nigrum, dem B. oft beigeordnet ist]) zu den → Edelsteinen gerechnet und seit dem Frühneolithikum (vereinzelt dem Paläolithikum) als Schmuck und Amulett beliebt. Seit 1600 v. Chr. ist der Bernsteinhandel mit dem Norden (Bernsteinstraßen) nachgewiesen. Tacitus und Plinius nennen die ursprgl. germ. Bezeichnung *gles(s)um* (davon abgeleitet → Glas). Als ambra flava sive citrina wird er im MA oft mit ambra alba (succinum marinum, sperma ceti, →Walrat) und → ambra grisea, beides Produkte des Pottwales, in Zusammenhang gebracht. Die antike Kenntnis des B. als Baumharz (selbst die legendäre Überlieferung als Tränen der in Schwarzpappeln verwandelten Heliaden deutet darauf hin) verlor sich im MA, wo er als Erdsaft oder als Luchsharn (Luchsstein, *Lynkurer*) gedeutet wurde (Hildegard v. Bingen, Konrad v. Megenberg). Diese von Diokles v. Karystos (4.Jh. v.Chr.) über Theophrast überlieferte Deutung des $λυγγούριον$ war schon von Dioskurides bezweifelt worden und wird heute mit Ligurien als Sammel- und Umschlagplatz des B.-Handels in Verbindung gebracht. Als → *elektron* wird in Antike und MA auch eine Gold-Silberlegierung bezeichnet, wobei für beide die Ableitung von $ἠλέκτωρ$ (Strahler) und für B. noch dazu von $ἕλκειν$ ('anziehen') diskutiert wird. Die Anziehungskraft des B.s (elektron, davon abgeleitet: Elektrizität) durch elektrostat. Aufladung mittels Reiben war in Antike und MA bekannt und galt zusammen mit dem Magneten als Erweis für die (Heil)kräfte der »Mineralien«.

Abgesehen von seinem Gebrauch als Räuchermittel, u. a. gegen Asthma, wurde der B. nach Analogien indiziert (→ Signaturenlehre): Die Anziehungskraft galt als »anhaltend«, stillend bei Blutungen, Harnbeschwerden, Magenleiden, »Bauchfluß« und Rheumatismus, als schmerzstillend und adstringierend bei Hals- und Zahnbeschwerden, während die Farbe als Hinweis auf Galle- und Leberwirksamkeit gesehen worden ist. Als Succinum und Oleum Succini rectificatum war B. bis ins 19.Jh. offizinell. Techn. wurde er zur Lack- und Firnisherstellung genutzt. G. Jüttner

Lit.: J.H.Zedler, Universallexikon III, 1733, 1394-1398 – Hoops² II, 288-298 [bes. 294] – RE III, 1, 295-304 – HWDA I, 1091-1093 – RAC II, 138-140 – R.Klebs, Der B. und seine Gesch., 1889 – H.Führner, Lithotherapie. Hist. Stud. über die med. Verwendung der Edelsteine, 1902 [Repr. 1953] – K.Wessely, Über den B. in seiner kulturhist. Bedeutung, 1913 – E.O.Lippmann, Entstehung und Ausbreitung der Alchemie, 1919, 535-537 – Bernsteinforsch. (amber studies), 4 Bde, 1929 -39 – K.Andrée, Der B. und seine Bedeutung in Natur- und Geisteswiss., Kunst und Kunstgewerbe, Technik, Industrie und Handel, 1937 – L.Schmid, Gesch. und Technik des B.s (Dt. Mus. Abh. und Ber. 13, 3), 1941 – A.Spekke, The ancient amber routes and the geographical discovery of the Eastern Baltic, 1957 – H.Lüschen, Die Namen der Steine, 1968, 188f.

B. Bernstein im mittelalterlichen Handel
I. Früh- und hochmittelalterlicher Orient – II. Hansischer Wirtschaftsraum.

I. Früh- und hochmittelalterlicher Orient: Im Früh-MA wurde B. aus dem Ostseegebiet in den Mittelmeerraum hauptsächl. über Itil, Konstantinopel und Trapezunt eingeführt. Die →Wolga war als damalige Hauptverkehrsader der Schauplatz des Bernsteinhandels. Haben chr. Handelsverbote, wie die des ven. Dogen Andrea Dandolo, der Päpste und der byz. Ks. diesen Handel mit dem Islam ztw. beeinträchtigt, so bezogen doch die islam. Länder einen großen Teil ihrer Bernsteineinfuhren auch auf dem Landweg, wobei die Handelsstraßen von Transoxanien – unter den Samaniden ein reiches Land, das selbst reichlich Güter für den Austausch erzeugte – ihren Anfang nahmen und zum Kasp. Meer bis nach Bulġār, der Hauptstadt der Wolgabulgaren, verliefen. Dort tauschten sie ihre Importe mit den begehrten Pelzen (→ Pelze, -herstellung, -handel) und dem B. Das Chazarenreich bot Arabern, Türken, Juden, Normannen und Griechen einen ebenso geeigneten Umschlagplatz für den B. Die umfangreichen islam. Münzfunde in Nord- und Osteuropa beweisen zugleich, wie lebhaft und lukrativ dieser östl. Handelsverkehr gewesen ist.

Die überaus günstige Lage der Handelsstadt Bulġār an den nordöstl. Wasserverkehrsstraßen wurde durch die Islamisierung und teilweise Arabisierung des Wolgabulgarenreiches, die im 9.Jh. in vollem Gange war, für die Karawanen aus Samarkand, Balḫ, Buchara und Nīšāpūr um so wichtiger. Auf der anderen Seite zogen u. a. die Normannen mit Gütern aus dem Norden, nicht zuletzt mit dem begehrten B., nach Bagdad, das damals als Residenz der ʿAbbasiden der große Stapelplatz des Welthandels war. Außerdem war Transoxanien und Chorezmien nicht nur Ausgangspunkt für den nördl. Verkehr zur Ostsee, sondern mehr noch Knotenpunkt für den weiteren Verkehr mit Indien im Süden. An dieser Stelle muß die Tatsache unterstrichen werden, daß nicht nur B. aus dem Norden verbreitet war, sondern erhärtetes Harz auch in Indien, im ind.-ozean. Gebiet und im Mittelmeerraum gefunden und verwertet wurde.

Als die russ. Flüsse und die Karawanenstraßen zw. Transoxanien und dem Baltikum zugunsten Italiens und der Mittelmeerhandelsstraßen an Bedeutung einbüßten, hat der Dt. Orden mit dem Monopolgeschäft des B.s (vgl. Abschnitt A. II) Venedig zum Absatzmarkt dieser begehrten Perlen für den Süden gemacht. Von Venedig ging der B. über Sizilien in den Maghrib und nach Ägypten und nahm weiterhin einen wichtigen Platz auf den Juwelenmärkten des Orients ein. In Kairo entstand vor dem Ende des 13.Jh. sogar ein eigener Markt für den Bernsteinhandel: Funduq al-ʿAnbar. Bei den ägypt. Frauen erfreute sich Bernsteinschmuck größter Beliebtheit. Die Kaufleute, die mit B. handelten, waren angesehen und wohlhabend. Einige von ihnen erlangten sogar den Titel eines Hauptes des Kaufmannstandes. Auch bei den Osttürken war (nach → al-Bīrūnī) der B. verbreitet. B. fand nicht nur als Schmuck, sondern ebenso als Talisman im Orient und als Heilmittel (pulverisiert oder als Salbe) Verwendung. Neben anderen Steinen war B. zur Herstellung von Rosenkränzen ein begehrter Artikel (vgl. Teil C). Schließlich zeigt das aus dem Persischen übernommene Lehnwort *Kahrubā*, wie sehr die Wanderung von B. zu einem Träger kultureller Wechselbeziehungen geworden war. S.Y.Labib

Lit.: EI¹, s.v. Bulġhār, Kahrubā – F.Stüwe, Handelszüge der Araber, 1836 – R.Dozy-W.H.Engelmann, Gloss. des mots espagnols et portugais derivés de l'Arabe, 1869 – O.Schneider, Zur Bernsteinfrage, insbes. über sicil. B., 1883, 1887 – W.Heyd, Hist. du Commerce du Levant au MA, 2 Bde, 1885-86 – G.Jacob, Der nord.-balt. Handel der Araber im MA, 1887 – Ders., Neue Beitr. zum Studium des kasp.-balt. Handels im MA, ZDMG 43, 1889 – O.Olshausen, Der alte Bernsteinhandel, Zs. für Ethnologie 22, 1890 – G.Jacob, Kannten die Araber wirkl. sicil. B.?, ZDMG 45, 1891 – Ders., Nochmals zur Bernsteinfrage, ZDMG 45, 1899 – E.Wiedemann, Beitr. zur Gesch. der Naturwiss., 1904 – A.Schaube, Handelsgesch. der röm. Völker der Mittelmeergebiete bis zum Ende der Kreuzzüge, 1906 – C.E.Dubler, Über das Wirtschaftsleben auf der iber. Halbinsel vom XI. zum XIII.Jh., 1943 – The Cambridge Economic Hist. of Europe, hg. M.Postan, II, 1952 – B.Spuler, Die Goldene Horde, 1952 – S.Y.Labib, Handelsgesch. Ägyptens im SpätMA, 1965 – T.Lewicki, Le commerce des Sāmānides avec l'Europe Orientale et Centrale à la lumière des trésors de monnaies coufiques (Near Eastern Numismatics, Iconography, Epigraphy and History, Stud. in Honour of C.Miles, hg. D.K.Konymjian, 1974), 219-233 – J.Schönfeld, Über die Steine, 1976.

II. Hansischer Wirtschaftsraum: Über den Bernsteinhandel in vorhans. Zeit ist aus dem nord- und mitteleurop. Bereich nicht viel mehr bekannt, als daß Haithabu für den im Ostseeraum vorkommenden Rohstoff und für die daraus gefertigten Spielsteine und Amulette ein wichtiger

Umschlagplatz gewesen ist. Da dort außer Rohbernstein auch Fertigprodukte gefunden worden sind, wird angenommen, daß es auch Werkstätten gegeben haben muß, in denen B. bearbeitet worden ist. In hans. Zeit war der einzige Rohstofflieferant der → Deutsche Orden, der (wie vorher die pommerell. Hzg.e) für das Sammeln des v. a. am Nord- und Weststrand der Halbinsel → Samland vorkommenden B.s das → Regal besaß und den Absatz des Rohprodukts monopolisierte. Die Bernsteinfischer mußten den gewonnenen B. an bestimmten Sammelstellen, von denen Lochstedt die wichtigste war, an einen Bernsteinmeister abliefern, der den B. in Tonnen verpackt zur Verfügung des Obersten Marschalls nach Königsberg weiterleitete. Dieser verkaufte den B. an den Großschäffer. Der Kaufpreis für eine Jahreslieferung wurde bis 1395 gegen Warenlieferungen für den Unterhalt des Hauses Königsberg in Höhe von 1400 M. verrechnet. Belief sich der Kaufpreis auf mehr als 1400 M., mußte der Großschäffer den Überschuß bezahlen, betrug er aber weniger als 1400 M., bezahlte der Oberste Marschall die Differenz. Seit 1396 wurde der B. dem Großschäffer gegen Barzahlung verkauft. In Königsberg wurde der B. nach Größe und Qualität sortiert (*sluck, vernis*, Pfennigstein, Werkstein) und für den Export in Säcke gefüllt, von denen wiederum jeweils zwei in genormte, von einem Königsberger Böttchermeister gefertigte Tonnen verpackt wurden. Als Absatzmarkt spielte bis zum Ende des 14.Jh. neben → Lübeck und → Brügge auch Lemberg noch eine Rolle. Dort nahmen → Lieger die Rohstofflieferungen in Empfang, lagerten sie in gemieteten Kellern und besorgten den Verkauf. Seit 1400, als der weichselaufwärts gehende Handel zum Erliegen gekommen war, kamen als Abnehmer nur noch die Bernsteindreher in Lübeck und Brügge in Frage, die daraus Paternoster herstellten und dafür bis ins 15.Jh. das Verarbeitungsmonopol behaupten konnten. Menge und Preis der jährl. Rohstofflieferungen wurden zw. diesen beiden Bernsteindreherzünften und den Liegern jeweils schriftl. vereinbart und die jeweils eingekaufte Menge dann an die einzelnen Zunftmitglieder verteilt. Den Vertrieb der Fertigprodukte besorgten hans. Fernhändler, die die Paternoster bes. in Köln, Frankfurt a. M., Nürnberg und Venedig absetzten. Das »Lübeck-Brügger Bezugs- und Bearbeitungsmonopol« (F.Renken) wurde zerstört, als 1454 das Bernsteinregal an die preuß. Stände überging und sich 1477 in Danzig die erste preuß. Bernsteindreherzunft bildete. → Paternoster, -macher.   I. M. Peters

Q.: Lüb. UB IV-VII – Hans. UB VIII – Handelsrechnungen des Dt. Ordens, hg. C.Sattler, 1887 – Hildebrand Veckinchusen. Briefwechsel eines dt. Kaufmanns im 15.Jh., hg.W.Stieda, 1921 – *Lit.*:W.Stieda, Lüb. Bernsteindreher oder Paternostermacher, Mitt. des Vereins für Lüb. Gesch. und Altertumskunde, 1886 – A.Tesdorpf, Gewinnung, Verarbeitung und Handel des B.s in Preußen von der Ordenszeit bis zur Gegenwart, 1887 – J.Warncke, Bernsteinkunst und Paternostermaker, Nordelbingen 10, 1934 – F.Renken, Der Handel der Königsberger Großschäfferei des Dt. Ordens mit Flandern um 1400, 1937 (Abh. zur Handels- und Seegesch. 5) – H.Jankuhn, Haithabu. Ein Handelsplatz der Wikingerzeit, 1963⁴ – H.G.Stephan, Archäolog. Grabungen im Handwerkerviertel der Hansestadt Lübeck (Hundestr. 9–17). Ein Vorbericht (Lüb. Schr. zur Archäologie und Kulturgesch. 1, 1978).

C. Bernstein im mittelalterlichen Kunsthandwerk

Ma. Bernsteinarbeiten sind wenig bekannt und kaum erforscht. Wir dürfen aber voraussetzen, daß sie wie in der Antike und in der Neuzeit begehrt und verbreitet waren. Die Unbeständigkeit des organ. Materials mag den Verlust der meisten Bernsteinobjekte begünstigt haben. Aus merow. und frk. Zeit sind im Rheinland Bernsteinketten als Grabbeigaben gefunden worden (Köln, Röm.-Germ. Museum; Krefeld, Burg Linn). Bernsteinperlen sind dabei im Wechsel mit Glas- und Tonperlen aufgefädelt oder alternieren mit kostbaren Goldkugeln. Bernsteinarbeiten sind aus Haithabu in Funden des 9.–11.Jh. belegt. Hier gibt es Perlen von Ketten, Spielsteine, Würfel und Spinnwirtel. Im jütländ. Ripen wurden entsprechende Funde gemacht (Schleswig, Schloß Gottorp, Landesmuseum).

Die Literatur (s.u.) kennt v.a. die *bernsteenpaternostermakere* in Brügge, Lübeck und Danzig. Es scheinen daher überwiegend Rosenkränze aus B. hergestellt worden zu sein. Von diesen Zunftarbeiten ist jedoch nichts erhalten (→ Paternoster, -macher). Trotz des Bearbeitungsverbotes im Gebiet des Dt. Ordens (vgl. Abschnitt B. II) ist 1399/1400 in Königsberg der »Bornsteinsniczer Johann« belegt. Er stellte Bernsteintafeln, Rosenkränze und Heiligenfiguren her und war sicher nicht der einzige Bernsteinkünstler im Ordensland.

Kostbare Bernsteinarbeiten, bei denen auch Silber verwendet wurde, sind durch Schriftquellen belegt. Erhalten ist mit Sicherheit nur eine ma. Figur aus B.: eine sitzende Maria, 2. Hälfte 15.Jh. (Hannover, Kestnermuseum).

G. Reineking von Bock

Lit.: A.Tesdorpf [vgl. Lit. zu B. II] – O.Pelka, Die Meister der Bernsteinkunst, Mitt. aus dem Germ. Nat. Mus., 1917 – A.Rohde, B., ein dt. Werkstoff, 1937 – H.Jankuhn [vgl. Lit. zu B. II].

Bernward

I. Leben; politisches und kirchliches Wirken – II. Kunstförderung.

I. Leben; politisches und kirchliches Wirken

B., hl., Bf. v. → Hildesheim seit 993, * ca. 960, † 20. Nov. 1022 in Hildesheim, ⌐ ebd., St. Michael, stammte aus sächs. Hochadel, Großvater mütterlicherseits ist der sächs. Pfgf. Adalbero (Bern), sein Onkel Folkmar, Bf. v. Utrecht 976–991, seine Tante Rotgard Äbtissin des Reichsstifts Hilwartshausen. Geschwister B.s sind Thankmar (Tammo), Gf. in Astfala und Hessengau, Thietburg und Judith, Äbtissin des immeding. Hausstifts Ringelheim. Verwandte B.s sind auch Ebf. Erchanbald v. Mainz (1011–21) und Frideruna, Äbtissin von Steterburg. Nach einer Hypothese von R. Wenskus ist B. Sohn des Immedingers Dietrich, sächs. Pfgf. nach Adalbero, und der Frideruna, Tochter der Konradinerin Ida (→ Konradiner, → Immedinger). – Die quellenkrit. Probleme der → Thangmar zugeschriebenen Vita B.s sind bislang noch ungelöst.

B. trat vor 976 in die Hildesheimer Domschule ein, die Thangmar leitete. Er machte sich dort nicht nur mit den septem artes, sondern auch den Techniken der Kunstschrift, Malerei, Architektur und des Kunstschmiedehandwerks vertraut. B. besaß auch med. Kenntnisse. Aufenthalte in Utrecht und Mainz, wo ihm der Ebf. → Willigis die geistl. Weihen erteilte, gaben ihm mannigfache Anregungen. Später übernahm er die Verwaltung der Güter Adalberos und übte wohl gfl. Funktionen aus, als er 984 dem Nachfolgeanspruch → Heinrich des Zänkers entgegentrat (Thietmar IV, 2: comes et clericus). Die von Folkmar ihm angebotene Abtswürde in Deventer lehnte er ab und trat 987 in die → Hofkapelle ein. Die Regentin → Theophanu übertrug ihm 989 die Erziehung des jungen Kg.s Otto III. – Nach einer Wahl am Hofe wurde B. am 15. Jan. 993 von Ebf. Willigis zum Bf. v. Hildesheim geweiht. 994/995 zog er gegen die aufständ. Elbslaven und errichtete zum Schutz der Grenzgebiete die Burgen Mundburg und Warenholz. Den Dombezirk umgab er mit einem turmbewehrten Mauerring. In Italien unterstützte er Otto III. bei der Einnahme von Tivoli (1000–01) und der Niederwerfung des stadtröm. Aufstandes. Nach Ottos Tod begünstigte B. zunächst die Kandidatur Mgf. → Ekkehards v. Meißen. 1005 nahm er an der Dortmunder Reformsynode teil, 1006/07 am Feldzug Kg. Heinrichs II. gegen Gf. Balduin IV. v. Flandern (→ Balduin 8.). Anschließend traf er auf einer Pilgerfahrt nach St. Denis und Tours mit Kg. Robert II. v. Frankreich zusammen und erhielt von ihm wertvolle Reliquien.

Als typischer Vertreter des otton. Reichsepiskopats bemühte sich B. auch um die Intensivierung des geistl. Lebens, die Hebung von Kirchenzucht und Bildung und den Ausbau der Kirchenorganisation in seiner Diözese. Um 1001 gründete er hier das erste Benediktinerkl., St. Michael (→ Hildesheim), wobei sein reiches Vermögen v. a. der künstler. Ausstattung zugute kam. Unter B. entstanden auch die Nonnenklöster Heiningen und Steterburg sowie das Chorherrenstift Oelsburg. B.s Amtszeit litt unter dem Gandersheimer Streit (→ Gandersheim). Bestärkt von Sophie, der Schwester Ottos III., suchte Ebf. Willigis immer wieder Mainzer Ansprüche auf Gandersheim durchzusetzen. 1006 entschied Heinrich II. den Streit zugunsten von Hildesheim, doch lebte er unter Ebf. → Aribo um 1021 noch einmal auf. 1022 starb B. wenige Wochen nach der Weihe von St. Michael. – Nach dem ersten Anlauf einer bfl. Kanonisation um 1150 konnte Kard. Cinthius um 1192 B.s Heiligsprechung erwirken. F. Lotter

II. KUNSTFÖRDERUNG: Unter den geistl. Reichsfürsten der otton. Zeit ist B. die kunstgeschichtl. interessanteste Gestalt. Seine künstler. Aktivität, in der Vita Thangmars eher anregend als manuell aufzufassen, ist geprägt von der Tätigkeit B.s am Kaiserhof, von Reisen in Deutschland und nach Rom (1000–01). Seine bauliche Großleistung stellt die Abteikirche St. Michael in Hildesheim dar: doppelchörige Basilika mit zwei Turmgruppen, nach der Vita innen mit Fresken, musivischem Fußboden u. a. ausgestattet. Wohlbezeugt für B. sind v. a. plast. Bildwerke. In massivem Bronzeguß die Bernwardtüren (vgl. auch → Türen), technisch von Aachen, bildlich vielleicht von S. Sabina in Rom angeregt, mit typolog. Zyklus von Genesis bis Passion. Eine posthume Inschrift nennt 1015 als Entstehungsjahr. Stilist. unterscheidbar die Kreuzsäule B.s, nach dem Vorbild röm. Triumphsäulen mit spiraligem Reliefband der Wundertaten Christi. Beide Werke waren ursprgl. für St. Michael bestimmt. Aus B.s Zeit stammt ferner die »Goldene Madonna«, ein Holzkruzifix in Ringelheim und der Steinsarkophag des Heiligen. – Bes. Interesse B.s galt der Goldschmiedekunst (Patron); das Bernward-Kreuz im Domschatz ist nicht identisch mit der bei Thangmar erwähnten Theca für eine Kreuzreliquie. Einzigartig mehrere Silbergüsse: Leuchterpaar, Abtskrümme und Kruzifix, ausdrücklich als Werk B.s bezeichnet. – Aus dem von B. geförderten Hildesheimer Skriptorium sind mehrere Hss. erhalten, Nr. 19 und 33 von Guntbald illuminiert, Hs. 61 ist eine seltene otton. Vollbibel. Hauptwerk das »Kostbare Evangeliar« (Hs. 18), mit zahlreichen Miniaturen. Der Einband trägt byz. Elfenbeinrelief, wie auch die spätkarol. Hs. 13, deren Deckel von B. mit seinem Monogramm in Braunfirnis versehen wurde. – Die bernwardin. Kunst läßt Beziehungen zu verschiedenen Kunstkreisen der Zeit (Lothringen, Corvey, Fulda, Regensburg) und darüber hinaus röm. und byz. Einflüsse erkennen. V. H. Elbern

Q.: Vita Bernwardi, hg. G. H. PERTZ, MGH SS IV, 754–782 [dt. Übers. H. KALLFELZ, AusgQ 22, 1973, 272–361, mit Einl. und Lit., 265–271] – Hist. canonizationis et translationis S. Bernwardi ep., AASS Oct. XI, 1024–34 [Krit. Neuausg. der erzählenden Q. zu B. vorber. v. H. J. SCHUFFELS] – UB des Hochstifts Hildesheim I, hg. K. JANICKE, 1896 – Lit.: [allg. und zu I] : NDB II, 143f. – LThK² II, 260f. – BWbDG I, 255ff. – R. WENSKUS, Sächsischer Stammes- und fränkischer Reichsadel, 1976 – zu [II] : LCI V, 393 – THIEME-BECKER III, 472ff. – F. J. TSCHAN, St. B. of Hildesheim, 3 Bde, Notre Dame [Ind.], 1942–52 – H. BESELER-H. ROGGENKAMP, Die St. Michaeliskirche in Hildesheim, 1954 – R. WESENBERG, Bernwardin. Plastik, 1955 – V. H. ELBERN-H. REUTHER, Der Hildesheimer Domschatz, 1969 – V. H. ELBERN, H. ENGFER, H. REUTHER, Der Hildesheimer Dom, 1976².

Beroaldus, Philippus (Beroaldo, Filippo sen., im Unterschied zu seinem Neffen, Schüler und Nachfolger F. B. iun.), * 7. Nov. 1453 Bologna, † 17. Juli 1505 ebd. Nach Studium und Lehre in Parma (auch Mailand?) und Paris endgültig seit 1479 Professor der Rhetorik und Poesie in seiner Heimatstadt Bologna, der Familie → Bentivoglio und dem Senator Mino de' Rossi eng verbunden; durch seine Lehre und Reden war B. von großer Bedeutung auch für den nichtit. Humanismus (überall Beroaldistae) und durch die zahlreichen Kommentare (und Annotationes, Castigationes) – zu vornehml. lat. Autoren von Caesar und Cicero bis Servius und Vegetius, darunter seinen berühmten Apuleiuskommentar (1501) – der commentator Bononiensis schlechthin. Er übersetzte drei Novellen des → Boccaccio (V 1 und X 8; IV 1) in lat. Prosa und Distichen und Petrarcas »Vergine bella« (Canz. 366) in Hexametern (inc. »Virgo decens«). R. Düchting

Lit.: DBI IX, 382–384 – GW 4106–4149 – Index Aureliensis I, 4, 1970, 85–100 – G. TOURNOY-THOEN, Humanistica Lovaniensia 26, 1977, 13–15 – J. B. WADSWORTH, F. B. the Elder and the Early Renaissance in Lyons, Medievalia et Humanistica 11, 1957, 78–89 – K. KRAUTTER, Philolog. Methode und humanist. Existenz. F. B. und sein Komm. zum Goldenen Esel des Apuleius, 1971 (Humanist. Bibl. I, 9) – E. GARIN, Note in margine all'opera di F. B. il Vecchio: Tra latino e volgare II, 1974, 437–456 (Medioevo e umanesimo 18).

Beroldus-Codex, Hs. des 12. Jh., wichtiges Dokument für die mailänd. Kirche im MA und ihre Organisation. Sie wurde um 1130 von einem Ostiarius der ambrosian. Domkirche namens Beroldus angefertigt und beschreibt in allen Einzelheiten die Zusammensetzung des Dom-Klerus, das Kalendarium der dort traditionellen liturg. Funktionen, den Ritus und die praktizierten Zeremonien (ordo et cerimoniae Ecclesiae Ambrosianae) sowie den dort praktizierten Typus der Finanzverwaltung (ordo pro denariorum divisione).

Die Bedeutung des Werkes, das sicher mit ebfl. Approbation verfaßt wurde, liegt v. a. darin, daß es eine regelrechte Kodifizierung des Ambrosian. Ritus gibt (→ Ambrosianischer Gesang). Es wurde sehr rasch ein unentbehrl. Hilfsmittel, um komplizierte Fragen des Ritus zu lösen, die sich im Bereich der mailänd. Liturgie, die bekanntl. vom Röm. Ritus unabhängig ist, entwickelten. Davon abgesehen ist der B. eine reiche Fundgrube an Nachrichten über die Geschichte Mailands in der Blütezeit der Kommune. A. Cavanna

Q.: Beroldus sive Ecclesiae Ambrosianae Mediolanensis Kalendarium et Ordines saec. XII, ed. M. MAGISTRETTI, 1894 – Lit.: E. CATTANEO, Storia e particolarità del rito ambrosiano (Storia di Milano III, 1954), 800ff.; vgl. auch ebd. IV, 1954, 634–635.

Béroul → Tristan

Berroia (gr. auch Beroia, Berrhoia, türk. Karaferia; heute Werria), Stadt in der makedon. Landschaft Emathia am Fuß des Bermios in strateg. bedeutender Position (Überblick über die Wege von Makedonien nach S- und W-Griechenland). Im 1. Jh. n. Chr. Sitz einer Judengemeinde, bei der Paulus predigte (Apg 17, 10ff.); wohl früh Bm., seit dem Ende des 13. Jh. Metropole. B. litt im 4./5. Jh. unter den Einfällen der Goten und Hunnen, im 7. Jh. siedelte sich im Gebiet von B. der slav. Stamm der Drugoviči an; 900 durch Erdbeben zerstört, 904 Eroberung durch die Araber. In den 70er Jahren des 10. Jh. wurde B. Sitz eines byz. Strategen, also eigenes Thema, wahrscheinl. 989 von Zar → Samuel eingenommen und 1001 von Byzanz zurückerobert (N. OIKONOMIDÈS, Les listes de préséance byzantines des IXe et Xe s., 1972, 265, 356, Anm. 385). 1204 kam es zum lat. Kgr. → Thessalonike, 1346 Eroberung durch → Stephan Dušan und 1374 durch die Türken. – Beroia ist auch der antike und frühma. Name von → Aleppo in Syrien und → Stara Zagora in Bulgarien.

F. Hild

Lit.: DHGE VIII, 885f. – Kl. Pauly I, 869, s.v. Beroia – RE III, 304ff. – G. Schlumberger, L'épopée byzantine à la fin du Xe s., II, 1900, 218ff. – G. Ch. Chionides, Ἱστορία τῆς Βεροίας, τῆς πόλεως καὶ τῆς περιοχῆς II: Βυζαντινοὶ χρόνοι, 1970.

Berruguete, Pedro, kast. Maler, * Paredes de Nava, † 1503; möglicherweise in Neapel bei Colantonio in der Tradition van Eycks ausgebildet, setzt er die Arbeiten von → Joos van Wassenhove am Hof Federigos da Montefeltro in Urbino fort. Ab 1483 in Toledo, um 1497 Altar für Santo Tomàs el Real in Ávila (z.T. Madrid, Prado), ab 1499 Hochaltar der Kathedrale ebendort. Ch. Klemm

Lit.: H. de Loo, P.B. et les portraits d'Urbin, 1942 – R. Láinez Alcalá, P.B., pintor de Castilla, 1943 – C.R. Post, A Hist. of Spanish painting IX., 1930-58, 17-161 – E. Young, A Rediscovered Painting by P.B., ArtBull 57, 1975, 473-475.

Berruyer, Philippe, sel., Ebf. v. → Bourges, † 1260; ohne Zweifel Sohn des Gérard, des Bruders des hl. Guillaume du Donjon, Ebf. v. Bourges (1200–09), damit Enkel des Gf.en v. → Nevers; * in Tours, studierte in Paris und wurde Kanoniker in St. Martin zu Tours, danach am dortigen Domkapitel. 1234 Bf. v. Orléans, wurde er vom Papst für den Erzbischofssitz v. Bourges designiert – gegen die Mehrheit des Kapitels, die den Dekan des Domkapitels v. Tours gewählt hatte. Der neue Ebf. hatte enge Beziehungen zu den Kapetingern; 1248 weihte er die untere Kapelle der Ste-Chapelle zu Paris, und wir finden ihn anläßl. des Eides, den Bürger und Univ. von Paris 1251 der Kgn. Blanca schwören mußten, in der Zeugenreihe. Unter B.s Episkopat wurde die Kathedrale v. Bourges (→ Gotik) vollendet. Bedeutende territorialpolit. Aktivitäten fehlen, der Ebf. hatte vielmehr um die Erhaltung der Metropolitanrechte und des aquitan. Primates seines Ebm.s zu kämpfen; hier traten ihm mit den Plantagenêts verbündete Kräfte, die sich das direkte Eingreifen des Papstes in Diözesanangelegenheiten zunutze machten, entgegen. Die Provision, welche der Ebf. v. → Bordeaux von Innozenz IV. zw. 1234 und 1245 erlangte, beschränkte die Apellationsgerichtsbarkeit des Primats v. Bourges; ebenso wurde in die licentia eligendi des Primats eine Bresche geschlagen (Cahors, 1235-37, 1250; Mende, 1246-56). Doch konnte Bourges die Rechte der Bischofsweihe und die Prärogative der Metropole gegenüber der Provinzialsynode behaupten.

Im Ruf großer Heiligkeit erhob B. am 23. Okt. 1239 die Reliquien des hl. → Ursinus und setzte sie feierl. in einem silbernen Schrein bei, wobei er wahrscheinl. Haupt und Arm des Hl. in gesonderte Reliquiare einbetten ließ. 1249 wurde die Feier dieser Translation definitiv auf den 9. Nov. festgesetzt. J.-M. Jenn

Lit.: Th. de Brimont, St-Ursin, son apostolat dans le Berry et son culte, 1884, 80-82, 122-123 – Augonnet, Les reliques de St-Ursin, apôtre du Berry, 1894, 7-9 – L. de Lacger, La primatie et le pouvoir métropolitain de l'archevêque de Bourges au XIIIe s., RHE 26, 1930, 43-65, 269-330 – G. Devailly, Le diocèse de Bourges, 1973, 40-51.

Berry

I. Geschichte – II. Recht.

I. Geschichte: B., Landschaft in Mittelfrankreich, entspricht in großen Zügen der civitas der Bituriges, Cubi (Vorort Avaricum, das heut. → Bourges). Bis zum 9. Jh. teilte es als Bestandteil von → Aquitanien dessen Gesch. und gehörte zunächst zum westgot. Reich, nach 507 zum Frankenreich. Doch siedelten sich wenige Germanen in B. an; die Bevölkerung des (dünnbesiedelten) Gebietes war gallorömisch. In den ersten Jahren des 8. Jh. wurde es infolge der Abspaltung Aquitaniens zum Schauplatz von frk. Vergeltungszügen, in deren Verlauf es verwüstet wurde. Seit 768 erneut unter frk. Kontrolle, gehörte es zum karol. regnum Aquitanien und stand im Zentrum der Auseinandersetzungen zw. Karl dem Kahlen und → Pippin II. v. Aquitanien. Nachdem es zu mehreren kurzlebigen Herrschaftsbildungen gehört hatte, fiel es schließlich an → Bernhard Plantapilosa und seinen Sohn → Wilhelm I. den Frommen v. Aquitanien, die neben anderen Titeln auch den des Gf.en v. Bourges führten. Doch verschwindet dieser Grafentitel mit der Familie um 920. Die Region, die wenig von den Invasionen des 9. Jh. betroffen wurde und eine einheitl. Diözesanorganisation (→ Bourges) besaß, verlor auf weltl. Gebiet ihre Einheit. Im Süden gründeten frühere fideles Wilhelms des Frommen weiträumige Fsm.er (→ Bourbon, → Déols[-Châteauroux]). Aus dem ersteren Fsm. (mit den Herrschaften Montluçon, Hérisson und Huriel sowie der Abtei Souvigny) entstand später das Bourbonnais. Das zweite Fsm., dem nochmals die Herrschaften Argenton, Boussac, Châteaumeillant, La Châtre und Issoudun unterstanden, wurde von den Gf.en v. → Poitiers, den neuen Hzg.en v. Aquitanien, lehnsabhängig, ebenso wie die vicecomites v. Brosse im SO. Der ganze NO der Region, das Haut-Berry, war in etwa zehn kleine Kastellaneien zersplittert. Die meisten von ihnen traten im 10. oder aber im 12. Jh. in die Vasallität der Gf.en v. Blois-Champagne ein, entweder über ihre Lehnsbindungen an den Herren v. Vierzon (Vierzon, Mennetou) oder an den Herren v. St-Aignan (St-Aignan, Vatan), → Mehun-sur-Yèvre (Mehun, Selles-sur-Cher) oder aber an den Gf.en v. → Sancerre und seine Vasallen, die sires v. → Sully und Montfaucon. Zwei andere Herrschaften, Graçay und → Buzançais, kamen in die Vasallität der Gf.en v. Anjou (→ Angers).

So läßt sich das aquitan. Bas-Berry vom Haut-Berry, das auf den nordfrz. Herrschaftsbereich orientiert war, scheiden, während das Bourbonnais sich ablöste und ein weitgehend autonomes Leben führte. Die Kapetinger setzten sich im 11. Jh. im Zentrum des B. fest (Bourges, → Dun), doch blieb ihr Einfluß im 12. Jh. schwach.

Im 11.–12. Jh. entwickelten sich Feudalherrschaft, Bevölkerungswachstum und Landesausbau ähnlich wie in anderen frz. Regionen. Das Ebm. öffnete sich frühzeitig der Gottesfriedensbewegung und der gregorian. Reform und wurde von diesen Bewegungen tief beeinflußt. Seit der Mitte des 12. Jh. verschwand das Laienpatronat der Pfarrkirchen, wovon jedoch nicht der Ebf. v. Bourges, sondern die Benediktinerabteien und bis zu einem gewissen Grad auch die Augustinerchorherren, die allerdings häufig ihre Pfarreien vernachlässigten, profitierten. Für das 12. Jh. sind außerdem zahlreiche Eremiten bezeugt, deren Gründungen jedoch rasch unter den Einfluß der neuen Orden (Zisterzienser, Kongregation von Fontevrault, Grammontenser) gerieten.

Seit 1150 versuchten sowohl der Kapetinger Ludwig VII. als auch der Plantagenêt Heinrich II., der durch seine Heirat Hzg. v. Aquitanien (→ Angevinisches Reich) geworden war, die örtl. Herren unter ihre Kontrolle zu bringen, ohne daß Ludwig VII. (außer dem Kauf von Aubigny 1178) größere Erfolge erzielte. Nachdem sich Philipp II. August, Kg. v. Frankreich, durch den Vertrag v. Le Goulet (1200) die Herrschaftsrechte des engl. Kg.s Johann Ohneland über das Bas-Berry gesichert hatte, wurde er zum Herren der gesamten Region. Eine zielbewußte kgl. Politik (Errichtung von Burgen, enge Bindung der Kastellaneien an die kgl. Gewalt - bes. anläßl. der Schlichtung von

Erbauseinandersetzungen, jurist. Kontrolle durch den kgl. Gerichtshof, später durch das Parlament; Einsetzung eines *bailli* um 1190, der sich unter Ludwig VIII. in Bourges etablierte) machte aus dem B. eine kgl. terra, die nun Paris zugewandt war und sich vollständig von Aquitanien löste. Ludwig d. Hl. vollendete Philipps Werk, indem er die Rechte der Gf.en der Champagne auf das Haut-Berry ablöste (1234) und aus dem Gf.en v. Sancerre seinen unmittelbaren Vasallen machte; später (1240) ließ er sich von seiner Mutter Blanche de Castille (→ Blanca v. Kastilien) die Kastellanei Issoudun übertragen, welche diese von ihrem Onkel Johann Ohneland, Kg. v. England, erhalten hatte; schließlich unterstellte er die Festung Châtillon-sur-Indre der Krone (1249). Vom 13. Jh. an erhielt die Region ihre Impulse von der kgl. Regierung, wenn auch das Bas-Berry der Apanage von → Alfons v. Poitiers († 1271) zugeschlagen wurde und die Herrschaft Mehun-sur-Yèvre an das Haus Artois überging.

Im 14. Jh. und in der 1. Hälfte des 15. Jh. wurden die ländl. Gebiete des B. durch plündernde Söldnerbanden, mehr noch als durch die regulären frz. und engl. Armeen, verwüstet. Von diesen Verheerungen erholte sich das flache Land erst nach 1450. Die Städte, allen voran Bourges, profitierten von der Einrichtung von Höfen in der Region. Zu nennen ist zunächst der Hof des Hzg.s → Johann (Jean de Berry) seit 1360, der das B. als → Apanage innehatte und prachtvolle Residenzen (Bourges, Mehun-sur-Yèvre, Concressault, Genouilly) und Kirchen (Ste-Chapelle in Bourges) errichten ließ. Doch interessierte sich der Hzg. insgesamt mehr für das Poitou und für die Regierung des Languedoc als für das B. Nach 1422 entstand infolge der engl. Besetzung weiter Teile Frankreichs das »royaume de Bourges«. Wenn auch der Königshof in dieser Periode keine feste Residenz besaß, so wurden doch mehrere Institutionen der Verwaltung (Kanzlei, kgl. Rat, Rechnungshof) fest in Bourges etabliert. Am Ende der Regierung Karls VII. erlebten das B. und sein Zentrum Bourges ihre größte Wirtschaftsblüte, die durch den Namen des → Jacques Coeur symbolisiert wird. Auch die Agrargebiete profitierten von diesem Wohlstand, wie die Errichtung zahlreicher Schlösser und Kirchen zeigt. – Die Landwirtschaft im B. war stark von Naturalwirtschaft, die nur örtl. Güteraustausch erlaubte, geprägt. In der Champagne berrichonne wurde vorwiegend Weizen, in den sandigen Gegenden (Sologne, Brenne) Roggen angebaut. Die sonnigen Hügel waren mit Wein bepflanzt.   G. Devailly

II. RECHT: Im weiträumigen pagus des B., d. h. der Diöz. Bourges, erfolgte seit dem 11.–12. Jh. eine extreme Aufsplitterung des Gewohnheitsrechtes, welche in den Randzonen des B. die polit. Einflüsse der benachbarten Herrschaftsgebiete und – im Zentrum – die starke Auflösung in kleine territoriale Einheiten widerspiegelt. Auf der einen Seite wurden beinahe zwei Drittel der Region von den großen benachbarten Gewohnheitsrechten erfaßt (bes. den *coutumes* des Blésois, der Touraine, des Poitou, Bourbonnais, Nivernais, Lorris); auf der anderen Seite bestanden dort, wo sich ein spezif. Recht des B. ausprägte, zwei Strömungen: 1. die Entstehung lokaler Gewohnheitsrechte, z. B. der coutumes v. Bourges und seiner »septène« (wahrscheinl. seit etwa 1100, als Philipp I., Kg. v. Frankreich, Bourges und seine *prévôté* der Krondomäne eingliederte, in diesem Umfang festgelegt), der coutumes v. Dun le Roy, Issoudun u. a.; 2. die Ausbildung eines allgemeinen Gewohnheitsrechtes, die sich wohl etwa gleichzeitig mit der Bildung örtl. coutumes, auf jeden Fall aber am Ende des 12. Jh., vollzog, wobei die lokalen Rechtsbräuche weiterhin gültig blieben. Unter dem Einfluß der kgl. Vorherrschaft, die sich seit dem 13.–14. Jh. verstärkte, entstand eine erste private Sammlung von Gewohnheitsrechten (um 1312); dieser *coutumier* umfaßte sowohl Elemente der lokalen Rechte (bes. aus Gebieten, die unter starkem kgl. Einfluß standen wie Bourges und Dun le Roy) als auch Bestandteile der allgemeinen Gewohnheitsrechtes des B. In den folgenden Jahrzehnten erfolgten Interpolationen und Erweiterungen; 1433 wurde der Text von Jehan de Laloe, einem Notablen aus Bourges, der kurz darauf *lieutenant général* des kgl. *bailli* wurde, glossiert. Es ist bemerkenswert, daß die offizielle Kodifikation der allgemeinen coutume des B. erst 1539 (Redaktion) bzw. 1540 (Bestätigung durch das Parlement) stattfand, d. h. nach der offiziellen Feststellung der großen benachbarten Rechte und selbst nach der Redaktion der lokalen Rechte, bei denen allerdings keine Bestätigung durch das Parlement erfolgte. Auf diese Entwicklung ist die Bestimmung des allgemeinen Gewohnheitsrechtes zurückzuführen, dort wo allgemeines und örtl. Recht nicht im Einklang waren, den Bestimmungen des örtl. Rechtes den Vorrang einzuräumen.   O. Guillot

Lit.: zu [I]: M. ROUCHE, Des Wisigoths aux Arabes: l'Aquitaine, 1979, 418–781 – G. DEVAILLY, J. FAVIÈRE, F. GAY, J.-M. JENN, F. MICHAUD, Hist. du B., 1980 – zu [II]: E. CHÉNON, L'ancien coutumier du pays de B., Nouvelle rev. hist. de droit français et étranger, 1905, 581–612 – DERS., Le pays de B. et le »détroit« de sa coutume, ebd., 1914, 569–610, 760–827; 1916, 110–162, 510–554 – DERS., Les jours de B. au Parlement de Paris, 1919 – J. YVER (Mél. R. AUBENAS, 1974), 799–814.

Berry, Jean de → Johann, Hzg. v. Berry

Berry (le Héraut), auch Gilles le Bouvier gen., frz. Autor, * 1386 in Bourges (?), † 1455; gehörte nacheinander zum Hofstaat des Hzg.s v. Berry († 1416), des Dauphin Johann, Hzg. v. Touraine († 1418) und schließlich des Dauphin Karl, in dessen Dienst B. v. a. als Herold tätig war (1420), Wappenkönig des Berry (*roi d'armes du Berry*) und Wappenkönig der Franzosen (*roi d'armes des François*). Seine Ämter führten ihn häufig auf Reisen quer durch Frankreich, Europa und vielleicht auch in den Orient (1438–41). Wiederholt wurde er mit diplomat. Missionen betraut (u. a. Bretagne, 1425; Lothringen, 1439; Rom mit → Jacques Coeur, 1448; Burgund, 1450). Er war beim Einzug des Kg.s in Paris (1437) und Rouen (1450) dabei und nahm an der Wiedereinnahme der Normandie (»recouvrement«; 1449–51) teil.

B. verfaßte folgende Werke: 1. »Livre de la description des pays« (ed. E. T. HAMY, 1908); allgemeine geograph. Beschreibung Frankreichs sowie mehrerer Länder Europas und des Orients; ein Ertrag der Reisen des Autors. – 2. »Armorial«, eine der bedeutendsten Wappenkunden Frankreichs (Paris, Bibl. Nat. Ms. franç. 4985 mit Wappentafeln; ed. A. VALLET DE VIRIVILLE, 1866; vgl. M. PRINET, L'armorial de Bourgogne du Hérault B., M-A, 3e sér., 3, 1932, 161–219). – 3. »Chroniques du roi Charles VII« (ed. H. COURTAULT, L. CELIER, M.-H. JULLIEN DE POMMEROL, 1979 [SHF], nach den 24 überkommenen Hss. vom Ende des 14. bis Anfang des 16. Jh.); eine wichtige Quelle für das Zeitgeschehen, zum großen Teil eigenständig, gestützt auf persönl. Erfahrungen und die Berichte anderer Herolde oder Boten. Stark im unpersönl. Annalenstil verfaßt, geben die »Chroniques« getreu alle Kriegsereignisse wieder (Einnahme von Festungen, Handstreiche, dazu Listen von Kombattanten, Gefallenen, Gefangenen). 1402–20 verfaßt und dann sporad. bis 1455 fortgeführt, wurden sie früher Alain → Chartier zugeschrieben. – Wohl zu Unrecht gilt B. häufig als Verfasser folgender Werke: 1. »Recouvrement de la Normandie (ed. J. STEVENSON, Narratives of the expedition of the English from Normandy, 1863, RS 32), das vielmehr eine offizielle Quelle, von B. (ebenso wie von Jean → Chartier) ausgeschrieben wurde, darstellt.

– 2. »Mémoire du fait et destruction d'Angleterre. Hist. du roy Richard [II]« (ed. B. WILLIAMS, 1846 und BUCHON in: Coll. des Chroniques nat. fr. Suppl. à Froissard, Bd. XXV.), eine anspruchslose Kompilation engl. Quellen. – 3. »Chronique de Normandie« (Erstdruck 1487; A. HELLOT, Les Chroniques de Normandie, 1223-1453, 1881), eine wenig bedeutende Kompilation verschiedener hist. Texte.

R.-H. Bautier

Lit.: Einl. zu den gen. Ed. des »Armorial« (1–36) und der »Chroniques de Charles VII (I–XLIV) – P. MAROT, Les voyages de Gilles Le Bouvier en Lorraine en 1450 et sa présence à l'expédition du Recouvrement de la Normandie, M-A 2e sér., 28, 1927, 280–293.

Bersegapé, Pietro da (heute Bescapé, von Basilica Petri, einer Ortschaft bei Mailand), Soldat (er selbst nennt sich im Explicit seines Epos *fanton*) und volkstüml. Dichter, erscheint 1260 erstmals bezeugt, als er Jacopino Rangone, dem Podestà v. Florenz, seine Hilfe anbot. Dieser sandte ihm am 31. März des gleichen Jahres einen Dankesbrief. Das einzige andere gesicherte biograph. Datum ist der Zeitpunkt der Vollendung des »Sermone«, der 1. Juni 1274, der im Explicit dieses Werkes genannt wird. Der »Sermone« ist ein Gedicht in einreimigen stark ungleichsilbigen Distichen, das aus ca. 2500 Versen besteht (Alexandrinern und Neunsilbern, die in assonierenden oder reimenden Distichen verbunden sind). Die drei Hauptthemen des Werkes sind: die Erschaffung der Welt und des Menschen, die getreu nach dem AT wiedergegeben ist, mit der Einfügung eines Streitgesprächs zw. Seele und Leib, bei dem die Sieben Hauptsünden aufgeführt werden; das zweite Thema wird am ausführlichsten dargestellt, es behandelt Leben und Passion Jesu Christi, wobei auch hier die Hl. Schrift die Hauptquelle bildet, zu ihr treten Elemente aus dem reichen religiösen Legendenschatz; das dritte Thema behandelt das Jüngste Gericht. Der »Sermone«, der vielleicht neben der persönl. Lektüre auch zum Vortrag der → Giullari bestimmt war, hatte v. a. in Mailand beachtl. Erfolg, weil er sich an ein sehr breites volkstüml. Publikum der Stadt richtete.

G. Busetto

Ed.: E. KELLER, Die Reimpredigt des P. da B., 1935^2 – Lit.: E. PASQUINI, La letteratura didattica e allegorica (La letteratura italiana, Storia e testi, 2 Bde, 1970), 55–57, 109.

Berserker (an. *berserkr*, pl. *berserkir*), wilde Kriegergestalten, die wir in zahlreichen Texten der verschiedenen Gattungen und Perioden der an. Lit. antreffen, wo sich ihre Eigenschaften und Verhaltensweisen zu einem ziemlich festen Stereotyp verbinden: Groß, häßlich, von bleicher oder schwarzer Gesichtsfarbe, entwickeln sie im temporären Zustand der Berserkerwut (an. *berserksgangr*) übermenschl. Kräfte, denen nachher eine tiefe Erschöpfung folgt. Sie pflegen wie Tiere brüllend zu kämpfen, in die Ränder ihrer Schilde zu beißen, und weder Feuer noch Eisen können ihnen etwas anhaben. Durch ihren Blick vermögen sie die Waffen des Gegners stumpf zu machen, so daß sie nur durch List oder Gegenzauber überwunden werden können. B. treten allein oder zu mehreren (dann meist zu zwölft) v. a. in zwei Situationen auf: in einer Gefolgschaft als Elitekrieger (so z. B. im ältesten Beleg, dem Haraldskvæði des Þórbjǫrn hornklofi aus dem späten 9. Jh.) oder als umherziehende, gemeingefährl. Übeltäter, die die Bevölkerung durch Erpressung, Raub, Vergewaltigung und Totschläge drangsalieren, bis sie schließlich von einem Helden in einer schwierigen Bewährungsprobe zur Strecke gebracht werden. Bes. häufig erscheinen sie in den Sagas als unerwünschte Freier von Frauen vornehmer Herkunft. Die Forschung versucht seit langem, durch das lit. Klischee zu einer sozialen, kult. oder med. Wirklichkeit vorzudringen. Die Ergebnisse divergieren wohl v. a. deshalb so stark, weil im Laufe der Jahrhunderte ganz unterschiedl. Phänomene und Vorstellungen im Begriff des B.s zusammengeflossen sind. Eine Wurzel der Berserkerfigur wird sicher in der Erscheinung des germ. Ekstasekämpfers zu suchen sein, möglicherweise in Verbindung mit alten Maskenkulten (HÖFLER) und Vorstellungen von Tiermenschen. Dagegen dürfte eine Beziehung zum antiken Gladiatorenwesen (HANS KUHN) eher nur sekundär durch die spätere Gleichsetzung mit Kämpe (an. *kappi, kempa*) bestehen. Überhaupt haben Prozesse der Begriffsbündelung und -nivellierung in den jüngeren Quellen zu einer weitgehenden Synonymität des B.s mit anderen Vertretern des Typs mächtiger Gegner (Riesen, Trolle, Wikinger u. a.) bzw. tapferer Streiter (z. B. Christus als »Gottes B.«, Barls.) geführt. Die Natur der Berserkerwut erscheint in den Quellen unterschiedlich: einiges deutet auf willkürl. Provozierbarkeit durch Ekstasetechniken (Vermutungen über Benutzung von Drogen, z. B. Fliegenpilzen, finden freilich wenig Stützung), anderes auf göttl. Einfluß (Snorri, Heimskr.) oder spontanes Auftreten (als amokartige Geistesverwirrung mit erblicher Disposition, vgl. Egils s.). Die Etymologie von B. ist umstritten: wahrscheinl. verhält es sich aber so, daß die alte Verbindung mit »Bär« (also: 'Bärenhemd', vgl. das parallel gebrauchte *ulfheðinn* ('Wolfspelz') und den Personennamen Wolfhetan) lautl. und begriffl. verlorenging und eine neue zu *berr* »bloß« (also 'Bloßhemd, barhemdig') geprägt wurde (so schon von Snorri, Heimskr.): sowohl Kämpfer in Tierfellen wie solche ohne Brünnen sind für die Germania jedenfalls mehrfach bezeugt.

G. Kreutzer

Lit.: HOOPS^2 I, 298–304 [O. HÖFLER] – KLNM I, 322f., s. v. Berserk [N. LID]; XI, 322f., s. v. Mannbjørn [O. BØ] – H. GÜNTERT, Über altis. Berserkergeschichten, 1912 – E. NOREEN, Ordet bärsärk, ANF 58, 1932, 242–254 – H. D. FABING, On Going Berserk: a Neurochemical Inquiry, The Scientific Monthly 83, 1956, 232–237 – K. v. SEE, Berserker, Zs. für dt. Wortforsch. 17, 1961, 129–135 – G. MÜLLER, Zum Namen Wolfhetan und seinen Verwandten, 1967, 200–212 (FMASt I) – H. KUHN, Kämpen und Berserker, 1968, 218–227 (ebd. 2); auch: DERS., Kl. Schr. 2, 1971, 521–531 – B. BLANEY, The Berserkr: His Origin and Development in Old Norse Lit. [Diss. Univ. of Colorado 1972].

Bersuire, Pierre (Petrus Berchorius), * wohl Ende 13. Jh., in Saint-Pierre-du-Chemin (Vendée); verbringt einen Teil seiner Jugend im Poitou. Franziskaner, dann Benediktiner; ca. 1320/25–1350 am päpstl. Hof in Avignon, wo seine enzyklopäd. lat. Werke entstehen. Seit 1350 in Paris, seit 1354 Prior von St-Eloi; † vor Ende 1362. – Lat. Werke (Materialsammlungen für Prediger; jeweils verschiedene Versionen, da B. seine Werke fortwährend überarbeitete): »Reductorium morale« (Kard. Pierre des Prés gewidmet, vgl. ENGELS, Vivarium 7, 1968, 62–72), in 16 Büchern: 1–13 moralisierende Deutung der gesamten sichtbaren und unsichtbaren Welt; 14 »De natura mirabilibus«; 15 »Ovidius moralizatus«; 16 Bibelauslegung. »Repertorium morale«, eine Art Bibelwörterbuch; verloren sind ein »Breviarium morale« und eine »Cosmographia seu mappa mundi«. – In Paris übersetzte B. für Kg. Johann den Guten die erste und dritte Dekade sowie neun Bücher der vierten vom Geschichtswerk des Livius ins Frz. (über 60 Hss.; drei frühe Drucke 1486–1530). Seine Übersetzung diente → López de Ayala als Vorlage für seine kast. Übertragung.

A. Gier

Ed.: »Ovidius moralizatus«, krit. Ed. v. Kap. 1: Utrecht 1966; krit. Ed. v. Kap. 2: M. S. VAN DER BIJL, Vivarium 9, 1971, 25–48; Ed. der Kap. 2–25 nach dem Dr. von 1509: Utrecht 1962 – »Collatio pro fine operis«, ed. M. S. VAN DER BIJL, Vivarium 3, 1965, 149–170 – Die übrigen Werke noch nicht krit. ediert [Verz. der alten Druckausg. SARTON III/1, 454f.] – Lit.: HLF 39, 259–450 [CH. SAMARAN-J. MONFRIN] – K.

V. SINCLAIR, The Melbourne Livy. A Study of P. B's translation (...), 1962 – J. ENGELS, Vivarium 2, 1964, 62–124 [vollst. Bibliogr. bis 1963] – D. MESSNER, P. B. Übersetzer des Titus Livius. Eine Wortschatzuntersuchung (...) [Diss. masch. Wien 1967].

Berta → Bertha

Berta, Kgn. v. Aragón u. Pamplona → Peter I., Kg. v. Aragón

Bertapaglia, Leonardo da, Medizinprofessor, † 1460. Lehrte 1402–29 erfolgreich Chirurgie in Padua, praktizierte außerdem in Venedig und gelegentl. in Alexandria. Er gehört zu den bedeutenderen spätma. Chirurgen Italiens, blieb jedoch trotz mancher eigener Beobachtungen, der Teilnahme an Sektionen menschl. Leichen und der Betonung der Wichtigkeit anatom. Kenntnisse für den Chirurgen im wesentl. der arabist. Tradition verhaftet. Seine »Chirurgia sive recollectae super quartum canonis Avicennae« ist in mehreren Drucken, u. a. Venedig 1498 und 1499, überliefert. Sie ist stark vom »Canon« des → Avicenna abhängig. Ferner ist hs. eine astrolog. Prognostik, »Judicium revolutionis anni 1427 incompleti«, erhalten, in der er einem arab. Astrologen Haly folgt. W. Schmitt

Lit.: E. GURLT, Gesch. der Chirurgie I, 1898 – M. NEUBURGER, Gesch. der Medizin, 1911 – W. V. BRUNN, Kurze Gesch. der Chirurgie, 1928 – L. THORNDIKE, Science and thought in the fifteenth century, 1929 – THORNDIKE IV.

Bertchram, hl., seit 586 Bf. v. Le Mans, † 30. Juni vor 626, ⌑ Saints-Pierre-et-Paul, Le Mans. B., Sohn eines Franken und einer Aquitanierin, stammte aus vornehmer Familie; er erhielt die Tonsur in Tours und war Archidiakon in Paris; nach neueren Forschungen (DE MAILLÉ, NONN) ist er identisch mit dem von Gregor v. Tours erwähnten Diakon Waldo, »qui et ipse in baptismo Berthchramnus vocitatus est« (MGH SRM I², 388), der von Bf. Berthram v. Bordeaux († 585) zu seinem Nachfolger ausersehen war, was aber nicht die Zustimmung des Kg.s fand. Statt dessen erhielt er 586 das Bm. Le Mans. Zu den überlieferten Tätigkeiten in seinem Episkopat gehören die Teilnahme an einer Gesandtschaft zu den Bretonen (587/588) und am Konzil v. Paris 614 sowie Gründung und Restaurierung von Kirchen, Hospizen und Kl. in der Diöz. Le Mans (bes. Saints-Pierre-et-Paul, La Couture). Der ungeheure Reichtum und die polit. Bedeutung der Familie erhellt aus B.s berühmtem Testament von 616, einer der umfangreichsten Privaturkunden der Merowingerzeit. Die Bischofskirche v. Le Mans erhielt darin als Haupterbin gewaltige Besitzungen. Neben weitreichenden verwandtschaftl. Bindungen (u. a. mit Bf. Hainoald v. Rennes und Bf. Avitus v. Clermont) spiegelt das Dokument persönl. Beziehungen B.s und seiner Familie zu höchsten Würdenträgern des Reiches (u. a. zu den Hausmeiern Warnachar, Rado, Gundoland) und zum Königshaus selbst wider. Als treuer Anhänger Guntrams und Chlothars II. wurde B. in die Auseinandersetzungen mit dem Brunichild-Sohn Childebert II. und den Brunichild-Enkeln Theudebert II. und Theuderich II. verwickelt und mußte zweimal sein Bm. verlassen.

Die von E. EWIG (FMASt 8, 1974, 52–56) erwogene Verwandtschaft B.s mit dem Königshaus läßt sich erhärten: über seinen Verwandten (wohl Onkel) Berthram v. Bordeaux, dessen Mutter Ingitrude wohl eine Schwester der Königinnen Ingund und Aregund war, wäre die Versippung gegeben. U. Nonn

Q.: Actus pontificum in urbe degentium, ed. G. BUSSON-A. LEDRU, 1902 [Testament, 101–141] – Gregor v. Tours, Hist. Franc. VIII, IX (MGH SRM I²) – *Lit.*: DACL X, 2, 1490–1496 – DHGE VIII, 930–932 – DUCHESNE, FE II, 338 – M. DE MAILLÉ, Berthchramnus de Bordeaux et Berthchramnus du Mans, Mém. de la Soc. nat. des antiquaires de France 1954, 123–126 – U. NONN, Merow. Testamente, ADipl 18, 1972, 28f. – DERS., Eine frk. Adelssippe um 600. Zur Familie des Bf.s B. v. Le Mans, FMASt 9, 1975, 186–201 – Vies des Saints VI, 1948, 523f. – Bibl. SS III, 136f.

Bertha, Heldin des frz. Romans vom Ende des 13. Jh. »Berte aus grans piés« des → Adenet le Roi und auch der anonymen franko-it. Fassung »Berta da li pè grandi«, die in dem Codex V XIII der Bibl. Marciana in Venedig überliefert ist. Zahlreiche weitere Chroniken vom 13. bis 15. Jh. – aus Frankreich, Deutschland, den Niederlanden und Spanien – enthalten mit einigen Varianten die Geschichte von B. und bezeugen so die weite Verbreitung und Beliebtheit des Stoffes. Die bedeutendsten Redaktionen sind jedoch die Fassung von Adenet und die franko-it. Version.

B., die Tochter des Kg.s v. Ungarn, die als bes. Zug außergewöhnl. große Füße besitzt, wird mit Pippin, dem Kg. v. Frankreich, vermählt; aber in der Hochzeitsnacht nimmt eine Magd, die B. vollkommen gleicht, mit List und Tücke B.s Platz im Bett des Kg.s ein. B. wird gedungenen Mördern übergeben, die sie töten sollen. Diese haben aber Mitleid mit ihr und lassen sie im tiefen Wald von Le Mans zurück. Dort findet ein Ritter die vor Furcht zitternde Frau und führt sie zu sich nach Hause. B. gibt sich nicht zu erkennen und lebt zusammen mit den Töchtern ihres Retters, umgeben von Liebe und Zuneigung. Eines Tages kommt Pippin, der von alledem nichts weiß, auf der Jagd in jene Gegend. Die junge Frau gefällt ihm, und er möchte mit ihr eine Nacht verbringen. B., die weiß, daß er ihr rechtmäßiger Gemahl ist, läßt sich dazu herbei. In jener Nacht empfängt sie den künftigen Ks. Karl. In der Folge wird durch B.s Eltern, die auf der Suche nach ihrer Tochter, von der sie nichts mehr gehört hatten, nach Frankreich gekommen waren, der Betrug aufgedeckt: die falsche B. hat keine großen Füße; sie wird zum Scheiterhaufen verurteilt. Die echte B. nimmt den Rang, der ihr gebührt, wieder ein.

Mehr als in einigen inhaltl. Details unterscheiden sich die beiden Romane durch ihre Stilhöhe: Adenet schreibt für ein höf. Publikum, der franko-it. Autor verwendet gern volkstüml. Motive, die manchmal komische Effekte erzielen und läßt erkennen, daß er sich nach dem Geschmack eines überwiegend aus den unteren Schichten stammenden Publikums richtet. – Zur hist. Bertha vgl. → Bertrada. C. Cremonesi

Ed. und Lit.: EM II, 155–162 – A. FEIST, Zur Kritik der Bertasage, 1886 – P. RAJNA, La Geste Francor di Venezia, 1925 – A. HENRY, Les oeuvres d'Adenet le Roi, IV, »Berte aus grans piés«, 1963 – C. CREMONESI, Berta da li pè grandi, Codice Marciano XIII, 1966.

Bertha

1. B., Kgn. v. Burgund → Rudolf II. v. Burgund, → Hugo, Kg. v. Italien

2. B. v. Burgund, Kgn. v. Frankreich, * um 965, † nach 1010, Tochter Kg. Konrads v. Burgund, wurde um 980 wohl durch Vermittlung ihres Onkels, Kg. Lothars v. Westfranken, dem an seinem Bund mit den Häusern → Blois und → Vermandois gegen Hugo Capet lag, mit Gf. Odo I. v. Blois-Tours-Chartres vermählt. Als dieser in äußerster Bedrängnis – durch den gemeinsamen Angriff Gf. Fulco Nerras v. Anjou und des inzwischen Kg. gewordenen Hugo Capet – am 12. März 996 starb, gelang es seiner Witwe, Hugos Sohn und Mitkönig Robert II. als Beschützer zu gewinnen, der sie nach des Vaters Tod (24. Okt. 996) in 2. Ehe heiratete. Gegen diese Verbindung drohte Papst Gregor V., wegen zu naher Verwandtschaft der Gatten, auf der Synode v. Pavia (Febr. 997) die Exkommunikation an, die, nach vergebl. Vermittlungsversuch → Abbos v. Fleury angesichts des Beharrens der Partner 998 ausgesprochen wurde. Um 1003/04 hat Robert, auch wohl wegen Kinderlosigkeit, die Verbindung gelöst und Konstanze v. Provence in 3. Ehe geheiratet, dann aber, um 1010, erneut versucht, von Papst Johannes XVIII. die Ehe mit B. anerkennen zu lassen. Die Rivalität zw. B. und Konstanze hat auch den frz. Hof in sich erbittert befehdende Parteien gespalten und in der Sage, derzufolge B. ein Monstrum mit Gänsefüßen gebar, Spuren hinterlassen. B., die ihrem Sohn Odo II. Ansprüche auf das Kgr. → Burgund hinterließ, hat längere Zeit die Gft.en ihres Gemahls erfolgreich regiert und dabei den Titel regina mehrfach geführt. K. F. Werner

Lit.: C. Pfister, Études sur le règne de Robert le Pieux, 1885 – F. Lot, Études sur le règne de Hugues Capet et la fin du Xe s., 1903 – M. Uhlirz, JDG O. III., 1954 – K. F. Werner (Fschr. W. Bulst, 1960), 91–93 – Ders. (Braunfels, KdG IV), 475 f. – O. Guillot, Le comte d'Anjou et son entourage au XIe s., I, 1972, 23 ff. – HEG I, 758–761 [K. F. Werner].

3. B. v. Holland, Kgn. v. Frankreich → Philipp I., Kg. v. Frankreich

4. B., Kgn. v. Kent → Æthelberht I. (1. Æ.)

5. B. v. Sulzbach, Ksn. v. Byzanz, † 1158/60, ⚭ Ks. Manuel I. Komnenos, Tochter Gf. Berengars II. und Schwester Gertruds, der Gattin Kg. Konrads III. Anläßl. der Verhandlungen Konrads III. mit dem byz. Ks. Johannes II., die 1145/46 zu einem Freundschaftsbündnis Konrads mit dem Nachfolger Johannes' II., Ks. Manuel, führten, wurde B. 1142 mit Manuel verlobt und im Jan. 1146 verheiratet. Konrad erklärte sie dem byz. Kaiserhof gegenüber zu seiner Adoptivtochter und sagte anläßl. der Bündnisbekräftigung 1148 in → Thessalonike mündl. zu, ihr (Unter-) Italien als Mitgift zu geben, das gemeinsam den Normannen entrissen werden sollte. Auf Drängen Papst Eugens III. hin sollte B. für Heinrich, den Sohn Konrads III., eine byz. Prinzessin als Braut aussuchen, damit dieser (Unter-)Italien als Mitgift mitgegeben und damit gleichsam zurückgegeben werden konnte; der Plan zerschlug sich durch den frühzeitigen Tod Heinrichs. O. Engels

Lit.: W. Bernhardi, JDG K. III. – NDB II, 151 – P. Lamma, Comneni e Staufer I, 1955, 56 ff. – H. Vollrath, Konrad III. und Byzanz, AKG 59, 1977, 321–365.

6. B. v. Turin (v. Susa), Ksn. → Heinrich IV., Ks.

7. B., Tochter Karls d. Gr., * 779/780, † nach 829. B. entstammte der Ehe Kg. Karls mit der alem. Adligen Hildegard und hieß nach der Mutter ihres Vaters. Im Rahmen der frk.-engl. Beziehungen war B. zeitweise (789?) als Braut → Ecgfriths, Sohn Kg. → Offas v. Mercia, im Gespräch. Doch kam die Heirat nicht zustande. B. blieb am karol. Hofe und scheint dort eine wichtige Rolle in der höf. Gesellschaft gespielt zu haben. Sie wird im »Paderborner Epos« und in den Gedichten → Theodulfs v. Orléans und v. a. → Angilberts besungen, mit diesem war sie in Friedelehe verbunden. – Als Ludwig der Fromme nach dem Tod Karls d. Gr. 814 der Aachener Pfalz eine strengere Ordnung gab, mußten auch seine Schwestern B. und Gisela den Hof verlassen und sich auf die ihnen zugewiesenen klösterl. Besitzungen zurückziehen. B. begegnet in der Folgezeit noch einige Male in Urkunden, zuletzt 829. Th. Zotz

Lit.: JDG K. d. Gr., II – JDG L. d. Fr., I – J. Fleckenstein, Karl d. Gr. und sein Hof (Braunfels, KdG I, 1965), 24–50 – K. F. Werner, Die Nachkommen Karls d. Gr. bis um das Jahr 1000 (ebd. IV, 1967), 403–484.

Berthar, Geschichtsschreiber des frühen 10. Jh., Kanoniker v. St-Vannes in → Verdun. An einem der Zentren der »karol. Renaissance« ansässig, ist B. Verfasser der »Gesta Episcoporum Virdunensium«, die er nach einem Brand des Doms und seiner Bibliothek (ca. 916–917) schrieb. Er widmete das Werk seinem Bf. Dado (881–923), der selbst die Nachrichten über seine beiden Vorgänger abgefaßt hatte. Durch seine »Gesta« beabsichtigte B., für die durch Feuer vernichteten Bücher und Urkunden Ersatz zu schaffen und dadurch Dado und seinen Nachfolgern zu dienen. Der Autor verfügte über eine exakte Bischofsliste von Sanctinus (erwähnt 346?) bis zu Dado. Für jeden Bf. schrieb er ein Kapitel, wobei er hagiograph., lit., diplomat. Zeugnisse sowie Altertümer benutzte, ohne die mündl. Überlieferung und eigene Beobachtungen zu vernachlässigen, die bes. in Hinblick auf die Wundererscheinungen, die bei der Verlegung der Bischofsgräber zu seiner Kirche, St-Vannes, auftraten, zum Tragen kommen. Der kurze Text ist ein gutes Beispiel für die Gattung der »Gesta episcoporum«. B.s Werk wurde von verschiedenen Chronisten bis zur Mitte des 13. Jh. fortgesetzt. M. Sot

Ed.: MGH SS 4, ed. G. Waitz, 36–51 – Lit.: L. Clouet, Hist. de Verdun, depuis l'origine de cette ville jusqu'en 1830, I, 1838 – Duchesne, FE III, 66 f.

Bertharius OSB, hl., Abt v. Montecassino, 856 gewählt, † 22. Okt. 883, war bestrebt, die Abtei und ihren Besitz vor den Sarazenen zu schützen, die zu seiner Zeit marodierend durch Unteritalien zogen. Er befestigte das Kl. auf dem Berg und gründete im Tal um das Salvatorkl. eine Stadt, das spätere San Germano und heut. Cassino. Polit. suchte er Rückhalt bei Ks. Ludwig II., den Päpsten und den → Gastalden v. Capua. 869 kamen Papst Hadrian II., Kg. Lothar II. und die Kaiserin Angilberga nach Montecassino, wo Lothars Ehestreit geregelt werden sollte. Die guten Beziehungen zu Capua führten zur Gründung einer Zelle von Montecassino in Teano. Auch sonst machte B. für sein Kl. zahlreiche Erwerbungen; von seiner Verwaltung der Klostergüter zeugt das Memoratorium Berthari, eine Aufzählung über Besitz in Chieti und Penne. Mit Papst Johannes VIII. überwarf sich B., anscheinend weil er dessen polit. Kompromisse nicht billigte. Er verfaßte Predigten und Gedichte und ließ Bücher abschreiben (darunter den Ordo Casinensis II). Von plündernden Sarazenen wurde er erschlagen. H. Hoffmann

Q. und Lit.: Chronica monasterii Casinensis I, 33–45, MGH SS 34, 89–121 – DBI IX, 477–480.

Berthold

1. B. IV., Gf. v. Andechs, Mgf. v. Istrien, † 14. Jan. 1188, ⌂ Dießen. B., welcher den gleichen Namen wie der Vater und der Großvater trug, stammte aus einem Grafengeschlecht, das einen älteren Herrschaftssitz in Dießen am Ammersee hatte, an dem i. J. 1132 ein älteres Chorherrenstift untergebracht wurde, als B.s Vater auf Andechs Wohnung nahm. Der Aufstieg im Adel war begleitet vom Erwerb ausgedehnter Besitzungen, Rechte und Erbschaften (→ Andechs). Zahlreiche Gft.en in Franken und Bayern, viele Kirchenvogteien (darunter Hochstifts- und Klostervogteien) wie Burgen, Vasallen und Ministerialen an wichtigen Nord-Süd-Verbindungen nach Italien gaben B. soviel Gewicht, daß er in der Reichspolitik immer größeren Einfluß gewann. An den meisten wichtigen Ereignissen war er in allen Teilen des Reiches, insbes. in Italien, unter Friedrich Barbarossa beteiligt. Von 1152–80 ist er über 40mal als Zeuge in Königsurkunden nachweisbar. Als einer der treuesten Gefolgsleute des Staufers erhielt er 1173 die Mgft. Istrien als Reichslehen, sein Sohn Berthold V. um 1180 die Herzogswürde, so daß die Familie in die Gruppe der Reichsfürsten aufstieg. B.s Bruder Otto war erwählter Bf. v. Brixen (1165–69/70) und Bf. v. Bamberg (1177–96). Nicht wenige weitere Andechser hatten hohe geistl. Ämter inne (als Bf.e v. Bamberg, Patriarchen v. Aquileia, Ebf.e v. Kalocsa, Äbte und Äbtissinnen). Auf die geistigen Interessen der Andechser mag hinweisen, daß B. den Tegernseer Abt Rupert darum bat, den »libellum teutonicum de herzogen Ernesten« zu übersenden. K. Schmid

Lit.: vgl. →Berthold V. (2.)

2. B. V., *Gf. v. Andechs*, Mgf. v. Istrien, Hzg. v. Kroatien, Dalmatien und Meran(ien), † 12. Aug. 1204, ⌐ Stift Dießen, Sohn von B. IV. Schon zu Lebzeiten seines Vaters wurde B. – wie dieser ein treuer Gefolgsmann der Staufer – 1178/81 in der Nachfolge des Gf.en Konrad v. Dachau Hzg. v. Kroatien, Dalmatien und Meran(ien) an der Adriaküste bei Fiume (Rijeka). Mit Heinrich VI. zog er 1186 nach Italien. Hatte B. IV. am 2. Kreuzzug teilgenommen, so war B. V. unter den Kreuzfahrern des 3. Kreuzzuges, was bes. erwähnenswert ist, weil er als solcher in die höf. Dichtung eingegangen ist. Jedoch wandte sich B. gegen den Erbreichsplan des Kaisers. Nach dem Tod Heinrichs VI. verfocht er im Thronstreit dann die Sache →Philipps v. Schwaben. Unter B. erstreckte sich die weitverzweigte Herrschaft des Hauses Andechs-Meranien von Franken und Bayern über Tirol, Kärnten und Krain bis an die Adria. Ansehen und bes. sozialen Rang erhielt es v. a. infolge zahlreicher erstaunl. vornehmer und weitreichender Heiratsbeziehungen zu in- und ausländ. Königs- und Adelsfamilien. So war etwa B.s Tochter Gertrud mit Kg. Andreas II. v. Ungarn († 1235) vermählt; aus dieser Ehe ging die hl. →Elisabeth, Lgfn. v. Thüringen, hervor. Hervorzuheben ist auch eine andere Tochter B.s, die hl. →Hedwig v. Schlesien († 1243). K. Schmid

Q.: Notae Diessenses, MGH SS 17, 323-333 – W. SCHLÖGL, Die Traditionen und Urkk. des Stiftes Dießen, 1114-1362, Q. und Erörterungen zur Bayer. Gesch. NF 22, 1967/70 – *Lit.*: BWbDG I, 94-102 – NDB II, 151f. – E.v. OEFELE, Gesch. der Gf.en v. Andechs, 1877 [Stammtafel] – G. HERLITZ, Gesch. der Hzg.e v. Meran aus dem Hause Andechs [Diss. Halle 1909] – F. TYROLLER, Die ältere Genealogie der Andechser, Beil. zum Jahresber. des Wittelsbacher Gymn. München, 1951, 2 – K. SCHMID, Gf. Rudolf v. Pfullendorf und Ks. Friedrich I., Forsch. zur oberrhein. Landesgesch. 1, 1954, bes. 104f., 118f. – J. GOTTSCHALK, St. Hedwig, Hzgn. v. Schlesien, Forsch. und Q. zur Kirchen- und Kulturgesch. Ostdeutschlands 2, 1964, bes. 24ff. – F. NEUMANN, Das Hzg.-Ernst-Lied und das Haus Andechs, ZDA 93, 1964, 62-64 (unter dem gleichen Titel H.-F. ROSENFELD, ebd. 94, 1965, 108-121) – K. BOSL, Europ. Adel im 12./13. Jh. Die internat. Verflechtungen der bayer. Hochadelsgeschlechter der Andechs-Meranier, ZBLG 30, 1967, 20-52 – SPINDLER I, 324, 529; II, 18, 111 – vgl. auch Lit. zu →Andechs, →Dießen, →Meranien.

3. B., *Hzg. v. Bayern* 938-947, † 23. Nov. 947, ⌐ Niederaltaich, jüngerer Sohn des 907 bei →Preßburg gegen die Ungarn gefallenen bayer. Mgf.en Liutpold (→Liutpoldinger), ist ab 927 als Hzg. in Kärnten, ab 930 als Gf. im Vintschgau nachweisbar, wo er vermutl. seit dem Tod Hzg. →Burchards I. v. Schwaben 926 Grafenrechte ausübte. Nach dem Tod seines Bruders Hzg. Arnulf (937) und nach der Absetzung seines Neffen Hzg. Eberhard (938) wurde B. durch Kg. Otto d. Gr. zum Hzg. v. Bayern erhoben, mußte aber auf das von Arnulf ausgeübte Recht der Bischofsernennung und vielleicht auch der Verwaltung des Königsgutes in Bayern verzichten. Die gleichfalls geplante Heirat mit Ottos Schwester →Gerberga oder deren Tochter kam nicht zustande, sondern B. heiratete später (in 2. Ehe?) die bayer. Adelige Biletrud. Am 12. Aug. 943 errang B. bei Wels einen Sieg über die Ungarn; trotz seiner Treue zum Kg. wurde jedoch nach seinem Tod nicht sein Sohn Heinrich, sondern Ottos d. Gr. Bruder Heinrich I. zum Nachfolger bestimmt. Erst unter Otto II. wurde Heinrich Hzg. v. Kärnten (976-78, 985-989) und (als →Heinrich III.) Hzg. v. Bayern (983-985). L. Auer

Q.: K. REINDEL, Die bayer. Luitpoldinger 893-989, 1953 – *Lit.*: NDB II, 153 – SPINDLER I, 216ff. – E. HOCHENBICHLER, Die Besetzung der Hzm.er Bayern, Kärnten und Schwaben in otton. und sal. Zeit [Diss. masch. Wien 1965], 15ff.

4. B. I., *Hzg. v. Kärnten* 1061-77, † 5./6. Nov. 1078, ⌐ Hirsau; ⚭ 1. Richwara (Tochter Hzg. Konrads II. v. Kärnten?), hatte drei Söhne: Berthold II. v. Zähringen († 1111), Hermann I. v. Baden († 1074) und Bf. Gebhard v. Konstanz († 1110); ⚭ 2. Beatrix, Tochter Ludwigs, Gf.en v. Mömpelgard. – Nach dem Tod Hzg. Konrads III. (1061) erhielt der aus dem Geschlecht der →Zähringer stammende B. durch Ksn. Agnes das Hzm. →Kärnten mit der Mark →Verona. Wie sein Vorgänger konnte er sich in Kärnten nicht durchsetzen, spielte aber durch seinen Besitz in Schwaben eine wichtige Rolle in der Reichspolitik. 1066 war er in Tribur am Sturz →Adalberts v. Bremen, 1070 an der Absetzung →Ottos v. Northeim beteiligt. Im Kampf zw. Heinrich IV. und den Sachsen verfolgte B. zusammen mit den Hzg.en v. Schwaben und Bayern eine eigenständige Politik. 1072 kam es zu Spannungen mit Heinrich IV. – Lampert v. Hersfeld berichtet fälschl. von der Absetzung B.s –, doch nahm B. noch 1075 im Heer des Kg.s an der Schlacht an der →Unstrut teil. Nach dem Bann über Heinrich IV. trat wie die übrigen südd. Hzg.e auf die Seite der Gregorianer und beteiligte sich 1077 in Forchheim an der Wahl Rudolfs v. Rheinfelden zum Gegenkönig. Heinrich IV. übertrug hierauf Kärnten an →Liutold v. Eppenstein und ließ B. auf dem Reichstag v. Ulm als Hochverräter verurteilen. Nach weiteren Kämpfen mit Anhängern des Kg.s starb B. am 5./6. Nov. 1078. L. Auer

Q.: Monumenta hist. ducatus Carinthiae, hg. A. v. JAKSCH, III, 1904, Nr. 339, 340, 370-374, 389, 399-407, 424-449, 457 – *Lit.*: BWbDG I, 256f. – NDB II, 159 – H. WITTE-HAGENAU, Genealog. Unters. zur Reichsgesch. unter den sal. Ks.n, MIÖG Ergbd. 5, 1896-1903, 309-371 – E. HOCHENBICHLER, Die Besetzung der Hzm.er Bayern, Kärnten und Schwaben in otton. und sal. Zeit [Diss. masch. Wien 1965], 135ff.

5. B. II., *Mgf., Hzg. v. Schwaben*, Hzg. v. Zähringen, * um 1050, † 12. April 1111, ⌐ St. Peter im Schwarzwald, Sohn von → Berthold I. Nach dem Tode des Vaters trat B. als treuer Anhänger des Gegenkönigs Rudolf v. Rheinfelden hervor. 1079 vermählte er sich mit dessen Tochter Agnes, beteiligte sich an der Erhebung von dessen Sohn Berthold zum Hzg. v. Schwaben und griff St. Gallen unter Abt Ulrich v. Eppenstein an, bevor er den Breisgau eroberte. B.s Entschlossenheit, sich im Süden und Südwesten Schwabens festzusetzen, versteht sich angesichts der Einsetzung des Eppensteiners →Liutold als Hzg. v. Kärnten (1077) und des Staufers →Friedrich als Hzg. v. Schwaben (1079). Hatte er das väterl. Erbe mit dem Sohn 1074 als Mönch von Cluny verstorbenen Mgf.en Hermann v. Baden zu teilen, so verfolgte er auch nach dem Tod des Gegenkönigs (1080) mit seinem Bruder →Gebhard, Bf. v. Konstanz, und mit Welf V. – wie dieser von Bernold als miles s. Petri bezeichnet (MGH SS V, 446) – die Sache der Gegner Heinrichs IV. weiter. Als sein Schwager Berthold 1090 kinderlos starb, trat er das Rheinfeldener Erbe an und wurde 1092 zum Hzg. v. Schwaben gegen den Staufer Friedrich erhoben. Die Verlagerung des Herrschaftsschwerpunktes vom Nordosten in den Südwesten Schwabens zeigt sich auch in der Verlegung des Kl. Weilheim nach → St. Peter im Schwarzwald (1093). Durch den Verzicht auf das Hzm. Schwaben (1098) erlangte B. für seine Herrschaft den hzgl. Rang und als Lehen vom Reich →Zürich, den wichtigen Vorort Schwabens. Daß er i. J. 1100 erstmals als »dux de Zaringen« bezeichnet ist, wobei zu bedenken ist, daß die Burg Zähringen auf Reichsgut errichtet wurde, zeigt, daß es B. gelungen war, im Kompromiß mit dem sal. Ks. und dem stauf. Schwabenherzog die Anerkennung einer neuartigen Herzogsherrschaft zu erreichen. Damit war begründet, was zugespitzt »Staat der Herzoge von Zähringen« genannt worden ist. K. Schmid

Q. und Lit.: →Berthold V. (9.), →Zähringer.

6. B., *Gf. in Schwaben* → Erchanger, Pfgf. in Schwaben

7. B. III., *Hzg. v. Zähringen,* † 1122/23, ◻ St. Peter im Schwarzwald. Im Gefolge Heinrichs V. begegnet B. schon zu Lebzeiten seines Vaters. Als filius Bertoldi (→ Berthold II.) und der Agnes v. Rheinfelden begleitete er den Salier auf dem Romzug 1111 und beschwor für ihn den Vertrag mit Paschalis II. in Sutri. 1114 geriet er in die Gefangenschaft der Kölner. Auch das Wormser Konkordat von 1122 weist seinen Namen auf. Gemeinsam mit seinem Bruder →Konrad nahm er Handlungen für das zähring. Hauskloster → St. Peter im Schwarzwald vor. In die Zeit seiner Herrschaft fällt die Auseinandersetzung mit den Gf.en v. Hohenberg anläßl. der Gründung des St. Peter benachbarten Chorherrenstiftes St. Märgen durch Bruno v. Hohenberg. Es ging um die Beherrschung der Verkehrsverbindungen über den südl. Schwarzwald, insbes. durch das Dreisamtal über die Wagensteige, wobei die Burg Wiesneck zerstört wurde. Um die wohl schon von Berthold II. begonnene wirtschaftl. und polit. Erschließung des Schwarzwalds im Zuge des Herrschaftsaufbaues voranzutreiben, strebten die zähring. Brüder nicht nur die Sicherung der Verbindungen an, sondern betrieben vielmehr eine aktive Rodungs- und Siedlungs-, Kloster- und Vogteipolitik und kümmerten sich um den Burgenbau wie um die Städtegründung. Von diesem Streben ist nach dem frühen Tod B.s, der im Winter 1122/23 bei einer Fehde vor Molsheim im Elsaß umkam, wohl noch stärker die Herrschaft seines Bruders →Konrad geprägt.

Q. und Lit.: →Berthold V. (9.), →Zähringer. K. Schmid

8. B. IV., *Hzg. v. Zähringen,* Rektor v. Burgund, * um 1125, † Herbst/Winter 1186, ◻ St. Peter im Schwarzwald. Als B.s Vater, Hzg. →Konrad, und Kg. Konrad III. kurz nacheinander gestorben waren, schloß der neue Kg. Friedrich I. 1152 mit dem neuen Zähringerherzog einen Vertrag über die Ausübung des Rektorats in Burgund. Danach übte der Hzg. in Abwesenheit des Kg.s die Reichsgewalt sowohl in Hoch- als auch in Niederburgund (Arelat) aus. Die immer stärkere Orientierung der Zähringer nach Burgund fand jedoch in der aktiven stauf. Südwestpolitik ihre Grenzen. Zwar erhielt B. nach der Heirat Ks. Friedrichs I. mit → Beatrix v. Burgund 1156 das Investiturrecht und die Vogtei über die Bm.er → Genf, → Lausanne und → Sitten und bemühte sich erfolgreich um die Verankerung der zähring. Herrschaft im Schweizer. Mittelland, insbes. durch Städtegründungen (→ Freiburg im Üchtland und → Bern), doch schränkte die stauf. Alpenpolitik den Spielraum der Zähringer nicht unerhebl. ein. Ein Tiefpunkt in den Beziehungen trat 1160/62 ein, als der Ks. den zum Ebf. v. Mainz erwählten Bruder B.s, Rudolf, den späteren Bf. v. Lüttich, ablehnte. In einem Brief an Kg. Ludwig VII. v. Frankreich bat der enttäuschte Zähringerherzog um Hilfe. Dann verlor B. im Hofgerichtsverfahren seine Rechte in Genf. Auch wurde die Ehe Heinrichs des Löwen mit B.s Schwester Clementia für nichtig erklärt. Danach aber ist B. wieder am Hof des Staufers anzutreffen, in dessen Gefolge er dreimal über die Alpen nach Italien zog. Mit diplomat. Geschick hat es der Ks. verstanden, den mehrmals drohenden Konflikt zu verhindern. Das geht auch aus der Rückgabe Badenweilers, des Heiratsgutes der Clementia, an die Zähringer hervor, das der Staufer von Heinrich dem Löwen ertauscht hatte.

Zwar konnte B., der in Urkunden häufig als »dux et rector Burgundie« begegnet, aus der Übernahme des Lenzburger Erbes durch den Ks. nur vergleichsweise geringen Nutzen ziehen. Doch gelang es ihm, die zähring. Herrschaft auch in Schwaben zu behaupten. Er beteiligte sich im welf.-tübing. Fehde (1164/66) und sicherte sich in der Fehde gegen die Zollern (1175) die Burg Fürstenberg. Seine Brüder, Hzg. Adalbert v. Teck und Hzg. Hugo v. Ulmenburg, traten mit dem Herzogstitel erst nach B.s Tod 1186 in Erscheinung. K. Schmid

Q. und Lit.: →Berthold V. (9.), →Zähringer.

9. B. V., *Hzg. v. Zähringen,* Rektor v. Burgund, * um 1160, † 18. Febr. 1218, ◻ Freiburg i. Br., Münster. Die Verselbständigung der Tecker Linie nach Bertholds IV. Tod führte zu einer Aufspaltung der Zähringerherrschaft im nördl. Schwaben, so daß eine Schwergewichtsverlagerung ins schweizer. Alpenvorland noch stärker in Erscheinung trat. Dazu trug auch der Sieg B.s über den 1190–91 sich erhebenden burg. Adel bei. Die Vollendung der Stadtgründung in → Bern 1191 und der Ausbau der Stadtanlage Thun um die gleiche Zeit machen Fortschritte im Landesausbau offenkundig. Als sich B. durch den ohne sein Einverständnis erfolgten Zugriff Heinrichs VI. auf das →Wallis von den dortigen Alpenübergängen abgedrängt sah, betrieb er Siedlungspolitik im Berner Oberland und im Bereich des Vierwaldstätter Sees. Im Zusammenhang damit steht die Erschließung der Schöllenen durch die Walser im Urserental und schließlich die Öffnung des Gotthardweges. Nach dem Tode Heinrichs VI. (1197) vom Bf. v. Straßburg der antistauf.-ndt. Fürstenpartei als Kronkandidat vorgeschlagen, erhielt B. für seinen Verzicht in Verhandlungen mit Philipp v. Schwaben die Reichsrechte über das Kl. Allerheiligen und → Schaffhausen sowie den stauf. Anteil an Breisach. Da sein gleichnamiger Sohn vor B. starb, zerfiel mit seinem Tode 1218 die Herrschaft der → Zähringer. K. Schmid

Q.: E. HEYCK, Urkk., Siegel und Wappen der Hzg.e v. Zähringen, 1892 – Rotulus Sanpetrinus, hg. E. FLEIG, Hs., wirtschafts- und verfassungsgesch. Stud. zur Gesch. des Kl. St. Peter, 1908 – Lit.: BWDG I, 256–259; III, 3283–3296 – NDB II, 159–162 – E. HEYCK, Gesch. der Hzg.e v. Zähringen, 1891 – H. AMMANN, Zähringer Stud. I, ZSchG 24, 1944, 352–387 – TH. MAYER, Ma. Stud., Ges. Aufsätze 1959 [v.a.: Der Staat der Hzg.e v. Zähringen, 1935; Die Zähringer und Freiburg i. Br., 1939; Die Besiedlung und polit. Erfassung des Schwarzwaldes im HochMA, 1939] – P. KLÄUI, Zähring. Politik zw. Alpen und Jura, Aleman. Jb. 1959, 92–108 – H.-W. KLEWITZ, Die Zähringer. Vom Leben einer dt. Hochadelssippe im MA, Schau-ins-Land 84/85, 1966/67, 27–48 – B. SCHWINEKÖPER, Beobachtungen zum Problem der »Zähringerstädte«, ebd. 49–78 – W. KIENAST, Der Herzogstitel in Frankreich und Dtl., 1968, bes. 339ff. – H. BÜTTNER, Friedrich Barbarossa und Burgund, VuF 12, 1968, 79–119 – DERS., Zähringerpolitik im Trierer Raum während der 2. Hälfte des 12. Jh., RhVjbll 33, 1969, 47–59 – DERS., Schwaben und Schweiz im frühen und hohen MA, Ges. Aufsätze, VuF 15, 1972 – H. SCHWARZMAIER, Hochadelsbesitz im 12. Jh. (Zähringer/Welfen), HABW V, 3 – H. MAURER, Der Hzg. v. Schwaben, 1978, bes. 218ff. – B. SCHWINEKÖPER, Zur Problematik von Begriffen wie Stauferstädte, Zähringerstädte u. ähnl. Bezeichnungen (Südwestdt. Städte im Zeitalter der Staufer = Stadt in der Gesch., Veröff. des südwestdt. Arbeitskreises für Stadtgeschichtsforsch. 6, 1980), 95–172 – K. SCHMID, Staufer und Zähringer. Über die Verwandtschaft und Rivalität zweier Geschlechter (Schr. zur stauf. Gesch. und Kunst 5, 1980) – DERS., Bertolds II. Einfall in den Breisgau i.J. 1079 und die Burg Wiesneck (Tarodunum, Veröff. des Alem. Inst. [im Dr.] – Vgl. auch Lit. zu →Zähringer.

10. B., *Patriarch v.* → *Aquileia* 1218–51, * 1180/81, † 23. Mai 1251 in Cividale, aus dem Hzg.s Berthold IV. v. Andechs-Meranien. 1203 Propst zu Bamberg, 1206/07 Ebf. v. Kalocsa, 1209–12 Banus v. Kroatien, Dalmatien und Slavonien, 1212 Vojvode v. Siebenbürgen, wurde er 1213

Gf. v. Bács und Bodrog und gemeinsam mit seiner Schwester, Kgn. → Gertrud, Regent in Ungarn. Nach deren Ermordung im gleichen Jahr mußte er fliehen. Honorius III. konfirmierte ihn nach vorheriger Verwerfung der Postulation am 27. März 1218 als Patriarch v. A. Nach seinem Sieg über die mit dem Gf.en v. Tirol, dem Hzg. v. Kärnten und der Stadt Treviso verbündeten friaul. Adligen erhielt er 1220 von Ks. Friedrich II. das Hzm. Friaul mit allen Pertinenzen, Krain und Istrien, bestätigt. Als Parteigänger des Ks.s vorübergehend gebannt, schloß er sich 1249 dessen Gegnern an. Unter B., der seine Residenz 1238 nach Udine verlegte, konstituierte sich das »Parlamento friulano« als Standesvertretung, der Patriarchenstaat erreichte seine größte territoriale Ausdehnung. H. Schmidinger

Lit.: DBI IX, 577-580 [Q., Lit.] – DHGE VIII, 965f. – NDB II, 152 – E. OEFELE, Gesch. der Gf.en v. Andechs, 1887 – P. PASCHINI, Bertoldo di Merania, MSF 15, 1919, 1–53; 16, 1920, 1–94 – DERS., Storia del Friuli I, 1953², 291–308 – H. SCHMIDINGER, Patriarch und Landesherr, 1954 – G. C. MENIS, Storia del Friuli, 1978⁴, 220ff.

11. B. I., Bf. v. *Hildesheim* 1119–30, † 14. März 1130 in Hildesheim (nicht in Cluny, wie aufgrund unrichtiger Interpunktion in den Ann. s. Disibodi, MGH SS 17, S. 24, angenommen), ⌐ Hildesheim, Dom. – B. stammte aus edelfreier sächs. Familie (Sippenkreis der Gf.en v. Haimar-Wernigerode?); seit 1092 Domkanoniker in Hildesheim, 1108–19 Dompropst. Vermutl. als den Führer der gegenkaiserl. Partei im Domkapitel forderte ihn Papst Calixt II. im Juli 1119 auf, den von Heinrich V. investierten Elekten Bruning zu vertreiben. Nach dessen Resignation wurde B. auf Initiative Ebf. Adalberts I. v. Mainz selbst zum Bf. gewählt und Ende Okt. 1119 auf dem Reimser Konzil von Calixt II. bestätigt. Er schloß sich sofort der Oppositionsgruppe unter Adalbert und Hzg. Lothar v. Süpplingenburg an, dem er nach dessen Wahl zum Kg. eng verbunden blieb (Teilnahme an Lothars Böhmenzug 1126, an der Belagerung von Speyer 1128). Im Bm. Hildesheim begann B. mit Hilfe des neuen Ordens der Augustinerchorherren eine umfassende Klosterreformpolitik (Ausgangspunkt: Stift Riechenberg b. Goslar, Neugründung Backenrode südl. Hildesheim). Die alten Kanonissenstifte Steterburg (hier B.s Schwester Hedwig 1. Priorin), Heiningen und Lamspringe verloren ihre Verfassung, die allein das Reichsstift Gandersheim durch Stiftung des nahen Reformklosters Clus retten konnte. 1128 begann B. die Heiligsprechung seines Vorgängers → Godehard einzuleiten, wurde aber durch Tod an der Durchführung gehindert. H. Goetting

Lit.: vgl. → Bernhard I. (14.).

12. B. v. Henneberg, Ebf. v. → Mainz, * 1441 (?), † 21. Dez. 1504, ⌐ Mainz, Dom; siebter Sohn des Gf.en Georg I. v. Henneberg-Römhild (→ Henneberg) und der Gfn. Johanna v. Nassau-Weilburg-Saarbrücken. B. erhielt mit zehn Jahren Pfründen in Straßburg und Köln und absolvierte jurist. und theol. Studien ab 1455 in Erfurt und in Italien. In Mainz durch Ebf. → Adolf II. v. Nassau-Wiesbaden-Idstein protegiert, erhielt er 1464 ein Kanonikat im Domstift, 1474 wurde er Dekan. Dies Dezennium wurde erfüllt durch Tätigkeit am Kammergericht und diplomat. Dienste für Ks. Friedrich III. In der Konstellation am Mittelrhein nach der Mainzer Stiftsfehde von 1461/63 war sein Hauptgegner der Pfgf. Unversöhnl. Streit mit Ebf. → Diether v. Isenburg-Büdingen in dessen zweiter Amtszeit (1475–82) zwang B. zur Flucht aus dem Erzstift (ztw. Aufenthalt an der Kurie). Während der Administration des Ebm.s durch Hzg. Albert III. v. Sachsen (1482–84; → Albert 6.) gewann B. seinen Einfluß zurück. Ungeachtet pfälz. Pressionen wählte ihn das Domkapitel am 20. Mai 1484 einstimmig zum Ebf.

Als Landesherr meisterte B. die Aufgabe, den durch die Stiftsfehde und Verpfändungen an der Bergstraße geschwächten Kurstaat wieder zu konsolidieren. Straffung des Ämterwesens, Ordnung der Rechtspflege und Wahrung des Landfriedens kennzeichnen seine Territorialpolitik; Mainz und → Erfurt wurden in der Landsässigkeit gehalten. Mit den Hochstiften Würzburg und Bamberg, letzterem unter seinem Bruder Philipp v. H. (1475–87), blieb das Mainzer Erzstift auch weiterhin in guten Beziehungen. Hauptgegner waren die Rhein. Pfgft. und die durch den Erwerb der Gft.en Ziegenhain und Katzenelnbogen erhebl. gestärkte Lgft. Hessen. Die bis 1502 wiederholt drohenden Kriege mit Kurpfalz konnte B. mit Mühe vermeiden.

Als Ebf. achtete B. auf seine Metropolitanrechte und förderte die Kirchenreform (Provinzialsynoden). Die Zensurvorschrift von 1486 für Übersetzungen aus den alten Sprachen zielte auf den Schutz der kirchl. Lehren. Die Frontstellung gegen Eingriffe des Papstes in die Kirchenorganisation sowie gegen dessen Handhabung des Abgabenwesens war in einem noch immer lebendigen Konziliarismus begründet; B.s Ekklesiologie erinnert in manchem an Auffassungen des → Nikolaus v. Kues. Hauptanliegen seiner Kirchenpolitik waren Abstellung der → Gravamina deutscher Nation und Beachtung des Konkordats. In seiner Lebensführung war B. vorbildlich.

Konservativ waren auch seine drei Jahrhunderte lang nachwirkenden Ansätze zur → Reichsreform. Hier fühlte sich B. als Erzkanzler zum Handeln aufgerufen und legitimiert; auf die Prärogativen seines Reichsamtes wies er vielmals hin. Sicherung des inneren Friedens und Gestaltung des Reiches als Einung waren die Leitideen. An ihrer Verwirklichung in den zähen Auseinandersetzungen mit dem 1486 gewählten Kg. Maximilian I. und den Reichsständen ist B.s hist. Bedeutung zu ermessen. Vom zehnjährigen Fehdeverbot 1486 bis zum Ewigen Landfrieden 1495 zog sich das Ringen um die »gerechte« Fehde hin; die Notwendigkeit zur Schaffung eines höchsten Reichsgerichtes wurde immer deutlicher. Gegen Maximilians Verschleppungstaktik konnte B. auf dem Wormser Reichstag von 1495 die Errichtung des → Reichskammergerichtes durchsetzen. Das als Spitzenorgan einer ständ. strukturierten Verfassung projektierte → Reichsregiment kam erst fünf Jahre später in Nürnberg zustande, löste sich aber schon 1502 wieder auf. Der Kg. forderte seinerseits ein Reichsheer; damit auftauchende Finanzierungspläne gediehen nur zum Kompromiß des Gemeinen Pfennigs. Da die Stände heftigen Widerstand gegen alle Möglichkeiten einer Einwirkung in ihre territorialen Machtbereiche leisteten, wurden B.s Reichsreformpläne auch von ihrer Seite erheblich beeinträchtigt. – Bleibende Einrichtungen waren das Reichskammergericht, die Gliederung des Reichstages in drei Kurien mit auch gegenüber dem Ks. geheimer Verhandlungsführung, schließlich die Einteilung des Reiches in Kreise (→ Reichskreise). Obwohl B. den Machtegoismus des Ks.s und der Stände und deren Mißtrauen gegenüber den Kfs.en nicht beseitigen konnte, wurden in der bis zu seinem Tode nur unvollkommenen Reform Institutionen und ein polit. Bewußtsein geschaffen, die für die Erhaltung der Reichseinheit kaum zu unterschätzende Bedeutung entfalten sollten. A. Gerlich

Lit.: HRG II, 78f. – NDB II, 156f. – F. HARTUNG, B. v. H., Kf.s v. Mainz, HZ 103, 1909, 527–551 – A. L. VEIT, Zur Frage der Gravamina auf dem Provinzialkonzil zu Mainz im Jahre 1487, HJb 31, 1910, 520–537 – E. ZIEHEN, Mittelrhein und Reich im Zeitalter der Reichsreform 1356–1504, 2 Bde, 1934–37 – K. S. BADER, Ein Staatsmann vom Mittelrhein, 1955 – J. BÄRMANN, Cusanus und die Reichsreform, MFCG 4, 1964, 64–103 – DERS., Moguntia Metropolis Germaniae,

1965 – A. SCHRÖCKER, 'Unio atque concordia', die Reichspolitik B.s v. H. 1484–1504 [Diss. Würzburg 1970] – H. WIESFLECKER, Ks. Maximilian I., 3 Bde, 1971–77 – A. SCHRÖCKER, Die Deutsche Nation. Beobachtungen zur polit. Propaganda des ausgehenden 15. Jh., 1974.

13. B., Bf. v. → Livland, † 24. Juli 1198, ◻ Üxküll, Kirche; Abt des Zisterzienserkl. Loccum seit ca. 1187, als Missionar schon unter Bf. → Meinhard in Livland tätig, wurde gegen seinen Willen 1196 vom Ebf. v. Bremen zum zweiten Bf. v. Livland geweiht; er unternahm zunächst eine Erkundungsreise dorthin, erwirkte von Papst Coelestin III. eine Kreuzzugsbulle, sammelte in Lübeck ein Kreuzfahrerheer aus Sachsen, Westfalen und Friesland (Kleriker, Ritter, Kaufleute), mit dem er im Juni 1198 an der unteren Düna erschien. Mit den → Liven sogleich in Streit geraten, fiel er an der Stelle des späteren → Riga. B. wurde später als Märtyrer und Hl. verehrt. M. Hellmann

Q.: Arnold v. Lübeck, Chronica Slavorum V, MGH SS XXI, 211–212 – Heinrici Chronicon Livoniae², II, ed. L. ARBUSOW-A. BAUER, MGH SRG (in us. schol.) NS, 8–10 – Chronica Alberici Monachi Trium Fontium, ed. P. SCHEFFER-BOICHORST, MGH SS XXIII, 1874, 631ff. – Lit.: H. v. BRUININGK, Messe und kanon. Stundengebet nach dem Brauche der Rigaschen Kirche im späteren MA, 1904, 373f. – F. SCHONEBOHM, Die Besetzung der livländ. Bm. er bis zum Anfang des 14. Jh., MittLiv 29, 1910, 303f. – L. ARBUSOW SEN., Livlands Geistlichkeit vom Ende des 12. bis ins 16. Jh., Jb. für Genealogie, Heraldik und Sphragistik, Mitau 1911–13, 8.

14. B. vom Berge Karmel, 13. Jh., zweiter Generalprior der → Karmeliter, ◻ Berg Karmel (Palästina). B. werden zahlreiche Wunder zugeschrieben, ebenso eine Vision, in der er seine von den Sarazenen getöteten Brüder, die im Himmel die Märtyrerkrone empfingen, erblickt haben soll. – Die unechte »Epistola Cyrilli« (spätes 14. Jh.) nennt B. als Bruder des Patriarchen v. Antiocheia, Aimeric de Malefayde († 1196), und ersten Generalprior der Karmeliter. Diese Quelle greift damit eine Aussage des Dominikaners Stephan v. Salignac (13. Jh.) auf, der lediglich mitteilt, Aimeric habe einen Neffen bei den Karmelitern gehabt, einen »heiligen und berühmten Mann«. Diese mehr oder minder fiktive Gestalt, deren Leben mit vielerlei legendar. Zügen ausgestattet wurde, überlagerte den hist. B., der in der Legende auf den Platz des vierten Generalpriors verwiesen wurde. J. Smet

Q. und Lit.: Bibl. SS III, 106–108 – Legendae abbreviatae, ed. B. XIBERTA, De visione sancti Simonis Stock, 1950, 312 – Epistola Cyrilli, ed. G. WESSELS, AnalOCarm 3, 1914–16, 284 – Stephanus de Salaniaco und Bernardus Guidonis, De quatuor in quibus Deus praedicatorum ordinem insignivit, ed. TH. KAEPPELI, 1949, 180.

15. B. v. Freiburg, Dominikanertheologe. Für die Jahre 1296 und 1303 ist ein Bruder Bertoldus als Prior des Freiburger Dominikanerklosters bezeugt; 1304 erscheint wohl derselbe als Lektor (der Theologie) im gleichen Hause. Wahrscheinl. ist er der Verfasser der laut Prolog durch den Ritter Hans v. Au bei Freiburg angeregten »Summa Johannis deutsch«, einer für Laien bestimmten, freien dt. Bearbeitung der (1280/98 abgefaßten) »Summa confessorum« (Beichtvätersumme) des Johannes Rumsik v. Freiburg († 1314), ehedem Lektor der Theologie im Freiburger Dominikanerkonvent. Berthold Summe (abgefaßt wohl vor 1314) gilt als ältestes Handbuch des Kirchenrechts in dt. Sprache und als ältestes dt. alphabet. Rechtsbuch, in ihren moralstheol., kirchen- und zivilrechtl. Artikeln vielfach auch kulturhistorisch interessant. In zahlreichen Hss. und 12 Drucken (1472–1518; nd. 1487) verbreitet, wirkte sie auf die großen Rechtsabecedarien des 15. Jh. ein. Übereinstimmungen zw. dem Prolog der Rechtssumme u. dem Prolog des »Zeitglöckleins« lassen vermuten, daß B. auch das Erbauungsbuch »Das andächtig Zeitglöcklein des Lebens und Leidens Christi nach den 24 Stunden ausgeteilt« (Kirchheim 1491 u. ö.) verfaßt hat, das er später ins Lat. übersetzte: »Horologium devotionis circa vitam Christi« (Köln 1480 u. ö.). H. Roßmann

Lit.: LThK¹ II, 228 – LThK² II, 266 – DHGE VIII, 963, 989 – Verf.-Lex. I, 209, 223f.; Nachträge 184f. – Verf.-Lex.² I, 801f., 807–813 – NDB II, 163 – Repfont II, 521f. – O. GEIGER, Stud. über Bruder B., Freiburger Diözesan-Archiv 48, 1920, 1–54 – K. RICHSTÄTTER, Die Herz-Jesu-Verehrung der dt. MA, 1924² – R. STANKA, Die Summa des B. v. F., 1937 – H. KOLLER, Die Entstehungszeit der Summa des B. v. F., MIÖG 67, 1959, 117–134 – H. E. FEINE, Kirchl. Rechtsgesch. Die kath. Kirche, 1964⁴ – K. BERG, Der Tugenden Buch, 1964 – A. WALZ, Dominikaner und Dominikanerinnen in Süddeutschland, 1967, 39 – TH. KAEPPELI, Scriptores Ordinis Praedicatorum medii aevi I, 1970, 238f., 241f. – H. RUPPRICH, Die dt. Lit. vom späten MA bis zum Barock I, 1970 – W. TRUSEN, Forum internum und gelehrtes Recht im SpätMA, ZRGKanAbt 57, 1971, 83–126 – F. W. BAUTZ, Biogr.-Bibliogr. Kirchenlex. I, 1975, 552 – F. HEFELE, Freiburger UB II/1, 1950, 230–233; III/1, 1957, 39, 54 – W. BAIER, Unters. zu den Passionsbetrachtungen in der Vita Christi des Ludolf v. Sachsen, AnalCart 44, 1977.

16. B. v. Herbolzheim, wohl Angehöriger des Ministerialengeschlechts der Herren v. Herbolzheim (nördl. Freiburg i. Br.), nach → Rudolf v. Ems (»Alexander«, v. 1572–82) Autor einer Alexanderdichtung für den Zähringerherzog, sicherlich → Berthold V. (1186–1218). Die Dichtung, deren formale Durcharbeitung von Rudolf gelobt wird, ist nicht erhalten; ob ein Freiburger Bildteppich ihr Fortleben bezeugt, bleibt ebenso unsicher wie die These, der »Basler Alexander« (→ Alexander d. Gr. VI) habe sie benutzt. B.s »Alexander« ist ein wichtiges Zeugnis für die lit. Interessen des Hzg.s, die außerdem den Artusroman (Hartmann) und wohl auch die Heldendichtung umfaßten (PANZER). V. Mertens

Lit.: Verf.-Lex.² I, 813 [Lit.] – F. PANZER, Dt. Heldensage im Breisgau, Neujahrsbd. der Bad. Hist. Komm. NF 7, 1904 – L. DENECKE, Ritterdichter und Heidengötter, 1930, 22–27 – E. SCHRÖDER, Rudolf v. Ems und sein Literaturkreis, ZDA 67, 1930, 228–230 – W. STAMMLER, Wort und Bild, 1962, 74–76.

17. B., Mgf. v. Hohenburg, * um 1215, † 1256/57, Sohn des Mgf.en Diepold V. aus dem Hause der Diepoldinger (im bayer. Nordgau) und der Mathilde aus dem Hause der Gf.en v. Wasserburg, ⚭ mit Isolda, Tochter des Mgf.en Manfred II. Lancia. – B., seit 1237 in der Umgebung Friedrichs II. nachweisbar, 1239 Kapitän v. Como, 1244 Generalvikar »von Pavia aufwärts«, wurde Führer der dt. Soldritter im Kgr. Sizilien. 1250 übertrug ihm der sterbende Friedrich II. die Obhut über den jungen Manfred. Der schwerkranke Kg. Konrad IV. ernannte ihn zum Statthalter im Kgr. Sizilien für seinen unmündigen Sohn Konradin. Nach dem Tode des Kg.s (1254) konnte sich B. allerdings gegen Manfred nicht durchsetzen. Er unterwarf sich Innozenz IV. und dessen Nachfolger Alexander IV. und marschierte im Sommer 1255 mit päpstl. Truppen in Apulien ein, ergab sich jedoch bald dem siegreich vordringenden Manfred. Im Febr. 1256 zum Tode verurteilt, aber zu lebenslanger Haft begnadigt, starb er bald darauf im Kerker. – B. hat wahrscheinl. mehrere mhd. Minnelieder verfaßt und am geistigen Leben des stauf. Hofes in S-Italien aktiv teilgenommen. Von seiner hohen Bildung zeugen seine Beziehungen zu dem jüd. Gelehrten Moses ben Salomon in Salerno und die wissenschaftl. Diskussionen, die er und sein Gefolge 1253/54 am byz. Kaiserhof in Nikaia führten. H. M. Schaller

Lit.: NDB II, 158f. – DBI IX, 582–586 – A. MOSCATI, La »Lamentacio« di Bertoldo di Hohenburg, BISI 65, 1953, 121–127 – F. NEUMANN, Der Mgf. v. Hohenburg, ZDA 86, 1955/56, 119–160 – F. TINNEFELD, Das Niveau der abendländ. Wiss. aus der Sicht gebildeter Byzantiner im 13. und 14. Jh., Byz. Forsch. 6, 1979, bes. 254–261.

18. B. v. Holle, Verfasser der drei zusammen ca. 17000 Verse zählenden, epigonal-höf. Ritterepen »Demantin«, »Darifant«, »Crane«, geschrieben in der Zeit von etwa 1250-70, wahrscheinl. am Braunschweiger Welfenhof. Urkundl. belegt in der 1. Hälfte des 13.Jh. im Hildesheimischen als »miles B.« (ohne letzte Sicherheit). Erhielt nach eigener Angabe den Stoff zu seinem letzten Werk, dem »Crane«, von Hzg. Johann v. Braunschweig (1252-77). Lit. Quellen konnten bisher für keines der Epen nachgewiesen werden. Nachweisen läßt sich indessen im Ganzen wie im Detail der starke lit.-stilist. Einfluß von Dichtungen bes. aus dem mittel- und niederrhein. Kulturraum, also von Romanen in der Art des »König Rother«, des »Herzog Ernst«, des Straßburger »Alexander«, Eilharts v. Oberg und Heinrichs von Veldeke. Während zu diesen Texten zahlreiche Parallelen und Kongruenzen nach Wortschatz, Reimfügung, Formelverwendung, Textstruktur und Motivik in B.s Dichtung aufgezeigt werden können, war die Wirkung der (süddt.) Klassiker weniger nachhaltig. Anregungen dürfte er lediglich Wolfram v. Eschenbach verdanken, den er auch als einzigen Autor (zweimal im »Demantin«) zitiert. Von den Motiven bestehen bes. im »Crane« auffallende Analogien zu der anglo-frz. Chanson de Geste (Boeve de Haumtone/→ Bueve de Hanstone, Horn et Rimenhild).

Das stoffl. und sprachtextl. sehr synkretist. Oeuvre B.s, dessen Mediokrität nie bestritten wurde, dreht sich im wesentl. um Ritter-aventiure und Lohn-Minne. Allenfalls im ersten Teil des »Crane« wird eine integrierende Idee transparent: die der Freundschaft. Im übrigen wächst es aus einem »Selbstverständlichkeitsdenken« (v. MALSEN-TILBORCH, 164), das die komplexen Verflechtungen der höf. Tugendbegriffe in lineare Beziehungen auflöst, ohne sie auch nur ansatzweise zu problematisieren oder von der zeitgeschichtl. Realität der 2. Hälfte des 13.Jh. neu zu durchdenken. Der schlechten Überlieferung nach zu urteilen, blieb B.s Werk auch später ohne bemerkenswertes Echo (dem »Demantin« fehlen die Schlußverse, dem »Crane« der auf ca. 1000 Verse anzusetzende erste Teil, vom »Darifant« ist nur ein Fragment von 260 Versen erhalten). – Sprachl. und damit auch kulturgeschichtl. sind B.s Texte jedoch sehr bedeutsam. Hier liegt der gelungene Versuch einer höf. Dichtung in einer nd.-hd. Mischform vor, die explizit auf die elitäre sprachl. Artikulation eines höf. Publikums (am Braunschweiger Welfenhof) ausgerichtet war – inmitten einer sonst rein nd. Sprachlandschaft. Die vom Beginn des »Demantin« bis zum »Crane« deutlich zunehmende Annäherung B.s an hd. Lautung und Lexik impliziert mehr als nur das Ringen um ein »kunstsprachliches« (FROMM) Literaturidiom. Der Vergleich von B.s Sprache einerseits mit den nicht spezif. höf. Werken aus demselben – elbostfälischen – Sprach- und Kulturraum (Reimchronik → Eberhards v. Gandersheim, »Kaland« des Pfaffen Könemann u.a.), anderseits mit den – sprachl. gleichartikulierten – höf. Texten im Bannkreis der Braunschweiger Welfen (→ Braunschweiger Reimchronik um 1280) stützt die realistischere Annahme, daß die Voraussetzung für B.s Textsprache die zumindest in rezeptiver Sprachkompetenz bewußt intendierte Ausbildung eines nd.-hd. Soziolekts nach Lautung und bes. Lexik war: die ritterl. Standessprache am Braunschweiger Welfenhof. F. Urbanek

Lit.: Verf.-Lex. I, 211-213 [A. LEITZMANN] – Verf.-Lex.² I, 813-816 [H. FROMM] – F. URBANEK, Der sprachl. und lit. Standort B.s und sein Verhältnis zur ritterl. Standessprache am Braunschweiger Welfenhof [Diss. masch. Bonn 1952] – DE BOOR-NEWALD II, 211-213 – G. v. MALSEN-TILBORCH, Repräsentation und Reduktion. Strukturen späthöf. Erzählens bei B., 1973 (MTU 44).

19. B. v. Künßberg, ksl. Legat in Italien, † 1193. Bekanntestes Mitglied einer Familie unsicheren Standes, die sich nach der Hohkönigsburg (Elsaß) nannte. Wie seine Brüder Anselm und Burchard war er unter Barbarossa und Heinrich VI. in Italien tätig, seit Febr. 1185 als »legatus Italie«. In chronikal. Quellen wird er seit 1184 als »comes« bezeichnet (Amtstitel?), beim sog. Ansbert unter den »de nobilibus meliores« Schwabens und des Elsaß aufgeführt (MGH SRG [in us. schol.] NS V, S. 22). B. trat v.a. bei krieger. Aktionen hervor, so 1184 gegen die Römer, 1185 gegen Faenza und 1186/87 mit Heinrich VI. im Kirchenstaat. Im Juli 1187 Aufenthalt am Hof in Hagenau, während sein Bruder Anselm (durch B.s Einfluß?) zum »preses Tuscie« avancierte. Auf dem Kreuzzug (dort als »comes Tuscie« fungierte B. Anfang 1190 als Unterhändler Barbarossas bei Ks. Isaak II. Angelos. Im März 1192 als »imperialis aulae in Italia et Apulia legatus« nach Italien entsandt, um den Truppen Tankreds Paroli zu bieten, setzte er sich Ende des Jahres nach Eroberung einiger Städte in der Gft. Molise fest. Wenig später heiratete er die Witwe Gf. Roberts v. Caserta. Dem nahenden Heer Tankreds zog er entgegen, doch vermieden beide Seiten eine entscheidende Schlacht (Juli 1193). Kurz darauf fiel B. bei einem Angriff auf das belagerte Monteroduni (Prov. Campobasso). Th. Kölzer

Lit.: TH. TOECHE, Ks. Heinrich VI., 1867 – FICKER, Italien II – F. CHALANDON, Hist. de la domination normande en Italie et en Sicile II, 1907 – H.W. KLEWITZ, Gesch. der Ministerialität im Elsaß bis zum Ende des Interregnums, 1929 – E. JAMISON, Judices in Molise e di Marsia nei secoli XII e XIII (Atti e memorie del Convegno storico Abruzzese-Molisano I, 1933), 73 ff. – BOSL, Reichsministerialität I – D. VON DER NAHMER, Die Reichsverwaltung in Toscana unter Friedrich I. und Heinrich VI. [Diss. Freiburg 1965] – A. HAVERKAMP, Herrschaftsformen der Frühstaufer in Reichsitalien, 2 Bde, 1970-71.

20. B. v. Moosburg OP, Gelehrter, 1318 als Kommentator der aristotel. Metereol. bezeugt, Lesemeister im Regensburger Dominikanerkl., urkundl. erwähnt 1327, studiert dort des → Honorius Augustodunensis »Clavis physicae«, in Cod. Paris lat. 6734, der ihm für seinen Prokloskommentar zustatten kommt, Lesemeister in Köln, urkundl. bezeugt 1335, 1343, 1353, zuletzt 20. April 1361, Vicarius Fratrum Ordinis Praedicatorum in Nürnberg; Adelheid → Langmann und Christina → Ebner erwähnen 1350 seinen Besuch im Kl. Engeltal bei Nürnberg. In seinem Besitz befanden sich die Albertus-Magnus-Autographe, Köln, Hist. Arch. W 258a; Wien, Österr. Nat. Bibl. lat. 273; außerdem die Mss. Basel F IV 31, Dresden Db 87. Seine »Expositio Super Elementationem Theologicam Procli« basiert auf der von Wilhelm v. Moerbeke 1268 angefertigten Übersetzung der Στοιχείωσις θεολογική, erhalten in zwei Hss. des 15.Jh. Vat. lat. 2192, Kopist Konrad Keller von Rottweil OP, 2. Juli 1437, Oxford Balliol College 224 B, ein Geschenk des William Gray, Bf. v. Ely.

Außer den Werken der antiken neuplaton. Tradition und Honorius Augustodunensis benutzte B. v.a. für die Kommentierung Schriften der Dominikaner → Albertus Magnus, → Ulrich v. Straßburg, → Dietrich v. Freiberg. Er trägt eine folgerichtige Einheitsmetaphysik vor. Das Proklos-Interesse ist v.a. motiviert durch die Thematik der Gotteseinigung der Seele, die er nach dem Modell des → Bernhard v. Clairvaux als durch die Liebe gegeben sieht. Sein Prokloskommentar wurde noch von → Nikolaus v. Kues geschätzt. W.P. Eckert

Ed.: L. STURLESE, Temi e Testi, 1974 [Teiledition] – Lit.: R. KLIBANSKY, Ein Proklosfund, AAH 19, 1929 – G. LÖHR, Die Kölner Dominikanerschule, 1948, 50 – W. ECKERT, PhJb 65, 1977, 120-133.

21. B. von Regensburg, bedeutendster franziskan. Prediger dt. Sprache, * um 1210, wahrscheinl. in Regensburg, † 14. Dez. 1272 in Regensburg. Seine Ausbildung erhielt er möglicherweise an der 1228 gegr. Studienanstalt der Franziskaner in Magdeburg, wo → Bartholomaeus Anglicus wirkte. Seit 1240 ist er als Prediger in Augsburg bezeugt, 1246 visitierte er mit seinem socius → David v. Augsburg die Kanonissenstifte Ober- und Niedermünster in Regensburg. Er predigte zunächst im ganzen deutschsprachigen Süden: in Böhmen; Landshut (1253), Speyer (1254/55), Colmar (1255), Konstanz (1256), in der Schweiz und in der Steiermark. 1263 bestimmte Urban IV. ihn als Prediger gegen die Häretiker in Deutschland, Frankreich und der Schweiz.

Er war der wirkungsmächtigste Repräsentant der franziskan. Volkspredigt; Zeitgenossen schätzten die Zuhörer seiner Predigten, die er häufig im Freien hielt, bis auf 200000 (übertreibend). Adressaten sind in erster Linie die städt. Mittel- und Unterschichten, jedoch strömte auch die Landbevölkerung zu seinen Predigten, und die Zeugnisse sprechen von Wirkung auf die Bildungsschicht und den Adel, der ihm Schlichterfunktionen übertragen haben soll.

Seine dt. Predigten sind in verschiedenen Sammlungen erhalten, die vermutl. auf Nachschriften tatsächl. gehaltener Predigten zurückgehen und den Stil verschiedener Redaktoren erkennen lassen. Die älteste Sammlung (X^1 nach RICHTER) wurde vielleicht schon 1268 angelegt, die anderen wohl erst nach B.s Tod um 1275 in den franziskan. Kreisen redigiert, auf die auch »Deutschenspiegel« und »Schwabenspiegel« zurückgehen. Die uns vorliegenden Predigten sind unter dem Eindruck von B.s Predigtweise vielleicht mit Benutzung seiner lat. Predigten entstanden und tragen durchaus persönl. Gepräge, sie geben den Stil gesprochener Rede anscheinend deutlich wieder und sind geprägt von der Situation der wechselnden Zuhörerschaft (im Unterschied zur Pfarrpredigt), dem Adressatenkreis und der Intention: dem Aufruf zu Bekehrung und Buße. Die sich wiederholende Thematik (von einigen Predigten existieren sogar längere und kürzere Fassungen) konzentriert sich auf allgemeine und standesspezif. eth.-religiöse Kritik, bezogen auf die prakt. Lebensführung; eine Hauptrolle spielt (wie häufig in der Franziskanerpredigt) die Warnung vor der Geldgier (*gîtekeit*), die mit der zunehmenden Bedeutung der Geldwirtschaft v. a. in den Städten zum sozial schädlichen Laster geworden war. Die Schriftauslegung tritt, im Unterschied zu den gleichzeitigen dt. und lat. Predigtzyklen und zu seinen eigenen lat. Predigten, stark zurück. Die Wirkung auf die Zuhörer erreichte B. mit inhaltl.-erzähler. Mitteln (Märlein, Exempla, Schilderungen, plast. Vergleichen), volkstüml. Sprachgebrauch (Redensarten, Sprichwörter, Wortspielen) und einer Syntax, die mit Anreden, Ausrufen, Fragen die traditionelle Predigtsprache stärker rhetorisiert. Die Wirkung der verschriftlichten Predigten war nach den hs. Zeugen (acht Haupthss., dazu Streuüberlieferung in Sammelhss.) vergleichsweise gering, weil sie für die gebräuchl. Verwendungsmöglichkeiten (homilet. Hilfsmittel, erbaul. Tisch- oder Privatlektüre) wenig geeignet waren.

Authentisch ist die systemat. angelegte lat. Sammlung von gut 250 Predigten in den »Rusticani« (de Dominicis, de Sanctis, Commune Sanctorum), die B. um 1250/55 als homilet. Handbuch für Priester anlegte; Anlaß war laut Vorrede die Sorge vor verfälschender Mitschrift gehaltener Predigten durch »simplices clerici religiosi«. Da die Sammlung bis auf gut 20 Texte uneditiert ist, sind genauere Aussagen über das Verhältnis zu den dt. Predigten nicht mögl.; direkte Vorlagen sind sie allerdings nicht. Die beiden Sammlungen »Sermones ad Religiosos et quosdam alios« und »Sermones speciales et extravagantes« mit nicht liturg. gebundenen Predigten sind vermutlich ebenso wie die dt. Predigten nachträgl. zusammengestellt. Die lat. Predigten sind stärker exegetisch, zitieren theol. Autoritäten von den Kirchenvätern bis zum 12. Jh. und sind systematischer aufgebaut als die meist lockerer gefügten dt. Predigten. Die Nachwirkung war bedeutend, z. Zt. sind 302 Hss. bekannt.

V. Mertens

Ed.: F. PFEIFFER-J. STROBL, 2 Bde, 1862, 1880 [Neudr. 1965] – D. RICHTER, B. v. R.: Deutsche Predigten, 1968 – DERS., Die dt. Überlieferung der Predigten B.s v. R., 1969 [Bibliogr.] – K. RUH, ZDA 103, 1974, 140–144 – P. HOETZL, Sermones ad religiosos XX, 1882 – *Lit.:* Verf.-Lex.¹ I, 817–823 – A. E. SCHÖNBACH, Stud. zur Gesch. der dt. Predigt II–VIII, SAW. PH 142, 147, 151–153, 154–155, 1900–08 [Neudr. 1968] – K. RIEDER, Das Leben B.s v. R., 1901 – A. HÜBNER, Vorstud. zur Ausg. des Buches der Könige, AGG, phil.-hist. Kl. 3, Nr. 2, 1932 – L. CASUTT, Die Hss. mit lat. Predigten B.s v. R., 1961 – DERS., Zs. für Schweizer Kirchengesch. 56, 1962, 73–112, 215–261 – F. BANTA, Traditio 25, 1969, 472–479 – S. DIETRICH, Zs. für Schweizer Kirchengesch. 67, 1973, 169–257.

22. B. v. Reichenau, Chronist, * um 1030, † 11. März 1088, Schüler → Hermanns v. Reichenau, hat neben der Vita seines Lehrers (um 1055/56 geschrieben) eine Chronik verfaßt, die in den Überlieferungen bald bis 1066, bald bis 1079 oder 1080 reicht und mitsamt der Vita H.s stets den Endteil einer Weltchronik bildet, die bis 1054 aus Beda, dem Konzept und den letzten zehn Jahrbüchern (bis 1054) der Chronik Hermanns von Reichenau besteht. Sie enthält von 1056 bis 1075 eher annalistische Darstellungen, die mit der Weltchronik → Bernolds von Konstanz identische Partien aufweisen, während die späteren umfangreichen Berichte in leidenschaftl. Sprache für Gregor VII. und Rudolf v. Schwaben gegen Heinrich IV. eintreten und zu den besten Quellen der Zeit gehören. Lange galten nur die annalist. Teile als Werk B.s, alles andere als das eines »Schwäb. Annalisten«, bis B. SCHMEIDLER umgekehrt gerade in diesem den Autor B. erkennen wollte. Wahrscheinl. aber ist es, daß B. das Werk H.s zunächst mit Annalen fortsetzte, aus denen bereits eine eindeutige, für Reichenau selbstverständl. Reformgesinnung spricht, seine Schrift aber unter dem Eindruck der Ereignisse seit 1076 überarbeitete und ausführl. berichtend fortführte. Die endgültige Klärung der offenen Fragen dürfte die v. I. S. ROBINSON für die MGH vorbereitete Neuausgabe bringen.

F.-J. Schmale

Ed.: MGH SS V, ed. O. H. PERTZ, 1844, 264–326 – MGH SS XIII, ed. G. WAITZ, 1881, 730–732 [Fassung bis 1066] – *Lit.:* B. SCHMEIDLER, B. als Verf. der nach ihm benannten Ann., AUF 15, 1938, 159–234 – A. DUCH (H. OESCH, Berno und Hermann v. Reichenau als Musiktheoretiker, 1961), 184–203 – WATTENBACH-HOLTZMANN-SCHMALE II, 514–521; III, 156*f. – F.-J. SCHMALE, Die Reichenauer Weltchronistik (H. MAURER, Die Abtei Reichenau, 1974), 125–158 – O. PRINZ, Mittelalterl. im Wortschatz der Ann. B.s, DA 30, 1974, 488–504.

23. B. v. Zwiefalten, * um 1090, † nach 1169. Priestermönch und in den Jahren 1139 bis 1169 mehrfach als Abt in → Zwiefalten erwähnt, schrieb zw. 1137 und 1139 in Reimprosa und bibl.-patrist. geprägter Sprache eine Chronik seines Kl., der er bis 1147 noch verschiedene Zusätze anfügte. Mit dieser Geschichte der Gründung, des Wachsens, der Rückschläge des Kl.s, der Leistung bes. des Abtes Ulrich und mit Hinweisen auf die Not der Anfänge wollte er Vorwürfen der Mitbrüder über Besitzverschleuderungen seitens der ersten Äbte entgegentreten. B. bediente sich nicht nur der Chronik des → Ortlieb v. Zwiefalten, die er redigierend einarbeitete, sondern auch des Klosterarchivs sowie eigener Aufzeichnungen als Kustos des Klosters. Die Erwähnungen der Stifterfamilie, der verschiedenen Wohltäter des Klosters, darunter Heinrich V. und Hzg. Bolesław v. Polen, und der welf. Vögte veranlassen B. mehrfach zu allgemeinen polit. Exkursen, für die er eine Reihe hist. Werke des 11.Jh. heranzog. So und dank reicher persönl. Kenntnisse und Erfahrungen entstand eines der besten Werke seiner Art, das konkreten Einblick v.a. in die sozioökonom. Situation eines Kl. dieser Zeit und seine polit. und geistigen Verflechtungen bietet.

F.-J. Schmale

Ed.: L.WALLACH, B. of Z.s Chronicle. Reconstructed and edited with an Introduction and Notes, Traditio 13, 1957, 153–248 [einzig brauchbare Ed.] – E.KÖNIG-K.O.MÜLLER, Schwäb. Chroniken der Stauferzeit 2, 1941, 136–286 [mit dt. Übers.] – *Lit.*: L.WALLACH, Stud. zur Chron. B.s v. Z., SMGB 51, 1933, 83–101, 183–195 – DERS., La Chronique de B. de Z., RevBén 50, 1938, 141–146 – WATTENBACH-SCHMALE I, 314–318.

Bertholde, alem. Adelsgeschlecht → Alaholfinger

Berthout, bedeutende Adelsfamilie des Hzm.s → Brabant. *Walter I.* (* ca. 1076, † 1120) besaß ausgedehnte Güter in Grimbergen und im Antwerpener Kempenland und erweiterte den Landbesitz der Abtei Grimbergen. *Walter II.* (* nach 1050, † 1147/52) war Vasall des Hzg.s v. Brabant. *Walter III.* (* 1100/25, † 1180) führte Krieg gegen Gottfried I. und II. v. Brabant, bis am 1. Okt. 1159 die Burg v. Grimbergen zerstört wurde. Unter *Walter IV.* (* ca. 1150, † 1201) wurde die Domäne der B.s verteilt: Walter V. bekam Mecheln und das Antwerpener Kempenland, während Walters Neffen Grimbergen behielten. *Walter V.* (* nach 1150, † 1221) schränkte den Einfluß des Lütticher Fürstbf.s in Mecheln ein und förderte die Kommende des Dt. Ordens in Pitsenburg. *Walter VI.* (* 1175/1200, † am 10. April 1243) war Mitbegründer des Kl. der Mechelner Minoriten und der Norbertinerinnen-Abtei in Leliëndaal. *Walter VII.* (seit 1243 Herr v. Mecheln, † 1296) sorgte nach dem frühen Tod Heinrichs III. v. Brabant für die Machtübernahme durch dessen zweiten Sohn Johann (Jan), dem künftigen Sieger von →Worringen (1288). In dieser Schlacht fiel *Walter VIII.* (* ca. 1250). Dessen Sohn *Jan B.* (* nach 1250, † ca. 1305) schloß 1301 ein Bündnis mit Hzg. Johann (Jan) II. v. Brabant, um dem Einfluß Lüttichs in Mecheln Einhalt zu gebieten. *Gielis B.* (* nach 1250, † 21. Okt. 1310) konnte jedoch diese Politik nicht fortsetzen; sein Nachfolger war ein Sohn Walters VII., nämlich *Floris B.* (* nach 1275, † 1331), der ein wohlhabender Kaufmann wurde.

P. de Ridder

Lit.: NBW I, 176–187.

Bertinoro, Obadja → Mischna

Bertken, Suster (oder Berta Jacobs), * 1426/27, † 25. Juni 1514, ndl. Klausnerin und myst. Dichterin, zog sich 1456 oder 1457 in eine Klause in der Utrechter Buurkerk zurück, in der sie 57 Jahre lebte. Nach ihrem Tode wurden ihre Dichtungen in zwei Büchlein veröffentlicht: Die frühesten uns bekannten Ausgaben sind 1516 in Utrecht bei Jan Berntsz gedruckt. Das erste Buch, »Hier beghint een seer devoet boecxken van die passie ons liefs heeren Jhesu Christi tracterende«, enthält meditative Stundengebete, welche die Leidensgeschichte zum Inhalt haben. Das zweite, »Suster Bertkens boeck dat sy selver gemaect ende bescreven heeft«, enthält einige Gebete, acht Lieder, ein Zwiegespräch zw. der Seele und ihrem Bräutigam und ein »Tractaet vander Kersnacht ende de gheboerte ons heeren«. Letzteres gehört in die myst. Tradition von → Hadewych, → Johannes v. Ruysbroek und der anonymen Verfasserin des »Evangelische peerle«; einige Elemente im Text sind auf die Weihnachtsvision der hl. Birgitta v. Schweden zurückzuführen.

A.M.J. van Buuren

Ed.: Een boecxken gemaket van suster Bertken, hg. J.SNELLEN, 1924 – Id., hg. C.C. VAN DE GRAFT, 1955 [Lit.] – Het kerstvisioen van Berta Jacobs, hg. M.J.G. DE JONG, 1961 [Lit.] – *Lit.*: K.HEEROMA, 'Het ingekluisde lied' (DERS., Spelend met de spelgenoten, 1969), 256–276.

Bertrada. 1. B. d.J. (Berta), Kgn., * um 725, † 12./13. Juli 783 in Choisy, ⌑ St-Denis (neben Pippin auf Geheiß Karls d.Gr.). Sie war eine Tochter des Gf.en Heribert (v. Laon) und Enkelin Bertradas d.Ä., der Stifterin (721) des Kl. Prüm, ⊗ 744 (nicht erst 749) Hausmeier und späterer Kg. Pippin. B. scheint eine tatkräftige Persönlichkeit gewesen zu sein und stärkeren Einfluß auf die Entschlüsse ihres Gemahls genommen zu haben, mit dem zusammen sie bei dessen Königserhebung (Nov. 751) zur regina erhöht und auch am 28. Juli 754 von Papst Stephan II. nochmals zur Kgn. gesalbt wurde; sie wird auch mehrmals neben Pippin in Schenkungsurkunden für das 752 gemeinsam erneuerte Hauskloster Prüm genannt. Ihren Gatten begleitete sie öfter bei krieger. Unternehmungen (754 beim Italienzug bis Vienne; 767, 768 bei Aquitanienfeldzügen). Sie war auch bei der Reichsteilung (kurz vor Pippins Tod) unter ihre und Pippins Söhne, Karl d. Gr. und Karlmann, und beim Ableben Pippins (24. Sept. 768) in St-Denis zugegen. In den folgenden drei Jahren sieht man sie bes. stark in der Politik hervortreten, wobei sie das Ziel verfolgte, die entspannten Beziehungen zw. dem Langobarden- und dem Frankenreich fortzuführen und die alsbald zw. ihren Söhnen aufbrechenden Gegensätze auszugleichen. 770 vermittelte sie offenbar bei Karlmann in Selz (Elsaß), reiste darauf nach Bayern und Italien und brachte nach Verhandlungen mit Kg. Desiderius und nach einem Besuch in Rom eine langob. Königstochter zur Verehelichung mit Karl d.Gr. ins Frankenreich. Daß sie damals großen Einfluß hatte, zeigen die von Rom aus auch an sie gerichteten Schreiben. Durch den plötzl. Tod Karlmanns (4. Dez. 771) konnte sich Karl d.Gr. von der Unterstützung B.s lösen, seine langob. Gemahlin verstoßen – wogegen sich B. vehement wandte – und die künftige Politik selbständig gestalten. Sie stand aber bis zu ihrem Tod in hohem Ansehen. – B. lebte fort im karol. Sagenkreis als »Bertha mit dem großen Fuß« (»Berte aus grands piés«, »Berta da li pè grande«). Zu den lit. Bearbeitungen vgl. → Bertha.

E. Hlawitschka

Lit.: M.LINTZEL, Karl d.Gr. und Karlmann, HZ 140, 1929, 1–22 – P. CLASSEN, Karl d. Gr., das Papsttum und Byzanz (BRAUNFELS, KdG I), 546f. – K.F.WERNER, Das Geburtsdatum Karls d.Gr., Francia 1, 1972, 115–157 – S.KONECNY, Die Frauen des karol. Königshauses (Diss. der Univ. Wien 132), 1976, 61ff. – E.HLAWITSCHKA, Stud. zur Genealogie und Gesch. der Merowinger und der frühen Karolinger, RhVjbll 43, 1979, 32–55.

2. B. v. Montfort, Gfn. v. Anjou, Kgn. v. Frankreich → Philipp I., Kg. v. Frankreich

Bertram. 1. B., Bf. v. Metz, † 6. April 1212, sächs. Herkunft, Kanoniker v. St. Gereon in Köln, 1178 von Ks. Friedrich I. zum Ebf. v. Bremen erhoben. Vom IV. Laterankonzil suspendiert (nachdem ihm noch der Papst einen freundl. Empfang bereitet hatte), erhielt er als Ausgleich das Bm. Metz (Jan. 1180). Mit großer Entschlossenheit nahm er sich der städt. Angelegenheiten an: Seine erste Amtshandlung war die Organisation der jährl. Wahl des Schöffenmeisters. Später verlieh er den Geldwechslern und Fleischern Gewerbeordnungen; seine bedeutendste Leistung war jedoch die Einrichtung der → Amandellerie, einer spezif. Metzer Form des → Schreinswesens. Obwohl Anhänger der Staufer, verweigerte er dennoch dem ksl. Kandidaten für das Ebm. → Trier die Unterstützung, wurde aus Metz vertrieben und verbrachte drei Jahre im Exil in Köln (1187–89). Danach bewies er dem Ks. die gleiche

Treue wie zuvor. In seiner Bischofsstadt bekämpfte er die →Waldenser. Den Forderungen der jungen stadtbürgerl. Bewegung in Metz, die sich ein eigenes Siegel beigelegt und einen Rat begründet hatte sowie vom Klerus eine finanzielle Beteiligung am Mauerbau beanspruchte, stellte sich B. entgegen. 1209 schloß er jedoch Frieden mit den Bürgern. Mit dem Hzg. v. →Lothringen verbündet, nahm er an einem Krieg gegen den Gf.en v. →Bar teil (1208). – Seine jurist. Kenntnisse machen die administrativen Maßnahmen, die er in Metz ergriff, verständlich. Dieser ehem. Kölner Magister gilt außerdem als Verfasser einer »Summa theologica«. M. Parisse

Lit.: G. Voigt, B., Bf. v. Metz, 1180–1212, Jb. der Ges. der Lothring. Gesch. Abt., IV-2, 1892, 1–65; V-2, 1893, 1–91 – M. Parisse, Complément au catalogue des actes de Bertram, évêque de Metz (1180 bis 1212), Ann. Soc. Hist. Arch. Lor., 1963, 1–21.

2. B., Meister, Hamburger Maler, * Minden (?) in Westfalen um 1340, † Hamburg 1414/15, erscheint seit 1367 in den Hamburger Kämmereirechnungen als Auftragnehmer; seine Testamente, 1390 vor einer geplanten Wallfahrt nach Rom und 1410 aufgesetzt, lassen in ihm einen wohlhabenden Bürger in geachteter Stellung erkennen. Sein Hauptwerk, der Hochaltar von St. Petri (1379 bis 1383; 1734–1903 in Grabow, jetzt Kunsthalle Hamburg), einer der größten Altäre der Zeit, zeigt zuinnerst Skulpturen, die in Bertrams Werkstatt nur gefaßt wurden, in der ersten Wandlung Szenen aus der Genesis und der Kindheit Christi in groß gesehenen, stark plast. Figuren mit sparsamen Beiwerk von auffallend geringer räuml. Entwicklung. Der Stil weist in das Prag Meister →Theoderichs und der Parler. Der etwas spätere, figurenreichere Passionsaltar in Hannover ist das andere große Werk B.s; ob ihm der bereits anekdotischer erzählende Buxtehuder Altar (Hamburg) zuzurechnen sei, ist noch offen. Meister B. ist der erste namhafte Maler N-Deutschlands.
Ch. Klemm

Lit.: A. Stange, Dt. Malerei der Gotik, 1934, Bd. II, 136–150 – Ders., Krit. Verz. der dt. Tafelbilder vor Dürer, 1967ff., Bd. I, 173–176 – H. Platte, Meister B. in der Hamburger Kunsthalle, 1973³.

Bertram (Anacyclus pyrethrum (L.) Link/Compositae). Der dt. Name der als Römischer B. bekannten, auch bei den arab. Ärzten des MA häufig erwähnten Pflanze ist eine Entlehnung von gr./lat. *pyrethrum* ($\pi\tilde{\nu}\varrho$ Feuer) wegen des scharf-brennenden Geschmacks der Wurzel). Med. wurde von *piretrum* oder *berchtram* (Minner 171 f.: »wachst in Saxen ze Medenburg aller best«) nur die speicheltreibende Wurzel gebraucht, die man bei Fallsucht Kindern um den Hals legte (Macer, ed. Choulant, 2095); hauptsächl. aber fand sie, gekaut oder mit Essig gesotten, gegen Zahnschmerzen (Gart, Kap. 330) sowie zur Schweiß- und Schleimabsonderung Anwendung. W. F. Daems

Lit.: Marzell I, 251–253.

Bertran. 1. B. d'Alamanon → Troubadours

2. B. de Born, Troubadour aus dem Périgord, * wohl um 1140, † 1202/1215, scheint aber urkundl. nicht vor 1159 auf; von diesem Jahr an bis 1195 ist er oft bezeugt. Es ist relativ einfach, die Biographie dieses Troubadours zu erstellen, der Herr der Burg von »Autafort« (Hautefort) war. Neben den Dokumenten ist das Zeugnis seiner eigenen Dichtung eine sehr wichtige Quelle für die Kenntnis seines Denkens und seines Lebens, da er dauernd auf geschichtl. Ereignisse seiner Zeit Bezug nimmt und mit streitbarem Geist Partei ergreift. Darüber hinaus sind zwei prov. Biographien dieses Troubadours erhalten, die einen gewissen Informationswert besitzen; in ihnen wird B. de B. als echter Feudalherr beschrieben, der mit seinen Nachbarn in dauerndem Krieg liegt und den frz. und engl. Kg. aufstachelt, gegeneinander zu kämpfen. B. de B. wird 1194 Mönch im zisterziens. Kl. von Dalon. Ab 1182 steht der Troubadour in Beziehungen mit dem Hof der Plantagenêt und kennt die engl. Politik der Zeit, bes. die aus der Krönung von Heinrich, dem Sohn Heinrichs II. (dem Jungen König), erwachsenen Probleme und die mit den aquitan. Adligen – zu denen er gehört – auftretenden Schwierigkeiten, die die Herrschaft von Richard Löwenherz nicht anerkannten. B. de B. zeigte sich an der Entwicklung des Streites interessiert, da die Burg Autafort im Kriegsgebiet lag: Verschiedene Male wurden seine Ländereien geplündert, und schließlich wurde die Burg (1183) von Richard belagert und eingenommen. Beim Friedensschluß behielt B. de B. seine rebell. Haltung bei, ergab sich jedoch später Richard, der ihm Verzeihung gewährte und ihm ein gewisses Entgegenkommen zeigte. Vielleicht auf Anregung des katal. Troubadours Guillem de Berguedà begann er eine Kampagne gegen Alfons II. v. Aragón und rief den Adel zum Aufstand auf. Später reizte er Philipp August gegen Heinrich II. und Richard Löwenherz auf. Dann verfaßte er eine »cansó de crozada« (Kreuzzugslied): alle sollten ihre Kräfte im Hl. Land vereinen. B. de B. benutzte die Dichtung als polit. Waffe im Dienste seiner eigenen Interessen. Die Entwicklung der Feudalbeziehungen des Troubadours kann man durch seine →Sirventes verfolgen, in denen er seinen Standpunkt ohne jede Hemmung zur Sprache bringt. Darin besteht eine der größten Besonderheiten von B. de B.; er ist eher der Troubadour des Krieges als der Liebe, wie schon Dante in »De vulg. eloq.« bemerkte. Im Werk von B. de B. findet sich dauernde Verherrlichung des Krieges als schönes Schauspiel, eine Vorstellung, die zu der gewohnten Zartheit der Troubadourdichtung in krassem Gegensatz steht. B. de B. wurde von seinen Zeitgenossen wegen der Originalität seiner Themen und der Kraft seiner Verse als Dichter geschätzt. Sein Ruhm wurde auch noch dadurch vergrößert, daß Dante seine Person als Stifter von Zwietracht zw. Vater und Sohn in das Inferno (c. 28.) aufnahm. Rund 40 Dichtungen sind von B. de B. erhalten (einige mit Noten), in ihrer Mehrzahl →Sirventes.
C. Alvar

Ed. und Lit.: A. Stimming, B. von B., 1913² – A. Thomas, Poésies compl. de B. de B., 1888 [Neudr. 1971] – C. Appel, B. von B., 1931 [Neudr. 1973] – L. E. Kastner, Notes on the poems of B. de B., MLR XXVII–XXXII, 1932–37 – DLFMA, 1964, 127f.

Bertrand

1. B., *Gf. v. Toulouse* → Toulouse

2. B. de l'Isle, hl. (St-Bertrand), † 16. Okt. 1123, Bf. v. →Comminges. B. war der Erneuerer des religiösen Lebens und der kirchl. Institutionen in seinem Bm. Er entstammte der senioralen Adelsfamilie von Isle-Jourdain (Stammsitz im heut. Dép. Gers) und (mütterlicherseits) dem Grafenhaus von →Toulouse. Zunächst Kanoniker v. St-Étienne in Toulouse, widmete er sich nach seiner Erhebung zum Bf. (1083) sogleich der Wiederherstellung seiner Bischofsstadt, des im 6. Jh. zerstörten und seitdem weitgehend aufgegebenen gallo-röm. Lugdunum Convenarum. Er führte in seinem Domkapitel die Augustinusregel ein. B. nahm an mehreren Reformkonzilien teil (Bordeaux 1093, Clermont 1095, Poitiers 1100) und durchzog fast ständig seine Diöz., um zu predigen und das geistl. Leben zu reformieren. – Einer seiner Nachfolger, Bf. Grimoard de Lafaye, erbat 1218 seine Kanonisation; die Bischofsstadt erhielt 1222 ihm zu Ehren den Namen St-Bertrand-de-Comminges.
Ch. Higounet

Q. und Lit.: J. Contrasty, Hist. des évêques de Comminges, 1940, 101–115 – Vita s. Bertrandi, ed. J. Contrasty, Rev. hist. Toulouse, 1941 – AASS VII – DHGE VIII, 1050f. – E. Delaruelle–Ch. Higou-

NET, Réforme grégorienne en Comminges et canonisation de s. B., AM 1948-49, 143-157.

3. B., Bertrand de, *Ebf. v. Tarentaise* 1297-1334, † 9. Mai 1334, entstammte einer Adelsfamilie aus Montmélian, die in Lehensbeziehungen zum Gf.en v. Savoyen stand; Neffe des Ebf.s Aimon de Bruisson (1284-97), dessen Generalvikar B. war. Archidiakon des Säkularkapitels, wurde er von drei Kanonikern, die im Namen der beiden Kapitel von Moûtiers handelten, gewählt. Er widmete sich der Aufgabe, die Güter der Kirche v. Tarentaise, die durch den Kastellan des Gf.en v. Savoyen, Amadeus V., in Obhut genommen worden waren (23. April 1297), abzulösen; B. zahlte dafür 1040 *livres viennois.*

B. bekämpfte, nicht immer erfolgreich, die Eingriffe des Savoyers in das ebfl. Territorium (Beaufort, Conflans, Moûtiers). Trotz dieser Gegnerschaft war er Mitglied des Rates Amadeus' V.: Er nahm u. a. teil am Vertragsschluß zw. dem Gf.en v. Savoyen und der Dauphine Béatrix (Montmélian, 16. Aug. 1308) sowie am Vertragsschluß zw. dem Gf.en v. Savoyen und dem Dauphin des Viennois (Villarbenoit, 1314); B. dürfte auch den Vorsitz bei den savoyischen *États généraux* 1329 geführt haben, bei denen Jeanne, Hzgn. der Bretagne, durch Gesandte ihre Ansprüche auf die Nachfolge Gf. Eduards anmelden ließ, worauf B. geantwortet haben soll, die Stände v. Savoyen gingen nicht von der Lanze zum Spinnrocken über; Aimon, Bruder v. Eduard, wurde als Landesherr anerkannt.

Der Ebf. nötigte die Herren v. Cornillon, Quiège, Cevins, Villette und Mâcot zur Anerkennung seiner Oberhoheit; er verpachtete die bfl. Abgaben in Moûtiers.

Er griff in den Konflikt zw. Pfarrer und städt. Verwaltung *(syndics)* in Les Allues ein. B.s Nepotismus kommt in der Tatsache zum Ausdruck, daß seine Großneffen Humbert und Jean Kanonikate in Tarentaise erlangten, wobei Jean schließl. zum Ebf. v. Tarentaise aufstieg. M.Hudry

Lit.: BESSON, Mémoires pour l'hist. ecclésiastique des diocèses d'Aoste, Tarentaise..., 1871 – Académie de la Val d'Isère, Documents I, 1881 – PASCALEIN, Hist. de Tarentaise, 1903, 101-106 – J. ROUBERT, Hist. des archevêques comtes de Tarentaise (Mémoires Académie de Savoie V, 1961), 100ff.

4. B., Jean de, *Bf. v. Lausanne* 1341-43, *Ebf. v. Tarentaise* 1343-65, † März 1365; Großneffe des Ebf.s Bertrand de B., Kanoniker und Offizial v. Tarentaise, seit 1343 Ebf. v. Tarentaise. Aimon, Gf. v. Savoyen (1329-43), schickte ihn als Gesandten zu Papst Benedikt XII. (1339) und setzte ihn zum Testamentsvollstrecker ein. Er war Mitglied des in Chambéry tagenden Rates und übte verschiedene polit.-diplomat. Missionen aus (Lösung der Verlobung zw. Amadeus VI. und Johanna [Jeanne] v. Burgund; Abkommen mit Johann dem Guten, Kg. v. Frankreich, 1351; Prozeß zw. Amadeus VI. und dem Gf.en v. Genf, 1358). Der von ihm vermittelte Vertrag vom 27. Juni 1358 (GChr XII, 406) regelte die Besitzverhältnisse zw. dem Ebf. und dem Gf.en v. Savoyen.

B. gab der Stadt Moûtiers ein neues Freiheitsprivileg (22. Jan. 1359). Am 14. Okt. 1360 ratifizierte er die Privilegien von Les Allues. M.Hudry

Lit.: BESSON, Mémoires pour l'hist. ecclésiastique des diocèses d'Aoste, Tarentaise..., 1871 – Académie de la Val d'Isère, Documents I, 1881 – J.ROUBERT, Hist. des archevêques comtes de Tarentaise (Mémoires Académie de Savoie V, 1961), 107-111.

5. B., Jean de, *Bf. von Genf* 1408-18, *Ebf. v. Tarentaise* 1418-32, † 29. Sept. 1432, Doctor legum, Neffe von Ebf. Aimon de Séchal (1397-1404), Kanoniker in Sitten, Tarentaise und Genf. Nach der Wahl durch das Domkapitel und der Bestätigung durch Papst Martin V. wurde B. 1408 Bf. v. Genf; 1418 wurde er Ebf. v. Tarentaise. 1419 verlieh ihm der Papst den Ehrentitel des Patriarchen v. Konstantinopel. 1421 erhielt er die volle Gewalt des Patriarchen v. Jerusalem über die Priorate des Hl. Grabes, die in Savoyen, v. a. in Annecy, errichtet worden waren. 1430 wurde er mit der Abhaltung eines bes. Konzils zur Reform der Diöz. im alpinen Raum beauftragt. 1432 unterzeichnete er ein Abkommen mit Amadeus VIII. über die Gerichtsbarkeit auf den kirchl. Gütern. M.Hudry

Lit.: BESSON, Mémoires pour l'hist. ecclésiastique des diocèses d'Aoste, Tarentaise..., 1871 – Académie de la Val d'Isère, Documents I, 1881 – J.ROUBERT, Hist. des archevêques comtes de Tarentaise (Mémoires Académie de Savoie V), 1961.

6. B., Pierre d. Ä. (gen. »Kard. v. Autun«), * um 1280 in Annonay, † 24. Juni 1349 in dem von ihm gestifteten Priorat Montault (bei Villeneuve-lès-Avignon). B. studierte röm. und kanon. Recht und lehrte als Prof. in utroque in Orléans und Paris. Er fand die Förderung Philipps V., Kg. v. Frankreich, der ihn zum geistl. Rat am Parlament *(conseiller clerc),* danach in seinem Hofhalt zu einem der »poursuivants le Roy« (→ Maître des Requêtes de l'Hôtel) ernannte. 1320 erhielt er das Bm. Nevers mit Dispens von der Weihe, wodurch er nicht lange Dienst bleiben konnte; 1322 wurde er Bf. v. Autun. Papst Johannes XXII. erhob ihn zum Kard. (20. Dez. 1321). – Neben dem Priorat Montault stiftete B. auch das Kolleg v. Autun in Paris. Er trat durch seine Erwiderung gegen Pierre de Cugnières bei der Versammlung v. → Vincennes (1329) hervor, in der er die kirchl. Jurisdiktion verteidigte. B. verfaßte Kommentare zu den Dekretalien sowie jurist. Traktate. R. Cazelles

Lit.: DHGE VIII, 1095 f. [G.MOLLAT] – O.MARTIN, L'assemblée de Vincennes de 1329..., 1909.

7. B., Pierre d. J. (gen. »Kard. v. Arras«), frz. Prälat, Neffe von 1, † 1361, Rat *(conseiller)* Kg. Philipps VI. und der Kgn. Jeanne (Johanna) de Bourgogne, Lic. des röm. und kanon. Rechtes, 1335 Bf. v. Nevers, 1339 auf den Bischofssitz v. Arras transferiert, 1344 von Papst Clemens VI. zum Kard. erhoben, 1353 Kardinalbf. v. Ostia. Als Kardinallegat krönte er 1355 in Rom Karl IV. zum Kaiser.

Lit.: DHGE VIII, 1096 [G.MOLLAT]. R. Cazelles

8. B. de Bar-sur-Aube, afrz. Dichter, 13. Jh. B. ist einer der wenigen frz. Epiker, dessen Name überliefert ist. Er selbst gibt ihn zusammen mit seinem Geburtsort in einem Abschnitt des Epos »Girart de Vienne« an, als dessen Verfasser er sich erklärt. Andere Chansons wurden ihm zugeschrieben, v. a. »Aymeri de Narbonne«, der in allen uns überlieferten Hss. auf den »Girart« folgt und gewissermaßen thematisch an ihn anschließt: Es herrscht über diese Zuschreibung jedoch keine eindeutige Sicherheit. Die Chanson »Girart de Vienne« besteht aus mehr als 6000 Versen und wurde zw. dem Ende des 12. und dem Anfang des 13. Jh. abgefaßt. Sie gehört in den Umkreis des Zyklus um Wilhelm v. Oranien (Guillaume d'Orange). Ihr Hauptheld ist ein Onkel von Aymeri de Narbonne, dem Vater von Guillaume. Girart verläßt das Haus seines Vaters Garin de Monglane, um zusammen mit seinen Brüdern sein Glück zu suchen, und erhält Vienne zu Lehen. Von der Gemahlin Karls d. Gr. beleidigt, ruft er, angestiftet vom Neffen Aymeri, den Familienclan zusammen, um die Beleidigung zu rächen. Daraus entsteht ein langjähriger Krieg, in dessen Verlauf die Stadt Vienne belagert wird. Der Zweikampf zw. Roland und Olivier, der den Ausgang des Krieges entscheiden soll, wird von einem Engel unterbrochen, der die Kämpfer trennt. Die beiden schwören sich ewige Freundschaft, die durch die Verlobung zw. Roland und Aude, der Schwester von Olivier, besiegelt wird. Das Mittelstück der Chanson mit der Episode der Belagerung von Vienne findet sich auch in der »Karlamagnùs Saga« und in der »Chronique rimée« des Philippe → Mousquet; wahrscheinl. ist also weder diese Episode Erfindung von B., noch die Gestalt des Girart, der in vielen Chansons de Geste als Eidbrüchiger und Verräter erscheint. B. hat dagegen diese Gestalt in Verbindung mit dem Clan, der Wilhelm v. Oranien treu ergeben war, gesetzt: Der Hauptdarsteller nimmt damit die Züge eines sympath. Helden an, der fast wider seinen Willen gezwungen ist, gegen seinen Kg. zu rebellieren; dies entsprach einer charakterist. Anschauung vieler zw. dem Ende des 12. und dem Anfang des 13. Jh. verfaßten Epen über rebell. Vasallen. – Trotz einiger oberflächl. Widersprüche, die durch die teilweise Benutzung eines bereits vorher behandelten Stoffes zu erklären sind, weist das Epos eine bemerkenswerte stilist. und konzeptionelle Einheitlichkeit auf. F. Prosperetti Ercoli

Ed.: GIRART DE VIENNE, chanson de geste, ed. F. G. YEANDLE, 1930 – Lit.: H. SUCHIER, Recherches sur les chansons de Guillaume d'Orange, Romania 32, 1903, 353–383 – J. MISRAHI, Girart de Vienne et la geste de Guillaume, MAe 4, 1935, 1–15 – W. G. VAN EMDEN, Girart de Vienne: problèmes de composition et de datation, CCMéd 13, 1970, 281–290 – W. W. KIBLER, B. de B., author of Aymeri de Narbonne?, Speculum 48, 1973, 277–292.

9. B. du Poujet (Bertrando del Poggetto), päpstl. Legat, * um 1280 in Castelnau-Montratier (Lot) südl. v. Cahors, † 1. Febr. 1352 in Avignon, Neffe des späteren Papstes Johannes XXII. Nach der Wahl seines Onkels 1316 trat er eine glänzende kirchl. Karriere an: Sofort zum Kard. (17. Dez. 1316) und zum Bf. v. Ostia mit dem Titulus S. Marcello erhoben, wurde er 1319 zum apostol. Legaten in Italien ernannt, um v. a. die ghibellin. Streitkräfte in der Lombardei zu bekämpfen, die von den Visconti v. Mailand abhingen, und den Kirchenstaat wiederherzustellen. Nach seiner Ankunft in Italien (Juni 1320) ging er sofort äußerst energisch mit geistl. und weltl. Waffen gegen Matteo Visconti vor: gegen ihn wurde kurz danach ein Inquisitionsprozeß eingeleitet und später ein regelrechter Kreuzzug geführt. Matteo war gezwungen, sich zu ergeben, aber die Visconti konnten in Mailand unter seinem Sohn Galeazzo bald ihre frühere Stärke wiedergewinnen (1324). Inzwischen hatte B. die Rückeroberung des Gebiets der Emilia-Romagna eingeleitet, indem er der Reihe nach Piacenza, Parma, Reggio Emilia und Modena besetzte und zuletzt in Bologna Fuß faßte, das rasch das Operationszentrum seiner Legation wurde. Diese militär. Erfolge wurden jedoch nicht durch entsprechende polit. und diplomat. Aktionen konsolidiert, als Ludwig der Bayer nach Italien zog (1328–30), um trotz des Widerstands des avignones. Papsttums sich zum Ks. krönen zu lassen, und als Johann v. Böhmen versuchte, ein Reich in der Poebene zu bilden (1330–31). B.s im ersten Fall nachgiebige und im zweiten Fall sehr konziliante Haltung entzog ihm im Lauf der Zeit sogar das Vertrauen seiner Anhänger und Verbündeten. Daraufhin büßte er allmählich die Machtpositionen ein, die er gegenüber den Signori der Emilia-Romagna erreicht hatte: 1333 mußte er eine vernichtende Niederlage bei Argenta (Ferrara) durch den Marchese d'Este hinnehmen. Am 17. März 1334 wurde B. infolge eines Bürgeraufstands, der wegen seiner strengen Herrschaft ausgebrochen war, aus Bologna vertrieben. Im letzten Augenblick durch die Intervention von Florenz gerettet, kehrte B. nach Avignon zurück, wo er bis zu seinem Tod zurückgezogen lebte. A. Vasina

Lit.: L. CIACCIO, Il cardinal legato Bertrando del Poggetto in Bologna (1327-1334), Atti e Mem. Deput. Romagna, 1905, 85–196, 456–537 – G. MOLLAT, Les papes d'Avignon II, 1965[10] – A. VASINA, I Romagnoli fra autonomie cittadine e accentramento papale nell'età di Dante, 1965, 313ff.

10. B., Jan, fläm. Wundarzt des ausgehenden 14. oder beginnenden 15. Jh., der die »Erste Salerner Glosse« (→ Roger Frugardi) ins Nfrk. übertrug. Gleichzeitig unterwarf er den Glossentext einer Bearbeitung, wobei er dem Wortlaut einen allgemeinmed. Traktat voranstellte, ein umfangreiches chirurg. Antidotar anhängte und eine Reihe zusätzl. Versatzstücke aus unterschiedl. Quellen einfügte: Den augenheilkundl. Abschnitt übernahm er aus der »Wundarznei« Jan → Ypermans, zahlreiche Vorschriften entlehnte er landessprachigen Rezeptaren (»Jonghe Lanfrank«, »Liber Avicenne«), die → Guido-d'Arezzo-Abschnitte übertrug er aus der Roger-»Chirurgie«, und darüber hinaus hat er die nfrk. → »Antidotarium-Nicolai«-Übers. II exzerpiert. An einer Stelle zeigt er, daß ihm die Montpelliersche → Theriak-Diskussion geläufig war (Wilhelm v. Brescia, → Bernhard v. Gordon).

Durch seine Bearbeitung gelang es J.B. nur teilweise, den veralteten Glossentext an die Strukturen moderner chirurg. Lehrbücher (→ Wilhelm v. Saliceto) anzugleichen. Da er außerdem bei theoret. Inhalten Schwächen zeigt und mit Übersetzungsproblemen ringt, vermochte er es nicht, sich gegen die überlegene Konkurrenz der Werke Jan → Ypermans und Thomas → Schellings durchzusetzen. In seinem Glossentext bietet er zwar eigene Erfahrung, erreichte seine Zielgruppe, die fläm. Wundärzte, aber nur bedingt: Der Text ist in einer einzigen Hs. des 15. Jh. erhalten (»Leipziger Rogerglosse«). R. Müller/G. Keil

Lit.: W. LÖCHEL, Die Zahnmedizin Rogers und die Rogerglossen (Würzburger med.hist. Forsch. 4), 1976, 39–41, 61f., 226–247 [Teildruck] – R. MÜLLER-G. KEIL, Vorläufiges zu J.B. (Fachprosa-Stud., 1980).

Bertrandon de la Broquière, Autor einer berühmten Reisebeschreibung, stammte nach eigenen Angaben aus der Guyenne (Geburtsjahr unbekannt), † 1459 in Lille, *conseiller* (Ratgeber) und → *écuyer* Philipps des Guten, Hzg. v. Burgund, unternahm in dessen Auftrag eine Orientreise, die der Information im Zusammenhang mit den burg. Kreuzzugsvorbereitungen dienen sollte; B. hat sie in seiner »Voyage d'Oultremer« beschrieben. Er brach im Febr. 1432 von Gent auf, schiffte sich im Mai 1432 in Venedig ein und landete in Jaffa. Seine Reise begann er als Pilger; wegen einer Erkrankung konnte er das Sinaikloster St. Katharina nicht besuchen. In Damaskus, wo er mit → Jacques Coeur zusammentraf, entschloß er sich, die Rückreise auf dem von westl. Reisenden wenig benutzten Landweg anzutreten; seine Reise führte über Anatolien, Bursa, Konstantinopel, Adrianopel (wo er den Kalifen sah), Sofia, Niš, Belgrad, Buda, Wien, Basel (wo das Konzil tagte), nach Dijon, wo er dem Hzg. Bericht über seine Mission erstattete. – B. ist ein neugieriger und aufmerksamer Beobachter; offen für Eindrücke, suchte er den Kontakt, wobei ihm gute Sprachkenntnisse (It., Gr., Türk.) zustatten kamen. B., der Konstantinopel wenige Jahrzehnte vor seinem Fall besuchte, widmet den Türken, die er schätzt, eine präzise Schilderung. Hinsichtl. Legenden ist der Autor wenig kritisch; bemerkenswert ist seine in jener Zeit noch seltene Sensibilität für die Natur. Von seiner Reise brachte B. dem Hzg. einen Koran und eine Lebensbeschreibung Mohammeds mit. 1439 übersetzte er einen Kreuzzugstraktat des Byzantiners J. Torzelo, den »Advis«. B.s Reisebericht ist als Quelle für die hist. Geographie und Ethnologie des Nahen Ostens vor 1453 von außergewöhnl. Rang.
M. Mollat

Ed.: Voyage d'Oultremer, ed. A. SCHEFFER (Coll. de voyages et documents pour servir à l'hist. de la géographie XII, 1892) – Lit.: N. IORGA, Les aventures »sarrazines« des Français de Bourgogne au XVe s. (Mél. d'Hist. générale, hg. C. MARINESCO, I, 1927) – M. IZZEDIN, Deux voyageurs du XVe s. en Turquie: B. et Pero Tafur, JA, 1951, 159–174.

Bert(r)uccio, Nicola (Nicolaus Bertrucius), † 1347 an der Pest, stammte aus dem Bologneser Geschlecht der Rolandi, war mit Giacoma, der Tochter des Giovanni da Parma verheiratet, vertrat an der Univ. Bologna die Fächer Logik und Medizin, übernahm 1326 von seinem Lehrer → Mondino de' Luzzi die Leichensektion in den anatom. Unterricht und vermittelte seinem Schüler → Guy de Chauliac (»Chirurgia magna« I, I, 1) die anatom. Grundkenntnisse. – Von seinen Werken ist das »Kompendium« (»Collectorium totius fere medicinae«, Lyon 1509) am bekanntesten; daneben stehen ein Kommentar zu den hippokrat. Aphorismen sowie zur Techne Galens und ein dreigliedriger »Tractatus de regimine diaetae« (Mainz und Straßburg 1534). Ob zwei weitere unter B.s Namen gestellte Gesundheitslehren (»Regimen sanitatis generale«; »Practica de regimine sanitatis«) aus seiner Feder stammen, wurde noch nicht überprüft. – Von Bedeutung sind B.s zahnheilkundl. Kapitel, und Beachtung verdient seine Einteilung der Geisteskrankheiten. G. Keil

Lit.: SARTON III, 2, 827f. – J. NIEDLING, Die ma. u. frühnz. Komm. zur Techne des Galen [Diss. Leipzig 1924] – H. H. BEEK, Waanzin in de Middeleeuwen, 1969, 1974², 94–97, 105f. – W. SCHMITT, Theorie der Gesundheit und ›Regimen sanitatis‹ im MA [Habil.schr. masch., Heidelberg 1973], 16 – P. MICHELONI, Il mondo dei denti e la sua storia, 1976–77, II, 531 f.

Bertulf, Kanzler v. Flandern, † 11. April 1127 in Ypern. Sohn des Erembald, eines unfreien Ritters aus der Veurner Gegend, der durch Ermordung seines Herrn (1060/67), des Burggrafen Baldrand v. Brügge, und der Vermählung mit dessen Witwe Duva zum Burggrafen v. Brügge aufstieg. Beider Kinder verschafften sich einträgl. Ämter, enormen Reichtum und große Macht. Ungeachtet ihrer unfreien Herkunft wurden sie als adlig betrachtet. Kurz nach 1090 wurde das Familienoberhaupt B. zum Propst v. St. Donatian in Brügge und zum Kanzler v. Flandern ernannt. Durch eine geschickte Heiratspolitik versuchte er, die bevorrechtete Stellung seiner Familie dauerhaft zu machen. 1126/27 wurde die unfreie Herkunft der Nachkommen Erembalds wieder bekannt. Gf. → Karl der Gute v. Flandern versuchte, sie in seine Botmäßigkeit zurückzubringen. Unter der Führung B.s empörte sich daraufhin die Familie und ermordete am 2. März 1127 den Fs.en in der Kollegiatkirche St. Donatian. Der fläm. Adel, unterstützt von den Einwohnern von Brügge, reagierte schnell: Die Mörder wurden belagert, besiegt und hingerichtet. B., der hatte fliehen können, wurde verraten, in Warneton gefangengenommen und in Ypern von Wilhelm v. Ypern, einem Bewerber um die flandr. Grafenkrone, gehängt. Der Versuch der Nachkommen Erembalds, in den Geburtsadel Flanderns aufgenommen zu werden, war gescheitert.

E. Warlop

Lit.: H. PIRENNE, Hist. du meurtre de Charles le Bon, comte de Flandre, par Galbert de Bruges, 1891 – E. WARLOP, The Flemish Nobility before 1300, 1975–76, I/1, 185ff.; II/1, 714ff.

Berufsdichter

I. Vorbemerkung – II. Mittellateinische Literatur – III. Romanische Literaturen – IV. Deutsche Literatur – V. Englische Literatur – VI. Altirische Literatur – VII. Arabische Literatur.

I. VORBEMERKUNG: Die neuzeitl. Bezeichnung »Berufsdichter« besitzt weder im Mittellatein noch in den ma. Volkssprachen terminolog. und sachl. eine genaue Entsprechung. Ist es daher nicht ohne weiteres möglich, diesen Begriff auf die anders gearteten und (bes. wegen oft lückenhaft überlieferter biograph. Angaben) nicht immer ganz klaren ma. Verhältnisse zu übertragen, so ergeben sich doch Kriterien für das Auftreten von »Berufsdichtern«, zum einen dann, wenn bei ma. Autoren eine produktive lit. Tätigkeit die Hauptbeschäftigung bildet, wobei diese nicht das Bestehen eines anders definierten existenzsichernden Dienstverhältnisses oder einer sonstigen Erwerbstätigkeit ausschließt; zum anderen dann, wenn ein Autor durch seine lit. Produktion wesentl. seinen Lebensunterhalt bestreitet. Beide Möglichkeiten können sich vermischen oder überlagern. Zu dem bes. ausgeprägten berufsmäßigen Dichtertum im alten Irland vgl. Abschnitt VI. – Die Frage nach dem Phänomen des »Berufsdichtertums« zielt auf wesentl. sozialgeschichtl. Voraussetzungen und Implikationen von ma. → Literatur; vgl. auch → Dichter, → Hofdichter. Zur Fragestellung in der skand. Lit. → Skald, Skaldendichtung. U. Schulze

II. MITTELLATEINISCHE LITERATUR: Die lat. Dichter des MA waren in der Regel Kleriker. Dieser Stand war auch ihr »Beruf«, der ihnen ein Auskommen freilich erst durch eine Pfründe, ein Amt, eine Tätigkeit als Lehrer usw. bot. Diese Verhältnisse trugen viel zur Ausbildung des Mythos von der →»Vagantendichtung« bei; denn eine Pfründe, ein Amt oder ein entsprechender (auch nur vorübergehender) Unterhalt wurde häufig dadurch angestrebt, daß man dem, der sie zu vergeben oder zu vermitteln hatte, Dichtungen darbot. Beispiele hierfür bieten unter vielen anderen → Venantius Fortunatus, → Sedulius Scotus, → Walter v. Chatillon, → Heinrich v. Avranches. Der → Archipoeta scheint dem Bilde eines B.s bes. nahezukommen, doch wissen wir von seinen Lebensumständen fast nichts. G. Bernt

III. ROMANISCHE LITERATUREN: Ein Äquivalent für den modernen Begriff des B.s gibt es in den roman. Sprachen des MA nicht, vielmehr begegnet der B. zuerst in der komplexen Kategorie des →Jongleurs (afrz. *jogleor* v. mlat. *joculator*, eigtl. 'Spaßmacher'). Nicht zuletzt deshalb ist das speziell lit. Wirken dieses seit dem 9. Jh. bezeugten, offenbar vielseitigen Künstlertypus' v. a. in vor- und frühma. Zeit kaum zu bestimmen. Auch die Versuche, seine Existenz aus älteren Traditionen herzuleiten (dem germ. → scop, dem antiken mimus), bleiben spekulativ. Gewiß ist nur, daß er ein Wanderleben führte und ein wechselndes Publikum gegen Entgelt durch den Vortrag profaner Dichtung unterhielt. Deutlichere Konturen gewinnt seine lit. Aktivität erst aus volkssprachl. Quellen seit dem 12. Jh., in denen er vornehml. als Träger und Gestalter mündl. Überlieferung erscheint. Die Forschung schreibt ihm einen bedeutenden Anteil an der Produktion meist anonym überlieferter Werke (v. a. der → Chansons de geste, der → Novellen und Heiligenlegenden, →Legende) zu, doch weiß man über die Herkunft und Ausbildung dieser B. so gut wie nichts. Als Jongleur steht der B. in einer Reihe mit anderen, von der Kirche diskriminierten Fahrenden; und der gelehrte Dichter verächtl. auf die Kunst derjenigen herab, die »vom Erzählen leben wollen« (Chrétien de Troyes, Erec und Enide), denn Dichtung mit ernsthaftem Anspruch galt bis weit über das MA hinaus als Domäne der Gebildeten, die diese nicht erwerbsmäßig und oft nur nebenbei betrieben. Entschieden gehoben wird das Ansehen des B.s allerdings durch einen um die Mitte des 12. Jh. auftretenden neuen Typus, den auf die Komposition von Liedern spezialisierten Trobador (→ Troubadours). Mit dem unabhängig dichtenden Adel durch ein elitäres künstler. Selbstverständnis verbunden, entwickelt der unterschiedlichsten sozialen Schichten entstammende trobadoreske B. (→ Cercamon, → Marcabru, → Bernart de Ventadorn u. a.) einen ausgeprägten Autorenstolz; in seiner Lebensform bleibt er freilich durch Faktoren bestimmt, die den Jongleur determinieren: Gönnergunst und Wanderleben. Die scharfe Grenze zw. dem Trobador (= Autor) und Jongleur (= Ausführender), die in einigen Texten gezogen wird, dürfte daher in Wahrheit fließend gewesen sein, und zwar lange bevor Guiraut → Riquier 1274 bei Alfons X. v. Kastilien gegen den Mißbrauch des Trobadortitels durch Jongleurs protestiert. Welche Bedeutung die seit dem 13. Jh. bezeugten städt. Genossenschaften der Jongleurs und die sog. → Puys für den B. gehabt haben, bleibt offen. Jedenfalls ist seit dieser Zeit die Tendenz zur Seßhaftigkeit des B.s zu beobachten; neben dem fest angestellten B. (in N-Frankreich → Ménestrel gen.) gibt es jedoch weiterhin den von der Gunst wechselnder Gönner lebenden B. (z. B. → Rutebeuf, Colin → Muset). Einen Sonderfall in der Geschichte der B. bildet die aus Italien stammende und in Paris wirkende → Christine de Pisan (1363–ca. 1430). – Vgl. zu SpätMA und Humanismus auch → Hofdichter. I. Kasten

Lit.: E. Faral, Les jongleurs en France au MA, 1910 – R. Menendez Pidal, Poesía juglaresca y orígines de las literaturas románicas, 1957⁶.

IV. Deutsche Literatur: Auch wenn die nz. Bezeichnung B. in der deutschsprachigen Lit. des MA keine genaue Entsprechung besitzt, finden sich doch Anhaltspunkte für eine dem Lebensunterhalt dienende lit. Tätigkeit seit der 2. Hälfte des 12. Jh. in der neu aufkommenden weltl. Dichtung. Ein großer Teil insbes. der mhd. Epik und Spruchdichtung dürfte Ergebnis der Hauptbeschäftigung ihrer Autoren mit Vorlagenrezeption und Literaturproduktion sein. Die in Prologen und Epilogen erwähnte Vermittlung lit. Vorlagen durch adlige Herren und der Auftrag zur Übertragung im Repräsentationsrahmen der entsprechenden Höfe brachte die Neugestalter der Texte in ein quasi berufsmäßiges Arbeitsverhältnis. Ihr sozialer Status wird dadurch allerdings nicht definiert. Wenn → Hartmann v. Aue und → Wolfram v. Eschenbach ihren Ritterberuf hervorheben und ihre lit. Tätigkeit zur Nebenbeschäftigung deklarieren, erscheint das angesichts des Umfangs ihrer Literaturproduktion als gattungsbedingte Rollenstilisierung. Ein existenzsicherndes Dienstverhältnis mit weiteren Aufgaben, etwa im Diplomatie-, Rechts-, Finanz- oder Kanzleibereich mochte die Hauptbeschäftigung übergreifen. Wegen der wenigen bekannten biograph. Daten bleibt die Verifizierung der Annahmen begrenzt.

Die Tätigkeit des historiograph. und lit. bezeugten *spilman*, der zu Unterhaltung bei Festen auftrat, war kaum produktiv literarisch. (Der Terminus »Spielmannsdichtung« wirkt in dieser Hinsicht irreführend.) Umherziehende Spruchsänger, die selbstverfaßte Texte zu verschiedenen Anlässen vortrugen, um Lohn und festere Dienstverhältnisse warben, setzten ihre lit. Künste zur Existenzhaltung ein. Auch wenn die Geste des *Gehrenden* zur Topik dieser Spruchdichtung gehört, dürfte sie jeweils aktuellen Bezug zur Lebenssituation der Vortragenden gehabt haben. Bei den frühesten mhd. Spruchdichtern → Herger und → Spervogel finden sich Indizien für das Leben als wandernde B. → Walther von der Vogelweide mit seinen wechselnden Beziehungen zu den bedeutenden Höfen der Zeit kann als B. gelten. Seine Sprüche bieten Hinweise auf den unterschiedl. Sozialstatus von Spruchdichtern und Minnesängern (→ Spruchdichtung, → Minnesang), die während der Entstehungsphase der Gattungen und z. T. auch später dilettierende Gelegenheitsdichter waren. Doch daneben gab es wohl schon um 1200 den Typ des an einem Hof angestellten Minnesängers, wie z. B. → Reinmar der Alte. → Neidhart v. Reuental als Minnedichter der dritten Generation gründete seine Existenz auf die lit. Tätigkeit, ebenso der → Tannhäuser sowie zahlreiche spätere Lyriker. Die Vorstellung, daß ein Teil der Spruchdichter des 13. Jh. sich wesentl. von einem bürgerl. Handwerk ernährte und nach einer Wanderzeit seßhaft wurde (R. Haller), beruht auf lit. Fiktion der Autoren selbst (→ Regenbogen als ehemaliger Schmied) bzw. auf späterer, der Eigenlegitimation dienender Meistersängertradition (Meister → Stolle als Seiler oder Barbier, → Boppe als Glasbrenner, der → Kanzler als Fischer). Die meisten waren berufsmäßige Wanderdichter (K. Franz). Durch Schulbildung erworbene Gelehrsamkeit weist bei einigen auf eine angestrebte bzw. ausgeübte Kleriker- oder Schulmeisterstellung.

Einen neuen Typ des in der Stadt ansässigen B.s, der wie andere Kunst-Handwerker auf Bestellung arbeitete, repräsentiert → Konrad v. Würzburg; seine episch. Werke nennen oberrhein. Bürger als Auftraggeber. Durch wechselnde Gönner wurden solche B. zum Ortswechsel veranlaßt (→ Heinrich v. Freiberg, → Johannes v. Würzburg). Die Ausübung bisweilen bezeugter bürgerl. Berufe mag bei einigen Epikern des 13. Jh. und des späteren MA durch die umfangreiche lit. Tätigkeit in den Hintergrund getreten sein (→ Heinrich v. Neustadt und Johannes → Hartlieb waren Ärzte, Ulrich → Fuetrer war eigtl. Maler) oder von der Rückwirkung der lit. Leistung profitiert haben. (Der verarmte Straßburger Goldschmied Philipp → Colin lebte von dem lit. Auftrag des Gf.en Ulrich v. Rappoltstein und wollte durch dessen Hilfe seine Werkstatt wiedereröffnen.) Im → Meistersang wurden städt. Handwerker gleichsam berufsbezogen lit. aktiv: Produktionsvorstellungen und Aufführungspraxis sind vom Handwerk und seiner zunftmäßigen Organisation geprägt. Die Fülle des lit. Schaffens führte auch bei ihnen z. T. zur Verlagerung der Hauptbeschäftigung auf den lit. Bereich bzw. zum Aufgeben des Handwerks (Hans → Sachs, Adam → Puschmann).

Unabhängig von der Erwerbsorientierung ihrer Tätigkeit artikulieren die Literaten ein übergreifendes künstler. Selbstbewußtsein. Es wird als eine Art Berufsethos mit der Verfügung über bes. – allerdings weitgehend topische – Qualitäten begründet: artifizielle Fähigkeiten, Gelehrsamkeit, göttl. Inspiration und Erwählung sowie die daraus erwachsende Lehraufgabe. Derartiges Berufsbewußtsein taucht in der Epik seit Wolfram v. Eschenbach und → Gottfried v. Straßburg auf, insbes. an Stellen, wo lit. Tätigkeit und Qualität vergleichend zu anderen Autoren reflektiert werden, in der Lyrik seit → Heinrich v. Morungen und Walther, indem die eigene Wertschätzung des Künstlers sich vornehml. an mangelnder Würdigung bzw. Belohnung entzündet. Konrad von Würzburg (Trojanerkrieg 68–101) sieht den Beruf des Dichters zwar analog zu anderen Handwerken, rückt ihn aber der Wolfram-Tradition folgend zugleich von ihnen ab als einzig unerlernbar, auf göttl. Erwählung und Begabung beruhend. Mit solcher Verklärung der eigenen Erwerbstätigkeit und standesmäßigen Aufwertung exponiert er einen Gesichtspunkt, der in späteren Jahrhunderten wiederholt Dichterberuf und Broterwerb als kollidierende oder einander ausschließende Interessen erscheinen ließ. Dieser irrationalen Überhöhung der Dichtkunst steht die rationalist. Auffassung der Meistersänger von der Erlernbarkeit und Regelhaftigkeit der Kunst entgegen. U. Schulze

Lit.: K. Unold, Zur Soziologie des (zünftigen) dt. Meistersangs, 1932 – R. Haller, Der wilde Alexander, Beitr. zur Dichtungsgeschichte des 13. Jh., 1935 – F. Tschirch, Das Selbstverständnis des ma. dt. Dichters, Beitr. zum Berufsbewußtsein des ma. Menschen, 1964, 239–285 – K. Ruh, Mhd. Spruchdichtung als gattungsgebunden. Problem, DVjs 42, 1964, 309–324 – W. J. Schröder, Spielmannsepik, 1967² – G. Schweikle, War Reinmar 'von Hagenau' Hofsänger zu Wien? Gestaltungsgeschichte und Gesellschaftsgeschichte (Fschr. F. Martini, 1969), 1–32 – E. Nellmann, Wolframs Erzähltechnik, Unters. zur Funktion des Erzählers, 1973 – K. Franz, Stud. zur Soziologie des Spruchdichters in

Dtl. im späten 13.Jh., 1974 – HUGO KUHN, Wolframs Frauenlob, ZDA 106, 1977, 200–210 – J.BUMKE, Mäzene im MA. Die Gönner und Auftraggeber der höf. Lit. in Dtl. 1150–1300, 1979.

V. ENGLISCHE LITERATUR: Im Ae. und Me. gibt es kein dem »Berufsdichter« genau entsprechendes Wort. Der (west)germ. → skop war Dichter und Sänger zugleich: Beim Fest in der Halle des Fs.en trug er Preis- und Heldenlieder vor, die er, zum Teil mit Hilfe überlieferten Materials, jeweils neu formte (→ mündliche Literaturtradition). Da er auch innerhalb der ae. Dichtung bezeugt ist (als *scop* und *gleoman*, v. a. in → »Beowulf«, → »Deor« und → »Widsith«, dürfte es ihn zumindest noch im frühen ags. England gegeben haben. Er konnte seiner Stellung nach angesehenes Mitglied der Gefolgschaft eines Fs.en oder von Hof zu Hof fahrender Sänger sein (was sich nicht gegenseitig ausschloß); aufgrund der anonymen und zum Teil mit fiktiven Sprechern arbeitenden Dichtungen läßt sich darüber im einzelnen jedoch nur mutmaßen. Es ist auch nicht sicher, welche der erhaltenen ae. Gedichte tatsächl. von *scop(a)s* stammen. Der größte Teil der ae. Dichtung ist nämlich eindeutig chr. geprägt und wohl von Geistlichen verfaßt (vgl. → Altengl. Literatur, → Beda, → Bibeldichtung, → Cynewulf); → Caedmon war zunächst Laie, stand aber im Dienst eines Klosters. In den Kl. wurde aber nicht nur die chr., sondern daneben auch die germ.-heroische Dichtungstradition gepflegt. So ist »Beowulf« in der uns vorliegenden Fassung möglicherweise das Werk eines Geistlichen, der älteres Material überarbeitete.

Ein Großteil der me. Dichtung stammt ebenfalls von → Klerikern (z. B. → Audelay; → Langland; → Skelton); manche von ihnen schrieben für Gönner oder in deren Auftrag und in der Hoffnung auf Belohnung (z. B. → Lydgate). Schon relativ bald nach der norm. Eroberung wurden in England Fürstenhöfe und z. T. auch Bischofssitze zu Zentren lit. Patronats. Eine Vielzahl von gelehrten Dichtern (auch Geschichtsschreibern usw.) wurde v. a. durch den Königshof unter Heinrich I. und Heinrich II. und deren Gemahlinnen angezogen. Weil die Sprache der herrschenden Schicht im 12. und 13.Jh. das Frz. (bzw. Anglonorm.) war, wurde hier zunächst aber fast nur die anglonorm. und die lat. Lit. gefördert (→ Anglonorm. Lit., → Mittellat. Lit.), kaum dagegen die frühmittelenglische. Dies änderte sich erst mit dem Rückgang des Frz. und dem Wiederaufstieg des Englischen im Verlauf des 13. und 14.Jh. Der meistbeschäftigte engl. Dichter in der ersten Hälfte des 15.Jh. dürfte → Lydgate gewesen sein, der als inoffizieller Hofdichter einen großen Teil seines umfangreichen Werkes für adlige Auftraggeber schrieb, darunter Prinz Hal (den späteren Heinrich V.) und Heinrich VI.; seinem Stand nach war Lydgate aber Mönch. Von den herausragenden Dichterpersönlichkeiten aus der 2. Hälfte des 14.Jh. waren → Chaucer und → Gower zwar Laien; Chaucers Hauptberuf war aber die Diplomatie, später die Verwaltung – dichten konnte er nur in seinen Mußestunden. Beide Dichter schrieben jedoch einen Teil ihrer Werke im Hinblick auf mächtige Gönner. Lydgates Zeitgenosse → Hoccleve war als → clerk im → Privy Seal Office beschäftigt und verfaßte etliche seiner Gedichte, um die Zahlung ausstehender Gehälter zu beschleunigen.

Einen recht heterogenen Stand bildeten die → *minstrels* der me. Zeit. Manche waren mehr oder weniger fest im Haushalt eines Mächtigen angestellt, andere dagegen waren wandernde Sänger und Unterhalter mit zum Teil geringem sozialen Status bis hin zum Bettler. Die ältere Forschung sah in ihnen u. a. die Verf. der me. → Romanzen. Heute ist man skeptischer und weist darauf hin, daß die meisten minstrels wahrscheinl. nicht selbst dichteten, sondern lediglich die Schöpfungen anderer, gelehrterer Autoren vortrugen oder Musikanten und Unterhalter waren. Als B. kann man sie deshalb nur mit großen Einschränkungen bezeichnen. H. Sauer

Lit.: J. J. JUSSERAND, Engl. Wayfaring Life in the MA, 1889 [u. ö.] – W. GROSSMANN, Frühme. Zeugnisse über Minstrels (ca. 1100 bis 1400) [Diss. Berlin, 1906] – A. BRANDL, Spielmannsverhältnisse in frühme. Zeit, SPA. PH 41, 1910, 873–892 – S. MOORE, Patrons of Letters in Norfolk and Suffolk c. 1450, PMLA 27, 1912, 188–207; 28, 1913, 79–105 – K. J. HOLZKNECHT, Lit. Patronage in the MA, 1923 [u. ö.] – A. HAUSER, Sozialgesch. der Kunst und Lit., 1953 [u. ö.] – J. STEVENS, Music and Poetry in the Early Tudor Court, 1961 – W. F. SCHIRMER-U. BROICH, Stud. zum lit. Patronat im England des 12.Jh., 1962 – E. WERLICH, Der westgerm. Skop [Diss. Münster, 1964] – K. MALONE, The OE Period, A. C. BAUGH, The ME Period (A Lit. Hist. of England, ed. A. C. BAUGH, 1967²) – D. MEHL, Die me. Romanzen des 13. und 14.Jh., 1967 [engl. Übers. 1968] – A. C. BAUGH, The ME Romance: Some Questions of Creation, Presentation and Preservation, Speculum 42, 1967, 1–31 – P. DRONKE, The Medieval Lyric, 1968 – D. PEARSALL, OE and ME Poetry. The Routledge Hist. of Engl. Poetry I, 1977 – B. C. RAW, The Art and Background of OE Poetry, 1978 – R. F. GREEN, Poets and Princepleasers. Lit. and the Engl. Court in the Late MA, 1980.

VI. ALTIRISCHE LITERATUR: Im vorchristl. Irland lagen die Bewahrung der Tradition sowie Bildungs- und Wissensvermittlung in den Händen von Männern, die von den lat. Autoren als → Druiden bezeichnet werden. Nach der Christianisierung wurden die priesterl. Funktionen dieses Personenkreises von der Kirche übernommen; die Bezeichnung *druí* wurde mit dem lat. Wort magus ('Zauberer') gleichgesetzt. Die Aufgabe der Bewahrung der Tradition ging von den Druiden dagegen auf den Dichter über, deren Bezeichnungen z. T., so → *fili* und → *éces*, auf die Seherfunktion der Druiden zurückgehen, während die Benennung *bard* (→ Barde) auf ihre Eigenschaft als Panegyriker oder aber Satiriker hinweist. Die Fähigkeit des Dichtens von Satiren galt dabei als (mag.) Kraft zur Verwundung oder Tötung. Bis ins 12.Jh. wirkten die ir. B. in enger Zusammenarbeit mit gelehrten Mönchen; oft waren beide Rollen in einer Person vereinigt. Mit den monast. Reformen des 12.Jh. wurde jedoch die volkssprachliche Bildung aus dem Bereich des Kl. verdrängt; dadurch ging die Pflege der heimischen lit. Tradition gänzl. auf B. über, die, obwohl sie sich lieber als *fili* denn als *bard* bezeichneten, tatsächl. doch ihren Lebensunterhalt durch panegyr. Werke, die sie adligen Gönnern gegen Entlohnung widmeten, bestritten. Diese Form des Mäzenatentums ging mit der Konsolidierung der unmittelbaren engl. Herrschaft über Irland im 17.Jh. zu Ende, wodurch das ir. Berufsdichtertum zu bestehen aufhörte. D. Greene

Lit.: vgl. Lit. zu → Irische Literatur.

VII. ARABISCHE LITERATUR: Schon der vorislam. Stammesdichter hat einen besonderen Status. Ihm zugeordnet ist der »Überlieferer« (*rāwī*), oft sein Schüler, der seine Verse verbreitet. Gegen Ende des 6.Jh. finden wir wandernde Dichter, die von ihrer Panegyrik auf Stammesführer oder Lokalfürsten leben. Das Berufsdichtertum festigt sich in omayyad. Zeit und gewinnt unter den Abbasiden hohes Ansehen. Mit Preis- und Trauerliedern feiert der B. die Person des Herrschers und richtet Schmähverse gegen polit. Feinde. Neben den Kalifen und ihren Beamten treten auch reiche Privatleute als Mäzene auf. Die B. schließen sich einem Fs.en an oder ziehen an verschiedene Höfe, nachdem seit dem 10.Jh. lokale Dynastien bestehen. Wie Sänger und Musiker tragen sie bei Festen und Gelagen zur Unterhaltung bei. Ihr Ansehen beruht jedoch auf der zeremoniellen Panegyrik. R. Jacobi

Lit.: A. MEZ, Die Renaissance des Islams, 1922 [Nachdr. 1968] – R. BLACHÈRE, Hist. de la litt. arabe, 3 Bde, 1952–66.

Berufsjägertum → Jagd, Jägertum
Berufskleidung → Tracht
Berufskrankheiten → Krankheit(en)
Berufung. 1. B., die in der Zeit konkretisierte zeitlose Erwählung durch Gott, im AT (B. Israels: Is 46, 9–13) wie im NT (B. der Menschheit in Christus: Eph 1, 11) mehr Ausdruck des Glaubens an das Wirken Gottes in seiner Heilsgeschichte mit den Menschen, wird seit der Vätertheologie und bes. im MA mehr als äußerer oder innerer Anruf Gottes gefaßt, der den Menschen, der hört und folgt, zum Heil oder zu einem Amt oder einem bes. Stand (Orden) in der Kirche führen möchte.

So wird schon in der Karolingerzeit neben dem Glauben an den allgemeinen Heilswillen Gottes, offenbar geworden im Heilswerk Christi (vgl. Röm 3, 23–26; 1 Tim 2, 1–6; 1 Kor 15, 28), die Prädestinationsidee, wie sie Augustinus (De praedest., a. 428 s) entfaltet hatte, durch Gottschalk v. Orbais und die Synode v. Valence (a. 855) im Sinne auch einer göttl. Vorherbestimmung zur Verdammnis vertreten und kirchl. verurteilt (Synode v. Quiercy 849), und das ganze MA hält auf Grund der bibl. Mahnungen zur Ausdauer (vgl. Mt 7, 13f; 20, 16 Vg) an der Ansicht fest, daß der größere Teil der Menschheit ewig verlorengehe, wie es auch den Weg von der B. zur Erwählung (Mt 22, 14) bzw. Rechtfertigung (Röm 8, 29f), der im 17. Jh. (Gnadenstreit) eine eingehende psycholog. Behandlung fand, theol. entfaltet (vgl. Thomas v. A. Sent. Kom. IV d 17 q 1 a 1 ql 2).

Ebenso werden die Gedanken über die B. zu einem Amt in der Kirche (vgl. Apostel: Lk 16, 13) oder zum Stand der Vollkommenheit im Orden (vgl. Lk 18, 22) als einer bes. Gnade (Charisma: 1 Kor 12, 4–11) und die Bedingungen dieser B.en, wie sie zuerst in den Canones der frühen Kirche (vgl. Nicaen., a. 325, cn 2 und 9) und in den Regeln der alten Orden (Cassian, Inst. 4; Reg. Benedicti c 58; Reg. Francisci c 2: Kommentar des Bonaventura) behandelt wurden, im Bettelordenstreit (→ Bettelorden) des 13. Jh. (vgl. Thomas v. A., 1256–1266: De perfectione vitae spiritualis; Contra retrahentes ab ingressu in religionem) eingehend erörtert, bis auch sie seit dem 16. Jh. (Konzil v. Trient) durch die amtl. Kirche eine mehr psycholog. Behandlung fanden. – Vgl. auch → Erwählung, → Gnadenlehre, → Prädestination. J. Auer

Lit.: DThC XV/2, 3148–3181 – G. RAIMBERT, Guide de la vocation religieuse, 1923 – E. P. FARSEL, De vocatione religiosa secundum principia D. Thomae, 1951 – Studi sulla vocazione, Salesianum 15, 1953, 197–510.

2. B. → Appellation

Beryll → Brille, → Edelsteine

Berzé, Hugues de → Hugues de Berzé

Besalú, Gft. in Katalonien, bildete seit dem frühen 9. Jh. als pagus und episcopatus Bisuldunensis (so 842) eine gesonderte Gebietseinheit, obwohl sie dem Gf.en v. Gerona unterstand und definitiver Bestandteil des Bm.s → Gerona war; der dem Bf. v. Gerona zugewiesene Ort Báscara wurde vom terminus der pagi Gerona, B. und → Ampurias durchschnitten. 871 erstmals comitatus genannt, erhielt sie 878 in Radulf, dem Bruder Gf. → Wifreds I., dem u. a. Gerona unterstand, einen eigenen, im Auftrag seines Bruders fungierenden Grafen. Im 10. Jh. zählte sie zur Samtherrschaft der Nachkommen Wifreds I., wurde aber jeweils nur von einer Familie der Nachkommenschaft regiert, die sich 993/994 unter → Bernhard Tallaferro als eigene Linie absonderte. Bei dieser Absonderung wurden das im 9. Jh. zur Gft. Razès und seit ca. Mitte 10. Jh. zur Gft. → Cerdaña (Cerdagne) gehörende Conflent und Fenouillèdes sowie das Donezan und Pierrepertuse dem Komplex B. zugeschlagen; zugleich dehnte Bernhard Tallaferro seine Grafengewalt über die Kl. → Ripoll und S. Juan de las Abadesas in der Gft. Ausona aus, und kurz vor 1021 kam ein östl. an Fenouillèdes angrenzender Landstreifen hinzu. Der ganze Komplex sollte durch das 1017 gegr. Bm. B. (S. María de B. als Bischofskirche) über einen vom Gf.en lehnsabhängigen Bf. größere Eigenständigkeit erhalten; spätestens 1031 war das Bm. wieder aufgelöst. Der Hauptort B. beherbergte im 11. Jh. die Münzstätte der Gft. Die Gft. B. fiel infolge Kinderlosigkeit des Gf.en Bernhard III. und auf Grund eines Lehnsvertrages 1111 an den Gf.en v. → Barcelona außer Fenouillèdes und Pierrepertuse, die schon kurz vorher der Vizegft. → Narbonne inkorporiert worden waren. Das Vizegrafenamt v. B. wird 986 erstmals genannt, betitelte sich seit 1120 nach dem Tal Bas und ging noch im 12. Jh. auf das vizegfl. Haus v. Cervera über. O. Engels

Lit.: F. CAULA, Orígenes de la casa vizcondal de Bas, 1950 – S. SOBREQUÉS I VIDAL, Els barons de Catalunya, 1957, 8–11, 41–43 – R. D'ABADAL I DE VINYALS, Els primers comtes catalans, 1958 – S. SOBREQUÉS I VIDAL, Els grans comtes de Barcelona, 1961, 170–172 – O. ENGELS, Schutzgedanke und Landesherrschaft im östl. Pyrenäenraum (9.–13. Jh.), 1970.

Besalú, Ramón de (Busaldus, Busaldo, Besuldus), katal. Legist, Ende des 13./Anfang des 14. Jh., stammte aus der Gft. Besalú (Katalonien); Magister, Archidiakon v. Tierrantona (heut. Prov. Huesca, Diöz. Lérida). Er leistete Alfons III., Kg. v. Aragón, diplomat. Dienste und erreichte 1288 als Begleiter des Adligen Gilaberto de Cruilles in der Provence die Bestätigung eines Waffenstillstandes. Unter Jakob II. v. Aragón, setzte B. seine diplomat. Tätigkeit fort (Mission nach Narbonne 1303). Nach dem Abschluß der sog. »Composició de Josà«, einem Vertrag zw. dem Templerorden und dem Hause → Moncada einerseits und den Bürgern von → Tortosa andererseits über die schriftl. Festlegung der Stadtrechte (1277), trat R. de B. an die Stelle eines der drei ernannten Schiedsrichter, des Abtes v. S. Feliu de Gerona, José de Bonal. Darüber hinaus ist er der Autor von zwei Gutachten *(conseyls)* über straf- und prozeßrechtl. Fragen innerhalb des Gewohnheitsrechtes von Tortosa, die in einem ähnlichen Stil, wie ihn in Frankreich Pierre de → Fontaines praktizierte, gehalten sind.

J. Lalinde Abadía

Q. und Lit.: Diccionari biogràfic I, 1966, 286 – B. OLIVER, Código de las Costumbres de Tortosa I, 1876, 115–117; IV, 1886, 9, 500–504, 507–519.

Besalú, Ramon Vidal de → Vidal, Ramon de Besalú

Besançon

I. Stadt- und Bischofssitz – II. Bistum und Kirchenprovinz.

I. STADT UND BISCHOFSSITZ: B. (Vesontio, Besontio, Bisontio, civ. Vesontionensium, seit 9. Jh. auch Chrysopolis, Crisopolitana civ., eccl.), heute Hauptstadt des Dép. Doubs, liegt in einer natürl. befestigten Doubs-Schleife am Schnittpunkt der antiken Verkehrsverbindungen Rhône – Rhein und Oberitalien – Nordgallien. Das i. J. 58 v. Chr. von Caesar besetzte, am nördl. Fuß eines Bergsporns gelegene, mauerumwehrte oppidum maximum der Sequaner war noch i. J. 68 n. Chr. befestigt und scheint am Ende des 3. Jh. erneut durch eine Mauer gesichert worden zu sein. Die Hauptachse der antiken Stadt war die über die »Citadelle« führende Alpenstraße, die durch die Porta Nigra lief, als cardo die Stadt durchquerte, über die bis 1953 bestehende Brücke führte und auf dem rechten Ufer die von W nach O laufende Rhône-Rhein-Straße schnitt. Westl. dieser Kreuzung lag das (noch bestehende) Amphitheater (1. Jh. n. Chr.). Beim Schnittpunkt von cardo und decumanus befand sich wohl das antike forum (gen. »Capitolium«). Innerhalb der Mauern lag die Kathedrale, das Baptisterium (St. Johann Baptist), möglicherweise von alters extra muros. Spätantik war wohl die über dem Grab der lokalen Hl. Ferreolus und Ferrucio errichtete Basilika an der nach Chalon führenden Straße, wahrscheinl. auch die ebenfalls als merow. Bischofsgrablege bekannte Peterskirche zw. der Civitasmauer und der Doubsbrücke. Im 6.Jh. kam noch die Mauritiuskirche als bfl. Grabkirche hinzu. Seit Ende des 5.Jh. gehörte B. zum Burgunderreich (→ Burgunder). 534 wurde es Austrien zugeteilt; seit der Reichsteilung von 561 zählte es zum burg. bzw. neustro-burg. Teilreich. Vom Ende des 6.Jh. bis zum Ende des 7.Jh. war B. Vorort eines Dukates, der den pagus Ultrajoranus und den pagus Scodingorum umfaßte. Dem galloröm. Adel entstammte die eng mit B. verbundene Familie des dux Waldelenus (n. 614 bis v. 636): sein Sohn → Donatus, ein ehem. Mönch v. Luxeuil und Bf. v. B. (ca. 626–660), gründete um 625/630 das Paulskloster, in dem dux und Bf. begraben wurden; Waldelenus' Gemahlin Flavia errichtete nach dem Tod des Gatten als Hauskloster das Frauenkloster Jussa-Moutier (nach 636), wofür Donatus die nach ihm benannte Regel zusammenstellte. Donatus' Bruder, der dux Chramnelenus (v. 636–n. 642), gründete bzw. erneuerte das Kl. → Romainmôtier. Bei der Reichsteilung zu → Meersen (870) wurde die zum lotharing. Mittelreich gehörende Diöz. B. aufgeteilt: die Stadt mit den suburbanen Abteien Bregille und Jussa-Moutier fiel Karl dem Kahlen zu, der die Martinsabtei Bregille wohl 871 Ebf. Arduic übertrug. Ebf. Theodoricus unterstützte 879 die Wahl → Bosos, Kg.s v. Niederburgund, doch gehörte B. 880–888 zum Reiche Karls III. des Dicken. 888–893 war Ebf. → Theodoricus Erzkanzler Rudolfs I., Kg.s v. Hochburgund; 895 wandte er sich → Zwentibold, Kg. v. Lotharingien, zu, seit ca. 900 unterstand B. wieder den → Rudolfingern. Die Gft. B. war seit 914 in der Hand → Hugos des Schwarzen, marchio in Burgund, seit der 1. Hälfte des 10.Jh. der Grafenfamilie von → Mâcon-B., deren Erbe → Otto-Wilhelm, Gf. v. → Burgund (982–1026) antrat, während sein Stiefsohn Leutald das Ebm. übernahm (993/994). Die Grafenrechte übte Mitte des 10.Jh. ein vicecomes aus. Einen Wendepunkt in der Geschichte B.s bedeutete i.J. 1031 die Wahl → Hugos v. Salins († 1066), des mit dem Grafenhause verwandten Kaplans Rudolfs III., zum Ebf. Im Kampf um die Nachfolge im Kgr. Burgund unterstützte Hugo stets die Sache des dt. Kg.s, während der Gf. v. B. der Partei des Thronbewerbers → Odos II., Gf.en v. Blois, zuneigte. Ks. Heinrich III., der 1043 in B. seine Verlobung mit Agnes v. Poitou feierte, hatte 1041 Hugo v. Salins zum Erzkanzler für Burgund gemacht. Die Unterstützung durch den Kg. sicherte dem Ebf. das Übergewicht über die Gf.en, auch wenn ihm nicht – wie zuweilen angenommen wird – die Grafenrechte formell übertragen worden sind. Tatsächl. besaßen die Ebf.e seit Hugo die Rechte über Zoll, Markt und die mit Unterbrechung seit der Merowingerzeit arbeitende Münze sowie die Gerichtsbarkeit über die Stadt, die sie seit Mitte des 11.Jh. durch ihre Lehnsleute, den vicecomes und den villicus, ausüben ließen. Papst Leo IX. bestätigte 1049 während seines Aufenthaltes in B. sämtl. Herrschaftsrechte des Ebf.s über die Stadt (totius urbis potestatem), ferner die Rechte des von Hugo 1044 neu eingerichteten Stiftes St. Paul und der beiden Domkapitel St. Johannes und St. Stephan. Um 1040 hatte ein Stadtbewohner die neben der hl. Quintinus geweihte Kirche von der alten Civitasmauern unweit der städt. Mutterpfarrkirche St. Johann Baptist gegr. Beide Kirchen säumten das ma. forum. Das Gegenstück dieses suburbanen Marktviertels war der beiderseits des Doubs bei der Brücke und um die Magdalenakirche gelegene burgus, in welchen am Anfang des 12.Jh. die Münze verlegt wurde. Der unter Ebf. Wilhelm v. Arguel (1109–16) ausgebrochene Streit zw. den beiden Kapiteln v. St-Jean und St-Étienne um den Vorrang als Bischofssitz wurde 1121 zugunsten von St-Jean entschieden. Erst 1253 wurden beide Kapitel vereinigt. Seit Friedrich Barbarossas Erscheinen in B. i.J. 1153 verstärkte sich erstmals wieder der Einfluß des dt. Kg.s auf das Geschick von B., v.a. seit seiner Vermählung mit Beatrix v. Burgund (1156). Die zentrale Stellung B.s in Friedrichs Burgundpolitik kommt in vielerlei wichtigen polit. Ereignissen und Maßnahmen dieser Zeit zum Ausdruck, so im Reichstag in B. (Okt. 1157; → Besançon, Reichstag, v.); in der Wahl (1163) des aus dem niederrhein. Gebiet stammenden ksl. Kaplans Herbert († ca. 1170), Propst in Aachen, dem Friedrich 1164 die ebfl. Rechte gegen die Forderungen der Bürger bezügl. des ebfl. Wechselmonopols verbriefte; in der Unterstützung Ebf. Eberhards (1171–80) 1176/77 gegen einen Aufstand Bisontiner Großer und der Bürgerschaft sowie in der Vermittlung zw. Eberhard und den Bürgern, wobei die stadtherrl. Rechte des Ebf.s über die cives bisuntini (= homines archiepiscopi) und das bürgerl. Erbschaftsrecht fixiert wurden. Gegen das stadtherrl. Regiment des Ebf.s Gerhard v. Rougemont (1220–25) verbündeten sich die Bürger in einer Schwureinung, die 1224 von Kg. Heinrich (VII.) und 1225 von Friedrich II. aufgehoben wurde. Seit 1249 besaß die Bürgerschaft rudimentäre Selbstverwaltungsorgane. Unterstützt durch den Herren v. → Chalon, konstituierte sie sich 1258 gegen den Widerstand des Ebf.s als Stadtgemeinde. Im Konflikt zw. Gf. → Otto IV. v. Burgund und → Rudolf v. Habsburg gelang es ihr i.J. 1290, sich die Reichsunmittelbarkeit, die Mitwirkung an der Gerichtsbarkeit und die Selbstverwaltung bestätigen zu lassen. Doch stand B. wie schon seit 1259 noch bis 1388 unter dem vorwaltenden Einfluß der Herren v. Chalon, die seit 1294 den Vicecomitat und das Schultheißenamt als ebfl. Lehen besaßen. Die Erneuerung der 1290 gewährten Rechte durch Karl IV. i.J. 1364 änderte nur wenig an der Vorherrschaft der Chalon. Erst in den 80er Jahren des 14.Jh. verdrängte der Hzg. v. → Burgund die Chalon aus der Schutzherrschaft über Besançon. 1407–09 versuchte Hzg. Johann, in den Besitz des ebfl. Regalgerichtes zu kommen und B. seinem Territorium einzugliedern, stieß jedoch auf den Widerstand Ebf. Theobalds v. Rougemont (1405–29), dem Kg. Siegmund 1415 die Regalien verlieh. 1422 restituierte Hzg. Philipp der Gute dem Ebf. das Regalgericht. Den endgültigen Ausgleich mit der Bürgergemeinde brachte der von Papst Martin V. zum Ebf. v. B. erhobene Kard. (seit 1426) und ehem. Ebf. v. Rouen, → Johann IV. (1430–37), der seit 1431 auch an den Verhandlungen des Basler Konzils beteiligt war. Obwohl noch 1434 Ks. Siegmund die Privilegien der Stadt bestätigte und den Bürgern die Hochgerichtsbarkeit verlieh, konnte Johannes 1435 seine Rechte sowie die Rechte der Bürger und des Kapitels vertragl. fixieren. Der Ebf. besaß danach zwar die Regalien; die drei konkurrierenden Gerichte, das Regalgericht, das Vizegrafen- und das Meiergericht waren jedoch in ihren Kompetenzen gleichgestellt worden. An der Grundordnung von 1435 vermochte weder ein Volksaufstand gegen die städt. Gouverneure (1450) noch der Übergang des Ebf.s Karl v. → Neuchâtel zu Ludwig XI. (1477/79) zu rütteln. Der Friede v. Senlis (1493) verband B. wieder mit dem Reich; erst seit dieser Zeit war B. eine tatsächl. auch von lokalen Gewalten unabhängige Reichsstadt. Seit Ende des 13.Jh. verwalteten 14 aus den sieben Stadtvierteln erwählte Gouverneure die Stadt. Die Wirtschaftskraft des im hohen und späten MA ca. 8–10 000 Einw. zählenden B. beruhte seit dem 11.Jh. auf dem Weinbau, seit dem 13.Jh. auf dem Textilgewerbe, das exportorientiert war (Mittelmeerraum, NW-Europa).

II. BISTUM UND KIRCHENPROVINZ: Die Christianisierung von B. ging vermutl. von Lyon aus. Das Bm. wurde vielleicht in konstantin. Zeit gegr., doch ist der erste Bf., Pancharius, erst für 346 nachgewiesen. Als Metropolit ist Bf. Protagius 614 bezeugt. Zur antiken Maxima Provincia Sequanorum hatten vier civitates (Vesontiensium, Equestrium, Helvetiorum, Basilensium), vier castra (Vindonissense, Ebredunense, Argentariense, Rauracense) und der Portus Abucini gehört. Dem Ebf. v. B. unterstanden im MA nurmehr die Suffragane → Belley, → Lausanne und → Basel.

Im Früh- und HochMA wurde die Diöz. B. von drei monast. Wellen erfaßt. Um 430/435 gründeten die → Juraväter Romanus und Lupicinus Condat, Lauconne und La Baume, an die sich Ende 5.Jh./Anfang 6.Jh. die Kl. St-Lautein und Maximiacus anschlossen. Ir. bzw. iro-frk. Gründungen waren Saulx (um 590), die drei Columbanklöster Annegray, → Luxeuil und Fontaine (vor 610), die eng von Luxeuil abhängige cella Cusance (1. Hälfte des 7.Jh.) und die beiden Bisontiner Kl. der Familie des dux Waldelenus (vgl. Abschnitt I) sowie die Kl. Dornatiacum an der Saône, Baume-les-Dames, → Lure und → Faverney. Die spätkarol. Gründungen kamen seit 909 über Abt Berno in den Bannkreis von Cluny. Es zählten dazu Enfonvelle, das im 11.Jh. Priorat von St-Benigne von → Dijon wurde, Poligny, Mouthier-Hautepierre und Vaucluse, spätere Cluniazenserpriorate, sowie das von Berno selbst geleitete Kl. Baume-les-Messieurs und das von ihm vor 888 auf Eigenbesitz gegr. Peterskloster Gigny.

In spätmerow.-karol. Zeit war die Diöz. B. in fünf pagi aufgeteilt (p. Warascorum-Varais, p. Scotingorum-Escuens, p. Commaviorum, Ammavriorum-Amous, p. Portensis-Port-sur-Saône [portus Abucini], Alsegaudia-Ajoye/ → Elsgau). Ein Sonderbezirk war das Territorium unmittelbar um den Civitasvorort, das im 12.Jh. als Archidekanat bzw. ministerium de Sexta bekannt war. Spätestens im 10.Jh. zählte die Diöz. B. vier Archidekanate, Ende des 12.Jh. 15. I.J. 1253 wurde ihre Zahl anläßl. der Vereinigung der beiden Kapitel auf fünf reduziert (B., Salins, Faverney, Gray, Luxeuil). Seit 1408 wirkte die hl. Coletta (1381–1447) in der Diöz. B. für eine Erneuerung des Franziskanerordens und stiftete den Orden der armen Klarissen, der sog. → Colettinnen. R. Kaiser

Lit.: DGHE VIII, 1144–1162 – DUCHESNE, FE III, 198–226 – GChr XV – LThK² II, 286f. – F. GÜTERBOCK, Zur Gesch. Burgunds im Zeitalter Barbarossas, ZSchG 17, 1937, 145–229 – J. CALMETTE–E. CLOUZOT, Pouillés des provinces de Besançon, de Tarentaise et de Vienne, 1940 – R. HOKE, Die Freigft. Burgund, Savoyen und die Reichsstadt B. im Verbande des ma. dt. Reiches, ZRGGermAbt 79, 1962, 106–194 – CL. FOHLEN, Hist. de B., I: Des origines à la fin du XVIe s., 1964 – H. AMMANN, B. im MA, SchZG 17, 1967, 482–532 – G. MOYSE, Les origines du monachisme dans le diocèse de B. (Ve–Xe s.s), BEC 123, 1973, 21–104, 369–485 – R. KAISER, Karls des Kahlen Münzprivileg für B. vom 1. Nov. 871. Eine Gelehrtenfälschung des 17. Jh., Schweizer. Numismat. Rundschau 55, 1976, 179–201 – R. FIÉTIER, La cité de B. de la fin du XIIe au milieu du XIVe s. Étude d'une société urbaine, 3 Bde, 1978 – G. MOYSE, La Bourgogne Septentrionale et particulièrement le Diocèse B. de la fin du monde antique au seuil de l'âge carol. (Ve–VIIIe s.s), VuF 25, 1979, 467–488.

Besançon, Reichstag v., erster burg. Reichstag (besser: Hoftag) Ks. Friedrichs I. in der letzten Oktoberwoche 1157. Er diente vornehml. drei Zielen: der Sicherung des Erbes seiner zweiten Gemahlin → Beatrix v. Burgund, der Neubelebung der Reichsrechte in Burgund und der Vorbereitung seines 2. Italienzuges. → Rahewins Behauptung eines bes. zahlreichen und weitgestreuten Teilnehmerkreises wird durch die Urkunden (MGH DD F.I. 183–187) nicht bestätigt. Vor allem blieb offenbar – wie H. HIRSCH einleuchtend vermutet – der burg. Hochadel wegen der Bevorzugung der geistl. Würdenträger durch den Ks. fern. Damals erhielt der Ebf. v. Vienne die burg. Erzkanzlerwürde. An namhaften weltl. Großen ist Hzg. Berthold IV. v. Zähringen (→ B. 8.) zu nennen (wobei in B. wahrscheinl. die endgültige Abgleichung der stauf. und zähring. Interessen hinsichtl. des Raumes zw. Hochrhein und Genfer See erfolgte); sonst sind nur Friedrichs Schwager, Matthäus v. Lothringen, und Pfgf. Otto v. Wittelsbach nachweisbar.

Berühmtheit erlangte der R. v. B. dadurch, daß auf ihm das bes. seit dem Treffen von → Sutri (1154) und dem Vertrag v. → Benevent (1156) angespannte Verhältnis zw. Papst und Kaiser offen eskalierte. Als der Kanzler → Rainald v. Dassel bei der Verlesung eines Briefes Papst Hadrians IV. in dem dieser sich für die Freilassung des in burg. Adelsgefangenschaft geratenen Ebf.s → Eskil v. Lund verwandte, die Bezeichnung der Kaiserkrönung als »beneficium« des Papstes nicht mit »Wohltat«, sondern mit »Lehen« übersetzte, löste dies Entrüstung unter den Teilnehmern aus, die päpstl. Legaten wurden durchsucht und dem dt. Klerus eine Appellation an die Kurie untersagt. Ob die Übersetzung Rainalds sachentsprechend war oder verschärfte, ist in der Forschung umstritten. In einem kgl. Rundschreiben und einer Stellungnahme des Episkopats wurde die Kaiserauffassung Friedrich Barbarossas (Berufung auf die Königswahl durch die dt. Fs.en als Grundlage für das Ksm.) der päpstl. Auffassung (→ Papst, Papsttum; → Kaiser, Kaisertum) gegenübergestellt. Hadrian IV. mußte einlenken. W. Goez

Lit.: HAUCK IV – HALLER III – JDG F. I. [H. SIMONSFELD] – H. HIRSCH, Urkundenfälschungen aus dem Regnum Arelatense. Die burg. Politik Ks. Friedrichs I., 1937 – M. MACCARONE, Papato e Impero dalla elezione di Federico I alla morte di Adriano IV, 1959 – P. RASSOW, Honor Imperii, 1961, 78f. – W. HEINEMEYER, »beneficium – non feudum, sed bonum factum«. Der Streit um den Reichstag zu Besançon 1157, ADipl 15, 1969, 155–236 – G. KOCH, Auf dem Wege zum sacrum imperium, 1972, 193ff. – W. GREBE, Stud. zur geistigen Welt Rainalds v. Dassel (Friedrich Barbarossa, hg. G. WOLF, WdF 390), 1975, 287ff. – O. ENGELS, Die Staufer, 1977², 66f. – Eine gegen die Echtheit des fingierten Briefwechsel im Anschluß an den Zusammenstoß vgl. N. HÖING, ADipl 1–2, 1955f. und kontrovers dazu W. GOEZ, Translatio imperii, 1958.

Beschauzeichen. [1] *Allgemein:* Obrigkeitl. vorgeschriebenes Zeichen, das als Garantie für Qualität und Quantität eingewebt, aufgestempelt oder als Siegel angehängt (bei Wolle, Leinen, Barchent), eingepunzt (in Metall) oder eingebrannt (bei Holzwaren, Tonnen) wird. Oft Signum, Marcha, Bulla, *Sigel*, *Merke*, *Zeichen*, *Mal*, *Enseigne* genannt. Seit dem 13./14.Jh. in Europa verbreitet, durch Zunftstatuten, Ratsbeschlüsse oder fsl. Erlaß geregelt. Ein Zusammenhang mit den Warenzeichen der Antike ist nicht nachweisbar. Drei verschiedene Zeichenarten werden z.T. nebeneinander, z.T. in einem Zeichen kombiniert auf der Ware angebracht: a) *Haftungszeichen* (Meisterzeichen, Marke). Es muß vom einzelnen Meister oder Kaufmann angebracht werden, der damit als Hersteller oder Verkäufer feststell- und haftbar wird. Es wird dem Meister von der Zunft verliehen, und oft wird ein Abdruck davon im Sinne einer Registrierung bei der Zunft hinterlegt. Dieses Zeichen zu entfernen, um sich der Haftung zu entziehen, ist streng verboten. Meisterzeichen dürfen z.T. verkauft werden. b) *Prüfungszeichen* (B. im engern Sinne) werden von zünft. oder städt. Beschauern (Prüfungsbehörden) angebracht als Garantie für richtige, standardisierte Qualität und Quantität ihrer Exportprodukte. Bei Textilien dienen dafür z. T. B., die von den Beschauern nach jedem Arbeitsgang, wie Weben, Bleichen, Färben usw., sukzessive angebracht werden, z. T. solche, die verschiedene Qualitäten des fertigen Produktes angeben, wie z. B. Ochse (beste Qualität), Löwe, Traube im obdt. Barchentgewerbe. Minderwertige Qualitäten werden beschnitten oder gelocht. Ansätze zu weiträumiger Vereinheitlichung der B. in einer Mehrzahl von Städten gibt es seit dem 14. Jh. im Bereich der Hanse, des Dt. Ordens und in süd- und ostdt. Barchentstädten des 15. Jh. c) *Herkunftszeichen*. Siegel oder Stempel mit dem Wappen oder der Initiale der Stadt, in der das Produkt hergestellt oder geprüft wurde, bei Textilien auch bes. eingewebte B. in der Gewebekante. Es garantiert die Herkunft aus der betreffenden Stadt und auch die Qualität, wenn andere Qualitätszeichen fehlen. Oft wird für bessere Qualität ein großes, für schlechtere ein kleines B. verwendet.   H. C. Peyer

Lit.: R. Eberstadt, Das frz. Gewerberecht und die Schaffung staatl. Gesetzgebung und Verwaltung in Frankreich vom 13. Jh. bis 1581, 1899, 186ff. [grundlegend] – O. Held, Marke und Zeichen im hans. Verkehr bis zum Ende des 15. Jh., HGBll 1911, 481ff. – A. Doren, Stud. aus der Florentiner Wirtschaftsgesch. I, 1901, 97ff.; II, 1908, 621ff. – G. Espinas, La draperie dans la Flandre française au MA II, 1923, 349ff. – Th. Goerlitz, Die rechtl. Behandlung des gewerbl. Bildzeichens in Dtl. seit dem 14. Jh., ZRGGermAbt 55, 1935, 216ff. – R. Franceschelli, Sui marchi d'impresa, 1971, 32ff. – W. v. Stromer, Die Gründung der Baumwollindustrie in Mitteleuropa, 1978, 18ff.

[2] *Beschauzeichen in der Silber- und Goldschmiedekunst:* Die Marke (Stempel) wurde als Probier- und Güteszeichen v. a. auf Silberarbeiten des MA vom Schaumeister (Wardein) der Zunft nach Probe (Tremulierstich) eingepunzt. Der Beschaumeister konnte den Vorschriften nicht entsprechende Arbeiten zerbrechen bzw. Strafen verhängen. Die älteste Vorschrift für Städte ist 1275 bezeugt (Philipp III., Kg. v. Frankreich), für Paris erscheint die Lilie 1313. B. gab es außerhalb Frankreichs erst im 14. Jh., Barrenstempelung schon früher (z. B. Erfurt 1289). Neben Stadtzeichen waren auch Meisterzeichen gebräuchl. (zuerst 1335 in Florenz). Die Vorschriften wechselten (Braunschweiger Goldschmiedeordnung v. 1231, älteste Dtl.) und wurden, entsprechend dem Reichsgesetz von 1548, unterschiedl. befolgt. Seit dem 15. Jh. gab es auch Vorschriften über Jahreszeichen. Stadtzeichen erscheinen seit dem Ende des MA (Wappen bzw. Teil oder Buchstabe, z. B. Löwe = Lüneburg, N = Nürnberg). Vom 14. Jh. an sind B. auch für Zinn bekannt. Ein Vorläufer des ma. B.s ist die frühbyz. Silberstempelung (ksl. Kontrollstempel auf halbfertigem Erzeugnis).   V. H. Elbern/W. Scheffler

Lit.: RDK II, 307ff. [R. Jaeger] – M. Rosenberg, Der Goldschmiede Merkzeichen, 4 Bde, 1922–28 – O. Lauffer, Meisterzeichen und Beschau (Festg. K. Koetschau, 1928), 39ff. – E. Cruikshank Dodd, Byzantine Silver Stamps, 1961 (Suppl. DOP 18, 1964; 22, 1968) – Tardy [Langellé], Poinçons d'argent, 1965⁶.

[3] *Beschauzeichen in der Waffenerzeugung:* In der Waffenerzeugung gab es Meisterzeichen auf Schwertklingen seit der La-Tène Periode, Namenszeichen seit röm. Zeit. Diese Übung setzte sich im FrühMA fort. Dem hohen Ansehen jener Handwerkskunst entsprechend, hatten die Zeichen den Charakter von Künstlersignaturen. Die Klingenschmiede beharrten auf ihrer Tradition, weshalb sich obrigkeitl. festgesetzte B. nur schwer durchsetzen konnten, daher blieben Stadtmarken (wie der Wolf von Passau, das »T« von Toledo, die Kastellmarke von Mailand) selten. Der Klingenschmied zeichnete auf der Klinge, der Gefäßmacher auf der Angel.

Die it. Harnischmacher (Plattner), namentl. in Mailand, stempelten seit der 2. Hälfte des 14. Jh. mit behördl. registrierten Meistermarken. Da an einem Werk bisweilen mehrere Meister in Arbeitsgemeinschaft tätig waren, tragen it. Harnische oft eine große Anzahl verschiedener Marken. Nach Ch. Butin soll in Frankreich die Qualität eines Stückes durch Verdoppelung und Verdreifachung der Meistermarke ausgewiesen worden sein, was sich für Italien nicht mit Sicherheit nachweisen läßt. Dt. Plattnerarbeiten durften nur eine Marke des verantwortl. Meisters und die Stadtmarke als B. (letztere auch allein) tragen. Minderwertige, aber ebenso ganz teure Arbeit blieb ohne B.

Das junge Gewerbe der Rohrschmiede besaß ebenfalls Marken und B., aber eine den Plattnerarbeiten entsprechende Kennzeichnung der Feuerwaffe durch Laufschmied, Schloßmacher, Schäfter und Erzeugungsort führte sich bei der Feuerwaffe erst im 16. Jh. ein.   O. Gamber

Lit.: W. Boeheim, Meister der Waffenschmiedekunst, 1897 – Ch. Butin, Notes sur les Armures à l'Épreuve, 1901 – B. Thomas-O. Gamber, L'Arte Milanese dell'Armatura, Storia di Milano XI, 1958 – H. Seitz, Blankwaffen I, 1965 – J. Støckel-E. Heer, Der Neue Støckel, 2 Bde, 1978/79.

Bescheidenheit → Tugenden

Beschlagnahme → Sequestrum

Beschneidung

I. Judentum und Islam – II. Christliche Theologie.

I. Judentum und Islam: [1] *Judentum:* Die Zirkumzision der Vorhaut, hebr. B^{e}rit milāh ('Bund der B.'), gilt im Judentum als grundlegende religiöse Pflicht. Nach Gen 17, 10–14 ist sie das Zeichen des Bundes zwischen Gott und seinem Volke Israel, nach babylon. Talmud Nedarim 32a wiegt sie alle anderen religionsgesetzl. Vorschriften auf. – Der Vater ist verpflichtet, seinen Sohn beschneiden zu lassen, was fast immer am 8. Tag nach der Geburt geschieht. Durchgeführt wird die B. von einem Fachmann (*Mohel*), ihr schließen sich die Namengebung und ein religiöses Festmahl an.

Die B. wurde – neben der Sabbatheiligung und den Speisegesetzen – zu einem wichtigen Merkmal, durch das sich Juden von Christen unterschieden. Entsprechende Äußerungen hierzu finden sich schon in der frühen patrist. Literatur (Ambrosius, Origenes, Justin).   P. Freimark

Lit.: RAC II, 159–169 – J. Soetendorp, Symbolik der jüd. Religion, 1963, 9–15.

[2] *Islam:* Die B., weit über den islam. Raum hinaus im Orient und in Afrika verbreitet, wird im Koran zwar nicht explizit vorgeschrieben, jedoch als Praxis vorausgesetzt. Sie findet sich bereits im vorislam. Arabien; in der Prophetentradition (*sunna*) wird sie als Kennzeichen der natürl. Religion verstanden. Im islam. Recht wird sie mehr am Rande behandelt; für die Mehrzahl der Rechtsschulen ist sie nicht unbedingt obligatorisch. Jedoch spielt sie in der Volksfrömmigkeit eine zentrale Rolle; man betrachtet sie als Reinigungsritual und als Symbol der endgültigen Aufnahme in die Gemeinde. Sie wird sowohl bei Knaben als auch, weniger generell, bei Mädchen (Entfernung der Klitoris oder der kleinen Schamlippen) praktiziert. Im allgemeinen wurde die Operation vom Bader vorgenommen, manchmal mit bes. altertüml. Instrumenten (Steinmesser). Die B. der Knaben verbindet sich bis heute mit einer Feier; ihr geht eine Prozession voraus. Von daher erklärt sich, daß sie manchmal (ähnl. der chr. Erstkommunion) kollektiv vorgenommen wird.

Lit.: EI², s. v. Khitān.   J. van Ess

II. Christliche Theologie: Die B. wurde von Judenchristen als Heilsvoraussetzung gefordert, von Paulus im geistigen Sinn als »B. des Herzens« (Röm 2, 28f.) verstanden und durch die Taufe als »Christus-B.« (Kol 2, 11f.)

abgetan (vgl. »Apostelkonzil«, Gal 2, 1-10). Die älteren chr. Lehrer (Justin, Tertullian, Cyprian) sahen in der B. nur ein äußeres typolog. Bundeszeichen. Seit dem 4. Jh. in Entsprechung zur Taufe als heilswirksam gedacht (Ambrosius, Augustinus), verstand die Scholastik sie als gottgesetztes Mittel zur Tilgung der Erbschuld (Innozenz III., DENZINGER-SCHÖNMETZER, 780). Mit Petrus Lombardus setzten die Fragen nach der verschiedenen Wirkweise bei Unmündigen und Erwachsenen wie nach den positiven Gnadenwirkungen ein. Der Lösung kam Thomas v. Aquin am nächsten, wenn er in die B. alle Auswirkungen der Gnade einschloß, freil. nicht kraft des Zeichens, sondern kraft des Glaubens an Christi Leiden, der bei Unmündigen stellvertretend bekannt wurde (S. th. III q 70 a 4). L. Scheffczyk

Lit.: DThC II, 2519 ff. – LANDGRAF, Dogmengeschichte III, 1 – M. SCHMAUS, Kath. Dogmatik IV, 1, 1964⁶.

Beschreibstoffe → Papier, → Papyrus, → Pergament, → Wachstafel

Beschreibung. Die lat. Bezeichnung für B., descriptio, kannte das MA aus der Bibel und aus Cicero, der davon spricht, daß ein unendl. Geist das Weltall geordnet und beschrieben habe (Cic. nat. I, 26). Schon der frühchristl. Apologet Minucius Felix deutete diese Stelle dahin, daß die B. als Bewegung des unendl. Geistes selbst göttl. Natur sei (Min. Fel. 19, 6). Die Kirchenväter nahmen neben διαγραφή (diagraphé) die gr. Bezeichnung ὑποτύπωσις (hypotýpōsis), die der Begriff B. im Lat. auch umfaßt (R. Goclenius, Lexicon philosophicum graecum, Marchioburgi, 1615, p. 57, s. v. ὑποτύπωσις), als Mitbedeutung zum Anlaß, um in den Hexaemera, ihren Kommentaren zur Schöpfungsgeschichte, das Werk der Scheidung gegenüber dem der Schmückung bei der Erschaffung der Welt zu bezeichnen. Die Bedeutung von B. als Bewegung der Hand Gottes, der den Kosmos in seinem Grund- und Aufriß vor den Augen eines Betrachters entstehen läßt, ist in einer Plastik am Dom zu Freiburg im Breisgau zum Ausdruck gebracht, indem der ma. Künstler den Finger des Schöpfers über den Fixsternhimmel als äußerste Kugelschale des Kosmos streichen läßt (vgl. LCI II, 142-150). Eine Miniatur in der → Biblia pauperum, in der Christus als architectus mundi erscheint, – eine Bezeichnung, durch die der spätantike C(h)alcidius-Kommentar zum platon. Timaeus das Wort δημιουργός (demiurgos) wiedergibt (Chalc. 178.2, ed. J. H. WASZINK, Plato Latinus IV, 1962) – zeigt den Vorgang der descriptiones divinae – ein Ausdruck, den man noch in naturwissenschaftl. Werken des 17. Jh. findet (O. v. Guericke, Nova experimenta Magdeburgica. Dedicatio, Amsterdam 1672), – unter jener Bedeutung, die im Griech. als διαγράμμα (Diagramma) v. a. bei Plato hat, nämlich im Sinne einer geometr. Abmessung (Plat. epin. 991 E; Tht. 169 B). In dieser Miniatur tritt der Mensch gewordene ewige Logos, durch den das All geschaffen wurde, mit einem Zirkel auf und mißt den Kosmos, den er wie einen Kegel vor sich herzuschieben scheint, von seinem Mittelpunkt bis zu seiner äußersten Grenze (Bible moralisée, Cod. Vienn. 2554 fol. 1). Denn Gott ist, wie es bei dem Ramus-Schüler Monantholius heißt, nicht nur der Protomechaniker, sondern auch der Protogeometer (Monantholius, Aristotelis mechanica, Parisiis 1599. Dedicatio ad Principem). Die descriptiones divinae bedeuten also hier sowohl Mitteilung der Bewegung, als auch raumzeitl. Ordnung des Kosmos (2 Kön 24, 9; Apg 1, 3, 19) und drücken die Überzeugung aus, daß beides nach Zahl, Maß und Gewicht geschieht (Weish 11, 20). Wenn darüber hinaus in der ma. Rechtssprache mit descriptio auch die Aufteilung eines Volkes in Stämme und Verbände bezeichnet wird, um eine Volkszählung durchzuführen und dem einzelnen einen entsprechenden Tribut abzufordern (Greg. Tur. Hist. Franc. IX c. 30), so sind die descriptiones divinae immer auch Ausdruck der Herrschaft Gottes über den Kosmos.

Die Frage nach dem Verhältnis des opus naturae zum opus Dei, die also den Selbststand und Selbstaufbau der Natur gegenüber ihrer Geschaffenheit durch Gott betrifft, führte zur teilweisen Übertragung der descriptiones divinae auf die sog. natura agens ('wirkende Natur') als vis insita ('eingesenkte Kraft') der Naturwesen, die gleichzeitig ihre forma substantialis ('Wesensform') ist. So spricht → Averroes von dieser als einer descriptio primae perfectionis ('Beschreibung der Vollendung erster Stufe'; Averroes, in De Anima II Arist. c. 5) und Grosseteste, in dessen Schule die Gleichsetzung von natura agens und vis insita vorgenommen wurde, sagt, daß diese die entstehenden Naturwesen auf irgend eine Weise geformt und beschrieben in sich habe, und diese Formung und B. der entstehenden Dinge in ihrer natura selbst vor deren Entstehung wird von ihm notitia naturae genannt (Grosseteste, in Phys. Arist.; vgl. A. C. CROMBIE, Robert Grosseteste, 1953, 56). Die beiden Grundbedeutungen der B. verbleiben ihr bei ihrer Anwendung in Dialektik und Rhetorik als zwei Bereichen des Triviums (→ Artes liberales). Dabei tritt der Bedeutungsinhalt von B. als dispositives Ordnen und genaues Abmessen in Form der definitio descriptiva, v. a. bei der Anwendung in der Dialektik in den Vordergrund, während derjenige einer Bewegung wie aus der Hand eines Architekten, der sein Werk zeichnerisch klar umrissen vor uns entstehen läßt, in der Rhetorik zum Tragen kommt. Hier bedeutet descriptio die Evidenz einer Sache in einem Bericht, die durch den Redner den Hörern so lebendig entwickelt wird, daß diese glauben, sie werde nicht berichtet, sondern ihnen vor Augen gestellt (Johannes Micraelius, Lexicon philosophicum, Stettinii 1662, 582, s.v.). In der Dialektik dagegen kommt es mehr auf die scharfe Abgrenzung durch die definitio descriptiva an, v. a. dadurch, daß der Gegenstand durch jenen Komplex von Eigenschaften definiert wird, der durch seine eigentüml. Verknüpfung ein bestimmtes Ding als solches kennzeichnet. Beschreibende Definitionen dieser Art, deren Hauptanwendungsgebiet in der Mineralien-, Pflanzen- und Tierkunde liegt, werden mehr oder weniger exakt schon von Dioskurides und Plinius gegeben, und die theoret. Reflexion darüber, die wir bereits bei Aristoteles finden (Arist. An. post. 91 b 39), wird von Marius Victorinus, Boethius und Isidor überliefert. Jedoch werden sie erst – v. a. durch den Einfluß des Stoizismus über Diogenes Laertius (Diog. Laert. VII, 60) – in der spätma. Logik und Wissenschaftslehre weiter entwickelt.

Bes. Arten der beschreibenden Definition, die v. a. in der Mathematik eine Rolle spielen, sind die Kennzeichnung, durch die z. B. Peripheriewinkelsatz eindeutig den Kreis bestimmt, die zwar Aristoteles als Definition nicht zugelassen hatte, die aber im MA als eine solche galt (Nikephoros Blemmydes, Epitome logica, MPG II, 12), und die definitio genetica, die B. durch das Entstehenlassen eines Gegenstandes, in der sich – wie bei der ὑποτύπωσις in der Rhetorik – jener ursprgl. religiös-metaphys. Grundcharakter von B. erhalten hat. Solche genet. Definitionen finden sich bes. bei Euklid, in dessen Definitionen von Kugel, Kegel und Zylinder (Eucl. Elementa XI., Deff. 14, 18, 21) und sind von hier aus in das wissenschaftl. Bewußtsein des MA eingedrungen. Eine letzte und insbes. für die Systembildung der beginnenden NZ bedeutsame Art der definitio genetica und damit Unterart der log. B. ist diejenige, die

Beschwerte Hebung → Vers- und Strophenbau

Beschwörung

I. Liturgie – II. Volkskunde – III. Geschichte der Medizin.

I. LITURGIE: B. als kult. Vorgang besagt urspgl., irgendein Wesen durch intensive Anrede bindend beeinflussen, was die kirchl. Formeln wiedergeben mit exorcizo (übersetzt: adiuro, coniuro, convenio, alloquor). Liturg. B.en sind Befehle der Kirche, die im Namen Gottes von dem Beschwörungsobjekt eine Dienstbarkeit zum Heil der Gläubigen verlangen und zugleich bewirken. Darunter fallen einerseits Personen-B.en, bei denen allerdings nicht die Person (Taufkandidat, Besessener), sondern stets Satan beschworen wird, und zwar anläßlich eines Ritus, den man an dem Katechumenen bzw. Energumenen vornimmt. (Dieser Kategorie entspricht der heut. verengte Begriff →»Exorzismus«: Handlung zur Vertreibung des Teufels.) In Betracht kommen anderseits die im MA zahlreichen westl. Sach-B.en für Taufwasser, Weihwasser, Salz, Öl, Chrisam, Asche, Palmzweige, Pflanzen, Brot und Wein, Glocken usw. Gegenüber den → Benediktionen rechnen die B.en stärker mit dem Unheilsaspekt, gegen den sie sich richten; doch sind die Übergänge fließend. (Die Ostkirchen praktizieren keine eigtl. B.; sie kennen nur lustrative und apotropäische Gebete.) Bei röm. Texten gilt die Beschwörungsanrede gewöhnl. der Sache, bei gallikan. geprägten Formularen meistens dem Satan. Die Sach-B.en der röm. Liturgie mit der Anrede »du Geschöpf« (creatura aquae, olei...) – ihre Entstehungszeit dürfte beträchtl. vor den ersten Aufzeichnungen liegen, also vor 600 – drücken eine chr. Grunderfahrung aus: Die Dinge als Geschöpfe Gottes werden nicht einfach in ihrer nackten Materialität gesehen, vielmehr wie lebende Wesen und somit als Partner gewertet. Bei den Sach-B.en des gallikan. Bereichs, die den Satan anvisieren, hat sich hingegen die auf dem antiken Dämonismus beruhende Weltschau durchgesetzt. Auch die kirchl.-liturg. B.en erscheinen als »Zwangsmittel«, doch unterscheiden sie sich von den heidn. B.en dadurch, daß sie ihre Wirksamkeit der demütigen Gebetsepiklese verdanken, obwohl sie die formalen Elemente einer schon geschaffenen Sprache (Anrede des Beschworenen, Bannung im Namen einer Autorität, Aufzählung der verschiedenen Machterweise, Aufruf zum Dienst) weithin bewahren. Die begleitenden Handlungen (Kreuzzeichen, Anblasung, Berührung mit der Hand) unterstreichen die Beschwörungsworte und bekräftigen das befehlend-bindende Tun. Die christl. B.en, nie ganz privat vollziehbar, wirken nur insofern, als der Ausführende den Gestus im Auftrag der Kirche verrichtet. Sie sehen alles im Zusammenhang mit dem ewigen Heil, wobei sie freilich an eine natürl. Disposition der Dinge anknüpfen, deren Fähigkeiten sie ausweiten und überhöhen. Darin artikuliert sich das altchr. Bewußtsein von der seit Anfang den Dingen innewohnenden, vom Schöpfer eingestifteten Zeichenhaftigkeit, welche durch die B. ihre Vollendung erfährt. In der B. geschieht die volle und ausdrückl. Zuwendung der Kirche zu den Geschöpfen. J. Baumgartner

Lit.: A. FRANZ, Die kirchl. Benediktionen im MA, Bd. 1-2, 1909 – E. BARTSCH, Die Sachbeschwörungen der röm. Liturgie. Eine liturgiegesch. und liturgietheol. Studie, 1967, LQF 46.

II. VOLKSKUNDE: Dem Gebet und Segen eng verwandte Praktik, durch Berufung auf eine höhere Macht (Satan, Heilige, Gott) dämon. Wesen mit mag. Sprüchen, Handlungen und Zeichen (z.B. mag. Kreis, Räucherwerk, Kreuzzeichen) dem Willen des Beschwörers untertan und zu zauber. Handlungen dienstbar zu machen. B. unterteilen sich funktional in Bannungen (z.B. Wetter-, Krankheits-, Diebsbeschwörung) und Herbeirufungen (z.B. Toten- und Geisterbeschwörung), wobei man sich wie im Wurmsegen »Nescia nociva perrexit« des 12. Jh. (Cod. monac. lat. 536) die zu beschwörende Ursache dämonisiert vorstellte. Die Edda kennt eine Reihe von B.en (z.B. Sigrdrífumál 6; For Skírnis 34). Die ältesten dt. Belege entstammen dem 9. und 10. Jh. (Merseburger Zaubersprüche; altsächs. Schlangensegen); eine reichere schriftl. Überlieferung setzt allerdings erst im SpätMA ein. Man unterscheidet B. mit befehlendem (Wurmbeschwörung »Pro Nessia«: Gang ûz nesso; Tegernseer Hs., 9. Jh.) und epischem Formular mit mytholog. oder ätiologisierender Einleitung (2. Merseburger Zauberspruch »Phol ende Wodan«). Die Trennung zw. superstitiösen B.en und kirchl. Benediktionen ist nicht immer leicht; so verbietet die pseudo-augustin. »Homilia de sacrilegiis« (8. Jh.) »Carmina vel incantationes« z.B. gegen Zauberei und Krankheiten jeder Art, während Martin v. Braga (um 515-580) wie das »Decretum Gratiani« (12. Jh.) »incantationes sanctae« erlauben, wenn diese mit christl. Symbolen und Gebeten durchgeführt werden. Ähnlich problemat. ist auch die volkstüml. Segens- und Beschwörungspraxis, die sich seit dem 16. Jh. in einer Flut von gedruckten Segenszetteln und Sammlungen wie dem »Romanusbüchlein« manifestiert. Ch. Daxelmüller

Q. und Lit.: HWDA I, 1109-1129 – LThK² II, 292-294 – J. GRIMM, ed. E. H. MEYER (Dt. Mythologie II, 1876¹, 1023-1044; III, 1877⁴, 363-373) – E. LINDERHOLM, Signerier och besvärjelser från medeltid och nytid, Svenska Landsmål 185, 1929, 97-256 – H. WESCHE, Der ahd. Wortschatz im Gebiete des Zaubers und der Weissagung, 1940 – F. R. SCHRÖDER, Balder und der Zweite Merseburger Spruch, GRM 34, 1953, 161-189 – M. PETROCCHI, Exorcismi e magia dell'Italia del Cinquecento e del Seicento, 1957 – A. SPAMER [ed. J. NICKEL], Romanusbüchlein, 1958 – I. HAMPP, B., Segen, Gebet, 1961 [Lit.] – G. EIS, Altdt. Zaubersprüche, 1964 – J. JAENECKE-NICKEL, Zur Gesch. des Corpus der dt. Segen und Beschwörungsformeln, Acta Ethnographica Academiae Scientiarum Hungaricae 18, 1969, 257-261 – M. POP, L'incantation-narration, mythe, rite, SchAV 68/69, 1972/73, 541-550.

III. GESCHICHTE DER MEDIZIN: Medizinisch manifestiert sich die B. in der Regel als Bannung, wobei themat. akutes Krankheitsgeschehen im Vordergrund steht und aus der dramat. Symptomatik die dämonist.-animist. Krankheitsursache abgeleitet wird. Der Anwendungsbereich greift dabei über die Humanmedizin hinaus und bezieht die Tierheilkunde – v.a. die Roßarznei – mit ein. Vom einschlägigen Krankheitsspektrum her begegnen zunächst die Verwundungen, wobei einerseits das Bluten, anderseits die Wundinfektion, vereinzelt aber auch das verletzende Projektil (Pfeil[spitze]) gebannt werden. Einen weiteren Bereich machen Zahnschmerz und Ohrenweh aus, deren Ursache in beiden Fällen als Wurm gedeutet wurde. Daneben stehen die Wechselfieber mit ihren Fieberschauern, und einen nicht unwesentl. Bereich machen die Anfallsleiden aus, bes. die Epilepsie. Aber auch Erblindungen und andere Erkrankungen wie Geschwülste, Warzen, Geschwüre, Anginen und Abszesse – nicht zuletzt den Milzbrandkarbunkel – hat die ma. Medizin durch Beschwörung zu heilen versucht. Zur Anwendung kamen – Zaubersprüche, →Amulett(text)e sowie Zauberhandlungen (Berührungszauber), die bei zusammengesetzten Verfahren nicht selten gemeinsam eingesetzt wurden. Mehrere derartiger Praktiken lassen sich bis in die Antike und darüber hinaus zurückverfolgen (Botensegen, Fuldaer und Londoner Blutsegen). G. Keil

Lit.: O. EBERMANN, Blut- und Wundsegen in ihrer Entwicklung dargestellt, 1903 – F. HÄLSIG, Der Zauberspruch bei den Germanen bis um die Mitte des 16. Jh. [Diss. Leipzig 1910] – F. OHRT, De danske Beswaergelser mod Vrid og Blod, 1922 – G. KEIL, Der Botensegen, Med. Mschr. 11, 1957, 541–543 – W. BRAEKMAN, Mnl. zegeningen, bezweringsformulieren en toverplanten, VMKVA 1963, 275–386 – W. BONSER, The medical background of Anglo-Saxon England, 1963 – J. VAN HAVER, Nederlandse incantatieliteratuur. Een gecommentarieerd compendium van Nederlandse bezweringsformules, 1964 – A. A. BARB, Die Blutsegen von Fulda und London (Fschr. G. EIS, 1968), 485–493 – J. TELLE, Petrus Hispanus in der altdt. Medizinlit. [Diss. Heidelberg 1972], 169–204.

Besessenheit, Besessene. [1] *Allgemein:* Der auch aus anderen Kulturkreisen bekannte Glaube, daß Menschen von Dämonen besessen und dadurch supranaturaler Handlungen wie Kryptoskopie, Levitation oder Beherrschung fremder Sprachen fähig seien, ist auch im Christentum nachweisbar (z. B. Mk 5, 1–20). Zu der theol. Betrachtung des Phänomens B. vgl. → Exorzismus. Vor dem Hintergrund spätantiker und ma., sich u. a. im Hexenwahn äußernder Dämonologie führte man B. sowohl auf Verzauberung wie auf menschl. Fehlverhalten, so z. B. Unterlassen der Bekreuzigung vor der Mahlzeit, zurück. Besessenheitsfälle, -diagnose und Exorzismus, immer als theomedizin. Problem betrachtet, bilden einen festen Bestandteil ma. Hagiographie; Heilige besitzen die Gabe, B. zu spüren (hl. Antonius Eremita), an Heiligengräbern und Wallfahrtsorten werden B. durch Anrufung der Hl. und ohne Zutun eines Exorzisten geheilt (vgl. Legenda aurea, z. B. hl. Elisabeth v. Thüringen). In der ma. Erbauungsliteratur (z. B. Caesarius v. Heisterbach, Dialogus Miraculorum) spielt das Phänomen der B. als adhortatives wie als die Allmacht und den Heilswillen Gottes erklärendes Element eine beträchtl. Rolle. Im ausgehenden MA erkannte man das Problem der Abgrenzung von dämon. B. und → Geisteskrankheit (Johannes → Nider [† 1438] im 5. B. seines »Formicarius«). Feste Regeln für die Behandlung von B. wurden erst im 15. Jh. durch Heinrich v. Gorkum (um 1386–1431) und schließl. 1614 im »Rituale Romanum« zusammengefaßt. Ch. Daxelmüller

Lit.: HWDA I, 1151–1152 – LThK² II, 294–300 – EM II, 195–205 – O. BÖCHER, Christus Exorcista. Dämonismus und Taufe im NT, 1972 – PH. SCHMIDT, Der Teufels- und Dämonenglaube in den Erzählungen des Caesarius v. Heisterbach, 1926 – A. RODEWYK, Die dämon. B., 1963.

[2] *Medizingeschichte:* Als Symptome der B. wurden Abneigung und Aggressionen gegen kirchl. Rituale und Symbole, Schreien, Wälzen und Umsichschlagen beim Betreten von Kirchen, Lästerungen und Beschimpfungen, Verstehen fremder Sprachen und Nennen von Dämonennamen beschrieben. Die scholast. Medizin hat sich jedoch diesen Phänomenen gegenüber durchweg reserviert verhalten und sie nicht in den ärztl. Bereich einbezogen. In der Tradition der antiken Humoralpathologie faßte sie seel. Störungen durchaus somatisch auf und stellte sie rationalwissenschaftl. als Krankheiten dar. Magisch-dämonolog. Anschauungen gab es daneben in der Volksmedizin, selten bei Ärzten. Die Schulmedizin verstand unter B. (»possessio«, »daemonium«) im Prinzip eine zerebrale Affektion (»tactus cerebri«, »defectio cerebrorum«), schloß jedoch außermenschl. Ursachen nicht aus. Andererseits hat auch die Theologie die dämon. B. von psych. Krankheit abzugrenzen versucht, und in der ma. Gesellschaft wurde der psych. Kranke keineswegs mit dem Besessenen gleichgesetzt. Aus heutiger Sicht hat es sich in den meisten Fällen von B. im MA um hyster. Ausnahmezustände bzw. psychogene Dämmerzustände gehandelt, die durch den zeitbedingten Teufelsglauben geprägt wurden. Nur gelegentl. dürften akute schizophrene Psychosen oder epilept. Anfallsleiden als B. verkannt worden sein. Der im SpätMA wachsende Einfluß der neuplaton. Dämonologie verstärkte die Bereitschaft, auch psych. gesunde Personen der B. zu verdächtigen. Der Besessenheitsglaube verband sich gegen Ende des MA mit dem Hexenglauben, der schließl. in der frühen Neuzeit epidem. Ausmaße annahm. W. Schmitt

Lit.: T. K. OESTERREICH, Die B., 1921 – J. SCHUMACHER, Die seel. Volkskrankheiten im dt. MA und ihre Darstellung in der bildenden Kunst, 1937 – H. SCHIPPERGES, Zur Psychologie und Psychiatrie des Petrus Hispanus, Confin. psychiat. 4, 1961, 137–157 – K. DIECKHÖFER, E. LUNGERSHAUSEN, J. VLIEGEN, Zum Problem der B., Confin. psychiat. 14, 1971, 203–225 – H. SCHIPPERGES, Zum Phänomen der »B.« im arab. und lat. MA (Ergriffenheit und Besessenheit, hg. J. ZUTT, 1972), 81–94.

[3] *Ikonographie:* In bildl. Darstellungen ist zumeist die Heilung des B. (Mk 5, 1–20; Lk 8, 26–39) oder der zwei B. (Mt 8, 28–34) vor der Stadt Gerasa thematisiert. Christus treibt die Dämonen aus, die in eine Schweineherde fahren, die sich im See Genesaret ertränkt. Seit dem frühen 3. Jh. (Grab X in S. Sebastiano, Rom) gibt es eine Vielzahl von Darstellungen dieser Szene, auf Sarkophagen, in der Katakombenmalerei, in der Mosaik- (Ravenna, S. Apollinare) und in der Elfenbeinkunst. Gelegentl. kommt auch die Fesselung des Besessenen vor, dazu das Ausfahren des bösen Geistes aus seinem Kopf. In der Buchmalerei des 10./11. Jh. finden sich bes. ausführl. Schilderungen. D. Kocks

Lit.: LCI I, 273–277 – L. RÉAU, Iconographie de l'Art Chrétien, II/2, 378; III/3, 1303, 1473 – G. SCHILLER, Ikonographie der chr. Kunst I, 1966, 182f.

Besiegelung → Siegel

Bešīr Čelebi, türk. Arzt, der erst im Dienst des Qaramanenfürsten Ibrāhīm stand und dann Vertrauter des Osmanen Meḥmed II. wurde. Dieser berief ihn 1451 nach Edirne, wo er den Sultan beim Bau des Neuen Palastes beriet. Zu Unrecht ist ihm eine altosman. Chronik zugeschrieben worden. B. Flemming

Lit.: EI² II, s.v. – K. KREISER, B. Č. Hofarzt Ibrâhîm Qaramans und Vertrauter Meḥmeds II. Fâtih (Islamkundl. Abh. XVII), 1974, 92–103.

Besitz (possessio)
I. Römisches und gemeines Recht – II. Kanonisches Recht – III. Germanisches und deutsches Recht – IV. Französisches Recht.

I. RÖMISCHES UND GEMEINES RECHT: [1] *Römisches Recht:* Besitz, possessio, ist im klass. röm. Recht die tatsächl. Herrschaft über Grundstücke und bewegl. Sachen. Als Tatsache steht der B. im Gegensatz zur rechtl. Sachherrschaft, dem → Eigentum (dominium). Der B. ist die Grundlage der → Ersitzung (usucapio), des Erwerbs des Eigentums durch Zeitablauf. Voraussetzung dafür ist, daß der B. auf einem gültigen Erwerbsgrund (iusta causa) beruht, z. B. auf Kauf oder Schenkung. Solcher B. heißt p. civilis, bürgerl. B., im Gegensatz zur p. naturalis, dem natürl. Besitz.

Der B. wird durch gerichtl. Verbote und Befehle (interdicta) gegen Entziehung und Störung geschützt. Besitzschutz wird v. a. dem sog. Eigenbesitzer gewährt, der die Sache selbständig beherrscht. Wer eine Sache von einem andern zum Gebrauch oder zur Aufbewahrung erhalten hat, der sog. Detentor (qui in possessione est), wird nicht geschützt, wohl aber der andere. Geschützt wird ferner, wer eine Sache als Erbpächter, Prekarist, Pfandgläubiger oder Sequester besitzt, sog. Fremdbesitzer, sowie der Nießbraucher als quasi possessor. Die fakt. Ausübung von Servituten ist kein B., wird aber auf ähnl. Weise durch Interdikte geschützt. In keinem Fall ist ein Recht zum B. Voraussetzung des B.es und des Besitzschutzes; auch der Dieb hat Besitz. Wer allerdings den B. selbst eigenmächtig, d. h. gewaltsam oder heiml., erlangt hat, wird nur gegenüber Angriffen Dritter geschützt; im Verhältnis zum Vorbesitzer ist sein B. fehlerhaft (vitiosa p.). Der Vorbesitzer kann die Sache eigenmächtig zurückholen, sog. Besitzkehr, oder den fehlerhaften Besitzer durch ein Interdikt zur Rückgabe zwingen, beides auch dann, wenn dieser ein Recht zum B. hat.

Ein Gläubiger, der seine Forderung auf dem Weg der Selbsthilfe durchsetzt und dem Schuldner das Geld oder die geschuldete Sache wegnimmt, muß nicht nur beides zurückgeben, sondern verwirkt auch sein Forderungsrecht (D. 4, 2, 13 = D. 48, 7, 7).

Der Besitzschutz zwingt also dazu, zur Durchsetzung von Rechten die Gerichte anzurufen, und dient dadurch dem Schutz des Rechtsfriedens. Im Prozeß um das Recht steht der Besitzer in der Rolle des Beklagten; sie ist günstiger, weil jeweils der Kläger das streitige Recht zum B. beweisen muß (→ Beweis).

Im Vulgarrecht der röm. Spätzeit wird der B. begriffl. nicht mehr vom Eigentum u. ä. Sachenrechten geschieden. Der Eigentümer ist seit Anfang des 4. Jh. nichts anderes als ein qualifizierter Besitzer, und wer eine Sache im eigenen Namen besitzt, zu dessen Gunsten wird vermutet, daß sie ihm gehört. Der unscharfe vulgarrechtl. Besitzbegriff wird in die germ. Volksrechte übernommen (vgl. Abschnitt III).

Das Justinian. Recht scheidet B. und Eigentum als tatsächl. und rechtl. Sachherrschaft wieder voneinander. Dem Besitzwillen wird im Verhältnis zur realen Herrschaft größere Bedeutung beigemessen; v. a. kann der B., bei Verlust der tatsächl. Herrschaft, allein durch den Willen (solo animo) aufrechterhalten werden. Dadurch nähert sich der Begriff des B.es dem eines Rechts. Als p. civilis wird der redl. Eigenbesitz bezeichnet, d. i. der B. desjenigen, der den animus domini hat, sich also – zu Recht oder zu Unrecht – für den Eigentümer hält. Anderer B. heißt p. corporalis, körperl. B., oder p. naturalis. Außer Sachen werden nun auch Rechte, v. a. der → Nießbrauch und die → Servituten, als mögl. Gegenstände des B.es angesehen: p. iuris oder iuris quasi p., Rechtsbesitz.

Der fehlerhafte B. an einem Grundstück wird gegen eigenmächtige Besitzkehr des Vorbesitzers geschützt. Bei Selbsthilfe verwirkt nun auch der Eigentümer sein Recht; stellt sich heraus, daß der Angreifer gar nicht Eigentümer der weggenommenen Sache war, dann muß er zusätzl. zur Rückgabe deren Wert an den Besitzer zahlen (C. 8, 4, 7). Daneben bleibt auf Grund einer Konstitution Ks. Konstantins von 319 die Strafverfolgung möglich (C. 9, 12, 7).

[2] *Gemeines Recht:* Aus dem vielschichtigen Besitzbegriff der Quellen entwickelt die scholast. Rechtswissenschaft eine äußerst komplexe Besitzlehre mit zahlreichen Kontroversen, die dauernd in Bewegung bleibt und hier nur stark vereinfacht dargestellt werden kann:

→ Azo und → Accursius definieren den B. als tatsächl. Innehabung, die sich aus einer körperl., einer willensmäßigen und einer rechtl. Komponente zusammensetzt: »P. est corporalis rei detentio, corporis et animi item iuris adminiculo concurrente« (Azo, Summa Cod. 7, 32). Für sie ist p. naturalis die körperl. Beherrschung einer Sache mit Besitzwillen (animus possidendi); wird der B. ohne körperl. Innehabung »solo animo« aufrechterhalten, besteht p. civilis. Diese bleibt dem Eigentümer auch, wenn ein Fremdbesitzer, der die Sache »als fremde sich selbst (pro alieno sed sibi) besitzt«, die p. naturalis hat; als solcher ist nun insbes. auch anerkannt, wer als Lehensmann (feudatarius) besitzt. Der Detentor, der für einen andern »besitzt« (alii possidet), hat keinen B., sondern vermittelt dem andern die p. naturalis. – Für die Kommentatoren ist der B. dagegen ein Recht zur Innehabung. »P. est ius insistendi rei non prohibita possideri« (Bartolus, Comm. D. 41, 2, 1 pr.). P. civilis und p. naturalis sind bei Bartolus die Grundlage der Ersitzung des Eigentums bzw. anderer dingl. Rechte; der B. als Gegenstand des Besitzschutzes heißt p. corporalis. Diese Terminologie setzt sich aber nicht durch.

Ein Rechtsbesitz wird von den Glossatoren in Übereinstimmung mit dem Justinian. Recht nur an Servituten als quasi p. anerkannt. Am Ende des 13. Jh. setzt sich unter dem Einfluß des kanon. Rechts die Vorstellung von einem Rechtsbesitz an allen mögl. öffentl. und privaten Rechten durch: bes. an Jurisdiktions- und Bannrechten, Rechten auf Steuern, Zölle, Dienste und Grundabgaben, ferner am Adel, an Ämtern, dem Notariat und Doktorat, der persönl. Freiheit, der väterl. Gewalt und unter gewissen Voraussetzungen sogar an den Rechten eines Ehegatten. Streitig bleibt nur, ob auch an rein persönl. Forderungen ein B. möglich ist. Diese excessive Ausdehnung des Besitzbegriffs ist v. a. darauf zurückzuführen, daß das kanon. Recht einen Anspruch auf Restitution aller Rechtspositionen, die jemand einmal fakt. ausgeübt und dann verloren hat, anerkennt, die sog. Spolienklage, die eine lange Vorgeschichte hat und jetzt von der Kanonistik mit den Begriffen des röm. Besitzrechts erklärt wird.

Zur gerichtl. Geltendmachung des Besitzschutzes stehen weiterhin v. a. die Interdikte zur Verfügung: das interdictum »Unde vi« bei gewaltsamer Entziehung des B.es an Grundstücken, die interdicta »Uti possidetis« und »Utrubi« bei Störung des noch bestehenden B.es an Grundstücken bzw. bewegl. Sachen. In den Fällen des Rechtsbesitzes werden, neben den Servituteninterdikten, die beiden zuletzt genannten Interdikte und von den Kommentatoren auch das interdictum »Unde vi« in analoger Anwendung, als interdicta utilia, zugelassen. Die Grenzen des Besitzschutzes werden überschritten, indem man allmählich zu einem Schutz der einfachen Detention kraft richterl. Amtsgewalt, des officium iudicis, kommt.

Die Interdikte werden, wie schon im Justinian. Prozeß, als gewöhnl. Klagen geltend gemacht. Man unterscheidet den Besitzprozeß als iudicium possessorium von dem iudicium petitorium, dem Prozeß um das Recht. Neben dem gewöhnl. Besitzprozeß, dem possessorium ordinarium, bildet sich seit dem Anfang des 14. Jh. ein beschleunigtes Verfahren heraus, das summarium oder, wie es seit dem 16. Jh. heißt, summariissimum. Es bezweckt: außerhalb eines anhängigen Prozesses die Verhütung von Gewalttätigkeiten durch Schutz des Besitzers und notfalls durch Beschlagnahme der Sache bis zur endgültigen Klärung der Besitzlage kraft richterl. Amtsgewalt; ferner – seit Anfang des 15. Jh. im Anschluß an ein consilium des → Paulus de Castro – den Schutz des Besitzstandes für die Dauer eines bereits anhängigen Prozesses. Es werden nur die Beweismittel berücksichtigt, die sofort zur Verfügung stehen. Die Entscheidung ergeht durch Zwischenurteil und unterliegt daher nicht der Berufung (→ appellatio); sie hat nur vorläufige Geltung. Auch der Schutz der Detention wird im summar. Verfahren geregelt.

Das Institut der Rechtsverwirkung bei Selbsthilfe, das schon im früheren MA weite Verbreitung gefunden hat und das angesichts des → Fehdewesens größte Bedeutung gewinnt, wird dogmat. ausgebaut und erfaßt nun alle Fälle der Selbsthilfe, die mit einer Besitzverletzung verbunden sind. Dem Angegriffenen steht die condictio ex lege »Si quis in tantam« (C. 8, 4, 7) zur Verfügung.

Mit der condictio ex canone »Redintegranda« (C. 3, qu. 1, c. 3, 4), der schon erwähnten actio spolii oder → Spolienklage, geht das kanon. Recht (vgl. Abschnitt II) weit über den Besitzschutz des Zivilrechts hinaus: Verlangt werden kann – und zwar von jedem derzeitige Inhaber (X. 2, 13, 18) – die Wiederherstellung jeder Rechtsposition, die der Kläger innegehabt und – sei es gewaltsam oder heiml., sei es durch Zwang, Betrug oder widerrechtl. Urteil – verloren hat.   P. Weimar

Lit.: F. C. v. Savigny, Das Recht des B.es, 1803, hg. K. Rudorff, 1865[7] – C. G. Bruns, Das Recht des B.es im MA und in der Gegenwart, 1848 [grundlegend] – F. Ruffini, L'actio spolii, 1889 [Neudr. 1972] – E. Bussi, La formazione dei dogmi di diritto privato nel diritto comune, 1937, 21–31 – G. Barni, Possesso. Diritto intermedio, Novissimo Digesto Italiano XIII, 1965, 330–333 – P. Ourliac-J. de Malafosse, Hist. du droit privé, II: Les biens, 1971[2], 215–262 – M. Kaser, Das röm. Privatrecht I, 1971[2], 384–400; II, 1975[2], 246–261, 592 [weitere Lit.] – G. Wesener, Zur Dogmengesch. des Rechtsbesitzes (Fschr. W. Wilburg, 1975), 453–476 – Ph. Godding, La notion de possession du droit romano-canonique dans les principautés belges au XIIe et XIIIe s.s: le rôle des clercs, SG 19, 1976, 313–335 – L. Capogrossi Colognesi, Appunti sulla »quasi possessio iuris« nell' opera dei giuristi medievali, BIDR 80, 1977, 69–127.

II. Kanonisches Recht: Der B. an Sachen wurde auch im kanon. Recht weitgehend nach röm.-rechtl. Prinzipien geregelt. Was den B. der Rechte betrifft, kam es zu einer bemerkenswerten Weiterentwicklung. Gegenstand des B.es konnten nach kanonist. Auffassung alle Rechte sein, bei denen es an sich ihrer Natur nach möglich ist.

Der B. einer Sache wird wie im röm. Recht corpore et animo begründet. Der B. von Rechten kann nicht nur durch wirkl. Ausübung des Rechts, sondern auch schon durch eine formalisierte Besitzeinweisung erworben werden. Der Begriff der investitura, corporalis institutio, bei bestimmten Kirchenämtern auch installatio genannt, erinnert an den Begriff der → Gewere. Der Begriff »(re)vestire« ist eine Schöpfung Tertullians († um 225) und wurde über den Gebrauch bei Cassian von der frk. Rechtssprache übernommen (Köbler). Der B. kann bei ersitzungsfähigen Sachen nur dann zum Eigentumserwerb führen, wenn nach dem Grundsatz »mala fides superveniens nocet« der gute Glaube des Ersitzenden hinsichtl. des Eigentums des Veräußerers bis zur Vollendung der Ersitzung bestehen bleibt. Ein Verdienst der Kanonistik ist die Entwicklung eines generellen Besitzschutzes, der durch die → Spolienklage gewährleistet wird und den Besitzschutz auch auf den Inhaber (Detentor) ausdehnt.   F. Pototschnig

Lit.: DDC VII, s. v. Possession en droit canonique – C. G. Bruns, Das Recht des B.es im MA und in der Gegenwart, 1848 – G. Köbler in seiner wiss. Mitteilung auf dem 20. Dt. Rechtshistorikertag in Tübingen, 1974.

III. Germanisches und deutsches Recht: In den lat. Quellen der Periode der Volksrechte (frk. Zeit) wird das Innehaben von Grundstücken und von Fahrnis (im folgenden B.) mit possedere, possessio bezeichnet (Formelsammlung von Bourges Nr. 2, Lex Baiuvariorum XVI, 1). Eine fest umrissene Bedeutung kommt diesen Termini aber nicht zu; der rechtl. Zusammenhang ihrer Verwendung war vielfältig. Die zeitgenöss. Übersetzungsgleichungen reichen – etwa im Ahd. – von *bisez* über *eigan* und *lehan* bis *eht*. Eine ähnliche Beobachtung kann man im weström. Vulgarrecht anstellen. Hier wird sogar possessio bei ebenso weitem Bedeutungsfeld als der »common denominator of the law of property« bezeichnet (E. Levy), wobei offen ist, ob hier eine Parallelentwicklung oder eine volksrechtl. Rezeption vorliegt.

Unabhängig von den gebrauchten Termini in den Quellen (unter denen possessio einen hervorragenden Platz einnimmt) kommt dem B. schon in frühester Zeit in mehrfacher Hinsicht Relevanz zu. Dies gilt zunächst für den Erwerb der rechtl. Position im Verhältnis zu einer Sache, die in der Besitzübergabe zum Ausdruck kommt. Wesentl. Erfordernis für den Erwerb eines Grundstücks oder eines Nutzungsrechts an diesem (Grundleihe) war die Einweisung in den B., die meist in feierl. oder symbol. Form vollzogen und in den Quellen oft als vestitura bezeichnet wurde (→ Auflassung, → Gewere). Dem entspricht, daß B., insbes. bei längerer Ausübung (→ »Jahr und Tag«), im Rechtsleben als Indiz für das Vorhandensein einer Berechtigung gilt; im Prozeßfall ist die Tatsache des B.es beweiserheblich. Demgegenüber ist der langdauernde Sachbesitz im antiken und ma. röm. Recht kein Indiz für das Vorhandensein eines Rechts, sondern als Ersitzung unter bestimmten Voraussetzungen eine Modalität des Eigentumserwerbs. Der Besitzschutz rechtfertigt sich nicht aus dem B. selbst, sondern aus dem ihn begründenden Recht, wie umgekehrt demjenigen, der ihn streitig macht oder gar entzieht, der Rechtstitel bestritten wird (Diebstahlsvorwurf bei Fahrnis → Anefang, die Klagformel »malo ordine possides« im Immobiliarprozeß). Dabei kann sich der Beklagte seinerseits auf ein Recht zum B. berufen.

Die rechtl. Bedeutung des B.es, insbes. der enge Zusammenhang von B. und Recht ist auch nach den deutschrechtl. Quellen des HochMA und SpätMA grundsätzl. nicht anders zu bewerten (→ Gewere). Abgesehen davon, sind jedoch zwei bedeutende Veränderungen zu verzeichnen. Seit dem 13. Jh. tritt v. a. in sächs. Zeugnissen massiert der Quellenausdruck *gewere* u. ä. auf; dies hat insbes. die ältere Rechtsgermanistik veranlaßt, Gewere als den für das Rechtsverhältnis Person – Sache charakterist. Begriff im älteren dt. Recht schlechthin anzusehen (→ Gewere). Darüber hinaus finden sich seit dem 14. Jh. in Statutarrechten dt. Ausdrücke für B. (*besytte, besitz*) auch im Sinne von Rechtsbesitz, letztl. also im Sinn von subjektivem Recht. Möglich ist hier ein Einfluß des kanon. Rechts über das gemeine Recht mit deren erweiterter Anwendung von possessio (vgl. Abschn. I, 2; II), wie überhaupt mit der Rezeption des röm.-gemeinen Rechts seit dem SpätMA und der beginnenden Neuzeit der B. in den meisten Bereichen, auch im Zusammenhang des Besitzschutzes, anders bewertet wird.   K. O. Scherner

Lit.: DtRechtswb II, 144–154 – Hoops, I, 261 – HRG I, 389–394 – W. E. Albrecht, Die Gewere als Grundlage des älteren dt. Sachenrechts, 1828 – C. G. Bruns, Das Recht des B.es im MA und in der Gegenwart, 1848 – Ders., Die Besitzklagen des röm. und heut. Rechts, 1857 – A. Heusler, Die Gewere, 1872 – G. P. Passino, Contributo alla storia del possesso nel diritto italiano I, 1886 – F. Ruffini, L'actio spolii, 1889 [Neudr. 1972] – J. Biermann, Traditio ficta, 1891 – E. Huber, Die Bedeutung der Gewere im dt. Sachenrecht (Fschr. Univ. Halle, 1894) – O. v. Gierke, Die Bedeutung des Fahrnisbesitzes für streitiges Recht, 1897 – E. Champeaux, Essai sur la vestiture ou saisine et l'introduction des actions possessoires dans l'ancien droit français, 1899 – O. v. Gierke, Dt. Privatrecht II, 1905, 209 ff. – R. Hübner, Grundzüge des dt. Privatrechts, 1930[5], 198 ff., 221 ff. – Schröder-Künssberg, bes. 782 ff. – E. Levy, West Roman Vulgar Law, The Law of Property, 1951, 21 ff., 61 ff., 87 ff., 243 ff. – P. Ourliac-J. de Malafosse, Hist. du droit privé 2, 1971[2], 215 ff., 235 ff.

IV. Französisches Recht: Während die Auffassung des → Eigentums im frz. Recht sehr stark vom Einfluß des röm. Rechtes geprägt ist, wurzelt das Besitzrecht in frk. Rechtsdenken. Neben dem kanon. remedium spolii, nämlich der exceptio spolii und der condictio ex canone »Reintegranda« entwickelt das Gewohnheitsrecht eigene Vorstellungen und Lösungen, wie sie etwa im Werk des → Philippe de Remi, Seigneur de Beaumanoir († 1296), enthalten sind. So orientiert sich die Klage gegen gewaltsame Entziehung (*action de force*) mehr oder weniger an der exceptio spolii und dem röm. Interdikt »Unde vi« (vgl. Abschnitt I, 2). Sie gilt, unabhängig von jeder → Gewere (*saisine*) auf → Jahr und Tag, für jedes bewegliche und unbewegliche Gut. Darüber hinaus wird die gewaltsame Entziehung strafrechtl. geahndet: Der Urheber der Gewalttat wird mit einer Geldbuße von 60 Sous (gemeiner Mann) oder 60 Livres (Adliger) belegt. Zudem unterscheidet Beaumanoir zwischen Possessorium und Petitorium (vgl. Abschnitt I). Als *réintégrande* besteht diese Form der Klage bis ins 14. und 15. Jh. fort. Oft fehlgedeutet, dient sie tatsächl. dem Schutz bestimmter Detentoren (vgl. Abschnitt I), die von anderen Formen der Besitzklage nicht erfaßt werden. Diese anderen Formen werden von Beaumanoir mit dem Begriff *action de nouvelle saisine* (Klage um neue Gewere) bezeichnet, die im Falle der Entziehung von Eigen erhoben wird, und als *action de nouvelleté*, die sich gegen eine Störung der Nutznießung richtet. Voraussetzung ist in beiden Fällen, daß man den B. ohne Unterbrechung ein Jahr lang gehabt hatte und die Entziehung oder Störung im B. weniger als ein Jahr zurückliegt. Die germ. Vorstellung von der Gewere ist noch spürbar, da der Pächter sogar gegen seinen Leiheherrn Klagerecht hat, was im Lehensrecht nicht möglich wäre.

Die Juristen des 14. Jh. analysieren Besitz (possessio) und Gewere (saisine). Man spricht in dieser Zeit von einer Klage um Gewere oder Klage wegen Besitzstörung (*complainte de saisine ou de nouvelleté*). Für Jacques → d'Ableiges († 1402) umfaßt und bezeichnet Gewere den Besitz; die Gewere rührt nach seiner Auffassung vom Besitz her und nicht umgekehrt (»la saisine comprend et dénote possession et naist saisine de possession et non e contrario«). Im Fall einer Entziehung von B. währt die rechte Gewere fort, sie ist im übrigen als solche geschützt (Jacques d'Ableiges, »Grand Coutumier«, 495–499). Man kann eine zunehmende Angleichung der Klage an das Interdikt »Uti possidetis« unter dem Einfluß der Rechtsprechung des Parlement v. Paris feststellen. Die herkömml. Gewere besteht gleichwohl fort, man unterscheidet aber nicht mehr klar zw. Klage um den B. und Klage um das Besitzrecht (Possessorium und Petitorium). Die Gewere wird zum Besitzrecht zweiter Ordnung. Die Klage gegen jeden Detentor wird für die ideelle Gewere und die Gesamtheit der Liegenschaftsgeweren zugestanden. – Vgl. a. → Grundbesitz.   D. Anex-Cabanis

Lit.: F. OLIVIER-MARTIN, La coutume de Paris, Bd. II, 1926, 45–72 – E. BESNIER, Le procès possessoire dans le droit normand au XIIe et au XIIIe s., RHDFE, 1953, 378–408.

Besitzvermerk. Der Kennzeichnung der Eigentumsverhältnisse dienten seit dem frühen MA hs. Eintragungen in Büchern in meist stereotypen Formulierungen. Stehende Formeln waren »Iste liber est monasterii ...« oder »Hic liber pertinet ad ...«; der Name des Klosterpatrons konnte mitunter allein gesetzt werden, B.e auch mit Bücherflüchen (→ Fluch, -formeln) verbunden werden. Hoch- und spätma. Formeln zeigen meist den Typus »Ex bibliotheca (monasterii) ...«. Privatpersonen konnten in den B. auch nähere Details (Beruf, Erwerbungsart des Buches, Schenkung u. ä.) einsetzen. Ma. Sitte der Besitzkennzeichnung ist auch das eingemalte → Wappen. B.e wurden meist an den Innendeckeln, den ersten oder/und letzten Seiten des Buches angebracht, gelegentl. am Schnitt. Seit dem 15. Jh. treten → Exlibris und → Supralibros als Besitzerzeichen auf, ohne daß hs. B.e unüblich wurden.   O. Mazal

Lit.: W. WATTENBACH, Das Schriftwesen im MA, 1896^3, 527–534 – Lex. des gesamten Buchwesens, hg. K. LÖFFLER-J. KIRCHNER, I, 1935, 177 – Lex. des Buchwesens, hg. J. KIRCHNER, I, 1952, 73 – HBW II, 550-554.

Besonnenheit, lat. modestia, wird im Anschluß an Platon der Kardinaltugend der Maßhaltung zugerechnet. Sie umfaßt das vernunftgeleitete Abwägen aller Faktoren, die menschl. Reden und Handeln bestimmen. Während sich nach außen hin die Maßhaltung in der Enthaltsamkeit zeigt, ist die B. das rechte Maß des inneren Menschen, jene Grundhaltung, die sich nicht zu Extremen hinreißen läßt. Da der Mensch zuinnerst gefährdet ist durch Unordnung, geistigen Irrtum, Aufbruch der Leidenschaften und durch Nachlässigkeit, gehört zur Tugend der B. die Ordnung, die Richtigkeit als rechte Ausrichtung an der Wirklichkeit, die innere Ruhe oder der Friede und die Wachsamkeit. Die B. zählt auch zu der Gnadenausstattung des Menschen und ist eine von den zwölf Früchten des Heiligen Geistes. Spezielle Ausprägungen der ma. Lehre von der B. siehe unter Quellen.   J. Gründel

Q.: Alanus ab Insulis, Anticlaudianus lib. VII c. 3, MPL 210 – Radulfus Ardens, Speculum Universale lib. X, c. 97 [ungedr.] – Thomas v. A., S. Th. II–II qu. 160 a. 1 – Lit.: J. PIEPER, Das Viergespann: Klugheit, Gerechtigkeit, Tapferkeit, Maß, 1964.

Besprym → Bezprym

Bessarabien (Bassarabia, Bessarabia, terra Bessarabum), Teil des Fsm.s der → Moldau, zw. Prut und Dnjester und dem unteren Lauf der Donau bis zu deren Mündung in das Schwarze Meer gelegen. Im 13. und 14. Jh. war B. Schwerpunkt der mongol. Herrschaft in SO-Europa. Nach deren Niedergang in der 2. Hälfte des 14. Jh. gehörte das Gebiet zur → Valachei, die urspgl. auch den Namen B. nach ihrer ersten Dynastie trug (→ Basarab). Ende des 14. Jh. wurde B. der Moldau einverleibt. B. spielte am Ende des MA durch die wichtigen Handelszentren und strateg. Stützpunkte → Kilia, → Lykostomo (Lykostomion) und Cetatea Albă (→ Aqkerman) eine bedeutende Rolle. Diese Umschlagplätze des internationalen Handels, welche die Verbindung zw. dem Schwarzmeer und Mittel- und Nordosteuropa sicherten, erreichten in dieser Zeit ihre höchste Blüte. 1484 eroberte Sultan Bāyezīd II. Kilia und Cetatea Albă; 1538 erweiterte Sultan Süleymān II. die osman. Herrschaft, indem er das Hinterland der gen. Festungen eroberte.   S. Papacostea

Lit.: A. V. BOLDUR, Istoria Basarabiei. Contribuţii la studiul istoriei românilor, I, 1937 – N. BELDICEANU, La conquête des cités marchandes de Kilia et Cetatea Albă par Bāyezīd II, SOF 23, 1964, 36–90.

Bessarion. [1] *Leben:* B., Metropolit v. Nikaia (1437), Kard. (1439), Titularpatriarch v. Konstantinopel (1463), führender Humanist, Promotor (und Verteidiger) der Kirchenunion v. → Ferrara-Florenz und eines Kreuzzugs gegen die Türken, * 2. Jan. 1403 in Trapezunt (Taufname: Basileios?), † 18. Nov. 1472 in Ravenna. In Konstantinopel ausgebildet u. a. von Georgios Chrysokokkes, zu dessen Schülern auch F. → Filelfo und G. Scholarios (?) zählten, wurde B. 1423 Mönch und 1431 Priester. Anschließend verbrachte er mehrere Jahre auf dem Peloponnes, um sich von Georgios Gemistos → Plethon, dem er über Tod und Verurteilung hinaus persönl. die Treue hielt, in die neuplaton. Philosophie (→ Neuplatonismus) einführen zu lassen. Auf dem Konzil v. Ferrara-Florenz wurde B. als Vertrauter des Ks.s Johannes VIII. Palaiologos nach anfängl. Bedenken zum Sprecher der Unionsfreunde, vertrat die grundsätzl. Identität der lat. und gr. Trinitätsformeln und verteidigte das → Filioque im Glaubensbekenntnis als Erklärung (nicht Hinzufügung), die den unierten Griechen jedoch erlassen bleiben sollte. Die Leistung auf dem Konzil trug ihm den Kardinalshut ein, und er blieb von nun an im Westen. Als Kardinalprotektor der Basilianer (1446?) und Franziskaner (1458) betrieb B. die Reform dieser Orden. 1450–55 wirkte er erfolgreich als Legat in Bologna; mehrfach war er selbst aussichtsreichster Kandidat für den päpstl. Thron. Letztlich wirkungslos blieben dagegen seine Legationen für einen Türkenkreuzzug: 1460/61 nach Deutschland, 1463/64 nach Venedig und 1471/72 nach Frankreich. Als Humanist wie als Theologe blieb der Mensch B. wichtiger als der Schriftsteller; auf beiden Gebieten wirkte er ausgleichend in persönl. und sachl. Streitfragen seiner zahlreichen Mitarbeiter und Freunde, deren regelmäßige Zusammenkünfte in seinem Haus als »Academia Bessarionis« bekannt wurden. Er förderte u. a. so bedeutende humanist. Autoren und Gelehrte wie → Poggio Bracciolini, Lorenzo → Valla, → Platina und → Regiomontanus. Seine reichhaltige und ausgesuchte Handschriftensammlung vermachte er vor seinem Tode der Marciana in Venedig.

[2] *Schriftstellerische Tätigkeit:* Die noch nicht vollständig edierten Werke B.s lassen sich in theol., philos. und rhetor. Schriften sowie eine ausgiebige Korrespondenz unterteilen. Die theol. Werke greifen größtenteils in die Konzilsdiskussion von Ferrara-Florenz ein, während die philos. Schriften, einschließl. der Übersetzungen ins Lat., ihren Schwerpunkt in der humanist. Kontroverse um das Verhältnis und den Vorrang der Philosophien Platons bzw. Aristoteles' besitzen (wichtigster Titel: »In calumniatorem Platonis libri IV«). Das rhetor. Werk betrifft vorrangig Mitglieder der byz. Kaiserfamilie, die Durchsetzung des Konzils sowie die Stärkung des Patriotismus gegen die Türkengefahr. Vgl. auch → Humanismus. G. Podskalsky

Ed.: MPG 161 – L. MOHLER, Kard. B. als Theologe, Humanist und Staatsmann, II-III, 1927-42 – A. HEVIA BALLINA, B. de Nicea, humanista cristiano, Stud. Ovetense 1, 1974, 22-31 [vollst. Liste der Werke und Ed.] – Lit.: DBI IX, 686-696 – DHGE VIII, 1197-1199 – DThC II, 806f. [ältere Lit.] – R. LOENERTZ, Pour la biographie du card. B., OrChrP 10, 1944, 116-149 – A. A. KYROS, Βησσαρίων ὁ ῞Ελλην, I-II, 1947 – A. G. KELLER, A byzantine admirer of »Western« progress: card. B., CHJ 11, 1955, 343-348 – E. MEUTHEN, Zum Itinerar der dt. Legation B.s, QFIAB 37, 1957, 328-333 – BECK, Kirche, 767-769 [Lit.] – H. D. SAFFREY, Recherches sur quelques autographes du card. B. et leur caractère autobiographique (Mél. E. TISSERANT, 1964), 263-297 (StT 233) – T. GASPARRINI-LEPORACE, E. MIONI, Cento codici Bessarionei, 1968 – Misc. Francescana 73, 1973, I-II [Lit.: 265-267] – A. HEVIA-BALLINA (s. o.), 7-108 – Misc. marciana di studi bessarionei, 1976 – J. GILL, Was B. a Conciliarist or a Unionist before the Council of Florence?, Collectanea Byzantina, 1977, 201-219 (OrChrAn 204) – V. CARONE, Bessarione unionista: il trattato al Filantropino, Nicolaus (Bari) 6, 1978, 165-177 – A. STRNAD, B. verstand auch Deutsch (Fschr. H. HOBERG, II, 1979), 869-881.

Bestattung → Begräbnis, → Grab

Besteck, Bezeichnung für einen Behälter zum Einstecken von Werkzeug oder für dieses selbst. Ein an der Schwertscheide angebrachtes Futteral wird mit einem oder mehreren Beimessern unterschiedl. Klingenform »besteckt«; sie dienen je nach Art und Beschaffenheit als Eßgerät, zur Ausweidung von Wild etc. Wer kein Schwert führt, trägt sein B. in einem Köcher am Gürtel hängend. Diese Aufbewahrungsart bringt die Notwendigkeit einer bes. reichen Ausgestaltung der Griffe mit sich. Ein Eßbesteck, bestehend aus → Gabel, → Messer und → Löffel, kennt das MA noch nicht; nur das Tranchier- und Vorlegebesteck besteht bereits aus Messern und Gabeln. E. Vavra

Lit.: RDK II, 356-366 [Lit.] – E. LARSEN, Knives, forks and spoons, 1960 – W. A. FORBES, Ontwikkelingsfasen in het Middeleeuws bestek, Rotterdam Papers II, 1975, 17-22 – G. BENKER, Alte B.e, 1978 [Lit.].

Besthaupt (auch *Hauptrecht, Sterbfall, Todfall, Kurmede* etc.; vgl. daneben → *Gewandfall, Bestkleid*), Abgabe eines Abhängigen an den Herrn beim Tode in Form des besten Stücks Vieh (Pferd, Rind), teilweise auch als Zweitbesthaupt. Der Ursprung dieser Leistung ist umstritten. Der Herleitung aus der Unfreiheit (gemilderte Form des ursprgl. Anrechts des Herrn an den gesamten Nachlaß des Knechts) ist zuerst H. BRUNNER entgegengetreten und hat das B. mit dem germ. Totenteil in Verbindung gebracht und als Muntgebühr der Schutzhörigkeit gedeutet. A. SCHULTZE wies auf den Zusammenhang zum kirchl. Seelgerät hin, und zwar in dem Sinne, daß das Schutzverhältnis auch die Fürsorge für die Seele nach dem Tod beinhaltete und sich von daher der Anspruch auf diese Leistung erklärte. Lange Zeit (bis ins 12. Jh.) blieb der Todfall, der im niederlothring./flandr. Raum seit dem 9., im südostdt. Raum erst seit dem 12. Jh. begegnet, neben Kopfzins und Heiratsgebühr (→ *Bedemund, Bumiete*), die für den Status der → Zensualität charakterist. Abgabe. Die bekannten Privilegien Heinrichs V. (1111, 1114) und Friedrichs I. (1182, 1184) für die Einwohnerschaft von Speyer und Worms, die reich gestaltet auf ksl. Befehl (Speyer 1111, Worms 1184) über dem Hauptportal der beiden Dome angebracht wurden, sprechen neben der Beseitigung des sog. *Buteils* die Befreiung von dieser Abgabe aus und schufen damit eine wesentl. Voraussetzung für die Entfaltung bürgerl. Freiheit. – Im ländl. Bereich wurde mit dem Wandel der Grundherrschaft und der Aufhebung weiterreichender persönl. Dienstleistungen seit dem 12./13. Jh. die Besthauptleistung allgemein verbindlich, in einigen Teilen Flanderns im 13. Jh. allerdings auch bereits abgeschafft. Sie konnte unterschiedl. – rein dinglich oder von der persönl. Rechtsstellung her – begründet sein, als Besitzwechselabgabe oder Erbschaftssteuer verstanden werden. Vielfach wurde z. T. nur vorübergehend eine Umwandlung in einen fixierten Geldbetrag vorgenommen. Eine der in den zwölf Artikeln des Bauernkrieges aufgestellten Forderungen hatte die Beseitigung des Todfalls zum Gegenstand, die meist erst Ende des 18. oder zu Beginn des 19. Jh. erfolgte. K. Schulz

Lit.: DtRechtswb II, 199f. – F. J. BODMANN, Hist. jurist. Abh. von B., 1874 – A. HEUSLER, Institutionen des dt. Privatrechts I, 1885, 141ff. – WAITZ V, 1893³, 266-276 – H. BRUNNER, Der Totenteil in germ. Rechten, ZRGGermAbt 19, 1898, 107-139 – A. SCHULTZE, Seelgerät und Besthaupt, ZRGGermAbt 38, 1917, 301-304 – U. STUTZ, Zweitbesthaupt, ZRGGermAbt 40, 1919, 282-284 – W. Müller, Die Abgaben von Todes wegen in der Abtei St. Gallen, 1961.

Bestiarion, Institution der byz. Zentralverwaltung. Im Zuge der byz. Verwaltungsreform des 7. Jh. wurde das alte vestiarium sacrum, das der comitiva sacrarum largitionum angehört hatte, als B. zum selbständigen → Sekreton. Sein Leiter wurde anfangs als *Bestiarios* bzw. χαρτουλάριος τοῦ βεστιαρίου bezeichnet (ab dem frühen 8. Jh. auf Siegeln belegt), vom 10.-12. Jh. überwiegend als ἐπὶ τοῦ (βασιλικοῦ) βεστιαρίου und in der Spätzeit als προκαθήμενος τ. β. Zunächst hatte das B. die Funktion eines Reichszeughauses und wurde v. a. durch Naturalsteuern gespeist; ab dem 10. Jh. floß vermehrt Geld in das B., das deutlich expandierte und die Agenden anderer Finanzverwaltungen übernahm, bis es in der Palaiologenzeit zum zentralen Finanzministerium wurde.

Neben dem Reichsbestiarion (βασιλικὸν β.) gab es auch das klar davon geschiedene Privatbestiarion des Ks.s (οἰκειακὸν βασιλικὸν β.), das in mittelbyz. Zeit von einem ἐπὶ τοῦ οἰκ. β. β. geleitet wurde. Der *Protobestiarios* dagegen war einer der ranghöchsten Palasteunuchen, der für die ksl. Privatgarderobe sorgte. → Finanzverwaltung, Byzanz. W. Seibt

Lit.: J. B. BURY, Imperial Administrative System in the 9th century, with a revised text of the Kletorologion of Philotheos, 1911, 95f. – DÖLGER, Beiträge, 27-38 – N. OIKONOMIDÈS, Les listes de préséance byzantines des IXᵉ et Xᵉ s., 1972, 316 – R. GUILLAND, Titres et fonctions de l'Empire byz., 1976, XVIII, 414-417 – W. SEIBT, Byz. Bleisiegel in Österr. I, 1978, 184f.

Bestiarium, -ius, Bestiarien
A. Bestiarien in den mittelalterlichen Literaturen – B. Illustrationen

A. Bestiarien in den mittelalterlichen Literaturen

I. Begriffliches – II. Mittellateinische Literatur – III. Byzantinische Literatur – IV. Romanische Literaturen – V. Deutsche Literatur – VI. Mittelniederländische Literatur – VII. Englische Literatur – VIII. Slavische Literaturen – IX. Arabische Literatur.

BESTIARIUM

I. BEGRIFFLICHES: Kompilation von Tiergeschichten (z. T. auch Pflanzen- und Tierkapitel enthaltend → Herbarium, → Lapidarium), zumeist mit geistl. bzw. moral.-didakt. Auslegung versehen nach dem Verfahren des mehrfachen → Schriftsinns. Ausgangspunkt für die im 10. Jh. einsetzende B.-Entwicklung ist der lat. → Physiologus. Da dieser in den meisten Kapiteln wilde Tiere (bestiae) behandelt, lag es nahe, als reinlat. Typusbezeichnung für ein derartiges Tierbuch »bestiarium« bzw. »bestiarius« (liber) einzuführen. Weil in den meisten altfranzösischen »bestiaires« eine lat. Vorlage nachweisbar ist (→ Guillaume le Clerc um 1210; → Pierre de Beauvais vor 1218. Ausnahme: → Gervaise Anfang 13. Jh. wegen Benutzung der Dicta Crisostomi) und der lat. Prolog (McCulloch, 50) des ältesten Gattungsvertreters (→ Philippe de Thaun, um 1121) den Titel mit der Behandlung der »bestiae« am Anfang (Kap. 1-23; Vögel Kap. 24-34; Steine Kap. 35-38) rechtfertigt, dürfte sich der Terminus B. in der Bedeutung 'Tierbuch' zu Beginn des 12. Jh. eingebürgert haben.

Das im Physiologus vorgebildete Grundmuster des Kapitelaufbaus: Tierbericht-Auslegung bleibt weitgehend für die B. bestimmend, seine additive Baustruktur jedoch läßt Änderungen in Zahl, Umfang und Folge der Kapitel freien Raum. Hauptquellen der B. sind – neben dem Physiologus – enzyklopäd. Werke (→ Enzyklopädik), insbes. Plinius, Solinus, → Isidor, sowie, für die Auslegungen, die exeget. Tradition (hauptsächl. Ambrosius »Exameron«, Augustin »Enarrationes in Ps.«, Gregor d. Gr. »Moralia«).

Neben selbständiger Überlieferung der B. sind den B. vergleichbare Kompilationen in den großen Enzyklopädien etwa des →Thomas v. Cantimpré, → Bartholomaeus Anglicus, Vinzenz v. Beauvais enthalten. Die Überlieferung und →Neukomposition von B. läßt sich bis ins 17. Jh. verfolgen.   N. Henkel/Chr. Hünemörder

II. MITTELLATEINISCHE LITERATUR: Die Überlieferung der lat. B. ist nicht vollständig erfaßt. Die von M. R. JAMES erarbeitete und von F. McCULLOCH ausgebaute Einteilung der Prosa-B. stützt sich auf aus England, z. T. auch aus Frankreich stammende Hss.

Texte und Überlieferung: a) B-Is-Version: Erweiterung der Kapitel des Physiologus der Fassung b durch Zusätze aus Isidors »Etymologiae« (B. 12). Überliefert seit dem 10. Jh. b) »De bestiis et aliis rebus«: Buch 1 (Vogelbuch des → Hugo v. Folieto) u. 2 (ca. 12. Jh.) mit der B-Is-Version verwandt, jedoch durch exeget. Material angereichert. c) »De bestiis et aliis rebus«, Buch 3: Selbständiges B., Erweiterung auf 108 Kapitel und Neuordnung in Sachgruppen nach Isidor, »Etymologiae«. d) Mit geistl.-moral. Auslegungen versehen ist ein 52 Kapitel umfassendes aus Italien stammendes B. des 15. Jh., das zu Beginn des 16. Jh. mit Holzschnittillustrationen als »Libellus de natura animalium perpulcre moralizatus« gedruckt wurde und mit der waldens. Übersetzung verwandt ist. Inhaltl. basiert es z. T. auf dem Physiologus, ist aber durch enzyklopäd. Material stark angereichert. e) Obwohl nicht zu den eigtl. B. gehörend, stimmt doch mehrfach inhaltl. mit ihnen überein der → »Liber monstrorum de diversis generibus«, eine bereits aus vorkarol. Zeit stammende handbuchartige Zusammenstellung von Monstren, die auf spätantiker Überlieferung fußt.

Verglichen mit diesen Prosa-B. kennt man nur verhältnismäßig wenige Vers-B.: f) Aus dem 12. Jh. stammt ein kleines Vers-B., dessen Quelle eine Auswahl aus Buch 11 und 12 von Isidors »Etymologiae« ist. g) Der → Konrad v. Mure (zu recht?) zugeschriebene »Libellus de naturis animalium« versifiziert Abschnitte aus Isidors »Etymologiae«. Die beigefügten Auslegungen lassen z. T. den Einfluß des Physiologus erkennen. h) Neun Kapitel, z. T. mit Auslegung versehen, enthält ein ein in der Hs. Paris B. N. lat. 3718 (13. Jh.) überliefertes B. i) Möglicherweise dem Schulschrifttum des SpätMA ist ein sich als »Novus Physiologus« bezeichnendes umfangreiches, mit Auslegungen versehenes B. zuzurechnen. Die Quellenfrage ist in der Hs. Darmstadt LB 2780 (14. Jh.) überlieferten Textes ist ungeklärt.   N. Henkel

Lit.: EM II, 214-226 – NCE VII, 367-369 – M. R. JAMES, The Bestiary, 1928 – F. McCULLOCH, Mediaeval Latin and French Bestiaries, 1962² – G. CRONIN, The Bestiary and the Mediaeval Mind. Some Complexities, MLQ 2, 1941, 191-198 – W. VON DEN STEINEN, Altchr.-ma. Tiersymbolik, Symbolon 4, 1964, 218-243 – D. SCHMIDTKE, Geistl. Tierinterpretation in der deutschsprachigen Lit. des MA, 1968, 62-65 – FR. LAUCHERT, Gesch. des Physiologus, 1889 [Nachdr. 1974] – N. HENKEL, Stud. zum Physiologus im MA, 1976 – *Zu chr. B. im 16./17. Jh.:* H. REINITZER, Gesch. und Aufgaben des dt. Bibelarchivs in Hamburg, Jb. für internat. Germanistik 7, H. 2, 1975, 176f. – *Zu den Texten:* a) M. FR. MANN, Der Bestiaire Divin des Guillaume le Clerc, Frz. Stud. VI, 2, 1888, 37-73 [Text] – F. CARMODY, De bestiis et aliis rebus and the Latin Physiologus, Speculum 13, 1938, 153-159 – McCULLOCH, Bestiaries, 28-30 – b) MPL 177, 9-84A [Text] – McCULLOCH, Bestiaries, 30-32 – *Zum Aviarium des Hugo v. Folieto:* MANITIUS III, 227f. – FR. OHLY, Probleme der ma. Bedeutungsforsch. und das Taubenbild des Hugo v. Folieto, FMASt 2, 1968, 162-201 – CH. DE CLERCQ, La nature et le sens du »De avibus« d'Hugues de Fouilloy, Misc. Mediaevalia 7, 1970, 279-302 – c) MPL 177, 83B-136A und M. R. JAMES, The Petersborough Psalter and Bestiary, 1921 [Text] – McCULLOCH, Bestiaries 34-38; ebd. 38-40 zu zwei weiteren Gruppen von B. d) »Libellus de natura animalium«. A 15th C. Bestiary, ed. J. I. DAVIS, 1958 [Faks.] – F. McCULLOCH, The Waldensian Bestiary and the Libellus de natura animalium, Mediaevalia et Humanistica 15, 1963, 15-30 – e) M. HAUPT, Opuscula II, 1876, 218-252 [Text; Neuausg. F. PORSIA, 1976; C. BOLOGNA, 1977] – MANITIUS I, 114-118 – N. HENKEL, Stud., 144 – f) C. HÜNEMÖRDER, Isidorus versificatus. Ein anonymes Lehrgedicht über Monstra und Tiere aus dem 12. Jh., Vivarium 13, 1975, 103-118 – g) K. LANGOSCH, Die dt. Lit. des lat. MA in ihrer gesch. Entwicklung, 1964, 203 – N. HENKEL, Stud., 42, A. 115 – h) E. FARAL, Notice sur le Manuscrit Latin de la Bibl. Nat. No 3718, Romania 46, 1920, 239f. [Teilabdruck] – i) N. HENKEL, Stud., 41f.

III. BYZANTINISCHE LITERATUR: Abgesehen von der reichen →Physiologus-Tradition, mehreren Werken der →Hexaemeron-Exegese und Reiseliteratur (→Kosmas Indikopleustes) ist für Byzanz v. a. →Timotheos v. Gaza zu nennen, der gegen Ende des 5. Jh. ein vierbändiges B. Περὶ ζῴων τετραπόδων θηρίων ... καὶ περὶ ὀρνέων ... καὶ ὄφεων schrieb. Zoolog. wissenschaftl. Daten werden hier von Mirabilien, Aberglauben, Paradoxa, Sympathielehre und Magie (etwa in der Tradition des Claudius Aelianus) überwuchert. Manches davon ging in das zoolog. Hb. des 10. Jh., Ευλλογή τῆς περὶ τῶν ζῴων ἱστορίας ..., ein, und der Mitte des 11. Jh. entstammt eine Exzerptsammlung aus Timotheos v. Gaza. Auch die anekdotenreichen Tiergedichte des Manuel → Philes, Περὶ ζῴων ἰδιότητος (vor 1320), verdanken den Werken von Aelianus und Timotheos viel.

Bei den spätbyz. volkssprachl. Tierepen in der Art der »Streitgedichte« – wie »Pulologos« (Πουλολόγος, Vogelbuch), Geschichte der Vierfüßler, Legende vom Esel, Opsarologos (['Ο]ψαρολόγος, Fischbuch) u. dgl. – steht neben kultischen Beobachtungen und Legenden das satirisch-humorist. Element im Vordergrund, wobei sich menschl. Unsitten in der Tierwelt widerspiegeln.   W. Seibt

Lit.: HUNGER, Profane Lit. II, 265-267 – BECK, Volksliteratur, 173-179 – CMH IV, 2, 285f. – F. S. BODENHEIMER-A. RABINOWITZ, Timotheus of Gaza, On Animals, 1949 – Z. KÁDÁR, Survivals of Gr. Zoological Illuminations..., 1978, 20-29.

IV. ROMANISCHE LITERATUREN: Die B. sind didakt. Traktate des MA, welche die traditionell angenommenen natürl. Eigenschaften von Tieren (tatsächl. existierenden oder Fabelwesen), Pflanzen oder in bestimmten Fällen sogar Steinen für eine theol.-lehrhafte Aussage nutzbar machen. Am Ursprung dieser moralisierenden Texte steht der im 2. Jh. n. Chr. in Alexandria verfaßte → Physiologus. Anfängl. umfaßte dieses Werk 49 Kapitel, doch änderte sich diese Einteilung unter dem Einfluß zahlreicher Interpolationen im Laufe der Jahrhunderte beträchtlich. Der Physiologus wurde frühzeitig aus dem Gr. ins Lat. und später in mehrere Volkssprachen übertragen. Die dadurch entstandenen B. übten im gesamten MA über die Predigtliteratur und das theol. und exeget. Schrifttum, die sich der in den B. enthaltenen Exempla bedienten, Einfluß aus. Darüber hinaus gaben die B. eine Fülle von Motiven an die (welt.) Lit. und an die Bildenden Künste weiter. Die Tradition des lat. Physiologus beruht auf verschiedenen Fassungen; für die roman. Lit. am wichtigsten wurde die Fassung B (nach CARMODY).

Seit der 2. Hälfte des 12. Jh. finden wir den lat. Physiologus in vier afrz. Versionen, von denen drei auf Fassung B zurückgehen, wobei Einschübe, die u. a. auf die »Etymologiae« des → Isidor v. Sevilla zurückgehen, feststellbar sind (Fassungen vom Typ B–Is). Das Bestiarium des → Gervaise gehört stärker zur Gruppe der »Dicta Crisostomi«. Das B. des → Philippe de Thaon (Thaün; 1121 oder 1152, nach der Widmung) ist in 38 Kapitel eingeteilt und umfaßt 3194 Verse. Das B. des Gervaise (Anfang 13. Jh.) hat 29 Kapitel und 1280 Verse. Das anglo-norm. B. des → Guillaume le Clerc (1210/11), das längste afrz. B., ist nach den Hss. in 35 oder 37 Kapitel gegliedert und hat 4174 Verse. Das B. des Peter v. Beauvais, ein Prosatext, entstand um 1218; es ist in einer längeren (71 Kapitel) und einer kürzeren (37 Kapitel) Fassung überliefert. Seine Quelle ist ein Text vom Typ B–Is. Die längere Fassung enthält alle Elemente der kürzeren; beide Versionen sind jeweils in vier Hss. überliefert. Die Tradition der moral.-theol. B. wird durch eine Reihe von Traktaten, in denen die Eigenschaften der Tiere unter Verzicht auf moral.-theol. Anwendung nur einer poet.-lyr. Aussage, im Sinne der höf. Lit., dienen, fortgeführt.

Die B. der Iber. Halbinsel werden u. a. von den katal. B. repräsentiert (ed. PANUNZIO). Die übrigen Traktate über Tiere sind keine echten Nachfolger des Physiologus. Von den it. B. seien das »Bestiario toscano« und ein toskan.-venet. B. gen., die in mehreren, von MCKENZIE gefundenen Hss. verbreitet sind; schließlich noch der »Libro Agregà di Serapion«, eine Vulgarisierung des 14. Jh. In prov. Sprache ist ein Prosafragment, »Aiso son las naturas d'alcus auzels e d'alcunas bestias« (1250), überliefert. Im Rumän. erhielt sich ein B. in Prosa, der »Physiologus rumeno« mit 30 Kapiteln (ed. GASTER); es handelt sich um einen entfernten Ableger des Physiologus. Schließlich sei noch ein waldens. (rätoroman.) B. in Prosa erwähnt, »De la propriotas de la animanças«, von einem Jaco verfaßt und in 54 Kapiteln eingeteilt, von denen nur 25 mit Sicherheit auf den Physiologus zurückgehen. G. R. Mermier

Ed. und Lit.: I. *Physiologus:* Außer der zu Abschnitt II gen. Lit. vgl. F. SBORDONE, Physiologus, 1936 – L. FRANK, Die Physiologus-Lit. des Engl. MA und die Tradition [Diss. Tübingen 1971] – II. *Physiologus latinus:* Physiologus Latinus, versio B, ed. F. J. CARMODY, 1939 – Physiologus Latinus, ed. F. J. CARMODY, Univ. of California, 1941 – III. *frz. B.:* Le Bestiaire de Philippe de Thaün, ed. E. WALBERG, 1900 – A. H. KRAPPE, The Historical Background of Philippe de Thaün's Bestiaire, MLN 59, 1944, 325–327 – Le Bestiaire de Gervaise, ed. P. MEYER, Romania 1, 18–72, 420–443 – G. MERMIER, The Bestiaire of Gervaise, Papers of the Michigan Academy of Science, Arts and Letters 53, 1968, 337–352 – Le Bestiaire. Das Thierbuch des norm. Dichters Guillaume le Clerc, ed. R. REINSCH (Afrz. Bibl. 14), 1892 [Neudr. 1966] – P. MEYER, Les Bestiaires, HLF 34, 1914, 373–379 – Le Bestiaire de Pierre de Beauvais, kurze Version, ed. G. MERMIER, 1977 – lange Version: ed. CH. CAHIER – A. MARTIN, Mél. d'Archéologie et de Litt., 1851–56 – G. MERMIER, De Pierre de Beauvais et particulièrement de son Bestiaire: vers une solution des problèmes, RF 78 H. 2/3, 1966, 338–371 – M. L. BERKEY, Pierre de Beauvais: An Introduction to his Works, Romance Philologie 18, 1965, 387–398 – IV. *Bestiaires d'amour:* Eine mnfrk. Übertragung des Bestiaire d'Amour, ed. J. HOLMBERG, Uppsala Univ. Aarsskrift, 1925 – Le Bestiaire d' Amour rimé: poème inédit du XIIIe s., ed. A. THORDSTEIN, 1941 – C. SEGRE, Li Bestiaire d'Amour di Maistre Richart de Fornival e li Response du Bestiaire, 1957 – V. *span. B.:* S. PANUNZIO, Bestiaris, 1963 – A. D. DEYERMOND, Traces of the Bestiary in Medieval Span. Lit., 1971 – DERS., The Middle Ages, 1971, 102, Anm. 13 – VI. *it. B.:* K. MCKENZIE, Unpublished mss. of Italian Bestiaries, PLMA 20, 1905, 380–433 – Il Bestiario Toscano, ed. M. S. GARVER–K. MCKENZIE, 1942 – K. MCKENZIE–M. S. GARVER, Il Bestiario Toscana secondo la lezione dei codici di Parigi e di Roma, Studi Romanzi VIII, 1912, 1–100 – Ein tosko-ven. Bestiarius, ed. M. GOLDSTAUB–R. WENDRINER, 1892 – M. S. GARVER, Some Supplementary Italian Bestiary Chapters, RR 11, 1920, 1–12 – K. MCKENZIE, Per la storia dei bestiari italiani, GSLI 64, 1914, 358–371 – El Libro Agregà di Serapion, ed. G. MEICHEN (Istituto per la Collaborazione Culturale, Venezia, Roma, 1962), 409–462 – VII. *prov. B.:* K. BARTSCH [Hg.], Prov. Chrestomathie, 1904, 359–364 – VIII. *rumän. B.:* Il Physiologus rumeno, ed. M. GASTER, Archivio Glottologico Italiano 10, 1886–88, 273–304 – IX. *waldens. B.:* Der waldens. Physiologus, ed. A. MAYER, RF 5, 1890, 392–418 – X. *allg. Studie:* G. MERMIER, Nature in the Medieval Bestiary, Michigan Academien 11, 1978, 85–104.

V. DEUTSCHE LITERATUR: Selbständig überlieferte B. in dt. Sprache sind selten und stehen, abgesehen vom mnfrk. B. (a) außerhalb der bekannten B.-Tradition.

a) Ein isoliertes und folgenlos gebliebenes Beispiel der Rezeption frz. Minnedidaktik ist die in der 2. Hälfte des 13. Jh. entstandene mnfrk. Prosa-Übersetzung des »Bestiaire d'amour« des → Richard v. Fournival. Die in der einzigen Hs. mitüberlieferten Texte zeigen ein auf frz. Lit. orientiertes Interesse des Auftraggebers.

b) Für die geistl. Unterweisung wurde offenbar ein in Reimpaaren abgefaßtes Bestiar von 13 Kap. verwendet, das der in Mondsee tätige Pleban und Klosterschreiber Johannes Hauser († 1518) in eine seiner Sammelhss. eingetragen hat. Es ist dort unter moraldidakt. und erbaulichen Verdichtungen überliefert.

c) Der Anfang 15. Jh. in Melk von Lienhard Peuger geschriebene sog. »Melker Physiologus« ist ein Prosa-B. von 20 Kap. Übereinstimmungen mit der Physiologus-Tradition sind gering. Bruchstücke dieses B.s sind auf Steintafeln (Ende 14./Anfang 15. Jh.) erhalten in der Marienkapelle der Pfarrkirche von Cilli. Die Textfragmente dienen hier zur Erläuterung figürl. gestalteter Konsolskulpturen. Möglicherweise ist diese Überlieferungsform – neben anderem – Hinweis auf die Herkunft des sog. »Melker Physiologus« aus einem Bildprogramm.

In unselbständiger Überlieferung, innerhalb von Texten der geistl. und didakt. Lit. sowie in der Minnedichtung, sind seit dem 13. Jh. nicht selten Tiergeschichten (auch mit Auslegungen) erhalten, die mit den in den B. überlieferten inhaltl. übereinstimmen, ohne daß dabei quellenmäßige Abhängigkeit zu erweisen wäre.

Einen Überblick über die Verwendungsbereiche der Tierauslegung gibt D. SCHMIDTKE, Geistl. Tierinterpretation in der deutschsprachigen Lit. des MA, 1968, 182–194. Aus dem Bereich der geistl. Lit. sind bes. Predigt und Mariendichtung zu nennen, aus der Didaxe u. a. → Freidanks »Bescheidenheit« (ed. BEZZENBERGER, 136, 11–146, 22), der »Renner« des → Hugo von Trimberg (ed. EHRISMANN, 19161–20140), die Spruchdichtung des → Marner, → Meißner, → Heinrich v. Mügeln; aus der Minnedichtung u. a. → Konrad v. Würzburg, → Frauenlob sowie die Gattung der → Minnereden. N. Henkel

Lit.: zu [a]: Eine mnfrk. Übertragung des Bestiaire d'amour. Sprachl. unters. und mit afrz. Paralleltext, hg. J. HOLMBERG, 1925 [Text] –

I. GLIER, Artes amandi, 1971, 54f. – N. HENKEL, Stud. zum Physiologus im MA, 1976, 133f., 137 – *zu [b]*: W. STAMMLER, Ein »Moralischer Physiologus« in Reimen (Fschr. J. QUINT, 1964), 231–235 [Text] – N. HENKEL, Stud. ..., 134–136 – zu *[c]*: W. STAMMLER, Spätlese des MA, 2: Religiöses Schrifttum, 1965, 44–47 [Text], 102–133 [Komm.] – N. HENKEL, Stud. ..., 96–110.

VI. MITTELNIEDERLÄNDISCHE LITERATUR: Die Überlieferung des B. beschränkt sich im mnl. Sprachgebiet auf die nur westmnfr. belegte, aber wahrscheinl. urspgl. mnl. Prosa-Übersetzung des »Bestiaire d'amour« des → Richard v. Fournival (s. Abschnitt IV) und auf ein bruchstückhaftes fläm. Gedicht aus der Mitte des 13. Jh., »Die beestearis«, von dem nur 198 Verse erhalten sind. Obwohl die genaue Beziehung zu einem vermutl. frz. Original noch festzustellen bleibt, steht es unverkennbar in der Tradition des »Bestiaire d'amour«: Die Ichperson bringt die Eigenschaften einer Reihe von Tieren (Grille, Nachtigall, Schwan, Hund, Wolf usw.) in Beziehung zu ihrer Liebe. Als Dichter wird der auch urkundl. belegte Willem uten Hove, Priester zu Aerdenborch im nördl. Flandern, vermutet, auf dessen »Bestiaris« →Jacob van Maerlant im Prolog seiner »Naturen bloeme« hinweist mit dem Zusatz, Willem habe in seinem Gedicht einen falschen Weg eingeschlagen. In den Tierbüchern der »Naturen bloeme«, einer gereimten Bearbeitung der Enzyklopädie »De naturis rerum« des → Thomas v. Cantimpré, werden Stoffe aus dem älteren B. eingearbeitet in eine neue, auf aristotel. Zoologie fußende Tierlehre.   W. P. Gerritsen

Ed.: [Beestearis] J. BORMANS, Bull. Acad. Roy. de Belgique 38, 2. ser., XXVII, 1869, 488–502 – NAP. DE PAUW, Versl. en Meded. Kon. Vlaamsche Acad. 1901, 2e halfj., 22–53 – *Lit.*: Maerlant, Naturen bloeme, ed. E. VERWIJS [mit Einl.] – W. P. GERRITSEN, 'Het spoor van de viervoetige locusta', De nieuwe taalgids, hg. W. A. P. SMITNUMMER, 1968, 1–16.

VII. ENGLISCHE LITERATUR: Im → Exeter-Buch aus der 2. Hälfte des 10. Jh. ist das ae. B. in alliterierenden Versen überliefert. Es stellt somit die älteste volkssprachl. Version des lat. → Physiologus dar, behandelt allerdings nur einen Zyklus von drei Tieren, nämlich den Panther (als Allegorie für Christus), den Wal (als Allegorie des Teufels) und das Rebhuhn (Text nur fragmentar. erhalten). Ein weiteres allegor. ae. Tiergedicht ist der ebenfalls im Exeter-Buch überlieferte →»Phoenix«, der allerdings nicht auf dem Physiologus beruht, sondern (in seinem ersten Teil) auf dem »De Ave Phoenice« des → Lactantius. In England entstand auch die früheste frz. Verfassung des B., und zwar durch den Anglonormannen → Philippe de Thaon (Thaün) (siehe Abschnitt IV). In me. Sprache selbst ist nur ein B. erhalten (in einer einzigen Hs.), das ca. 1240 entstand und in 802 Versen 13 Tiere behandelt. Es ist eine freie Bearbeitung nach dem lat. Physiologus des Thetbaldus. Auch im me. B. wird jedes Tier zunächst kurz beschrieben und anschließend nach den Prinzipien der chr. Exegese ausführl. allegor. gedeutet.   R. H. Robbins [mit H. Sauer]

Bibliogr.: RENWICK-ORTON, 188–190, 434 – NCBEL I, 294f., 513 – *Ed.*: A. S. COOK, The OE Elene, Phoenix, and Physiologus, 1919 – ASPR 3, 1936, 169–174, 94–113 – R. MORRIS, An OE Miscellany, EETS 49, 1872, 1–25 – T. J. ELLIOTT, Medieval Bestiary, 1971 [Übers.] – *Lit.*: F. CORDASCO, The OE Physiologus: Its Problems, MLQ 10, 1949, 351–355 – C. W. KENNEDY, Early Engl. Christian Poetry, 1952, 217–248 [mit Übers.] – B. WHITE, Medieval Animal Lore, Anglia 72, 1954, 21–30 – S. B. GREENFIELD, A Critical Hist. of OE Lit., 1965, 180ff. – A. C. BAUGH, The ME Period (A Lit. Hist. of England, ed. DERS., 1967²), 136f., 161f. – B. ROWLAND, Blind Beasts, 1971 – Animals with Human Faces, 1974 – Birds with Human Souls, 1978.

VIII. SLAVISCHE LITERATUREN: Abgesehen vom → Physiologus, der bei den Slaven in verschiedenen Redaktionen ab dem 13. Jh. bekannt ist, verbreiteten sich zoolog. Kenntnisse verbunden mit chr. Allegorese v. a. durch Auszüge aus theol.-enzyklopäd. Werken, wie z. B. dem »Hexaemeron« (»Šestodnev«), der »Christlichen Topographie« des → Kosmas Indikopleustes oder der Dioptra des → Philippos Monotropos, die dann in Sammelhss. wie den altruss. Izborniki aus 1073 und 1076, in der »Tolkovaja Palea« (Kommentar zu ausgewählten Stellen des AT), in der »Zlataja Cep'« oder in zahlreichen, noch wenig erforschten alphabet. Sammlungen (»Azbukovniki«) Eingang fanden. Neben dem »Hexaemeron« → Basileios' d. Gr. (2. slav. Übersetzung durch Epifanij Slavineckij 1656), den sechs Homilien über die Weltschöpfung des → Severians v. Gabala (ab dem 14. Jh. in bulg. Hss. erhalten), dem Hexaemeron-Gedicht des → Georgios Pisides (übers. durch Dimitrij Zograf 1385), soll hier der »Šestodnev« des → Io(h)annes Exarcha (10. Jh.) genannt werden. Die bes. in Rußland ab dem 15. Jh. beliebten »Skazanija (Erzählungen) o pticach i zvěrjach« und »Azbukovniki« behandeln oft nebeneinander die Eigenschaften der Tiere, der Pflanzen (ges. Sammlung »Travniki« bzw. »Lěčebniki«) und der Steine, wobei es bei dem kompilativen Charakter dieser Werke, die gelegentl. unter den Index der verbotenen Bücher fielen, nicht immer möglich ist, B. von Redaktionen des Physiologus zu unterscheiden.   Chr. Hannick

Lit.: N. N. DURNOVO, K istorii skazanij o životnych v starinnoj russkoj literature (Drevnosti-Trudy slav. Kommissii 3, 1902), 45–118.

IX. ARABISCHE LITERATUR: In der arab. Lit. sind den europ. B. vergleichbare literar. Werke selten; ihr Auftreten steht zumeist unter fremdem Einfluß. In den »Fabeln« (arab. *amṯāl*) des sagenhaften Luqmān (Koran, Sure 31) wirken die äsop. Fabeln nach. Der Iraner Ibn al-Muqaffaʿ übertrug, als er »Kalīla und Dimna« aus dem Mittelpersischen übersetzte, das aus dem Sanskrit stammende → Pañcatantra des Bidpai. Nur die »Lauteren Brüder« (Iḫwān aṣ- ṣafāʾ, 10. Jh.) bringen in ihrer Enzyklopädie (arab. Rasāʾil) einen originellen philos. Dialog zw. Weisen und Tieren.   F. Viré

Lit.: EI, s.v.v. – EI², s.v.v. – BROCKELMANN² I, 158, 238; Suppl. I, 234, 380; II, 65f.

B. Illustrationen

Die frühesten erhaltenen abendländ. illustrierten B. stammen aus karol. Zeit. Der vermutl. in Reims im 2. Viertel des 9. Jh. entstandene Physiologus Bernensis, Cod. Bongarsianus 318 der Burgerbibl. in Bern (O. HOMBURGER, Die illustrierten Hss. der Burgerbibl. Bern, 1962, 101ff., CH. v. STEIGER–O. HOMBURGER, Physiologus Bernensis. Voll-Faks.-Ausg., 1964), steht jedoch mit seinen in pastoser Farbigkeit ausgeführten, z. T. bildhaft gerahmten, verschiedenformatig in den Textspiegel vor den jeweiligen Kapiteln eingefügten 35 Illustrationen als ein Denkmal der karol. Renaissancekunst ebenso in der Tradition spätantikfrühchr. Buchmalerei wie der Zeichenstil der sparsam ausgeführten Illustrationen im Ms. 10074 der Bibl. Royale in Brüssel aus dem 10. Jh. (R. STETTINER, Die illustrierte Prudentiushs., 1895, Tfbd. 1905, 177f.), in dessen Nachfolge Physiologus-Hss. in Art dem M 832 der Pierpont Morgan Libr. in New York aus der 1. Hälfte des 12. Jh. aus Stift Göttweig mit einfachen, nicht einmal die Spaltenbreite des Textes ausfüllenden Zeichnungen stehen (M. HARRSEN, Central European Mss. in the Pierpont Morgan Libr., 1958, no. 13). Diese Hss. illustrieren allein die Tiergeschichten, wie es ebenso für die frühesten Fassungen unter Verwendung von Bildvorlagen auch aus anderen Bereichen (K. WEITZMANN, Illustrations in Roll and Codex. A Study of the Origin and Method of Text Illustration. Studies in Manuscript Illumination 2, 1947, 138f.) anzunehmen ist, während vielleicht schon seit dem 4. Jh. zudem Illustrationen der geistl.-moral. Auslegungen hinzukommen. Als spätes Zeugnis vermochte hiervon unter den illustrierten griech. Hss. der Zyklus der 1912 verbrannten, um 1100 entstandenen Hs. B. 8 der Bibliothek der *Εὐαγγελική σχολή* in Smyrna (J. STRZYGOWSKI, Der Bilderkreis des griech. Physiologus, Byz. Archiv, H. 2, 1899, 1 ff., Taf. Iff.) zum Physiologus, → Lapidarium und zur Topographia christiana des → Kosmas Indikopleustes eine umfassende Vorstellung zu geben.

Im 12. Jh. setzt eine weite, bis ins 15. Jh. anhaltende Verbreitung der illustrierten B. ein, die im abendländ. Bereich – soweit der bisher erarbeitete Überblick erkennen läßt – v. a. in nordfrz. und engl. Werkstätten mit verschiedenartigen Miniaturenzyklen ausgestattet wurden. Das vielleicht früheste Beispiel ist im Ms. Laud. Misc. 247 der Bodl. Libr. in Oxford aus dem Anfang des 12. Jh. erhalten, dessen Federzeichnungen offensichtl. auf karol. Vorbilder zurückgehen (M. RICKERT, Painting in Britain. The Middle Ages, 1965², 62, 87 f. - O. PÄCHT-J. J. G. ALEXANDER, Illuminated Mss. in the Bodl. Libr. Oxford 3, 1973, no. 111). Auch die am Ende des 12. Jh. entstandene engl. Millstätter Genesis- und Physiologus-Hs. mit frühmhd. Text, Cod. VI, 19 des Kärntner Landesarchivs in Klagenfurt (Faks. A. KRACHER, Einf. und kodikolog. Beschreibung, 1967) ist mit Federzeichnungen ausgestattet, während andere Mss. umfangreiche Bilderfolgen in Deckfarbenmalerei tragen, oftmals auf polierten Goldgründen mit meist im Profil dargestellten Tieren oder ausführlicheren Szenen, darunter auch mit selteneren Themen wie im Royal Ms. 12 F. XII der Brit. Libr. in London aus dem 12. Jh. (O. E. SAUNDERS, Engl. Buchmalerei, 1927, I, 60; II, Taf. 53). Die sonderbare, im Widerspruch zum Text, der durchaus Naturbeobachtungen enthält, stehende Darstellung mancher Tiere wie etwa des Krokodils in Art eines Rothirsches mit Drachenkopf, Vogelfüßen und Fischflosse im B. M 81 der Pierpont Morgan Libr. (Kat. Treasures from The Pierpont Morgan Libr., 1957, no. 15), das vermutl. aus der Abtei Radford bei Worksop, Nottinghamshire, stammt und im letzten Viertel des 12. Jh. vielleicht in Lincoln entstand, bestätigt die Annahme einer vom Text unabhängigen Bildtradition.

Eine Variation in der Unterbringung der Bebilderung besitzt ein engl. B. des 12. Jh. Ms. II. 4. 26 der Univ. Libr. in Cambridge, dessen 110 Illustrationen ungewöhnlicherweise zuerst entstanden und der Text anschließend darum geschrieben wurde. Nur selten wird in Hss. des 12.-15. Jh. von dem Ausstattungsprinzip abgewichen, nach welchem die einleitende Illustration zum 1. Kap. des Physiologus über den Löwen künstler. hervorgehoben wird. Zu den übrigen in unterschiedl. Auswahl in den B. überlieferten Schriften wie dem Traktat »De bestiis et aliis rebus libri quattuor« mit dem 1. Buch »De avibus« sowie dem »Tractatus de pastoribus et ovibus«, die → Hugo v. Folieto (um 1100–nach 1172) zugeschrieben werden, variieren Auswahl und Format der Illustrationen beträchtlich. Beinahe alle illustrierten Mss. mit diesen Hugo v. Folieto zugeschriebenen Texten stammen aus Zisterzienserklöstern wie etwa Ms. 226 der Stiftsbibl. Heiligenkreuz, das zum »Liber avium« 30 Federzeichnungen enthält (F. WALLISER, Cistercienser Buchkunst. Heiligenkreuzer Skriptorium in seinem 1. Jh., 1969, 23 ff., 41 f., Abb. 93 ff.) oder das aus Clairmarais kommende Ms. 94 der Bibl. mun. in St-Omer (CH. DE CLERCQ, Hugues de Fouilloy, imagier de ses propres oeuvres?, Revue du Nord 45, 1963, 31 ff. – DERS., La nature et le sens du »de avibus« d'Hugues de Fouilloy, Misc. Mediaevalia 7, 1970, 279 ff. – F. OHLY, Probleme der ma. Bedeutungsforschung und das Taubenbild des Hugo v. Folieto, FMASt 2, 1968, 162 ff.).

Mehrfach geht dem eigtl. Inhalt der B. ein autonomer Bilderzyklus mit Darstellungen der verschiedenen Schöpfungstage und der Namengebung der Tiere voran, wofür die in Deckfarben ausgeführten und gerahmten Miniaturen im künstler. bes. eindrucksvollen Ms. Ashmole 1511 der Bodl. Libr. in Oxford ein schönes engl. Beispiel vom Ende des 12. Jh. sind (PÄCHT-ALEXANDER 3, 1973, no. 334). Hin und wieder erscheint auch eine Bilderfolge zu einigen mirabilia mundi, v. a. den monströsen Menschentypen, die man sich im Osten lebend vorstellte (M. R. JAMES, Marvels of the East. A Full Reproduction of the Three Known Copies, 1929 – R. WITTKOWER, Marvels of the East. A Study in the History of Monsters, JWarburg 5, 1942, 159 ff.), deren mehr oder weniger gleichbleibende Ikonographie bis in die Antike zurückreicht. Die 27 Szenen im frz. B. des → Humphrey v. Gloucester vom Ende des 13. Jh. Ms. XVI 4 der Sammlung Ludwig, Aachen, werden von Bildumschriften begleitet, wohingegen in anderen Exemplaren kleine Illustrationen zu unterschiedl. Texten anonymer Autoren erscheinen können. Ein spätes Beispiel aus der 1. Hälfte des 15. Jh. bietet hierfür Ms. 15 der Kathedralbibl. in Gent (A. DEROLEZ, The Library of Raphael de Marcatellis, 1979, no. 29), dessen Text offenbar von der Enzyklopädie »De natura rerum« des → Thomas v. Cantimpré (um 1201–70 oder 1272) abhängt, die wiederum u. a. → Vinzenz v. Beauvais (1184/94–um 1264) beeinflußt hat. In der mit dem originalen Zustand überkommenen Hs. des Hugh of Stuckeley, Ms. 53 der Corpus Christi Coll. Libr. in Cambridge (M. R. JAMES, A Peterborough Psalter and Bestiary, 1921 – L. FREEMAN SANDLER, The Peterborough Psalter in Brussels and Other Fenland Manuscripts, 1974, 123 ff.) vom Anfang des 14. Jh. ist der Physiologus mit einem Psalter verbunden, wie es aufgrund zahlreicher ikonograph. und stilist. Übereinstimmungen des karol. Physiologus in Bern mit dem etwa zeitgleichen Utrecht-Psalter, Ms. 32 der Bibliotheek der Rijksuniversiteit in Utrecht, hypothetisch bereits für die diesen Hss. zugrundeliegende spätantik-frühchr. Vorlage angenommen worden ist (HOMBURGER, op. cit., 1964, 31 – D. TSELOS, A Greco-Italian School of Illuminators and Fresco Painters. Its Relation to the Principal Reims Manuscripts and to the Greek Frescos in Rome and Castelseprio, Art. Bull. XXXVIII, 1956, 1 ff.).

J. M. Plotzek

Lit.: LCI III, 432 ff., s.v. Physiologus – M. R. JAMES, A Bestiary of the 12th C. (Roxburgh Club), 1928 – FL. MCCULLOCH, Mediaeval Latin and French Bestiaries. Univ. of North Carolina Stud. in the Romance Languages and Literatures 33, 1960, 1962² – H. STAHL, Le Bestiaire de Douai, Rev. de l'Art 8, 1970, 5 ff. – W. O. HASSAL, Bestiaire à Oxford, Dossiers Archéol. Enlum. got. 16, 1976, 71 ff.

Bestimmung. Unter den Begriff B. (determinatio, informatio, individuatio) als Problemanzeige lassen sich zwei zentrale Themen scholast. Metaphysik subsumieren: erstens das principium individuationis, die Frage nach dem Grund einer Mehrheit von Seienden derselben Art, und zweitens die Bestimmung des intellektuellen Erkenntnisvermögens durch seine Gegenstände. Nur im Kontext einer platon.-realist. Position überhaupt ein sinnvolles Problem – bei Platon selbst scheint sich die Frage nach Bestimmtheit/Bestimmbarkeit bereits in seiner Prinzipienlehre zu melden (BÄRTHLEIN, 183 f., 399 ff.) – wird das principium individuationis im MA zw. → Thomas v. Aquin, → Heinrich v. Gent und → Johannes Duns Scotus als den wichtigsten Vertretern sich ausschließender Lösungsmöglichkeiten diskutiert. Für Thomas ist es die materia signata, d. h. die materia prima hinsichtl. ihrer Hinordnung auf Ausgedehntheit überhaupt (In Boeth. de Trin. q. 4, a. 2 ad 4; Opusculum de principio individuationis, 70). Heinrich v. Gent (Quodlib. V, q. 8) sieht das principium individuationis in der Negation: nämlich als Integrität konstituierend nach innen (keine Verschiedenheit des Individuellen von sich selbst) und Differenz nach außen (keine Identität mit anderem Individuellen). Duns Scotus führt den Begriff der 'Haecceitas' (Diesheit, Dieseinzigkeit) ein (Quaest. super lib. Met. Arist. VII, q. 13, n. 9. 26; gleichbedeutend mit 'entitas positiva', Ord. II, d. 3, q. 6, n. 9), die zusammen (formal distinkt) mit der jeweiligen natura communis die Einzelwesen zu je solchen bestimmt. Der B. als ontolog. Individualisierung korrespondiert auf der Erkenntnisseite ein durch Vermittlung des intellectus agens entindividualisiertes Gegenstandsabbild (species intelligibilis, Thomas v. Aquin, S. th. I, q. 85, a. 1 ad 4), das den intellectus possibilis »informiert«, d. h. hinsichtl. seiner Erkenntnisleistung bestimmt (determinatio, S. th. I-II, q. 9, a. 1 ad 3). H.-J. Oesterle

Lit.: J. Assenmacher, Die Gesch. des Individuationsprinzips in der Scholastik, 1926 – M. Grabmann, Ma. Deutung und Umbildung der aristotel. Lehre vom Nous poietikos, SBA. PPH 1936, 4 – L. Oeing-Hanhoff, Wesen und Person der Abstraktion nach Thomas v. Aquin, PhJb 71, 1963, 14–27 – C. Bérubé, La conaissance de l'individuel au moyen-âge, 1964 – W. Hoeres, Wesen und Dasein bei Heinrich v. Gent und Duns Scotus, FSt 47, 1965, 121–186 – K. Bärthlein, Die Transzendentalienlehre der alten Ontologie, 1972.

Betagh (lat. betagius), in den norm. Zinsbüchern aus Irland Bezeichnung für Angehörige einer agrar. Schicht. Abgeleitet vom air. *biatach* ('jemand, der ernährt'), war der b. in vornorm. Zeit ein Klient (Gefolgsmann), der seinem Herrn Naturalabgaben und Gastung schuldete (*bés tige*, → *biathad*), jedoch persönl. frei war. Die Quellen der norm. Zeit fassen die betagii ohne Unterscheidung individueller Verpflichtungen oder Besitzformen zusammen. Als Kollektiv haben die betagii Abgaben und Frondienste zu leisten; letztere werden in der Regel ebenfalls in Geldabgaben umgewandelt. Betagii unterscheiden sich von den gavillarii ('Zinszahler', gabellarii) dadurch, daß sie als Kollektiv behandelt werden und theoret. zu Frondiensten verpflichtet sind. Nach Rechtsstatus und Besitzstand sind sie als unfrei zu betrachten. Diese Unfreiheit erscheint offenbar in Folge der norm. Eroberung Irlands. Der b. der norm. Zeit hat seine Entsprechung in dem walis. *taeog*, der in den Quellen mit dem engl. villanus gleichgesetzt wird. Der b. war vom engl. → Common law ausgeschlossen und unterstand dem grundherrl. Gericht mit gäl. Gewohnheitsrecht. Man darf annehmen, daß die Stellung des b. faktisch besser war, als sie in den Quellen erscheint. Seit dem 14. Jh. tritt der b. seltener auf, relativ häufig freilich im Osten des Landes, als ir. Bauern im Pale (→ Irland) zunehmend die Stellung engl. Pächter einnehmen. T. M. Charles-Edwards/J. F. Lydon

Lit.: E. Curtis, Rental of the manor of Lisronagh, 1333, and notes on B. tenure in medieval Ireland, PRIA, 43. C., 1934, 41–76 – G. Mac Niocaill, The origins of the B. The Irish Jurist, New Ser. I, T. II, 1966, 292–298 [Lit.] – G. J. Hand, Engl. law in Ireland, 1290–1324, 1967, ch. X – G. Mac Niocaill, The Contact of Irish and Common Law, Northern Ireland Legal Quarterly XXIII, Nr. I, 1972, 16–18.

Betäubungsmittel ('narcotica', 'stupefactiva', 'insensibilia'), hier: Mittel, die Narkose, d. h. einen Zustand allgem. Betäubung mit Bewegungs- und Empfindungslosigkeit und zentraler Schmerzausschaltung (Anästhesie) hervorrufen und so chirurg. Eingriffe wie Sägen ('serrare'), Brennen ('[comb]urere') und Schneiden ('secare', 'incidere', 'emutilare') erleichtern. Hiervon zu unterscheiden sind die im MA zahlreichen verschiedenen → Schmerz- und → Schlafmittel.

Johannes de St. Amando unterscheidet die »medicinae stupefactivae«, bei denen die Toxizität von der »quantitas« abhängig ist, von den »mortifera«, die schon in ihrer »qualitas« gefährlich sind, und der »medicina sedans dolorem«. Es war üblich, Arzneimittel »kalter Qualität«, wozu B. wie Alraune, Bilsenkraut, Lattich, Mohn, Opium, Schierling, Tollkirsche gehörten, mit solchen »warmer«, z. B. Aromata wie Bibergeil, Safran und Zimt, zu kombinieren, um durch die »calida« übermäßige und ungünstige Wirkungen der »frigida« zu vermeiden.

Innerl. Gebrauch von B.n ist seit ältester Zeit verbreitet. Im Orient kamen Opium und Hanf zur Anwendung. Dioskurides und Plinius empfehlen die Alraune in Form eines Weins, ersterer auch als Räucherung und Klistier. Den Mandragorawein kennen ebenfalls → Pseudo-Apuleius, → Isidor v. Sevilla, → Avicenna, → Pseudo-Serapion, →Albertus Magnus, → Matthaeus Silvaticus, → Konrad v. Megenberg und der → Hortus sanitatis 1485. Hilarius v. Poitiers erwähnt Narkose durch Drogen, ebenso der Talmud. Das Receptarium Sangallense II (9. Jh.) nennt ein »Somnifero ad inzisione faciendum«, → Jocelin v. Furness einen »potus oblivionis quem phisici letargion vocant«, → Gilbertus Anglicus einen Schlaftrank aus Mohnsaft, Lattich und Bilsenkraut. → Abaelard schreibt, Gott habe Adam bei der Erschaffung Evas künstl. eingeschläfert, »sicut et medici nonnumquam facere solent hys quos incidere volunt« (Ms. Nr. 17. 251 der Bibl. Nat. Paris, zit. nach Lagneau, 864). → Boccaccio (Decameron IV 10) erzählt von einem salernitan. »medico in cirugia« Mazzeo della Montagna (Matthaeus Silvaticus), der einem Patienten vor dem Eingriff ein Wasser bereiten läßt, um ihn zu betäuben (»adoppiare«). → Chaucer (The knight's Tale I (A) 1471 f.) berichtet von »a clarree maad of a certeyn wyn, with nercotikes and opie of Thebes fyne«. Der »dol tranck« Brunschwigs unterscheidet sich von der »Potio quae dicitur dwale« eines me. Arzneibuchs vom 14. Jh. v. a. durch den reichl. Zusatz von Gewürzen. – Beim »Opium« des → Pseudo-Mesue handelt es sich um Schlaftrochisci als Kombination verschiedener Alkaloiddrogen. → Jesus Haly empfiehlt bei Augenoperationen die Einatmung von B.n. Ob die bei Zahnschmerzen übl. Räucherungen mit Bilsensamen auch bei Extraktionen angewandt wurden, ist zweifelhaft. – Die ma. → Schlafschwämme, vor denen immer wieder gewarnt wurde, sind wahrscheinl. alexandrin. Ursprungs. – Die hohe Toxizität der Alkaloiddrogen, ihr schwankender Gehalt und damit die Schwierigkeit der richtigen Dosierung ließen die Bemühungen um medikamentöse chirurg. Anästhesie zurückgehen, so daß sie vom Ende des 16. bis ins vorige Jh. kaum Verwendung fand.

Allgemeinanästhesie konnte ferner neben der gefährl. Kompression der Jugularvenen z. B. durch alkaloidhaltige Salben erreicht werden wie sie → Arderne an Stirn, Puls, Schläfen, Achselhöhlen, Handflächen und Fußsohlen appliziert. Sie wirkten perkutan und entfalteten durch entsprechende galen. Zubereitung sogar eine gewisse Retardwirkung; vgl. auch das mit Drogenauszügen getränkte Schlaftuch des → Michael Scottus oder das »Oleum mirabile« des Guglielmo Varignana (14. Jh.). Weiterhin blieb der Alkohol ein beliebtes Betäubungsmittel.

Als Lokalanästhetikum kennt der »Magister Salernitanus« (12. Jh.) ein Kataplasma aus Mohn, Bilsen und Alraune. Bei Amputationen erreichte man durch Abschnürung der Extremität mit einem Knebel neben der Blutstillung eine gewisse örtl. Betäubung.

Eines der ältesten Mittel, eine »gefahrlose Unempfindlichkeit« hervorzurufen, ist der äußerlich mit Essig applizierte legendäre »Stein von Memphis« des Dioskurides und Plinius. Albertus Magnus, → Thomas v. Cantimpré und Konrad v. Megenberg lassen ihn gepulvert trinken. In dem weitverbreiteten, dem Albertus untergeschobenen »Liber aggregationis« (Buch II) heißt es: »detur potari illi qui deberet uri vel aliquos cruciatus pati, tantam inducit ille potus insensibilitatem quod non sentiet patiens poenam neque cruciatum«. Die B. spielten eine Rolle bei der Folter, beim Gottesurteil und bei der sog. verschärften Hinrichtung. Man pflegte Todesurteile oft öffentl. grausamer zu vollstrecken als sie tatsächl. waren: Das Retentum, eine Milderung, die man in Form einer geheimen Urteilsklausel einfügte, bestimmte, daß z.B. der Hinzurichtende vor dem Rädern heiml. zu erdrosseln sei, der Hexe solle vor dem Verbrennen ein Sack mit Schießpulver um den Hals gehängt oder dem Delinquenten ein B. eingegeben werden. Ein »Taumelbecher« als Gnadenakt wird bereits in Spr 31, 6f. erwähnt, im Talmud (Weihrauchwein) und bei Christi Kreuzigung (Mk 15, 23 Myrrhen-, Mt 27, 34 Gallenwein). Insgesamt scheint allerdings die Schmerzschwelle des ma. Menschen höher gelegen zu haben als die des heutigen. F.-J. Kuhlen

Lit.: H. HAESER, Lehrbuch der Gesch. der Med. und der epidem. Krankheiten, 3. Bearb., I, 1875 – G. LAGNEAU, De quelques anesthésiques anciennement employés en chirurgie, Bull. de l'Académie de Médecine, NS 14, 1885, 864-878 – TH. HUSEMANN, Die Schlafschwämme und andere Methoden der allgem. und örtl. Anästhesie im MA, Dt. Zs. für Chirurgie 42, 1896, 517-596 – E. GURLT, Gesch. der Chirurgie und ihrer Ausübung III, 1898 [Nachdr. 1964] – TH. HUSEMANN, Weitere Beitr. zur chirurg. Anästhesie im MA, Dt. Zs. für Chirurgie 54, 1900, 503-550 – M. BAUR, Recherches sur l'histoire de l'anesthésie avant 1846, Janus 31, 1927, 24-39, 63-90, 124-137, 170-182, 213-225, 264-270 [Diss. med. Zürich] – B. PODZUM, Von chirurg. Anästhesie in vergangener Zeit [Diss. med. Berlin 1928] – J. R. SPINNER, Geheimnis der Hexensalben und Hexentränke, Die Med. Welt 8, 1934, 353-355, 390f. – D. GOLTZ, Ma. Pharmazie und Med., 1976 (VIGGPh NF 44).

Bet Din → Recht, jüdisches

Béthencourt, Jean de, * 1360 in Grainville, † 1422 (Sterbeort unbekannt), Sohn eines norm. Barons, war zunächst Kämmerer des Gf.en v. Valois, des Bruders Karls VI., mußte sich aber u. a. infolge einer Lepraerkrankung aus dem höf. Leben zurückziehen. Er fuhr einige Zeit als Korsar zur See, bevor er durch einen Onkel mütterlicherseits, Robert de Braquemont, Botschafter Karls VI. am Hofe des kast. Kg.s Heinrich III., Kunde von einer erfolgreichen andalus.-bask. Unternehmung zu den Kanar. Inseln (→ Atlant. Inseln) aus dem Jahre 1393 erhielt. Durch Vermittlung Braquemonts erlangte B. von Heinrich III. das Privileg zur Eroberung der Inseln, auf die Kastilien Ansprüche erhoben hatte. Mit finanzieller Unterstützung seines Onkels und in Zusammenarbeit mit Gadifer de la Salle, einem Seefahrer aus La Rochelle, der die Hauptlast des Unternehmens getragen zu haben scheint, rüstete B. eine Expedition, die am 1. Mai 1402 von La Rochelle aus in See stach. Teilnehmer waren u. a. die Kleriker Pierre Bontier und Jean le Verrier, die als Chronisten des Kolonisationsversuchs Bedeutung erlangten. Da gleich nach der Landung auf der Insel Lanzarote ein Teil der von B. rekrutierten Leute rebellierte und zurückkehrte, wandte er sich auf der Suche um Hilfe nach Kastilien, während de la Salle in dem neuerrichteten Fort Rubicon zurückblieb. In Spanien leitete B. Verhandlungen mit Aragón und der Kurie ein und ersuchte gleichzeitig Heinrich III. um Unterstützung. Am 3. Dez. 1403 erhob dieser ihn in der Eigenschaft eines kast. Lehnsmannes zum Kg. v. Canaria. Wohl aufgrund dessen kam es nach B.s Rückkehr nach Lanzarote im Frühjahr 1494 zum Bruch mit de la Salle, der sich von dem Vorhaben zurückzog. Zu Beginn des folgenden Jahres gelang es B., eine größere Gruppe von Siedlern aus Frankreich heranzuführen, darunter seinen Neffen Maciot de B. Dennoch scheiterte in der Folge die Eroberung der beiden größten Inseln Gran Canaria und Palma, so daß die Franzosen auf die Inseln Lanzarote und Fuerteventura beschränkt blieben. Nachdem B. einige kolonisator. und administrative Maßnahmen getroffen hatte, übertrug er seinem Neffen den Oberbefehl und kehrte schon Ende 1405 nach Frankreich zurück. Das weitere Schicksal der Niederlassungen liegt im dunkeln. 1418 bot der hochverschuldete B. über Mittelsmänner dem Gf.en v. Niebla, einem andalus. Magnaten, seine Rechte zum Kauf an, der das Angebot akzeptierte. Nachdem noch im gleichen Jahr eine kastil. Flotte Maciot de B. von den Kanarischen Inseln nach Sevilla zurückgebracht hatte, trat dieser am 17. Nov. 1418 namens seines Onkels alle Rechte auf den Archipel an den Gf.en v. Niebla ab. H. Pietschmann

Lit.: B. BONNET REVERON, Las Canarias y la conquista franconormanda, I: Juan de B., 1944 – F. PÉREZ EMBID, Los descubrimientos en el Atlántico y la rivalidad castellana-portuguesa hasta el tratado de Tordesillas, 1948.

Bethlehem, nach dem NT Geburtsort von Jesus Christus. 326 errichtete Ks. Konstantin d. Gr. über der Grotte eine Basilika (Geburtskirche). In der Nähe wurden monast. Gemeinschaften begründet, u. a. von Hieronymus und Paula. Wohl Ende des 5. Jh. wurde die Kirche weitgehend neuerrichtet. Die ersten beiden Kg.e des nach der Eroberung Jerusalems durch die Kreuzfahrer (1099) gegr. Kgr.s → Jerusalem wurden in der Geburtskirche zu B. gekrönt. 1108 erhob Balduin I., Kg. v. Jerusalem, B. zum Bischofssitz, indem er es mit der Diöz. Askalon vereinigte, deren lat. Bf. in partibus zum Bf. v. B. eingesetzt wurde. Es wurden Kanoniker, welche die Augustinerregel annahmen, nach B. berufen. 1165-69 wurde der Fußboden der Kirche mit farbigem Marmor verblendet und eine neue Dachkonstruktion errichtet. In der gesamten Kirche und Grotte, deren zwei Eingänge nun ihre endgültige Gestalt erhielten, wurden die Wandflächen mit Marmor und Mosaiken, die von griech. Künstlern geschaffen wurden, verkleidet. Nach dem Verlust von Palästina etablierte sich der Bf. und die Kanoniker in Clamecy (Frankreich, Dép. Nièvre). Seit 1413 wurden sie dem frz. Klerus eingegliedert; während des Abendländ. Schismas hatte sich in Italien eine rivalisierende Gruppe, die den Titel beanspruchte, gebildet. – 1211, wenn nicht sogar schon 1170 hatte sich der Hospitaliterorden der *Bethlehemiten* (fratres stellati) gegründet. Ein weibl. Orden bestand seit 1231. Beide Kongregationen waren augustin. geprägt und betrachteten den Bf. als ihren Oberen. Sie trugen seit etwa 1250 den Dominikanerhabit, der mit einem siebenstrahligen roten Stern auf blauem Grund geschmückt war. J. Riley-Smith

Lit.: RByzK I, 599-611 [M. RESTLE] – L. CHEVALIER LAGENISSIÈRE, Hist. de l'évêché de Bethléem, 1872 – P. RIANT, Études sur l'hist. de l'église de Bethléem, 1889-96 [Nachdr. von Bd. 2: Revue de l'Orient latin I, 1893, 140-160, 381-412, 475-525; 2, 1894, 35-72] – B. BAGATTI, Gli antichi edifici sacri di Betlemme (Pubblicazioni dello Studium Biblicum Franciscanum, 9), 1952 – H. E. MAYER, Bm.er, Kl. und Stifte im Kgr. Jerusalem, 1977, 44-80.

Bethlehemiten → Bethlehem

Béthune, ehem. Stadt und Kastellanei (seit 11. Jh.) im Artois (Dép. Pas-de-Calais). Die Herkunft des Namens (Bitunia auf einer Münze des 8. Jh.) und der Ursprung der Stadt sind unbekannt. Um 915-918 ist ein castrum des Gf.en v. → Flandern bezeugt; ein gfl. Kastellan Hermann ließ hier eine der Abtei St-Vaast in → Arras unterstehende Kirche errichten. Robert I. v. B. ist nach 999 als Vogt v. St-Vaast bezeugt und Gründer einer Kollegiat-Kirche (☩ Bartholomäus) an der Burg. Die Kastellane v. B. prägten Münzen, riefen Bruderschaften (sog. »Charitables«) ins Leben und gewährten den Bürgern der Stadt 1205 ein Freiheitsprivileg und ein Schöffenamt nach dem Recht v.

St-Pol; 1230 ließen sie die Stadt befestigen. Die Kastellanei teilte das hist. Schicksal der »Gft.« → Artois. Die Kastellanenfamilie v. B. erlosch 1248; unmittelbar danach ging die Stadt an einen Zweig der Familie → Dampierre, die nun Flandern beherrschte, über. Beim flandr. Aufstand und nach dem Tod des Robert v. Artois bemächtigte sich der frz. Kg. der Stadt und legte eine Besatzung hinein (1302). Im Zusammenhang mit dem »Transport de Flandre« (→ Flandern) wurde B. 1369 an Philipp den Kühnen, Hzg. v. Burgund, abgetreten. Neu befestigt (1388 Errichtung des Belfriedes), blieb B. bis zur frz. Eroberung (1477) burgundisch. R. Fossier

Lit.: E. Cornet, Hist. de B., 1892 – P. Feuchère, Les castra et les Noyaux pré-urbains en Artois du IXe au XIe s., 1949 – Algemene Geschiedenis der Nederlanden, 1950 – E. Warlop, De Vlaamse Adel voor 1300, 1968 – Hist. des Pays bas français, hg. L. Trenard, 1972.

Bet Midrasch → Erziehungs- und Bildungswesen

Betonie oder (Heil-)Ziest (Stachys officinalis (L.) Trev./ Labiatae). Der Name der seit alters hochgeschätzten, nach Plinius (Nat. hist. 25, 84) von den Vettonen als Heilpflanze entdeckten *vettonica* – im 5. Jh. bei Cassius Felix (De medicina, Kap. 43) in der üblichen Form *betonica* belegt – wurde im MA vielfach variiert: *bet(t)onia*, *bat(t)onie* (Steinmeyer-Sievers III, 51, 100, 197 u. ö.), *pandonia*, *bathenia* (Hildegard v. Bingen, Phys. I, 128) u. ä. Daneben findet sich auch die aus Dioskurides (IV, 1) entlehnte Bezeichnung *cestros* oder *cestrum* (Alphita, ed. Mowat, 21). Die in Europa wild wachsende, im 9. Jh. bereits angebaute B. (→ Walahfrid Strabo, Hortulus, ed. Stoffler, Kap. 21) war im MA eines der bekanntesten Allheilmittel (Circa instans, ed. Wölfel, 23; Macer, ed. Choulant, 429–491; vgl. auch Jörimann, passim) und spielte zudem im Pflanzenaberglauben eine bedeutende Rolle, wie das häufig geübte, indes unstatthafte 'Bathoniengraben' zeigt. Ihre Verwendung als Zauberkraut (Albertus Magnus, De veget. 5, 118; 6, 289) geht auf die vielfach mit dem Herbarius des → Pseudo-Apuleius überlieferte Schrift des Pseudo → Musa »De herba vettonica« (ed. Howald und Sigerist, 1–11) zurück, in der 47 verschiedene Wirkkräfte der B. gepriesen werden. I. Müller

Lit.: HWDA I, 1180–1182 – Marzell IV, 460–464 – J. Jörimann, Frühma. Rezeptarien, BGM I, 1925.

Betrachtung gibt vorwiegend die Termini contemplatio, consideratio oder speculatio wieder. Contemplatio ist seit Cicero das Pendant für theoria. Der ma. Begriff von B. gründet auf der platon.-aristotel. Tradition; er wurde dem MA insbes. durch → Augustinus, → Boethius, → Johannes Scotus Eriugena und die Dionysius-Übersetzungen vermittelt. An der Wende zur NZ wird er noch einmal in »De apice theoriae« des → Nikolaus v. Kues intensiv wirksam.

In »De consideratione« macht → Bernhard v. Clairvaux deutl., was als Voraussetzung sinnvollen Handelns in Betracht zu ziehen ist. Weil erst eine im an sich undenkbaren Sein Gottes terminierende B. (= pietas) die Einheit aller Tugenden begründet (I 8, 9 ff.; MPL 182, 737 B ff.), B. also einzig das Maß für das Handeln sein kann (III 4, 15; 767 A f.), insistiert Bernhard immer wieder darauf, daß man *in* der actio frei sein müsse für ein umfassendes normierendes »Überlegen« (vacare considerationi: I 7, 8; 736 C). Dieses bezieht sich auf das, was wesensmäßig »unter« dem Betrachtenden ist, auf das, was »um« ihn und »über« ihm ist (II 3, 6; 745 C). Fundament und Anfang dieses universalen Betrachtens aber ist dessen Selbstbezug: die Selbstvergewisserung des Menschen (tui consideratio ... quid, quis et qualis sis: II 4, 7; 746 AB). In dieser schon durch Augustinus entwickelten Selbst-Erkundung (II 3, 6;

746 A) erfährt der Mensch seine eigene Begründetheit (II 5, 8; 746 C), so daß Rückgang in sich selbst und Aufstieg sich im »excessus« (V 2, 3; 789 C) in das reine Sein, in die Einheit und Trinität Gottes vollenden (V 6, 13 ff.; 785 D ff.). – »Considerare repatriare est« (V 1, 1; 788 C. 789 A): B. führt aus dem Bereich des Sinnlichen in den intelligiblen, göttl. Ursprung zurück. Terminolog. aufschlußreich ist eine Unterscheidung Bernhards, in der er contemplatio eher als »wahre und sichere Einsicht (intuitus) des Geistes in irgendetwas« bestimmt, consideratio aber eher mit dem Forschen und Suchen in Verbindung bringt (intensa ad investigandum cogitatio, II 2, 5; 745 B); dennoch gibt er einen promiskuen Gebrauch dieser Termini zu, der sich auch in der Folgezeit hält (contemplatio als Oberbegriff, erläutert durch consideratio und speculatio. Vgl. z. B. Richard v. St. Victor, De gratia contemplationis [Benjamin maior], MPL 196, 63 ff. passim, bes. 194 A).

Bei → Richard v. St. Victor, der contemplatio von meditatio und cogitatio unterscheidet, entspricht derjenigen Tätigkeit der consideratio in Bernhards Sinne, die sich nicht unmittelbar auf Gott bezieht, am ehesten die meditatio (ebd. I 3; 66 C f. 67 D). Die letztl. auf contemplatio dei gerichtete Verbundenheit von cogitatio und meditatio mit contemplatio macht Richard v. St. Victor durch eine weitläufige Explikation von sechs Arten oder Stufen der contemplatio evident, die einer Theorie des rationalen und nicht-rationalen Erkennens (intellectus et fides) gleichkommt (I 6; 70 B ff. II 1 ff.; 79 A ff.). Die erste Stufe der B. vollzieht sich als durchaus aktive Einbildungskraft (formatrix imaginatio: III 1; 109 B), in der zweiten wirkt ratio mit imaginatio zusammen, indem sie nach dem Grund und der Struktur (ordo, dispositio) der Dinge fragt, in der dritten geht die ratio, mit der imaginatio beginnend, d. h. deren Inhalte als »manuductio« gebrauchend (II 17; 96 C), über diese hinaus: »per rerum visibilium similitudinem rerum invisibilium qualitates deprehendimus« (II 12; 89 D); in der vierten findet die ratio ganz zu sich selbst (ratio secundum rationem, sola ratio, pura intelligentia: I 6; 70 B. 71 D) und ist nach dem Rückgang in sich (III 6; 117 A. IV 16; 154 B) nur auf Intelligibles gerichtet; die fünfte und sechste übersteigen die Grenzen der ratio: Sie betreffen das Wesen Gottes. Dessen Einsicht wird durch gnadenhafte Offenbarung oder Erleuchtung vermittelt und verwirklicht sich in der B. der Trinität nicht nur »supra«, sondern »praeter rationem«. Auf dieser Stufe hat sich die Erweiterung (dilatatio) des Geistes durch eigene Leistungen (industria) und seine Erhebung ins Intelligible (sublevatio) in eine Aufhebung seiner selbst fortbestimmt: mentis alienatio, alienationis excessus, extasis (V 2; 169 D f. 5; 174 C. 14; 184 D f.).

Die bei Bernhard und Richard entwickelten Elemente des Begriffs der B. werden durch → Thomas v. Aquin mit den auch in der platon.-augustin. Tradition des MA implizit oder explizit wirksamen Erkenntnissen der aristotel. Metaphysik und Ethik (EN X 7 ff.; 1177 a 12 ff.) über die hervorgehobene Stellung der vita contemplativa integriert (S. th. II – II q180–182). Ihrer Natur nach ihrem Gegenstand her ist die vita contemplativa »früher« und wertvoller als die vita activa; »quoad nos« oder von ihrem Werden her gesehen geht letztere allerdings der B. voraus, weil diese im gegenwärtigen Leben nur in einem Handlungs-Kontext möglich ist (ebd. q182, a1c. a4c). Andererseits aber muß die B. als das bewegende Prinzip des Handelns verstanden werden (182 4 c. 1 ad 2). Ziel der B. ist die Einsicht (intuitus, consideratio) in die einfache oder rein-intelligible, göttl. Wahrheit (180, 1 c; 2 c; 3 c. 5 ad 2). Zwar ist B. ein Akt der Vernunft (180, 2 ad 3), der in einen sich selbst übersteigenden »raptus« übergeht (180, 5 c. 175, 5 c), sie ist jedoch nicht vom Willen als der umfassenden »Intentionalität« des Menschen zu trennen. Daher wird die göttl. Wahrheit nicht nur »gesehen«, sondern auch »geliebt« (180, 7 ad 1. 1 c). B. als *Liebe* zur göttl. Wahrheit oder als liebendes Kreisen um sie (180, 6 c; ad 2) und B. als die durch vollständige *Abstraktion* von der Sinnlichkeit und im Übersteigen der diskursiven ratio durch sie selbst erreichte *Freiheit* des Geistes (182, 1 ad 2) macht den Anfang der Glückseligkeit (180, 4) oder ist deren höchste Möglichkeit *in* der Zeit.   W. Beierwaltes

Lit.: J. Pieper, Glück und Kontemplation, 1957 – L. Kerstiens, Die Lehre von der theoret. Erkenntnis in der lat. Tradition, PhJb 66, 1958, 375–415.

Betriebsformen, landwirtschaftliche → Landwirtschaft

Betrug. Den heutigen Tatbestand des B.es hat erst das 19. Jh. entwickelt. Von seiner starken Subjektivierung unterscheiden sich frühere, ähnliche Tatbestände dadurch, daß sie Vorbereitungshandlungen, in denen sich die Betrugsabsicht objektiviert, nämlich eine Fälschung (→ Fälschung) zum Mittelpunkt nehmen: Münz- und Gewichtsfälschung, Urkundenfälschung, Grenzverrückung (→ Grenze) und Rechtspflegedelikte. Dem B. am nächsten kommen Tatbestände der → Warenfälschung (Wein!) sowie Unehrlichkeiten bei Kauf und Verpfändung (fehlendes Eigentum) sowie → Falschspiel; hier begegnet nicht selten auch bereits das Wort B. Die angedrohten Strafen lassen jede Einheitlichkeit vermissen.   H. Holzhauer

Lit.: HRG I, 398, 1060 ff. – R. His, Das Strafrecht des dt. MA II, 271 ff.

Bet Sefär → Erziehungs- und Bildungswesen

Bett (lat. *lectus, grabatus*), Liegemöbel, das seine Urform im Altertum entwickelt hat: eine Pfostenkonstruktion mit Netz aus Riemen oder Pflanzenfasern bespannt; in ägypt. Königsgräbern seit dem 3. Jt. v. Chr. nachweisbar. Von dort gelangte das B. über Griechenland und Rom im MA nach Europa. Neben einfachen Spannbetten war die schmuckvolle Form des B.es mit gedrechselter Dockenreihe versehen (z.B. die alem. Totenbetten von Gräberfeld Oberflacht; frk. Knabengrab, Köln [B. mit Doppeldockenreihe]). Auch nach dem Muster von Stollentruhen gebaute Kistenbetten sind nachweisbar (z.B. im Osebergfund, um 850, Gräberfeld Oppeln/Opole, Polen). Diese wurden im 14.-15. Jh. durch von Schreinern verfertigte B.en mit hoher Kopfwand verdrängt; einzelne solche Exemplare sind im Original erhalten (Ospedale del Ceppo, Pistoia, 1337, mit Andachtsbildern bemalt). Seit dem 11. Jh. pflegte man über dem B. ein Stoffdach mit Vorhang anzubringen. Statt dessen verbreitete sich seit dem 14. Jh. in Mitteleuropa ein Halbhimmel aus Holz mit Vorhang, seit dem Ende des 15. Jh. aus Italien ein vollständiger Baldachin auf vier Säulen. Im frühen MA waren B.en selten, Leute niederen Standes schliefen am Boden auf Stroh, Fellen und Matten, bzw. auf einem, ggf. zwei Unterbetten, meist Strohsäcken. Im späten MA verbreitete sich das B. immer mehr; so malt Bourdichon um 1500 selbst den verarmten Bauer in einem B. liegend. Um die Bettwäsche höher zu legen, bildeten sich auch Notlösungen aus, so im Mittelmeerraum, ein B. aus Brettern, die auf zwei Böcken ruhten, das in Italien seit dem 13. Jh. bekannt ist.
          K. K. Csilléry

Lit.: F. Reggiori, La »lettiera di Sant'Ambrogio« (A. de Capitani d'Arzago, Antichi tessuti della Basilica Ambrosiana), 1941 – O. Doppelfeld-W. Schneider, Die Domgrabung; Totenbett und Stuhl des Knabengrabes, Kölner Domblatt 18/19, 1960, 85-106 – H. Kreisel, Die Kunst des dt. Möbels I, 1968 – P. Paulsen-H. Sachs-Dörges, Holzhandwerk der Alemannen, 1972.

Bettelorden (Mendikantenorden)

Mit den B. entstand im 13. Jh. eine Form des Ordenslebens, die sich durch Spiritualität und Funktion, Besitz und Erwerb, Organisation und Wirkungsfeld wesentl. vom älteren Mönch- und Kanonikertum unterscheidet. Die B. stehen in einem engen Zusammenhang mit den orthodoxen und heterodoxen religiösen Bewegungen des HochMA, deren Zielsetzung – Erfüllung der Forderungen des Evangeliums, Nachfolge Jesu und der Apostel, Buße und Verbreitung des Wortes Gottes – sie teilen bzw. in ihren heterodoxen Ausprägungen bekämpfen. Ihre Entstehung ist nicht ohne den sich im 12. und 13. Jh. vollziehenden sozialen und ökonom. Wandel – Intensivierung der Geldwirtschaft und der gewerbl. Produktion, Wachstum der Städte und Anstieg der Bevölkerung sowie Zunahme der horizontalen und vertikalen Mobilität – zu erklären.

[1] *Zahl der Bettelorden:* Als die eigtl. B. gelten die quatuor ordines mendicantes: der 1216 bestätigte Predigerorden der → *Dominikaner,* der in der Tradition des Kanonikertums steht; der 1209/10 vorläufig und 1233 endgültig approbierte → *Franziskanerorden,* der aus der laikalen Armutsbewegung des HochMA hervorgegangen ist; der → *Augustiner-Eremitenorden,* der 1256 durch die Vereinigung älterer it. Eremitengemeinschaften entstanden ist und sich in den Dienst der Seelsorge stellte, sowie der → *Karmelitenorden,* der auf eine im 12. Jh. am Berg Karmel gegr. Eremitengemeinschaft zurückgeht und seit dem 2. Viertel des 13. Jh. in Europa mit Seelsorgeaufgaben betraut ist. Ihnen folgten noch im 13. Jh. die *»kleineren Bettelorden«,* von denen einige aufgrund der 23. Konstitution des II. Lyoner Konzils (1274), die die Auflösung der nach 1215 entstandenen B. (mit Ausnahme der Karmeliten und Augustiner-Eremiten) forderte, aufgehoben wurden, so der um 1249 in Hyères (Provence) gegr. und bald weit verbreitete → Sackbrüderorden (Fratres de Poenitentia Jesu Christi), die in den fünfziger Jahren des 13. Jh. bei Marseille entstandene Bußbrüderschaft der → Fratres B. Mariae Matris Christi und der im Umkreis von Gerardo Segarelli in Parma entstandene, sich dann später zur häret. Sekte entwickelnde Ordo Apostolorum (→ Apostoliker) sowie die wenig bekannten Orden der Evangelistae und Crucifixi. Andere konnten sich dank mächtiger Fürsprecher und geschickter jurist. bzw. hist. Argumentation behaupten: der fälschl. als B. bezeichnete ältere Eremitenorden des hl. Wilhelm (→ Wilhelmiten), die 1233/34 aus einer Florentiner Bußbrüderschaft hervorgegangenen → Serviten, der vor 1248 in NW-Europa nachweisbare → Kreuzherrenorden v. Huy und der vor 1256 von einem Deutschen in Paris gegründete, später hauptsächl. in Böhmen und Polen verbreitete Orden der → Kreuzherren mit dem roten Herzen (Fratres de Poenitentia B. Martyrum). Die beiden zuletzt gen. B. nahmen im Laufe der Zeit kanonikalen Charakter an. Im 16. und 17. Jh. erhielten zahlreiche andere, ihrer Herkunft mit den B. nicht verwandte Orden kirchenrechtl. den Status von B., was ihnen gestattete, durch Bettel zu ihrem Unterhalt beizutragen. Zusammen mit den selbständig gewordenen Zweigen der älteren B. beläuft sich daher die Zahl der kirchenrechtl. als B. geltenden Orden auf 21.

[2] *Die Verfassung:* Sie ist ihrem Zweck, ihrer Tätigkeit und ihrer Umwelt angepaßt. Im Unterschied zu den älteren monast. und kanonikalen Verbänden kennt sie weder die Autonomie einzelner Kl. noch die Unterordnung unter eine »monarchisch« regierende Zentrale. Sie trägt eher »demokratischen« bzw. »repräsentativen« Charakter. Die in Provinzen zusammengeschlossenen Konvente unterstehen einem von ihren Vertretern auf dem Provinzial-

kapitel gewählten Provinzialprior, der dem vom Generalkapitel gewählten Generalminister, -prior oder -magister verantwortl. ist. Die Wahl der Amtsträger erfolgt nur auf Zeit. Die Konstitutionen der Dominikaner haben diese Verfassung in klass. Weise formuliert und die Organisation aller anderen B. weitgehend beeinflußt.

[3] *Armut, Bettel, Seelsorge, Mission, Studium und Niederlassung in den Städten*: Diese für die eigtl. B. charakterist. Merkmale waren nicht von vornherein allen B. gemeinsam, sie haben sich vielmehr durch gegenseitige Anpassung der ihrem Ursprung nach verschiedenen Orden ausgebildet.

Die B. begnügen sich unter Berufung auf das Evangelium und im Anschluß an die weit verbreitete orthodoxe und heterodoxe Armutsbewegung des HochMA nicht mehr mit der traditionellen für alle Ordensleute verbindl. individuellen Armut. Sie praktizierten in ihren Anfängen darüber hinaus eine weitgehende *Armut* der klösterl. Gemeinschaften. Die Dominikaner sahen in ihr in erster Linie eine Voraussetzung für ihren eigtl. Ordenszweck: Predigt, Ketzerbekämpfung und Studium. Sie erlaubten zwar den Konventen den Besitz von Kirchen und Kl. mitsamt dem zugehörigen Areal, verzichteten jedoch seit 1220 in der Tradition der älteren Armutsbewegung und unter dem Einfluß der Franziskaner auf darüber hinausgehenden Besitz und feste Einkünfte. Ähnlich verhielten sich die Karmeliten, Sackbrüder, Augustiner-Eremiten und Serviten. Für die Franziskaner hingegen war die vollkommene Armut ein wesentl. Bestandteil ihres Ordenslebens. Die ersten Brüder lebten entsprechend den Forderungen und dem Vorbild des →Franziskus v. Assisi ohne jedes Eigentum; die Annahme von Geld und gegen Geld zu veräußernder Güter war ihnen untersagt. Obwohl Franziskus das in den Regeln ausgesprochene Armutsgebot in seinem Testament noch einmal eingeschärft hatte, sahen sich Generalminister und Generalkapitel nach seinem Tod zu Kompromissen genötigt, die von der Kurie gebilligt bzw. jurist. gedeckt wurden. Gregor IX. (Quo elongati, 28. Sept. 1230) gestattete, Geldalmosen anzunehmen und damit erworbene Gegenstände zu nützen, wenn sie Eigentum der Spender blieben und das Geld von Beauftragten (nuntii) verwaltet würde. Innozenz IV. (Ordinem vestrum, 14. Dez. 1245) übertrug das Eigentumsrecht (dominium) an den im Gebrauch (usus) der Franziskaner befindl. Immobilien und Mobilien auf den Hl. Stuhl, soweit es sich die Schenker nicht reserviert hatten. Das erlaubte dem Orden, Schenkungen anzunehmen und – seit 1247 – durch von ihm selbst bestellte Prokuratoren zu verwalten, ohne das vom Ordensstifter aufgestellte Armutsgebot formell zu verletzen. Der von den gemäßigten Ordenskreisen (Kommunität) getragene Kompromiß stieß auf Kritik des Weltklerus und rief den Widerstand von Ordensleuten hervor, die sich den ursprgl. Intentionen des Stifters verpflichtet fühlten (Spiritualen). Nikolaus III. (Exiit, qui seminat, 24. März 1279) und Clemens V. (Exivi de paradiso, 6. Mai 1312) versuchten durch die Einschärfung des usus moderatus und das Verbot, Immobilien und Geld anzunehmen, den *praktischen Armutsstreit* zw. Kommunität und Spiritualen friedlich beizulegen. Als dies angesichts des in der Mark Ancona, der Provence und Mittelitalien bes. starken Widerstandes der Spiritualen mißlang, begann Johannes XXII. (Quorundam exigit, 7. Okt. 1317) deren blutige Niederschlagung. Bald darauf (Ad conditorem, 8. Dez. 1322) zwang er die Kommunität, wie die Dominikaner, das Eigentum an notwendigem Besitz zu akzeptieren: eine Regelung, die 1346 vom Generalkapitel im Sinne der von Nikolaus III. und Clemens V. herbeigeführten Lösung revidiert wurde. Als 1321 der Dominikanerinquisitor Johannes de Belna die franziskan. Auffassung, Christus und die Apostel hätten weder in communi noch in speciali Eigentum besessen, beanstandete, begann nach die Auseinandersetzungen über die Armutspraxis der *theoretische Armutsstreit*. Der Orden bezeichnete 1322/23 die eigene Auffassung gegenüber Johannes XXII. als approbierte Glaubenslehre, woraufhin sie der Papst (Cum inter nonnullos, 12. Nov. 1323) als häret. verdammte. Eine Minderheit weigerte sich, diesen Spruch anzuerkennen, beschuldigte vielmehr den Papst der Ketzerei. Ihre Sprecher, →Michael v. Cesena, →Bonagratia v. Bergamo und →Wilhelm v. Ockham, schlossen sich Ludwig dem Bayern an, der sich ihrer Argumente in der gegen Johannes XXII. gerichteten Appellation v. →Sachsenhausen (1324) bediente. Die heftigen Auseinandersetzungen hörten nach dem Tode des von zahlreichen Mitbrüdern gestützten Generalministers Michael v. Cesena (1343) auf. Die Befolgung des ursprgl. Armutsgebotes blieb jedoch weiterhin ein Anliegen, das von den zahlreichen Observanz- und Reformbestrebungen des späten MA aufgegriffen wurde und die Einstellung auch der übrigen Bettelorden zum gemeinsamen Eigentum beeinflußte. Erst das Konzil von Trient (Sess. XXV. De reform. C. 3) hat gegen den Widerstand der Kapuziner und der Franziskanerobservanten die B. in vermögensrechtl. Hinsicht den übrigen Orden gleichgestellt.

Der Eigentumsverzicht der B. setzt den *Bettel* voraus. Er war im älteren Mönchtum nicht üblich, den Klerikern sogar untersagt. In den Bettelreisen (questua) der Ritter- und Hospitalorden hatte er jedoch gewisse Vorläufer. Die ersten Franziskaner betrachteten ihn neben der Handarbeit als eine der ihnen angemessenen Erwerbsformen, die Dominikaner beschränkten sich auf den Bettel und die Entgegennahme von Schenkungen. Der Bettel verlor im Laufe der Zeit an Bedeutung, wurde jedoch nie ganz aufgegeben. Er war in erster Linie Aufgabe der Terminarier, die in genau abgegrenzten Bezirken (termini) predigten und Almosen sammelten.

Die B. stellten der bisherigen, auf territorialer Zuordnung beruhenden Cura animarum des Weltklerus eine personenorientierte, die bestehende Pfarr- und Diözesanorganisation übergreifende *Seelsorge* an die Seite, die Predigt und Bußsakrament in den Mittelpunkt rückte, eigene homilet. und lit. Formen entwickelte, zur Ausbildung entsprechender Bauformen (→Bettelordenskirchen) führte und sich stark auf →Tertiaren, →Beg(h)inen und Bruderschaftsmitglieder (→Bruderschaften) konzentrierte und stützte. Sie wurde von den Päpsten, die sich von ihr eine Festigung ihrer universalen Stellung versprachen, durch Exemtion, Privilegien und Ablässe gefördert, stieß jedoch schon früh auf den Widerstand des Weltklerus, dessen Widerspruch →Wilhelm v. St-Amour im Pariser Mendikantenstreit erstmalig systemat. formulierte. Trotz des auch in der NZ noch nicht ganz erloschenen Widerstandes des Weltklerus, gegen den sich die B. im 14. und 15. Jh. gelegentl. zu Verteidigungsbündnissen (Quatuor unum) zusammenschlossen, kam es auf der Basis der von Innozenz IV. (Etsi animarum, 21. Nov. 1254) erlassenen Vorschriften zu einem Interessenausgleich, der den B. weitgehend die Seelsorge ermöglichte, sie jedoch zur Respektierung bestimmter Rechte der Pfarrgeistlichkeit zwang. Der Dominikanerorden geht eindeutig auf den Willen zur Seelsorge, genauer zur Wanderpredigt im Dienste der Ketzerbekämpfung, zurück. Aus dieser zunächst auf S-Frankreich beschränkten Tätigkeit erwuchs seit 1221, gefördert durch d. Erlaubnis zur nicht an feste Altäre gebundenen Zelebration (1221) sowie die Erteilung des Predigt-, Beicht- und Begräbnisrechtes (1221, 1227), die Praxis allgemeiner Seelsorge ohne räuml. Beschränkung. Für Franziskus und seine überwiegend dem Laienstand angehörenden ersten Gefährten war die informelle Verkündigung nur ein Bestandteil ihres am Evangelium ausgerichteten Lebens. Erst seit der 2. Ordensgeneration nahmen Seelsorge und Predigt in dem sich zunehmend klerikalisierenden Orden eine Stellung ein, die mit derjenigen im Dominikanerorden vergleichbar ist. Diese Entwicklung wurde durch eine gleichartige, wenn auch mit geringem zeitl. Verzug erfolgte Privilegierung gefördert. Die jüngeren B. übernahmen die Seelsorge in ähnlicher Weise wie die älteren und erhielten weitgehend gleichlautende Privilegien.

Die *Mission* unter Juden, Muslime und Heiden war und ist wesentl. Bestandteil der geistl. Tätigkeit der Bettelorden. Für Franziskus war sie so sehr Teil seiner Verkündigung, daß er sie selbst in Angriff nahm und als erster Ordensgründer ausdrückl. in der Regel vorschrieb. Die Dominikaner haben schon früh durch Missionslehre und Sprachschulen die Grundlagen für eine systemat. Mission geschaffen, an der sich die Franziskaner seit dem 13. Jh. mit Schwerpunkten im balt. Raum, in S-Rußland, im Vorderen Orient und im Fernen Osten beteiligten. Die anderen B. waren im SpätMA nur wenig in der Mission tätig, erst im 16. Jh. nahmen sie – an ihrer Spitze die Augustiner-Eremiten – energisch an der Überseemission teil. Der Missionsgedanke führt auch heute noch zu einer reichen Tätigkeit auf dem Felde der prakt. Mission und ihrer theoret. Grundlegung.

Die B. legen großen Wert auf das *Studium*. Sie suchten anders als die älteren Mönchsorden mit Nachdruck den Zugang zu den aufblühenden Univers., indem sie Novizen aus dem akadem. Milieu rekrutierten und in den Universitätsstädten Niederlassungen gründeten, aus denen Studia generalia hervorgingen, die entweder den Universitäten inkorporiert wurden oder als autonome Ordensschulen den Abschluß der im ordensinternen Studiensystem mit seinen Studia conventualia, provincialia bzw. particularia begonnenen Ausbildung der Ordensleute ermöglichten. Dominikus stellte entsprechend der Zielsetzung seines Ordens das Studium von Anfang an in den Mittelpunkt des Ordenslebens. Er machte mit Unterstützung Honorius' III. (Olim in partibus Tolosanis, 19. Jan. 1217) in Toulouse den Versuch, eine Univ. zu gründen, entsandte Brüder nach Paris (1217) und Bologna (1218) und traf schon in den ältesten Konstitutionen (1216) Regelungen für das Studium. Aus diesen Anfängen entwickelte sich bereits im 13. Jh. ein ausgedehntes, wohlorganisiertes Studiensystem als Basis für die von →Thomas v. Aquin geprägte theol.-phil. Ordensschule. Franziskus v. Assisi hegte hingegen bei aller Hochschätzung wahrer Weisheit, die sich ihm u. a. in →Antonius v. Padua verkörperte, Bedenken gegen die Wissenschaft als Quell von Stolz und Überheblichkeit, er versuchte sogar 1221 die Errichtung eines Studienhauses in Bologna zu verhindern. Auf Drängen sowohl der eingetretenen Gelehrten als auch der Kurie kam es jedoch schon bald nach seinem Tode zum Aufbau eines Studiensystems mit Zentren in Paris, Bologna und Oxford. Die sich im Franziskanerorden ausbildende Theologie, die in erster Linie durch →Alexander v. Hales (24. A.), →Robert Grosseteste und →Bonaventura repräsentiert wird, hat einen stark augustin. Charakter. Die Augustiner-Eremiten und Karmeliten widmeten sich ähnlich wie die Sackbrüder und Serviten schon bald nach ihrer Approbation dem Studium, obwohl sie als Eremitenorden der Wissenschaft zunächst fernstanden. Ihre von den Pariser Magistern →Aegidius Romanus (1285) bzw. →Gerhard v. Bologna (1295) begründeten Ordensschulen orientierten sich stärker am dominikan. als am franziskan. Vorbild.

Die *Orientierung auf die Stadt* ist bes. stark bei den Dominikanern und Franziskanern ausgeprägt. Ihre Stifter entsandten die ersten Jünger planmäßig in die europ. Großstädte, wobei die Universitätsstädte bevorzugt wurden. Ihnen folgten bald auch die jüngeren B., so daß man Größe und Bedeutung ma. Städte an der Zahl der oft in ihren neugegründeten Vorstädten oder Stadterweiterungen entstandenen Niederlassungen der B. messen kann. Die schon von den Zeitgenossen beobachtete Nähe von Stadt und B. darf jedoch nicht übersehen lassen, daß nicht nur in den ehemaligen Eremitenorden, sondern auch im Franziskanerorden eine Tendenz zur vita eremitica bestand, die sich bes. in den Spiritualenkämpfen des 13. und 14. Jh. nicht nur der Klerikalisierung und Verwissenschaftlichung, sondern auch der »Verstädterung« in den Weg zu stellen suchte und in den späteren Reformbewegungen zur Gründung von Eremitorien und einsam gelegenen Kl. führte, welche dem Ideal des älteren Mönchtums näher standen als dem der B.

K. Elm

Lit.: DDC VI, 1156–1163 – DIP V, 1163–1189 – K. PAULUS, Welt- und Ordensklerus beim Ausgang des 13. Jh. im Kampf um die Pfarrechte, 1900 – H. HEFELE, Die B. und das religiöse Volksleben Ober- und Mittelitaliens im 13. Jh., BKMR 9, 1910 – A. KOPERSKA, Die Stellung der religiösen Orden zu den Profanwiss. im 12. und 13. Jh., 1914 – F. VERNET, Les Ordres Mendiants, 1933 – G. G. MEERSSEMAN, Concordia inter quatuor Ordines Mendicantes, APraed, 1934, 75–97 – S. ZUK, De Capacitate possidendi in communi Ordinis Carmelitani saec. XIII, Analecta carmelitana 10, 1938, 12–23, 155–164 – E. FEYAERTS, De evolutie van het predikatierecht der religieuzen, Studia Catholica 25, 1950, 177–190 – R. W. EMERY, The second council of Lyons and the mendicant orders, CathHR 39, 1953/54, 257–271 – H. LIPPENS, Le droit nouveau des Mendiants en conflit avec le droit coutumier du clergé seculier, AFrH 47, 1954, 241–292 – D. L. DOUIE, The conflict between the Seculars and the Mendicants at the University of Paris in the thirteenth century, 1954 – L. MOULIN, Les formes du gouvernement local et provincial dans les ordres religieux, Revue internat. des Sciences administratives 21, 1955, 31–57 – S. DELACROIX, Hist. universelle des missions catholiques III–IV, 1956–59 – J. RATZINGER, Der Einfluß des Bettelordensstreites auf die Entwicklung der Lehre vom päpstl. Universalprimat unter bes. Berücksichtigung des hl. Bonaventura, Theologie in Gesch. und Gegenwart [M. SCHMAUS zum 60. Geburtstag dargebracht], 1957, 697–725 – W. A. HINNEBUSCH, Poverty In the Order of Preachers, CathHR 14, 1959/69, 436–453 – A. MULDERS, Missionsgesch., 1960 – Y. CONGAR, Aspects ecclésiologiques dans la querelle entre mendiants et séculiers dans la sec. moitié du XIIe s. et le début du XIVe, AHDL 28, 1961, 35–151 – M. D. LAMBERT, Franciscan Poverty: The Doctrine of the Absolute Poverty of Christ and the Apostles in the Franciscan Order 1210–1323, 1961 – A. H. THOMAS, De Oudste Constituties van de Dominicanen, Bibl. de la RHE 42, 1965 – J. WIESEHOFF, Die Stellung der B. in den freien dt. Reichsstädten im MA, 1905 – J. LE GOFF, Apostolat mendicant et fait urban dans la France médiévale, Annales 23, 1968, 335–352 – O. STEGGINK, Fraternità e possesso in comune. L'ispirazione presso i Mendicanti, Carmelus 15, 1968, 5–35 – F. A. MATHES, The Poverty Movement and the Augustinian Hermits, Anal Aug 31, 32, 1968, 1969 – B. E. J. STÜDELI, Minoritenniederlassungen und ma. Stadt, Beitr. zur Gesch. von Minoriten- und anderen Mendikantenanlagen im öffentl. Leben der ma. Stadtgemeinde, Franziskan. Forsch. 21, 1969 – J. LE GOFF, Ordres mendiants et urbanisation dans la France médiévale, Annales 25, 1970, 924–946 – M.-M. DUFEIL, Guillaume de St-Amour et la polemique universitaire parisienne 1250–59, 1972 – M.-H. VICAIRE, Recherches sur le premier s. des ordres mendiants, RSPhT 57, 1973, 675–691 – B. H. ROSENWEIN-L. K. LITTLE, Social meaning in the Monastic and Mendicant spiritualities, PP 63, 1974, 4–32 – H. FROHNE, Missionsgesch. und Kirchengesch. (Kirchengesch. als Missionsgesch. I, 1974), IX–LXXIV – J. M. MOLINIER, Espiritualidad Medieval: Los Mendicantes, 1974 – D. BERG, Armut und Wiss., Beitr. zur Gesch. des Studienwesens der B. im 13. Jh., Gesch. und Ges.

15, 1977 – E. GUIDONI, Città e Ordini mendicanti. Il ruolo dei conventi nella crescita e nella progettazione urbana del XIII e XIV secolo. Quaderni medievali 4, 1977, 69–106 – Les Ordres Mendiants et la ville en Italie centrale, Mél. de l'École Française de Rome, MA 89, 1977 – J.B. FREED, The Friars and German society in the thirteenth century, 1977 – Le scuole degli ordini mendicanti (secoli XIII–XIV). Convegno del Centro di Studi sulla Spiritualità Medievale XVII, 1978.

Bettelordenskirchen. Um 1250 begannen die → Bettelorden in den Städten Kirchen zu bauen. Sie gehören zu den Wegbereitern der Gotik in Europa. Trotz unterschiedl. Auffassung zeigt sich bei den Bettelorden eine übereinstimmende charakterist. Baugesinnung, die bestimmt ist von dem Ideal der Armut und der Bedeutung der Predigt, dadurch Tendenz zur Einfachheit, Schlichtheit und Strenge in der Bau- und Raumform, zur Sparsamkeit und Beschränkung in den Einzelheiten und zur Weite und Klarheit der auf die Predigt ausgerichteten Räume. Die Konstitutionen der Dominikaner von 1228 schrieben bescheidene Höhe und Gewölbe nur im Chor und in der Sakristei vor; die der Franziskaner von 1239/60 verboten Gewölbe außer über dem Hochaltar, also im Chor, die Gotteshäuser sollten nicht durch Bilder, getriebene Arbeiten, verzierte Fenster, Säulen und durch bes. Länge und Breite zu einer Sehenswürdigkeit gemacht werden, auch sollten keine einzeln stehenden Glockentürme errichtet werden. Bei allgemeiner Ähnlichkeit der Kirchenbauten sind Unterschiede festzustellen: Die Dominikaner nahmen zuerst die Wölbung für die ganze Kirche auf und führten in Österreich die Hallenform ein, die Franziskaner bevorzugten die flachgedeckte Weiträumigkeit. Verschiedene Bau- und Raumtypen wurden nebeneinander gewählt, jeweils aber ohne Querschiff: Saalkirche, Basilika (Eßlingen, Erfurt, Regensburg) und Hallenkirchen (Münster, Toulouse), auch zweischiffig (Augsburg). Die oberit. Kirchen des 13. Jh. wählten den dreiteiligen Chor, der auch vereinzelt nach Norden ausstrahlte (Friesach, Regensburg). Die Regel ist bei den B.n nördl. der Alpen die Einchörigkeit in Form des flachen, aus dem Achteck, dem Zehneck und dem Zwölfeck entwickelten Chorschluß. In Frankreich herrscht der 5/8 Chor vor (Toulouse, Arles). Aus diesem unmittelbar an das Langhaus anschließenden Kurzchor entwickelte sich aber schon bald der einschiffige Langchor, da mehr Raum für die wachsende Zahl der Mönche notwendig wurde und auch eine stärkere Abtrennung der Mönchskirche betont werden sollte, die zur Einführung des → Lettners führte; im Verlauf des 14. Jh. verschmelzen Chor und Schiff zu völliger Einheit, höchstens differenziert durch die Deckenausbildung. Im Außenbau haben die B.n trotz verschiedener Typen gemeinsame Züge: schmucklos, große Flächen und Körpermassen, blockhaft, stark horizontal orientierte Tendenzen, mächtige Dächer sorgten für eine geschlossene Außenerscheinung im Sinne der Zusammenfassung des Baukörpers zur Einheit unter Betonung des großen durchgehenden Daches, bewirkt durch gemeinsame Firsthöhe von Langhaus und Chor und durch das Fehlen des Querhauses, dazu Vermeiden von offenen Strebebogen und reich gegliederten Strebepfeilern. Große Giebelwestfassaden mit einfacher Portal- und Fensterkomposition, bei dreischiffigen Kirchen durch zwei kräftige Strebepfeiler an den Ecken gerahmt. Einfachen Giebel in Italien und S-Deutschland stehen reichere Formen im norddt. Backsteinbau gegenüber. Der übl. Dachreiter über dem Westgiebel oder dem Triumphbogen wurde vereinzelt trotz Turmverbot durch einen schlanken Westturm oder einen Einzelturm am Chor ersetzt. Die Portale sind zumeist wenig profilierte Spitzbogenportale. Diese Einfachheit in der Form zeigen auch die Stützen in der Kirche: Rundpfeiler, auch mit Diensten, oder häufig Achteckpfeiler. Die zunächst einfachen Kreuzrippengewölbe werden entsprechend der allgemeinen Entwicklung im 15. Jh. zu Netzgewölben bereichert. Der B. wird die Ausbildung der zunächst bewegl., dann an einem Pfeiler des Langhauses fixierten Kanzel zugeschrieben. Die Klosteranlagen sind oft wegen Platzmangels unregelmäßig angelegt. Einzelne Zellen treten an die Stelle des einräumigen Dormitoriums. G. Binding

Lit.: RDK II, 394–444 [Lit.]; IV, 129–154 [Lit.] – L. GILLET, Hist. artistique des ordres mendicants, 1939 – L. SECKEL, Die Baukunst der Bettelorden in der Mark Brandenburg [Diss. Berlin 1942] – E. WAGNER, Historia constitutionum generalium Ordinis Fratrum Minorum, 1954 – H. KONOW, Die Baukunst der Bettelorden am Oberrhein, 1954 – J. FAIT, Die norddt. Bettelordensbaukunst zw. Elbe und Oder [Diss. masch. Greifswald 1954] – R. WAGNER-RIEGER, Die it. Baukunst zu Beginn der Gotik, 1956, 1957 – J. VAN DER MEULEN, Die baukünstler. Problematik der Salzburger Franziskanerkirche, Österr. Zs. für Kunst und Denkmalpflege 13, 1959, 52–57 – G. JAACKS, St. Katharinen zu Lübeck, Baugesch. einer Franziskanerkirche [Diss. Kiel 1967 (1968)] – W. BRAUNFELS, Abendländ. Klosterbaukunst, 1969 – H. DELLWING, Stud. zur Baukunst der Bettelorden im Veneto. Die Gotik der monumentalen Gewölbebasiliken, 1970 – J. EYSYMONTT, Architektura pierwszych kościołów franciszkańskich na Śląsku – E. MAŁACHOWICZ, Architektura zakonu dominikanów na Śląsku (Z dziejów sztuki śląskiej, hg. Z. ŚWIECHOWSKI, 1978), 41–148 – A. GRZYBKOWSKI, Wczesnogotycki kościół i klasztor dominikański w Sieradzu, 1979 – B. MONTAGNES, Architecture dominicaine en Provence, 1979.

MITARBEITER DES ERSTEN BANDES

Das Verzeichnis beruht auf Angaben der Mitarbeiter der Lieferungen 1–10, die von 1977 bis 1980 erschienen sind.

Abel, Wilhelm, Göttingen
Ahlquist, Anders, Dublin
Albert, Karl, Bochum
Aldea, Quintín, SJ, Madrid
Allmand, Christopher T., Liverpool
Alvar, Carlos, Barcelona
Amberg, Rainer, Freiburg i. Br.
Ambros, Edith, Wien
Ament, Hermann, Berlin
Anawati, Georges C., OP, al-Kāhira (Kairo)
Andrian-Werburg, Klaus Frhr. von, Bamberg
Anex-Cabanis, Danielle, Toulouse
Antoine, Marie-Elisabeth, Paris
Arenhövel, Willmuth, Berlin
Armes-Pierandreï, Dominique, Paris
Arnaldi, Girolamo, Roma
Arnold, Klaus, Würzburg
Asaert, Georges, Antwerpen
Assfalg, Julius, München
Auer, Johann, Regensburg
Auer, Leopold, Wien
Autrand, Françoise, Paris
Auty, Robert †, Oxford
Avagliano, Faustino, OSB, Montecassino

Baader, Gerhard, Berlin
Bacht, Heinrich, SJ, Frankfurt a. M.
Bagge, Sverre, Bergen
Bak, Janos M., Vancouver
Balard, Michel, Reims
Banti, Ottavio, Pisa
Banús y Aguirre, José L., San Sebastián
Barnea, Ion, București
Barrow, Geoffrey W. S., Edinburgh
Bartl, Peter, München
Bartoli, Marie-Claude, Bastia
Bastier, Jean, Lyon
Batlle, Carmen, Barcelona
Batlle, Columba, Augsburg
Batlle y Prats, Luis, Gerona
Battaglia-Castorina, Mara, Torino

Baudot, Marcel, Paris
Bauer, Martin, Stuttgart
Baum, Hans-Peter, Würzburg
Bäumer, Remigius, Freiburg i. Br.
Baumgartner, Hans M., Gießen
Baumgartner, Jakob, Fribourg
Bautier, Robert-Henri, Paris
Becker, Hans-Jürgen, Köln
Becker, Wolfgang, Gießen
Beckers, Hartmut, Münster (Westf.)
Becquet, Jean, OSB, Ligugé
Bedal, Konrad, Bad Windsheim
Bedos, Brigitte, Paris
Behrens, Ewald, Marburg a. d. Lahn
Beierwaltes, Werner, Freiburg i. Br.
Beitl, Klaus, Wien
Beldiceanu, Nicoara, St-Michel-sur-Orge
Beldiceanu-Steinherr, Irène, St-Michel-sur-Orge
Belke, Klaus, Wien
Belloni, Luigi, Milano
Belting-Ihm, Christa, Heidelberg
Benvenisti, Meron, Jerusalem
Benz, Karl Josef, Regensburg
Berges, Paul-Hermann, Stuttgart
Berghaus, Peter, Münster (Westf.)
Bergmann, Rolf, Bamberg
Berkhout, Carl T., Dallas, Tex.
Bernt, Günter, München
Besomi, Ottavio, Zürich
Beumann, Helmut, Marburg a. d. Lahn
Bezzola, Reto R., Colombier
Biedermann, Hermenegild M., OSA, Würzburg
Bienvenu, Jean-Marc, Mont-Saint-Aignan

Biesterfeld, Hans, Bochum
Binding, Günther, Köln
Bitsch, Horst, Gießen
Blaschke, Karlheinz, Friedewald
Blockmans, Willem, Rotterdam
Blok, Dirk P., Amsterdam
Blomme, Raoul, Gent
Blumenthal, Uta-Renate, Washington, D.C.
Bocchi, Francesca, Bologna
Bockholdt, Rudolf, München
Bogyay, Thomas von, München
Böhme, Christiane, Bologna
Boockmann, Hartmut, Kiel
Bordone, Renato, Torino
Borgolte, Michael, Freiburg i. Br.
Boscardin, Maria L., Basel
Boscolo, Alberto, Milano
Boshof, Egon, Passau
Boussard, Jacques, Paris
Bouyssou, Léonce, Aurillac
Brandmüller, Walter, Augsburg
Braun, Johann W., Malsch
Brauneder, Wilhelm, Wien
Bresc, Henri, Paris
Bresc-Bautier, Geneviève, Paris
Brettschneider, Gunter, Köln
Breuning, Wilhelm, Bonn
Briesemeister, Dietrich, Mainz-Germersheim
Brooks, Nicholas, St. Andrews
Brown, Jenny, s. Wormald, Jenny
Brown, Susan M., Gloversville, N.Y.
Bruckner, Albert, Finkenberg
Brückner, Annemarie, Würzburg
Brückner, Wolfgang, Würzburg
Brühl, Carlrichard, Gießen
Brunhölzl, Franz, München
Bruni, Francesco, Napoli

Brunner, Horst, Erlangen-Nürnberg
Bullough, Donald A., St. Andrews
Bulst-Thiele, Marie Luise, Heidelberg
Buntz, Herwig, Buckenhof
Bur, Michel, Nancy
Burckhardt, Max, Basel
Buri-Gütermann, Johanna, Wien
Burmeister, Karl Heinz, Zürich
Busard, Hubertus, L. L., Venlo
Busetto, Giorgio, Venezia
Busse, Heribert, Kiel
Buuren, Alphonsus M. J. van, Amersfoort
Byrne, Francis J., Dublin

Cahen, Claude, Savigny-sur-Orge
Cameron, Alan, Nottingham
Capitani, Ovidio, Bologna
Capo, Lidia, Bologna
Capovilla, Guido, Padova
Cardini, Franco, Firenze
Carile, Antonio, Bologna
Carlen, Louis, Fribourg
Caron, Pier G., Trieste
Carrère, Claude-Marie, Montpellier
Castaing-Sicard, Mireille, Toulouse
Castro y Castro, Manuel de, OFM, Madrid
Casula, Francesco, Cagliari
Cavanna, Adriano, Milano
Cazelles, Raymond, Chantilly
Charles-Edwards, Thomas, Oxford
Charpy, Jacques, Rennes
Chauvin, Yves, Poitiers
Chihaia, Pavel, München
Chittolini, Giorgio, Pisa
Chłopocka, Helena, Poznań
Chomel, Vital, Grenoble
Christe, Yves, Genève
Christlein, Rainer, Landshut
Ćirković, Sima, Beograd
Claramunt, Salvador, Barcelona

Classen, Peter, Heidelberg
Claude, Dietrich, Marburg a. d. Lahn
Clavero Salvador, Bartolomé, Sevilla
Colberg, Katharina, Hannover
Colliard, Lino, Aoste/Aosta
Comoth, Katharina, Köln
Congar, Yves-Marie, OP, Paris
Contamine, Philippe, Paris
Cosgrove, Art, Dublin
Coulet, Noël, Aix-en-Provence
Cox, Eugene L., Wellesley, Mass.
Cremonesi, Carla, Milano
Csendes, Peter, Wien
Csilléry, Klára, Budapest

Daems, Willem F., Arlesheim
Dammertz, Viktor, OSB, Roma
Davies, Richard, Manchester
Daxelmüller, Christoph, Würzburg
De Capitani, François, Bern
Deckers, Johannes G., Köln
De Lavigne, Richard, St. Andrews
De Leo, Pietro, Roges di Rende
Delogu, Paolo, Roma, Salerno
Del Treppo, Mario, Napoli
Demotz, Bernard, Lyon
Deneke, Bernward, Nürnberg
De Ridder, Paul E. J., Dilbeek
Derolez, Albert, Gent
Despy, Georges, Bruxelles
Devailly, Guy, Rennes
Devliegher, Luc, Brugge
Dilg, Peter, Marburg a. d. Lahn
Dinzelbacher, Peter, Stuttgart
Dittmann, Herbert, Mülheim a. d. Ruhr
Dittmer Poser, Luther A., Ottawa
Dobson, Barrie, Heslington, York
Doherty, Charles, Dublin
Dolcini, Carlo, Bologna
Dolezalek, Gero, Frankfurt a. M.
Dopsch, Heinz, Salzburg
Dordett, Alexander, Wien
Döring, Alois, Würzburg

Dossat, Yves, Toulouse
Dralle, Lothar, Gießen
Dravasa, Étienne, Bordeaux
Droege, Georg, Bonn
Ducellier, Alain, Toulouse
Duchâteau, Armand, Wien
Düchting, Reinhard, Heidelberg
Dufour, Jean, Paris
Dujčev, Ivan, Sofija
Dumville, David N., Cambridge
Duncan, Archibald A. M., Glasgow
Dunning, Robert, W., Taunton, Som.
Durán Gudiol, Antonio, Huesca
Dürig, Walter, München
Durkin, Desmond, Dublin

Eberl, Immo, Tübingen
Eckert, Willehad, OP, Bornheim-Walberberg
Edbury, Peter W., Cardiff
Edroiu, Nicolas, Cluj-Napoca
Egg, Erich, Innsbruck
Ehbrecht, Wilfried, Münster (Westf.)
Ehrhardt, Harald, Frankfurt a. M.
Elbern, Victor H., Berlin
Eller, Allen, Binghamton, N. Y.
Elm, Kaspar, Berlin
Emminghaus, Johannes H., Wien
Endreß, Gerhard, Bochum
Engelhardt, Paulus, OP, Bornheim-Walberberg
Engels, Odilo, Köln
Engemann, Josef, Bonn
Ennen, Edith, Bonn
Enzensberger, Horst, Frankfurt a. M.
van Ess, Josef, Tübingen
Ewig, Eugen, Bonn

Fábrega-Grau, Angel, Barcelona
Falke, Rita, Fayetteville, Ark.
Falkenhausen, Vera von, Pisa
Falkenstein, Ludwig, Aachen
Faroqhi, Suraiya, Ankara
Fasola, Livia, Pisa
Favier, Jean, Paris
Fehn, Klaus, Bonn
Feige, Peter, Berlin
Felber, Howard L., Lawrence, Kans.
Ferluga, Jadran, Münster (Westf.)
Fernández Martín, Luis,

SJ, Valladolid
Fernández Serrano, Francisco, Zaragoza
Ferrali, Sabatino †, Pistoia
Février, Paul-Albert, Aix-en-Provence
Fichtenau, Heinrich, Wien
Figala, Karin, München
Finoli, Anna M., Milano
Fischer, Eugen H., Augsburg
Fischer, Rainald, Luzern
Fleckenstein, Josef, Göttingen
Flemming, Barbara, Leiden
Folkerts, Menso, München
Fonseca, Cosimo Damiano, Lecce, Bari
Fonseca, Luis Adão da, Pamplona
Fossier, Lucie, Paris
Fossier, Robert, Paris
Fourlas, Athanasios A., Münster (Westf.)
Fournier, Gabriel, Clermont
Fowler, David C., Covington, Ky.
François, Michel, Paris
Frank, Isnard W., OP, Worms
Frank, Karl S., Freiburg i. Br.
Freimark, Peter, Hamburg
Frenz, Thomas, Würzburg
Fried, Pankraz, Augsburg
Fritze, Wolfgang H., Berlin
Fry, Donald K., Stony Brook, N. Y.
Fumagalli, Vito, Bologna
Funken, Rolf, Köln
Fürst, Carl, Freiburg i. Br.

Gabriel, Erich, Wien
Gamber, Ortwin, Wien
Ganz, Peter F., Oxford
García-Ballester, Luis, Granada
García y García, Antonio, Salamanca
Gasnault, Pierre, Paris
Gaube, Heinz, Tübingen
Gawlik, Alfred, München
Gazzaniga, Jean-Louis, Toulouse
Geldner, Ferdinand, München
Genicot, Léopold, Louvain-la-Neuve
Gerdes, Udo, Köln
Gerlich, Alois, Mainz
Gerritsen, Willem P., Utrecht
Gier, Albert, Heidelberg
Gieysztor, Aleksander, Warszawa
Gilles, Henri, Toulouse

Gilomen, Hans-Jörg, Basel
Giordanengo, Gérard, Marseille
Girgensohn, Dieter, Göttingen
Giunta, Francesco, Palermo
Glauche, Günter, München
Glier, Ingeborg, New Haven, Conn.
Gnädinger, Louise, Zürich
Göbbels, Joachim, Frankfurt a. M.
Göckenjan, Hansgerd, Gießen
Gockerell, Nina, München
Goehrke, Carsten, Zürich
Goetting, Hans, Göttingen
Goez, Werner, Erlangen-Nürnberg
Gourhand, Jean, Alençon
Graus, František, Basel
Greene, David, Dublin
Grégoire, Réginald, OSB, Pisa
Greive, Hermann, Köln
Greslé-Bouignol, Maurice, Albi
Grotzfeld, Heinz, Münster (Westf.)
Gruber, Joachim, Erlangen-Nürnberg
Gründel, Johannes, München
Gschwantler, Otto, Wien
Gugumus, Johannes E. †, Ludwigshafen am Rhein
Guillot, Olivier, Paris
Guillotel, Hubert, Paris
Guillou, André, Paris
Gullino, Giuseppe, Torino
Gumbert, J. Peter, Leiden
Guyotjeannin, Olivier, Boulogne
Györffy, György, Budapest

Haase, Claus-Peter, Kiel
Halm, Heinz, Tübingen
Hamann, Günther, Wien
Hamp, Eric P., Chicago, Ill.
Hand, Geoffrey J., Dublin
Hannick, Christian, Münster (Westf.)
Hanslik, Rudolf, Wien
Häring, Nikolaus, Vallendar
Harmening, Dieter, Würzburg
Harmuth, Egon, Wien
Harris, Jennifer, Göteborg
Harriss, Gerald, Oxford
Hartmann, Wilfried, Salzburg
Hartner, Willy, Frankfurt a. M.
Haug, Walter, Tübingen

Häußling, Angelus A., OSB, Maria Laach
Hayez, Anne-Marie, Avignon
Hayez, Michel, Avignon
Heers, Jacques, Paris
Heidrich, Ingrid, Bonn
Heil, Wilhelm, Weilburg
Heilfurth, Gerhard, Marburg a. d. Lahn
Heinemann, Heribert, Bochum
Heinemeyer, Walter, Marburg a. d. Lahn
Heinrich, Gerd, Berlin
Heinrichs, Heinrich M., Berlin
Heinzelmann, Martin, Paris
Heinzle, Joachim, Kassel
Hellenkemper, Hansgerd, Köln
Hellmann, Manfred, München
Henkel, Nikolaus, Berlin
Henkelmann, Thomas, Heidelberg
Hennig, John, Basel
Henning, Friedrich-Wilhelm, Köln
Herde, Peter, Würzburg
Hernández, Ramón, OP, Salamanca
Herrmann, Hans-Walter, Saarbrücken
Herteig, Asbjørn E., Bergen
Hertz, Anselm, OP, Bornheim–Walberberg
Heur, Jean-Marie d', Liège
Heyen, Franz-Josef, Koblenz
Heyse, Elisabeth, München
Higounet, Charles, Bordeaux
Hilaire, Jean, Paris
Hild, Friedrich, Wien
Hill, John H., Marshall, Tex.
Hilsch, Peter, Tübingen
Hinz, Hermann, Kiel
Hlaváček, Ivan, Praha
Hlawitschka, Eduard, München
Hödl, Günther, Klagenfurt
Hödl, Ludwig, Bochum
Hoffmann, Erich, Kiel
Hoffmann, Hartmut, Göttingen
Hollerweger, Hans, Linz
Holzapfel, Otto, Odense
Holzhauer, Heinz, Marburg a. d. Lahn
Homann, Hans-Dieter, Münster (Westf.)
Honemann, Volker, Berlin

Horowitz, Sylvia H., Binghamton, N.Y.
Howard, John A., Athens, Ga.
Hudry, Marius, Moutiers
Huebner, Dietmar von, München
Hummelen, Willem M. H., Nijmegen
Hundsbichler, Helmut, Krems a. d. Donau
Hünemörder, Christian, Hamburg

Ineichen, Gustav, Göttingen
Irsigler, Franz, Trier

Jacobi, Renate, Saarbrücken
Jacobs, Angelica, Bonn
Jacobsen, Peter Chr., Köln
Jaeschke, Kurt-Ulrich, Saarbrücken
Jäger, Helmut, Würzburg
Janssen, Wilhelm, Düsseldorf
Jaritz, Gerhard, Krems a. d. Donau
Jarnut, Jörg, Bonn
Jenn, Jean-Marie, Bourges
Jennings, Margaret, OSJ, Brooklyn, N.Y.
Jenschke, Georg, Münster (Westf.)
Jexlev, Thelma, København
John, James J., Ithaca, N.Y.
Jones, Michael Chr. E., Nottingham
Jordan, Karl, Kiel
Jung, Marc-René, Zürich
Jüttner, Guido, Berlin

Kadlec, Jaroslav, Litoměřice
Kaiser, Reinhold, Bonn
Kalić, Jovanka, Beograd
Kaminsky, Hans H., Gießen
Kamp, Norbert, Braunschweig
Kaplan, Michel, Morsang/Orge
Kappert, Petra, Hamburg
Karnein, Alfred, Frankfurt a. M.
Kasten, Ingrid, Hamburg
Katsanakis, Anastasios, Münster (Westf.)
Keil, Gundolf, Würzburg
Keller, Hagen, Freiburg i. Br.
Kiepe-Willms, Eva, Göttingen
Kirby, David P., Aberystwyth, Wales

Klecha, Gerhard, Göttingen
Klein, Peter, München
Klemm, Christian, Rheinfelden
Knowles, Clive H., Cardiff
Köbler, Gerhard, Gießen
Kobusch, Theo, Tübingen
Koch, Anton C. F., Deventer
Kocks, Dirk, Köln
Koehler, Ralf, Kiel
Koelbing, Huldrych M., Zürich
Koller, Heinrich, Salzburg
Kolping, Adolf, Freiburg i. Br.
Kölzer, Theo, Gießen
König, Werner, Augsburg
Konstantinou, Evangelos, Würzburg
Kontzi, Reinhold, Tübingen
Korn, Hans-Enno, Marburg a. d. Lahn
Kötting, Bernhard, Münster (Westf.)
Krafft, Fritz, Mainz
Kraft, Heinrich, Kiel
Kramer, Hans, Bochum
Krämer, Sigrid, München
Krause, Adalbert †, OSB, Admont
Kreiser, Klaus, Istanbul
Kreutzer, Gert, Kiel
Kreuzer, Georg, Augsburg
Krishna, Valerie, New York, N.Y.
Kroeschell, Karl, Freiburg i. Br.
Kroll, W. Rainer, Valhalla, N.Y.
Krüger, Hans-Jürgen, Köln
Krüger, Karl-Heinrich, Münster (Westf.)
Kübel, Wilhelm, Bonn
Kuhlen, Franz-Josef, Marburg a. d. Lahn
Kuhn, Hugo †, München
Kühnel, Harry, Krems a. d. Donau
Kunitzsch, Paul, München
Künzl, Hannelore, Köln
Kupper, Jean-Louis, Liège
Kurio, Hars, Berlin
Kurt, Manfred, Offenbach a. M.
Kurz, Rainer, Mistelbach, a. d. Zaya

Labib, Subhi Y., Kiel
Labuda, Gérard, Poznań
Ladner, Pascal, Fribourg
Lagorio, Valerie M., Iowa City, Ia.
Lalinde Abadía, Jesús, Zaragoza

Lammers, Walther, Frankfurt a. M.
Landau, Peter, Regensburg
Lander, Jack R., London, Ont.
Lang, Justin, OFM, Freiburg i. Br.
Langgärtner, Georg, Würzburg
Last, Martin, Göttingen
Lauer, Hans H., Marburg a. d. Lahn
Leclercq, Jean, OSB, Clervaux
Legner, Anton, Köln
Le Goff, Jacques, Paris
Leist, Winfried, Netphen
Lejeune, Jean †, Liège
Lemaître, Jean-Loup, Paris
Leuchtmann, Horst, München
Lewicki, Tadeusz, Kraków
Lewis, Robert E., Bloomington, Ind.
Liebhart, Wilhelm, Augsburg
Liehr, Reinhard, Berlin
Lilie, Ralph-Johannes, Berlin
Linage Conde, Antonio, Salamanca
Lindgren, Uta, Bielefeld
Lindner, Rudi P., Medford, Mass.
Lohr, Charles H., Freiburg i. Br.
Lomax, Derek W., Birmingham
Looz-Corswarem, Clemens Graf von, Münster (Westf.)
López Martínez, Nicolás, Burgos
Lotter, Friedrich, Göttingen
Lovey, Angelin-Maurice, CRB, Martigny
Lucchesi-Palli, Elisabeth, Salzburg
Ludat, Herbert, Gießen
Lulofs, Frank, Groningen
Luzzati, Michele, Pisa
Lydon, James, Dublin
Lyons, Malcolm C., Cambridge

Mac Cana, Proinsias, Dublin
Maddicott, John R. L., Oxford
Madre, Alois, Freiburg i. Br.
Magnou-Nortier, Elisabeth, Amiens
Maier, Johann, Köln

Maksimović, Ljubomir, Beograd
Maleczek, Werner, Innsbruck
Manselli, Raoul, Roma
Marchal, Guy P., Basel
Mareš, Franz W., Wien
Marinelli, Olga, Roma
Mariotte, Jean-Yves, Annecy
Marquette, Jean-Bernard, Bordeaux
Marsina, Richard, Bratislava
Martens, Mina, Bruxelles
Martin, Thomas M., Gießen
Martin Duque, Angel, Pamplona
Martínez Sánchez, Manuel, Barcelona
Masser, Achim, Innsbruck
Massetto, Gian P., Milano
Mateu Ibars, Josefina, Barcelona
Matteis, Maria C. de, Bologna
Mattejiet, Ulrich, München
Maurer, François, Basel
Maurer, Helmut, Konstanz
Maurício, Domingos, Lisboa
May, Georg, Mainz
Mayr-Harting, Henry, Oxford
Mazal, Otto, Wien
Meinhardt, Helmut, Gießen
Mende, Ursula, Nürnberg
Mendner, Siegfried, Köln
Méras, Mathieu, Lyon
Merlo, Grado G., Torino
Mermier, Guy R., Ann Arbor, Mich.
Mertens, Volker, Berlin
Metz, Wolfgang, Speyer
Meuthen, Erich, Köln
Meyer, Gerbert, OP, Bornheim–Walberberg
Meyer, Hans B., SJ, Innsbruck
Meyer, Werner, Basel
Meyvaert, Paul J., Cambridge, Mass.
Miglio, Massimo, Salerno
Mischlewski, Adalbert, Grafing b. München
Mohrmann, Wolf-Dieter, Osnabrück
Mollat, Michel, Paris
Moosbrugger-Leu, Rudolf, Basel
Moraw, Peter, Gießen
Mörschel, Ulrike, Gießen
Mosiek, Ulrich †, Freiburg i. Br.

Moylan, Patricia, Cromwell, Conn.
Mückshoff, Meinolf, OFM Cap, Deggingen
Müller, C. Detlef G., Bonn
Müller, Gregor, Bamberg
Müller, Hubert, Eichstätt
Müller, Irmgard, Marburg a. d. Lahn
Müller, Rolf, Bentheim
Müller-Jahncke, Wolf-Dieter, Kirchen-Sieg
Müller-Wille, Michael, Mainz
Murdoch, Brian, Stirling, Scotland
Murken, Axel H., Münster (Westf.)
Musca, Giosuè, Bari
Mutius, Hans-Georg von, Köln

Nagel, Tilman, Bonn
Nagorni, Dragan, München
Nahmer, Dieter von der, Hamburg
Naso, Irma, Torino
Navarro Miralles, Luis, Barcelona
Nedkvitne, Arnved, Bergen
Nellmann, Eberhard, Bochum
Neuenschwander, Erwin A., Zürich
Newton, Stella M., London
Nicholson, Ronald G., Guelph, Ont.
Niggemeyer, Jens-H., Köln
Nobis, Heribert M., München
Nonn, Ulrich, Bonn
North, John D., Groningen
Noth, Albrecht, Bonn
Nyholm, Kurt, Åbo

Ó Cróinín, Dáibhí, Dublin
Oesterle, Hans-Joachim, Gießen
Oexle, Otto G., Hannover
Ogris, Werner, Wien
Ollich i Castanyer, Immaculada, Barcelona
Orioli, Raniero, Roma
Ott, Ludwig, Eichstätt
Ott, Norbert H., München
Ourliac, Paul, Toulouse
Oury, Guy M., OSB, Sablé
Ouy, Gilbert, Paris

Panero, Francesco, Torino
Paniagua, Juan A., Pamplona
Panzram, Bernhard, Freiburg i. Br.
Paolini, Lorenzo, Bologna
Papacostea, Şerban, Bucureşti
Parisse, Michel, Nancy
Pásztor, Edith, Roma
Pattin, Adriaan, Leuven
Patze, Hans, Göttingen
Pedersen, Olaf, Århus
Peláez, Manuel J., Barcelona
Peppermüller, Rolf, Bochum
Perrone, Lorenzo, Bologna
Peters, Inge-Maren, Göttingen
Petersohn, Jürgen, Würzburg
Petit, Roger, Arlon
Petke, Wolfgang, Göttingen
Petrucci, Armando, Roma
Petry, Manfred, Düsseldorf
Petti Balbi, Giovanna, Genova
Petzsch, Christoph, München
Peyer, Hans C., Zürich
Pfeiffer, Gerhard, Erlangen–Nürnberg
Pieler, Peter E., Wien
Pietschmann, Horst, Köln
Pinborg, Jan, København
Pitz, Ernst, Berlin
Pladevall-Font, Antoni, Barcelona
Plank, Peter, Würzburg
Plotzek, Joachim M., Köln
Plotzek-Wederhake, Gisela, Köln
Podskalsky, Gerhard, Frankfurt a. M.
Polica, Sante, Roma
Poly, Jean-Pierre, Lyon
Popa, Radu, Bucureşti
Poppe, Andrzej, Warszawa
Pototschnig, Franz, Salzburg
Poulin, Joseph-Claude, Quebec
Poulle, Emmanuel, Paris
Prelog, Jan, München
Premuda, Loris, Padova
Prestwich, Michael C., Durham
Prevenier, Walter, Gent
Primetshofer, Bruno, Linz
Prinz, Joseph, Darmstadt
Prinzing, Günter, Münster (Westf.)

Prinzing–Monchizadeh, Anuscha, Münster (Westf.)
Probst, Peter, Gießen
Prosperetti Ercoli, Fiorella, Milano
Pugh, Thomas B., Southampton
Pycke, Jacques, Overijse

Quadlbauer, Franz, Kiel
Quirin, Heinz, Berlin

Rädle, Fidel, Marburg a. d. Lahn
Redigonda, Luigi, OP, Bologna
Regteren-Altena, Herman H., Amsterdam
Reichl, Karl, Bochum
Reineking v. Bock, Gisela, Köln
Reinert, Benedikt, Bergdietikon
Reinhardt, Heinrich J. F., Bochum
Reinhardt, Klaus, Trier
Reinle, Adolf, Zürich
Remy, Paul †, Bruxelles
Řezáč, Jan, SJ, Roma
Richard, Jean, Dijon
Rieckenberg, Hans J., München
Riedlinger, Helmut, Freiburg i. Br.
Rieger, Dietmar, Gießen
Riera Melis, Antonio, Barcelona
Riley-Smith, Jonathan, London
Riu, Manuel, Barcelona
Robbins, Rossel H., Albany, N.Y.
Roger, Jean-Marc, Troyes
Romanello, Marina, Bologna
Rösener, Werner, Göttingen
Rosenfeld, Boris, Moskva
Rosenfeld, Hellmut, München
Ross, David J. A., London
Roßmann, Heribert, Regensburg
Rotter, Gernot, Tübingen
Rubner, Heinrich, Regensburg
Rudolf, Rainer, SDS, Wien
Rüegg, Walter, Bern
Rumpf, Marianne, Berlin
Ruppert, Godehard, Bochum
Rüß, Hartmut, Münster (Westf.)

Sáez, Carlos, Barcelona

Sáez, Emilio, Barcelona
Salrach Marés, José M., Barcelona
Samaran, Charles, Paris
Sans Travé, José M., Barcelona
Sauer, Hans, München
Sawyer, Peter H., Leeds
Schäfer, Peter, Köln
Schalk, Fritz †, Köln
Schaller, Dieter, Bonn
Schaller, Hans M., München
Scheffczyk, Leo, München
Scheffler, Wolfgang, Berlin
Scheibelreiter, Georg, Wien
Schein, Sylvia, Haifa
Scheps, Walter, Stony Brook, N.Y.
Scherner, Karl Otto, Mannheim
Scheuermann, Audomar, München
Scheurer, Rémy, Neuchâtel
Scheyhing, Robert, Tübingen
Schieffer, Rudolf, Bonn
Schieffer, Theodor, Bonn
Schildenberger, Johannes, OSB, Beuron
Schimmelpfennig, Bernhard, Berlin
Schiørring, Ole, Højbjerg
Schipperges, Heinrich, Heidelberg
Schlageter, Johannes K., OFM, Münster (Westf.)
Schleusener-Eichholz, Gudrun, Münster (Westf.)
Schlögl, Waldemar †, München
Schlunk, Helmut, Endingen
Schmale, Franz-Josef, Bochum
Schmaus, Michael, München
Schmid, Alois, München
Schmid, Hans, München
Schmid, Karl, Freiburg i. Br.
Schmidinger, Heinrich, Roma, Salzburg
Schmidt, Roderich, Marburg a. d. Lahn
Schmidt-Wiegand, Ruth, Münster (Westf.)
Schmitt, Clément, OFM, Grottaferrata
Schmitt, Wolfram, Heidelberg
Schmitz, Heribert, München

Schmitz, Rolf P., Geilenkirchen
Schmitz, Rudolf, Marburg a. d. Lahn
Schmitz, Ursula, Mittenaar-Bicken
Schnall, Uwe, Bremerhaven
Schnarr, Hermann, Mainz
Schneider, Wolfgang, Braunschweig
Schnith, Karl, München
Schnitzler, Theodor, Köln
Schoppmeyer, Heinrich, Bochum
Schottmann, Hans, Münster (Westf.)
Schott-Volm, Claudia, Zumikon
Schramm, Matthias, Tübingen
Schreiner, Klaus, Bielefeld
Schroth-Köhler, Charlotte, Gießen
Schultz-Klinken, Karl-Rolf, Stuttgart
Schulz, Hans-Joachim, Würzburg
Schulz, Knut, Berlin
Schulze, Hans K., Marburg a. d. Lahn
Schulze, Ursula, Berlin
Schüppert, Helga, Stuttgart
Schwaiger, Georg, München
Schwarz, Brigide, Hannover
Schwarz, Josef, Praha
Schwarz, Klaus, München
Schwarzmaier, Hansmartin, Karlsruhe
Schweikle, Günther, Stuttgart
Schwenk, Bernd, Niedererbach
Schwenk, Sigrid, Erlangen-Nürnberg
Schwertl, Gerhard, München
Schwineköper, Bernt, Freiburg i. Br.
Scott Stokes, Charity, München
Scufflaire, Andrée, Bruxelles
Sebott, Reinhold, Frankfurt a. M.
Seckler, Max, Tübingen
See, Klaus von, Frankfurt a. M.
Seibt, Werner, Wien
Sellert, Wolfgang, Göttingen
Sellheim, Rudolf, Frankfurt a. M.

Semmler, Josef, Düsseldorf
Sergi, Giuseppe, Torino
Settia, Aldo A., Torino
Sicard, Mireille s. Castaing-Sicard, Mireille
Severino, Gabriella, Roma
Siegwart, Josef, Fribourg
Silagi, Gabriel, München
Simms, Katharine, Dublin
Simonetti, Manlio, Roma
Simoni Balis-Crema, Fiorella, Roma
Simpson, Grant G., Aberdeen
Singer, Hans-Rudolf, Mainz-Germersheim
Smet, Joachim, OCarm, Roma
Sohrweide, Hanna, Hamburg
Soldi Rondinini, Gigliola, Milano
Sonderegger, Stefan, Zürich
Sós, Agnes Cs., Budapest
Sosson, Jean-Pierre, Bruxelles
Sot, Michel, Paris
Sourdel-Thomine, Janine, Paris
Speck, Paul, Berlin
Speigl, Jakob, Würzburg
Sprandel, Rolf, Würzburg
Spuler, Berthold, Hamburg
Stadtmüller, Georg, München
Stehkämper, Hugo, Köln
Stein, Dietrich, Marne
Stelzer, Winfried, Wien
Steppe, Wolfhard, München
Steuer, Heiko, Frechen
Stock, Klaus, Paris
Stolleis, Michael, Frankfurt a. M.
Storey, Robin L., Nottingham
Störmer, Wilhelm, München
Strauch, Dieter, Köln
Strigl, Richard, Salzburg
Strnad, Alfred A., Innsbruck
Stuiber, Alfred, Bochum
Stupperich, Robert, Münster (Westf.)
Suárez Fernández, Luis, Madrid
Sudermann, David P., Tacoma, Wash.
Suttner, Ernst Chr., Wien
Svejkovský, František, Chicago, Ill.
Szádeczky-Kardoss, Samuel, Szeged
Szarmach, Paul E., Binghamton, N.Y.

Tabacco, Giovanni, Torino
Taeger, Burkhard, München
Tangheroni, Marco, Pisa
Telle, Joachim, Heidelberg
Thomas, Heinz, Bonn
Tietze, Andreas, Wien
Timbal, Pierre-Clément, Paris
Toubert, Pierre, Paris
Tüchle, Hermann, München
Tuck, Anthony, Bailrigg, Lanc.
Tucoo-Chala, Pierre, Pau
Turdeanu, Émile, Paris

Udina, Federico, Barcelona
Uecker, Heiko, Bonn
Ullmann, Walter, Cambridge
Ungern-Sternberg, Jürgen von, Bonn
Urbanek, Ferdinand, Düsseldorf
Uyttebrouck, André, Bruxelles

Valdeavellano, Luis G. de, Madrid
Van Deyk, Rika, Gent
Vaneufville, Eric, Bailleul
Van Houtte, Jan A., Louvain, Roma
Van Steenberghen, Fernand, Bruxelles
Van Uytfanghe, Marc, Gent
Várvaro, Alberto, Napoli
Vasina, Augusto, Bologna
Vavra, Elisabeth, Krems a. d. Donau
Vekeman, Herman, Köln
Verger, Jacques, Paris
Verheijen, Luc, OSA, Paris
Verhulst, Adriaan, Gent
Verlinden, Charles, Bruxelles
Vernet, André, Paris
Vezin, Jean, Paris
Villata, Renzo di, Maria G., Milano
Viré, François, Digne
Vismara, Giulio, Milano
Volz, Ruprecht, München
Vones, Ludwig, Köln
Vones-Liebenstein, Ursula, Kerpen
Vuijlsteke, Marc, Gent

Wacha, Georg, Linz
Wachten, Johannes, Köln
Waerden, Bartel L. van der, Zürich

Walliczek, Wolfgang, München
Wang, Andreas, Hamburg
Warlop, Ernest, Kortrijk
Watt, John A., Newcastle
Wawrik, Franz, Wien
Weidemann, Hermann, Münster (Westf.)
Weigand, Rudolf, Würzburg
Weimar, Peter, Zürich
Weiß, Günter, München
Weisser, Ursula, Erlangen–Nürnberg
Wendehorst, Alfred, Erlangen–Nürnberg
Werner, Karl F., Paris
Wesche, Markus, München
Wessel, Klaus, München
Westermann-Angerhausen, Hiltrud, Münster (Westf.)
Wetherbee, Winthrop, Ithaca, N.Y.
Weyrich, Frank, München
Wieland, Georg, Bonn
Wiesflecker, Hermann, Graz
Wilckens, Leonie von, Nürnberg
Willecke, Raimund, Clausthal-Zellerfeld
Willers, Johannes, Nürnberg
Williams, Harry F., Tallahassee, Fla.
Wilsdorf, Christian, Colmar
Wilson, David M., London
Wimmer, Erich, Würzburg
Winkler, Gerhard B., Regensburg
Winkler, Wolfgang, Göttingen
Wirth, Gerhard, Bonn
Wojtecki, Dieter, Münster (Westf.)
Woldan, Erich, Wien
Wolffe, Bertram P., Exeter
Wolfram, Herwig, Wien
Wollasch, Joachim, Münster (Westf.)
Wolter, Hans, SJ, Frankfurt a.M.
Wolter, Heinz, Köln
Wormald, Jenny, Glasgow
Wormald, Patrick, Glasgow
Wouw, Hans van de, Leiden
Youschkevitsch, Adolf, Moskva
Yuzbashyan, Karen N., Leningrad

Zapp, Hartmut, Freiburg i. Br.
Zelfel, Hans P., Wien
Zender, Matthias, Bonn
Zielinski, Herbert, Gießen
Zientara, Benedykt, Warszawa
Zink, Michel, Toulouse
Zobel, Philibert, OSB, Brionne
Zorn, Wolfgang, München
Zotz, Thomas, Göttingen
Zumkeller, Adolar, OSA, Würzburg

Die Strichzeichnungen fertigte Norbert H. Ott, München, an.

ÜBERSETZER DES ERSTEN BANDES

Englisch, französisch: Mattejiet, Roswitha, München
Englisch (anglistische Beiträge): Steppe, Wolfhard, München
Italienisch: Avella, Antonio, München
Niederländisch: Kirchmeyr, Elsa, Horrem
Portugiesisch, spanisch: Heinz, Wolfgang, München
Serbo-kroatisch: Steinacker, Gudrun, Bonn
Skandinavische Sprachen: Engeler, Sigrid, Frankfurt a. M.

Einzelne fachspezifische Beiträge aus verschiedenen Sprachen wurden übersetzt von:

Halm, Heinz, Tübingen
Rösener, Werner, Göttingen
Simionescu-Zach, Krista, München
Vones-Liebenstein, Ursula, Kerpen
Weimar-Danckelmann, Karin, Zürich
u. a.

NACHTRÄGE ZUM ABKÜRZUNGSVERZEICHNIS

Die folgende Liste enthält eine Reihe wichtiger Nachträge und Korrekturen zu den Abkürzungen bibliographischer Angaben (Seite XVII–LXIII). Ein ausführlicheres Verzeichnis mit Ergänzungen und Korrekturen ist für einen der nächstfolgenden Bände vorgesehen.

BARON	S.W. Baron, A social and religious history of the Jews, New York, London 1958² [bislang 17 Bde]
BBSIA/BBIAS	Bulletin bibliographique de la société internationale Arthurienne/Bibliographical bulletin of the international Arthurian society, Paris 1949 ff.
BRAH	Boletín de la (r.) academia de la historia, Madrid 1877 ff.
BSBS	Bollettino storico-bibliografico subalpino, Torino 1896 ff.
Bull. Phil. Méd.	Bulletin de philosophie médiévale, Louvain 1964 ff. (vorher: BSIEPh)
COUSSEMAKER	E.H. de Coussemaker, Scriptorum de musica medii aevi nova series, a Gerbertina altera, 4 Bde, Paris 1864–76
CSM	Corpus scriptorum de musica, hg. A. Carapetyan, American Institute of Musicology, 1950 ff.
DHEE	Diccionário de historia eclesiástica de España, 4 Bde, Madrid 1972–75
DINUR	B. Dinur, Tôlᵉdôt Jiśrā'el mᵉsûppārôt 'al jᵉdê mᵉqôrôt ûtᵉ'ûdôt (A documentary history of the Jewish people), Tel Aviv, Jerusalem 1958 ff.
EEMCA	Estudios de Edad Media de la Corona de Aragón, Zaragoza 1945 ff.
EJud	Encyclopaedia Judaica, 10 Bde (bis »Lyra«), Berlin 1928–34
FÉTIS, Biographie	F.J. Fétis, Biographie universelle des musiciens et bibliographie générale de la musique, 8 Bde, Bruxelles 1837–44; Paris 1860–65²; suppl. 2 Bde, hg. A. Pougin, Paris 1878–81
FÉTIS, Hist.	F.J. Fétis, Histoire générale de la musique depuis les temps les plus anciens jusqu'à nos jours, 5 Bde, Paris 1869–76
GERBERT	M. Gerbert, Scriptores ecclesiastici de musica sacra potissimum ex variis Italiae, Galliae et Germaniae codicibus manuscriptis collecti et nunc primum publica luce donati, 3 Bde, St. Blasien 1784
GJ	Germania Judaica, Tübingen I, (nach dem Tode v. M. Brann) hg. I. Elbogen, A. Freimann, H. Tykocinski; II, 1; II, 2, hg. Zvi Avneri, 1963, 1968
HBG	s. v. Spindler
PLMA	s. v. PMLA
QStGPh	Quellen und Studien zur Geschichte der Philosophie, Berlin 1960–70 (fortges. als QStPh)
QStPh	Quellen und Studien zur Philosophie, Berlin 1971 ff. (vorher: QStGPh)
RC	Publications of the Record Commissioners, London 1802–75
SGG	Studia Germanica Gandensia, Gent 1959 ff.
TARBIZ	Riv'ôn lᵉmaddā'ê haj-jahᵃdût (A quarterly for Jewish studies), Jerusalem 1929/30 ff.
ZDPh	Zeitschrift für deutsche Philologie, Berlin u. a. 1869–1944/45; 1947/48 ff.